Les mutations récentes et les enjeux actuels de la fonction publique

47 € - Paru en septembre 2025

ure

nale,

29e édition

CODE
GÉNÉRAL DES
COLLECTIVITÉS TERRITORIALES

Annoté
Commenté en ligne

LES CODES DALLOZ

Lefebvre Dalloz

29e édition

Annotations et commentaires rédigés par

Frédéric ALLAIRE
Professeur de droit public
Doyen de la Faculté de droit et des sciences politiques de Nantes
Directeur du Master 2 Droit public des affaires

Vincent CROSNIER de BRIANT
Maître de conférences en droit public
Directeur-Adjoint de l'Institut d'études politiques de Fontainebleau
Directeur du Master Administration publique
LIPHA (EA 7373)

Olivier DIDRICHE
Maître de conférences associé à la Faculté de droit de Reims
Directeur de la Mission des affaires juridiques
à la communauté urbaine du Grand Reims et à la ville de Reims

Laetitia JANICOT
Professeur à l'École de droit de la Sorbonne (Université Paris 1 Panthéon Sorbonne)

Alain PARIENTE
Professeur de droit public à l'Université de Bordeaux,
Institut Léon Duguit (UR 7439)

Coordination éditoriale par

Camille SELIGHINI-GREVILLIOT
Rédactrice

Lefebvre Dalloz

ÉDITIONS DALLOZ
Tour Lefebvre Dalloz - 10, place des Vosges
92072 Paris La Défense Cedex - CS 90358
Service relations clientèle : src@lefebvre-dalloz.fr

ISBN 978-2-247-23822-4
ISBN 978-2-247-24482-9 (epub)

Avant-propos

Le 7 février 1996, le Parlement adoptait la loi n° 96-142 du 21 février 1996 relative à la partie Législative du code général des collectivités territoriales. La partie Réglementaire a été publiée par le décret n° 2000-318 du 7 avril 2000. Cette codification du droit des collectivités territoriales s'inscrivait dans le programme d'amélioration de l'accessibilité et de la lisibilité du droit français, entrepris par les pouvoirs publics. Effectuée à droit constant, elle représentait un enjeu important car elle clarifiait, ordonnait et actualisait des dispositions qui concernent tout un chacun, qu'il soit décideur local ou habitant d'une collectivité territoriale.

Depuis, le code général des collectivités territoriales a été profondément marqué par les réformes successives. Il s'est étoffé mais aussi complexifié, en particulier avec le développement des structures de coopération intercommunale qui, selon certains, concurrencent les collectivités traditionnelles que sont la commune, le département et la région. Quelques années après la loi de modernisation de l'action publique territoriale et d'affirmation des métropoles (MAPTAM) et la loi portant sur la nouvelle organisation territoriale de la République (NOTRe), une nouvelle réforme a été engagée. Dernier grand texte du premier quinquennat d'Emmanuel Macron, la loi n° 2022-217 du 21 février 2022 relative à la différenciation, la décentralisation, la déconcentration et portant diverses mesures de simplification de l'action publique locale a finalement vu le jour, après un parcours chaotique. Trois ans après avoir été annoncé, à la suite du Grand débat national organisé après la crise des gilets jaunes, ce texte de 271 articles, qui a modifié l'ensemble des livres du code, a pour objectif de « mettre de l'huile dans les rouages » et d'« améliorer le paysage institutionnel plutôt que de le bouleverser » (déclaration de Mme Jacqueline Gourault à l'Assemblée nationale le 8 février 2022). Sans être le nouvel acte de décentralisation espéré par certains, il offre toutefois quelques marges de manœuvre supplémentaires aux élus locaux et prévoit un certain nombre de mesures en matière de différenciation et de simplification de l'action locale.

Plus de vingt ans après la codification, le droit des collectivités territoriales poursuit donc sa transformation.

Dans cette perspective, les gestionnaires des collectivités territoriales ont besoin d'un outil juridique qui leur permette de comprendre ce droit complexe et d'anticiper les changements de demain au vu des nombreuses dispositions dont les entrées en vigueur sont différées. Actualisé en continu et désormais commenté en ligne par une équipe de spécialistes, le Code général des collectivités territoriales Dalloz propose de combler ces attentes et d'accompagner ces acteurs dans la gestion quotidienne de leurs dossiers.

***Ndlr :** Dans toutes les dispositions législatives et réglementaires en vigueur, les mots « conseil général », « conseils généraux », « conseiller général » et « conseillers généraux » sont remplacés, respectivement, par les mots « conseil départemental », « conseils départementaux », « conseiller départemental » et « conseillers départementaux » (L. org. n° 2013-402 du 17 mai 2013, art. 3-I et 8-II ; L. n° 2013-403 du 17 mai 2013, art. 1er et 51 ; Décr. n° 2013-938 du 18 oct. 2013, art. 1er et 71).*

Liste des abréviations

🏛 Hyperlien vers la décision intégrale accessible dans le supplément en ligne

🏛 Hyperlien vers un texte complémentaire accessible dans le supplément en ligne

✎ Hyperlien vers l'article de revue accessible dans le supplément en ligne

a. Autres
A Décision du Conseil d'État mentionnée au Lebon
ACCP Actualité de la commande et des contrats publics
ACL Annuaire des collectivités locales (avant 2009, devenue *DGCT)*
aff. Affaire
AJ contrat Actualité juridique contrat (Dalloz)
AJCT Actualité juridique des collectivités territoriales (Dalloz)
AJDA Actualité juridique de droit administratif (Dalloz)
AJDI Actualité juridique de droit immobilier (Dalloz)
AJ fam. Actualité juridique famille (Dalloz)
Al. Alinéa
ANCT Agence nationale de la cohésion des territoires
Ann. voirie Annales de la voirie
AOT Autorisation d'occupation temporaire
App. Appendice
Arr. Arrêté
Art. Article
Ass. nat. Assemblée nationale
Assoc. Association
avis adm. Avis du Conseil d'État consulté par les ministres sur des difficultés qui s'élèvent en matière administrative
avis cont. Avis du Conseil d'État sur des questions de droit posées par un tribunal administratif ou une cour administrative d'appel

B Décision du Conseil d'État mentionnée aux tables du Lebon ou arrêt publié au *Bulletin civil* ou au *Bulletin criminel* de la Cour de cassation (depuis mi-juin 2021)
Banque et Dr. Revue Banque et Droit
BEA Bail emphytéotique administratif
BIBL. Bibliographie
BIBL. GÉN. Bibliographie générale
BICC Bulletin d'information de la Cour de cassation
BJCL Bulletin juridique des collectivités locales
BJCP Bulletin juridique des contrats publics

BOCC Bulletin officiel de la concurrence, de la consommation et de la répression des fraudes
BOI Bulletin officiel des impôts
Bull. civ. Bulletin des arrêts des chambres civiles de la Cour de cassation
Bull. crim. Bulletin des arrêts de la chambre criminelle de la Cour de cassation

---

C. Code
c/ Contre
CAA Cour administrative d'appel
C. adm. comm. Code de l'administration communale
Cah. Cons. const. Cahiers du Conseil constitutionnel
Cah. dr. publ. Cahiers de droit public
Cah. fonct. publ. Cahiers de la fonction publique et de l'administration
Cah. jur. coll. terr. Cahiers juridiques des collectivités territoriales
CASF Code de l'action sociale et des familles Dalloz
C. assoc. Code des associations Dalloz
CCAS Centre communal d'action sociale
CCC Contrats Concurrence Consommation
CCE Communication Commerce électronique
CCH Code de la construction et de l'habitation Dalloz
C. com. Code de commerce Dalloz
C. communes Code des communes
C. communic. Code de la communication Dalloz
C. comptes Cour des comptes
C. const. Code constitutionnel et des droits fondamentaux Dalloz
CCP Code de la commande publique Dalloz
CDBF Cour de discipline budgétaire et financière
C. dom. Ét. Code du domaine de l'État
C. dom. publ. fluv. Code du domaine public fluvial et de la navigation intérieure
C. douanes Code des douanes Dalloz
CE Conseil d'État
CEDH Cour européenne des droits de l'homme
C. éduc. Code de l'éducation Dalloz
C. élect. Code électoral Dalloz
C. énergie Code de l'énergie Dalloz
C. envir. Code de l'environnement Dalloz
C. expr. Code de l'expropriation pour cause d'utilité publique Dalloz
C. fam. Code de la famille et de l'aide sociale
C. fonct. publ. Code de la fonction publique Dalloz (jusqu'à mars 2022)
C. for. Code forestier
CGCT Code général des collectivités territoriales Dalloz
CGFP Code général de la fonction publique Dalloz (depuis mars 2022)
CGI Code général des impôts Dalloz
CGPPP Code général de la propriété des personnes publiques Dalloz
Chron. Chronique

Circ. Circulaire
Civ. Chambre civile de la Cour de cassation
CJA Code de justice administrative Dalloz
CJCE Cour de justice des Communautés européennes
CJEG Cahiers juridiques de l'électricité et du gaz
CJF Code des juridictions financières
CJUE Cour de justice de l'Union européenne
C. marchés Code des marchés publics Dalloz (jusqu'en 2019 : devenu Code de la commande publique)
Cne Commune
CNEN Conseil national d'évaluation des normes
COJ Code de l'organisation judiciaire
Coll. terr. Collectivités territoriales - Intercommunalité
Com. Chambre commerciale de la Cour de cassation
Comm. Commentaire
Comp. Comparer
concl. Conclusions
conf. Solution conforme
Cons. const. Conseil constitutionnel
Cons. préf. Conseil de préfecture (avant 1953)
Constr.-Urb. Revue Construction-Urbanisme
Contra Solution contraire
Conv. EDH Convention européenne de sauvegarde des droits de l'homme et des libertés fondamentales
COREP Commissaire de la République
CPCE Code des postes et communications électroniques
Courrier jur. fin. Le Courrier juridique et financier (Le Moniteur)
C. patr. Code du patrimoine Dalloz
C. pén. Code pénal Dalloz
CPI Code de la propriété intellectuelle Dalloz
C. ports mar. Code des ports maritimes
C. pr. fisc. Code de procédure fiscale Dalloz
C. pr. pén. Code de procédure pénale Dalloz
CRC Chambre régionale des comptes
Crim. Chambre criminelle de la Cour de cassation
C. route Code de la route Dalloz
CRPA Code des relations entre le public et l'administration Dalloz
C. rur. Code rural et de la pêche maritime Dalloz
CSI Code de la sécurité intérieure Dalloz
C. sociétés Code des sociétés Dalloz
CSP Code de la santé publique Dalloz
C. sport Code du sport Dalloz
CSS Code de la sécurité sociale Dalloz
Cté Communauté
C. tourisme Code du tourisme Dalloz
C. transp. Code des transports Dalloz
C. trav. Code du travail Dalloz
C. trib. adm. Code des tribunaux administratifs et des cours administratives d'appel
C. urb. Code de l'urbanisme Dalloz

C. voirie rout.	Code de la voirie routière
D.	Recueil Dalloz
DAJ	Direction des affaires juridiques du ministère de l'Économie, des Finances, de l'Action et des Comptes publics
Dalloz IP/IT	Droit de la propriété intellectuelle et du numérique
Décis.	Décision
Décr.	Décret
Décr.-L.	Décret-loi
DGCCRF	Direction générale de la concurrence, de la consommation et de la répression des fraudes
DGCT	Droit et gestion des collectivités territoriales (depuis 2009, anciennement *ACL*)
DGF	Dotation globale de fonctionnement
DH	Recueil hebdomadaire de jurisprudence Dalloz (années antérieures à 1941)
DIJA	Dotation d'installation aux jeunes agriculteurs
Doc. fr.	La Documentation française
Doctr.	Doctrine
DOM	Département d'outre-mer
DP	Recueil périodique et critique mensuel Dalloz (années antérieures à 1941)
Dpt	Département
Dpt et cnes	Département et communes
Dr. adm.	Droit administratif
Dr. fisc.	Droit fiscal
Dr. prat. com. int.	Droit et pratique du commerce international
DSP	Délégation de service public
DUP	Déclaration d'utilité publique
ecqc	En ce qui concerne
EDCE	Études et documents du Conseil d'État
Él. cant.	Élections cantonales
Él. dép.	Élections départementales
Él. mun.	Élections municipales
Él. rég.	Élections régionales
Él. terr.	Élections territoriales
ENCYCL. COLL. LOC.	Encyclopédie des collectivités locales Dalloz
Envir.	Revue Environnement du Juris-Classeur
eod. loc.	Au même endroit
EPA	Établissement public administratif
EPCI	Établissement public de coopération intercommunale
EPT	Établissement public territorial
Épx	Époux
Err.	Erratum
esp.	Espèce
Ét. fonc.	Études foncières

Féd. Fédération

GACE Les grands avis du Conseil d'État (Dalloz)
GAJA Les grands arrêts de la jurisprudence administrative (Dalloz)
Gaz. cnes La Gazette des communes
Gaz. Pal. La Gazette du Palais
Gestion et fin. publ. Gestion et finances publiques — la Revue, anciennement la Revue du Trésor

---

ibid. au même endroit
infra ci-dessous
Instr. Instruction
IR Informations rapides du Recueil Dalloz

JA Jurisassociations (Dalloz) (à partir de janv. 2010)
J.-Cl. Adm. Juris-Classeur Administratif
J.-Cl. Baux ruraux Juris-Classeur des baux ruraux
J.-Cl. CMP Juris-Classeur Contrats et marchés publics
J.-Cl. Coll. locales Juris-Classeur des collectivités locales
J.-Cl. Coll. territoriales Juris-Classeur des collectivités territoriales
J.-Cl. Com. Juris-Classeur Commercial
J.-Cl. Envir. Juris-Classeur Environnement
JCP Juris-Classeur périodique (Semaine juridique), édition générale
JCP Adm. Juris-Classeur périodique, édition Administration et collectivités territoriales
JCP E Juris-Classeur périodique, édition Entreprise
JCP Envir. Juris-Classeur périodique, édition Environnement
JDI Journal de droit international (Clunet)
JO Journal officiel
JOAN CR Journal officiel, Assemblée nationale (comptes rendus des débats parlementaires et réponses ministérielles aux questions orales)
JOAN Q Journal officiel, Assemblée nationale (réponses ministérielles aux questions écrites)
JONC Journal officiel, numéro complémentaire
Journ. maires Journal des maires
JT Juristourisme (Dalloz)

L. Loi
Lebon Recueil des décisions du Conseil d'État (Dalloz)
Lebon T. Recueil des décisions du Conseil d'État (Dalloz), tables
Liv. Livre
LOLF Loi organique relative aux lois de finances
LPA Les Petites Affiches
LPF Livre des procédures fiscales

Min. Ministre

Mod.	Modifié
Mon. TP	Le Moniteur des travaux publics et du bâtiment
n°	numéro
not.	notamment
nouv.	nouveau
obs.	Observations
Ord.	Ordonnance
P	Arrêt publié au *Bulletin civil* ou au *Bulletin criminel* de la Cour de cassation
p.	page
Pan.	Panorama
Pan. dr. adm.	Panorama de droit administratif
Pédagogique	Article du code sans portée normative (tables de concordance)
phr.	phrase
PLU	Plan local d'urbanisme
POS	Plan d'occupation des sols
préc.	précité
Propr. ind.	Revue Propriété industrielle
PU	Presses universitaires
PUAM	Presses universitaires d'Aix-Marseille
PUF	Presses universitaires de France
PV	Procès-verbal
QPC	Question prioritaire de constitutionnalité
Quinzaine jur.	La Quinzaine juridique
Quot. jur.	Le Quotidien juridique
Rapport public	Rapport public annuel du Conseil d'État
rappr.	Rapprocher
RDBF	Revue de droit bancaire et financier
RD fisc.	Revue de droit fiscal
RDI	Revue de droit immobilier (Dalloz)
RD publ.	Revue du droit public et de la science politique en France et à l'étranger
RD rur.	Revue de droit rural
RDSS	Revue trimestrielle de droit sanitaire et social (Dalloz)
Rec. CJCE	Recueil de la jurisprudence de la Cour de justice et du Tribunal de première instance des Communautés européennes
Rec. CJUE	Recueil de la jurisprudence de la Cour de justice et du Tribunal de première instance de l'Union européenne
Rec. Cons. const.	Recueil des décisions du Conseil constitutionnel
Rect.	Rectificatif
réf.	Référé
Règl.	Règlement
REP	Recours pour excès de pouvoir

Rép. min. Réponse ministérielle
Rép. sociétés Répertoire des sociétés Dalloz
Req. Chambre des requêtes de la Cour de cassation
req. requête
Rev. adm. Revue administrative
Rev. CMP Revue Contrats et marchés publics
Rev. concessions Revue des concessions et délégations de service public
Rev. fin. communales Revue des finances communales
Rev. jur. envir. Revue juridique de l'environnement
Rev. Trésor La Revue du Trésor, devenue *Gestion et fin. publ.*
RFAP Revue française d'administration publique
RFDA Revue française de droit administratif (Dalloz)
RFD aérien Revue française de droit aérien et spatial
RFDC Revue française de droit constitutionnel
RF décentr. Revue française de la décentralisation
RFPP Revue française des finances publiques
RGCT Revue générale des collectivités territoriales
RGDM Revue générale de droit médical
RID éco. Revue internationale de droit économique
RISA Revue internationale de science administrative
RJEP Revue juridique de l'économie publique, anciennement Cahiers juridiques de l'électricité et du gaz (*CJEG)*
RJF Revue de jurisprudence fiscale
RLCT Revue Lamy des collectivités territoriales
RPDA Revue pratique de droit administratif
RRJ Revue de recherche juridique — Droit prospectif
RSC Revue de science criminelle et de droit pénal comparé (Dalloz)
RSDA Revue semestrielle de droit animalier
RTD com. Revue trimestrielle de droit commercial (Dalloz)
RTD eur. Revue trimestrielle de droit européen (Dalloz)
RTDH Revue trimestrielle des droits de l'homme (Dalloz)

---

s. et suivants
S. Recueil Sirey
SEM Société d'économie mixte
SEML Société d'économie mixte locale
SIVOM Syndicat intercommunal à vocation multiple
SIVU Syndicat intercommunal à vocation unique
sol. impl. Solution implicite
Somm. Sommaire
SPA Service public administratif
SPIC Service public industriel et commercial
SPL Société publique locale
ss. sous
Sté société
suppl. supplément
supra ci-dessus

---

t. tome
TA tribunal administratif

T. civ.	tribunal, chambre civile
T. com.	tribunal de commerce
T. confl.	Tribunal des conflits
T. corr.	tribunal, chambre correctionnelle
TFUE	Traité sur le fonctionnement de l'Union européenne
TI	tribunal d'instance
Tit.	titre
T. pol.	tribunal de police

V.	Voir
Vie cnale et dptale	La Vie communale et départementale
v° ou v^{is}	Mot ou mots

TABLE DES MATIÈRES

CODE GÉNÉRAL DES COLLECTIVITÉS TERRITORIALES

PREMIÈRE PARTIE
DISPOSITIONS GÉNÉRALES

L. 1111-1 – L. 1881-1
R. 1111-1-A – D. 1881-1

LIVRE I
PRINCIPES GÉNÉRAUX DE LA DÉCENTRALISATION

L. 1111-1 – L. 1116-1
R. 1111-1-A – R. 1116-5

LIVRE II

ORGANISMES NATIONAUX COMPÉTENTS À L'ÉGARD DES COLLECTIVITÉS TERRITORIALES ET DE LEURS GROUPEMENTS

LIVRE V
DISPOSITIONS ÉCONOMIQUES

DEUXIÈME PARTIE
LA COMMUNE

LIVRE I
ORGANISATION DE LA COMMUNE

LIVRE IV

INTÉRÊTS PROPRES À CERTAINES CATÉGORIES D'HABITANTS

TROISIÈME PARTIE
LE DÉPARTEMENT

LIVRE I
ORGANISATION DU DÉPARTEMENT

LIVRE II

ADMINISTRATION ET SERVICES DÉPARTEMENTAUX

LIVRE III

FINANCES DU DÉPARTEMENT

LIVRE IV

DISPOSITIONS PARTICULIÈRES À CERTAINS DÉPARTEMENTS

LIVRE VI

MÉTROPOLE DE LYON

QUATRIÈME PARTIE
LA RÉGION

LIVRE I
ORGANISATION DE LA RÉGION

LIVRE II

ATTRIBUTIONS DE LA RÉGION

LIVRE III

FINANCES DE LA RÉGION

LIVRE IV

RÉGIONS À STATUT PARTICULIER ET COLLECTIVITÉ DE CORSE

L. 4411-1 – L. 4438-1
R. 4413-1 – R. 4437-6

CINQUIÈME PARTIE
LA COOPÉRATION LOCALE

LIVRE I
DISPOSITIONS GÉNÉRALES

LIVRE II
LA COOPÉRATION INTERCOMMUNALE

LIVRE III

AGGLOMÉRATION NOUVELLE

LIVRE VII

SYNDICAT MIXTE

LIVRE IX

MESURES D'ADAPTATIONS PARTICULIÈRES AUX DÉPARTEMENTS ET AUX RÉGIONS D'OUTRE-MER

SIXIÈME PARTIE

COLLECTIVITÉS D'OUTRE-MER RÉGIES PAR L'ARTICLE 74 DE LA CONSTITUTION

L.O. 6111-1 *[abrogé]* – L. 6500
D. 6211-1 – R. 6451-5

LIVRE I *[abrogé]*

DISPOSITIONS TRANSITOIRES APPLICABLES AU DÉPARTEMENT DE MAYOTTE

L.O. 6111-1 *[abrogé]* – L.O. 6181-8 *[abrogé]*

LIVRE II

SAINT-BARTHÉLEMY

LIVRE IV

SAINT-PIERRE-ET-MIQUELON

LIVRE V

POLYNÉSIE FRANÇAISE

L. 6500

SEPTIÈME PARTIE

AUTRES COLLECTIVITÉS RÉGIES PAR L'ARTICLE 73 DE LA CONSTITUTION

L. 7111-1 – L. 7431-3
R. 7111-1 –
D. 72-104-16

LIVRE I

COLLECTIVITÉ TERRITORIALE DE GUYANE

L. 7111-1 – L. 71-123-1
R. 7111-1 –
D. 71-121-10 *[abrogé]*

LIVRE II
COLLECTIVITÉ TERRITORIALE DE MARTINIQUE

LIVRE III
DÉPARTEMENT-RÉGION DE MAYOTTE

LIVRE IV

DISPOSITIONS COMMUNES

CODE DES COMMUNES

APPENDICE

BIBLIOGRAPHIE GÉNÉRALE

▸ **ENCYCL. COLL. LOC.,** Dalloz (11 tomes).

▸ **Ouvrages de référence :** *J.-Cl. Coll. terr.*, 4 tomes. – *J.-Cl. Adm.*, 9 tomes. – Annuaire des collectivités locales du GRALE, (un volume par an depuis 1981), *Litec puis CNRS Éditions, devenu, en 2009*, Droit et Gestion des Collectivités Territoriales, *GRALE-CNRS, éd. Le Moniteur.*

▸ **Ouvrages généraux :** Auby, La décentralisation et le droit, *LGDJ, 2006.* – J.-B. Auby, J.-F. Auby et Noguellou, Droit des collectivités locales, *PUF, 6e éd., 2015.* – Auby et Faure (dir.), Les collectivités locales et le droit. Les mutations actuelles, *Dalloz, 2001.* – Baguenard, La décentralisation, PUF, *7e éd., 2004.* – Faure, Droit des collectivités territoriales, *Dalloz, 7e éd., 2023.* – Cabannes et Poujade, Les collectivités territoriales, *Foucher, 7e éd., 2022.* – Donier, Droit des collectivités territoriales, *Dalloz, coll. Les mémentos, 5e éd., 2023.* – Ferstenbert, Priet et Quilichini, Droit des collectivités territoriales, *Dalloz, 2e éd., 2015.* – Gohin, Degoffe, Maitrot de la Motte et Dubreuil, Droit des collectivités territoriales, *2e éd., Éditions Cujas.* – Kada, Pasquier, Coutecuisse et Aubelle, Dictionnaire encyclopédique de la décentralisation, *Berger Levrault, 2017.* – Janicot et Verpeaux, *Les collectivités territoriales, 6e éd., Dalloz, Connaissance du droit, 2020* ; Droit des collectivités territoriales, *Lextenso, LGDJ, 3e éd., 2023.* – Verpeaux, Rimbault et Waserman, Les collectivités territoriales et la décentralisation, *La Documentation française, 13e éd., 2024.*

▸ La plupart des ouvrages de droit administratif général et d'institutions administratives contiennent des développements sur le droit des collectivités territoriales. Seuls sont cités les ouvrages particulièrement consacrés au sujet et suffisamment récents pour être relativement à jour.

▸ **Droit comparé :** CGLU-GRALE, Premier rapport mondial sur la décentralisation et la démocratie locale, *L'Harmattan, 2008.* – Allemand (dir.), Les effets du droit de l'Union européenne sur les collectivités territoriales. Approches comparées, *L'Harmattan, 2011.* – Kada (dir.), Les collectivités territoriales dans l'Union européenne : vers une Europe décentralisée, *PUG, 2010.* – La réforme des collectivités territoriales, *RFAP 2012, no 141.*

▸ **Études historiques :** Bacot, Administrations locales et élections locales selon la Constituante, *RD publ. 1993. 1017.* – Bodineau et Verpeaux, Histoire de la décentralisation, *PUF (coll. Que sais-je ?), 1993.* – Debbasch, Le principe révolutionnaire d'unité et d'indivisibilité de la République, *Economica, 1988.* – Doat, Recherche sur la notion de collectivité locale en droit administratif français, *LGDJ, 2003.* – Garcia de Enterria, Révolution française et administration contemporaine, *Economica, 1993, (trad.).* – Hauriou, Décentralisation, *Répertoire Béquet, t. IX, p. 471, 1891.* – Houteer, Révolution et décentralisation : légendes et réalités, *LPA 27 janv. et 3 févr. 1989.* – Moreau et Verpeaux (dir.), Révolution et décentralisation, Le système administratif français et les principes révolutionnaires de 1789, *Economica, 1992.* – Regourd, De la décentralisation dans ses rapports avec la démocratie, genèse d'une problématique, *RD publ. 1990. 961.* – Viandelli, Pouvoirs locaux, *Economica, 1991, (trad.).*

▸ **Études sur la période 1982-1992 :** Les collectivités locales, dix ans après les lois de décentralisation : de la tutelle administrative à l'intervention des juges (33 contributions), *PUAM, 1994.* – La décentralisation, cinq ans après, *AJDA 1987. 139.* – Décentralisation, bilan et perspectives, *AJDA, avr. 1992 (no spécial).* – La décentralisation, *Pouvoirs, 1992, no 60.* – Les nouvelles relations État-collectivités locales, *Doc. fr. 1991.* – Numéro spécial « Décentralisation » *(bis), AJDA 1983. 59.* – Perspectives de la décentralisation, *AJDA 1982. 275.* – Vivre ensemble, rapport de la commission de développement des responsabilités locales (rapport Guichard), *Doc. fr. 1976.* – Caillosse, La décentralisation. Mode d'emploi, *RD publ. 1988. 1229.* – Costa et Jégouzo (dir.), L'administration française face aux défis de la décentralisation, *Éd. STH, 1988.* – Cotten, Les relations entre collectivités locales à l'heure de la décentralisation, *RFDA 1985. 45.* – Gilbert et Delcamp (dir.), La décentralisation dix ans après, *LGDJ, 1993.* – Moreau et Darcy (dir.), La libre administration des collectivités locales. Réflexions sur la décentralisation, *Economica, 1984.* – Pontier, La décentralisation et le temps, *RD publ. 1991. 1217.* – Sadran, Démocratie locale et décentralisation, *Mél. J.-M. Auby, Dalloz, 1992, p. 289.*

▸ **Études postérieures à 1992 :** Décentralisation : l'âge de raison, *Doc. fr. 1993.* – Le droit des collectivités locales demain (journée d'étude de l'AFDCL), *LPA 15 avr. 1999.* – Les collectivités locales en mutation, *Doc. fr., Cahiers français no 293, 1999.* – Les collectivités locales et le droit : les mutations actuelles (colloque CECL-AFDCL), *Dalloz, 2000.* – Décentralisation et ordre juridique, CE Rapport public 1993, *EDCE, 1994.* – La loi du 6 février 1992 relative à l'administration territoriale, *RFDA 1993, nos 1 à 4 (9 contributions)* ∅. – Bourjol, La réforme de l'administration territoriale (commentaire de la loi d'orientation du 6 février 1992), *AJDA 1992. 140 (no spécial)* ∅. – Chaminade, Les nouvelles règles de gestion des collectivités locales (loi d'orientation n° 92-125 du 6 février 1992), *JCP 1993. I. 3657*. – Faure, Le pouvoir réglementaire des collectivités locales, *LGDJ, t. 200, 1999* ; Les mutations du droit des collectivités locales, *Pouvoirs locaux, 2000, p. 120*. – Floquet, Pour en finir avec la décentralisation, *Éd. Aube, DATAR, 2002*. – Mél. Moreau, Les collectivités locales, *Economica, 2003*. – Pontier, Les anamorphoses de la décentralisation, *LPA 13 et 18 nov. 1992* ; La décentralisation entre nouveauté et continuité, *Rev. adm. 1993. 473* ; La décentralisation territoriale dans les réflexions sur la réforme de l'État, *Rev. adm. 1995. 408*. – Pontier et Vie, Commentaire du rapport public 1993 du Conseil d'État, *Rev. adm. 1994. 461 ; ibid. 504*. – Rouquette, *LPA 27 et 30 nov. 1992*. – Tréguier, Flux et reflux de la décentralisation, *RFDA 1994. 703* .

▸ **Études postérieures à la révision constitutionnelle du 28 mars 2003 :** Bonnard (dir.), Les collectivités territoriales en France, *Doc. fr., notices 2009*. – Caillosse, Les mises en scène juridiques de la décentralisation : sur la question du territoire français, *LGDJ 2009*. – Cassard-Valembois et Peyroux-Sissoko, La révision constitutionnelle de 2003 relative à la décentralisation de la République française : une révolution ?, *in* Révolution, Constitution, Décentralisation, *Mél. Verpeaux, Dalloz, 2020, p. 553*. – Chabrot, Une République décentralisée ?, *in* Pontier et Guignard (dir.), Constitution et collectivités territoriales. Réflexions sur le 60e anniversaire de la Constitution, *LexisNexis, 2019, p. 21*. – Chavrier, Le pouvoir normatif local : enjeux et débats, *LGDJ, 2011*. – Déchaux, Les garanties constitutionnelles de l'autonomie financière locale à l'épreuve des concours financiers étatiques, *RDP 2010. 349*. – Donier et Kada (dir.), Les 40 ans de la loi du 2 mars 1982. De la genèse aux impensés de la décentralisation, *Institut Francophone pour la justice et la démocratie, 2023*. – Douence, De l'expression « Acte I, II ou III de la décentralisation ». La jupe-culotte et le chemin de croix, *in* Révolution, Constitution, Décentralisation, *Mél. Verpeaux, Dalloz, 2020, p. 581*. – Durand, Les 20 ans de la loi constitutionnelle du 28 mars 2003 relative à l'organisation décentralisée de la République, *BJCL 2023. 731*. – Fressoz, Décentralisation, l'exception française, *L'Harmattan, 2004*. – Gaudemet et Gohin (dir.), La République décentralisée, *Éd. Panthéon-Assas, 2004*. – Gohin (dir.), L'Acte III de la décentralisation, *Éd. Panthéon-Assas, coll. Colloques, 2019*. – GRALE (dir.), Réforme de la décentralisation, réforme de l'État, Actes du colloque du GRALE (janv. 2004), *Annuaire des collectivités locales, 2004*. – GRALE (dir.) La décentralisation en mouvement, Actes du colloque du GRALE (janv. 2006), *Annuaire des collectivités locales, 2006*. – GRALE (dir.), 40 ans de décentralisation : une mise en perspective, *DGCT, 2022*. – Travaux et recherches du centre d'études et de prospective du ministère de l'Intérieur, *Doc. fr. 2007*. – IFSA section ouest, La décentralisation au milieu du gué : vers un Acte III ?, *Cahiers de Ponant 2009, p. 9-119*. – Guignard (dir.), 40e anniversaire des lois de décentralisation, *LexisNexis, 2023*. – Pontier et Guignard (dir.), Constitution et collectivités territoriales. Réflexions sur le 60e anniversaire de la Constitution, *LexisNexis, 2019*. – Luchaire, Décentralisation et Constitution, *Economica, 2003*. – Marcou, Le bilan en demi-teinte de l'Acte II. Décentraliser plus ou décentraliser mieux ?, *RFDA 2008. 295* ; La réforme territoriale : ambition et défaut de perspective, *RFDA 2010. 357* . – Marzelier, Décentralisation : chronique des Assises des libertés locales, *L'Harmattan, 2004*. – La profondeur du droit local *in* Mél. Douence, *Dalloz, 2006*. – Révolution, Constitution, Décentralisation, *in Mél. Verpeaux, Dalloz, 2020*. – Oberdorff, La République décentralisée : la fin du jardin à la française, *in* Pontier et Guignard (dir.), Constitution et collectivités territoriales. Réflexions sur le 60e anniversaire de la Constitution, *LexisNexis, 2019, p. 43*. – Rihal, Le statut constitutionnel des collectivités territoriales issu de la loi constitutionnelle du 28 mars 2003 : entre innovation et complexité, *RFAP 2003. 219*.

▸ **Thèses :** Briant (de), L'action commune en droit des collectivités territoriales, *L'Harmattan, 2009*. – Duranthon, Subsidiarité et collectivités territoriales. Étude sur la subsidiarisation des rapports entre État et collectivités territoriales en droit public français, *Dalloz, Bibliothèque parlementaire et constitutionnelle, 2017*. — Mugnier, La personnalité juridique des collectivités territoriales. Genèse et développement d'une personne morale dans l'État, *Dalloz, Nouvelle bibliothèque de thèses, 2022, vol. 219*. — Rombauts-Chabrol, L'intérêt public local, *Dalloz, Bibliothèque parlementaire et constitutionnelle, 2015*. – Sauvageot, Les catégories de collectivités territoriales de la République, *PUAM, 2004*.

▸ **Rapports :** Comité pour la réforme des collectivités territoriales (comité Balladur). Il est temps de décider, Rapport au Président de la République, 5 mars 2009, *Doc. fr. 2009*. – Faure, Le rapport du comité Balladur... bonnes raisons, fausses solutions ?, *AJDA 2009. 859* .

▸ **Dossiers :** Dossier, La complexité locale, *Pouvoirs locaux 2006, n° 68, p. 38-120*. – Dossier, La révision constitutionnelle sur la décentralisation, *AJDA 2003. 522* . – Dossier, L'impact de la révision constitutionnelle sur le droit administratif, *AJDA 2008. 1858* . – Dossier La réforme administrative territoriale, *AJDA 2010. 819* . – Dossier, La décentralisation, *Titre VII, Les cahiers du Conseil constitutionnel, n° 10, 2023*. – Dossier, L'organisation décentralisée de la République. Les 20 ans de la loi constitutionnelle du 28 mars 2003, *RFDA, 2023. 231*.

▸ V. aussi les développements consacrés à l'outre-mer dans les études citées en bibliographie générale.

▸ **Études sur la loi du 16 décembre 2010 :** Brisson, La loi du 16 décembre 2010... ou le droit des collectivités territoriales en miettes, *Dr. adm. 2011. Étude 5*. – Leroux (dir.), Réforme des collectivités territoriales. Quelle adéquation entre les objectifs poursuivis et la loi du 16 décembre ? colloque de Nantes, *JCP Adm. 2011. 2127*. – Merland, La loi du 16 décembre 2010 de réforme des collectivités territoriales et le renforcement de la légitimité démocratique des EPCI, *Dr adm. n° 6, juin 2011, p. 7-13*. – Némery (dir.), Quelle nouvelle réforme pour les collectivités territoriales françaises ?, *L'Harmattan, 2010*.

▸ V. également : Dossier, La loi de réforme des collectivités territoriales, *AJDA 2011. 74* ✎. – La réforme des collectivités territoriales, *RFDA 2011. 225* ✎. – Dossier, La réforme territoriale (2 parties), *AJCT 2011. 9* ✎ *et 2011. 51* ✎.– Dossier, Le nouveau pouvoir local après la loi... (colloque Orléans), *BJCL 2011, n° 1*. – Dossier, Réforme des collectivités territoriales (11 études), *JCP Adm. 2011, n° 2*.

▸ **Études sur la loi NOTRe du 7 août 2015 :** Dossier *AJCT 2015. 555* s. ✎ – Dossier *AJDA 2015, n° 34*. – *JCP Adm. 2015 nos 38 et 39*. – Landot, La loi NOTRe du 7 août 2015 : une nouvelle réforme du mille-feuille, *BJCL 2015. 666*. – Degoffe, La loi NOTRe et l'intercommunalité, *BJCL 2015. 578*.

▸ **Études sur la loi 3DS du 21 février 2022 :** Dossier *AJDA 2022. 1366* ✎. – Dossier *RFDA 2022. 397* ✎. – Dossier *AJCT 2022. 239 s.* ✎ – Dossier *JCP Adm. 2022, nos 12, 13 et 14*. – Dossier *BJCL 2022, n° 3*.

CODE GÉNÉRAL DES COLLECTIVITÉS TERRITORIALES

PREMIÈRE PARTIE : LÉGISLATIVE

(L. nº 96-142 du 21 févr. 1996)

Sont indiquées entre crochets, à la suite d'un article ou d'un alinéa, les concordances entre les articles du code général des collectivités territoriales et les textes d'origine.

Les articles L. du code des communes, rédigés par les décrets du 27 janvier 1977 et du 7 mars 1977, n'ont pas de valeur législative, sauf dans le cas où ils ont été créés ou modifiés par une loi postérieure à la codification. Par conséquent, pour les articles correspondants du code général des collectivités territoriales, la concordance mentionne les articles du code des communes et les textes dont ces derniers sont issus.

Certains articles du présent code ont uniquement pour origine la loi de codification. Dans ce cas, la mention portée entre crochets fait référence à la loi nº 96-142 du 21 février 1996, sans aucune autre indication.

Loi nº 96-142 du 21 février 1996,

Relative à la partie Législative du code général des collectivités territoriales.

Circulaire du 19 mars 1996

Commentaire de la loi nº 96-142 du 21 février 1996 relative à la partie législative du code général des collectivités territoriales.

PREMIÈRE PARTIE DISPOSITIONS GÉNÉRALES

LIVRE I PRINCIPES GÉNÉRAUX DE LA DÉCENTRALISATION

TITRE UNIQUE LIBRE ADMINISTRATION DES COLLECTIVITÉS TERRITORIALES

COMMENTAIRE

V. dans le supplément en ligne.

CHAPITRE I PRINCIPE DE LIBRE ADMINISTRATION

COMMENTAIRE

V. dans le supplément en ligne.

SECTION 1 Dispositions générales et exercice différencié des compétences *(L. nº 2022-217 du 21 févr. 2022, art. 1er).*

Art. L. 1111-1 Les communes, les départements et les régions s'administrent librement par des conseils élus. – *[L. nº 82-213 du 2 mars 1982, art. 1er, al. 1er.]*

BIBL. ▶ ALCARAZ, Le principe de libre administration des collectivités territoriales dans la jurisprudence constitutionnelle après la révision constitutionnelle du 28 mars 2003, *RFDA 2009. 497*. – BACOYANNIS, Le principe constitutionnel de libre administration des collectivités territoriales, *Paris Economica 1993*. – BOURJOL, Statut constitutionnel, exercice de la libre administration, *J.-Cl. Coll. terr., fasc. 23 (2004)*. – DOUENCE, Le statut constitutionnel des collectivités territoriales, *Encycl. Coll. loc., Introduction générale, 2021* ; Libre administration et organisation décentralisée, Mél. Lachaume, *Dalloz 2007. 441* ; Le principe de libre administration et la QPC, Constitution et droit des collectivités territoriales, *L'Harmattan, 2020. 237*. – FAURE, Le rôle du juge constitutionnel dans l'élaboration du droit des collectivités locales, *Pouvoirs n° 99, 2001, p. 117*. – FAVOREU, Les bases constitutionnelles du droit des collectivités locales, *in* « La nouvelle décentralisation » (dir. MODERNE), *Sirey 1983, p. 15*. – FERSTENBERT, La libre administration des collectivités territoriales : la création discutable d'un principe constitutionnel, *in* J.-M. Pontier et D. Guignard (dir.), Constitution et collectivités territoriales, *LexisNexis, 2019, p. 33* ; La libre administration des collectivités territoriales est-elle un principe juridique ? Une analyse de la jurisprudence du Conseil constitutionnel, *in* Duranthon (dir.), Peut-on encore définir la collectivité territoriale ?, *L'Harmattan, Travaux de l'AFDCL, p. 61*. – GENEVOIS, Le principe d'égalité et la libre administration des collectivités territoriales, *RFDA 1994. 209*. – HABCHI, La libre administration à l'épreuve des juges, *JCP Adm. 2021. 2177*. – JANICOT, Question prioritaire de constitutionnalité et autonomie locale des collectivités métropolitaines. Le cas de la France, *Revue générale du droit, 2019, n° 39801* (www.revuegeneraledudroit.eu/?p=39801). – LUCHAIRE, L'émergence d'un droit constitutionnel de la décentralisation, *AJDA 1992. 25, n° spécial « Décentralisation ; Bilan et perspectives »*. – PISSALOUX, Collectivités locales et questions prioritaires de constitutionnalité, *in* Pontier et Guignard (dir.) Constitution et collectivités territoriales. Réflexions sur le 60e anniversaire de la Constitution, *LexisNexis, 2019, p. 103*. – PONTIER, Libres interrogations sur l'organisation et la libre administration des collectivités territoriales locales, *Rev. adm. 1994. 61*. – ROUX, Le principe constitutionnel de la libre administration des collectivités territoriales, *RFDA 1992. 435*. – VERPEAUX, La Constitution et les collectivités territoriales, *RD publ. 1998. 1378*.

I. UNE RÈGLE DE COMPÉTENCE AU PROFIT DU LÉGISLATEUR

1. Le juge constitutionnel s'attache à sanctionner les incompétences négatives du parlement qui, seul, peut décider d'une obligation ou d'une garantie nouvelle à l'égard des collectivités. Ainsi, le législateur doit lui-même décider de la composition des conseils délibérants et du statut de leurs membres. • Cons. const. 12 mai 1964, n° 64-29 L : *Rec. Cons. const. 37.* ♦ ... De recentraliser une compétence locale, par exemple. • Cons. const. 1er avr. 1971, n° 71-69 L : *Rec. Cons. const. 37.* ♦ ... D'imposer aux communes le dépôt obligatoire de certains documents aux archives départementales. • Cons. const. 2 juin 1976, n° 76-89 L : *Rec. Cons. const. 52.* ♦ ... D'imposer la consultation des collectivités dans une procédure administrative si cette obligation a une incidence sur l'exercice de leurs fonctions, par exemple : • Cons. const. 30 déc. 1980 : *Rec. Cons. const. 78* • Cons. const. 20 févr. 1987, n° 87-149 L : *Rec. Cons. const. 22.* ♦ ... D'imposer aux maires la motivation du refus de communiquer un document administratif. • Cons. const. 10 mars 1988, n° 88-154 L : *Rec. Cons. const. 42.*

2. Sans s'appuyer sur l'art. 1er de la loi du 2 mars 1982 [CGCT, art. L. 1111-1], le Conseil d'État a *toujours reconnu l'existence* d'un principe général d'autonomie de certaines institutions administratives qu'il place alors sous la dépendance directe du législateur. Ainsi, seule une loi peut restreindre la liberté contractuelle des collectivités. • CE, sect., 14 mai 1971, *Sieurs Fasquelle, Duval et Daguet,* n°s 77582 et 77583 : *Lebon 360* • CE 6 juill. 1977, *Synd. nat. des ingénieurs techniciens agréés,* n° 87539 : *Lebon 306*. ♦ ... Peut fixer les délais de convocation des conseillers municipaux. • CE 3 juin 1983, *Mme Vincent,* n° 31680 : *Lebon 227 ; AJDA 1983. 480, note Chapuisat.* ♦ ... Peut prévoir l'obligation de consulter les services des domaines en matière d'expropriation. • CE 24 févr. 1992, *Darmuzey : Dr. adm. 1992, n° 198.*

3. Mettant en œuvre le principe de libre administration, le législateur peut attribuer des compétences réglementaires au Premier ministre • Cons. const. 29 mai 1990, n° 90-274 DC : *RDSS 1990. 711, note Prétot ; RFDC 1990. 497 ; Pouvoirs locaux 1990. 7. 85 ; ibid. 1991. 8. 16, note Vedel.*

4. La loi peut attribuer des compétences réglementaires aux collectivités sans préjudicier au pouvoir réglementaire du Premier ministre reconnu à l'art. 21 Const., exception faite du domaine des droits et des libertés. Les collectivités ne peuvent mettre en œuvre des lois organisant les libertés publiques en raison du principe d'unicité des conditions d'exercice des libertés publiques. La libre administration ne saurait, en effet, conduire à ce que les conditions essentielles d'application d'une loi organisant l'exercice d'une liberté publique puissent ne pas être les mêmes sur l'ensemble du territoire. • Cons. const. 18 janv. 1985, n° 84-185 DC : *Rec. Cons. const. 36* • Cons. const. 9 avr. 1996, n° 96-373 DC : *JO 13 avr., p. 5724* • Cons. const. 17 janv. 2002, n° 2001-454 DC : *AJDA 2002. 100, note Schoettl ; RFDA 2002. 459, note Verpeaux ; ibid. 469, note Faure* • CE, avis, 15 nov. 2012, n° 387095 : *AJDA 2013. 2240,* *note Faure*. ♦ En revanche, la libre administration ne signifie pas libre organisation. Ainsi, remise en cause de la jurisprudence antérieure de 1999 en vertu de laquelle le règlement intérieur des assemblées délibérantes des collectivités peut seul décider du caractère public ou non des séances. Inconstitutionnalité de la loi imposant le principe de la publicité pour les séances de la commission permanente des conseils régionaux. • Cons. const. 14 janv. 1999, n° 98-407 DC : *AJDA 1999. 149, note Schoettl* ; *D. 2000. 194, obs. Ghevontian* ; *RFDA 2000. 109, étude Baghestani-Perrey et Verpeaux*. ♦ **BIBL.** Chavrier, Le pouvoir normatif local, enjeux et débats, *LGDJ, coll. Système, août 2011, 160 p.* – Faure, Le pouvoir réglementaire des collectivités locales, *LGDJ, 1998* ; *RD publ. 1996. 1539* (existe-t-il un pouvoir local en droit constitutionnel français ?).

II. UNE RÈGLE DE FOND

5. Ce principe a été constitutionnalisé en 1979. • Cons. const. 23 mai 1979, n° 79-104 DC. ♦ Le juge constitutionnel lui a donné un contenu et, depuis peu, une plus grande effectivité juridique. Il garantit ce principe comme un droit fondamental dont les collectivités sont les sujets : il exerce un contrôle maximum de la nécessité et de la proportionnalité sur les restrictions apportées à la libre administration et garantit un seuil minimal de compétences et de moyens aux collectivités décentralisées. Première décision en ce sens : • Cons. const. 20 janv. 1984, n° 83-168 DC : *Rec. Cons. const. 38* ; *RD publ. 1984. 687, chron. Favoreu.*

A. ÉLÉMENTS DE LA LIBRE ADMINISTRATION

1° LE PRINCIPE DE CONSEILS ÉLUS

6. Le Conseil constitutionnel affirme que, pour s'administrer librement, la collectivité doit disposer d'« un conseil élu », seul visé par la Const. La libre administration s'accommode donc curieusement d'exécutifs nommés par l'État. À propos de la Nouvelle-Calédonie et alors que l'organe exécutif était élu dans le statut législatif antérieur, V. • Cons. const. 8 août 1985, n° 85-196 DC : *Rec. Cons. const. 234* ; *D. 1986. 45, obs. Luchaire.* ♦ En revanche, ce principe constitutionnel n'impose pas que chaque collectivité doive disposer d'un conseil élu qui lui soit propre. À propos du conseiller territorial commun aux départements et régions. • Cons. const. 9 déc. 2010, n° 2010-618 DC, considérant 21 : *AJDA 2011. 99, note Verpeaux* ; *ibid. 129, tribune Marcou* ; *AJCT 2011. 25, obs. Dreyfus* ; *Constitutions 2011. 495, chron. Le Roux* ; *LPA 2011, n° 1415, note Rasta* ; *JCP Adm. 2011. 16, note Rouault* ; *RFDA 2011, n° 2, étude Faure.*

7. Ce conseil doit être doté d'attributions effectives, sans qu'on sache précisément ce que cela recouvre. V. à propos de la Nouvelle-Calédonie. • Cons. const. 8 août 1985, n° 85-196 DC : *préc. note 6* • Cons. const. 19 janv. 1988, n° 87-241 DC : *Rec. Cons. const. 31.* ♦ ... De la Corse. • Cons. const. 9 mai 1991, n° 91-290 DC : *D. 1991. 624, note Debbasch* ; *RFDA 1991. 407, note Genevois* ; *RFDC 1991. 424.* ♦ ... Des conseils régionaux. • Cons. const. 6 mars 1998, n° 98-397 DC : *AJDA 1998. 308, note Schoettl* ; *D. 2000. 55, obs. Roux*.

8. Le juge constitutionnel qualifie les opérations électorales locales de suffrage politique, au sens de l'art. 3 Const. Ceci interdit toute division par catégorie (notamment en raison du sexe) des électeurs ou des éligibles. • Cons. const. 18 nov. 1982, n° 82-146 DC : *Rec. Cons. const. 66* ; *AJDA 1983. 74, note Boulouis* ; *RD publ. 1983. 333, note Favoreu* • Cons. const. 14 janv. 1999, n° 98-407 DC : *JO 20 janv.* ♦ Toutefois, à l'issue de la révision constitutionnelle du 8 juill. 1999 modifiant l'art. 3 dans le but de « favoriser l'égal accès des hommes et des femmes aux mandats électoraux et fonctions électives », la loi a pu imposer la parité entre les sexes aux élections politiques pratiquant le scrutin de liste. • Cons. const. 30 mai 2000, n° 2000-429 DC : *JO 7 juin* ; *AJDA 2000. 653, note Schoettl*. ♦ Ceci implique aussi que l'organe délibérant doit être élu sur des bases essentiellement démographiques résultant d'un recensement récent. • Cons. const. 7 juill. 1987, n° 87-227 DC : *Rec. Cons. const. 41* ; *RD publ. 1989. 399, note Favoreu* • Cons. const. 26 janv. 1995, n° 94-358 DC : *Rec. Cons. const. 183* • Cons. const. 10 janv. 2001, n° 2000-438 DC : *JO 16 janv. 2001, p. 784.* ♦ À propos du droit de vote et d'éligibilité des citoyens européens aux élections municipales. • Cons. const. 9 avr. 1992, n° 92-308 DC : *RFD const. 1992. 752, note Philip* • Cons. const. 2 sept. 1992, n° 92-312 DC : *Rec. Cons. const. 76* ; *RFDA 1992. 937, note Genevois* ; *ibid. 1993. 47, note Picard*. ♦ Les citoyens de l'Union européenne autres que français peuvent être électeurs et éligibles aux élections municipales, en vertu de la révision constitutionnelle du 25 juin 1992 introduisant un nouvel art. 88-3 dans la Constitution sans pouvoir exercer les fonctions de maire ou d'adjoint au maire. • Cons. const. 20 mai 1998, n° 98-400 DC : *JO 26 mai* ; *RFDA 1998. 671, comm. Genevois*. ♦ Le législateur peut modifier la durée du mandat d'élus locaux en cours d'exercice afin de prévenir une interférence des campagnes entre une élection nationale et une élection locale. • Cons. const. 6 juill. 1994, n° 94-341 DC : *Rec. Cons. const. 88* ; *RFD const. 1994. 789, note Philip* ; *LPA 19 oct. 1994, note Nguyen Van Tuong* • Cons. const. 6 févr. 1996, n° 96-372 DC : *Rec. Cons. const. 40* ; *RFDA 1996. 734, étude Verpeaux*.

9. En outre, le juge constitutionnel n'interdit pas l'attribution de compétences propres à d'autres organes de la collectivité mais à la condition que l'assemblée délibérante conserve l'essentiel des attributions de la collectivité. À propos de la dévolution de certaines compétences de décision et de gestion aux conseils et maires d'arrondissement de Paris, Lyon et Marseille : • Cons. const. 28 déc. 1982, n° 82-149 DC : *Rec. Cons. const. 76 ; Pouvoirs 1983, n° 25, p. 185, note Avril et Gicquel ; RD publ. 1983. 333, note Favoreu.* ♦ À propos de l'institution en Corse d'un conseil élu doté de pouvoirs propres : • Cons. const. 9 mai 1991, n° 91-290 DC : *Rec. Cons. const. 50.* ♦ V. aussi la jurisprudence précitée relative à la Nouvelle-Calédonie dans laquelle on trouve adjointe la garantie d'attributions effectives aux conseils élus. • Cons. const. 8 août 1985, n° 85-196 DC : *préc. note 7* • Cons. const. 19 janv. 1988, n° 87-241 DC : *préc. note 7* • Cons. const. 9 mai 1991, n° 91-290 DC : *préc. note 7.* ♦ Faute d'être soumise à l'autorisation de l'Assemblée de Polynésie française, la faculté accordée au président de la Polynésie française par l'art. 17 de la loi organique du 29 janv. 2004 de « négocier et de signer des conventions de coopération décentralisée » au nom de la Polynésie française ne saurait porter sur une matière ressortissant à la compétence de ladite assemblée sans méconnaître les prérogatives reconnues aux assemblées délibérantes des collectivités par le 3e al. de l'art. 72 Const. aux termes duquel « ces collectivités s'administrent librement par des conseils élus ». • Cons. const. 14 févr. 2004, n° 04-490 DC § 29. ♦ V. aussi notes 6 et 7.

2° LA LIBRE GESTION DU PERSONNEL ET LE PRINCIPE DE LIBRE ADMINISTRATION

10. Les autorités décentralisées doivent seules décider de la création et de la suppression des emplois locaux et de la gestion du personnel. • Cons. const. 20 janv. 1984, n° 83-168 DC : *préc. note 5.*

3° LA LIBERTÉ CONTRACTUELLE ET LA LIBRE ADMINISTRATION

11. Par ailleurs, le Conseil constitutionnel s'attache à préserver les moyens juridiques des autorités décentralisées. En ce sens, leur liberté contractuelle ne doit pas subir, sans justification appropriée, une contrainte excessive. À propos de la durée des délégations de service public. • Cons. const. 20 janv. 1993, n° 92-316 DC : *RFDA 1993. 902, note Pouyaud ; JCP 1993. I. 3670, chron. Picard ; LPA 2 juin 1993, note Mathieu et Verpeaux* • Cons. const. 26 janv. 1995, n° 94-358 DC : *Rec. Cons. const. 183.* ♦ La libre administration et la liberté contractuelle des collectivités peuvent subir des limitations à condition que celles-ci concourent à des fins d'intérêt général. Ainsi, la loi autorisant la privatisation de Gaz de France (GDF) peut prévoir le maintien, sans limitation de durée, de l'obligation faite aux communes et à leurs groupements de concéder à GDF l'exploitation des distributions publiques de gaz, en raison de la nécessité d'assurer la cohérence du réseau des concessions actuellement géré par GDF et de maintenir la péréquation des tarifs d'utilisation des réseaux de distribution. • Cons. const. 30 nov. 2006, n° 06-543 DC : *RLCT 2007. 23, note Marcou.*

4° LA CLAUSE GÉNÉRALE DE COMPÉTENCE ET LA LIBRE ADMINISTRATION

12. Le Conseil constitutionnel a jugé conformes à la Constitution les dispositions de la L. du 7 août 2015 supprimant la clause générale de compétence pour les départements et les régions. D'une part, le troisième al. de l'art. 72 Const. n'implique pas, par lui-même, que les collectivités territoriales doivent pouvoir intervenir dans les domaines pour lesquels aucune autre personne publique ne dispose d'une compétence attribuée par la loi. D'autre part, compte tenu de l'étendue des attributions dévolues aux départements par les dispositions législatives en vigueur, qu'il s'agisse de compétences exclusives, de compétences partagées avec d'autres catégories de collectivités territoriales ou de compétences susceptibles d'être déléguées par d'autres collectivités territoriales, les dispositions contestées ne privent pas les départements d'attributions effectives. Le grief tiré de la méconnaissance du principe de libre administration des collectivités territoriales doit être écarté. • Cons. const. 16 sept. 2016, *Assemblée des dpts de France*, n° 2016-565 QPC : *AJDA 2016. 2438, note Faure ; AJCT 2016. 579, obs. Dreyfus ; Constitutions 2016. 677, chron. Duranthon ; Dr. adm. 2016, n° 12, note Plessic ; JCP 2016, n° 1971, note Verpeaux.*

5° L'AUTONOMIE FINANCIÈRE ET LA LIBRE ADMINISTRATION

13. Le juge constitutionnel a précisé que l'État ne devait pas porter atteinte à l'autonomie financière des collectivités au point d'entraver leur libre administration, sans toutefois avoir censuré une loi restreignant excessivement ou injustement les ressources des collectivités. Ainsi, le mécanisme de financement du fonds de solidarité pour le logement n'est pas contraire à la libre administration alors qu'il contraint les départements à y participer au moins à la hauteur de l'État. Dans la mesure où le département se lie par convention, il appartient aux deux collectivités de définir ensemble les conditions de financement. • Cons. const. 29 mai 1990, n° 90-274 DC : *préc. note 3.* ♦ En matière d'aménagement du territoire, la loi n° 95-115 du 4 févr. 1995 prévoit des possibilités d'exonérations fiscales au profit d'entreprises mais sans diminuer abusivement les ressources des collectivités qui bénéficient d'un mécanisme de compensation financière et qui, en toute hypothèse, peuvent s'opposer à une telle exonération. • Cons. const. 26 janv. 1995, n° 94-358 DC : *Rec. Cons. const. 183.* ♦ La suppression de la part régionale de la taxe d'habitation faisant l'objet d'une compensation à hauteur égale, par le budget de l'État revalorisée en fonction du taux d'évolution de la dotation globale de fonctionnement, si elle réduit « de nouveau » la part des recettes fiscales des régions dans l'ensemble de leurs ressources, n'a pour effet ni de restreindre la part de ces recettes ni de diminuer les ressources globales des régions au point d'entraver leur libre administration. • Cons. const. 12 juill. 2000, n° 2000-432 DC. ♦ À propos de l'exonération au profit des personnes physiques de la taxe différentielle sur les véhicules à moteur. • Cons. const. 28 déc. 2000, n° 2000-442 DC. ♦ En instituant en faveur des communes une compensation globale et, eu égard au faible montant des sommes en cause, la suppression des droits de licence des débitants de boissons n'a méconnu ni le principe de libre administration ni l'égalité entre les communes. • Cons. const. 27 déc. 2002, n° 2002-464 DC. ♦ La compensation des charges entraînée par le revenu minimum d'activité est calculée, pour 2004, sur les dépenses engendrées par le revenu minimum d'insertion en 2003. Pour les années suivantes, la compensation est ajustée de manière définitive au vu des comptes administratifs des départements pour 2004. Dans ces conditions, la loi ne méconnaît ni la libre administration des départements, ni le principe selon lequel tout transfert de compétences entre l'État et les collectivités s'accompagne de l'attribution de ressources équivalentes à celles qui étaient consacrées à leur exercice, ni celui selon lequel toute création de compétences est accompagnée de ressources déterminées par la loi (art. 72-2 Const.). • Cons. const. 18 déc. 2003, n° 03-487 DC. ♦ V. aussi • Cons. const., 30 juin 2011, n° 2011-142/145 QPC : *AJCT 2011. 461, obs. Tourette ; RDSS 2012. 63, étude Donier*. ♦ La contribution des collectivités au financement d'un centre public d'information et d'orientation qui répond à une fin d'intérêt général en tant qu'elle contribue au droit à l'éducation n'est conforme aux art. 72 et 72-2 Const. que dans la mesure où la création d'un tel centre demeure facultatif pour ces collectivités. • Cons. const. 13 juill. 2011, *Dpt de la Haute-Savoie*, n° 2011-149 QPC : *RLCT 2012, n° 2092, obs. Verpeaux et Landot.* ♦ L'organisation d'un système de péréquation entre départements, dès lors qu'il prévoit un plafonnement de la somme du prélèvement opéré au profit du fond de solidarité, égal à 12 % du produit des droits de mutation à titre onéreux perçu l'année précédente, ne restreint pas les ressources des départements au point de dénaturer leur libre administration. • Cons. const. 29 déc. 2013, n° 2013-685 DC : *AJCT 2014. 107, obs. Lasserre Capdeville ; ibid. 68, interview J.-D. Dreyfus et Mokhtar ; Constitutions 2014. 68, chron. Barilari* • 22 nov. 2013, n° 2013-355 DC : *D. 2013. 2699*. ♦ La contribution des collectivités à l'effort de réduction des déficits publics à due proportion de leur part dans les dépenses de l'ensemble des administrations publiques par la réduction de la dotation globale de fonctionnement à hauteur de 1, 9 % des recettes de ces collectivités, et dans la mesure où cette réduction n'a pas pour effet de diminuer la part de leur ressources propres et ainsi de leur autonomie financière, ne conduit pas à une réduction d'une ampleur telle qu'elle entraverait la libre administration des collectivités. • Cons. const., 29 déc. 2014, n° 2014-707 DC : *AJDA 2015. 6*. ♦ Se prononçant sur une absence suffisante de compensation d'une suppression d'une ressource fiscale au profit d'un EPCI, le juge a censuré une disposition qui violait la libre administration des communes au sein des EPCI, contournant ainsi l'impossibilité de se prévaloir de ce principe au profit des EPCI. • Cons. const. 14 juin 2013, n° 2013-323 QPC : *Constitutions 2013. 433, chron. Barilari*. ♦ La suppression de la dotation de solidarité urbaine et de cohésion sociale pour les communes faisant l'objet d'une procédure de carence en matière de logements sociaux restreint les ressources de ces communes au point d'entraver leur libre administration. • Cons. const. 26 janv. 2017, n° 2016-745 DC § 68 : *AJDA 2017. 812, note Legrand ; Constitutions 2017. 49, chron. Bergougnous ; ibid. 52, chron. Bachschmidt*. ♦ V. aussi art. L.O. 1114-1 s.

B. LES OBLIGATIONS OU LES INTERDICTIONS IMPOSÉES AUX COLLECTIVITÉS TERRITORIALES ET LA LIBRE ADMINISTRATION

14. Les obligations imposées aux collectivités doivent être définies avec précision quant à leur objet et leur portée sans méconnaître la compétence propre de la collectivité, au risque d'entraver leur libre administration. • Cons. const. 23 janv. 2014, n° 2013-687 DC : *AJDA 2014. 188 ; D. 2014. 281, obs. Zarka*. ♦ S'agissant d'une compétence exercée au nom de l'État, le fait d'imposer au maire de procéder aux mariages de personnes de même sexe ne viole pas la libre administration. • Cons. const. 18 oct. 2013, n° 2013-353 QPC : *D. 2014. 1342, obs. Lemouland et Vigneau ; ibid. 1516, obs. Jacquinot et Mangiavillano ; AJ fam. 2013. 645, obs. de Boysson ; RFDA 2013. 957, étude Zadig ; Constitutions 2013. 564, obs. Lutton ; ibid. 2014. 196, chron. Roux*.

15. Les obligations ou les interdictions doivent répondre à des fins d'intérêt général. La fusion de plusieurs EPCI en un EPCI à fiscalité propre autoritairement décidée par la procédure exceptionnelle de l'art. 60 de la L. n° 2010-1563 du 16 déc. 2010 correspond à des obligations auxquelles le législateur peut assujettir les collectivités en ce qu'elles répondent à des fins d'intérêt général. • Cons. const. 26 avr. 2013, *Cne de Couvrot*, n° 2013-315 QPC : *AJCT 2013. 344, obs. Le Chatelier ; AJDA 2013. 85, note de Montecler ; ibid. 1386, note Fialaire*. ♦ L'interdiction faite à une commune de se retirer d'un EPCI sans l'accord de la majorité qualifiée des conseils municipaux des communes membres (art. L. 5211-19 CGCT), alors même que celle-ci entendait adhérer à un autre groupement de coopération intercommunale, correspond à une interdiction répondant à des fins d'intérêt général. *Idem* pour l'intégration forcée d'une commune dans un EPCI à fiscalité propre selon la procédure prévue au même art. qui correspond à une obligation répondant à des fins d'intérêt général. • Cons. const. 26 avr. 2013, *Cne de Puyravault*, n° 2013-303 QPC : *AJCT 2013. 344, obs. Le Chatelier ; AJDA 2013. 884, note de Montecler ; ibid. 1386, note Fialaire*. ♦ Dans les trois espèces, le juge constitutionnel ajoute, en outre, que ni le principe de libre administration, ni le principe selon lequel aucune collectivité ne peut exercer une tutelle sur une autre ne font obstacle, en eux-mêmes, à ce que le législateur organise l'exercice en commun des compétences des communes dans le cadre de leurs groupements. • Mêmes décisions. ♦ Il réitère cette formulation concernant le rattachement d'office d'une commune à un EPCI ayant manifesté son intention de rejoindre un autre EPCI. • Cons. const. 25 avr. 2014, n° 2014-391 QPC : *AJDA 2014. 887*. ♦ .... Et pour l'obligation faite à une commune d'intégrer la métropole de Paris. • Cons. const. 23 janv. 2014, n° 2013-687 DC : *préc. note 14*. ♦ Le Conseil constitutionnel a en revanche déclaré contraire au principe de libre administration le dispositif de rattachement des communes nouvelles à un EPCI. • Cons. const. 21 oct. 2016, *Cté de cnes des sources du lac d'Annecy et a.*, n° 2016-588 QPC : *AJDA 2017. 350, note Combeau ; AJCT 2016. 533, obs. Guillou ; Constitutions 2016. 712, chron.* ♦ V. annotation ss. art. L. 2113-5. ♦ Les dispositions de l'art. L. 541-1-I, al. 16, C. envir. ne méconnaissent pas le principe de libre administration, alors qu'elles conditionnent le développement des installations de tri mécano-biologique au respect d'une obligation de généralisation du tri à la source des biodéchets, dès lors qu'elles poursuivent l'objectif de valeur constitutionnelle de protection de l'environnement. • Cons. const. 22 avr. 2022, n° 2022-990 QPC : *AJDA 2022. 844 ; AJCT 2022. 463, obs. M.-C. Rouault*.

C. PROTECTION JURIDICTIONNELLE DU PRINCIPE DE LIBRE ADMINISTRATION

16. QPC. La libre administration fait partie des « droits et libertés que la Constitution garantit » au sens de l'art. 61-1 de ce texte, contrairement à la disposition constitutionnelle relative à la « République décentralisée ». • CE 1er sept. 2010, *Thalineau*, n° 330734 : *Lebon ; AJCT 2010. 180, obs. Moliner-Dubost ; AJDI 2011. 26, chron. Gilbert*. ♦ En conséquence, sa méconnaissance par la loi peut faire l'objet d'une question prioritaire de constitutionnalité soulevée à l'occasion d'un litige porté devant le juge ordinaire. Est contraire à la libre administration le maintien en vigueur de l'ancien régime de tutelle en Polynésie française. • Cons. const. 17 mars 2011, *Synd. mixte chargé de la gestion du contrat urbain de cohésion sociale de l'agglomération de Papeete*, n° 2010-107 QPC : *AJDA 2011. 1735, note Verpeaux*. ♦ ... L'interdiction de moduler, selon le mode de gestion du service, les subventions à un service de distribution d'eau potable et d'assainissement. • Cons. const. 8 juill. 2011, *Dpt des Landes*, n° 2011-146 QPC : *AJDA 2011. 2067, note Verpeaux ; AJCT 2011. 561, obs. J.-D. Dreyfus ; Constitutions 2012. 51, obs. Demaye-Simoni ; JCP Adm. 2011, n° 2279, note Pauliat*. ♦ Figure au sein des droits et libertés garantis par la Const. au moyen de la QPC le principe de l'autonomie financière des collectivités. Rejet au fond à propos du calcul de la participation des départements au Fonds national de péréquation des droits de mutation à titre onéreux. • CE 21 mai 2012, *Dpt du Var*, n° 358261 : *AJDA 2012. 1038* • Cons. const. 29 juin 2012, n° 2012-255/265 QPC : *AJCT 2012. 569, obs. Péchillon*. ♦ Le principe selon lequel « les collectivités territoriales ont vocation à prendre les décisions pour l'ensemble des compétences qui peuvent le mieux être mises en œuvre à leur échelon » (Const., art. 72, al. 2) n'institue pas un droit ou une liberté qui puisse être invoqué à l'appui d'une QPC. • Cons. const. 26 avr. 2013, *Cne de Maing*, n° 2013-304 QPC : *AJCT 2013. 344, obs. Le Chatelier ; AJDA 2013. 1386, note Fialaire ; Constitutions 2013. 397, chron. Lutton*.

17. Libre administration et référé-liberté. La libre administration est une liberté fondamentale pouvant être garantie par la procédure du « référé-liberté » devant le juge administratif (art. L. 521-2 CJA). Rejet à propos du refus du maire de convoquer le conseil municipal. • CE 18 janv. 2001, *Cne de Venelles : AJDA 2001. 153, chron. Guyomar et Colin*. ♦ Est contraire à la libre administration le fait qu'un EPCI commence à exercer, en lieu et place des communes membres requérantes, des compétences qui doivent lui être transférées ultérieurement. • CE 12 juin 2002, *Cnes de Fauillet, Montpouillan et Sainte-Marthe*, n° 246618. ♦ La libre administration n'implique pas de consulter les communes et EPCI du département faisant l'objet d'une nouvelle délimitation des cantons, V. notamment • CE 21 nov. 2014, *M. A*, n° 380649. ♦ ... Ni l'ensemble des EPCI, les communes, les élus locaux et les habitants avant l'édiction du décret de modification des limites territoriales des cantons. • CE 19 nov. 2014, *Cne de Neuilly-en-Sancerre*, n° 379703. ♦ La réforme des rythmes scolaires ne crée pas d'obligation pour les collectivités d'organiser des activités périscolaires complétant la journée de travail des élèves, elle ne méconnaît donc pas leur libre administration. • CE 27 mai 2015, *Cne de Caluire-et-Cuire et a.*, n° 382256. ♦ V. aussi • CE 27 mai 2015, n° 382331. ♦ La substitution d'un établissement public foncier de l'État, doté d'un périmètre plus large, à d'autres établissements publics fonciers de l'État ne porte pas par elle-même atteinte au principe de libre administration des collectivités. • CE 3 juill. 2015, *Dpt des Yvelines*, n° 390647. ♦ La circulaire rappelant que le procureur de la République peut ordonner un placement d'un mineur isolé étranger en considération de l'intérêt du mineur, sans qu'il soit fait obligation de le confier au service d'aide sociale à l'enfance du département dans lequel il a été repéré, ne méconnaît pas la libre administration des départements. • CE 30 janv. 2015, *Dpt des Hauts-de-Seine*, n° 371415 : *Lebon ; AJDA 2015. 1320, note Rihal et Cavaniol ; AJCT 2015. 343, obs. Aubin ; RDSS 2015. 335, note Lhuillier*.

♦ Le contrôle de l'utilisation des aides à l'électrification rurale par le ministre n'est pas contraire à la libre administration des collectivités en portant atteinte à leur compétence dès lors que ces aides sont financées par une imposition de toute nature alimentant un compte d'affectation spéciale et que le ministre est chargé par la loi d'arrêter la répartition annuelle de ces aides. • CE 22 mai 2015, *Synd. Interdépartemental d'électricité et de gaz de la Charente*, n° 370129.

Art. L. 1111-1-1 *(L. n° 2015-366 du 31 mars 2015, art. 2)* **Les élus locaux sont les membres des conseils élus au suffrage universel pour administrer librement les collectivités territoriales dans les conditions prévues par la loi. Ils exercent leur mandat dans le respect des principes déontologiques consacrés par la présente charte de l'élu local.**

Charte de l'élu local

1. L'élu local exerce ses fonctions avec impartialité, diligence, dignité, probité et intégrité.

2. Dans l'exercice de son mandat, l'élu local poursuit le seul intérêt général, à l'exclusion de tout intérêt qui lui soit personnel, directement ou indirectement, ou de tout autre intérêt particulier.

3. L'élu local veille à prévenir ou à faire cesser immédiatement tout conflit d'intérêts. Lorsque ses intérêts personnels sont en cause dans les affaires soumises à l'organe délibérant dont il est membre, l'élu local s'engage à les faire connaître avant le débat et le vote.

4. L'élu local s'engage à ne pas utiliser les ressources et les moyens mis à sa disposition pour l'exercice de son mandat ou de ses fonctions à d'autres fins.

5. Dans l'exercice de ses fonctions, l'élu local s'abstient de prendre des mesures lui accordant un avantage personnel ou professionnel futur après la cessation de son mandat et de ses fonctions.

6. L'élu local participe avec assiduité aux réunions de l'organe délibérant et des instances au sein desquelles il a été désigné.

7. Issu du suffrage universel, l'élu local est et reste responsable de ses actes pour la durée de son mandat devant l'ensemble des citoyens de la collectivité territoriale, à qui il rend compte des actes et décisions pris dans le cadre de ses fonctions.

(L. n° 2022-217 du 21 févr. 2022, art. 218) **« Tout élu local peut consulter un référent déontologue chargé de lui apporter tout conseil utile au respect des principes déontologiques consacrés dans la présente charte.**

« Un décret en Conseil d'État détermine les modalités et les critères de désignation des référents déontologues. »

BIBL. ▶ Benrahou et Jourdan, La déontologie : 4e dimension de la loi 3DS, *JCP Adm. 2022, n° 2095*. – Dyens, La loi du 31 mars 2015 visant à faciliter l'exercice, par les élus locaux, de leur mandat : un pas supplémentaire vers leur professionnalisation ?, *AJCT 2015. 334* ; Référent déontologue de l'élu local : aux collectivités de jouer !, *AJCT 2023. 4*. – Haquet, Le statut de l'élu local en filigrane, *AJDA 2015. 1210*. – Kerléo, Livre blanc pour la démocratie locale rénovée : quelles obligations déontologiques pour les élus ?, *AJCT 2020. 232* ; L'étrange destin de la charte de l'élu local, *AJCT 2023. 256*. – Manson, Une nouvelle contribution au statut de l'élu local. La loi n° 2015-366 du 31 mars 2015 visant à faciliter l'exercice par les élus locaux, de leur mandat, *BJCL 2015. 422*. – Transparence de la vie publique : les dix ans des lois du 11 octobre 2013, *AJCT 2023. 539* (Dossier). – Verpeaux, La loi du 31 mars 2015 ne constitue pas un nouveau statut pour les élus locaux, *JCP Adm. 2015, n° 2208*. – Untermaier-Kerléo, Pas de déontologue pour les élus locaux !, *AJCT 2020. 1* ; Guide pratique de la déontologie des élus locaux, *AJCT 2020. 416*.

COMMENTAIRE

V. dans le supplément en ligne.

Art. L. 1111-2 Les communes, les départements et les régions règlent par leurs délibérations les affaires de leur compétence.

(L. n° 2022-217 du 21 févr. 2022, art. 5) **« Dans les conditions prévues par la loi, ils disposent d'un pouvoir réglementaire pour l'exercice de leurs compétences. »**

(L. n° 2005-781 du 13 juill. 2005, art. 49) **« Ils concourent avec l'État à l'administration et à l'aménagement du territoire, au développement économique, social, sanitaire, culturel et scientifique** *(L. n° 2014-173 du 21 févr. 2014, art. 11)* **« ,** *(L. n° 2019-774 du 24 juill. 2019, art. 17)* **« , à la promotion de la santé, » à la lutte contre les discriminations, à la promotion de l'égalité entre les femmes et les hommes », ainsi qu'à la protection de l'environnement, à la lutte contre l'effet de serre par la maîtrise et l'utilisation rationnelle de l'énergie, et à l'amélioration du cadre de vie. »** *(L. n° 2019-1461 du 27 déc. 2019, art. 80)* **« Ils peuvent associer le public à la conception ou à l'élaboration de ces politiques, selon les modalités prévues à l'article L. 131-1 du code des relations entre le public et l'administration. »**

Les communes, les départements et les régions constituent le cadre institutionnel de la participation des citoyens à la vie locale et garantissent l'expression de sa diversité.

BIBL. ▸ S'agissant de la clause générale de compétence des départements et des régions, V. la Bibl. avant l'art. L. 2121-29.

▸ Sur le pouvoir réglementaire des collectivités territoriales : Barella, Les variations du pouvoir normatif local, *in* Pontier et Guignard (dir.), Constitution et collectivités territoriales. Réflexions sur le 60e anniversaire de la Constitution, *LexisNexis, 2019, p. 89.* – Chavrier, Le pouvoir normatif local : enjeux et débats, *LGDJ, 2011.* – Haquet, Quelle est l'étendue du pouvoir réglementaire des collectivités territoriales ?, *BJCL 2003. 549.* – Janicot, Le pouvoir normatif des régions, *RFDA 2016. 664* . – Janicot et Verpeaux, Institutions et compétences. Loi 3DS, *RFDA 2022. 397* . – IGA, B. Acar et N. Angel, Le pouvoir réglementaire des collectivités territoriales : enjeux et perspectives, *Rapp., juin 2021.*

COMMENTAIRE

V. dans le supplément en ligne.

1. Sur l'al. 1er relatif à la clause générale de compétence, V. notes ss. art. L. 2121-29.

2. Pouvoir réglementaire des collectivités territoriales. Dans l'hypothèse d'une habilitation législative expresse au profit des autorités locales, le Conseil d'État a reconnu la compétence du Premier ministre pour édicter des mesures réglementaires, dès lors que des dispositions de la loi renvoyaient par ailleurs, en tant que de besoin, à un décret. • CE 20 mars 1992, *Préfet du Calvados*, n° 131852 A : *AJDA 1992. 293, concl. Toutée ; RFDA 1994. 770, note Faure* • 9 oct. 2002, *Féd. des personnels des services des dpts et des régions CGT-FO*, n° 238070 B : *AJDA 2002. 1403, obs. de Montecler*. ♦ ... Ou à « des normes minimales fixées par voie réglementaire » : • CE 1er avr. 1996, *Dpt de la Loire*, n° 141958 A. ♦ Le Conseil d'État s'est montré encore plus sévère en jugeant que, même en l'absence de renvoi à un décret, et en cas d'habilitation expresse des autorités locales, les autorités de l'État pouvaient toujours prendre des mesures réglementaires si celles-ci s'avéraient, selon lui, nécessaires pour l'application de la loi. Il a ainsi considéré qu'une collectivité locale ne pouvait exercer son pouvoir réglementaire, pourtant expressément prévu par la loi, que dans la mesure où l'édiction par les autorités de l'État d'un acte réglementaire, que la loi ne prévoyait d'ailleurs pas, n'était pas jugée nécessaire pour l'application de la loi. • CE 2 déc. 1994, *Cne de Cuers*, n° 148121 A : *RFDA 1996. 105, note Faure*.

Art. L. 1111-3 La répartition de compétences entre les communes, les départements et les régions ne peut autoriser l'une de ces collectivités à établir ou exercer une tutelle, sous quelque forme que ce soit, sur une autre d'entre elles. – *[L. n° 83-8 du 7 janv. 1983, art. 2.]*

BIBL. ▸ Brisson, Décentralisation et contractualisation, *AJDA 2019. 2435* . – Fort, Contrat et droit des collectivités territoriales, *L'Harmattan, 2014.* – Laroque, La contractualisation comme technique de tutelle : l'exemple du secteur social, *AJDA 2003. 976* . – Madiot, Les techniques de correction de la répartition des compétences entre collectivités locales, *RFDA 1996. 964* . – Moderne et Douence, Problématique générale des transferts de compétences, *Cahiers du CFPC 1985, n° 16.* – Pontier, Contractualisation et planification, *RD publ. 1993. 641.* – Robbe, Les relations entre collectivités territoriales, *L'Harmattan, 2005.* – V. aussi bibl. ss. art. L. 1111-8.

▸ Sur la loi du 7 janvier 1983 : Bouzély et Auby (J.-B.), *Rev. adm. 1983. 72 et 176.* – Chapuisat et Bouyssou, *AJDA 1983. 81.* – Lebreton, *JCP 1983. I. 3107.*

1. L'institution du conseiller territorial siégeant dans les conseils généraux et régionaux ne confie pas, pour autant, à la région le pouvoir de substituer des décisions à celles du département ou de s'opposer à ces dernières, ni celui de contrôler l'exercice de ses compétences. En conséquence, elle n'est pas constitutive d'une tutelle de la région sur le département. • Cons. const. 9 déc. 2010, n° 2010-618 DC, consid. 22 : *AJDA 2011. 99, note Verpeaux ; AJCT 2011. 25, obs. Dreyfus ; LPA 2011, n° 1415, note Rasta ; JCP Adm. 2011. 16, note Rouault.*

2. Le règlement des subventions pris par un conseil régional ne peut conférer au président du conseil général un rôle essentiel d'intermédiaire entre les communes et la région pour l'octroi et le contrôle de l'utilisation des subventions du conseil régional. • TA Montpellier, 20 juin 1983, *Cne de Narbonne c/ Région Languedoc-Roussillon : Lebon 561 ; AJDA 1983. 678, note Dugrip.*

3. Ne constitue pas l'exercice d'une tutelle, la possibilité pour un département d'accorder une subvention aux communes pour la gestion de leur service public de distribution de l'eau, dont le taux est différent selon que le service est géré en régie ou délégué. • CE, ass., 12 déc. 2003, *Dpt des Landes : AJDA 2004. 195, chron. Donnat et Casas ; RFDA 2004. 518, concl. Séners, p. 525, note Douence ; ACL 2005, n° 32.* ♦ Comp. • TA Pau, 13 mars 1997, *Préfet des Landes c/ Dpt des Landes : AJDA 1997. 542, note Rey* • CAA Bordeaux, 31 mai 2001, *Dpt des Landes : AJDA 2001. 957, note Pac*. ♦ La solution est rendue caduque par l'art. L. 2224-11-5 CGCT, issu de la L. n° 2006-1772 du 30 déc. 2006, posant une interdiction de subvention pour ce type de service public modulée en fonction du mode de gestion du service. Cet art. a fait l'objet d'une question prioritaire de constitutionnalité. • CE 29 avr. 2011, *Dpt des Landes*, n° 347071 : *AJDA 2011. 878*. ♦ Le Conseil constitutionnel déclare l'art. L. 2224-11-5 inconstitutionnel car il restreint la libre administration des départements au point de méconnaître les art. 72 et 72-2 Const. Cet art. posait une interdiction spéciale en vue de faire échec à la jurisprudence administrative « Département des Landes » de 2003, qui se trouve désormais confirmée par les Sages. • Cons. const. 8 juill. 2011, *Dpt des Landes*, n° 2011-146 QPC : *AJDA 2011. 2067, note Verpeaux ; JCP Adm. 2011, n° 2279, note Pauliat ; DA 2011. 91, note Auby ; RLCT 2011, n° 2007, note Carton.*

4. Le principe de l'interdiction pour une collectivité territoriale d'exercer une tutelle sur une autre a reçu valeur constitutionnelle avec son inscription au sein de l'art. 72, al. 5, de la Constitution issu de la loi constitutionnelle du 28 mars 2003. ♦ V. déjà • Cons. const. 20 janv. 1984, n° 83-168 DC : *Rec. Cons. const. 38.* ♦ En conséquence, ce principe doit être respecté par le législateur. Par ex. : • Cons. const. 12 févr. 2004, n° 04-490 DC § 59 à 67. ♦ Ainsi, doit être regardée comme inconstitutionnelle la loi habilitant les collectivités territoriales signataires d'un contrat de partenariat public-privé à désigner l'une d'entre elles pour décider de certains éléments propres à l'opération contractuelle. • Cons. const. 24 juill. 2008, n° 08-567 DC § 33 : *JO 29 juill. 2008, p. 12151.*

Art. L. 1111-3-1 *(L. n° 2022-217 du 21 févr. 2022, art. 1er)* **Dans le respect du principe d'égalité, les règles relatives à l'attribution et à l'exercice des compétences applicables à une catégorie de collectivités territoriales peuvent être différenciées pour tenir compte des différences objectives de situations dans lesquelles se trouvent les collectivités territoriales relevant de la même catégorie, pourvu que la différence de traitement qui en résulte soit proportionnée et en rapport avec l'objet de la loi qui l'établit.**

BIBL. ▸ FAURE, Différenciation des normes : jeu de dupes, *RFDA 2021. 313*. – FERREIRA, La différenciation des compétences : réelle innovation ou mystification ?, *AJCT 2022. 240*. – JANICOT, La différenciation territoriale, un nouveau paradigme du droit de la décentralisation ?, *in* Gohin (dir.), L'Acte III de la décentralisation, *Éd. Panthéon-Assas, coll. Colloques, 2019, p. 21.* – JANICOT et VERPEAUX, Les institutions et les compétences, *RFDA 2022. 397*. – PAULIAT et DEFFIGIER, La différenciation territoriale : quelle lisibilité pour une action publique à la carte ?, *JCP Adm. 2022. 2091.* – PONTIER, La différenciation dans la loi 3DS, *BJCL 2022. 188.* – PRIET, Principe d'égalité et différenciations territoriales, *in* Pontier et Guignard (dir.), Constitution et collectivités territoriales. Réflexions sur le 60e anniversaire de la Constitution, *LexisNexis, 2019, p. 61.* — Sénat, Différenciation : la diversité des territoires dans l'unité de la République, *Rapport d'information n° 629 (2023-2024), mai 2024.*

COMMENTAIRE

V. dans le supplément en ligne.

Art. L. 1111-4 **La répartition des compétences entre les collectivités territoriales et l'État s'effectue, dans la mesure du possible, en distinguant celles qui sont mises à la charge de l'État et celles qui sont dévolues aux communes, aux départements ou aux régions de telle sorte que chaque domaine de compétences ainsi que les ressources correspondantes soient affectés en totalité soit à l'État, soit aux communes, soit aux départements, soit aux régions.**

(L. n° 2015-991 du 7 août 2015, art. 104) **« Les compétences en matière** *(L. n° 2017-86 du 27 janv. 2017, art. 201)* **« de promotion de l'égalité entre les femmes et les hommes, » de culture, de sport, de tourisme, de promotion des langues régionales et d'éducation populaire sont partagées entre les communes, les départements, les régions et les collectivités à statut particulier.**

« Les politiques publiques en faveur de la jeunesse menées par l'État, les régions, les départements, les communes et les collectivités à statut particulier peuvent faire l'objet d'un débat au sein de la conférence territoriale de l'action publique mentionnée à l'article L. 1111-9-1. Ce débat porte notamment sur l'articulation et la coordination de ces politiques entre les différents niveaux de collectivités et l'État. »

Les communes, les départements et les régions financent par priorité les projets relevant des domaines de compétences qui leur ont été dévolus par la loi. Les décisions prises par les collectivités *(L. n° 2010-1563 du 16 déc. 2010, art. 58)* **« territoriales » d'accorder ou de refuser une aide financière à une autre collectivité** *(L. n° 2010-1563 du 16 déc. 2010, art. 58)* **« territoriale » ne peuvent avoir pour effet l'établissement ou l'exercice d'une tutelle, sous quelque forme que ce soit, sur celle-ci. Ces dispositions s'appliquent aux décisions prises après le 1er avril 1991.**

(L. n° 2010-1563 du 16 déc. 2010, art. 58) **« L'attribution par une collectivité territoriale à une autre collectivité territoriale d'une aide financière ne peut être subordonnée à des conditions tenant à l'appartenance de la collectivité bénéficiaire à une association, à un établissement public de coopération intercommunale ou à un syndicat mixte, existant ou à créer. »**

V. App., v° Répartition de compétences entre l'État et les collectivités territoriales.

BIBL. ▶ DONNIER, Les clairs obscurs de la nouvelle répartition des compétences, *AJDA 2001. 92*. – PONTIER, Clarification de la répartition des compétences : le rapport Lefèvre, *JCP Adm. 2011, n° 2092.*

1. Sur la tutelle, V. notes ss. art. L. 1111-3.

2. Les dispositions par lesquelles les départements et les régions n'agiront plus que dans les domaines de compétences que la loi leur attribue, réserve faite de l'aptitude à se saisir de tout objet d'intérêt départemental ou régional par lequel la loi n'a donné compétence à aucune autre personne publique, ne méconnaissent pas le 2e al. de l'art. 72 Const. qui dispose que ces derniers « ont vocation à prendre des décisions pour l'ensemble des compétences qui peuvent le mieux être mises en œuvre à leur échelon ». • Cons. const. 9 déc. 2010, n° 10-618 DC, consid. 55 : *AJDA 2011. 99, note Verpeaux ; AJCT 2011. 25, obs. J.-D. Dreyfus ; Constitutions 2011. 495, chron. Le Roux ; LPA 2011, n° 1415, note Rasta ; JCP Adm. 2011. 16, note Rouault.*

Art. L. 1111-5 **Seules peuvent être opposées aux communes, départements et régions :**

1° Les prescriptions et procédures techniques prévues par une loi ou un décret pris en application d'une loi et applicables à l'ensemble des personnes physiques comme des personnes morales de droit privé ou de droit public ;

2° Les prescriptions et procédures techniques prévues par une loi ou un décret pris en application d'une loi et spécialement applicables aux communes, départements et régions.

L'attribution par l'État, par une collectivité territoriale ainsi que par tout organisme chargé d'une mission de service public, d'un prêt, d'une subvention ou d'une aide ne peut être subordonnée au respect de prescriptions ou de conditions qui ne répondent pas aux règles définies ci-dessus.

(L. n° 2008-1249 du 1er déc. 2008, art. 13) **« Lorsqu'ils attribuent des aides sociales à caractère individuel, en espèces ou en nature, ou un avantage tarifaire dans l'accès à un service public, les collectivités territoriales, leurs établissements publics, les groupements de collectivités et les organismes chargés de la gestion d'un service public veillent à ce que les conditions d'attribution de ces aides et avantages n'entraînent pas de discrimination à l'égard de personnes placées dans la même situation, eu égard à l'objet de l'aide ou de l'avantage, et ayant les mêmes ressources rapportées à la composition du foyer. »**

La possibilité pour un département d'accorder aux communes une subvention pour la gestion de leur service public de distribution de l'eau dont le taux est différent selon que le service est géré en régie ou délégué ne constitue pas une prescription ou procédure technique au sens des dispositions de l'art. L. 1111-5 CGCT. • CE, ass., 12 déc. 2003, *Dpt des Landes : AJDA 2004. 195, chron. Donnat et Casas ; RFDA 2004. 518, concl. Séners, p. 525, note Douence ; ACL 2005, n° 32 ; RLCT 2011, n° 2007, note Carton.*

Art. L. 1111-6 *(L. n° 2022-217 du 21 févr. 2022, art. 217)* **I. — Les représentants d'une collectivité territoriale ou d'un groupement de collectivités territoriales désignés pour participer aux organes décisionnels d'une autre personne morale de droit public ou d'une personne morale de droit privé en application de la loi ne sont pas considérés, du seul fait de cette désignation, comme ayant un intérêt, au sens de l'article L. 2131-11 du présent code, de l'article 432-12 du code pénal ou du I de l'article 2 de la loi n° 2013-907 du 11 octobre 2013 relative à la transparence de la vie publique, lorsque la collectivité ou le groupement délibère sur une affaire intéressant la personne morale concernée ou lorsque l'organe décisionnel de la personne morale concernée se prononce sur une affaire intéressant la collectivité territoriale ou le groupement représenté.**

II. — Toutefois, à l'exception des délibérations portant sur une dépense obligatoire au sens de l'article L. 1612-15 du présent code et sur le vote du budget, les représentants mentionnés au I du présent article ne participent pas aux décisions de la collectivité territoriale ou du groupement attribuant à la personne morale concernée un contrat de la commande publique, une garantie d'emprunt ou une aide revêtant l'une des formes prévues au deuxième alinéa du I de l'article L. 1511-2 et au deuxième alinéa de l'article L. 1511-3, ni aux commissions d'appel d'offres ou à la commission prévue à l'article L. 1411-5 lorsque la personne morale concernée est candidate, ni aux délibérations portant sur leur désignation ou leur rémunération au sein de la personne morale concernée.

III. — Le II du présent article n'est pas applicable :

1° Aux représentants des collectivités territoriales ou de leurs groupements qui siègent au sein des organes décisionnels d'un autre groupement de collectivités territoriales ;

2° Aux représentants des collectivités territoriales ou de leurs groupements qui siègent au sein des organes décisionnels des établissements mentionnés aux articles L. 123-4 et L. 123-4-1 du code de l'action sociale et des familles et à l'article L. 212-10 du code de l'éducation.

BIBL. ▸ BENRAHOU et JOURDAN, La déontologie : 4e dimension de la loi 3DS, *JCP Adm. 2022. 2095.* – DYENS, La prévention des conflits d'intérêts après la loi 3DS, *AJCT 2022. 253*. – DYENS et J. ROTIVEL, Prise illégale d'intérêt : une simple réunion informelle peut caractériser la notion de « surveillance », *AJCT 2021. 140*. – KERLÉO, Réformes de la prise illégale d'intérêts : l'alignement du droit pénal sur le droit administratif, *JCP Adm. 2022. 36.*

COMMENTAIRE

V. dans le supplément en ligne.

Art. L. 1111-7 **Les collectivités territoriales exercent leurs compétences propres dans le respect des sujétions imposées par la défense nationale.**

(Ord. n° 2004-1374 du 20 déc. 2004, art. 4) **« À cet égard, la répartition des compétences prévue par la loi ne fait pas obstacle à ce que les autorités de l'État puissent prendre, à l'égard des collectivités territoriales, de leurs établissements publics et de leurs groupements, les mesures nécessaires à l'exercice de leurs attributions en matière de défense, telles qu'elles résultent notamment du code de la défense. »**

À ce titre, l'État dispose en tant que de besoin des services des communes, des départements, des régions, de leurs groupements et de leurs établissements publics.

Si le représentant de l'État estime qu'un acte pris par les autorités communales, départementales et régionales, soumis ou non à l'obligation de transmission, est de nature à compromettre de manière grave le fonctionnement ou l'intégrité d'une installation ou d'un ouvrage intéressant la défense, il peut en demander l'annulation par la juridiction administrative pour ce seul motif.

Le représentant de l'État dans le département ou dans la région défère l'acte en cause, dans les deux mois suivant sa transmission ou sa publication, à la section du contentieux du Conseil d'État, compétente en premier et dernier ressort. Il assortit, si

nécessaire, son recours d'une demande de *(L. n° 2000-597 du 30 juin 2000, art. 16)* **« suspension » ; le président de la section du contentieux du Conseil d'État, ou un conseiller d'État délégué à cet effet, statue dans un délai de quarante-huit heures.**

1. Il a été jugé que n'entre pas dans l'intérêt public local la délibération d'un conseil municipal accordant des subventions à une association de défense contre les déchets nucléaires ayant pour objet de s'opposer aux études effectuées par l'Agence nationale des déchets radioactifs. • CE 15 nov. 1995, *Cne de Secondigny,* n° 137500 : *RF décentr. 1996. 245, note Verpeaux.*

2. L'art. L. 1111-7 institue un recours spécial dans l'intérêt de la défense nationale. Ce recours est intenté directement par le préfet devant le Conseil d'État et peut conduire à l'annulation d'une décision d'une autorité décentralisée alors même que cette décision serait légale. Mais, aux conditions initiales de la L. du 7 janv. 1983 (le respect des sujétions imposées par la défense nationale), la L. du 9 janv. 1986 a ajouté une restriction de nature à limiter étroitement le champ d'application du recours spécial : l'acte pris par les autorités locales doit être de nature à compromettre gravement le fonctionnement ou l'intégrité d'une installation ou d'un ouvrage intéressant la défense. Ce n'est pas le cas de l'arrêté du maire interdisant la circulation d'engins blindés à chenilles sur le territoire de la commune. • CE 15 mars 1996, *Cne de Busy,* n° 113884 : *ACL 1997, n° 31.* – V. aussi • TA Strasbourg, 12 avr. 1988, *Préfet, COREP du Bas-Rhin c/ Cté urbaine de Strasbourg : Rec. TA 1989, n° 156.*

SECTION 2 **Délégations de compétences** *(L. n° 2022-217 du 21 févr. 2022, art. 1er).*

Art. L. 1111-8 *(L. n° 2010-1563 du 16 déc. 2010, art. 73)* **Une collectivité territoriale peut déléguer à une collectivité territoriale relevant d'une autre catégorie ou à un établissement public de coopération intercommunale à fiscalité propre** *(L. n° 2019-1461 du 27 déc. 2019, art. 68)* **« tout ou partie d' » une compétence dont elle est attributaire** *(L. n° 2022-217 du 21 févr. 2022, art. 8)* **« , y compris pour la réalisation ou la gestion de projets structurants pour son territoire. Lorsqu'il y est expressément autorisé par ses statuts, un établissement public de coopération intercommunale à fiscalité propre, avec l'accord de ses communes membres, exprimé par délibérations concordantes de tous les conseils municipaux, peut également déléguer à un département ou à une région tout ou partie d'une compétence qui lui a été transférée par ses communes membres. »**

Les compétences déléguées en application de l'alinéa précédent sont exercées au nom et pour le compte de la collectivité territoriale *(L. n° 2022-217 du 21 févr. 2022, art. 8)* **« ou de l'établissement public délégant ».**

Cette délégation est régie par une convention qui en fixe la durée et qui définit les objectifs à atteindre et les modalités du contrôle de l'autorité délégante sur l'autorité délégataire. Les modalités de cette convention sont précisées par décret en Conseil d'État.

BIBL. ▶ Bossebœuf, *BJCL 2014. 234* (l'acte III de la décentralisation : quelques réflexions sur le système des compétences déléguées). – Douence (dir.), L'exercice des compétences locales entre rationalisation et créativité, *L'Harmattan, 2018.* – Dyens et Maurel, *AJCT 2015. 582* (quel périmètre pour la délégation de compétences de l'article L. 1111-8 du CGCT ?). – Janicot, *Dr. Adm. 2019. Étude 3* (les délégations de compétences entre personnes publiques). – Martin, *RFDA 2020. 232* (les conventions relatives à l'exercice des compétences).

Art. L. 1111-8-1 *(L. n° 2014-58 du 27 janv. 2014, art. 1er)* **Sauf lorsque sont en cause des intérêts nationaux, l'État peut déléguer par convention à une collectivité territoriale ou à un établissement public de coopération intercommunale à fiscalité propre qui en fait la demande l'exercice de certaines de ses compétences.**

Les compétences déléguées en application du présent article sont exercées au nom et pour le compte de l'État. Elles ne peuvent habiliter les collectivités territoriales et les établissements publics concernés à déroger à des règles relevant du domaine de la loi ou du règlement.

Aucune compétence déléguée ne peut relever de la nationalité, des droits civiques, des garanties des libertés publiques, de l'état et de la capacité des personnes, de l'organisation de la justice, du droit pénal, de la procédure pénale, de la politique étrangère, de la défense, de la sécurité et de l'ordre publics, de la monnaie, du crédit et des changes, ainsi que du droit électoral, ou intervenir lorsqu'elle affecte les conditions essentielles d'exercice d'une liberté publique ou d'un droit constitutionnellement garanti, ou porter sur l'exercice de missions de contrôle confiées à l'État sans faculté

expresse de délégation par les engagements internationaux de la France, les lois et les règlements.

La collectivité territoriale ou l'établissement public de coopération intercommunale à fiscalité propre qui souhaite exercer une compétence déléguée par l'État soumet sa demande pour avis à la conférence territoriale de l'action publique. La demande et l'avis de la conférence territoriale sont transmis aux ministres concernés par le représentant de l'État dans la région.

Lorsque la demande de délégation est acceptée, un projet de convention est communiqué à la collectivité territoriale ou à l'établissement public demandeur dans un délai d'un an à compter de la transmission de sa demande.

La délégation est décidée par décret. La convention prévue au premier alinéa en fixe la durée, définit les objectifs à atteindre, précise les moyens mis en œuvre ainsi que les modalités de contrôle de l'État sur la collectivité territoriale ou l'établissement public de coopération intercommunale à fiscalité propre délégataire. Les modalités de cette convention sont précisées par décret en Conseil d'État. — *V. art. R. 1111-1-1.*

Art. L. 1111-8-2 *(L. nº 2015-991 du 7 août 2015, art. 105)* Dans les domaines de compétences partagées, l'État, une collectivité territoriale ou un établissement public de coopération intercommunale à fiscalité propre peut, par convention, déléguer l'instruction et l'octroi d'aides ou de subventions à l'une des personnes publiques précitées.

Lorsque le délégant et le délégataire sont des collectivités territoriales ou des établissements publics de coopération intercommunale à fiscalité propre, la délégation est régie par l'article L. 1111-8.

Lorsque le délégant est l'État, la délégation est régie par l'article L. 1111-8-1.

Lorsque le délégataire est l'État, la collectivité territoriale ou l'établissement public de coopération intercommunale à fiscalité propre qui souhaite déléguer l'instruction et l'octroi d'aides ou de subventions soumet sa demande pour avis à la conférence territoriale de l'action publique. La demande de délégation et l'avis de la conférence territoriale de l'action publique sont transmis aux ministres concernés par le représentant de l'État dans la région.

Lorsque la demande de délégation mentionnée au quatrième alinéa du présent article est acceptée, un projet de convention est communiqué par la collectivité territoriale ou l'établissement public de coopération intercommunale à fiscalité propre au représentant de l'État dans la région, dans un délai d'un an à compter de la notification de l'acceptation de sa demande.

La délégation est décidée par décret.

La convention de délégation en fixe la durée, définit les objectifs à atteindre, précise les moyens mis en œuvre ainsi que les modalités de contrôle de l'exécution de la délégation.

SECTION 3 **Exercice concerté des compétences** *(L. nº 2022-217 du 21 févr. 2022, art. 1er).*

Art. L. 1111-9 *(L. nº 2014-58 du 27 janv. 2014, art. 3)* I. — Les compétences des collectivités territoriales dont le présent article prévoit que l'exercice nécessite le concours de plusieurs collectivités territoriales ou groupements de collectivités territoriales sont mises en œuvre dans le respect des règles suivantes :

1° Les délégations de compétence sont organisées dans le cadre de la convention territoriale d'exercice concerté prévue au V de l'article L. 1111-9-1 ;

2° La participation minimale du maître d'ouvrage, prévue au deuxième alinéa du III de l'article L. 1111-10, est fixée à 30 % du montant total des financements apportés par des personnes publiques ;

3° À l'exception des opérations figurant dans le contrat de plan conclu entre l'État et la région *(L. nº 2017-256 du 28 févr. 2017, art. 10)* « et dans le contrat de convergence », les projets relevant de ces compétences peuvent bénéficier de subventions d'investissement et de fonctionnement soit de la région, soit d'un département.

II. — La région est chargée d'organiser, en qualité de chef de file, les modalités de l'action commune des collectivités territoriales et de leurs établissements publics pour l'exercice des compétences relatives :

1° À l'aménagement et au développement durable du territoire ;

2° À la protection de la biodiversité ;

3° Au climat, à la qualité de l'air et à l'énergie ;

(L. n° 2017-86 du 27 janv. 2017, art. 54) « 4° À la politique de la jeunesse ; »

5° et 6° Abrogés par L. n° 2015-991 du 7 août 2015, art. 2.

(L. n° 2019-1428 du 24 déc. 2019, art. 15) « 7° Aux mobilités, notamment à l'intermodalité, à la complémentarité entre les modes de transports et à l'aménagement des gares ; »

8° Au soutien à l'enseignement supérieur et à la recherche.

III. — Le département est chargé d'organiser, en qualité de chef de file, les modalités de l'action commune des collectivités territoriales et de leurs établissements publics pour l'exercice des compétences relatives à :

1° L'action sociale, le développement social et la contribution à la résorption de la précarité énergétique ;

2° L'autonomie des personnes ;

3° La solidarité des territoires.

Il est consulté par la région en préalable à l'élaboration du contrat de plan conclu entre l'État et la région en application de la loi n° 82-653 du 29 juillet 1982 portant réforme de la planification afin de tenir compte des spécificités de son territoire.

IV. — La commune ou l'établissement public de coopération intercommunale à fiscalité propre auquel elle a transféré ses compétences est chargé d'organiser, en qualité de chef de file, les modalités de l'action commune des collectivités territoriales et de leurs établissements publics pour l'exercice des compétences relatives :

1° À la mobilité durable ;

2° À l'organisation des services publics de proximité ;

3° À l'aménagement de l'espace ;

4° Au développement local.

V. — Les modalités de l'action commune des collectivités territoriales et de leurs groupements pour l'exercice des compétences mentionnées aux II à IV sont débattues par la conférence territoriale de l'action publique prévue à l'article L. 1111-9-1.

L'obligation de participation minimale prévue au 2° du I du présent art. n'est pas applicable au financement des projets d'investissement visant à réparer les dommages directement causés par les actes de dégradation et de destruction liés aux troubles à l'ordre et à la sécurité publics survenus du 27 juin 2023 au 5 juill. 2023 (Ord. n° 2023-871 du 13 sept. 2023, art. 2).

BIBL. ▶ GORGE, Le principe d'égalité entre les collectivités territoriales, *Bibliothèque parlementaire et constitutionnelle, Dalloz, 2011.* – TESOKA, Les rapports entre catégories de collectivités territoriales, *PUAM, 2004.* – DE BRIANT, L'action commune en droit des collectivités territoriales : contribution à l'étude de l'exercice en commun de compétences, *L'Harmattan, 2009.* – FERREIRA, Chef de filât et conférence territoriale et l'action publique, *JCP Adm. 2014. 2048.* – JANICOT, La fonction de collectivité chef de file, *RFDA 2014. 472* ; Deux nouveaux principes relatifs à la répartition des compétences. Le principe de subsidiarité et le principe de la collectivité chef de file, *ibid. 2023. 242*.

COMMENTAIRE

V. dans le supplément en ligne.

Art. L. 1111-9-1 *(L. n° 2014-58 du 27 janv. 2014, art. 4)* I. — Dans chaque région, la conférence territoriale de l'action publique est chargée de favoriser un exercice concerté des compétences des collectivités territoriales, de leurs groupements et de leurs établissements publics.

La conférence territoriale de l'action publique peut débattre et rendre des avis sur tous les sujets relatifs à l'exercice de compétences et à la conduite de politiques publiques nécessitant une coordination ou une délégation de compétences entre les collectivités territoriales et leurs groupements.

Elle peut être saisie de la coordination des relations transfrontalières avec les collectivités territoriales étrangères situées dans le voisinage de la région.

(L. n° 2022-217 du 21 févr. 2022, art. 8) « II. – Dans chaque région, le nombre de membres de la conférence territoriale de l'action publique est déterminé, au plus tard six mois avant le renouvellement général des conseils municipaux, par délibérations concordantes du conseil régional et des conseils départementaux, prises sur avis favorable de la majorité des conseils municipaux et des organes délibérants des établissements publics de coopération intercommunale à fiscalité propre.

« À défaut d'avis favorable donné dans les conditions prévues au premier alinéa du présent II, sont membres de la conférence territoriale de l'action publique : »

1° Le président du conseil régional ou de l'autorité exécutive de la collectivité territoriale régie par l'article 73 de la Constitution ;

2° Les présidents des conseils départementaux ou un représentant de l'autorité exécutive des collectivités territoriales exerçant les compétences des départements sur le territoire de la région ;

3° Les présidents des établissements publics de coopération intercommunale à fiscalité propre de plus de 30 000 habitants ayant leur siège sur le territoire de la région ;

(L. n° 2017-257 du 28 févr. 2017, art. 69) « 3° bis Dans la région d'Île-de-France, les présidents des établissements publics territoriaux mentionnés à l'article L. 5219-2 du présent code ; »

4° Un représentant élu des établissements publics de coopération intercommunale à fiscalité propre de moins de 30 000 habitants ayant leur siège sur le territoire de chaque département ;

5° Un représentant élu des communes de plus de 30 000 habitants de chaque département ;

6° Un représentant élu des communes comprenant entre 3 500 et 30 000 habitants de chaque département ;

7° Un représentant élu des communes de moins de 3 500 habitants de chaque département ;

8° Le cas échéant, un représentant des collectivités territoriales et groupements de collectivités des territoires de montagne, au sens de l'article 3 de la loi n° 85-30 du 9 janvier 1985 relative au développement et à la protection de la montagne.

Pour la désignation dans chaque département des représentants des communes et des établissements publics de coopération intercommunale à fiscalité propre non membres de droit de la conférence territoriale de l'action publique et lorsqu'une seule liste complète de candidats réunissant les conditions requises a été adressée au représentant de l'État dans le département, il n'est pas procédé à une élection.

(L. n° 2022-217 du 21 févr. 2022, art. 8) « Les représentants mentionnés aux 1°, 2° et 3° du présent II sont membres de droit de la conférence. Chacune des catégories de collectivités et établissements mentionnés aux 4° à 7° et, pour les territoires concernés, aux 3° bis et 8° du présent II est représentée, au sein de la conférence, par au moins un membre par département. »

Un décret précise les modalités d'élection ou de désignation des membres de la conférence territoriale de l'action publique. – *V. art. D. 1111-2 s.*

III. – La conférence territoriale de l'action publique est présidée par le président du conseil régional.

Elle organise librement ses travaux, au travers de commissions thématiques, et leur publicité dans le cadre de son règlement intérieur. *(L. n° 2016-925 du 7 juill. 2016, art. 4)* « Chaque conférence territoriale de l'action publique comprend au moins une commission thématique dédiée à la culture. »

Elle est convoquée par son président, qui fixe l'ordre du jour de ses réunions. *(L. n° 2016-925 du 7 juill. 2016, art. 4)* « Au moins une fois par an, il inscrit à l'ordre du jour un débat sur la politique en faveur de la culture. » Chaque membre peut proposer l'inscription à l'ordre du jour de questions complémentaires relevant des compétences exercées par la personne publique ou la catégorie de personnes publiques qu'il représente ou pour lesquelles cette personne publique est chargée d'organiser les modalités de l'action commune des collectivités territoriales.

Le représentant de l'État dans la région est informé des séances de la conférence territoriale de l'action publique. Il y participe lorsque la conférence donne son avis sur une demande d'une collectivité territoriale ou d'un établissement public de coopération intercommunale à fiscalité propre tendant à obtenir la délégation de l'exercice d'une compétence de l'État dans le cadre fixé à l'article L. 1111-8-1 *(L. n° 2015-991 du 7 août 2015, art. 98)*) « ou lorsqu'elle intervient au titre du premier alinéa du II de l'article 26 de la loi n° 95-115 du 4 février 1995 d'orientation pour l'aménagement et le développement du territoire ». Il participe aux autres séances à sa demande.

La conférence territoriale de l'action publique peut associer à ses travaux tout élu ou organisme non représenté. Elle peut solliciter l'avis de toute personne ou de tout organisme.

IV. – La conférence territoriale de l'action publique débat des projets visant à coordonner les interventions des personnes publiques, qui lui sont présentés par les collectivités territoriales ou les établissements publics de coopération intercommunale à fiscalité propre dans le cadre des V à VII.

V. – Les conventions territoriales d'exercice concerté d'une compétence fixent les objectifs de rationalisation et les modalités de l'action commune pour chacune des compétences concernées, dans les conditions suivantes :

a) La région et le département élaborent un projet de convention pour chacun des domaines de compétence mentionnés aux II et III de l'article L. 1111-9 ;

b) Les communes et les établissements publics de coopération intercommunale auxquels elles ont transféré leurs compétences peuvent élaborer un projet de convention pour chacun des domaines de compétence mentionnés au IV du même article L. 1111-9 ;

c) La collectivité territoriale ou le groupement de collectivités, chargé par la loi de l'élaboration d'un plan ou d'un schéma relatif à l'exercice d'une compétence des collectivités territoriales au niveau régional ou départemental, peut élaborer un projet de convention organisant les modalités de leur action commune pour cette compétence ;

d) La collectivité territoriale ou le groupement de collectivités, chargé par la loi d'élaborer un plan ou un schéma relevant d'une compétence pour laquelle l'article L. 1111-9 le charge de l'organisation des modalités de l'action commune, peut élaborer un projet de document unique tenant lieu de plan ou schéma et de convention territoriale d'exercice concerté de la compétence concernée, en respectant les prescriptions et procédures de consultation et d'approbation prévues pour chaque document. Le document unique comporte un volet regroupant les dispositions prévues en application des 1° à 5° du présent V applicables à ses seuls signataires. Un décret en Conseil d'État précise les modalités d'application du présent *d.*

Chaque projet de convention comprend notamment :

1° Les niveaux de collectivités territoriales concernés ou les collectivités compétentes définies par des critères objectifs sur l'ensemble du territoire de la région ;

2° Les délégations de compétences entre collectivités territoriales, ainsi que les délégations de la région ou du département à un établissement public de coopération intercommunale à fiscalité propre, dans les conditions prévues à l'article L. 1111-8 ;

3° Les créations de services unifiés, en application de l'article L. 5111-1-1 ;

4° Les modalités de la coordination, de la simplification et de la clarification des interventions financières des collectivités territoriales pouvant déroger aux 2° et 3° du I de l'article L. 1111-9 ;

5° La durée de la convention, qui ne peut excéder six ans.

VI. – Le projet de convention territoriale d'exercice concerté de la compétence est examiné par la conférence territoriale de l'action publique, dans les conditions prévues par son règlement intérieur.

La collectivité territoriale ou l'établissement public auteur du projet de convention territoriale d'exercice concerté de la compétence peut prendre en compte les observations formulées lors des débats de la conférence territoriale de l'action publique pour modifier le projet présenté.

À l'issue de cet examen, le projet de convention est transmis au représentant de l'État dans la région, ainsi qu'aux collectivités territoriales et établissements publics appelés à prendre les mesures nécessaires à sa mise en œuvre.

Les organes délibérants des collectivités territoriales et des établissements publics concernés disposent d'un délai de trois mois pour approuver la convention, qui est signée par le maire ou par le président.

Les stipulations de la convention sont opposables aux seules collectivités territoriales et établissements publics qui l'ont signée. Elles les engagent à prendre les mesures et à conclure les conventions nécessaires à sa mise en œuvre.

VII. — Lorsque l'exercice d'une compétence autre que celles mentionnées à l'article L. 1111-9 est partagé entre plusieurs catégories de collectivités territoriales, chaque collectivité territoriale ou établissement public de coopération intercommunale à fiscalité propre attributaire de cette compétence peut formuler des propositions de rationalisation de son exercice. Ces propositions font l'objet d'un débat au sein de la conférence territoriale de l'action publique.

VIII. — Au moins une fois par an, la collectivité territoriale chargée d'organiser les modalités de l'action commune adresse à l'organe délibérant des collectivités territoriales et aux établissements publics concernés un rapport détaillant les actions menées dans le cadre de la convention territoriale d'exercice concerté de la compétence ou du plan d'actions, ainsi que les interventions financières intervenues. Ce rapport fait l'objet d'un débat.

Dans les conditions prévues au présent article pour leur conclusion, les conventions territoriales d'exercice concerté de la compétence peuvent être révisées au terme d'une période de trois ans ou en cas de changement des conditions législatives, réglementaires ou financières au vu desquelles elles ont été adoptées.

Le présent art. est entré en vigueur le 1er janv. 2025 (L. n° 2022-217 du 21 févr. 2022, art. 8).

COMMENTAIRE

V. dans le supplément en ligne.

Ancien art. L. 1111-9-1 *(L. n° 2014-58 du 27 janv. 2014, art. 4) I. — Dans chaque région, la conférence territoriale de l'action publique est chargée de favoriser un exercice concerté des compétences des collectivités territoriales, de leurs groupements et de leurs établissements publics.*

La conférence territoriale de l'action publique peut débattre et rendre des avis sur tous les sujets relatifs à l'exercice de compétences et à la conduite de politiques publiques nécessitant une coordination ou une délégation de compétences entre les collectivités territoriales et leurs groupements.

Elle peut être saisie de la coordination des relations transfrontalières avec les collectivités territoriales étrangères situées dans le voisinage de la région.

II. — Sont membres de la conférence territoriale de l'action publique :

1° Le président du conseil régional ou de l'autorité exécutive de la collectivité territoriale régie par l'article 73 de la Constitution ;

2° Les présidents des conseils départementaux ou un représentant de l'autorité exécutive des collectivités territoriales exerçant les compétences des départements sur le territoire de la région ;

3° Les présidents des établissements publics de coopération intercommunale à fiscalité propre de plus de 30 000 habitants ayant leur siège sur le territoire de la région ;

(L. n° 2017-257 du 28 févr. 2017, art. 69) « 3° bis Dans la région d'Île-de-France, les présidents des établissements publics territoriaux mentionnés à l'article L. 5219-2 du présent code ; »

4° Un représentant élu des établissements publics de coopération intercommunale à fiscalité propre de moins de 30 000 habitants ayant leur siège sur le territoire de chaque département ;

5° Un représentant élu des communes de plus de 30 000 habitants de chaque département ;

6° Un représentant élu des communes comprenant entre 3 500 et 30 000 habitants de chaque département ;

7° Un représentant élu des communes de moins de 3 500 habitants de chaque département ;

8° Le cas échéant, un représentant des collectivités territoriales et groupements de collectivités des territoires de montagne, au sens de l'article 3 de la loi n° 85-30 du 9 janvier 1985 relative au développement et à la protection de la montagne.

Pour la désignation dans chaque département des représentants des communes et des établissements publics de coopération intercommunale à fiscalité propre non membres de droit de la conférence territoriale de l'action publique et lorsqu'une seule liste complète de candidats réunissant les conditions requises a été adressée au représentant de l'État dans le département, il n'est pas procédé à une élection.

Un décret précise les modalités d'élection ou de désignation des membres de la conférence territoriale de l'action publique. — V. art. D. 1111-2 s.

III. — La conférence territoriale de l'action publique est présidée par le président du conseil régional.

Elle organise librement ses travaux, au travers de commissions thématiques, et leur publicité dans le cadre de son règlement intérieur. (L. nº 2016-925 du 7 juill. 2016, art. 4) *« Chaque conférence territoriale de l'action publique comprend au moins une commission thématique dédiée à la culture. »*

Elle est convoquée par son président, qui fixe l'ordre du jour de ses réunions. (L. nº 2016-925 du 7 juill. 2016, art. 4) *« Au moins une fois par an, il inscrit à l'ordre du jour un débat sur la politique en faveur de la culture. » Chaque membre peut proposer l'inscription à l'ordre du jour de questions complémentaires relevant des compétences exercées par la personne publique ou la catégorie de personnes publiques qu'il représente ou pour lesquelles cette personne publique est chargée d'organiser les modalités de l'action commune des collectivités territoriales.*

Le représentant de l'État dans la région est informé des séances de la conférence territoriale de l'action publique. Il y participe lorsque la conférence donne son avis sur une demande d'une collectivité territoriale ou d'un établissement public de coopération intercommunale à fiscalité propre tendant à obtenir la délégation de l'exercice d'une compétence de l'État dans le cadre fixé à l'article L. 1111-8-1 (L. nº 2015-991 du 7 août 2015, art. 98) *« ou lorsqu'elle intervient au titre du premier alinéa du II de l'article 26 de la loi nº 95-115 du 4 février 1995 d'orientation pour l'aménagement et le développement du territoire ». Il participe aux autres séances à sa demande.*

La conférence territoriale de l'action publique peut associer à ses travaux tout élu ou organisme non représenté. Elle peut solliciter l'avis de toute personne ou de tout organisme.

IV. — La conférence territoriale de l'action publique débat des projets visant à coordonner les interventions des personnes publiques, qui lui sont présentés par les collectivités territoriales ou les établissements publics de coopération intercommunale à fiscalité propre dans le cadre des V à VII.

V. — Les conventions territoriales d'exercice concerté d'une compétence fixent les objectifs de rationalisation et les modalités de l'action commune pour chacune des compétences concernées, dans les conditions suivantes :

a) La région et le département élaborent un projet de convention pour chacun des domaines de compétence mentionnés aux II et III de l'article L. 1111-9 ;

b) Les communes et les établissements publics de coopération intercommunale auxquels elles ont transféré leurs compétences peuvent élaborer un projet de convention pour chacun des domaines de compétence mentionnés au IV du même article L. 1111-9 ;

c) La collectivité territoriale ou le groupement de collectivités, chargé par la loi de l'élaboration d'un plan ou d'un schéma relatif à l'exercice d'une compétence des collectivités territoriales au niveau régional ou départemental, peut élaborer un projet de convention organisant les modalités de leur action commune pour cette compétence ;

d) La collectivité territoriale ou le groupement de collectivités, chargé par la loi d'élaborer un plan ou un schéma relevant d'une compétence pour laquelle l'article L. 1111-9 le charge de l'organisation des modalités de l'action commune, peut élaborer un projet de document unique tenant lieu de plan ou schéma et de convention territoriale d'exercice concerté de la compétence concernée, en respectant les prescriptions et procédures de consultation et d'approbation prévues pour chaque document. Le document unique comporte un volet regroupant les dispositions prévues en application des 1º à 5º du présent V applicables à ses seuls signataires. Un décret en Conseil d'État précise les modalités d'application du présent d.

Chaque projet de convention comprend notamment :

1º Les niveaux de collectivités territoriales concernés ou les collectivités compétentes définies par des critères objectifs sur l'ensemble du territoire de la région ;

2º Les délégations de compétences entre collectivités territoriales, ainsi que les délégations de la région ou du département à un établissement public de coopération intercommunale à fiscalité propre, dans les conditions prévues à l'article L. 1111-8 ;

3º Les créations de services unifiés, en application de l'article L. 5111-1-1 ;

4º Les modalités de la coordination, de la simplification et de la clarification des interventions financières des collectivités territoriales pouvant déroger aux 2º et 3º du I de l'article L. 1111-9 ;

5º La durée de la convention, qui ne peut excéder six ans.

VI. — Le projet de convention territoriale d'exercice concerté de la compétence est examiné par la conférence territoriale de l'action publique, dans les conditions prévues par son règlement intérieur.

La collectivité territoriale ou l'établissement public auteur du projet de convention territoriale d'exercice concerté de la compétence peut prendre en compte les observations formulées lors des débats de la conférence territoriale de l'action publique pour modifier le projet présenté.

À l'issue de cet examen, le projet de convention est transmis au représentant de l'État dans la région, ainsi qu'aux collectivités territoriales et établissements publics appelés à prendre les mesures nécessaires à sa mise en œuvre.

Les organes délibérants des collectivités territoriales et des établissements publics concernés disposent d'un délai de trois mois pour approuver la convention, qui est signée par le maire ou par le président.

Les stipulations de la convention sont opposables aux seules collectivités territoriales et établissements publics qui l'ont signée. Elles les engagent à prendre les mesures et à conclure les conventions nécessaires à sa mise en œuvre.

VII. — Lorsque l'exercice d'une compétence autre que celles mentionnées à l'article L. 1111-9 est partagé entre plusieurs catégories de collectivités territoriales, chaque collectivité territoriale ou établissement public de coopération intercommunale à fiscalité propre attributaire de cette compétence peut formuler des propositions de rationalisation de son exercice. Ces propositions font l'objet d'un débat au sein de la conférence territoriale de l'action publique.

VIII. — Au moins une fois par an, la collectivité territoriale chargée d'organiser les modalités de l'action commune adresse à l'organe délibérant des collectivités territoriales et aux établissements publics concernés un rapport détaillant les actions menées dans le cadre de la convention territoriale d'exercice concerté de la compétence ou du plan d'actions, ainsi que les interventions financières intervenues. Ce rapport fait l'objet d'un débat.

Dans les conditions prévues au présent article pour leur conclusion, les conventions territoriales d'exercice concerté de la compétence peuvent être révisées au terme d'une période de trois ans ou en cas de changement des conditions législatives, réglementaires ou financières au vu desquelles elles ont été adoptées.

Art. L. 1111-9-2 *(L. n° 2023-630 du 20 juill. 2023, art. 2)* Dans chaque région, il est institué une conférence régionale de gouvernance de la politique de réduction de l'artificialisation des sols.

I. — La composition et le nombre de membres de la conférence régionale de gouvernance de la politique de réduction de l'artificialisation des sols sont déterminés par une délibération du conseil régional prise sur avis conforme de la majorité des organes délibérants des établissements publics de coopération intercommunale à fiscalité propre compétents en matière de plan local d'urbanisme et des conseils municipaux des communes n'ayant pas transféré la compétence en matière de plan local d'urbanisme. Cette commission comprend obligatoirement au moins un représentant de chaque département du périmètre régional, siégeant à titre consultatif.

À défaut de transmission d'une proposition par le président du conseil régional aux organes délibérants et aux conseils municipaux mentionnés au premier alinéa du présent I dans un délai de trois mois à compter de la promulgation de la loi n° 2023-630 du 20 juillet 2023 visant à faciliter la mise en œuvre des objectifs de lutte contre l'artificialisation des sols et à renforcer l'accompagnement des élus locaux ou à défaut d'un avis conforme donné dans les conditions prévues au premier alinéa du présent I dans un délai de six mois à compter de la promulgation de la loi n° 2023-630 du 20 juillet 2023 précitée, la conférence régionale de gouvernance réunit :

1° Quinze représentants de la région ;

2° Cinq représentants des établissements publics mentionnés à l'article L. 143-16 du code de l'urbanisme ;

3° Quinze représentants des établissements publics de coopération intercommunale compétents en matière de documents d'urbanisme, dont un représentant au moins par département et trois représentants des établissements non couverts par un schéma de cohérence territoriale ;

4° Sept représentants des communes compétentes en matière de documents d'urbanisme, dont un représentant au moins par département ;

5° Cinq représentants des communes non couvertes par un document d'urbanisme ;

6° Un représentant de chaque département, siégeant à titre consultatif ;

7° Cinq représentants de l'État.

La composition de la conférence régionale de gouvernance de la politique de réduction de l'artificialisation des sols assure une représentation équilibrée des territoires urbains, ruraux, de montagne et du littoral.

La conférence régionale de gouvernance est présidée par le président du conseil régional, le président de l'Assemblée de Guyane, le président du conseil exécutif de Martinique ou le président *(L. n° 2025-797 du 11 août 2025, art. 52)* « de l'assemblée » de Mayotte.

En Corse, la chambre des territoires prévue à l'article L. 4421-3 du présent code se substitue à la conférence régionale de gouvernance de la politique de réduction de l'artificialisation des sols.

II. – À l'initiative de la région ou d'un établissement public mentionné à l'article L. 143-16 du code de l'urbanisme appartenant au périmètre régional, la conférence régionale de gouvernance de la politique de réduction de l'artificialisation des sols peut se réunir sur tout sujet lié à la mise en œuvre des objectifs de réduction de l'artificialisation des sols. Elle peut également transmettre à l'État des analyses et des propositions portant sur cette mise en œuvre. En tant que de besoin, elle peut consulter les personnes publiques associées mentionnées, selon les cas, aux articles L. 4251-5, L. 4424-13 et L. 4433-10 du présent code et à l'article L. 123-7 du code de l'urbanisme.

Elle est consultée dans le cadre de la qualification des projets d'envergure nationale ou européenne, dans les conditions prévues au 8° du III de l'article 194 de la loi n° 2021-1104 du 22 août 2021 portant lutte contre le dérèglement climatique et renforcement de la résilience face à ses effets.

Elle est également consultée dans le cadre de la qualification des projets d'envergure régionale mentionnés au 6° de l'article L. 141-8 du code de l'urbanisme. Dans ce cas, les représentants de l'État mentionnés au 7° du I du présent article ne siègent pas au sein de la conférence.

III. – Le président ou la majorité des membres de la conférence régionale de gouvernance de la politique de réduction de l'artificialisation des sols peut décider de réunir une conférence départementale pour tout sujet lié à la mise en œuvre communale ou intercommunale des objectifs de réduction de l'artificialisation des sols. Cette conférence départementale peut transmettre à la conférence régionale des analyses et des propositions portant sur la mise en œuvre locale des objectifs de réduction de l'artificialisation des sols. Sa composition est déterminée par la conférence régionale de gouvernance de la politique de réduction de l'artificialisation des sols. Elle assure une représentation équilibrée des territoires urbains, ruraux, de montagne et du littoral à l'échelle du département.

IV. – Dans un délai de trois mois à compter de la délibération prescrivant l'élaboration ou l'évolution des documents prévus aux articles L. 4251-1, L. 4424-9 et L. 4433-7 du présent code et à l'article L. 123-1 du code de l'urbanisme et ayant pour conséquence de modifier les objectifs chiffrés ou les trajectoires de réduction de l'artificialisation prévus par ces documents, la conférence régionale de gouvernance de la politique de réduction de l'artificialisation des sols peut adopter par délibération et transmettre à l'autorité compétente pour l'élaboration des documents précités une proposition relative à l'établissement des objectifs régionaux en matière de réduction de l'artificialisation des sols. Cette proposition porte sur la fixation d'un objectif régional et, le cas échéant, sa déclinaison en objectifs infrarégionaux. Lors des délibérations relatives à cette proposition, les représentants de la région mentionnés au 1° du I du présent article siègent à titre consultatif. Les projets de documents mentionnés à la première phrase du présent IV ne peuvent être arrêtés avant la transmission de cette proposition à la région ou, à défaut de transmission, avant l'expiration d'un délai de six mois.

V. – Au plus tard un an après sa dernière réunion, la conférence régionale de gouvernance de la politique de réduction de l'artificialisation des sols se réunit à nouveau afin d'établir un bilan de la mise en œuvre des objectifs de réduction de l'artificialisation des sols. Ce bilan comprend :

1° Des éléments permettant d'apprécier les modalités et les critères de territorialisation des objectifs de réduction de l'artificialisation retenus au niveau régional ainsi que la pertinence de cette territorialisation au regard des trajectoires et des besoins territoriaux constatés ;

2° Des éléments relatifs aux objectifs de réduction de l'artificialisation des sols fixés par les schémas de cohérence territoriale, par les plans locaux d'urbanisme et par les cartes communales du périmètre régional, permettant d'apprécier la cohérence globale de ces objectifs au regard des objectifs retenus au niveau régional ;

3° Des éléments relatifs à l'artificialisation des sols constatée depuis le début de la tranche de dix années prévue pour les documents de planification régionale, permettant d'apprécier la trajectoire nécessaire pour atteindre les objectifs de réduction de l'artificialisation fixés par le document régional et par les schémas de cohérence territoriale du périmètre régional. Ces éléments permettent d'apprécier l'artificialisation des sols constatée depuis le début de la même tranche de dix années dans le périmètre des communes non couvertes par un plan local d'urbanisme ou par une carte communale et leur contribution à l'atteinte des objectifs de réduction de l'artificialisation des sols fixés par le document régional et par les schémas de cohérence territoriale ;

4° Des propositions d'évolution des objectifs de réduction de l'artificialisation des sols fixés par la loi et par les documents de planification en vue de la prochaine tranche de dix années mentionnée au 3° du présent V.

VI. — Entre le 1er janvier et le 30 juin 2027, chaque conférence régionale de gouvernance de la politique de réduction de l'artificialisation des sols prévue au présent article remet au Parlement un rapport faisant état du niveau de la consommation foncière et des résultats obtenus au regard des objectifs de réduction de l'artificialisation retenus au niveau régional.

Les dispositions issues de la L. n° 2025-797 du 11 août 2025 entrent en vigueur à une date fixée par décret et au plus tard le 1er janv. 2026 (L. préc., art. 52).

Art. L. 1111-10 *(L. n° 2019-1461 du 27 déc. 2019, art. 71)* « I. — Le département peut, à leur demande, contribuer au financement des projets dont la maîtrise d'ouvrage est assurée par les communes, leurs groupements, les établissements publics qui leur sont rattachés ou les sociétés dont ils détiennent une part du capital.

« Il peut, pour des raisons de solidarité territoriale et lorsque l'initiative privée est défaillante ou absente, contribuer au financement des opérations d'investissement en faveur des entreprises de services marchands nécessaires aux besoins de la population en milieu rural, dont la maîtrise d'ouvrage est assurée par des communes ou des établissements publics de coopération intercommunale à fiscalité propre. Il peut aussi contribuer au financement des opérations d'investissement en faveur de l'entretien et de l'aménagement de l'espace rural réalisées par les associations syndicales autorisées ou constituées d'office ou par leurs unions. »

(L. n° 2017-1838 du 30 déc. 2017, art. 1er) « II. — La région peut contribuer au financement des projets mentionnés aux 1°, 2°, 5° et 8° du I de l'article L. 211-7 du code de l'environnement, présentant un intérêt régional, dont la maîtrise d'ouvrage est assurée par une commune mentionnée au V de l'article L. 5210-1-1 du présent code, un établissement public de coopération intercommunale ou un syndicat mixte constitué en application de l'article L. 5711-1. »

III. — *(L. n° 2012-1270 du 20 nov. 2012, art. 26)* « À l'exception des collectivités territoriales et groupements de collectivités territoriales de Guadeloupe, Guyane, La Réunion, Martinique, Mayotte, Saint-Barthélemy, Saint-Martin et Saint-Pierre-et-Miquelon, » toute collectivité territoriale ou tout groupement de collectivités territoriales, maître d'ouvrage d'une opération d'investissement, assure une participation minimale au financement de ce projet.

Sans préjudice de l'application de l'article 9 de la loi n° 2003-710 du 1er août 2003 d'orientation et de programmation pour la ville et la rénovation urbaine, cette participation minimale du maître d'ouvrage est de 20 % du montant total des financements apportés par des personnes publiques à ce projet.

Pour les projets d'investissement en matière de rénovation des monuments protégés au titre du code du patrimoine, cette participation minimale du maître d'ouvrage est de 20 % du montant total des financements apportés par des personnes publiques, sauf dérogation accordée par le représentant de l'État dans le département. *(L. n° 2019-1461 du 27 déc. 2019, art. 82)* « Le représentant de l'État dans le département peut également accorder cette dérogation pour les opérations concernant le patrimoine non protégé, lorsqu'il l'estime justifié par l'urgence ou par la nécessité publique, ou lorsqu'il estime que la participation minimale est disproportionnée au vu de la capacité financière du maître d'ouvrage. Pour les projets d'investissement concernant les ponts et ouvrages d'art *(L. n° 2021-1104 du 22 août 2021, art. 229)* « ainsi que ceux concernant les équipements pastoraux », pour ceux en matière de défense extérieure contre l'incendie et pour ceux concourant à la construction, à la reconstruction, à l'extension et aux réparations des centres de santé mentionnés à l'article L. 6323-1 du code de la santé publique, cette participation minimale du maître d'ouvrage peut faire l'objet de dérogations accordées par le représentant de l'État dans le département si son importance est disproportionnée par rapport à la capacité financière du maître d'ouvrage. »

Pour les projets d'investissement destinés à réparer les dégâts causés par des calamités publiques, cette participation minimale du maître d'ouvrage peut faire l'objet de dérogations accordées par le représentant de l'État dans le département, au vu de l'importance des dégâts et de la capacité financière des collectivités territoriales ou groupements de collectivités territoriales intéressés.

(L. n° 2012-354 du 14 mars 2012, art. 35) « Pour les projets d'investissement en matière d'eau potable et d'assainissement, d'élimination des déchets, de protection contre les incendies de forêts et de voirie communale qui sont réalisés par les établissements publics de coopération intercommunale à fiscalité propre de Corse ou par les communes membres d'un tel établissement lorsque les projets n'entrent pas dans le champ de compétence communautaire, cette participation minimale du maître de l'ouvrage est de 10 % du montant total des financements apportés par des personnes publiques. »

(L. n° 2022-217 du 21 févr. 2022, art. 62) « Pour les projets d'investissement destinés à restaurer la biodiversité au sein d'un site Natura 2000 exclusivement terrestre, cette participation minimale du maître d'ouvrage peut faire l'objet de dérogations accordées par le représentant de l'État dans le département, au vu de l'importance de la dégradation des habitats et des espèces et des orientations fixées dans le document d'objectifs mentionné à l'article L. 414-2 du code de l'environnement, lorsque le représentant de l'État estime que la participation minimale est disproportionnée au vu de la capacité financière du maître d'ouvrage. Cette dérogation est applicable aux projets d'investissement qui sont entièrement compris sur le territoire d'une commune de moins de 3 500 habitants ou d'un groupement de collectivités territoriales de moins de 40 000 habitants qui en assure la maîtrise d'ouvrage. »

(L. n° 2015-991 du 7 août 2015, art. 1er) « Pour les opérations d'investissement financées par le fonds européen de développement régional dans le cadre d'un programme de coopération territoriale européenne, la participation minimale du maître d'ouvrage est de 15 % du montant total des financements apportés par des personnes publiques. »

(L. n° 2022-217 du 21 févr. 2022, art. 64) « Pour les projets d'investissement dont la maîtrise d'ouvrage est assurée par un syndicat mixte mentionné aux articles L. 5711-1 ou L. 5721-8 du présent code, par un pôle métropolitain ou par un pôle d'équilibre territorial et rural, les concours financiers au budget du groupement versés par ses membres, y compris les contributions exceptionnelles, sont considérés, pour l'application du présent III, comme des participations du maître d'ouvrage au financement de ces projets. »

(L. n° 2024-279 du 29 mars 2024, art. unique) « Pour les projets d'investissement ayant pour objet la rénovation énergétique des bâtiments scolaires, la participation minimale du maître d'ouvrage peut être fixée par le représentant de l'État dans le département à 10 % du montant total des financements apportés par des personnes publiques, lorsque ce dernier estime que la participation minimale prévue au deuxième alinéa du présent III est disproportionnée au vu de la capacité financière du maître d'ouvrage. »

IV. — Par dérogation aux dispositions du présent article, les collectivités territoriales peuvent financer toute opération figurant dans les contrats de projet État-région *(L. n° 2017-256 du 28 févr. 2017, art. 10)* « ou dans les contrats de convergence » et toute opération dont la maîtrise d'ouvrage relève de l'État *(L. n° 2022-217 du 21 févr. 2022, art. 44)* « , de ses établissements publics, de la société SNCF Réseau mentionnée à l'article L. 2111-9 du code des transports ou de sa filiale mentionnée au 5° du même article L. 2111-9 ».

V. — Un décret en Conseil d'État fixe les modalités d'application du présent article.

L'obligation de participation minimale prévue au III du présent art. n'est pas applicable au financement des projets d'investissement visant à réparer les dommages directement causés par les actes de dégradation et de destruction liés aux troubles à l'ordre et à la sécurité publics survenus du 27 juin 2023 au 5 juill. 2023 (Ord. n° 2023-871 du 13 sept. 2023, art. 2).

BIBL. ▶ Houser, *AJCT 2015. 575* (la loi NOTRe – les mécanismes de financement des transferts de compétences entre collectivités territoriales). – Huet et Le Mercier, *JCP Adm. 2012, n° 381* (financements croisés : un nouveau cadre législatif pragmatique).

Art. L. 1111-11 *(L. n° 2019-1461 du 27 déc. 2019, art. 83)* **Lorsqu'une opération d'investissement bénéficie de subventions de la part de personnes publiques, la collectivité territoriale ou le groupement maître d'ouvrage publie son plan de financement et l'affiche de manière permanente pendant la réalisation de l'opération et à son issue. Les modalités d'application du présent article sont fixées par décret.**

CHAPITRE II PARTICIPATION DES ÉLECTEURS AUX DÉCISIONS LOCALES

(L. org. n° 2003-705 du 1er août 2003)

COMMENTAIRE

V. dans le supplément en ligne.

SECTION 1 Référendum local

BIBL. ▶ **Études antérieures à la loi n° 2004-809 du 13 août 2004 :** Auby, La loi du 6 février 1992 et la citoyenneté locale, *RFDA 1993. 37*. – Becet, Le référendum intercommunal et l'article 8 de la loi du 10 juillet 1971, *Rev. adm. 1971. 528.* – Belloubet-Frier, Les référendums municipaux, *Pouvoirs 1996, n° 77, p. 163.* – Bequart-Leclerc, La démocratie locale à l'américaine, *PUF 1988.* – Bory, La pratique des référendums officieux dans les communes françaises, *Administration 1988, n° 141.* – Chavrier, La démocratie participative dans le débat sur la décentralisation (1978-2004), *in* T. Debard (dir.), La démocratie participative, *L'Harmattan, 2007, p. 143 s.* – Chantepy, Nature et objet du référendum communal (concl. ss. CE, sect., 29 déc. 1995, M. Géniteau), *RFDA 1996. 471*. – Coudevylle, Plaidoyer en faveur du référendum communal, *Rev. adm. 1978. 475.* – Delpech, Du référendum en droit public français et spécialement du référendum municipal, *RD publ. 1905. 388.* – Delperee (dir.), Référendums, *CRISP 1985.* – Forel, Quelques remarques sur le « référendum local », *Rev. adm. 1992. 258.* – Guillaume-Hoffnung, Référendum local, *J.-Cl. Coll. terr. 1994, fasc. 520.* – Guillot, La recevabilité des contestations relatives aux référendums d'initiative municipale, *RFDA 1996. 460*. – Koubi, La superposition d'actes dans le régime juridique du référendum communal, *LPA 31 mai 1995, n° 65.* – Linditch, Référendum local et démocratie représentative, *LPA 1992, n° 50.* – Mayer, Les tentatives d'introduction du référendum en France sous la IIIe République, *Rev. sc. pol. 1934, t. 37.* – Paoletti, La démocratie locale et le référendum, *L'Harmattan, 1997.* – Penaud, Référendum local : les risques de dévoiement, *La lettre du cadre territorial 1998, n° 189.* – Rihal, Le référendum communal, bilan et perspectives, *RFDA 1996. 452*. – Rochdi, Le référendum local dans la loi d'orientation du 4 février 1995, *LPA 1996, n° 152, p. 4.* – Soubelet, Du bon usage des référendums locaux, *Rev. adm. 1993. 156.* – Verpeaux, Le « référendum » communal devant le juge administratif : premier bilan, *Rev. adm. 1996. 95.* – Viguier, Premières expériences de « référendum » communal, *RFDA 1996. 440*. – Zavoli, La démocratie administrative existe-t-elle ? Plaidoyer pour une refonte de l'enquête publique et du référendum local, *RD publ. 2000. 1495.*

▶ **Liste des consultations organisées depuis les élections municipales de 1995 :** *Cah. Cons. const. 9/2000, p. 25.*

▶ **Études postérieures à la loi n° 2004-809 du 13 août 2004 :** Chavrier, Décentralisation et démocratie locale, un couple à l'âge de raison ?, *AJDA 2013. 1317*. – Verpeaux, La dernière réforme – en date – du droit des consultations locales en France, *AJDA 2006. 866*. – Delvolvé, Le référendum local (loi organique du 1er août 2003), *RFDA 2004. 7*. – Donier, La démocratie locale, de son absence à l'abstentionnisme, *in* Guignard (dir.), 40e anniversaire des lois de décentralisation, *LexisNexis 2023, p. 63.* – Doat, Un rendez-vous manqué pour la démocratie locale, *RFDA 2023. 256*. – Duprat, La prudente avancée du référendum local dans la loi organique du 1er août 2003, *AJDA 2003. 1862*. – Dubreuil, L'e-démocratie au service de la démocratie locale, *AJDA 2018. 1383*. – Fort, La quête d'une démocratie locale, *in* Pontier et Guignard (dir.), Constitution et collectivités territoriales. Réflexions sur le 60e anniversaire de la Constitution, *Lexis Nexis, 2019, p. 73.* – Guérard, La démocratie locale en question, *RD publ. 2004. 1291* ; Crise et mutation de la démocratie locale, *L'Harmattan, 2004.* – Mella, Loi organique sur le référendum local : une réponse partielle aux interrogations suscitées par la loi sur l'organisation décentralisée de la République, *JCP Adm. 2003, n° 1766.* – Mondou, Les outils légaux de participation citoyenne aux décisions locales, *AJCT 2018. 252*. – Morio, Pas de surprise pour la démocratie participative dans la loi 3DS, *JCP Adm. 2022. 2092.* – Mozol, Le référendum de l'article 72-1 de la Constitution ou les limitations institutionnelles de la démocratie semi-directe locale, *in* Pontier et Guignard (dir.), Constitution et collectivités territoriales. Réflexions sur le 60e anniversaire de la Constitution, *LexisNexis, 2019, p. 145.* – Oraison, La reconnaissance de la « démocratie participative » par l'article additionnel 72-1 de la Constitution, *RD publ. 2004. 633.* – Verpeaux, Référendum local, consultations locales et Constitution, *AJDA 2003. 540* ; La loi organique relative au référendum local, *JCP Adm. 2004. 217* ; La dernière réforme – en date – du droit des consultations locales en France, *AJDA 2006. 866* ; La décentralisation et la démocratie locale, *in* Dossier, La décentralisation, *Titre VII, Cah. Cons. const., no 10, 2023.*

▶ V. également Dossier : Démocratie locale participative, *AJCT 2018. 239* .

SOUS-SECTION 1 Dispositions générales

Art. L.O. 1112-1 L'assemblée délibérante d'une collectivité territoriale peut soumettre à référendum local tout projet de délibération tendant à régler une affaire de la compétence de cette collectivité.

1. Le référendum local prévu par l'art. 72-1, al. 2, Const. et organisé par ces dispositions s'applique à l'ensemble des collectivités régies par le titre XII Const. • Cons. const. 30 juill. 2003, no 03-482 DC § 5.

2. Est illégale quant à son objet (hors compétence locale) la délibération organisant un référendum sur le droit de vote et d'éligibilité des ressortissants non communautaires aux élections locales. • CAA Versailles, 13 déc. 2007, *Cne de Saint-Denis*, no 06VE00623 • 23 oct. 2008, *Cne de Clichy-la-Garenne*, no 08VE01555 • TA Cergy-Pontoise, 13 janv. 2006, *Préfet de la Seine-Saint-Denis (1re esp.)* • 23 févr. 2006, *Préfet de la Seine-Saint-Denis (2e esp.) : AJDA 2006. 873, note Verpeaux* . ♦ ... Ou, pour la même raison, le référendum organisé sur le devenir d'un hôpital. • CAA Paris, 9 oct. 2007, *Cne d'Ivry-sur-Seine*, no 06PA04004 : *AJDA 2008. 34, chron. Trouilly* . ♦ ... Ou encore un référendum communal sur la création d'une station d'épuration alors que la compétence correspondante a été transférée à un EPCI. • CAA Nancy, 12 mars 2009, *Cne de Grentzingen*, no 08NC00061.

3. L'exercice du droit de pétition par les habitants d'une commune et le référendum local entrant dans le champ des dispositions constitutionnelles précitées ne peuvent s'exercer que dans les conditions et selon les modalités qu'elles prévoient. Ce cadre constitutionnel et législatif ne fait toutefois pas obstacle à ce que les collectivités territoriales mettent en place d'autres formes d'association du public à l'exercice de leurs compétences. En prenant une décision qui a pour effet d'étendre ces droits à diverses catégories de personnes n'ayant pas la qualité d'électeur au sens du C. élect., une commune méconnaît l'art. 72-1 Const. qui réserve ce droit de pétition aux seuls électeurs de la collectivité territoriale. D'autre part, en décidant de mettre en place une telle procédure sans respecter le cadre constitutionnel et législatif la commune a excédé ses pouvoirs en méconnaissance des compétences réservées au législateur et a méconnu les conditions dans lesquelles les électeurs de la commune peuvent s'exprimer par la voie du référendum et exercer un droit de pétition en vue de demander l'inscription à l'ordre du jour de l'assemblée délibérante de la collectivité l'organisation d'une consultation sur toute affaire relevant de la décision de cette assemblée. • TA Grenoble, 24 mai 2018, no 1701663 : *AJCT 2018. 520, note Mondou* .

Art. L.O. 1112-2 L'exécutif d'une collectivité territoriale peut seul proposer à l'assemblée délibérante de cette collectivité de soumettre à référendum local tout projet d'acte relevant des attributions qu'il exerce au nom de la collectivité, à l'exception des projets d'acte individuel.

Sur l'impossibilité de soumettre un acte individuel à référendum. • TA Limoges, 25 sept. 2006, *M. Carlier c/ Cne de Crozart*, no 0060888 : *AJDA 2007. 85, note Verpeaux.*

Art. L.O. 1112-3 Dans les cas prévus aux articles L.O. 1112-1 et L.O. 1112-2, l'assemblée délibérante de la collectivité territoriale, par une même délibération, détermine les modalités d'organisation du référendum local, fixe le jour du scrutin, qui ne peut intervenir moins de deux mois après la transmission de la délibération au représentant de l'État, convoque les électeurs et précise le projet d'acte ou de délibération soumis à l'approbation des électeurs.

L'exécutif de la collectivité territoriale transmet au représentant de l'État dans un délai maximum de huit jours la délibération prise en application de l'alinéa précédent.

Le représentant de l'État dispose d'un délai de dix jours à compter de la réception de la délibération pour la déférer au tribunal administratif s'il l'estime illégale. Il peut assortir son recours d'une demande de suspension.

Le président du tribunal administratif ou le magistrat délégué par lui statue dans un délai d'un mois, en premier et dernier ressort, sur la demande de suspension. Il est fait droit à cette demande si l'un des moyens invoqués paraît, en l'état de l'instruction, propre à créer un doute sérieux quant à la légalité de l'acte attaqué ou du projet de délibération ou d'acte soumis à référendum.

Lorsque la délibération organisant le référendum local ou le projet de délibération ou d'acte soumis à référendum est de nature à compromettre l'exercice d'une liberté publique ou individuelle, le président du tribunal administratif ou le magistrat délégué par lui en prononce la suspension dans les quarante-huit heures.

Art. L.O. 1112-4 La délibération décidant d'organiser un référendum local adoptée par l'assemblée délibérante d'une collectivité territoriale autre que la commune est notifiée, dans les quinze jours à compter de sa réception, par le représentant de l'État aux maires des communes situées dans le ressort de cette collectivité, sauf s'il a été fait droit à sa demande de suspension.

Les maires organisent le scrutin. Si un maire refuse de procéder à cette organisation, le représentant de l'État, après l'en avoir requis, y procède d'office.

Art. L.O. 1112-5 Les dépenses liées à l'organisation du référendum constituent une dépense obligatoire de la collectivité territoriale qui l'a décidée.

Les dépenses résultant des assemblées électorales tenues dans les communes pour l'organisation d'un référendum décidé par une autre collectivité territoriale leur sont remboursées par cette collectivité de manière forfaitaire, au moyen d'une dotation calculée en fonction du nombre des électeurs inscrits dans la commune et du nombre des bureaux de vote qui y sont installés. Les tarifs de cette dotation sont fixés par décret. *— V. Décr. n° 2004-194 du 24 févr. 2004, infra.*

L'art. L.O. 1112-5 peut disposer, sans porter atteinte au principe de libre disposition des ressources des collectivités territoriales, que les dépenses engendrées par ce référendum présentent le caractère d'une dépense obligatoire. • Cons. const. 30 juill. 2003, n° 03-482 DC § 10.

Décret n° 2004-194 du 24 février 2004,

Pris pour l'application de la loi organique n° 2003-705 du 1er août 2003 relative au référendum local et de la loi n° 2004-809 du 13 août 2004 relative aux libertés et responsabilités locales (Décr. n° 2005-1551 du 6 déc. 2005, art. 7).

Art. 1er En cas de référendum *(Décr. n° 2005-1551 du 6 déc. 2005, art. 7)* « ou de consultation » organisé par un département ou une région, les dépenses concernant l'aménagement, la remise en état des lieux de vote après le scrutin, l'achat, la mise en place des panneaux d'affichage au début de la campagne électorale, leur enlèvement après l'élection, leur réparation et leur entretien et les frais de manutention hors des heures ouvrables sont remboursées aux communes au moyen d'une subvention versée par la collectivité qui a décidé de l'organisation du scrutin. Elle est fixée à 0,09 € par électeur inscrit le jour du scrutin et à 38,11 € par bureau de vote.

Art. L.O. 1112-6 Une collectivité territoriale ne peut organiser de référendum local :

1° À compter du premier jour du sixième mois précédant celui au cours duquel il doit être procédé au renouvellement général ou au renouvellement d'une série des membres de son assemblée délibérante ;

2° Pendant la campagne ou le jour du scrutin prévus pour des consultations organisées dans son ressort sur le fondement du dernier alinéa de l'article 72-1, de l'article 72-4 et du dernier alinéa de l'article 73 de la Constitution.

Aucune collectivité territoriale ne peut organiser de référendum local pendant la campagne ou les jours du scrutin prévus pour :

1° Le renouvellement général ou le renouvellement d'une série des membres des assemblées délibérantes des collectivités territoriales ;

2° Le renouvellement général des députés ;
3° Le renouvellement de chacune des séries des sénateurs ;
4° L'élection des membres du Parlement européen ;
5° L'élection du Président de la République ;
6° Un référendum décidé par le Président de la République.

La délibération organisant un référendum local devient caduque dans les cas prévus au présent article ou en cas de dissolution de l'assemblée délibérante de la collectivité territoriale l'ayant décidé, de démission de tous ses membres ou d'annulation définitive de leur élection.

Une collectivité territoriale ne peut organiser plusieurs référendums locaux portant sur un même objet dans un délai inférieur à un an.

Art. L.O. 1112-7 Le projet soumis à référendum local est adopté si la moitié au moins des électeurs inscrits a pris part au scrutin et s'il réunit la majorité des suffrages exprimés.

Le texte adopté par voie de référendum est soumis aux règles de publicité et de contrôle applicables à une délibération de l'assemblée délibérante de la collectivité ou à un acte de son exécutif.

L'art. L.O. 1112-7 a pu subordonner le caractère décisionnel du référendum à la condition que la moitié au moins des électeurs inscrits y ait pris part. • Cons. const. 30 juill. 2003, n° 03-482 DC § 11.

SOUS-SECTION 2 **Information des électeurs, campagne électorale et opérations de vote**

Art. L.O. 1112-8 Un dossier d'information sur l'objet du référendum décidé par la collectivité territoriale est mis à disposition du public dans les conditions fixées par décret en Conseil d'État. — *V. art. R. 1112-2.*

Art. L.O. 1112-9 La campagne en vue du référendum local est ouverte le deuxième lundi précédant le scrutin à zéro heure. Elle est close la veille du scrutin à minuit.

Elle est organisée par la collectivité territoriale ayant décidé de recourir au référendum local dans les conditions définies au chapitre V du titre I du livre I du code électoral, à l'exception de l'article L. 52-3. Pour l'application de ces dispositions, il y a lieu de lire : "groupe, parti ou groupement habilité à participer à la campagne" au lieu de : "candidat" et de : "liste de candidats".

Les interdictions prévues par l'article L. 50-1, le troisième alinéa de l'article L. 51 et l'article L. 52-1 du code électoral sont applicables à toute propagande relative au référendum dès l'adoption par l'assemblée délibérante de la collectivité territoriale de la délibération visée à l'article L.O. 1112-3.

Les dispositions de la loi n° 77-808 du 19 juillet 1977 relative à la publication et à la diffusion de certains sondages d'opinion [*V. au* **C. élect.**, *App., v° Sondages d'opinion*] sont applicables aux référendums locaux.

Art. L.O. 1112-10 Sont habilités à participer à la campagne en vue du référendum, à leur demande, par l'exécutif de la collectivité territoriale ayant décidé d'organiser le scrutin :

— les groupes d'élus constitués au sein de l'assemblée délibérante dans les conditions prévues par le présent code ;

— les partis et groupements politiques auxquels ont déclaré se rattacher au moins 5 % des élus de l'assemblée délibérante de la collectivité territoriale ayant décidé d'organiser le référendum ;

— pour un référendum décidé par une commune de moins de 3 500 habitants, les partis et groupements politiques auxquels ont déclaré se rattacher au moins trois candidats ayant obtenu au moins 5 % des suffrages exprimés lors du dernier renouvellement du conseil municipal ;

— pour un référendum décidé par un département, les partis et groupements politiques auxquels ont déclaré se rattacher des candidats dont l'addition des voix a atteint au moins 5 % des suffrages exprimés au niveau de l'ensemble des cantons lors du premier tour du renouvellement *(L. org. n° 2013-402 du 17 mai 2013, art. 3)* « des conseillers départementaux » ;

– pour un référendum décidé par une région *(L. org. n° 2011-883 du 27 juill. 2011, art. 6)* « , la collectivité territoriale de Guyane, la collectivité territoriale de Martinique » *(L. org. n° 2025-793 du 11 août 2025, art. 1er)* « , le Département-Région de Mayotte » ou une commune de 3 500 habitants et plus, les partis et groupements politiques auxquels ont déclaré se rattacher au moins la moitié des candidats d'une liste ayant obtenu au moins 5 % des suffrages exprimés lors du premier tour du renouvellement général de l'assemblée délibérante de la collectivité territoriale.

Chaque élu ou candidat ne peut se rattacher qu'à un seul parti ou groupement politique.

Un décret en Conseil d'État fixe les conditions d'application du présent article. – *V. art. R. 1112-3.*

Les dispositions issues de la L. org. n° 2025-793 du 11 août 2025 entrent en vigueur à une date fixée par décret et au plus tard le 1er janv. 2026 (L. préc., art. 5).

Art. L.O. 1112-11 Seuls peuvent participer au scrutin les électeurs de nationalité française inscrits, dans les conditions prévues *(L. org. n° 2016-1047 du 1er août 2016, art. 3)* « au chapitre II du titre I du livre I » du code électoral, sur les listes électorales de la collectivité territoriale ayant décidé d'organiser le référendum et, pour un référendum local décidé par une commune, les ressortissants d'un État membre de l'Union européenne inscrits, dans les conditions prévues aux articles L.O. 227-1 à L.O. 227-5 du même code, sur les listes électorales complémentaires établies pour les élections municipales.

1. En incluant dans le corps électoral appelé à se prononcer dans le cadre d'un référendum communal, les citoyens de l'Union européenne inscrits sur les listes électorales complémentaires de cette commune, le législateur organique a fait une juste appréciation du présent art. et de l'art. 88-3 Const. qui leur reconnaît la qualité d'électeurs de la commune. • Cons. const. 30 juill. 2003, n° 03-482 DC § 14.

2. Est illégale la délibération qui prévoit la participation au scrutin référendaire des résidents étrangers non ressortissants d'un État membre de l'Union européenne. ♦ V. annotations ss. art. L.O. 1112-1.

Art. L.O. 1112-12 Les opérations préparatoires au scrutin, les opérations de vote, le recensement des votes et la proclamation des résultats sont effectués dans les conditions prévues par le chapitre VI du titre I du livre I du code électoral, à l'exception des articles L. 56, L. 58, L. 66, L. 68 (deuxième alinéa) et L. 85-1.

Pour l'application du troisième alinéa de l'article L. 65 du même code, il y a lieu de lire : "les réponses portées" au lieu de : "les noms portés" ; "des feuilles de pointage" au lieu de : "des listes" ; "des réponses contradictoires" au lieu de : "des listes et des noms différents" ; "la même réponse" au lieu de : "la même liste *(L. org. n° 2013-402 du 17 mai 2013, art. 4)* « , le même binôme de candidats » ou le même candidat".

Les bulletins de vote autres que ceux fournis par la collectivité territoriale ayant décidé d'organiser le référendum, les bulletins trouvés dans l'urne sans enveloppe ou dans une enveloppe non réglementaire, les bulletins ou enveloppes portant des signes intérieurs ou extérieurs de reconnaissance, les bulletins ou enveloppes portant des mentions quelconques n'entrent pas en compte dans le résultat du dépouillement. Ils sont annexés au procès-verbal ainsi que les enveloppes non réglementaires et contresignés par les membres du bureau de vote. Chacun des bulletins ou enveloppes annexés porte mention des causes de l'annexion.

Art. L.O. 1112-13 Sont applicables au référendum local les dispositions du chapitre VII du titre I du livre I du code électoral, à l'exception des articles L. 88-1, L. 95 et L. 113-1 (1° à 5° du I, II et III).

Pour l'application de ces dispositions, il y a lieu de lire : "groupe, parti ou groupement politique habilité à participer à la campagne" au lieu de : "candidat" et de "liste de candidats".

Art. L.O. 1112-14 La régularité du référendum local peut être contestée dans les conditions, formes et délais prescrits pour les réclamations contre l'élection des membres de l'assemblée délibérante de la collectivité territoriale ayant décidé de l'organiser.

Art. L.O. 1112-14-1 *(L. org. n° 2007-223 du 21 févr. 2007, art. 9)* Les dispositions du code électoral mentionnées dans la présente sous-section sont applicables aux référen-

dums organisés par les communes de Mayotte et de Saint-Pierre-et-Miquelon, dans les conditions fixées aux articles suivants du code électoral :
1° Pour Mayotte : *(L. org. n° 2010-1486 du 7 déc. 2010, art. 1er)* **« article L. 451 » ;**
2° Pour Saint-Pierre-et-Miquelon : articles L.O. 530 et L. 531.

Art. L.O. 1112-14-2 *(L. org. n° 2016-1047 du 1er août 2016, art. 3)* **Les dispositions du code électoral et celles de la loi n° 77-808 du 19 juillet 1977 relative à la publication et à la diffusion de certains sondages d'opinion auxquelles renvoie la présente sous-section sont applicables dans leur rédaction résultant de la loi n° 2016-1048 du 1er août 2016 rénovant les modalités d'inscription sur les listes électorales.**

SECTION 2 Consultation des électeurs

(L. n° 2004-809 du 13 août 2004, art. 122)

Art. L. 1112-15 Les électeurs d'une collectivité territoriale peuvent être consultés sur les décisions que les autorités de cette collectivité envisagent de prendre pour régler les affaires relevant de la compétence de celle-ci. La consultation peut être limitée aux électeurs d'une partie du ressort de la collectivité, pour les affaires intéressant spécialement cette partie de la collectivité.

Sur la consultation du public relevant de l'art. L. 131-1 CRPA, V. infra.

1. Le juge vérifie que la question posée porte sur un projet de décision relevant des autorités communales. Il sanctionne l'initiative lorsque son objet n'a pas le caractère d'une affaire relevant de la compétence de la commune. Ainsi une consultation sur le principe du maintien sur le territoire national de populations étrangères. • CE 16 nov. 1994, *Cne d'Awala-Yalimapo*, n° 148995 : *Lebon 498 ; RFDA 1995. 209 ; RD publ. 1995. 1081, note Auby ; LPA 31 juill. 1995, note Gillig ; ACL 1995, n° 7 ; Dr. adm. 1995, n° 31.* ♦ V. déjà • TA Lille, 16 juill. 1992, *Préfet de la région Nord-Pas-de-Calais : Lebon 619*. ♦ ... Sur l'installation de nouveaux migrants demandeurs d'asile sur le territoire de la commune. • TA Montpellier, 6 déc. 2016, *Préfet de l'Hérault*, n° 1605527 : *AJDA 2017. 173, note de Dieuleveult*. ♦ ... Sur l'opportunité d'un projet d'autoroute. • CE 16 déc. 1994, *Cne d'Avrillé*, n° 146832 : *Lebon 558 ; RFDA 1996. 452, comm. Rihal ; AJDA 1995. 839, note Jégouzo ; LPA 31 juill. 1995, n° 91, note Gillig.* ♦ ... Sur les conditions d'attribution des logements sociaux. • CAA Lyon, 13 mai 1998, *Cne de Charvieu-Chavagneux*, n° 97LY02989 : *AJDA 1998. 940, obs. Bézard* • CE 21 juin 2000, *Cne de Charvieu-Chavagneux*, n° 198237 : *Dr. adm. 2000, nos 177 et 201 ; ACL 2001, n° 13.* ♦ Les autorités municipales ne sont pas compétentes pour édicter des mesures de police tendant à réglementer les conditions de circulation des poids lourds dans la vallée de Chamonix et sous le tunnel du Mont-Blanc, ainsi que le sous-entend nécessairement la question posée. • TA Grenoble, 16 août 2001, *Préfet de Haute-Savoie*, n° 012552 : *AJDA 2002. 153, concl. Berther-Fouqué*. ♦ V. aussi annotations ss. art. L.O. 1112-1, le juge regroupant les deux catégories de consultations populaires en cas de relative indétermination du fondement légal choisi de la consultation.

2. Le projet d'aménagement d'un centre-ville présente le caractère d'affaire communale alors même que sa réalisation implique pour partie l'intervention de décisions prises par d'autres autorités que les autorités municipales. En conséquence, légalité de la délibération décidant de consulter les électeurs avant d'adopter les décisions nécessaires à la réalisation de l'opération. • CE 1er mars 1996, *Assoc. de défense contre l'implantation d'une grande surface en centre-ville de Saint-Michel-de-Maurienne*, n° 161197 : *ACL 1997, n° 13.*

3. Les décisions des autorités municipales sur lesquelles les électeurs peuvent être préalablement consultés sont celles qui relèvent soit de la compétence du conseil municipal, soit des compétences propres du maire agissant au nom de la commune. À propos de la délivrance de permis de construire. • CE, sect., 29 déc. 1995, *M. Géniteau : Lebon 463 ; RFDA 1996. 471, note Chantepy ; AJDA 1996. 154 et 111, chron. Stahl et Chauvaux ; D. 1996. 273, note Verpeaux ; ACL 1996, n° 9.* ♦ Il peut s'agir aussi bien d'un acte réglementaire que d'une décision individuelle alors même que l'autorité administrative ne dispose pas d'un total pouvoir discrétionnaire. • CE 29 déc. 1995, *M. Géniteau*, n° 154208 : *préc.*

4. Les électeurs ne sauraient en revanche être consultés sur un simple avis que les autorités communales sont appelées à formuler à l'autorité compétente pour adopter la décision, en l'occurrence l'État, à propos du tracé du TGV. • CE 14 avr. 1995, *Cne de Ventabren*, n° 150163 : *ACL 1996, n° 10.*

Code des relations entre le public et l'administration

Art. L. 131-1 Lorsque l'administration décide, en dehors des cas régis par des dispositions législatives ou réglementaires, d'associer le public à la conception d'une réforme ou à l'élaboration d'un projet ou d'un acte, elle rend publiques les modalités de cette procédure, met à disposition des personnes concernées les informations utiles, leur assure un délai raisonnable pour y participer et veille à ce que les résultats ou les suites envisagées soient, au moment approprié, rendus publics.

Les dispositions du CGCT permettent aux collectivités territoriales de soumettre une question relevant de leur compétence à référendum local ou d'organiser une consultation des électeurs sur un projet de décision, elles n'ont ni pour objet ni pour effet de faire obstacle à ce que les collectivités territoriales puissent associer le public à la conception d'une réforme ou à l'élaboration d'un projet ou d'un acte en procédant à une consultation du public selon des modalités qu'elles fixent. Il incombe en particulier à l'autorité administrative qui organise une consultation dans les cas qui relèvent de l'art. L. 131-1 CRPA d'en déterminer les règles d'organisation conformément aux dispositions de cet art. et dans le respect des principes d'égalité et d'impartialité, dont il découle que la consultation doit être sincère. L'autorité administrative doit notamment mettre à disposition des personnes concernées une information claire et suffisante sur l'objet de la consultation et ses modalités afin de leur permettre de donner utilement leur opinion, leur laisser un délai raisonnable pour y participer et veiller à ce que les résultats ou les suites envisagées soient, au moment approprié, rendus publics. La régularité de la consultation implique également, d'une part, que la définition du périmètre du public consulté soit pertinente au regard de son objet et, d'autre part, qu'afin d'assurer sa sincérité, l'autorité administrative prenne, en fonction de cet objet et du périmètre du public consulté, toute mesure relative à son organisation de nature à empêcher que son résultat soit vicié par des avis multiples émanant d'une même personne ou par des avis émis par des personnes extérieures au périmètre délimité. Il incombe enfin à l'autorité administrative de veiller au bon déroulement de la consultation dans le respect des modalités qu'elle a elle-même fixées. Il appartient au juge administratif, s'il est saisi de moyens critiquant la régularité d'une telle consultation ouverte au soutien de la contestation de l'acte pris à l'issue de la procédure comportant cette consultation, lorsque cette consultation peut être regardée, notamment au vu de son objet, de son calendrier et de ses conditions de réalisation, comme formant partie intégrante d'un même processus décisionnel, d'apprécier si les exigences rappelées ci-dessus ont été méconnues et, notamment, si les conditions de mise en œuvre de la consultation ont pu être de nature à en vicier le résultat. Toutefois, dans l'hypothèse où il relèverait l'existence d'une irrégularité, il appartient au juge administratif, avant d'en tirer les conséquences sur la légalité de l'acte pris à l'issue de la procédure comportant cette consultation, d'apprécier si elle a privé les intéressés d'une garantie ou a été susceptible d'exercer une influence sur l'acte attaqué. • CE 19 juill. 2017, *Assoc. citoyenne pour Occitanie Pays Catalan*, n° 403928 : *AJDA 2017. 1662, chron. Odinet et Roussel ; AJCT 2017. 634, obs. Mondou ; Constitutions 2017. 611, chron. Baubonne ; Dr. adm. 2017. Comm. 49, note Éveillard.*

Art. L. 1112-16 *(L. n° 2022-217 du 21 févr. 2022, art. 14)* **« I. — » Dans une commune, un** *(L. n° 2022-217 du 21 févr. 2022, art. 14)* **« dixième » des électeurs inscrits sur les listes électorales et, dans les autres collectivités territoriales, un** *(L. n° 2022-217 du 21 févr. 2022, art. 14)* **« vingtième » des électeurs, peuvent demander à ce que soit inscrite à l'ordre du jour de l'assemblée délibérante de la collectivité l'organisation d'une consultation sur toute affaire relevant de la décision de cette assemblée.**

(L. n° 2022-217 du 21 févr. 2022, art. 14) **« Chaque trimestre », un électeur ne peut signer qu'une seule demande tendant à l'organisation d'une consultation par une même collectivité territoriale.**

(L. n° 2022-217 du 21 févr. 2022, art. 14) **« La demande est adressée au maire ou au président de l'assemblée délibérante. Il accuse réception de la demande et en informe le conseil municipal ou l'assemblée délibérante à la première séance qui suit sa réception. »**

Le ou les organisateurs d'une demande de consultation dans une collectivité territoriale autre que la commune sont tenus de communiquer à l'organe exécutif de cette collectivité une copie des listes électorales des communes où sont inscrits les auteurs de la demande.

La décision d'organiser la consultation appartient à l'assemblée délibérante de la collectivité territoriale.

(L. n° 2022-217 du 21 févr. 2022, art. 14) **« II. — Une collectivité territoriale peut être saisie, dans les conditions prévues aux trois premiers alinéas du I, de toute affaire relevant de sa compétence, pour inviter son assemblée délibérante à se prononcer dans un sens déterminé.**

« La décision de délibérer sur l'affaire dont la collectivité territoriale est saisie appartient au conseil municipal ou à l'assemblée délibérante. »

COMMENTAIRE

V. dans le supplément en ligne.

1. Conditions d'exercice du droit de pétition. Ce seuil fixé par la loi ne peut être modifié. Le droit de pétition ne peut être étendu aux habitants de la commune qui n'auraient pas la qualité d'électeurs. • CAA Lyon, 24 avr. 2012, *Préfet de la Région Rhône-Alpes*, n° 12LY00203 • TA Caen, 27 juin 2012, *Préfet de la Région Basse Normandie*, n° 1200440 • CAA Versailles 6 nov. 2014, *Département de l'Essonne*, n° 13VE03124 : *BJCL 2015. 27, concl. Lepetit-Collin* • CAA Lyon, 9 juill. 2020, *Ville de Grenoble*, n° 18LY02733.

2. Pouvoir du maire. L'exécutif n'est pas contraint d'inscrire la question à l'ordre du jour, même si le nombre requis de signatures est atteint. • CAA Paris, 22 févr. 2005, *Assoc. les amis de la terre du val d'Ysieux c/ Cne de Luzarches*, n° 01PA04331 : *AJDA 2005. 1052, concl. Lercher*. ♦ Dans le même sens, jugeant que le maire a un pouvoir d'appréciation : • CAA Nantes, 5 avr. 2024, n° 23NT00473 : *AJDA 2024. 1914, note Chateau ; ibid. 1522*. ♦ À l'inverse, il peut accepter l'inscription à l'ordre du jour alors que ce nombre n'est pas atteint. • CAA Marseille, 15 nov. 2013, *Cne de Céreste*, n° 11MA04643.

Art. L. 1112-17 **L'assemblée délibérante de la collectivité territoriale arrête le principe et les modalités d'organisation de la consultation. Sa délibération indique expressément que cette consultation n'est qu'une demande d'avis. Elle fixe le jour du scrutin et convoque les électeurs. Elle est transmise deux mois au moins avant la date du scrutin au représentant de l'État. Si celui-ci l'estime illégale, il dispose d'un délai de dix jours à compter de sa réception pour la déférer au tribunal administratif. Il peut assortir son recours d'une demande de suspension.**

Le président du tribunal administratif ou le magistrat délégué par lui statue dans un délai d'un mois, en premier et dernier ressort, sur la demande de suspension. Il est fait droit à cette demande si l'un des moyens invoqués paraît, en l'état de l'instruction, propre à créer un doute sérieux quant à la légalité du projet soumis à consultation.

Lorsque la délibération organisant la consultation est de nature à compromettre l'exercice d'une liberté publique ou individuelle, le président du tribunal administratif ou le magistrat délégué par lui en prononce la suspension dans les quarante-huit heures.

I. PORTÉE DE LA CONSULTATION

1. Avant 2004, l'art. 72 Const. disposant que les collectivités s'administrent librement par des conseils élus ne permettait que des consultations et non des referendums. Outre les cas prescrits par la L. n° 71-588 du 16 juill. 1971 modifiée (V. art. L. 2113-1 s. CGCT) dans lesquels sa portée est décisionnelle, le juge sanctionnait toute consultation qui revenait à conférer un pouvoir de décision à des organes qui ne sont pas d'origine élective. • TA Saint-Denis de La Réunion, 2 août 1982, *M. Hubert-Delisle : JCP 1983. II. 19994, note Miclo.*

2. Le juge fondait aussi sa portée consultative sur la L. du 5 avr. 1884 (CGCT, art. L. 2121-29, al. 1er) qui prévoit que le conseil municipal règle par ses délibérations les affaires de la commune. Il sanctionnait la décision de soumettre une question à consultation lorsqu'il lui apparaissait que les autorités locales s'estimaient liées par l'avis. • CE 7 avr. 1905, *Cne d'Aigre : Lebon 345 ; DP 1907. 3. 15.* ♦ V. aussi • CE 15 janv. 1909, *Cne de Brugnens : Lebon 35 ; DP 1910. 3. 97* • CE 27 oct. 1956, *Assoc. des combattants de la paix et de la liberté : Lebon 391.*

II. CONTENTIEUX

3. Opération de consultation. En l'absence de dispositions législatives ou réglementaires particulières, le résultat d'une consultation des électeurs est considéré comme un simple avis ne liant pas le conseil municipal et n'est pas susceptible de recours pour excès de pouvoir. Le juge se refuse de connaître directement d'éventuelles irrégularités commises lors des opérations électorales. • CAA Lyon, 21 juill. 1995, *de Caumont : RF décentr. 1996, n° 3, p. 110 ; AJDA 1995. 792, chron. Courtial ; RD publ. 1995. 1651.* ♦ V. aussi • CE, sect., 29 déc. 1995, *Géniteau*, n° 154028 : *Lebon 463 ; RFDA 1996. 471, note Chantepy*.

4. Décision d'organiser une consultation. Le juge admet le caractère détachable des actes administratifs préalables aux opérations de scrutin. Il a d'abord reconnu implicitement qu'ils sont susceptibles de faire l'objet d'un recours pour excès de pouvoir en acceptant de se prononcer sur le fond lorsqu'il était saisi. • CE 16 nov. 1994, *Cne d'Awala-Yalimapo*, n° 148995 : *Lebon 498 ; RFDA 1995. 209 ; RD publ. 1995. 1081, note Auby ; LPA 31 juill. 1995, note Gillig ; Dr. adm. 1995, n° 31.* ♦ V. déjà contestation par voie de déféré préfectoral : • TA Nantes, 8 févr. 1993, *Préfet du Maine-et-Loire c/ Cne d'Avrillé : Lebon 501 ; D. 1993. 557, note Romi ; Rev. adm. 1993. 156.* ♦ Contestation par la voie du recours pour excès de pouvoir : • TA Poitiers, 20 oct. 1993, *Géniteau : Lebon 524 ; Rev. jur. Centre-Ouest, juill. 1994, n° 14, p. 125* • TA Grenoble, 17 juin 1994, *Assoc. de défense contre l'implantation d'une grande surface à Saint-Michel-de-Maurienne et a.*, n° 93-2843. ♦ Le juge a ensuite affirmé que la délibération par laquelle un conseil municipal décide de mettre en œuvre la procédure de consultation constitue, alors même que cette consultation n'est qu'une demande d'avis, non une mesure préparatoire mais une décision faisant grief susceptible de faire l'objet d'un recours pour excès de pouvoir. • CE 16 déc. 1994, *Cne d'Avrillé*, n° 146832 : *Lebon 558 ; AJDA 1995. 838 ; RFDA 1996. 452, comm. Rihal.*

5. Contrôle du juge. Le juge vérifie la question posée du point de vue de l'objet du référendum. Le contrôle du fond même de la question posée le conduit à sanctionner une délibération soumettant à consultation une question vague sans que soient précisées, au corps électoral, la nature des problèmes en cause ni les décisions qui pourraient être prises à leur sujet par les autorités municipales. • TA Lille, 16 juill. 1992, *Préfet de la région Nord-Pas-de-Calais : Lebon 619.* ♦ De même, le juge sanctionne un texte de nature à induire l'électeur en erreur sur le sens et la portée de la question posée. • TA Marseille, 26 nov. 1992, *Cne de Septèmes : inédit.*

6. Sursis à exécution. Dès lors qu'elle constitue une simple demande d'avis, la consultation des électeurs de la commune ne saurait entraîner des conséquences irréversibles ou difficilement réparables. La demande de sursis à exécution émanant d'un particulier ne peut donc, eu égard aux règles du droit commun, être favorablement accueillie. • CAA Lyon, 22 févr. 1996, *Cne de Mandelieu-la-Napoule*, n° 95LY02253. ♦ Le préfet peut en revanche obtenir sur le fondement de l'art. L. 2131-6 le sursis à exécution antérieurement à l'organisation du scrutin dès lors qu'un moyen sérieux est de nature à justifier l'annulation de la délibération décidant d'organiser la consultation. • TA Orléans, 3 déc. 1996, *Cne de Saran*, n° 962359.

7. Appel. L'appel formé contre un jugement ayant statué sur la demande tendant à l'annulation d'un scrutin organisé par une commune aux fins de consulter les électeurs ne peut être considéré comme étant relatif à des élections municipales. Il relève par suite de la compétence de la cour administrative d'appel. • CE 19 juin 1992, *Assoc. « Avenir de Bouvron »*, n° 126272 B. ♦ V. aussi • CE 29 juill. 1994, *de Caumont*, n° 147703 B.

8. Contentieux électoral. Les recours contre les décisions soumettant à référendum des projets de fusion de communes relèvent du contentieux électoral. Ils sont jugés sans dépens. • CE 16 juill. 1976, *Min. d'État, Min. de l'Intérieur c/ Cne de Saint-André-de-Bage*, n° 99913 B.

Art. L. 1112-18 Si la délibération émane de l'assemblée délibérante d'une collectivité territoriale autre que la commune, le représentant de l'État dans cette collectivité la notifie dans un délai de quinze jours aux maires des communes dans lesquelles la consultation est prévue, sauf s'il a été fait droit à sa demande de suspension.

Les maires organisent le scrutin. Si un maire refuse de procéder à cette organisation, le représentant de l'État, après l'en avoir requis, y procède d'office.

Art. L. 1112-19 Les dépenses liées à l'organisation de la consultation des électeurs constituent une dépense obligatoire de la collectivité territoriale qui l'a décidée.

Les dépenses résultant des assemblées électorales tenues dans les communes pour l'organisation d'une consultation décidée par une autre collectivité territoriale leur sont remboursées par cette collectivité de manière forfaitaire, au moyen d'une dotation calculée en fonction du nombre des électeurs inscrits dans la commune et du nombre des bureaux de vote qui y sont installés. Les tarifs de cette dotation sont fixés par décret.

Art. L. 1112-20 Les électeurs font connaître par "oui" ou par "non" s'ils approuvent le projet de délibération ou d'acte qui leur est présenté. Après avoir pris connaissance du résultat de la consultation, l'autorité compétente de la collectivité territoriale arrête sa décision sur l'affaire qui en a fait l'objet.

Art. L. 1112-21 Les dispositions des onze premiers alinéas de l'article L.O. 1112-6 sont applicables à la consultation des électeurs.

Pendant le délai d'un an à compter de la tenue d'un référendum local ou d'une consultation des électeurs à l'initiative d'une collectivité territoriale, celle-ci ne peut organiser une autre consultation portant sur le même objet.

Art. L. 1112-22 Les dispositions de l'article L.O. 1112-11 sont applicables à la consultation des électeurs.

Art. L. 1112-23 *(L. n° 2017-86 du 27 janv. 2017, art. 55)* Une collectivité territoriale ou un établissement public de coopération intercommunale peut créer un conseil de jeunes pour émettre un avis sur les décisions relevant notamment de la politique de jeunesse. Cette instance peut formuler des propositions d'actions.

Elle est composée de jeunes de moins de trente ans domiciliés sur le territoire de la collectivité ou de l'établissement ou qui suivent un enseignement annuel de niveau secondaire ou post-baccalauréat dans un établissement d'enseignement situé sur ce même territoire. L'écart entre le nombre de femmes et le nombre d'hommes ne doit pas être supérieur à un.

Ses modalités de fonctionnement et sa composition sont fixées par délibération de l'organe délibérant de la collectivité territoriale ou de l'établissement public de coopération intercommunale.

SECTION 3 *[ABROGÉE]* **Transparence des données des collectivités territoriales**

(Abrogée par L. n° 2016-1321 du 7 oct. 2016, art. 6-IV)
(L. n° 2015-991 du 7 août 2015, art. 106-I-1°)

BIBL. ▶ Da Palma, *JCP Adm. 2017, n° 2213* (la mise en conformité du traitement des données personnelles dans l'*open data* au regard du RGPD. Quels enjeux pour les collectivités territoriales ?). – Delaunay, *JCP Adm. 2018, n° 2286* (l'*open data* dans les collectivités territoriales). – Judais et Lamblin-Gourdin, Protection des données personnelles : les nouveaux principes s'imposant aux communes, *AJCT 2021. 79* et *132*. – Marchand, *JCP Adm. 2018, n° 2287* (la protection de données à caractère personnel : quels risques pour les collectivités territoriales ?).

CHAPITRE II *BIS* MÉDIATION

(L. n° 2019-1461 du 27 déc. 2019, art. 81)

Art. L. 1112-24 Sans préjudice des dispositifs de médiation existants, les communes, les départements, les régions et les établissements publics de coopération intercommunale à fiscalité propre peuvent instituer, par délibération de l'organe délibérant, un médiateur territorial, soumis aux dispositions du présent article.

La délibération qui institue le médiateur territorial définit le champ de ses compétences détermine les moyens mis à sa disposition pour l'exercice de ses fonctions et fixe la durée de son mandat.

Ne peut être nommée médiateur territorial par une collectivité territoriale ou un établissement public de coopération intercommunale à fiscalité propre :

1° La personne qui exerce une fonction publique élective ou est agent de cette collectivité territoriale ou de cet établissement ;

2° La personne qui exerce une fonction publique élective ou est agent au sein de l'un des groupements dont cette collectivité territoriale ou cet établissement est membre.

Les médiations conduites par le médiateur territorial sont soumises aux dispositions de la section 1 du chapitre III du titre I du livre II du code de justice administrative.

La saisine du médiateur territorial interrompt les délais de recours contentieux et suspend les prescriptions dans les conditions prévues à l'article L. 213-6 du code de justice administrative.

Par dérogation à l'article L. 411-2 du code des relations entre le public et l'administration, lorsque, en application du septième alinéa du présent article, le délai de recours contentieux a été interrompu par l'organisation d'une médiation, l'exercice d'un recours gracieux ou hiérarchique ne l'interrompt pas de nouveau, sauf si ce recours constitue un préalable obligatoire à l'exercice d'un recours contentieux.

Le médiateur territorial définit librement les modalités de déroulement des médiations qu'il conduit.

La saisine du médiateur territorial est gratuite.

Le médiateur territorial ne peut être saisi d'un différend dès lors que le litige est porté devant une juridiction ou a fait l'objet d'un jugement définitif, sauf dans les cas prévus par la loi.

Chaque année, le médiateur territorial transmet à l'organe délibérant de la collectivité territoriale ou de l'établissement public de coopération intercommunale à fiscalité propre qui l'a nommé et au Défenseur des droits un rapport d'activité rédigé dans le respect du principe de confidentialité de la médiation. Ce rapport peut contenir des propositions visant à améliorer le fonctionnement de la collectivité territoriale ou de l'établissement public de coopération intercommunale à fiscalité propre.

Le présent art. est applicable aux saisines des personnes physiques ou morales intervenues à compter de la mise en conformité des personnes publiques mentionnées au 1er al. de l'art. L. 1112-24 ou à l'art. L. 1823-1 avec les obligations mentionnées au même art. L. 1112-24. Cette mise en conformité intervient au plus tard le 1er janv. 2021 (L. no 2019-1461 du 27 déc. 2019, art. 81).

BIBL. ▶ GÉLY, La médiation territoriale : une aubaine pour les collectivités ?, *AJCT 2020. 570*.

CHAPITRE III **EXPÉRIMENTATION**

(L. org. no 2003-704 du 1er août 2003, art. 1er)

BIBL. GÉN. ▶ ARAPI, Bilan des expérimentations prévues par la loi du 13 août 2004 : La difficile introduction du concept en France, *JCP Adm. 2008, no 2290*. – BAGHESTANI-PERREY, Le pouvoir d'expérimentation normative locale, une nouvelle conception partagée de la réalisation de l'intérêt général, *LPA 17 mars 2004, no 55, p. 6*. – BOULOUIS, Note sur l'utilisation de la « méthode expérimentale » en matière de réformes, *Mél. Trotabas, LGDJ, 1970. 29*. – BROSSET, Collectivités territoriales françaises et pouvoir législatif, *RFDC 2004. 695*. – CHAUVRIÈRE, Entre expérimentation et innovation à propos d'une expérimentation en cours dans le cadre de la protection de l'enfance, *RFAP 2005. 391*. – CHAVRIER, Expérimentation territoriale : vers un État subsidiaire, *Annuaire des collectivités locales 2004, éd. CNRS, p. 43 s.* ; Expérimentation territoriale, *J.-Cl. Adm., nos 116-20, janv. 2005*. – CROUZATIER-DURAND, L'expérimentation locale, *RFDA 2004. 21* ; Première évaluation des expérimentations normatives trois ans après leur consécration constitutionnelle, *RLCT 2006, no 13, p. 19*. – DONIER, Autonomie locale et enjeux de la mise en œuvre du droit à l'expérimentation, *in* Turk (dir.), Constitution et droit des collectivités territoriales, *L'Harmattan, Travaux de l'AFDCL, 2020, p. 279*. – DRAGO, Expérimentation, la pire ou la meilleure des réformes, *AJDA 2002. 989* ; Le droit à l'expérimentation, *in* La république décentralisée (dir. Gaudemet et Gohin), *Éd. Panthéon-Assas, 2004, p. 65*. – FAURE, L'intégration de l'expérimentation au Droit public français, *Mél. Moderne, Dalloz, 2004*. – FIALAIRE, Le droit à l'expérimentation des collectivités territoriales et la subsidiarité : les apparences et les « faux-semblants » d'une prétendue territorialisation des normes, Subsidiarité infranationale et territorialisation des normes *PUR 2004, p. 11*. – JANICOT, La décentralisation et l'expérimentation normative, *Titre VII, 2022, no 9, p. 46*. – JANIN, L'expérimentation juridique dans l'acte II de la décentralisation, *JCP Adm. 2005. 1524*. – LAMBLIN-GOURDIN, L'expérimentation dans la gestion des fonds structurels européens : le cas de l'Alsace, Subsidiarité infranationale et territorialisation des normes (dir. Fialaire), *PUR 2004, p. 62*. – LAPOUZE, L'expérimentation par les collectivités territoriales, *JCP Adm. 2006. 307*. – LE ROUX, Le régionalisation ferroviaire : de l'expérimentation au transfert de compétences, Subsidiarité infranationale et territorialisation des normes (dir. FIALAIRE), *PUR 2004, p. 35*. – LONG, Revenu de solidarité active : l'expérimentation, *Dr. soc. 2007. 1236*. – LUCHAIRE, Une nouveauté constitutionnelle française en matière de décentralisation : l'expérimentation, *Mél. Delperée, Éd. Bruylant, LGDJ 2007. 909*. – MAMONTOFF, Réflexions sur l'expérimentation du droit, *RD publ. 1998. 351*. – MÉLIN-SOUCRAMANIEN, Le droit à l'expérimentation, *in* La République décentralisée, *Éd. L'Harmattan, 2003, p. 265*. – Ministère de l'Intérieur (CEP), Les collectivités locales et l'expérimentation : perspectives nationales et européennes, *Doc. fr. 2004*. – MOREAU, De l'expérimentation, *JCP Adm. 2002. 98*. – MOZOL, Quels changements pour l'expérimentation normative locale au lendemain de la loi organique du 19 avril 2021 ?, *JCP Adm. 2021. Actu. 289*. – PISSALOUX, Réflexion sur l'expérimentation normative, *Dr. adm. 2003. 12*. – PONTIER, L'expérimentation et les collectivités locales, *Rev. adm. 2001. 169* ; La loi organique relative à l'expérimentation par les collectivités territoriales, *AJDA 2003. 1715*. – ROUX, Constitution, expérimentation et décentralisation, *Mél. Philip, Economica 2005, p. 207*. – VERPEAUX, La loi organique relative à l'expérimentation par les collectivités territoriales, *JCP Adm. 2004. 1333*. – VERPEAUX et JANICOT, Réformer sans réviser, *AJDA 2021. 1375*.

▶ **Sur le pouvoir de dérogation du préfet :** BRICAULT, Dévolution d'un droit de dérogation des préfets aux normes réglementaires, *AJDA 2020. 1478*. – JOBART, Dérogation aux normes réglementaires : un pouvoir préfectoral, *AJCT 2022. 72*. – PRADINES et JANICOT, Pouvoir de dérogation des préfets : beaucoup de bruit pour rien ?, *AJDA 2022. 962*.

▸ **Études :** Conseil d'État, Les expérimentations : comment innover dans la conduite des politiques publiques ?, *Les études du Conseil d'État, Doc. fr. 2019*. – Rapport de la mission Flash des députés J.-R. Cazeneuve et A. Viala sur l'expérimentation et la différenciation du 9 mai 2018, *n° 912, p. 20*.

COMMENTAIRE

V. dans le supplément en ligne.

Art. L.O. 1113-1 La loi qui autorise, sur le fondement du quatrième alinéa de l'article 72 de la Constitution, les collectivités territoriales à déroger, à titre expérimental aux dispositions législatives régissant l'exercice de leurs compétences, définit l'objet de l'expérimentation ainsi que sa durée, qui ne peut excéder cinq ans, et mentionne les dispositions auxquelles il peut être dérogé.

(L. org. n° 2021-467 du 19 avr. 2021, art. 1er) **« La loi précise également les catégories et les caractéristiques des collectivités territoriales autorisées à participer à l'expérimentation et les cas dans lesquels l'expérimentation peut être entreprise. Elle fixe le délai dans lequel les collectivités territoriales qui remplissent les conditions fixées prennent leur décision de participer à l'expérimentation. »**

Les dispositions de la L. org. du 1er août 2003 mettent en œuvre l'art. 72, al. 4, Const. issu de la révision constitutionnelle du 28 mars 2003. Elles aménagent la possibilité pour les collectivités de déroger aux lois et aux règlements nationaux sur habilitation de l'État. Avant cette révision de la Const., le législateur n'avait pu autoriser l'Assemblée de Corse à déroger qu'aux règlements nationaux et non aux lois. • Cons. const. 17 janv. 2002, n° 01-454 DC § 21 : *AJDA 2002. 100, note Schoettl ; RFDA 2002. 459, note Verpeaux, 469, note Faure*. ♦ L'autorisation législative de déroger à certains articles de loi avait pu être admise, dans des conditions très étroites, au profit de certains établissements publics à caractère scientifique et culturel s'agissant de leur organisation statutaire. • Cons. const. 28 juill. 1993, n° 93-322 DC.

Art. L.O. 1113-2 *(L. org. n° 2021-467 du 19 avr. 2021, art. 2)* **Toute collectivité territoriale entrant dans le champ d'application défini par la loi mentionnée à l'article L.O. 1113-1 peut, dans le délai prévu au second alinéa du même article L.O. 1113-1, décider de participer à l'expérimentation mentionnée par cette loi par une délibération motivée de son assemblée délibérante.**

Cette délibération est publiée, à titre d'information, au *Journal officiel*.

Dans sa Décis. n° 2021-816 DC du 15 avr. 2021 sur la L. org. relative à la simplification des expérimentations mises en œuvre sur le fondement du 4e al. de l'art. 72 de la Const., le Cons. const. a jugé que « les art. 2 à 4 de la loi organique [art. L.O. 1113-2 et L.O. 1113-3], qui ne méconnaissent ni le dernier al. de l'art. 72 de la Const., ni la garantie des droits, sont conformes à la Constitution » (consid. 12). • Cons. const. 15 avr. 2021, n° 2021-816 DC : *AJDA 2021. 1375, étude Janicot et Verpeaux*.

Art. L.O. 1113-3 *(L. org. n° 2021-467 du 19 avr. 2021, art. 4)* **Le représentant de l'État peut assortir un recours dirigé contre la délibération mentionnée à l'article L.O. 1113-2 d'une demande de suspension ; cette délibération cesse alors de produire ses effets jusqu'à ce que le tribunal administratif ait statué sur cette demande. Si le tribunal administratif n'a pas statué dans un délai d'un mois suivant sa saisine, la délibération redevient exécutoire.**

En cas de demande de suspension, la publication au *Journal officiel* mentionnée au second alinéa de l'article L.O. 1113-2 est différée jusqu'à ce que le tribunal administratif ait statué sur cette demande ou jusqu'au terme du délai d'un mois mentionné au premier alinéa du présent article.

Art. L.O. 1113-4 Les actes à caractère général et impersonnel d'une collectivité territoriale portant dérogation aux dispositions législatives mentionnent leur durée de validité.

(L. org. n° 2021-467 du 19 avr. 2021, art. 3) **« Ils sont publiés, à titre d'information, au *Journal officiel*. »**

Art. L.O. 1113-5 Avant l'expiration de la durée fixée pour l'expérimentation, le Gouvernement transmet au Parlement, aux fins d'évaluation, un rapport assorti des observations des collectivités territoriales qui ont participé à l'expérimentation. Ce rapport

expose les effets des mesures prises par ces collectivités en ce qui concerne notamment le coût et la qualité des services rendus aux usagers, l'organisation des collectivités territoriales et des services de l'État ainsi que leurs incidences financières et fiscales.

(*L. org. n° 2021-467 du 19 avr. 2021, art. 5*) « À la moitié de la durée fixée pour l'expérimentation, le Gouvernement transmet au Parlement un rapport assorti, le cas échéant, des observations des collectivités territoriales participant à l'expérimentation. Ce rapport présente les collectivités ayant décidé de participer à l'expérimentation ainsi qu'une évaluation intermédiaire des effets mentionnés à la seconde phrase du premier alinéa. »

Chaque année, le Gouvernement transmet au Parlement un rapport (*L. org. n° 2021-467 du 19 avr. 2021, art. 5*) « présentant les collectivités territoriales ayant décidé de participer à une expérimentation définie par une loi mentionnée à l'article L.O. 1113-1 et » retraçant l'ensemble des propositions d'expérimentation que lui ont adressées les collectivités, en exposant les suites qui leur ont été réservées.

Art. L.O. 1113-6 Avant l'expiration de la durée fixée pour l'expérimentation et au vu de son évaluation, la loi détermine (*L. org. n° 2021-467 du 19 avr. 2021, art. 6*) « le cas échéant » :

— les conditions de la prolongation ou de la modification de l'expérimentation pour une durée qui ne peut excéder trois ans ;

— le maintien et la généralisation des mesures prises à titre expérimental ;

(*L. org. n° 2021-467 du 19 avr. 2021, art. 6*) « — le maintien des mesures prises à titre expérimental dans les collectivités territoriales ayant participé à l'expérimentation, ou dans certaines d'entre elles, et leur extension à d'autres collectivités territoriales, dans le respect du principe d'égalité ; »

— l'abandon de l'expérimentation.

(*L. org. n° 2021-467 du 19 avr. 2021, art. 6*) « La loi peut également modifier les dispositions régissant l'exercice de la compétence ayant fait l'objet de l'expérimentation. »

Le dépôt d'une proposition ou d'un projet de loi ayant l'un (*L. org. n° 2021-467 du 19 avr. 2021, art. 6*) « des effets mentionnés aux deuxième à quatrième alinéas ou au cinquième alinéa » proroge cette expérimentation jusqu'à l'adoption définitive de la loi, dans la limite d'un an à compter du terme prévu dans la loi ayant autorisé l'expérimentation. Mention est faite de cette prorogation au *Journal officiel*.

En dehors des cas prévus (*L. org. n° 2021-467 du 19 avr. 2021, art. 6*) « à l'avant-dernier alinéa », l'expérimentation ne peut être poursuivie au-delà du terme fixé par la loi qui l'avait organisée.

Dans sa Décis. n° 2021-816 DC du 15 avr. 2021 sur la L. org. relative à la simplification des expérimentations mises en œuvre sur le fondement du 4e al. de l'art. 72 de la Constitution, le Conseil constitutionnel a jugé qu'il résulte de ces dispositions que « le législateur ne saurait maintenir à titre pérenne des mesures prises à titre expérimental dans les seules collectivités territoriales ayant participé à l'expérimentation sans les étendre aux autres collectivités présentant les mêmes caractéristiques justifiant qu'il soit dérogé au droit commun et ne méconnaît ni le principe d'égalité devant la loi ni le quatrième alinéa de l'article 72 de la Constitution ». • Cons. const. 15 avr. 2021, n° 2021-816 DC : *préc. note ss. art. L.O. 1113-2.*

Art. L.O. 1113-7 Le Gouvernement, agissant par voie de décret en Conseil d'État, autorise, sur le fondement du quatrième alinéa de l'article 72 de la Constitution, les collectivités territoriales à déroger, à titre expérimental, aux dispositions réglementaires régissant l'exercice de leurs compétences. Ce décret contient les précisions mentionnées à l'article L.O. 1113-1.

Les collectivités territoriales peuvent (*L. org. n° 2021-467 du 19 avr. 2021, art. 7*) « décider de participer à » l'expérimentation prévue par le décret mentionné à l'alinéa qui précède, dans les conditions et selon les procédures définies à l'article L.O. 1113-2. (*L. org. n° 2021-467 du 19 avr. 2021, art. 7*) « La délibération prise en application de la première phrase du présent alinéa peut faire l'objet d'un recours du représentant de l'État dans les conditions prévues à l'article L.O. 1113-3. » Les actes d'une collectivité territoriale dérogeant aux dispositions réglementaires sont soumis au régime défini à

l'article L.O. 1113-4. Le décret en Conseil d'État mentionné au premier alinéa précise les modalités d'évaluation des dispositions prises sur le fondement de l'autorisation.

Le Gouvernement adresse au Parlement un bilan des évaluations auxquelles il est ainsi procédé.

L'expérimentation ne peut être poursuivie au-delà de l'expiration du délai mentionné par le décret en Conseil d'État qui l'avait autorisée, si elle n'a fait l'objet, par décret en Conseil d'État, de l'une des mesures *(L. org. nº 2021-467 du 19 avr. 2021, art. 7)* **« prévues aux deuxième à quatrième alinéas de » l'article L.O. 1113-6.**

CHAPITRE IV AUTONOMIE FINANCIÈRE

(L. org. nº 2004-758 du 29 juill. 2004)

BIBL. GÉN. ► BERTUCCI, L'autonomie financière des collectivités locales à travers les travaux des chambres régionales des comptes, *RFFP 2013, nº 121, p. 125.* – BOUVIER, Autonomie fiscale et libre administration des collectivités locales, *RFFP 2003, nº 81, p. 27* ; De l'autonomie financière des collectivités territoriales, *JCP Adm. 2004, nº 1615* ; Autonomie financière locale et fédéralisme financier européen : sortir du quiproquo, *Pouvoirs locaux 2013, nº 98, p. 103.* – CABANNES, Trente ans après ou à la recherche de l'autonomie financière des collectivités territoriales, *BJCL 2012. 266.* – CONAN, L'autonomie financière des collectivités territoriales. Trente ans après la loi de décentralisation du 2 mars 1982, état des lieux, *AJDA 2012. 759* . – DARNANVILLE, Autonomie financière et fiscale des collectivités locales, *AJDA 2002. 670* . – DGCL, Inventaire général des impôts locaux, *DGCL, 2003, coll. Textes de référence.* – FOURCADE, Quelle réforme des finances locales ?, *RFFP 2003, nº 81, p. 21.* – GALLAND, Autonomie financière des collectivités locales, *RFFP 2003, nº 81, p. 73.* – GANDREAU, Quelle autonomie de ressources pour les collectivités territoriales ?, *RGCT, janv.-févr. 2003. 578.* – GUILLET, L'avenir de l'autonomie financière des collectivités territoriales après la loi organique du 29 juill. 2004, *RGCT, janv.-févr. 2005. 45.* – HASTINGS-MARCHADIER, La péréquation financière horizontale et la Constitution, *AJDA 2013. 2294* . – HERTZOG, La loi organique relative à l'autonomie financière des collectivités territoriales : précisions et complications, *AJDA 2004. 2003* . – JOLY, KLOPFER et LAURENT, Mémento guide des ressources des collectivités locales, *Dexia Éditions et Imprimerie nationale, 2003.* – LAFARGUE, La Constitution et les finances locales, *Cah. Cons. const. 2014, nº 42, p. 17.* – LEROY (dir.), L'autonomie financière des collectivités territoriales, *coll. Finances publiques, Economica, 2017.* – LIOGIER, La fiscalité directe locale en France, *Rev. Trésor 2003. 116.* – NURET, La compensation financière des dépenses sociales des départements au regard de la Charte européenne de l'autonomie locale, *JCP Adm. 2012, nº 2063.* – OLIVA, Les principes de la libre administration et d'autonomie financière, *RFFP 2012, nº 119, p. 49* ; La responsabilité de l'État en matière de transferts aux collectivités territoriales, *BJCL 2013. 501* ; La conception de l'autonomie financière locale, quel contenu ? quelle effectivité ?, *Gestion et fin. publ. 2017, nº 2, p. 13.* – ORSONI, L'évolution des ressources fiscales locales, *RFFP 2003, nº 81, p. 159.* – PARIENTE, Le mythe de l'autonomie financière, *RFFP 2015, nº 129, p. 15.* – PISSALOUX, L'autonomie financière des collectivités locales : clarification et renforcement, *Rev. Trésor 2004. 674.* – PORTAL, Le pilotage national des finances locales : conséquences sur les collectivités territoriales et limites de l'exercice, *Gestion et fin. publ. 2010, nº 6, p. 450.* – PUJOL et GRAU, Le financement des collectivités territoriales, *JCP Adm. 2013, nº 2281.* – RAYMOND, Autonomie financière des collectivités locales et Conseil constitutionnel, *RFFP 2003, nº 81, p. 43.* – STECKEL, Le pouvoir fiscal local, objet nouveau du droit constitutionnel, *AJDA 2004. 2316* ; Le pouvoir fiscal local en trompe-l'œil, *RFD const. 2005, nº 61, p. 19* ; La performance publique en France : un jeu d'influences croisées entre le national et le local, *Gestion et fin. publ. 2010, nº 6, p. 420* ; Le partage des compétences financières entre les États et leurs collectivités territoriales dans les Constitutions des vingt-sept pays membres de l'Union européenne, *RFFP 2013, nº 121, p. 63.* – TARTOUR, L'autonomie financière des collectivités territoriales en droit français, *coll. Bibliothèque finances publiques et fiscalité, LGDJ, 2012.*

COMMENTAIRE

V. dans le supplément en ligne.

Art. L.O. 1114-1 Les catégories de collectivités territoriales mentionnées au troisième alinéa de l'article 72-2 de la Constitution sont :

1º Les communes ;

2º Les départements auxquels *(L. org. nº 2010-1486 du 7 déc. 2010, art. 1er ; L. org. nº 2025-793 du 11 août 2025, art. 1er)* **« sont assimilés le Département-Région de Mayotte », la collectivité territoriale de Saint-Pierre-et-Miquelon et les collectivités à**

statut particulier issues de la fusion d'une ou plusieurs communes et d'un département ;

3° Les régions et la collectivité de Corse auxquelles sont assimilées les collectivités d'outre-mer régies par l'article 74 de la Constitution autres que celles mentionnées au 2°, *[Dispositions déclarées non conformes à la Constitution par décision du Conseil constitutionnel nº 2004-500 DC du 29 juillet 2004]* **les collectivités à statut particulier issues de la fusion de départements et de régions et les collectivités mentionnées au dernier alinéa de l'article 73 de la Constitution** *(L. org. nº 2025-793 du 11 août 2025, art. 1er)* **« autres que le Département-Région de Mayotte ».**

Les dispositions issues de la L. org. nº 2025-793 du 11 août 2025 entrent en vigueur à une date fixée par décret et au plus tard le 1er janv. 2026 (L. préc., art. 5).

Art. L.O. 1114-2 **Au sens de l'article 72-2 de la Constitution, les ressources propres des collectivités territoriales sont constituées du produit des impositions de toutes natures dont la loi les autorise à fixer l'assiette, le taux ou le tarif, ou dont elle détermine, par collectivité, le taux ou une part locale d'assiette, des redevances pour services rendus, des produits du domaine, des participations d'urbanisme, des produits financiers et des dons et legs.**

Pour la catégorie des communes, les ressources propres sont augmentées du montant de celles qui, mentionnées au premier alinéa, bénéficient aux établissements publics de coopération intercommunale.

S'agissant des produits du domaine, « ressources propres » au sens de l'art. L.O. 1114-2, l'intégration dans le domaine de l'État d'une forêt domaniale qui constitue l'essentiel de son territoire ne peut être contestée par une commune sans établir « qu'elle aurait disposé d'un droit patrimonial » sur celle-ci « qui, en tant que bien ecclésiastique, a été intégrée au domaine privé de l'État dès l'année 1789 ». • CAA Paris, 31 déc. 2013, *Cne d'Auberive*, nº 13PA03228.

Art. L.O. 1114-3 **Pour chaque catégorie de collectivités, la part des ressources propres est calculée en rapportant le montant de ces dernières à celui de la totalité de leurs ressources, à l'exclusion des emprunts, des ressources correspondant au financement de compétences transférées à titre expérimental ou mises en œuvre par délégation et des transferts financiers entre collectivités d'une même catégorie.**

Pour la catégorie des communes, la totalité des ressources mentionnées à l'alinéa précédent est augmentée du montant de la totalité des ressources dont bénéficient les établissements publics de coopération intercommunale, à l'exclusion des emprunts, des ressources correspondant au financement de compétences transférées à titre expérimental ou mises en œuvre par délégation. Cet ensemble est minoré du montant des transferts financiers entre communes et établissements publics de coopération intercommunale.

Pour chaque catégorie, la part des ressources propres *[Dispositions déclarées non conformes à la Constitution par décision du Conseil constitutionnel nº 2004-500 DC du 29 juill. 2004]* **ne peut être inférieure au niveau constaté au titre de l'année 2003.**

1. Le Conseil constitutionnel ne peut censurer que des actes législatifs ayant pour conséquence nécessaire de porter atteinte au caractère déterminant de la part des ressources propres d'une catégorie de collectivités territoriales, tel qu'il est défini par lesdites dispositions. En l'espèce, il ne ressort pas des éléments fournis au Conseil constitutionnel que l'instauration de la contribution économique territoriale portera la part des ressources propres de chaque catégorie de collectivités territoriales à un niveau inférieur à celui de 2003 que, dès lors, le grief tiré de la méconnaissance de l'autonomie financière des collectivités territoriales doit être écarté. • Cons. const. 29 déc. 2009, nº 2009-599 DC : *AJDA 2010. 277, note Mastor ; D. 2010. 1508, obs. Bernaud et Gay ; RFDA 2010. 627, chron. Rambaud et Roblot-Troizier ; Constitutions 2010. 277 ; ibid. 281 ; ibid. 283, obs. Barilari*.

2. Ne diminuent pas le montant ou la part des ressources propres des régions les dispositions législatives qui ont pour seul objet de rectifier le montant de la majoration de la contribution de l'État pour l'exploitation des services ferroviaires régionaux de voyageurs en tenant compte des conséquences effectivement constatées du relèvement du barème des péages d'infrastructures. Ces dispositions ne sauraient donc être regardées comme ayant pour effet d'entraver la libre administration des régions. • CE 25 juin 2010, *Région Lorraine*, nº 339842.

Art. L.O. 1114-4 **Le Gouvernement transmet au Parlement, pour une année donnée, au plus tard le 1er juin de la deuxième année qui suit, un rapport faisant apparaître, pour chaque catégorie de collectivités territoriales, la part des ressources propres dans l'ensemble des ressources ainsi que ses modalités de calcul et son évolution.**

Si, pour une catégorie de collectivités territoriales, la part des ressources propres ne répond pas aux règles fixées à l'article L.O. 1114-3, les dispositions nécessaires sont arrêtées, au plus tard, par une loi de finances pour la deuxième année suivant celle où ce constat a été fait.

CHAPITRE V ACTION EXTÉRIEURE DES COLLECTIVITÉS TERRITORIALES *(L. nº 2014-773 du 7 juill. 2014, art. 14-I-1º).*

BIBL. GÉN. ▶ AUTEXIER, De la coopération décentralisée, *RFDA 1993. 411*. – CABANES et ROBBES, La coopération décentralisée : comment s'extraire des contingences de l'intérêt public local ?, *AJDA 2003. 593*. – COMBEAU, Les collectivités territoriales et l'action internationale : quelles spécificités ?, *in* A. Duranthon (dir.), Peut-on encore définir la collectivité territoriale ?, *Colloque annuel de l'AFDCL, L'Harmattan, 2023*. – DOLEZ, Le régime juridique de la coopération décentralisée, *RFDA 1995. 936*. – GRUBER, La coopération locale à l'heure de l'Union européenne : les nouvelles formes de groupement des collectivités décentralisées, *LPA 28 janv. 1994*. – KADA, Coopération décentralisée : un droit sous influences, *JCP Adm. 2013, nº 2218*. – JANICOT, L'action extérieure des collectivités territoriales, *in* M. Chambon et P.-M. Raynal (dir.), L'identité de l'État dans la globalisation, *coll. LEJEP, 2022, p. 127*. – PERRIN, Coopération transfrontalière des collectivités locales. Contenu et limites de l'accord quadrilatéral de Karlsruhe, *Rev. adm. 1996. 81*. – PETITEVILLE, La coopération décentralisée, *L'Harmattan, 1995*. – PINTAT, La coopération décentralisée : un régime de contrats réglementés des collectivités locales, *BJCL 2016. 722*. – PONTIER, Coopération contractuelle et coopération institutionnelle, *Rev. adm. 1994. 162*. – POUGNAUD, La libéralisation progressive de l'action des collectivités dans le plein respect des exigences constitutionnelles, *in* Turk (dir.), Constitution et droit des collectivités territoriales, *L'Harmattan, Travaux de l'AFDCL, 2020, p. 377*. – RECOURA-MASSAQUANT, Coopération décentralisée et action internationale des collectivités territoriales, *JCP Adm. 2013, nº 2219*. – SCHNEIDER, La souveraineté de l'État au carrefour du droit international et du droit administratif, *Mél. Peiser, Presses universitaires de Grenoble, 1995, p. 423*.

COMMENTAIRE

V. dans le supplément en ligne.

Art. L. 1115-1 *(L. nº 2014-773 du 7 juill. 2014, art. 14-I-2º)* **Dans le respect des engagements internationaux de la France, les collectivités territoriales et leurs groupements peuvent mettre en œuvre ou soutenir toute action internationale annuelle ou pluriannuelle de coopération, d'aide au développement ou à caractère humanitaire.** *(L. nº 2021-1031 du 4 août 2021, art. 6)* **« Ils prennent en considération dans ce cadre le programme de développement durable à l'horizon 2030 adopté par l'Assemblée générale des Nations unies le 25 septembre 2015. »**

À cette fin, les collectivités territoriales et leurs groupements peuvent, le cas échéant, conclure des conventions avec des autorités locales étrangères. Ces conventions précisent l'objet des actions envisagées et le montant prévisionnel des engagements financiers. Elles entrent en vigueur dès leur transmission au représentant de l'État dans les conditions fixées aux articles L. 2131-1, L. 2131-2, L. 3131-1, L. 3131-2, L. 4141-1 et L. 4141-2. Les articles L. 2131-6, L. 3132-1 et L. 4142-1 leur sont applicables.

1. Le Conseil d'État a jugé qu'une ville universitaire pouvait valablement allouer à deux étudiants étrangers une bourse mensuelle de doctorat pour une durée de trois ans. Cette faculté d'intervention d'une collectivité locale française en faveur d'une collectivité locale étrangère aurait pu être fondée sur l'art. L. 1112-1 CGCT issu de la loi du 6 févr. 1992 si les faits n'avaient pas été antérieurs. La solution a néanmoins trouvé un soutien, sous certaines conditions, dans la vocation générale des conseils municipaux à prendre en charge toute question d'intérêt communal (art. L. 2121-29 CGCT). • CE, sect., 28 juill. 1995, *Cne de Villeneuve-d'Ascq*, nº 129838 A : *AJDA 1995. 834, concl. Schwartz*. ♦ Une collectivité peut légalement octroyer une subvention à une association dès lors que celle-ci poursuit une action internationale à caractère humanitaire, dans le respect des engagements internationaux de la France. • TA Montpellier, 19 oct. 2021, nº 2003886 : *AJDA 2022. 441 ; AJCT 2022. 103, obs. O. Didriche*.

2. La possibilité ouverte aux collectivités territoriales et à leurs groupements de mettre en œuvre ou soutenir toute action internationale de coopération, d'aide au développement ou à caractère humanitaire n'est pas subordonnée ni à la condition que cette action réponde à un intérêt public local, ni à la condition qu'elle s'inscrive dans les autres domaines de compétences attribués par la loi aux collectivités territoriales, ni à l'exigence qu'elle implique une autorité locale étrangère. • CE, sect., 13 mai 2024, *Assoc. SOS Méditerranée France*, n°s 472155, 474507 et 474652 A : *AJDA 2024. 996 ; ibid. 1373, chron. Goin et Cadin ; JA 2024, n° 700, p. 11, obs. Delpech ; AJCT 2024. 493, obs. Etame Sone ; RFDA 2024. 715, concl. Pez-Lavergne ; BJCL 2024. 446, obs. Jozefowicz ; Dr. adm. 2024. Comm. 28, note Eveillard.*

3. Les actions menées ou soutenues sur ce fondement doivent toutefois respecter les engagements internationaux de la France et ne pas interférer avec la conduite par l'État des relations internationales de la France. • CE, sect., 13 mai 2024, *Assoc. SOS Méditerranée France*, n° 472155, 474507 et 474652. Ainsi, une charte d'amitié conclue entre plusieurs collectivités territoriales et les collectivités territoriales du Haut-Karabagh n'est pas une convention relevant du 2nd al. de l'art. L. 1115-1. Elle se présente en revanche comme une action de coopération au sens du 1er al. du même art., qui fixe le cadre général de l'action extérieure des collectivités territoriales. Elle n'est légale que dans la mesure, notamment, où elle est conclue dans le respect des engagements internationaux de la France. En l'espèce, une charte d'amitié signée avec une collectivité territoriale relevant d'une entité non reconnue par la France et dont l'existence et la reconnaissance sont l'objet d'un conflit international au sujet duquel les autorités françaises ont pris un engagement de neutralité est signée en méconnaissance des engagements internationaux de la France. • TA Lyon, 19 sept. 2019, *Préfet de la Loire c/ Cne de Saint-Étienne*, n° 1808761 : *BJCL 2019. 601, concl. Arnould, obs. Poujade ; AJCT 2020. 94, et les obs.*

4. Aucune disposition ou aucun principe n'interdit qu'une convention de coopération conclue avec une autorité locale étrangère soit aussi signée par d'autres personnes, françaises ou étrangères, de droit public ou de droit privé, y compris par la ou les personnes qui seront chargées de la réalisation du projet qui fait l'objet de l'accord. Par ailleurs, elle peut porter sur la rénovation d'un lieu de culte (en l'espèce, la basilique Saint-Augustin d'Hippone d'Annaba en Algérie) sans violation de la séparation de l'Église et de l'État si elle ne conduit pas à salarier ou à subventionner un culte. • CE 17 févr. 2016, *Région Rhône-Alpes*, n° 368342 A : *AJDA 2016. 712, chron. Dutheillet de Lamothe et Odinet ; AJCT 2016. 340, obs. Gounin ; JCP Adm. 2016, n° 2095, concl. Cortot-Boucher ; AJCT 2019. 489, étude Fitte-Duval ; JCP Adm. 2016. 2095, concl. Cortot-Boucher ; Dr. adm. 2016. 23, note Eveillard.*

5. Ces actions ne sauraient conduire une collectivité territoriale à prendre parti dans un conflit de nature politique ou un conflit collectif de travail. Elle ne peut apporter son soutien à une organisation dont les actions de coopération, d'aide au développement ou à caractère humanitaire doivent être regardées en réalité, eu égard à son objet social, ses activités et ses prises de position, comme des actions à caractère politique. Elle doit s'assurer, par les conditions, qu'elle pose et par des engagements appropriés qu'elle demande à l'organisation de prendre, que son aide sera exclusivement destinée au financement des actions de coopération, d'aide au développement ou à caractère humanitaire qu'elle entend soutenir et ne sera pas utilisée pour financer les autres activités de l'organisation. • CE, sect., 13 mai 2024, *Assoc. SOS Méditerranée France*, n° 472155, 474507 et 474652 A : *préc. note 2.* ♦ *Contra :* • CAA Paris, 3 mars 2023, n° 22PA04811 : *AJDA 2023. 414 ; JA 2023, n° 676, p. 10, obs. Delpech ; AJCT 2023. 289, obs. Rombauts-Chabrol ; AJDA 2023. 1337, note Combeau.* ♦ À comparer avec • CAA Toulouse, 28 mars 2023, n° 21TL04824 et • CAA Bordeaux, 7 févr. 2023, n° 20BX04222 : *AJDA 2023. 1337, note Combeau ; JA 2023, n° 676, p. 10, obs. X. Delpech ; AJCT 2023. 289, obs. T. Rombauts-Chabrol.*

6. Sur le régime juridique des conventions, V. • CE, avis, 25 oct. 1994, n° 356381 : *Rapp. public 1994, EDCE n° 46, p. 379.* ♦ V. aussi * Rép. min. : *JOAN Q, 30 mars 1992, p. 1424 ; JCP 1992. V. 71.* La conclusion d'une convention n'est pas obligatoire, sauf lorsque la subvention est d'un montant supérieur au seuil (L. n° 2000-321 du 12 avr. 2000 relative aux droits des citoyens dans leurs relations avec les administrations, art. 10 et décr. du 6 juin 2001).

Art. L. 1115-1-1 *(L. n° 2005-95 du 9 févr. 2005, art. 1er)* **Les communes, les établissements publics de coopération intercommunale et les syndicats mixtes chargés des services publics de distribution d'eau potable et d'assainissement** *(L. n° 2006-1537 du 7 déc. 2006, art. 49)* **« ou du service public de distribution d'électricité et de gaz » peuvent, dans la limite de 1 % des ressources qui sont affectées aux budgets de ces services, mener des actions de coopération avec les collectivités territoriales étrangères et leurs groupements, dans le cadre des conventions prévues à l'article L. 1115-1, des actions d'aide d'urgence au bénéfice de ces collectivités et groupements, ainsi que des actions de solidarité internationale dans les domaines de l'eau et de l'assainissement** *(L. n° 2006-1537 du 7 déc. 2006, art. 49)* **« et de la distribution publique d'électricité et de gaz ».**

Art. L. 1115-2 *(L. nº 2014-773 du 7 juill. 2014, art. 14)* Les communes, les établissements publics de coopération intercommunale et les syndicats mixtes compétents en matière de collecte et de traitement des déchets des ménages au sens de l'article L. 2224-13 ou percevant la taxe ou la redevance d'enlèvement des ordures ménagères peuvent mener, dans la limite de 1 % des ressources qui sont affectées aux budgets de ces services et dans le cadre de l'article L. 1115-1, des actions de coopération, d'aide au développement ou à caractère humanitaire dans les domaines de la collecte et du traitement des déchets des ménages.

Art. L. 1115-3 *(L. nº 2021-1031 du 4 août 2021, art. 6)* Les autorités organisatrices de la mobilité en application du I de l'article L. 1231-1 du code des transports, les communes continuant à organiser des services de mobilité en application du II du même article L. 1231-1 et l'établissement public "Île-de-France Mobilités" mentionné à l'article L. 1241-1 du même code peuvent, dans la limite de 1 % des ressources affectées aux budgets des services de mobilité, hors versement destiné au financement des services de mobilité, financer sur ces budgets des actions de coopération avec les collectivités territoriales étrangères et leurs groupements, dans le cadre des conventions prévues à l'article L. 1115-1 du présent code, des actions d'aide d'urgence au bénéfice de ces collectivités et groupements ainsi que des actions de solidarité internationale dans le domaine de la mobilité.

Art. L. 1115-4 *(L. nº 2008-352 du 16 avr. 2008)* « Les collectivités territoriales et leurs groupements peuvent, dans les limites de leurs compétences et dans le respect des engagements internationaux de la France, adhérer à un organisme public de droit étranger ou participer au capital d'une personne morale de droit étranger auquel adhère ou participe au moins une collectivité territoriale ou un groupement de collectivités territoriales d'un État membre de l'Union européenne ou d'un État membre du Conseil de l'Europe.

« Cette adhésion ou cette participation est autorisée par arrêté du représentant de l'État dans la région. Elle fait l'objet d'une convention avec l'ensemble des membres adhérant à l'organisme public en cause ou participant au capital de la personne morale en cause. » Cette convention détermine la durée, les conditions, les modalités financières et de contrôle de cette adhésion ou de cette participation. Le total de la participation au capital ou aux charges d'une même personne morale de droit étranger des collectivités territoriales françaises et de leurs groupements ne peut être supérieur à 50 p. 100 de ce capital ou de ces charges.

(L. nº 2008-352 du 16 avr. 2008) « La convention prévue à l'alinéa précédent entre en vigueur dès sa transmission au représentant de l'État dans les conditions fixées aux articles L. 2131-1, L. 2131-2, L. 3131-1, L. 3131-2, L. 4141-1 et L. 4141-2. Les articles L. 2131-6, L. 3132-1 et L. 4142-1 sont applicables à cette convention. »

Les comptes, certifiés par un commissaire aux comptes, ainsi que le rapport d'activité des personnes morales de droit étranger aux capitaux desquels participent les collectivités territoriales et leurs groupements sont chaque année annexés au budget de ces personnes publiques. Il en est de même des comptes et du rapport d'activité des organismes publics de droit étranger auxquels adhèrent les collectivités territoriales et leurs groupements. Cette annexe précise le montant de la participation de chacune de ces personnes publiques.

Art. L. 1115-4-1 *(L. nº 2004-809 du 13 août 2004, art. 187)* Dans le cadre de la coopération transfrontalière, les collectivités territoriales et leurs groupements peuvent créer avec des collectivités territoriales étrangères et leurs groupements un groupement local de coopération transfrontalière dénommé district européen, doté de la personnalité morale et de l'autonomie financière.

L'objet du district européen est d'exercer les missions qui présentent un intérêt pour chacune des personnes publiques participantes et de créer et gérer des services publics et les équipements afférents.

La personnalité *(L. nº 2008-352 du 16 avr. 2008)* « morale » de droit public lui est reconnue à partir de la date d'entrée en vigueur de la décision de création. Cette création est autorisée par arrêté du représentant de l'État dans la région où le district européen a son siège.

Sauf stipulation internationale contraire, les dispositions du titre II du livre VII de la cinquième partie sont applicables au district européen.

Les collectivités territoriales étrangères et leurs groupements peuvent adhérer à des syndicats mixtes existants créés dans le cadre des dispositions du titre II du livre VII de la cinquième partie. Cette adhésion entraîne de plein droit la transformation de ces syndicats mixtes en districts européens dans les conditions fixées aux alinéas précédents.

Art. L. 1115-4-2 *(L. n° 2008-352 du 16 avr. 2008)* Dans le cadre de la coopération transfrontalière, transnationale ou interrégionale, les collectivités territoriales, leurs groupements et, après autorisation de leur autorité de tutelle, les organismes de droit public au sens de la directive 2004/18/CE du Parlement européen et du Conseil, du 31 mars 2004, relative à la coordination des procédures de passation des marchés publics de travaux, de fournitures et de services peuvent, dans les limites de leurs compétences et dans le respect des engagements internationaux de la France, créer avec les collectivités territoriales, les groupements de collectivités territoriales et les organismes de droit public des États membres de l'Union européenne, ainsi qu'avec les États membres de l'Union européenne ou les États frontaliers membres du Conseil de l'Europe, un groupement européen de coopération territoriale de droit français, doté de la personnalité morale et de l'autonomie financière.

Cette création est autorisée par arrêté du représentant de l'État dans la région où le groupement européen de coopération territoriale a son siège. La personnalité morale de droit public lui est reconnue à partir de la date d'entrée en vigueur de la décision de création. Les dispositions du titre II du livre VII de la cinquième partie qui ne sont pas contraires aux règlements communautaires en vigueur lui sont applicables.

Un groupement européen de coopération territoriale de droit français peut être dissous par décret motivé pris en conseil des ministres et publié au *Journal officiel*.

Les collectivités territoriales, leurs groupements et, après autorisation de leur autorité de tutelle, les organismes de droit public au sens de la directive 2004/18/CE du Parlement européen et du Conseil, du 31 mars 2004, précitée peuvent, dans les limites de leurs compétences, dans le respect des engagements internationaux de la France et sous réserve de l'autorisation préalable du représentant de l'État dans la région, adhérer à un groupement européen de coopération territoriale de droit étranger.

BIBL. ► Labetoule et Benoit, *JCP Adm. 2015, n° 2231* (le groupement européen de coopération territoriale. Une réforme en demi-teinte). – Lubac, *JCP Adm. 2006, n° 1295* (un nouvel outil communautaire de coopération : le groupement européen de coopération territoriale) ; *ibid. 2008. Actu. 375* (les modalités de mise en œuvre d'un groupement européen de coopération territoriale).

Art. L. 1115-5 *(L. n° 2014-58 du 27 janv. 2014, art. 9)* Une collectivité territoriale ou un groupement de collectivités territoriales ne peut conclure une convention avec un État étranger, sauf dans les cas prévus par la loi ou lorsqu'il s'agit d'un accord destiné à permettre la création d'un groupement européen de coopération territoriale, d'un groupement eurorégional de coopération ou d'un groupement local de coopération transfrontalière. Dans ce dernier cas, la signature de l'accord est préalablement autorisée par le représentant de l'État dans la région.

(L. n° 2016-1657 du 5 déc. 2016, art. 1er) « L'interdiction mentionnée au premier alinéa ne s'applique pas aux conventions conclues pour les besoins d'une coopération territoriale ou régionale et dont la signature a été préalablement autorisée par le représentant de l'État lorsqu'elles entrent dans l'un des cas suivants :

« 1° La convention met en œuvre un accord international antérieur approuvé par l'État ;

« 2° La convention a pour objet l'exécution d'un programme de coopération régionale établi sous l'égide d'une organisation internationale et approuvé par la France en sa qualité de membre ou de membre associé de ladite organisation ;

« 3° La convention met en place un groupement de coopération transfrontalière, régionale ou interterritoriale autre que ceux mentionnés au premier alinéa, quelle que soit sa dénomination. L'adhésion à ce groupement est soumise à l'autorisation préalable du représentant de l'État. »

Art. L. 1115-6 *(L. n° 2014-773 du 7 juill. 2014, art. 14)* Il est créé une Commission nationale de la coopération décentralisée qui établit et tient à jour un état de l'action extérieure des collectivités territoriales. Elle favorise la coordination entre l'État et les collectivités territoriales et entre les collectivités territoriales et peut formuler toute proposition relative à l'action extérieure des collectivités territoriales. Les collectivités territoriales et leurs groupements transmettent à la commission les informations nécessaires à l'accomplissement de ses missions.

V. art. R. 1115-8 s.

Art. L. 1115-7 Des décrets en Conseil d'État fixent, en tant que de besoin, les conditions d'application du présent chapitre. — *[L. n° 92-125 du 6 févr. 1992, art. 135.]*

CHAPITRE VI DEMANDE DE PRISE DE POSITION FORMELLE

(L. n° 2019-1461 du 27 déc. 2019, art. 74)

Art. L. 1116-1 Avant d'adopter un acte susceptible d'être déféré au tribunal administratif, les collectivités territoriales ou leurs groupements ainsi que leurs établissements publics peuvent saisir le représentant de l'État chargé de contrôler la légalité de leurs actes d'une demande de prise de position formelle relative à la mise en œuvre d'une disposition législative ou réglementaire régissant l'exercice de leurs compétences ou les prérogatives dévolues à leur exécutif. La demande est écrite, précise et complète. Elle comporte la transmission de la question de droit sur laquelle la prise de position formelle est demandée ainsi que du projet d'acte.

Le silence gardé par le représentant de l'État pendant trois mois vaut absence de prise de position formelle.

Si l'acte est conforme à la prise de position formelle, le représentant de l'État ne peut pas, au titre de la question de droit soulevée et sauf changement de circonstances, le déférer au tribunal administratif.

Les modalités d'application du présent article sont fixées par décret en Conseil d'État.

BIBL. ▶ Janicot, La demande de prise de position formelle – L'extension du rescrit aux collectivités territoriales, *RFDA 2020. 254*. – Jebrane, Trois ans de rescrit préfectoral : quand simplification ne rime pas avec application, *Dr. adm. 2023, n° 10*. – Magnaval et Gien, Le rescrit préfectoral : une nouvelle garantie pour les collectivités territoriales ?, *JCP Adm. 2020. Actu. 308*. – Rançon-Meyrel, La prise de position formelle de l'administration de l'article L. 1116-1 du CGCT, *AJCT 2020. 241*.

COMMENTAIRE

V. dans le supplément en ligne.

LIVRE II ORGANISMES NATIONAUX COMPÉTENTS À L'ÉGARD DES COLLECTIVITÉS TERRITORIALES ET DE LEURS GROUPEMENTS

TITRE I LE COMITÉ DES FINANCES LOCALES ET LE CONSEIL NATIONAL D'ÉVALUATION DES NORMES *(L. nº 2013-921 du 17 oct. 2013, art. 1er).*

CHAPITRE I LE COMITÉ DES FINANCES LOCALES *(L. nº 2013-921 du 17 oct. 2013, art. 1er).*

COMMENTAIRE

V. dans le supplément en ligne.

Art. L. 1211-1 Il est créé un comité des finances locales composé de membres des assemblées parlementaires et de représentants élus des régions, des départements, des communes et de leurs groupements, ainsi que de représentants des administrations de l'État. – *[C. communes, art. L. 234-20, al. 1er.]*

Art. L. 1211-2 Le comité des finances locales comprend :

(L. nº 2018-699 du 3 août 2018, art. 71) « – deux députés ;

« – deux sénateurs ; »

– deux présidents de conseils régionaux élus par le collège des présidents de conseils régionaux ;

– quatre présidents de conseils départementaux élus par le collège des présidents de conseils départementaux *(L. nº 99-586 du 12 juill. 1999, art. 99)* « dont un au moins pour les départements éligibles à la dotation de fonctionnement minimale définie à la sous-section 4 *[3]* de la section 1 du chapitre IV du titre III du livre III de la troisième partie du présent code *[V. art. L. 3334-7]* » ;

(L. nº 2022-217 du 21 févr. 2022, art. 21) « – sept présidents d'établissement public de coopération intercommunale à fiscalité propre élus par le collège des présidents d'établissement public de coopération intercommunale à fiscalité propre, à raison d'au moins un pour les communautés urbaines et les métropoles, d'au moins un pour les communautés de communes ayant opté pour le régime fiscal prévu à l'article 1609 *nonies* C du code général des impôts, d'au moins un pour les communautés de communes n'ayant pas opté pour le régime fiscal prévu au même article 1609 *nonies* C et d'au moins un pour les communautés d'agglomération ; »

– quinze maires élus par le collège des maires de France, dont un au moins pour les départements d'outre-mer, un pour les *(L. nº 2007-1787 du 20 déc. 2007, art. 13-I)* « collectivités d'outre-mer ainsi que la Nouvelle-Calédonie », *(L. nº 99-586 du 12 juill. 1999, art. 99)* « un pour les communes situées en zone de montagne, un pour les communes situées en zone littorale », un pour les communes touristiques et trois pour les communes de moins de 2 000 habitants ;

– onze représentants de l'État désignés par *(L. nº 2022-217 du 21 févr. 2022, art. 21)* « arrêté des ministres intéressés ».

Il est présidé par un élu désigné par le comité en son sein. Le comité est renouvelable tous les trois ans.

(L. nº 2022-217 du 21 févr. 2022, art. 21) « Par dérogation, lorsque la durée du mandat des représentants des collectivités territoriales expire lors de l'année civile au cours de laquelle est organisé le renouvellement général des conseils municipaux, ce mandat prend fin le quinzième jour du quatrième mois suivant ce renouvellement. Le mandat des députés et le mandat des sénateurs expirent, respectivement, à chaque renouvellement général de l'Assemblée nationale et à chaque renouvellement partiel du Sénat. »

(L. nº 2007-1787 du 20 déc. 2007, art. 13) « Sont élus *(L. nº 2018-699 du 3 août 2018, art. 71)* « ou, en ce qui concerne les membres de l'Assemblée nationale et du Sénat, désignés », en même temps que les membres titulaires et selon les mêmes modalités, des suppléants appelés à les remplacer en cas d'empêchement temporaire

ou *(L. n° 2018-699 du 3 août 2018, art. 71)* « , en ce qui concerne les membres élus, » de vacance définitive, pour quelque cause que ce soit.

« En cas d'empêchement, chaque représentant de l'État peut se faire remplacer par un membre de la même administration désigné dans les mêmes conditions que le membre titulaire. »

(L. n° 2018-1317 du 28 déc. 2018, art. 250) « Pour chaque membre du comité, titulaire ou suppléant, à l'exception des représentants de l'État et des membres du Parlement, est désigné un remplaçant destiné à participer aux réunions du comité en cas d'empêchement temporaire du membre pour quelque cause que ce soit. Ce remplaçant est désigné en son sein par l'organe délibérant de la collectivité territoriale ou de l'établissement public de coopération intercommunale présidé par le membre. Le remplaçant d'un membre titulaire ne peut prendre part au vote que si le membre suppléant n'est pas présent.

« En cas de vacance définitive d'un siège appartenant à un *(L. n° 2022-217 du 21 févr. 2022, art. 21)* « représentant des collectivités territoriales », l'association nationale d'élus locaux représentative du collège concerné désigne un nouveau membre *(L. n° 2022-217 du 21 févr. 2022, art. 21)* « pour la durée du mandat restant à courir », dans le respect des conditions prévues aux quatrième à septième alinéas du présent article. »

1. Contentieux de l'élection des membres du CFL et de son président. Le CFL est devenu un enjeu de pouvoir qui induit une contestation de l'élection de ses membres élus et de celle de son président (V. art. R. 1211-1 à R. 1211-15 et R. 1212-1 à R. 1213-1 CGCT). ♦ Si aucune disposition textuelle n'impose de délai minimum entre la date de publication de l'arrêté fixant la date limite pour déposer une liste de candidats aux élections au comité des finances locales et cette date limite elle-même, « un délai suffisant doit séparer ces deux dates pour permettre la constitution des listes de candidats ». En l'espèce, « le délai de neuf jours initialement fixé, augmenté l'avant-veille de son expiration d'un délai supplémentaire de sept jours, doit être regardé, eu égard notamment à la composition requise des listes de candidats pour le collège des représentants des maires, comme manifestement insuffisant pour permettre la constitution de telles listes ». • CE 23 nov. 1994, *Meunier*, n° 138482 : *Lebon 506-507*. ♦ Le délai de contestation des élections au CFL (membres et président) court à compter de la publication des résultats au *Journal officiel* ; le délai de recours n'a pu courir alors même que les requérants avaient participé à la séance d'élection du président du CFL, dès lors que le résultat de cette élection n'a pas été publié au *Journal officiel*. • CE 10 nov. 2004, *El. du président du comité des finances locales*, n°s 269727 et 269864 : *Lebon 425 ; RFDA 2005. 222 ; Coll. terr. 2005, n° 8, note Moreau ; ACL 2005. 338*. ♦ Si, depuis sa création, le comité des finances locales avait admis, sans que les représentants de l'État s'y fussent opposés, que des membres élus empêchés puissent, en méconnaissance des textes applicables, donner pouvoir à un collègue, titulaire ou suppléant, de voter en leur nom, des membres du comité ont demandé, en début de séance, qu'il soit mis fin à cette pratique pour l'élection à venir. Plusieurs membres du comité, absents lors de cette séance, avaient toutefois cru, de bonne foi, pouvoir donner mandat à un collègue pour voter en leur nom. Dans ces circonstances particulières, et alors qu'aucun texte n'imposait que l'élection du président se tienne à une date déterminée, le doyen d'âge des membres titulaires du comité qui présidait la séance a pu, sans commettre de manœuvre, afin de garantir à la fois le respect de la légalité et la sincérité du scrutin, décider de lever la séance et de reporter l'élection. Il suit de là que l'élection du président du CFL, à laquelle il a été procédé par les 15 membres du comité qui ont continué de siéger après que la séance avait été levée et que le doyen d'âge et 22 autres membres avaient quitté la salle, s'est déroulée dans des conditions irrégulières, et qu'elle doit, en conséquence, être annulée. • CE 10 nov. 2004, *Él. du président du comité des finances locales*, n°s 269727 et 269864 : *préc.*

2. Conditions de fonctionnement du CFL. Il appartient au requérant d'établir le caractère tardif de l'envoi des convocations et documents préparatoires aux réunions au cours desquelles le CFL devait délibérer sur le projet de décret. • CE 9 nov. 1988, *Fourcade et a.*, n°s 75506, 75973, 76074, 76083, 76085 : *Lebon 398-403*. ♦ Aucun texte ne fixant une condition de quorum applicable aux délibérations du CFL, le comité a pu valablement délibérer « dès lors que plus de la moitié de ses membres étaient présents ». • CE 21 oct. 1985, *Cne d'Amnéville*, n° 33362 : *Lebon 293-295*. ♦ Aux termes du 3e al. de l'art. L. 1211-2, les membres du CFL, à l'exception des fonctionnaires représentant l'État, peuvent se faire remplacer à une ou à plusieurs séances du comité. En l'espèce, à la date de la séance où le CFL a été consulté sur le projet de décret attaqué, sur les 11 représentants de l'État que compte le comité, 7 étaient présents, dont celui de la direction générale des collectivités locales. La circonstance que 4 d'entre eux se soient fait irrégulièrement remplacer n'a pas, eu égard à la composition du CFL, à l'objet de la réunion et aux conditions dans lesquelles le comité a délibéré, vicié l'avis émis par celui-ci. Dès lors, le CFL n'a pas été irrégulièrement consulté, malgré la suppléance irrégulière de 4 représentants de l'État. • CE 9 juill. 2003, *Union féd. des consommateurs « Que Choisir »*, n° 220803 B : *AJDA 2003. 2111 ; RJF 2003, n° 1329 ; JCP Adm. 2003, n° 1873, note Moreau ; ACL 2004. 521.* ♦ En prévoyant « les conditions dans lesquelles les membres élus du CFL peuvent, en cas d'empêchement, se faire remplacer à une séance du comité, ces dispositions ont pour effet d'exclure qu'il soit recouru à d'autres formes de représentation ». • CE 10 nov. 2004, *El. du président du comité des finances locales*, n°s 269727 et 269864 : *préc. note 1.*

Art. L. 1211-3 **Le comité des finances locales contrôle la répartition de la dotation globale de fonctionnement.**

(L. n° 96-241 du 26 mars 1996) **« Il fixe, le cas échéant, le montant de la dotation forfaitaire dans les conditions prévues** *(L. n° 2011-1977 du 28 déc. 2011, art. 139)* **« aux articles L. 2334-7 et L. 2334-7-1 » et détermine la part des ressources affectées aux dotations mentionnées aux articles L. 1211-5, L. 1613-5** *(L. n° 2011-1977 du 28 déc. 2011, art. 139)* **« , L. 2334-13** *(L. n° 2022-217 du 21 févr. 2022, art. 21)* **« et L. 3334-4 » ainsi que les sommes mises en réserve et les abondements mentionnés à l'article L. 3335-2 ». »**

Le Gouvernement peut le consulter sur tout projet de loi, tout projet d'amendement du Gouvernement ou sur toutes dispositions réglementaires à caractère financier concernant les collectivités locales. Pour les décrets, cette consultation est obligatoire. *(L. n° 2011-525 du 17 mai 2011, art. 74)* **« Lorsqu'un décret à caractère financier concernant les collectivités territoriales crée ou modifie une norme à caractère obligatoire, la consultation du comité des finances locales porte également sur l'impact financier de la norme. »**

Chaque année, avant le 31 juillet, les comptes du dernier exercice connu des collectivités locales lui sont présentés ainsi qu'aux commissions des finances de l'Assemblée nationale et du Sénat.

1. Compétence du CFL et libre administration des collectivités. Ce principe constitutionnel n'impose pas de consulter le CFL avant d'adopter une mesure ayant une incidence sur les finances de ces collectivités. • CE 25 juin 2010, *Région Lorraine*, n° 339842 B.

2. Pouvoir de contrôle et de décision concernant la dotation globale de fonctionnement (DGF). Le CFL fixe au niveau national le montant de la dotation d'intercommunalité et répartit celle-ci entre les différentes catégories de groupements de communes. La contestation du montant des sommes attribuées pour la DGF des groupements de communes et pour sa répartition entre les différents types de groupements qui aurait pour effet de priver une communauté de communes d'une partie de la DGF à laquelle elle avait légalement droit doit reposer sur des éléments de nature à établir que le faible montant de la DGF qui lui a été attribué pour l'année en cause était dû au montant des dotations fixées au niveau national par le comité des finances locales ; il ne pouvait être invoquée, en tout état de cause, une prétendue atteinte au « processus de sécurité juridique ». • CE 26 févr. 2003, *Cté de cnes de la région de la Villedieu-du-Clain*, n° 228317 : *Coll. terr. 2003, n° 97, note Moreau ; BJCL 2003. 301, concl. Goulard, obs. B. P. ; ACL 2004. 576.* ♦ Il convient, pour déterminer le montant de l'enveloppe complémentaire de dotation d'intercommunalité à verser aux communautés d'agglomération issues de la transformation de syndicats ou communautés d'agglomération nouvelle, de se fonder sur la différence entre les montants de dotation par habitant respectivement fixés par le comité des finances locales pour la catégorie des syndicats ou communautés d'agglomération nouvelle mentionnées au 4° du I de l'art. L. 5211-29 et pour celles des communautés d'agglomération mentionnées au 5° du même art. • CE 19 nov. 2008, *Cté d'agglomération d'Évry Centre Essonne*, n° 297438 B.

3. Contentieux de la compétence financière. En spécifiant que le CFL peut être consulté sur tout projet de texte d'origine gouvernementale, cette faculté devenant une obligation lorsqu'il s'agit d'un décret, l'art. L. 1211-3 du CGCT a été sollicité pour dénoncer une atteinte à la légalité externe du texte en cause résultant du défaut de saisine préalable du CFL. Le Conseil d'État paraît ne pas vouloir retenir cette argumentation en écartant du « caractère financier » les dispositions en cause : la fixation du taux de la contribution des collectivités locales au régime spécial de sécurité sociale auquel sont affiliés leurs agents. • CE 6 mai 1996, *Cne de Villeurbanne et a.*, n° 165286 B : *ACL 1997. 433.* ♦ ... La seule fixation des modalités budgétaires et comptables (budget annexe) permettant la mise en œuvre de l'obligation qu'ont les régions de prendre en charge les dépenses de fonctionnement et d'équipement des écoles et instituts publics de formations concernés. • CE 18 oct. 2006, *Région des Pays de la Loire*, n° 284563 B : *RLCT 2006, n° 548, note Glaser.* ♦ ... L'institution d'un complément de traitement au bénéfice de fonctionnaires et agents publics et ce quelles que soient les conséquences sur les budgets des collectivités intéressées. • CE 2 mars 2010,

☖ *Région Rhône-Alpes*, n° 322781 B. ♦ Ne relève pas de la compétence obligatoire du CFL le décret organisant la compensation financière de l'État au titre du service d'accueil au profit des élèves des écoles maternelles et élémentaires, et ce quelle que soit son « incidence budgétaire pour les communes ». • CE 17 juin 2009, ☖ *Synd. des enseignants UNSA et Cne de Brest*, n° 321897 B. ♦ De la même façon, le Conseil constitutionnel a estimé que l'institution d'un impôt au bénéfice du budget de la Nouvelle-Calédonie par une loi du pays ne « concerne pas les relations financières entre la Nouvelle-Calédonie, les provinces et les communes », le Gouvernement de la Nouvelle-Calédonie n'étant pas tenu de ce fait de consulter le CFL sur le projet de loi. • Cons. const. 27 janv. 2000, ☖ *Loi du pays relative à l'institution d'une taxe générale sur les services*, n° 2000-1 LP : *JORF 29 janv. 2000, p. 1536.*

4. CFL et commission consultative d'évaluation des normes. La consultation préalable de la CCEN a un caractère facultatif dès lors que la consultation du CFL revêt un caractère obligatoire et que le décret attaqué n'a ni pour objet ni pour effet de créer d'obligation nouvelle à l'égard des collectivités. • CE 26 juill. 2011, ☖ *Dpt de la Seine-Saint-Denis et a.*, n° 340041 B.

Art. L. 1211-4 Le comité des finances locales a pour mission de fournir au Gouvernement et au Parlement les analyses nécessaires à l'élaboration des dispositions du projet de loi de finances intéressant les collectivités locales.

Il établit chaque année sur la base des comptes administratifs un rapport sur la situation financière des collectivités locales.

(L. n° 2015-991 du 7 août 2015, art. 113) « Il est chargé d'établir, de collecter, d'analyser et de mettre à jour les données et les statistiques portant sur la gestion des collectivités territoriales et de diffuser ces travaux, afin de favoriser le développement des bonnes pratiques.

« Il peut réaliser des évaluations de politiques publiques locales. »

Dans un cadre pluriannuel, il a la charge de la réalisation d'études sur les facteurs d'évolution de la dépense locale. Les résultats de ces études font l'objet d'un rapport au Gouvernement.

Les missions mentionnées au présent article peuvent être exercées par une formation spécialisée du comité, dénommée *(L. n° 2015-991 du 7 août 2015, art. 113)* « observatoire des finances et de la gestion publique locales » et comportant des représentants de toutes ses composantes. Les membres de l'*(L. n° 2015-991 du 7 août 2015, art. 113)* « observatoire des finances et de la gestion publique locales » sont désignés par le président du comité.

(L. n° 2015-991 du 7 août 2015, art. 113) « L'observatoire est présidé par le président du comité des finances locales.

« Il bénéficie du concours de fonctionnaires territoriaux et de fonctionnaires de l'État. Il peut solliciter le concours de toute personne pouvant éclairer ses travaux. »

Art. L. 1211-4-1 *(L. n° 2004-809 du 13 août 2004, art. 118)* Réuni en formation restreinte, le comité des finances locales est consulté sur les modalités d'évaluation et sur le montant de la compensation des transferts de compétences entre l'État et les collectivités territoriales. Cette formation, dénommée commission consultative sur l'évaluation des charges, est présidée par un représentant élu des collectivités territoriales.

Pour chaque transfert de compétences, la commission consultative sur l'évaluation des charges réunit paritairement les représentants de l'État et de la catégorie de collectivités territoriales concernée par le transfert.

Lorsqu'elle est saisie d'un texte intéressant l'ensemble des catégories de collectivités territoriales, la commission est réunie en formation plénière.

La composition et les modalités de fonctionnement de cette commission sont fixées par décret en Conseil d'État.

Art. L. 1211-5 Une dotation, destinée à couvrir les frais de fonctionnement du comité des finances locales et le coût des travaux qui lui sont nécessaires, est prélevée sur les ressources prévues pour la dotation globale de fonctionnement ouverte par la loi de finances de l'année. – *[C. communes, art. L. 234-15.]*

V. art. R. 1211-1 à R. 1211-18.

CHAPITRE II LE CONSEIL NATIONAL D'ÉVALUATION DES NORMES

(L. nº 2013-921 du 17 oct. 2013, art. 1er)

BIBL. GÉN. ▶ Koubi, Le Conseil national d'évaluation des normes applicable aux collectivités territoriales face à l'urgence déclarée d'une réforme..., *JCP Adm. 2014. Actu 569*. – Pontier, L'évaluation des normes applicables aux collectivités territoriales – À propos de la loi portant création d'un Conseil national d'évaluation des normes applicables aux collectivités territoriales et à leurs établissements publics, *JCP Adm. 2013, nº 2366*.

Art. L. 1212-1 **I. — Le Conseil national d'évaluation des normes est chargé d'évaluer les normes applicables aux collectivités territoriales et à leurs établissements publics.**

Les avis rendus par la commission consultative d'évaluation des normes, ainsi que leurs motifs, sont réputés avoir été pris par le Conseil national d'évaluation des normes.

II. — Le conseil national est composé de représentants des administrations compétentes de l'État, du Parlement et des collectivités territoriales.

Il comprend :

1º Deux députés ;

2º Deux sénateurs ;

3º Quatre conseillers régionaux élus par le collège des présidents des conseils régionaux ;

4º Quatre conseillers départementaux élus par le collège des présidents des conseils départementaux ;

5º Cinq conseillers communautaires élus par le collège des présidents des établissements publics de coopération intercommunale à fiscalité propre ;

6º Dix conseillers municipaux élus par le collège des maires ;

7º Neuf représentants de l'État.

Les listes présentées en vue de l'élection des membres prévus aux 3º à 6º comportent une majorité d'élus exerçant des fonctions exécutives au sein des collectivités territoriales ou des établissements publics de coopération intercommunale qu'ils représentent.

Est élu ou désigné, en même temps que chaque membre titulaire et selon les mêmes modalités, un membre suppléant *(L. nº 2022-217 du 21 févr. 2022, art. 234)* **« pouvant être » appelé à le remplacer en cas d'empêchement temporaire ou de cessation de son mandat de membre ou des fonctions ou mandats au titre desquels il siège au Conseil national, pour quelque cause que ce soit.**

(L. nº 2022-217 du 21 févr. 2022, art. 234) **« En cas de cessation du mandat local d'un membre élu du Conseil national au titre duquel il siège au sein de ce conseil, l'association nationale d'élus locaux représentative du collège concerné peut décider, avec l'accord préalable de l'intéressé, qu'il soit maintenu en fonction jusqu'au prochain renouvellement général dudit conseil. En cas de vacance définitive du siège d'un membre élu du conseil mentionné aux 3º à 6º du présent II, l'association nationale d'élus locaux représentative du collège concerné désigne un nouveau membre. La désignation de membres en cours de mandat respecte les conditions fixées au dixième alinéa du présent II. »**

Les modalités d'élection ou de désignation des membres du Conseil national assurent l'égale représentation des femmes et des hommes.

Le Conseil national peut solliciter pour ses travaux le concours de toute personne pouvant éclairer ses débats.

Le Conseil national est renouvelé tous les trois ans.

(L. nº 2019-1461 du 27 déc. 2019, art. 79) **« III. — Le président et les** *(L. nº 2022-217 du 21 févr. 2022, art. 235)* **« trois » vice-présidents du Conseil national d'évaluation des normes sont élus par les membres siégeant au titre d'un mandat électif parmi les membres mentionnés aux 3º à 6º du II. »**

Art. L. 1212-2 **I. — Le Conseil national d'évaluation des normes est consulté par le Gouvernement sur l'impact technique et financier, pour les collectivités territoriales et leurs établissements publics, des projets de textes réglementaires créant ou modifiant des normes qui leur sont applicables.**

Il est également consulté par le Gouvernement sur l'impact technique et financier des projets de loi créant ou modifiant des normes applicables aux collectivités territoriales et à leurs établissements publics.

Il émet, à la demande du Gouvernement, un avis sur les projets d'acte de l'Union européenne ayant un impact technique et financier sur les collectivités territoriales ou leurs établissements publics.

Sont exclues de la compétence du Conseil national les normes justifiées directement par la protection de la sûreté nationale.

II. — Le président d'une assemblée parlementaire peut soumettre à l'avis du Conseil national une proposition de loi ayant un impact technique et financier sur les collectivités territoriales ou leurs établissements publics déposée par l'un des membres de cette assemblée, sauf si ce dernier s'y oppose.

III. — À la demande de son président ou du tiers de ses membres, la commission d'examen des projets de règlements fédéraux relatifs aux équipements sportifs peut, avant de prononcer son avis définitif, soumettre un projet de norme d'une fédération délégataire à l'avis du Conseil national.

IV. — Le Conseil national peut se saisir de tout projet de norme technique résultant d'activités de normalisation ou de certification ayant un impact technique ou financier pour les collectivités territoriales et leurs établissements publics.

V. — Le Conseil national peut être saisi d'une demande d'évaluation de normes réglementaires en vigueur applicables aux collectivités territoriales et à leurs établissements publics par le Gouvernement, les commissions permanentes de l'Assemblée nationale et du Sénat et, dans les conditions fixées par décret en Conseil d'État, par *(L. nº 2016-1888 du 28 déc. 2016, art. 10)* « le président de la commission permanente du Conseil national de la montagne, » les collectivités territoriales et les établissements publics de coopération intercommunale à fiscalité propre.

Il peut se saisir lui-même de ces normes.

Le Conseil national examine les évolutions de la réglementation applicable aux collectivités territoriales et à leurs établissements publics et évalue leur mise en œuvre et leur impact technique et financier au regard des objectifs poursuivis.

Le Conseil national peut proposer, dans son avis d'évaluation, des mesures d'adaptation des normes réglementaires en vigueur qui sont conformes aux objectifs poursuivis si l'application de ces dernières entraîne, pour les collectivités territoriales et leurs établissements publics, des conséquences matérielles, techniques ou financières manifestement disproportionnées au regard de ces objectifs.

L'avis rendu par le Conseil national sur des dispositions réglementaires en vigueur peut proposer des modalités de simplification de ces dispositions et l'abrogation de normes devenues obsolètes.

VI. — Le Conseil national dispose d'un délai de six semaines à compter de la transmission d'un projet de texte mentionné au I ou d'une demande d'avis formulée en application des II ou III pour rendre son avis. Ce délai est reconductible une fois par décision du président. À titre exceptionnel et sur demande du Premier ministre ou du président de l'assemblée parlementaire qui le saisit, il est réduit à deux semaines.

Par décision motivée du Premier ministre, ce délai peut être réduit à soixante-douze heures.

À défaut de délibération dans les délais, l'avis du Conseil national est réputé favorable.

Lorsque le Conseil national émet un avis défavorable sur tout ou partie d'un projet de texte mentionné au premier alinéa du I, le Gouvernement transmet un projet modifié ou *(L. nº 2022-217 du 21 févr. 2022, art. 233)* « , à la demande du Conseil national, justifie le maintien du projet initial. Hormis dans le cas prévu au deuxième alinéa du présent VI, une seconde délibération est rendue par le Conseil national. »

VII. — Les avis rendus par le Conseil national en application des I, III, IV et V sont rendus publics.

Les avis rendus sur les propositions de loi en application du II sont adressés au président de l'assemblée parlementaire qui les a soumises, pour communication, aux membres de cette assemblée.

Les travaux du Conseil national font l'objet d'un rapport public annuel remis au Premier ministre et aux présidents de l'Assemblée nationale et du Sénat.

1. Sur le rôle du CNEN. Le Conseil national d'évaluation des normes applicables aux collectivités territoriales et à leurs établissements publics a été substitué par la L. n° 2013-921 du 17 oct. 2013 à la commission consultative d'évaluation des normes. Les modalités de fonctionnement sont définies par décret en Conseil d'État. Les dispositions réglementaires du CGCT actuelles sont applicables à cette instance nationale. La jurisprudence régissant la CCEN conserve donc son actualité. Ainsi, les dispositions de l'art. R. 1211-19 ne lui imposent pas « de se prononcer sur la situation particulière de chaque collectivité concernée par le transfert de compétences » ; il appartient de savoir si la commission a disposé pour rendre son avis « d'informations suffisamment complètes et précises pour lui permettre d'apprécier la situation de chacun des départements concernés par le transfert de compétence et qu'elle a pris en compte l'existence des particularités de chacun d'entre eux ». • CAA Paris, 17 déc. 2013, *Dpt de la Haute-Garonne*, n° 10PA02423.

2. Contrôle de l'avis rendu. La commission pouvait émettre un vœu accompagnant son avis, en l'espèce être informée de la charge prévisible de l'extension du revenu de solidarité active aux jeunes de moins de vingt-cinq ans, sans que cela entache la régularité de cet avis. • CE 27 oct. 2011, *Conféd. fr. démocratique du travail et a.*, n° 343943 B. ♦ La commission n'était pas tenue de « mentionner dans son avis qu'elle s'est appuyée sur la fiche d'impact financier » mentionnée à l'art. R. 1213-3 CGCT. • CE 12 juin 2013, *Féd. des entreprises du recyclage*, n° 360702 B.

3. Normes applicables aux collectivités territoriales et à leurs établissements publics. Doivent être regardées comme des normes applicables aux collectivités territoriales et à leurs établissements publics soit les normes qui les concernent spécifiquement ou principalement, soit les normes qui affectent de façon significative leurs compétences, leur organisation, leur fonctionnement ou leurs finances. • CE 26 oct. 2018, *Assoc. Regards Citoyens*, n° 403916 B : *AJDA 2018. 2107*.

Art. L. 1212-3 **Une dotation, destinée à couvrir les frais de fonctionnement du Conseil national d'évaluation des normes et le coût des travaux qui lui sont nécessaires, est prélevée sur les ressources prévues pour la dotation globale de fonctionnement prévue par la loi de finances de l'année. Le montant de cette dotation est déterminé, chaque année, par le conseil national, après avis conforme du comité des finances locales.**

Art. L. 1212-4 **Les modalités d'application du présent chapitre sont précisées par décret en Conseil d'État.** — *V. art. R. 1213-1 s.*

TITRE II LE CONSEIL NATIONAL DE LA FORMATION DES ÉLUS LOCAUX

BIBL. ▶ DYENS, Le statut des élus locaux après la loi Engagement et proximité : entre approfondissement et élargissement, *AJCT 2020. 227*. – HAQUET, La reconnaissance et le renforcement des droits des élus, *AJDA 2020. 569*.

CHAPITRE UNIQUE

Art. L. 1221-1 *(Ord. n° 2021-45 du 20 janv. 2021, art. 10)* **Il est créé un Conseil national de la formation des élus locaux, présidé par un élu local. Ce conseil est composé d'élus locaux et de personnalités qualifiées. Ses membres exercent leur mission dans le respect des principes déontologiques mentionnés à l'article L. 1111-1-1. Ses réunions peuvent être organisées sous forme dématérialisée.**

Le conseil formule des avis et recommandations relatifs à la formation des élus locaux afin d'en renforcer l'efficacité, d'en assurer la transparence et d'en garantir l'équilibre financier, dans les conditions prévues au présent chapitre. Il élabore, en tenant compte des propositions du conseil d'orientation mentionné à l'article L. 1221-2, un répertoire des formations liées à l'exercice du mandat qu'il transmet au ministre chargé des collectivités territoriales. Il formule un avis préalable sur les demandes de délivrance et les retraits d'agrément des organismes de formation dans les conditions prévues à l'article L. 1221-3. Il formule des avis sur la mise en œuvre du droit individuel à la formation mentionné à l'article L. 1621-3. Le gestionnaire du fonds l'informe régulièrement de la situation financière du fonds *(L. n° 2021-771 du 17 juin 2021, art. 11)* **« et participe aux réunions du conseil avec voix consultative ». Le conseil se prononce sur les propositions du conseil d'orientation mentionné à l'article L. 1221-2. À la demande du Gouvernement, il peut formuler un avis sur tout projet de texte relatif à la formation des élus locaux.**

Chaque année, le conseil établit un rapport annuel relatif à ses travaux, retraçant les principales évolutions de la formation des élus locaux et formulant des propositions relevant de ses attributions. Ce rapport comprend également le bilan de la gestion du droit individuel à la formation des élus locaux mentionné à l'article L. 1621-3. Il est transmis au ministre chargé des collectivités territoriales *(L. nº 2021-771 du 17 juin 2021, art. 12)* « et rendu public ».

Les modalités d'application du présent article sont déterminées par décret en Conseil d'État.

Art. L. 1221-2 *(Ord. nº 2021-45 du 20 janv. 2021, art. 11)* Un conseil d'orientation est placé auprès du Conseil national de la formation des élus locaux. Composé d'élus locaux, d'experts et de personnalités qualifiées, il est chargé de formuler des propositions afin de promouvoir la qualité des formations, de proposer un répertoire des formations liées à l'exercice du mandat, et de définir les modalités d'évaluation de la qualité des formations relevant de ce répertoire. Il soumet ses propositions au Conseil national de la formation des élus locaux.

À la demande du Gouvernement ou du Conseil national de la formation des élus locaux, il peut formuler un avis sur toute question relevant des attributions de ce dernier.

Les modalités d'application du présent article sont fixées par décret en Conseil d'État.

Art. L. 1221-3 *(Ord. nº 2021-45 du 20 janv. 2021, art. 12)* Tout organisme public ou privé désirant dispenser une formation liée à l'exercice du mandat des élus locaux est tenu d'obtenir un agrément préalable délivré par le ministre chargé des collectivités territoriales après avis motivé du Conseil national de la formation des élus locaux.

La délivrance de cet agrément est subordonnée à la condition que la personne qui exerce à titre individuel ou qui dirige ou gère la personne morale exerçant l'activité de formation n'ait pas fait l'objet d'une condamnation à une peine criminelle ou à une peine correctionnelle d'emprisonnement sans sursis, prononcée depuis moins de dix ans et inscrite au bulletin nº 2 du casier judiciaire ou, pour les ressortissants étrangers, dans un document équivalent, pour des motifs incompatibles avec l'activité de formation considérée.

(Ord. nº 2021-45 du 20 janv. 2021, art. 12) « Les formations proposées par l'organisme doivent être conformes au répertoire des formations liées à l'exercice du mandat établi en application des articles L. 1221-1 et L. 1221-2. »

Les obligations des titulaires d'un agrément sont définies par le ministre chargé des collectivités territoriales, qui peut se faire communiquer tout document permettant de s'assurer de leur respect. À ce titre le titulaire d'un agrément transmet chaque année au ministre chargé des collectivités territoriales ainsi qu'au Conseil national de la formation des élus locaux un rapport annuel d'activité relatif à la formation des élus.

(L. nº 2021-771 du 17 juin 2021, art. 13) « L'organisme public ou privé titulaire d'un agrément qui entend exécuter un contrat ou un marché de formation dont peuvent bénéficier les élus locaux ne peut, sous sa responsabilité, sous-traiter l'exécution des prestations de son contrat ou marché qu'à un organisme également titulaire d'un agrément, dans la limite d'un plafond exprimé en pourcentage du montant total des frais pédagogiques de la formation, fixé par arrêté du ministre chargé des collectivités territoriales. Les prestations de son contrat ou marché peuvent toutefois être réalisées, en tout ou partie, par une personne physique non titulaire d'un agrément qui exerce à titre individuel une activité de formation. Les modalités de mise en œuvre de la sous-traitance par les organismes de formation agréés sont déterminées par décret en Conseil d'État.

« L'exécution des formations liées à l'exercice du mandat des élus locaux ne peut être confiée par un organisme titulaire d'un agrément qu'à des sous-traitants de premier rang. »

L'agrément de l'organisme de formation peut être suspendu à titre conservatoire pour une durée maximale de quatre mois, après mise en demeure non suivie d'effet, par le ministre chargé des collectivités territoriales lorsque celui-ci constate l'une des situations suivantes :

— le titulaire de l'agrément ne respecte pas l'ensemble des obligations qui lui incombent au titre de la détention de l'agrément ;

— il ne remplit plus les critères fixés pour l'obtention de l'agrément ;

— il a commis des actes susceptibles de faire peser un doute sérieux sur la régularité de sa gouvernance ou de sa gestion, ou sur la réalité ou la qualité de ses prestations de formation ;

(L. n° 2021-771 du 17 juin 2021, art. 13) « — le rapport annuel d'activité mentionné au quatrième alinéa du présent article ne fait apparaître aucune activité de formation ou n'a pas été adressé au ministre chargé des collectivités territoriales ainsi qu'au Conseil national de la formation des élus locaux. »

Il saisit sans délai le Conseil national de la formation des élus locaux pour avis sur le maintien ou le retrait de l'agrément. Après avis de ce dernier et avant l'expiration du délai de suspension de l'agrément décidé en application du présent alinéa, il se prononce sur le maintien ou *(L. n° 2021-771 du 17 juin 2021, art. 13)* « le retrait » de l'agrément. L'organisme de formation dont l'agrément a été *(L. n° 2021-771 du 17 juin 2021, art. 13)* « retiré » ne peut solliciter la délivrance d'un nouvel agrément avant l'expiration d'un délai d'un an à compter de la notification de cette décision.

Les modalités d'application du présent article sont fixées par décret en Conseil d'État.

Art. L. 1221-4 *(Ord. n° 2021-45 du 20 janv. 2021, art. 12)* I. — L'organisme titulaire d'un agrément en application de l'article L. 1221-3 est tenu de déclarer et d'exercer son activité conformément aux dispositions des articles L. 6316-1 à L. 6316-5 et L. 6351-1 à L. 6363-2 du code du travail, à l'exception des articles L. 6351-7, L. 6355-24, L. 6362-2, L. 6362-4, L. 6362-6-1 et L. 6362-6-2, sous réserve des adaptations prévues du II au XII.

Toutefois, lorsque le montant total des sommes qu'il perçoit des collectivités territoriales et des établissements publics de coopération intercommunale à fiscalité propre au titre de la formation de leurs élus, et du *(L. n° 2021-771 du 17 juin 2021, art. 14)* « gestionnaire du » fonds du droit individuel à la formation des élus locaux *(L. n° 2021-771 du 17 juin 2021, art. 14)* « mentionné à l'article L. 1621-3 du présent code », est inférieur à un montant fixé par décret, l'organisme titulaire d'un agrément dont les actions de formation sont exclusivement à destination des élus locaux n'est pas soumis aux dispositions des articles L. 6316-1 à L. 6316-5 du code du travail.

II. — Pour l'application des dispositions mentionnées au I, les actions mentionnées à l'article L. 6313-1 du code du travail, dispensées par un organisme titulaire de l'agrément mentionné à l'article L. 1221-3 du présent code entrent dans le champ de la formation professionnelle si elles sont conformes au répertoire des formations liées à l'exercice du mandat d'élu local mentionné au même article L. 1221-3.

III. — Pour l'application de l'article L. 6316-1 du code du travail, les mots : "les régions" sont remplacés par les mots : "les collectivités territoriales, par les établissements publics de coopération intercommunale à fiscalité propre, par le droit individuel à la formation des élus locaux mentionné à l'article L. 1621-3 du code général des collectivités territoriales".

IV. — Pour leur application, les articles L. 6352-7 et L. 6352-10 du code du travail sont complétés par la phrase : "L'activité de formation liée à l'exercice du mandat des élus locaux mentionnée à l'article L. 1221-3 du code général des collectivités territoriales fait également l'objet d'un suivi distinct en comptabilité."

V. — Pour l'application de l'article L. 6355-11 du code du travail, les mots : "d'une part, et de l'apprentissage, d'autre part" sont remplacés par les mots : "de l'apprentissage, et de la formation liée à l'exercice du mandat des élus locaux".

VI. — Pour l'application de l'article L. 6355-14 du code du travail, les mots : "d'une part, et d'apprentissage, d'autre part" sont remplacés par les mots : "d'apprentissage, et de formation liée à l'exercice des mandats locaux".

VII. — Pour l'application de l'article L. 6355-15 du code du travail, après les mots : "formation professionnelle continue", sont insérés les mots : "ou de la formation liée à l'exercice des mandats locaux".

VIII. — Pour l'application de l'article L. 6355-23 du code du travail, au premier alinéa, après les mots : "de formation professionnelle", sont insérés les mots : "ou de formation liée à l'exercice des mandats locaux".

IX. — Pour son application, l'article L. 6361-2 du code du travail est complété par la phrase : "Il contrôle, dans les mêmes conditions, les formations des élus locaux, qu'elles soient relatives à leur réinsertion professionnelle ou relatives à l'exercice du mandat des élus locaux mentionnées à l'article L. 1221-3 du code général des collectivités territoriales."

X. – Pour l'application de l'article L. 6362-3 du code du travail, après les mots : "formation professionnelle", sont insérés les mots : "ou de la formation des élus locaux".

XI. – Pour l'application de l'article L. 6362-8 du code du travail, après les mots : "formation professionnelle", sont insérés les mots : "ou de formation des élus locaux".

XII. – Pour l'application de l'article L. 6362-11 du code du travail, après les mots : "les collectivités territoriales", sont insérés les mots : "les établissements publics de coopération intercommunale à fiscalité propre, le *(L. nº 2021-771 du 17 juin 2021, art. 14)* « gestionnaire du » fonds du droit individuel à la formation des élus locaux *(L. nº 2021-771 du 17 juin 2021, art. 14)* « mentionné à l'article L. 1621-3 du code général des collectivités territoriales »,".

XIII. – Les modalités d'application du présent article sont fixées par décret en Conseil d'État.

TITRE III AGENCE NATIONALE DE LA COHÉSION DES TERRITOIRES

(L. nº 2019-753 du 22 juill. 2019, art. 1er)

CHAPITRE I STATUT ET MISSIONS

Art. L. 1231-1 L'Agence nationale de la cohésion des territoires est une institution nationale publique, créée sous la forme d'un établissement public de l'État.

Elle exerce ses missions sur l'ensemble du territoire national.

Son action cible prioritairement, d'une part, les territoires caractérisés par des contraintes géographiques, des difficultés en matière démographique, économique, sociale, environnementale ou d'accès aux services publics, avec une attention particulière accordée aux zones mentionnées à l'article 174 du traité sur le fonctionnement de l'Union européenne, et, d'autre part, les projets innovants.

Art. L. 1231-2 I. – Sans préjudice des compétences dévolues aux collectivités territoriales et à leurs groupements et en articulation avec ces collectivités et groupements, l'Agence nationale de la cohésion des territoires a pour mission, en tenant compte des particularités, des atouts et des besoins de chaque territoire, de conseiller et de soutenir les collectivités territoriales et leurs groupements mentionnés à l'article L. 5111-1 du présent code dans la conception, la définition et la mise en œuvre de leurs projets, notamment en faveur de l'accès aux services publics, de l'accès aux soins dans le respect des articles L. 1431-1 et L. 1431-2 du code de la santé publique, du logement *(L. nº 2024-322 du 9 avr. 2024, art. 1er)* « , dont la rénovation de l'habitat dégradé » *(L. nº 2025-541 du 16 juin 2025, art. 2)* « et la transformation des bâtiments à destination autre que d'habitation en habitations », des mobilités, de la mobilisation pour les quartiers prioritaires de la politique de la ville et les quartiers urbains en difficulté, de la revitalisation, notamment commerciale et artisanale, des centres-villes et centres-bourgs, de la transition écologique, *(L. nº 2021-1104 du 22 août 2021, art. 198)* « de la lutte contre l'artificialisation des sols, » du développement économique ou du développement des usages numériques. À ce titre, elle facilite l'accès des porteurs de projets aux différentes formes, publiques ou privées, d'ingénierie juridique, financière et technique, qu'elle recense. Elle apporte un concours humain et financier aux collectivités territoriales et à leurs groupements. Elle favorise la coopération entre les territoires et la mise à disposition de compétences de collectivités territoriales et de leurs groupements au bénéfice d'autres collectivités territoriales et groupements. Elle centralise, met à disposition et partage les informations relatives aux projets en matière d'aménagement et de cohésion des territoires dont elle a connaissance. Elle soutient les réseaux associatifs dans le cadre des compétences qui lui sont attribuées.

L'agence assure une mission de veille et d'alerte afin de sensibiliser et d'informer les administrations ainsi que les opérateurs publics et privés sur les impacts territoriaux de leurs décisions en matière de cohésion et d'équité territoriales.

L'agence informe et oriente, le cas échéant, les porteurs de projets dans leur demande de subvention au titre des fonds européens structurels et d'investissement auprès des autorités de gestion compétentes.

L'agence coordonne l'utilisation des fonds européens structurels et d'investissement et assiste le ministre chargé de l'aménagement du territoire dans sa mission de définition, de mise en œuvre et de suivi des politiques nationales et européennes de cohésion économique, sociale et territoriale.

II. — L'agence assure la mise en œuvre de la politique de l'État en matière d'aménagement durable et de cohésion des territoires en conduisant des programmes nationaux territorialisés et en prévoyant la mise en œuvre déconcentrée de ces programmes au moyen de contrats de cohésion territoriale. Ces contrats s'articulent avec les projets de territoire élaborés par les collectivités territoriales et leurs groupements. Ces contrats peuvent intégrer tout autre contrat, prévu par les lois et règlements en vigueur, relatif à l'aménagement du territoire, à la politique de la ville, au numérique ou à tout autre domaine relevant des compétences de l'agence.

III. — L'agence veille à la prise en compte des spécificités des territoires de montagne et contribue au développement, à la valorisation et à la protection de ceux-ci. Elle dispose à cet effet des commissariats de massif et des équipes qui leur sont rattachées.

IV. — L'agence a également pour mission de favoriser l'aménagement et la restructuration des espaces commerciaux et artisanaux ainsi que des espaces incluant à titre accessoire des espaces de services, et de tous les locaux s'y trouvant, dans les zones mentionnées à l'article 42 de la loi n° 95-115 du 4 février 1995 d'orientation pour l'aménagement et le développement du territoire et *(L. n° 2023-1322 du 29 déc. 2023, art. 73)* « aux II et III de l'article 44 *quindecies* A » du code général des impôts, dans les territoires retenus au titre du programme national de requalification des quartiers anciens dégradés mentionné à l'article 25 de la loi n° 2009-323 du 25 mars 2009 de mobilisation pour le logement et la lutte contre l'exclusion et dans les secteurs d'intervention définis dans le cadre des opérations de revitalisation de territoire mentionnées à l'article L. 303-2 du code de la construction et de l'habitation.

À cette fin, l'agence assure, après accord des organes délibérants des communes ou des établissements publics de coopération intercommunale ou des syndicats mixtes concernés, la maîtrise d'ouvrage d'actions et d'opérations tendant à la création, l'extension, la transformation, la reconversion, la gestion ou l'exploitation de surfaces commerciales, artisanales et de services ainsi que de tous les locaux implantés sur ces dernières, situés dans les zones, territoires et secteurs mentionnés au premier alinéa du présent IV. Si la requalification de ces zones, territoires ou secteurs le nécessite, elle peut également intervenir à proximité de ceux-ci.

L'agence peut accomplir tout acte de disposition et d'administration nécessaire à la réalisation de la mission définie au présent IV, notamment :

1° Acquérir des fonds commerciaux ou artisanaux en qualité de délégataire du droit de préemption sur les fonds de commerce et artisanaux dans les conditions prévues au chapitre IV du titre I du livre II du code de l'urbanisme ou, le cas échéant, par voie d'expropriation, des immeubles ou droits réels immobiliers nécessaires aux opérations correspondant à son objet ;

2° Céder les immeubles ou les fonds acquis en application du 1° du présent IV ;

3° Confier la gestion des fonds commerciaux ou artisanaux acquis à un ou plusieurs locataires gérants ;

4° Gérer et exploiter, directement ou indirectement, les locaux mentionnés au 1° ;

5° Conclure des transactions.

V. — L'agence a pour mission d'impulser, d'aider à concevoir et d'accompagner les projets et les initiatives portés par l'État, les collectivités territoriales et leurs groupements, les réseaux d'entreprises et les associations dans le domaine du numérique.

À ce titre, l'agence :

1° Assure la mise en œuvre des programmes nationaux territorialisés visant à assurer la couverture de l'ensemble du territoire national par des réseaux de communications électroniques mobiles et fixes à très haut débit ;

2° Favorise l'accès de l'ensemble de la population aux outils numériques et le développement des usages et des services numériques dans les territoires.

VI. – L'agence remet chaque année un rapport d'activité au Gouvernement et au Parlement. Ce rapport est rendu public.

CHAPITRE II ORGANISATION ET FONCTIONNEMENT

(L. nº 2019-753 du 22 juill. 2019, art. 3)

Art. L. 1232-1 I. – Le conseil d'administration de l'Agence nationale de la cohésion des territoires règle par ses délibérations les affaires de l'établissement.

II. – Le conseil d'administration comprend, avec voix délibérative, des représentants de l'État et de la Caisse des dépôts et consignations, représentant au moins la moitié de ses membres, deux députés, deux sénateurs ainsi que des représentants des collectivités territoriales et de leurs groupements et du personnel de l'agence.

Les délibérations sont prises à la majorité des membres présents. Dans l'hypothèse où une délibération ne recueillerait pas la majorité des voix des représentants des collectivités territoriales et de leurs groupements, le président du conseil d'administration inscrit à l'ordre du jour du prochain conseil d'administration une nouvelle délibération portant sur le même objet. Il ne peut être procédé qu'à une seule nouvelle délibération sur un même objet.

Les représentants de l'Agence nationale pour la rénovation urbaine, de l'Agence nationale de l'habitat, de l'Agence de l'environnement et de la maîtrise de l'énergie et du Centre d'études et d'expertise sur les risques, l'environnement, la mobilité et l'aménagement ainsi que des personnalités qualifiées assistent au conseil d'administration avec voix consultative.

Le conseil d'administration doit être composé de manière à favoriser une juste représentation de la diversité des territoires métropolitains et ultramarins.

Il doit être composé de manière à ce que l'écart entre, d'une part, le nombre d'hommes et, d'autre part, le nombre de femmes ne soit pas supérieur à un. Lorsqu'un organisme est appelé à désigner plus d'un membre du conseil, il procède à des désignations de telle sorte que l'écart entre le nombre des hommes désignés, d'une part, et le nombre des femmes désignées, d'autre part, ne soit pas supérieur à un.

Le conseil d'administration élit son président parmi les membres représentant les collectivités territoriales.

Il détermine dans son règlement intérieur les modalités de prévention des conflits d'intérêts.

L'agence est dirigée par un directeur général nommé par décret.

Art. L. 1232-2 *(L. nº 2019-753 du 22 juill. 2019, art. 4)* Le représentant de l'État dans le département, la collectivité à statut particulier ou la collectivité d'outre-mer régie par les articles 73 ou 74 ou par le titre XIII de la Constitution est le délégué territorial de l'Agence nationale de la cohésion des territoires.

Les délégués territoriaux de l'agence peuvent subdéléguer leurs compétences ou leurs signatures.

Ils veillent à assurer la cohérence et la complémentarité des actions de l'agence, d'une part, avec les soutiens apportés aux projets locaux par les acteurs locaux publics ou associatifs intervenant en matière d'ingénierie et, d'autre part, avec les décisions prises au sein de la conférence territoriale de l'action publique mentionnée à l'article L. 1111-9-1.

Ils veillent à encourager la participation du public dans le cadre de l'élaboration des projets des collectivités territoriales et de leurs groupements.

Ils réunissent régulièrement, au moins deux fois par an, un comité local de cohésion territoriale, qui est informé des demandes d'accompagnement émanant des collectivités territoriales et de leurs groupements, des suites qui leur sont données et, le cas échéant, de la mise en œuvre des projets concernés.

La composition et les modalités de fonctionnement de ce comité sont précisées par voie réglementaire.

CHAPITRE III RESSOURCES ET MOYENS

(L. nº 2019-753 du 22 juill. 2019, art. 5)

Art. L. 1233-1 Pour l'accomplissement de ses missions, l'Agence nationale de la cohésion des territoires dispose des ressources suivantes :

1° Les contributions et subventions de l'État et d'autres personnes publiques ;
2° Les financements par des personnes privées ;
3° Le produit des aliénations ;
4° Les dons et legs ;
5° Les revenus des biens meubles et immeubles ;
6° La rémunération de ses prestations de services au titre des missions prévues au IV de l'article L. 1231-2 ;
7° D'une manière générale, toutes les recettes autorisées par les lois et règlements.

Art. L. 1233-2 *(L. n° 2019-753 du 22 juill. 2019, art. 6)* Dans le cadre de sa mission mentionnée au IV de l'article L. 1231-2, l'Agence nationale de la cohésion des territoires est habilitée à créer ou céder des filiales et à acquérir, étendre ou céder des participations dans des sociétés, groupements ou organismes actifs dans le champ de cette mission et concourant au développement des territoires.

Art. L. 1233-3 *(L. n° 2019-753 du 22 juill. 2019, art. 7)* L'Agence nationale de la cohésion des territoires et l'État concluent des conventions pluriannuelles avec :
1° L'Agence nationale pour la rénovation urbaine ;
2° L'Agence nationale de l'habitat ;
3° L'Agence de l'environnement et de la maîtrise de l'énergie ;
4° Le Centre d'études et d'expertise sur les risques, l'environnement, la mobilité et l'aménagement ;
5° La Caisse des dépôts et consignations.
Ces conventions prévoient les conditions dans lesquelles les personnes mentionnées aux 1° à 5° participent au financement et à la mise en œuvre d'actions dans les territoires où l'agence intervient.
Ces conventions et leurs éventuels avenants sont transmis au Parlement.

Art. L. 1233-4 *(L. n° 2019-753 du 22 juill. 2019, art. 8)* I. — Le comité national de coordination de l'Agence nationale de la cohésion des territoires comprend :
1° Des représentants de l'Agence nationale pour la rénovation urbaine ;
2° Des représentants de l'Agence nationale de l'habitat ;
3° Des représentants de l'Agence de l'environnement et de la maîtrise de l'énergie ;
4° Des représentants du Centre d'études et d'expertise sur les risques, l'environnement, la mobilité et l'aménagement ;
5° Des représentants de la Caisse des dépôts et consignations.
II. — À la demande du directeur général, le comité national de coordination de l'Agence nationale de la cohésion des territoires se réunit pour assurer le suivi de l'exécution des conventions mentionnées à l'article L. 1233-3.
Le comité national de coordination peut être saisi de tout sujet par le conseil d'administration. Il peut émettre des propositions et demander que des questions soient inscrites à l'ordre du jour d'une réunion du conseil d'administration.

Art. L. 1233-5 *(L. n° 2022-217 du 21 févr. 2022, art. 206)* I. — Le personnel de l'Agence nationale de la cohésion des territoires comprend :
1° Des fonctionnaires de l'État ;
2° Des agents non titulaires de droit public ;
3° Des salariés régis par le code du travail.
II. — A. — Il est institué un comité social d'administration, compétent pour l'ensemble du personnel de l'Agence nationale de la cohésion des territoires. Il exerce les compétences des comités sociaux d'administration, mentionnés à l'article L. 253-1 du code général de la fonction publique, ainsi que les compétences mentionnées au chapitre II du titre I du livre III de la deuxième partie du code du travail, sous réserve d'adaptations prévues par décret en Conseil d'État.
B. — Le comité social d'administration est composé du directeur général de l'Agence nationale de la cohésion des territoires ou de son représentant, qui le préside, et des représentants du personnel. Seuls les représentants du personnel sont appelés à prendre part aux votes lorsque le comité est consulté.
Les représentants du personnel siégeant au comité social d'administration sont élus, par collège, au scrutin de liste à la représentation proportionnelle, selon des modalités fixées par décret en Conseil d'État.

Les candidatures sont présentées par les organisations syndicales qui remplissent les conditions suivantes :

1° Pour le collège des membres du personnel mentionnés aux 1° et 2° du I du présent article, celles prévues à l'article L. 211-1 du code général de la fonction publique ;

2° Pour le collège des membres du personnel mentionnés au 3° du I du présent article, celles prévues à l'article L. 2314-5 du code du travail.

La composition de la représentation du personnel au sein du comité social d'administration est fixée par décret en Conseil d'État de façon à permettre la représentation de chaque collège, en fonction des effectifs des membres du personnel mentionnés aux 1° et 2° du I du présent article et des membres du personnel mentionnés au 3° du même I.

C. – Le fonctionnement et les moyens du comité social d'administration sont ceux prévus aux articles L. 251-2 à L. 251-4, L. 253-1 à L. 253-4 et L. 254-1 du code général de la fonction publique. Le comité social d'administration est doté de la personnalité civile et gère son patrimoine. Le président du comité social d'administration peut faire appel à un expert habilité dans des conditions fixées par décret en Conseil d'État.

D. – Les modalités de vote du contenu des lignes directrices de gestion relatives à la stratégie pluriannuelle des ressources humaines, aux orientations générales en matière de mobilité et aux orientations générales en matière de promotion et de valorisation des parcours professionnels prévues aux articles L. 413-1 et L. 413-2 du code général de la fonction publique sont définies par décret en Conseil d'État.

E. – Au sein du comité social d'administration, il est institué une commission chargée de la santé, de la sécurité et des conditions de travail, compétente pour l'ensemble du personnel de l'Agence nationale de la cohésion des territoires. Cette commission est chargée d'examiner les questions mentionnées au 7° de l'article L. 253-1 du code général de la fonction publique ainsi qu'aux deuxième et troisième alinéas de l'article L. 2312-5 du code du travail. Les représentants du personnel sont désignés dans les conditions prévues à l'article L. 252-5 du code général de la fonction publique.

Le fonctionnement et les moyens de la commission sont fixés par décret en Conseil d'État.

F. – Au sein du comité social d'administration, il est institué une commission des droits des salariés compétente pour le collège des membres du personnel mentionnés au 3° du I du présent article. Elle exerce les compétences mentionnées à l'article L. 2312-5 du code du travail, à l'exception de celles mentionnées aux deuxième et troisième alinéas du même article L. 2312-5 et aux articles L. 2312-6 et L. 2312-7 du même code.

La composition de la commission, la désignation des représentants du personnel, son fonctionnement et ses moyens sont définis par décret en Conseil d'État.

Art. L. 1233-6 *(L. n° 2019-753 du 22 juill. 2019, art. 11)* La réserve citoyenne pour la cohésion des territoires est destinée à répondre aux besoins des projets de territoire et des actions soutenues par l'Agence nationale de la cohésion des territoires en complétant, les moyens habituellement mis en œuvre dans le cadre des missions de l'agence par les services de l'État et par toute personne morale concourant à son action.

La réserve citoyenne pour la cohésion des territoires fait partie de la réserve civique prévue par la loi n° 2017-86 du 27 janvier 2017 relative à l'égalité et à la citoyenneté. Elle est régie par les articles 1er à 5 de la même loi ainsi que par le présent article.

Les membres de la réserve citoyenne pour la cohésion des territoires concluent un contrat d'engagement à servir dans cette réserve avec le délégué territorial de l'Agence nationale de la cohésion des territoires.

Les conditions d'application du présent article sont fixées par décret, notamment en ce qui concerne les catégories de personnes pouvant entrer dans la réserve citoyenne pour la cohésion des territoires ainsi que la durée et les clauses du contrat d'engagement à servir dans cette réserve.

TITRE IV LE CONSEIL NATIONAL DES OPÉRATIONS FUNÉRAIRES

CHAPITRE UNIQUE

Art. L. 1241-1 Il est créé auprès du ministre de l'intérieur un Conseil national des opérations funéraires composé de représentants des communes et de leurs groupements, des régies et des entreprises ou associations habilitées qui fournissent les prestations énumérées à l'article L. 2223-19 ou qui participent aux opérations funéraires, des syndicats représentatifs au plan national des salariés de ce secteur, des associations familiales, des associations de consommateurs, des administrations de l'État et de personnalités désignées en raison de leur compétence.

Le Conseil national des opérations funéraires est consulté sur les projets de textes relatifs à la législation et à la réglementation funéraire. Il peut adresser aux pouvoirs publics toute proposition. Il donne son avis sur le règlement national des pompes funèbres et sur les obligations des régies et des entreprises ou associations habilitées en matière de formation professionnelle.

Un décret précise sa composition et son mode de fonctionnement.

Le Conseil national des opérations funéraires rend public un rapport, tous les deux ans, sur ses activités, le niveau et l'évolution des tarifs des professionnels et les conditions de fonctionnement du secteur funéraire.

V. art. D. 1241-1 s.

Les dispositions du présent art. ont un caractère réglementaire (Cons. const. 21 juill. 2015, n° 2015-256 L, art. 2).

BIBL. ▸ Rapport du Conseil national des opérations funéraires 1996-1997, *Imprimerie nat., DGCL, 1998.* – D'Abbadie et Defarge, Opérations funéraires. Une nouvelle donne pour les communes, *Imprimerie nat., 1998.* – Dutrieux, La réforme de la législation funéraire dans l'attente d'un second souffle(?), à propos du rapport du Conseil national des opérations funéraires, *LPA 1er juill. 1999, p. 9 s.* ; Les vingt ans de la loi Sueur : bilan critique, *Gaz. cnes 7 janv. 2013. 52.* – Rapport du Conseil national des opérations funéraires, *1998-2002.* Les rapports 2003-2004 et 2005-2006 sont en ligne, *http://www.collectivites-locales.gouv.fr/.* – Concernant les frais de fonctionnement de ce Conseil : *Rép. min. à la question n° 88189 du député Richard Mallié : JOAN Q, 7 déc. 2010, p. 13369.* – Concernant la modification apportée par le Décr. n° 2011-121 du 28 janv. 2011 : Dutrieux, Le décret relatif aux opérations funéraires : une simplification enfin adoptée, *JCP Adm. 2011. Actu. 77.* – Le rapport 2007-2013 a été approuvé le 18 sept. 2014, *Rép. min. à la question n° 06338 du sénateur J.-P. Sueur : JO Sénat, 13 nov. 2014, p. 2548.*

1. Les auteurs du Décr. du 13 juill. 1993 ont retenu le nombre de chacune des catégories selon une pondération qui ne peut être regardée comme illégale. • CE 29 juill. 1994, *Féd. française des pompes funèbres,* n° 152097. ♦ Cette composition a été modifiée par le Décr. n° 2011-121 du 28 janv. 2011 (*JO 30 janv.*).

2. La loi n'imposait aucun critère pour la désignation des représentants de chacune des catégories retenues. • Même arrêt.

LIVRE III BIENS DES COLLECTIVITÉS TERRITORIALES, DE LEURS ÉTABLISSEMENTS ET DE LEURS GROUPEMENTS

(Ord. n° 2003-902 du 19 sept. 2003, art. 1er).

TITRE I RÉGIME GÉNÉRAL

BIBL. GÉN. ▸ **Notions générales sur le domaine public :** Dossier, Les nouvelles méthodes de gestion des biens publics, *AJDA 2007. 949*. – Dossier, La codification du droit des propriétés des personnes publiques, *AJDA 2006. 1073*. – Dossier, Le CGPPP dix ans après, *AJDA 2016. 1784*. – Dossier, Patrimoine, domaine des collectivités et CGPPP, *AJCT 2016. 599*. – Boul, Les « *public goods* » : traduction juridique d'une notion économique, *RFDA 2013. 557*. – Bachelier, Spécial, indispensable, global, virtuel : trop d'adjectifs pour le domaine public immobilier ?, *AJDA 2013. 960*. – Fatôme, La consistance du domaine public immobilier général sept ans après le CGPPP, *AJDA 2013. 965*. – Groulier, Quelle effectivité juridique pour le concept de patrimoine commun ?, *AJDA 2005. 1034 et 1042*. – Lachaume, Marcel Waline et le droit du domaine public, *RD publ. 2002. 955*. – Melleray, La recherche d'un critère réducteur de la domanialité publique, *AJDA 2004. 490* ; Précisions sur le périmètre du domaine public (au sujet du domaine national de Chambord), *AJDA 2013. 1789*. – Soulie, À propos de l'arrêt du Conseil d'État du 21 mars 2003 syndicat intercommunal de la périphérie de Paris pour l'électricité et les réseaux, le domaine public : une catégorie juridique protégée ?, *RFDA 2003. 903*.

▸ **Aspects économiques et financiers, valorisation, concurrence :** Dossier, Le droit du domaine entre impératifs de protection et souci de valorisation, *AJDA 2005. 578*. – Dossier, Valorisation du patrimoine matériel, *AJCT 2013. 71*. – Dossier, Valorisation du patrimoine immatériel, *AJCT 2013. 119*. – Dossier, Ordonnance propriété des personnes publiques : quelles simplifications ?, *AJCT 2017. 479*. – Dossier, Occupation domaniale, Le tour du domaine, *Jurisassociations, n° 695, 15 mars 2024. 16*. – Calandri, Le contentieux des conventions d'occupation domaniale spontanément soumises à publicité et mise en concurrence, *RFDA 2013. 1129*. – Chamard-Heim et Yolka, La reconnaissance du fonds de commerce sur le domaine public, *AJDA 2014. 1641*. – Dalle-Crode, Collectivités locales et panneaux photovoltaïques : les clés juridiques de la mise à disposition (et de la valorisation) du domaine public, *JCP Adm. 2009, n° 42. Étude 2236*. – Ollier et Pichot, Projet photovoltaïque : question de droit de l'urbanisme et de fiscalité locale, *RLCT 2009. 1385*. – Fatôme et Terneyre, Le statut des biens des délégations de service public, *AJDA 2013. 724*. – Foulquier, Les cas de gratuité de l'utilisation du domaine public : l'article L. 2125-1 CGPPP une nouvelle fois modifié par une loi de simplification du droit, *RDI 2009. 479*. – Gauthier, La valorisation des propriétés publiques, *AJDA 2012. 990*. – Legal, L'impact du droit de la concurrence sur la gestion du patrimoine des personnes publiques, *AJDA 2007. 949*. – Léonetti, Valorisation des biens publics : cession ou BEA ?, *AJDA 2010. 2463*. – Lohéac-Derboulle, Les redevances domaniales depuis l'adoption du code général de la propriété des personnes publiques, une obscure clarté, *RFDA 2013. 1143*. – Melleray, L'utilisation privative du domaine public, *AJDA 2013. 992*. – Mollion, L'érosion de la théorie des biens de retour, *AJDA 2011. 363*. – Poli et Terrien, Occupation du domaine public et concurrence, *BJCL 2010. 3*. – Spitz, Les nouvelles méthodes de gestion des biens publics : l'exemple de Paris, *AJDA 2007. 954*. – Untermaier, Que reste-t-il de la distinction des redevances pour services rendus et des redevances pour occupation du domaine public ?, *AJDA 2010. 1062*.

▸ **Domanialité et service public :** Fatôme, Externalisation et protection des biens affectés au service public, *AJDA 2007. 959*. – Lavialle, Que reste-t-il de la jurisprudence Société Le Béton, *RFDA 2010. 533*. – Léonetti, La protection de l'affectation au service public des biens incorporels, *AJDA 2009. 1689*. – Leufflen, Externalisation du domaine et protection du service public, *AJDA 2007. 962*.

▸ **Droit constitutionnel :** Fatôme, À propos des bases constitutionnelles du droit du domaine public, *AJDA 2003. 1192.* – Langelier, Existe-t-il un statut constitutionnel du droit administratif des biens ?, *RD publ. 2011. 1495*. – Noguellou, Le droit des propriétés publiques, aspects constitutionnels récents, *AJDA 2013. 986*.

▸ **Propriété, inaliénabilité, imprescriptibilité, servitudes** : Amiel, L'aliénabilité n'est pas le bon remède à la respiration des collectivités publiques, *JCP Adm. 2008. Actu. 197*. – Bourrachot, La liberté des personnes publiques de disposer de leurs biens, *Dr. adm. 2003. 1110*. – Braud, Les ventes au rabais des immeubles des collectivités territoriales, *AJDA 2013. 1726*. – Delvolvé, Les dispositions relatives aux droits réels sur le domaine des personnes publiques : l'incohérence,

RFDA 2010. 1125 ⊘. – Douence, L'inaliénabilité du domaine public : de la nécessité de revoir la règle de l'indisponibilité des dépendances domaniales entre personnes publiques, *AJDA 2006. 238* ⊘. – Dufau, Propriété publique et domanialité publique, *AJDA 2012. 1381* ⊘. – Francfort, La cession des propriétés publiques, *AJDA 2013. 558* ⊘. – Hourquebie, Les servitudes conventionnelles sur le domaine public, *RFDA 2007, 1165* ⊘. – Pastre-Belda, L'effectivité des garanties procédurales de l'occupant sans titre du domaine public, *AJDA 2011. 2325* ⊘. – Sorbara, Le primat des règles du droit de succession sur celles de la propriété et de la fonction publique, *JCP Adm. 2010, nº 60* ; Les sociétés publiques locales et la propriété publique, *RFDA 2012. 1140* ⊘. – Yolka, Collectivités locales et rescision pour lésion, *AJDA 2003. 1097* ⊘ ; L'insaisissabilité des biens publics (regards sur un mouvement immobile), *JCP Adm. 2007. 2307* ; L'expropriation des collectivités territoriales, *JCP Adm. 2008. 1. 2028* ; L'usufruit administratif, *AJDA 2010. 423* ⊘. – Analyse des modifications du code général de la propriété des personnes publiques par les textes récents, et notamment la loi de simplification du 12 mai 2009, qui procède en particulier à une ratification de l'ordonnance du 21 avril 2006 ; Les servitudes sur le domaine public (obs. complémentaires), *JCP Adm. 2010. Actu. 279*.

▸ **Protection :** Délicat, Améliorer le droit français de l'occupation irrégulière des propriétés publiques, *AJDA 2012. 23* ⊘. – Yolka, Remarque sur la protection pénale du domaine public, le couteau de Lichtenberg, *AJDA 2009. 2341* ⊘.

▸ **Distinction domaine public/domaine privé :** Hostiou, Domanialité publique et propriété privée : de nouvelles perspectives ouvertes par la Cour européenne des droits de l'homme ?, *AJDA 2008. 1561* ⊘. – Hoffmann, Pour une réforme de la procédure des contraventions de grande voirie, *AJDA 2013. 1721* ⊘. – Leroy et Malard, La détermination du domaine privé, *LPA 14 mai 2001, nº 95, p. 51*. – Martin-Genier, Domaine public, domaine privé : à qui appartient le mur ?, *Cah. jur. coll. terr. mars 2000, p. 11*. – Matha et Blondel, Définition et gestion du domaine privé : questions d'actualité. Comment sécuriser le régime fondamental du domaine privé ?, *AJCT 2022. 569* ⊘.

▸ **Domaine fluvial :** Dossier, Rénovation du régime de l'eau, loi du 30 décembre 2006, *AJDA 2007. 1162* ⊘. – Arzul, Le cas de voies navigables de France, *JCP N 2001. 814*. – Dufau, Le domaine public fluvial des collectivités territoriales : des transferts de compétences aux transferts de propriété, *JCP N 2005, nº 1128*.

▸ **Domaine public naturel, environnement :** Caudal, La domanialité publique comme instrument de protection de l'environnement, *AJDA 2009. 2329* ⊘. – Chamard-Heim, Domaine public naturel et décentralisation, un patrimoine au service des missions de l'État, *AJDA 2009. 2335* ⊘. – Fatôme, Bref regard sur le domaine public naturel après le code général de la propriété des personnes publiques, *AJDA 2009. 2326* ⊘. – Khair, Les titres d'occupation de la zone des « cinquante pas géométriques », *RFDA 2012. 1159* ⊘. – Yolka, Le domaine public naturel, *AJDA 2009. 2325* ⊘.

▸ **Domaine mobilier :** Dreyfus, La respiration des collections publiques, *AJDA 2008. 680* ⊘. – Duroy, Considérations sur une appartenance exclusive au domaine public mobilier, *RFDA 2007. 1155* ⊘. – Lavialle, La condition et la fonction des meubles en droit administratif des biens, *RFDA 2013. 250* ⊘. – Le Chatelier, Les concessions domaniales appliquées au mobilier urbain, *Mon. TP 30 juin 2000, p. 110*. – Saujot, La domanialité publique des vestiges archéologiques mobiliers, *AJDA 2008. 446* ⊘. – Sorbara, Le domaine public mobilier au regard du code général de la propriété des personnes publiques, *AJDA 2007. 619* ⊘. – Yolka, Les meubles de l'administration, *AJDA 2007. 964* ⊘ ; Le mobilier administratif (Questions d'actualité), *BJCL 2007. 459*.

▸ **Domaine virtuel :** Yolka, Faut-il réellement abandonner la domanialité publique virtuelle ?, *JCP Adm. 2010, nº 2073*.

▸ **Affectation publique, opérations annexes à celle-ci et mutations domaniales :** Noguellou, Les rapports domaniaux entre personnes publiques, *RFDA 2006. 957* ⊘. – Peyrical, Transfert de biens entre collectivités de droit administratif, *AJDA 2002. 1157* ⊘. – Rubio et Barthélemy, Le transfert, par la loi du 8 décembre 2009, des ouvrages du Syndicat des transports d'Île-de-France (STIF) à la Régie autonome des transports parisiens (RATP), *RFDA 2010. 62* ⊘. – Tardivel, Le nécessaire aménagement de la théorie des mutations domaniales, *AJDI 2003. 492* ⊘ ; L'indépassable théorie des mutations domaniales, *AJDA 2003. 1209* ⊘.

CHAPITRE UNIQUE

Art. L. 1311-1 *(Ord. nº 2006-460 du 21 avr. 2006, art. 3)* **Conformément aux dispositions de l'article L. 3111-1 du code général de la propriété des personnes publiques,**

les propriétés qui relèvent du domaine public des collectivités territoriales, de leurs établissements publics et de leurs groupements sont inaliénables et imprescriptibles.

Toutefois, les propriétés qui relèvent de ce domaine peuvent être cédées dans les conditions fixées à l'article L. 3112-1 du code général de la propriété des personnes publiques ou échangées dans les conditions fixées aux articles L. 3112-2 et L. 3112-3 du même code.

COMMENTAIRE

V. dans le supplément en ligne.

PLAN DES ANNOTATIONS

I. PROPRIÉTÉ PUBLIQUE

A. DROIT DE PROPRIÉTÉ DES COLLECTIVITÉS TERRITORIALES SUR LEURS BIENS

1. **BIBL.** Dossier, La codification du droit des propriétés des personnes publiques, *AJDA 2006. 1073*. – Le code général de la propriété des personnes publiques, *RFDA 2006. 899*. – La réforme du code de la propriété publique, *ACCP 2006, no 60, p. 5*. – Llorens, Odent et Lavialle, Seules les personnes publiques peuvent être propriétaires d'un domaine public (à propos du statut juridique du siège de l'Agence France Presse), *RFDA 2004. 923, comm. de l'avis d'Assemblée du Conseil d'État du 10 juin 2004, no 370252*. – Yolka, Naissance d'un code : la réforme du droit des propriétés publiques, *JCP Adm. 2006. Actu. 452.*

1o BIENS EN GÉNÉRAL

a. Absence de présomption de domanialité publique

2. Primauté du droit de propriété. Pour contester le refus d'un maire de délivrer une permission de voirie pour entreposer des matériaux sur des parcelles du fait que ces dernières n'appartenaient pas au domaine public ou privé communal, le requérant doit établir que les parcelles litigieuses sont la propriété de la commune et non se fonder sur une présomption de domanialité publique résultant de la configuration, de l'aménagement et de l'affectation des parcelles litigieuses. • CE 17 oct. 1997, *M. Demaria*, n° 157262.

b. Acquisition du droit de propriété

3. Prescription. Une personne publique peut acquérir un bien par prescription. • Civ. 20 mai 1889 : *S. 1891. I. 511.*

4. Accession. Une personne publique peut acquérir un bien par accession. • Civ. 12 déc. 1832 : *S. 1833. 1. 35.*

5. Action en revendication. Une personne publique peut exercer l'action en revendication. • Req. 17 juill. 1896 : *D. 1897. I. 257.*

6. Domaine public et revendication de propriété. • Civ. 3e, 3 mai 2007, n° 06-16.705 : *AJDI 2008. 48, obs. Graeffly.*

c. Prérogatives issues du droit de propriété

7. Fructus. Une personne publique a droit aux fruits naturels d'un bien de son domaine. • CE 24 févr. 1911, *Jacquemin : S. 1912. III. 73, note Hauriou.*

2° BIENS DU DOMAINE PUBLIC

a. Mention expresse du droit de propriété

8. La ville de Paris est « propriétaire de ses voies publiques ». • CE 16 juill. 1909, *Ville de Paris : Lebon 707, concl. Tessier.* ♦ Dans le même sens « l'hôtel de ville de Saint-Étienne est propriété de ladite ville ». • CE 17 mars 1967, *Ranchon*, n° 64440 : *Lebon 131 ; AJDA 1967. 415, note Dufau ; D. 1968. 247, note Leclercq ; RD publ. 1968. 180, note Waline.*

b. Prérogatives issues du droit de propriété

9. Action possessoire exercée par une personne publique. Une personne publique peut exercer l'action possessoire pour s'opposer aux revendications des tiers sur le domaine public. • Req. 9 janv. 1872 : *D. 1872. I. 4.* – V. aussi • Cass. 6 juill. 1896 : *D. 1896. I. 252* • Civ. 1re, 11 juill. 1984, n° 83-11.363 P • Civ. 3e, 10 juin 1981 : *Gaz. Pal. 1982. 1. 120, note Morand Deviller et Piedelièvre.*

10. Action possessoire exercée par une personne privée. Lorsque le délai de deux mois de recours contre les actes incorporant des biens au domaine public est écoulé, toute demande de restitution est considérée comme tardive et impossible au nom du principe d'inaliénabilité. • CE, ass., 30 juill. 2014, *Kodric et Heer*, n° 349789 : *Lebon 247 ; AJDA 2014. 2145, note Pontier ; D. 2015. 194, note Cagnon ; RFDA 2014. 1092, note Lavialle ; JCP Adm. 2014. Actu. 678, obs. F. T.*

11. Mitoyenneté. Une personne publique a le droit d'acquérir la mitoyenneté des immeubles voisins du domaine public. • Civ. 14 janv. 1900 : *D. 1900. 1. 593.*

c. Expropriation

12. Inapplicabilité de principe de l'expropriation. Si une personne publique possède un droit de propriété sur le domaine public, ce domaine ne peut toutefois être exproprié. • CE 21 nov. 1884, *Conseil de fabrique de l'église Saint-Nicolas-des-Champs : Lebon 804, concl. Marguerie.* – V. aussi • Civ. 20 déc. 1897, *Chemins de fer d'Orléans : D. 1889. 1. 257* • CE 2 juill. 1930, *Kersaho*, n° 235 : *Lebon 680.* ♦ Toutefois, l'expropriation peut intervenir si l'affectation des biens relève de la compétence de la personne signataire de la déclaration d'utilité publique. • CE 6 juill. 1973, *Michelin et Veyret*, n° 79752 : *Lebon 481 ; AJDA 1973. I. 586 ; ibid. 595 ; D. 1974. 370, note Homont.*

d. La propriété publique condition de la domanialité publique

13. Propriété publique. Une dépendance affectée à la circulation générale ne peut relever du domaine public que si elle appartient à une personne publique. • CE 8 mai 1970, *Sté Nobel-Bozel*, n° 69324 : *Lebon 312 ; AJDA 1970. 360, chron. Denoix de Saint-Marc et Labetoulle.*

14. Exclusion des copropriétés privées. La copropriété d'une personne publique et d'une personne privée exclut la domanialité publique (en l'affaire, canalisation). • CE 19 mars 1965, *Sté Lyonnaise des Eaux et de l'Éclairage*, n° 59061 : *Lebon 184 ; JCP 1966. II. 14583, note Dufau.*

15. Voirie communale depuis 1812. Si la dépendance en cause est un élément de la voirie communale remontant au moins à 1812 et n'a pas fait l'objet depuis d'une désaffectation, et que par suite la domanialité publique du bien n'a pu cesser, nonobstant d'ailleurs divers faits ou actes de nature privative accomplis sur ledit passage, il revient à l'autorité judiciaire de se prononcer sur la question de propriété de la dépendance, la domanialité publique étant subordonnée à cette question. • CE 14 sept. 1990, *Cne de Cabasse c/ M. Nivière*, n° 72673.

16. Charge de la preuve. La Cour peut, en l'absence de titres de propriété invoqués par les parties, prendre en considération la limite du domaine public telle qu'elle résulte d'un plan d'alignement et juger que la construction dont il s'agit ne faisait pas partie du domaine public. • CE 1er févr. 1995, *M. de Bray c/ Dpt du Loiret*, n° 134768 : *Lebon 60.*

17. Question préjudicielle. Quand un terrain privé riverain de la voie publique comporte un talus et une murette servant d'assise à cette voie et que certains désordres de ces édifices menaçent l'équilibre de la voirie, le Conseil d'État peut estimer que ces biens, étant « nécessaires au soutien d'une voie publique, constituaient une dépendance de ladite voie appartenant au domaine public... ». Mais la question de propriété des biens n'étant pas tranchée, il y a lieu de renvoyer cette question préjudicielle à l'autorité judiciaire. • CE 29 juin 1990, *Cts Marquassuzaa c/ Cne de Cauterets*, n° 77011 : *Lebon 188* ; *Quot. jur. n° 154, 29 déc. 1990, p. 8, note Rouault.*

18. *Contrôle minimum de la domanialité au référé.* Le juge des référés n'a pas à établir que la dépendance relève de manière certaine du domaine public sur la base des critères relatifs à la définition de ce domaine avant de se reconnaître compétent pour statuer. • CE 7 mars 2012, *Mme Dominique A. c/ Cne de Breuillet*, n° 352367. ♦ Il n'est tenu que de vérifier que les locaux n'étaient pas manifestement insusceptibles d'être qualifiés de dépendances du domaine public dont le contentieux relève de la compétence administrative. • CE 26 mars 2012, *M. Vincent A. c/ Cne de Saint-Dié-des-Vosges*, n° 353681. ♦ L'immeuble était affecté au service public de la protection judiciaire de la jeunesse par une convention et a fait l'objet de travaux en vue d'être spécialement aménagé à cet effet ; ainsi, ces locaux n'étant pas manifestement insusceptibles d'être qualifiés de dépendances du domaine public, le juge des référés pouvait ne pas décliner la compétence du juge administratif. • CE 3 oct. 2012, *Cne de Port-Vendres*, n° 353915 : *AJDA 2012. 1882, note de Montecler*.

e. Juge compétent

19. *Difficulté non sérieuse de propriété.* Le juge administratif est compétent pour statuer sur l'appartenance du mur litigieux au domaine public du département, sans qu'il y ait lieu pour le Conseil d'État, en l'absence de titre privé de propriété dont l'examen soulèverait une difficulté sérieuse, de subordonner la reconnaissance de cette appartenance au jugement, par l'autorité judiciaire, de la question de la propriété de ce mur (en l'espèce, terrain à forte pente, mur nécessaire à la sécurité de la circulation et appartenant au département alors même qu'il n'aurait pas été construit par ce dernier). • CE 23 janv. 2012, *Dpt des Alpes-Maritimes*, n° 334360 : *AJDA 2012. 124, note Grand* ; *ibid. 2175, note Foulquier*.

B. DROIT DE PROPRIÉTÉ DES ÉTABLISSEMENTS PUBLICS

20. En principe, les biens appartenant à un établissement public, qu'il soit administratif ou industriel et commercial, font partie, lorsqu'ils sont affectés au service public dont cet établissement a la charge et sont spécialement aménagés à cet effet, de son domaine public ; il en est toutefois autrement quand y font obstacle des dispositions de loi applicables à cet établissement ou à ses biens. • CE 23 oct. 1998, *Électricité de France*, n° 160246 : *Lebon 365, concl. Arrighi de Casanova* ; *AJDA 1998. 1017* ; *CJEG déc. 1998, n° 549, p. 490 et 501, note Delpirou* ; *Dr. adm. 1998, n° 368, p. 14, note Taillefait* ; *JCP 1999. IV. 1103, obs. Rouault.*

II. DOMAINE PUBLIC (IDENTIFICATION)

21. BIBL. Fatôme, La consistance du domaine public immobilier : évolutions et questions, *AJDA 2006. 1087*. – Melleray, Définition et critères du domaine public, *RFDA 2006. 906*.

A. DÉFINITION

1° CONDITION DE PROPRIÉTÉ

22. V. notes 1 s.

2° CONDITION D'AFFECTATION AU PUBLIC OU AU SERVICE PUBLIC

23. *Application des critères traditionnels de la domanialité publique avant l'entrée en vigueur du CGPPP.* En se fondant, pour juger, par adoption des motifs retenus par le tribunal administratif, que les locaux mis à la disposition d'une société appartenaient au domaine public communal, sur les seules circonstances que ces locaux étaient situés dans l'enceinte du théâtre municipal et qu'en outre ils avaient été mis à la disposition de cette société par un contrat expressément qualifié par les parties de convention d'occupation du domaine public, sans rechercher si ces locaux, qui n'étaient pas directement affectés à l'usage du public, devaient être regardés comme étant eux-mêmes affectés au service public culturel de la commune et spécialement aménagés à cet effet, la cour a commis une erreur de droit. • CE 28 déc. 2009, *SARL Brasserie du Théâtre c/ Maire de Reims*, n° 290937. ♦ Si les parcelles appartenant à une commune et au département situées au sein d'une réserve naturelle et mises à la disposition d'un particulier pour y faire paître ses troupeaux de taureaux et de chevaux jouxtent les terrains sur lesquels le syndicat mixte pour la protection et la gestion de la Camargue a réalisé, dans le cadre de ses missions de service public, des aménagements spéciaux en vue de l'accueil du public, elles n'ont pas, cependant, fait l'objet de tels aménagements ; le fait que cette activité traditionnelle d'élevage soit menée dans des conditions fixées par voie de convention entre l'éleveur et le syndicat, afin de concourir aux objectifs de protection de la réserve naturelle, et que les parcelles, clôturées, soient en partie occasionnellement ouvertes au public sous la responsabilité de l'éleveur, ne constitue pas de tels aménagements ; dans ces conditions, elles ne peuvent, à la différence des terrains ayant reçu des aménagements spéciaux en vue de l'accueil du public dont elles sont contiguës, être regardées, à la date du litige dont a été saisi le juge judiciaire, comme faisant elles-mêmes partie du domaine public de ces collectivités. Par ailleurs, ces parcelles, qui occupent une surface de l'ordre de vingt à trente fois supérieure à celle des terrains contigus spécialement aménagés par le syndicat, ne leur étaient, à la date du litige, d'aucune utilité directe au regard de leur affectation et ne pouvaient être considérées comme accessoires de ces derniers. • CE 28 sept. 2011, *Synd. mixte pour la protection et la gestion de la Camargue gardoise*, n° 343690. ♦ Dès lors qu'une société est utilisatrice sans convention du domaine public, il y a lieu de juger – pour son expulsion – de l'appartenance à ce domaine de la dépendance en cause, au regard des critères de la domanialité publique antérieurs à la loi du 1er juill. 2006 si l'occupation irrégulière a commencé antérieurement à cette loi. • CE 13 nov. 2013, *Cne de Baillargues*, n° 360178. ♦ Si la nouvelle rédaction de l'art. L. 2111-1 CGPPP condamne la théorie de la domanialité publique virtuelle, elle n'est pas rétroactive : les biens intégrés avant son entrée en vigueur dans le domaine public au nom de cette théorie alors même qu'ils ne seraient à l'époque du jugement pas encore affectés ne sont pas déclassés. • CE 8 avr. 2013, *Assoc. ATLALR*, n° 363738 : *Lebon 58 ; AJCT 2013. 347, obs. Defix ; RDI 2013. 434, obs. Foulquier ; JCP Adm. 2013, n° 2172, note Chamard-Heim ; Dr. adm. 2013, n° 50, note Leleu.*

24. Preuve de l'affectation. Le juge ne peut présumer l'affectation, elle doit être prouvée. • Civ. 3e, 12 mars 2014, n° 12-19.341. ♦ Il ne suffit pas de prouver l'existence d'un aménagement spécial (ou indispensable), il faut également prouver l'affectation. • T. confl., 13 oct. 2014, *Sté Axa France IARD*, n° C-3963 : *Lebon ; AJDA 2014. 2180, chron. Lessi et Dutheillet de Lamothe ; AJCT 2015. 48, obs. Juilles ; RFDA 2014. 1068, concl. Desportes ; Rev. CMP 2014, n° 322, note Eckert.*

25. Utilisation de fait. L'usage public prolongé nettement établi constitue une affectation de fait qui conduit à l'incorporation d'une voie ou d'une place urbaine dans le domaine public. • CE 9 nov. 1935, *Cne de Roquefeuil*, n° 32084 : *Lebon 1040.* ♦ V. aussi • CE 9 mai 1958, *Delort : AJDA 1958. 331, concl. Long.*

26. Absence d'affectation (local de chambre de commerce). Ne peut relever du domaine public un local qui, bien que propriété d'un établissement public, n'est affecté ni à l'usage du public, ni au service public (en l'affaire, local propriété d'une chambre de commerce et d'industrie et mis à disposition de courtiers en vins). • CE 4 nov. 1987, *Chambre de commerce et d'industrie de Bordeaux*, n° 55512 : *Lebon 343 ; Rev. adm. 1987. 549, note Terneyre.*

27. Objets de musée. Les tableaux, meubles ou autres œuvres d'art déposés dans un musée public relèvent de la domanialité publique du seul fait que « leur conservation et présentation au public sont l'objet même du service public ». • Civ. 1re, 2 avr. 1963, *Sieur Montagne c/ Réunion des musées de France et a. : AJDA 1963. 487, note Dufau.*

28. Services publics municipaux culturels et touristiques. Des locaux situés au rez-de-chaussée d'un immeuble, qui étaient donnés en location à usage de commerce dans l'attente de la réalisation complète d'une opération sur le domaine public, constituent une dépendance de ce domaine, dès lors que : – la commune a acquis la totalité de l'immeuble par voie d'expropriation pour cause d'utilité publique en vue d'y installer des services publics municipaux à caractère culturel et touristique ; – elle y a réalisé à cet effet d'importants travaux de restauration et aménagements spéciaux ; – les locaux du rez-de-chaussée ne sont pas restés extérieurs à ces travaux et aménagements et sont compris dans le projet de musée que l'immeuble est destiné à accueillir ; – les commerçants étaient liés à la commune par convention. • CE 1er juin 2005, *Cne de Sarlat-la-Canéda*, n° 277092 : *AJDA 2005. 1747*.

29. Salle des fêtes. Une salle des fêtes appartient au domaine public. En l'espèce, la salle a été acquise en vue de l'organisation de manifestations d'ordre social ou culturel à l'intention des administrés ; elle a été ainsi affectée à un service public et destinée à être aménagée à cet effet. • CAA Bordeaux, 28 déc. 2009, *Assoc. du comité des fêtes de Lavignolle-de-Salles*, n° 09BX01310 : *AJDA 2010. 750 ; JCP Adm. 2010. Comm. 2147, note Yolka.*

30. Service public de l'environnement, espaces naturels. Les mesures prises au titre des art. L. 142-1 s. C. urb. (espaces naturels sensibles) sont la mise en œuvre d'un service public de l'environnement, auquel est affecté un massif forestier départemental. • T. confl. 22 oct. 2007, *Préfet des Bouches-du-Rhône c/ CA Aix-en-Provence*, n° 3625 : *AJDA 2007. 2453 ; ibid. 2008. 1145, note Canedo-Paris Marguerite* (feu le critère de l'aménagement « indispensable »).

31. Karting sur aérodrome. Une dépendance du domaine public d'un aérodrome concédée à un SIVOM puis à une SEM (dont fait partie le syndicat) sous forme de piste de karting n'est pas affectée au service public. • T. confl. 12 déc. 2005, *Assoc. sportive de karting semurois c/ SEM auxois Bourgogne (SEMAB)*, n° C3458.

32. Service public pris en charge par une personne autre que le propriétaire. Une parcelle fait partie du domaine public, alors même que le service public qui en est le siège est géré par une personne autre que la personne publique propriétaire. • CE 19 déc. 2007, *Cne de Mercy-le-Bas*, n° 288017 : *BJCL 2008. 120, obs. M. G., concl. Foulquier et Aguila.* – Conformes, *RDI 2008. 98*. – Mondou, *RLCT 2008. 932.*

33. Service public touristique et de loisirs, aménagement spécial. Un site d'aménagement d'une base de loisirs comprenant notamment un parcours de santé dans un espace boisé, un plan d'eau de baignade et un lac de pêche doit être regardé, eu égard à l'objet même du syndicat intercommunal d'aménagement touristique (SIAT), comme affecté au service public et spécialement aménagé à cet effet. • CE 16 mars 2010, *Cne de Gurson*, n° 328961.

3° CONDITION D'AMÉNAGEMENT INDISPENSABLE (ANCIENNEMENT SPÉCIAL)

34. **BIBL.** Ballandras-Rozet, L'aménagement indispensable, un critère discutable de réduction du domaine public, *AJDA 2007. 571*.

35. Non-rétroactivité du critère de l'aménagement indispensable. Confirmant que les critères de l'aménagement indispensable, établi par le CGPPP, ne sont pas rétroactifs, le Conseil d'État semble cependant adhérer à la réduction du domaine public mise en place par ce code en 2006. En renvoyant au Tribunal des conflits la question de la compétence sur un acte de gestion du domaine, il ouvre la porte à un renforcement du bloc de compétence judiciaire en la matière. • CE, sect., 28 déc. 2009, *Sté Brasserie du théâtre*, n° 290937 : *AJDA 2010. 841, note Févrot*.

36. Aménagement indispensable projeté ou réalisé. Portée du CGPPP sur les dépendances anciennement classées. Avant l'entrée en vigueur, le 1er juill. 2006, du CGPPP, l'appartenance d'un bien au domaine public était, sauf si ce bien était directement affecté à l'usage du public, subordonnée à la double condition que le bien ait été affecté au service public et spécialement aménagé en vue du service public auquel il était destiné ; le fait de prévoir de façon certaine un tel aménagement du bien concerné impliquait que celui-ci était soumis, dès ce moment, aux principes de la domanialité publique. En l'absence de toute disposition en ce sens, l'entrée en vigueur de ce code n'a pu, par elle-même, avoir pour effet d'entraîner le déclassement de dépendances qui, n'ayant encore fait l'objet d'aucun aménagement, appartenaient antérieurement au domaine public en application de la règle énoncée ci-dessus, alors même qu'en l'absence de réalisation de l'aménagement prévu, elles ne rempliraient pas l'une des conditions fixées depuis le 1er juill. 2006 par l'art. L. 2111-1 CGPPP qui exige, pour qu'un bien affecté au service public constitue une dépendance du domaine public, que ce bien fasse déjà l'objet d'un aménagement indispensable à l'exécution des missions de ce service public. En l'espèce, l'acquisition par l'État de parcelles en vue de la réalisation des travaux déclarés d'utilité publique de raccordement d'autoroute suffit en elle-même à établir que la personne publique avait prévu de manière certaine de réaliser les aménagements nécessaires ; par suite, ces parcelles étaient soumises aux principes de la domanialité publique ; la circonstance qu'elles n'aient finalement pas été utilisées pour la réalisation des infrastructures de transport ainsi envisagées est sans incidence sur leur appartenance au domaine public, en l'absence de décision de déclassement. • CE 8 avr. 2013, *Assoc. ATLALR*, n° 363738 : *AJCT 2013. 347, obs. Defix*.

37. Conditions d'appartenance d'une piste de ski au domaine public. Une piste de ski alpin qui n'a pu être ouverte qu'en vertu de l'autorisation prévue par l'art. L. 473-1 C. urb. a fait l'objet d'un aménagement indispensable à son affectation au service public de l'exploitation des pistes de ski et appartient donc au domaine public communal. • CE 28 avr. 2014, *Cne de Val-d'Isère*, n° 349420 : *Lebon ; AJDA 2014. 1258, chron. Bretonneau et Lessi ; Dr. adm. 2014, n° 50, note Éveillard ; JCP Adm. 2014, n° 2235, note Cornille.*

a. Nature des dépendances pouvant faire l'objet d'un aménagement indispensable

38. Hôtel de ville. Un hôtel est une dépendance du domaine public en raison notamment du fait qu'il a été « spécialement aménagé en vue du groupement des services publics municipaux, auxquels il est affecté ». • CE 17 mars 1967, *Ranchon*, n° 64440 : *Lebon 131 ; AJDA 1967. 415, note Dufau ; RD publ. 1968. 180, note Waline.* ♦ Un local situé au rez-de-chaussée d'un hôtel fait partie du domaine public communal dès lors qu'il est affecté au service public et a été spécialement aménagé à cet effet. • CE 9 janv. 1974, *Noebes*, n° 87631 : *Lebon 15*.

39. Stade. Un stade municipal est « édifié en vue de permettre le développement d'activités sportives et d'éducation physique présentant un caractère d'utilité générale » et fait à cette fin l'objet d'aménagements spéciaux en raison de la construction de pistes circulaires bétonnées, de gradins pour les spectateurs et de vestiaires pour les joueurs. • CE 13 juill. 1961, *Ville de Toulouse*, n° 48792 : *Lebon 513.*

40. Promenade publique. Principe. Une promenade publique ne peut relever de la domanialité publique que si elle est spécialement aménagée en vue de son utilisation par le public. • CE, ass., 22 avr. 1960, *Berthier : Lebon 264 ; AJDA 1960. I. 78, chron. Combarnous et Galabert ; RD publ. 1960. 1223, concl. Henry.* ♦ Une île figurant dans une promenade publique affectée à l'usage du public et ayant fait l'objet d'un aménagement spécial fait partie du domaine public. • CE 25 mars 1988, *Sté Les Ibis*, n° 75223. ♦ La pose d'une chaîne entre deux bornes placées à l'entrée de l'Allée des Alyscans fait entrer cette allée dans le domaine public de la ville d'Arles, car cette pose constitue un aménagement spécial d'un bien affecté à un « service public de caractère culturel et touristique ». • CE 11 mai 1959, *Dauphin*, n° 9229 : *Lebon 294 ; D. 1959. 314, concl. Mayras ; AJDA 1959. 228, note Dufau.*

41. Parc public. Un parc public ne peut relever de la domanialité publique que s'il est spécialement aménagé en vue de son utilisation par le public. • CE 13 juill. 1961, *Lauriau*, n° 45750 : *Lebon 486 ; RD publ. 1961. 1087, concl. Bernard ; ibid. 1962. 530, note Waline.* ♦ De même pour un parc public aménagé sous la voie publique et spécialement aménagé pour les voitures. • CE 24 janv. 1973, *Spitéri*, n°s 87766 et 87775 : *Lebon 64 ; RD publ. 1974. 293.*

42. Bois de Vincennes. Le bois de Vincennes, étant spécialement aménagé en vue de son utilisation par le public, est une dépendance du domaine public. • CE 14 juin 1972, *Eidel*, n° 84967 : *Lebon 442 ; AJDA 1973. 495, note Dufau.*

43. Eaux et ouvrages d'eaux affectés. La domanialité publique s'étend aux eaux captées, ainsi qu'aux ouvrages destinés à les recueillir « en raison de leur affectation et de leurs aménagements », mais ne peut régir les eaux non recueillies et susceptibles d'être captées. • CE 16 nov. 1962, *Ville de Grenoble*, n° 36688 : *Lebon 611 ; JCP 1963. 13395, note Dufau.*

44. Station d'épuration des eaux usées. V. note 198 ss. art. L. 2241-1 (Eaux usées). • CE 19 juin 2006, *Cne de Lyon*, n° 266263.

45. Local de gendarmerie. L'immeuble qui comprenait deux bâtiments était affecté au service public de la gendarmerie nationale ; chacun de ces bâtiments était aménagé en vue de son affectation à ce service public et comportait des éléments tels que des chambres de sûreté, destinées notamment à la rétention et au dégrisement des personnes interpellées, un bureau d'accueil du public, deux bureaux, deux salles d'archives ; les six logements des gendarmes se situaient dans chacun de ces deux bâtiments et en étaient indissociables ; dès lors cet immeuble appartenait dans son ensemble au domaine public communal ; en l'absence d'acte de déclassement, il a conservé ce caractère à la date de la cession. • CE 7 mai 2012, *SCP Mercadier et Krantz c/ Cne de Gagny et a.*, n° 342107 : *D. actu. 22 mai 2012, obs. Brondel.* ♦ En l'absence de déclassement, un immeuble affecté à la gendarmerie et spécialement aménagé pour l'exercice de ce service public relève en totalité du domaine public de la commune propriétaire, même s'il n'est plus occupé par les gendarmes. • CE 7 mai 2012, *SCP Krantz c/ Cne de Gagny*, n° 342107 : *AJDA 2013. 1172, note Foulquier.*

b. Nature de l'aménagement indispensable

46. Présence d'un aménagement spécial. Le seul fait que des terrains font partie de l'emprise même d'une voie ferrée suffit à les faire considérer comme relevant de la domanialité publique. • CE 4 juin 1935, *Menad*, n° 36446 : *Lebon 660.* ♦ Le fait qu'un emplacement soit utilisé pour fabriquer des instruments utilisés pour la pose de voies ferrées suffit à le considérer comme relevant de la domanialité publique « en raison de son affectation au service public du chemin de fer ». • CE 29 mars 1957, *Roger*, n° 33132 : *Lebon 223.*

47. Dépôt d'autobus. Constituent un aménagement spécial l'emplacement et les dimensions d'un dépôt d'autobus, caractéristiques qui en font un élément essentiel pour le fonctionnement du service public. • CE 6 mars 1963, *Ville de Saint-Ouen*, n° 55392 : *Lebon 141 ; CJGE 1964. 51.*

48. Entretien de plage. L'entretien d'une plage qui ne fait pas partie du domaine public, mais qui est affectée à l'usage du public, peut être considéré comme un aménagement spécial. • CE 30 mai 1975, *Dame Gozzoli*, n° 83245 : *Lebon 325.*

49. Aménagements spéciaux non encore réalisés. Nonobstant la circonstance que les aménagements envisagés pour l'adaptation de l'immeuble au service public n'aient pas encore été réalisés, le conseil général, qui a engagé les opérations destinées à maintenir l'affectation dudit immeuble à un service public, ne pouvait légalement décider de le déclasser... ». • CE 1er févr. 1995, *Préfet de la Meuse c/ Conseil général*, n° 127969 : *Lebon 674 ; LPA 26 janv. 1996, p. 4, concl. Bachelier.*

50. Absence d'un aménagement spécial. Quand un immeuble n'a reçu aucun aménagement spécial, il ne fait pas partie du domaine public du chemin de fer. • CE 21 déc. 1956, *Giraud*, n° 35168 : *Lebon 492 ; AJDA 1957. 55, concl. Heumann.* ♦ Il en va de même d'un terrain affecté au service public de l'éducation nationale, non aménagé en vue de son utilisation. • T. confl. 2 juill. 1962, *Cavat : Lebon 826.* ♦ L'aménagement, par une commune, d'une desserte piétonne réalisé en vue d'améliorer les conditions d'accès à des bâtiments n'a pas pour but de transformer l'ensemble de la zone ainsi desservie en une zone de promenade affectée à l'usage du public ; les bâtiments et leurs terrains d'assiette sis sur cette zone font partie du domaine privé de la commune. • CE 3 juin 1998, *Cne de Saint-Palais-sur-Mer*, n°s 173186 et 173187.

51. Absence d'aménagement : dépôt de matériel et absence de réalisation. À supposer même que les locaux aliénés aient effectivement servi de dépôt de matériel aux services de la direction départementale de l'équipement implantés sur la parcelle contiguë, cette seule circonstance ne saurait suffire à les regarder comme affectés à un service public ; il résulte, par ailleurs, de l'instruction que le lieu n'a fait l'objet d'aucun aménagement spécial visant à l'adapter à cette éventuelle affectation sur la période concernée ; si le requérant soutient que le bien était soumis par anticipation aux principes gouvernant la domanialité publique en raison de son affectation certaine à l'accueil de services du conseil général, il résulte de l'instruction que ce projet a été abandonné dès

2001 et que l'aménagement des locaux à cette fin n'a jamais été entrepris ; il suit de là que le bien cédé ne saurait être regardé comme constituant, à la date de la vente, une dépendance du domaine public départemental. • CE 5 mai 2010, *Cne d'Orléans*, n° 329021 : *V. note 332.*

52. *Corniche dotée d'un chemin et d'équipements ; aménagements sans conséquence sur la domanialité publique.* L'aménagement d'un chemin et de certains équipements au sommet d'une corniche ne suffit pas à conférer à cette dernière le caractère d'un ouvrage public ou d'une dépendance d'un tel ouvrage dont la dégradation serait susceptible d'engager la responsabilité de la commune en l'absence de faute sur le fondement des dommages de travaux publics. La mention de la CAA statuant en appel d'une ordonnance de référé, selon laquelle une partie de la corniche serait située sur le domaine public communal, n'a pas lieu d'être retenue. • CE 14 janv. 2005, *M. Jean-Jacques X. c/ Cne de Pornic*, n° 233845.

53. *Forêts domaniales ouvertes au public ; absence de domanialité publique.* « Les mesures prises par l'Office national des forêts pour ouvrir la forêt de Banney au public, notamment par la réalisation d'aménagements spéciaux, n'étaient pas de nature [...] à faire regarder ladite forêt comme faisant partie du domaine public ». • CE 28 nov. 1975, *ONF c/ Abamonte*, n° 90772 : *Lebon 602 ; AJDA 1976. 148, note Julien-Laferière ; D. 1976. 355, note Auby ; Rev. adm. 1976. 36, note Moderne ; JCP 1976. II. 18467, note Plasvin ; Rev. jur. envir. 1976. 66, note Meschériakof.*

54. *Panneaux d'information et de balisage en massif forestier ; absence d'aménagement spécial.* Un massif forestier départemental est affecté au service public de l'environnement pris en application des art. L. 142-1 s. C. urb. (espaces naturels sensibles). Mais le seul aménagement constitué par des panneaux d'information et de balisage des sentiers de promenade ou de randonnée ne constitue pas un « aménagement spécialement adapté à l'exploitation du service public ». Par suite, le massif appartient au domaine privé départemental, de même que la grotte qui y est comprise. Le litige portant sur l'accident qui s'est déroulé dans cette cavité échoit aux juridictions judiciaires. • T. confl. 22 oct. 2007, *Préfet des Bouches-du-Rhône c/ CA Aix-en-Provence*, n° 3625 : *préc. note 30.*

c. Portée de l'aménagement indispensable

55. Un aménagement spécial ne donne la qualité de domaine public qu'au seul lieu où il est implanté. • CE 8 juin 2005, *Synd. mixte pour la protection et la gestion de la Camargue gardoise*, n° 265227 : *AJDA 2005. 1700.*

56. Aménagement indispensable et portée de l'obligation de déclassement. • CAA Lyon, 29 avr. 2008, *Sté Boucheries André c/ Réseau ferré de France : AJDA 2008. 2338, note Andreani.*

57. *Ouvrages nécessaires au service public et établis sur la propriété publique, compatibilité des droits réels.* Lorsque des ouvrages nécessaires au fonctionnement du service public, et ainsi constitutifs d'aménagements indispensables à l'exécution des missions de ce service, sont établis sur la propriété d'une personne publique, ils relèvent de ce fait du régime de la domanialité publique ; la faculté offerte aux parties au contrat d'en disposer autrement ne peut s'exercer, en ce qui concerne les droits réels dont peut bénéficier le cocontractant sur le domaine public, que selon les modalités et dans les limites définies aux art. L. 2122-6 à L. 2122-14 CGPPP ou aux art. L. 1311-2 à L. 1311-8 CGCT et à condition que la nature et l'usage des droits consentis ne soient pas susceptibles d'affecter la continuité du service public. • CE 21 déc. 2012, *Cne de Douai*, n° 342788 : *RFDA 2013. 25, concl. Dacosta ; D. 2013. 252, obs. Capitant.*

4° THÉORIE DE L'ACCESSOIRE

58. La théorie de l'accessoire ne peut opérer un transfert de la propriété d'une personne privée au profit d'une personne publique. • CE 13 janv. 1933, *Chemins de fer d'Orléans : D. 1934. 3. 14, concl. Michel* • CE 8 mai 1970, *Sté Nobel-Bozel*, n° 69324 : *Lebon 312.*

a. Nature des dépendances accessoires

59. *Accessoires des voies publiques.* Les levées de terre qui servent d'assiette aux routes font partie de la voirie publique en raison même de leur utilité pour cette voirie. • CE 19 mai 1961, *Sté civile immobilière de la Bergerie*, n° 45529 : *Lebon 341, concl. Mayras.* ♦ Il en va de même d'une fontaine publique et d'un caniveau situés le long de la voie publique et assurant l'évacuation du trop-plein. • T. confl., 18 mars 2013, *Cts Orcière c/ Cne de Rambaud*, n° C-3887 : *Lebon 367 ; AJDA 2013. 662 ; JCP Adm. 2013, n° 2182, note Dubrueil ; RD publ. 2014. 69, note Orlandini.* ♦ La circonstance qu'une parcelle soit le seul endroit permettant le stationnement des véhicules ne suffit pas à la regarder comme constituant un accessoire indissociable de la voie publique. • CAA Marseille, 1er déc. 2015, n° 14MA00739.

60. Le sous-sol des voies publiques est indissociable de celles-ci et entraîne la domanialité publique des canalisations qui y sont enfouies. • CE 28 mai 1971, *Dame Goutheron*, n° 75927 : *Lebon 402.* ♦ La domanialité publique ne s'étend que jusqu'à une profondeur raisonnable. • CE 17 déc. 1971, *Véricel*, nos 77103, 77104, 77105 et 77211 : *Lebon 782 ; AJDA 1972. 125.* ♦ Dès lors qu'une digue supporte une voie incorporée à la voirie communale, que le talus, les accotements et les arbres qui la bordent sont nécessaires au maintien de cette voie, la digue dans son ensemble fait partie du domaine public communal. • CE 28 juill. 1999, *Cne de Chalou-Moulineux*, n° 194385. ♦ Quand pour les nécessités de l'écoulement des eaux d'une rivière, un syndicat fait passer une conduite sous une voie communale, ces travaux sont entrepris dans l'intérêt du domaine public fluvial, dont l'administration des télécommunications n'est pas l'occupant. Par suite, il faut rechercher si les travaux n'ont pas également été réalisés dans l'intérêt de la voirie routière communale. • CE 23 avr. 2001, *Synd. intercommunal pour l'assainissement de la vallée de la Bièvre*, n° 187007 : *BJCP 2001. 421, concl. Bergeal.*

61. Murs de soutènement. Les murs de soutènement des voies publiques font partie du domaine public en raison de l'utilité qu'ils présentent pour la voie. • CE 3 mars 1926, *Ville de Pontivy*, n° 85742 : *Lebon 244.* ♦ Mais un mur construit sur un autre mur qui soutient la voie publique ne fait pas partie du domaine public. • CE 28 mars 1969, *Dames Février et Gatelet*, n° 72678 : *Lebon 189* ; *AJDA 1969. 359, concl. Kahn.* ♦ Quand un mur longe une parcelle privée, qu'il soutient pour partie la voie publique et que sa partie supérieure aurait été à l'usage de clôture, mais qu'aucun titre de propriété ne figure au dossier, il ne constitue pas une simple clôture de la propriété privée mais un accessoire indispensable de la voie, relevant à ce titre du domaine public communal. Par suite, il appartient à la commune de prendre à sa charge les frais de réparation. • CE 7 juill. 2006, *Cne de Verdes*, n° 275241. ♦ Un mur de soutènement d'une place appartenant au domaine public routier en relève également dès lors qu'il en constitue l'accessoire indispensable. • T. confl., 8 déc. 2014, *Cne de Falicon*, n° C-3971 B : *AJDA 2014. 2451* ; *JCP Adm. 2014. Actu. 999, obs Tesson.*

62. Arbres. Les arbres d'alignement en bord de route font partie du domaine public en raison de l'utilité qu'ils présentent pour la voirie. • T. confl. 10 nov. 1950, *Espalies : Lebon 325.*

63. Poteaux de signalisation. Les poteaux de signalisation et les colonnes de publicité font partie du domaine public en raison de leur utilité pour la voirie. • CE 20 avr. 1956, *Ville de Nice*, n° 96369 : *Lebon 162 ; RD publ. 1956. 575, concl. Long.*

64. Pavillon sur promenade publique. Un pavillon construit sur une promenade publique et inséparable de celle-ci fait partie du domaine public. • CE 14 juin 1972, *Eidel*, n° 84967 : *Lebon 442* ; *AJDA 1973. 495, note Dufau.*

65. Champignonnière sous voie publique. Une champignonnière et les voies d'accès qui y mènent situées sous une voie publique font partie du domaine public. • CE 26 nov. 1937, *Préfet du Maine-et-Loire*, nos 47211 et 55382 : *Lebon 971.*

66. Accessoires d'autres dépendances. Galeries dans une gare. Des galeries et des vitrines construites dans une gare et inséparables de celle-ci font partie du domaine public ferroviaire. • CE 8 janv. 1960, *Lafon*, n° 46105 : *Lebon 15* ; *AJDA 1960. 183, note Gardies.*

67. Échoppes sous chapelle. Des échoppes construites sous la chapelle absidiale d'une église et inséparables de celle-ci font partie du domaine public. • TA Paris, 8 juin 1971, *Ville de Paris : AJDA 1972. 169.*

68. Bar-restaurant d'aéroport. Un bar-restaurant établi sur l'enceinte d'un aéroport ouvert à la circulation publique géré par un établissement public relève de la domanialité publique du fait que toutes les parcelles comprises dans cette enceinte sont soumises à ce régime. • CE 25 mars 1988, *Cts Demereau*, n° 81279 : *Lebon 682* .

69. Parcelle d'assiette et environnant une bibliothèque. En l'espèce, la parcelle en litige de domanialité appartient au domaine public communal dès lors que : – la bibliothèque municipale est implantée sur une partie de la parcelle depuis au moins l'année 2001 ; qu'ainsi, cette parcelle, qui constitue une unité foncière, doit être regardée comme affectée, depuis cette date, à l'usage direct du public, en vue duquel elle a été spécialement aménagée ; – au surplus, par deux délibérations, le conseil municipal a respectivement autorisé le maire à signer une convention avec un bureau d'études pour aménager les abords de la bibliothèque et à procéder au classement de ces aménagements dans le domaine public de la commune. • CE 19 juill. 2010, *M. André A c/ Cne de Mécleuves*, n° 329199.

70. Conteneur à ordures ménagères. Un conteneur à ordures ménagères, normalement fixé au sol, doit être regardé comme une dépendance de l'ouvrage public constitué par l'immeuble au fonctionnement duquel il est affecté ; par suite, le litige opposant l'office d'HLM propriétaire du conteneur au propriétaire du véhicule endommagé par ledit conteneur déplacé par le vent ressortit à la compétence du juge administratif. • CE 7 juin 1999, *Office public d'habitations à loyer modéré d'Arcueil-Gentilly*, n° 181605.

71. Contiguïté de parcelles au domaine public portuaire, affectation au public, au service public et avec aménagement spécial. Font partie du domaine public des parcelles communales en raison d'une part, de leur affectation au service public portuaire qui résultait de leur contiguïté aux parcelles formellement incorporées au domaine public portuaire et de ce qu'elles font ainsi partie de l'organisation d'ensemble du port et concourent à l'utilité générale qui a déterminé l'affectation des terrains du port, et d'autre part de la circonstance qu'elles font l'objet, de par leur situation même à proximité immédiate de la zone portuaire, d'un aménagement spécial destiné à les rendre propres à cet usage. • CE 17 déc. 2003, *Sté Leader Racing*, n° 236827.

72. Logement de fonction. Le logement en cause n'est pas manifestement insusceptible d'être qualifié d'accessoire indissociable d'un bien appartenant au domaine public, dont le contentieux relève de la juridiction administrative, dès lors qu'il appartient à un établissement public communal ; qu'il constitue une dépendance du logement de fonction, concédé pour nécessité absolue de service à la directrice de l'établissement ; qu'il est situé dans l'enceinte de la résidence, au dernier étage du bâtiment dans lequel sont hébergés les résidents de l'établissement, et ne bénéficie d'aucun accès séparé de celui de la résidence. • CE 24 févr. 2011, *Maisons de retraite de Neuilly-sur-Seine*, n° 342621.

b. Absence de caractère accessoire

73. Terrain nu ayant un lien matériel avec l'ouvrage public. Des terrains appartenant à la ville de Paris traversés par une canalisation appartenant au domaine public de la ville ne font pas partie du domaine public de la ville, du fait que leur superficie n'avait fait l'objet d'aucun aménagement spécial pour le service public et ne constituait pas « un accessoire nécessaire des ouvrages domaniaux de la ville qui y sont enterrés. » • CE 8 août 1990, *Min. Urb., du Logement et des Transports c/ Ville de Paris*, n° 66644 : *Lebon 247* ; *AJDA 1990. 909*.

74. Local d'habitation situé dans un immeuble affecté à un service public. Bien que le local d'habitation soit situé dans le même immeuble qu'un service public social, il n'est pas l'accessoire de ce centre, puisqu'il est matériellement situé dans une autre partie de l'immeuble que le service public précité, et que cette partie n'est ni affectée à l'usage du public, ni aménagée pour le service public. Par ailleurs, l'assistante sociale objet de l'expulsion ne travaillait pas pour le service en cause. • CE 10 janv. 1990, *Mme Boulier c/ Ville de Paris*, n° 101154.

75. Logements disposant d'un accès sur la voie publique et non reliés aux bâtiments du domaine public. Même s'ils sont situés dans un ensemble immobilier partiellement occupé par un service public, les appartements, loués de longue date à des particuliers dans les conditions de droit commun, n'ont jamais été affectés ni à l'usage direct du public ni au service public dont le Crédit municipal de Paris a la charge et en vue duquel ils auraient été spécialement aménagés ; il résulte également de l'instruction que ces appartements, qui bénéficient d'un accès direct et autonome sur la rue, ne sont pas reliés aux autres bâtiments qui composent l'ensemble immobilier occupé par le Crédit précité et sont divisibles des locaux affectés au service public ; par suite, ces appartements, qui ne sauraient être regardés comme un accessoire des locaux appartenant au domaine public, ne constituent pas des dépendances du domaine public de cet établissement public. • CE 11 déc. 2008, *Crédit municipal de Paris*, n° 309260.

76. Cinéma dans un palais des sports. Le palais des sports et des congrès de la commune était un bâtiment unique dont les différentes parties étaient desservies par des escaliers et ascenseurs communs, et eu égard à la configuration des lieux, les locaux à usage de cinéma occupés par une société ne pouvaient être regardés comme divisibles du reste de l'immeuble ; dès lors que l'immeuble qui les abritait, appartenant à la commune, était dans son ensemble affecté à un service public en vue duquel il avait été spécialement aménagé, ces locaux devaient être regardés comme une dépendance du domaine public communal. • CE 25 mai 2005, *Sté des cinémas Huez-Chamrousse*, n° 274683.

77. Construction d'un bar-restaurant-discothèque partiellement enterré sur une parcelle située au bas d'une piste de ski alpin appartenant au domaine public communal. Un bar-restaurant-discothèque fait partie du domaine privé de la commune car ni la partie visible en surface du bar qui n'empiétait pas sur la piste elle-même ni la partie souterraine de la construction passant sous la piste de ski qui n'avait pas fait l'objet d'aménagements ne remplissent les critères relatifs à la domanialité publique. • CE 28 avr. 2014, *Cne de Val-d'Isère*, n° 349420 : *préc. note 37.*

5° COMPÉTENCE DES JURIDICTIONS

78. Juridictions administratives. La définition et la délimitation du domaine public relèvent de la compétence exclusive des juridictions administratives. • CE 16 nov. 1960, *Cne du Bugue*, n° 44537 : *Lebon 627 ; D. 1961. 173, concl. Henry.*

79. Juridictions judiciaires. Compétence du juge de l'action possessoire. « En l'absence d'une voie de fait, le juge de l'action possessoire [...] saisi d'une demande de réintégration dans la possession du terrain [...] ne pouvait (en présence d'une contestation sérieuse sur l'appartenance des parcelles au domaine public maritime) affirmer sa compétence [...] sans qu'ait été tranchée la question préjudicielle de l'appartenance du terrain litigieux au domaine public ». • T. confl. 24 févr. 1992, *Sieur Couach c/ Cne de La Teste-de-Buch : Lebon 479* ; *AJDA 1992. 365, chron. Maugüé et Schwartz* ; *LPA 26 juin 1992, p. 31, chron. Célérier ; Quot. jur. n° 59, 23 juill. 1992, p. 2 ; JCP 1993. II. 21984, note Lavialle.*

B. INCORPORATION ET SORTIE

80. BIBL. Rapp, Entrée et sortie des biens (la propriété « choisie »), *RFDA 2006. 916*.

1° INCORPORATION

a. Domaine public naturel

81. Domaine public fluvial ; transfert de gestion à la région. L'aménagement par une région d'un cours d'eau en voie navigable et la création d'un port sur celui-ci doivent être précédés de décisions de l'État incorporant ce cours d'eau dans son domaine public fluvial (si nécessaire après cession du droit de propriété) et transférant sa gestion à la région, puisque lesdites dépendances font partie du domaine public fluvial, tel que défini par les art. 1er et 2 C. dom. publ. fluv. [V. ce code au **C. transp.**]. • CE 15 oct. 1999, *Cne de Lattes, Région Languedoc-Roussillon,* nos 160669, 160813 : *CJEG déc. 1999, n° 560, p. 427, concl. Savoie ; JCP 2000. IV. 1206, obs. Rouault.*

b. Domaine public artificiel

82. **BIBL.** Fatôme, À propos de l'incorporation au domaine public, *AJDA 2006. 292*.

83. Classement recognitif au titre du CGPPP, limites. Si l'art. L. 2111-3, al. 1er, CGPPP, prévoit que l'acte de classement est purement recognitif, le Conseil d'État semble donner une portée importante à une décision de classement dans le domaine public d'un atelier-relais. • CE 26 mars 2008, *Cne de Saint-Denis de La Réunion c/ Sté Lucofer,* n° 298033 : *RDI 2008. 443, note Foulquier ; JCP Adm. 2009. 2035, note Yolka.*

84. Affectation formelle et affectation de fait. Quand une affectation formelle est exigée par les textes, elle doit être complétée d'une affectation de fait. • CE 21 juin 1901, *Roland Gonzales : Lebon 59.* – V. aussi • CE 30 oct. 1953, *SNCF,* n° 14450 : *Lebon 463 ; S. 1953. 3. 8.* ♦ L'absence d'affectation matérielle du bien entraîne la nullité de la procédure qui devait aboutir à son incorporation dans le domaine public. • CE 21 déc. 1956, *Giraud,* n° 35168 : *préc. note 50.* ♦ L'affectation à l'usage direct du public ou à un service public ne saurait résulter d'un simple usage de fait, même ancien. • CAA Marseille, 1er déc. 2015, n° 14MA00739 : *préc. note 59.*

85. Acte d'affectation. L'acte d'affectation peut résulter indirectement d'une déclaration d'utilité publique. • CE 1er oct. 1958, *Hild,* n° 39090 : *Lebon 463 ; RPDA 1958. 364.* ♦ Il peut résulter d'une lettre. • CE 21 déc. 1956, *Giraud,* n° 35168 : *préc. note 50.* ♦ L'incorporation au domaine public ne se produit, si l'affectataire n'est pas le propriétaire, que lorsque le premier acquiert, en vertu d'un bail constitutif de droits réels, le pouvoir de gestion. • CAA Marseille, 12 mars 2015, *Cté urbaine Marseille Provence Métropole,* n° 14MA03803 : *AJDA 2015. 2039, note Foulquier*.

86. Liberté d'affectation. La personne publique propriétaire d'un bien est libre de son affectation et du changement d'affectation. Ce pouvoir résulte des « pouvoirs généraux d'administration exercés sur le domaine ». • CE 5 mai 1944, *Sté Auxiliaire de l'entreprise : RD publ. 1944. 217, concl. Chenot.*

87. Indemnité pour changement d'affectation. Le changement d'affectation décidé par la collectivité propriétaire ne donne lieu, en principe, à aucune indemnité, sauf si le bien ne peut plus être utilisé par un concessionnaire de service public ou de travail public. • CE 7 mai 1909, *Cie des chemins de fer du Nord : Lebon 479.* ♦ V. aussi • CE 4 févr. 1970, *SNCF,* n° 71905 : *Lebon 84 ; AJDA 1970. 431.*

88. Modification de l'affectation d'une dépendance d'une collectivité locale par l'État. La modification de l'affectation d'une dépendance du domaine public d'une collectivité locale peut être réalisée par l'État. • CE 16 juill. 1909, *Ville de Paris : Lebon 707, concl. Terrier ; S. 1909. 3. 97, note Hauriou.* ♦ V. aussi • CE 13 févr. 1925, *Ville de Paris : Lebon 266 ; D. 1926. 3. 37, concl. Rivet, note Waline ; RD publ. 1925. 262, note Jèze.*

89. Travaux réalisés avec l'accord des propriétaires. Le fait qu'une voie ait été empierrée, puis goudronnée, par les soins de la commune avec l'accord verbal des propriétaires de certaines parcelles riveraines n'a pu avoir pour effet d'incorporer celle-ci au domaine public de la commune. • CE 12 mai 1997, *Cne de Brem-sur-Mer,* n° 158810.

90. Biens susceptibles de baux privés. Dès lors que les ateliers occupés par une société ont fait l'objet d'une décision de classement dans le domaine public communal par délibération du conseil municipal, sont sans incidence sur cette appartenance au domaine public les critères issus de la jurisprudence du Conseil d'État et tirés notamment de ce que ces ateliers auraient vocation à être loués ou cédés à leurs occupants ou que les baux consentis en vue de leur occupation revêtiraient le caractère de contrats de droit privé. • CE 26 mars 2008, *Cne de St-Denis de La Réunion c/ Sté Lucofer,* n° 298033 : *préc. note 83.*

2° SORTIE DU DOMAINE PUBLIC

91. **BIBL.** Pas de déclassement tant que le bien est affecté au service public, *AJDA 2006. 1404*. – Dufau, Déclassement et désaffectation du domaine public, *JCP Adm. 2004. 101.* – Yolka, L'extension de la procédure du déclassement anticipé (hôpitaux), *JCP Adm. 2009, n° 292.*

92. Absence de déclassement des dépendances du domaine public incorporées à ce domaine avant l'entrée en vigueur du CGPPP. Avant l'entrée en vigueur, le 1er juill. 2006, du CGPPP, l'appartenance au domaine public d'un bien était, sauf si ce bien était directement affecté à l'usage du public, subordonnée à la double condition que le bien ait été affecté au service public et spécialement aménagé en vue du service public auquel il était destiné ; en l'absence de toute disposition en ce sens, l'entrée en vigueur de ce code n'a pu, par elle-même, avoir pour effet d'entraîner le déclassement de dépendances qui appartenaient antérieurement au domaine public et qui, depuis le 1er juill. 2006, ne rempliraient plus les conditions désormais fixées par son art. L. 2111-1. • CE 3 oct. 2012, *Cne de Port-Vendres*, n° 353915 : *AJCT 2013. 42, obs. Grimaud* ; *AJDA 2013. 471, note Fatôme*.

93. Biens incorporés au domaine public artificiel par un acte exprès. Un bien qui a été incorporé au domaine public artificiel par un acte exprès de classement ne peut en sortir que par un acte de déclassement ; le fait qu'il ne soit plus affecté à un service public ou au public ne suffit pas à le faire sortir du domaine public. • CE 20 juin 1930, *Marrot : D 1930. 3. 31, concl. Rivet.* ♦ Il en va ainsi pour le domaine public affecté au service public ferroviaire. • CE 14 févr. 1969, *Sté des éts Frenkiel*, n° 73742 : *Lebon 100*. ♦ ... De même pour les aéroports. • CE 1er oct. 1958, *Hild*, n° 39090 : *Lebon 463.* ♦ ... De même pour les abattoirs. • CE 28 nov. 1980, *Sté d'exploitation des sous-produits des abattoirs et a.*, nos 24240, 24241 et 24242 : *Lebon 452* ; *Dr. adm. 1981, n° 28.* ♦ ... De même pour des ateliers sis sur domaine communal. • CE 26 mars 2008, *Cne de St-Denis de La Réunion c/ Sté Lucofer*, n° 298033 : *préc. note 83.*

94. Déclassement formel et utilisation de fait par le public. Le déclassement formel du bien le fait sortir du domaine public, même si ce bien continue de fait à être utilisé par le public (en l'espèce un chemin rural). • CE 11 juill. 1944, *Guillin*, n° 68219 : *Lebon 215.*

95. Affectation du sol à la suite de la démolition de l'ouvrage affecté. Un immeuble bâti (en l'affaire, édifice religieux) qui n'est plus affecté à l'usage du public, du fait de sa démolition, laisse intacte l'affectation au domaine public du terrain d'assiette aussi longtemps qu'un acte formel de déclassement n'a pas été pris. • CE 18 mars 1988, *Maron*, n° 44141 : *JCP 1988. 21152, note Davignon* ; *RDI 1988. 410.*

96. Motif du déclassement : opération d'urbanisme et vente à juste prix. N'est entachée d'aucune erreur manifeste l'appréciation portée par le conseil municipal sur l'intérêt communal de l'opération de modernisation du centre-ville entraînant déclassement d'une parcelle du domaine public communal et la vente de celle-ci à un particulier pour un prix correspondant à sa valeur vénale. • CE 8 janv. 1997, *Cne de Rumilly*, n° 161813.

97. Vente sans déclassement. Légalité des délibérations ordonnant un déclassement préalable. Absence de droits acquis. Quand un conseil municipal donne son accord à une propriétaire pour lui céder une parcelle du domaine public, puis par seconde délibération décide la désaffectation de la parcelle, donne pouvoir au maire pour prendre l'arrêté municipal prescrivant l'enquête publique, conclure cette enquête et, le cas échéant, signer l'acte de vente, ces délibérations : – n'ont pas créé pour la propriétaire de droits acquis, dès lors la vente était subordonnée à la condition que le bien en cause fasse l'objet d'une décision préalable de déclassement du domaine public ; – ne sont pas illégales, même si la vente est intervenue, alors que la parcelle n'avait pas fait l'objet d'une décision expresse de déclassement du domaine public en application de l'art. L. 141-3 C. voirie rout., dès lors qu'elles s'inscrivent dans la procédure de déclassement, à laquelle concourent, à la fois, la décision de désaffectation et l'engagement de l'enquête publique, et qu'elles subordonnent ainsi nécessairement l'habilitation donnée au maire, le cas échéant, de signer l'acte de vente, à l'intervention préalable de cette décision. • CE 27 juin 2008, *M. et Mme Bernard C. c/ Cne de Laissac*, n° 293488 : *RLCT 2008, repères 1182, note Mondou.*

98. Absence de domaine public : désaffectation non nécessaire. La circonstance qu'un terrain soit traversé par une ligne électrique et par une canalisation publique d'adduction d'eau ne permet pas, par elle-même, de le regarder comme une dépendance du domaine public communal ; il peut donc faire l'objet d'une vente sans qu'il y ait lieu de procéder à une désaffectation préalable. • CE 9 juill. 1997, *Cts Romeas*, nos 156793, 156807 et 156808.

99. Un règlement de copropriété est impuissant à soustraire du domaine public un bien relevant de la domanialité antérieurement à la copropriété. • Civ. 1re, 25 févr. 2009 : *JCP Adm. 2009, n° 2080, note Yolka.*

C. LIEN AVEC D'AUTRES NOTIONS

1° DOMAINE PUBLIC ET OUVRAGE PUBLIC

100. **BIBL.** Grabarczyk, L'ouvrage public appartenant à une personne privée, la continuité jurisprudentielle des critères de définition d'un ouvrage public, *AJDA 2011. 2269*. – Melleray, Incertitudes sur la notion d'ouvrage public, *AJDA 2005. 1376*. – Sablière, Les ouvrages de production, de transport et de distribution d'électricité sont-ils encore des ouvrages publics et faut-il qu'ils le soient ?, Contribution à l'étude des incertitudes pesant sur la notion d'ouvrage public, *AJDA 2005. 2324*. – Trigon, L'ouvrage public, une œuvre à respecter, *AJDA 2007. 889*.

101. Principes généraux. Lorsqu'il résulte d'une décision de justice que des travaux en vue de l'édification d'un ouvrage public ont été engagés en vertu d'une autorisation de construire jugée illégale et que les constructions déjà réalisées n'ont pas encore été affectées au service public ou à l'usage du public, notamment en raison de leur inachèvement, il appartient au juge administratif, qu'il soit saisi de conclusions tendant à ce qu'il prescrive les mesures d'exécution qu'implique nécessairement sa décision ou d'une demande d'exécution d'une décision précédemment rendue, d'ordonner dans tous les cas l'interruption des travaux ; il lui incombe également, pour déterminer, en fonction de la situation de droit et de fait existant à la date à laquelle il statue, si l'exécution de cette décision implique qu'il ordonne la démolition totale ou partielle de ces constructions, de rechercher, d'abord, si, eu égard notamment aux motifs de la décision d'annulation, une régularisation du projet d'ouvrage tel qu'envisagé initialement est possible par la délivrance d'une nouvelle autorisation. Dans la négative, il lui revient ensuite de prendre en considération, d'une part, les inconvénients que le maintien, fût-ce à titre temporaire, de l'ouvrage qui a commencé d'être illégalement construit entraînerait pour les divers intérêts publics ou privés en présence, d'autre part, les conséquences de sa démolition pour l'intérêt général, compte tenu notamment du coût des investissements déjà réalisés et, si elle est invoquée par les parties au litige, de la possibilité de réutiliser, dans un délai raisonnable, les constructions déjà édifiées dans le cadre d'un projet modifié ou d'un nouveau projet, et de déterminer enfin, en rapprochant ces éléments, si la démolition totale ou partielle de l'ouvrage en cause n'entraîne pas une atteinte excessive à l'intérêt général. • CE 14 oct. 2011, *Cne de Valmenier c/ Synd. mixte des Islettes*, n° 320371 : *D. actu. 18 oct. 2011, obs. Vincent ; AJDA 2011. 2226, chron. Stahl et Domino*.

102. Un bien immeuble résultant d'un aménagement et qui est directement affecté à un service public a la qualité d'ouvrage public. S'il est implanté sur le domaine public et a fait l'objet d'une convention d'occupation dont les stipulations prévoient expressément son affectation à une personne privée afin qu'elle y exerce une activité qui n'a pas le caractère d'un service public, le bien en cause ne peut plus être qualifié d'ouvrage public tant qu'il n'est pas de nouveau affecté à une activité publique, alors même que, n'ayant fait l'objet d'aucune procédure de déclassement, il n'a pas cessé de relever du domaine public. • CE 27 mars 2015, *Sté Titaua limited compagny*, n° 361673 : *Lebon ; AJCT 2015. 406, obs. Juilles ; RDI 2015. 418, obs. Otero ; JCP Adm. 2015, n° 2101, concl. Escaut, note Hansen ; ibid. Actu. 317, note Langelier ; Rev. CMP 2015, n° 128, note Eckert.*

103. Ligne électrique et canalisation publique d'eau : absence de conséquence sur la domanialité publique. La circonstance que le terrain en cause est traversé par une ligne électrique et par une canalisation publique d'adduction d'eau ne permet pas, par elle-même, de le regarder comme une dépendance du domaine public communal ; il pouvait donc faire l'objet d'une vente sans qu'il y ait lieu de procéder à une désaffectation préalable. • CE 31 mai 2000, *Cts Romeas*, n°s 158112, 158113 et 158115.

104. Ouvrage public mal implanté, régularisation appropriée. Lorsque le juge administratif est saisi d'une demande d'exécution d'une décision juridictionnelle dont il résulte qu'un ouvrage public a été implanté de façon irrégulière, il lui appartient, pour déterminer, en fonction de la situation de droit et de fait existant à la date à laquelle il statue, si l'exécution de cette décision implique qu'il ordonne la démolition de cet ouvrage, de rechercher, d'abord, si, eu égard notamment aux motifs de la décision, une régularisation appropriée est possible. • CE 29 janv. 2003, *Synd. dptal de l'électricité et du gaz des Alpes-Maritimes*, n° 245239 : *CJEG 2003, n° 597, p. 243, concl. Maugüé ; RFDA 2003. 477 et 484, note Lavialle ; BJCL 2003. 419, concl. Maugüé et obs. Morand-Deviller ; AJDA 2003. 761, étude Brondel et note Sablière ; JCP 2003. II. 10118, note Noël ; JCP Adm. 2003, n° 15, note Dufau ; LPA 21 mai 2003, p. 4, note J. Bougrab ; LPA 6 juin 2003, p. 20, note J. Charret et S. Deliancourt ; Dr. adm. 2003. 33, note C. M. ; JCP 2003, n° 1405, Étude Y. Stemmer.* ♦ Quand le juge ordonne la démolition d'un ouvrage public. • CAA Nantes, 29 sept. 2009, *Cne de Sonzay*, n° 08NT03168 : *AJDA 2010. 222* • CE 20 mai 2011, *Cté d'agglomération du lac du Bourget*, n° 325552 : *AJCT 2011. 473, obs. Coronat ; AJDA 2011. 1891, note Éveillard*.

105. Démolition de l'ouvrage public pour atteinte à l'environnement et la biodiversité. En estimant que la démolition de l'ouvrage public réalisé et la remise en état des lieux ne portaient pas, en l'espèce, une atteinte excessive à l'intérêt général, eu égard à l'intérêt public qui s'attache à la préservation d'un espace naturel remarquable fragile et au maintien de sa biodiversité, la Cour n'a pas procédé à une inexacte qualification juridique des faits. • CE 20 mai 2011, *Cté d'agglomération du lac du Bourget*, n° 325552 : *AJDA 2011. 1057*.

106. Voie de fait en l'absence d'engagement de procédure de régularisation. Le juge judiciaire peut, en cas de voie de fait, faire droit à une demande de démolition d'un ouvrage public irrégulièrement implanté, lorsqu'aucune procédure de régularisation n'a été engagée. • Civ. 1re, 28 juin 2005, *Bartoli : BJCL 2005. 609, note Janicot ; note Renard-Payen, JCP Adm. 2007, n° 2143.*

107. Restriction de la notion de voie de fait. Le juge judiciaire n'est compétent pour ordonner la cessation ou la réparation d'une voie de fait que dans la mesure où l'administration : soit a procédé à l'exécution forcée, dans des conditions irrégulières, d'une décision, même régulière, portant atteinte à la liberté individuelle ou aboutissant à l'extinction d'un droit de propriété ; soit a pris une décision qui a les mêmes effets d'atteinte à la liberté individuelle ou d'extinction d'un droit de propriété et qui est manifestement insusceptible d'être rattachée à un pouvoir appartenant à l'autorité administrative. • T. confl., 17 juin 2013, *Bergoend c/ ERDF Annecy Léman*, n° 3911 : *Lebon ; AJDA 2013. 1568, chron. Domino et Bretonneau ; D. 2014. 1844, obs. Mallet-Bricout et Reboul-Maupin ; AJDI 2014. 124, étude Gilbert ; RFDA 2013. 1041, note Delvolvé ; JCP*

Adm. 2013, n° 2301, note Dubreuil ; RJEP oct. 2013. 38, note Seiller. ♦ Ne constituent pas une voie de fait des travaux réalisés sans titre et aboutissant à l'occupation d'une propriété privée par un ouvrage public, qui ne sont pas en eux-mêmes de nature à éteindre le droit de propriété. • Cass., ass. plén., 19 juin 2015, n° 13-19.582 P : *D. 2015. 1368*, *et les obs. ; RDI 2015. 406, obs. Hostiou*. ♦ L'implantation, même sans titre, d'un ouvrage public sur le terrain d'une personne privée ne procède pas d'un acte manifestement insusceptible de se rattacher à un pouvoir dont dispose l'administration. • Civ. 1re, 15 oct. 2014, n° 13-27.484 P.

108. Expropriation, annulation de la DUP. Le requérant qui, après l'annulation de l'arrêté de DUP, demande la restitution de son bien exproprié et la démolition des ouvrages que la commune y a construits, ne peut se voir débouter au seul motif que l'ouvrage public ne peut être démoli. • Civ. 3e, 5 oct. 2011, *Mme Masse c/ Cne d'Aiguilhe*, n° 10-30.121 : *RDI 2011. 615, note Hostiou*.

109. Ouvrage et travaux publics liés au remembrement agricole, actions en responsabilité, procédure. Lorsqu'un remembrement est effectué en vue de la réalisation d'un grand ouvrage public et qu'il apparaît inévitable de déroger aux dispositions de l'art. 19 C. rur., les propriétaires pour lesquels, du fait de ces dérogations, des préjudices subsistent au terme des opérations de remembrement, sont fondés à demander au maître de l'ouvrage réparation des dommages résultant de ces opérations, constatés à l'issue de celles-ci, à titre de dommages de travaux publics ; les commissions communales et départementales d'aménagement foncier, qui sont dépourvues de compétence pour allouer des indemnités portant réparation de ces préjudices, ne peuvent connaître de demandes tendant à l'attribution de telles indemnités ; toutefois, la nature et l'étendue des dommages, dans la mesure où ils résultent de dérogations apportées aux règles qui s'appliquent aux opérations de remembrement, ne peuvent être constatées qu'une fois que la procédure administrative de remembrement a été menée à son terme ; il suit de là que le juge administratif ne peut être éventuellement saisi d'une demande de réparation des dommages pouvant subsister, à titre de dommages de travaux publics, qu'après que les opérations de remembrement ont été préalablement contestées devant la commission départementale d'aménagement foncier aux fins de supprimer ou, à tout le moins, de réduire les dommages subis. • CE 17 mars 2004, *Min. de l'Équipement, des Transports et du Logement*, n° 233469.

110. Corniche dotée d'un chemin et d'équipements : ouvrage public (non). L'aménagement d'un chemin et de certains équipements au sommet d'une corniche ne suffit pas à conférer à cette dernière le caractère d'un ouvrage public ou d'une dépendance d'un tel ouvrage dont la dégradation serait susceptible d'engager la responsabilité de la commune en l'absence de faute sur le fondement des dommages de travaux publics. • CE 14 janv. 2005, *M. Jean-Jacques X. c/ Cne de Pornic : préc. note 52.*

111. Responsabilité pour défaut d'entretien. La qualification d'ouvrage public emporte la compétence du juge administratif pour juger d'un éventuel défaut d'entretien normal. V. Prada-Bordenave, concl. conformes sur • CE 26 sept. 2007, *Chanal : BJCL 2007. 853.* – V. Moreau, note ss. cet arrêt : *JCP Adm. 2007, n° 2326.*

112. Garantie décennale. Le Conseil d'État fait application, au maître d'ouvrage public, du principe selon lequel la garantie décennale suit la propriété de l'immeuble et de celui qui veut que, pour identifier les débiteurs de cette garantie, est réputée constructeur toute personne qui vend, après achèvement, un ouvrage qu'elle a construit ou fait construire. Il précise la nature de l'action dont dispose le maître d'ouvrage public condamné contre les constructeurs « initiaux ». • CE 23 mai 2011, *Cté d'agglomération de Lens-Liévin*, n° 341414 : *AJCT 2011. 565, obs. Hul ; AJDA 2011. 2241, note Grand ; RDI 2011. 633, note Delaunay*.

2° DOMAINE PUBLIC ET CONTRAT ADMINISTRATIF

113. Domanialité et clauses exorbitantes de droit commun. La circonstance que la convention conclue par un syndicat mixte avec un particulier pour l'occupation du domaine d'une commune et d'un département comporterait des clauses exorbitantes et revêtirait ainsi un caractère administratif est sans incidence sur la nature de ce domaine. • CE 28 sept. 2011, *Synd. mixte pour la protection et la gestion de la Camargue gardoise*, n° 343690.

114. Circulation des usagers du service public RER, absence de clauses exorbitantes du droit commun. Les servitudes créées par un acte du même jour que l'acte de cession relatives, d'une part, à la circulation des piétons, d'autre part, à l'évacuation des usagers des transports publics du RER, ne sauraient manifestement être regardées comme constituant des clauses exorbitantes du droit commun de nature à fonder la compétence du juge administratif des référés. • CE 29 avr. 2013, *Synd. d'agglomération nouvelle du Val-d'Europe*, n° 364058 : *AJDA 2013. 953, note Grand ; RDI 2013. 478, obs. Foulquier ; BJCL 2013. 532, concl. Escaut et obs. Martin.*

D. DÉLIMITATION

115. Acte unilatéral. La délimitation du domaine public est un acte unilatéral, et non contractuel comme l'est le bornage des propriétés privées ; par suite, une délibération contractuelle est entachée d'illégalité. • CE 20 juin 1975,

Leverrier, n° 89785 : *Lebon 382* . ♦ V. aussi, • CE 20 juin 1975, *Peiller* : *RD publ. 1975. 1490.*

116. Contestations. L'exactitude de la délimitation peut être discutée à l'occasion des mesures faisant application de celle-ci, sous réserve que des présomptions concordantes conduisent à supposer une modification « de la ligne séparative précédemment constatée ». • CE 30 janv. 1980, *Min. de l'Équipement c/ Cne de Montagne-sur-Gironde*, n° 00617 : *Lebon 56* ; *AJDA 1980. 426, note Lemasurier.*

117. Limite du domaine public maritime. La limite du domaine public maritime en mer Méditerranée ou dans l'océan Atlantique se constate « au point jusqu'où les plus hautes mers peuvent s'étendre en l'absence de perturbations météorologiques exceptionnelles ». • CE 12 oct. 1973, *Kreitmann*, n°s 86682, 88545 et 89200 : *Lebon 563*

118. Délimitation du domaine public fluvial. La délimitation du domaine public fluvial a un effet déclaratif, en ce sens qu'elle se borne à constater des faits et ne constitue pas la domanialité publique, même si elle crée une présomption de domanialité. • CE 26 mars 1982, *SA Marine Côte d'Argent*, n° 96352 : *Lebon 133* .

119. Compétence du juge administratif. Il appartient au juge administratif, en l'absence de toute contestation portant sur les titres de propriété, de se prononcer sur l'existence, l'étendue et les limites du domaine public, même en l'absence d'acte administratif de délimitation. • CE 25 mai 2005, *Sté des cinémas Huez-Chamrousse*, n° 274683 : *préc. note 76.*

E. PROTECTION

120. BIBL. Caille, La défiance de la CAA de Paris à l'égard des principes régissant la prescription de l'action publique en matière de contravention de grande voirie, *RDI 2009. 543* . – Duplat, À propos de l'arrêt du tribunal des conflits du 6 mai 2002, Binet c/ Électricité de France, la dépossession étant due à une emprise immobilière irrégulière la demande en réparation du préjudice en résultant ressortit aux juridictions de l'ordre judiciaire, *JCP 2002. II. 10170.* – Gros, La faculté de transiger sur les astreintes juridictionnelles en matière domaniale, *Dr. et patr. 2004, n° 124, p. 60.* – Moreau, À propos de l'arrêt du Conseil d'État du 2 avril 2003, Saurin, domaine public, consistance, procédure et conséquences de la contravention de grande voirie, *JCP Adm. 2003, n° 1486* ; À propos de l'arrêt de la cour administrative d'appel de Bordeaux du 4 novembre 2003, Assoc. le Yatch club, conditions de validité d'états exécutoires émis à l'encontre d'un occupant sans titre du domaine public, *JCP Adm. 2004, n° 1046.* – Traouré, La conformité à la Constitution du régime juridique des contraventions de grande voirie (note sous CE 30 mai 2012, *M.B.*, n° 357694 : *AJDA 2012. 2318*).

121. Impératif d'ordre constitutionnel de protection du domaine. Ainsi que l'a rappelé la loi du 12 avr. 2000 relative aux droits des citoyens dans leurs relations avec les administrations, un régime de décision implicite d'acceptation ne peut être institué lorsque la protection des libertés ou la sauvegarde des autres principes de valeur constitutionnelle s'y opposent. En vertu de l'art. 17 de la Déclaration des droits de l'homme et du citoyen [V. **C. const.**], auquel se réfère le préambule de la Constitution, la protection du domaine public est un impératif d'ordre constitutionnel. Le pouvoir réglementaire ne peut donc légalement instaurer un régime d'autorisation tacite d'occupation du domaine public, qui fait notamment obstacle à ce que soient, le cas échéant, précisées les prescriptions d'implantation et d'exploitation nécessaires à la circulation publique et à la conservation de la voirie. • CE 21 mars 2003, *Synd. intercommunal de la Périphérie de Paris pour l'Électricité et les Réseaux (SIPPEREC)*, n° 189191 : *Dr. adm. 2003, n° 127* ; *JCP Adm. 2003, n° 1484, note Moreau.*

1° OBLIGATION D'ENTRETIEN DU DOMAINE PUBLIC

122. Responsabilité du propriétaire. L'obligation générale d'entretien incombe à la personne publique qui est propriétaire du bien. • CE 4 avr. 1962, *Min. des Travaux publics*, n° 56663 : *Lebon 245* ; *AJDA 1962. 592, concl. Braibant.* ♦ L'entretien courant incombe à la personne publique propriétaire chaque fois qu'un texte le précise, y compris les conventions ; à défaut, il incombe à l'affectataire. • CE 6 août 1907, *Min. de la Guerre c/ Ville de Lyon* : *Lebon 786.*

123. Dommage pour défaut d'entretien causé à des usagers. Le défaut d'entretien engage la responsabilité de l'administration quand le dommage a été causé à des usagers. • CE 6 oct. 1944, *Streichenberger* : *RD publ. 1964. 325, concl. Detton.* ♦ V. aussi • CE 7 oct. 1960, *Éts Julien* : *AJDA 1961. 371.*

124. Faute du maire qui s'abstient de faire démolir l'ouvrage riverain dangereux. Commet une faute de nature à engager la responsabilité de la commune à raison des dommages causés à la propriété privée bordant le domaine public le maire qui, après avoir enjoint au propriétaire de réaliser dans un délai de 62 jours les mesures nécessaires pour mettre fin aux périls et dangers de leur immeuble, et malgré le rapport de l'expert judiciaire recommandant la démolition dans les meilleurs délais, s'abstient pendant plus de quatre ans de prendre les mesures utiles pour éviter l'effondrement de l'immeuble notamment en ne réitérant pas ses mises en demeure, voire en n'engageant pas la procédure aux fins de pouvoir procéder aux frais des propriétaires défaillants aux travaux nécessaires à la cessation du péril. • CE 27 sept. 2006, *Cne de Baalon*, n° 284022.

125. Concurrence de polices. Nonobstant la police des édifices menaçant ruine, le maire peut, sur le fondement des art. L. 2212-2 et L. 2212-4 CGCT, en cas d'urgence et de péril particulièrement grave et imminent, prescrire la démolition immédiate d'un immeuble. • CE 10 oct. 2005, *Cne de Badinières*, n° 259205 : *BJCL 2005. 690, Olson Terry, concl. partiellement conformes, obs. Bonichot.*

2° EXPULSION DES OCCUPANTS SANS TITRE

126. **BIBL.** Eckert, À propos de l'arrêt du Conseil d'État sect. du 16 mai 2003, *SARL Icomatex*, pouvoirs du juge des référés en cas de demande d'expulsion d'un occupant sans titre du domaine public, *Rev. CMP 2003, n° 8-9, n° 155, comm. p. 28.* – Moreau, À propos de l'arrêt du Conseil d'État du 5 mars 2003, *SARL Hostellerie château de Nyer*, les rapports entre le référé-provision et la responsabilité administrative extra-contractuelle, *JCP Adm. 2003, n° 20, comm. n° 1468, p. 637* ; À propos de l'arrêt du Conseil d'État du 21 mai 2003, *Petit*, quand une injonction de quitter le domaine public occupé sans titre est-elle exécutée et quelles en sont les conséquences sur l'astreinte ?, *JCP Adm 2003, n° 28, comm. n° 1675, p. 981.* – Pietri, À propos de l'arrêt du Conseil d'État du 21 mai 2003, *SARL Pico*, référé « mesures utiles » et référé provision : il ne faut pas mélanger les genres, *Rev. CMP 2003, nos 8-9, comm. n° 156, p. 29.* – Renard-Payen, À propos de l'arrêt de la Cour de cassation, Civ. 1re, du 13 nov. 2003, *Desprez c/ Cne de Carcans*, les litiges relatifs à l'occupation sans titre du domaine public relèvent de la compétence des juridictions administratives, *JCP Adm. 2003, n° 51, comm. n° 2129, p. 1677.* – Rézenthel, Vers une meilleure protection contre la précarité de l'occupation du domaine public, *AJDA 2001. 1025*. – Yolka, Expulsion du domaine public et juge administratif des référés, *JCP Adm. 2004, n° 5, p. 93.*

a. Champ d'application

127. Légalité de l'expulsion et non de l'expropriation. Quand des travaux de démolition et de reconstruction de pontons (ponts flottants formés en principe de bateaux joints par des poutres) ont été déclarés d'utilité publique, que ces travaux se situaient en bordure d'un chenal maritime classé dans le domaine public, qu'une personne possédant un fonds de commerce sur un des pontons concernés s'est ainsi vu notifier par le maire l'annonce de la démolition prochaine de son installation et implicitement le rejet de sa demande d'octroi d'autorisation temporaire du domaine public, la juridiction administrative peut refuser l'emploi de la procédure d'expropriation dans un tel cas. En effet, l'ensemble des terrains compris dans l'emprise de la déclaration d'utilité publique appartenait au domaine public. De plus, l'installation des pontons ne résultait que de concessions d'occupation temporaire, et n'étaient pas des droits réels immobiliers opposables à l'administration. Il suffit à l'autorité concédante de retirer ces concessions, puis d'engager la procédure d'expulsion contre des occupants sans titre. Par ailleurs, la requérante n'étant plus titulaire d'aucune autorisation, ne peut faire valoir que la décision du maire est un retrait de concession. • CE 4 mars 1991, *Mme Palanque c/ Cne du Grau-du-Roi et Min. de l'Équipement*, n° 79528 : *Lebon 930*.

128. Inapplicabilité au domaine public de la loi de 1989 sur les rapports locatifs. Les dispositions de l'art. 24 de la loi du 6 juill. 1989 tendant à améliorer les rapports locatifs, modifié par l'art. 114 de la loi du 29 juill. 1998 d'orientation relative à la lutte contre les exclusions, ne sont pas applicables aux biens qui relèvent du domaine public. • CE 26 juin 2002, *M. Everaert*, n° 231807.

129. Inapplicabilité au domaine privé, même en cas d'existence antérieure d'un contrat administratif. Le juge administratif ne peut connaître d'une demande d'expulsion d'un occupant devenu sans titre du domaine privé, lors même que la relation contractuelle fondant antérieurement l'occupation relevait du droit public, le contrat contenant une clause exorbitante du droit commun. Laurent Olléon, concl. conformes sur • CE 14 oct. 2005, *Cne de Chantonnay c/ Mme Robert*, n° 275446 : *BJCL 2005. 789.*

b. Motif – Validité de l'expulsion

130. Entrave à la circulation publique et contraire à l'autorisation d'occupation. Le Conseil d'État valide la révocation d'une autorisation d'occupation des trottoirs d'après la nécessité de mettre fin à une entrave à la circulation publique, puisque la voirie et ses dépendances immédiates comme le trottoir sont affectés à la circulation publique, et que l'autorisation d'occupation comprenait une clause prévoyant que la circulation des piétons devait rester « possible » sur les deux trottoirs. • CE 16 juin 1995, *Achache, SCI Le Lafayette c/ Cne de Cannes*, n° 145085 : *Lebon 782*.

131. Entrave à la circulation par exercice d'une simple tolérance de longue durée. Une prétendue autorisation d'étalage n'est pas une autorisation, mais une simple tolérance de longue durée, par suite, le propriétaire est occupant sans droit ni titre du domaine public. • CE 24 mai 1995, *M. Choukroun, SARL Galerie des tissus, SARL Galerie les bons tissus c/ Maire de Paris*, n° 146013 : *Lebon 781*.

132. Entrave à la circulation, conteneur. L'installation sur le trottoir situé au droit d'un commerce de restauration d'un kiosque pour la vente de crêpes, gaufres et glaces, constitué d'un conteneur de plus de deux mètres, tant en largeur qu'en longueur, est de nature à faire obstacle à la libre circulation des piétons dans un secteur fréquenté d'une agglomération ; par suite, il y a lieu d'ordonner son enlèvement sous huit jours. • CE 10 mai 2004, *Cne de La Ciotat*, n° 258935.

133. Entrave à l'utilisation d'un emplacement d'un marché. Fonde la mesure d'expulsion le fait que le maintien sur les lieux de la société fait obstacle à l'utilisation normale et conforme au règlement intérieur de l'emplacement qu'elle occupe dans le marché d'intérêt national et qu'il y a, par suite, urgence à libérer l'emplacement en cause. • CE 25 avr. 2003, *SARL Icomatex c/ Sté SAMINS*, n° 249880 : *BJCL 2003. 579, concl. Bachelier ; LPA 24 mars 2004, p. 4 ; JCP Adm. 2003, n° 29, p. 1674, note Moreau ; AJDA 2003. 1156, chron. Donnat et Casas*.

134. Parallélisme des formes pour la résiliation de la convention. Par contre, ne constituent pas des contestations sérieuses : – le fait que la convention d'occupation a été signée par le maire autorisé par le conseil municipal, et que dès lors le non-renouvellement devait suivre les mêmes formes ; – la commune n'a pas versé à l'association les subventions qu'elle revendique ; – la commune aurait du recueillir l'accord de l'association. • CE 28 mars 2003, *Assoc. Maison des Jeunes et de la Culture de Méru*, n° 252448 : *JCP Adm. 2003, n° 22, p. 1517, note Moreau*.

135. Paiement des loyers et maintien ultérieur sans titre sur les lieux. Le fait qu'un occupant ait payé les loyers dus avant l'arrivée à terme de la convention temporaire est sans influence sur la qualification de l'occupant sans titre qui se maintient après. • CE 25 janv. 2006, *Cne de La Souche*, n° 284878.

136. Officine de pharmacie irrégulièrement implantée. La licence délivrée en application de l'art. L. 5125-4 du code de la santé publique d'exploiter une officine de pharmacie ne fait pas obstacle à ce que le juge ordonne une mesure d'expulsion du domaine public lorsque l'officine est implantée sur ce domaine public sans droit ni titre. • CE 2 juin 2006, *CCI de Marseille*, n° 286465 : *AJDA 2006. 1559*.

c. Motif – Contestation sérieuse de l'expulsion

137. Obligation pour le juge de vérifier le sérieux de la contestation. Absence de sérieux. Dans le cas où la demande d'expulsion fait suite à la décision du gestionnaire du domaine de retirer ou de refuser de renouveler le titre dont bénéficiait l'occupant et où, alors que cette décision exécutoire n'est pas devenue définitive, l'occupant en conteste devant lui la validité, le juge des référés doit rechercher si, compte tenu tant de la nature que du bien fondé des moyens ainsi soulevés à l'encontre de cette décision, la demande d'expulsion doit être regardée comme se heurtant à une contestation sérieuse. Dès lors, commet une erreur de droit le juge des référés qui juge qu'une société concessionnaire d'une convention d'occupation du domaine public occupe sans droit ni titre ce domaine dès lors que le gestionnaire du marché d'intérêt national lui a enjoint de libérer la place occupée, sans rechercher si les illégalités invoquées par le concessionnaire à l'encontre de la décision de non-renouvellement de la concession dont il était titulaire étaient de nature à caractériser une contestation sérieuse de la mesure d'expulsion demandée par le gestionnaire du domaine public. En l'état de l'instruction, aucun des deux moyens qui suivent ne peut être regardé comme soulevant, dans les circonstances de l'espèce, une contestation sérieuse de la mesure d'expulsion : en premier lieu, bien qu'elle soit constitutive en vérité d'un retrait de concession pour faute, cette décision n'a cependant pas été prise selon la procédure disciplinaire et par l'autorité compétente prévues à l'art. 43 du règlement intérieur du marché et que les fautes qui lui sont imputées ne sont pas de nature à justifier une telle sanction qui procède d'un détournement de procédure ; en second lieu, à supposer même que la décision s'analyse comme un non-renouvellement à l'échéance de la concession pour un motif d'intérêt général, elle est intervenue en méconnaissance des stipulations de l'art. 12 de la convention dès lors qu'il n'a pas été justifié d'un tel motif et qu'elle ne s'est pas accompagnée du versement préalable de l'indemnité prévue par cet article. • CE 25 avr. 2003, *SARL Icomatex c/ Sté SAMINS*, n° 249880 : *préc. note 133*.

138. Contestation sérieuse : preuve non apportée de l'adresse du commandement de payer. Constituent des moyens de nature à caractériser une contestation sérieuse de la mesure d'expulsion les faits suivants : – la clause de résiliation insérée dans la convention stipule qu'elle sera résiliée de plein droit à l'initiative de la commune faute de paiement d'un seul terme de la redevance à son échéance (...) trente jours après un simple commandement de payer demeuré sans effet (...), l'association consentant expressément à vider les lieux sans délai ; – en application de ces dispositions, un commandement de payer a été émis par le Trésor public ; – si la commune soutient avoir adressé le commandement de payer à l'association, il ne ressort pas des pièces du dossier que ce commandement a été envoyé à l'association et donc reçu par cette dernière. • CE 2 juill. 2003, *Assoc. Temps libre c/ Cne de Sabres*, n° 254756 : *JCP Adm. 2003, n° 46, p. 1993, note Moreau*.

d. Ordonnancement

139. Compétence du juge judiciaire au possessoire. Le propriétaire d'une dépendance du domaine public peut obtenir une décision juridictionnelle d'expulsion d'un occupant sans titre auprès du juge judiciaire compétent pour connaître des actions possessoires formées par les personnes publiques. • Civ. 1re, 10 oct. 1956 : *AJDA 1957. 4* • 20 nov. 1956 : *ibid.*

140. Compétence du juge judiciaire au pétitoire. La même décision peut être obtenue auprès du juge judiciaire compétent pour connaître des actions pétitoires formées par les personnes publiques. • Civ. 18 févr. 1958 : *AJDA 1958. 396.*

141. Exécution partielle. Le juge judiciaire refuse de prononcer une mesure d'expulsion du domaine public dans sa totalité, contrairement à ce qu'a déjà eu l'occasion de faire le juge administratif. • Aix-en-Provence, 12 juin 2007, *Cne d'Aix-en-Provence : JCP Adm. 2008. 1. 2009, note Yolka.*

142. Compétence du juge administratif. La décision juridictionnelle d'expulsion d'un occupant sans titre peut être aussi obtenue auprès du juge administratif. • CE 13 juill. 1961, *Cie fermière du Casino de Constantine,* n° 45099 : *Lebon 487 ; AJDA 1961. 466, chron. Galabert et Gentot ; AJDA 1961. 491 ; RD publ. 1961. 1087.* ♦ V. aussi • CE 14 juin 1972, *Eidel,* n° 84967 : *AJDA 1973. 495, note Dufau.* ♦ Lorsque le juge administratif est saisi d'une demande tendant à l'expulsion d'un occupant d'une dépendance appartenant à une personne publique, il lui incombe de vérifier que cette dépendance relève du domaine public à la date à laquelle il statue pour déterminer si la juridiction administrative est compétente pour se prononcer sur ces conclusions. • CE 25 sept. 2013, *SARL Safran Port Édouard Herriot,* n° 348587 B : *JCP Adm. 2014, n° 2011, note de Gaudemar ; AJDA 2014. 290, note Duroy.*

143. Question préjudicielle devant le juge administratif. L'arrêté d'alignement se borne à constater les limites de la voie, et par suite le moyen tiré de l'appréciation du droit de propriété pour une fontaine et un lavoir ne peut être évoqué devant le juge administratif. • CE 8 juin 1990, *Cne du Vigen c/ Épx Habrias,* n° 76550 : *Lebon 936 ; Quot. jur. n° 154, 29 déc. 1990, p. 8, note Rouault.*

144. Question préjudicielle devant le juge judiciaire. Quand, à la faveur d'une demande d'expulsion d'un occupant d'une dépendance, la juridiction judiciaire sursoit à statuer en attente d'une délimitation du domaine public, que la commune requérante saisit le TA pour se voir opposer une irrecevabilité au motif que « l'autorité chargée de la conservation du domaine public communal n'est pas recevable à demander elle-même au tribunal administratif de se prononcer sur les limites du domaine public », le Conseil d'État peut estimer que ce motif ne fait pas obstacle à ce que cette autorité puisse saisir la juridiction administrative sur renvoi d'une question préjudicielle par les juridictions judiciaires. • CE 14 sept. 1990, *Cne de Cabasse c/ M. Nivière,* n° 72673.

145. Compétences en cas de présence ou d'absence de convention d'occupation du domaine. Le juge judiciaire, en l'absence d'une convention d'occupation du domaine public, a compétence pour prescrire les mesures propres à mettre un terme à une occupation sans droit ni titre du domaine public par une personne privée ; toutefois, se pose la question de la détermination de l'ordre de juridiction compétent au cas où la clause résolutoire de plein droit stipulée dans la convention est contestée. • Civ. 1re, 3 mai 2000, *Sté B. E. Diffusion,* n° 98-12.129.

146. Absence de domanialité publique ; moyen d'ordre public. La CAA peut, d'office, relever le moyen tiré de ce que le logement en cause ne constituerait pas une dépendance du domaine public de la région et qu'en conséquence il n'appartenait qu'aux juridictions judiciaires de connaître de la demande de la région tendant à ce que soit ordonnée l'évacuation dudit logement ; mais faute d'avoir communiqué à la région son intention de soulever ce moyen, la cour a méconnu les dispositions de l'art. R. 153-1 C. trib. adm. ; la région est, par suite, fondée à demander l'annulation de l'arrêt. • CE 9 févr. 2000, *Région de Bourgogne,* n° 188954.

147. Appréciation souveraine du juge du fait. Pour juger que la responsabilité pécuniaire de la commune, à raison des fautes qu'elle aurait commises en concluant un bail commercial qui n'a pas été renouvelé à son terme et en faisant procéder à l'expulsion de la requérante devenue occupante sans droit ni titre du domaine public communal, présentait un caractère sérieusement contestable dans son principe, la CAA s'est livrée à une appréciation souveraine des circonstances de l'espèce. • CE 5 mars 2003, *Sarl Hostellerie Château de Nyer c/ Cne de Nyer,* n° 247054 : *BJCL 2003. 449, concl. Bachelier ; JCP Adm. 2003, n° 1468, note Moreau.*

e. Exécution

148. Délais et conditions de l'expulsion. L'expulsion du domaine public peut être prononcée sans délai ni condition. • CE 29 janv. 1964, *Caillon et SA Montparnasse actualités,* nos 57938 et 58102 : *AJDA 1964. 377, note Laporte.*

149. Exécution d'office de l'expulsion. L'administration peut employer l'exécution d'office contre l'occupant sans titre lorsqu'elle remplit les conditions générales de recours à cette exécution. • CE 8 avr. 1961, *Dame Klein,* n° 46746 : *Lebon 216 ; D. 1961. 587, concl. Henry.*

150. Ordonnance en référé, absence d'autorité de chose jugée, seconde demande en expulsion. Quand une commune se désiste d'instance et d'action devant le juge des référés, qui lui en donne acte par ordonnance ; que la commune réitère la demande d'expulsion du domaine public, pour les mêmes parties et la même dépendance, le juge des référés ne peut rechercher si la nouvelle demande porte atteinte à l'autorité de chose jugée de l'ordonnance donnant acte, dès lors qu'une ordonnance rendue en référé n'est pas revêtue de cette autorité ; la commune peut réitérer la même demande. • CE 28 déc. 2012, *Ville de Paris,* n° 353459.

151. Compétence souveraine du juge pour apprécier l'urgence. • CE 29 juill. 2002,

M. Helmbacher, n° 243454. ♦ Le juge des référés peut, en l'état de ses constatations souveraines, se borner à considérer que la demande de la commune ne revêtait « aucun caractère d'urgence ni même d'utilité », sans être tenu de statuer explicitement sur le point de savoir si une société disposait, à la date de l'ordonnance attaquée, d'un titre l'habilitant à occuper la dépendance en cause. • CE 8 juill. 2002, *Cne de Cogolin c/ SA Port Cogolin Carénage,* n° 240015.

152. Motifs d'appréciation de l'urgence. Pour apprécier si la mesure sollicitée présentait un caractère d'urgence ou d'utilité, le juge des référés pouvait prendre en considération la continuité du service rendu aux usagers du port maritime, alors même que le lien contractuel unissant la commune à une société de gestion du port aurait cessé. • CE 8 juill. 2002, *Cne de Cogolin c/ SA Port Cogolin Carénage,* n° 240015 : *préc. note 151.*

153. Urgence (oui). Impossibilité d'affecter les locaux à une autre activité d'intérêt général. Quand une commune met un local à la disposition du public bouliste local, qu'en raison de conflits apparus à l'occasion de cette pratique, elle décide la fermeture des locaux, et la libération des lieux, qu'une partie des boulistes ont cependant par effraction occupé le local et se refusent à l'évacuer, la commune peut obtenir rapidement l'expulsion des occupants. En effet, l'expulsion présente bien un caractère d'urgence puisque la commune se trouve dans l'impossibilité d'affecter les locaux à d'autres associations sportives, et qu'il y a là une entrave au fonctionnement normal de ce service public. • CE 21 mars 1990, *Assoc. « Pétanque hermitage » c/ Cne de Saint-Martin-d'Hères,* n° 100833.

154. Urgence (oui). Entrave au contrat local de sécurité. Dès lors que l'occupation par l'association requérante des locaux communaux en cause compromet le fonctionnement du service municipal, en faisant obstacle au regroupement, prévu par le contrat local de sécurité signé avec l'État, de l'ensemble des associations ayant une activité dans la commune, la libération de ces locaux présente ainsi un caractère d'urgence. • CE 28 mars 2003, *Assoc. Maison des Jeunes et de la Culture de Méru,* n° 252448 : *préc. note 134.*

155. Urgence (oui). Climat d'insécurité et empêchement d'attribuer un nouveau marché. Les conditions d'urgence et d'utilité posées par l'art. L. 521-3 CJA sont remplies dès lors que la prolongation de l'occupation de la dépendance domaniale entretenait un climat d'insécurité sur le site et empêchait l'attribution d'un nouveau marché de prestations de services par la ville. • CE 28 déc. 2012, *Ville de Paris,* n° 353459.

156. Urgence (non). Délai de trois mois pour quitter les lieux et offre d'occuper un autre emplacement à proximité. N'est pas justifiée l'urgence de suspendre un arrêté mettant fin à l'autorisation d'occupation du domaine public, dès lors que l'occupant a reçu notification dès le 4 avril de l'arrêté qui ne prenait effet qu'à l'expiration d'un délai supérieur à trois mois, correspondant à la date d'échéance de l'autorisation, et que l'intéressé avait été préalablement informé de la possibilité qui lui était offerte d'occuper, à proximité de son implantation actuelle, un autre emplacement du domaine public de la commune ; il ne peut dès lors soutenir que le retrait le priverait en début de saison estivale, de toute activité professionnelle en un lieu où il est connu de sa clientèle habituelle. • CE 11 févr. 2004, *Cne de Quiberon,* n° 259131.

157. Urgence (non). Expulsion demandée par une commune qui n'envisage pas la poursuite immédiate de l'exploitation. Le Conseil d'État juge que « la cour administrative d'appel s'est notamment fondée sur ce que la poursuite de l'occupation des lieux par la société aurait compromis le fonctionnement du service public et sur ce que, par suite, l'expulsion sollicitée aurait présenté un caractère d'urgence » ; or, « il ressort des pièces du dossier soumis aux juges du fond que la commune n'envisageait ni de reprendre elle-même l'exploitation desdites installations, ni de confier celle-ci dans un bref délai à un autre cocontractant ». L'urgence n'existe donc pas ; par suite, la CAA a dénaturé les faits de l'espèce, et le concessionnaire devait obtenir gain de cause. • CE 17 janv. 1996, *SARL « Le Jardin des Pyrénées » c/ Cne d'Argelès-Gazost,* n° 141711.

158. Expulsion accompagnée de destruction de mobilier : voie de fait. En mettant fin à la convention d'occupation des locaux, et en usant de l'expulsion, la commune n'a fait qu'user de ses droits, et n'a porté aucune atteinte à la propriété ou à une liberté fondamentale. À ce stade, il n'y a donc aucune voie de fait susceptible de faire relever le litige de la juridiction judiciaire. En revanche, le fait de détruire des meubles peut être constitutif d'une voie de fait, puisque l'urgence ne peut excuser le comportement de la commune, ni « les circonstances de l'espèce ». En conséquence, l'évaluation du préjudice subi de ce chef ressortit à la compétence des juridictions judiciaires. • T. confl. 4 juill. 1991, *Assoc. maison des jeunes et de la culture Boris-Vian c/ Cne de Pontault-Combault : Lebon 467 ; AJDA 1991. 697, chron. Maugüé et Schwartz ; LPA n° 4, 8 janv. 1992, p. 11, note Rouault ; Quot. jur. n° 133, 5 nov. 1991, p. 4, note B.V. ; Quot. jur. n° 12, 11 févr. 1992, p. 3.*

159. Compétence du juge pour estimer si un acte privé exécute la décision ordonnant la libération du domaine public (activité saisonnière). Il appartient au juge saisi d'une demande de liquidation de l'astreinte qu'il a prononcée d'apprécier souverainement, eu égard à des modalités saisonnières d'occupation du domaine public, si le démontage durant la période hivernale d'un équipement installé sur ce domaine peut être regardé comme un mode d'exécution de la décision ordonnant la libération du domaine ou, au contraire, comme une poursuite de l'occupation irrégulière de ce dernier • CE 26 mars 2008, *Cne de Carcans c/ M. A.*, n° 300894.

160. Impossibilité de liquider une astreinte pour défaut de dies a quo. Doit être rejetée la demande d'une commune visant à la liquidation de l'astreinte prononcée par le juge administratif, dès lors que cette astreinte est établie par jour de retard à compter de la notification de la décision, et que la date de cette notification ne ressort d'aucune des pièces du dossier. • CE 26 mars 2008, *Cne de Carcans c/ M. A.*, n° 300894 : *préc. note 159.*

f. Indemnisation de la collectivité publique

161. Redevances, assiette. Si la commune a entendu faire appel à l'occupant irrégulier d'une dépendance de son domaine public du tarif des droits de voirie, elle ne peut légalement appliquer le tarif pour travaux dès lors que l'occupant avait entreposé des matériels ; la cour n'a pas à rechercher si la redevance ainsi réclamée était proportionnée aux avantages que l'occupation du domaine public procurait à l'occupant. • CE 16 mai 2011, *Cne de Moulins c/ Paput Boissons Moulins*, n° 317675 : *AJCT 2011. 527, obs. Dutrieux ; AJDA 2011. 1848, note Ach ; RFDA 2011. 855.*

162. Rétroactivité financière. Une commune est fondée à réclamer à l'occupant sans titre de son domaine public, au titre de la période d'occupation irrégulière, une indemnité compensant le préjudice induit, indemnité dont elle détermine, sous le contrôle du juge, le montant, qu'elle peut modifier à tout moment pour l'avenir ; par suite, la Ville de Paris a légalement pu, sans entacher sa décision d'une rétroactivité illégale, porter le montant de la redevance due par un stagiaire d'IUFM pour logement de 548,21 euros à 2 142 euros. • CE 1er juin 2012, *Ville de Paris*, n° 334475.

g. Recours

163. Acte faisant grief. Un propriétaire de magasins qui installe depuis longtemps des étalages sur le trottoir public a intérêt à agir pour demander l'annulation de l'arrêté municipal qui l'enjoint d'évacuer le domaine, « ... ces décisions, qui ont pour effet de mettre fin à cette tolérance, ne sont donc pas dépourvues de toute conséquence pour M. Choukroun et autres et leur font par suite grief ». Mais « la tolérance ... ne peut être regardée comme ayant constitué un droit... les requérants ne sont par suite et en tout état de cause ... pas fondés à invoquer les dispositions de l'arrêté du maire de Paris portant nouveau règlement des étalages... qui ne concerne que les personnes bénéficiant d'autorisation d'occupation du domaine public ». • CE 24 mai 1995, *M. Choukroun, SARL Galerie des tissus, SARL Galerie les bons tissus c/ Maire de Paris*, n° 146013 : *préc. note 131.*

3° RÉGIME PÉNAL DU DOMAINE PUBLIC

164. BIBL. Kouévi, L'obligation de poursuite en matière de contravention de grande voirie, *AJDA 2000. 393*. – Seguin-Denis, la mise en œuvre de la contravention de grande voirie par le juge administratif : comparaison avec le droit répressif de l'environnement, *Dr. envir. 2006. n° 136, p. 81.*

a. Infraction

165. Élément légal de la culpabilité. Pour les déclarer coupables de la contravention prévue par l'art. R. 644-3 C. pén., un arrêt ne peut se borner à énoncer que les prévenus, qui n'ont pu produire l'autorisation administrative d'occupation du domaine public, se livraient à une activité d'offre de marchandises ; il lui faut préciser quel règlement de police soumet à une autorisation l'exercice de l'activité des demandeurs dans les lieux publics où les faits ont été constatés. • Crim. 28 nov. 2000, *C. Nadine et S. Didier*, n° 00-82.727.

166. Matérialité de l'infraction en dépit du comportement de la commune et du préfet. L'expiration de la concession d'une plage par l'État à une commune entraîne par voie de conséquence l'expiration du titre dont bénéficie l'occupant, sous-concessionnaire. Les circonstances que ce dernier n'aurait pas été averti de l'expiration de la concession de la plage dont la commune était titulaire, qu'il aurait continué à verser à la commune la redevance annuelle d'occupation et qu'il aurait été conforté dans le sentiment qu'il avait d'occuper régulièrement le domaine public par le renouvellement par le préfet de l'autorisation d'occupation temporaire du domaine public qui lui avait été accordée pour l'installation d'un ponton s'avançant dans la mer sont sans influence sur la matérialité de la contravention de grande voirie dressée à son encontre pour avoir continué d'exploiter son établissement. • CE 2 avr. 2003, *M. Gilbert Saurin c/ Préfet du Var*, n° 237968 : *JCP Adm. 2003, n° 21, p. 1486, note Moreau.*

167. Responsabilité de la commune. Noncurage des réseaux d'eaux. Une commune doit être condamnée à rembourser à l'État et à la SNCF les frais de remise en état du domaine public ferroviaire dès lors qu'il ressort des mentions du procès-verbal, non contestées par la commune sur ce point, que le système d'évacuation des eaux pluviales du terrain communal situé au droit du glissement de terrain à l'origine du dommage avait été obstrué par des dépôts de matériaux, ce qui a entraîné un ruissellement sur le talus surplombant la voie ferrée ; que cette circonstance est à l'origine de l'éboulement de ce talus ; que s'il ressort en outre de documents produits par la commune que la construction au bas du talus d'un mur de soutènement doté d'un système de drainage des eaux aurait permis d'éviter le dommage, cette circonstance ne constitue pas un fait de l'administration assimilable à un cas de force majeure de nature à exonérer la commune de sa responsabilité. • CE 23 mai 2003, *Min. de l'Équipement c/ Cne de Chalon-sur-Saône*, n° 237634 : *JCP Adm. 2003, n° 37, p. 1771, note Moreau.*

168. Domaine public maritime. Démolition d'un bâtiment édifié sans titre. Absence d'atteinte grave à une liberté fondamentale. La lettre, par laquelle le maire fait connaître à un occupant sans titre son intention de procéder à la démolition d'un bâtiment qui était devenu la propriété de la commune par voie d'accession, n'a pas constitué une atteinte grave à une liberté fondamentale de nature à justifier la mise en œuvre de la procédure de protection particulière instituée par l'art. L. 521-2 CJA. En l'espèce, l'occupant avait été autorisé à occuper le domaine public de façon précaire ; il s'était engagé à libérer ce terrain, au terme de l'occupation consentie, libre de toute construction ; le fonds de commerce dont il était propriétaire avait perdu toute valeur ; il n'occupait plus les lieux. • CE 20 janv. 2005, *Cne de Saint-Cyprien*, n° 276475.

169. Domaine public maritime. Empiétement partiel sur le domaine, conséquences. Dès lors que le procès-verbal de la contravention de grande voirie ne constate qu'un empiétement partiel du parvis sur la partie du domaine public maritime faisant l'objet d'une concession de plage à la commune, celle-ci est fondée à soutenir que c'est à tort que, par les art. 2 et 3 de son jugement, le tribunal administratif a prescrit la suppression du socle du parvis sur une surface excédant le domaine public irrégulièrement occupé. • CE 23 déc. 2010, *Min. d'État, Min. de l'Écologie, du Développement et de l'Aménagement durables c/ Cne de Fréjus*, n° 306544 : *AJCT 2011. 143, obs. Coronat ; AJDA 2011. 730, note Le Gars.*

b. Poursuites

170. Autorité pour engager des poursuites, le droit de la défense. Moreau Jacques, note sous • CAA Paris, 21 juill. 2007, *VNF c/ Gaultier* • CAA Paris, 21 juill. 2007, *Lunel* • CAA Douai, 5 juill. 2007, *J. Hand et Sté Dole Fresh Fruit : JCP Adm. 2007. 2269.*

171. Opportunité d'engager les poursuites, compétence préfectorale pour apprécier l'atteinte excessive à l'intérêt général. Dès qu'il est saisi par le préfet d'un procès-verbal constatant une occupation irrégulière du domaine public, et alors même que la transmission n'est ni assortie, ni suivie de la présentation de conclusions tendant à faire cesser l'occupation irrégulière et à remettre le domaine public en l'état, le juge de la contravention de grande voirie est tenu d'y faire droit sous la seule réserve que des intérêts généraux, tenant notamment aux nécessités de l'ordre public, n'y fassent obstacle. Par suite, lorsque l'atteinte au domaine public procède de l'édification d'un ouvrage public, c'est au seul préfet qu'il appartient d'apprécier si une régularisation de la situation de l'ouvrage public demeure possible et si sa démolition entraînerait, au regard de la balance des intérêts en présence, une atteinte excessive à l'intérêt général, soit avant d'engager la procédure de contravention de grande voirie en transmettant au juge le procès-verbal, soit après l'engagement de la procédure dont il peut se désister. • CE 23 déc. 2010, *Min. d'État, Min. de l'Écologie, du Développement et de l'Aménagement durables c/ Cne de Fréjus*, n° 306544 : *RFDA 2011. 192.*

172. Obligations générales de l'autorité chargée de la police de la conservation, dont poursuites ; carence pour simple convenance administrative. Les autorités chargées de la police et de la conservation du domaine public routier sont tenues, par application des principes régissant la domanialité publique, de veiller à l'utilisation normale de la voirie routière et d'exercer à cet effet les pouvoirs qu'elles tiennent de la législation en vigueur, y compris celui de saisir le juge compétent pour statuer sur la répression des atteintes portées à ce domaine, pour faire cesser les occupations sans titre et enlever les obstacles créés de manière illicite qui s'opposent à l'exercice par le public de son droit à l'usage du domaine ; si l'obligation ainsi faite à ces autorités trouve sa limite dans les autres intérêts généraux dont elles ont la charge et, notamment, dans les nécessités de l'ordre public, elles ne sauraient légalement s'y soustraire pour des raisons de simple convenance administrative. • CE 21 nov. 2011, *Cne de Plonéour-Ladvern*, n° 311941 : *AJDA 2011. 2267, note de Montecler ; RFDA 2012. 249, note Lavialle.*

173. Long délai entre la survenance du fait litigieux et l'établissement du procès-verbal : violation de la Convention européenne des droits de l'homme (non). La commune n'est pas fondée à soutenir que le long délai qui s'est écoulé entre la survenance du fait litigieux et l'établissement du procès-verbal qui le constate constituerait une violation de l'art. 6 Conv. EDH de nature à entraîner l'irrégularité des poursuites de contravention de grande voirie pour dommage causé au réseau ferroviaire. • CE 23 mai 2003, *Min. de l'Équipement c/ Cne de Chalon-sur-Saône*, n° 237634 : *préc. note 167.*

174. Régularité du procès-verbal. Si le rédacteur du procès-verbal pour contravention de grande voirie à l'encontre de la commune n'a pas été le témoin des faits qu'il relate, ainsi d'ailleurs que le précisent les énoncés du procès-verbal, la commune n'est pas fondée à se prévaloir de cette seule circonstance pour soutenir que les poursuites étaient irrégulières. • CE 23 mai 2003, *Min. de l'Équipement c/ Cne de Chalon-sur-Saône*, n° 237634 : *préc. note 167.*

c. Procédure juridictionnelle

175. Délai de l'art. L. 774-2 CJA. Si la notification du procès-verbal de contravention de grande voirie a été faite après l'expiration du délai de dix jours prévu par l'art. L. 774-2 CJA, ce délai n'étant pas prescrit à peine de nullité, cette circonstance n'est pas de nature à rendre irrégulière cette notification et le délai pris par celle-ci du fait de sa durée excessive n'a pas davantage été de nature à porter atteinte aux droits de la défense, en méconnaissance des stipulations du § 1 de l'art. 6 de la Conv. EDH. • CE 23 déc. 2010, *Min. d'État, Min. de l'Écologie, du Développement et de l'Aménagement durables c/ Cne de Fréjus*, n° 306544 : *RFDA 2011. 192.*

d. Compétence des juridictions

176. Saisine du Tribunal des conflits. Action en réparation du dommage causé à la voirie publique du fait d'un ouvrage public, dommage non constitutif d'une infraction à la police de la conservation. La question de savoir si le litige né de l'action introduite par une commune aux fins d'obtenir réparation du préjudice résultant du dommage causé à sa voirie qu'elle impute à la réalisation défectueuse d'un ouvrage public appartenant au département sans qu'aucune infraction à la police de la conservation du domaine public routier n'ait été ni constatée, ni poursuivie relève ou non de la compétence de la juridiction administrative, présente une difficulté sérieuse et de nature à justifier le recours au Tribunal des conflits. • CE 8 juin 2005, *Cne d'Ormesson-sur-Marne*, n° 267859.

177. Compétence administrative pour apprécier l'appartenance d'une parcelle au domaine public lors de poursuites judiciaires au titre de la police de la conservation de la voirie. S'il résulte des articles L. 116-1 et R. 116-2 C. voirie rout. que la répression des infractions à la police de la conservation du domaine public routier est poursuivie devant la juridiction judiciaire, il appartient au juge administratif, saisi d'un recours pour excès de pouvoir tendant à l'annulation de la décision par laquelle le maire d'une commune a refusé d'engager des poursuites contre un contrevenant afin de faire cesser l'occupation irrégulière d'une voie publique communale, de se prononcer sur l'appartenance au domaine public de la dépendance faisant l'objet de cette occupation. • CE 21 nov. 2011, *Cne de Plonéour-Ladvern*, n° 311941 : *AJDA 2011. 2267, note de Montecler*.

178. Compétence administrative. Action en réparation pour exécution défectueuse d'un ouvrage public pour le compte d'une autre personne de droit public. Dès lors que la commune recherche la responsabilité du département en raison du dommage causé à une voie communale du fait des mauvaises conditions de réalisation, sous cette voie, de travaux d'enfouissement de canalisations du réseau d'assainissement appartenant au département, sans prétendre que celui-ci avait effectué ces travaux sans autorisation et que, s'agissant d'une action en responsabilité, introduite par une collectivité publique, pour la réparation de son préjudice consécutif à l'exécution défectueuse d'un ouvrage public pour le compte d'une autre personne de droit public, une telle action n'entre pas dans le champ des infractions à la police de la conservation du domaine public routier, le litige relève de la compétence de la juridiction administrative. • T. confl. 20 févr. 2006, *Cne d'Ormesson-sur-Marne*, n° C3488.

179. Compétence administrative. Contestation de commandements, sans infraction. L'attribution de compétence au juge judiciaire qui résulte de l'art. L. 116-1 du code de la voirie routière ne concerne que les cas dans lesquels une contravention à la police de la conservation du domaine public routier est constituée, que cette contravention ait été poursuivie ou non ; par suite, quand les commandements émis par la ville ont pour objet la réparation d'un préjudice que la ville impute à une société à la suite de travaux publics exécutés par cette entreprise mais sans qu'aucune contravention à la police de la conservation du domaine soit constituée, l'action introduite par la société pour contester ces commandements ne se rattache pas au contentieux de la répression des infractions à la police de la conservation du domaine public routier ; le litige relève de la compétence de la juridiction administrative. • T. confl. 24 avr. 2006, *Sté Bouygues Bâtiments c/ Ville de Paris*, n° C3493.

4° DÉFENSE DU DOMAINE PAR UN CONTRIBUABLE

180. V. annotations ss. art. L. 2132-5.

181. Existence d'une dépendance du domaine public. Dès lors que la commune ne prétend pas qu'elle subirait un préjudice du fait de l'occupation par un particulier de parcelles, à supposer que celles-ci appartiennent au domaine public communal, l'action prévue à l'art. L. 2132-5 CGCT, et qu'un autre particulier veut exercer, ne présente pas pour la commune un intérêt suffisant. • CE 27 juin 2005, *M. Pierre X., Cne du Cercueil*, n° 271254.

182. Préjudice éventuel de réalisation d'un ouvrage sur domaine public, en un lieu autre que celui prévu, mais analogue. Dès lors que la société Bouygues Telecom a implanté un pylône-relais de radiotéléphonie mobile, sur une dépendance du domaine public de la ville à un emplacement différent de celui pour lequel cette société avait reçu l'accord de la ville ; que, si cette implantation était irrégulière, ce que la ville a fait constater par un procès-verbal transmis au procureur de la République, les irrégularités ainsi commises par la société au regard des règles applicables en matière d'urbanisme et de domanialité publique n'ont cependant causé à la ville ni perte de recettes, ni dommage matériel, alors que la ville avait donné son autorisation pour une implantation analogue sur une autre dépendance du domaine public, comprise, comme celle sur laquelle a été installé le pylône litigieux, entre un terrain à usage sportif et la voirie ; par suite, l'action en justice envisagée au titre de l'art. L. 2132-5 CGCT ne présente pas pour la ville un intérêt suffisant. • CE 11 avr. 2005, *Synd. des copropriétaires Les Comtes-Nord*, n° 271007.

5° AUTRES CAS

183. Construction irrégulière autorisée par permis, démolition, irrecevabilité d'indemnisation. Une commune qui a illégalement autorisé une construction durable sur le domaine public ne saurait être indemnisée de sa perte. • Crim 4 nov. 2008, n° 08-82.591 : *AJDA 2009. 220*.

III. DOMAINE PUBLIC (RÉGIME)

A. INALIÉNABILITÉ

1° PRÉSENTATION GÉNÉRALE

184. Aliénabilité et déclassement. Le déclassement d'une dépendance du domaine public a pour conséquence de soustraire celle-ci au principe d'inaliénabilité ; ainsi, quand les stalles d'une église ont été vendues par une commune, alors que cet édifice avait été affecté aux fidèles et aux ministres du culte par la loi du 2 janv. 1907, cette affectation demeurait en dépit de la vente, car celle-ci n'avait pas été précédée du déclassement. • CE 17 févr. 1932, *Cne de Barran : DP 1933. 3. 49, note Capitant.* ♦ Il en va de même de la vente des statues et des boiseries. • TGI Rouen, 13 nov. 1961 : *Gaz. Pal. 1962. 1. 99.*

185. Biens acquis lors d'opérations de guerre. Sauf loi spécifique, les œuvres dont une personne publique est propriétaire, y compris si elle les a acquises dans le cadre ou à l'issue d'opérations de guerre ou dans des circonstances relevant de l'exercice de la souveraineté nationale à l'occasion desquelles elle se les est appropriées, appartiennent au domaine public et sont inaliénables. Dans le délai de recours pour excès de pouvoir les actes d'incorporation au domaine public peuvent être attaqués pour supporter une demande de restitution par une personne se prévalant d'en avoir été le propriétaire ou de venir aux droits de celui-ci. En revanche, en application d'ordonnances postérieures à la chute du gouvernement de Vichy, les œuvres répertoriées « Musées Nationaux récupération » ne sont toutefois pas considérées comme la propriété de l'État et n'appartiennent donc pas au domaine public : l'État doit les restituer aux propriétaires spoliés par les actes de la puissance occupante et à leurs ayants droit. • CE, ass., 30 juill. 2014, *Kodric et Heer*, n° 349789 : *préc. note 10.*

186. Compétence de la collectivité propriétaire. La collectivité propriétaire de la dépendance du domaine public est compétente pour l'affectation et la désaffectation de celle-ci ; par suite, elle peut prononcer la désaffectation dans le même acte que celui qui réalise l'aliénation. • CE 5 mai 1922, *Agier*, n° 73990 : *Lebon 390.*

187. Nullité de la délibération autorisant le maire à signer un compromis de vente sans déclassement préalable. La parcelle en cause « a été spécialement aménagée par la communauté urbaine en parc de stationnement affecté à l'usage du public et fait partie du domaine public de cette communauté ; elle ne pouvait donc être cédée par cette personne publique, en l'absence de toute décision de déclassement préalable, sans méconnaître le principe d'inaliénabilité du domaine public ». Par suite, la délibération du conseil municipal devait être annulée. • CE 11 oct. 1995, *M. Tete c/ Cne de Caluire-et-Cuire*, n°s 116544 et 116545 : *Lebon 781*.

188. Invocabilité erga omnes du principe d'inaliénabilité. Tout citoyen a le droit d'exciper du principe d'inaliénabilité du domaine public quand le litige a pour objet une dépendance de ce domaine, la défense de ce principe n'étant pas une prérogative de l'administration ou des collectivités propriétaires. • CE 13 oct. 1967, *Cazeaux*, n° 58332 : *Lebon 368 ; RD publ. 1968. 887, note Waline.* ♦ Tout citoyen peut invoquer cette règle quand elle est nécessaire à la défense de ses droits. • Civ. 1re, 3 mai 1988, *Cts Renault c/ EDF et a.*, n° 86-13.931 P.

189. Nullité de l'aliénation. Restitution. Quand l'aliénation est nulle pour défaut de déclassement préalable, l'acquéreur de bonne ou mauvaise foi doit restituer la dépendance acquise ; quand il s'agit de meubles (en l'espèce, miniatures détachées d'un manuscrit d'une bibliothèque municipale), il ne peut exciper utilement de la règle « en fait de meubles possession vaut titre » de l'art. 2279 C. civ. • Req. 17 juin 1896 : *D. 1897. 1. 257.* ♦ Dans le même sens en matière de porcelaines, objets précieux et meubles volés dans un musée municipal. • T. corr. Montluçon, 29 sept. 1965 : *D. 1965. 774, note Delpech.* ♦ L'acquéreur peut se retourner contre le vendeur (en principe la collectivité propriétaire) pour obtenir le remboursement des sommes versées. • TGI Rouen, 13 nov. 1961 : *Gaz. Pal. 1962. 1. 99.* ♦ Quand la nullité n'est pas soulevée par le propriétaire de la dépendance ni par l'acquéreur, mais par un tiers, la nullité reconnue par la décision juridictionnelle n'a d'effet que dans les rapports entre ce tiers et le propriétaire ou l'acquéreur, et non entre ces derniers ; il s'ensuit que l'aliénation resterait régulière. • Civ. 1re, 3 mai 1988, *Cts Renault c/ EDF et a. : préc. note 188.* ♦ Le bien litigieux qui a été cédé par l'État à la commune appartient au domaine public de l'État et ne pouvait être, de ce fait, aliéné ; à supposer que ce bien appartienne au domaine privé de l'État, il aurait dû être cédé selon la procédure d'adjudication, s'agissant d'un bien dont la valeur vénale excède le montant mentionné à l'art. R. 129-1 C. dom. Ét. relatif à la cession par voie amiable. • CE 24 janv. 2000, *M. et Mme Hornus*, n° 205336.

190. Légalité de l'aliénation ayant constitué des droits acquis (délaissés de voirie). V. annotations ss. art. L. 2241-1 *(Voirie du domaine public)*. • CE 3 août 2005, *Cne de Roquebillière*, n° 283351.

191. Nullité de principe de l'expropriation. Le principe d'inaliénabilité jouant aussi bien pour les aliénations volontaires que pour les aliénations forcées, il en résulte que les biens composant le domaine public ne peuvent être expropriés. • CE 2 juill. 1930, *Kersaho*, n° 235 : *préc. note 12*. ♦ Le principe d'inaliénabilité du domaine public fait obstacle à ce que des dépendances domaniales qui n'ont pas été déclassées soient acquises par le biais d'une procédure d'expropriation. • TA Besançon, 13 déc. 2007, *Assoc. du chemin de fer du Val-d'Amour*, n° 0700026 : *AJDA 2008. 529, concl. Tissot-Grossrieder*. ♦ Toutefois, l'expropriation peut intervenir si l'affectation des biens relève de la compétence de la personne signataire de la déclaration d'utilité publique. • CE 6 juill. 1973, *Michelin et Veyret*, n° 79752 : *préc. note 12*.

192. Expropriation et service public de l'eau. Un arrêté préfectoral ne peut emporter autorisation, au bénéfice d'un syndicat intercommunal, en vue d'acquérir par voie d'expropriation le terrain nécessaire à la constitution du périmètre de protection immédiate autour d'une source (art. 1321-2 CSP), dès lors que : – la parcelle objet de l'expropriation appartient à une commune ; – qu'elle est affectée au service public de l'eau géré par le syndicat intercommunal des eaux ; – qu'elle a fait l'objet d'aménagements spéciaux à cette fin ; qu'ainsi, son affectation au service public de l'eau ne saurait remettre en cause son caractère de dépendance du domaine public de la commune. • CE 19 déc. 2007, *Cne de Mercy-le-Bas c/ Synd. intercommunal des eaux de Piennes*, n° 288017.

193. Permis de construire illégal sur domaine public ; indemnisation du bénéficiaire (non). Quand les requérantes demandent réparation pour délivrance de permis illégal, il y a lieu de juger que : – les frais engagés par les sociétés requérantes avant la délivrance du permis de construire litigieux, en vue de son obtention, ne pouvaient trouver leur origine dans l'obtention de ce permis ; – les préjudices subis en raison des frais engagés postérieurement avaient pour cause directe la nullité des promesses de vente portant sur le domaine public communal et l'impossibilité de conclure les ventes, et que telle n'était pas la nature du lien qui pouvait exister avec le permis de construire. • CE 23 mai 2003, *SCIC Habitat Île-de-France, Sté nationale immobilière et a. c/ Cne de Bondy*, n° 224766 : *JCP Adm. 2003, n° 36, p. 1746, note Moreau.*

194. Délibération sur le principe de la vente et sur la promesse de vente ; déclassement ultérieur annulé, annulation sans effet sur la première délibération : droits acquis du demandeur. Vente du domaine et permis de construire. Décision du principe de la vente et du déclassement : titre habilitant à construire. Si le moyen tiré, par la voie de l'exception, de l'illégalité d'une délibération portant déclassement ou changement d'affectation du domaine public ne peut être invoqué à l'encontre d'un permis de construire un bâtiment sur une parcelle du domaine public, il appartient au juge de l'excès de pouvoir, saisi d'une demande d'annulation du permis, de tirer toutes les conséquences qui s'attachent à l'annulation, prononcée par un jugement devenu définitif, d'une telle délibération ; par suite, en jugeant que les requérants ne pouvaient se prévaloir utilement, à l'encontre du permis de construire, de l'illégalité de la délibération de déclassement alors que cette dernière avait été annulée par un jugement devenu définitif du tribunal administratif, le juge des référés de la cour administrative d'appel a commis une erreur de droit. L'annulation du déclassement est sans effet sur la délibération antérieure par laquelle la ville a approuvé le principe du déclassement en même temps qu'elle consentait une promesse de vente à la société ; celle-ci justifie, au sens de l'art. R. 421-1-1 C. urb., de titres l'habilitant à construire. • CE 23 avr. 2003, *Assoc. Vivre à Endoume – Défense et Envir. et Comité d'intérêts de quartier Vallon des Auffes Corniche c/ Ville de Marseille*, n° 249918.

195. Service public géré par une collectivité différente de la collectivité propriétaire. Le principe d'inaliénabilité des biens du domaine public, rappelé par l'art. L. 1311-1 CGCT, a pour objet de protéger l'affectation de ces biens à l'utilité publique et s'applique alors même que le bien en cause serait affecté à un service public géré par une collectivité publique différente de celle qui en est la propriétaire. • CE 19 déc. 2007, *Cne de Mercy-le-Bas c/ Synd. intercommunal des eaux de Piennes*, n° 288017.

2° CONSTITUTION DE DROITS RÉELS

196. BIBL. Sur la constitution de droits réels : Combe, Les droits réels sur le domaine public : ambiguïtés et limites, *Dr. adm. 2001, n° 12, p. 4*. – De Lajarte, Du recours à l'hypothèque par un occupant privatif du domaine public, *Rev. des huissiers de justice 2003, n° 3, p. 145*. – Fievet, *Quid* des droits réels sur le domaine public ?, *JA 2024, n° 695, p. 28*. – Gaudemet, Les droits réels sur le domaine public, *AJDA 2006. 1094*. – Gauthier, Hypothèque et domaine public, *Dr. et patr. 2001, n° 93, p. 52*. – Hourquebie, Les servitudes conventionnelles sur le domaine public, *RFDA 2007. 1165*.

197. Droits réels civils. Interdiction de constitution. L'inaliénabilité implique l'interdiction de constituer sur le domaine des droits réels civils par servitude légale. • CE 3 nov. 1933, *Porte : S. 1934. 3. 341.* – V. aussi • CE 10 déc. 1954, *Cne de Champigny,* n° 13496 : *Lebon 658.*

198. Servitude de passage. Une servitude de passage instituée en vertu d'un acte de droit privé au bénéfice d'une commune sur une propriété privée constitue un bien communal. • CE 16 déc. 2005, *Cne d'Arpajon,* n° 273861.

199. Servitudes constituées antérieurement à l'incorporation. Les servitudes constituées antérieurement à l'incorporation de la dépendance au domaine public ne peuvent continuer à s'exercer que si elles sont compatibles avec l'affectation. • CE 3 nov. 1933, *Min. des Travaux publics : S. 1934. 3. 4, note P. L.*

200. Condition de maintien d'une servitude conventionnelle sur le domaine public avant le CGPPP. Antérieurement à l'entrée en vigueur du CGPPP, il résultait des principes de la domanialité publique qu'une servitude conventionnelle de droit privé pouvait être maintenue sur une parcelle appartenant au domaine public à la double condition d'avoir été consentie antérieurement à l'incorporation de cette parcelle dans le domaine public et d'être compatible avec son affectation ; en se bornant à juger que l'incessibilité et l'imprescriptibilité qui s'attachent au domaine public faisaient obstacle à la constitution sur une telle parcelle d'une servitude de droit privé, sans rechercher si la servitude dont se prévalait M. A., antérieure à l'incorporation de cette parcelle dans le domaine public et dont l'existence n'est pas contestée, était compatible avec son affectation, la Cour a commis une erreur de droit. En l'espèce, servitude de vue sur un château à travers une place publique. • CE 14 déc. 2011, *M. Bernard A., c./ Cne de Marcillac-la-Croisille,* n° 337824 : *RDI 2012. 286, obs. Févrot.*

201. Compétence du juge. Il appartient au juge saisi de l'affaire de vérifier si l'exercice de la servitude ne porte pas atteinte à l'affectation du bien. • CE 11 mai 1959, *Dauphin,* n° 9229 : *Lebon 294 ; D. 1959. 314 ; AJDA 1959. 229, note Dufau* • CE 22 avr. 1960, *Berthier : AJDA 1960. 160 ; RD publ. 1960. 1123, concl. Henry.* ♦ Mais il appartient au juge judiciaire de se prononcer sur l'existence de la servitude. • Même arrêt. ♦ Le juge administratif se prononce aussi sur la légalité des actes détachables de l'opération d'aliénation du domaine public. • CE 22 avr. 1964, *Nattan,* n° 61386 : *Lebon 333.*

202. Usoirs de Lorraine. Domaine public. V. annotations ss. art. L. 2241-1 (Règles spéciales à la voirie urbaine). • T. confl. 22 sept. 2003, *M. Michel X. c/ Cne de Juville (Moselle),* n° C3369 : *BJCL 2004. 105, concl. Commaret.*

B. IMPRESCRIPTIBILITÉ

203. Objet de l'imprescriptibilité. Le droit de propriété lui-même sur le domaine public est imprescriptible. • Req. 17 juin 1896, *Ville de Lyon : S. 1896. 1. 108.* ♦ Ne peuvent être prescrits les démembrements du droit de propriété et actions en justice qui protègent ce domaine. • Civ. 1re, 1er mars 1968 : *Bull. civ. I, n° 89.* ♦ V. aussi • CE 22 déc. 1965, *Cne de Thyl,* n° 64841 : *Lebon 703.*

204. Droits du possesseur. L'imprescriptibilité implique que tout possesseur, même de bonne foi, ne peut opposer à l'action en revendication mobilière de l'administration le délai de trois ans de l'art. 2279 C. civ., ni la prescription acquisitive dudit code. • T. corr. Montluçon, 29 sept. 1965 : *D. 1965. 774, note Delpech.* ♦ Dans le même sens : • Civ. 1re, 2 avr. 1963 : *AJDA 1963. 486, note Dufau.*

205. Servitudes au profit de fonds voisins. L'imprescriptibilité empêche la constitution de servitudes au profit de fonds voisins et établies sur le domaine public. • CE 10 déc. 1954, *Cne de Champigny,* n° 13496 : *Lebon 658 ; AJDA 1955. 447.*

C. UTILISATION DU DOMAINE PUBLIC

206. **BIBL. Usages collectifs du domaine public** : Brouant, Occupations domaniales et Convention européenne des droits de l'homme, *AJDI 2002. 512.* – Chevrier, À propos de l'arrêt de la Cour de cassation, chambre commerciale du 19 novembre 2002, occupation du domaine public et concurrence : qui est compétent ?, *D. 2003. 272.* – David-Beauregard-Berthier (Odile de), Le statut du commerçant installé sur le domaine public, *AJDI 2005. 633.* – Eckert, À propos de l'arrêt de la CAA de Paris du 4 décembre 2003, Sté d'équipement de Tahiti et des Iles, les pouvoirs du gestionnaire du domaine public ne sont pas sans limite, *Rev. CMP 2004, n° 3, p. 26* ; À propos de l'arrêt de la Cour de cassation, com. 19 novembre 2002, Sté Lys de France, occupation du domaine public et compétence du Conseil de la concurrence, *Rev. CMP 2003, n° 1, comm. n° 11, p. 23.* – Erstein, À propos de l'arrêt du Conseil d'État du 21 mars 2003, syndicat intercommunal périphérie de Paris pour l'électricité et réseaux, autorisation tacite d'occupation du domaine public, *Coll. terr. 2003, n° 7, comm. n° 145, p. 26* ; À propos de l'arrêt du Conseil d'État du 13 décembre 2002, commune de Barcarès, redevance d'occupation du domaine public, *Coll. terr. 2003, n° 4, comm. n° 76, p. 16.* – Laget-Annamayer, Occupation du domaine public et intérêt général ; d'un pouvoir de gestion étendu des autorités domaniales à une liberté d'action encadrée, *AJDA 2003. 1201.* – Malaurie-Vignal, À propos de l'arrêt de la Cour de cassation chambre commerciale du 19 novembre 2002, compétence du Conseil de la concurrence à l'égard d'une convention d'occupation du domaine public, *CCC 2003, n° 2, comm. n° 24, p. 17* ; À propos de la décision du Conseil de la concurrence du 10 décembre 2002, l'appréciation d'une convention d'occupation du domaine public échappe à la compétence du Conseil de la concurrence, *CCC 2003, n° 6, comm. n° 90, p. 18*. – Rouquette, La passation des conventions domaniales, *Dr. adm. 2003, n° 3, p. 6*. – Yolka, Requiem pour la gratuité ?, *JCP Adm. 2007, Act. 170* .

207. **BIBL. Usages privatifs du domaine public** : Berthon, Le régime de passation des concessions domaniales à la croisée des chemins, *RFDA 2009. 483* . – Bréchon-Moulènes, L'autorisation conventionnelle d'occupation du domaine public, *Mél. Burdeau, p. 753*. – Calandri, Le contentieux des conventions d'occupation domaniale spontanément soumises à publicité et mise en concurrence, *RFDA 2013. 1129* .– Chamard-Heim et Yolka, La reconnaissance du fonds de commerce sur le domaine public, *AJDA 2014. 1641* . – Clamour, L'instauration législative du fonds de commerce sur le domaine public, *Rev. CMP 2014, n° 213*. – Degoffe, L'obligation de motiver les décisions relatives à l'occupation du domaine public, *BJCL 2006. 238*. – Delvolvé, Malinvaud, Tixier, Bail réel immobilier et bail réel immobilier administratif, *RFDA 2013. 755* . – Didierlaurent, La remise en ordre inachevée de l'occupation contractuelle du domaine public, *AJDA 2015. 15719*. – Eckert, À propos de l'arrêt de la Cour de cassation com. 19 nov. 2002, Sté Lys de France, occupation du domaine public et compétence du Conseil de la concurrence, *Rev. CMP 2003, n° 1, comm. n° 11, p. 23*. – Fatôme, Les enjeux du contentieux des autorisations d'occupation du domaine public, *AJCT 2012. 186* . – Llorens et Soler-Couteaux, Les occupations privatives du domaine : un espoir déçu, *RFDA 2006. 935* . – Masson, L'occupation contractuelle du domaine public : essai de clarification et de remise en ordre, *RD publ. 2009. 19*. – Vautrot-Schwartz Charles, La publicité et la mise en concurrence dans la délivrance des titres d'occupation domaniale, *AJDA 2009. 568* .

208. **BIBL.** Fatôme et Terneyre, À propos des règles de passation des contrats publics à objet à la fois immobilier et de travaux, *AJDA 2009. 1868* .

1° GÉNÉRALITÉS

209. Mauvaise gestion du maire. Un maire qui a accompli de graves négligences durant plusieurs années, dans l'exercice de ses fonctions de maire, notamment dans l'établissement des documents budgétaires et la gestion de biens communaux, peut être révoqué dans les conditions de l'art. L. 2122-16 CGCT. • CE 2 mars 2010, *M. Gérard A. c/ État*, n° 328843.

210. Absence de procédure contradictoire en matière de gestion. « Il ne résulte d'aucun principe que l'autorité gestionnaire du domaine public doive, lorsqu'elle prend une mesure dans l'intérêt de ce domaine, laquelle ne revêt pas le caractère d'une sanction, respecter une procédure contradictoire. » • CE 16 juin 1995, *Achache, SCI Le Lafayette c/ Cne de Cannes*, n° 145085 : *Lebon 782* .

211. Gestion patrimoniale. Le domaine public est un bien « dont l'administration doit assurer, dans l'intérêt collectif, la meilleure exploitation », concl. Chenot ss. • CE 5 mai 1944, *Cie maritime de l'Afrique orientale*, n° 66679 : *Lebon 129* ; *RD publ. 1948. 244*.

212. Compatibilité de la domanialité publique avec des droits d'entrée modiques pour tout public et des redevances pour activités commerciales. La circonstance que les gestionnaires de ce domaine aient le souci d'assurer l'exploitation de ce site en prenant en compte les intérêts financiers du syndicat propriétaire et que les usagers de ce site doivent acquitter un droit d'entrée, au demeurant modique, pour y accéder ne fait pas obstacle au caractère de la domanialité publique du site ; les bénéficiaires de conventions d'occupation domaniale, qui versent, en contrepartie de cette occupation et des avantages qu'ils en retirent, des redevances au syndicat, concourent, par leurs activités commerciales conformes à la destination de la base de loisirs, à l'exécution du service public. • CE 16 mars 2010, *Cne de Gurson*, n° 328961 : *préc. note 33*.

213. Inapplicabilité des baux commerciaux. Les dispositions du décret du 30 sept. 1953 s'appliquent aux baux d'immeubles ou de locaux principaux ou accessoires, nécessaires à la poursuite de l'activité des entreprises publiques et établissements publics à caractère industriel ou commercial, dans les limites définies par les lois et règlements qui les régissent et à condition que ces baux ne comportent aucune emprise sur le domaine public. • Civ. 3e, 20 déc. 2000, *Sté Quimper Plaisance c/ SCI Odyssey*, n° 99-10.896. ♦ Le statut des baux commerciaux ne s'applique pas aux conventions ayant pour objet des biens dépendant du domaine public. • Même arrêt. ♦ Des biens loués avec un bail commercial ne cessent pas d'appartenir au domaine public. • CE 13 déc. 2006, *SARL Le dôme du Marais*, n° 286252 : *AJDA 2007. 1092* ; *BJCL 2007. 85*. ♦ Le titulaire d'une autorisation d'occupation du domaine public n'a pu constituer un fonds de commerce sur ce domaine et ne peut par suite se prévaloir utilement de l'art. 1er du premier protocole additionnel à la Convention européenne. • CAA Marseille, 12 juin 2006, *SARL La Joliette* : *JCP Adm. 2007, comm. 2141, note Yolka*. ♦ V. aussi • CE 24 nov. 2014, *Sté. des remontées mécaniques Les Houches Saint-Gervais*, n° 352402 : *Lebon* ; *AJCT 2015. 93, obs. Rouault* ; *D. 2015. 1615, obs. Dumont-Lefrand* ; *AJDI 2015. 361, obs. Otero* ; *AJCA 2014. 392, obs. Dreyfus* ; *Rev. CMP 2015, n° 12, note Devillers*.

214. Régime légal de constitution de fonds de commerce. Si l'art. L. 2124-32-1 CGPPP issu de la L. du 18 juin 2014 relative à l'artisanat, au commerce et aux très petites entreprises permet désormais la constitution de fonds de commerce sur le domaine public à condition qu'existe une clientèle propre, cette possibilité n'est pas rétroactive. • CE 24 nov. 2014, *Sté des remontées mécaniques Les Houches-Saint-Gervais*, n° 352402 : *préc. note 213.*

215. Domanialité publique : indépendance vis-à-vis du code de l'urbanisme. Les décisions relatives au domaine public ne sont pas régies par le code de l'urbanisme. Par suite, le moyen tiré de la violation des dispositions de l'art. L. 110 de ce code concernant l'harmonisation des actions des collectivités publiques en matière d'utilisation de l'espace est en tout état de cause inopérant à l'encontre d'une décision prise pour assurer la protection du domaine public. • CE 29 mars 2000, *M. Isas*, n° 199545.

216. Mutations domaniales au profit de l'État, principes généraux qui régissent le domaine public. Les dispositions du 3ᵉ al. de l'art. L. 11-8 C. expr. dans sa rédaction issue de l'art. 145 de la loi du 27 février 2002 permettent au préfet, dans l'hypothèse d'une déclaration d'utilité publique, de prononcer, avec l'arrêté de cessibilité, le transfert de gestion des dépendances du domaine public de la personne publique concernée autre que l'État au profit du bénéficiaire de l'acte déclaratif d'utilité publique ; elles n'ont ni pour objet ni pour effet de priver le Premier ministre ou les ministres intéressés du pouvoir qu'ils tiennent des principes généraux qui régissent le domaine public, de décider pour un motif d'intérêt général de procéder à un changement d'affectation d'une dépendance du domaine public d'une collectivité territoriale. • CE 23 juin 2004, *Cne de Proville*, n° 253419 : *BJCL 2005. 103, obs. Ferrari ; AJDI 2005. 228, obs. Hostiou.*

217. DUP sans incidence sur la mutation domaniale prononcée par décision ministérielle conjointe ou du Premier ministre. La déclaration d'utilité publique n'entraîne pas, par elle-même, transfert de propriété au profit de l'État ; si des terrains relevant du domaine public d'une collectivité territoriale se trouvent inclus dans l'emprise de l'opération projetée, à défaut d'accord de la collectivité qui en est propriétaire, leur changement d'affectation peut être prononcé, avant l'exécution des travaux, sans déclassement préalable et sans transfert de propriété par décision conjointe des ministres intéressés ou par décision du Premier ministre. • CE 23 juin 2004, *Cne de Proville*, n° 253419 : *préc. note 216.*

218. Visa inopérant d'un décret. Le fait qu'un décret portant transfert d'affectation au profit de l'État d'une parcelle de terrain vise les art. L. 35 et L. 58 C. dom. Ét., qui ne sont pas applicables au transfert de gestion de biens appartenant au domaine public d'une collectivité territoriale, est sans incidence sur la légalité de ce décret. • CE 23 juin 2004, *Cne de Proville*, n° 253419 : *préc. note 216.*

219. Redevance d'occupation. Le montant de la redevance d'occupation du domaine public doit être justifié. • CAA Bordeaux, 17 janv. 2008, *Min. de l'Économie c/ Sté Saur France*, n° 05BX0153 : *AJDA 2008. 830.*

220. Règle d'équivalence des redevances pour service rendu, valeur économique de la prestation reçue par le bénéficiaire. Le respect de la règle d'équivalence entre le tarif d'une redevance pour services rendus et la valeur de la prestation ou du service peut être assuré non seulement en retenant le prix de revient de ce dernier, mais aussi en fonction des caractéristiques du service, en tenant compte de la valeur économique de la prestation pour son bénéficiaire. • CE 7 oct. 2009, *Sté d'équipement de Tahiti et des îles (SETIL)*, n° 309499 : *AJDA 2009. 2480, note Dreyfus.*

221. Distinction entre une redevance domaniale et les recettes commerciales. Quand, dans le cadre d'une procédure d'appel d'offres sur performances en vue de la fourniture de mobiliers urbains d'information municipale et d'abris-voyageurs pour les usagers de transport en commun, la variante proposée par la société attributaire du marché comporte le reversement de 5 % du chiffre d'affaires, une telle clause financière représente le reversement d'une partie des recettes commerciales de la société titulaire du marché et non le produit d'une redevance domaniale. • CE 23 déc. 2011, *Sté J. C. Decaux c/ Cne de Rennes et cté d'agglomération de Rennes Métropole*, n° 342394.

222. Compétence du conseil municipal pour fixer les redevances d'occupation du domaine public. Il résulte des art. L. 2121-29 et L. 2241-1 CGCT qu'il appartient au conseil municipal, en tant qu'autorité chargée de la gestion du domaine public communal, d'octroyer les permissions d'occupation et de fixer les conditions d'occupation auxquelles il entend subordonner leur délivrance et, à ce titre, de déterminer le tarif des redevances en tenant compte des avantages de toute nature procurés à ses occupants ; dès lors, en se bornant à juger que le conseil municipal était incompétent pour constater l'existence, la quotité et l'exigibilité de chaque créance et en exiger le recouvrement, pour en déduire que les états exécutoires contestés avaient été régulièrement émis par l'ordonnateur principal de la commune, la CAA n'a pas répondu au moyen tiré de ce qu'aucune délibération du conseil municipal n'était intervenue pour fixer le montant de la redevance afférente à l'utilisation privative du logement occupé par une personne et a insuffisamment motivé son arrêt. • CE 21 nov. 2012, *Cne d'Ivry-sur-Seine*, n° 351454.

223. Clause de durée des conventions d'occupation du domaine public : clause non substantielle, principe d'inaliénabilité. Si les autorisations d'occupation du domaine public doivent en principe être délivrées pour une durée déterminée, ainsi que le rappelle l'art. L. 2122-2 CGPPP, la seule circonstance qu'une convention ne conférant pas de droits réels à l'occupant du domaine public ne contenait aucune précision relative à sa durée n'est pas de nature à entacher celle-ci de nullité ; en effet, dans le silence sur ce point de la convention, le principe d'inaliénabilité du domaine public, qui s'applique sauf texte législatif contraire, implique que l'autorité gestionnaire du domaine peut mettre fin à tout moment, sous réserve de justifier cette décision par un motif d'intérêt général, à l'autorisation d'occupation qu'elle a consentie ; par suite, la clause qui, dans une telle convention fixe la durée, ne peut revêtir un caractère substantiel. • CE 5 févr. 2009, *Assoc. sté centrale d'agriculture, d'horticulture et d'acclimatation de Nice et des Alpes-Maritimes (SCA)*, n° 305021 : *RLCT 2009, repères 1373, obs. Glaser ; RDI 2009. 250, note Fevrot ; AJDA 2009. 704, Dreyfus ; JCP Adm. 2009. 2103, note Guigue ; ibid. 2009. 187, note Rouault ; RFDA 2009. 386, chron. Terneyre.*

224. Litige entre occupant et sous-occupant du domaine. Compétence juridictionnelle. La question de savoir quel est l'ordre de juridiction compétent pour connaître d'un litige entre un occupant du domaine public et un sous-occupant de ce domaine avec lequel il est contractuellement lié soulève une difficulté sérieuse de nature à justifier un renvoi au Tribunal des conflits. • CE 11 juill. 2011, *Mme Christine A c/ Ville de Paris*, n° 339409 : *AJDA 2011. 1949, chron. Domino ; RDI 2011. 508, note Foulquier*.

225. Référé précontractuel. Le référé précontractuel est inapplicable aux procédures de mise en concurrence des conventions domaniales. • CE 19 janv. 2011, *CCI de Pointe-à-Pitre*, n° 341669 : *AJDA 2011. 1330, note Caille*.

2° DOMAINE PUBLIC AFFECTÉ À L'USAGE DU PUBLIC

226. Droit constitutionnel. L'utilisation normale du domaine public par les usagers est un principe à valeur constitutionnelle. • Cons. const. 12 juill. 1979 : *AJDA 1979. 46, chron. (de) Laubadère.*

a. Utilisations communes

227. Élections sur la voie publique, utilisation anormale. La voirie étant affectée à la circulation, l'organisation d'élections sur la voie publique ne répond pas à son affectation normale. • CE 3 mai 1974, *Mutuelle nationale des étudiants de France*, n° 83702 : *Lebon 259 ; AJDA 1975. 188.*

228. Police de la circulation et du stationnement. V. notes ss. art. L. 2213-1 s.

229. Égalité entre utilisateurs qui ont la même utilisation du domaine. Si l'utilisation du domaine public doit être égale pour tous, l'égalité n'existe qu'entre utilisateurs qui font le même usage du domaine. • CE 24 juin 1966, *Union nationale des transports publics du Var*, n°s 57012 à 57020 et 57031 : *Lebon 413*. ♦ Sauf textes particuliers, il est donc interdit d'introduire des discriminations. • Crim. 25 oct. 1961 : *D. 1962. 258.*

230. Appel d'offres, égalité de traitement, accès à une voie d'escalade avec possibilité d'emprunter le domaine public ; candidat retenu parce qu'il emprunte ce domaine : insuffisance de motivation du jugement. Le juge des référés n'a pas suffisamment motivé sa décision et n'a pas mis le juge de cassation à même d'exercer son contrôle dès lors qu'il retient qu'une commission d'appel d'offres a porté atteinte à l'égalité de traitement des candidats, en choisissant l'offre légèrement moins-disante, notamment en raison de l'abandon du parcours destiné aux enfants et dont l'unique itinéraire proposé a été préféré parce qu'il n'empruntait que le domaine public ; alors que le programme fonctionnel détaillé prévoyait notamment l'aménagement au minimum de deux parcours et que parmi les contraintes d'implantation des itinéraires d'accès ne figurait pas l'obligation impérative d'emprunter le domaine public communal ; et que le juge des référés ne précise pas en quoi le choix de la commission a méconnu les critères de sélection des offres fixés par le règlement de la consultation. • CE 4 avr. 2005, *Cne de Castellar*, n° 265784.

231. Responsabilité. Dommages subis par des occupants du domaine en raison de travaux conformes à la destination de la parcelle. Absence d'indemnisation. Les travaux réalisés par des occupants du domaine public pour réaménager une place pour les besoins de la circulation et pour protéger les riverains contre les crues et inondations, et qui ont été effectués dans des conditions normales l'ont été dans l'intérêt de la dépendance occupée et ont constitué une opération d'aménagement conforme à sa destination ; dès lors, ils n'ouvraient pas droit à réparation des dommages subis par ces sociétés en cette qualité. • CE 16 juin 2008, *SARL Le Gourmandin*, n° 297476.

b. Utilisations privatives accordées par acte unilatéral

232. Nécessité d'un titre. L'utilisation ou l'occupation privative du domaine public doit être autorisée par un titre exprès. Peu importe que l'occupation ait été tolérée et qu'elle ait donné lieu au versement de redevances domaniales en l'absence de titre unilatéral ou conventionnel écrit. • CE, sect., 19 juin 2015, *SIPB SAS*, n° 369558 : *Lebon ; AJDA 2015. 1413, chron. Lessi et Dutheillet de Lamothe ; JCP Adm. 2015. Actu. 571, obs. Langelier ; ibid. n° 2243, note Hansen ; Contrats et Marchés publ. 2015. Repère 7, note Llorens et Soler-Couteaux.*

233. Différence entre permis de stationnement et permission de voirie. Quand l'administration accorde unilatéralement un droit privatif d'occupation du domaine public affecté à l'usage du public, et si ce droit ne comporte pas d'incorporation au sol, il s'agit d'un permis de stationnement, dans le cas inverse d'une permission de voirie. • CE 20 déc. 1957, *Sté nat. d'Éditions cinématographiques : S. 1958. 73, concl. Guldner.*

1. Permis de stationnement

234. Domaine terrestre : droit d'édifier des constructions légères. Le permis de stationnement peut entraîner le droit d'édifier des constructions légères qui pour le domaine terrestre doivent être sans fondations. • CE 29 avr. 1966, *Sté affichage Giraudy*, n° 63848 : *Lebon 294 ; JCP 1965. II. 14746, note Klein.*

235. Autres domaines. Pour les autres dépendances domaniales, les constructions susceptibles d'être autorisées ne doivent pas entraîner de travaux importants (en l'affaire pieux d'amarrage de bateaux enfoncés dans le rivage de la mer). • CE 27 janv. 1928, *Montmasson*, n° 82993 : *Lebon 124*.

2. Permission de voirie

2.1. Généralités

236. Nature de la permission de voirie. La permission de voirie est un acte de gestion domaniale. • CE 3 mai 1963, *Min. des travaux publics : RD publ. 1963. 1176, note Waline ; AJDA 1963. 343, note Gentot et Fournier ; CJEG 1964. I. 186, note Virole.* ♦ En conséquence le maire est compétent pour l'accorder sur la voirie communale, et « l'octroi de la permission de voirie [...] ne constitue qu'une conséquence normale de l'exercice par la ville de Limoges de son droit de propriété reconnu par la juridiction judiciaire ». • CE 10 nov. 1972, *Dames Dubois et Goursau*, n°s 82263 et 82278 : *Lebon 1088 ; RD publ. 1973. 1364.*

237. Distinction de la permission de voirie et du permis de stationnement. L'occupation d'une dépendance du domaine public fait l'objet, lorsqu'elle donne lieu à emprise, d'une permission de voirie délivrée par l'autorité responsable de la gestion du domaine et, dans les autres cas, d'un permis de stationnement. • CE 9 avr. 2014, *Éts public du domaine national de Chambord*, n° 366483 : *Lebon ; AJCT 2014. 515, obs. Juilles ; AJDA 2014. 1840, note Foulquier ; JCP Adm. 2014, n° 2214, note Pauliat.* ♦ Sauf dispositions contraires, la délivrance d'un permis de stationnement incombe au gestionnaire du domaine. En revanche, en sa qualité d'autorité compétente en matière de police de la circulation sur les voies de communication situées à l'intérieur des agglomérations, le maire est seul compétent pour délivrer des permis de stationnement sur ces voies et sur les autres lieux publics visés à l'art. L. 2213-6 CGCT. • Même arrêt.

238. Objet. Constitue l'objet d'une permission de voirie le fait de creuser des fondations, des tranchées ou des fosses. • CE 20 nov. 1937, *Chambre syndicale de l'industrie du pétrole : DH 1938. 103.* ♦ Est également l'objet d'une telle permission le fait de construire un kiosque sur une dalle de béton. • CE 15 juill. 1964, *Longuefosse*, n° 61100 : *Lebon 423.*

2.2. Délivrances conditionnelles non financières

239. Conditions tirées de l'intérêt du domaine, mais aussi d'autres intérêts généraux. Pour accorder une permission de voirie, l'autorité compétente apprécie « non seulement si les intérêts proprement dits du domaine dont elle a la garde sont ou non conciliables avec l'admission de la demande dont elle est saisie, mais encore si cette admission ne serait pas de nature à compromettre la sauvegarde d'autres intérêts de caractère général ». • CE 5 nov. 1937, *Sté industrielle des schistes et dérivés*, n° 47725 : *Lebon 897.*

240. L'administration peut valablement imposer des conditions qui permettent d'assurer la conservation du domaine. • CE 3 mai 1963, *Min. des travaux publics : RD publ. 1963. 1176, note Waline ; AJDA 1963. 343, note Gentot et Fournier.* ♦ ... Des conditions qui ont pour but la défense et la protection d'un service public existant. • CE 25 juin 1931, *Chambre syndicale des propriétaires loueurs d'autocars*, n° 92531 : *Lebon 707.* ♦ ... Des conditions liées à des mesures de réorganisation du service public. • CE 30 oct. 1942, *Cie générale des eaux : D. 1943. 1. 63, note M. M.* ♦ Dans le même sens pour des mesures basées sur l'esthétique : • CE 14 mars 1941, *Cie nouvelle des chalets de commodité*, n° 61649 : *Lebon 44.* – V. aussi • CE 2 mai 1969, *Sté affichage Giraudy*, n° 71658 : *Lebon 112 ; AJDA 1970. 110, note (de) Laubadère.* ♦ Dans le même sens pour des mesures basées sur un intérêt de moralité : • CE 15 mai 1936, *Belot : D 1937. 3. 1, note Waline.* ♦ Dans le même sens, les frais de déplacement ou de modification des installations réalisées en vertu de cette autorisation, lorsque ce déplacement est la conséquence de travaux entrepris dans l'intérêt du domaine public occupé et que ces travaux constituent une opération d'aménagement conforme à la destination du domaine. • CE 23 avr. 2001, *Synd. intercommunal pour l'assainissement de la vallée de la Bièvre*, n° 187007.

241. Intérêts des utilisateurs de l'entreprise. L'administration peut, à l'occasion de l'octroi d'une autorisation d'occupation, tenir compte des intérêts des utilisateurs de l'entreprise qui en bénéficie. • CE 8 févr. 1961, *Chambre syndicale des cochers chauffeurs de voitures de place*, n°s 47084 et 47085 : *Lebon 956 ; RD publ. 1961. 689.*

2.3. Délivrances conditionnelles financières

242. Devoir de meilleure utilisation du domaine. Les autorisations peuvent être assorties de conditions visant à satisfaire l'intérêt financier de la personne publique, puisque « le domaine public constitue une richesse dont les collectivités peuvent et doivent assurer la meilleure utilisation », V. Concl. Guldner ss. • CE 20 déc. 1957 : *S. 1958. 73.*

243. Redevances pour vitrines ou distributeurs sur domaine public. Lorsque des commerces ou des banques utilisent le domaine public pour faire stationner le public devant leurs vitrines ou distributeurs, et que par suite la valeur locative de leurs locaux en est diminuée, l'autorité municipale peut soumettre ces activités à une redevance basée sur l'occupation du domaine et sur l'avantage que celle-ci procure à ces commerces ou banques. • TA Nîmes, 3 mars 2011, *Mme Lagrange, Sté Le Palais des pains, Sté ABC La Brioche chaude et a.*, n° 1002678 : *AJDA 2011. 1022, concl. Héry.*

244. Redevance. Elle consiste en une somme d'argent et ne peut être transformée en une prestation en nature. • CE 8 mars 1929, *Bonneton : S. 1929. 3. 41, note Bonnard.*

245. Taxe fiscale. Quand une redevance est imposée au permissionnaire, elle doit être considérée comme une taxe fiscale et ne peut donc résulter que d'un tarif préétabli. • Civ. 13 janv. 1947 : *JCP 1947. 3. 3914, note J. L.* • 27 févr. 1947 : *ibid.* ♦ V. aussi • CE 22 mars 1929, *Sté de construction : D. 1930. 3. 5, note P. L. J.*

246. Montant. Son montant peut varier en fonction de l'importance de l'emplacement occupé. • CE 18 mai 1928, *Laurens : D. 1928. 3. 65.* ♦ ... De la nature de l'activité exercée par le permissionnaire. • CE 22 mars 1929, *Sté de construction : préc. note 245.* ♦ Il varie de même en fonction des bénéfices retirés de l'occupation du domaine public. • CE 12 déc. 1923, *Peysson*, n°s 71547 et 72424 : *Lebon 826.* ♦ Tous les permissionnaires doivent être traités dans les mêmes conditions. • CE 18 mai 1928, *Laurens : D. 1928. 3. 65.*

247. Modification. Puisqu'elle résulte d'un acte unilatéral, la redevance peut être modifiée par l'administration. • CE 29 nov. 1878, *Dehaynin : Lebon 960.*

248. Contentieux. Le contentieux de la perception de la redevance relève des tribunaux judiciaires, la redevance étant assimilée aux contributions indirectes. • T. confl. 20 janv. 1945, *Sieur Robin : Lebon 273.*

2.4. Droits et obligations du permissionnaire

249. Indemnité. Si le permissionnaire peut obtenir le versement d'une indemnité quand il subit un dommage causé par des travaux publics, cette garantie ne joue que si les travaux n'ont pas été réalisés dans l'intérêt de la voie. • CE 1er déc. 1920, *Chabrand : S. 1930. 3. 1, note Alibert.* ♦ L'indemnité peut être aussi versée quand il subit un dommage du fait de la délivrance d'une nouvelle autorisation que l'administration aurait accordée en méconnaissance de ses droits antérieurs. • CE 5 janv. 1953, *Sté des éts Bresson*, n° 7115 : *Lebon 266 ; S. 1954. 3. 23, note Plantey.*

250. Action possessoire. Le permissionnaire peut exercer l'action possessoire à l'encontre des tiers. • Cass. 15 janv. 1905 : *S. 1907. 1. 461.* ♦ Il peut agir en responsabilité civile devant le juge judiciaire. • Toulouse, 26 nov. 1908 : *S. 1911. 2. 209, note Mestre.* – V. aussi • Rouen, 15 janv. 1953 : *S. 1963. 211, note Hardy.*

251. Appel en garantie. Il peut encore appeler l'administration en garantie quand il est attaqué par un autre permissionnaire qui fonde son action sur un titre irrégulier. • CE 12 déc. 1943, *Moreau : Lebon 228.* ♦ Il en va de même si l'action exercée est fondée sur un titre sujet à contestation. • CE 27 juin 1956, *EDF : Lebon 528.*

252. Ayant droit du permissionnaire. Un acquéreur, serait-il un professionnel, ne peut légitimement soupçonner l'existence d'un litige entre son vendeur et la ville relativement aux conditions d'occupation par celui-ci d'une terrasse qu'il a installée sur le domaine public en vertu d'un arrêté de concession du maire. • Civ. 3e, 19 janv. 2000, *M. Franck Tehahe c/ Haut commissaire de la République française*, n° 97-20.598.

253. Travaux accomplis dans le cadre de la permission de voirie : absence de travaux publics (en principe). En principe, les travaux qu'autorise à accomplir une permission de voirie ne sont pas des travaux publics. • CE 11 mai 1962, *Dame Ymain*, n° 34997 : *Lebon 316 ; D. 1962. 556, concl. Combarnous ; AJDA 1962. 424, note Galabert et Gentot.* – V. aussi • T. confl. 10 juin 1963, *Cauvin : Lebon 785 ; D. 1963. 736, note Blavoet ; JCP 1964. II. 13540, note Dufau.* ♦ Par exception, il peut s'agir de travaux publics lorsque le permissionnaire est obligé de faire le travail dans l'intérêt de l'administration. • CE 19 nov. 1958, *Zagouatti*, n° 19026 : *Lebon 570.*

254. Secteur sauvegardé : nécessité d'une autorisation spéciale. Dans un secteur sauvegardé : « tout travail ayant pour effet de modifier l'état des immeubles est soumis [...] à autorisation spéciale ». En l'affaire, la suppression d'une marche et l'installation de balustres en fer forgé d'une hauteur de 1 m étaient de nature à modifier l'état des lieux, et donc devaient relever de l'autorisation spéciale de l'architecte des Bâtiments de France. • CE 10 déc. 1993, *M. Dragon,* n° 124900 : *Lebon 357* ; *JCP 1994. IV. 535, obs. Rouault.*

2.5. Fin de la permission de voirie

255. Clause extinctive. La permission de voirie (ou le permis de stationnement) prend fin par une clause extinctive expressément prévue par l'acte accordant ces autorisations. • CE 20 juill. 1930, *Despujols,* n° 77 : *Lebon 828.*

256. Non-utilisation dans le délai d'un an. La permission sur la voie urbaine non utilisée dans le délai d'un an à compter de la date de son attribution est périmée. • Cass. 16 nov. 1893 : *D. 1895. 1. 537.*

257. Décès du permissionnaire. Celle qui est accordée *intuitu personae* cesse d'avoir des effets quand le permissionnaire décède. • CE 11 févr. 1887, *Brunel : Lebon 149, concl. Marguerie.* ♦ V. aussi • CE 8 janv. 1954, *Martin,* n° 21203 : *Lebon 754.*

258. Changement d'affectation. Le changement d'affectation du bien qui ne permet plus à la permission de s'exercer conformément à la nouvelle affectation met fin à celle-là. • CE 19 mars 1937 : *S. 1937. 3. 1.*

2.6. Retrait de la permission de voirie

259. Autorité compétente. Le retrait de la permission de voirie ne peut être prononcé que par l'autorité qui avait compétence pour la délivrer. • CE 15 juill. 1964, *Longuefosse,* n° 61100 : *Lebon 423.*

260. Droits de la défense. Quand le retrait constitue une sanction, le permissionnaire doit pouvoir présenter sa défense. • CE 5 mai 1944, *Dame Trompier-Gravier,* n° 69751 : *Lebon 133* ; *RD publ. 1944. 256, concl. Chenot, note Jèze.*

261. Indemnisation. Le permissionnaire n'a droit à aucune indemnité quand le retrait est régulier, sauf textes particuliers, mais l'indemnité est due en cas de retrait irrégulier. • CE 6 mai 1932, *Demoiselle Taillandier : Lebon 467 ; S. 1932. 3. 68, note Laroque ; D. 1934. 3. 18, note Duclos.* ♦ Une indemnité peut être due quand le retrait (ou l'impossibilité de profiter de la permission précédemment accordée) résulte de travaux publics exécutés sur le domaine occupé dans un intérêt autre que celui de ce dernier. • CE 29 mars 1968, *Ville de Bordeaux,* n° 68946 : *Lebon 217* ; *AJDA 1968. 348, concl. Théry.*

262. Motifs du retrait. Le retrait peut être prononcé dans **l'intérêt de la voirie.** • CE 14 janv. 1910, *Meurdrac : Lebon 26.* ♦ ... Pour **inexécution par le permissionnaire** des conditions posées par l'acte d'autorisation. • CE 12 juill. 1929, *du Hays : D. 1930. 3. 21, note Waline.* – V. aussi • CE 21 juin 1939, *Thorrand,* n° 62809 : *Lebon 421.* ♦ ... Pour assurer la **conservation du domaine** faisant l'objet de l'occupation. • CE 4 avr. 1919, *Despres : Lebon 348.* ♦ ... Pour assurer le redressement d'une situation contraire au droit ou à **l'autorité de la chose jugée.** • CE 27 déc. 1901, *Pécard : S. 1902. 3. 33, note Hauriou.* – V. aussi • CE 6 juin 1902, *Goret : S. 1903. 3. 65, note Hauriou.* ♦ ... Pour assurer la protection ou la réorganisation des **services publics.** • CE 9 nov. 1932, *Laraque : D. 1934. 3. 18, note Duclos.* – V. aussi • CE 7 févr. 1973, *Sté Antar : RD publ. 1973. 295.* ♦ Le retrait peut être fondé sur des considérations de police de la **moralité.** • CE 16 mai 1936, *Belot : D. 1937. 3. 1, note Waline.* ♦ Il peut avoir pour objet des considérations liées à **l'esthétique.** • CE 13 juill. 1951, *SA la nouvelle jetée-promenade de Nice,* n° 88840 : *Lebon 404.*

2.7. Responsabilité

263. Irresponsabilité de la puissance publique quant au permissionnaire non renouvelé. « La précarité des autorisations d'occupation du domaine public fait obstacle à ce que la responsabilité de la puissance publique puisse se trouver engagée, sur le fondement du principe de l'égalité des citoyens devant les charges publiques, à l'égard d'un particulier dont la permission de voirie une fois venue à échéance n'est pas renouvelée. » • CE 29 juin 1973, *Hutinet,* n° 85642 : *Lebon 977* .

c. Utilisations privatives fondées sur un contrat

264. Compétence des juridictions administratives. Les contrats portant occupation du domaine public relèvent de la compétence des juridictions administratives ; l'existence d'un tel contrat suppose notamment qu'il porte occupation en vue d'une utilisation privative d'une dépendance du domaine public affecté à l'usage du public. • CE 20 avr. 1956, *Ville de Nice,* n° 96369 : *Lebon 162 ; RD publ. 1956. 582, concl. Long.* – V. aussi • Civ. 1re, 29 mai 1973, n° 72-12.255 P. ♦ Les contrats portant occupation du domaine public sont des contrats administratifs, même si les conventions en cause ne comporteraient pas des clauses exorbitantes du droit commun. • CE 16 mars 2010, *Cne de Gurson,* n° 328961 : *préc. note 33.*

265. Parties à la convention. La convention doit avoir été conclue par l'État, par un département, une commune, un établissement public ou leurs concessionnaires de service public à l'exclusion de toute autre convention. • T. confl. 10 juill. 1956, *Sté des Steeple-chases de France : Lebon 587 ; RD publ. 1957. 522, note Waline.* ♦ L'art. 1er du décret du 17 juin 1938 attribue à la juridiction administrative la connaissance de tous « les litiges relatifs aux contrats comportant occupation du domaine public, quelle que soit leur forme ou leur dénomination », que ces contrats aient été passés par l'État, les départements, les communes ou par leurs établissements publics ou leurs concessionnaires de services publics ; ces dispositions sont applicables aux syndicats mixtes ou leurs concessionnaires de service public. • CE 29 déc. 2000, *M. Atlan*, n° 196810.

266. Redevance. Une redevance peut être imposée au cocontractant quand l'occupation entraîne une emprise sur la parcelle domaniale, ou des charges et sujétions. • CE 3 avr. 1940, *Cie du Gaz de Paris*, n° 62453 : *Lebon 117.* ♦ Dans le même sens, • CE 21 juin 1944, *Cie d'électricité de l'Ouest parisien*, n° 60754 : *Lebon 176.* ♦ Le montant de la redevance est fixé en tenant compte de la valeur de la parcelle occupée et aussi des bénéfices que le titulaire du droit d'occupation peut réaliser. • CE 3 févr. 1933, *Synd. du Tréport : DH 1933. 167.*

267. Fin de la convention. La convention peut prendre fin à tout moment pour des motifs d'intérêt général. • CE 8 nov. 1972, *SNCF*, n° 80547 : *Lebon 711.* ♦ Elle prend fin quand le but d'assurer une meilleure gestion économique et financière du domaine nécessite qu'elle s'achève. • CE 29 janv. 1964, *Caillon et SA Montparnasse-actualités*, n°s 57938 et 58102 : *AJDA 1964. 377, note Laporte* • CE 18 mars 1963, *Cellier : AJDA 1963. 484, note Dufau.*

268. Terme. Elle prend fin par l'arrivée du terme, le cocontractant de l'administration peut alors se voir refuser le renouvellement pour des motifs de police. • CE 6 nov. 1964, *Ville d'Ivry-sur-Seine*, n° 59100 : *AJDA 1965. 168, note Moreau.*

269. Indemnité pour retrait avant terme. Le cocontractant a droit à indemnité lorsque l'administration retire le contrat avant son terme normal. • CE 27 nov. 1946, *Sté des Chaux et Ciments d'Algérie*, n° 72784 : *Lebon 281.*

270. Absence d'indemnisation pour résiliation-sanction. Ce droit est écarté quand la convention est résiliée à titre de sanction pour non-exécution des obligations qui en découlent. • CE 27 nov. 1974, *Sté intercontinentale, commerciale et industrielle*, n° 91137 : *Lebon 594.*

271. Absence d'indemnisation pour désaffectation. Il n'y a pas d'indemnité quand la dépendance sur laquelle le contrat porte occupation fait l'objet d'une désaffectation globale de la dépendance. • CE 4 janv. 1954, *Leroy*, n° 989 : *Lebon 2 ; D. 1954. 647.*

3° DOMAINE PUBLIC AFFECTÉ À L'USAGE PRIVATIF D'UN PUBLIC

272. **BIBL.** Alhama, L'indemnisation en cas de fin anticipée des autorisations domaniales, *AJDA 2010. 1515.* – Delvaux, Le montant d'une redevance pour occupation privative du domaine public doit être annulé s'il est entaché d'inexactitude matérielle, *JCP Adm. 2003, n° 1483* ; À propos de l'arrêt du Conseil d'État du 21 mars 2003, syndicat intercomm. de la périphérie de Paris pour l'électricité et les réseaux, nature et régime de la redevance d'occupation privative du domaine public, *JCP Adm. 2003, n° 1484.* – Delvolvé, L'utilisation privative des biens publics, essai de synthèse, *RFDA 2009. 229* à *241.*

a. Légalité

273. Compatibilité d'une utilisation privative avec la domanialité publique. La circonstance que les terrains litigieux font l'objet d'utilisation privative au profit de particuliers ne saurait avoir pour conséquence de les soustraire au régime de la domanialité publique, dès lors qu'il est dans leur nature même de ne concourir que sous cette forme au fonctionnement de l'ensemble du port et que lesdits terrains ont fait l'objet d'installations destinées à les rendre propres à cet usage. • CE 19 oct. 1956, *Sté Le Béton*, n° 20180 : *Lebon 375 ; D. 1956. 681, concl. Long.*

274. Location à bas prix d'un local vétuste et inutilisé pour exercice d'une profession : absence de subvention déguisée, absence d'atteinte au libre exercice de la médecine. « En accordant [...] l'autorisation d'occuper, moyennant une redevance annuelle de 2 000 F, un local vétuste et inutilisé [...] la commune [...] n'a, dans les circonstances de l'espèce, méconnu aucune des règles applicables à la gestion et à la conservation du domaine public, ni consenti une subvention déguisée. » Il n'y a pas non plus une atteinte au libre exercice de la médecine (location à une infirmière). • CE 19 mai 1993, *Cne de Craponne-sur-Arzon c/ Mme Champel et M. Sahuc*, n° 72993 : *Lebon 662.*

275. Principe de la liberté du commerce et de l'industrie. Un arrêté municipal qui prévoit la délivrance d'autorisations d'occupation privative du domaine public communal ne porte pas, par lui-même, atteinte au principe de la liberté du commerce et de l'industrie. • CE 11 févr. 1998, *Ville de Paris c/ Assoc. pour la défense des droits des artistes peintres sur la place du Tertre*, n° 171792 : *AJDA 1998. 523, concl. Bachelier.* ♦ L'autorité de la gestion du domaine public peut autoriser une personne privée à occuper une dépendance de ce domaine ou à l'utiliser en vue d'y exercer une activité économique, à condition que l'occupation ou l'utilisation soit compatible avec son affectation et sa conservation ; la décision de refuser une telle autorisation, que l'administration n'est jamais tenue d'accorder, n'est pas susceptible, par elle-même, de porter atteinte à la liberté du commerce, dont le respect implique, d'une part, que les personnes publiques n'apportent pas aux activités de production, de distribution ou de services exercées par des tiers des restrictions qui ne seraient pas justifiées par l'intérêt général et proportionnées à l'objectif poursuivi et, d'autre part, qu'elles ne puissent prendre elles-mêmes en charge une activité économique sans justifier d'un intérêt public. • CE 29 oct. 2012, *Cne de Tours c/ EURL Photo Josse*, n° 341173 : *AJDA 2013. 111, note Foulquier.*

276. Principe d'égal accès de tous au domaine public et occupation privative. La circonstance qu'une société s'est vu reconnaître le droit d'occuper à titre exclusif, moyennant le paiement de redevances, des dépendances du domaine public du port autonome et la délivrance d'un titre d'occupation privative du domaine public ne portent pas atteinte au principe d'égal accès de tous au domaine public. • CE 8 juin 2011, *Port autonome de Marseille*, n° 318010.

277. Convention d'occupation à durée indéterminée. L'occupation du domaine public étant toujours précaire et révocable, une convention organisant cette occupation n'a pas nécessairement à comporter une clause de durée sous peine de nullité. Elle peut donc parfaitement être conclue à durée indéterminée. • CE 5 févr. 2009, *Assoc. sté centrale d'agriculture, d'horticulture et d'acclimatation de Nice et des Alpes maritimes*, n° 305021 : *BJCP 2009. 224 ; JCP Adm. 2009, n° 2103, note Guigne.*

278. Existence de la convention d'occupation, condition de superficie. À défaut d'accord des parties quant à la superficie de l'emplacement concédé et donc quant à l'objet même du contrat, aucune convention d'occupation du domaine public ne peut naître. La responsabilité contractuelle d'une commune, pour n'avoir pas permis à une société de jouir paisiblement du domaine public loué, ne peut pas être engagée. • CAA Marseille, 2 juill. 2009, *Sté Dyneff c/ Cne d'Alès*, n° 07MA01732 : *AJDA 2009. 2224, concl. Dieu.*

279. Distinction entre contrat d'occupation domaniale et concession d'outillage public. Est un contrat d'occupation du domaine public, et non une concession d'outillage public, le contrat par lequel un port autonome autorise une société à occuper des dépendances de son domaine public pour lui permettre d'y exercer une activité de réparation navale. En l'espèce, le contrat prévoyait une mise à disposition pour une durée de 20 ans des formes de radoub, un poste à quai ainsi que leur terre-plein avoisinant afin de permettre à une société d'y exercer une activité de réparation navale. La convention réservait au port l'utilisation des cotations avec son personnel dans les conditions prévues par le règlement d'exploitation des engins de radoub, des outillages du port nécessaires pour les manœuvres de mise à sec des bateaux venant séjourner dans les formes en vue de leur réparation et pour les manœuvres de mise en eau. • CE 8 juin 2011, *Port autonome de Marseille*, n° 318010.

b. Autorité compétente

280. Autorité chargée de la gestion du domaine. Il appartient à l'autorité chargée de la gestion du domaine public de fixer, tant dans l'intérêt dudit domaine et de son affectation que dans l'intérêt général, les conditions auxquelles elle entend subordonner les permissions d'occupation. • CE 6 nov. 1998, *Assoc. amicale des bouquinistes des quais de Paris*, n° 171317.

281. Compétence exclusive du maire pour se prononcer sur une demande individuelle de mise à disposition d'une salle municipale, même en l'absence de réglementation de l'usage des salles fixée par le conseil municipal. Il appartient au maire, saisi d'une demande individuelle de mise à disposition d'une salle municipale, de se prononcer sur cette demande au regard soit des nécessités de l'administration de la commune, soit de celles du maintien de l'ordre public, sans qu'il soit tenu, même en l'absence de réglementation de l'usage des salles fixée par le conseil municipal, de demander au préalable l'accord de ce dernier. • CE 21 juin 1996, *« Assoc. St-Rome Demain »*, n° 134243.

282. Compétence du maire pour l'autorisation d'occupation temporaire, délivrance et retrait. S'il appartient au conseil municipal de délibérer sur les conditions générales d'administration du domaine communal, le maire est seul compétent pour délivrer et pour retirer les autorisations d'occuper temporairement ce domaine. • CE 26 mai 2004, *Cne de Cap-d'Ail c/ Sté Paloma*, n° 242086.

c. Sélection des attributaires

283. Régularité du procès-verbal d'attribution de postes de vente sur le domaine public. Quand une commune lance un appel d'offres pour l'attribution avec occupation du domaine public d'emplacements de vente de glaces, confiseries et pâtisseries par des marchands ambulants sur la plage et aux abords de celle-ci, aucune disposition législative ne l'oblige à faire figurer, sur le procès-verbal d'attribution de ces postes de vente, la date à laquelle les offres ont été reçues, ni de préciser sur ce procès-verbal les modalités suivies pour l'ouverture des enveloppes contenant les offres des candidats. • CE 13 mars 1998, *SARL Le Marin c/ Cne de St-Vincent-de-Tyrosse*, n° 165032.

284. Validité d'une candidature à appel d'offres, conformément au règlement de la consultation. Il résulte des dispositions des art. 52 et 62 C. marchés [V. **C. marchés**], applicables à la procédure de passation du marché relatif à la conception, à l'organisation et à l'animation d'une foire d'art contemporain, que la commission d'appel d'offres est tenue de refuser d'admettre les candidatures qui ne sont pas accompagnées des pièces exigées par le règlement de la consultation dans le respect des art. 45 et 46 de ce code ; par suite, la commission de la commune peut rejeter une candidature sur le seul motif que le dossier présenté ne comporte pas certaines des pièces exigées par le règlement. • CE 29 juill. 2002, *Ville de Nice c/ SARL Loisirs et Innovations,* n° 243686 : *BJCP, n° 25, 2002, p. 476, concl. Piveteau ; AJDA 2002. 926, note Dreyfus*.

285. Conditions fiscales mises au cahier des charges (taxe professionnelle). Quand le cahier des charges relatif à l'attribution d'emplacements de vente sur le domaine public stipule notamment que les attributaires devront être à jour avec les différentes administrations collectrices d'impôts, doit être écartée l'offre d'une société au motif qu'à la date à laquelle la commission a statué la société n'était pas à jour du paiement de la taxe professionnelle dont elle était redevable pour les années antérieures ; il importe peu que le receveur percepteur détenait à un autre titre une caution d'un montant supérieur à celui de sa dette fiscale et lui a par la suite accordé des délais de paiement. • CE 13 mars 1998, *SARL Le Marin*, n° 165032 : *préc. note 283*.

286. Audition. Aucune disposition législative ou réglementaire n'impose à l'administration, avant de se prononcer sur une demande d'autorisation d'occupation du domaine public, d'entendre le demandeur ; par suite, la décision de refus implicite opposé par le maire de Paris à la demande d'autorisation d'exercer la profession d'artiste-peintre sur une place municipale n'a pas à être précédée d'une telle audition. • CE 5 juill. 1999, *M. Guinochet*, n° 156947.

d. Refus

287. Motifs de refus. Les autorisations d'utilisation privative du domaine public affecté à l'usage privatif du public peuvent être refusées par l'administration pour des motifs de police. • CE 27 janv. 1954, *Synd. des marchands du carreau du Temple*, n°s 10127 et 13734 : *Lebon 55*. ♦ ... Des motifs issus de la volonté d'assurer une meilleure gestion du domaine public. • CE 18 nov. 1966, *Froment et Clément*, n° 59809 : *Lebon 607 ; AJDA 1967. 45, note de Laubadère ; RD publ. 1967. 453, note Waline 987, concl. Galabert ; JCP 1967. II. 15063, note Mourgeon*. ♦ ... Des motifs tirés de l'intérêt général (exclusion de la location d'une salle des fêtes des associations à caractère politique ou religieux, légalité du refus car la conservation de l'ordre public requiert en l'affaire que l'utilisation des locaux soit mise à l'abri des querelles politiques ou religieuses). • CE 7 mars 1990, *Cne de la Roque-d'Antheron c/ Groupe d'action municipale*, n° 76765. ♦ ... Des motifs visant à assurer la conformité de l'occupation avec les règles régissant les activités commerciales et la sécurité sociale, comme l'inscription au registre du commerce et des sociétés et l'affiliation à la sécurité sociale. • CE 6 nov. 1998, *Assoc. amicale des bouquinistes des quais de Paris*, n° 171317 : *préc. note 280*. ♦ ... Des motifs d'ordre esthétique, comme la taille des boîtes utilisées par les bouquinistes. • Même arrêt. ♦ Le fait qu'un arrêté du maire réglementant l'exercice de la profession d'artiste sur une place communale tienne compte d'impératifs d'ordre et de sécurité publique n'a pas pour effet de lui retirer son caractère de règlement relatif à l'occupation du domaine public. • CE 5 juill. 1999, *M. Guinochet*, n° 156947 : *préc. note 286*.

288. Action répressive et urgence à suspendre le refus. L'existence d'une action répressive n'établit pas qu'il y aurait urgence à suspendre les effets du refus implicite d'autorisation d'installation d'une terrasse sur la voie publique. • CE 5 avr. 2012, *Sté SGR c/ Ville de Paris*, n° 351429.

289. Règlement de gestion de foire. Refus d'occupation pour métier installé ne correspondant pas à celui de la demande initiale. Légalité. Il appartient à l'autorité chargée de la gestion du domaine public de fixer, tant dans l'intérêt de ce domaine et de son affectation que dans l'intérêt général, les conditions auxquelles elle entend subordonner les permissions d'occupation ; en l'espèce, le maire a par arrêté adopté le règlement de gestion de la foire attractive, dont un article prévoit que le bénéficiaire de l'autorisation d'occuper un emplacement s'engage à présenter le métier pour lequel l'autorisation a été obtenue et à signaler tout changement ayant pu intervenir entre la date de la demande et le montage de la foire et que le maire peut refuser un métier installé qui ne correspond pas à celui présenté dans la demande initiale. Une telle disposition n'est pas manifestement illégale ; de plus, en refusant pour ce motif l'autorisation sollicitée d'exploiter l'attraction litigieuse, destinée à optimiser l'utilisation de l'emplacement loué par les requérants, le maire n'a pas porté une atteinte grave et manifestement illégale à une liberté fondamentale. • CE 27 avr. 2012, *M. A et Mme B c/ Cne de Nancy*, n° 358794.

e. Retrait et non-renouvellement

290. Motifs du retrait. Le retrait des autorisations privatives ne peut intervenir que pour des motifs de police, de meilleure gestion du domaine, de non-respect de ses obligations par l'occupant, ou de désaffectation globale de la dépendance domaniale sur laquelle l'autorisation a été accordée. • CE 4 janv. 1954, *Leroy*, n° 989 : *Lebon 2 ; D. 1954. 647*.

291. Obligations de service public tenant aux horaires et jours d'ouverture. L'intention d'une collectivité publique de soumettre le futur exploitant d'un établissement à des obligations de service public tenant notamment aux horaires et jours d'ouverture constitue un motif d'intérêt général suffisant pour décider la résiliation d'une convention d'occupation du domaine public. • CE 19 janv. 2011, *Cne de Limoges*, n° 323924 : *AJDA 2011. 616, note Dreyfus*.

292. Résiliation pour motifs financiers. Le gestionnaire du domaine public ne peut pas légalement résilier une convention d'occupation au seul motif d'un intérêt financier. La poursuite d'un tel objectif ne constitue pas un motif d'intérêt général. • CAA Paris, 2 avr. 2009, *Sté Veolia Eau*, n° 07PA01778 : *AJDA 2009. 2292, note Hansen*.

293. Retrait, procédure non contradictoire. Le retrait d'une autorisation d'occupation temporaire du domaine public n'a pas à être précédé d'une procédure contradictoire. • CE 26 mai 2004, *Cne de Cap d'Ail c/ Sté Paloma*, n° 242086 : *préc. note 282.*

294. Non-renouvellement d'une concession pour motif personnel. La décision par laquelle un maire décide de ne pas renouveler la concession d'occupation du domaine public communal consentie pour y exploiter un débit de boissons non alcoolisées, ayant été prise non dans l'intérêt dudit domaine, mais pour un motif d'intérêt général tiré de ce que le concessionnaire avait fait l'objet d'une condamnation pénale à la suite d'un contrôle ayant établi qu'il avait employé, dans son établissement, plusieurs étrangers en situation irrégulière, et étant ainsi fondée sur la personne du concessionnaire, doit être précédée de la mise en œuvre d'une procédure contradictoire ; à défaut, cette décision est entachée d'illégalité. • CE 12 déc. 1997, *Ville de Cannes c/ M. Milhau*, n° 160141.

295. Résiliation unilatérale, indemnisation. Si l'autorité domaniale peut mettre fin avant son terme à un contrat portant autorisation d'occupation du domaine public pour un motif d'intérêt général et en l'absence de toute faute de son cocontractant, ce dernier est toutefois en droit d'obtenir réparation du préjudice résultant de cette résiliation unilatérale dès lors qu'aucune stipulation contractuelle n'y fait obstacle. • CE 31 juill. 2009, *Sté Jonathan Loisirs*, n° 316534 : *RDI 2010. 158, obs. Caille*.

296. Occupation temporaire sur une très longue période, non-renouvellement, absence d'indemnisation, CEDH. Le requérant ne pouvait ignorer le principe de non-indemnisation, qui était clairement précisé dans toutes les autorisations d'occupation temporaire du domaine qui lui ont été consenties depuis 1962 ; dès lors l'absence d'indemnisation ne saurait passer pour une mesure disproportionnée à la réglementation de l'usage des biens du requérant opérée dans un but d'intérêt général comme celui de la préservation du littoral et des plages. • CEDH 29 mars 2010, *M. Depalle c/ France*, n° 34044/02 : *AJDA 2010. 647 ; ibid. 1313, note Canedo-Paris*. – Yolka, *JCP Adm. 2010. Comm. 2140*. – Canedo-Paris, *AJDA 2010. 1311*. – Foulquier, *RDI 2010. 389* • 29 mars 2010, *Mme Brossetriboulet et a. c/ France*, n° 34078/02 : *AJDA 2010. 647 ; ibid. 1313, note Canedo-Paris*. ♦ V. aussi, Sermet, Tolérance centenaire sur le domaine public maritime ne fait pas droit de propriété, *AJDA 2010. 977*. ♦ Dans une autre espèce, la Cour s'est fondée sur les conséquences indemnitaires pour censurer l'absence de « juste équilibre » entre intérêts publics et privés : l'ingérence de l'État doit être proportionnée au but poursuivi. • CEDH 23 sept. 2014, *Valle Pierimpiè Agricola S.p.a. c/ Italie*, n° 46154/11 : *AJDA 2014. 2273, tribune Hostiou ; ibid. 2015. 150, chron. Burgorgue-Larsen*.

297. Résiliation pour défaut d'autorisation d'apport du droit au bail. L'apport à une société du droit au bail non autorisé par la personne publique propriétaire fonde la résiliation du contrat d'occupation du domaine public. • CAA Marseille, 6 nov. 2008, *Dumas : BJCL 2008. 799, concl. Conformes Dieu, obs. Poujade.*

298. Personnalisation des autorisations d'occupation domaniale, portée en cas de dissolution de société. En l'absence de texte contraire ou de prescription prévue par le titre, une autorisation d'occupation du domaine public est par nature personnelle et ne peut être transmise à un tiers ; dans ce cas, lorsqu'un tel titre est délivré à une société, il prend fin au plus tard à la dissolution de cette dernière, sans que puissent y faire obstacle les dispositions de l'art. 1844-5 C. civ. • CE 10 janv. 2011, *Ville de Paris c/ SARL Au Pichet du Tertre*, n° 323831.

299. Non-renouvellement partiel. Interprétation d'une demande en référé-suspension ne visant pas un article du CJA. Si la demande de suspension d'un arrêté municipal restreignant les conditions d'occupation des pourtours d'une fontaine publique présentée en référé devant le tribunal administratif ne visait explicitement aucun des textes du livre V du CJA, il ressortait de ses termes qu'elle tendait à faire obstacle à l'exécution de l'arrêté dont la suspension était explicitement demandée et qui faisait l'objet d'une demande d'annulation au fond ; par suite, en rejetant cette demande comme manifestement irrecevable au motif qu'elle ne précisait pas explicitement le fondement légal sur lequel elle entendait que le juge des référés se prononce au lieu de l'interpréter comme une demande de suspension sur le fondement de l'art. L. 521-1 CJA, le juge des référés du TA a commis une erreur de droit. • CE 10 déc. 2012, *Cne de l'Isle Jourdain c/ sté Lesqueroun*, n° 358177.

300. Référé. Urgence. Rentabilité. Dans le cadre du référé-suspension, la condition d'urgence est remplie à l'égard d'une société de restauration qui fait valoir que faute de réaliser des contre-terrasses sur le domaine public communal, elle serait privée d'une part substantielle de sa clientèle et de son chiffre d'affaires, et que son activité ne serait plus rentable. • CE 4 nov. 2013, *Ville de Paris*, n° 368636.

f. Droits et obligations du concessionnaire

301. Gratuité. Le « principe de gratuité [...] est inapplicable aux autorisations d'occupation privative du domaine public ». • CE 11 févr. 1998, *Ville de Paris*, n° 171792 : *préc. note 275.*

302. Redevance d'occupation. Évaluation. La redevance imposée à un occupant du domaine public doit être calculée non seulement en fonction de la valeur locative d'une propriété privée comparable à la dépendance du domaine public pour laquelle la permission est délivrée mais aussi, comme l'a d'ailleurs rappelé l'art. R. 56 C. dom. Ét., en fonction de l'avantage spécifique procuré par cette jouissance privative du domaine public. • CE 21 mars 2003, *Synd. Intercommunal de la Périphérie de Paris pour l'Électricité et les Réseaux (SIPPEREC)*, n° 189191 : *préc. note 121.*

303. Redevance calculée d'après l'avantage retiré. Le cocontractant de l'administration qui, pour l'exécution des prestations objet du marché public dont il est titulaire, est autorisé à occuper le domaine public retire de cette occupation un avantage justifiant qu'il paye une redevance dont le montant est fixé au regard de cet avantage. • CAA Marseille, 10 janv. 2011, n° 08MA05219 : *AJDA 2011. 680, concl. Deliancourt.*

304. Redevances, assiette, avantages de toute nature ; jugement sur le montant excessif par analogie avec le secteur privé (non). Les communes sont fondées à recouvrer au titre des occupations privatives de leur domaine public des redevances calculées en tenant compte des avantages de toute nature procurés au concessionnaire ou permissionnaire de voirie ; pour juger du caractère excessif de la redevance, le juge administratif n'est pas tenu de comparer le montant de ces avantages avec celui d'une propriété privée comparable à la dépendance en cause du domaine public. • CE 11 oct. 2004, *Cne de Lens*, n° 254236.

305. Frais de déplacement ou de modification des installations aménagées. Le bénéficiaire d'une autorisation temporaire d'occupation du domaine public doit supporter sans indemnité les frais de déplacement ou de modification des installations aménagées en vertu de cette autorisation, lorsque ce déplacement est la conséquence de travaux entrepris dans l'intérêt du domaine public occupé, et que ces travaux constituent une opération d'aménagement conforme à la destination de ce domaine. Tel est le cas des travaux de construction d'une ligne de tramway en site propre sur la voirie communale qui ont pour objet d'améliorer la circulation sur le domaine public routier. • CE 23 févr. 2000, *Sté de distribution de chaleur de Saint-Denis*, n° 179013 : *CJEG, avr. 2000, p. 148, concl. Seban, et p. 150, note Savignat.*

306. Contentieux des sous-concessions domaniales, compétence juridictionnelle. Le contentieux des sous-concessions domaniales, alors même qu'il concernerait des personnes privées, appartient au juge administratif. • Civ. 1re, 5 mars 2008, *Sté navale du Cap-d'Ail : RDI 2008. 220, obs. Foulquier.*

307. Compétences pour la redevance reconnues au concessionnaire à l'égard du permissionnaire. Conditions. Il résulte des dispositions des anciens art. L. 28 et L. 29 du code du domaine de l'État (abrogés au 1er juill. 2006), d'une part, que toute occupation privative du domaine public est subordonnée à la délivrance d'une autorisation et au paiement d'une redevance et, d'autre part, qu'il appartient à l'autorité chargée de la gestion de ce domaine, en l'absence de dispositions contraires, de fixer les conditions de délivrance des permissions d'occupation et, à ce titre, de déterminer le tarif des redevances en tenant compte des avantages de toute nature que le permissionnaire peut retirer de l'occupation du domaine. En l'absence de toute stipulation réservant au concédant la détermination du montant des redevances, ces règles trouvent à s'appliquer, même en l'absence de décision autorisant le concessionnaire à fixer ce montant, au concessionnaire délivrant les autorisations d'occupation du domaine public dont l'exploitation lui est concédée. Par suite, la légalité des redevances instituées par le concessionnaire n'est, dans une telle hypothèse, pas subordonnée à la justification par celui-ci d'une décision l'autorisant à percevoir de telles redevances. • CE 7 mai 2012, *Synd. intercommunal du canal des Alpines septentrionales*, n° 343697.

g. Responsabilité

308. Responsabilité d'une collectivité publique en raison de la signature d'un bail commercial sur le domaine public. • CAA Bordeaux, 4 févr. 2010, *SA Pyrénées automobiles : JCP Adm. 2010. comm. 2121, note Yolka.* ♦ Une convention conclue dans le but, à son expiration, de signer un bail commercial sur une dépendance du domaine public est frappée de nullité au motif de l'illicéité de sa cause. • TA Lyon, 30 juin 2011, *Épx C.*, n° 0901705 : *AJDA 2011. 2290, concl. Séville.*

4° DOMAINE PUBLIC AFFECTÉ AU SERVICE PUBLIC

309. BIBL. Fatôme, Le régime juridique des biens affectés au service public : à propos de la décision du Conseil constitutionnel du 14 avril 2005, *AJDA 2006. 178.*

a. Champ d'application

310. Concession d'endigage (non), réalisation d'un plan d'eau, transfert de gestion sans transfert de propriété. « Les travaux en cause ont été déclarés d'utilité publique par arrêté préfectoral, et toutes les consultations prévues par le décret du 29 juin 1979, relatif aux concessions d'endigage et d'utilisation des dépendances du domaine public maritime maintenues dans ce domaine en dehors des ports, ont été effectuées ; dans ces conditions, le préfet [...] a pu légalement autoriser les travaux en cause et transférer à la commune [...] après achèvement des travaux, la gestion des dépendances du domaine public maritime incluses dans le nouveau plan d'eau envisagé, qui n'implique pas de transfert de propriété, sans pour autant lui accorder une concession d'endigage qui n'était pas nécessaire. » • CE 22 mai 1996, *Min. de la mer c/ Assoc. Bernerie-Environnement*, n° 116111 : *JCP 1996. IV. 2195, obs. Rouault.*

311. Concession de service public (oui). Quand il résulte du contrat liant une commune à une société que la ville possède un droit de regard sur l'exécution de la convention, la société étant chargée par la ville de Paris, et sous son contrôle, de gérer une dépendance du domaine public dans le cadre d'une mission d'intérêt général d'animation culturelle et d'accueil d'activités artistiques et artisanales et pouvant user à cette fin des prérogatives nécessaires à la gestion du domaine public, qu'en outre la rémunération de la société était assurée par les redevances payées par les locataires usagers du service, un tel contrat est une concession de service public. • CE 6 sept. 2002, *M. Chayette*, n° 226665 : *JCP Adm. 2003, n° 1411, note Lichère.* ♦ Une société chargée, par la ville de Paris et sous son contrôle, de gérer une dépendance du domaine public dans le cadre d'une mission d'intérêt général d'animation culturelle et d'accueil d'activités artistiques et artisanales, et pouvant user à cette fin des prérogatives nécessaires à la gestion du domaine public, est un concessionnaire de service public. • CE 11 déc. 2000, *Mme Agofroy*, n° 202971 : *AJDA 2001. 193, note Raunet et Rousset.* ♦ V. annotations ss. art. L. 1411-1 s.

312. Concession, délégation de service public (non). Une convention de concession domaniale ne constitue pas nécessairement une délégation de service public. En l'espèce, la convention par laquelle la ville de Paris a confié l'exploitation d'un café restaurant situé dans le bois de Boulogne ne revêt pas le caractère d'une délégation de service public, même si l'activité du café-restaurant contribue à l'accueil des touristes dans la capitale et concourt ainsi au rayonnement et au développement de son attrait touristique. En conséquence, la procédure prévue à l'art. L. 22 C. trib. adm. [recodifié ss. CJA, art. L. 551-1] n'est pas applicable à la procédure suivie en vue de la sélection d'un exploitant pour le café-restaurant en cause. • CE 12 mars 1999, *Ville de Paris*, n° 186085 : *AJDA 1999. 439, note Raunet et obs. Rousset.* ♦ V. annotations ss. art. L. 1411-1 s.

313. Délégation de service public (oui). La convention ayant notamment pour objet l'exploitation d'une fosse d'élévateurs de bateaux située sur le domaine public maritime a ainsi le caractère d'une concession d'outillage public ; par suite, si elle porte autorisation d'occupation du domaine public et présente le caractère d'une concession domaniale, la convention charge également le concessionnaire d'une mission de service public et organise une délégation de service public au sens des dispositions susvisées de la loi du 29 janv. 1993. • CE 20 déc. 2000, *Chambre de Commerce et d'Industrie du Var*, n° 217639 : *Dr. adm. juill. 2001, p. 16, note Bordereaux.* ♦ Le sous-traité d'exploitation, s'il porte autorisation d'occupation du domaine public par le sous-traitant et présente ainsi le caractère d'une concession domaniale, tend également à organiser l'exploitation de la plage, dans l'intérêt du développement de la station balnéaire ; le concessionnaire chargé de l'équipement, de l'entretien et de l'exploitation de la plage, doit également veiller à la salubrité de la baignade et au respect des mesures destinées à assurer la sécurité des usagers dans les conditions prévues par le sous-traité, sous le contrôle de la commune et sans préjudice des pouvoirs qui appartiennent à l'autorité de police municipale ; par suite, le sous-traité litigieux organisait une délégation de service public au sens des dispositions susvisées de la loi du 29 janv. 1993 et la commune d'Antibes devait dès lors respecter la procédure prévue par les dispositions de cette loi pour conclure cette convention. • CE 21 juin 2000, *SARL Plage « Chez Joseph » et Féd. Nationale des Plages Restaurants*, nos 212100 et 212101 : *RFDA 2000. 797, concl. Bergeal ; BJCP, n° 12, 2000, p. 355 ; CJEG, oct. 2000, p. 374 ; JCP 2000. 1274, p. 2126, obs. Braconnier ; Dr. adm., déc. 2000, p. 15, note Braconnier ; D. 2001. 733, note Bordereaux.*

314. Convention domaniale et concession de service public. Le contrat entre l'association Paris Jean-Bouin et la ville de Paris est une convention d'occupation du domaine public, et non une concession de service public. Sa passation n'avait pas à être précédée d'une mise en concurrence. • CE 3 déc. 2010, *Ville de Paris et assoc. Jean-Bouin*, n° 338272 : *AJDA 2010. 2343 ; ibid. 2011. 21, note Glaser ; RFDA 2011. 189.*

315. Transfert à une commune par l'État. L'État peut légalement remettre à une commune une dépendance du domaine public maritime naturel nécessaire à la construction d'un viaduc afin d'assurer la desserte d'un port de plaisance même si celui-ci est concédé à une société privée. • CE 20 févr. 1981, *Assoc. pour la protection du site du vieux Pornichet*, n° 06152 : *Lebon 93 ; AJDA 1981. 259, concl. Genevois ; ibid. 1981. 247, chron. Feffer et Pinault.*

b. Droits, obligations et responsabilité de la collectivité propriétaire

316. Pouvoirs de contrôle, de maîtrise, d'utilisation à titre accessoire. La collectivité propriétaire n'a qu'un pouvoir de contrôle. • CE 20 juin 1913, *Abbé Arnaud : S. 1920. 3. 38.* ♦ Mais elle retrouve la maîtrise de l'utilisation quand celle-ci n'est pas en conformité avec l'affectation ; elle peut aussi utiliser le bien à titre accessoire si l'intérêt public l'exige et si les droits normaux d'usage de l'affectataire ne sont pas compromis. • CE 3 févr. 1928, *Ville de Bourg-Argental,* n° 96312 : *Lebon 165*. – V. aussi • CE 1er juin 1939, *Ville d'Uzès : D. 1939. 43. 41, concl. Lagrange.*

c. Droits et obligations du concessionnaire

317. Droits. Droit exclusif de jouissance. Le service public affectataire est maître de l'utilisation du bien, au moins dans la mesure où cette utilisation consiste à régler et à réaliser l'affectation elle-même. • T. confl. 2 avr. 1881, *Beaupertuis : Lebon 336, concl. Gomel.* ♦ Le concessionnaire possède sur la dépendance un droit exclusif de jouissance. • CE 25 mai 1906, *Min. du commerce : S. 1908. 3. 65, note Hauriou.*

318. Actions judiciaires. Il peut exercer l'action possessoire. • Civ. 5 nov. 1867 : *D. 1868. 1. 117.* ♦ ... L'action pétitoire. • Req. 9 déc. 1865 : *S. 1897. 1. 405.*

319. Maîtrise des travaux. Le concessionnaire est juge des travaux qui doivent être effectués pour assurer le bon fonctionnement du service et il peut les réaliser. • CE 23 oct. 1963, *SNCF : AJDA 1964. 321, note Laporte ; RD publ. 1963. 1191, concl. Braibant.*

320. Indemnité. Le concessionnaire a droit à une indemnité quand la jouissance du bien est troublée, soit par un changement d'affectation, soit par un déclassement de la dépendance, soit parce que l'autorité concédante exécute des travaux publics qui nécessitent la transformation des ouvrages installés sur le domaine. • CE 17 juin 1938, *Cie des chemins de fer de Camargue*, nos 43728, 53658 et 55157 : *Lebon 541* ; *D. 1940. 3. 5, concl. Lagrange.* ♦ Il n'a pas droit à une indemnité lorsque les travaux sont effectués dans le seul intérêt de la voirie. • CE 13 mars 1903, *Chemins de fer d'Orléans : Lebon 243.*

321. Obligations du concessionnaire. Travaux d'entretien. Le concessionnaire est tenu de réaliser les travaux d'entretien sur le domaine concédé. • CE 21 juin 1929, *Chemins de fer de Provence*, n° 93624 : *Lebon 618.* ♦ Cette obligation est sanctionnée notamment par l'engagement de la responsabilité de l'affectataire au cas où un dommage en aurait découlé. • Cass. 8 mai 1867 : *S. 1867. 1. 417.*

322. Cas particulier du pont de Tolbiac : frais de réalisation de travaux dans le silence d'une convention centenaire. La SNCF « dispose, sur les dépendances du domaine public de l'État spécialement affectées au service public qu'elle exploite, d'un droit de jouissance qui lui permet d'y faire tous les travaux nécessaires à la bonne marche du service dont il s'agit », constater que les travaux d'électrification des lignes de chemin de fer sont des « transformations d'intérêt général » nécessitées par l'amélioration du réseau ferroviaire, et décider que les aménagements électriques du pont « trouvent leur origine dans la nécessité d'adapter à la présence de l'ouvrage routier » ces transformations. Le Conseil d'État peut examiner alors la convention de 1891, voir qu'elle ne parle pas des travaux d'électrification, avancer le principe que toute convention doit être interprétée à la date de sa rédaction, et affirmer que : « par suite, la ville de Paris ne saurait se prévaloir des stipulations susmentionnées pour soutenir que les sommes qu'elle a exposées pour la dépose des installations réalisées par la SNCF devraient être mises à la charge de cette société ». En quelque sorte, le Conseil d'État juge ainsi que la SNCF a été dans l'obligation de faire jadis ces aménagements, rendus difficiles par la présence du pont, et qu'*a fortiori* elle ne doit pas en supporter les charges de dépose dans un but lié au réseau routier. C'est indirectement une reconnaissance du droit du premier occupant : la Compagnie des chemins de fer d'Orléans. • CE 10 avr. 1992, *SNCF c/ Ville de Paris*, n° 112682 : *Lebon 168* ; *LPA janv.-févr. 1993, p. 79, concl. D. Tabuteau ; JCP 1992. IV. 1768, obs. Rouault ; LPA 8 juill. 1992, p. 12, chron. Célérier.*

d. Résiliation

323. Absence d'enrichissement sans cause de la commune et absence de clause contractuelle prévoyant une indemnisation. L'indemnisation des équipements réalisés en fin de bail n'est pas due, au motif qu'aucune clause de la concession ne la prévoit dans ce cas, et que de plus les travaux réalisés ne sont pas utiles à la commune, et ont été menés de la seule initiative de l'occupant. Par suite, il n'y a pas enrichissement sans cause de la commune. • CE 2 juill. 1990, *M. Duquesnoy et a. c/ Cne de Saint-Raphaël*, n° 77781.

324. Absence d'enrichissement sans cause de la commune d'après une clause contractuelle. En l'espèce, il n'y a pas enrichissement sans cause de la commune ; en effet, si celle-ci est entrée en possession des locaux édifiés, cet enrichissement est fondé sur la convention qui la liait au club, et sur les contrats passés par le club avec les preneurs ; ces derniers contrats prévoyaient en effet que le droit des preneurs prenait fin à la date de résiliation de la convention liant le club à la ville. Par ailleurs, les locataires ne peuvent soutenir que la commune avait engagé sa responsabilité contractuelle pour ne pas avoir imposé au club les obligations prévues à la concession, puisqu'ils n'ont en cela aucun intérêt à agir, les locataires étant étrangers à la concession passée entre la ville et le club. • CE 7 sept. 1990, *M. Remia et a. c/ Ville de Hyères*, n° 71991.

325. Résiliation impossible pour cession d'actions par le concessionnaire. S'il appartient à l'autorité concédante, en vertu des règles générales applicables aux contrats administratifs et sous réserve, le cas échéant, des droits à indemnisation du concessionnaire, de mettre fin avant son terme à un contrat de concession s'il existe des motifs d'intérêt général justifiant que la concession soit abandonnée ou établie sur des bases nouvelles, dès lors notamment que le concessionnaire ne présente plus les garanties au vu desquelles la concession lui avait été attribuée, une commune ne peut résilier une concession d'occupation du domaine public de la ville au motif que le permissionnaire a cédé des actions à un tiers, que cette cession a modifié la situation au vu de laquelle la concession avait été initialement accordée, et dès lors qu'elle ne fait état d'aucun motif d'intérêt général de nature à justifier, du fait de cette cession, la résiliation de la concession. • CE 4 avr. 1997, *Sté Ledoyen,* n° 137065.

326. Indemnisation sur la base d'une clause contractuelle ; notion d'activité similaire : compétence souveraine du juge. Quand une régie concède à une société l'occupation de constructions vétustes et de terrains, que la concession règle les conditions d'exécution des travaux et le régime des indemnités, qu'elle contient une clause prévoyant l'alignement du régime de la société sur ceux accordés à d'autres concessionnaires d'activités similaires, si ceux-ci étaient plus favorables, que la société invoque cette clause contractuelle à l'appui de sa demande d'indemnité, le juge administratif peut écarter toute indemnisation en ne reconnaissant pas le caractère d'activité similaire. Pour cela, il se base sur les critères suivants : durée de concession différente ; régimes des travaux différents (autorisation/exécution de plein droit) ; économie générale des concessions. • CE 4 avr. 1990, *Sté Pomona c/ Régie autonome communautaire du marché d'intérêt national de Bordeaux-Brienne,* n° 69189 : *Lebon 767*.

e. Contentieux

327. Déclaration de projet pour transports collectifs. Acte faisant grief. Une déclaration de projet portant sur l'intérêt général de la réalisation de transports collectifs prononcée après enquête publique par une délibération de la communauté d'agglomération est une décision faisant grief susceptible de faire l'objet d'un recours pour excès de pouvoir. • CAA Marseille, 11 juill. 2011, *M. Blanc, Mme El Baz,* n° 11MA00187 : *AJDA 2011. 2438*.

328. Contrat de financement sur domaine public entre personnes privées avec substitution d'une personne publique. Compétence judiciaire. Quand, en vertu d'une convention tripartite d'occupation du domaine public, un contrat de crédit-bail immobilier est conclu entre deux sociétés dont l'une est concessionnaire du service public de restauration municipale de la ville, que la crédit-bailleresse s'est seulement obligée à assurer le financement des travaux de construction et d'aménagement des ouvrages nécessaires à l'exécution du contrat de concession et à louer ceux-ci dont elle avait la propriété et dont, pour l'exécution du contrat de concession, la crédit-preneuse, qui avait elle-même choisi ce mode de financement, supportait la charge et assumait la réalisation sur un terrain communal mis à la disposition de l'une et de l'autre par la collectivité locale, lesdits ouvrages devant être remis à la personne publique concédante à l'expiration de la concession, ce contrat, qui n'a pas lui-même pour objet l'occupation du domaine public, se borne à mettre en place une opération de financement entre deux sociétés commerciales ; par suite, le litige, ayant pour seul objet l'inexécution alléguée de clauses d'un contrat de droit privé conclu entre personnes privées et n'ayant fait naître entre les parties, même si la collectivité publique s'est ultérieurement substituée à l'une d'elles, que des rapports de droit privé, relève de la compétence de la juridiction de l'ordre judiciaire. • T. confl. 12 déc. 2005, *Sté Slibail Énergie c/ Cne de Conflans-Sainte-Honorine,* n° C-3436.

329. Association concessionnaire de service public, convention avec tiers. Compétence administrative. Une association s'étant vu déléguer la gestion d'un service public doit être regardée comme un concessionnaire au sens et pour l'application de l'art. L. 2331-1 CGPPP. Par suite, le litige né de l'exécution d'une convention passée entre ce concessionnaire et un tiers et comportant occupation d'une dépendance du domaine public relève de la compétence des juridictions administratives. • T. confl. 9 déc. 2013, *EURL Aquagol,* n° C-3925.

5° CONTENTIEUX DE L'OCCUPATION DU DOMAINE PUBLIC

330. Occupation irrégulière du domaine public, compétence du juge administratif. En jugeant que le litige relevait de la compétence des juridictions judiciaires, après avoir pourtant relevé que le contrat litigieux comportait occupation du domaine public, la cour a commis une erreur de droit. • CE 14 avr. 2010, *Assoc. Les Rencontres cinématographiques d'Alsace (RCA) c/ Sté AEF Distributique,* n° 295245.

331. Occupation irrégulière du domaine public, litige entre personnes privées, compétence administrative. Le litige relatif à l'expulsion du domaine public opposant une association à une société pour l'occupation irrégulière du domaine public communal relève de la compétence du juge administratif, quelle que soit la nature du contrat qui les lie. • CE 14 avr. 2010, *Assoc Les Rencontres cinématographiques d'Alsace (RCA) c/ Sté AEF Distributique : préc. note 330.*

332. Contrat de vente immobilière, droit privé, juge judiciaire. L'action en nullité du contrat de vente d'un ensemble immobilier appartenant à un département et cédé à une société vise à remettre en cause un contrat qui, eu égard à son objet et à l'absence de toute clause exorbitante du droit commun, doit être regardé comme présentant le caractère de contrat de droit privé ; ainsi, ce litige relève de la compétence du juge civil, alors même que serait par la suite invoquée devant ce juge l'appartenance du bien au domaine public de la collectivité. • CE 5 mai 2010, *Cne d'Orléans*, n° 329021.

IV. RÉGIME GÉNÉRAL DU DOMAINE PRIVÉ

A. DOMANIALITÉ PUBLIQUE ET DOMANIALITÉ PRIVÉE

1° DISTINCTION

333. Reconnaissance des deux domanialités. Pour la reconnaissance par la jurisprudence de l'existence de régimes juridiques distincts pour le domaine public d'une part et pour le domaine privé d'autre part, V. • CE 9 janv. 1942, *Sté Sablières de Féron : JCP 1943. 2148, note J. V. D.* – V. aussi • CE 12 févr. 1954, *Simon*, n° 6085 : *Lebon 97*.

334. Division d'un bien en deux régimes domaniaux. Une réserve naturelle volontaire, relevant du domaine privé d'une commune et du département, peut être scindée en deux parties : une première qui pourrait relever du domaine public en raison des aménagements spéciaux (construction d'un centre pour y accueillir des activités pédagogiques, scientifiques et culturelles destinées aux élèves des établissements scolaires puis le grand public), et une autre qui, à défaut, reste en nature de domanialité privée. • CE 8 juin 2005, *Synd. mixte pour la protection et la gestion de La Camargue gardoise*, n° 265227 : *préc. note 55*.

335. Absence de classement dans le domaine public communal et absence d'aménagement. Une parcelle qui, à supposer qu'elle appartienne à une commune, n'avait jamais été classée dans le domaine public communal et qui n'avait pas fait l'objet d'un aménagement en vue de son affectation à la circulation générale, ne peut pas être considérée comme faisant partie du domaine public communal et doit donc, si elle est la propriété de la commune, être rangée dans son domaine privé. • CE 25 juin 1971, *Ribeyre*, n° 78224 : *Lebon 480*.

336. Affectation au public mais absence d'aménagement spécial. Dans certains cas, l'affectation à l'usage du public doit être complétée par un aménagement spécial du bien concerné ; ainsi en est-il des promenades publiques qui, si elles ne font pas l'objet d'un aménagement spécial, font partie du domaine privé. • CE 22 avr. 1960, *Berthier : Lebon 264*. ♦ De même pour une plage. • CE 30 mai 1975, *Dame Gozzoli*, n° 83245 : *Lebon 325*.

337. Affectation au service public mais absence d'aménagement spécial. Font partie du domaine privé de la commune propriétaire les biens affectés à un service public qui n'ont pas fait l'objet d'un aménagement spécial. • CE 19 oct. 1956, *Sté Le Béton*, n° 20180 : *Lebon 375* ; *D. 1956. 681*. ♦ Il en va de même pour les eaux publiques. • CE 16 nov. 1962, *Ville de Grenoble*, n° 36688 : *Lebon 611*.

338. Ancien logement d'instituteur situé en dehors d'un bâtiment public. Appartient au domaine privé communal un logement qui s'il a été mis jadis à la disposition des instituteurs affectés dans les écoles communales en cause, n'est situé ni dans l'enceinte d'une école communale, ni dans un bâtiment affecté à l'usage du public ; de plus ce logement n'a fait l'objet ni d'une décision de classement dans le domaine public de la commune ni d'un aménagement spécial en vue de l'exécution des missions du service public de l'éducation, ni d'un quelconque autre service public. • CE 12 déc. 2003, *Cne du Lamentin*, n° 256561.

339. Tromperie sur l'existence du domaine privé. La signature d'un bail commercial portant sur un immeuble ultérieurement présenté comme appartenant au domaine public constituait une faute de nature à engager la responsabilité de la commune à l'égard du locataire trompé. • CE 17 juin 2005, *Sté Hostellerie Château de Nyer*, n° 263846.

2° INTERFÉRENCES DE CONCEPTS DE DROIT PUBLIC SUR LE DOMAINE PRIVÉ

340. Pouvoir réglementaire. Le maire peut utiliser son pouvoir réglementaire à propos du domaine privé de la commune, à la condition que les règlements ne soient pas assortis de sanctions pénales, comme cela peut être le cas avec la police de la conservation sur le domaine public. • CE 28 mars 1949, *Dame Beaulac : Lebon 233*. ♦ V. aussi • CE 26 oct. 1956, *Assoc. des combattants de la paix*, n° 5422 : *Lebon 391 ; AJDA 1956. 484*.

341. Service public. Le domaine privé peut être le lieu d'exercice du service public. • CE 3 nov. 1950, *Giudicelli*, n° 88766 : *Lebon 534*. – Dans le même sens, • CE 20 avr. 1956, *Min. de l'Agriculture c/ Cts Grimouard*, n° 33961 : *Lebon 168* ; *D. 1956. 429, concl. Long, note P. L. J. ; RD publ. 1956. 1058, concl. Long, note Waline ; Rev. adm. 1956. 496, note Liet-Veaux ; AJDA 1956. 221, chron. Fournier et Braibant*. ♦ Il y a service public, et compétence dérogatoire des juridictions administratives, lorsque « les actes, les travaux ou les agissements en cause, s'ils ont pour siège le domaine privé, ont été inspirés non par des préoccupations de gestion domaniale mais par des considérations d'intérêt général, des considérations de service public », concl. Théry dans l'affaire. • CE 3 mars 1975, *Courrière*, n° 85544 : *Lebon 165* ; *AJDA 1975. 239 et 232, chron. Franc et Boyon*.

342. Gestion du domaine privé immobilier, absence de service public. L'activité par laquelle une personne publique gère son domaine immobilier privé ne constitue pas par elle-même une mission de service public. Par suite, les agents recrutés par cette personne publique pour participer à l'exécution d'une telle activité sont, à défaut de dispositions législatives contraires, soumis à un régime juridique de droit privé. Relève donc de l'ordre judiciaire le litige qui oppose la commune à un particulier à la suite de la décision prise par le maire de le licencier de ses fonctions de gardien d'un immeuble appartenant au domaine privé de la commune. • T. confl. 15 janv. 2007, *Mme Ourahmoune c/ Ville de Paris*, n° C 3521 : *RFDA 2007. 1122*.

343. Travaux publics. Sont considérés comme travaux publics les travaux effectués sur le domaine privé qui sont réalisés dans un but d'intérêt général et non pas à des fins de gestion domaniale. • T. confl. 25 juin 1973, *Office national des forêts c/ Béraud : Lebon 847 ; AJDA 1974. 29, note Moderne.* ♦ Dans les cas où un bien du domaine privé communal est affecté au service public, les travaux d'entretien constituent des travaux publics s'ils sont exécutés dans un but d'utilité générale et non dans un simple intérêt patrimonial. • T. confl. 8 févr. 1965, *Martin : Lebon 811 ; AJDA 1965. 417.*

344. Travaux privés. Mais, si les constructions de routes ou travaux sont réalisés dans « l'intérêt exclusif » de la gestion domaniale, ils ne sont pas qualifiés de travaux publics. • T. confl. 10 juin 1963, *Sté Lombardi et Morello : Lebon 786 ; RD publ. 1963. 1204.*

345. Concessions de service public. Un service public peut être assumé sur une dépendance du domaine privé ; tel est le cas des concessions de construction et exploitation de casinos municipaux, qui sont des concessions de service public et fonctionnent dans des bâtiments qui font partie du domaine privé communal. • Civ. 1re, 18 févr. 1986, *Ville de Biarritz : LPA 19 déc. 1986, note Moderne.*

346. Acte détachable de la gestion du domaine privé. Quand un conseil municipal a pris une délibération prescrivant la réalisation de travaux sur une cour appartenant en indivision au domaine privé de la commune et à un particulier, que celui-ci attaque cette délibération, la juridiction administrative est compétente pour connaître de telles conclusions dirigées contre une décision administrative. • CE 25 sept. 1995, *M. Gobert c/ Cne de Voncq*, n° 129950 : *Lebon 690.*

347. Domaine privé et neutralité. Les collectivités territoriales peuvent donner à bail, et ainsi pour un usage exclusif et pérenne, à une association cultuelle un local existant de leur domaine privé sans méconnaître les dispositions de la loi du 9 décembre 1905 concernant la séparation des Églises et de l'État dès lors que les conditions, notamment financières, de cette location excluent toute libéralité. • CE 7 mars 2019, *Cne de Valbonne*, n° 417629 A : *AJDA 2019. 551 ; ibid. 980, chron. Malverti et Beaufils ; JA 2019, n° 597, p. 10, obs. de Montecler.*

3° DOMANIALITÉ PRIVÉE ET DROIT PRIVÉ

348. Distinction entre actes de droit privé et actes de domanialité privée. La décision d'un Office public d'aménagement et de construction (OPAC) d'engager des travaux de rénovation ne relève pas de la catégorie des actes de gestion accomplis dans le cadre des rapports de droit privé entre l'OPAC et ses usagers, mais constitue un acte de gestion par l'OPAC de son domaine privé ; les litiges qui en résultent relèvent de la seule compétence des juridictions de l'ordre judiciaire. • CE 28 janv. 2004, *Office public d'aménagement et de construction de Villeurbanne*, n° 256597.

B. ADMINISTRATION

1° ACQUISITIONS

349. Avis préalables aux acquisitions. Pour pouvoir acquérir à titre onéreux des biens immobiliers ou mobiliers, la commune doit notamment recueillir des avis (selon le cas, de la Commission nationale des opérations immobilières et de l'architecture, de la commission régionale des opérations immobilières, de l'architecture et des espaces protégés...). Ces avis ne sont pas des avis « conformes » : la commune peut traiter au coût qu'elle avait fixé. * Rép. min. de l'Intérieur : *JOAN Débats 16 mai 1979, p. 1258.*

2° ALIÉNATIONS

a. Vente

350. Acte du maire sans autorisation du conseil, absence de régularisation a posteriori. « L'article L. 311-1 du code des communes (CGCT, art. L. 2241-1) dispose que le conseil municipal délibère sur la gestion des biens et les opérations immobilières effectuées par la commune [...] la circonstance que le conseil municipal a autorisé le maire à opposer un refus à la candidature de la société [...] n'a pu avoir pour effet de régulariser la décision (antérieure) du maire. » • CE 10 mars 1995, *Cne de Digne c/ SA Deltadis*, n° 108753 A : *CJEG, n° 510, 1995, p. 192, concl. Savoie ; D. 1995. 541, note Davignon ; JCP N 1996. II. 237, note Rouault ; JCP 1995. 2685, obs. Rouault.*

351. Vers un revirement ? Le Conseil d'État admet la régularisation de vices de forme ou de procédure propres à l'acte détachable et affectant les modalités selon lesquelles la personne publique a donné son consentement. • CE 8 juin 2011, *Cne de Divonne-les-Bains*, n° 327515 : *Lebon 278 ; AJDA 2011. 1685, note J.-D. Dreyfus ; AJCT 2011. 402, obs. Le Chatelier ; Rev. CMP 2011, n° 304, note Pietri ; Dr. adm. 2011, n° 74, note Brenet.* ♦ Sauf volonté frauduleuse de l'exécutif, un revirement de la solution retenue dans l'affaire *Commune de Digne* devient possible, d'autant qu'une telle régularisation a été admise dans d'autres hypothèses ayant trait à la conclusion d'un contrat. • CE 8 oct. 2014, *Cne d'Entraigues-sur-la-Sorgue*, n° 370588 : *Lebon ; AJDA 2015. 175, note Martin ; AJCT 2015. 41, obs. Marchand.*

352. Avis du service des domaines. Une nouvelle délibération peut régulariser celle annulée au motif de la non-transmission de l'avis aux conseillers municipaux avant la délibération : ils peuvent se prononcer à nouveau au vu de l'avis de l'époque alors même qu'il n'est plus en vigueur sans entacher la nouvelle délibération d'irrégularité dès lors qu'elle a pour objet une régularisation rétroactive. • CE 10 avr. 2015, *Cne de Levallois-Perret,* n° 370223 : *Lebon ; AJCT 2015. 394, obs. Didriche ; RDI 2015. 305, obs. Foulquier ; Rev. CMP 2015, n° 156, note Pietri ; JCP Adm. 2015. Actu. 357, obs. Langelier.*

353. Refus de vendre un lot sur domaine privé fondé sur la nécessité de ne pas multiplier les grandes surfaces commerciales : légalité. « Considérant que pour refuser de vendre un terrain [...] le conseil municipal s'est fondé sur l'existence de demandes antérieures pour le même type d'activité et notamment sur celle de la société qui a été acceptée et sur la nécessité de ne pas multiplier les grandes surfaces commerciales dans la commune, que le conseil municipal a pu, sans commettre d'erreur de droit, fonder sa décision sur un tel motif, qui est inspiré de préoccupations d'intérêt communal et qui ne l'a pas conduit à s'immiscer dans la procédure prévue par la loi du 27 déc. 1973 d'orientation du commerce et de l'artisanat pour la création de magasins de grande surface. » • CE 10 mars 1995, *Cne de Digne c/ SA Deltadis,* n° 108753 : *préc. note 350.*

354. Refus de vendre, erreur manifeste d'appréciation (non) quant à l'utilité communale des terrains par rapport à l'utilité privée. Les délibérations du conseil municipal de refus de vente ne sont pas entachées d'erreur manifeste d'appréciation au regard de l'intérêt d'une bonne gestion du domaine privé communal, nonobstant le fait que l'acquisition des terrains présente un grand intérêt pour la demanderesse alors qu'au contraire, ces terrains seraient dépourvus de toute utilité pour la commune. • CAA Lyon, 27 nov. 2007, *Mme Y. X. c/ Cne d'Argis,* n° 06LY00110.

355. Cession gratuite au profit d'un établissement public. Est légale la décision de cession gratuite d'un terrain du domaine privé prise par une commune au profit d'un établissement public. • TA Lyon, 22 nov. 1989, *Tête : JCP 1990. II. 21424, note Davignon.*

356. Polynésie. Cession gratuite du domaine. L'autonomie normative de la Polynésie française ne s'étend pas à la cession gratuite de dépendances domaniales de la Polynésie à des particuliers • T. civ. Papeete, 4 juill. 2007, *Cts Tuuhia c/ Polynésie française : AJDA 2007. 2380*.

357. Vente au franc symbolique. La cession par une commune d'un terrain d'une superficie de 36 ares à une entreprise pour un prix inférieur à sa valeur ne saurait être regardée comme méconnaissant le principe selon lequel une collectivité publique ne peut pas céder un élément de son patrimoine à un prix inférieur à sa valeur à une personne poursuivant des fins d'intérêt privé lorsque la cession est justifiée par des motifs d'intérêt général et comporte des contreparties suffisantes. Satisfait à ces conditions l'engagement pris par l'entreprise de créer cinq emplois dans le délai de trois ans, assorti, en cas d'inexécution de cet engagement, de l'obligation de rembourser à la commune le prix du terrain tel qu'il a été évalué par le service des domaines, soit environ 36 000 F. • CE 3 nov. 1997, *Cne de Fougerolles,* n° 169473 : *AJDA 1997. 1010, obs. Richer ; RFDA 1998. 12, concl. Touvet ; CJEG, n° 539, 1998, p. 16, concl. Touvet ; AJDA 1997. 1010, obs. Richer ; D. 1998. 131, note Davignon ; JCP N, n° 3, 16 janv. 1998, p. 64, note Bardon ; LPA n° 16, 6 févr. 1998, p. 13, note Calvo ; JCP E 1998. 270, note Chouvel ; JCP 1998. II. 10007, note Piastra.* ♦ La cession à une entreprise par une commune d'un terrain pour un franc symbolique ne constitue pas, au sens de la loi du 7 janv. 1982, une aide directe subordonnée à l'intervention de la région, mais une aide indirecte. • Même arrêt. ♦ V. annotations ss. art. L. 1511-1 s. ♦ En l'espèce, la différence entre le prix de cession de l'immeuble et l'évaluation du service des domaines doit être regardée comme une aide apportée par la commune à l'association dans le cadre d'un double motif d'intérêt général : l'insertion des habitants d'origine étrangère et le renforcement de la sécurité publique. • CE 25 nov. 2009, *Cne de Mer c/ M. Pierre C. et de M. Jean-Claude B.,* n° 310208 : *JCP Adm. 2010. Comm. 2091, note Chamard-Heim ; ibid. 2009. Actu. 1269, note Rouault ; ibid. Comm. 2031 ; RDI 2010. 212, obs. Fonseca ; AJDA 2009. 51, note Yolka*. ♦ Sur un Lazare contentieux : l'arrêt *Cne de Fougerolles* (préc.), *AJDA 2010. 51, note Yolka*. ♦ Le Conseil d'État, juge de cassation, exerce un contrôle de la qualification juridique des faits sur la suffisance des contreparties. • CE 2 juill. 2014, *Gérin,* n° 366150 : *Lebon ; AJDA 2014. 1416*.

358. Indemnisation de l'ancien occupant du bien cédé en deçà de sa valeur. Un bien cédé en deçà de sa valeur réelle constitue une aide indirecte illégale. En revanche, l'illégalité n'ouvre, à un ancien occupant du bien cédé, un droit à indemnisation pour perte de chance de rester dans les lieux que si cette dernière est sérieuse. • CE 25 sept. 2009, *Cne de Courtenay,* n° 298918 : *AJDA 2009. 2179, note Ziani*.

359. Vente à faible prix, avis du service des domaines. La vente d'une dépendance du domaine communal, en l'espèce une « sente rurale » ne peut se faire que si l'avis du service des domaines a été recueilli, même si la dépendance en cause est d'un faible prix. • TA Amiens, 18 sept. 2007, *M. Bawol,* n° 0500855 : *AJDA 2007. 2333*.

360. Vente de gré à gré à un prix supérieur à celui des domaines. Pour l'aliénation d'une dépendance de son domaine privé, la commune n'est pas tenue de réaliser la vente au profit du mieux offrant ; elle peut privilégier la recherche d'une transaction de gré à gré avec le locataire en place, en fixant de surcroît un prix de vente supérieur à la fourchette d'appréciation de la valeur de l'immeuble établie par le service des domaines. Aucune disposition législative ou réglementaire ne faisait obstacle à ce que la commune, qui a manifesté son souhait de favoriser l'habitat permanent sur son territoire, agisse ainsi. • CE 27 janv. 2010, *Cne de Mazayes-Basses*, n° 313247 : *JCP Adm. 2010, n° 2275*, note *Chamard-Heim ; AJDA 2010. 1282*, note *Legrand*.

361. Droit de préemption des propriétaires riverains. Une parcelle riveraine de la voirie publique et propriété d'une commune, n'ayant fait l'objet d'aucun aménagement spécial ne fait pas partie du domaine public de celle-ci ; par suite, les propriétaires riverains de la voirie publique n'ont pas un droit de priorité pour l'acquisition de cette parcelle (V. C. voirie rout., art. L. 112-8 ; V. ce code au **CGPPP**). • CE 8 févr. 1999, *Ville de Lourdes c/ M. et Mme Desbiaux : nos 168043, 168044 et 182641*.

362. Vente de la chose d'autrui. Quand une commune cède à une SEM hôtelière un ensemble immobilier, que les parties avaient marqué leur accord sur l'objet de la vente et sur le prix auquel elle devait s'effectuer, de sorte que cet acte avait transféré à la société la propriété de l'immeuble, le fait que la société n'ait pas honoré ses engagements financiers n'a pu la priver de cette propriété ; la vente n'ayant fait l'objet d'aucune action en nullité ou en résolution devant le juge judiciaire, le conseil municipal ne peut légalement autoriser la vente de l'ensemble immobilier dont la commune n'avait plus la propriété (V. art. 1599 C. civ.). • CE 5 oct. 1998, *M. Beaujan*, n° 171737.

363. Liberté du mode de vente des biens. La vente des biens mobiliers et immobiliers appartenant à une commune peut être réalisée par tous les moyens du droit commun ; aucune forme particulière n'est imposée (Question écrite n° 46176 : *JOAN Débats 8 avr. 1985, p. 1512*). ♦ Au cas de vente par adjudication, aucune disposition légale ou réglementaire n'oblige la commune à attribuer le bien au mieux offrant. • CE 12 juin 1987, *Cne de Cestas : Dr. adm. 1987, n° 413*. ♦ Aucune disposition du code rural ni aucune autre disposition législative ou réglementaire n'imposaient à la commune de ne décider de l'aliénation de parcelles incluses dans son domaine privé qu'après consultation d'une commune limitrophe. • CE 24 mai 2000, *Comité dptal de tourisme équestre de la Mayenne*, n° 195657. ♦ À supposer qu'un bien appartienne au domaine privé de l'État, il aurait dû être cédé à la commune selon la procédure d'adjudication, s'agissant d'un bien dont la valeur vénale excède le montant mentionné à l'art. R. 129-1 C. dom. Ét. relatif à la cession par voie amiable. • CE 24 janv. 2000, *M. et Mme Hornus*, n° 205336.

364. Délibération autorisant le maire à vendre : compétence administrative. La délibération par laquelle un conseil municipal autorise le maire à céder un ensemble immobilier faisant partie du domaine privé de la commune est un acte détachable de la gestion de ce domaine et relève de la compétence de la juridiction administrative. • CE 5 oct. 1998, *M. Beaujan*, n° 171737.

365. Référé-suspension. Décision entièrement exécutée. Décision d'aliéner le domaine privé. Acte de vente. La décision par laquelle une personne publique décide de céder des biens lui appartenant, lorsqu'elle a pour seul objet la conclusion d'un acte de vente emportant transfert de propriété et non assorti de conditions suspensives, doit être regardée comme entièrement exécutée à compter de la conclusion de l'acte authentique de vente qu'elle avait pour objet d'autoriser. • CE 29 avr. 2013, *Synd. d'agglomération nouvelle du Val-d'Europe*, n° 364058 : *AJDA 2013. 953, note Grand ; RDI 2013. 478, obs. Foulquier ; BJCL 2013. 532, concl. Escaut et obs. Martin.*

b. Expropriation

366. Les biens du domaine privé communal peuvent être l'objet d'une procédure d'expropriation. • CE 27 nov. 1970, *Bizière*, n° 76128 : *Lebon 1050 ; D. 1972. 25, note Taugourdeau.* ♦ V. aussi • CE 6 juill. 1973, *Michelin et Veyret*, n° 79752 : *Lebon 481 ; D. 1974. 370, note Homont.*

3° ÉCHANGE

367. Échange contre désistement juridictionnel. Est légale la délibération du conseil municipal autorisant la cession non onéreuse d'une dépendance du domaine privé, dès lors que celle-ci a pour contrepartie suffisante le désistement de particuliers dans une action en rétrocession d'un immeuble afin que la commune puisse y réaliser des équipements publics. • CAA Marseille, 22 nov. 2010, *Ville de Marseille*, n° 08MA03509 : *AJDA 2011. 171, concl. Samuel Deliancourt*.

4° DONATION

368. Application du droit commun. Une donation peut être faite entre collectivités locales dans le cadre du droit commun, et notamment en faisant appel à un notaire pour passer l'acte (Question écrite n° 5799 : *JO Sénat Débats, 31 mars 1988, p. 441*).

5° SAISIE

369. Insaisissabilité. Les biens du domaine immobilier privé communal sont insaisissables en vertu de l'arrêté du 19 ventôse an XII. • Civ. 1re, 21 déc. 1987, *Bureau de recherches géologiques et minières : JCP 1988. IV. 84.* ♦ Le principe d'insaisissabilité des biens des personnes publiques s'oppose à la mise en œuvre, à leur encontre, des voies d'exécution du droit commun mais ne fait pas obstacle à la cession, fût-elle forcée, des biens dépendant du domaine privé. • Com. 21 janv. 2014, n° 12-29.475 P : *AJCT 2014. 273, obs. Mokhtar ; AJDA 2014. 460, note Yolka ; Rev. sociétés 2014. 394, note Laprade ; Dr. adm. 2014, n° 26, note Giacuzzo.*

6° SERVITUDES

a. Servitudes du droit commun

370. Principe. Les dépendances du domaine privé communal peuvent être frappées de servitude du droit privé. • T. confl. 22 févr. 1960, *Borel : Lebon 858.* ♦ Jugé de même en matière de mitoyenneté : • CE 9 nov. 1957, *Buneau : Lebon 703.*

371. Extinction des servitudes sur les immeubles expropriés. L'anc. art. L. 12-2 C. expr., devenu l'art. L. 222-2, qui dispose notamment que « l'ordonnance d'expropriation éteint, par elle-même et à sa date, tous droits réels ou personnels existant sur les immeubles expropriés », n'est pas inconstitutionnel. • Cons. const. 20 sept. 2013, n° 2013-342 QPC : *AJDA 2013. 2495, note Gilbert ; AJDI 2014. 124, étude Gilbert ; RDI 2013. 532, obs. Hostiou .*

372. Refus du maire d'établir une servitude de passage en réserve naturelle : compétence judiciaire. Le refus du maire de transgresser ou de faire modifier les mesures conservatoires de l'environnement, de la flore et de la faune sauvage, interdisant notamment la création de voies nouvelles de desserte, dont la réserve naturelle municipale était affectée (...) ne met en œuvre aucune prérogative de puissance publique distincte de l'exercice par un particulier de son droit de propriété. Par suite, le contentieux relève du juge judiciaire. • CE 17 janv. 1994, *M. Duperay et SCI « Les Rochettes » c/ Ville de Saint-Étienne,* n° 141070.

b. Servitudes administratives

373. Application des servitudes administratives. Les dépendances du domaine privé communal peuvent supporter les servitudes administratives, comme l'obligation de laisser passer les câbles souterrains transportant l'électricité. • Civ. 1er juin 1932 : *D. 1932. 1. 102.*

374. Classement d'une dépendance du domaine privé au titre des monuments historiques : motivation au titre de la loi du 11 juill. 1979 (non). « La décision de classement d'un immeuble sur le fondement de la loi du 31 déc. 1913 ne présente pas le caractère d'une décision individuelle et n'est pas, dès lors, au nombre des décisions qui doivent être motivées en application de l'art. 1er de la loi du 11 juill. 1979 ; par suite, le moyen tiré de ce que le décret attaqué serait insuffisamment motivé est sans influence sur la légalité dudit décret ». Quant à la légalité interne, le Conseil d'État exerce un contrôle restreint sur l'utilité du classement en reconnaissant que l'ancienneté du bâtiment et son originalité sont de nature à fonder le classement à titre de monument historique. • CE 5 mai 1993, *Cne de Mirecourt,* n° 109782 : *Lebon 565 .*

375. Inclusion du domaine privé dans le territoire d'une ACCA. Dès lors que conformément au C. rur. (art. L. 222-8, L. 222-9, L. 222-13) dans le cadre de la création d'une association communale de chasse agréée dans une commune, un arrêté préfectoral a fixé la liste des terrains soumis à l'action de la future association au nombre desquels figuraient les parcelles appartenant au domaine privé de la commune ainsi qu'aux différentes sections de celle-ci ; qu'au cours de la procédure, le conseil municipal ne s'est, à aucun moment, opposé à cette inclusion dans les formes et délais prescrits à l'art. L. 222-9 C. rur., le conseil ne peut décider de retirer l'ensemble des biens sectionnaux et communaux du territoire soumis à l'action de l'association en cours de formation. • CE 12 juin 1998, *Cne de Pomayrols,* n° 172359.

7° EMPIÉTEMENT DES RIVERAINS

376. Démolition d'une propriété privée qui empiète sur le domaine, sur la base du droit de propriété, et non du code de l'urbanisme. Quand un particulier édifie une construction qui empiète sur le domaine privé de la commune, celle-ci est en droit d'obtenir la démolition de la construction pour sa partie portant empiètement, mais ne saurait voir une contradiction avec une autre décision de justice qui, statuant sur l'action publique et ayant reconnu le particulier coupable d'infraction aux règles d'urbanisme, a souverainement décidé qu'il n'y avait pas lieu d'ordonner la démolition de l'ouvrage dans le cadre de cette action. • Civ. 3e, 21 févr. 1996, *Cne de Geispolsheim c/ M. Michel Rietsch,* n° 93-21.227.

377. Référé-suspension et référé-liberté à l'encontre de l'interdiction d'accès à une parcelle. Quand un maire interdit l'accès à une parcelle, dont il prétend qu'elle appartient au domaine privé communal, qu'en référé le juge de la suspension suspend l'arrêté, que le maire fait alors installer à l'entrée de la parcelle des rochers, l'ordonnance de suspension, bien que non revêtue de l'autorité de la chose jugée, est exécutoire, et le juge des référés liberté juge que ce dernier acte du maire porte une atteinte grave au droit de propriété et à la liberté d'entreprendre. • CE 8 août 2008, *Cne de Ceyrat,* n° 319547.

C. GESTION

1° GESTION FINANCIÈRE

378. Recouvrement des créances. Les créances que détient la commune, qui trouvent leur origine dans son domaine privé, peuvent être recouvrées selon les procédures du droit commun mais aussi en employant celles, expéditives, propres au droit public, comme l'état exécutoire. • CE 12 févr. 1954, *Simon*, n° 6085 : *Lebon 97.*

379. Prescription des dettes. Les dettes de la commune relatives à son domaine privé sont régies par la prescription quadriennale, qui s'applique généralement à toutes les dettes de l'administration, quelle que soit leur origine, au lieu de la prescription trentenaire du droit commun. • T. confl. 6 juill. 1957, *Saiac : Lebon 97.*

2° LOCATIONS ET MISES À DISPOSITION

a. Nature des contrats

1. Contrats administratifs

380. Clauses exorbitantes du droit commun. L'affectation faite par voie contractuelle d'un bien du domaine privé d'une personne publique à une autre personne publique peut prendre la forme d'un contrat administratif par détermination législative lorsque la convention comporte une clause exorbitante du droit commun et quand elle entraîne une participation du contractant à l'exécution du service public. • T. confl. 27 mars 1952, *Cie d'assurances générales : Lebon 622.* ♦ Dans le même sens : sont des contrats administratifs les contrats de location du domaine privé qui contiennent des clauses exorbitantes du droit commun. • T. confl. 17 nov. 1975, *Leclert c/ État : Lebon 800 ; D. 1976. 340, note Roche ; JCP 1976. II. 18480, note Ourliac et de Juglart ; JCP 1977. II. 18539, note Truchet.*

381. Baux à ferme. Les baux à ferme relatifs à des immeubles faisant partie du domaine privé des collectivités publiques sont des contrats administratifs et échoient à la compétence des juridictions administratives. • T. confl. 17 nov. 1975, *Leclert c/ État : préc. note 380.* ♦ Les contrats des personnes publiques relatifs à leurs biens ruraux peuvent, soit être des baux ruraux soumis à l'art. 861 C. rur. et relever de la compétence des juridictions judiciaires, soit des conventions d'occupation précaire de droit public ou de droit privé selon qu'ils comportent ou non des clauses exorbitantes du droit commun. • Même arrêt.

2. Contrats de droit civil

382. Contrats de droit civil. Le contrat portant affectation d'un bien du domaine privé peut être de droit civil et relève du contentieux des tribunaux judiciaires. • T. confl. 4 juin 1910, *Cie d'assurances Le Soleil : Lebon 446.*

383. Baux d'habitation. Les baux relatifs à des immeubles faisant partie du domaine privé des collectivités publiques sont, sauf texte contraire, des contrats de droit privé, et sont soumis à ce titre à la législation relative aux locaux d'habitation et professionnels et aux locaux à usage industriel, commercial ou artisanal. • T. confl. 2 juin 1975, *Salas : Lebon 795.*

384. Bail commercial. Les délibérations par lesquelles le conseil municipal autorise le maire à conclure des baux commerciaux sur le domaine privé communal ne mettent en œuvre aucune prérogative de puissance publique, ne sont pas détachables de la gestion du domaine privé communal et relèvent de la compétence des tribunaux judiciaires. • CE 3 juin 1998, *Cne de Saint-Palais-sur-Mer*, n°s 173186 et 173187.

385. Droits de chasse, liberté d'adjudication. Les litiges portant sur des droits de chasse dans les forêts de l'État relèvent de l'application du droit privé et de la compétence des juridictions judiciaires. • T. confl. 20 nov. 1884, *Jacquinot : Lebon 835.* ♦ Il en va de même si lesdits droits sont exercés dans les forêts communales. • CE 15 févr. 1963, *Chaussé*, n° 53722 : *Lebon 93.* ♦ Aucune disposition législative n'impose aux communes, lorsqu'elles louent le droit de chasser sur des parcelles de leur domaine privé, de mettre en concurrence les pétitionnaires et de retenir systématiquement l'offre la plus-disante ; il leur appartient de prendre en compte d'autres critères d'appréciation, touchant à l'intérêt général tels que le nombre de personnes ayant présenté chaque offre ; dès lors un conseil municipal peut retenir l'offre de neuf habitants de la commune pour un loyer annuel inférieur à celui proposé par le requérant. • CE 12 juin 1998, *M. Grein*, n° 171795.

386. Retrait des terrains du domaine privé communal apportés librement par une commune à une ACCA : vice de procédure pour défaut de saisine du président de l'ACCA. L'art. 18 du décret du 6 oct. 1966 prévoyait, dans sa rédaction en vigueur à l'époque des faits, deux modalités d'apport volontaire de terrains à une association communale de chasse agréée : une adhésion, sans réserves, à l'association communale avec les seuls droits conférés par l'art. 4, dernier al., de la loi du 10 juill. 1964 ou un contrat passé avec l'association ; par ailleurs, l'art. 21 du même décret, relatif aux modalités de retrait par les propriétaires de leurs terrains volontairement apportés au territoire de chasse d'une ACCA, disposait, dans sa rédaction en vigueur à l'époque du retrait décidé par la commune : le propriétaire ou le détenteur du droit de chasse désirant retirer son apport ne le peut que s'il a fait part de son intention au président de l'association en lui adressant une lettre recommandée avec demande d'avis de réception deux ans au moins avant l'expiration d'une période de six années. Ce retrait s'effectue sous la condition financière fixée par l'art. 8, 3e al., de la loi du 10 juill. 1964 susvisée. Il résulte de ces dispositions qu'il appartenait au seul président de l'ACCA et non au préfet, sollicité par la commune, de se prononcer sur le retrait d'un apport volontaire consenti à cette association par le propriétaire d'un terrain ; or, il ressort des pièces du dossier que le président de l'ACCA n'a pas été averti de l'intention de la commune de retirer ses terrains du territoire soumis à l'action de cette association dans les conditions prévues par les dispositions de l'art. 21 du décret du 6 oct. 1966 ; il suit de là que ces terrains n'ont pas été régulièrement soustraits du territoire de chasse de l'association ; par suite, la délibération litigieuse, qui prolonge le bail de chasse accordé sur ces terrains à l'association de chasse, est entachée d'illégalité. • CE 30 déc. 2003, *Assoc. cnale de chasse agréée de Siguer c/ Cne de Siguer et Assoc. de l'isard siguerois*, n° 230727.

387. Actes unilatéraux relatifs à l'utilisation du domaine. Les actes unilatéraux relatifs à l'utilisation du domaine privé relèvent de la compétence des juridictions judiciaires. • CE 9 janv. 1942, *Sté des Sablières de Féron*, n° 63628 : *Lebon 17.* ♦ Dans le même sens, • T. confl. 6 juill. 1957, *Sté d'affichage Giraudy : Lebon 818.*

b. Régime des contrats

388. Droits et obligations de l'affectataire. L'affectataire a le droit d'utiliser le bien conformément à l'acte d'affectation, qui définit les conditions de l'utilisation ; il est chargé, sauf texte ou convention contraires, d'assurer l'entretien du bien affecté. • CE 6 août 1907, *Ville de Lyon : Lebon 786.*

389. Biens construits par l'occupant privatif. Les biens construits par un occupant privatif du domaine privé ne deviennent la propriété de la personne publique propriétaire de la dépendance qu'à l'expiration du bail, sauf stipulations contraires. • CE 23 juill. 2014, *Sté Fibres*, n° 364490 : *Rev. CMP 2014, n° 273, obs. Eckert ; ibid. 2015. Chron. 3, obs. Llorens et Soler-Couteaux.*

390. Responsabilité pour faute. L'affectataire est responsable, sur la base de la faute de service des pertes ou dommages causés au bien. • CE 10 juill. 1930, *Ville d'Évreux*, nos 73916, 74088 à 74090 : *Lebon 715.*

391. Mise à disposition de l'État. Quand une collectivité locale doit (obligatoirement) mettre à la disposition d'un service de l'État un immeuble, il a été jugé que le préfet ne dispose pas du pouvoir de substitution au cas de refus opposé par la collectivité locale. • CE 16 févr. 1912, *Cne d'Espelette : Lebon 224.*

c. Baux d'habitation

392. Bail à toute personne : inapplicabilité de la loi du 17 juill. 1978. Le locataire d'un appartement faisant partie du domaine privé de la ville de Paris ne peut pas se fonder sur la loi du 17 juill. 1978 relative à la communication des documents administratifs pour demander la communication de son « dossier locatif », parce que le contrat passé entre la collectivité propriétaire et son locataire est régi par le droit commun et n'est donc pas au nombre des documents relevant de l'application de cette loi. • CE 26 juill. 1985, *Amadou*, n° 35067 : *Lebon 243 ; RDI 1985. 345.*

393. Concessions à un agent communal, clauses exorbitantes de droit commun. Les concessions de logement dans des locaux qui font partie du domaine privé de la commune, faites aux agents de la commune, sont soumises à un régime exorbitant du droit commun, tant par l'exclusion de l'application de la législation sur les loyers que par le fait qu'elles sont précaires et révocables. • T. confl. 30 nov. 1952, *Carcouet : Lebon 594.* ♦ V. aussi • CE 26 juin 1973, *Office national des forêts : Lebon 847 ; AJDA 1974. 30 ; D. 1973. 300, note Comte ; CJEG 1973. 229, note J. V.*

394. Location à bas prix à un adjoint au maire, intérêt insuffisant pour la partie civile, irrecevabilité de l'action. Quand M. Alain Juppé, alors adjoint au maire de Paris, signe avec la ville de Paris un bail pour la location d'un appartement faisant partie du domaine privé de cette dernière, que les requérants font valoir que le bail a été consenti pour un prix inférieur au prix du marché, leur constitution de partie civile envisagée ne présente pas un intérêt suffisant pour la ville de Paris dès lors que le préjudice matériel subi à ce titre par la ville pendant la période de location n'est pas d'une importance suffisante au regard de l'action envisagée. Par suite, la décision du tribunal administratif leur refusant l'autorisation d'exercer l'action ne peut être annulée. • CE 30 juill. 1997, *M. Emmerich, M. Simon-Rossignon*, n° 182064 • CE 30 avr. 1997, *M. Emmerich, M. Simon-Rossignon*, n° 177385 : *Dr. adm. 1997. Comm. 326, note D. A.*

395. Location à un agent de l'État, décision d'augmenter le loyer, contrat de droit privé. « La demande (...) ne tend pas à l'annulation en la forme des commandements (...) mais tend à contester le bien-fondé de la créance du département », que « la convention (...) ne contient aucune clause exorbitante du droit commun », et qu'en conséquence « la décision du département d'augmenter le loyer constitue un acte de gestion de son domaine privé ». L'action dirigée contre les commandements relève donc de la compétence de la juridiction judiciaire. • T. confl. 22 mai 1995, *M. Punter c/ Dpt de la Martinique : Lebon 718*.

3° CONSTRUCTION

396. Annulation du permis de construire. Dès lors que le POS prévoit que sont interdites à l'intérieur d'une zone « les constructions ou installations qui, par leur nature, leur importance ou leur aspect, seraient incompatibles avec le caractère du paysage urbain environnant », doit être annulé le permis de construire délivré par le maire à la commune, puisque le projet autorisé consiste notamment en la réalisation d'un parc de stationnement à proximité du Moulin de la Galette et est incompatible avec le caractère du paysage urbain environnant en raison de son lieu d'implantation, de ses incidences sur la végétation existante, et de son importance. • CE 20 juin 1997, *Ville de Paris*, n° 122151.

D. CONTENTIEUX

1° COMPÉTENCE DES JURIDICTIONS JUDICIAIRES

397. Principe. Le contentieux relatif aux dépendances du domaine privé relève des juridictions judiciaires. • T. confl. 12 févr. 1953, *Ralison : Lebon 579.*

398. Gestion du domaine privé immobilier, absence de service public. Relève de l'ordre judiciaire le litige qui oppose la commune à un particulier à la suite de la décision prise par le maire de le licencier de ses fonctions de gardien d'un immeuble appartenant au domaine privé de la commune. • T. confl. 15 janv. 2007, *Mme Ourahmoune c/ Ville de Paris*, n° C3521 : *préc. note 342.*

a. Appartenance d'un bien au domaine privé

399. Contestation entre une personne privée et une personne publique. Les juridictions judiciaires sont compétentes pour connaître des litiges portant sur l'appartenance d'un bien au domaine privé d'une personne publique et notamment sur une contestation opposant une personne privée à une personne publique. • T. confl. 12 févr. 1953, *Ralison : Lebon 579.*

400. Contestation entre personnes publiques. Il en va ainsi lorsque deux personnes publiques se disputent la même parcelle appartenant au domaine privé. • CE 2 déc. 1910, *Cne de Saint-Sorlin : Lebon 865.*

b. Actes de disposition

401. Achats et aliénations. Les juridictions judiciaires et le droit commun sont applicables aux litiges relatifs aux achats et aliénations de biens appartenant au domaine privé des communes, car il s'agit de contrats de droit commun. • T. confl. 18 déc. 1933, *Berry Crocs : S. 1934. 3. 36.* ♦ V. aussi • CE 5 oct. 1960, *Mathivet : Dr. adm. 1960, n° 137* • CE 20 avr. 1988, *Guaisnon : RDI 1988. 446.* ♦ V. encore, récemment : il n'appartient pas au juge administratif de connaître d'une action relative à la gestion du domaine privé d'une collectivité publique, dès lors que ni le périmètre ni la consistance du domaine ne sont en cause. • CAA Marseille, 1er déc. 2015, n° 14MA00739 : *préc. note 84.*

402. Question préjudicielle sur la domanialité publique. Les contestations portant sur le contrat de vente d'un bien appartenant au domaine privé d'une personne publique doivent, sauf dispositions législatives contraires et dès lors que ce contrat ne comporte pas de clause exorbitante du droit commun, être portées devant le juge judiciaire ; le moyen sérieux selon lequel le bien appartiendrait au domaine public justifierait le renvoi par le juge judiciaire de cette question au juge administratif, seul compétent pour y répondre, mais ne saurait avoir pour effet de donner compétence à la juridiction administrative pour statuer sur la validité de ce contrat. • CE 29 avr. 2013, *Synd. d'agglomération nouvelle du Val-d'Europe*, n° 364058 : *AJDA 2013. 953, note Grand ; RDI 2013. 478, obs. Foulquier ; BJCL 2013. 532, concl. Escaut et obs. Martin.*

403. Vente de dépendances du domaine privé. Est de droit privé parce que ne comportant pas de clause exorbitante du droit commun une convention portant cession de dépendances du domaine privé de la commune à une société d'HLM alors même que certains terrains avaient été acquis par voie d'expropriation. • T. confl. 20 janv. 1986, *SA d'HLM CARPI c/ Cne de Pont-Saint-Vincent*, n° 2397 : *RD publ. 1986. 1722.*

404. Vente d'un lot dans un lotissement communal : dépendance du domaine privé. Le lotissement appartenait au domaine privé de la commune ; dès lors, il n'appartient pas au juge administratif de connaître d'un litige portant sur le contrat de vente d'un tel lot. • CE 29 oct. 2008, *Cne de Bois-Guillaume*, n° 287584.

405. Droit de préemption exercé par une commune. « Considérant que l'exercice du droit de préemption dont disposent les communes et la subrogation de la personne publique dans les droits de l'une des parties à un contrat de droit privé n'entraînent pas de transformation dans la nature juridique de cet acte ; que la vente par une commune d'un immeuble faisant partie de son domaine privé est un contrat de droit privé ; que dès lors, le litige relève de la compétence des tribunaux judiciaires. » • T. confl. 10 mai 1993, *Miette et SNC Oliver : Lebon 399 ; JCP 1993. IV. 2446, obs. Rouault.*

406. Échange. Les contrats relatifs à un échange avec un bien appartenant au domaine privé communal relèvent du droit privé et de la compétence des juridictions judiciaires. • T. confl. 10 nov. 1984, *Menoret.*

c. Actes de location

407. Contrats de location de droit privé (principe). Les litiges relatifs aux contrats de location du domaine privé relèvent des juridictions judiciaires, sauf si la convention comporte des clauses exorbitantes du droit commun, qui lui donnent la nature de contrats administratifs relevant des juridictions administratives. • T. confl. 7 déc.

1970, *Moniton : JCP 1971. II. 16639.* ♦ V. aussi • CE 28 févr. 1977, *Cne de Chamonix,* n° 02049 : *Lebon 740*. ♦ Le litige portant sur la convention d'exploitation d'une villa appartenant au domaine privé d'une commune concerne un acte de gestion de ce domaine et n'est donc pas de la compétence de la juridiction administrative ; toutefois, l'appel formé par la commune doit être porté devant la cour administrative d'appel. • CE 21 avr. 1997, *Cne de Cabourg,* n° 161178.

408. Résiliation d'une convention d'occupation. Litige contractuel. Compétence du juge : indemnisation. Le litige opposant une commune à une association bénéficiaire d'une convention d'occupation du domaine privé résiliée par ladite commune revêt un caractère contractuel ; ce contrat est en l'espèce un contrat administratif ; toutefois il ne porte pas sur l'occupation du domaine public, a été conclu pour une durée de trois ans, et ne prévoit pas à la charge du cocontractant une obligation de réaliser des investissements. Dans ces circonstances, le juge du contrat n'a pas le pouvoir de prononcer l'annulation des mesures prises par l'administration à l'encontre de son cocontractant ; il peut seulement examiner les conditions d'un droit à indemnité de celui-ci. Par suite, l'ordonnance en référé, qui suspend la décision de résiliation de la convention, est entachée d'erreur de droit. • CE 4 févr. 2008, *Cne du Lamantin,* n° 304807 : *AJDA 2008. 1543*.

409. Baux de pêche. Les baux de pêche sont des contrats de droit privé et leur contentieux échoit au juge judiciaire. • CE 9 févr. 1955, *Sté La Belle Gaule,* n° 14061 : *Lebon 77.*

410. Baux de chasse. V. aussi pour les baux de chasse. • CE 15 févr. 1963, *Chaussé,* n° 53722 : *Lebon 93 ; AJDA 1963. 413.*

411. Baux ruraux. Relèvent du juge judiciaire les baux consentis par des collectivités publiques portant sur des biens ruraux, qui sont de droit commun en vertu du code rural et du décret du 22 déc. 1985. • T. confl. 20 janv. 1986, *Boennec Jean : RD publ. 1986. 1722.* ♦ V. • T. confl. 22 nov. 1965, *Galmette : JCP 1966. II. 14483, concl. Lindon* • Civ. 1re, 16 juill. 1986, *Aubert : Bull. civ. I, n° 210 ; JCP 1988. IV. 284.*

412. Quasi-contrats. V. pour les quasi-contrats ayant leur origine dans le domaine privé communal. • CE 16 nov. 1977, *Cne de Sainte-Maure-de-Touraine,* n° 99746 : *Lebon 437*.

413. Concession d'utilisation des eaux d'une source. La délibération par laquelle un conseil municipal refuse d'accorder à des propriétaires une concession d'utilisation de l'eau d'une source qui appartient au domaine privé de la commune est un acte de pure gestion du domaine privé qui relève de l'appréciation des tribunaux judiciaires ; il en va de même de la décision du maire confirmant ce refus. • CE 14 janv. 1998, *M. et Mme Formwald,* n° 159220.

d. Responsabilité

414. Responsabilité pour travaux privés. Les actes de gestion du domaine privé communal engagent la responsabilité de la commune selon les règles du droit privé et relèvent de la compétence des juridictions judiciaires ; tel est le cas des travaux qui n'ont pas la qualité de travail public. • Civ. 2e, 12 juin 1975, n° 73-12.600 P. – V. aussi • CE 22 avr. 1985, *Alexandre c/ Cne de Méreville,* n° 02362 : *Lebon 541* ; *Dr. adm. 1985, n° 339.*

415. Responsabilité extracontractuelle. Le litige, qui ne tend pas à l'annulation des délibérations prises par le conseil municipal, a pour objet la responsabilité extra-contractuelle de la commune, encourue à l'occasion de la gestion de son domaine privé, en raison de la rupture de pourparlers qui n'avaient pas trait à l'exercice d'une mission de service public sur le domaine privé (réalisation d'un complexe d'activités multiples) ; dès lors, indépendamment du caractère administratif ou civil du contrat envisagé, il relève de la compétence de la juridiction judiciaire. • T. confl. 24 avr. 2006, *Sté Fraday,* n° C-3500.

e. Expulsion

416. Expulsion des occupants sans titre. Le contentieux de l'expulsion des occupants sans titre du domaine privé communal est de la compétence des juridictions judiciaires. • T. confl. 28 févr. 1977, *Cne de Chamonix : Lebon 740*. ♦ Il n'appartient pas à la juridiction administrative de se prononcer sur l'expulsion d'un occupant du domaine privé d'une personne morale de droit public ; tel est le cas pour une dépendance qui a fait l'objet d'un déclassement, puis d'un placement dans le domaine privé. • CE 21 déc. 2006, *M. Alain A. c/ Centre de rééducation cardio-respiratoire de Menton,* n° 297488.

417. Délibération autorisant le maire à engager une expulsion. Une délibération municipale, qui a pour seul objet d'autoriser le maire à engager devant le juge judiciaire une procédure d'expulsion à l'encontre d'un occupant sans titre d'une dépendance du domaine privé de la commune, est indissociable de cette procédure. Par suite, la demande d'annulation dirigée contre cette délibération n'est pas au nombre de celles qu'il appartient à la juridiction administrative de connaître. • CE 4 juin 2007, *M. Petipas : BJCL 2007. 774. obs. Poujade.*

418. Local d'habitation. Quand la ville de Paris attribue à une assistante sociale un local d'habitation, puis demande l'expulsion de ladite personne lorsque les fonctions de celle-ci prennent fin, le juge administratif peut reconnaître la domanialité privée dudit local conférant à l'autorité judiciaire compétence pour apprécier la validité des mesures d'expulsion. • CE 24 janv. 1990,

Mme Boulier c/ Ville de Paris, n° 101154 : *CJEG 1990. 238, note Sablière.*

419. Compétence judiciaire, sauf clause exorbitante (absence, pour gratuité). Il appartient aux tribunaux judiciaires de connaître d'une requête tendant à l'expulsion d'un occupant sans titre d'immeubles relevant du domaine privé d'une commune, à moins que le contrat relatif à l'occupation de ces immeubles puisse, en raison d'une clause exorbitante du droit commun, être qualifié de contrat de droit public. Ne contient aucune clause exorbitante la convention qui prévoyait au profit de la commune un pouvoir de résiliation unilatérale du contrat même en l'absence de tout manquement du titulaire du cocontractant à ses obligations contractuelles, dès lors que le local était mis gratuitement à disposition de ce dernier. • CE 12 déc. 2003, *Cne du Lamentin*, n° 256561 : *préc. note 338.*

420. Divisibilité de la dépendance (réserve naturelle), expulsion, contentieux judiciaire. Une réserve naturelle volontaire, relevant du domaine privé d'une commune et du département, peut être scindée en deux parties : une première qui pourrait relever du domaine public en raison des aménagements spéciaux (construction d'un centre pour y accueillir des activités pédagogiques, scientifiques et culturelles destinées aux élèves des établissements scolaires puis au grand public), et une autre qui, à défaut, reste en nature de domanialité privée. Par suite, dès lors que l'activité d'un manadier se déroule en domaine privé, le juge des référés du tribunal administratif peut rejeter la demande d'expulsion comme portée devant une juridiction incompétente pour en connaître. La circonstance que le manadier serait lié par un contrat administratif avec l'établissement gestionnaire est indifférente dès lors que le litige concerne une expulsion domaniale et non un contrat ; le juge n'a donc pas à se prononcer sur l'existence de clauses exorbitantes du droit commun. • CE 8 juin 2005, *Synd. mixte pour la protection et la gestion de La Camargue gardoise : préc. note 55.*

f. Divers

421. Acte à caractère réglementaire sur domaine privé (plage). Quand un maire interdit l'accès d'une plage à tous les véhicules, sauf autorisation spéciale, qu'un recours est exercé à l'encontre de l'arrêté, la juridiction administrative peut décliner sa compétence sur la base de la domanialité privée de la dépendance qui n'a pas fait l'objet d'un classement dans le domaine public, ni ne peut être considérée comme affectée au public ou au service public et aménagée à cette fin. Il revient en définitive au juge judiciaire d'apprécier la portée de cet acte. • CE 27 mai 1991, *Épx Campagne c/ Cne de Périgny-sur-Yerres*, n° 96591 : *Lebon 212 ; Quot. jur., n° 92, 1er août 1991, p. 11.*

422. Actes individuels de gestion. V. pour les actes individuels de gestion, comme les autorisations ou refus d'autorisation d'occupation du domaine public. • CE 9 janv. 1942, *Sté des Sallières de Féron : JCP 1943. II. 2148, note J. D. V.* • 20 janv. 1984, *Sté civile du domaine de Bernet*, nos 16615, 16616 et 16617 : *Lebon 12 ; RD publ. 1984. 1708.*

2° COMPÉTENCE DES JURIDICTIONS ADMINISTRATIVES

a. Compétence de principe

423. Refus de conclure un titre d'occupation. Compétence du juge administratif. Le refus de conclure un titre d'occupation de locaux du domaine privé est un acte administratif, en dehors de toute relation contractuelle, et son contentieux relève du juge administratif. • T. confl. 5 mars 2012, *M. Dewailly c/ CCAS de Caumont*, n° 3833 : *AJDA 2012. 1684, note Mokhtar .*

b. Actes détachables

424. Délibération décidant du principe de l'achat ou de la vente. Les juridictions administratives sont compétentes pour connaître des actes détachables des contrats d'achat ou de vente relatifs aux biens du domaine privé ; tel est le cas de la délibération du conseil municipal décidant du principe de l'achat ou de la vente. • CE 6 nov. 1970, *SA touristique et hôtelière de la vallée du Lautaret*, n° 76860 : *Lebon 654 .* ♦ V. aussi • CE 17 oct. 1980, *Gaillard*, n° 23226 : *Lebon 379 ; AJDA 1971. 291.* ♦ La délibération par laquelle un conseil municipal arrête le principe de la cession d'une parcelle contiguë au domaine routier et choisit de la vendre à un particulier nommément désigné constitue un acte détachable du contrat de vente à conclure, dont la juridiction administrative est compétente pour apprécier la légalité. • CE 8 févr. 1999, *Ville de Lourdes c/ M. et Mme Desbiaux*, nos 168043, 168044 et 182641.

425. Décision implicite du maire refusant de vendre une parcelle du domaine public, contestée par tiers. La décision implicite du maire refusant de vendre un terrain appartenant au domaine privé de la commune, qui affecte son périmètre et sa consistance, constitue un acte détachable de la gestion courante du domaine privé de la commune, contesté au demeurant en l'espèce par une personne privée qui a la qualité de tiers par rapport aux parties contractantes, qui ressortit par suite à la compétence du juge administratif ; il s'en suit que c'est à tort que le premier juge a rejeté la demande comme portée devant une juridiction incompétente pour en connaître. Par ailleurs, si le bien immobilier a été désaffecté, aucune décision expresse n'a constaté son déclassement ; par suite, ledit bien qui appartenait au domaine public communal ne pouvait être cédé ; la décision implicite par laquelle le nouveau maire a refusé de signer l'acte de vente n'est pas fautif, et n'est pas de nature à engager la responsabilité communale. • CAA Nancy, 19 mai 2011, *M. D.*, n° 10NC01492 : *AJDA 2011. 1805*.

426. Pour l'extension de la compétence du juge administratif à l'appréciation de tous les moyens de légalité invoqués à l'encontre d'une délibération municipale. • CE 17 oct. 1980, *Gaillard*, n° 23226 : *Lebon 379* ; *AJDA 1981. 312, concl. Labetoulle.* ♦ *Contra* : le juge administratif ne peut pas connaître du moyen concernant l'absence de droit de propriété de la commune. • CE 15 nov. 1978, *Baldacci*, n° 99343 : *Lebon 727*.

427. Délibération du conseil municipal n'entraînant pas acte de disposition. La juridiction administrative est seule compétente pour connaître des demandes d'annulation d'une délibération d'un conseil municipal ou d'un arrêté du maire, même si l'objet de ces décisions est d'autoriser ou de passer un contrat portant sur la gestion du domaine privé de la commune et n'impliquant aucun acte de disposition de celui-ci. • CE 5 déc. 2005, *Cne de Pontoy*, n° 270948 : *RFDA 2006. 188*. ♦ Emmanuel Glaser, concl. conformes, *BJCL 2006. 96, obs. Poujade* ; *RGCT 40/2007, p. 89.*

428. Recours sans objet contre ordonnance de référé. Les conclusions d'une commune contre une ordonnance de référé qui a rejeté sa demande de suspension d'un arrêté préfectoral d'occupation du domaine public routier communal sont sans objet, dès lors que le tribunal administratif a annulé l'arrêté. • CE 8 juin 2011, *Cne de Clermont-Ferrand*, n° 344063.

429. Délibération décidant de louer une parcelle. Les juridictions administratives sont compétentes pour connaître de la légalité de la délibération d'un conseil municipal décidant de louer une parcelle faisant partie du domaine de la commune, alors même que la question de légalité était relative à la propriété de la commune sur la parcelle. • CE 26 avr. 1985, *Cne de Larrau*, n°s 31752, 44482, 45259, 48725 et 48727 : *Lebon 128* ; *AJDA 1985. 431, concl. Jeanneney.*

430. Décision du maire rejetant une demande de renouvellement de bail dans un théâtre. Tribunal des conflits. La contestation par une personne privée de l'acte, délibération ou décision du maire, par lequel une commune ou son représentant, gestionnaire du domaine privé, initie avec cette personne, conduit ou termine une relation contractuelle, quelle qu'en soit la forme, dont l'objet est la valorisation ou la protection de ce domaine et qui n'affecte ni son périmètre ni sa consistance, ne met en cause que des rapports de droit privé et relève, à ce titre, de la compétence du juge judiciaire ; il en va de même de la contestation concernant des actes s'inscrivant dans un rapport de voisinage. • T. confl. 22 nov. 2010, *SARL Brasserie du Théâtre c/ Cne de Reims*, n° 3764. ♦ Postérieurement à la jurisprudence Brasserie du théâtre, le tribunal administratif de Montpellier se reconnaît compétent pour connaître de la contestation, par un tiers à un contrat portant sur la gestion du domaine privé d'une commune, de la délibération du conseil municipal ou de l'arrêté du maire constituant un acte détachable dudit contrat. • TA Montpellier, 17 mai 2011, *Mme Dunleavy, Assoc. Roc Paradet*, n° 0904600 : *AJDA 2011. 1682, note Clamour*.

431. Validité des formes de vente prévues par le code forestier. Les juridictions administratives sont compétentes pour connaître de la question préjudicielle portant sur la validité des formes de vente prévues par le code forestier pour les produits des forêts communales (alors même que ce contentieux est judiciaire) et l'appréciation des faits constatés par le procès-verbal. • CE 21 oct. 1981, *Cne de Borce*, n° 13097 : *Lebon 642*.

432. Promesse contractuelle contraire à une décision administrative de classement. Quand des particuliers obtiennent une parcelle sur un terrain faisant partie du domaine privé de la commune au terme d'un échange de terrains et de la promesse de la commune de construire une route carrossable traversant cette parcelle pour d'éventuelles constructions habitables, le litige portant sur la responsabilité de la commune qui classe la parcelle en zone non constructible relève des juridictions administratives, car il porte sur l'appréciation des conséquences préjudiciables de la décision administrative de classement de la parcelle concernée, qui excluait toute possibilité de remplir les obligations contractuelles. • Civ. 1re, 10 mars 1998, *Sieurs Michel c/ Cne des Gets*, n° 96-13.218.

433. Régularisation rétroactive de l'acte détachable annulé. Le conseil municipal a pu approuver rétroactivement la promesse de vente dès lors que le nouvel avis du service des domaines recueilli entre-temps, s'il a porté cette fois sur l'ensemble des parcelles cédées, a confirmé la précédente estimation du service mentionnée dans la délibération régularisée, et qu'ainsi le consentement que la collectivité avait donné par cette délibération a été régulièrement réitérée. • CE 8 juin 2011, *Cne de Divonne-Les-Bains*, n° 327515 : *AJCT 2011. 402, obs. Le Chatelier* ; *AJDA 2011. 1685, note Dreyfus* ; *RFDA 2011. 858.*

c. Clause exorbitante de droit commun

434. Contrats d'achat ou vente. Les contrats d'achat ou de vente qui comportent des clauses exorbitantes du droit commun ont la nature de contrat administratif, alors même qu'ils sont relatifs à un bien du domaine privé de la commune, et relèvent à ce titre de l'application du droit administratif et de la juridiction des tribunaux administratifs. • T. confl. 2 juin 1975, *Sales : Lebon 796* • CE 22 janv. 1954, *Malet*, n° 9165 : *Lebon 42.*

435. Contrat de vente avec prestations complémentaires comportant des tarifs préférentiels. Quand une commune cède à une autre des bois et pâturages de son domaine privé, que la vente est consentie « moyennant comme prix » diverses prestations en nature dont l'octroi de tarifs préférentiels à certains habitants de la commune venderesse pour utiliser les remontées mécaniques de la station de sports d'hiver de la commune acheteuse, cette clause met à la charge de ladite commune des obligations étrangères par leur nature à celles qui sont susceptibles d'être consenties par quiconque dans le cadre des lois civiles et commerciales ; par suite, il s'agit d'une clause exorbitante du droit commun qui confère le caractère administratif au contrat, lequel relève du juge administratif. • T. confl. 15 nov. 1999, *Cne de Bourisp c/ Cne de Saint-Lary-Soulan*, n° 3144 : *Dr. adm. 2000, n° 29, p. 17, note R.S.*

d. Participation au service public

436. Contrat de location prévoyant la participation du cocontractant à l'exécution d'un service public. Est administratif le contrat relatif à un bien du domaine privé communal qui fait participer le cocontractant à la gestion du service public, comme le contrat de location prévoyant la participation du cocontractant à l'exécution d'un service public ; par suite, la juridiction administrative est compétente pour connaître de la validité et de l'exécution d'un tel contrat. • CE 4 juill. 1969, *Trouvé : Dr. adm. n° 265.*

437. Il en va de même de l'expulsion des occupants du domaine privé fondée sur une telle convention. • T. confl. 28 mai 1962, *Sté immobilière et thermale pour le développement des stations françaises : Lebon 818.*

e. Travail public

438. La commune peut effectuer sur son domaine privé des travaux, qui ont le caractère de travail public dès lors que la dépendance est affectée à un service public. • CE 13 févr. 1942, *Cne de Sarlat*, n°s 60678 et 62314 : *Lebon 49 ; D. 1942. 167, note P. L. J. ; JCP 1943. II. 2419, note Charlier.*

f. Divers

439. Règlements de gestion du domaine privé. Les règlements de gestion du domaine privé sont des actes administratifs, bien qu'ils soient relatifs à un bien soumis au droit privé. • CE 16 déc. 1955, *Union locale des synd. CGT de la région de Versailles*, n° 25121 : *Lebon 592.*

440. Partages communaux. Le contentieux des contestations portant sur la consistance des lots, la procédure du partage, les mesures d'application des bases non contestées du partage, relève des juridictions administratives. • CE 9 févr. 1906, *Cne de Prunières : Lebon 119.*

Code civil

Art. 539 *(L. n° 2004-809 du 13 août 2004, art. 147-I)* Les biens des personnes qui décèdent sans héritiers ou dont les successions sont abandonnées appartiennent à l'État.

....

Art. 713 *(L. n° 2014-366 du 24 mars 2014, art. 152-I)* Les biens qui n'ont pas de maître appartiennent à la commune sur le territoire de laquelle ils sont situés. Par délibération du conseil municipal, la commune peut renoncer à exercer ses droits, sur tout ou partie de son territoire, au profit de l'établissement public de coopération intercommunale à fiscalité propre dont elle est membre. Les biens sans maître sont alors réputés appartenir à l'établissement public de coopération intercommunale à fiscalité propre.

(L. n° 2016-1087 du 8 août 2016, art. 109-I) « Si la commune ou l'établissement public de coopération intercommunale à fiscalité propre renonce à exercer ses droits, la propriété est transférée de plein droit :

« 1° Pour les biens situés dans les zones définies à l'article L. 322-1 du code de l'environnement, au Conservatoire de l'espace littoral et des rivages lacustres lorsqu'il en fait la demande ou, à défaut, au conservatoire régional d'espaces naturels agréé au titre de l'article L. 414-11 du même code lorsqu'il en fait la demande ou, à défaut, à l'État ;

« 2° Pour les autres biens *(L. n° 2022-217 du 21 févr. 2022, art. 98)* « , après accord du représentant de l'État dans la région, au conservatoire régional d'espaces naturels agréé au titre du même article L. 414-11 lorsqu'il en fait la demande ou, à défaut », à l'État. »

Sur la procédure de déclaration d'abandon manifeste des immeubles situés en agglomération, V. CGCT, art. L. 2243-1 à L. 2243-4. — V. aussi CGCT, art. L. 2213-25 (obligation de remise en état des terrains non entretenus).

Sur les biens situés dans le périmètre d'une association foncière agricole et dont le propriétaire ne s'est pas fait connaître, V. C. rur., art. L. 136-6. — ***C. rur.***

Tout bien meuble dont le détenteur se défait ou dont il a l'intention ou l'obligation de se défaire est un déchet au sens l'art. L. 541-1-1 C. envir.

En ce qui concerne l'acquisition par l'État des actions et obligations, coupons, intérêts ou dividendes afférents à des actions ou à des obligations et atteints par la prescription, V. CGPPP, art. L. 1126-1. — **CGPPP**.

Code général de la propriété des personnes publiques

Art. L. 1123-1 Sont considérés comme n'ayant pas de maître les biens autres que ceux relevant de l'article L. 1122-1 et qui :

1° Soit font partie d'une succession ouverte depuis plus de trente ans et pour laquelle aucun successible ne s'est présenté. *(L. n° 2022-217 du 21 févr. 2022, art. 98)* « Ce délai est ramené à dix ans lorsque les biens se situent dans le périmètre d'une grande opération d'urbanisme au sens de l'article L. 312-3 du code de l'urbanisme ou d'une opération de revitalisation de territoire au sens de l'article L. 303-2 du code de la construction et de l'habitation, dans une zone *(L. n° 2023-1322 du 29 déc. 2023, art. 73, en vigueur le 1er juill. 2024)* « France ruralités revitalisation mentionnée aux II et III de l'article 44 *quindecies* A » du code général des impôts ou dans un quartier prioritaire de la politique de la ville au sens de l'article 5 de la loi n° 2014-173 du 21 février 2014 de programmation pour la ville et la cohésion urbaine ; la présente phrase ne fait pas obstacle à l'application des règles de droit civil relatives à la prescription ; » *— Applicable aux successions ouvertes à compter du 1er janv. 2007 et non encore partagées (L. n° 2022-217 du 21 févr. 2022, art. 98).*

2° Soit sont des immeubles qui n'ont pas de propriétaire connu et pour lesquels depuis plus de trois ans *(L. n° 2022-217 du 21 févr. 2022, art. 99)* « les taxes foncières n'ont pas été acquittées ou ont été acquittées » par un tiers. Ces dispositions ne font pas obstacle à l'application des règles de droit civil relatives à la prescription ;

(Abrogé par L. n° 2022-217 du 21 févr. 2022, art. 99) (L. n° 2014-1170 du 13 oct. 2014, art. 72-1°-b) « 3° Soit sont des immeubles qui n'ont pas de propriétaire connu, qui ne sont pas assujettis à la taxe foncière sur les propriétés bâties et pour lesquels, depuis plus de trois ans, la taxe foncière sur les propriétés non bâties n'a pas été acquittée ou a été acquittée par un tiers. Le présent 3° ne fait pas obstacle à l'application des règles de droit civil relatives à la prescription. »

Art. L. 1123-2 Les règles relatives à la propriété des biens mentionnés au 1° de l'article L. 1123-1 sont fixées par l'article 713 du code civil. *— [C. dom. Ét., art. L. 25.]*

Art. L. 1123-3 *(L. n° 2022-217 du 21 févr. 2022, art. 99)* « I. — » L'acquisition des immeubles mentionnés au 2° de l'article L. 1123-1 est opérée selon les modalités suivantes.

Un arrêté du maire *(L. n° 2014-366 du 24 mars 2014, art. 152-II-1°-a)* « ou du président de l'établissement public de coopération intercommunale à fiscalité propre » pris dans les conditions fixées par décret en Conseil d'État constate que l'immeuble satisfait aux conditions mentionnées au 2° de l'article L. 1123-1. Il est procédé par les soins du maire *(L. n° 2014-366 du 24 mars 2014, art. 152-II-1°-a)* « ou du président de l'établissement public de coopération intercommunale à fiscalité propre » à une publication et à un affichage de cet arrêté et, s'il y a lieu, à une notification aux derniers domicile et résidence du dernier propriétaire connu. Une notification est également adressée, si l'immeuble est habité ou exploité, à l'habitant ou à l'exploitant ainsi qu'au tiers qui aurait acquitté les taxes foncières. Cet arrêté est, dans tous les cas, notifié au représentant de l'État dans le département.

Les dispositions du deuxième alinéa *(L. n° 2022-217 du 21 févr. 2022, art. 99)* « du présent I » sont applicables lorsque les taxes foncières font l'objet d'une exonération ou ne sont pas mises en recouvrement conformément aux dispositions de l'article 1657 du code général des impôts.

Dans le cas où un propriétaire ne s'est pas fait connaître dans un délai de six mois à dater de l'accomplissement de la dernière des mesures de publicité mentionnées au deuxième alinéa *(L. n° 2022-217 du 21 févr. 2022, art. 99)* « du présent I », l'immeuble est présumé sans maître. *(L. n° 2014-366 du 24 mars 2014, art. 152-II-1°-b)* « La commune ou l'établissement public de coopération intercommunale à fiscalité propre peut, par délibération de son organe délibérant, l'incorporer dans son domaine. Cette incorporation est constatée par arrêté du maire ou du président de l'établissement public de coopération intercommunale à fiscalité propre. »

À défaut de délibération prise dans un délai de six mois à compter de la vacance présumée du bien, la propriété de celui-ci est attribuée à l'État. *(L. n° 2016-1087 du 8 août 2016, art. 109-II)* « Toutefois, lorsque le bien est situé dans l'une des zones définies à l'article

L. 322-1 du code de l'environnement, la propriété est transférée au Conservatoire de l'espace littoral et des rivages lacustres lorsqu'il en fait la demande ou, à défaut, au conservatoire régional d'espaces naturels agréé au titre de l'article L. 414-11 du même code lorsqu'il en fait la demande. *(L. nº 2022-217 du 21 févr. 2022, art. 98)* « Lorsque le bien est situé en dehors de ces zones, la propriété peut également être transférée, après accord du représentant de l'État dans la région, au conservatoire régional d'espaces naturels agréé au titre du même article L. 414-11 lorsqu'il en fait la demande. » Le transfert du bien est constaté par un acte administratif *(L. nº 2022-217 du 21 févr. 2022, art. 98)* « ou notarié ». »

(L. nº 2022-217 du 21 févr. 2022, art. 99) « Les bois et forêts acquis dans les conditions prévues au présent article sont soumis au régime forestier prévu à l'article L. 211-1 du code forestier à l'expiration d'un délai de cinq ans à compter de l'incorporation au domaine communal ou du transfert dans le domaine de l'État. Au cours de cette période, il peut être procédé à toute opération foncière.

« II. — L'administration fiscale transmet au maire ou au président de l'établissement public de coopération intercommunale à fiscalité propre, à leur demande, les informations nécessaires à la mise en œuvre de la procédure d'acquisition prévue au I du présent article. »

Art. L. 1123-4 *(Abrogé par L. nº 2022-217 du 21 févr. 2022, art. 99) (L. nº 2014-1170 du 13 oct. 2014, art. 72-2º) L'acquisition des immeubles mentionnés au 3º de l'article L. 1123-1 est opérée selon les modalités suivantes.*

Au 1er mars de chaque année, les centres des impôts fonciers signalent au représentant de l'État dans le département les immeubles satisfaisant aux conditions prévues au même 3º. Au plus tard le 1er juin de chaque année, le représentant de l'État dans le département arrête la liste de ces immeubles par commune et la transmet au maire de chaque commune concernée. Le représentant de l'État dans le département et le maire de chaque commune concernée procèdent à une publication et à un affichage de cet arrêté ainsi que, s'il y a lieu, à une notification aux derniers domicile et résidence du dernier propriétaire connu. Une notification est également adressée, si l'immeuble est habité ou exploité, à l'habitant ou à l'exploitant ainsi qu'au tiers qui a acquitté les taxes foncières.

Le deuxième alinéa du présent article est applicable lorsque les taxes foncières font l'objet d'une exonération ou ne sont pas mises en recouvrement en application de l'article 1657 du code général des impôts.

Dans le cas où un propriétaire ne s'est pas fait connaître dans un délai de six mois à compter de l'accomplissement de la dernière des mesures de publicité mentionnées au deuxième alinéa du présent article, l'immeuble est présumé sans maître. Le représentant de l'État dans le département notifie cette présomption au maire de la commune dans laquelle est situé le bien.

La commune dans laquelle est situé ce bien peut, par délibération du conseil municipal, l'incorporer dans le domaine communal. Cette incorporation est constatée par arrêté du maire. À défaut de délibération prise dans un délai de six mois à compter de la notification de la vacance présumée du bien, la propriété de celui-ci est attribuée à l'État. (L. nº 2016-1087 du 8 août 2016, art. 109-II) « Toutefois, lorsque le bien est situé dans l'une des zones définies à l'article L. 322-1 du code de l'environnement, la propriété est transférée au Conservatoire de l'espace littoral et des rivages lacustres lorsqu'il en fait la demande ou, à défaut, au conservatoire régional d'espaces naturels agréé au titre de l'article L. 414-11 du même code lorsqu'il en fait la demande. Le transfert du bien est constaté par un acte administratif. »

Les bois et forêts acquis dans les conditions prévues au présent article sont soumis au régime forestier prévu à l'article L. 211-1 du code forestier à l'expiration d'un délai de cinq ans à compter de l'incorporation au domaine communal ou du transfert dans le domaine de l'État. Dans ce délai, il peut être procédé à toute opération foncière.

....

Art. L. 2222-20 *(L. nº 2022-217 du 21 févr. 2022, art. 98)* « Lorsque la propriété d'un immeuble a été transférée ou attribuée, dans les conditions fixées aux articles L. 1123-3 et L. 1123-4, à une commune, à un établissement public de coopération intercommunale à fiscalité propre ou, à défaut, à l'État, au Conservatoire de l'espace littoral et des rivages lacustres ou au conservatoire régional d'espaces naturels agréé au titre de l'article L. 414-11 du code de l'environnement, le propriétaire ou ses ayants droit sont en droit d'en exiger la restitution. Il en est de même lorsque, en application du 1º de l'article L. 1123-1 du présent code et de l'article 713 du code civil, la propriété d'un bien a été transférée aux personnes publiques mentionnées à la première phrase du présent alinéa moins de trente ans après l'ouverture de la succession. » Toutefois, il ne peut être fait droit à cette demande si le bien a été aliéné ou utilisé d'une manière s'opposant à cette restitution. Ils ne peuvent, dans ce cas, obtenir de la commune *(L. n° 2014-366 du 24 mars 2014, art. 152-II-2°-a)* « , de l'établissement public de coopération intercommunale à fiscalité propre » *(L. n° 2016-1087 du 8 août 2016, art. 109-II)* « , de l'État, du Conservatoire de l'espace littoral et des rivages lacustres ou du conservatoire régional d'espaces naturels agréé » que le paiement d'une indemnité représentant la valeur de l'immeuble au jour de l'acte d'aliénation ou, le cas échéant, du procès-verbal constatant la remise effective de l'immeuble au service ou à l'établissement public utilisateur.

À défaut d'accord amiable, l'indemnité est fixée par le juge compétent en matière d'expropriation pour cause d'utilité publique.

La restitution de l'immeuble, ou à défaut, le paiement de l'indemnité, est subordonné au paiement par le propriétaire ou ses ayants droit du montant des charges qu'ils ont éludées *(L. n° 2022-217 du 21 févr. 2022, art. 98)* « , apprécié depuis le point de départ du délai de trois ans mentionné aux 2° et 3° de l'article L. 1123-1 du présent code pour les immeubles mentionnés aux mêmes 2° et 3° », ainsi que du montant des dépenses nécessaires à la conservation du bien engagées par la commune *(L. n° 2014-366 du 24 mars 2014, art. 152-II-2°-b)* « , par l'établissement public de coopération intercommunale à fiscalité propre, » *(L. n° 2016-1087 du 8 août 2016, art. 109-II)* « par l'État, par le Conservatoire de l'espace littoral et des rivages lacustres ou par le conservatoire régional d'espaces naturels agréé ». – *[C. dom. Ét., art. L. 27 ter.]*

SECTION 1 Bail emphytéotique administratif

(Ord. n° 2006-460 du 21 avr. 2006, art. 3-VII)

V. égal. CGPPP, art. L. 2122-20 et L. 2122-21. – ***CGPPP****.*

Art. L. 1311-2 *(Ord. n° 2015-899 du 23 juill. 2015, art. 101)* **Un bien immobilier appartenant à une collectivité territoriale peut faire l'objet d'un bail emphytéotique prévu à l'article L. 451-1 du code rural et de la pêche maritime en vue de la réalisation d'une opération d'intérêt général relevant de sa compétence ou en vue de l'affectation à une association cultuelle d'un édifice du culte ouvert au public. Ce bail emphytéotique est dénommé bail emphytéotique administratif.**

Un tel bail peut être conclu même si le bien sur lequel il porte, en raison notamment de l'affectation du bien résultant soit du bail ou d'une convention non détachable de ce bail, soit des conditions de la gestion du bien ou du contrôle par la personne publique de cette gestion, constitue une dépendance du domaine public, sous réserve que cette dépendance demeure hors du champ d'application de la contravention de voirie.

Un tel bail ne peut avoir pour objet l'exécution de travaux, la livraison de fournitures, la prestation de services, ou la gestion d'une mission de service public, avec une contrepartie économique constituée par un prix ou un droit d'exploitation, pour le compte ou pour les besoins *(Ord. n° 2018-1074 du 26 nov. 2018, art. 6)* **« d'un acheteur ou d'une autorité concédante soumis au code de la commande publique ».**

Dans le cas où un tel bail serait nécessaire à l'exécution d'un contrat de la commande publique, ce contrat prévoit, dans le respect des dispositions du présent code, les conditions de l'occupation du domaine.

(L. n° 2021-1109 du 24 août 2021, art. 70) **« Lorsque le bail a pour objet l'affectation à une association cultuelle d'un édifice du culte ouvert au public, la collectivité territoriale informe le représentant de l'État dans le département de son intention de conclure un tel bail au moins trois mois avant sa conclusion. »**

Les dispositions issues de l'Ord. n° 2018-1074 du 26 nov. 2018 s'appliquent aux marchés publics ainsi qu'aux contrats relevant de l'Ord. n° 2015-899 du 23 juill. 2015 relative aux marchés publics pour lesquels une consultation est engagée ou un avis d'appel à la concurrence est envoyé à la publication à compter du 1er avr. 2019. Ces dispositions s'appliquent également aux contrats de concession pour lesquels une consultation est engagée ou un avis de concession est envoyé à la publication à compter du 1er avr. 2019 (Ord. n° 2018-1074 préc., art. 20).

Sur le bail emphytéotique de biens immeubles, V. ci-dessous C. rur., art. L. 451-1.

BIBL. ▶ Arrighi de Casanova, La compatibilité de la domanialité publique et du bail emphytéotique (concl. sur CE 25 févr. 1994, SA SOFAP-Marignan Immobilier), *RFDA 1994. 510* . –

Ben Khelil et Tenailleau, Le recours au bail emphytéotique, *Contrats Publics, n° 228, p. 39.* – Braconnier, Les BEA et AOT constitutives de droits réels, *JCP Adm. 2011, n° 2395.* – Clamour, Investissement jurisprudentiel du BEA, *AJDA 2014. 285*. – Didriche, Focus sur le bail emphytéotique administratif local. Point d'étape après l'ordonnance du 19 avril 2017 relative à la propriété des personnes publiques, *AJCT 2017. 493*. – Dyens, Le BEA est-il devenu le « droit commun » de la valorisation domaniale ?, *AJCT 2013. 79*. – Foulquier, Extensions du bail emphytéotique administratif et généralisation du crédit-bail, *RDI 2009. 541*. – Leufflen, Camoz et Sarazin, Les investissements immobiliers des collectivités locales : le bail emphytéotique administratif, *JCP N 2001. 739.* – Mondou, Intérêt général et gestion domaniale : le bail emphytéotique administratif, *AJCT 2022. 558*. – Pontier, La commune ne peut être responsable du fait de l'emphytéote, note ss. CE 16 févr. 2005, Mme Bechtel, *AJDA 2005. 1073 et 1076*. – Richer, Les cent ans de la théorie des droits réels, *in G. Clamour (dir.), Contrats et propriété publics, LexisNexis, 2011, p. 179.* – Schmieder, Le bail emphytéotique administratif local, quel est (désormais) son domaine ?, *AJDA 2024. 886*. – Terneyre, Bail emphytéotique (droit public), *in Dalloz Action, Droit de la construction, 2010.* – Ubaud-Bergeron, BEA, *J.-Cl. Adm., fasc. 681.* – Yolka, Le BEA nouveau est arrivé, *JCP Adm. 2009. 254.*

COMMENTAIRE

V. dans le supplément en ligne.

Plan des annotations

I. BAUX EMPHYTÉOTIQUES ORDINAIRES

A. CHAMPS D'APPLICATION

1. Illicéité du bail emphytéotique portant sur le domaine public avant la loi de 1988. Avant l'adoption de la loi du 5 janv. 1988, une dépendance du domaine public ne peut faire l'objet d'un bail emphytéotique ordinaire dans la mesure où la convention contient des clauses incompatibles avec la domanialité publique et avec les nécessités du fonctionnement d'un service public. En l'espèce, la convention conclue entre un syndicat intercommunal et une association confiait à cette dernière la création et la gestion d'un foyer-logement pour personnes âgées sur un terrain loué par bail emphytéotique. L'association se voyait en effet conférer un droit réel sur un bien du domaine public puisqu'il appartenait à une collectivité publique, était affecté à un service public et était destiné à être aménagé à cet effet. • CE 6 mai 1985, *Assoc. Eurolat et Crédit foncier de France*, nos 41589 et 41699 A : *RFDA 1986. 21, concl. B. Genevois ; AJDA 1985. 620, note Moreau et Fatôme ; LPA 23 oct. 1985, p. 5, note Llorens ; RDSS 1986. 296, note Alfandari.* – V. aussi • CE 23 déc. 1994, *Caisse nationale de prévoyance du bâtiment, travaux publics et industries connexes et a.*, n° 128606 A. ♦ Les contrats conclus avant l'entrée en vigueur des textes autorisant la constitution de droits réels ont un objet illicite. • CE 1er oct. 2013, *Sté Espace Habitat Construction*, n° 349099 B : *AJCT 2013. 571, obs. Hul ; AJDA 2013. 2275, note Giacuzzo ; RDI 2014. 46, obs. Foulquier ; BJCP 2014. 32, concl. Daumas ; Dr. adm. 2014. 80, note Brenet ; JCP Adm. 2014, n° 2196, note Pauliat ; Rev. CMP 2013, n° 322, note Devillers ; ibid. 2015. Chron 2, obs. Llorens et Soler-Couteaux.*

2. Concessions de droits réels immobiliers sur une emprise n'appartenant pas au domaine public. Dès lors que l'emprise sur laquelle était édifié l'ancien centre commercial voué à la démolition ne concourait ni à la conservation ni au fonctionnement du parc public de stationnement situé en dessous du centre, elle ne constitue pas l'accessoire nécessaire de celui-ci et n'a pas le caractère d'une dépendance du domaine public de la communauté urbaine, propriétaire du parc et du centre. Dès lors, le protocole d'accord passé entre la communauté urbaine et la ville avec une société ayant pour objet la mise en exploitation par cette société, à l'emplacement du centre commercial désaffecté, d'un nouveau centre commercial pouvait légalement consentir à la société des droits réels immobiliers sur l'emprise destinée à la construction du futur centre qui n'appartenait pas au domaine public. Il n'y a pas violation de l'art. L. 1311-2 CGCT • CAA Douai, 8 juill. 2003, *Cne de Roubaix c/ Sté X Europe*, n° 00DA00376.

3. Domanialité privée et bail à 99 ans. Dès lors que des parcelles litigieuses faisaient partie, à la date de l'ordonnance d'expropriation, du domaine privé de la commune, pour qu'elles puissent être regardées comme appartenant au domaine public, il faut soit qu'elles aient été mises directement à la disposition du public usager, soit qu'elles aient été affectées à un service public pourvu qu'elles aient été par nature ou par des aménagements particuliers adaptées aux besoins particuliers de ce service ; en l'espèce, ces terrains n'ont pas été mis directement à la disposition du public usager ; de plus, si la ville a signé un bail à construction avec une société en vue de la création d'un parc de loisirs ouvert au public, la seule circonstance que la ville ait décidé de cette création dans le but de développer son potentiel touristique n'est pas en elle-même de nature à conférer à la gestion dudit parc le caractère d'un service public auquel le bail dont il s'agit aurait associé la société dès lors que ledit bail, qui se bornait à donner en location pour 99 ans les terrains concernés, moyennant une redevance égale à 2 % du chiffre d'affaires hors taxes, ne comportait aucune clause exorbitante du droit commun, et ne prévoyait aucun contrôle de la collectivité sur les activités et les tarifs, ne peut être regardé comme confiant à la société l'exécution d'un service public. • CAA Marseille, 24 juin 2003, *Cne de Nice*, n° 98MA00426.

4. Clauses disqualifiant les baux emphytéotiques. Les clauses soumettant la cession d'un bail emphytéotique à l'autorisation préalable de la personne publique, imposant que le cédant reste garant du cessionnaire, interdisant l'hypothèque des biens et limitant le nombre et les caractéristiques des ouvrages à réaliser conduisent à retirer au bail emphytéotique les caractéristiques essentielles de l'emphytéose. • CE 7 avr. 2011, *SA HLM Maison des élèves de l'École centrale des arts et manufactures*, n° 320262 : *Rev. CMP 2011, n° 185.*

B. RÉGIME

5. Opposabilité. Un contrat par lequel le propriétaire d'une dépendance du domaine public confie la gestion de cette dépendance à un tiers n'est pas opposable à la personne publique à qui ce bien a été loué pour y exercer une mission de service public sans que cette dernière y ait consenti. • CE 7 déc. 2015, *Sté nat. immobilière*, n° 375643 B : *RDI 2016. 153, obs. Foulquier*. ♦ Les dispositions de la L. n° 2011-267 du 14 mars 2011, en particulier celles suivant lesquelles un bail emphytéotique peut dorénavant être conclu en vue de la restauration, de la réparation, de l'entretien-maintenance ou de la mise en valeur d'un bien immobilier appartenant à une collectivité territoriale, ne sont pas rétroactives. • Même arrêt.

6. Bénéficiaire d'un bail décidé mais non conclu. Quand un conseil municipal a pris une délibération décidant de louer par bail emphytéotique à une association de parents d'adultes et de jeunes handicapés un terrain lui appartenant en vue de la construction d'une maison d'accueil spécialisée pour handicapés, ladite association peut présenter une demande de permis de construire sur ce terrain alors même que le bail n'a été conclu que postérieurement ; dès l'intervention de la délibération elle justifiait d'un titre l'habilitant à construire, au sens de l'art. R. 421-1 C. urb. • CE 26 févr. 1988, *Assoc. pour la sauvegarde du parc de Saint-Leu et a. c/ Ville de Saint-Leu-la-Forêt*, n° 73393 A.

7. Nature des marchés passés par le preneur. Un marché de travaux passé par le preneur privé d'un bail emphytéotique conclu avec une personne publique n'est pas un contrat administratif lorsqu'il est conclu avec une autre entreprise privée et quand bien même l'ouvrage construit reviendra à la fin du bail à la personne publique. • T. confl. 14 déc. 2009, *Soc HLM pour Paris et sa région c/ Dumez IDF*, n° 3716 A : *RJEP juin 2010, n° 32, concl. Collin.*

8. Travaux engagés par le candidat preneur sans être titulaire d'un bail emphytéotique. Quand une commune a pris l'engagement de garantir l'emprunt contracté auprès du Crédit foncier par une association en vue de la réalisation d'une maison d'hébergement temporaire pour personnes âgées sur un terrain communal, puis revient sur cet engagement, occasionnant ainsi un préjudice à l'association, que celle-ci est mise en liquidation judiciaire, et que le Conseil d'État a jugé illégale la délibération du conseil municipal, la cour peut estimer, dans la détermination des responsabilités, qu'« il ne résulte pas de l'instruction, eu égard aux faits que le projet avait été autorisé par le président du conseil général (...) et que le permis de construire avait été délivré le 21 oct. 1988, que l'association ait commis une imprudence en commençant les travaux de construction le 6 mars 1989, même si elle n'avait pas encore à cette date acquis le terrain, lequel était la propriété de la commune, et qu'elle n'était pas titulaire d'un bail emphytéotique ; ainsi, aucune faute susceptible d'exonérer en tout ou partie la commune de sa responsabilité ne peut être retenue à l'encontre de l'association ». • CAA Nantes, 8 nov. 1995, *Cne de Faye-d'Anjou*, n° 95NT00286.

9. Marché. Responsabilité décennale. Quand un centre hospitalier confie à une entreprise le soin de réaliser les travaux d'installation des canalisations reliant les bassins de stockage à l'établissement thermal, il passe régulièrement ce marché en sa qualité de titulaire d'un bail emphytéotique passé avec la commune portant sur l'établissement thermal ; par suite, il est recevable à rechercher la responsabilité décennale de l'entreprise, contrairement à ce qu'a estimé le tribunal administratif. • CAA Bordeaux, 5 avr. 1994, *Cne de Lamalou-les-Bains, CH Paul-Coste-Flore*, n° 92BX00468.

10. Responsabilité pour vices de construction. Quand par bail emphytéotique une commune rurale met à la disposition du syndicat mixte du parc naturel des volcans d'Auvergne une bergerie désaffectée appartenant à la commune pour aménager un musée des fromages, que ledit syndicat fait réaliser des travaux, qu'après la réception des vices apparaissent, l'examen des responsabilités doit être enserré dans les rapports entre le syndicat et les entrepreneurs. La responsabilité de la commune ne peut être engagée. • CE 22 mars 1991, *Synd. mixte du parc naturel des volcans d'Auvergne*, n° 89502 A (sol. impl.).

11. Une commune n'étant pas maître d'ouvrage d'un immeuble bâti par le titulaire d'un bail emphytéotique, sa responsabilité ne peut être engagée pour les dommages résultant des travaux. Elle ne peut davantage l'être à titre subsidiaire, dès lors que la liquidation judiciaire de la société maître d'ouvrage ne démontre pas son insolvabilité. • CE 16 févr. 2005, *M. et Mme Maurel*, n° 211039 B : *AJDA 2005. 1074, note Pontier*.

12. Aides indirectes au développement économique. Clauses non conformes aux conditions du marché. Rabais. Le bail emphytéotique passé entre une communauté urbaine et une société d'économie mixte par laquelle la communauté met à la disposition de la société un immeuble ne peut stipuler un rabais par rapport aux conditions du marché dès lors que l'immeuble n'a pas un caractère industriel et n'est pas situé dans l'une des zones figurant à l'annexe I au décret du 6 mai 1982. Il y a lieu de lui appliquer par analogie les dispositions de la loi du 7 janv. 1982 relative à la revente ou à la location de bâtiments. • CE 6 avr. 1998, *Cté urbaine de Lyon*, n° 151752 A : *BJCP 1998. 80, concl. Goulard.*

13. Absence de redevance. N'est pas conforme aux dispositions de l'art. 4 de la loi n° 82-6 du 7 janv. 1982 (codifié ss. CGCT, art. L. 1511-1 s.) le bail emphytéotique passé entre une communauté urbaine et une société d'économie mixte comportant une clause mettant un immeuble à la disposition d'une société privée qui ne prévoyait le paiement d'aucune redevance. • CE 6 avr. 1998, *Cté urbaine de Lyon*, n° 151752 : *préc. note 12.*

14. Redevance avec dispense de paiement pour travaux. N'est pas non plus conforme à ces dispositions la clause du même bail qui dispense la SEM du paiement d'une redevance annuelle de 1 000 000 F pendant dix ans au seul motif qu'elle devait effectuer des travaux de remise en état sur l'immeuble loué pour une somme évaluée à 10 000 000 F, dès lors que le bail se réfère expressément aux art. L. 451-1 s. C. rur., lesquels prévoient que tout preneur d'un bail emphytéotique qui acquitte habituellement une redevance d'occupation de montant modique doit, en revanche, exécuter à ses frais tous travaux et réparations sur l'immeuble mis à sa disposition. N'est pas une compensation au déséquilibre financier du bail en faveur de la SEM et de la société privée le fait que ces personnes n'ayant pris aucun engagement en termes de création ou d'extension d'activités économiques, la communauté urbaine évoque de manière succincte d'hypothétiques créations d'emplois. • CE 6 avr. 1998, *Cté urbaine de Lyon*, n° 151752 : *préc. note 12.*

15. Permis de construire. Le titulaire d'un bail emphytéotique administratif (BEA), à condition qu'il soit licite, dispose d'un titre juridique suffisant pour solliciter un permis de construire. • CAA Lyon, 7 mars 2011, *Synd. des copropriétaires de la Résidence Le Rond Point des Pistes 3*, n° 09LY00750 : *Rev. CMP 2011, n° 184 ; RDI 2011. 452, note Caille*.

II. BAUX EMPHYTÉOTIQUES DE LA LOI DU 5 JANV. 1988

A. DÉFINITION ET CHAMP D'APPLICATION

16. Définition générale. Est un bail emphytéotique de la loi du 5 janv. 1988 le bail : qui répond « aux conditions posées tant par l'art. L. 451-1 C. rur. que par les dispositions du paragraphe III de l'art. 13 de la loi (préc.) qui définissent les conditions auxquelles doivent satisfaire les baux passés en application du paragraphe II du même art. » ; dont les clauses financières ne traduisent pas une dénaturation de l'objet d'une telle convention. Par ailleurs, un tel bail emphytéotique peut donner au bailleur le droit de résilier unilatéralement la convention dans certaines hypothèses, une telle stipulation exorbitante du droit commun pouvant être insérée dans un bail souscrit en application des dispositions précitées à l'art. 13 de la loi du 5 janv. 1988 sans que le contrat ainsi passé perde sa qualité de bail emphytéotique, alors même qu'une telle clause est contraire aux dispositions de l'art. L. 451-5 C. rur. Enfin, un tel bail peut valablement, compte tenu de l'objet qui lui est assigné par la loi, imposer au preneur des obligations tenant à l'utilisation qu'il fera du bien mis à sa disposition (en l'affaire, une société s'engage à donner en location à la ville contre versement d'un loyer les surfaces répondant à ses besoins, l'ensemble du bâtiment construit devant en fin du bail de soixante-cinq ans revenir à la ville). • CE, sect., 25 févr. 1994, *SA Sofap Marignan Immobilier et a.*, n°s 144641-145406 A : *RFDA 1994. 510 ; AJDA 1994. 550 ; D. 1994. 536 ; JCP 1994. IV. 1014 ; CJEG 1994. 569 ; JCP N 1994. II. 168.*

17. Nature de contrat administratif. Un déféré préfectoral assorti d'une demande de sursis à exécution peut être formé contre une convention d'exploitation d'un service public et le bail emphytéotique qui lui est associé. • CE 9 déc. 1996, *Préfet du Gard*, n° 172800. ♦ Ces deux contrats sont donc des contrats administratifs soumis au contrôle de légalité (sol. impl.). • Même arrêt.

18. Bail emphytéotique administratif sur le domaine privé. Un BEA peut être conclu sur le domaine privé mais il doit répondre aux conditions de l'art. L. 1311-2 du CGCT, ce qui ne conduit pas nécessairement le terrain d'assiette à entrer dans le domaine public. • TA Montpellier, 17 mai 2011, *Mme Dunleavy*, n° 0904600 : *AJDA 2011.*

1682, note Clamour ; *BJCL 2011. 584, concl. P. de Monte.*

19. Exclusion des dépendances soumises au régime de la contravention de voirie. Parc de stationnement. Quand une commune a loué par bail emphytéotique un terrain à un particulier pour y installer un bowling, qu'un tiers évincé attaque la délibération au motif que le terrain appartient à la voirie routière et qu'au titre de l'art. 13 de la loi du 5 janv. 1988, un tel bien ne peut faire l'objet de baux de la sorte, le Conseil d'État rappelle que l'art. préc. dispose que : « Un bien immobilier appartenant à une collectivité territoriale peut faire l'objet, en faveur d'une personne privée, d'un bail emphytéotique (...) même si le bien (...) constitue une dépendance du domaine public, sous réserve que cette dépendance demeure hors du champ d'application de la contravention de voirie ». Par suite, un tel bail ne peut être appliqué à la voirie routière. Puis, la Haute Juridiction constate que « ce terrain, entouré de voies affectées à la circulation publique, et utilisé essentiellement et de façon permanente comme parc de stationnement automobile, a le caractère de dépendance de la voirie routière ». En conséquence, il ne pouvait faire l'objet d'un bail emphytéotique, et la délibération du conseil municipal devait être annulée. • CE 18 oct. 1995, *Cne de Brive-la-Gaillarde c/ Cts Rivert et Delpy*, n° 116316 A. ♦ En revanche, parce qu'un parc de stationnement souterrain ou en hauteur n'est pas un ouvrage routier, sa construction peut faire l'objet d'un BEA, y compris s'il est situé sur un emplacement antérieurement incorporé à la voirie mais ensuite déclassé et désaffecté. • CE 11 juin 2004, *Cne de Biarritz*, n° 263241 : *BJDU 2004. 311, concl. Guyomar.*

20. Nullité du bail sur la voirie routière. En application de l'art. L. 1311-2 CGCT, le bail emphytéotique qui porte sur une dépendance de la voirie routière placée à ce titre dans le champ d'application de la contravention de voirie est illégal, et même si ladite dépendance n'est qu'une partie de la surface objet du bail. • CE 30 avr. 2004, *Cne de Saint-Étienne c/ SCI Ferrand*, n° 253372 : *BJCL 2004. 472, concl. Collin.* ♦ L'appartenance au domaine public communal d'une parcelle affectée à la circulation publique entraîne l'illégalité de la délibération du conseil municipal décidant la conclusion d'un bail emphytéotique portant sur *un terrain l'incluant.* • *CE 28 avr. 2006, SCI Ferrand*, n° 276480.

21. Réalisation d'une opération d'intérêt général. Répond à cet objet le bail emphytéotique par lequel une ville loue un terrain à une société en vue d'y construire un bâtiment destiné à être loué à la ville pour permettre l'extension de l'hôtel de ville (sol. impl. explicitée par les concl. du commissaire du Gouvernement). • CE, sect., 25 févr. 1994, *SA Sofap Marignan immobilier et a.*, n°s 144641-145406 : *préc. note 16.* ♦ La loi n'exclut pas que le bail soit utilisé en vue de mettre l'ouvrage à la disposition de la collectivité elle-même. • Même arrêt. ♦ ... Que le bail emphytéotique conclu par un hôpital public afin de permettre, à proximité de l'hôpital, voire sur le site hospitalier lui-même, « l'hébergement non médicalisé des usagers du service public hospitalier dans des bâtiments à usage d'hôtel », sous réserve que « l'immeuble à usage d'hôtel qui sera construit et exploité par une personne privée grâce au bail emphytéotique, soit exclusivement ou à tout le moins principalement et prioritairement destiné à accueillir des personnes ayant des liens avec l'établissement de santé ou avec les malades qui y sont hospitalisés ». • CE, sect. avis, 16 juin 1994, n° 356101 : *Rapport CE 1994, p. 367.* ♦ ... Le bail emphytéotique conclu entre un établissement public de santé et une personne de droit privé en vue de l'installation sur le domaine public de l'établissement d'un équipement matériel lourd, au sens de l'art. L. 712-19 CSP (devenu CSP, art. L. 6122-2), si, d'une part, cet équipement répond à des besoins des patients (hospitalisés ou non) de l'établissement public de santé, besoins que ledit établissement ne peut pas satisfaire par ses propres et seuls moyens notamment pour des raisons économiques et financières, et si, d'autre part, les clauses contractuelles liant les parties signataires sont telles que l'établissement de santé soit assuré que, dans l'utilisation de l'équipement, les besoins des patients qu'il présentera seront satisfaits à tout moment de manière prioritaire. • CE, sect. soc. avis, 24 janv. 1995, n° 356973 : *Rapport CE 1995, p. 47.* ♦ ... Le bail emphytéotique conclu entre une commune et une société en vue de l'aménagement et de l'exploitation d'un terrain de golf. • CAA Lyon, 25 mai 1999, *SA Domaine et Golf du Lavandou*, n° 97MA05293 : *BJCP 1999. 628*, • CAA Versailles, 21 juill. 2011, *Sté du golf de Verrières*, n° 10VE00774 : *AJDA 2011. 2105, chron. Kermorgant* . ♦ ... Le bail à construction (requalifié de bail emphytéotique) conclu entre une ville et une association pour une durée de vingt-cinq ans et tendant à la mise à disposition des équipements sportifs de la commune. • CAA Marseille, 5 févr. 2001, *Préfet des Alpes-Maritimes : BJCP 2002. 54, concl. Duchon-Doris.* ♦ ... Le bail emphytéotique conclu entre une ville et une société, d'une durée de cinquante ans, pour la location d'un espace au sein d'un immeuble communal dédié à la culture en vue d'y exploiter un bar-cafétéria. • TA Strasbourg, 5 mai 2000, *M. Riegert c/ Ville de Strasbourg : BJCP 2001. 82.* ♦ Le bail conclu entre une commune et une SCI en vue de réaliser des logements à des prix abordables pour leurs occupants, de redynamiser l'activité commerciale de la commune et de dynamiser la création d'emplois en implantant des administrations de l'État sur le territoire communal peut être regardé comme correspondant à une mission d'intérêt général relevant de la compétence de la commune. • CAA Versailles, 27 oct. 2004, *Cne d'Épinay-sous-Sénart : BJCL 2005. 148.* ♦ ... Le bail conclu en vue de la rénovation du casino municipal qui participe à une mission de service public. • CE 16 févr. 2005, *Épx Maurel,* n° 211039 B : *AJDA 2005. 1073*. ♦ ... Le bail conclu entre une ville et diverses personnes en vue de mettre à la disposition de ces personnes des locaux constituant un petit centre commercial dans un quartier périphérique de la ville. • CAA Bordeaux, 1er mars 2005, *Sté gasconne d'investissement immobilier,* n° 01BX01791. ♦ ... Le bail de trente-six ans conclu entre un département et l'opérateur des installations immobilières d'un parc récréatif. • CE 27 juill. 2005, *Min. de l'Intérieur c/ Dpt du Lot-et-Garonne,* n° 247566 B : *Rev. CMP 2005, n° 282.* ♦ ... Le bail conclu par une commune portant sur la construction d'un centre commercial de nature à développer l'emploi, et dont il n'est pas allégué qu'elle ne présenterait pas d'utilité dans le contexte local. • CAA Bordeaux, 21 mai 2015, *Sté Bobsleigh et Sté Distribution Casino France,* n° 14LY01692.

22. Accomplissement d'une mission de service public. Répond à cet objet le bail emphytéotique destiné à réaliser et exploiter un casino municipal pendant la durée du bail. • CE 10 juin 1994, *Cne de Cabourg,* n° 141633 A : *AJDA 1994. 560 ; RFDA 1994. 738.*

23. Absence de service public et d'intérêt général. Doit être annulée une délibération municipale autorisant la conclusion d'un bail emphytéotique pour une durée de quatre-vingt-dix-neuf ans, en faveur d'une association dénommée « Foyer des jeunes et d'éducation populaire », car, si la preneuse s'engage à restaurer les locaux nécessaires à son activité, aucune stipulation du bail ou d'une autre convention « ne lui assigne des obligations de service public, [...] ne prévoit d'aides de la commune, [...] ni l'exercice d'un contrôle » sur ses activités. Il ne ressort pas des pièces du dossier que la commune aurait chargé l'association d'assurer pour son compte une mission de service public ou de réaliser une opération d'intérêt général relevant de sa compétence. • TA Marseille, 21 déc. 1990, *Grangeon : Dr. adm. 1991, n° 520.* ♦ Tel est également le cas d'un bail consenti par un établissement hospitalier public local sur son domaine public à la seule fin de permettre l'installation d'un médecin du secteur libéral, une telle opération ne pouvant être rattachée, sauf circonstances particulières, à une mission de service public ou à une opération d'intérêt général relevant de la compétence de l'établissement. • CE, sect. soc. avis, 16 juin 1994, n° 356101 : *Rapport CE 1994. 367.* ♦ ... Du bail consenti à une société de crédit-bail pour les seuls besoins du financement des ouvrages à construire par un délégataire de service public. • TA Cergy-Pontoise, 16 oct. 2008, *Sté Locafimo : Rev. CMP 2009, n° 208.* ♦ ... Du bail ayant pour objet la construction semi-enterrée au pied des pistes de la station de ski de Val-d'Isère d'un établissement à usage de bar-restaurant discothèque. • CAA Lyon, 7 mars 2011, *Synd. des copropriétaires de la Résidence Le Rond Point des Pistes 3,* n° 09LY00750 : *Rev. CMP 2011, n° 184 ; RDI 2011. 452, note Caille*. ♦ Un bail conclu entre une commune et une association, pour une longue durée et un loyer d'un euro, sur un ensemble immobilier destiné à la pratique de l'aviron, dont la commune est propriétaire et sur lequel elle s'est engagée à réaliser divers travaux, n'a pas le caractère d'un BEA dès lors qu'il ne confère à l'association aucun droit réel sur le bien mis à sa disposition, n'a pas été conclu en vue de l'accomplissement pour le compte de la commune d'une mission de service public et ne vise pas à réaliser une opération d'intérêt général relevant de la compétence de la commune puisque les investissements à réaliser sont exclusivement à sa charge. • T. confl. 13 oct. 2014, *Sté Axa France IARD,* n° C3963 A : *Lebon ; AJCT 2015. 48, obs. Juilles ; AJDA 2014. 2180, chron. Lessi et Dutheillet de Lamothe ; RFDA 2014. 1068, concl. Desportes ; Rev. CMP 2014, n° 322, note Eckert.*

24. Réalisation d'investissements sur un bien appartenant à la personne publique. Régime temporel. Le juge administratif refuse que les nouveaux types de baux introduits à l'art. L. 1311-12 rétroagissent à leur entrée en vigueur. Avant la loi n° 2011-267 du 14 mars 2011, le législateur avait restreint le recours aux BEA aux contrats dans lesquels le preneur a la charge de réaliser, sur le bien immobilier qu'il est autorisé à occuper, des investissements revenant à la collectivité en fin de bail, et non de permettre la conclusion de contrats par lesquels la collectivité confie à un tiers une mission de gestion courante d'un bien lui appartenant. Cette possibilité d'un BEA conclu en vue de la restauration, de la réparation, de l'entretien et maintenance ou de la mise en valeur d'un bien immobilier appartenant à une collectivité territoriale n'est pas rétroactive. • CE 19 nov. 2013, *Sté nat. immobilière,* n° 352488 A : *AJDA 2014. 285, note Clamour ; RDI 2014. 212, obs. Foulquier ; Rev. CMP 2014, n° 18, note Eckert ; JCP Adm. 2013. Actu 94, note Touzeil-Divina ; ibid. 2014, n° 2207, note Langelier.* ♦ V. également • CAA Nantes, 20 déc. 2013, *Sté nat. immobilière,* n° 12NT00898.

25. Affectation à une association cultuelle d'un édifice du culte. L'art. L. 1311-2 a ouvert aux collectivités territoriales la faculté, dans le respect du principe de neutralité à l'égard des cultes et du principe d'égalité, d'autoriser un organisme qui entend construire un édifice du culte ouvert au public à occuper pour une longue durée une dépendance de leur domaine privé ou de leur domaine public, dans le cadre d'un bail emphytéotique, dénommé BEA et soumis aux conditions particulières posées par l'art. L. 1311-3 CGCT. Le législateur a ainsi permis aux collectivités territoriales de conclure un tel contrat en vue de la construction d'un nouvel édifice cultuel, avec pour contreparties, d'une part, le versement, par l'emphytéote, d'une redevance qui, eu égard à la nature du contrat et au fait que son titulaire n'exerce aucune activité à but lucratif, ne dépasse pas, en principe, un montant modique, d'autre part, l'incorporation dans leur patrimoine, à l'expiration du bail, de l'édifice construit, dont elles n'auront pas supporté les charges de conception, de construction, d'entretien ou de conservation ; il a, ce faisant, dérogé aux dispositions précitées de la loi du 9 déc. 1905 concernant la séparation des Églises et de l'État. • CE, ass., 19 juill. 2011, *Mme Vayssière*, n° 320796 : *AJCT 2011. 515, obs. Perrier ; AJDA 2011. 1667, chron. Domino et Bretonneau ; ibid. 2010, note Fatôme et Richer ; D. 2011. 2375, note Touzeil-Divina ; RDI 2011. 628, note Févrot ; RFDA 2011. 967, concl. Geffray.* ♦ La faculté ouverte par l'art. L. 1311-2 de conclure un BEA en vue de la construction d'un édifice cultuel n'est ouverte qu'à la condition que l'affectataire du lieu de culte édifié dans le cadre de ce bail soit, ainsi que l'impliquent les termes mêmes de l'art. L. 1311-2 CGCT, une association cultuelle, c'est-à-dire une association satisfaisant aux prescriptions du titre IV de la L. du 9 déc. 1905. Dans l'hypothèse où l'affectataire ne serait pas l'emphytéote, un tel bail n'est légal que s'il comporte une clause résolutoire garantissant l'affectation du lieu à une association cultuelle satisfaisant aux prescriptions du titre IV de la L. du 9 déc. 1905. • CE 10 févr. 2017, *Ville de Paris*, n° 395433 A : *AJDA 2017. 684, concl. Henrard ; AJCT 2017. 346, obs. Didriche ; RDI 2017. 298, obs. Foulquier*. ♦ Si la L. du 9 déc. 1905 ne fait pas obstacle à la résiliation anticipée d'un BEA, les dispositions des art. L. 1311-2 et L. 1311-3 CGCT ne peuvent être regardées comme ayant entendu exclure son application en ce qui concerne les conditions financières dans lesquelles le bien objet de ce contrat est cédé. L'application de la L. du 9 déc. 1905 implique que cette cession soit effectuée dans des conditions qui excluent toute libéralité et, par suite, toute aide directe ou indirecte à un culte. En l'espèce, le prix de cession du terrain d'assiette et la valeur de la renonciation de la commune au droit de devenir propriétaire de l'édifice cultuel en fin de bail ont été fixés par la commune de Bagnolet à la somme totale de 950 000 € hors taxes, soit un montant identique à celui proposé par les services des domaines. Or la commune n'établit ni même ne soutient qu'elle aurait pris en compte dans son estimation l'avantage, pourtant indissociable du prix, consistant en un paiement échelonné sans intérêt de plus d'un quart du montant total de la somme due, selon quarante-huit mensualités. Ainsi, la commune doit être regardée comme ayant consenti un avantage, sans contrepartie, ayant pour effet de minorer le prix de cession du bien en deçà de sa valeur réelle et, par suite, comme ayant versé à l'association une subvention proscrite par les dispositions précitées de la L. du 9 déc. 1905. • CAA Paris, 22 sept. 2023, n° 22PA02509. ♦ Le refus de reconnaissance de la qualité cultuelle d'une association lui retire la possibilité de négocier avec une commune la signature d'un BEA pour la construction d'une mosquée. • TA Melun, ord., 22 nov. 2023, n° 2311557 : *JA 2024, n° 692, p. 10, obs. X. Delpech ; AJCT 2024. 50, obs. Rombauts-Chabrol*.

B. RÉGIME

26. Absence de publicité et de mise en concurrence. Sauf à présenter les caractéristiques d'un contrat de la commande publique, un BEA n'est pas un contrat public dont la passation doit être précédée de mesure de publicité et de mise en concurrence. • CE 25 févr. 1994, *SA Sofap Marrignan immobilier*, nos 144641-145406 : *préc. note 16* • CAA Versailles, 21 juill. 2011, *Sté. du golf de Verrières*, n° 10VE00774 : *préc. note 21* • CAA Paris, 30 déc. 2016, *Synd. des copropriétaires de la résidence Butte Stendhal, Assoc. Mieux vivre le 20e*, n° 14PA00218 : *AJCT 2017. 293, obs. Didriche*.

27. Publicité et mise en concurrence. Assimilation à une concession de travaux. Doivent faire l'objet des mesures de publicité prévues par le décret n° 92-311 du 31 mars 1992 le projet de convention dit « bail emphytéotique » et le projet de financement des travaux qui sont liés l'un à l'autre et ont pour objet de faire réaliser les travaux d'aménagement d'un immeuble communal où est situé un casino, dès lors que la rémunération du cocontractant de la commune consiste dans le droit d'exploiter l'ouvrage pendant une durée de soixante ans, que le projet prévoit que les constructions édifiées et les travaux effectués par le cocontractant deviendront la propriété de la commune et que le montant des travaux est supérieur au seuil prévu par l'arrêté du 31 mars 1992. • CE 10 juin 1994, *Cabourg (Cne de), SA d'organisation de loisirs et spectacles*, n° 141633 : *préc. note 22*. ♦ Un BEA peut être qualifié de concession de travaux eu égard au mode de rémunération du cocontractant et au fait qu'il prévoit la réalisation d'ouvrages répondant aux besoins précisés par le pouvoir adjudicateur. • TA Paris, ord., 3 févr. 2009, *Sté Ken Club*, n° 0900393 : *Rev. CMP 2009, n° 99* (BEA conclu en vue de la rénovation et de l'exploitation d'une piscine classée).

28. Assimilation à un marché public de travaux. Si la conclusion d'un BEA ne peut être soumise au C. marchés dans la mesure où l'art. 1er de ce code subordonne la qualification de marché public de travaux au fait que le pouvoir adjudicateur doit y avoir la qualité de maître d'ouvrage –, ce qui n'est pas le cas d'un BEA où cette qualité appartient au preneur du bail – la conclusion d'un tel BEA, où le preneur se voit chargé par la collectivité publique bailleresse de construire un ouvrage pour ses besoins, qu'elle louera ensuite au preneur, est soumise aux règles des directives communautaires de passation des marchés publics de travaux si le montant des travaux dépasse les seuils communautaires et aux règles fondamentales des traités de l'Union européenne (publicité préalable adéquate) si le montant des travaux est inférieur à ce seuil. • TA Nice, 6 déc. 2006, *Sté Cirmad Grand Sud,* n° 0605880 : *BJCP 2007. 228* • TA Bordeaux, 26 nov. 2007, *Stéoc. Norbail-immobilier,* n° 0704671 • TA Versailles, 5 janv. 2010, *M. Guyard,* n° 0612329 : *AJDA 2010. 1196, concl. Sorin*. ♦ En revanche, la conclusion d'un BEA entre une commune et « son » OPAC en vue de lui confier la gestion de ses biens immobiliers échappe à toutes règles et principes de publicité et de mise en concurrence dès lors que ce contrat doit être regardé comme conclu *in house*. • CAA Paris, 30 juin 2009, *Ville de Paris : BJCP 2009. 475, concl. Marino.* ♦ De même, si l'objet du BEA consiste « seulement » à construire des ouvrages nécessaires aux besoins exclusifs de l'occupant privatif, ce bail n'est pas un marché public de travaux au sens du droit communautaire. • CE 10 mars 2006, *Sté Unibail Management,* n° 284802 : *Rev. CMP 2006, n° 151* • CAA Nancy, 11 oct. 2007, *Assoc. Aubettes Demain,* n° 06NC00733 : *Rev. CMP 2008, n° 19.* ♦ Dans le même ordre d'idée, l'absence, au sein d'un BEA, s'agissant des ouvrages à réaliser, de prescription technique émanant de la commune susceptible de caractériser un besoin précisé par celle-ci et de faire regarder la collectivité comme le maître de l'ouvrage de cette opération exclut la requalification en marché public. • CAA Marseille, 14 juin 2021, *Sté nouvelle d'entreprise de spectacles,* n° 20MA02803 : *Rev. CMP 2021, n° 10, comm. 289, note Eckert.* ♦ La requalification en marché public de travaux d'un BEA justifie l'annulation d'actes détachables du contrat et implique, compte tenu de la gravité de l'illégalité constatée – tenant au non-respect d'obligations de publicité de mise en concurrence – et de l'impossibilité de régularisation, que le juge ordonne aux parties de résilier le bail. • CAA Bordeaux, 2 févr. 2017, *Assoc. Savès-Accueil-Transparence,* n°s 14BX02682 et 14BX02684 : *AJCT 2017. 344, obs. Didriche*. ♦ Un BEA ne permet pas de confier à une société la réalisation de travaux importants dans un camping municipal. Ainsi, la CAA de Toulouse a jugé, sur la base des stipulations du contrat conclu par une commune, qu'« au vu de ces éléments, qui laissent apparaître que, alors qu'un camping municipal est un service public, la commune a entendu confier à un opérateur tiers par la voie d'un BEA la réalisation de travaux de rénovation importants de ce camping pour un montant significatif, le moyen tiré de ce que le contrat du 28 juin 2023 a été conclu en méconnaissance des dispositions du 3e al. de l'art. L. 1311-2 CGCT est propre à créer, en l'état de l'instruction, un doute sérieux quant à la légalité de cet acte ». • TA Toulouse, ord., 12 sept. 2023, n° 2305138.

29. *Assimilation à une délégation de service public.* Un BEA doit être regardé comme comportant délégation de service public dès lors que les aléas de l'exploitation sont supportés par le locataire et que le bailleur conserve le contrôle de sa gestion. • CAA Bordeaux, 7 mai 2015, *Cne de Rivedoux-Plage,* n° 13BX02005. ♦ L'existence d'une « simple » activité d'intérêt général, non constitutive d'un service public faute de contrôle suffisant de la part de la commune, exclut la requalification d'un BEA en délégation de service public. • CAA Marseille, 14 juin 2021, *Sté nouvelle d'entreprise de spectacles,* n° 20MA02803 : *préc. note 28.*

30. *Bail emphytéotique et bail à construction.* Dès lors qu'un terrain est propriété d'une commune, qu'il supportait une école désaffectée, qu'il est déclassé, puis fait l'objet d'une convention et d'un bail à construction (à fin de réalisation d'un parking), que ces deux actes sont signés par la commune dans le cadre de son programme d'aménagement du centre-ville, afin d'en améliorer l'accessibilité, que le bail comporte des clauses relatives au contrôle de la ville sur la conception et la réalisation des travaux, que ce parking est destiné à être ouvert au public, même s'il est prévu que la société co-contractante peut en louer une partie de manière privative, il est dans ce contexte jugé que ce parc de stationnement, affecté à l'usage du public et équipé d'aménagements spéciaux répondant à cette affectation, appartient avec ses dépendances au domaine public communal ; par suite, il ne peut faire l'objet que d'un bail emphytéotique. • CAA Marseille, 12 juin 2001, *Sté Sofipark,* n° 98MA01137 : *BJDCP, n° 20, p. 54.*

31. *Régime des biens.* Dans le cadre d'un BEA, il est possible aux parties de déroger à la règle selon laquelle, lorsque des ouvrages nécessaires au fonctionnement du service public, et ainsi constitutifs d'aménagements indispensables à l'exécution des missions de ce service, sont établis sur la propriété d'une personne publique, ils relèvent de ce fait du régime de la domanialité publique. Les parties peuvent, dans le contrat, y déroger à la double condition que ce soit selon les modalités et dans les limites définies aux art. L. 2122-6 à L. 2122-14 CGPPP ou aux art. L. 1311-2 à L. 1311-8 CGCT et que la nature et l'usage des droits consentis ne soient pas susceptibles d'affecter la continuité du service public. • CE, ass., 21 déc. 2012, *Cne de Douai,* n° 342788 A : *AJCT 2013. 91, obs. Didriche ; AJDA 2013. 457, chron. Domino et Bretonneau ; ibid. 724, étude Fatôme et Terneyre ; D. 2013. 252, obs. Capitant ; RFDA 2013. 25, concl. Dacosta ; ibid. 513, étude Janicot et Lafaix ; RJEP 2013, étude 9, note Llorens ; Dr. adm. 2013, n° 20, note Éveillard ; Rev. CMP 2013. Repère 2, obs. Llorens et Soler-Couteaux ; Rev. CMP 2013, n° 41, note Eckert.*

32. *Déféré préfectoral.* Quand la délibération litigieuse est prise un 25 juin et est enregistrée le 9 juill. à la préfecture, et ses avenants le 26 juill., que par son courrier du 10 sept., le secrétaire général de la préfecture a demandé à la ville de bien vouloir lui apporter des précisions sur les conditions d'attribution au regard des règles de la concurrence et de compléter son envoi en lui adressant les documents concernés par les avenants en cause, qu'il lui a rappelé qu'un bail à construction avec convention d'exploitation non détachable ne pouvait être conclu que dans le respect des dispositions de la loi du 29 janv. 1993, relative à la prévention de la corruption et à la transparence de la vie économique et des procédures publiques, ce courrier, intitulé d'ailleurs recours gracieux, avait le caractère d'un tel recours et a pu interrompre le délai de recours contentieux, le déféré préfectoral n'étant dès lors pas tardif. • CAA Marseille, 12 juin 2001, *Sté Sofipark*, nº 98MA01137 : *préc. note 30.*

33. Compétence de la juridiction administrative. Le litige soulevé par la décision de conclure un bail emphytéotique passé entre une commune et une société pour la construction d'immeubles sociaux sur des parcelles pour partie déclassées du domaine public relève de la juridiction administrative dès lors qu'une parcelle n'avait pas été comprise dans la procédure de déclassement et était à la date de la conclusion du bail affectée à la circulation publique, faisant ainsi partie de la voirie routière. • CE 30 avr. 2004, *Cne de Saint-Étienne c/ SCI Ferrand*, nº 253372 : *préc. note 20.*

Code rural et de la pêche maritime

Art. L. 451-1 Le bail emphytéotique de biens immeubles confère au preneur un droit réel susceptible d'hypothèque ; ce droit peut être cédé et saisi dans les formes prescrites pour la saisie immobilière.

Ce bail doit être consenti pour plus de dix-huit années et ne peut dépasser quatre-vingt-dix-neuf ans ; il ne peut se prolonger par tacite reconduction.

Art. L. 1311-3 Les baux passés en application de l'article L. 1311-2 satisfont aux conditions particulières suivantes :

1° Les droits résultant du bail ne peuvent être cédés, avec l'agrément de la collectivité territoriale, qu'à une personne subrogée au preneur dans les droits et obligations découlant de ce bail et, le cas échéant, des conventions non détachables conclues pour l'exécution du service public ou la réalisation de l'opération d'intérêt général.

(Ord. nº 2017-562 du 19 avr. 2017, art. 8) « Par dérogation à l'alinéa précédent, les droits résultant du bail ne peuvent faire l'objet d'une cession lorsque le respect des obligations de publicité et de sélection préalables à la délivrance d'un titre, prévues à l'article L. 2122-1-1 du code général de la propriété des personnes publiques, s'y oppose ; »

2° Le droit réel conféré au titulaire du bail de même que les ouvrages dont il est propriétaire sont susceptibles d'hypothèque uniquement pour la garantie des emprunts contractés par le preneur en vue de financer la réalisation ou l'amélioration des ouvrages situés sur le bien loué.

Ces emprunts sont pris en compte pour la détermination du montant maximum des garanties et cautionnements qu'une collectivité territoriale est autorisée à accorder à une personne privée.

Le contrat constituant l'hypothèque doit, à peine de nullité, être approuvé par la collectivité territoriale ;

3° Seuls les créanciers hypothécaires peuvent exercer des mesures conservatoires ou des mesures d'exécution sur les droits immobiliers résultant du bail.

La collectivité territoriale a la faculté de se substituer au preneur dans la charge des emprunts en résiliant ou en modifiant le bail et, le cas échéant, les conventions non détachables. Elle peut également autoriser la cession conformément aux dispositions du 1° ci-dessus ;

4° Les litiges relatifs à ces baux sont de la compétence des tribunaux administratifs ;

(Ord. nº 2006-460 du 21 avr. 2006, art. 3) « 5° Les constructions réalisées dans le cadre de ces baux peuvent donner lieu à la conclusion de contrats de crédit-bail. Dans ce cas, le contrat comporte des clauses permettant de préserver les exigences du service public ; »

(L. nº 2008-735 du 28 juill. 2008, art. 38) « 6° Lorsqu'une rémunération est versée par la personne publique au preneur, cette rémunération distingue, pour son calcul, les coûts d'investissement, de fonctionnement et de financement. »

COMMENTAIRE

V. dans le supplément en ligne.

1. Compétence des juridictions judiciaires pour les baux emphytéotiques ordinaires. Quand le maire de Lyon autorise une association culturelle lyonnaise islamo-française à construire un bâtiment à usage de mosquée, que la ville loue par bail emphytéotique à l'association un terrain lui appartenant en vue de la construction de cet édifice, que des opposants contestent la validité de ce bail, une telle appréciation relève du juge judiciaire ; par suite, puisqu'aucune décision de l'autorité judiciaire compétente pour connaître d'une telle contestation n'est intervenue avant l'octroi du permis de construire attaqué pour invalider le bail, l'association culturelle justifie d'un titre l'habilitant à construire et l'autorisant à présenter une demande de permis de construire sur ce terrain (il n'y a pas violation de l'art. R. 421-1 C. urb.). • CE 3 févr. 1992, *Mme Girod et a.*, n° 118855 : *Lebon 1197*.

2. Compétence des juridictions administratives pour les baux emphytéotiques de la loi de 1988 (CGCT, art. L. 1311-2). V. les arrêts cités ss. art. L. 1311-2 et notamment • CE 25 févr. 1994, *SA Sofap Marignan Immobilier et a.*, nos 144641-145406 : *Lebon 94* ; *RFDA 1994. 510* ; *AJDA 1994. 550* ; *D. 1994. 536* ; *JCP 1994. IV. 1014* ; *CJEG 1994. 569* ; *JCP N 1994. II. 168* • CE 9 déc. 1996, *Préfet du Gard*, n° 172800 • CE 6 avr. 1998, *Cté urbaine de Lyon*, n° 151752.

3. Contrat de crédit-bail. Même conclu pour financer, sur un terrain relevant du domaine public, des ouvrages nécessaires à un service public, un tel contrat de crédit-bail ne ressortit pas à la compétence de la juridiction administrative. • T. confl. 21 mars 2005, *Sté Slibal Énergie*, n° C3436 : *BJCL 2005. 302, concl. Roul* • CAA Versailles, 14 sept. 2006, *Sté Unifergie*, n° 04VE03502 : *BJCP 2007. 143, concl. Brunelli.*

4. Cession. Il découle du 1° de l'art. L. 1311-3 que la cession à titre onéreux d'un bail emphytéotique administratif est autorisée à la triple condition de l'accord de la commune qui vérifiera notamment l'aptitude du cessionnaire, de la reprise entière du contrat pour sa durée restante sans possibilité de modifier ses éléments essentiels et de l'absence d'obligations de transparence. * Rép. min. n° 02985 : *JO Sénat, 27 oct. 2022, p. 5352.*

Art. L. 1311-4 **Les dispositions des articles L. 1311-2 et L. 1311-3 sont applicables aux établissements publics des collectivités territoriales et aux groupements de ces collectivités.** — *[L. n° 88-13 du 5 janv. 1988, art. 13-IV.]*

V. la jurisprudence ss. les art. L. 1311-2 et L. 1311-3, ci-dessus (par définition même, les contentieux relatifs aux établissements publics locaux n'ont rien de spécifique, et les quelques cas trouvés méritent pour une raison de synthèse d'être placés dans les annotations des art. cités, art. de base).

Art. L. 1311-4-1 *(Abrogé par L. n° 2020-1721 du 29 déc. 2020, art. 259) (L. n° 2002-1094 du 29 août 2002, art. 3)* ***Jusqu'au 31 décembre*** *(L. n° 2017-1837 du 30 déc. 2017, art. 170)* ***« 2020 », les collectivités territoriales et les établissements publics de coopération intercommunale peuvent construire, y compris sur les dépendances de leur domaine public, acquérir ou rénover des bâtiments destinés à être mis à la disposition de l'État pour les besoins de la justice, de la police ou de la gendarmerie nationales.***

(L. n° 2005-1720 du 30 déc. 2005, art. 125) ***« Jusqu'au 31 décembre*** *(L. n° 2017-1837 du 30 déc. 2017, art. 170)* ***« 2020 », les conseils départementaux peuvent construire, y compris sur les dépendances de leur domaine public, acquérir ou rénover des bâtiments destinés à être mis à la disposition des services départementaux d'incendie et de secours. »***

Une convention entre l'État et la collectivité ou l'établissement propriétaire précise notamment les engagements financiers des parties, le lieu d'implantation de la ou des constructions projetées et le programme technique de construction. Elle fixe également la durée et les modalités de la mise à disposition des constructions.

Les constructions mentionnées au présent article *(Ord. n° 2004-559 du 17 juin 2004, art. 14)* ***« ainsi que celles qui sont réalisées dans le cadre de*** *(Ord. n° 2018-1074 du 26 nov. 2018, art. 6)* ***« marchés de partenariat » peuvent donner lieu à la conclusion de contrats de crédit-bail. Dans ce cas, le contrat comporte des clauses permettant de préserver les exigences du service public.***

COMMENTAIRE

V. dans le supplément en ligne.

Le fait qu'un bâtiment soit construit en vertu d'un bail prévu par l'art. L. 1311-4-1 CGCT pour y installer une gendarmerie et des logements de fonction pour les gendarmes peut permettre de le considérer comme réalisé pour le compte de l'État au sens des dispositions de l'art. R. 422-2 C. urb. En effet, la notion de réalisation pour le compte de l'État comprend ici toute demande d'autorisation d'utilisation du sol qui s'inscrit dans le cadre de l'exercice par l'État de ses compétences au titre d'une mission de service public qui lui est impartie et à l'accomplissement de laquelle le législateur a entendu que la commune ne puisse faire obstacle en raison des buts d'intérêt général poursuivis. Peu importe que le demandeur de l'autorisation de permis de construire ne soit pas l'État lui-même, le préfet est compétent pour le délivrer. • CE 5 févr. 2014, *Cne de Bollène*, n° 366208 : *Lebon ; RDI 2014. 226, obs. Soler-Couteaux ; JCP Adm. 2014, n° 2170, note Billet ; Constr.-Urb. 2014, n° 43, note Couton ; BJDU 2014. 117, concl. Adaljidi.*

SECTION 2 Autorisation d'occupation du domaine public constitutive de droits réels

(Ord. n° 2006-460 du 21 avr. 2006, art. 3)

Art. L. 1311-5 I. — Les collectivités territoriales peuvent délivrer sur leur domaine public des autorisations d'occupation temporaire constitutives de droits réels en vue de la réalisation d'une opération d'intérêt général relevant de leur compétence. Le titulaire de ce titre possède un droit réel sur les ouvrages, constructions et installations de caractère immobilier qu'il réalise pour l'exercice de cette activité.

Ce droit réel confère à son titulaire, pour la durée de l'autorisation et dans les conditions et les limites précisées dans la présente section, les prérogatives et obligations du propriétaire.

Le titre fixe la durée de l'autorisation, en fonction de la nature de l'activité et de celle des ouvrages autorisés, et compte tenu de l'importance de ces derniers, sans pouvoir excéder soixante-dix ans.

Ces dispositions sont applicables aux groupements et aux établissements publics des collectivités territoriales, tant pour leur propre domaine public que pour celui mis à leur disposition.

II. — Dans les ports et les aéroports, sont considérées comme satisfaisant à la condition d'intérêt public local mentionnée au premier alinéa du I les activités ayant trait à l'exploitation du port ou de l'aéroport ou qui sont de nature à contribuer à leur animation ou à leur développement.

(Ord. n° 2015-899 du 23 juill. 2015, art. 101) « III. — Les collectivités territoriales ne peuvent utiliser ces autorisations d'occupation temporaire constitutives de droits réels pour l'exécution de travaux, la livraison de fournitures, la prestation de services, ou la gestion d'une mission de service public, avec une contrepartie économique constituée par un prix ou un droit d'exploitation, pour leur compte ou pour leurs besoins.

« Dans le cas où une autorisation d'occupation temporaire constitutive de droits réels serait nécessaire à l'exécution d'un contrat de la commande publique, ce contrat prévoit, dans le respect des dispositions du I et du code général de la propriété des personnes publiques, les conditions de l'occupation du domaine. »

IV. — Les constructions mentionnées au présent article peuvent donner lieu à la conclusion de contrats de crédit-bail. Dans ce cas, le contrat comporte des clauses permettant de préserver les exigences du service public.

COMMENTAIRE

V. dans le supplément en ligne.

1. Réalisation des travaux. Il résulte des dispositions de l'art. L. 2122-6 CGPPP, reprises par l'art. L. 1311-5 [anc.] CGCT, qu'il ne peut y avoir constitution de droit réel sans la réalisation de travaux par le bénéficiaire de l'AOT. • CE, avis, 3 nov. 2009, n° 383248.

2. Opération d'intérêt général. Une opération qui vise à renforcer l'activité économique, en incitant certaines enseignes, par la création de locaux commerciaux de grande superficie, à s'installer en centre-ville plutôt qu'en périphérie, tout en réorganisant l'espace public afin de faciliter la circulation, en particulier des piétons et en préservant des emplacements de stationnement, a le caractère d'une opération d'intérêt général au sens des dispositions de l'art. L. 1311-5 CGCT. • CAA Lyon, 22 oct. 2020, n° 18LY04739.

Art. L. 1311-6 Le droit réel conféré par le titre, les ouvrages, constructions et installations de caractère immobilier ne peuvent être cédés, ou transmis dans le cadre de mutations entre vifs ou de fusion, absorption ou scission de sociétés, pour la durée de validité du titre restant à courir, y compris dans le cas de réalisation de la sûreté portant sur lesdits droits et biens et dans les cas prévus aux premier et deuxième alinéas de l'article L. 1311-6-1, qu'à une personne agréée par les collectivités territoriales, leurs groupements et leurs établissements publics, en vue d'une utilisation compatible avec l'affectation du domaine public occupé.

Lors du décès d'une personne physique titulaire d'un titre d'occupation constitutif de droit réel, celui-ci peut être transmis, dans les conditions prévues à l'alinéa précédent, au conjoint survivant ou aux héritiers sous réserve que le bénéficiaire, désigné par accord entre eux, soit présenté à l'agrément de l'autorité compétente dans un délai de six mois à compter du décès.

En prévoyant à l'art. 4 de la convention contestée que celle-ci est conclue *intuitu personae* mais que les droits résultant de l'autorisation d'occupation temporaire pourront être cédés à une personne préalablement agréée par la commune, cette dernière n'a pas conféré à la convention un objet illicite au regard des dispositions précitées de l'art. L. 1311-6. • CAA Lyon, 22 oct. 2020, n° 18LY04739.

Art. L. 1311-6-1 Le droit réel sur le titre, les ouvrages, constructions et installations ne peuvent être hypothéqués que pour garantir les emprunts contractés par le titulaire de l'autorisation en vue de financer la réalisation, la modification ou l'extension des ouvrages, constructions et installations de caractère immobilier situés sur la dépendance domaniale occupée.

Les créanciers chirographaires autres que ceux dont la créance est née de l'exécution des travaux mentionnés à l'alinéa précédent ne peuvent pratiquer des mesures conservatoires ou des mesures d'exécution forcée sur les droits et biens mentionnés au présent article.

Les hypothèques sur lesdits droits et biens s'éteignent au plus tard à l'expiration des titres d'occupation délivrés en application de l'article L. 1311-5, quels qu'en soient les circonstances et le motif.

Art. L. 1311-7 À l'issue du titre d'occupation, les ouvrages, constructions et installations de caractère immobilier existant sur la dépendance domaniale occupée doivent être démolis, soit par le titulaire de l'autorisation, soit à ses frais, à moins que leur maintien en l'état n'ait été prévu expressément par le titre d'occupation ou que l'autorité compétente ne renonce en tout ou partie à leur démolition.

Les ouvrages, constructions et installations de caractère immobilier dont le maintien à l'issue du titre d'occupation a été accepté deviennent de plein droit et gratuitement la propriété des collectivités territoriales, de leurs groupements et de leurs établissements publics, francs et quittes de tous privilèges et hypothèques.

Toutefois, en cas de retrait de l'autorisation avant le terme prévu, pour un motif autre que l'inexécution de ses clauses et conditions, le titulaire est indemnisé du préjudice direct, matériel et certain né de l'éviction anticipée. Les règles de détermination de l'indemnité peuvent être précisées dans le titre d'occupation. Les droits des créanciers régulièrement inscrits à la date du retrait anticipé sont reportés sur cette indemnité.

Deux mois au moins avant la notification d'un retrait pour inexécution des clauses et conditions de l'autorisation, les créanciers régulièrement inscrits sont informés des intentions de l'autorité compétente à toutes fins utiles, et notamment pour être mis en mesure de proposer la substitution d'un tiers au permissionnaire défaillant ou de s'y substituer eux-mêmes.

Art. L. 1311-8 Les dispositions des articles L. 1311-5 à L. 1311-7 ne sont pas applicables au domaine public naturel.

SECTION 3 Consultation de l'État

(Ord. n° 2006-460 du 21 avr. 2006, art. 3)

Art. L. 1311-9 Les projets d'opérations immobilières mentionnés à l'article L. 1311-10 doivent être précédés, avant toute entente amiable, d'une demande d'avis de l'autorité compétente de l'État lorsqu'ils sont poursuivis par les collectivités territoriales, leurs groupements et leurs établissements publics.

Les dispositions du premier alinéa ne sont pas applicables aux établissements publics locaux *(Ord. n° 2013-544 du 27 juin 2013, art. 9)* « agréés pour réaliser des opérations » de crédit et aux associations foncières de remembrement et à leurs unions.

Nature de l'acte. L'acte par lequel l'autorité préfectorale déclare d'utilité publique, au profit d'une collectivité territoriale ou d'un établissement public, la réalisation de travaux ne constitue pas, par lui-même, une opération poursuivant l'acquisition, par cette collectivité ou cet établissement, d'immeubles ou de droits immobiliers. La consultation du service des domaines sur l'évaluation des biens nécessaires à la réalisation de l'opération n'est donc pas nécessaire préalablement à sa demande tendant à la déclaration d'utilité publique. • CAA Bordeaux, 9 avr. 2013, *SCI Les Collines,* n° 12BX00645.

Art. L. 1311-10 Ces projets d'opérations immobilières comprennent :

1° Les baux, accords amiables et conventions quelconques ayant pour objet la prise en location d'immeubles de toute nature d'un loyer annuel, charges comprises, égal ou supérieur à un montant fixé par l'autorité administrative compétente ;

2° Les acquisitions à l'amiable, par adjudication ou par exercice du droit de préemption, d'immeubles, de droits réels immobiliers, de fonds de commerce et de droits sociaux donnant vocation à l'attribution, en pleine propriété, d'immeubles ou de parties d'immeubles, d'une valeur totale égale ou supérieure à un montant fixé par l'autorité administrative compétente, ainsi que les tranches d'acquisition d'un montant inférieur, mais faisant partie d'une opération d'ensemble d'un montant égal ou supérieur ;

3° Les acquisitions poursuivies par voie d'expropriation pour cause d'utilité publique.

V. art. R. 1311-4.

Montant imposant la consultation. Lorsque l'acquisition de plusieurs parcelles concourt à la réalisation d'une même opération immobilière, le montant à prendre en compte est, soit le montant de chaque tranche s'il est supérieur au seuil fixé par arrêté, soit le montant total d'acquisition s'il dépasse ce seuil. • CAA Nantes, 15 nov. 2013, *Sté Cilaos,* n° 12NT00198. ♦ En revanche, le prix des travaux nécessaires à l'aménagement du chemin n'a pas à être inclus dans le montant de l'opération. • CAA Marseille, 20 déc. 2012, *M. et Mme B.,* n° 11MA00184.

Art. L. 1311-11 Les personnes mentionnées au premier alinéa de l'article L. 1311-9 délibèrent au vu de l'avis de l'autorité compétente de l'État.

1. Champ de l'obligation. Ces dispositions ne s'appliquent que pour les délibérations du conseil municipal relatives aux projets d'acquisition, et non pour un arrêté décidant d'une préemption. • CAA Versailles, 23 oct. 2014, *Cne de Pantin,* n° 13VE03716.

2. Communication de l'avis. Par analogie avec la jurisprudence selon laquelle la simple transmission de la teneur de l'avis sans son contenu même suffit dès lors que les conseillers ont été « mis en mesure de connaître l'estimation de la valeur du terrain ». • CE 11 mai 2011, *Cne de Vélizy-Villacoublay,* n° 324173 B : *AJCT 2011. 523, obs. Philip-Gay ; BJCL 2011. 409, concl. Boulouis ; Rev. CMP 2011, n° 269, note Eckert.* ♦ Une CAA a jugé que le CGCT n'imposait pas que le document de l'avis établi par le service des domaines soit remis aux membres du conseil municipal avant la séance à peine d'irrégularité de la procédure d'adoption de cette délibération mais seulement que la teneur dudit avis soit, préalablement à la séance du conseil municipal durant laquelle la délibération relative à la décision d'acquisition doit être prise, portée utilement à la connaissance de ses membres, notamment par la note de synthèse jointe à la convocation qui leur est adressée. En revanche, si un membre du conseil municipal demande expressément à prendre connaissance de cet avis avant la séance du conseil municipal, le refus de mettre le document à sa disposition en temps utile entache la procédure d'irrégularité. • CAA Versailles, 22 avr. 2014, *Cne de Sanary-sur-Mer,* n° 12MA00012.

Art. L. 1311-12 L'avis de l'autorité compétente de l'État est réputé donné à l'issue d'un délai d'un mois à compter de la saisine de cette autorité.

SECTION 4 **Dispositions diverses** *(Ord. n° 2006-460 du 21 avr. 2006, art. 3).*

Art. L. 1311-13 Les maires, les présidents des conseils départementaux et les présidents des conseils régionaux, les présidents des établissements publics rattachés à une collectivité territoriale ou regroupant ces collectivités et les présidents des syndicats mixtes sont habilités à recevoir et à authentifier, en vue de leur publication *(Ord. n° 2010-638 du 10 juin 2010, art. 13)* « au fichier immobilier », les actes concernant les droits réels immobiliers ainsi que les baux, passés en la forme administrative par ces collectivités et établissements publics.

(L. nº 2009-526 du 12 mai 2009, art. 97) « Lorsqu'il est fait application de la procédure de réception et d'authentification des actes mentionnée au premier alinéa, la collectivité territoriale ou l'établissement public partie à l'acte est représenté, lors de la signature de l'acte, par un adjoint ou un vice-président dans l'ordre de leur nomination. »

COMMENTAIRE

V. dans le supplément en ligne.

Art. L. 1311-14 Les maires des communes et les présidents des conseils départementaux *(Ord. nº 2020-1304 du 28 oct. 2020, art. 2)* « du département de la Moselle et de la Collectivité européenne d'Alsace », les présidents des établissements publics rattachés à une collectivité territoriale ou regroupant ces collectivités et les présidents des syndicats mixtes qui ont leur siège dans ces départements, le président du conseil régional d'Alsace ainsi que le président du conseil régional de Lorraine pour les actes soumis à publication dans le département de la Moselle sont habilités à recevoir et à authentifier, en vue de leur publication au livre foncier, les actes concernant les droits réels immobiliers ainsi que les baux passés, en la forme administrative, par ces collectivités et établissements publics.

COMMENTAIRE

V. dans le supplément en ligne.

Art. L. 1311-15 *(L. nº 99-586 du 12 juill. 1999)* L'utilisation d'équipements collectifs par une collectivité territoriale, un établissement public de coopération intercommunale ou un syndicat mixte fait l'objet d'une participation financière au bénéfice de la collectivité territoriale, de l'établissement public de coopération intercommunale ou du syndicat mixte propriétaire de ces équipements. Toutefois, lorsque l'équipement concerné est affecté à l'exercice d'une compétence transférée à l'établissement public de coopération intercommunale ou au syndicat mixte par la collectivité ou l'établissement utilisateurs de cet équipement, cette disposition n'est pas applicable à cette collectivité ou à cet établissement.

Le montant de la participation financière est calculé par référence aux frais de fonctionnement des équipements. Les modalités de calcul de cette participation sont définies par convention passée entre le propriétaire et la collectivité, l'établissement ou le syndicat utilisateurs. À défaut de signature de cette convention au terme d'un délai d'un an d'utilisation de cet équipement, le propriétaire détermine le montant de cette participation financière qui constitue une dépense obligatoire pour l'utilisateur.

(L. nº 2019-1428 du 24 déc. 2019, art. 89) « Dans les mêmes conditions que celles prévues aux premier et deuxième alinéas, une collectivité, un établissement public de coopération intercommunale ou un syndicat mixte peut mettre à disposition d'une autre collectivité, d'un établissement public de coopération intercommunale ou d'un syndicat mixte une flotte de véhicules dont elle est propriétaire. »

La participation qu'une commune estime due au titre de l'utilisation de ses équipements sportifs par des collèges du département constitue une dépense obligatoire en application de l'art. L. 1311-15 CGCT. En l'espèce, la chambre régionale des comptes s'est fondée sur le dernier alinéa de cet article pour considérer que l'absence de convention ne constituait pas une contestation sérieuse de la créance, ledit article prévoyant qu'au terme du délai d'un an d'utilisation de l'équipement, le propriétaire est en droit de déterminer le montant de la participation de l'utilisateur. • CRC Languedoc-Roussillon, 10 févr. 2006, *Avis de contrôle budgétaire : Rec. C. comptes 154.*

Art. L. 1311-16 *(L. nº 2005-157 du 23 févr. 2005, art. 228)* Lorsqu'il est procédé dans les bois et forêts de collectivités relevant du régime forestier, en application du livre I du code forestier *[ancien]*, à des ventes de coupes ou produits de coupes groupant en un même lot des bois appartenant à plusieurs collectivités, la créance de la collectivité concernant la vente des produits de son domaine porte sur la part du produit net encaissé devant lui être distribuée par l'Office national des forêts, *(L. nº 2008-776 du 4 août 2008, art. 131 ; Ord. nº 2012-92 du 26 janv. 2012)* « selon les modalités prévues aux articles L. 214-7 et L. 214-8 du code forestier ».

Art. L. 1311-17 *(Ord. nº 2006-460 du 21 avr. 2006, art. 3)* **La révision des conditions et charges grevant les donations ou legs consentis au profit des collectivités territoriales, de leurs groupements et de leurs établissements publics est régie par les articles 900-2 à 900-8 du code civil.**

Art. L. 1311-18 *(L. nº 2016-1088 du 8 août 2016, art. 27)* **Les collectivités territoriales ou leurs groupements peuvent mettre des locaux à la disposition des organisations syndicales, lorsque ces dernières en font la demande.**

Le maire, le président du conseil départemental, le président du conseil régional, le président d'un établissement public local ou regroupant des collectivités territoriales ou le président d'un syndicat mixte détermine les conditions dans lesquelles ces locaux peuvent être utilisés, compte tenu des nécessités de l'administration des propriétés de la collectivité ou de l'établissement, du fonctionnement des services et du maintien de l'ordre public.

Le conseil municipal, le conseil départemental, le conseil régional ou le conseil d'administration de l'établissement ou du syndicat mixte fixe, en tant que de besoin, la contribution due à raison de cette utilisation.

La mise à disposition mentionnée au premier alinéa peut faire l'objet d'une convention entre la collectivité ou l'établissement et l'organisation syndicale.

Lorsque des locaux ont été mis à la disposition d'une organisation syndicale pendant une durée d'au moins cinq ans, la décision de la collectivité ou de l'établissement de lui en retirer le bénéfice sans lui proposer un autre local lui permettant de continuer à assurer ses missions lui ouvre le droit à une indemnité spécifique, sauf stipulation contraire de la convention prévue à l'avant-dernier alinéa.

Art. L. 1311-19 *(L. nº 2020-1721 du 29 déc. 2020, art. 259)* **Les collectivités territoriales et les établissements publics de coopération intercommunale peuvent construire, y compris sur les dépendances de leur domaine public, financer, acquérir ou rénover des bâtiments destinés à être mis soit à la disposition de l'État pour les besoins** *(Décr. nº 2023-534 du 29 juin 2023, art. 1er)* **« dont la liste est définie par décret en Conseil d'État », soit à la disposition des services d'incendie et de secours.**

Une convention entre l'État et la collectivité ou l'établissement propriétaire précise notamment les engagements financiers des parties, le lieu d'implantation de la ou des constructions projetées et le programme technique de construction. Elle fixe également la durée et les modalités de la mise à disposition des constructions. Cette mise à disposition peut, le cas échéant, être réalisée à titre gratuit.

TITRE II RÈGLES PARTICULIÈRES EN CAS DE TRANSFERT DE COMPÉTENCE

CHAPITRE UNIQUE

Art. L. 1321-1 **Le transfert d'une compétence entraîne de plein droit la mise à la disposition de la collectivité bénéficiaire des biens meubles et immeubles utilisés, à la date de ce transfert, pour l'exercice de cette compétence.**

Cette mise à disposition est constatée par un procès-verbal établi contradictoirement entre les représentants de la collectivité antérieurement compétente et de la collectivité bénéficiaire. Le procès-verbal précise la consistance, la situation juridique, l'état des biens et l'évaluation de la remise en état de ceux-ci.

Pour l'établissement de ce procès-verbal, les parties peuvent recourir aux conseils d'experts dont la rémunération est supportée pour moitié par la collectivité bénéficiaire du transfert et pour moitié par la collectivité antérieurement compétente. À défaut d'accord, les parties peuvent recourir à l'arbitrage du président de la chambre régionale des comptes compétente. Cet arbitrage est rendu dans les deux mois.

Les modalités de cette mise à disposition sont précisées par les articles L. 1321-2 et L. 1321-5 selon que la collectivité qui exerçait jusque-là la compétence était propriétaire ou locataire des biens remis. — *[L. nº 83-8 du 7 janv. 1983, art. 19.]*

COMMENTAIRE

V. dans le supplément en ligne.

1. Mise à disposition du département. Définition du bien mis à disposition. Un gymnase municipal ne fait pas partie des immeubles du collège mis de plein droit à la disposition d'un département lors du transfert de compétences prévu par les lois des 7 janv. et 22 juill. 1983, dès lors que le collège possédait déjà une salle de gymnastique, dont il avait la disposition exclusive, et que le gymnase en litige était contigu au collège et accessible sans passer par celui-ci, ouvert à des associations, et mis à disposition du collège par une convention passée par la ville autorisant les établissements d'enseignement secondaire, moyennant le paiement d'une participation aux frais, à se servir des installations sportives municipales. • CE 13 mars 1998, *Dpt de la Moselle*, n° 118908.

2. Le solde du compte administratif du budget annexe d'un service public à caractère industriel ou commercial ne constitue pas un bien qui serait nécessaire à l'exercice de ce service public, ni un ensemble de droits et obligations qui lui seraient attachés. • CE 25 mars 2016, *Cne de La Motte-Ternant*, n° 386623 : *Lebon ; AJCT 2016. 465, obs. Houser*.

3. Étendue du transfert des biens, équipements et services nécessaires à l'exercice des compétences transférées. Les dispositions impliquant le transfert de plein droit de tels biens n'ont ni pour objet, ni pour effet d'inclure les créances qui résultent de contrats conclus par la commune et venus à expiration avant le transfert, alors même que ces contrats auraient été conclus dans le cadre de l'exercice de ces compétences ultérieurement transférées. • CE 3 déc. 2014, *Sté Citélum*, n° 383865 : *Lebon ; AJCT 2015. 280, obs. Yazi-Roman ; JCP Adm. 2014. Actu. 981, note Tesson ; ibid. 2015, n° 2009, concl. Pellissier ; Rev. CMP 2015, n° 33, note Pietri.* ♦ Elles n'emportent pas non plus transfert de plein droit du résultat budgétaire du service transféré dont la prise en charge ne peut résulter que de la volonté des collectivités concernées. • CAA Lyon, 21 oct. 2014, *Cne de La Motte-Ternant*, n° 13LY02970.

4. Contentieux. La décision d'arbitrage, en matière de mise de plein droit d'un immeuble à la disposition d'un département lors du transfert de compétences prévu par les lois des 7 janv. et 22 juill. 1983, rendue par le président de la chambre régionale des comptes a le caractère d'une décision administrative susceptible d'être attaquée par la voie du recours pour excès de pouvoir. • CE 13 mars 1998, *Dpt de la Moselle*, n° 118908 : *préc. note 1.* ♦ Cette décision, qui n'a pas fait l'objet d'une notification au département portant la mention des voies et délais de recours, ne fait pas courir ces délais à l'encontre de cette collectivité. • Même arrêt.

5. Procès-verbal. Parce que les conseils municipaux des communes membres n'ont pas à donner leur accord formel à la mise à disposition des biens liés à la compétence transférée. • CAA Lyon, 10 févr. 2005, *Cne de Commelle : BJCL 2005. 244, concl. Besle.* ♦ L'établissement du procès-verbal n'est pas prescrit à peine de nullité du transfert de compétences et de la mise à disposition des biens : en clair, même si cela risque d'être la source de difficultés pratiques, l'absence de procès-verbal de mise à disposition n'empêche pas l'établissement public de coopération intercommunale d'être le gestionnaire des biens immobiliers transférés. • CAA Nancy, 11 mai 2006, *Cne de Kirrwiller-Bosselhauser : BJCL 2006. 759, concl. Adrien.*

Art. L. 1321-2 Lorsque la collectivité antérieurement compétente était propriétaire des biens mis à disposition, la remise de ces biens a lieu à titre gratuit. La collectivité bénéficiaire de la mise à disposition assume l'ensemble des obligations du propriétaire. Elle possède tous pouvoirs de gestion. Elle assure le renouvellement des biens mobiliers. Elle peut autoriser l'occupation des biens remis. Elle en perçoit les fruits et produits. Elle agit en justice au lieu et place du propriétaire.

La collectivité bénéficiaire peut procéder à tous travaux de reconstruction, de démolition, de surélévation ou d'addition de constructions propres à assurer le maintien de l'affectation des biens.

La collectivité bénéficiaire de la mise à disposition est substituée à la collectivité propriétaire dans ses droits et obligations découlant des contrats portant notamment sur des emprunts affectés, et des marchés *(Ord. n° 2018-1074 du 26 nov. 2018, art. 6)* « publics » que cette dernière a pu conclure pour l'aménagement, l'entretien et la conservation des biens remis ainsi que pour le fonctionnement des services. La collectivité propriétaire constate la substitution et la notifie à ses cocontractants.

La collectivité bénéficiaire de la mise à disposition est également substituée à la collectivité antérieurement compétente dans les droits et obligations découlant pour celle-ci à l'égard de tiers de l'octroi de concessions ou d'autorisations de toute nature sur tout ou partie des biens remis ou de l'attribution de ceux-ci en dotation.

COMMENTAIRE

V. dans le supplément en ligne.

Art. L. 1321-3 En cas de désaffectation totale ou partielle des biens mis à disposition en application des articles L. 1321-1 et L. 1321-2, la collectivité propriétaire recouvre l'ensemble de ses droits et obligations sur les biens désaffectés.

La collectivité bénéficiaire de la mise à disposition peut, sur sa demande, devenir propriétaire des biens désaffectés, lorsque ceux-ci ne font pas partie du domaine public, à un prix correspondant à leur valeur vénale. Ce prix est éventuellement :

– diminué de la plus-value conférée aux biens par les travaux effectués par la collectivité bénéficiaire de la mise à disposition et des charges, supportées par elle, résultant d'emprunts contractés pour l'acquisition de ces biens par la collectivité antérieurement compétente ;

– augmenté de la moins-value résultant du défaut d'entretien desdits biens par la collectivité bénéficiaire de la mise à disposition.

À défaut d'accord sur le prix, celui-ci est fixé par le juge de l'expropriation. – *[L. n° 83-8 du 7 janv. 1983, art. 21.]*

Art. L. 1321-4 Les conditions dans lesquelles les biens mis à disposition, en application de l'article L. 1321-2, peuvent faire l'objet d'un transfert en pleine propriété à la collectivité bénéficiaire sont définies par la loi. – *[L. n° 83-8 du 7 janv. 1983, art. 22.]*

Art. L. 1321-5 Lorsque la collectivité antérieurement compétente était locataire des biens mis à disposition, la collectivité bénéficiaire du transfert de compétences succède à tous ses droits et obligations. Elle est substituée à la collectivité antérieurement compétente dans les contrats de toute nature que cette dernière avait conclus pour l'aménagement, l'entretien et la conservation des biens mis à disposition ainsi que pour le fonctionnement des services. La collectivité antérieurement compétente constate cette substitution et la notifie à ses cocontractants. – *[L. n° 83-8 du 7 janv. 1983, art. 23.]*

Art. L. 1321-6 Lorsque les biens concernés par l'article L. 1321-1 sont la propriété de la collectivité qui exerçait déjà la compétence et voit celle-ci confirmée par la loi n° 83-8 du 7 janvier 1983 relative à la répartition de compétences entre les communes, les départements, les régions et l'État, la collectivité assume désormais, sans restriction aucune, l'ensemble des droits et obligations du propriétaire. – *[L. n° 83-8 du 7 janv. 1983, art. 24.]*

Art. L. 1321-7 Les immeubles ou parties d'immeubles appartenant à l'État et affectés au fonctionnement des services départementaux ou régionaux sont mis à la disposition du département ou de la région à titre gratuit. Le département ou la région prend à sa charge les travaux d'entretien et de grosses réparations incombant au propriétaire. Le département ou la région possède tous pouvoirs de gestion et, le cas échéant, agit en justice au lieu et place du propriétaire.

Cette mise à disposition s'étend aux meubles, matériels et véhicules actuellement affectés à l'administration départementale ou régionale. La région ou le département assume l'entretien et le renouvellement de ces biens mobiliers. – *[L. n° 85-1098 du 11 oct. 1985, art. 15, al. 1er et 2.]*

Art. L. 1321-8 La région ou le département est substitué à l'État dans ses droits et obligations dans les matières donnant lieu à prise en charge des dépenses par la région ou le département, résultant de l'application des dispositions de l'article L. 1321-7. – *[L. n° 85-1098 du 11 oct. 1985, art. 16.]*

Art. L. 1321-9 *(L. n° 2007-1787 du 20 déc. 2007, art. 20)* Par dérogation à l'article L. 1321-2, lorsqu'un établissement public de coopération intercommunale ou un syndicat mixte est compétent en matière d'éclairage public, les communes membres peuvent conserver la partie de la compétence relative aux travaux de maintenance sur le réseau d'éclairage public mis à disposition et dont elles sont propriétaires.

LIVRE IV SERVICES PUBLICS LOCAUX

TITRE I PRINCIPES GÉNÉRAUX *(L. nº 99-586 du 12 juill. 1999).*

CHAPITRE PRÉLIMINAIRE RÈGLES GÉNÉRALES APPLICABLES AUX CONTRATS DE CONCESSION

(Ord. nº 2016-65 du 29 janv. 2016, art. 58)

Art. L. 1410-1 **Le présent chapitre s'applique aux contrats de concession des collectivités territoriales, de leurs groupements et de leurs établissements publics, tels que définis** *(Ord. nº 2018-1074 du 26 nov. 2018, art. 6)* **« à l'article L. 1121-1 du code de la commande publique ». Ces contrats sont passés et exécutés conformément aux dispositions** *(Ord. nº 2018-1074 du 26 nov. 2018, art. 6)* **« du même code ».**

Art. L. 1410-2 *Abrogé par Ord. nº 2018-1074 du 26 nov. 2018, art. 6.*

Art. L. 1410-3 **Les dispositions des articles L. 1411-5,** *(L. nº 2019-1461 du 27 déc. 2019, art. 65)* **« L. 1411-5-1, » L. 1411-9 et L. 1411-18 s'appliquent aux contrats de concession des collectivités territoriales, de leurs groupements et de leurs établissements publics.**

Dès lors que l'art. L. 1410-3 rend les art. L. 1411-5, L. 1411-9 et L. 1411-18 applicables aux contrats de concession des collectivités territoriales, de leurs groupements et de leurs établissements publics, ces mêmes dispositions sont également applicables aux délégations de service public qui remplissent les conditions de la quasi-régie, en tant qu'elles constituent des contrats de concession. * Rép. min. nº 23831 : *JOAN, 10 mars 2020, p. 1929*).

CHAPITRE I LES DÉLÉGATIONS DE SERVICE PUBLIC *(L. nº 99-586 du 12 juill. 1999).*

D'autres dispositions relatives aux délégations de service public figurent dans d'autres parties du code. V. notamment art. L. 2121-12 (consultation du projet de contrat par un conseiller municipal) et L. 2121-24 (insertion du dispositif de la délibération dans une publication locale).

ENCYCL. COLL. LOC. *Services publics locaux : délégation contractuelle, 6150,* par J.-C. Douence. – *Contrat de délégation de service public : cadre juridique, 3105 s., Contrat de délégation de service public : formes juridiques, 3110 s.,* par J.-B. Vila.

BIBL. GÉN. ▸ ▸ **Sur la loi du 29 janvier 1993 :** J.-B. Auby et Maugüé, Les contrats de délégation de service public, *JCP 1994. 3743.* – Bruère, Délégation de service public et marché d'entreprise de travaux publics, *Gaz. Pal. 1994. 2. 928.* – Chenuaud-Frazier, La notion de délégation de service public, *RD publ. 1995. 175.* – Douence, Les contrats de délégation de service public, *RFDA 1993. 936* ⌀. – Guibal, Marchés publics et délégations de service public, *AJDA 1993. 186* ⌀. – Hugo, Point de vue sur une notion très discutée : la délégation de service public, *LPA 1994, nº 58.* – Laurent et Rousset, Convention de délégation de service public local et loi Sapin, La transparence dans le brouillard, *LPA 1994, nº 30.* – Luchaire, Brèves observations sur la loi du 29 janvier 1993 relative à la transparence des activités économiques et à la prévention de la corruption, *LPA 1994, nºs 18 et 19.* – Marcou, La notion de délégation de service public après la loi du 29 janvier 1993, *RFDA 1994. 691 et 875* ⌀. – Rouquette, Mieux cerner la délégation de service public, *Mon. TP 10 juin 1994, p. 44.* – Vincent, L'avenir de la concession après le vote de la loi Sapin, *LPA 1993, nº 49.* – Terneyre, L'apport au droit des marchés publics de la loi anti-corruption, *RFDA 1993. 952* ⌀.

▸ **Sur les modifications ultérieures :** Douence et Terneyre, Marchés publics et délégation de service public, Nouvelles modifications législatives, *RFDA 1995. 971* ⌀. – Hetier, Les lois de janvier et février 1995 concernant la lutte contre la corruption, *CJEG 1995. 186.* – Richer, Réformes de février 1995 relatives aux conventions de délégation de service public et aux marchés publics, *AJDA 1995. 295* ⌀. – Rousset, Délégations de service public, marchés publics, opérations immobilières des collectivités publiques : les règles nouvelles imposées par la loi du 8 février 1995, *LPA 1995, nº 45.*

▸ **Sur l'application du régime législatif :** Dossier, La délégation de service public, *AJDA 1996. 571* ⌀. – Dossier, La liberté contractuelle des personnes publiques, *AJDA 1998. 643 s.* ⌀ ; *ibid. 747 s.* ⌀ – Dossier, Les vingt ans de la loi Sapin, *AJDA 2013. 1429* ⌀. – J.-B. Auby, Délégation de service public, comment reconnaître ces conventions ?, *Mon. TP 8 nov. 1996, p. 50.* –

J.-B. AUBY et MAUGÜÉ, La notion et le régime de la délégation de service public. Quelques précisions du Conseil d'État, *JCP 1996. I. 3941*. – DEBONO, Les incertitudes du droit quant aux outils juridiques de gestion contractuelle du service public, *Rev. CMP 2015. Étude 4*. – DELACOUR, La subdélégation d'un service public, *Mon. TP 28 nov. 1997, p. 77*. – DEVÈS, La place des sociétés d'économie mixte dans la gestion déléguée des services publics locaux, *Dr. adm. 1997, n° 7 (1re partie), p. 4 ; ibid. (2e partie), Dr. adm. 1997, n° 8-9, p. 7*. – FIALAIRE, La délégation du service public local aux associations, *LPA 22 août 1997*. – GINTRAND, Conventions de délégation de service public et contraintes fiscales, *ACCP 2013, p. 44*. – GINTRAND et GOUAISLIN, Redevances dues par les délégataires de service public, *Dr. adm. 1997, n° 11, p. 4*. – GONZALEZ, Le service public local : à quels prix ?, *LPA 1997, n° 146*. – SYMCHOWICZ, La notion de délégation de service public, *AJDA 1998. 195* ✎. – TERNEYRE et MAUGÜÉ, Les délégations de service public en questions, *CJEG 1997. 131*.

▸ **Sur le régime juridique des délégations de service public :** Dossier, Délégation de service public : comment éviter les dérives, *La Gazette, 11 nov. 2019, p. 28*. – Dossier, La DSP, anticiper son renouvellement, *ACCP 2009. 88*. – Dossier, Actualité de la gestion déléguée, *ibid. 2010. 32-98*. – Dossier, La loi Sapin, vingt ans après, *JCP Adm. 2013, nos 2054 s*. – AUBY et LIGNIÈRES, Droit des délégations de service public. Quelques propositions d'amélioration, *Dr. adm. 1999. Chron. 15*. – CAPITOLIN, Les conséquences de l'annulation d'une convention de délégation sur l'exécution du service public, *RFDA 2000. 93* ✎. – COSSALTER, Le marché public : alternative à la concession de services publics ?, *Rev. concessions, 1998, n° 2, p. 141*. – DE BÉCHILLON et SAVOIE, La régie intéressée : une formule contractuelle d'avenir, *AJDA 2012. 1437* ✎. – DOUENCE, Observations sur l'application à certains contrats de la distinction entre marchés et délégations fondée sur le mode de rémunération, *RFDA 1999. 1134* ✎. – DUROY, La remise en cause anticipée des délégations de service public, *AJDA 2003. 872* ✎. – GRAS, Équilibre financier des contrats de délégation de service public, *Dr. adm. 2012. Étude 13*. – LAIDIE, La concurrence entre établissements publics et opérateurs privés dans l'accès aux contrats publics, *Dr. adm. 2001, Chron. 8*. – LINOTTE et SENO, Pérennité et spécificités de la régie intéressée, *AJDA 2012. 1443* ✎. – MAUGÜÉ et DERUY, La cession de marchés publics et de délégations de service public, *BJCP 1999, Chron. 494*. – MESCHERIAKOFF, La fausse mort des marchés d'entreprises de travaux publics, *RGCT 1999. 510*. – PEYRICAL, Aides des collectivités locales à leurs délégataires : le cas des services publics administratifs, *Dr. adm. 1999. Chron. 5* ; La passation de conventions de délégations de service public entre communes, *Gaz. cnes 10 mai 1999*. – RAPP, La prise en compte du critère économique et financier dans les contrats publics : le risque d'exploitation, *BJCP 2000. Chron. 82*. – SESTIER, Gestion contractuelle des services et bouleversement de l'économie du contrat, *BJCP 1999. 574*. – SYMCHOWICZ, Contrats administratifs et mise en concurrence. La question des cessions, *AJDA 2000. 104* ✎. – SYMCHOWICZ et PROOT, L'avis du 19 avril 2005 : d'utiles précisions sur le contenu et le régime d'exécution des conventions de délégation de service public, *AJDA 2006. 1371* ✎. – VIDAL, Le juge administratif, l'économie et le contrat, *RFDA 1999. 1147* ✎. – VILA, État des lieux des clauses financières et de la durée des délégations de service public, *JCP Adm. 2012. 2226* ; Le compte prévisionnel d'exploitation et la loyauté « précontractuelle » en délégations de services publics, *JCP Adm. 2015, n° 2232*.

▸ **Sur la qualification et la définition des délégations de service public :** Colloque de Chambéry, Dix ans de délégation de service public, *Rev. CMP, n° spécial, mai 2003*. – Dossier, Les relations contractuelles entre les associations et les collectivités territoriales, *AJDA 2002. 894* ✎. – Dossier, Les avenants : mutabilité *versus* stabilité du contrat, *ACCP 2010, n° 105, p. 30*. – COCHET, Vers la fin des délégations de service public en matière de restauration scolaire ?, *ACCP 2019, n° 197, p. 71*. – CORIOLAND, Appréhension de la convention de délégation de service public par le juge pénal, *AJCT 2019. 180* ✎. – COUPÉ, Marché de service, concession de service, délégation de service public : quelles différences ?, *AJCT 2019. 170* ✎. – DELACOUR, La loi MURCEF : aspects de droit public, *Dr. adm. 2002, Chron. n° 5*. – DREIFUSS, Service de stationnement payant et délégation de service public, *AJDA 2001. 129* ✎. – DREYFUS, La définition légale des délégations de service public, *AJDA 2002. 38* ✎ ; La gestion des services sociaux et médico-sociaux par les institutions privées : délégation de service public et autres modes, *RGCT 2001, n° 15* . – GLÉNARD, La notion de délégation dans le droit de la délégation de service public, *Dr. adm. 2002, Chron. nos 3 et 6*. – GUGLIELMI, Habilitation unilatérale, délégation contractuelle et consistance du service public, *RFDA 2001. 353* ✎. – LIANI, Les limites conceptuelles et prudentielles à la rentabilité d'un service public délégué, *Dr. adm. 2011, n° 10*. – LLORENS, Les conséquences de la nullité des marchés publics et des délégations de service public, *CJEG 2002. 571*. – MESCHERIAKOFF, La nouvelle délégation de service public, *RGCT 2002. 225*. – MOREAU, Pour une relativisation du critère financier dans l'identification des délégations de service public, *AJDA 2003. 1418* ✎. – NICINSKI, L'offre anormale dans les DSP, *AJDA 2011. 879* ✎. – RAPP, Faut-il vraiment définir l'ensemble des délégations de service public ?, *AJDA 2001.*

1011. – Rousset, Concessions domaniales des collectivités territoriales : quels risques de requalification en convention de délégation de service public ?, *RFDA 2002. 1059*. – Sevino et Gauthier, La notion de rémunération substantiellement assurée par les résultats de l'exploitation : le cas de la régie intéressée, *AJDA 2003. 828*. – Ubaud-Bergeron, Loi MURCEF : la définition législative des délégations de service public, *JCP 2002. I. 125*.

▸ V. aussi les bibl. particulières ss. les art. ci-dessous.

▸ **Sur les concessions :** Dossier, Le nouveau droit des concessions, *AJDA 2016. 991*. – Dossier, Concession, nouvelles règles, *AJCT 2016. 235*. – Dossier, Concession, Questions d'actualité, *AJCT 2019. 165*. – Braconnier, La consécration du critère du risque opérationnel dans la directive « concession », *ACCP 2014, n° 141, p. 26*. – Didriche et Mandine, Trois ans après sa « création », quelle place pour le contrat de concession ?, *AJCT 2019. 166*. – Eckert, Le champ d'application du nouveau droit des concessions, *Rev. CMP 2016, n° 3, Dossier 2*. – Pez, Le risque, les concessions et les marchés, *RFDA 2016. 237*. – Pinot, Le risque d'exploitation dans les concessions de transport public à l'aune de la directive 2014/23/UE, *ACCP 2015, n° 154, p. 35*. – Vila, L'équilibre économique de la délégation de service public à la lumière de la directive concessions, *Dr. adm. 2014. Étude 17*.

Art. L. 1411-1 *(Ord. n° 2018-1074 du 26 nov. 2018, art. 6)* **Les collectivités territoriales, leurs groupements ou leurs établissements publics peuvent confier la gestion d'un service public dont elles ont la responsabilité à un ou plusieurs opérateurs économiques par une convention de délégation de service public définie à l'article L. 1121-3 du code de la commande publique préparée, passée et exécutée conformément à la troisième partie de ce code.**

COMMENTAIRE

V. dans le supplément en ligne.

1. Transparence et mesures de publicité (V. CCP). Les règles fondamentales du traité, notamment le principe de non-discrimination en raison de la nationalité, qui impliquent une obligation de transparence et la mise en œuvre de mesures de publicité et de mise en concurrence adéquates, s'appliquent aux contrats qui, dans l'état actuel du droit communautaire, ne sont pas réglementés, comme les concessions de service. • CJCE 7 déc. 2000, *Telaustria*, n° C-324/98 : *AJDA 2001. 106, note Richer ; BJCP 2001. 132, concl. Fennelly.*

2. Une concession de distribution de gaz doit être conclue dans le respect de l'obligation de transparence. Cela n'implique pas nécessairement qu'une procédure d'appel d'offres soit suivie, mais l'autorité concédante doit procéder à une publicité permettant à une entreprise située sur le territoire d'un autre État membre d'avoir accès aux informations adéquates relatives à ladite concession avant que celle-ci soit attribuée, de sorte que, si cette entreprise l'avait souhaité, elle aurait été en mesure de manifester son intérêt pour obtenir cette concession. • CJCE 21 juill. 2005, *Coname*, n° C-231/03 : *AJDA 2005. 2335, chron. Broussy, Donnat et Lambert ; ibid. 2377, chron. Richer, Jeanneney et Charbit ; BJCP 2005. 446, concl. Stix-Hackl, obs. R.S. ; Rev. CMP 2005, Comm. n° 280, note Zimmer.*

3. Distinction concession et marché public. Un contrat par lequel un prestataire de services se voit confier la gestion d'un parking public payant, sa rémunération étant assurée par des montants payés par les tiers pour l'usage de ce parking, constitue une concession de service. Un tel mode de rémunération implique en effet que le prestataire « prend en charge le risque d'exploitation des services ». En ce qui concerne la dévolution d'un tel contrat, le respect du principe de transparence s'impose alors même qu'il s'agit d'un contrat dont la passation n'est pas réglementée par les directives sur les marchés publics (la même obligation vaudrait d'ailleurs si l'acte de dévolution n'était pas un contrat). • CJCE 13 oct. 2005, *Parking Brixen*, n° C-458/03 : *AJDA 2005. 2335, chron. Broussy, Donnat et Lambert ; RDI 2005. 446, obs. J.-D. Dreyfus ; BJCP 2005. 454, concl. Kokott, obs. R.S. ; Dr. adm 2005, n° 167, note Ménéménis ; Rev. CMP 2005, Comm. n° 238, obs. Zimmer* • CJCE 13 nov. 2008, *Commission c/ Italie*, n° C-437/07 : *RDI 2009. 114, note Noguellou ; RTD eur. 2009. chron. Sibony et Defossez ; BJCP 2009. 119.* ♦ Dans un contrat portant sur des services, le fait que le cocontractant n'est pas rémunéré par le pouvoir adjudicateur mais qu'il est en droit de percevoir une rémunération auprès de tiers suffit pour que ce contrat soit qualifié de concession de service et non de marché public, dès lors que le cocontractant prend en charge l'intégralité ou, au moins, une part significative du risque d'exploitation, même si ce risque est, dès l'origine, très limité en raison des modalités de droit public de l'organisation du service. • CJCE 10 sept. 2009, *Wasser und Adwasserzweckverband Gotha und Landkreisgemeinden*, n° C-206/08 : *AJDA 2010. 162, note Camous ; RFDA 2011. 377, chron. Clément-Wilz, Martucci et Mayeur-Carpentier ; Rev. CMP 2009, Comm. n° 329, note Zimmer.* ♦ Le cocontractant ne peut être regardé comme supportant un risque lié à l'exploitation du service lorsque la part de risque qui lui est transférée n'implique pas une réelle exposition aux aléas du marché. • CE 24 mai 2017, *Sté Régal des Îles*, n° 407213 : *Lebon ; AJDA 2017. 1957, note Martin ; AJCT 2017. 513, obs. Grimaud et Villemagne*. ♦ Une convention, ayant pour objet de déléguer provisoirement le service public de la restauration scolaire, dans laquelle le cocontractant reçoit annuellement de la collectivité une subvention forfaitaire d'exploitation et un complément de prix unitaire au repas servi couvrant 86 % de sa rémunération, et qui fait donc uniquement peser le risque économique sur la différence entre les repas commandés et ceux servis, les variations de fréquentation et les impayés, ne constitue donc pas un contrat de concession mais un marché public. • Même arrêt. ♦ La CAA de Bordeaux, saisie, par un concurrent évincé, d'un recours contre un contrat qualifié de délégation de service public, a jugé que la part de risque transférée au délégataire n'implique pas une réelle exposition aux aléas du marché, de sorte que le cocontractant ne peut être regardé comme supportant un risque lié à l'exploitation du service, ainsi que l'avait d'ailleurs jugé le Conseil d'État dans l'arrêt n° 407213 du 24 mai 2017 préc., rendu dans le cadre du recours formé par la société Régal des Îles contre la convention provisoire de gestion de ce service de restauration municipale ; par suite, le contrat litigieux ne revêtait pas le caractère d'une délégation de service public, mais celui d'un marché public de services. • CAA Bordeaux, 8 oct. 2018, n° 16BX02772.

Ancien art. L. 1411-1 (*Ord. n° 2016-65 du 29 janv. 2016, art. 58*) ***Une délégation de service public est un contrat de concession au sens de l'ordonnance n° 2016-65 du 29 janvier 2016 relative aux contrats de concession [V. CCP], conclu par écrit, par lequel une autorité délégante confie la gestion d'un service public à un ou plusieurs opérateurs économiques, à qui est transféré un risque lié à l'exploitation du service, en contrepartie soit du droit d'exploiter le service qui fait l'objet du contrat, soit de ce droit assorti d'un prix.***

La part de risque transférée au délégataire implique une réelle exposition aux aléas du marché, de sorte que toute perte potentielle supportée par le délégataire ne doit pas être purement nominale ou négligeable. Le délégataire assume le risque d'exploitation lorsque, dans des conditions d'exploitation normales, il n'est pas assuré d'amortir les investissements ou les coûts qu'il a supportés, liés à l'exploitation du service.

Le délégataire peut être chargé de construire des ouvrages, de réaliser des travaux ou d'acquérir des biens nécessaires au service public.

Loi n° 92-125 du 6 février 1992,

Relative à l'administration territoriale de la République.

Art. 19-II Le dispositif des délibérations du conseil départemental et du conseil régional prises en application de l'article 48 de la loi n° 82-213 du 2 mars 1982 précitée [*CGCT, art. L. 3231-1 s.*] et de l'article 4 de la loi n° 82-6 du 7 janvier 1982 précitée [*CGCT, art. L. 1511-1 s.*], ainsi que celui de leurs délibérations approuvant une convention de délégation de service public, fait l'objet d'une insertion dans une publication locale diffusée dans le département ou dans la région.

Plan des annotations

Jurisprudence rendue avant l'entrée en vigueur du code de la commande publique.

I. CHAMP DE LA DÉLÉGATION DE SERVICE PUBLIC

A. CARACTÈRE CONTRACTUEL DE LA DÉLÉGATION

1. Le terme « délégation de service public » employé par les art. 38 et 40 de la loi du 29 janv. 1993 (CGCT, art. L. 1411-1 et L. 1411-2) vise les hypothèses où une personne publique chargée d'un service public confie la gestion de ce service à une personne qu'il lui appartient de choisir. La loi inclut dans son champ d'application les cas où le service public est délégué par une autorité chargée de l'organisation du service à une personne qui reçoit pour mission de l'exécuter. • CE, sect. TP, avis, 9 mars 1995, no 356931 : *Rapport public 1995, p. 399.*

2. Illustration récente du lien avec le régime général des contrats administratifs et du service public. Dans le cadre d'une concession, les principes de continuité du service public et d'égalité des usagers devant le service public ne s'imposent au concessionnaire que dans les limites de l'objet du contrat et selon les modalités définies par ses stipulations. Ces principes ne peuvent justifier qu'il soit fait usage des stipulations du traité de concession relatives aux sanctions coercitives applicables au concessionnaire en cas de méconnaissance de ses obligations contractuelles et que, sur ce fondement, celui-ci soit mis en demeure de poursuivre une prestation non prévue par le contrat. Seule la modification unilatérale du contrat par l'autorité concédante, pour motif d'intérêt général et dans le respect de son équilibre financier, peut être envisagée. • CE 3 mars 2017, *Cne de Clichy-sous-Bois,* no 398901 : *Lebon ; AJDA 2017. 1286, note Hoepffner ; AJCT 2017. 393, obs. Grimaud et Villemagne ; AJ Contrat 2017. 339, obs. Lepron.*

3. Absence de contrat et délégation unilatérale. En revanche, il ressort des dispositions des articles précités, éclairés par les travaux préparatoires de la loi, que les conditions qu'elles posent ne s'appliquent qu'au cas où de telles délégations font l'objet de contrats. Il en est ainsi des formules de publicité qui doivent précéder le choix du délégataire. • CE, sect. TP, avis, 9 mars 1995, no 356931 : *préc. note 1.* ♦ Lorsque le choix du délégataire est le résultat d'une décision unilatérale prévue par un texte, cette décision n'est pas soumise aux formalités de l'art. 38 (CGCT, art. L. 1411-1). Il en est ainsi du service de transport public de voyageurs en région Île-de-France. • Même avis. ♦ Solution confirmée au contentieux pour l'autorisation délivrée par le syndicat des transports d'Île-de-France. • CE 13 juill. 2007, *Cne de Rosny-sous-Bois,* no 299207 B : *Dr. adm. 2007, no 150, note Ménéménis ; BJCP 2007. 444, concl. Boulouis, obs. C.M. ; ACL 2008, no 19.* ♦ La convention d'exploitation conclue ultérieurement par la commune avec l'exploitant autorisé par le syndicat des transports d'Île-de-France n'est pas détachable de la procédure unilatérale ; elle ne peut être regardée comme une délégation de service public. • Même arrêt. ♦ N'est pas régi par les dispositions de la loi Sapin un acte réglementaire qui agrée la personne chargée de gérer un service public, même si cet agrément implique la conclusion ultérieure d'une convention pour fixer certaines modalités d'exécution du service. • CE 3 mai 2004, *Fondation assistance aux animaux*, n° 249832 B : *Dr. adm. 2004, n° 141, note E.G. ; BJCP 2004. 464, concl. Glaser.* ♦ Même solution pour les autorisations de transport de gaz qui sont des actes unilatéraux. • CE, sect. TP, avis, 28 sept. 1995, n°s 357262 et 357263 : *Rapport public 1995, p. 402.*

4. Absence de délégation contractuelle et gestion en régie directe. Les collectivités territoriales responsables d'un service public peuvent le gérer en simple régie ou dans le cadre d'une régie à laquelle elles ont conféré une autonomie financière et, le cas échéant, une personnalité juridique propre. • CE, sect., 6 avr. 2007, *Cne d'Aix-en-Provence*, n° 284736 : *Lebon 155 ; ACL 2008, n°s 17 et 73 ; Dr. adm. 2007, n° 95, note Bazex et Blazy ; RD publ. 2007. 1367, note Bui-Xuan ; JCP Adm. 2007, n° 2111, note Karpenschif ; ibid. 2002. 2125, note Linditch ; ibid. 2007. 2128, note Pontier ; AJDA 2007. 1020 ; ibid. 1153 ; Tribune Richer ; RFDA 2007. 812, concl. Seners ; ibid. 821, note Douence ; BJCP 2007. 283, concl. Seners, obs. R.S. ; RLCT 2007, n° 724, note M.-C. Rouault ; BJCL 2007. 558, obs. G. Mollion.* ♦ Elles doivent aussi être regardées comme gérant directement le service public si elles créent à cette fin un organisme dont l'objet statutaire exclusif est, sous réserve d'une diversification purement accessoire, de gérer ce service et si elles exercent sur cet organisme un contrôle comparable à celui qu'elles exercent sur leurs propres services leur donnant notamment les moyens de s'assurer du strict respect de son objet statutaire. • Même arrêt – V. aussi notes 81, 89 et 92.

B. PARTIES AU CONTRAT

5. Le premier alinéa de l'art. L. 1411-1, issu de l'art. 3 de la loi n° 2001-1168 du 11 déc. 2001 dite loi « MURCEF », lève toutes les incertitudes antérieures sur le champ d'application général du régime de la délégation de service public au regard des parties contractantes. Notamment toute personne publique ou privée est susceptible d'être délégataire. Le législateur confirme et généralise les orientations jurisprudentielles antérieures.

6. Cas des sociétés d'économie mixte locales. La loi ne pouvait sans méconnaître le principe d'égalité écarter les SEML du champ d'application de la loi. • Cons. const. 20 janv. 1993, n° 92-316 DC : *Rec. Cons. const. 14 ; RFDA 1993. 902, note Pouyaud ; LPA 2 juin 1993, note Mathieu et Verpeaux ; RFD const. 1993. 375, note Favoreu et a.*

7. Sur les sociétés d'économie mixte. BIBL. Boileau, La société d'économie mixte locale, délégataire de service public, *AJDA 2002. 1318* .

8. Cas des établissements publics. Le principe de la liberté du commerce et de l'industrie ne fait pas obstacle, par lui-même, à ce qu'un établissement public se porte candidat à l'obtention d'une délégation. En l'espèce, le juge du référé pré-contractuel a estimé que les subventions reçues par l'Office d'équipement hydraulique de la Corse et les négociations menées pour la conclusion d'autres contrats ne le plaçaient pas dans une situation avantageuse par rapport aux autres candidats à l'obtention de la délégation du service public de distribution d'eau et d'assainissement du district de Bastia. • CE 16 oct. 2000, *Cie méditerranéenne d'exploitation des services d'eau*, n° 212054 : *Lebon 422 ; Gaz. cnes 15 janv. 2001, p. 56, note Brecq-Coutant ; BJCP 2001. 105, concl. Bergeal ; RFDA 2001. 106, concl. Bergeal ; ACL 2001, n° 56.*

9. Cas des personnes publiques. Aucun texte ni aucun principe n'interdit, en raison de sa nature, à une personne publique de se porter candidate à l'attribution d'un marché public ou d'un contrat de délégation de service public. • CE, sect. avis cont., 8 nov. 2000, *Sté Jean-Louis Bernard Consultants*, n° 222208 : *Lebon 492, concl. Bergeal ; AJDA 2000. 1066, chron. Guyomar et Collin ; BJCP 2001. 111, concl. Bergeal ; RFDA 2001. 112, concl. Bergeal ; ACL 2001, n° 86 ; CJEG 2001. 58, note Degoffe et Dreyfus ; JCP 2001. I. 357, note Delacour.* ♦ Toutefois, pour que soient respectés les exigences de l'égal accès des candidats et le principe de la liberté de la concurrence, découlant notamment de l'ordonnance du 1er déc. 1986, l'attribution d'un marché ou d'une délégation à un établissement public administratif suppose réunies certaines conditions : V. note 99.

10. Cas des associations. La doctrine administrative et la pratique avaient déjà admis que la loi s'applique aux associations.

11. Sur les associations. BIBL. Dreyfus, Associations et délégation de service public, *AJDA 2002. 894* . – Moreau, Les risques de requalification des subventions aux associations en marchés ou en délégations de service public, *AJDA 2002. 902* . – Pugeault, Le risque de requalification des conventions entres associations et collectivités territoriales, *ACCP, n° 68. 50.* – Terneyre, Collectivités publiques, associations administratives « transparentes » et droit des contrats publics, *BJCP 2010. 2.*

12. Cas d'une personne morale en cours de constitution. En l'absence d'informations certaines et précises sur la participation de certaines personnes sollicitées au capital de la future société, à la date limite d'examen des candidatures, une SEML ne peut être considérée comme en cours de constitution ; et ce, même en présence de garanties résultant de la volonté du département de créer la société et alors même que, en vertu de l'art. L. 210-6 C. com., les personnes agissant au nom d'une société en cours de formation peuvent prendre des engagements susceptibles d'être ensuite repris par la société constituée. • CE 19 déc.

2012, Dpt de l'Aveyron, n° 354873 : *AJCT 2013. 246, obs. Juilles ; DGCT 2013, n° 57, obs. Douence.* ♦ ***Cas d'une société nouvellement créée.*** La société lauréate créée il y a moins de dix-huit mois au moment de la publication de l'appel d'offres ne pouvait produire ses comptes des trois derniers exercices comptables à l'appui de son offre. Or, la commune a estimé en cours de procédure que la détention des pièces comptables prévues dans l'appel d'offres n'était plus nécessaire. Le moyen reposant sur la méconnaissance du règlement de consultation est écarté puisque la collectivité s'est conformée à la règle imposant à l'autorité délégante de permettre aux entreprises de création récente de justifier de leurs capacités financières et professionnelles et de leur aptitude à assurer la continuité du service public par tout autre moyen que ceux exigés dans l'appel d'offres. Le rejet éventuel de la candidature fondé exclusivement sur l'absence de production des documents exigés aurait été illégal faute d'avoir justifié la nécessité d'une telle présentation au regard de l'objet de la délégation et de la nature des prestations à réaliser. • CAA Versailles, 12 juin 2014, *Sté EGS,* n° 13VE00527 : *Rev. CMP 2014, n° 229, note Eckert.*

13. Cas d'une personne morale à créer. Selon la réglementation des casinos, la société d'exploitation doit avoir son siège dans la commune où se trouve le casino ; ces dispositions n'ont pas pour objet et ne sauraient avoir pour effet, sans apporter une restriction injustifiée à l'obligation de mise en concurrence, de faire obstacle à la candidature d'une société extérieure. • CAA Nantes, 18 juin 2004, *Cne de Carnac,* n° 03NT01143. ♦ Eu égard aux liens existant entre la société candidate et la société exploitante, les justifications des garanties professionnelles techniques et financières produites par la première peuvent être acceptées au profit de la seconde. • Même arrêt.

C. EXISTENCE D'UN SERVICE PUBLIC

14. Indépendamment des cas dans lesquels le législateur lui-même a entendu reconnaître ou, à l'inverse, exclure l'existence d'un service public, une personne privée qui assure une mission d'intérêt général sous le contrôle de l'administration et qui est dotée à cette fin de prérogatives de puissance publique est chargée de l'exécution d'un service public ; même en l'absence de prérogatives, une personne privée doit aussi être regardée comme assurant une mission de service public lorsqu'il apparaît que l'administration a entendu lui confier une telle mission eu égard à l'intérêt général de son activité, aux conditions de sa création, son organisation et son fonctionnement, aux obligations qui lui sont imposées et aux mesures prises pour vérifier que les objectifs assignés sont atteints. • CE, sect., 22 févr. 2007, *Assoc. du personnel relevant des éts pour inadaptés,* n° 264541 : *Lebon 92, concl. Vérot ; AJDA 2007. 793, chron. Lenica et Boucher ; JCP Adm. 2007, note Guglielmi et Koubi.* ♦ Même considérant de principe : • CE 5 oct. 2007, *Sté UGC-Ciné-cité,* n° 298773 : *AJDA 2007. 2260, note Dreyfus.* – V. aussi note 20.

15. Cas des casinos. La loi du 15 juin 1907 (réglementant le jeu dans les cercles et casinos des stations balnéaires, thermales ou climatiques et codifiée aux art. L. 321-1 s. CSI) confère à l'exploitation des casinos un caractère de service public. Le contrat passé entre la commune et un exploitant a le caractère d'une concession de service public, aux termes d'une jurisprudence établie. • CE 25 mars 1966, *Ville de Royan : Lebon 237.* ♦ Dès lors, ces concessions figurent au nombre des délégations de service public au sens de la loi du 29 janv. 1993. • CE, sect. intérieur avis, 4 avr. 1995, n° 357274 : *Rapport public 1995, p. 414.* ♦ Il résulte de la loi de 1907 que, si les jeux de casinos ne constituent pas par eux-mêmes une activité de service public, les conventions obligatoirement conclues pour leur installation et leur exploitation ont le caractère de délégation de service public, dès lors que le cahier des charges impose au cocontractant une participation à des missions de développement touristique, économique et culturel de la commune et que sa rémunération est substantiellement assurée par les résultats de l'exploitation. • CE 19 mars 2012, *SA Groupe Partouche,* n° 341562 : *Lebon 91 ; BJCP 2012. 193, concl. Boulouis, obs. R.S. ; RJEP 2012, n° 41, note Pélissier ; DGCT 2013, n° 16, obs. Douence.* ♦ Pour le régime, V. • CE 3 oct. 2003, *Cne de Ramatuelle,* n° 248523 B : *Coll. terr. 2003, n° 234, note Erstein ; BJCP 2004. 50, concl. Mitjavile, obs. R. S. ; ACL 2004, n° 56.* – V. note 15 ss. art. L. 1411-2. ♦ V. aussi • CAA Nantes, 18 juin 2004, *Cne de Carnac,* n° 03NT01143 : *préc. note 13.*

16. Cas des réseaux câblés. L'exploitation d'un réseau câblé, lorsque l'opérateur auquel la commune ou le groupement de communes l'a confiée bénéficie de l'exclusivité sur le territoire couvert par ce réseau et lorsque la population qui y réside se voit reconnaître un droit d'égal accès au service, présente le caractère d'un service public. Les conventions par lesquelles les communes qui entendent créer un service public dans les conditions précitées confient à un tiers l'exécution même de ce service sont, par suite, des délégations de service public au sens de la loi du 29 janv. 1993. • CE, sect. intérieur avis, 25 juill. 1995, n° 357781 : *Rapport public 1995, p. 422 ; RFDA 1996. 980, note Truchet.* ♦ Solution appliquée par le juge du fond pour annuler un contrat qui n'a pas été précédé de la procédure de publicité prévue par la loi. • CAA Nancy, 14 nov. 2002, *TDF Câble Est, Cne de Toul,* n°s 97NC00976 et 97NC01037 B : *AJDA 2002. 1496, note Dreyfus.*

17. Délégation partielle. Aucune disposition législative ou réglementaire n'interdit à une commune de n'affermer que partiellement un service public, dès lors que la différence de traitement en résultant pour les usagers du service est justifiée, soit par l'existence de différences de situation appréciables, soit par une nécessité d'intérêt général. Tel est le cas d'une zone touristique dans laquelle une organisation particulière du service est rendue nécessaire par l'affluence d'une population saisonnière. • CE 8 avr. 1998, *Assoc. pour la promotion et le rayonnement des Orres*, n° 127205 : *Dr. adm. 1998, n° 192 ; BJCP 1998. 63, concl. Bergeal, obs. R.S. ; AJDA 1998. 463 ; ACL 1999, n° 116.*

18. Exclusion législative. L'insertion sociale et professionnelle des personnes handicapées constitue une mission d'intérêt général mais le législateur a entendu exclure que la mission assurée par les organismes privés gestionnaires de centres d'aide par le travail revête le caractère d'une mission de service public. • CE, sect., 22 févr. 2007, *Assoc. du personnel relevant des éts pour inadaptés*, n° 264541 : *préc. note 14.*

19. Absence de service public. Selon une jurisprudence classique, un contrat qui confie à une personne privée des tâches de gestion du domaine privé d'une personne publique n'a pas pour objet de lui confier l'exécution d'un service public et constitue un contrat de droit privé. • T. confl. 10 juill. 1956, *Sté des Steeple-chases de France : Lebon 587.*

20. Une société d'économie mixte, non dotée de prérogatives de puissance publique, a, en vertu de ses statuts, une mission d'intérêt général en vue d'assurer l'exploitation d'un mutiplex de salles de cinéma. Eu égard notamment à l'absence de toute obligation imposée par la ville et de contrôle d'objectifs qui lui auraient été fixés, son activité ne revêt pas le caractère d'une mission de service public confiée par la commune. • CE 5 oct. 2007, *Sté UGC-Ciné-Cité*, n° 298773 : *Lebon 418 ; BJCP 2007. 483, concl. Casas, obs. R.S. ; Dr. adm. 2008, n° 165, note Ménéménis ; RLCT 2008. 26, art. Mondou ; AJDA 2007. 2260, note Dreyfus ; ACL 2008, n° 20 ; AJDA 2008. 23, art. Amiel .* ♦ La commune n'avait à lui consentir aucune délégation de service public et le juge des référés précontractuels n'a commis aucune erreur de droit en estimant que le projet de construction de nouvelles salles ne relevait pas de la procédure de délégation. • Même arrêt.

21. Si l'activité du restaurant l'Orée du Bois contribue à l'accueil des touristes dans la capitale et concourt ainsi au rayonnement et au développement de son attrait touristique, cette seule circonstance, compte tenu des modalités d'exploitation de l'établissement et de son intérêt propre, ne suffit pas à lui conférer le caractère d'un service public. • CE 12 mars 1999, *Ville de Paris*, n° 186085 : *Lebon 778 ; Dr. adm. 1999, n° 127 ; AJDA 1999. 439, note Raunet et Rousset ; BJCP 1999. 433, concl. Bergeal, obs. R. S.* ♦ La convention conclue avec la Ville de Paris a le caractère d'une concession domaniale et ne relève pas du régime des délégations. • Même arrêt. ♦ Le contrat par lequel la Ville de Paris confie la gestion du stade du Parc des Princes à une entreprise, moyennant le paiement d'une redevance mais sans lui confier aucune mission particulière, ne peut être qualifié de délégation de service public : c'est une convention autorisant l'exploitation d'un équipement sur une dépendance du domaine public de la ville. • CE, sect., 11 juill. 2011, *Mme Gilles*, n° 339409 : *Lebon 331 ; AJCT 2011. 576, obs. Burel ; AJDA 2011. 1949, chron. Domino ; RDI 2011. 508, note Foulquier ; BJCP 2011. 341, concl. Boulouis, obs. R.S.*

22. Un contrat de mobilier urbain dont l'objet est, outre d'autoriser l'occupation du domaine public, de permettre la réalisation et la fourniture de prestations de service en matière d'information municipale, de propreté et de protection des usagers des transports publics contre les intempéries, entre dans le champ d'application du code des marchés publics. Ce n'est pas une délégation de service public faute notamment de prise en charge effective d'un service public par la société contractante. • CE, ass., 4 nov. 2005, *Sté Jean-Claude Decaux*, nos 247298 et 247299 : *Lebon 476, concl. Casas ; RFDA 2005. 1083, concl. Casas ; AJDA 2006. 120, note Ménéménis ; JCP Adm., n° 50, p. 1381, note Linditch ; Rev. CMP, déc. 2005, p. 3, note Llorens et Soler-Couteaux et p. 22, note Pietri.* ♦ En revanche, le contrat relatif à l'installation et à la gestion de colonnes (« colonnes Morris ») et de mâts porte-affiches destinés à l'affichage des activités culturelles sur le territoire parisien n'est ni un marché public, ni un contrat de délégation (car il ne concerne pas les activités des services publics municipaux, ni celles qui seraient exercées pour leur compte). • CE 15 mai 2013, *Ville de Paris*, n° 364593 : *Lebon 144 ; AJCT 2013. 470, obs. Hul ; AJDA 2013. 1271, chron. Domino et Bretonneau ; RDI 2013. 367, obs. Braconnier ; ACCP 2013, p. 11, obs. Jouguelet.*

23. Une convention portant sur la gestion et l'exploitation d'un réseau d'appareils de télévision mis à la disposition des malades d'un hôpital ne fait pas participer la société cocontractante à l'exécution du service public administratif ; conclue pour les besoins du service public, elle ne comporte pas de clauses exorbitantes du droit commun ; son contentieux relève du juge judiciaire. • T. confl. 21 mai 2007, *SA Codiam*, n° C-3609 B : *Dr. adm. 2007, n° 100, note Ménéménis ; AJDA 2008. 200, note Robbe ; ACL 2008. n° 29.* ♦ Le législateur n'a pas entendu reconnaître aux missions assurées par un centre de formation relevant d'une association sportive ou d'une société sportive le caractère d'un service public. • CE 8 mars 2012, *Assoc. Nice volley-ball*, n° 352959 B.

24. La convention mettant à la disposition d'une société des locaux en vue d'exploiter un bar-restaurant est relative à la gestion du domaine privé de la commune ; en effet, les circonstances que les locaux sont situés dans le même immeuble que le théâtre municipal et que la société dispose de communications internes lui permettant de fournir les prestations qu'elle décide d'assurer au buffet ou à la buvette du théâtre ne permettent pas de les regarder comme l'un des éléments de l'organisation d'ensemble du théâtre et, par suite, comme étant affectés à un service public culturel ou comme un accessoire du domaine public communal. • CE, sect., 29 déc. 2009, *Sté Brasserie du Théâtre*, n° 290937 : *Lebon 528 ; BJCP 2010. 125, concl. Olléon ; AJDA 2010. 841, note Févrot ; Dr. adm. 2010, n° 22, note Melleray ; Rev. CMP 2010, n° 190, note Touzeau.*

25. En l'absence de tout contrôle de la personne publique sur la programmation artistique et sur les tarifs des spectacles, le contrat par lequel la commune confie à une société l'organisation d'un festival de musique et lui accorde une subvention ne fait pas preuve d'une implication de la commune telle que les conditions d'organisation de ce festival permettent de caractériser une mission de service public. Le contrat conclu à l'initiative de la commune n'est donc pas une délégation de service public mais un marché public de services. • CE 23 mai 2011, *Cne de Six-Fours-les-Plages*, n° 342520 : *Lebon 255 ; AJCT 2011. 467, obs. Fausser ; AJDA 2011. 1515, note Dreyfus ; BJCP 2011. 258, concl. Boulouis, obs. R. S. ; Dr. adm. 2011, n° 79, note Pugeault ; JCP Adm. 2011. 2329, note Linditch ; DGCT 2012, n° 68, obs. Douence.*

26. L'absence d'implication de la collectivité publique dans l'organisation de l'exploitation touristique des sites dont l'occupation est consentie, la fixation d'obligations minimales et l'absence de contrôle sur les tarifs pratiqués s'opposent à la requalification d'une convention d'occupation domaniale en délégation de service public. • CE 9 déc. 2016, *Cne de Fontvieille*, n° 396352 : *AJCT 2017. 219, obs. Durand ; BJCP 2017. 117.*

27. Existence du service public. La création d'un restaurant interentreprises, destiné aux employés des entreprises accueillies dans la zone d'activité de Pompey, apparaît comme un complément indispensable pour assurer la réindustrialisation du bassin de Pompey qui est sans conteste une mission de service public communal ; le contrat d'exploitation constitue donc une délégation. • TA Nancy, 22 janv. 2002, *M. Trogrlic*, n° 00846 : *AJDA 2002. 855, note Raymundie .* ♦ Si la commune soutient que l'autorisation donnée à l'association visait seulement à permettre la réalisation d'un projet d'intérêt général accompagné d'une demande de subvention et non d'une mission de service public, il ressort toutefois de ladite convention que la collectivité a imposé diverses obligations à l'association, dont celle d'assurer une durée minimale d'ouverture de la piscine, d'accueillir les groupes scolaires et de fournir un compte rendu bimensuel de l'activité et de la situation financière de cette activité. Ainsi, cette activité avait le caractère d'une mission de service public. • CAA Lyon, 18 avr. 2013, n° 12LY01547 : *AJDA 2013. 1979, note Devès ; AJCT 2013. 413, obs. Dyens .*

28. Création d'un service public. Le département de la Corrèze crée un service public local de téléassistance aux personnes âgées et handicapées en décidant de passer une délégation de service public. • CE 3 mars 2010, *Dpt de Corrèze*, n° 306911 : *Lebont T. 652 ; AJDA 2010. 1251, chron. dt. éco ; Rev. CMP 2010, n° 146, note Eckert ; RLC 2010, n° 24, note Clamont ; JCP Adm 2010, n° 2203, note Idoux ; RJEP 2010. Comm. 44, note Pellissier ; DGCT 2011, n° 18, obs. Douence.* ♦ En application de la réglementation communautaire relative aux transports maritimes, la conclusion d'un contrat de service public est subordonnée à l'existence d'un besoin réel de service public résultant de l'insuffisance des services privés. Ce besoin doit être apprécié et constaté pour chaque ligne ou trajet. Il existe en l'espèce pour la desserte maritime de la Corse et permet la création d'un service public délégué par la collectivité territoriale de Corse ; la clause du contrat de délégation prévoyant une rencontre entre les parties en cas de déséquilibre financier ne peut être qualifiée, à elle seule, d'aide d'État. • CE 13 juill. 2012, *Cie méridionale de navigation et Sté nat. Corse-Méditerranée*, n° 355616 : *Lebon 282 ; BJCP 2012. 355, concl. Dacosta, obs. R.S. ; Dr. adm. 2012, n° 86, note Ziani ; AJCT 2012. 564, obs. Didriche .* ♦ L'activité de fourrière-refuge est une mission d'intérêt général réservée par la loi aux fondations et associations de protection des animaux. En déléguant cette activité, à son initiative et sous son contrôle, conjointement avec l'activité de fourrière (qui est un service communal obligatoire), la commune a érigé l'ensemble en mission de service public. • CE 13 juill. 2012, *Cne d'Aix-en-Provence*, n° 358512 B : *JCP Adm. 2012. Actu. 515 ; AJDA 2012. 1434 ; DGCT 2013, n° 56, obs. Douence.*

29. Concessions de plage et sous-traités d'exploitation. Selon l'administration, les concessions de plage naturelle seraient des délégations de service public et non de simples concessions domaniales, en raison des clauses de service public contenues dans les cahiers des charges. * Rép. min. n° 31598 : *JOAN Q, 25 oct. 1999, p. 6192.* ♦ Cette analyse est confirmée au contentieux. Le sous-traité d'exploitation, s'il porte autorisation d'occupation du domaine public et présente ainsi le caractère d'une concession domaniale, tend également à organiser l'exploitation de la plage dans l'intérêt du développement de la station balnéaire ; il charge le concessionnaire de veiller à la salubrité de la baignade et au respect des mesures destinées à assurer la sécurité des usagers, sans préjudice des pouvoirs qui appartiennent à l'autorité de police municipale ; il organise donc une délégation de service public. • CE 21 juin 2000, *SARL Plage « Chez Joseph » et*

Féd. nat. des plages restaurants, n°s 212100 et 212101 : *Lebon 282* ✎ ; *RFDA 2000. 797, concl. Bergeal* ✎ ; *BJCP 2000. 355, concl. Bergeal.* ♦ Confirmation de la qualification. • CE 8 juin 2005, *M. Tomaselli, Cne de Ramatuelle*, n°s 255987 B et 256200 B : *BJCP 2005. 381, concl. Boulouis, obs. C.M.* ♦ La solution jurisprudentielle est confirmée par la loi. V. art. L. 1411-12, notes 8 et 9.

30. Activité complémentaire (non). Un contrat de concession confie au délégataire la construction d'une cuisine centrale dont la capacité de production excède largement les besoins actuels et prévisibles de la collectivité ; il autorise le délégataire à fournir des repas à toute autre personne moyennant une redevance versée à la collectivité. Cette activité ne peut être considérée comme le complément normal de l'exécution du service public. Nullité du contrat. • CAA Paris, 10 juill. 2003, *Sté Sogères c/ Cne de Yerres*, n° 01PA2303 : *Dr. adm. 2004, n° 44, note Ménéménis.*

31. Aide financière et délégation. Sur la distinction entre convention de subventionnement d'une association et contrat de prestation ou de délégation de service public conclu avec une association, V. * Rép. min. n° 29307 *JOAN Q, 21 juin 1999, p. 3854.* ♦ V. aussi : * Rép. min. n° 42187 *JOAN Q, 21 août 2000, p. 4941.*

32. Subvention et service public. La commune d'Aix-en-Provence peut accorder des subventions au service public culturel du festival international d'Aix-en-Provence. En effet, le service public présente un caractère administratif et l'association dont l'activité exclusive est de gérer, à la demande des collectivités publiques qui l'ont créée et sous leur contrôle, le service public du festival ne saurait être regardée comme une entreprise au sens des art. L. 1511-1 s. • CE, sect., 6 avr. 2007, *Cne d'Aix-en-Provence*, n° 284736 : *préc. note 4.* ♦ Le Conseil d'État annule la solution contraire du juge d'appel. • CAA Marseille, 4 juill. 2005, *M. et Mme Jean-Louis Armand*, n° 06MA02343 : *AJDA 2006. 369, note Pontier* ✎ ; *BJCP 2006. 113, concl. Louis.*

33. Subvention sans service public. La seule circonstance que la commune ait participé financièrement à l'activité d'une association qui a créé et géré un refuge-fourrière pour animaux abandonnés ne suffit pas à considérer l'association comme chargée de la gestion d'un service public. • CE 26 févr. 2003, *Sté protectrice des animaux*, n° 212943 B : *AJDA 2003. 1488, note Costa* ✎ ; *BJCL 2003. 351, concl. Goulard ; ACL 2004, n° 29.* ♦ Une convention d'objectifs qui prévoit l'attribution d'une subvention municipale en contrepartie de l'engagement de l'association à organiser d'une part des stages de formation pour les étudiants, d'autre part des concerts dans le cadre d'un festival ne constitue pas une convention de délégation de service public, lorsqu'il apparaît que cette association a une activité indépendante de celle de la commune et préexistante au financement communal. • TA Nice, 24 févr. 2006, *M. Jean-François Knecht c/ Cne de Nice*, n° 0105008 : *AJDA 2006. 1615, note Dieu* ✎.

34. Service public sans subvention. La convention relative à l'exploitation du petit train touristique de la citadelle de Besançon prévoit des sujétions particulières imposées à l'exploitant et un droit de regard de la ville sur son activité. Bien qu'elle ne comporte ni soutien financier, ni octroi de prérogatives de puissance publique, elle révèle l'intention non équivoque de la ville d'ériger l'activité considérée en un service public local d'animation touristique et culturelle délégué. Il ne s'agit pas d'une concession domaniale assortie d'obligations d'intérêt général mais d'une convention ayant pour objet et pour effet de confier la gestion déléguée d'un service public local. • CAA Nancy, 6 avr. 2006, *EURL Saut du Doubs*, n° 01NC00887.

35. BIBL. Nicinski, Les associations et le droit administratif. Plaidoyer pour la convention d'objectifs et de moyens, *Dr. adm. 2006, n° 11.* – Terneyre, Délégation d'équipements sportifs communaux, *BJCP 2002. 230.* – Epton, Les contrats de subvention, *RDP 2010. 65.*

D. CARACTÈRE DÉLÉGABLE DU SERVICE PUBLIC

36. Selon une jurisprudence antérieure à la loi du 29 janv. 1993, un certain nombre d'activités de service public ne peuvent être déléguées à un tiers par la collectivité publique organisatrice du service. Par leur nature ou par la volonté du législateur, certains services publics ne peuvent être assurés que par la collectivité territoriale elle-même. • CE, avis adm., 7 oct. 1986 (cité dans Circ. du min. Intérieur du 7 août 1987) : *JO 20 déc. 1987, p. 14863.*

1° SERVICES PUBLICS INSUSCEPTIBLES PAR NATURE D'ÊTRE DÉLÉGUÉS

37. L'interdiction de déléguer des pouvoirs de police est classique. Le pouvoir de prendre des mesures de police ne peut être délégué. • TA Clermont-Ferrand, 1er juill. 1960, *Dame Geneix : Lebon 800.* ♦ Le service de police ne peut être confié qu'à des agents placés sous l'autorité directe du maire. • CE 17 juin 1932, *Ville de Castelnaudary*, n° 12045 : *Lebon 595 ; DP 1932. 3. 26, concl. Josse.* ♦ La commune ne peut se dégager de la responsabilité afférente à l'exercice de sa mission de police. • CE 23 mai 1958, *Cts Amoudruz*, n°s 35737, 31976 et 32078 : *Lebon 301 ; AJDA 1958. 309, chron. Fournier et Combarnous.*

38. La gestion du stationnement payant sur la voie publique peut être déléguée à une société privée (sol. impl.) mais non l'exercice de prérogatives telles que la constatation des infractions au stationnement payant. • CE 1er avr. 1994, *Cne de Menton et a.*, n°s 144152 et 144241 : *Lebon*

176 ; Dr. adm. nov. 1994, p. 1, concl. Lasvignes ; RD publ. 1994. 1825, note J.-B. Auby. ♦ Des clauses qui ont pour effet de déléguer à une société des prérogatives de police du stationnement sur la voie publique et de mettre à sa charge des dépenses étrangères à l'exploitation des ouvrages et qui sont essentielles à l'économie générale du contrat entachent ce dernier de nullité (moyen d'ordre public soulevé d'office). • CAA Marseille, 26 juin 2003, *Cie gén. de stationnement c/ Ville de Toulon*, n° 99MA1920 B : *BJCP 2004. 33, concl. Trottier, note R. S. ; Dr. adm. 2004, n° 44, note Ménéménis ; AJDA 2003. 2040, note Dreyfus* . ♦ Solution précédente confirmée par le juge de cassation. Les clauses irrégulières entraînent la nullité de l'ensemble du contrat car elles en sont (implicitement) indivisibles. • CE 19 déc. 2007, *Sté Sogéparc – CGST – Cie gén. de stationnement*, n° 260327 B : *BJCP 2008. 118, concl. Boulouis, obs. R.S. ; AJDA 2008. 419, note Dreifuss ; ACL 2008, n° 25.*

39. Des tâches de surveillance et de gardiennage des immeubles municipaux et du mobilier urbain peuvent être confiées à une entreprise spécialisée, sur le fondement de la loi du 12 juill. 1983 régissant cette activité, mais non des tâches de surveillance de la voie publique. • CE 29 déc. 1997, *Cne d'Ostricourt*, n° 170606 B. ♦ En revanche, des missions de télésurveillance, télégestion et téléassistance ne relèvent pas du domaine de la police municipale mais sont un service public à caractère commercial dont l'exploitation peut être déléguée. • CE 20 mars 1998, *SEM de Sécurité active et de télématique*, n° 157586 B.

40. Le service de sécurité d'un domaine skiable est une mission de police générale insusceptible de délégation. * Rép. min. n° 20124 : *JOAN Q, 1er mars 1999, p. 1270.* ♦ En revanche, est délégable l'exécution de prestations de secours en montagne sous l'autorité du maire. • CAA Lyon, 24 oct. 2000, *Sté Service aérien français et Cne de Val-d'Isère*, n° 96LY1868 B : *BJCP 2001. 320, concl. Bourrachot, obs. R. S.* ♦ V. note 54.

41. Un contrat ayant pour objet des travaux de modernisation, d'optimisation, d'extension et de création des installations du service public d'éclairage et de signalisation tricolore ainsi que l'exploitation de ce service ne confie pas au cocontractant l'exploitation ou la gestion d'un ouvrage public et ne saurait dès lors être qualifié de délégation de service public ; il constitue par son objet un marché soumis au code des marchés publics. • CE 8 févr. 1999, *Préfet des Bouches-du-Rhône c/ Cne de La Ciotat*, n° 150931 : *Lebon 19 ; AJDA 1999. 364, concl. Bergeal , note Chabanol ; RFDA 1999. 1172, note Braconnier ; ACL 2000, n° 51.*

42. Comp. : l'État commet une faute en contraignant la ville à signer des conventions destinées à financer des opérations de fouilles archéologiques. En effet la détection, la conservation, la sauvegarde du patrimoine archéologique ainsi que le contrôle et l'évaluation d'opérations d'archéologie préventive relèvent d'une mission de police administrative de l'État ; seules les opérations de diagnostic et de fouille, de nature économique, qui ne relèvent pas de ces missions, peuvent donc être réalisées et financées par des tiers. • CE 11 mai 2009, *Ville de Toulouse*, n° 296919 : *Lebon 190, concl. Dacosta ; BJCP 2009. 399, concl. Dacosta, obs. R. S.*

2° SERVICES PUBLICS INSUSCEPTIBLES D'ÊTRE DÉLÉGUÉS PAR LA VOLONTÉ DU LÉGISLATEUR

43. En matière de cantines scolaires, la confection et la préparation des repas peuvent être déléguées mais non la surveillance des élèves. • CE, avis adm., 7 oct. 1986 : *préc. note 36.* ♦ Cette solution est peut-être infirmée par le Tribunal des conflits dans une affaire relative à un accident survenu à une élève pendant la récréation suivant le repas pris à la cantine, avant la reprise des classes, sous la surveillance de deux employées communales. Pour le tribunal, la qualité de membre de l'enseignement public (et donc l'application de la loi du 5 avr. 1937, actuel art. L. 911-4 C. éduc.) doit être étendue à toutes les personnes qui, dans l'établissement ou au-dehors, participent à l'encadrement des enfants dans toutes les activités réalisées dans un but d'enseignement ; en revanche, elle ne saurait s'appliquer aux personnes, agents de la commune, chargées de la surveillance des enfants pendant le déroulement de la cantine et les périodes qui la précèdent, après la sortie de la classe, et la suivent, jusqu'à la rentrée en classe, dès lors que l'activité ainsi organisée se limite à la prise en charge des enfants, en vue de les nourrir et de les détendre, sans poursuivre une fin éducative ; seule la responsabilité de la commune peut alors être engagée selon la procédure de droit commun. • T. confl. 30 juin 2008, *Préfet des Alpes-Maritimes c/ Caisse régionale Groupama*, n° 3671 : *Lebon 556 ; AJDA 2009. 706, note Bouteiller .*

44. L'interdiction de déléguer peut résulter de prescriptions législatives propres à certains services publics. Ainsi un service communal de distribution d'électricité, exclu de la nationalisation, ne peut, en vertu de la loi du 8 avr. 1946, être géré qu'en régie ou par une SEM, à l'exclusion de tout concessionnaire privé. • CE 28 juin 1989, *Synd. de personnel des industries électriques et gazières du centre de Grenoble*, nos 77659 s. : *RFDA 1989. 929, note Lachaume ; CJEG 1989. 369, note Delpiron ; ACL 1990, n° 62.* ♦ De même, l'art. 25 de la loi du 31 déc. 1968 et l'art. L. 326 CSP n'autorisent pas les collectivités locales à conclure une convention ayant pour objet ou pour effet de confier à une personne de droit privé l'exécution de la mission de prévention des maladies mentales infantiles qui incombe au département lui-même. • CE 17 mars 1989, *Synd. des psychiatres français*, n° 50176 : *Lebon 95 ; AJDA 1989. 407, obs. Prétot.*

45. Inversement, des dispositions législatives spéciales peuvent expressément prévoir la possibilité de déléguer certains services publics. Ainsi, par ex., des ponts à péage qui présentent le caractère de services publics administratifs. • CE 2 oct. 1985, *Jean Jeissou*, n° 23254 : *Lebon 544 ; AJDA 1985. 38, concl. Jeanneney.*

II. CRITÈRE DE LA DÉLÉGATION DE SERVICE PUBLIC

46. Situation au regard du droit communautaire. L'attribution par une autorité publique à un prestataire de services de la gestion d'un service (en l'espèce d'un parking public payant), en contrepartie de laquelle ce prestataire est rémunéré par les usagers (ce qui implique qu'il prend en charge le risque d'exploitation), ne constitue pas un marché public de services régi par la directive 92/50 portant coordination des procédures de passation des marchés publics de services. Elle constitue une « concession de services » au sens du droit communautaire. • CJCE 13 oct. 2005, *Parking Brixen GmbH c/ Gemeinde Brixen, Stadtwerke Brixen AG*, n° C-458/03 : *BJCP 2005. 454, concl. Kokott, obs. R.S.*

47. De même, la distinction entre marchés publics de travaux et concession de travaux repose sur le transfert du risque lié à l'exploitation de l'ouvrage. • CJCE 13 nov. 2008, *Commission c/ République italienne*, n° C-437/07 : *BJCP 2009. 119, obs. Ch. M.*

48. Le fait que le cocontractant n'est pas directement rémunéré par le pouvoir adjudicateur mais qu'il est en droit de percevoir une rémunération auprès de tiers suffit pour que le contrat soit qualifié de « concession de services » au sens de la Dir. 2004/17/CE du 31 mars 2004, dès lors que le cocontractant prend en charge l'intégralité ou, au moins, une part significative du risque d'exploitation encouru par le pouvoir adjudicateur, même si ce risque est, dès l'origine, très limité en raison des modalités de droit public de l'organisation du service. • CJCE 10 sept. 2009, *WAZV Gotha*, n° C-206/08 : *AJDA 2010. 162, note Camous .*

A. OBJET DE LA DÉLÉGATION

1° EXÉCUTION DU SERVICE

49. Selon une jurisprudence antérieure à la loi du 29 janv. 1993, est administratif à raison de son objet le contrat qui confie au cocontractant l'exécution même du service public. • CE, sect., 20 avr. 1956, *Épx Bertin*, n° 98637 : *Lebon 167 ; D. 1956. 433, note de Laubadère ; RD publ. 1956. 869, concl. Long, note Waline ; AJDA 1956. 272, chron. Fournier et Braibant.*

50. Deux conventions confient à une SEM la mission d'assurer, pour l'une, une mission d'information communale consistant en la rédaction, l'édition et la diffusion du journal municipal ainsi que de divers autres documents d'information et, pour l'autre, l'accueil et l'information des touristes, curistes et congressistes, la promotion et la publicité de la station, la coordination des organismes et sociétés locales intéressés au développement de la commune. L'objet de ces conventions relève d'une mission de service public. • CE 10 juill. 1996, *M. Coisne*, n° 140606 B : *RFDA 1997. 504 et 507, concl. Chantepy et note Douence ; ACL 1997, n° 15.* ♦ Moyennant la collecte de recettes publicitaires, un contrat charge une société d'assurer le financement de publications municipales, la réalisation matérielle et la diffusion de certaines d'entre elles. Alors même que la société n'est pas chargée de la rédaction de ces documents, ce contrat lui confie une partie de l'exécution du service public de l'information municipale. • T. confl. 24 juin 1996, *Préfet de l'Essonne*, n° 3023 : *Lebon 546 ; ACL 1997, n° 74.*

51. Le contrat n'est pas une délégation de service public culturel en cas d'absence d'implication de la commune dans l'organisation de l'exploitation touristique des sites : dans ce cas, le cocontractant ne participe pas à l'exécution du service. La commune se bornait, en l'espèce, à fixer les jours d'ouverture et à imposer à l'intéressée de respecter le caractère historique et culturel des sites dont elle devait assurer l'exploitation mais n'exerçait pas de contrôle ni sur le montant des droits d'entrée, ni sur les prix de vente des produits vendus sur les sites, ni sur les horaires d'ouverture des sites et ne prescrivait pas au preneur d'obligation relative, notamment, à l'organisation de visites guidées ou d'activités culturelles ou à l'accueil de publics particuliers. • CE 9 déc. 2016, *Cne de Fontvieille*, n° 396352 : *AJCT 2017. 219, obs. Durand .*

52. Police administrative et service public. Une commune n'a pas transféré à son délégataire des pouvoirs de police administrative en lui confiant la mission de veiller à la protection de la sécurité des marchés et du stationnement des véhicules. En limitant son rôle à la transmission d'informations à la collectivité délégante, la convention concernée ne mettait pas à la charge du délégataire ni la protection effective des lieux ni la constatation et la répression des infractions commises aux règlements de police. La commune n'a pas entendu mettre les agents municipaux à la disposition directe du délégataire ou de se départir de son pouvoir de contrôle quant à l'accomplissement de cette mission. L'objet de la convention est licite. • CAA Versailles, 12 juin 2014, *Sté EGS*, n° 13VE00527 : *Rev. CMP 2014, n° 229, note Eckert.*

53. La convention par laquelle une région confie à un navigateur la mission d'assurer à l'occasion de courses et événements nautiques la promotion de l'image de la région par ses actions de publicité et de communication fait participer le navigateur à l'exécution même du service public. • T. confl. 22 janv. 2001, *Sté Multicom c/ Conseil régional* *de Haute-Normandie*, n° 3238 : *Lebon 734* ; *BJCP 2001. 360 ; ACL 2002, n° 62.*

54. La commune de Val-d'Isère charge par convention une entreprise privée de construire et d'exploiter une hélistation. L'entreprise s'engage par priorité à effectuer des missions de secours sur le domaine skiable de la station et de déclenchements d'avalanches ; elle est par ailleurs autorisée à exercer une activité de transport et de tourisme à partir de la station, y compris en période estivale. Les missions précitées sont considérées comme des missions de service public susceptibles d'être déléguées (en tant qu'exécution de prestations de secours sous l'autorité du maire) (sol. impl.). • CAA Lyon, 24 oct. 2000, *Sté Service aérien français et Cne de Val-d'Isère*, n° 96LY1868 : *préc. note 40.* ♦ Le pourvoi en cassation est rejeté. • CE 17 mars 2004, *Cne de Val-d'Isère*, n° 228428.

55. Le projet de contrat conclu entre un syndicat intercommunal et une entreprise qui a pour objet de confier à cette dernière l'exploitation des réseaux et ouvrages de production et de traitement de l'eau potable appartenant au syndicat ainsi que la vente de cette eau aux communes membres du syndicat (à l'exclusion de la distribution de l'eau aux consommateurs finals) confie au cocontractant la gestion d'un service public • CE 28 juin 2006, *Synd. intercommunal d'alimentation en eau de la moyenne vallée du Gier*, n° 288459 : *AJDA 2006. 1781, note Richer* . ♦ Eu égard à son objet et aux modalités de rémunération de cocontractant le projet de contrat doit être analysé comme une délégation de service public. • Même arrêt.

56. Absence de mission de service public. Un contrat ayant pour objet des travaux de modernisation, d'optimisation, d'extension et de création des installations du service public d'éclairage et de signalisation tricolore ainsi que l'exploitation de ce service ne confie pas au cocontractant l'exploitation ou la gestion d'un ouvrage public et ne saurait dès lors être qualifié de délégation de service public ; il constitue par son objet un marché soumis au code des marchés publics. • CE 8 févr. 1999, *Préfet des Bouches-du-Rhône c/ Cne de La Ciotat*, n° 150931 : *préc. note 41.*

57. De même un contrat de restructuration, maintenance et réaménagement d'un collège constitue par son objet un marché, dès lors qu'il ne confie pas au cocontractant la gestion d'un service public au moyen de l'ouvrage qu'il était chargé de construire ; il ne peut s'agir d'un marché d'entreprise de travaux publics. • CE 30 juin 1999, *Dpt de l'Orne, Sté Gespace France*, n°s 169336 et 169545 : *Lebon 227* ; *BJCP 1999. 602, concl. Bergeal, obs. R.S. ; AJDA 1999. 747* ; *ACL 2000, n° 51 ; CJEG 1999. 434, note Richer.*

58. Le contrat par lequel la ville de Nice loue à l'association Nice Lawn Tennis les terrains et les équipements du Parc impérial, dépendances du domaine public affectées à la promotion et au développement du sport, a le caractère d'un bail emphytéotique administratif (V. art. L. 1311-2). Il ne comporte aucune clause relative à la gestion de l'équipement, ni au contrôle de la collectivité sur les travaux : la modicité du loyer ne constitue la contrepartie d'aucune obligation de service public. En l'absence de tout autre document contractuel avec lequel il formerait un tout indissociable, le contrat n'a pas pour objet de confier à l'association la gestion d'un service public et n'a pas le caractère d'une délégation de service public. • CAA Marseille, 5 févr. 2001, *Préfet des Alpes-Maritimes*, n° 97-05.293 B : *BJCP 2001. 54, concl. Duchon-Doris, obs. Ch. M.* ♦ V. aussi note 31.

59. La convention par laquelle la ville de Paris confie à l'association Paris Jean-Bouin la gestion du stade Jean Bouin et des terrains de tennis du Bois de Boulogne est conclue sans publicité ni mise en concurrence préalable. Le tribunal administratif de Paris analyse la convention comme une délégation de service public et annule la décision du maire de la signer. • TA Paris, 21 mars 2009, *Sté Paris Tennis*, n° 0607283/7 : *AJDA 2009. 1149, note Dreyfus* . ♦ Le 24 juin 2009, la cour administrative d'appel de Paris rejette la demande de sursis à exécution de ce jugement. Le Conseil d'État casse l'arrêt en estimant que le moyen tiré de ce que la convention ne peut être qualifiée de délégation de service public doit être regardé, en l'état de l'instruction, comme sérieux. Selon les conclusions, la convention n'impose pas d'obligations de service public à l'occupant du domaine. • CE 13 janv. 2010, *Assoc. Paris Jean Bouin, Ville de Paris*, n° 329576 : *BJCP 2010. 115, concl. Olléon, obs. Ch. M. ; AJDA 2010. 731, note Mollion* ; *Rev. CMP 2010, n° 116, note Eckert.* ♦ Sur renvoi, la Cour de Paris persiste dans sa position initiale. L'existence d'une mission de service public confiée par la ville résulte non seulement des stipulations du contrat mais aussi de l'ensemble des relations, organiques ou fonctionnelles, nouées entre les parties avant, pendant, et après la conclusion du contrat. • CAA Paris, plén., 25 mars 2010, *Assoc. Paris Jean Bouin, Ville de Paris*, n° 09PA01920 : *AJDA 2010. 645* *et 775, chron.* ; *Rev. CMP 2010, n° 189, note Eckert.* ♦ Mais le Conseil d'État censure cette opération : le contrat est une convention d'occupation du domaine public et non une délégation de service public et n'exige pas une procédure de publicité et de mise en concurrence ; notamment l'organisation de spectacles sportifs ne suffit pas à caractériser une mission de service public et le contrôle exercé par la ville ne fait pas peser d'obligations de service public. • CE sect., 3 déc. 2010, *Ville de Paris et Assoc. Paris Jean Bouin*, n° 338272 : *AJDA 2011. 21, chron. Glaser* ; *JCP Adm. 2011. n° 2043, note Devès ; Dr. adm. 2011, n° 17, note Brenet et Melleray ; ACCP 2011, n° 106, p. 10 et 56, note Hansen ; BJCP 2011. 36, concl. Escaut, obs. R.S.*

60. Le projet de convention d'occupation du domaine public portant sur l'aménagement et l'exploitation de la boutique hors taxes de l'aéroport est assorti de prescriptions (qualité du service, horaires d'ouverture, vitrine de promotion des produits locaux, case à rhum...). À supposer même que ces obligations puissent être regardées comme relevant d'une mission de service public, elles n'auraient pas pour objet de confier à ce cocontractant la gestion d'un service public mais seulement la création et l'exploitation d'un équipement affecté à ce service. • CE 19 janv. 2011, *Chambre de commerce et d'industrie de Pointe-à-Pitre*, n° 341669 : *AJDA 2011. 139 ; AJDA 2011. 669, note Caille ; BJCP 2011. 101, concl. Boulouis, obs. Ch. M. ; DGCT 2012, n° 27.* ♦ La convention envisagée ne saurait ainsi être regardée comme une délégation de service public ; il ne s'agit pas non plus d'une convention de prestations de services. • Même arrêt.

61. La Société protectrice des animaux a créé et géré, avec l'accord verbal du maire, un refuge-fourrière destiné à recevoir les animaux abandonnés. Si cette activité présente un caractère d'intérêt général, son exercice ne comporte en l'espèce la mise en œuvre d'aucune prérogative de puissance publique. La SPA gère le service de façon autonome, sans définition précise ni contrôle effectif par la commune des conditions d'organisation et de fonctionnement. La seule circonstance que la commune ait participé financièrement à l'activité de l'association n'est pas de nature à faire regarder celle-ci comme chargée par la commune de la gestion d'un service public. • CE 26 févr. 2003, *Sté protectrice des animaux*, n° 212943 : *préc. note 32.* ♦ Le contrat par lequel un commerçant s'est engagé auprès du département à louer et entretenir, moyennant une rémunération forfaitaire, des appareils destinés au service de télé-alarme mis en place par cette collectivité au profit de personnes âgées ou isolées n'a pas pour objet de faire participer ce commerçant à l'exécution du service public. • T. confl. 24 févr. 2003, *M. Hawrylyszyn c/ Dpt du Territoire de Belfort*, n° 3330.

62. Un contrat de concession pour l'exécution du service public hospitalier de l'art. L. 715-10 CSP (devenu art. L. 6161-9) [V. **CSP**] constitue une délégation de service public au motif que le concessionnaire gère un service public et perçoit une rémunération liée directement aux résultats de l'exploitation du service concerné. • CAA Paris, 27 juin 2005, *Centre cardiologique du Nord c/ Min. Emploi et Solidarité*, n° 00PA03147 : *AJDA 2005. 1903, concl. Adda .*

2° INTERDICTION DE SE DÉCHARGER TOTALEMENT D'UNE MISSION DE SERVICE PUBLIC

63. Un département ne peut légalement ni se décharger globalement sur une personne de droit privé de ses compétences en matière agricole ni davantage exercer celles-ci sous couvert d'une structure de droit privé. • CE 27 mars 1995, *Chambre d'agriculture des Alpes-Maritimes*, n° 108696 : *Lebon 142 ; ACL 1996, n° 33.*

B. MODE DE RÉMUNÉRATION DU DÉLÉGATAIRE

64. Évolution jurisprudentielle. Les dispositions de la loi du 29 janv. 1993, et notamment celles de son art. 38 (CGCT, art. L. 1411-1), n'ont pas eu pour objet et ne sauraient être interprétées comme ayant pour effet de faire échapper au respect des règles régissant les marchés publics tout ou partie des contrats dans lesquels la rémunération du cocontractant de l'administration n'est pas substantiellement assurée par les résultats de l'exploitation. • CE 15 avr. 1996, *Préfet des Bouches-du-Rhône*, n° 168325 : *Lebon 137 ; AJDA 1996. 806, chron. Chauvaux et Girardot ; RFDA 1996. 715, concl. Chantepy ; ibid. 718, note Terneyre ; Dr. adm. 1996, n° 355, note J.-B. Auby ; CJEG 1996. 270, note Savignat ; LPA 1996, n° 84, note Préat ; ACL 1997, n° 37.* ♦ En conséquence, le contrat conclu après l'entrée en vigueur de la loi qui prévoit que la rémunération du cocontractant est assurée par un prix payé par la commune doit être regardé comme un marché public soumis aux règles régissant les marchés publics. • Même arrêt.

65. Lorsque la rémunération de l'exploitant comporte, pour le service des eaux, une partie fixe représentée par la location des compteurs et une partie proportionnelle au volume d'eau distribué et, pour le service d'assainissement, une partie proportionnelle au volume d'eau, ces rémunérations proportionnelles au service rendu constituent un prix versé par la commune ; par suite, la conclusion de ces contrats, quelle que soit la qualification choisie par les parties (traités de gérance en l'espèce), est soumise au respect des règles fixées par le code des marchés publics pour les marchés des collectivités locales. • CE 7 avr. 1999, *Cne de Guilherand-Granges*, n° 156008 B : *AJDA 1999. 517, concl. Bergeal ; RFDA 1999. 1134, note Douence et 1147, note Vidal ; BJCP 1999. 456, concl. Bergeal, obs. R.S. ; Mon. TP 1999, n° 4980, p. 57 ; ACL 2000, n° 59 ; RGCT 1999. 440, note Mescheriakoff ; Rev. concessions 1999. 5. 11, note Schwartz.*

66. Lorsque la rémunération prévue pour l'exploitant d'une filière de traitement des déchets ménagers est composée d'un prix payé par le syndicat mixte et d'une partie variable provenant tout à la fois des recettes d'exploitation liées au traitement des déchets collectés auprès d'autres usagers que les adhérents du syndicat mixte, de la vente de l'énergie produite et des éventuelles recettes supplémentaires liées aux performances réalisées dans le traitement des déchets et que la part des recettes autres que celles correspondant au prix payé doit être d'environ 30 % de l'ensemble des recettes perçues par le cocontractant, dans ces conditions, la rémunération prévue pour le cocontractant est substantiellement assurée par le résultat de l'exploitation du service. Dès lors, ce contrat de régie intéressée doit être analysé, non comme un marché mais comme une délégation de service public. • CE 30 juin 1999, *Synd. mixte du traitement des ordures ménagères centre ouest seine-et-marnais (SMITOM)*, n° 198147 : *Lebon 229 ; AJDA 1999. 714, concl. Bergeal, note Peyrical ; BJCP 1999. 607, concl. Bergeal, obs. Ch. M. ; LPA 2 févr. 1999. 26, obs. Maugüé ; LPA 28 févr. 1999. 10, note Boiteau ; RFDA 1999. 1133, obs. Douence, et 1147, obs. Vidal ; ACL 1999, n° 47.* ♦ Selon les conclusions Bergeal, il s'agit en réalité d'un critère de risque lié à l'exploitation : le délégataire doit avoir une responsabilité réelle dans la gestion du service et l'équilibre financier du contrat doit dépendre en fin de compte des recettes engendrées par l'exploitation du service. • Même arrêt.

67. Confirmation législative du critère jurisprudentiel. La nouvelle rédaction de l'art. L. 1411-1, al. 1er, issue de l'art. 3 de la L. n° 2001-1168 du 11 déc. 2001, consacre l'évolution de la jurisprudence précitée, sans mentionner le critère du risque d'exploitation.

68. Cumul du critère de l'objet et de celui de la rémunération. Pour qualifier un contrat de délégation de service public, il appartient au juge, non seulement d'en déterminer l'objet, mais aussi d'apprécier si les modalités de la rémunération du cocontractant sont substantiellement liées aux résultats de l'exploitation de l'activité. Faute de se prononcer sur ce point, qui était débattu devant lui, le juge des référés contractuels n'a pas suffisamment motivé sa décision et n'a pas mis le juge de cassation à même d'exercer son contrôle. • CE 20 oct. 2006, *Cne d'Andeville*, n° 289234 : *Lebon 434 ; AJDA 2006. 2340, concl. Casas ; Dr. adm. 2007, n° 21, note Ménéménis ; RLCT janv. 2007, note Dieu.*

69. Application positive du critère de la rémunération. La convention par laquelle une commune charge une entreprise privée de construire et d'exploiter une hélistation en vue d'assurer par priorité des secours en montagne est une délégation, eu égard au mode de rémunération de l'exploitant. • CAA Lyon, 24 oct. 2000, *Sté Service aérien français et Cne de Val-d'Isère*, n° 96LY1868 : *préc. note 40.* ♦ En effet, si les missions de service public sont rémunérées directement par la commune, l'exploitant n'est garanti ni d'obtenir une rémunération annuelle minimale ni de se voir confier un nombre minimum de missions par saison et sa rémunération dépend directement de son activité (y compris son activité commerciale complémentaire). • Même arrêt.

70. Lorsque dans un projet de convention relative à l'exploitation de lignes routières interdépartementales, la rémunération du cocontractant est composée d'une part des redevances perçues sur les usagers et d'autre part d'une aide égale à 90 % de la différence entre le montant des charges actualisées figurant dans l'acte d'engagement et le montant des recettes perçu par l'exploitant, le contrat doit être considéré comme une délégation de service public. • CAA Marseille, 5 mars 2001, *Préfet du Var*, n° 99-1751 B(1re esp.) : *AJDA 2001. 968 ; BJCP 2002. 46, concl. Duchon-Doris, obs. Ch. M.* ♦ À ce stade de la procédure (déféré contre la délibération de principe), le préfet n'est pas fondé à contester la qualification de délégation donnée par la collectivité. • Même arrêt. ♦ Lorsque dans un projet de contrat d'affrètement de lignes routières interurbaines, la rémunération du cocontractant est composée d'une part de redevances perçues par les usagers et d'autre part d'une subvention annuelle garantie dont le montant est égal au produit du prix kilométrique forfaitaire par le nombre total de kilomètres parcourus, sous réserve d'un plafond, le contrat envisagé doit être considéré comme une délégation. • CAA Marseille, 5 mars 2001, *(2e esp.), Préfet du Var*, n° 99-1752 B : *AJDA 2001. 968 ; BJCP 2002. 46, concl. Duchon-Doris, obs. Ch. M.* ♦ À ce stade de la procédure (déféré contre la délibération de principe), le préfet n'est pas fondé à contester la qualification prévue par le département. • Même arrêt.

71. Le contrat d'exploitation du stationnement payant sur voirie est une délégation de service public dans la mesure où l'exploitant est rémunéré par un versement forfaitaire destiné à couvrir les charges d'exploitation et d'investissement et une rémunération variable destinée à l'inciter à améliorer sa gestion et les résultats d'exploitation du service ; ce versement forfaitaire est calculé en appliquant un pourcentage sur le montant annuel des recettes encaissées par place de stationnement (pourcentage croissant par tranche de recettes) et représente environ 20 % de l'ensemble des recettes perçues par l'exploitant. • TA Cergy-Pontoise, 16 avr. 2002, *Préfet de la Seine-Saint-Denis*, n° 99-22672 : *BJCP 2002. 433, concl. Gros, obs. Ch. M.*

72. Un contrat par lequel une commune concède la conception, la construction et l'exploitation d'une piscine de loisirs est une délégation, eu égard au mode de rémunération. Celle-ci est assurée à titre principal par les ressources tirées de l'exploitation du service et de l'ensemble de l'ouvrage. La participation financière de la ville a seulement pour objet de tenir compte des contraintes particulières de fonctionnement, des tarifs préférentiels et des droits d'utilisation prioritaires imposés par le concédant. • TA Nantes, 6 nov. 2001, *Mme Françoise Marchand*, n° 99-3636 : *BJCP 2002. 160.*

73. Le cocontractant d'un syndicat intercommunal chargé du service public de production d'eau potable perçoit une rémunération qui se compose d'une partie fixe (abonnement) et d'une partie variable qui dépend de la quantité d'eau consommée dans les communes. Cette rémunération (résultant de la vente d'eau aux communes) est substantiellement assurée par le résultat de l'exploitation du service et caractérise donc une délégation de service public. • CE 28 juin 2006, *Synd intercommunal d'alimentation en eau de la moyenne vallée du Gier,* n° 288459 : *préc. note 55.*

74. Un contrat par lequel une commune confie à une entreprise une mission de service public consistant en la construction d'un parc de stationnement souterrain et d'un marché d'approvisionnement de détail couvert ainsi que leur exploitation pendant une durée de trente ans, moyennant une rémunération exclusivement assurée par la perception de droits sur les usagers du stationnement et sur les producteurs installés dans les marchés, et ainsi par les résultats de l'exploitation, a le caractère d'une délégation de service public. • CE 9 déc. 2011, *Cne d'Alès,* n° 342283 : *AJDA 2011. 2504.*

75. Application négative du critère. Pour une application récente et particulièrement détaillée de la jurisprudence, qui conduit à écarter la qualification de délégation de service public (notamment eu égard à un financement public couvrant 86 % de la rémunération du cocontractant) : • CE 24 mai 2017, *Sté Régal des Îles,* n° 407213 : *Lebon.*

76. Exemples plus anciens. Les contrats confiant à des entreprises le déneigement et le salage des voies départementales doivent être conclus selon les règles du code des marchés publics et non selon la procédure de délégation de service public. En l'absence de dispositions autorisant la perception d'une redevance sur l'usage de ces voies, l'entretien de ces ouvrages publics ne peut donner lieu à une exploitation susceptible d'assurer en substance, par ses résultats, la rémunération des cocontractants du département. • CAA Lyon, 22 mai 1997, *Dpt de Saône-et-Loire,* n° 96LY02600 : *AJDA 1997. 840, obs. Bézard.* ♦ Un projet de régie intéressée relatif à l'exploitation d'un centre nautique et de loisirs ne constitue pas une délégation mais un marché parce que le cocontractant n'encourt que des risques limités et ne peut bénéficier que d'un intéressement, limité aux résultats. • TA Besançon, ord., 26 nov. 2001, *Sté Gesclub,* n° 01-1800 : *AJDA 2002. 338, note Raymundie ; BJCP 2002. 160.* ♦ Le prix ne recevra une modulation à la baisse qu'au maximum de 10 % si les prévisions de résultats ne sont pas obtenues et une amélioration des résultats bénéficiera d'abord à la collectivité et n'entraînera une modulation à la hausse du prix qu'au-delà de 10 %, sans que les conditions économiques de l'exploitation puissent raisonnablement laisser supposer que l'exploitant pourrait tirer de l'efficacité de sa gestion une part substantielle de sa rémunération. Par ailleurs, l'essentiel des paramètres de la gestion, et notamment la fixation des tarifs, dépend de décisions prises par la collectivité. • Même ordonnance.

77. Référence implicite au risque d'exploitation. Est une délégation de service public le contrat relatif à la gestion du service public de la restauration scolaire du centre de loisirs et du pôle jeunes : outre la rémunération fixe versée par la commune, les trois-quarts des recettes sont constitués des redevances versées par les familles et d'une participation du département et de la caisse d'allocations familiales variant selon le nombre d'usagers. • CE 20 oct. 2006, *Cne d'Andeville,* n° 289234 : *préc. note 68.* ♦ Ces subventions variables incorporent, au moins en partie, un risque d'exploitation (sol. impl.) ; la rémunération calculée selon ces modalités est substantiellement liée aux résultats de l'exploitation du service. • Même arrêt.

78. Référence explicite au risque d'exploitation. Le fait qu'une part significative du risque d'exploitation demeure à la charge du cocontractant conduit à regarder sa rémunération comme substantiellement liée aux résultats de l'exploitation. • CE 7 nov. 2008, *Dpt de la Vendée,* n° 291794 B : *AJDA 2008. 2454, note Richer ; BJCP 2009. 55, concl. Boulouis, obs. R.S., ibid. 7, chron. Pez ; ACCP mars 2009, p. 59, note Le Chatelier ; Dr. adm. 2009, n° 6, note Battoue ; ACL 2009, n° 60, note Douence ; C. et Marchés publics 2008, n° 296, comm. Eckert ; RLCT 2009, n° 1238, note Capitant.* ♦ L'exploitant du service de transport tire sa rémunération de recettes provenant à 93 % du service de transport scolaire et, pour les 7 % restant, d'autres services de transport et activités commerciales ; cette rémunération est tirée de l'exploitation, que les recettes soient versées par le département au titre de sa prise en charge de 80 % du coût des abonnements de transport scolaire ou par les familles pour les 20 % restant ; en effet, la part versée par le département pour chaque usager scolaire, en substitution des familles, constitue aussi une rémunération variant avec le nombre des usagers et donc liée aux résultats de l'exploitation du service. • Même arrêt. ♦ Une convention d'intéressement financier prévoit une subvention d'équilibre versée par le département mais cette subvention laisse à la charge de l'exploitant jusqu'à 30 % de l'éventuel déficit d'exploitation ; ainsi une part significative du risque d'exploitation demeurant à la charge du cocontractant, sa rémunération doit être regardée comme substantiellement liée aux résultats de l'exploitation. • Même arrêt.

79. Le contrat relatif à l'exploitation du palais des spectacles communal sous le contrôle de la commune confie une mission de service public au cocontractant ; il le charge de percevoir les recettes et engager les dépenses et lui accorde une rémunération composée d'une part fixe et d'une part variable calculée en fonction des écarts entre le budget prévisionnel et le budget réalisé, la rémunération globale étant susceptible d'être inférieure aux dépenses d'exploitation, le cocontractant supporte ainsi un risque d'exploitation et le contrat est qualifié de délégation de service public. • CE 19 nov. 2010, *M. et Mlle Dingreville*, n° 320169 B : *Rev. CMP 2011, n° 22, note Eckert ; ACCP 2011, n° 106, p. 11 ; BJCP 2011. 95, concl. Dacosta, obs Ch. M. ; BJCL 2011. 144 ; DGCT 2011, n° 52, obs. Douence.*

80. Requalification de contrats de DSP en marchés publics dans le domaine de la restauration. Un contrat de fourniture de repas fixe un prix unitaire et un réajustement de ce prix en cas de variation de plus de 5 % du nombre de repas commandés par rapport aux prévisions, la commune prenant en charge, sous forme de subventions, la différence entre les redevances versées par les usagers et le prix réajusté. • CE 5 juin 2009, *Sté Avenance-enseignement et santé*, n° 298641 B : *RJEP janv. 2010. 22, note Moreau.* ♦ En l'absence de réel risque d'exploitation, la rémunération du cocontractant ne peut être regardée comme étant substantiellement assurée par les résultats de l'exploitation ; le contrat est en conséquence un marché public et non une délégation de service public. • Même arrêt. ♦ Un contrat dans lequel le niveau des prix de base est largement garanti, le volume d'affaire du cocontractant repose sur une clientèle essentiellement captive, qui prévoit par ailleurs que celui-ci peut être indemnisé pour des repas scolaires non confectionnés par rapport aux hypothèses de départ, dans le cadre duquel la fréquentation des centres de loisirs et le portage à domicile laissent subsister un risque pour le gestionnaire mais très limité et qui prévoit que les impayés laissés à la charge du délégataire ne peuvent porter que sur la quote-part du repas qui doit lui être payée directement par l'usager n'est pas une délégation de service public mais un marché public. • CAA Lyon, 20 sept. 2018, n° 15LY04042. ♦ La part de risque transférée au délégataire n'implique pas une réelle exposition aux aléas du marché, de sorte que le cocontractant ne peut être regardé comme supportant un risque lié à l'exploitation du service, ainsi que l'a d'ailleurs jugé le Conseil d'État dans un arrêt n° 407213 du 24 mai 2017 (*AJDA 2017. 1957, note. Martin ; AJCT 2017. 513, obs. Grimaud et Villemagne*) rendu dans le cadre du recours, formé par la société Régal des Îles, contre la convention provisoire pour la gestion du service public de restauration municipale signée le 28 nov. 2016 par la collectivité territoriale avec la société Dupont Restauration Réunion ; par suite, la convention litigieuse ne revêt pas le caractère d'une délégation de service public, mais celui d'un marché public de services. • CAA Bordeaux, 8 oct. 2018, n° 16BX02772.

C. DÉVOLUTION D'UNE MISSION DE SERVICE PUBLIC

81. Absence de dévolution. Lorsqu'une personne privée exerce, sous sa responsabilité et sans qu'une personne publique en détermine le contenu, une activité dont elle a pris l'initiative, elle ne peut être regardée comme bénéficiant de la part d'une personne publique de la dévolution d'une mission de service public. • CE, sect., 6 avr. 2007, *Cne d'Aix-en-Provence*, n° 284736 : *préc. note 4.* ♦ Son activité peut cependant se voir reconnaître un caractère de service public, même sans contrat de délégation si une personne publique, en raison de l'intérêt général qui s'y attache et de l'importance qu'elle revêt à ses yeux, exerce un droit de regard sur son organisation, et, le cas échéant, lui accorde des financements. • Même arrêt. ♦ Tel n'est pas le cas de l'espèce (sol. impl.). • Même arrêt.

III. PROCÉDURE DE PASSATION

82. Situation au regard du droit communautaire. La Cour de justice pose le principe que les « concessions de service » au sens du droit communautaire, exclues du champ d'application des directives sur les marchés, sont néanmoins tenues de respecter les règles fondamentales du traité, ce qui implique une obligation de transparence qu'elle définit. • CJCE 7 déc. 2000, *Teleaustria Verlags GmbH, Telefonadress GmbH et Telekom Austria AG*, n° C 324/98 : *BJCP 2001. 132, concl. Fennelly, obs. C.M.* ♦ Il appartient au juge national de statuer sur le point de savoir si cette obligation de transparence a été respectée dans l'affaire au principal. • Même arrêt. ♦ Les « concessions de service » au sens du droit communautaire sont tenues de respecter les règles fondamentales du traité CE en général et le principe de non-discrimination en raison de la nationalité en particulier. Les principes d'égalité de traitement (art. 43 et 49 CE) et de non-discrimination impliquent une obligation de transparence qui consiste à garantir un degré de publicité adéquat permettant une ouverture à la concurrence et le contrôle de l'impartialité des procédures d'adjudication. • CJCE 13 oct. 2005, *Parking Brixen GmbH c/ Gemeinde Brixen, Stadtwerke Brixen AG*, n° C 458/03 : *préc. note 46.* ♦ L'attribution d'une « concession de services » n'est régie par aucune des directives par lesquelles le législateur communautaire a réglementé le domaine des marchés publics. Elle doit par contre respecter le droit européen primaire et notamment les libertés fondamentales prévues par le traité. • CJCE 21 juill. 2005, *Consorzio Aziendo Metano (CONAME) c/ Cne de Cingia dei Botti*, n° C-231/03 : *BJCP 2005. 446, concl. Stix-Hackl, obs. R.S.* ♦ Les articles 43 CE et 49 CE, applicables en l'espèce, s'opposent à l'attribution directe par une commune d'une concession relative à la gestion du service public de distribution de gaz à une société dont la commune détient 0,97 % du capital. L'exigence de transparence n'implique pas de procéder à un appel d'offres mais doit permettre à une entreprise située sur le territoire d'un autre État membre d'avoir accès aux informations adéquates pour pouvoir être candidate. • Même arrêt.

83. Transposition de la jurisprudence communautaire par le juge national. Les dispositions du code relatives à la procédure de publicité s'interprètent à la lumière des règles fondamentales du traité instituant la Communauté européenne (dont le principe de non-discrimination en raison de la nationalité) ; elles ne peuvent être réputées satisfaites que lorsque est mise en œuvre une procédure de publicité adéquate compte tenu de l'objet du montant financier et des enjeux économiques de la délégation de service public à passer. • CE 1er avr. 2009, *Cté urbaine de Bordeaux et Sté Kéolis*, n° 323585 : *Lebon 109 ; AJDA 2009. 621 ; Dr. adm. 2009, n° 68, note Battoue ; BJCP 2009. 268, concl. Dacosta, obs. Ch. M. ; RDP 2010. 217, art. Eckert ; RFDA 2009. 1403, note Sée ; DGCT 2010. Chron. 23.* ♦ Sur les modalités de cette publicité adéquate : • Même arrêt. – V. note 5 ss. art. R. 1411-1.

84. BIBL. Dossier, Les contrats entre personnes publiques, *AJDA 2013. 833*. – Coupé, La consécration de la coopération public-public par l'ordonnance du 23 juillet 2015, *AJCT 2015. 629*. – Dreyfus, Externalisation et liberté d'organisation du service, *AJDA 2009. 1529*. – Noguellou, La coopération entre collectivités publiques et le droit communautaire, *Dr. adm. 2009, n° 46*. – Platon et Martin, L'exception de coopération entre autorités publiques en droit européen de la commande publique, *AJDA 2012. 1138*. – Verrier, Les contrats conclus entre entités appartenant au secteur public : l'exception au principe de publicité et de mise en concurrence, *AJCT 2016. 240*.

85. Notion de « gestion interne ». Par exception, une mise en concurrence n'est pas requise à deux conditions, reprises de la jurisprudence *Teckal* en matière de marchés : l'autorité publique exerce sur l'entité cocontractante un « contrôle analogue » à celui qu'elle exerce sur ses propres services ; cette entité réalise l'essentiel de son activité avec la ou les autorités publiques qui la contrôlent. • CJCE 18 nov. 1999, *Teckal Sarl*, n° C-107/98 : *Rec. CJCE 1999, I, p. 8121.* ♦ L'exception vaut pour les concessions de service. • CJCE 13 oct. 2005, *Parking Brixen GmbH c/ Gemeinde Brixen, Stadtwerke Brixen AG*, n° C-458/03 : *préc. note 46.* ♦ L'exception de « gestion interne » (terme consacré par l'arrêt) s'applique positivement dans le cas où la ville de Mantoue confie la gestion de ses services informatiques à une société dont elle est actionnaire majoritaire (les autres actionnaires étant des communes périphériques) et qui consacre l'essentiel de ses activités aux collectivités actionnaires. • CJCE 17 juill. 2008, *Commission c/ République italienne*, n° C-371-05 : *BJCP 2008. 343, obs. R. S. ; AJDA 2009. 2337, chron. Broussy, Donnat et Lambert , et 2346.* ♦ Pour des raisons de sécurité juridique, ces conditions sont appréciées à la date de l'attribution du contrat. La possibilité pour des personnes privées de participer ultérieurement au capital de la société ne suffit pas pour conclure que la première condition n'est pas remplie. • Même arrêt.

86. Cas des sociétés d'économie mixte. L'attribution directe d'un service public est prohibée si l'opérateur est une société d'économie mixte (ou si le capital de la société a vocation à être ouvert à des investissements privés). • CJCE 11 janv. 2005, *Stadt Halle*, n° C-26/03 : *Rec. CJCE 2005, J, p. 1 ; Dr. adm. 2005, Comm. 36, note Alonso Garcia.* ♦ Elle est possible si, dans la société spécialement créée aux fins de fourniture du service et ayant un objet social unique, l'associé privé est sélectionné selon une procédure d'appel d'offres conforme aux principes de libre concurrence, de transparence et d'égalité de traitement imposés par le traité pour les concessions. • CJCE 15 oct. 2009, *Acoset SPA*, n° C-196/08 : *AJDA 2009. 1922 ; ibid. 2010. 105, note Dreyfus ; BJCP 2010. 39, concl. Colomer, obs. R.S.*

87. Cas de la coopération entre personnes publiques. L'attribution directe peut aussi concerner les relations entre plusieurs pouvoirs adjudicateurs et un opérateur unique. • CJCE 11 mai 2006, *Carbotermo*, n° C-340/04 : *Rec. CJCE 2006, J, p. 4137.* ♦ Les conditions sont remplies par la société Tragsa : la condition relative au contrôle de l'autorité publique résulte de ce que l'État espagnol détient 99 % du capital social et quatre communautés autonomes le 1 % restant. La seconde condition tient à ce que Tragsa réalise 55 % de son activité avec les communautés autonomes et 35 % avec l'État. • CJCE 19 avr. 2007, *Assoc. Nacional de Empresas Forestales (ASEMFO)*, n° C-295/05 : *Dr. adm. 2007, n° 101, note Ménéménis ; BJCP 2007. 297, obs. R.S. ; AJDA 2007. 1759, note E. de Fenoyl .* ♦ Relève aussi de la gestion interne le transfert, sans appel à concurrence, par une commune belge d'un réseau de télédistribution à une société coopérative intercommunale dont tous les affiliés sont des autorités publiques, dès lors que d'une part ces autorités exercent conjointement et, en statuant, le cas échéant, à la majorité, un contrôle analogue à celui qu'elles exercent sur leurs propres services et que, d'autre part, cette société exerce l'essentiel de son activité avec ces autorités publiques. • CJCE 13 nov. 2008, *Coditel Brabant SA c/ Cne d'Uccle et Région de Bruxelles-capitale*, n° C-324/07 : *BJCP 2009. 62, obs. R.S. ; AJDA 2008. 2140 et 2336, chron. Broussy, Donnat et Lambert ; ACCP, janv. 2009, p. 10, Dr. adm. 2009, n° 22, note Caranta ; Contrats et Marchés publ., févr. 2009, n° 34, comm. Zimmer.* ♦ Un contrat est conclu entre les services de voirie de la ville de Hambourg et quatre Landkreise voisins pour mutualiser le traitement de leurs déchets dans une centrale de valorisation thermique relevant de la ville et sans création d'un organisme commun. Ce contrat instaure une coopération entre collectivités locales pour mettre en œuvre une mission de service public qui leur est commune. Il échappe aux règles communautaires des marchés publics. • CJCE 9 juin 2009,

Commission c/ République fédérale d'Allemagne, n° C-480/06 : *AJDA 2009. 1131 ; ibid. 1715, note Dreyfus et Rodrigues ; BJCP 2009. 371, obs. Terneyre ; Dr. adm. 2009, n° 98 ; JCP Adm. 2009. 2158, note Proot ; RLCT 2009, n° 1459, note Mondon ; Rev. CMP 2009, n° 226, comm. Hoepffner.*

88. Choix de la procédure à suivre. Lorsque l'appel à projets lancé par une collectivité peut conduire soit à une convention d'occupation du domaine public, soit à une convention de délégation de service public, il convient d'appliquer la procédure la plus rigoureuse (celle qui correspond à la délégation de service public). • CE 10 juin 2009, *Port autonome de Marseille*, n° 317671 B : *AJDA 2009. 1174 ; BJCP 2009. 424.* ♦ Le juge des référés précontractuels peut alors être saisi. • Même arrêt.

A. CAS D'INAPPLICATION DE LA PROCÉDURE

89. Exception de gestion interne (in house). La passation d'un contrat de délégation de service public est exclue si les collectivités publiques créent un organisme dont l'objet statutaire exclusif est, sous réserve d'une diversification purement accessoire, de gérer le service et si elles exercent sur cet organisme un contrôle comparable à celui qu'elles exercent sur leurs propres services, en leur donnant notamment les moyens de s'assurer du strict respect de son objet statutaire. • CE, sect., 6 avr. 2007, *Cne d'Aix-en-Provence*, n° 284736 : *préc. note 4.* ♦ Un tel organisme peut notamment être mis en place lorsque plusieurs collectivités publiques décident de créer et de gérer ensemble un service public. • Même arrêt. ♦ Il en va ainsi lorsque l'État, la région, le département et la commune créent une association dont l'objet statutaire exclusif est la programmation et l'organisation d'un festival international d'art lyrique et qui est soumise à un contrôle des collectivités membres (désignant notamment onze membres du conseil d'administration sur quinze). • Même arrêt. – V. aussi note 34. ♦ Comparer une solution voisine inspirée de la jurisprudence *Coditel Brabant SA* de la Cour de justice, préc. note 87, à propos de la création d'un groupement d'intérêt public par des établissements hospitaliers : si plusieurs collectivités publiques décident d'accomplir en commun certaines tâches et de créer à cette fin un organisme dont l'objet est de leur fournir les prestations dont elles ont besoin, elles peuvent librement recourir à cet organisme sans avoir à le mettre en concurrence en passant un marché public, dès lors que les conditions posées par la jurisprudence communautaire sont remplies. • CE 4 mars 2009, *Synd. national des industries d'information de santé*, n° 300481 : *AJDA 2009. 891, note Dreyfus ; Dr. adm. 2009, n° 71, note Hoepffner ; BJCP 2009. 237, concl. Courrèges, obs. R.S. ; RFDA 2009. 759, note Apollis ; RLCT 2009, n° 1370, note Capitant.*

90. Une collectivité territoriale peut concéder la réalisation d'une opération d'aménagement à une société publique locale d'aménagement sans publicité ni mise en concurrence préalables à la condition qu'elle exerce sur cette société un contrôle analogue à celui qu'elle exerce sur ses propres services. Pour que cette condition soit satisfaite, la collectivité doit participer non seulement au capital mais également aux organes de direction de la société. • CE 6 nov. 2013, *Cne de Marsannay-la-Côte*, n° 365079 : *Lebon 261 ; AJDA 2014. 60, note Clamour ; RDI 2014. 44, note Noguellou ; RJEP mars 2014. 33, concl. Dacosta ; Rev. CMP 2014, n° 19, note Amilhat ; Dr. adm. 2014, n° 4, note Brenet ; JCP Adm. 2014, n° 2002, note Brameret.* ♦ Ce n'est pas le cas d'une commune détentrice de 1, 076 % du capital qui ne participe au conseil d'administration que par l'intermédiaire d'un représentant commun des petits actionnaires et qui n'est directement représentée que dans des organes sans pouvoir décisionnaire en matière d'exécution des conventions d'aménagement. • Même arrêt.

91. Coopération entre personnes publiques et mutualisation de moyens. Une convention ayant pour objet de faire prendre en charge par une communauté d'agglomération le service de distribution d'eau d'une commune limitrophe mais non membre n'est pas une délégation de service public mais une entente régie par les art. L. 5221-1 et L. 5221-2, qui peut être conclue hors règles de la commande publique, à condition qu'elle ne permette pas une intervention à des fins lucratives de l'une de ces personnes publiques, comme un opérateur sur un marché. • CE 3 févr. 2012, *Cne de Veyrier-du-Lac et Cté d'aggomération d'Annecy*, n° 353737 : *Lebon 18 ; AJDA 2012. 239 et 555, note Richer ; Dr. adm. 2012, suppl. 10, note Brenet ; ACCP 2012, p. 90, note Le Chatelier ; BJCL 2012. 177, concl. Dacosta, obs. Martin ; ibid. 2012. 153, concl. Dacosta, obs. R.S. ; DGCT 2013, n°s 5 et 63.* ♦ Cet arrêt met fin à la solution antérieure, V. : • CE, sect., 20 mai 1998, *Cté de cnes de Piémont-de-Barr*, n° 188239 : *Lebon 201, concl. Savoie .*

92. Autres hypothèses d'exclusion. La procédure de passation d'un contrat de délégation est également exclue lorsque, eu égard à la nature de l'activité et aux conditions particulières dans laquelle il l'exerce, le tiers auquel s'adresse la collectivité ne saurait être considéré comme un opérateur sur un marché concurrentiel, ce qui n'est pas le cas en l'espèce. • CE sect., 6 avr. 2007, *Cne d'Aix-en-Provence*, n° 284736 : *préc. note 4.*

93. Il n'y a pas non plus de délégation lorsqu'une personne privée exerce sous sa responsabilité une activité dont elle a pris l'initiative et qui se voit cependant reconnaître un caractère de service public. • CE sect., 6 avr. 2007, *Cne d'Aix-en-Provence*, n° 284736 : *préc. note 4.*

94. En cas d'urgence résultant de l'impossibilité soudaine dans laquelle se trouve la personne publique, indépendamment de sa volonté, de continuer à faire assurer le service par son cocontractant ou de l'assurer elle-même, elle peut, lorsque l'exige un motif d'intérêt général tenant à la continuité du service public, conclure, à titre provisoire, un nouveau contrat de délégation de service public sans respecter au préalable les règles de publicité prescrites. La durée de ce contrat ne saurait excéder celle requise pour mettre en œuvre une procédure de publicité et de mise en concurrence, si la collectivité entend poursuivre la délégation du service, ou, au cas contraire, pour organiser les conditions de sa reprise en régie ou pour en redéfinir la consistance. • CE 4 avr. 2016, *Cté d'agglom. du Centre de la Martinique*, n° 396191 : *Lebon ; AJCT 2016. 511, obs. Didriche*.

B. PRINCIPE D'ÉGAL ACCÈS DES CANDIDATS À L'OCTROI DE LA DÉLÉGATION

95. La procédure de publicité préalable prévue audit article a précisément pour objet de favoriser un égal accès à l'octroi de délégations de service public et n'est pas de nature à porter atteinte au principe d'égalité devant les charges publiques. • Cons. const. 20 janv. 1993, n° 92-316 DC : *préc. note 6*.

96. Compétence des autorités de la concurrence pour connaître des atteintes au principe imputables à des candidats. Ainsi l'entreprise qui est à la fois candidate à la délégation de services de distribution d'eau et fournisseuse d'eau en gros aux mêmes services commet un abus de position dominante en refusant de communiquer aux autres candidats ses conditions de vente en gros de l'eau, ce qui les met dans l'impossibilité de disposer des données financières et techniques nécessaires pour concourir normalement. • Paris, 29 juin 1998, *SA Suez-Lyonnaise des eaux : BJCP 1998. 67, obs. Ch. M.* ♦ Solution confirmée par la Cour de cassation. • Com. 3 mai 2000, *Sté Suez-Lyonnaise des eaux : BOCC n° 7, p. 329 ; BJCP 2000. 377*.

97. Respect du principe par l'autorité délégante. L'autorité délégante doit respecter le principe d'égal accès des candidats dans la conduite de la procédure. V. par exemple, notes 27, 28, 34, 39 et 53. ♦ La pratique du ministre de l'Intérieur de n'accorder à un nouvel exploitant l'autorisation d'exploiter des « machines à sous » qu'au bout d'une période « probatoire » d'un an alors que l'ancien exploitant obtient immédiatement une autorisation portant sur l'ensemble des jeux porte atteinte de façon excessive à l'égalité des candidats ; la commune, en retenant l'offre du candidat sortant en raison de l'avantage illicite que lui procure cette pratique, a méconnu le principe d'égal traitement des candidats. • CE, sect., 10 mars 2006, *Cne d'Houlgate, Sté d'Exploitation du casino d'Houlgate*, n° 264098 : *Lebon 138 ; Dr. adm. 2006, n° 94, note Ménéménis ; AJDA 2006. 751, note Dreyfus ; BJCP 2006. 203, concl. Casas*.

98. Candidature d'une personne publique. Le principe de la liberté du commerce et de l'industrie ne fait pas obstacle, par lui-même, à ce qu'un établissement public se porte candidat à l'obtention d'une délégation. En l'espèce, le juge du référé précontractuel a estimé que les subventions reçues par l'Office d'équipement hydraulique de la Corse et les négociations menées pour la conclusion d'autres contrats ne le plaçaient pas dans une situation avantageuse par rapport aux autres candidats à l'obtention de la délégation du service public de distribution d'eau et d'assainissement du district de Bastia. • CE 16 oct. 2000, *Cie méditerranéenne d'exploitation des services d'eau*, n° 212054 : *Lebon 422 ; Gaz. cnes 15 janv. 2001, p. 56, note Brecq-Coutant ; BJCP 2001. 105, concl. Bergeal ; RFDA 2001. 106, concl. Bergeal ; AJDA 2001. 662, note Treppozi ; ACL 2001, n° 56*.

99. Aucun texte, ni aucun principe n'interdit, en raison de sa nature, à une personne publique de se porter candidate à l'attribution d'un marché public ou d'un contrat de délégation de service public. • CE, sect. avis cont., 8 nov. 2000, *Sté Jean-Louis Bernard Consultants*, n° 222208 : *préc. note 9*. ♦ Toutefois, pour que soient respectés les exigences de l'égal accès des candidats et le principe de la liberté de la concurrence, découlant notamment de l'ordonnance du 1er déc. 1986, l'attribution d'un marché ou d'une délégation à un établissement public administratif suppose réunies les conditions suivantes : le prix proposé par l'établissement doit être déterminé en prenant en compte l'ensemble des coûts directs et indirects concourant à la formation du prix de la prestation, objet du contrat ; l'établissement ne doit pas avoir bénéficié pour déterminer le prix proposé d'un avantage découlant des ressources ou des moyens qui lui sont attribués au titre de sa mission de service public ; enfin, il doit pouvoir, si nécessaire, en justifier par ses documents comptables ou tout autre moyen d'information approprié. • Même avis.

100. Unique délégation de deux services complémentaires. La circonstance que des candidats doivent s'associer par la constitution d'un groupement ou prévoir de recourir à un sous-traitant pour présenter leur candidature ne constitue pas en soi une atteinte aux principes de libre accès à la commande publique et d'égalité de traitement des candidats. • CE 13 juill. 2012, *Cne d'Aix-en-Provence*, n° 358512 B : *BJCP 2012. 347, concl. Dacosta, obs. Ch. M.* ♦ En l'espèce, la commune regroupait dans une même délégation une fourrière et un refuge pour animaux alors que cette dernière activité ne pouvait être exercée que par une fondation ou une association de protection des animaux habilitée à cet effet. • Même arrêt.

101. Cas des casinos. La collectivité doit concilier le traitement égal des candidats et le respect des exigences de la police spéciale des jeux et des conditions posées par la loi du 15 juin 1907 [désormais codifiée au **CSI**]. • CE, sect., 10 mars 2006, *Cne d'Houlgate, Sté d'exploitation du casino d'Houlgate*, n° 264098 : *préc. note 97.* ♦ L'institution par le ministre de l'Intérieur d'une période probatoire d'un an pour qu'un nouveau candidat à la délégation puisse obtenir l'autorisation d'exploiter des machines à sous n'est justifiée ni par les conditions d'exploitation du casino, ni par des considérations propres au candidat ; sans justifications suffisantes tirées des nécessités de l'ordre public, elle porte atteinte de façon excessive à l'égalité entre le nouveau candidat et l'ancien délégataire bénéficiant immédiatement d'une autorisation pour tous les jeux. Cette pratique illégale affecte la présentation de leurs offres et le choix de la commune. • Même arrêt.

C. PRINCIPE DE LIBRE NÉGOCIATION

102. Liberté de renoncer à la procédure. Une assemblée locale ayant décidé le principe d'une délégation peut renoncer à la procédure, sans même examiner les offres, pour décider finalement de gérer le service en régie. Il y faut une nouvelle délibération expresse et la collectivité s'expose à des recours en indemnité de la part des candidats ayant engagé des frais, si cet abandon n'est pas intervenu avant le début de la procédure. * Rép. min. n° 33734 : *JOAN Q, 8 nov. 1999, p. 6041.*

103. Libre choix des candidats avec lesquels la collectivité engage des discussions. Si la collectivité est tenue d'assurer un traitement égal des candidats qu'elle a retenu, elle choisit librement les candidats avec lesquels elle engage des discussions. Ainsi, le principe d'égalité n'est pas méconnu si l'offre d'un candidat est écartée et que les discussions sont engagées avec un seul candidat. • CE 14 mars 2003, *Sté Air Lib*, n° 251610 B : *AJDA 2003. 1052, note Dreyfus ; ACL 2004, n° 53.* ♦ Une autorité délégante (en l'espèce un musée et non une collectivité territoriale mais le fondement légal est identique) n'est pas tenue d'engager des négociations avec l'ensemble des candidats dont la candidature a été admise ; elle ne méconnaît pas le principe d'égalité de traitement entre les candidats en ne les retenant pas tous. • CE 23 mai 2008, *Musée Rodin*, n° 306153 B : *AJDA 2008. 1029 ; ibid. 1768, note Sablière ; Dr. adm. 2008, n° 93 ; JCP Adm. 2008, n° 2184, note Linditch ; DGCT 2009, n° 58, obs. Douence.*

104. Libre discussion sur les offres. Aucune disposition législative ou réglementaire, ni aucun principe du droit des concessions n'interdit à l'autorité publique de modifier ultérieurement les termes de l'offre, notamment pour y apporter les améliorations qu'elle juge nécessaires. Solution posée, avant la loi de 1993, à propos d'une concession d'autoroute d'État. • CE, ass., 3 mars 1993, *Assoc. des amis de la forêt de Saint-Germain*, n°s 126719 et 126821 : *AJDA 1993. 387, chron. Maugüé et Touvet ; CJEG 1993. 360, concl. Sanson.*

105. Adaptation limitée de l'objet du contrat. La personne responsable de la passation du contrat peut apporter, au cours de la consultation, des adaptations à l'objet du contrat envisagé lorsque ces adaptations sont d'une portée limitée, justifiées par l'intérêt du service et qu'elles ne présentent pas, entre les entreprises concurrentes, un caractère discriminatoire. • CE 21 juin 2000, *Synd. intercommunal de la Côte d'Amour et de la presqu'île guérandaise*, n° 209319 : *Lebon 283 ; BJCP 2000. 361, concl. Bergeal ; RFDA 2000. 1031, concl. Bergeal ; ACL 2001, n° 54.* ♦ En l'espèce, le syndicat peut préciser aux candidats que des travaux de faible importance au regard du montant global du contrat (2 M sur 600 M de F) seront nécessaires ; de même la prolongation de six mois d'un contrat prévu pour dix ans est justifiée par l'intérêt du service (faire coïncider la fin du contrat avec celle de l'année civile) et n'a pas pour effet de bouleverser l'économie générale du contrat (s'agissant d'un affermage). • Même arrêt.

106. Si certaines offres ne correspondent pas exactement aux exigences de service public énoncées dans le règlement particulier d'appel d'offres, la collectivité peut, sans manquer aux obligations de mise en concurrence, dans le cadre des discussions de l'art. L. 1411-5, demander à certains des candidats de modifier leur offre afin qu'elle satisfasse à ces exigences. • CE 14 mars 2003, *Sté Air Lib*, n° 251610 : *préc. note 103.*

107. La négociation entre le président d'un syndicat d'alimentation en eau potable et les deux candidats sélectionnés par la commission de délégation a permis d'obtenir des offres tarifaires nouvelles inférieures de 5 % et de 21 % aux offres initiales. Cette baisse résulte de négociations régulières et ne révèle pas un manquement aux règles de la concurrence. La circonstance que la baisse la plus importante a permis de proposer un prix de très peu inférieur à celui de l'autre candidat ne suffit pas à démontrer que le secret des offres aurait été méconnu et que la concurrence en aurait été faussée. • TA Pau, ord. 17 oct. 2005, *Sté Aquitaine gestion urbaine et rurale (AGUR)*, n° 0501995 : *AJDA 2006. 554, note Braconnier.*

108. Dans une affaire similaire, le juge des référés précontractuels avait analysé les offres reformulées à la baisse comme des offres nouvelles traduisant de ce fait un manquement du délégant à ses obligations de publicité et de mise en concurrence. • TA Bordeaux, ord., 26 sept. 2005, *Sté Aquitaine gestion urbaine et rurale (AGUR)*, n° 0503373 : *AJDA 2006. 555, note Braconnier.* ♦ Le Conseil d'État annule les ordonnances précitées pour erreur de droit. Le principe de libre négociation ne permet pas de considérer qu'une offre est nouvelle au seul motif que son montant est très inférieur au montant de l'offre initiale. • CE 9 août 2006, *Cie gén. des eaux*, n° 286107 : *AJDA 2006. 2064, note Morel*. ♦ La possibilité donnée par le délégant au cours de la négociation de présenter de nouvelles offres n'a pas méconnu le principe d'égalité entre les candidats : il n'est pas établi que l'entreprise finalement retenue ait bénéficié d'informations privilégiées ; elle a justifié la réduction du montant de ses offres ; la réouverture des négociations avec les quatre entreprises candidates n'a pas revêtu un caractère discriminatoire. • Même arrêt. ♦ Il ne ressort pas des pièces du dossier que l'assemblée délibérante ait jugé les offres des candidats uniquement sur des critères étrangers à leur contenu. • Même arrêt. ♦ V. aussi note 141.

109. Alors qu'il était prévu la construction de trois parcs de stationnement souterrains, le contrat finalement conclu après négociation ne porte plus que sur la réalisation d'un seul, soit une diminution d'un tiers du montant des travaux, la construction des deux autres étant traitée en option ; les modifications intervenues en cours de procédure ont été de nature à fausser les règles de concurrence entre les entreprises et justifie l'annulation de l'ensemble des contrats constituant la délégation de service public. • CAA Paris, 13 juin 2006, *Cne d'Asnières-sur-Seine*, n° 03PA03602 : *AJDA 2006. 1844, note Dreifuss*.

110. Le juge de cassation exerce un contrôle de qualification juridique sur l'appréciation portée par le juge du référé précontractuel sur le point de savoir si les adaptations apportées à l'objet du contrat au cours de la consultation engagée sur le fondement de l'art. L. 1411-1 CGCT sont d'une portée limitée, justifiées par l'intérêt du service et exemptes de caractère discriminatoire entre entreprises concurrentes, et si la procédure peut sans irrégularité être menée à son terme. • CE 21 févr. 2014, *Sté. Dalkia France*, n° 373159 B : *Rev. CMP 2014, comm. 111, obs. Eckert ; AJDA 2014. 1778, obs. Vila ; BJCP 2014, p. 292, concl. Pellissier et obs. S.N.*

D. DÉROULEMENT DE LA PROCÉDURE

1° PRINCIPE DU RECOURS À LA DÉLÉGATION

111. L'assemblée délibérante se prononce sur le principe de la délégation du service public local, après avoir recueilli l'avis de la commission consultative des services publics locaux. – V. art. L. 1411-4.

112. Consultation du comité technique paritaire. Dès lors que la collectivité n'a pas auparavant assuré le service en régie (ici l'exploitation de plages concédées par l'État), la décision arrêtant le principe de la délégation (ici subdélégation) n'affecte ni l'organisation, ni le fonctionnement général de son administration, et n'a donc pas à être précédée d'une consultation du comité technique paritaire (sur la base de l'art. 33 de la L. du 26 janv. 1984 sur la fonction publique territoriale). L'arrêt semble trancher, au moins partiellement, le débat sur cette question. V. note 3 ss. art. L. 1411-4 et notes ss. art. L. 1411-5. • CE 27 janv. 2011, *Cne de Ramatuelle*, n° 338285 : *BJCP 2011. 155.*

2° AVIS D'APPEL PUBLIC À LA CONCURRENCE

113. Exigence de publicité. Les modalités de publicité sont fixées sur le plan du droit national par les art. R. 1411-1 et R. 1411-2, CGCT, en droit communautaire par la directive 93/37 du 14 juin 1993 (pour les seuls contrats répondant à la définition communautaire des concessions de travaux publics). V. notes ss. art. R. 1411-1.

114. Bien que la loi n'exige pas l'édiction d'un règlement particulier d'appel d'offres, la collectivité délégante est tenue de respecter la procédure qu'elle a déterminée volontairement. • CE 13 déc. 1996, *Synd. intercommunal pour la revalorisation des déchets du secteur Cannes-Grasse et a.*, n° 169706 : *Lebon 488 ; ACL 1997, n° 53.* ♦ En conséquence, est suspendue la passation d'une convention au motif que le syndicat intercommunal a reporté la date de validité des offres présentées par les cinq candidats retenus, en ne recueillant l'accord que de trois d'entre eux alors que cette date limite n'aurait pu être prorogée qu'avec l'accord de l'ensemble des candidats, y compris ceux dont la candidature n'a pas reçu un avis favorable de la commission. • CE 13 déc. 1996, *Synd. intercommunal pour la revalorisation des déchets du secteur Cannes-Grasse*, n° 169706 : *préc.*

115. Informations relatives à la durée du contrat. En fixant la durée de base du contrat à quinze ans tout en proposant également deux options à dix et vingt années, sans faire apparaître les critères de choix des offres au regard des durées proposées, la collectivité a manqué à son obligation de fournir aux candidats potentiels une information suffisante sur les critères d'appréciation des offres. • CE 15 déc. 2008, *Cté intercommunale des villes solidaires*, n° 312350 B : *ACL 2009, n° 61, obs. Douence ; BJCP 2009. 136, concl. Dacosta, obs. Ch. M. ; Contrats et Marchés publ., févr. 2009, p. 31, note Eckert ; RLCT 2009, n° 1312, note Tifine.* ♦ La constatation de cette insuffisance relève de l'appréciation souveraine du juge des référés. • Même arrêt. ♦ Il est loisible à la collectivité d'indiquer des durées potentielles au regard desquelles s'exerce la concurrence, à condition de ne pas induire une incertitude telle qu'elle puisse empêcher des candidats de présenter utilement leurs offres. • CE 4 févr. 2009, *Cté urbaine d'Arras*, n° 312411 B : *Rev. CMP 2009. 84, note Gabayet ; BJCP 2009. 220, obs. R. S. ; RLCT 2009, n° 1343, obs. Glaser, n° 1402, note Glate ; DGCT 2010. Chron. n° 24.* ♦ En affichant une durée comprise entre 20 et 25 ans pour la construction et l'exploitation d'un crématorium et d'un jardin cinéraire, la collectivité n'a pas introduit une incertitude constitutive d'un manquement. • Même arrêt. ♦ En indiquant une durée maximale de quinze ans pour une délégation, la collectivité ne crée pas d'incertitude constitutive d'un manquement à ses obligations de publicité et de transparence, dans les circonstances suivantes : le montant des investissements à réaliser et à amortir contraint les candidats dans le choix d'une durée à proposer et les deux candidats ont effectivement établi leurs offres sur la base d'une durée de quinze ans, sans variante ni interrogation sur une durée éventuellement réduite. • CE 21 mai 2010, *Cne de Bordeaux*, n° 334845 B : *Rev. CMP 2010, n° 259, note Eckert ; ACCP juill. 2012. note Terrier ; DGCT 2011, n° 52, obs. Douence.*

116. Informations sur l'objet du contrat. L'avis d'appel public à la concurrence doit indiquer l'objet du contrat. Mais l'absence de précision sur un point qui ne porte pas sur une mention obligatoire imposée par les textes législatifs et réglementaires (alors que l'information est donnée dans le dossier de consultation) ne constitue pas un manquement aux obligations de publicité et de mise en concurrence. En l'espèce, l'avis ne mentionnait pas que le concessionnaire chargé de la construction et de l'exploitation technique d'une ligne de tramway serait associé ultérieurement à un autre concessionnaire chargé de l'exploitation commerciale. • CE 29 juill. 1998, *Synd. mixte des transports de l'agglomération clermontoise, Stés Spie Batignolles et ANF Industries*, n°s 194412 et 194418 : *BJCP 1999. 191, concl. Savoie, note R.S. ; Dr. adm. 1998, n° 302, note Devès.*

117. Aucune disposition législative ni réglementaire ne prévoit que le document mentionné à l'art. L. 1411-1 doit comporter un règlement de consultation dont les dispositions seraient seules obligatoires à l'exclusion de toute indication figurant dans d'autres pièces du dossier remis aux candidats. • CE 25 juill. 2001, *Synd. des eaux de l'Iffernet*, n° 231319 B : *BJCP 2001. 530, concl. Piveteau, obs. R. S. ; ACL 2002, n° 67.* ♦ Si l'avis d'appel public à la concurrence ne mentionnait pas la durée de la convention envisagée, cette information figurait dans le dossier de consultation ; dans les circonstances de l'espèce et compte tenu de la durée envisagée de 12 ans, habituelle pour ce type de délégation, la procédure n'est pas entachée d'irrégularité. • Même arrêt.

118. Le cahier des charges peut comporter des informations plus détaillées que les informations essentielles contenues dans l'avis d'appel à la concurrence, sous la seule réserve de ne pas faire apparaître une prestation à exécuter différente de celle résultant de cet avis. • CE 4 févr. 2009, *Cté d'agglomération du bassin de Thau*, n° 311949 B. ♦ En l'espèce, le cahier des charges se borne à préciser la notion de véhicule relevant de la mise en fourrière. • Même arrêt.

119. Information sur les critères de choix. Lorsque l'autorité délégante a choisi de faire connaître ses critères de sélection des offres dans l'avis d'appel public à la concurrence, elle peut en préciser le sens et la portée au cours de la consultation. • CE 20 oct. 2006, *Cté d'agglom. Salon-Étang de Berre-Durance*, n° 287198 B : *AJDA 2007. 311, note Videlin*. ♦ En l'espèce, les critères énoncés dans le règlement, qui étaient au nombre de 7 classés par ordre de priorité décroissante, n'étaient pas identiques à ceux, au nombre de 2 et non hiérarchisés, énoncés dans l'avis d'appel public à la concurrence ; le juge des référés précontractuels peut annuler la procédure de passation pour atteinte au principe de la transparence des procédures et d'égal accès des candidats. • Même arrêt.

120. Les candidats doivent être informés des critères de choix, en vertu du principe de transparence, alors même que cela n'est pas prévu expressément par les textes. • CAA Lyon, 14 mai 2009, *SEMERAP*, n° 07LY02163 : *AJDA 2009. 1831, note Dreyfus*. ♦ Confirmation par le Conseil d'État à propos d'une délégation attribuée par un établissement public de l'État. • CE 23 déc. 2009, *Ét. public du musée et du domaine national de Versailles*, n° 328827 : *Lebon 502 ; AJDA 2010. 6 ; BJCP 2010. 103, concl. Dacosta, obs. Ch. M. ; JCP Adm. 2010, n° 2103, note Dieu ; Contrats publics, mars 2010, p. 83, note Le Bouedec ; AJDA 2010. 500, note Dreyfus ; Dr. adm. 2010, n° 36, note Eckert.* ♦ Mais, en raison de la liberté de négociation des offres, la collectivité délégante n'est pas tenue d'informer les candidats des modalités de mise en œuvre des critères de sélection des offres. • Même arrêt.

121. La personne publique, qui négocie librement les offres avant de choisir, au terme de cette négociation, le délégataire, n'est pas tenue d'informer les candidats des modalités de mise en œuvre de ces critères. Toutefois, si elle les rend publiques, elle ne peut ensuite les modifier qu'en informant les candidats de cette modification en temps utile avant le dépôt des candidatures ou avant le dépôt des offres. • CE 30 juill. 2014, *Sté Lyonnaise des eaux France*, n° 369044 B : *AJDA 2014. 2486, note Hoepffner ; Rev. CMP 2014, n° 269, obs. Eckert ; BJCP 2014. 398, concl. Pellissier.*

3° ÉTABLISSEMENT DE LA LISTE DES CANDIDATS ADMIS À PRÉSENTER UNE OFFRE

122. Autorité compétente pour établir la liste. La rédaction issue de l'art. 3-II de la loi n° 2001-1168 du 11 déc. 2001, dite loi MURCEF, lève toutes les incertitudes nées de la rédaction antérieure et attribue compétence à la commission d'examen des offres pour dresser la liste des candidats admis à présenter une offre. La décision de la commission peut être contestée devant le juge des référés précontractuels. En l'espèce, la commission ne pouvait écarter une candidature en se fondant sur l'absence d'une attestation qui n'était pas exigée par l'avis d'appel public à la concurrence. • CE 9 juill. 2003, *Sté Scolarest,* n° 254196 B : *ACL 2004, n° 55.*

123. Examen des références. La collectivité peut inviter, dans l'avis d'appel public à la concurrence, les candidats à faire état de certaines références. Mais elle ne peut, sans erreur de droit, limiter son examen à celui de références dans l'exercice d'une activité définie, sans permettre à des candidats de démontrer par d'autres références ou moyens leur aptitude à recevoir la délégation. • CAA Lyon, 10 mai 2001, *Ville de Lyon,* n° 00LY00675 : *Dr. adm. 2002, n° 50, note Ménéménis.*

124. Si l'autorité délégante peut exiger, au stade de l'admission des candidatures, que les candidats détiennent des documents et références de nature à attester de leurs capacités, cette exigence, lorsqu'elle a pour effet de restreindre l'accès du marché à des entreprises de création récente ou n'ayant réalisé jusqu'alors que des prestations d'une ampleur moindre, doit être objectivement rendue nécessaire par l'objet de la délégation et la nature des prestations à réaliser ; dans le cas contraire, les candidats doivent pouvoir justifier de leurs capacités et aptitudes par tout autre moyen. • CE 14 déc. 2009, *Cne de La Roche-sur-Yon,* n° 325830 : *BJCP 2009. 98, concl. Dacosta, obs. Ph. T. ; DGCT 2010. Chron. n° 28.* ♦ Il appartient au juge de vérifier la légalité des motifs de l'exclusion d'un candidat. Dans les circonstances de l'espèce, la commission de délégation de service public ne pouvait rejeter la candidature de la société AGUR en se fondant exclusivement sur son absence d'expérience dans la gestion d'un service équivalent. • Même arrêt.

125. Sociétés en cours de constitution. À la date limite d'examen des candidatures, le département a approuvé le principe de la création d'une société d'économie mixte et adopté des projets de statuts mais l'absence d'informations certaines et précises sur la participation au capital d'autres personnes sollicitées pour y entrer ne permet pas de regarder la société comme en cours de constitution. • CE 19 déc. 2012, *Dpt de l'Aveyron,* n° 354873 B : *AJDA 2013. 9, note Poupeau ; DGCT 2013, n° 57.*

126. Obligation d'inscrire sur la liste tous les candidats remplissant les conditions légales. Il appartient à la collectivité publique de procéder à l'examen pour chaque candidat des garanties et aptitudes prévues par l'art. L. 1411-1 et d'inscrire sur la liste des candidats admis à présenter une offre tous ceux ayant satisfait à cet examen. • CE 30 juin 1999, *SMITOM,* n° 198147 : *préc. note 66.* ♦ La collectivité n'a donc la possibilité ni de fixer par avance un nombre maximum de candidats susceptibles d'être retenus, ni, après avoir procédé à l'examen de ces garanties et aptitudes, de n'inscrire sur la liste qu'une partie seulement des candidats ayant satisfait à cet examen. • Même arrêt. ♦ Est annulée la procédure de passation au cours de laquelle la commission d'examen des offres a décidé de comparer les mérites des candidats et de ne retenir que les quatre qui lui paraîtraient le mieux répondre aux critères légaux. • Même arrêt.

127. Faculté de rejeter une offre incomplète. Une collectivité publique est toujours fondée, sans qu'il soit nécessaire de le préciser préalablement dans les documents de la consultation, à rejeter une offre qui ne contiendrait pas toutes les pièces ni tous les renseignements requis. • CE 4 févr. 2009, *Cté d'agglomération du bassin de Thau,* n° 311949 : *préc. note 118.*

128. Obligation d'exclure un candidat dont l'offre n'est pas conforme aux exigences du dossier de consultation. La phase de négociation ne peut inclure un tel candidat et la collectivité est tenue de l'exclure. • CE 22 oct. 2008, *Sté Vinci Construction France SAS et a.,* n° 313676 : *BJCP 2009. 249.*

129. Pas de rejet automatique d'une offre incomplète. Lorsqu'un candidat ne fournit pas tous les documents et renseignements dont le règlement de la consultation ou le cahier des charges impose la production, l'autorité délégante ne peut engager de négociations et attribuer le contrat sans rechercher si ces insuffisances sont telles qu'elles empêchent d'apprécier la conformité de l'offre au cahier des charges, d'une part, ou d'effectuer utilement une comparaison avec les autres offres présentées. • CE 5 janv. 2011, *Sté Voyages Dupas Lebeda,* n° 342158 : *Rev. CMP 2011, n° 84, note Zimmer ; AJCT 2011. 138, obs. Didriche.* ♦ En l'espèce, le règlement de consultation et le projet de convention de transport routier de voyageurs prévoyaient dans chaque périmètre des lignes fortes, des lignes de proximité et des lignes complémentaires. L'absence, dans l'offre de ces dernières était avantageusement compensée par le plus grand nombre de lignes fortes et de lignes de proximité ; le rejet de l'offre ne s'impose donc pas. • Même arrêt.

130. Régularisation des candidatures. Les dispositions combinées de l'art. L. 1411-5 et de l'art. 8 du décret du 31 mai 1997 sur la lutte contre le travail clandestin interdisent de prendre en considération les dossiers des candidats qui ne comporteraient pas les attestations nécessaires. • CE 14 mars 2003, *Sté Air Lib,* n° 251610 : *préc. note 103.* ♦ Mais elles prévoient une procédure de régularisation des candidatures, y compris après la date limite de dépôt des candidatures. Cette procédure trouve à s'appliquer, le cas échéant, jusqu'à ce que la commission procède à l'ouverture des plis contenant les offres. • Même arrêt.

4° RECUEIL ET EXAMEN DES OFFRES

131. Lorsque la collectivité délégante définit préalablement, dans le cadre des dispositions légales, la procédure et les critères suivant lesquels elle choisira le délégataire, elle est tenue de respecter les règles qu'elle s'est ainsi elle-même fixées. • TA Nantes, 11 avr. 1996, *Cie des transports de l'Atlantique : RFDA 1996. 722, concl. Millet ; AJDA 1996. 562, note Millet.*

132. Illégalité d'une dérogation accordée à l'un des candidats. Le choix d'une entreprise qui ne remplit pas l'un des critères fixés dans le dossier de consultation adressé aux candidats porte illégalement atteinte au principe d'égalité des candidats. En l'espèce, l'entreprise retenue ne disposait pas au moment de la soumission d'un parc d'autocars suffisant pour assurer le service de transport scolaire mais d'une simple promesse de vente, contrairement à ce qui était exigé par le dossier de consultation. • TA Nantes, 11 avr. 1996, *Cie des transports de l'Atlantique : préc. note 131.*

133. La ville met en œuvre une procédure séparée pour chacun des deux services (eau et assainissement) à déléguer ; chaque candidat admis à concourir a présenté une offre pour chaque délégation ; à l'issue de cette procédure, la ville a décidé de globaliser les offres pour confier au candidat retenu la gestion concomitante des deux services ; en agissant ainsi, elle a modifié substantiellement les conditions initiales d'attribution des deux contrats, ce qu'elle n'aurait pu légalement faire qu'à l'issue d'une nouvelle procédure. • TA Strasbourg, 22 sept. 1998, *Assoc. S. Eau S.*, n° 97-196 : *BJCP 1999. 196, concl. Pommier, obs. Ch. M.*

134. Les dispositions de l'art. L. 1411-1 n'imposent pas à l'autorité délégante de fixer une date limite de validité des offres. • CE 24 oct. 2001, *Collectivité territoriale de Corse, Office des transports de la Corse*, n° 236293 : *Lebon 485 ; Dr. adm. 2002, n° 6, note Ménéménis ; BJCP 2001. 139, concl. Bergeal, obs. R. S. ; ACL 2002, n° 68.*

135. Confidentialité des offres. Il ressort des pièces du dossier qu'un document émanant de la collectivité délégante et présentant les principales caractéristiques des offres des deux candidats, et notamment les prix proposés, a été diffusé auprès des deux sociétés concurrentes. Cette transmission est susceptible d'avoir lésé la requérante (de première instance) en permettant à sa concurrente d'améliorer son offre. • CE 14 déc. 2009, *Sté Lyonnaise des Eaux-France*, n° 328157 B : *BJCP 2010. 158 ; DGCT 2010. Chron. n° 29 ; Rev. CMP 2010, n° 84, note Eckert.*

136. Sur l'avis émis par la commission d'examen des offres citée au texte, V. notes ss. art. L. 1411-5.

5° LIBRE NÉGOCIATION

137. Lorsque des négociations sont menées avec plusieurs entreprises à la suite de la remise des offres et que l'autorité délégante fixe à ces entreprises un délai de remise de nouvelles offres, elle est tenue aux mêmes exigences que lors de la procédure de publicité et de recueil des offres et, en particulier, ne peut légalement proroger ce nouveau délai pour une partie seulement des entreprises intéressées (même si l'intention est de compenser l'avantage particulier dont disposerait le délégataire antérieur). • CE 15 juin 2001, *Synd. intercomm. d'assainissement de Saint-Martin-de-Ré et de la Flotte-en-Ré*, n° 223481 : *Lebon 265 ; Dr. adm. 2001, n° 185, note D. P. ; BJCP 2001. 405, concl. D. Piveteau, obs. Ph. T. ; AJDA 2001. 1090, note Markus ; ACL 2002, n° 64.*

138. Il résulte des termes de la loi (art. L. 1411-5) qu'aucune règle n'encadre les modalités de l'organisation des négociations par la personne publique. • CE 21 mai 2010, *Cne de Bordeaux*, n° 334845 : *préc. note 115.* ♦ Aucune règle n'encadre les modalités de l'organisation des négociations par la personne publique, qui n'est en particulier pas tenue de fixer un calendrier préalable de négociations, ni de faire connaître son choix de ne pas poursuivre les négociations avec l'un des deux candidats. • CE 18 juin 2010, *Cté urbaine de Strasbourg, Sté Sèche Éco Industrie*, n° 336120 B : *Rev. CMP 2010, n° 293, note Eckert ; Dr. adm. 2010, n° 128, note Brenet ; JCP Adm. 2010, n° 2272, obs. Linditch ; BJCP 2010. 354, concl. Dacosta, obs. R. S. ; DGCT 2011, n° 53, obs. Douence.* ♦ Il n'y a donc pas de manquement aux obligations de mise en concurrence à ne pas prévoir de calendrier des différentes phases de la négociation, à interrompre la négociation après la remise des meilleures offres des candidats, sur la demande dénuée d'ambiguïté de l'autorité délégante, et à ne pas informer le candidat évincé de la décision de ne pas retenir son offre préalablement à la délibération autorisant la signature du contrat. • Même arrêt.

139. Le règlement de la consultation remis aux deux candidats fixe à un délai de dix mois à compter de leur dépôt la durée de validité des offres présentées. En fait, la commune a poursuivi les négociations avec les candidats neuf mois au-delà de la date limite. Mais en participant à de nouvelles réunions et en remettant à chaque fois des offres modifiées en fonction des précisions et améliorations demandées, la société requérante doit être regardée comme ayant nécessairement consenti à la prolongation de la validité de son offre. • CE 24 juin 2011, *Cne de Bourgoin-Jallieu*, n° 347889 : *AJDA 2011. 1298, note Grand ; CMP 2011, n° 262, note Eckert ; BJCP 2011. 362, concl. Boulouis, obs. R.S.* ♦ Par ailleurs, il n'est pas soutenu que l'autorité délégante ait dû, dans les circonstances de l'espèce, fixer un nouveau délai de validité des offres, en accord avec les candidats ayant présenté une offre. • Même arrêt.

140. Il résulte du dossier qu'après examen des offres, le syndicat intercommunal délégant a communiqué aux deux candidats un document présentant une analyse de leurs offres et notamment des prix proposés. Cette transmission vicie la procédure car elle est susceptible d'avoir lésé l'entreprise qui proposait le prix le plus faible en permettant à l'autre d'améliorer son offre. • CE 14 déc. 2009, *Sté Lyonnaise des Eaux France*, n° 328157 : *préc. note 135.*

141. Rien n'interdit que l'assemblée délibérante, saisie de la proposition de l'autorité exécutive, invite celle-ci à poursuivre les discussions qu'elle avait engagées avec les candidats de son choix. La solution est fondée sur les dispositions de l'art. L. 1411-5. • CE 9 août 2006, *Cie gén. des eaux*, n° 286107 : *préc. note 108* (V. note 17 ss. art. L. 1411-5).

6° DÉCISION DE L'AUTORITÉ DÉLIBÉRANTE

142. Le conseil municipal doit, sauf à méconnaître l'étendue de sa compétence, se prononcer sur tous les éléments essentiels du contrat à intervenir, notamment son objet précis, les éléments financiers exacts et l'identité de son attributaire. • CE 10 janv. 2007, *Sté des Pompes funèbres et conseillers funéraires du Roussillon*, n° 284063 B : *BJCP 2007.139, concl. Casas, obs. R.S. ; JCP Adm. 2007. 2060, note Pellissier ; AJDA 2007. 636, note Dreyfus*. ♦ Cette exigence se fonde sur les art. L. 2121-29 et L. 2122-21 et a donc une portée générale à l'égard de tous les contrats, y compris les délégations de service public. • Même arrêt.

E. MODIFICATIONS DU CONTRAT INITIAL POUVANT ENTRAÎNER UNE NOUVELLE PROCÉDURE DE MISE EN CONCURRENCE

1° CHANGEMENT DE COLLECTIVITÉ DÉLÉGANTE

143. À la suite d'un transfert de compétences, un district se substitue de plein droit aux communes membres pour la construction et la gestion des stations d'épuration ; il conclut un traité d'affermage du service unifié, qui se substitue aux contrats en cours (passés avec un même fermier). Ce contrat modifie le montant des redevances acquittées par les usagers et la durée de l'affermage sans que soit justifié un lien direct et réel entre les prestations fournies et ces modifications. Il ne peut être regardé comme la simple continuation, dans des conditions identiques mais dans un cadre juridique unique, des contrats initiaux. Il doit être regardé comme une nouvelle délégation dont la passation aurait dû être effectuée après mise en concurrence préalable. • TA Lille, 9 juill. 1999, *Préfet du Pas-de-Calais c/ District de Boulogne-sur-Mer et a.*, n° 97709 : *BJCP 1999. 53, concl. Pélissier, obs. Ch. M.*

144. En cas de transfert de compétence d'une commune à un EPCI, il est généralement admis que la substitution d'autorité délégante s'opère de plein droit. L'art. 35 de la loi du 12 juill. 1999 prévoit que les contrats sont exécutés dans les conditions antérieures jusqu'à leur échéance, sauf accord contraire des parties (V. art. L. 5211-5 et 5721-6-1, CGCT). Cette substitution d'autorité délégante n'entraîne aucun droit à résiliation ou à indemnisation pour le délégataire. * Rép. min. n° 12579 : *JOAN Q, 9 août 1999, p. 4873.*

2° CHANGEMENT DE DÉLÉGATAIRE

145. Solutions antérieures à la loi de 1993. En vertu d'une jurisprudence ancienne, un contrat de concession ne peut être cédé qu'après autorisation préalable du concédant. • CE 20 janv. 1905, *Cie dptale des eaux et services municipaux c/ Ville de Langres : Lebon 54.* ♦ La solution est rappelée : tout ou partie d'un service public concédé (ici le service extérieur des pompes funèbres) ne peut être cédé à un tiers qu'avec l'accord de l'autorité contractante. • CE 4 juin 1999, *SARL Maison Dulac*, n°s 155825 et 160390.

146. Il appartient à l'autorité concédante en vertu des règles générales applicables aux contrats administratifs et sous réserve des droits d'indemnisation du concessionnaire, de mettre fin avant son terme à un contrat de concession dès lors qu'il existe des motifs d'intérêt général justifiant sa décision. La décision de résiliation a été prise à la suite d'une prise de contrôle de la société concessionnaire par une société d'économie mixte, elle-même contrôlée par une commune limitrophe. La cour a pu légalement juger qu'une telle modification du capital social de la société concessionnaire autorisait le concédant, à cause des risques de conflits d'intérêts qu'elle entraînait, à regarder son cocontractant comme ne présentant plus les garanties au vu desquelles la concession lui avait été attribuée et, pour ce motif d'intérêt général, à prononcer la résiliation de la concession. • CE 31 juill. 1996, *Sté des téléphériques du massif du Mont-Blanc*, n° 126594 : *Lebon 334 ; JCP 1997. II. 22790, concl. Delarue ; AJDA 1996. 788, note Gilli*.

147. Solutions postérieures à la loi de 1993. Le contrat par lequel un syndicat mixte allègue avoir racheté la concession au concessionnaire consiste en une promesse de vente affectée d'une condition suspensive non réalisée. La commune n'ayant ni résilié la concession, ni autorisé sa cession, la société concessionnaire conserve la concession communale des remontées mécaniques et le syndicat mixte ne peut légalement signer une convention confiant la concession à une autre société. • CAA Marseille, 18 juin 1998, *Sté du développement du Val-d'Allos : BJCP 1999. 171, concl. Duchon-Doris, obs. Ch. M.*

148. La commune délégante des services des eaux et de l'assainissement qui décide, en accord avec la société délégataire, de transformer cette dernière en société d'économie mixte locale et de modifier substantiellement les conditions financières et tarifaires des contrats réalise une opération qui a pour objet de nouvelles délégations ;

ces dernières sont intervenues sans mise en œuvre de la procédure imposée par l'art. L. 1411-1 et sont dès lors entachées d'illégalité. • TA Grenoble, 7 août 1998, *M. Bernard Betto et a.*, n° 96.2133 (2e esp.) : *BJCP 1999. 181, concl. Cau, obs. Ch. M. ; Dr. adm. 1998, n° 303, note Devès.*

149. Cession du contrat. Un avis du Conseil d'État clarifie la question des cessions de marchés ou de délégation. La cession s'entend de la reprise pure et simple par le cessionnaire de l'ensemble des droits et obligations résultant du précédent contrat, sans remise en cause de ses éléments essentiels. Le tiers auquel le contrat est cédé, s'entend d'une personne morale distincte du titulaire initial, ce qui n'est pas le cas d'une prise de contrôle, d'un changement de forme ou de statuts, d'un changement d'actionnaires, mais ce qui est le cas de la création d'une société nouvelle par scission, fusion, cession d'actifs... Dans ces conditions, une cession peut avoir lieu avec l'assentiment préalable de la collectivité cocontractante et sans procédure de publicité et de mise en concurrence. L'autorisation de cession ne peut être légalement refusée que pour un motif admis par la jurisprudence : après appréciation des garanties présentées par le cessionnaire, la collectivité peut refuser son autorisation. Si la cession lui paraît de nature à remettre en cause les éléments essentiels au choix du titulaire initial du contrat ou à modifier substantiellement l'économie du contrat. Ce dernier peut ou doit être résilié et un nouveau contrat ne peut être passé que dans le respect des règles de publicité et de mise en concurrence. Réserve est faite de l'hypothèse d'un détournement de pouvoir. • CE, sect., finances, avis, 8 juin 2000, n° 364803 : *BJCP 2001. 94, chron. Glaser ; AJDA 2000. 758, obs. Richer ; Rev. CMP, nov. 2000, p. 4, art. Llorens ; CJEG 2001. 103, art. Maugüé et Duruy.*

150. Subdélégation. Un avis administratif du Conseil d'État sur les contrats d'exploitation des installations commerciales sur les aires de service situées sur le réseau autoroutier a indiqué que certaines des activités ainsi exercées étaient des activités de service public (distribution de carburant et restauration). • CE, avis adm., 16 mai 2002, n° 366305 : *EDCE 2003. 201 ; BJCP 2003. 235, obs. Glaser et Maugüé.* ♦ Les contrats relatifs aux activités de service public ont un caractère administratif parce qu'ils autorisent les entreprises prestataires à occuper le domaine public de l'État. Ils s'analysent comme des sous-concessions de service public car ils confient la gestion d'un service public à des entreprises qui tirent l'intégralité de leurs ressources des recettes d'exploitation de leur activité et en supportent ainsi le risque économique. • Même avis. ♦ Les sociétés concessionnaires d'autoroutes sont des personnes morales de droit privé et ne sont pas mandataires de l'État. La passation des contrats de subdélégation n'est pas soumise aux obligations de publicité et de mise en concurrence prévues par la loi du 29 janvier 1993. • Même avis. ♦ Dans la mesure où une convention de délégation de service public est conclue en raison de considérations propres à chaque cocontractant *(intuitu personae)*, un contrat de subdélégation ne peut être conclu, même en l'absence d'une clause spéciale en ce sens, qu'avec l'accord de la collectivité délégante. • Même avis.

151. Rien ne s'oppose à ce qu'un délégataire de service public, avec l'assentiment préalable de la collectivité cocontractante et dans le respect des droits et obligations résultant du contrat de délégation, confie une partie du service à un sous-délégataire. • CAA Marseille, 23 juin 2005, *Sté Monaco Marine France, Sté Yacht club international du port de Saint-Laurent-du-Var*, nos 02MA02069, 02MA02080 : *RFDA 2005. 852 ; BJCP 2005. 480.* ♦ Les dispositions de l'art. L. 1411-1 ne sont pas applicables aux contrats par lesquels un délégataire de service public confie une partie du service à un sous-délégataire. • Même arrêt.

3° MODIFICATION PAR AVENANT DU CONTRAT

152. Un avenant qui augmente de 24 % la contribution forfaitaire de l'autorité organisatrice des transports urbains à la SEM délégataire du service public constitue un nouveau contrat. En effet, cette augmentation a pour objet de compenser des coûts qui n'ont pas le caractère de sujétions imprévues ne résultant pas du fait des parties et elle a pour effet de bouleverser l'économie du contrat initial. Dès lors, la passation de l'avenant sans respecter les règles de mise en concurrence préalable méconnaît la procédure légale. La solution ainsi retenue est transposée du droit des marchés publics. • TA Lille, 2 juill. 1998, *Préfet de la région Nord-Pas-de-Calais, Préfet du Nord c/ Synd. intercommunal des Transports publics de la région de Douai*, n° 98.640 : *BJCP 1998. 72, concl. Célérier, obs. R.S.* ♦ V. aussi les cas où le changement de contractant s'accompagne de modifications substantielles des contrats initiaux, • TA Grenoble, 7 août 1998, *M. Bernard Betto et a. : préc. note 148* • TA Lille, 9 juill. 1999, *Préfet du Pas-de-Calais c/ District de Boulogne-sur-Mer et a. : préc. note 143.*

153. Une commune est libre de modifier les termes de la délégation initialement conclue. Rien ne lui impose de procéder elle-même directement à la rénovation des installations mises à la disposition du délégataire ni ne lui interdit de soutenir financièrement ce dernier lorsqu'il doit faire face à des charges nouvelles pour assurer une correcte exploitation du service public. En l'espèce, la rénovation des cuisines du restaurant interentreprises, objet de la délégation, s'imposait suite à un contrôle sanitaire. • TA Nancy, 22 janv. 2002, *M. Trogrlic*, n° 00846 : *préc. note 27.* ♦ L'avenant ne transforme pas la délégation initiale en marché public de travaux car il n'est pas démontré que le délégataire ne financerait plus substantiellement son activité par les résultats de son exploitation. • Même jugement.

154. Un avenant à un contrat d'affermage de chauffage urbain doit être considéré comme un nouveau contrat car les stipulations relatives à la 2e tranche de travaux forment la matière d'une concession, divisibles par nature de celles relatives à la 1re tranche et la prorogation pour 12 ans du contrat initial par sa finalité purement économique ne répond pas aux conditions posées par l'art. L. 1411-2. • TA Melun, 7 juill. 1999, *Préfet du Val-de-Marne et a. c/ Cne de Fontenay-sous-Bois,* nos 99403 s. : *BJCP 2000. 71.* ♦ V. aussi notes ss. art. L. 1411-2.

155. Lorsqu'un avenant bouleverse l'équilibre d'une convention, il constitue, de ce fait, un nouveau contrat, rendant nécessaire le recours à la procédure de mise en concurrence prévue à l'art. L. 1411-1 et excluant l'application des dispositions de l'art. L. 1411-2. • CAA Versailles, 3 mars 2005, *Cté d'agglomération de Cergy-Pontoise,* n° 03VE04736 : *AJDA 2005. 1078*. ♦ C'est le cas d'un avenant à une convention d'affermage relative à la production et à la distribution collective de chaleur conclue en 1971 pour 30 ans. Cet avenant suscite un nouveau cahier des charges, étend le périmètre géographique de l'affermage, prolonge de 16 ans la durée de la délégation et modifie la répartition des charges financières liées à l'exploitation d'une chaudière à charbon. • Même arrêt.

156. Constitue également un nouveau contrat irrégulier l'avenant du contrat d'affermage du centre de congrès de Toulouse compte tenu du nombre et de l'ampleur des modifications apportées : réduction de plus de moitié de la capacité de la salle d'exposition et de l'auditorium, réduction d'un quart des prévisions du taux de fréquentation, plus que doublement de la contribution financière annuelle de la commune (10,7 MF HT…). • CAA Bordeaux, 27 avr. 2004, *Ville de Toulouse,* n° 00BX01587. ♦ V. aussi notes ss. art. L. 1411-2.

157. Comp. avec un marché public de services. Un marché du 23 févr. 2007 a mis en place à Paris un système de vélos en libre-service dénommé « Vélib », comprenant 20 600 vélos disponibles dans 1 451 stations. Un avenant prévoit la mise à disposition de 4 500 vélos supplémentaires et le déploiement de 300 stations de plus dans une bande de 1 500 mètres autour de Paris. L'avenant qui n'a pas pour effet de bouleverser l'économie du marché initial, ni d'en changer l'objet, ne constitue pas un marché nouveau. • CE, sect., 11 juill. 2008, *Ville de Paris,* n° 312354 : *Lebon 270 ; AJDA 2008. 1816, chron. Geffray et Liéber ; JCP Adm. 2008, n° 2187, comm. Linditch ; Dr. adm. 2008, n° 105.*

IV. CONTRÔLE JURIDICTIONNEL

158. BIBL. Braconnier, L'autonomie contrastée du contentieux des contrats publics d'affaires. Réflexions sur l'ordonnance du 7 mai 2009, *RDP 2010. 327.* – Dacosta, Esquisse d'une typologie des requérants en matière contractuelle, *AJDA 2014. 2049*. – Didriche, Panorama des recours contentieux en matière de contrats publics – À la suite de l'arrêt *Département de Tarn-et-Garonne, AJCT 2014. 434*. – Gourdou et Terneyre, Les référés précontractuels et contractuels après l'ordonnance du 7 mai 2009, *BJCP 2009. 358.*

159. La décision par laquelle une collectivité fait le choix de déléguer, ou non, un service public ou une partie de celui-ci échappe au contrôle du juge de l'excès de pouvoir. • CE 27 janv. 2011, *Cne de Ramatuelle,* n° 338285 : *préc. note 112.*

A. RÉFÉRÉ PRÉCONTRACTUEL

160. ENCYCL. COLL. LOC. *Actes des collectivités locales : recours des tiers contre les contrats, 4600,* par Bourrel et Gourdou. ♦ **BIBL.** Dossier, Procédures de référés : quel bilan en matière contractuelle ?, *ACCP mai 2013.* – Lagumina et Philippe, Le référé précontractuel : bilan et perspectives, *AJDA 2000. 283*. – Gourdou et Terneyre, Le référé précontractuel administratif au lendemain de la réforme législative des procédures d'urgence, *CJEG 2001. 135.* – Poujade, Le référé précontractuel, *RFDA 2002. 279*. – V. aussi note 199.

161. La procédure dite du référé précontractuel, codifiée à l'art. L. 551-1 CJA, a été étendue aux conventions de délégation de service public par l'art. 50 de la loi du 29 janv. 1993. Les manquements aux obligations de publicité et de mise en concurrence auxquelles est soumise la passation de ces conventions peuvent faire l'objet d'un recours en forme de référé auprès du président du TA. • TA Paris, 2 nov. 1994 : *Groupement des sociétés Eiffage, SPIE Batignolles, Quillery, SPIE Citra.*

162. Aucun texte n'impliquant la fixation d'un délai, la saisine du juge des référés peut intervenir jusqu'à la date de signature du contrat, quelle que soit la date de rejet de la demande préalable. • CE 30 juin 1999, *SMITOM,* n° 198147 : *préc. note 61.*

163. Lorsque la signature du contrat intervient avant que le juge n'ait statué, il y a non-lieu à statuer, constaté par ordonnance sans que les parties puissent présenter des observations orales au cours d'une audience publique. • CE 30 juin 1999, *SA Groupe Partouche,* n° 203135 B. ♦ Toutefois, depuis la loi du 30 juin 2000 modifiant l'art. L. 551-1 CJA, le juge des référés, dès qu'il est saisi, peut enjoindre de différer la signature du contrat jusqu'au terme de la procédure et pour une durée maximum de vingt jours.

164. Recevabilité d'un référé. Les personnes habilitées à agir pour mettre fin aux manquements du pouvoir adjudicateur à ses obligations de publicité et de mise en concurrence sont celles susceptibles d'être lésées par de tels manquements ; il appartient dès lors au juge des référés de rechercher si l'entreprise qui le saisit se prévaut de manquements qui, eu égard à leur portée et au stade de procédure auquel ils se rapportent, sont susceptibles de l'avoir lésée ou risquent de l'avoir lésée, fût-ce de façon indirecte en avantageant une entreprise concurrente. Revirement de jurisprudence intervenu à l'occasion d'un marché public mais applicable à une délégation. • CE, sect., 3 oct. 2008, *Synd. mixte intercommunal de réalisation et de gestion pour l'élimination des ordures ménagères du secteur Est de la Sarthe (SMIRGEOMES)*, n° 305420 : *Lebon 324, concl. Dacosta ; AJDA 2008. 2161, chron. Geffray et Lieber ; ibid. 2374, art. Cassia ; ibid. 2009. 1064 ; RFDA 2008. 1128, concl. Dacosta, note Delvolvé ; Dr. adm. 2008, n° 154, note Bonnet-Lalanne ; BJCP 2008. 451, concl. Dacosta, obs. R. S. ; C. et marchés publics, nov. 2008, p. 32, note Piétri.* ♦ Un candidat qui a présenté une offre irrégulière n'est pas susceptible d'être lésé par un manquement (à propos d'un marché public). • CE 15 févr. 2013, *Cne de Monéteau*, n° 364203 : *AJDA 2013. 1031* .

1° COMPÉTENCE DU JUGE DES RÉFÉRÉS PRÉCONTRACTUELS

165. L'admission d'un candidat ne remplissant pas les conditions d'admission de sa candidature constitue un manquement aux obligations de mise en concurrence justifiant que soit annulée la délibération attribuant la délégation à ce candidat. • CE 14 mars 2003, *Sté Air Lib*, n° 251610 : *préc. note 103.*

2° INCOMPÉTENCE DU JUGE DES RÉFÉRÉS PRÉCONTRACTUELS

166. Le juge des référés n'est compétent que pour faire respecter les règles de publicité et de mise en concurrence. Il ne lui appartient pas de contrôler la compétence de la collectivité publique au regard de l'objet du contrat. • CE 30 juin 1999, *SA Demathieu et Bard*, n° 198993 B. ♦ Le Conseil d'État est très strict sur ce point. Ainsi le juge des référés n'a-t-il pas à contrôler le respect par un syndicat de communes du principe de spécialité des établissements publics, même s'il se fonde sur la circonstance que la méconnaissance du principe aurait vicié l'appréciation de la commission d'examen des offres. • CE 21 juin 2000, *Synd. intercommunal de la Côte d'Amour et de la presqu'île guérandaise*, n° 209319 : *préc. note 105.* ♦ Il n'a pas non plus à examiner un moyen tiré de l'incompétence de l'assemblée délibérante pour choisir le futur contractant au terme de la négociation. • CE 9 août 2006, *Cie gén. des eaux*, n° 286107 : *préc. note 108.* ♦ Comp. : la simple candidature d'une personne publique, dans le respect des règles de la concurrence, à l'attribution d'un marché public, n'a pas être subordonnée, par le juge des référés, à une carence de l'initiative privée, ni à l'existence d'un intérêt public (à propos de la candidature d'un laboratoire départemental à un marché de contrôle sanitaire des eaux). • CE 10 juill. 2009, *Dpt de l'Aisne, Min. de la Santé et des Sports*, n° 324156 : *AJDA 2009. 2006, note Dreyfus ; BJCP 2009. 444, concl. Lenica, obs M. ; RLCT 2009, n° 1450, note Glaser.*

167. De même, il n'appartient pas au juge du référé précontractuel d'apprécier la conformité d'un projet de délégation aux prescriptions d'un règlement communautaire. Un moyen tiré d'une éventuelle méconnaissance des règles de libre circulation des services de transport maritime édicté par ce règlement est inopérant. • CE 24 oct. 2001, *Collectivité territoriale de Corse, Office des transports de la Corse*, n° 236293 : *Dr. adm. 2002, n° 6, note Ménéménis ; BJCP 2001. 139, concl. Bergeal, obs. R. S. ; ACL 2002, n° 68.*

168. Il n'entre pas dans la compétence du juge du référé précontractuel de statuer sur un avenant dès lors que la conclusion d'un tel accord n'est pas soumise aux règles de publicité et de concurrence qui s'appliquent à la passation des marchés publics (même fondement textuel pour les contrats de délégation). • CE, sect., 11 juill. 2008, *Ville de Paris*, n° 312354 : *préc. note 157.* ♦ L'examen par le juge de cassation de l'objet de l'avenant litigieux permet en l'espèce de retenir la qualification d'avenant (entraînant l'irrecevabilité de la demande) et non de contrat nouveau distinct du contrat initial. • Même arrêt.

3° POUVOIRS DU JUGE DES RÉFÉRÉS PRÉCONTRACTUELS

169. Le juge des référés précontractuels, régulièrement saisi, dispose de l'intégralité des pouvoirs qui lui sont conférés pour mettre fin aux manquements de l'administration à ses obligations. • CE 20 oct. 2006, *Cne d'Andeville*, n° 289234 : *préc. note 68.* ♦ Il peut prononcer l'annulation d'une procédure de passation alors même que le requérant n'en demande que la suspension, sans que le principe de prohibition de l'*ultra petita* y fasse obstacle. • Même arrêt. ♦ Eu égard à son office, il lui appartient de prendre toutes mesures nécessaires pour assurer le respect de ces obligations, lorsqu'il constate que, par suite de la décision qu'il prend, celles-ci ne peuvent être satisfaites par l'autorité responsable en cas de poursuite de la procédure de passation du contrat. • CE 15 déc. 2006, *Sté Corsica Ferries*, n° 298618 : *Lebon 566 ; ACL 2007, n° 54 ; BJCP 2007. 116, concl. Casas, obs. R.S. ; AJDA 2007. 185, note Dreyfus ; JCP Adm. 2007, n° 2011, comm. Karpenschif.*

170. Une requête peut demander au juge du référé précontractuel l'annulation des mesures prises en cours de procédure de passation du contrat alors même qu'elles ne constitueraient pas des décisions susceptibles d'un recours pour excès de pouvoir ; ainsi de l'ouverture de négociations avec certains candidats, écartant par là-même certaines offres. • CE 15 déc. 2006, *Sté Corsica Ferries,* n° 298618 : *préc. note 169.*

171. Après reprise de la procédure précédente, un nouveau référé précontractuel est introduit par le concurrent évincé. Le juge des référés du tribunal administratif de Bastia annule seulement la phase de négociation en raison d'une irrégularité intervenue à ce stade et consistant en une modification d'une clause de sauvegarde financière négociée avec le seul candidat retenu en méconnaissance du principe d'égalité. Par contre ni le caractère discriminatoire d'une clause relative à l'âge des navires ni les effets d'une entrée en service quasi immédiate après le choix du délégataire ne sont jugés illégaux par le premier juge dont l'appréciation échappe au juge de cassation, sauf dénaturation non établie en l'espèce. • TA Bastia, réf., 27 avr. 2007, *Sté Corsica Ferries,* n° 070390 : *BJCP 2007. 307, obs. R.S.* • CE 5 juin 2007, *Sté Corsica Ferries,* n° 305208 B : *ACL 2008, n° 23 ; BJCP 2007. 307, obs. R.S. ; JCP Adm. 2007, n° 2163, note Linditch ; AJDA 2007. 1523, note Dreyfus.*

4° CONTRÔLE DE CASSATION DU CONSEIL D'ÉTAT

172. Le Conseil d'État n'intervient que comme juge de cassation de l'ordonnance rendue par le président du TA. • CE 13 déc. 1996, *Synd. intercommunal pour la revalorisation des déchets du secteur Cannes-Grasse et a.,* n° 169706 : *préc. note 114.* ♦ Le Conseil d'État censure une ordonnance suspendant une procédure de passation pour un motif entaché d'erreur de droit. • CE 29 juill. 1998, *Synd. mixte des transports de l'agglomération clermontoise,* n°s 194412 et 194418 : *préc. note 116.*

173. Eu égard à la finalité assignée au référé précontractuel, des conclusions tendant à ce que le Conseil d'État annule l'ordonnance du juge des référés rejetant la demande du requérant et décide lui-même des mesures à prendre doivent être regardées comme sans objet, si la signature du contrat est intervenue entre-temps et a été portée à la connaissance du juge de cassation. Ce dernier prononce un non-lieu à statuer. • CE 28 déc. 2001, *M. Lacombe,* n° 223047 : *Lebon 686 ; ACL 2002, n° 69.* ♦ De même, le recours en cassation est privé d'objet si à la date à laquelle le Conseil d'État statue, la délibération contestée a épuisé ses effets (elle fixait les tarifs du service pour 2006). • CE 11 mai 2007, *Assoc. des commerçants d'If-Frioul,* n° 298081.

174. Le Conseil d'État, après annulation partielle de l'ordonnance du juge des référés, peut prendre toutes mesures nécessaires pour assurer le respect des obligations de publicité et de mise en concurrence sans qu'y fasse obstacle la partie de l'ordonnance qui n'a pas fait l'objet d'un pourvoi en cassation. • CE 15 déc. 2006, *Sté Corsica Ferries,* n° 298618 : *préc. note 169.*

175. Conformément à une jurisprudence classique dans l'affaire du musée Rodin, le Conseil d'État confirme l'annulation de la procédure par le juge des référés parce que si ce dernier a commis une erreur de droit en censurant l'absence de négociations avec l'ensemble des candidats admis, l'autre motif retenu (l'absence d'information sur la durée de la convention) justifie à lui seul la décision d'annulation. • CE 23 mai 2008, *Musée Rodin,* n° 306153 : *préc. note 103.*

176. Continuité du service public. Après avoir présenté un pourvoi en cassation contre une ordonnance suspendant la procédure de passation, afin d'assurer la continuité du service public, la collectivité peut signer une convention d'exploitation provisoire du service avec l'exploitant en place ; cette convention d'une durée d'un an se bornant à reprendre, dans le seul but d'assurer la continuité du service public, les stipulations du contrat venu à expiration ne peut être regardé comme le contrat dont la passation a été suspendue. • CE 21 juin 2000, *Synd. intercommunal de la Côte d'Amour et de la presqu'île guérandaise,* n° 209319 : *préc. note 105.*

B. CONTENTIEUX DES ACTES DÉTACHABLES DU CONTRAT

177. Recours pour excès de pouvoir contre un acte détachable du contrat. Il est de jurisprudence ancienne et constante que des tiers peuvent poursuivre l'annulation des actes détachables d'un contrat. Mais la recevabilité d'un tel recours est subordonnée à la condition que les stipulations du contrat en cause soient de nature à les léser dans leurs intérêts de façon suffisamment directe et certaine. • CE 11 mai 2011, *Sté Lyonnaise des Eaux France,* n° 331153 : *AJCT 2011. 472, obs. Burel ; AJDA 2011. 2027, note Rousseau ; BJCP 2011. 297, concl. Boulouis, obs Ch. M.* ♦ Les usagers du service n'ont, en cette seule qualité, intérêt à contester une transaction financière conclue entre la personne publique responsable du service et l'ancienne délégataire que si, en l'absence d'effet sur l'organisation ou le fonctionnement du service public, elle a eu pour effet de les léser en accroissant les tarifs de l'eau ; ce qui n'est pas le cas en l'espèce puisque les tarifs sont maintenus à l'identique. • Même arrêt. ♦ Il importe peu que le protocole transactionnel soit la conséquence de l'annulation de délibérations et d'une injonction prononcée par le juge à la demande des requérants. • Même arrêt.

178. Un candidat à une délégation portant sur des lots distincts (en l'espèce des lots du service public des plages) n'a intérêt, en cette qualité, à demander l'annulation d'un acte détachable du contrat que dans la mesure où cet acte se rapporte à l'attribution du lot ou des lots pour lesquels il a présenté sa candidature. • CE 24 nov. 2010, *Cne de Ramatuelle*, n° 336265 : *Lebon 456* ; *JCP Adm. 2011, n° 2024, note Linditch ; BJCP 2011. 26, concl. Boulouis, note R.S.* ♦ Il ne peut utilement invoquer une rupture d'égalité tenant à ce que sa candidature a été rejetée alors que des candidatures présentant les mêmes caractéristiques auraient été admises pour l'attribution d'autres lots. • Même arrêt.

179. Acte détachable ou non. Le refus d'une personne publique de résilier un contrat est un acte détachable qu'un tiers intéressé est recevable à attaquer. • CE 17 déc. 2008, *Assoc. pour la protection de l'environnement du Lunellois (APPEL) et a.*, n° 293836 : *Lebon 464* ; *AJDA 2009. 542, note Dreyfus* ; *C. et marchés publics, févr. 2009, p. 34, note Piétri ; BJCP 2009. 141, concl. Dacosta, obs. Ch. M. ; ACL 2009, n° 23, note Douence.* ♦ En revanche, un tiers n'est pas recevable à former un recours contre le refus de la personne publique de saisir le juge du contrat d'une action en nullité ; acte non détachable. • Même arrêt.

180. Intérêt à agir. Une association syndicale autorisée dont la mission peut être affectée par l'exécution d'un contrat d'affermage justifie d'un intérêt à agir contre la délibération autorisant la signature de la délégation. • CE 21 juin 1999, *Assoc. syndicale autorisée du grand canal de la ville de Briançon*, n° 152369.

181. Les usagers ne sont pas recevables à invoquer la violation des clauses d'une concession à l'appui d'un recours contre la délibération approuvant un avenant à cette concession, lorsque ces clauses n'ont pas de caractère réglementaire et n'ont d'effet qu'entre les parties (en l'espèce, clauses prévoyant la présentation de documents au concédant). • CE 29 déc. 1999, *Cne de Port-Saint-Louis-du-Rhône*, n° 158472 B.

182. Seules les personnes qui ont manifesté, en présentant leur candidature, l'intérêt qu'elles portaient à la conclusion du contrat, qu'elles aient présenté ou non une offre par la suite, ont qualité pour contester les décisions prises en application de l'art. 38 de la loi du 29 janv. 1993 (CGCT, art. L. 1411-1) par la personne publique délégante. • CE 29 mars 2000, *Synd. central des transporteurs automobiles professionnels de la Guadeloupe*, n° 192098 : *Lebon 143* ; *BJCP 2000. 259, concl. Stahl ; ACL 2001, n° 52.*

183. Demande de suspension d'un acte détachable. La demande de suspension de la délibération autorisant la signature d'un avenant est irrecevable, car privée d'objet, lorsque la signature de l'avenant est déjà intervenue. • CE 9 févr. 2004, *Assoc. LOVIV*, n° 258369.

184. Effets de l'annulation d'un acte détachable. Contrairement à la solution jurisprudentielle antérieure et à la suite de l'évolution jurisprudentielle relative aux pouvoirs du juge, l'annulation d'un acte détachable n'implique pas nécessairement l'annulation du contrat. • CE 21 févr. 2011, *Sté Ophrys, Cté d'agglomération Clermont Cté*, n° 337349 : *Lebon 54* ; *Dr. adm. 2011, n° 47, note Brenet ; Rev. CMP 2011. 123, note Piétri ; BJCP 2011. 133, concl. Dacosta, obs. Dourlens et de Moustier.* ♦ Il appartient au juge de l'exécution, après avoir pris en considération la nature de l'illégalité commise, soit de décider que la poursuite de l'exécution du contrat est possible, éventuellement sous réserve de mesures de régularisation prises par la personne publique ou convenues entre les parties, soit, après avoir vérifié que sa décision ne portera pas une atteinte excessive à l'intérêt général, d'enjoindre à la personne publique de résilier le contrat, le cas échéant avec un effet différé, soit, eu égard à une illégalité d'une particulière gravité, d'inviter les parties à résoudre leurs relations contractuelles ou, à défaut d'entente sur cette résolution, à saisir le juge du contrat afin qu'il en règle les modalités s'il estime que la résolution peut être une solution appropriée. • Même arrêt. ♦ Dans la détermination des mesures rendues nécessaires par l'annulation des délibérations approuvant des délégations, le juge de l'exécution n'est pas tenu par celles demandées par le requérant ; l'absence d'information des candidats sur les critères de sélection des offres affecte gravement la régularité de la procédure, mais cette illégalité qui n'affecte ni le consentement de la personne publique, ni le bien-fondé de la délégation, et qui ne révèle pas la volonté de favoriser un candidat, ne justifie pas une mesure de résolution ; ce vice implique cependant, par sa gravité et en l'absence de régularisation possible, que soit ordonné aux parties de résilier les conventions ; cependant, l'intérêt général tenant à la continuité du service public justifie que la résiliation ne prenne effet qu'au 1er mai 2013 (afin que le délégant puisse mener à bien la procédure légalement requise de choix d'un cocontractant, s'il n'entend pas reprendre l'exploitation en régie). • CE 10 déc. 2012, *Sté Lyonnaise des Eaux France*, n° 355127 B : *AJDA 2012. 2409, note Poupeau* ; *Dr. adm. 2013. 19, note Brenet ; DGCT 2013, n° 58, note Douence ; BJCP 2013. 220, concl. Pélissier, obs. Ch. M.*

185. Injonction de saisir le juge du contrat. C'est à bon droit que le juge de l'exécution enjoint à la communauté d'agglomération, sauf accord des parties pour mettre fin à leurs relations contractuelles, de saisir le juge du contrat afin qu'il prenne les mesures appropriées. L'injonction se justifie par la gravité de l'illégalité entachant la délibération (après avoir transféré sa compétence à un syndicat intercommunal, la communauté ne disposait plus de la compétence pour décider la délégation de service public approuvée par la délibération) et l'absence d'atteinte excessive à l'intérêt général (la communauté pouvant continuer à gérer les installations existantes et le syndicat pouvant décider des modalités futures du traitement des déchets ménagers. • CE 21 févr. 2011, *Sté Ophrys, Cté agglomération Clermont Cté,* n° 337349 : *préc. note 184.*

186. Refus d'injonction. À la suite de l'affaire précédente, le syndicat intercommunal auquel la compétence relative au traitement des déchets ménagers a été transférée conclut un contrat de délégation de service public. La délibération approuvant le contrat est annulée pour absence de consultation de comité technique paritaire. La demande d'injonction est rejetée, eu égard, d'une part, au vice affectant la délibération litigieuse et, d'autre part, à l'atteinte excessive que porterait à l'intérêt général la constatation de la nullité du contrat. Sont pris en considération l'état d'avancement du contrat, son intérêt public, l'expiration prochaine de l'autorisation d'exploitation de certaines des structures de traitement existantes et la durée importante de la mise en place hypothétique de solutions de remplacement. • CE 21 févr. 2011, *Sté Véolia Propreté,* n° 335306 : *Lebon. T. ; Dr. adm. 2011, n° 47, note Brenet ; Rev. CMP 2011. 123, note Pietri ; AJDA 2011. 1739, note Vincent-Legoux ; DGCT 2012, n° 64, note Douence.* ♦ Dans une affaire analogue, la compétence en matière d'eau et d'assainissement a été successivement transférée d'un syndicat intercommunal à une communauté de communes puis à un nouveau syndicat dont le périmètre est plus large. Les contrats de délégation conclus illégalement par le premier syndicat ont été transférés à la nouvelle autorité compétente. Malgré l'annulation des délibérations approuvant ces contrats, il n'y a pas lieu d'enjoindre aux parties concernées de solliciter du juge du contrat qu'il prononce l'annulation des contrats pour la période allant de leur conclusion jusqu'à leur reprise par l'autorité compétente, car l'annulation porterait une atteinte excessive à l'intérêt général. • CE 11 mai 2011, *Sté Lyonnaise des Eaux France,* n° 337927 : *Lebon. T. ; BJCP 2011. 278, concl. Boulouis, obs. Ch. M. ; CMP 2011. 221, note Pietri.* ♦ Le juge de l'exécution n'a pas à rechercher si l'entreprise requérante qui sollicite l'injonction se prévaut de manquements susceptibles de l'avoir lésée. • Même arrêt.

187. Régularisation rétroactive d'une délibération. À la suite de l'annulation, par le juge de l'excès de pouvoir, de l'acte détachable de la passation d'un contrat, il appartient à la personne publique de déterminer, sous le contrôle du juge, les conséquences à tirer de cette annulation. S'il s'agit notamment d'un vice de forme ou de procédure propre à l'acte détachable, ce dernier peut être régularisé avec effet rétroactif, dépourvu du vice qui l'entachait. • CE 8 juin 2011, *Cne de Divonne-les-Bains,* n° 327515 : *Lebon 278 ; AJCT 2011. 402, obs. Le Chatelier ; AJDA 2011. 1685, note Dreyfus ; Dr. adm. 2011, n° 74, note Brenet ; BJCP 2011. 381, concl. Dacosta, obs. R.S.* ♦ Application à la délibération approuvant un contrat de vente sans que l'avis du service des domaines porte sur l'ensemble des parcelles cédées. Après un nouvel avis confirmant la précédente estimation, la commune a pu régulariser le vice de légalité externe qui entachait la première délibération et réitérer régulièrement son consentement. • Même arrêt.

188. Constatation d'inexistence de l'acte détachable. La délibération par laquelle un syndicat mixte a délégué le service public des remontées mécaniques ne se rattache à aucune séance régulièrement tenue par le conseil et doit dès lors être considérée comme un acte nul et de nul effet. • CAA Marseille, 6 déc. 2005, *M. Louis Lequette,* n° 02MA00476 : *AJDA 2006. 564.*

C. CONTENTIEUX DU CONTRAT

1° CONTENTIEUX CONTRACTUEL

189. **BIBL.** Bourrel, Le rapprochement de l'office du juge de l'exécution et de l'office du juge du contrat, *BJCP 2013. 163.* – Glaser, Les habits neufs du juge du contrat, *AJDA 2011. 310.*

190. Délai du recours. La prescription trentenaire prévue par l'art. 2262 C. civ. s'applique à une action fondée sur une nullité d'ordre public dont pourrait être entachée une convention (la solution au fond est aujourd'hui caduque). • CAA Versailles, 13 juin 2006, *Cne de Sannois,* n° 04VE02101 : *AJDA 2006. 1674, note Dreyfus ; JCP Adm. 2006, n° 1222, note Linditch.*

191. Action en nullité contre une clause indivisible du contrat. Le caractère indivisible d'une clause contractuelle au regard de l'ensemble du contrat ne fait pas obstacle à la recevabilité, devant le juge du contrat, d'une action en nullité introduite par une partie au contrat et tendant à ce que cette clause soit déclarée nulle ; s'il constate l'existence de vices entachant la validité de cette clause, le juge du contrat se prononce, au besoin d'office, sur les conséquences à en tirer sur le contrat dans son ensemble, après en avoir, le cas échéant, informé les parties. • CE 1er juill. 2009, *Cie des transports de La Roche-sur-Yon,* n° 306756 : *AJDA 2009. 1951, note Dreyfus ; BJCP 2009. 411, concl. Courrèges, obs. R. S. ; JCP Adm. 2009, n° 2229, note Mollion* (rejet du recours en l'espèce) • Même arrêt.

192. Recours en appréciation de validité du contrat. Recours direct. Les parties peuvent saisir le juge d'un recours de plein contentieux contestant la validité du contrat qui les lie. • CE, ass., 28 déc. 2009, *Cne de Béziers,* n° 304802 : *Lebon 509 ; Rev. CMP 2010, n° 123, note Rees ; BJCP 2010. 139, concl. Glaser, obs. Ch. M. ; JCP Adm. 2010, n° 2072, note Linditch ; AJDA 2010. 142, chron. Lieber et Botteghi ; DGCT 2010. Chron. n° 30.* ♦ Le juge vérifie d'abord que les irrégularités dont se prévalent les parties sont de celles qu'elles peuvent invoquer devant lui, eu égard à l'exigence de loyauté des relations contractuelles. • Même arrêt. ♦ Il lui appartient d'apprécier l'importance et les conséquences des irrégularités constatées. Il lui revient alors, en tenant compte de l'objectif de stabilité des relations contractuelles, soit de décider qu'il est possible de poursuivre l'exécution du contrat, sous réserve, le cas échéant, de mesures de régularisation, soit de prononcer la résiliation du contrat, éventuellement avec un effet différé, soit enfin de prononcer l'annulation du contrat, mais seulement en raison d'une irrégularité tenant au caractère illicite du contenu du contrat ou à un vice d'une particulière gravité affectant notamment le consentement des parties. • Même arrêt. ♦ Le juge judiciaire, compétent pour connaître d'un contrat d'affermage de droits de place dans les halles et marchés, applique cette « jurisprudence établie » sans renvoi préjudiciel dès lors que l'appréciation de légalité par le juge administratif n'est pas nécessaire ; en l'espèce, il estime que l'irrégularité n'est pas d'une gravité telle qu'il y ait lieu d'écarter l'application du contrat. • Civ. 1re, 24 avr. 2013, *Cne de Sancoins*, n° 12-18.180 : *AJCT 2013. 426, obs. Grand ; AJDA 2013. 1630, note Dreyfus ; Dr. adm. 2013, n° 57, note Distel ; JCP Adm. 2014, n° 2013, note Renard-Payen.*

193. Appréciation de validité du contrat à l'occasion d'un litige relatif à son exécution. Saisi d'un litige relatif à l'exécution d'un contrat, le juge doit en principe faire application du contrat, eu égard à l'exigence de loyauté des relations contractuelles. • CE, ass., 28 déc. 2009, *Cne de Béziers*, n° 304802 : *préc. note 192.* ♦ Toutefois, dans le cas seulement où il constate une irrégularité tenant au caractère illicite du contenu du contrat ou à un vice d'une particulière gravité affectant notamment le consentement des parties, le juge doit écarter le contrat et ne peut régler le litige sur le terrain contractuel. • Même arrêt. ♦ L'absence de transmission de la délibération autorisant la signature d'un contrat avant que le maire ne procède à cette signature est un vice qui, eu égard à la loyauté des relations contractuelles, ne peut être regardé comme d'une gravité telle que le juge doive écarter le contrat. • Même arrêt.

194. Moyen insusceptible d'être invoqué. À l'occasion d'un litige concernant un marché relatif à l'information municipale, la société contractante, librement engagée par la signature de ce contrat conclu en application du code des marchés publics, ne peut utilement invoquer sa nullité au motif que seule une procédure de délégation de service public aurait dû être suivie (au demeurant, le contrat ne confiant pas au cocontractant l'exécution même d'un service public ne pouvait être un contrat de délégation). • CE 10 févr. 2010, *Sté Prest'Action*, n° 301116 : *Dr. adm. 2010, n° 52, note Brenet.* ♦ En principe, lorsque le juge est saisi d'un litige relatif à l'exécution d'un contrat, les parties à ce contrat ne peuvent invoquer un manquement aux règles de passation, ni le juge le relever d'office, aux fins d'écarter le contrat pour le règlement du litige. Le juge du fond doit vérifier si le vice est d'une gravité telle qu'il doive écarter le contrat. • CE 19 janv. 2011, *Synd. mixte pour le traitement des résidus urbains (SYMTRU)*, n° 332330 B : *Rev. CMP 2011, n° 90, note Pietri ; AJCT 2011. 129, obs. Burel .*

195. À propos d'un litige relatif à l'exécution d'un contrat d'affermage du service public de distribution d'eau potable, conclu en 1990 et résilié en 1999. Par jugement du 18 févr. 2005, le TA de Montpellier déclare nul le contrat au motif qu'il a été signé avant transmission au contrôle de légalité de la délibération autorisant sa signature. Par arrêt du 17 janv. 2008, la CAA de Marseille estime que la loi du 30 déc. 2006 sur l'eau et les milieux aquatiques a pour effet de valider le contrat. Le Conseil d'État censure les deux décisions et règle l'affaire au fond. • CE, sect., 10 nov. 2010, *Cne de Palavas-les-Flots, Cne de Lattes*, n° 314449 : *Lebon 429 ; AJDA 2010. 2183 et 2416, chron. Botteghi et Lallet ; Contrats et marchés publ. 2011, n° 1, p. 20, note Devillers ; Dr. adm. 2011, n° 2, note Martinet et Ferrari ; RFDA 2011. 124, concl. Boulouis ; DGCT 2011, n° 55, obs. Douence.* ♦ Les dispositions de la loi de validation du 30 déc. 2006 ont une portée rétroactive qui s'oppose à ce que la légalité du contrat soit contestée pour le motif retenu par le TA de Montpellier ; elles portent au droit à un procès équitable, garanti par l'art. 6 de la Conv. EDH, une atteinte qui ne pourrait être justifiée que par d'impérieux motifs d'intérêt général. Le motif invoqué en l'espèce et tenant à la nécessité d'assurer la continuité du service public ne peut être retenu dès lors que le contrat avait été résilié avant l'intervention de la loi. Par conséquent, la loi de validation n'est pas applicable au litige. • Même arrêt. ♦ Il incombe en principe au juge de faire application du contrat eu égard à l'exigence de loyauté des relations contractuelles. L'absence de transmission préalable de la délibération autorisant la signature du contrat est un vice affectant le consentement des parties ; mais ce seul vice ne saurait être regardé comme d'une gravité telle que le juge doive écarter le contrat. La mise en œuvre régulière des clauses d'indemnisation du fermier en cas de résiliation anticipée du contrat est donc possible. • Même arrêt.

196. Résiliation unilatérale du contrat et recours en reprise des relations contractuelles. Le juge du contrat, saisi par une partie d'un litige relatif à l'exécution du contrat, peut seulement, en principe, rechercher si cette mesure est intervenue dans des conditions de nature à ouvrir droit à indemnité. Toutefois, une partie à un contrat administratif peut former devant le juge du contrat un recours de plein contentieux contestant la validité de la résiliation de ce contrat et tendant à la reprise des relations contractuelles. Elle doit exercer ce recours dans le délai de deux mois et peut demander que l'exécution de la résiliation soit suspendue afin que les relations contractuelles soient provisoirement reprises. Il incombe alors au juge du contrat, lorsqu'il constate que la mesure de résiliation est entachée de vices relatifs à sa régularité ou à son bien-fondé, de déterminer s'il y a lieu de faire droit à la demande de reprise des relations contractuelles ou de rejeter le recours. Pour ce faire, il apprécie, eu égard à la gravité des vices constatés et, le cas échéant des manquements du requérant à ses obligations contractuelles ainsi qu'aux motifs de la résiliation, si la reprise ne porte pas une atteinte excessive à l'intérêt général et aux droits du titulaire d'un nouveau contrat remplaçant celui qui a été résilié ; il décide du droit à indemnisation du requérant. Quant au juge des référés saisi d'une demande de suspension de la mesure de résiliation, il apprécie la condition d'urgence et la gravité des vices invoqués. • CE, sect., 21 mars 2011, *Cne de Béziers*, n° 304806 : *Lebon 117, concl. Cortot-Boucher ; AJCT 2011. 291, note Dreyfus ; AJDA 2011. 665, chron. Lallet et Domino ; ACCP 2011. 64, note Le Chatelier ; JCP Adm. 2011. 2171, note Linditch ; RFDA 2011. 518, note Pouyaud*.

197. Quels que soient les vices dont une mesure de résiliation est, le cas échéant, entachée, le juge du contrat, saisi d'un recours tendant à la reprise des relations contractuelles, doit rejeter cette demande s'il constate une irrégularité qui le conduirait à prononcer la résiliation ou l'annulation du contrat, s'il était saisi d'un recours en contestant la validité. • CE 1er oct. 2013, *Sté Espace, Habitat, Construction*, n° 349099 : *AJDA 2013. 2275, note Giacuzzo ; AJCT 2013. 571, obs. Hul ; RDI 2014. 46, note Foulquier ; Dr. adm. 2013, n° 80, note Brenet ; JCP Adm. 2014, n° 2196, note Pauliat.* ♦ L'irrégularité constatée par lui peut être invoquée par une partie ou relevée d'office par lui et tient au caractère illicite du contenu du contrat ou à un vice du consentement d'une particulière gravité. • Même arrêt. ♦ En l'espèce, le contrat conclu en 1986 relatif à la construction d'une résidence pour personnes âgées conférait au cocontractant l'exécution d'une mission de service public et faisait du terrain affecté à ce service en vue duquel il devait être spécialement aménagé une dépendance du domaine public communal ; à la date de conclusion du contrat, la commune ne pouvait concéder légalement à son cocontractant un droit réel sur une dépendance du domaine public ; elle ne pouvait non plus renoncer à l'exercice de son pouvoir de résiliation unilatérale pour un motif d'intérêt général ; eu égard à la nature de ces irrégularités, il ne saurait être fait droit à la demande de reprise des relations contractuelles. • Même arrêt.

198. Résiliation du contrat et référé-suspension. Il est possible d'introduire un recours tendant à la suspension d'une décision de résiliation d'un contrat administratif, afin que les relations contractuelles soient provisoirement reprises. En l'espèce, la résiliation est susceptible de porter une atteinte grave et immédiate à la situation financière du cocontractant ainsi que de menacer sa pérennité, alors que la reprise immédiate des relations contractuelles n'est pas susceptible de porter atteinte aux droits de tiers dès lors que le service assuré par le cocontractant a été repris en régie par l'administration. • CE 17 juin 2015, *Sté Protectrice des Animaux d'Aix-en-Provence*, n° 388433 B. ♦ Le juge des référés rejette les conclusions tendant à la reprise provisoire des relations contractuelles s'il est soutenu ou s'il ressort manifestement du dossier que le contrat est entaché d'un vice qui conduirait le juge du contrat à le résilier ou à l'annuler et ce, quels que soient les vices dont la décision de résiliation serait elle-même entachée. • CE 17 juin 2015, *Sté Les Moulins*, n° 389044 B : *AJDA 2015. 1237 ; JCP Adm. 2015. Actu. 569, obs. Tesson.*

199. Contentieux contractuel écartant l'application de stipulations illicites. Les stipulations permettant le transfert au délégataire, personne privée, de la propriété de biens relevant du domaine public de la personne publique délégante ont un contenu illicite en l'absence de désaffectation et de déclassement préalable. Mais elles n'auraient eu pour effet de rendre le délégataire propriétaire que jusqu'à l'expiration de la convention et d'entraîner une indemnisation nulle. Elles ne forment pas un ensemble indivisible avec le reste de la convention. Le litige peut donc être réglé dans le cadre contractuel en écartant leur application. • CE 4 mai 2011, *Cté de cnes de Queyras*, n° 340089 : *Lebon 200 ; AJDA 2011. 925*.

2° DÉFÉRÉ PRÉFECTORAL

200. Déféré préfectoral contre le contrat de délégation. Le préfet peut déférer le contrat lui-même au tribunal administratif dans l'exercice de son contrôle de légalité. • CE 15 avr. 1996, *Préfet des Bouches-du-Rhône*, n° 168325 : *préc. note 64.* ♦ V. aussi notes ss. art. L. 1411-9.

201. Recours de pleine juridiction. Eu égard à son objet, un déféré préfectoral formé à l'encontre d'un contrat relève du contentieux de pleine juridiction. C'est le cas d'un recours tendant à l'annulation d'un marché public passé par un EPCI. • CE 23 déc. 2011, *Min. de l'Intérieur, de l'Outre-mer, des Collectivités territoriales et de l'Immigration*, nos 348647 et 348648 B : *AJDA 2012. 5 ; ibid. 1065, note Quyollet ; RFDA 2012. 693, note Delvolvé ; RGCT 2012. 195, note Fiorentino.* ♦ En conséquence de ce changement de jurisprudence, il appartient au juge, lorsqu'il constate l'existence de vices entachant la validité du contrat, d'en apprécier les conséquences : il lui revient, après avoir pris en considération la nature de l'illégalité éventuellement commise, soit de prononcer la résiliation du contrat ou de modifier certaines de ses clauses, soit de décider de la poursuite de son exécution, éventuellement sous réserve de mesures de régularisation par la collectivité contractante, soit enfin, après avoir vérifié l'annulation du contrat ne porterait pas une atteinte excessive à l'intérêt général et aux droits des cocontractants, d'annuler, totalement ou partiellement, le cas échéant avec un effet différé, le contrat. • Même arrêt. ♦ En l'espèce, les autorités locales n'avaient pas compétence pour prendre des décisions qui excédaient la gestion des affaires courantes, le marché est donc annulé pour ce motif mais il y a lieu de décider que l'annulation ne prendra effet qu'à l'expiration d'un délai de trois mois, s'il n'a pas été procédé, entre-temps, à la régularisation du marché en adoptant une délibération régulière. • Même arrêt. ♦ De même, l'irrégularité tenant à une information insuffisante du conseil communautaire affecte nécessairement le consentement de ce dernier et entraîne l'annulation de la convention à moins que le conseil ne la régularise en adoptant une nouvelle délibération régulière avant une date déterminée. • CE 4 juill. 2012, *Cté d'agglomération de Chartres Métropole*, n° 352417 B : *AJDA 2012. 1376 ; BJCP 2012. 426, concl. Boulouis, obs R.S ; ACCP 2012, n° 127, note Guellier et Boda ; JCP Adm. 2012. 2388, note Vila ; DGCT 2013, n° 13, obs. Douence.*

202. Demande de suspension relevant du contentieux de pleine juridiction. Le juge des référés doit, comme le juge du fond, prendre en considération la nature de l'illégalité commise pour se prononcer sur la demande de suspension dont est assorti le déféré car cette illégalité n'affecte pas nécessairement la validité du contrat. • CE 9 mai 2012, *Synd. dptal des ordures ménagères de l'Aude*, n° 355665 : *RDI 2012. 403, obs. Noguellou ; AJDA 2012. 1688, note Martin ; BJCL 2012. 511, concl. Dacosta ; RFDA 2012. 693, note Delvolvé ; JCP Adm. 2012. 2291, note Pontier ; DGCT 2013, n° 12, obs. Douence.* ♦ La demande de suspension est rejetée car le préfet a pu exercer son contrôle de légalité, la délibération d'approbation ayant été transmise après la signature du contrat mais avant la transmission de ce contrat. • Même arrêt.

3° CONTENTIEUX DES CLAUSES RÉGLEMENTAIRES DU CONTRAT

203. Clauses réglementaires du contrat. Les dispositions d'un contrat fixant les conditions de dépôt des ordures ménagères par les usagers du service public confié à une entreprise privée ont un caractère réglementaire. Elles peuvent, par suite, être contestées devant le juge de l'excès de pouvoir. • CE, ass., 10 juill. 1996, *Cayzeele*, n° 138536 : *Lebon 274 ; CJEG 1996. 382, note Terneyre ; AJDA 1996. 807, chron. Chauvaux et Girardot ; LPA 18 déc. 1996, note Viviano.*

204. Divisibilité. Les clauses réglementaires d'un contrat sont par nature divisibles de l'ensemble du contrat (à propos d'un avenant à un contrat de concession autoroutière ; rejet en l'espèce). • CE, sect., 8 avr. 2009, *Assoc. Alcaly et a.*, n° 290604 : *Lebon 112 ; BJCP 2009. 276, concl. Boulouis, obs. Terneyre ; RFDA 2009. 463, concl. Boulouis*. Par suite, les clauses relatives à la tarification des services de distribution d'eau potable et d'assainissement, qui définissent de manière substantielle la rémunération de fermier, peuvent être contestées devant le juge de l'excès de pouvoir (rejet au fond). • CE 31 juill. 2009, *Sté Les Sables d'or*, n° 303876 : *BJCP 2009. 502 ; AJDA 2010. 895, note Subra de Bieusses*.

205. Les tiers usagers d'un service public délégué ne peuvent contester par voie d'exception devant le juge judiciaire la validité d'un contrat de délégation (en l'espèce sur le moyen que le contrat a été signé avant la transmission de la délibération l'y autorisant). Ils ne peuvent contester que la seule validité des clauses réglementaires du contrat (et notamment les clauses tarifaires). • Civ. 1re, 6 févr. 2001, n° 99-11996.

4° RECOURS DE PLEINE JURIDICTION DU CONCURRENT ÉVINCÉ

206. Tout concurrent évincé de la conclusion d'un contrat administratif est recevable à former devant le juge du contrat un recours de pleine juridiction contestant la validité de ce contrat ou des clauses qui en sont divisibles ; ce recours doit être exercé dans un délai de deux mois à compter de l'accomplissement des mesures de publicité appropriées (notamment au moyen d'un avis mentionnant la conclusion du contrat et les modalités de sa consultation). Disposant de ce recours, le candidat évincé n'est plus recevable à demander l'annulation pour excès de pouvoir des actes préalables qui en sont détachables. Le juge dispose des pouvoirs les plus larges pour tirer les conséquences de l'illégalité éventuellement commise. • CE, ass., 16 juill. 2007, *Sté Tropic Travaux Signalisation*, n° 291545 : *Lebon 360, concl. Casas ; BJCP 2008. 391, concl. Casas, obs. Maugüé, Schwartz et Terneyre ; AJDA 2007, n° 142, note Cossalter ; RFDA 2007. 696, concl. Casas ; ibid. 917, art. Moderne ; ibid. 923, art. Pouyaud ; ibid. 935, art. Caredo-Paris*. ♦ ***Ouverture du recours Tropic aux tiers.*** Indépendamment des actions dont disposent les parties à un contrat administratif et des actions ouvertes devant le juge de l'excès de pouvoir contre les clauses réglementaires d'un contrat ou devant le juge du référé contractuel sur le fondement des art. L. 551-13 s. CJA, tout tiers à un contrat administratif susceptible d'être lésé dans ses intérêts de façon suffisamment directe et certaine par sa passation ou ses clauses est recevable à former devant le juge du contrat un recours de pleine juridiction contestant la validité du contrat ou de certaines de ses clauses non réglementaires qui en sont divisibles. Cette action est également ouverte aux membres de l'organe délibérant de la collectivité territoriale ou du groupement de collectivités territoriales concerné ainsi qu'au représentant de l'État dans le département dans l'exercice du contrôle de légalité. Les requérants peuvent éventuellement assortir leur recours d'une demande de suspension de l'exécution du contrat. Ce recours doit être exercé, y compris si le contrat contesté est relatif à des travaux publics, dans un délai de deux mois à compter de l'accomplissement des mesures de publicité appropriées, notamment au moyen d'un avis mentionnant à la fois la conclusion du contrat et les modalités de sa consultation dans le respect des secrets protégés par la loi. La légalité du choix du cocontractant, de la délibération autorisant la conclusion du contrat et de la décision de le signer, ne peut être contestée qu'à l'occasion du recours ainsi défini. Toutefois, dans le cadre du contrôle de légalité, le représentant de l'État dans le département est recevable à contester la légalité de ces actes devant le juge de l'excès de pouvoir jusqu'à la conclusion du contrat, date à laquelle les recours déjà engagés et non encore jugés perdent leur objet. Le préfet et les membres de l'organe délibérant, compte tenu des intérêts dont ils ont la charge, peuvent invoquer tout moyen à l'appui de leur recours contrairement aux autres tiers qui ne peuvent invoquer que des vices en rapport direct avec l'intérêt lésé dont ils se prévalent ou ceux d'une gravité telle que le juge devrait les relever d'office. • CE, ass., 4 avr. 2014, *Dpt de Tarn-et-Garonne*, n° 358994 : *Lebon ; AJCT 2014. 375, obs. Dyens ; RFDA 2014. 425, concl. Dacosta ; ibid. 438, note Delvolvé ; AJDA 2014. 945, tribune Braconnier ; ibid. 1035, chron. Bretonneau et Lessi ; RDI 2014. 344, obs. Braconnier ; D. 2014. 1179, note Gaudemet et Dizier ; JCP Adm. 2014. Actu. 325, note Touzeil-Divina ; ibid. n°s 2152 et 2153, notes Sestier et Hul ; RJEP juill. 2014. 14, note Lafaix ; Rev. CMP 2014. Repère 5, note Llorens et Soler-Couteaux ; ibid. Étude 5, note Rees ; Dr. Adm. 2014, n° 36, note Brenet.*

207. La qualité de concurrent évincé est reconnue à tout requérant qui aurait eu intérêt à conclure le contrat, alors même qu'il n'aurait pas présenté de candidature, qu'il n'aurait pas été admis à présenter une offre ou qu'il aurait présenté une offre inappropriée, irrégulière ou inacceptable. À l'appui de son recours, mais aussi de conclusions indemnitaires accessoires ou complémentaires, il peut invoquer tout moyen, sans qu'il soit nécessaire que les vices auxquels ces moyens se rapportent aient été susceptibles de le léser. • CE, avis cont., 11 avr. 2012, *Sté Gouelle*, n° 355446 : *Lebon 148 ; AJDA 2012. 1109, note Cassia ; BJCP 2012. 387, concl. Boulouis, obs. Ch. M. ; Dr. adm. 2012, n° 64, note Brenet.*

208. Conditions d'indemnisation d'un candidat irrégulièrement évincé de l'attribution d'un contrat public. Le juge vérifie d'abord si le candidat était ou non dépourvu de toute chance de remporter le contrat : dans l'affirmative, il n'a droit à aucune indemnité ; dans la négative, il a droit en principe au remboursement des frais qu'il a engagés pour présenter son offre. Le juge recherche ensuite si le candidat avait des chances sérieuses de remporter le contrat conclu avec un autre candidat : dans ce cas, il a droit à être indemnisé de son manque à gagner (et nécessairement des frais de présentation de l'offre) ; en revanche, il ne peut être indemnisé du manque à gagner si la personne publique a renoncé à conclure le contrat pour un motif d'intérêt général. • CE 19 déc. 2012, *M. Simon*, n° 355139 : *AJDA 2013. 5, note Poupeau ; DGCT 2013, n° 59, obs. Douence ; JCP Adm. 2013, n° 2100, concl. Dacosta ; BJCP 2013. 198, concl. Dacosta, obs. Ch. M.*

5° *RÉFÉRÉ CONTRACTUEL*

209. **BIBL.** Capitant, La réforme du contentieux de la passation des contrats de commande publique, *RLCT 2009, n° 1391*. – Clerc, Référé contractuel et recours en contestation de validité du contrat : superposition ou substitution, *JCP Adm. 2010, n° 2082*. – Lafaix, La systématisation inachevée du contentieux de la commande publique, *CMP 2009, étude n° 8*. – Bardon et Simonnet, Le référé contractuel. Premières précisions jurisprudentielles, *Dr. adm. 2010, n° 22*.

210. L'ordonnance n° 2009-515, du 7 mai 2009, relative aux procédures de recours applicables aux contrats de la commande publique *(JO 8 mai 2009, p. 7796)*, transpose la directive « recours » 2007/66/CE du 11 déc. 2007. Elle crée un « référé contractuel », applicable notamment aux délégations de service public (CJA, art. L. 551-13 s. pour les contrats administratifs).

211. Sont seuls recevables à saisir le juge des référés contractuels d'une demande dirigée contre une délégation de service public, outre le préfet, les candidats qui n'ont pas engagé un référé précontractuel lorsque le pouvoir adjudicateur ou l'entité adjudicatrice n'a pas rendu publique son intention de conclure le contrat dans les conditions prévues par l'art. R. 1411-2-1 ou n'a pas observé, avant de la signer, le délai d'au moins onze jours prévu par cet article, ainsi que les candidats qui ont engagé un référé précontractuel lorsque le pouvoir adjudicateur ou l'entité adjudicatrice n'a pas respecté l'obligation de suspendre la signature du contrat ou ne s'est pas conformé à la décision juridictionnelle rendue sur ce référé. • CE 25 oct. 2013, *Cne de la Seyne-sur-Mer*, n° 370393 : *Lebon. T. 704 ; AJCT 2014. 112, obs. Hul*. ♦ Les requérants ne peuvent utilement invoquer que les manquements de l'autorité délégante à ses obligations de publicité, seul le 1er alinéa de l'art. L. 551-18 CJA étant applicable aux délégations de service public. Rejet de la demande pour ce motif. • Même arrêt.

6° RÉPARTITION DES COMPÉTENCES ENTRE LES DEUX ORDRES DE JURIDICTION

212. Sur question préjudicielle renvoyée par le juge judiciaire, le tribunal administratif et, en appel, le Conseil d'État (en application de l'art. R. 321-1 CJA) se prononcent sur la validité d'un contrat d'affermage de distribution d'eau et ses avenants (solution au fond caduque aujourd'hui). • CE 29 juill. 2002, *Synd. des eaux de Basse-Ardèche et Sté SAUR France*, n°s 227419 et 227420 : *BJCP 2002. 492.* ♦ Réciproquement, le juge judiciaire ne peut juger que la délégation de la gestion d'une chambre mortuaire par un établissement de santé à une entreprise privée de pompes funèbres est en elle-même constitutive de concurrence déloyale car il excède ses pouvoirs en appréciant la validité de la convention. • Com. 11 févr. 2003, *Omnium de gestion et financement c/ Moralis*, n° 00-16.935.

213. Sur question préjudicielle renvoyée par le juge judiciaire, à l'occasion d'un litige sur le montant de la redevance due par un usager, le juge administratif peut être saisi de l'interprétation de dispositions du cahier des charges du service d'assainissement. • CE 29 janv. 2003, *Sté d'équipement et d'entretien des réseaux communaux*, n° 246879.

D. RESPONSABILITÉ

214. Dommages causés aux tiers dans le cadre d'un affermage. En cas de délégation limitée à la seule exploitation de l'ouvrage (cas de l'affermage), la responsabilité des dommages imputables à son fonctionnement relève du délégataire, sauf stipulations contractuelles contraires, alors que celle résultant de dommages imputables à son existence, à sa nature et son dimensionnement appartient à la personne publique délégante. • CE 26 nov. 2007, *M. Migliore*, n° 279302 B : *AJDA 2008. 210, note Dreyfus* ; *BJCP 2008. 113, concl. Casas, obs. R.S.* ♦ En l'espèce, les dommages causés à la pharmacie du requérant par des inondations répétées sont en partie imputables à l'insuffisance de capacité du réseau d'eaux pluviales et engagent la responsabilité de la communauté urbaine propriétaire de l'ouvrage et délégante du service à hauteur de 50 %. Le défaut d'entretien de l'ouvrage par l'exploitant est aussi à l'origine des dommages. • Même arrêt. ♦ Le Conseil d'État ajoute qu'en cas de concession de service public, les tiers ne peuvent rechercher que la responsabilité du concessionnaire, sauf insolvabilité de ce dernier, que les dommages soient imputables à l'existence ou au fonctionnement de l'ouvrage. • Même arrêt.

215. Responsabilité d'une association participant à une mission d'intérêt général. Par convention (conclue en 1987) l'association Aéroclub d'Orange-Plan-de-Dieu participe à des opération de guet aérien et de secours contre les incendies. Elle participe au service de lutte contre l'incendie qui constitue une mission d'intérêt général ; mais aucune prérogative de puissance publique ne lui a été conférée par la convention, une loi ou un règlement pour l'exécution de la mission qui lui a été confiée ; les litiges mettant en cause sa responsabilité relèvent donc du juge judiciaire. • T. confl. 20 févr. 2008, *M. Peney c/ Assoc. Aéroclub d'Orange-Plan-de-Dieu*, n° C3591 : *AJDA 2008. 949* .

216. Responsabilité du concédant envers le concessionnaire. Lorsqu'un concessionnaire demande une indemnisation à la collectivité concédante du fait d'activités concurrentes organisées par cette dernière, le juge doit rechercher si la collectivité a méconnu les stipulations du contrat ou empêché le concessionnaire de poursuivre ses activités et donc de remplir ses propres obligations contractuelles. • CE 10 oct. 2007, *Sté SPS Tarbes*, n° 255213 : *BJCP 2007. 487, concl. Casas, obs. R.S. ; RLCT 2008. 29, note Glaser ; ACL 2008, n° 24.* ♦ Il n'y a donc pas de principe général de protection du concessionnaire contre la concurrence par le concédant qui serait indépendant de toute clause contractuelle (à propos de la concurrence faite aux parcs de stationnement concédés par les places de stationnement gérées par la ville). • Même arrêt.

217. Un délégataire condamné par le juge judiciaire à indemniser les usagers du service pour le préjudice qu'ils ont subi peut rechercher la responsabilité de la commune délégante devant le juge administratif, juge du contrat de droit public. • CE 5 juin 2009, *Cne de Richardménil*, n° 295837 : *BJCP 2009. 289, concl. Dacosta, obs. R. S.* ♦ En l'espèce, les travaux nécessaires pour assurer la qualité des eaux incombaient à la commune en vertu du contrat d'affermage. • Même arrêt.

218. Conséquences de la nullité du contrat. Le cocontractant est fondé à réclamer en tout état de cause le remboursement de celles de ses dépenses qui ont été utiles à la collectivité ; dans le cas où la nullité du contrat résulte d'une faute de l'administration, il peut en outre prétendre à la réparation du dommage imputable à cette faute. Par ailleurs, si le juge soulève d'office la nullité d'un contrat, un litige engagé sur le terrain de la responsabilité contractuelle peut être poursuivi en invoquant, y compris pour la première fois en appel, des moyens tirés de l'enrichissement sans cause ou de la faute consistant à avoir passé un contrat nul (bien que ces moyens reposent sur des causes juridiques nouvelles). • CE, sect., 20 oct. 2000, *Sté Citécable Est*, n° 196553 : *RFDA 2001. 359, concl. Savoie* ; *ACL 2001, n°s 32 et 57.* ♦ Pour une autre application conduisant aussi à un rejet : • CAA Marseille, 30 avr. 2003, *Cie gén. de stationnement c/ Ville de Toulon*, n° 99MA1946 : *BJCP 2004. 26, concl. Trottier, note R. S. ; AJDA 2003. 1659, note Dreyfus* . • 26 juin 2003, *Cie* *gén. de stationnement c/ Ville de Toulon,* n° 99MA1920 : *préc. note 38.*

219. Indemnisation du délégataire du fait d'une déclaration de nullité de la convention. Le cocontractant peut prétendre sur un terrain quasi-contractuel, sur le fondement de l'enrichissement sans cause, au remboursement de celles de ses dépenses qui ont été utiles à la collectivité ; cela comprend, s'agissant d'une délégation, les dépenses d'investissement relatives aux biens nécessaires à l'exploitation, à leur valeur non amortie à la date du retour de ces biens au délégant, ainsi que le déficit d'exploitation éventuel, s'il était nécessaire à la bonne exécution du service et équivalent à ce qu'aurait supporté le délégant. • CE 7 déc. 2012, *Cne de Castres,* n° 351752 : *ACCP 2013. 13 ; AJCT 2013. 248, obs. Marchand ; BJCP 2013. 130, obs. Dourlens et R. de Moustier ; Dr. Adm. 2013. 21, note Vila.* ♦ Si la nullité est due à une faute de l'administration et sous réserve d'un partage de responsabilité découlant le cas échéant de ses propres fautes, le délégataire peut prétendre à la réparation du dommage imputable à la faute de l'administration ; cela comprend les autres dépenses exposées pour l'exécution du contrat et les gains dont il a été effectivement privé ; toutefois, l'indemnité ne doit pas lui assurer une rémunération supérieure à celle que l'exécution du contrat lui aurait procuré. • Même arrêt. ♦ Les frais financiers exposés pour financer le déficit d'exploitation pendant la période d'application de la convention sont à inclure dans l'indemnité. • Même arrêt.

Art. L. 1411-2 (*Abrogé par Ord. n° 2016-65 du 29 janv. 2016, art. 77*) ***Les conventions de délégation de service public doivent être limitées dans leur durée. Celle-ci est déterminée par la collectivité en fonction des prestations demandées au délégataire. Lorsque les installations sont à la charge du délégataire, la convention de délégation tient compte, pour la détermination de sa durée, de la nature et du montant de l'investissement à réaliser et ne peut dans ce cas dépasser la durée normale d'amortissement des installations mises en œuvre.*** (*L. n° 2009-179 du 17 févr. 2009, art. 21*) ***« Le délégataire peut également être autorisé, avec l'accord expressément formulé de la personne morale de droit public, à conclure des baux ou droits d'une durée excédant celle de la convention de délégation de service public. Les autorisations données par la personne morale de droit public, ainsi que les baux et droits réels qui en résultent, constituent des accessoires à la convention de délégation de service public et sont, à l'issue de la durée de la convention de délégation de service public, transférés à la personne morale de droit public. » Dans le domaine de l'eau potable, de l'assainissement, des ordures ménagères et autres déchets, les délégations de service public ne peuvent avoir une durée supérieure à vingt ans sauf examen préalable par le*** (*Ord. n° 2010-420 du 27 avr. 2010, art. 109*) ***« directeur départemental des finances publiques », à l'initiative de l'autorité délégante, des justificatifs de dépassement de cette durée. Les conclusions de cet examen sont communiquées aux membres de l'assemblée délibérante compétente avant toute délibération relative à la délégation.***

Une délégation de service ne peut être prolongée que :

a) Pour des motifs d'intérêt général. La durée de la prolongation ne peut alors excéder un an ;

(*L. n° 2010-788 du 12 juill. 2010, art. 85*) ***« b) Lorsque le délégataire est contraint, à la demande du délégant, de réaliser des investissements matériels non prévus au contrat initial de nature à modifier l'économie générale de la délégation et qui ne pourraient être amortis pendant la durée de la convention restant à courir que par une augmentation de prix manifestement excessive.***

« Ces dispositions s'appliquent lorsque les investissements matériels sont motivés par :

« — la bonne exécution du service public ;

« — l'extension du champ géographique de la délégation ;

« — l'utilisation nouvelle ou accrue d'énergies renouvelables ou de récupération, si la durée de la convention restant à courir avant son terme est supérieure à trois ans ;

« — la réalisation d'une opération pilote d'injection et de stockage de dioxyde de carbone, à la condition que la prolongation n'excède pas la durée restant à courir de l'autorisation d'injection et de stockage. »

La prolongation mentionnée au a ou au b ne peut intervenir qu'après un vote de l'assemblée délibérante.

Les conventions de délégation de service public ne peuvent contenir de clauses par lesquelles le délégataire prend à sa charge l'exécution de services ou de paiements étrangers à l'objet de la délégation.

Les montants et les modes de calcul des droits d'entrée et des redevances versées par le délégataire à la collectivité délégante doivent être justifiés dans ces conventions. Le versement par

le délégataire de droits d'entrée à la collectivité délégante est interdit quand la délégation concerne l'eau potable, l'assainissement ou les ordures ménagères et autres déchets.

La convention stipule les tarifs à la charge des usagers et précise l'incidence sur ces tarifs des paramètres ou indices qui déterminent leur évolution.

Les modalités d'application du présent article sont fixées, en tant que de besoin, par décret en Conseil d'État.

BIBL. ▶ Cossalter, Les concessions à durée endogène, *Dr. adm. mai 2006, nº 9.* – Devès, Les droits d'entrée, *AJDA 1996. 631* . – Nicinski, L'arrêt commune d'Olivet et les distributeurs d'eau, *AJDA 2009. 1747* . – Pintat et Mestre, Le rôle des clauses de rendez-vous dans les DSP, *ACCP 2013, p. 68.* – Sur-Le Liboux, Le prix et les services, *AJDA 1996. 642* .

COMMENTAIRE

V. dans le supplément en ligne.

PLAN DES ANNOTATIONS

I. IDENTIFICATION

1. Les contrats relatifs à la construction d'un ouvrage conclus avec des entreprises par un concessionnaire de service public, personne morale de droit privé agissant pour son compte, ne sont pas des marchés de travaux publics mais des contrats de droit privé, relevant du juge judiciaire. • T. confl. 9 juill. 2012, *Cie des eaux et de l'ozone c/ Sté Sogéa et a.*, nº 3834 : *AJDA 2012. 1433* .

2. L'art. L. 1411-2 ne fait pas obstacle à ce qu'une convention de délégation de service public mette à la charge du cocontractant des prestations accessoires dès lors qu'elles présentent un caractère complémentaire à l'objet de la délégation (le soin, confié au délégataire, de s'assurer du bon fonctionnement et de l'exploitabilité d'équipements en usage dans le réseau de transport de l'agglomération présente un caractère complémentaire et accessoire à l'exploitation des services de transport urbain et de stationnement). • CE 21 sept. 2016, *Cté urb. du Grand Dijon*, nº 399656 : *Lebon ; AJDA 2017. 359, note Douence ; AJCT 2017. 47, obs. Grimaud et Villemagne ; AJ Contrat 2016. 494, obs. Lepron* .

II. RÉGIME

A. RÉGIME GÉNÉRAL DES CONTRATS ADMINISTRATIFS

3. BIBL. Éckert, Les pouvoirs de l'administration dans l'exécution du contrat et la théorie générale des contrats administratifs, *Contrats et Marchés publ. 2010, nº 10. Étude 9.* – Clouzot, La théorie de l'imprévision en droit des contrats administratifs, *RFDA 2010. 937* . – Fatôme et Terneyre, Le statut des biens des DSP, *AJDA 2013. 724* .

4. En vertu des règles générales applicables aux contrats administratifs, la personne publique peut apporter unilatéralement dans l'intérêt général des modifications à ses contrats. L'autorité organisatrice des transports peut ainsi, en cours de contrat, apporter unilatéralement des modifications à la consistance des services et à leurs modalités d'exploitation, le cocontractant, tenu de respecter ses obligations contractuelles ainsi modifiées, ayant droit à l'équilibre financier de son contrat. • CE 27 oct. 2010, *Synd. Intercommunal de Cannes-Le Cannet-Mandelieu-La Napoule*, nº 318617 B : *BJCP 2010. 417, concl. Dacosta, obs. M. ; Dr. adm. 2011, nº 3, note Brenet.* ♦ La société délégataire a continué à assurer la desserte de la ligne de transport dont elle avait la charge en refusant de prendre en compte la nouvelle organisation du service public fixée par le syndicat ; elle n'établit pas que les modifications ainsi décidées auraient conduit à bouleverser l'économie du contrat ; elle a, dans ces conditions, commis une faute de nature à justifier la résiliation de la convention. • Même arrêt.

5. Lorsque l'administration ne peut user de moyens de contrainte à l'encontre de son cocontractant qu'en vertu d'une décision juridictionnelle, le juge du contrat peut prononcer à l'encontre du cocontractant une condamnation à une obligation de faire, éventuellement sous astreinte ; en cas d'urgence, le juge des référés peut de même ordonner toutes mesures utiles au sens de l'art. L. 521-3 CJA. • CE 5 juill. 2013, *Sté Véolia Transports Valenciennes Transvilles*, n° 367760 : *AJDA 2013. 2454, note Schultz*. ♦ Les mesures que le juge peut ordonner pour assurer la continuité du service public ou son bon fonctionnement ne sont pas seulement celles qui découlent des obligations prévues dans le contrat initial mais aussi celles qui résultent de l'exercice par l'administration de son pouvoir de modification unilatéral. • Même arrêt. ♦ Il s'agissait en l'espèce de substituer des rames de tramways au système de trolleybus initialement prévu pour une future seconde ligne de transport. • Même arrêt.

B. DURÉE DU CONTRAT

6. Il est loisible au législateur, pour atteindre les objectifs de transparence et de concurrence qu'il s'assigne, de proscrire la conclusion de contrats de délégation de service public à durée indéterminée et d'indiquer que la durée des conventions doit tenir compte de la nature et du montant des investissements à réaliser par le délégataire ; s'il a précisé à cette fin que la durée de la concession ne devait pas excéder la durée normale d'amortissement du bien, il a laissé ainsi sous le contrôle du juge une marge d'appréciation suffisante aux collectivités concernées pour la négociation des contrats dans chaque cas d'espèce, eu égard à la multiplicité des modes de calcul d'amortissement ainsi qu'à la diversité et à la complexité des installations susceptibles d'être concernées. • Cons. const. 20 janv. 1993, n° 92-316 DC : *Rec. Cons. const. 14 ; RFDA 1993. 902, note Pouyaud ; LPA 2 juin 1993, note Mathieu et Verpeaux ; RFD const. 1993. 375, note Favoreu et a.* ♦ En renvoyant à un décret en Conseil d'État, le législateur n'entendait pas permettre à l'autorité réglementaire de définir par des règles de portée générale la durée normale d'amortissement ; sous réserve de cette interprétation, cette disposition n'est pas contraire à la Constitution. • Même décision.

7. Durée limitée. L'art. L. 1411-2 n'interdit pas par principe qu'elle puisse être inférieure à celle de l'amortissement des investissements réalisés et ne fait pas obstacle au droit du délégataire d'être indemnisé à hauteur des investissements non amortis à l'issue du contrat ; le contrat peut également prévoir le montant de l'indemnisation due à ce titre. • CE 4 juill. 2012, *Cté d'agglomération de Chartres Métropole*, n° 352417 B : *AJDA 2012. 1376 ; BJCP 2012. 426, concl. Boulouis, obs. R.S ; ACCP 2012, n° 127, note Guellier et Boda ; JCP Adm. 2012. 2388, note Vila ; Dr. adm. 2013, n° 6, note Marchand ; DGCT 2013, n° 13, obs. Douence.*

8. Durée normale d'amortissement. Elle ne saurait se réduire par principe à la durée comptable mais elle résulte d'un équilibre global entre différents éléments, tels que la durée normalement attendue pour couvrir les charges d'exploitation et d'investissement, compte tenu des contraintes d'exploitation liées à la nature du service et des exigences du délégant ainsi que de la précision des tarifs payés par les usagers. • CE 11 août 2009, *Sté Maison Comba*, n° 303517 B : *BJCP 2009. 470, concl. Dacosta, obs. Ch. M. ; JCP Adm. 2009, n° 2261, note Vila ; RLCT 2009, n° 1490, note Aubin ; RJEP févr. 2010, n° 8, note Brenet ; AJDA 2010. 954, note Subra de Bieusses ; DGCT 2010. Chron. n° 27.* ♦ En l'espèce, la durée de trente ans prévue pour la délégation d'un service de crémation n'est pas excessive. • Même arrêt.

9. Contrôle de l'erreur manifeste d'appréciation. Eu égard à la nature du service, la durée de six ans stipulée par la ville de Bordeaux et la société des pompes funèbres générales n'est pas entachée d'erreur manifeste d'appréciation. • CE 22 nov. 1997, *Sté BC*, n° 116416. ♦ En l'absence d'investissements à réaliser par le délégataire, la durée de douze ans retenue par un contrat de délégation relatif à un centre nautique communal ne constitue pas une erreur manifeste d'appréciation, lorsqu'il ressort des pièces du dossier que l'équilibre économique et financier du service ne sera probablement atteint qu'entre la dixième et la douzième année. • TA Grenoble, 8 nov. 2002, *Préfet de Haute-Savoie*, n° 01-1423 : *BJCP 2003. 147, concl. Jayet, obs. J.-F. S.*

10. Est entachée d'erreur manifeste d'appréciation la délibération fixant à trente ans, par périodes de cinq ans renouvelables par tacite reconduction, la durée d'une convention d'exploitation d'un parc de stationnement, alors que le délégataire n'a aucun investissement à réaliser ni par suite aucune installation à amortir. • TA Lille, 23 févr. 1995, *Préfet du Nord : RFDA 1996. 423, concl. Boulay*.

11. Domaine de l'eau potable, de l'assainissement, des ordures ménagères et autres déchets. Dans ce domaine, les contrats ne peuvent avoir une durée supérieure à vingt ans sauf examen préalable par le trésorier-payeur général. Cet examen ne porte ni sur l'opportunité de l'acte (qui relève de l'assemblée délibérante) ni sur sa légalité (qui relève du contrôle du préfet) mais il apporte des éléments d'analyse et formule un avis dans son rôle d'expert économique et financier. * Circ. du min. du Budget, 10 mai 1995 : *JO 12 mai, p. 8019.* ♦ La prolongation par avenant d'un contrat conclu avant l'entrée en vigueur de cette disposition (L. 2 févr. 1995) et ayant pour effet de donner au contrat une durée supérieure à vingt ans suppose l'examen préalable du trésorier-payeur général, aux termes d'un avis du CE du 20 févr. 1996. * Rép. min. n° 33799 : *JOAN Q, 1er avr. 1996, p. 1778 ; Dr. adm. 1996, n° 204.* – V. • CE, avis adm., 20 févr. 1996, n° 358595 : *Rapport public CE 1996, p. 334.* ♦ Le TPG n'a pas à être consulté avant la délibération relative au principe de la délégation. • CE 4 juill. 2012, *FARE Sud*, n° 350752 : *AJDA 2012. 1376 ; JCP Adm. 2012. 2280, note Pauliat.*

12. Point de départ de la délégation. Le contrat de concession d'un parc de stationnement souterrain peut valablement avoir une durée de 32 ans car le point de départ de la durée normale de 30 ans pour l'amortissement commence à la date d'achèvement des investissements et de mise en service de l'ouvrage ; il convient donc d'ajouter le temps nécessaire à la réalisation de ces investissements, soit deux ans supplémentaires. • CE 8 févr. 2010, *Cne de Chartres*, n° 323158 B : *JCP Adm. 2010, n° 2146, note Vila ; Rev. CMP, 2010, n° 147, note Eckert ; Dr. adm. 2010, n° 53 ; BJCP 2010. 208, concl. Dacosta, obs. R.S. ; DGCT 2011, n° 49, obs. Douence.*

13. Application de la loi Sapin aux contrats conclus avant son entrée en vigueur. La loi de 1993 répond à un impératif d'ordre public qui garantit, par une remise en concurrence périodique, la liberté d'accès des opérateurs économiques aux contrats et la transparence des procédures de passation. Ce motif d'intérêt général n'entraîne pas la nullité des contrats conclus avant l'entrée en vigueur de la loi pour des durées incompatibles avec ses dispositions ; il ne contraint pas non plus les parties à modifier la durée de ces contrats. Il implique en revanche que les clauses qui auraient pour effet de permettre l'exécution du contrat pour une durée restant à courir, à compter de la date d'entrée en vigueur de la loi, excédant la durée maximale autorisée par la loi, ne peuvent plus être régulièrement mises en œuvre au-delà de la date à laquelle cette durée maximale est atteinte. • CE, ass., 8 avr. 2009, *Cie gén. des eaux, Cne d'Olivet*, n° 271737 : *Lebon 116, concl. Geffray ; Dr. adm. 2009, n° 85, note Melleray ; AJDA 2009. 1090, chron. Lieber et Botteghi ; BJCP 2009. 287, concl. Geffray, obs. Terneyre ; RFDA 2009. 449, concl. Geffray ; RLCT 2009, n° 1454, note Glaser.* ♦ Il appartient au juge de s'assurer qu'un contrat conclu avant l'entrée en vigueur de la loi n'a pas cessé de pouvoir être régulièrement exécuté. • Même arrêt. ♦ En l'espèce un traité de concession du service de distribution d'eau potable de 1933 pouvait continuer à être régulièrement exécuté à la date de la délibération attaquée (c'est-à-dire en 1997). • Même arrêt. ♦ V. aussi : Le Chatelier, Où en est la mise en œuvre de la jurisprudence commune d'Olivet ?, *AJDA 2013. 1092.*

14. Casinos. En application de l'art. 2 de la loi du 15 juin 1907 réglementant le jeu dans les cercles et les casinos [V. désormais **CSI**, art. L. 321-2], l'arrêté du 9 mai 1997 du ministre de l'Intérieur et du ministre chargé du Budget a disposé que la durée du cahier des charges d'un contrat de délégation relatif à un casino ne pouvait excéder dix-huit ans. – V. cet arrêté au *JO* du 31 mai, p. 8501.

15. La règle spéciale ainsi édictée par les délégations de service public consenties à l'exploitant d'un casino se combine, sans les méconnaître, avec les dispositions générales issues de la loi du 29 janv. 1993. Les ministres n'ont ni excédé les limites de la compétence qui leur est attribuée, ni méconnu les exigences de la libre administration des collectivités territoriales. • CE 3 oct. 2003, *Cne de Ramatuelle*, n° 248523 B : *BJCP 2004. 50, concl. Mitjavile, obs. R.S. ; ACL 2004, n° 56.*

16. Une convention confiant un service public d'animation développé autour du casino municipal à la société concessionnaire de l'exploitation des jeux forme avec la concession un ensemble indivisible constitutif d'une unique délégation de service public. • CE 19 mars 2010, *SNC Malortigue*, n° 306192 : *Rev. CMP 2010, n° 225, note Eckert ; DGCT 2013, n° 60, obs. Douence.* ♦ Le juge du fond ne dénature pas la commune intention des parties en estimant qu'elles ont nécessairement institué une clause de résiliation de plein droit en cas de retrait de l'autorisation ministérielle d'exploitation des jeux. • Même arrêt.

17. Information préalable des candidats. La durée de la délégation est l'une des caractéristiques quantitatives dont les candidats doivent obligatoirement être informés préalablement au dépôt de leur offre. L'absence de mention de cette durée dans l'avis d'appel public à concurrence ou dans le cahier des charges (sauf pour une des quatre hypothèses de montage immobilier) entache d'illégalité la délibération autorisant la signature de la délégation. • CAA Marseille, 26 mars 2007, *Cne de Briançon, Sté d'exploitation du casino de Briançon*, n° 04MA00412 : *BJCP 2008. 421.* ♦ L'arrêté interministériel prévoyant une durée maximale de 18 ans pour les concessions de casino ne peut être regardé comme valant indication de la durée que doit déterminer la commune délégante. • Même arrêt.

18. Information suffisante de l'assemblée délibérante. Le conseil communautaire n'a pas été suffisamment informé des motifs et des conséquences du recours à une durée de vingt ans au lieu de la durée de trente ans qui avait servi de base aux négociations et notamment du montant de l'indemnisation des biens non amortis en fin de contrat (près de 17 millions d'euros). Cette omission affecte nécessairement le consentement du conseil et entraîne l'annulation de la convention si le conseil ne la régularise pas en adoptant une nouvelle délibération régulière dans un délai déterminé. • CE 4 juill. 2012, *Cté d'agglomération de Chartres Métropole*, n° 352417 : *préc. note 7.*

19. Clause de tacite reconduction. À propos d'un marché relevant du code des marchés publics de Nouvelle-Calédonie, le Conseil d'État adopte une position de principe. Une clause de tacite reconduction d'un contrat qui, en raison de sa nature et de son montant, ne peut être passé qu'après que les obligations de publicité et de mise en concurrence ont été respectées, a pour objet de permettre la passation d'un nouveau contrat sans que soient respectées de telles obligations ; une telle clause ne peut être que nulle (la solution de fond est aujourd'hui caduque). • CE 29 nov. 2000, *Cne de Païta*, n° 205143 : *Lebon 573 ; Dr. adm. 2001, n° 7 ; AJDA 2001. 101 ; ACL 2001, n° 67.*

20. Tacite reconduction et jurisprudence Commune de Béziers. Contrairement aux premiers juges, le Conseil d'État estime qu'un marché public renouvelé en 2001 puis en 2006 en application d'une clause de tacite reconduction tous les cinq ans présente dans le contrat initialement conclu en 1991 est entaché d'une irrégularité dont la gravité ne permet pas de considérer l'obligation qui découlerait de ce contrat comme non sérieusement contestable. • CE 20 avr. 2011, *Cne de Baie-Mahault*, n° 342850 : *AJDA 2011. 1109, note Grand ; Dr. adm. 2011, n° 57, note Brenet.* ♦ L'application de cette clause manifeste une volonté de faire obstacle aux règles de la concurrence et cette irrégularité doit être considérée comme particulièrement grave. • CE 10 oct. 2012, *Cne de Baie-Mahault*, n° 340647 : *RDI 2012. 622, note Noguellou ; BJCP 2013. 27, concl. Dacosta, obs. S.N.* ♦ Le contrat est mis à l'écart et le litige entre les parties est réglé sur la base de la théorie de l'enrichissement sans cause de la commune. • Même arrêt.

21. Une convention de 1989 entre le département de la Guyane et une société prévoyant la desserte par voie maritime de la région de l'Oyapock est renouvelée annuellement par tacite reconduction jusqu'à sa résiliation en 1997. Les clauses de tacite reconduction contenues dans un contrat de délégation de service public conclu avant la loi de 1993 ne peuvent plus être régulièrement mises en œuvre postérieurement ; le contrat résultant de l'application d'une telle clause présente le caractère d'un nouveau contrat dont la passation est soumise aux règles de publicité et de mise en concurrence imposées par la loi. • CE 23 mai 2011, *Dpt de la Guyane*, n° 314715 : *AJDA 2011. 1564, note Ziani ; DGCT 2012, n° 66, obs. Douence.* ♦ Mais lorsque le juge est saisi d'un litige relatif à l'exécution d'un contrat, les parties à ce contrat ne peuvent invoquer un manquement aux règles de passation, ni le juge le relever d'office, aux fins d'écarter le contrat pour le règlement du litige (sauf exception tenant à la gravité de l'illégalité et aux circonstances dans lesquelles elle a été commise). • Même arrêt. ♦ En l'espèce l'irrégularité (tenant à l'application de la clause de tacite reconduction sans publicité ni mise en concurrence) ne peut être regardée comme un vice d'une gravité telle que le juge doive écarter le contrat. Le litige est donc réglé sur le terrain contractuel : la décision de ne plus verser la subvention prévue par la convention constitue une faute de nature à engager la responsabilité du département. • Même arrêt.

22. Résiliation. En vertu des règles générales applicables aux contrats administratifs, l'autorité concédante peut toujours, pour un motif d'intérêt général, résilier un contrat de concession, sous réserve des droits à indemnité du concessionnaire. • CE 4 mai 2011, *CCI de Nîmes*, n° 334280 : *RDI 2011. 396, note Braconnier*. ♦ L'étendue et les modalités de l'indemnisation peuvent être déterminées par les stipulations du contrat. Toutefois il ne doit pas en résulter, au détriment d'une personne publique, une disproportion manifeste entre l'indemnité et le montant du préjudice. Ce principe découle de l'interdiction faite aux personnes publiques de consentir des libéralités et ne s'applique pas aux personnes privées. • Même arrêt. ♦ La chambre de commerce et d'industrie, concessionnaire du port de plaisance, est un établissement public. Le contrat qu'elle a souscrit ne pouvait dès lors prévoir une indemnisation manifestement disproportionnée par rapport à son préjudice. • Même arrêt.

23. Résiliation unilatérale pour durée excessive. La nécessité de mettre fin à une convention dépassant la durée prévue par la loi constitue un motif d'intérêt général justifiant sa résiliation unilatérale par la personne publique, sans qu'il soit besoin qu'elle saisisse au préalable le juge. La solution se fonde sur l'impératif d'ordre public imposant de garantir, par une remise en concurrence périodique, la liberté d'accès des opérateurs économiques aux contrats de délégation de service public et la transparence des procédures de passation. • CE 7 mai 2013, *Sté auxiliaire de parcs de la région parisienne*, n° 365043 B : *AJCT 2013. 462, obs. Burel ; AJDA 2013. 1271, chron. Domino et Bretonneau ; JCP Adm. 2013. 2297, note Vila.* ♦ En l'espèce, le maire a résilié unilatéralement en 2012 deux conventions de modernisation et d'exploitation de parcs de stationnement conclues en 1996 pour 25 ans. • Même arrêt.

24. Conséquences d'une résiliation. Sans préjudice des dispositions législatives applicables notamment en matière de transfert de contrat de travail, en cas de résiliation d'un contrat portant exécution d'un service public (pour motif d'intérêt général ou pour faute), la personne publique se substitue de plein droit à son ancien cocontractant pour l'exécution des contrats conclus avec les usagers ou avec d'autres tiers pour l'exécution même du service. Cette substitution de plein droit n'emporte pas le transfert des dettes et créances nées de l'exécution antérieure des contrats conclus par l'ancien cocontractant de la personne publique, qu'il s'agisse des contrats conclus avec les usagers du service public ou de ceux conclus avec les autres tiers. • CE, sect., 19 déc. 2014, *Cne de Propriano*, n° 368294 : *Lebon avec les concl. ; AJCT 2015. 209, obs. Lanzarone ; RTD com. 2015. 73, obs. Orsoni ; Rev. CMP 2015, n° 46, note Eckert ; Dr. adm. 2015, n° 20, note Brenet ; JCP Adm. 2015, n° 2081, note Boda et Rohan.* ♦ Toutefois, tel n'est pas le cas si les contrats en cause ne comportent pas d'engagements anormalement pris, c'est-à-dire des engagements qu'une interprétation raisonnable du contrat relatif à l'exécution d'un service public ne permettait pas de prendre au regard notamment de leur objet, de leurs conditions d'exécution ou de leur durée, à moins que, dans ce cas, la personne publique n'ait donné, dans le respect de la réglementation applicable, son accord à leur conclusion. • Même arrêt.

C. PROLONGATION DU CONTRAT

25. En imposant, par surcroît, en toutes circonstances, que ces prolongations ne puissent augmenter de plus d'un tiers la durée initialement prévue sans égard à la diversité et à la complexité des situations susceptibles d'être ainsi affectées, le législateur a imposé sans justification appropriée une contrainte excessive qui est de nature à porter atteinte à la libre administration des collectivités locales. Cette disposition est déclarée non conforme à la Constitution. • Cons. const. 20 janv. 1993, n° 92-316 DC : *préc. note 6.*

26. La notion d'investissements matériels non prévus au contrat initial et dont la réalisation justifie une prolongation du contrat, au sens de la loi du 8 févr. 1995, qui donne une troisième formulation du terme, exclut la réalisation d'études ou de prestations intellectuelles mais englobe l'acquisition de logiciels informatiques et de brevets. – V. Rapport de la commission mixte paritaire : *Doc AN, n° 186 ; Sénat, n° 200.* ♦ V. aussi, dans le même sens : * Rép. min. n° 13236 : *JO Sénat Q, 30 mai 1996 ; Dr. adm. 1996, n° 255 ; Mon. TP 30 août 1996, suppl. textes officiels, p. 194.*

27. Effets de la prolongation. En vertu des règles générales applicables aux contrats administratifs, l'administration peut apporter unilatéralement des modifications à la consistance des services et à leurs modalités d'exploitation ; l'usage de cette prérogative peut entraîner une révision des clauses financières du contrat mais ne peut autoriser l'administration à imposer à son cocontractant des conditions financières auxquelles il n'aurait pas consenti. • CAA Douai, 16 nov. 2006, *Synd. mixte d'exploitation des transports en commun de la Cté urbaine de Lille*, n° 05DA00233 : *BJCP 2007.106, concl. (contr.) Lepers, obs. Ph. T.* ♦ En l'espèce, le syndicat mixte pouvait unilatéralement charger l'exploitant d'assurer la continuité du service public des transports urbains après l'expiration de la convention ; mais il ne pouvait unilatéralement prolonger les conditions financières de la convention, qui s'étaient avérées déficitaires, sans l'accord de son cocontractant ; il doit donc verser une indemnité de près de 8 millions d'euros pour une prolongation d'environ six mois. • Même arrêt.

1° PROLONGATION POUR UN MOTIF D'INTÉRÊT GÉNÉRAL

28. Par une délibération du 30 mai 2000, au début de la saison estivale, une commune peut décider de prolonger temporairement des concessions de plage pour un motif d'intérêt général tiré de la nécessité d'assurer la continuité du service public attaché à la sécurité et à la salubrité de la baignade ainsi qu'au développement de la station balnéaire. • CE 8 juin 2005, *M. Tomaselli, Cne de Ramatuelle*, n°s 255987 B et 256200 B : *BJCP 2005. 381, concl. Boulouis, obs. C.M.* ♦ Il importe peu que l'événement qui a suscité la prolongation des contrats soit une faute de la collectivité, en l'espèce l'illégalité de la délibération approuvant les contrats (sol. impl.). • Même arrêt. ♦ Il n'est pas nécessaire que la commune soit dans l'impossibilité d'assurer le service en régie. • Même arrêt.

29. Une convention provisoire de 7 mois conclue avec le précédent concessionnaire, dès lors qu'elle a pour objet d'assurer la continuité du service public (après l'annulation de la précédente convention), doit être considérée comme une prolongation pour un motif d'intérêt général. • CAA Marseille, 9 avr. 2009, *Cne d'Orange*, n° 07MA02807 : *AJDA 2009. 1418, note Marcovici.*

2° AUTRES CAS DE PROLONGATION

30. Prolongation légale du contrat. La commune a demandé au fermier du service d'assainissement de financer des travaux pour réparer des dégâts dus aux intempéries, à 18 mois de la fin du contrat. L'amortissement sur la durée restante aurait entraîné une hausse des tarifs de 110 %. Le contrat a pu légalement être prolongé de 15 ans. • TA Bastia, 5 oct. 1995, *Préfet de Haute-Corse : cité in Droit des services publics locaux. IV. 130. 3, mise à jour n° 4, Éd. Le Moniteur.* ♦ Comp. pour une prolongation d'un contrat d'affermage, deux ans avant son terme, qui ne révèle pas à elle seule un détournement de procédure, en raison d'investissements nouveaux mis à la charge du fermier. • TA Grenoble, 31 janv. 1997, *Préfet de la Drôme*, n° 964228 : *Mon. TP 28 mars 1997, p. 46, note Peyrical.*

31. Une longue réponse ministérielle analyse les conditions légales de prolongation d'une délégation. Elle précise notamment que dans la seconde hypothèse prévue par la loi, la prolongation a seulement pour objet et pour effet de permettre la continuation de la convention initiale, que les droits et obligations des parties restent régis par les dispositions initiales, sous réserve des aménagements nécessaires permettant de réaliser les investissements nouveaux. À défaut d'accord sur ces aménagements, la collectivité peut mettre fin à la convention sous réserve des droits éventuels à indemnité du cocontractant. * Rép. min. n° 27291 : *JOAN Q, 23 août 1999, p. 5039.*

32. La prolongation pour 5 ans d'un contrat d'affermage d'une station d'épuration entre dans les prévisions de l'art. L. 1411-2 *b*, si les travaux prévus à l'avenant sont destinés à améliorer le fonctionnement des équipements existants en réduisant la pollution olfactive qui s'est développée avec l'extension du réseau d'assainissement.

• CAA Lyon, 8 févr. 2005, *Cne d'Auxerre, Sté Lyonnaise des Eaux,* n° 99LY00655 : *BJCP 2005. 221, concl. Besle, obs. Ch. M.*

33. Un avis administratif du Conseil d'État précise les conditions de prorogation d'une délégation, à propos des conventions de remontée mécanique. Trois conditions doivent être remplies : les investissements doivent être demandés par le délégant. Ils doivent être indispensables au bon fonctionnement du service. Enfin ils doivent être de nature à modifier l'économie générale de la délégation, ce qui, en l'absence de toute jurisprudence, peut être considéré comme une remise en cause significative du bénéfice global que pouvait normalement attendre le délégataire. • CE, sect. TP, avis, 19 avr. 2005, n° 371234 : *Rapport annuel 2006 du Conseil d'État, p. 197 ; BJCP 2006. 107, obs. R. S. et Ph. T.*

34. Prolongation illégale du contrat. Un avenant à un contrat d'affermage du service d'assainissement qui prévoit d'importants travaux, moyennant une augmentation de 18 % de la redevance et une prolongation de cinq ans du contrat initial doit être considéré comme un nouveau contrat qui aurait dû faire l'objet d'une procédure contractuelle avec appel public à la concurrence. En effet, d'une part l'importance des travaux ne permettait pas de les réaliser dans le cadre d'un simple avenant, d'autre part ces travaux destinés à raccorder, sans aucune contrepartie tarifaire, des entreprises industrielles privées n'ont pas été effectués pour la bonne exécution du service public. • TA Dijon, 5 janv. 1999, *M. Denis Roycourt et Assoc. Auxerre Écologie,* n° 985227 : *BJCP 1999. 295, concl. Lointier, obs. R.S.*

35. Annulation d'une prolongation injustifiée moins d'un an avant l'expiration du contrat. • CAA Paris, 3 juill. 2001, *Cne de Fontenay-sous-Bois et Sté SOCCRAM,* n° 99PA03841 : *Dr. adm. 2002, n° 51, note Méneménis.* ♦ Confirmation de la solution en cassation. Un avenant prolongeant de 12 ans la durée d'une délégation du service public de chauffage urbain ne remplit que deux des trois conditions posées par le législateur pour admettre une prolongation au-delà d'un an : la prolongation répond à une demande de la collectivité délégante à son délégataire portant sur des investissements matériels qui ne pouvaient être amortis pendant le temps restant de la convention sans augmentation de prix excessive. Mais la troisième condition n'est pas remplie : la création d'une unité de cogénération n'était pas indispensable au regard des exigences propres au service public de chauffage urbain. • CE 29 déc. 2004, *Sté SOCCRAM,* n° 239681 : *Coll. terr. avr. 2005, n° 19, obs. Glaser ; BJCP 2005. 216, concl. Casas, obs. Ch. M.* ♦ Selon l'appréciation souveraine des juges du fond, les clauses de l'avenant relatives à la cogénération sont divisibles de celles qui portent sur la mise en conformité et l'amélioration des installations existantes. • Même arrêt.

36. Lorsqu'un avenant bouleverse l'équilibre d'une convention, il constitue, de ce fait, un nouveau contrat, rendant nécessaire le recours à la procédure de mise en concurrence prévue à l'art. L. 1411-1 et excluant l'application des dispositions de l'art. L. 1411-2. • CAA Versailles, 3 mars 2005, *Cté d'agglomération de Cergy-Pontoise,* n° 03VE04736 : *BJCP 2005. 295, concl. Barnaba, obs. R.S.*

37. Un avenant qui n'impose aucun investissement matériel supplémentaire à la société fermière et qui ne modifie pas la durée de la délégation n'entre pas dans le champ d'application de l'art. L. 1411-2. • CAA Bordeaux, 27 avr. 2004, *Ville de Toulouse,* n° 00BX01587 : *BJCP 2004. 392.*

D. FIN DU CONTRAT

38. Sur le régime des biens de la concession (délégation dans laquelle le cocontractant a la charge des investissements), la distinction des biens de retour et des biens de reprise, l'indemnisation du cocontractant en cas de résiliation du contrat avant son terme normal, V. • CE, ass., 21 déc. 2012, *Cne de Douai,* n° 342788 : *Lebon 477 ; AJCT 2013. 91, obs. Didriche ; RFDA 2013. 25, concl. Dacosta ; AJDA 2013. 457, chron. Domino et Bretonneau ; ibid. 2013. 724, note Fatôme et Terneyre ; BJCP 2013. 136, concl. Dacosta, obs. Ch. M. ; JCP Adm. 2013, n° 2044, note Boda et Guellier ; ibid. n° 2045, note Vila ; Dr. adm. 2013, n° 20, note Éveillard ; DGCT 2013, nos 40 et 60, obs. Douence ; RFDA 2013. 513, note Janicot et Lafaix.* ♦ En cas de résiliation d'une délégation de service public avant son terme et quel qu'en soit le motif, le délégataire a droit à être indemnisé de la valeur non amortie des biens de retour. • CE 4 mai 2015, *Sté Domaine Porte des neiges,* n° 383208 B : *AJDA 2015. 902 ; JCP Adm. 2015. Actu. 444 ; Rev. CMP 2015, n° 182, note Devillers.*

E. CLAUSES FINANCIÈRES DU CONTRAT

39. Dépenses étrangères à l'objet de la délégation. Un contrat de concession de distribution d'eau prévoit le paiement à la ville par le concessionnaire de sommes sans relation avec la valeur des prestations fournies par la ville, notamment en ce qui concerne les droits d'usage des installations concédées, les loyers ainsi que diverses redevances ; ces dépenses sont répercutées sur le tarif payé par les usagers ; il suit de là que la délibération qui prévoit l'institution de redevances à la charge des usagers sans que celles-ci trouvent leur contrepartie directe dans les prestations fournies par le service est entachée d'erreur de droit. • CE 30 sept. 1996, *Sté Stéphanoise des Eaux et Ville de Saint-Étienne,* n° 156176 : *Lebon 355 ; Dr. adm. 1996, n° 557, note Devès ; ACL 1997, n° 48 ; JCP 1997. IV. 603, obs. Rouault.* ♦ V. aussi dans la même affaire • TA Lyon, 30 nov.

1993, *M. Paul Comat et a. : RFDA 1995. 699, concl. Bourrachot* .

40. La charge du fonctionnement du service d'éclairage public et de son entretien courant constitue une dépense distincte de celle de la distribution d'électricité aux usagers. • CE 31 juill. 2009, *Ville de Grenoble, Sté Gaz Électricité de Grenoble*, n° 296964 B : *BJCP 2009. 460, concl. Boulouis, obs. M. ; RJEP mars 2010, n° 13, concl. Boulouis ; RLCT 2009, n° 1476, concl. Glaser ; DGCT 2010. Chron. n° 19.* ♦ Elle ne saurait donc être imputée sur les tarifs payés par les usagers ; la prise en charge gratuite du réseau d'éclairage public ayant nécessairement une incidence sur ces tarifs. • Même arrêt. ♦ Ces dispositions contractuelles méconnaissent le principe d'équivalence entre le tarif et les charges du service public industriel et commercial rendu aux usagers. • Même arrêt. ♦ En l'absence de disposition en ce sens dans la convention d'exploitation, cette contribution ne saurait être assimilée à une redevance d'occupation du domaine public mis à la disposition de la société exploitante par la ville. • Même arrêt.

41. Justification des redevances et droits d'entrée. Le cahier des charges pour l'exploitation par affermage d'un service de distribution publique d'eau potable prévoit que la société fermière verse à la commune, en contrepartie des droits et prérogatives que le contrat lui confère, une contribution de 4 000 000 F ainsi qu'une redevance annuelle de 500 000 F au bénéfice du service. Si ces paiements ne sont pas étrangers à l'objet de la délégation, la convention ne comporte aucune justification ni de ces montants, ni du mode de calcul utilisé, en méconnaissance des dispositions légales. Illégalité sans qu'il y ait lieu d'apprécier la pertinence éventuelle des justifications produites en cours d'instance. • CE 14 janv. 1998, *Porelli*, n° 161091 : *Lebon 10* ; *BJCP 1998. 51, concl. Savoie, obs. R. S.*

42. La convention d'affermage du camping municipal est entachée de nullité car elle ne justifie ni du montant ni du calcul de la redevance exigée du délégataire (même si ces éléments ressortent des offres remises par les candidats et de la délibération autorisant la signature). • CAA Lyon, 28 juin 2007, *Cne d'Annecy*, n° 03LY01596 : *BJCP 2007. 422.* ♦ La ville ne peut réclamer le paiement de la redevance mais elle peut se prévaloir de l'enrichissement sans cause pour réclamer une indemnité à son ancien cocontractant (si elle peut justifier de dépenses utiles exposées par elle ainsi que du produit d'exploitation dont elle a été privée). • Même arrêt.

43. Tarification. L'art. 79 de l'Ord. n° 58-1374 du 30 déc. 1958, modifiée, interdit toujours toute indexation fondée sur le niveau général des prix ou sur une référence sans rapport direct avec l'objet de la convention ou avec l'activité d'une des parties. * Rép. min. n° 32109 : *JOAN Q, 13 sept. 1999, p. 5372.*

44. Une convention d'affermage portant délégation de la gestion d'un port par la commune de Sète donne au fermier la faculté d'aménager, pour chaque saison, la structure tarifaire et les augmentations correspondantes en fonction des services rendus à la clientèle et des contraintes du marché ; l'absence de référence à des paramètres ou indices permettant d'encadrer les tarifs méconnaît les dispositions de l'art. L. 1411-2. • CAA Marseille, 29 mars 2005, *SAGIM*, n° 01MA01669. ♦ L'existence de dispositions du code du domaine de l'État et du code des ports maritimes qui encadrent les modalités de fixation des tarifs portuaires ne fait pas obstacle à ce que la convention stipule les tarifs dans le respect de cette réglementation (à laquelle elle ne fait d'ailleurs pas référence). • Même arrêt.

45. Un contrat d'affermage qui prévoit dans un article une formule de révision des tarifs et dans un autre la révision de cette formule au bout de cinq ans et en cas de survenance de certains événements répond bien aux exigences légales de prévision des tarifs dans le temps. • CE 5 juin 2009, *Cne de Richardménil*, n° 295837 B : *AJDA 2009. 1133* .

46. Droits d'entrée. L'avis déjà cité du Conseil d'État rappelle que les droits d'entrée doivent être conformes à l'objet de la délégation. Ils pourraient comprendre une somme correspondant à l'indemnité versée au délégataire sortant pour ses investissements non amortis ou le coût des « biens de reprise ». Ils ne pourraient inclure les frais d'une résiliation conséquence d'une faute de la collectivité envers le délégataire sortant. • CE, sect. TP, avis, 19 avr. 2005 : *préc. note 33.*

47. Compte de fonds de travaux. En l'absence de stipulations contractuelles en désignant le bénéficiaire en fin de concession, le solde positif du compte de fonds de travaux ne peut revenir qu'à la collectivité concédante, dès lors que les recettes alimentant ce compte sont destinées au financement de travaux portant sur des biens appartenant à la collectivité et que cette dernière pourra les utiliser à cette fin. • CE 23 déc. 2009, *Sté des pompes funèbres OGF*, n° 305478 : *BJCP 2010. 112, obs. Ph. T. et R. S.*

F. DÉLÉGATION ET DROIT DE LA CONCURRENCE

48. Les clauses des contrats de délégation doivent être compatibles avec les règles de la concurrence, tant communautaires (art. 85 et 86 du traité de Rome) qu'internes (art. 8 et 9 de l'ordonnance du 1er déc. 1986). Arrêt de principe. • CE, sect., 3 nov. 1997, *Sté Million et Marais*, n° 169907 : *Lebon 406* ; *RFDA 1997. 1228, concl. Stahl* ; *AJDA 1997. 945, chron. Girardot et Reynaud* ; *AJDA 1998. 247, note Guézou* ; *RD publ. 1998. 256, note Gaudemet ; ACL 1998, n° 28.*

49. Seuls les manquements commis par l'autorité responsable de la passation du contrat (et non un éventuel abus de position dominante commis par un candidat) relèvent de la compétence du juge administratif (en l'espèce le juge des référés). • CE 28 juill. 1999, *SA Bouygues et a.*, n° 206749 : *Lebon 265 ; BJCP 1999. 620, concl. Bergeal, obs. Ch. M.* ♦ Pour un exemple de régularité au regard du droit de la concurrence d'une concession du service extérieur des pompes funèbres, V. • CE 20 sept. 1999, *Mlle Rosato et a.*, n° 199081.

50. L'arrêté d'extension d'une convention collective visant les contrats d'exploitation (délégations et marchés) des services d'eau et d'assainissement qui oblige l'employeur « entrant » à reprendre les contrats de travail des salariés de l'employeur « sortant », au-delà des cas prévus par l'art. L. 122-12, C. trav. [L. 1224-1 nouveau], est de nature à dissuader les concurrents de présenter leur candidature et d'aggraver les distorsions de concurrence entre concessionnaires sortants et soumissionnaires. • CE, sect., 30 avr. 2003, *Synd. professionnel des exploitants indépendants des réseaux d'eau et d'assainissement*, n° 230804 : *Lebon 189 ; Dr. adm. 2003, n° 123, note Bazex et Blazy ; AJDA 2003. 1156, chron. Donnat et Casas ; ibid. 1849, note Subra de Bieusses ; BJCP 2004. 39, concl. Stahl, obs. Casas ; ACL 2004, n° 54.*

51. Les quatre conditions cumulatives posées par la CJCE dans l'arrêt *Altmark* du 24 juill. 2003 pour que les subventions accordées en contrepartie d'obligations de service public ne soient pas qualifiées d'aides d'État au sens de l'art. 107 TFUE sont considérées comme réunies, sans renvoi préjudiciel, dans le cas de la subvention accordée au délégataire de service public pour la construction de l'aérodrome Notre-Dame-des-Landes. • CE 13 juill. 2012, *Cté cnes d'Erdre et Gesvres, les Verts des Pays-de-la-Loire, Assoc. ACIPA*, n° 347073 : *Lebon 277 ; BJCP 2012. 363, concl. Dacosta ; AJDA 2012. 1722, obs. Glaser ; AJCT 2012. 567, obs. Desingly ; RDI 2012. 562, note Braconnier .* ♦ Un dispositif régional d'aides à l'amélioration des services de transport en commun routiers en Île-de-France ne constitue pas la compensation d'obligations de service public au sens du règlement CEE propre aux transports. • CE 23 juill. 2012, *Région Île-de-France*, n° 343440 B : *AJDA 2012. 1477 .* ♦ Conformément à la jurisprudence de la CJUE, les subventions ainsi accordées sont qualifiées d'aides d'État, bien qu'elles concernent un secteur fermé à la concurrence, dès lors qu'elles bénéficient à des entreprises qui opèrent également sur des marchés concurrentiels. • Même arrêt.

G. DÉLÉGATION ET DROIT DE LA CONSOMMATION

52. Un concessionnaire ne peut être indemnisé par la collectivité concédante du fait d'activités concurrentes organisées par cette dernière qu'au cas où la collectivité a méconnu ses obligations contractuelles ou empêché le concessionnaire de remplir les siennes. • CE 10 oct. 2007, *Sté SPS Tarbes*, n° 255213 : *AJDA 2007. 2356, étude Richer et a .*. ♦ Il ne peut invoquer un principe général de protection du concessionnaire contre la concurrence par le concédant, indépendant de toute clause contractuelle. • Même arrêt. ♦ Application à une concession de parc de stationnement souterrain, rendue déficitaire par les pratiques tarifaires de la ville dans les stationnements gérés par elle. • Même arrêt.

53. Il y a erreur de droit à constater la nullité d'une convention parce qu'elle créerait une position dominante au profit du cocontractant (en prévoyant le remboursement par le centre hospitalier des taxes de séjour à la chambre funéraire concédée à une entreprise privée). Le juge doit rechercher si la convention litigieuse place le cocontractant en situation d'abuser automatiquement de sa position dominante. • CE 17 oct. 2008, *Sté OGF*, n° 293220.

54. Les dispositions du règlement d'un service de distribution d'eau annexé à un contrat de concession sont soumises au droit des clauses abusives issu des art. L. 132-1 et L. 132-2 C. consom. [V. **C. consom.**] • CE, sect., 11 juill. 2001, *Sté des Eaux du Nord*, n° 221458 : *Lebon 348, concl. Bergeal ; Dr. adm. 2001, n° 210 ; BJCP 2001. 519, concl. Bergeal, obs. Terneyre ; AJDA 2001. 853, chron. Guyomar et Collin ; ibid. 893, note Guglielmi ; ACL 2002, n° 65.* ♦ Le caractère abusif d'une clause s'apprécie au regard de cette clause et de l'ensemble des stipulations du contrat ainsi que des caractéristiques particulières du service public concerné. Est abusive la clause qui conduit à faire supporter par un usager les conséquences de dommages qui ne lui seraient pas imputables, sans pour autant qu'il lui soit possible d'établir une faute de l'exploitant. • Même arrêt. ♦ V. aussi pour l'organisation des transports parisiens (hors du cadre de la délégation). • CE 13 mars 2002, *Union fédérale des consommateurs*, nos 177509 et 180544 : *AJDA 2002. 976, note Guglielmi et Koubi ; BJCP 2002. 231, concl. Schwartz ; ACL 2003, n° 41.*

Art. L. 1411-3 *(L. n° 2002-1 du 2 janv. 2002, art. 10)* **« Dès la communication** *(Ord. n° 2016-65 du 29 janv. 2016, art. 58)* **« du rapport mentionné à l'***(Ord. n° 2018-1074 du 26 nov. 2018, art. 6)* **« article L. 3131-5 du code de la commande publique », son examen est mis à l'ordre du jour de la plus prochaine réunion de l'assemblée délibérante qui en prend acte. »**

BIBL. ▶ VILA, Rapport annuel des délégataires de service public : le devenir d'une réforme depuis le 1er juin 2007, *JCP Adm. 2007, n° 2180.*

1. Vérification des comptes du délégataire par la chambre régionale des comptes. Il résulte du rapprochement de diverses dispositions du code des juridictions financières que la vérification, prévue à l'art. L. 211-8, 2e al., des comptes produits aux autorités délégantes par les délégataires de service public s'exerce à l'occasion du contrôle administratif de la gestion des collectivités territoriales, prévu à l'art. L. 211-8, 1er al., et non lors du jugement des comptes, prévu à l'art. L. 211-1. • CE, avis, 20 mai 1998, *Cie générale des eaux*, n° 192689 : *Lebon 213 ; JCP 1998. II. 10176, note Dérosiaux ; LPA 15 févr. 1999, p. 13, note Bernard.* ♦ L'avis d'enquêter établi par le président de la Chambre, préalablement à sa mise en œuvre, ne constitue pas, eu égard à son objet, une décision susceptible de recours pour excès de pouvoir. • Même avis.

2. L'obligation de produire les comptes d'une régie intéressée subsiste après la résiliation unilatérale de la convention ; en l'absence de réponse de l'ancien délégataire à la mise en demeure qui lui a été adressée, il n'y a pas d'obstacle de principe à l'application des pénalités de retard prévues à la convention résiliée. • CE 17 déc. 2008, *Synd. intercommunal de gestion et d'aménagement de Superbagnères*, n° 296809 : *AJDA 2009. 790 ; BJCP 2009. 170, obs. R. S.*

Art. L. 1411-4 Les assemblées délibérantes des collectivités territoriales, de leurs groupements et de leurs établissements publics se prononcent sur le principe de toute délégation de service public local *(L. n° 2002-276 du 27 févr. 2002, art. 5)* « après avoir recueilli l'avis de la commission consultative des services publics locaux prévue à l'article L. 1413-1 ». Elles statuent au vu d'un rapport présentant le document contenant les caractéristiques des prestations que doit assurer le délégataire.

1. Préalable obligatoire. La délibération prévue à l'art. L. 1411-4 constitue un préalable obligatoire au lancement d'une procédure d'attribution d'un contrat de délégation de service public par une collectivité territoriale et doit intervenir antérieurement à l'engagement de la consultation des opérateurs économiques. • CE 24 mai 2017, n° 407264 B : *AJDA 2017. 1146*.

2. Recours. Le juge du fond admet la recevabilité du déféré préfectoral contre la délibération de principe approuvant les documents composant le dossier de consultation et le cahier des charges de projets de convention relatives à l'exploitation de lignes de transports routiers. • CAA Marseille, 5 mars 2001, *Dpt du Var et a.*, n° 99MA 01751 : *BJCP 2002. 46, concl. Duchon-Doris, obs. Ch. M. ; AJDA 2001. 968, note Marcovic*. ♦ La délibération sur le principe d'une délégation est une décision susceptible de recours pour excès de pouvoir mais la société requérante ne justifie pas d'un intérêt lui donnant qualité pour la contester en sa seule qualité d'ancien occupant du domaine public et d'ancien exploitant de l'activité objet de la délégation. • CE 19 janv. 2011, *Cne de Limoges*, n° 323924 : *AJDA 2011. 136 et 616, note Dreyfus ; Dr. adm. 2011, n° 38, note Brenet ; ACCP 2011, n° 108, p. 12 ; JCP Adm. 2011, n° 2101, note Vila ; Rev. CMP 2011, n° 87, note Eckert ; DGCT 2012, n° 62, obs. Douence.* ♦ Confirmation et précisions sur ce recours : ne peuvent être utilement invoqués que des moyens relatifs aux vices propres de la délibération ou à la légalité du recours à une délégation pour gérer le service ; sont inopérants les moyens relatifs aux caractéristiques et aux modalités de mise en œuvre ultérieure de la délégation que la délibération n'a pas pour objet d'arrêter définitivement. • CE 4 juill. 2012, *Assoc. Féd. d'action régionale pour l'environnement (FARE Sud)*, n° 350752 B : *JCP Adm. 2012, n° 2280, note Pauliat ; DGCT 2013, n° 55, obs. Douence.*

3. Rien n'interdit à une personne publique de mener parallèlement à une procédure de délégation de service public des pourparlers avec le prétendant à un autre mode de gestion, et donc de mettre fin par une délibération à la procédure de délégation. • CAA Bordeaux, 1er juin 2006, *Cne de Balma, Dpt de la Haute-Garonne*, n° 02BX01545 : *AJDA 2006. 1857*. ♦ Mais un motif d'intérêt général doit justifier la décision, ce qui n'est pas le cas en l'espèce. • Même arrêt.

4. Consultation du comité technique paritaire. La question était controversée. Le Conseil d'État estime que si la collectivité n'a pas auparavant assuré le service en régie, la décision arrêtant le principe de la délégation n'affecte ni l'organisation, ni le fonctionnement général de son administration et qu'elle n'a donc pas à être précédée d'une consultation du CTP. • CE 27 janv. 2011, *Cne de Ramatuelle*, n° 338285 : *BJCP 2011. 155.*

Art. L. 1411-5 *(Ord. n° 2016-65 du 29 janv. 2016, art. 58)* I. — Une commission *(L. n° 2019-1461 du 27 déc. 2019, art. 65)* « analyse les dossiers de candidature » et dresse la liste des candidats admis à présenter une offre après examen de leurs garanties professionnelles et financières, de leur respect de l'obligation d'emploi des travailleurs handicapés prévue aux articles L. 5212-1 à L. 5212-4 du code du travail et de leur aptitude à assurer la continuité du service public et l'égalité des usagers devant le service public.

Au vu de l'avis de la commission, l'autorité habilitée à signer la convention *(Ord. n° 2018-1074 du 26 nov. 2018, art. 6)* « de délégation de service public » peut orga-

niser librement une négociation avec un ou plusieurs soumissionnaires dans les conditions prévues par l'*(Ord. n° 2018-1074 du 26 nov. 2018, art. 6)* **« article L. 3124-1 du code de la commande publique ». Elle saisit l'assemblée délibérante du choix de l'entreprise auquel elle a procédé. Elle lui transmet le rapport de la commission présentant notamment la liste des entreprises admises à présenter une offre et l'analyse des propositions de celles-ci, ainsi que les motifs du choix de la candidate et l'économie générale du contrat.**

II. — La commission est composée :

***a)* Lorsqu'il s'agit d'une région, de la collectivité de Corse, d'un département, d'une commune de 3 500 habitants et plus et d'un établissement public, par l'autorité habilitée à signer la convention de délégation de service public ou son représentant, président, et par cinq membres de l'assemblée délibérante élus en son sein à la représentation proportionnelle au plus fort reste ;**

***b)* Lorsqu'il s'agit d'une commune de moins de 3 500 habitants, par le maire ou son représentant, président, et par trois membres du conseil municipal élus par le conseil à la représentation proportionnelle au plus fort reste.**

Il est procédé, selon les mêmes modalités, à l'élection de suppléants en nombre égal à celui de membres titulaires.

Le quorum est atteint lorsque plus de la moitié des membres ayant voix délibérative sont présents.

Si, après une première convocation, ce quorum n'est pas atteint, la commission est à nouveau convoquée. Elle se réunit alors valablement sans condition de quorum.

Lorsqu'ils y sont invités par le président de la commission, le comptable de la collectivité et un représentant du ministre chargé de la concurrence peuvent participer, avec voix consultative, aux réunions de la commission. Leurs observations sont consignées au procès-verbal.

Peuvent participer à la commission, avec voix consultative, des personnalités ou un ou plusieurs agents de la collectivité territoriale ou de l'établissement public désignés par le président de la commission, en raison de leur compétence dans la matière qui fait l'objet de la délégation de service public.

(L. n° 2019-1461 du 27 déc. 2019, art. 65) **« III. — Les délibérations de la commission peuvent être organisées à distance dans les conditions prévues par l'ordonnance n° 2014-1329 du 6 novembre 2014 relative aux délibérations à distance des instances administratives à caractère collégial. »**

COMMENTAIRE

V. dans le supplément en ligne.

***1.* BIBL.** Coupé et Dyens, Le nouveau droit des concessions : quelles conséquences sur le CGCT ?, *AJCT 2016. 253*. – Didriche, Les nouvelles règles en matière de passation des contrats de concession, *AJCT 2016. 243*.

2. Négociation et égalité entre les candidats. Ni le CGCT, ni l'Ord. n° 2016-65 du 29 janv. 2016 et son décret d'application du 1er févr. 2016 relatifs aux contrats de concession n'imposent à l'autorité délégante de définir, préalablement à l'engagement de la négociation, les modalités de celle-ci ou de prévoir le calendrier de ses différentes phases. • CE 8 nov. 2017, *Sté Transdev*, n° 412859 : *AJCT 2018. 97, obs. Hul*. ♦ Toutefois, quand l'autorité délégante fixe, dans le règlement de consultation, des modalités et un calendrier particuliers de remise des offres, le respect du principe de transparence exige qu'elle ne puisse remettre en cause les étapes essentielles de la procédure et les conditions de mise en concurrence. • Même arrêt. ♦ La phase finale prévue dans une procédure, correspondant à une obligation pour les candidats de remettre, après la négociation, une offre finale à une date déterminée, constitue une étape essentielle de la procédure de négociation, qui ne peut normalement pas être remise en cause. • Même arrêt. ♦ Cependant, l'autorité délégante, à qui il appartient de veiller en toute hypothèse au respect des principes de la commande publique et en particulier à l'égalité entre les candidats, peut renoncer à accueillir des offres finales, et ainsi prendre en compte les dernières offres intermédiaires déposées par les candidats, lorsqu'il y a eu, par erreur, une divulgation à l'un d'entre eux de documents se rapportant à l'offre de son concurrent de nature à nuire à la concurrence entre les opérateurs et à porter irrémédiablement atteinte au principe d'égalité. • Même arrêt.

3. Composition de la commission. La seule circonstance que certains membres de la commission, à laquelle le maire, alors qu'il n'y était pas tenu, a décidé de confier le soin de mener la négociation avec les candidats admis à présenter une offre en application des art. L. 1411-5 CGCT et 46 de l'Ord. n° 2016-65 du 29 janv. 2016 relative aux contrats de concession, n'ont pas assisté à l'entretien de négociation avec une société, n'est pas de nature à établir la méconnaissance du principe d'égalité de traitement entre les candidats. • CE 8 avr. 2019, *Cne de Cannes*, n° 425373 B : *AJDA 2019. 789* ; *AJCT 2019. 337, obs. P. Noual*. ♦ La circonstance que la commission de délégation de service public n'ait été composée, lors de sa réunion, que de membres titulaires ou suppléants issus de la majorité n'implique pas, par elle-même, que cette composition ait été irrégulière. • CE 22 mai 2019, *Sté Corsica Ferries*, n° 426763 B : *AJDA 2019. 1137* ; *AJCT 2019. 457, obs. O. Didriche*.

Ancien art. L. 1411-5 ***Après décision sur le principe de la délégation, il est procédé à une publicité et à un recueil d'offres dans les conditions prévues aux*** *(L. n° 2001-1168 du 11 déc. 2001, art. 3)* ***« troisième et quatrième » alinéas de l'article L. 1411-1.***

Les plis contenant les offres sont ouverts par une commission composée :

a) Lorsqu'il s'agit d'une région, de la collectivité de Corse, d'un département, d'une commune de 3 500 habitants et plus et d'un établissement public, par l'autorité habilitée à signer la convention de délégation de service public ou son représentant, président, et par cinq membres de l'assemblée délibérante élus en son sein à la représentation proportionnelle au plus fort reste ;

b) Lorsqu'il s'agit d'une commune de moins de 3 500 habitants, par le maire ou son représentant, président, et par trois membres du conseil municipal élus par le conseil à la représentation proportionnelle au plus fort reste.

Il est procédé, selon les mêmes modalités, à l'élection de suppléants en nombre égal à celui de membres titulaires.

(L. n° 2015-991 du 7 août 2015, art. 121) ***« Le quorum est atteint lorsque plus de la moitié des membres ayant voix délibérative sont présents.***

« Si, après une première convocation, ce quorum n'est pas atteint, la commission est à nouveau convoquée. Elle se réunit alors valablement sans condition de quorum. »

Le comptable de la collectivité et un représentant du ministre chargé de la concurrence siègent également à la commission avec voix consultative.

(L. n° 2006-1772 du 30 déc. 2006, art. 56) ***« Peuvent participer à la commission, avec voix consultative, un ou plusieurs agents de la collectivité territoriale ou de l'établissement public désignés par le président de la commission, en raison de leur compétence dans la matière qui fait l'objet de la délégation de service public. »***

Au vu de l'avis de la commission, l'autorité habilitée à signer la convention engage librement toute discussion utile avec une ou des entreprises ayant présenté une offre. Elle saisit l'assemblée délibérante du choix de l'entreprise auquel elle a procédé. Elle lui transmet le rapport de la commission présentant notamment la liste des entreprises admises à présenter une offre et l'analyse des propositions de celles-ci, ainsi que les motifs du choix de la candidate et l'économie générale du contrat.

I. COMPOSITION DE LA COMMISSION

1. Dans l'hypothèse où la représentation proportionnelle se révèle impraticable pour un établissement public local, il y a lieu de procéder malgré tout à la désignation par l'organe délibérant en invoquant la notion de « formalité impossible ». * Rép. min. n° 26419 : *JOAN Q, 7 août 1995, p. 3469 ; Dr. adm. 1995, n° 670.*

2. La commission peut avoir un caractère permanent. * Rép. min. n° 30298 : *JOAN Q, 11 nov. 1995, p. 5243 ; Dr. adm. 1995, n° 753.*

3. La délibération autorisant la passation d'un contrat de gérance des services des eaux et de l'assainissement est entachée de six chefs d'irrégularité. La commission d'appel d'offres des marchés publics a siégé dans la procédure de délégation sans être habilitée par délibération. Des personnes étrangères à la commission ont assisté, avec voix consultative, à ses réunions et ont pu exercer une influence sur elle ; c'est notamment le cas d'un adjoint au maire, président de la SEM, candidate à la délégation, sa seule présence constituant un vice substantiel. La commission a arrêté la liste des candidats, alors que la compétence n'appartient qu'à l'assemblée délibérante. Une annexe au cahier des charges n'a pas été transmise au conseil municipal avant sa délibération. La décision de globaliser les offres pour confier au candidat retenu la gestion des deux services a modifié substantiellement les conditions initiales qui portaient sur chaque service séparément. Enfin le maire a modifié unilatéralement les offres des candidats, sans négociations avec ces derniers. • TA Strasbourg, 22 sept. 1998, *Assoc. S. Eau S.*, n° 97196 : *BJCP 1999. 196, concl. Pommier, obs. Ch. M.*

4. La commission est irrégulièrement composée lorsque ses membres ont été désignés sans scrutin secret, ni dépôt préalable de listes de candidatures. • TA Lyon, 5 avr. 2000, *M. Alain Coquart*, n° 99-1768 : *BJCP 2000. 377.* ♦ En revanche, les opérations électorales ne sont pas viciées par l'élection d'une liste unique qui rend impossible l'organisation d'un vote à la représentation proportionnelle. • CAA Marseille, 13 mars 2006, *Cie générale des eaux*, n° 03MA02259.

5. Contentieux de l'élection de la commission. La contestation de l'élection des membres de la commission d'ouverture des plis relève du contentieux électoral (C. élect., art. R. 119 s. – **C. élect.**). • CE 28 sept. 2001, *M. Dabin*, n° 231256 : *Lebon 440 ; BJCP 2002. 75.* ♦ Les requérants disposaient d'un délai de cinq jours pour présenter une protestation contre ces opérations électorales. La requête présentée tardivement est irrecevable. • Même arrêt.

6. L'élection des membres de la commission ne peut être contestée que devant le juge de l'élection dans le délai prévu à l'art. R. 119. C. élect. Elle devient définitive à l'expiration de ce délai. Par suite, le moyen tiré de ce que l'irrégularité alléguée de cette élection aurait affecté la régularité de la délibération du conseil municipal approuvant une délégation de service public sur avis de la commission est irrecevable. • CE 8 avr. 2009, *Sté Sogedo, Cne de Brantôme*, n° 301153 B : *AJDA 2009. 736 note Pastor ; BJCP 2009. 348 et 470, concl. Dacosta, obs. Ch. M. ; JCP Adm. 2009, n° 2261, comm. Vila ; DGCT 2010. Chron. n° 26.* ♦ Confirmation indirecte de la solution, la commission étant composée de conseillers municipaux élus, ayant seuls voix délibérative. • CE 23 juill 2010, *M. Mérigot*, n° 338499 : *AJDA 2010. 2053, note Verpeaux* .

7. Il appartient au juge des référés précontractuels, saisi d'un moyen en ce sens, de s'assurer de la régularité de la composition de la commission. • CE 24 oct. 2008, *Synd. intercommunal d'eau et d'assainissement de Mayotte*, n° 300034 : *Lebon 809 , 819, 857 et 876 ; DGCT 2009, n° 59, note Douence.*

8. Contrôle du juge. Des personnes étrangères à la commission, et notamment le représentant d'une entreprise candidate à la délégation, ne peuvent assister aux réunions de la commission. • TA Strasbourg, 22 sept. 1998, *Assoc. S. Eau S.*, n° 97196 : *préc. note 3.* ♦ Inversement, la réunion de la commission est irrégulière si le comptable et le représentant du ministre chargé de la concurrence n'ont pas été convoqués (par transposition d'une solution classique en matière de marchés publics). • TA Lyon, 5 avr. 2000, *M. Alain Coquard*, n° 991768 : *préc. note 4.* ♦ Jugement confirmé en appel. • CAA Lyon, 27 nov. 2001, *Sté d'exploitation des réseaux d'eau potable*, n° 03LY01388. ♦ La participation d'une élue déléguée au développement économique, du commerce, de l'artisanat et de l'emploi aux discussions de la commission n'a pas vicié la procédure dès lors qu'elle n'a assisté aux réunions de ladite commission qu'à titre consultatif et est sortie de la séance afin de permettre le vote de ses membres. • CAA Versailles, 12 juin 2014, *Sté EGS*, n° 13VE00527 : *Rev. CMP 2014, n° 229, note Eckert.*

II. RÔLE DE LA COMMISSION

9. La commission intervient deux fois dans la procédure, d'abord pour dresser la liste des candidats admis à présenter une offre (en vertu de l'art. L. 1411-1, al. 3 modifié par la loi du 11 déc. 2001), ensuite pour donner un avis sur les propositions des candidats (art. L. 1411-5). • CE, avis cont., 15 déc. 2006, *Préfet des Alpes-Maritimes*, n° 297846 B : *JCP Adm. 2007, n° 2012, comm. Linditch ; AJDA 2006. 2420* .

10. Aucune disposition légale ne prévoit de délai minimal entre l'établissement de la liste des candidats admis à présenter une offre et la date de recueil des offres. Un délai raisonnable eu égard à la complexité du dossier devrait leur être laissé. * Rép. min. n° 42835 : *JOAN Q, 18 nov. 1996, p. 6043 ; Mon. TP, Suppl. Textes officiels, 13 déc. 1996, p. 269.*

11. Quand le règlement particulier d'appel d'offres prévoit une date limite de validité des offres, celle-ci ne peut être reportée qu'avec l'accord de l'ensemble des candidats, y compris ceux dont la candidature n'a pas reçu un avis favorable de la commission. • CE 13 déc. 1996, *Synd. intercommunal pour la revalorisation des déchets du secteur Cannes-Grasse et a.*, n° 169706 : *Lebon 488 ; ACL 1997, n° 53.*

12. En fondant son avis sur des critères clairement annoncés et en retenant des motifs de choix dont aucun n'est erroné en droit, la commission d'ouverture des plis n'entache la procédure d'aucune irrégularité. • CE 25 juill. 2001, *Synd. des eaux de l'Iffernet*, n° 231319 B : *BJCP 2001. 530, concl. Piveteau, obs. R. S. ; ACL 2002, n° 67.*

13. N'entache pas la procédure d'irrégularité la commission qui rend un avis circonstancié et indique quelles sont, à son sens, les trois offres les plus satisfaisantes. • CE 17 oct. 2016, *Cne d'Hyères-les-Palmiers*, n° 400172 : *Lebon ; AJCT 2017. 155, obs. Hul* .

14. Une commission qui se borne à analyser les offres et à inviter l'autorité habilitée à engager librement toute discussion utile avec les entreprises ne peut être regardée comme ayant émis l'avis requis par la loi. • TA Grenoble, 21 oct. 2001, *Cie des Eaux et de l'Ozone*, n° 003124 : *BJCP 2001. 160.*

15. Régularisation de candidatures. Les dispositions combinées de l'art. L. 1411-5 et de l'art. 8 du décret du 31 mai 1997 sur la lutte contre le travail clandestin interdisent de prendre en considération les dossiers des candidats qui ne comporteraient pas les attestations nécessaires. • CE 14 mars 2003, *Sté Air Lib*, n° 251610 : *AJDA 2003. 1052, note Dreyfus ; ACL 2004, n° 53.* ♦ Mais elles prévoient une procédure de régularisation des candidatures, y compris après la date limite de dépôt de candidatures. Cette procédure trouve à s'appliquer, le cas échéant, jusqu'à ce que la commission procède à l'ouverture des plis contenant les offres. • Même arrêt.

III. NÉGOCIATION ET CHOIX

16. La décision par laquelle une collectivité fait le choix de déléguer ou non un service public ou une partie de celui-ci échappe au contrôle du juge de l'excès de pouvoir. • CE 27 janv. 2011, *Cne de Ramatuelle*, n° 338285 : *BJCP 2001. 155.* ♦ Sur la délibération de principe du recours à la délégation, V. notes ss. art. L. 1411-1. ♦ Sur le principe de libre négociation, V. notes 102 s. ss. art. L. 1411-1 qui énonce le même principe. ♦ Sur la consultation du comité technique paritaire, V. note 4 ss. art. L. 1411-4.

17. Les dispositions du dernier al. de l'art. L. 1411-5 ne font pas obstacle à ce que l'assemblée délibérante, saisie d'une proposition de l'autorité exécutive, invite celle-ci à poursuivre les discussions qu'elle avait engagées avec les candidats de son choix. • CE 9 août 2006, *Cie Gén. des Eaux*, n° 286107 : *AJDA 2006. 2064, note Morel*. V. note 103 ss. art. L. 1411-1.

18. En revanche, si le conseil municipal s'est prononcé sur le choix du candidat et la convention à signer, le maire ne peut, sans méconnaître les règles de compétence, reprendre les négociations avec une entreprise et proposer au conseil municipal d'approuver un nouveau projet de contrat substantiellement modifié. • CAA Marseille, 26 mars 2007, *Mme F. Daerden et Mme N. Guérin*, n° 04MA00354 : *BJCP 2008. 421.*

19. L'assemblée délibérante ne peut pas régulièrement habiliter l'autorité exécutive à contracter au nom de la collectivité si elle ne dispose pas de tous les éléments essentiels du contrat à intervenir lors de la délibération ; en l'espèce le nombre et la localisation exacts des emplacements de stationnement payant, dont l'exploitation constituait un des objets essentiels du contrat de délégation, n'avaient pas encore été déterminés. • CAA Bordeaux, 6 mai 2008, *Cne de Biarritz et Sté auxiliaire de parcs*, n° 05BX00917.

Art. L. 1411-5-1 *(L. n° 2019-1461 du 27 déc. 2019, art. 65)* **I. — Lorsqu'un groupement constitué en application de l'article L. 3112-1 du code de la commande publique est composé en majorité de collectivités territoriales ou d'établissements publics locaux, est instituée une commission chargée de remplir les fonctions mentionnées au I de l'article L. 1411-5 du présent code, composée des membres suivants :**

1° Un représentant, élu parmi les membres ayant voix délibérative au sein de la commission prévue au même article L. 1411-5, de chaque membre du groupement qui dispose d'une telle commission ;

2° Un représentant pour chacun des autres membres du groupement, désigné selon les modalités qui leur sont propres.

La commission est présidée par le représentant du coordonnateur du groupement. Pour chaque membre titulaire peut être prévu un suppléant.

II. — La convention constitutive d'un groupement peut prévoir que la commission compétente est celle prévue à l'article L. 1411-5 du coordonnateur du groupement si celui-ci en est doté.

III. — Le président de la commission peut désigner des personnalités compétentes dans la matière qui fait l'objet de la consultation. Ces personnalités sont convoquées et peuvent participer, avec voix consultative, aux réunions de la commission.

La commission peut également être assistée par des agents des membres du groupement, compétents dans la matière qui fait l'objet de la consultation ou en matière de délégations de service public.

Le comptable du coordonnateur du groupement, si celui-ci est un comptable public, et un représentant du ministre chargé de la concurrence peuvent participer, avec voix consultative, aux réunions de la commission, lorsqu'ils y sont invités par le président de la commission. Leurs observations sont consignées au procès-verbal.

COMMENTAIRE

V. dans le supplément en ligne.

Art. L. 1411-6 *(Ord. n° 2016-65 du 29 janv. 2016, art. 58)* **« Tout projet d'avenant à une convention de délégation de service public ne peut intervenir qu'après un vote de l'assemblée délibérante. »**

Tout projet d'avenant à une convention de délégation de service public entraînant une augmentation du montant global supérieure à 5 p. 100 est soumis pour avis à la commission visée à l'article L. 1411-5. L'assemblée délibérante qui statue sur le projet d'avenant est préalablement informée de cet avis.

1. **BIBL.** Les avenants : mutabilité versus stabilité du contrat, *ACCP 2010, n° 105, p. 29, Dossier.*

2. En application des règles générales qui régissent les avenants, un avenant ne peut pas modifier l'objet de la délégation (notamment par la réalisation d'un ouvrage dissociable des ouvrages déjà construits) ; il ne peut pas modifier substantiellement l'un des éléments essentiels de la délégation (tels que sa durée ou le volume des investissements mis à la charge du délégataire) ; il ne peut avoir pour objet la réalisation d'investissements qui sont normalement à la charge du délégataire (comme les investissements de renouvellement des installations). • CE, sect. avis, 19 avr. 2005 : *préc. note 33 ss. art. L. 1411-2.*

Art. L. 1411-7 *(L. n° 2001-1168 du 11 déc. 2001, art. 3)* **« Deux mois au moins après la saisine de la commission prévue à l'article L. 1411-5, l'assemblée délibérante se prononce sur le choix du délégataire et »** *(Ord. n° 2018-1074 du 26 nov. 2018, art. 6)* **« la convention de délégation de service public ».**

Les documents sur lesquels se prononce l'assemblée délibérante doivent lui être transmis quinze jours au moins avant sa délibération.

I. DÉLAI DE DEUX MOIS APRÈS SAISINE DE LA COMMISSION

1. Le délai de deux mois prescrit entre la saisine de la commission et la réunion de l'assemblée délibérante est une formalité à caractère substantiel dont le non-respect entraîne l'irrégularité de la procédure. • TA Lyon, 4 nov. 1998, *Préfet de l'Ardèche c/ Cne de Vernoux-en-Vivarais,* n° 983286 : *BJCP 1999. 479.*

2. Une délibération du 21 oct. 1993 par laquelle le conseil municipal se prononce sur le choix du délégataire est prise sur une procédure irrégulière lorsque la commission d'ouverture des plis s'est réunie le 19 sept. 1993 et qu'en outre la note d'information destinée aux conseillers municipaux n'a été rédigée que le 15 oct. 1993 et qu'une modification essentielle de l'offre du candidat choisi n'a été portée à leur connaissance que la veille du conseil municipal. • CAA Lyon, 24 oct. 2000, *Cne de Val-d'Isère, SA Secours aérien français c/ Sté Mont-Blanc Hélicoptère,* n° 96L4001868 et a. : *BJCP 2001. 320, concl. Bourrachot, obs. R. S.* ♦ Cette délibération illégale pouvait être retirée. Mais la décision de retrait d'une décision créatrice de droits devait être motivée en application de la loi du 11 juill. 1979. La délibération du 28 oct. 1993 qui retire la précédente et qui ne comporte pas de motivation de droit est donc illégale, y compris, par voie de conséquence, en tant qu'elle attribue la délégation à l'autre entreprise candidate. • Même arrêt. ♦ Confirmation de l'arrêt précité de la cour de Lyon. • CE 17 mars 2004, *Cne de Val-d'Isère,* n° 228428. ♦ V. aussi notes ss. art. L. 1411-1.

3. L'objet du délai est de garantir l'efficacité de la négociation avec les opérateurs économiques en imposant une durée minimale de deux mois. • CE, avis cont., 15 déc. 2006, *Préfet des Alpes-Maritimes,* n° 297846 : *JCP Adm. 2007, n° 2012, comm. Linditch ; BJCP 2007.113, concl. Casas, obs. R.S.* ♦ Ce délai commence à courir à compter de la date limite de réception des plis contenant les offres des candidats et de celle à laquelle la commission donne son avis. • Même avis. ♦ Ce délai fait obstacle à ce que l'assemblée délibérante puisse valablement se prononcer moins de deux mois après la date limite de réception des offres. • Même avis.

II. INFORMATION DE L'ASSEMBLÉE DÉLIBÉRANTE

4. Lorsque la délibération concerne une convention de délégation de service public, tout conseiller municipal doit être mis à même, par une information appropriée, quinze jours au moins avant la délibération, de consulter le projet de contrat accompagné de l'ensemble des pièces, notamment les rapports du maire et de la commission de délégation de service public sans que le maire soit tenu de notifier ces mêmes pièces à chacun des membres du conseil municipal. L'information adéquate de l'ensemble des membres d'une assemblée délibérante, afin qu'ils puissent exercer utilement leur mandat, constitue, en principe, une garantie pour les intéressés. • CE 13 oct. 2023, *Collectif alétois gestion publique de l'eau actions sur le Limouxin et le Saint-Hilairois,* n° 464955 B : *AJDA 2024. 435, note J. Martin ; ibid. 2023. 1863 ; AJCT 2024. 38, obs. V. Grillet-Carabajal ; RTD com. 2023. 825, obs. F. Lombard.*

III. DÉCISION DE L'ASSEMBLÉE DÉLIBÉRANTE

5. Le maire ne peut valablement souscrire avec un opérateur économique une convention de délégation de service public sans y avoir été préalablement autorisé par une délégation expresse du conseil municipal. Ce dernier ne peut déléguer sa compétence. • CE 10 janv. 2007, *Sté des pompes funèbres et conseillers funéraires du Roussillon,* n° 284063 : *BJCP 2007.139, concl. Casas, obs. R.S. ; Dr. adm. 2007, n° 39 ; JCP Adm. 2007, n° 2060, note Pélissier ; AJDA 2007. 636, note Dreyfus ; RLCT 2007. 758, note Rolin.* ♦ Le conseil municipal doit, sauf à méconnaître l'étendue de sa compétence, se prononcer sur tous les éléments essentiels du contrat à intervenir, au nombre desquels figurent notamment l'objet précis du contrat ainsi que les éléments financiers exacts et l'identité de son attributaire. • Même arrêt. ♦ Cette exigence se fonde sur les art. L. 2121-29 et L. 2122-21, ce qui lui donne une portée générale à l'égard de tous les contrats et pas seulement des délégations de service public. • Même arrêt.

Art. L. 1411-8 *(Abrogé par Ord. n° 2016-65 du 29 janv. 2016, art. 77)* ***Le recours à une procédure de négociation directe avec une entreprise déterminée n'est possible que dans le cas où, après mise en concurrence, aucune offre n'a été proposée ou n'est acceptée par la collectivité publique.***

1. Le conseil municipal n'a pas méconnu les conditions posées par cet article en décidant qu'aucune des deux offres en présence à l'issue de la procédure de publicité n'était acceptable et en autorisant en conséquence le maire à recourir à la procédure de négociation directe. • TA Orléans, 6 juin 2002, *Sté Vivendi et a.*, n° 99-2903 : *BJCP 2002. 456, concl. Francfort.* ♦ Le fait qu'une offre soit conforme au règlement de consultation n'implique pas nécessairement qu'elle soit acceptée, au sens du texte ; l'avis de la commission d'ouverture des plis ne peut lier le conseil municipal dans son appréciation ... aucun détournement de procédure n'est caractérisé en l'espèce. • Même jugement.

2. Par délibérations de même date, le conseil municipal a décidé de renoncer à passer les conventions de délégation qui faisaient l'objet d'une procédure de consultation engagée initialement et de confier la gestion des services de l'eau et de l'assainissement concernés au département. Les procédures de consultation, au cours desquelles plusieurs candidatures avaient été présentées et examinées, ne peuvent être regardées comme infructueuses, car l'administration municipale avait sollicité et examiné simultanément les propositions du département portant sur la prise en charge des mêmes services dans le cadre de contrats de nature distincte (en réalité des marchés). • TA Toulouse, 11 juill. 2002, *Sté méridionale des eaux c/ Cne de Balma (1re esp.)*, n° 97-2201 : *BJCP 2003. 36, obs. R.S.*

3. Le recours à une procédure de négociation directe après une mise en concurrence infructueuse suppose de ne pas bouleverser les conditions initiales de la mise en concurrence. • TA Nice, 20 juin 2008, *Comité d'entreprise de l'assoc. Nice Acropolis et a.*, n° 0700856 : *BJCP 2008. 476, obs. Terneyre ; AJDA 2009. 262, note Dieu*. ♦ Les précisions apportées en matière de compensations financières susceptibles d'être accordées au délégataire ne constituent pas un tel bouleversement. • Même jugement.

Art. L. 1411-9 *(Ord. n° 2018-1074 du 26 nov. 2018, art. 6)* « **L'autorité territoriale transmet au représentant de l'État dans le département ou, le cas échéant, à son délégué dans l'arrondissement, ou au représentant de l'État dans la région, les délégations de service public des collectivités territoriales, en application des articles L. 2131-2, L. 3131-2 et L. 4141-2 du présent code.** » *(Ord. n° 2016-65 du 29 janv. 2016, art. 58)* « **Elle joint l'ensemble des pièces dont la liste est fixée par décret en Conseil d'État dans un délai de quinze jours à compter de la signature du contrat.** » — *V. art. R. 2131-5.*

Elle certifie, par une mention apposée sur la convention notifiée au titulaire de la délégation, que celle-ci a bien été transmise, en précisant la date de cette transmission.

Elle informe, dans un délai de quinze jours, le représentant de l'État dans le département ou son délégué dans l'arrondissement de la date de notification de cette convention.

Art. L. 1411-10 **Les dispositions des articles L. 1411-1 à L. 1411-9 s'appliquent aux groupements des collectivités territoriales et aux autres établissements publics de ces collectivités.**

V. annotations ss. art. précédents.

Art. L. 1411-11 *Abrogé par Ord. n° 2016-65 du 29 janv. 2016, art. 77.*

Art. L. 1411-12 *(Abrogé par Ord. n° 2016-65 du 29 janv. 2016, art. 77)* ***Les dispositions des articles L. 1411-1 à L. 1411-11 ne s'appliquent pas aux délégations de service public :***

a) Lorsque la loi institue un monopole au profit d'une entreprise ;

b) Lorsque ce service est confié à un établissement public *(L. n° 2010-559 du 28 mai 2010, art. 2)* ***« ou à une société publique locale sur lesquels la personne publique exerce un contrôle comparable à celui qu'elle exerce sur ses propres services et qui réalisent l'essentiel de leurs activités pour elle ou, le cas échéant, les autres personnes publiques qui contrôlent la société, à condition que l'activité déléguée figure expressément dans les statuts de l'établissement ou de la société » ;***

c) Lorsque le montant des sommes dues au délégataire pour toute la durée de la convention n'excède pas 106 000 € ou que la convention couvre une durée non supérieure à trois ans et porte sur un montant n'excédant pas 68 000 € par an. Toutefois, dans ce cas, le projet de délégation est soumis à une publicité préalable ainsi qu'aux dispositions de l'article L. 1411-2. Les modalités de cette publicité sont fixées par décret en Conseil d'État.

COMMENTAIRE

V. dans le supplément en ligne.

Art. L. 1411-13 Dans les communes de 3 500 habitants et plus, les documents relatifs à l'exploitation des services publics délégués, qui doivent être remis à la commune en application de conventions de délégation de service public, à l'exception de ceux mentionnés *(Ord. n° 2016-65 du 29 janv. 2016, art. 58)* « à l'article L. 311-5 du code des relations entre le public et l'administration », sont mis à la disposition du public sur place à la mairie et, le cas échéant, à la mairie annexe, dans les quinze jours qui suivent leur réception par voie d'affiche apposée. Le public est avisé par le maire de cette réception par voie d'affiche apposée en mairie et aux lieux habituels d'affichage pendant au moins un mois.

Art. L. 1411-14 Les dispositions de l'article L. 1411-13 s'appliquent aux établissements publics administratifs des communes de 3 500 habitants et plus, aux établissements publics de coopération intercommunale et aux syndicats mixtes mentionnés à l'article L. 5711-1, qui comprennent au moins une commune de 3 500 habitants et plus.

Le lieu de mise à la disposition du public est le siège de l'établissement *(L. n° 2015-991 du 7 août 2015, art. 122)* « public administratif, » de l'établissement public de coopération intercommunale ou du syndicat mixte.

(L. n° 2015-991 du 7 août 2015, art. 122) « Lorsqu'une demande de consultation est présentée à la mairie de l'une des communes membres d'un établissement public de coopération intercommunale ou d'un syndicat mixte mentionnés au premier alinéa, celui-ci transmet, sans délai, les documents à la commune concernée, qui les met à la disposition du demandeur. Cette transmission peut se faire par voie électronique. »

Art. L. 1411-15 Les dispositions de l'article L. 1411-13 sont applicables aux départements. Le lieu de mise à disposition du public est l'hôtel du département. Ces documents peuvent également être mis à la disposition du public dans chaque canton, dans un lieu public. — *[L. du 10 août 1871, art. 67, al. 2.]*

Art. L. 1411-16 Les dispositions de l'article L. 1411-13 sont applicables aux régions. Le lieu de mise à disposition du public est l'hôtel de la région. Ces documents peuvent également être mis à la disposition du public dans chaque département, dans un lieu public. — *[L. n° 72-619 du 5 juill. 1972, art. 6, al. 9 et 10.]*

Art. L. 1411-17 Les dispositions prévues aux articles L. 1411-15 et L. 1411-16 s'appliquent également aux établissements publics de coopération interdépartementale, aux établissements publics de coopération interrégionale et aux syndicats mixtes mentionnés à l'article L. 5721-2 qui comprennent au moins un département ou une région. Le lieu de mise à disposition est le siège de l'établissement et les hôtels des départements et des régions membres. — *[L. n° 92-125 du 6 févr. 1992, art. 16-III.]*

Art. L. 1411-18 Les conventions relatives à des délégations de service public peuvent être transmises par le représentant de l'État dans le département à la chambre régionale des comptes. Il en informe l'autorité territoriale concernée. La chambre régionale des comptes examine cette convention. Elle formule ses observations dans un délai d'un mois à compter de sa saisine. L'avis de la chambre régionale des comptes est transmis à la collectivité territoriale ou à l'établissement public intéressé et au représentant de l'État. Les dispositions de *(Ord. n° 2016-1360 du 13 oct. 2016, art. 51)* « l'article L. 244-1 du code des juridictions financières » sont applicables. L'assemblée délibérante est informée de l'avis de la chambre régionale des comptes dès sa plus proche réunion.

BIBL. ▶ BERTUCCI et DOYELLE, L'activité des chambres régionales des comptes. L'examen des conventions relatives aux marchés ou à des délégations de service public, *AJDA 1995. 200*.

L'avis émis par une CRC, dans le cadre de ces dispositions, ne présente pas le caractère d'une décision susceptible d'être soumise au juge par la voie du recours pour excès de pouvoir (à propos d'une convention d'exploitation des transports scolaires). • CE 8 déc. 1995, *Dpt de La Réunion*, n° 154042 : *Lebon 436*.

Art. L. 1411-19 *(L. n° 2010-559 du 28 mai 2010, art. 2)* **Les assemblées délibérantes des collectivités territoriales et de leurs groupements se prononcent sur le principe de toute délégation de service public à une société publique locale** *(L. n° 2014-744 du 1er juill. 2014, art. 3)* **« ou à une société d'économie mixte à opération unique », le cas échéant après avoir recueilli l'avis de la commission consultative des services publics locaux prévue à l'article L. 1413-1. Elles statuent au vu d'un rapport qui présente le document contenant les caractéristiques des prestations** *(L. n° 2014-744 du 1er juill. 2014, art. 3)* **« déléguées ».**

L'assemblée délibérante doit se prononcer sur le principe de toute délégation de service public à une SPL avant l'éventuelle procédure de publicité et de mise en concurrence ou avant l'attribution du contrat si celui-ci est attribué sans publicité ni mise en concurrence préalables dans le cadre d'une relation de quasi-régie. * Rép. min. n° 23831 : *JOAN, 10 mars 2020, p. 1929.*

CHAPITRE II GESTION DIRECTE DES SERVICES PUBLICS

(L. n° 99-586 du 12 juill. 1999)

Art. L. 1412-1 Les collectivités territoriales, leurs établissements publics, les établissements publics de coopération intercommunale ou les syndicats mixtes, pour l'exploitation directe d'un service public industriel et commercial relevant de leur compétence, constituent une régie soumise aux dispositions du chapitre I du titre II du livre II de la deuxième partie *[V. art. L. 2221-1 s.]* *(L. n° 2002-276 du 27 févr. 2002, art. 5)* **« , le cas échéant, après avoir recueilli l'avis de la commission consultative des services publics locaux prévue à l'article L. 1413-1 ».**

(L. n° 2018-702 du 3 août 2018, art. 2) **« L'exploitation des services publics de l'assainissement des eaux usées et de la gestion des eaux pluviales urbaines peut donner lieu à la création d'une régie unique.**

« Lorsqu'elle est assurée à l'échelle intercommunale par un même établissement public de coopération intercommunale ou un même syndicat mixte, l'exploitation des services publics de l'eau et de l'assainissement des eaux usées ou de la gestion des eaux pluviales urbaines peut donner lieu à la création d'une régie unique, dotée de la personnalité morale et de l'autonomie financière, conformément aux dispositions de l'article L. 2221-10, à condition que les budgets correspondants à chacun de ces services publics demeurent strictement distincts. »

(L. n° 2023-175 du 10 mars 2023, art. 88) **« L'obligation prévue au premier alinéa du présent article n'est pas applicable »** *(L. n° 2025-391 du 30 avr. 2025, art. 24)* **« dans le cadre d'un projet d'installation de production d'énergies renouvelables, au sens de l'article L. 211-2 du code de l'énergie. »**

BIBL. ▸ Didriche, *AJCT 2014. 184* (Les multiples acceptions de la notion de « régie » dans les collectivités territoriales). – Jacquemoire, *AJCT 2014. 189* (Régie et régies : gestion directe ou gestion déléguée des activités de service public ?).

COMMENTAIRE

V. dans le supplément en ligne.

1. Assujettissement à l'impôt sur les sociétés. En application de l'art. L. 1412-1 CGCT, les EPCI ou les syndicats mixtes doivent constituer une régie soumise aux dispositions du chapitre 1er du titre II du livre II de la deuxième partie du CGCT pour l'exploitation directe d'un service industriel et commercial relevant de leur compétence. S'agissant de la nature des activités exercées par les collectivités territoriales, les critères de lucrativité dégagés par la jurisprudence du Conseil d'État sont repris par la doctrine administrative (BOFiP-Impôts, BOI-ISCHAMP-10-50-10-20). Ainsi, sous réserve de la condition tenant au caractère désintéressé de leur gestion, qui est présumée remplie à leur égard, le caractère lucratif d'une activité s'apprécie en analysant le produit proposé, le public visé, les prix pratiqués ainsi que la publicité réalisée (méthode dite des « 4P ») afin de déterminer si l'activité est exercée dans des conditions similaires à celles d'une entreprise du secteur lucratif. Par ailleurs, les dispositions du 6° du 1 de l'art. 207 CGI prévoient que les régions et les ententes interrégionales, les départements et les ententes interdépartementales, les communes, les EPCI à fiscalité propre, les syndicats de communes et les syndicats mixtes constitués exclusivement de collectivités territoriales ou de groupements de ces collectivités sont exonérés d'impôt sur les sociétés. S'agissant des régies de services publics de ces entités, conformément à la jurisprudence du Conseil d'État, cette exonération d'impôt sur les sociétés ne s'applique qu'au titre de l'exécution d'un service public indispensable à la satisfaction des besoins collectifs de la population. Dès lors, le régime fiscal applicable en matière d'impôt sur les sociétés à un syndicat intercommunal résulte de l'examen de la nature des activités qu'il exerce ainsi que de leur mode d'exploitation. * Rép. min. n° 4859 : *JO Sénat 17 mai 2018, p. 2345.*

2. Gestion en régie de l'eau et de l'assainissement. Les art. L. 2224-11 et L. 1412-1 CGCT disposent respectivement que les services d'eau et d'assainissement sont financièrement gérés comme des services à caractère industriel et commercial (SPIC) et que les syndicats mixtes, pour l'exploitation directe d'un SPIC relevant de leur compétence, constituent une régie. Il résulte ainsi de ces dispositions que, pour chaque SPIC faisant l'objet d'une exploitation directe, il convient de créer une régie distincte. Il est toutefois admis une exception pour les services publics de l'assainissement collectif et non collectif qui, s'ils sont exploités selon des modes de gestion identiques, peuvent être réunis au sein d'une même régie, à condition que la comptabilisation des opérations de ces deux services au sein d'un budget unique soit accompagnée d'un détail analytique permettant de dissocier le coût de chacun des services. La nécessité de procéder à la création d'une régie distincte pour chaque SPIC trouve également sa justification dans les dispositions issues de l'art. L. 2224-1 CGCT, selon lequel les budgets des SPIC exploités en régie doivent être équilibrés en recettes et en dépenses, ainsi que de l'art. L. 2224-2 du code précité, qui interdit aux collectivités de rattachement de prendre en charge, dans leur budget propre, des dépenses au titre de ces services. Ainsi, sauf dérogations expressément et limitativement énumérées à l'art. L. 2224-2, les SPIC doivent être soumis au principe d'équilibre financier. Enfin, l'existence de régies distinctes pour chaque SPIC permet de s'assurer du respect du principe selon lequel le coût du service doit être répercuté sur ses seuls usagers. Le principe d'équilibre doit ainsi conduire à individualiser par service le coût réel de celui-ci pour le facturer aux usagers proportionnellement au service rendu. Le transfert, dans le cadre d'une régie « multi-services », des éventuels excédents de trésorerie d'un service public à un autre contreviendrait à ce principe, dont le juge administratif assure le respect en appréciant la proportionnalité de la redevance payée par les usagers. • CE 30 sept. 1996, *M. Mérigot, Sté stéphanoise des eaux et ville de Saint-Étienne,* n° 156176 : *Lebon ; D. 1996. 251.* ♦ Les dispositions de l'art. L. 2224-6 CGCT permettent toutefois de déroger à l'obligation de créer une régie distincte par SPIC, pour les communes de moins de 3 000 habitants et les EPCI dont aucune commune membre ne comporte plus de 3 000 habitants. Dans ce cas de figure, il est possible d'établir un budget unique des services de distribution d'eau potable et d'assainissement, à la double condition que ces deux services soient soumis aux mêmes règles d'assujettissement à la taxe sur la valeur ajoutée et que leur mode de gestion soit identique. Ce même article précise, par ailleurs, que le budget et les factures émises doivent faire apparaître la répartition entre les opérations relatives à la distribution d'eau potable et celles relatives à l'assainissement. * Rép. min. n° 03363 : *JO Sénat 12 avr. 2018, p. 1791.*

Art. L. 1412-2 **Les collectivités territoriales, leurs établissements publics, les établissements publics de coopération intercommunale ou les syndicats mixtes peuvent individualiser la gestion d'un service public administratif relevant de leur compétence par la création d'une régie soumise aux dispositions du chapitre I du titre II du livre II de la deuxième partie** *[V. art. L. 2221-1 s.] (L. n° 2002-276 du 27 févr. 2002, art. 5)* **« , le cas échéant, après avoir recueilli l'avis de la commission consultative des services publics locaux prévue à l'article L. 1413-1 ». Sont toutefois exclus les services qui, par leur nature ou par la loi, ne peuvent être assurés que par la collectivité locale elle-même.**

Art. L. 1412-3 *(L. n° 2002-6 du 4 janv. 2002, art. 2)* **Les collectivités territoriales, leurs établissements publics, les établissements publics de coopération intercommunale ou les syndicats mixtes peuvent individualiser la gestion d'un service public culturel relevant de leur compétence par la création d'un établissement public de coopération culturelle soumis aux dispositions du chapitre unique du titre III du présent livre.**

CHAPITRE III PARTICIPATION DES HABITANTS ET DES USAGERS À LA VIE DES SERVICES PUBLICS

(L. n° 2002-276 du 27 févr. 2002, art. 5)

Art. L. 1413-1 **Les régions,** *(Ord. n° 2016-1562 du 21 nov. 2016, art. 31)* **« la collectivité de Corse, » les départements, les communes de plus de 10 000 habitants, les éta-**

blissements publics de coopération intercommunale de plus de 50 000 habitants et les syndicats mixtes comprenant au moins une commune de plus de 10 000 habitants créent une commission consultative des services publics locaux pour l'ensemble des services publics qu'ils confient à un tiers par convention de délégation de service public ou qu'ils exploitent en régie dotée de l'autonomie financière. *(L. n° 2006-1772 du 30 déc. 2006, art. 58)* « Les établissements publics de coopération intercommunale dont la population est comprise entre 20 000 et 50 000 habitants peuvent créer une commission consultative des services publics locaux dans les mêmes conditions. »

Cette commission, présidée par le maire, le président du conseil départemental, le président du conseil régional, *(Ord. n° 2016-1562 du 21 nov. 2016, art. 31)* « le président du conseil exécutif pour la collectivité de Corse, » le président de l'organe délibérant, ou leur représentant, comprend des membres de l'assemblée délibérante ou de l'organe délibérant, désignés dans le respect du principe de la représentation proportionnelle, et des représentants *(L. n° 2022-217 du 21 févr. 2022, art. 6)* « des usagers et des habitants intéressés à la vie des services publics locaux », nommés par l'assemblée délibérante ou l'organe délibérant. En fonction de l'ordre du jour, la commission peut, sur proposition de son président, inviter à participer à ses travaux, avec voix consultative, toute personne dont l'audition lui paraît utile.

La majorité des membres de la commission peut demander l'inscription à l'ordre du jour de toute proposition relative à l'amélioration des services publics locaux.

La commission examine chaque année sur le rapport de son président :

1° Le rapport, mentionné à l'article L. 1411-3, établi par le délégataire de service public ;

2° Les rapports sur le prix et la qualité du service public d'eau potable, sur les services d'assainissement visés à l'article L. 2224-5 ;

3° Un bilan d'activité des services exploités en régie dotée de l'autonomie financière ;

(Ord. n° 2018-1074 du 26 nov. 2018, art. 6) « 4° Le rapport mentionné à l'article L. 2234-1 du code de la commande publique établi par le titulaire d'un marché de partenariat. »

Elle est consultée pour avis par l'assemblée délibérante ou par l'organe délibérant sur :

1° Tout projet de délégation de service public, avant que l'assemblée délibérante ou l'organe délibérant se prononce dans les conditions prévues par l'article L. 1411-4 ;

2° Tout projet de création d'une régie dotée de l'autonomie financière, avant la décision portant création de la régie ;

(Ord. n° 2004-559 du 17 juin 2004, art. 15) « 3° Tout projet de partenariat avant que l'assemblée délibérante ou l'organe délibérant ne se prononce dans les conditions prévues à l'article L. 1414-2 ; »

(L. n° 2010-788 du 12 juill. 2010, art. 162) « 4° Tout projet de participation du service de l'eau ou de l'assainissement à un programme de recherche et de développement, avant la décision d'y engager le service. »

(L. n° 2006-1772 du 30 déc. 2006, art. 58) « Le président de la commission consultative des services publics locaux présente à son assemblée délibérante ou à son organe délibérant, avant le 1er juillet de chaque année, un état des travaux réalisés par cette commission au cours de l'année précédente. »

(L. n° 2007-1787 du 20 déc. 2007, art. 13) « Dans les conditions qu'ils fixent, l'assemblée délibérante ou l'organe délibérant peuvent charger, par délégation, l'organe exécutif de saisir pour avis la commission des projets précités. »

1. En ne rendant obligatoire la création de la commission que pour les communes les plus importantes, le législateur a entendu, tout en poursuivant un objectif général d'amélioration de la gestion des services publics locaux, ne pas imposer des contraintes et des charges excessives aux communes. En fixant le seuil à 10 000 habitants, il a entendu, en retenant un critère objectif et rationnel en rapport avec l'objet de la loi, tenir compte des différences dans la capacité des communes à réunir et faire fonctionner la commission et de la plus ou moins grande proximité entre les services et leurs usagers. Au surplus, toute commune peut créer un comité analogue en vertu de l'art. L. 2143-2. Il n'y a pas lieu de renvoyer la QPC au Conseil constitutionnel. • CE 17 sept. 2013, *Assoc. Collectif alétois « gestion publique de l'eau » et Assoc. Avenir d'Alet*, n° 369535 : *AJDA 2013. 2348*.

2. Les délibérations par lesquelles le conseil municipal désigne les membres, conseillers municipaux ou membres d'associations locales, de la commission consultative des services publics locaux de l'art. L. 1413-1 ne soulèvent pas de litiges en matière électorale mais relèvent du contentieux de l'excès de pouvoir. • CE 23 juill. 2010, *M. Mérigot, n° 338499 : AJDA 2010. 1508 et 2053, note Verpeaux ; Rev. CMP 2010, n° 10, p. 344, note Eckert.*

CHAPITRE IV **LES MARCHÉS PUBLICS**

(Ord. n° 2015-899 du 23 juill. 2015, art. 101)

Art. L. 1414-1 **Les marchés publics des collectivités territoriales, de leurs établissements publics et de leurs groupements sont passés et exécutés conformément** *(Ord. n° 2018-1074 du 26 nov. 2018, art. 6)* **« aux dispositions du code de la commande publique ».**

COMMENTAIRE

V. dans le supplément en ligne.

Art. L. 1414-2 **Pour les marchés publics** *(L. n° 2018-1021 du 23 nov. 2018, art. 69)* **« passés selon une procédure formalisée » dont la valeur estimée hors taxe** *(L. n° 2018-1021 du 23 nov. 2018, art. 69)* **« prise individuellement » est égale ou supérieure aux seuils européens** *(Ord. n° 2018-1074 du 26 nov. 2018, art. 6)* **« qui figurent en annexe du code de la commande publique », à l'exception des marchés publics passés par les établissements publics sociaux ou médico-sociaux, le titulaire est choisi par une commission d'appel d'offres composée conformément aux dispositions de l'article L. 1411-5.** *(L. n° 2018-1021 du 23 nov. 2018, art. 69)* **« Toutefois, pour les marchés publics passés par les offices publics de l'habitat, la commission d'appel d'offres est régie par les dispositions du code de la construction et de l'habitation applicables aux commissions d'appel d'offres des organismes privés d'habitations à loyer modéré. »**

(L. n° 2018-1021 du 23 nov. 2018, art. 69) **« En cas d'urgence impérieuse, le marché public peut être attribué sans réunion préalable de la commission d'appel d'offres. »**

Les délibérations de la commission d'appel d'offres peuvent être organisées à distance dans les conditions *(Ord. n° 2018-1074 du 26 nov. 2018, art. 6)* **« de l'ordonnance n° 2014-1329 du 6 novembre 2014 relative aux délibérations à distance des instances administratives à caractère collégial. »**

COMMENTAIRE

V. dans le supplément en ligne.

Art. L. 1414-3 **I. — Lorsqu'un groupement de commandes est composé en majorité de collectivités territoriales ou d'établissements publics locaux autres qu'un établissement public social ou médico-social** *(L. n° 2016-1691 du 9 déc. 2016, art. 39)* **« ou qu'un office public de l'habitat », il est institué une commission d'appel d'offres composée des membres suivants :**

1° Un représentant élu parmi les membres ayant voix délibérative de la commission d'appel d'offres de chaque membre du groupement qui dispose d'une commission d'appel d'offres ;

2° Un représentant pour chacun des autres membres du groupement désigné selon les modalités qui leur sont propres.

La commission d'appel d'offres est présidée par le représentant du coordonnateur du groupement. Pour chaque membre titulaire peut être prévu un suppléant.

(L. n° 2016-1691 du 9 déc. 2016, art. 39) **« I *bis*. — Lorsqu'un groupement de commandes est composé en majorité d'offices publics de l'habitat, il est institué une commission d'appel d'offres selon des modalités fixées par décret en Conseil d'État. »**

II. — La convention constitutive d'un groupement de commandes peut prévoir que la commission d'appel d'offre compétente est celle du coordonnateur du groupement si celui-ci en est doté.

III. — Le président de la commission peut désigner des personnalités compétentes dans la matière qui fait l'objet de la consultation. Celles-ci sont convoquées et peuvent participer, avec voix consultative, aux réunions de la commission d'appel d'offres.

La commission d'appel d'offres peut également être assistée par des agents des membres du groupement, compétents dans la matière qui fait l'objet de la consultation ou en matière de marchés publics.

Le comptable du coordonnateur du groupement, si celui-ci est un comptable public, et un représentant du ministre chargé de la concurrence peuvent participer, avec voix consultative, aux réunions de la commission d'appel d'offres, lorsqu'ils y sont invités. Leurs observations sont consignées au procès-verbal.

Art. L. 1414-4 Tout projet d'avenant à un marché public entraînant une augmentation du montant global supérieure à 5 % est soumis pour avis à la commission d'appel d'offres. Lorsque l'assemblée délibérante est appelée à statuer sur un projet d'avenant, l'avis de la commission d'appel d'offres lui est préalablement transmis.

Toutefois, ces dispositions ne sont pas applicables lorsque ces avenants concernent des marchés publics qui ne sont pas soumis à la commission d'appel d'offres.

CHAPITRE V *[ABROGÉ]* CONTRATS DE CONCESSION DE TRAVAUX PUBLICS

(Abrogé par Ord. n° 2016-65 du 29 janv. 2016, art. 77)

BIBL. ▶ Cossalter, La renaissance de la concession de travaux : un contrat ni souhaité ni souhaitable, *AJDA 2009. 1882*. – Pauliat, Les concessions de travaux publics : grand renouvellement ou simple actualisation, *RDI 2010. 416*.

Art. L. 1415-1 à L. 1415-9 *Abrogés par Ord. n° 2016-65 du 29 janv. 2016, art. 77.*

TITRE II DISPOSITIONS PROPRES À CERTAINS SERVICES PUBLICS LOCAUX

CHAPITRE I SERVICES CULTURELS DES COLLECTIVITÉS TERRITORIALES

(Ord. n° 2004-178 du 20 févr. 2004, art. 4)

SECTION 1 Archives

Art. L. 1421-1 Les règles générales relatives aux archives des collectivités territoriales *(L. n° 2008-696 du 15 juill. 2008, art. 33)* « et des groupements de collectivités territoriales » sont fixées par les dispositions *(L. n° 2022-217 du 21 févr. 2022, art. 202)* « du II de l'article L. 212-4 et des articles L. 212-4-1 » à L. 212-10 et L. 212-33 du code du patrimoine.

Code du patrimoine

Archives publiques (dispositions générales)

Art. L. 212-4 *(L. n° 2008-696 du 15 juill. 2008, art. 5)* I. — Les archives publiques qui, à l'issue de la sélection prévue aux articles L. 212-2 et L. 212-3, sont destinées à être conservées sont versées dans un service public d'archives dans des conditions fixées par décret en Conseil d'État. Ce décret détermine les cas où, par dérogation aux dispositions qui précèdent, l'administration des archives laisse le soin de la conservation des documents d'archives produits ou reçus par certaines administrations ou certains organismes aux services compétents de ces administrations ou organismes lorsqu'ils présentent des conditions satisfaisantes de conservation, de sécurité, de communication et d'accès des documents. Il fixe les conditions de la coopération entre l'administration des archives et ces administrations ou organismes.

Les dispositions qui précèdent ne sont pas applicables aux archives des collectivités territoriales et des groupements de collectivités territoriales.

(L. n° 2022-217 du 21 févr. 2022, art. 202) « II. — La gestion des documents d'archives publiques procédant de l'activité des personnes mentionnées à l'article L. 211-4 qui n'ont pas encore fait l'objet de la sélection prévue aux articles L. 212-2 et L. 212-3 est assurée par ces personnes sous le contrôle scientifique et technique de l'administration des archives.

« Ces personnes peuvent, par convention, mutualiser entre elles la gestion de ces documents par la mise en commun d'équipements, de personnel, de services ou de moyens matériels, logistiques ou financiers.

« Elles peuvent également, après en avoir fait la déclaration à l'administration des archives, déposer tout ou partie de ces documents auprès de personnes physiques ou morales agréées à cet effet par l'administration des archives.

« Le dépôt fait l'objet d'un contrat qui prévoit les conditions de sécurité et de conservation des documents déposés ainsi que les modalités de leur communication et de leur accès, du contrôle de ces documents par l'administration des archives et de leur restitution au déposant au terme du contrat. Un décret en Conseil d'État fixe les modalités de la déclaration préalable ainsi que les conditions d'octroi et de retrait de l'agrément des dépositaires et précise le contenu des clauses devant figurer dans les contrats de dépôt. »

(Ord. nº 2017-27 du 12 janv. 2017, art. 2) « Les données de santé à caractère personnel recueillies à l'occasion d'activités de prévention, de diagnostic, de soins ou de suivi social et médico-social procédant de l'activité des personnes visées à l'article L. 211-4 qui n'ont pas encore fait l'objet de la sélection prévue à l'article L. 212-3 peuvent être confiées, après en avoir fait la déclaration à l'administration des archives, à des personnes physiques ou morales titulaires de l'agrément ou du certificat de conformité prévus à cet effet à l'article L. 1111-8 du code de la santé publique. »

III. — Abrogé par L. nº 2022-217 du 21 févr. 2022, art. 202.

Art. L. 212-4-1 *(L. nº 2022-217 du 21 févr. 2022, art. 202)* La conservation des archives numériques sélectionnées en application des articles L. 212-2 et L. 212-3 peut faire l'objet, par convention, d'une mutualisation entre les personnes publiques mentionnées à l'article L. 211-4, dans la mesure où au moins l'une d'entre elles dispose d'un service public d'archives.

Archives publiques des collectivités territoriales

V. également C. patr., art. R. 212-49 à R. 212-56, ss. art. D. 1421-1.

Art. L. 212-6 Les collectivités territoriales sont propriétaires de leurs archives. *(L. nº 2022-217 du 21 févr. 2022, art. 202)* « Elles veillent à leur gestion, à leur conservation et à leur mise en valeur dans l'intérêt public et sous le contrôle scientifique et technique de l'administration des archives. » Toutefois, les régions peuvent également confier la conservation de leurs archives, par convention, au service d'archives du département où se trouve le chef-lieu de la région.

Art. L. 212-6-1 *(L. nº 2008-696 du 15 juill. 2008, art. 6)* Les groupements de collectivités territoriales sont propriétaires de leurs archives. *(L. nº 2022-217 du 21 févr. 2022, art. 202)* « Ils veillent à leur gestion, à leur conservation et à leur mise en valeur dans l'intérêt public et sous le contrôle scientifique et technique de l'administration des archives. » Ils peuvent également confier la conservation de leurs archives, par convention, au service d'archives de l'une des communes membres du groupement ou les déposer au service départemental d'archives compétent.

Le dépôt au service départemental d'archives est prescrit d'office par le préfet, après une mise en demeure restée sans effet, lorsqu'il est établi que la conservation des archives du groupement n'est pas convenablement assurée.

Art. L. 212-7 Les collectivités territoriales continuent de bénéficier, pour la conservation et la mise en valeur de leurs archives, des concours financiers de l'État dans les conditions en vigueur au 1er janvier 1986.

Art. L. 212-8 Les services départementaux d'archives sont financés par le département *(Ord. nº 2016-1562 du 21 nov. 2016, art. 32)* « ou, en Corse, par la collectivité de Corse ». Ils sont tenus de recevoir et de gérer les archives des services déconcentrés de l'État ayant leur siège dans le département. Ceux-ci sont tenus de les y verser. Il en va de même des autres archives publiques constituées dans leur ressort ainsi que des archives que les communes sont tenues ou décident de déposer aux archives départementales. Les services départementaux d'archives peuvent également recevoir des archives privées.

(L. nº 2014-58 du 27 janv. 2014, art. 30) « Le service départemental d'archives du Rhône exerce les missions définies au premier alinéa sur les territoires du département du Rhône et de la métropole de Lyon. Il assure également la conservation et la mise en valeur des archi-

ves de la métropole de Lyon. Le département du Rhône et la métropole de Lyon assurent conjointement le financement du service départemental d'archives du Rhône. »

(Ord. n° 2014-1543 du 19 déc. 2014, art. 27) « Le service départemental d'archives du Rhône est un service unifié au sens du I de l'article L. 5111-1-1 du code général des collectivités territoriales, rattaché au département du Rhône.

« Le remboursement des dépenses prévu au cinquième alinéa de l'article L. 5111-1-1 s'effectue au prorata de la population du département du Rhône et de la métropole de Lyon.

« Pour l'application des dispositions du livre II du présent code au département du Rhône et à la métropole de Lyon, les mots : "service départemental d'archives", "archives du département" et "archives départementales" sont remplacés par les mots : "service d'archives du département du Rhône et de la métropole de Lyon". »

(Ord. n° 2016-1562 du 21 nov. 2016, art. 32) « Pour l'application des dispositions du livre II du présent code à la collectivité de Corse, les mots : "service départemental d'archives", "archives du département" et "archives départementales" sont remplacés par les mots : "service d'archives de la collectivité de Corse". »

(Ord. n° 2018-74 du 8 févr. 2018, art. 5) « Pour l'application des dispositions du livre II du présent code à la Ville de Paris, les mots : "service départemental d'archives", "archives du département" et "archives départementales" sont remplacés par les mots : "service d'archives de la Ville de Paris". »

Il résulte de la combinaison de l'art. 66 de la loi du 22 juill. 1983 (C. patr., art. L. 212-6 et L. 212-8) et de l'art. 7 de la loi du 26 janv. 1984 (L. n° 84-53, portant dispositions statutaires relatives à la fonction publique territoriale, V. ce texte au **CGFP**) que les services départementaux d'archives sont des services relevant des départements dont les emplois appartiennent à la fonction publique territoriale ; les fonctionnaires des cadres d'emploi correspondants (filière culturelle) ont en conséquence vocation à occuper ces emplois. • CE, ass., 27 oct. 1995, *Michon et a.*, n° 130420 : *Lebon 370 ; Dr. adm. 1995, n° 770 ; Cah. fonct. publ. 1996, p. 19, concl. Toutée.* ♦ L'art. 4 du décret n° 91-839 du 2 sept. 1991, portant statut particulier du cadre d'emploi des conservateurs territoriaux du patrimoine, qui a pour objet et pour effet d'interdire à ces fonctionnaires territoriaux d'occuper les emplois correspondant à leur grade existant dans les services départementaux d'archives méconnaît les dispositions législatives précitées et doit être annulé. • Même arrêt.

Art. L. 212-9 *(L. n° 2007-148 du 2 févr. 2007, art. 11)* Par dérogation au II de l'article 42 de la loi n° 84-16 du 11 janvier 1984 portant dispositions statutaires relatives à la fonction publique de l'État, la mise à disposition des personnels scientifiques et de documentation de l'État auprès des départements *(Ord. n° 2016-1562 du 21 nov. 2016, art. 32)* « ou, en Corse, de la collectivité de Corse » pour exercer leurs fonctions dans les services départementaux d'archives n'est pas soumise à l'obligation de remboursement.

(L. n° 2008-696 du 15 juill. 2008, art. 7) « Les directeurs des services départementaux d'archives sont choisis parmi les conservateurs ou les conservateurs généraux du patrimoine de l'État.

« Un décret en Conseil d'État fixe les modalités d'application du présent article. »

Art. L. 212-10 La conservation et la mise en valeur des archives appartenant aux collectivités territoriales *(L. n° 2008-696 du 15 juill. 2008, art. 8)* « et aux groupements de collectivités territoriales », ainsi que de celles gérées par les services départementaux d'archives en application des articles L. 212-6 et L. 212-8 sont assurées conformément à la législation applicable en la matière sous le contrôle scientifique et technique de l'État.

1. Si la loi du 22 juill. 1983 (C. patr., art. L. 212-10) autorise la mise à disposition des départements de fonctionnaires de l'État pour exercer leurs fonctions dans les services départementaux d'archives, elle ne leur a pas conféré le droit exclusif d'occuper les emplois relevant de la conservation dans ces services et ne permet pas d'exclure les conservateurs territoriaux du patrimoine de tout emploi dans ces services. • CE, ass., 27 oct. 1995, *Michon et a.*, n° 130420 : *Lebon 370 ; Dr. adm. 1995, n° 770 ; Cah. fonct. publ. 1996, p. 19, concl. Toutée.*

2. Le service des archives est un service public administratif dont la collectivité a la charge par la volonté du législateur. Lorsque plusieurs départements entendent s'associer pour gérer un tel service public, il leur appartient de choisir l'une des formes de coopération interdépartementale de droit public prévues par la loi. Est donc illégale la création par dix départements d'une association ayant pour objet d'assurer la maintenance et l'amélioration d'un logiciel pour la gestion informatisée de leurs services des archives départementales. • CAA Marseille, 21 janv. 1999, *Dpt des Pyrénées-Orientales*, n° 96MA11805 : *Dr. adm. 1999, n° 125.*

Art. L. 212-10-1 *(L. nº 2020-1525 du 7 déc. 2020, art. 25)* Un décret en Conseil d'État fixe les conditions dans lesquelles les conservateurs d'archives, appartenant au personnel scientifique de l'État, mis à disposition du président du conseil départemental ou régional ou, en Corse, du président du conseil exécutif, peuvent :

1° Assurer le contrôle scientifique et technique prévu à l'article L. 212-10 ;

2° Délivrer les autorisations de destruction d'archives privées classées comme archives historiques prévues à l'article L. 212-27 ;

3° Délivrer, avant l'expiration des délais fixés au I de l'article L. 213-2, les autorisations de consultation de documents d'archives publiques.

Art. L. 1421-2 Les règles relatives au dépôt des archives communales sont fixées par les dispositions des articles L. 212-11 à L. 212-14 du code du patrimoine.

Code du patrimoine

Archives publiques (dépôt des archives communales)

V. également C. patr., art. R. 212-57 à R. 212-61, ss. art. D. 1421-2.

Art. L. 212-11 *(L. nº 2016-925 du 7 juill. 2016, art. 61)* Les archives produites ou reçues par les communes de moins de 2 000 habitants :

1° Peuvent être confiées en dépôt, par convention, au service d'archives du groupement de communes à fiscalité propre dont elles sont membres ou au service d'archives de la commune membre désignée par ce groupement pour gérer les archives de celui-ci, dans des conditions déterminées par décret en Conseil d'État ;

2° Sont déposées au service départemental d'archives compétent à l'expiration d'un délai de cent vingt ans pour les registres de l'état civil et de cinquante ans pour les autres documents n'ayant plus d'utilité administrative et destinés à être conservés à titre définitif. Toutefois, après déclaration auprès du représentant de l'État dans le département et accord de l'administration des archives, la commune peut conserver elle-même ses archives ou les confier au service d'archives du groupement de communes à fiscalité propre auquel elle appartient ou au service d'archives de la commune membre désignée par ce groupement pour gérer les archives de celui-ci, dans les conditions prévues au 1°.

Par exception, les archives numériques peuvent être déposées avant l'expiration de leur durée d'utilité administrative.

Art. L. 212-12 *(L. nº 2016-925 du 7 juill. 2016, art. 62)* Les archives produites ou reçues par les communes de 2 000 habitants ou plus peuvent être déposées par le maire, par convention :

1° Au service d'archives du groupement de communes à fiscalité propre dont elles sont membres ou au service d'archives de la commune membre désignée par ce groupement pour gérer les archives de celui-ci, dans des conditions déterminées par décret en Conseil d'État ;

2° Au service départemental d'archives compétent à l'expiration d'un délai de cent vingt ans pour les registres de l'état civil et de cinquante ans pour les autres documents n'ayant plus d'utilité administrative et destinés à être conservés à titre définitif.

Par exception, les archives numériques peuvent être déposées avant l'expiration de leur durée d'utilité administrative.

Art. L. 212-13 Lorsqu'il s'agit de documents présentant un intérêt historique certain et dont il est établi que les conditions de leur conservation les mettent en péril, le préfet peut mettre en demeure la commune de prendre toutes mesures qu'il énumère.

Si la commune ne prend pas ces mesures, le préfet peut prescrire le dépôt d'office de ces documents aux archives du département, quelles que soient l'importance de la commune et la date des documents.

Art. L. 212-14 Les documents mentionnés aux articles L. 212-11 à L. 212-13, déposés par le maire, restent la propriété de la commune.

La conservation, le classement et la communication des documents d'archives communales déposés sont assurés dans les conditions prévues pour les archives départementales proprement dites.

Il n'est procédé, dans les fonds d'archives communales déposés aux archives du département, à aucune élimination sans l'autorisation du conseil municipal.

Art. L. 1421-3 **Les règles relatives au droit de préemption sur les archives privées exercé par l'État pour le compte et à la demande des collectivités territoriales sont fixées par les dispositions des articles L. 212-34 à L. 212-36 du code du patrimoine.**

SECTION 2 Bibliothèques

Pour le concours financier de l'État aux bibliothèques dans le cadre d'un concours particulier au sein de la dotation générale de décentralisation, V. art. L. 1614-10.

Art. L. 1421-4 *(Ord. nº 2017-650 du 27 avr. 2017, art. 2)* **Les règles relatives aux bibliothèques municipales et intercommunales sont fixées par les dispositions des titres I et II du livre III du code du patrimoine.**

Code du patrimoine

LIVRE III. BIBLIOTHÈQUES

(Ord. nº 2017-650 du 27 avr. 2017, art. 1er)

TITRE I. DISPOSITIONS COMMUNES

Art. L. 310-1 A *(L. nº 2021-1717 du 21 déc. 2021, art. 1er)* Les bibliothèques des collectivités territoriales ou de leurs groupements ont pour missions de garantir l'égal accès de tous à la culture, à l'information, à l'éducation, à la recherche, aux savoirs et aux loisirs ainsi que de favoriser le développement de la lecture. À ce titre, elles :

1º Constituent, conservent et communiquent des collections de documents et d'objets, définies à l'article L. 310-3, sous forme physique ou numérique ;

2º Conçoivent et mettent en œuvre des services, des activités et des outils associés à leurs missions ou à leurs collections. Elles en facilitent l'accès aux personnes en situation de handicap. Elles contribuent à la réduction de l'illettrisme et de l'illectronisme. Par leur action de médiation, elles garantissent la participation et la diversification des publics et l'exercice de leurs droits culturels ;

3º Participent à la diffusion et à la promotion du patrimoine linguistique ;

4º Coopèrent avec les organismes culturels, éducatifs et sociaux et les établissements pénitentiaires.

Les bibliothèques transmettent également aux générations futures le patrimoine qu'elles conservent. À ce titre, elles contribuent aux progrès de la connaissance et de la recherche ainsi qu'à leur diffusion.

Ces missions s'exercent dans le respect des principes de pluralisme des courants d'idées et d'opinions, d'égalité d'accès au service public et de mutabilité et de neutralité du service public.

Art. L. 310-1 Les bibliothèques des collectivités territoriales ou de leurs groupements sont organisées et financées par la collectivité ou le groupement dont elles relèvent.

Art. L. 310-2 L'activité des bibliothèques des collectivités territoriales ou de leurs groupements est soumise au contrôle scientifique et technique de l'État. Les modalités de ce contrôle sont définies par décret en Conseil d'État.

Art. L. 310-3 *(L. nº 2021-1717 du 21 déc. 2021, art. 4)* Les collections des bibliothèques des collectivités territoriales ou de leurs groupements sont constituées de livres et des autres documents et objets nécessaires à l'accomplissement de leurs missions, tels que des documents sonores et audiovisuels.

Art. L. 310-4 *(L. nº 2021-1717 du 21 déc. 2021, art. 5)* Les collections des bibliothèques des collectivités territoriales ou de leurs groupements sont pluralistes et diversifiées. Elles représentent, chacune à son niveau ou dans sa spécialité, la multiplicité des connaissances, des courants d'idées et d'opinions et des productions éditoriales. Elles doivent être exemptes de toutes formes de censure idéologique, politique ou religieuse ou de pressions commerciales. Elles sont rendues accessibles à tout public, sur place ou à distance.

Art. L. 310-5 *(L. nº 2021-1717 du 21 déc. 2021, art. 6)* Les collections des bibliothèques des collectivités territoriales ou de leurs groupements qui relèvent du domaine privé mobilier de la personne publique propriétaire sont régulièrement renouvelées et actualisées.

Art. L. 310-6 *(L. nº 2021-1717 du 21 déc. 2021, art. 7)* Les bibliothèques des collectivités territoriales ou de leurs groupements élaborent les orientations générales de leur politique documentaire, qu'elles présentent devant l'organe délibérant de la collectivité territoriale ou du groupement et qu'elles actualisent régulièrement. Elles présentent également leurs partenariats avec les organismes culturels, éducatifs et sociaux, les établissements pénitentiaires et les établissements d'accueil de la petite enfance. La présentation peut être suivie d'un vote de l'organe délibérant.

Art. L. 310-7 *(L. nº 2021-1717 du 21 déc. 2021, art. 8)* Les agents travaillant dans les bibliothèques des collectivités territoriales ou de leurs groupements présentent des qualifications professionnelles nécessaires à l'exercice des missions définies à l'article L. 310-1 A.

TITRE II. BIBLIOTHÈQUES MUNICIPALES ET INTERCOMMUNALES

Art. L. 320-1 Les bibliothèques municipales et intercommunales classées, dont la liste est fixée par décret après consultation des communes ou des groupements de communes intéressés, peuvent bénéficier de la mise à disposition de conservateurs généraux et de conservateurs des bibliothèques qui ont la qualité de fonctionnaires de l'État.

Art. L. 320-2 Par dérogation au II de l'article 42 de la loi nº 84-16 du 11 janvier 1984 portant dispositions statutaires relatives à la fonction publique de l'État, la mise à disposition des personnels mentionnés à l'article L. 320-1 auprès des communes ou des groupements de communes n'est pas soumise à l'obligation de remboursement.

Art. L. 320-3 *(L. nº 2021-1717 du 21 déc. 2021, art. 2)* L'accès aux bibliothèques municipales et intercommunales est libre.

Art. L. 320-4 *(L. nº 2021-1717 du 21 déc. 2021, art. 3)* L'accès aux bibliothèques municipales et intercommunales et la consultation sur place de leurs collections sont gratuits.

TITRE III. BIBLIOTHÈQUES DÉPARTEMENTALES

Art. L. 330-1 Les bibliothèques centrales de prêt, transférées aux départements, sont dénommées bibliothèques départementales. *(L. nº 2021-1717 du 21 déc. 2021, art. 9)* « Les départements ne peuvent ni les supprimer, ni cesser de les entretenir ou de les faire fonctionner. »

Art. L. 330-2 *(L. nº 2021-1717 du 21 déc. 2021, art. 10)* Les bibliothèques départementales ont pour missions, à l'échelle du département :

1º De renforcer la couverture territoriale en bibliothèques, afin d'offrir un égal accès de tous à la culture, à l'information, à l'éducation, à la recherche, aux savoirs et aux loisirs ;

2º De favoriser la mise en réseau des bibliothèques des collectivités territoriales ou de leurs groupements ;

3º De proposer des collections et des services aux bibliothèques des collectivités territoriales ou de leurs groupements et, le cas échéant, directement au public ;

4º De contribuer à la formation des agents et des collaborateurs occasionnels des bibliothèques des collectivités territoriales ou de leurs groupements ;

5º D'élaborer un schéma de développement de la lecture publique, approuvé par l'assemblée départementale.

Art. L. 1421-5 *(Ord. nº 2017-650 du 27 avr. 2017, art. 2)* **Les règles relatives aux bibliothèques départementales sont fixées par les dispositions des titres I et III du livre III du code du patrimoine** *[V. ss. art. L. 1421-4]*.

SECTION 3 Musées

BIBL. ▶ Bonnefous, Peuchot et Richer, Droit au musée, droit des musées, *Dalloz 1994.* – Chatelain, Droit et administration des musées, *Doc. fr., 3e éd., 1993.*

Art. L. 1421-6 **Les règles relatives aux musées des collectivités territoriales sont fixées par les dispositions des articles L. 410-2 à L. 410-4 du code du patrimoine.**

Code du patrimoine

Musées

Art. L. 410-1 Est considérée comme musée, au sens du présent livre, toute collection permanente composée de biens dont la conservation et la présentation revêtent un intérêt public et organisée en vue de la connaissance, de l'éducation et du plaisir du public.

Art. L. 410-2 Les musées des collectivités territoriales ou de leurs groupements sont organisés et financés par la collectivité dont ils relèvent.

Les musées des collectivités territoriales ou de leurs groupements auxquels l'appellation "musée de France" a été attribuée sont régis par les articles L. 441-1 et suivants et soumis au contrôle scientifique et technique de l'État dans les conditions prévues par les mêmes articles.

1. Les marchés passés par une collectivité locale pour la construction d'un musée sont des marchés publics relevant du contrôle de légalité et du code des marchés. Par ex., annulation sur déféré préfectoral d'un marché dont l'exécution a été commencée avant sa conclusion et sa transmission au préfet, à propos du musée-mémorial de la bataille de Normandie. • CE 4 févr. 1991, *Ville de Caen,* n° 71956 B.

2. La collectivité locale choisit librement le mode de gestion du musée. Si la régie directe est la forme la plus fréquente, la gestion peut aussi être déléguée à une personne privée, y compris à une personne physique. V. par ex. pour la concession d'exploitation d'un musée de la soie à sieur Navarro. • CAA Lyon, 25 janv. 1996, *Cne de Voiron,* n° 94LY401520.

3. V. aussi le cas du village-musée champenois créé par le département de la Marne. Le conseil général a confié l'opération d'aménagement et l'exploitation au comité départemental du tourisme. Il s'agit d'une association créée par le conseil général et étroitement contrôlée par lui. Il s'ensuit que les marchés passés par ledit comité dans le cadre de ses attributions statutaires l'ont été pour le compte du département dans un but d'utilité générale et constituent des marchés de travaux publics. • CAA Nancy, 15 avr. 1993, *Dpt de la Marne,* n° 91NC00026. ♦ Cependant, eu égard à la généralité du mandat ainsi confié au comité, la créance en garantie décennale est nécessairement incluse dans les droits et prérogatives dont le département s'est dessaisi au profit du comité. • Même arrêt.

4. Le musée pyrénéen est repris en régie directe par la ville de Lourdes après la liquidation de biens de l'association Touring Club de France (TCF) qui en assurait la gestion. La cessation d'activité de l'association n'a pas mis fin à l'existence du musée, service public culturel de la ville. La reprise en régie et la réouverture au public avaient pour but d'assurer la continuité du service public. • CAA Bordeaux, 4 déc. 2000, *Cne de Lourdes,* n° 96BX00709. ♦ En l'absence de stipulations de la convention, le TCF ne peut prétendre disposer des collections qui sont affectées au musée. • Même arrêt.

5. Le préfet est fondé à contester la nomination d'un conservateur non titulaire au motif qu'il s'agit de fonctions relevant d'un cadre d'emplois de la fonction publique territoriale. Le musée a le caractère d'un service public administratif (sol. impl.). • CAA Lyon, 8 févr. 1999, *Ville de Montluçon,* n° 96LY01580.

6. Selon le précis de fiscalité publié par le ministère de l'économie, des finances et de l'industrie, les dispositions de l'art. 256 B, CGI, n'assujettissent pas à la TVA les musées et monuments historiques exploités par des personnes morales de droit public pour leurs activités de visites-conférences. Ce précis d'information ne donne aucune instruction aux services fiscaux ; il indique qu'il n'est pas une prise de position de l'administration pouvant lui être opposée au titre de l'art. 80 A, LPF ; par suite, il ne contient aucune disposition impérative à caractère général. • CE 1er mars 2004, *Synd. nat. des professions de tourisme CGC,* n° 254081. ♦ Le refus de modifier ce précis ne constitue pas une décision faisant grief. • Même arrêt.

Art. L. 410-3 Les collectivités territoriales continuent de bénéficier, pour la conservation et la mise en valeur des collections de leurs musées, des concours financiers de l'État dans les conditions en vigueur au 1er janvier 1986.

Art. L. 410-4 Les musées départementaux ou communaux peuvent être dotés de la personnalité civile, à la demande des départements ou des communes qui en sont propriétaires, par décret en Conseil d'État.

SECTION 4 Archéologie

Art. L. 1421-7 **Les règles relatives aux services archéologiques des collectivités territoriales sont fixées par les dispositions des articles** *(L. n° 2004-1343 du 9 déc. 2004, art. 78)* **« L. 522-7 et L. 522-8 » du code du patrimoine.**

Sur la mise en œuvre des opérations d'archéologie préventive, V. C. patr., art. L. 523-4, L. 523-5 et L. 523-7 à L. 523-11, infra.

Code du patrimoine

Archéologie préventive (rôle des collectivités territoriales)

V. également C. patr., art. R. 523-24 à R. 523-29, ss. art. D. 1421-6.

Art. L. 522-7 Les services archéologiques des collectivités territoriales sont organisés et financés par celles-ci.

Ces services sont soumis au contrôle scientifique et technique de l'État.

(L. n° 2016-925 du 7 juill. 2016, art. 70) « Ces services contribuent à l'exploitation scientifique des opérations d'archéologie qu'ils réalisent et à la diffusion de leurs résultats et peuvent participer à l'exploitation scientifique des opérations d'archéologie réalisées sur le territoire de la collectivité territoriale ou du groupement de collectivités territoriales dont ils relèvent. »

Art. L. 522-8 Pour pouvoir réaliser des opérations de diagnostic et de fouilles d'archéologie préventive selon les modalités prévues aux articles L. 523-4, L. 523-5 et L. 523-7 à L. 523-10, les services mentionnés à l'article L. 522-7 doivent avoir été préalablement *(L. n° 2016-925 du 7 juill. 2016, art. 70)* « habilités.

« L'habilitation est attribuée, à la demande de la collectivité territoriale ou du groupement de collectivités territoriales dont relève le service, après avis du Conseil national de la recherche archéologique, par arrêté des ministres chargés de la culture et de la recherche. Elle est délivrée au vu d'un dossier établissant la capacité scientifique et technique du service et son organisation administrative. Ce dossier comprend un projet de convention avec l'État fixant les modalités de sa participation à l'exploitation scientifique des opérations d'archéologie préventive. Cette convention peut traiter d'autres sujets sous réserve de l'accord des deux parties.

« L'habilitation est valable sur le territoire de la région de rattachement de la collectivité territoriale ou du groupement de collectivités territoriales demandeur. Elle permet de réaliser des diagnostics dans les conditions définies à l'article L. 523-4. L'habilitation permet de réaliser des opérations de fouille dont l'emprise est localisée sur le territoire de la région de rattachement de la collectivité ou du groupement. Dans les autres cas, le représentant de l'État peut autoriser la collectivité ou le groupement habilité à réaliser tout ou partie d'une fouille en dehors de ce territoire.

« L'habilitation peut être refusée, suspendue ou retirée par décision motivée, après avis du Conseil national de la recherche archéologique.

« Le service habilité transmet tous les cinq ans au ministre chargé de la culture un bilan scientifique, technique et financier de son activité en matière d'archéologie préventive. »

Archéologie préventive (mise en œuvre des opérations d'archéologie préventive)

Art. L. 523-4 Les services archéologiques qui dépendent d'une collectivité territoriale ou d'un groupement de collectivités territoriales établissent, sur décision de l'organe délibérant de la collectivité ou du groupement, dans les mêmes conditions que l'établissement public, les diagnostics d'archéologie préventive relatifs à :

a) Soit une opération d'aménagement ou de travaux réalisée sur le territoire de la collectivité territoriale ou du groupement de collectivités territoriales. *(L. n° 2016-925 du 7 juill. 2016, art. 70)* « La collectivité territoriale ou le groupement de collectivités territoriales fait connaître au représentant de l'État dans la région sa décision relative à l'exécution du diagnostic dans un délai de quatorze jours à compter de la réception de la notification du diagnostic ; »

b) Soit, pendant une durée minimale de trois ans, l'ensemble des opérations d'aménagement ou de travaux réalisées sur le territoire de la collectivité territoriale ou du groupement de collectivités territoriales.

Lorsque son organe délibérant en a ainsi décidé, une collectivité territoriale ou un groupement de collectivités territoriales, doté d'un service archéologique, est compétent pour se livrer aux opérations mentionnées au présent article sur son territoire alors même que ce dernier serait inclus dans le ressort d'une autre collectivité territoriale également dotée d'un service archéologique.

(L. nº 2016-925 du 7 juill. 2016, art. 70) « Lorsqu'une opération de diagnostic est localisée en partie sur son territoire et que la collectivité ou le groupement le demande, le représentant de l'État peut lui confier la responsabilité de la totalité de l'opération. »

(L. nº 2009-526 du 12 mai 2009, art. 100) « En application des articles L. 2122-22, L. 3211-2 ou L. 4221-5 du code général des collectivités territoriales, les décisions relatives à l'exécution des diagnostics d'archéologie préventive peuvent être déléguées par l'organe délibérant de la collectivité ou de son groupement à l'organe exécutif. »

Art. L. 523-5 La réalisation, par un service archéologique territorial, d'un diagnostic prescrit à l'occasion de travaux réalisés pour le compte d'une autre collectivité, d'un autre groupement ou de l'État est soumise à l'accord de cette collectivité, de ce groupement ou de l'État.

....

Art. L. 523-7 Une convention, conclue entre la personne projetant d'exécuter des travaux et l'établissement public ou la collectivité territoriale ou le groupement de collectivités territoriales dont dépend le service archéologique territorial chargé d'établir le diagnostic d'archéologie préventive, définit les délais de réalisation des diagnostics et les conditions d'accès aux terrains et de fourniture des matériels, équipements et moyens nécessaires à la réalisation des diagnostics. Les délais courent à compter de la mise à disposition des terrains dans des conditions permettant de se livrer aux opérations archéologiques. Sous réserve des dispositions *(L. nº 2016-925 du 7 juill. 2016, art. 70)* « du troisième alinéa » applicables en cas d'un dépassement de délai imputable à l'opérateur, la convention détermine les conséquences pour les parties du dépassement des délais.

(L. nº 2016-925 du 7 juill. 2016, art. 70) « Faute d'un accord entre les parties sur les modalités de l'établissement de la convention, ces délais » sont fixés, à la demande de la partie la plus diligente, par l'État. *(L. nº 2016-925 du 7 juill. 2016, art. 70)* « Dans ce cas, lorsque l'État ne s'est pas prononcé dans un délai fixé par voie réglementaire, la prescription est réputée caduque. »

Lorsque, du fait de l'opérateur, le diagnostic n'est pas achevé dans le délai fixé par la convention, la prescription de diagnostic est réputée caduque à l'expiration d'un délai fixé par voie réglementaire.

(L. nº 2009-179 du 17 févr. 2009, art. 8) « Dans ces cas, les dispositions des articles L. 531-14 à L. 531-16 sont applicables aux découvertes faites sur le terrain d'assiette de l'opération. Les mesures utiles à leur conservation ou à leur sauvegarde sont prescrites conformément aux dispositions du présent titre. »

Les conclusions du diagnostic sont transmises à la personne projetant d'exécuter les travaux et au propriétaire du terrain.

Art. L. 523-8 *(L. nº 2016-925 du 7 juill. 2016, art. 70)* « L'État assure la maîtrise scientifique » des opérations de fouilles d'archéologie préventive mentionnées à l'article L. 522-1 *(L. nº 2016-925 du 7 juill. 2016, art. 70)* « . Leur réalisation » incombe à la personne projetant d'exécuter les travaux ayant donné lieu à la prescription. Celle-ci fait appel, pour *(L. nº 2016-925 du 7 juill. 2016, art. 70)* « la mise en œuvre des opérations de fouilles terrestres et subaquatiques », soit à l'établissement public mentionné à l'article L. 523-1, soit à un service archéologique territorial, soit, dès lors que sa compétence scientifique est garantie par un agrément délivré par l'État, à toute autre personne de droit public ou privé.

Lorsque la personne projetant d'exécuter les travaux est une personne privée, l'opérateur de fouilles ne peut être contrôlé, directement ou indirectement, ni par cette personne ni par l'un de ses actionnaires.

Pour un lotissement ou une zone d'aménagement concerté, la personne publique ou privée qui réalise ou fait réaliser le projet d'aménagement assure les opérations de fouilles pour l'ensemble du projet d'aménagement.

Art. L. 523-8-1 *(L. nº 2016-925 du 7 juill. 2016, art. 70)* L'agrément pour la réalisation de fouilles prévu à l'article L. 523-8 est délivré par l'État pour cinq ans, après avis du Conseil national de la recherche archéologique, au vu d'un dossier établissant la capacité scientifique, technique et financière ainsi que l'organisation administrative du demandeur et son respect d'exigences en matière sociale, financière et comptable.

L'agrément peut être refusé, suspendu ou retiré par décision motivée, après avis du Conseil national de la recherche archéologique.

La personne agréée transmet chaque année à l'autorité compétente de l'État un bilan scientifique, administratif, social, technique et financier de son activité en matière d'archéologie préventive.

Art. L. 523-8-2 *(L. nº 2016-925 du 7 juill. 2016, art. 70)* Les opérateurs agréés définis à l'article L. 523-8 peuvent contribuer à l'exploitation scientifique des opérations d'archéologie préventive qu'ils réalisent et à la diffusion de leurs résultats.

Art. L. 523-9 *(L. nº 2016-925 du 7 juill. 2016, art. 70)* I. — Lorsqu'une prescription de fouilles est notifiée à la personne qui projette d'exécuter les travaux, celle-ci sollicite les offres d'un ou plusieurs opérateurs mentionnés au premier alinéa de l'article L. 523-8. La prescription de fouilles est assortie d'un cahier des charges scientifique dont le contenu est fixé par voie réglementaire.

La liste des éléments constitutifs des offres mentionnées au premier alinéa du présent I est définie par arrêté du ministre chargé de la culture. Elle comprend le projet scientifique d'intervention, les conditions de sa mise en œuvre et le prix proposé. Le projet scientifique d'intervention détermine les modalités de la réalisation archéologique prescrite, les méthodes et techniques utilisées, ainsi que les moyens humains et matériels prévus.

Préalablement au choix de l'opérateur par la personne projetant d'exécuter les travaux, celle-ci transmet à l'État l'ensemble des offres recevables au titre de la consultation. L'État procède à la vérification de leur conformité aux prescriptions de fouilles édictées en application de l'article L. 522-2, évalue le volet scientifique et s'assure de l'adéquation entre les projets et les moyens prévus par l'opérateur.

II. — Le contrat passé entre la personne projetant d'exécuter les travaux et la personne chargée de la réalisation des fouilles rappelle le prix et les moyens techniques et humains mis en œuvre et fixe les délais de réalisation de ces fouilles, ainsi que les indemnités dues en cas de dépassement de ces délais. Le projet scientifique d'intervention est une partie intégrante du contrat. La mise en œuvre du contrat est subordonnée à la délivrance de l'autorisation de fouilles par l'État.

L'opérateur exécute les fouilles conformément aux décisions prises et aux prescriptions imposées par l'État et sous la surveillance de ses représentants, en application des dispositions du présent livre.

L'État s'assure que les conditions d'emploi du responsable scientifique de l'opération sont compatibles avec la réalisation de l'opération jusqu'à la remise du rapport de fouilles.

La prestation qui fait l'objet du contrat est exécutée sous l'autorité des personnels scientifiques dont les compétences ont justifié l'agrément de l'opérateur. Le recours à un sous-traitant pour la réalisation des prestations scientifiques fait l'objet d'une déclaration à l'État, préalable à son engagement.

Lorsque, du fait de l'opérateur et sous réserve des dispositions prévues par le contrat, les travaux nécessaires aux opérations archéologiques ne sont pas engagés dans un délai de six mois suivant la délivrance de l'autorisation mentionnée au premier alinéa du présent II, l'État en prononce le retrait. Ce retrait vaut renonciation à la mise en œuvre des prescriptions édictées en application de l'article L. 522-2.

Lorsque, du fait de l'opérateur, les travaux de terrain nécessaires aux opérations archéologiques ne sont pas achevés dans un délai de douze mois à compter de la délivrance de l'autorisation mentionnée au premier alinéa du présent II, délai prorogeable une fois pour une période de dix-huit mois par décision motivée de l'autorité administrative prise après avis de la commission territoriale de la recherche archéologique, l'État en prononce le retrait. Les prescriptions édictées en application de l'article L. 522-2 sont réputées caduques. Les articles L. 531-14 et L. 531-15 sont applicables aux découvertes faites sur le terrain d'assiette de l'opération. Les mesures utiles à leur conservation ou à leur sauvegarde sont prescrites conformément au présent titre.

Art. L. 523-10 Lorsque aucun autre opérateur ne s'est porté candidat ou ne remplit les conditions pour réaliser les fouilles, l'établissement public mentionné à l'article L. 523-1 est tenu d'y procéder à la demande de la personne projetant d'exécuter les travaux. En cas de désaccord entre les parties sur les conditions de réalisation ou sur le financement des fouilles, le différend est réglé *(L. nº 2020-1525 du 7 déc. 2020, art. 27)* « par décision de l'autorité administrative compétente ».

(L. nº 2009-179 du 17 févr. 2009, art. 8) « Lorsque l'établissement public n'a pas engagé les travaux nécessaires aux opérations archéologiques dans un délai de six mois suivant la délivrance de l'autorisation *(L. nº 2016-925 du 7 juill. 2016, art. 70)* « de fouilles par l'État », ou qu'il ne les a pas achevés dans un délai de dix-huit mois, prorogeable une fois par décision motivée de l'autorité administrative, à compter de la délivrance de cette même autorisation, les prescriptions édictées en application de l'article L. 522-2 sont réputées caduques.

« Les articles L. 531-14 *(L. nº 2016-925 du 7 juill. 2016, art. 70)* « et L. 531-15 » sont applicables aux découvertes faites sur le terrain d'assiette de l'opération. Les mesures utiles à leur conservation ou à leur sauvegarde sont prescrites conformément au présent titre. »

Art. L. 523-11 Les conditions de l'exploitation scientifique des résultats des opérations d'archéologie préventive sont définies par décret en Conseil d'État.

Lorsque les opérations d'archéologie préventive sont réalisées par un opérateur autre que l'établissement public mentionné à l'article L. 523-1, cet opérateur est tenu de remettre à l'État et à l'établissement public un exemplaire du rapport *(L. nº 2016-925 du 7 juill. 2016, art. 70)* « d'opération. Lorsque les opérations d'archéologie préventive sont réalisées sur le territoire d'une collectivité territoriale disposant d'un service archéologique, l'État remet à la collectivité territoriale dont relève le service un exemplaire du rapport d'opération. » L'auteur du rapport ne peut s'opposer à son utilisation par l'État, par l'établissement public ou par les personnes morales dotées de services de recherche archéologique avec lesquelles il est associé en application du quatrième alinéa de l'article L. 523-1 *(L. nº 2016-925 du 7 juill. 2016, art. 70)* « , » par des organismes de recherche et des établissements d'enseignement supérieur *(L. nº 2016-925 du 7 juill. 2016, art. 70)* « ou par les services de collectivités territoriales mentionnés à l'article L. 522-8 et par tout autre opérateur agréé mentionné à l'article L. 523-8 », à des fins d'étude et de diffusion scientifiques à l'exclusion de toute exploitation commerciale. Ce rapport d'opération est communicable selon les règles applicables aux documents administratifs.

SECTION 5 **Monuments historiques**

Art. L. 1421-8 Les règles relatives à la garde et à la conservation des objets mobiliers classés au titre des monuments historiques dont les collectivités territoriales et leurs établissements publics ou établissements d'utilité publique sont propriétaires, affectataires ou dépositaires sont fixées par les dispositions de l'article L. 622-9 du code du patrimoine.

Les dispositions issues de l'Ord. nº 2017-651 du 27 avr. 2017 sont devenues caduques au 28 oct. 2017 en l'absence de dépôt du projet de loi de ratification dans le délai prescrit à l'art. 95-III de la L. nº 2016-925 du 7 juill. 2016.

CHAPITRE II *[ABROGÉ]* **BIBLIOTHÈQUES**

(Abrogé par Ord. nº 2004-178 du 20 févr. 2004, art. 4)

CHAPITRE III *[ABROGÉ]* **MUSÉES**

(Abrogé par Ord. nº 2004-178 du 20 févr. 2004, art. 4)

CHAPITRE IV **SERVICES D'INCENDIE ET DE SECOURS**

(L. nº 96-369 du 3 mai 1996, art. 55)

V. art. R. 1424-1 s.

BIBL. ▶ Dossier : Les services départementaux d'incendie et de secours, *AJCT 2024. 653*.

COMMENTAIRE

V. dans le supplément en ligne.

SECTION 1 **Dispositions communes relatives aux services d'incendie et de secours** *(L. nº 2021-1520 du 25 nov. 2021, art. 24)*.

Art. L. 1424-1 Il est créé dans chaque département un établissement public, dénommé "service départemental d'incendie et de secours", qui comporte un corps départemental de sapeurs-pompiers, composé dans les conditions prévues à l'article L. 1424-5.

(L. nº 2021-1520 du 25 nov. 2021, art. 47) « Le service départemental d'incendie et de secours peut également comprendre une réserve citoyenne des services d'incendie et de secours définie à la section 2 du chapitre IV du titre II du livre VII du code de la sécurité intérieure. »

(L. nº 2021-1520 du 25 nov. 2021, art. 21) « Cet établissement public est organisé en centres d'incendie et de secours et en services, qui peuvent être regroupés au sein de groupements et de sous-directions. Il dispose notamment d'une sous-direction santé, comprenant au moins un service de santé et de secours médical.

« Il » peut passer avec les collectivités locales ou leurs établissements publics toute convention ayant trait à la gestion non opérationnelle du service d'incendie et de secours. »

(L. nº 2021-1520 du 25 nov. 2021, art. 8) « Les établissements publics définis au présent chapitre qui exercent leurs missions dans le ressort des circonscriptions administratives départementales de l'État et relèvent de collectivités à statut particulier constituent les services territoriaux d'incendie et de secours.

« L'ensemble des dispositions législatives applicables aux services départementaux d'incendie et de secours le sont également aux services territoriaux d'incendie et de secours, sous réserve des sections 7 à 10 du présent chapitre.

« Ont la qualité de services locaux d'incendie et de secours les corps communaux ou intercommunaux de sapeurs-pompiers, organisés en centres de première intervention, qui relèvent des communes ou des établissements publics de coopération intercommunale. »

(L. nº 2004-811 du 13 août 2004, art. 47) « Les modalités d'intervention opérationnelle des *(L. nº 2021-1520 du 25 nov. 2021, art. 8)* « services locaux d'incendie et de secours » sont déterminées par le règlement opérationnel régi par l'article L. 1424-4, après consultation des communes et des établissements publics de coopération intercommunale concernés.

« Les relations entre le service départemental *(L. nº 2021-1520 du 25 nov. 2021, art. 8)* « ou territorial » d'incendie et de secours et les *(L. nº 2021-1520 du 25 nov. 2021, art. 8)* « services locaux d'incendie et de secours » qui ne se rapportent pas aux modalités d'intervention opérationnelle, les conditions dans lesquelles les communes et les établissements publics de coopération intercommunale peuvent construire, acquérir ou louer les biens nécessaires à leur fonctionnement et la participation du service départemental *(L. nº 2021-1520 du 25 nov. 2021, art. 8)* « ou territorial » d'incendie et de secours au fonctionnement de *(L. nº 2021-1520 du 25 nov. 2021, art. 8)* « leurs centres de première intervention » sont fixées par convention entre la commune ou l'établissement public de coopération intercommunale et *(L. nº 2021-1520 du 25 nov. 2021, art. 8)* « ce service ». »

Sur l'organisation des services départementaux d'incendie et de secours, V. ci-dessous L. nº 2004-811 du 13 août 2004, art. 46.

Loi nº 2004-811 du 13 août 2004,

De modernisation de la sécurité civile.

Organisation des services départementaux d'incendie et de secours

Art. 46 Les services départementaux *(L. nº 2021-1520 du 25 nov. 2021, art. 8)* « et territoriaux » d'incendie et de secours peuvent, pour l'accomplissement de leurs missions impliquant des animaux, acquérir, détenir et utiliser des armes de type hypodermique dans les conditions fixées par décret en Conseil d'État.

Art. L. 1424-1-1 *(L. nº 2015-991 du 7 août 2015, art. 97)* Lorsqu'elles ne font pas partie d'un établissement public de coopération intercommunale compétent en matière d'incendie et de secours, les communes participent à l'exercice de la compétence en matière d'incendie et de secours par le biais de la contribution au financement *(L. nº 2021-1520 du 25 nov. 2021, art. 8)* « du service départemental ou territorial » d'incendie et de secours. Elles sont alors représentées au conseil d'administration du *(L. nº 2021-1520 du 25 nov. 2021, art. 8)* « service » d'incendie et de secours. Lorsqu'une commune transfère, en application de l'article L. 1424-35, la compétence en matière d'incendie et de secours à l'établissement public de coopération intercommunale dont elle est membre, elle continue, le cas échéant, de siéger au conseil d'administration du *(L. nº 2021-1520 du 25 nov. 2021, art. 8)* « service » d'incendie et de secours jusqu'au prochain renouvellement de ce dernier.

Art. L. 1424-2 Les services d'incendie et de secours sont chargés de la prévention, de la protection et de la lutte contre les incendies.

Ils concourent, avec les autres services et professionnels concernés, à la protection et à la lutte contre les autres accidents, sinistres et catastrophes, à l'évaluation et à la prévention des risques technologiques ou naturels ainsi qu'aux secours *(L. nº 2021-1520 du 25 nov. 2021, art. 2)* « et aux soins » d'urgence.

Dans le cadre de leurs compétences, *(L. nº 2021-1520 du 25 nov. 2021, art. 2)* « les services d'incendie et de secours » exercent les missions suivantes :

1° La prévention et l'évaluation des risques de sécurité civile ;

2° La préparation des mesures de sauvegarde et l'organisation des moyens de secours ;

3° La protection des personnes, *(L. nº 2021-1520 du 25 nov. 2021, art. 2)* « des animaux, » des biens et de l'environnement ;

(L. nº 2021-1520 du 25 nov. 2021, art. 2) « 4° Les secours et les soins d'urgence aux personnes ainsi que leur évacuation, lorsqu'elles :

« *a)* Sont victimes d'accidents, de sinistres ou de catastrophes ;

« *b)* Présentent des signes de détresse vitale ;

« *c)* Présentent des signes de détresse fonctionnelle justifiant l'urgence à agir.

« Les actes de soins d'urgence qui peuvent être réalisés par les sapeurs-pompiers n'étant pas par ailleurs professionnels de santé ainsi que leurs modalités de mise en œuvre sont définis par décret en Conseil d'État.

« Un arrêté conjoint des ministres chargés de la sécurité civile et de la santé fixe les compétences nécessaires à la réalisation de ces actes et leurs modalités d'évaluation. »

(L. nº 2021-1520 du 25 nov. 2021, art. 3) « Afin de réaliser leurs missions de secours et de soins d'urgence, les sapeurs-pompiers peuvent participer à la réalisation d'actes de télémédecine, dans le cadre de leurs compétences. »

Sur la prise en charge des dépenses de secours, V. CSI, art. L. 742-11 s., infra.

1. Les services publics d'incendie et de secours sont, dans le cadre de leurs missions de protection et de secours, en droit d'intervenir sur tout le territoire de la commune, sans que puisse leur être opposé le caractère privé des voies qu'ils doivent emprunter. • CE 26 févr. 2014, *Cne du Castellet,* nº 356571 B : *RDI 2014. 366, obs. Soler-Couteaux.*

2. Il résulte du 4° de l'art. L. 1424-2 que les services d'incendie et de secours sont compétents pour assurer l'évacuation des personnes auxquelles ils ont pour mission de porter secours, y compris lorsque cette évacuation n'est pas effectuée vers un établissement de santé. • CE 8 févr. 2017, *Sté Ambulances Breuil,* nº 392990 : *RDSS 2017. 469, concl. Decout-Paolini.*

3. Évacuation vers les établissements de santé. Les services départementaux d'incendie et de secours ne doivent supporter la charge que des interventions qui se rattachent directement aux missions de service public définies à l'art. L. 1424-2. Figurent au nombre de ces missions celles qui relèvent des secours d'urgence aux personnes victimes d'accidents, de sinistres ou de catastrophes, y compris l'évacuation de ces personnes vers un établissement de santé. • CE 30 déc. 2021, *CHU de Bordeaux,* nº 443335 B : *AJDA 2022. 5.* ♦ Lorsque le SDIS, après avoir engagé ses moyens dans une situation de « départ réflexe », laquelle relève de ses missions de service public au titre du 4° de l'art. L. 1424-2, procède à l'évacuation de la personne secourue vers un établissement de santé, il lui incombe d'assumer la charge financière de ce transport qui doit être regardé, quelle que soit la gravité de l'état de la personne secourue, comme le prolongement des missions de secours d'urgence aux accidentés ou blessés qui lui sont dévolues. La circonstance que la structure mobile d'urgence et de réanimation soit également intervenue sur décision du médecin coordonnateur du « centre 15 » pour assurer, au titre de ses missions propres, la prise en charge médicale urgente de la personne, est sans incidence sur les obligations légales du SDIS, parmi lesquelles figure celle d'assurer l'évacuation de la personne qu'il a secourue vers un établissement de santé. • Même arrêt.

4. Déclenchement téléassistance. C'est sans erreur de droit que la CAA a jugé, d'une part, qu'au moment de lancer une intervention au domicile d'une personne âgée ayant conclu un contrat de téléassistance avec une société et qui avait par inadvertance déclenché son alarme, le SDIS avait agi au titre de la mission de service public de secours aux personnes au sens de l'art. L. 1424-2 CGCT et, d'autre part, que la circonstance que cette intervention s'était finalement révélée inutile ne permettait pas de la regarder, *a posteriori*, comme ne relevant pas de cette mission et par suite facturable à la personne secourue. • CE 28 juin 2023, n° 463457 B : *AJDA 2023. 1258*. ♦ La société de téléassistance pouvant être regardée comme ayant accompli les diligences qui lui incombaient pour éviter une intervention inutile, l'intervention des SDIS ne peut être considérée comme ayant été sollicitée par cette société à son profit. • TA Rennes, 11 janv. 2024, n° 2001257.

Code de la sécurité intérieure

(Ord. n° 2012-351 du 12 mars 2012, en vigueur le 1er mai 2012)

SECTION 3. *Prise en charge des dépenses de secours*

Art. L. 742-11 Les dépenses directement imputables aux opérations de secours au sens des dispositions de l'article L. 1424-2 du code général des collectivités territoriales sont prises en charge par le service départemental *(L. n° 2021-1520 du 25 nov. 2021, art. 9)* « ou territorial » d'incendie et de secours *(L. n° 2021-1520 du 25 nov. 2021, art. 53)* « , sauf dans les cas où la loi en dispose autrement ». Les dépenses engagées par les services d'incendie et de secours des départements voisins à la demande du service départemental *(L. n° 2021-1520 du 25 nov. 2021, art. 9)* « ou territorial » intéressé peuvent toutefois faire l'objet d'une convention entre les services *(L. n° 2021-1520 du 25 nov. 2021, art. 9)* « concernés » ou de dispositions arrêtées ou convenues dans le cadre d'un établissement public interdépartemental d'incendie et de secours.

Dans le cadre de ses compétences, la commune pourvoit aux dépenses relatives aux besoins immédiats des populations.

L'État prend à sa charge les dépenses afférentes à l'engagement des moyens publics et privés extérieurs au département lorsqu'ils ont été mobilisés par le représentant de l'État. Il prend également à sa charge les dépenses engagées par les personnes privées dont les moyens ont été mobilisés par le représentant de l'État en mer dans le cadre du plan Orsec maritime. L'État couvre les dépenses relatives à l'intervention de ses moyens ainsi que celles afférentes à l'ensemble des moyens mobilisés au profit d'un État étranger.

Art. L. 742-11-1 *(L. n° 2021-1520 du 25 nov. 2021, art. 15)* L'État, les collectivités territoriales et les services d'incendie et de secours peuvent conclure une convention, dans chaque département, afin de répondre aux fragilités capacitaires face aux risques particuliers, à l'émergence et à l'évolution des risques complexes, identifiées dans les contrats territoriaux de réponse aux risques et aux effets potentiels des menaces définis au présent code.

Cette convention, intitulée pacte capacitaire, précise la participation financière de chacune des parties signataires. Dans ce cadre, l'État peut recourir à la dotation de soutien aux investissements structurants des services d'incendie et de secours prévue à l'article L. 1424-36-2 du code général des collectivités territoriales.

Art. L. 742-11-2 *(Ord. n° 2021-1843 du 22 déc. 2021, art. 15)* Le produit de la taxe annuelle sur les engins maritimes à usage personnel mentionnée à l'article L. 423-4 du code des impositions sur les biens et services est affecté, pour leurs activités de secours et de sauvetage en mer, aux organismes agréés mentionnés à l'article L. 742-9 du présent code dans les conditions suivantes :

1° À hauteur de la fraction perçue sur les engins battant pavillon français autres que ceux relevant du tarif propre à la Corse prévu à l'article L. 423-21 du code des impositions sur les biens et services et pour la part ne relevant ni du 1° de l'article L. 322-15 ni de l'article L. 541-10-25-1 du code de l'environnement, dans la limite *(L. n° 2023-1322 du 29 déc. 2023, art. 156)* « d'un plafond annuel » ;

2° À hauteur de la fraction perçue sur les engins ne battant pas pavillon français et relevant du tarif prévu à l'article L. 423-25 du code des impositions sur les biens et services, dans la limite *(L. n° 2023-1322 du 29 déc. 2023, art. 156)* « d'un plafond annuel ».

Le montant est réparti entre ces organismes selon des modalités déterminées par décret.

Art. L. 1424-3 Les services d'incendie et de secours sont placés pour emploi sous l'autorité du maire ou du préfet, agissant dans le cadre de leurs pouvoirs respectifs de police.

Pour assurer les missions de prévention qui leur incombent, notamment en ce qui concerne la réglementation applicable aux risques d'incendie et de panique dans les établissements recevant du public, le maire ou le préfet dispose des moyens relevant des services d'incendie et de secours.

Les moyens du service départemental *(L. n° 2021-1520 du 25 nov. 2021, art. 8)* « ou territorial » d'incendie et de secours consacrés aux actions de prévention sont définis par le conseil d'administration en tenant compte du nombre des établissements dans le département relevant de la réglementation applicable aux risques d'incendie et de panique dans les établissements recevant du public.

Art. L. 1424-4 Dans l'exercice de leurs pouvoirs de police, le maire et le préfet mettent en œuvre les moyens relevant des services d'incendie et de secours dans les conditions prévues par un règlement opérationnel arrêté par le préfet après avis du conseil d'administration du *(L. n° 2021-1520 du 25 nov. 2021, art. 8)* « service » d'incendie et de secours.

(L. n° 2004-811 du 13 août 2004, art. 25) « L'organisation du commandement des opérations de secours est déterminée par ce règlement. Le commandant des opérations de secours désigné est chargé, sous l'autorité du directeur des opérations de secours, de la mise en œuvre de tous les moyens publics et privés mobilisés pour l'accomplissement des opérations de secours.

« En cas de péril imminent, le commandant des opérations de secours prend les mesures nécessaires à la protection de la population et à la sécurité des personnels engagés. Il en rend compte au directeur des opérations de secours.

« Dans le département des Bouches-du-Rhône, le règlement opérationnel comprend trois volets :

« – un volet propre au périmètre d'intervention du bataillon de marins-pompiers de Marseille, élaboré par ce dernier et arrêté par le représentant de l'État dans le département après avis du conseil municipal de la commune ;

« – un volet propre au reste du territoire du département, élaboré par le service départemental d'incendie et de secours et arrêté par le représentant de l'État dans le département après avis du conseil d'administration de l'établissement ;

« – un volet commun au bataillon de marins-pompiers de Marseille et au service départemental d'incendie et de secours, arrêté par le représentant de l'État après avis du conseil municipal de Marseille et du conseil d'administration du *(L. n° 2021-1520 du 25 nov. 2021, art. 8)* « service » d'incendie et de secours. »

*Sur la procédure d'agrément de sécurité civile, V. CSI, art. R. 725-1 s. – **CSI**.*

Art. L. 1424-4-1 *(L. n° 2021-1520 du 25 nov. 2021, art. 24)* Une Conférence nationale des services d'incendie et de secours est instituée auprès du ministre chargé de la sécurité civile. Elle comprend un député et un sénateur, des représentants de l'État, pour un quart au moins des représentants des sapeurs-pompiers volontaires et professionnels et, en majorité, des représentants des conseils d'administration des services d'incendie et de secours. Sa composition, les modalités de nomination de ses membres et la durée de leur mandat sont fixées par décret en Conseil d'État.

La Conférence nationale des services d'incendie et de secours est consultée sur les projets de loi ou d'acte réglementaire relatifs aux missions, à l'organisation, au fonctionnement ou au financement des services d'incendie et de secours. Elle peut formuler des recommandations.

Lorsqu'elle est consultée sur un projet de loi ou d'acte réglementaire ayant des incidences sur les missions, l'organisation, le fonctionnement ou le financement de la brigade de sapeurs-pompiers de Paris ou du bataillon de marins-pompiers de Marseille, la

Conférence nationale des services d'incendie et de secours associe à ses travaux, selon les cas, le préfet de police et le commandant de la brigade de sapeurs-pompiers de Paris ou le maire de Marseille et le commandant du bataillon de marins-pompiers de Marseille, ou leurs représentants.

SECTION 2 **Dispositions relatives aux services départementaux et territoriaux d'incendie et de secours** *(L. nº 2021-1520 du 25 nov. 2021, art. 24).*

Art. L. 1424-5 **Le corps départemental de sapeurs-pompiers est composé :**

1º Des sapeurs-pompiers professionnels ;

(L. nº 2021-1520 du 25 nov. 2021, art. 21) **« 2º Des sapeurs-pompiers volontaires ;**

« 3º Des volontaires en service civique des sapeurs-pompiers. »

Sur le développement du volontariat dans les corps de sapeurs-pompiers, V. ci-dessous L. nº 96-370 du 3 mai 1996, art. 1er-5 et 6-1 s.

Sur les sapeurs-pompiers volontaires, V. ci-dessous Décr. nº 2013-412 du 17 mai 2013.

Sur les services d'incendie et de secours et les sapeurs-pompiers, V. ci-dessous CSI, art. L. 722-1 et L. 723-3 s.

BIBL. ▶ PERRIER, La gestion des personnels de la sécurité civile. Le statut hybride des sapeurs-pompiers volontaires, *AJCT 2018. 365.*

Code de la sécurité intérieure

(Ord. nº 2012-351 du 12 mars 2012)

CHAPITRE II. *SERVICES D'INCENDIE ET DE SECOURS*

Art. L. 722-1 *(L. nº 2021-1520 du 25 nov. 2021, art. 9)* Les services d'incendie et de secours se composent des services départementaux, territoriaux et locaux régis par le chapitre IV du titre II du livre IV de la première partie du code général des collectivités territoriales ainsi que de la brigade de sapeurs-pompiers de Paris et du bataillon de marins-pompiers de Marseille.

....

CHAPITRE III. *SAPEURS-POMPIERS*

SECTION 3. *Sapeurs-pompiers volontaires*

Art. L. 723-3 Toute personne, qu'elle soit ou non en activité et quelle que soit son activité professionnelle, peut devenir sapeur-pompier volontaire, sous réserve de satisfaire aux conditions d'engagement. — *[L. nº 96-370 du 3 mai 1996, art. 1-3.]*

Art. L. 723-4 Par son engagement, le sapeur-pompier volontaire participe, sur l'ensemble du territoire, aux missions de sécurité civile de toute nature, confiées principalement aux services d'incendie et de secours, et peut également exercer des missions ou remplir des fonctions particulières dans le cadre de l'organisation des services. — *[L. nº 96-370 du 3 mai 1996, art. 1er, al. 2.]*

Art. L. 723-5 L'activité de sapeur-pompier volontaire, qui repose sur le volontariat et le bénévolat, n'est pas exercée à titre professionnel mais dans des conditions qui lui sont propres. — *[L. nº 96-370 du 3 mai 1996, art. 1er, al. 1er.]*

Art. L. 723-6 Le sapeur-pompier volontaire prend librement l'engagement de se mettre au service de la communauté. Il exerce les mêmes activités que les sapeurs-pompiers professionnels. Il contribue ainsi directement, en fonction de sa disponibilité, aux missions de sécurité civile de toute nature confiées aux services d'incendie et de secours ou aux services de l'État qui en sont investis à titre permanent mentionnés au premier alinéa *(L. nº 2021-1520 du 25 nov. 2021, art. 49)* « du I » de l'article L. 721-2. Il concourt aux objectifs fixés à l'article L. 112-1. — *[L. nº 96-370 du 3 mai 1996, art. 1er-1.]*

Art. L. 723-7 La reconnaissance par la Nation de l'engagement de sapeur-pompier volontaire se traduit notamment sous forme de récompenses et de distinctions. — *[L. nº 96-370 du 3 mai 1996, art. 1er-2.]*

Art. L. 723-8 L'engagement du sapeur-pompier volontaire est régi par le présent livre ainsi que par la loi nº 96-370 du 3 mai 1996 relative au développement du volontariat dans les corps de sapeurs-pompiers.

Ni le code du travail ni le statut de la fonction publique ne lui sont applicables, sauf dispositions législatives contraires, et notamment les articles 6-1 et 8 de la loi nº 96-370 du

3 mai 1996 relative au développement du volontariat dans les corps de sapeurs-pompiers. Les sapeurs-pompiers volontaires sont soumis aux mêmes règles d'hygiène et de sécurité que les sapeurs-pompiers professionnels. — *[L. n° 96-370 du 3 mai 1996, art. 1er-4, al. 1er.]*

Art. L. 723-9 L'activité de sapeur-pompier volontaire est à but non lucratif. Elle ouvre droit à des indemnités horaires ainsi qu'à des prestations sociales et de fin de service. — *[L. n° 96-370 du 3 mai 1996, art. 1er-4, al. 2.]*

Art. L. 723-10 Une charte nationale du sapeur-pompier volontaire, élaborée en concertation notamment avec les représentants de la Fédération nationale des sapeurs-pompiers de France, est approuvée par voie réglementaire. — *V. CSI, art. D. 723-8.* — ***CSI.***

Elle rappelle les valeurs du volontariat et détermine les droits et les devoirs des sapeurs-pompiers volontaires. Elle définit le rôle du réseau associatif des sapeurs-pompiers dans la promotion, la valorisation et la défense des intérêts des sapeurs-pompiers volontaires. Elle est signée par le sapeur-pompier volontaire lors de son premier engagement. — *[L. n° 96-370 du 3 mai 1996, art. 1er-6.]*

Art. L. 723-11 L'employeur privé ou public d'un sapeur-pompier volontaire, les travailleurs indépendants, les membres des professions libérales et non salariées qui ont la qualité de sapeur-pompier volontaire peuvent conclure avec le *(L. n° 2021-1520 du 25 nov. 2021, art. 9)* « service » d'incendie et de secours une convention afin de préciser les modalités de la disponibilité opérationnelle et de la disponibilité pour la formation des sapeurs-pompiers volontaires. Cette convention veille notamment à s'assurer de la compatibilité de cette disponibilité avec les nécessités du fonctionnement de l'entreprise ou du service public.

(L. n° 2021-1520 du 25 nov. 2021, art. 45) « Les employeurs privés ou publics ayant conclu cette convention peuvent se voir attribuer le label "employeur partenaire des sapeurs-pompiers", dans des conditions fixées par décret. »

La programmation des gardes des sapeurs-pompiers volontaires établie sous le contrôle du directeur départemental des services d'incendie et de secours est communiquée à leurs employeurs, s'ils en font la demande.

Le service d'incendie et de secours adresse à l'employeur qui s'est vu attribuer le label « employeur partenaire des sapeurs-pompiers » mentionné à l'art. L. 723-11 CSI toute information utile à la mise en œuvre de la réduction d'impôt prévue à l'art. 238 bis CGI, notamment les relevés d'heures du sapeur-pompier volontaire (L. n° 2021-1520 du 25 nov. 2021, art. 45).

Art. L. 723-12 Les activités ouvrant droit à autorisation d'absence du sapeur-pompier volontaire pendant son temps de travail sont :

1° Les missions opérationnelles concernant les secours d'urgence aux personnes victimes d'accidents, de sinistres ou de catastrophes et leur évacuation, ainsi que la protection des personnes, des biens et de l'environnement, en cas de péril ;

2° Les actions de formation, dans les conditions fixées par l'article L. 723-13 ;

(L. n° 2021-1520 du 25 nov. 2021, art. 35) « 3° La participation aux réunions des instances dont il est membre et, pour le sapeur-pompier volontaire exerçant des responsabilités, aux réunions d'encadrement aux niveaux départemental ou de groupement organisées par le service d'incendie et de secours. »

Les autorisations d'absence ne peuvent être refusées au sapeur-pompier volontaire que lorsque les nécessités du fonctionnement de l'entreprise ou du service public s'y opposent.

Lorsqu'une convention est conclue entre l'employeur d'un sapeur-pompier volontaire et le *(L. n° 2021-1520 du 25 nov. 2021, art. 9)* « service » d'incendie et de secours, les parties fixent le seuil d'absences au-delà duquel les nouvelles autorisations d'absence donnent lieu à une compensation financière et en précisent les conditions.

Le refus est motivé, notifié à l'intéressé et transmis au *(L. n° 2021-1520 du 25 nov. 2021, art. 9)* « service » d'incendie et de secours.

Art. L. 723-12-1 *(L. n° 2021-1520 du 25 nov. 2021, art. 36)* Un salarié peut, sur sa demande et en accord avec son employeur, renoncer anonymement et sans contrepartie à tout ou partie de ses jours de repos non pris, qu'ils aient été affectés ou non sur un compte épargne-temps, au bénéfice d'un autre salarié relevant du même employeur ayant souscrit un engagement de sapeur-pompier volontaire, pour lui permettre de participer aux missions ou activités du service d'incendie et de secours.

Le congé annuel ne peut être cédé que pour sa durée excédant vingt-quatre jours ouvrables.

Le salarié bénéficiaire d'un ou de plusieurs jours de repos cédés en application du premier alinéa bénéficie du maintien de sa rémunération pendant sa période d'absence. Cette période d'absence est assimilée à une période de travail effectif pour la détermination des droits que le salarié tient de son ancienneté. Le salarié conserve le bénéfice de tous les avantages qu'il avait acquis avant le début de sa période d'absence.

Les agents publics civils et militaires peuvent bénéficier de la faculté prévue pour les salariés au présent article, dans des conditions définies par décret en Conseil d'État. Le chef de service est informé du don de jours de repos. Il ne peut pas s'y opposer.

Art. L. 723-13 Les sapeurs-pompiers volontaires bénéficient d'actions de formation adaptées aux missions qui leur sont confiées en tenant compte des compétences qu'ils ont acquises, dans les conditions fixées aux articles L. 1424-37 et L. 1424-37-1 du code général des collectivités territoriales. — *[L. n° 96-370 du 3 mai 1996, art. 4.]*

Art. L. 723-14 Le temps passé hors du lieu de travail, pendant les heures de travail, par le sapeur-pompier volontaire pour participer aux missions à caractère opérationnel et aux activités de formation est assimilé à une durée de travail effectif pour la détermination de la durée des congés payés, des droits aux prestations sociales et pour les droits qu'il tire de son ancienneté. — *[L. n° 96-370 du 3 mai 1996, art. 5.]*

Art. L. 723-15 Les activités de sapeur-pompier volontaire, de membre des associations de sécurité civile et de membre des réserves de sécurité civile ne sont pas soumises aux dispositions législatives et réglementaires relatives au temps de travail. — *[L. n° 96-370 du 3 mai 1996, art. 5-1.]*

Art. L. 723-16 Aucun licenciement, aucun déclassement professionnel, ni aucune sanction disciplinaire ne peuvent être prononcés à l'encontre d'un salarié en raison des absences résultant de l'application des dispositions de la présente section. — *[L. n° 96-370 du 3 mai 1996, art. 6, al. 1er.]*

Art. L. 723-17 Aucune sanction disciplinaire ne peut être prononcée à l'encontre d'un agent public en raison des absences résultant de l'application des dispositions de la présente section. — *[L. n° 96-370 du 3 mai 1996, art. 6, al. 2.]*

Art. L. 723-17-1 *(L. n° 2023-580 du 10 juill. 2023, art. 54)* Aucune sanction disciplinaire ne peut être prononcée à l'encontre d'un étudiant en raison des absences résultant de l'application de la présente section.

Art. L. 723-18 Lorsqu'un service de l'État investi à titre permanent des missions de sécurité civile, mentionné au premier alinéa *(L. n° 2021-1520 du 25 nov. 2021, art. 49)* « du I » de l'article L. 721-2, engage un sapeur-pompier volontaire, il exerce les compétences conférées au *(L. n° 2021-1520 du 25 nov. 2021, art. 9)* « service » d'incendie et de secours par le présent livre et le chapitre IV du titre II du livre IV de la première partie du code général des collectivités territoriales.

Art. L. 723-19 Une convention nationale conclue entre l'État, les organisations représentatives des employeurs des sapeurs-pompiers volontaires et les organisations représentatives des entreprises d'assurance détermine les conditions de réduction des primes d'assurance incendie dues par les employeurs de salariés ou d'agents publics ayant la qualité de sapeur-pompier volontaire.

À défaut de conclusion de la convention avant le 31 décembre 1997, l'emploi de salariés ou d'agents publics ayant la qualité de sapeur-pompier volontaire ouvre droit à un abattement sur la prime d'assurance due au titre des contrats garantissant les dommages d'incendie des assurés, égal à la part des salariés ou agents publics sapeurs-pompiers volontaires dans l'effectif total des salariés ou agents publics de l'entreprise ou de la collectivité publique concernée, dans la limite d'un maximum de 10 % de la prime. — *[L. n° 96-370 du 3 mai 1996, art. 9.]*

Loi n° 96-370 du 3 mai 1996,

Relative au développement du volontariat dans les corps de sapeurs-pompiers.

Art. 1er-5 *(L. n° 2011-851 du 20 juill. 2011, art. 3)* Une protection sociale particulière est garantie au sapeur-pompier volontaire par la loi n° 91-1389 du 31 décembre 1991 relative à la protection sociale des sapeurs-pompiers volontaires en cas d'accident survenu ou de maladie contractée en service.

Art. 6-1 *(L. n° 2004-811 du 13 août 2004, art. 80-II)* Les sapeurs-pompiers volontaires salariés victimes d'accident survenu ou de maladie contractée en service bénéficient des dispositions de la section 5-1 du chapitre II du titre II du livre I du code du travail.

Art. 7 L'employeur public ou privé est subrogé, à sa demande, dans le droit du sapeur-pompier volontaire à percevoir les *(L. n° 2011-851 du 20 juill. 2011, art. 1er)* « indemnités » prévues à l'article 11 en cas de maintien, durant son absence, de sa rémunération et des avantages y afférents, et dans la limite de ceux-ci.

Les *(L. n° 2011-851 du 20 juill. 2011, art. 1er)* « indemnités » perçues par l'employeur en application du premier alinéa ne sont assujetties à aucun impôt, ni soumises aux prélèvements prévus par la législation sociale.

Art. 8 Lorsque l'employeur maintient la rémunération pendant l'absence pour la formation suivie par les salariés sapeurs-pompiers volontaires, la rémunération et les prélèvements sociaux afférents à cette absence sont admis au titre de la participation des employeurs au financement de la formation professionnelle continue prévue à l'article L. 950-1 du code du travail *[devenu C. trav., art. L. 6331-1]*.

Les frais afférents à la formation suivie par les travailleurs indépendants, les membres des professions libérales et des professions non salariées sapeurs-pompiers volontaires sont pris en charge par les organismes agréés ou habilités par l'État visés au chapitre III du titre V du livre IX du code du travail.

Art. 8-1 *(L. n° 2011-851 du 20 juill. 2011, art. 7)* Les formations suivies dans le cadre de l'activité de sapeur-pompier volontaire peuvent être prises en compte, selon des modalités définies par voie réglementaire, au titre de la formation professionnelle continue prévue par le code du travail, des obligations de formation prévues par le statut de la fonction publique et du développement professionnel continu des professionnels de santé prévu par le code de la santé publique.

Art. 10 Les entreprises ou les personnes morales de droit public qui gèrent des établissements relevant de la réglementation des installations classées et qui disposent de personnels spécialisés dans la lutte contre les risques technologiques majeurs ou de moyens mobiles d'intervention peuvent conclure des conventions avec le service départemental *(L. n° 2021-1520 du 25 nov. 2021, art. 8)* « ou territorial » d'incendie et de secours afin de préciser les modalités de mise à disposition de ces personnels et de ces moyens.

Art. 10-1 *(L. n° 2011-851 du 20 juill. 2011, art. 9)* Les candidats à l'accès aux corps et cadres d'emploi des fonctions publiques bénéficient d'un recul de limite d'âge égal à la durée de leur engagement en qualité de sapeur-pompier volontaire.

Art. 10-2 *(L. n° 2011-851 du 20 juill. 2011, art. 22)* Les communes et les établissements publics de coopération intercommunale disposant d'un corps communal ou intercommunal de sapeurs-pompiers peuvent, pour les sapeurs-pompiers volontaires qui en relèvent, conclure les conventions mentionnées aux articles 2, 3, 4 et 10 de la présente loi.

TITRE III. INDEMNISATION, COMPTE D'ENGAGEMENT CITOYEN ET PRESTATIONS DE FIN D'ACTIVITÉ *(L. n° 2021-1520 du 25 nov. 2021, art. 34)*.

CHAPITRE I. *INDEMNITÉS HORAIRES (L. n° 2021-1520 du 25 nov. 2021, art. 34)*.

Art. 11 *(L. n° 2011-851 du 20 juill. 2011, art. 8)* « Le sapeur-pompier volontaire a droit, pour l'exercice de ses fonctions et de ses activités au sein des services d'incendie et de secours, à des indemnités dont le montant est compris entre un montant minimal et un montant maximal déterminés par *(L. n° 2016-1867 du 27 déc. 2016, art. 5)* « arrêté conjoint du ministre de l'intérieur et du ministre chargé du budget ». »

(L. n° 2002-276 du 27 févr. 2002, art. 128) « Le nombre *(L. n° 2011-851 du 20 juill. 2011, art. 8)* « d'indemnités » horaires pouvant être perçues annuellement par un même sapeur-pompier volontaire est arrêté par le conseil d'administration du service d'incendie et de secours.

« Pour les missions d'une durée supérieure à vingt-quatre heures, le versement des *(L. n° 2011-851 du 20 juill. 2011, art. 8)* « indemnités » peut être effectué sous la forme d'un forfait horaire journalier dont le montant est fixé par arrêté conjoint du ministre de l'Intérieur et du ministre chargé du budget. »

Ces *(L. n° 2011-851 du 20 juill. 2011, art. 8)* « indemnités » ne sont assujetties à aucun impôt ni soumises aux prélèvements prévus par la législation sociale.

Elles sont incessibles et insaisissables. Elles sont cumulables avec tout revenu ou prestation sociale.

CHAPITRE II. *ALLOCATION DE VÉTÉRANCE (L. nº 2021-1520 du 25 nov. 2021, art. 34).*

Art. 12 *(L. nº 99-128 du 23 févr. 1999)* Le sapeur-pompier volontaire qui a effectué au moins vingt ans de service a droit, à compter de l'année où il atteint la limite d'âge de son grade ou de l'année de fin de la prolongation d'activité, à une allocation de vétérance. Toutefois, la durée de service est ramenée à quinze ans pour le sapeur-pompier volontaire dont l'incapacité opérationnelle est reconnue médicalement *(L. nº 2016-1867 du 27 déc. 2016, art. 2)* « dans des conditions fixées par décret ».

L'allocation de vétérance est composée d'une part forfaitaire et d'une part variable.

Le montant annuel de la part forfaitaire est fixé par un arrêté conjoint du ministre de l'Intérieur et du ministre chargé du budget.

Le montant annuel de la part variable est modulé compte tenu des services accomplis par le sapeur-pompier volontaire, suivant des critères de calcul définis par décret.

L'allocation de vétérance n'est assujettie à aucun impôt ni soumise aux prélèvements prévus par la législation sociale.

Elle est incessible et insaisissable. Elle est cumulable avec tout revenu ou prestation sociale.

L'allocation de vétérance est versée par le service départemental *(L. nº 2021-1520 du 25 nov. 2021, art. 8)* « ou territorial » d'incendie et de secours du département dans lequel le sapeur-pompier volontaire a effectué la durée de service la plus longue.

(L. nº 2011-851 du 20 juill. 2011, art. 15) « Les collectivités territoriales et les établissements publics concernés peuvent décider d'augmenter le montant de l'allocation de vétérance que perçoit un sapeur-pompier volontaire. Le montant cumulé de la part forfaitaire et de la part variable de l'allocation de vétérance ne peut dépasser le montant de l'allocation de fidélité mentionnée à l'article 15-6. »

(L. nº 2016-1867 du 27 déc. 2016, art. 2) « Le présent article ne s'applique pas :

« 1º Aux sapeurs-pompiers volontaires des corps départementaux qui cessent définitivement le service à compter du 1er janvier 2004 ;

« 2º Aux sapeurs-pompiers des corps communaux ou intercommunaux mentionnés au deuxième alinéa de l'article 15-2 qui cessent définitivement le service à compter de la date d'adhésion de la commune ou de l'établissement public de coopération intercommunale qui les gère au régime de la prestation de fidélisation et de reconnaissance prévu à l'article 15-1 ;

« 3º Aux sapeurs-pompiers des corps communaux ou intercommunaux mentionnés au deuxième alinéa de l'article 15-11 qui cessent définitivement le service à compter de la date d'adhésion de la commune ou de l'établissement public de coopération intercommunale qui les gère au régime de la nouvelle prestation de fidélisation et de reconnaissance prévu à l'article 15-10. »

Art. 13 *(L. nº 99-128 du 23 févr. 1999)* « Si le sapeur-pompier volontaire est décédé en service commandé, une allocation de réversion, dont les critères de calcul sont fixés par décret, est versée de plein droit, sa vie durant, au conjoint survivant. À défaut, l'allocation est versée à ses descendants directs jusqu'à leur majorité. »

L'allocation de réversion n'est assujettie à aucun impôt ni soumise aux prélèvements prévus par la législation sociale.

Elle est incessible et insaisissable. Elle est cumulable avec tout revenu ou prestation sociale.

Art. 14 *(L. nº 99-128 du 23 févr. 1999)* « L'allocation de vétérance est financée par les contributions des collectivités territoriales et des établissements publics, autorités *(L. nº 2016-1867 du 27 déc. 2016, art. 2)* « de gestion » des sapeurs-pompiers volontaires. »

Les contributions des autorités d'emploi constituent des dépenses obligatoires.

Art. 15 Les services départementaux *(L. nº 2021-1520 du 25 nov. 2021, art. 8)* « et territoriaux » d'incendie et de secours perçoivent les contributions et versent l'allocation de vétérance.

CHAPITRE III. *PRESTATION DE FIDÉLISATION ET DE RECONNAISSANCE (L. nº 2021-1520 du 25 nov. 2021, art. 34).*

Art. 15-1 *(L. nº 2016-1867 du 27 déc. 2016, art. 2)* La prestation de fidélisation et de reconnaissance permet aux sapeurs-pompiers volontaires d'acquérir des droits à pension exprimés en points et versés sous forme de rente viagère.

Les engagements pris par le régime sont considérés comme intégralement garantis par les provisions techniques constituées avant le 1er janvier 2016, dans des conditions fixées par décret en Conseil d'État.

Art. 15-2 *(L. nº 2004-811 du 13 août 2004, art. 83-II)* Une association nationale est chargée de la surveillance *(L. nº 2016-1867 du 27 déc. 2016, art. 2)* « et du contrôle » de la prestation de fidélisation et de reconnaissance des sapeurs-pompiers volontaires. Chaque service départemental *(L. nº 2021-1520 du 25 nov. 2021, art. 8)* « ou territorial » d'incendie et de secours adhère obligatoirement à cette association.

Dans des conditions fixées par décret en Conseil d'État, les communes ou les établissements publics de coopération intercommunale assurant la gestion d'un corps communal ou intercommunal de sapeurs-pompiers *(L. nº 2016-1867 du 27 déc. 2016, art. 2)* « qui ont adhéré au régime de la prestation de fidélisation et de reconnaissance avant le 1er janvier 2016 adhèrent au contrat mentionné à l'avant-dernier alinéa du présent article.

« Le conseil d'administration de l'association est composé de représentants des conseils d'administration des services d'incendie et de secours, de représentants des communes ou établissements mentionnés aux 2° et 3° de l'article 15-11 et de représentants des sapeurs-pompiers volontaires. Un représentant du ministre chargé de la sécurité civile assiste de droit aux séances du conseil d'administration. L'association nationale établit chaque année un rapport sur son activité et sur les perspectives financières des régimes de la prestation de fidélisation et de reconnaissance et de la nouvelle prestation de fidélisation et de reconnaissance. Ce rapport est remis au ministre chargé de la sécurité civile et présenté à la Conférence nationale des services d'incendie et de secours. L'association transmet au ministre chargé de la sécurité civile toutes les informations que celui-ci estime nécessaires pour s'assurer de la bonne gestion de ces régimes. »

Pour la mise en œuvre de la prestation de fidélisation et de reconnaissance des sapeurs-pompiers volontaires, l'association susmentionnée souscrit un contrat collectif d'assurance *(L. nº 2016-1867 du 27 déc. 2016, art. 2)* « limité à la gestion des droits acquis au titre du régime mentionné à l'article 15-1 par les sapeurs-pompiers volontaires avant le 1er janvier 2016. Ce contrat peut être souscrit » auprès d'une ou plusieurs entreprises relevant du code des assurances, d'une ou plusieurs institutions de prévoyance régies par le titre III du livre IX du code de la sécurité sociale ou le livre VII du code rural ou d'un ou plusieurs organismes mutualistes relevant du livre II du code de la mutualité. L'association confie *(L. nº 2016-1867 du 27 déc. 2016, art. 2)* « à cet organisme, sous sa surveillance, la gestion des engagements pris par le régime, des provisions techniques et des prestations à servir ».

(L. nº 2011-851 du 20 juill. 2011, art. 24) « L'association adopte le règlement du régime *(L. nº 2016-1867 du 27 déc. 2016, art. 2)* « de la prestation de fidélisation et de reconnaissance », lequel précise notamment les règles et les modalités de la constitution et de la liquidation des droits des sapeurs-pompiers volontaires. »

Art. 15-3 *(L. nº 2004-811 du 13 août 2004, art. 83-II)* La prestation de fidélisation et de reconnaissance des sapeurs-pompiers volontaires est financée *(L. nº 2016-1867 du 27 déc. 2016, art. 2)* « par les provisions techniques mentionnées au second alinéa de l'article 15-1.

« Les sapeurs-pompiers volontaires affiliés au régime de la prestation de fidélisation et de reconnaissance reçoivent le remboursement, par l'organisme mentionné à l'avant-dernier alinéa de l'article 15-2, du montant des cotisations obligatoires et facultatives qu'ils ont versées avant le 1er janvier 2016. »

Art. 15-4 *(L. nº 2004-811 du 13 août 2004, art. 83)* La rente viagère servie à chaque adhérent *(L. nº 2016-1867 du 27 déc. 2016, art. 2)* « au titre de la prestation de fidélisation et de reconnaissance » lorsque les conditions en sont réunies est fonction de la durée des services accomplis en qualité de sapeur-pompier volontaire, dans les conditions fixées par le contrat *(L. nº 2016-1867 du 27 déc. 2016, art. 2)* « mentionné à l'avant-dernier alinéa de l'article 15-2 ».

La rente viagère est servie au sapeur-pompier volontaire à compter de la date à laquelle il cesse définitivement son engagement, dès lors qu'il est âgé d'au moins cinquante-cinq ans.

L'ouverture des droits à la rente viagère est subordonnée à l'accomplissement, en une ou plusieurs fractions, de vingt années au moins de services en qualité de sapeur-pompier volontaire *(L. nº 2016-1867 du 27 déc. 2016, art. 2)* « entre le 1er janvier 2005 et le 31 décembre 2015 ».

La condition mentionnée à l'alinéa précédent n'est pas applicable au sapeur-pompier volontaire adhérent lorsque l'interruption de l'engagement est consécutive à un accident survenu ou à une maladie contractée en service dans les conditions fixées par la loi nº 91-1389 du

31 décembre 1991 relative à la protection sociale des sapeurs-pompiers volontaires en cas d'accident survenu ou de maladie contractée en service. Dans ce cas, le sapeur-pompier volontaire concerné ou, le cas échéant, ses ayants droit *(L. n° 2016-1867 du 27 déc. 2016, art. 2)* « définis par le décret en Conseil d'État prévu à l'article » *(L. n° 2021-1520 du 25 nov. 2021, art. 34)* « 15-15 » perçoivent de plein droit la *(L. n° 2016-1867 du 27 déc. 2016, art. 2)* « rente » viagère qu'il aurait dû percevoir s'il avait accompli vingt années de service ou, s'il a déjà accompli plus de vingt ans de service, la *(L. n° 2016-1867 du 27 déc. 2016, art. 2)* « rente » viagère qu'il aurait dû percevoir s'il avait achevé son engagement en cours.

Si le sapeur-pompier volontaire adhérent décède en service commandé, quelle qu'ait été la durée des services accomplis, une allocation annuelle, dont les critères de calcul sont fixés par le contrat *(L. n° 2016-1867 du 27 déc. 2016, art. 2)* « mentionné à l'avant-dernier alinéa de l'article 15-2, est versée aux ayants droit définis par le décret en Conseil d'État prévu à l'article » *(L. n° 2021-1520 du 25 nov. 2021, art. 34)* « 15-15 ».

En cas de décès du sapeur-pompier volontaire adhérent avant ou après la date de liquidation, la *(L. n° 2016-1867 du 27 déc. 2016, art. 2)* « rente viagère » peut être versée, dans les conditions déterminées par le contrat *(L. n° 2016-1867 du 27 déc. 2016, art. 2)* « mentionné à l'avant-dernier alinéa de l'article 15-2 », à un bénéficiaire expressément désigné par l'adhérent ou, à défaut, à *(L. n° 2016-1867 du 27 déc. 2016, art. 2)* « ses ayants droit définis par le décret en Conseil d'État prévu à l'article » *(L. n° 2021-1520 du 25 nov. 2021, art. 34)* « 15-15 ».

La prestation de fidélisation et de reconnaissance des sapeurs-pompiers volontaires n'est assujettie à aucun impôt ni prélèvement prévu par la législation sociale. Elle est incessible et insaisissable. Elle est cumulable avec tout revenu ou prestation sociale.

Art. 15-6 *(L. n° 2004-811 du 13 août 2004, art. 83-II) (L. n° 2016-1867 du 27 déc. 2016, art. 2)* « Les sapeurs-pompiers volontaires des corps départementaux ayant cessé définitivement le service entre le 1er janvier 2004 et le 31 décembre 2004, après avoir accompli, à la date de leur départ, en une ou plusieurs fractions, au moins vingt ans de service en qualité de sapeur-pompier volontaire, ont droit à une allocation de fidélité, dans des conditions fixées par décret. »

Le montant de l'allocation *(L. n° 2016-1867 du 27 déc. 2016, art. 2)* « de fidélité » est fonction de la durée des services accomplis comme sapeur-pompier volontaire. Il est fixé chaque année par arrêté conjoint *(L. n° 2016-1867 du 27 déc. 2016, art. 2)* « des ministres chargés de la sécurité civile et du budget », après avis de la Conférence nationale des services d'incendie et de secours.

(L. n° 2016-1867 du 27 déc. 2016, art. 2) « Les modalités de versement et de financement de l'allocation de fidélité sont les mêmes que celles prévues pour l'allocation de vétérance définie aux articles 12 à 15. » Toutefois, à la demande de l'autorité d'emploi du corps concerné et sur délibération du conseil d'administration mentionné *(L. n° 2011-851 du 20 juill. 2011, art. 24 ; L. n° 2016-1867 du 27 déc. 2016, art. 2)* « au troisième » alinéa de l'article 15-2, la gestion et le versement de cette allocation peuvent être confiés à l'organisme gestionnaire mentionné *(L. n° 2011-851 du 20 juill. 2011, art. 24 ; L. n° 2016-1867 du 27 déc. 2016, art. 2)* « à l'avant-dernier alinéa du même article 15-2 ».

(L. n° 2016-1867 du 27 déc. 2016, art. 2) « Les sapeurs-pompiers volontaires des corps départementaux et des corps communaux ou intercommunaux mentionnés au deuxième alinéa de l'article 15-2 ont droit, dans des conditions fixées par décret en Conseil d'État, à l'intégralité du montant annuel de l'allocation de fidélité au titre des services accomplis avant le 1er janvier 2005 s'ils étaient encore en service au 1er janvier 2005, s'ils ont accompli au moins vingt ans de service, en une ou plusieurs fractions, avant cette date et s'ils ont été affiliés au régime de la prestation de fidélisation et de reconnaissance avant le 1er janvier 2016. »

Art. 15-9 *(L. n° 2004-811 du 13 août 2004, art. 99)* À Saint-Pierre-et-Miquelon, les compétences conférées par la présente loi au service départemental d'incendie et de secours sont exercées par le service territorial d'incendie et de secours.

CHAPITRE IV. *NOUVELLE PRESTATION DE FIDÉLISATION ET DE RECONNAISSANCE (L. n° 2021-1520 du 25 nov. 2021, art. 34).*

Art. 15-10 *(L. n° 2021-1520 du 25 nov. 2021, art. 32)* Sous réserve que leur autorité de gestion adhère au régime de la nouvelle prestation de fidélisation et de reconnaissance dans les conditions prévues aux deuxième à avant-dernier alinéas de l'article 15-11, les sapeurs-pompiers volontaires ont droit à une prestation nommée "nouvelle prestation de fidélisation et de reconnaissance" lorsqu'ils ont accompli, en une ou plusieurs fractions :

1° Au moins vingt ans de service en cette qualité, s'ils ont cessé définitivement le service entre le 1er janvier 2016 et la date d'entrée en vigueur de la loi n° 2021-1520 du 25 novembre 2021 visant à consolider notre modèle de sécurité civile et valoriser le volontariat des sapeurs-pompiers et les sapeurs-pompiers professionnels ;

2° Au moins quinze ans de service en cette qualité, s'ils ont cessé définitivement le service après la date d'entrée en vigueur de la loi n° 2021-1520 du 25 novembre 2021 précitée.

Les conditions de durée de service prévues aux 1° et 2° du présent article sont ramenées respectivement à quinze ans et à dix ans pour le sapeur-pompier volontaire dont l'incapacité opérationnelle est reconnue médicalement dans des conditions fixées par le décret en Conseil d'État prévu à l'article 15-15.

Art. 15-11 *(L. n° 2016-1867 du 27 déc. 2016, art. 3)* L'association nationale mentionnée à l'article 15-2 est chargée de la surveillance et du contrôle de la nouvelle prestation de fidélisation et de reconnaissance des sapeurs-pompiers volontaires.

Dans des conditions fixées par décret en Conseil d'État, adhèrent au régime de la nouvelle prestation de fidélisation et de reconnaissance auprès de l'organisme national de gestion mentionné au dernier alinéa du présent article :

1° À titre obligatoire, les services départementaux *(L. n° 2021-1520 du 25 nov. 2021, art. 8)* « et territoriaux » d'incendie et de secours ;

2° À titre obligatoire, les communes et établissements publics de coopération intercommunale mentionnés au deuxième alinéa de l'article 15-2 ;

3° À titre facultatif, les autres communes ou établissements publics de coopération intercommunale assurant la gestion d'un corps communal ou intercommunal de sapeurs-pompiers.

L'association souscrit un contrat auprès d'un organisme national de gestion de son choix, afin de lui confier la gestion administrative et financière du régime de la nouvelle prestation de fidélisation et de reconnaissance.

Art. 15-12 *(L. n° 2016-1867 du 27 déc. 2016, art. 3)* Pour les sapeurs-pompiers volontaires appartenant à des corps départementaux, la nouvelle prestation de fidélisation et de reconnaissance est financée par une contribution annuelle obligatoire versée par chaque service départemental *(L. n° 2021-1520 du 25 nov. 2021, art. 8)* « ou territorial » d'incendie et de secours, autorité de gestion des sapeurs-pompiers volontaires. Le montant de cette contribution est fixé en fonction du montant des prestations à verser aux sapeurs-pompiers qui remplissent les conditions fixées aux articles 15-10 et 15-13. L'aide apportée par l'État au financement des charges résultant pour les services départementaux *(L. n° 2021-1520 du 25 nov. 2021, art. 8)* « et territoriaux » d'incendie et de secours de l'application du présent alinéa est définie dans des conditions fixées en loi de finances.

Pour les sapeurs-pompiers volontaires appartenant aux corps communaux ou intercommunaux mentionnés aux 2° et 3° de l'article 15-11, la nouvelle prestation de fidélisation et de reconnaissance est financée par une contribution annuelle obligatoire versée par chaque commune ou établissement public de coopération intercommunale, autorité de gestion des sapeurs-pompiers volontaires. Le montant de cette contribution est fixé en fonction du montant des prestations à verser aux sapeurs-pompiers qui remplissent les conditions mentionnées aux articles 15-10 et 15-13. L'État n'apporte pas d'aide au financement des charges résultant pour les communes et les établissements publics de coopération intercommunale de l'application du présent alinéa.

Art. 15-13 *(L. n° 2016-1867 du 27 déc. 2016, art. 3)* Le montant de la nouvelle prestation de fidélisation et de reconnaissance des sapeurs-pompiers volontaires ainsi que ses modalités de revalorisation sont déterminés par décret en Conseil d'État.

La nouvelle prestation de fidélisation et de reconnaissance est servie au sapeur-pompier volontaire à compter de la date à laquelle il cesse définitivement son engagement, dès lors qu'il est âgé d'au moins cinquante-cinq ans.

Dans le cas où la durée de service définie à l'article 15-10 a été accomplie dans plusieurs corps de sapeurs-pompiers, la répartition du versement dû par chacun de ces corps est définie par le décret en Conseil d'État prévu à l'article *(L. n° 2021-1520 du 25 nov. 2021, art. 34)* « 15-15 ».

La condition de durée de service mentionnée à l'article 15-10 n'est pas applicable au sapeur-pompier volontaire lorsque l'interruption de son engagement est consécutive à un accident survenu ou à une maladie contractée en service dans les conditions fixées par la loi n° 91-1389 du 31 décembre 1991 relative à la protection sociale des sapeurs-pompiers volontaires en cas d'accident survenu ou de maladie contractée en service. Dans ce cas, le sapeur-pompier volontaire concerné ou, le cas échéant, ses ayants droit définis par le décret en Conseil d'État prévu à l'article *(L. n° 2021-1520 du 25 nov. 2021, art. 34)* « 15-15 » de la présente loi perçoivent de plein droit la nouvelle prestation de fidélisation et de reconnaissance qu'il aurait dû percevoir s'il avait accompli *(L. n° 2021-1520 du 25 nov. 2021, art. 32)* « quinze » ans de service ou, s'il a déjà accompli plus de *(L. n° 2021-1520 du 25 nov. 2021, art. 32)* « quinze » ans de service, la nouvelle prestation qu'il aurait dû percevoir s'il avait achevé son engagement en cours.

Si le sapeur-pompier volontaire décède en service commandé, quelle qu'ait été la durée des services accomplis, une allocation annuelle, dont les critères de calcul sont fixés par le décret en Conseil d'État prévu au même article *(L. n° 2021-1520 du 25 nov. 2021, art. 34)* « 15-15 », est versée aux ayants droit définis par le même décret.

En cas de décès du sapeur-pompier volontaire avant ou après la date de liquidation, la nouvelle prestation de fidélisation et de reconnaissance peut être versée, dans des conditions déterminées par le décret en Conseil d'État prévu audit article *(L. n° 2021-1520 du 25 nov. 2021, art. 34)* « 15-15 », à un bénéficiaire expressément désigné par ce sapeur-pompier volontaire ou, à défaut, à ses ayants droit définis par le même décret.

La nouvelle prestation de fidélisation et de reconnaissance des sapeurs-pompiers volontaires n'est assujettie à aucun impôt ni prélèvement prévu par la législation sociale. Elle est incessible et insaisissable. Elle est cumulable avec tout revenu ou prestation sociale.

CHAPITRE V. *COMPTE D'ENGAGEMENT CITOYEN* *(L. n° 2021-1520 du 25 nov. 2021, art. 34)*

Art. 15-14 L'association nationale mentionnée à l'article 15-2 est chargée de collecter auprès de l'État, des services départementaux et territoriaux d'incendie et de secours ainsi que des communes et des établissements publics de coopération intercommunale disposant d'un service local d'incendie et de secours, autorités de gestion des sapeurs-pompiers volontaires, les informations nécessaires au traitement des droits des bénéficiaires mentionnés au 8° de l'article L. 5151-9 du code du travail ainsi que les ressources destinées à leur financement, en vue de leur versement à l'organisme mentionné à l'article L. 6333-1 du même code.

L'association nationale souscrit un contrat auprès d'un organisme national de gestion de son choix, afin de lui confier la gestion administrative et financière du recensement des bénéficiaires et de la collecte des ressources destinées au financement de leurs droits.

Une convention établie entre l'association nationale et l'organisme national de gestion du compte personnel de formation précise notamment les règles et les modalités de transmission des données relatives aux bénéficiaires ainsi que les modalités de versement des ressources mentionnées à l'article L. 5151-11 du code du travail.

CHAPITRE VI. *MODALITÉS D'APPLICATION* *(L. n° 2021-1520 du 25 nov. 2021, art. 34)*

Art. 15-15 Un décret en Conseil d'État fixe, en tant que de besoin, les modalités d'application des articles 15-1 à 15-14.

TITRE IV. DISPOSITIONS DIVERSES

Art. 18 Les sapeurs-pompiers volontaires qui, ayant cessé leur activité avant la date d'entrée en vigueur de la présente loi, remplissent les conditions fixées à l'article 12 perçoivent la part forfaitaire de l'allocation de vétérance. *(L. n° 2003-1312 du 30 déc. 2003, art. 95)* « Ils peuvent, en outre, percevoir la part variable lorsque les collectivités territoriales et les établissements publics intéressés le décident. Cette mesure prend effet à compter du 1er janvier 2004. »

(L. n° 99-128 du 23 févr. 1999) « Les sapeurs-pompiers volontaires qui bénéficiaient avant le 1er janvier 1998 d'un régime d'allocation de vétérance plus favorable pourront conserver le bénéfice de ce régime si les collectivités territoriales et les établissements publics concernés le décident. »

Art. 21 Les dispositions du titre II, ainsi que des articles 18 et 24, de la présente loi prennent effet au 1er janvier 1998.

Art. 23 Un décret en Conseil d'État fixe, en tant que de besoin, les modalités d'application de la présente loi.

Art. 24 Les articles L. 421-3, L. 421-4 et L. 421-5 du code des communes ne s'appliquent qu'aux caisses communales de secours et de retraites qui continuent de verser la part de l'allocation de vétérance prévue au deuxième alinéa de l'article 18.

Art. 25 *(L. n° 2002-276 du 27 févr. 2002, art. 130) (L. n° 2021-1520 du 25 nov. 2021, art. 43)* « L'engagement des jeunes sapeurs-pompiers ou des jeunes marins-pompiers ainsi que l'obtention du brevet national de jeune sapeur-pompier ou de jeune marin-pompier sont reconnus lors de leur engagement en qualité de sapeur-pompier volontaire mais également sous forme de récompenses, de distinctions ou encore dans le cadre du parcours scolaire. L'encadrement de la formation des jeunes sapeurs-pompiers ou des jeunes marins-pompiers, organisée par les associations habilitées par le ministre chargé de la sécurité civile dans des conditions fixées par décret, est également reconnu, notamment sous forme de récompenses ou de distinctions. »

Les jeunes sapeurs-pompiers ayant obtenu le brevet national de *(L. n° 2021-1520 du 25 nov. 2021, art. 44)* « jeune sapeur-pompier ou de jeune marin-pompier » avant l'âge de dix-huit ans peuvent intégrer un service d'incendie et de secours en tant que stagiaire. Ils reçoivent un complément de formation nécessaire à leur accession au statut de sapeur-pompier volontaire sous l'autorité d'un tuteur. Ils peuvent participer à certaines opérations de secours.

Art. 27 *(L. n° 2011-851 du 20 juill. 2011, art. 26)* Pour l'application de la présente loi à Mayotte :

1° Les articles 12 à *(L. n° 2016-1867 du 27 déc. 2016, art. 4)* « 15-9 et 16 » à 25 ne sont pas applicables à Mayotte ;

2° Jusqu'au 1er janvier 2014, les termes énumérés aux *a* à *c* sont ainsi remplacés :

a) "services d'incendie et de secours" ou "service départemental d'incendie et de secours" par : "service d'incendie et de secours de Mayotte", sous réserve des dispositions du 8° du présent article ;

b) "directeur départemental des services d'incendie et de secours" par : "directeur du service d'incendie et de secours de Mayotte" ;

c) "conseil d'administration du service départemental d'incendie et de secours" par : "conseil départemental sur propositions du conseil d'exploitation du service d'incendie et de secours de Mayotte" ;

3° Aux articles 1er-4 et 8-1, les mots : "code du travail" sont remplacés par les mots : "code du travail applicable à Mayotte" ;

4° À l'article 1er-5, la référence : "par la loi n° 91-1389 du 31 décembre 1991 relative à la protection sociale des sapeurs-pompiers volontaires en cas d'accident survenu ou de maladie contractée en service" est remplacée par les mots : "par les régimes d'assurance maladie-maternité et accidents du travail applicables localement" ;

5° À l'article 4, les références : "aux articles L. 1424-37 et L. 1424-37-1" sont remplacées par la référence : "à l'article L. 6161-39" ;

6° À l'article 6-1, la référence : "section 5-I du chapitre II du titre II du livre I du code du travail" est remplacée par la référence : "section 7 du chapitre II du titre II du livre I du code du travail applicable à Mayotte" ;

7° À l'article 7-1, les mots : "situés dans les zones de revitalisation rurale mentionnées à l'article 1465 A du code général des impôts ou" sont supprimés ;

8° À la fin du premier alinéa de l'article 8, la référence : "L. 950-1 du code du travail" est remplacée par la référence : "L. 711-1 du code du travail applicable à Mayotte" et le second alinéa du même article 8 n'est pas applicable ;

9° Le premier alinéa de l'article 9 n'est pas applicable et, au début du second alinéa du même article 9, les mots : "À défaut de conclusion de la convention avant le 31 décembre 1997," sont supprimés ;

10° à 14° Abrogés par L. n° 2016-1867 du 27 déc. 2016, art. 4.

15° La protection sociale des sapeurs-pompiers volontaires est prise en charge à Mayotte par les régimes d'assurance maladie-maternité et par le régime de prévention, de réparation et de tarification des accidents du travail et des maladies professionnelles applicables localement, notamment ceux issus des ordonnances n° 96-1122 du 20 décembre 1996 relative à l'amélioration de la santé publique à Mayotte, n° 2002-149 du 7 février 2002 relative à l'extension et la généralisation des prestations familiales et à la protection sociale dans le Département de Mayotte, n° 2002-411 du 27 mars 2002 relative à la protection sanitaire et sociale à Mayotte et n° 2006-1588 du 13 décembre 2006 relative au régime de prévention, de réparation et de tarification des accidents du travail et des maladies professionnelles à Mayotte.

Décret n° 2013-412 du 17 mai 2013,

Relatif aux sapeurs-pompiers volontaires.

V. Circ. du 20 mai 2014 (NOR : INTE1410478C) relative au présent Décr. et à ses arrêtés d'application.

CHAPITRE V. *DISPOSITIONS DIVERSES ET TRANSITOIRES*

Art. 83 À compter de la date d'entrée en vigueur du présent décret et jusqu'au *(Décr. n° 2017-1610 du 27 nov. 2017, art. 3)* « 31 décembre 2019 », les sapeurs-pompiers volontaires qui assurent des activités opérationnelles ne correspondant pas au grade minimum requis en vertu de l'article 3 *[CSI, art. R. 723-3]* peuvent continuer à assurer ces activités dans le service dans lequel ils servent.

Art. 84 À compter de la date d'entrée en vigueur du présent décret et jusqu'au *(Décr. n° 2017-1610 du 27 nov. 2017, art. 3)* « 31 décembre 2019 » au plus tard, peuvent être nommés au grade de lieutenant de sapeurs-pompiers volontaires les adjudants de sapeurs-pompiers volontaires assurant, avant la même date, les activités de chef de groupe ou de chef de centre d'incendie et de secours et justifiant d'au moins dix ans de services effectifs en qualité de sous-officiers.

Art. 85 À la date d'entrée en vigueur du présent décret, les majors sapeurs-pompiers volontaires sont nommés au grade de lieutenant de sapeurs-pompiers volontaires régi par le présent décret.

À la même date, les majors honoraires de sapeurs-pompiers volontaires sont nommés, à leur demande, au grade de lieutenant honoraire et sont autorisés à porter les insignes correspondants.

Art. 86 À la date d'entrée en vigueur du présent décret, les sapeurs-pompiers volontaires en activité justifiant de leur formation initiale et ayant achevé leur période probatoire reçoivent l'appellation de sapeurs volontaires *[sapeur volontaire]* de 1re classe.

Art. 87 Le présent décret entre en vigueur le premier jour du mois qui suit celui de sa publication.

Art. L. 1424-6 **Un arrêté conjoint du préfet et du président du conseil d'administration du** *(L. n° 2021-1520 du 25 nov. 2021, art. 8)* **« service » d'incendie et de secours fixe, après avis du conseil d'administration, l'organisation du** *(L. n° 2021-1520 du 25 nov. 2021, art. 21)* **« service » départemental.**

En cas de difficultés de fonctionnement, le corps départemental est dissous par arrêté du ministre de l'Intérieur, pris sur proposition du préfet, après avis du conseil d'administration du *(L. n° 2021-1520 du 25 nov. 2021, art. 8)* **« service » d'incendie et de secours. Cet arrêté précise les conditions de réorganisation du** *(L. n° 2021-1520 du 25 nov. 2021, art. 21)* **« service » et les dispositions nécessaires pour assurer les secours jusqu'à cette réorganisation.**

En cas de dissolution d'un corps départemental d'un département d'outre-mer, l'avis du ministre chargé des départements d'outre-mer est également requis.

Art. L. 1424-7 *(L. n° 2004-811 du 13 août 2004, art. 49)* **« Un schéma départemental d'analyse et de couverture des risques dresse l'inventaire des risques de toute nature pour la sécurité des personnes et des biens auxquels doivent faire face les services d'incendie et de secours dans le département, et détermine les objectifs de couverture de ces risques par ceux-ci. »** *(L. n° 2023-580 du 10 juill. 2023, art. 6)* **« Il comprend une partie relative au risque d'incendie de forêt, de surfaces agricoles et de végétation et détermine les objectifs de couverture de ce risque. »**

Le schéma départemental d'analyse et de couverture des risques est élaboré, sous l'autorité du préfet, par le service départemental *(L. n° 2021-1520 du 25 nov. 2021, art. 8)* **« ou territorial » d'incendie et de secours.**

(L. n° 2004-811 du 13 août 2004, art. 49) « Après avis du conseil départemental, le représentant de l'État dans le département arrête le schéma départemental sur avis conforme du conseil d'administration du *(L. n° 2021-1520 du 25 nov. 2021, art. 8)* « service » d'incendie et de secours. »

(L. n° 2015-991 du 7 août 2015, art. 96) « La révision du schéma intervient tous les cinq ans. Elle est précédée d'une évaluation des objectifs du précédent schéma. »

(L. n° 2004-811 du 13 août 2004, art. 49) « Dans le département des Bouches-du-Rhône, le schéma départemental d'analyse et de couverture des risques comprend trois volets :

« – un volet propre au périmètre d'intervention du bataillon de marins-pompiers de Marseille, élaboré par ce dernier et arrêté par le représentant de l'État dans le département après avis conforme du conseil municipal de la commune ;

« – un volet propre au reste du territoire du département, élaboré par le service départemental d'incendie et de secours et arrêté par le représentant de l'État dans le département après avis conforme du conseil d'administration de l'établissement ;

« – un volet commun, élaboré conjointement par le bataillon de marins-pompiers de Marseille et le service départemental d'incendie et de secours et arrêté par le représentant de l'État dans le département après avis conforme du conseil municipal de la commune et du conseil d'administration de l'établissement. »

(L. n° 2015-991 du 7 août 2015, art. 96) « Il est révisé dans les conditions prévues au quatrième alinéa. »

Art. L. 1424-8 Sans préjudice des dispositions de l'article L. 2216-2, le transfert des compétences de gestion prévu par le présent chapitre au profit du service départemental *(L. n° 2021-1520 du 25 nov. 2021, art. 8)* « ou territorial » d'incendie et de secours emporte transfert de la responsabilité civile des communes ou des établissements publics de coopération intercommunale au titre des dommages résultant de l'exercice de ces compétences.

Art. L. 1424-8-1 *(Ord. n° 2012-351 du 12 mars 2012, art. 7)* Les réserves communales de sécurité civile sont régies par le chapitre IV du titre II du livre VII du code de la sécurité intérieure *[V. infra]*.

Code de la sécurité intérieure

(Ord. n° 2012-351 du 12 mars 2012, en vigueur le 1er mai 2012)

CHAPITRE IV. *RÉSERVES COMMUNALES DE SÉCURITÉ CIVILE ET RÉSERVES CITOYENNES DES SERVICES D'INCENDIE ET DE SECOURS (L. n° 2021-1520 du 25 nov. 2021, art. 47).*

SECTION 1. *Réserves communales de sécurité civile (L. n° 2021-1520 du 25 nov. 2021, art. 47).*

SOUS-SECTION 1. *Missions des réserves communales (L. n° 2021-1520 du 25 nov. 2021, art. 47).*

Art. L. 724-1 Les réserves communales de sécurité civile ont pour objet d'appuyer les services concourant à la sécurité civile en cas d'événements excédant leurs moyens habituels ou dans des situations particulières. À cet effet, elles participent au soutien et à l'assistance des populations, à l'appui logistique et au rétablissement des activités. Elles peuvent également contribuer à la préparation de la population face aux risques.

Elles sont mises en œuvre par décision motivée de l'autorité de police compétente. – *[CGCT, art. L. 1424-8-1.]*

(L. n° 2017-86 du 27 janv. 2017, art. 6-II) « Les réserves communales de sécurité civile font partie de la réserve civique prévue par la loi n° 2017-86 du 27 janvier 2017 relative à l'égalité et à la citoyenneté. Elles sont régies par les dispositions du présent code et, pour autant qu'ils n'y sont pas contraires, par les articles 1er à 5 de la même loi. »

SOUS-SECTION 2. *Institution des réserves communales (L. n° 2021-1520 du 25 nov. 2021, art. 47).*

Art. L. 724-2 La commune, sur délibération du conseil municipal, peut instituer une réserve communale de sécurité civile. Ses modalités d'organisation et de mise en œuvre doivent être compatibles avec le règlement opérationnel prévu à l'article L. 1424-4 du code général des collectivités territoriales.

La réserve communale de sécurité civile est placée sous l'autorité du maire. La charge en incombe à la commune ; toutefois, une convention peut fixer les modalités de participation au financement de l'établissement public de coopération intercommunale à fiscalité propre dont la commune est membre et du conseil départemental. La gestion de la réserve communale peut être confiée, dans des conditions déterminées par convention, au service départemental *(L. n° 2021-1520 du 25 nov. 2021, art. 9)* « ou territorial » d'incendie et de secours ou à un établissement public de coopération intercommunale.

SOUS-SECTION 3. *Réservistes communaux (L. n° 2021-1520 du 25 nov. 2021, art. 47).*

Art. L. 724-3 Les réserves de sécurité civile sont composées, sur la base du bénévolat, des personnes ayant les capacités et compétences correspondant aux missions qui leur sont dévolues au sein de la réserve. — *[CGCT, art. L. 1424-8-3, I.]*

§ 1. *Engagement à servir dans la réserve (L. n° 2021-1520 du 25 nov. 2021, art. 47).*

Art. L. 724-4 L'engagement à servir dans la réserve de sécurité civile est souscrit pour une durée de un à cinq ans renouvelable. Cet engagement donne lieu à un contrat conclu entre l'autorité de gestion et le réserviste. La durée des activités à accomplir au titre de la réserve de sécurité civile ne peut excéder quinze jours ouvrables par année civile.

(L. n° 2020-1525 du 7 déc. 2020, art. 113) « Les conditions d'application du présent article sont définies par voie réglementaire. »

Art. L. 724-5 Les personnes qui ont souscrit un engagement à servir dans la réserve de sécurité civile sont tenues de répondre aux ordres d'appel individuels et de rejoindre leur affectation pour servir au lieu et dans les conditions qui leur sont assignés.

Sont dégagés de cette obligation les réservistes de sécurité civile qui seraient par ailleurs mobilisés au titre de la réserve militaire. — *[CGCT, art. L. 1424-8-4.]*

§ 2. *Réserve communale de sécurité civile et emploi (L. n° 2021-1520 du 25 nov. 2021, art. 47).*

Art. L. 724-6 Une convention conclue entre l'employeur du réserviste et l'autorité de gestion de la réserve peut préciser les modalités, les durées et les périodes de mobilisation les mieux à même de concilier les impératifs de la réserve avec la bonne marche de l'entreprise ou du service. — *[CGCT, art. L. 1424-8-3, III.]*

Art. L. 724-7 Pour accomplir son engagement à servir dans la réserve de sécurité civile pendant son temps de travail, le salarié doit obtenir l'accord de son employeur, sous réserve de dispositions plus favorables résultant du contrat de travail, de conventions ou d'accords collectifs de travail ou de conventions conclues entre l'employeur et l'autorité de gestion de la réserve. En cas de refus, l'employeur motive et notifie sa décision à l'intéressé ainsi qu'à l'autorité de gestion de la réserve dans la semaine qui suit la réception de la demande. — *[C. trav., art. L. 3142-108.]*

Art. L. 724-8 Pendant la période d'activité dans la réserve de sécurité civile, le contrat de travail du salarié est suspendu. — *[C. trav., art. L. 3142-109.]*

Art. L. 724-9 La période d'activité dans la réserve de sécurité civile est considérée comme une période de travail effectif pour les avantages légaux et conventionnels en matière d'ancienneté, de congés payés et de droit aux prestations sociales. — *[C. trav., art. L. 3142-110.]*

Art. L. 724-10 Aucun licenciement ou déclassement professionnel, aucune sanction disciplinaire ne peuvent être prononcés à l'encontre d'un salarié en raison des absences résultant de son engagement à servir dans la réserve de sécurité civile. — *[C. trav., art. L. 3142-111.]*

Art. L. 724-11 Les réservistes qui ne bénéficient pas en qualité de fonctionnaire d'une mise en congé avec traitement au titre de la réserve de sécurité civile peuvent percevoir une indemnité compensatrice. La charge qui en résulte est répartie suivant les modalités fixées par l'article L. 742-11. — *[CGCT, art. L. 1424-8-5.]*

§ 3. *Protection sociale et réparation des dommages (L. n° 2021-1520 du 25 nov. 2021, art. 47).*

Art. L. 724-12 Pendant sa période d'activité dans la réserve de sécurité civile, l'intéressé bénéficie, pour lui et pour ses ayants droit, des prestations des assurances maladie, maternité, invalidité et décès, dans les conditions définies à l'article L. 161-8 du code de la sécurité sociale, du régime de sécurité sociale dont il relève en dehors de son service dans la réserve. – *[CGCT, art. L. 1424-8-6.]*

Art. L. 724-13 Le réserviste victime de dommages subis dans le service ou à l'occasion du service et, en cas de décès, ses ayants droit obtiennent de l'autorité de gestion, lorsque la responsabilité de cette dernière est engagée, la réparation intégrale du dommage subi. – *[CGCT, art. L. 1424-8-7.]*

SECTION 2. *Réserves citoyennes des services d'incendie et de secours*
(L. n° 2021-1520 du 25 nov. 2021, art. 47)

SOUS-SECTION 1. *Missions des réserves citoyennes des services d'incendie et de secours*

Art. L. 724-14 Les réserves citoyennes des services d'incendie et de secours ont pour objet de développer et d'entretenir la culture de sécurité civile, de renforcer le lien entre la Nation et les services d'incendie et de secours ainsi que de promouvoir et de valoriser l'image des sapeurs-pompiers.

Les réservistes soutiennent les services d'incendie et de secours dans les domaines suivants :

1° Actions de sensibilisation de la population aux risques, aux menaces et à la résilience ;

2° Support à la préparation et à la mise en œuvre d'exercices de gestion de crise ;

3° Promotion de l'engagement de jeunes sapeurs-pompiers, de sapeurs-pompiers volontaires et de réservistes ;

4° Appui logistique et technique des sapeurs-pompiers en situation de crise ou lors d'un événement important ;

5° Appui logistique et technique lors des cérémonies ou des manifestations sportives ou de valorisation des services d'incendie et de secours ;

6° Formation et accompagnement des jeunes sapeurs-pompiers, en lien avec les associations habilitées de jeunes sapeurs-pompiers ou de jeunes marins-pompiers concernées.

Les réserves citoyennes des services d'incendie et de secours font partie de la réserve civique prévue par la loi n° 2017-86 du 27 janvier 2017 relative à l'égalité et à la citoyenneté. Elles sont régies par le présent code et, pour autant qu'ils n'y sont pas contraires, par les articles 1er à 5 de la loi n° 2017-86 du 27 janvier 2017 précitée.

SOUS-SECTION 2. *Institution des réserves citoyennes des services d'incendie et de secours*

Art. L. 724-15 Les services départementaux et territoriaux d'incendie et de secours, sur délibération de leur conseil d'administration et après consultation du réseau associatif départemental des acteurs de la sécurité civile, peuvent instituer une réserve citoyenne des services d'incendie et de secours.

La réserve citoyenne des services d'incendie et de secours est placée sous l'autorité du président du conseil d'administration, autorité de gestion au sens de la loi n° 2017-86 du 27 janvier 2017 relative à l'égalité et à la citoyenneté.

SOUS-SECTION 3. *Réservistes citoyens des services d'incendie et de secours*

Art. L. 724-16 Peuvent être admis dans les réserves citoyennes des services d'incendie et de secours les candidats qui satisfont aux conditions suivantes :

1° Être âgé d'au moins seize ans ; si le candidat est mineur, il doit être pourvu du consentement écrit de son représentant légal ;

2° Ne pas avoir fait l'objet d'une condamnation incompatible avec l'exercice des fonctions, mentionnée au bulletin n° 2 du casier judiciaire, ou, pour les étrangers, d'une condamnation de même nature dans l'État dont ils sont ressortissants.

L'autorité de gestion peut s'opposer, par décision motivée, à l'inscription ou au maintien dans la réserve citoyenne des services d'incendie et de secours de toute personne dont le comportement serait contraire à la charte de la réserve civique ou pour tout motif tiré d'un risque d'atteinte à l'ordre public.

Art. L. 724-17 L'engagement à servir dans les réserves citoyennes des services d'incendie et de secours est souscrit pour une durée d'un à cinq ans, renouvelable sur demande expresse du réserviste.

SOUS-SECTION 4. *Dispositions diverses*

Art. L. 724-18 La présente section est applicable à la brigade de sapeurs-pompiers de Paris et au bataillon de marins-pompiers de Marseille.

Les fonctions confiées par l'article L. 724-15 au président et au conseil d'administration du service d'incendie et de secours sont assurées respectivement par le préfet de police et le conseil de Paris s'agissant de la réserve citoyenne de la brigade de sapeurs-pompiers de Paris.

Ces mêmes fonctions sont assurées respectivement par le maire et le conseil municipal de la commune de Marseille s'agissant de la réserve citoyenne du bataillon de marins-pompiers de Marseille.

SECTION 3. *Dispositions communes (L. n° 2021-1520 du 25 nov. 2021, art. 47).*

Art. L. 724-19 Les modalités d'application du présent chapitre sont précisées, en tant que de besoin, par décret en Conseil d'État.

Les dispositions du présent chapitre ne s'appliquent pas dans les départements de Paris, des Hauts-de-Seine, de la Seine-Saint-Denis et du Val-de-Marne, qui demeurent régis par les textes qui leur sont spécifiques.

Art. L. 1424-8-2 à L. 1424-8-8 *Abrogés par Ord. n° 2012-351 du 12 mars 2012, art. 19. — V. désormais CSI, art. L. 724-2 à L. 724-6 et L. 724-11 à L. 724-14, ss. art. L. 1424-8-1, et L. 725-5, infra.*

Code de la sécurité intérieure

(Ord. n° 2012-351 du 12 mars 2012, en vigueur le 1er mai 2012)

Art. L. 725-5 Pour l'exercice des compétences énumérées à l'article L. 725-3, les associations agréées dans les conditions prévues à l'article L. 725-1 peuvent conclure avec l'État, le service d'incendie et de secours ou la commune une convention précisant les missions qui peuvent leur être confiées, les moyens en personnel et en matériel qu'elles mettent en œuvre, les conditions d'engagement et d'encadrement de leurs équipes, les délais d'engagement et les durées d'intervention. La convention précise également, le cas échéant, les modalités financières de la participation de l'association.

Les conventions mentionnées au précédent alinéa sont conclues annuellement. Elles sont reconductibles. — *[L. n° 2004-811 du 13 août 2004, art. 38.]*

Une convention identique à celle mentionnée au premier alinéa du présent article peut prévoir que ces associations réalisent des évacuations d'urgence de victimes lorsqu'elles participent aux opérations de secours mentionnées à l'article L. 725-3. » *(L. n° 2021-1520 du 25 nov. 2021, art. 50)* « Cette convention ne peut pas prévoir la réalisation par ces associations de missions de transport sanitaire définies à l'article L. 6312-1 du code de la santé publique. »

SOUS-SECTION 1 Les compétences

§ 1 La gestion des personnels

Art. L. 1424-9 Les sapeurs-pompiers professionnels, officiers et non officiers, sont recrutés et gérés par le service départemental *(L. n° 2021-1520 du 25 nov. 2021, art. 8)* « ou territorial » d'incendie et de secours, dans le cadre des dispositions législatives et réglementaires qui leur sont applicables.

(L. n° 2021-1520 du 25 nov. 2021, art. 27) « Par dérogation au premier alinéa, les officiers de sapeurs-pompiers professionnels peuvent, dans des conditions fixées par voie réglementaire, être nommés dans leurs grades, emplois ou fonctions conjointement par l'autorité compétente de l'État et le président du conseil d'administration du service d'incendie et de secours. »

Art. L. 1424-9-1 *(L. n° 2021-1520 du 25 nov. 2021, art. 27)* Les agents relevant de la fonction publique territoriale autres que ceux de la filière des sapeurs-pompiers professionnels sont recrutés et gérés par le service départemental ou territorial d'incendie et de secours, dans le cadre des dispositions législatives et réglementaires qui leur sont applicables.

Par dérogation à l'article 40 de la loi n° 84-53 du 26 janvier 1984 portant dispositions statutaires relatives à la fonction publique territoriale, lorsqu'ils doivent occuper un emploi fonctionnel des services d'incendie et de secours, ces agents sont nommés conjointement par l'autorité compétente de l'État et le président du conseil d'administration du service d'incendie et de secours.

Art. L. 1424-10 Les sapeurs-pompiers volontaires *(L. nº 2017-86 du 27 janv. 2017, art. 17)* « et les volontaires en service civique des sapeurs-pompiers » sont engagés et gérés par le service départemental *(L. nº 2021-1520 du 25 nov. 2021, art. 8)* « ou territorial » d'incendie et de secours.

(L. nº 2021-1520 du 25 nov. 2021, art. 27) « Par dérogation au premier alinéa, les officiers et les sous-officiers de sapeurs-pompiers volontaires peuvent, dans des conditions fixées par voie réglementaire, être nommés dans leurs grades ou fonctions conjointement par l'autorité compétente de l'État et le président du conseil d'administration du service d'incendie et de secours. »

Art. L. 1424-11 *Abrogé par L. nº 2021-1520 du 25 nov. 2021, art. 27.*

§ 2 Les biens

Art. L. 1424-12 Le service départemental *(L. nº 2021-1520 du 25 nov. 2021, art. 8)* « ou territorial » d'incendie et de secours construit, acquiert ou loue les biens nécessaires à son fonctionnement.

Un plan d'équipement est arrêté par le conseil d'administration en fonction des objectifs de couverture des risques fixés par le schéma départemental mentionné à l'article L. 1424-7. Il détermine les matériels qui seront mis à la disposition des centres d'incendie et de secours relevant des communes et des établissements publics de coopération intercommunale.

SOUS-SECTION 2 **Les transferts de personnels ou de biens aux services départementaux et territoriaux d'incendie et de secours** *(L. nº 2021-1520 du 25 nov. 2021, art. 8).*

§ 1 Les transferts de personnels

Art. L. 1424-13 Les sapeurs-pompiers professionnels qui, à la date de la promulgation de la loi nº 96-369 du 3 mai 1996 relative aux services d'incendie et de secours, relèvent d'un corps communal ou intercommunal sont transférés au corps départemental dans les conditions fixées par une convention signée entre, d'une part, la commune ou l'établissement public de coopération intercommunale et, d'autre part, le service départemental d'incendie et de secours. Les garanties statutaires de leurs cadres d'emplois leur demeurent applicables.

La convention fixe, après consultation des instances paritaires compétentes, les modalités des transferts qui devront intervenir dans un délai de cinq ans à compter de la promulgation de la loi nº 96-369 du 3 mai 1996 relative aux services d'incendie et de secours.

Art. L. 1424-14 Les sapeurs-pompiers volontaires relevant d'un corps communal ou intercommunal desservant un centre de secours principal ou un centre de secours à la date de la promulgation de la loi nº 96-369 du 3 mai 1996 relative aux services d'incendie et de secours sont transférés au corps départemental.

Une convention signée entre, d'une part, la commune ou l'établissement public de coopération intercommunale et, d'autre part, le service départemental d'incendie et de secours fixe les modalités des transferts qui devront intervenir dans un délai de cinq ans à compter de la promulgation de la loi nº 96-369 du 3 mai 1996 relative aux services d'incendie et de secours.

Art. L. 1424-15 Lorsqu'une commune ou un établissement public de coopération intercommunale a demandé, sur décision de son organe délibérant, le rattachement au corps départemental d'un corps communal ou intercommunal, le service départemental *(L. nº 2021-1520 du 25 nov. 2021, art. 8)* « ou territorial » d'incendie et de secours procède au rattachement des sapeurs-pompiers volontaires dans les conditions fixées par son conseil d'administration.

Les compétences en matière d'engagement et de gestion des sapeurs-pompiers volontaires mentionnés à l'alinéa précédent sont transférées de la commune ou de l'établissement public de coopération intercommunale au service départemental *(L. n° 2021-1520 du 25 nov. 2021, art. 8)* « ou territorial » d'incendie et de secours.

Art. L. 1424-16 Les personnels administratifs, techniques et spécialisés de la fonction publique territoriale qui n'ont pas la qualité de sapeur-pompier professionnel et qui participent au fonctionnement des centres d'incendie et de secours relevant d'une commune ou d'un établissement public de coopération intercommunale peuvent être mis à la disposition du service départemental *(L. n° 2021-1520 du 25 nov. 2021, art. 8)* « ou territorial » d'incendie et de secours sur leur demande et avec l'accord de ce service et celui de la commune ou de l'établissement public de coopération intercommunale.

Les modalités de gestion de ces personnels sont déterminées par une convention entre, d'une part, la commune ou l'établissement public de coopération intercommunale et, d'autre part, le service départemental *(L. n° 2021-1520 du 25 nov. 2021, art. 8)* « ou territorial » d'incendie et de secours, après consultation des instances paritaires compétentes.

§ 2 Les transferts de biens

Art. L. 1424-17 Les biens affectés, à la date de la promulgation de la loi n° 96-369 du 3 mai 1996 relative aux services d'incendie et de secours, par les communes, les établissements publics de coopération intercommunale et le département au fonctionnement des services d'incendie et de secours et nécessaires au fonctionnement du service départemental d'incendie et de secours sont mis, à titre gratuit, à compter de la date fixée par une convention, à la disposition de celui-ci, sous réserve des dispositions de l'article L. 1424-19.

Cette convention, conclue entre, d'une part, la commune ou l'établissement public de coopération intercommunale ou le département et, d'autre part, le service départemental d'incendie et de secours, règle les modalités de la mise à disposition qui devra intervenir dans un délai de cinq ans à compter de la promulgation de la loi n° 96-369 du 3 mai 1996 relative aux services d'incendie et de secours.

Sous réserve des dispositions du cinquième alinéa en ce qui concerne les emprunts, le service départemental d'incendie et de secours succède à la commune, à l'établissement public de coopération intercommunale ou au département dans leurs droits et obligations. À ce titre, il leur est substitué dans les contrats de toute nature conclus pour l'aménagement, le fonctionnement, l'entretien ou la conservation des biens mis à sa disposition, ainsi que pour le fonctionnement des services. Cette substitution est notifiée par les collectivités concernées à leurs cocontractants.

Lorsque les biens cessent d'être affectés au fonctionnement des services d'incendie et de secours, leur mise à disposition prend fin.

La convention mentionnée au deuxième alinéa fixe les conditions dans lesquelles est assurée la prise en charge du remboursement des emprunts contractés au titre des biens mis à disposition.

Il résulte des dispositions de l'art. L. 1424-17, éclairées par les travaux préparatoires de la loi du 3 mai 1996 relative aux services d'incendie et de secours dont elles sont issues que, en l'absence d'accord entre les parties, il appartient à la commission nationale mentionnée à l'art. L. 1424-22 de fixer la partie du remboursement des emprunts contractés par la collectivité locale ou l'établissement public antérieurement compétent qui doit être pris en charge par le service départemental d'incendie et de secours. En conséquence, ce dernier ne peut être affranchi de toute participation de ce remboursement. • CE 18 oct. 2002, *Synd. intercommunal de secours de Denaisis : BJCL 2002. 500, concl. Austry ; AJDA 2003. 287, note Degoffe ; Coll. terr. 2003, n° 11, obs. Moreau.*

Art. L. 1424-18 Sur sa demande, la commune ou l'établissement public de coopération intercommunale ou le département peut se voir confier, par le service départemental *(L. n° 2021-1520 du 25 nov. 2021, art. 8)* « ou territorial » d'incendie et de secours, la responsabilité d'une opération de grosses réparations, d'extension, de reconstruction ou d'équipement d'un centre d'incendie et de secours existant à la date de la mise à disposition. Cette opération doit avoir fait l'objet d'une décision préalable de financement de la commune, de l'établissement public de coopération intercommunale ou du département.

Art. L. 1424-19 Indépendamment de la convention prévue à l'article L. 1424-17, et à toute époque, le transfert des biens au service départemental *(L. nº 2021-1520 du 25 nov. 2021, art. 8)* « ou territorial » d'incendie et de secours peut avoir lieu en pleine propriété.

Une convention fixe les modalités du transfert de propriété.

Ce transfert ne donne pas lieu à la perception de droit, taxe ou honoraires.

§ 3 Les procédures de transferts

Art. L. 1424-20 Pour l'élaboration des conventions prévues aux articles L. 1424-13, L. 1424-14 et L. 1424-17, chacune des parties peut demander l'avis de la commission consultative départementale prévue à l'article L. 1424-21, sur des questions juridiques ou financières.

En cas de différend sur une ou plusieurs dispositions du projet de convention mentionnée à l'article L. 1424-17, les deux parties peuvent désigner d'un commun accord un arbitre qu'elles choisissent sur une liste de personnes qualifiées, arrêtée par le président de la chambre régionale des comptes dans le ressort de laquelle se situe le service départemental d'incendie et de secours. Les deux parties prennent en charge, à parts égales, la rémunération de l'arbitre. L'arbitrage rendu lie les deux parties.

Art. L. 1424-21 La commission consultative départementale mentionnée à l'article L. 1424-20 comprend, outre les quatre représentants des sapeurs-pompiers qui siègent au conseil d'administration du *(L. nº 2021-1520 du 25 nov. 2021, art. 8)* « service » d'incendie et de secours :

1º Quatre représentants du département élus par le conseil départemental en son sein ;

2º Quatre représentants des communes et des établissements publics de coopération intercommunale élus par le collège des maires et présidents d'établissement public de coopération intercommunale dans le département, en son sein ;

3º Le *(Ord. nº 2010-420 du 27 avr. 2010, art. 109)* « directeur départemental des finances publiques ou son » représentant, et un expert désigné par le préfet.

Les représentants du département, des communes et des établissements publics de coopération intercommunale ne peuvent exercer un mandat de membre du conseil d'administration du *(L. nº 2021-1520 du 25 nov. 2021, art. 8)* « service » d'incendie et de secours.

Le président de la commission consultative est élu par le collège des représentants du département, des communes et des établissements publics de coopération intercommunale, en son sein.

Art. L. 1424-22 À défaut de signature des conventions prévues aux articles L. 1424-13, L. 1424-14 et L. 1424-17, six mois avant le délai fixé à ces mêmes articles, une commission nationale règle, sur saisine du préfet, dans un délai de six mois, la situation des personnels et des biens transférés au *(L. nº 2021-1520 du 25 nov. 2021, art. 8)* « service » d'incendie et de secours, après consultation, pour les personnels, des instances paritaires compétentes.

Sa décision est notifiée au maire de la commune ou au président de l'établissement public de coopération intercommunale ou au président du conseil départemental et au président du conseil d'administration du *(L. nº 2021-1520 du 25 nov. 2021, art. 8)* « service » d'incendie et de secours concernés dans un délai d'un mois.

Art. L. 1424-23 La commission nationale prévue à l'article L. 1424-22 est présidée par le ministre de l'Intérieur ou son représentant. Elle comprend :

– trois représentants de l'État ;
– trois présidents de conseil départemental ;
– trois maires ou présidents d'établissement public de coopération intercommunale ;
– trois sapeurs-pompiers.

Cette commission est présidée par le ministre chargé des départements d'outre-mer ou son représentant, lorsque la commune ou l'établissement public de coopération intercommunale ou le département est situé outre-mer.

Art. L. 1424-23-1 *(L. nº 2004-811 du 13 août 2004, art. 50)* Les transferts des personnels et des biens qui n'ont pas été effectués dans les conditions et délais prescrits par les dispositions des articles L. 1424-13 à L. 1424-19 doivent faire l'objet des conventions prévues par celles-ci au plus tard le 31 décembre de l'année suivant la promulgation de la loi nº 2004-811 du 13 août 2004 de modernisation de la sécurité civile.

À défaut, le transfert est prononcé par décret en Conseil d'État.

SOUS-SECTION 3 **Organisation des services départementaux et territoriaux d'incendie et de secours** *(L. nº 2021-1520 du 25 nov. 2021, art. 8)*.

§ 1 Le conseil d'administration

Art. L. 1424-24 *(L. nº 2004-811 du 13 août 2004, art. 51)* Le service départemental d'incendie et de secours est administré par un conseil d'administration composé de représentants du département, des communes et des établissements publics de coopération intercommunale compétents en matière de secours et de lutte contre l'incendie.

(Ord. nº 2009-1530 du 10 déc. 2009) « L'activité de sapeur-pompier volontaire dans le département est incompatible avec l'exercice des fonctions de membre du conseil d'administration avec voix délibérative. »

Il n'est pas prévu à ce jour de modifier les dispositions concernant les incompatibilités relevant des art. L. 2122-5-1 et L. 1424-24 CGCT. * Rép. min. nº 18086 : *JOAN, 16 avr. 2019, p. 3657.*

Art. L. 1424-24-1 *(L. nº 2004-811 du 13 août 2004, art. 51)* Le conseil d'administration comprend quinze membres au moins et trente membres au plus. Sa composition est déterminée conformément aux dispositions de l'article L. 1424-26.

Les sièges sont répartis entre, d'une part, le département, et, d'autre part, les communes et établissements publics de coopération intercommunale. Le nombre des sièges attribués au département ne peut être inférieur aux trois cinquièmes du nombre total des sièges, celui des sièges attribués aux communes et aux établissements publics de coopération intercommunale ne peut être inférieur au cinquième du nombre total des sièges.

Art. L. 1424-24-2 *(L. nº 2004-811 du 13 août 2004, art. 51)* Les représentants du département sont élus au scrutin de liste à un tour par le conseil départemental en son sein dans les quatre mois suivant son renouvellement. *(L. nº 2021-1520 du 25 nov. 2021, art. 25)* « Les listes de candidats doivent être composées alternativement d'un candidat de chaque sexe. » Il est attribué à la liste qui a obtenu le plus de voix un nombre de sièges égal à la moitié du nombre de sièges à pourvoir, arrondi, le cas échéant, à l'entier supérieur. Les autres sièges sont répartis entre toutes les listes à la représentation proportionnelle suivant la règle de la plus forte moyenne.

Art. L. 1424-24-3 *(L. nº 2004-811 du 13 août 2004, art. 51)* Les représentants des établissements publics de coopération intercommunale sont élus par les présidents d'établissements publics de coopération intercommunale au scrutin proportionnel au plus fort reste parmi les membres *(L. nº 2021-1520 du 25 nov. 2021, art. 14)* « de leurs organes délibérants et les membres des conseils municipaux » des communes membres. Les représentants des communes qui ne sont pas membres de ces établissements publics sont élus par les maires de ces communes parmi les *(L. nº 2021-1520 du 25 nov. 2021, art. 14)* « membres des conseils municipaux » de celles-ci au scrutin proportionnel au plus fort reste. *(L. nº 2021-1520 du 25 nov. 2021, art. 25)* « Les listes de candidats doivent être composées alternativement d'un candidat de chaque sexe. »

Le nombre de suffrages dont dispose chaque maire, d'une part, chaque président d'établissement public de coopération intercommunale, d'autre part, au sein de leur collège électoral respectif est proportionnel à la population de la commune ou des communes composant l'établissement public. Il est fixé *(Ord. n° 2015-683 du 18 juin 2015, art. 1er)* « par arrêté du président du conseil d'administration du *(L. n° 2021-1520 du 25 nov. 2021, art. 8)* « service » d'incendie et de secours au vu de la délibération prise à cet effet par le conseil ».

Les représentants des établissements publics de coopération intercommunale et des communes sont élus dans les quatre mois suivant le renouvellement général des conseils municipaux. *(Ord. n° 2015-683 du 18 juin 2015, art. 1er)* « L'organisation matérielle de cette élection est assurée par le *(L. n° 2021-1520 du 25 nov. 2021, art. 8)* « service » d'incendie et de secours. »

Art. L. 1424-24-4 *(L. n° 2004-811 du 13 août 2004, art. 51)* En cas d'absence ou d'empêchement, les membres du conseil d'administration sont remplacés par des suppléants élus selon les mêmes modalités et pour la même durée qu'eux.

Art. L. 1424-24-5 *(L. n° 2004-811 du 13 août 2004, art. 51)* Assistent, en outre, aux réunions du conseil d'administration, avec voix consultative :

1° Le directeur départemental des services d'incendie et de secours ;

2° Le médecin-chef *(L. n° 2021-1520 du 25 nov. 2021, art. 21)* « de la sous-direction santé, sous-directeur » ;

3° Un sapeur-pompier professionnel officier, un sapeur-pompier professionnel non officier, un sapeur-pompier volontaire officier *(L. n° 2019-286 du 8 avr. 2019)* « , un sapeur-pompier volontaire non officier et un représentant des fonctionnaires territoriaux du *(L. n° 2021-1520 du 25 nov. 2021, art. 8)* « service » d'incendie et de secours n'ayant pas la qualité de sapeur-pompier professionnel », en qualité de membre élu de la commission administrative et technique des services d'incendie et de secours prévue à l'article L. 1424-31 ;

(L. n° 2011-851 du 20 juill. 2011, art. 20) « 4° Le président de l'union départementale des sapeurs-pompiers ; »

(L. n° 2021-1520 du 25 nov. 2021, art. 56) « 5° Le référent mixité et lutte contre les discriminations ;

« 6° Le référent sûreté et sécurité. »

COMMENTAIRE

V. dans le supplément en ligne.

Art. L. 1424-24-6 *(L. n° 2004-811 du 13 août 2004, art. 51)* Le conseil d'administration peut prévoir la représentation, avec voix consultative, des organismes partenaires du *(L. n° 2021-1520 du 25 nov. 2021, art. 8)* « service » d'incendie et de secours. Les représentants des organismes ainsi désignés par le conseil d'administration sont nommés par le président du conseil d'administration sur proposition de ceux-ci.

Art. L. 1424-25 Le préfet ou son représentant assiste de plein droit aux séances du conseil d'administration.

Si une délibération paraît de nature à affecter la capacité opérationnelle du *(L. n° 2021-1520 du 25 nov. 2021, art. 8)* « service » d'incendie et de secours ou la bonne distribution des moyens, le préfet peut demander une nouvelle délibération.

Art. L. 1424-26 *(L. n° 2004-811 du 13 août 2004, art. 51)* Le conseil d'administration délibère, dans les six mois qui précèdent le renouvellement des représentants des communes et des établissements publics de coopération intercommunale, sur le nombre et la répartition de ses sièges qui sont arrêtés par *(Ord. n° 2015-683 du 18 juin 2015, art. 1er)* « le président du conseil d'administration » au vu de cette délibération.

Art. L. 1424-27 *(L. n° 2004-811 du 13 août 2004, art. 52)* « Le conseil d'administration est présidé par le président du conseil départemental ou l'un des membres du conseil d'administration désigné par le président du conseil départemental après le renouvellement des représentants du département et celui des représentants des communes et des établissements publics de coopération intercommunale.

« Le bureau du conseil d'administration est composé du président, de trois vice-présidents et, le cas échéant, d'un membre supplémentaire.

« Sa composition est fixée par le conseil d'administration lors de la première réunion suivant chaque renouvellement. Au cours de cette réunion, les membres du bureau autres que le président sont élus parmi les membres du conseil d'administration ayant voix délibérative à la majorité absolue de ces derniers. *(L. n° 2021-1520 du 25 nov. 2021, art. 25)* « Le premier et le troisième vice-présidents sont de sexe différent de celui du président. » Un vice-président au moins est élu parmi les représentants des communes et des établissements publics de coopération intercommunale. Si l'élection n'est pas acquise lors des deux premiers tours de scrutin, il est procédé à un troisième tour et l'élection a lieu à la majorité relative des suffrages exprimés. En cas de partage des voix, elle est acquise au bénéfice de l'âge. »

(L. n° 2002-276 du 27 févr. 2002, art. 120) « Le conseil d'administration peut déléguer une partie de ses attributions au bureau, à l'exception des délibérations relatives à l'adoption du budget et du compte administratif en application des dispositions *(Ord. n° 2009-1530 du 10 déc. 2009)* « des articles L. 1612-1 à L. 1612-20 », ainsi que de celles visées aux articles L. 1424-26 et L. 1424-35. »

(L. n° 99-1126 du 28 déc. 1999, art. 6 ; L. n° 2004-811 du 13 août 2004, art. 52) « Les indemnités maximales votées par le conseil d'administration du service d'incendie et de secours pour l'exercice effectif des fonctions de président et de vice-président sont déterminées par référence au barème prévu, en fonction de la population du département, pour les indemnités des conseillers départementaux par l'article L. 3123-16 dans la limite de 50 % pour le président et de 25 % pour chacun des vice-présidents ».

À compter de l'exercice budgétaire 2026, au 4e al. du présent art., les mots : « compte administratif » sont remplacés par les mots : « compte financier unique » (Ord. n° 2025-526 du 12 juin 2025, art. 1er et 12).

Art. L. 1424-27-1 *(L. n° 2004-811 du 13 août 2004, art. 61)* Les présidents et vice-présidents d'un conseil d'administration de *(L. n° 2021-1520 du 25 nov. 2021, art. 8)* « service » d'incendie et de secours, qui perçoivent, en application des dispositions de l'article L. 1424-27, des indemnités pour l'exercice effectif de leurs fonctions, sont affiliés au régime complémentaire de retraite institué au profit des agents non titulaires des collectivités publiques.

Cette affiliation ne peut donner lieu à une validation de services.

Art. L. 1424-28 Le conseil d'administration se réunit à l'initiative de son président au moins une fois par semestre.

En cas d'urgence, le conseil d'administration se réunit sur convocation de son président, à l'initiative de celui-ci ou sur demande du préfet ou *(L. n° 2004-811 du 13 août 2004, art. 53)* « d'un cinquième de ses membres ayant voix délibérative », sur un ordre du jour déterminé. Le conseil d'administration se réunit de plein droit le troisième jour suivant l'envoi de la convocation au préfet et à ses membres.

Art. L. 1424-29 Le conseil d'administration règle par ses délibérations les affaires relatives à l'administration du *(L. n° 2021-1520 du 25 nov. 2021, art. 8)* « service » d'incendie et de secours.

Art. L. 1424-30 *(L. n° 2002-276 du 27 févr. 2002, art. 120)* Le président du conseil d'administration est chargé de l'administration du *(L. n° 2021-1520 du 25 nov. 2021, art. 8)* « service » d'incendie et de secours. À ce titre, il prépare et exécute les délibérations du conseil d'administration. Il passe les marchés au nom de l'établissement, reçoit en son nom les dons, legs et subventions. Il représente l'établissement en justice et en est l'ordonnateur. Il nomme les personnels du service d'incendie et de secours.

Le président du conseil d'administration peut, en outre, par délégation du conseil d'administration, en tout ou partie, et pour la durée de son mandat, être chargé de procéder, dans les limites déterminées par le conseil d'administration, à la réalisation des emprunts destinés au financement des investissements prévus par le budget et de passer à cet effet les actes nécessaires. *(L. n° 2003-1311 du 30 déc. 2003, art. 116)* « Il peut recevoir délégation pour prendre les décisions mentionnées au III de l'article

L. 1618-2. Il informe le conseil d'administration des actes pris dans le cadre de cette délégation. » Il peut être chargé de prendre toute décision concernant la préparation, la passation, l'exécution et le règlement des marchés de travaux, de fournitures et de services *(L. n° 2004-811 du 13 août 2004, art. 54)* « pouvant être passés selon une procédure adaptée ». Il peut être chargé de fixer les rémunérations et de régler les frais et honoraires des avocats, notaires, huissiers de justice et experts.

Il peut déléguer, par arrêté, sous sa surveillance et sa responsabilité, l'exercice d'une partie de ses fonctions aux membres du bureau du conseil d'administration. Cette délégation subsiste tant qu'elle n'est pas rapportée.

En cas d'absence ou d'empêchement de toute nature, le président du conseil d'administration est provisoirement remplacé dans la plénitude de ses fonctions par le premier vice-président et, en cas d'absence ou d'empêchement de celui-ci, par un autre vice-président. En cas de vacance simultanée des sièges du président et des vice-présidents, le conseil d'administration est convoqué en urgence par le doyen d'âge pour procéder à l'élection d'un nouveau bureau.

Art. L. 1424-30-1 *(L. n° 2004-811 du 13 août 2004, art. 55)* En cas de démission de tous les membres du conseil d'administration ou d'annulation devenue définitive de l'élection de tous ses membres, le président est chargé de l'expédition des affaires courantes.

Il est procédé à l'élection du nouveau conseil d'administration dans un délai de deux mois. Celui-ci est convoqué en urgence par le représentant de l'État dans le département pour la première réunion.

§ 2 La commission administrative et technique des services d'incendie et de secours

Art. L. 1424-31 Il est institué auprès du conseil d'administration du *(L. n° 2021-1520 du 25 nov. 2021, art. 8)* « service » d'incendie et de secours une commission administrative et technique des services d'incendie et de secours.

Cette commission est consultée sur les questions d'ordre technique ou opérationnel intéressant les services d'incendie et de secours, sous réserve des dispositions de l'article L. 1424-40.

(L. n° 2019-286 du 8 avr. 2019) « La commission administrative et technique des services d'incendie et de secours comprend :

« 1° Des représentants des sapeurs-pompiers professionnels et volontaires, élus dans les quatre mois suivant le renouvellement général des conseils municipaux par l'ensemble des sapeurs-pompiers en service dans le département ;

« 2° Des représentants des fonctionnaires territoriaux du *(L. n° 2021-1520 du 25 nov. 2021, art. 8)* « service » d'incendie et de secours n'ayant pas la qualité de sapeur-pompier professionnel, élus dans les quatre mois suivant le renouvellement général des conseils municipaux par l'ensemble des fonctionnaires territoriaux du *(L. n° 2021-1520 du 25 nov. 2021, art. 8)* « service » d'incendie et de secours n'ayant pas la qualité de sapeur-pompier professionnel ;

« 3° Le médecin-chef *(L. n° 2021-1520 du 25 nov. 2021, art. 21)* « de la sous-direction santé » *(L. n° 2021-1520 du 25 nov. 2021, art. 56)* « , le référent mixité et lutte contre les discriminations ainsi que le référent sûreté et sécurité ».

« Cette commission est présidée par le directeur départemental des services d'incendie et de secours. »

(Ord. n° 2015-683 du 18 juin 2015, art. 1er) « Les élections à la commission administrative et technique des services d'incendie et de secours et au comité consultatif départemental des sapeurs-pompiers volontaires sont organisées par le *(L. n° 2021-1520 du 25 nov. 2021, art. 8)* « service » d'incendie et de secours. »

§ 3 Le directeur départemental des services d'incendie et de secours

Art. L. 1424-32 *(L. n° 2016-1867 du 27 déc. 2016, art. 11)* Chaque service départemental *(L. n° 2021-1520 du 25 nov. 2021, art. 8)* « ou territorial » d'incendie et de secours est placé sous l'autorité d'un directeur *(L. n° 2021-1520 du 25 nov. 2021, art. 8)* « départemental des services d'incendie et de secours, » assisté d'un directeur départemental adjoint.

Le directeur départemental et le directeur départemental adjoint des services d'incendie et de secours sont nommés dans leur emploi *(L. nº 2021-1520 du 25 nov. 2021, art. 27)* « en application de l'article L. 1424-9 » et, dans les départements d'outre-mer, après avis du ministre chargé de l'outre-mer.

Art. L. 1424-33 *(L. nº 2004-811 du 13 août 2004, art. 57)* Le directeur départemental des services d'incendie et de secours est placé sous l'autorité du représentant de l'État dans le département pour :

— la direction opérationnelle du *(L. nº 2021-1520 du 25 nov. 2021, art. 22)* « service d'incendie et de secours et de son corps départemental de » sapeurs-pompiers ;

— la direction des actions de prévention relevant du *(L. nº 2021-1520 du 25 nov. 2021, art. 8)* « service » d'incendie et de secours ;

— le contrôle et la coordination de l'ensemble des corps communaux et intercommunaux ;

— la mise en œuvre opérationnelle de l'ensemble des moyens de secours et de lutte contre l'incendie.

Il est placé sous l'autorité du président du conseil d'administration du *(L. nº 2021-1520 du 25 nov. 2021, art. 8)* « service » d'incendie et de secours pour la gestion administrative et financière de l'établissement.

En cas d'absence ou d'empêchement du directeur départemental, le directeur départemental adjoint le remplace dans l'ensemble de ses fonctions.

Pour l'exercice de ses missions, le directeur départemental peut être assisté d'un *(L. nº 2021-1520 du 25 nov. 2021, art. 22)* « ou de plusieurs sous-directeurs ».

(L. nº 2021-1520 du 25 nov. 2021, art. 21) « Il bénéficie également de l'expertise du médecin-chef, en sa qualité de conseiller médical. »

(L. nº 2021-1520 du 25 nov. 2021, art. 22) « Le représentant de l'État dans le département et le président du conseil d'administration peuvent accorder une délégation de signature au directeur départemental, au directeur départemental adjoint et, dans la limite de leurs attributions respectives, aux sous-directeurs, aux chefs de groupement, aux chefs de service et aux chefs des centres d'incendie et de secours. »

Art. L. 1424-34 *Abrogé par L. nº 2002-276 du 27 févr. 2002, art. 120.*

SOUS-SECTION 4 **Les contributions financières des communes, des établissements publics de coopération intercommunale et du département au budget des services départementaux et territoriaux d'incendie et de secours** *(L. nº 2021-1520 du 25 nov. 2021, art. 8).*

Art. L. 1424-35 *(L. nº 2004-811 du 13 août 2004, art. 59)* « La contribution du département au budget du *(L. nº 2021-1520 du 25 nov. 2021, art. 8)* « service » d'incendie et de secours est fixée, chaque année, par une délibération du conseil départemental au vu du rapport sur l'évolution des ressources et des charges prévisibles du service au cours de l'année à venir, adopté par le conseil d'administration de celui-ci.

« Les relations entre le département et le *(L. nº 2021-1520 du 25 nov. 2021, art. 8)* « service » d'incendie et de secours et, notamment, la contribution du département, font l'objet d'une convention pluriannuelle. »

(L. nº 2002-276 du 27 févr. 2002, art. 121) « Les modalités de calcul et de répartition des contributions *(L. nº 2004-811 du 13 août 2004, art. 59)* « des communes et des établissements publics de coopération intercommunale compétents pour la gestion des services d'incendie et de secours » au financement du *(L. nº 2021-1520 du 25 nov. 2021, art. 8)* « service » d'incendie et de secours sont fixées par le conseil d'administration de celui-ci. » *(L. nº 2011-851 du 20 juill. 2011, art. 17)* « Le conseil d'administration peut, à cet effet, prendre en compte au profit des communes et des établissements publics de coopération intercommunale la présence dans leur effectif d'agents publics titulaires ou non titulaires ayant la qualité de sapeur-pompier volontaire, la disponibilité qui leur est accordée pendant le temps de travail ou les mesures sociales prises en faveur du volontariat. Le conseil d'administration peut, en outre, prendre en compte la situation des communes et des établissements publics de coopération intercommunale situés dans les zones rurales ou comptant moins de 5 000 habitants. »

Les contributions des communes, des établissements publics de coopération intercommunale et du département au budget du *(L. n° 2021-1520 du 25 nov. 2021, art. 8)* « service » d'incendie et de secours constituent des dépenses obligatoires.

(L. n° 2015-991 du 7 août 2015, art. 97) « Par dérogation au quatrième alinéa du présent article, les contributions au budget du *(L. n° 2021-1520 du 25 nov. 2021, art. 8)* « service » d'incendie et de secours des communes membres d'un établissement public de coopération intercommunale à fiscalité propre créé après le 3 mai 1996 peuvent faire l'objet d'un transfert à cet établissement, dans les conditions prévues à l'article L. 5211-17. Dans ce cas, la contribution de cet établissement public de coopération intercommunale est déterminée en prenant en compte l'addition des contributions des communes concernées pour l'exercice précédant le transfert de ces contributions à l'établissement public de coopération intercommunale.

« La présence d'agents publics titulaires ou non titulaires ayant la qualité de sapeur-pompier volontaire parmi les effectifs des communes membres de cet établissement peut être prise en compte pour le calcul du montant global de la contribution qu'il verse. »

(L. n° 2002-276 du 27 févr. 2002, art. 121) « Avant le 1er janvier de l'année en cause », le montant prévisionnel des contributions mentionnées *(L. n° 2015-991 du 7 août 2015, art. 97)* « aux quatrième et cinquième alinéas », arrêté par le conseil d'administration du *(L. n° 2021-1520 du 25 nov. 2021, art. 8)* « service » d'incendie et de secours, est notifié *(L. n° 2004-811 du 13 août 2004, art. 59)* « aux maires et aux présidents des établissements publics de coopération intercommunale ».

« Pour les exercices suivant la promulgation de la loi n° 2002-276 du 27 février 2002 relative à la démocratie de proximité, le montant global des contributions des communes et des établissements publics de coopération intercommunale ne pourra excéder le montant global des contributions des communes et des établissements publics de coopération intercommunale de l'exercice précédent, augmenté de l'indice des prix à la consommation *(L. n° 2004-811 du 13 août 2004, art. 59)* « et, le cas échéant, du montant des contributions de transfert à verser par les communes et les établissements publics de coopération intercommunale sollicitant le rattachement de leurs centres de secours et d'incendie au service départemental » *(L. n° 2021-1520 du 25 nov. 2021, art. 8)* « ou territorial ».

« Dans les six mois suivant le renouvellement des conseils d'administration prévu à l'article 126 de la loi n° 2002-276 du 27 février 2002 précitée, le conseil d'administration du *(L. n° 2021-1520 du 25 nov. 2021, art. 8)* « service » d'incendie et de secours organise un débat portant sur la répartition des contributions entre les communes et les établissements publics de coopération intercommunale du département. »

(L. n° 2004-811 du 13 août 2004, art. 59) « Si aucune délibération n'est prise dans les conditions prévues au troisième alinéa, la contribution de chaque commune et de chaque établissement public de coopération intercommunale est calculée, dans des conditions fixées par décret, en fonction de l'importance de sa population, de son potentiel fiscal par habitant ainsi que de la part de sa contribution dans le total des contributions des communes et des établissements publics de coopération intercommunale constatée dans le dernier compte administratif connu. »

À compter de l'exercice budgétaire 2026, au dernier al. du présent art., les mots : « compte administratif » sont remplacés par les mots : « compte financier unique » (Ord. n° 2025-526 du 12 juin 2025, art. 1er et 12).

1. Il ressort des travaux parlementaires de la L. n° 2004-811 du 13 août 2004 de modernisation de la sécurité civile que l'adoption des nouvelles dispositions ne fait pas obstacle à ce que le SDIS applique aux contributions de transfert l'indice des prix à la consommation. Par ailleurs, alors même qu'elles avaient pu donner lieu à la signature d'une convention entre le SDIS et la commune concernée avant l'entrée en vigueur de la loi, les contributions de transfert sont, par nature, destinées à compenser les dépenses induites par les transferts des biens et personnels des communes et EPCI au SDIS, qui doit alors en assumer la charge intégrale. Dès lors, elles ont vocation à être intégrées chaque année dans le budget global du SDIS en tant que recettes, conformément à l'art. R. 1424-30. • CAA Bordeaux, 11 déc. 2017, n° 16BX02983 : *AJDA 2018. 544*.

2. L'art. 97 de la L. n° 2015-991 du 7 août 2015 portant nouvelle organisation territoriale de la République permet le transfert de la contribution aux établissements publics de coopération intercommunale (EPCI) à fiscalité propre non compétents en matière de SDIS ou à ceux qui ont été créés après la L. n° 96-369 du 3 mai 1996 relative aux SDIS. Le législateur renvoie au régime de droit commun des transferts de compétences entre communes et EPCI, fixés par l'art. L. 5211-17. L'unanimité n'est donc pas requise, ce qui laisse une certaine souplesse à ce type de transfert, mais les conditions de vote des communes, qui imposent de recueillir des majorités qualifiées, sont pleinement justifiées car cela engendre également pour elles de nouvelles dépenses. Il n'est pas envisageable de rendre obligatoire un tel transfert. * Rép. min. : *JO Sénat Q 17 janv. 2019, p. 271.*

3. Un SDIS ne peut renoncer à exercer la compétence qu'il tient des dispositions de l'art. L. 1424-35 CGCT, en concluant, avec une collectivité territoriale ou un EPCI contribuant à son financement, un contrat dont l'objet est de définir le montant des contributions qui doivent lui être versées, y compris pour la part de ces contributions résultant des transferts ou des mises à disposition réalisés, par les communes ou les EPCI, obligatoirement en exécution des art. L. 1424-13, L. 1424-14 et L. 1424-17 CGCT ou, volontairement sur le fondement des art. L. 1424-15 et L. 1424-19 du même code. Il appartient donc au juge d'écarter d'office, le cas échéant, les stipulations qui auraient un tel objet figurant dans une convention conclue pour déterminer les modalités de ces transferts et mises à disposition entre le SDIS, d'une part, et une commune ou un EPCI, d'autre part. • CE 2 déc. 2019, *Cne de Montauban*, n° 418026 B : *AJDA 2019. 2465*. ♦ Il résulte des dispositions du huitième al. de l'art. L. 1424-35, éclairées par les travaux préparatoires de la L. du 13 août 2004, que le plafonnement de l'évolution annuelle du montant global des contributions des communes et des EPCI au budget du SDIS, sous réserve de l'application de l'indice des prix à la consommation, ne fait pas obstacle, lorsqu'une commune ou un EPCI sollicite, au-delà des transferts et mises à disposition dont la réalisation était imposée par la loi, le rattachement au SDIS d'un centre d'incendie et de secours communal ou intercommunal, à ce que le SDIS, pour l'année de ce rattachement, intègre dans les contributions qu'il demande, au-delà du montant ainsi plafonné et au titre des charges transférées par ce rattachement volontaire, une majoration de la contribution mise à la charge de la commune ou de l'EPCI concerné, l'évolution du total des contributions ainsi majorées étant ensuite soumise, pour les années ultérieures, au plafonnement déterminé par application de l'indice des prix à la consommation. • Même arrêt.

4. Les modalités de calcul et de répartition des contributions que les communes et EPCI compétents pour la gestion des services d'incendie et de secours versent au budget du SDIS, arrêtées chaque année par délibération du conseil d'administration de l'établissement public avant d'être notifiées aux différents contributeurs, doivent respecter le principe d'égalité devant les charges publiques. • CAA Lyon 1er oct. 2020, n° 18LY04250.

5. Les procédures d'inscription (art. L. 1612-15) et de mandatement (art. L. 1612-16) d'office peuvent être utilisées concernant les contributions obligatoires des communes, EPCI et départements aux budgets des SDIS. * Rép. min. n° 20628 : *JOAN, 10 mars 2020, p. 1928.*

Art. L. 1424-35-1 *(Ord. n° 2018-1074 du 26 nov. 2018, art. 6)* **« Dans le respect des règles prévues par le code de la commande publique »** *(L. n° 2009-1291 du 26 oct. 2009, art. 23)* **« , le département peut effectuer, pour le compte et à la demande de l'établissement public visé au premier alinéa de l'article L. 1424-1 du présent code, l'entretien de l'ensemble de ses moyens matériels. »**

Art. L. 1424-36 **Jusqu'à l'entrée en vigueur des conventions prévues aux articles L. 1424-13, L. 1424-14 et L. 1424-17, le montant minimal des dépenses directes et indirectes relatives aux personnels et aux biens mentionnés par ces articles, à l'exclusion des contributions mentionnées à l'article L. 1424-35, réalisées chaque année par la commune, l'établissement public de coopération intercommunale ou le département, est fixé par une convention passée entre le** *(L. n° 2021-1520 du 25 nov. 2021, art. 8)* **« service » d'incendie et de secours, d'une part, et la commune, l'établissement public de coopération intercommunale ou le département, d'autre part.**

À défaut de convention, le montant minimal des dépenses mentionnées à l'alinéa précédent ne peut, jusqu'à l'entrée en vigueur des conventions prévues aux articles L. 1424-13, L. 1424-14 et L. 1424-17, être inférieur, pour les dépenses de fonctionnement, à la moyenne des dépenses réalisées constatées dans les cinq derniers comptes administratifs connus et, pour les dépenses d'équipement, à la moyenne des dépenses réalisées constatées dans les cinq derniers comptes administratifs connus, déduction faite des charges de l'année en rapport avec les investissements réalisés.

Ces moyennes sont constatées par la commission consultative départementale prévue à l'article L. 1424-21.

SOUS-SECTION 5 **Le fonds d'aide à l'investissement des services départementaux et territoriaux d'incendie et de secours** *(L. nº 2021-1520 du 25 nov. 2021, art. 8)*.

(L. nº 2002-1575 du 30 déc. 2002, art. 129)

Art. L. 1424-36-1 I. — Les crédits du fonds d'aide à l'investissement des services départementaux *(L. nº 2021-1520 du 25 nov. 2021, art. 8)* « et territoriaux » d'incendie et de secours sont attribués aux services d'incendie et de secours, par les préfets des zones de défense dont ils ressortent, sous la forme de subventions pour la réalisation d'une opération déterminée correspondant à une dépense réelle d'investissement et concourant au financement des systèmes de communication ou à la mise en œuvre des schémas départementaux d'analyse et de couverture des risques mentionnés à l'article L. 1424-7. *(L. nº 2004-811 du 13 août 2004, art. 64)* « La commune de Marseille est éligible aux subventions de ce fonds. »

II. — Une commission instituée auprès du préfet de zone de défense et composée de représentants des conseils d'administration des services d'incendie et de secours fixe chaque année la liste des différentes catégories d'opérations prioritaires pouvant bénéficier des subventions du fonds et, dans les limites fixées par décret, les taux minima et maxima de subvention applicables à chacune d'elles.

III. — Le préfet de zone de défense arrête chaque année, suivant les catégories et dans les limites fixées par la commission, la liste des opérations à subventionner ainsi que le montant de l'aide de l'État qui leur est attribuée. Il en informe la commission.

IV. — Un décret fixe les modalités d'application du présent article.

SOUS-SECTION 6 **Dotation de soutien aux investissements structurants des services d'incendie et de secours**

(L. nº 2016-1867 du 27 déc. 2016, art. 17)

Art. L. 1424-36-2 I. — La dotation de soutien aux investissements structurants des services d'incendie et de secours est attribuée par le ministre chargé de la sécurité civile pour une dépense d'investissement intervenant dans le champ de la sécurité civile et concourant à la mise en œuvre de projets présentant un caractère structurant, innovant ou d'intérêt national.

II. — Les crédits de cette dotation peuvent être versés aux services d'incendie et de secours, aux services de l'État et à toute collectivité ou tout organisme public auquel un ou plusieurs services d'incendie et de secours seraient parties, porteurs d'un projet structurant, innovant ou d'intérêt national dans le champ de la sécurité civile.

SOUS-SECTION 7 **Contribution de l'État à la nouvelle prestation de fidélisation et de reconnaissance des sapeurs-pompiers volontaires**

(L. nº 2016-1867 du 27 déc. 2016, art. 17)

Art. L. 1424-36-3 Pour l'application de l'article L. 723-9 du code de la sécurité intérieure, la contribution de l'État au coût de la nouvelle prestation de fidélisation et de reconnaissance des sapeurs-pompiers volontaires fait l'objet d'un arrêté annuel du ministre chargé de la sécurité civile.

SECTION 2 *BIS* **Dispositions relatives aux services locaux d'incendie et de secours**

(L. nº 2021-1520 du 25 nov. 2021, art. 27)

Art. L. 1424-36-4 Dans les services locaux d'incendie et de secours, les sapeurs-pompiers volontaires sont engagés et gérés par la commune ou l'établissement public de coopération intercommunale.

Par dérogation au premier alinéa, les officiers et les sous-officiers de sapeurs-pompiers volontaires peuvent, dans des conditions fixées par voie réglementaire, être nommés dans leurs grades ou fonctions conjointement par l'autorité compétente de l'État et le maire ou le président de l'établissement public de coopération intercommunale.

Art. L. 1424-36-5 Les communes et les établissements publics de coopération intercommunale sont compétents pour construire, acquérir ou louer les biens nécessaires au fonctionnement des centres de première intervention des services locaux d'incendie et de secours.

SECTION 3 Dispositions relatives à la formation des sapeurs-pompiers volontaires

Art. L. 1424-37 Tout sapeur-pompier volontaire *(L. n° 2017-86 du 27 janv. 2017, art. 17)* « ou tout volontaire en service civique des sapeurs-pompiers » bénéficie, dès le début de sa période d'engagement, d'une formation initiale et, ultérieurement, d'une formation continue.

Art. L. 1424-37-1 *(L. n° 2021-1520 du 25 nov. 2021, art. 40)* « Les sapeurs-pompiers volontaires disposant de formations ou d'expériences peuvent les faire reconnaître en vue d'être dispensés en tout ou partie de la formation initiale ou continue » mentionnée à l'article L. 1424-37 *(L. n° 2011-851 du 20 juill. 2011, art. 10)* « ou de se présenter aux concours d'accès à la fonction publique ».

Art. L. 1424-37-2 *(L. n° 2021-1520 du 25 nov. 2021, art. 41)* Pendant toute la durée de leur engagement et, après la cessation de celui-ci, pour une durée n'excédant pas vingt-quatre mois, les sapeurs-pompiers volontaires titulaires de la formation leur permettant de participer aux missions de secours et de soins d'urgence aux personnes sont réputés remplir les conditions de formation leur permettant d'assurer les premiers secours aux salariés accidentés ou malades de l'entreprise dans laquelle ils travaillent. Néanmoins, lorsque l'activité de l'entreprise entraîne une exposition à des risques spécifiques, cette formation doit être complétée au regard de ces risques.

Le présent article s'applique sans préjudice de l'obligation pour l'employeur de prendre les mesures nécessaires et adaptées à la nature des risques.

Art. L. 1424-38 Les frais de formation des sapeurs-pompiers volontaires constituent des dépenses obligatoires pour la commune, l'établissement public de coopération intercommunale ou le service départemental *(L. n° 2021-1520 du 25 nov. 2021, art. 8)* « ou territorial » d'incendie et de secours dont ils relèvent.

Art. L. 1424-39 *(L. n° 2021-1520 du 25 nov. 2021, art. 8)* « Les services d'incendie et de secours contribuent » au financement de la formation des officiers de sapeurs-pompiers volontaires assuré par leur établissement public national de formation.

SECTION 4 Dispositions diverses et transitoires

Art. L. 1424-40 Les dispositions du présent chapitre ne font obstacle à aucune des compétences reconnues aux instances paritaires prévues par les lois et règlements relatifs à la fonction publique territoriale.

Art. L. 1424-41 Les personnels transférés en application de l'article L. 1424-13 conservent les avantages individuellement acquis au 1er janvier 1996 en matière de rémunération dans leur collectivité ou établissement d'origine, si ce régime leur est plus favorable.

Ils conservent dans les mêmes conditions les avantages ayant le caractère de complément de rémunération qu'ils ont collectivement acquis à la même date au sein de leur collectivité ou établissement par l'intermédiaire d'organismes à vocation sociale. Ces avantages sont pris en charge par la collectivité ou l'établissement d'origine.

Art. L. 1424-42 *(L. n° 2021-1520 du 25 nov. 2021, art. 6)* I. — Les services d'incendie et de secours ne sont tenus de procéder qu'aux seules opérations de secours qui se rattachent directement à leurs missions de service public définies à l'article L. 1424-2.

S'ils ont été sollicités pour des interventions ne se rattachant pas directement à l'exercice de leurs missions, ils peuvent différer ou refuser leur engagement afin de préserver une disponibilité opérationnelle pour les missions relevant du même article L. 1424-2.

S'ils ont procédé à des interventions ne se rattachant pas directement à l'exercice de leurs missions, ils peuvent demander aux personnes physiques ou morales bénéficiaires

ou demandeuses une participation aux frais, dans les conditions déterminées par délibération du conseil d'administration.

II. – Les interventions effectuées par les services d'incendie et de secours sur la prescription du service d'aide médicale urgente, lorsque celui-ci constate le défaut de disponibilité des transporteurs sanitaires privés pour une mission visant à la prise en charge et au transport de malades, de blessés ou de parturientes, pour des raisons de soins ou de diagnostic, et qui ne relèvent pas de l'article L. 1424-2 sont des carences ambulancières.

À la demande du service d'incendie et de secours, les carences peuvent être constatées par le service d'aide médicale urgente, après la réalisation de l'intervention, selon les critères de définition des carences mentionnés au premier alinéa du présent II.

En cas de désaccord sur les modalités d'application des critères, une commission de conciliation paritaire se réunit sous l'égide du comité départemental de l'aide médicale urgente, de la permanence des soins et des transports sanitaires.

Les conditions de recours amiable sont définies selon des modalités fixées par décret.

Les carences ambulancières font l'objet d'une prise en charge financière par l'établissement de santé où se situe le siège du service d'aide médicale urgente.

Les conditions de cette prise en charge sont fixées par une convention entre le service d'incendie et de secours et l'établissement de santé où se situe le siège du service d'aide médicale urgente, selon des modalités fixées par arrêté conjoint des ministres chargés de la sécurité civile et de la sécurité sociale.

III. – L'engagement de moyens par les services d'incendie et de secours sur le réseau routier et autoroutier concédé, y compris sur les parties annexes et les installations annexes, fait l'objet d'une prise en charge par les sociétés concessionnaires d'ouvrages routiers ou autoroutiers.

Les conditions de cette prise en charge sont déterminées par une convention entre les services d'incendie et de secours et les sociétés concessionnaires d'ouvrages routiers et autoroutiers, selon des modalités fixées par arrêté conjoint des ministres chargés de la sécurité civile et des finances.

Cette convention prévoit également les conditions d'accès et d'usage aux infrastructures routières ou autoroutières, à titre gratuit, des véhicules des services d'incendie et de secours en opération, en application de l'article L. 122-4-3 du code de la voirie routière.

IV. – Les moyens mis à la disposition des établissements de santé par les services d'incendie et de secours, au bénéfice des structures mobiles d'urgence et de réanimation, font l'objet d'une prise en charge par les établissements de santé.

Les conditions de cette prise en charge sont déterminées par une convention entre le service d'incendie et de secours et l'établissement de santé siège de la structure mobile d'urgence et de réanimation.

Sur l'engagement de moyens par les services d'incendie et de secours sur le réseau routier et autoroutier concédé et les conditions d'accès et d'usage aux infrastructures routières ou autoroutières, à titre gratuit, des véhicules des services d'incendie et de secours en opération, V. Arr. du 13 juill. 2022 🏛.

Les dispositions de l'art. L. 1424-42 ne sont pas applicables au bataillon de marins-pompiers de Marseille (régi par l'art. L. 2513-3). • CE 12 nov. 2015, *Sté Schindler,* n° 382430. ♦ La CAA de Douai a jugé que le conseil d'administration du service départemental d'incendie et de secours du Nord ne pouvait pas, par délibération, facturer unilatéralement aux centres hospitaliers abritant un service d'aide médicale urgente, sur la base d'un forfait de 346 €, les transports « de jonction » médicalisés à la demande de la structure mobile d'urgence et de réanimation sur place et/ou de la coordination médicale, réalisés au moyen de son véhicule de secours et d'assistance aux victimes, vers l'établissement de santé désigné par le médecin coordinateur du « centre 15 » • CAA Douai, 3 févr. 2023, n° 21DA00840.

Art. L. 1424-43 *Abrogé par L. n° 2004-811 du 13 août 2004, art. 62.*

Art. L. 1424-44 **Le service départemental d'incendie et de secours doit disposer dans un délai de cinq ans à compter de la promulgation de la loi n° 96-369 du 3 mai 1996 relative aux services d'incendie et de secours :**

1° D'un centre opérationnel départemental d'incendie et de secours chargé de la coordination de l'activité opérationnelle des services d'incendie et de secours au niveau du département ;

2° D'un, ou, si nécessaire, plusieurs centres de traitement de l'alerte, chargés de la réception, du traitement et de la réorientation éventuelle des demandes de secours.

Les dispositifs de traitement des appels d'urgence des services d'incendie et de secours sont interconnectés avec les centres de réception et de régulation des appels des unités participant au service d'aide médicale urgente, appelées SAMU, ainsi qu'avec les dispositifs de réception des appels destinés aux services de police.

Art. L. 1424-45 Après leur transfert au service départemental *(L. n° 2021-1520 du 25 nov. 2021, art. 8)* « ou territorial » d'incendie et de secours, les moyens en personnels et en matériels, qui relevaient d'une commune ou d'un établissement public de coopération intercommunale à la date de la promulgation de la loi n° 96-369 du 3 mai 1996 relative aux services d'incendie et de secours, ne peuvent, en l'absence de schéma départemental d'analyse et de couverture des risques prévu à l'article L. 1424-7, être affectés à un centre d'incendie et de secours relevant, à la même date, d'une autre collectivité ou d'un autre établissement public.

Par dérogation aux dispositions de l'alinéa précédent, le conseil d'administration du service départemental *(L. n° 2021-1520 du 25 nov. 2021, art. 8)* « ou territorial » d'incendie et de secours peut décider, à la majorité des deux tiers des membres présents, de procéder à une modification de l'affectation des moyens en personnels et en matériels.

Art. L. 1424-46 Pour la première élection des membres du conseil d'administration du service départemental d'incendie et de secours, la commission administrative du service départemental existant jusqu'à la date de la promulgation de la loi n° 96-369 du 3 mai 1996 relative aux services d'incendie et de secours, réunie en formation limitée aux représentants des collectivités territoriales et de leurs groupements, fixe la répartition des sièges mentionnés au 2° de l'article L. 1424-24 entre les conseillers départementaux, les maires et les présidents d'établissements publics de coopération intercommunale. Cette répartition est établie en fonction des parts respectives du département, de l'ensemble des communes, et de l'ensemble des établissements publics concernés, dans la moyenne des dépenses de fonctionnement réalisées et relatives aux services d'incendie et de secours telles qu'elles ressortent des cinq derniers comptes administratifs connus, et des dépenses d'équipement réalisées et relatives à ces services telles qu'elles ressortent des dix derniers comptes administratifs connus du département, des communes et des établissements publics concernés.

Le préfet fixe, par arrêté, la répartition des sièges, au vu de la délibération visée au premier alinéa.

Art. L. 1424-47 Les communes et les établissements publics de coopération intercommunale compétents en matière de gestion des services d'incendie et de secours conservent leurs compétences en matière de recrutement et de gestion des personnels visés aux articles L. 1424-9, L. 1424-10 et L. 1424-11 jusqu'à la date d'entrée en vigueur de la convention conclue avec le service départemental d'incendie et de secours.

Jusqu'à cette date, les officiers de sapeurs-pompiers professionnels, les officiers de sapeurs-pompiers volontaires et les sapeurs-pompiers volontaires non officiers chefs de corps de sapeurs-pompiers ou de centre d'incendie et de secours sont nommés dans leur emploi ou leur fonction et dans leur grade conjointement par les autorités compétentes de l'État et de la commune ou de l'établissement public de coopération intercommunale ou du service départemental d'incendie et de secours.

Art. L. 1424-48 À la date de la promulgation de la loi n° 96-369 du 3 mai 1996 relative aux services d'incendie et de secours, le service départemental d'incendie et de secours dont la création est prévue à l'article L. 1424-1 est substitué de plein droit au service départemental d'incendie et de secours visé à l'article 56 de la loi n° 82-213 du 2 mars 1982 relative aux droits et libertés des communes, des départements et des régions, dans sa rédaction antérieure à la loi n° 96-142 du 21 février 1996 relative à la partie Législative du code général des collectivités territoriales.

Art. L. 1424-49 I. – Les dispositions du présent chapitre ne s'appliquent pas *(Ord. n° 2018-74 du 8 févr. 2018, art. 4)* « à la Ville de Paris et dans les départements » des Hauts-de-Seine, de la Seine-Saint-Denis et du Val-de-Marne, qui demeurent régis par les textes qui leur sont spécifiques *(L. n° 2015-991 du 7 août 2015, art. 34)* « , à l'exception *(L. n° 2021-1520 du 25 nov. 2021, art. 24)* « des articles **L. 1424-2** et **L. 1424-4-1** ainsi que » de l'article **L. 1424-42**, pour l'application duquel les fonctions confiées au conseil d'administration sont assurées par le conseil de Paris ».

II. – *(L. n° 2004-811 du 13 août 2004, art. 24)* « Dans le département des Bouches-du-Rhône, les dispositions du présent chapitre ne s'appliquent pas au *(L. n° 2021-1520 du 25 nov. 2021, art. 4)* « bataillon de marins-pompiers » de Marseille prévu à l'article **L. 2513-3**, à l'exception des articles *(L. n° 2021-1520 du 25 nov. 2021, art. 4)* « **L. 1424-2** » *(L. n° 2021-1520 du 25 nov. 2021, art. 24)* « à **L. 1424-4-1**, **L. 1424-7** » *(L. n° 2015-991 du 7 août 2015, art. 34)* « , **L. 1424-42** » et **L. 1424-51**.

« Pour l'application à la *(L. n° 2021-1520 du 25 nov. 2021, art. 4)* « zone de compétence du bataillon de marins-pompiers » de Marseille de ces articles, les fonctions confiées au conseil d'administration, au directeur, au médecin chef et au centre opérationnel départemental d'incendie et de secours sont respectivement assurées par le conseil municipal de la commune *(L. n° 2021-1520 du 25 nov. 2021, art. 4)* « de Marseille », par le commandant et le médecin chef du bataillon de marins-pompiers de Marseille et par le centre opérationnel des services de secours et d'incendie de Marseille.

« Un décret détermine la liste des textes réglementaires pour lesquels les attributions du service départemental d'incendie et de secours sont exercées dans la zone de compétence du bataillon de marins-pompiers de Marseille par cette unité et ses autorités de tutelle et d'emploi.

« Le conseil municipal de la commune de Marseille peut passer convention avec le conseil d'administration de l'établissement public interdépartemental d'incendie et de secours auquel appartient le service départemental d'incendie et de secours des Bouches-du-Rhône pour définir les modalités de coopération de cet établissement avec le bataillon de marins-pompiers de Marseille. »

III. – Les dispositions du présent chapitre ne s'appliquent pas à la collectivité territoriale de Saint-Pierre-et-Miquelon, à l'exception des articles L. 1424-2 et L. 1424-3 et des dispositions mentionnées ci-dessous.

Il est créé, dans la collectivité territoriale de Saint-Pierre-et-Miquelon, un établissement public nommé "service d'incendie et de secours", doté de la personnalité morale et de l'autonomie financière.

Les missions de ce service sont celles définies à l'article L. 1424-2.

(L. n° 2004-811 du 13 août 2004, art. 98) « Pour l'exercice de leurs pouvoirs de police, le maire et le préfet mettent en œuvre les moyens relevant du service d'incendie et de secours dans les conditions prévues par un règlement opérationnel arrêté par le préfet après avis du conseil départemental.

« Sont applicables au règlement opérationnel prévu à l'alinéa précédent les dispositions des deuxième et troisième alinéas de l'article L. 1424-4 et celles de l'article L. 1424-8-2. »

Le service d'incendie et de secours est administré par un conseil d'administration dont la composition est fixée par décret en Conseil d'État.

Le conseil d'administration adopte chaque année un budget.

Les recettes du service comprennent notamment :

– les cotisations annuelles des communes, dont le montant est fixé chaque année par le président du conseil d'administration après avis du conseil ;

– la contribution du conseil départemental de la collectivité territoriale.

Chaque année, la contribution du conseil départemental ne peut être inférieure à 40 p. 100 de la somme des dépenses de lutte contre l'incendie, en investissement et en fonctionnement, constatées aux comptes administratifs des communes lors du précédent exercice. Pour la première année de fonctionnement, la contribution du conseil départemental est fixée par référence aux sommes constatées aux comptes administratifs de l'année 1993.

Un décret en Conseil d'État fixe les modalités d'organisation et de fonctionnement de ce service.

Art. L. 1424-50 Un décret en Conseil d'État fixe les modalités d'application de la présente loi. — *V. art. R. 1424-1 s.*

SECTION 5 Dispositions relatives aux établissements publics interdépartementaux d'incendie et de secours

(L. nº 2004-811 du 13 août 2004, art. 62)

Art. L. 1424-51 Plusieurs services départementaux d'incendie et de secours peuvent décider, par délibérations concordantes de leur conseil d'administration, de créer un établissement public interdépartemental d'incendie et de secours.

La création de l'établissement public interdépartemental d'incendie et de secours fait l'objet d'un arrêté du représentant de l'État dans le département où l'établissement doit avoir son siège. Cet arrêté est pris après avis du représentant de l'État dans les autres départements intéressés et du président du conseil départemental de chaque département.

Art. L. 1424-52 L'établissement public interdépartemental d'incendie et de secours peut exercer, au choix des services d'incendie et de secours qui le constituent, les compétences et attributions suivantes :

a) L'acquisition, la location et la gestion d'équipements et matériels, ainsi que la constitution d'un groupement de commandes avec les services constitutifs afin de coordonner et grouper les achats ;

b) La formation des sapeurs-pompiers professionnels et volontaires en liaison avec les organismes compétents en la matière ;

c) La prise en charge des dépenses afférentes aux opérations de secours dans les conditions fixées par l'article L. 742-11 du code de la sécurité intérieure ;

d) L'information et la sensibilisation du public aux risques affectant la sécurité des personnes et des biens ;

e) La réalisation d'études et de recherches.

Art. L. 1424-53 L'établissement public interdépartemental d'incendie et de secours est administré par un conseil d'administration composé des présidents des conseils d'administration des services d'incendie et de secours qui le constituent et de représentants, élus en leur sein, de chacun des conseils d'administration des services d'incendie et de secours qui le constituent.

Le président du conseil d'administration de l'établissement public interdépartemental d'incendie et de secours est élu par le conseil d'administration parmi les présidents de conseil d'administration des services d'incendie et de secours qui le constituent pour la durée de son mandat d'administrateur du *(L. nº 2021-1520 du 25 nov. 2021, art. 8)* « service » d'incendie et de secours.

Le représentant de l'État dans le département du siège de l'établissement public interdépartemental assiste de plein droit aux séances du conseil d'administration. Si une délibération paraît de nature à affecter la bonne organisation de la sécurité civile, le représentant de l'État peut demander une nouvelle délibération.

Art. L. 1424-54 Le conseil d'administration règle par ses délibérations les affaires relatives à la gestion de l'établissement public interdépartemental d'incendie et de secours. Il vote le budget de l'établissement public interdépartemental.

Art. L. 1424-55 Les ressources de l'établissement public interdépartemental d'incendie et de secours comprennent :

a) Les cotisations des services d'incendie et de secours ;

b) Les dons et legs ;

c) Les remboursements du fonds de compensation de la taxe sur la valeur ajoutée ;

d) Les remboursements pour services rendus et les participations diverses ;

e) Les subventions, fonds de concours, dotations et participations de l'Union européenne, de l'État, des collectivités territoriales et des établissements publics ;

f) Le produit des emprunts.

Avant le 1er janvier de l'année en cause, le conseil d'administration fixe le montant de la cotisation obligatoire des services d'incendie et de secours.

Art. L. 1424-56 Le directeur de l'établissement public interdépartemental d'incendie et de secours est nommé par le président du conseil d'administration. Les fonctions de directeur peuvent être confiées, le cas échéant, au directeur *(L. n° 2021-1520 du 25 nov. 2021, art. 8)* « départemental des services » d'incendie et de secours du département du siège de l'établissement public interdépartemental.

Art. L. 1424-57 Sous l'autorité du président du conseil d'administration, le directeur de l'établissement public interdépartemental d'incendie et de secours assure la direction administrative et financière de l'établissement. Il peut recevoir délégation de signature du président.

Art. L. 1424-58 Les modalités d'application des dispositions de la présente section sont déterminées en tant que de besoin par décret en Conseil d'État.

SECTION 6 Dispositions relatives à l'établissement public pour la protection de la forêt méditerranéenne

(L. n° 2004-811 du 13 août 2004, art. 63)

Art. L. 1424-59 Pour renforcer leur participation à la protection de la forêt méditerranéenne, les régions, les départements, les établissements de coopération intercommunale et les services d'incendie et de secours territorialement concernés peuvent décider, par délibérations concordantes de leurs assemblées délibérantes, d'adhérer à un établissement public œuvrant pour la protection de la forêt méditerranéenne et de son environnement.

Cet établissement public local, doté de la personnalité juridique et de l'autonomie financière, est créé par arrêté du représentant de l'État dans le département où l'établissement a son siège. Cet arrêté est pris après avis du représentant de l'État dans les autres départements intéressés.

Art. L. 1424-60 L'établissement public peut exercer, au choix des collectivités territoriales et des établissements publics qui le constituent, les compétences et attributions suivantes, en vue de concourir à la protection de la forêt méditerranéenne et de son environnement :

1° L'expérimentation, la location, l'acquisition et la gestion d'équipements et de matériels, ainsi que la constitution entre ses membres d'un groupement de commandes afin de coordonner et grouper les achats ;

2° En liaison avec les organismes compétents en la matière, la formation des différents personnels et agents concernés par la protection de la forêt méditerranéenne et la sécurité civile, en particulier les sapeurs-pompiers professionnels et volontaires ;

3° L'information et la sensibilisation du public ;

4° La réalisation d'études et de recherches ;

5° La mise en œuvre de nouvelles technologies.

Art. L. 1424-61 L'établissement public est administré par un conseil d'administration composé de représentants élus au sein de chacune des collectivités territoriales et de chacun des établissements publics qui le constituent.

Le président est élu par le conseil d'administration en son sein.

Le représentant de l'État dans le département du siège de l'établissement public assiste de plein droit aux séances du conseil d'administration. Si une délibération paraît de nature à affecter la bonne organisation de la protection de la forêt méditerranéenne et de son environnement, le représentant de l'État peut demander une nouvelle délibération.

Art. L. 1424-62 Le conseil d'administration règle par ses délibérations les affaires relatives à la gestion de l'établissement public. Il vote son budget.

Les règles budgétaires et comptables de cet établissement sont fixées par arrêté conjoint du ministre chargé des collectivités territoriales et du ministre chargé du budget.

Les dispositions relatives au contrôle budgétaire des actes de l'établissement public pour la protection de la forêt méditerranéenne sont celles fixées par le chapitre II du titre I du livre VI de la première partie du présent code.

Nouvel art. L. 1424-62 *Le conseil d'administration règle par ses délibérations les affaires relatives à la gestion de l'établissement public. Il vote son budget.*

Les règles budgétaires et comptables de cet établissement (Ord. n° 2025-526 du 12 juin 2025, art. 1er) *« , ainsi que celles relatives au contrôle budgétaire de ses actes, sont fixées par le chapitre II du titre I du livre VI de la première partie du présent code. »*

Le présent art. entre en vigueur à compter de l'exercice budgétaire 2026 (Ord. n° 2025-526 du 12 juin 2025, art. 12).

Art. L. 1424-63 Les ressources de l'établissement public comprennent :

1° Les cotisations des collectivités territoriales et établissements publics membres. Ces cotisations constituent une dépense obligatoire pour ces derniers ;

2° Les dons et legs ;

3° Les remboursements du fonds de compensation pour la taxe sur la valeur ajoutée ;

4° Les remboursements pour services rendus et les participations diverses ;

5° Les subventions, fonds de concours, dotations et participations de l'Union européenne, de l'État, des collectivités territoriales et des établissements publics ;

6° Le produit des emprunts.

Avant le 1er novembre de chaque année, le conseil d'administration fixe le montant de la cotisation et le notifie aux collectivités territoriales, aux établissements publics de coopération intercommunale et aux services d'incendie et de secours. À défaut, le montant de la cotisation est égal à celui déterminé pour l'exercice précédent.

Art. L. 1424-64 Le directeur de l'établissement public est nommé par le président du conseil d'administration.

Art. L. 1424-65 Sous l'autorité du président du conseil d'administration, le directeur de l'établissement public assure la direction administrative et financière de l'établissement. Il peut recevoir délégation de signature du président.

Art. L. 1424-66 Les agents de cet établissement sont régis par les dispositions de la loi n° 84-53 du 26 janvier 1984 portant dispositions statutaires relatives à la fonction publique territoriale.

Art. L. 1424-67 Les personnes employées par une association, créée avant la date de promulgation de la loi n° 2004-811 du 13 août 2004 de modernisation de la sécurité civile, dont la dissolution résulte du transfert intégral de son objet et des moyens corrélatifs à l'établissement public peuvent, si elles sont recrutées par celui-ci, bénéficier des dispositions de *(Ord. n° 2009-1530 du 10 déc. 2009)* « l'article L. 1224-3 du code du travail ».

Art. L. 1424-68 Les modalités d'application des dispositions de la présente section sont déterminées, en tant que de besoin, par décret en Conseil d'État.

SECTION 7 Dispositions relatives au service d'incendie et de secours du département du Rhône et de la métropole de Lyon, dit "service départemental-métropolitain d'incendie et de secours"

(L. n° 2014-58 du 27 janv. 2014, art. 32)

SOUS-SECTION 1 Compétence territoriale du service départemental-métropolitain d'incendie et de secours

Art. L. 1424-69 Le service départemental-métropolitain d'incendie et de secours *(L. n° 2021-1520 du 25 nov. 2021, art. 8)* « est le service territorial d'incendie et de secours qui » exerce ses missions sur le territoire du département du Rhône et sur celui de la métropole de Lyon.

Le présent chapitre s'applique au service départemental-métropolitain d'incendie et de secours, sous réserve des dispositions de la présente section.

Art. L. 1424-70 Un schéma d'analyse et de couverture des risques dresse l'inventaire des risques de toute nature pour la sécurité des personnes et des biens auxquels doivent faire face les services d'incendie et de secours sur le territoire du département du Rhône et sur celui de la métropole de Lyon et détermine les objectifs de couverture de ces risques par ceux-ci. *(L. n° 2023-580 du 10 juill. 2023, art. 6)* « Il comprend une partie relative au risque d'incendie de forêt, de surfaces agricoles et de végétation et détermine les objectifs de couverture de ce risque. »

Le schéma d'analyse et de couverture des risques est élaboré, sous l'autorité du représentant de l'État dans le département, par le service départemental-métropolitain d'incendie et de secours.

Après avis du conseil départemental du Rhône et du conseil de la métropole de Lyon, le représentant de l'État dans le département arrête le schéma d'analyse et de couverture des risques, après avis conforme du conseil d'administration du service d'incendie et de secours.

(L. n° 2021-1520 du 25 nov. 2021, art. 23) « Le schéma est révisé dans les conditions fixées à l'article L. 1424-7. »

SOUS-SECTION 2 **Organisation du service départemental-métropolitain d'incendie et de secours**

Art. L. 1424-71 Le service départemental-métropolitain d'incendie et de secours est administré par un conseil d'administration composé de représentants :

1° Du département du Rhône, des communes et des établissements publics de coopération intercommunale du département compétents en matière de secours et de lutte contre l'incendie ;

2° De la métropole de Lyon.

L'activité de sapeur-pompier volontaire dans le département du Rhône ou la métropole de Lyon est incompatible avec l'exercice des fonctions de membre du conseil d'administration avec voix délibérative.

Art. L. 1424-72 Le conseil d'administration comprend quinze membres au moins et trente membres au plus. Sa composition est déterminée conformément à l'article L. 1424-26.

Les sièges sont répartis entre :

1° Le département du Rhône ;

2° Les communes et les établissements publics de coopération intercommunale du département du Rhône ;

3° La métropole de Lyon.

Le nombre des sièges attribués au département et à la métropole ne peut être inférieur aux trois cinquièmes du nombre total des sièges. Le nombre des sièges attribués aux communes et aux établissements publics de coopération intercommunale du département ne peut être inférieur au cinquième du nombre total des sièges.

Art. L. 1424-73 Les représentants de la métropole de Lyon sont élus dans les mêmes conditions que les représentants du département conformément aux dispositions de l'article L. 1424-24-2.

Art. L. 1424-74 Le président du conseil d'administration est élu à la majorité absolue des suffrages par les membres du conseil d'administration parmi les représentants du département du Rhône et de la métropole de Lyon. Si l'élection n'est pas acquise lors des deux premiers tours de scrutin, il est procédé à un troisième tour et l'élection a lieu à la majorité relative des suffrages exprimés. En cas de partage des voix, elle est acquise au bénéfice de l'âge. L'élection a lieu après le renouvellement des représentants du département, de la métropole, des communes et des établissements publics de coopération intercommunale du département. *(L. n° 2021-1520 du 25 nov. 2021, art. 26)* « Le mandat du président expire lors de l'installation du nouveau conseil d'administration suivant son renouvellement. »

Le bureau du conseil d'administration est composé du président, de trois vice-présidents et, le cas échéant, d'un membre supplémentaire.

Sa composition est fixée par le conseil d'administration lors de la première réunion suivant chaque renouvellement. Au cours de cette réunion, les membres du bureau, autres que le président, sont élus parmi les membres du conseil d'administration ayant voix délibérative, à la majorité absolue de ces derniers. *(L. n° 2021-1520 du 25 nov. 2021, art. 25)* « Le premier et le troisième vice-présidents sont de sexe différent de celui du président. »

Un vice-président au moins est élu parmi les maires représentant les communes et les établissements publics de coopération intercommunale du département du Rhône ou, si aucun maire ne siège au conseil d'administration, parmi les représentants des communes et des établissements publics de coopération intercommunale. Si l'élection n'est pas acquise lors des deux premiers tours de scrutin, il est procédé à un troisième tour et l'élection a lieu à la majorité relative des suffrages exprimés. En cas de partage des voix, elle est acquise au bénéfice de l'âge.

Le conseil d'administration peut déléguer une partie de ses attributions au bureau, à l'exception des délibérations relatives à l'adoption du budget et du compte administratif en application des articles L. 1612-1 à L. 1612-20, ainsi que de celles visées aux articles L. 1424-26 et L. 1424-76.

Les indemnités maximales votées par le conseil d'administration du service d'incendie et de secours pour l'exercice effectif des fonctions de président et de vice-président sont déterminées par référence au barème prévu, en fonction de la population du département, pour les indemnités des conseillers départementaux à l'article L. 3123-16, dans la limite de 50 % pour le président et de 25 % pour chacun des vice-présidents.

À compter de l'exercice budgétaire 2026, au 5e al. du présent art., les mots : « compte administratif » sont remplacés par les mots : « compte financier unique » (Ord. no 2025-526 du 12 juin 2025, art. 1er et 12).

Art. L. 1424-75 *(L. no 2019-286 du 8 avr. 2019)* La commission administrative et technique des services d'incendie et de secours comprend :

1° Des représentants des sapeurs-pompiers professionnels et volontaires, élus dans les quatre mois suivant le renouvellement général des conseils municipaux par l'ensemble des sapeurs-pompiers en service dans le département du Rhône et dans la métropole de Lyon ;

2° Des représentants des fonctionnaires territoriaux du service départemental-métropolitain d'incendie et de secours n'ayant pas la qualité de sapeur-pompier professionnel, élus dans les quatre mois suivant le renouvellement général des conseils municipaux par l'ensemble des fonctionnaires territoriaux du service départemental-métropolitain d'incendie et de secours n'ayant pas la qualité de sapeur-pompier professionnel ;

3° Le médecin-chef *(L. no 2021-1520 du 25 nov. 2021, art. 21)* « de la sous-direction santé » *(L. no 2021-1520 du 25 nov. 2021, art. 56)* « , le référent mixité et lutte contre les discriminations ainsi que le référent sûreté et sécurité ».

Cette commission est présidée par le directeur départemental des services d'incendie et de secours.

SOUS-SECTION 3 **Les contributions financières des communes et des établissements publics de coopération intercommunale du département, des communes de la métropole, de la métropole et du département au budget du service départemental-métropolitain d'incendie et de secours**

Art. L. 1424-76 La contribution du département et celle de la métropole au budget du service départemental-métropolitain d'incendie et de secours sont fixées, chaque année, par délibérations du conseil départemental et du conseil de la métropole au vu du rapport sur l'évolution des ressources et des charges prévisibles du service au cours de l'année à venir, adopté par le conseil d'administration de celui-ci.

Les relations entre le département, la métropole et le service départemental-métropolitain d'incendie et de secours, et notamment les contributions du département et de la métropole, font l'objet d'une convention pluriannuelle.

Les modalités de calcul et de répartition des contributions des communes et des établissements publics de coopération intercommunale du département compétents pour la gestion des services d'incendie et de secours, et de la métropole en lieu et place des communes situées sur son territoire, au financement du service départemental-métropolitain d'incendie et de secours sont fixées par le conseil d'administration de celui-ci. Le conseil d'administration peut, à cet effet, prendre en compte au profit des communes et des établissements publics de coopération intercommunale du département et de la métropole en lieu et place des communes situées sur son territoire la présence dans leurs effectifs d'agents publics titulaires ou non titulaires ayant la qualité de sapeur-pompier volontaire, la disponibilité qui leur est accordée pendant le temps de travail ou les mesures sociales prises en faveur du volontariat. Le conseil d'administration peut, en outre, prendre en compte la situation des communes et des établissements publics de coopération intercommunale situés dans les zones rurales ou comptant moins de 5 000 habitants.

Les contributions des communes et des établissements publics de coopération intercommunale du département, de la métropole en lieu et place des communes situées sur son territoire, de la métropole et du département au budget du service départemental-métropolitain d'incendie et de secours constituent des dépenses obligatoires.

Avant le 1er janvier de l'année en cause, le montant prévisionnel des contributions mentionnées au quatrième alinéa, arrêté par le conseil d'administration du service d'incendie et de secours, est notifié aux maires et aux présidents des établissements publics de coopération intercommunale.

Si aucune délibération n'est prise dans les conditions prévues au troisième alinéa, la contribution de chaque commune et de chaque établissement public de coopération intercommunale du département, et de la métropole en lieu et place des communes situées sur son territoire, est calculée, dans des conditions fixées par décret, en fonction de l'importance de sa population, de son potentiel fiscal par habitant ainsi que de la part de sa contribution dans le total des contributions des communes et des établissements publics de coopération intercommunale du département, et de la métropole en lieu et place des communes situées sur son territoire, constatée dans le dernier compte administratif connu.

À compter de l'exercice budgétaire 2026, au dernier al. du présent art., les mots : « compte administratif » sont remplacés par les mots : « compte financier unique » (Ord. nº 2025-526 du 12 juin 2025, art. 1er et 12).

SECTION 8 **Dispositions relatives aux services d'incendie et de secours en Corse**

(Ord. nº 2016-1562 du 21 nov. 2016, art. 14)

SOUS-SECTION 1 **Compétence territoriale des services d'incendie et de secours en Corse**

Art. L. 1424-77 Les services *(L. nº 2021-1520 du 25 nov. 2021, art. 8)* « territoriaux » d'incendie et de secours en Corse sont le service d'incendie et de secours de la Corse-du-Sud et le service d'incendie et de secours de la Haute-Corse. Ils exercent leurs missions sur leur ressort géographique respectif correspondant aux circonscriptions administratives de l'État de Corse-du-Sud et de Haute-Corse.

Le présent chapitre s'applique au service d'incendie et de secours de la Corse-du-Sud et au service d'incendie et de secours de la Haute-Corse, sous réserve des dispositions de la présente section.

SOUS-SECTION 2 **Organisation des services d'incendie et de secours en Corse**

Art. L. 1424-78 Chaque service d'incendie et de secours en Corse est administré par un conseil d'administration composé de représentants de la collectivité de Corse, des communes et des établissements publics de coopération intercommunale de la circonscription administrative de l'État compétents en matière de secours et de lutte contre l'incendie.

Art. L. 1424-79 Le conseil d'administration comprend quinze membres au moins et trente membres au plus. Sa composition est déterminée conformément à l'article L. 1424-26.

Les sièges sont répartis entre :

1° La collectivité de Corse ;

2° Les communes et les établissements publics de coopération intercommunale.

Le nombre des sièges attribués à la collectivité de Corse ne peut être inférieur aux trois cinquièmes du nombre total des sièges, celui des sièges attribués aux communes et aux établissements publics de coopération intercommunale ne peut être inférieur au cinquième du nombre total des sièges.

Art. L. 1424-80 Les représentants de la collectivité de Corse sont élus au sein de l'Assemblée de Corse dans les mêmes conditions que les représentants du département conformément aux dispositions de l'article L. 1424-24-2.

Art. L. 1424-81 *(Ord. n° 2016-1562 du 21 nov. 2016, art. 14)* Le conseil d'administration est présidé par le président du conseil exécutif de Corse ou l'un des membres du conseil exécutif désigné par le président du conseil exécutif ou l'un des membres du conseil d'administration désigné par le président du conseil exécutif après le renouvellement des représentants de la collectivité de Corse et celui des représentants des communes et des établissements publics de coopération intercommunale.

Le bureau du conseil d'administration est composé du président, de trois vice-présidents et, le cas échéant, d'un membre supplémentaire.

Sa composition est fixée par le conseil d'administration lors de la première réunion suivant chaque renouvellement. Au cours de cette réunion, les membres du bureau, autres que le président, sont élus parmi les membres du conseil d'administration ayant voix délibérative, à la majorité absolue de ces derniers. *(L. n° 2021-1520 du 25 nov. 2021, art. 25)* « Le premier et le troisième vice-présidents sont de sexe différent de celui du président. »

Un vice-président au moins est élu parmi les maires représentant les communes et les établissements publics de coopération intercommunale ou, si aucun maire ne siège au conseil d'administration, parmi les représentants des communes et des établissements publics de coopération intercommunale. Si l'élection n'est pas acquise lors des deux premiers tours de scrutin, il est procédé à un troisième tour et l'élection a lieu à la majorité relative des suffrages exprimés. En cas de partage des voix, elle est acquise au bénéfice de l'âge.

Le conseil d'administration peut déléguer une partie de ses attributions au bureau, à l'exception des délibérations relatives à l'adoption du budget et du compte administratif en application des articles L. 1612-1 à L. 1612-20, ainsi que de celles visées aux articles L. 1424-26 et L. 1424-82.

Les indemnités maximales votées par le conseil d'administration du service d'incendie et de secours pour l'exercice effectif des fonctions de président et de vice-président sont déterminées par référence au barème prévu, en fonction de la population de la circonscription administrative de l'État, pour les indemnités des conseillers départementaux à l'article L. 3123-16, dans la limite de 50 % pour le président et de 25 % pour chacun des vice-présidents.

Les conseils d'administration des services d'incendie et de secours mentionnés à l'article L. 1424-77 sont renouvelés dans les conditions prévues aux articles L. 1424-24-3, L. 1424-79 et L. 1424-80, dans un délai de quatre mois à compter du 1er janvier 2018.

À compter de l'exercice budgétaire 2026, au 5e al. du présent art., les mots : « compte administratif » sont remplacés par les mots : « compte financier unique » (Ord. n° 2025-526 du 12 juin 2025, art. 1er et 12).

SOUS-SECTION 3 Les contributions financières des communes, des établissements publics de coopération intercommunale et de la collectivité de Corse au budget des services d'incendie et de secours en Corse

Art. L. 1424-82 La contribution de la collectivité de Corse au budget de chaque service d'incendie et de secours en Corse est fixée, chaque année, par une délibération de l'Assemblée de Corse au vu des rapports sur l'évolution des ressources et des charges prévisibles des services au cours de l'année à venir, adoptés par les conseils d'administration de ceux-ci.

Les relations entre la collectivité de Corse et les services d'incendie et de secours en Corse et, notamment, la contribution de la collectivité de Corse, font l'objet d'une convention pluriannuelle.

Les modalités de calcul et de répartition des contributions des communes et des établissements publics de coopération intercommunale compétents pour la gestion des services d'incendie et de secours au financement du service d'incendie et de secours dont ils relèvent sont fixées par le conseil d'administration de celui-ci. Le conseil d'administration peut, à cet effet, prendre en compte au profit des communes et des établissements publics de coopération intercommunale la présence dans leur effectif d'agents publics titulaires ou non titulaires ayant la qualité de sapeur-pompier volontaire, la disponibilité qui leur est accordée pendant le temps de travail ou les mesures sociales prises en faveur du volontariat. Le conseil d'administration peut, en outre, prendre en compte la situation des communes et des établissements publics de coopération intercommunale situés dans les zones rurales ou comptant moins de 5 000 habitants.

Les contributions des communes, des établissements publics de coopération intercommunale et de la collectivité de Corse au budget du service d'incendie et de secours dont ils relèvent constituent des dépenses obligatoires.

Par dérogation au quatrième alinéa du présent article, les contributions au budget du service d'incendie et de secours des communes membres d'un établissement public de coopération intercommunale à fiscalité propre créé après le 3 mai 1996 peuvent faire l'objet d'un transfert à cet établissement, dans les conditions prévues à l'article L. 5211-17. Dans ce cas, la contribution de cet établissement public de coopération intercommunale est déterminée en prenant en compte l'addition des contributions des communes concernées pour l'exercice précédant le transfert de ces contributions à l'établissement public de coopération intercommunale.

La présence d'agents publics titulaires ou non titulaires ayant la qualité de sapeur-pompier volontaire parmi les effectifs des communes membres de cet établissement peut être prise en compte pour le calcul du montant global de la contribution qu'il verse.

Avant le 1er janvier de l'année en cause, le montant prévisionnel des contributions mentionnées aux quatrième et cinquième alinéas, arrêté par chaque conseil d'administration des services d'incendie et de secours en Corse, est notifié aux maires et aux présidents des établissements publics de coopération intercommunale de leur ressort respectif.

Le montant global des contributions des communes et des établissements publics de coopération intercommunale ne pourra excéder le montant global des contributions des communes et des établissements publics de coopération intercommunale de l'exercice précédent, augmenté de l'indice des prix à la consommation et, le cas échéant, du montant des contributions de transfert à verser par les communes et les établissements publics de coopération intercommunale sollicitant le rattachement de leurs centres de secours et d'incendie au service dont ils relèvent.

Dans les six mois suivant le renouvellement prévu au dernier alinéa de l'article L. 1424-81, le conseil d'administration de chaque service d'incendie et de secours en Corse organise un débat portant sur la répartition des contributions entre les communes et les établissements publics de coopération intercommunale de son ressort.

Si aucune délibération n'est prise dans les conditions prévues au troisième alinéa, la contribution de chaque commune et de chaque établissement public de coopération intercommunale est calculée, dans des conditions fixées par décret, en fonction de l'importance de sa population, de son potentiel fiscal par habitant ainsi que de la part de sa contribution dans le total des contributions des communes et des établissements publics de coopération intercommunale constatée dans le dernier compte administratif connu.

À compter de l'exercice budgétaire 2026, au dernier al. du présent art., les mots : « compte administratif » sont remplacés par les mots : « compte financier unique » (Ord. n° 2025-526 du 12 juin 2025, art. 1er et 12).

Art. L. 1424-83 Dans le respect des règles de mise en concurrence prévues par l'ordonnance n° 2018-1074 du 26 novembre 2018 portant partie législative du code de la commande publique, la collectivité de Corse peut effectuer, pour le compte et à la demande de l'un des établissements publics mentionnés à l'article L. 1424-77, l'entretien de l'ensemble de ses moyens matériels.

SOUS-SECTION 4 **Dispositions relatives à l'établissement public d'incendie et de secours de Corse**

Art. L. 1424-84 Les services d'incendie et de secours en Corse peuvent décider, par délibérations concordantes de leur conseil d'administration, de créer un établissement public d'incendie et de secours de Corse.

Les dispositions de la section 5 du présent chapitre s'appliquent à l'établissement public d'incendie et de secours de Corse, sous réserve des dispositions du présent article.

La création de l'établissement public d'incendie et de secours de Corse fait l'objet d'un arrêté du représentant de l'État dans la circonscription administrative de l'État où l'établissement doit avoir son siège. Cet arrêté est pris après avis du représentant de l'État dans l'autre circonscription administrative de l'État intéressée et du président du conseil exécutif de Corse.

L'établissement public d'incendie et de secours de Corse est administré par un conseil d'administration composé du ou des présidents des conseils d'administration des services d'incendie et de secours en Corse et de représentants, élus en leur sein, de chacun des conseils d'administration des services d'incendie et de secours qui le constituent.

Le président du conseil d'administration de l'établissement public d'incendie et de secours de Corse est élu par le conseil d'administration parmi les présidents de conseil d'administration des services d'incendie et de secours en Corse pour la durée de son mandat au conseil d'administration du service d'incendie et de secours. Si le président du conseil exécutif de Corse est président des conseils d'administration des services d'incendie et de secours de la Corse-du-Sud et de la Haute-Corse, il est nommé de plein droit président de l'établissement public d'incendie et de secours de Corse.

Le représentant de l'État dans la circonscription administrative de l'État du siège de l'établissement public assiste de plein droit aux séances du conseil d'administration. Si une délibération paraît de nature à affecter la bonne organisation de la sécurité civile, le représentant de l'État peut demander une nouvelle délibération.

Le directeur de l'établissement public d'incendie et de secours est nommé par le président du conseil d'administration. Les fonctions de directeur peuvent être confiées, le cas échéant, au directeur *(L. n° 2021-1520 du 25 nov. 2021, art. 8)* « départemental des services » d'incendie et de secours de la circonscription administrative de l'État du siège de l'établissement public.

SECTION 9 Dispositions relatives au service d'incendie et de secours de la collectivité de Saint-Barthélemy *(L. n° 2021-1520 du 25 nov. 2021, art. 8).*

(L. n° 2017-256 du 28 févr. 2017, art. 112)

Art. L. 1424-85 Il est créé à Saint-Barthélemy un service de la collectivité, dénommé "*(L. n° 2021-1520 du 25 nov. 2021, art. 8)* « service » d'incendie et de secours", qui comporte un corps de sapeurs-pompiers, composé dans les conditions prévues au présent article et organisé en un centre d'incendie et de secours.

(L. n° 2021-1520 du 25 nov. 2021, art. 8) « Ce service » est chargé de la prévention, de la protection et de la lutte contre les incendies.

Il concourt, avec les autres services et professionnels concernés, à la protection et à la lutte contre les autres accidents, sinistres et catastrophes, à l'évaluation et à la prévention des risques technologiques ou naturels ainsi qu'aux secours d'urgence.

Dans le cadre de ses compétences, il exerce les missions suivantes :

1° La prévention et l'évaluation des risques de sécurité civile ;

2° La préparation des mesures de sauvegarde et l'organisation des moyens de secours ;

3° La protection des personnes, des biens et de l'environnement ;

4° Les secours d'urgence aux personnes victimes d'accidents, de sinistres ou de catastrophes ainsi que leur évacuation.

Art. L. 1424-86 Le *(L. n° 2021-1520 du 25 nov. 2021, art. 8)* « service » d'incendie et de secours est placé pour emploi sous l'autorité du président du conseil territorial ou du représentant de l'État, agissant dans le cadre de leurs pouvoirs de police respectifs.

Pour assurer les missions de prévention qui leur incombent, notamment en ce qui concerne la réglementation applicable aux risques d'incendie et de panique dans les établissements recevant du public, le président du conseil territorial et le représentant de l'État disposent des moyens relevant du *(L. n° 2021-1520 du 25 nov. 2021, art. 8)* « service » d'incendie et de secours.

Les moyens du *(L. n° 2021-1520 du 25 nov. 2021, art. 8)* « service » d'incendie et de secours consacrés aux actions de prévention sont définis par le conseil territorial en tenant compte du nombre des établissements relevant de la réglementation applicable aux risques d'incendie et de panique dans les établissements recevant du public.

Art. L. 1424-87 Dans l'exercice de leurs pouvoirs de police, le président du conseil territorial et le représentant de l'État mettent en œuvre les moyens relevant du *(L. n° 2021-1520 du 25 nov. 2021, art. 8)* « service » d'incendie et de secours dans les conditions prévues par un règlement opérationnel adopté par le conseil territorial sur avis conforme du représentant de l'État.

L'organisation du commandement des opérations de secours est déterminée par ce règlement. Le commandant des opérations de secours désigné est chargé, sous l'autorité du directeur des opérations de secours, de la mise en œuvre de tous les moyens publics et privés mobilisés pour l'accomplissement des opérations de secours.

En cas de péril imminent, le commandant des opérations de secours prend les mesures nécessaires à la protection de la population et à la sécurité des personnels engagés. Il en rend compte au directeur des opérations de secours.

Art. L. 1424-88 Le responsable du *(L. n° 2021-1520 du 25 nov. 2021, art. 8)* « service » d'incendie et de secours est nommé par arrêté du président du conseil territorial sur avis conforme du représentant de l'État.

Sous l'autorité du représentant de l'État, il assure :

1° La direction opérationnelle du corps des sapeurs-pompiers ;

2° La direction des actions de prévention relevant du *(L. n° 2021-1520 du 25 nov. 2021, art. 8)* « service » d'incendie et de secours.

Pour l'exercice de ces missions, il peut recevoir délégation de signature du représentant de l'État.

Sous l'autorité du représentant de l'État ou du président du conseil territorial, dans le cadre de leurs pouvoirs de police respectifs, il est également chargé de la mise en œuvre opérationnelle de l'ensemble des moyens de secours et de lutte contre l'incendie.

Le responsable du *(L. n° 2021-1520 du 25 nov. 2021, art. 8)* « service » d'incendie et de secours peut être assisté d'un adjoint qui le remplace, en cas d'absence ou d'empêchement, dans l'ensemble de ses fonctions. Cet adjoint est nommé dans les mêmes conditions que le responsable du service et peut également recevoir les délégations de signature mentionnées au présent article.

Art. L. 1424-89 Le corps des sapeurs-pompiers de Saint-Barthélemy est composé :

1° Des sapeurs-pompiers professionnels ;

2° Des sapeurs-pompiers volontaires.

Les sapeurs-pompiers professionnels, *(L. n° 2021-1520 du 25 nov. 2021, art. 27)* « dont le responsable du service », sont recrutés et gérés par la collectivité, dans le cadre des dispositions législatives et réglementaires qui leur sont applicables.

(L. n° 2021-1520 du 25 nov. 2021, art. 27) « Par dérogation au quatrième alinéa, les officiers de sapeurs-pompiers professionnels peuvent, dans des conditions fixées par voie réglementaire, être nommés dans leurs grades, emplois ou fonctions conjointement par le représentant de l'État à Saint-Barthélemy et le président du conseil territorial.

« Les sapeurs-pompiers volontaires membres du corps des sapeurs-pompiers de Saint-Barthélemy sont engagés et gérés par la collectivité, dans le cadre des dispositions législatives et réglementaires qui leur sont applicables.

« Par dérogation au sixième alinéa, les officiers et les sous-officiers de sapeurs-pompiers volontaires peuvent, dans des conditions fixées par voie réglementaire, être nommés dans leurs grades ou fonctions conjointement par le représentant de l'État à Saint-Barthélemy et le président du conseil territorial.

« Pour l'application des quatrième à septième alinéas, les fonctions confiées au conseil d'administration, à son président et au directeur départemental des services d'incendie et de secours sont assurées respectivement par le conseil territorial, le président du conseil territorial et le responsable du service. »

Tout sapeur-pompier volontaire bénéficie d'une formation initiale et continue. Les frais de formation des sapeurs-pompiers volontaires constituent des dépenses obligatoires pour la collectivité de Saint-Barthélemy.

En cas de difficultés de fonctionnement, le corps des sapeurs-pompiers de Saint-Barthélemy peut être dissous par arrêté du ministre chargé de la sécurité civile, pris sur proposition du représentant de l'État à Saint-Barthélemy, après avis du président du conseil territorial et du ministre chargé de l'outre-mer. Cet arrêté précise les conditions de réorganisation du corps et les dispositions nécessaires pour assurer les secours jusqu'à cette réorganisation.

Art. L. 1424-90 La collectivité de Saint-Barthélemy construit, acquiert ou loue les biens nécessaires au fonctionnement du *(L. n° 2021-1520 du 25 nov. 2021, art. 8)* « service » d'incendie et de secours. Le financement du *(L. n° 2021-1520 du 25 nov. 2021, art. 8)* « service » d'incendie et de secours est à la charge de la collectivité de Saint-Barthélemy.

Le *(L. n° 2021-1520 du 25 nov. 2021, art. 8)* « service » d'incendie et de secours n'est tenu de procéder qu'aux seules interventions qui se rattachent à ses missions, définies à l'article L. 1424-85.

S'il a procédé à des interventions ne se rattachant pas directement à l'exercice de ses missions, il peut demander aux personnes bénéficiaires une participation dont les modalités de fixation sont déterminées par délibération du conseil territorial.

Art. L. 1424-91 Un schéma d'analyse et de couverture des risques de la collectivité territoriale dresse l'inventaire des risques de toute nature pour la sécurité des personnes et des biens auxquels doit faire face le *(L. n° 2021-1520 du 25 nov. 2021, art. 8)* « service » d'incendie et de secours et détermine les objectifs de couverture de ces risques par ce service. *(L. n° 2023-580 du 10 juill. 2023, art. 6)* « Il comprend une partie relative au risque d'incendie de forêt, de surfaces agricoles et de végétation et détermine les objectifs de couverture de ce risque. »

Le schéma d'analyse et de couverture des risques est élaboré, sous l'autorité du représentant de l'État à Saint-Barthélemy, par le *(L. n° 2021-1520 du 25 nov. 2021, art. 8)* « service » d'incendie et de secours de Saint-Barthélemy.

Le schéma est adopté par le conseil territorial, sur avis conforme du représentant de l'État.

(L. n° 2021-1520 du 25 nov. 2021, art. 23) « Le schéma est révisé dans les conditions fixées à l'article L. 1424-7. »

SECTION 10 Dispositions relatives aux services d'incendie et de secours en Alsace

(Ord. n° 2020-1304 du 28 oct. 2020, art. 14)

SOUS-SECTION 1 Compétence territoriale des services d'incendie et de secours

Art. L. 1424-92 Les services territoriaux d'incendie et de secours en Alsace sont le service d'incendie et de secours du Bas-Rhin et le service d'incendie et de secours du Haut-Rhin. Les services d'incendie et de secours du Bas-Rhin et du Haut-Rhin sont substitués aux services départementaux d'incendie et de secours du Bas-Rhin et du Haut-Rhin dans l'ensemble de leurs droits et obligations. Ils exercent leurs missions sur leur ressort géographique respectif correspondant aux circonscriptions administratives de l'État du Bas-Rhin et du Haut-Rhin.

Le présent chapitre s'applique aux services d'incendie et de secours du Bas-Rhin et du Haut-Rhin, sous réserve des dispositions de la présente section.

SOUS-SECTION 2 Organisation des services d'incendie et de secours en Alsace

Art. L. 1424-93 Chaque service d'incendie et de secours en Alsace est administré par un conseil d'administration composé de représentants de la Collectivité européenne d'Alsace, des communes et des établissements publics de coopération intercommunale de la circonscription administrative de l'État compétents en matière de secours et de lutte contre l'incendie.

Art. L. 1424-94 Le conseil d'administration comprend quinze membres au moins et trente membres au plus. Sa composition est déterminée conformément à l'article L. 1424-26.

Les sièges sont répartis entre :
1° La Collectivité européenne d'Alsace ;
2° Les communes et les établissements publics de coopération intercommunale.
Le nombre des sièges attribués à la Collectivité européenne d'Alsace ne peut être inférieur aux trois cinquièmes du nombre total des sièges, celui des sièges attribués aux communes et aux établissements publics de coopération intercommunale ne peut être inférieur au cinquième du nombre total des sièges.

Art. L. 1424-95 Les représentants de la Collectivité européenne d'Alsace sont élus au sein du conseil départemental de la Collectivité européenne d'Alsace dans les mêmes conditions que les représentants du département conformément aux dispositions de l'article L. 1424-24-2.

Art. L. 1424-96 Le conseil d'administration est présidé par le président du conseil départemental de la Collectivité européenne d'Alsace ou l'un des membres du conseil d'administration désigné par le président du conseil départemental après le renouvellement des représentants de la Collectivité européenne d'Alsace et celui des représentants des communes et des établissements publics de coopération intercommunale.
Le bureau du conseil d'administration est composé du président, de trois vice-présidents et, le cas échéant, d'un membre supplémentaire.
Sa composition est fixée par le conseil d'administration lors de la première réunion suivant chaque renouvellement. Au cours de cette réunion, les membres du bureau, autres que le président, sont élus parmi les membres du conseil d'administration ayant voix délibérative, à la majorité absolue de ces derniers. *(L. n° 2021-1520 du 25 nov. 2021, art. 25)* « Le premier et le troisième vice-présidents sont de sexe différent de celui du président. »
Un vice-président au moins est élu parmi les maires représentant les communes et les établissements publics de coopération intercommunale ou, si aucun maire ne siège au conseil d'administration, parmi les représentants des communes et des établissements publics de coopération intercommunale. Si l'élection n'est pas acquise lors des deux premiers tours de scrutin, il est procédé à un troisième tour et l'élection a lieu à la majorité relative des suffrages exprimés. En cas de partage des voix, elle est acquise au bénéfice de l'âge.
Le conseil d'administration peut déléguer une partie de ses attributions au bureau, à l'exception des délibérations relatives à l'adoption du budget et du compte administratif en application des articles L. 1612-1 à L. 1612-20, ainsi que de celles visées aux articles L. 1424-26 et L. 1424-97.
Les indemnités maximales votées par le conseil d'administration du service d'incendie et de secours pour l'exercice effectif des fonctions de président et de vice-président sont déterminées par référence au barème prévu, en fonction de la population de la circonscription administrative de l'État, pour les indemnités des conseillers départementaux à l'article L. 3123-16, dans la limite de 50 % pour le président et de 25 % pour chacun des vice-présidents.
Les conseils d'administration des services d'incendie et de secours mentionnés à l'article L. 1424-92 sont renouvelés dans les conditions prévues aux articles L. 1424-24-3, L. 1424-94 et L. 1424-95.

À compter de l'exercice budgétaire 2026, au 5e al. du présent art., les mots : « compte administratif » sont remplacés par les mots : « compte financier unique » (Ord. n° 2025-526 du 12 juin 2025, art. 1er et 12).

SOUS-SECTION 3 Contributions financières des communes, des établissements publics de coopération intercommunale et de la Collectivité européenne d'Alsace au budget des services d'incendie et de secours

Art. L. 1424-97 La contribution de la Collectivité européenne d'Alsace au budget de chaque service d'incendie et de secours est fixée, chaque année, par une délibération du conseil départemental de la Collectivité européenne d'Alsace au vu des rapports sur l'évolution des ressources et des charges prévisibles des services au cours de l'année à venir, adoptés par les conseils d'administration de ceux-ci.

Les relations entre la Collectivité européenne d'Alsace et les services d'incendie et de secours et, notamment, la contribution de la Collectivité européenne d'Alsace, font l'objet d'une convention pluriannuelle.

Les modalités de calcul et de répartition des contributions des communes et des établissements publics de coopération intercommunale compétents pour la gestion des services d'incendie et de secours au financement du service d'incendie et de secours dont ils relèvent sont fixées par le conseil d'administration de celui-ci.

Le conseil d'administration peut, à cet effet, prendre en compte au profit des communes et des établissements publics de coopération intercommunale la présence dans leur effectif d'agents publics titulaires ou non titulaires ayant la qualité de sapeur-pompier volontaire, la disponibilité qui leur est accordée pendant le temps de travail ou les mesures sociales prises en faveur du volontariat. Le conseil d'administration peut, en outre, prendre en compte la situation des communes et des établissements publics de coopération intercommunale situés dans les zones rurales ou comptant moins de 5 000 habitants.

Les contributions des communes, des établissements publics de coopération intercommunale et de la Collectivité européenne d'Alsace au budget du service d'incendie et de secours dont ils relèvent constituent des dépenses obligatoires.

Par dérogation au quatrième alinéa du présent article, les contributions au budget du service d'incendie et de secours des communes membres d'un établissement public de coopération intercommunale à fiscalité propre créé après le 3 mai 1996 peuvent faire l'objet d'un transfert à cet établissement, dans les conditions prévues à l'article L. 5211-17. Dans ce cas, la contribution de cet établissement public de coopération intercommunale est déterminée en prenant en compte l'addition des contributions des communes concernées pour l'exercice précédant le transfert de ces contributions à l'établissement public de coopération intercommunale.

La présence d'agents publics titulaires ou non titulaires ayant la qualité de sapeur-pompier volontaire parmi les effectifs des communes membres de cet établissement peut être prise en compte pour le calcul du montant global de la contribution qu'il verse.

Avant le 1er janvier de l'année en cause, le montant prévisionnel des contributions mentionnées aux quatrième et cinquième alinéas, arrêté par chaque conseil d'administration des services d'incendie et de secours est notifié aux maires et aux présidents des établissements publics de coopération intercommunale de leur ressort respectif.

Le montant global des contributions des communes et des établissements publics de coopération intercommunale ne pourra excéder le montant global des contributions des communes et des établissements publics de coopération intercommunale de l'exercice précédent, augmenté de l'indice des prix à la consommation et, le cas échéant, du montant des contributions de transfert à verser par les communes et les établissements publics de coopération intercommunale sollicitant le rattachement de leurs centres de secours et d'incendie au service dont ils relèvent.

Dans les six mois suivant le renouvellement prévu au dernier alinéa de l'article L. 1424-96, le conseil d'administration de chaque service d'incendie et de secours organise un débat portant sur la répartition des contributions entre les communes et les établissements publics de coopération intercommunale de son ressort.

Si aucune délibération n'est prise dans les conditions prévues au troisième alinéa, la contribution de chaque commune et de chaque établissement public de coopération intercommunale est calculée, dans des conditions fixées par décret, en fonction de l'importance de sa population, de son potentiel fiscal par habitant ainsi que de la part de sa contribution dans le total des contributions des communes et des établissements publics de coopération intercommunale constatée dans le dernier compte administratif connu.

À compter de l'exercice budgétaire 2026, au dernier al. du présent art., les mots : « compte administratif » sont remplacés par les mots : « compte financier unique » (Ord. n° 2025-526 du 12 juin 2025, art. 1er et 12).

Art. L. 1424-98 Dans le respect des règles de mise en concurrence prévues par le code de la commande publique, la Collectivité européenne d'Alsace peut effectuer, pour le compte et à la demande de l'un des établissements publics mentionnés à l'article L. 1424-92, l'entretien de l'ensemble de ses moyens matériels.

SOUS-SECTION 4 Dispositions relatives à l'établissement public d'incendie et de secours d'Alsace

Art. L. 1424-99 Les services d'incendie et de secours en Alsace peuvent décider, par délibérations concordantes de leur conseil d'administration, de créer un établissement public d'incendie et de secours d'Alsace.

Les dispositions de la section 5 du présent chapitre s'appliquent à l'établissement public d'incendie et de secours d'Alsace, sous réserve des dispositions du présent article.

La création de l'établissement public d'incendie et de secours d'Alsace fait l'objet d'un arrêté du représentant de l'État dans la circonscription administrative de l'État où l'établissement doit avoir son siège. Cet arrêté est pris après avis du représentant de l'État dans l'autre circonscription administrative de l'État intéressée et du président du conseil départemental de la Collectivité européenne d'Alsace.

L'établissement public d'incendie et de secours d'Alsace est administré par un conseil d'administration composé du ou des présidents des conseils d'administration des services d'incendie et de secours du Bas-Rhin et du Haut-Rhin et de représentants, élus en leur sein, de chacun des conseils d'administration des services d'incendie et de secours qui le constituent.

Le président du conseil d'administration de l'établissement public d'incendie et de secours d'Alsace est élu par le conseil d'administration parmi les présidents de conseil d'administration des services d'incendie et de secours du Bas-Rhin et du Haut-Rhin pour la durée de son mandat au conseil d'administration du service d'incendie et de secours. Si le président du conseil départemental de la Collectivité européenne d'Alsace est président des conseils d'administration des services d'incendie et de secours du Bas-Rhin et du Haut-Rhin, il est nommé de plein droit président de l'établissement public d'incendie et de secours d'Alsace.

Le représentant de l'État dans la circonscription administrative de l'État du siège de l'établissement public assiste de plein droit aux séances du conseil d'administration. Si une délibération paraît de nature à affecter la bonne organisation de la sécurité civile, le représentant de l'État peut demander une nouvelle délibération.

Le directeur de l'établissement public d'incendie et de secours est nommé par le président du conseil d'administration. Les fonctions de directeur peuvent être confiées, le cas échéant, au directeur *(L. n° 2021-1520 du 25 nov. 2021, art. 8)* « départemental des services » d'incendie et de secours de la circonscription administrative de l'État du siège de l'établissement public.

CHAPITRE V RÉSEAUX ET SERVICES LOCAUX DE COMMUNICATIONS ÉLECTRONIQUES *(Ord. n° 2009-1530 du 10 déc. 2009).*

(L. n° 2004-575 du 21 juin 2004, art. 50)

Art. L. 1425-1 I. – *(L. n° 2015-991 du 7 août 2015, art. 102)* « Pour l'établissement et l'exploitation d'un réseau, les collectivités territoriales et leurs groupements, dans le cas où la compétence leur a été préalablement transférée, peuvent, deux mois après la publication de leur projet *(L. n° 2019-486 du 22 mai 2019, art. 3)* « sur un support habilité à recevoir des annonces » légales et sa transmission à l'Autorité de régulation des communications électroniques *(L. n° 2019-1063 du 18 oct. 2019, art. 5)* « , des postes et de la distribution de la presse », établir et exploiter sur leur territoire des infrastructures et des réseaux de communications électroniques, au sens des 3° et 15° de l'article L. 32 du code des postes et des communications électroniques. Le cas échéant, ils peuvent acquérir des droits d'usage à cette fin ou acheter des infrastructures ou des réseaux existants. Ils peuvent mettre de telles infrastructures ou réseaux à la disposition d'opérateurs ou d'utilisateurs de réseaux indépendants.

« Une collectivité territoriale ou un groupement de collectivités territoriales peut déléguer à un syndicat mixte incluant au moins une région ou un département tout ou partie de la compétence relative à un ou plusieurs réseaux de communications électroniques, définis au premier alinéa du présent I, dans les conditions prévues à l'article L. 1111-8 du présent code. »

(L. n° 2016-1321 du 7 oct. 2016, art. 70) « Par dérogation au premier alinéa de l'article L. 5721-2, un syndicat mixte relevant du titre II du livre VII de la cinquième partie peut adhérer, jusqu'au 31 décembre 2021, à un autre syndicat mixte exerçant, par transfert ou délégation, tout ou partie des compétences mentionnées au premier alinéa du présent I.

« L'adhésion d'un syndicat mixte qui exerce ses compétences par délégation à un autre syndicat mixte n'est possible que si ce dernier comprend au moins une région ou un département. »

(L. n° 2015-991 du 7 août 2015, art. 102) « Les collectivités territoriales et leurs groupements respectent le principe de cohérence des réseaux d'initiative publique. Ils veillent à ce que ne coexistent pas sur un même territoire plusieurs réseaux ou projets de réseau de communications électroniques d'initiative publique destinés à répondre à des besoins similaires au regard des services rendus et des territoires concernés.

« Leurs interventions garantissent l'utilisation partagée des infrastructures établies ou acquises en application du présent I et respectent les principes d'égalité et de libre concurrence sur les marchés des communications électroniques. Elles s'effectuent dans des conditions objectives, transparentes, non discriminatoires et proportionnées. »

Dans les mêmes conditions, les collectivités territoriales et leurs groupements ne peuvent fournir des services de *(L. n° 2004-669 du 9 juill. 2004, art. 1er)* « communications électroniques » aux utilisateurs finals qu'après avoir constaté une insuffisance d'initiatives privées propres à satisfaire les besoins des utilisateurs finals et en avoir informé l'Autorité de régulation des communications électroniques *(L. n° 2019-1063 du 18 oct. 2019, art. 5)* « , des postes et de la distribution de la presse ».

L'insuffisance d'initiatives privées est constatée par un *(L. n° 2015-991 du 7 août 2015, art. 102)* « appel public à manifestation d'intentions » déclaré infructueux ayant visé à satisfaire les besoins concernés des utilisateurs finals en services de *(L. n° 2004-669 du 9 juill. 2004, art. 1er)* « communications électroniques ».

II. — Lorsqu'ils exercent une activité d'opérateur de *(L. n° 2004-669 du 9 juill. 2004, art. 1er)* « communications électroniques », les collectivités territoriales et leurs groupements sont soumis à l'ensemble des droits et obligations régissant cette activité.

Une même personne morale ne peut à la fois exercer une activité d'opérateur de *(L. n° 2004-669 du 9 juill. 2004, art. 1er)* « communications électroniques » et être chargée de l'octroi des droits de passage destinés à permettre l'établissement de réseaux de *(L. n° 2004-669 du 9 juill. 2004, art. 1er)* « communications électroniques » ouverts au public.

Les dépenses et les recettes afférentes à l'établissement de réseaux de *(L. n° 2004-669 du 9 juill. 2004, art. 1er)* « communications électroniques » ouverts au public et à l'exercice d'une activité d'opérateur de *(L. n° 2004-669 du 9 juill. 2004, art. 1er)* « communications électroniques » par les collectivités territoriales et leurs groupements sont retracées au sein d'une comptabilité distincte.

III. — L'Autorité de régulation des communications électroniques *(L. n° 2019-1063 du 18 oct. 2019, art. 5)* « , des postes et de la distribution de la presse » est saisie, dans les conditions définies à l'article L. 36-8 du code des postes et *(L. n° 2004-669 du 9 juill. 2004, art. 1er)* « communications électroniques », de tout différend relatif aux conditions techniques et tarifaires d'exercice d'une activité d'opérateur de *(L. n° 2004-669 du 9 juill. 2004, art. 1er)* « communications électroniques » ou d'établissement, de mise à disposition ou de partage des réseaux et infrastructures de *(L. n° 2004-669 du 9 juill. 2004, art. 1er)* « communications électroniques » visés au I.

Les collectivités territoriales, leurs groupements et les opérateurs de *(L. n° 2004-669 du 9 juill. 2004, art. 1er)* « communications électroniques » concernés lui fournissent, à sa demande, les conditions techniques et tarifaires faisant l'objet du différend, ainsi que la comptabilité retraçant les dépenses et les recettes afférentes aux activités exercées en application du présent article.

IV. — Quand les conditions économiques ne permettent pas la rentabilité de l'établissement de réseaux de *(L. n° 2004-669 du 9 juill. 2004, art. 1er)* « communications électroniques » ouverts au public ou d'une activité d'opérateur de *(L. n° 2004-669 du 9 juill. 2004, art. 1er)* « communications électroniques », les collectivités territoriales et leurs groupements peuvent mettre leurs infrastructures ou réseaux de *(L. n° 2004-669 du 9 juill. 2004, art. 1er)* « communications électroniques » à disposition des opérateurs à un prix inférieur au coût de revient, selon des modalités transparentes et non discriminatoires, ou compenser des obligations de service public par des subventions accordées dans le cadre d'*(Ord. n° 2016-65 du 29 janv. 2016, art. 59)* « un contrat de concession » ou d'un marché public.

V. – *(L. n° 2004-669 du 9 juill. 2004, art. 115)* « Les dispositions du I relatives aux obligations de publicité et à la nécessité de constater une insuffisance d'initiatives privées, ainsi que le deuxième alinéa du II, ne sont pas applicables aux réseaux établis et exploités par les collectivités territoriales ou leurs groupements pour la distribution de services de radio et de télévision si ces réseaux ont été établis avant la date de promulgation de la loi n° 2004-575 du 21 juin 2004 pour la confiance dans l'économie numérique. »

(L. n° 2015-990 du 6 août 2015, art. 126) « VI. – Les collectivités territoriales et leurs groupements permettent l'accès des opérateurs de communications électroniques aux infrastructures et aux réseaux de communications électroniques mentionnés au premier alinéa du I, dans des conditions tarifaires objectives, transparentes, non discriminatoires et proportionnées et qui garantissent le respect du principe de libre concurrence sur les marchés des communications électroniques ainsi que le caractère ouvert de ces infrastructures et de ces réseaux. Dans le respect de ces principes, ces conditions tarifaires prennent en compte l'apport d'aides publiques de manière à reproduire les conditions économiques d'accès à des infrastructures et à des réseaux de communications électroniques comparables établis dans d'autres zones du territoire en l'absence de telles aides.

« Après consultation publique, l'Autorité de régulation des communications électroniques *(L. n° 2019-1063 du 18 oct. 2019, art. 5)* « , des postes et de la distribution de la presse » adopte des lignes directrices portant sur les conditions tarifaires d'accès aux réseaux ouverts au public à très haut débit en fibre optique permettant de desservir un utilisateur final. Elles sont mises à jour en tant que de besoin. »

(L. n° 2016-1888 du 28 déc. 2016, art. 30) « Sous réserve du premier alinéa du présent VI, et en tenant compte des lignes directrices mentionnées au deuxième alinéa du présent VI, les collectivités territoriales et leurs groupements peuvent proposer des conditions tarifaires préférentielles à titre temporaire, en vue de faciliter l'ouverture commerciale de leurs réseaux. »

(L. n° 2015-990 du 6 août 2015, art. 126) « Les collectivités territoriales et leurs groupements mentionnés au premier alinéa du I communiquent à l'autorité, au moins deux mois avant leur entrée en vigueur, les conditions tarifaires d'accès à leurs réseaux à très haut débit en fibre optique ouverts au public permettant de desservir un utilisateur final. Les conditions tarifaires en vigueur au jour de la promulgation de la loi n° 2015-990 du 6 août 2015 pour la croissance, l'activité et l'égalité des chances économiques sont communiquées à l'autorité, à sa demande. Lorsqu'elle estime que les conditions tarifaires soulèvent des difficultés au regard du présent VI, l'Autorité de régulation des communications électroniques *(L. n° 2019-1063 du 18 oct. 2019, art. 5)* « , des postes et de la distribution de la presse » émet un avis, qui peut être rendu public, invitant la collectivité territoriale ou le groupement concerné à les modifier. Elle le communique sans délai au ministre chargé des communications électroniques.

« Les collectivités territoriales, leurs groupements et les opérateurs de communications électroniques transmettent à l'autorité, à sa demande, les informations et les documents nécessaires pour la mise en œuvre du présent article. »

(L. n° 2018-1021 du 23 nov. 2018, art. 231) « VII. – Lorsqu'une ligne de communications électroniques à très haut débit en fibre optique permettant de desservir un utilisateur final est établie ou exploitée en application du présent article, qu'elle a bénéficié de subventions publiques dans les conditions fixées au IV, et qu'aucun opérateur ne commercialise d'accès activé à cette ligne, l'opérateur exploitant cette ligne fait droit aux demandes raisonnables d'accès activé à ladite ligne et aux moyens qui y sont associés émanant d'opérateurs, en vue de fournir des services de communications électroniques à cet utilisateur final.

« L'accès fait l'objet d'une convention entre les personnes concernées. Celle-ci détermine les conditions techniques et financières de l'accès. Elle est communiquée à l'Auto-

rité de régulation des communications électroniques *(L. nº 2019-1063 du 18 oct. 2019, art. 5)* **« , des postes et de la distribution de la presse » à sa demande.**

« Les différends relatifs à la conclusion ou à l'exécution de la convention prévue au présent VII sont soumis à l'Autorité de régulation des communications électroniques *(L. nº 2019-1063 du 18 oct. 2019, art. 5)* **« , des postes et de la distribution de la presse » conformément à l'article L. 36-8 du code des postes et des communications électroniques. »**

V. art. R. 1426-1 à R. 1426-4.

Sur la confiance dans l'économie numérique, V. ci-dessous L. nº 2004-575 du 21 juin 2004, art. 52 s.

BIBL. ▶ Dossier, Collectivités et numérique : bilan et perspectives, *AJCT 2021. 115*. – ABBOUB et MATHARAN, Le service public local des communications électroniques : bilan de dix années et perspectives d'évolutions, *RFDA 2015. 313*. – ALLEMAND, L'intervention des collectivités territoriales dans le domaine des télécommunications, *AJDA 2004. 2025*. – BLANQUEFORT et TERRIEN, Collectivités territoriales et haut débit, *RLCT 2007, nº 24, p. 10.* – BRONNER, L'intervention des collectivités territoriales en matière de réseaux de communications électroniques, *RFDA 2005. 305*. – DE COURCEL et SÉNAC DE MONSEMBERNARD, Les collectivités locales, opérateurs de télécoms : du « pourquoi » au « comment », *BJCL 2004. 146.* – FOREY, Le rôle des collectivités territoriales dans l'aménagement numérique du territoire, *RFDA 2005. 296*. – GROUD et PUGEAULT, Les nouvelles conditions d'intervention des collectivités territoriales dans le secteur des télécommunications, *Dr. adm. oct. 2004, p. 13.*

COMMENTAIRE

V. dans le supplément en ligne.

Subvention pour compensation d'obligation de service public. Les dispositions de l'art. L. 1425-1-IV impliquent pour que soit régulière une subvention publique, premièrement, que l'entreprise bénéficiaire de ladite subvention ait effectivement été chargée de l'exécution d'obligations de service public et que ces obligations aient été clairement définies, deuxièmement, que les paramètres sur la base desquels est calculée la compensation aient été préalablement établis de façon objective et transparente, troisièmement, que la compensation ne dépasse pas ce qui est nécessaire pour couvrir tout ou partie des coûts occasionnés par l'exécution des obligations de service public, en tenant compte des recettes y relatives ainsi que d'un bénéfice raisonnable pour l'exécution de ces obligations, enfin, que, lorsque le choix de l'entreprise à charger de l'exécution d'obligations de service public n'est pas effectué dans le cadre d'une procédure de marché public, le niveau de la compensation nécessaire ait été déterminé sur la base d'une analyse des coûts qu'une entreprise moyenne, bien gérée et suffisamment équipée afin de pouvoir satisfaire aux exigences de service public requises, aurait encouru pour exécuter ces obligations, en tenant compte des recettes y relatives ainsi que d'un bénéfice raisonnable pour l'exécution de ces obligations. • TA Montpellier, 30 sept. 2005, *Assoc. Contribuables de l'Hérault et a. : AJDA 2006. 1346, note Nicinski*. ♦ Illégalité en l'espèce de la subvention au motif que les paramètres sur la base desquels devait être calculée la compensation pouvant être accordée au délégataire n'ont pas été déterminés préalablement à la consultation à l'issue de laquelle a été retenu le groupement et que le montant de la compensation accordée audit groupement a été fixé au cours même de la procédure de négociation de la délégation de service public. • Même jugement.

Loi nº 2004-575 du 21 juin 2004,

Pour la confiance dans l'économie numérique.

Art. 52 *[...]* III. — Lorsque les collectivités territoriales font application de l'article L. 1425-1 du code général des collectivités territoriales en matière de radiocommunications mobiles de deuxième génération, les zones, incluant des centres-bourgs ou des axes de transport prioritaires, qu'elles ont identifiées comme n'étant couvertes par aucun opérateur de radiocommunications mobiles, sont couvertes en téléphonie mobile de deuxième génération par l'un de ces opérateurs chargé d'assurer une prestation d'itinérance locale.

Par dérogation à la règle posée à l'alinéa précédent, la couverture en téléphonie mobile de deuxième génération dans certaines des zones visées est assurée, si tous les opérateurs de radiocommunications mobiles en conviennent, par le partage des infrastructures mises à disposition des opérateurs par les collectivités territoriales en application dudit article.

Les zones mentionnées au premier alinéa sont identifiées par les préfets de région en concertation avec les départements et les opérateurs. En cas de différend sur l'identification de ces zones dans un département, les zones concernées seront identifiées au terme d'une campagne de mesures menée par le département, conformément à une méthodologie validée par l'Autorité de régulation des communications électroniques et des postes. Elles font l'objet d'une cartographie qui est transmise par les préfets de région au ministre chargé de l'aménagement du territoire au plus tard dans les trois mois suivant la promulgation de la présente loi. Le ministre chargé de l'aménagement du territoire adresse la liste nationale des zones ainsi identifiées au ministre chargé des télécommunications, à l'Autorité de régulation des communications électroniques et des postes et aux opérateurs de téléphonie mobile de deuxième génération.

Sur la base de la liste nationale définie à l'alinéa précédent et dans les deux mois suivant sa transmission aux opérateurs par le ministre chargé de l'aménagement du territoire, les opérateurs adressent au ministre chargé des télécommunications, au ministre chargé de l'aménagement du territoire et à l'Autorité de régulation des communications électroniques et des postes un projet de répartition entre les zones qui seront couvertes selon le schéma de l'itinérance locale et celles qui seront couvertes selon le schéma du partage d'infrastructures, un projet de répartition des zones d'itinérance locale entre les opérateurs, ainsi qu'un projet de calendrier prévisionnel de déploiement des pylônes et d'installation des équipements électroniques de radiocommunication. Le ministre chargé des télécommunications et le ministre chargé de l'aménagement du territoire approuvent ce calendrier prévisionnel dans le mois suivant sa transmission par les opérateurs. L'Autorité de régulation des communications électroniques et des postes se prononce sur les répartitions proposées, qui ne devront pas perturber l'équilibre concurrentiel entre opérateurs de téléphonie mobile, dans le mois suivant leur transmission par les opérateurs. L'ensemble du déploiement est achevé dans les trois ans suivant la promulgation de la présente loi.

Le ministre chargé de l'aménagement du territoire fait rapport annuellement au Parlement sur la progression de ce déploiement.

IV. — Les infrastructures de réseau établies par les collectivités territoriales en application du III sont mises à disposition des opérateurs autorisés selon des conditions techniques et tarifaires fixées par décret en Conseil d'État.

V. — L'opérateur de radiocommunications qui assure la couverture selon le schéma de l'itinérance locale dans une zone visée au III conclut des accords d'itinérance locale avec les autres opérateurs de radiocommunications mobiles et des conventions de mise à disposition des infrastructures et/ou des équipements avec les collectivités territoriales.

VI. — Une convention de mise à disposition des infrastructures est conclue sur la base du droit privé entre l'opérateur exploitant ces infrastructures et la collectivité territoriale, dans le respect des dispositions de l'article L. 1425-1 du code général des collectivités territoriales.

Cette convention détermine notamment les conditions de maintenance et d'entretien de ces infrastructures.

[...]

X. — Dans la zone où il assure une prestation d'itinérance locale, l'opérateur de radiocommunications mobiles fournit au moins les services suivants : émission et réception d'appels téléphoniques, appels d'urgence, accès à la messagerie vocale, émission et réception de messages alphanumériques courts.

Art. 52-1 *(L. n° 2015-990 du 6 août 2015, art. 129)* I. — La liste nationale mentionnée au III de l'article 52 est complétée par une liste comportant les zones suivantes :

1° Les centre *[centres]*-bourgs de communes qui répondent aux critères fixés au premier alinéa du même III ;

2° Les anciens centre *[centres]*-bourgs de communes ayant fusionné avec une autre commune au cours d'une période de cinquante ans précédant la date de promulgation de la loi n° 2015-990 du 6 août 2015 pour la croissance, l'activité et l'égalité des chances économiques identifiés comme n'étant couverts par aucun exploitant d'un réseau mobile ouvert au public, titulaire d'une autorisation d'utilisation de fréquences radioélectriques.

II. — Cette liste est arrêtée conjointement par les ministres chargés des communications électroniques et de l'aménagement du territoire dans un délai de trois mois à compter de la promulgation de la loi n° 2015-990 du 6 août 2015 précitée, en concertation avec l'Autorité de régulation des communications électroniques et des postes, les représentants des collectivités territoriales et les exploitants des réseaux précités. *(L. n° 2016-1321 du 7 oct. 2016, art. 81)* « Toute commune ne figurant pas sur la liste précitée et répondant aux critères fixés au premier alinéa du III de l'article 52 peut demander à y être inscrite, par un arrêté conjoint des ministres chargés des communications électroniques et de l'aménagement du territoire. » *(L. n° 2016-1888 du 28 déc. 2016, art. 28)* « Elle obtient une réponse motivée dans un délai de deux mois à compter de sa demande. En cas d'acceptation de la demande, l'arrêté conjoint précité est publié dans un délai d'un mois à compter de cette décision d'acceptation. »

III. — Les zones inscrites sur la liste mentionnée au II du présent article sont couvertes en services de téléphonie mobile de deuxième génération, dans les conditions prévues à l'article 52, avant le 31 décembre 2016, et au plus tard six mois après la mise à disposition effective des infrastructures par les collectivités territoriales ou leurs groupements.

Art. 52-2 *(L. n° 2015-990 du 6 août 2015, art. 129)* Les zones résiduelles du programme d'extension de la couverture par les réseaux de téléphonie mobile de deuxième génération sont couvertes en services de téléphonie mobile de deuxième génération avant le 31 décembre 2016 ou, lorsqu'une mise à disposition d'infrastructures par les collectivités territoriales ou leurs groupements est prévue, au plus tard dans un délai de six mois à compter de leur mise à disposition effective.

On entend par zones résiduelles du programme d'extension de la téléphonie mobile de deuxième génération :

1° Les zones de la liste nationale mentionnée au III de l'article 52 non couvertes en services de téléphonie mobile de deuxième génération à la date d'entrée en vigueur de la loi n° 2015-990 du 6 août 2015 pour la croissance, l'activité et l'égalité des chances économiques ;

2° Les zones que les opérateurs de communications électroniques, titulaires, à la date d'entrée en vigueur de la même loi, d'une autorisation d'utilisation de fréquences radioélectriques pour l'exploitation d'un réseau mobile ouvert au public de deuxième génération, se sont engagés à couvrir par voie conventionnelle en services de téléphonie mobile de deuxième génération dans le cadre d'un partage des réseaux mobiles ouverts au public.

Art. 52-3 *(L. n° 2015-990 du 6 août 2015, art. 129)* Lorsque l'une des zones mentionnées aux articles 52-1 et 52-2 est couverte en services de téléphonie mobile de troisième génération, elle est réputée couverte au sens de ces mêmes articles.

Art. L. 1425-2 *(L. n° 2009-1572 du 17 déc. 2009, art. 23)* **Les schémas directeurs territoriaux d'aménagement numérique recensent les infrastructures et réseaux de communications électroniques existants, identifient les zones qu'ils desservent et présentent une stratégie de développement de ces réseaux, concernant prioritairement les réseaux à très haut débit fixe et mobile, y compris satellitaire, permettant d'assurer la couverture du territoire concerné. Ces schémas, qui ont une valeur indicative, visent à favoriser la cohérence des initiatives publiques et leur bonne articulation avec l'investissement privé.**

(L. n° 2016-1321 du 7 oct. 2016, art. 69) **« Ils peuvent comporter une stratégie de développement des usages et services numériques. Cette stratégie vise à favoriser l'équilibre de l'offre de services numériques sur le territoire ainsi que la mise en place de ressources mutualisées, publiques et privées, y compris en matière de médiation numérique. »** *(L. n° 2022-217 du 21 févr. 2022, art. 166)* **« Elle peut notamment comprendre un volet consacré à la contribution des collectivités territoriales et de leurs groupements à la gestion des données de référence mentionnées au II de l'article L. 321-4 du code des relations entre le public et l'administration ainsi qu'un volet présentant les actions visant à renforcer la sécurité informatique des services publics, notamment par la formation des agents en matière de sécurité informatique. »** *(L. n° 2016-1888 du 28 déc. 2016, art. 33)* **« Lorsque le territoire couvert par un schéma directeur territorial d'aménagement numérique comprend des zones de montagne, au sens de la loi n° 85-30 du 9 janvier 1985 relative au développement et à la protection de la montagne, l'élaboration de cette stratégie est obligatoire. »**

Un schéma directeur territorial d'aménagement numérique recouvre le territoire d'un ou plusieurs départements ou d'une région. Sur un même territoire, le schéma directeur est unique. Il est établi à l'initiative des collectivités territoriales, par les départements ou la région concernés ou par un syndicat mixte ou syndicat de communes, existant ou créé à cet effet, dont le périmètre recouvre l'intégralité du territoire cou-

vert par le schéma, en prenant notamment en compte les informations prévues à l'article L. 33-7 du code des postes et des communications électroniques.

Les personnes publiques qui entendent élaborer le schéma directeur en informent les collectivités territoriales ou groupements de collectivités concernés ainsi que l'Autorité de régulation des communications électroniques *(L. n° 2019-1063 du 18 oct. 2019, art. 5)* « , des postes et de la distribution de la presse » qui rend cette information publique. Les opérateurs de communications électroniques, le représentant de l'État dans les départements ou la région concernés, les autorités organisatrices mentionnées à l'article L. 2224-31 et au deuxième alinéa de l'article L. 2224-11-6 et les autres collectivités territoriales ou groupements de collectivités concernés sont associés, à leur demande, à l'élaboration du schéma directeur. La même procédure s'applique lorsque les personnes publiques qui ont élaboré le schéma directeur entendent le faire évoluer.

(L. n° 2015-991 du 7 août 2015, art. 102) « Par dérogation au *(L. n° 2023-973 du 23 oct. 2023, art. 1er)* « sixième » alinéa de l'article L. 4251-1 et lorsque le territoire de la région ne comporte qu'un seul schéma directeur territorial d'aménagement numérique élaboré par le conseil régional, ce schéma directeur peut être intégré au schéma régional d'aménagement, de développement durable et d'égalité des territoires prévu au même article L. 4251-1. » *(L. n° 2014-58 du 27 janv. 2014, art. 2)* « Lorsque le territoire de la région est couvert par plusieurs schémas directeurs territoriaux d'aménagement numérique, les personnes publiques les ayant élaborés et la région définissent conjointement une stratégie d'aménagement numérique du territoire régional dans les conditions prévues au *(L. n° 2016-1321 du 7 oct. 2016, art. 69)* « quatrième » alinéa. »

(L. n° 2015-991 du 7 août 2015, art. 102) « Lorsque le territoire de la région est couvert par plusieurs schémas directeurs territoriaux d'aménagement numérique, la région, les départements, les communes ou leurs groupements concernés les intègrent conjointement au sein d'une stratégie commune d'aménagement numérique du territoire. Cette stratégie peut être insérée dans le schéma régional d'aménagement, de développement durable et d'égalité des territoires. »

(L. n° 2016-1321 du 7 oct. 2016, art. 69) « Un document-cadre intitulé "Orientations nationales pour le développement des usages et des services numériques dans les territoires" est élaboré, mis à jour et suivi par l'autorité compétente de l'État. Ce document-cadre comprend une présentation des choix stratégiques de nature à contribuer au développement équilibré des usages et des services numériques dans les territoires et un guide méthodologique relatif à l'élaboration des stratégies de développement des usages et des services numériques mentionnées au deuxième alinéa du présent article. »

Sur la lutte contre la fracture numérique, V. L. n° 2009-1572 du 17 déc. 2009, art. 24, infra.

Loi n° 2009-1572 du 17 décembre 2009,

Relative à la lutte contre la fracture numérique.

Art. 24 I. — Le fonds d'aménagement numérique des territoires a pour objet de contribuer au financement de certains travaux de réalisation des infrastructures et réseaux envisagés par les schémas directeurs territoriaux d'aménagement numérique mentionnés à l'article L. 1425-2 du code général des collectivités territoriales.

Le comité national de gestion du fonds est constitué à parts égales de représentants de l'État, de représentants des opérateurs *(Ord. n° 2021-650 du 26 mai 2021, art. 50)* « au sens du 15° de l'article L. 32 » du code des postes et des communications électroniques, de représentants des associations représentatives des collectivités territoriales et de représentants des collectivités ou syndicats mixtes ayant participé à l'élaboration de schémas directeurs territoriaux d'aménagement numérique. Ses membres sont nommés par décret.

Le fonds d'aménagement numérique des territoires peut attribuer, sur demande, des aides aux maîtres d'ouvrage des travaux de réalisation des infrastructures et réseaux envisagés par les schémas directeurs territoriaux d'aménagement numérique lorsque les maîtres d'ouvrage établissent, suivant des critères précisés par décret, que le seul effort, y compris mutualisé, des opérateurs *(Ord. n° 2021-650 du 26 mai 2021, art. 50)* « au sens du 15° de l'article L. 32 » ne suffira pas à déployer un réseau d'infrastructures de communications électroniques à très haut débit.

Les aides doivent permettre à l'ensemble de la population de la zone concernée par le projet d'accéder, à un tarif raisonnable, aux communications électroniques en très haut débit. Elles sont attribuées par arrêté conjoint du ministre chargé de l'aménagement du territoire et du ministre chargé des communications électroniques pris après avis du comité national de gestion du fonds, en tenant compte de la péréquation des coûts et des recettes des maîtres d'ouvrage bénéficiant des aides sur le périmètre de chacun des schémas directeurs concernés.

Les aides du fonds d'aménagement numérique des territoires ne peuvent être attribuées qu'à la réalisation d'infrastructures et de réseaux accessibles et ouverts, dans des conditions précisées par l'Autorité de régulation des communications électroniques et des postes, après avis des associations représentant les collectivités territoriales et de l'Autorité de la concurrence et consultation des opérateurs de communications électroniques.

La gestion comptable et financière du fonds d'aménagement numérique des territoires est assurée par la Caisse des dépôts et consignations dans un compte spécifique distinct du compte mentionné au III de l'article L. 35-3 du code des postes et des communications électroniques.

II. — Le fonds d'aménagement numérique des territoires est constitué et les membres de son comité national de gestion sont nommés dans un délai de douze mois après la promulgation de la présente loi.

CHAPITRE VI COMMUNICATION AUDIOVISUELLE

(L. nº 2004-669 du 9 juill. 2004, art. 116)

Art. L. 1426-1 **Les collectivités territoriales ou leurs groupements peuvent, dans les conditions prévues par la loi nº 86-1067 du 30 septembre 1986 relative à la liberté de communication, éditer un service de télévision destiné aux informations sur la vie locale** *(L. nº 2019-816 du 2 août 2019, art. 3)* **« ou à la promotion des langues régionales » et diffusé par voie hertzienne terrestre ou par un réseau n'utilisant pas des fréquences assignées par** *(L. nº 2021-1382 du 25 oct. 2021, art. 33)* **« l'Autorité de régulation de la communication audiovisuelle et numérique ».**

La collectivité territoriale ou le groupement conclut avec la personne morale à laquelle est confié le service un contrat d'objectifs et de moyens définissant des missions de service public et leurs conditions de mise en œuvre, pour une durée comprise entre trois et cinq ans. Ce contrat est annexé à la convention conclue avec *(L. nº 2021-1382 du 25 oct. 2021, art. 33)* **« l'Autorité de régulation de la communication audiovisuelle et numérique ».**

Sur la liberté de communication, V. L. nº 86-1067 du 30 sept. 1986, art. 34, infra.

COMMENTAIRE

V. dans le supplément en ligne.

Loi nº 86-1067 du 30 septembre 1986,

Relative à la liberté de communication.

Art. 34 *(L. nº 2004-669 du 9 juill. 2004, art. 65)* I. — Tout distributeur de services qui met à disposition du public, par un réseau n'utilisant pas des fréquences assignées par *(L. nº 2021-1382 du 25 oct. 2021, art. 33)* « l'Autorité de régulation de la communication audiovisuelle et numérique », une offre de services de communication audiovisuelle comportant des services de radio *(L. nº 2013-1028 du 15 nov. 2013, art. 25)* « , de télévision ou de médias audiovisuels à la demande », dépose une déclaration préalable auprès *(L. nº 2021-1382 du 25 oct. 2021, art. 33)* « de l'autorité ».

Seuls peuvent avoir la qualité de distributeur de services les sociétés, y compris les sociétés d'économie mixte locale, les organismes d'habitations à loyer modéré, les collectivités territoriales et leurs groupements dans les conditions prévues au II, ainsi que les régies prévues par la loi nº 46-628 du 8 avril 1946 sur la nationalisation de l'électricité et du gaz.

Toutefois, sont dispensés de cette déclaration les distributeurs de services qui desservent moins de cent foyers.

Toute modification d'éléments de cette déclaration doit être préalablement notifiée *(L. nº 2021-1382 du 25 oct. 2021, art. 33)* « à l'Autorité de régulation de la communication audiovisuelle et numérique ».

(L. n° 2016-1524 du 14 nov. 2016, art. 18) « *(L. n° 2021-1382 du 25 oct. 2021, art. 33)* « L'autorité » peut, par décision motivée prise dans un délai fixé par voie réglementaire, s'opposer soit à l'exploitation d'une offre de services, soit à une modification de la composition de cette offre, soit à une modification de la numérotation des services de télévision au sein de cette offre, *(L. n° 2021-1382 du 25 oct. 2021, art. 33)* « si elle » estime qu'elle ne satisfait pas aux conditions et obligations de la présente loi, notamment celles mentionnées aux articles 1er, 3-1, 15, 34-1 à 34-2 et 34-4, ou *(L. n° 2021-1382 du 25 oct. 2021, art. 33)* « si elle » estime qu'elle porte atteinte aux missions de service public assignées aux sociétés nationales de programme mentionnées à l'article 44 ou à leurs filiales répondant à des obligations de service public, à La Chaîne parlementaire mentionnée à l'article 45-2, à la chaîne Arte et à la chaîne TV5, notamment par la numérotation attribuée au service dans l'offre commerciale. »

Un décret en Conseil d'État précise les conditions d'application du présent article, notamment les éléments que doit contenir la déclaration.

II. — Toutefois, les collectivités territoriales et leurs groupements ne peuvent exercer directement ou indirectement l'activité de distributeur de services qu'après avoir constaté une insuffisance d'initiatives privées propres à satisfaire les besoins de la population concernée et en avoir informé *(L. n° 2021-1382 du 25 oct. 2021, art. 33)* « l'Autorité de régulation de la communication audiovisuelle et numérique ». Les interventions des collectivités s'effectuent dans des conditions objectives, transparentes, non discriminatoires et proportionnées. L'insuffisance d'initiatives privées est constatée par un appel d'offres déclaré infructueux ayant visé à satisfaire les besoins de la population concernée en services de communication audiovisuelle.

Les dépenses et les recettes afférentes à l'exercice d'une activité de distributeur de services de communication audiovisuelle sur ces mêmes réseaux par les collectivités territoriales et leurs groupements sont retracées au sein d'une comptabilité distincte.

Les collectivités territoriales et leurs groupements exerçant directement ou indirectement une activité de distributeur de services audiovisuels à la date de la publication de la loi n° 2004-669 du 9 juillet 2004 relative aux communications électroniques et aux services de communication audiovisuelle ne sont pas soumises à l'obligation prévue au premier alinéa du présent II de constatation d'une insuffisance d'initiatives privées propres à satisfaire les besoins de la population concernée.

CHAPITRE VII AMÉNAGEMENT DES GARES

(L. n° 2019-1428 du 24 déc. 2019, art. 15)

Art. L. 1427-1 **Lorsqu'il existe un ou plusieurs locaux laissés vacants consécutivement à la fermeture ou au déplacement d'une gare, le maire ou le président de l'établissement public de coopération intercommunale à fiscalité propre dont est membre la commune peut demander toute information à l'affectataire de ces locaux relative à leur état et à leur utilisation envisagée. Celui-ci dispose d'un délai d'un mois pour la communiquer. Cette transmission est réalisée sous couvert du représentant de l'État dans le département.**

Le cas échéant, le maire ou le président de l'établissement public de coopération intercommunale à fiscalité propre dont est membre la commune peut proposer à l'affectataire une convention de mise à disposition des locaux laissés vacants. L'affectataire dispose d'un délai de trois mois pour donner sa réponse, dont il informe également le représentant de l'État dans le département.

La convention est signée par le représentant de l'État dans le département, la commune ou l'établissement public de coopération intercommunale à fiscalité propre dont est membre celle-ci et l'affectataire.

TITRE III ÉTABLISSEMENTS PUBLICS DE COOPÉRATION CULTURELLE OU ENVIRONNEMENTALE *(L. n° 2016-1087 du 8 août 2016, art. 56).*

(L. n° 2002-6 du 4 janv. 2002, art. 1er)

BIBL. GÉN. ▶ Cadieu, L'établissement public de coopération culturelle (EPCC) au milieu du gué, *RLCT févr. 2006. 30.* – Guillard, Les établissements publics de coopération culturelle : premier bilan, *AJDA 2006. 183* . – Pontier, L'établissement public de coopération culturelle : un nouvel outil juridique pour la culture ? *AJDA 2002. 430*. – RIBOT, La réforme du statut de l'EPCC, *RLCT avr. 2006. 35.*

▸ **Documents publics :** Circulaire interministérielle n° 2003/005 du 18 avr. 2003. – Rapport Sénat n° 32 (2005-2006), 19 oct. 2005, Yvan Renar, L'application de la loi n° 2002-6 du 4 janv. 2002 relative à la création d'EPCC.

CHAPITRE UNIQUE

Art. L. 1431-1 Les collectivités territoriales et leurs groupements peuvent constituer avec l'État *(L. n° 2006-723 du 22 juin 2006)* « et les établissements publics nationaux » un établissement public de coopération culturelle chargé de *(L. n° 2006-723 du 22 juin 2006)* « la création et » la gestion d'un service public culturel présentant un intérêt pour chacune des personnes morales en cause et contribuant à la réalisation des objectifs nationaux dans le domaine de la culture. *(L. n° 2016-1087 du 8 août 2016, art. 56)* « Ils peuvent également constituer un établissement public de coopération environnementale chargé d'accroître et d'améliorer les connaissances sur l'environnement, leur diffusion et la sensibilisation et l'information du public, d'apporter un concours scientifique et technique aux pouvoirs publics et d'assurer la conservation d'espèces ou la mise en place d'actions visant à préserver la biodiversité et à restaurer les milieux naturels. » Sont toutefois exclus les services qui, par leur nature ou par la loi, ne peuvent être assurés que par la collectivité territoriale elle-même.

(L. n° 2016-1087 du 8 août 2016, art. 56) « Les établissements publics de coopération environnementale peuvent également être constitués avec des établissements publics locaux. »

Les établissements publics de coopération culturelle *(L. n° 2016-1087 du 8 août 2016, art. 56)* « ou environnementale » sont des établissements publics à caractère administratif ou à caractère industriel et commercial, selon l'objet de leur activité et les nécessités de leur gestion.

Art. L. 1431-2 La création d'un établissement public de coopération culturelle *(L. n° 2016-1087 du 8 août 2016, art. 56)* « ou environnementale » ne peut intervenir qu'à la demande de l'ensemble des collectivités territoriales ou des groupements intéressés, exprimée par des délibérations concordantes de leurs conseils ou de leurs organes délibérants.

(L. n° 2006-723 du 22 juin 2006) « Elle est décidée par arrêté du représentant de l'État dans la région ou le département siège de l'établissement. »

Les statuts de l'établissement public, approuvés par l'ensemble des personnes publiques participant à sa constitution, sont annexés à cet arrêté.

Art. L. 1431-3 L'établissement public de coopération culturelle *(L. n° 2016-1087 du 8 août 2016, art. 56)* « ou environnementale » est administré par un conseil d'administration et son président. *(L. n° 2014-873 du 4 août 2014, art. 72)* « Le conseil d'administration est composé de telle sorte que l'écart entre le nombre des hommes désignés, d'une part, et des femmes désignées, d'autre part, ne soit pas supérieur à 1. L'établissement public de coopération » est dirigé par un directeur.

Art. L. 1431-4 I. – *(L. n° 2006-723 du 22 juin 2006)* « Le conseil d'administration de l'établissement public de coopération culturelle *(L. n° 2016-1087 du 8 août 2016, art. 56)* « ou environnementale » est composé :

« 1° Pour la majorité de ses membres, de représentants des collectivités territoriales ou de leurs groupements, désignés en leur sein par leurs conseils ou leurs organes délibérants, de représentants de l'État et, le cas échéant, de représentants d'établissements publics nationaux.

« Le maire de la commune siège de l'établissement peut, à sa demande, être membre du conseil d'administration » ;

(L. n° 2016-1087 du 8 août 2016, art. 56) « Des représentants d'établissements publics locaux peuvent également être membres du conseil d'administration des établissements publics de coopération environnementale ; »

(L. n° 2006-723 du 22 juin 2006) « 2° De personnalités qualifiées désignées par les collectivités territoriales, leurs groupements, l'État et, le cas échéant, les établissements publics nationaux ;

« 3° De représentants du personnel élus à cette fin ;

« 4° Le cas échéant, de représentants de fondations *(L. n° 2016-1087 du 8 août 2016, art. 56)* « ou d'associations ou *(L. n° 2019-773 du 24 juill. 2019, art. 21)* « lorsqu'il s'agit d'un établissement public de coopération environnementale », de secteurs économiques concernés ». »

Le conseil d'administration des établissements publics de coopération culturelle dont l'objet est de dispenser des enseignements ou des formations professionnelles artistiques comprend en outre des représentants élus des étudiants.

Le président du conseil d'administration est élu en son sein.

II. — Le conseil d'administration détermine la politique de l'établissement, approuve son budget et en contrôle l'exécution.

Il approuve les créations, modifications et suppressions d'emplois.

Art. L. 1431-5 *(L. n° 2006-723 du 22 juin 2006)* Nonobstant les dispositions de l'article L. 1431-6, la situation du directeur de l'établissement public de coopération culturelle *(L. n° 2016-1087 du 8 août 2016, art. 56)* « ou environnementale » est régie par les dispositions suivantes.

Le directeur de l'établissement public de coopération culturelle *(L. n° 2016-1087 du 8 août 2016, art. 56)* « ou environnementale » est nommé par le président du conseil d'administration, sur proposition de ce conseil et après établissement d'un cahier des charges, pour un mandat de trois à cinq ans, renouvelable par période de trois ans, parmi une liste de candidats établie d'un commun accord par les personnes publiques représentées au sein de ce conseil, après appel à candidatures et au vu des projets d'orientations artistiques, culturelles, pédagogiques *(L. n° 2016-1087 du 8 août 2016, art. 56)* « , environnementales » ou scientifiques.

Le directeur bénéficie d'un contrat à durée déterminée d'une durée égale à la durée de son mandat. Lorsque le mandat est renouvelé, après approbation par le conseil d'administration du nouveau projet présenté par le directeur, le contrat de ce dernier fait l'objet d'une reconduction expresse d'une durée équivalente à celle du mandat.

Un arrêté *(L. n° 2016-1087 du 8 août 2016, art. 56)* « conjoint du ministre chargé des collectivités territoriales et, selon le cas, du ministre chargé de la culture ou du ministre chargé de l'environnement » fixe la liste des catégories d'établissements pour lesquels le directeur doit relever d'un corps ou cadre d'emplois de fonctionnaires ayant vocation à diriger ces établissements ou, à défaut, détenir un diplôme selon les modalités fixées par cet arrêté. Ce dernier détermine également les conditions dans lesquelles un candidat peut, sur sa demande, être dispensé de diplôme et son expérience professionnelle être reconnue par une commission d'évaluation.

Le directeur d'un établissement public de coopération culturelle dispensant un enseignement supérieur relevant du ministère chargé de la culture délivre les diplômes nationaux que cet établissement a été habilité à délivrer.

Art. L. 1431-6 I. — Les personnels des établissements publics de coopération culturelle *(L. n° 2016-1087 du 8 août 2016, art. 56)* « ou environnementale » à caractère administratif sont soumis aux dispositions de la loi n° 84-53 du 26 janvier 1984 portant dispositions statutaires relatives à la fonction publique territoriale *[V. ce texte au* **CGFP***]*.

II. — Les personnels des établissements publics de coopération culturelle *(L. n° 2016-1087 du 8 août 2016, art. 56)* « ou environnementale » à caractère industriel et commercial, à l'exclusion du directeur et de l'agent comptable, sont soumis aux dispositions du code du travail.

III. — Les fonctionnaires de l'État peuvent être détachés ou mis à disposition auprès d'établissements publics de coopération culturelle *(L. n° 2016-1087 du 8 août 2016, art. 56)* « ou environnementale ».

Art. L. 1431-7 Sous réserve des dispositions des décrets en Conseil d'État prévus à l'article L. 1431-9, sont applicables à l'établissement public de coopération culturelle *(L. n° 2016-1087 du 8 août 2016, art. 56)* « ou environnementale » :

— les dispositions du titre III du livre I de la troisième partie relatives au contrôle de légalité et au caractère exécutoire des actes des autorités départementales ;

— les dispositions des chapitres II et VII du titre unique du livre VI de la première partie relatives au contrôle budgétaire et aux comptables publics.

À compter de l'exercice budgétaire 2026, au 3e al. du présent art., le mot : « unique » est remplacé par le mot : « I » (Ord. no 2025-526 du 12 juin 2025, art. 1er et 12).

Art. L. 1431-8 Les ressources de l'établissement public de coopération culturelle *(L. no 2016-1087 du 8 août 2016, art. 56)* « ou environnementale » peuvent comprendre :

1. Les subventions et autres concours financiers de l'État, *(L. no 2006-723 du 22 juin 2006)* « des établissements publics nationaux, » des collectivités territoriales et de leurs groupements par dérogation, le cas échéant, aux dispositions du premier alinéa de l'article L. 2224-2 et du premier alinéa de l'article L. 3241-5, et de toute personne publique ;
2. Les revenus de biens meubles ou immeubles ;
3. Les produits de son activité commerciale ;
4. La rémunération des services rendus ;
5. Les produits de l'organisation de manifestations culturelles *(L. no 2016-1087 du 8 août 2016, art. 56)* « ou visant à promouvoir la protection de l'environnement » ;
6. Les produits des aliénations ou immobilisations ;
7. Les libéralités, dons, legs et leurs revenus ;
8. Toutes autres recettes autorisées par les lois et règlements en vigueur.

Art. L. 1431-9 Des décrets en Conseil d'État déterminent les conditions d'application du présent chapitre.

TITRE IV ÉTABLISSEMENTS PUBLICS LOCAUX DE COOPÉRATION ÉDUCATIVE

(L. no 2005-32 du 18 janv. 2005, art. 129)

Art. L. 1441-1 Une commune ou un établissement public de coopération intercommunale peut constituer avec l'État un établissement public local de coopération éducative chargé de mobiliser et de coordonner l'ensemble des acteurs afin de contribuer, notamment par la création de dispositifs de réussite éducative, au développement et au soutien éducatif, culturel, social et sanitaire des enfants.

Art. L. 1441-2 Les établissements publics locaux de coopération éducative sont des établissements publics à caractère administratif créés par arrêté du représentant de l'État, sur proposition de la commune ou de l'établissement public de coopération intercommunale intéressé.

Un décret en Conseil d'État détermine les règles d'organisation et de fonctionnement de ces établissements.

TITRE V *[ABROGÉ]* CONTINUITÉ DE L'ACTION TERRITORIALE DANS LES COLLECTIVITÉS TERRITORIALES RÉGIES PAR L'ARTICLE 73 DE LA CONSTITUTION

(Abrogé par L. no 2013-1029 du 15 nov. 2013, art. 13)
(L. no 2011-884 du 27 juill. 2011, art. 13)

CHAPITRE UNIQUE *[ABROGÉ]*

Art. L. 1451-1 *Abrogé par L. no 2013-1029 du 15 nov. 2013, art. 13.*

LIVRE V DISPOSITIONS ÉCONOMIQUES

TITRE I DÉVELOPPEMENT ÉCONOMIQUE *(L. n° 2004-809 du 13 août 2004, art. 1er).*

COMMENTAIRE

V. dans le supplément en ligne.

CHAPITRE UNIQUE

BIBL. ▸ Dossier, Action économique des collectivités et aides d'État : Quels risques ?, *AJCT 2017. 239*. – Dossier, Les aides au développement économique local, *RFFP 2010, n° 109*. – Avice, Vers un renouveau des aides directes locales aux entreprises ?, *JCP Adm. 2003, n° 1393*. – Benoit, Décentralisation et développement économique : la nouvelle répartition des compétences, *AJDA 2005. 1878*. – Cartier-Bresson, Aides publiques locales aux entreprises en difficulté : un cadre disparate à l'épreuve de la crise sanitaire, *AJCT 2021. 531*. – Coutant, L'intervention économique des collectivités locales et le droit de la concurrence, *BJCL 2004. 80*. – Dyens, La compétence « développement économique » des EPCI : les points de vigilance, *AJCT 2016. 493*. – Eckert, De la garantie implicite à la mise en cause explicite des EPIC, *JCP Adm. 2014, n° 2160*. – Fromont et Cartier-Bresson, Aides économiques. Notion. Typologie, *J.-Cl. Adm., fasc. 256, 2015*. – Groud, La sécurisation des aides publiques locales aux entreprises, *AJDA 2003. 1584*. – Idrissi, Départements et développement économique : que peuvent-ils (encore) entreprendre ?, *AJCT 2019. 322*. – Joye, Le renouveau du cadre juridique de l'action économique locale, *BJCL 2005 582*. – Le Chatelier, Le développement économique : un peu d'ordre dans les compétences ?, *AJCT 2015. 556*. – Meyer, L'intérêt général et l'intervention économique des personnes publiques, *AJCT 2022. 543*. – Sousse, L'intervention économique dans la loi relative aux libertés et responsabilités locales, *LPA 19 août 2005, p. 3*. – Ulrich, Aides aux entreprises : friction autour des compétences, *La Lettre du cadre territorial, juin-juill. 2019, p. 54*.

Art. L. 1511-1 *(L. n° 2004-809 du 13 août 2004, art. 1er)* **Le conseil régional établit un rapport relatif aux aides et régimes d'aides mis en œuvre sur son territoire au cours de l'année civile, dans les conditions prévues au présent chapitre, par les collectivités territoriales et leurs groupements. À cette fin, ces collectivités et groupements transmettent, avant le 30 mars de chaque année, toutes les informations relatives aux aides et régimes d'aides mis en œuvre dans leur ressort au titre de l'année civile précédente.**

Ce rapport est communiqué au représentant de l'État dans la région avant le *(L. n° 2015-991 du 7 août 2015, art. 3)* **« 31 mai » de l'année suivante et, sur leur demande, aux collectivités précitées. Les informations contenues dans ce rapport permettent à l'État de remplir ses obligations au regard du droit communautaire.**

Ce rapport présente les aides et régimes d'aides mis en œuvre sur le territoire régional au cours de l'année civile et en évalue les conséquences économiques et sociales.

(L. n° 2015-991 du 7 août 2015, art. 3) **« Ce rapport donne lieu à un débat devant le conseil régional. »**

I. RÉGIME GÉNÉRAL DES AIDES

A. COMPÉTENCE DE LA COLLECTIVITÉ

1. Impossibilité légale pour les collectivités et leurs groupements de déléguer leur compétence « développement économique ». Une collectivité ne peut légalement déléguer à une personne privée l'ensemble des compétences que la loi lui attribue en matière d'interventions économiques. Ainsi, par le passé, un département n'a pu confier à une association « le budget global des interventions économiques » et lui déléguer ainsi sa compétence « en matière d'interventions économiques, notamment pour l'attribution des aides aux projets de développement et des aides aux entreprises en difficulté ». • TA Amiens, 1er déc. 1987, *Braine et Vantomme : Lebon 721 ; AJDA 1988. 394, note Nemery.*

2. Caractère limitatif des interventions prévues par le CGCT. En disposant que les collectivités peuvent accorder des aides à des entreprises dans les conditions prévues aux art. L. 1511-2 à L. 1511-5 CGCT, l'art. L. 1511-1 indique que toutes les interventions économiques des collectivités qui ne peuvent se rattacher soit aux articles précités soit à une autre disposition législative expresse fondant une compétence locale sont *a priori* illégales. • CE 6 juin 1986, *Dpt de la Côte-d'Or,* n° 58463 : *Lebon 156 ; AJDA 1986. 594, note Moreau ; D. 1986. Somm. 351, obs. Llorens* • CE 15 févr. 1993, *Région Nord-Pas-de-Calais : Dr.*

adm. 1993, n° 154 • CE 1er oct. 1993, *Cne de Vitrolles : LPA 1994, note Chouvel* • CE 26 juin 1996, *Dpt de l'Yonne*, n° 161283 : *JCP 1997. II. 22777, note Peyrical.*

3. Est illégale l'aide qui n'a pas un objet correspondant à ceux énumérés par les lois autorisant les interventions économiques locales : ainsi de la garantie de location apportée par une commune à une société anonyme d'HLM – visant à favoriser la réalisation de six logements sociaux destinés à la location – et consistant en un engagement de verser à cette société 30 % du montant du loyer des logements non occupés, à partir du 1er jour du 4e mois de vacance. • TA Nantes, 27 oct. 1994, *Préfet de la Vendée : Lebon T. 804*. ♦ De même, est illégale l'aide qui n'emprunte pas l'une des formes limitativement énumérées par le code : ainsi des avances à taux nul, remboursables en cas de succès de l'opération, car les seuls crédits que les collectivités pouvaient alors accorder aux entreprises étaient les prêts, obligatoirement assortis d'un intérêt. V. par ex. pour le financement d'opérations ponctuelles liées à l'élaboration de projets d'exportation. • CE 15 févr. 1993, *Région Nord-Pas-de-Calais : Dr. adm. 1993, n° 154.* ♦ ... Des aides au titre de la maîtrise de l'énergie, hormis celles prévues par la loi. • TA Montpellier, 18 avr. 1988, *Préfet de la région Languedoc-Roussillon*, n° 87-19789. ♦ ... D'une aide financière visant à attribuer à chaque PME recrutant un jeune diplômé une subvention de 50 000 F. • CE 15 févr. 1993, *Région Nord-Pas-de-Calais : Dr. adm. 1993, n° 154.* ♦ ... Des garanties financières de passif d'une société. • TA Grenoble, 19 nov. 1998, *Préfet de la Haute-Savoie : RGCT n° 5, mai-juin 1999, p. 235, concl. Cau.* – V. aussi *Dr. adm. févr. 2000, p. 4, note Groud.* ♦ ... Le vote d'un crédit de 200 000 F par un département (anc. art. L. 1511-1), destiné à la prise en charge de la moitié du prix de la carte vendue aux étudiants par la MNEF. • TA Pau, 17 déc. 1998, *SMESO : JCP 1999. II. 10114, note Cabannes ;* confirmé par • CAA Bordeaux, 29 avr. 2003, *Dpt des Landes : BJCL 2003, n° 8, p. 570, concl. Rey.* ♦ En revanche, lorsque la Délib. se borne à prévoir le versement d'une subvention destinée à un ou plusieurs organismes gérant des cartes permettant aux étudiants résidant dans le département de bénéficier de prestations d'assurances et de services à un tarif préférentiel, sans préciser les conditions auxquelles sera subordonné le versement de ladite subvention, le moyen tiré de ce qu'en l'absence de carence de l'initiative privée dans le domaine des prestations envisagées, la délibération attaquée méconnaîtrait la liberté du commerce et de l'industrie, doit être écarté. • CE 16 janv. 2006, *Dpt des Landes*, n° 258320.

B. CONTENTIEUX

4. Compétence du juge administratif. Ressortit à la compétence de la juridiction administrative un litige relatif aux obligations qui incombent à une collectivité publique lorsqu'elle a décidé d'accorder une subvention à un tiers et que celui-ci a, en se fondant sur la L. n° 81-1 du 2 janv. 1981, cédé la créance qu'il estimait détenir sur elle. • CE 20 nov. 2002, *Caisse régionale de crédit agricole mutuel d'Alsace*, n° 171707.

II. BÉNÉFICIAIRES DE L'AIDE

A. PERSONNES PHYSIQUES

5. Dans la mesure où elles répondent à un intérêt communal, les aides locales financières à l'habitation en faveur des personnes en difficulté sont licites dès lors que le législateur n'a pas entendu interdire aux communes de créer, de leur propre initiative, des aides dont l'objectif est de favoriser l'insertion sociale de leurs bénéficiaires. • CE 29 juin 2001, *Cne de Mons-en-Barœul : AJDA 2002. 42, note Jégouzo*.

B. PERSONNES MORALES

1° PERSONNES MORALES DE DROIT PRIVÉ

6. Les « entreprises privées ». En principe, les aides directes ou indirectes prévues aux art. L. 1511-2 s. ne peuvent bénéficier qu'aux « entreprises privées » à but lucratif.

7. Cas particulier des SEML. Régime de la L. n° 2002-1 du 20 janv. 2002. V. art. L. 1522-2 s. CGCT. ♦ Les collectivités peuvent souscrire aux augmentations de capital des SEML de même qu'elles peuvent accorder à ces SEML des concours financiers dans les conditions prévues par les art. L. 1522-4 à L. 1523-7 CGCT, ainsi que les aides des collectivités et de leurs groupements que le code autorise à accorder à des entreprises. Saisi d'un recours contre une telle délibération, le juge administratif doit « vérifier si cette délibération ne conduit pas à un dépassement des règles de plancher et de plafond précitées, si, eu égard à la situation financière de cette société et aux capacités financières de la collectivité ou du groupement, elle n'est pas entachée d'erreur manifeste d'appréciation et si, enfin, elle n'est pas constitutive d'une aide qui, faute d'être autorisée par les dispositions mentionnées ci-dessus du code général des collectivités territoriales, serait illégale ». En l'espèce, une communauté de communes avait acquis la totalité des 11 858 actions émises par une SEML au prix de 29,50 €, dont 7,60 € de valeur nominale et 21,90 € de prime d'émission. Pour le Conseil d'État, le montant de cette prime d'émission n'était pas représentatif de la différence qui aurait existé, au moment de l'opération, entre la valeur nominale et la valeur réelle des titres. Dès lors, cette prime ne peut s'analyser, compte tenu de la situation financière de la SEM, que comme une aide de la communauté de communes non conforme au CGCT. • CE 10 nov. 2010, *Cté de cnes du nord du bassin de Thau*, n° 313590 : *AJDA 2011. 18, note Nicinski ; RJEP avr. 2011. 15,* *concl. Cortot-Boucher ; BJCL 2011. 113, concl. Cortot-Boucher et obs. Poujade.*

8. Cas des associations. Sont en principe illégales les aides financières des collectivités aux associations n'ayant pas pour objet la création ou l'extension d'activités économiques, en particulier les associations sportives. Ainsi, est annulée la Délib. du bureau d'un conseil général accordant une subvention à une association dont l'objet est la promotion, les opérations publicitaires et la médiatisation des opérations de sponsoring en faveur d'une SARL et la promotion d'une équipe engagée par cette société dans un rallye automobile. Le fait que, postérieurement à cette Délib., l'association ait conclu une convention avec le département prévoyant l'apposition du « logo » de ce dernier sur divers supports de communication, ne permet pas de regarder la subvention accordée comme ayant pour contrepartie une prestation de « promotion ». La subvention consiste, en réalité, en une aide versée à la SARL, qui en est le bénéficiaire effectif par l'intermédiaire de l'association. L'aide n'a pas eu pour objet « la création ou l'extension d'activité économique ». Illégalité. • CE 26 juin 1996, *Dpt de l'Yonne : JCP 1997. II. 22777, note Peyrical.* ♦ En revanche, une collectivité peut consentir un prêt à une association qui gère un centre de formation sportive et un club amateur et dont les ressources proviennent presque exclusivement de subventions de collectivités territoriales car, dans cette hypothèse, l'association ne saurait être regardée comme une entreprise au sens des dispositions de l'art. L. 1511-1 CGCT et le prêt comme une aide. • CE 31 mai 2000, *Ville de Dunkerque : Dr. adm. 2000, n° 168 ; AJDA 2000. 939, note Chouvel*. ♦ De même, l'association « administrative » chargée de gérer le service public du festival de musique d'Aix-en-Provence ne saurait être regardée comme une entreprise au sens de l'art. L. 1511-1 CGCT. • CE, sect., 6 avr. 2007, *Cne d'Aix-en-Provence*, n° 284736 : *AJDA 2007. 1020*.

9. De même, les collectivités peuvent apporter des aides financières publiques à des associations chargées d'interventions économiques auprès d'entreprises commerciales à condition toutefois de respecter les dispositions du CGCT. • CE 27 juin 1986, *Préfet des Pyrénées-Atlantiques*, n° 50606 : *Lebon 180 ; RFDA 1986. 804, note Douence* • CE 8 juill. 1994, *Région Rhône-Alpes*, n° 109791 B. ♦ En conséquence, une bonification d'intérêts accordée par un « fonds d'intervention » créé par un conseil régional pour bonifier des prêts contractés par certaines entreprises est une aide aux entreprises au sens de l'art. L. 1511-2. • TA Lyon, 22 juin 1989, *Préfet de la région Rhône-Alpes c/ Conseil régional de Rhône-Alpes : Lebon T. 500 ; Quot. jur. 27 févr. 1990, note Chouvel.* – Confirmé par : • CE 8 juill. 1994, *Région Rhône-Alpes*, n° 109791 B. ♦ De sorte que lorsqu'une telle intervention « associative » est requalifiée en aide de l'art. L. 1511-2, elle est illégale si, émanant d'une « association » départementale ou communale, elle intervient alors que la région n'est pas intervenue. • TA Dijon, 27 nov. 1990, *Préfet de Saône-et-Loire : Lebon 51*. ♦ De même qu'était illégal un règlement départemental portant au-delà du montant maximum autorisé le montant des aides indirectes susceptibles d'être octroyées aux entreprises par l'intermédiaire d'une association, d'une SEML ou de tout autre organisme. • CE 27 juin 1986, *Préfet des Pyrénées-Atlantiques*, n° 50606 : *préc.*

10. La circonstance qu'une association s'est trouvée chargée, sur le territoire et pour le compte d'une commune, de la gestion d'une activité de service public administratif local est au nombre des éléments susceptibles d'être retenus pour apprécier l'existence d'un intérêt communal à l'extinction des dettes contractées par cette association dans l'exercice de cette activité. Dès lors qu'un intérêt communal est avéré, aucun texte ne s'oppose à l'intervention financière de la collectivité pour combler le passif • CE 4 août 2006, *Cne de Grimaud : BJCL 2006. 675, concl. Séners.*

2° PERSONNES MORALES DE DROIT PUBLIC

11. Les aides financières à finalité économique entre collectivités publiques ne bénéficient d'aucune dérogation et sont le plus souvent contraires à la loi. Ainsi, est illégale la délibération d'un conseil municipal autorisant le maire à faire une avance de trésorerie de 14 millions de francs à un établissement public territorial, en l'occurrence un syndicat mixte pour la production et la distribution de chaleur dans la commune. • TA Paris, 23 oct. 1985, *Préfet du Val-de-Marne c/ Cne de Maisons-Alfort*, n° 56646/4M. ♦ De même, constitue une aide illégale l'avance sans intérêt consentie par la région Rhône-Alpes à la Chambre de commerce et d'industrie de Lyon en vue de la modernisation de l'aéroport de Satolas. • TA Lyon, 27 juin 2001, *Assoc. contre l'extension et les nuisances de l'aéroport de Lyon-Satolas : AJDA 2002. 170, note Chouvel*. ♦ D'une façon générale, à moins qu'il n'existe un lien particulier entre deux collectivités, un département ne peut subventionner la rénovation d'une commune (Colombey-les-Deux-Églises) non située sur son territoire. • CE 16 juin 1997, *Dpt de l'Oise*, n° 170069 : *Lebon 236 ; Dr. adm. 1997, n° 313, note L.T. ; RFDA 1997. 948, concl. Touvet ; ACL 1998, n° 12.* ♦ En toute hypothèse, lorsqu'une collectivité accorde une subvention à une autre collectivité, la première ne peut assortir la subvention de conditions révélant l'exercice d'une tutelle sur la seconde. • CAA Bordeaux, 31 mars 2001, *Dpt des Landes : AJDA 2001. 957, obs. H. Pac ; Rev. CMP 2001, n° 190, obs. Delelis.* ♦ Cet arrêt a été cassé par le Conseil d'État seulement au motif que, s'agissant d'une délib. d'un conseil général, qui avait modifié le taux des subventions versées sur le budget du département pour les travaux d'adduction d'eau potable et d'assainissement des communes et de leurs syndicats, en majorant ce taux de 5 points lorsque le réseau était exploité en régie et en le diminuant de 5 points lorsqu'il était affermé « si cette délibération a entendu, par une modulation du taux des subventions, inciter financièrement les communes ou leurs syndicats à gérer en régie leurs réseaux d'eau et d'assainissement plutôt que de les affermer, elle n'a pas subordonné l'attribution de ces aides à une procédure d'autorisation ou de contrôle ». • CE 12 déc. 2003, *Dpt des Landes*, n° 236442 : *RFDA 2004. 518, concl. Séners et note Douence ; AJDA 2004. 195, note Donnat et Casas ; BJCL 2004. 97, concl. Séners ; Rev. CMP 2004, n° 52.* ♦ Une disposition législative indiquant que les aides publiques d'une collectivité à une autre, notamment locale, ne peuvent être modulées en fonction du mode de gestion de service public est contraire au principe constitutionnel de libre administration des collectivités. • Cons. const. 8 juill. 2011, *Dpt des Landes*, n° 2011-146 QPC : *RJEP nov. 2011, n° 48, note Terneyre ; Dr. adm. 2011, n° 91, obs. J.B Auby ; AJDA 2011. 2067, note Verpeaux*. ♦ V. art. L. 1111-3 et art. L. 1511-2, note 4. ♦ En toute hypothèse, en l'absence de circonstances particulières, un département ne peut légalement verser des subventions non affectées en vue d'assurer l'équilibre budgétaire d'une comme du département. • CE 27 oct. 2008, *Dpt de la Haute-Corse*, n° 292396 : *BJCL 2009. 113, concl. Glaser ; AJDA 2009. 159*.

Art. L. 1511-1-1 *(L. n° 2004-809 du 13 août 2004, art. 1er)* **L'État notifie à la Commission européenne les projets d'aides ou de régimes d'aides que les collectivités territoriales et leurs groupements souhaitent mettre en œuvre, sous réserve de leur compatibilité avec les stratégies de développement de l'État, telles qu'elles sont arrêtées en** *(Décr. n° 2005-1270 du 12 oct. 2005, art. 7)* **« comité interministériel d'aménagement et de compétitivité des territoires ».**

Toute collectivité territoriale, tout groupement de collectivités territoriales ayant accordé une aide à une entreprise est tenu de procéder sans délai à sa récupération si une décision de la Commission européenne ou un arrêt de la Cour de justice des Communautés européennes l'enjoint, à titre provisoire ou définitif. À défaut, après une mise en demeure restée sans effet dans un délai d'un mois à compter de sa notification, le représentant de l'État territorialement compétent y procède d'office par tout moyen.

Les collectivités territoriales et leurs groupements supportent les conséquences financières des condamnations qui pourraient résulter pour l'État de l'exécution tardive ou incomplète des décisions de récupération. Cette charge est une dépense obligatoire au sens de l'article L. 1612-15.

Les obligations résultant de la procédure prévue à l'article 88-1 du traité instituant la Communauté européenne et de la mise en œuvre des règlements d'exemption pris en application de l'article 89 dudit traité s'imposent aux collectivités territoriales et à leurs groupements lorsqu'elles concernent leurs dispositifs d'aide aux entreprises.

Sur les sociétés coopératives d'intérêt collectif, V. ci-dessous Décr. n° 2002-241 du 21 févr. 2002, art. 8 s.

COMMENTAIRE

V. dans le supplément en ligne.

1. Obligation de notifier à la Commission européenne les aides nouvelles. Un contrat conclu entre une chambre de commerce et d'industrie, gestionnaire d'un aéroport, et une compagnie aérienne ayant pour objet d'assurer la promotion et le développement économique d'une région est un contrat de droit public et porteur d'une aide de l'État car les avantages consentis à la compagnie *low cost* excèdent très largement le coût des prestations qui sont mises à sa charge. La conclusion du contrat ne correspond pas au comportement d'un investisseur privé en économie de marché et constitue une aide d'État qui, à défaut de notification préalable à la Commission européenne, est entachée d'irrégularité. • TA Pau, 3 mai 2005, *SA Air Méditerranée : BJCP 2005. 302, obs. Terneyre* • CE 27 févr. 2006, *Cie Ryanair et CCI de Strasbourg : BTCL 2006, n° 6, p. 407, concl. Olléon ; Rev. CMP 2006, n° 118, obs. Eckert.* ♦ Les subventions que la région Île-de-France attribue aux entreprises de transport en commun de voyageurs constituent des aides d'État qui doivent être notifiées à la Commission européenne, faute de quoi, elles sont illégales. • CAA Paris, 12 juill. 2010, *Région Île-de-France : BJCL 2010. 683, concl. Descours-Gatin.* ♦ Arrêt confirmé par • CE 23 juill. 2012, *Région Île-de-France*, n° 343440 : *AJDA 2012. 1477 ; Rev. CMP 2012, n° 289.* ♦ La subvention d'un montant de 2,4 millions d'euros accordée par un département pour financer une partie des travaux de construction d'une nouvelle aérogare a le caractère d'une aide d'État qui doit être notifiée. • CE 26 juill. 2011, *Sté Air France et a.*, n° 329818. ♦ Encore faut-il qu'il s'agisse d'une aide au sens du traité. Tel n'est pas le cas des subventions régionales d'investissement à des crèches. • TA Versailles, 27 juin 2008, *Sté Tout petit monde*, n° 0610325 : *AJDA 2008. 2121, concl. Grimaud*.

2. Critère de la sélectivité ou de l'avantage. Ce qui caractérise une aide d'État, c'est la sélectivité de l'aide à l'égard des entreprises soumises à la compétence, par exemple fiscale, d'une même autorité, en particulier infra-étatique. V. par ex., pour la cession d'un terrain par une commune à une entreprise pour construire un parking : le TPICE évalue l'avantage consenti à l'entreprise du fait d'une cession à des conditions financières inférieures aux prix du marché duquel il déduit les charges qui sont imposées à l'entreprise par la commune en raison de l'obligation qui lui est faite de construire un parking qui sera essentiellement affecté au public ; en l'espèce, absence d'aide. • TPICE 16 sept. 2000, *Valustat Nederland BV*, n° T-274/01 : *Europe 2004, n° 367.* ♦ Pour une mesure fiscale constitutive d'une aide d'État perçue par le Territoire historique d'Alava au pays basque, • CJCE 11 nov. 2004, *Daewoo et a. c/ Commission*, n° C-183/02. ♦ Pour déterminer la zone géographique d'un état membre dans laquelle une mesure visant à fixer un taux d'impôt différent de celui en vigueur au niveau national est susceptible de constituer une aide d'État, la CJCE décide que « il ne saurait être exclu qu'une entité infra-étatique dispose d'un statut de droit et de fait la rendant suffisamment autonome par rapport au gouvernement central d'un État membre pour que, par les mesures qu'elle adopte, ce soit cette entité, et non le gouvernement central, qui joue un rôle fondamental dans la définition de l'environnement politique et économique dans lequel opèrent les entreprises. En pareil cas, c'est le territoire sur lequel l'entité infra-étatique, auteur de la mesure, exerce sa compétence, et non le territoire national dans son ensemble, qui constitue le contexte pertinent pour rechercher si une mesure adoptée par une telle entité favorise certaines entreprises par rapport à d'autres se trouvant dans une situation factuelle et juridique comparable, au regard de l'objectif poursuivi par la mesure ou le régime juridique concerné », • CJCE 6 sept. 2006, *République portugaise c/ Commission*, n° C-88/03 : *AJDA 2006. 1700, obs. N.C. ; BJCL 2006. 786, Étude Rabey.* ♦ Aux fins de déterminer si des normes adoptées localement constituent une aide d'État sélective, il est nécessaire de vérifier si cette entité dispose d'une autonomie institutionnelle, procédurale et économique suffisante pour qu'une norme adoptée par celle-ci, dans les limites des compétences qui lui sont conférées, soit considérée comme d'application générale au sein de cette collectivité et n'ait pas un caractère sélectif. À propos de la communauté autonome du Pays Basque et des « Territorios Historicos ». • CJCE 11 sept. 2008, *UGT Rioja*, n° C-428/06 : *Dr. adm. 2008, n° 161, note Kovar ; RLCT 2009, n° 42, p. 13, note Adam et Berlin.* ♦ Constitue une aide irrégulière l'impôt régional sarde pesant sur les seules entreprises domiciliées hors de cette collectivité territoriale italienne. • CJCE 17 nov. 2009, n° C-169/08. ♦ Un prêt sans sureté consenti par des collectivités territoriales à une entreprise en difficulté peut être constitutif d'une aide d'État. • Trib. UE 12 mai 2011, *Région Nord-Pas-de-Calais et Cté d'agglomération de Douaisis*, n^{os} T-267/08 et T-279/08.

3. Compensation d'obligations de service public. Lorsque l'aide publique locale ou nationale tend à compenser strictement des obligations de service public mises à la charge de l'entreprise aidée par la collectivité publique, la CJCE décide qu'il ne s'agit pas d'une aide d'État. • CJCE 27 juill. 2003, *Altmark*, n° C-280/00. ♦ Mais encore faut-il que les conditions très strictes de cette jurisprudence soient réunies. Ainsi, en matière d'aide à la création d'un réseau très haut débit local de communications électroniques, le TA de Montpellier juge, pour que soit régulière une subvention publique accordée en application du IV de l'art. L. 1425-1 du CGCT, premièrement, que l'entreprise bénéficiaire de ladite subvention ait effectivement été chargée de l'exécution d'obligations de service public et que ces obligations aient été clairement définies, deuxièmement, que les paramètres sur la base desquels est calculée la compensation aient été préalablement établis de façon objective et transparente, troisièmement, que la compensation ne dépasse pas ce qui est nécessaire pour couvrir tout ou partie des coûts occasionnés par l'exécution de ces obligations de service public, en tenant compte des recettes y relatives ainsi que d'un bénéfice raisonnable pour l'exécution de ces obligations, enfin, que, lorsque le choix de l'entreprise à charger de l'exécution d'obligations de service public n'est pas effectué dans le cadre d'une procédure de marché public, le niveau de la compensation nécessaire ait été déterminé sur la base d'une analyse des coûts qu'une entreprise moyenne, bien gérée et suffisamment équipée afin de pouvoir satisfaire aux exigences de service public requises, aurait encouru pour exécuter ces obligations, en tenant compte des recettes y relatives ainsi que d'un bénéfice raisonnable pour l'exécution de ces obligations. • TA Montpellier, 30 sept. 2005, *Assoc. Contribuables de l'Hérault et a. : AJDA 2006. 1346, note Nicinski*. ♦ Une subvention accordée par l'État et des collectivités territoriales à un délégataire de service public chargé de construire un nouvel aéroport remplit les quatre conditions posées par la jurisprudence *Altmark*. • CE 13 juill. 2012, *Cté de cnes d'Erdre et Gesvres*, n° 347073 : *BJCP 2012. 363, concl. Dacosta ; AJDA 2012. 1722, obs. Glaser ; AJCT 2012. 567, obs. Desingly ; RDI 2012. 562, note Braconnier*.

4. Obligation de restitution des aides d'État irrégulièrement versées. À la différence des règles du droit administratif interne selon lesquelles une décision individuelle à objet financier illégale ne peut être retirée rétroactivement par l'administration quatre mois après son édiction, les règles communautaires des aides d'État obligent les collectivités publiques – et notamment les collectivités infra-étatiques – à exiger des entreprises ayant bénéficié d'une aide d'État illégale (notamment pour défaut de notification préalable à la Commission) qu'elles leur restituent cette aide • CE 29 mars 2006, CELF, n°s 274923 et 274967 : *ADJA 2006. 1396, note Cartier-Bresson ; Dr. adm. 2006, n° 112, obs. Bazex et Blazy.* ♦ De ce point de vue, la règle contentieuse française selon laquelle le recours formé par une entreprise à l'encontre d'un titre de perception dont l'objet est la récupération d'une aide d'État illégale a un effet suspensif est contraire au droit communautaire, en particulier lorsque l'aide est incompatible avec le marché commun. • CJCE 5 oct. 2006, *Commission c/ République française,* n° C-232/05. ♦ Toutefois, dans l'attente de la réponse à la question préjudicielle posée à la CJCE sur la question de savoir si une aide d'État non notifiée – donc illégale – mais compatible avec le marché commun doit être restituée, le Conseil d'État prononce le sursis à exécution d'un arrêt de CAA ordonnant la restitution d'une aide d'État illégale pour ce motif. • CE 24 avr. 2007, *CELF,* n° 298866 : *AJDA 2007, concl. Landais et obs. de Béchillon.* ♦ De même, s'agissant de la vente d'un terrain communal à une entreprise, dès l'instant où la commission européenne ne procède pas à un examen suffisamment approfondi de la valeur du terrain litigieux, l'obligation de restitution de l'aide d'État imposée à la France par la Commission n'a pas lieu d'être. • TPICE 29 mars 2007, *Dpt du Loiret c/ Commission,* n° T-369/00. ♦ Cet arrêt a été annulé par la CJCE au motif que le tribunal n'aurait dû contrôler que l'erreur manifeste de la Commission dans l'estimation de la valeur du terrain. • CJCE 2 sept. 2010, *Commission c/ Scott,* n° C-290/07.

Décret n° 2002-241 du 21 février 2002,

Relatif à la société coopérative d'intérêt collectif.

Art. 8 Les collectivités territoriales peuvent participer aux charges de fonctionnement des sociétés coopératives d'intérêt collectif en vue de faciliter leur développement, en leur accordant des subventions dans le respect des conditions d'octroi fixées par le règlement (CE) n° 69/2001 du 12 janvier 2001 susvisé *[concernant l'application des articles 87 et 88 du traité CE aux aides de minimis].*

Art. 9 Les collectivités territoriales peuvent accorder des subventions en faveur des investissements réalisés par les sociétés coopératives d'intérêt collectif, dans le respect des conditions d'octroi fixées par le règlement (CE) n° 70/2001 du 12 janvier 2001 susvisé *[concernant l'application des articles 87 et 88 du traité CE aux aides d'État en faveur des petites et moyennes entreprises]*, pour les aides et les régimes d'aides qui sont exemptés de l'obligation de notification prévue à l'article 88, paragraphe 3, du traité instituant la Communauté européenne.

Art. 10 Les collectivités territoriales peuvent accorder des subventions en faveur des actions de formation réalisées par les sociétés coopératives d'intérêt collectif, dans le respect des conditions d'octroi fixées par le règlement (CE) n° 68/2001 du 12 janvier 2001 susvisé *[concernant l'application des articles 87 et 88 du traité CE aux aides à la formation]*, pour les aides et les régimes d'aides qui sont exemptés de l'obligation de notification prévue à l'article 88, paragraphe 3, du traité instituant la Communauté européenne.

Art. 11 Pour la mise en œuvre des dispositions des articles 4-3 (a) et 4-3 (b) du règlement (CE) n° 70/2001 et 4-2 du règlement (CE) n° 68/2001, les zones pouvant bénéficier d'aides à finalité régionale conformément à l'article 87, paragraphe 3 (c), du traité instituant la Communauté européenne sont celles énumérées aux C, B et D de l'annexe I du décret du 11 avril 2001 susvisé et les zones pouvant bénéficier d'aides régionales conformément à l'article 87, paragraphe 3 (a), du même traité sont les départements d'outre-mer.

Art. 12 L'autorité administrative qui attribue la subvention conclut, préalablement à l'attribution de l'aide, une convention avec la société coopérative d'intérêt collectif qui en bénéficie. Cette convention définit l'objet, le montant et les conditions d'utilisation de la subvention attribuée. Elle comporte une mention du règlement de la Commission des Communautés européennes auquel se réfère l'attribution de l'aide.

Lorsqu'une subvention est susceptible d'être accordée par référence au règlement (CE) n° 69/2001 du 12 janvier 2001 susvisé, la société coopérative d'intérêt collectif est tenue de fournir à l'autorité administrative la liste et le montant des aides dites *de minimis* qu'elle a reçu au cours des trois dernières années.

Lorsqu'il apparaît qu'une aide accordée n'a pas reçu l'emploi auquel elle était destinée, la répétition à concurrence des sommes qui ont été employées à un objet différent peut être demandée.

Art. L. 1511-1-2 *(L. nº 2014-58 du 27 janv. 2014, art. 78)* **Les collectivités territoriales, lorsqu'elles assurent la fonction d'autorité de gestion des programmes européens** *(Ord. nº 2020-1504 du 2 déc. 2020, art. 1er)* **« , » la fonction d'autorité nationale dans le cadre des programmes de coopération territoriale** *(Ord. nº 2022-68 du 26 janv. 2022, art. 2)* **« , la fonction d'organisme intermédiaire dans le cadre du Fonds européen pour les affaires maritimes et la pêche ou la fonction d'autorité de gestion régionale dans le cadre du Fonds européen agricole pour le développement rural », supportent la charge des corrections et sanctions financières mises à la charge de l'État par une décision de la Commission européenne, de la Cour des comptes européenne, par un jugement du tribunal de première instance de l'Union européenne ou par un arrêt de la Cour de justice de l'Union européenne, pour les programmes en cause, sans préjudice des mesures qu'elles peuvent ou, le cas échéant, doivent mettre en œuvre en application du deuxième alinéa de l'article L. 1511-1-1 à l'encontre des personnes dont les actes sont à l'origine de la procédure considérée. Les charges correspondantes constituent des dépenses obligatoires au sens de l'article L. 1612-15.**

La collectivité concernée est informée par l'État, dans un délai d'un mois, de l'ouverture d'une procédure à l'encontre de l'État par la Commission européenne en application des règlements relatifs aux fonds européens ou de l'action entreprise devant la juridiction européenne compétente. Le cas échéant, la collectivité présente ses observations pour permettre à l'État de répondre.

Sur la gestion des fonds structurels et d'investissement européens, V. ci-dessous L. nº 2014-58 du 27 janv. 2014, art. 78.

Sur la gestion des programmes européens de la politique de cohésion et de la pêche et des affaires maritimes pour la période 2021-2027, V. Décr. nº 2021-1884 du 29 déc. 2021.

Sur l'autorité nationale pour les programmes de coopération territoriale européenne pour la période 2021-2027, V. Décr. nº 2022-579 du 19 avr. 2022.

Sur le comité national État-régions et le comité État-région régional pour la période 2021-2027 des programmes européens de la politique de cohésion et de la pêche et des affaires maritimes et la période 2023-2027 de la politique de développement rural, V. Décr. nº 2022-580 du 20 avr. 2022.

Sur les règles nationales d'éligibilité des dépenses des programmes européens de la politique de cohésion et de la pêche et des affaires maritimes pour la période de programmation 2021-2027, V. Décr. nº 2022-608 du 21 avr. 2022.

Sur la mise en œuvre des programmes européens de la politique de cohésion, de la pêche et des affaires maritimes, et des migrations et des affaires intérieures pour la période 2021-2027, V. Décr. nº 2022-713 du 27 avr. 2022.

Loi nº 2014-58 du 27 janvier 2014,

De modernisation de l'action publique territoriale et d'affirmation des métropoles.

Art. 78 I. — Dans les conditions fixées par décret en Conseil d'État, pour la période 2014-2020 *(Ord. nº 2020-1504 du 2 déc. 2020, art. 2)* « et pour la période de programmation 2021-2027 des fonds, jusqu'au terme de la gestion des projets financés au titre de cette période » :

1° L'État confie aux régions ou, le cas échéant, pour des programmes opérationnels interrégionaux, à des groupements d'intérêt public mis en place par plusieurs régions, à leur demande, tout ou partie de la gestion des programmes européens soit en qualité d'autorité de gestion, soit par délégation de gestion.

2° L'autorité de gestion confie par délégation de gestion aux départements ou aux collectivités et organismes chargés du pilotage de plans locaux pour l'insertion par l'emploi qui en font la demande tout ou partie des actions relevant du Fonds social européen.

(L. nº 2021-1900 du 30 déc. 2021, art. 42) « 3° L'État confie aux régions, pour la période de programmation 2021-2027, en leur qualité d'autorité de gestion des fonds européens, les missions relevant de la fonction comptable. » *[...]*

III. — *1er al. abrogé par Ord. no 2022-68 du 26 janv. 2022, art. 1er.*

Dans les conditions fixées par décret en Conseil d'État, un comité national État-régions est créé pour veiller à l'harmonisation des actions mentionnées au présent article. Il précise la composition et le fonctionnement du comité État-région créé dans chaque région pour la programmation des actions dans la région.

[...]

V. — À chaque début de programmation, un budget annexe peut être créé pour les programmes européens dont la région est autorité de gestion.

(Ord. no 2022-68 du 26 janv. 2022, art. 1er) « VI. — Pour la période de programmation du Fonds européen agricole pour le développement rural commençant en 2023 et jusqu'à son terme, l'État est l'autorité de gestion du plan stratégique national relevant de la politique agricole commune mentionné à l'article 104 du règlement (UE) 2021/2115 du Parlement européen et du Conseil du 2 décembre 2021.

« Dans des conditions fixées par décret en Conseil d'État, et à compter de l'approbation du plan stratégique national par la Commission européenne, l'État confie aux régions, à leur demande, en qualité d'autorité de gestion régionale et pour toute la période de programmation, la gestion des aides suivantes, lorsqu'elles sont prévues par le plan stratégique national :

« 1° Aides relatives aux engagements en matière d'environnement et de climat et autres engagements en matière de gestion mentionnés à l'article 70 du règlement (UE) 2021/2115 du Parlement européen et du Conseil du 2 décembre 2021 ne relevant pas du système intégré de gestion et de contrôle, à l'exception des aides relatives aux engagements de gestion dans le cadre du dispositif de protection contre la prédation ;

« 2° Aides aux investissements mentionnés aux articles 73 et 74 du même règlement, à l'exception des aides liées à la protection des exploitations contre la prédation ;

« 3° Aides à l'installation de jeunes agriculteurs et de nouveaux agriculteurs et à la création de nouvelles entreprises rurales, mentionnées à l'article 75 du même règlement ;

« 4° Aides aux instruments de stabilisation du revenu mentionnées au paragraphe 3 de l'article 76 du même règlement ;

« 5° Aides à la coopération mentionnées à l'article 77 du même règlement ;

« 6° Aides à l'échange de connaissances et à la diffusion d'informations mentionnées à l'article 78 du même règlement.

« Les autorités de gestion régionales gèrent ces aides dans le respect du plan stratégique national et des règles fixées par le décret mentionné au dernier alinéa du présent VI. À ce titre, elles prennent les décisions d'attribution et de retrait éventuel des aides dont elles ont la charge.

« Ces décisions sont prises dans le respect de l'enveloppe de crédits du Fonds européen agricole pour le développement rural qui est attribuée à chaque autorité de gestion régionale. Celle-ci peut affecter une partie de son enveloppe à des actions d'assistance technique.

« Par délégation de l'organisme payeur et dans le respect de la séparation des fonctions d'autorité de gestion et d'organisme payeur, les autorités de gestion régionales instruisent les dossiers de demande d'aide et de demande de paiement et effectuent les contrôles sur pièces et sur place. Les modalités selon lesquelles s'exerce la délégation sont précisées par voie de convention.

« Les agents de l'autorité de gestion régionale habilités à cet effet peuvent procéder aux inspections et contrôles sur pièces et sur place que nécessitent le présent article, les règlements et décisions de l'Union européenne ayant le même objet et les textes pris pour leur application. Les exploitants agricoles, les entreprises et les organismes assujettis à ces contrôles sont tenus de leur présenter, à leur demande, copie ou extrait de leurs livres, registres, notes et pièces justificatives, leur comptabilité, ainsi que la correspondance relative à leur activité professionnelle. Le cas échéant, s'ils l'estiment nécessaire, ces agents peuvent procéder à la saisie des originaux.

« Un décret fixe les règles générales relatives aux conditions, temporelles et géographiques, d'éligibilité aux aides, ainsi que les catégories de dépenses non éligibles.

« VII. — Dans des conditions fixées par décret en Conseil d'État, et à compter de l'approbation du plan stratégique national par la Commission européenne, l'État confie à la collectivité de Corse, à sa demande, en qualité d'autorité de gestion régionale et pour toute la période de programmation mentionnée au VI, la gestion des aides suivantes, lorsqu'elles sont prévues par le plan stratégique national :

« 1° Aides prévues au VI ;

« 2° Autres aides prévues à l'article 70 et aides prévues aux articles 71 et 72 du règlement (UE) 2021/2115 du Parlement européen et du Conseil du 2 décembre 2021.

« Les dispositions des neuvième au treizième alinéas du VI sont applicables à la collectivité de Corse.

« VIII. — Dans des conditions fixées par décret en Conseil d'État, et à compter de l'approbation du plan stratégique national par la Commission européenne, pour les régions d'outre-mer qui décident de renoncer à la qualité d'autorité de gestion régionale, celle-ci peut être confiée, pour toute la période de programmation mentionnée au VI, aux départements lorsqu'ils apportent leur soutien au développement agricole et rural du territoire.

« Les dispositions des neuvième au treizième alinéas du VI sont applicables aux départements d'outre-mer. »

Art. L. 1511-2 *(L. nº 2015-991 du 7 août 2015, art. 3)* **I. — Sous réserve des articles L. 1511-3, L. 1511-7 et L. 1511-8, du titre V du livre II de la deuxième partie et du titre III du livre II de la troisième partie, le conseil régional est seul compétent pour définir les régimes d'aides et pour décider de l'octroi des aides aux entreprises dans la région. Dans le cadre d'une convention passée avec la région, la métropole de Lyon, les communes et leurs groupements peuvent participer au financement des aides et des régimes d'aides mis en place par la région.**

Ces aides revêtent la forme de prestations de services, de subventions, de bonifications d'intérêts, de prêts et d'avances remboursables, à taux nul ou à des conditions plus favorables que les conditions du marché.

Le conseil régional peut déléguer l'octroi de tout ou partie des aides à la métropole de Lyon, aux communes et à leurs groupements, dans les conditions prévues à l'article L. 1111-8. Il peut déléguer la gestion de tout ou partie des aides à des établissements publics ou à la société mentionnée à l'article 6 de l'ordonnance nº 2005-722 du 29 juin 2005 relative à la Banque publique d'investissement. *(L. nº 2022-217 du 21 févr. 2022, art. 176)* **« Dans les cas où cette société agit au nom et pour le compte de la région, les opérations de paiement et d'encaissement qu'elle effectue sont réalisées dans les conditions prévues au I de l'article L. 1611-7-2 du présent code. »**

Les aides accordées sur le fondement du présent I ont pour objet la création ou l'extension d'activités économiques.

II. — Lorsque la protection des intérêts économiques et sociaux de la population l'exige, le conseil régional peut accorder des aides à des entreprises en difficulté. Les modalités de versement des aides et des mesures qui en sont la contrepartie font l'objet d'une convention entre la région et l'entreprise. En cas de reprise de l'activité ou de retour à meilleure fortune, la convention peut prévoir le remboursement de tout ou partie des aides de la région. La métropole de Lyon, les communes et leurs groupements peuvent participer au financement des aides dans le cadre d'une convention passée avec la région.

Les conventions en cours à la date de publication de la L. nº 2022-217 du 21 févr. 2022, conclues sur le fondement du présent art. et concernées par les 1º et 2º du I de l'art. 176 de la L. préc., sont rendues conformes à l'art. 176 au plus tard lors de leur renouvellement (L. préc., art. 176-II).

COMMENTAIRE

V. dans le supplément en ligne.

1. Principe d'exclusivité de ces aides. La faculté d'intervention ouverte aux collectivités en matière d'aides aux entreprises pour favoriser leur développement économique ne concerne que les seules catégories d'aides visées par l'art. L. 1511-2 et dans les conditions fixées par les art. R. 1511-1 s., ces modalités d'intervention étant exclusives de toute autre forme d'aide de même nature, sauf habilitations législatives expresses. • CE 6 juin 1986, *Dpt de la Côte-d'Or,* nº 58463 : *Lebon 156.*

2. Compétence régionale exclusive. La loi du 7 août 2015 a donné à la région une compétence exclusive concernant les aides au développement et à la création d'entreprises. Elle décide de leur régime (critères de recevabilité des demandes, nature des activités aidées) et de leur attribution, les communes ou leurs groupements (et plus les départements) ne pouvant plus que compléter le financement de ces aides et régimes d'aides ou les accorder par délégation. La jurisprudence relative à l'impossibilité d'accorder les aides prévues à cet art. sans autorisation de la région peut être reprise pour illustrer l'interdiction nouvelle d'intervenir sans son accord. Ainsi, lorsque le département était encore compétent : illégalité d'une prime départementale aux entreprises artisanales pour la création d'un premier emploi. • CE 6 juin

1986, *Dpt de la Côte-d'Or*, n° 58463 : *préc. note 1.* ♦ Illégalité d'une avance remboursable accordée à un club sportif par un conseil général. • TA Dijon, 27 nov. 1990, *Préfet de Saône-et-Loire : LPA 12 août 1991, note Chouvel.* ♦ Illégalité d'une aide communale à la création d'entreprise. • CE 1er oct. 1993, *Cne de Vitrolles*, n° 99120 : *LPA 19 oct. 1994, note Chouvel.* ♦ Illégalité d'une subvention communale octroyée à une société de taxis pour créer un central téléphonique sans intervention préalable de la région. • CAA Marseille, 3 mai 2004, *Ville de Nice*, n° 00MA01621 : *BJCL 2004. 685, concl. Louis ; Contrats et Marchés publ. 2004, n° 175, obs. Eckert.* ♦ Illégalité d'une aide directe départementale à l'hébergement rural. • TA Dijon, 1er déc. 2005, *Préfet de Saône-et-Loire*, n° 0500886 : *AJDA 2006. 1218, note Poujade.* ♦ Illégalité d'une subvention accordée par un département à une association de vétérinaires pour des actions de stérilisation. • CAA Marseille, 20 oct. 2008, *Fondation Assistance aux animaux*, n° 07MA00511 : *BJCL 2009. 98, concl. Paix.*

3. Impact de l'« acte III de la décentralisation » sur le département. Pour une illustration de la récente réforme territoriale, dite « acte III de la décentralisation », et notamment du rôle économique du département qui en découle : • CE 12 mai 2017, *Assemblée des dpts de France*, n° 397364 : *AJDA 2017. 2534, note Treppoz Bruant ; AJCT 2017. 519, obs. J.-D. Dreyfus.* ♦ V. également le rejet du recours pour excès de pouvoir initié par l'assemblée des départements de France contre la circulaire du ministre de l'aménagement du territoire, de la ruralité et des collectivités territoriales en date du 3 nov. 2016 relative aux conséquences de la nouvelle répartition des compétences en matière de développement économique sur les interventions des conseils départementaux. • CE 13 déc. 2017, *Assemblée des dpts de France*, n° 406563 : *Lebon ; AJCT 2018. 220, obs. J.-D. Dreyfus ; JCP Adm. 2018, n° 2034.* ♦ V. aussi le rejet de la demande d'annulation de cette même circulaire, qui avait été introduite par plusieurs départements franciliens. • CE 11 oct. 2017, *Dpt des Yvelines et a.*, n° 407347 : *AJDA 2017. 2534, note Treppoz Bruant ; JCP Adm. 2017, Actu. 500.* ♦ Les mesures de confinement provoquées par l'épidémie de covid-19 n'autorisent pas le département à mettre en place des aides économiques aux entreprises en difficulté. • TA Châlons-en-Champagne, ord., 15 juin 2020, n° 2000896 : *AJCT 2020. 576, obs. Le Chatelier.*

4. Subventions. Les aides revêtent notamment la forme de « subventions », lesquelles n'étaient pas définies par la L. du 27 févr. 2002. Elles l'ont été par la L. n° 2014-856 du 31 juill. 2014 : il s'agit de contributions « facultatives » de toute nature, valorisées dans l'acte d'attribution, décidées par les autorités administratives et les organismes chargés de la gestion d'un SPIC, justifiées par un intérêt général (et en l'espèce par la création et l'extension d'activités économiques), destinées à la réalisation d'une action ou d'un projet d'investissement, à la contribution au développement d'activités ou au financement global de l'activité de l'organisme de droit privé bénéficiaire. Ces actions, projets ou activités sont initiés, définis et mis en œuvre par les organismes de droit privé bénéficiaires. Ces contributions ne peuvent constituer la rémunération de prestations individualisées répondant aux besoins des autorités ou organismes qui les accordent.

5. Prêts, avances et bonifications d'intérêts. Il n'appartient pas aux collectivités d'être les banquières d'autres collectivités ou d'entreprises privées parce que la fonction de crédit est réservée par la loi « bancaire » du 24 janv. 1984 aux établissements de crédits : « en décidant d'offrir à une catégorie déterminée de collectivités locales la possibilité de se voir accorder des prêts avec intérêts, le département doit être regardé comme ayant institué, et même en l'absence d'intention spéculative, un système lui permettant de se livrer à titre habituel, eu égard au nombre des collectivités susceptibles d'en bénéficier, à des opérations de crédit, auxquelles l'art. 10 de cette loi lui interdisait de se livrer ». • CE 30 nov. 1994, *Préfet de la Meuse*, n° 145198 : *Lebon 518.*

Art. L. 1511-3 *(L. n° 2015-991 du 7 août 2015, art. 3)* **« Dans le respect de l'article L. 4251-17, les communes, la métropole de Lyon et les établissements publics de coopération intercommunale à fiscalité propre sont seuls compétents pour définir les aides ou les régimes d'aides et décider de l'octroi de ces aides sur leur territoire en matière d'investissement immobilier des entreprises et de location de terrains ou d'immeubles.**

« Ces aides revêtent la forme de subventions, de rabais sur le prix de vente, de location ou de location-vente de terrains nus ou aménagés ou de bâtiments neufs ou rénovés, de prêts, d'avances remboursables ou de crédit-bail à des conditions plus favorables que celles du marché. Le montant des aides est calculé par référence aux conditions du marché, selon des règles de plafond et de zone déterminées par voie réglementaire. Ces aides donnent lieu à l'établissement d'une convention et sont versées soit directement à l'entreprise bénéficiaire, soit au maître d'ouvrage, public ou privé, qui en fait alors bénéficier intégralement l'entreprise.

« La région peut participer au financement des aides et des régimes d'aides mentionnés au premier alinéa du présent article dans des conditions précisées par une conven-

tion passée avec la commune, la métropole de Lyon ou l'établissement public de coopération intercommunale à fiscalité propre.

« Les communes ou les établissements publics de coopération intercommunale à fiscalité propre peuvent, par voie de convention passée avec le département, lui déléguer la compétence d'octroi de tout ou partie des aides mentionnées au présent article. »

(L. nº 96-314 du 12 avr. 1996, art. 21) **« Les commissions dues par les bénéficiaires de garanties d'emprunt accordées par les établissements de crédit** *(Ord. nº 2013-544 du 27 juin 2013, art. 9)* **« ou les sociétés de financement » peuvent être prises en charge, totalement ou partiellement, dans des conditions fixées par décret en Conseil d'État. Cette aide ne peut pas être cumulée, pour un même emprunt, avec la garantie ou le cautionnement accordé par une collectivité ou un groupement. »**

(L. nº 2015-991 du 7 août 2015, art. 3) **« Les aides accordées sur le fondement du présent article ont pour objet la création ou l'extension d'activités économiques. »**

Pour l'application du présent art., les zones d'aide à l'investissement des petites et moyennes entreprises comprennent : 1º Hors de la région Île-de-France, toutes les communes ou parties de communes ne figurant pas aux Ann. 1 et 2 du Décr. nº 2022-968 du 30 juin 2022 ; 2º Dans la région Île-de-France, les quartiers prioritaires de la politique de la ville définis à l'art. 5 de la L. nº 2014-173 du 21 févr. 2014 de programmation pour la ville et la cohésion urbaine et les communes retenues dans la liste des zones de revitalisation rurale mentionnées à l'art. 1465 A CGI. Dans les zones d'aide à l'investissement des petites et moyennes entreprises, ne peuvent être considérées comme compatibles avec le marché intérieur et exemptées de l'obligation de notification que les aides accordées à des projets d'investissement et qui n'excèdent pas 7,5 millions d'€ (Décr. préc., art. 3).

Sur le fondement de l'art. L. 1511-3, un établissement public de coopération intercommunal peut conclure un bail emphytéotique moyennant un loyer symbolique, en contrepartie de la création d'emplois. • CAA Lyon, 31 janv. 2019, *Sté Pim Participations*, nº 16LY02163 : *Rev. CMP 2019, nº 4. Comm. 131, obs. Muller.*

Ancien art. L. 1511-3 *(L. nº 2004-809 du 13 août 2004, art. 1er)* ***« Le montant des aides que les collectivités territoriales et leurs groupements peuvent attribuer, seuls ou conjointement, sous forme de subventions, de rabais sur le prix de vente, de location ou de location-vente de terrains nus ou aménagés ou de bâtiments neufs ou rénovés est calculé par référence aux conditions du marché, selon des règles de plafond et de zone déterminées par décret en Conseil d'État. Ces aides donnent lieu à l'établissement d'une convention et sont versées soit directement à l'entreprise bénéficiaire, soit au maître d'ouvrage, public ou privé, qui en fait alors bénéficier intégralement l'entreprise. »***

(L. nº 96-314 du 12 avr. 1996, art. 21) ***« Les commissions dues par les bénéficiaires de garanties d'emprunt accordées par les établissements de crédit*** *(Ord. nº 2013-544 du 27 juin 2013, art. 9)* ***« ou les sociétés de financement » peuvent être prises en charge, totalement ou partiellement, dans des conditions fixées par décret en Conseil d'État. Cette aide ne peut pas être cumulée, pour un même emprunt, avec la garantie ou le cautionnement accordé par une collectivité ou un groupement. »***

Jurisprudence rendue sous le régime antérieur à la L. du 13 août 2004.

1. Vente ou location de bâtiments. Elle doit se faire aux conditions du marché après saisine du service des domaines pour les communes de plus de 2 000 hab. Ainsi, la cession pour un franc symbolique de bâtiments existants appartenant à une collectivité locale est illégale et ce, quels que soient les motifs de cette cession : annulation de la délibération par laquelle un conseil municipal décide de céder à un commerçant pour un franc des lots de copropriétés situés dans un hôtel de ville en vue de la réalisation d'une grande librairie et évalués à 1,4 MF par le service des Domaines. • CE 27 févr. 1995, *Cne de Châlons-sur-Marne*, nº 143050 : *Lebon 108*. ♦ La location avec promesse de vente d'ateliers-relais par une commune à une entreprise (qui doit être regardée comme une cession d'immeuble communal nécessitant au préalable l'avis du service des domaines) ne peut être consentie qu'à des conditions du marché, appréciées notamment au vu de l'avis du service des domaines. • TA Lyon, 22 avr. 1998, *Préfet du Rhône c/ Cté de cnes de Saint-Laurent-de-Chamousset : BJCP 1998. 88, concl. Kolbert.* ♦ La consultation des domaines est exigée même si les immeubles dont la cession est envisagée sont d'un faible coût. • TA Amiens, 18 sept. 2007, *Bawol*, nº 0500855 : *AJDA 2007. 2333*. ♦ Elle constitue une formalité substantielle dont la méconnaissance entache les décisions d'illégalité. • CE 22 févr. 1995 : *Cne de Ville-La-Grand.* ♦ De même, s'agissant d'une délib. autorisant la conclusion, entre une communauté urbaine et une SEM, d'un bail emphytéotique concernant la location d'un immeuble, lequel prévoyait que la société mettrait cet immeuble à la disposition d'une entreprise afin de faciliter son implantation, cette délib. ne pouvait stipuler aucun rabais par rapport aux conditions du marché. Compte tenu des obligations habituelles du preneur d'un bail emphytéotique, la clause qui dispense la SEM, pendant 10 ans, du paiement de la redevance annuelle de 1 MF mise à sa charge, au motif qu'elle devait faire effectuer des travaux de remise en état pour une somme évaluée à 10 MF, n'est pas justifiée au regard des conditions du marché, et doit donc être regardée comme non conforme à la loi. • CE 6 avr. 1998, *Cté urbaine de Lyon*, n° 151752 : *BJCP 1998. 80, concl. Goulard.* ♦ Toutefois, l'arrêt précité admet qu'une telle location de longue durée, en deçà des conditions du marché, eût été licite si elle avait comporté des engagements fermes et précis de l'entreprise locataire en termes de retombées économiques et financières, caractérisées notamment par la création d'un certain nombre d'emplois. • Même arrêt. ♦ Il reste que lorsqu'une aide financière est accordée à une société en vue de la constitution d'un atelier relais sous la seule condition de production de mémoires justificatifs de dépenses, la condition de création d'emplois ne peut être implicite : elle doit être explicitement fixée dans l'acte accordant l'aide. • CE 21 mars 2001, *Sté Bail Investissement*, n° 198232. ♦ S'agissant de l'acquisition d'un immeuble appartenant à une SEML par la commune principal actionnaire de celle-ci pour un prix de 35,9 MF alors que l'estimation des domaines était de 22 MF, une CAA décide que « en fixant le prix d'acquisition de la partie de cet immeuble qu'elle décidait d'acquérir à un prix largement supérieur à celui correspondant à sa valeur, compte tenu des conditions prévalant alors sur le marché immobilier, alors qu'elle n'était pas tenue de le faire et qu'elle n'apporte aucun élément pertinent pour justifier ce choix, la commune doit être regardée comme ayant apporté à la SEM une aide autrefois qualifiée de directe (art. L. 1511-2). • CAA Paris, 1er oct. 2002, *Cne de Montreuil*, n° 00PA00004 : *AJDA 2003. 198*. ♦ Une commune ne peut pas vendre à un industriel un bâtiment 30 % en deçà de son prix estimé par les domaines surtout lorsqu'un des candidats à l'achat de cet immeuble avait fait une offre légèrement supérieure à celle du service des domaines. • CAA Nantes, 6 juin 2006, *Sté Parmentier Sens et Cne de Courtenay*, n° 05NT00850 : *AJDA 2006. 2469*, confirmé par • CE 25 sept. 2009, *Cne de Courtenay*, n° 298918 : *AJDA 2009. 2179, note Ziani* ; *Dr. adm. 2009, n° 148, obs. Melleray.* ♦ Il reste que lorsque la vente du bâtiment procède d'un motif d'intérêt général et comporte des garanties suffisantes, elle peut être consentie à un prix plus bas que celui du marché, par exemple lorsqu'il s'agit de mieux insérer des habitants d'origine étrangère dans la commune. • CE 25 nov. 2009, *Cne de Mer*, n° 310208 : *AJDA 2010. 51, note Yolka* ♦ ... Ou lorsqu'il s'agit de favoriser pour une commune l'habitat permanent. • CE 27 janv. 2010, *Cne de Mazayes-Basses*, n° 313247 : *AJDA 2010. 1282, note Legrand* ; *Dr. adm. 2010, n° 56* ; ou lorsque l'acheteur s'engage à réaliser des travaux de rénovation et à reprendre les salariés travaillant sur le site. • TA Limoges, 24 nov. 2011, *Synd. CGT du personnel de l'abattoir de Bessines-sur-Gartempe*, n° 1000190 : *AJDA 2012. 883, concl. Labouysse*.

2. Vente ou location de terrains. Depuis la loi de 2004, elle ne peut plus se faire en deçà des conditions du marché lorsque le bénéficiaire est une entreprise, sauf dispositions spéciales à certains secteurs d'activité (société d'HLM...). La cession de terrain, pour un euro symbolique, qui a pour unique contrepartie l'engagement de l'acquéreur de créer, dans un délai de 2 ans, deux emplois de nature indéterminée et qui n'est assortie d'aucune sanction précise permettant d'assurer le respect de cet engagement, n'est pas légale. • CAA Bordeaux, 8 nov. 2005, *Cne de Cazers : BJCL 2006. 100, concl. Péano.*

3. Du point de vue du droit communautaire (V. la communication de la Commission européenne 97/C209/03 du 10 juill. 1997 relative aux ventes de terrains et de bâtiments par les pouvoirs publics, *JOUE* n° C 209, 10 juill. 1997), le TPICE estime qu'il n'y a pas aide de l'État lorsque la cession à une entreprise d'un terrain communal à un prix préférentiel pour les besoins de son industrie a pour contrepartie l'obligation qui lui est faite d'aménager ce terrain, pour sa plus grande part, en parking public. • TPICE 16 sept. 2004, *Valmeont Nederland BV*, n° T-274/01 : *Europe 2004, n° 367.* ♦ Si le TPICE a jugé que, dès l'instant où la Commission ne procède pas à un examen suffisamment approfondi de la valeur du terrain litigieux, l'obligation de restitution de l'aide d'État qu'elle impose n'a pas lieu d'être. • TPICE 29 mars 2007, *Dpt du Loiret c/ Commission*, n° T-369/00. ♦ Cet arrêt a été annulé par la CJCE au motif qu'il n'appartenait au tribunal que de faire une appréciation de l'erreur manifeste d'appréciation de la Commission dans la détermination de la valeur du terrain vendu par la collectivité locale en tenant compte des documents qui lui avaient été fournis pour procéder à son contrôle. • CJCE 2 sept 2010, *Commission c/ Scott*, n° C-290/07.

4. V. aussi le refus par le Conseil d'État d'autoriser un contribuable communal à former une action qu'il croit appartenir à la commune (V. CGCT, art. L. 2132-5) pour la résolution de la vente à une société d'un terrain communal au franc symbolique ayant pour contrepartie l'obligation pour l'acquéreur ou toute personne qui se substituerait à lui de réaliser un équipement répondant à des motifs d'intérêt général et générateur d'emplois et de ressources fiscales. • CE 18 mai 1998, *Cne de Castelsarrasin*, n° 189904 B. ♦ En revanche, une action en responsabilité contractuelle contre une entreprise, qui a manqué à son engagement de créer des emplois nouveaux en contrepartie de la cession d'un terrain et de la réalisation de travaux présente un intérêt suffisant pour la commune justifiant d'autoriser un contribuable à l'exercer. • CE 7 juin 2006, *M. Asselin*, n° 286356 : *Rev. CMP 2006 n° 332, note Pietri.*

5. Une commune peut légalement consentir aux jeunes ménages un tarif préférentiel pour l'acquisition de terrains dans un lotissement communal « compte tenu de l'avantage que représente pour la commune l'implantation de la résidence principale de ces jeunes ménages ». • TA Nantes, 28 avr. 1998, *Préfet de Vendée : Dr. adm. 1998, n° 243.* ♦ Confirmé par • CAA Nantes, 30 juin 2000, *Préfet de la Vendée*, n° 98NT129 : *AJDA 2000. 885, obs. E. C.-B.*

6. *Activité de service public.* L'opération consistant pour une collectivité à intervenir en matière d'immobilier d'entreprise pour attirer ou maintenir une entreprise en vue du développement économique du territoire est une activité de service public. La commune qui a pris en charge, dans l'intérêt public, la réalisation de l'ensemble des conditions matérielles d'une opération de décentralisation industrielle jugée utile pour le développement communal a, ce faisant, assuré l'exécution même d'une mission de service public. • CE 26 juin 1974, *Sté La Maison des Isolants-France : Lebon 365.* ♦ En recherchant un industriel susceptible de reprendre une usine, le maire a agi dans un but d'intérêt général en vue de favoriser le maintien de l'activité économique et de l'emploi sur le territoire de la commune. • CE 10 mai 1985, *Sté Boussac Saint-Frères*, n° 31604 : *Lebon 145.* ♦ En faisant construire, en vue de le donner en location-vente à une entreprise, un bâtiment à usage industriel, un syndicat mixte réalise une mission de service public. • T. confl. 26 oct. 1987, *Gibert : Lebon 454.* ♦ La construction par la ville de Saint-Denis d'ateliers-relais destinés à favoriser la création et l'implantation définitive d'entreprises artisanales sur le territoire de la commune, a ainsi pour objet de « favoriser le développement économique de la commune » conformément au droit des aides. Ces ateliers-relais sont donc affectés à un service public. • CAA Paris, 1re ch., 7 nov. 1989, *SARL Pardon Création*, n° 89PA00635 B : *AJDA 1991. 375, note Devès.* ♦ La réalisation par une commune, sur un terrain lui appartenant, d'un atelier industriel destiné à être donné en location à une entreprise dans le but de développer l'emploi sur son territoire est une opération entreprise en vue d'une mission de service public. • CAA Lyon, 3e ch., 26 juin 1990, *Somival : AJDA 1991. 375.* ♦ La construction par une commune d'un bâtiment à usage industriel en vue d'une cession à une entreprise privée qui s'engage, en contrepartie, à créer des emplois, relève d'une opération destinée à promouvoir le développement économique et donc d'une mission de service public. • CAA Bordeaux, 4 nov. 1998, *Cne de Maire-Levescault c/ SARL « Constructions mécaniques du Bas-Poitou » : BJCP 1999. 382.* • CE 22 juin 2001, *SARL Constructions mécaniques du Bas-Poitou*, n° 203340. ♦ En concluant une convention avec une société par laquelle cette dernière s'engage à édifier sur un terrain lui appartenant un « atelier-relais » devant être loué à la société pour lui permettre d'y installer une unité de fabrication, une commune a eu en vue de contribuer, dans un but d'intérêt général, au développement d'une activité économique et à la création d'emplois sur son territoire. Ainsi, la convention doit être regardée comme un contrat administratif et la construction du bâtiment industriel envisagé présentent le caractère de travaux publics. • CE 30 déc. 1998, *Sté laitière de Bellevue*, n° 150297 B.

7. *Travaux publics.* Lorsque la collectivité assume la maîtrise d'ouvrage de la construction des bâtiments industriels et parce que l'opération s'inscrit dans le cadre d'une mission de service public, les travaux en cause sont des travaux publics. En conséquence, le maître de l'ouvrage ou son délégué est soumis à la loi MOP n° 85-704 du 12 juill. 1985 et les contrats avec les constructeurs sont des marchés de travaux publics. • T. confl. 26 oct. 1987, *Gibert : préc. note 6* • CAA Lyon, 26 juin 1990, *Somival : préc. note 6* • CAA Bordeaux, 4 nov. 1998, *Cne de Maire-Levescault : préc. note 6* • CE 22 juin 2001, *SARL Constructions mécaniques du Bas-Poitou*, n° 203340 : *préc. note 6* • Civ. 1re, 25 févr. 2003, n° 01-00.864 : *D. 2003. IR 806 ; Dr. adm. 2003, n° 114.*

8. *Responsabilité contractuelle.* Une commune qui construit un atelier-relais et le loue par contrat à une société est responsable des désordres qui affectent cet ouvrage et qui empêchent le cocontractant de pouvoir exercer son activité prévue par le contrat. • CE 27 oct. 2006, *Cne Saint-Paul-en-Pareds*, n° 244353 : *Rev. CMP 2007, n° 26, obs. Delacour.*

9. *Domaine public.* Lorsque les terrains aménagés ou les bâtiments industriels sont la propriété de la collectivité territoriale, la question se pose de leur domanialité publique ou privée. Après des tergiversations entre les CAA et le Conseil d'État, dans l'affaire « Communauté urbaine de Lyon » (qui n'a pas jugé la question d'ordre public. • CE 6 avr. 1998, *Cté urbaine de Lyon*, n° 151752 : *préc. note 1*), celle-ci a été tranchée définitivement en ce sens que si la construction d'un atelier-relais constitue une mission de service public, l'atelier-relais n'appartient pas au domaine public local. • CE 11 juin 2004, *Cne de Mantes-la-Jolie : BJCL 2004. 635, concl. Glaser ; Dr. adm. 2004, n° 144* • CAA Paris, 7 nov. 1989, *SARL Pardon Création*, n° 89PA00635 : *préc. note 6* • CAA Lyon, 26 juin 1990, *Somival : AJDA 1991. 375.*

10. *Clause exorbitante.* La clause prévoyant dans un contrat de vente par une commune d'un lot dans un lotissement industriel le droit de la commune de résilier la vente en cas de manquements graves de l'acquéreur à ses obligations n'est pas une clause exorbitante du droit commun. • CAA Lyon, 19 nov. 1995, *Épx Hohl : Lebon T. 719.*

Art. L. 1511-4 Les collectivités territoriales et leurs groupements déterminent la nature et le montant des garanties imposées, le cas échéant, aux entreprises bénéficiaires de l'aide ainsi qu'à leurs dirigeants. – *[L. n° 82-6 du 7 janv. 1982, art. 4, al. 7.]*

Art. L. 1511-5 *Abrogé par L. n° 2015-991 du 7 août 2015, art. 3.*

Art. L. 1511-6 *Abrogé par L. n° 2004-575 du 21 juin 2004, art. 50-I.*

Art. L. 1511-7 *(L. n° 2002-1 du 2 janv. 2002, art. 14) (L. n° 2015-991 du 7 août 2015, art. 3)* « La région, les métropoles et la métropole de Lyon peuvent verser des subventions aux organismes mentionnés au 4 de l'article 238 *bis* du code général des impôts ayant pour objet exclusif de participer à la création ou à la reprise d'entreprises et aux organismes mentionnés au 1 de l'article L. 511-6 du code monétaire et financier qui participent à la création d'entreprises. Les communes et leurs groupements peuvent également verser des subventions à ces organismes dans le cadre d'une convention passée avec la région et dans le respect des orientations définies par le schéma prévu à l'article L. 4251-13 du présent code. »

Une convention conclue avec l'organisme bénéficiaire de la subvention fixe les obligations de ce dernier, et notamment les conditions de reversement de l'aide.

Un décret en Conseil d'État détermine les modalités de mise en œuvre du présent article, et notamment les règles de plafond des concours des collectivités territoriales.

Art. L. 1511-8 *(L. n° 2005-157 du 23 févr. 2005, art. 108)* I. – Les collectivités territoriales et leurs groupements peuvent attribuer des aides destinées à favoriser l'installation ou le maintien de professionnels de santé dans les zones définies *(Ord. n° 2018-21 du 17 janv. 2018, art. 5)* « en application du 1° de l'article L. 1434-4 du code de la santé publique ». À cette fin, des conventions sont passées entre les collectivités et groupements qui attribuent l'aide et les professionnels de santé intéressés. *(Ord. n° 2018-21 du 17 janv. 2018, art. 5)* « Les conventions signées sont transmises par les collectivités et groupements concernés aux agences régionales de santé ou, pour Saint-Pierre-et-Miquelon, au préfet ainsi qu'aux organismes locaux d'assurance maladie. » Les centres de santé visés à l'article L. 6323-1 du code de la santé publique peuvent également être attributaires de ces aides dans les mêmes conditions. Ces aides ne sont pas exclusives des aides déjà attribuées par les collectivités territoriales aux centres de santé implantés sur l'ensemble du territoire.

La nature et les conditions d'attribution de ces aides, qui peut notamment être subordonnée à des modes d'exercice de groupe ou d'exercice pluriprofessionnel destinés à améliorer la continuité et la qualité des soins, sont fixées par décret en Conseil d'État.

Les collectivités territoriales et leurs groupements peuvent aussi attribuer des aides visant à financer des structures participant à la permanence des soins, notamment des maisons médicales.

(L. n° 2010-1657 du 29 déc. 2010, art. 52) « Les investissements immobiliers réalisés, par les communes et leurs groupements, dans les zones définies au premier alinéa du présent I, les zones *(L. n° 2023-1322 du 29 déc. 2023, art. 73)* « France ruralités revitalisation » ou les territoires ruraux de développement prioritaire, et destinés à l'installation des professionnels de santé ou à l'action sanitaire et sociale, sont éligibles au Fonds de compensation pour la taxe sur la valeur ajoutée. »

Les collectivités territoriales et leurs groupements peuvent également accorder des indemnités de logement et de déplacement aux étudiants de troisième cycle de médecine générale *(L. n° 2023-1268 du 27 déc. 2023, art. 21)* « , de chirurgie dentaire ou de toute autre spécialité » lorsqu'ils effectuent leurs stages dans les zones définies par la loi de financement de la sécurité sociale pour 1999 précitée, dans lesquelles est constaté un déficit en matière d'offre de soins.

Un décret détermine le montant maximal et les modalités d'attribution de ces indemnités.

II. – Une indemnité d'étude et de projet professionnel peut être attribuée par les collectivités territoriales et leurs groupements à tout étudiant *(L. n° 2006-1640 du 21 déc. 2006, art. 80)* « , titulaire du concours de médecine, inscrit en faculté de médecine ou de chirurgie dentaire, s'il s'engage à exercer en tant que médecin généraliste, spécialiste ou chirurgien-dentiste » au moins cinq années dans l'une des zones

mentionnées au premier alinéa du I. Pour bénéficier de cette aide, l'étudiant signe un contrat avec la collectivité qui attribue l'aide.

Les conditions générales d'attribution de l'indemnité, son montant maximal ainsi que, le cas échéant, les modalités de son remboursement total ou partiel et de sa réévaluation sont déterminés par décret. — *V. art. R. 1511-44 à D. 1511-56.*

L'aide à l'installation d'un professionnel de santé prévue par les dispositions du I de l'art. L. 1511-8 ne peut être considérée comme une action de développement économique au sens de l'art. L. 5216-5 du même code. Par conséquent, l'attribution d'une telle aide ne relevant pas de la compétence exclusive de la communauté d'agglomération dont elle est membre, la commune était fondée à intervenir. • TA Strasbourg, 12 févr. 2021, *Préfet du Haut-Rhin*, n° 2001541 : *AJDA 2021. 1032, concl. Bauer*.

Art. L. 1511-9 *(L. n° 2020-1508 du 3 déc. 2020, art. 30)* **I. — Les collectivités territoriales ou leurs groupements peuvent attribuer des aides aux vétérinaires contribuant à la protection de la santé publique et assurant la continuité et la permanence des soins aux animaux d'élevage. À cette fin, des conventions, pouvant prévoir une obligation d'installation ou de maintien, sont passées entre les collectivités territoriales ou les groupements qui attribuent l'aide et les vétérinaires ou leurs sociétés d'exercice intéressés. Les conventions signées sont transmises par les collectivités territoriales et groupements concernés au représentant de l'État dans le département et au conseil régional de l'ordre des vétérinaires compétent. La nature, les conditions d'attribution de ces aides et leur montant maximal sont fixés par décret en Conseil d'État.**

II. — Une indemnité d'étude et de projet professionnel vétérinaire peut être attribuée par les collectivités territoriales ou leurs groupements à tout étudiant régulièrement inscrit dans des études conduisant à la délivrance d'un diplôme ou d'un titre de formation vétérinaire mentionné au 1° de l'article L. 241-2 du code rural et de la pêche maritime, s'il s'engage à exercer en tant que vétérinaire en contribuant à la protection de la santé publique et en assurant la continuité et la permanence des soins aux animaux d'élevage pendant au moins cinq années consécutives. Pour bénéficier de cette aide, l'étudiant signe un contrat *(L. n° 2022-217 du 21 févr. 2022, art. 129)* **« , qui peut prévoir une obligation d'installation, » avec la collectivité territoriale ou le groupement qui attribue l'aide.**

Les collectivités territoriales ou leurs groupements peuvent également accorder des indemnités de logement et de déplacement aux élèves et aux étudiants mentionnés au 2° de l'article L. 243-3 dudit code lorsqu'ils effectuent leurs *(L. n° 2022-217 du 21 févr. 2022, art. 129)* **« stages comprenant » des mises en situation professionnelle de soins aux animaux d'élevage.**

Les conditions générales d'attribution des indemnités prévues aux deux premiers alinéas du présent II, leurs montants maximaux ainsi que, le cas échéant, les modalités de leur remboursement total ou partiel et de leur réévaluation sont déterminés par décret.

TITRE II SOCIÉTÉS D'ÉCONOMIE MIXTE LOCALES

RÉP. SOCIÉTÉS v° *Société d'économie mixte locale et sociétés publiques locales*, par J.-D. DREYFUS et PELTIER.

BIBL. GÉN. ▸ **Sur les entreprises publiques locales :** Dossier, Entreprises publiques locales : gare à l'emballement, *La Gazette, 24 juin 2019, p. 32.* – AUBY, Instruments du contrôle des « satellites » locaux, *Gaz. cnes 26 juin 2000, p. 40.* – BRAMERET, Actionnariat partagé d'une société à capital public locale, *AJDA 2019. 1690*. – DEVES, Les sociétés publiques locales (SPL) au pied du mur des compétences, *JCP Adm. 2019. Étude 2020.* – DREYFUS et LATULLAIE, SEML et SPL : les conditions de prise en charge d'une activité économique, *AJCT 2011. 77*. – FARCAT et ROUVEYRAN, Les EPL face aux critiques et recommandations de la Cour des comptes, *Le Moniteur, 19 janv. 2018, n° 5959, p. 86.* – KARPENSCHIF, SPLA, SPL, SLP. Un an après la Communication interprétative sur les partenariats public-privé institutionnalisés (PPPI) : où en est-on du développement de l'économie mixte locale ?, *JCP Adm. 2010. Étude 2230* ; Les nouveaux maux du *in house* à la française, *JCP Adm. 2019. Étude 2021.* – LE CHATELIER, Contrôle exercé par les chambres régionales des comptes sur les satellites des collectivités locales. Le cas des entreprises publiques locales, *AJCT 2023. 402*. – ROULET, Loi du 17 mai 2019 tendant à sécuriser l'actionnariat des entreprises publiques locales : une clarification, *AJCT 2019. 393*.

▸ **Sur l'économie mixte locale :** Rapport de la Cour des comptes, *Les sociétés d'économie mixte locale – Un outil des collectivités à sécuriser, mai 2019*. – Boiteau, La société d'économie mixte locale, délégataire de service public, *AJDA 2002. 1318* . – Brameret, Les sociétés d'économie mixte locales, *JCP Adm. 2011, nº 2397*. – Durand, Le point sur… l'économie mixte locale. Nouveautés législatives, *AJCT 2016. 501* . – Eckert, Les sociétés d'économie mixte. Bilan et perspectives, *RFDA 2005. 959* . – Muller, Le partenariat public-privé, avenir des sociétés d'économie mixte ?, *Rev. CMP 2010. Étude 2*.

▸ **Le statut des SEML avant la loi du 2 janvier 2002 :** Gartner, La direction des sociétés mixtes locales par des élus : « entre commerce et transparence », *RFDA 1997. 783* . – Maugüé et Stahl, Le cadre juridique des relations financières entre les SEM et les collectivités locales, *AJDA 1996. 475* . – Terneyre, Dangers et méthodes de redressement des sociétés mixtes locales, *RGCT 2000. 535*.

▸ **La réforme des SEML par la loi du 2 janvier 2002 :** Les nouvelles règles applicables aux SEM, *Gaz. cnes 18 févr. 2002, cah. détaché nº 3*. – Brivet, Clarification des relations entre les collectivités et les SEM, *Gaz. cnes 14 janv. 2002, p. 13* . – Castelnau, Collectivités locales, un statut clarifié pour les SEM, *Mon. TP 25 janv. 2002, p. 78* . – Claisse et Moreau, Les sociétés d'économie mixte locales et la loi nº 2002-1 du 2 janvier 2002 : clarification, correction ou régression ?, *Coll. terr. 2002, nº 6, p. 4* . – Dequéant, Les SEM locales mieux encadrées, *Mon. TP 25 janv. 2002, p. 78* . – Devès, La modernisation du statut des sociétés d'économie mixte locales, *AJDA 2002. 139* . – Sestier, Les sociétés d'économie mixte locales après la loi de modernisation, *RFDA 2002. 923* .

CHAPITRE I OBJET

Art. L. 1521-1 **Les communes, les départements, les régions et leurs groupements peuvent, dans le cadre des compétences qui leur sont reconnues par la loi, créer des sociétés d'économie mixte locales qui les associent à une ou plusieurs personnes privées et, éventuellement, à d'autres personnes publiques pour réaliser des opérations d'aménagement, de construction, pour exploiter des services publics à caractère industriel ou commercial, ou pour toute autre activité d'intérêt général ; lorsque l'objet de sociétés d'économie mixte locales inclut plusieurs activités, celles-ci doivent être complémentaires.** *(Ord. nº 2003-850 du 4 sept. 2003, art. 22)* **« En outre, les sociétés d'économie mixte locales peuvent réaliser des opérations de conception, réalisation, entretien ou maintenance ainsi que, le cas échéant, de financement d'équipements hospitaliers ou médico-sociaux pour les besoins** *(L. nº 2004-806 du 9 août 2004, art. 26)* **« d'un établissement de santé, d'un établissement social ou médico-social ou d'un groupement de coopération sanitaire ». »**

(L. nº 2002-1 du 2 janv. 2002, art. 13) **« La commune actionnaire d'une société d'économie mixte locale dont l'objet social s'inscrit dans le cadre d'une compétence qu'elle a** *(L. nº 2014-58 du 27 janv. 2014, art. 61)* **« intégralement » transférée à un établissement public de coopération intercommunale** *(Ord. nº 2014-1543 du 19 déc. 2014, art. 30)* **« ou que la loi attribue à la métropole de Lyon » peut continuer à participer au capital de cette société à condition qu'elle cède à l'établissement public de coopération intercommunale** *(Ord. nº 2014-1543 du 19 déc. 2014, art. 30)* **« ou à la métropole de Lyon » plus des deux tiers des actions qu'elle détenait antérieurement au transfert de compétences. »**

(L. nº 2014-58 du 27 janv. 2014, art. 61) **« Le deuxième alinéa est applicable au groupement de collectivités actionnaire d'une société d'économie mixte. »**

Sur les SEML, V. ci-dessous L. nº 2023-973 du 23 oct. 2023, art. 20.

Loi nº 2023-973 du 23 octobre 2023,

Relative à l'industrie verte.

Art. 20 Lorsqu'une société d'économie mixte locale mentionnée à l'article L. 1521-1 du code général des collectivités territoriales dont est actionnaire l'autorité compétente mentionnée à l'article L. 318-8-2 du code de l'urbanisme ou l'une de ses filiales prend l'initiative, avec les propriétaires de la zone, d'implanter et de gérer des installations de production d'énergie renouvelable, au sens de l'article L. 211-2 du code de l'énergie, ou de valorisation des énergies de récupération aux fins notamment d'assurer un approvisionnement compétitif par autoconsommation des industriels implantés dans la zone d'activité économique considérée, la procédure définie à l'article L. 122-13 du code de l'environnement est applicable à ces projets d'installations de production d'énergie renouvelable ou de valorisation des énergies de récupération.

Les zones mentionnées à l'article L. 318-8-1 du code de l'urbanisme dans lesquelles les besoins des usagers sont couverts de manière substantielle par la production des installations de production d'énergie renouvelable ou de valorisation des énergies de récupération mentionnées au premier alinéa du présent article sont dénommées : "parc d'activités à énergie positive".

COMMENTAIRE

V. dans le supplément en ligne.

I. CHAMP DE COMPÉTENCES DES SEML

1. L'appréciation des objets ouverts aux SEML doit s'effectuer à la lumière des règles générales d'intervention des collectivités locales dans le domaine économique (V. notes ss. art. L. 1511-1 s. et L. 2121-29, notes 43 s.). Ces principes furent appliqués à deux reprises pour des SEM. • CE 4 janv. 1935, *De Lara : S. 1936. III. 9 ; DP 1936. III. 1, concl. Rivet, note Capitant* • CE, sect., 22 nov. 1935, *Chouard, J. Lévy et a. : Lebon 1080 ; S. 1936. III. 9.* ♦ C'est ainsi que le juge recherche conformément à la jurisprudence classique si la création se justifie par la carence de l'initiative privée. • TA Grenoble, 27 janv. 1988, *Ruphy : JCP 1989. II. 21265, note Devès.* – V. aussi • CE 25 juill. 1986, *Cne de Mercœur c/ Morand*, n° 56334. ♦ C'est ainsi que le juge déclare, par exemple, illégale pour absence de défaillance de l'initiative privée, la participation d'une commune dans une société ayant pour objet la production, la fabrication et la mise en œuvre de produits et matériaux pour les constructions et l'entretien des routes. • CE 23 déc. 1994, *Cne de Clairveaux-d'Aveyron*, n° 97449 : *Lebon 582 ; RFDA 1995. 214 ; AJDA 1995. 351 ; Dr. adm. 1995, n° 229 ; Quot. jur. 1995, n° 42, p. 3.*

2. De même le juge appliquant une jurisprudence bien établie admet que la liberté du commerce et de l'industrie ne peut pas faire obstacle à la création de services ou d'entreprises dont l'objet est d'assurer l'exercice des attributions obligatoires des collectivités locales notamment en matière d'hygiène publique au sens le plus large de la notion. • CE 12 juill. 1939, *Ch. syndicale des maîtres-buandiers de Saint-Étienne : Lebon 478 ; DP 1940. 3. 1, note Josse.* ♦ V. également • CE 23 juin 1972, *Sté « La plage de la Forêt » : Lebon 477 ; AJDA 1972. 462, chron. Labetoulle et Cabannes ; RD publ. 1972. 1259, concl. Bernard.*

3. Le respect du droit de la concurrence peut constituer une limite à la création des SEML. Le juge s'est ainsi déjà prononcé pour le respect du droit de la concurrence en ce qui concerne les décisions des collectivités locales tendant à faciliter l'action des SEM. • TA Grenoble, 27 janv. 1988, *Ruphy : préc. note 1* • TA Clermont-Ferrand, 12 avr. 1991, *Préfet de l'Allier c/ Cne de Vichy : Dr. adm. 1991, n° 529.*

4. Relèvent d'une mission de service public les conventions qui confient à une SEML les missions d'information communale, consistant en la rédaction, l'édition et la diffusion du journal de la ville, d'accueil des curistes et touristes et de promotion de la station. • CE 10 juill. 1996, *M. Coisne*, n° 140606 B : *RFDA 1997. 504.*

5. De plus, le Conseil d'État admet la possibilité pour une SEML de gérer un service public administratif comme le ramassage des ordures ménagères ou la restauration scolaire. • CE, avis, 7 oct. 1986.

6. Seuls les collectivités locales ou leurs groupements peuvent constituer des SEM. Ainsi, des établissements publics de santé ne peuvent constituer seuls une SEM. • TA Poitiers, 19 déc. 2002, *ARH du Poitou-Charentes c/ CH de Royan*, n° 012778 : *JCP Adm. 2004, n° 1306, note Ghérardi.*

A. CONDITIONS DE L'INTERVENTION DES SEML

7. Condition d'intervention des SEML sur un marché concurrentiel. Les SEM peuvent également exercer toute activité économique sur un marché concurrentiel pourvu que cette activité réponde à un intérêt général, même s'il n'y a pas carence de l'initiative privée. Une carence ou une insuffisance de l'initiative privée ne saurait être regardée comme une condition nécessaire de l'intervention d'une SEM sur un marché. • CE 5 juill. 2010, *Synd. nat. des agences de voyages*, n° 308564 : *RJEP nov. 2010. 15, concl. Cortot-Boucher ; JCP Adm. 2010, n° 2304, note Chrestia ; RLCT 2010/60, p. 11, note Glatt ; AJDA 2011. 18, note Nicinski ; RTD com. 2011. 66, note Orsoni.*

8. Restitution d'une subvention versée à une SEML. L'exécutif de la collectivité doit engager une procédure de restitution de subvention lorsque celle-ci a été versée à une SEML qui ne respecte pas la L. du 4 août 1994 relative à l'emploi de la langue française. • CAA Lyon, 4 juin 2020, *Assoc. de défense de la langue française en Pays de Savoie*, n° 18LY01058 : *AJCT 2020. 526, obs. Dreyfus.*

9. Soumission aux règles de la commande publique. Même si la société TERACTEM exerce une partie de ses activités dans un cadre concurrentiel, elle n'en satisfait pas moins, et pour une large part, des besoins ayant un caractère autre qu'industriel et commercial. Or, lorsqu'un organisme exerce plusieurs activités d'intérêt général dont certaines ont un caractère autre qu'industriel et commercial, les marchés qu'il conclut sont soumis aux règles de la commande publique, sans qu'il y ait lieu de distinguer selon la nature des activités. • CDBF, 3 déc. 2021, *Sté anonyme d'économie mixte locale TERACTEM*, n° 254-861 : *AJCT 2022. 216, obs. Durand*.

B. SECTEURS TRADITIONNELS DE L'INTERVENTION DES SEML

10. L'aménagement est le secteur qui connaît un développement important. Le juge, conformément à la définition large donnée par l'art. L. 300-1 C. urb., admet la création de SEML pour des opérations traditionnelles (acquisition, transformation, commercialisation) mais aussi pour des opérations en dehors de toute procédure opérationnelle telle qu'une opération de restructuration des espaces publics accompagnée de construction ou réhabilitation de bâtiments destinée à permettre le maintien et l'extension d'une entreprise sur le territoire de la commune. • CE 22 févr. 1991, *SIDEC c/ Cne d'Aubervilliers*, n° 97312.

11. L'aménagement et la construction sont deux séries d'objets séparés. Cependant le juge admet la jonction de ces objets s'ils sont complémentaires entre eux. • Com. 1er avr. 1974, *Assoc. pour l'étude et la défense des intérêts des quartiers c/ SEM de rénovation et de construction de Draguignan : Bull. civ. IV, n° 117.*

12. En ce qui concerne les SPIC, le juge conformément à sa jurisprudence (V. notes ss. art. L. 2121-29) vérifie si la création correspond à des « considérations tenant à l'intérêt communal et au fonctionnement du service ». • CE 7 juin 1995, *M. Lagourgue, Mme Mellier, Comité mixte à la production de la SEML, Gaz de Bordeaux*, n° 143647 : *Lebon 226 ; CJEG 1995. 371, concl. Denis-Linton ; Dr. adm. 1995, n° 492 ; ACL 1996. 386.*

13. Cependant le juge exclut la création de la SEML gérant un service public à vocation locale dont l'objet poursuivi relève d'une activité que la loi réserve à l'État ou un établissement public national. Il en est ainsi pour les SEM de construction et d'exploitation d'autoroute à péage. Il existe une exception pour les services de distribution d'électricité et de gaz. En effet, il résulte de la loi du 8 avr. 1946 (n° 46-628, sur la nationalisation de l'électricité et du gaz) que demeurent exclus de la nationalisation les services de distribution possédant la forme de SEM, régie ou service analogue. De ce fait, la collectivité locale exploitant sous forme de régie municipale de distribution d'électricité ou de gaz peut librement la transformer en SEML. • CE 28 juin 1989, *Synd. du personnel des industries électriques et gazières du centre de Grenoble, CFDF : CJEG 1989. 369, note Delpirou ; RFDA 1989. 929, concl. Guillaume, note Lachaume.* ♦ Cependant le juge vérifie que le service est maintenu dans son état antérieur, sans pouvoir par exemple étendre la zone géographique desservie à l'origine. • CE 28 mars 1990, *Cne de La Réole : AJDA 1990. 466, note Pontier ; RFDA 1990. 627, note Colly*. ♦ Ni ajouter une activité nouvelle. • CE 7 juin 1995, *Lagourgue, Mme Mellier et Comité mixte à la production de la SEML, Gaz de Bordeaux*, n° 143647 : *préc. note 12* • CE 2 mars 1960, *EDF c/ Synd. d'électrification des Côtes-du-Nord : Lebon 285.*

C. CRÉATION DES SEML CHARGÉES D'EXERCER UNE ACTIVITÉ D'INTÉRÊT GÉNÉRAL

14. La notion d'activité d'intérêt général est définie au cas par cas par la jurisprudence qui applique en la matière les principes dégagés pour la création des services publics industriels et commerciaux. • CE, sect., 30 mai 1930, *Chambre syndicale du commerce en détail de Nevers : Lebon 583 ; S. 1931. 3. 73, note Josse* • CE 28 avr. 1967, *Ville de Nanterre : Lebon 563 ; AJDA 1964. 288, chron. Fourré et Puybasset.* ♦ V. aussi, • CE 25 juill. 1986, *Cne de Mercœur*, n° 56334 : *préc. note 1.*

15. C'est ainsi que la notion d'activité d'intérêt général exclut tout d'abord la création d'entreprises strictement destinées à l'enrichissement des collectivités locales. A été de ce fait jugé illégale la création d'un complexe comprenant dans une station de sport d'hiver un hôtel et un centre de remise en forme : « la commune avait créé des conditions de concurrence favorables à l'exploitant au détriment des autres hôteliers de la station » • TA Grenoble, 27 janv. 1988, *Ruphy : préc. note 1.* ♦ ... Ou la création d'une SEML consacrée à la fourniture d'enrobés pour travaux routiers. • CE 23 déc. 1994, *Cne de Clairveaux d'Aveyron*, n° 97449 : *préc. note 1.* ♦ ... Ou la création d'une SEML pour mettre à la disposition d'entrepises privées divers avantages et facilités (contrats de prestations de service) n'ayant qu'un caractère commercial dans un but principalement lucratif. • CAA Paris, 11 mai 2004, *Cne Ozoir-la-Ferrière*, n° 00PA00781 : *JCP Adm. 2004, n° 1420, note Moreau.*

16. En outre le juge considère comme illicite la création d'une SEML fondée sur un objet social. C'est ainsi qu'a été déclarée illicite la création par une commune d'une SEML ayant une activité d'horticulture dans le but de participer à la reconversion du bassin sidérurgique lorrain. • CE 10 oct. 1994, *Préfet de la Moselle c/ Cne d'Amneville*, nos 141877 B et 146693 B : *AJDA 1995. 257, note Devès et Bizet ; Quot. jur. 29 nov. 1994 ; CJEG 1995. 202, note Truchet.*

17. En revanche a été considéré comme constituant une activité d'intérêt général, la possibilité de confier à une SEML la gestion d'une pépinière d'entreprises. * Rép. min. n° 54473 : *JOAN Q, 4 mai 1992, p. 2051*.

D. ADJONCTION D'ACTIVITÉS COMPLÉMENTAIRES

18. Les travaux préparatoires de la loi du 7 juill. 1983 (codifiée ss. les art. L. 1521-1 s. CGCT) précisent que pour apprécier cette notion de complémentarité le juge se referera à sa jurisprudence classique : *Doc. Sénat 1982-1983. 2e Sess. ord., n° 205, p. 30*. – V. par ex. • CE 18 déc. 1959, *Delansorme : Lebon 692 ; D. 1960. 371, note Lesage ; AJDA 1960. 213, concl. Mayras*.

19. Il résulte de la combinaison des art. L. 1521-1 et L. 1524-5 que les communes ou leurs groupements actionnaires d'une SEML ne peuvent donner leur accord à une prise de participation de cette société dans une société commerciale que si l'action de cette dernière entre dans le champ des compétences que la loi a reconnues auxdites collectivités et à leurs groupements et qu'elle présente un intérêt pour eux. • CAA Bordeaux, 27 avr. 2004, *Cté intercommunale des villes solidaires*, n° 00BX00369 : *AJDA 2004. 1669 ; RDI 2004. 543, obs. Brouant et Carraz*.

20. Dès lors qu'une opération s'inscrit en complémentarité par rapport à son objet social, une SEML peut comme toute société commerciale prendre une participation dans le capital d'une autre société commerciale ou créer une société commerciale. * Rép. min. n° 7756 : *JO Sénat Q, 5 avr. 1990, p. 723*. ♦ Il est impératif que la société dans laquelle est prise la participation exerce une activité entrant dans le champ de compétence de la SEML ou ayant un caractère complémentaire ou accessoire à l'activité de la SEML elle-même. * Rép. min. n° 82271 : *JOAN 13 déc. 2011, p. 13047*.

21. La cour, saisie d'un litige trouvant son origine dans un déféré préfectoral dirigé contre la délibération par laquelle la région Guadeloupe a autorisé sa SEM à procéder à la modification de ses statuts afin d'étendre son objet social aux énergies renouvelables et aux actions d'insertion et de formation, ainsi qu'à créer ou prendre des participations dans onze sociétés dans le cadre de ces activités nouvelles, a jugé que l'activité d'insertion et de formation méconnaissait les dispositions de l'art. L. 1521-1 en ce qu'elle n'était pas complémentaire avec les autres activités de la société. En revanche, elle juge que l'intervention de la société dans le domaine des énergies renouvelables constitue bien une activité complémentaire au sens du code. Elle valide en conséquence l'autorisation donnée par délibération à la SEM de créer ou prendre des participations dans onze sociétés dans le cadre de cette activité « énergies renouvelables ». • CAA Bordeaux, 24 nov. 2020, *SEM communale de Saint-Martin*, n° 18BX03419.

E. MISE À DISPOSITION DE BIENS SOCIAUX À UN EPCI

22. Dans la mesure où l'objet social d'une SEML s'inscrit dans le cadre d'une compétence transférée à un EPCI et nonobstant le constat que la société continuerait d'intervenir pour la mise en œuvre d'opérations d'intérêt communal, la commune doit céder au moins deux tiers de ses actions au profit de l'EPCI auquel elle a adhéré (dernier alinéa de l'article L. 1521-1 du CGCT). Dans ces conditions la commune peut rester actionnaire de la SEML. La cession des actions se réalise selon les modalités du droit commun des sociétés, le prix devant normalement être fixé après accord entre les parties. * Rép. min. n° 6044 : *JO Sénat Q, 7 août 2003, p. 2543*.

II. CONTRÔLE DE LA LÉGALITÉ DE LA CRÉATION DES SEML

23. Le juge contrôle la légalité de la création de la SEML à travers la délibération support. • CE 7 juin 1995, *Lagourgue, Mme Mellier, Comité mixte à la production de la SEML, Gaz de Bordeaux : préc. note 12* • CE 20 oct. 1995, *M. Lefèvre et a. : RF décentr. 1996. 84, note Devès*. ♦ Le juge considère que ces délibérations constituent des actes détachables des statuts de la SEML qui n'ont pas la qualité d'acte administratif. • Civ. 1re, 6 mai 1969 : *Bull. civ. I, n° 166*.

24. Le juge vérifie que l'objet de la SEML doit être défini par statuts dans des termes suffisamment précis pour garantir sa conformité à l'ensemble des principes et règles de l'art. L. 1521-1. • TA Versailles, 12 oct. 1993, *Cne de Réau c/ Synd. d'agglomération nouvelle de Sénart et Préfet de Seine-et-Marne : Lebon T. 663*.

25. En outre, le juge administratif vérifie que lorsqu'une commune membre d'un groupement de collectivités locales crée une SEML, l'objet de celle-ci s'inscrit dans le cadre des compétences non transférées au groupement. Le juge, dans cette hypothèse, interprète strictement la règle de la spécialité. • TA Versailles, 11 mai 1993, *Cne de Montigny-Le-Bretonneux c/ Synd. d'agglomération nouvelle de Saint-Quentin-en-Yvelines : nos 924044 s.* (jurisprudence relative à l'aspect strictement budgétaire). ♦ Lorsque l'objet de la SEML s'inscrit dans le cadre des compétences transférées au groupement, celui-ci doit être associé à l'institution et à la gestion de la SEML. • TA Versailles, 12 oct. 1993, *Cne de Réau c/ Synd. d'agglomération nouvelle de Sénart et Préfet de Seine-et-Marne : préc. note 24*.

CHAPITRE II COMPOSITION DU CAPITAL ET CONCOURS FINANCIERS DES COLLECTIVITÉS TERRITORIALES ET DE LEURS GROUPEMENTS *(Ord. n° 2003-1212 du 18 déc. 2003, art. 2).*

SECTION 1 Composition du capital *(Ord. n° 2003-1212 du 18 déc. 2003, art. 2).*

Art. L. 1522-1 Les assemblées délibérantes des communes, des départements, des régions et de leurs groupements peuvent, à l'effet de créer des sociétés d'économie mixte locales mentionnées à l'article L. 1521-1, acquérir des actions ou recevoir, à titre de redevance, des actions d'apports, émises par ces sociétés.

Les prises de participation sont subordonnées aux conditions suivantes :

1° La société revêt la forme de société anonyme régie par *(Ord. n° 2003-1212 du 18 déc. 2003, art. 2)* « le livre II du code de commerce », sous réserve des dispositions du présent titre ;

2° *(L. n° 2002-1 du 2 janv. 2002, art. 11)* « Les collectivités territoriales et leurs groupements » détiennent, séparément ou à plusieurs, plus de la moitié du capital de ces sociétés et des voix dans les organes délibérants ;

(L. n° 2019-463 du 17 mai 2019, art. 2) « 3° La réalisation de l'objet de ces sociétés concourt à l'exercice d'au moins une compétence de chacune des collectivités territoriales et de chacun des groupements de collectivités territoriales qui en sont actionnaires. »

(L. n° 2002-1 du 2 janv. 2002, art. 11) « Sous réserve, pour les États qui ne sont pas membres de l'Union européenne, de la conclusion d'un accord préalable *(L. n° 2022-217 du 21 févr. 2022, art. 189)* « entre la France et » les États concernés, des collectivités territoriales étrangères et leurs groupements peuvent participer au capital de sociétés d'économie mixte locales dont l'objet social est conforme à l'article L. 1521-1. »

(L. n° 2000-1208 du 13 déc. 2000, art. 2) « Ils ne peuvent toutefois pas détenir, séparément ou à plusieurs, plus de la moitié du capital et des voix dans les organes délibérants détenus par l'ensemble des collectivités territoriales et leurs groupements. »

COMMENTAIRE

V. dans le supplément en ligne.

I. SOUMISSION DE LA SEML AU RÉGIME JURIDIQUE DES SOCIÉTÉS COMMERCIALES (L. DU 24 JUILL. 1966)

1. L'organisation de la SEML est régie par le droit commun des sociétés. * Rép. min. n° 3808 : *JOAN Q, 29 sept. 1973, p. 3910* (V. **C. sociétés** ; **C. com.**). ♦ De ce fait compétence de la juridiction judiciaire. • CE 24 avr. 1974, *Sté des entreprises Campenon-Bernard : Lebon T. 1050 ; Dr. adm. 1974, n° 165.* ♦ V. notes ss. art. L. 2542-28 pour les SEM dans les départements de Moselle, Bas-Rhin et Haut-Rhin.

2. C'est ainsi que les statuts conclus entre les futurs actionnaires en vue de la constitution de la SEM sont comme pour toute autre société des contrats de droit privé. • CE 16 oct. 1974, *Assoc. pour l'étude et la défense des quartiers à rénover de Draguignan et a., M. Pascal et a. : Dr. adm. 1974, n° 354* • Civ. 1re, 6 mai 1969 : *Gaz. Pal. 1969. 2. 98.* ♦ De même compétence de la juridiction judiciaire pour régler une demande d'expertise formée par des actionnaires minoritaires d'une SEM. • Com. 29 nov. 1988, n° 86-19.002 P : *JCP 1989. IV. 40.* ♦ De même sont des contrats de droit privé les contrats passés entre la SEML et ses salariés que ce soit le personnel embauché directement par la société ou les fonctionnaires placés auprès d'elle en position de détachement ou de hors cadre. • T. confl. 12 mai 1988, *Bon c/ Sonacotra : Lebon 688 ; LPA 17 oct. 1988, note Morand-Deviller ; AJDA 1989. 39, note Plouvin.*

3. Il en est de même lorsque le préfet se borne à contester la légalité des statuts après la signature et non celle de la délibération. Son action est de ce fait dirigée contre un contrat de droit privé et compétence de la juridiction judiciaire. • TA Toulouse, 27 janv. 1988, *Préfet de l'Aveyron : Gaz. Pal. 1989. 1. Somm. 231.*

4. En revanche, lorsque la SEML est en formation et tant qu'elle n'a pas acquis la personnalité morale du fait de son enregistrement au registre du commerce et des sociétés, le contrat passé pour son compte par une commune est réputé être un contrat de cette commune. • CE 26 oct. 1992, *Sté Groupe Vidéotron : Dr. adm. 1992, n° 484.* ♦ De même, lorsque la SEML n'a pas au moins 7 actionnaires (sauf disposition dérogatoire) la violation de cette obligation n'entraîne pas en droit commun la nullité de la société (Dir. 68/151/CEE du 9 mars 1968, art. 11). Mais le juge peut annuler la délibération qui a autorisé la prise de participation de la collectivité territoriale. • TA Grenoble, 23 déc. 1994, *Gauthier et a. : n*os *912756 et 913567.*

5. Comme toute société anonyme régie par la loi du 24 juill. 1996, les SEML n'ont pas l'obligation de déposer leurs fonds libres au Trésor et peuvent les déposer auprès d'organismes bancaires de leur choix. * Rép. min. n° 10203 : *JOAN Q, 15 déc. 1986, p. 4898.*

6. Le régime juridique des biens de la SEML est celui de droit commun. C'est ainsi que la location d'un bien de la SEML à un bailleur privé peut éventuellement relever du régime juridique des baux commerciaux. • Civ. 3e, 20 mars 1969 : *JCP 1969. II. 16106, note B. B.* ♦ Cependant les biens mis à disposition de la SEML (sans transfert de propriété) par la personne publique sont assujettis à un régime de droit public s'ils présentent les caractères de dépendances du domaine public. • T. confl. 15 janv. 1979, *Payan : Lebon 665 ; JCP 1980. II. 19453, note Brard (a contrario).* ♦ Il en est ainsi pour les immeubles nécessaires à l'exploitation d'une concession construits par la SEML concessionnaire et transférés dès leur achèvement en pleine propriété au concédant puis immédiatement remis par celui-ci à la disposition de celle-là. • CE 28 nov. 1984, *Sté des Autoroutes du Sud de la France : Lebon 88 ; Dr. fiscal 1985, n° 24, comm. 1116, concl. Racine* • CE, sect., 22 mars 1985, *Sté des Autoroutes du Sud de la France : AJDA 1985. 371, concl. Latournerie* • CE 27 janv. 1984, *Ville d'Avignon c/ Da Costa Nunes,* nos 05170 et 14007 : *Lebon 28 ; LPA 5 avr. 1985, note Llorens.*

7. Le juge a précisé par ailleurs qu'aucune disposition légale n'attribue aux collectivités locales un pouvoir général de contrôle sur les SEM. Ces collectivités n'ont d'autres pouvoirs que ceux conférés par la loi aux actionnaires des sociétés anonymes à l'exception des pouvoirs reconnus à l'autorité concédante sur la personne privée chargée de la gestion d'un service public. • TA Grenoble, 26 oct. 1995, *Groupement régional des entreprises de réseaux souterrains de distribution d'énergie gaz-électricité, FRTP Rhône-Alpes : Dr. adm. 1995, n° 762.*

8. Soumission également à l'art. 91 de la loi de 1966 du représentant de la collectivité publique qui encourt, comme tout administrateur de société, une responsabilité pénale pour des fautes intentionnelles. • Crim. 16 févr. 1971, n° 69-90.205 P : *JCP 1971. II. 16836, note Sousi ; Rev. soc. 1971. 418, note Bouloc ; D. 1971. 294.* ♦ V. aussi, • Crim. 16 déc. 1975 : *JCP 1976. II. 18476, note Delmas-Marty.*

9. L'assemblée générale d'une SEML doit approuver les comptes de l'exercice écoulé dans les 6 mois qui suivent sa clôture, en application de l'art. 157 de la loi du 24 juill. 1966 (V. désormais **C. com.**, art. L. 225-100). Le bilan des SEML doit être annexé au budget des communes de 3 500 habitants et plus, en application de l'art. L. 2313-1. Le compte administratif de la commune doit être arrêté par l'assemblée délibérante au plus tard le 30 juin de l'année suivant l'exercice écoulé. Si le compte administratif est approuvé avant cette date alors que le conseil d'administration d'une SEML n'a pas encore approuvé les comptes de l'exercice, c'est le bilan du dernier exercice connu qui figurera en annexe. * Rép. min. 21 sept. 1998 : *JOAN Q, 25 janv. 1999, Rev. Trésor 1999. 287.*

II. COMPOSITION DES ORGANES DÉLIBÉRANTS

10. Le juge a admis la légalité d'une SEML dans laquelle les collectivités locales détiennent plus de la moitié des voix dans le conseil d'administration alors que les statuts prévoient que certaines décisions peuvent être prises à une majorité qualifiée. • CE 7 juin 1995, *M. Lagourgue, Mme Mellier et Comité mixte à la production de la SEML, gaz de Bordeaux,* n° 143647 : *Lebon 226 ; CJEG 1995. 371, concl. Denis-Linton ; Dr. adm. 1995, n° 492 ; ACL 1996. 386.* ♦ V. aussi notes ss. art. L. 1524-5.

III. PARTICIPATION DES COLLECTIVITÉS LOCALES AU CAPITAL SOCIAL

11. Toute participation d'une collectivité locale à une société commerciale ne respectant pas ces conditions est illégale sauf régime particulier (par ex. les sociétés de financement régionales ou interrégionales et les sociétés de développement régional de l'art. L. 1523-2°) ou autorisation donnée par décret en Conseil d'État. • CE 24 nov. 1989, *Cne d'Iffendic,* n° 68439 B.

12. Il y a disparition de la SEML lorsque toute opération telle que cession d'action, modification du capital social, fusion conduit à l'abandon de la position majoritaire par la collectivité au profit d'actionnaires du secteur privé. Il en est de même lorsque la propriété d'un actif social susceptible d'exploitation autonome est transmise au secteur privé. Le Conseil d'État précise que les procédures de privatisation applicables à la généralité des entreprises publiques doivent être suivies. • CE, avis, 10 nov. 1993 : *EDCE 1993. 349.*

IV. APPORTS EN CAPITAL

13. Le Conseil d'État a admis en principe la légalité des apports en capital consentis par les collectivités publiques au profit des SEML. • CE 17 janv. 1994, *Préfet du Dpt des Alpes-de-Haute-Provence,* nos 133837 et 133905 : *Lebon 18 ; AJDA 1994. 470, note Devès ; RFDA 1994. 900, note Douence ; JCP 1994. II. 22311, note Moreau ; LPA 22 juill. 1994, note Agbayissah et Lecerf ; ACL 1995. 243 ; Rev. soc. 1994. 764, note Alibert et Durand.* ♦ En effet les art. L. 1522-1 et L. 2253-2 visent la constitution initiale de la SEML. Le Conseil d'État a estimé que les communes pouvaient décider de modifier leur participation au capital de ces sociétés en souscrivant des augmentations de capital mais elles devaient respecter les plafonds et planchers prévus par le texte (art. L. 1522-2). • CE 6 nov. 1995, *Cne de Villenave-d'Ornon c/ Pujol*, n° 145955 B : *RF décentr. 1996. 221, concl. Martin, note Durand ; ACL 1996. 393 ; AJDA 1996. 224, note Devès ; Dr. adm. 1995, n° 760.*

14. Une SEM ne peut être considérée comme étant en cours de constitution au sens de l'art. L. 1411-1 CGCT et ainsi candidater à l'attribution d'une DSP lorsque, à la date limite de réception des candidatures, les personnes sollicitées pour entrer au capital de la société n'ont pas donné leur accord de principe, ni fixé le montant de leur éventuelle participation. • CE 19 déc. 2012, *Dpt de l'Aveyron*, n° 354873 : *AJCT 2013. 246, obs. Juilles*.

Art. L. 1522-2 (*L. n° 2002-1 du 2 janv. 2002, art. 1er*) **La participation des actionnaires autres que les collectivités territoriales et leurs groupements ne peut être inférieure à 15 % du capital social.**

COMMENTAIRE

V. dans le supplément en ligne.

Art. L. 1522-3 **Par dérogation aux dispositions de** (*Ord. n° 2003-1212 du 18 déc. 2003, art. 2*) **« l'article L. 224-2 du code de commerce », le capital social doit être au moins égal à 225 000 € pour les sociétés ayant dans leur objet la construction d'immeubles à usage d'habitation, de bureaux ou de locaux industriels, destinés à la vente ou à la location, et à 150 000 € pour celles ayant dans leur objet l'aménagement.**

SECTION 2 **Concours financiers des collectivités territoriales et de leurs groupements** (*Ord. n° 2003-1212 du 18 déc. 2003, art. 2*).

COMMENTAIRE

V. dans le supplément en ligne.

Art. L. 1522-4 **Les collectivités territoriales et leurs groupements peuvent, en leur qualité d'actionnaires, prendre part aux modifications de capital ou allouer des apports en compte courant d'associés aux sociétés d'économie mixte locales dans les conditions définies à l'article L. 1522-5.**

Ces concours financiers ne sont pas régis par les dispositions du titre I du présent livre.

Art. L. 1522-5 **L'apport en compte courant d'associés visé au premier alinéa de l'article L. 1522-4 est alloué dans le cadre d'une convention expresse entre la collectivité territoriale ou le groupement actionnaire, d'une part, et la société d'économie mixte locale, d'autre part, qui prévoit, à peine de nullité :**

1° La nature, l'objet et la durée de l'apport ;

2° Le montant, les conditions de remboursement, éventuellement de rémunération ou de transformation en augmentation de capital dudit apport.

L'apport en compte courant d'associés ne peut être consenti par les collectivités territoriales et leurs groupements actionnaires pour une durée supérieure à deux ans, éventuellement renouvelable une fois. Au terme de cette période, l'apport est remboursé ou transformé en augmentation de capital. Aucune nouvelle avance ne peut être accordée par une même collectivité ou un même groupement avant que la précédente n'ait été remboursée ou incorporée au capital. Une avance ne peut avoir pour objet de rembourser une autre avance.

Toutefois, la transformation de l'apport en augmentation de capital ne peut avoir pour effet de porter la participation de la collectivité ou du groupement au capital social de la société au-delà du plafond résultant des dispositions de l'article L. 1522-2.

La collectivité territoriale ou le groupement ne peut consentir l'avance à la société d'économie mixte locale si la totalité des avances déjà consenties par la collectivité ou le groupement à des sociétés d'économie mixte excède, avec cette nouvelle avance, 5 % des recettes réelles de la section de fonctionnement du budget de la collectivité ou du groupement.

Aucune avance ne peut être accordée par les collectivités ou leurs groupements si, du fait des pertes constatées dans les documents comptables, les capitaux propres de la société d'économie mixte sont devenus inférieurs à la moitié du capital social.

Les assemblées délibérantes des collectivités territoriales et de leurs groupements actionnaires se prononcent sur l'octroi, le renouvellement ou la transformation en capital d'un apport en compte courant d'associés au vu des documents suivants :

1° Un rapport d'un représentant de la collectivité territoriale ou du groupement au conseil d'administration ou au conseil de surveillance de la société d'économie mixte locale ;

2° Une délibération du conseil d'administration ou du conseil de surveillance de la société d'économie mixte locale exposant les motifs d'un tel apport et justifiant son montant, sa durée ainsi que les conditions de son remboursement, de son éventuelle rémunération ou de sa transformation en augmentation de capital.

Un décret en Conseil d'État détermine les modalités de rémunération des apports en compte courant d'associés.

Art. L. 1522-6 *Abrogé par Ord. n° 2010-177 du 23 févr. 2010, art. 27.*

CHAPITRE III MODALITÉS D'INTERVENTION

Art. L. 1523-1 Les sociétés d'économie mixte locales peuvent intervenir pour des personnes qui ne participent pas à leur capital.

Pour les opérations autres que des prestations de services, cette intervention est subordonnée à la condition que ces personnes apportent préalablement la totalité du financement nécessaire, s'il s'agit de personnes privées, ou garantissent la totalité du financement nécessaire, s'il s'agit de personnes publiques ; à défaut, ces interventions sont soumises à l'accord préalable du conseil d'administration ou du conseil de surveillance, pris à une majorité des deux tiers comprenant la moitié, au moins, des représentants des collectivités territoriales ou de leurs groupements, actionnaires, ainsi, s'il y a lieu, qu'à l'accord de la collectivité territoriale sur le territoire de laquelle l'investissement immobilier est prévu. – *[L. n° 83-597 du 7 juill. 1983, art. 4.]*

1. Il convient de préciser que la compétence territoriale des collectivités locales ne limite pas le champ d'action des SEML. * Rép. min. n° 34930 : *JOAN Q, 28 sept. 1992, p. 4515.*

2. Les interventions immobilières des SEML effectuées pour le compte des collectivités locales sont finançables par ces bénéficiaires sous forme d'apport préalable de la totalité des fonds, ou par remboursement des débours, ou par simple garanties de financement ou par subvention d'équilibre. • TA Paris, 21 avr. 1994, *Préfet de Seine-Saint-Denis : Dr. adm. 1994, n° 433.*

3. En dehors des rapports que les SEML entretiennent avec les collectivités territoriales actionnaires, elles peuvent comme toute autre société privée entrer en relation avec des tiers. La loi n'interdit pas aux SEML d'exercer des activités en dehors du territoire national. Cette intervention doit cependant s'exercer dans le respect des règles du droit international applicables au droit des sociétés. * Rép. min. n° 7757 : *JO Sénat Q, 5 avr. 1990, p. 723.*

Art. L. 1523-2 *(L. n° 2002-1 du 2 janv. 2002, art. 7)* Lorsqu'une société d'économie mixte locale est liée à une collectivité territoriale, un groupement de collectivités territoriales ou une autre personne publique par une *(L. n° 2005-809 du 20 juill. 2005, art. 6)* « concession d'aménagement » visée à l'article L. 300-4 du code de l'urbanisme, celle-ci prévoit à peine de nullité :

1° L'objet du contrat, sa durée et les conditions dans lesquelles il peut éventuellement être prorogé ou renouvelé ;

2° Les conditions de rachat, de résiliation ou de déchéance par *(L. n° 2005-809 du 20 juill. 2005, art. 6)* « le concédant » ainsi que, éventuellement, les conditions et les modalités d'indemnisation *(L. n° 2005-809 du 20 juill. 2005, art. 6)* « du concessionnaire » ;

3° Les obligations de chacune des parties et notamment, le cas échéant, le montant de la participation financière *(L. n° 2005-809 du 20 juill. 2005, art. 6)* « du concédant » dans les conditions prévues à l'article L. 300-5 du code de l'urbanisme, ainsi que les modalités de contrôle technique, financier et comptable exercé par *(L. n° 2005-809 du 20 juill. 2005, art. 6)* « le concédant » dans les conditions prévues à l'article L. 300-5 précité ;

4° Les conditions dans lesquelles *(L. n° 2005-809 du 20 juill. 2005, art. 6)* « le concédant » peut consentir des avances justifiées par un besoin de trésorerie temporaire de l'opération ; celles-ci doivent être en rapport avec les besoins réels de l'opération mis

en évidence par le compte rendu financier visé à l'article L. 300-5 du code de l'urbanisme ; ces avances font l'objet d'une convention approuvée par *(L. nº 2005-809 du 20 juill. 2005, art. 6)* **« l'organe délibérant du concédant » et précisant leur montant, leur durée, l'échéancier de leur remboursement ainsi que leur rémunération éventuelle ; le bilan de la mise en œuvre de cette convention est présenté à** *(L. nº 2005-809 du 20 juill. 2005, art. 6)* **« l'organe délibérant du concédant » en annexe du compte rendu annuel à la collectivité ;**

5º Les modalités de rémunération de la société ou de calcul du coût de son intervention, librement négociées entre les parties ;

6º Les pénalités applicables en cas de défaillance de la société ou de mauvaise exécution *(L. nº 2005-809 du 20 juill. 2005, art. 6)* **« du traité de concession ».**

(L. nº 2003-590 du 2 juill. 2003, art. 62 ; L. nº 2005-809 du 20 juill. 2005, art. 6) **« Le traité de concession » peut prévoir les conditions dans lesquelles d'autres collectivités territoriales apportent, le cas échéant, leur aide financière pour des actions et opérations d'aménagement public visées aux articles L. 300-1 à L. 300-5 du code de l'urbanisme.** *(L. nº 2005-809 du 20 juill. 2005, art. 6)* **« Un accord spécifique est conclu entre le concédant et la collectivité qui accorde la subvention. »**

(L. nº 2003-590 du 2 juill. 2003, art. 62) **« Les concours financiers visés au présent article ne sont pas régis par les dispositions du titre I du présent livre. »**

Sur les opérations d'aménagement des collectivités territoriales, V. ci-dessous C. urb., art. L. 300-4 s.

BIBL. ▸ Sur les concessions d'aménagement : Bizet, La convention publique d'aménagement : nature juridique et régime juridique, *BJCP 2001. 374 ; ibid. nº 19, p. 466* ; Pour une défense de la concession d'aménagement, *BJCP 2008. 74*. – Bonamy et Pelcran, La procédure nationale de dévolution des concessions d'aménagement : loin du compte !, *AJDA 2005. 2177*. – Braconnier, Actualité jurisprudentielle des concessions d'aménagement, *RDI 2009. 40*. – Ciaudo, Concessions d'aménagement, *J.-Cl. Adm., fasc. 616, 2015*. – Dieu, la soumission à la concurrence des conventions d'aménagement, *BJCL 2006. 778*. – Dreyfus, Obligations minimales de publicité et de transparence et conventions d'aménagement, *AJDA 2005. 257*. – Fatôme et Richer, Questions sur les nouvelles concessions d'aménagement, *AJDA 2006. 926*. – Hachache, L'aménagement français dans le collimateur de Bruxelles, *Mon. TP 15 mars 2002, p. 58*. – Lignières-Marciano, Renouvellement urbain : le recours à la convention publique d'aménagement, *Dr. adm. mars 2003, p. 43*. – Llorens et Soler-Couteaux, Nature et contenu des contrats d'aménagement, *Rev. CMP, juin 2001, p. 4*. – Michon, Marchés publics et conventions publiques d'aménagement. L'exigence d'un minimum de mise en concurrence, *Mon. TP 6 sept. 2002, p. 60*. – Pauliat, La passation des concessions d'aménagement ou de la difficulté de qualifier certains contrats, *Rev. CMP 2007. Étude 13*. – Schwartz, Le décret sur les concessions d'aménagement, *BJCP 2006. 322*. – Terneyre, Retour aux concessions d'aménagement, *BJCP 2005. 338*.

I. CHAMP D'APPLICATION

1. Soumission au code des marchés publics. L'art. L. 1523-2 CGCT ne soustrait pas au code des marchés publics les contrats par lesquels une collectivité locale confie à une SEML l'exécution de prestation de services. • CE 30 déc. 2002, *Dpt des Côtes-d'Armor*, nº 218110 : *AJDA 2003. 394, note Dreyfus ; Contrats et Marchés publ. 2003, p. 20, note Delacour ; Coll. terr. mars 2003, p. 26, note G.L.C.*

2. Exception in house. V. notes ss. art. L. 1524-1.

II. AIDES DES COLLECTIVITÉS LOCALES AUX SEML

3. Les aides financières des collectivités locales aux entreprises sont principalement régies par les art. L. 1511-1 s. et L. 2251-1 s. (V. annotations ss. cet art.). Toute aide des collectivités territoriales aux SEML est soumise à la réglementation spécifique des aides locales. • CE 17 janv. 1994, *Préfet du dpt des Alpes-de-Haute-Provence c/ Cne d'Allos*, nºs 133837 et 133905 : *Lebon 18 ; AJDA 1994. 470, note Devès ; RFDA 1994. 900, note Douence ; JCP 1994. II. 22311, note Moreau ; LPA 22 juill. 1994, note Agbatissah et Lecerf ; ACL 1995. 243 ; Rev. soc. 1994. 764, note Alibert et Durand.* ♦ Il résulte de la combinaison des art. L. 1511-1 s. et L. 1523-2 s. que lorsqu'une commune a confié une mission à une SEML dont elle est actionnaire, elle peut lui consentir une avance de trésorerie pour l'exécution de cette mission ; en dehors de ce cas, et sous réserve de celui dans lequel la société a agi en qualité de mandataire de la commune et obtient le remboursement des dépenses exposées pour le compte de la mandante et préalablement définies, la commune ne peut légalement accorder d'aides directes à une SEML qu'en respectant les dispositions des art. L. 1511-1 s. • CE 30 déc. 1998, *Cne de Colombes*, nº 188393 : *Lebon 514 ; Gaz. cnes 8 févr. 1999, note Gianina ; JCP E 1999. 149 ; RFDA 1999.*

245 ; *Gaz. Pal. 1999. Pan. dr. adm. 194* ; *JCP 1999. II. 10081, note Dacosta* ; *Rev. Trésor 2000. 391.* ♦ V. aussi • CE 13 sept. 1995, *Dpt des Alpes-Maritimes* : *Lebon 345* ; *Quot. jur. 2 janv. 1996* ; *AJDA 1996. 225, note Devès* ; *Dr. adm. 1995, n° 761* ; *LPA 2 janv. 1996, D. 1995. IR 219* • CE 21 avr. 1997, *Cne d'Aubagne*, n° 165415 : *AJDA 1997. 711, obs. Chouvel* ; *Dr. adm. 1997, n° 350, note Benjamin* • CE 20 mars 1998, *Dpt de la Seine-Saint-Denis*, n° 160548 : *Dr. adm. 1998, n° 370, note Benjamin* ; *Gaz. Pal. 1999. Pan. dr. adm. 14* ; *JCP E 1998. 1547, note Chouvel.*

4. Une collectivité territoriale, actionnaire d'une SEML peut être appelée, en application de l'art. 180 de la loi n° 85-98 du 25 janv. 1985 [devenu C. com., art. L. 624-3. – **C. com.**], à supporter tout ou partie de l'insuffisance d'actif de cette société, lors de sa liquidation. Ces dispositions, qui sont applicables au seul cas de la liquidation judiciaire, n'ont pas pour objet et ne saurait avoir pour effet d'autoriser une collectivité locale à déroger aux dispositions relatives aux aides aux entreprises, lorsqu'elle décide la liquidation amiable d'une SEM. • CE 15 mars 2000, *Cne de Romilly-sur-Seine*, n° 203555 : *Dr. adm. 2000, n° 108* ; *Coll. terr. 2000, n° 149, note Moreau* ; *JCP E 2000. 630* ; *RGCT 2000. 451, note Devès* ; *Rev. Trésor 2000. 634.*

5. La décision par laquelle une collectivité locale décide de participer à l'augmentation du capital social d'une société d'économie mixte n'a pas le caractère d'une aide directe ou indirecte apportée à une entreprise. • CAA Bordeaux, 29 oct. 2002, *M. Bordeaux*, n° 98BX00284 : *AJDA 2003. 235, note Devès*.

6. Aides illégales. En conséquence sont illégales, et considérées comme aide directe, une subvention ou une avance faite par une commune à une SEML pour faire face au remboursement d'un prêt à la Caisse des dépôts et consignations. • TA Clermont-Ferrand, 12 avr. 1991, *Préfet de l'Allier c/ Cne de Vichy* : *Dr. adm. 1991, n° 529.* ♦ ... Ou une avance de trésorerie ou une garantie communale à des opérations autres que des emprunts telle une garantie aux pertes d'une SEML. • CE 6 nov. 1995, *Cne de Villenave-d'Ornon c/ Pujol*, n° 145955 B : *RFDA 1996. 221, concl. Martin, note Durand* ; *ACL 1996. 393* ; *AJDA 1996. 224, note Devès* ; *Dr. adm. 1995, n° 760.* ♦ ... Ou une garantie d'ouverture de crédits souscrite par une SEM auprès d'une banque. • CE 16 janv. 1995, *Ville de Saint-Denis*, n° 141148 : *Lebon 34* ; *RFDA 1995. 420* ; *Dr. adm. 1995, n° 190* ; *AJDA 1995. 657*. ♦ ... Ou une augmentation de capital suivie immédiatement d'une réduction de capital destinée à résorber des pertes. • CE 17 janv. 1994, *Préfet du dpt des Alpes-de-Haute-Provence*, n°s 133837 et 133905 : *préc. note 3.* ♦ ... Ou des bonifications d'intérêts. • CE 20 mars 1998, *Dpt de la Seine-Saint-Denis*, n° 160548 : *préc. note 3.* ♦ ... Ou les sommes qu'une commune a décidé de verser à une SEML pour l'exécution de travaux sur des biens immobiliers figurant à l'actif du bilan de la société. • CE 30 déc. 1998, *Cne de Colombes*, n° 188393 : *préc. note 3.* ♦ ... Ou des fonds mis à la disposition d'une SEML, dont le remboursement est conditionné par la réalisation, par cette société, de bénéfices. • CE 21 juin 1999, *SEM intercommunale des Pays de France et de l'Aulnoye*, n° 183526 : *Gaz. Pal. 2000. 1. Somm. 398.* ♦ ... Ou l'effacement du passif d'une SEML par sa liquidation amiable ou volontaire. • CE 15 mars 2000, *Cne de Romilly-sur-Seine*, n° 203555 : *préc. note 4.*

7. Est illégale la délibération autorisant la conclusion, entre une communauté urbaine et une société d'économie mixte, d'un bail emphytéotique concernant la location d'un immeuble, prévoyant que la société mettrait cet immeuble à la disposition d'une entreprise dont la communauté urbaine souhaitait faciliter l'implantation, cette délibération ne pouvait stipuler aucun rabais par rapport aux conditions du marché. Compte tenu des obligations habituelles du preneur d'un bail emphytéotique, la clause qui dispense la société d'économie mixte, pendant dix ans, du paiement de la redevance annuelle de 1 MF mise à sa charge, au motif qu'elle devait faire effectuer des travaux de remise en état pour une somme évaluée à 10 MF, n'est pas justifiée au regard des conditions du marché, et doit donc être regardée comme une aide indirecte, non conforme à la loi. • CE 6 avr. 1998, *Cté urbaine de Lyon*, n° 151752 : *Lebon 132* ; *BJCP 1998. 80, concl. Goulard* ; *Gaz. Pal. 1999. Pan. dr. adm. 8* ; *Dr. adm. 1998, n° 210.*

8. Aides légales. Le rachat, par un département, d'une créance que détient une SEM sur une commune est considéré comme une aide indirecte régulière, en l'espèce. Le département est subrogé dans les droits de la SEM pour engager toutes voies d'action pour récupérer cette créance non fictive et recouvrable. Dès lors, l'engagement budgétaire du département est réputé avoir une contrepartie réelle et ne saurait être regardé comme ayant une incidence directe dans le patrimoine du département. Cette aide, qui permet à la SEM, de restaurer sa trésorerie, n'est pas irrégulière au regard des dispositions des art. L. 1511-1 s. • CAA Marseille, 27 oct. 1998, *Dpt de l'Aude* : *BJCP 1999. 548, concl. Duchon-Doris, note R.S.* ; *Dr. adm. 2000, n° 74.*

III. AVANCES DÉFINIES PAR CONVENTION

9. Le Conseil d'État a admis que les avances de trésorerie sont licites. Cependant, le juge ne précise pas la nature de ces avances : avances à l'opération ou avance à la société. • CE 13 sept. 1995, *Dpt des Alpes-Maritimes*, n° 122646 : *préc. note 3.* ♦ V. aussi • CAA Paris, 24 sept. 1996, *Cne de Sevran* : *AJDA 1997. 111* ; *Dr. adm. 1997, n° 63, note Benjamin* ; *RFDA 1997. 483* (illégalité des concours financiers d'une commune à une SEML, ceux-ci ne venant pas en complément d'une aide régionale et n'ayant pas le caractère d'avances de trésorerie dès lors qu'il résulte de la convention passée avec la SEML que leur remboursement est lié à l'existence d'un solde créditeur du compte de résultat de la société). – Confirmé par • CE 21 juin 1999, *SEM intercommunale des pays de France et de l'Aulnoye*, n° 183526 : *préc. note 6.* ♦ Dans le cadre d'une convention de mandat entre une SEM et une collectivité locale, le versement d'avances ne peut avoir pour objet de permettre à la SEM d'effectuer des placements de fonds. * Rép. min : *JOAN Q, 23 oct. 2000, p. 6039 ; Gaz. cnes 29 janv. 2001, p. 67.*

10. Cependant le Conseil d'État les déclare licite sous certaines conditions : elles ne doivent pas être la réalisation de prestations de service comme l'indique l'art. L. 1523-2. • CE 20 oct. 1995, *M. Lefèvre, Assoc. Vivre ensemble à Sanary : RF décentr. 1996. 84, note Devès.* ♦ De plus l'apport doit être consenti dans le cadre d'une convention qui répond aux conditions fixées par l'art. L. 1523-2 et à laquelle la collectivité, qui consent l'avance, doit être partie. • CE 13 sept. 1995, *Dpt des Alpes-Maritimes*, n° 122646 : *préc. note 3* • CE 21 avr. 1997, *Cne d'Aubagne*, n° 165415 : *préc. note 3.* ♦ C'est ainsi que l'octroi d'avances représentatives d'indemnités ou de paiements anticipés de prestations doit faire l'objet d'une convention approuvée par le conseil municipal et le conseil d'administration de la SEM. * Rép. min. 15 déc. 1986 : *JOAN Q, p. 4898.* ♦ Cette aide doit également porter uniquement sur la réalisation de la mission confiée à la SEML et non par exemple pour financer le remboursement de sa dette. • TA Clermont-Ferrand, 12 avr. 1991, *Préfet de l'Allier c/ Cne de Vichy : préc. note 6.* ♦ Mais ces dérogations sont d'interprétation stricte : n'en bénéficient que les collectivités qui ont effectivement chargé cette SEML d'une mission et dans les limites de cette dernière. • CE 13 sept. 1995, *Dpt des Alpes-Maritimes*, n° 122646 : *préc. note 3.*

11. Cependant le juge administratif a admis la légalité d'une opération prévue dans la convention et autorisant la prise en charge par la commune de l'éventuel déficit d'exploitation et des besoins de trésorerie d'une SEML chargée de réaliser des logements. • TA Paris, 21 avr. 1994, *Préfet de Seine-Saint-Denis c/ Sobegim : Mon. TP 23 sept. 1994, p. 61, note Devès ; RF compt. 1995, n° 264, p. 33, note Chanlair ; LPA 1995, n° 66 ; Dr. adm. 1994, n° 433.* ♦ V. aussi, • TA Marseille, 25 nov. 1994, *Préfet des Bouches-du-Rhône c/ Cne d'Aubagne : cité in AJDA 1995. 250, par Bizet et Devès in note ss. CE 10 oct. 1994, Préfet de la région Lorraine ; BJS 1995, n° 6, p. 495.*

IV. CONTRÔLE DE LA CONVENTION RÉGISSANT LES RAPPORTS ENTRE LES COLLECTIVITÉS TERRITORIALES ET LA SEML

12. La jurisprudence a admis que les conventions autres que les marchés et les délégations peuvent faire l'objet d'un déféré préfectoral. • CE 4 nov. 1994, *Dpt de la Sarthe*, n° 99643 B : *AJDA 1994. 898, concl. Maugüé.* ♦ Le déféré peut être dirigé non seulement contre la décision de conclure la convention mais également contre la convention elle-même. • CE, sect., 26 juill. 1991, *Cne de Sainte-Marie (Réunion)*, n° 117717 : *Lebon 302, concl. Legal.* ♦ V. aussi • CE 2 nov. 1988, *COREP des Hauts-de-Seine*, n° 64954 : *Lebon 659.*

13. Ne constitue pas une simple mesure d'exécution, en l'espèce, de la clause financière d'une convention de concession, la délibération du conseil municipal décidant de verser à la SEM, concessionnaire, une somme destinée à compenser l'insuffisance des recettes du service sans accroissement excessif des tarifs. Dès lors le déféré préfectoral dirigé contre cette délibération est recevable. • CE 20 mars 1998, *SEM de sécurité active et de télématique*, n° 157586 : *Gaz. Pal. 1999. Pan. dr. adm. 11.*

14. Ni les dispositions de l'art. L. 1523-2, ni celles de l'art. 48-I de la loi n° 93-122 du 29 janv. 1993 n'ont pour objet ni pour effet de faire échapper au respect des règles régissant les marchés publics les contrats par lesquels une collectivité territoriale confie à une SEML l'exécution de prestation de service. • CAA Bordeaux, 17 mars 1997, *Dpt de l'Hérault*, n° 96BX02342 : *Dr. adm. 1997, n° 315, note Benjamin ; JCP E 1998. 462.*

Code de l'urbanisme

Art. L. 300-4 *(L. n° 2005-809 du 20 juill. 2005, art. 1er)* L'État et les collectivités territoriales, ainsi que leurs établissements publics, peuvent concéder la réalisation des opérations d'aménagement prévues par le présent *(L. n° 2006-872 du 13 juill. 2006, art. 7)* « code » à toute personne y ayant vocation.

L'attribution des concessions d'aménagement est soumise par le concédant à une procédure de publicité permettant la présentation de plusieurs offres concurrentes, dans des conditions prévues par décret en Conseil d'État. *(L. n° 2014-366 du 24 mars 2014, art. 161)* « Lorsqu'une opération d'aménagement est destinée à être réalisée dans une zone d'aménagement concerté, l'attribution de la concession d'aménagement peut intervenir avant la création de la zone, dès lors que la personne publique à l'initiative de la zone d'aménagement concerté a arrêté le bilan de la concertation prévue à l'article L. 300-2 et a délibéré sur les enjeux et l'objectif de l'opération, son périmètre d'intervention, son programme et son bilan financier prévisionnel. »

Le concessionnaire assure la maîtrise d'ouvrage des travaux *(L. nº 2018-1021 du 23 nov. 2018, art. 9)* « , bâtiments » et équipements concourant à l'opération prévus dans la concession, ainsi que la réalisation des études et de toutes missions nécessaires à leur exécution. Il peut être chargé par le concédant d'acquérir des biens nécessaires à la réalisation de l'opération, y compris, le cas échéant, par la voie d'expropriation ou de préemption. Il procède à la vente, à la location ou à la concession des biens immobiliers situés à l'intérieur du périmètre de la concession.

Art. L. 300-5 *(L. nº 2005-809 du 20 juill. 2005, art. 2)* « I. — Le traité de concession d'aménagement précise les obligations de chacune des parties, notamment :

« 1º L'objet du contrat, sa durée et les conditions dans lesquelles il peut éventuellement être prorogé, ou modifié ;

« 2º Les conditions de rachat, de résiliation ou de déchéance par le concédant, ainsi que, éventuellement, les conditions et les modalités d'indemnisation du concessionnaire.

« II. — Lorsque le concédant décide de participer au coût de l'opération, sous forme d'apport financier ou d'apport en terrains, le traité de concession précise en outre, à peine de nullité : »

(L. nº 2000-1208 du 13 déc. 2000, art. 10) « 1º Les modalités de cette participation financière, qui peut prendre la forme d'apports en nature ;

« 2º Le montant total de cette participation et, s'il y a lieu, sa répartition en tranches annuelles ;

« 3º Les modalités du contrôle technique, financier et comptable exercé par *(L. nº 2005-809 du 20 juill. 2005, art. 2)* « le concédant ; à cet effet, le concessionnaire » doit fournir chaque année un compte rendu financier comportant notamment en annexe :

« *a)* Le bilan prévisionnel actualisé des activités, objet de la *(L. nº 2005-809 du 20 juill. 2005, art. 2)* « concession », faisant apparaître, d'une part, l'état des réalisations en recettes et en dépenses et, d'autre part, l'estimation des recettes et dépenses restant à réaliser ;

« *b)* Le plan de trésorerie actualisé faisant apparaître l'échéancier des recettes et des dépenses de l'opération ;

« *c)* Un tableau des acquisitions et cessions immobilières réalisées pendant la durée de l'exercice. »

(L. nº 2005-809 du 20 juill. 2005, art. 2) « L'ensemble de ces documents est soumis à l'examen de l'organe délibérant du concédant ou à l'autorité administrative lorsque le concédant est l'État. Le concédant a le droit de contrôler les renseignements fournis, ses agents accrédités pouvant se faire présenter toutes pièces de comptabilité nécessaires à leur vérification. Si le concédant est une collectivité territoriale ou un groupement de collectivités territoriales, dès la communication de ces documents et, le cas échéant, après les résultats du contrôle diligenté par le concédant, ces documents sont soumis, dans un délai de trois mois, à l'examen de l'organe délibérant, qui se prononce par un vote.

« L'apport financier mentionné aux trois premiers alinéas du II du présent article est approuvé par l'organe délibérant du concédant ou par l'autorité administrative lorsque celui-ci est l'État. Toute révision de cet apport doit faire l'objet d'un avenant au traité de concession, approuvé par l'organe délibérant du concédant ou par l'autorité administrative lorsque celui-ci est l'État.

« III. — L'opération d'aménagement peut bénéficier, avec l'accord préalable du concédant, de subventions versées par l'État, des collectivités territoriales et leurs groupements ou des établissements publics. Dans ce cas, le traité de concession est soumis aux dispositions du II, même si le concédant ne participe pas au financement de l'opération. Le concessionnaire doit également rendre compte de l'utilisation des subventions reçues aux personnes publiques qui les ont allouées. »

(Ord. nº 2016-65 du 29 janv. 2016, art. 75) « IV. — *(Ord. nº 2018-1074 du 26 nov. 2018, art. 10)* « L'article L. 3131-5 du code de la commande publique » n'est pas applicable aux concessions d'aménagement. »

Art. L. 300-5-1 *(L. nº 2005-809 du 20 juill. 2005, art. 3)* Lorsque le concessionnaire n'est pas soumis *(Ord. nº 2018-1074 du 26 nov. 2018, art. 10)* « au code de la commande publique », les contrats d'études, de maîtrise d'œuvre et de travaux conclus par lui pour l'exécution de la concession sont soumis à une procédure de publicité et de mise en concurrence définie par décret en Conseil d'État.

Art. L. 1523-3 *(L. nº 2002-1 du 2 janv. 2002, art. 7)* Dans le cas où une collectivité territoriale, un groupement de collectivités ou une autre personne publique confie l'étude et la réalisation d'une opération d'aménagement à une société d'économie mixte locale dans le cadre d'une *(L. nº 2005-809 du 20 juill. 2005, art. 6)* « concession d'aménagement prévue à » l'article L. 300-4 du code de l'urbanisme, *(L. nº 2005-809 du 20 juill. 2005, art. 6)* « le traité de concession est établi conformément aux dispositions des articles L. 300-4 à L. 300-5-2 du même code » ; toutefois, lorsque la personne publique contractante ne participe pas au coût de l'opération, les deuxième, troisième et dernier alinéas de cet article ne s'appliquent pas.

Art. L. 1523-4 *(L. nº 2002-1 du 2 janv. 2002, art. 12)* En cas de mise en liquidation judiciaire de la société, les *(L. nº 2005-809 du 20 juill. 2005, art. 6)* « concessions » passées sur le fondement de l'article L. 300-4 du code de l'urbanisme ou les contrats de délégation de service public sont automatiquement résiliés et il est fait retour gratuit à la collectivité territoriale ou au groupement des biens apportés par ces derniers et inclus dans le domaine de la convention ou de la concession.

À peine de nullité, la *(L. nº 2005-809 du 20 juill. 2005, art. 6)* « concession » ou le contrat de délégation de service public comprend une clause prévoyant, pour le cas visé à l'alinéa précédent, les conditions d'indemnisation, par la collectivité territoriale ou le groupement, de la partie non amortie des biens acquis ou réalisés par la société et affectés au patrimoine de l'opération ou du service, sur lesquels ils exercent leur droit de retour ou de reprise. Le montant de l'indemnité en résultant est versé à la société, déduction faite, le cas échéant, des participations financières de la collectivité territoriale ou du groupement pour la partie non utilisée de celles-ci et des paiements correspondant à l'exécution d'une garantie accordée pour le financement de l'opération.

Art. L. 1523-5 *(L. nº 2000-1208 du 13 déc. 2000, art. 62)* Les collectivités territoriales et leurs groupements peuvent accorder aux sociétés d'économie mixte exerçant une activité de construction ou de gestion de logements des subventions ou des avances destinées à des programmes de logements, et à leurs annexes, dont les financements sont assortis de maxima de loyers ou de ressources des occupants, déterminés par l'autorité administrative.

Les programmes immobiliers des sociétés d'économie mixte au sens du présent article comprennent la réalisation de logements sociaux par la voie de la construction d'immeubles neufs, de la réhabilitation ou des grosses réparations effectuées sur des immeubles leur appartenant ou acquis.

Les assemblées délibérantes des départements et des communes votent ces subventions au vu d'une étude financière détaillant le coût total de l'investissement immobilier, ainsi que l'équilibre prévisionnel d'exploitation, accompagnée d'un rapport sur la situation financière de la société.

La subvention accordée est au plus égale à la différence entre le coût de l'opération et le total des autres financements qui lui sont affectés. Lorsque cette condition n'est pas remplie, son montant est, le cas échéant, réduit au plus tard un an après la mise en service de l'opération.

Une convention fixe les obligations contractées par les sociétés en contrepartie des financements accordés pour les logements.

Dans le cadre du présent article, les collectivités territoriales et leurs groupements peuvent, dans les mêmes conditions, céder des terrains ou des constructions, la valeur attribuée aux constructions cédées ne pouvant être inférieure à la valeur fixée par le service des domaines, quel que soit le prix de cession effectivement retenu.

Sous réserve des décisions de justice devenues définitives, les conventions passées antérieurement à la promulgation de la loi nº 2000-1208 du 13 décembre 2000 relative à la solidarité et au renouvellement urbains et qui seraient conformes à ses nouvelles dispositions, en tant que la validité de ces conventions au regard des dispositions du titre I du livre V de la première partie du présent code *[art. L. 1511-1 s.]* est contestée, sont validées.

Les concours financiers visés au présent article ne sont pas régis par les dispositions du titre I du livre V de la première partie du présent code.

Art. L. 1523-6 *(L. nº 2000-1208 du 13 déc. 2000, art. 62)* Lorsqu'une société d'économie mixte locale ayant pour objet une activité de construction ou de gestion de logements sociaux est confrontée à des difficultés dues à un déséquilibre grave et durable des programmes immobiliers visés à l'article L. 1523-5, les départements et les communes peuvent, seuls ou conjointement, lui accorder des subventions exceptionnelles pour la mise en œuvre de mesures de redressement dans le cadre d'une convention passée avec celle-ci qui fixe la nature, le montant et la durée des subventions ainsi attribuées.

Les assemblées délibérantes des collectivités territoriales votent ces aides au vu d'un rapport spécial établi par la société sur son activité de logement social auquel est annexé un rapport du commissaire aux comptes certifiant que l'ensemble des éléments présentés est conforme à la situation financière actuelle et que les données prévisionnelles sont cohérentes avec l'ensemble des informations disponibles.

Les assemblées délibérantes sont régulièrement informées, au minimum une fois par an, de la mise en œuvre effective des mesures de redressement prévues.

Art. L. 1523-7 *(L. nº 2002-1 du 2 janv. 2002, art. 3)* Les collectivités territoriales et leurs groupements peuvent accorder aux sociétés d'économie mixte des subventions ou des avances destinées à des programmes d'intérêt général liés à la promotion économique du territoire ou à la gestion de services communs aux entreprises.

Une convention fixe les obligations contractées par les sociétés d'économie mixte en contrepartie de ces aides.

Les concours financiers visés au présent article ne sont pas régis par les dispositions du titre I du présent livre.

CHAPITRE IV **ADMINISTRATION ET CONTRÔLE**

Art. L. 1524-1 *(L. nº 2022-217 du 21 févr. 2022, art. 214, en vigueur le 1er août 2022)* « À peine de nullité, » les délibérations du conseil d'administration ou du conseil de surveillance et des assemblées générales des sociétés d'économie mixte locales sont communiquées dans *(L. nº 2022-217 du 21 févr. 2022, art. 214, en vigueur le 1er août 2022)* « le mois » suivant leur adoption au représentant de l'État dans le département où se trouve le siège social de la société. *(L. nº 2022-217 du 21 févr. 2022, art. 214, en vigueur le 1er août 2022)* « Cette communication peut s'effectuer par voie électronique ou par tout autre moyen permettant d'attester une date certaine. Les articles L. 235-2 à L. 235-14 du code de commerce, sauf lorsqu'ils sont contraires au présent chapitre, sont applicables à la nullité prévue au présent alinéa. »

Il en est de même des contrats visés *(L. nº 2002-1 du 2 janv. 2002, art. 8)* « à l'article L. 1523-2 », ainsi que des comptes annuels et des rapports du commissaire aux comptes.

(L. nº 2002-1 du 2 janv. 2002, art. 8) « À peine de nullité, l'accord du représentant d'une collectivité *(L. nº 2004-806 du 9 août 2004, art. 27)* « territoriale, d'un groupement ou d'un établissement public de santé, d'un établissement public social ou médico-social ou d'un groupement de coopération sanitaire » sur la modification portant sur l'objet social, la composition du capital ou les structures des organes dirigeants d'une société d'économie mixte locale ne peut intervenir sans une délibération préalable de son assemblée délibérante approuvant la modification. Le projet de modification est annexé à la délibération transmise au représentant de l'État et soumise au contrôle de légalité dans les conditions prévues aux articles L. 2131-2, L. 3131-2, L. 4141-2, L. 5211-3, L. 5421-2 et L. 5721-4. »

BIBL. ▸ **Sur l'application de l'exception *in house* :** Direction des affaires juridiques, Fiche technique, Les contrats conclus entre entités appartenant au secteur public, 26 juin 2016 – Des contrats exclus du champ d'application des directives « marchés » et « concessions », fiche technique du 21 juin 2016. – CAPITANT, Les SEM exclues du *in house*, *ACCP, mars 2005, p. 45*. – CHAVAROCHETTE-BOUFFERET, Vers un second souffle de l'hypothèse particulière du *in house* ?, *AJDA 2008. 2147*. – CHARREL, Les SEM exclues du dispositif *in house*, *Gaz. cnes 25 févr. 2005, p. 76*. – GUILLOU, L'exonération des relations *in house* du régime des marchés publics, *ACCP, avr. 2004, nº 32, p. 72*. – LIGNIÈRES et DESBONNET, Sociétés d'économie mixte et mise en concurrence : un besoin de lisibilité du droit, *Dr. adm., janv. 2004, p. 38*. – LLORENS et SOLER-COUTEAUX, Les sociétés publiques locales ou le *in house* à la française, *Rev. CMP 2009. Repère 5 ; ibid. 2016. Repère 9*. –

Peyrical et Sabattier, Collectivités locales et SEM : les limites du *in house*, *ACCP, janv. 2004, p. 32* ; Que reste-t-il du *in house* ?, *RFDA 2005. 955* ⊘. – Rapp, Quasi-régie, quasi-régime, *AJDA 2010. 588* ⊘. – Rolin, Les étrangers dans la maison ou l'économie mixte exclue des contrats *in house*, *AJDA 2005. 898* ⊘. – Zimmer, *In house* : précisions sur la notion de contrôle analogue, *Contr. Marchés publ. 2009. Comm. 305*.

I. NATURE JURIDIQUE DES ACTES DES SEML

A. NATURE JURIDIQUE DES ACTES UNILATÉRAUX DES SEML

1. Les actes des SEML suivent le régime général commun à toutes les institutions d'économie mixte et notamment depuis la loi du 29 janv. 1993 (n° 93-122 ; *JO 30 janv. 1993*) dite loi Sapin, les conventions de délégation de service public et marchés passés par les SEML suivent ce régime général. Le Conseil constitutionnel a d'ailleurs fait extraire de cette loi toutes les dispositions votées qui discriminaient à cet égard les SEML des autres SEM. La loi méconnaissait ainsi le principe d'égalité dans la mesure où elle ne pouvait se justifier ni par les caractéristiques du statut des sociétés en cause, ni par la nature de leur activité, ni par les difficultés éventuelles dans l'application de la loi propre à contrarier les buts d'intérêt général que le législateur a entendu poursuivre. • Cons. const. 20 janv. 1993, n° 92-316 DC : *JO 22 juin 1993 ; RFDA 1993. 902, note Pouyaud* ⊘ *; LPA 2 juin 1993, note Mathieu et Verpeaux ; RFDC 1993. 375, note Favoreu et a.* ♦ V. notes ss. art. L. 1411-1.

1° NATURE JURIDIQUE DES ACTES UNILATÉRAUX D'UNE SEML GÉRANT UN SERVICE PUBLIC ADMINISTRATIF

2. Le juge qualifie l'acte d'acte administratif lorsqu'il est pris dans le cadre de ce service et lorsque l'institution jouit d'une prérogative de puissance publique et qu'elle en a fait usage. Application de la jurisprudence traditionnelle. • CE, ass., 31 juill. 1942, *Monpeurt : Lebon 239* ⊘ *; D. 1942. 138, concl. Segalat, note PC ; JCP 1942. II. 2046, note Laroque ; RD publ. 1943. 57, note Bonnard* • CE 13 janv. 1961, *Magnier : Lebon 33 ; RD publ. 1961. 155, note Fournier ; AJDA 1961. 142, note CP.* ♦ Et plus particulièrement • Civ. 1re, 12 mai 1980, n° 79-12.199 P : *JCP 1980. IV. 278* • CE 31 mars 1995, *Desaunay*, n° 147731 : *Lebon 150* ⊘ *; AJDA 1995. 562, concl. Arrighi de Casanova* ⊘.

3. En revanche l'acte est un acte de droit privé lorsqu'il ne constitue pas la manifestation d'une prérogative de puissance publique. • CE 5 mai 1972, *Sté Équipement de l'Indre c/ Allain : Lebon 341 ; Gaz. Pal. 1972. 2. 905, note Moderne ; AJDA 1973. 52 ; JCP 1973. II. 17481, note Pellet.* ♦ Cependant il existe une particularité pour les ponts à péage incorporé à la voirie publique qui constituent un élément de service public administratif quel que soit le mode d'exploitation. La compétence ressort de ce fait à la juridiction administative. • CE 2 oct. 1985, *Jeissou et SEM du pont de Saint-Nazaire-Saint-Brévin (2 espèces)*, n° 23254 : *Lebon 544* ⊘ *; AJDA 1986. 38, concl. Jeanneney.*

2° NATURE JURIDIQUE DES ACTES UNILATÉRAUX D'UNE SEML GÉRANT UN SERVICE PUBLIC INDUSTRIEL OU COMMERCIAL

4. L'acte unilatéral est de nature administrative s'il est réglementaire, s'il concerne l'organisation du service et s'il est pris sur habilitation de la puissance publique. Application de la jurisprudence traditionnelle. • T. confl. 15 janv. 1968, *Cie Air France c/ Épx Barbier : Lebon 789 ; D. 1969. 202, note J.M. Auby ; RD publ. 1968. 893, note Waline ; RD publ. 1969. 142, concl. Kahn.*

B. NATURE JURIDIQUE DES CONTRATS PASSÉS PAR LA SEML

5. Contrats administratifs. Lorsque le marché est passé par la SEML au nom et pour le compte d'une collectivité publique, il s'agit d'un contrat administratif susceptible de faire l'objet d'un déféré. • CE 28 juill. 1995, *Préfet de la région Île-de-France, Préfet de Paris c/ Sté de Gérance Jeanne-d'Arc*, n° 143438 : *Lebon 321* ⊘ *; RD publ. 1996. 569, concl. Fratacci.* ♦ Application par le juge de la jurisprudence traditionnelle en la matière. • CE 30 mai 1975, *Sté d'équipement de la région montpelliéraine : Lebon 326 ; AJDA 1975. 345, chron. Franc et Boyon.* ♦ V. aussi, • T. confl. 7 juill. 1975, *Cne d'Agde : Lebon 798 ; JCP 1975. I. 18171, note Moderne.* ♦ Dans le même sens : • CE 27 nov. 1987, *Sté provençale d'équipement*, nos 38318, 38360 et 38399 : *Lebon 383* ⊘ *; AJDA 1987. 716.*

6. Cette théorie jurisprudentielle du mandat a reçu une consécration législative : la loi du 12 juill. 1985 relative à la maîtrise d'ouvrage publique et à ses rapports avec la maîtrise d'œuvre privée dispose que le maître de l'ouvrage peut confier à un mandataire et notamment à une SEML dans le cadre d'une convention l'exercice de tout ou partie de la maîtrise d'ouvrage (n° 85-704, V. ce texte au **C. marchés**).

7. Le contrat est également administratif s'il a pour objet la réalisation de travaux ou d'ouvrages publics dont la jurisprudence estime qu'ils incombent par nature à l'État. • T. confl. 12 mars 1984, *SEM du tunnel de Sainte-Marie-aux-Mines : Lebon 533 ; AJDA 1985. 156, concl. Genevois ; RFDA 1985. 353, note Llorens.* ♦ V. aussi, • CE, sect., 3 mars 1989, *Sté des autoroutes de la région Rhône-Alpes*, n° 79532 : *Lebon 69, concl. Guillaume* ⊘ *;*

JCP 1989. II. 21323, note Level ; AJDA 1989. 391, note Dufau ; RFDA 1989. 619, note Pacteau.

8. De même, les contrats définissant les modalités administratives et financières de la gestion par une SEML fermière sont qualifiés par la jurisprudence d'administratifs lorsqu'ils ont pour objet l'exécution d'un service public par le fermier. • T. confl. 24 juin 1968, *Sté Distilleries bretonnes et Sté d'approvisionnement alimentaire : Lebon 801.* ♦ V. aussi * Rép. min. : *JOAN Q, 1er déc. 1986, p. 4606* * Rép. min. : *JOAN Q, 30 mars 1987, p. 1803.*

9. Contrats de droit privé. En revanche lorsque la SEML agit en tout ou partie pour son compte même si la collectivité locale intervient de façon formelle, le juge administratif considère qu'il s'agit de contrat de droit privé. • T. confl. 8 nov. 1982, *COREP de la région Midi-Pyrénées : Lebon 461 ; AJDA 1983. 200* • T. confl. 4 nov. 1985, *Sté Delacommune et Dumont : D. 1986. IR 143, obs. Llorens* • CE 12 juill. 1989, *Ville de Chaumont*, n° 68167 : *Lebon 776 ; D. 1990. Somm. 243, obs. Terneyre* • CE 27 oct. 1989, *Fondeville*, n° 75479 : *Lebon 219 ; D. 1990. Somm. 243, obs. Terneyre* • T. confl. 23 oct. 1995, *Sté Canal + Immobilier c/ SEMEA XVe*, n° 2967 : *RFDA 1996. 150* (le contrat de cession de droits immobilier entre une SEML et des sociétés privées est un contrat de droit privé malgré le fait que la SEML était chargée, en vertu d'une convention de ZAC passée avec la ville, d'une mission de service public). ♦ V. aussi * Rép. min. n° 7849 : *JO Sénat Q, 5 avr. 1990, p. 723.*

10. Le contrat d'emprunt contracté par une SEML auprès d'une personne privée est également un contrat de droit privé. Le juge judiciaire est compétent également pour examiner l'action intentée par le créancier contre la collectivité publique garante de l'emprunt. • TA Paris, 11 oct. 1983, *BCT Midland Bank : RFDA 1984. 89* • Civ. 1re, 1er oct. 1985 : *Bull. civ. I, n° 242 ; JCP 1985. IV. 352.* ♦ V. notes ss. art. L. 1524-6.

11. De même, les relations entre la SEML et le sous-traitant sont régies par le droit privé. Et le sous-traitant bénéficie du paiement direct de la part de la SEM si celle-ci, conformément à la loi du 31 déc. 1975 relative à la sous-traitance (n° 75-1334, V. **C. marchés**) a accepté la sous-traitance et les conditions de règlement. • Civ. 3e, 21 févr. 1984 : *JCP 1984. IV. 135* • Com. 12 janv. 1988 : *Bull. civ. IV, n° 16 ; D. 1988. IR 27.*

12. Le contrat liant une société concessionnaire de travaux et de services à un sous-traitant est un contrat de droit privé dès lors que celle-ci a agi pour son compte. La seule circonstance que ledit contrat soit soumis au code des marchés publics [V. **C. marchés**] ne saurait lui conférer le caractère de contrat administratif alors qu'il ne faisait pas participer les personnes privées à l'exécution d'un service public et ne comportait aucune clause exorbitante du droit commun. • T. confl. 17 déc. 2001, *Sté Impériale de Lyon c/ Sté Lyon Parc Auto*, n° 3262 : *Rev. CMP 2002, n° 54.*

II. RÉGIME JURIDIQUE DES ACTES DES SEML

13. Contrats des SEM et mise en concurrence. BIBL. Le Mière, *ACCP 2001. 27* (les contrats de prestations intégrées : l'article 3.1 du nouveau code des marchés publics est-il applicable aux sociétés d'économie mixte ?). – Cossalter, *RFDA 2002. 938* (sociétés d'économie mixte et mise en concurrence : perspectives comparées). – Lignières et Desbonnet, *Dr. adm. 2004, prat. n° 1* (sociétés d'économie mixte et mise en concurrence : un besoin de lisibilité). – Lignières et Lepron, *Dr. adm. 2003, prat. n° 5* (les contrats *in house* et les SEM). – Lignières et Gonzalez-Donaire, *Dr. adm. 2003, prat. n° 8* (mise en concurrence des contrats par les SEM avec des tiers).

14. Conditions cumulatives. Deux conditions cumulatives doivent être remplies pour que le contrat passé entre la collectivité et la SEM corresponde à un contrat de prestation intégré *(in house)*. Échappe à l'obligation communautaire de publicité et de mise en concurrence préalable, le contrat conclu entre une collectivité territoriale, pouvoir adjudicateur, et une entité sur laquelle la collectivité effectue à la fois, « un contrôle analogue à celui qu'elle exerce sur ses propres services et où cette personne réalise l'essentiel de son activité avec la ou les collectivités qui la détiennent ». • CJCE 18 nov. 1999, *Teckal Srl*, n° C-107/98 : *Rec. CJCE I-8121 ; D. 1999. IR 276.* ♦ V. dans le même sens : • CJCE 7 déc. 2000, *ARGE Gewässerschutz*, n° C-94/99 : *Rec. I-11037 ; D. 2001. IR 279.* ♦ V. aussi • CJCE 13 janv. 2005, *Commission c/ Espagne*, n° C-84/03 : *Rec. CJCE I-139 ; RDI 2005. 123, obs. Dreyfus* • CJCE 10 avr. 2008, *Termoraggi SpA c/ Cne di Monza*, n° C-323/07. ♦ V. pour une application aux concessions de services publics. • CJCE 6 avr. 2006, *Associazione Nazionale Autotrasporto Viaggiatori [ANAV]*, n° C-410/04 : *Rec. CJCE I-3303 ; AJDA 2006. 790 ; Rev. CMP 2006, n° 131, obs. Zimmer.*

15. Exclusion des SEM du champ d'application du in house. La participation, fût-elle minoritaire, d'une entreprise privée dans le capital d'une société à laquelle participe également le pouvoir adjudicateur en cause exclut en tout état de cause que ce pouvoir adjudicateur puisse exercer sur cette société un contrôle analogue à celui qu'il exerce sur ses propres services. Dans l'hypothèse où un pouvoir adjudicateur a l'intention de conclure un marché avec une société juridiquement distincte de lui, dans le capital de laquelle il détient une participation avec une ou plusieurs entreprises privées, les procédures de passation des marchés publics doivent être appliquées. • CJCE 11 janv. 2005, *Stadt Halle, RPL Recyclingpark Lochau GmbH*, n° C-26/03 : *Rec. CJCE I-1 ; ACCP, mars 2005, p. 45, note Capitant ; AJDA 2005. 898, note Rolin ; D. 2005. IR 312 ; Dr. adm. 2005, n° 36, obs. Alonso Garcia et Maillard ; Rev. CMP 2005, n° 68, obs. Eckert ; BJCP*

2005. 180. ♦ Confirmé par • CJCE 21 juill. 2005, *Consorzio Aziende Metano [Coname], n° C-231/03 : Rec. CJCE I-7287 ; AJDA 2005. 1541 ; ACCP déc. 2005, n° 50, p. 65, obs. Richer* • CJCE 13 oct. 2005, *Parking Brixen GmbH, n° C-458/03 : Rec. CJCE I-8585 ; AJDA 2005. 1983 ; D. 2005. IR 28233 ; Dr. adm. 2005, n° 167, obs. Ménéménis ; BJCP 2005. 454, concl. Kokott* • CJCE 8 avr. 2008, *Commission c/ Italie, n° C-337/05 : Rec. CJCE I-2173 ; JCP Adm. 2009. 2307, note Gauthier ; DAUH 2009. 546, n° 658.*

16. Les collectivités publiques peuvent recourir à leurs propres moyens, pour assurer, dans le cadre de leurs compétences, les prestations répondant à leurs besoins. Elles ne sont pas tenues de faire appel à des tiers, en particulier à des entreprises, en passant avec eux des marchés publics. Ainsi, si plusieurs collectivités publiques décident d'accomplir en commun certaines tâches et de créer à cette fin, dans le respect des dispositions législatives et réglementaires qui leur sont applicables, un organisme dont l'objet est de leur fournir les prestations dont elles ont besoin, elles peuvent librement faire appel à celui-ci, sans avoir à le mettre en concurrence avec des opérateurs dans le cadre de la passation d'un marché public, dès lors qu'il leur consacre l'essentiel de son activité et qu'elles exercent conjointement sur lui un contrôle comparable à celui qu'elles exercent sur leurs propres services, un tel organisme ne pouvant en effet être regardé, alors, comme un opérateur sur un marché concurrentiel. • CE 4 mars 2009, *Synd. nat. des industries d'information de santé, n° 300481 : Lebon 76 ; AJDA 2009. 458 ; ibid. 891, note Dreyfus ; RDI 2009. 423, obs. Noguellou ; Rev. CMP 2009, n° 120, note Soler-Couteaux ; Dr. adm. 2009, n° 71, note Hoepffner ; JCP Adm. 2009. 2145, concl. Courrèges, note Devès.*

17. Partenariat public-privé institutionnel. L'attribution directe d'un service public à une SEML est possible si, dans la société spécialement créée aux fins de fourniture du service et ayant un objet social unique, l'associé privé est sélectionné selon une procédure d'appel d'offres conforme aux principes de libre concurrence, de transparence et d'égalité de traitement imposés par le traité pour les concessions. • CJCE 15 oct. 2009, *Acoset SPA, n° C-196/08 : AJDA 2009. 1922 ; ibid. 2010. 105, note Dreyfus et Peltier ; BJCP 2010. 39, concl. Colomer, obs. R.S.*

18. Le critère du contrôle analogue n'est pas rempli lorsque le capital de la société adjudicataire, initialement et intégralement public a vocation à s'ouvrir ultérieurement à des actionnaires privés. • CJCE 10 nov. 2005, *Commission c/ Autriche, n° C-29/04 : Rec. CJCE I-9705 ; AJDA 2006. 254, chron. Broussy, Donnat et Lambert ; D. 2006. 423, note Dreifuss ; Rev. CMP 2006, n° 2, obs. Eckert.* ♦ Cependant, la possibilité pour des personnes privées de participer au capital de la société adjudicataire, en l'absence d'une participation effective de leur part au moment de la conclusion de la convention est insuffisante, pour conclure que la condition relative au contrôle analogue, n'est pas remplie. • CJCE 17 juill. 2008, *Commission c/ Italie, n° C-371/05 : Rev. CMP 2008, n° 183, obs. Zimmer ; RDI 2008. 500, obs. Noguellou .* ♦ En effet, pour des raisons de sécurité juridique, l'éventuelle obligation pour le pouvoir adjudicateur de procéder à un appel d'offres public doit être examinée, en principe, au vu des conditions prévalant à la date de l'attribution du marché public en cause. • Même arrêt.

19. L'exception ne s'applique pas non plus si le capital de la société, bien qu'intégralement détenu par des collectivités publiques, doit, en vertu des statuts de la société, être ouvert à des investisseurs privés. Le pouvoir adjudicateur doit pouvoir exercer une influence déterminante sur les décisions importantes de la société. • CJCE 13 oct. 2005, *Parking Brixen, n° C-458/03 : AJDA 2005. 1983 ; D. 2005. IR 28233 ; Dr. adm. 2005, n° 167, obs. Ménéménis ; BJCP 2005. 454, concl. Kokott.*

20. Lorsque plusieurs collectivités publiques détiennent la totalité du capital d'une société, il convient, pour apprécier si un contrat passé par l'une d'elles avec la société est susceptible de relever de l'exception *in house*, de vérifier, outre le respect du critère de contrôle, si la société consacre la quasi-totalité de son activité aux commandes passées par l'ensemble des collectivités actionnaires. • CJCE 11 mai 2006, *Carbotermo, n° C-340/04 : BJCP 2006. 273, concl. Stix-Hackl, obs. R.S ; Dr. adm. 2006, n° 148, obs. Ménéménis ; Rev. CMP 2006, comm. n° 203, obs. Eckert ; ACCP févr. 2007, obs. Millet ; DAUH 2007. 596, n° 664.* ♦ V. aussi, pour une concession : • CJCE 13 nov. 2008, *Coditel Brabant SA c/ Cne d'Uccle, Région de Bruxelles-Capitale, n° C-324-07 : RDI 2009. 115, obs. Noguellou* • CJCE 17 juill. 2008, *Commission c/ Italie, n° C-371/05 : Rev. CMP 2008, n° 183, obs. Zimmer ; RDI 2008. 500, obs. Noguellou .*

21. Pluricontrôle public. La circonstance que le pouvoir adjudicateur détienne seul ou ensemble avec d'autres pouvoirs publics la totalité du capital d'une société adjudicataire tend à indiquer, sans être décisive, que ce pouvoir adjudicateur exerce sur cette société un contrôle analogue à celui qu'il exerce sur ses propres services. • CJCE 11 mai 2006, *Carbotermo SpA, n° C-340/04 : Rec. CJCE I-4137 ; AJDA 2006. 1013 ; BJCP 2006. 273, concl. Stix-Hackl, obs. R.S ; Dr. adm. 2006, n° 148, obs. Ménéménis ; Rev. CMP 2006, n° 203, obs. Eckert ; ACCP févr. 2007, n° 63, p. 62, obs. Millet.*

22. Le contrôle peut être exercé conjointement par ces autorités, statuant, le cas échéant, à la majorité. Il importe que le contrôle exercé sur l'entité concessionnaire soit effectif, mais il n'est pas indispensable qu'il soit individuel. • CJCE 13 nov. 2008, *Coditel Brabant SA, n° C-324/07 : RDI 2009. 115, obs. Noguellou ; AJDA 2008.*

2335, chron. Broussy, Donnat, Lambert ; Rev. CMP 2009, repère n° 1, obs. Llorens et Soler-Couteaux ; Mon. TP 26 juin 2009, p. 100, note Rouveyran et Foucault ; AJDA 2008. 2140 .

23. L'exception *in house* est applicable à une entreprise publique, simple « moyen instrumental » et service technique de plusieurs personnes publiques à l'égard desquelles elle ne dispose d'aucune liberté (notamment pour refuser leurs commandes ou fixer ses tarifs) et qui réalise presque 90 % de son activité pour elles. • CJCE 19 avr. 2007, *Asociacion Nacional de Empresas Forestales (Asemfo)*, n° C-295/05 : *BJCP 2007. 297, obs. R. S., Dr. adm. 2007, n° 101, obs. Ménéménis ; JCP Adm. 2007. 2151, note de Fenoyl ; DAUH 2008. 476, n° 658.*

24. Coopération locale. Le contrat par lequel des collectivités locales instituent entre elles une coopération pour l'organisation d'une mission de service public commune à l'ensemble d'entre elles ne constitue ni un marché public ni un contrat de quasi-régie ou *in house* dès lors qu'aucune collectivité n'exerce sur une autre un contrôle analogue à celui qu'elle exerce sur ses propres services. • CJCE 9 juin 2009, *Commission c/ Allemagne*, n° C-480/06 : *AJDA 2009. 1131 ; RDI 2009. 469, obs. Noguellou ; Rev. CMP 2009, n° 226, note Hoepffner.*

25. Les contrats par lesquels une collectivité territoriale confie à une SEML l'exécution de prestations de services sont soumis au code des marchés publics. • CAA Bordeaux, 17 mars 1997, *Dpt de l'Hérault*, n° 96BX0232 : *Dr. adm. 1997, n° 315, note Benjamin ; JCP E 1998. 462, note Guibal* • CE 30 déc. 2002, *Dpt Côtes-d'Armor*, n° 218110 : *Coll. terr. 2003, n° 60, note Le Chatelier ; Rev. CMP 2003, n° 48, note Delacour ; JCP coll. terr. 2003, n° 1186, note Moreau.*

26. Pour le cas particulier des contrats de travaux, d'études et de maîtrise d'œuvre conclus pour l'exécution ou les besoins du service public par des SEM (L. n° 93-122 du 29 janv. 1993, art. 48-I), • CE, sect., 13 mars 1998, *Féd. nationale des SEM*, n° 148415 : *D. 1998. IR 108 ; AJDA 1998. 514, concl. Bergeal ; JCP 1998. IV. 2642, note Rouault.*

27. Un organisme dont l'objet statutaire exclusif est, sous réserve d'une diversification purement accessoire, de gérer un service public créé par une ou plusieurs personnes publiques et sur lequel celles-ci exercent un contrôle comparable à celui qu'elles exercent sur leurs propres services leur donnant notamment les moyens de s'assurer du strict respect de son objet statutaire, doit être regardé comme n'étant pas un opérateur auquel les personnes publiques ne pourraient faire appel qu'en passant un marché public (ou une délégation de service public). • CE, sect., 6 avr. 2007, *Cne d'Aix-en-Provence*, n° 284736 : *Lebon 155 ; RDI 2007. 424, note Dreyfus ; AJDA 2007. 1020, chron. Lenica et Boucher ; D. 2007, chron. 2617, note Clamour ; JCP Adm. 2007. 2111, note Kerpenschif ; ibid. 2125, note Linditch ; ibid. 2128, note Pontier ; ibid. 2151, étude De Fenoyl ; Rev. CMP 2007, n° 191, obs. Eckert ; BJCP 2007. 283, concl. Séners, obs. R. S. ; Dr. adm. 2007, n° 95, note Bazex et Blazy ; RFDA 2007. 812, concl. Séners et note Douence ; RD publ. 2007. 1367, note Bui-Xuan ; LPA 24 juill. 2007, note Glatt ; BJCL 2007. 558, obs. B. Mollion ; RJEP 2007, n° 664, note Séners ; LPA 24 juill. 2007, note Glatt ; DAUH 2008. 476, n° 658.*

28. Absence de délégation de service public. Une société d'économie mixte locale, qui n'est pas dotée de prérogatives de puissance publique, et qui a, en vertu de ses statuts, une mission d'intérêt général en vue d'assurer l'exploitation d'un mutiplexe de salles de cinéma n'a pas, eu égard notamment à l'absence de toute obligation imposée par la ville et de contrôle d'objectifs qui lui auraient été fixés, une activité de service public que la commune aurait dû lui déléguer en concluant une délégation de service public. • CE 5 oct. 2007, *Sté UGC-Ciné-Cité*, n° 298773 : *Lebon 418 ; BJCP 2007. 483, concl. Casas, obs. R.S. ; Dr. adm. 2008, n° 165, note Ménéménis ; RLCT 2008. 26, art. Mondou ; AJDA 2007. 2260, note Dreyfus ; ibid. 2008. 23, art. Amiel ; ACL 2008, n° 20.* ♦ La commune n'avait donc à lui consentir aucune délégation de service public et le juge des référés précontractuels n'a commis aucune erreur de droit en estimant que le projet de construction de nouvelles salles ne relevait pas de la procédure de délégation. • Même arrêt.

29. Sanctions pénales. La passation d'un contrat sans que les critères du *in house* soient remplis peut justifier des poursuites pénales. • Crim. 25 juin 2008, n° 07-88.373 P : *Dr. pén. 2008, chron. n° 8 § 10,14, 15 note F. Linditch ; RTD com. 2009. 220, obs. Bouloc .*

30. Contrôle de légalité. Les actes relevant de l'exercice de prérogatives de puissance publique pris par une SEML sont soumis à l'obligation de transmission au contrôle de légalité. • CE 24 mai 2017, n° 397197 : *Lebon ; AJDA 2017. 2256, note Struillou ; AJCT 2017. 512, obs. Otero .* ♦ Par conséquent, quelle que soit la nature de la relation contractuelle entre la SEML et l'EPCI, la décision par laquelle le directeur de la société exerce le droit de préemption sur une parcelle appartenant à un particulier doit être transmise au représentant de l'État. • Même arrêt.

Art. L. 1524-2 **Si le représentant de l'État estime qu'une délibération du conseil d'administration, du conseil de surveillance ou des assemblées générales d'une société d'économie mixte locale est de nature à augmenter gravement la charge financière d'une ou plusieurs des collectivités territoriales ou de leurs groupements actionnaires, ou le risque encouru par la ou les collectivités territoriales ou leurs groupements qui**

ont apporté leur garantie à un emprunt contracté par la société, il saisit, dans le délai d'un mois suivant la date de réception, la chambre régionale des comptes, à charge pour lui d'en informer simultanément la société et les assemblées délibérantes des collectivités territoriales ou de leurs groupements, actionnaires ou garants. La saisine de la chambre régionale des comptes entraîne une seconde lecture par le conseil d'administration ou de surveillance ou par les assemblées générales de la délibération contestée.

La chambre régionale des comptes dispose d'un délai d'un mois à compter de la saisine pour faire connaître son avis au représentant de l'État, à la société et aux assemblées délibérantes des collectivités territoriales et de leurs groupements, actionnaires ou garants.

(L. n° 2004-806 du 9 août 2004, art. 27) **« Lorsqu'il s'agit de sociétés d'économie mixte locales mentionnées à l'article L. 1522-6, le représentant de l'État et la chambre régionale des comptes sont tenus d'informer la société, les conseils d'administration des établissements ou groupements actionnaires concernés ainsi que le** *(Ord. n° 2010-177 du 23 févr. 2010, art. 10)* **« directeur général de l'agence régionale de santé » de leurs décisions et avis. »**

V. art. R. 1524-1.

1. Certaines CRC estiment qu'elles n'ont pas à s'attarder sur la question de savoir si la délibération de la SEML transmise entraînait ou non un risque grave pour l'entreprise. Ce caractère ne servirait qu'à déclencher la saisine du représentant de l'État. • CRC Bretagne, avis, 20 sept. 1988, n° 88-32 : *cité par Besombes in AJDA 1993. 623*. ♦ V. aussi. • CRC PACA, avis, 8 oct. 1991, n° 91-059 : *ibid.*

2. La lettre d'observation de la CRC sur la gestion des SEML ne présente pas le caractère de décisions faisant grief susceptibles d'être déférées au juge administratif. • TA Marseille, 1er mars 1995, *Sté SEMICA et Cne de La Ciotat : RFDA 1996. 136, concl. Ferulla*.

Art. L. 1524-3 **Lorsqu'une société d'économie mixte locale exerce, pour le compte d'une collectivité territoriale ou d'un groupement, des prérogatives de puissance publique, elle établit chaque année un rapport spécial sur les conditions de leur exercice qui est présenté à l'organe délibérant de la collectivité territoriale ou du groupement et est adressé au représentant de l'État dans le département.** – *[L. n° 83-597 du 7 juill. 1983, art. 6, al. 3.]*

Art. L. 1524-4 **Les dispositions de l'article L. 2335-2 ne sont pas applicables en cas de difficultés financières nées, pour une commune, de sa participation au capital d'une société d'économie mixte locale ou de la garantie qu'elle a accordée aux emprunts contractés par une telle société lorsque les participations ont été prises ou les garanties accordées postérieurement au 8 juillet 1983, date de publication de la loi n° 83-597 du 7 juillet 1983 relative aux sociétés d'économie mixte locales.** – *[L. n° 83-597 du 7 juill. 1983, art. 7.]*

1. La collectivité publique comme tout actionnaire peut voir sa responsabilité engagée devant les tribunaux et elle peut faire l'objet d'une action en comblement de passif. V. par exemple. • T. com. Marseille, 16 avr. 1993, *SEM de l'Étoile c/ Cne de Plan-de-Cuques : cité par Besombes in AJDA 1993. 623*.

2. Les principes généraux du droit public s'opposent à l'extension de la procédure collective à la personne publique dirigeante. • Nancy, 15 déc. 1977 : *JCP 1978. II. 18912, note Stouffet.*

3. Action en comblement du passif. Il ne résulte pas des dispositions de l'art. 180 de la loi n° 85-98 du 25 janv. 1985 [désormais codifiée au **C. com.**, art. L. 620-1 s.] que le législateur ait entendu, par dérogation aux principes gouvernant la responsabilité des personnes publiques, faire relever de la compétence des tribunaux judiciaires la recherche de la responsabilité civile de l'État ou toutes autres personnes morales de droit public au titre de l'exercice d'une mission de service public. • T. confl. 15 nov. 1999, *Comité d'expansion de la Dordogne c/ Dpt de la Dordogne*, n° 3153 : *AJDA 1999. 992* et *1042, note Fombeur et Guyomar*. ♦ Par cet arrêt, le T. confl. a abandonné sa jurisprudence distinguant entre une personne publique dirigeant de droit ou de fait pour déterminer la juridiction compétente. Pour cette jurisprudence, V. • T. confl. 2 juill. 1984, *COREP d'Indre-et-Loire : JCP 1984. II. 20306, concl. Labetoulle, note Alfandari ; AJDA 1984. 562, concl. Labetoulle* • T. confl. 23 janv. 1989, *Charrière, ès qual. c/ État : JCP 1990. II. 21397, note Alfandari ; D. 1989. 367, concl. Flipo, note Amselek et Derrida ; JCP 1989. II. 15559, obs. Pétel.*

Art. L. 1524-5 Toute collectivité territoriale ou groupement de collectivités territoriales actionnaire a droit au moins à un représentant au conseil d'administration ou au conseil de surveillance, désigné en son sein par l'assemblée délibérante concernée.

Dans une proportion au plus égale à celle du capital détenu par l'ensemble des collectivités territoriales ou de leurs groupements actionnaires par rapport au capital de la société, les statuts fixent le nombre de sièges dont ils disposent au conseil d'administration ou de surveillance, ce nombre étant éventuellement arrondi à l'unité supérieure. Les sièges sont attribués en proportion du capital détenu respectivement par chaque collectivité ou groupement. *(L. n° 2004-806 du 9 août 2004, art. 27)* « En outre, les établissements publics de santé, les établissements publics sociaux ou médico-sociaux ou les groupements de coopération actionnaires ont droit au moins à un représentant au conseil d'administration ou au conseil de surveillance, désigné en son sein par le conseil d'administration de l'établissement ou du groupement concerné. »

Si le nombre des membres d'un conseil d'administration ou d'un conseil de surveillance prévus *(Ord. n° 2003-1212 du 18 déc. 2003, art. 2)* « aux articles L. 225-17 et L. 225-69 du code de commerce » ne suffit pas à assurer, en raison de leur nombre, la représentation directe des collectivités territoriales ou de leurs groupements ayant une participation réduite au capital, ils sont réunis en assemblée spéciale, un siège au moins leur étant réservé. L'assemblée spéciale désigne parmi les élus de ces collectivités ou groupements le ou les représentants communs qui siégeront au conseil d'administration ou de surveillance.

(L. n° 2002-1 du 2 janv. 2002, art. 5) « Les personnes qui assurent la représentation d'une collectivité territoriale ou d'un groupement au sein du conseil d'administration ou de surveillance d'une société d'économie mixte doivent respecter, au moment de leur désignation, la limite d'âge prévue au premier alinéa des articles L. 225-19 et L. 225-70 du code de commerce.

« Quand les mêmes personnes assument les fonctions de président du conseil d'administration, elles doivent également respecter, au moment de leur désignation, la limite d'âge prévue à l'article L. 225-48 du code de commerce.

« Ces personnes ne peuvent être déclarées démissionnaires d'office si, postérieurement à leur nomination, elles dépassent la limite d'âge statutaire ou légale.

« Il n'est pas tenu compte de ces personnes pour le calcul du nombre des administrateurs ou des membres du conseil de surveillance qui peuvent demeurer en fonction au-delà de la limite d'âge, en vertu soit des statuts de la société, soit, à défaut de dispositions express dans les statuts, des articles précités du code de commerce. »

Par dérogation à *(Ord. n° 2003-1212 du 18 déc. 2003, art. 2)* « l'article L. 225-20 du code de commerce », la responsabilité civile qui résulte de l'exercice du mandat des représentants incombe à la collectivité territoriale ou au groupement dont ils sont mandataires. Lorsque ces représentants ont été désignés par l'assemblée spéciale, cette responsabilité incombe solidairement aux collectivités territoriales ou aux groupements membres de cette assemblée.

(L. n° 2002-1 du 2 janv. 2002, art. 5) « Les élus locaux agissant en tant que mandataires des collectivités territoriales ou de leurs groupements au sein du conseil d'administration ou du conseil de surveillance des sociétés d'économie mixte locales et exerçant, à l'exclusion de toute autre fonction dans la société, les fonctions de membre, de président du conseil d'administration ou du conseil de surveillance et de président assurant les fonctions de directeur général d'une société d'économie mixte locale ne sont pas considérés comme entrepreneurs de services municipaux, départementaux ou régionaux au sens des articles L. 207, L. 231 et L. 343 du code électoral.

« Ces représentants peuvent percevoir une rémunération ou des avantages particuliers à condition d'y être autorisés par une délibération expresse de l'assemblée qui les a désignés ; cette délibération fixe le montant maximum des rémunérations ou avantages susceptibles d'être perçus ainsi que la nature des fonctions qui les justifient. »

(L. n° 2022-217 du 21 févr. 2022, art. 217) « Nonobstant l'article L. 1111-6 du présent code, » *(L. n° 2002-1 du 2 janv. 2002, art. 5)* « les élus locaux agissant en tant que mandataires des collectivités territoriales ou de leurs groupements au sein du conseil d'administration ou de surveillance des sociétés d'économie mixte locales et exerçant les fonctions de membre ou de président du conseil d'administration, de

président-directeur général ou de membre ou de président du conseil de surveillance, ne sont pas considérés *(L. n° 2022-217 du 21 févr. 2022, art. 217)* « , de ce seul fait, » comme étant intéressés à l'affaire, au sens de l'article L. 2131-11 *(L. n° 2022-217 du 21 févr. 2022, art. 217)* « du présent code, de l'article 432-12 du code pénal ou du I de l'article 2 de la loi n° 2013-907 du 11 octobre 2013 relative à la transparence de la vie publique, » lorsque la collectivité ou le groupement délibère sur ses relations avec la société d'économie mixte locale. *(L. n° 2022-217 du 21 févr. 2022, art. 217)* « Cette seule qualité emporte les mêmes conséquences lorsque l'élu local participe aux délibérations du conseil d'administration ou de surveillance de la société portant sur ses relations avec la collectivité ou le groupement qu'il représente. Elle n'entraîne pas davantage l'application des articles L. 225-40 et L. 225-88 du code de commerce.

« Toutefois, lorsque la société d'économie mixte locale est candidate à l'attribution d'un contrat de la commande publique, ils ne peuvent participer aux commissions d'appel d'offres, ni aux commissions mentionnées à l'article L. 1411-5, ni à la délibération attribuant le contrat. De la même façon, ils ne peuvent participer aux délibérations accordant à cette société une aide régie par le titre I du présent livre ou une garantie d'emprunt prévue aux articles L. 2252-1, L. 3231-4 ou L. 4253-1, ni aux délibérations mentionnées aux premier, troisième et dixième alinéas du présent article. »

« En cas de fin légale du mandat de l'assemblée, le mandat de ses représentants au conseil d'administration ou au conseil de surveillance est prorogé jusqu'à la désignation de leurs remplaçants par la nouvelle assemblée, leurs pouvoirs se limitant à la gestion des affaires courantes. »

(L. n° 2022-217 du 21 févr. 2022, art. 210, en vigueur le 1er août 2022) « Les organes délibérants des collectivités territoriales ou de leurs groupements actionnaires se prononcent, après un débat, sur le rapport écrit qui leur est soumis au moins une fois par an par leurs représentants au conseil d'administration ou au conseil de surveillance. Ce rapport, dont le contenu est précisé par décret, comporte des informations générales sur la société, notamment sur les modifications des statuts, des informations financières, le cas échéant consolidées, ainsi que les éléments de rémunération et les avantages en nature de leurs représentants et des mandataires sociaux. Lorsque ce rapport est présenté à l'assemblée spéciale, celle-ci en assure la communication immédiate aux organes délibérants des collectivités et groupements qui en sont membres, en vue du débat mentionné au présent alinéa.

« À peine de nullité, toute prise de participation directe d'une société d'économie mixte locale dans le capital d'une autre société fait préalablement l'objet d'un accord exprès des collectivités territoriales et de leurs groupements actionnaires disposant d'un siège au conseil d'administration ou au conseil de surveillance en application du premier alinéa. Il en est de même pour la constitution d'un groupement d'intérêt économique par une société d'économie mixte locale, par une société qu'elle contrôle ou par un groupement d'intérêt économique dont elle détient une part du capital ou des droits de vote. Les prises de participation indirectes qui confèrent à une société contrôlée par une société d'économie mixte locale ou à un groupement d'intérêt économique dont une part de capital ou des droits de vote est détenue par une société d'économie mixte locale au moins 10 % du capital ou des droits de vote d'une société sont également soumises à cet accord préalable. Les autres prises de participation indirectes font l'objet d'une information par le représentant de la collectivité territoriale ou du groupement actionnaire à la prochaine assemblée délibérante. Les articles L. 235-2 à L. 235-14 du code de commerce, sauf lorsqu'ils sont contraires au présent chapitre, sont applicables à la nullité prévue au présent alinéa. »

Un décret en Conseil d'État fixe les modalités d'application du présent article. *(L. n° 2004-806 du 9 août 2004, art. 27)* « Les sociétés d'économie mixte locales mentionnées à l'article L. 1522-6 ne sont pas autorisées à prendre de participation dans le capital d'une société commerciale. » — *V. art. R. 1524-2 s.*

I. STATUT DES ADMINISTRATEURS

1. BIBL. Malan, Le statut des représentants des collectivités dans les SEM locales, *Gaz. cnes 1er oct. 2001, p. 66.*

A. CUMUL ET INCOMPATIBILITÉS

2. L'art. L. 1524-5, al. 5, en n'assimilant pas les représentants des collectivités locales au sein du conseil d'administration et de surveillance des SEM à des entrepreneurs de services municipaux fait obstacle à l'art. L. 231-6 C. élect. instaurant une inéligibilité des titulaires de ces fonctions aux élections municipales. Il en va tout autrement lorsque l'élu possède des actions à titre personnel et exerce au sein de la SEML un mandat d'administrateur à titre personnel. • CE 26 juill. 1996, *Él. mun. Lannemezan,* n° 173593 B : *LPA 20 juin 1997, note Piastra ; Dr. adm. 1996, n° 530 ; ACL 1997. 1.* – V. aussi • CE 16 oct. 1996, *Él. mun. Arâches-La-Frasse,* n° 173364 : *Dr. adm. 1996, n° 530 ; LPA 20 juin 1997, note Piastra* • Crim. 6 août 1996, *Cne du Grau-du-Roi : Dr. adm. 1996, n° 530.* ♦ Il en est de même lorsque l'administrateur conseiller municipal n'est pas le mandataire de la collectivité. • CE 13 mai 1996, *Él. mun. Saint-Christophe-sur-Guiers,* n° 172245 B : *LPA 31 juill. 1996, concl. Maugüé ; Dr. adm. 1996, n° 428, note CM ; ACL 1997. 1.*

3. Le texte de l'art. L. 1524-5 ne concerne que les SEML ayant une structure dirigeante dualiste (conseil d'administration et conseil de surveillance). La jurisprudence reconnaît une identité de statut pour les dirigeants et les membres de ces conseils. C'est ainsi que les présidents du conseil d'administration et du conseil de surveillance bénéficient de l'exemption d'inéligibilité. * Rép. min. n° 23384 : *JOAN Q, 15 mai 1995, p. 2540 ; Dr. adm. 1995, n° 395 ; Dr. soc. 1995. 199.* – V. aussi, • TA Grenoble, 11 sept. 1995, *Préfet de la Haute-Savoie : JCP 1996. II. 22571, note Majerowicz.* ♦ Et la substitution de responsabilité de la collectivité à celle de son représentant a été admise même si le fait générateur est lié au mandat de dirigeant exercé par l'intéressé au nom de la collectivité. • Com. 25 juin 1991, *Lebas,* n° 88-14.323 P : *Dr. adm. 1991, n° 396.*

4. En revanche lorsque la SEML est dotée d'un directoire et d'un conseil de surveillance, le président et les membres du directoire sont considérés comme des entrepreneurs municipaux et en tant que tel inéligibles au conseil municipal. • CE 18 déc. 1996, *Él. mun. Gérardmer,* n° 174907 B : *LPA 20 juin 1997, note Piastra ; JCP 1997. IV. 1283 ; Dr. adm. 1997, n° 64, note Benjamin ; ACL 1997. 1.*

5. Le président d'un syndicat intercommunal à vocation multiple (SIVOM) peut remplir, en qualité de mandataire désigné par l'EPCI actionnaire, la fonction de président d'une SEML sans risquer d'être considéré comme entrepreneur d'un service local. * Rép. min. n° 33868 : *JO Sénat Q, 7 mars 2002, p. 722.*

6. Fonctionnaire élu. Si un fonctionnaire élu peut être désigné par une collectivité pour représenter celle-ci au sein de la SEM dont elle est actionnaire, il ne peut en revanche exercer les fonctions de président-directeur général (PDG), celles-ci étant rémunérées. * Rép. min. n° 43215 : *JOAN Q, 5 mars 2001, p. 1421.* ♦ V. aussi : • TA Rennes, 14 mars 2001, *Cne de Cleder : Dr. adm. 2001, n° 188, note Benjamin.*

7. Conseiller municipal. Un conseiller municipal n'est pas considéré comme un entrepreneur de services municipaux, et donc n'est pas inéligible, s'il est désigné comme PDG d'une SEML. • CE 10 juill. 2009, *El. municipales de Nogent-sur-Marne (Val-de-Marne),* n° 322083 : *AJDA 2009. 1402.*

8. Appréciation de la notion de conseiller municipal intéressé. Un élu local participant à une délibération approuvant une concession d'aménagement passée avec une SEML, au sein de laquelle il agit en tant que mandataire de sa collectivité, n'est pas considéré comme intéressé à l'affaire, au sens de l'art. L. 2131-11 CGCT, du seul fait de sa fonction, la convention passée entre la collectivité et la SEML portant sur les relations existantes entre elles, au regard du 11° al. de l'art. L. 1524-5 CGCT. Peu importe que les élus agissant au sein d'une SEML n'aient pas le droit de siéger aux commissions d'appel d'offres ou aux commissions d'attribution de délégations de service public en vertu du 12° al. de l'art. L. 1524-5. • CE 10 déc. 2012, *M. Auclair c/ Cne de Bagneux,* n° 354044 : *AJDA 2013. 1059, note Devès ; BJCL 2013. 23, concl., Pellissier et obs. Poujade ; JCP Adm. 2012. Actu. 875, note Erstein ; JCP Adm. 2013, nos 2013 et 2014, note Courtejaire et comm. Brameret ; Rev. CMP 2013, n° 46, note Devillers.*

B. DÉSIGNATION ET PROROGATION DU MANDAT

9. Les SEM ne se rattachant pas à l'expression du suffrage et n'étant relatives ni à la vie politique ni à la vie démocratique, le moyen tiré de la violation des principes de pluralisme des courants d'idées et d'opinion et de participation équitable des partis à la vie politique et démocratique, développé dans le cadre d'une QPC, est inopérant. • CE 22 juill. 2015, n° 390484.

10. Un conseil municipal peut valablement siéger jusqu'à la date de son renouvellement • CE 6 févr. 1996, *Cne d'Asnières-sur-Seine : Rev. Trésor 1997. 317 ; RFDA 1997. 198.* ♦ La disposition qui prévoyait la prorogation du mandat des représentants des collectivités au sein d'un conseil d'administration d'une SEM jusqu'à la nomination de nouveaux représentants par la nouvelle assemblée, ne s'appliquait qu'en cas de démission ou de dissolution de l'assemblée délibérante et ne pouvait être étendue au cas où il est mis fin par la loi au mandat de cette assemblée. Le mandat des représentants des communes au sein de la SEM avait expiré le même jour que celui des conseils municipaux, dont la fin du mandat ne résultait pas d'une des causes permettant la prorogation du mandat des représentants au conseil d'administration des SEML. • Riom, 20 nov. 1997, *Sté provençale d'équipement : RGCT 2001. 811, note Devès.* – Confirmation : • Com. 30 janv. 2001, *Sté d'équipement de l'Auvergne : ibid.*

C. RÉMUNÉRATION ET AVANTAGES PARTICULIERS

11. Un élu local peut percevoir une rémunération ou des avantages particuliers au titre des fonctions de mandataire de la collectivité ou du groupement qu'il représente au sein des organes délibérants de la SEML. * Rép. min. n° 33868 : *préc. note* 5. ♦ Cependant, cette rémunération et ces avantages particuliers ne sont autorisés que dans la mesure où ils ont fait préalablement l'objet d'une délibération favorable de la collectivité qui a désigné l'élu, fixant leur montant maximum et la nature des fonctions qui les justifient. * Même Rép. min. ♦ De plus, la rémunération est prise en compte dans le calcul du plafond des rémunérations et indemnités que peut percevoir un élu local. * Même Rép. min.

II. RESPONSABILITÉ DES DIRIGEANTS ET DES COLLECTIVITÉS LOCALES

12. BIBL. Ngampio-Obélé-Bélé, La responsabilité des collectivités locales du fait de leur soutien abusif aux SEML en difficulté, *RGCT 2000. 535*. – Majerowicz, La responsabilité des élus locaux au sein des sociétés d'économie mixtes locales après la loi du 2 janvier 2002, *CEJC 2003, n° 594, p. 1.*

A. RESPONSABILITÉ PÉNALE

13. Comme tout administrateur de société commerciale, le dirigeant de la SEML peut voir sa responsabilité pénale engagée pour des fautes intentionnelles. C'est ainsi qu'a été retenue la responsabilité pénale d'un maire PDG d'une SEM ayant contracté des emprunts en qualité de PDG et ayant remis les fonds à l'entrepreneur au lieu de les affecter à l'achat de terrains à bâtir. • Crim. 16 févr. 1971, n° 69-90.205 P : *JCP 1971. II. 16836, note Sousi ; Rev. soc. 1971. 418, note Bouloc ; D. 1971. 294.* ♦ V. aussi pour une affaire similaire. • Crim. 16 déc. 1975, n° 75-91.045 P : *JCP 1976. II. 18476, note Delmas-Marty ; Gaz. Pal. 1976. 1. 233 ; Rev. soc. 1976, n° 353, note Guilberteau ; RSC 1976. 713, obs. Vitu.* – V. pour une décision plus récente. • Crim. 18 févr. 1987, *Biancotto : RSC 1988. 83, obs. Delmas Saint-Hilaire.*

14. Banqueroute. Le fait qu'une SEM poursuive un but d'intérêt général et que la majorité du capital soit détenue par une collectivité locale ou un groupement de communes, n'exclut pas que ses dirigeants puissent être poursuivis pour banqueroute dès lors que cette société exerce une activité économique au sens de l'art. 196 de la L. n° 85-98 du 25 janv. 1985 [V. cette loi désormais codifiée au **C. com.**, art. L. 620-1 s.]. • Crim. 2 juin 1999, *Lourec : RGCT 2000. 190, note Devès ; BJCP 2000. 191, note Devès* (en l'espèce l'élu local, dirigeant de la SEM dont l'activité était la mise en bouteille d'une eau minérale, condamné pour banqueroute).

15. Prise illégale d'intérêts. La cour d'appel qui se borne à énoncer, pour condamner le prévenu, élu local et dirigeant de la SEM, que celui-ci a poursuivi une exploitation déficitaire pour continuer à percevoir une rémunération en tant que président de la SEM et en retirer un avantage électoral ne donne pas de base légale à sa décision, les faits poursuivis devant être examinés au regard de l'art. L. 1524-5. • Crim. 2 juin 1999, *Lourec : préc. note 14.* ♦ Des entreprises actionnaires d'une SEML doivent éviter de soumissionner à des marchés dans lesquels celle-ci assume la fonction de maître d'ouvrage délégué. En effet, des risques de conflits d'intérêts suscités par ce double rôle des entreprises de travaux-actionnaires d'une SEML seraient susceptibles de déboucher, selon les cas, sur la constitution de délits de favoritisme ou de prise illégale d'intérêts. * Rép. min. n° 29725 : *JOAN Q, 11 déc. 2000, p. 6993 ; Rev. CMP 2001, n° 54 ; Mon. TP 29 déc. 2000, p. 336.*

16. L'exercice d'une fonction de président dans une SEML n'est pas en lui-même constitutif d'un tel délit : en tant que mandataire de la collectivité ou du groupement, l'élu représente celui-ci au conseil d'administration de la société et peut, à ce titre, prendre part à tout ses délibérations. La jurisprudence considère que seule une délibération expresse de la commune les désignant en qualité de mandataire est de nature à exonérer les élus en cause d'un délit de prise illégale d'intérêt. * Rép. min. n° 33868 : *préc. note* 5. ♦ L'élu mandataire est susceptible de commettre un tel délit s'il participe à la délibération qui le désigne comme mandataire de la collectivité au sein de la société ou encore à la délibération de la collectivité à laquelle il appartient qui autorise la rémunération ou les avantages dont il doit bénéficier. * Même Rép. min. ♦ Il peut en aller de même s'il perçoit une rémunération ou un avantage qui excède les limites fixées par l'autorisation de la collectivité. * Même Rép. min. ♦ Le risque existe aussi dans l'hypothèse où l'élu mandataire établirait des rapports d'affaires entre la société d'économie mixte locale et une entreprise dans laquelle il a un intérêt personnel quelconque. * Même Rép. min.

B. RESPONSABILITÉ CIVILE

1° DIRIGEANTS

17. Le juge applique le droit commun de la responsabilité civile avec cependant la possibilité d'engager la responsabilité personnelle de l'intéressé comme par exemple pour une gestion de fait des deniers publics. • CRC Picardie, 30 mars 1989, *Letellier et SEM de la Cne de Salouel : Rec. C. comptes 152* • 10 oct. 1989 : *ibid.*

18. Action en extension de redressement judiciaire (L. nº 85-98 du 25 janv. 1985, art. 182). Cette loi est désormais codifiée au C. com., art. L. 620-1 s. Pour la première fois, une cour d'appel admet la recevabilité d'une action tendant à l'extension du redressement judiciaire d'une SEML à son président, représentant permanent de la commune. L'irrecevabilité soulevée par le dirigeant tirée de l'application de l'art. L. 2253-5 CGCT est écartée. • Caen, 24 sept. 1998, *Semcar c/ M. Van Themsche*, nº 96-3559 : *Gaz. cnes 9 nov. 1998, note Prioul.*

19. Faillite personnelle. Le représentant d'une collectivité territoriale, président du conseil d'administration d'une SEM locale, ne peut invoquer les dispositions de l'art. L. 1524-5 al. 4 CGCT pour contester l'arrêt d'une cour d'appel ayant prononcé à son encontre une mesure de faillite personnelle. Prise au titre de l'art. L. 653-1 C. com. (anciens art. 185 s. de la loi de 1985), cette mesure constitue une « mesure d'intérêt public », ne revêtant le caractère ni d'une sanction civile, ni d'une sanction pénale. Elle appartient à une catégorie *sui generis* qui échappe à la substitution de responsabilité prévue à l'art. L. 1524-5, al. 4, CGCT. • Com. 8 janv. 2002, *Moustache : Dr. adm. 2002, nº 53.*

2º COLLECTIVITÉS LOCALES

20. Le juge a précisé que la substitution de la responsabilité de la collectivité à celle de son représentant joue même si le fait générateur de cette responsabilité est lié au mandat de dirigeant exercé par le représentant au nom de la collectivité locale. • Com. 25 juin 1991, *Lebas*, nº 88-14.323 P : *Dr. adm. 1991, nº 396.*

21. Compétence judiciaire. L'action d'une société contre une commune, qui se fonde sur la responsabilité que cette dernière aurait encourue dans la gestion d'une SEM, en raison de la qualité d'administrateur et de dirigeant de son maire, met en cause des rapports de droit privé et relève des tribunaux de l'ordre judiciaire. • T. confl. 14 févr. 2000, *SA Imphy*, nº 3113 : *Dr. adm. 2000, nº 59 ; BICC 15 mai 2000 ; RGCT 2000. 372, note Devès.* – V. aussi • Com. 26 oct. 1999, *Synd. intercommunal d'alimentation en eau potable c/ Lourec : RGCT 2000. 190, note Devès.*

C. RESPONSABILITÉ FINANCIÈRE

22. Les dirigeants de la SEML sont soumis aux dispositions de l'art. L. 312-1 CJF qui précise que « tout représentant, administrateur ou agent des (...) organismes qui sont soumis (...) au contrôle d'une chambre régionale des comptes » est justiciable de la Cour de discipline budgétaire et financière sauf si les élus régionaux, départementaux et communaux exercent au sein de la SEML une fonction qui est l'accessoire obligé de leur mandat politique (art. L. 312-1-II CJF).

23. Le juge interprète strictement ces dispositions. C'est ainsi que la délib. désignant nommément un membre du conseil municipal pour représenter la commune au conseil d'une SEML a pour conséquence de ne pas le faire bénéficier de cette immunité de juridiction. • CDBF 19 juill. 1974, *De Grailly : JONC 4 févr. 1978.* – V. aussi sur pourvoi • CE, sect., 9 déc. 1977, *De Grailly : Lebon 493 ; AJDA 1978. 466.* ♦ V. également • CDBF 16 juin 1987, *SEMVIJA, Sieur Lebas : Lebon 512 ; JO 23 févr. 1988, p. 2528.* ♦ V. par ex. la condamnation d'un président de SEML pour lequel la cour a estimé que ses fonctions de président n'était pas l'accessoire obligé de sa fonction d'adjoint au maire de la commune, actionnaire majoritaire. • CDBF 23 févr. 1994 : *JO 1er nov. 1994 ; Dr. adm. 1994, nº 587 ; RD publ. 1996. 241, note Durand.*

24. La responsabilité financière des élus locaux, intervenant en qualité d'administrateurs ou de dirigeants d'une société d'économie mixte locale, peut être engagée devant la Cour de discipline budgétaire et comptable (CDBF) pour les fautes commises par leurs subordonnés, à moins qu'ils démontrent avoir pleinement rempli leur mission de surveillance de la société. L'absence de mise en œuvre par la société des règles de la commande publique dans ses relations avec les tiers est imputable à la gérante de ladite société et non aux élus dirigeants reconnus justiciable de la CDBF, le juge financier estimant que le défaut de surveillance allégué n'est pas constitué. • CDBF, 25 nov. 2010, *Sté immobilière d'économie mixte de la Ville de Paris (SIEMP)*, nº 171-603 : *JCP Adm. 2011, nº 2188, note Brameret ; AJDA 2011. 489, note Groper et Michaut.*

III. PRISE DE PARTICIPATION D'UNE SEML AU CAPITAL SOCIAL D'UNE SOCIÉTÉ COMMERCIALE

25. Le Cons. const. a précisé que lors de la prise de participation d'une SEML au capital d'une société commerciale, l'accord des seules collectivités locales détenant un siège « en propre » et non de toutes celles qui sont actionnaires n'est pas contraire au principe constitutionnel d'égalité. • Cons. const. 20 janv. 1993, nº 92-316 DC : *JO 22 juin 1993 ; RFDA 1993. 902, note Pouyaud.*

IV. INFORMATION DES ORGANES DÉLIBÉRANTS DES COLLECTIVITÉS TERRITORIALES

26. A été jugée insuffisante l'information apportée aux conseillers municipaux amenés à se prononcer sur le rapport écrit de la SEML, conformément à l'art. L. 1524-5, dès lors que le maire a refusé de porter à la connaissance d'un conseiller municipal, qui l'avait demandé, le rapport d'activité annuel complet de cette société et les documents financiers et comptables la concernant. Illégalité de la Délib. du conseil municipal. • TA Paris, 27 nov. 1996, *Aubry : Dr. adm. 1997, n° 120.* ♦ V. aussi notes ss. art. L. 2121-13.

27. Il appartient aux conseillers municipaux, agissant individuellement ou collectivement, d'adresser à l'exécutif une demande de communication de documents. Cette demande peut être formulée soit avant la séance du conseil... • CE 29 juin 1990, *Cne de Guitrancourt,* n° 68743 B : *LPA 1991, n° 22, note Chauvel ; Dr. adm. 1990, n° 434* • TA Paris, 27 nov. 1996, *Aubry : préc. note 25.* ♦ ... Soit au cours même de la séance. • CE 10 juill. 1996, *Coisne : RFDA 1997. 504, concl. Chantepy ; ibid. 507, note Douence* • CE 23 avr. 1997, *ville de Caen : AJDA 1997. 518, concl. Pecresse* . ♦ Ainsi, les conseillers municipaux qui n'ont pas demandé si ce n'est la communication des documents comptables qui n'étaient pas matériellement disponibles, du moins toute précision sur leur teneur, doivent être regardés comme ayant été informés de la situation de la SEM. • CAA Bordeaux, 29 oct. 2002, *M. Bordeaux,* n° 98BX00284 : *AJDA 2003. 235, note Devès* .

Art. L. 1524-5-1 *(L. n° 2022-217 du 21 févr. 2022, art. 216, en vigueur le 1er janv. 2023)* **Sauf clause contraire de leurs statuts, les sociétés d'économie mixte locales sont représentées à l'assemblée des associés ou actionnaires de leurs filiales, au sens de l'article L. 233-1 du code de commerce, par l'un des représentants des collectivités territoriales ou de leurs groupements au sein de leur conseil d'administration ou de surveillance, désigné par celui-ci. Ce représentant est issu d'une collectivité territoriale ou d'un groupement exerçant une compétence à laquelle l'objet social de la filiale concourt.**

Les membres du conseil d'administration ou de surveillance d'une société anonyme filiale d'une société d'économie mixte locale, au sens du même article L. 233-1, sont désignés, sauf clause contraire des statuts de cette filiale :

1° À proportion de la part détenue par la société d'économie mixte locale dans le capital de sa filiale, multipliée par la part détenue par les collectivités territoriales et leurs groupements actionnaires dans le capital de la société d'économie mixte locale, le total étant arrondi à l'entier inférieur, par le conseil d'administration ou de surveillance de ladite société d'économie mixte locale et parmi les représentants des collectivités territoriales et de leurs groupements qui y disposent d'un siège. Au moins un représentant ainsi désigné est issu d'une collectivité territoriale ou d'un groupement exerçant une compétence à laquelle l'objet social de la filiale concourt ;

2° Pour le reste, selon les modalités prévues à la section 2 du chapitre V du titre II du livre II du code de commerce.

Les quatrième à dixième alinéas de l'article L. 1524-5 du présent code sont applicables aux représentants des collectivités territoriales et de leurs groupements désignés pour siéger au conseil d'administration ou au conseil de surveillance d'une société anonyme, filiale d'une société d'économie mixte locale, en application du 1° du présent article.

Art. L. 1524-5-2 *(L. n° 2022-217 du 21 févr. 2022, art. 226)* **Dans l'année suivant la nomination de tout nouvel élu en qualité de membre du conseil d'administration ou du conseil de surveillance d'une société d'économie mixte locale, ladite société propose à l'élu une formation sur le fonctionnement d'une société anonyme, le contrôle financier, les missions, en fonction de la forme de la société, du conseil d'administration ou du directoire et du conseil de surveillance ainsi qu'à la gestion d'entreprise.**

Art. L. 1524-5-3 *(L. n° 2022-217 du 21 févr. 2022, art. 219)* **Les élus locaux qui occupent les fonctions de membre ou de président du conseil d'administration, de directeur général, de directeur général délégué, de président-directeur général, de membre du directoire, de membre ou de président du conseil de surveillance, de président ou de gérant d'une société ou d'administrateur ou de membre de l'assemblée d'un groupement d'intérêt économique dans lesquels la société d'économie mixte locale détient une participation ne peuvent percevoir une rémunération ou des avantages particuliers que dans les conditions prévues au dixième alinéa de l'article L. 1524-5.**

Art. L. 1524-6 **Lorsqu'une collectivité territoriale ou un groupement de collectivités territoriales a accordé sa garantie aux emprunts contractés par une société d'économie mixte locale, elle ou il a le droit, à condition de ne pas en être actionnaire directement représenté au conseil d'administration ou de surveillance, d'être représenté**

auprès de la société d'économie mixte locale par un délégué spécial désigné, en son sein, par l'assemblée délibérante de la collectivité territoriale ou du groupement.

Le délégué spécial doit être entendu, sur sa demande, par tous les organes de direction de la société. Ses observations sont consignées au procès-verbal des réunions du conseil d'administration ou du conseil de surveillance.

Le délégué peut procéder à la vérification des livres et des documents comptables et s'assurer de l'exactitude de leurs mentions.

Le délégué rend compte de son mandat dans les mêmes conditions que celles prévues pour les représentants au conseil d'administration par le *(L. n° 2002-1 du 2 janv. 2002, art. 5)* **« quatorzième » alinéa de l'article L. 1524-5.**

Les mêmes dispositions sont applicables aux collectivités territoriales et aux groupements de collectivités territoriales qui détiennent des obligations des sociétés mentionnées au second alinéa de l'article L. 2253-2.

1. Les emprunts contractés par une SEML auprès d'un prêteur privé sont conformément au droit commun des sociétés, régis par le droit privé. • Civ. 1re, 1er oct. 1985 : *JCP 1985. IV. 352.*

2. Une convention par laquelle une commune garantit les emprunts d'une SEML dont elle est actionnaire, ne peut pas être signée par le maire s'il est en même temps président de la SEML, mais elle peut être signée par un adjoint-administrateur de la SEML dès lors qu'il a reçu délégation. • CE 19 mai 2000, *Cne de Cendre,* n° 208542 B : *Gaz. Pal. 23 juin 2001, Pan. dr. adm. 13 ; Dr. adm. 2000, n° 160.*

3. Compétence de la juridiction judiciaire pour examiner l'action intentée par le créancier contre la collectivité garante sauf si le cautionnement a pour objet l'exécution d'une mission de service public ou est assorti de clauses exorbitantes du droit commun. Il s'agit à ce moment-là d'un contrat administratif et compétence de la juridiction administrative. • T. confl. 12 janv. 1987, *Ville d'Eaubonne : Lebon 640 ; D. 1987. 205, concl. Massot* • CE 6 déc. 1987, *CALIF : AJDA 1990. 484, obs. Moreau.*

4. La garantie d'emprunt doit en outre être conforme aux dispositions des art. L. 2251-3 et L. 2252-1 s. (V. annotations ss. ces art.). C'est ainsi que le juge a sanctionné une garantie accordée pour des activités de la SEML qui ne sont pas justifiées par la défaillance de l'initiative privée. • TA Grenoble, 27 janv. 1988, *Ruphy et a. c/ Cne de La Clusaz : JCP 1989. II. 21265, note Devès.*

5. Cependant l'art. L. 1524-6 n'a envisagé selon le juge administratif que les emprunts assortis d'un tableau d'amortissement définissant des annuités de remboursement : ce qui prohibe la garantie par la collectivité locale de toute autre opération de crédit souscrite par une SEML tels un droit de tirage, un découvert, une ligne ou une ouverture de crédit utilisables et remboursables au gré du débiteur pourvu qu'il restitue les fonds dans un délai convenu. • CE 16 janv. 1995, *Ville de Saint-Denis,* n° 141148 : *Lebon 34 ; AJDA 1995. 657, obs. Chouvel ; ACL 1996. 373.*

6. En ce qui concerne le montant des plafonds ne devant pas être dépassé, le Conseil d'État a déclaré partiellement illégal le décret du 18 avr. 1988 (n° 88-366 relatif aux modalités d'octroi par les régions, départements et communes de leur garantie ou de leur caution pour les emprunts contractés par les personnes de droit privé) qui en définissant le mode de calcul des ratios prudentiels incluait dans le montant des annuités celles résultant de prêts contractés par les personnes publiques et privées (art. 2). Le Conseil d'État a estimé qu'il résultait des termes mêmes de la loi (art. L. 2252-1) et des travaux préparatoires que le législateur avait seulement entendu prendre en compte dans ce ratio les annuités d'emprunts contractés par des personnes morales de droit privé et non ceux contractés par des collectivités publiques. • CE 20 oct. 1995, *Cne de Montbrisson,* n° 150230 B. ♦ V. notes ss. art. L. 2252-1.

Art. L. 1524-7 Les dispositions des articles L. 2253-1 et L. 3231-6 ne sont pas applicables aux acquisitions d'actions dont l'objet est de rendre les collectivités territoriales ou leurs groupements majoritaires dans le capital des sociétés d'économie mixte locales. — *[L. n° 83-597 du 7 juill. 1983, art. 10, al. 2.]*

Art. L. 1524-8 *(L. n° 2019-486 du 22 mai 2019, art. 30)* **Par dérogation à l'article L. 225-218 du code de commerce, les sociétés d'économie mixte locales sont tenues de désigner au moins un commissaire aux comptes.**

(L. n° 2022-217 du 21 févr. 2022, art. 211, en vigueur le 1er août 2022) **« Cette obligation s'applique également aux sociétés contrôlées, au sens de l'article L. 233-3 du même code, par des sociétés d'économie mixte locales. En l'absence d'une telle obligation pour les sociétés non contrôlées, les collectivités territoriales et les groupements actionnaires peuvent subordonner l'accord requis en application de l'avant-dernier alinéa de l'article L. 1524-5 du présent code à la désignation d'un commissaire aux**

comptes. Un même commissaire aux comptes peut être désigné en application des deux premières phrases du présent alinéa.

« Par dérogation à l'article L. 822-15 du code de commerce, le commissaire aux comptes :

« 1° Signale aux collectivités territoriales et aux groupements de collectivités territoriales actionnaires de la société d'économie mixte locale, à la chambre régionale des comptes et au représentant de l'État dans le département, dans les conditions fixées à l'article L. 823-12 du même code, les irrégularités ou inexactitudes qu'il relève dans les comptes d'une société qu'il contrôle en application des deux premiers alinéas du présent article ;

« 2° Transmet aux mêmes personnes une copie de l'écrit mentionné au deuxième alinéa de l'article L. 234-1 du code de commerce. Il informe également ces personnes dans les conditions fixées à l'avant-dernier alinéa du même article L. 234-1. »

CHAPITRE V **DISPOSITIONS PARTICULIÈRES**

Art. L. 1525-1 Les dispositions de l'article L. 1522-1 concernant la participation majoritaire des collectivités territoriales et de leurs groupements au capital ne sont pas applicables :

1° Aux sociétés d'économie mixte constituées en application des décrets-lois des 5 novembre et 28 décembre 1926 et créées antérieurement au 8 juillet 1983, date de publication de la loi n° 83-597 du 7 juillet 1983 relative aux sociétés d'économie mixte locales, sous réserve qu'elles ne modifient pas leur objet social ;

2° Aux sociétés d'économie mixte sportives *(Ord. n° 2006-596 du 23 mai 2006, art. 3)* « mentionnées à l'article L. 122-12 du code du sport » dans lesquelles la majorité du capital social et la majorité des voix dans les organes délibérants sont détenues par l'association sportive seule ou, conjointement, par l'association sportive et les collectivités territoriales ;

3° Aux sociétés d'économie mixte d'équipement et d'exploitation de remontées mécaniques constituées antérieurement au 8 juillet 1983, date de publication de la loi n° 83-597 du 7 juillet 1983 précitée.

(Ord. n° 2016-79 du 29 janv. 2016, art. 6) « Les prises de participation des collectivités territoriales et de leurs groupements dans les sociétés d'économie mixte exploitant des gares routières et relevant du 1° ci-dessus sont subordonnées aux conditions suivantes :

« 1° Les collectivités territoriales et leurs groupements détiennent séparément au plus 40 % du capital ;

« 2° Les collectivités territoriales et leurs groupements détiennent conjointement au plus 65 % du capital. »

SEM sportives. Les statuts types sont obligatoires dans toutes leurs dispositions sauf dérogations prévues par les textes. • Com. 21 oct. 1970 : *AJDA 1971. 223, note Delcros.* ♦ De plus le juge applique les principes généraux de l'économie mixte en considérant que les statuts effectivement conclus entre les actionnaires en conformité avec les statuts types sont des contrats de droit privé. • Civ. 1re, 6 mai 1969 : *Gaz. Pal. 1969. 2. 98.*

Art. L. 1525-2 Les dispositions de l'article L. 1522-3 ne sont pas applicables aux sociétés d'économie mixte créées antérieurement au 8 juillet 1983, date de publication de la loi n° 83-597 du 7 juillet 1983 précitée, sous réserve qu'elles ne modifient pas leur objet social. — *[L. n° 83-597 du 7 juill. 1983, art. 12.]*

Art. L. 1525-3 Les dispositions du présent titre ne sont pas applicables :

1° Aux sociétés anonymes d'habitations à loyer modéré et aux sociétés de crédit immobilier visées par les articles L. 422-2 et L. 422-4 du code de la construction et de l'habitation au capital desquelles participent, en application de l'article L. 431-4 (3°) du même code, des départements ou des communes ;

2° Aux sociétés de financement régionales ou interrégionales ainsi qu'aux sociétés de développement régional au capital desquelles participent, en application de l'article L. 4211-1, une ou plusieurs régions ;

3° Aux sociétés d'économie mixte constituées en application de la loi n° 46-860 du 30 avril 1946 tendant à l'établissement, au financement et à l'exécution de plans

d'équipement et de développement des territoires relevant du ministère de la France d'outre-mer *(L. nº 2000-1208 du 13 déc. 2000, art. 63)* **« , à l'exception des articles L. 1523-5 et L. 1523-6 ».**

TITRE III SOCIÉTÉS PUBLIQUES LOCALES

(L. nº 2010-559 du 28 mai 2010, art. 1er)

BIBL. ▶ Dossier, Les modes d'emploi de la société publique locale, *AJCT 2011. 265*. – ADVIELLE et VAN HERZELE, Les chambres régionales et territoriales des comptes et le contrôle des entreprises publiques locales, *AJDA 2015. 568*. – J.-F. AUBY, Les sociétés publiques locales. Un outil aux contours incertains, *RFDA 2012. 99*. – BANGUI, L'effectivité du contrôle analogue des sociétés publiques locales, *Rev. CMP 2012. Étude 4*. – BERGEAL, Doit-on craindre un détournement de la société publique locale par les collectivités locales ?, *AJCT 2011. 19*. – BERNARD, Réflexions sur l'apport de la création de la société publique locale au droit des entreprises publiques, *RD publ. 2011. 587*. – DAMAREY, La société publique locale ou la fin des associations transparentes, *AJDA 2011. 15*. – DEVÈS, Office de tourisme – Société publique locale, la nouvelle tendance ?, *JT 2013, nº 152, p. 38*. – DREYFUS et LATULLAIE, SEML et SPL : les conditions de prise en charge d'une activité économique, *AJCT 2011. 77*. – DURAND, Le point sur... une nouvelle SPL, la société publique locale d'aménagement d'intérêt national (SPLA-IN), *AJCT 2017. 260* ; Quelle correspondance entre la ou les compétences d'une collectivité territoriale ou d'un groupement de collectivités et le champ d'intervention d'une SPL ?, *AJCT 2017. 42* ; Du bon usage des entreprises publiques locales. Mode d'emploi à destination des élus locaux et praticiens, *AJCT 2018. 84*. – DYENS, La SPL face au paquet Almunia : une relation complexe, *AJCT 2012. 535*. – KARPENSCHIF, Vers la fin des SPL tentaculaires ?, *AJDA 2013. 257*. – LE CHATELIER, L'essor des sociétés publiques locales (SPL) passe par une modification de la loi, *AJCT 2018. 263*. – LE COQ, Quelle est la nature juridique des contrats passés par les sociétés publiques locales d'aménagement ?, *Rev. CMP 2013. Prat. 10*. – LLORENS et SOLER-COUTEAUX, Les sociétés publiques locales ou le *in house* à la française, *Rev. CMP 2009. Repère 5* ; Les sociétés publiques locales ou la naissance du *in house* à la française, *Rev. CMP 2010. Repère 7*. – MOURIESSE (ss. dir. Braconnier), La société publique locale comme outil de gestion déléguée des services publics, *Rev. CMP 2010. Prat. 9*. – NICINSKI, La loi du 28 mai 2010 pour le développement des sociétés publiques locales, *AJDA 2010. 1759*. – PEYRICAL, De nouvelles voies pour la gestion des services publics locaux – Services d'intérêt économique général, partenariats public-privé institutionnalisés et sociétés publiques locales, *AJDA 2011. 934*. – ROBERT et ORTIGOSA-LIAZ, Les sociétés publiques locales et l'exercice du contrôle analogue, *Rev. CMP 2014. Prat. 5*. – ROSITANO, Le contrôle analogue exercé sur les sociétés publiques locales (SPL) : une analyse critique de l'alinéa 3 de l'article L. 1531-1 du CGCT, *JCP Adm. 2014. Étude 2187*. – TERRIEN, Le développement des sociétés publiques locales, *Dr. adm. 2010. Étude 18*. – VIGOUREUX, La sécurisation des coopérations publiques locales, *AJCT 2012. 176*. – VOIZARD, Les sociétés publiques locales : essai de mise en perspective, *RD publ. 2013. 787*. – WELS, Sociétés publiques locales et sociétés publiques locales d'aménagement : entre clarifications et imprécisions réglementaires, *JCP Adm. 2011, nº 2209*.

COMMENTAIRE

V. dans le supplément en ligne.

Art. L. 1531-1 Les collectivités territoriales et leurs groupements peuvent créer, dans le cadre des compétences qui leur sont attribuées par la loi, des sociétés publiques locales dont ils détiennent la totalité du capital.

Ces sociétés sont compétentes pour réaliser des opérations d'aménagement au sens de l'article L. 300-1 du code de l'urbanisme, des opérations de construction ou pour exploiter des services publics à caractère industriel ou commercial ou toutes autres activités d'intérêt général. *(L. nº 2019-463 du 17 mai 2019, art. 1er)* **« Lorsque l'objet de ces sociétés inclut plusieurs activités, celles-ci doivent être complémentaires. La réalisation de cet objet concourt à l'exercice d'au moins une compétence de chacun des actionnaires. »**

Ces sociétés exercent leurs activités exclusivement pour le compte de leurs actionnaires et sur le territoire des collectivités territoriales et des groupements de collectivités territoriales qui en sont membres. *(L. nº 2017-257 du 28 févr. 2017, art. 47)* **« Elles peuvent également exercer leurs activités pour le compte d'une société publique locale d'aménagement d'intérêt national sur laquelle au moins un de leurs membres exerce un contrôle analogue à celui qu'il exerce sur ses propres services. »**

Ces sociétés revêtent la forme de société anonyme régie par le livre II du code de commerce.

(L. n° 2022-217 du 21 févr. 2022, art. 189) **« Sous réserve, pour les États qui ne sont pas membres de l'Union européenne, de la conclusion d'un accord préalable entre la France et les États concernés, des collectivités territoriales étrangères et leurs groupements peuvent participer au capital de sociétés publiques locales dont l'objet social est conforme au deuxième alinéa du présent article. Ils ne peuvent toutefois détenir, ensemble ou séparément, plus de la moitié du capital ou des droits de vote dans les organes délibérants. »**

Sous réserve des dispositions du présent article, *(L. n° 2022-217 du 21 févr. 2022, art. 189)* **« les sociétés publiques locales » sont soumises au titre II du présent livre.**

COMMENTAIRE

V. dans le supplément en ligne.

1. Création par un syndicat mixte. En vertu de l'art. L. 5721-8 CGCT, un syndicat mixte de production d'eau potable et de traitement des déchets entre dans la catégorie des groupements de collectivités définie à l'art. L. 5111-1 du même code. Or, la L. n° 2010-559 du 28 mai 2010, et ainsi l'art. L. 1531-1, permettent aux groupements de collectivités de créer, dans le cadre des compétences qui leur sont attribuées par la loi, des sociétés publiques locales (SPL). Par suite, ledit syndicat mixte pouvait, dans le cadre des compétences qui lui sont attribuées par la loi, créer une SPL pour le transport des déchets dont il assure déjà le traitement. • CAA Bordeaux, 13 mars 2012, n° 11BX01860.

2. Objet : logement social. Les SPL ne sont pas éligibles aux modes de financement du logement social. Pour qu'elles soient autorisées à intervenir comme opératrices du logement social, le principe d'égalité de traitement impose qu'elles se voient appliquer les mêmes obligations que celles qui pèsent sur les organismes HLM, les SEM et les organismes à but non lucratif titulaires de l'agrément « maîtrise d'ouvrage ». De plus, avec la redéfinition des contours du régime des aides de l'Agence nationale de l'habitat (ANAH), les objets des SPL n'apparaissent pas correspondre aux nouvelles priorités d'actions de l'agence. * Rép. min. n° 14536 : *JO Sénat, 11 août 2011, p. 2114.*

3. Régime juridique des contrats passés par les SPL. En principe, les SPL sont soumises à l'Ord. n° 2005-649 du 6 juin 2005 relative aux marchés passés par certaines personnes publiques ou privées non soumises au code des marchés publics *[abrogée, V. désormais Ord. n° 2015-899 du 23 juill. 2015, CCP]* et doivent respecter les règles de publicité et de mise en concurrence prévues par cette ordonnance et son Décr. d'application n° 2005-1742 du 30 déc. 2005 *[abrogé, V. désormais Décr. n° 2016-360 du 25 mars 2016, CCP].* En effet, elles peuvent relever en tant que pouvoir adjudicateur des deux dispositions suivantes : d'une part, celle prévue au 4° du I de l'art. 3 de l'Ord., applicable aux organismes de droit privé dotés de la personnalité juridique, constitués par des pouvoirs adjudicateurs en vue de réaliser certaines activités en commun ; d'autre part, celle prévue au 1° du I de l'art. 3 de l'Ord., applicable aux organismes de droit privé dotés de la personnalité juridique, créés pour satisfaire spécifiquement des besoins d'intérêt général ayant un caractère autre qu'industriel et commercial, majoritairement financé, et contrôlé, par un pouvoir adjudicateur soumis au code des marchés publics. Elles peuvent toutefois relever du code des marchés publics dans certaines situations. De manière facultative, les SPL peuvent se soumettre volontairement au code des marchés publics, en lieu et place de l'Ord. du 6 juin 2005. De manière obligatoire, les SPL sont tenues de respecter les règles du code des marchés publics dans un cas de figure : quand elles agissent dans le cadre d'un mandat tel que prévu par la L. n° 85-704 du 12 juillet 1985 relative à la maîtrise d'ouvrage publique et à ses rapports avec la maîtrise d'œuvre privée (loi MOP). Agissant au nom et pour le compte d'une des collectivités ou groupements de collectivités territoriales actionnaires, elles sont soumises aux règles applicables à cette personne, c'est-à-dire au C. marchés. * Rép. min. n° 18924 : *JO Sénat 8 déc. 2011, p. 3146 ; Rev. CMP 2012, n° 66, obs. Roman-Séquense.* ♦ La SPL ayant passé le contrat ne pouvant être considérée comme une entité transparente, la transaction qu'elle a conclue avec un opérateur privé relève, en cas de différend lié à son exécution, de la compétence du juge judiciaire. • T. confl. 7 févr. 2022, n° 4233A : *AJCT 2022. 269, obs. Le Chatelier.* ♦ Dans la mesure où la société ne peut être regardée comme une entité transparente, la juridiction judiciaire est seule compétente pour connaître d'un différend lié à la passation par une SPL d'un marché de fournitures et de services, qui revêt donc le caractère d'un contrat de droit privé. • CE 14 févr. 2023, n° 460527 : *AJCT 2023. 370, obs. Dreyfus.*

4. Contrôle analogue. Prestation in house. Dans son avis du 24 nov. 2011, l'Autorité de la concurrence se prononce notamment sur la compatibilité du régime des SPL avec le droit de la commande publique et affirme que l'exigence d'un contrôle analogue sur la SPL à celui existant sur une structure interne à la collectivité appelle une vigilance particulière de la part des collectivités de rattachement lors de la définition et de l'application des statuts de leur SPL. • Aut. conc., avis n° 11-A-18, 24 nov. 2011, *relatif à la création des SPL : AJCT 2012. 93, obs. Devès ; Dr. adm. 2012, n° 25, note J.-B. Auby ; JCP Adm. 2012, n° 2045, note Neveu ; RLCT mai 2012. 2197, note Brameret.* ♦ Il ressort des statuts de la société d'aménagement de l'agglomération de Montpellier (SAAM), que la communauté d'agglomération montpelliéraine en est l'actionnaire majoritaire, et que, en cette qualité, elle désigne plus de la moitié des membres du conseil d'administration. Selon ces mêmes statuts, le capital de la SAAM ne peut être détenu que par des personnes publiques. Par suite, la communauté d'agglomération de Montpellier doit être regardée comme exerçant sur la SAAM un contrôle analogue à celui qu'elle exerce sur ses propres services au sens de l'art. L. 300-5-2 C. urb. Les requérants ne contestent pas que les autres conditions prévues par cette disposition sont remplies, le moyen tiré de ce que la désignation de la SAAM en qualité de concessionnaire aurait dû être précédée d'une procédure de publicité et de mise en concurrence manque alors en droit. • TA Montpellier, *FADUC et Mme Fraysse*, 23 mars 2012, n° 1002680 : *AJDA 2012. 1521, note Brameret.* ♦ La participation très minoritaire d'une commune dans le capital d'une SPL d'aménagement (1, 076 %), qui ne participe au conseil d'administration que par l'intermédiaire d'un représentant commun des petits actionnaires et qui n'est directement représentée que dans des organes sans pouvoir décisionnaire en matière d'exécution des conventions d'aménagement, ne suffit pas à établir l'existence d'un contrôle analogue. • CE 6 nov. 2013, *Cne de Marsannay-la-Côte*, n° 365079 A : *AJDA 2014. 60, note Clamour ; RDI 2014. 44, note Noguellou ; RJEP mars 2014. 33, concl. Dacosta ; Rev. CMP 2014, n° 19, note Amilhat ; Dr. adm. 2014, n° 4, note Brenet ; JCP Adm. 2014, n° 2002, note Brameret.* ♦ Les contrats de concession d'aménagement remplissant les conditions de la quasi-régie conclus avec une SPL ne sont pas soumis aux règles de mise en concurrence prévues pour les autres contrats de concession. • CAA Nantes, 10 janv. 2025, n° 23NT00594. ♦ Il ne résulte d'aucune disposition législative ou réglementaire ou des décisions de la CJUE que le recours à un contrat de quasi-régie serait subordonné à la démonstration de son caractère plus avantageux qu'une solution d'externalisation et à une motivation spécifique. • Même arrêt.

5. *Exercice conjoint du contrôle analogue.* Saisie d'une question préjudicielle, la CJUE précise les conditions d'exercice du contrôle analogue par une pluralité d'actionnaires sur une SPL, qui ne repose pas sur le seul pouvoir de contrôle de l'autorité détenant une participation majoritaire dans le capital de l'entité concernée sous peine de vider de son sens la notion même de contrôle conjoint. Lorsque plusieurs autorités publiques, en leur qualité de pouvoir adjudicateur, établissent en commun une entité chargée d'accomplir leur mission de service public ou lorsqu'une autorité publique adhère à une telle entité, la condition établie par la jurisprudence de la Cour selon laquelle ces autorités, afin d'être dispensées de leur obligation d'engager une procédure de passation de marchés publics selon les règles du droit de l'Union, doivent exercer conjointement sur cette entité un contrôle analogue à celui qu'elles exercent sur leurs propres services est remplie lorsque chacune de ces autorités participe tant au capital qu'aux organes de direction de ladite entité. • CJUE 29 nov. 2012, *Econord SpA c/ Comune di Cagno, Varese e Solbiate*, nos C-182/11 et C-183/11 : *AJCT 2013. 136, obs. Dyens ; AJDA 2013. 178, note J.-D. Dreyfus ; JCP Adm. 2013, n° 2009, note Brameret ; Rev. CMP 2013. Repère 1, note Llorens et Soler-Couteaux, Comm. n° 1, note Zimmer et Étude 4, note Devès ; Dr. adm. 2013. Focus 1, note Noguellou.* ♦ Une collectivité peut concéder la réalisation d'une opération d'aménagement à une SPL d'aménagement sans publicité ni mise en concurrence préalables à la condition qu'elle exerce sur celle-ci un contrôle analogue à celui qu'elle exerce sur ses propres services. Pour que cette condition soit satisfaite, la collectivité doit participer non seulement au capital mais également aux organes de direction de la société. Ce n'est pas le cas d'une commune détentrice de 1,076 % du capital qui ne participe au conseil d'administration que par l'intermédiaire d'un représentant commun des petits actionnaires et qui n'est directement représentée que dans des organes sans pouvoir décisionnaire en matière d'exécution des conventions d'aménagement. • CAA Lyon, 7 nov. 2012, *Assoc. pour la défense du cadre de vie de Marsannay-la-Côte*, n° 12LY00811 : *AJCT 2013. 136, obs. Dyens ; AJDA 2013. 36, chron. Samson-Dye ; JCP Adm. 2013, n° 2009, note Brameret ; Rev. CMP 2013, n° 45, note Zimmer et Étude 4, note Devès* et • CE 6 nov. 2013, *Cne de Marsannay-la-Côte*, n° 365079 : *préc. note 4.*

6. *Aides d'État.* Dans son avis du 24 nov. 2011, l'Autorité de la concurrence se prononce sur la compatibilité du régime des SPL avec les règles européennes en matière d'aides d'État. Elle recommande aux collectivités publiques d'être particulièrement vigilantes lorsqu'elles accordent des compensations financières à des SPL exerçant une activité économique dans la mesure où ces transferts financiers sont susceptibles de contrevenir à la réglementation européenne des aides d'État. À la lumière de la jurisprudence de la Cour de justice et de la pratique décisionnelle de la Commission européenne, il est recommandé que chaque compensation financière fasse l'objet d'un mandat qui décrit précisément les missions de service public confiées à la SPL, les paramètres de calcul, de contrôle régulier et de révision éventuelle de la compensation financière, ainsi que les modalités de remboursement à la collectivité publique des possibles surcompensations financières. • Aut. conc., avis nº 11-A-18, 24 nov. 2011, relatif à la création des SPL : *préc. note 4.*

7. Financement. Sur l'éligibilité des SEM et des SPL aux prêts de long terme sur fonds d'épargne (projets intervenant hors du champ concurrentiel et garantie d'emprunt), V. * Rép. min. nº 23920 : *JOAN Q 4 févr. 2014, p. 1068.*

8. Application ratione temporis de la nouvelle version de l'article issue de la loi nº 2019-463 du 17 mai 2019. L'art. 4 de la L. nº 2019-463 du 17 mai 2019 précisant que la nouvelle rédaction de l'art. L. 1531-1 s'applique, sous réserve des décisions de justice passées en force de chose jugée, « aux sociétés [...] constituées antérieurement à sa date de publication », la commune n'était donc pas, en l'espèce, tenue de détenir toutes les compétences confiées à la SPL. • CAA Lyon, 28 févr. 2019, *Cne d'Excenevex,* nºs 19LY00830 et 19LY02838 : *AJCT 2020. 367, note Belacel.*

TITRE IV SOCIÉTÉS D'ÉCONOMIE MIXTE À OPÉRATION UNIQUE

(L. nº 2014-744 du 1er juill. 2014, art. 1er)

BIBL. GÉN. ▶ Belacel, Port-Barcarès offre l'exemple d'une SEMOP chargée de l'opération complexe de requalification de son port de plaisance, *AJCT 2017. 559.* – Brameret, La société d'économie mixte contrat : partenariat public-privé institutionnalisé à la française ?, *JCP Adm. 2013, nº 2347.* – Clamour, La création des sociétés d'économie mixte à opération unique, *Rev. CMP 2014, nº 214.* – Eckert, La SEMOP, instrument du renouveau de l'action publique locale ?, *AJDA 2014. 1941.* – Llorens et Soler-Couteaux, La SEM à opération unique ou l'avènement du PPPI à la française, *Rev. CMP 2014. Repère 1.* – Lombard, Les SEM contrat : pourquoi, comment ?, *AJCT 2013. 555.* – Marques et Gonzague, La SEMOU, *Dr. adm. 2014. Étude 15.* – Mouriesse, Les particularités limitées de la création d'une SEMOP : l'exemple de la Société ribéracoise d'abattage, *AJCT 2017. 562.* – Noguellou, La SEM contrat, *Dr. adm. 2014. Focus 45.* – Semo, Les conditions de réussite de la SEM contrat – Point de vue de l'entreprise, *AJCT 2013. 559.*

Art. L. 1541-1 **I. — Dans le cadre de ses compétences autres que l'exercice de missions de souveraineté, une collectivité territoriale ou un groupement de collectivités territoriales peut créer, avec au moins un actionnaire opérateur économique, sélectionné après une mise en concurrence dans les conditions définies à l'article L. 1541-2, une société d'économie mixte à opération unique.**

La société d'économie mixte à opération unique est constituée, pour une durée limitée, à titre exclusif en vue de la conclusion et de l'exécution d'un contrat avec la collectivité territoriale ou le groupement de collectivités territoriales dont l'objet unique est :

1° Soit la réalisation d'une opération de construction, de développement du logement ou d'aménagement ;

2° Soit la gestion d'un service public pouvant inclure la construction des ouvrages ou l'acquisition des biens nécessaires au service ;

3° Soit toute autre opération d'intérêt général relevant de la compétence de la collectivité territoriale ou du groupement de collectivités territoriales.

Cet objet unique ne peut être modifié pendant toute la durée du contrat.

Le contrat peut inclure la conclusion, entre la société d'économie mixte à opération unique et la collectivité territoriale ou le groupement de collectivités territoriales, d'un bail emphytéotique administratif nécessaire à la réalisation de son objet.

(L. nº 2015-991 du 7 août 2015, art. 22) **« Un syndicat mixte, constitué sur le fondement de l'article L. 5721-2, incluant un établissement public de l'État** *(L. nº 2019-1428 du 24 déc. 2019, art. 134)* **« ou un établissement public local » disposant d'un domaine public fluvial, peut créer une société d'économie mixte à objet unique dans les conditions prévues pour les collectivités territoriales ou leurs groupements au présent titre. »**

II. — Sous réserve du présent titre, la société d'économie mixte à opération unique revêt la forme de société anonyme régie par le livre II du code de commerce et par le titre II du présent livre. Elle ne peut pas prendre de participation dans des sociétés commerciales.

III. – Les statuts de la société d'économie mixte à opération unique fixent le nombre de sièges d'administrateur ou de membre du conseil de surveillance dont dispose chaque actionnaire. Ils sont attribués en proportion du capital détenu, ce nombre étant, le cas échéant, arrondi à l'unité supérieure.

Le président du conseil d'administration ou du conseil de surveillance est un représentant de la collectivité territoriale ou du groupement de collectivités territoriales.

La collectivité territoriale ou le groupement de collectivités territoriales détient entre 34 % et 85 % du capital de la société et 34 % au moins des voix dans les organes délibérants. La part de capital de l'ensemble des actionnaires opérateurs économiques ne peut être inférieure à 15 %.

IV. – La société d'économie mixte à opération unique est dissoute de plein droit au terme du contrat avec la collectivité territoriale ou le groupement de collectivités territoriales ou dès que l'objet de ce contrat est réalisé ou a expiré.

Art. L. 1541-2 I. – Sous réserve du présent article, la sélection du ou des actionnaires opérateurs économiques et l'attribution du contrat à la société d'économie mixte à opération unique mise en place sont effectuées par un unique appel public à la concurrence respectant les procédures applicables aux *(Ord. nº 2016-65 du 29 janv. 2016, art. 60)* « contrats de concession » ou aux marchés publics *(Ord. nº 2018-1074 du 26 nov. 2018, art. 6)* « définies par le code de la commande publique », selon la nature du contrat destiné à être conclu entre la collectivité territoriale ou le groupement de collectivités territoriales et la société d'économie mixte à opération unique.

Sont applicables les procédures subséquentes pouvant être mises en œuvre lorsque *(Ord. nº 2018-1074 du 26 nov. 2018, art. 6)* « la procédure de mise en concurrence est infructueuse ».

II. – Les candidats susceptibles d'être sélectionnés pour être actionnaires opérateurs économiques de la société d'économie mixte à opération unique doivent respecter les conditions de recevabilité des candidatures propres à la procédure applicable au contrat destiné à être conclu.

III. – En complément des informations obligatoires selon la nature du contrat destiné à être conclu, *(Ord. nº 2018-1074 du 26 nov. 2018, art. 6)* « l'avis d'appel à la concurrence » comporte un document de préfiguration, précisant la volonté de la collectivité territoriale ou du groupement de collectivités territoriales de confier l'opération projetée à une société d'économie mixte à opération unique à constituer avec le candidat sélectionné.

Ce document de préfiguration de la société d'économie mixte à opération unique comporte notamment :

1º Les principales caractéristiques de la société d'économie mixte à opération unique : la part de capital que la collectivité territoriale ou le groupement de collectivités territoriales souhaite détenir ; les règles de gouvernance et les modalités de contrôle dont la collectivité ou le groupement de collectivités souhaite disposer sur l'activité de la société définies, le cas échéant, dans un pacte d'actionnaires ; les règles de dévolution des actif et passif de la société lors de sa dissolution ;

2º Le coût prévisionnel global de l'opération pour la collectivité territoriale ou le groupement de collectivités territoriales et sa décomposition.

IV. – Les critères de sélection des candidats sont définis et appréciés par la collectivité territoriale ou le groupement de collectivités territoriales conformément aux règles applicables selon la nature du contrat destiné à être conclu avec la société d'économie mixte à opération unique. Le coût global de l'opération est apprécié en tenant compte de la souscription au capital et au financement de la société d'économie mixte à opération unique.

V. – À l'issue de la mise en concurrence et de la sélection du candidat, sont arrêtés et publiés les statuts de la société d'économie mixte à opération unique ainsi que, le cas échéant, le pacte d'actionnaires conclu.

VI. – Le contrat, comportant les éléments prévus par *(Ord. nº 2018-1074 du 26 nov. 2018, art. 6)* « la procédure de mise en concurrence », est conclu entre la collectivité territoriale ou le groupement de collectivités territoriales et la société d'économie mixte à opération unique, qui est substituée au candidat sélectionné pour l'application des modalités de passation prévues selon la nature du contrat.

1. Substitution de la SEMOP. Il résulte des dispositions du VI de l'art. L. 1541-2 que lorsqu'une collectivité territoriale crée une SEMOU, c'est avec cette société qu'elle doit passer le contrat confiant l'opération projetée. La SEMOU doit par suite être substituée, pour la signature du contrat, au candidat sélectionné selon les procédures applicables aux contrats de concession ou aux marchés publics. • CE 8 févr. 2019, n° 420296 B : *AJDA 2019. 310*. ♦ En l'espèce, seul le candidat sélectionné avait signé le marché avec la personne publique, mais le Conseil d'État constate qu'à la date de la signature du contrat ni les statuts ni le pacte d'actionnaires de la société d'économie mixte à opération unique n'avaient été arrêtés et publiés, et souligne donc que cette société était dépourvue d'existence juridique, ce qui, provisoirement, donnait à la société Veolia le droit de signer, dans l'attente de la régularisation ultérieure de ce vice d'incompétence. • Même arrêt.

2. Statuts de la SEMOP. Les dispositions du CGCT n'imposent pas à la personne publique qui entreprend de constituer une SEMOU de fixer par avance de manière intangible dès le stade de la mise en concurrence tous les éléments des statuts de la SEMOP et du pacte d'actionnaires, le V de l'art. L. 1541-2 indiquant au contraire que les statuts de la SEMOP ainsi que, le cas échéant, le pacte d'actionnaires conclu, sont arrêtés et publiés à l'issue de la mise en concurrence et de la sélection de l'actionnaire opérateur économique. • CE 8 févr. 2019, n° 420296 B : *préc. note 1*. ♦ S'agissant du montant du capital détenu par la personne publique, il suffit, dans le cadre du document de préfiguration, que celle-ci indique si elle souhaite être actionnaire majoritaire ou minoritaire, sans qu'il soit nécessaire de fixer avec précision la part de capital qui sera finalement retenue dans les statuts. • TA Guyane, 2 mars 2020, n° 2000106 : *AJCT 2020. 473, note Durand*.

Art. L. 1541-3 I. — En cas de transformation, de fusion ou de rattachement de la collectivité territoriale actionnaire d'une société d'économie mixte à opération unique au sein d'une autre collectivité territoriale ou d'un groupement de collectivités territoriales, la collectivité territoriale actionnaire lui cède ses actions, à leur valeur nominale, à la date à laquelle la transformation, la fusion ou le rattachement est devenu exécutoire.

En cas de transformation, de fusion ou de rattachement du groupement de collectivités territoriales actionnaire d'une société d'économie mixte à opération unique au sein d'un autre groupement de collectivités territoriales, le groupement de collectivités territoriales actionnaire lui cède ses actions, à leur valeur nominale, à la date à laquelle la transformation, la fusion ou le rattachement est devenu exécutoire.

La collectivité territoriale ou le groupement de collectivités territoriales bénéficiaire de la cession est substitué au cédant dans tous les actes, délibérations, contrats et décisions en lien avec l'objet de la société d'économie mixte à opération unique.

II. — En cas de transfert de la compétence qui fait l'objet du contrat conclu avec la société d'économie mixte à opération unique de la collectivité territoriale ou du groupement de collectivités territoriales actionnaire au bénéfice d'une autre collectivité territoriale ou d'un autre groupement de collectivités territoriales, la collectivité territoriale ou le groupement de collectivités territoriales actionnaire lui cède ses actions, à leur valeur nominale, à la date à laquelle le transfert de la compétence est devenu exécutoire.

La collectivité territoriale ou le groupement de collectivités territoriales bénéficiaire de la cession est substitué au cédant dans tous les actes, délibérations, contrats et décisions en lien avec l'objet de la société d'économie mixte à opération unique.

LIVRE VI DISPOSITIONS FINANCIÈRES ET COMPTABLES

BIBL. GÉN. ▸ ADAM, FERRAND et RIOUX, Finances publiques, *Presses de Sciences Po et Dalloz, 2010.* – ALBERT, Finances publiques, *Dalloz, 2015.* – BARILARI, Les contrôles financiers comptables, administratifs et juridictionnels des finances publiques, *LGDJ, 2003.* – BLANC, Finances locales comparées, *LGDJ, 2002.* – BOUDET, Institutions financières publiques, *Larcier 2013.* – BOURDIN, Les finances communales et intercommunales, *Economica, 2014.* – BOUVIER, Les finances locales, *LGDJ, coll. Systèmes, 2015.* – BOUVIER, ESCLASSAN et LASSALLE, Finances publiques, *LGDJ, 15e éd., 2016.* – BROLLES ET STRAUB, Budget des communes et des EPCI 2015, *Berger-Levrault, 2015.* – BUISSON, Finances publiques, *Dalloz, 2012.* – CALVI, Comptabilité publique territoriale, *Nathan, 2013.* – CATTEAU, Droit budgétaire. Comptabilité publique, LOLF et GBCP, *Hachette, 2014.* – COLLET, Finances publiques 2016-2017, *LGDJ, précis Domat, 2016.* – CHOUVEL, Finances publiques, *Gualino, 2015.* – CLÉREMBAUX, Abécédaire des finances locales, *coll. Dossier d'experts, Territorial, 2012.* – Cour des comptes, Les finances publiques locales, rapport thématique, *2013.* – CRUCIS, Les finances publiques, *Montchrestien, 2009* ; Malaise des finances locales : l'opération vérité, *Coll. terr. 2005, no 5.* – DAMAREY, L'essentiel des finances publiques, *Gualino, coll. Carré rouge, 2017.* – DELON-DESMOULIN et DESMOULIN (dir.), La décision financière publique, *LGDJ, 2013.* – Direction générale des collectivités locales, Guide budgétaire communal, départemental, régional (annuel). – DESRAMEAUX, Finances publiques, *PUF, 2013.* – GÉMIEUX, L'influence de la LOLF sur les budgets locaux, *RFFP no 107. 53.* – GILLES, Les principes budgétaires et comptables publics, *LGDJ, 2009.* – GUENGANT et LE MEUR, Comprendre les finances publiques locales, *Le Moniteur, 2013.* – HERTZOG, L'ambiguë constitutionnalisation des finances locales, *AJDA 2003. 548* ✎. – KLOPFER et ESCALLIER, Gestion financière des collectivités territoriales, *Le Moniteur, 6e éd., 2014.* – LEVOYER, Finances locales, *Hachette, 2012.* – MARCOU (dir.), L'enjeu de la dépense locale, 2011, Droit et gestion des collectivités territoriales, *Le Moniteur, 2011.* – MATTRET, Les finances locales, *CNFPT, 2012.* – MORDACQ, Les finances publiques, *PUF, Que sais-je ?, 2014.* – MUZELLEC et CONAN, Finances locales, *Dalloz, 2011* ; Le droit financier local précurseur du droit financier national, *in* Mél. Moreau, *PUAM-Economica, 2002, p. 325.* – OLIVA, Les finances publiques, *Dalloz, 2013.* – PICARD, Finances locales, *LexisNexis, 2013.* – PUJOL et GRAU, Les finances des collectivités territoriales, *JCP Adm. 2013. 2281.* – QUÉROL, Les finances publiques, *Éd. Ellipses, 2003.* – ROBERT, Finances locales, *Doc. fr., 2013.* – ROUX, Finances publiques, *Doc. fr., 2011.*

▸ Numéros spéciaux de la *Revue française de finances publiques* : N° 71, La communication financière des collectivités locales, 2000. – N° 81, Vingt ans de finances locales : enjeux pour l'avenir, 2003. – N° 85, Le contrôle externe des chambres régionales des comptes : actualité et perspectives, 2004. – N° 95, Les nouveaux instruments financiers et de gestion des collectivités territoriales, 2006. – N° 107, La LOLF et les collectivités locales, 2009. – N° 109, Les aides au développement économique local, 2010. – N° 121, L'autonomie financière des collectivités locales en Europe, 2013. – N° 129, La territorialisation du droit financier, 2015.

▸ La revue *Gestion & Finances publiques* est organisée différemment et comporte systématiquement un ou des articles consacrés aux collectivités territoriales.

TITRE I

CHAPITRE I PRINCIPES GÉNÉRAUX

Art. L. 1611-1 **Aucune dépense à la charge de l'État ou d'un établissement public à caractère national ne peut être imposée directement ou indirectement aux collectivités territoriales ou à leurs groupements qu'en vertu de la loi.** – *[L. no 72-1121 du 20 déc. 1972, art. 75.]*

1. Compétence exclusive du législateur. Les dépenses à la charge de l'État ne peuvent être imposées indirectement aux collectivités par la voie réglementaire. • CE 5 janv. 2005, *Cne de Versailles*, n° 232888 A : *JCP Adm. 2005. 1107, note Guillaumont ; AJDA 2005. 604, concl. Chauvaux* ✎ *; coll. Terr. 2005. Comm. 54, note Moreau ; RFDA 2005. 715, note Cassia* ✎. ♦ En revanche, un décret qui ne fait que préciser les modalités selon lesquelles, conformément à l'art. L. 1611-2-1, les maires exercent, en tant qu'agents de l'État, la mission de réception des demandes de cartes nationales d'identité n'a pas pour effet de transférer aux communes équipées de dispositifs de recueil d'empreintes digitales une dépense à la charge de l'État. • CE 24 févr. 2020, n° 425034 B : *AJDA 2020. 430* ✎. ♦ Lorsque des dispositions législatives confient à des agents de collectivités territoriales ou de leurs groupements des missions à exercer au nom de l'État, elles mettent indirectement à la charge de ces collectivités territoriales ou groupements, sauf disposition contraire, les dépenses nécessaires à l'exercice de ces missions. • CE 22 oct. 2010, *Min. de l'Intérieur, de l'Outre-*

mer et des Collectivités territoriales c/ Cne de Versailles, n° 328102 A : *AJCT 2011. 36, obs. Cabannes* ; *Dr. adm. 2011, n° 1, note Pissaloux ; BJCL 2011. 123, concl. Salins ; JCP Adm. 2010, n° 2374, note Pontier.*

2. Responsabilité de l'État. Si une telle illégalité est commise par le pouvoir réglementaire, elle est de nature à engager la responsabilité de l'État « quelle que soit la probabilité que le législateur aurait lui-même adopté cette mesure si elle lui avait été soumise » ; il appartient à la collectivité « victime » d'établir la réalité de son préjudice et le lien direct de causalité qui le relie à l'illégalité commise. • CE 6 avr. 2007, *Cne de Poitiers,* n° 299825 B. • 14 sept. 2007, *Min. de l'Intérieur c/ Cne de Villeurbanne,* n° 299720 : *AJDA 2007. 2377* , *Rincon Salcedo ; JCP Adm. 2007. 2292, concl. Olson.* ♦ Saisi d'une question prioritaire de constitutionnalité, le Conseil constitutionnel a estimé que les compétences confiées au maire au titre de la délivrance de cartes nationales d'identité et de passeports sont exercées au nom de l'État. Par suite, est inopérant le grief tiré de la violation des dispositions de l'art. 72-2 Const., qui ne sont relatives qu'à la compensation financière des compétences exercées par les collectivités territoriales. • Cons. const. 22 sept. 2010, *Cne de Besançon,* n° 2010-29/37 QPC : *AJDA 2011. 218, note Verpeaux* ; *AJCT 2010. 119, obs. Philip-Gay* ; *RFDA 2010. 1257, chron. Roblot-Troizier et Rambaud* ; *JCP Adm. 2010, n° 2297, note Pontier.* ♦ En revanche, la réorganisation des journées et demi-journées scolaires opérée par le Décr. du 24 janv. 2013 ne régit pas l'organisation des activités périscolaires qui conservent un caractère facultatif pour les communes ; il n'opère ainsi « aucun transfert de compétences vers les communes qui aurait impliqué, en vertu de l'art. 72-2 Const., une compensation financière ». • CE 27 mai 2015, *Cnes de Caluire-et Cuire et a.,* n° 382256.

Art. L. 1611-2 **Les collectivités territoriales supportent, chacune en ce qui la concerne, les dépenses de personnel, de fonctionnement et d'équipement des services placés sous leur autorité.** – *[L. n° 85-1098 du 11 oct. 1985, art. 1er.]*

Art. L. 1611-2-1 *(L. n° 2011-1978 du 28 déc. 2011, art. 86)* **Dans le cadre des missions confiées aux maires en tant qu'agents de l'État, les communes assurent :**

1° La réception et la saisie des demandes de cartes nationales d'identité et de passeports ainsi que la remise aux intéressés de ces titres ;

2° L'encaissement des amendes forfaitaires résultant des contraventions réprimées par le code de la route et établies par les agents de police municipale.

Sur l'encaissement des amendes forfaitaires résultant des contraventions réprimées par le C. route et établies par les agents de police municipale, V. ci-dessous L. n° 2011-1978 du 28 déc. 2011, art. 86.

Loi n° 2011-1978 du 28 décembre 2011,

De finances rectificative pour 2011.

Art. 86 *[...]* II. — Sous réserve des décisions passées en force de chose jugée, les communes ne peuvent se prévaloir, sur le fondement de l'incompétence du pouvoir réglementaire à mettre à leur charge les dépenses résultant, postérieurement au 3 mai 2002, de l'exercice par les maires des missions d'encaissement des amendes résultant des contraventions réprimées par le code de la route et émises par les agents de police municipale, d'un préjudice correspondant à ces dépenses.

III. — En contrepartie de l'application du II, une dotation exceptionnelle est attribuée aux communes au titre de l'indemnisation des charges résultant pour elles, jusqu'au 31 décembre 2011, de l'application de la circulaire du ministre de l'Intérieur du 3 mai 2002 relative à l'encaissement des amendes forfaitaires et des consignations émises par les agents de police municipale.

Cette dotation, d'un montant de 0,5 € par amende encaissée dans la limite de 9,87 millions d'euros, est répartie entre les communes en fonction du nombre d'amendes qu'elles ont effectivement recouvrées entre 2008 et 2011. Si le nombre total d'amendes recouvrées ces quatre années est supérieur à 19,74 millions d'euros, la somme de 9,87 millions d'euros est répartie entre les communes proportionnellement au nombre d'amendes qu'elles ont recouvrées de 2008 à 2011.

Les communes qui ont engagé un contentieux indemnitaire fondé sur l'illégalité de la circulaire du 3 mai 2002 précitée ne sont éligibles à cette dotation exceptionnelle qu'à la condition que cette instance soit close par une décision passée en force de chose jugée et excluant toute condamnation de l'État.

Art. L. 1611-3 *Abrogé par Ord. nº 2017-970 du 10 mai 2017, art. 21.*

Art. L. 1611-3-1 *(L. nº 2013-672 du 26 juill. 2013, art. 32)* **I. — Les collectivités territoriales, leurs groupements et les services départementaux** *(L. nº 2021-1520 du 25 nov. 2021, art. 8)* **« et territoriaux » d'incendie et de secours peuvent souscrire des emprunts auprès des établissements de crédit** *(L. nº 2015-991 du 7 août 2015, art. 111)* **« ou des sociétés de financement » dans les limites et sous les réserves suivantes :**

1º L'emprunt est libellé en euros ou en devises étrangères. Dans ce dernier cas, afin d'assurer une couverture intégrale du risque de change, un contrat d'échange de devises contre euros doit être conclu lors de la souscription de l'emprunt pour le montant total et la durée totale de l'emprunt ;

2º Le taux d'intérêt peut être fixe ou variable. Un décret en Conseil d'État détermine les indices et les écarts d'indices autorisés pour les clauses d'indexation des taux d'intérêt variables ;

3º La formule d'indexation des taux variables doit répondre à des critères de simplicité ou de prévisibilité des charges financières des collectivités territoriales, de leurs groupements et des services départementaux *(L. nº 2021-1520 du 25 nov. 2021, art. 8)* **« et territoriaux » d'incendie et de secours. Les conditions d'application du présent 3º sont fixées par décret en Conseil d'État.**

II. — Un contrat financier adossé à un emprunt auprès d'un établissement de crédit *(L. nº 2015-991 du 7 août 2015, art. 111)* **« ou d'une société de financement » ne peut avoir pour conséquence de déroger au I. Les conditions d'application du présent II sont fixées par décret en Conseil d'État.** — *Sur les dérogations éventuelles, V. ci-dessous L. nº 2013-672 du 26 juill. 2013, art. 32-II.*

Sur le fonds de soutien aux collectivités territoriales et à certains établissements publics ayant souscrit des contrats de prêt ou des contrats financiers structurés à risque, V. ci-dessous L. nº 2013-1278 du 29 déc. 2013, art. 92 et Décr. nº 2014-444 du 29 avr. 2014.

Sur la sécurisation des contrats de prêts structurés souscrits par les personnes morales de droit public, V. ci-dessous L. nº 2014-844 du 29 juill. 2014.

BIBL. ▶ CABANNES, *BJCL 2013. 741* (collectivités territoriales et emprunts toxiques : où en est-on ?). – CLAMOUR, *Rev. CMP 2013, nº 233* (nouvelle donne pour les emprunts locaux). – DA PALMA et VASSEUR, *JCP Adm. 2013. Actu 870* (emprunt toxique et loi de finances : un gage donné aux banques qui n'atteindra malheureusement pas les contentieux). – HOUCKE-DA PALMA, *JCP Adm. 2013, nº 2313* (emprunts toxiques : à l'international, de premières décisions encourageantes). – ECKERT, *AJDA 2011. 1715* (emprunts « toxiques » des collectivités territoriales : quelles conséquences en tirer ?). – LANDEL, *AJCT 2014. 46* (l'Agence France Locale : un outil conçu par et pour les collectivités territoriales). – LASSERRE CAPDEVILLE, *AJCT 2012. 73* (crédits consentis aux collectivités locales : quelles actions contre les banques ?) ; *RDBF 2013. Étude 1* (« prêts toxiques » : le devoir de mise en garde au secours des collectivités territoriales ?). – MARTIN, *RDBF 2013. Dossier 58* (la loi de séparation des activités bancaires et les emprunts des collectivités territoriales : en attendant la suite). – MOIROUX, *JCP Adm. 2014, nº 2024* (le financement des collectivités territoriales après la loi de séparation et de régulation des activités bancaires). – MORARD, *Banque et Dr. 3-4/2014. 10* (emprunts toxiques : analyse jurisprudentielle) ; *ibid. 5-6/2014. 16* (emprunts toxiques : analyse du cadre légal et réglementaire). – PORTAL, *RFFP 2013, nº 123, p. 73* (risques et maîtrise de la dette volatile des collectivités locales françaises). – VASSEUR et DA PALMA, *JCP Adm. 2013, nº 2007* (les recours contre les emprunts « toxiques »). – WERTENSCHLAG et POINDRON, *AJDI 2013. 108* (la formation des « prêts toxiques » et la communication d'un TEG erroné).

COMMENTAIRE

V. dans le supplément en ligne.

Loi nº 2013-672 du 26 juillet 2013,

De séparation et de régulation des activités bancaires.

Art. 32 *[...]* II. — Les collectivités territoriales, leurs groupements et les services départementaux d'incendie et de secours peuvent déroger aux conditions prévues à l'article L. 1611-3-1 du code général des collectivités territoriales lorsque la souscription d'un emprunt ou d'un contrat financier, par la voie d'un avenant ou d'un nouveau contrat, a pour effet de réduire le risque associé à un emprunt ou un contrat financier non conforme au même article L. 1611-3-1 et qui a été souscrit avant la promulgation de la présente loi.

Dans le cadre de cette renégociation, les établissements de crédit concernés sont tenus de fournir, au plus tard lors de la conclusion du nouveau contrat ou de l'avenant au contrat, un document explicitant la baisse de risque induite par cette renégociation.

Un décret en Conseil d'État précise les conditions d'application du présent II. — *V. note infra et art. R. 1611-33 s.*

III. — Le Gouvernement remet chaque année au Parlement un rapport recensant au 31 décembre de l'année précédente le volume des emprunts structurés des collectivités territoriales et organismes publics au bilan des établissements de crédit qui comportent soit un risque de change, soit des effets de structure cumulatifs ou dont les taux évoluent en fonction d'indices à fort risque.

Ne peuvent notamment pas être regardés comme des contrats ou des avenants aux contrats entraînant une réduction du risque au sens du II du présent art. les contrats ou avenants aux contrats qui comportent des stipulations prévoyant : 1° Que l'échéancier est allongé et l'amortissement est différé sans que le taux d'intérêt exigible à chaque échéance ajoutée soit un taux fixe ou un taux variable répondant à la condition fixée au 1° du II de l'art. R. 1611-33 CGCT ; ou 2° Que le taux d'intérêt exigible est plafonné au titre d'un nombre limité d'échéances sans que le montant exigible à toutes les échéances postérieures à la renégociation soit égal ou inférieur au montant exigible en vertu des stipulations initiales du contrat (Décr. n° 2014-984 du 28 août 2014, art. 2 et 3, applicable aux contrats et aux avenants conclus à compter du 1er oct. 2014).

Loi n° 2013-1278 du 29 décembre 2013,

De finances pour 2014.

Art. 92 I. — 1. Il est créé un fonds de soutien de *(L. n° 2015-1785 du 29 déc. 2015, art. 31)* « 200 millions d'euros » par an pendant une durée maximale de quinze ans, destiné aux collectivités territoriales, à leurs groupements, aux établissements publics locaux et aux services départementaux d'incendie et de secours ainsi qu'aux collectivités d'outre-mer et à la Nouvelle-Calédonie ayant souscrit avant l'entrée en vigueur de la présente loi des emprunts structurés et des instruments financiers. Les contrats concernés sont les emprunts les plus sensibles et les contrats de couverture qui leur sont liés. *(L. n° 2023-1322 du 29 déc. 2023, art. 178, applicable à compter de l'exercice de gestion 2023)* « Un rapport final portant sur la gestion globale du fonds de soutien est remis par le Gouvernement au Parlement, annexé à la loi relative aux résultats de la gestion et portant approbation des comptes de l'année 2028. »

Ce fonds a pour objet le versement aux collectivités territoriales et aux établissements publics mentionnés au premier alinéa du présent 1 d'une aide pour le remboursement anticipé de ces emprunts et instruments. L'aide est calculée sur la base des indemnités de remboursement anticipé dues ; elle ne peut excéder *(L. n° 2015-991 du 7 août 2015, art. 111)* « 75 % » du montant de celles-ci. Dans une phase initiale et pour une durée limitée à trois ans à compter du dépôt de la demande, une part de cette aide peut néanmoins être versée pour faire face aux charges financières relatives à ces emprunts et instruments. À l'issue de cette phase, les collectivités territoriales ou établissements publics mentionnés au premier alinéa peuvent obtenir *(Abrogé par L. n° 2023-1322 du 29 déc. 2023, art. 178, applicable à compter de l'exercice de gestion 2023)* « *, dans les conditions déterminées par le Comité national d'orientation et de suivi et pour une durée de trois ans renouvelable,* » la poursuite du versement de l'aide jusqu'au terme des emprunts et des instruments financiers ; dans les autres cas, le versement du solde de l'aide est subordonné au remboursement anticipé des emprunts structurés et des instruments financiers.

Dans la limite de 2,5 millions d'euros par an, l'aide accordée par le fonds aux collectivités territoriales et aux établissements publics mentionnés au premier alinéa et dont la population est inférieure à 10 000 habitants peut également financer la prise en charge de prestations d'accompagnement destinées à faciliter la gestion de l'en-cours de dette structurée. Cette prise en charge est effectuée dans la limite de 50 % de la totalité des frais engagés chaque année.

Pour bénéficier du fonds, les collectivités territoriales et les établissements publics mentionnés au premier alinéa doivent déposer une demande d'aide auprès du représentant de l'État dans le département ou dans la collectivité d'outre-mer avant le *(L. n° 2014-1655 du 29 déc. 2014, art. 83)* « 30 avril » 2015.

Le versement de l'aide au titre d'un ou de plusieurs emprunts structurés et instruments financiers souscrits auprès d'un même établissement de crédit est subordonné à la conclusion préalable avec cet établissement d'une transaction, au sens de l'article 2044 du code civil, portant sur ceux-ci. L'établissement de crédit transmet, préalablement à la conclusion de la transaction, aux collectivités et établissements mentionnés au premier alinéa du présent 1 les éléments utiles au calcul de l'indemnité de remboursement anticipé. Les éléments utiles au calcul de l'indemnité de remboursement anticipé sont également transmis, à sa demande, par les établissements de crédit, au service compétent de l'État chargé de l'instruction des demandes d'aides.

(L. n° 2015-1785 du 29 déc. 2015, art. 31-I) « La dérogation prévue au II de l'article 32 de la loi n° 2013-672 du 26 juillet 2013 de séparation et de régulation des activités bancaires *[V. supra]* n'est pas applicable aux nouveaux emprunts consentis.

« Le taux maximal applicable aux nouveaux emprunts consentis est égal au taux de rendement de l'obligation assimilable du Trésor de maturité la plus proche de la durée de vie moyenne initiale de l'emprunt structuré faisant l'objet de la renégociation, constaté à la date à laquelle celui-ci a été initialement consenti, majoré de 150 points de base. »

Le montant de l'aide est déterminé conjointement par le ministre chargé du budget et, selon le cas, le ministre chargé des collectivités territoriales ou le ministre chargé de l'outre-mer, dans la limite des crédits du fonds disponibles chaque année.

Le fonds est géré pour le compte de l'État par l'établissement mentionné à l'article L. 313-1 du code rural et de la pêche maritime, qui reçoit à cette fin un versement de l'État.

Un décret en Conseil d'État fixe les modalités d'application du présent 1.

2. Le solde du fonds institué par l'article 4 de la loi n° 2012-1510 du 29 décembre 2012 de finances rectificative pour 2012 est réaffecté au fonds mentionné au 1 du présent I.

3. À compter du 1er janvier 2014, l'article 4 de la loi n° 2012-1510 du 29 décembre 2012 précitée est abrogé.

[Dispositions déclarées non conformes à la Constitution par la décision du Conseil constitutionnel n° 2013-685 DC du 29 décembre 2013.]

[Dispositions déclarées non conformes à la Constitution par la décision du Conseil constitutionnel n° 2013-685 DC du 29 décembre 2013.]

Le Décr. n° 2014-810 du 16 juill. 2014 crée un service à compétence nationale dénommé "Service de pilotage du dispositif de sortie des emprunts à risque", rattaché conjointement aux ministres chargés du budget, des collectivités territoriales et de l'outre-mer, qui a pour mission d'assurer le pilotage opérationnel de la gestion du fonds de soutien. Il élabore la doctrine d'emploi du fonds de soutien, instruit les dossiers de demande d'aide et calcule les montants à verser conformément au Décr. n° 2014-444 du 29 avr. 2014 (V. infra).

Décret n° 2014-444 du 29 avril 2014,

Relatif au fonds de soutien aux collectivités territoriales et à certains établissements publics ayant souscrit des contrats de prêt ou des contrats financiers structurés à risque.

CHAPITRE I

Art. 1er I. — Sont éligibles au fonds de soutien créé par l'article 92 de la loi du 29 décembre 2013 susvisée *[n° 2013-1278, V. supra]* les contrats de prêt à taux variable, résultant d'une opération de crédit au sens de l'article L. 313-1 du code monétaire et financier, autres que ceux qui présentent les caractéristiques cumulatives suivantes :

1° Le taux d'intérêt est indexé sur l'un des taux, indices ou écarts de taux ou d'indices suivants :

a) Taux usuel du marché interbancaire de la zone euro, du marché monétaire de la zone euro ou des emprunts émis par un État membre de l'Union européenne dont la monnaie est l'euro ;

b) Indice national des prix à la consommation ou indice harmonisé des prix à la consommation de la zone euro, mentionnés à l'article D. 112-1 du code monétaire et financier, ou écart entre ces indices ;

c) Indice représentatif du prix d'un échange de taux entre des taux usuels de maturités différentes du marché interbancaire ou monétaire de la zone euro, ou entre des taux usuels de maturités différentes du marché interbancaire ou monétaire de la zone euro et des taux d'emprunts émis par un État membre de l'Union européenne dont la monnaie est l'euro, ou entre des taux usuels de maturités différentes du marché interbancaire ou monétaire d'un État membre de l'Organisation de coopération et de développement économique ;

d) Taux usuel du marché interbancaire ou du marché monétaire d'un État membre de l'Organisation de coopération et de développement économique, ou des emprunts émis par un État membre de cette organisation, ou écart entre ces taux ;

e) Écart entre plusieurs taux mentionnés au *a* ci-dessus ou écart entre l'un des taux mentionnés au *a* et l'un des taux mentionnés au *d* ci-dessus ;

f) Taux d'intérêt des livrets d'épargne mentionnés aux articles L. 221-1, L. 221-13 et L. 221-27 du code monétaire et financier ;

2° La formule d'indexation satisfait à l'un des critères suivants :

a) Elle correspond à la simple addition d'un indice et d'une marge fixe exprimée en points de pourcentage, le cas échéant assortie d'un taux d'intérêt maximum ou à la fois d'un taux d'intérêt maximum et d'un taux d'intérêt minimum ;

b) Elle prévoit que le taux applicable correspond soit à la simple addition d'un indice et d'une marge fixe exprimée en points de pourcentage, le cas échéant assortie d'un taux d'intérêt maximum ou à la fois d'un taux d'intérêt maximum et d'un taux d'intérêt minimum, soit à un taux fixe, en fonction de la date d'échéance ;

c) Elle prévoit une modification du calcul du taux d'intérêt lorsqu'une valeur initialement connue atteint un seuil déterminé par la formule, sans que les nouvelles modalités de calcul du taux d'intérêt ne soient assorties d'un coefficient multiplicateur de la valeur de référence ;

d) Elle prévoit la faculté pour une des parties au contrat de modifier le taux d'intérêt applicable de telle façon que ce taux corresponde à la formule d'indexation mentionnée au *a* ci-dessus ou à un taux fixe ;

e) Elle consiste en la multiplication d'un indice ou d'une formule par un coefficient inférieur ou égal à trois ou par un coefficient inférieur ou égal à cinq dès lors qu'il est assorti d'un taux d'intérêt maximum ;

f) Elle consiste en la multiplication d'un indice ou d'une formule par un coefficient supérieur à trois et inférieur ou égal à cinq, sans que ce coefficient soit assorti d'un taux d'intérêt maximum.

II. — Par dérogation au I, sont éligibles au fonds de soutien les contrats de prêt structurés dont le taux d'intérêt varie en application d'une clause d'indexation qui porte au moins sur l'un des indices ou écarts d'indices mentionnés aux *c*, *d* et *e* du 1° du I et dont la formule d'indexation correspond à celle décrite au *f* du 2° du I, dès lors que le calcul du taux appliqué à la collectivité ou à l'établissement public qui demande le bénéfice du fonds de soutien à la date du premier dépôt de la demande mentionnée au I de l'article 2, ou du taux qui pourrait lui être applicable en vertu des stipulations du contrat de prêt, implique un coefficient multiplicateur tel que décrit au *f* du 2° du I.

III. — Sont également éligibles au fonds de soutien les contrats financiers mentionnés au III de l'article L. 211-1 du code monétaire et financier, lorsque sont réunies les conditions suivantes :

1° Ils ont été souscrits avant la première échéance du contrat de prêt auquel ils sont liés et auprès de la même banque ;

2° Leur montant notionnel est égal au montant en principal du contrat de prêt ;

3° Le taux applicable résultant de la combinaison du contrat de prêt et du contrat financier associé répond aux conditions d'éligibilité fixées au I et au II.

Art. 2 I. — Chaque demande d'aide est présentée par l'ordonnateur de la collectivité ou de l'établissement public. Elle comporte :

1° Un projet de transaction au sens de l'article 2044 du code civil conclue avec l'établissement de crédit, portant sur les contrats faisant l'objet de la demande d'aide ;

2° L'avis de l'établissement de crédit sur l'éligibilité au fonds de soutien des contrats faisant l'objet de la demande d'aide au regard des critères mentionnés à l'article 1er ;

3° Des pièces justificatives complémentaires dont la liste est fixée par arrêté conjoint du ministre chargé du budget, du ministre chargé des collectivités territoriales et du ministre chargé de l'outre-mer.

II. — Dans le délai d'un mois suivant le dépôt de la demande d'aide, le représentant de l'État dans le département, dans la collectivité d'outre-mer ou en Nouvelle-Calédonie :

1° Soit constate que le dossier est incomplet et le retourne à l'ordonnateur de la collectivité ou de l'établissement public ayant présenté la demande d'aide ;

2° Soit constate que le dossier est complet et, après analyse des comptes de la collectivité ou de l'établissement public ayant présenté la demande d'aide, le transmet au ministre chargé du budget ainsi que, selon le cas, au ministre chargé des collectivités territoriales ou au ministre chargé de l'outre-mer.

III. — Dans le délai de deux mois suivant la réception de la transmission prévue par l'alinéa précédent, le ministre chargé du budget et, selon le cas, le ministre chargé des collectivités territoriales ou le ministre chargé de l'outre-mer statuent sur la demande d'aide et notifient à la collectivité ou à l'établissement public ayant présenté la demande la décision d'attribution ou de refus d'attribution de l'aide et, le cas échéant, le montant de l'aide attribuée, dans la limite du plafond mentionné aux I et II de l'article 4.

(Décr. n° 2015-619 du 4 juin 2015, art. 1er) « Le délai mentionné à l'alinéa précédent peut être suspendu pour une durée maximale de six mois lorsque le taux de prise en charge défini au I de l'article 5 ou le montant de l'aide ne peut être valablement calculé en raison des variations significatives affectant des éléments de référence tels que les intérêts exigibles ou les indemnités de remboursement anticipé dues. La collectivité ou l'établissement public ayant présenté la demande est informé de la prolongation du délai d'examen de sa demande par le service à compétence nationale créé par le décret n° 2014-810 du 16 juillet 2014. »

IV. — À compter de la notification de la décision d'attribution, l'ordonnateur de la collectivité ou de l'établissement dispose d'un délai *(Décr. n° 2015-619 du 4 juin 2015, art. 1er)* « de trois mois » pour faire connaître son acceptation au représentant de l'État dans le département, dans la collectivité d'outre-mer ou en Nouvelle-Calédonie.

V. — En cas d'acceptation de la décision d'attribution, l'ordonnateur adresse au représentant de l'État dans le département, dans la collectivité d'outre-mer ou en Nouvelle-Calédonie *(Décr. n° 2015-619 du 4 juin 2015, art. 1er)* « , dans le délai mentionné au IV, » un dossier complémentaire qui comporte :

1° Une copie de la transaction mentionnée au *(Décr. n° 2015-619 du 4 juin 2015, art. 1er)* « 1° » du I signée par toutes les parties ;

2° Des pièces justificatives complémentaires, dont la liste est fixée par arrêté conjoint du ministre chargé du budget, du ministre chargé des collectivités territoriales et du ministre chargé de l'outre-mer.

Lorsqu'elles ont fait l'objet d'une décision implicite de rejet intervenue avant la publication du Décr. n° 2015-619 du 4 juin 2015, les demandes tendant à l'octroi d'une aide par le fonds de soutien créé par l'art. 92 de la L. n° 2013-1278 du 29 déc. 2013 [V. supra] font l'objet d'une nouvelle instruction par le service à compétence nationale créé par le Décr. n° 2014-810 du 16 juill. 2014 selon les modalités, notamment de délai, prévues par les dispositions du III du présent art. (Décr. n° 2015-619 préc., art. 2).

Art. 3 I. — L'octroi définitif de l'aide est subordonné :

1° À la réception du dossier complémentaire complet mentionné au V de l'article 2 ;

2° À la conclusion entre la collectivité ou l'établissement public bénéficiaire de l'aide et le représentant de l'État dans le département, dans la région, dans la collectivité d'outre-mer ou en Nouvelle-Calédonie d'une convention définissant les modalités de versement de l'aide ainsi que les modalités de suspension et de restitution de l'aide en cas de non-respect des conditions d'octroi ;

3° Selon le cas, au remboursement anticipé par le bénéficiaire de l'aide de chacun des contrats de prêt ou à la résiliation des contrats financiers en considération desquels a été prise la décision d'attribution.

II. — Copie des décisions d'attribution est adressée à l'établissement mentionné à l'article L. 313-1 du code rural et de la pêche maritime.

CHAPITRE II

Art. 4 I. — Dans les cas prévus au I et au II de l'article 1er, l'aide correspond, pour chaque contrat de prêt, à une fraction, *(Décr. n° 2015-619 du 4 juin 2015, art. 1er)* « dont la valeur maximale est définie au 1 du I de l'article 92 de la loi n° 2013-1278 du 29 décembre 2013 susvisée *[V. supra]*, » de l'indemnité de remboursement anticipé due par la collectivité ou l'établissement public au titre du contrat concerné, tel que ce montant a été arrêté dans la transaction conclue avec l'établissement prêteur.

II. — Dans le cas prévu au III de l'article 1er, l'aide correspond à une fraction, *(Décr. n° 2015-619 du 4 juin 2015, art. 1er)* « dont la valeur maximale est définie au 1 du I de l'article 92 de la loi n° 2013-1278 du 29 décembre 2013 susvisée *[V. supra]*, » du coût de la résiliation du contrat financier.

Art. 5 I. — *(Décr. n° 2015-619 du 4 juin 2015, art. 1er)* « Pour chaque catégorie de collectivité ou d'établissement éligible, le taux de prise en charge par le fonds de soutien tient compte notamment, pour chaque bénéficiaire de l'aide : »

1° Du montant de sa dette, rapportée à la population ;

2° De sa capacité de désendettement mesurée par le rapport entre l'encours de la dette et l'épargne brute ;

3° De son potentiel financier rapporté à sa population ou, en ce qui concerne les régions, de l'indicateur des ressources fiscales des régions rapporté à leur population *(Décr. nº 2015-619 du 4 juin 2015, art. 1er)* « ou, en ce qui concerne les établissements publics de coopération intercommunale à fiscalité propre, de leur potentiel fiscal rapporté à leur population » ;

4° De la part des contrats structurés éligibles dans l'encours total de la dette ;

(Décr. nº 2015-619 du 4 juin 2015, art. 1er) « 5° Des caractéristiques des contrats de prêt ou des contrats financiers pour lesquels l'aide du fonds de soutien est sollicitée et, notamment, de leur niveau de risque. »

Le 3° n'est pas applicable aux services départementaux d'incendie et de secours, *(Décr. nº 2015-619 du 4 juin 2015, art. 1er)* « aux groupements sans fiscalité propre, » aux établissements publics locaux, aux collectivités d'outre-mer et à la Nouvelle-Calédonie.

(Décr. nº 2015-619 du 4 juin 2015, art. 1er) « I *bis*. — Dans le cas où le remboursement anticipé du contrat de prêt ou du contrat financier au titre duquel l'aide est attribuée expose la collectivité ou l'établissement public concerné à des conséquences d'une particulière gravité au regard de sa situation financière et de l'équilibre de ses comptes, le taux de prise en charge calculé conformément au I peut être majoré, dans la limite de la valeur maximale définie au 1 du I de l'article 92 de la loi nº 2013-1278 du 29 décembre 2013 susvisée *[V. supra]*. Le montant maximal des crédits du fonds mobilisables à cette fin est fixé par arrêté conjoint du ministre chargé du budget, du ministre chargé des collectivités territoriales et du ministre chargé de l'outre-mer.

« I *ter*. — La population mentionnée au I s'entend comme la population définie respectivement à l'article L. 2334-2 du code général des collectivités territoriales pour les communes et les établissements publics de coopération intercommunale à fiscalité propre, à l'article L. 3334-2 du même code pour les départements, à l'article L. 4332-4-1 du même code pour les régions, à l'article L. 5211-30 du même code pour la métropole de Lyon et comme la population telle que communiquée par l'INSEE à la collectivité concernée pour la Polynésie française, la Nouvelle-Calédonie et les provinces de la Nouvelle-Calédonie.

« Pour les groupements sans fiscalité propre, la population s'entend de la somme des populations des collectivités composant le groupement, telles qu'issues du dernier recensement de population. Pour les services départementaux d'incendie et de secours et les établissements publics locaux, la population prise en compte est celle de la collectivité de rattachement. »

II. — Un arrêté conjoint du ministre chargé du budget, du ministre chargé des collectivités territoriales et du ministre chargé de l'outre-mer définit les modalités d'application du I *(Décr. nº 2015-619 du 4 juin 2015, art. 1er)* « , du I *bis* et du I *ter* ».

Art. 6 I. — Par dérogation à l'article 4 et pour une durée limitée à trois ans à compter du dépôt de la demande dans les conditions prévues au I de l'article 2, l'aide, calculée ainsi qu'il est dit à l'article 4, peut être versée au titre des contrats éligibles n'ayant pas fait l'objet d'un remboursement anticipé.

Dans ce cas, le montant annuel d'aide ne peut pas être supérieur à la différence entre la charge d'intérêts exigible au titre du contrat et la charge d'intérêts telle qu'elle serait calculée en appliquant au capital restant dû le taux de l'usure *(Décr. nº 2015-619 du 4 juin 2015, art. 1er)* « , défini conformément à l'article L. 313-5 du code monétaire et financier, en vigueur à la date de signature du contrat de prêt éligible, ni à ce qu'il aurait été si le demandeur avait procédé au remboursement anticipé du prêt ou du contrat financier au titre duquel il sollicite l'aide du fonds de soutien ».

Ce montant est calculé tous les ans et ne peut pas dépasser le montant d'aide alloué la première année du versement de l'aide.

II. — À l'expiration du délai de trois ans mentionné au I, la collectivité ou l'établissement public bénéficiant d'une aide en application du I peut obtenir, dans des conditions déterminées par le Comité national de suivi et d'orientation mentionné à l'article 10, et pour une durée de trois ans renouvelable jusqu'au terme du contrat considéré, la poursuite du versement de cette aide.

III. — La collectivité ou l'établissement public bénéficiaire d'une aide attribuée en application des dispositions du présent article peut décider, à tout moment et au plus tard le dernier jour de l'année au cours de laquelle il bénéficie de cette aide, de rembourser par anticipation le contrat concerné afin de bénéficier d'une aide calculée et versée conformément à l'article 4. *(Décr. n° 2015-619 du 4 juin 2015, art. 1er)* « En ce cas, il informe sans délai de sa décision le service à compétence nationale créé par le décret n° 2014-810 du 16 juillet 2014 en lui transmettant les pièces justifiant du remboursement anticipé du contrat. » Les montants déjà perçus en application du présent article sont alors déduits de l'aide octroyée en application de l'article 4.

Art. 7 I. — L'aide du fonds de soutien est versée par l'établissement mentionné à l'article L. 313-1 du code rural et de la pêche maritime par fractions annuelles.

II. — Par dérogation à la règle mentionnée au I et en fonction des critères définis à l'article 5, l'aide pour le remboursement anticipé de contrats éligibles peut être versée en une seule fois et par anticipation, au plus tard le *(Décr. n° 2015-619 du 4 juin 2015, art. 1er)* « 1er décembre 2015 », aux collectivités et aux établissements publics ayant déposé une demande d'aide avant le 31 décembre 2014, dans la limite des crédits annuels disponibles.

CHAPITRE III

Art. 8 L'aide mentionnée au quatrième alinéa du 1 du I de l'article 92 de la loi du 29 décembre 2013 susvisée *[n° 2013-1278, V. supra]* peut être accordée aux collectivités et aux établissements publics ayant souscrit un contrat éligible en application de l'article 1er et qui ont recours à un prestataire extérieur chargé de les accompagner dans la gestion financière de leur encours de dette structurée, à l'exclusion de toute prestation juridique.

Art. 9 I. — La demande tendant à l'octroi de l'aide mentionnée à l'article 8 est présentée, avant le *(Décr. n° 2015-619 du 4 juin 2015, art. 1er)* « 30 avril 2015 », auprès du représentant de l'État dans le département, dans la collectivité d'outre-mer ou en Nouvelle-Calédonie.

La liste des pièces composant le dossier de demande d'aide est fixée par arrêté conjoint du ministre chargé du budget, du ministre chargé des collectivités territoriales et du ministre chargé de l'outre-mer.

II. — Dans le délai d'un mois suivant le dépôt de la demande d'aide, le représentant de l'État dans le département, dans la collectivité d'outre-mer ou en Nouvelle-Calédonie :

1° Soit constate que le dossier est incomplet et le retourne à l'ordonnateur de la collectivité ou de l'établissement public ayant présenté la demande d'aide ;

2° Soit constate que le dossier est complet et le transmet au ministre du budget et, selon le cas, au ministre chargé des collectivités territoriales ou au ministre chargé de l'outre-mer.

III. — Dans le délai d'un mois suivant la transmission prévue par l'alinéa précédent, le ministre chargé du budget et, selon le cas, le ministre chargé des collectivités territoriales ou le ministre chargé de l'outre-mer statuent sur la demande d'aide et notifient à la collectivité ou à l'établissement public demandeur la décision d'attribution ou de refus d'attribution de l'aide et, le cas échéant, le montant de l'aide attribuée. Copie des décisions d'attribution est adressée à l'établissement mentionné à l'article L. 313-1 du code rural et de la pêche maritime.

IV. — L'aide est versée par fractions annuelles, sur présentation du cahier des charges de la prestation et des factures. Le versement est interrompu à compter de l'année du remboursement du dernier contrat éligible dans la limite de la durée d'existence du fonds de soutien.

V. — Pour bénéficier de la poursuite de la prise en charge des prestations fournies au titre des années suivant celle du dépôt de la demande mentionnée au I, les collectivités et les établissements publics ayant souscrit un contrat éligible déposent, chaque année, une demande en ce sens auprès du représentant de l'État dans le département, dans la collectivité d'outre-mer ou en Nouvelle-Calédonie.

La liste des pièces composant le dossier de demande de poursuite du versement de l'aide est fixée par arrêté conjoint du ministre chargé du budget, du ministre chargé des collectivités territoriales et du ministre chargé de l'outre-mer.

CHAPITRE IV

Art. 10 I. — Le Comité national d'orientation et de suivi du fonds de soutien mentionné au 1 du I de l'article 92 de la loi du 29 décembre 2013 susvisée *[n° 2013-1278, V. supra]* comprend dix-huit membres :

1° Un député, désigné par la commission des finances de l'Assemblée nationale ;

2° Un sénateur, désigné par la commission des finances du Sénat ;

3° Un président de conseil régional désigné par le collège des présidents de conseils régionaux de l'Association des régions de France ;

4° Un président de conseil départemental désigné par le collège des présidents de conseils départementaux de l'Association des départements de France ;

5° Trois maires désignés par l'Association des maires de France, représentant respectivement les communes de moins de 10 000 habitants, les communes de plus de 10 000 habitants et les communes des départements et collectivités d'outre-mer et de la Nouvelle-Calédonie ;

6° Trois membres désignés par arrêté du ministre chargé de l'économie ;

7° Trois membres désignés par arrêté du ministre chargé des collectivités territoriales ;

8° Deux membres désignés par arrêté du ministre chargé du budget ;

9° Un membre désigné par arrêté du ministre chargé de l'intérieur ;

10° Deux personnalités qualifiées désignées par arrêté conjoint du ministre chargé de l'économie, du ministre chargé des collectivités territoriales, du ministre chargé de l'outre-mer et du ministre chargé du budget.

II. — Des suppléants, en nombre égal à celui des titulaires, sont élus ou désignés dans les mêmes conditions pour remplacer les membres titulaires du comité en cas d'empêchement temporaire ou de vacance définitive.

III. — Le Comité national d'orientation et de suivi élit en son sein son président.

IV. — Le Comité national d'orientation et de suivi remet au Gouvernement et au Parlement son rapport rendant compte de la gestion du fonds de soutien et des aides versées avant le 1er mars de chaque année au titre de l'année précédente.

Loi n° 2014-844 du 29 juillet 2014,

Relative à la sécurisation des contrats de prêts structurés souscrits par les personnes morales de droit public.

Art. 1er Sous réserve des décisions de justice passées en force de chose jugée, est validée la stipulation d'intérêts prévue par tout écrit constatant un contrat de prêt ou un avenant conclu antérieurement à l'entrée en vigueur de la présente loi entre un établissement de crédit et une personne morale de droit public, en tant que la validité de cette stipulation serait contestée par le moyen tiré du défaut de mention, prescrite en application des articles L. 314-5 et L. 341-49 du code de la consommation, du taux effectif global, du taux de période ou de la durée de période, dès lors que cet écrit constatant un contrat de prêt ou un avenant indique de façon conjointe :

1° Le montant ou le mode de détermination des échéances de remboursement du prêt en principal et intérêts ;

2° La périodicité de ces échéances ;

3° Le nombre de ces échéances ou la durée du prêt.

Art. 2 Sous réserve des décisions de justice passées en force de chose jugée, est validée la stipulation d'intérêts prévue par tout écrit constatant un contrat de prêt ou un avenant conclu antérieurement à l'entrée en vigueur de la présente loi entre un établissement de crédit et une personne morale de droit public, en tant que la validité de cette stipulation serait contestée par le moyen tiré de la mention d'un taux effectif global, d'un taux de période ou d'une durée de période qui ne sont pas déterminés conformément aux articles L. 314-1 à L. 314-4 du code de la consommation, dès lors que cet écrit constatant un contrat de prêt ou un avenant indique de façon conjointe :

1° Le montant ou le mode de détermination des échéances de remboursement du prêt en principal et intérêts ;

2° La périodicité de ces échéances ;

3° Le nombre de ces échéances ou la durée du prêt.

Lorsqu'un écrit tel que celui mentionné au premier alinéa mentionne un taux effectif global inférieur au taux effectif global déterminé conformément aux mêmes articles L. 314-1 à L. 314-4, l'emprunteur a droit au versement par le prêteur de la différence entre ces deux taux appliquée au capital restant dû à chaque échéance.

Art. 3 Sont exclus du champ de la présente loi les écrits constatant un contrat de prêt ou un avenant comportant un taux d'intérêt fixe ou un taux d'intérêt variable défini comme l'addition d'un indice et d'une marge fixe exprimée en points de pourcentage.

Art. 4 Dans un délai de huit mois suivant la promulgation de la présente loi, le Gouvernement remet un rapport au Parlement sur la réforme du taux effectif global.

Ce rapport s'attachera à proposer, au regard des jurisprudences récentes, des évolutions permettant de garantir l'information et la protection des emprunteurs professionnels ou *[des]* personnes morales, en examinant notamment la possibilité d'obliger les prêteurs à indiquer le taux effectif global maximal que l'emprunteur pourrait être amené à payer.

Art. L. 1611-3-2 *(L. nº 2019-1461 du 27 déc. 2019, art. 67)* **Les collectivités territoriales, leurs groupements et les établissements publics locaux peuvent créer une société publique revêtant la forme de société anonyme régie par le livre II du code de commerce dont ils détiennent la totalité du capital et dont l'objet est de contribuer, par l'intermédiaire d'une filiale, à leur financement.**

Cette société et sa filiale exercent leur activité exclusivement pour le compte des collectivités territoriales, de leurs groupements et des établissements publics locaux. Cette activité de financement est effectuée par la filiale à partir de ressources provenant principalement d'émissions de titres financiers, à l'exclusion de ressources directes de l'État ou de ressources garanties par l'État.

Par dérogation aux dispositions des articles L. 2252-1 à L. 2252-5, L. 3231-4, L. 3231-5, L. 4253-1, L. 4253-2 et L. 5111-4, les collectivités territoriales, leurs groupements et les établissements publics locaux sont autorisés à garantir l'intégralité des engagements de la filiale dans la limite de leur encours de dette auprès de cette filiale. Les modalités de mise en œuvre de cette garantie sont précisées dans les statuts des deux sociétés.

Un décret précise les conditions dans lesquelles les collectivités territoriales, leurs groupements et les établissements publics locaux peuvent devenir actionnaires de cette société. Il détermine des seuils qui peuvent notamment s'appliquer à leur situation financière et à leur niveau d'endettement et qui tiennent compte de leur futur statut d'actionnaire de la société et de garant de la filiale mentionnée au premier alinéa du présent article.

Art. L. 1611-4 Toute association, œuvre ou entreprise ayant reçu une subvention peut être soumise au contrôle des délégués de la collectivité qui l'a accordée.

Tous groupements, associations, œuvres ou entreprises privées qui ont reçu dans l'année en cours une ou plusieurs subventions sont tenus de fournir à l'autorité qui a mandaté la subvention une copie certifiée de leurs budgets et de leurs comptes de l'exercice écoulé, ainsi que tous documents faisant connaître les résultats de leur activité.

(L. nº 2009-526 du 12 mai 2009, art. 84) **« Il est interdit à tout groupement ou à toute association, œuvre ou entreprise ayant reçu une subvention d'en employer tout ou partie en subventions à d'autres associations, œuvres ou entreprises, sauf lorsque cela est expressément prévu dans la convention conclue entre la collectivité territoriale et l'organisme subventionné. »**

BIBL. ▶ CADIEU, *RLCT 2005, nº 120* (notion de subvention : éléments de clarification). – LAPOUBLE, Subventions aux associations sportives, *AJDA 2002. 1260* ✎. – SCHMITT, *AJDA 2003. 1088* ✎ (Le contrôle des collectivités locales sur les associations subventionnées : l'exigence d'efficacité confrontée au quotidien).

1. Notion de subvention. Lorsqu'une collectivité territoriale a décidé par convention, dans le cadre de ses compétences, de faire réaliser des prestations par une société, et que la contribution financière versée par la collectivité territoriale en application de cette convention est la contrepartie du service rendu par ladite société pour l'exécution de celles-ci, les sommes en cause, quelle que soit la dénomination qui leur a été donnée, doivent être regardées non comme une subvention mais comme la rémunération d'une prestation effectuée pour le compte de la collectivité territoriale, relevant des règles fixées par le code des marchés publics, quelle que soit la régularité de la procédure suivie en l'espèce. • CE 26 mars 2008, *Région de La Réunion*, nº 284412 : *AJDA 2008. 1152, note Dreyfus* ✎ *; BJCL 2008. 368, concl. Séners.* ♦ Sur le régime juridique des subventions, V. notes ss. art. L. 2321-2.

2. Bilan certifié. Toute association ayant reçu une subvention est tenue de fournir, à l'autorité qui a mandaté la subvention, une copie certifiée conforme de son budget et de ses comptes de l'année écoulée. En ce qui concerne l'obligation de certification du bilan, seuls les organismes soumis à l'obligation de certification des comptes doivent fournir un bilan certifié par un commissaire aux comptes : pour les organismes qui ne sont pas soumis à cette obligation, la certification du bilan est effectuée par le président. * Rép.

min. : *JOAN Q, 14 déc. 1998, n° 14696 ; Rev. Trésor 1999. 215.* ♦ Si l'exigence d'une copie certifiée conforme des bilans et comptes d'exploitation de l'association subventionnée peut justifier le refus, par la commune, du versement du solde de la subvention, tant que les comptes de l'association ne sont pas dûment certifiés, elle ne peut être sérieusement opposée pour refuser le versement de la provision prévue par la convention liant la commune à l'association, lorsqu'il n'est pas contesté que celle-ci a développé ses activités tout au long de l'année et qu'il n'est pas allégué que les charges d'exploitation de l'année considérée seraient hors de proportion avec celles des années précédentes et avec les activités déployées par l'association. • TA Amiens, ord., 26 nov. 2002, *Cne de Meru*, n° 013174 : *JCP Adm. 2003, n° 1315, note Moreau.*

3. Contrôle assuré par convention. **BIBL.** Linditch, *JCP Adm. 2002, n° 1246 et n° 1292* (La subvention de la commune de Norpoix à l'association « Sortir du marais » ne cache-t-elle pas un contrat relevant du code des marchés publics ?). ♦ La collectivité qui a versé une subvention peut s'assurer, par une convention passée entre elle et l'organisme subventionné, un droit de contrôle sur l'emploi des fonds par cet organisme. Une telle convention ne relève pas du code des marchés publics et, dès lors, n'a pas à être soumise aux règles de mise en concurrence prévues par les dispositions de ce code. En effet, l'opération par laquelle une collectivité territoriale accorde une subvention à une personne morale de droit privé dont l'action répond aux objectifs d'intérêt général recherchés par la collectivité, et qui ne donne lieu à aucune prestation de services réalisée au profit de ladite collectivité, ne saurait être assimilée à un contrat passé en vue de la réalisation de travaux, fournitures ou services. • CAA Marseille, 20 juill. 1999, *Cne de Toulon : AJDA 2000. 266 ; Rev. Trésor 2000. 634.* ♦ En l'espèce, il s'agissait d'une convention permettant le contrôle, par la commune, de l'emploi de la subvention accordée au comité des fêtes. • Même arrêt. ♦ La convention, que les dispositions de l'art. 10 de la loi n° 2000-321 du 12 avr. 2000 prévoient, a pour objet de définir les conditions dans lesquelles un organisme privé, bénéficiaire d'une subvention, peut prétendre à l'octroi de ce soutien financier : elle se distingue d'une délégation de service public en ce qu'elle n'a ni pour objet ni pour effet de mettre à la charge de l'organisme, l'organisation, la gestion et le fonctionnement d'un tel service public. • TA Nice, 24 févr. 2006, *M. Knecht c/ Cne de Nice*, n° 0105008 : *AJDA 2006. 1615, note Dieu.* ♦ En l'espèce, la convention en cause prévoyait principalement l'attribution par la commune d'une subvention, en contrepartie d'un engagement de l'association à organiser dans la commune, d'une part, des stages de formation et de perfectionnement à la musique pour les étudiants des conservatoires et, d'autre part, des concerts, notamment dans le cadre d'un festival. Les engagements réciproques des deux parties à la convention ne concernaient que les conditions d'utilisation de la subvention attribuée par la commune pour les besoins de l'association en cause, dont l'activité était indépendante de celle de la commune et préexistait au financement communal. En outre, si la convention prévoyait également la mise à disposition de locaux par la commune, celle-ci était temporaire et limitée aux sessions annuelles ainsi qu'aux concerts organisés dans le cadre du festival. Par suite, la convention d'objectifs en cause ne constituait pas une convention de délégation d'un service public communal, qui aurait dû, en tant que telle, faire l'objet d'une procédure de publicité préalable conformément aux dispositions de l'art. L. 1411-1 CGCT. • Même jugement. ♦ L'art. 10 de la loi n° 2000-321 du 12 avr. 2000, relative aux droits des citoyens dans leurs relations avec les administrations, prévoit que l'autorité administrative qui attribue une subvention est tenue, lorsque celle-ci dépasse un seuil défini par décret, de conclure une convention avec l'organisme de droit privé qui en bénéficie, ladite convention devant définir l'objet, le montant et les conditions d'utilisation de la subvention. * Rép. min. n° 53463 : *JOAN Q, 2 avr. 2001, Rev. Trésor 2001. 472.* ♦ Le législateur a souhaité, par ces dispositions, instaurer une obligation de transparence financière aux comptes des collectivités locales et aux comptes des personnes morales bénéficiant de deniers publics. L'application de ces dispositions aux personnes physiques de droit privé n'a pas été prévue par le législateur. Il est rappelé que l'obligation de conclure une convention s'applique aux subventions dont le montant annuel dépasse 23 000 €, ainsi que le prévoit l'art. 1er du Décr. n° 2001-455 du 6 juin 2001 pris pour l'application de l'art. 10 de la loi n° 2000-321 du 12 avr. 2000. * Rép. min. n° 2477 : *JOAN Q, 13 janv. 2003, p. 210 ; Coll. terr. 2003, n° 68.*

4. Pouvoirs de l'autorité locale. Si toute association ayant reçu, dans l'année en cours, une ou plusieurs subventions d'une collectivité territoriale est tenue de fournir à l'autorité qui a mandaté la subvention tous documents faisant connaître les résultats de son activité, ces dispositions ne confèrent pas au maire le pouvoir de prendre connaissance de la liste nominative des adhérents de l'association, dans le cadre de l'instruction de la demande de renouvellement de la subvention présentée par ladite association. • CE 28 mars 1997, *Solana*, n° 182912 : *ACL 1998. 276 ; JCP 1997. II. 22880, concl. Combrexelle ; RGCT 1998. 40, note Frayssinet.* ♦ En revanche, le versement de la subvention pouvant être subordonné à la réalisation d'une opération donnée, l'autorité qui a mandaté la subvention peut exiger les documents faisant connaître les résultats de cette activité. * Rép. min. : *JOAN Q, 27 nov. 1995, p. 5046.* ♦ D'ailleurs, le caractère créateur de droits de l'attribution d'un avantage financier tel qu'une subvention ne fait pas obstacle, soit à ce que la décision d'attribution soit abrogée si les conditions auxquelles est subordonnée cette attribution ne sont plus remplies, soit à ce que l'autorité chargée de son exécution, constatant que ces conditions ne sont plus remplies, mette fin à cette exécution en ne versant pas le solde de la subvention. • CE 7 août 2008, *Crédit coopératif,* n° 285979 : *Dr. adm. 2008, n°s 126 et 144, note Glaser ; AJDA 2008. 2397, note Damarey ; BJCL 2008. 678, concl. Glaser ; RLCT 2008, n° 1103, note Glaser ; ibid. 2008. n° 1167, note Cafarelli ; RJEP 2009, n° 6, note Moreau ; RGCT 2010, n° 51, concl. Glaser.* ♦ Ainsi, la subvention, dont il est demandé le versement, doit être regardée comme subordonnée à l'exercice par l'association bénéficiaire d'une activité effective aux fins de réaliser les objectifs qui lui étaient assignés par ses statuts. • Même décision. ♦ Dès lors, en l'absence de démonstration que les prestations, effectivement exécutées, excédaient les montants déjà versés par la commune, celle-ci est fondée à opposer l'exception fondée sur la cessation d'activité de l'association, et à refuser de verser la somme demandée, sans qu'il soit nécessaire pour elle d'abroger expressément la délibération décidant l'attribution de la subvention. • Même décision. ♦ En l'espèce, l'association avait cessé toute activité car, étant en cessation de paiements, elle avait fait l'objet d'une procédure de redressement judiciaire et d'une mise en liquidation judiciaire : dès lors, l'établissement de crédit, auquel l'association avait cédé la créance correspondant à une partie de cette subvention, ne pouvait obtenir du maire de la commune de régler entre ses mains le montant de la subvention qui n'avait pas encore été versé. • Même décision. ♦ Des versements importants opérés, sans justification, par une association bénéficiaire d'une subvention au profit d'une autre association, peuvent être jugés par une commune comme une utilisation de la subvention à des fins non conformes à l'objet de la convention d'objectifs qu'elle avait conclue avec l'association et conduire à une suspension du versement du reliquat de subvention. • Toulouse, 7 juin 2022, n° 20TL20132. ♦ L'attribution intégrale d'une subvention par une région à une association sportive peut être conditionnée par les conventions attributives de celle-ci. Les conventions peuvent préciser « que si les opérations n'étaient pas conduites à leur terme ou les dépenses justifiées inférieures au montant de la dépense éligible, la subvention serait recalculée au prorata ». En conséquence, les services d'inspection de la région peuvent, après enquête, *a posteriori*, considérer « que les factures qui leur étaient présentées pour justifier des dépenses engagées étaient dépourvues de toute force probante et que la démonstration de la réalisation matérielle des actions n'était pas apportée » et réduire en conséquence le montant du mandatement du solde de la subvention. • CAA Marseille, 26 mai 2021, n° 19MA03867.

♦ Par ailleurs, méconnaît le principe de la liberté d'association la délibération d'un conseil municipal qui stipule que, pour avoir droit aux subventions municipales et pour pouvoir disposer gratuitement des locaux de la commune, les associations doivent inscrire dans leurs statuts d'élire domicile à la mairie et prévoir, en cas de dissolution, que leurs fonds seront bloqués à la mairie pendant un an et, en cas d'arrêt définitif, attribués soit à la caisse des écoles, soit au centre communal d'action sociale de la commune, et qui précise que les associations ont un délai de trois mois, à compter de cette délibération, pour mettre en conformité leurs statuts avec ces exigences. • TA Dijon, 3 févr. 2004, *Assoc. ACDIM et Assoc. culturelle c/ Cne de Michery,* n° 030993 : *JCP Adm. 2004, n° 1243, obs. Moreau.*

5. Responsabilité de l'autorité locale. La responsabilité de la commune ne saurait être engagée en raison de fautes qu'elle aurait commises en versant à une association une subvention sans s'assurer de l'équilibre financier de l'opération subventionnée (en l'espèce, l'organisation d'un festival), et en négligeant d'exercer un contrôle sur l'emploi des fonds, dès lors que la convention conclue entre la commune et l'association prévoyait que l'organisateur de cette opération serait responsable de l'équilibre financier de l'opération et supporterait un éventuel déficit, et que les dispositions de l'art. L. 1611-4 CGCT n'ont pas été méconnues. • CE 18 juin 2008, *SA Hôtel Negresco,* n° 284942. ♦ Ne commet pas une faute de nature à engager sa responsabilité, la commune qui refuse de prendre en charge, en cas de mise en liquidation judiciaire d'une association qu'elle subventionne, les prestations non réglées, réalisées par une société pour le compte de cette association. En effet, le versement d'une subvention ne suffit pas, alors que la chambre régionale des comptes n'avait par ailleurs pas reconnu l'existence d'une gestion de fait à raison de l'opération subventionnée, à faire regarder l'association comme ayant agi pour le compte de la commune : dès lors, la responsabilité contractuelle de la commune ne saurait être engagée à l'égard de la société requérante. • Même décision. ♦ En l'espèce, la société requérante avait effectué, à la demande de l'association organisatrice d'un festival, des prestations de restauration et d'hébergement, et, ces prestations n'ayant pas été réglées par l'association dont la liquidation judiciaire avait depuis lors été prononcée, elle avait saisi la juridiction administrative d'une demande tendant à la condamnation de la commune à lui verser une indemnité d'un montant égal aux prestations non réglées, en réparation du préjudice subi de ce chef. • Même décision. ♦ Sur les diverses subventions que les communes peuvent attribuer, V. notes ss. art. L. 2321-2.

6. Sanction. À l'occasion de l'allocation de subventions à une association qui n'a pas rendu compte de sa gestion, le maire et l'association ont été déclarés comptables de fait solidaires des deniers de la commune. • CRC Haute-Normandie, 26 sept. 1990, *Sieur A., maire de la Cne de Val-de-Reuil et assoc. « Centre d'étude et d'action sociale » : Rev. Trésor 1994. 203, obs. Ludwig* • 26 août 1993 : *ibid.* • 18 nov. 1993 : *ibid.* ♦ II convient d'entendre par comptes, pour les organismes qui tiennent une comptabilité adaptée du plan comptable général de 1982, l'ensemble des documents de synthèse, c'est-à-dire le bilan, le compte de résultats et l'annexe ... * Rép. min. : *JOAN Q, 5 oct. 1992, p. 4621.*

Art. L. 1611-5 *(L. n° 96-314 du 12 avr. 1996, art. 70)* Les créances non fiscales des collectivités territoriales et des établissements publics locaux *(Ord. n° 2005-406 du 2 mai 2005, art. 11)* « ainsi que celles des établissements publics de santé », à l'exception des droits au comptant, ne sont mises en recouvrement que lorsqu'elles atteignent un seuil fixé par décret. — *V. art. D. 1611-1.*

Recouvrement. En dehors du cas prévu à l'art. L. 1611-5, l'exécutif de la collectivité territoriale est tenu, lorsqu'il est saisi d'une demande en ce sens, de poursuivre le remboursement de sommes illégalement versées par la collectivité territoriale : d'où l'annulation du refus d'un maire de demander à son prédécesseur le reversement d'indemnités de fonctions illégalement versées. • CE, sect., 28 févr. 1997, *Cne du Port,* n° 167483.

Art. L. 1611-5-1 *(L. n° 2017-1775 du 28 déc. 2017, art. 75)* I. — Un service de paiement en ligne répondant à des conditions fixées par décret en Conseil d'État est mis à la disposition des usagers par :

1° Les collectivités territoriales et leurs établissements publics ;

2° Les établissements publics de santé et, lorsqu'ils sont érigés en établissement public de santé en application de l'article L. 6133-7 du code de la santé publique, les groupements de coopération sanitaire ;

3° L'État, les établissements publics locaux d'enseignement, les établissements publics locaux d'enseignement et de formation professionnelle agricoles, les établissements publics locaux d'enseignement maritime et aquacole, les personnes morales de droit public ainsi que les groupements d'intérêt public lorsqu'ils sont soumis aux règles de la comptabilité publique dans les conditions prévues à l'article 112 de la loi n° 2011-525 du 17 mai 2011 de simplification et d'amélioration de la qualité du droit.

II. — Pour les recettes donnant lieu à un paiement intervenant de manière concomitante au fait générateur, ainsi que pour les personnes mentionnées au I dont les recettes annuelles encaissables au titre des ventes de produits ou de prestations de services sont inférieures à un montant fixé par décret en Conseil d'État, l'obligation prévue au même I ne s'applique pas, à condition qu'une autre offre de paiement dématérialisée répondant aux mêmes conditions que le service mentionné audit I soit proposée.

Art. L. 1611-6 *(L. n° 98-657 du 29 juill. 1998, art. 138)* Dans le cadre des actions sociales qui concernent notamment l'alimentation, l'hygiène, l'habillement et les transports, des actions éducatives, culturelles, sportives ou de loisirs qu'elles mènent, les collectivités territoriales, les établissements publics de coopération intercommunale, les centres communaux et intercommunaux d'action sociale et les caisses des écoles peuvent remettre aux personnes qui rencontrent des difficultés sociales des titres dénommés "chèque d'accompagnement personnalisé" pour acquérir des biens et services dans les catégories définies par la collectivité ou l'établissement public.

Les personnes à qui des chèques d'accompagnement personnalisé sont remis peuvent acquérir, à hauteur du montant figurant sur sa valeur faciale, auprès d'un réseau de prestataires les biens, produits ou services prévus sur le chèque, à l'exclusion de tout remboursement en numéraire, total ou partiel.

Les valeurs faciales sont modulées de façon à permettre aux distributeurs de pouvoir tenir compte des différentes situations des bénéficiaires, tant économiques que sociales.

Les titres de paiement spéciaux dénommés « chèques d'accompagnement personnalisé » sont cédés aux distributeurs par les émetteurs contre paiement de leur valeur libératoire et, le cas échéant, d'une commission. Tout émetteur de ces titres de paiement spéciaux doit ouvrir un compte auprès d'un établissement de crédit ou d'un organisme ou service visé à *(Ord. n° 2003-1212 du 18 déc. 2003, art. 2)* « l'article L. 518-1 du code monétaire et financier », intitulé "compte de chèques d'accompagnement personnalisé", et en faire la déclaration préalable auprès d'une commission spécialisée.

Ces titres ont une durée de validité limitée à l'année civile et la période d'utilisation dont ils font mention.

Les chèques d'accompagnement personnalisé qui n'ont pas été présentés au remboursement à l'émetteur par les prestataires avant la fin du deuxième mois suivant l'expiration de leur période de validité sont définitivement périmés.

Un décret en Conseil d'État fixe les modalités d'application du présent article. Il détermine notamment :

– les caractéristiques de sécurisation et les mentions obligatoires figurant sur le chèque d'accompagnement personnalisé ;

– les conditions d'utilisation et de remboursement des chèques d'accompagnement personnalisé ;

– les modalités de prise en compte de ces titres de paiement spéciaux dans la comptabilité des services et organismes publics ;

– les modalités d'organisation et de contrôle du système entre les différents partenaires.

(L. nº 2015-1776 du 28 déc. 2015, art. 42) « Les collectivités territoriales et leurs établissements publics mentionnés au premier alinéa peuvent confier à un mandataire public ou privé, dans des conditions définies par une convention, le paiement, en leur nom et pour leur compte, des chèques d'accompagnement personnalisé aux bénéficiaires qu'ils ont préalablement déterminés.

« La convention prévoit, sous peine de nullité, le contenu des obligations principales du mandant et du mandataire, ainsi que les modalités générales d'exécution et de cessation de la convention. »

(Ord. nº 2018-1074 du 26 nov. 2018, art. 6) « Le marché public de mandat est conclu à titre onéreux au terme d'une procédure de passation qui respecte les dispositions du titre préliminaire et de la deuxième partie du code de la commande publique. »

V. art. R. 1611-2 s.

Art. L. 1611-7 *(Ord. nº 2009-325 du 25 mars 2009, art. 10)* I. – Les collectivités territoriales et leurs établissements publics peuvent confier à un tiers l'instruction des demandes et la préparation des décisions d'attribution des aides et prestations financières qu'ils assument ou instituent.

II. – Les collectivités territoriales et leurs établissements publics peuvent *(L. nº 2014-1545 du 20 déc. 2014, art. 40)* « , par convention écrite, » confier à un organisme doté d'un comptable public l'attribution et le paiement des dépenses relatives :

– aux bourses d'action sanitaire et sociale ;

– aux aides qu'ils accordent en matière d'emploi, d'apprentissage et de formation professionnelle continue ;

– aux aides complémentaires à des aides nationales ou communautaires gérées par cet organisme ;

– ou à d'autres dépenses énumérées par décret.

(L. nº 2014-1545 du 20 déc. 2014, art. 40) « La convention » emporte mandat donné à l'organisme d'exécuter ces opérations au nom et pour le compte de *(L. nº 2014-1545 du 20 déc. 2014, art. 40)* « la collectivité territoriale ou de l'établissement public » mandant. La convention prévoit une reddition au moins annuelle des comptes des opérations et des pièces correspondantes. Elle peut aussi prévoir le recouvrement et l'apurement par l'organisme mandataire des éventuels indus résultant de ces paiements.

(L. nº 2009-1437 du 24 nov. 2009, art. 47) « III. – Les collectivités territoriales et leurs établissements publics peuvent *(L. nº 2014-1545 du 20 déc. 2014, art. 40)* « , par convention écrite, » confier à un organisme doté d'un comptable public ou habilité par l'État l'attribution et le paiement des dépenses relatives à la rémunération des stagiaires de la formation professionnelle *(L. nº 2014-366 du 24 mars 2014, art. 39)* « ainsi que le recouvrement des recettes et le paiement des dépenses relatives à l'hébergement des publics dans le cadre de l'aide sociale à l'enfance ». *(L. nº 2014-1545 du 20 déc. 2014, art. 40)* « La convention » emporte mandat donné à un organisme habilité par l'État d'exécuter ces opérations au nom et pour le compte de *(L. nº 2014-1545 du 20 déc. 2014, art. 40)* « la collectivité territoriale ou de l'établissement public » mandant. La convention prévoit une reddition au moins annuelle des comptes des

opérations et des pièces correspondantes. Elle peut aussi prévoir le recouvrement et l'apurement par un organisme habilité par l'État des éventuels indus résultant de ces paiements.

« Un décret précise les conditions d'habilitation des organismes agréés. »

(L. nº 2019-1461 du 27 déc. 2019, art. 66) « IV. – Les collectivités territoriales et leurs établissements publics peuvent, par convention écrite, confier à un organisme public ou privé le paiement des dépenses au moyen d'un instrument de paiement au sens du *c* de l'article L. 133-4 du code monétaire et financier et autorisé par décret, ou la délivrance de cet instrument de paiement aux bénéficiaires de ces dépenses.

« Les dépenses mentionnées au premier alinéa du présent IV doivent être relatives :

« 1° Aux aides, secours et bourses ;

« 2° Aux prestations d'action sociale ;

« 3° Aux frais de déplacement, d'hébergement et de repas des agents et des élus locaux ;

« 4° À d'autres dépenses énumérées par décret.

« La convention emporte mandat donné à l'organisme d'exécuter ces opérations au nom et pour le compte de la collectivité territoriale ou de l'établissement public mandant. La convention prévoit une reddition au moins annuelle des comptes des opérations et des pièces correspondantes. Elle peut aussi prévoir le recouvrement et l'apurement des éventuels indus résultant de ces paiements. »

(L. nº 2022-217 du 21 févr. 2022, art. 176) « V. – Les dispositions comptables et financières nécessaires à l'application du présent article sont précisées par décret. »

V. art. D. 1611-16 s.

Les conventions en cours à la date de publication de la L. nº 2022-217 du 21 févr. 2022, conclues sur le fondement du présent art. et concernées par les 1º et 2º du I de l'art. 176 de la L. préc., sont rendues conformes à l'art. 176 au plus tard lors de leur renouvellement (L. préc., art. 176-II).

Une association autorisée, par convention signée avec la ville de Bayonne, à régler des dépenses de la ville en euskos, monnaie locale du Pays basque, n'est pas au nombre des organismes habilités par convention à régler certaines dépenses publiques en vertu de l'art. L. 1611-7 CGCT. En conséquence, la convention qui organise cette prise en charge des dépenses de la collectivité par une association est suspendue. • CAA Bordeaux, 4 mai 2018, nº 18BX01306 : *AJDA 2018. 950*. ♦ Une convention de séquestre établie avant l'adoption de l'art. 40 de la L. nº 2014-1545 du 20 déc. 2014 qui n'a pas été mise en conformité avec les dispositions de la loi et qui ne comporte aucune clause de renouvellement ne dispose pas de base légale. • CE 30 déc. 2021, nº 436340 B : *AJDA 2022. 9*.

Art. L. 1611-7-1 *(L. nº 2014-1545 du 20 déc. 2014, art. 40)* À l'exclusion de toute exécution forcée de leurs créances, les collectivités territoriales et leurs établissements publics peuvent, après avis conforme de leur comptable public et par convention écrite, confier à un organisme public ou privé l'encaissement :

1° Du produit des droits d'accès à des prestations culturelles, sportives et touristiques ;

2° Du revenu tiré des immeubles leur appartenant et confiés en gérance, ou d'autres produits et redevances du domaine dont la liste est fixée par décret ;

3° Du revenu tiré des prestations assurées dans le cadre d'un contrat portant sur la gestion du service public de l'eau, du service public de l'assainissement ou de tout autre service public dont la liste est fixée par décret ;

(L. nº 2021-1308 du 8 oct. 2021, art. 48) « 4° Du revenu tiré d'un projet de financement participatif, au sens du cinquième alinéa de l'article L. 548-1 du code monétaire et financier, au profit de tout service public, à l'exception des missions de police et de maintien de l'ordre public. Par dérogation aux articles L. 511-5 et L. 511-6 du même code, les personnes morales peuvent accorder des prêts aux collectivités territoriales et à leurs établissements publics, dans la limite d'un prêt par projet de financement participatif. Le taux conventionnel applicable à ces crédits est de nature fixe et ne dépasse pas le taux mentionné à l'article L. 314-6 du code de la consommation. Un décret fixe les principales caractéristiques de ces prêts ; »

(Ord. nº 2023-661 du 26 juill. 2023, art. 3) « 5° De la taxe sur l'utilisation par les poids lourds de certaines voies du domaine public routier mentionnée à l'article L. 421-186 du code des impositions sur les biens et services instituée par le conseil

départemental en application de l'article L. 3333-11 ou le conseil régional en application de l'article L. 4332-7. »

La convention emporte mandat donné à l'organisme d'assurer l'encaissement au nom et pour le compte de la collectivité territoriale ou de l'établissement public mandant. Elle prévoit une reddition au moins annuelle des comptes et des pièces correspondantes. Elle peut aussi prévoir le paiement par l'organisme mandataire du remboursement des recettes encaissées à tort.

Les dispositions comptables et financières nécessaires à l'application du présent article sont précisées par décret.

V. art. D. 1611-32-1 s.

Sur les dispositions d'adaptation au droit de l'Union européenne dans le domaine des transports, de l'environnement, de l'économie et des finances, V. L. n° 2021-1308 du 8 oct. 2021, art. 48, infra.

Loi n° 2021-1308 du 8 octobre 2021,

Portant diverses dispositions d'adaptation au droit de l'Union européenne dans le domaine des transports, de l'environnement, de l'économie et des finances.

Art. 48 *[...]* II. — À titre expérimental et pour une durée de *(L. n° 2023-594 du 13 juill. 2023, art. 2)* « cinq » ans à compter du 1er janvier 2022, les collectivités territoriales et leurs établissements publics peuvent, à l'exclusion de toute exécution forcée de leurs créances, confier à un organisme public ou privé, sur avis conforme de leur comptable public et par convention écrite, l'encaissement du revenu tiré d'un projet de financement participatif sous forme de titres de créance au profit de tout service public, à l'exception des missions de police et de maintien de l'ordre public.

Les collectivités territoriales peuvent se porter candidates à cette expérimentation auprès des ministres chargés des collectivités territoriales et des comptes publics. Les ministres chargés des collectivités territoriales et des comptes publics se prononcent sur les candidatures, en tenant compte de la nature du projet, de son montant, de son coût de financement et, le cas échéant, de son impact environnemental. Les critères d'éligibilité des collectivités territoriales ainsi que les modalités de mise en œuvre de cette expérimentation sont définis par arrêté conjoint des ministres chargés des collectivités territoriales et des comptes publics.

Cette expérimentation fait l'objet d'une première évaluation dont les résultats sont transmis au Parlement au plus tard dix-huit mois avant son terme. Un bilan définitif de l'expérimentation est transmis au Parlement au plus tard trois mois après son terme.

[...]

Art. L. 1611-7-2 *(L. n° 2022-217 du 21 févr. 2022, art. 176)* I. — Les régions peuvent, sur avis conforme de leur comptable public et par convention écrite, confier l'attribution des aides prévues à l'article L. 1511-2 ainsi que l'encaissement de recettes ou le paiement de dépenses afférents aux organismes mentionnés au 4 de l'article 238 *bis* du code général des impôts ayant pour objet de participer à la création, au développement ou à la reprise d'entreprises ainsi qu'aux organismes mentionnés au 1 de l'article L. 511-6 du code monétaire et financier ayant le même objet.

La convention emporte mandat donné à l'organisme d'assurer l'encaissement de recettes ou le paiement de dépenses au nom et pour le compte de la région. Elle prévoit une reddition au moins annuelle des comptes et des pièces correspondantes. Elle peut aussi prévoir le paiement par l'organisme mandataire du remboursement des recettes encaissées à tort et le recouvrement et l'apurement des éventuels indus résultant des paiements.

II. — Les autorités organisatrices de la mobilité mentionnées aux articles L. 1231-1, L. 1231-3, L. 1241-1 et L. 1243-1 du code des transports et leurs établissements publics peuvent, sur avis conforme de leur comptable public, confier à un organisme public ou privé l'encaissement des recettes des services de mobilité ou de stationnement ou d'un service numérique multimodal fourni dans les conditions prévues à l'article L. 1115-12 du même code et le paiement des dépenses de remboursement des usagers de ces services et des personnes morales qui assurent le paiement de ces services.

La convention emporte mandat donné à l'organisme d'assurer l'encaissement de recettes ou le paiement de dépenses au nom et pour le compte de l'autorité organisatrice de la mobilité. Elle prévoit une reddition au moins annuelle des comptes et des pièces correspondantes. Elle peut aussi prévoir le paiement par l'organisme mandataire du remboursement des recettes encaissées à tort et le recouvrement et l'apurement des éventuels indus résultant des paiements.

III. – Les dispositions comptables et financières nécessaires à l'application du présent article sont précisées par décret.

Art. L. 1611-8 *(L. nº 2010-1563 du 16 déc. 2010, art. 77-I)* La délibération du département ou de la région tendant à attribuer une subvention d'investissement ou de fonctionnement à un projet décidé ou subventionné par une collectivité territoriale ou un groupement de collectivités territoriales s'accompagne d'un état récapitulatif de l'ensemble des subventions attribuées à ce même projet par les collectivités territoriales.

Art. L. 1611-9 *(L. nº 2015-991 du 7 août 2015, art. 107)* Pour toute opération exceptionnelle d'investissement dont le montant est supérieur à un seuil fixé par décret en fonction de la catégorie et de la population de la collectivité ou de l'établissement, l'exécutif d'une collectivité territoriale ou d'un groupement de collectivités territoriales présente à son assemblée délibérante une étude relative à l'impact pluriannuel de cette opération sur les dépenses de fonctionnement. — *V. art. D. 1611-35.*

La délibération du département ou de la région tendant à attribuer une subvention d'investissement à une opération décidée ou subventionnée par une collectivité territoriale ou un groupement de collectivités territoriales s'accompagne de l'étude mentionnée au premier alinéa.

Art. L. 1611-10 *(L. nº 2015-991 du 7 août 2015, art. 112)* I. – Lorsque la Commission européenne estime que l'État a manqué à l'une des obligations qui lui incombent en application du traité sur le fonctionnement de l'Union européenne et que l'obligation concernée relève en tout ou partie de la compétence de collectivités territoriales ou de leurs groupements et établissements publics, l'État les en informe et leur notifie toute évolution ultérieure de la procédure engagée sur le fondement des articles 258 ou 260 du même traité.

II. – Les collectivités territoriales et leurs groupements et établissements publics mentionnés au I transmettent à l'État toute information utile pour lui permettre de vérifier l'exécution de ses obligations et d'assurer sa défense.

III. – Il est créé une commission consultative composée de membres du Conseil d'État, de magistrats de la Cour des comptes et de représentants des collectivités territoriales.

IV. – Lorsque des provisions pour litiges sont constituées dans les comptes de l'État en prévision d'un arrêt de la Cour de justice de l'Union européenne constatant un manquement sur le fondement de l'article 260 du traité sur le fonctionnement de l'Union européenne et que le manquement concerné relève du I du présent article, la commission définie au III est saisie par le Premier ministre. La commission rend un avis après avoir entendu les représentants de l'État, des collectivités territoriales, de leurs groupements et établissements publics concernés ainsi que toute personne ou organisme dont l'expertise lui paraît utile à ses travaux. L'avis inclut une évaluation de la somme forfaitaire ou de l'astreinte dont le paiement est susceptible d'être imposé par la Cour de justice de l'Union européenne ainsi qu'une répartition prévisionnelle de la charge financière entre l'État, les collectivités territoriales et leurs groupements et établissements publics à raison de leurs compétences respectives.

V. – Si la Cour de justice de l'Union européenne constate un manquement relevant du I du présent article et impose le paiement d'une somme forfaitaire ou d'une astreinte sur le fondement de l'article 260 du traité sur le fonctionnement de l'Union européenne, les collectivités territoriales, leurs groupements et établissements publics concernés et la commission définie au III du présent article en sont informés dans les plus brefs délais. La commission peut rendre un avis dans un délai de quinze jours à compter du prononcé de l'arrêt de la Cour de justice de l'Union européenne pour ajuster, le cas échéant, la répartition de la charge financière au regard des motifs et du dispositif de l'arrêt.

VI. — Un décret, pris après avis de la commission prévu, selon le cas, aux IV ou V, fixe les charges dues par les collectivités territoriales et leurs groupements et établissements publics, qui constituent des dépenses obligatoires, au sens de l'article L. 1612-15. Ce décret peut également prévoir un échéancier pluriannuel de recouvrement des sommes dues par les collectivités territoriales et leurs groupements dont la situation financière ne permet pas l'acquittement immédiat de ces charges. En cas de situation financière particulièrement dégradée, ces charges peuvent faire l'objet d'un abattement total ou partiel.

VII. — Le présent article s'applique sans préjudice des articles L. 1511-1-1 et L. 1511-1-2.

VIII. — Un décret en Conseil d'État fixe les modalités d'application du présent article. — *V. art. R. 1611-36 s.*

COMMENTAIRE

V. dans le supplément en ligne.

CHAPITRE II ADOPTION ET EXÉCUTION DES BUDGETS

ENCYCL. COLL. LOC. *Budget et comptes locaux : principes, 7030 s.,* par ALBERT, *Ressources locales : finances départementales, 7730, et Ressources locales : finances régionales, 7740,* par ORSONI.

BIBL. GÉN. ▶ ALBERTINI, *J.-Cl. Adm., fasc. 121.* – BARILARI, Les contrôles financiers comptables, administratifs et juridictionnels des finances publiques, *LGDJ, 2003.* – BROLLES et STRAUB, Budget des communes. Gestion et comptabilité, *Berger-Levrault, 2002.* – CANEDO-PARIS, L'allègement du contrôle financier administratif, *RFFP 2012, n° 119, p. 13.* – CASTAING, *J.-Cl. Coll. terr., fasc. 2043 et 2090.* – CHABANOL, Les chambres régionales des comptes, un autre juge de la légalité ?, *RFFP 2004, n° 85, 51.* – CHAMARD-HEIM, Le rôle des formes et des procédures dans l'adoption des budgets publics, *AJDA 2010. 547.* – CONAN, DOYELLE, POUJADE et VACHIA, Code des juridictions financières annoté et commenté, *Éd. Le Moniteur, 2001.* – CRUCIS, Budget des collectivités territoriales, *J.-Cl. Coll. terr., fasc. 139 ;* Budget des communes, *J.-Cl. Coll. terr., fasc. 140 ;* Budget départemental, *J.-Cl. Coll. terr., fasc. 340 ;* Budget des régions, *J.-Cl. Coll. terr., fasc. 440.* – DAMAREY, Le juge administratif, juge financier, *Dalloz, 2001.* – FLEURY, Le contrôle des syndicats mixtes par les chambres régionales des comptes, *JCP Adm. 2012, n° 2150 ;* Ordonnateurs et comptables : l'heure des derniers jugements, *JCP Adm. 2012, n° 2277.* – GRALL, Contrôle de légalité et contrôle budgétaire : les droits et libertés des collectivités locales, *Berger-Levrault, 2006.* – KLOPFER, Gestion financière des collectivités locales, *Éd. Le Moniteur, 2001.* – LAFARGUE, Le contrôle des actes budgétaires des collectivités territoriales, *in Mél. Douence, Dalloz, 2006, p. 287.* – LANDBECK, Les principes budgétaires locaux, *PUAM, 2001.* – LAMARQUE et MILLER, Les chambres régionales des comptes et la fiabilité des comptes locaux, *AJDA 2003. 1708 ;* L'impact des technologies de l'information sur les contrôles des juridictions financières, *AJDA 2004. 767.* – LANDE, Le système d'information des communes permet-il de mesurer le risque financier ?, *Rev. Trésor 2003. 106.* – LE FOLL, Chambres régionales des comptes, *J.-Cl. Adm., fasc. 1215 ;* Contrôle des budgets locaux par les chambres régionales des comptes, *J.-Cl. Adm., fasc. 1260.* – LEVALLOIS, L'évolution du contrôle financier des administrations locales, *RFFP 2002, n° 79, 111.* – MAGNET, La Cour des comptes, les institutions associées et les chambres régionales des comptes, *Berger-Levrault, 2007.* – MILLET, Les chambres régionales des comptes et le contrôle des sociétés d'économie mixte locales, *AJDA 2009. 1701.* – MOUZET, Le contrôle budgétaire des collectivités locales dans la jurisprudence du Conseil d'État, *Rev. Trésor 2002. 533 ;* Le Conseil d'État et le contrôle budgétaire des collectivités territoriales, *RFDA 2003. 741.* – MUZELLEC, Le droit financier local précurseur du droit financier national, *in Mél. Moreau, PUAM-Économica, 2002, p. 325.* – ORSONI et PICHON, Les chambres régionales et territoriales des comptes, *LGDJ, 2004, coll. Décentralisation et développement.* – PARIENTE, Le contrôle budgétaire, *in* Les contrôles de l'État sur les collectivités territoriales aujourd'hui, *L'Harmattan, coll. Logiques juridiques, 2008.* – PIOLÉ, Les chambres régionales des comptes, *LGDJ, 2007, coll. Politiques locales.* – RIGOU, Les chambres régionales des comptes, *Litec, coll. Collectivités territoriales, 2003.* – SAÏDJ, La loi organique du 1er août 2001 sur les lois de finances : quels enseignements pour les collectivités locales ?, *RFFP 2004, n° 85, p. 39.* – TAILLEFAIT, Budgets locaux, *J.-Cl. Adm, fasc. 127-10 ;* Les aspects financiers et comptables des marchés publics locaux, *Imprimerie Nationale, 2002.* – THÉVENON, Les évolutions des chambres régionales et territoriales des comptes depuis la loi du 2 mars 1982, *BJCL 2012. 286.* – VIER, *J.-Cl. Adm., fasc. 118.*

COMMENTAIRE

V. dans le supplément en ligne.

SECTION 1 **Contrôle budgétaire** *(Ord. n° 2025-526 du 12 juin 2025, art. 1er, applicable à compter de l'exercice budgétaire 2026).*

Art. L. 1612-1 Dans le cas où le budget d'une collectivité territoriale n'a pas été adopté avant le 1er janvier de l'exercice auquel il s'applique, l'exécutif de la collectivité territoriale est en droit, jusqu'à l'adoption de ce budget, de mettre en recouvrement les recettes et d'engager, de liquider et de mandater les dépenses de la section de fonctionnement dans la limite de celles inscrites au budget de l'année précédente.

Il est en droit de mandater les dépenses afférentes au remboursement en capital des annuités de la dette venant à échéance avant le vote du budget.

(L. n° 96-314 du 12 avr. 1996, art. 69) « En outre, jusqu'à l'adoption du budget ou jusqu'au *(L. n° 2012-1510 du 29 déc. 2012, art. 37)* « 15 avril », en l'absence d'adoption du budget avant cette date, l'exécutif de la collectivité territoriale peut, sur autorisation de l'organe délibérant, engager, liquider et mandater les dépenses d'investissement, dans la limite du quart des crédits ouverts au budget de l'exercice précédent, non compris les crédits afférents au remboursement de la dette.

« L'autorisation mentionnée à l'alinéa ci-dessus précise le montant et l'affectation des crédits. »

(Ord. n° 2005-1027 du 26 août 2005, art. 2) « Pour les dépenses à caractère pluriannuel incluses dans une autorisation de programme ou d'engagement votée sur des exercices antérieurs, l'exécutif peut les liquider et les mandater dans la limite des crédits de paiement prévus au titre de l'exercice par la délibération d'ouverture de l'autorisation de programme ou d'engagement. »

(L. n° 96-314 du 12 avr. 1996, art. 69) « Les crédits correspondants, visés aux alinéas ci-dessus, sont inscrits au budget lors de son adoption. Le comptable est en droit de payer les mandats et recouvrer les titres de recettes émis dans les conditions ci-dessus.

« Le présent article s'applique aux régions, sous réserve des dispositions » *(Ord. n° 2009-1400 du 17 nov. 2009)* « de l'article L. 4312-6 ».

Nouvel art. L. 1612-1 *Dans le cas où le budget d'une collectivité territoriale n'a pas été adopté avant le 1er janvier de l'exercice auquel il s'applique, l'exécutif de la collectivité territoriale est en droit, jusqu'à l'adoption de ce budget, de mettre en recouvrement les recettes et d'engager, de liquider et de mandater les dépenses de la section de fonctionnement dans la limite de celles inscrites au budget de l'année précédente.*

Il est en droit de mandater les dépenses afférentes au remboursement en capital des annuités de la dette venant à échéance avant le vote du budget.

(L. n° 96-314 du 12 avr. 1996, art. 69) « En outre, jusqu'à l'adoption du budget ou jusqu'au (L. n° 2012-1510 du 29 déc. 2012, art. 37) « 15 avril », en l'absence d'adoption du budget avant cette date, l'exécutif de la collectivité territoriale peut, sur autorisation de l'organe délibérant, engager, liquider et mandater les dépenses d'investissement, dans la limite du quart des crédits ouverts au budget de l'exercice précédent, non compris les crédits afférents au remboursement de la dette.

« L'autorisation mentionnée à l'alinéa ci-dessus précise le montant et l'affectation des crédits. »

(Ord. n° 2025-526 du 12 juin 2025, art. 1er) « Lorsque la section d'investissement ou la section de fonctionnement du budget comporte soit des autorisations de programme et des crédits de paiement, soit des autorisations d'engagement et des crédits de paiement, le maire ou le président de l'assemblée délibérante peut, jusqu'à l'adoption du budget ou jusqu'à son règlement s'il n'est pas adopté, liquider et mandater les dépenses d'investissement et les dépenses de fonctionnement correspondant aux autorisations ouvertes au cours des exercices antérieurs, dans la limite d'un montant de crédits de paiement par chapitre égal au tiers des autorisations ouvertes au cours de l'exercice précédent. »

(L. n° 96-314 du 12 avr. 1996, art. 69) « Les crédits correspondants, visés aux alinéas ci-dessus, sont inscrits au budget lors de son adoption. Le comptable est en droit de payer les mandats et recouvrer les titres de recettes émis dans les conditions ci-dessus.

Le présent art. entre en vigueur à compter de l'exercice budgétaire 2026 (Ord. n° 2025-526 du 12 juin 2025, art. 12).

1. Délai d'adoption et pouvoir du maire. Conformément aux dispositions de l'art. L. 1612-1, en l'absence d'adoption d'un budget primitif, une commune ne pouvait engager les dépenses d'investissement que représentaient la construction d'une nouvelle station d'épuration et la réalisation des travaux de création de réseaux et de démolition de l'ancienne station d'épuration que dans la limite du quart des crédits ouverts au budget investissement « assainissement » de l'exercice précédent. • CAA Lyon, 11 févr. 2016, *Cne de Rossillon*, n° 14LY02695.

2. Recettes. La détermination complète des tarifs des droits de nature fiscale relève de la seule compétence du conseil municipal. • CE 9 mai 2011, *MM. A. et a. c/ Cne de Person*, n° 341118.

3. Dépenses. Les dispositions de l'art. L. 1612-1 ne font pas obstacle à ce que des dispositions réglementaires fixent les conditions dans lesquelles des subventions de fonctionnement doivent être versées, par 12e provisoires, à des établissements publics par les régions, dans l'attente de l'adoption de leur budget. • CE 18 oct. 2006, *Région des Pays de la Loire*, n° 284563 B. ♦ Par ailleurs, une collectivité territoriale garde la compétence en matière de dépenses de fonctionnement dans la limite de celles inscrites au budget de l'année précédente, ainsi que les dépenses d'investissement dans la limite de la moitié des crédits inscrits au budget primitif et d'autre part pour mettre en recouvrement les recettes de fonctionnement, alors même son pouvoir budgétaire aurait été suspendu du fait de la saisine par le préfet de la chambre régionale des comptes estimant que le budget de la collectivité n'a pas été voté en équilibre. • CAA Douai, 1er sept. 2008, *Cne d'Hénin-Beaumont*, n° 08DA01259. ♦ Les dispositions de l'art. L. 1612-1 sont applicables aux établissements publics intercommunaux, en vertu de l'art. L. 1612-20 CGCT, mais non aux associations syndicales. • CRC Bretagne, 6 avr. 2001, *Assoc. foncière de remembrement de Miniac Morvan II*, n° 2001-027 : *RFDA 2001. 1112*. ♦ V. Chamard-Heim, Le rôle des formes et des procédures dans l'adoption des budgets publics, *AJDA 2010. 547 s.*

Art. L. 1612-2 **Si le budget n'est pas adopté avant le** *(L. n° 2012-1510 du 29 déc. 2012, art. 37)* **« 15 avril » de l'exercice auquel il s'applique, ou avant le** *(L. n° 2012-1510 du 29 déc. 2012, art. 37)* **« 30 avril » de l'année du renouvellement des organes délibérants, le représentant de l'État dans le département saisit sans délai la chambre régionale des comptes qui, dans le mois, et par un avis public, formule des propositions pour le règlement du budget. Le représentant de l'État règle le budget et le rend exécutoire. Si le représentant de l'État dans le département s'écarte des propositions de la chambre régionale des comptes, il assortit sa décision d'une motivation explicite.**

À compter de la saisine de la chambre régionale des comptes et jusqu'au règlement du budget par le représentant de l'État, l'organe délibérant ne peut adopter de délibération sur le budget de l'exercice en cours.

Ces dispositions ne sont pas applicables quand le défaut d'adoption résulte de l'absence de communication avant le *(L. n° 2012-1510 du 29 déc. 2012, art. 37)* **« 31 mars » à l'organe délibérant d'informations indispensables à l'établissement du budget. La liste de ces informations est fixée par décret. Dans ce cas, l'organe délibérant dispose de quinze jours à compter de cette communication pour arrêter le budget.**

V. art. D. 1612-1 s.

COMMENTAIRE

V. dans le supplément en ligne.

I. DATE D'ADOPTION DU BUDGET

1. Date du 15 avril. L'obligation d'adopter le budget avant le 15 avr. de l'année sur laquelle il porte, introduite par la loi du 29 déc. 2012, ne permet pas pour autant d'obtenir la suspension de l'exécution d'une instruction pouvant conduire à rendre plus difficile pour les départements le respect de la date d'adoption du budget. Le Conseil d'État juge que les départements ont toujours la possibilité de modifier les budgets adoptés en cours d'année et rejette par là même deux ord. de référés. • CE 14 avr. 2016, *Assemblée des dpts de France*, n° 397614 : *AJDA 2016. 756*.

II. PROCÉDURE

2. Saisine. Le représentant de l'État ne peut saisir la chambre régionale des comptes, dans le cadre de l'art. L. 1612-2 CGCT, qu'après expiration du délai dont dispose l'organe délibérant pour adopter le budget de la collectivité : le fait que l'organe délibérant ait rejeté le projet de budget primitif, qui lui était soumis, avant l'expiration de ce délai, ne permet pas au représentant de l'État de procéder à une saisine anticipée de la chambre régionale des comptes, puisque, à la date de cette saisine, l'organe délibérant de la collectivité pouvait encore adopter le budget et donc revenir sur sa décision. • CRC Île-de-France, 6 mars 2000, *Cne de Signy-Signets*, n° G/38/A. ♦ Lorsque le retard dans l'adoption du budget résulte de l'absence de communication à l'organe délibérant, avant le 15 mars, d'informations indispensables à l'établissement du budget, le représentant de l'État ne peut saisir la chambre régionale des comptes de ce retard. • CRC Île-de-France, 24 mai 1984, *Cne de Lognes*. ♦ La communication de ces informations indispensables à l'établissement du budget peut être faite aussi bien à l'organe délibérant qu'à l'exécutif de la collectivité territoriale. • CRC Lorraine, 6 juin 1985, *Cne de Longwy* • CRC Franche-Comté, 17 mai 1985, *Cne de Devecey.* ♦ La preuve de la communication, en temps utile, des informations indispensables à l'établissement du budget incombe au représentant de l'État. • CRC Bourgogne, 23 mai 1984, *Synd. d'assainissement agricole de la région de Viserny* • CRC Auvergne, 22 mai 1985, *Cne de Viscontat.* ♦ Ces informations dont les élus peuvent ne pas tenir compte ne font pas grief, et ne sont pas susceptibles de faire l'objet d'un recours pour excès de pouvoir. • CE 9 nov. 1982, *Cne de Trédaniel : Dr. adm. 1982, n° 501.*

3. Saisine simultanée. En cas de saisine simultanée au titre de l'art. L. 1612-2 et de l'art. L. 1612-5, la chambre régionale des comptes peut, à l'occasion du délibéré sur la procédure de l'art. 1612-2, se prononcer sur le caractère obligatoire et le montant de la dépense ayant fait l'objet d'une demande d'inscription au titre de l'art. L. 1612-15, et attendre l'arrêté préfectoral de règlement du budget pour statuer sur la saisine au titre de cet art. L. 1612-15. • CRC Haute-Normandie, 5 août 1992, *Cne de Giverny.*

4. Motivation de la saisine. Le représentant de l'État doit motiver sa saisine de la chambre régionale des comptes, sous peine de voir celle-ci déclarée irrecevable pour défaut de motivation. • CRC Île-de-France, 5 nov. 1992, *Cne de Morsang-sur-Orge.*

5. Effets de la saisine. L'assemblée délibérante de la collectivité territoriale est dessaisie de ses pouvoirs budgétaires dès la saisine de la chambre régionale des comptes, mais ce dessaisissement n'a ni pour objet ni pour effet d'interdire à l'assemblée délibérante et à son organe exécutif de prendre les actes de gestion nécessaires au fonctionnement de la collectivité. • TA Paris, 9 oct. 1985, *Bodin et a. : Lebon T. 525 et 552.* ♦ Dès lors, il appartient au représentant de l'État de tirer les conséquences budgétaires des actes de gestion intervenus après la saisine de la chambre régionale des comptes, dans le cadre du pouvoir de substitution qu'il tient de l'art. 7 de la loi du 2 mars 1982 (CGCT, art. L. 1612-2). • Même jugement. ♦ Par ailleurs, le budget, annexé au budget principal d'une commune, d'une régie municipale dotée de la seule autonomie financière, ne peut faire l'objet d'aucune décision de la part des autorités communales lorsque la chambre régionale des comptes a été saisie par le préfet à l'effet d'examiner le budget principal, dont il n'est pas indépendant. • CE 25 févr. 1998, *Préfet de Haute-Corse,* n° 168726. ♦ De même, lorsqu'une section de commune n'a pas mis le conseil municipal en mesure de voter le budget annexe de cette section avant le 31 mars de l'exercice, la saisine de la chambre régionale des comptes par le représentant de l'État a également pour effet de faire obstacle à l'adoption, par le conseil municipal, de toute délibération concernant ce budget annexe. • CE 17 janv. 1998, *Section de Cne d'Antilly,* n° 160660 : *ACL 1999. 334.* ♦ Sur les règles relatives à l'adoption du budget annexe de la section de commune, V. art. L. 2412-1.

6. Effets de l'absence de saisine. En vertu des dispositions de l'art. L. 1612-2, le dessaisissement de l'organe délibérant de sa compétence budgétaire ne résulte pas de la seule circonstance que le budget n'a pas été adopté avant le 31 mars de l'exercice, mais est subordonné à la saisine de la chambre régionale des comptes par le représentant de l'État. • CAA Lyon, 12 juill. 2007, *Cne de Charvieu-Chavagneux,* n° 03LY00412 : *AJDA 2007. 2028, note Vinet.* ♦ Il en résulte que le requérant n'est pas fondé à soutenir que l'organe délibérant de la collectivité territoriale n'était plus compétent pour adopter, comme il l'a fait par délibération, le budget primitif de l'exercice, dès lors qu'il est constant que la chambre régionale des comptes n'avait pas été saisie, dans les conditions prévues par l'art. L. 1612-2, par le préfet. • Même arrêt. ♦ Si le conseil municipal n'a pas adopté le budget de la commune avant le délai prévu par l'art. L. 1612-2 CGCT, et si la chambre régionale des comptes n'a pas été saisie par le représentant de l'État, le dépassement du délai imparti n'entraîne pas pour autant le dessaisissement du conseil municipal de sa compétence : dès lors, la délibération par laquelle le conseil municipal adopte le budget de la commune hors délai n'est entachée ni d'incompétence ni d'erreur de droit. * TA Pau, *M. Francis Porte et a. c/ Cne d'Ens : n° 1101516.*

7. Délais. Par-delà les indications données par la circulaire du 19 avr. 1983, la saisine de la chambre régionale des comptes par le représentant de l'État peut être effectuée quel que soit le délai écoulé. • CRC Basse-Normandie, 27 juill. 1984, *OPHLM Cté urb. de Cherbourg.* ♦ Toutefois, une saisine intervenue postérieurement à la clôture de l'exercice correspondant au budget concerné ne peut qu'être frappée d'irrecevabilité dans la mesure où il n'est plus possible, pour la chambre régionale des comptes, de formuler utilement des propositions pour le règlement du budget de cet exercice. • CRC Midi-Pyrénées, 10 janv. 1995, *Synd. mixte de Clarac.* ♦ Si le budget a été voté entre le délai prévu par l'art. L. 1612-2 et la date de la saisine de la chambre régionale des comptes, celle-ci peut estimer qu'il n'y a pas lieu de formuler des propositions pour le règlement du budget. • CRC Nord-Pas-de-Calais, 29 juin 1983, *Cne de Boulogne-sur-Mer* • CRC PACA, 26 juin 1984, *Cne de Touet-sur-Var.* ♦ Dans la même hypothèse, la chambre régionale des comptes peut estimer qu'il y a lieu de faire des propositions s'écartant des mesures votées tardivement par l'organe délibérant, si celles-ci sont irrégulières. • CRC Aquitaine, 20 juin 1983, *Cne de Nicole* • CRC Picardie, 21 juin 1985, *Cne de Mesnil-Martinsart* • CRC Auvergne, 28 mai 1985, *Synd. intercommunal de traitement* *des ordures ménagères de Monistrol-sur-Loire.* ♦ Si le budget a été voté entre la date de la saisine de la chambre régionale des comptes et celle de l'avis rendu par celle-ci, la chambre régionale des comptes formule sa proposition en se référant au budget adopté. • CRC Picardie, 6 août 1985, *Cne de Pernois.* ♦ Le délai d'un mois, fixé pour la formulation de l'avis par la chambre régionale des comptes, n'est pas imparti à peine de nullité. • TA Orléans, 29 nov. 1984, *Cne de Ligueil : AJDA 1985. 153 ; RFDA 1985. 139, concl. Couteau-Begarie.*

8. Champ d'application. La non-adoption du budget avant le terme légal s'entend de la non-adoption du budget complet (budget primitif et budgets annexes), ce qui inclut le cas de non-adoption, dans le délai, du budget d'un service communal. • CRC Nord-Pas-de-Calais, 12 juin 1985, *Cne de Verton : Service des eaux et assainissement.* ♦ De même, il appartient à la commission syndicale d'une section de commune de veiller à arrêter et à transmettre au maire de la commune le projet de budget de la section, qui constitue un budget annexe de la commune, de telle sorte que le conseil municipal dispose du temps nécessaire pour l'examiner et décider de le voter ou non. • CE 14 janv. 1998, *Section de Cne d'Antilly,* n° 160657. ♦ Lorsqu'un conseil municipal n'a pu voter, avant le 31 mars de l'exercice, le budget annexe d'une section de commune, la commission syndicale de celle-ci n'ayant pas arrêté son projet de budget primitif alors qu'elle avait disposé en temps utile des informations indispensables à son établissement, il appartient au représentant de l'État de mettre en œuvre la procédure de contrôle prévue, non par l'art. L. 1612-5, mais par l'art. L. 1612-2, c'est-à-dire de régler et de rendre exécutoire ce budget annexe, sur la base des propositions préalablement formulées, sur sa demande, par la chambre régionale des comptes. • CE 14 janv. 1998, *Section de Cne d'Antilly,* n° 160660. ♦ V. art. L. 2412-1. ♦ Les dispositions de l'art. L. 1612-2 CGCT, relatives à l'absence d'adoption du budget primitif dans les délais, s'appliquent dans le cas où l'exécution de la délibération, adoptant le budget primitif, a été suspendue par une décision du juge administratif. Dès lors, la saisine de la chambre régionale des comptes, par le préfet, est recevable dans cette hypothèse. • CRC Bourgogne, 7 juill. 2005, *Avis de contrôle budgétaire : Rec. C. comptes 2005. 214 ; RFDA 2008. 802.*

III. AVIS

9. Fondements. La chambre régionale des comptes peut, pour formuler son avis, s'appuyer sur un projet de budget qui a fait l'objet d'un consensus au sein de l'organe délibérant de la collectivité territoriale, même si ce consensus s'est manifesté postérieurement à la saisine. • CRC Picardie, 6 août 1985, *Cne de Pernois.* ♦ De même, la chambre régionale des comptes peut, pour formuler son avis, se référer au compte administratif dès son établissement par l'ordonnateur, même s'il n'a pas été encore arrêté par l'organe délibérant. • CRC Lorraine, 27 mai 1991, *Cne d'Autrepierre.*

10. Portée. Une saisine de la chambre régionale des comptes au titre de l'art. L. 1612-2 peut donner lieu, en raison du déséquilibre réel et profond qu'elle révèle éventuellement, à un examen détaillé de tous les chapitres budgétaires, comme dans le cadre de la saisine au titre de l'art. L. 1612-5, et dès lors conduire à une proposition de réduction du budget. • CRC Picardie, 30 juin 1989, *OPAC d'Amiens.* ♦ La chambre régionale des comptes peut ainsi être amenée à proposer de limiter au minimum réglementaire les dotations aux amortissements, quand elles sont prévues par les normes comptables. • Même avis. ♦ De même, la chambre régionale des comptes peut être amenée à proposer de bloquer des investissements nouveaux, qui n'auraient pas été explicitement approuvés par l'organe délibérant de la collectivité. • CRC Haute-Normandie, 24 juin 1992, *Cne de Giverny.* ♦ En sens inverse, la chambre régionale des comptes peut proposer la poursuite d'opérations ayant fait l'objet de décisions antérieures de l'organe délibérant, mais, en l'absence de délibération exécutoire, elle peut refuser de retenir un financement par l'emprunt de ces opérations. • CRC Languedoc-Roussillon, 6 mai 1992, *Cne de Saint-Gilles.* ♦ De même, la chambre régionale des comptes peut proposer de faire figurer au budget primitif de la collectivité territoriale les crédits nécessaires à une opération d'investissement, formellement approuvée par l'assemblée délibérante de cette collectivité, et proposer de financer par l'emprunt l'essentiel de ces travaux, malgré l'absence de tout début d'exécution des démarches nécessaires à la conclusion de cet emprunt. • CRC Île-de-France, 16 juin 2004, *Avis de contrôle budgétaire : Rec. C. comptes 2004. 248 ; RFDA 2008. 802.* ♦ De même, la chambre régionale des comptes peut proposer des mesures nouvelles fondées sur la sécurité et l'égalité des usagers devant un service public, telles que des mesures destinées à assurer l'égalité de traitement entre les usagers d'un service de distribution d'eau, ou visant à maintenir une protection minimale contre l'incendie. • CRC Centre, 18 mai 1992, *Synd. intercommunal Gué de Longroi-Levainville.*

IV. RÈGLEMENT DU BUDGET

11. Fixation des taux des impôts locaux. En application de l'art. 1639 A CGI, la notification aux services fiscaux des décisions des collectivités locales relatives soit aux taux, soit aux produits des impositions directes perçues à leur profit, doit être faite avant le 31 mars de chaque année, ou avant le 15 avril pour l'année où intervient le renouvellement des organes délibérants, sauf absence de communication avant le 15 mars à l'organe délibérant d'informations indispensables à l'établissement de son budget, auquel cas l'assemblée délibérante dispose de quinze jours à compter de cette communication pour effectuer ladite notification : à défaut, les impositions peuvent être recouvrées selon les décisions de l'année précédente. • CAA Bordeaux, 31 déc. 2002, *Sté Vivies Matériaux*, n° 00-1932 : *RJF 2003, n° 440 ; BJCL 2003. 294, concl. Boulard, obs. S. A.* ♦ Toutefois, lorsque le budget de la collectivité locale n'a pas été adopté avant la date limite fixée par l'art. L. 1612-2 CGCT, son établissement ne relève plus de la collectivité locale mais, après saisine de la chambre régionale des comptes, de la seule responsabilité du représentant de l'État, auquel ne peut être opposé le délai de notification aux services fiscaux imposé aux collectivités locales par l'art. 1639 A CGI : il suit de là que les impositions ne sont pas nécessairement recouvrées selon les décisions de l'année précédente, ainsi que le dernier alinéa de cet article en prévoit la possibilité en cas d'inobservation dudit délai par la collectivité concernée. Dans une telle hypothèse, le représentant de l'État n'est tenu qu'à l'application des règles afférentes aux impositions locales auxquelles est tenue la collectivité elle-même lorsqu'elle arrête son budget et notifie sa décision aux services fiscaux avant la date prévue par la loi. • Même arrêt. ♦ En l'espèce, faute d'avoir été adopté avant la date limite prévue par l'art. L. 1612-2 CGCT, le budget de la commune, après avoir fait l'objet d'un avis public rendu par la chambre régionale des comptes, a été réglé et rendu exécutoire par arrêté du préfet. Il résulte notamment de ce budget, réglé par le préfet conformément aux propositions de la chambre régionale des comptes, que l'augmentation du produit des contributions directes rendue nécessaire pour couvrir les dépenses obligatoires de fonctionnement de la commune a conduit à porter le taux de la taxe professionnelle à un niveau supérieur, dans la limite du taux plafond résultant de l'application de l'art. 1636 B *septies* CGI, qui interdit aux communes de voter un taux de taxe professionnelle excédant deux fois le taux moyen constaté l'année précédente au niveau national pour l'ensemble des communes. Dans ces conditions, la société requérante n'était pas fondée à exciper de l'illégalité de la décision par laquelle le préfet a fixé ce taux pour demander la réduction de la part communale de la taxe professionnelle mise à sa charge. • Même arrêt. ♦ Le juge de l'impôt est tenu de prendre en compte la demande de l'administration de substitution, dans la limite du taux appliqué à cette imposition, du taux retenu par le conseil municipal lors du vote du budget de l'année précédente. • CE 11 juill. 2018, n° 412263. ♦ Sur la fixation des taux des impôts directs locaux, V. art. L. 2331-3, note 1.

12. Limites aux pouvoirs du préfet. Le préfet ne peut régler d'office le budget d'une collectivité territoriale ou de l'un de ses établissements publics que dans les hypothèses limitativement prévues par les art. L. 1612-2 et L. 1612-5 CGCT : il ne peut, hors le cas où cet acte serait entaché d'un vice tel qu'il serait de nature à le faire regarder comme inexistant, légalement y procéder pour un motif tenant à l'illégalité qui affecterait la délibération adoptant le budget. • CAA Marseille, 5 janv. 2005, *Min. de l'Intérieur*, n° 01MA00413 : *AJDA 2005. 565*. ♦ En l'espèce, le motif invoqué n'était pas constitutif d'un vice tel qu'il aurait été de nature à faire regarder la délibération attaquée comme inexistante, mais tenait seulement à la légalité externe de cet acte. Par suite, il n'était pas au nombre de ceux qui pouvaient légalement permettre au préfet d'estimer que le budget de la collectivité n'aurait pas été voté dans les délais, au sens de l'art. L. 1612-2 CGCT, et d'engager la procédure au terme de laquelle il lui aurait appartenu de le régler d'office. Un tel motif était seulement de nature à justifier que la délibération litigieuse fût déférée au tribunal administratif, au titre du contrôle de légalité. • Même arrêt.

13. Pouvoirs de l'organe délibérant. Lorsque le budget de la collectivité territoriale a été réglé et rendu exécutoire par arrêté du préfet, et alors même que cet arrêté n'aurait pas été porté à la connaissance de l'organe délibérant, les dispositions de l'art. L. 1612-2 n'ont pas pour effet d'interdire à celui-ci d'y apporter des modifications : dès lors, un conseil municipal a pu légalement procéder, par délibération, au transfert de crédits pour dépenses imprévues aux comptes 6531 (indemnités des élus) et 6533 (cotisations retraites des élus). • CAA Nancy, 14 avr. 2005, *Cne de Guewenheim*, n° 01NC00514 : *AJDA 2005. 1197*.

V. RECOURS

14. **BIBL.** Auby, *RD publ. 1984. 1135.* – Célérier, *LPA 1998, n° 89* (le contrôle des actes des chambres régionales des comptes par le juge administratif). – Juillière, *Vie cnale et dptale 28 févr. 1989, p. 8.* – Lavigne, *LPA 1995, n° 103.* – Thévenot, *LPA 9 févr. 1996.*

15. Recevabilité. Les décisions ou les refus de prendre des décisions, imputables au représentant de l'État, sont susceptibles d'engager, en cas de faute lourde, la responsabilité de la puissance publique. • CE 26 juin 1987, *Min. de l'Intérieur et Min. de l'Éduc. nat. c/ Organisme de gestion de l'école publique « La Providence » à Saint-Brieuc : Dr. adm. 1987, n° 420 ; AJDA 1988. 47, note Toulemonde.* ♦ Ainsi, lorsque, devant le défaut de vote du budget pour cinq exercices successifs, le préfet, qui a saisi la chambre régionale des comptes, a fait usage des dispositions de l'art. 1612-2 en réglant et en rendant exécutoires ces budgets selon la procédure prévue par la loi, les conditions dans lesquelles ce contrôle a été exercé par le préfet ne sauraient être regardées comme révélant l'existence d'une faute lourde des services de l'État. • CE 6 oct. 2000, *Cne de Saint-Florent : Dr. adm. 2000, n° 243 ; Coll. terr.*

2000, n° 11, concl. Touvet ; RFDA 2001. 152, note Bon ; AJDA 2001. 201, note Cliquennois. ♦ Le requérant qui saisit le juge des référés sur le fondement des dispositions de l'art. L. 521-2 CJA doit justifier de circonstances particulières caractérisant la nécessité pour lui de bénéficier à très bref délai d'une mesure de la nature de celles qui peuvent être ordonnées sur le fondement de cet article. À cet égard et en principe, hors les cas où il serait justifié de telles circonstances, la situation née de la mise en œuvre par le représentant de l'État des pouvoirs qu'il tient des dispositions du CGCT, applicables en matière d'adoption et d'exécution des budgets des collectivités territoriales, ne répond pas à cette exigence d'urgence particulière. • CE 3 nov. 2011, *Cne de Faa'a*, n° 353676 : *AJDA 2012. 175*.

16. Irrecevabilité. Lorsqu'elle concourt au contrôle budgétaire des collectivités territoriales au titre de l'art. L. 1612-2, la chambre régionale des comptes n'exerce qu'une compétence consultative auprès du représentant de l'État qui peut, par décision motivée, s'écarter des propositions qu'elle formule pour le règlement du budget. • CE 10 févr. 1988, *Cne de Brives-Charensac c/ Arnaud*, n°s 78230, 78805 et 78806 : *Lebon 54 ; AJDA 1988. 279, concl. Roux ; D. 1988. 264, obs. Llorens.* ♦ Dès lors, les avis rendus par la chambre régionale des comptes, au titre de cet art. L. 1612-2, ne constituent pas des décisions faisant grief et ne peuvent donc pas être déférés au juge de l'excès de pouvoir. – V. par analogie, • CE 30 janv. 1987, *Dpt de la Moselle*, n° 70236 : *Lebon 23 ; AJDA 1987. 217 et 468, concl. Hubac, notes Chapuisat et Benoît ; RD publ. 1987. 761, note Llorens ; RFDA 1987. 978, note Melleray et Rougié ; Dr. adm. 1987, n° 156 ; AJDA 1988. 36, notes Paugam et Benoit ; ACL 1988. 228.* ♦ Toutefois, dans l'hypothèse où la chambre régionale des comptes se refuse à émettre un avis parce qu'elle considère la demande du représentant de l'État sans objet ou irrecevable, cette prise de position constitue une décision administrative qui clôture la procédure, et dès lors est susceptible d'être déférée à la juridiction administrative, en vertu d'une jurisprudence ancienne. • CE 5 juill. 1957, *Anglade : Lebon 452 ; D. 1957. 545* • 18 mai 1979, *Lallement : Lebon 215* • 4 avr. 1982, *Mialhe*, n° 30605 : *Lebon 703*. ♦ Les avis rendus par la chambre régionale des comptes sont par ailleurs communicables au public, en application de la loi n° 78-753 du 17 juill. 1978 relative à la liberté d'accès aux documents administratifs, V. Circ. du 20 févr. 1990 : *Mon. TP 13 juill. 1990, suppl. textes officiels.*

Art. L. 1612-3 **En cas de création d'une nouvelle collectivité territoriale, l'organe délibérant adopte le budget dans un délai de trois mois à compter de cette création. À défaut, le budget est réglé et rendu exécutoire par le représentant de l'État dans le département, sur avis public de la chambre régionale des comptes, dans les conditions prévues aux premier et deuxième alinéas de l'article L. 1612-2.**

Ces dispositions ne sont pas applicables quand le défaut d'adoption résulte de l'absence de communication à l'organe délibérant, dans les deux mois et demi suivant cette création, d'informations indispensables à l'établissement du budget. Dans ce cas, l'organe délibérant dispose de quinze jours après cette communication pour arrêter le budget. — *[L. n° 96-142 du 21 févr. 1996, art. 4-I ; CJF, art. L. 232-3, L. 232-20 et L. 232-26.]*

V. notes ss. art. L. 1612-2.

Art. L. 1612-4 **Le budget de la collectivité territoriale est en équilibre réel lorsque la section de fonctionnement et la section d'investissement sont respectivement votées en équilibre, les recettes et les dépenses ayant été évaluées de façon sincère, et lorsque le prélèvement sur les recettes de la section de fonctionnement au profit de la section d'investissement, ajouté aux recettes propres de cette section, à l'exclusion du produit des emprunts, et éventuellement aux dotations des comptes d'amortissements et de provisions, fournit des ressources suffisantes pour couvrir le remboursement en capital des annuités d'emprunt à échoir au cours de l'exercice.** — *[L. n° 96-142 du 21 févr. 1996, art. 4-I ; CJF, art. L. 232-4, L. 232-20 et L. 232-26.]*

BIBL. ▶ DAMAREY, La conception du Conseil d'État de l'équilibre budgétaire des budgets locaux, *LPA 26 juin 2001, n° 126, p. 27.* – MOZOL, Le principe d'équilibre des budgets locaux, *RGCT 2006. 41.*

1. L'exigence d'un équilibre réel. L'équilibre du budget primitif s'apprécie section par section. Le déséquilibre d'une section conduit à l'illégalité de la totalité du budget. • CE 23 déc. 1988, *Dpt du Tarn c/ M. Barbut et a.*, n° 60678 : *Lebon 466 ; AJDA 1989. 135, chron. Azibert et de Boisdeffre ; D. 1989. 381, note Llorens et Soler-Couteau ; JCP 1989. IV. 34 ; RFDA 1989. 369, concl. Lévis ; ACL 1989, n° 199.* ♦ ... L'équilibre réel étant une condition de légalité des délibérations budgétaires. • CE 16 mars 2001, *Cne de Rennes-les-Bains*, n° 160257 : *Rev. Trésor 2001. 648 ; Coll. terr. 2001, n° 166 ; RFDA 2001. 759 ; ibid. 2002. 807, note Damarey ; Rev. Trésor 2002. 312 ; ACL 2002. 516.* ♦ Une délibération approuvant un budget en équilibre apparent mais en déséquilibre réel est illégale. • CE 4 juin 2007, *M. Géniteau,* n° 277320 : *Lebon 231 ; AJDA 2007. 1878, note Dugueperoux ; BJCL 2007. 763, concl. Glaser ; Dr. adm. 2007, n° 10, 134, note Glaser.* ♦ La section de fonctionnement et celle d'investissement doivent en ce sens être votées respectivement en équilibre, ce qui implique qu'il y ait une répartition régulière des recettes entre ces deux sections. • CRC Basse-Normandie, 29 mai 1985 : *Cne de T.* ♦ De plus, une recette ne peut être inscrite au budget en l'absence d'une condition juridique conventionnelle imposée par la loi. • CAA Lyon, 12 nov. 2013, *Cne de Vaulnaveys-le Haut,* n° 13LY00375. ♦ Cet équilibre réel implique de la part des collectivités une évaluation sincère des recettes et des dépenses, un défaut de sincérité et donc d'équilibre réel au profit d'un équilibre apparent constituant une erreur de droit de la part de l'organe délibérant. • CE 23 déc. 1988, *Dpt du Tarn c/ M. Barbut et a.,* n° 60678 : *Lebon 466 ; D. 1989. 381, note Llorens et Soler-Couteau ; JCP 1989. IV. 34 ; AJDA 1989. 91, chron. Azibert et de Boisdeffre ; RFDA 1989. 365, concl. Lévis ; Dr. adm. 1989, n° 10 ; ACL 1989. 199.* ♦ L'appréciation de l'équilibre réel est réalisée à la date du vote du budget, la circonstance que la délibération créant une recette inscrite au budget ait été annulée par le juge, après le vote du budget, est sans influence sur la légalité du budget qui a été voté en équilibre. • CE, sect., 27 mai 1994, *Braun-Ortega, Buisson et a.,* n° 112026 : *Lebon 264 ; RFDA 1994. 832 ; ACL 1995. 295 ; AJDA 1994. 658*. ♦ Lorsque le budget primitif de la collectivité, approuvé par délibération, n'a pas été voté en équilibre réel, le fait que, par une délibération postérieure, le conseil municipal ait régularisé le budget primitif, en affectant l'excédent du compte administratif de l'année précédente, est sans influence sur l'appréciation de la légalité de la délibération initiale : elle est entachée d'illégalité. • CAA Bordeaux, 14 mars 2006, *M. Clémente,* n° 03BX01403 : *AJDA 2006. 1479, note Péano*.

2. Absence d'équilibre réel : ressources incertaines. N'est pas en équilibre réel un budget dont l'équilibre a été atteint par l'inscription, en face des programmes de dépenses prévus, d'une part, de subventions dont l'attribution n'était pas certaine, d'autre part, d'emprunts dont la conclusion était aléatoire compte tenu du niveau très élevé de l'endettement de la commune au regard de ses capacités de remboursement et qui, d'ailleurs, n'avaient fait l'objet, à la date de la délibération en cause, d'aucun avis favorable exprès de la part d'un organisme prêteur. • CE 16 mars 2001, *Cne de Rennes-les-Bains c/ Lacan,* n°s 160257 et 157128 : *Lebon 129 ; RFDA 2002. 807, note Damarey ; Rev. Trésor 2001. 648, ibid. 2002. 312, obs. Lascombe et Vandendriessche.* ♦ ... Par l'inscription, en face des programmes de dépenses prévues de subventions incertaines de la région et du département, de fonds structurels européens n'ayant fait l'objet d'aucune décision d'attribution de la Commission européenne notifiée à la commune et d'emprunts n'ayant fait l'objet, à la date de la délibération, d'aucun contrat de prêt conclu entre la commune et un organisme prêteur. • CAA Bordeaux, 23 oct. 2007, *Cne de Pointe-à-Pitre,* n° 05BX01886. ♦ ... À raison d'une subvention dont l'attribution n'est pas établie et qui, à la date de la délibération, a été simplement demandée par la commune. • TA Montpellier, 13 mai 1994, *Cne de Rennes-les-Bains,* n° 931591. ♦ ... D'une subvention demandée non éligible au financement prévu (fonds européens structurels en l'espèce). • CRC Bretagne, 25 mai 1998 : *Cne de Guerlesquin.* ♦ ... Ou d'une subvention d'un montant insuffisant au regard de la somme inscrite dans le budget primitif. • CAA Versailles, 10 févr. 2021, n° 18VE00810. ♦ Si elle l'est, la décision d'attribution doit être notifiée à la collectivité, il doit s'agir d'une notification du versement d'une subvention. • CRC Île-de-France, 4 sept. 2012 : *Cne de Bussy-Saint-Georges.* ♦ La subvention accordée ne doit, en outre, pas être devenue caduque du fait de l'absence de commencement d'exécution des opérations pour lesquelles les subventions avaient été accordées. • CE 16 mars 2001, *Cne de Rennes-les-Bains c/ Lacan,* n°s 160257 et 157128 : *préc.* ♦ Une simple lettre d'intention, par laquelle un ministre se serait engagé à accorder une subvention à une commune, ne suffit pas en l'absence d'arrêté de subvention notifié. • CRC Île-de-France, 23 juill. 1998 : *Cne de Chanteloup-les-Vignes.* ♦ En matière de recettes d'investissement, la simple intention de vendre ne suffit pas à établir la réalité et la sincérité de l'évaluation. • CRC Aquitaine, 2 déc. 1983 : *Cne de B.* • CRC Basse-Normandie, 31 juill. 1986 : *Cne de T.* ♦ En cas de cession il convient de produire un acte de vente ou tout document officiel et légal pour garantir la sincérité d'une vente et « d'éviter l'utilisation récurrente de promesses de vente qui ne seraient réalisées qu'en partie ». • CRC Corse, 3 août 2011 : *Cne de Coggia.* ♦ Il faut tenir compte de l'évaluation du service des domaines et non d'une estimation de la collectivité, fût-elle approuvée par l'organe délibérant. • CRC Pays de la Loire, 26 juin 2008 : *Cne de Trans-sur-Erdre.* ♦ Il en va aussi ainsi d'une négociation en cours concernant un emprunt. • CRC Île-de-France, 1er sept. 1983 : *Cne de S.* ♦ ... Ou encore s'agissant du produit d'un emprunt inscrit en recettes de la section d'investissement qui n'apparaît justifié par aucun accord d'un établissement financier, et apparaît en outre comme très incertain compte tenu de l'endettement de la collectivité. • TA Montpellier, 13 mai 1994, *Cne de Rennes-les-Bains,* n° 931-591. ♦ Enfin, aucune loi n'autorise une collectivité à inscrire à son budget une recette théorique née d'un décompte établi par la collectivité elle-même. • CRC Auvergne, 16 févr. 2011 : *Dpt de l'Allier.* ♦ ... Ou une recette annoncée d'une cession de terrain inscrite de façon constante mais relative à une cession non réalisée, même si elle est comptablement assimilée à un reste à réaliser selon la trésorerie. • CAA Marseille, 8 nov. 2012, *Cne de Caux*, n° 10MA04432.

3. Absence d'équilibre réel : autres causes. Cette absence peut être due également : à la non-intégration au budget du montant des créances irrécouvrables. • CRC PACA, 14 mai 2001, Avis de contrôle budgétaire : *Rec. C. comptes 2001*. ♦ ... Des dépenses obligatoires – que celles-ci soient prévues par la loi ou qu'elles résultent d'une dette exigible, l'examen de la sincérité de l'évaluation budgétaire peut conduire à reconstituer l'intégralité de ces dépenses, et reprendre ainsi les reports d'exercices antérieurs dès lors qu'ils correspondent à des engagements juridiques qui devront nécessairement donner lieu à un paiement. • CRC Haute-Normandie, 19 juin 1997 : *Cne de Val-de-Reuil*. ♦ ... Au non-respect de l'obligation d'assurer la neutralisation des emprunts. Une collectivité est tenue de faire figurer dans l'état annexe de la dette les emprunts non amortis et d'intégrer l'amortissement et les frais financiers y afférents dans les prévisions de dépenses. • CE 4 juin 2007, *M. Géniteau*, n° 277320 : *Dr. adm. 2007, n°s 112 et 134, note Glaser ; AJDA 2007. 1878, note Dugueperoux ; BJCL 2007. 763, concl. Glaser ; RGCT 2008. 75, concl. Glaser*. ♦ Le remboursement en capital des annuités d'emprunt doit être financé à l'exclusion du produit des emprunts, mais aussi à l'exclusion des subventions affectées à des travaux. • CRC Aquitaine, 2 juin 1988 : *Cne de V*. ♦ Sont également exclues les recettes affectées à des investissements, lorsque des lois et règlements spécifient expressément cette affectation : ces sommes ne peuvent être retenues au titre des ressources disponibles au remboursement du capital des emprunts. • CRC Nord-Pas-de-Calais, 23 mai 1996 : *Cne du Touquet-Paris-Plage*. ♦ En effet, les recettes figurant en section d'investissement d'un budget ne peuvent être retenues, pour apprécier la règle de l'équilibre, que dans la mesure où elles ne sont pas affectées à des opérations particulières de dépenses, affectation qui les rendrait de ce fait indisponibles pour couvrir le remboursement en capital des emprunts. • CRC Nord-Pas-de-Calais, 23 mai 1996 : *Cne du Touquet-Paris-Plage*. ♦ ... À l'inclusion dans le budget de recettes au titre du fonds de compensation de la taxe sur la valeur ajoutée (FCTVA) ne correspondant pas au montant de dépenses éligibles. • CAA Marseille, 5 juin 2015, *Cne de Bollène*, n° 13MA03887. ♦ Une recette figurant en section d'investissement du budget, au titre des intérêts courus non échus, pour des emprunts contractés les années précédentes et ayant fait l'objet d'une renégociation, ne peut être considérée comme une recette propre de la section d'investissement, au sens de l'art. L. 1612-4, si cette prévision de recette a pour contrepartie, en section de fonctionnement, la prévision d'une dépense de même montant au compte « Intérêts des emprunts et dettes ». • CRC Île-de-France, 10 juin 1998 : *Synd. intercommunal d'enlèvement des résidus ménagers de la région de Lagny-sur-Marne*. ♦ En revanche, doivent être considérées comme des ressources propres de la section d'investissement les subventions d'investissement non affectées à des programmes de travaux en cours ou non encore réalisés : ces subventions, telles qu'une subvention d'équipement affectée à des travaux terminés et financés au cours de l'exercice précédent, peuvent être retenues au titre des ressources disponibles au remboursement du capital des emprunts. • CRC Bretagne, 4 juill. 1997 : *Cne de Moncontour*. ♦ De même, est une recette propre de la section d'investissement celle dont l'objet est précisément de financer le remboursement de la dette : tel est le cas d'une recette correspondant au versement, par les communes participant à cette activité, d'une contribution spécifique au titre du remboursement de la dette du SIVOM. • CRC Bretagne, 3 juill. 1998 : *SIVOM de La Roche-Bernard*. ♦ N'est pas adopté en équilibre réel le budget d'une commune dont la section d'investissement prévoit un emprunt destiné à rembourser une société d'économie mixte chargée du préfinancement de travaux qui lui ont été délégués, lorsque cette SEM a elle-même financé ces travaux par l'emprunt. • CRC Haute-Normandie, 19 juin 1997 : *Cne de Val-de-Reuil*.

4. Champ d'application de cette règle. Celle-ci s'applique au budget primitif mais aussi au budget supplémentaire et aux décisions modificatives, ainsi qu'aux budgets annexes. • CRC PACA, 17 janv. 1985 : *Cne d'O*. ♦ En application du principe d'unité budgétaire « il y a lieu d'apprécier l'équilibre du budget principal et des budgets annexes ». • CRC Nord-Pas-de-Calais-Picardie, 2 juill. 2013 : *Cne d'Esquerdes*. ♦ Ainsi, si les budgets des SPIC exploités en régie, tels que les budgets annexes de l'eau et de l'assainissement, ont un caractère prévisionnel, l'évaluation des recettes et des dépenses qui y figurent doit être néanmoins sincère : dès lors que la commune n'apporte aucune explication justifiant le montant (surestimé) des dépenses de personnel et de la quote-part des frais d'administration générale, l'évaluation des dépenses de chaque budget annexe ne peut ainsi être tenue pour sincère. • CAA Lyon, 14 oct. 1999, *Kolischev : Dr. adm. 2000, n° 78*. ♦ En outre, l'annulation de la délibération municipale adoptant le compte administratif pour un exercice budgétaire n'entraîne pas par elle-même celle de la délibération adoptant, au vu de ce compte, le budget primitif de l'exercice suivant, il en va néanmoins différemment lorsque l'équilibre réel de ce budget primitif dépend des résultats, entachés d'illégalité, du compte administratif de l'exercice clos qu'il reprend. • CE 4 juin 2007, *M. Géniteau*, n° 277320 : *préc. note 1*. ♦ Le budget supplémentaire d'une collectivité comportant en report une recette inscrite au compte administratif pour l'année précédente, au titre des recettes d'investissement restant à réaliser – recette dont le caractère juridiquement certain ne pouvait être justifié (invocation d'un emprunt dont ni l'objet, ni d'ailleurs l'organisme prêteur ne correspondaient à ceux mentionnés dans les documents budgétaires)–, n'a ainsi pas été voté en équilibre réel, quand bien même la collectivité aurait contracté par la suite de nouveaux emprunts, dont elle soutient qu'ils auraient dû être pris en compte dès l'établissement dudit budget. • CE 3 déc. 1999, ♗ *Région Guadeloupe,* n° 159041 : *Rev. Trésor 2000. 318 ; ACL 2000. 409.*

5. Relations budget principal-budgets annexes : SPA, SPIC. Il y a lieu d'opérer une distinction entre SPA et SPIC. En cas de défaut d'équilibre réel d'un budget annexe concernant un service administratif, il peut être proposée une contribution du budget principal. • CRC Nord-Pas-de-Calais, 18 déc. 1985 : *Synd. mixte pour l'aménagement de B.* ♦ S'il s'agit d'un SPIC, il est interdit aux collectivités de prendre en charge dans leur budget propre des dépenses relevant du budget annexe, dans la mesure où ce service, qu'il soit exploité en régie, affermé ou concédé, doit être équilibré en recettes et en dépenses. • CRC Aquitaine, 19 févr. 1987, *Service des abattoirs : Cne de S.* ♦ En l'absence d'un budget annexe, la commune se trouve dans l'impossibilité de mesurer le coût exact du SPIC, et donc de fixer la redevance acquittée par les usagers à un niveau permettant d'atteindre l'équilibre financier. • CRC Midi-Pyrénées, 19 avr. 2001, *Cne de Millau : Rec. C. comptes 190.* ♦ De manière générale, en vertu des art. L. 2224-1 et L. 2224-2 CGCT, une commune ne peut, en principe, subventionner un SPIC ou prendre en charge une partie de ses dépenses, sauf cas limitativement énumérés à l'art. L. 2224-2. Tout SPIC, quel que soit son mode de gestion, doit équilibrer son budget en recettes et en dépenses. Il doit notamment prendre en charge sur ses ressources propres, à l'exclusion de toute subvention d'équilibre versée par la collectivité dont il relève, les déficits qui pourraient résulter tant d'impayés antérieurs que de dépenses d'investissement. Si les dispositions de l'art. L. 2224-2 ouvrent la faculté aux communes, dans des cas limitativement énumérés, et notamment lorsque des investissements impliquant une hausse excessive des tarifs s'avèrent nécessaires, de décider de prendre en charge sur leur budget propre lesdites dépenses, elles ne leur en font nullement obligation. • CE 30 juill. 2003, ♗ *Cie générale des eaux, Cne de Saint-Paul, M*me *Carlier,* n°s 235398, 236086, 243893, 245672 : *BJCL 2003. 824, concl. Lamy ; Rev. Trésor 2004. 220 ; ACL 2004. 526.* ♦ La collectivité doit prendre en charge, sur le budget annexe du service de l'eau, les extensions du réseau qu'elle juge nécessaires. La redevance perçue auprès des usagers du service de distribution d'eau potable doit financer l'ensemble des dépenses du service, y compris les intérêts des emprunts contractés en vue de l'extension du réseau. • Même décision. ♦ En admettant que l'augmentation consécutive des tarifs de l'eau soit excessive, au sens de l'art. L. 2224-2 CGCT, la commune peut, en application des dispositions de l'art. L. 2224-1, décider de ne pas faire supporter par son budget général les charges du budget annexe de l'eau mais d'instituer des surtaxes au prix de l'eau pour assurer l'équilibre de ce budget annexe et faire face aux investissements nécessaires. • Même décision. ♦ La charge des impayés des exercices antérieurs n'entre dans aucune des catégories de dépenses que le conseil municipal peut décider de faire assumer par le budget propre de la commune, et doit être imputée au budget propre du service. • Même décision. ♦ A été censurée une délibération augmentant les redevances du service de l'eau et de l'assainissement alors qu'un excédent d'exploitation était reversé au budget général de la commune : en effet, les tarifs des SPIC devant trouver leur contrepartie directe dans le service rendu aux usagers, leur fixation ne peut donc être justifiée par la volonté de reverser au budget général de la collectivité les excédents dégagés par l'exploitation du service au cours de l'année précédente. • CAA Marseille, 28 mars 2002, *Cne d'Aix-en-Provence,* n° 99MA01728 : *Dr. adm. 2002, n° 43.* ♦ Une participation du budget général de la commune au budget annexe du service de l'assainissement, qui n'est justifiée par aucune des raisons énoncées à l'art. L. 2224-2, et dont il n'est pas établi qu'elle aurait été en partie destinée à financer le réseau d'évacuation des eaux pluviales, correspond à une subvention d'équilibre interdite par cet article : illégalité de la délibération l'approuvant et, par voie de conséquence, des tarifs de la redevance d'assainissement. • CE 14 avr. 1995, ♗ *Cts Dulière,* n° 126204 : *RJF 1995, n° 1267.* ♦ V. art. L. 2224-2. ♦ Le reversement de l'excédent non utilisé du budget annexe d'un SPIC au budget principal d'une commune est autorisé dans les conditions définies aux art. R. 2221-45 et R. 2221-83 CGCT. Ils concernent les régies dotées de la personnalité morale et celles dotées de la seule autonomie financière, ils indiquent la manière dont l'excédent comptable de la section d'exploitation de la régie peut être affecté. Cet excédent doit en priorité couvrir le solde du report à nouveau lorsqu'il est débiteur. Une fois ce solde débiteur couvert, il doit financer les mesures d'investissement à hauteur des plus-values d'éléments d'actifs. Lorsque ces deux opérations sont effectuées, le surplus de l'excédent comptable peut, si la collectivité le souhaite, être affecté au financement des charges d'exploitation ou d'investissement, en report à nouveau ou au reversement à la collectivité locale de rattachement. * Rép. min. : *JO Sénat Q, 30 juill. 1998, p. 2482.* ♦ Le conseil municipal ne saurait décider le reversement au budget général des excédents du budget annexe d'un SPIC qui seraient nécessaires au financement des dépenses d'exploitation ou d'investissement qui devraient être réalisées à court terme. • CE 9 avr. 1999, ♗ *Cne de Bandol,* n° 170999 :

Lebon 129 ; Dr. adm. 1999, n° 271 ; CJEG 1999. 193, concl. Goulard ; ACL 2000. 391. ♦ V. notes ss. art. L. 2224-1. ♦ Par cette décision, le Conseil d'État a précisé les règles de reversement des excédents dégagés par le budget annexe d'un SPIC, notamment celui de l'eau, au budget principal de la collectivité de rattachement. Selon l'art. L. 2224-1 CGCT, les SPIC sont soumis à des règles budgétaires d'équilibre très strictes dont le fondement est la recherche de la transparence des tarifs et la vérité des prix. Le budget général de la commune n'a pas vocation à équilibrer le budget annexe du SPIC, sous réserve des dérogations prévues par la loi. Inversement, le budget annexe du SPIC n'a pas vocation à alimenter le budget général de la commune puisque les tarifs doivent être déterminés afin de couvrir strictement les besoins du service et la satisfaction des usagers. Il existe une étroite corrélation entre le service rendu à l'usager et le prix qu'il doit acquitter. La gestion en budget annexe permet de répondre à cette nécessité de gestion et de distinguer les coûts. Les tarifs des SPIC, « qui servent de base à la détermination des redevances demandées aux usagers en vue de couvrir les charges du service, doivent trouver leur contrepartie directe dans le service rendu aux usagers ». • CE 30 sept. 1996, ⛫ *Sté stéphanoise des Eaux et Ville de Saint-Étienne*, n° 156176. ♦ A été jugée illégale la redevance augmentée à dessein pour être reversée au budget général de la ville « afin de couvrir les charges étrangères à la mission dévolue à ce service ». * Rép. min. n° 557 : *JOAN Q, 30 sept. 2002 ; Rev. Trésor 2002. 790.* ♦ Les art. R. 2221-48 et R. 2221-90 CGCT prévoient les mécanismes d'affectation du résultat. Ils disposent que ce dernier doit être affecté en priorité au financement des diverses dépenses d'investissement, et que seul le solde subsistant après prise en compte de ces dépenses peut être reversé à la collectivité de rattachement. Si le reversement de l'excédent d'exploitation au budget général est possible, ce n'est qu'après couverture du besoin de financement dégagé par la section d'investissement. • CE 9 avr. 1999, ⛫ *Cne de Bandol*, n° 170999 : *préc.* ♦ Il s'inscrit dans la logique de ces dispositions et des précédentes jurisprudences. Il ne doit pas être interprété comme autorisant sans condition les reversements des budgets annexes des SPIC vers les budgets principaux.

6. Lorsqu'un syndicat de communes exploite un SPIC (service public de l'assainissement par ex.), les communes membres ne peuvent prendre en charge des dépenses de ce service, qui doivent être couvertes, en principe, par le produit des seules redevances perçues auprès des usagers. • CE 29 oct. 1997, ⛫ *Sté Sucrerie agricole Colleville*, n° 144007 : *Dr. adm. 1998, n° 5, note Gintrand.* ♦ Il résulte des art. L. 2224-1 et L. 2224-2 CGCT que lorsqu'un syndicat de communes est exclusivement chargé de l'exploitation d'un ou de plusieurs SPIC, tels l'adduction d'eau ou l'assainissement, il ne reçoit aucune participation des communes membres au titre du 1° de l'art. L. 5212-19 CGCT. Les communes membres ne peuvent prendre en charge des dépenses de ce service, couvertes en principe par le produit des seules redevances perçues auprès des usagers, que pour l'une des raisons limitativement énoncées par les 1°, 2° ou 3° de l'art. L. 2224-2 CGCT, et à la condition d'avoir pris, à cette fin, après qu'une délibération du syndicat a prévu des subventions de leur part, des délibérations décidant le versement au syndicat de ces subventions et répondant aux exigences de forme et de fond définies par les 6e et 7e al. l'art. L. 2224-2. • CE 6 avr. 2007, ⛫ *Synd. intercommunal d'adduction d'eau et d'assainissement d'eau de la vallée de la Béthune*, n° 284544 : *Dr. adm. 2007, n° 82 ; AJDA 2007. 1289, note Mouzet* ✎ *; JCP Adm. 2007. 2218, note Erstein ; BJCL 2007. 407, concl. Séners.* ♦ Les communes restent libres de décider du montant qu'elles acceptent de prendre en charge et ne sont en rien tenues de contribuer par un montant correspondant à ce qui est réclamé aux usagers au titre de la part fixe des redevances. • CE 8 mars 2002, ⛫ *M. Ratie et a.*, n° 229630 : *Coll. terr. 2002, n° 143, note Célérier ; ACL 2003, n° 95.*

7. La portée du contrôle juridictionnel. Le juge administratif n'exerce qu'un contrôle restreint sur les prévisions budgétaires de recettes, lesquelles comportent une marge d'approximation. • TA Marseille, 20 oct. 1989, *Brun et a. c/ Cne de Carpentras : Lebon T. 670 ; Rev. Trésor 1991. 157.* ♦ Il peut être conduit à contrôler la régularité des évaluations budgétaires, à l'occasion du recours d'un contribuable. • CE 30 nov. 1928, *de Lambilly : Lebon 1233 ; S. 1929. 3. 39.* ♦ Il s'est refusé à censurer, compte tenu du caractère prévisionnel d'un budget, une erreur de prévision de dépense. • CAA Douai, 22 juin 2000, ⛫ *M. René Dosière*, n° 96DA00007. ♦ Ou prenant en compte des licenciements ultérieurement reconnus irréguliers. • CE 21 avr. 2000, ⛫ *Ville d'Amiens*, n° 161334. ♦ Si la collectivité n'apporte, en 1re instance comme en appel aucune explication ou justification sur l'existence, la nature et le montant de recettes inscrites à 5 chapitres de son budget alors que ces recettes sont restées, de façon inexpliquée, constantes pendant au moins trois exercices successifs, les allégations du requérant selon lesquelles ces recettes ne présenteraient pas un caractère réel doivent être regardées comme établies. • CE 9 juill. 1997, ⛫ *Cne de Garges-lès-Gonesse*, n° 103273 : *D. 1997. IR 197* ✎ *; RFDA 1998. 1048* ✎ *; Dr. adm. 1997, n° 351 ; Rev. Trésor 1997. 700 ; RFDA 1998. 1048, note Lafargue* ✎ *; ACL 1998. 273.* ♦ On notera que la saisine du préfet, sur le fondement des art. L. 2131-6 et L. 2131-8 CGCT, par une personne qui s'estime lésée par l'acte d'une collectivité, n'ayant pas pour effet de priver celle-ci de la faculté d'exercer un recours direct contre cet acte, le refus du préfet de déférer celui-ci au TA ne constitue pas une décision susceptible de recours pour excès de pouvoir : irrecevabilité des conclusions tendant à l'annulation du refus implicite du préfet de déférer la délibération locale et fondées sur la méconnaissance de l'équilibre réel. • TA Nice, 24 mai 2006, *M. de Canson et a. c/ Préfet du Var et Cne de La Londe-les-Maures,* n° 0502916 : *RGCT 2007. 135, concl. Dieu.* ♦ Cette irrecevabilité ne peut être opposée aux personnes justifiant d'un intérêt, lorsque le préfet n'a pas saisi la CRC dans le délai de 30 jours prévu par l'art. L. 1612-5 CGCT. • Même jugement. ♦ V. art. L. 1612-5, note 1. ♦ Enfin, le juge administratif est compétent pour connaître des conclusions même présentées par un usager, tendant à l'annulation des mesures relatives à l'organisation d'un SPIC (en l'espèce, délibération fixant le budget primitif). • CAA Nancy, 2 août 2012, *Synd. mixte d'assainissement de la Seille Aval,* n° 11NC0075.

Art. L. 1612-5 **Lorsque le budget d'une collectivité territoriale n'est pas voté en équilibre réel, la chambre régionale des comptes, saisie par le représentant de l'État dans un délai de trente jours à compter de la transmission prévue** *(L. n° 96-314 du 12 avr. 1996, art. 72)* **« aux articles L. 2131-1, L. 3131-1 et L. 4141-1 », le constate et propose à la collectivité territoriale, dans un délai de trente jours à compter de la saisine, les mesures nécessaires au rétablissement de l'équilibre budgétaire et demande à l'organe délibérant une nouvelle délibération.**

La nouvelle délibération, rectifiant le budget initial, doit intervenir dans un délai d'un mois à partir de la communication des propositions de la chambre régionale des comptes.

Si l'organe délibérant ne s'est pas prononcé dans le délai prescrit, ou si la délibération prise ne comporte pas de mesures de redressement jugées suffisantes par la chambre régionale des comptes, qui se prononce sur ce point dans un délai de quinze jours à partir de la transmission de la nouvelle délibération, le budget est réglé et rendu exécutoire par le représentant de l'État dans le département. Si celui-ci s'écarte des propositions formulées par la chambre régionale des comptes, il assortit sa décision d'une motivation explicite.

BIBL. ▶ Duplouy, Redressement financier des communes ou collectivités en difficulté, *Rev. Trésor 2002. 270.* – Rosenau, *Rev. Trésor 1986. 165.* – Toussaint, *AJDA 1984. 363.*

COMMENTAIRE

V. dans le supplément en ligne.

I. UNE PROCÉDURE SPÉCIFIQUE

1. Obligation de saisine de la CRC. L'art. L. 1612-5, comme l'art. L. 1612-4, ne peut utilement être invoqué pour contester des délibérations approuvant un compte administratif et un compte de gestion. • CAA Marseille, 18 avr. 2013, *M. X. et a. c/ Cne de Sanary-sur-Mer,* n° 11MA02642. ♦ Car il ne peut concerner que le budget primitif. Le préfet est tenu de saisir la chambre régionale des comptes et ne peut exercer un recours pour excès de pouvoir pour obtenir l'annulation de la délibération sur ce fondement, en raison de l'existence de cette procédure spécifique de contrôle budgétaire devant la juridiction financière. • TA Versailles, 20 mars 1986, *Cne de Trappes : Dr. adm. 1986, n° 490* • CE 23 déc. 1988, *Dpt du Tarn c/ M. Barbut et a.,* n° 60678 : *Lebon 466 ; D. 1989. 381, note Llorens et Soler-Couteau ; AJDA 1989. 91, chron. Azibert et de Boisdeffre ; RFDA 1989. 365, concl. Lévis ; Dr. adm. 1989, n° 10 ; ACL 1989. 199* • CE 9 juill. 1997, *Cne de Garges-lès-Gonesse : D. 1997. IR 197 ; Dr. adm. 1997, n° 351 ; Rev. Trésor 1997. 700 ; RFDA 1998. 1048, note Lafargue ; ACL 1998. 274.* ♦ La responsabilité de l'État ne saurait, en tout état de cause, être engagée à raison de l'exercice, par le préfet, au cours de la période dont il s'agit, des pouvoirs conférés par ces dispositions. • CE 10 nov. 1999, *Sté de gestion du port de Campoloro et Sté fermière de Campoloro : RFDA 2000. 1096, note Bon.* ♦ En application du principe de l'unité budgétaire, le préfet, qui veut saisir la chambre régionale des comptes du déséquilibre du budget annexe d'un abattoir municipal doté de l'autonomie financière mais exploité en régie, doit la saisir de l'ensemble du budget de la collectivité. • CRC Poitou-Charentes, 13 juin 2000, Avis de contrôle budgétaire : *Rec. C. comptes 185.* ♦ Sur les budgets annexes des régies dotées de la seule autonomie financière, V. art. L. 2221-11. ♦ Le préfet peut cependant se désister de sa saisine de la chambre régionale des comptes à l'occasion d'un budget voté en déséquilibre. Ce désistement est alors constaté par celle-ci par un avis. • CRC Île-de-France, 25 mai 2004, Avis de contrôle budgétaire : *Rec. C. comptes 2004. 241.* ♦ Pour sa part, le juge judiciaire n'a pas à se prononcer sur la méconnaissance de l'équilibre budgétaire qui relève, à l'initiative du représentant de l'État, du seul contrôle de la chambre régionale des comptes. • Soc., 11 juill. 2002, *Sté armoricaine d'industrie,* n° 2615-F-D : *JCP Adm. 2002, n° 1111.*

2. Effets de la saisine de la CRC par le préfet. Si elle constitue le premier acte de la procédure administrative pouvant aboutir à la décision du préfet de régler et rendre exécutoire le budget de la collectivité territoriale intéressée, elle a pour effet de suspendre le budget de ladite collectivité jusqu'au terme de la procédure. Dès lors, la saisine doit être regardée comme une décision susceptible d'être déférée au juge de l'excès de pouvoir. • TA Melun, 17 déc. 2009, *Cne de Bussy-Saint-Georges,* n° 0506553 : *AJDA 2010. 1529, concl. Gallaud*. ♦ Cette procédure ne fait pas obstacle à ce que le préfet, qui a saisi la chambre régionale des comptes d'un budget local voté en déséquilibre, puisse présenter devant le juge de l'excès de pouvoir un déféré dirigé contre une délibération modifiant ce budget et intervenue avant le terme de cette procédure, dès lors que ce déféré n'est pas fondé sur la méconnaissance de l'équilibre réel. • CAA Lyon, 7 nov. 1996, *Préfet de la Haute-Corse,* n° 96LY00416 : *AJDA 1997. 276, chron. Erstein*. ♦ Les personnes justifiant d'un intérêt peuvent présenter un recours pour excès de pouvoir dirigé contre la délibération budgétaire, avant même l'expiration du délai de 30 jours imparti au préfet pour saisir la chambre régionale des comptes, dès lors que ce recours n'est pas fondé sur la méconnaissance de l'équilibre réel, mais sur d'autres moyens de légalité. • CAA Marseille, 28 mars 2002, *Cne d'Aix-en-Provence,* n° 99MA01728 : *Dr. adm. 2002, n° 43.*

3. Recours des personnes intéressées. En l'absence de saisine de la chambre régionale des comptes par le préfet, dans le délai de trente jours qui lui est imparti, les personnes justifiant d'un intérêt peuvent présenter un recours pour excès de pouvoir contre la délibération budgétaire qui ne respecte pas la condition du vote en équilibre réel. • CE 23 déc. 1988, *Dpt du Tarn c/ M. Barbut et a.,* n° 60678 : *préc. note 1* • CE, sect., 27 mai 1994, *Braun-Ortega, Buisson et a.,* n° 112026 : *Lebon 264 ; RFDA 1994. 832 ; AJDA 1994. 658 ; ACL 1995. 295* • CE 9 juill. 1997, *Cne de Garges-lès-Gonesse,* n° 103273 : *préc. note 1* • CE 16 mars 2001, *Cne de Rennes-les-Bains,* n° 160257 : *Rev. Trésor 2001. 648 ; Coll. terr. 2001, n° 166 ; RFDA 2001. 759 ; ibid. 2002. 807, note Damarey ; Rev. Trésor 2002. 312 ; ACL 2002. 516.* ♦ Le requérant dispose alors d'un délai de deux mois, à compter de l'expiration du délai de trente jours accordé au préfet. • CE 23 déc. 1988, *Dpt du Tarn,* n° 60678 : *préc. note 1* • CE 3 déc. 1999, *Région Guadeloupe : Rev. Trésor 2000. 318 ; ACL 2000. 124.*

II. CONDITIONS DE SAISINE DE LA CRC

4. Délai de rigueur. Le préfet dispose de 30 jours pour saisir la chambre régionale des comptes, le point de départ de la computation de ce délai étant la date de la réception du budget à la préfecture ou à la sous-préfecture. • CRC Rhône-Alpes, 30 janv. 1985 : *Cne de Serraval* • CRC Languedoc-Roussillon, 3 août 1994 : *Cne de Marquixanes* • CRC Nord-Pas-de-Calais-Picardie, 19 juin 2013 : *Cne de Beauvais-en-Cambrésis.* ♦ Le terme de ce délai étant la date d'enregistrement de la saisine au greffe de la chambre régionale des comptes. • CRC Corse, 2 juin 1988 : *Cne de Zivaco* • CRC Champagne-Ardenne, 8 juin 1995 : *Cne de Gudmont-Villiers.* ♦ Ce délai est, en principe, un délai de rigueur. • CRC Rhône-Alpes, 24 janv. 1985 : *Cne de Bouchet-Mont-Charvier* • CRC Midi-Pyrénées, 12 juin 2012 : *Cne de Lasgraïsses* • CRC Franche-Comté, 27 mai 2013 : *Cté de cnes Haut Bugey Saint-Claude.* ♦ De nombreuses CRC déclarent donc les saisines tardives irrecevables. • CRC Bretagne, 2 déc. 1983 : *OPHLM de Rennes* • CRC Poitou-Charentes, 7 juin 1990 : *Cne de Parthenay* • CRC Languedoc-Roussillon, 12 févr. 1992 : *Lycée Jean-Moulin de Béziers* • CRC Corse, 16 juin 1993 : *Cne de Santa-Maria-Poggio* • CRC Champagne-Ardenne, 17 déc. 1993 : *Cne d'Arcis-sur-Aube* • CRC Centre, 3 oct. 1994 : *Cne de Mouhers* • CRC Nord-Pas-de-Calais, 15 févr. 1995 : *Cne d'Onnaing.* ♦ Cette interprétation stricte est motivée par le fait que le délai de droit commun de saisine de la juridiction administrative par toute personne y ayant intérêt commence à courir à l'issue du délai de 30 jours donné au préfet pour saisir la chambre. • CRC Nord-Pas-de-Calais, 22 sept. 1994 : *Cne de Maretz.*

5. Positions divergentes. Certaines chambres régionales des comptes estiment, au contraire, que ce délai n'a qu'un caractère indicatif. • CRC Auvergne, 11 juill. 1984 : *Cne de Saint-Bonnet-Tronçais* • CRC Basse-Normandie, 27 juill. 1984 : *OPHLM de la Cté urbaine de Cherbourg* • CRC Île-de-France, 15 juin 2000, *Cne de Mormant,* n° G/104/A. ♦ Dans ce cas, le délai de 30 jours n'étant pas fixé à peine de nullité, une saisine hors délai n'est donc pas entachée de vice de forme et n'est pas susceptible d'être déclarée irrecevable par la chambre régionale des comptes. • CRC Antilles-Guyane, 24 juin 1991 : *Région Guadeloupe* • CRC Languedoc-Roussillon, 6 juill. 1994 : *Cne de Matemale* • CRC Île-de-France, 28 avr. 1995 : *Cne de Plaisir* • CRC Poitou-Charentes, 23 mai 1995 : *Cne de l'Absie.* ♦ Toutefois, une saisine intervenue après la clôture de l'exercice correspondant au budget concerné ne peut qu'être frappée d'irrecevabilité. • CRC Rhône-Alpes, 3 févr. 1988 : *Cne d'Autrans* • CRC Basse-Normandie, 31 mars 1994 : *Cne d'Igé.*

III. ANALYSE DE LA CRC ET PORTÉE DE L'AVIS

6. Analyse. Pour que la saisine de la chambre régionale des comptes soit recevable, il suffit que le budget de la collectivité soit en déséquilibre apparent, la chambre régionale des comptes devant ensuite vérifier que ce déséquilibre est bien réel avant de proposer des mesures visant au rétablissement de l'équilibre du budget. • CRC Bourgogne, 23 nov. 2002, *Cne de Villemanoche,* n° 00CB024 : *RFDA 2001. 1111*. ♦ La CRC vérifie également le montant, inscrit en recettes d'investissement, des restes à réaliser correspondant à des subventions à recevoir au cours de l'exercice considéré pour des opérations terminées et financées sur l'exercice antérieur. • CRC Picardie, 10 juin 2004, Avis de contrôle budgétaire : *Rec. C. comptes 2004. 242.* ♦ Lorsque la chambre régionale des comptes conclut à l'existence d'un équilibre réel, le préfet, tenu par cette constatation, ne peut plus conduire la procédure de l'art. L. 1612-5 jusqu'à son terme et régler un budget différent de celui qui a été transmis lors de la saisine. • TA Orléans, 29 nov. 1984, *Cne de Ligueil : AJDA 1985. 153 ; RFDA 1985. 139, concl. Couteau-Bégarie.* ♦ Cette décision de la chambre régionale des comptes peut faire grief et faire l'objet d'un recours en annulation devant les juridictions administratives, y compris de la part du représentant de l'État. • Même jugement. ♦ Si, après réception des propositions de la chambre régionale des comptes, la nouvelle délibération rectifiant le budget initial ne comporte pas de mesures de redressement jugées suffisantes par celle-ci, ou si l'exercice auquel se rapporte le budget faisant l'objet de la saisine est écoulé, la chambre régionale des comptes peut proposer que des mesures permettant de rétablir l'équilibre soient prises dans le budget primitif de l'exercice suivant. • CRC Franche-Comté, 23 janv. 1991 : *Régie dptale des sports d'hiver et du tourisme du Haut-Jura.* ♦ La chambre régionale des comptes peut asseoir ses propositions sur des recettes supplémentaires omises lors du vote du budget par le conseil municipal ou apparues depuis, dès lors que leur inscription repose sur des éléments de nature à rétablir leur sincérité : en revanche, la chambre régionale des comptes ne peut retenir l'inscription de subventions pour lesquelles la commune n'a pas encore obtenu de confirmations suffisamment étayées sur le plan juridique et budgétaire, telles que des subventions votées dans leur principe, inscrites au budget du conseil général mais non encore individualisées entre les différents bénéficiaires potentiels. • CRC PACA, 17 juill. 2001, Avis de contrôle budgétaire : *Rec. C. comptes 224.*

7. Saisine de la CRC après la fin de l'exercice considéré. Dans ce cas, elle ne peut que se borner à constater le déséquilibre budgétaire et l'impossibilité de proposer des mesures de rétablissement de l'équilibre, l'exercice étant clos, tout en formulant des recommandations pour l'élaboration du budget primitif suivant. • CRC Bourgogne, 23 janv. 1985 : *Cne de la Motte-Saint-Jean* • CRC Limousin, 5 janv. 1995 : *Cne de Peyrelevade* • CRC Île-de-France, 22 févr. 1995 : *Cne de La Queue-en-Brie.* ♦ Certaines chambres régionales des comptes poursuivent toutefois la procédure et demandent à l'assemblée délibérante de délibérer à nouveau, nonobstant la clôture de l'exercice. • CRC la Réunion, 18 févr. 1993 : *Cne de Saint-Louis* • CRC Languedoc-Roussillon, 12 janv. 1995 : *Synd. mixte pour le développement de la pêche et de la conchyliculture dans le golfe d'Aigues-Mortes.*

8. CRC et rejet du compte administratif de l'exercice précédent. Lorsque le conseil municipal a rejeté, par délibération exécutoire, le compte administratif de l'exercice précédent, il ne peut, conformément à l'art. L. 2311-5 CGCT, procéder à l'affectation et à la reprise des résultats de ce compte, dans une décision budgétaire modificative. • CRC Alsace, 15 nov. 2001, Avis de contrôle budgétaire : *n° 01-07.* ♦ Dès lors, la chambre régionale des comptes, qui constate que la section de fonctionnement de cette décision modificative est déficitaire, propose des mesures de nature à rétablir l'équilibre budgétaire : elle peut, dans ce cadre, constater les résultats de l'exercice clos et proposer leur reprise partielle dans la limite du montant nécessaire au rétablissement de l'équilibre. • Même avis.

9. Pouvoirs de la CRC en cas de difficultés. Lorsqu'une chambre régionale des comptes est saisie d'un budget qu'elle ne parvient pas à rééquilibrer en raison de l'importance du déficit, elle peut préconiser et présenter un plan de redressement s'étendant sur plusieurs années, et demander ainsi que le budget primitif suivant intègre le déficit prévisionnel. • CRC Aquitaine, 19 sept. 1991 : *Cne de Lanne* • CRC Nord-Pas-de-Calais-Picardie, 17 juill. 2013 : *Cne de Mogneville.* ♦ La chambre régionale des comptes peut aussi être amenée à inviter la collectivité, à titre exceptionnel, à rechercher par un emprunt la couverture du déséquilibre de la section d'investissement, en plus d'une importante augmentation des impôts locaux. • CRC Île-de-France, 19 juin 1991 : *Cne de Clichy-sous-Bois.* ♦ Dans certains cas de situations financières très dégradées, la chambre régionale des comptes peut être amenée à constater l'impossibilité d'équilibrer le budget, et à demander la réunion des personnes concernées afin de procéder à un recensement et à un plan d'apurement des créances. • CRC Languedoc-Roussillon, 5 juill. 1990 : *Cne de Saint-Pierre-dels-Forcats.* ♦ Des subventions exceptionnelles peuvent être attribuées par arrêté ministériel à des collectivités dans lesquelles des circonstances anormales entraînent des difficultés financières particulières. Le versement de ces subventions n'est possible qu'au terme d'une procédure de contrôle budgétaire consécutive à un déficit du budget ou du compte administratif, lorsqu'il apparaît que la collectivité n'est pas en mesure de rétablir l'équilibre de ses comptes par ses propres moyens, malgré, notamment, un effort fiscal porté au maximum. Ces dispositions ne s'appliquent qu'aux communes : les établissements publics de coopération intercommunale se trouvent donc exclus de cette mesure. * Rép. min. : *JO Sénat Q, 23 janv. 2003 ; La lettre du cadre territorial 2003, n° 249, 58.* ♦ V. art. L. 2335-2.

IV. INTERVENTION FINALE DU PRÉFET

10. Si, lors du règlement du budget, les propositions de la chambre régionale des comptes ne sont pas suivies par le préfet, celui-ci doit motiver explicitement son arrêté et non se borner, dans sa décision, à indiquer seulement les raisons d'ordre général pour lesquelles il a estimé devoir s'écarter des propositions de la chambre, sans faire connaître les motifs qui l'ont conduit à réduire telles dépenses ou à prévoir des augmentations de crédits. • CE 10 oct. 1990, *Préfet du Val-d'Oise*, n° 101539 : *Lebon 271 ; Dr. adm. 1990, n° 574 ; AJDA 1991. 236, note Moreau ; ACL 1991. 234.* ♦ Le préfet ne peut régler d'office le budget d'une collectivité ou de l'un de ses établissements publics que dans les hypothèses limitativement prévues par les art. L. 1612-2 et L. 1612-5 CGCT : il ne peut, hors le cas où cet acte serait entaché d'un vice tel qu'il serait de nature à le faire regarder comme inexistant, légalement y procéder pour un motif tenant à l'illégalité qui affecterait la délibération adoptant le budget. • CAA Marseille, 5 janv. 2005, *Min. de l'Intérieur*, n° 01MA00413 : *AJDA 2005. 565*. ♦ En l'espèce, le motif invoqué n'était pas constitutif d'un vice tel qu'il aurait été de nature à faire regarder la délibération attaquée comme inexistante, mais tenait seulement à la légalité externe de cet acte. Par suite, il n'était pas au nombre de ceux qui pouvaient légalement permettre au préfet d'engager la procédure au terme de laquelle il lui aurait appartenu de le régler d'office. Un tel motif était seulement de nature à justifier que la délibération litigieuse fût déférée au TA, au titre du contrôle de légalité. • Même arrêt. ♦ Un requérant qui saisit le juge des référés sur le fondement des dispositions de l'art. L. 521-2 CJA doit justifier de circonstances particulières caractérisant la nécessité pour lui de bénéficier à très bref délai d'une mesure de la nature de celles qui peuvent être ordonnées sur le fondement de cet art. En principe, hors les cas où il serait justifié de telles circonstances, la situation née de la mise en œuvre par le préfet des pouvoirs qu'il tient des dispositions du CGCT, applicables en matière d'adoption et d'exécution des budgets des collectivités, ne répond pas à cette exigence d'urgence particulière. • CE 3 nov. 2011, *Cne de Faa'a*, n° 353676 : *AJDA 2012. 175*.

11. *Effets dans le temps du règlement du budget par le préfet.* La décision par laquelle le représentant de l'État règle, le cas échéant, ce budget et le rend exécutoire, en application de l'art. L. 1612-5, ne concerne que les délibérations ayant une incidence sur le budget de l'année au titre de laquelle la chambre régionale des comptes a été saisie et ne peut donc remettre en cause une délibération adoptée cette même année par le conseil municipal et instituant un abattement à la base de la taxe d'habitation. • CE 9 déc. 2015, *M. et Mme A*, n° 387630 : *Lebon ; AJDA 2016. 860, note Waserman*.

V. RÔLE DU JUGE DE L'EXCÈS DE POUVOIR

12. Lorsqu'en l'absence de saisine de la chambre régionale des comptes par le préfet, une personne exerce un recours pour excès de pouvoir (V. CGCT, art. L. 1612-4) contre la délibération budgétaire qui viole la condition du vote en équilibre réel, il appartient au juge de l'excès de pouvoir de vérifier que le préfet n'a pas saisi la chambre régionale des comptes dans le délai susmentionné : d'une part, ce délai de 30 jours court à compter de la date de la réception par lui de la délibération budgétaire, d'autre part la date prise en considération est celle de la saisine effective de la chambre régionale, c'est-à-dire la date de l'enregistrement de cette saisine au greffe de la chambre régionale des comptes, sauf si le préfet justifie de circonstances particulières ayant fait obstacle à cet enregistrement dans ce délai. • CAA Bordeaux, 14 mars 2006, *M. Clémente*, n° 03BX01403 : *AJDA 2006. 1479, note Péano ; BJCL 2006. 358, concl. Péano ; JCP Adm. 2006, n° 1220, note Maublanc.*

13. À propos du budget supplémentaire, lorsque le préfet n'a pas accompagné sa saisine de la chambre régionale des comptes de l'ensemble des documents requis, et notamment de l'ensemble des décisions budgétaires de l'exercice, ladite saisine doit être regardée comme non constituée ; dès lors, les personnes justifiant d'un intérêt sont recevables, pendant un délai de 2 mois suivant l'expiration du délai de 30 jours imparti au préfet à compter de la transmission de la délibération budgétaire litigieuse, à soulever devant le TA le moyen tiré du défaut d'équilibre réel du budget supplémentaire. • CAA Marseille, 18 mai 1999, *Cne de Manosque : Coll. terr. 1999, n° 5 ; RFDA 2001. 188, obs. Orsoni.* ♦ La circonstance que le moyen tiré du défaut d'équilibre réel du budget ait été soulevé avant l'intervention du préfet auprès de la chambre régionale des comptes n'est pas de nature à entacher d'irrecevabilité la requête d'une personne justifiant d'un intérêt, dans la mesure où elle s'est trouvée régularisée, avant que le tribunal ne statue, par l'expiration du délai qui lui était imparti pour soulever devant la juridiction administrative de droit commun le moyen tenant à l'absence d'équilibre réel du budget litigieux. • Même arrêt. ♦ Si le tribunal administratif a été saisi concurremment d'une demande d'annulation du budget pour des motifs étrangers à des considérations budgétaires (tenant par exemple aux conditions de validité de son approbation), la chambre régionale des comptes n'a pas à attendre ce jugement avant de se prononcer dans la mesure où il ne saurait y avoir, en pareil cas, question préjudicielle et où elle est tenue de statuer sur la saisine du représentant de l'État. • CRC Haute-Normandie, 14 août 1990 : *Cne de Sotteville-sur-Mer.* ♦ En tout état de cause, l'annulation, par le juge administratif, de la délibération par laquelle le budget a été voté en déséquilibre, n'a pas pour effet de rendre inapplicable la procédure prévue à l'art. L. 1612-5, quand bien même le budget aurait perdu toute base légale. • CAA Paris, 25 mai 2000, *M. Biguereau et a.*, n° 98PA0097 : *RFDA 2001. 222a.* ♦ Cette annulation ne rend pas applicables notamment les dispositions de l'art. L. 1612-2 CGCT, fixant la procédure à suivre par le préfet quand le budget de la collectivité n'a pas été adopté. En cas de saisine simultanée au titre de l'art. L. 1612-5 et de l'art. L. 1612-15 pour le même motif (absence de crédits nécessaires au financement de dépenses obligatoires), la chambre régionale des comptes ne peut pas statuer sur la saisine au titre de l'art. L. 1612-15, car l'assemblée délibérante ne peut plus répondre, du fait de la saisine au titre de l'art. L. 1612-2, à une mise en demeure qui lui serait adressée. • CRC Île-de-France, 21 mai 1991 : *Cne de Limeil-Brévannes.* ♦ V. également art. L. 1612-14, al. 4. ♦ Si la chambre régionale des comptes a constaté que le compte administratif d'une année déterminée faisait apparaître un excédent, et a déclaré irrecevable la saisine du préfet au titre de l'art. L. 1612-14, le requérant n'est pas fondé à soutenir que des mesures de rétablissement de l'équilibre budgétaire auraient dû être prises dès cette année considérée, ni, en tout état de cause, que le préfet aurait omis d'exercer son pouvoir de contrôle budgétaire, au titre de l'art. L. 1612-5, concernant cet exercice. • CAA Marseille, 1er mars 2004, *M. Andréani*, n° 00MA02090 : *Coll. terr. 2004, n° 108, note Moreau.*

14. Des prolongements connexes. Lorsque, malgré les nombreux avis et recommandations des autorités de contrôle, le maire s'est rendu responsable de l'importante dégradation de la situation financière de la collectivité, sans prendre aucune mesure significative pour remédier à son endettement, il peut être révoqué par décret motivé pris en conseil des ministres, conformément aux dispositions de l'art. L. 2122-16 CGCT. • CE 2 mars 2010, *M. Dalongeville*, n° 328843 : *Dr. adm. 2010, n° 72 ; AJDA 2010. 664, chron. Liéber et Botteghi ; JCP Adm. 2010, n° 2281 ; Droit et gestion des collectivités territoriales, 2011, p. 353-354.* ♦ Lorsque des irrégularités commises par l'exécutif de la collectivité, affectant la tenue des documents budgétaires et comptables de cette collectivité, ont eu pour conséquence directe un préjudice financier pour cette dernière, celle-ci ne peut utilement se prévaloir des fautes lourdes que le préfet aurait commises dans l'exercice du contrôle de légalité et du contrôle budgétaire. • CAA Nantes, 27 oct. 2009, *Min. de l'Intérieur c/ Synd. intercommunal pour le traitement et la valorisation des déchets*, n° 08NT02860 : *AJDA 2010. 39, chron. Degommier.*

Art. L. 1612-6 **Toutefois, pour l'application de l'article L. 1612-5, n'est pas considéré comme étant en déséquilibre le budget dont la section de fonctionnement comporte ou reprend un excédent et dont la section d'investissement est en équilibre réel, après reprise pour chacune des sections des résultats apparaissant au compte administratif de l'exercice précédent.** – *[L. n° 96-142 du 21 févr. 1996, art. 4-I ; CJF, art. L. 232-6, al. 1er, L. 232-20 et L. 232-26.]*

À compter de l'exercice budgétaire 2026, au présent art., les mots : « compte administratif » sont remplacés par les mots : « compte financier unique » (Ord. n° 2025-526 du 12 juin 2025, art. 1er et 12).

L'annulation de la délibération du conseil municipal adoptant le compte administratif pour un exercice budgétaire n'entraîne pas par elle-même l'annulation de celle adoptant, au vu de ce compte, le budget primitif de l'exercice suivant ; cependant, il en va différemment lorsque l'équilibre réel de ce budget primitif dépend des résultats, entachés d'illégalité, du compte administratif de l'exercice clos qu'il reprend. • CE 4 juin 2007, *M. Géniteau*, n° 277320 : *Dr. adm. 2007, nos 112 et 134, note Glaser ; AJDA 2007. 1878, note Dugueperoux ; BJCL 2007. 763, concl. Glaser ; RGCT 2008. 75, concl. Glaser.*

Art. L. 1612-7 **À compter de l'exercice 1997, pour l'application de l'article L. 1612-5, n'est pas considéré comme étant en déséquilibre le budget de la commune dont la section de fonctionnement comporte ou reprend un excédent reporté par décision du conseil municipal ou dont la section d'investissement comporte un excédent, notamment après inscription des dotations aux amortissements et aux provisions exigées.** – *[L. n° 96-142 du 21 févr. 1996, art. 4-I ; CJF, art. L. 232-6, al. 2, L. 232-20 et L. 232-26.]*

Art. L. 1612-8 **Le budget primitif de la collectivité territoriale est transmis au représentant de l'État dans le département au plus tard quinze jours après le délai limite fixé pour son adoption par les articles L. 1612-2 et L. 1612-9. À défaut, il est fait application des dispositions de l'article L. 1612-2.** – *[L. n° 96-142 du 21 févr. 1996, art. 4-I ; CJF, art. L. 232-7, L. 232-20 et L. 232-26.]*

1. Caractère exécutoire du budget primitif. Comme les autres actes soumis à l'obligation de transmission, le budget primitif devient exécutoire dès lors qu'il a été publié et transmis au préfet, la date prise en compte étant celle de réception à la préfecture ou à la sous-préfecture, et non celle de réception par l'autorité locale de l'accusé de réception du préfet. * Rép. min. : *JOAN Q, 13 sept. 1982, p. 3626 ; ibid. 25 oct. 1982, p. 4390.* ♦ La délibération budgétaire doit être publiée sous la forme d'un affichage du compte rendu de la séance à la porte de la mairie, la signature de ce compte rendu par les conseillers présents à la délibération n'ayant en revanche pas d'incidence sur la force exécutoire et l'opposabilité aux tiers de l'acte considéré. * Rép. min. : *JO Sénat CR, 18 mai 1989, p. 771.*

2. Régime dérogatoire. Les budgets des communes des départements de la Moselle, du Bas-Rhin et du Haut-Rhin, comptant plus de 25 000 habitants, ont conservé, même après les lois des 2 mars et 22 juill. 1982 (CGCT, art. L. 2543-2), leur caractère exécutoire de plein droit dès leur adoption, ce qui ne les dispense pas d'être soumis à l'obligation de transmission au préfet. • CE 28 juill. 1989, *Ville de Metz*, n° 74950 : *Lebon 171 ; AJDA 1989. 793, concl. de Guillenchmidt ; Rev. Trésor 1990, n° 5, p. 331 ; ACL 1990. 236.* ♦ V. art. L. 2541-23 et L. 2543-2.

Art. L. 1612-9 À compter de la saisine de la chambre régionale des comptes et jusqu'au terme de la procédure prévue à l'article L. 1612-5, l'organe délibérant ne peut se prononcer en matière budgétaire, sauf pour la délibération prévue au deuxième alinéa de l'article L. 1612-5 et pour l'application de l'article L. 1612-12.

Lorsque le budget d'une collectivité territoriale a été réglé et rendu exécutoire par le représentant de l'État dans le département, les budgets supplémentaires afférents au même exercice sont transmis par le représentant de l'État à la chambre régionale des comptes. En outre, le vote de l'organe délibérant sur le compte administratif prévu à l'article L. 1612-12 intervient avant le vote du budget primitif afférent à l'exercice suivant. Lorsque le compte administratif adopté dans les conditions ci-dessus mentionnées fait apparaître un déficit dans l'exécution du budget, ce déficit est reporté au budget primitif de l'exercice suivant. Ce budget primitif est transmis à la chambre régionale des comptes par le représentant de l'État dans le département.

S'il est fait application de la procédure définie à l'alinéa ci-dessus, les dates fixées au premier alinéa de l'article L. 1612-2 pour l'adoption du budget primitif sont reportées respectivement au 1er juin et au 15 juin. *(Abrogé par Ord. n° 2025-526 du 12 juin 2025, art. 1er, à compter de l'exercice budgétaire 2026)* ***« Dans ce cas, le délai limite de la transmission du compte de gestion du comptable prévu à l'article L. 1612-12 est ramené au 1er mai. »*** — *[L. n° 96-142 du 21 févr. 1996, art. 4-I ; CJF, art. L. 232-8, L. 232-20 et L. 232-26.]*

À compter de l'exercice budgétaire 2026, au 2e al. du présent art., les mots : « compte administratif » sont remplacés par les mots : « compte financier unique » (Ord. n° 2025-526 du 12 juin 2025, art. 1er et 12).

1. Effets de la saisine de la chambre régionale des comptes. À compter de la saisine de la chambre régionale des comptes et jusqu'au terme de la procédure prévue à l'art. L. 1612-5, l'organe délibérant ne peut se prononcer en matière budgétaire, sauf pour la délibération prévue au 2e al. de l'art. L. 1612-5 et pour l'application de l'art. L. 1612-12 ; dès lors, le préfet, qui a saisi la chambre régionale des comptes d'un budget local, peut présenter devant le juge de l'excès de pouvoir un déféré contre une délibération modifiant ce budget, au motif qu'elle est intervenue avant l'expiration de la procédure instituée par l'art. L. 1612-5. • CAA Lyon, 7 nov. 1996, *Préfet de la Haute-Corse : AJDA 1997. 276, chron. Erstein*. – V. sur ce point note 1 ss. art. L. 1612-5. ♦ À compter de la saisine de la chambre régionale des comptes par le préfet et jusqu'au terme de la procédure engagée lorsque le budget n'est pas voté en équilibre réel, l'organe délibérant ne peut prendre de décisions ayant une incidence tant sur le budget de la collectivité que sur un budget spécial annexé à celui-ci : un conseil municipal ne peut légalement prendre, durant cette période, de décision concernant le budget spécial d'une régie dotée de la seule autonomie financière. • CE 25 févr. 1998, *Préfet de la Haute-Corse*, n° 168726 : *ACL 1999, n° 132.* ♦ De même, une délibération autorisant une avance de trésorerie de deux millions d'euros du budget annexe d'un service des transports urbains à autonomie financière au budget principal d'une communauté d'agglomération « constitue, contrairement à sa dénomination, une affectation d'un excédent budgétaire (...) et a par suite la nature d'un acte budgétaire ». Elle ne peut donc pas intervenir alors que le préfet a saisi la CRC sur le fondement de l'art. L. 1612-5 CGCT et alors que la collectivité était dessaisie de sa compétence budgétaire en application de l'art. L. 1612-9 du même code. • CAA Bordeaux, 2 mai 2023, n° 20BX02391. ♦ Toutefois, si à compter de la saisine de la chambre régionale des comptes, l'organe délibérant ne peut se prononcer en matière budgétaire • CAA Marseille, 3 juill. 2006, n° 04MA01335. ♦ Sauf pour la délibération prévue au deuxième alinéa de l'art. L. 1612-5 et pour l'application de l'art. L. 1612-12, ce dessaisissement n'a ni pour objet ni pour effet de lui interdire de prendre les actes de gestion nécessaires au fonctionnement de la collectivité. • TA Paris, 9 oct. 1985, *Bodin et a. : Lebon T. 525 et 552*. ♦ Une délibération adoptée par le conseil municipal l'année de règlement d'office du budget par le préfet qui institue un abattement à la base de la taxe d'habitation est donc applicable sur les exercices budgétaires postérieurs. • CE 9 déc. 2015, *M. et Mme A*, n° 387630 : *Lebon ; AJDA 2016. 860, note Waserman*. ♦ Il appartient au préfet de tirer les conséquences budgétaires des actes de gestion intervenus après la saisine de la chambre régionale des comptes, dans le cadre du pouvoir de substitution qu'il tient de l'art. 7 de la loi du 2 mars 1982 (CGCT, art. L. 1612-2). • Même jugement. ♦ L'organe délibérant peut cependant engager, liquider et mandater les dépenses de fonctionnement dans la limite de celles inscrites au budget de l'année précédente, ainsi que les dépenses d'investissement dans la limite de la moitié des crédits inscrits au budget primitif et peut mettre en recouvrement les recettes de fonctionnement. • CAA Douai, 1er sept. 2008, *Cne d'Hénin-Beaumont*, n° 08DA01259.

2. Sort des budgets supplémentaires. Lorsqu'il a réglé et rendu exécutoire le budget d'une collectivité, le préfet est tenu de saisir la chambre régionale des comptes des budgets supplémentaires afférents au même exercice. • TA Melun, 17 déc. 2009, *Cne de Bussy-Saint-Georges*, n° 0506553 : *AJDA 2010. 1529, concl. Gallaud*. ♦ Lorsque le préfet transmet un budget supplémentaire sur le fondement de l'art. L. 1612-9, les chambres régionales des comptes considèrent qu'elles doivent formuler un avis, comme dans le cadre d'une saisine véritable. • CRC Champagne-Ardenne, 8 févr. 1993, *Cne de Charnois* • CRC Antilles-Guyane, 10 mai 1994, *Cne de Roura*. ♦ Dès lors, la transmission du budget supplémentaire par le préfet suspend son exécution jusqu'à l'avis de la chambre. • CRC Haute-Normandie, 13 nov. 1992, *Cne de Thil-Manneville*. ♦ Toutefois, certaines chambres régionales des comptes considèrent que cette transmission ne vaut pas saisine, en particulier lorsque le budget primitif a été réglé par le préfet sur le fondement de l'art. L. 1612-2. • CRC Champagne-Ardenne, 9 févr. 1994, *Cne de Mussy-sur-Seine*. ♦ Le contrôle budgétaire de la chambre régionale des comptes s'applique au budget supplémentaire dans les mêmes conditions que pour le budget primitif. • CRC Basse-Normandie, 26 nov. 1984, *Cne de Saint-Aubin-sur-Mer* • CRC Aquitaine, 21 févr. 1985, *Cne de Miquelon-Langlade*. ♦ La chambre régionale des comptes procède à un contrôle approfondi du budget supplémentaire en exigeant, lorsqu'il est adopté après le vote du compte administratif, qu'il reprenne le déficit antérieur en section de fonctionnement. • CRC Champagne-Ardenne, 9 févr. 1994, *Cne de Mézières* • CRC Haute-Normandie, 13 nov. 1992, *Cne de Thil-Manneville*.

3. Règlement du compte administratif. La règle selon laquelle le vote de l'organe délibérant sur le compte administratif doit intervenir, lorsque le budget précédent a été réglé par le préfet, avant le vote du budget primitif de l'exercice suivant, concerne aussi bien les budgets réglés par le préfet après un vote en déséquilibre (art. L. 1612-5) que les budgets réglés du fait du retard de leur adoption (art. L. 1612-2). • CRC Champagne-Ardenne, 8 févr. 1993, *Cne de Charnois*. ♦ En cas d'absence d'adoption du compte administratif, la chambre régionale des comptes peut néanmoins proposer la reprise des résultats de l'année précédente au budget primitif du nouvel exercice, pour que les délais d'adoption de ce budget soient respectés. • CRC Pays de la Loire, 30 juin 1993, *Cne de Huillé*. ♦ Pour cela, le compte administratif peut servir de référence dès son établissement par l'ordonnateur même s'il n'a pas été encore arrêté par l'assemblée délibérante, dès lors que sa conformité avec le compte de gestion du comptable a pu être vérifiée. • CRC Lorraine, 27 mai 1991, *Cne d'Autrepierre*. ♦ V. art. L. 1612-12 et L. 1612-14. ♦ V. * Rép. min. n° 13425 : *JO Sénat Q, 16 sept. 2010, p. 2425*.

Art. L. 1612-10 **La transmission du budget de la collectivité territoriale à la chambre régionale des comptes au titre des articles L. 1612-5 et L. 1612-14 a pour effet de suspendre l'exécution de ce budget jusqu'au terme de la procédure. Toutefois, sont applicables à compter de cette transmission les dispositions de l'article L. 1612-1. En outre, les dépenses de la section d'investissement de ce budget peuvent être engagées, liquidées et mandatées dans la limite de la moitié des crédits inscrits à ce titre.** — *[L. n° 96-142 du 21 févr. 1996, art. 4-I ; CJF, art. L. 232-9, L. 232-20 et L. 232-26.]*

Art. L. 1612-11 **Sous réserve du respect des dispositions des articles L. 1612-1, L. 1612-9 et L. 1612-10, des modifications peuvent être apportées au budget par l'organe délibérant, jusqu'au terme de l'exercice auquel elles s'appliquent.**

Dans le délai de vingt et un jours suivant la fin de l'exercice budgétaire, l'organe délibérant peut, en outre, apporter au budget les modifications permettant d'ajuster les crédits de la section de fonctionnement pour régler les dépenses engagées avant le 31 décembre et inscrire les crédits nécessaires à la réalisation des opérations d'ordre de chacune des deux sections du budget ou entre les deux sections.

Les délibérations relatives aux modifications budgétaires prévues à l'alinéa précédent doivent être transmises au représentant de l'État au plus tard cinq jours après le délai limite fixé pour leur adoption. Les mandatements découlant des modifications budgétaires ainsi décidées doivent être achevés au plus tard le 31 janvier suivant l'exercice auquel ils se rapportent. — *[L. n° 96-142 du 21 févr. 1996, art. 4-I ; CJF, art. L. 232-10, L. 232-20 et L. 232-26.]*

1. Conditions d'adaptation du budget avant le terme de l'exercice. Un conseil municipal ne peut adopter une décision budgétaire modificative au budget de l'exercice précédent pour ajuster les crédits de certains chapitres de la section de fonctionnement aux dépenses engagées avant le 31 déc. que dans un délai de 21 jours suivant la fin de l'exercice. • CRC PACA, 8 mars 2001, *Cne de Bézaudun-les-Alpes,* n° 2001-0104 : *RFDA 2001. 1111*. ♦ De plus, seule l'assemblée délibérante, et non l'ordonnateur, est compétente pour ce faire. • CRC Auvergne, 24 févr. 2000, *Synd. intercomm. d'études et de programmation de l'agglomération clermontoise,* n° 2000-84 : *RFDA 2001. 1111*. ♦ Sur les informations communiquées par les services fiscaux sur l'assiette des impôts locaux, leur caractère prévisionnel et la modification du budget par une collectivité. • CAA Versailles, 17 juin 2010, *Cne de Clamart,* n° 09VE00324. ♦ Lorsque le budget de la collectivité territoriale a été réglé et rendu exécutoire par arrêté du préfet, et alors même que cet arrêté n'aurait pas été porté à la connaissance de l'organe délibérant, les dispositions de l'art. L. 1612-2 n'ont pas pour effet d'interdire à celui-ci d'y apporter des modifications. • CAA Nancy, 14 avr. 2005, *Cne de Guewenheim,* n° 01NC00514 : *AJDA 2005. 1197*.

2. Modalités administratives de mise en œuvre. Les mandatements découlant des modifications budgétaires prévues à l'art. L. 1612-11 doivent être achevés au plus tard le 31 janv. de l'exercice suivant, mais cette disposition a pour seul but de répartir l'imputation des dépenses et des recettes entre les exercices budgétaires, et n'a pas pour objet ni pour effet d'instituer une prescription entraînant la nullité des titres de perception émis après l'expiration de ce délai. • CE 30 sept. 1987, *Mme Lucas,* n° 47809 : *Lebon 299 ; Dr. adm. 1987, n° 581 ; AJDA 1988. 238.* ♦ Dès lors, la circonstance que des états exécutoires aient été émis postérieurement à l'année de naissance de la créance et à l'expiration du délai précité est sans influence sur leur régularité. • Même décision. ♦ Sur les conditions de vote des modifications budgétaires, V. ss. art. L. 1612-4 ; les pouvoirs budgétaires de l'organe délibérant, V. ss. art. L. 1612-9 ; l'obligation pour l'organe délibérant d'ouvrir, par une décision modificative, les crédits nécessaires à la couverture d'une dépense obligatoire, V. art. L. 1612-15 ; sur le caractère exécutoire des modifications budgétaires, V. ss. art. L. 1612-8 ; sur l'application aux modifications budgétaires du contrôle prévu aux art. L. 1612-5 et L. 1612-15 dans les mêmes conditions que pour le budget primitif. • CRC Aquitaine, 21 févr. 1985 : *Cne de Miquelon-Langlade.*

Art. L. 1612-12 L'arrêté des comptes de la collectivité territoriale est constitué par le vote de l'organe délibérant sur le compte administratif présenté selon le cas par le maire, le président du conseil départemental ou le président du conseil régional après transmission, au plus tard le 1er juin de l'année suivant l'exercice, du compte de gestion établi par le comptable de la collectivité territoriale. Le vote de l'organe délibérant arrêtant les comptes doit intervenir *(L. n° 2000-1352 du 30 déc. 2000, art. 41)* « au plus tard le 30 juin » de l'année suivant l'exercice.

Le compte administratif est arrêté si une majorité des voix ne s'est pas dégagée contre son adoption.

(L. n° 98-546 du 2 juill. 1998, art. 109) « Lorsque le compte administratif fait l'objet d'un rejet par l'assemblée délibérante, le projet de compte administratif joint à la délibération de rejet tel que présenté selon le cas par le maire, le président du conseil départemental ou le président du conseil régional, s'il est conforme au compte de gestion établi par le comptable, après avis rendu sous un mois par la chambre régionale des comptes, saisie sans délai par le représentant de l'État, est substitué au compte administratif pour la mise en œuvre des dispositions prévues aux articles L. 1424-35, L. 2531-13 et L. 4434-9 et pour la liquidation des attributions au titre du Fonds de compensation pour la taxe sur la valeur ajoutée prévue à l'article L. 1615-6. »

Nouvel art. L. 1612-12 *L'*(Ord. n° 2025-526 du 12 juin 2025, art. 1er) *« approbation » des comptes de la collectivité territoriale est* (Ord. n° 2025-526 du 12 juin 2025, art. 1er) *« constituée » par le vote de l'organe délibérant sur le* (Ord. n° 2025-526 du 12 juin 2025, art. 1er) *« compte financier unique » présenté selon le cas par le maire, le président du conseil départemental ou le président du conseil régional. Le vote de l'organe délibérant* (Ord. n° 2025-526 du 12 juin 2025, art. 1er) *« approuvant » les comptes doit intervenir* (L. n° 2000-1352 du 30 déc. 2000, art. 41) *« au plus tard le 30 juin » de l'année suivant l'exercice.*

Le (Ord. n° 2025-526 du 12 juin 2025, art. 1er) « compte financier unique » est (Ord. n° 2025-526 du 12 juin 2025, art. 1er) « approuvé » si une majorité des voix ne s'est pas dégagée contre son adoption.

(L. n° 98-546 du 2 juill. 1998, art. 109 ; Ord. n° 2025-526 du 12 juin 2025, art. 1er) ***« Lorsque le compte financier unique fait l'objet d'un rejet par l'assemblée délibérante, le projet de compte financier unique joint à la délibération de rejet tel que présenté selon le cas par le maire, le président du conseil départemental ou le président du conseil régional, après avis sur sa régularité et sa sincérité rendu sous un mois par la chambre régionale des comptes, saisie sans délai par le représentant de l'État, est substitué au compte financier unique pour la mise en œuvre des dispositions prévues aux articles L. 1424-35, L. 2531-13 et L. 4434-9 et pour la liquidation des attributions au titre du Fonds de compensation pour la taxe sur la valeur ajoutée prévue à l'article L. 1615-6. »***

Le présent art. entre en vigueur à compter de l'exercice budgétaire 2026 (Ord. n° 2025-526 du 12 juin 2025, art. 12).

Sur les comptes financiers des collectivités territoriales, V. ci-dessous L. n° 2018-1317 du 28 déc. 2018, art. 242.

BIBL. ▸ LAMARQUE ET MILLER, Les chambres régionales des comptes et la fiabilité des comptes locaux, *AJDA 2003. 1708*.

I. PRÉSENTATION DU COMPTE ADMINISTRATIF

1. Comptes du maire. Il doit être soumis (à) et adopté par l'organe délibérant de la collectivité. Le compte administratif du maire pour l'exercice clos est un compte unique et doit contenir toutes les opérations effectuées pendant l'exercice écoulé, soit par le maire, soit, en son absence, par l'adjoint qui l'a suppléé dans l'exercice de ses fonctions. • CE 12 déc. 1913, *Cne de Neuilly : Lebon 1237.* ♦ Dans le cas où le maire a été absent une partie de l'année et a été remplacé par l'adjoint, le conseil municipal ne peut examiner séparément les comptes du maire afférents à la partie de l'année pendant laquelle il avait administré la commune, et ceux de l'adjoint afférents au reste de l'année. • Même décision. ♦ De même, le montant global des recettes et celui des charges de chaque régie municipale dotée d'un budget annexe doivent être repris dans deux art. du compte administratif l'un pour les recettes, l'autre pour les dépenses. • CE 9 juill. 1997, *Cne de Garges-lès-Gonesse*, n° 103273 : *D. 1997. IR 197 ; RFDA 1998. 1048 ; Dr. adm. 1997, n° 351 ; Rev. Trésor 1997. 700 ; RFDA 1998. 1048, note Lafargue ; ACL 1998. 269.* ♦ Dès lors, est illégale la délibération d'un conseil municipal approuvant le compte administratif alors que ce dernier ne reprend pas les produits et les dépenses d'un service de chauffage par géothermie exploité par la commune sous forme de régie dotée de la seule autonomie financière. • Même décision. ♦ Sur les régies dotées de budgets annexes, V. art. L. 2221-11.

2. Écritures et délibération. La délibération par laquelle l'organe délibérant approuve le compte administratif présenté par l'organe exécutif n'a pas à reprendre l'ensemble des écritures de ce compte. • CE 31 juill. 1992, *Cne de Saint-Louis-de-la-Réunion c/ Payet : Gaz. Pal. 1993. 1. 41.* ♦ En mentionnant seulement les résultats globaux tirés du compte administratif, la délibération par laquelle l'organe délibérant a approuvé ce compte n'est entachée d'aucune irrégularité. • Même décision. ♦ Le fait que cette délibération ne fasse pas apparaître les résultats définitifs et les restes à réaliser est sans influence sur sa légalité. • CE 28 juill. 1995, *Mme Medes*, n° 93407 B : *ACL 1996. 446.* ♦ V. aussi art. L. 2121-31. ♦ Le fait que le compte administratif ait été soumis au vote de l'organe délibérant avec des chiffres écrits au crayon est sans influence sur la légalité de la délibération. • CE 28 juill. 1995, *Mme Medes*, n° 93407 : *préc.*

3. Renseignements nécessaires. L'organe délibérant ne peut valablement délibérer sur le compte administratif s'il ne dispose pas de l'état de situation de l'exercice clos (compte de gestion) dressé par le comptable de la collectivité. • CE 3 nov. 1989, *M. Gérard Écorcheville et a.*, n° 65013 B : *Dr. adm. 1990, n° 16 ; AJDA 1990. 186, concl. Tuot ; Rev. Trésor 1990, nos 8-9, p. 567 ; ACL 1990. 236.* ♦ Tel est le cas notamment pour l'examen du CA du budget annexe des régies municipales. • Même décision. ♦ Le compte administratif devant être soumis à l'organe délibérant accompagné des développements et explications nécessaires, celui-ci peut notamment exiger la communication des documents relatifs à la situation de consommation des crédits à une date donnée. • CE 13 nov. 1992, *Cne de Louviers*, n° 111439 : *Lebon 987 ; Dr. adm. 1992, n° 507.* ♦ En revanche, les membres de l'organe délibérant ne peuvent pas demander directement aux agents de la collectivité les renseignements nécessaires. • CE, ass., 9 nov. 1973, *Cne de Pointe-à-Pitre*, n° 80724 : *Lebon 631.* ♦ Il résulte des dispositions de l'al. 1er de l'art. L. 1612-12 que le compte administratif doit faire apparaître l'ensemble des opérations comptables afférentes au budget communal de l'exercice au titre duquel il est établi, en incluant les restes à réaliser, c'est-à-dire les recettes ou dépenses certaines, mais non encore encaissées ou mandatées. • TA Nice, 23 juin 2006, *M. Caillol et a. c/ Cne de Vidauban*, n° 0203887 :

RGCT 2007. 147, concl. Dieu. ♦ En l'espèce, la commune justifiait l'imputation d'une somme à l'art. 16412 « emprunts » du compte administratif, au titre des restes à réaliser, en produisant deux offres de prêt qui lui avaient été adressées par des établissements bancaires. En l'absence de signature, par le représentant de la commune, du contrat de prêt ou à tout le moins d'acceptation de l'offre de prêt, la recette correspondant audit emprunt ne pouvait être regardée comme certaine au titre de l'exercice considéré. Dès lors, le requérant était fondé à soutenir que ladite recette ne pouvait figurer au titre des restes à réaliser au compte administratif de cet exercice, et à demander l'annulation de la délibération par laquelle le conseil municipal avait adopté le compte administratif de la commune. • Même jugement. ♦ La juridiction administrative contrôle le caractère suffisant de la communication des documents annexés par l'organe exécutif. • TA Saint-Denis de la Réunion, 17 oct. 1990, *Vergès c/ Cne de St-Paul,* n° 15889 • CE 29 juin 1990, *Cne de Guitrancourt,* n° 68743 : *Lebon 608.*

4. Sur les documents annexés au compte administratif et en particulier sur le bilan certifié conforme des organismes subventionnés par la collectivité, V. note 3 ss. art. L. 2313-1. Sur les modalités de communication des comptes au public, V. art. L. 2121-26 et L. 2313-1.

II. CONDITIONS D'ADOPTION DU COMPTE ADMINISTRATIF

5. Vote simultané. Aucune disposition n'impose que le vote sur le compte administratif et le vote sur le compte de gestion interviennent au cours de la même séance, à condition toutefois que le compte administratif ait été préalablement soumis à l'organe délibérant. • CE 28 juill. 1995, *Mme Medes,* n° 93407 B : *ACL 1996. 446.* ♦ V. aussi art. L. 2121-31.

6. Présidence du conseil municipal. Cette présidence, lors des séances consacrées à l'examen du compte administratif du maire, est confiée à un président *ad hoc* désigné par le conseil : le maire peut assister à la discussion, mais il doit se retirer au moment du vote. • CE 22 mars 1996, *Cne de Puymirol,* n° 115127 : *Rev. Trésor 1996. 771.* ♦ Lorsque le conseil municipal n'a pas procédé à l'élection d'un président avant que ne s'engagent les débats sur le compte administratif du maire, ni la mention selon laquelle un conseiller municipal aurait présidé la séance, ni les allégations de la commune selon lesquelles aucune objection n'aurait été faite à cette présidence ne permettent de tenir pour établi que le conseil aurait élu ce conseiller comme président, dès lors, la délibération du conseil municipal qui a approuvé le compte administratif est illégale. • CE 28 juill. 1999, *Cne de Cugnaud,* n° 168971 : *Rev. Trésor 2000. 142.* ♦ S'il est interdit au maire en exercice de présider la séance du conseil municipal au cours de laquelle est examiné son compte administratif, cette interdiction ne s'applique pas lorsque le compte examiné relate uniquement les opérations effectuées par le prédécesseur du maire en exercice. • TA Nice, 2 août 1985, *COREP du Var : Lebon T. 525.* ♦ De plus, le maire peut présider la séance au cours de laquelle est désigné le président de la séance ayant pour objet l'examen du compte administratif. • CE 19 janv. 1983, *Chauré,* n° 33241 : *Lebon 7 ; Dr. adm. 1983, n° 88.* ♦ V. art. L. 2121-14 et L. 3312-5.

7. Commission permanente. Celle d'un conseil général peut délibérer en lieu et place dudit conseil même si la décision a des répercussions financières mais non en matière d'attributions budgétaires au sens notamment de l'art. L. 1612-12. • CAA Nantes, 24 déc. 2010, *Assoc. Sauvegarde et promotion du pays rural Saint-Lois,* n° 09NT02853.

8. Vote. La règle selon laquelle le compte administratif est arrêté si une majorité des voix ne s'est pas dégagée contre son adoption est applicable que le scrutin soit public ou secret. * Rép. min. n° 4982 : *JO Sénat Q, 10 août 1989, p. 1254.* ♦ Si le vote de l'organe délibérant arrêtant les comptes de la collectivité doit intervenir au plus tard le 30 juin de l'année suivant l'exercice, ce délai n'est pas prescrit à peine de nullité, et la circonstance que la délibération approuvant le compte administratif ait été votée après la date prescrite est sans incidence sur sa légalité. • CE 28 juill. 1995, *Mme Medes,* n° 93407 : *préc. note 2.* ♦ Toutefois, le vote de l'organe délibérant sur le compte adminsitratif doit intervenir, lorsque le budget précédent a été réglé par le préfet, avant le vote du budget primitif de l'exercice suivant. • CRC Champagne-Ardenne, 8 févr. 1993 : *Cne de Charnois.* ♦ V. aussi sur ce point, note 3 ss. art. L. 1612-9.

9. Blâme. Selon une jurisprudence ancienne, le conseil municipal a le droit, lorsqu'il délibère sur le compte administratif du maire, de porter des appréciations sur les irrégularités commises par celui-ci, et peut lui infliger un blâme. • CE 18 mai 1888, *Foury : Lebon 452* • CE 9 mai 1924, *Thibault : Lebon 453.* ♦ De même, il peut, lorsqu'il délibère sur le compte administratif, infliger un blâme à un ancien maire à raison de faits se rattachant à l'exercice de ses fonctions. • CE 29 juill. 1994, *Cne de Saint-Mandrier-sur-Mer,* n° 126383 : *Lebon 825 ; Dr. adm. 1994, n° 580.* ♦ Toutefois, un conseil municipal ne peut, alors qu'il avait approuvé tous les comptes administratifs présentés par le maire, revenir, par une délibération ultérieure, sur l'ensemble de l'administration et de la gestion de cet élu, dans le seul but de le blâmer. • CE 5 févr. 1892, *Conseil municipal de Fontenay-le-Comte,* n° 134421 : *Lebon 106.* ♦ La décision par laquelle un conseil municipal prononce un blâme à l'encontre du maire se rattache aux pouvoirs de contrôle permanent sur l'exercice par le maire de ses fonctions que le conseil municipal tient des dispositions de l'art. L. 2122-21 CGCT. • CAA Nantes, 17 déc. 1997, *Gicquel : Lebon T. 698 ; Gaz.*

Pal. 1998. 2, Pan. dr. adm. 153. ♦ Ces pouvoirs s'exercent à l'occasion de l'examen par le conseil des questions inscrites à l'ordre du jour de ses séances. Par suite, le maire ne peut soutenir que le conseil municipal ne pouvait prononcer un blâme à son encontre sans que la question de ce blâme ait été prévue à l'ordre du jour de la séance. • Même arrêt. ♦ Le vote d'un blâme apparaîtra dans le procès-verbal de séance, et dans le compte rendu de séance qui doit être affiché à la porte de la mairie dans les 8 jours qui suivent la réunion. • CE 16 avr. 1886, *Bobillon : Lebon 340.* ♦ Sur la possibilité d'infliger un blâme au maire à l'occasion de l'examen du budget primitif, V. art. L. 2312-1.

10. Refus d'approbation. L'organe délibérant a la possibilité de refuser d'approuver un compte administratif en raison d'irrégularités commises par l'organe exécutif. • CE 3 avr. 1987, *Cne de Kilstett : ACL 1988. 230.* ♦ Lorsque le compte administratif fait l'objet d'un rejet par l'assemblée délibérante, la CRC, saisie pour avis par le préfet, se prononce sur la conformité entre le projet de compte administratif présenté par l'exécutif de la collectivité et le compte de gestion établi par le comptable : elle vérifie la conformité des deux documents au travers des identités de valeur des inscriptions portées tant sur le projet de compte administratif que sur le compte de gestion, et que les soldes intermédiaires ne font apparaître aucune discordance entre ces deux documents. • CRC Île-de-France, 26 août 1998 : *Cne de Lieusaint* • CRC Île-de-France, 22 sept. 1998 : *Région Île-de-France.* ♦ En cas de rejet du compte administratif par l'assemblée délibérante de la collectivité, et si le projet de compte administratif est conforme au compte de gestion, après avis de la chambre régionale des comptes, ce projet est substitué au compte administratif pour la mise en œuvre des dispositions prévues aux art. L. 1424-35 (contribution financière au budget du SDIS), L. 2531-13 (fonds de solidarité des communes de la région IDF) L. 1615-6 (et pour la liquidation des attributions au titre du fonds de compensation pour la TVA), alors même que ce projet de compte administratif contient des erreurs constatées par la CRC. • CRC Champagne-Ardenne, 16 mai 2006, Avis de contrôle budgétaire : *Rec. C. comptes 165.* ♦ Lorsque le conseil municipal a refusé d'approuver le compte administratif, le préfet saisit la chambre régionale des comptes du plus proche budget voté par la collectivité, conformément à l'art. L. 1612-13, alors même que la chambre régionale des comptes s'est déjà prononcée sur la conformité du projet de compte administratif avec le compte de gestion. • CRC Poitou-Charentes, 22 janv. 2001, Avis de contrôle budgétaire : *Rec. C. comptes 155.* ♦ Sur les effets de l'absence d'adoption du compte administratif avant le vote du budget primitif de l'exercice suivant, V. note ss. art. L. 1612-9.

11. Sur l'absence de dessaisissement de l'organe délibérant pour arrêter les comptes de la collectivité, malgré la saisine de la chambre régionale des comptes au titre de l'art. L. 1612-2 ou de l'art. L. 1612-5, V. art. L. 1612-9.

III. CONTESTATION DU VOTE RELATIF AU COMPTE ADMINISTRATIF

12. REP et intérêt à agir. L'arrêté des comptes, qui est constitué par le vote de l'organe délibérant de la collectivité sur le compte administratif présenté par l'organe exécutif, est un acte administratif et est susceptible, comme tel, d'être déféré au juge administratif, par la voie du recours pour excès de pouvoir, par les personnes justifiant d'un intérêt. • TA Basse-Terre, 1er mars 1994, *Roland Thésauros c/ Région de Guadeloupe : LPA 9 févr. 1996.* ♦ Est donc recevable le recours d'un préfet, visant l'annulation de la délibération par laquelle le conseil municipal a arrêté le compte administratif de la commune, fondé sur le fait que la maquette de présentation de celui-ci ne respectait pas les dispositions de l'instruction budgétaire et comptable M 14. • TA Lille, 2 mars 2001, *Cne de Mons-en-Barœul : AJDA 2001. 953, concl. Lepers ; RGCT 2002. 46, note Fiorentino.* ♦ En revanche, une association dont l'objet est de « créer une dynamique tendant à favoriser les libertés publiques et la démocratie » dans une commune ne justifie pas d'un intérêt lui donnant qualité pour demander l'annulation de la délibération du conseil municipal de cette commune relative à l'approbation du compte administratif. • CE 30 déc. 1998, *Assoc. Narbonne Libertés 89,* n° 156434. ♦ Les conclusions de la demande tendant à l'annulation de la délibération approuvant le compte administratif doivent être enregistrées, pour être recevables, avant l'expiration du délai de 2 mois du recours contentieux. • CE 3 déc. 1999, *Région Guadeloupe,* n° 159041 : *Coll. terr. 2000, n° 65 ; Rev. Trésor 2000. 318 ; ACL 2000. 410.* ♦ V. art. L. 2131-6, L. 2131-8 et L. 2131-9.

13. Moyens invocables. Les conseillers minoritaires membres de l'organe délibérant d'une collectivité et les contribuables de celle-ci ne peuvent invoquer de prétendues illégalités commises par l'organe exécutif à l'encontre de la délibération portant approbation du compte administratif. • CE 3 avr. 1987, *Cne de Kilstett : préc. note 10.* ♦ De même, la circonstance que le comptable aurait effectué certains paiements sans être en possession des pièces justificatives nécessaires est sans influence sur la légalité de la délibération portant approbation du compte administratif. • Même décision. ♦ Les dispositions des art. L. 1612-4 et L. 1612-5 sur l'adoption des budgets primitifs ne peuvent être invoquées à l'encontre de délibérations ayant pour objet l'adoption du compte administratif et du compte de gestion. • CAA Marseille, 18 avr. 2013, *M. X et a c/ Cne de Sanary-sur-Mer,* n° 11MA02642. ♦ Toutefois, l'insincérité d'un compte administratif entache d'illégalité un budget primitif en équilibre apparent. • CE 4 juin 2007, *Géniteau,* n° 277320 : *Dr. adm. 2007, n° 10.*

Loi nº 2018-1317 du 28 décembre 2018,

De finances pour 2019.

Art. 242 *(Abrogé par Ord. nº 2025-526 du 12 juin 2025, art. 8 et 12, à compter de l'exercice budgétaire 2026) (L. nº 2023-1322 du 29 déc. 2023, art. 205) I. — Pour les collectivités territoriales, leurs groupements et les services d'incendie et de secours qui ont mis en œuvre un compte financier unique au cours de l'exercice 2023, le compte financier unique se substitue à partir de l'exercice 2024 et au titre de ce même exercice au compte administratif ainsi qu'au compte de gestion, par dérogation aux dispositions régissant ces documents.*

II. — Les collectivités territoriales, leurs groupements et leurs établissements publics, les services d'incendie et de secours, les centres de gestion de la fonction publique territoriale, le Centre national de la fonction publique territoriale et les associations syndicales autorisées adoptent au plus tard au titre de l'exercice 2026 un compte financier unique, qui se substitue au compte administratif ainsi qu'au compte de gestion, par dérogation aux dispositions régissant ces documents.

Le premier alinéa du présent II est applicable :

1º À l'établissement public Île-de-France Mobilités institué par les articles L. 1241-1 et L. 1241-2 du code des transports ;

2º À l'autorité organisatrice des mobilités des territoires lyonnais définie aux articles L. 1243-1 à L. 1243-5 du même code ;

3º À la Société du Grand Projet du Sud-Ouest instituée par l'ordonnance nº 2022-307 du 2 mars 2022 relative à la Société du Grand Projet du Sud-Ouest ;

4º À la Société de la Ligne Nouvelle Provence Côte d'Azur instituée par l'ordonnance nº 2022-306 du 2 mars 2022 relative à la Société de la Ligne Nouvelle Provence Côte d'Azur ;

5º À la Société de la Ligne Nouvelle Montpellier-Perpignan instituée par l'ordonnance nº 2022-308 du 2 mars 2022 relative à la Société de la Ligne Nouvelle Montpellier-Perpignan ;

6º Au syndicat mixte de gestion de l'eau et de l'assainissement de Guadeloupe institué par la loi nº 2021-513 du 29 avril 2021 rénovant la gouvernance des services publics d'eau potable et d'assainissement en Guadeloupe ;

7º À la Société du Canal Seine-Nord Europe instituée par l'ordonnance nº 2016-489 du 21 avril 2016 relative à la Société du Canal Seine-Nord Europe.

III. — Une fois mis en œuvre au titre d'un exercice, le compte financier unique se substitue de manière définitive au compte administratif ainsi qu'au compte de gestion, par dérogation aux dispositions régissant ces documents.

IV. — Pour la mise en œuvre du compte financier unique :

1º Il est fait application des articles L. 5217-10-1 à L. 5217-10-15 et L. 5217-12-2 à L. 5217-12-5 du code général des collectivités territoriales, sans préjudice des articles L. 2311-1-2, L. 3311-3 et L. 4310-1 du même code, dans les conditions prévues au III de l'article 106 de la loi nº 2015-991 du 7 août 2015 portant nouvelle organisation territoriale de la République ;

2º Les documents budgétaires sont transmis au représentant de l'État par voie numérique, selon des modalités fixées par décret.

Le 1º du présent IV n'est applicable ni à la métropole de Lyon, ni à la collectivité de Corse, ni à la collectivité territoriale de Martinique, ni à la collectivité territoriale de Guyane.

V. — Le compte financier unique est présenté conformément au modèle fixé par arrêté conjoint des ministres chargés des collectivités territoriales et du budget.

Art. L. 1612-13 Le compte administratif est transmis au représentant de l'État dans le département au plus tard quinze jours après le délai limite fixé pour son adoption par les articles L. 1612-9 et L. 1612-12.

À défaut, le représentant de l'État saisit, selon la procédure prévue par l'article L. 1612-5, la chambre régionale des comptes du plus proche budget voté par la collec-

tivité territoriale. – *[L. nº 96-142 du 21 févr. 1996, art. 4-I ; CJF, art. L. 232-12, L. 232-20 et L. 232-26.]*

V. art. D. 1612-15-1.

À compter de l'exercice budgétaire 2026, au 1er al. du présent art., les mots : « compte administratif » sont remplacés par les mots : « compte financier unique » (Ord. nº 2025-526 du 12 juin 2025, art. 1er et 12).

Si le compte administratif n'est pas transmis au préfet au plus tard 15 jours après le délai limite fixé pour son adoption, celui-ci saisit la chambre régionale des comptes du plus proche budget voté par la collectivité : il s'agira le plus souvent du budget supplémentaire de l'exercice n+1 ou de l'ensemble des décisions budgétaires de l'exercice n+1, mais en tout état de cause il ne pourra s'agir du plus proche budget voté antérieurement. • CRC Nord-Pas-de-Calais, 23 oct. 1992 : *Cne de Boulogne-sur-Mer* • CRC Antilles-Guyane, 9 nov. 1993 : *Cne de Montsinéry* • CRC Picardie, 10 janv. 1994 : *Cne de Domptin.* ♦ Le préfet saisit la chambre régionale des comptes du plus proche budget voté par la collectivité, alors même que la chambre régionale des comptes s'est déjà prononcée sur la conformité du projet de compte administratif avec le compte de gestion. • CRC Poitou-Charentes, 22 janv. 2001, Avis de contrôle budgétaire : *Rec. C. comptes 155.* ♦ Le non-respect du délai de vote du compte administratif et de transmission autorise le préfet à saisir la chambre régionale des comptes même si le préfet ne peut compléter sa saisine du plus proche budget voté, le maire ne réunissant plus le conseil municipal. • CRC Nord-Pas-de-Calais, 9 août 2013 : *Cne de Noyales.* ♦ Sur le caractère exécutoire du compte administratif, V. note 1 ss. art. L. 1612-8. ♦ Sur le contrôle exercé par la chambre régionale des comptes, en cas d'absence d'adoption du compte administratif dans les délais prévus, V. art. L. 1612-5.

Art. L. 1612-14 Lorsque l'arrêté des comptes des collectivités territoriales fait apparaître dans l'exécution du budget, après vérification de la sincérité des inscriptions de recettes et de dépenses, un déficit égal ou supérieur à 10 p. 100 des recettes de la section de fonctionnement s'il s'agit d'une commune de moins de 20 000 habitants et à 5 p. 100 dans les autres cas, la chambre régionale des comptes, saisie par le représentant de l'État, propose à la collectivité territoriale les mesures nécessaires au rétablissement de l'équilibre budgétaire, dans le délai d'un mois à compter de cette saisine.

Lorsque le budget d'une collectivité territoriale a fait l'objet des mesures de redressement prévues à l'alinéa précédent, le représentant de l'État dans le département transmet à la chambre régionale des comptes le budget primitif afférent à l'exercice suivant.

Si, lors de l'examen de ce budget primitif, la chambre régionale des comptes constate que la collectivité territoriale n'a pas pris de mesures suffisantes pour résorber ce déficit, elle propose les mesures nécessaires au représentant de l'État dans le département dans un délai d'un mois à partir de la transmission prévue à l'alinéa précédent. Le représentant de l'État règle le budget et le rend exécutoire après application éventuelle, en ce qui concerne les communes, des dispositions de l'article L. 2335-2. S'il s'écarte des propositions formulées par la chambre régionale des comptes, il assortit sa décision d'une motivation explicite.

En cas de mise en œuvre des dispositions des alinéas précédents, la procédure prévue à l'article L. 1612-5 n'est pas applicable. – *[L. nº 96-142 du 21 févr. 1996, art. 4-I ; CJF, art. L. 232-13, L. 232-21, al. 3 à 6, et L. 232-26.]*

À compter de l'exercice budgétaire 2026, au 1er al. du présent art., le mot : « arrêté » est remplacé par le mot : « approbation » (Ord. nº 2025-526 du 12 juin 2025, art. 1er et 12).

BIBL. ▶ DUPLOUY, *Rev. Trésor 2002. 270* (redressement financier des communes ou collectivités en difficulté). – LANDE, *Rev. Trésor 2003. 106* (le système d'information des communes permet-il de mesurer le risque financier ?). – MESMIN, *Rev. Trésor 2003. 592* (les sanctions applicables à la présentation de comptes de collectivités publiques insincères).

COMMENTAIRE

V. dans le supplément en ligne.

I. IDENTIFICATION DU DÉFICIT DU COMPTE ADMINISTRATIF

1. *Résultat global.* Le compte administratif correspond au résultat global de l'exercice considéré, c'est-à-dire au cumul des résultats des sections de fonctionnement et d'investissement du budget principal auxquels il faut ajouter les résultats globaux des comptes administratifs annexes, en excluant les SPIC de cette consolidation. • CRC PACA, 29 mars 1991 : *Cne de Beauvezer.* ♦ Il doit être mesuré par rapport aux recettes réelles de fonctionnement, ce qui comprend l'excédent reporté. • CRC Centre, 1er févr. 1989 : *Cne de Belleville-sur-Loire.* ♦ De plus, l'organe exécutif de la collectivité doit pouvoir prouver à la CRC, qui le lui demande, que les opérations du compte administratif ont fait l'objet d'une évaluation sincère. • TA Basse-Terre, 1er mars 1994, *Roland Thésauros c/ Région de Guadeloupe : LPA 9 févr. 1996.* ♦ Le solde des restes à réaliser en section d'investissement doit correspondre à la différence entre les dépenses engagées non mandatées et les recettes juridiquement certaines. • CRC Pays de la Loire, 23 juill. 1998 : *Cté des cnes du pays des Brières et du Gesnois.*

2. *Causes du déficit et effets de l'annulation.* Lorsqu'une somme inscrite au compte administratif ne présente pas le caractère d'une recette juridiquement certaine, l'évaluation des résultats de l'exercice considéré est entachée d'erreur de droit et entraîne l'annulation de la délibération portant approbation du compte administratif. • CRC Guadeloupe, 1er juill. 1998 : *Dpt de la Guadeloupe.* ♦ L'annulation de la délibération du conseil municipal adoptant le compte administratif pour un exercice budgétaire n'entraîne pas par elle-même l'annulation de la délibération adoptant, au vu de ce compte, le budget primitif de l'exercice suivant. Il en va néanmoins différemment lorsque l'équilibre réel de ce budget primitif dépend des résultats, entachés d'illégalité, du compte administratif de l'exercice clos qu'il reprend. • CE 4 juin 2007, *M. Géniteau*, n° 277320 : *Dr. adm. 2007, nos 112 et 134, note Glaser ; AJDA 2007. 1878, note Dugueperoux ; BJCL 2007. 763, concl. Glaser ; RGCT 2008. 75, concl. Glaser.* ♦ Le compte administratif peut aussi présenter une différence significative avec le compte de gestion tenant à des dépenses non mandatées au titre de l'exercice, le comptable public refusant de prendre en charge les mandats correspondants du fait de l'insuffisance des autorisations budgétaires décidées par l'assemblée délibérante. • CRC Île-de-France, 15 juill. 2014 : *Cne d'Argenteuil.*

II. SAISINE DE LA CHAMBRE RÉGIONALE DES COMPTES ET PROCÉDURE AFFÉRENTE

3. *Autosaisine, double saisine et compétence du préfet.* La chambre régionale des comptes peut, lorsqu'elle met en œuvre ses attributions de contrôle juridictionnel et de contrôle de gestion, constater elle-même en dehors de toute saisine du préfet que l'exécution du budget s'est traduite par un déficit susceptible d'entraîner des mesures de rétablissement de l'équilibre, telles que des mesures de redressement à moyen terme si le déficit constaté a un caractère structurel. • CRC Aquitaine, 28 sept. 1989 : *Foyer socioculturel d'Ustaritz.* ♦ Toutefois, cette auto-saisine n'entraîne pas nécessairement, de la part de la chambre régionale des comptes, des propositions en vue du rétablissement de l'équilibre. • CRC Champagne-Ardenne, 9 août 1989 : *Synd. de transports scolaires de Vendeuvre-sur-Barse.* ♦ Tel est le cas lorsqu'une avance de trésorerie a été transformée entre-temps en subvention. • Même avis. ♦ Dans le cas d'une double saisine au titre de l'art. L. 1612-5 (vote du budget en déséquilibre) et de l'art. L. 1612-14 (déficit du compte administratif), la chambre régionale des comptes peut déclarer ces deux saisines simultanément recevables. • CRC Languedoc-Roussillon, 5 juill. 1990 : *Cne de Saint-Pierre-dels-Forcats.* ♦ Aux termes de l'art. L. 1612-14 CGCT, cette faculté de saisine est dévolue au seul préfet. La qualité de conseiller membre de l'organe délibérant d'une collectivité ou d'un établissement public local ne confère pas à l'intéressé la qualité pour soumettre à la chambre régionale des comptes un arrêté des comptes de cette collectivité ou de cet établissement public local, faisant apparaître un déséquilibre né d'une prétendue insincérité d'une inscription de dépenses. • CRC Picardie, 6 oct. 2006, Avis de contrôle budgétaire : *Rec. C. comptes 202.*

4. *Délais.* Aucun délai n'est imparti au préfet pour saisir la chambre régionale des comptes du compte administratif d'une collectivité lorsque celui-ci présente un déficit égal ou supérieur aux seuils prévus par l'art. L. 1612-14. • CE 3 déc. 1999, *Région Guadeloupe*, n° 159041 : *Coll. terr. 2000, n° 65 ; Rev. Trésor 2000. 318 ; ACL 2000. 410.* ♦ Par ailleurs, le délai d'un mois, dans lequel la CRC doit rendre son avis, ne lui est pas imparti à peine de nullité. • CE 21 déc. 1994, *Dpt de la Marne : Dr. adm. 1995, n° 191.*

5. *Contradictoire.* Il résulte de la combinaison des art. L. 241-8 (ex. L. 241-13), L. 244-2 (ex L. 242-2) et R. 242-1 CJF, alors même que la procédure prévue par l'art. L. 1612-14 CGCT implique nécessairement l'intervention de deux avis de la chambre régionale des comptes et constitue une procédure unique, que les deux avis dont s'agit doivent être rendus au terme d'une procédure respectant le caractère contradictoire et permettant à la commune intéressée de présenter des observations écrites ou orales avant l'adoption de chacun de ces deux avis. • TA Dijon, 21 déc. 2006, *Cne de Dompierre-les-Ormes,* n° 0502235 : *BJCL 2007. 669, concl. Nicolet.* ♦ En l'espèce, la commune n'avait pas été invitée à formuler des observations avant que la chambre régionale des comptes ne rende son deuxième avis par lequel elle a jugé insuffisantes les mesures mises en œuvre par celle-ci dans son budget primitif. En effet, celle-ci n'avait pas été informée par le président de la chambre régionale des comptes de la date limite à laquelle elle pouvait présenter ses observations soit par écrit, soit oralement. Par suite, la commune était fondée à demander l'annulation de l'arrêté du préfet réglant et rendant exécutoire son budget primitif. • Même jugement. ♦ Jugement confirmé par la CAA Lyon qui a estimé que, lorsque la chambre régionale des compte constate, lors de l'examen du budget primitif d'une commune en application de l'art. L. 1612-14 CGCT, que le conseil municipal n'a pas pris des mesures suffisantes pour résorber le déficit constaté lors de l'arrêté des comptes de la collectivité, les propositions qu'elle adresse alors au préfet, seul compétent pour régler le budget communal, doivent être précédées de la procédure contradictoire prévue par les dispositions du CJF, dès lors que ces propositions n'ont ni la même portée ni le même destinataire que celles précédemment adressées à la commune, dans le cadre de la procédure instituée par l'art. L. 1612-14 CGCT. • CAA Lyon, 15 juill. 2009, *Préfète de Saône-et-Loire*, n° 07LY00743 : *AJDA 2009. 2086*.

6. Effets de la saisine. La transmission du budget de la collectivité à la chambre régionale des comptes, au titre de l'art. L. 1612-14, a pour effet de suspendre l'exécution de ce budget jusqu'au terme de la procédure. – V. art. L. 1612-10.

III. RÔLE DE LA CHAMBRE RÉGIONALE DES COMPTES

7. Sincérité. Elle vérifie en particulier la sincérité des recettes inscrites comme « restes à réaliser » pour mesurer le montant du déficit du compte administratif : ainsi, lorsque l'examen détaillé et contradictoire, auquel il est procédé au cours de l'instruction, fait apparaître que les engagements juridiques – sur lesquels certaines recettes d'investissement étaient fondées – sont devenus caducs, ces recettes inscrites en restes à réaliser ne peuvent être maintenues. • CRC Guadeloupe, 1er juill. 1998 : *Dpt de la Guadeloupe.* ♦ L'organe exécutif de la collectivité doit pouvoir prouver à la chambre régionale des comptes, qui le lui demande, que les opérations du compte administratif ont fait l'objet d'une évaluation sincère. • TA Basse-Terre, 1er mars 1994, *Roland Thésauros c/ Région de Guadeloupe : LPA 9 févr. 1996.*

8. Mandats des ordonnateurs. La chambre régionale des comptes n'a pas juridiction sur les ordonnateurs, sauf sur ceux qu'elle a déclarés comptables de fait, et ne peut donc se prononcer sur la validité des mandats émis par les ordonnateurs, car ces mandats constituent des actes administratifs, dont la légalité ne peut être contestée que devant le juge administratif de droit commun. • CE 2 déc. 1983, *Jean-Marie Brice et a.*, n° 51721 : *Lebon 471 ; Dr. adm. 1983, n° 461.*

9. Mesures de redressement. Pour apurer le déficit du compte administratif, la chambre régionale des comptes peut être amenée à proposer, en raison de l'importance du déséquilibre, un plan de redressement pluriannuel. • CRC Aquitaine, 1er févr. 1990 : *Cne de Creysse.* ♦ Des mesures de redressement telles qu'un arrêt de l'investissement ou une majoration des impositions directes peuvent ainsi être étalées sur deux exercices, tout en suggérant à l'organe délibérant de la collectivité la possibilité d'adopter un budget primitif en déficit limité. • Même avis. ♦ S'agissant du plan de redressement. • CE 2 mars 2010, *M. Dalongeville*, n° 328843 : *Dr. adm. 2010, n° 72 ; AJDA 2010. 664, chron. Liéber et Botteghi ; JCP Adm. 2010, n° 2281 ; Droit et gestion des collectivités territoriales, 2011, p. 353-354.* ♦ Lorsque le compte administratif fait apparaître un déficit de très grande ampleur, la chambre régionale des comptes peut être amenée, entre autres mesures, à proposer à titre exceptionnel le recours à l'emprunt. • CRC Île-de-France, 23 mai 1991 : *Cne de Verneuil-sur-Seine.* ♦ Tel est le cas lorsqu'une condamnation de justice se traduit par une dépense obligatoire représentant plus de deux fois les ressources de la section de fonctionnement. • Même avis. ♦ Rappelons que des subventions exceptionnelles peuvent être attribuées par arrêté ministériel, V. art. L. 1612-5.

IV. PROLONGEMENTS CONTENTIEUX

10. Moyens inopérants. Lorsque la chambre régionale des comptes a constaté que le compte administratif d'une année déterminée faisait apparaître un excédent et a déclaré irrecevable la saisine du préfet, le requérant n'est pas fondé à soutenir que des mesures de rétablissement de l'équilibre budgétaire auraient dû être prises dès cette année considérée ni, en tout état de cause, que le préfet aurait omis d'exercer son pouvoir de contrôle budgétaire au titre de cet exercice. • CAA Marseille, 1er mars 2004, *M. Andréani*, n° 00MA02090 : *Coll. terr. 2004, n° 108, note Moreau.*

11. Recours pour excès de pouvoir. Sur le délai du recours pour excès de pouvoir exercé à l'encontre de la délibération approuvant le compte administratif, V. note 12 ss. art. L. 1612-12.

Art. L. 1612-15 Ne sont obligatoires pour les collectivités territoriales que les dépenses nécessaires à l'acquittement des dettes exigibles et les dépenses pour lesquelles la loi l'a expressément décidé.

La chambre régionale des comptes saisie, soit par le représentant de l'État dans le département, soit par le comptable public concerné, soit par toute personne y ayant

intérêt, constate qu'une dépense obligatoire n'a pas été inscrite au budget ou l'a été pour une somme insuffisante. Elle opère cette constatation dans le délai d'un mois à partir de sa saisine et adresse une mise en demeure à la collectivité territoriale concernée.

Si, dans un délai d'un mois, cette mise en demeure n'est pas suivie d'effet, la chambre régionale des comptes demande au représentant de l'État d'inscrire cette dépense au budget et propose, s'il y a lieu, la création de ressources ou la diminution de dépenses facultatives destinées à couvrir la dépense obligatoire. Le représentant de l'État dans le département règle et rend exécutoire le budget rectifié en conséquence. S'il s'écarte des propositions formulées par la chambre régionale des comptes, il assortit sa décision d'une motivation explicite. – *[L. n° 96-142 du 21 févr. 1996, art. 4-I ; CJF, art. L. 232-14, L. 232-22 et L. 232-26.]*

Sur les dépenses obligatoires des communes, V. art. L. 2321-1 s. ; ... des départements, V. art. L. 3321-1 ; ... des régions, V. art. L. 4321-1.

BIBL. ▶ LANDBECK, *RGCT 2001. 868* (collectivités locales et dépenses obligatoires : une approche contentieuse). – PRÉTOT, *RFDA 1987. 982* (contentieux des mises en demeure). – ROUGIE et MELLERAY, *RFDA 1987. 978* (inscription d'office des dépenses obligatoires).

COMMENTAIRE

V. dans le supplément en ligne.

PLAN DES ANNOTATIONS

I. DÉFINITION DE LA DÉPENSE OBLIGATOIRE

1. Principe. Pour être qualifiée de dépense obligatoire (et faire l'objet d'un mandatement d'office), la dette doit être échue, certaine, liquide, non sérieusement contestée dans son principe et dans son montant et découlant de la loi, d'un contrat, d'un délit, d'un quasi-délit ou de toute autre source d'obligation. • CE 8 déc. 2003, *Cne de Maurepas c/ Synd. d'agglomération nouvelle de Saint-Quentin-en-Yvelines,* n° 215705 : *JCP Adm. 2004, n° 1114, note Moreau ; Rev. Trésor 2004. 403 ; ACL 2004. 571* • 17 déc. 2003, *Sté Natexis-Banques populaires,* n° 249089 : *JCP Adm. 2004, n° 1115 ; BJCL 2004. 354, concl. Vallée ; Rev. Trésor 2004. 404 ; ACL 2004. 574.* ♦ En ce sens, toute dette fiscale légalement instituée constitue une dette exigible et donc une dépense obligatoire. • CE 19 juin 2002, *Cne de Bourail,* n° 163430. ♦ Ne constitue pas une dépense obligatoire une dette d'une collectivité née de l'exécution d'un contrat dès lors qu'une contestation sérieuse de la créance a été soulevée par ladite collectivité. • CE 21 mars 2007, *Cne de Plestin-les-Grèves,* n° 275167 • 18 sept. 1998, *CCI de Dunkerque,* n° 171087 : *ACL 1999. 336.* ♦ Et ce, même dans l'hypothèse où les titres exécutoires émis à l'encontre de la collectivité étaient devenus définitifs faute de contestation dans le délai prévu par le 2° de l'art. L. 1617-5. Cette circonstance est sans incidence sur la légalité de l'arrêté de mandatement d'office. • CE 25 mars 2016, *CNFPT,* n° 387063. ♦ Une contestation sérieuse du caractère obligatoire d'une dépense interdit au préfet de mettre en œuvre la procédure d'inscription d'office prévue à l'art. L. 1612-15. • CE 13 janv. 1995, *Sté nat. de construction Quillery,* n° 142049 : *Lebon 728 ; RFDA 1995. 107.* ♦ En revanche, la circonstance que la collectivité soutienne que la dette faisait l'objet d'une contestation sérieuse, fondée sur le défaut d'intérêt communal de l'organisation d'une cérémonie de fin de mandat de l'équipe municipale sortante à l'issue des élections municipales, s'avère sans incidence sur la réalité de la dette de la commune envers les entreprises concernées et découlant de l'exécution des bons de commande. • CAA Nantes, 6 mars 2008, *Ville de Blois,* n° 05NT01505 : *AJDA 2007. 2277 ; ibid. 2008. 300, note Mouzet .* ♦ En outre, la seule circonstance qu'une dépense soit due aux termes d'un acte notarié ne saurait la faire regarder comme obligatoire au sens de l'art. L. 1612-15 CGCT, si celle-ci fait l'objet d'une contestation sérieuse. • CAA Nancy, 17 janv. 2008, *M. et Mme Mario Grava,* n° 06NC01142 : *BJCL 2008. 387.* ♦ Des dettes ne sont pas sérieusement contestées dans leur principe et leur montant lorsque le litige porte sur une convention qui ne pouvait fixer qu'un échéancier de règlement de celles-ci. • CE 19 juin 2015, *Dpt des Bouches-du-Rhône,* n° 373379. ♦ Le

Conseil d'État a rappelé cette solution une nouvelle fois en cassation dans la même affaire. • CE 5 juill. 2018, *Min. de l'intérieur c/ Dpt des Bouches-du-Rhône,* n° 406671 : *AJDA 2018. 1422* . ♦ En l'absence d'aucun contrat conclu avec la commune, non plus que d'aucune autre obligation juridique, dont découlerait la dette litigieuse, une facture présentée à une commune par une association de formation des élus agréée par le ministère de l'Intérieur ne constitue pas une dépense obligatoire même si elle porte sur une formation dispensée aux élus de la commune. Seul le remboursement aux élus des frais de formation qu'ils ont exposés constitue une dépense obligatoire conformément aux dispositions du 3° de l'art. L. 2321-2 et de l'art. L. 2123-14. • Paris, 24 mai 2022, n° 20PA02722.

2. Imposition d'une dépense. Seul le législateur est compétent pour imposer une dépense aux collectivités territoriales et non le pouvoir réglementaire. • CE 5 janv. 2005, *Cne de Versailles,* n° 232888 : *JCP Adm. 2005, n° 1107, note Guillaumont.* ♦ Si la loi a établi une liste des dépenses obligatoires, il n'est pas possible d'imposer à une collectivité une dépense qui n'est pas prévue dans la liste, à l'instar de l'entretien des chemins ruraux qui ne peuvent être assimilés à des chemins communaux. • CE 24 mars 2014, *SCI Les Verdures,* n° 359554 B. ♦ Un syndicat intercommunal ne peut mettre à la charge de ses membres une dépense relative à une activité étrangère à sa mission. • CE 7 janv. 2004, *Synd. intercommunal du Val de Sambre SIVS,* n° 229042. ♦ Cependant, une commune, qui s'est retirée d'un syndicat intercommunal en cours d'année, doit acquitter les contributions statutaires de cet exercice, calculées avec une réfaction au *prorata temporis*. • CRC Lorraine, 8 juin 2000, Avis de contrôle budgétaire : *Rec. C. comptes 184.* ♦ Une communauté de communes n'a pas à se substituer à ses communes membres pour prendre à sa charge une dépense obligatoire, alors qu'elle ne dispose pas de compétence dans le domaine concerné. • CAA Bordeaux, 3 juin 2014, *M. A et a. c/ Préfet du Lot-et-Garonne,* n° 12BX01514. ♦ Constitue une dépense obligatoire imposée par la loi : pour la commune, la subvention accordée par le conseil municipal à une association, en partie mandatée, la délibération l'accordant constituant un acte créateur de droits. • CRC Lorraine, 2 mars 2000, Avis de contrôle budgétaire : *Rec. C. comptes 165.* ♦ ... Pour un district, la taxe foncière afférente à des immeubles dont le district est propriétaire, quand bien même des établissements scolaires y seraient installés en vertu d'une convention conclue avec le département mais stipulant qu'elle n'emportait pas transfert de propriété : en effet, l'art. 1400 CGI dispose que toute propriété bâtie doit être imposée au nom du propriétaire actuel. • CRC Lorraine, 14 avr. 2000, Avis de contrôle budgétaire : *Rec. C. comptes 175.* ♦ ... Pour une commune, le reversement d'une subvention du département au titre du fonds d'aide à l'industrialisation, dès lors que l'octroi de cette subvention était subordonné à un engagement de la commune de la rembourser si l'entreprise bénéficiaire ne remplissait pas ses obligations de création d'emplois. • CRC Rhône-Alpes, 4 nov. 2004, Avis de contrôle budgétaire : *Rec. C. comptes 2004. 307.* ♦ La perception par un syndicat intercommunal d'une subvention d'investissement, sans qu'il réalise les travaux qui devaient en être la contrepartie, constitue un enrichissement sans cause qui autorise l'auteur de la subvention à en réclamer le remboursement, lequel constitue dès lors une dépense obligatoire pour le syndicat. • CRC Nord-Pas-de-Calais, 1er sept. 2001, Avis de contrôle budgétaire : *Rec. C. comptes 204.* ♦ En revanche, ne constitue pas une dépense obligatoire : pour une commune, le remboursement des frais de déplacement d'un maire, au titre des mandats spéciaux prévus par l'art. L. 2123-18, dès lors qu'aucun mandat spécial n'a été accordé au maire par le conseil municipal. • CRC Bretagne, 30 oct. 2000, Avis de contrôle budgétaire : *Rec. C. comptes 221.* ♦ ... Pour une commune, le paiement, au syndicat intercommunal de ramassage et de traitement des ordures ménagères, d'une redevance instituée sur les campings par ledit syndicat, en vertu de l'art. L. 2333-77 : en effet, le camping dont s'agit était un camping privé et il appartenait donc au syndicat de percevoir directement la redevance auprès de l'exploitant. • CRC Rhône-Alpes, 26 oct. 2000, *Cne de Bard,* n° 2000-329 : *RFDA 2001. 1111* . ♦ ... Pour une commune maître d'ouvrage, les intérêts moratoires demandés par un sous-traitant, dès lors que le caractère tardif du paiement est imputable au titulaire du marché destinataire en premier lieu de la demande de paiement, alors que le cahier des clauses administratives particulières prévoyait que celle-ci devait être envoyée directement au maître d'ouvrage. • CRC Île-de-France, 29 juill. 2004, Avis de contrôle budgétaire : *Rec. C. comptes 282.*

3. Procédure spécifique. Les contestations relatives à l'inscription d'une dépense obligatoire doivent être soumises à la chambre régionale des comptes, ce qui fait obstacle à ce que la délibération, par laquelle l'organe délibérant de la collectivité refuse d'inscrire cette dépense à son budget, soit soumise au juge de l'excès de pouvoir. • CE 13 mars 1989, *Cne de Gardonne,* n° 75038 : *Lebon 90 ; D. 1989. 120 ; RFDA 1989. 377 ; LPA 1989, n° 64, p. 17, obs. Llorens ; Dr. adm. 1989, n° 221 ; ACL 1990. 235* • 30 janv. 1995, *Préfet des Côtes-d'Armor,* n° 124676. ♦ V. cependant, pour les dépenses obligatoires résultant d'une décision juridictionnelle passée en force de chose jugée, art. L. 1612-17. ♦ Lorsque la chambre régionale des comptes est saisie d'une demande qui fait l'objet d'une contestation sérieuse de la part de la commune, elle est tenue de rejeter cette demande : dans cette hypothèse, la personne qui s'estime créancière de la somme litigieuse conserve la faculté de demander au juge administratif de condamner la commune à la lui verser. • CE 6 avr. 2007, *Synd. intercomm. d'adduction d'eau et d'assainissement d'eau de la vallée de la Béthune*, n° 284544 : *Dr. adm. 2007, n° 82 ; AJDA 2007. 1289, note Mouzet ; JCP Adm. 2007. 2218, note Erstein ; BJCL 2007. 407, concl. Séners.* ♦ En cas de saisine simultanée au titre de l'art. L. 1612-5 (budget en déséquilibre) et de l'art. L. 1612-15 (inscription d'une dépense obligatoire), la chambre régionale des comptes considère que la saisine au titre de l'art. L. 1612-5, qui empêche l'organe de la collectivité de délibérer en matière budgétaire jusqu'au terme de la procédure, ne permet pas à celui-ci de se prononcer valablement sur une mise en demeure adressée par la chambre en application de l'art. L. 1612-15. • CRC Île-de-France, 21 mai 1991 : *Cne de Limeil-Brévannes.* ♦ Dès lors, la chambre régionale des comptes décide de ne pas statuer sur la saisine au titre de l'art. L. 1612-15, mais seulement au titre de l'art. L. 1612-5. • Même avis. ♦ V. notes ss. art. L. 1612-5 et note ss. art. L. 1612-18.

II. SAISINE DE LA CRC

4. Saisine de la CRC par le comptable. Outre le préfet, elle peut être saisie par toute personne y ayant intérêt ou par le comptable public concerné. Dans ce dernier cas, il peut s'agir du comptable public d'une autre collectivité ou d'un autre établissement public local, qui est responsable pécuniairement et personnellement du recouvrement de l'ensemble des recettes de cet organisme. • CRC Champagne-Ardenne, 6 déc. 1989 : *Cne des Essarts-le-Vicomte* • CRC Franche-Comté, 14 déc. 1994 : *Cne de Vaivre-et-Montoille* • CRC Basse-Normandie, 22 juin 1995 : *Synd. intercommunal du collège de Bretteville-sur-Laize.* ♦ Ainsi, le comptable public d'un syndicat intercommunal peut saisir la chambre régionale des comptes en vue de l'inscription d'office, au budget des communes associées, des contributions financières dues par lesdites communes à ce syndicat. • CE 7 janv. 2004, *Synd. intercommunal du Val de Sambre*, n° 229042 : *BJCL 2004. 276, concl. Glaser ; ACL 2005. 342.* ♦ Il peut s'agir aussi, et pour les mêmes motifs, du directeur des finances publiques en matière de créance de l'État. • CRC Franche-Comté, 6 nov. 1986 : *Cne de Belfort.* ♦ Une saisine émanant du comptable de la collectivité elle-même est également recevable. • CRC Languedoc-Roussillon, 2 févr. 1994 : *Cne de Montferrier-sur-Lez.* ♦ Ainsi, le comptable d'un centre de gestion de la fonction publique territoriale, auquel les dispositions de l'art. L. 1612-15 sont applicables, peut saisir la chambre régionale des comptes en vue de l'inscription d'office, au budget du CNFPT, d'une créance détenue sur cet établissement. • CRC Île-de-France, 13 juill. 2000, Avis de contrôle budgétaire : *Rec. C. comptes 192.*

5. Responsabilité du comptable public. Ne s'exonère pas de sa responsabilité le comptable qui indique qu'il a, à plusieurs reprises, attiré l'attention de l'ordonnateur afin qu'il saisisse le préfet pour engager une procédure de mandatement d'office : en effet, le comptable aurait dû lui-même assurer le recouvrement des titres concernés en ayant recours aux dispositions des art. L. 1612-15 et L. 1612-16 CGCT. • CRC Languedoc-Roussillon, 16 janv. 2001, *Synd. intercommunal d'électrification de la région nord-est de Montpellier*, n° 2001-0004 : *RFDA 2002. 620.* ♦ En revanche, il n'y a pas lieu d'engager la responsabilité du comptable lorsque la chambre régionale des comptes constate que, si elle avait été saisie au titre de l'art. L. 1612-15, elle n'aurait pu que constater l'impossibilité de mise en œuvre de la procédure d'inscription d'office en raison de la situation financière particulièrement dégradée de la collectivité. • CRC PACA, 24 avr. 2001, *Cne de Le Monêtier-les-Bains*, n° 2001-0265 : *RFDA 2002. 620.*

6. Saisine par une personne intéressée. Elle doit justifier d'un intérêt personnel, direct et certain. Tel est le cas pour tout fournisseur ou prestataire de services qui s'efforce d'obtenir le règlement d'une créance. • CRC Nord-Pas-de-Calais, 2 sept. 1994 : *Cne de Raillencourt-Sainte-Olle* • CRC Basse-Normandie, 4 mai 1995 : *Cne de Juvigny-sur-Orne.* ♦ ... Pour un organisme bancaire qui, après avoir en vain mis en demeure un syndicat d'agglomération nouvelle d'honorer sa garantie d'emprunt, saisit la chambre régionale des comptes afin que celle-ci déclare que le paiement de la garantie constitue une dépense obligatoire du syndicat. • CE 21 mars 2001, *Sté Daninvest*, n° 212108 : *Rev. Trésor 2001. 649 ; ACL 2002. 527.* ♦ ... Pour tout agent qui réclame le paiement des sommes qui lui sont dues. • CRC Picardie, 19 déc. 1994 : *Cne de Chambly* • CAA Marseille, 4 juin 2013, *M. F.*, n° 11MA03496. ♦ ... Pour une association de parents d'élèves d'un établissement scolaire réclamant, dans le cadre de son objet social statutaire, l'inscription au budget du département de dépenses de mise en sécurité des bâtiments abritant l'établissement. • CRC Franche-Comté, 2 févr. 1995 : *Dpt du Jura.* ♦ ... Pour une association ayant pour objet de défendre les intérêts des habitants de la commune agissant pour obtenir des remboursements au titre du service des eaux. • CRC Basse-Normandie, 9 juin 1995 : *Cne de Rai.* ♦ ... Pour un comité d'entreprise d'une association socioculturelle, représenté par son secrétaire, qui a un intérêt à agir en application des art. du C. trav. qui reconnaissent la personnalité civile des comités d'entreprise et leur qualité à « assurer l'expression collective des salariés », pour demander l'inscription au budget de la commune d'une subvention destinée à l'association. • CRC Centre, 9 août 2001, Avis de contrôle budgétaire : *Rec. C. comptes 233.* ♦ En revanche, un agent communal pris en charge par le centre de gestion de la fonction publique territoriale et payé par celui-ci n'a pas un intérêt direct à saisir la chambre pour obtenir l'inscription de la contribution due par la commune au centre de gestion au budget de celle-ci, où il exerçait précédemment. • CRC Picardie, 2 févr. 1995 : *Cne de Cocquerel.* ♦ Il en va de même : pour une banque créancière d'une SEM qui n'a pas qualité pour demander l'inscription au budget d'une commune des crédits nécessaires au règlement d'une créance d'un montant équivalent détenue par la SEM, dans la mesure où cette dernière a elle-même saisi la chambre régionale des comptes, préservant ainsi les intérêts de la banque. • CRC Île-de-France, 21 mai 1992 : *Cne de Limeil-Brévannes.* ♦ ... Lorsque, dans le cadre d'une convention de prêt, un établissement bancaire a conclu avec une SEM une transaction prévoyant notamment qu'il renonçait à tout recours contre la SEM, cet établissement bancaire ne disposant alors d'aucun intérêt pour demander l'inscription d'office, au budget de la commune actionnaire de la SEM, du reliquat de l'emprunt initialement souscrit : seule la SEM a qualité pour exiger la prise en charge par la commune de ce reliquat sur le fondement de l'obligation portée par le contrat de zone d'aménagement concerté, afin de régler à son tour sa dette à l'établissement bancaire. • CRC Île-de-France, 10 mai 2001, Avis de contrôle budgétaire : *Rec. C. comptes 198.* ♦ Une demande d'inscription d'une dépense obligatoire, au budget de la commune, n'étant pas une relance de cotisation, la chambre régionale des comptes a estimé que le directeur des finances d'un établissement n'avait pas qualité pour agir. • CRC Midi-Pyrénées, 12 mai 2005, Avis de contrôle budgétaire : *Rec. C. comptes 2005. 199.* ♦ Pour le directeur général des services d'une commune qui n'a pas un intérêt direct, personnel et certain à agir. • CRC Champagne-Ardenne, 30 mars 2001, Avis de contrôle budgétaire : *Rec. C. comptes 177.*

7. Saisine par les membres de l'assemblée de la collectivité. Ils n'ont pas d'intérêt à agir dans la mesure où l'objet de la saisine ne touche pas à leurs prérogatives propres telles qu'elles sont prévues et aménagées par les textes. • CRC Nord-Pas-de-Calais, 26 juill. 1990 : *Cne de Saint-Pol-sur-Ternoise.* ♦ Ainsi des conseillers municipaux ayant saisi la chambre régionale des comptes en vue de l'inscription au budget communal de dépenses bénéficiant à certaines familles ne sont pas recevables à agir, faute d'un intérêt personnel et direct. • CRC Lorraine, 6 nov. 1989 : *Cne de Saint-Jean-de-Rohrbach.* ♦ Il en va de même : de la demande de conseiller municipaux tendant à l'inscription au budget communal de la participation de la commune aux frais de fonctionnement d'une école élémentaire privée. • CRC Nord-Pas-de-Calais, 26 juill. 1990 : *Cne de Saint-Pol-sur-Ternoise.* ♦ ... D'une demande de conseillers municipaux tendant à l'inscription de crédits destinés au paiement de la participation communale aux dépenses de fonctionnement d'un syndicat intercommunal. • CRC Pays de la Loire, 19 mai 1995 : *Cne de Montsoreau.*

8. Notion d'intérêt collectif. En règle générale, les chambres régionales des comptes ne retiennent pas cette notion. • CRC Lorraine, 6 nov. 1989 : *Cne de Saint-Jean-de-Rohrbach.* ♦ Ainsi un requérant ne peut saisir une chambre régionale des comptes au nom d'une catégorie de personnes ayant le même intérêt à agir que lui. • CRC Antilles-Guyane, 2 avr. 1991 : *Dpt de la Guadeloupe.* ♦ En revanche, toute personne agissant pour le compte d'une ou de plusieurs autres personnes ayant à l'évidence un intérêt personnel, direct et certain à saisir la chambre, et justifiant de sa qualité de mandataire, est recevable à agir. • CRC Antilles-Guyane, 17 sept. 1992 : *Agence guadeloupéenne pour l'environnement, le tourisme et les loisirs.* ♦ La production d'un mandat établi en bonne et due forme peut ainsi permettre à une entreprise de se faire représenter par une fédération professionnelle. • CRC Haute-Normandie, 21 janv. 1993 : *Cne de Saint-Pierre-de-Salerne.* ♦ L'intéressé peut se faire représenter par toute autre personne. • CRC Corse, 5 oct. 1994 : *Cne de Crocicchia.* ♦ Un prestataire de services, agissant pour son propre compte, peut aussi agir pour le compte de l'un de ses confrères. • CRC Corse, 27 avr. 1994 : *Cne de Biguglia.* ♦ Une association peut désigner un mandataire. • CRC Bretagne, 11 mai 1994 : *Cne de Paimpol* • CRC Picardie, 18 juill. 1995 : *Cne de Landouzy-la-Ville.*

9. Délais de saisine. Lorsque la saisine de la chambre régionale des comptes est trop tardive pour permettre à celle-ci d'agir sur l'exercice en cours, voire lorsque l'exercice a été clos pendant l'instruction de la saisine, la chambre régionale des comptes peut mettre en demeure la collectivité de s'engager, par délibération de son organe délibérant, à inscrire la dépense obligatoire au budget primitif de l'exercice suivant, et peut en outre inviter le préfet à s'assurer de cette inscription et, à défaut, à procéder à l'inscription d'office. • CRC Aquitaine, 22 déc. 1988 : *Cne de Losse* • CRC Nord-Pas-de-Calais, 18 févr. 1993 : *Cne de Wormhout* • CRC Lorraine, 8 févr. 1994 : *Cne de Valleroy-aux-Saules* • CRC Basse-Normandie, 19 janv. 1995 : *Cne de Brix* • CRC Haute-Normandie, 12 avr. 1995 : *Cne d'Offranville.* – V. aussi Plantey, Prescription quadriennale, *J.-Cl. Adm., fasc. 111 et 112.* ♦ La déchéance quadriennale, instituée par la L. n° 68-1250 du 31 déc. 1968, peut toucher la créance faisant l'objet d'une demande d'inscription de crédits et, si cette déchéance est invoquée par la collectivité débitrice, la demande d'inscription de la dépense sera alors rejetée. • CRC Antilles-Guyane, 21 juin 1988 : *Dpt de la Guadeloupe.* ♦ En revanche, lorsque la collectivité n'a pas invoqué la déchéance, les chambres régionales des comptes estiment en majorité que la prescription ne peut être invoquée que par l'ordonnateur lui-même, et ne la retiennent donc pas d'office. • Même avis. ♦ Pour le Conseil d'État, seul le maire auquel incombe le règlement des dettes de la commune sur les crédits dont il a la gestion peut opposer cette prescription à l'encontre des créanciers de la commune. • CE 27 févr. 1981, *Cne de Chonville-Malaumond*, nos 1390 et 14001 : *Lebon 116 ; RD publ. 1982. 237.* ♦ V. aussi art. L. 1617-5.

III. CONDITIONS DE LA PROCÉDURE ADMINISTRATIVE DEVANT LA CRC

10. *Pièces justificatives.* Dans le cas où une dépense obligatoire n'a pas été inscrite au budget de la collectivité, ou pour une somme insuffisante, la demande adressée à la CRC doit être motivée et appuyée de toutes les justifications utiles : doit notamment figurer l'indication des obligations juridiques, légales ou contractuelles de la collectivité débitrice et de leur support (lorsqu'il s'agit de conventions ou de délibérations) permettant d'apprécier l'exigibilité ou le caractère obligatoire de la dépense. • CRC Bretagne, 28 sept. 1988 : *Cne de Santec* • CRC Centre, 3 mars 1989 : *Cne de Chambourg-sur-Indre* • CRC Martinique, 19 janv. 1993 : *Cne de Sainte-Marie* • CRC Corse, 27 avr. 1994 : *Cne de Santo-Pietro-di-Tenda* • CRC PACA, 11 oct. 1994 : *Cne de Bollène.*

11. *Exemples de justifications de la dépense obligatoire.* L'acte justificatif doit avoir une portée juridique qui estelle seule suffisante pour être créatrice de droits. Tel est le cas notamment lorsque la délibération par laquelle une commune se porte caution pour garantir le remboursement d'un emprunt constitue un engagement suffisamment précis quant à la somme garantie et au montant des intérêts accepté, et n'est subordonnéeà aucune condition suspensive ou résolutoire qui permettrait d'écarter le caractère obligatoire de la dépense. • CAA Paris, 13 déc. 1994, *M. Antoine*, n° 94PA00296 : *AJDA 1995. 63, concl. Mendras*. ♦ Une telle délibération, accordant une garantie d'emprunt, constitue un engagement suffisamment précis, et la dépense présente un caractère obligatoire même en l'absence de contrat écrit distinct. • TA Marseille, 16 mai 1995, *GOBTP : RFDA 1995. 364, note Deruy*. ♦ De même, l'encours de la dette d'un prêt relais contracté par un syndicat intercommunal dissous constitue bien une dette, échue et liquide, et présente un caractère obligatoire, lorsqu'il a été fixé au moment de la dissolution du syndicat que « 30 % de l'encours de la dette dudit syndicat sont pris en charge par la commune ». Le caractère obligatoire de la dépense est reconnu en l'absence même de délibération du conseil municipal de la commune concernée. En effet, la souscription de cet emprunt avait été décidée par une délibération du comité syndical du syndicat intercommunal avant sa dissolution et cette délibération engageait donc l'ensemble des membres du syndicat intercommunal, au nombre desquels figurait la commune, dès lors, l'absence de délibération du conseil municipal est sans incidence sur le consentement de cette commune à la souscription de cet emprunt. • CAA Bordeaux, 30 nov. 2020, n° 18BX03544. ♦ En revanche, lorsqu'une délibération du conseil municipal, relative à une garantie d'emprunt, a seulement pour objet de fixer l'étendue de l'autorisation de contracter donnée au maire et non d'engager la commune, la dépense n'est pas obligatoire, le maire n'ayant signé aucune convention de garantie de l'emprunt. • CRC Centre, 3 mars 1989 : *Cne de Chambourg-sur-Indre.* ♦ De même, lorsque la délibération du conseil municipal ne fixe pas les conditions définitives du prêt à garantir, et que, dès lors, le conseil municipal n'a pas autorisé le maire à signer au nom de la commune la garantie d'emprunt à des conditions définitives, cette garantie d'emprunt, qui n'a pas davantage été approuvée ultérieurement à sa signature par le maire, n'a pas fait l'objet d'un accord valable : par suite, n'ont pas le caractère de dépense obligatoire les sommes qui résulteraient de la mise en œuvre de la garantie d'emprunt contractée auprès d'une société, après la défaillance de cette dernière. • TA Besançon, 20 févr. 1997, *Sté de développement régional Centrest : RFDA 1997. 492, note Lambert*. ♦ De même, le caractère obligatoire de l'inscription de crédits au titre d'une garantie d'emprunt peut être sérieusement contesté, dès lors que l'affectation des fonds correspond à un emploi différent de celui qui est spécifié au contrat. • CRC Aquitaine, 1er févr. 1990 : *Dpt des Landes.* ♦ Au surplus, la mise en jeu d'une garantie d'emprunt est sérieusement contestée dès lors qu'aucune décision correspondante ne figure sur le registre des délibérations. • CRC Midi-Pyrénées, 22 mai 1989 : *SIVOM de la vallée de l'Auron.* ♦ En l'absence d'un engagement écrit de la collectivité acceptant la cession de créance réalisée par un fournisseur au bénéfice d'une banque, cette collectivité peut opposer l'absence de service fait à la banque. • CRC Picardie, 14 avr. 2001, Avis de contrôle budgétaire : *Rec. C. comptes 188.* ♦ Ne permet pas d'établir l'existence d'une dette possédant un caractère certain et exigible une convention entre une association et une commune prévoyant simplement que « chaque année une annexe budgétaire retraçant tant en fonctionnement qu'en investissement l'ensemble des subventions votées par la commune au bénéfice de l'association en détaillant pour chaque subvention votée son affectation » viendra compléter ladite convention : en effet, il ne résulte de là aucun engagement financier. • CRC Centre, 9 août 2001, Avis de contrôle budgétaire : *Rec. C. comptes 234.* ♦ En revanche, une dépense découlant d'un acte non exécutoire, tel qu'un marché non transmis au représentant de l'État, peut être obligatoire si la dette est considérée comme certaine, liquide et non sérieusement contestée. • CRC Antilles-Guyane, 15 déc. 1992 : *Cne de Baie-Mahault.* ♦ De même, l'encaissement d'un emprunt est considéré comme suffisant pour rendre obligatoire son remboursement, même en l'absence de délibération régulière. • CRC Franche-Comté, 14 févr. 1991 : *Cne de Luxeuil-les-*

Bains. ♦ En sens inverse, le caractère obligatoire d'une dépense ne peut être supprimé par un acte administratif rétroactif. • CRC Rhône-Alpes, 23 sept. 1992 : *Cne d'Ugine.* ♦ La saisine de la chambre régionale des comptes devant contenir tous les éléments financiers permettant à celle-ci de déterminer avec certitude la liquidation exacte des sommes dues, une convention posant seulement le principe du soutien financier d'une commune à une association, sans détermination précise des modalités de liquidation, ne permet pas de conclure au caractère obligatoire de la subvention demandée par cette association. • CRC Franche-Comté, 1er juill. 1992 : *Cne de Salins-les-Bains.* ♦ Sur la base de ces éléments financiers, la chambre régionale des comptes peut étendre le montant de la dépense obligatoire à tout ce qui est apparu exigible au moment de l'avis, et non seulement au moment de la saisine. • CRC Poitou-Charentes, 5 sept. 1990 : *Maison de retraite de La Ménardière.*

12. Délai d'inscription d'office, contradictoire et étapes administratives. La chambre régionale des comptes, saisie par le comptable public de la collectivité demandant l'inscription d'office d'une dépense obligatoire au budget d'une autre collectivité, dispose d'un mois pour statuer sur cette demande. Elle est tenue, dans ce délai, de mettre l'ordonnateur de la collectivité visée par cette demande en mesure de présenter oralement, s'il le souhaite, ses observations. Elle n'est pas tenue, en revanche, avant de prendre cette décision administrative, d'entendre un représentant de la collectivité au bénéfice de laquelle a été présentée la demande, laquelle doit être motivée. • CE 7 janv. 2004, *Synd. intercomm. du Val de Sambre*, n° 229042. ♦ Par suite, la circonstance que la chambre régionale des comptes n'a pas invité la collectivité, au bénéfice de laquelle a été déposée la demande, à présenter ses observations avant d'émettre son avis n'est pas de nature à entacher cet avis d'irrégularité. • Même décision. ♦ La constatation opérée par la chambre régionale des comptes qu'une dépense obligatoire n'a pas été inscrite au budget de la collectivité ou l'a été pour une somme insuffisante, et la mise en demeure qu'elle adresse à celle-ci d'inscrire à son budget les crédits correspondants ne constituent que le premier acte de la procédure administrative pouvant aboutir soit à une délibération de l'organe délibérant, inscrivant cette dépense obligatoire à son budget, soit éventuellement à la décision du préfet d'inscrire cette dépense au budget de la collectivité et de rendre exécutoire le budget rectifié en conséquence. • CE 19 juin 1985, *Cne de Saintes*, nos 43062 et 43063 : *Lebon 191* • 30 janv. 1987, *Dpt de la Moselle*, n° 70236 : *Lebon 23 ; AJDA 1987. 217 et 468, concl. Hubac, notes Chapuisat et Benoit ; RD publ. 1987. 761, note Llorens ; RFDA 1987. 978, note Melleray et Rougié ; Dr. adm. 1987, n° 156 ; AJDA 1988. 36, notes Paugam et Benoit ; ACL 1988. 228* • 20 oct. 1995, *Cne de Beauchemin*, n° 138057 • 18 nov. 1998, *Assoc. d'éducation populaire Louis-Flodrops*, n° 143007. ♦ V. art. L. 244-2 CJF et art. R. 1612-32 CGCT.

IV. APPRÉCIATION DE LA NATURE DE LA DÉPENSE PAR LA CRC

13. Contestation sérieuse et irrecevabilité. La chambre régionale des comptes ne peut constater qu'une dépense est obligatoire pour une collectivité, et mettre celle-ci en demeure de l'inscrire à son budget, qu'en ce qui concerne les dettes échues, certaines, liquides, non sérieusement contestées dans leur principe et dans leur montant, et découlant de la loi, d'un contrat, d'un délit, d'un quasi-délit ou de toute autre source d'obligations. Lorsqu'une chambre régionale des comptes est saisie d'une demande d'inscription d'office, au budget d'une collectivité, d'une somme correspondant à une dette qui fait l'objet, de la part de la collectivité, d'une contestation sérieuse, elle ne peut que rejeter cette demande, sans qu'il y ait lieu pour elle de s'interroger sur le bien-fondé de la contestation. • CE 18 sept. 1998, *CCI de Dunkerque*, n° 171087 : *ACL 1999. 336* • 21 mars 2007, *Cne de Plestin-les-Grèves*, n° 27516. ♦ De même, si une CRC, après avoir considéré que, dans son principe, une dépense présente un caractère obligatoire pour le département (défaut de paiement par un département d'une dette de pension de retraite), a relevé l'existence d'une contestation sérieuse, celle-ci fait obstacle à la reconnaissance du caractère obligatoire de la dépense. • CAA Lyon, 13 oct. 2023, n° 21LY02139. ♦ V. aussi : • CAA Nantes, 2 juin 2000, *Caisse d'épargne et de prévoyance Centre-Val-de-Loire*, n° 98NT00323. ♦ Dans cette hypothèse, la personne qui s'estime créancière de la somme litigieuse conserve la faculté de demander au juge administratif de condamner la commune à la lui verser. • CE 6 avr. 2007, *Synd. intercomm. d'adduction d'eau et d'assainissement d'eau de la vallée de la Béthune*, n° 284544 : *Dr. adm. 2007, n° 82 ; AJDA 2007. 1289*.

14. Contestations jugées sérieuses. L'assignation par une commune, devant le tribunal de grande instance, de la banque Dexia Crédit local pour que soit prononcée la nullité d'un contrat de prêt, en raison de divers manquements de l'organisme de crédit à ses obligations professionnelles, constitue une contestation sérieuse de la dépense correspondant aux intérêts de l'emprunt contracté. En conséquence, il n'y a pas lieu de mettre en demeure la collectivité territoriale d'inscrire ladite dépense à son budget. • CRC Rhône-Alpes, 31 mai 2012, *Cne de Sassenage*, n° 2012-115 : *BJCL 2012. 718, chron. Huet.* ♦ De même, une chambre régionale des comptes a refusé, à bon droit, de mettre en demeure un département d'inscrire à son budget les crédits suffisants pour le paiement des dépenses afférentes au remboursement d'un emprunt, pour lequel il avait accordé sa garantie : en effet, ce dernier soutenait que la charge du solde non remboursé des emprunts contractés par la société concernée avait été transférée à une autre société qui s'était expressément engagée à le rembourser, et il apparaissait dès lors que les conséquences à tirer de l'engagement de garantie souscrit par le département faisaient l'objet d'une contestation sérieuse. • CE 10 mars 1999, *Caisse des dépôts et consignations et Crédit local de France*, n° 169000 : *Rev. Trésor 1999. 564 ; ACL 2000. 412.* ♦ De même, elle put refuser de mettre en demeure un EPCI d'inscrire à son budget la dépense correspondant au paiement d'une garantie d'emprunt. En effet, cet établissement avait fait valoir que l'engagement qu'il avait souscrit était subordonné à une hypothèque qui n'avait pas été prise, alors que la délibération autorisant la signature du contrat prévoyait expressément cette condition ; dès lors cette contestation, sur le principe de l'obligation, avait un caractère sérieux et justifiait légalement le refus de la chambre régionale des comptes. • CE 21 mars 2001, *Sté Daninvest*, n° 212108. ♦ ... Une commune d'inscrire à son budget la dépense correspondant au paiement d'une garantie d'emprunt. En effet, le conseil municipal avait assorti sa décision de garantir l'emprunt d'une précision suivant laquelle la commune se réservait le droit de récupérer les biens faisant l'objet du prêt si la procédure de garantie se trouvait mise en œuvre. Cette précision, inséparable de la décision qu'elle accompagnait, devait être analysée comme une condition suspensive à laquelle la commune avait entendu subordonner l'effectivité de son engagement. • CE 11 déc. 2000, *Crédit foncier communal d'Alsace et de Lorraine : Rev. Trésor 2002. 405.* ♦ Dès lors, l'hypothèque stipulée en faveur de la banque dans le contrat de prêt pouvant apparaître incompatible avec cette condition, la dette dont la banque réclamait le paiement, en application de l'engagement de garantie pris par la commune, devait être regardée comme faisant l'objet, de la part de cette dernière, d'une contestation sérieuse qui s'opposait à la constatation, par la chambre régionale des comptes, du caractère de dépense obligatoire de la somme réclamée. • Même décision. ♦ ... Une commune d'inscrire à son budget les crédits correspondant aux frais de fonctionnement de la classe maternelle d'une école privée, lorsque la chambre régionale des comptes avait été saisie en application des dispositions de l'art. L. 1612-15, un différend opposait depuis plusieurs années l'organisme de gestion de cette école catholique à la commune, en ce qui concerne la contribution au fonctionnement de l'école maternelle et le montant des forfaits annuels fixés et réglés par la commune pour chaque année scolaire. • CE 21 mars 2007, *Cne de Plestin-les-Grèves*, n° 275167. ♦ ... Un syndicat mixte d'inscrire à son budget les crédits correspondant à une dépense de celui-ci vis-à-vis d'une commune, qui faisait l'objet d'une contestation sérieuse de la part du syndicat mixte. • CE 11 mars 2011, *Synd. mixte pour la valorisation touristique du Pic du Midi*, n° 337428 : *AJDA 2011. 537, obs. Grand ; AJCT 2011. 250, obs. Coronat*. ♦ De même, en raison de la résiliation d'un engagement de partage de recettes entre deux communes membres d'un syndicat intercommunal, une chambre régionale des comptes était tenue de rejeter la demande de l'une des deux tendant à l'inscription d'office, au budget de l'autre commune, d'une dette résultant de cet engagement, au motif que cette dette faisait l'objet d'une contestation sérieuse, et ne pouvait donc être regardée comme ayant un caractère obligatoire. • CE 14 oct. 2005, *Cne de Pagny-sur-Moselle*, n° 255179 : *ACL 2006. 384.* ♦ Lorsqu'il existe une divergence d'appréciations sur les clauses d'une convention, relatives aux modalités de liquidation d'une dépense obligatoire, la chambre régionale des comptes qualifie de sérieuse la contestation présentée par l'une des parties à cette convention. • CRC Champagne-Ardenne, 17 févr. 2004, Avis de contrôle budgétaire : *Rec. C. comptes 2004. 194.*

15. Demande d'ouverture de crédit par la chambre régionale des comptes. Dans la mesure où le pouvoir budgétaire de l'organe délibérant peut s'exercer toute l'année, une mise en demeure d'ouvrir un crédit suffisant, dans le délai d'un mois, peut être formulée par la chambre régionale des comptes avant le vote du budget suivant, dès lors que le crédit est équilibré par une recette disponible. • CRC Languedoc-Roussillon, 18 janv. 1989 : *Cne de Bolquère.* ♦ Lorsque la chambre régionale des comptes, estimant qu'une dépense présente un caractère obligatoire, met en demeure la commune d'ouvrir un crédit complémentaire, et que cette mise en demeure n'ayant pas été suivie d'effet, elle demande, par un nouvel avis, au préfet d'inscrire la dépense au budget de la commune et de la couvrir, notamment, par un accroissement du produit des contributions directes, le préfet peut, par arrêté, inscrire ce crédit complémentaire au budget primitif de la commune et assigner de nouveaux taux aux quatre contributions directes locales : dans ce cas, les contribuables assujettis aux contributions directes perçues au profit d'une commune peuvent en demander la décharge ou la réduction en se prévalant des irrégularités ou de l'illégalité dont serait entaché l'arrêté préfectoral qui a fixé le taux de ces contributions. • CE 8 févr. 1999, *Beaune*, n° 168382 : *RJF 1999, n° 421 ; ACL 2000. 413.* ♦ En revanche, ces contribuables ne peuvent, du fait de l'absence de corrélation entre les taxes perçues au profit de la commune, dont le produit fait partie des ressources générales de cette dernière, et telle ou telle dépense inscrite au budget municipal, utilement invoquer, à l'appui de leur demande en décharge ou en réduction, l'irrégularité ou l'illégalité de la prise en charge par la commune d'une dépense inscrite d'office à ce budget, par le préfet, comme dépense obligatoire. • Même décision.

16. Suffisance des crédits pour la dépense obligatoire. La chambre régionale des comptes se prononce sur le caractère obligatoire de la dépense dès lors que les crédits correspondants apparaissent inexistants ou insuffisants, mais aussi lorsque les crédits nécessaires sont suffisants, dans le but d'éclairer le préfet à qui il revient, le cas échéant, d'inscrire cette dépense au budget de la collectivité et d'en effectuer éventuellement le mandatement d'office. • CRC Languedoc-Roussillon, 15 avr. 1992 : *Cne de Méjannes-lès-Alès.* ♦ Une chambre régionale des comptes méconnaît les limites de ses attributions lorsque, après avoir constaté le caractère obligatoire de la dépense, elle s'abstient d'opérer la constatation du caractère suffisant ou insuffisant du montant des crédits inscrits au budget de la collectivité pour faire face au montant de ces dépenses. • TA Strasbourg, 4 juill. 1985, *Président du Conseil général de la Moselle : Lebon 431.*

17. Légalité des actes fondant la saisine. Une chambre régionale des comptes ne statue pas sur la légalité des actes fondant les saisines qui lui sont présentées. • TA Châlons-sur-Marne, 14 janv. 1986, *SIVOM du canton d'Asfeld c/ CRC de Champagne-Ardenne : Lebon 8.* ♦ Ainsi une chambre régionale des comptes ne peut exercer le contrôle de la légalité d'un arrêté préfectoral modifiant les objets d'un SIVOM définis par son statut, dès lors que cet acte était nécessaire. • Même jugement. ♦ De même, saisie par un préfet d'une demande tendant à l'inscription d'office au budget de la commune d'une dépense constituée par la restitution d'une somme qui aurait été indûment perçue par celle-ci, la chambre régionale des comptes se déclare incompétente, estimant que l'appréciation du caractère légal du titre de recettes relève des juridictions administratives, et qu'elle ne saurait donc se l'attribuer indirectement par le biais de l'examen du caractère obligatoire de la dépense. • CRC Centre, 24 juin 1993 : *Cne de Goussainville.* ♦ Toutefois, pour apprécier le caractère sérieux de la contestation d'une commune, membre d'un syndicat, qui refusait de verser sa cotisation en arguant de l'illégalité de l'arrêté préfectoral qui avait modifié les statuts de ce syndicat, la chambre régionale des comptes a estimé, sous réserve de l'appréciation souveraine ultérieure du juge administratif par ailleurs saisi, qu'il lui appartenait d'apprécier l'éventuel manque de base légale de cet arrêté. • CRC Lorraine, 9 août 1988 : *Cne de Mont-lès-Neufchâteau.* ♦ V. aussi • CRC Franche-Comté, 16 janv. 1992 : *Cne de Rougemont-le-Château* • CRC Île-de-France, 26 mai 1993, *Cne de Franconville-la-Garenne : JCP Adm. 2007. 2218, note Erstein ; BJCL 2007. 407, concl. Séners.*

18. Retrait ou abrogation de l'avis. L'avis de la chambre régionale des comptes n'étant pas créateur de droits, il peut être retiré ou abrogé par un nouvel avis, tant que le préfet n'a pas pris sa décision en matière budgétaire. • CE 2 oct. 1992, *Cne de la Chapelle-en-Serval,* n°s 100933 et 101039 : *Lebon 352 ; JCP 1992. IV. 2859 ; Rev. Trésor 1992. 810, concl. Pochard ; ACL 1993. 276.*

V. CRC ET RÔLE DU JUGE ADMINISTRATIF

19. Contestation sérieuse : compétence. Lorsque la chambre régionale des comptes, saisie d'une demande qui fait l'objet d'une contestation sérieuse, rejette cette demande, la circonstance que la procédure prévue par l'art. L. 1612-15 CGCT ait été engagée ne fait pas obstacle à ce que la personne qui s'estime créancière de la somme litigieuse introduise devant le juge administratif un recours tendant à ce que la collectivité débitrice soit condamnée à lui verser les sommes non perçues. • CE 11 mars 2011, *Synd. mixte pour la valorisation touristique du Pic du Midi,* n° 337428 : *préc. note 14.* ♦ En l'absence d'opposition formée au sens de l'art. L. 1617-5 CGCT, la personne créancière peut, par ailleurs, demander au juge des référés le versement d'une provision sur le fondement de l'art. R. 541-1 CJA pour obtenir la part non sérieusement contestable des sommes litigieuses. • Même décision.

20. Compétence de jugement des rejets de la CRC : conditions. La décision par laquelle une chambre régionale des comptes rejette une demande tendant à ce qu'elle constate qu'une dépense obligatoire n'a pas été inscrite au budget d'une collectivité, et à ce qu'elle adresse une mise en demeure à la collectivité concernée, ne constitue ni un jugement sur les comptes, dont la Cour des comptes serait compétente pour connaître, ni une décision juridictionnelle à l'encontre de laquelle un recours en cassation pourrait être formé devant le Conseil d'État, mais une décision administrative dont le juge administratif, juge de droit commun du contentieux administratif, est compétent pour connaître en premier ressort. • CE 23 mars 1984, *Organisme de gestion des écoles catholiques de Couëron, Loire-Atlantique,* n° 56053 : *Lebon 126 ; RD publ. 1984. 1125, note Auby ; AJDA 1984. 390 ; Rev. Trésor 1984. 550, note Ludwig ; Rev. adm. 1984. 271, note Fabre ; D. 1985. 261, note Duprat ; JCP 1985. II. 20339, note Balat ; ACL 1985. 188* • C. comptes, 10 mai 1984, *École catholique Saint-Martin à Saint-Rémy-de-Provence : Rev. Trésor 1985. 209, chron. Ludwig* • CE 10 juill. 1987, *M. Derez c/ Cne d'Uvernet-Fours,* n° 59259 : *Lebon 254 ; RFDA 1987. 987, note Melleray ; AJDA 1988. 58, note Benoit* • CE 6 déc. 1989, *SA de Crédit à l'industrie française CALIF,* n° 75991 B : *AJDA 1990. 484, note Moreau ; LPA 1991, n° 10, p. 21, note Llorens ; Dr. adm. 1990, n° 86.* ♦ Les décisions rendues par la chambre régionale des comptes, soit par un avis d'incompétence, soit par un avis estimant que la dépense ayant fait l'objet de la saisine n'a pas un caractère obligatoire, constituent des décisions faisant grief car elles interrompent la procédure et l'empêchent d'être menée à son terme, le préfet ne pouvant plus dès lors procéder à l'inscription d'office de la dépense au budget de la collectivité. • CE 4 nov. 1988, *Synd. mixte du collège Val-de-Sarre*, n° 69847 : *Lebon 395 ; AJDA 1988. 723, chron. Azibert et de Boisdeffre ; CJEG 1989. 171, note Hétier.* ♦ Néanmoins, une commune n'est pas fondée à demander l'annulation d'un avis d'une CRC ayant refusé de faire droit à une demande de reconnaissance du caractère obligatoire d'une dépense qui lui était adressée au motif tiré de son incompétence. Quand bien même les motifs de cet avis mentionneraient que le préfet serait compétent en la matière, ledit avis n'est pas défavorable à la commune et, en conséquence, ne lui fait pas grief. • CAA Marseille, 13 juin 2022, n° 20MA03831. ♦ La décision administrative par laquelle une CRC constate qu'une dépense n'est pas obligatoire doit, en application des dispositions de l'art. R. 1612-36 CGCT, donner lieu à notification à l'auteur de la saisine ; dès lors, les délais de recours contre un tel acte ne sont opposables, aux termes de l'art. R. 421-5 CJA, qu'à la condition d'avoir été mentionnés, ainsi que les voies de recours, dans sa notification, alors même que cette décision ne présenterait pas le caractère d'un acte individuel. • CAA Lyon, 7 juill. 2004, *Cne de Saint-Victor-la-Rivière*, n° 00LY02199.

21. Annulation de l'avis négatif : conséquences. Lorsque l'avis négatif de la chambre régionale des comptes est annulé par le juge de l'excès de pouvoir, il est impossible que la chambre reprenne à nouveau la position jugée illégale sur la même question, car son nouvel avis se heurte à l'autorité absolue de la chose jugée. • CE 2 oct. 1992, *Cne de la Chapelle-en-Serval*, n°s 100933 et 101039 : *Lebon 352 ; JCP 1992. IV. 2859 ; Rev. Trésor 1992. 810, concl. Pochard ; ACL 1993. 276.* ♦ La chambre régionale des comptes, dont l'avis constatant le caractère non obligatoire d'une dépense est annulé par le tribunal administratif, ne peut interjeter appel de ce jugement dans la mesure où elle n'est pas dotée de la personnalité morale, et ne peut dès lors agir en justice que par l'intermédiaire du ministre des Finances en application de l'art. 43 de l'Ord. n° 45-1708 du 31 juill. 1945 sur le Conseil d'État. • CE 10 janv. 1986, *CRC d'Île-de-France*, n° 70253 : *Lebon 6 ; AJDA 1986. 187, obs. Moreau ; RD publ. 1986. 1175 ; ACL 1987. 241.*

22. Contentieux de l'avis positif et des demandes corrélatives. Si, dans un délai d'un mois, une mise en demeure tendant à l'inscription d'une dépense obligatoire au budget d'une collectivité n'est pas suivie d'effet, la chambre régionale des comptes demande au préfet d'inscrire cette dépense au budget de la collectivité concernée. Dans le cas où la chambre refuse de saisir le préfet, son avis présente le caractère d'une décision susceptible d'être déférée au juge administratif. • CE 18 nov. 1998, *Assoc. d'éducation populaire Louis-Flodrops*, n° 143007 : *LPA 1999, n° 236 ; ACL 1999. 338* • CE 18 nov. 1998, *Assoc. OGEC de l'école privée catholique mixte Notre-Dame de Calais*, n° 143008 • 18 nov. 1998, *Assoc. de gestion de l'école privée catholique de l'institution Sainte-Germaine de Calais*, n° 143009 • 18 nov. 1998, *Assoc. de gestion du pensionnat Saint-Pierre*, n° 143010 • 18 nov. 1998, *Assoc. d'enseignement du 11, rue Champailler*, n° 143011 • 18 nov. 1998, *Assoc. de gestion de l'école privée du Sacré-Cœur*, n° 143012. ♦ Dès lors, la décision par laquelle la chambre régionale des comptes constate que les crédits nécessaires à une dépense obligatoire n'ont pas été inscrits au budget de la collectivité, et par laquelle elle met en demeure celle-ci de procéder à leur inscription, ne constitue pas par elle-même une décision susceptible d'être déférée au juge de l'excès de pouvoir. • Mêmes décisions. ♦ Seule la décision du préfet par laquelle celui-ci procède ou non à l'inscription d'office de la dépense au budget de la collectivité, et par laquelle il rend exécutoire le budget rectifié en conséquence, est susceptible d'un recours pour excès de pouvoir devant le TA, car elle seule peut faire grief. En revanche, le préfet, en s'abstenant de saisir la chambre régionale des comptes, malgré la demande qui lui en est faite par une personne intéressée, ne prend pas une décision susceptible de faire l'objet d'un recours pour excès de pouvoir, cette personne ayant la faculté de saisir elle-même cette chambre. • CE 9 sept. 1996, *Synd. CGTM des sapeurs-pompiers départementaux de la Martinique*, n° 151647 : *Quot. jur. 17 déc. 1996 ; ACL 1997. 442.*

23. Combinaison de la compétence du tribunal administratif et de la CRC. Lorsque le tribunal administratif puis la CAA ont rejeté un recours pour excès de pouvoir à l'encontre d'une décision rendue par une chambre régionale des comptes statuant sur le caractère obligatoire d'une dépense, la chambre régionale des comptes, saisie de la même demande par les mêmes parties, ne peut que prononcer le non-lieu à statuer. • CRC Île-de-France, 28 juin 2000, Avis de contrôle budgétaire : *Rec. C. comptes 152.* ♦ L'existence d'une instance devant le tribunal administratif ne peut interdire à une chambre régionale des comptes de se prononcer sur le caractère obligatoire d'une dépense. • CRC Nord-Pas-de-Calais, 16 nov. 1990 : *Cne d'Obrechies.* ♦ Ainsi, une chambre régionale des comptes, en s'abstenant de se prononcer sur le caractère obligatoire d'une dépense, dans l'attente d'un jugement à intervenir du tribunal administratif sur une affaire alors pendante devant lui et relative aux mêmes dispositions, méconnaît l'étendue de ses attributions. • CE 29 déc. 2000, *Dpt de la Moselle*, n° 76871 : *ACL 2001. 457.* ♦ De même, après avoir constaté le caractère obligatoire d'une dépense, la chambre régionale des comptes ne peut refuser de mettre en demeure la collectivité d'inscrire les crédits correspondants à son budget, au motif qu'une action est en instance devant le TA. • TA Lyon, 17 déc. 1992, *Préfet de la Loire : Gaz. Pal. 1993. 2. 174.*

VI. RÈGLEMENT DU BUDGET

24. Déclaration du taux des impositions prorogé. Si, en vertu du CGI, les collectivités doivent faire connaître aux services fiscaux, avant le 31 mars de chaque année, les décisions relatives aux taux des impositions directes perçues à leur profit, ce délai est prorogé par l'application des dispositions propres au contrôle budgétaire lorsque la fixation de ces taux intervient par la voie d'un arrêté préfectoral d'inscription d'office d'une dépense obligatoire. ♦ Il en va ainsi lorsque la chambre régionale des comptes demande au préfet de procéder à l'inscription d'office d'une dépense obligatoire et de la financer par un accroissement du produit des contributions locales.

25. Spécialisation et individualisation des crédits. L'inscription de crédit effectuée par le préfet à la demande de la chambre régionale des comptes ou par l'organe délibérant suite à la mise en demeure prononcée par celle-ci constitue une décision budgétaire modificative comportant spécialisation du crédit concerné. ♦ V. sur ce point * Circ. du 30 oct. 1988 (Économie-Intérieur) : *Mon. TP 16 déc. 1988, textes officiels, n° 4438-IX.* ♦ Aux termes des art. L. 2312-2, L. 3312-1 et L. 4311-1, les crédits budgétaires sont votés par chapitre, dès lors, le préfet ne peut, à l'occasion de l'inscription d'office de crédits, procéder à leur individualisation par articles à l'intérieur des chapitres et sous-chapitres. • CE 25 mars 1998, *Min. de l'Intérieur,* n° 103290 : *Rev. Trésor 1999. 564.*

26. Délai de règlement par le préfet. La décision par laquelle le préfet règle le budget et le rend exécutoire est adressée, dans le délai de 20 jours à compter de la notification de l'avis de la CRC, d'une part à la collectivité, et d'autre part à la chambre régionale des comptes mais ce délai n'est pas imparti à peine de nullité de la procédure. • CAA Paris, 13 déc. 1994, *M. Albert,* n° 94PA00297 : *Lebon 833 ; LPA 1995, n° 44* • 13 déc. 1994, *M. Antoine,* n° 94PA00296 : *RJF 1995, n° 607 ; AJDA 1995. 63, concl. Mendras* • CE 8 févr. 1999, *Beaune,* n° 168382 : *RJF 1999, n° 421.*

27. Conditions encadrant l'inscription d'office. Des dépenses ne peuvent être inscrites d'office par le préfet au budget de la collectivité que si elles sont obligatoires dans leur principe, liquides et non sérieusement contestées. • CE 11 déc. 1987, *Cne de Pointe-à-Pitre,* n° 26246 B : *ACL 1988. 228.* ♦ Est sérieuse la contestation du montant d'une créance réclamée postérieurement à l'acceptation du décompte définitif d'un marché. • CE 13 janv. 1995, *Sté nat. de construction Quillery,* n° 142049 : *Lebon 728 ; RFDA 1995. 107.* ♦ Lorsque la CRC a refusé de reconnaître le caractère obligatoire d'une dépense, le préfet ne peut procéder à l'inscription d'office de celle-ci. • CE 4 nov. 1988, *Synd. mixte du collège Val-de-Sarre,* n° 69847 : *Lebon 395 ; AJDA 1988. 723, chron. Azibert et de Boisdeffre ; CJEG 1989. 171, note Hétier.* ♦ Si le préfet s'écarte des propositions de la chambre régionale des comptes, il doit motiver explicitement les raisons de cette différence d'appréciation sous peine de voir sa décision entachée d'illégalité. • CE 26 juin 1987, *Organisme de gestion de l'école catholique « La Providence » à Saint-Brieuc : Dr. adm. 1987, n° 420 ; AJDA 1988. 47, note Toulemonde* • 10 oct. 1990, *Préfet du Val-d'Oise,* n° 81685 : *Lebon 260.* ♦ Le préfet ne peut justifier une éventuelle décision de refus d'inscription d'une dépense obligatoire par des instructions à caractère général mais seulement par des éléments tirés de l'examen des circonstances particulières de l'espèce, sous peine de voir sa décision entachée d'erreur de droit. • CE 31 mai 1985, *Assoc. d'éducation populaire de l'École Notre-Dame d'Arc-les-Gray,* n° 55925 : *Lebon 167.* ♦ Le préfet doit motiver la décision par laquelle il refuse de se conformer aux propositions de la chambre régionale des comptes, par des considérations liées directement à l'objet de la saisine. • CE 3 avr. 1987, *Min. de l'Éduc. nat. c/ École privée Sainte-Anne au Bouscat,* n° 57076. ♦ À l'inverse, si le préfet décide de procéder à l'inscription d'office de la dépense obligatoire, il peut se contenter de reprendre les éléments de fait et de droit retenus par la CRC dans son avis, pour fonder son arrêté d'inscription d'office. • CE 21 déc. 1994, *Dpt de la Marne,* n° 101923 : *Lebon 567 ; RFDA 1995. 213 ; JCP 1995. IV. 577 ; Dr. adm. 1995, n° 191.*

28. Responsabilité du préfet. Le refus illégal, de la part du préfet, d'inscrire d'office au budget d'une collectivité le montant d'une dépense obligatoire calculé par la chambre régionale des comptes est susceptible d'engager en cas de faute lourde la responsabilité de l'État envers le créancier et lui ouvre un droit à indemnité. • CE 21 nov. 1986, *Assoc. de gestion de Notre-Dame de Verneuil c/ Cne de Verneuil-sur-Seine,* n° 64062 B : *ACL 1987. 241* • 26 juin 1987, *Organisme de gestion de l'école catholique « La Providence » à Saint-Brieuc : préc.* • 27 mai 1988, *École Jeanne-d'Arc à Plozevet : Dr. adm. 1988, n° 358.* ♦ Le refus, même implicite, du préfet d'inscrire d'office une dépense obligatoire peut être déféré devant le juge administratif et engage la responsabilité de l'État. • TA Basse-Terre, 15 janv. 1996, *Préfet de la Région Guadeloupe,* n° 931315.

29. Refus d'inscription demandée par la chambre régionale des comptes. Lorsqu'elle demande au préfet d'inscrire une dépense qu'elle estime obligatoire, celui-ci peut, sous le contrôle du juge de l'excès de pouvoir, refuser par décision motivée de se conformer à la proposition de la chambre régionale des comptes, et estimer ainsi que la dépense obligatoire rend nécessaire l'ouverture de crédits d'un montant différent, ou bien reprendre le même montant mais en l'assortissant de mesures différentes destinées à assurer l'équilibre du budget, voire même estimer que la dépense n'a pas un caractère obligatoire contrairement à l'avis rendu par la chambre. • CE 10 févr. 1988, Cne de Brives-Charensac c/ Arnaud, nos 78230, 78805 et 78806 : *Lebon 54 ; AJDA 1988. 279, concl. Roux ; D. 1988. 264, obs. Llorens.*

30. Mise en demeure d'inscrire la dépense. La circonstance que les titres exécutoires, émis par une commune à l'encontre d'un syndicat d'agglomération nouvelle au titre des frais d'assainissement supportés par elle au bénéfice d'une autre commune, soient devenus définitifs, n'oblige pas la chambre régionale des comptes, qui doit vérifier que la créance de la commune est obligatoire dans son principe et liquide, à mettre en demeure le syndicat d'inscrire la dépense correspondante à son budget. • CE 8 déc. 2003, *Cne de Maurepas c/ Synd. d'agglomération nouvelle de Saint-Quentin-en-Yvelines*, no 215705 : *JCP Adm. 2004, no 1114 ; Rev. Trésor 2004. 403 ; ACL 2004. 571.* ♦ En revanche, la chambre régionale des comptes méconnaît les limites de ses attributions en s'abstenant d'adresser une mise en demeure à la collectivité, alors même qu'elle avait admis le caractère obligatoire de la dépense et constaté l'insuffisance des crédits inscrits au budget. • TA Châlons-sur-Marne, 29 juin 1993, *Préfet de la Marne : Lebon T. 625 et 693.* ♦ De même, la chambre régionale des comptes commet une erreur de droit lorsque, après avoir constaté la non-inscription d'une dépense obligatoire par détermination de la loi au budget d'une collectivité, elle ne met pas en demeure cette dernière de l'y inscrire au motif que la créance correspondante n'est pas exigible, alors que les dépenses qui présentent un caractère obligatoire par détermination de la loi ne sont soumises à aucune condition d'exigibilité susceptible de faire obstacle à la procédure engagée sur le fondement de l'art. L. 1612-15. • CE 16 oct. 1996, *Dpt de la Loire*, no 147534 : *ACL 1997. 443.*

31. Mesures d'accompagnement. L'avis par lequel la chambre régionale des comptes met en demeure l'organe délibérant de la collectivité d'inscrire une dépense obligatoire à son budget, ou par lequel elle demande au préfet d'inscrire cette dépense, peut également contenir, s'il y a lieu, des mesures d'accompagnement nécessaires au maintien de l'équilibre du budget de la collectivité concernée. • CRC Poitou-Charentes, 5 sept. 1990 : *Maison de retraite de La Ménardière.* ♦ Tel est le cas notamment de mesures d'accroissement des taux des impositions directes locales. • CAA Paris, 13 déc. 1994, *M. Antoine*, no 94PA00296 : *AJDA 1995. 63, concl. Mendras.* ♦ Sur les effets de la contestation sérieuse d'une dette sur la légalité de l'arrêté par lequel le préfet procède au mandatement d'office d'une dépense, V. art. L. 1612-16.

Art. L. 1612-15-1 *Abrogé par Ord. no 2019-552 du 3 juin 2019, art. 13.*

Art. L. 1612-16 **À défaut de mandatement d'une dépense obligatoire par le maire, le président du conseil départemental ou le président du conseil régional suivant le cas, dans le mois suivant la mise en demeure qui lui en a été faite par le représentant de l'État dans le département, celui-ci y procède d'office.**

Le délai prévu à l'alinéa précédent est porté à deux mois si la dépense est égale ou supérieure à 5 p. 100 de la section de fonctionnement du budget primitif. – *[L. no 96-142 du 21 févr. 1996, art. 4-I ; CJF, art. L. 232-15, L. 232-23 et L. 232-26.]*

BIBL. ▶ Chartier et Doyelle, *AJDA 1989. 684* (notion de crédits disponibles pour le mandatement d'une dépense obligatoire).

1. Compétence. La chambre régionale des comptes est incompétente pour connaître des saisines tendant au mandatement d'office de dépenses obligatoires, ce mandatement relevant du seul préfet. • CRC Bretagne, 28 avr. 1987, *Cne de Saint-Malo* • CRC Bretagne, 2 oct. 1990, *Cnes de Boqueho et de Saint-Donan.* ♦ De plus, ni les dispositions de l'art. L. 1612-16, ni aucune autre disposition législative ne subordonnent, à la différence de l'inscription d'office, le mandatement d'office d'une dépense obligatoire à la consultation de la chambre régionale des comptes lorsque ce mandatement n'implique pas, au préalable, une inscription d'office. • CE 9 avr. 1999, *Killem*, no 163973 : *Rev. Trésor 2000. 63 ; ACL 2000. 387.* ♦ Ainsi, les intérêts dus par une commune, qui correspondaient au retard mis par celle-ci à régler le prix de l'acquisition par elle d'un terrain, constituant une dépense obligatoire et les crédits inscrits au compte « acquisitions de terrains » du budget de la commune étant suffisants pour faire face à cette dépense, le préfet a pu, sur le fondement de l'art. L. 1612-16, et sans suivre la procédure d'inscription d'office de l'art. L. 1612-15, mandater la somme correspondant à ces intérêts. • Même décision.

2. Mise en demeure. Adressée par le préfet à la collectivité, préalablement au mandatement d'office d'une dépense obligatoire la mise en demeure, ne constitue que le premier acte de la procédure administrative susceptible d'aboutir éventuellement à la décision du préfet de mandater d'office, sur les crédits inscrits au budget de la collectivité concernée, une dépense obligatoire. • TA Lyon, 18 mai 1993, *Cté urb. de Lyon : Lebon 546 ; Dr. adm. 1993, no 555.* ♦ Dès lors elle n'est pas, en elle-même, susceptible d'être déférée au juge de l'excès de pouvoir. • Même jugement. ♦ Ainsi la constatation, par le comptable, que des intérêts moratoires dus n'ont pas été mandatés en même temps que le principal, et la mise en demeure que le préfet adresse à l'ordonnateur en vue de leur mandatement ne constituent que le premier acte de la procédure administrative pouvant aboutir, éventuellement, à la décision du préfet de mandater d'office la dépense ; cette mise en demeure ne présente pas, par elle-même, le caractère d'une décision susceptible de recours. • CE 15 nov. 1995, *Cne de Franconville-la-Garenne*, n° 138939 B : *Gaz. Pal. 1996. 1. Pan. dr. adm. 4 ; Dr. adm. 1995, n° 744.*

3. Mandatement d'office d'une dépense obligatoire. Il est réalisé par le préfet et ne peut intervenir qu'à l'égard d'une dépense pour laquelle des crédits suffisants ont été inscrits au budget, ou qui a fait l'objet d'une décision d'inscription d'office. V. * Rép. min. n° 22933 : *JO Sénat Q, 15 août 1985, p. 1553.* ♦ Dans un tel cas, le juge de l'excès de pouvoir exerce un contrôle normal. • CE 12 oct. 1994, *Dpt des Alpes-de-Haute-Provence*, n° 141938 : *Lebon 443 ; ACL 1995. 297.* ♦ Tel est le cas notamment lorsque le préfet a mandaté d'office le montant de l'annuité d'un emprunt contracté par la collectivité, et que celle-ci conteste ce montant des intérêts dus par elle. • Même décision. ♦ L'absence de mandatement d'une dépense obligatoire régulièrement inscrite au budget, ou ayant fait l'objet d'une inscription d'office, équivaut à un refus tacite de mandater de la part du préfet et, s'agissant d'une décision faisant grief, est susceptible de recours devant le TA, qui peut apprécier s'il y a eu, en l'espèce, faute lourde de nature à engager la responsabilité de l'État. * Rép. min. n° 22933 : *JO Sénat Q, 15 août 1985, p. 1553.* – V. aussi notes ss. art. L. 1612-2 et notes ss. art. L. 1612-15. ♦ Les intérêts dus par une commune, qui correspondaient au retard mis par celle-ci à régler le prix de l'acquisition par elle d'un terrain, constituant une dépense obligatoire et les crédits inscrits au compte « acquisitions de terrains » du budget de la commune étant suffisants pour faire face à cette dépense, le préfet a pu, sur le fondement de l'art. L. 1612-16, et sans suivre la procédure d'inscription d'office de l'art. L. 1612-15, mandater la somme correspondant à ces intérêts. • CE 9 avr. 1999, *Killem*, n° 163973 : *préc. note 1.* ♦ Dans la mesure où la commune a inscrit dans son budget les crédits nécessaires au règlement de la dépense dont il s'agit, le préfet n'a pas à inscrire, préalablement au mandatement d'office, cette dépense au budget de la collectivité. • CE 17 déc. 2003, *Sté Natexis-Banques populaires*, n° 249089 : *JCP Adm. 2004, n° 1115 ; BJCL 2004. 354, concl. Vallée ; Rev. Trésor 2004. 404 ; ACL 2004. 574.* ♦ En revanche, en l'absence de crédits disponibles, le préfet peut adresser, préalablement au mandatement d'office, une mise en demeure à la collectivité concernée lui demandant de prendre, avant l'adoption du budget, une délibération spéciale inscrivant ces crédits. • CRC Languedoc-Roussillon, 18 janv. 1989, *Cne de Bolquère*.

4. Mandatement d'office et contestation sérieuse. Une contestation sérieuse du caractère obligatoire d'une dépense interdit au préfet de mettre en œuvre la procédure de mandatement d'office prévue à l'art. L. 1612-16. • CE 13 janv. 1995, *Sté nat. de construction Quillery*, n°s 142049 et 146261 : *Lebon 728 ; RFDA 1995. 107.* ♦ En effet, Il résulte des dispositions de l'art. L. 1612-15 CGCT qu'une dépense ne peut être regardée comme obligatoire et faire l'objet d'un mandatement d'office que si elle correspond à une dette échue, certaine, liquide, non sérieusement contestée dans son principe et dans son montant et découlant de la loi, d'un contrat, d'un délit, d'un quasi-délit ou de toute autre source d'obligations. • CE 17 déc. 2003, *Sté Natexis-Banques populaires*, n° 249089 : *préc. note 3.* ♦ Sur la contestation sérieuse d'une dette, V. note 22 ss. art. L. 1612-15.

5. Délégation de compétence. En cas de mandatement d'office, un attaché de préfecture peut signer les mandats si le préfet lui a consenti une délégation « en vue du contrôle de légalité de tous les actes, y compris budgétaires ». • CE 21 déc. 1994, *Dpt de la Marne : Gaz. Pal. 1995. 1. 129.* ♦ De même, il résulte des dispositions combinées des décrets du 24 juin 1950 et du 10 mai 1982 que le préfet peut déléguer sa signature aux sous-préfets d'arrondissement pour toutes les matières intéressant leur arrondissement. En l'espèce, par arrêté régulièrement publié au recueil des actes administratifs de la préfecture, le sous-préfet avait reçu délégation de signature du préfet pour l'inscription et le mandatement d'office des dépenses obligatoires. • CE 17 déc. 2003, *Sté Natexis-Banques populaires*, n° 249089 : *préc. note 3.*

6. Suspension de l'arrêté préfectoral. Le juge des référés du TA peut suspendre l'exécution de l'arrêté par lequel le préfet a décidé le mandatement d'office d'une dépense, lorsque du fait du montant très élevé de la dépense mandatée d'office au regard du montant total du budget de la collectivité, et des conséquences d'une telle circonstance pour celle-ci, l'urgence justifiait cette suspension. • CE 29 juin 2001, *Cie nat. du Rhône*, n° 231867 : *Rev. Trésor 2002. 313 ; RFDA 2002. 620.* ♦ En revanche, ne justifie pas la suspension de l'arrêté par lequel le préfet a décidé le mandatement d'office d'une dépense le fait que le versement de la subvention litigieuse puisse conduire au maintien des dysfonctionnements affectant le syndicat mixte subventionné par la collectivité locale : en effet, le maintien de ces dysfonctionnements ne suffit pas à caractériser l'existence d'une situation d'urgence, qui ne résulte pas davantage de la nature et de la portée de l'arrêté attaqué. • CE 27 juill. 2001, *Région Languedoc-Roussillon*, n° 234120 : *Rev. Trésor 2002. 314 ; RFDA 2002. 621.* ♦ De plus, le juge des référés du tribunal administratif qui relève que la dette faisait l'objet d'une contestation sérieuse, propre en l'état de l'instruction à créer un doute sérieux quant à la légalité de l'arrêté litigieux, peut constater, par suite, que la dépense mandatée d'office n'était pas obligatoire. • CE 29 juin 2001, *Cie nat. du Rhône*, n° 231867 : *Rev. Trésor 2002. 313 ; RFDA 2002. 620*. ♦ Sur les effets de la contestation sérieuse d'une dette, V. annotations ss. art. L. 1612-15.

Art. L. 1612-17 **Les dispositions des articles L. 1612-15 et L. 1612-16 ne sont pas applicables à l'inscription et au mandatement des dépenses obligatoires résultant, pour les collectivités territoriales, leurs groupements et leurs établissements publics, d'une décision juridictionnelle passée en la force de la chose jugée. Ces opérations demeurent régies par** *(Ord. n° 2003-1212 du 18 déc. 2003, art. 2)* **« l'article 1er de la loi n° 80-539 du 16 juillet 1980 relative aux astreintes prononcées en matière administrative et à l'exécution des jugements par les personnes morales de droit public et les articles L. 911-1, L. 911-2, L. 911-5 à L. 911-8 du code de justice administrative ».**

I. INCOMPÉTENCE DE LA CRC À FAIRE EXÉCUTER LA DÉCISION JURIDICTIONNELLE

1. Inexécution – mandatement. Il appartient au créancier qui n'a pu obtenir un paiement de saisir le préfet lequel pourra procéder au mandatement d'office en cas de crédits disponibles, ou adresser une mise en demeure à la collectivité d'ouvrir ces crédits en cas d'insuffisance ou d'absence. Une chambre régionale des comptes est incompétente pour connaître des saisines relatives à l'inscription et au mandatement des dépenses obligatoires résultant d'une décision de justice ayant acquis force de chose jugée, c'est-à-dire après épuisement des voies de recours, et portant condamnation au paiement d'une somme d'argent dont le montant a été fixé par la décision elle-même, car la mise en œuvre de ces décisions est régie par la L. n° 80-539 du 16 juill. 1980 [V. CJA, art. L. 911-1 s. et R. 911-1 s.]. • CRC Centre, 25 juin 1991, *Cne de Chartres* • CRC Rhône-Alpes, 26 oct. 2000, *SIVOM de Journans*, n° 2000-322 : *RFDA 2001. 1111* • CRC Auvergne-Rhône-Alpes, 6 mai 2013, *Synd. mixte d'aménagement rural de la Drome*, n° 2013-0086. ♦ Il faut noter que, selon les dispositions de l'art. 20 de la L. du 12 avr. 2000, lorsqu'une demande est adressée à une autorité administrative incompétente, cette dernière la transmet à l'autorité administrative compétente et en avise l'intéressé. Dans la mesure où la chambre régionale des comptes agit, en matière budgétaire, en tant qu'autorité administrative, ces dispositions lui sont applicables et, par suite, il appartient à la chambre de transmettre au préfet la demande qui lui a été adressée. • CRC Corse, 12 déc. 2005, *Avis de contrôle budgétaire : Rec. C. comptes 2005. 249.* ♦ Lorsque le préfet a mis en œuvre, avant le vote du budget, la procédure de mandatement d'office prévue à l'art. L. 1612-17 CGCT, que la collectivité n'en a pas tiré les conséquences en termes d'inscription de crédits et que le comptable public n'a pu procéder au paiement du mandat faute de crédits suffisants ouverts au chapitre intéressé, le préfet peut, à juste titre, saisir la chambre régionale des comptes sur le fondement de l'art. L. 1612-5 CGCT. • CRC Île-de-France, 11 juin 2004, Avis de contrôle budgétaire : *Rec. C. comptes 2004. 243.*

2. Inexécution – inscription. Si le montant de la dépense a bien été fixé par la décision juridictionnelle elle-même, la CRC se déclare incompétente. • CRC Haute-Normandie, 16 avr. 1991 : *Cne de Darnétal* • CRC La Réunion, 30 avr. 1992 : *Cne du Port* • CAA Paris, 30 déc. 1997, *Min. délégué au Budget*, n° 96PA02349. ♦ Lorsque la décision de justice n'est pas passée en force de chose jugée, la CRC reste compétente pour statuer sur une demande d'inscription d'une telle dépense. • CRC PACA, 24 août 2004, Avis de contrôle budgétaire : *Rec. C. comptes 2004. 287.* ♦ S'agissant d'une demande incluant, outre le principal de la condamnation, les intérêts légaux, ces derniers seront considérés comme découlant de la décision elle-même dès lors qu'elle en fixe le point de départ et qu'ainsi le calcul de leur liquidation en résulte directement. • CRC Corse, 27 avr. 1994 : *Office d'équipement hydraulique de la Corse.* ♦ De même, dans le cas d'une décision du Conseil d'État condamnant une commune à verser à un agent une somme égale à sa rémunération depuis le 1er mars 1985, la somme est bien fixée par la décision elle-même puisque les éléments permettant le calcul sont déterminés par le statut de l'intéressé. • CRC Martinique, 12 nov. 1992 : *Cne de Sainte-Marie.* ♦ Il en est de même pour un jugement du TA condamnant une commune à verser à un agent le montant du supplément familial de traitement dont il aurait dû bénéficier depuis 1979, bien que la liquidation exacte soit renvoyée à la commune. • CRC Picardie, 19 déc. 1994 : *Cne de Chambly.* ♦ En revanche, dans le cas de l'annulation par le TA d'un arrêté de licenciement, la chambre régionale des comptes s'est déclarée compétente pour examiner une demande portant sur le versement à l'agent concerné de la rémunération qu'il aurait perçue s'il n'avait pas été licencié, estimant que la somme ne découlait pas du jugement lui-même. • CRC Lorraine, 25 janv. 1990 : *Cne de Louvigny.* ♦ Saisie d'une dépense résultant d'une décision passée en force de chose jugée, la CRC doit cependant examiner si le montant de cette dépense a bien été fixé par la décision juridictionnelle elle-même et, si tel n'est pas le cas parce que la juridiction a statué seulement sur son principe, la chambre peut être saisie à bon droit. • CRC Lorraine, 4 janv. 1991 : *Cne de Toul.* ♦ En ce qui concerne les dépens, la chambre régionale des comptes n'est pas compétente s'ils sont fixés par la décision juridictionnelle elle-même, ou précisés par la production d'un état exécutoire délivré par le secrétaire de la juridiction. • CRC PACA, 3 nov. 1992 : *Cne de Jausiers* • CRC Bretagne, 25 mai 1994 : *Cne de Saint-Pern.* ♦ Sur les décisions juridictionnelles passées en force de chose jugée, V. : *AJDA 1995. 898.*

II. POUVOIRS DU PRÉFET

3. Mandatement d'office, loi de 1980. La décision du juge de l'expropriation fixant, en application des art. L. 13-1 s. C. expr., les indemnités destinées à réparer le préjudice résultant de l'expropriation, doit être regardée comme une décision juridictionnelle condamnant une collectivité au paiement d'une somme d'argent au sens de la L. du 16 juill. 1980. Dès lors, compte tenu de ce que le jugement d'expropriation fixant le montant des indemnités d'expropriation était passé en force de chose jugée à la date de son arrêté, le préfet peut légalement mandater d'office au profit des personnes expropriées les sommes fixées par ce jugement. • CE 5 juill. 2010, *Cne d'Angerville,* n° 309355 : *AJDA 2011. 168, note Caille ; AJCT 2010. 88, obs. Struillou ; BJCL 2010. 695, concl. Cortot-Bouchet ; RDI 2010. 489, note Hostiou.* ♦ L'art. 1er de la L. du 16 juill. 1980 permettant au requérant, en cas d'inexécution d'une décision passée en force de chose jugée condamnant une collectivité ou un établissement public au paiement d'une somme d'argent dont elle fixe le montant, d'obtenir le mandatement d'office de cette somme, il n'y a pas lieu de faire droit aux conclusions de ce requérant tendant à ce qu'il soit enjoint à la personne condamnée de payer ladite somme. • CE 6 mai 1998, *Lother,* nos 141236 et 190092 : *ACL 1999. 308.*

4. Provision, réquisition. Le préfet ne dispose pas du pouvoir d'imposer à une commune de constituer une provision pour litige ou de dégager un excédent reportable. • CE 10 nov. 1999, *Sté de gestion du port de Campoloro et Sté fermière de Campoloro,* n° 181538 : *RFDA 2000. 1096, note Bon ; ACL 2000. 390.* ♦ Si les dispositions de la loi du 16 juill. 1980 donnent au préfet, en cas de carence d'une collectivité à assurer l'exécution d'une décision juridictionnelle, le pouvoir de se substituer aux organes de cette collectivité, ces dispositions ne prévoient pas que le préfet dispose d'un pouvoir de réquisition de son comptable. • TA Versailles, 11 déc. 2008, *Préfet de l'Essonne,* n° 06030013 : *BJCL 2009. 403, concl. Ribeiro-Mengoli ; JCP Adm. 2009, n° 2100, note Erstein.* ♦ S'il peut résulter de cette situation l'impossibilité pour un créancier de recevoir entre ses mains le paiement des sommes mandatées pour l'exécution d'une décision juridictionnelle, cette circonstance ne saurait, quand bien même elle serait contraire aux stipulations de conventions internationales, avoir par elle-même pour effet d'habiliter le préfet à exercer ce pouvoir de réquisition. • CAA Versailles, 21 juin 2012, *M. Montravers,* n° 09VE00402 : *AJDA 2012. 2053, obs. Kermorgant.*

5. Mise en demeure. Dans la mesure où il résulte des dispositions de la L. du 16 juill. 1980 que, lorsque le mandatement doit être précédé de l'inscription d'office des sommes correspondantes au budget, il ne peut être procédé à cette inscription sans qu'une mise en demeure ait été préalablement adressée par l'autorité de contrôle de la collectivité, l'omission de cette formalité entraîne la nullité de l'inscription d'office. • CE 23 déc. 1988, *Ville de Romans-sur-Isère,* n° 90014 : *Lebon 471 ; Gaz. Pal. 1989. 2. 435 ; JCP 1989. IV. 34 ; D. 1989. IR 51 ; AJDA 1989. 267, note Auby.* ♦ Lorsque le préfet s'est borné, par une lettre, à inviter la commune à payer une indemnité fixée par un jugement passé en force de chose jugée ou à ouvrir les crédits nécessaires, cette lettre ne peut, en tout état de cause, être regardée comme une « mise en demeure de créer les ressources nécessaires en cas d'insuffisance de crédit », au sens des dispositions du deuxième al. du II de l'art. 1er de la loi du 16 juill. 1980. • CE 5 juill. 2010, *Cne d'Angerville,* n° 309355.

6. Recours. La décision du préfet, qui rejette une demande d'exécution d'une décision de justice fondée sur les dispositions de la L. du 16 juill. 1980, constitue une décision faisant grief et est susceptible de faire l'objet d'un recours pour excès de pouvoir. • CE 18 nov. 2005, *Sté fermière de Campoloro et a.,* n° 271898 : *Dr. adm. 2006, n° 33, note Guettier ; BJCL 2006. 43, concl. Boulouis, obs. Touvet ; AJDA 2006. 137 ; JCP Adm. 2005, n° 1387, concl. Boulouis ; Rev. Trésor 2006. 331, note Touvet ; ACL 2006. 390.* ♦ Les recours formés contre les jugements rendus par le TA sont, en principe, dépourvus d'effet suspensif. Cette règle est reprise à l'art. R. 811-14 CJA, qui dispose que le recours en appel n'a pas d'effet suspensif s'il n'en est autrement ordonné par le juge d'appel. C'est ainsi qu'en matière de plein contentieux, la personne publique doit verser les sommes dont elle est déclarée débitrice, dès la notification du jugement. Néanmoins, afin de prévenir les risques d'insolvabilité ultérieure de la partie bénéficiaire des sommes, dans l'hypothèse où un arrêt d'appel annulerait le jugement rendu en première instance, l'art. R. 811-16 CJA précise que, lorsqu'il est fait appel par une personne autre que le demandeur en première instance, la juridiction d'appel peut, à la demande de l'appelant, ordonner qu'il soit sursis à l'exécution du jugement déféré, si cette exécution risque d'exposer l'appelant à la perte définitive d'une somme qui ne devrait pas rester à sa charge dans le cas où ses conclusions d'appel seraient accueillies. Les collectivités peuvent se prévaloir de ce type de sursis à exécution particulier. * Rép. min. : *JOAN Q, 28 août 2000, n° 44079 ; Rev. Trésor 2000. 794.*

7. Responsabilité. BIBL. Cassia, *AJDA 2007. 1218* (la contrainte au paiement d'une somme d'argent en cas d'inexécution d'une décision juridictionnelle par une collectivité territoriale). ♦ Le préfet, qui met en demeure le maire d'une commune de mandater les sommes dues en exécution d'une décision de justice et qui, ayant renouvelé cette mise en demeure, rappelle au maire la nécessité de prendre les mesures propres à exécuter la décision de justice en portant notamment les taux de la fiscalité à leur plafond, en réduisant au minimum les dépenses et en envisageant les possibilités d'aliénation des biens communaux, qui fixe ensuite par arrêté les taux d'imposition à leur niveau plafond et mandate d'office les sommes considérées, a ainsi accompli l'ensemble des diligences, dans la limite des compétences légales de l'autorité préfectorale, pour parvenir au règlement par la commune des sommes dont celle-ci était débitrice en exécution d'une décision de justice. Le préfet n'a commis aucune faute dans l'exercice des pouvoirs dévolus par la L. du 16 juill. 1980 et, par suite, la responsabilité de l'État ne saurait être regardée comme engagée à raison d'une telle faute. • CE 10 nov. 1999, *Sté de gestion du port de Campoloro et Sté fermière de Campoloro*, n° 181538 : *RFDA 2000. 1096, note Bon* ; *ACL 2000. 390.* – V. aussi : *D. 1995. 553, note Pastorel* ; *Rev. Trésor 1996. 133.* ♦ Par les dispositions du II de l'art. 1er de la loi du 16 juill. 1980, le législateur a voulu donner au préfet, en cas de carence d'une collectivité à assurer l'exécution d'une décision juridictionnelle passée en force de chose jugée, et après mise en demeure à cet effet, le pouvoir de se substituer aux organes de cette collectivité afin de dégager ou de créer les ressources permettant la pleine exécution de cette décision. Toutefois, l'immunité d'exécution dont bénéficient les personnes morales de droit public, notamment les collectivités locales, est un principe général du droit. S'il interdit le recours aux procédures civiles d'exécution à l'encontre de ces personnes morales, ce principe ne les dispense pas de l'obligation de respecter les décisions de justice exécutoires. Cette obligation a été consacrée par la CEDH, (19 mars 1997, *M. Hornby c/ Grèce*) qui protège le droit à l'exécution des décisions de justice au nom du droit d'accès au tribunal l'art. 6, § I, Conv. EDH. En outre, des moyens permettent d'obtenir le paiement des dettes par la contrainte. Il appartient ainsi au préfet, sous le contrôle du juge, de prendre, compte tenu de la situation de la collectivité et des impératifs d'intérêt général, les mesures nécessaires. Au nombre de celles-ci : figure la possibilité de procéder à la vente de biens appartenant à la collectivité dès lors que ceux-ci ne sont pas indispensables au bon fonctionnement des services publics dont elle a la charge. Si le préfet s'abstient ou néglige de faire usage des prérogatives qui lui sont ainsi conférées par la loi, le créancier de la collectivité peut se retourner contre l'État en cas de faute lourde commise dans l'exercice du pouvoir de tutelle. En outre, dans l'hypothèse où, eu égard à la situation de la collectivité, notamment à l'insuffisance de ses actifs, ou en raison d'impératifs d'intérêt général, le préfet a pu légalement refuser de prendre certaines mesures en vue d'assurer la pleine exécution de la décision de justice, le préjudice qui en résulte pour le créancier de la collectivité territoriale est susceptible d'engager la responsabilité de la puissance publique s'il revêt un caractère anormal et spécial. • CE 18 nov. 2005, *Sté fermière de Campoloro et a.*, n° 271898 : *Lebon 515* ; *Dr. adm. 2006, n° 33, note Guettier* ; *BJCL 2006. 43, concl. Boulouis, obs. Touvet* ; *AJDA 2006. 137* ; *RFDA 2006. 341, note Bon* ; *JCP Adm. 2005, n° 1387, concl. Boulouis* ; *ACL 2006. 390.* ♦ L'État a été condamné dans cette même affaire par la CEDH qui a estimé que les sociétés requérantes étaient bénéficiaires de deux jugements, dont la commune n'avait pas fait appel, qui avaient institué celle-ci comme débitrice d'indemnités à leur profit. L'inexécution des jugements rendus en leur faveur avait ruiné leurs espérances légitimes de recouvrer leurs créances, au moins dans un délai raisonnable. L'impossibilité dans laquelle s'étaient trouvées les intéressées d'obtenir l'exécution des jugements constituait une ingérence dans le droit de propriété de celles-ci (1er al. de l'art. 1er du protocole n° 1 Conv. EDH). Dès lors, les sociétés requérantes ayant subi une charge spéciale et exorbitante du fait du non-versement des sommes dont elles auraient dû bénéficier en exécution des jugements précités, l'État français a été condamné au paiement des sommes dues. • CEDH 26 sept. 2006, *Sté de gestion du port de Campoloro et Sté fermière de Campoloro c/ France*, n° 57516/00 : *Rev. Trésor 2007. 587, note Mouzet.* ♦ Le retard de moins d'un mois pris par le préfet dans le département, pour faire usage des prérogatives qui lui sont conférées par la loi, ne peut être regardé comme caractérisant une abstention ou une négligence constitutive d'une faute lourde, de nature à engager la responsabilité de l'État. Par suite, l'obligation dont se prévaut le requérant ne peut qu'être regardée comme sérieusement contestable et, en conséquence, il convient de rejeter les conclusions à fin de provision. • TA Montreuil, ord., 18 avr. 2012, *M. Auguste et a.*, n° 1202329 : *AJCT 2012. 441, obs. Houser* ; *JCP Adm. 2012, n° 2229, note Pauliat.*

8. Astreinte. La L. n° 80-539 du 16 juill. 1980 a organisé l'inscription budgétaire et le mandatement d'office des dettes des personnes morales de droit public. La L. n° 2000-321 du 12 avr. 2000, relative aux droits des citoyens dans leurs relations avec l'administration, a réduit de 4 à 2 mois le délai préalable pour le recours à cette procédure de paiement d'office. De plus, pour les décisions de condamnation prononcées par les juridictions administratives, le titre IX du CJA prévoit le prononcé d'injonction et d'astreinte, même d'office, pour contraindre le paiement des dettes par les personnes morales de droit public. * Rép. min.

n° 5399 : *JOAN Q, 16 déc. 2002 ; Rev. Trésor 2003. 233.* ♦ En application des dispositions de la L. du 16 juill. 1980 (devenues l'art. L. 911-5 du CJA), qui prévoient que le Conseil d'État peut prononcer d'office une astreinte contre la personne publique responsable de l'inexécution d'une décision rendue par une juridiction administrative, une collectivité peut être condamnée au paiement d'une astreinte fixée à un certain montant par jour de retard. • CE 17 mai 1985, *Mme Menneret,* n° 51592 : *Lebon 149*. ♦ V. également, sur cette possibilité : • CE 24 avr. 1992, *Mme Tuques, M. Marcaillou : nos 102486 et 113049.* ♦ En vertu des dispositions de l'art. 1153-1 C. civ., tout jugement prononçant une condamnation à une indemnité fait courir les intérêts jusqu'à son exécution, c'est-à-dire, en principe, et sous réserve d'un délai anormalement long entre la liquidation et le paiement effectif, jusqu'à la date à laquelle l'indemnité est liquidée par la collectivité. • CE 12 mai 2003, *Épx Leniau,* n° 231955 : *AJDA 2003. 1827, note Markus*. ♦ De plus, aux termes de l'art. L. 313-3 C. mon. fin., en cas de condamnation, le taux de l'intérêt légal est majoré de cinq points à l'expiration d'un délai de deux mois à compter du jour où la décision de justice est devenue exécutoire, fût-ce par provision : le point de départ de ce délai de deux mois est la date à laquelle le jugement prononçant la condamnation de la collectivité est notifié à la partie condamnée. • Même décision. ♦ La somme allouée au titre des frais exposés et non compris dans les dépens est productive d'intérêts dans les conditions définies à l'art. 1153-1 C. civ. • Même décision.

9. Demande d'exonération ou de réduction de l'astreinte. La décision par laquelle la juridiction ayant prononcé une astreinte provisoire statue sur sa liquidation présente un caractère juridictionnel et doit par suite être motivée (art. L. 911-7 et L. 911-8 CJA). Il appartient notamment à la juridiction d'énoncer les motifs qui la conduisent, soit à ne pas faire droit aux moyens dont elle est saisie en vue d'une modulation de l'astreinte, soit à procéder d'office à une telle modulation. • CE 6 oct. 2010, *Cne du Castellet,* n° 307683. ♦ En cas de condamnation pécuniaire par décision de justice, le taux de l'intérêt légal est majoré de cinq points à l'expiration d'un délai de deux mois à compter du jour où la décision de justice est devenue exécutoire. Toutefois, le juge de l'exécution, peut à la demande du débiteur ou du créancier, et en considération de la situation du débiteur, exonérer celui-ci de cette majoration ou en réduire le montant (C. mon. fin., art. L. 313-3). ♦ La demande d'exonération ou de réduction de l'augmentation forfaitaire prévue à cet article, et présentée par la commune, est examinée par le juge de l'exécution au regard de la capacité financière de celle-ci à régler les sommes qu'elle doit en exécution de la décision de justice. Le juge peut aussi prendre en considération le comportement de celle-ci lorsqu'il est susceptible d'avoir rendu plus difficile le règlement de la condamnation pécuniaire. • CE 16 déc. 2009, *Cne de Saint-Paul-en-Pareds,* n° 309774.

10. Astreinte et amende. L'exécutif d'un conseil régional, qui n'avait pas exécuté une décision de réintégration d'un agent et avait, par voie de conséquence, entraîné la condamnation de sa collectivité à une astreinte par le juge administratif, a été condamné à une amende par la Cour de discipline budgétaire et financière (CDBF). • CDBF 20 déc. 2001, *Michaux-Chevry : BJCL 2002. 155, obs. Descheemaeker ; AJDA 2003. 1223*. ♦ V. art. L. 313-7 et L. 313-12 CJF. ♦ V. aussi • CE 23 juill. 2014, *M. B. et a.,* nos 380743, 380744 et 380745.

Art. L. 1612-18 *(L. n° 2013-100 du 28 janv. 2013, art. 41)* **« Lorsque les sommes dues au titre des intérêts moratoires et de l'indemnité forfaitaire pour frais de recouvrement mentionnés aux** *(Ord. n° 2018-1074 du 26 nov. 2018, art. 6)* **« articles L. 2192-8 et L. 3133-8 du code de la commande publique » ne sont pas mandatées dans les trente jours suivant la date de paiement du principal, le représentant de l'État dans le département adresse à l'ordonnateur, dans un délai de quinze jours après signalement par le créancier, le comptable public ou tout autre tiers, une mise en demeure de mandatement. À défaut d'exécution dans un délai d'un mois à compter de cette mise en demeure, le représentant de l'État procède d'office, dans un délai de dix jours, au mandatement de la dépense. »**

Toutefois, si dans le délai d'un mois dont il dispose, l'ordonnateur notifie un refus d'exécution motivé par une insuffisance de crédits disponibles, ou si, dans ce même délai, le représentant de l'État constate cette insuffisance, celui-ci, dans un délai de quinze jours à compter de cette notification ou de cette constatation, saisit la chambre régionale des comptes dans les conditions fixées à l'article L. 1612-15. Le représentant de l'État procède ensuite au mandatement d'office dans les quinze jours suivant la réception de la délibération inscrivant les crédits ou sa décision réglant le budget rectifié.

BIBL. ▶ Lamarque et Miller, *AJDA 2000. 1018*. – Rouquette, *AJDA 1988. 520* (procédure de mandatement d'office des intérêts moratoires dans le cadre des marchés publics).

En cas de saisine simultanée au titre des art. L. 1612-15 (dépenses obligatoires) et L. 1612-18 (intérêts moratoires), la chambre régionale des comptes considère les deux saisines recevables et peut, d'une part, procéder à la constatation du caractère obligatoire de la dépense et, d'autre part, se prononcer sur l'allocation d'intérêts moratoires. • CRC Antilles-Guyane, 26 nov. 1991. ♦ V. art. L. 1612-15.

Art. L. 1612-19 **Les assemblées délibérantes sont tenues informées dès leur plus proche réunion des avis formulés par la chambre régionale des comptes et des arrêtés pris par le représentant de l'État en application des dispositions du présent chapitre.**

(L. n° 2015-991 du 7 août 2015, art. 107) **« Sans attendre la réunion de l'assemblée délibérante, les avis formulés par la chambre régionale des comptes et les arrêtés pris par le représentant de l'État en application des articles L. 1612-2, L. 1612-5, L. 1612-12 et L. 1612-14 font l'objet d'une publicité immédiate. »**

BIBL. ▶ Bertucci et Doyelle, *AJDA 1996. 264*.

1. Avis. Les avis formulés par la chambre régionale des comptes doivent être communiqués par l'organe exécutif à l'assemblée délibérante de la collectivité dès sa plus proche réunion : ils sont alors communicables aux tiers dès qu'a eu lieu cette première réunion, en application de la loi n° 78-753 du 17 juill. 1978 relative à la liberté d'accès aux documents administratifs (V. Circ. du 20 févr. 1990, *Mon. TP 13 juill. 1990, suppl. textes officiels*). ♦ En effet, les avis de la chambre régionale des comptes sont communicables aux administrés à compter de leur communication à l'assemblée délibérante de la collectivité. • TA Strasbourg, 25 avr. 1994, *Cne de Fegersheim : Lebon 697*. ♦ L'abstention de l'organe exécutif de la collectivité de communiquer à l'assemblée délibérante les avis formulés par la chambre régionale des comptes constitue une décision portant atteinte au droit à l'information des assemblées délibérantes locales sur la gestion des collectivités territoriales dont elles sont l'émanation, et dès lors est susceptible de faire grief et d'être déférée au juge de l'excès de pouvoir. • TA Rouen, 30 juill. 1993, *Assailly et a. : Lebon 647 ; Gaz. Pal. 1994. 1. Pan. dr. adm. 14*. ♦ Les avis formulés par la chambre régionale des comptes font l'objet d'une inscription à l'ordre du jour de la plus proche réunion de l'assemblée délibérante de la collectivité territoriale, et sont joints à la convocation adressée à chacun des membres de celle-ci : le législateur n'a pas précisé si un débat au sein de l'assemblée délibérante devait être tenu de sorte qu'une simple communication orale en cours de séance peut suffire, mais pour permettre au préfet de contrôler le respect de cette obligation d'information une délibération de l'assemblée, donnant acte de la communication qui lui aura été faite par l'exécutif de la collectivité, devra être transmise au représentant de l'État. * Rép. min. n° 35935 : *JOAN Q, 8 avr. 1996, p. 1914*.

2. Arrêté. L'arrêté par lequel le représentant de l'État règle le budget et le rend exécutoire est adressé, dans le délai de vingt jours à compter de la notification de l'avis de la chambre régionale des comptes, à la collectivité territoriale, mais ce délai n'est pas imparti à peine de nullité de la procédure. • CAA Paris, 13 déc. 1994, *M. Antoine : AJDA 1985. 63, concl. Mendras*.

Art. L. 1612-19-1 *(L. n° 2001-1248 du 21 déc. 2001, art. 40)* **Les assemblées délibérantes doivent se prononcer sur le caractère d'utilité publique des dépenses ayant donné lieu à une déclaration en gestion de fait par la** *(Ord. n° 2022-408 du 23 mars 2022, art. 17)* **« Cour » des comptes au cours de la plus proche séance suivant la transmission de la demande adressée par la** *(Ord. n° 2022-408 du 23 mars 2022, art. 17)* **« Cour » des comptes au comptable de fait et à l'ordonnateur de la collectivité territoriale concernée.**

1. **BIBL.** Chanlair, *AJDA 2001. 933*. – Lamarque, Miller, *AJDA 2002. 740*. – Larue, *RGCT 2002. 32* (Loi n° 2001-1248 du 21 déc. 2001).

2. Reconnaissance de l'utilité publique des dépenses d'une gestion de fait. Une fois que le comptable de fait a produit au juge financier le compte des opérations irrégulières qu'il a effectuées, l'autorité budgétaire (le conseil municipal pour la commune) accepte ou refuse de reconnaître l'utilité publique des dépenses qui y sont retracées. Si elle accepte, le juge examine alors les pièces justificatives produites et alloue ou non lesdites dépenses. Si elle refuse, le juge, sauf dans quelques cas peu nombreux, ne peut allouer les dépenses et ce, quelles que soient les justifications produites. La somme due par le comptable de fait (débat) est alors égale aux dépenses, mais la chambre régionale des comptes doit vérifier la régularité des montants tant en recettes qu'en dépenses retenues dans le compte de la gestion de fait, préalablement à la fixation de celui-ci. • C. comptes, 25 mai 2000, *Hériou, Cne de Saint-Aubin : Dr. adm. 2000, n° 213*. ♦ Ainsi, une chambre régionale des comptes, après avoir confirmé, à titre définitif, la déclaration de gestion de fait à l'encontre d'un maire, d'un de ses adjoints et du secrétaire général de la commune, a toutefois constaté, dans le même jugement, que ces comptables de fait ont produit un compte accompagné d'une délibération du conseil municipal de la commune reconnaissant l'utilité publique des dépenses, et qu'ils ont également reversé le reliquat de leur gestion, y compris le montant de dépenses reconnues d'utilité publique pour lesquelles ils n'étaient pas en mesure de produire de justificatifs : dans ces conditions, la chambre a accepté d'admettre les recettes et d'allouer les dépenses, après rejet des dépenses non justifiées, et a pris acte du versement du reliquat et a apuré définitivement la gestion de fait sans prononcer d'amende. • CRC Île-de-France, 27 sept. 2001, *Assoc. Carrières Promotion c/ Cne de Carrières-sous-Poissy,* n° 01.956 J : *Rev. Trésor 2002. 284.* ♦ Très exceptionnellement, le juge des comptes peut passer outre à l'absence de reconnaissance de l'utilité publique, lorsque les dépenses ont un caractère obligatoire ou lorsqu'elles ont été la condition de l'encaissement des recettes admises et en sont inséparables. • C. comptes, 27 nov. 2000, *Centre dptal de documentation pédagogique du Tarn : RFFP 2001, n° 75, p. 209* • 7 déc. 2000 : *ibid.* ♦ Sur la procédure et les éléments constitutifs de la gestion de fait, V. notes ss. art. L. 2342-3.

3. Délibération approuvant l'utilité publique des dépenses. La délibération par laquelle l'autorité budgétaire (en l'espèce, le conseil d'administration d'un centre communal d'action sociale) approuve l'utilité publique des dépenses à raison desquelles un élu a été déclaré comptable de fait s'analyse comme une décision créatrice de droits au profit de cet élu. La délibération en cause ne peut être rapportée que pour illégalité et dans le délai du recours contentieux. • CAA Marseille, 15 févr. 2000, *M. Rinaldi,* n° 97MA00847 : *RFDA 2002. 832, obs. Orsoni.* ♦ Une délibération refusant de reconnaître totalement ou partiellement l'utilité publique de certaines dépenses peut être contestée par la personne concernée en s'appuyant sur des pièces justificatives sérieuses. • CAA Bordeaux, 26 mai 2014, *Cne du Lamentin,* n° 13BX01367. ♦ Par ailleurs, un conseil général ne peut délibérer de façon rétroactive sur l'utilité de dépenses alors même que celles-ci concernaient l'exécution d'opérations ne présentant pas un intérêt général pour le département. • CAA Marseille, 8 juill. 2010, *Dpt des Bouches-du-Rhône,* n° 09MA00538.

Art. L. 1612-20 I. — Les dispositions du présent chapitre sont applicables aux établissements publics communaux et intercommunaux.

II. — Elles sont également applicables, à l'exception de l'article L. 1612-7 :

— aux établissements publics départementaux et interdépartementaux ;

— aux établissements publics communs aux communes et aux départements ;

— aux établissements publics communs à des collectivités locales ou groupements de ces collectivités et à des établissements publics ;

— aux établissements publics régionaux et interrégionaux. — *[L. n° 96-142 du 21 févr. 1996, art. 4-I ; CJF, art. L. 232-18, L. 232-25 et L. 232-26.]*

À compter de l'exercice budgétaire 2026, au I du présent art., les mots : « du présent chapitre » sont remplacés par les mots : « de la présente section » (Ord. n° 2025-526 du 12 juin 2025, art. 1er et 12).

SECTION 2 Dispositions budgétaires et comptables

(Ord. n° 2025-526 du 12 juin 2025, art. 1er)

La présente section entre en vigueur à compter de l'exercice budgétaire 2026 (Ord. n° 2025-526 du 12 juin 2025, art. 12).

Art. L. 1612-21 Les dispositions de la présente section s'appliquent, sous réserve des dispositions qui leur sont propres, aux collectivités territoriales, leurs groupements et leurs établissements publics, désignés dans cette section comme "la collectivité territoriale".

Art. L. 1612-22 Le budget de la collectivité territoriale est l'acte par lequel sont prévues et autorisées ses recettes et ses dépenses de l'exercice.

Le budget voté doit être équilibré en dépenses et en recettes. Le budget de la collectivité territoriale est établi en section de fonctionnement et en section d'investissement, tant en recettes qu'en dépenses. Certaines interventions, activités ou services sont individualisés au sein de budgets annexes.

Le budget de la collectivité territoriale est divisé en chapitres et articles.

Art. L. 1612-23 Préalablement aux débats sur le projet de budget, le maire ou le président de l'assemblée délibérante présente un rapport sur l'impact sur le développement durable de l'organisation et des modalités de fonctionnement de la collectivité territoriale, ainsi que sur les politiques qu'elle mène, en cette matière, sur son territoire et sur les orientations et programmes de nature à contribuer à l'atteinte des objectifs de développement durable.

Art. L. 1612-24 Préalablement aux débats sur le projet de budget, le maire ou le président de l'assemblée délibérante présente un rapport sur la situation en matière d'égalité entre les femmes et les hommes au sein des différents services de la collectivité territoriale, ainsi que sur les politiques qu'elle mène, en cette matière, sur son territoire et les orientations et programmes de nature à améliorer cette situation.

Art. L. 1612-25 L'attribution des subventions donne lieu à une délibération distincte du vote du budget. Toutefois, pour les subventions dont l'attribution n'est pas assortie de conditions d'octroi, l'assemblée délibérante peut décider :

1° D'individualiser au budget les crédits par bénéficiaire ; ou

2° D'établir, dans un état annexé au budget, une liste de bénéficiaires avec, pour chacun d'eux, l'objet et le montant de la subvention.

L'individualisation des crédits ou la liste établie conformément au 2° vaut décision d'attribution des subventions en cause.

Art. L. 1612-26 Le maire ou le président de l'assemblée délibérante présente à l'assemblée délibérante, dans un délai de dix semaines précédant l'examen du budget, un rapport sur les orientations budgétaires de l'exercice, les engagements pluriannuels envisagés, la structure et l'évolution des dépenses et des effectifs ainsi que sur la structure et la gestion de la dette. Ce rapport précise notamment l'évolution prévisionnelle et l'exécution des dépenses de personnel, des rémunérations, des avantages en nature et du temps de travail. Il fait l'objet d'une transmission au représentant de l'État dans le département, d'une publication et d'un débat à l'assemblée délibérante, dont il est pris acte par une délibération spécifique.

Le projet de budget de la collectivité territoriale est préparé et présenté par le maire ou le président de l'assemblée délibérante qui est tenu de le communiquer aux membres de l'assemblée délibérante avec les rapports correspondants, douze jours au moins avant l'ouverture de la première réunion consacrée à l'examen de ce budget.

Le budget primitif, le budget supplémentaire et les décisions modificatives sont votés par l'assemblée délibérante.

Art. L. 1612-27 Le budget de la collectivité territoriale est voté soit par nature, soit par fonction. Si le budget est voté par nature, il comporte, en outre, une présentation croisée par fonction ; s'il est voté par fonction, il comporte une présentation croisée par nature. La nomenclature par nature et la nomenclature par fonction sont fixées par arrêté conjoint du ministre chargé des collectivités territoriales et du ministre chargé du budget.

Les documents budgétaires sont présentés conformément aux modèles fixés par arrêté conjoint du ministre chargé des collectivités territoriales et du ministre chargé du budget.

Art. L. 1612-28 Les crédits sont votés par chapitre et, si l'assemblée délibérante en décide ainsi, par article.

En cas de vote par article, le maire ou le président de l'assemblée délibérante peut effectuer, par décision expresse, des virements d'article à article à l'intérieur du même chapitre, à moins que l'assemblée délibérante n'ait spécifié que certains crédits étaient spécialisés par article.

Dans une limite fixée à l'occasion du vote du budget et ne pouvant dépasser 7,5 % des dépenses réelles de chacune des sections, l'assemblée délibérante peut déléguer au maire ou au président la possibilité de procéder à des mouvements de crédits de chapitre à chapitre, à l'exclusion des crédits relatifs aux dépenses de personnel. Dans ce cas, le maire ou le président de l'assemblée délibérante informe celle-ci de ces mouvements de crédits lors de sa plus proche séance.

Art. L. 1612-29 I. — Si l'assemblée délibérante le décide, les dotations affectées aux dépenses d'investissement comprennent des autorisations de programme et des crédits de paiement.

Les autorisations de programme constituent la limite supérieure des dépenses qui peuvent être engagées pour l'exécution des investissements. Elles demeurent valables, sans limitation de durée, jusqu'à ce qu'il soit procédé à leur annulation. Elles peuvent être révisées.

Les crédits de paiement constituent la limite supérieure des dépenses pouvant être ordonnancées ou payées pendant l'année pour la couverture des engagements contractés dans le cadre des autorisations de programme correspondantes. L'équilibre budgétaire de la section d'investissement s'apprécie en tenant compte des seuls crédits de paiement.

II. – Si l'assemblée délibérante le décide, les dotations affectées aux dépenses de fonctionnement comprennent des autorisations d'engagement et des crédits de paiement.

La faculté prévue au premier alinéa du présent II est réservée aux seules dépenses résultant de conventions, de délibérations ou de décisions au titre desquelles la collectivité territoriale s'engage, au-delà d'un exercice budgétaire, dans le cadre de l'exercice de ses compétences, à verser une subvention, une participation ou une rémunération à un tiers, à l'exclusion des frais de personnel.

Les autorisations d'engagement constituent la limite supérieure des dépenses qui peuvent être engagées pour le financement des dépenses visées à l'alinéa précédent. Elles demeurent valables sans limitation de durée jusqu'à ce qu'il soit procédé à leur annulation. Elles peuvent être révisées.

Les crédits de paiement constituent la limite supérieure des dépenses pouvant être mandatées pendant l'année pour la couverture des engagements contractés dans le cadre des autorisations d'engagement correspondantes.

L'équilibre budgétaire de la section de fonctionnement s'apprécie en tenant compte des seuls crédits de paiement.

À l'occasion du vote du compte financier unique, le maire ou le président de l'assemblée délibérante présente un bilan de la gestion pluriannuelle. La situation des autorisations d'engagement et de programme ainsi que des crédits de paiement y afférents donne lieu à un état joint au compte financier unique.

Art. L. 1612-30 Avant le vote de la première délibération budgétaire qui suit son renouvellement, l'assemblée délibérante établit son règlement budgétaire et financier.

Le règlement budgétaire et financier de la collectivité territoriale précise notamment :

1° Les modalités de gestion des autorisations de programme, des autorisations d'engagement et des crédits de paiement y afférents, et notamment les règles relatives à la caducité et à l'annulation des autorisations de programme et des autorisations d'engagement ;

2° Les modalités d'information de l'assemblée délibérante sur la gestion des engagements pluriannuels au cours de l'exercice.

Il peut aussi préciser les modalités de report des crédits de paiement afférents à une autorisation de programme, dans les cas et conditions fixés par arrêté conjoint du ministre chargé des collectivités territoriales et du ministre chargé du budget.

Art. L. 1612-31 Le maire ou le président de l'assemblée délibérante présente annuellement le compte financier unique à l'assemblée délibérante, qui en débat sous la présidence de l'un de ses membres.

Le maire ou le président de l'assemblée délibérante peut, même s'il n'est plus en fonctions, assister à la discussion. Il doit se retirer au moment du vote.

Le compte financier unique est adopté par l'assemblée délibérante.

Art. L. 1612-32 Le résultat excédentaire de la section de fonctionnement dégagé au titre de l'exercice clos, cumulé avec le résultat antérieur reporté, est affecté en totalité dès la plus proche décision budgétaire suivant le vote du compte financier unique et, en tout état de cause, avant la clôture de l'exercice suivant. La délibération d'affectation prise par la collectivité territoriale est produite à l'appui de la décision budgétaire de reprise de ce résultat.

Le résultat déficitaire de la section de fonctionnement, le besoin de financement ou l'excédent de la section d'investissement sont repris en totalité dès la plus proche décision budgétaire suivant le vote du compte financier unique et, en tout état de cause, avant la fin de l'exercice.

Entre la date limite de mandatement fixée au dernier alinéa de l'article L. 1612-11 et la date limite de vote des taux des impositions locales prévue à l'article 1639 A du code général des impôts, l'assemblée délibérante peut, au titre de l'exercice clos et avant l'adoption de son compte financier unique, reporter de manière anticipée au budget le résultat de la section de fonctionnement, le besoin de financement de la section d'investissement ou, le cas échéant, l'excédent de la section d'investissement ainsi que la prévision d'affectation.

Si le compte financier unique fait apparaître une différence avec les montants reportés par anticipation, l'assemblée délibérante procède à leur régularisation et à la reprise du résultat dans la plus proche décision budgétaire suivant le vote du compte financier unique et, en tout état de cause, avant la fin de l'exercice.

Art. L. 1612-33 Lorsque la section d'investissement du budget présente un excédent après reprise des résultats, la collectivité territoriale peut transférer cet excédent à la section de fonctionnement, dans les conditions et dans les limites prévues par décret en Conseil d'État.

Art. L. 1612-34 Les budgets de la collectivité territoriale sont mis à la disposition du public dans les quinze jours qui suivent leur adoption ou éventuellement leur notification après règlement par le représentant de l'État. Le public est avisé de la mise à disposition de ces documents au siège de la collectivité territoriale par tout moyen de publicité au choix du maire ou du président de l'assemblée délibérante.

Art. L. 1612-35 I. — Les documents budgétaires sont assortis en annexe, notamment :

1° De données synthétiques sur la situation financière de la collectivité territoriale ;

2° De la liste des organismes pour lesquels la collectivité territoriale :

a) Détient une part du capital ;

b) A garanti un emprunt ;

c) A versé une subvention supérieure à 75 000 € ou représentant plus de 50 % du produit figurant au compte de résultat de l'organisme.

La liste indique le nom, la raison sociale et la nature juridique de l'organisme ainsi que la nature et le montant de l'engagement financier de la collectivité territoriale ;

3° D'un tableau retraçant l'encours des emprunts garantis par la collectivité territoriale ainsi que l'échéancier de leur amortissement ;

4° De la liste des délégataires de service public ;

5° D'une annexe retraçant l'ensemble des engagements financiers de la collectivité territoriale résultant des marchés de partenariat ;

6° D'une annexe retraçant la dette liée à la part investissements des marchés de partenariat ;

7° Des autres états portant sur la situation patrimoniale et financière de la collectivité territoriale ainsi que sur ses différents engagements.

II. — Sont joints au seul compte financier unique :

1° La liste des concours attribués par la collectivité territoriale sous forme de prestations en nature ou de subventions ;

2° La présentation agrégée des résultats afférents au dernier exercice connu du budget principal et des budgets annexes de la collectivité territoriale ;

3° L'état "impact du budget pour la transition écologique" dans les conditions prévues par la loi n° 2023-1322 du 29 décembre 2023 de finances pour 2024.

III. — Lorsqu'une décision modificative ou le budget supplémentaire a pour effet de modifier le contenu de l'une des annexes mentionnées au I, celle-ci doit être à nouveau produite pour le vote de la décision modificative ou du budget supplémentaire.

IV. — Une présentation brève et synthétique retraçant les informations financières essentielles est jointe au budget primitif et au compte financier unique afin de permettre aux citoyens d'en saisir les enjeux.

La présentation prévue au précédent alinéa ainsi que le rapport adressé à l'assemblée délibérante à l'occasion du débat sur les orientations budgétaires de l'exercice prévu à l'article L. 1612-26, la note explicative de synthèse annexée au budget primitif et celle annexée au compte financier unique, conformément aux articles L. 2121-12, L. 3121-29 et L. 4132-18, sont mis en ligne sur le site internet de la collectivité territoriale, lorsqu'il existe, après l'adoption par l'assemblée délibérante des délibérations auxquelles ils se rapportent.

Art. L. 1612-36 Les comptes certifiés des organismes mentionnés au 2° du I de l'article L. 1612-35 sont transmis à la collectivité territoriale.

Ils sont communiqués par la collectivité territoriale aux élus de l'assemblée délibérante qui en font la demande, dans les conditions prévues à l'article L. 2121-13, ainsi qu'à toute personne intéressée, dans les conditions prévues à l'article L. 2121-26.

Sont transmis par la collectivité territoriale au représentant de l'État et au comptable de la collectivité territoriale à l'appui du compte financier unique les comptes certifiés des organismes non dotés d'un comptable public et pour lesquels la collectivité territoriale :

1° Détient au moins 33 % du capital ; ou

2° A garanti un emprunt ; ou

3° A versé une subvention supérieure à 75 000 € ou représentant plus de 50 % du produit figurant au compte de résultat de l'organisme et dépassant le seuil prévu par le quatrième alinéa de l'article 10 de la loi n° 2000-321 du 12 avril 2000 relative aux droits des citoyens dans leurs relations avec les administrations.

Art. L. 1612-37 Lors du vote du budget ou d'une décision modificative, l'assemblée délibérante peut voter des autorisations de programme et des autorisations d'engagement de dépenses imprévues respectivement en section d'investissement et en section de fonctionnement. Pour chacune des deux sections, leur montant ne peut être supérieur à 2 % des dépenses réelles de la section.

L'absence d'engagement d'une autorisation de programme ou d'une autorisation d'engagement de dépenses imprévues, constatée à la fin de l'exercice, entraîne la caducité de l'autorisation.

Art. L. 1612-38 Le maire ou le président de l'assemblée délibérante tient la comptabilité de l'engagement des dépenses dans les conditions fixées par arrêté conjoint du ministre chargé des collectivités territoriales et du ministre chargé du budget pris après consultation du comité des finances locales.

Art. L. 1612-39 Le comptable de la collectivité territoriale est seul chargé d'exécuter, après avoir effectué les contrôles qui lui incombent, le recouvrement des recettes ainsi que le paiement des dépenses de la collectivité dans la limite des crédits régulièrement ouverts par l'assemblée délibérante.

Art. L. 1612-40 Les documents budgétaires sont transmis au représentant de l'État par voie numérique.

Art. L. 1612-41 Les modalités d'application de la présente section sont précisées par décret en Conseil d'État.

CHAPITRE III DOTATION GLOBALE DE FONCTIONNEMENT ET AUTRES DOTATIONS *(L. n° 2007-1822 du 24 déc. 2007, art. 110).*

SECTION 1 Dotation globale de fonctionnement *(L. n° 2007-1822 du 24 déc. 2007, art. 110).*

Art. L. 1613-1 *(L. n° 2010-1657 du 29 déc. 2010, art. 47)* Le montant de la dotation globale de fonctionnement est fixé chaque année par la loi de finances.

En 2011, ce montant, égal à 41 307 701 000 €, est diminué de 42 844 000 € en application du II de l'article 6 de la loi n° 2008-1443 du 30 décembre 2008 de finances rectificative pour 2008 et du 1.2.4.2 et du II du 6 de l'article 77 de la loi n° 2009-1673 du 30 décembre 2009 de finances pour 2010.

(L. n° 2011-1977 du 28 déc. 2011, art. 29) « En 2012, ce montant est égal à 41 389 752 000 €. »

(L. n° 2012-1509 du 29 déc. 2012, art. 31) « En 2013, ce montant est égal à 41 505 415 000 €. »

(L. n° 2013-1278 du 29 déc. 2013, art. 37) « En 2014, ce montant est égal à 40 121 044 000 €. »

(L. n° 2014-1654 du 29 déc. 2014, art. 23) « En 2015, ce montant est égal à 36 607 053 000 €. »

(L. nº 2015-1785 du 29 déc. 2015, art. 33) **« En 2016, ce montant est égal à 33 221 814 000 €. »**

(L. nº 2016-1917 du 29 déc. 2016, art. 33) **« En 2017, ce montant est égal à 30 860 013 000 €. »**

(L. nº 2017-1837 du 30 déc. 2017, art. 41) **« En 2018, ce montant est égal à 26 960 322 000 €. »**

(L. nº 2018-1317 du 28 déc. 2018, art. 77) **« En 2019, ce montant est égal à 26 948 048 000 €. »**

(L. nº 2019-1479 du 28 déc. 2019, art. 73) **« En 2020, ce montant est égal à 26 846 874 416 €. »**

(L. nº 2020-1721 du 29 déc. 2020, art. 73) **« En 2021, ce montant est égal à 26 758 368 435 €. »**

(L. nº 2021-1900 du 30 déc. 2021, art. 39) **« En 2022, ce montant est égal à 26 798 080 294 €, avant d'être minoré des réfactions prévues à l'article 43 de la loi nº 2021-1900 du 30 décembre 2021 de finances pour 2022. »**

(L. nº 2022-1726 du 30 déc. 2022, art. 109) **« En 2023, ce montant est égal à 26 931 362 549 €. »**

(L. nº 2023-1322 du 29 déc. 2023, art. 130) **« En 2024, ce montant est égal à 27 245 046 362 €. »**

(L. nº 2025-127 du 14 févr. 2025, art. 107) **« En 2025, ce montant est égal à 27 394 686 833 €. »**

Art. L. 1613-2 *Abrogé par L. nº 2008-1425 du 27 déc. 2008, art. 42.*

Art. L. 1613-2-1 *Abrogé par L. nº 2022-1726 du 30 déc. 2022, art. 203.*

Art. L. 1613-3 **Le montant prévisionnel de la dotation globale de fonctionnement est arrêté, pour être inscrit dans le projet de loi de finances, après avis du comité des finances locales institué par l'article L. 1211-1 qui est saisi des éléments d'évaluation fournis par le ministre chargé du budget.** — *[L. nº 93-1352 du 30 déc. 1993, art. 52-IV.]*

Art. L. 1613-4 **Aucune retenue n'est effectuée au profit du Trésor sur le montant de la dotation globale de fonctionnement.**

Sur la demande de restitution des collectivités, V. ci-dessous L. nº 2005-1719 du 30 déc. 2005, art. 74.

Loi nº 2005-1719 du 30 décembre 2005,

De finances pour 2006.

Art. 74 *[...]* IV. — *(L. nº 2007-1223 du 21 août 2007, art. 11)* « La restitution prévue à l'article 1649-0 A du code général des impôts est prise en charge par l'État. »

V. — Un décret fixe les conditions d'application du présent article. Il précise notamment les obligations déclaratives du contribuable et les modalités d'instruction de la demande de restitution.

VI. — Les dispositions des I à IV sont applicables aux impositions payées à compter du 1er janvier 2006.

Art. L. 1613-5 **Les collectivités et établissements qui mettent des fonctionnaires à la disposition des organisations syndicales, dans les conditions prévues par l'article 100 de la loi nº 84-53 du 26 janvier 1984 portant dispositions statutaires relatives à la fonction publique territoriale, sont remboursés des charges salariales de toute nature correspondantes par une dotation particulière prélevée sur les ressources affectées à la dotation globale de fonctionnement par la loi de finances de l'année. Le montant de ce concours particulier est fixé chaque année par le comité des finances locales compte tenu des charges effectives résultant pour les collectivités territoriales de l'application des dispositions prévues à l'article 100 de la loi nº 84-53 du 26 janvier 1984 précitée.**

Un décret en Conseil d'État fixe les modalités d'application du présent article. — *[C. communes, art. L. 234-14.] — V. art. R. 1613-1 s.*

Art. L. 1613-5-1 *(L. n° 2017-1837 du 30 déc. 2017, art. 159)* **Les attributions individuelles au titre des composantes de la dotation globale de fonctionnement mentionnées aux articles L. 2334-1 et L. 3334-1 peuvent être constatées par arrêté du ministre chargé des collectivités territoriales publié au *Journal officiel*. Cette publication vaut notification aux collectivités territoriales et aux établissements publics de coopération intercommunale.**

Sur les litiges relatifs aux montants notifiés en application du présent art., V. CJA, art. R. 312-17 – ***CJA****. – ... et Décr. n° 2018-397 du 28 mai 2018.*

SECTION 2 Dotation de solidarité en faveur de l'équipement des collectivités territoriales et de leurs groupements touchés par des événements climatiques ou géologiques

(L. n° 2015-1785 du 29 déc. 2015, art. 160)

Art. L. 1613-6 I. – Il est institué une dotation budgétaire intitulée "dotation de solidarité en faveur de l'équipement des collectivités territoriales et de leurs groupements touchés par des événements climatiques ou géologiques". Cette dotation contribue à réparer les dégâts causés à leurs biens par des événements climatiques ou géologiques graves.

II. – Peuvent bénéficier de cette dotation :

1° Les communes ;

2° Les établissements publics de coopération intercommunale à fiscalité propre ;

3° Les syndicats mixtes constitués exclusivement de communes et d'établissements publics de coopération intercommunale, ceux composés uniquement d'établissements publics de coopération intercommunale ou ceux associant exclusivement des communes, des établissements publics de coopération intercommunale, des départements et des régions ;

4° Les départements ;

5° La métropole de Lyon ;

6° Les régions et la collectivité de Corse.

Les collectivités territoriales d'outre-mer et leurs groupements ne peuvent pas bénéficier de cette dotation.

III. – Un décret en Conseil d'État fixe les modalités d'application du présent article. Il précise notamment les conditions de détermination des événements climatiques ou géologiques graves en cause, la nature des biens pris en compte, les règles relatives à la nature et aux montants des dégâts éligibles ainsi que les règles de détermination de la dotation pour chaque collectivité territoriale et groupement en fonction du montant des dégâts éligibles. – *V. art. R. 1613-3 s.*

SECTION 3 *[ABROGÉE]* Fonds pour la réparation des dommages causés aux biens des collectivités territoriales et de leurs groupements par les calamités publiques

(Abrogée par L. n° 2015-1785 du 29 déc. 2015, art. 160)

Art. L. 1613-7 *Abrogé par L. n° 2015-1785 du 29 déc. 2015, art. 160.*

CHAPITRE IV COMPENSATION DES TRANSFERTS DE COMPÉTENCES

BIBL. GÉN. ► CHABERT, *RFFP 2003, n° 81, p. 255* (enjeux et perspectives des relations financières entre l'État et les collectivités locales). – CRUCIS, *J.-Cl. Coll. terr., fasc. 832* (concours financiers de l'État) *et fasc. 834* (dotations financières de l'État). – OLIVA, *BJCL 2013. 501* (la responsabilité de l'État en matière de transferts aux collectivités territoriales). – PHILOT, et CABURET, Dotations de l'État aux collectivités locales, *Berger-Levrault, 2006*. – TULARD, *RFFP 2003, n° 81, p. 101* (la compensation des transferts de compétences État-collectivités locales).

SECTION 1 Dispositions générales

Art. L. 1614-1 **Tout accroissement net de charges résultant des transferts de compétences effectués entre l'État et les collectivités territoriales est accompagné du transfert concomitant par l'État** *(L. n° 2007-1822 du 24 déc. 2007, art. 111)* **« aux collectivités territoriales ou à leurs groupements » des ressources nécessaires à l'exercice normal de**

ces compétences. Ces ressources sont équivalentes aux dépenses effectuées, à la date du transfert, par l'État au titre des compétences transférées et évoluent chaque année, *(L. nº 97-1239 du 29 déc. 1997, art. 42)* « dès la première année, » comme la dotation globale de fonctionnement. Elles assurent la compensation intégrale des charges transférées.

(L. nº 2010-1657 du 29 déc. 2010, art. 48) « La dotation générale de décentralisation mentionnée à l'article L. 1614-4 et les crédits prévus aux 1° et 2° de l'article L. 4332-1 n'évoluent pas *(L. nº 2011-1977 du 28 déc. 2011, art. 30)* « à compter de 2009 ». »

Sur les libertés et responsabilités locales des collectivités territoriales, V. ci-dessous L. nº 2004-809 du 13 août 2004, art. 119.

Sur la modernisation de l'action publique territoriale et d'affirmation des métropoles, V. ci-dessous L. nº 2014-58 du 27 janv. 2014, art. 91.

Sur la nouvelle organisation territoriale de la République, V. ci-dessous L. nº 2015-991 du 7 août 2015, art. 133.

1. Transfert de compétences : interprétation restrictive. Ne relèvent pas d'un transfert de compétences : la mise à disposition de services de l'État. • CE 17 oct. 2007, *Dpt de Seine-et-Marne*, nº 294271 B : *AJDA 2007. 2006*. ♦ ... Les conséquences de la réorganisation de la répartition des tâches entre les agents de l'État. • CE 27 juill. 2001, *Cne de Maisons-Laffitte*, nº 215999 B. ♦ ... Les frais qui pourraient découler du transfert de compétence, et notamment des éventuels frais financiers liés à la gestion par les départements du revenu minimum d'insertion. • TA Rouen, 23 mai 2006, *Préfet de l'Eure*, nº 0501241 : *BJCL 2006. 8, concl. Guillou.* ♦ ... Le placement départemental de mineurs isolés étrangers. • CE 12 juin 2013, *Dpts de l'Eure-et-Loir et des Hauts-de-Seine*, nº 357648 : *AJCT 2014. 54*. ♦ ... L'organisation du temps scolaire. • TA Cergy-Pontoise, 24 juin 2014, *Préfet des Hauts-de-Seine*, nº 1405333 : *AJDA 2014. 1294*. ♦ ... Le surcoût pour l'exploitant du service public du transport ferroviaire régional de voyageurs induit par la réforme du régime spécial de retraite des agents de la SNCF. • CAA Paris, 12 mai 2014, *Région Lorraine*, nº 12PA02470. ♦ ... Une aide exceptionnelle de l'État aux départements et collectivités territoriales pour faciliter la prise en charge des compétences que la loi leur a confiées. • CE 6 juin 2018, nº 411858. ♦ Le transfert par déclassement d'une voie du domaine autoroutier national au domaine public routier départemental. • CE 21 déc. 2018, nº 420652. ♦ ... Une infrastructure routière non réceptionnée et pas encore mise en service au jour du transfert de compétence. • CAA Bordeaux, 31 mars 2014, *Région Réunion*, nº 13BX00792. ♦ ... La sauvegarde et la mise en valeur du patrimoine rural non protégé, aucune disposition n'ayant confié à l'État ces missions auxquelles contribuent déjà les collectivités, notamment les départements. Aucune compétence obligatoire nouvelle n'est créée dès lors que ce transfert de moyens, qui a pris la forme de l'affectation définitive d'une part du produit de la taxe spéciale sur les contrats d'assurance, n'est assorti, pour les départements bénéficiaires, d'aucune obligation juridique. • CE 9 mars 2007, *Dpt de la Vendée*, nº 290042 : *BJCL 2007. 356, concl. Séners.* ♦ ... Un dispositif d'accompagnement social individualisé des personnes fragiles ou en difficulté qui perçoivent déjà des prestations sociales. Le législateur s'est borné à aménager les conditions d'exercice de la compétence d'aide sociale de droit commun qui relève des départements depuis la loi du 22 juill. 1983. • Cons. const. 18 oct. 2010, *Dpt du Val-de-Marne*, nº 2010-56 QPC : *AJDA 2011. 218, note Verpeaux* ; *BJCL 2010. 775, obs. Cabannes.* ♦ ... La revalorisation par décret du montant forfaitaire mensuel du RSA. • CE 21 févr. 2018, *Dpt du Calvados*, nº 409286 A : *AJDA 2018. 845, chron. Roussel et Nicolas* ; *AJCT 2018. 339, obs. Le Chatelier* ; *RDSS 2018. 332, concl. Touboul* ; *Constitutions 2018. 118, chron. Domingo*. ♦ En revanche, est une extension de compétences : l'élargissement du champ des bénéficiaires d'une allocation APA/PSD. • Cons. const. 30 juin 2011, *Dpts de la Seine-Saint-Denis et de l'Hérault*, nº 2011-143 QPC. ♦ ... L'élargissement du champ des charges supportées par les personnes en raison de leur handicap couvertes par un financement public et le champ des bénéficiaires (prestation de compensation de handicap). • Cons. const. 30 juin 2011, *Dpts de l'Hérault et des Côtes-d'Armor*, nº 2011-144 QPC.

2. Calcul de la charge financière. Les dispositions du 4e al. de l'art. 72-2 de la Const. imposent au législateur, lorsqu'il transfère aux collectivités des compétences auparavant exercées par l'État, de leur attribuer des ressources correspondant aux charges constatées à la date du transfert. Les dépenses dont l'État doit assurer la compensation financière en cas de transfert de compétence sont celles qu'il consacrait lui-même à l'exercice de cette compétence. Les fonds de concours n'ont ainsi pas à être inclus dans les dépenses prises en compte pour le calcul de la compensation, dès lors qu'ils proviennent de personnes autres que l'État. Le respect des dispositions constitutionnelles précitées et du principe constitutionnel de libre administration des collectivités ne lui imposait pas de compenser les charges résultant d'un éventuel développement de ce domaine dans le futur. • CE 29 oct. 2010, *Dpt de la Haute-Garonne,* n° 342072 B. ♦ Il résulte des dispositions combinées des art. L. 1614-1 et L. 1614-8-1 CGCT que le transfert par l'État aux collectivités des ressources nécessaires à l'exercice normal des compétences transférées à ces dernières n'est destiné à compenser que l'accroissement net de charges résultant pour elles desdits transferts de compétences. • CE 11 juin 2003, *Région Nord-Pas-de-Calais,* n° 242483 : *BJCL 2003. 656, concl. Séners ; ACL 2004. 522.* ♦ Le droit à compensation peut être fixé par référence aux charges résultant d'une moyenne nationale. • CAA Paris, 3 mars 2014, *Min. de l'Intérieur c/ Région Réunion,* n° 12PA03019. ♦ Sur la mise en œuvre des mesures de compensation demandées par les collectivités et leur nature non réglementaire. • CE 10 avr. 2002, *Région Alsace,* n°s 223710 B et 229602 B. ♦ Les charges non récurrentes supportées par la SNCF au titre des services régionaux de voyageurs, qui n'entrent pas dans l'accroissement net de charges résultant pour les régions du transfert de la compétence en cette matière, pouvaient être exclues du calcul du déséquilibre des comptes régionaux attestés de la SNCF, retenus comme référence par l'art. L. 1614-8-1, pour déterminer le montant de la contribution due par l'État à la région pour l'exploitation des services transférés. • Même décision. ♦ Le Décr. n° 2005-1711 du 29 déc. 2005, qui définit les modalités de calcul de la compensation financière des charges liées aux routes nationales transférées aux départements et aux régions, décrit avec une précision suffisante les différents éléments pris en compte pour la détermination de cette compensation financière. Il a pu ne pas définir les dépenses par référence à la nomenclature du budget de l'État. De plus, la référence aux dépenses de l'État constatées par les lois de règlement pendant les périodes de référence définit avec une précision suffisante le type de crédit servant de base au calcul de la compensation financière. • CE 7 août 2007, *Dpts de la Haute-Garonne, de la Seine-Saint-Denis,* n° 290650 B : *AJDA 2007. 1565*. ♦ Un décret peut calculer la compensation financière des charges liées aux routes nationales transférées en fonction de ratios financiers nationaux, même s'ils ne permettent pas de prendre en compte les particularités attachées à chaque département, les crédits nécessaires au développement et à la modernisation des infrastructures (la loi du 13 août 2004 n'ayant pas prévu la prise en compte de telles dépenses), dès lors que les ratios financiers mis en place par le décret intègrent divers paramètres liés notamment aux catégories de voies, à leur localisation ou encore aux types d'équipement qu'elles comportent. • Même décision. ♦ Le coût des travaux nécessaires à la remise en état du réseau estimé par le département qui lui a été transféré peut différer sensiblement du montant de la compensation financière qui lui est attribuée. • Même décision. ♦ En outre, eu égard aux dispsitions de la L. du 13 août 2004, l'ensemble des droits et obligations liés aux routes a été transféré aux départements, eu égard à leur portée générale, ainsi qu'à l'objet et aux modalités de compensation financière des transferts de compétences, ces dispositions doivent être regardées comme incluant les droits et obligations attachés aux actions pendantes au 1er janv. 2008. • CE 23 oct. 2013, *Dpt du Var,* n° 351610 B : *AJDA 2014. 362, note Eveillard ; ibid. 2013. 2117 ; AJCT 2014. 275, obs. Royer*. ♦ Par ailleurs, une commune, qui ne bénéficiait, avant le transfert de compétences prévu en matière de vaccination et de contrôle administratif et technique des règles d'hygiène, d'aucune participation de l'État au titre des crédits attribués par celui-ci pour compenser les dépenses des bureaux municipaux d'hygiène, n'a subi aucune charge financière résultant de ce transfert de compétences et, dès lors, ne peut prétendre, en application des dispositions de l'art. 94 de la loi du 7 janv. 1983 [CGCT, art. L. 1614-1], à l'attribution de « ressources équivalentes aux dépenses effectuées ». • CE 28 mai 1997, *Cne de La Courneuve,* n° 163508 B : *ACL 1998. 274.* ♦ S'agissant des dépenses des services communaux d'hygiène et de santé, l'art. L. 1614-1 prévoit seulement que les ressources qui doivent être transférées en contrepartie de nouvelles charges doivent être équivalentes aux dépenses qui étaient celles constatées à la date du transfert, « sans considération pour l'évolution ultérieure de ces dépenses qui résulterait, en particulier, d'un choix de la commune de développer ou de diversifier les missions de son service ». • CAA Lyon, 22 oct. 2020, n° 19LY04285.

La compensation financière ne doit pas forcément inclure les charges et travaux ultérieurs éventuels. Ainsi, la région Nord-Pas-de-Calais n'est pas fondée à obtenir l'annulation du jugement du TA refusant de condamner l'État à indemniser la région pour assurer la remise en état du quai des paquebots du port de Boulogne-sur-Mer dont la gestion lui a été transférée à compter du 1er janv. 2007. Contrairement à ce qu'allègue la région, il ne résulte d'aucune disposition, ni d'aucun principe, que l'État était légalement tenu de lui transférer des ouvrages portuaires parfaitement entretenus ou qui ne nécessiteraient aucun investissement nouveau. • CAA Douai, 15 déc. 2015, *Région Nord-Pas-de-Calais,* n° 14DA01377. ♦ Même solution pour la remise en état d'une écluse dans le même port. • CAA Douai, 4 mai 2017, *Région Nord-Pas-de-Calais,* n° 16DA00421.

3. Contestation de la compensation. La jurisprudence l'appréhende de façon restrictive si l'on s'en tient à l'invocation de sources européennes. Deux arrêts du Conseil d'État ont marqué cette réponse s'agissant de la Conv. EDH. • CE 29 janv. 2003, *Ville d'Annecy,* n° 247909 A : *BJCL 2003. 297, obs. Guyomar* • 29 janv. 2003, *Cne de Champagne-sur-Seine,* n° 248894 : *BJCL 2003. 297,* *obs. Guyomar.* ♦ Il en résulte, en particulier au travers du deuxième arrêt, que le Conseil d'État a écarté l'invocation de l'art. et de la Conv. EDH dans un litige relatif à la répartition de ressources financières publiques entre personnes publiques. Il a prolongé cette analyse en ce qui concerne l'art. 1er du 1er protocole additionnel à la Conv. EDH. ♦ Dans le même sens : • CE 23 mai 2007, *Dpt des Landes et a.*, n° 288378 B. ♦ En revanche, il admet la référence à la charte européenne de l'autonomie locale. • CAA Versailles, 1er avr. 2010, *Cne de Clamart*, n° 09VE2684 : *BJCL 2010. 540, concl. Kermorgant* • CAA Paris, 3 mars 2014, *Min. de l'Intérieur c/ Région Réunion*, n° 12PA03019 • CAA Bordeaux, 31 mars 2014, *Région Réunion*, n° 13BX00792. ♦ Enfin, la Cour EDH considère que les autorités décentralisées qui exercent des fonctions publiques ne peuvent introduire une requête devant les organes de la convention car, quel que soit le degré de leur autonomie, elles exercent une partie de la puissance publique et ainsi, leurs actes ou missions engagent la responsabilité de l'État en vertu de la convention. • CEDH 23 mars 2010, *Dösemealti c/ Turquie*, n° 50108/06. ♦ De fait, c'est la QPC qui est devenue l'instrument privilégié de contestation constitutionnelle de la loi de finances à la disposition des collectivités en ce sens : • Cons. const. 28 mars 2014, *Collectivité de Saint-Barthélemy*, n° 2014-386 QPC.

Loi n° 2004-809 du 13 août 2004,

Relative aux libertés et responsabilités locales.

Art. 119 I. — Sous réserve des dispositions prévues au présent article et à l'article 121, les transferts de compétences à titre définitif inscrits dans la présente loi et ayant pour conséquence d'accroître les charges des collectivités territoriales ou de leurs groupements ouvrent droit à une compensation financière dans les conditions fixées par les articles L. 1614-1 à L. 1614-7 du code général des collectivités territoriales.

Les ressources attribuées au titre de cette compensation sont équivalentes aux dépenses consacrées, à la date du transfert, par l'État, à l'exercice des compétences transférées, diminuées du montant des éventuelles réductions brutes de charges ou des augmentations de ressources entraînées par les transferts.

Le droit à compensation des charges d'investissement transférées par la présente loi est égal à la moyenne des dépenses actualisées, hors taxes et hors fonds de concours, constatées sur une période d'au moins cinq ans précédant le transfert de compétences. Un décret en Conseil d'État fixe les modalités d'application du présent alinéa, après avis de la commission consultative mentionnée à l'article L. 1211-4-1 du code général des collectivités territoriales.

Le droit à compensation des charges de fonctionnement transférées par la présente loi est égal à la moyenne des dépenses actualisées constatées sur une période de trois ans précédant le transfert de compétences.

II. — La compensation financière des transferts de compétences s'opère, à titre principal, par l'attribution d'impositions de toute nature, dans des conditions fixées par la loi de finances. — *Sur les modalités de mise en œuvre de la compensation financière de ces transferts, V. note infra.*

Si les recettes provenant des impositions attribuées en application de l'alinéa précédent diminuent pour des raisons étrangères au pouvoir de modulation reconnu aux collectivités bénéficiaires, l'État compense cette perte dans des conditions fixées en loi de finances afin de garantir à ces dernières un niveau de ressources équivalant à celui qu'il consacrait à l'exercice de la compétence avant son transfert. Ces diminutions de recettes et les mesures de compensation prises au titre du présent alinéa font l'objet d'un rapport du Comité des finances locales.

III. — Sous réserve des dispositions de l'article 24, l'État et les collectivités territoriales assurent le financement des opérations inscrites aux quatrièmes contrats de plan État-régions et relevant de domaines de compétences transférés, dans les conditions suivantes :

1° Les opérations engagées à la date d'entrée en vigueur de la présente loi sont poursuivies jusqu'à leur terme dans les conditions fixées par les contrats. Les sommes versées par l'État à ce titre sont déduites du montant annuel de la compensation financière mentionnée au II ;

2° Les opérations non engagées à la date d'entrée en vigueur de la présente loi et ressortissant à un domaine de compétences transféré, au titre duquel elles bénéficient d'une compensation financière, relèvent des collectivités territoriales nouvellement compétentes qui en assurent le financement.

Les transferts de compétences opérés par la L. n° 2004-809 du 13 août 2004 sont compensés par le transfert d'impôts d'État (taxe spéciale sur les contrats d'assurances (TSCA) et taxe de consommation intérieure sur les produits pétroliers (TIPP)) dont les taux applicables à chaque département et région sont fixés par les L. n° 2004-1484 du 30 déc. 2004 de finances pour 2005 (art. 52) et n° 2005-1719 du 30 déc. 2005 de finances pour 2006 (art. 40), puis révisés annuellement par chaque nouvelle loi de finances.

Loi n° 2014-58 du 27 janvier 2014,

De modernisation de l'action publique territoriale et d'affirmation des métropoles.

Art. 91 I. — Sous réserve des dispositions prévues au présent article, les transferts de compétences à titre définitif inscrits dans la présente loi et ayant pour conséquence d'accroître les charges des collectivités territoriales ou de leurs groupements ouvrent droit à une compensation financière dans les conditions fixées aux articles L. 1614-1 à L. 1614-7 du code général des collectivités territoriales.

Les ressources attribuées au titre de cette compensation sont équivalentes aux dépenses consacrées, à la date du transfert, par l'État à l'exercice des compétences transférées, diminuées du montant des éventuelles réductions brutes de charges ou des augmentations de ressources entraînées par les transferts.

Le droit à compensation des charges d'investissement transférées par la présente loi est égal à la moyenne des dépenses actualisées, hors taxes et hors fonds de concours, constatées sur une période d'au moins cinq ans précédant le transfert de compétences.

Le droit à compensation des charges de fonctionnement transférées par la présente loi est égal à la moyenne des dépenses actualisées constatées sur une période maximale de trois ans précédant le transfert de compétences.

Un décret en Conseil d'État fixe les modalités d'application des troisième et quatrième alinéas, après avis de la commission consultative mentionnée à l'article L. 1211-4-1 du code général des collectivités territoriales. Ce décret définit notamment les modalités de répartition entre les collectivités bénéficiaires du droit à compensation des charges d'investissement transférées.

II. — La compensation financière des transferts de compétences s'opère, à titre principal, par l'attribution d'impositions de toute nature, dans des conditions fixées en loi de finances.

Si les recettes provenant des impositions attribuées en application du présent II diminuent pour des raisons étrangères au pouvoir de modulation éventuel reconnu aux collectivités bénéficiaires, l'État compense cette perte dans des conditions fixées en loi de finances afin de garantir à celles-ci un niveau de ressources équivalent à celui qu'il consacrait à l'exercice de la compétence avant son transfert. Ces diminutions de recettes et les mesures de compensation prises au titre du présent alinéa font l'objet d'un rapport du Gouvernement présenté chaque année à la commission consultative mentionnée à l'article L. 1211-4-1 du code général des collectivités territoriales.

III. — L'État et les collectivités territoriales assurent le financement des opérations inscrites aux contrats de projet État-régions 2007-2013 et relevant de domaines de compétences transférées, dans les conditions suivantes :

1° Les opérations engagées à la date d'entrée en vigueur de la présente loi sont poursuivies jusqu'à leur terme dans les conditions fixées par les contrats. Les sommes versées par l'État à ce titre sont déduites du montant annuel de la compensation financière mentionnée au II ;

2° Les opérations non engagées à la date d'entrée en vigueur de la présente loi et ressortissant à un domaine de compétences transféré, au titre duquel elles bénéficient d'une compensation financière, relèvent des collectivités territoriales nouvellement compétentes qui en assurent le financement.

Loi n° 2015-991 du 7 août 2015,

Portant nouvelle organisation territoriale de la République.

Art. 133 I. — Sous réserve des dispositions prévues au présent article, les transferts de compétences à titre définitif inscrits dans la présente loi et ayant pour conséquence d'accroître les charges des collectivités territoriales ou de leurs groupements ouvrent droit à une compensation financière dans les conditions fixées aux articles L. 1614-1, L. 1614-2, L. 1614-3 et L. 1614-4 à L. 1614-7 du code général des collectivités territoriales.

Les ressources attribuées au titre de cette compensation sont équivalentes aux dépenses consacrées, à la date du transfert, par l'État à l'exercice des compétences transférées, diminuées du montant des éventuelles réductions brutes de charges ou des augmentations de ressources entraînées par les transferts.

Par dérogation au deuxième alinéa du présent I, les compensations attribuées aux régions au titre des compétences transférées par *(L. nº 2015-1785 du 29 déc. 2015, art. 38)* « les articles L. 114-5 et L. 114-6 » du code du sport ne sont pas minorées du montant des ressources propres des centres de ressources, d'expertise et de performance sportive résultant de leurs activités.

Le droit à compensation des charges d'investissement transférées par la présente loi est égal à la moyenne des dépenses actualisées, hors taxes et hors fonds de concours, constatées sur une période d'au moins cinq ans précédant le transfert de compétences.

Le droit à compensation des charges de fonctionnement transférées par la présente loi est égal à la moyenne des dépenses actualisées constatées sur une période maximale de trois ans précédant le transfert de compétences.

Un décret fixe les modalités d'application des quatrième et avant-dernier alinéas du présent I, après avis de la commission consultative mentionnée à l'article L. 1211-4-1 du code général des collectivités territoriales. Ce décret définit notamment les modalités de répartition entre les collectivités bénéficiaires du droit à compensation des charges d'investissement transférées.

II. — La compensation financière des transferts de compétences s'opère, à titre principal, par l'attribution d'impositions de toute nature, dans des conditions fixées en loi de finances.

Si les recettes provenant des impositions attribuées en application du premier alinéa du présent II diminuent pour des raisons étrangères au pouvoir de modulation éventuel reconnu aux collectivités bénéficiaires, l'État compense cette perte dans des conditions fixées en loi de finances afin de garantir à ces dernières un niveau de ressources équivalent à celui qu'il consacrait à l'exercice de la compétence avant son transfert. Ces diminutions de recettes et les mesures de compensation prises au titre du présent alinéa font l'objet d'un rapport du Gouvernement présenté chaque année à la commission consultative mentionnée à l'article L. 1211-4-1 du code général des collectivités territoriales.

La compensation financière des compétences transférées aux régions en application des articles L. 114-5 et L. 114-6 du code du sport s'opère :

1° S'agissant des dépenses d'investissement prévues au 1° de l'article L. 114-5 du même code et des dépenses de personnel prévues à l'article L. 114-6 dudit code, par l'attribution d'impositions de toute nature conformément aux deux premiers alinéas du présent II ;

2° S'agissant des dépenses d'équipement prévues au 3° de l'article L. 114-5 du même code et des dépenses de fonctionnement prévues aux 2° et 4° du même article L. 114-5, par l'affectation d'une part des ressources propres de chaque centre de ressources, d'expertise et de performance sportive. Si le produit de cette part représente un montant inférieur au droit à compensation des dépenses d'équipement et de fonctionnement incombant à la région, la différence fait l'objet d'une attribution, à due concurrence, de ressources prélevées sur la part des ressources propres du centre de ressources, d'expertise et de performance sportive affectée au financement des dépenses incombant à l'État en application de l'article L. 114-4 dudit code ou, à défaut, versées à partir du budget de l'État. Le produit de cette part n'est pas garanti si la diminution des ressources propres résulte de la baisse du barème de tarification des prestations servies par l'établissement, décidée par le conseil d'administration à une majorité qualifiée comportant au moins la majorité des voix des représentants de la région.

L'arrêté de compensation pris en application du premier alinéa de l'article L. 1614-3 du code général des collectivités territoriales mentionne, pour chaque région bénéficiaire du transfert, le montant garanti respectif de ces ressources.

Sauf accord du conseil d'administration, le montant de la participation annuelle de la région, au sein du budget du centre de ressources, d'expertise et de performance sportive, aux dépenses d'équipement et de fonctionnement lui incombant en application des 2° à 4° de l'article L. 114-5 du code du sport ne peut être inférieur à la différence entre ces dépenses et le montant des ressources propres de l'établissement affectées à la compensation de ces charges fixé par l'arrêté mentionné à l'avant-dernier alinéa du présent II.

III. — L'État et les collectivités territoriales assurent le financement des opérations inscrites aux contrats de projet État-régions et relevant de domaines de compétences transférés, dans les conditions suivantes :

1° Les opérations engagées à la date de publication de la présente loi sont poursuivies jusqu'à leur terme dans les conditions fixées par les contrats. Les sommes versées par l'État à ce titre sont déduites du montant annuel de la compensation financière mentionnée au II ;

2° Les opérations non engagées à la date de publication de la présente loi et ressortissant à un domaine de compétences transféré, au titre duquel elles bénéficient d'une compensation financière, relèvent des collectivités territoriales nouvellement compétentes, qui en assurent le financement.

IV. — Sous réserve des dispositions prévues au présent article, les créations ou extensions de compétences obligatoires et définitives inscrites dans la présente loi et ayant pour conséquence d'accroître les charges des collectivités territoriales ou de leurs groupements sont accompagnées de ressources financières dans les conditions fixées aux articles L. 1614-1-1, L. 1614-3, L. 1614-3-1, L. 1614-5-1 et L. 1614-6 du code général des collectivités territoriales.

V. — Les transferts de compétences effectués entre un département et une autre collectivité territoriale ou un groupement de collectivités territoriales et ayant pour conséquence d'accroître les charges de ces derniers sont accompagnés du transfert concomitant par le département à cette collectivité territoriale ou à ce groupement des ressources nécessaires à l'exercice normal de ces compétences.

Ces ressources sont équivalentes aux dépenses effectuées, à la date du transfert, par le département au titre des compétences transférées. Elles assurent la compensation intégrale des charges transférées *(L. n° 2019-1428 du 24 déc. 2019, art. 8)* «, y compris le montant des crédits alloués par le département à l'autorité compétente dans le cadre de la convention prévue à l'article L. 3111-8 du code des transports lorsque cette compétence est transférée à la région en application de l'article 15 de la présente loi ».

Les charges correspondant à l'exercice des compétences transférées font l'objet d'une évaluation préalable à leur transfert.

Une commission locale pour l'évaluation des charges et des ressources transférées est composée paritairement de quatre représentants du conseil départemental et de quatre représentants de l'assemblée délibérante de la collectivité territoriale ou du groupement concerné. Elle est présidée par le président de la chambre régionale des comptes territorialement compétente. En cas d'absence ou d'empêchement, il est remplacé par un magistrat relevant de la même chambre, qu'il a au préalable désigné. La commission locale ne peut valablement délibérer que si le nombre des membres présents est au moins égal à la moitié du nombre des membres appelés à délibérer. Si ce nombre n'est pas atteint, une nouvelle convocation est adressée aux membres de la commission. La commission peut alors délibérer quel que soit le nombre de membres présents. En cas de partage égal des voix, celle du président est prépondérante.

La commission locale pour l'évaluation des charges et des ressources transférées est consultée sur l'évaluation préalable des charges correspondant aux compétences transférées et sur les modalités de leur compensation.

Le montant des dépenses résultant des accroissements et des diminutions de charges est constaté, pour chaque compétence transférée et pour chaque collectivité, par arrêté du représentant de l'État dans le département.

Les charges transférées doivent être équivalentes aux dépenses consacrées, à la date du transfert, à l'exercice des compétences transférées. Ces charges peuvent être diminuées du montant des éventuelles réductions brutes de charges ou des augmentations de ressources entraînées par les transferts.

Les périodes de référence et les modalités d'évaluation des dépenses engagées par le département et figurant dans les comptes administratifs avant le transfert de chaque compétence sont déterminées à la majorité des deux tiers des membres de la commission mentionnée au quatrième alinéa du présent V.

À défaut d'accord des membres de la commission, le droit à compensation des charges d'investissement transférées est égal à la moyenne des dépenses actualisées, hors taxes, hors fonds européens et hors fonds de concours, figurant dans les comptes administratifs du département et constatées sur une période de sept ans précédant la date du transfert. Les dépenses prises en compte pour la détermination du droit à compensation sont actualisées en fonction de l'indice des prix de la formation brute de capital des administrations publiques, constaté à la date du transfert.

À défaut d'accord des membres de la commission, le droit à compensation des charges de fonctionnement transférées est égal à la moyenne des dépenses actualisées figurant dans les comptes administratifs du département et constatées sur une période de trois ans précédant le transfert de compétences. Les dépenses prises en compte pour la détermination du droit à compensation sont actualisées en fonction de l'indice des prix à la consommation, hors tabac, constaté à la date du transfert.

Les modalités de compensation des charges transférées sont déterminées en loi de finances.

VI. — L'exécution des conventions signées avant la publication de la présente loi, en application du titre I du livre V de la première partie, de l'article L. 4211-1 et des chapitres I et II du titre III du livre II de la troisième partie du code général des collectivités territoriales, se poursuit jusqu'à leur terme dans les conditions prévues lors de leur conclusion.

VII. — Les départements peuvent conserver les participations qu'ils détiennent dans le capital d'établissements de crédit ayant pour objet exclusif de garantir les concours financiers accordés à des entreprises privées, prises en application de l'article L. 3231-7 du code général des collectivités territoriales avant la publication de la présente loi. Le département actionnaire d'une société d'économie mixte locale ou d'une société publique locale d'aménagement dont l'objet social s'inscrit dans le cadre d'une compétence que la loi attribue à un autre niveau de collectivité territoriale ou à un groupement de collectivités territoriales peut continuer à participer au capital de cette société à condition qu'il cède, dans l'année qui suit l'entrée en vigueur de la présente loi, à la collectivité territoriale ou au groupement de collectivités territoriales bénéficiaire de cette compétence, plus des deux tiers des actions qu'il détenait antérieurement.

(L. n° 2017-257 du 28 févr. 2017, art. 63) « VII *bis*. — Par dérogation au VII du présent article, le département ou le syndicat départemental actionnaire d'une société d'économie mixte locale compétente en matière d'immobilier d'entreprise existant à la date de publication de la présente loi et dont une part de l'activité est complémentaire avec la mission prévue à l'article 199 de la loi n° 2015-990 du 6 août 2015 pour la croissance, l'activité et l'égalité des chances économiques peut continuer à participer au capital de cette société. »

VIII. — L'ensemble des biens, droits et obligations des régions du regroupement desquelles est issue la région constituée en application de la loi n° 2015-29 du 16 janvier 2015 relative à la délimitation des régions, aux élections régionales et départementales et modifiant le calendrier électoral est transféré à cette dernière.

Ce transfert est réalisé à titre gratuit et ne donne lieu au versement d'aucuns droits ou honoraires, ni d'aucune indemnité ou taxe, ni de la contribution prévue à l'article 879 du code général des impôts.

La création de la région constituée en application de la loi n° 2015-29 du 16 janvier 2015 précitée entraîne sa substitution dans toutes les délibérations et dans tous les actes pris par les régions auxquelles elle succède. Ces actes et délibérations demeurent applicables, dans le champ d'application qui était le leur avant la fusion, jusqu'à leur remplacement, pour ceux qui ont un caractère réglementaire, par de nouveaux actes et délibérations applicables sur le territoire de la nouvelle région. Ces nouveaux actes et délibérations s'appliquent au plus tard au 1er janvier 2021.

Les contrats sont exécutés dans les conditions antérieures jusqu'à leur échéance, sauf accord contraire des parties. Les cocontractants sont informés de la substitution de personne morale par la région issue du regroupement. La substitution de personne morale dans les contrats conclus par les régions n'entraîne aucun droit à résiliation ou à indemnisation pour le cocontractant.

Pour l'application des articles L. 1612-1 et L. 4312-6 du code général des collectivités territoriales, les crédits ouverts au budget de l'exercice précédent, les recettes et les dépenses de fonctionnement inscrites au budget de l'année précédente et les autorisations de programme et d'engagement votées au cours des exercices antérieurs sont égaux à la somme de ces crédits, recettes et dépenses de fonctionnement et autorisations de programme et d'engagement figurant dans les budgets correspondants des régions du regroupement desquelles est issue la région constituée en application de la loi n° 2015-29 du 16 janvier 2015 précitée.

Par dérogation à l'article L. 1612-2 du même code, pour la région issue d'un regroupement en application de la même loi, la date limite d'adoption du budget, pour l'exercice 2016, est fixée au 31 mai 2016.

Pour l'exercice budgétaire 2016, par dérogation aux articles L. 1612-1 et L. 4312-6 dudit code, avant le vote du budget, l'exécutif est autorisé à engager, à liquider et à mandater les dépenses d'investissement et les dépenses de fonctionnement correspondant aux autorisations affectées au cours des exercices antérieurs restant à mandater, dans la limite d'un montant de crédits de paiement par chapitre égal aux cinq douzièmes de ce volume d'autorisations pour les régions issues d'un regroupement au 1er janvier 2016 et aux quatre douzièmes de ce volume pour les autres régions.

Pour l'exercice budgétaire 2016, par dérogation aux mêmes articles L. 1612-1 et L. 4312-6, avant le vote du budget, les assemblées délibérantes des régions peuvent, par délibération, modifier les autorisations de programme et les autorisations d'engagement antérieures ou reconduire les autorisations de programme et les autorisations d'engagement du dernier exercice budgétaire, dans la limite de cinq douzièmes des autorisations de programme et des autorisations d'engagement votées l'année précédente pour les régions issues d'un regroupement au 1er janvier 2016 et de quatre douzièmes pour les autres régions. L'exécutif peut les liquider et les mandater dans la limite d'un montant de crédits de paiement égal au montant de ces autorisations ouvertes. Les autorisations et crédits de paiement correspondants sont inscrits au budget lors de son adoption.

La région issue d'un regroupement en application de la loi n° 2015-29 du 16 janvier 2015 précitée est compétente pour arrêter les comptes administratifs des régions auxquelles elle succède, en application de l'article L. 1612-12 du même code.

Pour l'application de l'article L. 4132-6 dudit code aux régions issues d'un regroupement en application de la même loi, le règlement intérieur du conseil régional de l'ancienne région dans laquelle est situé le chef-lieu provisoire de la nouvelle région s'applique jusqu'à l'établissement d'un nouveau règlement intérieur par le conseil régional de la nouvelle région, qui intervient dans un délai de six mois après sa création.

La région issue d'un regroupement en application de ladite loi est substituée aux régions du regroupement desquelles elle est issue dans les syndicats dont elles étaient membres.

En 2016, les formalités de publicité foncière des régions issues de regroupement sont effectuées dans un délai de trois mois à compter de la publication du décret en Conseil d'État fixant le nom définitif de la région prévu au 3° du I de l'article 2 de la même loi.

Le présent VIII s'applique à compter du prochain renouvellement général des conseils régionaux.

[...]

XI. — Sauf dispositions contraires, dans le cadre des transferts de compétences entre collectivités territoriales ou leurs établissements publics, l'encours de la dette est réparti entre les collectivités ou les établissements concernés en fonction des emprunts contractés pour l'exercice de la compétence transférée. À défaut d'accord entre les organes délibérants, les modalités de répartition sont fixées par un arrêté des représentants de l'État dans la région et dans le département concernés. Cet arrêté est pris six mois au plus tard après le transfert de compétences.

XII. — Sauf dispositions contraires, pour tout transfert de compétence ou délégation de compétence prévu par le code général des collectivités territoriales, la collectivité territoriale ou l'établissement public est substitué de plein droit à l'État, à la collectivité ou à l'établissement public dans l'ensemble de ses droits et obligations, dans toutes ses délibérations et tous ses actes.

Les contrats sont alors exécutés dans les conditions antérieures jusqu'à leur échéance, sauf accord contraire des parties. Dans le cadre d'une délégation ou d'un transfert de compétence, la substitution de la personne morale n'entraîne aucun droit à résiliation ou à indemnisation pour le cocontractant.

La collectivité ou l'établissement public qui transfère ou délègue la compétence informe les cocontractants de cette substitution.

XIII. — A. — Par dérogation à l'article L. 1612-3 du code général des collectivités territoriales, la date limite d'adoption du budget pour l'année 2016 est fixée au 30 avril 2016 pour le budget de la métropole d'Aix-Marseille-Provence.

B. — Pour l'application en 2016 de l'article L. 5218-8-2 du même code, la date du 15 octobre est remplacée par celle du 30 janvier et la date du 1er novembre est remplacée par celle du 15 février.

C. — Pour l'application en 2016 de l'article L. 5218-8-4 dudit code, la date du 1er décembre est remplacée par celle du 15 mars.

D. — Pour l'application en 2016 de l'article L. 5218-8-6 du même code, jusqu'à l'adoption de l'état spécial de territoire, le président du conseil de territoire peut, sur autorisation du conseil de la métropole et dans la limite fixée par ce dernier, engager, liquider et mandater les dépenses de fonctionnement et d'investissement inscrites au budget de l'année précédente de l'établissement public de coopération intercommunale à fiscalité propre et consacrées par ce dernier à l'exercice des compétences déléguées.

[...]

XX. — Sauf disposition contraire, l'exécution des engagements juridiques, financiers et budgétaires pris par les départements et par les régions avant la date de publication de la présente loi en dehors des domaines de compétences que la loi leur attribue se poursuit jusqu'au 31 décembre 2015.

Art. L. 1614-1-1 *(L. n° 2004-809 du 13 août 2004, art. 120)* **Toute création ou extension de compétence ayant pour conséquence d'augmenter les charges des collectivités territoriales est accompagnée des ressources nécessaires déterminées par la loi.**

Selon le Conseil constitutionnel, ne sont ici visées que les compétences présentant un caractère obligatoire. • Cons. const. 13 janv. 2005, n° 2004-509DC. ♦ Il appartient au législateur d'accompagner ces créations ou extensions de compétences de ressources dont il lui appartient d'apprécier le niveau. Un Décr. du 6 juill. 2006, relatif au fonctionnement de l'Agence française de l'adoption et modifiant le code de l'action sociale et des familles, a été pris pour l'application des dispositions de l'art. L. 225-16 CASF prévoyant que l'État contribue sous la forme d'une dotation financière annuelle au financement de l'Agence française de l'adoption ; si ce décret prévoit que les départements contribuent à l'exercice des missions de l'Agence par la désignation au sein de leurs services d'au moins un correspondant local qui assure les fonctions définies à l'art. R. 225-49, il se borne ce faisant ; à énoncer une obligation que la loi elle-même (L. du 4 juill. 2005 portant réforme de l'adoption) a prescrite dès lors, le moyen tiré de ce que ce décret aurait méconnu les dispositions de l'art. L. 1614-1-1 CGCT ne peut qu'être écarté. • CE 13 juill. 2007, *Dpt de la Vendée*, n° 297286.

Art. L. 1614-2 **Les charges correspondant à l'exercice des compétences transférées font l'objet d'une évaluation préalable au transfert desdites compétences.**

Toute charge nouvelle incombant aux collectivités territoriales du fait de la modification par l'État, par voie réglementaire, des règles relatives à l'exercice des compétences transférées est compensée dans les conditions prévues à l'article L. 1614-1. Toutefois, cette compensation n'intervient que pour la partie de la charge qui n'est pas déjà compensée par l'accroissement de la dotation générale de décentralisation mentionnée à l'article L. 1614-4. – *[L. n° 83-8 du 7 janv. 1983, art. 5, al. 2 et 3.]*

1. Il appartient à la collectivité qui entend se prévaloir de l'art. L. 1614-2 d'établir que la modification réglementaire du régime du service transféré est la cause directe et exclusive d'un accroissement de charges qui n'est pas déjà financé par la compensation initiale ou par l'augmentation de la dotation générale de décentralisation. • CAA Paris, 31 déc. 2013, *Région Poitou-Charentes*, n° 10PA02559. ♦ L'accroissement net de charges résultant de la modification des règles relatives à l'exercice des compétences transférées ne peut être apprécié qu'abstraction faite des conditions particulières dans lesquelles ces compétences sont exercées par chacune des collectivités intéressées. • CAA Paris, 16 déc. 2013, *Région des Pays de la Loire*, n° 11PA01667. ♦ V. art. L. 1614-8-1.

2. Le Conseil d'État a interprété strictement l'étendue de la compensation des charges dans le cadre de l'art. L. 1614-2. Se prononçant sur la revalorisation du montant forfaitaire mensuel du RSA par décret, il a posé, de façon générale, le principe selon lequel les règles créant des charges nouvelles pour les collectivités territoriales et impliquant une compensation par l'État en vertu du second al. de l'art. L. 1614-2 CGCT sont celles qui, tout à la fois, présentent un caractère obligatoire et sont propres aux compétences transférées. Ainsi, ne sont pas concernées par une telle compensation les charges nouvelles résultant notamment de la modification de règles de portée générale ayant une incidence financière sur l'exercice par les collectivités territoriales de leurs compétences. • CE 21 févr. 2018, *Dpt du Calvados*, n° 409286 : *Lebon ; AJDA 2018. 845, chron. Roussel et Nicolas ; AJCT 2018. 339, obs. Le Chatelier ; RDSS 2018. 332, concl. Touboul ; Constitutions 2018. 118, chron. Domingo*. ♦ De même, le Conseil d'État juge qu'une instruction, qui se borne à préciser les modalités selon lesquelles le régime existant du RSA s'applique aux salariés et aux agents publics dont le contrat de travail ou les fonctions ont été suspendus pour défaut de présentation d'un passe sanitaire, n'a ni pour objet ni pour effet de modifier les règles relatives au RSA et ne saurait par conséquent être regardée comme créant une charge nouvelle incombant aux collectivités territoriales. • CE 22 déc. 2022, n° 462322. ♦ Le moyen tiré de ce que l'État aurait commis une faute en s'abstenant de prévoir la compensation des charges nouvelles résultant de décrets de revalorisation du RSA lors de leur adoption doit être écarté. En effet, même si ces Décr. modifient les règles relatives à l'exercice de compétences transférées, au sens des dispositions du second al. de l'art. L. 1614-2, qui prévoient la compensation des charges nouvelles résultant d'un transfert de compétences, ils ne subordonnent pas pour autant la légalité de ce transfert à l'intervention d'une telle compensation. • CE 23 oct. 2024, n° 474467 B : *AJDA 2024. 2041*. ♦ Dans le calcul de la compensation, le juge administratif prend en considération les charges nouvelles issues des revalorisations du RSA et les ressources nouvelles issues des dispositifs de compensation pour établir si la compensation est suffisante : « il résulte de l'instruction que, pour le département du Finistère, le montant de ces ressources nouvelles excède, pour les années concernées, celui du surcoût des mesures de revalorisation exceptionnelle. En effet, le ministre de l'intérieur fait valoir, sans être sérieusement contesté, que les charges résultant des cinq décrets de revalorisation exceptionnelle précités représentent entre le 1er septembre 2013 et le

31 août 2019 un montant d'environ 49 millions d'euros pour le département du Finistère et que ses ressources nouvelles tirées des dispositifs de compensation sont d'environ 54 millions d'euros au titre du dispositif de compensation péréquée (DCP) et d'environ 79 millions d'euros au titre du relèvement de 3,8 à 4,5 % du taux des droits de mutation à titre onéreux. Dès lors, et sans qu'il soit besoin de désigner un expert pour évaluer le préjudice invoqué par le département, l'État n'a méconnu aucune des obligations de compensation qui s'imposent à lui et n'a pas davantage, en tout état de cause, méconnu son propre engagement de procéder à la compensation ». • CAA Nantes, 3 juin 2025, n° 24NT01215.

Art. L. 1614-3 **Le montant des dépenses résultant des accroissements et diminutions de charges est constaté pour chaque collectivité par arrêté conjoint du ministre chargé de l'intérieur et du ministre chargé du budget, après avis** *(L. n° 2004-809 du 13 août 2004, art. 118)* **« de la commission consultative sur l'évaluation des charges du Comité des finances locales, dans les conditions définies à l'article L. 1211-4-1 ».**

La commission consultative mentionnée à l'alinéa précédent établit à l'intention du Parlement, à l'occasion de l'examen du projet de loi de finances de l'année, un bilan de l'évolution des charges transférées aux collectivités locales.

(L. n° 2004-809 du 13 août 2004, art. 118) **« Le bilan retrace, pour chaque catégorie de collectivités territoriales, l'évolution du coût des compétences qui leur ont été transférées ou confiées au cours des dix dernières années. Il est effectué à partir du montant des dépenses engagées annuellement par les collectivités locales au titre des compétences transférées en distinguant les dépenses correspondant à l'exercice normal, au sens de l'article L. 1614-1, des compétences transférées de celles résultant de la libre initiative des collectivités locales.**

« Le bilan retrace également les conséquences financières des transferts de personnel et des délégations de compétences, ainsi que l'évolution du produit des impositions de toutes natures transférées en compensation des créations, transferts et extensions de compétences. »

Le bilan comprend en annexe un état, pour le dernier exercice connu, de la participation des collectivités locales à des opérations relevant de la compétence de l'État et des concours de l'État à des programmes intéressant les collectivités locales.

1. Recours. Le courrier du préfet, qui se borne à exposer la méthode de calcul retenue pour déterminer le montant de la dotation générale de décentralisation (DGD), ne saurait être regardé comme une décision faisant grief susceptible d'un recours par excès de pouvoir. De plus, l'arrêté par lequel le préfet notifie à chaque collectivité concernée le montant de la DGD qui lui a été alloué se borne à reprendre, en les additionnant, les montants arrêtés par chacune des décisions interministérielles relatives au transfert de ressources de nature à compenser le transfert de charges effectué entre l'État et les collectivités. Il ne revêt aucun caractère décisoire et ne vise que la transmission de l'information relative au montant total de la DGD accordée à la collectivité. • TA Saint-Denis de La Réunion, 25 nov. 2010, *Région de La Réunion,* n° 07962 : *AJCT 2011. 192, obs. Legrand.*

2. Compétence juridictionnelle. Il résulte des dispositions des art. L. 1614-1 à L. 1614-7 CGCT que l'arrêté du 6 avr. 2006, qui constate le montant du droit à compensation financière pour les départements, en contrepartie du transfert de la gestion et du financement des fonds de solidarité pour le logement, de l'aide à la médiation locative et de celle à l'acquittement des impayés des fournitures d'eau et d'énergie, était dépourvu de caractère réglementaire. Dès lors, le Conseil d'État n'est pas compétent pour en connaître en premier et dernier ressort en application du 2° de l'art. R. 311-1 CJA, et il y a lieu, par suite, de transmettre la requête au TA compétent. • CE 16 mars 2009, *Dpt de la Seine-Saint-Denis,* n° 294534. ♦ De façon plus générale, « les arrêtés interministériels constatant le montant des dépenses devant être compensées par l'État, en application de l'art. L. 1614-3 CGCT, du fait de la modification des règles relatives à l'exercice de compétences transférées à des collectivités territoriales, n'ont pas le caractère d'actes réglementaires. Le Conseil d'État n'est donc pas compétent pour connaître en premier ressort des requêtes dirigées contre de tels arrêtés ». • CE 6 déc. 2022, *Dpt de Haute-Saône,* n° 453142.

Art. L. 1614-3-1 *(L. n° 2002-276 du 27 févr. 2002, art. 52)* **La commission mentionnée au premier alinéa de l'article L. 1614-3 constate l'évolution des charges résultant** *(L. n° 2003-1200 du 18 déc. 2003, art. 5)* **« des créations, des extensions de compétences ou » des modifications par voie législative des conditions d'exercice des compétences transférées, et la retrace dans le bilan mentionné au même article L. 1614-3.**

Lorsqu'elles concernent des compétences exercées par les régions ou les départements, l'évolution de ces charges est constatée pour chaque collectivité.

Les arrêtés interministériels constatant le montant des charges devant être compensées par l'État en application de l'art. L. 1614-3 CGCT, du fait d'un transfert de compétences à des collectivités territoriales, n'ont pas le caractère d'actes réglementaires. Dès lors, le Conseil d'État n'est pas compétent pour connaître en premier et dernier ressort des requêtes dirigées contre les décisions ministérielles refusant de prendre de tels actes : elles relèvent de la compétence du tribunal administratif de Paris. • CE 10 avr. 2002, *Région Alsace*, n°s 223710 et 229602 : *Coll. terr. 2002, n° 177, note Moreau ; ACL 2003. 357.*

Art. L. 1614-4 **Les charges visées à l'article L. 1614-1 sont compensées** *(L. n° 96-1181 du 30 déc. 1996, art. 31)* **« par le transfert d'impôts d'État, par les ressources du Fonds de compensation de la fiscalité transférée et, pour le solde, par l'attribution d'une dotation générale de décentralisation ». Les collectivités locales bénéficiaires utilisent librement** *(L. n° 96-1181 du 30 déc. 1996, art. 31)* **« la dotation générale de décentralisation et les ressources en provenance du Fonds de compensation de la fiscalité transférée qui sont inscrites » en section de fonctionnement du budget.**

(L. n° 2015-1785 du 29 déc. 2015, art. 39) **« À compter du 1er janvier 2016, lorsqu'une région est constituée par regroupement de plusieurs régions, conformément à l'article 1er de la loi n° 2015-29 du 16 janvier 2015 relative à la délimitation des régions, aux élections régionales et départementales et modifiant le calendrier électoral, le montant de la dotation générale de décentralisation qui lui est versé correspond à la somme des montants versés aux régions auxquelles elle succède dans les conditions applicables avant le regroupement. »**

Dans le cas où, l'année d'un transfert de compétences, le produit des impôts affectés à cette compensation, calculé aux taux en vigueur à la date du transfert de compétences, est supérieur, pour une collectivité donnée, au montant des charges qui résultent du transfert de compétences, tel qu'il est constaté dans l'arrêté interministériel mentionné à l'article L. 1614-3, il est procédé l'année même aux ajustements nécessaires.

À cette fin, le produit des impôts revenant à la collectivité concernée est diminué, *(L. n° 96-1181 du 30 déc. 1996, art. 31)* **« au profit du Fonds de compensation de la fiscalité transférée », de la différence entre le produit calculé sur la base des taux en vigueur à la date du transfert et le montant des charges visé ci-dessus ainsi que la moitié du supplément de ressources fiscales résultant des dispositions de l'article 14 de la loi de finances pour 1984 (n° 83-1179 du 29 décembre 1983).**

(L. n° 97-1239 du 29 déc. 1997, art. 42) **« Dès l'année du transfert et » pour les années ultérieures, le montant de cet ajustement évolue** *(L. n° 2009-1674 du 30 déc. 2009, art. 4)* **« comme la dotation générale de décentralisation » dans les conditions prévues à l'article L. 1614-1. Il est modifié, en tant que de besoin, pour tenir compte des accroissements de charges résultant de nouveaux transferts de compétences.**

(L. n° 96-1181 du 30 déc. 1996, art. 31) **« À compter de 1997, il est créé un Fonds de compensation de la fiscalité transférée qui dispose en ressources de la diminution du produit des impôts définie au** *(L. n° 2015-1785 du 29 déc. 2015, art. 39)* **« quatrième » alinéa du présent article.**

« Sont éligibles à ce fonds les collectivités territoriales pour lesquelles le transfert d'impôt d'État a été insuffisant pour compenser intégralement l'accroissement net de charges résultant des transferts de compétences entre l'État et ces collectivités territoriales.

« Ce fonds est réparti entre les collectivités territoriales éligibles au prorata de leur part dans l'accroissement net de charge précité, diminué du produit des impôts d'État transférés affecté, en application du premier alinéa, à la compensation de ces charges. »

1. Recours. Le courrier du préfet, qui se borne à exposer la méthode de calcul retenue pour déterminer le montant de la dotation générale de décentralisation, ne saurait être regardé comme une décision faisant grief susceptible d'un recours pour excès de pouvoir. De plus, l'arrêté par lequel le préfet notifie à chaque collectivité concernée le montant de la dotation générale de décentralisation qui lui a été alloué se borne à reprendre, en les additionnant, les montants arrêtés par chacune des décisions interministérielles relatives au transfert de ressources de nature à compenser le transfert de charges effectué entre l'État et les collectivités territoriales. Il ne revêt aucun caractère décisoire et ne vise que la transmission de l'information relative au montant total de la dotation générale de décentralisation accordée à la collectivité. • TA Saint-Denis de La Réunion, 25 nov. 2010, *Région de La Réunion*, n° 07962 : *AJCT 2011. 192, obs. Legrand*.

2. Compétence juridictionnelle. Il a été jugé qu'il résulte des dispositions des art. L. 1614-1 à L. 1614-7 CGCT que l'arrêté du 6 avr. 2006, qui constate le montant du droit à compensation financière pour les départements, en contrepartie du transfert de la gestion et du financement des fonds de solidarité pour le logement, de l'aide à la médiation locative et de l'aide à l'acquittement des impayés des fournitures d'eau et d'énergie, était dépourvu de caractère réglementaire. Dès lors, le Conseil d'État n'est pas compétent pour en connaître en premier et dernier ressort en application du 2° de l'art. R. 311-1 CJA, et il y a lieu, par suite, de transmettre la requête au tribunal administratif compétent. • CE 16 mars 2009, *Dpt de la Seine-Saint-Denis*, n° 294534.

Art. L. 1614-5 Au terme de la période visée à l'article 4 de la loi n° 83-8 du 7 janvier 1983 précitée, les transferts d'impôts d'État représentent la moitié au moins des ressources attribuées par l'État à l'ensemble des collectivités locales.

Les pertes de produit fiscal résultant, le cas échéant, pour les départements ou les régions, de la modification, postérieurement à la date de transfert des impôts et du fait de l'État, de l'assiette ou des taux de ces impôts sont compensées intégralement, collectivité par collectivité, soit par des attributions de dotation de décentralisation, soit par des diminutions des ajustements prévus au deuxième alinéa de l'article L. 1614-4.

Le montant de la perte de produit fiscal à compenser, pour chaque collectivité concernée, est constaté dans les mêmes conditions que les accroissements et diminutions de charges visés à l'article L. 1614-3. – *[L. n° 83-8 du 7 janv. 1983, art. 95, al. 8 à 10.]*

Art. L. 1614-5-1 *(L. n° 2002-276 du 27 févr. 2002, art. 52)* L'arrêté conjoint du ministre de l'Intérieur et du ministre chargé du budget constatant soit des accroissements ou diminutions de charges en application des dispositions de l'article L. 1614-3, soit des pertes de produit fiscal en application des dispositions de l'article L. 1614-5, intervient dans les six mois de la publication des dispositions législatives ou réglementaires auxquelles il se rapporte.

Art. L. 1614-6 Ne figurent pas dans le bilan financier prévu à l'article L. 1614-3 :

– les crédits inclus dans la dotation *(L. n° 2010-1657 du 29 déc. 2010, art. 179)* « d'équipement des territoires ruraux des communes et la dotation » *(L. n° 2019-1479 du 28 déc. 2019, art. 259)* « de soutien à l'investissement » des départements ;

– les ressources prévues à l'article 113 de la loi n° 83-8 du 7 janvier 1983 précitée ;

– les crédits correspondant à la suppression de la contribution des communes aux charges de police ;

– les charges induites pour l'État par le transfert à l'État des charges supportées par les collectivités territoriales en matière de justice et de police ;

– les crédits correspondant à la prise en charge par l'État des frais de logement des instituteurs au moyen de la création d'une dotation spéciale intégrée dans la dotation globale de fonctionnement.

Art. L. 1614-7 Tout transfert de compétences de l'État à une collectivité territoriale entraîne pour celle-ci l'obligation de poursuivre, selon des modalités définies par décret en Conseil d'État, l'établissement des statistiques liées à l'exercice de ces compétences.

(L. n° 2004-809 du 13 août 2004, art. 130) « Ces statistiques sont transmises à l'État.

« En vue de la réalisation d'enquêtes statistiques d'intérêt général, les collectivités territoriales et leurs groupements transmettent à l'État des informations individuelles destinées à la constitution d'échantillons statistiquement représentatifs.

« L'État met à disposition des collectivités territoriales et de leurs groupements les résultats de l'exploitation des données recueillies en application du présent article ou de l'exploitation de données recueillies dans un cadre national et portant sur les domaines liés à l'exercice de leurs compétences. Il en assure la publication régulière. »

Les charges financières résultant de cette obligation pour les collectivités territoriales font l'objet d'une compensation par l'État dans les conditions définies aux articles L. 1614-1 à L. 1614-3.

V. art. R. 1614-10 s.

SECTION 2 Dispositions particulières à certains transferts

Art. L. 1614-8 *(L. nº 2006-1771 du 30 déc. 2006, art. 153)* La compensation financière des charges d'investissement des ports transférés en application du premier alinéa de l'article 6 de la loi nº 83-663 du 22 juillet 1983 complétant la loi nº 83-8 du 7 janvier 1983 relative à la répartition des compétences entre les communes, les départements, les régions et l'État est intégrée dans la dotation générale de décentralisation des départements concernés.

Le montant total de la compensation dont bénéficient les départements concernés correspond au montant actualisé du concours particulier de l'État créé en application de l'article 95 de la loi nº 83-8 du 7 janvier 1983 précitée, constaté au 1er janvier 2007.

La part respective revenant à chaque département est obtenue en appliquant un coefficient au montant total de la compensation visé au deuxième alinéa. Ce coefficient est calculé pour chaque département en rapportant la moyenne actualisée des crédits qui lui ont été versés de 1996 à 2005 à la moyenne actualisée des crédits versés à l'ensemble des départements concernés au titre du concours particulier au cours de ces dix années.

La compensation financière des charges d'investissement des ports transférés en application de l'article 30 de la loi nº 2004-809 du 13 août 2004 relative aux libertés et responsabilités locales est intégrée dans la dotation générale de décentralisation des collectivités concernées et calculée conformément au I de l'article 119 de la même loi.

(L. nº 2015-1785 du 29 déc. 2015, art. 39) « À compter du 1er janvier 2016, lorsqu'une région est constituée par regroupement de plusieurs régions, conformément à l'article 1er de la loi nº 2015-29 du 16 janvier 2015 relative à la délimitation des régions, aux élections régionales et départementales et modifiant le calendrier électoral *[V. CGCT, art. L. 4111-1]*, le montant de la dotation générale de décentralisation qui lui est versé en application du présent article correspond à la somme des montants versés aux régions auxquelles elle succède dans les conditions applicables avant le regroupement. »

Un décret en Conseil d'État détermine les modalités d'application du présent article.

Sur les libertés et responsabilités locales des collectivités territoriales, V. ci-dessous L. nº 2004-809 du 13 août 2004, art. 121.

Loi nº 2004-809 du 13 août 2004,

Relative aux libertés et responsabilités locales.

Art. 121 *[...]* II. — Les ressources précédemment consacrées par l'État à l'exercice des compétences transférées aux collectivités territoriales par les articles 97 *(L. nº 2011-1978 du 28 déc. 2011, art. 81-1º)* « , 101 *[V. **C. éduc.**, art. L. 216-2-1]* et 117 de la présente loi et par l'article L. 3113-1 du code général de la propriété des personnes publiques » sont intégrées dans la dotation générale de décentralisation et réparties entre les collectivités territoriales désormais compétentes ou leurs groupements désormais compétents.

III. — Pour ce qui concerne les crédits d'investissement, le transfert aux départements des routes, de leurs accessoires et de leurs dépendances s'accompagne du transfert concomitant des ressources équivalentes, calculées hors taxes et hors fonds de concours, à celles qui étaient consacrées aux dépenses d'entretien préventif et curatif, de réhabilitation, d'exploitation et d'aménagements liés à la sécurité routière et à la prise en compte des risques naturels, des voiries transférées. Un décret en Conseil d'État détermine les conditions d'application du présent III.

IV. — Les compensations financières prévues par le IV de l'article 10 de la loi nº 92-1255 du 2 décembre 1992 relative à la mise à la disposition des départements des services déconcentrés du ministère de l'équipement et à la prise en charge des dépenses de ces services sont maintenues jusqu'à la date du transfert de ces services. Les transferts d'emplois résultant de l'application de la présente loi ne sont pas pris en compte pour le calcul de ces compensations.

[...]

Art. L. 1614-8-1 *(L. n° 2000-1208 du 13 déc. 2000, art. 125)* **À compter du 1er janvier 2002, les charges transférées aux régions du fait du transfert de compétences prévu à l'article 21-1 de la loi n° 82-1153 du 30 décembre 1982 d'orientation des transports intérieurs sont compensées dans les conditions fixées par les articles L. 1614-1 à L. 1614-3, sous réserve des dispositions du présent article.**

La compensation du transfert de compétences mentionnée à l'alinéa précédent, prise en compte dans la dotation générale de décentralisation attribuée aux régions, est constituée :

– du montant de la contribution pour l'exploitation des services transférés ;

– du montant de la dotation complémentaire nécessaire au renouvellement du parc de matériel roulant affecté aux services transférés ;

– du montant de la dotation correspondant à la compensation des tarifs sociaux mis en œuvre à la demande de l'État.

Pour l'année 2002, le montant de cette compensation est établi, pour ce qui concerne la part correspondant à la contribution pour l'exploitation des services transférés, sur la référence de l'année 2000. Le montant total de cette compensation est revalorisé en appliquant les taux de croissance de la dotation globale de fonctionnement fixés pour 2001 et 2002.

Le montant de cette compensation est constaté pour chaque région, pour l'année 2002, par arrêté conjoint du ministre chargé de l'intérieur, du ministre chargé du budget et du ministre chargé des transports après avis de la région.

La part de la compensation correspondant à la contribution pour l'exploitation des services transférés donnera lieu à révision, au titre de la dotation de 2003, pour tenir compte des incidences sur les charges du service ferroviaire régional, des nouvelles règles comptables mises en œuvre par *(Ord. n° 2019-552 du 3 juin 2019, art. 25)* **« SNCF Voyageurs ». Cette révision s'effectue sur la base des services de l'année 2000 et sera constatée sous la forme définie à l'alinéa précédent.** *(L. n° 2008-1425 du 27 déc. 2008, art. 168-I)* **« La part de la compensation correspondant à la contribution pour l'exploitation des services transférés est calculée hors taxe sur la valeur ajoutée. »**

Toute disposition législative ou réglementaire ayant une incidence financière sur les charges transférées en application de l'article 21-1 de la loi n° 82-1153 du 30 décembre 1982 précitée donne lieu à révision dans les conditions prévues aux articles L. 1614-1 à L. 1614-3. Cette révision a pour objet de compenser intégralement la charge supplémentaire pour la région résultant de ces dispositions.

Toute modification des tarifs sociaux décidée par l'État, entraînant une charge nouvelle pour les régions, donne lieu à une révision, à due proportion, du montant de la contribution visée au troisième alinéa.

(L. n° 2015-1785 du 29 déc. 2015, art. 39) **« À compter du 1er janvier 2016, lorsqu'une région est constituée par regroupement de plusieurs régions, conformément à l'article 1er de la loi n° 2015-29 du 16 janvier 2015 relative à la délimitation des régions, aux élections régionales et départementales et modifiant le calendrier électoral** *[V. CGCT, art. L. 4111-1]*, **le montant de la dotation générale de décentralisation qui lui est versé en application du présent article correspond à la somme des montants versés aux régions auxquelles elle succède dans les conditions applicables avant le regroupement. »**

Un décret en Conseil d'État précise les modalités d'application du présent article.

Ce dispositif spécifique n'ouvre pas droit à compensation dans toute situation dans laquelle une disposition législative ou réglementaire aurait une incidence sur les charges transférées, alors même que cette disposition n'aurait pas pour objet de modifier les règles relatives à l'exercice des compétences transférées. • CAA Paris, 15 oct. 2013, *Région Nord-Pas-de-Calais*, n° 11PA02545, confirmation par • CE 17 avr. 2015, *Région Nord-Pas-de-Calais*, n° 374179 : *Lebon ; AJDA 2015. 781*.

♦ Il résulte des dispositions combinées des art. L. 1614-1 et L. 1614-8-1 CGCT que le transfert par l'État aux collectivités des ressources nécessaires à l'exercice normal des compétences transférées à ces dernières n'est destiné à compenser que l'accroissement net de charges résultant pour celles-ci desdits transferts de compétences. Dès lors, les charges non récurrentes supportées par la SNCF au titre des services régionaux de voyageurs, qui n'entrent pas dans l'accroissement net de charges résultant pour les régions du transfert de la compétence en cette matière, pouvaient être exclues du calcul du déséquilibre des comptes régionaux attestés de la SNCF, retenus comme référence par l'art. L. 1614-8-1, pour déterminer le montant de la contribution due par l'État à la région pour l'exploitation des services transférés. • CE 11 juin 2003, *Région Nord-Pas-de-Calais*, n° 242483 : *BJCL 2003. 656, concl. Séners ; ACL 2004. 522.* ♦ Cette compensation ne vaut que pour les services préexistants. • CE 16 janv. 2006, *Région Haute-Normandie*, n° 274012.

Art. L. 1614-9 **Les crédits précédemment inscrits au budget de l'État au titre de l'établissement et de la mise en œuvre des documents d'urbanisme et des servitudes et qui correspondent aux compétences transférées font l'objet d'un concours particulier au sein de la dotation générale de décentralisation.**

(L. n° 2012-1509 du 29 déc. 2012, art. 111) **« À compter de 2013, ce concours particulier est majoré du montant de la compensation financière des charges mentionnées à l'article 17 de la loi n° 83-8 du 7 janvier 1983 relative à la répartition des compétences entre les communes, les départements, les régions et l'État et résultant des contrats destinés à garantir les collectivités territoriales contre les risques découlant de l'exercice des compétences transférées en matière d'urbanisme.**

(L. n° 2023-1322 du 29 déc. 2023, art. 250) **« À compter de 2024, ce concours particulier est majoré du montant de la compensation financière mentionnée au II de l'article 250 de la loi n° 2023-1322 du 29 décembre 2023 de finances pour 2024. »**

« Les crédits de ce concours particulier » sont répartis par le représentant de l'État entre les communes et les *(L. n° 2023-1322 du 29 déc. 2023, art. 250)* **« groupements de collectivités territoriales » de chaque département qui réalisent** *(Ord. n° 2009-1530 du 10 déc. 2009 ; Ord. n° 2015-1174 du 23 sept. 2015, art. 9)* **« les schémas de cohérence territoriale, les plans locaux d'urbanisme, les cartes communales** *(L. n° 2023-1322 du 29 déc. 2023, art. 250)* **« , les règlements locaux de publicité » et le plan d'aménagement et de développement durable mentionné à l'article L. 4424-9 du présent code », dans des conditions définies par décret en Conseil d'État.**

V. art. R. 1614-41 s.

Art. L. 1614-10 **Les crédits précédemment inscrits au budget de l'État au titre de la construction, de l'équipement et du fonctionnement des bibliothèques municipales** *(Ord. n° 2017-650 du 27 avr. 2017, art. 2)* **« et intercommunales »** *(L. n° 2005-1719 du 30 déc. 2005, art. 141 ; Ord. n° 2017-650 du 27 avr. 2017, art. 2)* **« et de l'équipement des bibliothèques départementales » font l'objet d'un concours particulier au sein de la dotation générale de décentralisation.** *(L. n° 2005-1719 du 30 déc. 2005, art. 141)* **« Ils sont répartis par le représentant de l'État entre les départements, les communes et les** *(L. n° 2021-1717 du 21 déc. 2021, art. 11)* **« groupements de collectivités territoriales » réalisant des travaux d'investissements** *(L. n° 2011-1977 du 28 déc. 2011, art. 142)* **« et des dépenses de fonctionnement non pérennes » au titre des compétences qu'ils exercent en vertu des articles L. 310-1 et** *(Ord. n° 2017-650 du 27 avr. 2017, art. 2)* **« L. 330-1 » du code du patrimoine. »**

(L. n° 2011-1977 du 28 déc. 2011, art. 142) **« La participation financière de l'État au titre du concours particulier relatif aux bibliothèques municipales** *(Ord. n° 2017-650 du 27 avr. 2017, art. 2)* **« et intercommunales » et aux** *(Ord. n° 2017-650 du 27 avr. 2017, art. 2)* **« bibliothèques départementales » prévu au premier alinéa ne doit pas avoir pour effet de faire prendre en charge tout ou partie des dépenses de fonctionnement courant regroupant principalement les frais de rémunération des personnels, les dépenses d'entretien et les frais de fonctionnement divers correspondant aux compétences de la collectivité, hormis celles accordées »** *(L. n° 2015-1785 du 29 déc. 2015, art. 168)* **« dans les deux situations suivantes :**

« 1° L'aide initiale et non renouvelable accordée lors de la réalisation d'une opération ;

« 2° L'aide initiale accordée pour un projet d'extension ou d'évolution des horaires d'ouverture de bibliothèques. »

Un décret en Conseil d'État fixe les conditions d'application du présent article *(L. n° 2015-1785 du 29 déc. 2015, art. 168)* **« , notamment celles encadrant le financement des projets d'extension ou d'évolution des horaires d'ouverture de bibliothèques**

mentionnés au 2°. Ces conditions d'application sont adaptées », en tant que de besoin, aux départements d'outre-mer.

V. art. L. 1421-4 et R. 1614-75 s.

Art. L. 1614-11 Les dépenses de fonctionnement des *(Ord. n° 2017-650 du 27 avr. 2017, art. 2)* « bibliothèques départementales », mises à la charge des départements, sont compensées dans les conditions prévues par les articles L. 1614-1 à L. 1614-3.

Toutefois, les crédits de la dotation générale de décentralisation correspondant aux dépenses supportées par l'État, l'année précédant le transfert de compétences, au titre de l'équipement mobilier et matériel lié à la mise en service de nouveaux bâtiments, de l'entretien des immeubles, de l'achat de véhicules et de la rémunération des agents saisonniers, sont répartis entre les départements bénéficiaires au prorata de la population des communes de moins de 10 000 habitants.

Art. L. 1614-12 à L. 1614-15 *Abrogés par L. n° 2005-1719 du 30 déc. 2005, art. 141.*

CHAPITRE V FONDS DE COMPENSATION POUR LA TAXE SUR LA VALEUR AJOUTÉE

BIBL. GÉN. ▸ ERSTEIN, *Coll. terr. 2006, p. 1* (pourquoi ne pas généraliser l'usage du FCTVA ?). – LEVOYER, *AJDA 2006. 920* (contrats publics et fonds de compensation de la TVA : enfin une clarification) ; *J.-Cl. Coll. terr., fasc. 860* ; Le FCTVA au secours de l'investissement des collectivités territoriales ?, *JCP Adm. 2009, n° 2076.* – RENOUARD, *BJCL 2006. 556* (le FCTVA : actualité législative et jurisprudentielle d'un dispositif complexe).

Art. L. 1615-1 *(L. n° 2020-1721 du 29 déc. 2020, art. 251)* I. — Les attributions ouvertes chaque année par la loi à partir des ressources du Fonds de compensation pour la taxe sur la valeur ajoutée des collectivités territoriales visent à compenser la taxe sur la valeur ajoutée acquittée par les collectivités territoriales et leurs groupements sur leurs dépenses d'investissement ainsi que sur leurs dépenses pour :

1° L'entretien des bâtiments publics et de la voirie ;

2° L'entretien des réseaux payés à compter du 1er janvier 2020 ;

3° La fourniture de prestations de solutions relevant de l'informatique en nuage déterminées par un arrêté conjoint des ministres chargés des finances, des relations avec les collectivités territoriales et du numérique payées par les collectivités à compter du 1er janvier 2021.

II. — Les attributions du Fonds de compensation pour la taxe sur la valeur ajoutée sont déterminées dans le cadre d'une procédure de traitement automatisé des données budgétaires et comptables. Cette procédure automatisée s'applique aux dépenses payées par les collectivités à partir du 1er janvier 2021 selon les différents régimes de versement applicables aux bénéficiaires tels que définis à l'article L. 1615-6.

Toutefois, cette procédure de traitement automatisé ne s'applique ni aux dépenses d'investissement mentionnées aux quatrième, neuvième et avant-dernier alinéas de l'article L. 1615-2 et aux subventions mentionnées au dernier alinéa du même article L. 1615-2, ni aux dépenses mentionnées au III de l'article L. 1615-6 du présent code, ni à celles mentionnées à l'article L. 211-7 du code de l'éducation. Pour ces dépenses, les attributions du fonds résultent d'une procédure déclarative.

Les modalités de mise en œuvre des procédures mentionnées au présent II sont définies par décret.

1. Nature des dépenses prises en compte. Ce fonds assure aux collectivités et à leurs groupements la compensation, à un taux forfaitaire, de la TVA qu'ils acquittent sur leurs dépenses d'investissement. Sont éligibles au FCTVA les dépenses qui ont pour résultat l'entrée dans le patrimoine de la collectivité d'un nouvel élément d'une certaine consistance, destiné à y rester durablement. La circulaire interministérielle n° NOR/INT/B/02/00059C du 26 févr. 2002, relative aux règles d'imputation des dépenses du secteur public local, présente les critères de distinction entre les dépenses d'investissement et celles de fonctionnement. Cette distinction résulte de l'application tant des principes du C. civ. relatifs à la consistance du bien et à sa durabilité que des principes du plan comptable général. * Rép. min. n° 07123 : *JO Sénat Q, 10 oct. 2013, p. 2967.* ♦ L'éligibilité de dépenses à ce fonds est subordonnée à la nature réelle des travaux financés, à la réalisation effective des travaux par le maître d'ouvrage et à l'intégration des ouvrages dans le patrimoine de la collectivité publique. • CAA Lyon, 7 juin 2006, n° 02LY00355. ♦ Les illégalités pouvant affecter un marché sont sans incidence sur le droit d'une collectivité à l'attribution sollicitée. • CE 7 nov. 2005, n° 267163 : *Dr. adm. 2006, n° 23 ; AJDA 2006. 608, note Levoyer ; RGCT 2006. 69, concl. Glaser ; ACL 2006. 382.* ♦ L'existence du FCTVA ne fait pas obstacle à la prise en compte de l'évaluation de coûts de travaux TTC pour la fixation du montant d'une indemnité dans le cadre d'un recours en responsabilité. Si, en vertu des dispositions de l'art. L. 1615-1, le FCTVA vise à compenser la TVA acquittée par les collectivités territoriales notamment sur leurs dépenses d'investissement, il ne modifie pas le régime fiscal des opérations de ces collectivités. Ainsi, ces dernières dispositions ne font pas obstacle à ce que la TVA grevant les travaux de réfection d'un immeuble soit incluse dans le montant de l'indemnité due par les constructeurs à une collectivité territoriale, maître d'ouvrage, alors même que celle-ci peut bénéficier de sommes issues de ce fonds pour cette catégorie de dépenses. • CE 19 déc. 2022, n° 462156 A : *AJDA 2022. 2501 ; RDI 2023. 184, obs. Morales*. ♦ Néanmoins, il appartient toutefois à la victime, à laquelle incombe la charge d'apporter tous les éléments de nature à déterminer avec exactitude le montant de son préjudice, d'établir, le cas échéant, à la date d'évaluation de ce préjudice, qu'elle n'est pas susceptible de déduire ou de se faire rembourser ladite taxe. En conséquence, dès lors que la commune n'apporte aucun élément propre à établir qu'elle n'est pas susceptible de déduire ou de se faire rembourser la taxe sur la valeur ajoutée, le montant du préjudice dont elle est fondée à demander la réparation aux maîtres d'œuvre à raison des désordres affectant l'église communale correspond aux frais qu'elle doit engager pour les travaux de reprise des désordres, diminués de la taxe sur la valeur ajoutée. Par suite, les condamnations mises à la charge des maîtres d'œuvre doivent être prononcées hors taxe. • CAA Toulouse, 1er oct. 2024, n° 22TL22406.

2. Dépenses éligibles. Ne sont éligibles au FCTVA que les dépenses réelles d'investissement engagées par une collectivité publique ou, pour son compte, par un mandataire légalement autorisé. • CAA Lyon, 20 juin 2006, *SIVOM des Sept Laux*, n° 00LY02160 : *AJDA 2006. 1671, concl. Besle*. ♦ Par dépense d'investissement, il faut entendre une immobilisation comptabilisée en section d'investissement, c'est-à-dire qu'il doit s'agir d'une opération non renouvelable à l'identique chaque année, qui a comme résultat l'entrée d'un nouvel élément dans le patrimoine ou qui, concernant des éléments existants, a pour effet d'augmenter la durée de leur utilisation : tel est le cas de grosses réparations qui se définissent par la remise en état, la réfection ou le remplacement d'équipements et qui accroissent la valeur du bien sur lequel elles sont exécutées ou augmentent sa durée de vie. * Rép. min. n° 2335 : *JOAN Q, 10 mars 2003 ; Rev. Trésor 2003. 412.* ♦ Les redevances versées par une collectivité au titulaire d'un contrat ayant pour objet la réalisation, l'entretien et l'exploitation d'ouvrages constituent des dépenses éligibles au FCTVA dans la mesure où elles couvrent les dépenses engagées tant en vue de la construction ou de la réhabilitation que du gros entretien desdits ouvrages. • CE 7 nov. 2005, *Min. de l'Intérieur c/ Cne d'Orange*, n° 267163 : *préc. note 1.* ♦ Ainsi, le recours à un marché d'entreprises de travaux publics n'est pas de nature, par lui-même, à faire obstacle à l'intégration, dans l'assiette de l'attribution du fonds, des dépenses réelles d'investissement y afférentes. Un arrêté du 26 oct. 2001 relatif à l'imputation des dépenses du secteur public local précise les critères de classement des biens meubles pouvant intégrer la section d'investissement, et fixe, dans son annexe, la nomenclature des biens meubles pouvant être considérés comme des valeurs immobilisées. Sont ainsi visés, en matière d'environnement, les conteneurs collectifs, tels que ceux installés en bordure de voie publique, recevant par exemple les bouteilles de verre ou les journaux, et qui constituent donc des dépenses présentant le caractère de dépenses d'investissement, quel que soit leur montant. En revanche, les bacs, poubelles ou caissettes individuels à ordures ménagères ne sont pas visés dans cette nomenclature. Pour être imputés en section d'investissement, ces biens meubles, dont le montant est en principe inférieur à 500 €, doivent faire l'objet d'une délibération expresse, conformément à l'arrêté du 26 oct. 2001, en application des art. L. 2122-21, L. 3221-2 et L. 4231-2. Différentes dispositions législatives ont rendu éligibles au FCTVA certaines dépenses : loi Urbanisme et Habitat n° 2003-590 du 2 juill. 2003, au profit des communes pouvant inscrire, en section d'investissement de leur budget, les dépenses entraînées par les études nécessaires à l'élaboration ou à la révision de leurs documents d'urbanisme. * Rép. min. : *JOAN Q, 3 nov. 2003 ; Rev. Trésor 2004. 68.* ♦ Loi du 13 août 2004 relative aux libertés et responsabilités locales rendant éligibles les fonds de concours versés par les collectivités territoriales pour la réalisation d'investissements routiers. * Rép. min. n° 17757 : *JO Sénat Q, 9 mars 2006, p. 729.* ♦ Loi de finances pour 2011 du 29 déc. 2010 s'agissant des investissements immobiliers des communes ou de leurs groupements destinés à l'installation dans certaines zones des professionnels de santé. * Rép. min. n° 03197 : *JO Sénat Q, 2 mai 2013, p. 1445.* ♦ L'éligibilité au FCTVA est étendue aux dépenses d'entretien de la voirie sans exiger que ces dépenses puissent être nécessairement qualifiées d'immobilisations. C'est le cas des dépenses d'achats de matériels ou de fourniture pour les travaux d'entretien de la voirie réalisés en régie par la personne publique dès lors qu'il n'est pas contesté que ces dépenses ont été grevées de la taxe sur la valeur ajoutée. • CAA Nantes, 7 janv. 2022, n° 20NT02953.

3. Dépenses non éligibles. Les dépenses de fonctionnement sont exclues du bénéfice de ce fonds. * Rép. min. n° 17980 : *JOAN Q, 27 nov. 1989, p. 5235.* ♦ Constituent des charges de fonctionnement les dépenses d'entretien et de réparation destinées à maintenir les éléments d'actif dans un état normal d'utilisation. * Rép. min. n° 2335 : *JOAN Q, 10 mars 2003, p. 1826 ; Rev. Trésor 2003. 412.* ♦ Ainsi, il n'est pas illégitime d'inscrire en dépenses de fonctionnement le coût d'entretien de la voirie qui a pour effet de maintenir la valeur d'une immobilisation à niveau constant et non de l'accroître. * Rép. min. n° 07869 : *JO Sénat Q, 19 sept. 2013, p. 2720* * Rép. min. n° 25971 : *JOAN Q, 30 juill. 2013, p. 8225.* ♦ Est ainsi inéligible la location de longue durée de véhicules. * Rép. min. n° 07123 : *JO Sénat, Q, 10 oct. 2013, p. 2967.* ♦ Par ailleurs, aux termes de l'art. R. 1615-2 CGCT, ne figurent pas au nombre des dépenses réelles d'investissement, ouvrant droit aux attributions du FCTVA, les dépenses concernant les immobilisations utilisées pour la réalisation d'opérations soumises à la TVA. En l'espèce, l'espace culturel, objet des travaux concernés, comportait, outre une bibliothèque et un musée, une salle de spectacles. Or, la représentation de spectacles à titre onéreux est, en vertu des art. 256 A et 256 B CGI, une activité soumise à la TVA. Le préfet était fondé à refuser l'attribution sollicitée par la commune en tant qu'elle se rapportait à la salle de spectacles et, dans les circonstances de l'espèce, à déterminer la fraction des dépenses pouvant faire l'objet d'une compensation par référence au prorata des surfaces éligibles. • CE 7 nov. 2005, *Min. de l'Intérieur, de la Sécurité intérieure et des Libertés locales c/ Cne d'Orange*, n° 267163 : *préc. note 1.* ♦ Dans le même sens, est inéligible au FCTVA une dépense permettant une mise à disposition à titre gratuit d'un bien à un opérateur qui réalise une opération commerciale soumise à la TVA. • CAA Bordeaux, 25 mars 2014, *Min. de l'Intérieur c/ Synd. dptal d'électricité et de gaz de la Charente*, n° 12BX00651. ♦ V. art. L. 1615-3. ♦ De même, s'agissant de dépenses réalisées dans un hippodrome concernant des immobilisations utilisées pour la réalisation d'opérations soumises à la TVA. • CAA Nantes, 1er juill. 2011, *Cne de Saint-Malo*, n° 10NT00341.

Art. L. 1615-2 **Les ressources destinées au Fonds de compensation pour la taxe sur la valeur ajoutée, visé à l'article L. 1615-1, sont réparties entre les régions, les départements, les communes** *(Ord. n° 2014-1335 du 6 nov. 2014, art. 23 ; L. n° 2015-381 du 3 avr. 2015, art. 2)* **« , la métropole de Lyon », leurs groupements, leurs régies, les services départementaux** *(L. n° 2021-1520 du 25 nov. 2021, art. 8)* **« et territoriaux » d'incendie et de secours, les centres communaux d'action sociale, les caisses des écoles, le Centre national de la fonction publique territoriale et les centres de gestion des personnels de la fonction publique territoriale au prorata de leurs dépenses** *(L. n° 2015-1785 du 29 déc. 2015, art. 35)* **« éligibles en application de l'article L. 1615-1 ».**

(L. n° 96-1181 du 30 déc. 1996, art. 33 ; L. n° 97-1269 du 30 déc. 1997) **« Les établissements publics de coopération intercommunale** *(L. n° 98-1266 du 30 déc. 1998, art. 61)* **« et les syndicats mixtes exclusivement composés de membres éligibles au Fonds de compensation pour la taxe sur la valeur ajoutée » bénéficient,** *(L. n° 98-1266 du 30 déc. 1998, art. 61)* **« en lieu et place de leurs membres propriétaires », des attributions du Fonds de compensation pour la taxe sur la valeur ajoutée au titre des dépenses** *(L. n° 2015-1785 du 29 déc. 2015, art. 35)* **« éligibles en application de l'article L. 1615-1 » exposées dans l'exercice de leurs compétences. »**

(L. n° 98-546 du 2 juill. 1998, art. 83) **« Les services départementaux** *(L. n° 2021-1520 du 25 nov. 2021, art. 8)* **« et territoriaux » d'incendie et de secours bénéficient, en lieu et place des communes, des établissements publics intercommunaux ou des départements propriétaires, des attributions du Fonds de compensation pour la taxe sur la valeur ajoutée au titre des dépenses exposées dans l'exercice de leurs compétences sur les biens visés à l'article L. 1424-17. »**

(L. n° 98-1266 du 30 déc. 1998, art. 60) **« Par dérogation, les collectivités territoriales et leurs groupements bénéficient des attributions du Fonds de compensation pour la taxe sur la valeur ajoutée au titre des dépenses d'investissement exposées sur des biens dont ils n'ont pas la propriété, dès lors qu'elles concernent des travaux de lutte contre les avalanches, glissements de terrains, inondations** *(L. n° 2006-1771 du 30 déc. 2006, art. 155)* **« , incendies », ainsi que des travaux de défense contre la mer,** *(L. n° 2001-602 du 9 juill. 2001, art. 33)* **« des travaux pour la prévention des incendies de forêt, » présentant un caractère d'intérêt général ou d'urgence. S'agissant des travaux effectués sur le domaine public de l'État, seules ouvrent droit aux attributions du fonds les dépenses d'investissement réalisées par les collectivités territoriales ou leurs groupements ayant conclu une convention avec l'État précisant notamment les équipements à réaliser, le programme technique des travaux et les engagements financiers des parties. »**

Les collectivités territoriales et leurs groupements bénéficient, par dérogation, des attributions du Fonds de compensation pour la taxe sur la valeur ajoutée au titre des fonds de concours versés à compter du 1er janvier 2005 à l'État ou à une autre collectivité territoriale ou à un établissement public de coopération intercommunale à fiscalité propre pour les dépenses réelles d'investissement *(L. n° 2020-1721 du 29 déc. 2020, art. 251)* « réalisées jusqu'à l'exercice budgétaire 2020 » que ceux-ci effectuent sur leur domaine public routier. Le montant de ces fonds de concours est déduit des dépenses réelles d'investissement réalisées jusqu'à l'exercice budgétaire 2020 prises en compte pour le calcul de l'attribution du Fonds de compensation pour la taxe sur la valeur ajoutée de la collectivité territoriale ou de l'établissement public de coopération intercommunale à fiscalité propre qui réalise les travaux.

(L. n° 2020-1721 du 29 déc. 2020, art. 251) « Les collectivités territoriales et leurs groupements bénéficient, par dérogation, des attributions du Fonds de compensation pour la taxe sur la valeur ajoutée au titre des fonds de concours versés à l'État pour les dépenses d'investissement payées à compter du 1er janvier 2021 que celui-ci effectue sur son domaine public routier. »

Toutefois, le cinquième alinéa n'est pas applicable aux fonds de concours versés à compter du 1er janvier 2005 par les communes dans le cadre de conventions signées avant le 1er janvier 2005 et afférentes à des opérations relevant d'un plan qualité route au sein des contrats de plan État-régions.

Les collectivités territoriales et leurs groupements, dès lors qu'ils sont compétents en matière de voirie, bénéficient, par dérogation, des attributions du Fonds de compensation pour la taxe sur la valeur ajoutée pour les dépenses d'investissement afférentes à des travaux qu'ils réalisent sur le domaine public routier de l'État ou d'une collectivité territoriale. Seules ouvrent droit aux attributions du fonds les dépenses d'investissement réalisées dans le cadre d'une convention avec l'État ou la collectivité territoriale propriétaire précisant les équipements à réaliser, le programme technique des travaux et les engagements financiers des parties.

(L. n° 2009-1674 du 30 déc. 2009, art. 47) « Les collectivités territoriales et leurs groupements bénéficient également des attributions du Fonds de compensation pour la taxe sur la valeur ajoutée au titre des dépenses d'investissement réalisées sur le domaine public fluvial de l'État, dans le cadre de l'expérimentation prévue à l'article L. 3113-2 du code général de la propriété des personnes publiques. Seules ouvrent droit aux attributions du fonds les dépenses d'investissement réalisées par les collectivités territoriales ou leurs groupements ayant conclu une convention avec l'État. »

(L. n° 2004-1485 du 30 déc. 2004, art. 65) « Les collectivités territoriales et leurs groupements bénéficient également des attributions du Fonds de compensation pour la taxe sur la valeur ajoutée au titre des dépenses d'investissement réalisées à compter du 1er janvier 2005 *(L. n° 2005-157 du 23 févr. 2005, art. 135)* « sur des immeubles du domaine relevant du » Conservatoire de l'espace littoral et des rivages lacustres. Seules ouvrent droit aux attributions du fonds les dépenses d'investissement réalisées par les collectivités territoriales ou leurs groupements ayant conclu une convention avec le Conservatoire de l'espace littoral et des rivages lacustres, précisant notamment les équipements à réaliser, le programme technique des travaux et les engagements financiers des parties. »

(Ord. n° 2016-489 du 21 avr. 2016, art. 7) « Les collectivités territoriales et leurs groupements bénéficient également des attributions du Fonds de compensation pour la taxe sur la valeur ajoutée au titre des subventions d'équipement versées à l'établissement public "Société du Canal Seine-Nord Europe" pour les dépenses d'investissement que celui-ci effectue pour la réalisation de l'infrastructure fluviale reliant les bassins de la Seine et de l'Oise au réseau européen à grand gabarit, conformément à l'article 1er de l'ordonnance n° 2016-489 du 21 avril 2016. »

Sur l'attribution du fonds de compensation des collectivités territoriales, V. ci-dessous L. n° 98-1266 du 30 déc. 1998, art. 62.

Bénéficiaires du FCTVA. Ne sont pas éligibles au FCTVA des travaux réalisés par une commune pendant la période de portage d'un bien par un établissement public foncier créé par l'État, car étant réalisés sur le patrimoine d'autrui. * Rép. min. n° 04468 : *JO Sénat Q, 18 juill. 2013, p. 2122.* ♦ Sont éligibles les dépenses d'investissement des fabriques des églises dans les départements du

Bas-Rhin, du Haut-Rhin et de la Moselle, même s'il s'agit d'établissements publics non mentionnés car les dépenses afférentes à ces édifices sont, en cas d'insuffisance de la fabrique, une charge obligatoire des communes. * Rép. min. n° 14920 : *JO Sénat Q, 20 oct. 2005, p. 2716.* ♦ ... Les dépenses de réhabilitation des biens des sections de commune, même s'il s'agit d'une personne morale de droit public qui ne peut être considérée comme une collectivité ou un établissement public local. * Rép. min. n° 02050 : *JO Sénat Q, 20 juin 2013, p. 1881.* ♦ Par ailleurs, le reversement d'une fraction du FCTVA par un EPCI à ses communes membres, au prorata des travaux réalisés sur leur territoire, est contraire à la volonté du législateur. * Rép. min. : *JO Sénat Q, 20 août 1998, p. 2719.* ♦ L'art. L. 1615-2 permet désormais aux groupements compétents de bénéficier du FCTVA à la place des communes propriétaires pour les dépenses d'investissement réalisées en matière de voirie. Cette dérogation a pour objectif d'attribuer le FCTVA à la collectivité qui expose réellement la dépense. * Rép. min. : *JO Sénat CR, 5 nov. 1998 ; Rev. Trésor 1999. 137.* ♦ L'art. 30 de la L. n° 97-1269 du 30 déc. 1997, loi de finances pour 1998, a ouvert aux EPCI le bénéfice du FCTVA pour l'ensemble des dépenses exposées dans le cadre de leurs compétences sur le patrimoine mis à disposition par leurs communes membres. Pour leur part, les syndicats mixtes peuvent associer soit exclusivement des communes, des syndicats de communes ou des districts, soit des collectivités, des groupements de collectivités territoriales et d'autres personnes morales de droit public, telles que des chambres de commerce et d'industrie ou des chambres de métiers, ce dernier type de structure ne figurant pas en revanche au nombre des bénéficiaires du Fonds. Seuls les groupements constitués uniquement de bénéficiaires du FCTVA peuvent bénéficier du Fonds. Les organismes non mentionnés dans ce texte, ce qui est le cas des CCI ou des chambres de métiers, ne peuvent pas bénéficier du FCTVA. Les syndicats mixtes associant ce type d'organisme ne sont pas non plus des bénéficiaires du fonds. * Rép. min. : *JOAN CR, 26 oct. 1998 ; Rev. Trésor 1999. 53.*

Loi n° 98-1266 du 30 décembre 1998,

De finances pour 1999.

Art. 62 Les collectivités locales et leurs groupements bénéficient des attributions du Fonds de compensation pour la taxe sur la valeur ajoutée au titre des dépenses d'investissement exposées sur des biens de section au titre d'opérations de réhabilitation du patrimoine *(L. n° 2020-1721 du 29 déc. 2020, art. 251)* « et réalisées jusqu'à l'exercice budgétaire 2020 ».

Art. L. 1615-3 Lorsqu'une collectivité territoriale, un établissement public ou un groupement a obtenu le bénéfice du Fonds de compensation pour la taxe sur la valeur ajoutée au titre d'un bien d'investissement et que ce bien est utilisé pour les besoins d'une activité qui, par la suite, est soumise à cette taxe, il est tenu au reversement à l'État d'un montant égal à la taxe afférente à ce même bien dont il a pu opérer la déduction en application des règles prévues pour les personnes qui deviennent redevables de la taxe sur la valeur ajoutée.

(L. n° 2005-1719 du 30 déc. 2005, art. 42) « Aucun remboursement des attributions du Fonds de compensation pour la taxe sur la valeur ajoutée n'est exigible lorsqu'une collectivité territoriale ou un groupement, qui exerce une activité pour laquelle il n'est pas assujetti à la taxe sur la valeur ajoutée, confie ensuite le bien à un tiers dans les cas mentionnés aux *a*, *b* et *c* de l'article L. 1615-7. »

Art. L. 1615-4 Lorsqu'une collectivité territoriale, un établissement public ou un groupement utilise un bien d'investissement pour les besoins d'une activité qui cesse d'être soumise à la taxe sur la valeur ajoutée, il peut obtenir un versement au titre du Fonds de compensation pour la taxe sur la valeur ajoutée égal à la fraction de la taxe afférente à ce même bien qu'il a été tenu de reverser en application des règles prévues pour les personnes qui cessent de réaliser des opérations ouvrant droit à déduction.

(L. n° 2005-1719 du 30 déc. 2005, art. 42) « Les dispositions de l'alinéa précédent sont également applicables aux collectivités territoriales et aux groupements qui, dans le cadre d'un transfert de compétence, mettent des immobilisations à disposition d'un établissement public de coopération intercommunale ou d'un syndicat mixte pour les besoins d'une activité qui n'est plus soumise à la taxe sur la valeur ajoutée pour ce dernier. »

Art. L. 1615-5 À compter du 1er janvier 1980, les sommes versées *(L. n° 2015-1785 du 29 déc. 2015, art. 35)* « pour le remboursement de la taxe sur la valeur ajoutée acquittée sur leurs dépenses d'investissement » par le Fonds de compensation pour la taxe sur la valeur ajoutée sont inscrites à la section d'investissement du budget de la collectivité, de l'établissement ou de l'organisme bénéficiaire.

Toutefois, à titre exceptionnel et dans la mesure où elles excèdent le total des dépenses figurant à la section d'investissement, elles peuvent être inscrites à la section de fonctionnement desdits budgets pour assurer le paiement des intérêts afférents aux emprunts souscrits par la collectivité, l'établissement ou l'organisme bénéficiaire.

(L. n° 2015-1785 du 29 déc. 2015, art. 35) **« À compter du 1er janvier 2016, les sommes versées par le Fonds de compensation pour la taxe sur la valeur ajoutée pour le remboursement de la taxe sur la valeur ajoutée acquittée sur leurs dépenses de fonctionnement sont inscrites à la section de fonctionnement du budget de la collectivité, de l'établissement ou de l'organisme bénéficiaire. »**

1. Inscription budgétaire des sommes versées par le FCTVA. Il a été jugé que la créance détenue par la collectivité territoriale sur l'État, au titre des sommes versées par le FCTVA, est certaine, liquide et exigible, et que dès lors cette créance peut faire l'objet d'une cession à un établissement de crédit, en application des dispositions de l'art. L. 313-23 du code monétaire et financier, alors même que son montant ne peut être exactement déterminé à la date de la cession. Par suite, les sommes perçues par une collectivité territoriale du fait de la cession d'une créance détenue sur l'État au titre du FCTVA acquièrent une nature propre, et n'ont pas à être régies et gérées selon les dispositions propres au FCTVA : elles n'ont pas à tenir compte de l'imputation obligatoire en section d'investissement des recettes provenant directement du FCTVA. • TA Rouen, 5 juill. 2007, *Préfet de l'Eure*, n° 0601986 : *BJCL 2008. 42, concl. Guillou.*

2. Reversement des sommes versées par le FCTVA. Le reversement d'une fraction du FCTVA par un établissement public de coopération intercommunale à ses communes membres, au prorata des travaux réalisés sur leur territoire, est contraire à la volonté du législateur. Un tel versement constituerait, dans la nouvelle nomenclature M 14, une subvention financée par la section de fonctionnement. Or le FCTVA est, en vertu de l'art. L. 1615-5, une recette affectée à la section d'investissement. Par conséquent, il est impossible pour un établissement public de coopération intercommunale de financer cette charge, dans la mesure où le transfert du FCTVA de la section d'investissement à la section de fonctionnement est limité à la couverture des frais financiers de la section de fonctionnement, si le montant des recettes d'investissement est supérieur au montant des recettes nécessaires à l'équilibre de la section d'investissement. * Rép. min. : *JO Sénat Q, 20 août 1998, p. 2719.*

Art. L. 1615-6 *(L. n° 99-586 du 12 juill. 1999)* **I. —** *(L. n° 2000-656 du 13 juill. 2000, art. 13)* **« Jusqu'au 31 décembre 2001, les attributions du Fonds de compensation pour la taxe sur la valeur ajoutée sont déterminées en appliquant aux dépenses réelles d'investissement, définies par décret en Conseil d'État, un taux de compensation forfaitaire de 16,176 %. En 2002, le taux de compensation forfaitaire est fixé à 15,656 %. À compter de 2003, ce taux est fixé à 15,482 %.**

« Le taux de compensation forfaitaire de 15,482 % est applicable aux dépenses d'investissement éligibles réalisées à compter du 1er avril 2000 par les communautés de communes, les communautés de villes et les communautés d'agglomération. »

(L. n° 2013-1278 du 29 déc. 2013, art. 38) **« Le taux de compensation forfaitaire est fixé à 15,761 % pour les dépenses éligibles réalisées à compter du 1er janvier 2014. »**

(L. n° 2014-1654 du 29 déc. 2014, art. 24) **« Le taux de compensation forfaitaire est fixé à 16,404 % pour les dépenses éligibles réalisées à compter du 1er janvier 2015. »**

(L. n° 2020-935 du 30 juill. 2020, art. 69) **« Par dérogation aux dispositions prévues au présent I, le taux de compensation forfaitaire des dépenses mentionnées au 3° du** *(L. n° 2020-1721 du 29 déc. 2020, art. 251)* **« I » de l'article L. 1615-1 est fixé à 5,6 %. »**

II. — *(L. n° 2009-122 du 4 févr. 2009, art. 1er)* **« Pour les bénéficiaires du Fonds de compensation pour la taxe sur la valeur ajoutée mentionnés à l'article L. 1615-2, autres que ceux mentionnés »** *(L. n° 2009-1673 du 30 déc. 2009, art. 44)* **« aux deuxième, troisième »** *(L. n° 2021-1900 du 30 déc. 2021, art. 40)* **« , quatrième, septième, dixième, onzième, treizième, quatorzième, quinzième, seizième et dix-septième alinéas du présent II, les dépenses réelles d'investissement à prendre en considération pour la détermination des attributions du fonds de compensation pour la taxe sur la valeur ajoutée au titre d'une année déterminée sont celles afférentes à la pénultième année. »**

(L. n° 2010-1563 du 16 déc. 2010, art. 24) « Pour les communautés de communes et les communautés d'agglomération instituées respectivement aux articles L. 5214-1 et L. 5216-1 et pour les communes nouvelles mentionnées à l'article L. 2113-1, les dépenses *(L. n° 2015-1785 du 29 déc. 2015, art. 35)* « éligibles en application de l'article L. 1615-1 » à prendre en considération sont celles afférentes à l'exercice en cours. Les communes nouvelles mentionnées au même article L. 2113-1 sont subrogées dans les droits des communes auxquelles elles se substituent pour les attributions du fonds de compensation pour la taxe sur la valeur ajoutée au titre de leurs dépenses *(L. n° 2015-1785 du 29 déc. 2015, art. 35)* « éligibles en application de l'article L. 1615-1 ». »

(Ord. n° 2015-1630 du 10 déc. 2015, art. 8) « Pour les établissements publics territoriaux institués à l'article L. 5219-2, les dépenses éligibles à prendre en considération sont celles afférentes à l'exercice en cours. Les établissements publics territoriaux sont subrogés dans les droits des établissements publics de coopération intercommunale auxquels ils se substituent pour les attributions du fonds de compensation pour la taxe sur la valeur ajoutée à percevoir au titre des dépenses éligibles relevant des compétences transférées. »

(L. n° 2009-122 du 4 févr. 2009, art. 1er) « Pour les bénéficiaires du fonds qui s'engagent, avant le *(L. n° 2009-431 du 20 avr. 2009, art. 5)* « 15 mai 2009 » et, après autorisation de leur assemblée délibérante, par convention avec le représentant de l'État dans le département, sur une progression de leurs dépenses réelles d'équipement en 2009 par rapport à la moyenne de leurs dépenses réelles d'équipement de 2004, 2005, 2006 et 2007, les dépenses à prendre en considération sont, à compter de 2009, celles afférentes à l'exercice précédent. En 2009, pour ces bénéficiaires, les dépenses réelles d'investissement éligibles de 2007 s'ajoutent à celles afférentes à l'exercice 2008 pour le calcul des attributions du Fonds de compensation pour la taxe sur la valeur ajoutée.

« Si les dépenses réelles d'équipement constatées au titre de l'exercice 2009, établies par l'ordonnateur de la collectivité bénéficiaire avant le 15 février 2010 et visées par le comptable local, sont inférieures à la moyenne de celles inscrites dans les comptes administratifs 2004, 2005, 2006 et 2007, cette collectivité est à nouveau soumise, dès 2010, aux dispositions du premier alinéa du présent II ; elle ne perçoit alors aucune attribution au titre du Fonds de compensation pour la taxe sur la valeur ajoutée en 2010 au titre des dépenses réelles d'investissement de 2008 ayant déjà donné lieu à attribution. »

(L. n° 2009-1673 du 30 déc. 2009, art. 43 et 44) « Toutefois, restent soumis aux dispositions du troisième alinéa du présent II les bénéficiaires du fonds visés au troisième alinéa du même II dont les dépenses réelles d'équipement constatées conformément au quatrième alinéa, ajoutées aux restes à réaliser de dépenses d'équipement résultant d'un engagement du bénéficiaire intervenu entre le 1er janvier et le 31 décembre 2009, atteignent la moyenne de référence inscrite dans la convention signée avec le représentant de l'État. La sincérité des restes à réaliser est contrôlée au vu d'un état déclaratif transmis par l'ordonnateur accompagné des pièces justifiant le rattachement à l'année 2009 des restes à réaliser.

« Pour les bénéficiaires du fonds, à l'exclusion de ceux mentionnés au troisième alinéa du présent II, qui s'engagent, entre le 1er janvier et le 15 mai 2010 et, après autorisation de leur assemblée délibérante, par convention avec le représentant de l'État dans le département, sur une progression de leurs dépenses réelles d'équipement en 2010 par rapport à la moyenne de leurs dépenses réelles d'équipement de 2005, 2006, 2007 et 2008, les dépenses à prendre en considération sont, à compter de 2010, celles afférentes à l'exercice précédent. En 2010, pour ces bénéficiaires, les dépenses réelles d'investissement éligibles de 2008 s'ajoutent à celles afférentes à l'exercice 2009 pour le calcul des attributions du Fonds de compensation pour la taxe sur la valeur ajoutée.

« Si les dépenses réelles d'équipement constatées au titre de l'exercice 2010, établies par l'ordonnateur de la collectivité bénéficiaire avant le 15 février 2011 et visées par le comptable local, sont inférieures à la moyenne de celles inscrites dans les comptes administratifs 2005, 2006, 2007 et 2008, cette collectivité est à nouveau soumise, dès 2011, aux dispositions du premier alinéa du présent II ; elle ne perçoit alors aucune attribution au titre du Fonds de compensation pour la taxe sur la valeur ajoutée en 2011 au titre des dépenses réelles d'investissement de 2009 ayant déjà donné lieu à attribution.

« Une même dépense *(L. nº 2015-1785 du 29 déc. 2015, art. 35)* « éligible en application de l'article L. **1615-1** » ne peut donner lieu à plus d'une attribution du Fonds de compensation pour la taxe sur la valeur ajoutée. »

(L. nº 2010-1563 du 16 déc. 2010, art. 13) « Pour les métropoles *(L. nº 2015-991 du 7 août 2015, art. 133)* « et les communautés urbaines » qui se substituent à des communautés d'agglomération, les dépenses *(L. nº 2015-1785 du 29 déc. 2015, art. 35)* « éligibles en application de l'article L. **1615-1** » à prendre en considération sont celles afférentes à l'exercice en cours.

« Pour les métropoles autres que celles visées à l'alinéa précédent, qui se substituent à des communautés urbaines relevant des troisième ou sixième alinéas du présent II, les dépenses *(L. nº 2015-1785 du 29 déc. 2015, art. 35)* « éligibles en application de l'article L. **1615-1** » à prendre en considération sont celles afférentes à l'exercice précédent. »

(Ord. nº 2014-1335 du 6 nov. 2014, art. 23) « Pour la métropole de Lyon mentionnée à l'article L. **3611-1** *(Ord. nº 2016-1561 du 21 nov. 2016, art. 3)* « et la collectivité de Corse mentionnée à l'article L. **4421-1** », les dépenses *(L. nº 2015-1785 du 29 déc. 2015, art. 35)* « éligibles en application de l'article L. **1615-1** » à prendre en considération sont celles afférentes à l'exercice précédent. »

(L. nº 2010-1658 du 29 déc. 2010, art. 43) « Toutefois restent soumis aux dispositions du sixième alinéa du présent II les bénéficiaires du fonds visés au même sixième alinéa dont les dépenses réelles d'équipement constatées conformément au septième alinéa, ajoutées aux restes à réaliser de dépenses d'équipement résultant d'un engagement du bénéficiaire intervenu entre le 1er janvier et le 31 décembre 2010, atteignent la moyenne de référence inscrite dans la convention signée avec le représentant de l'État. La sincérité des restes à réaliser est contrôlée au vu d'un état déclaratif transmis par l'ordonnateur accompagné des pièces justifiant le rattachement à l'année 2010 des restes à réaliser. »

(Ord. nº 2015-1630 du 10 déc. 2015, art. 8) « Pour la métropole mentionnée à l'article L. **5219-1**, les dépenses éligibles à prendre en considération sont celles afférentes à l'exercice précédent. »

(L. nº 2010-1563 du 16 déc. 2010, art. 13) « Pour les communes membres d'établissements publics de coopération intercommunale qui appliquent le régime prévu à l'article L. **5211-28-2**, les dépenses *(L. nº 2015-1785 du 29 déc. 2015, art. 35)* « éligibles en application de l'article L. **1615-1** » à prendre en considération sont celles afférentes à l'exercice précédent. La première année d'application de ce régime, pour les communes membres qui ne relevaient pas des régimes prévus aux troisième ou sixième alinéas du présent II, les dépenses éligibles de la pénultième année s'ajoutent à celles afférentes à l'exercice précédent pour le calcul des attributions du Fonds de compensation pour la taxe sur la valeur ajoutée. »

(Ord. nº 2012-1397 du 13 déc. 2012, art. 3) « Pour les collectivités territoriales de Guyane et de Martinique mentionnées respectivement aux articles L. **7111-1** et L. **7211-1**, les dépenses *(L. nº 2015-1785 du 29 déc. 2015, art. 35)* « éligibles en application de l'article L. **1615-1** » à prendre en considération sont celles afférentes à l'exercice précédent. Ces collectivités sont subrogées dans les droits du département et de la région auxquels elles succèdent pour les attributions du fonds de compensation pour la taxe sur la valeur ajoutée au titre de leurs dépenses *(L. nº 2015-1785 du 29 déc. 2015, art. 35)* « éligibles en application de l'article L. **1615-1** ». »

(L. nº 2015-991 du 7 août 2015, art. 133) « Pour les régions issues d'un regroupement, les dépenses *(L. nº 2015-1785 du 29 déc. 2015, art. 35)* « éligibles en application de l'article L. **1615-1** » à prendre en considération sont celles afférentes à l'exercice précédent. »

III. — *(L. nº 2009-122 du 4 févr. 2009, art. 1er ; L. nº 2003-1312 du 30 déc. 2003, art. 49)* « Les dépenses *(L. nº 2015-1785 du 29 déc. 2015, art. 35)* « éligibles en application de l'article L. **1615-1** » réalisées par les bénéficiaires du Fonds de compensation pour la taxe sur la valeur ajoutée et visant à réparer les dommages directement causés par des intempéries exceptionnelles reconnues par décret, et situés dans des communes ayant fait l'objet d'une constatation de l'état de catastrophe naturelle, ouvrent droit à des attributions du fonds l'année au cours de laquelle le règlement des travaux est intervenu. »

Par dérogation aux dispositions du présent art., les dépenses éligibles en application de l'art. L. 1615-1 réalisées par les bénéficiaires du FCTVA des collectivités territoriales pour réparer les dommages directement causés par les actes de dégradation et de destruction liés aux troubles à l'ordre et à la sécurité publics survenus du 27 juin 2023 au 5 juill. 2023 ouvrent droit à des attributions du fonds l'année au cours de laquelle le règlement de ces dépenses est intervenu (Ord. n° 2023-871 du 13 sept. 2023, art. 1er).

1. Modalités d'attribution. Les attributions du FCTVA sont versées au cours de la deuxième année suivant celle de réalisation des dépenses éligibles. Ce décalage de deux ans tient au fait que les attributions du FCTVA sont calculées sur la base des dépenses éligibles inscrites au compte administratif des bénéficiaires, adopté au cours du premier semestre suivant l'année de réalisation des dépenses concernées. Ce principe connaît deux importantes dérogations permettant de réduire sensiblement les délais de versement de la dotation. En effet, les communautés d'agglomération, de communes et les communes nouvelles bénéficient des attributions du FCTVA au cours de l'année de réalisation de leurs dépenses éligibles. Il s'ensuit que les attributions du FCTVA sont désormais très majoritairement versées soit au cours de l'année de réalisation des dépenses éligibles, soit au cours de l'année suivant leur réalisation. Avant de procéder à la liquidation des attributions du FCTVA et à la notification de leur montant, les services préfectoraux doivent effectuer un contrôle approfondi des états déclaratifs transmis par les bénéficiaires afin d'apprécier l'éligibilité des dépenses présentées. * Rép. min. n° 23833 : *JO Sénat Q, 20 juin 2013, p. 1865.* ♦ Un syndicat intercommunal ne peut pas récupérer le FCTVA au titre des travaux réalisés l'année de sa dissolution. * Rép. min. n° 33569 : *JOAN Q, 28 févr. 2000 ; Rev. Trésor 2000. 384.* ♦ De même, un syndicat intercommunal dissous au 1er janv. 2014 ne peut prétendre à des attributions du FCTVA au titre des dépenses d'investissement réalisées en 2012. • CAA Nancy, 15 déc. 2016, *Cne d'Ars-sur-Moselle*, n° 16NC00292.

2. Modalités de calcul. Le taux de compensation de la TVA est déterminé de manière forfaitaire par rapport au taux normal de TVA prévu à l'art. 278 CGI. Depuis le 1er janv. 1997, ce taux de compensation est diminué de 0,905 point pour tenir compte de la part de TVA versée par la France au budget européen. Ainsi, ce taux, fixé à l'art. L. 1615-6, est appliqué au montant toutes taxes comprises des dépenses réelles d'investissement, quel que soit le taux de TVA (taux normal ou taux réduit) effectivement supporté. Le caractère forfaitaire de la compensation ne nécessite pas, dans ces conditions, l'élaboration d'un document permettant de ventiler les dépenses selon le taux de TVA supporté par la collectivité. Toutefois, la part des dépenses réelles d'investissement soumises au taux réduit de la TVA reste très marginale. Les dispositions du CGI, relatives aux opérations soumises à ce taux, ne sont, en effet, susceptibles de concerner que l'acquisition des livres dans le cadre d'un premier équipement des bibliothèques ou bien certains équipements destinés aux personnes handicapées. En dehors de ces cas, les dépenses d'investissement restent soumises au taux normal de la TVA. * Rép. min. n° 10241 : *JO Sénat Q, 21 oct. 2004, p. 2398 ; Coll. terr. 2004, n° 253.* ♦ Sur la détermination du taux de compensation forfaitaire du FCTVA, V. * Rép. min. n° 32888 : *JO Sénat Q, 1er nov. 2001, p. 3460 ; Rev. Trésor 2002. 51.*

3. Modalités de versement. Les arrêtés par lesquels le préfet a décidé le versement de différentes sommes au titre du FCTVA ne constituent pas de simples mesures de liquidation d'une créance résultant de décisions antérieures, mais constituent des décisions créatrices de droits. À supposer même que ces décisions aient été illégales, le préfet ne pouvait, sans commettre d'illégalité, procéder au retrait desdits arrêtés postérieurement au délai de quatre mois suivant la prise de ces décisions. • TA Besançon, 15 mai 2008, *Cté d'agglom. du Pays de Montbéliard c/ Préfet du Doubs*, n° 060302 : *BJCL 2008. 672, concl. Tissot-Grossrieder.* ♦ Une décision d'une autorité administrative excluant de la base des dotations du FCTVA certaines dépenses d'investissement exposées par une collectivité locale ne constitue pas une décision individuelle défavorable au sens des dispositions de l'art. premier de la L. du 11 juill. 1979. • CAA Nantes, 19 oct. 2012, *Min. de l'Intérieur c/ Ville de Saint-Malo*, n° 11NT03234.

4. Prescription. Dès lors que les dépenses réelles d'investissement des collectivités territoriales à prendre en considération, pour la répartition du FCTVA au titre d'une année déterminée, sont celles afférentes à la pénultième année, le droit à une attribution du FCTVA ne naît qu'au cours de la deuxième année suivant la réalisation des dépenses d'investissement : par conséquent, pour l'application du délai de prescription des créances de la commune, prévu par l'art. 1er de la loi n° 68-1250 du 31 déc. 1968, le fait générateur de l'attribution du FCTVA ne naît qu'au cours de cette deuxième année suivant la réalisation des dépenses d'investissement, et la créance de la commune n'est donc prescrite, au profit de l'État, que dans un délai de quatre ans à partir du premier jour de l'année suivant cette deuxième année au cours de laquelle le droit à une attribution a été acquis. • CE 27 oct. 2008, *Cne d'Atur*, n° 284828 : *AJDA 2009. 95, concl. Glaser.*

5. Modalités de reversement. Sur les modalités de reversement, par une collectivité locale, d'un trop perçu au titre de la contribution du FCTVA, V. art. L. 1615-9.

Art. L. 1615-7 *(Abrogé par L. n° 2018-1317 du 28 déc. 2018, art. 258) (L. n° 2005-1719 du 30 déc. 2005, art. 42)* ***« Les immobilisations cédées à un tiers ne figurant pas au nombre des collectivités ou établissements bénéficiaires du Fonds de compensation pour la taxe sur la valeur ajoutée ne donnent pas lieu à attribution du fonds.***

« Les immobilisations confiées dès leur réalisation ou leur acquisition à un tiers ne figurant pas au nombre des collectivités ou établissements bénéficiaires du Fonds de compensation pour la taxe sur la valeur ajoutée et exerçant une activité ne lui ouvrant pas droit à déduction de la taxe sur la valeur ajoutée ayant grevé le bien donnent lieu à attribution du fonds pour les dépenses réelles d'investissement réalisées à compter du 1er janvier 2006 si :

« a) Le bien est confié à un tiers qui est chargé soit de gérer un service public que la collectivité territoriale ou l'établissement lui a délégué, soit de fournir à cette collectivité ou cet établissement une prestation de services ;

« b) Le bien est confié à un tiers en vue de l'exercice, par ce dernier, d'une mission d'intérêt général ;

« c) Le bien est confié à titre gratuit à l'État. »

(L. n° 2000-1352 du 30 déc. 2000, art. 69) ***« Les communes et les établissements publics de coopération intercommunale bénéficient des attributions du Fonds de compensation pour la taxe sur la valeur ajoutée au titre des dépenses d'investissement exposées sur leurs immobilisations affectées à l'usage d'alpage. »***

(L. n° 2003-1312 du 30 déc. 2003, art. 46) ***« Les collectivités territoriales et leurs groupements bénéficient des attributions du Fonds de compensation pour la taxe sur la valeur ajoutée au titre de leurs dépenses d'investissement réalisées sur la période 2003*** *[-] (L. n° 2010-1658 du 29 déc. 2010, art. 29)* ***« 2014 », sous maîtrise d'ouvrage publique, en matière d'infrastructures passives intégrant leur patrimoine dans le cadre du plan d'action relatif à l'extension de la couverture du territoire par les réseaux de téléphonie mobile*** *(L. n° 2008-1425 du 27 déc. 2008, art. 45)* ***« et d'accès à internet ». »***

(L. n° 2015-1785 du 29 déc. 2015, art. 34) ***« Les collectivités territoriales et leurs groupements bénéficient des attributions du Fonds de compensation pour la taxe sur la valeur ajoutée au titre de leurs dépenses d'investissement réalisées sur la période 2015-2022, sous maîtrise d'ouvrage publique, en matière d'infrastructures passives intégrant leur patrimoine dans le cadre du plan "France très haut débit". »***

(L. n° 2004-1485 du 30 déc. 2004, art. 59) ***« Lorsque les travaux sont effectués sur la base d'études préparatoires réalisées à compter de 2003, par une collectivité territoriale ou un établissement public de coopération intercommunale autre que celui ayant réalisé les études, les dépenses relatives aux études préalables sont éligibles au fonds de compensation pour la taxe sur la valeur ajoutée. »***

(L. n° 2005-1719 du 30 déc. 2005, art. 42) ***« Par dérogation au premier alinéa, dans les zones de montagne, les collectivités territoriales et leurs groupements bénéficient des attributions du Fonds de compensation pour la taxe sur la valeur ajoutée au titre de leurs dépenses d'investissement réalisées sur des biens communaux existants ou en construction destinés à la location, dès lors qu'elles concernent des travaux de lutte contre les risques spécifiques liés aux zones de montagne. Nul autre que la collectivité bailleuse ne peut exiger l'intégration des coûts de ces équipements dans la base de calcul des loyers des biens concernés. »***

(L. n° 2006-1666 du 21 déc. 2006, art. 31) ***« Sont éligibles au fonds de compensation pour la taxe sur la valeur ajoutée les dépenses correspondant à des travaux réalisés à compter du 1er janvier 2005 sur les monuments historiques inscrits ou classés appartenant à des collectivités territoriales, quels que soient l'affectation finale et éventuellement le mode de location ou de mise à disposition de ces édifices. »***

(L. n° 2016-1321 du 7 oct. 2016, art. 72) ***« Les collectivités territoriales et leurs groupements bénéficient des attributions du Fonds de compensation pour la taxe sur la valeur ajoutée au titre de leurs dépenses d'investissement réalisées sur la période 2015-2022, sous maîtrise d'ouvrage publique, en matière d'infrastructures passives intégrant leur patrimoine dans le cadre du plan d'action relatif à l'extension de la couverture du territoire par les réseaux de téléphonie mobile. »***

1. Dépenses éligibles : notion de mise à disposition. Il ressort, tant des travaux préparatoires que des circonstances qui ont présidé à l'adoption du III de l'art. 42 de la loi du 29 déc. 1988 et de l'art. 49 de la loi du 30 déc. 1993, dont est issu l'art. L. 1615-7, que par « mises à disposition au profit d'un tiers » le législateur a entendu viser les seuls cas où les conditions dans lesquelles une immobilisation est remise ou confiée par la collectivité ou l'établissement qui l'a réalisée à un tiers, non bénéficiaire du fonds de compensation, font apparaître que l'investissement a principalement eu pour objet ou pour effet d'avantager ce tiers. En particulier, la notion de « mise à disposition au profit d'un tiers » a conservé, lors de l'entrée en vigueur de l'art. 49 de la loi du 30 déc. 1993, qui a prévu des exceptions temporaires au principe de non-éligibilité des immobilisations cédées ou mises à disposition, la portée qui lui avait été initialement donnée par le législateur. • CE 24 mai 2006, *Min. de l'Intérieur c/ Cne de Mons-en-Barœul*, n° 274810 : *Dr. adm. 2006, n° 164 ; Coll. terr. 2006, n° 112, note Erstein.*

2. Application. Les halles et marchés sont des lieux aménagés à l'usage principal du public en vue de répondre à des besoins d'intérêt général. Les commerçants, qui acquittent un droit de place pour l'occupation d'emplacements dépendant de cette partie du domaine public, doivent donc être regardés, non comme des tiers auxquels seraient mises à disposition, à titre exclusif et pour leurs besoins propres, les immobilisations litigieuses, mais comme bénéficiant d'un droit d'usage des bancs du marché dans le cadre de l'accomplissement d'une mission d'intérêt général incombant à la commune. Dès lors, les dépenses de rénovation des halles du marché communal exposées par la commune ont principalement pour effet, non d'avantager ces tiers, mais de répondre à un besoin d'intérêt général, et sont, en conséquence, au nombre des dépenses d'investissement éligibles au FCTVA. • CAA Nantes, 26 oct. 2004, *Cne de La Roche-sur-Yon*, n° 02NT00960 : *AJDA 2005. 1645 ; RFDA 2005. 199.* ♦ Lorsqu'une commune a donné en location des logements sociaux dont la construction, par cette collectivité, a été partiellement financée par l'aide personnalisée au logement, conformément aux dispositions de l'art. L. 351-2 CCH, et que cette commune s'est engagée, aux termes d'une convention passée avec l'État, à plafonner les loyers consentis aux locataires et à réserver une partie des logements à des familles ou à des occupants sortant d'habitats insalubres, la location de ces logements ne peut être regardée, dans ces conditions, comme une mise à disposition au profit d'un tiers au sens des dispositions de l'art. L. 1615-7. • CE 27 oct. 2008, *Cne d'Atur*, n° 284828 : *AJDA 2009. 95, concl. Glaser*. ♦ Il en est de même pour la rénovation de logements donnés en location par une commune à des personnes défavorisées. Ainsi, les dépenses de restauration d'un ancien presbytère concernant des logements à vocation sociale, qui ont été effectivement loués à des personnes en difficulté, sont éligibles au fonds de compensation pour la taxe sur la valeur ajoutée. • CAA Paris, 29 nov. 2016, *Cne de Villeneuve-le-Comte*, n° 15PA01841. ♦ La réalisation par une commune des travaux d'aménagement d'un gîte rural dont la gestion est confiée à une association en vue de la location, à la semaine, d'appartements ouvre droit au bénéfice du FCTVA. En effet, ladite commune doit être regardée comme ayant affecté cet immeuble au service public de développement touristique, au titre de l'exercice d'une de ses compétences. Dans ces conditions, la location de ce gîte ne peut être regardée comme une mise à disposition au profit d'un tiers au sens de l'art. L. 1615-7. • CAA Lyon, 25 sept. 2012, *Cne de Villard-Reculas*, n° 11LY00723 : *BJCL 2012. 754, concl. Schmerber, obs. Poujade.* ♦ Les dépenses d'investissement engagées par un département, qui acquiert et aménage des locaux destinés à l'implantation sur son territoire d'une antenne d'un institut universitaire de technologie, ne peuvent être regardées comme ayant été réalisées pour le compte d'un tiers, alors même que ces locaux sont effectivement mis à la disposition de l'État, dès lors que le département en a conservé la propriété : en réalisant un tel investissement, cette collectivité n'a pas effectué une opération dénuée d'intérêt pour elle, qui devrait être exclue des bases de calcul de sa dotation au titre du FCTVA. • CE 23 avr. 1997, *Dpt de la Haute-Saône*, n° 133357 : *ACL 1998. 276.* ♦ De même, lorsqu'une commune a fait construire et équiper un bâtiment à usage de cuisine centrale destinée à la confection de repas pour les besoins des écoles maternelles et primaires, des maisons de retraite municipales et d'autres établissements municipaux, et que, par convention, elle a confié à une société privée le soin d'élaborer les menus et de confectionner les repas en utilisant les locaux ainsi équipés, le bien dont il s'agit, à raison duquel la commune a perçu une dotation au titre du FCTVA, ne peut être regardé comme ayant été mis à la disposition de la société privée, au sens des dispositions de l'art. L. 1615-7. • C. comptes, 10 déc. 2002, *Min. de l'Intérieur c/ Cne de Villenave-d'Ornon*, n° 99-1275 : *BJCL 2003. 438, concl. Rey.* ♦ Lorsqu'une commune conclut, avec un établissement public médico-social, une convention de mise à disposition d'une maison de retraite médicalisée, dont elle a réalisé la construction, et qu'elle reste propriétaire de cette construction avec toutes les prérogatives d'un tel statut, cette convention ne contient aucune disposition de nature à favoriser un tiers non éligible au FCTVA. • TA Strasbourg, 5 nov. 2003, *Cne d'Illzach c/ Préfet du Haut-Rhin*, n° 00-02500 : *AJDA 2004. 148, note Collier*. ♦ Le seul recours à une société privée, pour l'exploitation à titre exclusif d'une partie du service commercial de télédistribution sur le réseau câblé communal, n'est pas de nature à constituer une « mise à disposition » de ce réseau dans son intégralité au profit d'un tiers, au sens de l'art. 49 de la L. du 30 déc. 1993. • CAA Douai, 23 sept. 2004, *Cne de Mons-en-Barœul*, n° 02DA00972 : *AJDA 2004. 2469*. ♦ Dans cette même affaire, le Conseil d'État a jugé que les travaux menés par la commune pour étendre et renforcer le réseau municipal de télédistribution par câble avaient pour objet d'élargir les services télévisés d'information et de divertissement proposés à l'ensemble des habitants de la commune et que si le réseau ainsi aménagé a été utilisé par une société privée, chargée par convention avec la commune de commercialiser certains des services proposés, cet usage était, à la date des décisions attaquées, très accessoire : ainsi, les immobilisations en cause ne sauraient être regardées comme mises à disposition d'un tiers non éligible au sens de l'art. L. 1615-7. • CE 24 mai 2006, *Min. de l'Intérieur c/ Cne de Mons-en-Barœul*, n° 274810 : *préc.*

3. Dépenses non éligibles. Il résulte des art. L. 1615-1, L. 1615-7 et R. 1615-2 CGCT que si le recours d'une collectivité publique aux services d'un délégataire n'est pas de nature à constituer une mise à disposition d'un bien au profit d'un tiers, et ne saurait légalement justifier à lui seul l'exclusion des dépenses relatives à ce bien du champ des dépenses ouvrant droit aux attributions du FCTVA, sont toutefois exclues de ce champ les dépenses relatives à des biens concédés ou affermés dans les conditions prévues par l'art. 216 *ter* de l'annexe II au CGI, c'est-à-dire celles qui peuvent faire l'objet d'une déduction de taxe par l'entreprise concessionnaire ou fermière, qu'une telle déduction ait été ou non effectuée et que la somme correspondante ait été ou non reversée par le concessionnaire ou le fermier à la personne publique contractante. • CE 23 juill. 2010, *Min. de l'Intérieur, de l'Outre-mer et des Collectivités territoriales c/ Cne de Brunoy*, n° 325854. ♦ Une société des courses regardée comme assumant, à ses frais et risques, l'exploitation d'un hippodrome et entrant dès lors dans le champ d'application des dispositions du 1er du § 2 de l'art. 210 de l'annexe II au CGI (qui succède à l'art. 216 *ter*) qui lui permettaient de déduire la TVA ayant grevé les dépenses d'investissement de la commune sur les immobilisations qui lui ont été conviées, l'une des trois conditions prévues par les dispositions combinées du 2e de l'art. L. 1615-7 et du 1er de l'art. R. 1615-2 CGCT n'étant ainsi pas remplie, les dépenses d'investissement afférentes ne sont pas éligibles au FCTVA. • CAA Nantes, 19 oct. 2012, *Min. de l'Intérieur c/ Ville de Saint-Malo*, n° 11NT03234. ♦ *A contrario*, éligibilité dès lors qu'une communauté d'agglomération mettant à disposition gratuitement des biens sans la conclusion d'une convention de concession ou d'affermage ou délégation de service public et ne pouvant bénéficier du transfert du droit à déduction de la TVA. • CAA Bordeaux, 27 nov. 2012, *Min. de l'Intérieur c/ Cté d'agglomération du Pays rochefortais*, n° 12BX00347. ♦ Les dispositions de l'art. L. 1615-7 impliquent nécessairement que le versement d'une attribution du FCTVA puisse être refusé, à raison d'une immobilisation ayant déjà fait l'objet, lors de la présentation de la demande de versement, d'une cession ou d'une mise à disposition entrant dans les prévisions du texte. • CE 5 avr. 2004, *Min. de l'Intérieur c/ Cne de Farebersviller*, n° 240922 : *BJCL 2004. 662 ; ACL 2005. 340.* ♦ La location d'un logement à un preneur, qui l'habite à titre exclusif, est une forme de mise à disposition au profit d'un tiers, au sens des dispositions de l'art. L. 1615-7, alors même que le bail ne stipulerait aucun avantage particulier en faveur du locataire. Par suite, la réalisation de logements destinés à la location, entreprise par une commune, ne pouvait ouvrir droit aux attributions du FCTVA. • CE 28 avr. 2006, *Min. de l'Intérieur, de la Sécurité intérieure et des Libertés locales c/ Cne de Fertans*, n° 266100 : *BJCL 2006. 437, concl. Séners.* ♦ Il résulte de la combinaison des dispositions des art. L. 1615-7 et L. 2224-35 CGCT que la prise en charge, par une personne publique, des coûts de dépose et d'enfouissement du réseau câblé d'un opérateur de communications électroniques à l'occasion de l'enfouissement du réseau public aérien de distribution d'électricité dont les supports accueillaient également le réseau de télécommunications a principalement pour objet et pour effet d'avantager cet opérateur de communications électroniques. Par suite, les dépenses d'investissement correspondantes ne peuvent donner lieu à attribution du FCTVA. • CE 26 avr. 2013, *Min. de l'Intérieur, de l'Outre-mer, des Collectivités territoriales et de l'Immigration c/ Synd. dptal d'électricité et de gaz de la Charente*, n° 346849 : *AJDA 2013. 887, note de Montecler*.

4. Responsabilité. Celle de l'État peut être engagée lorsque, eu égard aux prises de position des services de l'État, la commune a pu, de bonne foi, croire qu'elle pouvait bénéficier du FCTVA. • CE 5 avr. 2004, *Min. de l'Intérieur c/ Cne de Marly*, n° 241790 : *ACL 2005. 341.* ♦ En revanche, en prévoyant, dans une étude de financement, que la commune pouvait considérer que les dépenses de construction des logements sociaux en cause lui permettraient de bénéficier du FCTVA, et donc de réaliser une opération financièrement équilibrée, une agence technique départementale n'a pas commis d'erreur, dès lors que les occupants de ces logements ne pouvaient être regardés comme bénéficiant d'une mise à disposition d'une immobilisation à leur profit. Par suite, cette agence technique départementale n'a commis aucune faute de nature à engager sa responsabilité à l'égard de la commune, alors même que le préfet a refusé de faire bénéficier celle-ci du FCTVA. • CAA Bordeaux, 8 mars 2006, *Agence technique dptale de la Dordogne c/ Cne de Sainte-Nathalène*, n° 03BX00262 : *BJCL 2006. 455, concl. Péano.*

5. Reversement. La décision par laquelle un préfet accorde à une collectivité ou à un groupement de collectivités le bénéfice du FCTVA, au titre de dépenses qu'il juge éligibles pour une année donnée, crée au profit de cette collectivité ou de ce groupement un droit au versement de dotations de ce fonds à raison de ces dépenses. Si le préfet peut, à tout moment, demander le reversement des sommes versées par suite d'une erreur dans la procédure de liquidation ou de paiement, il ne peut, en principe, sauf en cas de fraude, retirer une décision portant attribution du FCTVA, si elle est illégale, que dans un délai de 4 mois suivant la prise de cette décision. Toutefois, dans l'hypothèse où le bien au titre duquel le bénéfice du fonds a été accordé est ensuite cédé ou mis à disposition au profit d'un tiers non bénéficiaire (en l'espèce, un club de football) dans des conditions telles que la dépense de la collectivité ou du groupement doit être regardée comme ayant eu principalement pour objet ou pour effet d'avantager ce tiers, la collectivité ou le groupement est tenu de reverser une fraction de l'attribution initialement obtenue, dans les conditions prévues par les dispositions des art. L. 1615-9 et R. 1615-5 CGCT. • CE 23 déc. 2011, *Min. de l'Intérieur c/ Cté d'agglomération du Pays de Montbéliard*, n° 330013 : *AJDA 2012. 10 ; JCP Adm. 2012, n° 2020, concl. Daumas ; BJCL 2012. 133, concl. Daumas et obs. Poujade.* ♦ Pour autant, en l'espèce, la CAA de Nancy a écarté la demande ministérielle estimant que la mise à disposition avait été opérée avant la date à laquelle le préfet a examiné l'éligibilité à ce fonds des dépenses en question. • CAA Nancy, 29 nov. 2012, *Min. de l'Intérieur c/ Cté d'agglomération du Pays de Montbéliard*, n° 12NC00100.

Art. L. 1615-8 *Abrogé par Ord. n° 2009-1530 du 10 déc. 2009.*

Art. L. 1615-9 **Les modalités de remboursement des attributions du Fonds de compensation pour la taxe sur la valeur ajoutée par les collectivités locales ou les établissements bénéficiaires dudit fonds sont définies par décret en Conseil d'État.** – *[L. n° 88-1193 du 29 déc. 1988, art. 42-III, al. 11.]*

V. art. R. 1615-1 s.

Modalités de remboursement. Si une collectivité territoriale est tenue au remboursement des sommes perçues indûment au titre du FCTVA, l'État ne peut sans méconnaître les principes de l'annualité et de l'universalité budgétaire soustraire par voie de compensation, de la dotation annuelle attribuée à une collectivité locale, des sommes allouées au titre des dotations concernant des années précédentes, alors même que ces dotations se seraient révélées indues. • CAA Nantes, 30 mai 2002, *Dpt de la Vendée*, n° 98NT02009. ♦ La décision, par laquelle un préfet prescrit le reversement par une commune d'un trop perçu au titre de la contribution du FCTVA, n'entre, dès lors notamment que les attributions de dotations au titre du FCTVA présentent le caractère de simples mesures de liquidation non créatrices de droits, dans aucune des catégories d'actes devant être obligatoirement motivés en vertu de la loi du 11 juill. 1979. • CAA Marseille, 16 janv. 2006, *Min. de l'Intérieur*, n° 03MA01462 : *JCP Adm. 2006, n° 1124, note Deliancourt.*

Art. L. 1615-10 à L. 1615-12 *Abrogés par L. n° 2018-1317 du 28 déc. 2018, art. 258.*

Art. L. 1615-13 *(L. n° 2020-1721 du 29 déc. 2020, art. 251)* **Les septième et huitième alinéas de l'article L. 1615-2, le second alinéa de l'article L. 1615-3, les articles L. 1615-7, L. 1615-10, L. 1615-11 et L. 1615-12 ainsi que le quatrième alinéa du I de l'article L. 1511-8 s'appliquent uniquement aux dépenses réalisées jusqu'à l'exercice budgétaire 2020.**

CHAPITRE VI DISPOSITIONS PARTICULIÈRES AUX ŒUVRES D'ART

Art. L. 1616-1 **Les communes, les départements et les régions doivent consacrer 1 p. 100 du montant de l'investissement à l'insertion d'œuvres d'art dans toutes les constructions qui faisaient l'objet, au 23 juillet 1983, date de publication de la loi n° 83-663 du 22 juillet 1983 complétant la loi n° 83-8 du 7 janvier 1983 relative à la répartition de compétences entre les communes, les départements, les régions et l'État, de la même obligation à la charge de l'État.**

(L. n° 2016-925 du 7 juill. 2016, art. 79) **« Dès que le maître d'œuvre d'une construction mentionnée au premier alinéa du présent article est choisi, la commune, le département ou la région sélectionne sans délai l'auteur de l'œuvre d'art faisant l'objet d'une insertion dans ladite construction.**

« Les communes, les départements et les régions veillent à la diversité des œuvres et des artistes sélectionnés en application du présent article. »

Le Premier ministre tient des dispositions du Décr. du 12 nov. 1938, qui n'a pas été légalement abrogé, compétence pour étendre aux collectivités territoriales par le Décr. du 29 avr. 2002 les règles nouvelles qu'il a édictées pour l'État, relatives à l'obligation de décoration des constructions publiques et précisant les conditions de passation des marchés ayant pour objet de satisfaire à cette obligation. Le décret en question ne méconnaît pas le droit à la liberté d'expression des artistes ni l'autonomie des choix artistiques des collectivités. • CE 30 juill. 2003, *Conseil régional d'Alsace*, n° 251201.

CHAPITRE VII DISPOSITIONS RELATIVES AUX COMPTABLES DES COLLECTIVITÉS TERRITORIALES

ENCYCL. COLL. LOC. *Budgets locaux : agents d'exécution du budget communal, 7110 ; Budgets locaux : dépense, 7120 ; Budgets locaux : recette, 7125*, par SAÏDJ et ALBERT.

BIBL. GÉN. ▶ BROLLES et STRAUB, Budget des communes. Gestion et comptabilité, *Berger-Levrault, 2002*. – CASTAING, *J.-Cl. Coll. terr., fasc. 2043 et 2090*. – CRUCIS, *J.-Cl. Coll. terr., fasc. 140, 340 et 440*. – COUDY-LAMAIGNÈRE, La certification des comptes des collectivités territoriales : une exigence nécessaire ?, *JCP Adm. 2013, n° 2312*. – MAGNET, Éléments de comptabilité publique, *LGDJ, coll. Systèmes, 2001*. – MARIEL et THÉBAULT, Le Trésor public au service des collectivités locales, *RFFP 2003, n° 81, p. 267*. – MATTRET, *J.-Cl. Coll. terr., fasc. 2042*. – POULY, *J.-Cl. Adm., fasc. 1240*. – SAÏDJ, L'évolution de la comptabilité publique locale : 1982-2002, *RFFP 2003, n° 81, p. 185*. – ROUGEAUX, Principes généraux de compatibilité publique, *J.-Cl. Adm., fasc. 113*.

Art. L. 1617-1 Le comptable de la commune, du département ou de la région est un comptable *(Ord. n° 2010-420 du 27 avr. 2010, art. 109)* **« public de l'État » ayant la qualité de comptable principal.**

Il est nommé par le ministre chargé du budget après information préalable, selon le cas, du ou des maires concernés, du président du conseil départemental ou du président du conseil régional.

Le comptable de la région et du département ne peut être chargé des fonctions de comptable de l'État.

V. art. R. 1617-1 s.

BIBL. ▶ HUYGHE et ROUSSEAU, *Rev. Trésor 2005. 521* (une vision élargie de la situation financière des collectivités locales, grâce aux nouvelles prestations d'analyse proposées par le Trésor public).

Indemnité de conseil. **BIBL.** Le Clainche, *Rev. Trésor 2002. 675* (la fonction de conseil des comptables publics aux collectivités locales). ♦ Pour bénéficier des conseils et de l'assistance du comptable public local, que ce soit en qualité de receveur municipal ou de payeur départemental ou régional, il appartient à la collectivité ou à l'établissement public concerné de lui en faire la demande : lorsque l'intéressé a fait connaître son accord, l'attribution de l'indemnité de conseil fait l'objet d'une délibération du conseil. Fondée sur un Décr. n° 82979 du 19 nov. 1982, l'indemnité est encadrée et plafonnée et correspond à des prestations « fournies personnellement » par l'agent et ne relevant pas de ses fonctions. * Rép. min. n° 02617 : *JO Sénat Q, 7 mars 2013, p. 782*. ♦ L'arrêté interministériel du 16 nov. 1983 fonde les conditions d'attribution de l'indemnité de conseil pour le receveur municipal et l'arrêté interministériel du 12 juill. 1990 s'agissant du payeur départemental et du payeur régional. Elle correspond à un pourcentage dégressif (de 3 p. 1 000 à 0, 1 p. 1 000) des dépenses budgétaires réelles des deux sections des trois dernières années. Elle est plafonnée annuellement par référence au traitement brut correspondant à un indice de référence (nouveau majoré 150, indice brut 100) publié annuellement. Le montant annuel est fixé librement par la collectivité pour la durée du mandat du conseil, sauf changement de comptable ou délibération dûment motivée du conseil. • TA Poitiers, 20 nov. 1996, *André Giraud c/ Préfet des Deux-Sèvres et CHG de Niort : Rev. Trésor 1998. 378*. ♦ L'arrêt de son versement ne peut être décidé par l'ordonnateur. • CRC Auvergne, 27 mai 2010, *Synd. intercommunal pour l'aménagement et l'équipement de la haute vallée de la Loire*, n° 2010-10.

Art. L. 1617-2 *(Ord. n° 2022-408 du 23 mars 2022, art. 17)* **Le comptable d'une commune, d'un département ou d'une région ne peut subordonner ses actes de paiement à une appréciation de l'opportunité des décisions prises par l'ordonnateur.**

Son contrôle se limite à vérifier qu'il dispose au moment du paiement de l'ensemble des pièces requises au titre de la nomenclature des pièces justificatives et que les pièces sont, d'une part, complètes et précises, d'autre part, cohérentes au regard de la catégorie de la dépense définie dans la nomenclature applicable et de la nature et de l'objet de la dépense telle qu'elle a été ordonnancée.

À défaut, il suspend le paiement et en informe, par décision motivée, l'ordonnateur.

BIBL. ▶ ARGENTIERI, *RGCT 2007, n° 41, 223* (le payeur nouveau s'est installé...). – BARILARI, Les contrôles financiers comptables, administratifs et juridictionnels des finances publiques, *LGDJ,*

2003. – Bassères, *Rev. Trésor 2006. 174* (l'avenir du régime de responsabilité personnelle et pécuniaire). – Brenner, Le cadre juridique actualisé de la gestion publique locale, *Gestion et fin. publ. 2013. 155.* – Castaing, *JCP Adm. 2004, n° 1409* (vers une nouvelle orientation des relations ordonnateur-comptable dans le secteur public local ?). – Chabanol, *RFFP 2004, n° 85, 51* (les chambres régionales des comptes, un autre juge de la légalité ?). – Froment-Meurice et Groper, *AJDA 2005. 714* (la responsabilité des acteurs de la gestion publique en matière budgétaire, financière et comptable : l'heure du bilan). – Girardi, *Gestion et fin. publ. 2013. 4* (nouveau régime de responsabilité personnelle et pécuniaire des comptables publics). – Hastings-Marchadier, La performance et les contrôles financiers de l'État sur les collectivités locales, *LGDJ, coll. Décentralisation, 2011.* – Lande, *Rev. Trésor 2003. 106* (le système d'information des communes permet-il de mesurer le risque financier ?). – Lamarque et Miller, *AJDA 2000. 513* (les chambres régionales des comptes et le juge judiciaire) ; *AJDA 2004. 2323* (les chambres régionales des comptes et l'appréciation du comportement fautif du comptable) ; *AJDA 2004. 767* (l'impact des technologies de l'information sur les contrôles des juridictions financières). – Lascombe et Vandendriessche, *Rev. Trésor 2007. 437* (la modification de la responsabilité pécuniaire et personnelle du comptable public). – Maucour-Isabelle, *RFDA 2006. 393* (la modernisation de la responsabilité des ordonnateurs et des comptables publics à l'entrée dans la nouvelle ère budgétaire et comptable). – Renouard, *Rev. Trésor 2007. 429* (les contrôles du comptable public en matière de marchés publics). – Wauquier, *Rev. Trésor 2003. 201* (aspects juridiques et comptables du paiement indu).

1. **BIBL.** Girardi et Renouard, Évolution de la responsabilité personnelle et pécuniaire des comptables publics, *AJDA 2012. 536*. – Lisnard, Réflexions sur les dimensions chiffrées des débets des comptables publics, *Gestion et fin. publ. nov. 2012. 40.* – Michaut et Sitbon, La réforme des conditions de mise en jeu de la responsabilité des comptables publics, *AJDA 2013. 681*. – Saïdj, Budgets et comptes locaux : la responsabilité des comptables en titre et des régisseurs, *Encycl. Coll. loc., n° 7148.*

I. DIMENSION DU CONTRÔLE DU COMPTABLE PUBLIC LOCAL

2. Légalité des justificatifs. Si le comptable doit exercer son contrôle sur la production des justifications tout en donnant aux actes administratifs une interprétation conforme à la réglementation en vigueur, il n'a pas le pouvoir de se faire juge de leur légalité. • CE 5 févr. 1971, *Balme,* n° 71173 : *Lebon 105, concl. Grévisse* • 19 déc. 1973, *Gauthier,* n° 80187 : *Lebon 915* • 8 juill. 1974, *Méry et Brevard,* n° 91282 : *Lebon 405* • CE sect., 23 mai 1980, *Cne d'Évaux-les-Bains,* n° 17583 : *Lebon 239 ; AJDA 1981. 157* • CE 13 juill. 2006, *Cne de Dompierre-sur-Besbre,* n° 276135 : *Lebon, 345, Rev. Trésor 2007. 730, concl. Guyomar ; RFDA 2007. 867 ; RLCT 2006, n° 514, Glaser* • CE 22 juill. 2015, n° 373519. ♦ Ce contrôle est assuré dans un cadre élargi fondé sur le devoir d'alerte qui s'impose à lui s'agissant de faits constitutifs d'atteinte à la loi ou des « dérives de gestion » (V. Dyens, Alerte… sur le renouveau du devoir d'alerte !, *AJCT 2011. 21*). Il doit s'assurer, avant le paiement d'une dépense, de l'intervention préalable du contrôle de la légalité : il doit refuser d'exécuter les actes qui n'ont pas été soumis à ce contrôle, alors qu'ils auraient dû l'être, et qui ne sont donc pas exécutoires au moment du paiement. • CRC Rhône-Alpes, 31 août 2000, *Dpt de l'Ardèche,* n° 2000-232. ♦ … Ou refuser de payer lorsque l'acte servant de base au paiement a été annulé par le juge administratif. • C. comptes, 26 mars 1992, *Cne d'Hyères : Rec. C. comptes 27* • 26 mars 1992, *Cne de Vallauris : Rev. Trésor 1992. 671.*

3. Étendue du contrôle. Il doit contrôler l'exactitude de l'ensemble des calculs de liquidation. • CE 8 juill. 2005, *Min. de l'Économie, des Finances et de l'Industrie c/ M. Brasserie,* n° 263254 : *Dr. adm. 2005, n° 140 ; AJDA 2005. 2240, note Esclassan ; RFDA 2005. 1079 ; Rev. Trésor 2006. 147 ; ibid. 338, note Kurek.* ♦ … La production des justifications. • CE 30 juill. 2003, *Marty,* n° 232430 B : *BJCL 2003. 836, concl. Guyomar.* ♦ … Le caractère suffisant de celles-ci (présentation de l'ensemble des pièces requises au travers de la nomenclature applicable, caractère complet et précis de ces pièces et leur cohérence au regard de la catégorie de la dépense définie dans la nomenclature et de la nature et de l'objet de la dépense telle qu'elle a été ordonnancée. • CE 8 févr. 2012, *Min. du Budget, des Comptes publics et de la Réforme de l'État,* n°s 342825 et 340698 : *AJCT 2012. 433, note Didriche ; AJDA 2012. 698, note Domino et Bretonneau ; JCP Adm. 2012, n° 2084, note Guigue ; BJCL 2012. 213, concl. De Lesquen, obs. Renouard et Girardi.* ♦ … L'incertitude et la contradiction des pièces jointes à un mandat devant l'amener à suspendre un paiement jusqu'à la production par l'ordonnateur des justifications nécessaires, faute de quoi il peut être déclaré débiteur à l'égard de la collectivité. • CE 21 mars 2001, *Morel,* n° 195508 : *Lebon 148 ; Rev. Trésor 2002. 219 ; RFDA 2001. 787.*

II. CONTRÔLE DE RÉGULARITÉ

A. RÉGULARITÉ BUDGÉTAIRE

4. Qualité de l'ordonnateur. Trois éléments structurent l'action du comptable dans ses vérifications : la qualité de l'ordonnateur, la disponibilité des crédits et l'imputation budgétaire. Dans le cadre du contrôle de la qualité de l'ordonnateur, le comptable doit refuser de payer lorsque l'acte lui donnant cet ordre émane d'une autorité incompétente. • CRC Bretagne, 28 sept. 1995, *Cne de Lannion : Rev. Trésor 1996. 424* • CRC Haute-Normandie, 28 sept. 1995 *et 3 janv. 1996, Cne de Val-de-Reuil : Rev. Trésor 1996. 425* • CRC Nord-Pas-de-Calais, 28 mai 1996, *Cne de Tourcoing : Rev. Trésor 1998. 112* • CRC Rhône-Alpes, 21 mars 2000, *Cne de Saint-Bon-Tarentaise,* n° 2000-53 • CRC Rhône-Alpes, 21 mars 2000, *Cne de Pont-de-Chéruy,* n° 2000-44. ♦ Il en va de même lorsque l'acte administratif, qui sert de pièce justificative au paiement, émane du maire ou d'un adjoint alors que cet acte relève de la compétence du conseil municipal. • C. comptes, 28 avr. 1988, *Cne de Gy : Rec. C. comptes 157* • 16 déc. 1994, *Payeur dptal des Alpes-Maritimes : Rev. Trésor 1995. 366* • 31 mai 2001, *Cne de Thonon-les-Bains,* n° 29235 : *RFDA 2002. 628.*

5. Disponibilité des crédits. Le comptable doit s'en assurer aussi. • CRC Bretagne, 10 juin 1986 : *Mémorial des percepteurs et receveurs des communes, nov. 1987. 229.* ♦ Le paiement d'une somme effectué en dépassement de crédits entraîne sa mise en débet. • CRC Bourgogne, 14 mai 1986 : *Mémorial des percepteurs et receveurs des communes, sept. 1986. 162* • CRC PACA, 14 sept. 1989 *et 9 mai 1990, Sieur P., comptable de la Cne de C. : Rev. Trésor 1991. 213.* ♦ Le contrôle de la disponibilité des crédits devant être effectué par le comptable au moment du paiement, une délibération de régularisation ne produit pas d'effet sur la régularité de ce paiement. • CRC Haute-Normandie, 22 sept. 1987 et 29 juin 1988, *Sieur D., comptable de la Cne de S. : Rev. Trésor 1989. 281* • 29 juin 1988, *Sieur D., comptable de la Cne de S. : ibid.* • 11 janv. 1989, *Sieur D., comptable de la Cne de S. : ibid.* ♦ Les délibérations de régularisation sur exercice clos ne sauraient donc dégager le comptable de sa responsabilité. • CRC Champagne-Ardenne, 2 déc. 1986 : *Mémorial des percepteurs et receveurs des communes, févr. 1987. 41.* ♦ Le comptable doit vérifier, avant le paiement d'une dépense, si ce paiement incombe ou non à la collectivité, sous peine d'engager sa responsabilité personnelle et pécuniaire. Ainsi, l'assurance responsabilité civile du maire couvrant ses activités en tant qu'agent de l'État ne saurait être supportée par le budget communal. • CRC Champagne-Ardenne, 3 déc. 1986 : *Mémorial des percepteurs et receveurs des communes, mars 1987. 63.*

6. Exacte imputation. Le comptable vérifie celle des dépenses ordonnancées, même si l'ordonnancement est conforme à la décision budgétaire, et rejette les dépenses mal imputées. • CRC PACA, 2 déc. 1999, *Cne d'Aubagne,* n° 99-0681 • C. comptes, 29 nov. 2001, *Cne d'Aubagne,* n° 31025 : *Rev. Trésor 2002. 712 ; BJCL 2002. 115, concl. Gisserot, obs. J.-Ph. V.* ♦ Les dépenses doivent être imputées aux chapitres et *a fortiori* à la section qu'elles concernent. • CRC PACA, 26 sept. 2000, *SIVOM de Serre-Chevalier,* n° 2000-847 : *RFDA 2001. 1112.*

B. VALIDITÉ DE LA DETTE

7. Elle repose (RGBCP, 2012, art. 20) sur la justification du service fait, une exacte liquidation, l'intervention des contrôles préalables prescrits, la production des pièces justificatives (V. point 3), l'application des règles de prescription et de déchéance et (s'il y a lieu l'existence de visas), sachant que la liquidation consiste à vérifier la réalité de la dette et à arrêter le montant de la dépense (RGBCP, 2012, art. 31).

8. Service fait. Il suppose l'exécution préalable de l'objet de la créance (RGBCP, 2012, art. 20-1, 31). ♦ **BIBL.** Wauquier, Le service fait : dérogations au principe et principe de mise en cause de la responsabilité de l'ordonnateur et du comptable, *Rev. Trésor 2002. 440.* ♦ Le comptable doit s'assurer, avant le paiement d'une dépense, de la validité de la créance sous peine de voir sa responsabilité engagée et être déclaré débiteur de la somme indûment payée. • C. comptes, 22 nov. 1979, *Receveur de la Cne de Pontoise : Rev. adm. 1981. 278* • 24 janv. 1980, *Receveur de la Cne de Pontoise : ibid.* • 30 mars 1980, *Receveur de la Cne de Pontoise : ibid.* ♦ ... Et *a fortiori* lorsqu'il a un doute sur cette réalité. • C. comptes, 25 mai 2000, *SIVOM de la côte ouest : RFFP 2001. 199.* ♦ En l'absence de service fait, il ne peut être opéré de règlement d'avances aux créanciers des collectivités, sauf exceptions, notamment dans le cadre de la réglementation applicable aux marchés, ceux-ci pouvant donner lieu au versement d'acomptes. * Rép. min. : *JOAN CR, 2 mars 1987 ; Mon. TP 2 mars 1987, suppl. textes officiels, 87-13.* ♦ Il est à noter que lorsque, par exemple, des études commandées par une collectivité et pour lesquelles un paiement a été effectué n'ont pas été réalisées, les éléments ainsi avancés sont de nature à faire peser un soupçon d'infraction pénale et notamment de détournement ou soustraction de fonds publics, permettant le dépôt d'une plainte avec constitution de partie civile, de la part de la collectivité concernée, à l'encontre des auteurs de ces agissements. • CE 29 juill. 2002, *M. Quémar,* n° 237844 : *ACL 2003. 376.*

9. Exactitude des calculs de liquidation. Le comptable doit aussi s'en assurer, avant le paiement d'une dépense, sous peine d'engager sa responsabilité si des erreurs n'ont pas été décelées. • C. comptes, 8 oct. 1980, *Agier, Cne de Fontaine : Rec. C. comptes 67* • 14 sept. 1989, *Cne de Toulouse : Rec. C. comptes 73* • 15 déc. 1995, *SIVOM de Nouvion-en-Ponthieu : Rec. C. comptes 109 ; Rev. Trésor 1999. 243.* ♦ Cette vérification doit intervenir même s'il n'y a pas de contestation sur le service fait. • C. comptes, 7 avr. 1999, *Cne de Saint-Denis : Rev. Trésor 1999. 775 ; RFDA 2000. 1122 ; RFFP 2000. 190.* ♦ La conformité à la réglementation de la liquidation des avantages en nature n'exonère pas le comptable de ses obligations qui lui incombent en matière de dépenses, notamment celle de s'assurer de la production des pièces justificatives exigées par la nomenclature. • CRC Pays de la Loire, 2 sept. 2014, *Cne de Sucé-sur-Erdre*, n° 2014-0013 : *Rev. Trésor 2015. 165.* ♦ Dès lors que le comptable ne dispose pas des éléments nécessaires à ce contrôle, il doit refuser de payer. • C. comptes, 5 déc. 2001, *TPG de la Côte-d'Or*, n° 31209 : *Rev. Trésor 2001. 175.* ♦ Il doit suspendre le paiement d'un mandat lorsqu'il il constate qu'il y a non-concordance des pièces justificatives entre elles. • CRC Île-de-France, 30 sept. 1986 : *Mémorial des percepteurs et receveurs des communes, nov. 1986. 209.* ♦ ... Ou encore lorsque, à l'occasion du contrôle de l'exactitude des calculs de liquidation du dernier acompte d'un marché, il constate la non-conformité de la proposition de paiement avec les termes du marché passé : la régularisation du paiement litigieux par une délibération prise par l'organe délibérant de la collectivité n'est pas susceptible de dégager le comptable de sa responsabilité. • CRC Île-de-France, 5 mai 1987, *Sieur S., comptable de la Cne de V. : Rev. Trésor 1988. 214.* ♦ Il doit s'assurer que l'ordonnateur a appliqué le taux de TVA auquel sont assujetties les dépenses à payer. • CRC Poitou-Charentes, 6 nov. 2001, *Cne d'Annezay*, n° 2001-0688 : *Rev. Trésor 2002. 300* • CRC PACA, 6 nov. 2001, *Cne de Trans-en-Provence*, n° 2001-1018 : *Rev. Trésor 2002. 300* • 17 sept. 2002, *Cne du Beausset*, n° 2002-0545. ♦ Le paiement irrégulier de prix de marchés, résultant de l'application erronée de révisions de prix ou de la non-application de pénalités de retard contractuellement dues, entraîne la mise en débet du comptable. • CRC Picardie, 22 mars 1990 : *Sieur L., comptable de la Cne de Roye* • 7 nov. 1991 : *ibid.* • 28 janv. 1993 : *ibid.* • 20 janv. 1994 : *ibid.* • CRC Aquitaine, 11 mars 1993 : *Sieur L., comptable de la Cne de Nérac* • 28 juill. 1993 : *ibid.* • 27 janv. 1994 : *ibid.* ♦ Concernant les révisions de prix de marchés, une réactualisation du prix ne peut donner lieu à paiement sans la production d'une décision budgétaire régulièrement prise par l'organe délibérant de la collectivité. • CRC Lorraine, 12 juin 1985 : *Mémorial des percepteurs et receveurs des communes, févr. 1986. 38.* ♦ Pour ce qui est des pénalités de retard, le comptable doit exiger leur décompte si elles ont été retenues par l'ordonnateur, ou une décision motivée de l'organe délibérant de la collectivité accordant l'exonération des pénalités quand celles-ci ne sont pas décomptées. • CRC Bretagne, 30 avr. 1986 : *Mémorial des percepteurs et receveurs des communes, sept. 1986. 161.* ♦ Dès lors qu'un marché n'a pas été exécuté dans les délais, il incombe au comptable de liquider d'office les pénalités de retard. • C. comptes, 2 mai 1996, *SDIS de l'Eure : Rec. C. comptes 51 ; Rev. Trésor 1996. 739* • 2 mai 1996, *District de l'agglomération agennaise : Rev. Trésor 1996. 506.* ♦ ... Sauf si l'ordonnateur décide d'y renoncer, mais sa volonté de dispenser les entreprises des pénalités encourues doit être clairement énoncée par un certificat administratif établi et communiqué au comptable avant le paiement, et cela même si le certificat de l'ordonnateur a une portée rétroactive ou est intervenu dans un délai relativement bref après les faits. • C. comptes, 7 oct. 1993, *Ancien trésorier municipal de Marseille : Rev. Trésor 1994. 196* • 20 oct. 1994, *Cne de Nérac : Rev. Trésor 1995. 116* • 10 juill. 1997, *SDIS des Alpes-Maritimes : Rev. Trésor 1998. 42* • CRC PACA, 19 juin 2003, *Synd. intercommunal de transports publics de Cannes-Le-Cannet-Mandelieu-la-Napoule : Rev. Trésor 2004. 296.*

10. Contrôles préalables. Ils correspondent à différentes obligations juridiques de transmission d'actes leur donnant pleine exécution. Il en va ainsi des contrats, même si le contrat est passé entre deux personnes privées, dès lors que l'une d'entre elles agit dans le cadre d'un mandat que lui avait confié une collectivité. • CRC PACA, 24 août 2000, *Dpt des Bouches-du-Rhône*, n° 2000-0746. ♦ Dans la mesure où tous les contrats écrits conclus par les collectivités, qu'ils soient de nature privé ou administratif, sont soumis à l'obligation de transmission dès lors qu'ils ont pour objet la réalisation de travaux, fournitures et services, le comptable doit ainsi refuser d'exécuter un contrat d'étude qui n'a pas été transmis au préfet. • C. comptes, 26 oct. 2000, *Cne de Carhaix-Plouguer*, n° 27211. ♦ Il en va de même des actes unilatéraux, tels qu'une délibération de la collectivité : le comptable doit refuser de payer des dépenses ou d'encaisser des recettes autorisées par un acte non exécutoire. • C. comptes, 6 mai 1993, *Trésorier municipal de Nice : Rec. C. comptes 64* • 9 déc. 1993, *Payeurs régionaux de Franche-Comté : Rev. Trésor 1994. 268.* ♦ L'acte doit être exécutoire lorsque le comptable procède au paiement : en effet, la légalité du paiement s'apprécie au moment de celui-ci. • C. comptes, 25 oct. 2001, *Dpt de l'Ardèche*, n° 30629 : *Rev. Trésor 2002. 706.* ♦ Est irrégulier un paiement intervenu le jour où la délibération d'un conseil municipal est parvenue au préfet. • CRC Languedoc-Roussillon, 24 août 2000, *Région Languedoc-Roussillon*, n° 2000-0536 : *RFDA 2001. 474.* ♦ Un comptable n'aurait pas dû verser des indemnités sur la base d'une décision d'un ordonnateur entrant en « contradiction avec celles qui sont de la seule compétence de l'assemblée délibérante[;] Ainsi, en l'occurrence, seul le conseil municipal pouvait décider de déroger à la réglementation applicable aux indemnités d'administration et de technicité (IAT) et d'exercice de missions des préfectures (IEMP). Cette décision aurait sans doute été illégale, mais elle se serait néanmoins imposée au comptable, à défaut d'avoir été annulée par le juge administratif ». • CRC Limousin, 16 déc. 2014, *Cne d'Anché*, n° 2014-0026 : *Rev. Trésor 2015. 157.* ♦ De même, il n'est pas possible de s'appuyer sur une délibération exécutoire pour réaliser des paiements relatifs à une date antérieure à la transmission de cette délibération au préfet. • C. comptes, 29 nov. 2001, *Synd. intercomm. d'étude et de réalisation du pôle urbain du Moyen Grésivaudan*, n° 30986 : *Rev. Trésor 2002. 711.* ♦ Le contrat, conclu entre une commune et une société, qui ne comporte pas de clause exorbitante du droit commun et ne fait pas participer cette société à l'exécution du service public, a le caractère d'un contrat de droit privé et n'a donc pas à être transmis au préfet pour être exécutoire : les dispositions de l'art. 2 de la L. du 11 déc. 2001, MURCEF, selon lesquelles « les marchés passés en application du code des marchés ont le caractère de contrats administratifs », qui sont intervenues postérieurement, sont en tout état de cause sans incidence sur la régularité des procédures accomplies par le comptable avant leur entrée en vigueur. • CE 12 févr. 2003, *MINEFI*, n° 234917 : *Rev. Trésor 2003. 318 ; ibid. 2004. 393 ; ACL 2004. 589.* ♦ Dès lors, le juge des comptes, qui avait, en l'espèce, enjoint au comptable de la commune d'apporter la preuve du reversement de la somme payée pour l'exécution d'un tel contrat, et qui l'avait déclaré débiteur des deniers de la commune à hauteur des sommes versées, a commis une erreur de droit en estimant que ce contrat devait être transmis aux services chargés du contrôle de légalité pour devenir exécutoire et, qu'à défaut de cette formalité, le prix des prestations fournies n'avait pas pu être régulièrement payé. • Même décision.

11. Prescription et déchéance. Le comptable public se doit de suspendre le paiement s'il estime que la dette est atteinte par la prescription ou une déchéance. Si le paiement est effectué, la collectivité ne peut plus opposer par la suite la prescription. • CE 22 mars 1989, *Payet*, n° 80429 : *AJDA 1989. 401, obs. Prétot* • CAA Nantes, 27 janv. 1994, *M.X. c/ Synd. intercommunal d'électrification de Mauron*, n° 92NT00047. ♦ Il appartient à l'ordonnateur de lui adresser un ordre de réquisition. – V. notes ss. art. L. 1617-3.

III. CONTRÔLE DES PIÈCES

12. **BIBL.** Durif, La dématérialisation des échanges : avec le représentant de l'État et le comptable public, *Territorial, 2011, coll. Dossier d'experts.* – Piette-Coudol, La dématérialisation à l'œuvre dans la comptabilité publique, *JCP Adm. 2007. 2226.* – Inisian-Ehret, Le pilotage de la dématérialisation de la chaîne comptable et financière, *AJCT 2011. 111.* – Terrien, L'apport du décret du 25 mars 2007 établissant la liste des pièces justificatives des paiements des communes, des départements, des régions et des établissements publics locaux, *BJCL 2007. 384.* – Wauquier, Les pièces justificatives de dépenses dans la comptabilité publique des collectivités territoriales, *Rev. Trésor 2003. 749.*

13. L'art. D. 1617-19 du CGCT dispose qu'avant de procéder au paiement d'une dépense ne faisant pas l'objet d'un ordre de réquisition, les comptables ne doivent exiger que les pièces justificatives prévues pour la dépense correspondante dans la liste annexée à l'annexe I du code.

A. PRÉCISION ET SUFFISANCE DES PIÈCES JUSTIFICATIVES

14. Principe. Le comptable doit s'assurer, préalablement au paiement d'une dépense, de l'existence de pièces justificatives régulières et suffisantes, sous peine d'engager sa responsabilité. • C. comptes, 25 juin 1970, *Renu : Rec. C. comptes 81* • 18 juin 1975, *Cavaillé, Cnes de Balma et de Quint : Rec. C. comptes 15* • 8 oct. 1980, *Agier, Cne de Fontaine : Rec. C. comptes 67* • CRC Bretagne, 17 déc. 1985 : *Mémorial des percepteurs et receveurs des communes, avr. 1986. 76* • CRC Basse-Normandie, 6 nov. 1990, *Sieur G., comptable de la Cne de C. : Rev. Trésor 1991. 322.* ♦ Il revient aux comptables d'apprécier si les pièces fournies présentent un caractère suffisant pour justifier la dépense engagée. Pour établir ce caractère suffisant, il leur appartient de vérifier, en premier lieu, si l'ensemble des pièces requises au titre de la nomenclature comptable applicable leur a été fourni et, en second lieu, si ces pièces sont, d'une part, complètes et précises, d'autre part, cohérentes au regard de la catégorie de la dépense définie dans la nomenclature applicable et de la nature et de l'objet de la dépense telle qu'elle a été ordonnancée. Si ce contrôle peut conduire les comptables à porter une appréciation juridique sur les actes administratifs à l'origine de la créance et s'il leur appartient alors d'en donner une interprétation conforme à la réglementation en vigueur, ils n'ont pas le pouvoir de se faire juges de leur légalité. • CE 8 févr. 2012, *Min. du Budget, des Comptes publics et de la Réforme de l'État*, n°s 342825 et 340698 : *Dr. adm. 2012, n° 39, note Hoepffner ; AJDA 2012. 698, chron. Domino et Bretonneau ; JCP Adm. 2012, n° 2084, note Guigue ; BJCL 2012. 213, concl. De Lesquen, obs. Renouard et Girardi* • CE 22 juill. 2015, *Min. du Budget*, n° 375519.

15. Applications. Ainsi, un comptable qui a payé des dépenses correspondant à des bons de commande, dont les dates étaient toutes postérieures à celles d'émission des factures correspondantes, ne saurait exercer un contrôle de légalité sur les pièces justificatives fournies par l'ordonnateur alors que celles-ci ne présentaient, à elles seules et quelle que soit en tout état de cause leur validité juridique, ni incohérence au regard de la catégorie de la dépense définie dans la nomenclature applicable, ni incohérence au regard de la nature et de l'objet de la dépense engagée. • CE 8 févr. 2012, *Min. du Budget, des Comptes publics et de la Réforme de l'État*, n°s 342825 et 340698 : *préc. note 14.* ♦ Un comptable qui a payé des dépenses relatives à des marchés publics supérieurs à 4 000 €, mais qui n'avaient pas fait l'objet de contrats écrits, doit suspendre le paiement et demander à l'ordonnateur la production des justifications nécessaires. En revanche, dès lors que l'ordonnateur a produit, en réponse à cette demande, un certificat administratif par lequel il déclare avoir passé un contrat oral et prend la responsabilité de l'absence de contrat écrit, il appartient au comptable, qui n'a pas à se faire juge de la légalité de la passation du marché en cause, de payer la dépense. • Même décision. ♦ Ainsi, s'agissant de la catégorie des « travaux, fournitures et services » dont relèvent les dépenses de carburant pour les véhicules de la collectivité, les justificatifs prévus par cette nomenclature se limitent aux factures ou mémoires établis par les fournisseurs. • CE 28 juill. 2004, *Min. d'État, Min. de l'Économie, des Finances et de l'Industrie c/ M. Daviau*, n° 244405 : *AJDA 2004. 2413* ; *BJCL 2004. 643, concl. Guyomar ; ACL 2005. 370.* ♦ Toutefois, si, dans le cas de prestations correspondant à l'objet des marchés ou contrats passés par la personne publique dont il manie les deniers, le comptable ne peut légalement exiger de l'ordonnateur la production d'autres justificatifs que ceux prévus par la nomenclature applicable à l'espèce, il lui revient en revanche, s'agissant de prestations étrangères à l'objet de ces marchés ou contrats, de réclamer la production de toute pièce de nature à justifier leur paiement. • Même décision. ♦ Est en revanche insuffisant un tableau récapitulatif d'astreintes ne donnant pas une indication précise des astreintes réalisées en semaine, lors des jours fériés ou week-end car ne permettant pas d'établir un état liquidatif tel qu'exigé par la réglementation. • CRC Île-de-France, 9 févr. 2012, *Cne de Dugny : AJCJF 2012. 41.* ♦ Le comptable pas plus que l'ordonnateur ne peut remplacer des justifications particulières aux pièces prévues par la nomenclature, ces dernières devant être remises au moment du paiement. • CRC Poitou-Charentes, 8 janv. 2014, *Cne de Neuville-de-Poitou et Cté de cnes du Neuvillois*, n° J.2013-0026 et J.2013-0027. ♦ Lorsque, en raison de son imprécision, la délibération de la collectivité ne peut suffire à justifier la dépense, le comptable se trouve dans l'incapacité de vérifier les calculs de liquidation et, partant, la validité de la créance : dès lors, le comptable doit suspendre le paiement, sous peine d'engager sa responsabilité. • C. comptes, 27 févr. 2003, *Cne de Bagneux*, n° 35586 : *BJCL 2003. 507 ; Rev. Trésor 2003. 697.*

16. Absence totale de pièces justificatives. La responsabilité du comptable est engagée lorsque le paiement est effectué en l'absence des justifications requises par les textes en vigueur. • CRC Franche-Comté, 12 nov. 1987, 3 *août 1989, Sieur R., comptable de la Cne de C. : Rev. Trésor 1990. 393, chron. Ludwig ; Rev. Trésor 1991. 720* • CRC PACA, 30 nov. 1988, 27 *déc. 1989, Dame G., comptable de la Cne de C. : Rev. Trésor 1991. 209.* ♦ Il en est de même lorsque le comptable procède au paiement de la prime correspondant à la fonction d'adjoint au maire, sans avoir exigé la production des pièces justificatives, à savoir la délibération du conseil municipal et l'arrêté du maire qui en faisait application. • C. comptes, 16 déc. 1999, *Cne d'Escaudœuvres : RFFP 2000. 190.* ♦ ... Ou encore lorsqu'il assure le paiement de factures sans avoir disposé de la convention sur laquelle elles étaient fondées. • C. comptes, 2 févr. 2012, *Cne de Jarny*, n° 62824 : *AJCJF 2012. 32.* ♦ ... Ou le versement de subventions (dont le montant annuel dépasse 23 000 €) sans disposer de la convention afférente. • C. comptes, 2 févr. 2012, *Cne d'Auby*, n° 62822 : *AJCJF 2012. 35, concl Proc. gén.* • 18 mars 2010, *Cne de Pacé*, n° 57188 : *AJDA 2010. 1258, chron. Groper et Michaut* ; *AJCT 2010. 105, note Guillaumont.* ♦ Dès lors que l'acte d'attribution d'une subvention prévoit que celle-ci sera versée sous réserve de justificatifs adressés à l'ordonnateur, le versement de la subvention, alors que les justificatifs prévus ne sont pas fournis, n'est pas justifié. • CRC Midi-Pyrénées, 3 avr. 2001, *SIVOM de Conques : Rec. C. comptes 178.* ♦ Un comptable ne saurait, sans manquer gravement à ses obligations, présumer la régularité de la dépense de la seule émission du titre de paiement. • C. comptes, 20 sept. 1973, *Casenave et Mazerolles : Rev. adm. 1974. 160.* ♦ Une dette de la collectivité peut toutefois être constatée au moyen d'un état exécutoire émis contre elle. • CE 29 févr. 1980, *Cne de Saint-Jean-Pied-de-Port*, n° 11272 : *Lebon 119.* ♦ En matière de frais de déplacement et de séjour, la seule inscription régulière au budget, sur la ligne prévue à cet effet, des crédits nécessaires aux paiements en cause n'emporte pas la régularité de ces paiements : l'inscription de la dépense au budget de la collectivité ne vaut pas dispense pour le comptable de produire la délibération autorisant, en l'occurrence, le financement d'un voyage. • C. comptes, 21 juin 2001, *Régie autonome du Centre d'oxygénation de Briançon : RFDA 2002. 616*

17. Promesse de justification ou erreur de qualification. La production par le comptable d'un certificat de l'ordonnateur indiquant qu'il est impossible de produire au receveur les documents justificatifs exigés par les règles de la comptabilité publique n'est pas de nature à exonérer l'intéressé de sa responsabilité personnelle et pécuniaire. • CRC PACA, 14 mai 1991, *Sieur N., comptable de la Cne de Draguignan : Rev. Trésor 1991. 725.* ♦ Alors même que l'ordonnateur certifie que des paiements correspondent à des prestations de services réalisées par des associations, la responsabilité du comptable est engagée dès lors qu'il résulte du dossier qu'il s'agissait en fait de subventions qui devaient, par conséquent, être appuyées par une décision définissant l'objet, les conditions d'octroi, le bénéficiaire et le montant de la subvention. • CRC Nord-Pas-de-Calais, 15 févr. 2001, *Cne de Gravelines*, n° 2000-0582 : *RFDA 2002. 627.*

18. Absence de délibération. Les paiements réalisés par le comptable sans délibération préalable de l'organe délibérant de la collectivité sont de nature à entraîner sa mise en débet. • CRC Rhône-Alpes, 13 janv. 1988 : *Sieur G., comptable de la Cne de M.* • 14 sept. 1988 : *ibid.* • CRC Franche-Comté, 10 mars 1988 : *Sieur B., comptable de la Cne de C.* • 21 sept. 1988 : *ibid.* • CRC la Réunion, 16 juill. 1987, *23 févr. 1988, Sieur L., comptable de la Cne de P. : Rev. Trésor 1989. 447, chron. Ludwig.* ♦ Ainsi, l'absence de délibération du conseil municipal, autorisant le versement de primes de fin d'année au personnel de la commune, entraîne la mise en débet du comptable. • C. comptes, 28 sept. 2000, *Cne de Grand-Quévilly : RFFP 2001, n° 75, 198.* ♦ Pour justifier du paiement d'une première prime d'assurance communale, le comptable doit produire la délibération autorisant le maire à souscrire la police d'assurance, une copie du contrat d'assurance, ainsi qu'un avis de paiement de l'assureur. • CRC Champagne-Ardenne, 3 déc. 1986 : *Mémorial des percepteurs et receveurs des cnes, mars 1987. 64.* ♦ Les frais de déplacement ne sont remboursables aux élus que s'ils sont appuyés d'une décision fixant les conditions générales de remboursement, prise sous la forme d'une délibération de l'assemblée délibérante. • CRC PACA, 5 sept. 2000, *Cne de Montfort-sur-Argens*, n° 2000-0740. ♦ Le paiement d'une subvention n'est pas possible en l'absence d'une décision individuelle d'attribution : en l'espèce, si la délibération du conseil municipal autorisait bien le versement d'une subvention à la caisse des écoles en vue de l'organisation de l'arbre de Noël des enfants, il n'était pas possible de verser cette subvention au comité des fêtes sans que cette subdélégation par la caisse des écoles soit appuyée d'une délibération en ce sens. • CRC PACA, 2 juin 1999, *Caisse des écoles de La Condamine Châtelard*, n° 99-0441 : *RFDA 2000. 1136*. ♦ Les subventions locales aux associations doivent être appuyées sur une délibération de l'assemblée délibérante : elles ne peuvent, pour éviter cette formalité, être faussement imputées au compte « Fêtes et cérémonies », l'imputation budgétaire ne constituant pas, en soi, une justification de la nature de la dépense. • CRC Nord-Pas-de-Calais, 15 févr. 2001, *Cne de Gravellan : Rec. C. comptes 9.* ♦ Dans les cas où la décision justifiant une dépense doit être une délibération de l'assemblée, il est parfois possible d'y substituer un arrêté de l'ordonnateur à la condition expresse que les textes applicables à la collectivité ou à l'établissement public concerné prévoient que l'assemblée peut accorder, dans la matière en cause, délégation à l'ordonnateur et à condition, en conséquence, que cette délégation ait été effectivement donnée à bonne date. • C. comptes, 20 oct. 1994, *Centre de gestion de la fonction publique territoriale de la Seine-Maritime : Rev. adm. mars-avr. 1995.*

19. Applications jurisprudentielles. Ont pu être mis en cause des comptables à raison : du paiement d'honoraires non conformes aux documents contractuels, qui leur servent de fondement. • CRC Basse-Normandie, 6 juin 1985 : *Sieur D., comptable de la Cne de B.* • 14 janv. 1988 : *ibid.* • 1er déc. 1988 : *ibid.* ♦ ... De l'ensemble des paiements effectués à un architecte au titre d'un marché de maîtrise d'œuvre, au motif que l'avance forfaitaire versée n'était pas prévue dans le CCAP annexé au marché, et que le solde avait été versé non au vu d'un décompte général et définitif, comme le prévoit la réglementation, mais d'une simple note d'honoraires. • C. comptes, 29 juin 2000, *Cne de Béthoncourt : RFFP 2001. 201.* ♦ ... Du paiement par le comptable de travaux supplémentaires non décidés par un avenant au marché. • CRC Franche-Comté, 26 avr. 1989, *Sieur C., comptable de la Cne d'A. : Rev. Trésor 1991. 212* • 22 févr. 1990 : *ibid.* ♦ ... Du paiement de prestations sur le fondement d'un contrat arrivé à échéance : à défaut d'une décision expresse de reconduction, comme prévu au contrat, la CRC a estimé que le comptable ne disposait pas des pièces justificatives prévues à la nomenclature, à savoir un contrat en cours de validité, et qu'un avenant ne pouvant redonner vie à un contrat échu, le comptable ne disposait pas des pièces justificatives requises pour le paiement. • CRC Pays de la Loire, 12 oct. 2001, *Cté de cnes du canton de Saint-Jean-de-Monts*, n° 2001-929 : *Rev. Trésor 2002. 288.* ♦ ... Du paiement de loyers au titre d'un contrat de crédit-bail conclu pour la réalisation d'un réseau de télédistribution, le comptable devant produire les pièces justifiant de l'inscription au fichier immobilier du contrat de crédit-bail, le certificat négatif d'inscription hypothécaire après publication, et la délibération fixant les conditions du contrat. • C. comptes, 5 juill. 2001, *Régie municipale de distribution d'énergie de la Cne de Villard-Bonnot*, n° 29650 : *Rev. Trésor 2002. 217.* ♦ Le comptable n'est jamais fondé à faire prévaloir l'intention des parties au contrat sur les dispositions expresses de celui-ci. • CRC Rhône-Alpes, 25 oct. 2000, *Cne de Chamrousse : RFDA 2001. 1106* • CRC Bretagne, 26 janv. 2001, *Cne de Carnac : RFDA 2001. 1106*. ♦ Ainsi, alors même que le contrat en cause n'avait pas été dénoncé, que l'entreprise avait continué l'exploitation et que la personne publique avait approuvé chaque année le bilan d'exploitation, le comptable aurait dû refuser d'honorer les paiements en raison de l'absence de pièce justificative : le contrat, signé pour 10 ans, prévoyait qu'il ne pouvait être reconduit pour deux fois 5 ans que par décision expresse, et il importait peu qu'un avenant ait été signé après les dix années, un avenant ne pouvant s'assimiler à une reconduction expresse. • C. comptes, 3 oct. 2002, *SIVOM du canton de Saint-Jean-de-Monts : Rev. Trésor 2003. 547.* ♦ Lorsqu'un déplacement est effectué, en même temps, par un adjoint et un fonctionnaire de la collectivité, les pièces justificatives à produire doivent répondre aux exigences des deux types de déplacement. • CRC Pays de la

Loire, 19 mai 2000, *Ville de Sablé-sur-Sarthe*, n° 2000-460. ♦ Le remboursement des frais de séjour dans un établissement hôtelier d'une personnalité extérieure à la commune doit être autorisé par une délibération du conseil municipal. • Même jugement. ♦ De plus, le comptable ne peut payer des frais de déplacements en l'absence d'un état de frais détaillé. • CRC Champagne-Ardenne, 2 déc. 1986 : *Rev. Trésor 1988. 16.* ♦ Les états de remboursements de frais de déplacements doivent être accompagnés des ordres de mission correspondants et des titres de transport. • CRC Nord-Pas-de-Calais, 30 oct. 1991, *Région Nord-Pas-de-Calais : Rec. C. comptes 1994. 83* • 15 sept. 1994 : *ibid.* ♦ Ne constituent pas des pièces justificatives suffisantes et ne permettent donc pas la prise en charge de frais de déplacement des ordres de mission qui, bien que précisant la durée et le lieu de la mission, n'indiquent pas l'objet de celle-ci. • CRC Aquitaine, 12 déc. 2002, *Dpt de la Gironde*, n° 2002-0959 : *Rev. Trésor 2003. 620.* ♦ De même, à propos d'un fonds de concours versé par une commune à un EPCI, le comptable de la commune doit vérifier l'existence d'une délibération exécutoire suffisamment précise se rapportant à l'opération en cause. • C. comptes, 11 sept. 2003, *Cne de Roquevaire*, n° 37308 : *BJCL 2004. 130.* ♦ Les pièces justificatives doivent permettre au comptable d'exercer tous les contrôles dont il est chargé : dès lors, les bons de commande ne mentionnant ni la nature de la commande ni les quantités ne constituent pas des pièces justificatives adéquates. • CRC Bourgogne, 5 déc. 2002, *Cne de Bourdon-Lancy*, n° 2002-0710 : *Rev. Trésor 2003. 618.* ♦ Une pièce justificative trop imprécise doit conduire le comptable à suspendre le paiement en attendant les précisions nécessaires, sous peine d'être mis en débet : ainsi en est-il d'une délibération ne précisant pas le plafond des heures complémentaires pouvant être effectuées par les enseignants pour assurer la surveillance des restaurants scolaires. • C. comptes, 27 févr. 2003, *Cne de Bagneux*, n° 35586 : *préc. note 15.*

20. Justificatifs des procédures d'achat et des seuils. Dans un souci de simplification du processus de la dépense publique, il a été décidé de ne plus faire intervenir le comptable public dans le suivi du seuil des marchés. Le Décr. n° 2003-301 du 2 avr. 2003, d'actualisation de la nomenclature des pièces justificatives des paiements des communes, des départements, des régions et des établissements publics locaux, prévoit que le contrôle par le comptable public du seuil des marchés publics est supprimé. Le nouveau code des marchés publics apporte de nouvelles marges de manœuvre aux acheteurs publics. Le choix de la procédure d'achat relève donc uniquement de leur initiative et de leur responsabilité. * Rép. min. n° 204 : *JO Sénat Q, 3 avr. 2003 ; Rev. Trésor 2003. 489.* ♦ Il appartient aux collectivités et à toutes les administrations publiques de retenir la procédure d'achat appropriée, au stade de la définition de leurs besoins. Il en résulte une atténuation des risques d'irrégularité dès lors que les contrôles seront opérés au bon moment, c'est-à-dire en amont. Dans ce cadre, le comptable public peut toujours être sollicité par l'acheteur, étant entendu que cette intervention se situe alors clairement sur le terrain du conseil et non du contrôle, en particulier lors des commissions d'appel d'offres, à un stade de la procédure où une erreur éventuelle peut être utilement réparée. * Rép. min. n° 7038 : *JOAN Q, 3 mars 2003 ; Rev. Trésor 2003. 486.* ♦ V. art. D. 1617-19.

B. IRRÉGULARITÉ DES PIÈCES JUSTIFICATIVES

21. Principe. BIBL. Damarey, Le comptable public ne saurait se faire juge de la légalité. Cartographie d'une jurisprudence fluctuante, *Gestion et fin. publ. 2012. 12.* ♦ Le comptable doit s'assurer, avant le paiement d'une dépense, de l'existence de pièces justificatives régulières sous peine d'engager sa responsabilité personnelle et pécuniaire : il ne peut, par exemple, justifier ses opérations comptables que par la production de décisions budgétaires régulièrement prises avant la clôture de l'exercice considéré. • CRC Lorraine, 12 juin 1985 : *Mémorial des percepteurs et receveurs des communes, févr. 1986. 38.*

22. Fausseté des pièces. Si le comptable ne peut refuser effets aux certifications délivrées par les ordonnateurs, il doit cependant le faire dès lors qu'il peut établir que ces certifications sont fausses. • C. comptes, 2 mai 1996, *Cne de Royat : Rev. Trésor 1996. 594.* ♦ La responsabilité du comptable peut être engagée lorsqu'il a effectué des paiements de dépenses sur pièces fausses et que la fausseté de ces pièces a été établie par une décision judiciaire passée en force de chose jugée. • CE 12 juill. 1907, *Min. des Finances : Lebon 656, concl. Romieu* • C. comptes, 28 nov. 1907, *Salières, receveur municipal de Bayonne : Rec. C. comptes 51* • 1er juin 1977, *Deroy et Abadie, Cne de Sainte-Marie-de-la-Martinique : Rec. C. comptes 118.* ♦ Quand la fausseté des pièces de dépenses a été établie, non par une décision de justice ayant force de chose jugée, mais par une enquête, un contrôle ou l'aveu des parties, la juridiction financière se reconnaît en revanche, sur ce point, une grande liberté d'appréciation et préfère souvent engager une procédure de gestion de fait à l'encontre des coupables. • C. comptes, 25 mars 1971, *Dayant et Cts, Cne de Villeneuve-la-Lionne : Les grands arrêts de la jurisprudence financière, 1991, p. 153* • 18 oct. 1973, *Hattez et Cabocel, Cne de Loisy-sur-Marne : ibid.* ♦ La fausseté des pièces justificatives établie après le maniement peut être constitutive d'un cas de force majeure conduisant à écarter la responsabilité du comptable en ce sens. • CRC Auvergne, 1er juill. 2010, *Cne de Chantelle*, n° 2010-0008 : *Gestion et fin. publ. 2010, 746, chron. Girardi, Renouard et Rocca.* ♦ Plus encore, dans l'hypothèse où une collectivité, victime d'une escroquerie, a transmis de bonne foi un RIB frauduleux au comptable qui paye en conséquence la dépense, la responsabilité de celui-ci ne peut pas être engagée. En effet, si la comptable publique devait s'assurer de la régularité formelle de ces pièces, elle n'était en revanche pas tenue de contrôler la concordance des coordonnées bancaires figurant sur le relevé d'identité bancaire présenté et certifié par l'ordonnateur avec celles figurant sur chacune des factures, une telle mention n'étant au demeurant pas au nombre de celles rendues obligatoires par les dispositions de l'annexe C de l'annexe 1. De plus, il ressort de l'art. 5, al. 3, de l'Arr. du 27 juin 2007 portant application de l'art. D. 1617-23, relatif à la dématérialisation des opérations comptables, que les données transmises, comme en l'espèce, de manière électronique par l'ordonnateur au comptable ont un caractère probant à l'égard de ce dernier. • CAA Paris, 11 oct. 2024, n° 23PA04858.

23. Cohérence et contradictions. Il est constant que les obligations du comptable ne se limitent pas à contrôler les justifications produites à l'appui de chaque mandat considéré isolément, mais que celui-ci doit aussi vérifier la cohérence des opérations qu'il exécute. • C. comptes, 26 juin 2000, *TPG du Finistère,* n° 26846. ♦ S'agissant de pièces justificatives contradictoires, il est de bonne gestion que l'incohérence de certaines pièces justificatives jointes à l'appui du même mandat soit considérée comme une irrégularité ou, au moins, comme une cause de suspension de paiement : ainsi, au vu des dispositions contradictoires de la convention de maîtrise d'œuvre et du marché de travaux, il incombait au comptable de suspendre les paiements des honoraires de maîtrise d'œuvre pour la partie correspondant à cette double rémunération. • CRC Lorraine, 11 oct. 1993, *SIVOM de l'agglomération néocastrienne : Rev. Trésor 1994. 279.* ♦ Des pièces justificatives contradictoires, même en apparence, doivent conduire le comptable à suspendre le paiement de la dépense. • C. comptes, 19 mai 1994, *Payeur dptal du Finistère : Rev. adm. mars-avr. 1995 ; Rev. Trésor 1994. 684* • 18 déc. 1997, *Cne de Corps : Rev. Trésor 1998. 250* • 23 juin 1999, *Caisse de crédit municipal de Nice : Rec. C. comptes 57 ; Rev. Trésor 2000. 365 ; RFFP 2000. 191* • 27 janv. 2000, *Cne de Dax : Rev. Trésor 2000. 376 ; RFDA 2000. 1131 ; RFFP 2001, n° 75, 198.* ♦ Ainsi, à propos de deux factures qui avaient été réglées le même mois par un comptable pour un montant et un objet identiques, la Cour des comptes a estimé que le comptable aurait dû vérifier si la seconde facture, présentée au paiement sous forme de duplicata, n'avait pas fait l'objet d'un premier paiement, vérification qui aurait effectivement évité le double paiement. • C. comptes, 7 avr. 1999, *Cne de Dangé-Saint-Romain : RFFP 2000. 191.* ♦ Ainsi, un double paiement, alors que le rapprochement des deux mandats émis, à peu de temps d'intervalle, au bénéfice du même fournisseur et pour le même montant, aurait mis en évidence la fausseté de la certification du service fait incombe à l'ordonnateur. • C. comptes, 25 nov. 1999, *Cne du Lavandou : RFFP 2000. 191.* ♦ Un comptable a été mis en débet pour n'avoir pas suspendu un paiement : pour avoir pris en charge les frais de déplacement et de mission à l'étranger de membres d'une des commissions composant la régie municipale des fêtes et spectacles, au motif qu'une convention prévoyait la prise en charge desdits frais par un autre organisme et que le comptable se trouvait donc en présence de pièces justificatives contradictoires. • C. comptes, 27 janv. 2000, *Cne de Dax : préc.* ♦ ... À propos de la mise en œuvre d'une garantie d'emprunt, lorsqu'il y a contradiction entre les termes de la délibération d'une assemblée délibérante et les stipulations de la convention de prêt que la collectivité cautionne, en raison de l'existence de pièces contradictoires. En l'espèce, alors même que la délibération du conseil municipal accordait la garantie d'emprunt à une association sous la condition suspensive de l'obtention d'une garantie conjointe du département, le contrat de prêt ne mentionnait plus qu'une garantie subsidiaire du département et seule la commune avait été sollicitée lorsque l'association s'était montrée défaillante. • CRC Île-de-France, 27 mars 2003, *Cne de Courbevoie,* n° 03-0529 : *Rev. Trésor 2004. 124.* ♦ ... Lorsqu'il existe une contradiction entre la date retenue par le procès-verbal de réception des travaux et celle de l'achèvement réel des travaux. • C. comptes, 27 sept. 2001, *Cne de Poitiers,* n° 30303 : *Rev. Trésor 2002. 390.* ♦ La régularité du paiement, notamment du point de vue de la production des pièces justificatives, s'apprécie à la date de son exécution. • C. comptes, 11 févr. 1988, *Cne de Bernes-sur-Oise : Rec. C. comptes 142.* ♦ Il n'est pas possible que les justificatifs soient constitués par des actes ultérieurs à caractère rétroactif. • C. comptes, 28 avr. 1988, *Cne de Gy : préc.* • CRC Franche-Comté, 19 avr. 1989, *Cne de l'Isle-sur-le-Doubs : Rec. C. comptes 126* • C. comptes, 25 mai 2000, *Cne de Remiremont : Rev. Trésor 2001. 34.* ♦ Des pièces justificatives établies après le paiement ne peuvent être acceptées par le juge des comptes : ainsi, une délibération prise postérieurement au paiement de primes à des agents par une collectivité locale n'a pas été admise par le juge des comptes comme une pièce justificative et le comptable, qui avait payé en l'absence de délibération exécutoire préalable, a été constitué en débet. • C. comptes, 6 mai 1999, *Synd. intercommunal pour l'informatique, à Aubagne : AJDA 2000. 1018, note Lamarque et Miller.* ♦ Si le comptable doit refuser le paiement de tout mandat qui n'est pas appuyé des pièces justificatives en forme régulière, il ne peut, en revanche, refuser le paiement d'un mandat pour le motif que les pièces qui y sont jointes, bien qu'établies en forme régulière, contreviendraient à une loi ou à un règlement. • C. comptes, 28 mai 1952, *Marillier, receveur de la Cne de Valentigney : Rec. C. comptes 55* • 21 avr. 1966,

Larignon, receveur de la Cne de Condat : Rec. C. comptes 31 • 8 juill. 1974, *Min. de l'Économie c/ Méry et Cts : Rec. C. comptes 405.*

IV. CONSÉQUENCES DU PAIEMENT

24. Principe. Ces conséquences sont de deux types, l'un concernant la collectivité, l'autre le comptable. Le paiement est l'acte par lequel une personne morale se libère de sa dette (RGBCP, art. 33). Le règlement d'une dépense qui n'a pas eu pour effet de libérer la collectivité de sa dette est de nature à engager la responsabilité personnelle et pécuniaire du comptable. • CE 28 juill. 1890, *Sonchard, receveur municipal de Montauban : Lebon 1059* • 29 juill. 1890, *Sonchard, receveur municipal de Montauban : ibid.* • 10 janv. 1901, *Courbet, Ville de Paris : Lebon 218* • 9 mars 1956, *Blisson, receveur municipal d'Aïn-Touta : Lebon 80* • C. comptes, 12 oct. 1995, *Dpt de l'Eure : Rev. Trésor 1996. 179.* ♦ Tel est le cas notamment lorsque le paiement a été fait à une personne autre que le véritable créancier. • C. comptes, 10 janv. 1901, *Courbet, Ville de Paris : préc.* • 30 avr. 1980, *Smaggia, receveur de la Cne de Sucy-en-Brie : Rec. C. comptes 98.* ♦ ... En particulier, en cas d'homonymie. • CRC Bretagne, 24 juin 2003, *OPAC de la Cté urbaine de Brest,* n° 2003-140 : *Rev. Trésor 2004. 132.* ♦ Les règles de la comptabilité publique interdisent à une personne publique de payer deux fois la même somme. Cependant, la commune ne peut être regardée comme s'étant valablement libérée de ses dettes par le paiement effectué entre les mains de l'entrepreneur principal, dès lors que l'acte spécial, par lequel la commune a accepté une société comme sous-traitant, donne droit au paiement direct par la commune des travaux qui ont été confiés à cette société par l'entrepreneur principal. • CE 17 oct. 2003, *Cne de Chalabre,* n° 232241 : *ACL 2004. 591.*

25. Certificat libératoire. Il appartient à l'ordonnateur de délivrer au comptable un certificat libératoire attestant de l'absence de réclamation de la collectivité à l'égard du comptable. Le comptable doit fournir ce certificat à l'appui de ses comptes. La délivrance de ce certificat interdit à l'ordonnateur de faire appel à l'encontre d'un jugement de décharge rendu en faveur du comptable. • C. comptes, 12 oct. 1995, *SIVOM Les Essarts-Le-Perray : Rev. Trésor 1996. 178.* ♦ L'ordonnateur peut refuser de délivrer ce certificat, s'il a des reproches à faire sur l'action du comptable : l'absence de ce certificat conduira éventuellement le juge des comptes à mettre le comptable en débet. • CRC Aquitaine, 25 mai 2000, *Cne de Gaillan-en-Médoc,* n° 2000-0669. ♦ Toutefois, le refus de l'ordonnateur de signer le certificat libératoire de sortie de fonctions du comptable ne saurait lier le juge des comptes et l'empêcher de décharger le comptable de sa gestion. • CRC PACA, 19 juin 2001, *Cne de Saint-Christol-d'Albion,* n° 2001-0481 : *RFDA 2002. 627.*

26. Débets et intérêts. Lorsque le comptable est mis définitivement en débet par la CRC, à l'occasion d'irrégularités comptables concernant les dépenses, les débets portent intérêt au taux légal à compter de la date du fait générateur, ou si cette date ne peut être fixée avec précision, à compter de celle de leur découverte. • CRC Bretagne, 10 juin 1986 : *Mémorial des percepteurs et receveurs des communes, nov. 1987. 229.* ♦ Le point de départ des intérêts légaux peut, à raison des circonstances de l'espèce, être fixé à la date de notification du jugement de débet. • CRC Île-de-France, 5 mai 1987, *Sieur S., comptable de la Cne de V. : Rev. Trésor 1988. 214* • 30 sept. 1986 : *Mémorial des percepteurs et receveurs des communes, nov. 1986. 209* • 3 sept. 1987, *Demoiselle M., comptable de la Cne de G. : Rev. Trésor 1988. 215.* ♦ Le maire peut faire appel du jugement de la CRC mettant le comptable en débet à raison du paiement de dépenses irrégulièrement imputées. • C. comptes, 29 nov. 2001, *Cne d'Aubagne,* n° 31025 : *préc.* ♦ Si, dans l'exercice de sa fonction juridictionnelle, le juge des comptes doit s'abstenir de toute appréciation du comportement personnel des comptables intéressés et ne peut fonder ses décisions que sur les éléments matériels des comptes, il lui appartient, à ce titre, de se prononcer sur le point de savoir si un comptable public s'est livré aux différents contrôles qu'il lui appartient d'assurer et notamment, s'agissant du recouvrement d'une créance qu'il avait prise en charge, s'il a exercé dans des délais appropriés toutes diligences requises pour ce recouvrement, lesquelles ne peuvent être dissociées du jugement des comptes. • CE, ass., 27 oct. 2000, *Desvigne : Dr. adm. 2001, n° 66, note Crucis ; Coll. terr. 2001, n° 5 ; RFDA 2001. 737, concl. Seban ; ACL 2001. 459.*

27. Le Décr. n° 2003-301, codifié à l'art. D. 1617-19, fixe la liste et la forme des pièces justificatives des dépenses dans le secteur local ; il a supprimé l'obligation pour les ordonnateurs de signer et de certifier le service fait sur les factures et mémoires présentés aux comptables à l'appui des mandats. Par ailleurs, à compter du 1er janv. 2003, les instructions budgétaires et comptables applicables aux collectivités et à leurs établissements publics ont supprimé l'obligation pour les ordonnateurs de procéder à la signature des mandats. Désormais, eu égard à ces deux mesures de simplification, l'apposition de la signature de l'ordonnateur sur le seul bordereau de mandats vaut attestation du service fait pour les mandats récapitulés sur ce document et l'ensemble des pièces jointes. * Rép. min. n° 35050 : *JOAN Q, 25 mai 2004, p. 3804 ; BJCL 2004. 447 ; Rev. Trésor 2004. 568.* ♦ En outre, un arrêté du 11 mai 2011 modifié [notamment par un arrêté du 6 janv. 2014 (RFL, n° 2, 2014, 53)], en application du préambule de l'annexe I du CGCT, précise le plafond de dispense de production des pièces justificatives au comptable public dans le cadre du contrôle allégé des dépenses des collectivités et de leurs groupements (dans le cadre d'une convention de partenariat conclue entre l'ordonnateur et le comptable (art. 3 à 5), le comptable public engageant sa responsabilité sur les opérations couvertes par la convention. * Rép. min. n° 10046 : *JO Sénat Q, 16 janv. 2014, p. 130* * Rép. min. n° 07223 : *JO Sénat Q, 19 déc. 2013, p. 3670.*

Art. L. 1617-3 **Lorsque le comptable de la commune, du département ou de la région notifie sa décision de suspendre le paiement d'une dépense, le maire, le président du conseil départemental ou le président du conseil régional peut lui adresser un ordre de réquisition. Il s'y conforme aussitôt, sauf en cas d'insuffisance de fonds disponibles, de dépense ordonnancée sur des crédits irrégulièrement ouverts ou insuffisants ou sur des crédits autres que ceux sur lesquels elle devrait être imputée, d'absence totale de justification du service fait et de défaut de caractère libératoire du règlement ainsi qu'en cas d'absence de caractère exécutoire des actes pris selon les cas par les autorités communales, les autorités départementales ou les autorités régionales.**

(*Ord. n° 2022-408 du 23 mars 2022, art. 17*) **« L'ordre de réquisition est notifié à la chambre régionale des comptes qui le transmet à la Cour des comptes.**

« En cas de réquisition, l'ordonnateur est justiciable de la Cour des comptes, en application des dispositions de l'article L. 131-1. »

La liste des pièces justificatives que le comptable peut exiger avant de procéder au paiement est fixée par décret.

BIBL. ▶ Amselek, *AJDA 1973. 172* (refus des comptables publics d'exécuter les ordres de paiement). – Castaing, *La Lettre du financier territorial, juin 1994, juill.-août 1994* (la pratique du droit de réquisition). – Desire, *Gestion et fin. publ. 2011. 831* (la réquisition du visa « Vu, bon à payer »).

1. Refus de paiement du comptable et réquisition. Le comptable, ne pouvant ni apprécier l'opportunité d'une décision ni la légalité de celle-ci (V. art. L. 1617-2), a excédé ses pouvoirs en refusant un paiement. Le maire ne pouvant plus au-delà d'un délai de 4 mois procéder au retrait de sa décision était tenu de requérir le comptable d'opérer le paiement de l'indemnité concernée. • CAA Marseille, 23 oct. 2012, *Mme. A.*, n° 10MA02590. ♦ En revanche, face à une insuffisance apparente des pièces produites pour justifier une dépense correspondant à un marché public, il doit suspendre le paiement et demander à l'ordonnateur la production des justifications nécessaires. Dès lors que l'ordonnateur a produit, en réponse à cette demande, un certificat administratif par lequel il déclare avoir passé un contrat oral et prend la responsabilité de l'absence de contrat écrit, il appartient au comptable, qui n'a pas à se faire juge de la légalité de la passation du marché en cause, de payer la dépense. • CE 8 févr. 2012, *Min. du Budget, des Comptes et de la Réforme de l'État*, n°s 340698 et 342825 : *AJCT 2012. 433, note Didriche ; AJDA 2012. 698, note Domino et Bretonneau*. ♦ Lorsque le certificat négatif d'inscription hypothécaire n'est pas joint au mandat émis par l'ordonnateur d'une collectivité au profit du vendeur des biens immobiliers qu'elle acquiert, le règlement du prix d'acquisition entre les mains du vendeur n'étant pas libératoire, c'est à bon droit que le comptable refuse d'obtempérer à l'ordre de réquisition délivré par l'ordonnateur. • TA Lille, 8 juin 1993, *Ville de Coudekerque-Branche : Lebon 58.*

2. Prérogative obligatoire et refus de réquisition. L'ordonnateur qui dispose du pouvoir de requérir le comptable public de payer les sommes ayant fait l'objet d'une suspension de paiement ne peut pas renoncer à exercer ses prérogatives. • CAA Lyon, 4 nov. 2011, *Cne de Prévessin-Moëns*, n° 11LY01911. ♦ Le préfet n'a pas de compétence de substitution à l'ordonnateur d'une collectivité ou d'un établissement public pour requérir le comptable pour qu'il procède au paiement d'une dépense. • CAA Versailles, 21 juin 2012, *Mme A.*, n° 09VE00402. ♦ En cas de refus du comptable de suspendre un paiement, la personne lésée par cette décision ne peut pas contester cette décision administrative directement devant le juge administratif par la voie du recours pour excès de pouvoir mais doit demander à l'autorité exécutive de la collectivité d'adresser un ordre de réquisition au comptable et d'attaquer un éventuel refus de celui-ci. • CE 29 mai 1996, *Sté Acanor*, n° 142317 • CAA Bordeaux, 14 juin 2007, *M. X.*, n° 04BX01597.

3. Refus d'un ordre de réquisition. Le refus du comptable de se conformer à un ordre de réquisition ne porte pas atteinte à des droits acquis d'une communauté de villes à l'exécution de son budget et à la compétence exclusive de son président en matière d'imputation comptable. Le comptable public n'est pas en situation de compétence liée pour refuser de se plier à l'ordre de réquisition de l'ordonnateur. • CAA Marseille, 3 avr. 2001, *Cté de villes de Garlaban-Huveaune-Sainte-Baume*, n° 99MA01100. ♦ La décision de refus du comptable fondée sur l'erreur d'imputation de l'ordonnateur est susceptible de recours devant le juge administratif. • CAA Nantes, 12 janv. 2016, *Min. délégué auprès du min. de l'Économie et des Finances, chargé du budget*, n° 14NT00583 : *AJDA 2016. 989*.

4. Absence de pouvoir de réquisition. La décision par laquelle un comptable opère une compensation entre le montant des sommes dues à un cocontractant de l'administration et celui des sommes dues à la collectivité par ce même cocontractant, et dont le recouvrement est poursuivi, n'a pas le caractère d'un refus de paiement auquel l'ordonnateur pourrait passer outre lorsqu'il dispose d'un pouvoir de réquisition à l'égard du comptable. • CAA Marseille, 30 avr. 2003, *Cie gén. de stationnement,* n° 99MA01946 : *AJDA 2003. 1659, note Dreyfus*. ♦ Il en va de même de la décision par laquelle un comptable public procède au paiement par consignation d'une partie des sommes mandatées par l'ordonnateur. • CAA Versailles, 21 juin 2012, *M. Montravers,* n° 09VE00402 : *AJDA 2012. 2053, obs. Kermorgant*. ♦ Sur les modalités de compensation des créances et des dettes des collectivités publiques, V. art. L. 2342-1.

5. Juge compétent. Les litiges relatifs au droit de réquisition relèvent, en application des règles propres à la comptabilité publique, de la compétence du juge administratif. • CE 13 mars 1964, *Sté immobilière de construction de Paris : Lebon 180.*

6. Deux responsabilités. Si l'ordonnateur qui fait usage de son droit de réquisition engage sa responsabilité personnelle, celle du comptable public peut être mise en jeu dès lors que, devant refuser de déférer à un ordre de réquisition si au regard des dispositions de l'art. L. 1617-3 une dépense a été ordonnancée sur des crédits autres que ceux sur lesquels elle doit être imputée, le comptable a néanmoins payé la dépense en question, cette responsabilité s'appréciant à la date où la dépense est payée. L'adoption d'un compte administratif conforme au compte de gestion n'exonère pas le comptable de sa responsabilité, pas plus qu'une rectification de l'imputation par le comptable qui ne relève pas de sa compétence. • C. comptes, 9 mars 2011, *Synd. intercommunal pour la réalisation des travaux d'aménagement de la vallée de l'Armançon SIRTAVA,* n° 60134 : *AJCJF 2011. 32.* ♦ Le fait pour le comptable de ne pas se conformer aux dispositions de l'art. L. 1617-3 revêt une particulière gravité puisque cette mesure a pour objet de garantir en toutes circonstances le respect des principes fondamentaux de la comptabilité publique. • C. comptes, 26 mars 2012, *Avis sur remise gracieuse,* n° 63744 : *AJCJF 2012. 71.*

7. Une responsabilité connexe. L'art. L. 312-2 CJF, par dérogation à l'art. L. 312-1 dudit code, dispose que certaines personnes (visées aux points a à l de l'art. L. 312-1 et comprenant notamment les autorités exécutives locales) sont justiciables de la Cour de discipline budgétaire et financière, à raison des actes accomplis dans leurs fonctions, notamment lorsqu'elles ont engagé leur responsabilité propre à l'occasion d'un ordre de réquisition, et ont enfreint les dispositions de l'art. L. 313-6 du même code, aux termes duquel les personnes qui, dans l'exercice de leurs fonctions ou attributions, ont, en méconnaissance de leurs obligations, procuré à autrui un avantage injustifié, pécuniaire ou en nature, entraînant un préjudice pour le Trésor, la collectivité ou l'organisme intéressé, ou ont tenté de procurer un tel avantage, sont passibles d'une amende prononcée par la Cour. Ainsi, comme en l'espèce, un président élu d'un SIVOM est donc justiciable de la Cour, à l'occasion d'un ordre de réquisition, à la double condition d'avoir engagé sa responsabilité propre et d'avoir enfreint les dispositions de l'art. L. 313-6 précité. • CDBF 30 juin 2006, *SIVOM de la région d'Étaples-sur-Mer,* n° 154551 : *AJDA 2006. 2445, chron. Groper et Michaut ; BJCL 2006. 710, obs. Bredin.*

Art. L. 1617-4 *(L. n° 2009-526 du 12 mai 2009, art. 96)* **Le présent chapitre est applicable aux établissements publics des collectivités territoriales.**

Art. L. 1617-5 *(L. n° 96-314 du 12 avr. 1996, art. 70) (Ord. n° 2005-406 du 2 mai 2005, art. 11)* **« Les dispositions du présent article s'appliquent également aux établissements publics de santé. »**

1° En l'absence de contestation, le titre de recettes individuel ou collectif émis par la collectivité territoriale ou l'établissement public local permet l'exécution forcée d'office contre le débiteur.

Toutefois, l'introduction devant une juridiction de l'instance ayant pour objet de contester le bien-fondé d'une créance assise et liquidée par une collectivité territoriale ou un établissement public local suspend la force exécutoire du titre.

(L. n° 2017-1775 du 28 déc. 2017, art. 73) **« L'action dont dispose le débiteur d'une créance assise et liquidée par une collectivité territoriale ou un établissement public local pour contester directement devant la juridiction compétente le bien-fondé de ladite créance se prescrit dans le délai de deux mois à compter de la réception du titre exécutoire ou, à défaut, du premier acte procédant de ce titre ou de la notification d'un acte de poursuite ;**

« 2° La contestation qui porte sur la régularité d'un acte de poursuite est présentée selon les modalités prévues à l'article L. 281 du livre des procédures fiscales. La revendication par une tierce personne d'objets saisis s'effectue selon les modalités prévues à l'article L. 283 du même livre » ;

3° L'action des comptables publics chargés de recouvrer les créances des régions, des départements, des communes et des établissements publics locaux se prescrit par quatre ans à compter de la prise en charge du titre de recettes.

Le délai de quatre ans mentionné à l'alinéa précédent est interrompu par tous actes comportant reconnaissance de la part des débiteurs et par tous actes interruptifs de la prescription ;

4° *(L. n° 2016-1918 du 29 déc. 2016, art. 15)* « Quelle que soit sa forme, » *(L. n° 2010-1658 du 29 déc. 2010, art. 55)* « une ampliation du titre de recettes individuel ou de l'extrait du titre de recettes collectif est adressée au redevable. *(L. n° 2016-1918 du 29 déc. 2016, art. 15)* « L'envoi sous pli simple ou par voie électronique au redevable de cette ampliation à l'adresse qu'il a lui-même fait connaître à la collectivité territoriale, à l'établissement public local ou au comptable public vaut notification de ladite ampliation. »

(L. n° 2009-526 du 12 mai 2009, art. 96) « En application des articles L. 111-2 et L. 212-1 du code des relations entre le public et l'administration, le titre de recettes individuel ou l'extrait du titre de recettes collectif mentionne les nom, prénoms et qualité de la personne qui l'a émis ainsi que les voies et délais de recours.

« Seul le bordereau de titres de recettes est signé pour être produit en cas de contestation ; »

(L. n° 2020-1721 du 29 déc. 2020, art. 160) « 5° Lorsque le redevable n'a pas effectué le versement qui lui était demandé à la date limite de paiement, le comptable public lui adresse la mise en demeure de payer prévue à l'article L. 257 du livre des procédures fiscales avant la notification du premier acte d'exécution forcée devant donner lieu à des frais.

« Lorsque la mise en demeure de payer n'a pas été suivie de paiement, le comptable public peut, à l'expiration d'un délai de huit jours suivant sa notification, engager des poursuites devant donner lieu à des frais mis à la charge du redevable dans les conditions fixées à l'article 1912 du code général des impôts ; »

(L. n° 2010-1658 du 29 déc. 2010, art. 55) « 6° Pour les créances d'un montant inférieur à 15 000 €, la mise en demeure de payer *(L. n° 2020-1721 du 29 déc. 2020, art. 160)* « mentionnée au 5° » est précédée d'une lettre de relance adressée par le comptable public ou d'une phase comminatoire, par laquelle il demande à un huissier de justice d'obtenir du redevable qu'il s'acquitte auprès de lui du montant de sa dette.

« Les frais de recouvrement sont versés directement par le redevable à l'huissier de justice. Le montant des frais, qui restent acquis à l'huissier de justice, est calculé selon un taux proportionnel aux sommes recouvrées fixé par arrêté conjoint du ministre chargé du budget et du ministre de la justice.

« Lorsque la lettre de relance ou la phase comminatoire n'a pas été suivie de paiement, le comptable public peut adresser une mise en demeure de payer. Dans ce cas, l'exécution forcée des poursuites donnant lieu à des frais peut être engagée à l'expiration d'un délai de huit jours suivant la notification de la mise en demeure de payer » ;

(L. n° 2017-1775 du 28 déc. 2017, art. 73) « 7° Le recouvrement par les comptables publics compétents des titres rendus exécutoires dans les conditions prévues au présent article peut être assuré par voie de saisie administrative à tiers détenteur dans les conditions prévues à l'article L. 262 du livre des procédures fiscales » ;

(L. n° 2004-1485 du 30 déc. 2004, art. 63 ; L. n° 2010-1658 du 29 déc. 2010, art. 55) « 8° Les comptables publics compétents chargés du recouvrement d'une créance assise et liquidée par une collectivité territoriale ou ses établissements publics peuvent obtenir sans que le secret professionnel ne puisse leur être opposé*[,]* les informations et renseignements nécessaires à l'exercice de cette mission.

« Ce droit de communication s'exerce quel que soit le support utilisé pour la conservation de ces informations ou renseignements.

« Les renseignements et informations communiqués aux comptables visés au premier alinéa sont ceux relatifs à l'état civil des débiteurs, à leur domicile, aux nom et adresse de leur employeur et des établissements ou organismes auprès desquels un compte de dépôt est ouvert à leur nom, aux nom et adresse des organismes ou particuliers qui détiennent des fonds et valeurs pour leur compte, à l'immatriculation de leur véhicule.

« Ces renseignements et informations peuvent être sollicités auprès des collectivités territoriales et de leurs établissements publics locaux, des administrations et entre-

prises publiques, des établissements et organismes de sécurité sociale, ainsi que des organismes ou particuliers assurant des prestations de services à caractère juridique, financier ou comptable, ou la détention de biens ou de fonds pour le compte de débiteurs. »

(L. n° 2009-526 du 12 mai 2009, art. 96) **« En complément de ce droit de communication, les comptables publics compétents chargés du recouvrement d'une créance dont l'assiette est établie et qui est liquidée par une collectivité territoriale ou l'un de ses établissements publics disposent d'un droit d'accès aux fichiers utilisés par les services en charge de l'établissement de l'assiette et du recouvrement des impôts » ;**

(L. n° 2011-1978 du 28 déc. 2011, art. 59) **« 9° Les créances recouvrées selon les dispositions du présent article peuvent faire l'objet d'une assistance en matière de recouvrement ou de prises de mesures conservatoires, de notification d'actes ou de décisions, y compris judiciaires, et d'échange de renseignements auprès des États membres de l'Union européenne dans les conditions prévues aux articles L. 283 A à L. 283 F du livre des procédures fiscales. »**

BIBL. ▶ AZI, *Dr. adm. 2011, n° 22* (la mise en œuvre de la titrisation des créances publiques : du droit public au marché financier). – CANTÉRO, *BJCL 2004. 390* (la dématérialisation des actes des collectivités locales : réalité ou vœu pieux ?). – CLIQUENNOIS, *AJDA 2009. 1763* (signature des titres exécutoires des collectivités territoriales). – TAILLEFAIT, *J.-Cl. Adm., fasc. 114-10* (recouvrement des créances publiques ordinaires). – WAUQUIER, *Rev. Trésor 2003. 436* (l'état exécutoire).

PLAN DES ANNOTATIONS

I. RECOURS AU PROCÉDÉ DU TITRE DE RECETTES

1. Champ d'application du titre de recettes. Lorsqu'une commune entend affirmer l'existence d'une créance à l'égard d'un tiers, il lui appartient d'émettre un titre de recettes, dont le caractère exécutoire sera, le cas échéant, suspendu par la saisine du juge compétent, en vertu de l'art. L. 1615-7 CGCT. • CE 29 juin 2005, *Cne de Saint-Clément-de-Rivière*, n° 265958 : *RFDA 2005. 906* ; *ACL 2006. 381.* ♦ Le fondement de la créance ainsi constatée doit cependant se trouver dans les dispositions d'une loi, d'un règlement, ou d'une décision de justice ou dans les obligations contractuelles ou quasi délictuelles du débiteur. • Même décision. ♦ Il en va ainsi notamment lorsqu'une collectivité territoriale veut procéder au recouvrement d'une redevance correspondant à un logement occupé indûment par le débiteur. • CE 18 mai 1984, *Mme Laulaney : Dr. adm. 1984, n° 267.* ♦ En effet, qu'il s'agisse du domaine public des collectivités territoriales ou de leur domaine privé, l'ordonnateur devra émettre des titres de recettes et les rendre exécutoires pour recouvrer le montant des loyers dus au profit de la collectivité territoriale. * Rép. min., n° 1688 : *JOAN Q, 19 mai 2003, p. 3918 ; BJCL 2003. 534 ; Rev. Trésor 2003. 558.* ♦ Les collectivités territoriales doivent user de ce procédé de recouvrement forcé à l'encontre de leurs débiteurs, chaque fois qu'aucun mode de recouvrement n'est prévu. • CE 30 mai 1913, *Préfet de l'Eure : Lebon 193* • 24 mars 1978, *Sté « La Quinoline et ses dérivés » : Lebon 156* • 19 déc. 1990, *Sté des travaux publics du Cotentin*, n° 89571 : *Lebon 654* ; *AJDA 1991. 394* . ♦ Ainsi, en cas de dommage causé par une personne privée à un ouvrage public (en l'espèce, un portail) appartenant à une collectivité territoriale, celle-ci doit émettre un titre exécutoire à l'encontre de la personne privée pour obtenir le remboursement des frais de réparation du dommage subi par cet ouvrage public. • T. confl. 6 juin 2011, *Sté Fraikin Assets c/ Dpt du Val-de-Marne*, n° 11-03.799 : *JCP Adm. 2011, n° 2385, note Haïli.*

2. Fondement légal du titre de recettes. Le titre de recettes, émis par le maire, doit se fonder sur un texte, sous peine d'être dépourvu de base légale. • TA Caen, 16 oct. 2007, *M. Gilles Euzière*, n° 0610577 : *AJDA 2008. 213* . ♦ En l'espèce, le maire de la commune avait émis un titre exécutoire à l'encontre du propriétaire d'un manège pour enfants, au titre des frais d'un contrôle technique effectué sur ce manège et réalisé à la demande de la commune : si la vérification, ainsi effectuée, avait été utile compte tenu des prescriptions auxquelles avait été subordonné l'avis favorable de l'organisme de contrôle, ce fait ne pouvait fonder en droit le recouvrement d'une créance correspondant à un contrôle qu'aucun texte n'autorisait à faire réaliser aux frais de l'exploitant. • Même jugement.

3. Absence d'obligation de recouvrement amiable. Les dispositions de l'art. 25 du décret du 29 déc. 1962 [nº 62-1587], qui prévoient que le recouvrement forcé des créances est précédé d'une tentative de recouvrement amiable, n'ont pas pour effet de rendre obligatoire, avant l'émission d'un titre exécutoire qui, en l'absence de poursuites, ne donne lieu à aucune mesure de recouvrement forcé, une tentative de recouvrement amiable. • CE 4 août 2006, *M. Keryel,* nº 263299.

4. Irrecevabilité de l'action devant le juge. La collectivité territoriale qui, en vertu de l'art. 25 du décret du 29 déc. 1962, détient le pouvoir d'émettre un titre exécutoire à l'effet de fixer les sommes qui lui sont dues par un débiteur, n'est pas recevable à demander au juge administratif de condamner ledit débiteur à lui payer les sommes dont elle serait créancière. • CAA Marseille, 4 févr. 1999, *Cne de Rochefort-du-Gard : CJEG 2000. 129, note R. S.* ♦ Dans une autre affaire, le Conseil d'État s'est prononcé en ce sens, en rappelant qu'une collectivité publique est irrecevable à demander au juge de prononcer une mesure qu'il lui appartient de prendre elle-même, et en décidant que lorsqu'une commune entend affirmer l'existence d'une créance à l'encontre de l'un de ses agents, même s'il est contractuel, il lui appartient d'émettre un état exécutoire pour le recouvrement de cette créance ou, le cas échéant, de faire opérer par le comptable public une compensation entre le montant des sommes dues à cet agent et le montant des sommes dues par lui et dont le recouvrement est poursuivi. Il suit de là qu'il n'appartient pas à la commune d'exercer une action en justice à l'encontre de cet agent, mais seulement d'engager directement, si elle s'y croit fondée, une procédure de recouvrement à l'encontre de l'intéressé. Dès lors, un contribuable local ne peut pas obtenir l'autorisation de plaider pour recouvrer une créance sur un agent de la collectivité à propos de laquelle celle-ci peut émettre un état exécutoire ou faire opérer une compensation par le comptable. • CE 2 juill. 2007, *Cne de Lattes,* nº 294393 : *Dr. adm. 2007, nº 124 ; AJDA 2007. 1437*. ♦ Toutefois, la Cour de cassation a jugé, au contraire, que la commune n'a aucune obligation de recourir au procédé de l'état exécutoire pour le recouvrement de ses créances ordinaires, et peut, dès lors, saisir le juge judiciaire pour ce motif. • Civ. 1re, 8 juin 2004, *M. Martin c/ Cne de Brageac,* nº 02-13.313 P : *JCP Adm. 2004, nº 1459, note Renard-Payen.* ♦ La charge de la preuve incombe alors au débiteur de la commune : en l'espèce, il incombait donc à celui-ci d'établir qu'il n'était pas redevable de la redevance d'enlèvement des ordures ménagères, soit parce qu'il éliminait lui-même ses ordures, soit parce que sa maison était inhabitable. • Même arrêt. ♦ V., sur ce point, art. R. 2342-4. ♦ De même, le Conseil d'État a jugé que le principe selon lequel une collectivité publique est irrecevable à demander au juge administratif de prononcer une mesure qu'elle a le pouvoir de prendre ne s'applique pas dans l'hypothèse où le débiteur de la créance de la collectivité territoriale est une personne publique. En effet, en raison tant de l'absence de voies d'exécution à l'encontre des personnes publiques que, s'agissant des collectivités territoriales, des limitations apportées par l'art. L. 1612-15 CGCT à l'inscription d'office à leur budget des dépenses obligatoires, la collectivité créancière n'est pas tenue de faire précéder sa demande par l'émission d'un titre de recettes rendu exécutoire, faute de pouvoir contraindre la collectivité débitrice. • CE 31 mai 2010, *Cté d'agglomération Vichy Val d'Allier,* nº 329483 : *JCP Adm. 2011, nº 2021, note Rouault.* ♦ De même, lorsque le recouvrement d'une créance non fiscale, opéré par l'émission d'un titre de recettes, s'avère délicat pour la collectivité territoriale en raison de la difficulté à déterminer le montant exact de la somme à recouvrer, le recours au référé-instruction est recevable pour permettre au tribunal administratif d'ordonner une expertise et connaître le montant exact de la somme due. • TA Marseille, 26 oct. 2009, *Cne de Gap,* nº 0904612 : *JCP Adm. 2010, nº 2144, note Kared.* ♦ En ce qui concerne les créances contractuelles, la collectivité territoriale peut, soit émettre un état exécutoire, soit demander au juge du contrat de condamner le cocontractant. • CE 30 janv. 1980, *Boniface,* nº 07025 B. ♦ Ainsi un état exécutoire peut être émis à l'encontre de l'auteur d'une offre de concours. • CE 25 nov. 1992, *Paulet : Gaz. Pal. 1993. 1. Pan. dr. adm. 8 ; Dr. adm. 1993, nº 36 ; ACL 1993. 277.* ♦ Toutefois, à défaut de mise en demeure régulière du cocontractant par la collectivité territoriale, le titre de perception émis par celle-ci est lui-même irrégulier. • CE 17 déc. 2008, *Synd. intercommunal de gestion et d'aménagement de Superbagnères,* nº 296819.

5. Créances concernées par le titre de recettes. Il résulte de la combinaison de l'art. L. 1617-5 CGCT et des art. 22, 23 et 25 du décret du 29 déc. 1962 que l'émission d'un titre de recettes ayant force exécutoire est réservée au recouvrement des créances publiques liquides et exigibles. Il suit de là, en matière de marchés publics, que, si la collectivité territoriale partie au marché peut émettre un état exécutoire et se dispenser, par voie de conséquence, de lier le contentieux selon la procédure de règlement des différends, cette faculté ne lui est ouverte qu'après la liquidation de la dette de l'entreprise telle que dégagée du décompte. En effet, seul le solde débiteur dégagé du décompte permet de liquider la créance et d'en exiger le paiement par l'entreprise. • CAA Lyon, 27 déc. 2007, *Sté Copibat,* nº 03LY01501 : *AJDA 2008. 895*.

6. Créances non concernées par le titre de recettes. La procédure de recouvrement sur état exécutoire, appliquée aux créances publiques locales, prévue par le décret n° 66-624 du 19 août 1966 (modifié par le décret n° 81-362 du 13 avr. 1981) exclut les produits qui sont assis et liquidés par les services fiscaux de l'État, et ne concerne pas les créances qui résultent de jugements ou de contrats exécutoires. Les jugements exécutoires et les contrats exécutoires, s'ils ne nécessitent pas d'être portés sur des états exécutoires, doivent faire néanmoins l'objet de l'émission de titres de recettes pour être recouvrés. Par contrat exécutoire, il faut entendre les contrats notariés revêtus de la formule exécutoire ou les copies exécutoires de contrats notariés (grosses) revêtus de la mention exécutoire tels que les actes de vente, de donation, les testaments authentiques. * Rép. min., n° 1688 : *JOAN Q, 19 mai 2003, p. 3918 ; BJCL 2003. 534 ; Rev. Trésor 2003. 558.* ♦ Par jugement exécutoire, il faut entendre les décisions juridictionnelles passées en force de chose jugée. Ainsi un jugement, dont il a été interjeté appel mais dont il n'a pas été ordonné le sursis à exécution, est exécutoire conformément aux dispositions de l'art. L. 11 CJA. Son exécution implique donc que la collectivité territoriale procède au recouvrement de la créance née de cette décision juridictionnelle et, dès lors, l'exécutif de la collectivité territoriale est tenu d'émettre, à cette fin, un titre de recettes. • TA Lyon, 13 oct. 2009, *SARL Oxygène Action,* n° 0802816 : *AJDA 2010. 174*.

7. Régularisation d'un titre de recettes. Selon les dispositions de l'art. 81 du Décr. du 29 déc. 1982, toute erreur de liquidation au préjudice du débiteur donne lieu à l'émission d'un ordre d'annulation ou de réduction de recettes : il appartient à l'ordonnateur de procéder à l'émission de ces titres, et au comptable de contrôler la régularité de ces réductions ou annulations d'ordre de recettes. • C. comptes, 16 déc. 1999, *CCAS de Saint-Jean-Cap-Ferrat,* n° 24682 : *RFDA 2000. 1131*.

8. Récupération de sommes illégalement versées. Une décision administrative accordant un avantage financier crée des droits au profit de son bénéficiaire, alors même que l'administration était tenue de refuser cet avantage. Sous réserve de dispositions législatives ou réglementaires contraires, l'administration ne peut dès lors retirer sa décision explicite que dans le délai de quatre mois suivant son édiction. Ainsi le versement de son traitement à un agent par l'administration, à laquelle il incombe de s'assurer de l'accomplissement effectif par l'intéressé de son service, manifeste, lorsque le traitement est versé en dépit de l'absence de service fait, l'existence d'une décision implicite d'octroi d'un avantage financier, créatrice de droits. Dès lors, l'arrêté du maire, demandant à l'intéressé le remboursement de la somme correspondant à des rémunérations qu'il aurait indûment perçues en l'absence de service fait, ainsi que le titre exécutoire émis en vue du recouvrement de ladite somme, étaient entachés, en l'espèce, d'illégalité. • CE 12 déc. 2008, *Cne d'Ignaux,* n° 300635.

II. ÉMISSION DU TITRE DE RECETTES

9. Compétence. Seul l'organe exécutif, ordonnateur principal de la collectivité territoriale, peut émettre en son nom des états exécutoires. • CE 19 oct. 1956, *Dalmasso : Lebon 374 ; D. 1956. 643, concl. Long* • CE 19 juin 1985, *Cne des Angles c/ Sté Arény Frères,* n° 61917 : *Lebon 194* ; *RFDA 1986. 837, concl. Roux.* ♦ Les dispositions de l'art. R. 2342-4 CGCT ne font pas obstacle à ce que le maire délègue à un de ses adjoints, dans les conditions fixées à l'art. L. 2122-18 du même code, la compétence d'émettre ou de rendre exécutoire les titres de recettes de la commune. Pour être conforme audit art. L. 2122-18, cette délégation ne doit être ni trop générale, ni trop imprécise. • CAA Marseille, 4 déc. 2012, *Cne de Montpellier c/ GRDF,* n° 10MA03206 : *BJCL 2012. 826, concl. Deliancourt, obs. Poujade.* ♦ Les dispositions des art. L. 2121-29 et L. 2122-21-3° ne peuvent être interprétées comme conférant au conseil municipal compétence pour constater l'existence, la quotité et l'exigibilité de chaque créance de la commune et décider d'en poursuivre le recouvrement. • CE 24 nov. 2004, *Cne de Laroquebrou,* n° 249757 : *ACL 2005. 377.* ♦ En l'espèce, par délibération, le conseil municipal d'une commune avait mandaté le maire pour recouvrer la créance détenue par la commune sur les propriétaires d'un immeuble, du fait des travaux exécutés d'office pour faire cesser l'état de péril de cet immeuble : ce faisant, et alors même que cette délibération avait été prise sur rapport conforme du maire, le conseil municipal a excédé sa compétence. • Même décision. ♦ La juridiction administrative est compétente pour statuer sur la légalité d'une telle délibération du conseil municipal décidant de procéder au recouvrement d'une créance. • Même décision. ♦ La délibération de l'organe délibérant d'une collectivité territoriale, autorisant l'autorité exécutive de cette collectivité à émettre un titre de recettes, doit s'analyser comme ne constituant qu'un simple vœu, émis dans les conditions de l'art. L. 2129-29 CGCT, tendant à ce que cette autorité exécutive émette un titre de recettes. Par suite, le préfet n'est recevable à demander l'annulation d'une telle délibération qu'en invoquant les vices propres dont elle serait entachée. • CAA Versailles, 29 janv. 2009, *Préfet de l'Essonne,* n° 07VE00881 : *AJDA 2009. 845*. ♦ De même, le conseil municipal ne tient ni des dispositions de l'art. L. 2121-29 CGCT, ni d'aucune autre disposition législative ou réglementaire, le pouvoir d'ordonner au comptable de la commune de procéder à la consignation, auprès de la Caisse des dépôts et consignations, d'une somme correspondant au titre de recettes émis par la commune à l'encontre d'une société mise en liquidation judiciaire. • TA Versailles, 11 déc.

2008, *Cne de Brétigny-sur-Orge*, n° 0508993 : *BJCL 2009. 398, concl. Ribeiro-Mengoli.*

10. Signature du titre de recettes. En application des dispositions de l'art. 4 de la L. n° 2000-321 du 12 avr. 2000 relative aux droits des citoyens dans leurs relations avec l'administration, il appartient à l'autorité administrative concernée, dans le cas où l'avis des sommes à payer reçu par son destinataire n'est pas signé et n'indique pas le nom, le prénom et la qualité de son auteur, de justifier que l'un des documents formant titre de recette exécutoire comporte lesdites mentions ainsi que la signature de l'ordonnateur ou de son délégué. • CAA Paris, 1er févr. 2010, *Cne de Pfastatt*, n° 07PA01502 : *BJCL 2010, concl. Dely et obs. Poujade.* ♦ En l'espèce, la commune avait pu produire le bordereau de titres de recettes signé par son auteur et, dès lors, le titre de recettes litigieux avait été regardé comme satisfaisant aux exigences des dispositions précitées. • Même arrêt. ♦ À l'inverse, lorsque le titre exécutoire ne comporte aucune mention sous la rubrique signataire et aucune indication sur les nom et prénom et la qualité de la personne qui l'a émis et qu'il n'est pas soutenu que ce titre exécutoire individuel ait été notifié par une lettre faisant mention des prénom, nom et qualité de l'émetteur, ni qu'il était accompagné d'une lettre de notification qui comportait ces informations, il est irrégulier. • CAA Lyon, 4 juin 2020, n° 18LY02686. ♦ Toutefois, le titre de recettes adressé à un redevable doit nécessairement mentionner les nom, prénoms et qualité de la personne qui l'a émis, sa signature ne figurant que sur le bordereau de titre. En l'espèce, si la commune avait versé aux débats la copie du volet du titre exécutoire formant bulletin de liquidation conservé par l'ordonnateur, lequel était revêtu de la signature du maire en sa qualité ainsi que ses nom et prénoms, il était constant que le volet du titre exécutoire formant avis des sommes à payer adressé au redevable était dépourvu de toute mention permettant d'identifier son auteur en méconnaissance des dispositions du 4° de l'art. L. 1617-5 CGCT. • TA Orléans, 28 mai 2010, *M. Thalineau*, n° 0903173 : *AJCT 2010. 38, obs. Cliquennois*. ♦ De même est illégal le titre de recettes litigieux qui mentionne un nom et une signature différents. En l'espèce, le nom du président du Conseil départemental est mentionné sans sa signature et le titre de recettes comporte la signature électronique de la directrice du budget, des finances et de commande publique sans mention expresse de son nom, prénoms et qualité. • CAA Versailles, 26 mars 2019, n° 18VE01868. ♦ Lorsqu'un titre exécutoire indique le nom et le prénom de l'ordonnateur, mais ne comporte pas la mention de sa qualité, qui ne peut se déduire du tampon de la mairie apposé sur sa signature, il est également irrégulier. Néanmoins, « l'annulation d'un titre exécutoire pour un motif de régularité en la forme n'implique pas nécessairement, compte tenu de la possibilité d'une régularisation par l'administration, l'extinction de la créance litigieuse, à la différence d'une annulation prononcée pour un motif mettant en cause le bien-fondé du titre ». • CAA Lyon, 17 oct. 2019, n° 17LY02069. ♦ Si, aux termes de l'art. 4 de la L. du 12 avr. 2000 précitée, toute décision prise par l'une des autorités administratives mentionnées à l'art. 1er comporte, outre la signature de son auteur, la mention, en caractères lisibles, du prénom, du nom et de la qualité de celui-ci, cette loi n'a pas vocation à s'appliquer aux relations entre deux personnes publiques, comme en l'espèce entre une communauté de communes et un service départemental d'incendie et de secours. • TA Besançon, 28 janv. 2010, *Cté de cnes Jura Sud c/ SDIS du Jura*, n° 081857 : *BJCL 2010. 213, concl. Pernot et obs. Janicot.* ♦ S'il appartient à l'ordonnateur de liquider les créances, seul le comptable de la collectivité publique, qui tient de la loi le pouvoir de poursuivre la rentrée de tous les revenus de celle-ci et de toutes les sommes qui lui sont dues, peut les déclarer au passif du débiteur. • Com., 29 avr. 2003, *SCI L'Orée du Bois*, n° 688 FS-P : *Dr. adm. 2003, n° 153 ; AJDA 2003. 1021 ; JCP Adm. 2003, n° 1575* et *n° 1692, note Rémery ; BJCL 2003. 510.* ♦ V., sur les compétences du comptable, art. L. 2343-1.

11. Mentions obligatoires. Les créances des collectivités sont recouvrées sur le fondement de titres de recettes qui constituent à la fois le support juridique et le support comptable des actions menées par le comptable public, seul chargé du recouvrement de ces créances aux termes de l'art. 60 de la loi de finances pour 1963. Il n'existe aucun formalisme particulier, mais les diverses instructions budgétaires et comptables des collectivités et établissements publics locaux M 14, M 21, M 31 et M 51, ainsi qu'une circulaire interministérielle NOR/ECOR 98 06010C du 18 juin 1998, publiée au *Journal officiel* du 1er sept. 1998, précisent les mentions qui doivent figurer sur les avis des sommes à payer, notamment la nature précise de la créance, la référence aux textes et au fait générateur sur lequel est fondée l'existence de la créance, l'imputation budgétaire et comptable, le montant des sommes à recouvrer. L'avis des sommes à payer permet donc de porter à la connaissance du débiteur le montant et la nature des sommes dues et de lui donner toute indication relative au paiement. Il est adressé à tous les débiteurs privés ou publics. * Rép. min. n° 1803 : *JOAN Q, 4 nov. 2002 ; Rev. Trésor 2003. 144 ; BJCL 2003. 73.* ♦ Aux termes du premier al. de l'art. 81 du Décr. du 29 déc. 1962 portant règlement général sur la comptabilité publique, tout ordre de recette doit indiquer les bases de la liquidation : ne satisfont pas à cette exigence des titres de perception qui se bornent à indiquer la nature de la créance et les textes législatifs et réglementaires qui en constituent le fondement, sans indication chiffrée des bases de liquidation des sommes dont ils réclament le paiement. • CE 28 oct. 2002, *Dpt de la Dordogne,* n° 225604 : *ACL 2003. 386.* ♦ Tout titre de perception doit indiquer les bases de liquidation de la créance pour le recouvrement de laquelle il a été émis, à moins que ces bases n'aient été préalablement portées à la connaissance du débiteur. • CE 4 août 2006, *M. Keryel,* n° 263299 : *préc. note 3.* ♦ En l'espèce, le titre exécutoire renvoyait à un courrier par lequel le maire avait fait savoir au débiteur que, pour obtenir la photocopie du document qu'il avait demandé, il devait, compte tenu de la délibération du conseil municipal qui fixait le montant de la copie liée à ce genre de demande, s'acquitter au préalable d'une somme déterminée, auprès de la perception de la commune : les renseignements, qui avaient été ainsi fournis au débiteur, étaient de nature à lui permettre de discuter utilement les bases de calcul de la somme qui était mentionnée sur le titre exécutoire émis à son encontre. • Même décision. ♦ Ainsi les bases de liquidation et éléments de calcul peuvent figurer soit dans le titre lui-même, soit dans un document joint au titre ou précédemment adressé au débiteur. • CAA Lyon, 8 avr. 2008, *M. Charles Millon,* n° 05LY01546 : *BJCL 2008. 592, concl. Aebischer.* ♦ Cette solution a été reprise par la Cour de cassation qui estime que le maire doit indiquer soit dans le titre lui-même, soit par référence expresse à un document joint à l'état exécutoire précédemment adressé au débiteur les bases et les éléments de calcul sur lesquels il se fonde pour mettre les sommes en cause à la charge du contribuable. • Com. 16 déc. 2008, n° 07-20.239 : *AJDA 2009. 1167 ; RJF 2009, n° 414.*

12. Titre individuel ou collectif. Pour que l'état exécutoire soit valable, le débiteur doit être personnellement désigné et son identité doit être certaine. • CE 12 nov. 1980, *Mercklé,* n° 13901 B. ♦ Toutefois, l'émission d'un état exécutoire consistant en un bordereau récapitulant de façon collective les titres de perception est régulière en la forme, ce caractère général du document exécutoire étant sans influence sur sa validité. • Civ. 1re, 12 mai 1980, *Entreprise Botte,* n° 79-10.365 P : *ACL 1981. 373.* ♦ En présence d'une copropriété, les frais occasionnés par l'exécution des travaux d'office sont mis à la charge de celle-ci. Cependant, en cas d'inorganisation de la copropriété et d'absence de syndic, le maire est en droit, après avoir mis à la charge de la copropriété le coût des travaux puis constaté la carence de celle-ci, de recouvrer tout ou partie de ce coût auprès de l'un des copropriétaires, chacun de ceux-ci étant solidairement tenu de la dette de la copropriété. Dans ce cas, le titre de recettes doit faire apparaître que ce copropriétaire est considéré non à titre personnel mais comme tenu au paiement de la dette de la copropriété. • CAA Lyon, 27 déc. 2002, *M. et Mme Bizien,* n° 99LY03009 : *La lettre du cadre territorial 2003, n° 251, 54.*

13. Notification du titre de recettes. La correspondance, signée par le premier adjoint au maire, par laquelle la commune précise au destinataire qu'il est redevable d'une participation pour non-réalisation d'aires de stationnement, liée au permis de construire qui lui a été récemment délivré, et dont le montant, la méthode de calcul, et les modalités de paiement sont indiqués tant sur cette correspondance que dans une annexe, doit être regardée comme ayant valeur de notification au pétitionnaire du titre de recette émis par l'ordonnateur de la commune au vu du permis de construire afin d'assurer le recouvrement d'une participation prévue par cette décision, conformément à la procédure régie par l'art. R. 332-30 C. urb. [V. cet art. au **C. urb.**] • CAA Nancy, 4 mars 1999, *M. Ronald : Annales de la Voirie 2001, n° 52, 9.* ♦ Dès lors, est recevable le recours du redevable de la participation, dirigé contre cette décision lui faisant grief, en tant qu'elle exige le paiement d'une somme au profit de la commune. • Même arrêt. ♦ En revanche, un courrier adressé par un comptable public, qui constate qu'un redevable ne s'est pas acquitté des sommes dues en vertu d'un titre exécutoire et l'invite au paiement de ces sommes dans les trente jours, sous peine d'une exécution forcée, est au sens des dispositions de l'art. L. 1617-5, une mise en demeure. Une telle mise en demeure ne constitue pas, ainsi que l'a jugé à bon droit le TA, un acte faisant grief susceptible de recours. • CAA Bordeaux, 6 juin 2017, *Sté Saint-Butler,* n° 15BX01443.

14. Délai d'émission du titre de recettes. Les titres de perception doivent être émis avant le 1er février de l'année suivant celle de la naissance de la créance, mais cette obligation n'a qu'une portée comptable et n'a pas pour effet d'instituer une prescription entraînant la nullité des titres de perception émis après l'expiration de ce délai. • CE 30 sept. 1987, *Mme Lucas,* n° 47809 : *Lebon 299 ; Dr. adm. 1987, n° 581 ; AJDA 1988. 238.*

III. RECOUVREMENT DU TITRE DE RECETTES

15. Mise en recouvrement du titre de recettes. Le comptable, lorsqu'il a connaissance d'une créance de la collectivité territoriale, est dans l'obligation de provoquer en temps utile l'émission d'un titre de recettes par l'ordonnateur. • CRC Île-de-France, 25 nov. 1988 : *Mémorial des percepteurs et receveurs des communes, janv. 1990. 18.* ♦ À partir du moment où la créance de la collectivité territoriale a été portée à la connaissance du comptable par un état exécutoire, celui-ci est tenu d'effectuer toutes diligences pour en assurer le recouvrement, sous peine d'engager sa responsabilité. • C. comptes, 25 juin 1936, *David Chaussé, receveur spécial de la Cne de Bordeaux : Rec. C. comptes 1937. 45* • 27 févr. 1964, *Dupis, receveur de la Cne d'Igny-le-Jard : Rec. C. comptes 91* • 19 mars 1964, *Dupis, receveur de la Cne d'Igny-le-Jard : ibid.* ♦ Les diligences du comptable pour parvenir au recouvrement des titres de recettes doivent être suffisantes et appropriées, c'est-à-dire qu'elles doivent être complètes, adéquates et rapides. • CRC Bourgogne, 8 déc. 1988 et 12 sept. 1989, *Sieur V, comptable de la Cne de V : Rev. Trésor 1990. 389.* ♦ Sur les modalités de recouvrement des recettes par le comptable public de la collectivité territoriale, V. art. L. 2343-1. ♦ Lorsque aucune absence de diligence du Trésor public ne peut être retenue, la responsabilité de l'État ne saurait être engagée à raison du non-recouvrement des sommes concernées. • CAA Versailles, 17 mars 2005, *Cne de Taverny,* nº 02VE04096 : *AJDA 2005. 1636, concl. Pélissier.* ♦ Sur la responsabilité du comptable public à raison des opérations de recouvrement des recettes des collectivités territoriales, V. art. L. 2343-1.

16. Délai de prescription du recouvrement. Aux termes de l'art. L. 1617-5 CGCT, l'action des comptables publics chargés de recouvrer les créances des communes et des établissements publics locaux se prescrit par quatre ans à compter de la prise en charge du titre de recettes. Ce délai de quatre ans est interrompu par tous actes comportant reconnaissance de la part des débiteurs et par tous actes interruptifs de la prescription. La L. du 31 déc. 1968 dispose de façon générale pour les créances détenues sur l'administration, sans égard au caractère public ou privé des créanciers. L'art. L. 1617-5 CGCT dispose de façon spécifique en ce qui concerne le recouvrement par les comptables de créances détenues sur des tiers, sans considération du caractère public ou privé desdits tiers. Les dispositions spéciales prévalent sur les dispositions générales. Ainsi, si le délai prévu par la L. du 31 déc. 1968 s'applique à la prescription d'assiette d'une créance détenue par une collectivité publique sur une autre, le délai à la disposition du comptable d'une collectivité locale pour recouvrer une créance détenue sur un établissement public (en l'espèce, un syndicat d'agglomération nouvelle) est celui prévu par les dispositions spéciales du CGCT. Dès lors, le délai imparti au comptable pour procéder au recouvrement d'une telle créance est, selon l'art. L. 1617-5 du code préc., de quatre années suivant la prise en charge du titre ou suivant un acte interruptif. • C. comptes, 9 mars 2011, *Synd. d'agglomération nouvelle de Sénart-ville-nouvelle,* nº 60129 : *AJDA 2011. 1315, chron. Groper et Michaut.* ♦ En l'absence, au CGCT et au C. civ., de disposition détaillant les actes susceptibles d'interrompre les délais de prescription des créances détenues sur d'autres administrations, ce sont les règles de l'art. 2 de la L. du 31 déc. 1968 qui trouvent à s'appliquer. Selon cet art., est suspensive de délai toute demande de paiement ou toute réclamation écrite adressée par un créancier à l'autorité administrative débitrice, dès lors que la demande ou la réclamation a trait au fait générateur, à l'existence, au montant ou au paiement de la créance. Dès lors, le comptable, en adressant un commandement de payer à l'établissement public, a réclamé la créance et ainsi valablement interrompu le délai de prescription de recouvrement. • Même arrêt. ♦ V. art. R. 2342-4.

17. Recouvrement par compensation d'une créance et d'une dette. Il appartient au comptable public de la collectivité territoriale d'opérer, le cas échéant, une compensation entre le montant des sommes dues à un créancier de la collectivité et le montant des sommes dues par celui-ci, et dont le recouvrement est poursuivi : cette compensation, ayant lieu de plein droit, peut être opposée par le comptable sans qu'il soit besoin que l'autorité administrative compétente ait rendu exécutoire l'ordre de reversement ou ait autorisé les poursuites. • CE 12 mars 1999, *Min. délégué au budget,* nºs 182411 et 183083 : *ACL 2000. 397* • CAA Marseille, 15 nov. 2004, *Mme Aimée Bernard,* nº 02MA00342 : *AJDA 2005. 285.* ♦ En effet, aux termes de l'art. 1289 C. civ., lorsque deux personnes se trouvent débitrices l'une envers l'autre, il s'opère entre elles une compensation qui éteint les deux dettes. Aux termes de l'art. 1290 du même code, la compensation s'opère de plein droit par la seule force de la loi, même à l'insu des débiteurs. Les deux dettes s'éteignent réciproquement, à l'instant où elles se trouvent exister à la fois, jusqu'à concurrence de leurs qualités respectives. Ainsi, comme en l'espèce, le comptable du Trésor public chargé des comptes de la commune a pu procéder à la compensation entre, d'une part, la créance contractuelle non contestée détenue par une société sur la commune et, d'autre part, la créance que la commune détenait sur cette société, résultant de la mise en œuvre par la commune de pénalités contractuelles. La créance de la commune sur ladite société était effectivement liquide, exigible et certaine à la date à laquelle il a été régulièrement procédé à son paiement par voie de compensation. • CAA Douai, 8 mars 2011, *Cne de Hem,* nº 10DA00456 : *RFFP 2011. 403, concl. Minne.* ♦ Sur les pouvoirs du comptable en matière de compensation d'une créance et d'une dette d'une collectivité publique, V. art. L. 2343-1, note 9. ♦ Sur les pouvoirs de contrôle du juge administratif en matière de compensation d'une créance et d'une dette d'une collectivité publique, V. note 31. ♦ Sur la distinction entre compensation et refus de paiement, V. art. L. 1617-3, note 3.

18. Recouvrement concernant une collectivité publique débitrice. Pour parvenir au recouvrement des recettes, le comptable est tenu de recourir aux mesures appropriées à la situation du débiteur : il appartient ainsi au receveur d'un syndicat intercommunal, chargé de recouvrer une créance sur une commune, de saisir la chambre régionale des comptes d'une demande d'inscription d'office au budget de la collectivité défaillante des crédits nécessaires au règlement d'une dépense obligatoire, sous peine de ne pas faire preuve de toutes les diligences qui lui incombent. • CRC Île-de-France, 30 sept. 1986 : *Mémorial des percepteurs et receveurs des communes, oct. 1987. 209* • 2 oct. 1986 : *ibid.*

19. Admission en non-valeur. Lorsque la commune a accepté, par délibération, d'admettre en non-valeur les sommes concernées, cette délibération est une simple mesure d'ordre budgétaire et comptable, qui n'exonère pas le débiteur de sa dette. • CAA Versailles, 17 mars 2005, *Cne de Taverny*, n° 02VE4096 : *AJDA 2005. 1636, concl. Pélissier*. ♦ Sur la procédure d'admission en non-valeur, V. art. L. 2343-1.

20. Remise gracieuse de dette. BIBL. Laquièze, *RGCT 2001. 843* (les remises de dettes accordées par les collectivités locales). ♦ Aux termes de l'art. 26 du Décr. du 29 déc. 1962, portant règlement général de la comptabilité publique, les règles propres à chacun des organismes publics et, le cas échéant, à chaque catégorie de créances fixent les conditions dans lesquelles le recouvrement d'une créance peut être suspendu ou abandonné, ou dans lesquelles une remise de dette, une transaction ou une adhésion à concordat peut intervenir : dès lors, il n'appartient pas aux collectivités territoriales de consentir des libéralités en prononçant la remise gracieuse ou l'abandon de recouvrement de créances en l'absence de texte. • TA Lyon, 24 nov. 2005, *Tête*, n° 0401106 : *AJDA 2006. 838*. ♦ Par contre, en vertu des dispositions des art. L. 2121-29 et L. 2122-21 CGCT, un conseil municipal a pu, sans excéder sa compétence, examiner la possibilité d'accorder une remise aux agents de la commune qui, ayant indûment perçu des indemnités, demandaient une remise partielle des sommes réclamées suite à l'émission, par le maire, d'un titre de perception pour faire reverser aux intéressés les sommes en cause. En effet, compte tenu de ce que les versements illégaux de ces indemnités étaient imputables à la commune qui a commis une erreur de droit sur les possibilités que lui ouvraient les textes légaux et réglementaires en cette matière, sa responsabilité se trouvait engagée envers les agents bénéficiaires de ces versements et auxquels un remboursement était demandé. La commune, saisie d'une demande de remise des intéressés, a pu sans erreur de droit décider d'accorder une remise de façon à prévenir l'action contentieuse que lesdits agents auraient été fondés à engager devant le juge pour demander une indemnité en raison du préjudice subi du fait de ce remboursement. Dans les circonstances de l'espèce, compte tenu de la situation respective de chacun des agents en cause et des sommes en jeu, la commune a pu sans erreur manifeste d'appréciation accorder des remises partielles différentes selon les agents. • TA Melun, 16 oct. 2001, *Cne de Fresnes : RGCT 2002. 43, note Laquièze*. ♦ Sur les pouvoirs du comptable dans une telle hypothèse, V. note 23 ss. art. L. 2343-1.

21. Jugement de la chambre régionale des comptes. Le quitus donné au comptable public de la commune par la chambre régionale des comptes, par un jugement qui valide ses comptes établis compte tenu des sommes et des documents comptables joints en l'espèce par le régisseur d'avances et de recettes, ne fait pas légalement obstacle à ce que des titres de recettes soient émis à l'encontre de ce régisseur au titre des fonds qu'il avait indûment gardés au lieu de les reverser à la commune. • CE 19 nov. 2010, *M. et Mme Dingreville*, n° 320169 : *AJDA 2010. 2240* ; *JCP Adm. 2011, n° 2180, note Vila.*

IV. CONTESTATION DU TITRE DE RECETTES

22. Procédure. Pour être recevable, l'opposition à un titre de recettes doit être formée contre l'ordonnateur si l'intéressé conteste le bien-fondé de ce titre de recettes. • Civ. 1re, 10 mai 1988, n° 86-17.553 P : *Gaz. Pal. 1988. 2. Somm. 184.* ♦ Il résulte des dispositions du 1° de l'art. L. 1617-5 CGCT que seule l'opposition formée contre un titre exécutoire devant la juridiction fait obstacle au recouvrement de la créance, à l'exclusion de toute autre instance ayant pour objet de contester le bien-fondé de la créance pour le paiement de laquelle l'ordonnateur émet un titre exécutoire. • CE 23 févr. 2012, *Sté Sceria*, n° 348211 : *AJDA 2012. 405, note Grand*. ♦ Dès lors, une instance relative à la contestation du décompte général d'un marché n'a pas pour effet de suspendre la force exécutoire du titre émis en vue du paiement à la collectivité territoriale du solde débiteur de ce marché. En effet, la demande qui tendait à contester le décompte général du marché, portant ainsi sur le bien-fondé de la créance, n'était pas dirigée contre le titre de recettes émis en vue du paiement de cette créance. Ainsi, l'introduction de cette instance n'a pu priver ce titre de force exécutoire, ni dès lors empêcher le déclenchement du délai de prescription de l'action en recouvrement prévu au 3° de l'art. L. 1617-5 CGCT. • Même décision. ♦ Sur le délai de prescription de l'action en recouvrement, V. note 16, *supra*.

23. Possibilité d'un recours administratif préalable. Les dispositions du 2° de l'art. L. 1617-5 ne soumettent pas la recevabilité de l'action dont dispose un débiteur pour contester un titre exécutoire à un recours préalable obligatoire, et n'ont ni pour objet, ni pour effet d'exclure l'exercice par le débiteur d'un recours administratif, qu'il soit gracieux ou hiérarchique, qui, introduit dans le délai de recours contentieux, interrompt ce délai. • CE 24 juin 2009, *Cté d'agglomération de Bourges*, n° 297636 : *BJCL 2009, n° 7, concl. Olléon ; RJF 2009, n° 895 ; RLCT 2009, n° 1444, note Glaser.* ♦ En l'espèce, le titre exécutoire n'ayant pas été notifié au débiteur, celui-ci avait reçu un commandement de payer et avait formé, dans le délai du recours contentieux, un recours gracieux auprès de l'exécutif de la collectivité territoriale : ce recours avait donc interrompu le délai de deux mois de l'action dont disposait le débiteur pour contester directement devant le tribunal administratif ladite créance. • Même décision.

24. Absence de recours à une procédure de conciliation. En matière de créances d'origine contractuelle, une collectivité publique dispose d'une option entre émettre un titre exécutoire à l'encontre de son débiteur ou s'adresser au juge du contrat. En émettant un titre exécutoire à l'encontre de son cocontractant, la collectivité publique use de la prérogative de puissance publique qui lui permet, sans recours préalable au juge, de le contraindre au paiement qu'elle lui réclame. Dès lors, l'émission de ce titre, dont le caractère exécutoire est équivalent à celui d'une décision juridictionnelle, dispense le cocontractant de la collectivité publique de l'obligation, résultant du contrat, d'avoir, préalablement à la saisine du juge du contrat, recours à une procédure de conciliation en cas de contestation relative à l'interprétation ou à l'exécution dudit contrat. • CAA Versailles, 22 janv. 2013, *Sté NC Numéricable*, n° 10VE03811 : *AJDA 2013. 9101, note Courault*. ♦ En revanche, la collectivité publique ne peut émettre directement un titre exécutoire pour le règlement des sommes correspondant à une contestation relative à l'exécution du contrat, sans mettre préalablement en œuvre la procédure de conciliation prévue par celui-ci. • Même arrêt.

25. Délai de contestation du titre de recettes. Il résulte des dispositions du 2° de l'art. L. 1617-5, auxquelles ne peuvent faire obstacle les dispositions de l'art. R. 421-1 CJA en vertu desquelles le délai de deux mois prévu pour saisir la juridiction administrative ne s'applique pas en matière de travaux publics, que le recours formé contre un titre exécutoire émis par une collectivité territoriale ou un établissement public local, y compris s'il est émis pour assurer le recouvrement de sommes nécessaires au financement de travaux publics, doit être présenté, à peine de forclusion, dans un délai de deux mois. Un recours administratif, qu'il soit gracieux ou hiérarchique, s'il est introduit dans le délai du recours contentieux, interrompt ce délai. • CE 11 oct. 2012, *M. Sgherri*, n° 340857 : *AJDA 2013. 68, note Éveillard ; AJCT 2013. 152, obs. Clémence ; RJF 2013, n° 51.* ♦ Aux termes du 2° de l'art. L. 1617-5, l'action dont dispose le débiteur pour contester, directement devant la juridiction compétente, le bien-fondé de la créance se prescrit dans le délai de deux mois suivant la réception du titre exécutoire ou, à défaut, du premier acte procédant de ce titre ou de la notification d'un acte de poursuite. Bien que l'art. L. 1617-5-4° prévoit que le titre de recettes puisse être adressé au redevable sous pli simple, il appartient à la personne publique créancière de rapporter la preuve de la date de réception par le débiteur du titre exécutoire. • Com. 23 oct. 2007, n° 06-15.994 : *RJF 2008, n° 242.* ♦ À défaut, le délai ne peut commencer à courir. • CAA Douai, 26 mai 2020, n° 17DA02370. ♦ Par ailleurs, il appartient au juge, qui relève que le titre exécutoire n'a pas été régulièrement notifié au débiteur, de rechercher si le commandement de payer, qui constitue le premier acte procédant du titre exécutoire, a commencé à faire courir le délai de deux mois du recours contentieux. • CE 24 juin 2009, *Cté d'agglomération de Bourges*, n° 297636. ♦ Les dispositions spéciales de l'art. L. 1617-5-2° ne sont pas exclusives de l'application de celles de l'art. R. 421-5 CJA qui dispose que les délais de recours contre une décision déférée au tribunal ne sont opposables qu'à la condition d'avoir été mentionnés, ainsi que les voies de recours, dans la notification de la décision. • CAA Nancy, 23 avr. 2012, *SCI Cœur de Lion c/ Cne de Chaumont*, n° 11NC01131 : *AJDA 2012. 1503, concl. Wiernasz*. ♦ Ne peut faire courir les délais de recours un titre de recettes exécutoire citant à titre d'exemple certaines créances mais non celle visée par le titre et alors même que n'est pas indiquée de façon précise la juridiction compétente. • CE 16 avr. 2015, *Sté Acti Entrepôts*, n° 373114. ♦ Le CE a jugé que le délai de contestation ne pouvait excéder un délai raisonnable d'un an même dans l'hypothèse où le non-respect de l'obligation d'informer l'intéressé sur les voies et les délais de recours, ou l'absence de preuve qu'une telle information a bien été fournie, ne permet pas que lui soient opposés les délais de recours fixés par le code de justice administrative. Dans ce cadre : « S'agissant des titres exécutoires, sauf circonstances particulières dont se prévaudrait son destinataire, le délai raisonnable ne saurait excéder un an à compter de la date à laquelle le titre ou, à défaut, le premier acte procédant de ce titre ou un acte de poursuite a été notifié au débiteur ou porté à sa connaissance. Un débiteur qui saisit la juridiction judiciaire, alors que la juridiction administrative était compétente, conserve le bénéfice de ce délai raisonnable dès lors qu'il a introduit cette instance avant son expiration. Il est recevable à saisir la juridiction administrative jusqu'au terme d'un délai de deux mois à compter de la notification ou de la signification de la décision par laquelle la juridiction judiciaire s'est, de manière irrévocable, déclarée incompétente ». • CE 31 mars 2022, n° 453904 A : *AJDA 2022. 719*. ♦ Une association n'ayant pas formé de recours contre un titre exécutoire dans le délai raisonnable d'un an n'est pas recevable à attaquer un nouveau titre exécutoire émis deux ans après et portant sur la même créance, déduction faite du paiement partiel réalisé. En l'absence de circonstance de fait et de droit nouvelle, ce titre exécutoire présente un caractère purement confirmatif du titre exécutoire, devenu définitif. • CAA Bordeaux, 24 oct. 2023, n° 21BX00801.

26. Juridiction compétente. Si la contestation porte sur le bien-fondé de la créance, la compétence est déterminée par la nature de la créance. • T. confl. 8 nov. 1982, *Sté Maine viande et a. : Lebon 460.* ♦ Ainsi les tribunaux judiciaires sont compétents pour connaître des oppositions relatives à des états exécutoires mettant à la charge d'utilisateurs d'abattoirs municipaux, c'est-à-dire de services publics à caractère industriel et commercial, des sommes réclamées au titre de redevances pour services rendus. • Même jugement. ♦ De même, le juge judiciaire est compétent pour connaître de la contestation d'un titre de recettes émis pour le remboursement des frais de réparation d'un ouvrage public (en l'espèce, un portail) détérioré par une personne privée. En effet, en l'absence d'une disposition législative spéciale, il n'appartient pas à la juridiction administrative de statuer sur la responsabilité qu'une personne privée peut avoir encourue à l'égard d'une personne publique. • T. confl. 6 juin 2011, *Sté Fraikin Assets c/ Dpt du Val-de-Marne*, n° 11-03.799 : *JCP Adm. 2011, n° 2385, note Haïli.* ♦ De même, il n'appartient qu'aux juridictions de l'ordre judiciaire de connaître des conclusions dirigées contre le titre exécutoire émis par un maire, en sa qualité d'ordonnateur, pour le recouvrement d'une créance résultant de l'occupation irrégulière, par un occupant sans titre, de parcelles de la commune faisant partie du domaine privé de cette commune. • CAA Marseille, 23 avr. 2013, *GAEC d'Estèbe*, n° 11MA00396 : *AJDA 2013. 1861, concl. Deliancourt*. ♦ De même, il a été jugé par la Cour de cassation que l'usage prétendument abusif par une collectivité publique de sa faculté d'émettre des titres de perception exécutoires n'est pas détachable du recouvrement de la créance qui a pour origine un contrat de droit privé, de sorte que le contentieux qui en découle relève des juridictions de l'ordre judiciaire. • Civ. 1re, 22 mars 2012, *Sté bayonnaise des viande : RDI 2013. 160, obs. Foulquier*. ♦ En l'espèce, il s'agissait de titres exécutoires émis par une communauté d'agglomération pour le recouvrement de loyers abusivement réclamés à une société en raison de la location de locaux soumise au statut des baux commerciaux. • Même arrêt. ♦ En revanche, la juridiction administrative est compétente pour connaître de la contestation d'un titre de recettes émis pour le paiement de la participation pour raccordement au réseau public d'assainissement. • CE 16 oct. 1995, *Cne de Sussargues et a. : RJF 1995, n° 1412.* ♦ Dans ce cas précis, cette contestation ne relève pas du recours pour excès de pouvoir, mais du plein contentieux. • Même décision. ♦ De même, la juridiction administrative est compétente pour connaître du litige qui a son origine dans les rapports entre une commune et un agent public, à l'occasion de l'occupation par ce dernier du logement de fonction mis à sa disposition, et qui concerne la légalité d'une délibération d'un conseil municipal. • T. confl. 22 mai 2006, *Cne de Piolenc*, n° 3489. ♦ En l'espèce, cet agent public demandait l'annulation de la délibération du conseil municipal mettant à sa charge une somme au titre des frais de remise en état de ce logement de fonction libéré par lui à la suite de son affectation dans une autre collectivité territoriale, ainsi que du commandement de payer émis à son encontre pour le paiement de cette somme, en contestant le bien-fondé de la créance invoquée par la commune. • Même jugement. ♦ De même, il n'appartient qu'au juge administratif de connaître du litige né de la demande d'annulation, par le redevable, du titre de recettes émis par la commune à son encontre et correspondant au montant des frais engagés par celle-ci pour le déblaiement d'un chemin rural. • T. confl. 18 juin 2007, *M. et Mme Goddyn c/ Cne de Bondues*, n° 3617. ♦ En effet, en application des dispositions de l'art. L. 161-5 C. rur. et de l'art. D. 161-11 du même code, il incombe au maire de remédier à la présence de tout obstacle s'opposant à la circulation sur un chemin rural. Le déblaiement auquel le maire est tenu de procéder trouve ainsi son origine dans les pouvoirs de police que ces prescriptions ont confiés à l'autorité municipale. • Même jugement. ♦ Relève du juge administratif le moyen tiré de la méconnaissance du 7 de l'art. L. 1617-5. En l'espèce, la société ayant fait l'objet d'une opposition à tiers détenteur par le comptable public ne détient pas de fonds pour le compte du redevable ou n'a pas de dette envers lui au sens des dispositions du 7 de l'art. 1617-5. Le juge administratif annule en conséquence l'opposition à tiers détenteur adressée à ladite société. • CAA Marseille, 1er avr. 2019, *SIPPA*, n° 17MA02449 : *inédit au Lebon.*

27. Pouvoirs du juge. Il appartient au juge, pour déterminer si la créance de la collectivité publique présente un caractère exigible, certain et liquide, de se faire communiquer directement par le débiteur les éléments et documents permettant d'établir la réalité et le montant des paiements qu'il a effectués, et non d'ordonner une expertise afin d'évaluer le bien-fondé de la créance litigieuse. • CE 9 mai 2012, *Cne de Fleury-d'Aude*, n° 344388 : *BJCL 2012. 471, concl. Boulouis et obs. Poujade.* ♦ De même, il appartient au juge, saisi d'une demande dirigée contre un titre exécutoire, de vérifier qu'à la date à laquelle il statue, la créance a un caractère exigible, certain et liquide, et, par suite, si cette créance est fondée sur l'application d'un contrat, d'examiner si l'ordonnateur a fait une correcte application des clauses de ce contrat. • CAA Marseille, 30 avr. 2003, *Cie gén. de stationnement*, n° 99MA01946 : *AJDA 2003. 1659, note Dreyfus*. ♦ En l'espèce, l'exercice des missions de surveillance et de contrôle du respect des règlements de police municipale, relatifs au stationnement payant sur la voie publique, incombant par nature à la commune et donnant lieu à des dépenses qui sont étrangères à l'exploitation, par un concessionnaire, des ouvrages et matériels affectés au stationnement, ces dépenses ne sauraient dès lors être prises en charge, même forfaitairement, par le concessionnaire, et, par suite, la clause du cahier des charges, qui prévoyait une telle prise en charge, est nulle et ne peut servir de fondement aux titres exécutoires et aux commandements litigieux. • Même arrêt. ♦ De même, il appartient au juge administratif, saisi par le débiteur d'une collectivité publique d'une contestation relative à l'exécution d'un titre de recettes par voie de compensation, de vérifier qu'à la date à laquelle il statue, la créance ainsi recouvrée a un caractère exigible, certain et liquide. • Même arrêt. ♦ Dès lors, l'annulation des états exécutoires émis par la commune et l'annulation de la décision d'encaisser une partie des mêmes sommes par voie de compensation avec une somme due par la commune entraînent nécessairement, pour cette collectivité, l'obligation de restituer les sommes qu'elle aurait encaissées en application desdits états exécutoires. • Même arrêt. ♦ Sur les modalités de compensation des créances et des dettes des collectivités publiques, V. art. L. 2342-1, note 4.

28. Contrôle dans le cadre de la procédure des édifices menaçant ruine. Dans le cadre de la procédure relative aux édifices menaçant ruine, la commune doit recouvrer les dépenses engagées en cas de péril imminent par voie d'état exécutoire, mais le juge administratif contrôle que les frais mis à la charge du propriétaire concerné soient en rapport direct avec la procédure de péril imminent. • CAA Bordeaux, 28 juin 2005, *Serre*, n° 01BX02768 : *Coll. terr. 2005, n° 208, note Moreau.* ♦ En l'espèce, par l'état exécutoire litigieux, le maire de la commune avait mis à la charge du propriétaire de l'immeuble une somme totale correspondant, d'une part, aux travaux de démolition, d'autre part, aux frais d'expertise, de diagnostic, d'ingénieur-conseil et d'avocat engagés par la commune à l'occasion de la procédure de péril imminent : il a été jugé que, si les frais de diagnostic et d'expertise étaient directement liés à la procédure de péril imminent, en revanche, les frais d'avocat étaient sans rapport direct avec cette procédure. • Même arrêt. ♦ Lorsque, à la suite de désordres apparus sur un immeuble, le maire de la commune a pris un arrêté de péril imminent prescrivant, aux propriétaires de l'immeuble, de prendre toutes les mesures provisoires pour garantir la sécurité publique en procédant notamment à la consolidation de l'immeuble, et que, la commune ayant fait exécuter d'office et aux frais des propriétaires des travaux de ceinturage de l'immeuble, le maire a émis un titre exécutoire mettant à la charge des propriétaires le coût des travaux de confortement réalisés, l'annulation de l'arrêté de péril imminent doit entraîner, par voie de conséquence, celle du titre exécutoire pris sur son fondement. • CE 17 oct. 2008, *Cne de Bischheim*, n° 291001. ♦ En l'espèce, l'enrichissement sans cause des propriétaires de l'immeuble, invoqué par la commune, n'était pas établi par les pièces versées au dossier. • Même décision.

29. Demande de sursis à exécution. Lorsque le débiteur d'une créance assise et liquidée par une collectivité territoriale ou un établissement public local forme opposition devant la juridiction compétente, cette action suspend le recouvrement et, dès lors, rend la demande de sursis à exécution sans objet et par suite irrecevable. • CE 26 mars 1982, *Cie générale frigorifique*, n°s 33490 et 33491 : *Lebon 135*. ♦ En effet, le titre de recettes cesse d'être exécutoire dès l'introduction de la demande en justice tendant à son annulation. • CE 19 juin 1985, *Cne des Angles c/ Sté Arény Frères*, n° 61917 : *Lebon 194 ; RFDA 1986. 837, concl. Roux.* ♦ Toutefois, le rejet du recours par le juge restitue son caractère exécutoire au titre contesté, et le requérant doit solliciter le sursis de ce jugement s'il souhaite que l'effet exécutoire soit à nouveau suspendu. • CAA Lyon, 18 mai 1992, *M. et Mme Duhamel : Dr. adm. 1992, n° 387.* ♦ L'appel présenté contre ce jugement n'entraîne pas, en effet, par lui-même la suspension de l'exécution du titre. • CE, sect. avis cont., 5 mai 1995, n° 163224 : *AJDA 1995. 583*. ♦ S'il appartient au juge des référés, afin notamment de mettre le juge de cassation en mesure d'exercer son contrôle, de faire apparaître les raisons de droit et de fait pour lesquelles il estime que l'urgence ne justifie pas la suspension de l'acte attaqué, cette exigence s'apprécie au regard des justifications apportées dans la demande et de l'argumentation présentée en défense : ainsi, le redevable de la contribution aux frais de fonctionnement d'une station d'épuration communale, qui s'est borné devant le juge des référés à faire valoir la force exécutoire des titres attaqués et les risques de poursuites et de pénalités de retard encourus par lui, n'a pas démontré que l'exécution de ces titres était de nature à porter à sa situation ou à ses intérêts une atteinte suffisamment grave et immédiate. • CE 29 juill. 2002, *SARL Tai Yang*, n° 241504 : *ACL 2003. 388.* ♦ En estimant que l'émission d'un avis de recouvrement ne pouvait, en l'espèce, suffire par elle-même à justifier l'urgence à suspendre l'exécution de ce titre en tant qu'il rend la créance exigible, le juge des référés n'a pas commis d'erreur de droit. L'appréciation qu'il a portée sur l'absence d'urgence n'est pas susceptible d'être discutée devant le juge de cassation. • Même décision.

30. Annulation du titre de recettes. L'annulation d'un titre exécutoire, pour un motif de régularité en la forme, implique, sauf si l'administration lui substitue un nouveau titre régulièrement pris, la restitution des sommes encaissées en application du titre exécutoire annulé. • CAA Marseille, 17 juin 2008, *Cté de cnes du Briançonnais*, n° 07MA03781. ♦ Toutefois, l'annulation par une décision juridictionnelle d'un titre exécutoire, pour un motif de régularité en la forme, n'implique pas nécessairement, compte tenu de la possibilité d'une régularisation éventuelle par l'administration, que les sommes perçues par l'administration sur le fondement du titre ainsi dépourvu de base légale soient immédiatement restituées à l'intéressé. • CE

11 déc. 2006, Mme *Mas,* n° 280696 : *Dr. adm. 2007, n° 28 ; BJCL 2007. 107, concl. Mitjavile.* ♦ Lorsqu'une juridiction est saisie de conclusions tendant à ce qu'il soit enjoint à l'administration de restituer des sommes perçues sur le fondement d'un titre de perception ainsi annulé, il lui appartient de prescrire la mesure demandée en fixant le délai au terme duquel l'administration devra restituer ces sommes, si elle n'a pas émis, avant l'expiration de ce délai, un nouveau titre de perception dans des conditions régulières. Dès lors, cette juridiction ne peut rejeter purement et simplement la demande d'injonction présentée par le requérant. • Même décision. ♦ En l'espèce, le juge administratif a considéré qu'il y avait lieu d'enjoindre à la commune de restituer au requérant les sommes perçues sur le fondement des titres de perception annulés, augmentées des intérêts à compter de la date d'encaissement de ces sommes par le Trésor public, dans le délai de deux mois à compter de la notification de ce jugement, si la commune n'avait pas émis avant l'expiration de ce délai de nouveaux titres dans des conditions régulières. • Même décision.

V. MESURES D'EXÉCUTION FORCÉE

31. Compétence. Le maire est seul habilité à autoriser le comptable à engager les poursuites nécessaires au recouvrement des créances de la commune, le conseil municipal ne pouvant que donner son avis. • CE 18 déc. 1989, *Cne de Saint-Marcel-Paulet c/ Sté Racaud Promotion Construction,* n° 60806 : *Lebon 257 ; LPA 16 mai 1990, concl. Fouquet ; Gaz. Pal. 1990. 1. Pan. dr. adm. 261.* ♦ Ainsi en autorisant le maire à faire poursuivre le recouvrement d'une créance, puis en le mandatant à cette fin, et alors même qu'en fait la décision prise l'a été sur rapport conforme du maire, le conseil municipal excède sa compétence. • Même décision. ♦ Lorsque le juge de première instance a annulé un titre exécutoire pour un motif de régularité en la forme, le requérant est recevable à relever appel en tant que le jugement n'a pas fait droit à sa demande de décharge. Il appartient au juge d'appel, statuant dans le cadre de l'effet dévolutif, de se prononcer sur les moyens, soulevés devant lui, susceptibles de conduire à faire droit à cette demande. En l'espèce, « aucun des moyens soulevés n'est susceptible de remettre en cause le bien-fondé de la créance, M. B. n'est pas fondé à demander la décharge ni la restitution, à les supposer versées, des sommes mises à sa charge par ledit titre ». • Marseille, 26 mai 2023, n° 21MA02126.

32. Action en répétition de l'indu. Si l'art. 1376 C. civ., qui dispose que : « celui qui reçoit par erreur ou sciemment ce qui ne lui est pas dû s'oblige à le restituer à celui de qui il l'a indûment perçu », s'applique aux sommes indûment versées à la suite d'erreurs et de retards exclusivement imputables à l'administration, la collectivité territoriale doit procéder à la répétition de l'indu en usant des voies de droit dont elle dispose en vertu des règles de droit commun régissant le recouvrement des créances publiques qui ne sont pas assises et liquidées par les services fiscaux. • CE 24 févr. 1999, *Dpt de la Seine-Saint-Denis c/ Mme Bordes,* n° 185145 : *ACL 2000. 393.* ♦ Ainsi, en vertu du 2e alinéa de l'art. 9 du décret n° 54-883 du 2 sept. 1954 (portant règlement d'administration publique pour l'application de l'ensemble des dispositions du décret n° 53-1186 du 29 nov. 1953 relatif à la réforme des lois d'assistance), lorsque les décisions administratives d'admission au bénéfice de l'aide sociale ont été prises sur la base de déclarations incomplètes ou erronées, le département doit procéder à la répétition de l'indu en usant des voies de droit dont il dispose, et non en exerçant un recours devant la commission d'aide sociale. • Même arrêt. ♦ Plus précisément, en vertu de l'art. L. 132-8 CASF et de l'art. 9 du décret du 2 sept. 1954, l'administration peut engager tant une procédure de révision avec répétition de l'indu, lorsque la décision d'admission a été prise sur la base de déclarations incomplètes, qu'une procédure de récupération à l'encontre du donataire, lorsque les sommes, dont la déclaration a été omise, ont été versées à un tiers et que ces versements recouvrent une intention libérale : dès lors, la commission centrale d'aide sociale, après avoir constaté, d'une part, que le bénéficiaire, ressortissant de l'aide sociale aux personnes âgées, avait omis de déclarer lors de son admission deux pensions dont il avait continué à percevoir les émoluments, et, d'autre part, qu'une partie des sommes ainsi omises avaient fait l'objet de donations à la sœur et à la nièce de l'intéressé, a commis une erreur de droit en estimant que seule la procédure de révision avec répétition de l'indu, prévue à l'art. 9 du décret du 2 sept. 1954, pouvait être engagée à l'encontre du bénéficiaire de l'aide sociale, à l'exclusion de toute action en récupération contre les donataires. • CE 11 avr. 2005, *Dpt de l'Allier,* n° 264333 : *AJDA 2005. 1311 ; BJCL 2005. 378, concl. Devys ; ACL 2006. 404.* ♦ En revanche, la contestation, par le redevable, tendant à la décharge de l'obligation de payer la somme correspondant au remboursement d'un trop-perçu (au titre, ici, de l'allocation de revenu minimum d'insertion), relève de la commission départementale d'aide sociale et non des juridictions administratives de droit commun. • CAA Nancy, 24 oct. 2002, *Rodriguez,* n° 97NC00897 : *JCP Adm. 2002, n° 1264, note Moreau.* ♦ Un accord, qui a pour objet d'obtenir la renonciation au droit à la répétition de l'indu, est contraire à l'ordre public. • CAA Lyon, 7 déc. 2004, *Cne de Laval,* n° 00LY00694 : *AJDA 2005. 793.* ♦ Par ailleurs, en vertu de l'art. L. 2132-5 CGCT, le contribuable de la commune est autorisé à engager devant la juridiction administrative, pour le compte de la commune, une action en répétition de l'indu, lorsqu'il résulte de l'instruction que cette action présente pour la commune un intérêt suffisant. • CE 23 mai 2001, *M. Mailharro : Rev. Trésor 2002.*

66. ♦ En l'espèce, a été autorisé à agir en lieu et place de la commune, le contribuable qui avait demandé, en vain, à la commune d'engager sur le fondement des art. 1376 à 1378 C. civ. une action en répétition de l'indu à l'encontre d'une société en raison du caractère fictif de travaux d'éclairage public payés par la commune. • Même arrêt.

33. Effets des mesures d'exécution forcée. Les poursuites pour le recouvrement des produits des collectivités territoriales, qui ne sont pas assis et liquidés par les services fiscaux de l'État, ont lieu comme en matière d'impôts directs, mais cette règle n'a ni pour objet ni pour effet de conférer à ces produits le caractère de contributions directes ou de taxes assimilées. • T. confl. 27 avr. 1981, *Assoc. des propriétaires du lotissement de La Guichardais c/ Cne de Redon : Lebon 641 ; ACL 1982. 526* • Com. 24 nov. 1981, *Trésorier principal de Bordeaux : Bull. civ. IV, n° 412* • 10 mai 1982, *Receveur de la perception de l'OPAC de Montpellier c/ Nabet : D. 1983. 165, note Montagnier* • Civ. 3e, 7 juill. 1982, *Cne de Courbevoie : Bull. civ. III, n° 172* • Com. 6 mai 1986, *Cne de La Motte-Fanjas c/ Peyre,* n° 84-16.637 P : *Gaz. Pal. 1986. 2. Pan. 181* • 26 avr. 1988, *OPHLM de Châlons-sur-Marne c/ Mme Bourguignon et a. : Bull. civ. IV, n° 141* • 3 déc. 1991, *Percepteur de Cruseilles c/ Chevallier et a.,* n° 89-18.053 P : *Gaz. Pal. 1992. 2. Pan. 213.* ♦ Ainsi le recouvrement d'une créance de caractère civil ne modifie pas la nature de cette créance, et ne lui confère pas le caractère fiscal. • Com. 4 juin 1991, *Blot c/ Trésorier-payeur de Chinon,* n° 89-17.630 P. ♦ Cette créance reste soumise aux règles de la prescription de droit civil. • Com. 29 mars 1989, *Scierie Julien c/ Cne de Beaufort-sur-Doron,* n° 87-12.559 P : *JCP 1989. IV. 204.*

34. Prescription des mesures d'exécution forcée. Les poursuites engagées par le comptable de la collectivité se prescrivent par quatre ans et, dès lors, l'action engagée par une citation en justice destinée à un redevable, plus de quatre ans après la mise en recouvrement d'une redevance, est irrecevable à cause de son caractère tardif. • Com. 26 oct. 1971, *Receveur-percepteur de Cherbourg c/ Laveissière,* n° 69-10.826 P • Civ. 1re, 17 févr. 1993, *Ville d'Athis-Mons c/ Offre de distribution impression publicitaire,* n° 88-18.052 P. ♦ Un commandement de payer, qui ne parvient pas à son destinataire, n'interrompt pas le délai de la prescription. • Com. 18 nov. 2008, n° 07-20.031 : *AJDA 2009. 222*. ♦ En l'espèce, le commandement de payer émis à l'encontre du débiteur avait été retourné avec la mention « n'habite plus à l'adresse indiquée », en sorte qu'il n'était pas parvenu à son destinataire et que la prescription des poursuites n'avait pas été valablement interrompue. • Même arrêt.

VI. CONTESTATION DES MESURES D'EXÉCUTION FORCÉE

35. Procédure. Pour être recevable, l'opposition à un titre de recettes doit être formée contre le comptable public qui a engagé les poursuites si l'intéressé conteste la régularité de celles-ci. • Civ. 1re, 10 mai 1988, *Percepteur d'Isigny-sur-Mer c/ Dame Couillard-Legrand,* n° 86-17.553 P : *Gaz. Pal. 1988. 2. Somm. 184.* ♦ Le juge (en l'espèce, un tribunal d'instance) saisi d'une action en répétition de l'indu relative à la redevance d'enlèvement des ordures ménagères, dirigée contre le comptable du Trésor, n'a pas à ordonner la mise en cause du maire de la commune dès lors qu'aucune critique, concernant le bien-fondé du titre de recette émis par celui-ci, n'est formulée et qu'aucune opposition à exécution du titre de perception n'est engagée. • Com., 11 févr. 2003, *Lornet,* n° 00-11.633 : *RJF 2003, n° 790.*

36. Recevabilité du recours devant le juge. La demande en référé-suspension, tendant à la suspension de l'exécution des commandements de payer émis par le comptable, est irrecevable, faute pour le requérant de justifier avoir saisi le tribunal d'une demande en décharge de l'obligation de payer. • CE 14 oct. 2009, *Mlle Planells,* n° 327636.

37. Juridiction compétente. Si le redevable conteste la régularité formelle des poursuites, telle que la validité en la forme d'un commandement, la compétence est judiciaire. • CE 24 juill. 1981, *Sté Maine-viande c/ Geismann Frères,* nos 07350, 09552, 09553 : *Lebon 335 ; JCP 1982. II. 19820* • 9 juill. 1982, *Ville de Paris,* n° 20014 : *Lebon 280 ; Rev. adm. 1982. 328.* ♦ En effet, aux termes de l'art. L. 281 LPF, les tribunaux de l'ordre judiciaire sont seuls compétents dès lors que la contestation ne porte pas sur l'assiette de l'impôt mais sur son recouvrement et, plus particulièrement, sur la régularité en la forme du commandement signifié en vue de ce recouvrement. • Com. 14 nov. 1995, *Sté Moras affichage : RJF 1996, n° 241.* ♦ De même, une contestation relative à l'absence de la lettre de rappel, qui, selon les dispositions de l'art. L. 255 LPF, doit précéder le premier acte de poursuites devant donner lieu à des frais, se rattache à la régularité en la forme de cet acte et non à l'exigibilité de l'impôt : dès lors, ce litige relève de la compétence du juge judiciaire. • T. confl. 13 déc. 2004, *M. Sauveur Chessa, Mme Alessandrine Chessa c/ M. le trésorier principal de Vitrolles,* n° 3411 : *ACL 2005. 377.* ♦ De manière générale, la contestation de la régularité formelle d'un acte de poursuite effectué en vue du recouvrement d'une créance administrative, et ne remettant en cause ni l'existence, ni le montant, ni l'exigibilité de la créance, ressortit, en vertu de l'art. L. 311-12-1 COJ la compétence du juge de l'exécution et, par voie de conséquence, de celle de la juridiction de l'ordre judiciaire. • T. confl. 23 févr. 2004, *Trésorier-payeur général de la Haute-Corse,* n° 3366 : *BJCL 2004. 429, concl. Bachelier.*

38. Effets du recours devant le juge. Ainsi, lorsque le débiteur d'une créance a fait opposition à un commandement de payer, l'impossibilité de procéder au recouvrement des sommes concernées doit être regardée comme établie, et le Trésor public doit, en application des dispositions de l'art. L. 1617-5, suspendre tant la saisie-vente qu'il avait engagée que la demande de vente effectuée. • CAA Versailles, 17 mars 2005, *Cne de Taverny*, n° 02VE04096 : *AJDA 2005. 1636, concl. Pélissier*. ♦ Sur la procédure applicable lorsque le comptable public demande au juge d'instance l'autorisation de pratiquer une saisie-arrêt sur salaire pour obtenir le paiement d'une créance (en l'espèce, il s'agissait de la redevance de consommation d'eau), et que le débiteur conteste sa dette, V. • Com. 30 janv. 1996, *Charbonnet : RJF1996, n° 844*. ♦ Alors même que la décision de récupération des allocations de revenu de solidarité active (RSA) regardées comme indument versées, confirmée sur recours gracieux, est devenue définitive, l'intéressé reste recevable, dans le délai prévu par le 2° de l'art. L. 1617-5 CGCT, à contester le bien-fondé de la créance à l'occasion de sa requête tendant à l'annulation des titres exécutoires émis pour son recouvrement. • CE 18 mars 2020, n° 421911 B.

VII. SANCTION

39. *Délit de concussion.* BIBL. Lasserre-Capdeville, *AJCT 2012. 30* (le délit de concussion) ; *LPA 3 janv. 2013, n° 3, p. 5* (caractérisation d'un cas de concussion). – Leblond-Masson, *Gestion fin. publ. 2013. 67* (le délit de concussion sur le domaine communal et le droit domanial). ♦ La concussion n'est pas le fait d'ordonner un versement, mais de recevoir ou d'ordonner au comptable de percevoir une somme. Aussi, le simple fait de demander à un tiers, à l'occasion de l'octroi du permis de construire, le versement à un office du tourisme d'une somme, qui n'est prévue par aucun texte, n'est pas constitutif de la concussion, le délit ne réprimant que l'activité des receveurs et des comptables, et non l'ordonnancement. • Crim. 16 mai 2001, *Sieur Cupillard : Rev. Trésor 2002. 415*. ♦ Dès lors, l'excès de pouvoir commis par un maire, qui a sollicité ce versement et affirmé ordonnancer ces recettes, à le supposer caractérisé, n'est pas constitutif de concussion. De plus, faute pour le maire d'avoir reçu lui-même les fonds litigieux, affectés à l'office du tourisme, le délit n'est pas caractérisé. • Même arrêt. ♦ Toutefois, la perception de ce versement, qui n'était prévu par aucun texte ni par aucune délibération du conseil municipal, a donné lieu à une comptabilité spécifique établie manuellement par les services de la mairie qui tenait un registre ayant fait office de rôle. Dès lors, le maire a sciemment ordonné et recouvré des recettes indues au profit d'un établissement public communal, ce qui est constitutif du délit de concussion, aux termes de l'art. 432-10 C. pén. • Même arrêt. ♦ La prescription, en matière de concussion, ne commence à courir qu'à compter de la dernière des perceptions de sommes indues, lorsque ces perceptions résultent d'opérations indivisibles. • Crim. 31 janv. 2007, *Cne d'Auriol c/ Michèle Y. : RLCT 2007, n° 803, note Mayaud*. ♦ En l'espèce, une plainte avec constitution de partie civile avait été déposée par une commune, à l'encontre d'une personne qui avait exercé les fonctions de directeur général des services de la mairie, et qui avait été mise en examen du chef de concussion pour avoir indûment perçu des rémunérations, primes et indemnités sur le fondement de grades et échelons administratifs auxquels elle ne pouvait prétendre. • Même arrêt. ♦ De plus, la prescription, en matière de concussion, ne commence à courir, lorsque la concussion résulte d'opérations indivisibles, qu'à compter de la dernière des exonérations accordées indûment. • Crim. 31 janv. 2007, *Cne de L'Hôpital (Moselle) c/ Jean-Nicholas X. : RLCT 2007, n° 803, note Mayaud*. ♦ En l'espèce, un maire avait été condamné pour avoir attribué gratuitement un logement communal à l'entraîneur d'un club sportif local, alors que le conseil municipal avait, par une délibération antérieure, fixé, pour ce logement, un loyer mensuel : la commune avait porté plainte, et s'était constituée partie civile du chef de concussion. • Même arrêt. ♦ Entre dans les prévisions de l'art. 432-10, al. 2, C. pén. (délit de concussion) le fait pour un maire d'exonérer l'acquéreur et occupant d'un terrain communal du paiement du prix de ce dernier en s'abstenant volontairement de passer l'acte de vente dudit terrain, autorisé par le conseil municipal, en violation de l'art. L. 2122-21 CGCT. • Crim. 10 oct. 2012, n° 11-85.914 : *AJCT 2013. 105, obs. Laval-Mader ; JCP Adm. 2012, n° 2394, note Mesa ; Gestion fin. publ. 2013. 67, note Leblond-Masson.*

Art. L. 1617-6 *(L. n° 2015-991 du 7 août 2015, art. 108)* **I. — Les organismes publics suivants transmettent aux comptables publics, sous forme dématérialisée, les pièces nécessaires à l'exécution de leurs dépenses et de leurs recettes, dans le respect des modalités fixées par décret :**

(Ord. n° 2016-1561 du 21 nov. 2016, art. 9) **« 1° Les régions et la collectivité de Corse ; »**

2° Les départements ;

3° Les communes et les établissements publics de coopération intercommunale à fiscalité propre de plus de 10 000 habitants ;

4° Les offices publics de l'habitat dont le total des recettes courantes figurant à leurs comptes de l'exercice 2014 est supérieur à 20 millions d'euros ;

5° Les autres établissements publics locaux dont le total des recettes de la section de fonctionnement figurant à leur compte administratif de l'exercice 2014 est supérieur à 20 millions d'euros ;

6° Les centres hospitaliers, y compris régionaux, dont le total des recettes de la section de fonctionnement figurant à leur compte administratif de l'exercice 2014 est supérieur à 20 millions d'euros.

CHAPITRE VIII RÉGIME GÉNÉRAL DES DÉROGATIONS À L'OBLIGATION DE DÉPÔT AUPRÈS DE L'ÉTAT DES FONDS DES COLLECTIVITÉS TERRITORIALES ET DE LEURS ÉTABLISSEMENTS PUBLICS

(L. n° 2003-1311 du 30 déc. 2003, art. 116)

BIBL. ▶ AMSELEK, *RFFP 1995, n° 51* (la distinction des opérations permanentes et des opérations de trésorerie). – BAZEX et BLAZY, *Dr. adm. 2004, n° 42* (atténuation de l'obligation de dépôt des fonds libres au Trésor). – CABANNES, *LGDJ, 2000* (le principe de l'unité de trésorerie en droit public financier). – DUPONT, *Rev. Trésor 2005. 370* (le dépôt des fonds des collectivités territoriales). – DUSSART, *RFFP, 2009, n° 107, p. 79* (la trésorerie locale en régime LOLF). – LEVOYET, *JCP Adm. 2003, n° 1990* (la réforme des relations financières État-collectivités territoriales). – VALLET, *thèse, Grenoble, 2000* (les correspondants du Trésor). – VIVIANO, *Rev. Trésor 2001. 265* (le principe de l'unité de trésorerie des collectivités locales devant le juge des comptes).

SECTION 1 Champ d'application

Art. L. 1618-1 Les dispositions du présent chapitre s'appliquent aux collectivités territoriales et à leurs établissements publics, sous réserve des dispositions spécifiques applicables aux établissements publics de santé, aux établissements publics sociaux et médico-sociaux mentionnés à l'article L. 312-1 du code de l'action sociale et des familles et aux régies mentionnées à l'article L. 2221-1. Elles ne s'appliquent pas aux établissements publics d'habitations à loyer modéré.

SECTION 2 Conditions générales

Art. L. 1618-2 I. — Les collectivités territoriales et les établissements publics entrant dans le champ défini à l'article L. 1618-1 peuvent déroger à l'obligation de dépôt auprès de l'État pour les fonds qui proviennent :

1° De libéralités ;

2° De l'aliénation d'un élément de leur patrimoine ;

3° D'emprunts dont l'emploi est différé pour des raisons indépendantes de la volonté de la collectivité ou de l'établissement public ;

4° De recettes exceptionnelles dont la liste est fixée par décret en Conseil d'État.

II. — Les fonds dont l'origine est mentionnée au I ne peuvent être placés qu'en titres émis ou garantis par les États membres de la Communauté européenne ou les autres États parties à l'accord sur l'Espace économique européen, ou en parts ou actions d'organismes de placement collectif en valeurs mobilières *(Ord. n° 2013-676 du 25 juill. 2013, art. 41)* « ou de placements collectifs relevant des paragraphes 1, 2 et 6 de la sous-section 2, du paragraphe 2 ou du sous-paragraphe 1 du paragraphe 1 de la sous-section 3 de la section 2 du chapitre IV du titre I du livre II du code monétaire et financier » gérant exclusivement des titres émis ou garantis par les États membres de la Communauté européenne ou les autres États parties à l'accord sur l'Espace économique européen, libellés en euros.

Les collectivités territoriales et leurs établissements publics peuvent aussi déposer ces fonds sur un compte à terme ouvert auprès de l'État.

Ils peuvent détenir des valeurs mobilières autres que celles mentionnées au premier alinéa lorsque celles-ci proviennent de libéralités. Ils sont autorisés à les conserver jusqu'à leur réalisation ou leur échéance.

Les valeurs mobilières détenues par les collectivités territoriales et leurs établissements publics sont déposées exclusivement auprès de l'État.

III. — Les décisions de déroger à l'obligation de dépôt des fonds auprès de l'État, en application des I et II, relèvent de la compétence de l'organe délibérant. Toutefois, l'exécutif de la collectivité territoriale ou de l'établissement public local peut bénéficier d'une délégation dans les conditions prévues aux articles L. 1424-30, L. 2122-22, L. 3211-2 et L. 4221-5.

IV. — Les collectivités territoriales et leurs établissements publics peuvent, sur autorisation du ministre chargé du budget, déposer les fonds de leurs régies de recettes, d'avances et de recettes et d'avances sur un compte ouvert à La Poste ou dans un établissement de crédit ayant obtenu un agrément en vertu des dispositions applicables dans les États membres de la Communauté européenne ou les autres États parties à l'accord sur l'Espace économique européen.

V. — *(L. n° 2006-1666 du 21 déc. 2006, art. 95)* « Les collectivités territoriales, les syndicats intercommunaux de gestion forestière, les syndicats mixtes de gestion forestière, les groupements syndicaux forestiers et les sections de communes peuvent déposer des ressources de ventes de bois ou d'autres produits de leurs forêts sur un compte » individualisé ouvert dans le Fonds d'épargne forestière créé en vertu du VI de l'article 9 de la loi n° 2001-602 du 9 juillet 2001 d'orientation sur la forêt.

(L. n° 2020-935 du 30 juill. 2020, art. 48) « VI. — Par dérogation aux I et II du présent article, les entités de rattachement des offices publics de l'habitat mentionnées aux articles L. 421-6 et L. 421-6-1 du code de la construction et de l'habitation et les entités actionnaires de référence des sociétés anonymes d'habitations à loyer modéré mentionnées à l'article L. 422-2-1 du même code ainsi que toute entité associée d'un collège disposant d'au moins 30 % des droits de vote en assemblée générale d'une société anonyme coopérative d'habitations à loyer modéré mentionnée aux articles L. 422-3 et L. 422-3-2 dudit code, peuvent déroger à l'obligation de dépôt auprès de l'État, quelle que soit la nature ou l'origine des fonds, pour souscrire des titres participatifs émis par ces organismes en application de l'article L. 213-32 du code monétaire et financier.

« Les membres des syndicats mixtes mentionnés à l'article L. 421-6 du code de la construction et de l'habitation peuvent également, dans les mêmes conditions, souscrire aux titres participatifs émis par les offices qui sont rattachés à ces syndicats.

« Par dérogation à l'article L. 228-36 du code de commerce, la rémunération annuelle fixe et variable des titres souscrits par les entités mentionnées aux premier et deuxième alinéas du présent IV ne peut être supérieure au montant nominal de l'émission multiplié par le taux d'intérêt servi au détenteur d'un premier livret d'une caisse d'épargne au 31 décembre de l'année précédente, majoré de 1,5 point. »

Sur l'obligation pour les collectivités d'informer l'État en cas d'opérations affectant le compte du Trésor, V. ci-dessous L. n° 2003-1311 du 30 déc. 2003, art. 117.

1. Dérogations à l'obligation de dépôt des fonds disponibles au Trésor. L'art. 116 de la loi de finances initiale pour 2004 a mis en place, à partir du 1er janv. 2004, un nouveau régime général de dérogations à l'obligation de dépôt, structuré autour : d'une extension aux recettes exceptionnelles (primes d'assurance, sommes perçues à l'occasion d'un litige ou d'un contentieux...) ; de la liste des fonds pouvant faire l'objet de placement ; d'une liberté de gestion financière des établissements publics locaux chargés de la gestion d'un service public à caractère industriel et commercial ; d'un élargissement de la gamme de produits offerts pour ces placements, avec notamment un accès facilité grâce à la possibilité de souscrire un compte à terme ; d'une plus large autonomie des collectivités locales, à travers notamment la suppression de l'autorisation préalable du trésorier-payeur général. * Rép. min., n° 24037 : *JO Sénat Q, 12 févr. 2004 ; Rev. Trésor 2004. 413.*

2. Placement des excédents d'exécution. Les fonds dégagés en fin d'exercice après exécution du budget, qui correspondent à des disponibilités qui excèdent les besoins immédiats de la collectivité, sont soumis à la règle de dépôt au Trésor : dès lors, en accordant directement aux communes qui en font la demande des avances financières remboursables sans intérêt, à partir de ces fonds disponibles, sans transiter par le dépôt des sommes en cause sur le compte unique du Trésor ouvert aux collectivités locales, et sans justifier ni même soutenir avoir obtenu une autorisation ministérielle dérogatoire, la collectivité publique concernée (en l'espèce, un département) a méconnu cette règle de dépôt au Trésor. • CAA Marseille, 30 mai 2000, *Préfet des Alpes-de-Haute-Provence,* nos 98MA00346, 98MA00393, 98MA00394, 98MA00395, 98MA00396 et 98MA0039 : *RFDA 2002. 833, obs. Orsoni.*

3. Lignes de trésorerie. Les prêts au jour le jour contractés auprès des banques, autorisés depuis 1989, permettent, le cas échéant, de gérer de manière souple et active la trésorerie en évitant de laisser sur le compte du Trésor des sommes improductives tout en conservant un solde positif.

Les lignes de trésorerie peuvent donc constituer un outil d'ajustement quotidien des appels et des remboursements de fonds en fonction du solde du compte au Trésor, des encaissements attendus et des décaissements prévus par le comptable public. L'optimisation de ce type de gestion implique une bonne organisation des échanges d'informations entre l'ordonnateur, signataire du contrat de ligne de trésorerie avec la banque, donneur d'ordres de tirage ou de remboursements de fonds, et le comptable public, seul habilité à détenir et à manier les fonds, destinataire des informations relatives, d'une part, au solde du compte au Trésor et, d'autre part, aux encaissements attendus et décaissements prévus. Les protocoles d'échanges informatiques permettent des transmissions régulières aux ordonnateurs d'informations concernant notamment les comptes de tiers (débiteurs et créditeurs) et financiers. Le protocole Ocre (ordonnateur/comptable/retour) permet en particulier à l'ordonnateur de suivre l'évolution des comptes de tiers et financiers concernés et, par conséquent, d'établir une situation exacte à un instant donné pour chaque compte concerné. * Rép. min., n° 20375 : *JOAN Q, 22 sept. 2003 ; Rev. Trésor 2003. 786.*

4. Reprise du résultat de l'exercice clos. Sur les modalités de reprise du résultat de l'exercice clos, V. art. L. 2311-5.

Loi n° 2003-1311 du 30 décembre 2003,

De finances pour 2004.

Art. 117 Les collectivités territoriales et leurs établissements publics informent l'État avant toute opération affectant le compte du Trésor. Les seuils et les conditions de mise en œuvre de cette obligation d'information préalable sont fixés par décret en Conseil d'État.

TITRE II GARANTIES ACCORDÉES AUX ÉLUS LOCAUX *(L. n° 2002-276 du 27 févr. 2002, art. 70-I).*

(L. n° 2000-295 du 5 avr. 2000, art. 8)

ENCYCL. COLL. LOC. *Le statut général des élus locaux, 12030 s.*, par J. BENOIT.

CHAPITRE UNIQUE

Art. L. 1621-1 Les indemnités de fonction perçues par les élus locaux en application des articles du présent code ne sont saisissables que pour la partie qui excède *(L. n° 2016-1917 du 29 déc. 2016, art. 10)* « le montant représentatif des frais d'emploi défini à la dernière phrase du premier alinéa du 1° de l'article 81 » du code général des impôts.

(L. n° 2015-366 du 31 mars 2015, art. 5) « Nonobstant toutes dispositions contraires, la fraction représentative des frais d'emploi n'est pas prise en considération pour le calcul des ressources ouvrant droit à une prestation sociale. »

Art. L. 1621-2 *(L. n° 2002-276 du 27 févr. 2002, art. 70)* Un fonds de financement verse l'allocation de fin de mandat prévue par les articles L. 2123-11-2, L. 3123-9-2 et L. 4135-9-2. Sa gestion est assurée par la Caisse des dépôts et consignations. Ce fonds est alimenté par une cotisation obligatoire annuelle versée par les communes de plus de 1 000 habitants, les départements, les régions ainsi que les établissements publics de coopération intercommunale à fiscalité propre.

L'assiette de la cotisation obligatoire est constituée par le montant total des indemnités maximales susceptibles d'être allouées par la collectivité ou l'établissement à ses élus.

Le taux de la cotisation obligatoire est fixé par décret compte tenu des besoins de financement du fonds. Il ne peut excéder 1,5 %.

Le bilan de la gestion du fonds fait l'objet d'une information du comité des finances locales et d'une publication au *Journal officiel.*

Art. L. 1621-3 *(L. n° 2016-341 du 23 mars 2016, art. 1er)* Un fonds est créé pour le financement du droit individuel à la formation des élus locaux, prévu aux articles L. 2123-12-1, L. 3123-10-1, L. 4135-10-1, L. 7125-12-1 et L. 7227-12-1 du présent code et à l'article L. 121-37-1 du code des communes de la Nouvelle-Calédonie.

(L. n° 2016-1918 du 29 déc. 2016, art. 140) « Ce fonds est alimenté par une cotisation obligatoire *(Ord. n° 2021-45 du 20 janv. 2021, art. 8)* « précomptée » sur les

indemnités de fonction versées aux membres des conseils municipaux, aux membres des organes délibérants des établissements publics de coopération intercommunale à fiscalité propre, aux membres des conseils départementaux, aux membres des conseils régionaux, aux conseillers à l'assemblée de Guyane, aux conseillers à l'assemblée de Martinique et aux conseillers exécutifs de Martinique ». *(Ord. n° 2021-45 du 20 janv. 2021, art. 8)* « La Caisse des dépôts et consignations peut consentir une avance au fonds, afin de répondre à un besoin de trésorerie. Les obligations liées à son remboursement sont prises en compte dans l'appréciation de l'équilibre financier mentionné au quatrième alinéa. Cette avance fait l'objet d'une convention entre l'État et la Caisse des dépôts et des consignations, qui précise notamment son montant, sa durée de remboursement et les conditions de son éventuel renouvellement. »

(L. n° 2016-1918 du 29 déc. 2016, art. 140) « Les collectivités territoriales et les établissements publics de coopération intercommunale à fiscalité propre mentionnés au deuxième alinéa *(Ord. n° 2021-45 du 20 janv. 2021, art. 8)* « liquident et reversent » la cotisation due au titre du droit individuel à la formation *(Ord. n° 2021-45 du 20 janv. 2021, art. 8)* « dans les conditions fixées par décret en Conseil d'État ».

(Ord. n° 2021-45 du 20 janv. 2021, art. 8) « Le fonds pour le financement du droit individuel à la formation est équilibré financièrement. *(L. n° 2021-771 du 17 juin 2021, art. 6)* « Cet équilibre est apprécié sur une période de trois ans. » Afin de *(L. n° 2021-771 du 17 juin 2021, art. 6)* « le garantir », le Conseil national de la formation des élus locaux s'assure, dans les conditions prévues à l'article L. 1221-1, que les cotisations versées au fonds en application du présent article fournissent des ressources suffisantes pour couvrir l'ensemble des dépenses du fonds. Lorsqu'il constate que l'équilibre financier du fonds est susceptible d'être compromis, il formule des propositions visant à le rétablir. Ces propositions peuvent notamment porter sur la valeur des droits que les élus acquièrent, sur le montant de leurs cotisations ou sur les conditions de prise en charge des formations ». *(Ord. n° 2021-45 du 20 janv. 2021, art. 8)* « Le Conseil national de la formation des élus locaux privilégie les propositions qui n'ont ni pour objet ni pour effet de diminuer la valeur des droits que les élus acquièrent ou d'augmenter le montant de leurs cotisations. » *(Ord. n° 2021-45 du 20 janv. 2021, art. 8)* « Ces propositions sont transmises au ministre chargé des collectivités territoriales, qui les prend en compte dans l'élaboration d'un projet de rétablissement de l'équilibre financier, soumis pour avis au Conseil national de la formation des élus locaux. Lorsque celui-ci émet un avis défavorable sur tout ou partie de ce projet, le ministre transmet un projet modifié ou des informations complémentaires en vue d'une seconde délibération. Lorsque le Conseil national de la formation des élus locaux a rendu un avis favorable sur l'ensemble du projet ou à l'issue de cette seconde délibération, le ministre chargé des collectivités territoriales arrête les mesures nécessaires au rétablissement de l'équilibre financier du fonds, dans les conditions fixées par décret en Conseil d'État. »

(Ord. n° 2021-45 du 20 janv. 2021, art. 8) « Le Conseil national de la formation des élus locaux mentionné au même article L. 1221-1 formule chaque année des prévisions triennales sur les perspectives financières et les conditions de l'équilibre financier du fonds pour le financement du droit individuel à la formation. »

Le bilan de la gestion du fonds fait l'objet d'une information annuelle du comité des finances locales.

(Ord. n° 2021-45 du 20 janv. 2021, art. 8) « Un décret en Conseil d'État détermine les modalités de mise en œuvre et de gestion du droit individuel à la formation. »

Art. L. 1621-4 *(Ord. n° 2021-45 du 20 janv. 2021, art. 9)* I. — La Caisse des dépôts et consignations est habilitée à recevoir les ressources du fonds du droit individuel à la formation des élus locaux mentionnées à l'article L. 1621-3. Elle assure la gestion de ces ressources en vue de financer les droits acquis par les élus locaux au titre de leur droit individuel à la formation.

Elle peut recevoir les participations financières des collectivités territoriales et des établissements publics de coopération intercommunale à fiscalité propre, en application des articles L. 2123-12, L. 2123-14-1, L. 3123-10, L. 4135-10, L. 7125-12, et L. 7227-12 du présent code *(Ord. n° 2021-71 du 27 janv. 2021, art. 3)* « et à l'article L. 121-37 du code des communes de la Nouvelle-Calédonie ». Elle peut également recevoir les financements complémentaires prévus au troisième alinéa des articles L. 2123-12-1, L. 3123-10-1, L. 4135-10-1, L. 7125-12-1, et L. 7227-12-1 du présent code *(Ord. n° 2021-71 du 27 janv. 2021, art. 3)* « et au troisième alinéa de l'article L. 121-37-1 du code des communes de la Nouvelle-Calédonie ».

II. – La Caisse des dépôts et consignations est habilitée à conduire les procédures d'attribution des marchés publics répondant à ses besoins pour la mise en œuvre du droit individuel à la formation des élus locaux ainsi qu'à conclure ces marchés et à assurer le suivi de leur exécution.

III. – La Caisse des dépôts et consignations conclut avec l'État une convention triennale d'objectifs et de performance qui définit notamment la part des ressources mentionnées au présent article destinées à financer les frais de mise en œuvre de ses missions, dont le financement des traitements automatisés de données à caractère personnel mentionnés à l'article L. 1621-5.

IV. – La Caisse des dépôts et consignations gère les ressources mentionnées au premier alinéa du I au sein d'un fonds dédié dont elle assure la gestion administrative, financière et comptable dans un compte spécifique ouvert dans ses livres. Les ressources supplémentaires mentionnées au second alinéa du même I font l'objet d'un suivi comptable distinct.

Un décret en Conseil d'État détermine les conditions d'application du présent article.

Art. L. 1621-5 *(Ord. n° 2021-45 du 20 janv. 2021, art. 9)* I. – Chaque titulaire de droits individuels à la formation au sens du présent chapitre a connaissance du montant des droits dont il dispose *(L. n° 2021-771 du 17 juin 2021, art. 9)* « et des abondements dont il peut bénéficier » en accédant à un service dématérialisé gratuit. Ce service donne également des informations sur les formations éligibles. Il assure la prise en charge des actions de formation de l'inscription jusqu'au paiement des prestataires qui les organisent. *(L. n° 2021-771 du 17 juin 2021, art. 9)* « Au moins une fois par an, le gestionnaire du service dématérialisé informe, par l'intermédiaire du système d'information du compte personnel de formation, les élus locaux disposant d'un tel compte de l'existence du droit individuel à la formation des élus locaux, dans des conditions définies par décret. »

(L. n° 2021-771 du 17 juin 2021, art. 10) « Sont accessibles aux titulaires desdits droits sur ce service dématérialisé, dès la première année de leur mandat et gratuitement, des modules de formations élémentaires nécessaires à l'exercice de leur mandat. Les modalités d'inscription et le contenu de ces formations sont définis par décret. »

II. – Le traitement automatisé de données à caractère personnel permettant la gestion et l'utilisation des droits individuels à la formation acquis par les élus locaux est le système dénommé "système d'information du compte personnel de formation" mentionné à l'article L. 6323-8 du code du travail.

III. – La Caisse des dépôts et consignations gère le service dématérialisé, ses conditions générales d'utilisation et le traitement automatisé mentionnés au présent article. Les conditions générales d'utilisation précisent les engagements auxquels souscrivent les élus titulaires de droits individuels à la formation et les organismes de formation.

LIVRE VII *[ABROGÉ]* DISPOSITIONS PARTICULIÈRES APPLICABLES À MAYOTTE

(Abrogé par L. nº 2025-797 du 11 août 2025, art. 48)
(L. nº 2010-1487 du 7 déc. 2010, art. 1er)

Le présent livre est abrogé à compter d'une date fixée par décret et au plus tard le 1er janv. 2026 (L. nº 2025-797 du 11 août 2025, art. 48).

Art. L. 1711-1 *Pour l'application à Mayotte de la première partie du présent code :*

1º La référence au département ou à la région est remplacée par la référence au Département de Mayotte ;

2º La référence au conseil régional ou aux conseils départementaux est remplacée par la référence au conseil départemental.

Art. L.O. 1711-2 *(Abrogé par L. org. nº 2025-793 du 11 août 2025, art. 1er, à compter au plus tard du 1er janv. 2026) (L. org. nº 2010-1486 du 7 déc. 2010, art. 1er) Pour l'application à Mayotte de l'article L.O. 1112-10, la référence au département est remplacée par la référence au Département de Mayotte.*

Art. L. 1711-3 *Pour l'application du chapitre IV du titre I du livre VI, l'évaluation des dépenses exposées par l'État au titre de l'exercice des compétences transférées au Département et aux communes de Mayotte et la constatation des charges résultant des créations et extensions de compétences sont soumises, préalablement à la consultation de la commission consultative sur l'évaluation des charges mentionnée à l'article L. 1211-4-1, à l'avis d'un comité local présidé par un magistrat des juridictions financières et composé à parité de représentants de l'État désignés par le préfet de Mayotte et de représentants des collectivités territoriales de Mayotte. La composition et les modalités de fonctionnement du comité local sont fixées par décret.*

Art. L. 1711-4 *(L. nº 2013-1029 du 15 nov. 2013, art. 27) I. — Les articles L. 1424-1 à L. 1424-13, L. 1424-17 à L. 1424-19, L. 1424-22, L. 1424-24 à L. 1424-44, L. 1424-46 et L. 1424-48 à L. 1424-50 sont applicables à Mayotte à compter du 1er janvier 2014, sous réserve des adaptations prévues au II du présent article.*

II. — Pour l'application à Mayotte des articles mentionnés au I :

(L. nº 2021-1520 du 25 nov. 2021, art. 27) « 1º À l'article L. 1424-12, la seconde phrase du second alinéa est supprimée ; »

2º L'article L. 1424-13 est ainsi rédigé :

Art. L. 1424-13 *À la date de la première réunion du conseil d'administration du service départemental d'incendie et de secours, les agents du Département de Mayotte qui relèvent des cadres d'emplois de sapeurs-pompiers professionnels, les sapeurs-pompiers volontaires ainsi que les personnels administratifs, techniques et spécialisés de la fonction publique territoriale, qui exercent leurs fonctions au service d'incendie et de secours du conseil départemental de Mayotte, sont réputés relever du service départemental d'incendie et de secours, dans les conditions de statut et d'emploi qui sont les leurs.*

À la date de la première réunion du conseil d'administration du service départemental d'incendie et de secours, il est mis fin de plein droit aux fonctions des agents occupant les emplois de directeur et de directeur adjoint du service d'incendie et de secours du conseil départemental de Mayotte. ;

3º Les trois premiers alinéas de l'article L. 1424-17 sont ainsi rédigés :

"Les biens affectés par le conseil départemental au fonctionnement du service d'incendie et de secours de Mayotte et nécessaires au fonctionnement du service départemental d'incendie et de secours sont mis à la disposition de celui-ci, à titre gratuit, à compter de la date fixée par une convention, sous réserve des dispositions de l'article L. 1424-19.

"Cette convention conclue entre, d'une part, le conseil départemental de Mayotte et, d'autre part, le service départemental d'incendie et de secours règle les modalités de la mise à disposition, qui doit intervenir dans le délai d'un an à compter de la première réunion du conseil d'administration du service départemental d'incendie et de secours.

"À la date de la première réunion de son conseil d'administration, le service départemental d'incendie et de secours succède au conseil départemental de Mayotte dans ses droits et obli-

gations en matière d'incendie et de secours. À ce titre, il lui est substitué dans les contrats de toute nature conclus pour l'aménagement, le fonctionnement, l'entretien ou la conservation des biens mis à sa disposition, ainsi que pour le fonctionnement des services. Cette substitution est notifiée par le conseil départemental de Mayotte à ses cocontractants." ;

4° L'article L. 1424-18 est ainsi modifié :

a) À la première phrase, les mots : "la commune ou l'établissement public de coopération intercommunale ou" sont supprimés ;

b) À la seconde phrase, les mots : "de la commune, de l'établissement public de coopération intercommunale ou" sont supprimés ;

5° L'article L. 1424-22 est ainsi rédigé :

Art. L. 1424-22 *À défaut de signature de la convention prévue à l'article L. 1424-17 dans le délai fixé à ce même article, le représentant de l'État dans le département règle, dans un délai de six mois, la situation des biens mis à la disposition du service départemental d'incendie et de secours, après consultation du comité local mentionné à l'article L. 1711-3.*

Sa décision est notifiée au président du conseil départemental et au président du conseil d'administration du service départemental d'incendie et de secours dans un délai d'un mois. ;

6° L'article L. 1424-35 est ainsi modifié :

a) Les cinquième à avant-dernier alinéas sont ainsi rédigés :

"À compter de 2015, le montant prévisionnel des contributions mentionnées au quatrième alinéa, arrêté par le conseil d'administration du service départemental d'incendie et de secours, est notifié aux maires et aux présidents des établissements publics de coopération intercommunale avant le 1er janvier de l'année en cause.

"À compter de 2015, le montant global des contributions des communes et des établissements publics de coopération intercommunale tient compte des charges respectives du conseil départemental de Mayotte, des communes et des établissements publics de coopération intercommunale.

"Pour l'exercice 2015, si aucune délibération n'est prise dans les conditions prévues au troisième alinéa, la contribution de chaque commune et de chaque établissement public de coopération intercommunale est calculée, dans des conditions fixées par décret, en fonction de l'importance de sa population, de son potentiel fiscal par habitant et de ses charges." ;

b) Au début du dernier alinéa, sont ajoutés les mots : "À compter de 2016," ;

7° L'article L. 1424-36 est ainsi rédigé :

Art. L. 1424-36 *Jusqu'à l'entrée en vigueur de la convention prévue à l'article L. 1424-17, le montant minimal des dépenses directes et indirectes relatives aux biens mentionnés à ce même article, à l'exclusion des contributions mentionnées à l'article L. 1424-35, réalisées chaque année par le Département de Mayotte[,] est fixé par une convention passée entre le service départemental d'incendie et de secours, d'une part, et le conseil départemental de Mayotte, d'autre part.*

À défaut de convention et jusqu'à l'entrée en vigueur de celle prévue à l'article L. 1424-17, le montant minimal des dépenses mentionnées au premier alinéa du présent article est fixé par le conseil d'administration du service départemental d'incendie et de secours en tenant compte des charges respectives du Département de Mayotte et des communes. ;

8° Au premier alinéa de l'article L. 1424-41, les mots : "au 1er janvier 1996" sont remplacés par les mots : "à la date de la première réunion du conseil d'administration du service départemental d'incendie et de secours" ;

9° À la fin du premier alinéa de l'article L. 1424-44, les mots : "dans un délai de cinq ans à compter de la promulgation de la loi n° 96-369 du 3 mai 1996 relative aux services d'incendie et de secours" sont supprimés ;

10° L'article L. 1424-46 est ainsi rédigé :

Art. L. 1424-46 *Il est créé une commission de préfiguration comprenant :*

1° Le représentant de l'État à Mayotte ou son représentant ;

2° Le directeur régional des finances publiques de Mayotte ou son représentant ;

3° Le directeur du service d'incendie et de secours de Mayotte ou son représentant ;

4° Le président du conseil départemental ou son représentant ;

5° Neuf conseillers départementaux ou leurs représentants, désignés par le président du conseil départemental ;

6° Six maires ou leurs représentants, désignés par une association représentative de l'ensemble des maires de Mayotte ;

7° Un sapeur-pompier représentant les sapeurs-pompiers professionnels ;

8° Un sapeur-pompier représentant les sapeurs-pompiers volontaires.

Cette commission est présidée par le représentant de l'État à Mayotte ou son représentant ; il fixe, par arrêté, ses modalités d'organisation et de fonctionnement.

La commission est chargée de :

a) Préparer la convention de mise à disposition des biens mentionnée à l'article L. 1424-17 ;

b) Délibérer, dans le respect des conditions prévues à l'article L. 1424-24-1, sur le nombre et la répartition des sièges au sein du conseil d'administration du service départemental d'incendie et de secours entre le département, les communes et les établissements publics de coopération intercommunale, le cas échéant.

Le président de la commission fixe, par arrêté, la répartition des sièges, au vu de la délibération mentionnée au b.

La commission exerce ses missions jusqu'à l'élection des membres du conseil d'administration du service départemental d'incendie et de secours.

Par dérogation à l'article L. 1424-24-2, l'élection des membres du conseil d'administration du service départemental d'incendie et de secours se déroule dans les quatre mois suivant le premier renouvellement général des conseils municipaux à compter de la promulgation de la loi n° 2013-1029 du 15 novembre 2013 portant diverses dispositions relatives aux outre-mer. La première réunion du conseil d'administration intervient dans le même délai.

Jusqu'à la première réunion du conseil d'administration du service départemental d'incendie et de secours, élu dans les conditions prévues au présent article, le fonctionnement du service d'incendie et de secours demeure régi par les articles L.O. 6161-27 à L. 6161-41. ;

11° L'article L. 1424-48 est ainsi rédigé :

Art. L. 1424-48 *À la date de la première réunion de son conseil d'administration, le service départemental d'incendie et de secours est substitué de plein droit au service d'incendie et de secours du conseil départemental de Mayotte, mentionné à l'article L.O. 6161-27.*

Loi n° 2010-1487 du 7 décembre 2010,

Relative au Département de Mayotte.

Art. 1er-II Le service d'incendie et de secours du Département de Mayotte est éligible au fonds d'aide à l'investissement des services départementaux d'incendie et de secours dans les conditions prévues aux I et IV de l'article L. 1424-36-1 jusqu'au 31 décembre 2013.

....

Art. 36 Le Département de Mayotte succède à la collectivité départementale de Mayotte dans l'ensemble de ses droits, biens et obligations.

Dans tous les lois et règlements en vigueur, la référence à la collectivité départementale de Mayotte est remplacée par la référence au Département de Mayotte.

Art. L. 1711-5 (Ord. n° 2012-576 du 26 avr. 2012, art. 12) ***Les ressources attribuées au Département de Mayotte, en application du IV de l'article 12 de l'ordonnance n° 2012-576 du 26 avril 2012 portant extension et adaptation à Mayotte du code de la construction et de l'habitation ainsi que de diverses lois relatives au logement, sont*** (L. n° 2012-1509 du 29 déc. 2012, art. 36) ***« composées d'une part du produit de la taxe intérieure de consommation sur les produits énergétiques » et sont affectées au financement par le Département de Mayotte du fonds de solidarité pour le logement.*** — *V. cet art., infra.*

Ordonnance nº 2012-576 du 26 avril 2012,

Portant extension et adaptation à Mayotte du code de la construction et de l'habitation ainsi que de diverses lois relatives au logement.

Art. 12 I. — Les articles 1er à 8 de la loi du 31 mai 1990 susvisée *[L. nº 90-449 modifiée visant à la mise en œuvre du droit au logement]* sont applicables à Mayotte dans les conditions prévues par le présent article.

[...]

IV. — Les charges nettes qui résultent, pour le Département de Mayotte, de la création de la compétence définie au I du présent article donnent lieu à l'attribution de ressources dont le montant est calculé forfaitairement, en appliquant à la population municipale du Département de Mayotte le montant moyen par habitant constaté dans les départements d'outre-mer au titre de la compensation du transfert aux départements de la gestion et du financement des fonds de solidarité pour le logement mis en œuvre à compter du 1er janvier 2005 en application de l'article 65 de la loi nº 2004-809 du 13 août 2004 relative aux libertés et responsabilités locales. Les populations prises en compte sont les populations municipales mentionnées dans les statistiques démographiques annuelles départementales produites par l'Institut national de la statistique et des études économiques disponibles au 31 décembre *(L. nº 2013-1278 du 29 déc. 2013, art. 44-V)* « 2012 ». Le montant obtenu est actualisé en valeur 2011 sur le taux d'évolution de la dotation générale de décentralisation.

LIVRE VIII COMMUNES DE LA POLYNÉSIE FRANÇAISE

(Ord. n° 2007-1434 du 5 oct. 2007, art. 1er)

TITRE I DISPOSITIONS GÉNÉRALES

Art. L. 1811-1 Pour l'application des dispositions de la première partie aux communes de la Polynésie française et sauf lorsqu'il en est disposé autrement :

1° La référence au département ou à la région est remplacée par la référence à la Polynésie française ; le mot : "départemental" est remplacé par les mots : "de la Polynésie française" ;

2° Les mots : "le représentant de l'État dans le département" et les mots : "le préfet" sont remplacés par les mots : "le haut-commissaire de la République en Polynésie française" ;

3° Les montants en euros sont remplacés par des montants équivalents en monnaie locale compte tenu de la contre-valeur de l'euro dans cette monnaie ;

4° La référence au salaire minimum de croissance est remplacée par la référence au salaire minimum garanti en Polynésie française ;

5° Les mots : "chambre régionale des comptes" sont remplacés par les mots : "chambre territoriale des comptes" ;

6° Les mots : "décret en Conseil d'État" sont remplacés par le mot : "décret".

Art. L. 1811-2 *(L. n° 2014-173 du 21 févr. 2014, art. 24)* Dans les communes et établissements publics de coopération intercommunale de la Polynésie française ayant conclu un contrat de ville défini à l'article 6 de la loi n° 2014-173 du 21 février 2014 de programmation pour la ville et la cohésion urbaine, le maire et le président de l'établissement public de coopération intercommunale présentent à leur assemblée délibérante respective un rapport sur la situation de la collectivité au regard de la politique de la ville, les actions qu'elle mène sur son territoire et les orientations et programmes de nature à améliorer cette situation. Ce rapport est débattu au sein du conseil municipal et du conseil communautaire. Son contenu et les modalités de son élaboration sont fixés par décret.

Les éléments de ce rapport font l'objet d'une consultation préalable du ou des conseils citoyens présents sur le territoire. Le conseil municipal et le conseil communautaire sont informés du résultat de cette consultation lors de la présentation du rapport.

Art. L. 1811-3 *(Ord. n° 2022-1521 du 7 déc. 2022, art. 9)* I. — Les dispositions du chapitre I du titre unique du livre I de la première partie mentionnées dans la colonne de gauche du tableau ci-après sont applicables aux communes et à leurs groupements en Polynésie française, dans leur rédaction indiquée dans la colonne de droite du même tableau, sous réserve des adaptations prévues au II :

DISPOSITIONS APPLICABLES	DANS LEUR RÉDACTION RÉSULTANT DE
L. 1111-1-1	la loi n° 2022-217 du 21 février 2022
L. 1111-6	la loi n° 2022-217 du 21 février 2022

II. — Pour l'application de l'article L. 1111-6 :

1° Les mots : "collectivité territoriale" et "collectivité" sont remplacés par le mot : "commune", et les mots : "collectivités territoriales" par le mot : "communes" ;

2° Au II :

a) Les mots : "une aide revêtant l'une des formes prévues au deuxième alinéa du I de l'article L. 1511-2 et au deuxième alinéa de l'article L. 1511-3" sont remplacés par les mots : "une aide en matière d'investissement d'entreprise définie par la réglementation applicable localement" ;

b) Les mots : "ou à la commission prévue à l'article L. 1411-5" sont remplacés par les mots : "ou aux commissions d'attribution de délégations de service public prévues par la réglementation applicable localement" ;

3° Au 2° du III :

a) Les mots : "aux articles L. 123-4 et L. 123-4-1 du code de l'action sociale et des familles" sont remplacés par les mots : "à l'article L. 2573-32 du présent code" ;

b) Les mots : "et à l'article L. 212-10 du code de l'éducation" sont supprimés.

TITRE II LIBRE ADMINISTRATION

CHAPITRE I PARTICIPATION DES ÉLECTEURS AUX DÉCISIONS LOCALES

Art. L. 1821-1 I. – Les articles L. 1112-15 *(L. n° 2022-217 du 21 févr. 2022, art. 14)* « et » L. 1112-17 et les articles L. 1112-19 à *(L. n° 2016-1321 du 7 oct. 2016, art. 6)* « L. 1112-22 » sont applicables aux communes de la Polynésie française. *(L. n° 2022-217 du 21 févr. 2022, art. 14)* « L'article L. 1112-16 est applicable aux communes de la Polynésie française dans sa rédaction résultant de la loi n° 2022-217 du 21 février 2022 relative à la différenciation, la décentralisation, la déconcentration et portant diverses mesures de simplification de l'action publique locale. »

II. – Pour l'application de l'article L. 1112-16, les mots : "et, dans les autres collectivités territoriales, un *(L. n° 2022-217 du 21 févr. 2022, art. 14)* « vingtième » des électeurs", sont supprimés.

CHAPITRE II ACTION EXTÉRIEURE DES COLLECTIVITÉS TERRITORIALES *(L. n° 2014-773 du 7 juill. 2014, art. 14).*

Art. L. 1822-1 I. – Les articles L. 1115-1 et L. 1115-5 à L. 1115-7 sont applicables aux communes de la Polynésie française et à leurs groupements sous réserve des adaptations prévues au II.

II. – Pour l'application du *(L. n° 2007-1720 du 7 déc. 2007, art. 6 ; L. n° 2014-773 du 7 juill. 2014, art. 14)* « second alinéa » de l'article L. 1115-1, les mots : "dès leur transmission au représentant de l'État dans les conditions fixées aux articles L. 2131-1, L. 2131-2, L. 3131-1, L. 3131-2, L. 4141-1 et L. 4141-2. Les articles L. 2131-6, L. 3132-1 et L. 4142-1 leur sont applicables." sont remplacés par les mots : "dans les conditions fixées par l'article 8 de l'ordonnance n° 2007-1434 du 5 octobre 2007 portant extension des première, deuxième et cinquième parties du code général des collectivités territoriales aux communes de la Polynésie française, à leurs groupements et à leurs établissements publics." jusqu'à la date prévue au III de l'article 7 de cette ordonnance et par "dès leur transmission au représentant de l'État dans les conditions fixées aux articles L. 2131-1 et L. 2131-2. L'article L. 2131-6 leur est applicable." après cette date.

CHAPITRE III MÉDIATION

(L. n° 2019-1461 du 27 déc. 2019, art. 81)

Art. L. 1823-1 L'article L. 1112-24 est applicable aux communes de la Polynésie française.

CHAPITRE IV DEMANDE DE PRISE DE POSITION FORMELLE

(Ord. n° 2020-1256 du 14 oct. 2020, art. 2)

Art. L. 1824-1 I. – Les dispositions du chapitre VI du titre unique du livre I de la première partie mentionnées dans la colonne de gauche du tableau ci-après sont applicables en Polynésie française, dans leur rédaction indiquée dans la colonne de droite du même tableau sous réserve des adaptations prévues au II.

DISPOSITIONS APPLICABLES	DANS LEUR RÉDACTION RÉSULTANT DE
L. 1116-1	la loi n° 2019-1461 du 27 décembre 2019

II. — Pour l'application de l'article L. 1116-1, les mots : "les collectivités territoriales" sont remplacés par les mots : "les communes".

TITRE III ORGANISMES NATIONAUX COMPÉTENTS À L'ÉGARD DES COMMUNES ET DE LEURS GROUPEMENTS

(Ord. n° 2007-1434 du 5 oct. 2007, art. 1er)

Art. L. 1831-1 Les communes de la Polynésie française sont représentées dans les organismes institués par les titres I à IV du livre II de la première partie.

Art. L. 1831-2 *(Ord. n° 2021-45 du 20 janv. 2021, art. 14)* I. — Les dispositions du chapitre unique du titre II du livre II de la première partie mentionnées dans la colonne de gauche du tableau ci-après sont applicables en Polynésie française, dans leur rédaction indiquée dans la colonne de droite du même tableau, sous réserve des adaptations prévues au II.

DISPOSITIONS APPLICABLES	DANS LEUR RÉDACTION RÉSULTANT DE
L. 1221-1	La loi n° 2021-771 du 17 juin 2021 ratifiant les ordonnances n° 2021-45 du 20 janvier 2021 et n° 2021-71 du 27 janvier 2021 portant réforme de la formation des élus locaux
L. 1221-2	L'ordonnance n° 2021-45 du 20 janvier 2021 portant réforme de la formation des élus locaux
L. 1221-3 et L. 1221-4	La loi n° 2021-771 du 17 juin 2021 ratifiant les ordonnances n° 2021-45 du 20 janvier 2021 et n° 2021-71 du 27 janvier 2021 portant réforme de la formation des élus locaux

II. — L'article L. 1221-4 du code général des collectivités territoriales est remplacé par les dispositions suivantes :

Art. L. 1221-4 L'organisme titulaire d'un agrément en application de l'article L. 1221-3 est tenu de déclarer et d'exercer son activité conformément aux dispositions applicables localement.

TITRE IV BIENS DES COLLECTIVITÉS TERRITORIALES, DE LEURS GROUPEMENTS ET DE LEURS ÉTABLISSEMENTS PUBLICS

(Ord. n° 2007-1434 du 5 oct. 2007, art. 1er)

Art. L. 1841-1 I. — Les articles L. 1311-1, L. 1311-13 et L. 1311-15 sont applicables aux communes de la Polynésie française et à leurs établissements publics sous réserve des adaptations prévues aux II et III.

II. — Pour l'application de l'article L. 1311-1, les mots : "à l'article L. 3112-1 du code général de la propriété des personnes publiques ou échangées dans les conditions fixées aux articles L. 3112-2 et L. 3112-3 du même code" sont remplacés par les mots : "par la réglementation applicable localement".

III. — *(L. n° 2009-526 du 12 mai 2009, art. 97)* « Pour l'application de l'article L. 1311-13 :

« 1° Au premier alinéa, les mots : ", les présidents des conseils départementaux et les présidents des conseils régionaux" sont supprimés ;

« 2° Au dernier alinéa, les mots : "collectivité territoriale" sont remplacés par le mot : "commune". »

Art. L. 1841-2 *(L. n° 2022-217 du 21 févr. 2022, art. 246)* La propriété des voies privées ouvertes à la circulation publique dans des ensembles d'habitations peut, après enquête publique ouverte par le maire ou le président de l'établissement public de coopération intercommunale et réalisée conformément à la réglementation applicable localement, être transférée d'office sans indemnité dans le domaine public de la commune sur le territoire de laquelle les voies sont situées.

La décision de l'autorité administrative portant transfert vaut classement dans le domaine public et éteint, par elle-même et à sa date, tous droits réels et personnels existant sur les biens transférés.

Cette décision est prise par délibération du conseil municipal ou de l'organe délibérant de l'établissement public de coopération intercommunale. Si un propriétaire intéressé a fait connaître son opposition, cette décision est prise par arrêté du haut-commissaire, à la demande de la commune.

TITRE V SERVICES PUBLICS LOCAUX

(Ord. n° 2007-1434 du 5 oct. 2007, art. 1er)

CHAPITRE I PRINCIPES GÉNÉRAUX

Art. L. 1851-1 Les articles L. 1412-1 et L. 1412-2 sont applicables aux communes de la Polynésie française et à leurs établissements publics à l'exception des mots : ", le cas échéant, après avoir recueilli l'avis de la commission consultative des services publics locaux prévue à l'article L. 1413-1".

1. Les articles L. 1411-1 s. ne figurent pas parmi les articles déclarés applicables.

2. En vertu de l'art. 49 de son statut, la Polynésie française fixe les règles relatives à la commande publique des communes, de leurs groupements et de leurs établissements publics dans le respect des principes de liberté d'accès, d'égalité de traitement des candidats, de transparence des procédures, d'effectivité de la commande publique et de bon emploi des deniers publics. Ces principes sont applicables sans que cela implique l'applicabilité de plein droit des textes qui en aménagent les conditions de mise en œuvre sur le territoire métropolitain. • CE 10 juill. 2013, *Sté Électricité de Tahiti*, n° 361607 : *ACCP 2013, p. 16, obs. Jouguelet ; BJCP 2013. 457.* ♦ En l'absence de textes régissant la matière, le pouvoir adjudicateur peut aménager les conditions de mise en œuvre de ces principes, sous le contrôle du juge. • Même arrêt.

CHAPITRE II DISPOSITIONS PROPRES À CERTAINS SERVICES PUBLICS LOCAUX

Art. L. 1852-1 Ont la qualité de service d'incendie et de secours les centres d'incendie et de secours qui relèvent des communes ou des établissements publics de coopération intercommunale disposant d'un corps communal ou intercommunal de sapeurs-pompiers.

Les centres d'incendie et de secours comprennent des centres de secours principaux, des centres de secours et des centres de première intervention.

Ils peuvent comprendre un service de santé et de secours médical.

Les modalités d'intervention opérationnelle des centres d'incendie et de secours sont déterminées par le règlement opérationnel prévu par l'article L. 1852-4.

Art. L. 1852-2 Les services d'incendie et de secours sont chargés de la prévention, de la protection et de la lutte contre les incendies.

Ils concourent, avec les autres services et professionnels concernés, à la protection et à la lutte contre les autres accidents, sinistres et catastrophes, à l'évaluation et à la prévention des risques technologiques ou naturels ainsi qu'aux secours d'urgence.

Dans le cadre de leurs compétences, ils exercent les missions suivantes :

1° La prévention et l'évaluation des risques de sécurité civile ;

2° La préparation des mesures de sauvegarde et l'organisation des moyens de secours ;

3° La protection des personnes, des biens et de l'environnement ;

4° Les secours d'urgence aux personnes victimes d'accidents, de sinistres ou de catastrophes ainsi que leur évacuation.

Art. L. 1852-3 Les services d'incendie et de secours sont placés pour emploi sous l'autorité du maire ou du haut-commissaire, agissant dans le cadre de leurs pouvoirs respectifs de police.

Pour assurer les missions de prévention qui leur incombent, notamment en ce qui concerne les risques d'incendie et de panique dans les établissements recevant du public, dans le cadre de la réglementation applicable en Polynésie française, le maire ou le haut-commissaire dispose des moyens relevant des services d'incendie et de secours.

Un arrêté du haut-commissaire définit les normes applicables aux équipements et matériels des services d'incendie et de secours.

Les modalités du contrôle technique des moyens de secours et de lutte contre l'incendie des services d'incendie et de secours sont fixées par arrêté du haut-commissaire.

Art. L. 1852-4 Dans l'exercice de leurs pouvoirs de police, le maire et le haut-commissaire de la République en Polynésie française mettent en œuvre les moyens relevant des services d'incendie et de secours dans les conditions prévues par un règlement opérationnel arrêté par le haut-commissaire.

L'organisation du commandement des opérations de secours est déterminée par ce règlement. Le commandant des opérations de secours désigné est chargé, sous l'autorité du directeur des opérations de secours, de la mise en œuvre de tous les moyens publics et privés mobilisés pour l'accomplissement des opérations de secours.

En cas de péril imminent, le commandant des opérations de secours prend les mesures nécessaires à la protection de la population et à la sécurité des personnels engagés. Il en rend compte au directeur des opérations de secours.

Le règlement opérationnel est arrêté par le haut-commissaire dans un délai de trois ans à compter de la date de publication de l'ordonnance n° 2006-173 du 15 février 2006 portant actualisation et adaptation du droit applicable en matière de sécurité civile en Polynésie française, après avis du gouvernement de la Polynésie française et du conseil d'administration de l'établissement public d'incendie et de secours de Polynésie française.

Jusqu'à la publication de l'arrêté portant règlement opérationnel, le maire est chargé de désigner le commandant des opérations de secours lorsque celles-ci n'excèdent pas le territoire de la commune ou ne nécessitent pas le concours de moyens extérieurs à la commune. Le commandant des opérations de secours est désigné par le haut-commissaire dans les autres cas.

Art. L. 1852-5 Le schéma d'analyse et de couverture des risques de la Polynésie française dresse l'inventaire des risques de toute nature pour la sécurité des personnes et des biens auxquels doivent faire face les services d'incendie et de secours et détermine les objectifs de couverture de ces risques par ceux-ci. *(L. n° 2023-580 du 10 juill. 2023, art. 6)* « Il comprend une partie relative au risque d'incendie de forêt, de surfaces agricoles et de végétation et détermine les objectifs de couverture de ce risque. »

Le schéma d'analyse et de couverture des risques est élaboré par le haut-commissaire de la République en Polynésie française.

Le haut-commissaire arrête le schéma d'analyse et de couverture des risques, dans un délai de cinq ans à compter de la publication de *(L. n° 2007-1720 du 7 déc. 2007, art. 6)* « l'ordonnance n° 2006-173 du 15 février 2006 portant actualisation et adaptation du droit applicable en matière de sécurité civile en Polynésie française », après avis du gouvernement de la Polynésie française et du conseil d'administration de l'établissement public d'incendie et de secours de Polynésie française.

(L. n° 2015-991 du 7 août 2015, art. 134) « La révision du schéma intervient tous les cinq ans. Elle est précédée d'une évaluation des objectifs du précédent schéma. »

Art. L. 1852-6 Un corps communal ou intercommunal de sapeurs-pompiers est composé :

1° Des sapeurs-pompiers professionnels ;

2° Des sapeurs-pompiers volontaires.

Art. L. 1852-7 En cas de difficultés de fonctionnement, un corps communal ou intercommunal de sapeurs-pompiers est dissous par arrêté du haut-commissaire, après avis du maire ou du président de l'organe délibérant de l'établissement public de coopération intercommunale compétent en matière d'incendie et de secours. Cet arrêté précise les conditions de réorganisation du corps et les dispositions nécessaires pour assurer les secours jusqu'à cette réorganisation.

Art. L. 1852-8 Les sapeurs-pompiers professionnels ou volontaires officiers et, lorsqu'ils sont choisis parmi les sapeurs-pompiers professionnels ou volontaires non-officiers, les chefs de centres d'incendie et de secours et les chefs de corps communal ou intercommunal sont nommés dans leur emploi et, en ce qui concerne les officiers, dans leur grade, par le maire ou le président de l'organe délibérant de l'établissement public de coopération intercommunale compétent en matière d'incendie et de secours, sur avis conforme du haut-commissaire.

Art. L. 1852-9 *(L. n° 2017-86 du 27 janv. 2017, art. 17)* « Les sapeurs-pompiers volontaires qui relèvent d'un corps communal ou intercommunal de sapeurs-pompiers et les volontaires en service civique des sapeurs-pompiers, au terme de leur formation initiale, ont vocation à participer à l'ensemble des missions dévolues aux services d'incendie et de secours. » Ils ont l'obligation de suivre les formations nécessaires à l'exercice de leurs missions. Les coûts de ces formations font partie des dépenses obligatoires des communes ou de leurs groupements au titre des services d'incendie et de secours. Chacun peut devenir sapeur-pompier volontaire, sous réserve de satisfaire aux conditions d'aptitude fixées par arrêté du haut-commissaire, afin de participer aux missions et actions relevant du service public de sécurité civile.

Les règles applicables aux sapeurs-pompiers volontaires *(L. n° 2017-86 du 27 janv. 2017, art. 17-II)* « et aux volontaires en service civique des sapeurs-pompiers » sont définies par arrêté du haut-commissaire, sous réserve des compétences dévolues à la Polynésie française notamment en matière de protection sociale.

Art. L. 1852-10 Les services d'incendie et de secours ne sont tenus de procéder qu'aux seules interventions qui se rattachent directement à leurs missions de service public définies à l'article L. 1852-2. S'ils ont procédé à des interventions ne se rattachant pas directement à l'exercice de ses missions, ils peuvent demander aux personnes bénéficiaires une participation aux frais, dans les conditions déterminées par délibération du conseil municipal ou de l'organe délibérant de l'établissement public de coopération intercommunale compétent en matière d'incendie et de secours. Les interventions effectuées par les services d'incendie et de secours à la demande de la régulation médicale du centre 15, lorsque celle-ci constate le défaut de disponibilité des transporteurs sanitaires privés et qui ne relèvent pas de l'article L. 1852-2, font l'objet d'une prise en charge financière par les établissements de santé, siège du service d'aide médicale d'urgence. Les conditions de cette prise en charge sont fixées par une convention entre les communes ou les établissements publics de coopération intercommunale compétents en matière d'incendie et de secours et le centre hospitalier siège du service d'aide médicale d'urgence.

TITRE VI DISPOSITIONS ÉCONOMIQUES

(Ord. n° 2007-1434 du 5 oct. 2007, art. 1er)

CHAPITRE I AIDES AUX ENTREPRISES

Art. L. 1861-1 Conformément au II de l'article 43 de la loi organique n° 2004-192 du 27 février 2004 portant statut d'autonomie de la Polynésie française, les communes et leurs groupements peuvent accorder des aides à des entreprises, dans les conditions définies par les actes prévus à l'article 140 de la loi organique dénommés "lois du pays et la réglementation édictée par la Polynésie française".

Art. L. 1861-2 Une convention peut être conclue entre l'État et une commune ou un groupement pour compléter les aides ou régimes d'aides mentionnés à l'article L. 1861-1.

CHAPITRE II SOCIÉTÉS D'ÉCONOMIE MIXTE LOCALES

Art. L. 1862-1 *(Ord. nº 2022-1521 du 7 déc. 2022 art. 10)* « I. — Les dispositions du titre II du livre V de la première partie mentionnées dans la colonne de gauche du tableau ci-après, en tant qu'elles s'appliquent aux communes et à leurs groupements, sont applicables aux sociétés d'économie mixte créées par les communes de la Polynésie française ainsi que leurs groupements dans leur rédaction indiquée dans la colonne de droite du même tableau, sous réserve des adaptations prévues du II au XII. » — *Tableau issu de l'Ord. nº 2022-1521 du 7 déc. 2022 art. 10.*

DISPOSITIONS APPLICABLES	DANS LEUR RÉDACTION RÉSULTANT DE
L. 1521-1	la loi nº 2004-806 du 9 août 2004
L. 1522-1	la loi nº 2022-217 du 21 février 2022
L. 1522-2 à L. 1522-5	l'ordonnance nº 2003-1212 du 18 décembre 2003
L. 1523-1	la loi nº 96-142 du 21 février 1996
L. 1523-4	la loi nº 2005-809 du 20 juillet 2005
L. 1523-5, à l'exception de son septième alinéa	l'ordonnance nº 2009-1530 du 10 décembre 2009
L. 1523-6	la loi nº 2000-1208 du 13 décembre 2000
L. 1523-7	la loi nº 2002-1 du 2 janvier 2002
L. 1524-1	la loi nº 2022-217 du 21 février 2022
L. 1524-2	la loi nº 2004-806 du 9 août 2004
L. 1524-3 et L. 1524-4	la loi nº 96-142 du 21 février 1996
L. 1524-5	la loi nº 2022-217 du 21 février 2022
L. 1524-5-1 à L. 1524-5-3	la loi nº 2022-217 du 21 février 2022
L. 1524-6	la loi nº 2002-1 du 2 janvier 2002
L. 1524-7	la loi nº 96-142 du 21 février 1996
L. 1525-3, 3º	la loi nº 2000-1208 du 13 décembre 2000

II. — Pour l'application de l'article L. 1521-1 :

1º Les mots : ", les départements, les régions" sont supprimés ;

2º La dernière phrase du premier alinéa est supprimée.

(Ord. nº 2022-1521 du 7 déc. 2022 art. 10) « III. — Pour l'application de l'article L. 1522-1 :

« 1º Au premier alinéa, les mots : ", des départements, des régions" sont supprimés ;

« 2º Au 1º, les mots : "le livre II du code de commerce, sous réserve des dispositions du présent titre" sont remplacés par les mots : "le code de commerce applicable localement". »

IV. – Pour l'application de l'article L. 1522-3, les mots : "de l'article L. 224-2 du code de commerce" sont remplacés par les mots : "du code de commerce applicable localement".

V. – Pour l'application de l'article L. 1523-4 :

1° Au premier alinéa, les mots : "les concessions passées sur le fondement de l'article L. 300-4 du code de l'urbanisme ou les contrats de délégation de service public" sont remplacés par les mots : "les contrats prévus sur le fondement de l'article L. 2573-20" et les mots : "ou de la concession" sont supprimés" ;

2° Au deuxième alinéa, les mots : "la concession ou le contrat de délégation de service public" sont remplacés par les mots : "le contrat".

VI. – Au sixième alinéa de l'article L. 1523-5, la deuxième phrase n'est pas applicable.

VII. – Pour l'application de l'article L. 1523-6, les mots : "les départements et les communes peuvent seuls ou conjointement," sont remplacés par les mots : "les communes peuvent".

VIII. – Pour l'application de l'article L. 1524-1 :

1° Les mots : "au représentant de l'État dans le département où se trouve le siège social de la société" sont remplacés par les mots : "au chef de la subdivision administrative où se trouve le siège social de la société ou au haut-commissaire de la République" ;

(Ord. n° 2022-1521 du 7 déc. 2022 art. 10) « 1° *bis* À la dernière phrase du premier alinéa, les mots : "L. 235-2 à L. 235-14 du code de commerce" sont remplacés par les mots : "du code de commerce applicable localement" ; »

2° Les mots : "l'article L. 1523-2" sont remplacés par les mots "l'article L. 1862-2" ;

(L. n° 2019-707 du 5 juill. 2019, art. 5) « 3° À la seconde phrase du dernier alinéa, les références : ", L. 3131-2, L. 4141-2," sont remplacées par le mot : "et" et, à la fin, les références : ", L. 5421-2 et L. 5721-4" sont supprimées.

« IX. – Pour l'application de l'article L. 1524-2 :

« 1° Aux première et seconde phrases du premier alinéa et au deuxième alinéa, le mot : "régionale" est remplacé par le mot : "territoriale" ;

« 2° Le dernier alinéa est supprimé. »

X. – Pour l'application de l'article L. 1524-3, les mots : "au représentant de l'État dans le département" sont remplacés par les mots : "au chef de la subdivision administrative *(L. n° 2019-707 du 5 juill. 2019, art. 5)* « où se trouve le siège social de la société » ou du haut-commissaire".

XI. – Pour l'application de l'article L. 1524-5 :

1° Les références à des articles du code du commerce sont remplacées par les références aux dispositions correspondantes applicables localement ;

2° Au neuvième alinéa, les mots : ", départementaux ou régionaux au sens des articles L. 207, L. 231 et L. 343 du code électoral" sont remplacés par les mots : "ou territoriaux au sens du code électoral" ;

(Ord. n° 2022-1521 du 7 déc. 2022 art. 10) « 3° Au douzième alinéa :

« *a)* Les mots : "mentionnées à l'article L. 1411-5" sont remplacés par les mots : "d'attribution de délégations de service public de la collectivité territoriale ou du groupement" ;

« *b)* Les mots : "le titre I du présent livre" sont remplacés par les mots : "les dispositions applicables localement" ;

« *c)* Les mots : "aux articles L. 2252-1, L. 3231-4 ou L. 4253-1" sont remplacés par les mots : "à l'article L. 2252-1".

« XII. – Pour l'application de l'article L. 1524-5-1, les références à des articles du code de commerce sont remplacées par la référence au code de commerce applicable localement. »

Art. L. 1862-2 Pour les opérations autres que les prestations de services, les rapports entre les communes ou leurs établissements publics, d'une part, et les sociétés d'économie mixte, d'autre part, sont définis par un contrat qui prévoit à peine de nullité :

1° L'objet du contrat, sa durée et les conditions dans lesquelles il peut éventuellement être prorogé ou renouvelé ;

2° Les conditions de rachat, de résiliation ou de déchéance par la collectivité ou la personne publique contractant ainsi que, éventuellement, les conditions et modalités d'indemnisation de la société ;

3° Les obligations de chacune des parties et notamment, le cas échéant, le montant de leur participation financière, l'état de leurs apports en nature ainsi que les conditions dans lesquelles la collectivité ou la personne publique contractante fera l'avance de fonds nécessaire au financement de la mission ou remboursera les dépenses exposées pour son compte et préalablement définies ;

4° Les modalités de rémunération de la société ou de calcul du coût de son intervention : lorsque la rémunération ou le coût de l'intervention est à la charge de la collectivité ou de la personne publique, son montant est librement négocié entre les parties ; lorsque la société est rémunérée par des redevances perçues auprès des usagers, le contrat précise les modalités de fixation des tarifs et de leur révision ;

5° Les pénalités applicables en cas de défaillance de la société ou de mauvaise exécution du contrat.

Dans le cas de contrat prévoyant la réalisation d'acquisitions foncières, l'exécution de travaux et la construction d'ouvrages et de bâtiments de toute nature, le contrat précise, en outre, et également à peine de nullité, les modalités du contrôle technique, financier et comptable exercé par la collectivité ou la personne publique contractante ; à cet effet, la société doit fournir chaque année un compte rendu financier comportant notamment en annexe :

a) Le bilan prévisionnel actualisé des activités, objet du contrat, faisant apparaître, d'une part, l'état des réalisations en recettes et en dépenses et, d'autre part, l'estimation des recettes et dépenses restant à réaliser ainsi que, éventuellement, la charge résiduelle en résultant pour son cocontractant ;

b) Le plan de trésorerie actualisé faisant apparaître l'échéancier des recettes et dépenses ;

c) Un tableau des acquisitions et cessions immobilières réalisées pendant la durée de l'exercice.

L'ensemble de ces documents est soumis à l'examen du conseil municipal de la commune intéressée ou de l'organe délibérant de la personne publique contractant qui a le droit de contrôler les renseignements fournis, ses agents accrédités pouvant se faire présenter toutes pièces de comptabilité nécessaires à leur vérification.

Art. L. 1862-3 *(L. n° 2019-707 du 5 juill. 2019, art. 5)* I. — Par décision de leur organe délibérant, les communes de la Polynésie française et leurs groupements peuvent acquérir des actions ou recevoir, à titre de redevance, des actions d'apports émises par une société d'économie mixte créée par la Polynésie française en application de l'article 29 de la loi organique n° 2004-192 du 27 février 2004 portant statut d'autonomie de la Polynésie française. Le deuxième alinéa de l'article L. 1521-1 ainsi que les articles L. 1522-1, L. 1522-4, L. 1522-5 et L. 1524-1 à L. 1524-7 du présent code sont applicables à cette société, en tant qu'une ou plusieurs communes ou qu'un ou plusieurs groupements de communes de la Polynésie française en sont actionnaires, sous réserve des adaptations prévues aux II à VIII du présent article.

II. — Pour l'application du deuxième alinéa de l'article L. 1521-1, les mots : "ou que la loi attribue à la métropole de Lyon" et les mots : "ou à la métropole de Lyon" sont supprimés.

III. — Pour l'application de l'article L. 1522-1, au 1°, les mots : "le livre II du code de commerce, sous réserve des dispositions du présent titre" sont remplacés par les mots : "le code de commerce applicable localement".

IV. — Pour l'application de l'article L. 1524-1 :

1° Au premier alinéa, les mots : "au représentant de l'État dans le département où se trouve le siège social de la société" sont remplacés par les mots : "au chef de la subdivision administrative où se trouve le siège social de la société ou au haut-commissaire de la République" ;

2° Au deuxième alinéa, la référence : "L. 1523-2" est remplacée par la référence : "L. 1862-2" ;

3° À la seconde phrase du dernier alinéa, les références : ", L. 3131-2, L. 4141-2," sont remplacées par le mot : "et" et, à la fin, les références : ", L. 5421-2 et L. 5721-4" sont supprimées.

V. – Pour l'application de l'article L. 1524-2 :

1° Aux première et seconde phrases du premier alinéa et au deuxième alinéa, le mot : "régionale" est remplacé par le mot : "territoriale" ;

2° Le dernier alinéa est supprimé.

VI. – Pour l'application de l'article L. 1524-3, les mots : "au représentant de l'État dans le département" sont remplacés par les mots : "au chef de la subdivision administrative où se trouve le siège social de la société ou au haut-commissaire de la République".

VII. – Pour l'application de l'article L. 1524-5 :

1° Les premier à huitième et dernier alinéas sont supprimés ;

2° Les références à des articles du code de commerce sont remplacées par les références aux dispositions correspondantes applicables localement et, après le mot : "prévues", la fin du douzième alinéa est ainsi rédigée : "par les dispositions en vigueur localement." ;

3° Au neuvième alinéa, les mots : ", départementaux ou régionaux au sens des articles L. 207, L. 231 et L. 343 du code électoral" sont remplacés par les mots : "au sens du code électoral" ;

4° Après le mot : "*(L. n° 2022-217 du 21 févr. 2022, art. 210)* « surveillance »", la fin de l'avant-dernier alinéa est supprimée.

VIII. – Pour l'application de l'article L. 1524-6, à l'avant-dernier alinéa, les mots : "le quatorzième" sont remplacés par les mots : "l'avant-dernier".

CHAPITRE III SOCIÉTÉS D'ÉCONOMIE MIXTE À OPÉRATION UNIQUE

(L. n° 2014-744 du 1er juill. 2014, art. 4)

Art. L. 1863-1 Les articles L. 1541-1 à L. 1541-3 sont applicables aux sociétés d'économie mixte à opération unique créées par les communes de la Polynésie française ou par leurs groupements.

CHAPITRE IV SOCIÉTÉS PUBLIQUES LOCALES

(L. n° 2016-1658 du 5 déc. 2016, art. 2)

Art. L. 1864-1 Les communes et leurs groupements peuvent créer, dans le cadre des compétences qui leur sont attribuées par la loi, des sociétés publiques locales dont ils détiennent la totalité du capital.

Ces sociétés sont compétentes, sous réserve du respect du II de l'article 43 de la loi organique n° 2004-192 du 27 février 2004 portant statut d'autonomie de la Polynésie française, pour réaliser des opérations d'aménagement au sens de la réglementation applicable localement en matière d'urbanisme, ou des opérations de construction. Elles sont aussi compétentes pour exploiter des services publics à caractère industriel ou commercial ou toutes autres activités d'intérêt général. *(L. n° 2019-707 du 5 juill. 2019, art. 5)* « Lorsque l'objet de ces sociétés inclut plusieurs activités, celles-ci doivent être complémentaires. La réalisation de cet objet concourt à l'exercice d'au moins une compétence de chacun des actionnaires. »

Ces sociétés exercent leurs activités exclusivement pour le compte de leurs actionnaires et sur le territoire des communes et des groupements de communes qui en sont membres.

Ces sociétés revêtent la forme de sociétés anonymes et sont composées d'au moins deux actionnaires.

Sous réserve des dispositions du présent article, elles sont soumises au chapitre II du présent titre.

TITRE VII DISPOSITIONS FINANCIÈRES ET COMPTABLES

(Ord. n° 2007-1434 du 5 oct. 2007, art. 1er)

CHAPITRE I PRINCIPES GÉNÉRAUX

Art. L. 1871-1 *(Ord. n° 2020-1256 du 14 oct. 2020, art. 3)* **I. – Les dispositions du chapitre I du titre I du livre VI de la première partie mentionnées dans la colonne de gauche du tableau ci-après sont applicables en Polynésie française, dans leur rédaction indiquée dans la colonne de droite du même tableau sous réserve des adaptations prévues au II.**

DISPOSITIONS APPLICABLES	DANS LEUR RÉDACTION RÉSULTANT DE
L. 1611-1 et L. 1611-2	la loi n° 96-142 du 21 février 1996
L. 1611-2-1	la loi n° 2011-1978 du 28 décembre 2011
L. 1611-3	la loi n° 96-142 du 21 février 1996
L. 1611-3-1	la loi n° 2015-991 du 7 août 2015
L. 1611-3-2	la loi n° 2019-1461 du 27 décembre 2019
L. 1611-4	la loi n° 96-142 du 21 février 1996
L. 1611-5	l'ordonnance n° 2005-406 du 2 mai 2005
L. 1611-9	la loi n° 2015-991 du 7 août 2015

II. – Pour l'application de l'article L. 1611-3-2, les mots : ", L. 3231-4, L. 3231-5, L. 4253-1, L. 4253-2" sont supprimés.

CHAPITRE II ADOPTION ET EXÉCUTION DES BUDGETS

Art. L. 1872-1 **I. – L'article L. 1612-1, à l'exception de son dernier alinéa, les articles L. 1612-2 à L. 1612-11, l'article L. 1612-12, les articles L. 1612-13 à L. 1612-15, L. 1612-16 à L. 1612-19-1 et le I de l'article L. 1612-20 sont applicables aux communes de la Polynésie française sous réserve des adaptations prévues aux II à V.**

II. – Ces articles ***entrent en*** **vigueur dans les communes de Polynésie française dans les conditions prévues par le II de l'article 7 de l'ordonnance n° 2007-1434 du 5 octobre 2007 portant extension des première, deuxième et cinquième parties du code général des collectivités territoriales aux communes de la Polynésie française, à leurs groupements et à leurs établissements publics, à l'exception de l'article L. 1612-3 qui entre en vigueur immédiatement.**

III. – Pour l'application de l'article L. 1612-5, les mots : "aux articles L. 2131-1, L. 3131-1 et L. 4141-1" sont remplacés par les mots : "à l'article L. 2131-1".

IV. – Pour l'application de l'article L. 1612-7, les mots : "à compter de l'exercice 1997" sont supprimés.

V. – Pour l'application de l'article L. 1612-16, les mots : ", le président du conseil départemental ou le président du conseil régional suivant le cas," sont supprimés.

CHAPITRE III COMPENSATION DES TRANSFERTS DE COMPÉTENCES

Art. L. 1873-1 Les communes de la Polynésie française et les établissements publics de coopération intercommunale dotés de bibliothèques municipales sont éligibles au concours particulier au sein de la dotation générale de décentralisation prévue à l'article L. 1614-10.

CHAPITRE IV DISPOSITIONS RELATIVES AUX COMPTABLES

Art. L. 1874-1 *(L. nº 2009-526 du 12 mai 2009, art. 96)* I. — L'article L. 1617-1, à l'exception de son dernier alinéa, et les articles L. 1617-2 et L. 1617-3 sont applicables aux communes de la Polynésie française sous réserve des adaptations prévues au II du présent article.

II. — Aux deux premiers alinéas de l'article L. 1617-1 et aux articles L. 1617-2 et L. 1617-3, les mots : ", du département ou de la région", ", d'un département ou d'une région", ", le président du conseil départemental ou le président du conseil régional", ", du président du conseil départemental ou du président du conseil régional" et ", les autorités départementales ou les autorités régionales" sont supprimés.

Art. L. 1874-2 *(L. nº 2009-526 du 12 mai 2009, art. 96)* Le chapitre VII du titre I du livre VI de la présente partie est applicable aux établissements publics communaux et intercommunaux.

Art. L. 1874-3 *(L. nº 2009-526 du 12 mai 2009, art. 96)* L'article L. 1617-5 *(L. nº 2017-1775 du 28 déc. 2017, art. 73)* « , dans sa rédaction antérieure à la loi nº 2017-1775 du 28 décembre 2017 de finances rectificative pour 2017, » est applicable aux communes de la Polynésie française sous réserve des adaptations suivantes :

1° Le premier alinéa est supprimé ;

2° Aux premier et deuxième alinéas du 1°, au premier alinéa du 2° et au premier alinéa du 6°, les mots : "collectivité territoriale" sont remplacés par le mot : "commune" ;

3° Au second alinéa du 2°, les mots : *(Ord. nº 2009-1530 du 10 déc. 2009)* « "le juge de l'exécution mentionné aux articles L. 213-5 et L. 213-6 du code de l'organisation judiciaire" » sont remplacés par les mots : "chargé de l'exécution par le code de procédure civile de la Polynésie française" ;

4° Au premier alinéa du 3°, les mots : "des régions, des départements," sont supprimés ;

5° Au quatrième alinéa du 5°, les mots : "l'effet d'attribution immédiate, prévu à l'article 43 de la loi nº 91-650 du 9 juillet 1991 portant réforme des procédures civiles d'exécution," sont remplacés par les mots : "effet d'attribution immédiate" et le mot : "collectivité" est remplacé par le mot : "commune" ;

6° Au dernier alinéa du 6°, les mots : "collectivités territoriales" sont remplacés par le mot : "communes".

CHAPITRE V RÉGIME GÉNÉRAL DES DÉROGATIONS À L'OBLIGATION DE DÉPÔT AUPRÈS DE L'ÉTAT DES FONDS DES COLLECTIVITÉS TERRITORIALES ET DE LEURS ÉTABLISSEMENTS PUBLICS

Art. L. 1875-1 I. — L'article L. 1618-2, à l'exception du V, est applicable aux communes de la Polynésie française et à leurs établissements publics.

II. — Pour son application, les mots : "aux articles L. 1424-30, L. 2122-22, L. 3211-2 et L. 4221-5" sont remplacés par les mots : "de l'article L. 2122-22".

TITRE VIII GARANTIES ACCORDÉES AUX ÉLUS LOCAUX

(Ord. nº 2007-1434 du 5 oct. 2007, art. 1er)

Art. L. 1881-1 *(Ord. nº 2021-45 du 20 janv. 2021, art. 15)* « I. — Les dispositions du chapitre unique du titre II du livre VI de la première partie mentionnées dans la colonne de gauche du tableau ci-après sont applicables en Polynésie française, dans leur rédaction indiquée dans la colonne de droite du même tableau, sous réserve des adaptations prévues aux II et III. »

DISPOSITIONS APPLICABLES	DANS LEUR RÉDACTION RÉSULTANT DE
L. 1621-1	La loi n° 2015-366 du 31 mars 2015
L. 1621-2	La loi n° 2002-276 du 27 février 2002
L. 1621-3	La loi n° 2021-771 du 17 juin 2021 ratifiant les ordonnances n° 2021-45 du 20 janvier 2021 et n° 2021-71 du 27 janvier 2021 portant réforme de la formation des élus locaux
L. 1621-4	L'ordonnance n° 2021-45 du 20 janvier 2021 portant réforme de la formation des élus locaux
L. 1621-5	La loi n° 2021-771 du 17 juin 2021 ratifiant les ordonnances n° 2021-45 du 20 janvier 2021 et n° 2021-71 du 27 janvier 2021 portant réforme de la formation des élus locaux

II. — Pour l'application de l'article L. 1621-1 :

1° Les mots : "*(L. n° 2016-1917 du 29 déc. 2016, art. 10)* « défini à la dernière phrase du premier alinéa du 1° de l'article 81 » du code général des impôts" sont supprimés ;

2° La phrase suivante est insérée :

"La fraction représentative des frais d'emploi est fixée forfaitairement à 100 % des indemnités versées pour les maires dans les communes de la strate démographique la plus réduite de l'arrêté du haut-commissaire prévu à l'article L. 2123-23. En cas de cumul de mandats, les fractions sont cumulables dans la limite d'une fois et demie la fraction représentative des frais d'emploi pour un maire d'une commune de la strate démographique citée précédemment. La fraction représentative des frais d'emploi est revalorisée dans les mêmes proportions que l'indemnité de fonction."

III. — Pour l'application de l'article L. 1621-2 :

1° Les mots : "les articles L. 2123-11-2, L. 3123-9-2 et L. 4135-9-2" sont remplacés par les mots : "l'article L. 2123-11-2" ;

2° Après les mots : "*Journal officiel*" sont insérés les mots : "de la République française et au *Journal officiel* de la Polynésie française".

DEUXIÈME PARTIE LA COMMUNE

Les communes constituent le premier niveau d'administration publique et le premier échelon de proximité. Les communes et leurs groupements ont vocation à assurer, à égalité de droits avec la région et le département, les responsabilités qui sont exercées localement. Ils sont associés selon les modalités fixées par la loi à l'élaboration des schémas ou des plans établis par la région ou le département. À l'initiative de la région et du département ou à leur demande, ils peuvent participer à l'exercice de tout ou partie des compétences relevant de la responsabilité de l'une ou de l'autre de ces collectivités territoriales, dans des conditions prévues par une convention. Lorsque la demande de délégation de compétences émane d'une commune, le président du conseil régional ou du conseil départemental l'inscrit, dans un délai de six mois à l'ordre du jour de l'assemblée délibérante qui se prononce par une délibération motivée (L. n° 2004-809 du 13 août 2004, art. 145, mod. par L. n° 2005-32 du 18 janv. 2005).

LIVRE I ORGANISATION DE LA COMMUNE

TITRE I NOM ET TERRITOIRE DE LA COMMUNE

ENCYCL. COLL. LOC. *Collectivité communale, 130 s.,* par BÉNOIT.

BIBL. GÉN. ▶ BAUBONNE, Des collectivités mal dénommées, *RFDA 2025. 263*. – DREYFUS, Nouvelle loi sur les noms de domaine du territoire français : évolution ou révolution ?, *CCE 2011. Étude 13* ; Nom des collectivités et droit des marques, *AJCT 2013. 127*. – FRIZZI, La défense du nom des collectivités territoriales et le droit de la propriété intellectuelle, *RGCT 2005. 3*. – GALLOUX, Noms de domaines et noms de communes : à vos marques ?, *BJCL 2002. 466*. – HOUSER, Les droits incorporels des collectivités territoriales, *RD. publ. 2014. 945*. – LAVIALLE, Le régime juridique des dénominations publiques, *LPA 21 nov. 1988*. – MONDOU, Le nom des collectivités territoriales : un patrimoine à préserver, *AJCT 2017. 505*. – MOREAU, L'état civil des communes, des départements et des régions, *in* Études offertes à J.-M. Auby 1992, *p. 431*. – PENAUD, Nom des collectivités territoriales : utilisation par des tiers comme marque ou nom de domaine internet, *RLCT 2007, n° 743, p. 67*. – PONTIER, La commune, exception administrative territoriale, *AJDA 2020. 1945*. – TERNEYRE, Les actifs immatériels des personnes publiques, *RJEP déc. 2013. Étude 16*. – YOLKA, Le nom, Administrations, droit et contentieux administratifs, *Institut universitaire Varenne, coll. colloques et essais, vol. 20, 2016*. – Territoire(s), *Civitas Europa, déc. 2015, n° 35*.

COMMENTAIRE

V. dans le supplément en ligne.

CHAPITRE I NOM

Art. L. 2111-1 Le changement de nom d'une commune est décidé par décret, sur demande du conseil municipal et après consultation du conseil départemental.

Toutefois, les changements de noms qui sont la conséquence d'une modification des limites territoriales des communes sont prononcés par les autorités compétentes pour prendre les décisions de modification.

V. art. R. 2111-1.

Sur la protection du nom des collectivités territoriales et les indications géographiques, V. CPI, art. L. 711-1 s. – **CPI.**

I. DOMAINE D'APPLICATION

1. Le changement doit avoir pour objet de modifier le nom permettant d'identifier la commune et non une appellation utilisée dans certains documents ou à l'occasion de campagnes d'information. • TA Lyon, 10 juill. 1995, *M. Étienne Tête : Quot. jur. 28 déc. 1995* (retenant pour la communauté urbaine de Lyon la substitution de l'appellation « Grand Lyon » à l'appellation « Courly »). ♦ Le changement de nom doit être en rapport avec une réalité géographique. • CE, sect., 22 avr. 1955, *Cne de Saint-Martin-en-Vercors : Lebon 203 ; Rev. adm. 1955. 401, concl. Heumann.*

2. Aucun texte législatif ou réglementaire ne prévoit qu'il appartient au conseil municipal ou à une autre autorité administrative d'attribuer un nom à un lieu-dit ou de modifier un nom existant. Toutefois, en application des dispositions de l'art. L. 2121-29 CGCT, le conseil municipal est compétent, dans le cas où un intérêt public local le justifie, pour décider de modifier le nom d'un lieu-dit situé sur le territoire de la commune. • CE 26 mars 2012, *Cne de Vergèze, n° 336459 : Lebon ; AJCT 2012. 308, obs. Philip-Gay ; BJCL 2012. 367, concl. Daumas ; JCP Adm. 2012, n° 2287, note Rouault* • TA Rennes, 27 sept. 2021, n° 1903974 : *AJDA 2022. 262 ; BJCL 2021. 690,* *concl. Touret.* ♦ Le juge administratif apprécie donc, en cas de litige, le caractère suffisant de l'intérêt public invoqué, le cas échéant au regard d'autres intérêts en présence, par exemple ceux des habitants du lieu-dit, s'ils établissent que le changement de nom peut être de nature à leur porter préjudice. • CAA Marseille, 14 févr. 2013, *Sté Nestlé Waters*, n° 12MA01402 : *AJDA 2013. 1392, concl. Salvage de Lafranchi ; Propr. ind. 2013, n° 37, note Larrieu.* ♦ Ainsi, l'inscription dans la toponymie locale du nom Perrier, sous lequel la source est aujourd'hui connue, présente un intérêt public, dès lors que cette source, qui jaillit sur le territoire de la commune, eu égard à l'exploitation qui en a été faite depuis la fin du XIXe siècle, constitue un élément fort du patrimoine historique et touristique de la commune. • Même arrêt.

3. En revanche, le conseil municipal ne tient d'aucun texte le pouvoir de dénommer des voies privées à la différence des voies et places publiques (sur le fondement de l'art. 68, § 7, de la L. du 5 avr. 1884). • CE 18 juill. 1919, *Dame Magnier*, n° 44416 : *Lebon 646.* ♦ V. dans le même sens, alors que la loi ne mentionne plus expressément la compétence du conseil municipal pour nommer les voies et places publiques. • CE 19 juin 1974, *Sieur Broutin*, n° 88410 : *Lebon 346.*

II. MODALITÉS DE CHANGEMENT DE NOM

A. PROCÉDURE

4. L'initiative du changement de nom appartient exclusivement au conseil municipal de la commune intéressée qui formule une demande au préfet, soumise pour avis au conseil général de son département. Il s'agit d'une formalité substantielle même si elle a été déjà effectuée à l'occasion d'une demande antérieure portant sur le même nom et suivie d'un refus. • CE 25 juill. 1980, *Cne de Pomerol*, n° 16471 : *Lebon 319.*

5. Aucune autre formalité n'est requise : pas d'enquête. • CE 27 mars 1896, *Binot de Villiers : Lebon 291.* ♦ ... Ni avis d'autres communes ou conseils généraux. • CE, sect., 22 avr. 1955, *Cne de Saint-Martin-en-Vercors : préc. note 1.*

6. Le décret après avis du CE portant sur le changement de nom doit mentionner la consultation du CE. • CE 4 avr. 1997, *Marchal*, n° 177987 : *Lebon 697 ; AJDA 1997. 508, concl. Stahl.* ♦ Le ministre de l'Intérieur doit pour se prononcer prendre en compte l'intérêt notamment économique et touristique pour la commune. • CAA Lyon, 19 juill. 2007, *Cne de Chatelguyon*, n° 04LY00581 : *AJDA 2008. 92, concl. Besle.* ♦ Le refus ministériel de donner suite à la demande n'a pas à être pris dans les mêmes formes que le décret autorisant le changement de nom : la consultation du Conseil d'État n'est pas obligatoire. • CE 15 oct. 1982, *Ville de Digne*, n° 38403 : *Lebon 507.* ♦ Le refus ministériel ne constitue pas un acte réglementaire et est notifié au maire par le préfet du département. • CE 15 oct. 1982, *Ville de Digne*, n° 38403 : *préc.*

B. CONTENTIEUX

7. Le recours pour excès de pouvoir contre une décision de changement de nom peut être formé par la commune intéressée et par un habitant. • CE 27 mars 1896, *Binot de Villiers : préc. note 5.*

8. La commune a également qualité pour agir en vue de défendre l'usage de son nom conformément à l'art. L. 711-4 (4) CPI en demandant la nullité d'une marque. • TGI Caen, 25 janv. 1989, *Cne d'Arromanches c/ Assoc. Arromanches : Gaz. Pal. 1989. 2. Somm. 516.* ♦ Une commune n'est pas fondée toutefois à invoquer une atteinte à son nom, à son image et à sa renommée (protégés par CPI, art. L. 711-4) dès lors qu'il est établi que ce nom correspond aussi à un terme devenu générique pour désigner un produit fabriqué non exclusivement sur son territoire. • TGI Paris, 15 sept. 2012, *Cne de Laguiole*, n° 10/08800 : *AJCT 2012. 459.* ♦ Une commune a la possibilité, sur le fondement de l'art. 1382 C. civ., de demander réparation « d'un trouble manifestement illicite résultant d'un risque de confusion dans l'esprit du public ». • Com. 10 juill. 2012, *Cne de Marmande c/ Sté Dataxy*, n° 11-21.919 : *D. 2012. 2760, obs. Centre de droit de la concurrence Yves Serra ; Propr. ind. 2013. n° 12, note Ricbourg-Attal.* ♦ Une commune est recevable à agir en déchéance des droits des propriétaires d'une marque. • Com. 4 oct. 2016, *Cne de Laguiole*, n° 14-22.245 : *D. 2017. 318, obs. Clavier, Martial-Braz et Zolynski ; Dalloz IP/IT 2016. 612, obs. Le Goffic.* ♦ Pour obtenir la suppression du nom de domaine contesté, elle doit donc établir que l'activité exercée sous son nom par le tiers correspond à une activité qu'elle exerce également, mais aussi que ce dernier ne mentionne aucun élément permettant de distinguer son activité de celle de la municipalité en cause. • TGI Nanterre, réf., 30 janv. 2007, *Cne de Levallois-Perret c/ Loïc L., 1&1 Internet : Propr. ind. 2007, n° 46, note Larrieu.*

9. Le juge exerce sur les décrets de changement de nom un contrôle minimum. • CE 20 janv. 1988, *Cne de Pomerol*, n° 62900 : *Lebon 16 ; LPA 17 mars 1989, note Belanger ; RD publ. 1988. 1137, concl. Massot.*

10. En raison du caractère non réglementaire de la décision de refus de changement de nom, compétence du tribunal administratif et non du Conseil d'État en premier ressort. • CE 15 oct. 1982, *Ville de Digne*, n° 38403 : *préc. note 6.* ♦ ... Et contrôle minimum du juge sur la décision de refus. • CE 6 nov. 1985, *Cne de Digne : JCP 1987. IV. 5.*

III. CHANGEMENT DE NOM LIÉ À UNE MODIFICATION DU TERRITOIRE COMMUNAL

11. Les changements de nom sont décidés par l'autorité compétente pour statuer sur la modification : arrêté du préfet après enquête et consultation du conseil municipal, décret en Conseil d'État lorsqu'il est porté atteinte aux limites cantonales, loi lorsque les limites départementales sont touchées. Le juge administratif veille à ce que cette procédure soit strictement respectée. • CE, ass., 21 nov. 1958, *Noble : Lebon 574.*

Code des postes et des communications électroniques

Art. L. 45-2 *(Ord. n° 2014-329 du 12 mars 2014, art. 1er)* Dans le respect des principes rappelés à l'article L. 45-1, l'enregistrement ou le renouvellement des noms de domaine peut être refusé ou le nom de domaine supprimé lorsque le nom de domaine est :

[…]

3° Identique ou apparenté à celui de la République française, d'une collectivité territoriale ou d'un groupement de collectivités territoriales ou d'une institution ou service public national ou local, sauf si le demandeur justifie d'un intérêt légitime et agit de bonne foi.

[…]

V. CPCE, art. R. 20-44-46.

Une société qui ne démontre pas une exploitation des noms de domaine comportant le nom d'une collectivité territoriale afin d'offrir des services en rapport avec ce territoire, ne justifie pas d'un intérêt légitime. Aussi la collectivité territoriale est en droit de demander le transfert des noms de domaine à son profit. • Cass. 5 juin 2019, n° 17-22.132 : *D. 2019. 1220 ; ibid. 2208, chron. Barbot, de Cabarrus et Le Bras ; AJCT 2019. 519, obs. Noual ; Légipresse 2019. 331 et les obs. ; ibid. 488, obs. Canlorbe.*

CHAPITRE II LIMITES TERRITORIALES ET CHEF-LIEU

COMMENTAIRE

V. dans le supplément en ligne.

SECTION 1 Délimitation

BIBL. ▶ Regnis, La délimitation des communes, *Vie cnale et dptale, 1961, p. 311.*

Art. L. 2112-1 Les contestations relatives à la délimitation du territoire des communes sont tranchées par le représentant de l'État dans le département lorsqu'elles intéressent les communes d'un même département.

Les contestations intéressant des communes de deux ou plusieurs départements sont tranchées par décret. — *[C. communes, art. R. 112-2.]*

I. DOMAINE D'APPLICATION DE LA PROCÉDURE DE DÉLIMITATION

1. Le préfet peut seulement déterminer les limites actuelles des communes, d'après leurs titres existants ou, en l'absence de titres, d'après les usages ou convenances, mais il ne peut en modifier les circonscriptions sans observer les dispositions incluses dans le présent chapitre. • CE, sect., 17 juin 1938, *Ville de Royan : Lebon 545.* ♦ Il en est ainsi lorsque les limites intéressent le territoire maritime. • CE, sect., 20 févr. 1981, *Cne de Saint-Quay-Portrieux,* n° 16449 : *Lebon 96 ; D. 1982. 351, note Moderne ; AJDA 1981. 476, chron. Tiberghien et Lasserre.* ♦ De même lors de la disparition de certains repères naturels tel que le recul des glaciers. • CE 21 juill. 2001, *Cne de Saint-Christophe-en-Oisans,* n° 202837. ♦ A été prise par une autorité incompétente la mise en harmonie opérée par le directeur des services fiscaux des énonciations des plans cadastraux avec les limites territoriales des communes. • CE 21 avr. 1997, *Cne de Sainte-Marguerite-Lafigère,* n° 150729 : *Lebon 140.*

2. Toute remise en cause des limites existantes constitue une demande de modification de ces limites et les procédures de modification doivent être utilisées. • CE 8 nov. 1993, *Cne de Nistos,* n° 122309 : *Lebon 311 ; JCP 1994. IV. 120, obs. Rouault.* ♦ Inversement, l'application des dispositions de l'art. L. 2112-1 ne nécessite pas l'accomplissement des formalités prévues aux art. L. 2112-2 s. • CE 1er juin 1979, *Cne de Schœlcher, Martinique : Lebon T. 650.*

II. MISE EN ŒUVRE DE LA PROCÉDURE DE CONTESTATION DE DÉLIMITATION

3. Aucun délai n'est prévu en matière de contestation sur la délimitation. • CE 8 oct. 1986, *Cne d'Arcachon,* n° 35880 : *Lebon 418.*

4. La procédure de contestation doit avoir un caractère contradictoire : chaque commune intéressée doit faire valoir ses prétentions. • CE, sect.,

20 févr. 1981, Cne de Saint-Quay-Portrieux, n° 16449 : *préc. note 1.*

5. Constitue un litige de plein contentieux la requête d'une commune tendant à l'annulation du jugement par lequel le TA a rejeté sa demande dirigée contre l'arrêté préfectoral qui refusait que ses limites territoriales avec la commune voisine soient fixées conformément à un procès-verbal de délimitation datant du siècle dernier. • CE 16 déc. 1994, *Cne de Saint-Christophe-en-Oisans,* n° 141242 B.

6. Le décret portant délimitation du territoire de deux communes n'a pas à être motivé. • CE 6 oct. 2000, *Cne de Neyron,* n° 203593.

III. POUVOIRS D'INVESTIGATION DE L'AUTORITÉ ADMINISTRATIVE

7. L'autorité compétente doit trancher la contestation en fonction des titres existants. Lorsqu'il y a un procès-verbal de délimitation, il doit être utilisé dès lors qu'il contient « des précisions suffisantes pour son appréciation actuelle ». • CE, sect., 17 juin 1938, *Ville de Royan : préc. note 1.* ♦ Lorsqu'il y a contradiction entre la délimitation du territoire communal établie par procès-verbal et les énonciations du cadastre, les énonciations du procès-verbal de délimitation l'emportent sur celles du cadastre. • CE 1er juin 1984, *Cne de Vieux-Boucau,* n° 26989 : *Lebon 195.* ♦ Et l'administration du cadastre, dès lors qu'elle était saisie d'une demande tendant à ce que les énonciations des plans cadastraux soient mises en harmonie avec ses limites territoriales, ne pouvait légalement refuser d'y faire droit. • CE 1er juin 1984, *Cne de Vieux-Boucau,* n° 26989 : *préc.*

8. L'interprétation du titre doit être opérée en tenant compte des modalités de leur application traditionnelle dès lors que celles-ci ne sont pas entachées d'erreur de fait. • CE 1er juill. 1964, *Ville de Pointe-à-Pitre : Lebon 372.*

9. En cas d'insuffisance ou d'absence de titre, il y a lieu de tenir compte des usages existants notamment en matière d'imposition foncière, d'inscription sur les listes électorales, d'entretien des chemins ruraux. • CE, sect., 17 juin 1938, *Ville de Royan : préc. note 1.* ♦ ... Ou de convenances, c'est-à-dire en fonction des données géographiques : configuration naturelle des lieux, nature des sols, division des propriétés, considérations économiques et intérêts des populations concernées. • CE 18 janv. 1985, *Cne de Mélesse,* nos 25161 et 28076 : *Lebon 12.*

10. Un préfet peut ainsi ordonner une expertise en vue de régler une contestation relative au bornage de deux communes et les experts peuvent recourir à des opérations de topographie sur la base des plans cadastraux en l'absence de mention de points de repères naturels dans l'ancien procès-verbal de délimitation et de toute trace de bornage antérieur. • CE 22 févr. 1956, *Cne de Calonne-Ricouart : Lebon 632.*

11. Lorsque la limite entre deux communes a été fixée par les procès-verbaux de délimitation à partir de repères naturels ou de constructions aujourd'hui disparus et dont l'emplacement ne peut être reconstitué avec certitude, l'autorité administrative peut, en l'absence d'autres titres suffisamment précis, se référer aux usages et coutumes pour en arrêter le tracé. • CE 16 nov. 1984, *Cne de Port-Marly,* n° 42705 : *Lebon 514.*

12. La contestation de l'acte de délimitation constitue un litige de plein contentieux et relève de la CAA. • CE 16 déc. 1994, *Cne de Saint-Christophe-en-Oisans,* n° 141242 B : *Dr. adm. 1995, n° 30, obs. H.S. ; RFAP 2002. 952, note Verpeaux.* ♦ La seule qualité d'habitant de la commune n'est pas suffisante pour donner intérêt à agir. • CE 5 janv. 2005, *Soubiran,* n° 256306 : *BJCL 2005. 198, concl. Glaser.*

IV. EFFETS DE L'ANNULATION DE L'ACTE DE DÉLIMITATION

13. Le juge qui annule la décision de l'autorité administrative prononce lui-même la délimitation. • CE, sect., 17 juin 1938, *Ville de Royan : préc. note 1.* ♦ Il dispose alors des mêmes pouvoirs d'investigation que l'autorité administrative pour ce faire. Il peut ainsi se référer aux usages et coutumes. • CE 16 nov. 1984, *Cne de Port-Marly,* n° 42705 : *Lebon 514.*

SECTION 2 **Modifications**

ENCYCL. COLL. LOC. *Communes : modification du territoire communal, 180,* par Benoit.

BIBL. GÉN. ▸ Hourticq, Les modifications territoriales des communes et leurs conséquences financières, *Rev. fin. communales, 1957. 147.* – Roux, Le découpage des circonscriptions administratives et électorales devant le Conseil d'État, *AJDA 1983. 219.*

Art. L. 2112-2 **Les modifications aux limites territoriales des communes et le transfert de leurs chefs-lieux sont décidés après enquête** *(Ord. n° 2015-1341 du 23 oct. 2015, art. 5)* **« publique, réalisée conformément au code des relations entre le public et l'administration, » dans les communes intéressées sur le projet lui-même et sur ses conditions.**

Le représentant de l'État dans le département prescrit cette enquête *(Ord. n° 2015-1341 du 23 oct. 2015, art. 5)* **« publique, réalisée conformément au code des relations**

entre le public et l'administration, » lorsqu'il a été saisi d'une demande à cet effet soit par le conseil municipal de l'une des communes, soit par le tiers des électeurs inscrits de la commune ou de la portion de territoire en question. Il peut aussi l'ordonner d'office.

L'enquête *(Ord. nº 2015-1341 du 23 oct. 2015, art. 5)* **« publique, réalisée conformément au code des relations entre le public et l'administration, » n'est pas obligatoire s'il s'agit d'une fusion de communes.**

Si la demande concerne le détachement d'une section de commune ou d'une portion du territoire d'une commune pour l'ériger en commune séparée, elle doit, pour être recevable, être confirmée à l'expiration d'un délai d'une année.

I. DOMAINE D'APPLICATION DE LA PROCÉDURE DE MODIFICATION

1. La modification du territoire communal ne peut résulter d'une situation de fait, par exemple de l'exécution de travaux publics. • CE 30 oct. 1959, *Cne de Tignes : Lebon 558.* ♦ En revanche la configuration des lieux, des arguments économiques et financiers et la nécessité d'assurer une gestion administrative cohérente du site sont des éléments à prendre en considération pour apprécier l'intérêt de la demande de modification. • CAA Lyon, 1er mars 2001, *Cne de Landry,* nº 98LY01062 : *RFDA 2001. 1366.*

2. Le détachement et la réunion d'une parcelle impliquent le respect de la procédure de modification même s'il s'agit d'une parcelle de quelques ares. • CE 31 mars 1954, *Cne de Paray-La-Frésil : Lebon 198.*

3. Lorsque la modification du territoire survient postérieurement à l'établissement d'une délimitation et résulte d'une situation de fait nouvelle telle que la modification du lit d'un cours d'eau, la prise en compte de cette modification importante ne peut être effectuée que selon la procédure de modification des limites territoriales des communes. • CE 1er juin 1984, *Cne de Vieux-Boucau,* nº 26989 : *Lebon 195.* ♦ Si la modification de fait est minime, cette modification a pour conséquence de modifier de plein droit la circonscription territoriale de chaque commune. • CE 1er juin 1984, *Cne de Vieux-Boucau,* nº 26989 : *préc.*

4. En revanche, la remise à la commune des dépendances du domaine public maritime en vue de la construction d'un ouvrage d'accès à un port de plaisance n'est pas de nature à entraîner une modification des limites territoriales. • CE, sect., 20 févr. 1981, *Assoc. pour la protection du site du Vieux-Pornichet,* nº 06152 A.

II. MISE EN ŒUVRE DE LA PROCÉDURE DE MODIFICATION

5. Il y a obligation de respecter la procédure même lorsque la modification envisagée a pour objet de revenir à une situation ayant existé antérieurement. • CE 18 janv. 1933, *Néel : Lebon 66.* ♦ ... Ou lorsqu'elle est demandée par une pétition des habitants. • CE 15 févr. 1952, *Cne de Hondschoote : Lebon 108.* ♦ ... Ou lorsqu'une première procédure ayant le même objet n'a pas abouti. • CE 10 mars 1954, *Cne de Sacoué : Lebon T. 750.* ♦ ... Ou a été annulée. • CE 20 déc. 1929, *Él. de la commission syndicale de Ponthoux : Lebon 1141.*

6. En l'absence de décision administrative préalable, le préfet ne peut que déterminer les limites territoriales et non les modifier. • CAA Bordeaux, 3 mars 2009, *Cne de Pointe-à-Pitre,* nº 07BX00175. ♦ Une fois saisi de la demande, le préfet a l'obligation de poursuivre la procédure jusqu'à son terme même si des complications contentieuses surgissent. • TA Paris, 20 janv. 1959, *Guerrier : Lebon 744.*

7. Cependant le préfet peut ouvrir d'office la procédure en l'absence de toute demande ou si la pétition recueille moins du tiers des signatures des électeurs. • CE 4 déc. 1964, *Cne de Ploumaguer : Lebon 617 ; AJDA 1965. 274, note J.B.*

8. L'engagement d'une procédure, devant déboucher sur la scission de deux sections d'une même commune, n'empêche pas le conseil municipal de procéder à des investissements situés sur le territoire d'une seule des deux sections de commune. • CE 28 mars 1990, *Thévenet,* nº 77537 B.

9. Le délai d'un an, prévu en cas de détachement d'une section de commune ou d'une portion du territoire d'une commune pour l'ériger en commune séparée, est destiné à s'assurer de la permanence du souhait exprimé dans la demande initiale de détachement. Ce délai est donc un délai minimum. La circonstance que la demande de détachement ait été confirmée trois ans après celle-ci n'a pu, en l'absence de disposition le prévoyant, entacher de caducité cette même demande. • CAA Nantes, 26 déc. 2012, *Cne de Jullouville,* nos 00NT00230, 00NT00231 et 00NT01041.

10. La décision par laquelle l'autorité administrative refuse de faire droit à une demande de modification des limites territoriales des communes ne présente pas un caractère réglementaire et ne peut être contestée devant le Conseil d'État en application de l'art. R. 311-1 CJA, quand bien même cette modification aurait pour effet de porter atteinte aux limites cantonales définies par décret. • CE 14 oct. 2022, nº 457980 B : *AJDA 2022. 1984.*

III. PROCÉDURE D'ENQUÊTE PUBLIQUE

A. RECOURS À L'ENQUÊTE PUBLIQUE

11. L'enquête n'est pas obligatoire en cas de fusion de communes. Cependant, le représentant de l'État peut y procéder d'office ou à la demande d'un ou plusieurs conseils municipaux ou à la demande d'électeurs. • CE 27 mai 1966, *Caron : Lebon 367* • CE 3 avr. 1968, *Papin : Lebon 230 ; AJDA 1968. 463, concl. Dutheillet de Lamothe ; D. 1970. 231, note Demichel.* ♦ En revanche, lorsque la demande émane d'électeurs d'une commune bénéficiaire du rattachement, le préfet n'est pas tenu de faire droit à leur demande. • TA Versailles, 13 mars 2001, *Assoc. Advenir : Gaz. Pal. 2001. 2. Somm. 1961.*

12. Lorsque trois hameaux forment une portion de territoire d'un seul tenant, le préfet n'a pas l'obligation de procéder à trois enquêtes distinctes et de constituer trois commissions syndicales. • CE 17 oct. 1990, *Cne de Peyrillac-et-Millac,* n° 81967 : *Lebon 281.*

13. Le projet soumis à l'enquête publique et ses conditions doivent être clairement définis sans pour autant qu'il soit nécessaire, en règle générale, d'établir des plans détaillés ou des études sur les conséquences financières de la modification envisagée. • CE 6 mars 1936, *Cne de Sury-le-Comtal : Lebon 295.*

14. Lorsque des modifications sont apportées au projet initial, une nouvelle enquête n'est nécessaire que si ces modifications altèrent les conditions essentielles du projet. • CE 3 déc. 1993, *Cne de Fauillet,* n° 112438 : *Lebon 337 ; JCP 1994. IV. 449, obs. Rouault.*

15. Est irrégulier le décret rattachant à une commune une superficie de 1855 ha prélevée sur le territoire d'une commune voisine, alors que le dossier mis à l'enquête comportait un plan faisant état d'un transfert portant seulement sur une centaine d'hectares, car, dans ces circonstances, les habitants de la commune amputée n'ont pas été mis à même de présenter utilement leurs observations sur le rattachement projeté. • CE, ass., 8 janv. 1971, *Cne de Sers : Lebon 17.*

B. COMMISSAIRE-ENQUÊTEUR

16. En ce qui concerne le choix d'un commissaire-enquêteur, le préfet a la plus grande liberté. • CE 6 mars 1936, *Cne de Sury-le-Comtal : préc. note 13.* ♦ Le commissaire-enquêteur peut être membre de l'un des conseils municipaux. • CE 21 oct. 1953, *Leduc : Lebon 446.* ♦ ... Ou un habitant de la commune. • CE 29 juin 1983, *Assoc. pour l'indépendance de Saint-Aygulf et a.,* n° 37114 : *Lebon 640.*

17. Le commissaire-enquêteur ne doit pas avoir un intérêt personnel au résultat de l'enquête et il doit examiner l'ensemble des observations dont il est saisi et disposer du temps nécessaire à l'établissement d'un véritable avis. • CE 22 mai 1981, *Guy Brulez,* n°s 21691, 21777, 21778 et 21779 : *Lebon 233.* ♦ Le commissaire-enquêteur doit exprimer dans les conclusions de son rapport un avis personnel. • CE 22 mai 1981, *Walter Leempoels et Cne syndicale de Signeville (Haute-Marne) : n°s 21552 et 21747.*

Art. L. 2112-3 **Si le projet concerne le détachement d'une section de commune ou d'une portion du territoire d'une commune, soit pour la rattacher à une autre commune, soit pour l'ériger en commune séparée, un arrêté du représentant de l'État dans le département institue, pour cette section ou cette portion de territoire, une commission qui donne son avis sur le projet.**

Le nombre des membres de la commission est fixé par cet arrêté.

Les membres de la commission, choisis parmi les personnes éligibles au conseil municipal de la commune, sont élus selon les mêmes règles que les conseillers municipaux des communes de moins de 2 500 habitants.

Sont électeurs, lorsqu'ils sont inscrits sur les listes électorales de la commune, les habitants ayant un domicile réel et fixe sur le territoire de la section ou de la portion de territoire et les propriétaires de biens fonciers sis sur cette section ou portion de territoire.

La commission élit en son sein son président. — *[C. communes, art. R. 112-20.]*

À compter du premier renouvellement général des conseils municipaux suivant la promulgation de la L. n° 2025-444 du 21 mai 2025, après le mot : « élus », la fin du 3ᵉ al. est ainsi rédigée : « au scrutin majoritaire plurinominal, dans des conditions fixées par décret en Conseil d'État. » (L. préc., art. 4 et 7).

COMMENTAIRE

V. dans le supplément en ligne.

1. Institution de la commission. Il appartient au préfet de corriger toute irrégularité qu'il constate dans l'institution ou les modalités de constitution de la commission, au besoin en en instituant une nouvelle. Il n'excède pas ses pouvoirs en abrogeant sa décision de constituer une commission chargée de donner un avis sur l'érection d'une section de commune en commune séparée, dont les membres seraient élus après convocation de tous les électeurs inscrits sur la liste électorale de la commune, en méconnaissance des dispositions de l'art. L. 2112-3, et en instituant une nouvelle commission. • CE 15 févr. 2013, *Mme Blanchet, Mme Martinigol*, nos 356145 et 356146 : *AJDA 2013. 1199*.

2. Éligibilité à la commission. Il n'y a pas incompatibilité entre le mandat de conseiller municipal et celui de membre de la commission : le conseiller qui a siégé à la commission n'aura pas à s'abstenir lorsque l'affaire viendra pour avis devant le conseil municipal dont il est membre. • CE 3 mai 1961, *Cne de Saint-Rogatien : Lebon 283.* ♦ Dans le cas où plusieurs sections de communes appartenant à la même commune fusionnée envisagent simultanément leur détachement de ladite commune, certaines personnes peuvent être inscrites sur plusieurs listes électorales constituées en vue de désigner la commission. • TA Montpellier, 27 janv. 1997, *Préfet de l'Aude*, n° 96-1564. ♦ Seuls peuvent élire les membres de la commission les propriétaires fonciers concernés inscrits sur la liste électorale et non la commune, même si elle est propriétaire de biens dans la partie à détacher. De plus, si les personnes susceptibles d'être élues sont en petit nombre, elles peuvent être toutes désignées comme membres de la commission, sans organiser d'élection. • CE 4 mai 1998, *Cne d'Orsay*, n° 187195 : *Gaz. Pal. 2 sept. 1998, p. 7.*

3. Déroulement de l'élection. L'art. L. 247 C. élect. s'applique à l'élection à une commission chargée de donner son avis sur le projet d'érection d'une commune en commune séparée. • CE 15 févr. 2013, *Mme Blanchet, Mme Martinigol*, nos 356145 et 356146 : *préc. note 1.*

4. Contentieux. L'acte instituant une commission chargée de donner son avis sur le projet d'érection d'une section de commune en commune séparée et fixant le nombre de ses membres n'est qu'un des éléments de la procédure prévue aux art. L. 2112 3 s. CGCT en vue de permettre au préfet de se prononcer sur le projet qui lui est soumis et n'est, dès lors, pas susceptible d'être déféré au juge de l'excès de pouvoir. Rejet consécutif des conclusions contre l'arrêté préfectoral instituant la commission et fixant le nombre de ses membres mais recevabilité de la requête tendant à l'annulation de l'élection de ses membres. • CE 15 févr. 2013, *Mme Blanchet, Mme Martinigol*, nos 356145 et 356146 : *préc. note 1.* ♦ L'élection peut être discutée soit dans le cadre du contentieux électoral. • CE 20 déc. 1929, *Él. de la commission syndicale de Ponthoux : Lebon 1141.* ♦ ... Soit à l'occasion du recours dirigé contre la décision finale. • CE 3 mai 1961, *Cne de Saint-Rogatien : préc. note 2* • CE 11 oct. 1967, *Sauvion et Servolles : Lebon T. 725 et 882.* ♦ Le juge exerce un contrôle restreint sur l'opportunité du détachement. • CE 4 mai 1998, *Cne d'Orsay*, n° 187195 : *préc. note 2.*

Art. L. 2112-4 Après accomplissement des formalités prévues aux articles L. 2112-2 et L. 2112-3, les conseils municipaux donnent obligatoirement leur avis.

1. Une modification de limite de communes qui affecte celle d'une communauté urbaine ne peut intervenir sans que le conseil de communauté ait été appelé à émettre un avis. • CE 24 juin 1994, *Cne de Teteghem*, n° 124338 : *Lebon 330* ; *AJDA 1994. 747 chron. Touvet et Stahl*.

2. L'assemblée saisie pour avis a le droit de délibérer au vu de tous documents ou informations alors même que ces derniers n'auraient pas figuré dans le dossier d'enquête ou n'auraient pas été connus de la commission syndicale. • CE 16 juin 1948, *Cne d'Aouste-sur-Sye : Lebon T. 551.*

3. Devant l'assemblée saisie pour avis, le rapport sur l'affaire peut être fait par un conseiller possédant des immeubles sur le territoire des communes intéressées. • CE 26 févr. 1932, *Cne de Mitry-Mory : Lebon 235.*

4. La régularité des avis émis par les assemblées départementales et communales ne peut être contestée qu'au terme de la procédure lors de la décision finale. • CE 21 févr. 1986, *Gilles*, n° 56417 : *Lebon 42* • 2 déc. 1991, *Cne de la Chaussée-Tirancourt*, n° 109724 B : *RFDA 1992. 892, concl. Abraham*.

Art. L. 2112-5 Sous réserve des dispositions des articles L. 3112-1 et L. 3112-2 concernant les limites des départements, les décisions relatives à la modification des limites territoriales des communes et à la fixation ou au transfert de chefs-lieux résultant ou non de cette modification sont prononcées par arrêté du représentant de l'État dans le département. — *V. art. D. 2112-1.*

Toutefois, un décret en Conseil d'État, sur la proposition du ministre de l'Intérieur, est requis lorsque la modification territoriale projetée a pour effet de porter atteinte aux limites cantonales. — *[C. communes, art. R. 112-17.]*

I. CONTENU DE LA DÉCISION

1. La décision du représentant de l'État est nécessaire pour toute modification des limites territoriales de communes. Le seul accord des communes en cause est inopérant à cet égard. • CE 13 juill. 1961, *Cne de Rosenau : Lebon 481.*

2. Les autorités qui décident des modifications territoriales ne sont pas tenues de prévoir des conditions particulières, notamment financières, différentes de celles qui sont la conséquence nécessaire des modifications elles-mêmes. • CE 17 oct. 1990, *Cne de Peyrillac-et-Millac*, n° 81967 : *Lebon 281*. • CE 3 déc. 1993, *Cne de Fauillet*, n° 112438 : *Lebon 337* ; *JCP 1994. IV. 449, obs. Rouault.*

II. CONTENTIEUX

A. NATURE JURIDIQUE DE LA DÉCISION DE MODIFICATION

3. Les actes décidant la modification de circonscriptions communales n'ont pas le caractère de règlements. C'est donc le TA et non le Conseil d'État qui est compétent en premier ressort pour connaître des pourvois dirigés contre de telles décisions. • CE 4 juill. 1980, *Mme Audebert*, n° 10038.

4. Les vices entachant l'une ou l'autre phase de la procédure constituent des mesures d'instruction et ne peuvent être invoqués qu'à l'appui d'un recours dirigé contre la décision prise à l'issue de la procédure. • CE 5 avr. 1957, *Cne des Abymes : Lebon 240.*

B. NATURE DU CONTRÔLE

5. L'appréciation à laquelle se livre l'autorité préfectorale qui décide de modifier les limites territoriales de deux communes est soumise à un contrôle restreint portant sur les motifs de droit et de fait, l'erreur manifeste d'appréciation. • CE 18 janv. 1985, *Cne de Mélesse*, nos 25161 et 28076 : *Lebon 12* • CE 3 déc. 1993, *Cne de Fauillet*, n° 112438 : *préc. note 2.* ♦ C'est ainsi que les inconvénients éventuels, qui résulteraient du rattachement d'une portion de territoire d'une commune à une autre commune, ont trait à l'opportunité de la mesure attaquée qu'il n'appartient pas au juge administratif d'apprécier. • CE 17 oct. 1990, *Cne de Peyrillac-et-Millac*, n° 81967 : *préc. note 2.*

6. S'il est fait état d'informations erronées au cours de l'une des phases de la procédure, ou si des erreurs matérielles ont été commises, la décision prise est annulable lorsque ces éléments ont exercé une influence effective sur les avis émis ou la décision. • CE 4 déc. 1964, *Cne de Ploumaguer : Lebon 617.*

7. Est illégale la décision s'écartant du projet initial s'il y a altération des conditions essentielles du projet. • CE 19 janv. 1934, *Chapalain : Lebon 91.*

8. En revanche a été déclarée légale une décision fondée sur l'intérêt de l'ensemble des habitants de la commune. • CE 29 juin 1983, *Assoc. pour l'indépendance de Saint-Aygulf*, n° 37114 : *Lebon 640*.

C. EFFET DE L'ANNULATION DE LA DÉCISION DE MODIFICATION

9. Lorsque la décision portant détachement et rattachement d'une section de commune ou d'une portion de territoire est annulée et lorsqu'il y a eu dissolution des conseils municipaux anciens et élection de conseils nouveaux avant que n'intervienne l'annulation, celle-ci a pour effet de remettre les choses en l'état antérieur, ce qui conduit à la dissolution des conseils municipaux nouvellement élus et à la mise en place de délégations spéciales et de nouvelles élections. • CE 22 juin 1928, *Commission syndicale du hameau de Ponthoux : Lebon 770.*

Art. L. 2112-5-1 *(L. n° 2004-809 du 13 août 2004, art. 182)* **Dans le cas où une portion de commune est érigée en commune distincte, la nouvelle commune devient membre de plein droit des établissements publics de coopération intercommunale auxquels appartenait la commune dont elle a été détachée, sauf en cas de désignation d'autres établissements dans l'arrêté prévu à l'article L. 2112-5. La participation de la nouvelle commune auxdits établissements se fait selon les dispositions prévues dans le présent code. En cas de désignation d'autres établissements, le retrait de l'établissement d'origine s'effectue dans les conditions fixées par l'article L. 5211-25-1.**

Art. L. 2112-6 *(L. n° 2014-58 du 27 janv. 2014, art. 1er)* **Tout projet de modification des limites territoriales des communes est soumis à l'avis du conseil départemental, qui se prononce dans un délai de six semaines à compter de sa saisine. À l'expiration de ce délai, son avis est réputé rendu.**

I. MODIFICATION DES LIMITES CANTONALES

1. Le gouvernement peut légalement créer plusieurs cantons au sein d'une même commune ou constituer un canton par des fractions de deux ou plusieurs communes voisines. Mais ce découpage ne peut avoir pour effet de joindre une fraction de territoire d'une autre commune relevant d'un arrondissement déterminé à une portion du territoire d'une autre commune située dans un autre arrondissement pour constituer un nouveau canton, sans qu'aient été préalablement ou concomitamment modifiées les limites des arrondissements ou celles des communes concernées. • CE, ass., 18 nov. 1977, *Cne de Fontenay-sous-Bois et a. : Lebon 448 ; D. 1978. 530, note Peiser ; RD publ. 1978. 526, concl. Franc ; AJDA 1978. 209, chron. Nauwelaers et Dutheillet de Lamothe.* ♦ V. notes ss. art. L. 2112-4 et L. 3113-2.

2. Toutefois, il peut être dérogé à cette règle pour « des motifs d'intérêt général » et « à condition qu'aucune disposition législative régissant l'organisation administrative n'y fasse obstacle ». • CE, ass., 18 nov. 1977, *Cne de Fontenay-sous-Bois : préc. note 1.*

II. PORTÉE DE L'AVIS DU CONSEIL GÉNÉRAL

3. L'avis du conseil général est obligatoire. • CE 6 avr. 1962, *Cne d'Ouilly-le-Vicomte : Lebon 862.* ♦ Lorsque l'assemblée départementale refuse de formuler cet avis, la procédure peut suivre son cours après un délai raisonnable. • CE 27 mai 1966, *Carron : Lebon 367.*

4. Le gouvernement n'est pas tenu de se conformer à l'avis émis par le conseil général. • CE 6 avr. 1962, *Cne d'Ouilly-le-Vicomte : préc. note 3.*

Art. L. 2112-7 *(L. n° 2013-428 du 27 mai 2013, art. 19)* **Les biens meubles et immeubles appartenant à la commune situés, à la date de publication de l'arrêté ou du décret prévu à l'article L. 2112-5, sur la portion de territoire faisant l'objet d'un rattachement à une autre commune ou ceux appartenant à une commune réunie à une autre commune deviennent la propriété de cette autre commune.**

S'ils se trouvent sur une portion de territoire érigée en commune distincte, ils deviennent la propriété de cette nouvelle commune.

1. Aucune indemnisation ou compensation ne peut être valablement accordée au titre des biens transférés de plein droit. • CE 27 juill. 1928, *Cne de Cachan : Lebon 957.*

2. Les habitants de la commune rattachée conservent la jouissance des droits distincts qu'ils détenaient à titre permanent et exclusif, au nombre desquels l'affouage. Il en résulte qu'un habitant domicilié sur le territoire de la section a droit à l'affouage sur le bois de cette section, mais non sur le bois de la commune, bien qu'il ait la qualité d'habitant de celle-ci. • CE 28 déc. 1992, *Cne d'Argilly,* n°s 118872 et 121454 : *Lebon 463.*

Art. L. 2112-8 et L. 2112-9 *Abrogés par L. n° 2013-428 du 27 mai 2013, art. 19.*

Art. L. 2112-10 Les actes qui prononcent la modification des limites territoriales des communes en déterminent toutes les conditions autres que celles *(L. n° 2013-428 du 27 mai 2013, art. 19)* **« prévues à l'article L. 2112-7 ».**

Lorsque l'acte requis est un décret, il peut décider que certaines de ces conditions sont déterminées par un arrêté du représentant de l'État dans le département.

Le représentant de l'État dans le département peut prendre par arrêté toutes dispositions transitoires pour assurer la continuité des services publics jusqu'à l'installation des nouvelles assemblées municipales.

1. Le préfet n'est pas obligé de fixer toutes les modalités dans un seul arrêté. Il peut légalement renvoyer le règlement de certaines conditions de rattachement à une convention entre les deux communes qui sera entérinée par arrêté. • CE 4 déc. 1993, *Cne de Fauillet,* n° 112438 : *Lebon 337 ; JCP 1994. IV. 449, obs. Rouault.* ♦ À défaut d'accord entre les intéressées, c'est au juge administratif qu'il appartient d'interpréter ces dispositions. • CE 5 juill. 1918, *Cne de Sarthonay-Village : Lebon 662 ; S. 1921. 3. 17, note Hauriou.*

2. C'est dans le cadre des dispositions de l'alinéa 3 que peuvent être prises des décisions sur le partage de l'actif de la commune démembrée et la répartition de la charge de sa dette entre les communes concernées. • CE 9 avr. 1948, *Cne de Saint-Mamet-la-Salvétat : Lebon 151.*

3. Aucun principe général d'indemnisation n'existe au profit des communes dont sont détachées des sections ou portions du territoire. • CE 26 févr. 1932, *Cne de Mitry-Mory : Lebon 235.*

Art. L. 2112-11 Lorsqu'une portion de territoire d'une commune est rattachée à une autre commune, l'autorité habilitée à prendre cette mesure peut décider que les conseils municipaux sont maintenus en fonction. – *[C. communes, art. L. 112-19 issu de Ord. n° 45-2604 du 2 nov. 1945, art. 11.]*

En ne se prononçant pas sur le maintien des conseils municipaux comme il a la faculté de le faire, le préfet ne commet aucune illégalité. • CE 17 oct. 1990, *Cne de Peyrillac-et-Millac,* n° 81967 : *Lebon 281.*

Art. L. 2112-12 Lorsqu'une portion de territoire d'une commune est érigée en commune séparée, le conseil municipal est dissous de plein droit.

Il est immédiatement procédé à de nouvelles élections à moins que la modification n'intervienne dans les trois mois qui précèdent le renouvellement général des conseils municipaux.

Jusqu'à l'installation des nouvelles assemblées municipales, les intérêts de chaque commune sont gérés par une délégation spéciale qui est désignée par l'autorité habilitée à prononcer la modification des limites territoriales. – *[C. communes, art. L. 112-20 issu de Ord. n° 45-2604 du 2 nov. 1945, art. 11.]*

1. La création d'une nouvelle commune n'a pas pour effet de soustraire celle-ci aux droits et obligations contractés par la commune dont elle est issue. • TA Montpellier, 7 déc. 1978, *SIVOM Maugio-Pérols : Lebon 631.*

2. Les membres du conseil municipal dissous peuvent faire partie de la délégation spéciale. • CE 3 avr. 1968, *Papin : Lebon 230 ; AJDA 1968. 463, concl. Dutheillet de Lamothe ; D. 1970. 231, note Demichel.*

Art. L. 2112-13 Les modifications des limites territoriales des communes justifiées par les nécessités du remembrement des exploitations rurales sont opérées dans les conditions prévues à l'article L. 123-5 du code rural et de la pêche maritime. – *[C. communes, art. R.* 112-24.]*

Un PLU adopté par le conseil municipal ne peut se fonder sur de nouvelles délimitations que si elles ont été prononcées préalablement par arrêté du représentant de l'État dans le département en vertu de l'art. L. 123-5 C. rur. • CAA Douai, 3 juin 2010, *GAEC Fontaine et a.*, n° 09DA00884.

CHAPITRE III CRÉATION D'UNE COMMUNE NOUVELLE

(L. n° 2010-1563 du 16 déc. 2010, art. 21)

BIBL. ▶ **Ouvrage :** Pécheul et Verpeaux, Les communes nouvelles, *LexisNexis, coll. Actualité, 2016.*

▶ **Articles :** Aubelle, Considérations financières autour de la commune nouvelle, *AJCT 2014. 198* ; La commune nouvelle. Repenser l'intercommunalité, *AJCT 2014. 520* ; Les conditions de fluidification du fonctionnement de la commune nouvelle, *AJCT 2015. 88* ; Sur la loi n° 2019-809 du 1er août 2019 visant à adapter l'organisation des communes nouvelles à la diversité des territoires, Focus... sur la commune nouvelle, *AJCT 2019. 495*. – Boulet, Les communes nouvelles, remède à l'émiettement communal ?, *AJCT 2011. 456*. – Deffigier, Communes, communes nouvelles, communes associées, un ménage à trois, *JCP Adm. 2017. 2003.* – Houser, Le statut des communes nouvelles, *AJCT 2011. 63*. – Jebeili, La commune nouvelle, un second souffle pour les petites communes ?, *JCP Adm. 2014, n° 2195.* – Kerneis Cardinet, Première défusion d'une commune nouvelle, *JCP Adm. 2023. n° 2344.* – Le Roux, La relance du processus de fusion entre collectivités territoriales, *JCP Adm. 2011, n° 2130* ; La loi du 16 mars 2015, un second souffle pour les communes nouvelles, *AJDA 2015. 1266*. – Communes nouvelles : une révolution territoriale silencieuse ?, *RFAP 2017, n° 162.* – Zarka, La loi n° 2019-809 du 1er août 2019 visant à adapter l'organisation des communes nouvelles à la diversité des territoire, *LPA, n° 201, 8 oct. 2019, p. 6 à 15.*

COMMENTAIRE

V. dans le supplément en ligne

Art. L. 2113-1 La commune nouvelle est soumise aux règles applicables aux communes, sous réserve des dispositions du présent chapitre et des autres dispositions législatives qui lui sont propres.

Sur l'évolution des syndicats d'agglomération nouvelle, soit par création d'une commune nouvelle, soit par transformation en communauté d'agglomération, V. L. n° 2015-292 du 16 mars 2015, art. 12, ss. art. L. 5332-1.

SECTION 1 Procédure de création

Art. L. 2113-2 Une commune nouvelle peut être créée en lieu et place de communes contiguës :

1° Soit à la demande de tous les conseils municipaux ;

2° Soit à la demande des deux tiers au moins des conseils municipaux des communes membres d'un même établissement public de coopération intercommunale à fiscalité propre, représentant plus des deux tiers de la population totale de celles-ci ;

3° Soit à la demande de l'organe délibérant d'un établissement public de coopération intercommunale à fiscalité propre, en vue de la création d'une commune nouvelle en lieu et place de toutes ses communes membres ;

4° Soit à l'initiative du représentant de l'État dans le département.

(L. n° 2017-257 du 28 févr. 2017, art. 72) « Lorsque les communes incluses dans le périmètre de la commune nouvelle envisagée appartiennent à des établissements publics de coopération intercommunale à fiscalité propre distincts, les délibérations des conseils municipaux précisent l'établissement public de coopération intercommunale à fiscalité propre dont elles souhaitent que la commune nouvelle soit membre. À défaut, elles sont réputées favorables au rattachement de la commune nouvelle à l'établissement public de coopération intercommunale à fiscalité propre dont elles sont membres. »

Dans le cas mentionné au 3°, la création est subordonnée à l'accord des conseils municipaux des communes concernées dans les conditions de majorité mentionnées au 2°. À compter de la notification de la délibération de l'organe délibérant de l'établissement public au maire de chacune des communes membres, le conseil municipal de chaque commune membre dispose d'un délai de trois mois pour se prononcer. À défaut de délibération dans ce délai, sa décision est réputée favorable.

Dans le cas visé au 4°, la création est subordonnée à l'accord des deux tiers au moins des conseils municipaux des communes intéressées, représentant plus des deux tiers de la population totale de celles-ci. À compter de la notification de l'arrêté de périmètre, chaque conseil municipal dispose d'un délai de trois mois pour se prononcer. À défaut de délibération dans ce délai, sa décision est réputée favorable.

(L. n° 2019-809 du 1er août 2019, art. 5) « La délibération des conseils municipaux portant création d'une commune nouvelle est assortie en annexe d'un rapport financier présentant les taux d'imposition ainsi que la structure et l'évolution des dépenses, de la dette et des effectifs de l'ensemble des communes concernées. Ce rapport est affiché à la mairie et mis en ligne sur le site internet de la commune, lorsque ce dernier existe. »

(L. n° 2019-1461 du 27 déc. 2019, art. 73) « Les délibérations des conseils municipaux et, le cas échéant, de l'organe délibérant de l'établissement public de coopération intercommunale mentionnées au présent article sont prises après avis du comité *(L. n° 2019-1461 du 27 déc. 2019, art. 73)* « social territorial » compétent. Le président du comité *(L. n° 2019-1461 du 27 déc. 2019, art. 73)* « social territorial » convoque l'instance aux fins de recueillir cet avis dans un délai maximal d'un mois suivant la demande du maire ou du président de l'établissement public de coopération intercommunale. Passé ce délai, l'avis est réputé favorable. »

Sur les dérogations concernant le rattachement des communes nouvelles, V. ci-dessous L. n° 2017-257 du 28 févr. 2017, art. 72-II.

1. Information des conseils municipaux préalablement à la délibération demandant la création d'une commune nouvelle. Les membres du conseil municipal des communes doivent être informés de manière exacte et complète sur les conséquences de la création d'une commune nouvelle en matière d'imposition locale, sur le coût de la création de la commune nouvelle. • TA Rouen, 18 juin 2013, *Assoc. Bihorel avec vous*, n° 1100244 : *AJCT 2013. 526, obs. Yazi-Roman*. ♦ La composition temporaire du conseil municipal de la commune nouvelle doit également être portée à la connaissance des conseillers municipaux • Même arrêt.

2. Arrêté préfectoral créant une commune nouvelle. La décision par laquelle le préfet crée une commune nouvelle en lieu et place de communes contiguës ne constitue pas une décision réglementaire et ne présente pas davantage le caractère d'une décision individuelle. Dès lors, cette décision n'est pas au nombre de celles qui doivent être motivées en vertu de la L. du 11 juill. 1979 ou d'une autre disposition législative ou réglementaire, notamment de l'art. L. 2113-5 CGCT. • TA Rouen, 18 juin 2013, *Assoc. Bihorel avec vous*, n° 1100244 : *préc. note 1*.

3. Contentieux des délibérations demandant la création d'une commune nouvelle. Les délibérations des conseils municipaux formant la demande de création d'une commune nouvelle en lieu et place des communes contiguës constituent de simples mesures préparatoires à la décision du préfet de créer cette commune nouvelle. • TA Rouen, 18 juin 2013, *Assoc. Bihorel avec vous*, n° 1100244 : *préc. note 1*. ♦ L'illégalité de ces délibérations peut toutefois être invoquée par voie d'exception à l'appui des conclusions en annulation de l'arrêté préfectoral décidant la création de la commune nouvelle. • Même arrêt. ♦ La délibération du conseil municipal d'une commune demandant au préfet la création d'une commune nouvelle fait l'objet d'un contrôle de l'erreur manifeste d'appréciation. • Même arrêt. ♦ La décision par laquelle est créée, à la demande de tous les conseils municipaux concernés, une commune nouvelle ne saurait être regardée comme portant atteinte à la libre administration des collectivités territoriales alors même qu'elle a pour effet la disparition des communes qui ont fait la demande. • CE 12 janv. 2017, n° 406663. ♦ L'omission de consultation préalable des comités techniques paritaires préalablement à l'adoption des délibérations, dans les conditions prévues à l'art. 33 de la L. du 26 janv. 1984, qui prive les représentants des personnels des communes d'une garantie, a constitué une irrégularité de nature à entacher la légalité de l'arrêté du préfet créant une commune nouvelle. • CAA Nantes, 4 janv. 2019, *Min. de l'Intérieur c/ Assoc. SOS mariage forcé et Terroir de Bretagne*, n° 17NT02468 : *BJCL 2019, concl. Brechot et obs. Poujade.*

Loi n° 2017-257 du 28 février 2017,

Relative au statut de Paris et à l'aménagement métropolitain.

Art. 72 *[...]* II. — Par dérogation aux articles L. 2113-2 et L. 2113-5 du code général des collectivités territoriales, lorsqu'une commune nouvelle est issue de communes appartenant à des établissements publics de coopération intercommunale distincts, qu'elle a été créée avant la publication de la présente loi et qu'elle n'a pas encore été rattachée à un seul et même établissement public de coopération intercommunale à fiscalité propre, le conseil municipal de la commune nouvelle délibère dans un délai d'un mois à compter de la publication de la présente loi sur l'établissement public de coopération intercommunale à fiscalité propre auquel il souhaite que la commune nouvelle soit rattachée.

En cas de désaccord avec le souhait de rattachement de la commune nouvelle, le représentant de l'État dans le département saisit la commission départementale de la coopération intercommunale, dans un délai d'un mois à compter de la délibération de la commune nouvelle, d'un projet de rattachement à un autre établissement public de coopération intercommunale à fiscalité propre.

Le projet de rattachement émis par la commune nouvelle et, le cas échéant, celui proposé par le représentant de l'État dans le département sont transmis pour avis par le représentant de l'État aux organes délibérants des établissements publics de coopération intercommunale à fiscalité propre concernés ainsi qu'aux conseils municipaux de leurs communes membres, qui disposent d'un délai d'un mois pour se prononcer.

En cas de désaccord avec le souhait de rattachement formulé par la commune nouvelle, les établissements publics de coopération intercommunale à fiscalité propre concernés ou leurs communes membres peuvent également, dans un délai de deux mois à compter de la délibération de la commune nouvelle, saisir pour avis la commission départementale de la coopération intercommunale.

En l'absence de saisine de la commission départementale de la coopération intercommunale dans un délai de deux mois à compter de la délibération de la commune nouvelle sur son souhait de rattachement, le représentant de l'État prononce le rattachement de la commune nouvelle à l'établissement public de coopération intercommunale à fiscalité propre en faveur duquel son conseil municipal a délibéré. En cas de saisine dans les délais précités, la commission départementale de coopération intercommunale dispose d'un délai d'un mois pour se prononcer.

En cas de saisine de la commission départementale de la coopération intercommunale à l'initiative du représentant de l'État dans le département, la commune nouvelle ne devient membre de l'établissement en faveur duquel elle a délibéré que si la commission départementale se prononce en ce sens à la majorité des deux tiers de ses membres. À défaut, elle devient membre de l'établissement proposé par le représentant de l'État.

Un arrêté du représentant de l'État dans le département prononce le rattachement de la commune nouvelle à un établissement public de coopération intercommunale à fiscalité propre. Jusqu'à l'entrée en vigueur de cet arrêté, par dérogation à l'article L. 5210-2 du code général des collectivités territoriales, la commune nouvelle reste membre de chacun des établissements publics auxquels ses communes constitutives appartenaient, dans la limite du territoire de celles-ci, et les taux de fiscalité votés par les établissements publics de coopération intercommunale à fiscalité propre auxquels ces mêmes communes appartenaient continuent de s'appliquer sur le territoire de celles-ci.

Le retrait du ou des autres établissements publics de coopération intercommunale à fiscalité propre s'effectue dans les conditions prévues à l'article L. 5211-25-1 du même code. Il vaut réduction du périmètre des syndicats mixtes dont le ou les établissements publics précités sont membres, dans les conditions fixées au troisième alinéa de l'article L. 5211-19 dudit code.

Par dérogation au présent II, pour le calcul de la dotation globale de fonctionnement et des fonds de péréquation, la commune nouvelle issue de communes contiguës membres d'établissements publics de coopération intercommunale à fiscalité propre distincts est considérée comme n'appartenant à aucun groupement à fiscalité propre en l'absence d'arrêté du représentant de l'État dans le département de rattachement à un seul établissement public de coopération intercommunale à fiscalité propre au 1er janvier de l'année de répartition.

Art. L. 2113-3 Lorsque la demande ne fait pas l'objet de délibérations concordantes des conseils municipaux de toutes les communes concernées mais est formée dans les conditions de majorité prévues à l'article L. 2113-2, les personnes inscrites sur les listes électorales municipales sont consultées sur l'opportunité de la création de la commune nouvelle. Un décret en Conseil d'État fixe les modalités de ces consultations. Les dépenses sont à la charge de l'État.

(L. nº 2019-809 du 1er août 2019, art. 6) « Au cours du mois précédant les consultations, un rapport financier présentant les taux d'imposition ainsi que la structure et l'évolution des dépenses, de la dette et des effectifs de l'ensemble des communes concernées est affiché à la mairie et mis en ligne sur le site internet de la commune, lorsque ce dernier existe. »

La création ne peut être décidée par arrêté du représentant de l'État dans le département où se situe la commune nouvelle que si la participation au scrutin est supérieure à la moitié des électeurs inscrits et que le projet recueille, dans chacune des communes concernées, l'accord de la majorité absolue des suffrages exprimés correspondant à un nombre de voix au moins égal au quart des électeurs inscrits.

Tout électeur participant à la consultation, toute commune concernée ainsi que le représentant de l'État dans le département ont le droit de contester la régularité des opérations devant le tribunal administratif. Les recours ont un effet suspensif.

Art. L. 2113-4 Lorsque les communes concernées par une demande de création d'une commune nouvelle ne sont pas situées dans le même département ou dans la même région, la décision de création ne peut être prise qu'après modification des limites territoriales des départements ou régions concernés par décret en Conseil d'État pris *(L. nº 2015-292 du 16 mars 2015, art. 6)* « , en l'absence de délibérations contraires et motivées » des conseils départementaux et des conseils régionaux concernés. Le ministre chargé des collectivités territoriales notifie à chaque conseil départemental concerné et, le cas échéant, à chaque conseil régional concerné le projet de création de la commune nouvelle, les délibérations des conseils municipaux concernés ainsi que *(L. nº 2015-292 du 16 mars 2015, art. 6)* « , le cas échéant, » le résultat des consultations organisées en application de l'article L. 2113-3. À compter de cette notification, les conseils départementaux et régionaux disposent d'un délai de deux mois pour se prononcer. À défaut de délibération dans ce délai, leur décision est réputée favorable.

Art. L. 2113-5 I. – *(L. nº 2015-292 du 16 mars 2015, art. 10)* « En cas de création d'une commune nouvelle regroupant toutes les communes membres d'un ou de plusieurs établissements publics de coopération intercommunale à fiscalité propre, l'arrêté » portant création de ladite commune nouvelle emporte également suppression de l'établissement public de coopération intercommunale à fiscalité propre dont étaient membres les communes intéressées.

L'ensemble des biens, droits et obligations *(L. nº 2015-292 du 16 mars 2015, art. 10)* « du ou des établissements publics de coopération intercommunale à fiscalité propre supprimés » et des communes dont est issue la commune nouvelle est transféré à cette dernière.

La création de la commune nouvelle entraîne sa substitution dans toutes les délibérations et dans tous les actes pris par *(L. nº 2015-292 du 16 mars 2015, art. 10)* « le ou les établissements publics de coopération intercommunale à fiscalité propre supprimés » et par les communes qui en étaient membres.

Les contrats sont exécutés dans les conditions antérieures jusqu'à leur échéance, sauf accord contraire des parties. Les cocontractants sont informés de la substitution de personne morale par la commune nouvelle. La substitution de personne morale dans les contrats conclus par *(L. n° 2015-292 du 16 mars 2015, art. 10)* « le ou les établissements publics de coopération intercommunale à fiscalité propre supprimés » et les communes n'entraîne aucun droit à résiliation ou à indemnisation pour le cocontractant.

(L. n° 2015-292 du 16 mars 2015, art. 10) « L'ensemble des personnels du ou des établissements publics de coopération intercommunale à fiscalité propre supprimés » et des communes dont est issue la commune nouvelle est réputé relever de cette dernière dans les conditions de statut et d'emploi qui sont les siennes. *(L. n° 2015-991 du 7 août 2015, art. 117)* « L'article **L. 5111-7** est applicable. »

La commune nouvelle est substituée à *(L. n° 2015-292 du 16 mars 2015, art. 10)* « le ou les établissements publics de coopération intercommunale supprimés » et aux communes dont elle est issue dans les syndicats dont ils étaient membres.

(L. n° 2017-257 du 28 févr. 2017, art. 72) « II. – Lorsque la commune nouvelle est issue de communes contiguës membres d'établissements publics de coopération intercommunale à fiscalité propre distincts et qu'au moins la moitié des conseils municipaux des communes incluses dans le périmètre de la commune nouvelle, représentant au moins la moitié de sa population, ont délibéré en faveur de son rattachement à un même établissement public de coopération intercommunale à fiscalité propre, le représentant de l'État dans le département saisit pour avis l'organe délibérant de l'établissement public de coopération intercommunale à fiscalité propre en faveur duquel les communes constitutives de la commune nouvelle ont délibéré, les organes délibérants des autres établissements publics de coopération intercommunale à fiscalité propre dont sont membres les communes constitutives de la commune nouvelle, ainsi que les conseils municipaux des communes membres de ces établissements, qui disposent d'un délai d'un mois pour se prononcer sur le rattachement envisagé.

« À défaut d'un souhait de rattachement formé dans les conditions de majorité prévues au premier alinéa du présent II ou en cas de désaccord avec le souhait exprimé par les communes constitutives de la commune nouvelle, le représentant de l'État dans le département saisit la commission départementale de la coopération intercommunale, dans un délai d'un mois à compter de la dernière délibération intervenue en application de l'article **L. 2113-2** ou, le cas échéant, de l'expiration du délai de trois mois prévu aux *(L. n° 2019-809 du 1er août 2019, art. 5)* « septième et » *(L. n° 2019-1461 du 27 déc. 2019, art. 73)* « huitième » alinéas du même article **L. 2113-2**, d'une proposition de rattachement de la commune nouvelle à un autre établissement public de coopération intercommunale à fiscalité propre. Cette proposition est soumise pour avis par le représentant de l'État dans le département à l'organe délibérant de l'établissement auquel le rattachement est envisagé, aux organes délibérants des autres établissements dont sont membres les communes constitutives de la commune nouvelle, ainsi qu'aux conseils municipaux des communes membres de ces établissements, qui disposent d'un délai d'un mois pour se prononcer.

« En cas de désaccord avec le souhait de rattachement formulé par les conseils municipaux des communes constitutives de la commune nouvelle, les établissements publics de coopération intercommunale à fiscalité propre concernés ou leurs communes membres peuvent également, dans un délai de deux mois à compter de la dernière délibération intervenue en application dudit article **L. 2113-2** ou, le cas échéant, de l'expiration du délai de trois mois prévu aux *(L. n° 2019-809 du 1er août 2019, art. 5)* « septième et » *(L. n° 2019-1461 du 27 déc. 2019, art. 73)* « huitième » alinéas du même article **L. 2113-2**, saisir la commission départementale de la coopération intercommunale.

« En cas de saisine de la commission départementale de la coopération intercommunale, celle-ci dispose d'un délai d'un mois pour se prononcer.

« Lorsque cette saisine a été effectuée à l'initiative du représentant de l'État dans le département et, le cas échéant, des établissements publics de coopération intercommunale à fiscalité propre concernés ou de leurs communes membres, la commune nouvelle ne devient membre de l'établissement proposé par les conseils municipaux des communes constitutives de la commune nouvelle que si la commission départementale se prononce en ce sens à la majorité des deux tiers de ses membres. À défaut, elle devient membre de l'établissement proposé par le représentant de l'État dans le département.

« Lorsque cette saisine a été effectuée à l'initiative des établissements publics de coopération intercommunale à fiscalité propre concernés ou de leurs communes membres, la commission peut adopter, à la majorité des deux tiers de ses membres, une proposition de rattachement de la commune nouvelle à un autre établissement public de coopération intercommunale à fiscalité propre que celui en faveur duquel ont délibéré ses communes constitutives.

« Cette proposition est soumise pour avis par le représentant de l'État dans le département à l'organe délibérant de l'établissement auquel la commission départementale propose que la commune nouvelle soit rattachée, aux organes délibérants des autres établissements dont sont membres les communes constitutives de la commune nouvelle, ainsi qu'aux conseils municipaux des communes membres de ces établissements, qui disposent d'un délai d'un mois pour se prononcer. À défaut, elles sont réputées favorables à la proposition de rattachement formulée par la commission départementale.

« La commune nouvelle n'est rattachée à l'établissement proposé par la commission départementale que si l'établissement concerné et au moins la moitié de ses communes membres, représentant la moitié de sa population, ont délibéré en faveur de ce rattachement.

« À défaut de proposition adoptée par la commission départementale à la majorité des deux tiers de ses membres, ou à défaut d'accord de l'établissement concerné et de la moitié de ses communes membres représentant la moitié de sa population, la commune nouvelle devient membre de l'établissement public de coopération intercommunale à fiscalité propre proposé par les conseils municipaux des communes constitutives de la commune nouvelle.

« L'arrêté de création de la commune nouvelle mentionne l'établissement public de coopération intercommunale à fiscalité propre dont elle est membre. Le retrait de ses communes constitutives du ou des autres établissements publics de coopération intercommunale à fiscalité propre s'effectue dans les conditions prévues à l'article L. 5211-25-1. Il vaut réduction du périmètre des syndicats mixtes dont le ou les établissements publics précités sont membres, dans les conditions fixées au troisième alinéa de l'article L. 5211-19.

« Par dérogation au présent II, pour le calcul de la dotation globale de fonctionnement et des fonds de péréquation, la commune nouvelle issue de communes contigües membres d'établissements publics de coopération intercommunale à fiscalité propre distincts est considérée comme n'appartenant à aucun groupement à fiscalité propre en l'absence d'arrêté du représentant de l'État dans le département de rattachement à un seul établissement public de coopération intercommunale à fiscalité propre au 1er janvier de l'année de répartition. »

III. — Par dérogation au II, si l'une des communes contiguës dont est issue la commune nouvelle est membre d'une communauté urbaine ou d'une métropole, un arrêté du représentant de l'État dans le département prononce le rattachement de la commune nouvelle à cette communauté urbaine ou à cette métropole. Jusqu'à *(L. n° 2015-292 du 16 mars 2015, art. 11)* « l'entrée en vigueur de » cet arrêté *(L. n° 2015-292 du 16 mars 2015, art. 11)* « , par dérogation à l'article L. 5210-2 », la commune nouvelle reste membre de chacun des établissements publics de coopération intercommunale auxquels les communes appartenaient dans la limite du territoire de celles-ci. *(L. n° 2015-292 du 16 mars 2015, art. 11)* « Jusqu'à l'entrée en vigueur de cet arrêté, les conseillers communautaires représentant les anciennes communes en fonction à la date de la création de la commune nouvelle restent membres de l'organe délibérant de l'établissement public et les taux de fiscalité votés par les établissements publics de coopération intercommunale à fiscalité propre auxquels les anciennes communes appartenaient continuent de s'appliquer sur le territoire de celles-ci. »

Le retrait du ou des autres établissements publics de coopération intercommunale à fiscalité propre s'effectue dans les conditions prévues à l'article L. 5211-25-1. Il vaut réduction du périmètre des syndicats mixtes dont le ou les établissements publics pré-

cités sont membres, dans les conditions fixées au troisième alinéa de l'article L. 5211-19.

IV. – L'arrêté du représentant de l'État dans le département prononçant la création de la commune nouvelle peut prévoir que sera opérée une nouvelle dévolution de tout ou partie des biens ou des droits distincts de ceux de la commune nouvelle, y compris l'excédent disponible.

(L. n° 2013-1279 du 29 déc. 2013, art. 46) **« V. – La création de la commune nouvelle est effectuée à titre gratuit et ne donne lieu au paiement d'aucune indemnité, ni d'aucuns droit, taxe, salaire ou honoraires. »**

V. L. n° 2017-257 du 28 févr. 2017, art. 72-II, ss. art. L. 2113-2.

La procédure de rattachement forcé de la commune nouvelle à un EPCI à fiscalité propre prévue au II de l'art. L. 2113-5 porte une atteinte manifestement disproportionnée au principe de libre administration. • Cons. const. 21 oct. 2016, *Cté de cnes des sources du lac d'Annecy et a.*, n° 2016-588 QPC : *AJDA 2017. 350, note Combeau ; AJCT 2016. 533, obs. Guillou ; Constitutions 2016. 712, chron.* ♦ Ces règles affectent la libre administration des communes concernées. En autorisant le préfet à imposer à la commune nouvelle un autre rattachement que celui qu'elle souhaite, le législateur a entendu éviter que son choix puisse porter atteinte à la cohérence ou à la pertinence des périmètres intercommunaux existants. Il a ainsi poursuivi un but d'intérêt général (consid. 8). Les dispositions contestées ne prévoient ni la consultation de l'organe délibérant de l'EPCI à fiscalité propre auquel le rattachement est envisagé, ni celle des organes délibérants des EPCI à fiscalité propre dont la commune nouvelle est susceptible de se retirer. Ces dispositions ne prévoient pas, non plus, la consultation des conseils municipaux des communes membres de ces établissements publics. Par ailleurs, en cas de désaccord avec le projet de rattachement, ni ces établissements publics, ni ces communes ne peuvent, contrairement à la commune nouvelle, provoquer la saisine de la commission départementale de coopération intercommunale. Dès lors, compte tenu des conséquences qui résultent du rattachement de la commune nouvelle à un EPCI à fiscalité propre, les dispositions contestées portent à la libre administration des communes une atteinte manifestement disproportionnée (consid. 9). ♦ V., pour une réécriture de ces dispositions, l'art. 72 de la L. n° 2017-257 du 28 févr. 2017 relative au statut de Paris et à l'aménagement métropolitain (CGCT, art. L. 2113-2 et L. 2113-5).

Art. L. 2113-5-1 *(L. n° 2015-1786 du 29 déc. 2015, art. 53)* **I. – Sauf dispositions contraires, la commune nouvelle ou, par des délibérations de principe concordantes prises l'année précédant celle de sa création, les communes et, le cas échéant, l'établissement public de coopération intercommunale à fiscalité propre participant à sa création prennent les délibérations fiscales applicables à compter de l'année suivante sur son territoire en application du présent code.**

II. – À défaut de délibérations prises dans les conditions prévues au I, les délibérations fiscales adoptées antérieurement par les communes et, le cas échéant, par l'établissement public de coopération intercommunale à fiscalité propre participant à la création de la commune sont maintenues pour l'année où la création de la commune prend fiscalement effet.

Art. L. 2113-6 *(L. n° 2015-292 du 16 mars 2015, art. 2)* **« I. – En l'absence d'accord des conseils municipaux sur le nom de la commune nouvelle par délibérations concordantes prises en application de l'article L. 2113-2, le représentant de l'État dans le département leur soumet pour avis une proposition de nom. À compter de sa notification, le conseil municipal dispose d'un délai d'un mois pour émettre un avis sur cette proposition. À défaut de délibération dans ce délai, son avis est réputé favorable.**

« II. – » L'arrêté du représentant de l'État dans le département prononçant la création de la commune nouvelle *(L. n° 2015-292 du 16 mars 2015, art. 2)* **« détermine le nom de la commune nouvelle, le cas échéant au vu des avis émis par les conseils municipaux, fixe la date de création » et en complète, en tant que de besoin, les modalités.**

Le choix du nom de la commune nouvelle appartient au préfet alors même que les conseils municipaux à l'origine de la procédure de création lui ont adressé des avis concordants à cet égard. • CAA Nantes, 21 juin 2019, *Cne de Saint-Aignan*, n° 17NT03686 : *AJDA 2019. 2048, chron. Bréchot*. ♦ Contrôle de l'erreur manifeste d'appréciation par le juge. • CAA Nantes, 21 juin 2019, *Cne de Saint-Aignan*, n° 17NT03686 : *AJDA 2019. 2048, chron. Bréchot*. ♦ Il appartient au représentant de l'État dans le département de déterminer le nom d'une commune nouvelle, aussi bien en l'absence d'accord des conseils municipaux sur ce point qu'en présence de délibérations concordantes. • CE 7 juill. 2022, *Assoc. de défense de la Chapelle Basse-Mer*, n° 460445 B : *AJDA 2022. 1421 ; ibid. 2478, note Sempé ; AJCT 2022. 657, obs. Houser ; BJCL 2022. 568, concl. Cytermann, obs. Poujade.* ♦ La différence de traitement, instituée entre des communes (nouvelles ou existantes) en ce qui concerne la détermination du nom, qui se trouvent dans des situations différentes, est en rapport direct avec l'objet des dispositions contestées, qui visent à faciliter le regroupement de communes au sein de communes nouvelles. Il en ressort que le principe d'égalité n'est pas méconnu. • Même arrêt.

Art. L. 2113-7 *(L. n° 2015-292 du 16 mars 2015, art. 1er)* **I. — Jusqu'au prochain renouvellement suivant la création de la commune nouvelle, le conseil municipal est composé :**

1° De l'ensemble des membres *(L. n° 2016-1500 du 8 nov. 2016, art. 9)* **« en exercice » des conseils municipaux des anciennes communes, si les conseils municipaux des communes concernées le décident par délibérations concordantes prises avant la création de la commune nouvelle ;**

2° À défaut, des maires, des adjoints, ainsi que de conseillers municipaux des anciennes communes, dans les conditions prévues au II du présent article.

L'arrêté du représentant de l'État dans le département prononçant la création de la commune nouvelle détermine la composition du conseil municipal, le cas échéant en attribuant les sièges aux membres des anciens conseils municipaux dans l'ordre du tableau fixé à l'article L. 2121-1.

Dans tous les cas, le montant cumulé des indemnités des membres du conseil municipal de la commune nouvelle ne peut excéder le montant cumulé des indemnités maximales auxquelles auraient droit les membres du conseil municipal composé dans les conditions prévues au II du présent article.

II. — Lorsqu'il est fait application du 2° du I, l'arrêté du représentant de l'État dans le département attribue à chaque ancienne commune un nombre de sièges en application de la représentation proportionnelle au plus fort reste des populations municipales. *(L. n° 2016-1500 du 8 nov. 2016, art. 2)* **« Cette répartition s'opère en prenant pour base de calcul un effectif de soixante-neuf sièges. »**

Il ne peut être attribué à une ancienne commune un nombre de sièges supérieur au nombre de ses conseillers municipaux en exercice et inférieur au nombre de son maire et de ses adjoints en exercice.

L'effectif total du conseil ne peut dépasser soixante-neuf membres, sauf dans le cas où la désignation des maires et adjoints des anciennes communes rend nécessaire l'attribution de sièges supplémentaires.

(L. n° 2025-444 du 21 mai 2025, art. 6) **« III. — Par dérogation à la première phrase du premier alinéa des articles L. 258 et L. 270 du code électoral, jusqu'au premier renouvellement suivant la création de la commune nouvelle, le candidat venant sur une liste immédiatement après le dernier élu est appelé à remplacer le conseiller municipal élu sur cette liste lors du dernier renouvellement du conseil municipal de son ancienne commune, dont le siège devient vacant pour quelque cause que ce soit. »**

1. La détermination de la composition du nouveau conseil municipal relève de la seule compétence du préfet. • TA Rouen, 18 juin 2013, *Assoc. Bihorel avec vous*, n° 1100244 : *AJCT 2013. 526, obs. Yazi-Roman.*

2. Si les anciens conseils municipaux l'ont décidé par délibérations concordantes, le conseil municipal d'une commune nouvelle issue de la fusion de plusieurs communes est composé, à titre transitoire jusqu'au premier renouvellement suivant la création de la commune nouvelle, des seuls conseillers municipaux en exercice lors de la fusion. Ces dispositions font obstacle, pendant la période allant de la création de la commune nouvelle au premier renouvellement du conseil municipal suivant cette création, à l'application des dispositions de l'art. L. 270 C. élect. permettant, pour les communes de plus de 1 000 habitants, le remplacement des conseillers municipaux dont le siège devient vacant par les suivants de liste. Lorsqu'un siège de conseiller municipal devient vacant après la création d'une commune nouvelle et avant le premier renouvellement du conseil municipal suivant cette création, il ne peut être pourvu au remplacement par le suivant de liste. • CE 24 juill. 2019, *Préfet du Morbihan*, n° 427192 B : *AJDA 2019. 1611.*

Art. L. 2113-8 *(L. n° 2015-292 du 16 mars 2015, art. 1er)* **Lors du premier renouvellement suivant la création de la commune nouvelle, le conseil municipal comporte un**

nombre de membres égal au nombre prévu à l'article L. 2121-2 pour une commune appartenant à la strate démographique immédiatement supérieure. *(L. nº 2019-809 du 1er août 2019, art. 1er)* « Ce nombre ne peut être inférieur au tiers de l'addition des conseillers municipaux élus lors du précédent renouvellement général des conseils municipaux, conformément à l'article L. 2121-2, dans chaque commune regroupée avant la création de la commune nouvelle, arrondi à l'entier supérieur et augmenté d'une unité en cas d'effectif pair. Il ne peut également être supérieur à soixante-neuf.

« L'effectif du conseil municipal reste identique jusqu'au *(L. nº 2025-444 du 21 mai 2025, art. 6)* « troisième » renouvellement général des conseils municipaux suivant la création de la commune nouvelle. »

Le montant cumulé des indemnités des membres du conseil municipal de la commune nouvelle ne peut excéder le montant cumulé des indemnités maximales auxquelles auraient droit les membres du conseil municipal d'une commune appartenant à la même strate démographique.

Le nombre et la répartition des conseillers municipaux de la commune nouvelle sont soumis à un contrôle normal du juge administratif. • TA Rouen, 18 juin 2013, *Assoc. Bihorel avec vous*, nº 1100244 : *AJCT 2013. 526, obs. Yazi-Roman*.

Art. L. 2113-8-1 A *(L. nº 2019-809 du 1er août 2019, art. 3)* Par dérogation au troisième alinéa de l'article L. 2122-8, si le siège d'un ou de plusieurs conseillers municipaux devient vacant, pour quelque cause que ce soit, entre la date de publication de l'arrêté du représentant de l'État dans le département prononçant la création de la commune nouvelle et *(L. nº 2025-128 du 14 févr. 2025)* « le premier renouvellement général des conseils municipaux intervenant après ladite création, le conseil municipal » procède à l'élection du maire et des adjoints, à moins qu'un tiers des sièges ou plus soient vacants.

Sous réserve des décisions de justice ayant force de chose jugée, les dispositions issues de la L. nº 2025-128 du 14 févr. 2025 sont applicables aux communes nouvelles dont le conseil municipal n'a pas fait l'objet d'un renouvellement à la date de publication de ladite loi (L. préc.).

Art. L. 2113-8-1 *(L. nº 2016-1500 du 8 nov. 2016, art. 3)* Jusqu'au premier renouvellement du conseil municipal suivant la création de la commune nouvelle, lorsque chacune des anciennes communes comptait moins de 1 000 habitants, les adjoints sont élus dans les conditions fixées à l'article L. 2122-7.

Art. L. 2113-8-2 *(L. nº 2016-1500 du 8 nov. 2016, art. 4)* Pour l'application du 2° du II de l'article L. 2121-1, jusqu'au premier renouvellement du conseil municipal suivant la création de la commune nouvelle, l'ordre des conseillers municipaux est établi selon le rapport entre le nombre de voix obtenu par chacun d'entre eux et le nombre de suffrages exprimés lors du dernier renouvellement du conseil municipal de leur ancienne commune.

(L. nº 2019-809 du 1er août 2019, art. 7) « Les maires délégués mentionnés au deuxième alinéa de l'article L. 2113-12-2 prennent rang immédiatement après le maire dans l'ordre du tableau. Ils sont classés suivant la population de leur ancienne commune à la date de la création de la commune nouvelle. »

Art. L. 2113-8-3 *(L. nº 2019-809 du 1er août 2019, art. 9)* Pendant une période de trois ans à compter de la création d'une commune nouvelle, les dispositions de l'article L. 541-3 du code de l'éducation et de l'article L. 229-25 du code de l'environnement ne s'appliquent à cette commune nouvelle que si elles étaient applicables, à la date de sa création, à une ou plusieurs des communes dont elle est issue, et sur le seul territoire desdites communes. Il en va de même de l'obligation de disposer d'au moins un site cinéraire prévue à l'article L. 2223-1 du présent code.

Art. L. 2113-9 *(L. nº 2019-809 du 1er août 2019, art. 4)* En cas de projet de création d'une commune nouvelle issue de la fusion de toutes les communes membres d'un ou de plusieurs établissements publics de coopération intercommunale à fiscalité propre, les conseils municipaux intéressés peuvent, par délibération prévue à l'article L. 2113-2, demander que la future commune nouvelle, sans appartenir à un établissement public de coopération intercommunale à fiscalité propre, dispose des mêmes prérogatives et soit soumise aux mêmes obligations que celles que la loi attribue ou assigne directement à un tel établissement.

La création de la commune nouvelle ne peut être décidée par arrêté du représentant de l'État dans le département concerné que si la demande mentionnée au premier alinéa du présent article est faite par les deux tiers au moins des conseils municipaux des communes membres du ou des mêmes établissements publics de coopération intercommunale à fiscalité propre, représentant plus des deux tiers de la population totale.

Alternativement, les conseils municipaux intéressés peuvent, par délibération prévue à l'article L. 2113-2, désigner l'établissement public de coopération intercommunale à fiscalité propre auquel ils souhaitent voir rattachée la future commune nouvelle.

Si la moitié des conseils municipaux des communes incluses dans le périmètre de la commune nouvelle, représentant au moins la moitié de sa population, ont délibéré en faveur du rattachement à un même établissement public de coopération intercommunale à fiscalité propre, le représentant de l'État dans le département peut mettre en œuvre le rattachement lors de la création de la commune nouvelle, après accord de l'organe délibérant de l'établissement de rattachement envisagé et après avis des communes qui en sont membres. En l'absence de délibération dans un délai de trois mois, les avis de l'établissement de rattachement envisagé et de ses communes membres sont réputés favorables.

À défaut de délibération remplissant les conditions prévues au quatrième alinéa du présent article, en cas de désaccord du représentant de l'État dans le département sur le souhait exprimé par les communes constitutives de la future commune nouvelle ou de désaccord exprimé par l'organe délibérant de l'établissement de rattachement envisagé, le représentant de l'État dans le département définit, par arrêté, un projet de rattachement de la commune nouvelle à un établissement public de coopération intercommunale à fiscalité propre.

Ce projet est notifié au président de cet établissement public, au maire de chaque commune membre de cet établissement public et au maire de chaque commune constitutive de la future commune nouvelle par le représentant de l'État dans le département, lorsque les communes font partie du même département, ou par les représentants de l'État dans les départements concernés, dans le cas contraire. Les intéressés disposent d'un délai de trois mois à compter de la notification pour formuler un avis sur cet arrêté. À défaut de délibération dans ce délai, leur avis est réputé favorable.

Le projet de rattachement, accompagné des avis des communes et de l'établissement public de coopération intercommunale à fiscalité propre est notifié à la commission départementale de la coopération intercommunale compétente par le représentant de l'État dans le département concerné. Lorsque le projet intéresse des communes appartenant à des départements différents, les commissions concernées se réunissent en formation interdépartementale. À défaut de délibération dans un délai d'un mois à compter de la notification, l'avis de la commission est réputé favorable.

La proposition du représentant de l'État dans le département est mise en œuvre dans l'arrêté de création de la commune nouvelle, sauf si la commission départementale de la coopération intercommunale se prononce, à la majorité des deux tiers de ses membres, en faveur d'un projet de rattachement à un autre établissement public de coopération intercommunale à fiscalité propre limitrophe de la future commune nouvelle. Dans ce dernier cas, le représentant de l'État dans le département met en œuvre le projet de rattachement proposé par la commission départementale de la coopération intercommunale dans l'arrêté de création de la commune nouvelle.

Art. L. 2113-9-1 A *(L. n° 2019-809 du 1er août 2019, art. 4)* Lorsqu'une commune nouvelle mentionnée aux premier et deuxième alinéas de l'article L. 2113-9 est créée, elle se substitue à l'établissement public de coopération intercommunale à fiscalité propre au sein des syndicats mixtes relevant du livre VII de la cinquième partie dont il est membre. Chaque syndicat mixte dispose d'un délai de six mois pour mettre à jour ses statuts.

Art. L. 2113-9-1 *(L. n° 2015-292 du 16 mars 2015, art. 5)* Les articles *(L. n° 2019-809 du 1er août 2019, art. 4)* « L. 2113-2 à L. 2113-9-1-A » sont applicables à l'extension d'une commune nouvelle à une ou plusieurs communes.

(L. nº 2015-1785 du 29 déc. 2015, art. 153) « La section 3 du présent chapitre reste applicable à une commune nouvelle étendue à une ou plusieurs communes, sans que cette extension en prolonge la durée d'application *(L. nº 2017-1837 du 30 déc. 2017, art. 159)* « sauf si cette extension concerne une ou des communes de moins de 2 000 habitants ». »

SECTION 2 Création, au sein d'une commune nouvelle, de communes déléguées

Art. L. 2113-10 Des communes déléguées reprenant le nom et les limites territoriales de l'ensemble des anciennes communes dont la commune nouvelle est issue sont instituées au sein de celle-ci, sauf *(L. nº 2015-292 du 16 mars 2015, art. 5)* « lorsque les délibérations concordantes des conseils municipaux prises en application de l'article L. 2113-2 ont exclu leur création. »

(L. nº 2016-1500 du 8 nov. 2016, art. 1er) « Toutefois, à la demande du conseil municipal d'une commune issue d'une fusion de communes en application de la section 3 du présent chapitre, dans sa rédaction antérieure à la loi nº 2010-1563 du 16 décembre 2010 de réforme des collectivités territoriales, des communes déléguées reprenant le nom et les limites territoriales de l'ancienne commune chef-lieu et des anciennes communes associées sont instituées. Dans ce cas, il n'est pas créé de commune déléguée reprenant le nom et les limites territoriales de la commune issue d'une fusion de communes mentionnée à la première phrase du présent alinéa. »

(L. nº 2015-292 du 16 mars 2015, art. 5) « Lors de l'extension d'une commune nouvelle à une ou plusieurs communes, les communes déléguées préexistantes sont maintenues, sauf décision contraire des conseils municipaux ou du conseil municipal de la commune nouvelle dans les conditions prévues *(L. nº 2016-1500 du 8 nov. 2016, art. 1er)* « aux premier et avant-dernier alinéas » du présent article. » *(L. nº 2016-1500 du 8 nov. 2016, art. 1er)* « Il en va de même lors de l'extension d'une commune nouvelle à une ou plusieurs communes régies par le présent chapitre, dans sa rédaction antérieure à la loi nº 2010-1563 du 16 décembre 2010 précitée. Dans ce cas, l'ancienne commune chef-lieu et les communes associées sont remplacées par des communes déléguées soumises à la présente section.

(L. nº 2019-809 du 1er août 2019, art. 12) « Le conseil municipal de la commune nouvelle peut décider la suppression d'une partie ou de l'ensemble des communes déléguées, dans un délai qu'il détermine. Le projet de suppression d'une commune déléguée est subordonné à l'accord du maire délégué et, lorsqu'il existe, du conseil de la commune déléguée ». Dans les mêmes conditions, il peut décider le remplacement de l'ensemble des communes déléguées mentionnées au deuxième alinéa par une commune déléguée reprenant le nom et les limites territoriales de la commune issue d'une fusion de communes mentionnée à la première phrase du même deuxième alinéa. »

(L. nº 2019-809 du 1er août 2019, art. 12, mod. par L. nº 2019-1461 du 27 déc. 2019, art. 72) « Dans le cas prévu au quatrième alinéa, l'officier de l'état civil de la commune nouvelle établit les actes de l'état civil relatifs aux événements survenus dans les limites territoriales de la commune déléguée supprimée. Les pactes civils de solidarité des partenaires ayant fixé leur résidence commune sur le territoire de la commune déléguée supprimée sont enregistrés par l'officier de l'état civil de la commune nouvelle. »

La commune nouvelle a seule la qualité de collectivité territoriale.

Sur la création de communes déléguées, V. ci-dessous L. nº 2019-809 du 1er août 2019, art. 11.

Loi nº 2019-809 du 1er août 2019,

Visant à adapter l'organisation des communes nouvelles à la diversité des territoires.

Art. 11 Dans un délai d'un an suivant la publication de la présente loi, le conseil municipal d'une commune nouvelle créée entre le 17 décembre 2010 et le 8 novembre 2016, par la fusion de plusieurs communes dont l'une au moins était issue d'une fusion de communes en application de la section 3 du chapitre III du titre I du livre I de la deuxième partie du code général des collectivités territoriales, dans sa rédaction antérieure à la loi nº 2010-1563 du 16 décembre 2010 de réforme des collectivités territoriales, peut décider d'instituer des communes déléguées reprenant le nom et les limites territoriales de l'ancienne commune chef-lieu et des anciennes communes associées, en remplacement, le cas échéant, de la commune déléguée reprenant le nom et les limites territoriales de la commune qui avait été créée par leur fusion.

Par dérogation à l'article L. 2113-19 du code général des collectivités territoriales, l'institution de communes déléguées en application du premier alinéa du présent article est sans incidence sur le montant cumulé maximal des indemnités des adjoints de la commune nouvelle, des maires délégués et de leurs adjoints.

Art. L. 2113-11 La création au sein d'une commune nouvelle de communes déléguées entraîne de plein droit pour chacune d'entre elles :

1° L'institution d'un maire délégué ;

(L. n° 2019-1461 du 27 déc. 2019, art. 72) « 2° La création d'une annexe de la mairie dans laquelle sont établis les actes de l'état civil relatifs aux événements survenus dans les limites territoriales de la commune déléguée. Les pactes civils de solidarité des partenaires ayant fixé leur résidence commune dans la commune déléguée y sont également enregistrés.

« Les mariages peuvent être célébrés et les pactes civils de solidarité peuvent être enregistrés dans l'une des annexes de la mairie, dans les limites territoriales de la commune nouvelle. » *(L. n° 2022-217 du 21 févr. 2022, art. 24)* « Dans les communes issues d'une fusion de communes en application du présent chapitre, dans sa rédaction antérieure à la loi n° 2010-1563 du 16 décembre 2010 de réforme des collectivités territoriales, les mariages peuvent être célébrés et les pactes civils de solidarité peuvent être enregistrés dans la mairie de la nouvelle commune. »

Art. L. 2113-11-1 *(L. n° 2019-1461 du 27 déc. 2019, art. 72)* Une annexe de la mairie créée en application du 2° de l'article L. 2113-11 peut être supprimée par décision du conseil municipal de la commune nouvelle, prise après accord du maire délégué et, lorsqu'il existe, du conseil de la commune déléguée. Cette décision ne prend effet qu'au 1er janvier de l'année suivante.

Les actes de l'état civil relatifs aux événements survenus dans les limites territoriales de ladite commune déléguée sont établis dans la mairie de la commune nouvelle.

Art. L. 2113-12 Le conseil municipal d'une commune nouvelle peut décider, à la majorité des deux tiers de ses membres, la création dans une ou plusieurs communes déléguées d'un conseil de la commune déléguée, composé d'un maire délégué et de conseillers communaux, dont il fixe le nombre, désignés par le conseil municipal parmi ses membres.

Art. L. 2113-12-1 *(L. n° 2015-292 du 16 mars 2015, art. 4)* Le conseil municipal d'une commune nouvelle peut instituer une conférence *(L. n° 2019-809 du 1er août 2019, art. 2)* « du maire et des maires délégués », présidée par le maire et comprenant les maires délégués, au sein de laquelle peut être débattue toute question de coordination de l'action publique sur le territoire de la commune nouvelle.

La conférence *(L. n° 2019-809 du 1er août 2019, art. 2)* « du maire et des maires délégués » se réunit au moins une fois par an, sur convocation de son président *(L. n° 2019-809 du 1er août 2019, art. 2)* « ou à la demande de l'ensemble des maires délégués qui la composent sur un ordre du jour déterminé ».

Art. L. 2113-12-2 *(L. n° 2015-292 du 16 mars 2015, art. 3)* Le maire délégué est élu par le conseil municipal de la commune nouvelle parmi ses membres, dans les conditions fixées à l'article L. 2122-7.

Par dérogation, le maire de l'ancienne commune en fonction au moment de la création de la commune nouvelle devient de droit maire délégué jusqu'au prochain renouvellement du conseil municipal. *(L. n° 2016-1500 du 8 nov. 2016, art. 1er)* « Il en va de même, dans les cas prévus aux deuxième et troisième alinéas de l'article L. 2113-10, pour le maire de l'ancienne commune chef-lieu, pour les maires des communes associées et pour les maires des communes déléguées en fonction au moment de la création de la commune nouvelle. »

(L. n° 2019-809 du 1er août 2019, art. 8) « Les fonctions de maire de la commune nouvelle et de maire délégué sont compatibles. Leur indemnité n'est pas cumulable. »

Art. L. 2113-13 **Le maire délégué remplit dans la commune déléguée les fonctions d'officier d'état civil et d'officier de police judiciaire. Il peut être chargé, dans la commune déléguée, de l'exécution des lois et règlements de police et recevoir du maire les délégations prévues aux articles L. 2122-18 à L. 2122-20.**

(L. n° 2015-292 du 16 mars 2015, art. 3) **« Le maire délégué exerce également les fonctions d'adjoint au maire de la commune nouvelle, sans être comptabilisé au titre de la limite fixée à l'article L. 2122-2. »**

Neutralisation par la L. n° 2015-292 du 16 mars 2015 relative à l'amélioration du régime de la commune nouvelle de la jurisprudence du Conseil d'État en vertu de laquelle le nombre des adjoints ne peut être supérieur au maximum légal fixé par l'art. L. 2122-2. • CE 23 déc. 2011, *Él. des adjoints au maire de la Cne de Dunkerque,* n° 347415 : *Lebon ; AJDA 2012. 950, note Verpeaux ; AJCT 2012. 214, obs. Houser ; JCP Adm. 2012, n° 2044, note Rouault ; BJCL 2012. 142, concl. Collin.*

Art. L. 2113-14 **Le conseil municipal peut également désigner, parmi les conseillers communaux, un ou plusieurs adjoints au maire délégué.**

Le nombre de ceux-ci ne peut excéder 30 % du nombre total des conseillers communaux.

Art. L. 2113-15 **Le conseil de la commune déléguée se réunit à l'annexe de la mairie située sur le territoire de la commune déléguée.**

(L. n° 2019-809 du 1er août 2019, art. 10) **« Lorsque l'annexe de la mairie a été supprimée dans les conditions prévues à l'article L. 2113-11-1, il se réunit dans »** *(L. n° 2019-809 du 1er août 2019, art. 10, mod. par L. n° 2019-1461 du 27 déc. 2019, art. 72)* **« la mairie de la commune nouvelle. »**

Art. L. 2113-16 **Le conseil de la commune déléguée est présidé par le maire délégué.**

Sur les communes fusionnées et les communes associées, V. ci-dessous L. n° 2010-1563 du 16 déc. 2010, art. 25.

Loi n° 2010-1563 du 16 décembre 2010,

De réforme des collectivités territoriales.

Art. 25 I. — Les communes fusionnées avant la publication de la présente loi demeurent régies par le chapitre III du titre I du livre I de la deuxième partie du code général des collectivités territoriales et par l'article 1638 du code général des impôts, dans leur rédaction antérieure à la présente loi, sous réserve des dispositions des deuxième *(L. n° 2015-991 du 7 août 2015, art. 79)* « à dernier » alinéas du présent I.

Pour son application aux communes visées à l'alinéa précédent, l'article L. 2113-16 du code général des collectivités territoriales est ainsi rédigé :

Art. L. 2113-16 Le représentant de l'État dans le département peut prononcer la suppression de la ou des communes associées lorsqu'il a été saisi d'une demande à cet effet soit par délibération à la majorité des deux tiers des membres du conseil municipal, soit par le tiers des électeurs inscrits de la commune ou de la portion de territoire en question après accomplissement des formalités prévues aux articles L. 2112-2 et L. 2112-3.

(L. n° 2015-991 du 7 août 2015, art. 79) « Pour son application aux communes mentionnées au premier alinéa du présent I, le 3° de l'article L. 2113-13 du même code est remplacé par un alinéa ainsi rédigé :

« "La création d'une commune associée peut entraîner la création d'une section du centre d'action sociale dotée de la personnalité juridique, à laquelle est dévolu le patrimoine du centre d'action sociale ayant existé dans l'ancienne commune et dont les conditions de fonctionnement sont fixées par décret. Cette section peut être supprimée par délibération du conseil municipal ou ses compétences peuvent être transférées dans les conditions prévues au II des articles L. 123-4 et L. 123-4-1 du code de l'action sociale et des familles". »

Les communes associées des communes fusionnées avant la publication de la présente loi peuvent, par délibération du conseil municipal, être soumises à la section 2 du chapitre III du titre I du livre I de la deuxième partie du code général des collectivités territoriales dans sa rédaction résultant de la présente loi.

II. — Jusqu'au 31 décembre 2011, dans les communes fusionnées avant la publication de la présente loi, le représentant de l'État dans le département peut prononcer le retour à l'autonomie de la commune associée si les électeurs inscrits dans la section électorale de la commune associée se prononcent en faveur de cette autonomie dans le cadre de l'appartenance à une communauté de communes, à une communauté d'agglomération, à une communauté urbaine ou à une métropole.

La procédure de retour à l'autonomie est réalisée dans les conditions suivantes :

1° Le représentant de l'État organise la consultation lorsqu'il a été saisi d'une demande soit par le conseil consultatif ou la commission consultative de la commune associée, soit par le tiers des électeurs inscrits sur la liste électorale de la commune associée ;

2° La consultation est organisée dans les six mois qui suivent la réception de la demande par le représentant de l'État ;

3° La consultation porte également sur les conditions financières et patrimoniales du retour à l'autonomie de la commune associée ;

4° Pour être validé, le projet doit recueillir les deux tiers des suffrages exprimés, sous réserve que la participation au scrutin soit supérieure à la moitié des électeurs inscrits ;

5° Le retour à l'autonomie a lieu de plein droit au 1er janvier de l'année qui suit la consultation, dans le respect des limites territoriales de l'ancienne commune associée ;

6° Les conditions financières et patrimoniales du retour à l'autonomie sont déterminées par accord du conseil municipal de la commune et de l'organe de la commune associée en tenant compte principalement des contributions et des ressources respectives de chacune. À défaut d'accord, ces conditions sont arrêtées par le représentant de l'État dans le département ;

7° Pendant cinq ans à compter du retour à l'autonomie, l'ancienne commune associée verse à la commune une dotation de garantie. Cette dotation est égale, la première année, à 50 % de la somme versée l'année précédente par ses contribuables au budget communal, la deuxième année, à 40 % de cette somme, la troisième année, à 30 % de cette somme, la quatrième année, à 20 % de cette somme et, la cinquième année, à 10 % de cette somme ;

8° La nouvelle commune se voit dévolue la totalité des archives administratives nécessaires à son fonctionnement dans les trois mois qui suivent le retour à l'autonomie.

Jurisprudence relative à l'art. L. 2113-16 dans sa rédaction issue de l'art. 25 de la L. du 16 déc. 2010

1. Enquête publique et institution d'une commission consultative. Le préfet n'est tenu, avant de se prononcer sur la demande dont il est saisi, de prescrire une enquête publique et d'instituer une commission consultative chargée de donner son avis, conformément aux art. L. 2112-2 et L. 2112-3 CGCT, que dans le cas où la demande émane, non du conseil municipal, mais des électeurs. • CE, avis, 4 nov. 2013, *Assoc. Cne libre de Saint-Pantaléon*, n° 369356 : *AJDA 2013. 2556, note Juen*.

2. Pouvoir d'appréciation du préfet sur la demande de suppression d'une ou de plusieurs communes associées. Le représentant de l'État dans le département, qui est saisi d'une demande de suppression d'une commune associée, doit se prononcer sur cette demande en prenant compte l'ensemble de la situation, notamment l'opinion éventuellement exprimée par la population de la commune associée ou son conseil consultatif ou, si elle existe, sa commission consultative, l'opinion éventuellement exprimée par la population de la commune issue de la fusion ou son conseil municipal, ainsi que la pertinence du projet de suppression au regard des objectifs de rationalisation de l'action administrative communale, d'une part, et d'adaptation des services publics aux besoins spécifiques de la population de la commune associée, d'autre part. • CE, avis, 4 nov. 2013, *Assoc. Cne libre de Saint-Pantaléon*, n° 369356 : *préc. note 1.* ♦ Aucun de ces éléments ne prime sur les autres et il n'est pas besoin que tous les éléments fassent l'objet d'une appréciation positive pour que le préfet puisse prononcer la suppression d'une commune associée. • Même décision.

3. Conditions financières et patrimoniales du retour à l'autonomie. Pour répartir la charge des emprunts en cours, le préfet peut tenir compte de l'utilité ou de l'utilisation des immeubles, sans que cela soit obligatoire. • CAA Nancy, 6 nov. 2014, *Min. de l'Intérieur*, n° 14NC00534 : *AJDA 2015. 317*.

4. Contentieux de la décision préfectorale de suppression d'une commune associée. La décision prise par le préfet au regard des éléments pris en compte ne peut être censurée par le juge qu'en cas d'erreur manifeste d'appréciation. • CE, avis, 4 nov. 2013, *Assoc. Cne libre de Saint-Pantaléon*, n° 369356 : *préc. note 1.*

Art. L. 2113-17 *(L. n° 2016-1500 du 8 nov. 2016, art. 13)* **Les articles L. 2511-9, L. 2511-10-1 à L. 2511-13, L. 2511-15 et L. 2511-17 à L. 2511-23, le quatrième alinéa de l'article L. 2511-25, les articles L. 2511-26, L. 2511-28 à L. 2511-33 du présent code et l'article 36 de la loi n° 82-1169 du 31 décembre 1982 relative à**

l'organisation administrative de Paris, Marseille, Lyon et des établissements publics de coopération intercommunale sont applicables aux communes déléguées.

Par délibération du conseil municipal de la commune nouvelle, les articles L. 2511-14 et L. 2511-24 peuvent être applicables aux communes déléguées.

Art. L. 2113-17-1 *(L. n° 2016-1500 du 8 nov. 2016, art. 13)* Le conseil municipal de la commune nouvelle adopte, dans les six mois qui suivent son installation, un règlement spécial organisant l'information et la consultation des communes déléguées concernant les affaires dont l'exécution est prévue, en tout ou partie, sur leur territoire.

Les communes déléguées dotées d'un conseil de la commune en application de l'article L. 2113-12 peuvent percevoir des dotations de la commune nouvelle. Le montant des sommes destinées aux dotations des communes déléguées ainsi que leur répartition sont fixés chaque année par le conseil municipal de la commune nouvelle. La commune nouvelle peut aussi confier à une commune déléguée la gestion d'équipements de proximité dans les conditions fixées aux quatre premiers alinéas de l'article L. 2511-16.

Dans les cas prévus au deuxième alinéa du présent article, les dépenses et les recettes de chaque commune déléguée sont détaillées dans un état spécial. Dans ce cas, les articles L. 2511-36-1, L. 2511-37, L. 2511-41, L. 2511-43 et L. 2511-44 sont applicables aux communes déléguées. Les états spéciaux sont annexés au budget de la commune nouvelle.

Art. L. 2113-18 Sous réserve des dispositions du présent chapitre, les règles relatives aux délibérations et au fonctionnement des conseils municipaux ainsi que les règles qui s'imposent aux conseils municipaux dans l'exercice de leurs compétences s'appliquent aux conseils des communes déléguées pour l'exercice de leurs attributions définies à la présente section.

Art. L. 2113-19 Les dispositions du chapitre III du titre II du livre I de la présente partie relatives au maire et à ses adjoints sont également applicables respectivement aux maires délégués et à leurs adjoints.

Toutefois, pour l'application des articles L. 2123-23 et L. 2123-24, les indemnités maximales pour l'exercice effectif des fonctions de maire délégué et d'adjoint au maire délégué sont votées par le conseil municipal en fonction de la population de la commune déléguée et l'indemnité versée au titre des fonctions d'adjoint au maire de la commune nouvelle ne peut être cumulée avec l'indemnité de maire délégué ou d'adjoint au maire délégué. *(L. n° 2015-292 du 16 mars 2015, art. 3)* « Le montant cumulé des indemnités des adjoints de la commune nouvelle et des maires délégués ne peut excéder le montant cumulé des indemnités maximales susceptibles d'être allouées aux adjoints d'une commune appartenant à la même strate démographique que la commune nouvelle et des indemnités maximales susceptibles d'être allouées aux maires de communes appartenant aux mêmes strates démographiques que les communes déléguées. »

SECTION 3 Dotation globale de fonctionnement

Art. L. 2113-20 I. — Les communes nouvelles mentionnées à l'article L. 2113-1 bénéficient *(L. n° 2014-1654 du 29 déc. 2014, art. 107)* « de la dotation forfaitaire prévue » aux articles L. 2334-7 à L. 2334-12.

(L. n° 2014-1654 du 29 déc. 2014, art. 107) « II. — La première année de la création de la commune nouvelle, sa dotation forfaitaire est égale à la somme des dotations forfaitaires versées aux communes anciennes l'année précédant la fusion, majorée ou minorée du produit de la différence entre la population de la commune nouvelle et les populations des communes anciennes l'année précédente par un montant compris entre 64,46 € et 128,93 € par habitant en fonction croissante de la population de la commune nouvelle. Cette dotation est calculée dans les conditions prévues au III de l'article L. 2334-7. »

(L. n° 2019-1479 du 28 déc. 2019, art. 250) « Par dérogation, une commune nouvelle regroupant une population inférieure ou égale à 150 000 habitants rassemblant toutes les communes membres d'un ou de plusieurs établissements publics de coopération

intercommunale à fiscalité propre et qui n'appartient pas à un établissement public de coopération intercommunale à fiscalité propre perçoit, au cours des trois premières années suivant sa création, une attribution au titre de la dotation forfaitaire prévue au même article L. 2334-7 au moins égale à la somme des dotations forfaitaires perçues par chacune des anciennes communes l'année précédant la création de la commune nouvelle et des montants de la dotation de compensation prévue à l'article L. 5211-28-1 perçus par le ou les établissements publics de coopération intercommunale à fiscalité propre l'année précédant la création de la commune nouvelle. » *(L. n° 2023-1322 du 29 déc. 2023, art. 240)* « Toutefois, lorsque cette commune nouvelle a été créée après le renouvellement général des conseils municipaux suivant la promulgation de la loi n° 2019-1479 du 28 décembre 2019 de finances pour 2020, elle bénéficie des montants de la dotation de compensation dans les conditions prévues au IV du présent article. »

II bis. – Abrogé par L. n° 2023-1322 du 29 déc. 2023, art. 248.

III. – *(L. n° 2018-1317 du 28 déc. 2018, art. 250)* « Au cours des trois premières années suivant le 1er janvier de l'année de leur création, les communes nouvelles dont l'arrêté de création a été pris entre le 2 janvier 2019 et le 1er janvier *(L. n° 2019-1479 du 28 déc. 2019, art. 250)* « 2020 » regroupant toutes les communes membres d'un ou de plusieurs établissements publics de coopération intercommunale à fiscalité propre dont la population globale est inférieure ou égale à 150 000 habitants perçoivent une part "compensation" au moins égale à la somme des montants de la dotation de compensation prévue au même article L. 5211-28-1 et perçus par le ou les établissements publics de coopération intercommunale à fiscalité propre l'année précédant la création de la commune nouvelle. »

IV. – *(L. n° 2018-1317 du 28 déc. 2018, art. 250)* « Au cours des trois premières années suivant leur création, les communes nouvelles dont l'arrêté de création a été pris entre le 2 janvier 2019 et le 1er janvier *(L. n° 2019-1479 du 28 déc. 2019, art. 250)* « 2020 » regroupant toutes les communes membres d'un ou de plusieurs établissements publics de coopération intercommunale à fiscalité propre dont la population globale est inférieure ou égale à 150 000 habitants perçoivent une dotation de consolidation au moins égale à la somme des montants de la dotation d'intercommunalité perçus par le ou les établissements publics de coopération intercommunale l'année précédant la création de la commune nouvelle. »

(L. n° 2019-1479 du 28 déc. 2019, art. 250) « À compter du prochain renouvellement général des conseils municipaux suivant la promulgation de la loi n° 2019-1479 du 28 décembre 2019 de finances pour 2020, les communes nouvelles rassemblant toutes les communes membres d'un ou de plusieurs établissements publics de coopération intercommunale à fiscalité propre et qui n'appartiennent pas à un établissement public de coopération intercommunale à fiscalité propre perçoivent, « à compter de » la première année suivant leur création, une dotation de compétences intercommunales. *(L. n° 2023-1322 du 29 déc. 2023, art. 240)* « Cette dotation est égale à la somme des attributions perçues par le ou les établissements publics de coopération intercommunale à fiscalité propre l'année précédant la création de la commune nouvelle au titre de la dotation de compensation prévue à l'article L. 5211-28-1 du présent code et de la dotation d'intercommunalité prévue à l'article L. 5211-28. La première année et les années suivantes, il est appliqué à chacune de ces deux composantes, respectivement, les diminutions successives appliquées à la dotation de compensation au titre du deuxième alinéa de l'article L. 5211-28-1 pour l'année de répartition et le taux d'évolution du montant total de la dotation d'intercommunalité. » *(L. n° 2021-1900 du 30 déc. 2021, art. 194)* « Le montant de la dotation est financé par les minorations prévues à l'article L. 2334-7-1 du présent code. »

(L. n° 2017-1837 du 30 déc. 2017, art. 159) « V. – Pour l'application du présent article, les communes nouvelles rassemblant toutes les communes membres d'un ou plusieurs établissements publics de coopération intercommunale à fiscalité propre sont celles qui regroupent toutes les communes membres de ces établissements au périmètre qui était le leur au 1er janvier de l'année précédant l'année de répartition. »

Art. L. 2113-21 *(L. n° 2021-1900 du 30 déc. 2021, art. 194)* **Les modalités de calcul des indicateurs financiers prévus aux articles L. 2334-4, L. 2334-5, L. 2336-2 et L. 5211-29 sont, en ce qui concerne les communes nouvelles, précisées par décret en Conseil d'État, notamment lorsqu'il n'existe que des données antérieures à la création d'une commune nouvelle ou que celles relatives au périmètre de celle-ci ne sont pas disponibles.**

Art. L. 2113-22 **Les communes nouvelles sont éligibles aux dotations de péréquation communale dans les conditions de droit commun** *(L. n° 2021-1900 du 30 déc. 2021, art. 194)* **« , sous réserve de l'article L. 2334-22-2 ».**

Les règles de plafonnement de la hausse des dotations de péréquation, fixé à 120 % par le VI de l'art. L. 2334-14-1 CGCT, ne s'appliquent pas aux communes nouvelles pendant les trois ans qui suivent leur création. Les communes nouvelles créées au plus tard le 1er janv. 2016 et dont la population est inférieure à 10 000 habitants, ce qui est le cas de la commune en cause, perçoivent la dotation nationale de péréquation dans les conditions de droit commun, mais bénéficient, au cours des trois années suivant leur création, d'attributions au moins égales à celles perçues par les anciennes communes, au titre des deux parts de cette dotation, l'année précédant sa création. Ce régime particulier aux communes nouvelles pendant les trois ans qui suivent leur création, visant à leur garantir le niveau de dotation des communes concernées, exclut implicitement mais nécessairement l'application des dispositions précitées du VI de l'art. L. 2334-14-1, qui limite la variation de la dotation nationale de péréquation d'une année à l'autre. • CAA Nantes, 24 mai 2017, *Min. de l'Intérieur*, n° 16NT01707.

Art. L. 2113-22-1 *(L. n° 2019-1479 du 28 déc. 2019, art. 250)* **I. — Il est institué,** *(L. n° 2023-1322 du 29 déc. 2023, art. 248)* **« par prélèvement sur les recettes de l'État », une dotation en faveur des communes nouvelles mentionnées à l'article L. 2113-1.**

(L. n° 2023-1322 du 29 déc. 2023, art. 248) **« Cette dotation se compose d'une part d'amorçage et d'une part de garantie. »**

II. — Au cours des trois premières années suivant leur création, les communes nouvelles dont l'arrêté de création a été pris à compter du prochain renouvellement général des conseils municipaux suivant la promulgation de la loi n° 2019-1479 du 28 décembre 2019 de finances pour 2020 des conseils municipaux regroupant *(L. n° 2023-1322 du 29 déc. 2023, art. 248)* **« , l'année suivant leur création, » une population inférieure ou égale à 150 000 habitants bénéficient d'une attribution au titre de** *(L. n° 2023-1322 du 29 déc. 2023, art. 248)* **« la part d'amorçage ». L'attribution revenant à chaque commune qui en remplit les conditions est égale à** *(L. n° 2023-1322 du 29 déc. 2023, art. 248)* **« 15 € » par habitant. Le montant de l'attribution revenant à chaque commune est calculé chaque année pour tenir compte de l'évolution de la population.**

(L. n° 2023-1322 du 29 déc. 2023, art. 248) **« III. — La part de garantie est attribuée aux communes nouvelles regroupant, l'année suivant leur création, une population inférieure ou égale à 150 000 habitants.**

« Pour chaque commune nouvelle dont l'arrêté de création a été pris avant le 2 janvier 2023, l'attribution au titre de la part de garantie est égale à la différence, si elle est positive, entre le montant perçu au titre de la dotation globale de fonctionnement mentionnée au premier alinéa de l'article L. 2334-1 la dernière année d'éligibilité de la commune nouvelle au bénéfice des articles L. 2113-20 et L. 2113-22, dans leur rédaction antérieure à la loi n° 2023-1322 du 29 décembre 2023 de finances pour 2024, hors les montants perçus en application du premier alinéa de l'article L. 2334-18-3 du présent code par les communes mentionnées au I de l'article L. 2334-22-2, multiplié chaque année par le taux d'évolution de cette même dotation par rapport à l'année précédente, et le montant perçu au titre de cette même dotation par la commune nouvelle l'année de répartition.

« Pour les communes nouvelles dont l'arrêté de création a été pris après le 2 janvier 2023, cette attribution est égale à la différence, si elle est positive, entre la somme des attributions perçues au titre de la dotation globale de fonctionnement mentionnée au premier alinéa de l'article L. 2334-1 par les communes fusionnées l'année précédant la création de la commune nouvelle, multipliée chaque année par le taux d'évolution de cette même dotation par rapport à l'année précédente, et le montant perçu au titre de cette même dotation par la commune nouvelle l'année de répartition. »

Art. L. 2113-22-2 *(L. nº 2022-1726 du 30 déc. 2022, art. 200)* Jusqu'au *(L. nº 2023-1322 du 29 déc. 2023, art. 247)* « deuxième renouvellement général des conseils municipaux suivant la création de la commune nouvelle », les communes nouvelles dont l'arrêté de création a été pris à compter du 2 janvier 2022 bénéficient, au titre de chacune des parts de la dotation particulière prévue à l'article L. 2335-1, hors les montants mentionnés au II du même article L. 2335-1, d'une attribution au moins égale à la somme des attributions perçues au titre de chacune de ces parts par les anciennes communes l'année précédant la création de la commune nouvelle.

Art. L. 2113-23 *(L. nº 2019-1479 du 28 déc. 2019, art. 250)* Les modalités d'application de la présente section sont précisées par décret en Conseil d'État.

CHAPITRE IV SUPPRESSION DE COMMUNES

Art. L. 2114-1 Lorsque le rachat, en exécution de dispositions législatives ou de décisions légales, de tout ou partie du territoire d'une commune a eu pour effet de rendre la vie communale impossible, la suppression de la commune et son rattachement à une ou plusieurs autres communes sont prononcés par décret en Conseil d'État, selon la procédure prévue *(L. nº 2015-292 du 16 mars 2015, art. 1er)* « au chapitre III du présent titre I », en tant que *(L. nº 2015-292 du 16 mars 2015, art. 1er)* « ces » dispositions ne sont pas contraires à celles du présent chapitre.

À défaut du conseil municipal, la commission municipale prévue à l'article L. 2114-2 formule valablement son avis.

Un décret en Conseil d'État est obligatoire pour prononcer la suppression de la commune. • CE 15 oct. 1965, Gardet, nº 59302 : *Lebon 517.*

Art. L. 2114-2 Une commission comprenant les maires de la commune supprimée et de la ou des communes de rattachement formule des propositions sur la répartition de l'ensemble des droits et obligations des communes et établissements communaux supprimés, entre l'État et la ou les collectivités de rattachement. Le décret mentionné à l'article L. 2114-1, pris au vu de ces propositions, détermine notamment les conditions d'attribution soit à la commune ou aux communes de rattachement soit à l'État :

1º Des terrains ou édifices faisant partie du domaine public de la commune supprimée ;

2º De son domaine privé ;

3º Du patrimoine des établissements publics communaux ;

4º Des libéralités avec charges faites en faveur de la commune et des établissements publics supprimés, l'excédent d'actif devant être attribué à l'État après que la ou les communes de rattachement ont reçu les ressources nécessaires pour faire face aux dépenses supplémentaires qui résultent du rattachement.

En cas d'impossibilité matérielle d'assurer les charges grevant les libéralités, celles-ci sont acquises sans condition à l'État. Toutefois, si le donateur ou le testateur a fait de ces charges une condition absolue et déterminante, ses héritiers peuvent réclamer les biens donnés ou légués suivant les règles du droit commun.

En vertu du même décret, le nom de la commune supprimée est ajouté à celui de la commune de rattachement. – *[C. communes, art. L. 113-2 issu du Décr. du 14 juin 1938, art. 24, al. 1er, 2 et 4.]*

V. art. R. 2114-2.

1. Il n'est nullement exigé que ces formalités interviennent avant que soit prise la décision de rachat. En effet, la suppression de la commune est une conséquence du rachat et non une condition de sa validité. • CE 11 oct. 1967, *Cne de Broves : Lebon 725 ; CJEG 1968. 151, note Magnier ; AJDA 1968. 455, note Massot et Dewost.*

2. Les anciens habitants n'ont aucun droit sur les biens de la commune supprimée même s'il s'agit de biens du domaine grevés ou non de droits d'usage ou d'affouage au profit des habitants. L'attribution de ces biens à l'État ou à la commune de rattachement se fait en pleine propriété. • CE 15 oct. 1965, *Gardet,* nº 59302 : *Lebon 517.* ♦ Cependant le décret prononçant la suppression peut accorder discrétionnairement des indemnités aux anciens habitants. • CE 15 oct. 1965, *Gardet,* nº 59302 : *préc.*

Art. L. 2114-3 **Dans tous les cas où une réunion de communes est réalisée en application du présent chapitre, sont seuls dissous de plein droit les conseils municipaux des communes supprimées.**

Les conseils municipaux des communes de rattachement demeurent en fonction. – *[C. communes, art. L. 113-3 issu du Décr. du 14 juin 1938, art. 25.]*

V. art. R. 2114-1 et R. 2114-2.

TITRE II ORGANES DE LA COMMUNE

CHAPITRE I LE CONSEIL MUNICIPAL

SECTION 1 Composition

ENCYCL. COLL. LOC. *Conseil municipal (7 chapitres), 240 s.*, par F.-P. BÉNOIT et J. BÉNOIT.

BIBL. ► IMBERT, Organisation et fonctionnement du conseil municipal, *J.-Cl. Adm., fasc. 125-20.*

COMMENTAIRE

V. dans le supplément en ligne.

Art. L. 2121-1 **I. – Le corps municipal de chaque commune se compose du conseil municipal, du maire et d'un ou plusieurs adjoints.**

(L. n° 2013-403 du 17 mai 2013, art. 35) **« II. – Les membres du conseil municipal sont classés dans l'ordre du tableau selon les modalités suivantes.**

« Après le maire, prennent rang les adjoints puis les conseillers municipaux.

« Sous réserve du dernier alinéa *(L. n° 2019-1461 du 27 déc. 2019, art. 29)* **« des articles L. 2122-7-1 et L. 2122-7-2 »** *(L. n° 2019-809 du 1er août 2019, art. 7)* **« et du second alinéa de l'article L. 2113-8-2 », les adjoints prennent rang selon l'ordre de leur élection et, entre adjoints élus sur la même liste, selon l'ordre de présentation sur la liste.**

« En ce qui concerne les conseillers municipaux, l'ordre du tableau est déterminé, même quand il y a des sections électorales :

« 1° Par ancienneté de leur élection, depuis le dernier renouvellement intégral du conseil municipal ;

« 2° Entre conseillers élus le même jour, par le plus grand nombre de suffrages obtenus ;

« 3° Et, à égalité de voix, par priorité d'âge. »

V. art. R. 2121-2.

Sur les associations compétentes pour exercer les droits reconnus à la partie civile pour les infractions commises à l'encontre d'une personne investie d'un mandat électif public, V. ci-dessous C. pr. pén., art. 2-19.

1. Seules les personnes ayant qualité de membre du conseil municipal peuvent participer aux délibérations du conseil. En conséquence, sont entachées d'irrégularités les délibérations prises au cours d'une réunion à laquelle participaient des personnes étrangères au conseil dénommées « conseillers municipaux associés » même si ceux-ci n'ont qu'un rôle consultatif. Il n'appartient qu'au législateur en vertu des art. 34 et 72 de la Constitution, de fixer le régime électoral des assemblées locales et de prévoir les conditions dans lesquelles s'administrent les collectivités territoriales. • CE 2 avr. 1993, *Cne de Longjumeau*, n° 127020 : *Lebon 91 ; JCP 1993. IV. 172, obs. Rouault* • CE 29 déc. 1993, *Wargnier et Varlet*, n° 123596 : *AJDA 1994. 187, chron. Maugüé et Touvet*. ♦ Illégalité de la décision d'organiser des élections au « conseil municipal d'enfants » qui ne repose sur aucun texte. • CE, sect., 7 oct. 1994, *Ville de Narbonne*, n° 136532 : *Lebon 426 ; RFDA 1995. 1092, note Froment*. ♦ Il en est de même pour les « conseillers associés » représentant les populations étrangères. • CE 10 juill. 1996, *Cne de Mons-en-Barœul : Lebon 745 ; Dr. adm. 1996, n° 409, note JHS.*

2. Illégalité des délibérations prises au cours de séances auxquelles des personnes étrangères ont pris une part active. • CE 25 juill. 1980, *Min. de l'Équipement c/ Assoc. des propriétaires de la Pointe de Mousterlin*, nos 08065, 10836, 11291 : *Lebon 346*. ♦ Mais ne méconnaît pas les dispositions de l'art. L. 2121-1 l'article du règlement intérieur qui se borne à permettre au maire de demander à toute personne qualifiée, même étrangère à l'administration, de donner des renseignements sur des points faisant l'objet d'une délibération. • CE, sect., 10 févr. 1995, *Cne de Coudekerque-Branche c/ Devos*, n° 147378 : *Lebon*

67 ✎. ♦ De même lorsque le secrétaire de mairie a été appelé au cours de la discussion à fournir au conseil municipal des renseignements ou à rappeler le sens d'une expression contenue dans un article en discussion, cette intervention n'entache pas d'irrégularité la délibération à condition qu'elle n'exerce pas une influence réelle sur le cours du débat du conseil. • CE 28 nov. 1923, *Génichon et a. : Lebon 768.*

Code de procédure pénale

Art. 2-19 *(L. nº 2000-516 du 15 juin 2000, art. 108) (L. nº 2023-23 du 24 janv. 2023, art. 1er)* « En cas d'infractions prévues aux livres II ou III du code pénal, au chapitre III du titre III du livre IV du même code ou par la loi du 29 juillet 1881 sur la liberté de la presse commises à l'encontre d'une personne investie d'un mandat électif public en raison de ses fonctions ou de son mandat, peuvent exercer les droits reconnus à la partie civile, si l'action publique a été mise en mouvement par le ministère public ou par la partie lésée, et avec l'accord de cette dernière ou, si celle-ci est décédée, de ses ayants droit :

« 1° Pour les élus municipaux, l'Association des maires de France, toute association nationale reconnue d'utilité publique ou régulièrement déclarée depuis au moins cinq ans dont les statuts se proposent d'assurer la défense des intérêts de ces élus et, sous les mêmes conditions, toute association départementale qui lui est affiliée ;

« 2° Pour les élus départementaux, l'Assemblée des départements de France ainsi que toute association nationale reconnue d'utilité publique ou régulièrement déclarée depuis au moins cinq ans dont les statuts se proposent d'assurer la défense des intérêts de ces élus et, sous les mêmes conditions, toute association qui lui est affiliée ;

« 3° Pour les élus régionaux, territoriaux et de l'Assemblée de Corse, Régions de France ainsi que toute association nationale reconnue d'utilité publique ou régulièrement déclarée depuis au moins cinq ans dont les statuts se proposent d'assurer la défense des intérêts de ces élus et, sous les mêmes conditions, toute association qui lui est affiliée ;

« 4° Au titre d'un de ses membres, le Sénat, l'Assemblée nationale, le Parlement européen ou la collectivité territoriale concernée.

« Il en est de même lorsque ces infractions sont commises sur le conjoint ou le concubin de l'élu, sur le partenaire lié à celui-ci par un pacte civil de solidarité, sur les ascendants ou les descendants en ligne directe de celui-ci ou sur toute autre personne vivant habituellement à son domicile, en raison des fonctions exercées par l'élu ou de son mandat. »

(L. nº 2016-1547 du 18 nov. 2016, art. 43) « Toute fondation reconnue d'utilité publique peut exercer les droits reconnus à la partie civile dans les mêmes conditions et sous les mêmes réserves que *(L. nº 2023-23 du 24 janv. 2023, art. 1er)* « les associations mentionnées » au présent article. »

Art. L. 2121-2 Le nombre des membres du conseil municipal des communes est fixé conformément au tableau ci-après : — *[C. communes, art. L. 121-2.] — Tableau mod. par L. nº 2013-403 du 17 mai 2013, art. 28-I.*

COMMUNES	NOMBRE des membres du conseil municipal
De moins de 100 habitants	7
De 100 à 499 habitants	11
De 500 à 1 499 habitants	15
De 1 500 à 2 499 habitants	19
De 2 500 à 3 499 habitants	23
De 3 500 à 4 999 habitants	27
De 5 000 à 9 999 habitants	29
De 10 000 à 19 999 habitants	33
De 20 000 à 29 999 habitants	35
De 30 000 à 39 999 habitants	39

COMMUNES	NOMBRE des membres du conseil municipal
De 40 000 à 49 999 habitants	43
De 50 000 à 59 999 habitants	45
De 60 000 à 79 999 habitants	49
De 80 000 à 99 999 habitants	53
De 100 000 à 149 999 habitants	55
De 150 000 à 199 999 habitants	59
De 200 000 à 249 999 habitants	61
De 250 000 à 299 999 habitants	65
Et de 300 000 et au-dessus	69

Une élection ouverte à un nombre de conseillers supérieurs à celui prévu par la loi est nulle. • CE 18 avr. 1984, *Él. mun. de Fort-de-France,* nº 52831 B : *Dr. adm. 1984, nº 223* (élection au scrutin de liste) • CE 31 mai 1972, *Él. mun. de Bassignac-le-Haut : Lebon 403.*

Art. L. 2121-2-1 *(L. nº 2019-1461 du 27 déc. 2019, art. 38)* **Par dérogation à l'article L. 2121-2, dans les communes de moins de 100 habitants, le conseil municipal est réputé complet dès lors que le conseil municipal compte au moins cinq membres à l'issue du second tour du renouvellement général du conseil municipal ou d'une élection complémentaire.**

Il en va de même dans les communes de 100 à 499 habitants, dès lors que le conseil municipal compte au moins neuf membres à l'issue du second tour du renouvellement général du conseil municipal ou d'une élection complémentaire.

Lorsqu'il est fait application des deux premiers alinéas du présent article et pour l'application de toutes les dispositions légales relatives à l'effectif du conseil municipal, cet effectif est égal au nombre de membres que compte le conseil municipal à l'issue de la dernière élection, qu'il s'agisse d'un renouvellement général ou d'une élection complémentaire.

Toutefois, pour l'application de l'article L. 284 du code électoral, les conseils municipaux des communes mentionnées aux deux premiers alinéas du présent article élisent un délégué.

Nouvel art. L. 2121-2-1 *(L. nº 2025-444 du 21 mai 2025, art. 5)* ***« Par dérogation à l'article L. 2121-2, le conseil municipal est réputé complet dès lors qu'il compte, à l'issue du renouvellement général du conseil municipal ou d'une élection complémentaire, au moins le nombre de membres fixé conformément au tableau ci-après : »*** *— Tableau issu de la L. nº 2025-444 du 21 mai 2025, art. 5.*

Communes	*Nombre des membres du conseil municipal*
Moins de 100 habitants	***5***
De 100 à 499 habitants	***9***
De 500 à 999 habitants	***13***

(L. nº 2019-1461 du 27 déc. 2019, art. 38) ***« Lorsqu'il est fait application des deux premiers alinéas du présent article et pour l'application de toutes les dispositions légales relatives à l'effectif du conseil municipal, cet effectif est égal au nombre de membres que compte le conseil municipal à l'issue de la dernière élection, qu'il s'agisse d'un renouvellement général ou d'une élection complémentaire. »***

(L. nº 2025-444 du 21 mai 2025, art. 5) ***« Pour l'application de l'article L. 2122-8, le conseil municipal est réputé complet dès lors que son effectif résultant des vacances intervenues après un renouvellement général ou une élection complémentaire est au moins égal au nombre de membres fixé en application du tableau du deuxième alinéa du présent article. »***

(L. n° 2019-1461 du 27 déc. 2019, art. 38) *« **Toutefois, pour l'application de l'article L. 284 du code électoral, les conseils municipaux des communes mentionnées aux** »* (L. n° 2025-444 du 21 mai 2025, art. 5) *« **deuxième et troisième lignes du tableau du deuxième alinéa du présent article élisent un délégué et les conseils municipaux des communes mentionnées à la dernière ligne du même tableau élisent trois délégués.** »*

Le nouvel art. s'applique à compter du premier renouvellement général des conseils municipaux suivant la promulgation de la L. n° 2025-444 du 21 mai 2025 (L. préc., art. 7).

Art. L. 2121-3 **Le conseil municipal est élu dans les conditions prévues aux articles L. 1 à L. 118-3, L. 225 à L. 270 et L. 273 du code électoral.** – *[C. communes, art. L. 121-3.]*

V. art. R. 2121-1.

SECTION 2 Démissions

COMMENTAIRE

V. dans le supplément en ligne.

Art. L. 2121-4 **Les démissions des membres du conseil municipal sont adressées au maire.**

La démission est définitive dès sa réception par le maire, qui en informe immédiatement le représentant de l'État dans le département. – *[C. communes, art. L. 121-21.]*

1. La démission doit être exprimée dans un document écrit, daté et signé par l'intéressé, remis ou transmis au maire. A ainsi été jugé qu'un tract distribué à la population et ne comportant ni date, ni signature ne peut valoir lettre de démission. • TA Grenoble, 31 mars 1992, *Guyon : Lebon T. 796*. ♦ N'est pas considérée comme démission du conseil municipal la décision de se retirer de la majorité municipale. • CE 1er déc. 1993, *Segantini*, n° 129868. ♦ Si la démission a été présentée sous la contrainte, le maire doit demander confirmation de sa décision. * Rép. min. n° 841 : *JOAN Q, 9 sept. 2002, p. 3072*. Pour un rejet d'une telle contrainte : • CE 9 déc. 2022, n° 461901 B : *AJDA 2022. 2441*. ♦ Et le maire n'a aucun pouvoir d'appréciation. Il doit transmettre la démission au Préfet. • CAA Nancy, 3 mars 2005, *Ville de Metz*, n° 03NC01111 : *Lebon ; AJDA 2005. 1560, note Adrien*.

2. Le maire qui demeure en fonction après le renouvellement général du conseil municipal est compétent pour recevoir la démission d'un conseiller jusqu'à l'installation du nouveau conseil municipal en sa première séance. • CE 16 janv. 1998, *Ciré*, n° 188892. ♦ Le maire ne dispose d'aucun pouvoir d'appréciation ; il se borne à recevoir, à prendre acte de la démission au moment de la réception de celle-ci et à en informer le préfet. • CE 16 janv. 1998, *Ciré*, n° 188892 : *Lebon*. ♦ Les recours formés par les élus démissionnaires contre le refus du maire de transmettre leur démission au préfet ne constituent pas des protestations se rattachant au contentieux électoral mais des recours pour excès de pouvoir. • CAA Nancy, 3 mars 2005, *Ville de Metz*, n° 03NC01111 : *préc. note 1*.

3. Pour comparer avec le régime voisin de la démission du maire, V. notes ss. art. L. 2122-15.

4. La démission entre en vigueur dès sa réception par le maire sans que ce dernier n'ait à l'accepter ni même à en accuser réception. • TA Grenoble, 31 mars 1992, *Guyon : préc. note 1*. • TA Grenoble, 24 avr. 2023, n° 2005974 : *AJDA 2023. 1721, note Akoun*. ♦ ... Même si le conseiller se rétracte après réception de la lettre. • CE 12 févr. 2003, *Cne de la Seyne-sur-Mer et Mme Poggi*, n° 219422 B. ♦ ... Sauf si le conseiller a choisi de repousser l'effet de cette décision à une autre date. • CE, ass., 26 mai 1995, *Etna et Min. des Dpts et TOM*, nos 167914 et 168932 : *Lebon 213 ; RD publ. 1996. 526, note Auby ; AJDA 1995. 574, chron. Stahl et Chauvaux ; RFDA 1995. 840*. ♦ Aucune autre formalité d'enregistrement n'est prescrite et l'information du préfet ne peut être considérée comme une condition de validité ou de l'effectivité de la démission. • CE 28 juill. 1999, *Él. mun. de la Celle-Saint-Cloud*, n° 203205 : *AJDA 2000. 249, concl. Maugüé*. ♦ ... Et lorsque les conseillers ont déclaré qu'ils démissionneraient en cas de démission du maire, leur démission prend effet après la cessation par le maire de ses fonctions. • CE 22 juin 2005, *El. du maire de Maurepas, Sindou Faurie et a.*, n° 274185.

5. Le conseiller municipal démissionnaire ne peut plus participer aux séances du conseil municipal. • CE, ass., 26 mai 1995, *Etna et Min. des DOM-TOM : préc. note 4*. ♦ Même si le conseiller qui a clairement exprimé sa volonté de démissionner s'est rétracté. • CAA Nancy, 3 mars 2005, *Ville de Metz : préc. note 1*. ♦ Et le maire doit convoquer le remplaçant conformément aux dispositions de l'art. L. 270 C. élect. • TA Nancy, 24 déc. 2001, *Préfet de Meurthe-et-Moselle*, n° 011419. ♦ Les délibérations ayant été adoptées avec la participation du conseiller municipal démissionnaire sont illégales et doivent être annulées, l'annulation pouvant être différée. • TA Gre-

noble, 24 avr. 2023, n° 2005974 : *AJDA 2023. 1721, note E. Akoun*.

6. La procédure applicable à la démission volontaire est totalement distincte de celle de la démission d'office et ne peut être confondue. • CAA Douai, 29 juill. 2004, *Maire d'Oroër*, n° 01DA00122 : *Coll. terr. 2004, n° 242, note Moreau.*

7. Peuvent démissionner par avance et collectivement les candidats inscrits sur une liste présentée aux élections municipales dans une commune de plus de 3500 habitants. • CAA Nancy, 3 mars 2005, *Ville de Metz : préc. note 1.*

Art. L. 2121-5 **Tout membre d'un conseil municipal qui, sans excuse valable, a refusé de remplir une des fonctions qui lui sont dévolues par les lois, est déclaré démissionnaire par le tribunal administratif.**

Le refus résulte soit d'une déclaration expresse adressée à qui de droit ou rendue publique par son auteur, soit de l'abstention persistante après avertissement de l'autorité chargée de la convocation.

Le membre ainsi démissionnaire ne peut être réélu avant le délai d'un an. – *[C. communes, art. 121-23 issu de la L. du 7 juin 1873, art. 1er à 3.]*

V. art. R. 2121-5.

1. Sont des fonctions dévolues par la loi les fonctions effectivement prévues par un texte législatif ou réglementaire constituant une obligation pour les conseillers. Entraîne la démission d'office le refus d'exercer la présidence d'un bureau de vote sans excuse valable. • CE 21 mars 2007, *Aboulkheir*, n° 278437 B : *AJDA 2007. 666*. ♦ ... Ou bien les fonctions d'assesseur de bureau de vote. • CE 26 nov. 2012, *Min. de l'Intérieur c/ Bastide-Tavernier* n° 349510 : *AJCT 2013. 142, obs. Dutrieux* ; *BJCL 2013. 140, concl. Cortot-Boucher.* ♦ ... Ou bien encore les fonctions de membres d'une commission d'appel d'offres. • CAA Douai, 14 déc. 2012, *Maire de la Cne de Quiévy*, n° 12DA01359 : *AJDA 2013. 607* • TA Lille, 8 janv. 2016, *Cne de Hazebrouck*, n° 1510220 : *AJCT 2016. 342, note Otero*. ♦ ... Ou bien la présidence par le plus âgé des membres du conseil municipal de la séance au cours de laquelle il est procédé à l'élection du maire à la suite du renouvellement du conseil municipal. • CE 16 déc. 2022, n° 447094 B : *AJDA 2023. 796, note Crouzatier-Durand* ; *ibid. 2022. 2506* ; *AJCT 2023. 301, obs. Yazi-Roman*. ♦ Le refus doit être établi de façon certaine. • TA Clermont-Ferrand, 5 déc. 1989, *Cne de Malintrat c/ Mme Troiplis : Rec. TA 1990, n° 34.* ♦ Ainsi, le silence conservé par un conseiller sur un courrier du maire lui confiant des fonctions d'assesseur et mentionnant qu'une absence de réponse serait considérée comme un refus ne peut être regardé comme un refus exprès ou public susceptible d'entraîner la démission d'office. • TA Amiens, 16 avr. 2010, *Cne de Versigny*, n° 1000825. ♦ Et il n'appartient pas à un conseiller de choisir la fonction dévolue par la loi : en l'espèce la fonction d'assesseur au lieu et place de celle de président du bureau de vote. • CAA Paris, 30 sept. 2004, *Cne de Saint-Cyr-l'École*, n° 04PA02354.

2. Ne sont pas considérés comme refus d'exercer une fonction dévolue par la loi : l'absence répétée aux séances du conseil municipal. • CE 6 nov. 1985, *Maire de Viry-Châtillon*, n° 68842 : *Lebon 311* ; *RFDA 1986. 388, concl. Latournerie.* ♦ ... Même si un avertissement a été adressé au conseiller. • CAA Paris, 8 mars 2005, *Cne de Clos Fontaine*, n° 04PA03880. ♦ ... Le refus d'assurer une permanence qu'aucun texte ne prévoit. • CE 8 juill. 1987, *Cne de Vatilien c/ Gandaubert : Dr. adm. 1987, n° 480.* ♦ ... La circonstance pour un conseiller de remplir de façon non satisfaisante certaines missions confiées par le maire. • Même arrêt. ♦ ... Ou lorsque le conseiller s'est borné à signer un imprimé dans lequel le maire demandait aux conseillers de lui faire savoir qu'il ne leur serait pas possible d'assurer la présidence d'un bureau de vote. • CE 26 juill. 1985, *Maire de Saint-Paul de La Réunion c/ Bernard*, n° 63520 B. ♦ ... Ou lorsque le conseiller s'est borné à ne pas répondre à un imprimé lui permettant d'exprimer son accord ou son refus de présider un bureau de vote. • CE 6 nov. 1985, *Maire de Viry-Châtillon*, n° 68842 : *préc.* ♦ ... Ou le refus d'un conseiller municipal d'opposition de devenir adjoint. • CAA Nantes, 4 févr. 1999, *Mairie de Telgruc-sur-Mer : Coll. terr. 1999, n° 13.*

3. Constituent des excuses valables : la production d'un arrêt de travail. • CAA Versailles, 30 déc. 2004, *Mme Chantal X.*, n° 04VE01719. ♦ ... L'existence de manœuvres consistant en des décisions ou des comportements du maire destinés à provoquer le refus de présider le bureau de vote. • CE 21 mars 2007, *M. A.*, n° 278437 : *AJDA 2007. 666* ; *Dr. adm. 2007, n° 132, note Glaser* ; *BJCL 2007. 550, note Touvet.* ♦ ... L'assistance à une manifestation familiale à caractère exceptionnel. • CAA Nantes, 2 oct. 2007, *Chopp*, n° 07NT01704 : *AJDA 2008. 32, note Artus*. ♦ En revanche, n'a pas été considérée comme excuse valable celle fondée sur des charges de famille. • CE 21 mars 2007, *Mme Sifia A.*, n° 278438 : *BJCL 2007. 550, note Touvet.* ♦ ... Ou le refus de présider un bureau de vote au motif de s'être engagé envers un candidat à être assesseur titulaire dans un autre bureau de vote. • CAA Versailles, 30 déc. 2004, *Abdelaziz X.*, n° 04VE01718.

4. Le conseiller municipal reste en fonction tant qu'il n'a pas été déclaré démissionnaire. Il peut donc régulièrement siéger au conseil municipal, participer aux débats et prendre part aux votes. • CE 11 juin 1958, *Él. d'un adjoint aux Abymes : Lebon 336.*

5. L'action formée par le maire d'une commune demandant la démission d'office n'a pas à être autorisée par une délibération du conseil municipal dès lors qu'en intentant une telle action, le maire agit en tant qu'agent de l'État. • CE 30 juin 1986, *Maire de Saint-Paul de La Réunion,* n° 69262 • CE 2 oct. 1992, *Alexandre,* n° 138437. ♦ La démission d'office doit mentionner les voies de recours. • CE, sect., 1er juill. 2005, *M. Ousty,* n° 261002 : *Lebon 28 ; BJCL 2005. 625, concl. Glaser et obs. B. P.*

6. Il ne peut être prononcé une démission d'office lorsque l'intéressé a démissionné avant que le juge ne se prononce. • CAA Douai, 29 juill. 2004, *Maire d'Oroër,* n° 01DA00122 : *Coll. terr. 2004, n° 242, note Moreau.* ♦ ... Ou lorsque de nouvelles élections ont eu lieu. • CE 23 juin 2004, *Fayard,* n° 256785 : *Dr. adm. 2004, n° 145, note E. G. ; BJCL 2004. 585, concl. Glaser.*

7. La décision juridictionnelle par laquelle le TA se prononce sur la démission d'office des membres des conseils municipaux relève du contentieux de pleine juridiction. Elle ne se rattache pas au contentieux des élections municipales. Dès lors, l'appel formé à son encontre doit être porté devant la CAA territorialement compétente. Le ministre de l'Intérieur, représentant de l'État, a seul qualité pour faire appel devant la CAA et pour former un pourvoi en cassation. • CE 26 nov. 2012, *Min. de l'Intérieur c/ Bastide-Tavernier,* n° 349510 : *préc. note 1.*

SECTION 3 **Dissolution**

BIBL. ▶ MADIOT, La dissolution des conseils municipaux, *RD publ. 1974. 373.*

COMMENTAIRE

V. dans le supplément en ligne.

Art. L. 2121-6 Un conseil municipal ne peut être dissous que par décret motivé rendu en conseil des ministres et publié au *Journal officiel*.

S'il y a urgence, il peut être provisoirement suspendu par arrêté motivé du représentant de l'État dans le département. La durée de la suspension ne peut excéder un mois. – *[C. communes, art. L. 121-4.]*

V. art. R. 2121-6.

BIBL. ▶ MADIOT, La dissolution des conseils municipaux, *RD publ. 1974. 373.* – SAUNIER, La dissolution des conseils municipaux. Un reliquat centralisateur au service d'une bonne administration, *Dr. adm. 2024. Étude 9.*

I. LÉGALITÉ EXTERNE

1. Le décret de dissolution ne constitue pas une décision individuelle. Il n'a pas à être précédé d'une enquête et il n'est pas nécessaire que le maire et les élus de la commune concernée soient consultés et présentent des observations écrites ou orales sur la mesure envisagée. • CE 23 mars 2011, *Mme Bécavin,* n° 339145. ♦ Le juge administratif contrôle toutefois si la motivation du décret est suffisante ; s'il fait état des éléments de droit et de fait sur lesquels la décision est prise. • CE 4 juin 2007, *Mme Caltabellotta c/ Secrétaire général du Gouvernement,* n° 295296 : *JCP Adm. 2007, n° 2204, note Moreau.*

II. LÉGALITÉ INTERNE

2. Est examinée en premier lieu l'exactitude matérielle des faits. A été jugée illégale comme reposant sur un motif matériellement inexact une dissolution prononcée à la suite de la démission du maire condamné pour infraction à l'art. 432-12 C. pén. pour le motif que le conseil municipal aurait par ses délibérations favorisé les irrégularités commises par le maire et clairement manifesté sa solidarité avec lui ; il aurait ainsi perdu l'autorité morale nécessaire à la gestion de la commune. • CE, ass., 14 janv. 1977, *Perrault et a.,* n° 05142. ♦ De même est illégal le décret de dissolution reposant sur le motif que le conseil municipal ne possède pas l'autorité morale nécessaire à l'administration de la commune alors que l'inaction de la municipalité est imputable aux seuls agissements du représentant de l'État dont l'inaction a été constatée par le CE. • CE 9 nov. 1959, *Rosan Girard : Lebon 584 ; D. 1960. 83, note M. A.*

3. Le juge exerce en second lieu un contrôle de la qualification des faits. Le décret de dissolution est régulier lorsque deux conditions sont remplies : les dissensions doivent avoir des répercussions sur le fonctionnement du conseil municipal et elles doivent revêtir un degré de gravité tel que la gestion administrative de la commune soit mise en péril. • CE 13 juill. 1968, *Hell : RD publ. 1969. 175.* ♦ Peuvent ainsi justifier une dissolution une rébellion contre les ordres de l'autorité supérieure. • CE 5 nov. 1975, *Filho et a.,* n° 97887. ♦ ... Les dissensions résultant d'une modification de la proclamation des conseillers élus postérieurement à l'élection du maire. • CE 16 janv. 1985, *Jean-Christophe Balat : AJDA 1985. 436, note Maligner.* ♦ ... L'interruption du fonctionnement des institutions résultant de troubles graves. • CE 3 nov. 1989, *Galliot*, n° 66118 : *Lebon 223* ; *AJDA 1990. 425, note Moreau* . ♦ ... L'impossibilité d'élire le maire et les adjoints. • CE 1er juill. 1936, *Berthon : Lebon 713.* ♦ ... L'impossibilité d'adopter le budget et le compte administratif. • CE 4 juin 2007, *Mme Caltabellotta c/ Secrétaire général du Gouvernement*, n° 295296 : *préc. note 1* • CE 23 mars 2011, *Becavin et a.*, n° 339145 : *RLCT 2011, n° 68, p. 44, note Carton.*

4. Des démissions successives peuvent mettre gravement en péril la gestion administrative de la commune, notamment lorsque les élections complémentaires ou les remplacements ne peuvent mettre fin aux dissensions ou sont par leur répétition une cause de perpétuation des difficultés. Selon les espèces, le juge admet la légalité de la dissolution. • CE 25 juill. 1952, *Thibault : Lebon 394, concl. Guionin.* ♦ ... Ou annule le décret. • CE 18 déc. 1968, *Durand et Barbero : Lebon 657 ; D. 1970. 291, note Escarras.*

5. En outre, le juge administratif a considéré qu'est entachée de détournement de pouvoir une dissolution destinée à faire prévaloir la volonté du maire sur celle manifestée par le conseil municipal. • CE 24 déc. 1931, *Martin : Lebon 1163.* ♦ A été également jugé que constitue un détournement de procédure, l'utilisation de la procédure de dissolution à la place d'une procédure normalement applicable, telle que le recours à des élections complémentaires. • CE 22 janv. 1964, *Fruteau : Lebon 31 ; AJDA 1964. 483, note J. S.*

III. EFFETS DE L'ANNULATION DU DÉCRET DE DISSOLUTION

6. À compter de la notification de la décision d'annulation, les membres du conseil municipal et le maire sont de nouveau investis de leurs fonctions. • CE 24 janv. 1973, *Ville d'Hyères : Lebon 61.*

7. L'annulation du décret de dissolution peut intervenir alors que les élections consécutives à la dissolution ont eu lieu. • CE 9 nov. 1959, *Rosan Girard : préc. note 2.*

SECTION 4 **Fonctionnement**

BIBL. GÉN. ▶ **Ouvrages :** Brisson, L'assemblée délibérante, avenir de la démocratie locale ?, *L'Harmattan, coll. Droit des collectivités territoriales, 2014.* – Faure, La démocratie locale doit s'exercer dans l'intérêt général, Mél. en l'honneur de Didier Truchet, *Dalloz, 2015, p. 203.* – Guglielmi et Martin, Bilan et perspectives de la loi du 27 février 2002, dix ans après, *Berger-Levrault, 2013.* – Mozol, Démocratie locale dans la loi 3DS, *AJCT 2022. 447* .

▶ **Article :** Nouvelle mandature : premières décisions (1re partie), Dossier, *AJCT 2014. 73.*

COMMENTAIRE

V. dans le supplément en ligne.

Art. L. 2121-7 **Le conseil municipal se réunit au moins une fois par trimestre.**

Lors du renouvellement général des conseils municipaux, la première réunion se tient de plein droit au plus tôt le vendredi et au plus tard le dimanche suivant le tour de scrutin à l'issue duquel le conseil a été élu au complet. *(L. n° 2011-525 du 17 mai 2011, art. 75)* **« Par dérogation aux dispositions de l'article L. 2121-12, dans les communes de 3 500 habitants et plus, la convocation est adressée aux membres du conseil municipal trois jours francs au moins avant celui de cette première réunion. »**

(L. n° 2015-366 du 31 mars 2015, art. 2) **« Lors de la première réunion du conseil municipal, immédiatement après l'élection du maire et des adjoints, le maire donne lecture de la charte de l'élu local prévue à l'article L. 1111-1-1. Le maire remet aux conseillers municipaux une copie de la charte de l'élu local et du chapitre III du présent titre. »**

(L. n° 2007-1787 du 20 déc. 2007, art. 21) **« Le conseil municipal se réunit et délibère à la mairie de la commune. Il peut également se réunir et délibérer, à titre définitif, dans un autre lieu situé sur le territoire de la commune, dès lors que ce lieu ne contrevient pas au principe de neutralité, qu'il offre les conditions d'accessibilité et de sécurité nécessaires et qu'il permet d'assurer la publicité des séances. »**

(L. n° 2019-809 du 1er août 2019, art. 13) **« Toutefois, dans une commune nouvelle régie par les dispositions du chapitre III du titre I du présent livre, le conseil municipal peut décider qu'une ou plusieurs de ses réunions auront lieu dans une ou plusieurs annexes de la mairie, sous réserve que, chaque année, au moins deux de ses réunions se tiennent à la mairie de la commune nouvelle. Le public est avisé de cette décision par tout moyen de publicité au choix du maire, au minimum quinze jours avant la tenue de ces réunions. »**

1. Est inexistante la délibération prise en dehors de toute réunion légale du conseil municipal. • CE 28 févr. 1986, *Préfet des Landes,* n° 62206 : *Lebon 50*. ♦ Ne tient donc pas lieu de délibération la consultation par lettre circulaire de chacun des membres du conseil municipal en vue de recueillir à domicile son avis sur une affaire. • CE 20 nov. 1957, *Sieur Frénaud : Lebon 631.* ♦ Les délibérations modifiant le règlement intérieur du conseil afin de permettre au rapporteur de présenter la délibération en langue catalane (accompagnée de la traduction en français) doivent être annulées. • TA Montpellier, 9 mai 2023, nos 2204866, 2204992, 2205204, 2205362, 2205363 : *AJCT 2023. 580*.

2. Le lieu de réunion du conseil se tient en principe à la mairie. • CE 19 déc. 1930, *Rossi : Lebon T. 1080.* ♦ Seule une raison valable peut exceptionnellement déroger à ce principe. • TA Lyon, 10 mars 2005, *M. Outin,* n° 0301204. ♦ Il en est ainsi par exemple en cas de travaux d'agrandissement de la salle du conseil. • CE 1er juill. 1998, *Préfet de l'Isère,* n° 187491 B. ♦ ... Ou lorsque les conditions de sécurité ne sont pas satisfaisantes pour l'accueil du public et des membres du conseil municipal. * Rép. min. n° 35867 : *JOAN 1er févr. 2005, p. 1086.*

Art. L. 2121-8 **Dans les communes de** *(L. n° 2015-991 du 7 août 2015, art. 82)* **« 1 000 » habitants et plus, le conseil municipal établit son règlement intérieur dans les six mois qui suivent son installation.** *(L. n° 2015-991 du 7 août 2015, art. 123)* **« Le règlement intérieur précédemment adopté continue à s'appliquer jusqu'à l'établissement du nouveau règlement. »**

Le règlement intérieur peut être déféré au tribunal administratif.

BIBL. ▸ Delon-Desmoulin, Le contrôle du juge administratif sur les règlements intérieurs des assemblées délibérantes, *RD publ. 1996. 843* . – Dyens, Le règlement intérieur du conseil municipal : un acte à prendre au sérieux, *AJCT 2014. 79*. – Le Gloan, Le règlement intérieur des assemblées délibérantes locales, bilan des évolutions jurisprudentielles, *RRJ 1999. 1311.* – Reymond-Kellal, Encadrement des droits des élus par le règlement intérieur du conseil municipal, *AJDA 2022. 495*. – Verdier, Le règlement intérieur des assemblées délibérantes des collectivités : nouveaux développements, *LPA 1995, n° 83.*

COMMENTAIRE

V. dans le supplément en ligne.

I. CHAMP D'APPLICATION DU RÈGLEMENT INTÉRIEUR

1. Le Conseil d'État a jugé que les conseillers municipaux sont « tenus d'adopter » les dispositions particulières prévues par l'art. L. 2121-8. • CE 12 juill. 1995, *Cne de Simiane,* n° 155495.

2. Dans les communes de moins de 3 500 habitants un règlement intérieur peut être établi et le conseil municipal apprécie librement l'opportunité d'établir un tel document. • TA Toulouse, 15 juin 1987, *Harrau : Rec. TA 1988. 50.*

II. CONTENU DU RÈGLEMENT INTÉRIEUR

3. Le principe de base est qu'un règlement ne doit par définition porter que sur des matières relevant d'un règlement intérieur du conseil municipal. • CE 28 janv. 1987, *Riehl : Dr. adm. 1987, n° 150.* ♦ ... C'est-à-dire des mesures concernant le fonctionnement interne du conseil municipal. • CE 18 nov. 1987, *Marcy,* n° 75312 : *Lebon 371* ; *RFDA 1988. 919, concl. Schrameck.*

4. C'est ainsi qu'un règlement intérieur peut comporter des dispositions concernant les modalités de présentation des comptes rendus des procès-verbal des séances. • CE 18 nov. 1987, *Marcy,* n° 75312 : *préc. note 3.* ♦ ... Ou permettre au maire de demander à toute personne qualifiée, même étrangère à l'administration, de donner des renseignements sur un ou plusieurs points faisant l'objet d'une délibération. • CE, sect., 10 févr. 1995, *Cne de Coudekerque-Branche c/ Devos,* n° 147378 : *Lebon 67* ; *RFDA 1995. 343, concl. Savoie* ; *AJDA 1995. 414, chron. Touvet et Stahl* ; *ACL 1996, n° 6.* ♦ ... Ou prévoir que les groupes d'élus doivent comporter un effectif minimum mais ne peuvent imposer aux conseillers non rattachés à un groupe de se regrouper en une « réunion administrative », ni prévoir une procédure de renvoi en commission des amendements. • CAA Nancy, ass. plén., 4 juin 1998, *Ville de Metz,* n° 97NC02102 : *AJDA 1998. 885, note B. S.* ♦ ... De même, prévoir que le maire détient un certain pouvoir de contrôle sur les tribunes présentées dans le bulletin municipal par les conseillers d'opposition. • TA Rouen, 12 mars 2009, *Gires,* n° 0701639. ♦ ... Ou prévoir la faculté d'un débat entre le public et l'assemblée portant sur les affaires de la commune, n'ayant aucun caractère obligatoire et ne pouvant donner lieu à prise de décision. • TA Paris, 20 déc. 1996, *Maire de Paris : Lebon T. 766.*

5. En revanche, constituent des dispositions étrangères par leur objet à un règlement intérieur celles portant sur les conditions de rémunération des conseillers municipaux. • TA Nice, 11 févr. 1985, *COREP du Var : Lebon 415.*

6. S'agissant d'un règlement intérieur prévoyant que « quand le temps de parole d'un groupe est épuisé, l'amendement venant en discussion est réputé défendu », le Conseil d'État rejette la demande d'annulation de cette disposition au motif qu'aucune disposition législative du CGCT ou un autre texte ni aucun principe ne consacre un droit d'amendement des élus locaux. • CE 14 avr. 2022, n° 438429.

III. LÉGALITÉ DU RÈGLEMENT INTÉRIEUR

7. Le règlement intérieur ne peut porter atteinte aux droits des conseillers. C'est ainsi qu'il ne peut soumettre à autorisation l'enregistrement des séances par un élu. • CAA Bordeaux, 3 mai 2011, *Cne d'Espalion*, n° 10BX02707.

8. De plus, le règlement intérieur ne peut déroger aux procédures définies par la loi. Le juge a rappelé qu'il y a une subordination totale du règlement intérieur aux lois et règlements existants. • CE, ass., 30 mars 1966, *Él. d'un vice-président du conseil général du Loiret : Lebon 248.* ♦ Ont été ainsi déclarées illégales les dispositions du règlement intérieur autorisant le maire à rayer des procès-verbal tous propos injurieux ou diffamatoires ainsi que toute déclaration dont la publication serait de nature à engager la responsabilité de la commune. • CE, sect., 10 févr. 1995, *Cne de Coudekerque-Branche c/ Devos*, n° 147378 : *préc. note 4.* ♦ De même pour les dispositions précisant qu'un secrétaire de séance serait désigné de façon permanente. • CE, sect., 10 févr. 1995, *Rielh*, n° 129168 : *Lebon 66 ; RFDA 1995. 343, concl. Savoie ; AJDA 1995. 414, chron. Touvet et Stahl ; LPA 1995, n° 83, note Verdier.* ♦ De même pour une disposition stipulant que les réunions de la commission permanente d'un conseil régional ne sont pas publiques. • TA Orléans, 8 juill. 1993, *Thalineau : JCP 1994. IV. 238.* ♦ ... Ou la disposition imposant l'inscription à l'ordre du jour d'une question. • TA Paris, 20 déc. 1996, *Maire de Paris : préc. note 4.* ♦ ... Ou encore une disposition d'un règlement intérieur interdisant de manière générale aux élus siégeant au conseil municipal de porter une tenue vestimentaire manifestant leur appartenance religieuse, dès lors qu'aucune disposition législative n'impose le principe de neutralité religieuse aux élus locaux. • TA Grenoble, 7 juin 2024, n° 2100262 : *AJCT 2024. 571*.

IV. CONTRÔLE DU RÈGLEMENT INTÉRIEUR

9. Constitue un acte administratif susceptible de recours pour excès de pouvoir la délibération adoptant ou modifiant le règlement intérieur. • CE, sect., 10 févr. 1995, *Riehl*, n° 129168 : *préc. note 8* • CE, sect., 10 févr. 1995, *Cne de Coudekerque-Branche c/ Devos*, n° 147378 : *préc. note 4.* ♦ ... Et recevabilité du recours tant des membres de l'assemblée municipale que des particuliers. • CE, sect., 10 févr. 1995, *Riehl*, n° 129168 : *préc. note 8.*

10. Les dispositions du règlement intérieur ne formant pas un ensemble indivisible, est donc recevable la requête tendant à l'annulation partielle de certaines dispositions. • CE, sect., 10 févr. 1995, *Cne de Coudekerque-Branche c/ Devos*, n° 147378 : *préc. note 4.*

V. SANCTION DE LA MÉCONNAISSANCE DU RÈGLEMENT INTÉRIEUR

11. Constitue une irrégularité substantielle la méconnaissance d'un article du règlement intérieur relatif à l'exercice du droit d'amendement. • CE 31 juill. 1996, *Tête*, n° 132541 : *Lebon 325*. ♦ De même, illégalité du refus du maire d'appliquer le règlement intérieur. • CAA Nantes, 1er mars 2001, *Ville de Cholet*, n° 99NT02868.

12. Lorsque le règlement intérieur comporte une disposition illégale, les délibérations prises conformément à ces articles sont illégales. • CE 16 juill. 1875, *Billot, Latrade et a. : Lebon 687* (pour un conseil général). ♦ En revanche, est valable une délibération prise sans respecter les dispositions du règlement intérieur contraires à la loi, mais appliquant exactement les dispositions légales. • CE, ass., 30 mars 1966, *Élection d'un vice-président du conseil général du Loiret : préc. note 8.*

Art. L. 2121-9 **Le maire peut réunir le conseil municipal chaque fois qu'il le juge utile.**

Il est tenu de le convoquer dans un délai maximal de trente jours quand la demande motivée lui en est faite par le représentant de l'État dans le département ou par le tiers au moins des membres du conseil municipal en exercice dans les communes de *(L. n° 2015-991 du 7 août 2015, art. 82)* **« 1 000 » habitants et plus et par la majorité des membres du conseil municipal dans les communes de moins de** (L. n° 2015-991 du *7 août 2015, art. 82)* **« 1 000 » habitants.**

En cas d'urgence, le représentant de l'État dans le département peut abréger ce délai.

COMMENTAIRE

V. dans le supplément en ligne.

1. Aucune disposition législative ou réglementaire n'interdit au maire de réunir le conseil municipal pendant le mois d'août alors même que les services de la mairie étaient fermés et que deux conseillers étaient absents pour cause de vacances. • TA Amiens, 9 févr. 1988, *Gaine c/ Cne de Oissy : Lebon T. 653.*

2. Le délai de trente jours énoncé par l'art. L. 2121-9, al. 2, a pour terme la réunion elle-même du conseil et non l'envoi par le maire des convocations. • CE, ass., 26 nov. 1976, *Soldani et a. : Lebon 508 ; AJDA 1977. 26 et 33, concl. Latournerie, chron. Nauwelaers et Fabius ; JCP 1978. II. 18959, note Belmond et Luchaire.*

3. Lorsque le maire n'a pas convoqué le conseil dans le délai de trente jours, le gouvernement n'est pas tenu d'attendre que le conseil municipal ait émis un avis pour prendre un décret prononçant le transfert du chef-lieu du département du Var. • CE, ass., 26 nov. 1976, *Soldani et a. : préc. note 2.*

4. Lorsque à la demande du préfet, le maire ne convoque pas le conseil afin qu'il émette un avis sur la mise en compatibilité du POS avec le rapport du commissaire enquêteur, le délai au terme duquel l'avis est réputé donné court malgré la négligence du maire. • CE 12 mars 1999, *Cne d'Artemarre et M. Masters d'Aiguy : n°s 159791 et 161304.*

5. Et le juge peut prononcer la suspension du refus du maire de convoquer le conseil. • CE 5 mars 2001, *Saez*, n° 230045 : *Coll. terr. 2001, chron. n° 10, concl. Touvet.*

6. Le maire ne peut pas refuser de réunir le conseil à la demande de l'opposition en invoquant l'illégalité des délibérations à intervenir. • TA Amiens, 29 nov. 2010, *Bascher*, n° 0801408 : *AJDA 2011. 468*. ♦ Lorsque la demande motivée lui est faite par la majorité des membres du conseil municipal dans les communes de moins de 3 500 habitants de convoquer le conseil municipal dans un délai maximal de trente jours pour délibérer et si la demande précise les questions à inscrire à l'ordre du jour, il ne peut refuser en tout ou partie de les inscrire que s'il estime, sous le contrôle du juge, qu'elles ne sont pas d'intérêt communal ou que la demande présente un caractère manifestement abusif. • CE 28 sept. 2017, *Eymeoud*, n° 406402 : *Lebon ; AJCT 2018. 49, obs. Otero ; BJCL 2017. 603, concl. Daumas.*

7. Il appartient à la commune, qui est seule en mesure de le faire, de fournir les éléments permettant d'établir l'envoi de la convocation, dans les délais, aux conseillers municipaux. • CE 5 juill. 2013, *Cne d'Ozoir-la-Ferrière*, n° 354423 : *BJCL 2013. 561, concl. Daumas.* ♦ Un requérant qui soutient que les délais légaux d'envoi des convocations à un conseil municipal n'ont pas été respectés alors que, selon les mentions du registre des délibérations du conseil municipal, ces délais auraient été respectés doit apporter des éléments circonstanciés au soutien de son moyen. En l'absence de tels éléments, ses allégations ne sauraient conduire à remettre en cause les mentions factuelles précises du registre des délibérations qui, au demeurant, font foi jusqu'à preuve du contraire. • CE 8 juin 2016, n° 388754 : *AJDA 2016. 1206*.

Art. L. 2121-10 **Toute convocation est faite par le maire. Elle indique les questions portées à l'ordre du jour. Elle est mentionnée au registre des délibérations, affichée ou publiée.** *(L. n° 2019-1461 du 27 déc. 2019, art. 9)* **« Elle est transmise de manière dématérialisée ou, si les conseillers municipaux en font la demande, adressée par écrit à leur domicile ou à une autre adresse. »**

V. art. R. 2121-7.

COMMENTAIRE

V. dans le supplément en ligne.

I. CONVOCATION DU CONSEIL MUNICIPAL

A. ENVOI ET DESTINATAIRES DE LA CONVOCATION

1. En cas de décès, révocation, suspension, absence ou empêchement du maire, le premier adjoint a compétence pour envoyer ou rapporter des convocations au lieu et place du maire. • CE 25 juill. 1986, *Ficheux et a., Élection du maire d'Estaires Nord : Dr. adm. 1986, n° 491.*

2. Les convocations doivent être adressées au domicile de chaque conseiller. • CE 19 juin 1992, *Cne de Mirebeau : AJDA 1992. 771, obs. P.L.M*. ♦ Sauf si le conseiller a demandé ou accepté expressément que l'envoi de la convocation se fasse à une adresse autre que celle de son domicile, laquelle peut être la mairie. La méconnaissance de ces règles est de nature à entacher d'illégalité les délibérations prises par le conseil municipal. Il en va ainsi alors même que les conseillers municipaux concernés auraient été présents ou représentés lors de la séance. Il ne pourrait en aller différemment que dans le cas où il serait établi que les convocations irrégulièrement adressées ou distribuées sont effectivement parvenues à leurs destinataires cinq jours francs au moins avant le jour de la réunion. • CE 9 mars 2007, *Lefebvre*, n° 291687 : *BJCL 2007. 320, concl. Seners.* ♦ Dès lors que les convocations ont effectivement été reçues par les conseillers municipaux, le moyen tiré du défaut de leur transmission dématérialisée n'est pas de nature à entacher d'illégalité la délibération ni les opérations électorales en vue de l'élection d'adjoints de quartier. • CE 30 mars 2021, n° 446461 : *AJCT 2021. 376, obs. Pontier*.

3. Les convocations doivent être adressées personnellement à chaque conseiller municipal. • CE 30 oct. 1931, *Marcangeli : Lebon 926.* ♦ Et le refus de convocation, quel que soit le motif allégué, constitue une atteinte au droit individuel de chaque conseiller de participer aux réunions. • CAA Nancy, 2 févr. 2006, *Cne d'Amnéville*, n° 03NC00190.

4. Les convocations doivent être adressées à tous les conseillers municipaux en exercice. Illégalité du refus du maire de convoquer un suivant de liste après démission d'un élu de la même liste. • CE 16 janv. 1998, *Ciré*, n° 188892 : *Lebon 15*.

5. Lors du renouvellement des conseils municipaux ou de la réélection intégrale, aucune convocation ne peut être valablement adressée aux membres du nouveau conseil avant la clôture du procès-verbal des élections. Les membres ne sont en exercice dans leur totalité qu'après cette date. • CE 21 nov. 1969, *Él. du maire et de l'adjoint de Cauro : Lebon 522.*

B. MODIFICATION DU CONTENU DE LA CONVOCATION

6. En cas de modification d'un des éléments de la convocation, une nouvelle convocation respectant les formes et les délais prescrits doit être adressée aux conseillers. Il en est ainsi pour le report de la réunion. C'est ainsi qu'a été jugé qu'un conseil municipal convoqué un vendredi à 18 h ne peut, au cours de la réunion à l'unanimité à l'exception d'un conseiller, décider de reporter la séance au lendemain samedi à 16 h. • CE 19 avr. 1985, *Guy de Littaye : Dr. adm. 1985, n° 272.* ♦ En revanche, ne présente pas le caractère d'une manœuvre de nature à affecter la régularité de la séance, un léger report de l'heure d'une séance fixée à 19 h 30 puis repoussée à 20 h 30, selon un avis adressé aux conseillers le lendemain de l'envoi des convocations et deux jours avant la séance ; le Conseil d'État relève que « tous les conseillers étaient présents à la séance à l'exception d'un seul » qui a attesté que, de toute manière, des motifs d'ordre professionnel l'auraient empêché de se rendre à la séance, et que le report n'a eu « aucune influence sur son absence ». En outre, le juge relève aussi que l'ouverture de la séance a été reportée à la demande des conseillers municipaux. • CE 6 janv. 1967, *Él. de l'adjoint au maire de la Cne de Kertzfeld : Lebon 4.* ♦ Cette décision est isolée dans la mesure où le juge considère toujours la règle du délai comme une formalité substantielle. C'est ainsi que le juge estime que le maire devait adresser une nouvelle convocation lorsqu'une séance prévue pour 15 h n'a été ouverte qu'à 16 h et que plusieurs conseillers non avertis de cette modification d'horaire s'étaient présentés à 15 h. Ayant estimé que la réunion prévue était ajournée, ils avaient quitté la mairie. • CE 20 avr. 1988, *Ville de Sainte-Marie c/ Barou : Dr. adm. 1988, n° 293.*

7. Dans une espèce où le report de la séance pouvait paraître entaché d'erreur de droit et avoir constitué une manœuvre relative aux conditions dans lesquelles devait se dérouler l'élection du maire, le Conseil d'État a jugé que les conseillers qui s'étaient réunis à la date initialement prévue, n'avaient pu tenir valablement une séance du conseil municipal en l'absence d'une nouvelle convocation. • CE 25 juill. 1986, *Ficheux et a., Él. du maire d'Estaires Nord : préc. note 1.*

C. CONTRÔLE DE LA RÉGULARITÉ D'UNE CONVOCATION

8. Constitue une convocation irrégulière celle indiquant de façon incomplète les questions à l'ordre du jour. • CE 27 mars 1991, *Cne d'Amneville*, n° 76036. ♦ ... De même pour une non-inscription dans l'ordre du jour du blâme prononcé à l'encontre du maire. • CAA Nantes, 17 déc. 1997, *Gicquel : Lebon T. 698*. ♦ Cependant, le Conseil d'État a admis la régularité d'une convocation adressée à un conseiller municipal sans indication de l'heure de la séance dès lors que l'intéressé avait été informé ultérieurement de celle-ci. • CE 24 oct. 1980, *Él. du maire et des adjoints de la Cne de Port-sur-Saône*, n° 21319 : *Lebon 738*. ♦ Le lieu de la réunion doit être mentionné dans la convocation. Lorsque la réunion se tient en un lieu autre que la mairie, les administrés doivent être suffisamment informés et le choix du local doit présenter des garanties de neutralité suffisantes. • TA Grenoble, 26 mars 1997, *Préfet de l'Isère : Dr. adm. 1997, n° 195.*

9. Le recours ne peut être dirigé que contre la délibération et non contre la convocation qui ne constitue pas une décision susceptible d'être déférée au juge de l'excès de pouvoir. • CE 26 oct. 1986, *Guigue*, n° 70817. ♦ En effet une convocation irrégulière entache d'illégalité la délibération du conseil municipal prise au cours de la séance. • CE 25 juill. 1986, *Ficheux et a., Él. du maire d'Estaires Nord : préc. note 1.* ♦ La méconnaissance de ces règles est de nature à entacher d'illégalité les délibérations prises par le conseil municipal. Il en va ainsi alors même que les conseillers municipaux concernés auraient été présents ou représentés lors de la séance. Il ne pourrait en aller différemment que dans le cas où il serait établi que les convocations irrégulièrement adressées ou distribuées sont effectivement parvenues à leurs destinataires cinq jours francs au moins avant le jour de la réunion. • CE 9 mars 2007, *Lefebvre*, n° 290687 B : *AJDA 2007. 561 ; BJCL 2007. 320, concl. Seners.* ♦ Dans le même sens et après l'arrêt du CE 23 déc. 2011, *Danthony*, n° 335477 : • TA Versailles, 8 déc. 2022, n° 2002463 : *BJCL 2023. 29, concl. Bartnicki, obs. Poujade.* ♦ La convocation, à la supposer irrégulière, de deux conseillers municipaux relève de rapports internes et ne peut méconnaître le principe de libre administration. • CE 23 oct. 2012, *Cne de Gignac-la-Nerthe*, n° 363251 : *AJDA 2013. 740, note Ferreira ; JCP Adm. 2013, n° 2162, note Pauliat.*

10. Les formalités de publicité de la convocation ne sont pas prescrites à peine de nullité et leur méconnaissance n'entraîne pas la nullité des délibérations prises. • CE 22 mars 1993, *SCI « Les Voiliers »,* n° 112595 B.

II. SUSPENSION DE SÉANCE ET NOUVELLE CONVOCATION

11. Une séance reprise après une suspension de séance de courte durée (1/4 d'heure en l'espèce) ne constitue pas une nouvelle séance à laquelle les conseillers devaient être convoqués dans les formes et délais prescrits par l'art. L. 2121-10. • CE 14 févr. 1986, *Fulcrand et a.,* n° 57476. ♦ En revanche, une séance tenue à 18h30 ne peut être considérée comme la suite d'une séance commencée la veille à 20 h 30 et interrompue à 0 h 15. Une nouvelle convocation aurait été nécessaire. • CE 5 févr. 1986, *Cne du Thor,* n°s 46640 et 46647.

III. FIXATION DE L'ORDRE DU JOUR

12. Le choix des questions portées à l'ordre du jour relève du pouvoir discrétionnaire du maire mais l'exercice de ce pouvoir ne doit pas porter une atteinte excessive au droit de proposition des conseillers. • CAA Marseille, 24 nov. 2008, *Cne d'Orange,* n° 07MA02744. ♦ Le maire a compétence pour rejeter une demande tendant à l'abrogation du plan local d'urbanisme ou de certaines de ses dispositions. Toutefois, il ne peut légalement prendre une telle décision que si les dispositions dont l'abrogation est sollicitée sont légales. Dans l'hypothèse inverse, il est tenu d'inscrire la question à l'ordre du jour du conseil municipal pour permettre à celui-ci, seul compétent pour ce faire, de prononcer l'abrogation des dispositions illégales. • CE 2 oct. 2013, *Mme Vincent,* n° 367023 : *AJDA 2014. 1046, note Dubreuil ; RDI 2013. 606, obs. Soler-Couteaux ; JCP Adm. 2014, n° 2016, concl. Vialettes ; BJCL 2013. 750, obs. Poujade.* ♦ Le maire par intérim peut comme le maire retirer une question de l'ordre du jour du conseil municipal. • CAA Douai, 30 déc. 2003, *Gonthier,* n° 02DA00182 : *AJDA 2004. 678*.

Art. L. 2121-11 **Dans les communes de moins de 3 500 habitants, la convocation est adressée trois jours francs au moins avant celui de la réunion.**

En cas d'urgence, le délai peut être abrégé par le maire, sans pouvoir être toutefois inférieur à un jour franc. Le maire en rend compte dès l'ouverture de la séance au conseil municipal qui se prononce sur l'urgence et peut décider le renvoi de la discussion, pour tout ou partie, à l'ordre du jour d'une séance ultérieure. — *[C. communes, art. L. 121-10-II.]*

I. DÉLAI NORMAL

A. OBLIGATION DE RESPECTER LE DÉLAI

1. Le juge administratif contrôle le respect de la règle du délai de convocation. Toutefois, dans le cas particulier d'un conseiller devenu conseiller le 2 janv., à la suite de la démission d'un membre du conseil et alors que les convocations ont été adressées le 27 déc. à l'ensemble des conseillers pour une séance prévue le 6 janv., la convocation envoyée au nouveau conseiller le 3 janv. est valable, le maire n'étant pas tenu de reporter la séance à la seule fin que le délai de trois jours francs soit respecté en ce qui concerne le nouveau conseiller. • CE 25 juill. 1986, *Él. du maire de Clichy,* n° 67767 : *Lebon 216 ; AJDA 1986. 704, concl. Roux.*

B. CALCUL DU DÉLAI FRANC

2. Le délai de trois jours (ou cinq jours pour l'art. L. 2121-12) francs ne commence à courir que le lendemain du jour où la convocation est adressée aux conseillers et n'expire que le lendemain du jour où les trois jours (ou 5 jours) sont passés, c'est-à-dire qu'un délai de trois jours (ou cinq jours) doit être compté entre la date à laquelle les convocations sont adressées et la date de la réunion. Par exemple le délai n'est pas respecté lorsque les convocations sont adressées le 5 mai pour une réunion fixée au 8 mai. • CE 12 juill. 1955, *Él. du maire de Mignaloux-Beauvoir : Lebon 412.* ♦ Au contraire le délai est respecté pour la convocation adressée le 5 octobre en vue d'une réunion prévue pour le 9. • CE 6 janv. 1967, *Él. de l'adjoint au maire de la Cne de Kertzfeld : Lebon 4.*

3. Dans la computation du délai, les jours fériés selon la règle générale ne sont pas pris en compte : le délai est respecté pour une convocation adressée le 21 décembre pour une réunion prévue le 26, le 25 étant jour férié. • CE 13 oct. 1993, *d'André,* n° 141677 B.

4. En revanche, ne sont pas applicables au délai de convocation du conseil municipal les dispositions par l'art. 642 C. pr. civ. • CE 13 oct. 1993, *d'André,* n° 141677 : *préc. note 3.*

5. Lorsque la convocation est portée au domicile des conseillers par un agent municipal, la date au lendemain de laquelle commence à courir le délai est le jour où cette opération est effectuée. • CE 19 juin 1992, *Cne de Mirebeau : AJDA 1992. 771*. ♦ Lorsque la convocation est adressée par voie postale, la date à prendre en considération n'est pas celle du dépôt à la poste, mais celle du départ de la poste attestée par le cachet du bureau de poste de départ. En règle générale, seule constitue une preuve certaine l'envoi en pli recommandé. • CE 19 mars 1969, *Él. du maire à Doullens : Dr. adm. 1969, n° 131.*

6. Pour les communes touristiques, il n'y a pas lieu de prendre en compte le surclassement pour calculer le délai de convocation du conseil municipal. • CE 27 janv. 2011, *Cne de Ramatuelle*, n° 338285 : *AJDA 2011. 189 ; RLCT 2011. 41, note Glaser ; Rev. CMP 2011, n° 85, note Eckert.*

II. DÉLAI ABRÉGÉ

A. PROCÉDURE DE CONVOCATION EN URGENCE

7. Obligation du maire de rendre compte de l'urgence. Dès l'ouverture de la séance ayant donné lieu à convocation avec délai abrégé, le maire doit « rendre compte » au conseil municipal des motifs et des mobiles qui lui ont paru de nature à justifier l'abrègement du délai. • CE 30 oct. 1931, *Marcangeli : Lebon 926.* ♦ Si le maire n'a pas rendu compte de l'abrègement du délai et si le conseil a accepté de tenir séance et de délibérer sur les questions soumises, le vice de procédure commis par le maire n'en est pas pour autant couvert. La séance est donc irrégulière et les délibérations prises peuvent être annulées. • TA Orléans, 23 avr. 1992, *Peltier : JCP 1992. IV. 2921.*

8. Obligation d'une approbation du conseil municipal. La décision d'abréger le délai est prise par le maire à moins que le conseil municipal ne s'y oppose. • CE 30 juin 1995, *Champenois*, n° 128025. ♦ Si le maire n'a pas rendu compte de l'abrègement du délai et si le conseil municipal ne s'est pas prononcé sur l'urgence invoquée, la tenue de la séance du conseil municipal convoqué en urgence est irrégulière. • CE 18 févr. 1998, *Cne d'Essey-lès-Nancy c/ Clomes*, n° 170709 : *Lebon ; Dr. adm. 1998, n° 154, note R.S.*

9. Délai abrégé. Le délai abrégé ne peut être inférieur à un jour franc. • CE 8 oct. 2008, *Cne de Beynac-et-Cazenac*, n° 306286 : *AJDA 2009. 62 .*

B. CONTRÔLE DES MOTIFS DE CONVOCATION EN URGENCE

10. Des motifs précis doivent pouvoir être allégués pour justifier dans chaque cas particulier l'abrègement du délai normal de convocation. • CE 9 oct. 1963, *Sté Immobilière d'investissement : Lebon 475.*

11. Ainsi, le recours à la procédure d'urgence est jugé injustifié : pour le vote au mois de juillet du budget pour lequel cette assemblée se trouvait en retard. • CE 21 févr. 1936, *Hublot : Lebon 229.* ♦ ... Pour l'examen d'un jugement rendu en premier ressort et effectivement notifié, de sorte que le délai d'appel courait. • CE 29 oct. 1969, *Cne de Labeuvrière : Lebon 459.* ♦ ... Pour l'élection d'un nouveau maire, deux conseillers étant dans l'obligation de se déplacer. • CE 31 déc. 1976, *Él. mun. de Sampolo : Lebon T. 788 et 927.* ♦ ... Pour autoriser le maire à ester en justice et préciser au conseil la date de signature d'un acte d'achat d'un immeuble. • TA Nancy, 12 mars 2002, *Causero et a.*, n° 0016768.

12. En revanche, le recours à la procédure d'urgence est jugé justifié lorsque le délai abrégé de convocation à la réunion au cours de laquelle un nouveau maire devait être élu, est motivé par la proximité d'élections régionales. • CE 20 mai 1994, *Cimia*, n° 147556 : *Lebon 248 .* ♦ ... Lorsqu'une première convocation ayant été adressée dans le délai normal le 15 mars pour le 22 à 9 h, le report de la séance en raison de l'enterrement au matin d'un conseiller municipal a fait l'objet d'une nouvelle convocation sous le régime de l'urgence adressée le 20 mars pour le 22 à 15 h, l'urgence étant justifiée alors que le vote du budget, objet de la séance, devait intervenir avant le 1er avril et qu'il était impossible en l'espèce d'envisager une autre date. • TA Rennes, 23 mars 1989, *Roussel : Rec. TA 1990, n° 31.* ♦ ... De même, la convocation d'une réunion provoquée par la réception d'une lettre du préfet invitant le conseil, compte tenu de la situation financière de la commune, à délibérer sur l'opportunité du maintien d'une garantie accordée à une compagnie fermière pour le remboursement d'emprunts à contracter, la confirmation de la garantie présentant en l'espèce un caractère d'urgence compte tenu de l'affaire et de la situation financière de la compagnie fermière. • CE 27 oct. 1976, *Prat : Lebon 447 ; AJDA 1977. 368.* ♦ De même, sont justifiés les motifs fondés sur l'absence de la secrétaire de mairie qui ne pouvait être remplacée et sur les diligences à accomplir avant la date d'expiration du délai pouvant permettre à la commune de préempter. • CE 8 oct. 2008, *Cne de Beynac-et-Cazenac*, n° 306286 : *BJCL 2007. 320, concl. Séners.*

III. SANCTION DU NON-RESPECT DU DÉLAI

13. Le non-respect du délai conduit à l'annulation de toute délibération ou élection ou désignation intervenue au cours de la séance. • CE 12 juill. 1955, *Él. du maire de Mignaloux-Beauvoir : Lebon 412.* ♦ ... Même s'il est établi que le non-respect du délai a été sans influence sur la décision prise. • CE 21 nov. 1969, *Él. du maire et de l'adjoint de Cauro : Lebon 522.*

Art. L. 2121-12 Dans les communes de 3 500 habitants et plus, une note explicative de synthèse sur les affaires soumises à délibération doit être adressée avec la convocation aux membres du conseil municipal.

Si la délibération concerne un contrat de service public, le projet de contrat ou de marché accompagné de l'ensemble des pièces peut, à sa demande, être consulté à la mairie par tout conseiller municipal dans les conditions fixées par le règlement intérieur.

Le délai de convocation est fixé à cinq jours francs. En cas d'urgence, le délai peut être abrégé par le maire sans pouvoir être toutefois inférieur à un jour franc.

Le maire en rend compte dès l'ouverture de la séance au conseil municipal, qui se prononce sur l'urgence et peut décider le renvoi de la discussion, pour tout ou partie, à l'ordre du jour d'une séance ultérieure.

(L. nº 2015-992 du 17 août 2015, art. 142) **« Le présent article est également applicable aux communes de moins de 3 500 habitants lorsqu'une délibération porte sur une installation mentionnée à l'article L. 511-1 du code de l'environnement. »**

I. ENVOI DE LA NOTE EXPLICATIVE DE SYNTHÈSE

1. Lorsque la collectivité décide d'informer les élus par voie de dématérialisation, elle doit recueillir leur consentement. • CE 12 déc. 2012, *Assoc. sauvegarde et promotion du pays rural Saint-Lois,* nº 346950 : *AJDA 2013. 776*.

2. Le délai de cinq jours francs s'applique à l'envoi de l'ordre du jour et de la note explicative de synthèse. • CE 18 févr. 1998, *Cne d'Essey-lès-Nancy,* nº 170709 B : *Dr. adm. 1998, nº 151, note R. S.*

II. CARACTÈRE SUFFISANT DE CETTE NOTE

3. Les conseillers doivent pouvoir, avec la note de synthèse, disposer d'une information leur permettant d'appréhender le contexte, de comprendre les motifs de droit et de fait des mesures envisagées et de mesurer les implications de leurs décisions. L'obligation d'information n'impose pas, en revanche, de joindre à la convocation adressée aux élus une justification détaillée du bien-fondé des propositions qui leur sont soumises. L'information communiquée dans la note de synthèse doit être adaptée à la nature et à l'importance de l'affaire soumise au conseil municipal. • CE 14 nov. 2012, *Cne de Mandelieu-la-Napoule,* nº 342327 : *AJDA 2012. 2198, note Necib ; BJCL 2013. 18, concl. de Lesquen ; AJCT 2013. 204, obs. Grillet-Carabajal*. ♦ S'agissant d'un projet de zone d'aménagement concerté, une convocation accompagnée du projet de délibération portant création de la zone « qui rappelle les objectifs poursuivis et les principales lignes du projet » répond aux exigences de l'art. L. 2121-12. • CE 26 juill. 2011, *Sté Innov. Immo et a.,* nº 320457 : *Lebon ; RDI 2011. 586, obs. Soler-Couteaux*. ♦ En revanche, est considérée comme insuffisamment détaillée une note explicative de synthèse ne comportant, en ce qui concerne le projet de budget primitif, que le montant total des recettes et des dépenses de la section de fonctionnement et de la section d'investissement. • CE 12 juill. 1995, *Cne de Simiane-Collongue,* nº 155495 B. ♦ S'agissant de la révision d'un plan local d'urbanisme (PLU), a été jugée insuffisante la « note du rapporteur », tenant lieu de note explicative de synthèse, transmise aux membres du conseil municipal avec le projet de délibération, qui rappelle, en des termes généraux, les objectifs poursuivis, les étapes de la procédure ainsi que les recommandations du commissaire-enquêteur, mais qui ne comporte aucune explication relative aux choix ayant présidé à la révision du PLU. Cette note, qui n'éclaire pas le sens ni la portée des dispositions du PLU soumises à l'approbation des conseillers municipaux, ne satisfait pas aux exigences de l'art. L. 2121-12. • CE 17 juill. 2013, *Sté fr. du radiotéléphone (SFR) et a.,* nº 350380 : *AJDA 2013. 2326, note Sibileau ; Constr.-Urb. 2013, nº 130, note Santoni ; BJDU 2013. 35, concl. Lallet.* ♦ Pour l'annulation d'une délibération approuvant un PLU pour caractère insuffisant d'une note de synthèse. • CE 12 oct. 2016, nº 387308 : *Lebon ; AJCT 2017. 98, obs. Rouault ; RDI 2016. 658 et 660, obs. Soler-Couteaux*.

III. SANCTION

4. Le défaut d'envoi de la note explicative de synthèse avec les convocations ou son insuffisance est susceptible d'entacher d'irrégularité les délibérations prises, à moins que le maire n'ait fait parvenir aux membres du conseil, en même temps que la convocation, les documents leur permettant de disposer d'une information adéquate pour exercer utilement leur mandat. • CE 14 nov. 2012, *Cne de Mandelieu-la-Napoule,* nº 342327 : *préc. note 3.* ♦ A ainsi été jugé que l'envoi, joints aux convocations, du projet intégral de budget et des états détaillés des emplois, dettes, créances, emprunts de la commune, peut tenir lieu de note de synthèse. • CE 12 juill. 1995, *Cne de Fontenay-le-Fleury,* nº 157092 B.

5. L'insuffisance d'une note explicative de synthèse ou du document en tenant lieu n'est de nature à entacher d'illégalité et à entraîner l'annulation de la délibération prise par le conseil municipal que s'il ressort des pièces du dossier qu'elle a été susceptible d'exercer, en l'espèce, une influence sur le sens de la décision prise ou qu'elle a privé les intéressés d'une garantie. • CE 17 juill. 2013, *Sté fr. du radiotéléphone (SFR) et a.,* nº 350380 : *préc. note 3.* ♦ Application à la formalité de la note explicative de synthèse : • CE, ass., 23 déc. 2011, *Danthony,* nº 335033 : *Lebon ; AJDA 2012. 195, chron. Domino et Bretonneau ; ibid. 1484, étude Mialot ; D. 2013. 324, obs. Boskovic, Corneloup, Jault-Seseke, Joubert et Parrot ; AJDI 2014. 16, étude Gilbert ; ibid. 2015. 25, chron. Gilbert ; RFDA 2012. 284, concl. Dumortier ; ibid. 296, note Cassia ; ibid. 423, étude Hostiou*.

6. Il appartient à la commune, qui est seule en mesure de le faire, de fournir les éléments permettant d'établir l'envoi de la note explicative de synthèse aux conseillers municipaux. • CE 5 juill. 2013, *Cne d'Ozoir-la-Ferrière*, n° 354423 : *BJCL 2013. 561, concl. Daumas.* ♦ Dans le même sens, • TA Nice, 18 nov. 2014, *Mme Manal Al Refai*, n° 1400441 : *BJCL 2015.178, concl. Laso, obs. Poujade.*

Art. L. 2121-13 **Tout membre du conseil municipal a le droit, dans le cadre de sa fonction, d'être informé des affaires de la commune qui font l'objet d'une délibération.** – *[C. communes, art. L. 121-22.]*

BIBL. ▶ Bluteau, La communication des documents des collectivités : le cas des élus, *AJCT 2024. 285*. – Grardi, Élus : le droit à l'information, *Gaz. cnes 17 août 1992, p. 68.*

COMMENTAIRE

V. dans le supplément en ligne.

I. PRINCIPE ET LIMITES DU DROIT À L'INFORMATION

1. L'art. L. 2121-13 confirme une jurisprudence du Conseil d'État selon laquelle les conseillers tiennent de leur qualité de membres de l'assemblée municipale appelés à délibérer sur les affaires de la commune, le droit d'être informés de tout ce qui touche à ces affaires dans des conditions leur permettant de remplir normalement leur mandat. • CE 29 juin 1990, *Cne de Guitrancourt c/ Mallet et a.*, n° 68743 B : *LPA 1991, n° 22, note Chauvel.* ♦ Et constitue une atteinte au droit d'information et au libre exercice du mandat, l'instruction du maire d'ouvrir la correspondance adressée aux élus. • CE 9 avr. 2004, *Vast*, n° 263759 : *JCP Adm. 2004, nos 1318 et 1319, note Rouault et Moreau ; BJCL 2004. 397, concl. Boissard ; Dr. adm. 2004, n° 98, note Lombard ; Coll. terr. 2004, n° 120, note Derridi.*

2. Il appartient au maire d'une part d'apprécier si cette communication se rattache à une affaire de la commune qui fait l'objet d'une délibération du conseil municipal et d'autre part de s'assurer qu'aucun motif d'intérêt général n'y fait obstacle. • CE, ass., 27 mai 2005, *Cne d'Yvetot*, n° 265494 A. ♦ Dans le même sens, • CE 5 avr. 2019, *Cté intercommunale des villes solidaires*, n° 416542 B : *AJDA 2019. 782 ; ibid. 1583, note Faure ; AJCT 2019. 341, obs. Jacquemoire.* ♦ Ainsi, le maire ne peut être refusé à des conseillers qui se sont abstenus de participer à certaines commissions municipales. • CE 29 juin 1990, *Cne de Guitrancourt c/ Mallet et a.*, n° 68743 : *préc. note 1.* ♦ En cas de secrets prévus par la loi, il appartient à la collectivité d'assurer l'information selon les modalités appropriées. • CE Ass. 27 mai 2005, *Cne d'Yvetot*, n° 265494. ♦ ou encore • CAA Lyon 26 avril 2018, n° 16LY0051.

3. Lorsqu'il y a non-respect du droit à l'information, le recours est dirigé contre la délibération en cause dans les délais habituels. • CE 27 oct. 1989, *de Peretti c/ Cne de Sarlat*, n° 70549 B : *Quot. jur. 1990, n° 51, note Chouvel.* ♦ La méconnaissance du droit d'information des élus les a privés d'une garantie substantielle dans l'exercice de leurs fonctions et a ainsi été de nature à entacher d'illégalité la délibération contestée. • CAA Douai 20 oct. 2020, n° 19DA01166.

II. MODALITÉS D'EXERCICE DU DROIT À L'INFORMATION

4. Le maire peut définir les conditions dans lesquelles l'information sera fournie aux conseillers municipaux mais, en définissant ces conditions, le maire ne doit pas placer les conseillers « dans une situation moins favorable que les habitants ou les contribuables de la commune » et porter « atteinte aux droits et prérogatives particulières qu'à titre individuel ils tiennent de leur qualité de membre du conseil municipal ». • CE, ass., 9 nov. 1973, *Cne de Pointe-à-Pitre : Lebon 631 ; AJDA 1974. 82, chron. Franc et Boyon ; RD publ. 1974. 1143, note Waline.*

5. Ce droit à l'information requiert une demande formelle des conseillers municipaux. • CE 10 juill. 1996, *Coisne*, n° 140606 B : *RFDA 1997. 504, concl. Chantepy* ♦ Une demande adressée au directeur général des services ne saurait être rejetée comme mal dirigée, dans la mesure où il lui revient de la transmettre au maire pour qu'il puisse apprécier s'il y a lieu d'y donner suite. • CE 5 avr. 2019, *Cté intercommunale des villes solidaires (CIVIS)*, n° 416542 B : *AJDA 2019. 782.* ♦ C'est ainsi qu'en matière de révision du POS, le rapport du commissaire enquêteur ne doit pas être communiqué en l'absence de demande des conseillers. • CE 11 janv. 2002, *Janin*, n° 215314 B.

III. DÉLAI DE COMMUNICATION DES DOCUMENTS

6. Pour respecter ce principe d'information, le maire doit communiquer en temps utile les pièces nécessaires pour que la délibération du conseil puisse intervenir en connaissance de cause, les conseillers devant disposer d'un temps de réflexion suffisant avant de délibérer • CAA Douai, 11 mai 2000, *Cne de Sangatte*, n° 96DA02550 : *Dr. adm. 2000, n° 202, note M. R.* ♦ Le caractère suffisant du délai est lié à l'importance et à la difficulté des pièces à examiner en début de séance pour des débats n'étant pas excessivement complexes. • CE 8 juin 1994, *Cne de Ville-en-Vernois,* n° 136526 B. ♦ ... La communication peut se faire également à l'ouverture de la séance. • CE 8 juin 1994, *Cne de Ville-en-Vernois,* n° 136526 : *préc.* ♦ ... Ou bien en cours de séance, les conseillers doivent pouvoir consulter tous les documents nécessaires à l'examen de l'affaire. En l'espèce, la consultation concernait un projet de contrat de service public ainsi que les pièces annexes. • CE, sect., 23 avr. 1997, *Ville de Caen c/ Paysant,* n° 151852 : *Lebon 158* ; *AJDA 1997. 518, concl. Pécresse* . ♦ C'est ainsi qu'a été jugée suffisante la mise à disposition des documents préalablement à la séance en l'absence de toute demande précise touchant à d'autres documents préparatoires. • CE 10 juill. 1996, *Coisne,* n° 140606 B : *RFDA 1997. 504, concl. Chantepy* , *note Douence* . ♦ En revanche, a été sanctionnée pour impossibilité pour les conseillers d'être informés la modification substantielle du projet de délibération relative à la création d'une ZAC après l'expiration du délai de convocation. • TA Nice, 27 juin 1996, *Assoc. Aquavie-Trinité : RFDA 1997. 1311, concl. Calderado* . ♦ De même le fait que des délibérations similaires avaient été adoptées ne saurait constituer une information suffisante. • CE, sect., 5 oct. 2005, *M. Tomaselli,* n° 256055.

IV. DOCUMENTS COMMUNICABLES

7. Les pièces à communiquer sont les projets de délibération ainsi que tous les documents nécessaires pour apprécier le sens, la portée et la validité de ce projet, notamment les études financières, techniques, l'impact des projets, les rapports juridiques et administratifs indispensables. • CE 29 juin 1990, *Cne de Guitrancourt c/ Mallet et a.,* n° 68743 : *préc. note 1.* ♦ Ainsi que les consultations juridiques réalisées pour le compte de la collectivité. • CE, ass., 27 mai 2005, *Dpt de l'Essonne,* n° 268564 A : *AJDA 2005. 1450* *Chron. Landais et Lenica ; D. 2005. 2425, note Blanchard* . ♦ En ce qui concerne les contrats pour lesquels le conseil municipal est appelé à donner au maire l'autorisation de signer, c'est le texte complet du contrat qui doit être soumis aux conseillers. • CE 27 oct. 1989, *de Peretti c/ Cne de Sarlat,* n° 70549 B : *préc. note 1.* ♦ Et la consultation des projets de contrat de service public se fait à la mairie. • CE 29 déc. 1999, *Cne de Port-Saint-Louis-du-Rhône,* n° 158472 : *Coll. terr. 2000, n° 67, note Moreau.* ♦ Dans le cadre d'une délibération relative à une garantie d'emprunt, les conseillers municipaux ont un droit à la communication des tableaux prévisionnels d'amortissement des prêts, du taux de l'assurance pour un prêt et du bilan financier prévisionnel de l'opération sans que puisse leur être opposé le secret commercial. • CAA Lyon, 26 avr. 2018, *Cne de Montélimar,* n° 16LY00501 : *BJCL 2018. 517, concl. Deliancourt et obs. Poujade.*

8. A été jugé qu'en se bornant à communiquer aux conseillers avec la convocation les appelant à délibérer sur le budget de la commune quatre tableaux faisant apparaître le seul montant par chapitre des dépenses et des recettes, le maire a méconnu leur droit d'être informés alors que le projet complet de budget a été communiqué en cours de séance. • TA Saint-Denis de La Réunion, 17 oct. 1990 : *Vergès : préc. note 6.* ♦ Il en est de même lorsque le maire s'abstient d'informer les conseillers d'une offre d'achat avant une délibération portant sur l'aliénation d'un bien de la commune. • TA Orléans, 12 déc. 1991 : *Roux : JCP 1992. IV. 1390.* ♦ ... De même pour l'abstention du maire de porter à la connaissance des conseillers une lettre du directeur général de la concurrence et de la consommation recommandant un cautionnement prévu par le cahier des charges d'un contrat de concession d'un terrain de camping et différent de celui fixé par le maire. • TA Poitiers, 21 févr. 1995 : *Lardy : Lebon T. 679.* ♦ ... De même pour le refus du maire de communiquer l'état du personnel et celui des prêts, avances et créances à long et moyen terme. • TA Orléans, 23 nov. 1993 : *Coenon : JCP 1994. IV. 742.* ♦ Il en est également ainsi pour l'abstention du maire de communiquer au conseil municipal les observations définitives formulées par la chambre régionale des comptes sur la gestion de la commune, alors qu'une telle communication est obligatoire (CGCT, art. L. 1612-19). • TA Rouen, 30 juill. 1993 : *Assailly et a. : Lebon T. 647.* ♦ ... De même, le conseil municipal doit être pleinement informé sur l'activité des SEM dont la commune est actionnaire. • TA Paris, 27 nov. 1996, *Aubry,* n° 9111967-4 : *Dr. adm. 1997, n° 120, note Benjamin.* ♦ ... De même lorsque le maire dissimule les motifs réels d'une délibération. • CE 1er oct. 1997, *Avrillier,* n° 133849 : *D. 1998. 1, note Dobkine* ; *JCP 1997. II. 22976, concl. Bergeal ; LPA 1998, n° 21, note Piastra.* ♦ Il en est de même lorsque le maire refuse de communiquer les budgets des associations subventionnées par la commune. • CE 2 févr. 1996, *Cne d'Istres,* n° 155583. ♦ ... Ou les attributions de subvention à ces associations. • CE 20 nov. 1996, *Cne de Chilly-Mazarin,* n° 162840 : *Rev. Trésor 1997. 313.* ♦ En revanche ne peuvent être communiquées les listes des adhérents aux associations. • CE 28 mars 1997 : *Solana : JCP 1997. II. 22880, concl. Combrexelle ; D. 1997. IR 107* .

Art. L. 2121-13-1 *(L. n° 2004-809 du 13 août 2004, art. 124)* **La commune assure la diffusion de l'information auprès de ses membres élus par les moyens matériels qu'elle juge les plus appropriés.**

Afin de permettre l'échange d'informations sur les affaires relevant de ses compétences, la commune peut, dans les conditions définies par son assemblée délibérante,

mettre à disposition de ses membres élus, à titre individuel, les moyens informatiques et de télécommunications nécessaires.

Ces dispositions sont applicables aux établissements publics de coopération intercommunale.

COMMENTAIRE

V. dans le supplément en ligne.

Art. L. 2121-14 Le conseil municipal est présidé par le maire et, à défaut, par celui qui le remplace.

Dans les séances où le compte administratif du maire est débattu, le conseil municipal élit son président.

Dans ce cas, le maire peut, même s'il n'est plus en fonction, assister à la discussion ; mais il doit se retirer au moment du vote. – *[C. communes, art. L. 121-13 issu de la L. du 5 avr. 1884, art. 52.]*

V. art. R. 2121-8.

À compter de l'exercice budgétaire 2026, au 2e al. du présent art., les mots : « compte administratif » sont remplacés par les mots : « compte financier unique » (Ord. n° 2025-526 du 12 juin 2025, art. 1er et 12).

COMMENTAIRE

V. dans le supplément en ligne.

1. Si le maire ne s'est pas retiré au moment du vote ou s'il a présidé la séance, le conseil municipal peut être réuni ultérieurement pour régulariser la situation. • CE 22 mars 1996, *Cne de Puymirol,* n° 115127 : *Rev. Trésor 1996. 77.*

2. L'état de l'exercice clos dressé par le receveur municipal doit être joint au compte administratif. • CE 28 juill. 1995, *Mme Medes,* n° 93407 : *Lebon 688 ; RF décentr. 1996. 93, note Mandon.* ♦ Et les votes du compte de gestion et du compte administratif peuvent ne pas intervenir au cours de la même séance. • Même arrêt.

Art. L. 2121-15 Au début de chacune de ses séances, le conseil municipal nomme un ou plusieurs de ses membres pour remplir les fonctions de secrétaire.

Il peut adjoindre à ce ou ces secrétaires des auxiliaires, pris en dehors de ses membres, qui assistent aux séances mais sans participer aux délibérations.

(Ord. n° 2021-1310 du 7 oct. 2021, art. 1er) **« Le procès-verbal de chaque séance, rédigé par le ou les secrétaires, est arrêté au commencement de la séance suivante, et signé par le maire et le ou les secrétaires.**

« Il contient la date et l'heure de la séance, les noms du président, des membres du conseil municipal présents ou représentés et du ou des secrétaires de séance, le quorum, l'ordre du jour de la séance, les délibérations adoptées et les rapports au vu desquels elles ont été adoptées, les demandes de scrutin particulier, le résultat des scrutins précisant, s'agissant des scrutins publics, le nom des votants et le sens de leur vote, et la teneur des discussions au cours de la séance.

« Dans la semaine qui suit la séance au cours de laquelle il a été arrêté, le procès-verbal est publié sous forme électronique de manière permanente et gratuite sur le site internet de la commune, lorsqu'il existe, et un exemplaire sur papier est mis à la disposition du public.

« L'exemplaire original du procès-verbal, qu'il soit établi sur papier ou sur support numérique, est conservé dans des conditions propres à en assurer la pérennité. »

1. La désignation du secrétaire de séance en début de séance n'est pas prescrite à peine de nullité. Son remplacement en cours de séance est donc possible. • CE 27 févr. 1981, *Bocholier : Dr. adm. 1981, n° 111.* ♦ De même l'absence de toute désignation d'un secrétaire de séance n'entache pas d'illégalité les délibérations intervenues. • TA Limoges, 24 nov. 1988, *Georges Libeau c/ Cne de Moulins-sur-Cephons : Rec. TA 1989, n° 58.*

2. Le secrétaire de mairie ne tient d'aucun texte le droit d'assister aux séances et le maire peut donc décider de ne plus lui permettre d'y assister. • CAA Nantes, 26 avr. 2002, *Droulin,* n° 99NT02915 : *JO du Maire 2002, n° 411.*

3. L'élection du secrétaire de séance a lieu au scrutin secret. Il s'agit ici aussi d'une formalité qui n'est pas prescrite à peine de nullité. • CE 27 févr. 1981, *Bocholier : préc. note 1.* ♦ Il importe peu que le registre des délibérations ne mentionne pas cette désignation si en fait un secrétaire a rempli cette fonction. • CE 5 oct. 1966, *Pergola : Lebon T. 884.* ♦ … De même pour l'absence de mention de cette désignation au procès-verbal. • CE 13 oct. 1982, *Chauré et a.*, n° 23371 : *Lebon 339*.

4. Est illégale la disposition du règlement intérieur prévoyant que le maire est compétent pour désigner un ou plusieurs secrétaires de séance. • CE, sect., 10 févr. 1995, *Cne de Coudekerque-Branche c/ Devos*, n° 147378 : *Lebon 67 ; RFDA 1995. 343, concl. Savoie ; AJDA 1995. 414, chron. Touvet et Stalh*.

Art. L. 2121-16 **Le maire a seul la police de l'assemblée.**

Il peut faire expulser de l'auditoire ou arrêter tout individu qui trouble l'ordre.

En cas de crime ou de délit, il en dresse un procès-verbal et le procureur de la République en est immédiatement saisi. – *[C. communes, art. L. 121-16 issu de la L. du 5 avr. 1884, art. 55.]*

1. C'est au maire seul qu'il appartient de prendre les mesures destinées à empêcher que soit troublé le déroulement des séances du conseil municipal. • CE 14 déc. 1992, *Ville de Toul*, n° 128646 B. ♦ Il peut même expulser un conseiller municipal qui perturbe le déroulement de la séance. * Rép. min. n° 35472 : *JOAN Q, 6 mai 1996, p. 2486.* ♦ Il en est de même lorsque des personnes étrangères au conseil ont activement participé à la discussion et ne se sont retirées qu'après le vote de la délibération. • TA Besançon, 15 avr. 1999, *Abbe*, n° 961021 : *Dr. adm. 1999, n° 157.* ♦ Il peut aussi interdire l'accès à un groupe de personnes dont le comportement est susceptible de troubler le déroulement de la séance. • CAA Nancy, 18 nov. 2004, *X. c/ Cne de Troyes*, n° 00NC00983. ♦ L'irruption de manifestants qui trouble quelques instants la réunion sans entraver le déroulement des débats du conseil municipal ne saurait constituer un délit d'entrave au sens de l'art. 431-1 C. pén. • Crim. 11 juin 2013, n° 12-85.104 : *AJDA 2013. 2266, note Belfanti ; D. 2013. 1778, chron. Roth, Labrousse, Laurent et Divialle ; AJCT 2013. 411, obs. Lasserre Capdeville ; JCP Adm. 2013, n° 2228, note Mesa.*

2. La décision du maire d'ouvrir, de lever ou de suspendre la séance est considérée comme une mesure d'ordre intérieur et donc insusceptible de faire l'objet d'un recours pour excès de pouvoir. • CE, ass., 2 déc. 1983, *Charbonnel*, n° 43541 : *Lebon 474, concl. Roux ; AJDA 1984. 76, chron. Lasserre et Delarue ; JCP 1985. II. 20455, note Chaminade ; RD publ. 1985. 827, note de Soto.* ♦ Et ne peut faire l'objet d'un recours pour excès de pouvoir la mesure de police portant évacuation de la salle prise lors d'une délibération qualifiée de préparatoire, acte ne pouvant en raison de ce caractère faire l'objet d'un recours en annulation. • CAA Nantes, 6 mai 2005, *Assoc. Comité de défense rurale c/ de Cne Fay-aux-Loges*, n° 03NT01684 : *JCP Adm. 2006, n° 1020, note Vandervorst.*

Art. L. 2121-17 **Le conseil municipal ne délibère valablement que lorsque la majorité de ses membres en exercice est présente.**

Si, après une première convocation régulièrement faite selon les dispositions des articles L. 2121-10 à L. 2121-12, ce quorum n'est pas atteint, le conseil municipal est à nouveau convoqué à trois jours au moins d'intervalle. Il délibère alors valablement sans condition de quorum. – *[C. communes, art. L. 121-11 issu de L. 5 avr. 1884, art. 50, et L. locale 6 juin 1895, art. 49.]*

I. NOTION DE CONSEILLER EN EXERCICE

1. L'entrée en fonction d'un conseiller municipal s'opère au moment de la clôture du procès-verbal des élections constatant son élection. • CE 21 nov. 1969, *Él. du maire et de l'adjoint de Cauro*, n° 74383. ♦ Dans le cas du remplacement de l'art. 270 C. élect., l'entrée en fonction résulte du procès-verbal d'installation qui constitue le point de départ du délai de 5 jours dans lequel une réclamation peut être formée en application des art. L. 248 et R. 119 C. élect. • TA Lyon, 2 juill. 1987, *Él. au conseil municipal de Rive-de-Giers : Lebon T. 743 ; AJDA 1988. 51, concl. Chavier.*

2. Les conseillers dont l'élection est contestée restent en fonction jusqu'à ce qu'il ait été définitivement statué sur la réclamation (C. élect., art. L. 250, al. 2). • CE 28 janv. 1994, *Couve et a., Él. au conseil municipal de Saint-Tropez*, n° 141456 : *Lebon 36 ; AJDA 1994. 192, chron. Maugüé et Touvet ; RD publ. 1994. 830, concl. Le Chatelier.* ♦ Ils peuvent donc régulièrement siéger au conseil municipal. • CE 14 févr. 1968, *Él. du maire de Pouembout : Lebon T. 958.* ♦ Si le conseiller concerné a été élu maire, il continue d'exercer sa fonction. • CE 17 mai 1974, *Él. mun. de Camelas : Lebon 292.*

3. Lorsque l'annulation est prononcée, la date à prendre en considération est celle de la notification au conseiller concerné de la décision définitive prononçant cette annulation. • CE 17 mai 1974, *Él. mun. de Camelas : préc. note 2.* ♦ Sont entachées d'illégalité les délibérations d'un conseil municipal auxquelles a participé un conseiller dont l'élection a été invalidée par un jugement antérieur à la réunion dudit conseil. • TA Rennes, 24 nov. 1992, *Lucas : JCP 1993. IV. 2059.*

II. CALCUL DU QUORUM

4. Les conseillers en exercice auxquels une disposition légale interdit de prendre part au vote ou leur enjoint de se retirer au moment de certaines délibérations ne doivent pas être pris en compte même s'ils sont présents pour le calcul du quorum. Il en est ainsi pour les conseillers intéressés à l'affaire. • CE 19 janv. 1983, *Chauré*, n° 33241 : *Lebon 7*.

5. Les conseillers absents représentés par un mandataire auquel ils ont donné une procuration ne comptent pas pour le calcul des présents. • TA Toulouse, 28 juin 1987, *Dubrez : Rec. TA 1988, n° 32 ; JCP 1989, n° 32, note Chouvel (suppl. au n° 24).*

6. S'agissant des délibérations électorales, le quorum s'apprécie au moment de l'ouverture de la séance. • CE, ass., 11 déc. 1987, *Él. du président du conseil régional de Haute-Normandie*, n° 77054 : *Lebon 415 ; AJDA 1988. 162, chron. Azibert et de Boisdeffre ; LPA 1988, n° 10, note Chouvel.* ♦ Si une suspension de séance intervient le quorum doit à nouveau être vérifié et atteint à la reprise de la séance. • CE 4 nov. 1936, *Él. de Plestan : Lebon 956.* ♦ Sauf s'il ne s'agit que d'une courte interruption de séance de pur fait. • CE 18 nov. 1931, *Leclert et Lepage : Lebon 992.* ♦ En l'absence de quorum, le maire peut décider d'attendre les élus absents. Cette attente ne doit pas être d'une durée anormalement longue (2h30 en l'espèce). • CAA Bordeaux, 13 févr. 2007, *Cne de Sainte-Anne*, n° 04BX00407 : *AJDA 2007. 931*. ♦ Si cette condition est remplie, la délibération est régulière quel que soit le nombre des conseillers présents au moment où il est procédé au vote lui-même. • CE 12 juin 1901, *Élections de Soccia : Lebon 526.*

7. S'agissant des délibérations ordinaires, le quorum s'apprécie en début de séance lorsque celle-ci comporte l'examen d'une seule question. • CE 16 nov. 1888, *Cne de Sartène : Lebon 824.* ♦ ... Ou lors de la mise en discussion de chaque question si la séance en comporte plusieurs. • CE 22 mai 1896, *Cne de la Teste de Buch : Lebon 209.*

8. La preuve du quorum résulte des énonciations du procès-verbal de séance ou du registre des délibérations. • CE 20 janv. 1937, *Crochet : Lebon 72.*

9. À la suite de la deuxième convocation, la règle du quorum n'est plus obligatoire. Cependant le juge a précisé qu'il n'en est ainsi que pour les questions reprises de l'ordre du jour de la première réunion qui n'avait pu se tenir faute de quorum. • CE 20 janv. 1937, *Crochet : préc. note 8.*

Art. L. 2121-18 **Les séances des conseils municipaux sont publiques.**

Néanmoins, sur la demande de trois membres ou du maire, le conseil municipal peut décider, sans débat, à la majorité absolue des membres présents ou représentés, qu'il se réunit à huis clos.

Sans préjudice des pouvoirs que le maire tient de l'article L. 2121-16, ces séances peuvent être retransmises par les moyens de communication audiovisuelle. — *[C. communes, art. L. 121-15.]*

COMMENTAIRE

V. dans le supplément en ligne.

1. Le principe de la publicité des séances du conseil municipal a été confirmé par le juge. • CE 2 oct. 1992, *Malberg*, n° 93858 B : *D. 1992. 248 ; LPA 22 janv. 1993, concl. Pochard.* ♦ Il constitue une liberté fondamentale pouvant faire l'objet du référé-liberté de l'art. L. 521-2 CJA. • TA Caen, 18 juin 2009, *Groualle c/ Cne d'Avranches*, n° 0901376 : *AJDA 2009. 1732*.

I. PRINCIPE DU LIBRE ACCÈS À LA SALLE DE RÉUNION

2. Des motifs d'ordre public et de sécurité peuvent justifier une limitation au principe du libre accès à la salle de réunion. C'est ainsi qu'un maire peut interdire l'accès de la salle à un groupe de personnes portant des pancartes et du matériel sonore dont le comportement traduisait ainsi l'intention de manifester et de perturber les travaux. • CE 14 déc. 1992, *Ville de Toul*, n° 128646 B. ♦ En revanche l'accès ne peut être réservé pour des impératifs de sécurité et d'ordre public aux seules personnes munies de cartes d'invitation distribuées par les autorités locales. • CE 30 nov. 1979, *Parti de libération coloniale de la Guyane française : Lebon 441.*

3. A été jugé que le public n'a pas été empêché d'entrer dans la salle des séances alors qu'il résulte du constat d'huissier produit par les requérants que six places restaient disponibles sur les bancs du public tandis qu'un autre constat produit par le maire atteste que dès l'ouverture de la séance la salle publique était entièrement occupée, puisque des personnes se sont absentées. • TA Lyon, 30 nov. 1993, *Paul Chomat et a. : RFDA 1995. 699, concl. Bourrachot ; AJDA 1994. 349, obs. Broussolle*. ♦ En revanche a été jugé qu'en l'absence d'impossibilité matérielle d'aménager pour le public une partie même petite de la salle des séances, l'utilisation du hall contigu, en raison notamment de l'étroitesse de la porte de communication, ne permet pas d'assurer la publicité des séances du conseil municipal. • TA Bordeaux, 13 mars 1985, *Maurin et Gil : Lebon 307.*

4. La sanction de la méconnaissance de la règle du libre accès se concrétise soit par l'annulation des décisions de limitation des entrées dans la salle de réunion. • CE 21 mai 1982, *Dpt de la Guadeloupe*, n° 23398 : *Lebon 183*. ♦ ... Soit par l'annulation des délibérations intervenues dans ces conditions. • CE 2 oct. 1992, *Malberg*, n° 93858 B : *LPA 1993, n° 10, concl. Pochard.*

II. RÉUNIONS À HUIS CLOS

5. Motifs justifiant la décision de siéger à huis clos. Contrôle du juge administratif de l'erreur manifeste d'appréciation : • CE 19 mai 2004, *Cne de Vincly*, n° 248577 : *Lebon 236 ; AJDA 2004. 1767, note Hul ; JCP Adm. 2004, n° 1418, note Moreau ; BJCL 2004. 610, concl. Goulard.* ♦ Revirement de jurisprudence par rapport à • CE 19 juin 1959, *Binet : AJDA 1959. 364.* Refus du juge de contrôler l'opportunité de siéger à huis clos. ♦ A été jugé que la réunion à huis clos doit être justifiée par une nécessité d'ordre public et par le caractère sensible de l'ordre du jour. • TA Montpellier, 28 juin 2011, *Mme Espeut*, n° 1002338 : *AJDA 2012. 704, concl. de Monte*. ♦ V. aussi sur les motifs justifiant la réunion à huis clos : • TA Limoges, 29 oct. 2009, *Beuze c/ Cne de Domeyrot*, n° 0801440 : *AJDA 2010. 519*. ♦ ... Ou encore sur l'illégalité de la décision de recourir au huis clos : • CAA Marseille, 14 oct. 2010, *Reversat*, n° 08MA04081.

6. Conditions procédurales portant sur la décision de siéger à huis clos. Est ainsi illégale la réunion à huis clos sur décision du maire à la suite de manifestations du public, sans que le conseil ait été au préalable appelé à se prononcer. • CE 4 mars 1994, *Regoin*, n° 91179 B. ♦ En revanche est valable la décision de poursuivre la séance à huis clos lorsque la demande faite par le premier adjoint a été immédiatement reprise à son compte par le maire et que cette proposition a été acceptée à l'unanimité par l'assemblée. • CE 27 avr. 1994, *Cne de Rance c/ Coronado*, n° 145597 B. ♦ La décision de tenir une séance à huis clos doit être prise par un vote public. • CE 4 mars 1994, *Regoin*, n° 91179 : *préc.* ♦ V. dans le même sens, • CAA Nantes, 17 nov. 2023, *Cne de Vue*, n° 22NT02684 : *AJCT 2024. 113, obs. J.-S. Chateau*. ♦ La preuve de l'accomplissement ou du non-accomplissement de cette procédure peut être faite par tous moyens. • TA Limoges, 8 juin 1989, *Chauvat : Rec. TA 1990, n° 195.* ♦ L'illégalité consistant pour le conseil municipal à décider du huis clos en dehors d'une séance publique constitue une illégalité substantielle conduisant à l'annulation des délibérations adoptées lors de la séance à huis clos. • CAA Nantes, 17 nov. 2023, *Cne de Vue*, n° 22NT02684 : *AJCT 2024. 113, obs. J.-S. Chateau*. ♦ Le retour au régime de la séance publique ne nécessite aucun vote formel préalable, mais suppose l'assentiment des présents et l'absence de contraintes extérieures de la part de personnes indûment entrées dans la salle des séances. • CE 14 déc. 1992, *Feidt*, n° 128659 B.

7. Légalité de la délibération adoptée à huis clos. Aucune disposition n'interdit d'utiliser cette faculté lors de l'élection du maire et des adjoints. • CE 28 janv. 1972, *Él. du maire et d'un adjoint de Castetner, Pyrénées-Atlantiques : Lebon 87.* ♦ ... Ou pour toute question relevant de la compétence ou des attributions du conseil. • CE 17 oct. 1986, *Cne de Saint-Léger-en-Yvelines*, n° 74694 : *Lebon 378.* ♦ Constitue une formalité substantielle sanctionnée par la nullité de la délibération la formalité relative à la demande de réunion à huis clos. • CE 16 juin 1978, *Chuyen : Lebon T. 723.* ♦ Cependant, le juge se réserve la possibilité d'apprécier le respect ou la violation de cette formalité pour chaque cas d'espèce. • CE 11 juill. 1939, *Trani : Lebon 467.* ♦ N'est pas de nature à entacher d'irrégularité l'élection à laquelle il a été procédé la circonstance que le secrétaire de mairie a assisté à la séance alors que le conseil avait décidé de siéger à huis clos. • CE 28 janv. 1972, *Él. du maire et d'un adjoint de Castetner, Pyrénées-Atlantiques : préc.* ♦ La circonstance qu'une séance se déroule à huis clos ne dispense pas de mentionner au procès-verbal et au registre des délibérations dans les mêmes conditions qu'en cas de séance publique l'ensemble des questions abordées au cours de cette séance. • CE 27 avr. 1994, *Cne de Rance c/ Coronado*, n° 145597 : *préc. note 6.* ♦ Les pouvoirs écrits peuvent être utilisés dans le cas de séances à huis clos de la même manière que lors des séances publiques. • CE 25 mars 1966, *Ville de Royan : Lebon 237.*

III. RETRANSMISSION PAR MOYENS DE COMMUNICATION AUDIOVISUELLE

8. À défaut de texte de nature législative ou réglementaire, le règlement intérieur d'un conseil municipal ne peut soumettre à une autorisation préalable l'utilisation, par ses membres, d'appareils d'enregistrement audiovisuel durant les séances publiques du conseil • CAA Bordeaux, 3 mai 2011, *Cne d'Espalion*, n° 10BX02707 : *AJCT 2011. 569, obs. Amblard*.

IV. ENREGISTREMENT DES DÉBATS AU MAGNÉTOPHONE

9. C'est au titre de ses pouvoirs de police que le maire a compétence pour prendre, en ce qui concerne l'usage du magnétophone tant par le public que par les conseillers, toute mesure pour assurer le bon déroulement matériel des débats et le bon ordre dans la salle. • CE 2 oct. 1992, *Cne de Donneville c/ Harrau*, n° 90134 : *Lebon 354 ; AJDA 1992. 750, concl. Pochard*. ♦ C'est ainsi que l'interdiction est légale si cet enregistrement est de nature à troubler le bon ordre des travaux de l'assemblée. • CE 25 juill. 1980, *Sandré*, n° 17844 : *Lebon 325.*

10. Ces mesures peuvent être ponctuelles, c'est-à-dire prises en cours de séance. • TA Orléans, 2 mars 1979, *Sandré : Lebon 509.* ♦ ... Ou permanentes, par exemple en vue de réglementer les modalités pratiques de détail de l'usage des magnétophones. • CE 2 oct. 1992, *Cne de Donneville c/ Harrau*, n° 90134 : *préc. note 9.* ♦ En l'absence de circonstances particulières de nature à justifier ces mesures, le maire ne peut en interdire l'usage d'une manière générale et permanente. • TA Strasbourg, 26 oct. 1994, *Gueblez c/ Cne d'Audun-le-Tiche*, n° 892240 B.

Art. L. 2121-19 Les conseillers municipaux ont le droit d'exposer en séance du conseil des questions orales ayant trait aux affaires de la commune. Dans les communes de *(L. n° 2015-991 du 7 août 2015, art. 82)* **« 1 000 » habitants et plus, le règlement intérieur fixe la fréquence ainsi que les règles de présentation et d'examen de ces questions. À défaut de règlement intérieur, celles-ci sont fixées par une délibération du conseil municipal.**

(L. n° 2019-1461 du 27 déc. 2019, art. 109) **« À la demande d'un dixième au moins des membres du conseil municipal, un débat portant sur la politique générale de la commune est organisé lors de la réunion suivante du conseil municipal.**

« L'application du deuxième alinéa ne peut donner lieu à l'organisation de plus d'un débat par an. »

BIBL. ► DYENS, La liberté d'expression des élus locaux. Entre impératif démocratique et nécessaire régulation, *AJCT 2013. 35*. – LAVRIC, Liberté d'expression des élus : vade-mecum en matière de police du discours, *AJCT 2023. 267*. – MARTIN, Le droit d'amendement des élus locaux, *AJCT 2023. 682*.

COMMENTAIRE

V. dans le supplément en ligne.

1. Le Conseil d'État a reconnu expressément aux conseillers municipaux le « droit d'expression » en cours de séance du conseil sur les questions portées à l'ordre du jour et mises en discussion. • CE 22 mai 1987, *Tête c/ Cne de Caluire-et-Cuire*, n° 70085 : *Lebon 179 ; AJDA 1987. 664, concl. Vigouroux.* ♦ Il s'agit d'une liberté fondamentale pouvant faire l'objet d'un référé-liberté de l'art. L. 521-2 CJA. • CE 10 avr. 2009, *Cne de Vif*, n° 319971 : *AJDA 2009. 1656 note Verpeaux*. ♦ Dès lors que les propos des élus locaux trouvent leur place dans un débat d'intérêt général et relèvent de l'expression politique et militante, leur droit à la liberté d'expression garanti par l'art. 10 de la Conv. EDH exige un niveau de protection élevé. La marge d'appréciation dont disposent les autorités compétentes pour apprécier la nécessité d'une sanction est alors particulièrement restreinte. • CEDH, 5e sect., 25 févr. 2010, *Renaud c/ France*, n° 13290/07, § 33, annexe n° 5. ♦ V. dans le même sens, • CEDH 12 avr. 2012, *de Lesquen du Plessis-Casso c/ France*, n° 54216/09 : *D. actu. 9 mai 2012, obs. Lavric ; RFDA 2012. 941, note Manson ; Constitutions 2012. 645, obs. de Bellescize*. ♦ Ainsi jugé que des propos critiques tenus par un maire à l'encontre d'un membre de l'assemblée ne dépassent pas les limites admissibles de la liberté d'expression et se trouvent justifiés par le contexte de leur prononcé. • Crim. 9 déc. 2014, n° 13-85.401 : *AJCT 2015. 166, note Lavric ; D. 2015. 342, obs. Dreyer*. ♦ V. dans le même sens, concernant des propos diffamatoires, • Crim. 6 mai 2014, n° 12-87.789 : *D. 2014. 1414, chron. Laurent, Roth, Barbier, Labrousse et Moreau ; RSC 2014. 780, obs. Mayaud*. ♦ Est contraire à l'art. 10 Conv. EDH la condamnation pénale pour diffamation d'un conseiller municipal qui a traité d'escrocs le maire et un adjoint lors d'une séance du conseil municipal. • CEDH 7 sept. 2017, *Lacroix c/ France*, n° 41519/12 : *AJCT 2018. 42, note Mayaud*. ♦ V. en revanche, jugeant que la condamnation pour diffamation du conseiller municipal, opposant politique, en raison de propos publiés sur son compte Facebook constitue une ingérence nécessaire dans sa liberté d'expression. • CEDH 29 août 2024, *Lefebvre c/ France*, n° 12767/21 : *AJDA 2024. 1631 ; AJCT 2025. 50, note Bluteau*.

2. Aucun principe général, ni aucune disposition législative ou réglementaire n'autorisent le maire à priver un membre du conseil municipal de son droit à l'expression. C'est ainsi que lors d'une affaire pour laquelle le principe du vote secret a été adopté, le maire ne peut s'opposer à la poursuite de tout débat sur cette affaire au motif que toute expression d'une opinion serait contraire au principe du secret du vote qui venait d'être adopté. • TA Dijon, 12 janv. 1993, *Volatier : Lebon 499.* ♦ De même pour le refus d'un maire de donner la parole à un conseiller. • TA Montreuil, 9 nov. 2009, *Préfet de Seine-Saint-Denis c/ Cne de Saint-Denis*, n° 0901259. ♦ Et le maire ne peut priver de droit à la parole un conseiller municipal au motif que celui-ci porte un signe religieux. • Crim. 1er sept. 2010, n° 10-80.584 : *D. 2010. 2624, note Detraz ; AJ pénal 2010. 506, obs. Royer ; AJCT*

2010. 125, obs. Fitte-Duval ; RSC 2010. 853, obs. Mayaud.

3. Dans le même sens, a été jugée illégale la limitation par un règlement intérieur du temps de parole des conseillers. • CAA Versailles, 30 déc. 2004, *Cne de Taverny,* n° 02VE02420 : *AJDA 2005. 740*. ♦ ... Ou la limitation à une intervention par groupe de la discussion d'une délibération. • CAA Paris, 22 nov. 2005, *Cne d'Issy-les-Moulineaux,* n° 02PA01786 : *BJCL 2006. 92, concl. Trouilly et obs. B. P.*

4. Les débats au sein de l'assemblée ne peuvent avoir lieu dans une langue autre que la langue française sans méconnaître l'art. 2 de la Const. • CAA Marseille, 19 nov. 2024, n° 23MA01110 : *AJDA 2025. 1087, note Verpeaux ; AJCT 2025. 231, obs. Noual*. ♦ Dans le même sens, la possibilité pour les élus de s'exprimer en catalan avec traduction simultanée en français est contraire à l'art. 2 de la Const. • CAA Toulouse, 12 déc. 2024, n° 23TL01632.

5. En qualité de membre de l'assemblée, les conseillers municipaux ont le droit de demander la mise en discussion de toute proposition rentrant dans les attributions du conseil et un vote sur celui-ci. • CE 10 févr. 1954, *Cristofle : Lebon 86.* ♦ C'est ainsi que le conseil municipal peut décider à l'occasion de l'examen des questions inscrites à l'ordre du jour de la séance d'infliger un blâme à l'encontre du maire. • CAA Nantes, 17 déc. 1997, *Gicquel,* n° 96NT01490 B.

6. Aucune disposition législative du CGCT ou aucun autre texte ni aucun principe ne consacre un droit d'amendement des élus locaux. Il n'appartient qu'au règlement intérieur des collectivités territoriales de le consacrer sous le contrôle du juge administratif. • CE 14 avr. 2022, *Région Île-de-France,* n° 438429 : *AJDA 2022. 1333, note Faure ; BJCL 2022. 318, concl. Mermoz, obs. Poujade.* ♦ *Contra :* la jurisprudence antérieure consacrant un droit d'amendement inhérent au pouvoir de délibération de l'assemblée à laquelle ils appartiennent et qui constitue un principe général du droit. • Paris, 12 févr. 1998, *Tavernier,* n° 96PA01170 : *AJDA 1998. 724, concl. Lambert*. ♦ S'il appartient au président de séance de préciser les modalités d'exercice de ce droit, c'est sous réserve de ne pas porter atteinte à son exercice effectif. • Paris, 12 janv. 2012, *Baupin,* n° 10PA06066 : *AJDA 2012. 670*. ♦ A ainsi été jugé que la décision du maire de soumettre à un vote global 1 009 amendements tous analogues et stéréotypés, qui étaient principalement destinés à réitérer l'opposition des élus avant la mise aux voix de la délibération, n'a pas porté atteinte au droit d'amendement de ces conseillers ni à la règle permettant aux auteurs des amendements de les présenter individuellement par oral en séance et n'a ainsi pas eu pour effet d'entacher d'irrégularité cette délibération. • Paris, 12 janv. 2012, *Baupin,* n° 10PA06066 : *préc.* ♦ En revanche a été jugée illégale la disposition d'un règlement intérieur imposant que les amendements soient d'abord déposés en commission. • Nancy, ass. plén., 4 juin 1998, *Ville de Metz,* n° 97NC02102 : *AJDA 1998. 885, chron. Benoit, Bézard, Coënt-Bochard, Jacquier, Stamm, Lambert, Brotons, Vivens et Desramé*. ♦ ... Ou imposant un délai de 72 heures avant la séance pour déposer un amendement ou pour les projets de délibération à la demande d'une commission. • TA Lille, 29 mai 1997, *Carton c/ Cne de Roubaix,* n° 96-532 : *Lebon 597.*

7. S'agissant du droit de poser des questions orales, a été jugé qu'un règlement intérieur, qui a prévu leur dépôt au secrétariat de la mairie 24 h au moins avant la séance, ne porte pas atteinte au droit d'expression des conseillers. • TA Versailles, 8 déc. 1992, *Cne de Courcouronnes,* n° 925961.

Art. L. 2121-20 **Un conseiller municipal empêché d'assister à une séance peut donner à un collègue de son choix pouvoir écrit de voter en son nom. Un même conseiller municipal ne peut être porteur que d'un seul pouvoir. Le pouvoir est toujours révocable. Sauf cas de maladie dûment constatée, il ne peut être valable pour plus de trois séances consécutives.**

Les délibérations sont prises à la majorité absolue des suffrages exprimés.

Lorsqu'il y a partage égal des voix et sauf cas de scrutin secret, la voix du président est prépondérante. — *[C. communes, art. L. 121-12, al. 1er à 3.]*

I. PROCÉDURE DE DÉLÉGATION DE VOTE

1. La délégation peut être donnée par le conseiller empêché à tout autre membre du conseil. • CE 24 sept. 1990, *Gaucher,* n° 109495 : *Lebon 252*.

2. Elle doit prendre la forme d'un pouvoir écrit qui comporte la désignation du mandataire et l'indication de la ou des séances pour lesquelles le mandat est donné. • TA Lille, 9 févr. 1993, *Barbier c/ Cne d'Annezin : Lebon 502*.

3. Cette autorisation de pouvoir écrit est applicable quel que soit l'objet de la séance et notamment lorsque le conseil municipal est appelé à élire le maire et les adjoints. • CE 11 juin 1958, *Él. d'un adjoint aux Abymes : Lebon 336.*

4. Il n'est pas nécessaire que les pouvoirs donnés au conseiller soient annexés aux délibérations du conseil. • CE 5 oct. 1966, *Pergola : Lebon 884.*

5. Lorsque le conseiller empêché vient assister et participer à la séance pour laquelle il a donné délégation et sans révoquer cette délégation, le

Conseil d'État dans une décision contestable pour un conseiller régional a jugé qu'« aucune disposition législative ou réglementaire ne lui faisait obligation de résilier cette délégation et de voter personnellement ». Aussi la participation au scrutin du conseiller mandataire n'est-elle pas entachée d'irrégularité. • CE 16 janv. 1987, *Él. du président du conseil régional de Picardie, aff. Ansallem*, n° 77055 : *Lebon 6* ; *AJDA 1987. 421, note Moreau.* ♦ Et le conseiller ayant délégué son droit de vote peut participer aux débats pendant le temps de sa présence. • CAA Bordeaux, 25 mars 2008, *X. c/ Cne de Vitrac*, n° 06BX00274.

6. Seule la régularité formelle de la délégation peut donner lieu à un contrôle contentieux. C'est ainsi que peuvent faire l'objet d'un contrôle l'existence matérielle des pouvoirs écrits. • CE 10 mars 1976, *Fourel : Lebon T. 788.* ♦ ... Et le caractère suffisant des mentions portées sur les pouvoirs. • TA Lille, 9 févr. 1993, *Barbier c/ Cne d'Annezin : préc. note 2.*

7. Mais ces irrégularités formelles ne sont de nature à conduire à l'annulation des scrutins intervenus que dans la mesure où le juge estime, dans chaque cas d'espèce, compte tenu du faible écart de voix, que le vote du délégué non pourvu d'un pouvoir régulier a eu une influence sur le résultat du scrutin. • CE 10 mars 1976, *Fourel : préc. note 6* ♦ Cependant le vote par procuration d'un élu intéressé entache de nullité la délibération. • CE 5 déc. 2008, *Flosse*, n° 320412.

II. PREUVE DE L'EXISTENCE DE LA MAJORITÉ

8. En règle générale, il suffit que soit mentionné que la majorité a été atteinte sans que soit exigée l'indication précise du nombre de voix ayant constitué cette majorité. • CE 25 juill. 1933, *Delaunay : Lebon 869.* ♦ Inversement le fait qu'une délibération relative au compte administratif du maire ne mentionne pas expressément que ce compte a été rejeté mais se borne à indiquer le nombre de voix obtenues dont résulte le rejet du compte, n'entache pas cette délibération d'illégalité. • CE 19 janv. 1983, *Chauré*, n° 33241 : *Lebon 7* .

9. La preuve de l'existence ou de l'inexistence de la majorité peut être faite par tout moyen. Le mode normal de preuve est constitué par les mentions figurant au procès-verbal de la séance ou dans le corps même de la délibération telle qu'elle est transcrite au registre des délibérations. • CE 22 nov. 1939, *Tournan : Lebon 566.*

10. En cas d'insuffisance des mentions figurant au procès-verbal de la séance ou au registre des délibérations ou en cas de contestation de l'exactitude de ces mentions, la preuve peut être faite par tout moyen. • CE 20 déc. 1967, *Sté coopérative d'achat : Lebon 512.* ♦ ... Par constat d'huissier. • CE 13 juin 1986, *Toribio et Bideau*, n° 59578 : *Lebon 161 ; AJDA 1986. 503, concl. Roux.* ♦ ... Par enquête auprès des conseillers. • CE 9 mai 1990, *Cne de Lavaur c/ Lozar*, n° 72384 : *Lebon 115* ; *Quot. jur. 6 sept. 1990, note Rouault ; D. 1991. Somm. 135, note Llorens et Soler-Couteaux* . ♦ ... Par attestation des conseillers. • TA Limoges, 29 juill. 1993, *Assoc. de défense de l'environnement du site de Rochechouart : JCP 1994. IV. 1717.*

11. Le refus de prendre part au vote doit être considéré comme une abstention. * Rép. min. n° 26978 : *JOAN 27 janv. 2004, p. 690.* ♦ Et il n'existe aucune obligation de faire figurer cette mention au procès-verbal. * Rép. min. n° 49261 : *JOAN 7 déc. 2004, p. 9767.*

Art. L. 2121-21 Le vote a lieu au scrutin public à la demande du quart des membres présents.

Il est voté au scrutin secret :

1° Soit lorsqu'un tiers des membres présents le réclame ;

2° Soit lorsqu'il y a lieu de procéder à une nomination ou à une présentation.

Dans ces derniers cas, si aucun des candidats n'a obtenu la majorité absolue après deux tours de scrutin secret, il est procédé à un troisième tour de scrutin et l'élection a lieu à la majorité relative ; à égalité de voix, l'élection est acquise au plus âgé.

(L. n° 2004-809 du 13 août 2004, art. 142) **« Le conseil municipal peut décider, à l'unanimité, de ne pas procéder au scrutin secret aux nominations ou aux présentations, sauf disposition législative ou réglementaire prévoyant expressément ce mode de scrutin. »**

(L. n° 2011-525 du 17 mai 2011, art. 76) **« Si une seule candidature a été déposée pour chaque poste à pourvoir au sein des commissions municipales ou dans les organismes extérieurs, ou si une seule liste a été présentée après appel de candidatures, les nominations prennent effet immédiatement, dans l'ordre de la liste le cas échéant, et il en est donné lecture par le maire. »**

(L. n° 2019-1461 du 27 déc. 2019, art. 99) **« Tout conseiller municipal atteint d'infirmité certaine et le mettant dans l'impossibilité d'introduire son bulletin dans l'enveloppe est autorisé à se faire assister par une personne de son choix. »**

BIBL. ▶ SUEUR, Sur quelques décisions récentes en matière municipale, *Rev. adm. 1993. 569.*

PLAN DES ANNOTATIONS

I. VOTE DES DÉLIBÉRATIONS

A. NOTION DE DÉLIBÉRATION

1. Constitue un acte nul et de nul effet une prétendue délibération n'ayant donné lieu à aucun vote du conseil municipal. • CE 9 mai 1990, *Cne de Lavaur c/ Lozar,* n° 72384 *: Lebon 115 ; Quot. jur. n° 105, note Rouault ; D. 1991. Somm. 135, note Llorens et Soler-Couteaux.* ♦ Il en est ainsi par exemple de la consultation par lettre circulaire de chacun des conseillers en vue de recueillir à leur domicile leur avis sur une affaire. • CE 20 nov. 1957, *Frénaud : Lebon 631.* ♦ De même doit être annulée une délibération adoptée sans débat préalable. • TA Pau, 7 juin 2005, *Brethes et a. c/ Cne de Saint-Sever,* n° 03241 : *AJDA 2005. 2291, concl. Caubet-Hilloutou.* ♦ Le conseil municipal doit, en principe, se prononcer par un vote formel ou donner son assentiment sur chaque projet de délibération. Toutefois, il peut adopter plusieurs délibérations par un vote unique si elles ont un objet commun et si aucun conseiller municipal n'a demandé que le conseil municipal se soit prononcé séparément sur chaque projet de délibération. • CE 5 juill. 2021, n° 433537 B : *AJDA 2022. 578, note Reine Wakote ; ibid. 2021. 1414 ; AJCT 2021. 598, obs. Pontier.*

2. Également, ne constitue pas une délibération la question figurant à l'ordre du jour et évoquée par le maire sans qu'il soit fait un rapport même succinct et sans vote ultérieur bien qu'il existe un large consensus à ce sujet. • CE 25 juill. 1980, *Courtet,* n° 12021 B. ♦ De même, s'agissant de l'achat d'un château si la question a été évoquée mais si le principe de l'acquisition et ses modalités n'ont pas été soumis à délibération bien qu'aucune objection formelle n'ait été formulée. • CE 9 mai 1990, *Cne de Lavaur c/ Lozar,* n° 72384 : *préc. note 1.*

3. Constituent également des actes nuls et de nul effet de prétendues délibérations rédigées par le maire et votées avec effet rétroactif par le conseil municipal. • CE 4 févr. 1991, *Cne de Tarascon-sur-Ariège : n°s 68137 et 68150.* ♦ De même pour une prétendue délibération ayant autorisé le maire à souscrire un emprunt alors que le conseil municipal ne s'est pas réuni ce jour-là ainsi qu'il ressort du registre des délibérations. • CE 29 déc. 1997, *Cne d'Hautmont,* n° 139317 B.

B. MODALITÉS DU SCRUTIN PUBLIC

4. Les procédés susceptibles d'être utilisés sont variés. Il peut s'agir d'un scrutin à main levée ou par assis et levé. • CE 2 févr. 1938, *Fraysse : Lebon 116.* ♦ Sont concevables également tous procédés tels que le bulletin mentionnant le nom du conseiller et le sens du vote et lu à haute voix par le président de séance sauf si ce procédé conduit en fait à instaurer un mode de scrutin secret. • CE 23 avr. 1956, *Sattler : Lebon 171.*

5. Le Conseil d'État a clairement énoncé le principe selon lequel l'adoption d'une délibération par le conseil municipal n'est pas subordonnée à l'intervention d'un vote effectif dès lors que l'assentiment de la totalité des conseillers ou de la majorité des conseillers présents a pu être constaté par le maire ou le président de séance. • CE 22 janv. 1960, *Fichot : Lebon 50.* ♦ Cet assentiment peut être constaté après un débat effectif faisant suite à une question posée par le maire. • CE 22 mars 1996, *Cne de Puymirol,* n° 115127.

6. Cette solution est applicable pour toutes les délibérations, en dehors de celles qui font l'objet de dispositions particulières : en matière budgétaire lors du vote par chapitre ou par article. • CE 18 mars 1994, *Cne de Cestas c/ Periat,* n° 138446 A : *AJDA 1994. 649, note S. P.* ♦ ... Ou pour une délibération sur le point de savoir s'il y a lieu ou non de procéder à une élection complémentaire avant d'élire un adjoint. • TA Versailles, 10 juill. 1990, *Cuvillier : Rec. TA 1991, n° 36.*

II. SCRUTIN SECRET

A. ABSENCE DE PRINCIPE CONSTITUTIONNEL DE PUBLICITÉ DES SÉANCES

7. Le 3e al. de l'art. L. 2121-21 est conforme à la Const. Il n'existe pas un principe constitutionnel de publicité des séances et des votes lors des délibérations des assemblées locales. Le grief tiré de la méconnaissance des art. 6 et 15 de la DDH doit être écarté. • Cons. const. 29 mai 2015, *Mme Kosciusko-Morizet,* n° 2015-471 QPC : *AJDA 2015. 1070 ; Constitutions 2015. 437, chron. Domingo.* ♦ V. aussi pour le renvoi au Conseil constitutionnel, • CE 30 mars 2015, *Mme Kosciusko-Morizet,* n° 387322 B : *AJDA 2015. 666 ; Constitutions 2015. 437, chron. Domingo ; BJCL 2015. 427, concl. Daumas, obs. Degoffe.*

B. DEMANDE

8. S'il y a simultanéité entre une demande de vote au scrutin public et une demande de vote au scrutin secret, c'est la demande de vote au scrutin secret qui l'emporte dès lors que le scrutin est réclamé par le tiers des membres présents même si la demande de vote au scrutin public est formée par un nombre plus élevé de conseillers. • CE 15 mai 1908, *Souet : Lebon 511.*

9. La jurisprudence a précisé que la demande obéit à ses règles propres, le scrutin proprement dit aux siennes. C'est ainsi que les « présents » peuvent être en nombre inférieur aux suffrages ultérieurement exprimés, compte tenu des délégations de vote : le quart ou le tiers des présents demandeurs du scrutin secret peut être inférieur au quart ou au tiers des suffrages à intervenir. • CE 26 nov. 1948, *Ourliac : Lebon 443.*

10. Constitue une formalité substantielle sanctionnée par la nullité de la délibération la formalité relative à la demande de scrutin secret. • CE 21 juin 1993, *Cne d'Évry-Grégy-sur-Yerre c/ Vajou,* n° 103407 B. ♦ Il en est ainsi lorsque la demande n'a pas été faite par le tiers des membres présents. • CE 7 nov. 1990, *Assoc. Vie et environnement communal,* n° 88382 A : *AJDA 1991. 327, note Moreau.*

11. À la demande dont l'initiative émane effectivement des conseillers, doit être assimilée une proposition de vote au scrutin secret faite par le maire et acceptée par le conseil. • CE 23 avr. 1956, *Sattler : préc. note 4.* ♦ Il suffit que cette proposition soit approuvée par le tiers des membres présents. • TA Dijon, 12 janv. 1993, *Volatier : Lebon T. 499.* ♦ En revanche lorsque la demande de scrutin secret est à la seule initiative du maire, illégalité de la délibération. • TA Lyon, 22 nov. 1989, *Taton et a. : Lebon T. 507 ; AJDA 1991. 327, note Moreau.*

12. Il appartient aux requérants d'établir qu'un tel scrutin a bien été demandé. • CE 2 févr. 1938, *Fraysse : Lebon 116.* ♦ Il n'est pas établi, notamment par la mention relative aux modalités de vote qui a été ajoutée *a posteriori*, que le tiers des membres présents, lors de la séance, aurait réclamé un vote à bulletin secret et qu'un tel mode n'aurait pas été imposé par le maire. Le vote est dans ce cas irrégulier. • TA Nancy, 28 févr. 2017, *M. Labat et a.,* n° 153615 : *BJCL 2017. 181, concl. Stenger, obs. Rambour.*

13. Si la demande de scrutin particulier a été formulée, est irrégulière la délibération prise selon un autre mode de scrutin. • CE 21 nov. 1986, *Cne d'Orcet,* n° 70670 B. ♦ Les conditions du scrutin secret, dont la méconnaissance constitue une irrégularité substantielle, ne sont pas relatives à une procédure administrative préalable à la délibération du conseil municipal, mais définissent les modalités de vote de la délibération elle-même. La méconnaissance des règles relatives au scrutin secret entraîne par elle-même l'illégalité de la délibération. • CE 5 juill. 2018, *Cne de Mantes-la-Jolie,* n° 412721 B : *AJDA 2018. 1422.*

C. RECOURS AU SECRET POUR LES NOMINATIONS ET PRÉSENTATIONS

14. La désignation des membres de la commission d'appel d'offres doit être faite au scrutin secret. • CE 18 nov. 1991, *Le Chaton-B,* nos 74396, 107498, 107499 et 107654 : *Lebon 756 ; D. 1992. 187, obs. Terneyre.* ♦ ... De même pour l'élection des délégués d'un conseil municipal au comité d'un syndicat de communes. • TA Lyon, 13 mars 1991, *Tête : JCP 1992. IV. 1388.* ♦ ... Ou pour la désignation des conseillers municipaux dans les commissions municipales. • CE 29 juin 1994, *Agard,* n° 120000 A.

15. En revanche, pour la désignation du président spécial pour la séance consacrée au débat sur le compte administratif du maire, le vote au scrutin secret n'est pas obligatoire. • CE 13 oct. 1982, *Chauré et a.,* n° 23371 : *Lebon 339.* ♦ Le vote relatif au maintien d'un adjoint dans ses fonctions en application de l'art. L. 2122-8, al. 3 doit se faire au scrutin public. • CE 5 juill. 2018, *Cne de Mantes-la-Jolie,* n° 412721 B : *AJDA 2018. 1422 ; AJCT 2018. 624, note Ferreira.*

D. RESPECT DU SECRET DE VOTE

16. Si le secret de certains des bulletins de vote n'a pas été respecté, le Conseil d'État considère que ces atteintes ne vicient l'ensemble du scrutin que dans la mesure où elles ont exercé une influence sur le résultat du scrutin. • CE 13 nov. 1992, *Fabius,* n° 135866 B : *LPA n° 36, note Chouvel.* ♦ Sinon le bulletin est décompté comme nul dans le décompte des résultats du vote. • CE 13 oct. 1982, *Chauré et a.,* n° 23371 : *préc. note 15.* ♦ L'art. L. 2121-21 définissant les conditions du scrutin secret, dont la méconnaissance constitue une irrégularité substantielle, ne sont pas relatives à une procédure administrative préalable à la délibération du conseil municipal, mais définissent les modalités de vote de la délibération elle-même. La méconnaissance des règles relatives au scrutin secret entraîne par elle-même l'illégalité de la délibération. • CE 5 juill. 2018, n° 412721B : *AJDA 2018. 1422 ; AJCT 2018. 624, obs. Ferreira.* ♦ Non-application de l'arrêt • CE, ass., 23 déc. 2011, n° 335033A : *AJDA 2012. 7* ; *ibid. 195, chron. Domino et Bretonneau* ; *ibid. 1484, étude Mialot* ; *ibid. 1609. Tribune Seiller* ; *RFDA 2012. 284, concl. Dumortier* ; *ibid. 296, note Cassia* ; *ibid. 423. Étude Hostiou* .

17. Le choix du scrutin secret n'empêche pas un débat au sein du conseil même postérieurement à la décision d'adopter ce mode de scrutin. • TA Dijon, 12 janv. 1993, *Volatier : préc. note 11.*

III. REGISTRE DES DÉLIBÉRATIONS

A. COMPÉTENCE

18. Relèvent de la compétence du conseil municipal et non du maire le suivi et le contenu du registre des délibérations. Il peut ainsi décider la suppression des mentions qui auraient été portées sur le registre sans qu'elles aient été approuvées comme correspondant au compte rendu fidèle des délibérations du conseil. • TA Strasbourg, 5 nov. 1993, *Ville de Drusenheim-Matherm,* n° 911121 : *JCP 1994. IV. 2264.*

B. CONTENU DE LA TRANSCRIPTION

19. Un conseil municipal peut décider dans son règlement intérieur que les procès-verbaux seront intégralement transcrits sur le registre des délibérations. Mais il peut également décider que seule sera effectuée la transcription des délibérations au sens strict du terme, c'est-à-dire les manifestations de volonté du conseil municipal, les mentions procédurales étant conservées dans le procès-verbal. • CE 3 mars 1905, *Papot : Lebon 218.*

20. De même a été jugé qu'aucune disposition législative ou réglementaire n'impose la transcription sur le registre des délibérations des documents préparatoires ayant servi de base aux délibérations, ni celle de la mention des interventions des conseillers municipaux au cours de la séance. • CE 18 nov. 1987, *Marcy,* n° 75312 : *Lebon 371* ; *RFDA 1988. 919, concl. Schrameck.* ♦ Mais le conseil municipal peut décider de transcrire sur le registre des délibérations des documents se rapportant à l'affaire qui a fait l'objet d'une délibération, tel qu'un arrêt de la Cour des comptes se rapportant à la gestion des finances de la commune. • CE 20 janv. 1939, *Cne de Thorens : Lebon 19.*

21. Le défaut de transcription est sans effet sur l'existence et la validité de la délibération. • CE 4 févr. 1955, *Lods : Lebon 67 ; D. 1955. 616, note J.-M. Auby.* ♦ Il en est de même pour les insuffisances ou les erreurs de transcription sur le registre. • CE, sect., 10 févr. 1995, *Cne de Coudekerque-Branche c/ Devos,* n° 147378 A : *RFDA 1995. 343, concl. Savoie* ; *AJDA 1995. 414, chron. Touvet et Stahl* . ♦ Est également sans influence sur la validité de la délibération la date à laquelle la transcription est effectuée. • CE 14 oct. 1992, *Cne de Lancrans,* n° 76497 A : *JCP 1993. II. 21992, concl. Froment.* ♦ Les mentions factuelles figurant au registre des délibérations font foi jusqu'à preuve du contraire et, à défaut d'éléments probants les remettant en cause, elles attestent de la légalité de la convocation des conseillers municipaux et des délibérations prises. • CE 8 juin 2016, n° 388754 B : *AJCT 2016. 646, obs. Otero* ; *RDI 2016. 429, obs. Decout-Paolini* .

IV. PROCÈS-VERBAUX DE SÉANCE

A. RÉDACTION DES PROCÈS-VERBAUX

22. Les conseils municipaux sont maîtres de la rédaction de leur procès-verbal. Deux conséquences résultent de ce principe : aucune mention n'est obligatoire quant au contenu et à la procédure et en cas de contestation, la preuve peut être établie par des éléments autres que ceux du procès-verbal. • CE 3 mars 1905, *Papot : préc. note 19.*

23. La circonstance que le procès-verbal ait été rédigé par une personne autre que le secrétaire constitue une irrégularité qui n'entache de nullité les délibérations relatées que s'il est établi que le PV ainsi rédigé aurait rapporté d'une manière inexacte les résultats de la délibération. • CE 22 avr. 1939, *Bans : Lebon 259.*

B. CONTENU DES PROCÈS-VERBAUX

24. Le Conseil d'État ne pose pas d'exigences formelles précises en ce qui concerne les modalités selon lesquelles il doit être fait mention dans le procès-verbal de la procédure des séances et du contenu des délibérations. C'est ainsi que n'est pas obligatoire la transcription sur le procès-verbal de la demande de scrutin. • CE 18 nov. 1931, *Poupin : Lebon 993.* ♦ ... Ni les motifs de la délibération. • CE 29 janv. 1932, *Thierry : Lebon 118.* ♦ ... Ni le nombre de voix ayant constitué la majorité. • CE 25 juill. 1933, *Delaunay : Lebon 869.* ♦ ... Ni la mention des interventions des conseillers municipaux au cours de la séance. • CE 18 nov. 1987, *Marcy,* n° 75312 : *préc. note 20.* ♦ ... Ni le détail des débats, sauf la mention « après que le conseil municipal en eut délibéré ». • CE 3 avr. 1935, *Ligue des contribuables de Saint-Tropez : Lebon 423.* ♦ ... Ni le caractère public de la séance. • CE 18 août 1944, *Cne de Saint-Paul-du-Var : Lebon 236.* ♦ ... Ni le résultat impliqué par le nombre de voix, seul celui-ci étant mentionné. • CE 19 janv. 1983, *Chauré,* n° 33241 : *Lebon 7* . ♦ ... Ni le nom des votants et le sens de leur vote. • CE 25 juill. 1933, *Delaunay : préc.* ♦ ... Également toute irrégularité dont serait entachée l'inscription de la délibération. • CE 2 déc. 1977, *Comité de défense de l'environnement de Mâcon-Nord : Lebon 474.*

25. Toutefois, a été jugé que le procès-verbal devait faire « apparaître la nature de l'ensemble des questions abordées au cours de la séance ».

• CE 27 avr. 1994, *Cne de Rance*, n° 145597 B. ♦ Et est illégal le règlement intérieur prévoyant que ne sont pas mentionnées dans le procès-verbal les interventions principales des orateurs autorisés au motif que cela limite le droit d'information des administrés. • CAA Marseille, 21 janv. 2003, *Adam*, n° 99MA00153.

26. En cas de contestation du procès-verbal, l'ensemble des faits peut être établi par tout moyen de preuve soit figurant au dossier des requérants... • CE 2 déc. 1977, *Comité de défense de l'environnement de Mâcon-Nord : préc. note 24.* ♦... Soit résultant d'une enquête prescrite par les juges saisis du litige. • CE 9 mai 1990, *Cne de Lavaur c/ Lozar*, n° 72384 : *préc. note 1.*

C. VALEUR JURIDIQUE DES PROCÈS-VERBAUX

27. Les mentions portées au procès-verbal font foi par elles-mêmes. Elles sont donc en principe tenues pour exactes. • CE 26 nov. 1948, *Ourliac : préc. note 8.* ♦ En application de ce principe, a été jugé qu'un extrait des registres ne peut prévaloir sur les mentions portées à un procès-verbal approuvé à l'unanimité. • TA Paris, 6 févr. 1986, *Bodin.*

28. Cependant, en application des règles générales en matière d'actes administratifs, un acte administratif ne fait foi jusqu'à inscription en faux que dans le cas où la loi le prévoit expressément. • CE 19 juin 1959, *Binet : AJDA 1959. 354.* ♦ C'est au requérant qu'incombe la charge de produire un « commencement de preuve » et ses allégations. • CE 24 oct. 1934, *Menjou : Lebon 949.*

29. Le juge administratif a le pouvoir de rétablir les qualifications inexactes portées au procès-verbal et de tirer les conséquences des faits établis en ce qui concerne la validité des délibérations. • CE 11 juin 1948, *Serre : Lebon 262.*

D. RECTIFICATION DES PROCÈS-VERBAUX

30. Les erreurs matérielles constatées dans une délibération ne peuvent être rectifiées qu'avec l'autorisation du conseil et non par le maire sous sa seule autorité. • CE 28 nov. 1990, *Gérard*, n° 07559.

31. Est ainsi illégale la disposition du règlement intérieur prévoyant que le maire est autorisé à rayer des procès-verbaux tous propos injurieux ou diffamatoires ainsi que toute déclaration dont la publication serait de nature à engager la responsabilité communale. • CE, sect., 10 févr. 1995, *Cne de Coudekerque-Branche c/ Devos*, n° 147378 : *préc. note 21.*

Art. L. 2121-22 **Le conseil municipal peut former, au cours de chaque séance, des commissions chargées d'étudier les questions soumises au conseil soit par l'administration, soit à l'initiative d'un de ses membres.**

Elles sont convoquées par le maire, qui en est le président de droit, dans les huit jours qui suivent leur nomination, ou à plus bref délai sur la demande de la majorité des membres qui les composent. Dans cette première réunion, les commissions désignent un vice-président qui peut les convoquer et les présider si le maire est absent ou empêché.

Dans les communes de plus de *(L. n° 2013-403 du 17 mai 2013, art. 29)* **« 1 000 » habitants, la composition des différentes commissions, y compris les commissions d'appel d'offres et les bureaux d'adjudications, doit respecter le principe de la représentation proportionnelle pour permettre l'expression pluraliste des élus au sein de l'assemblée communale.**

BIBL. ▶ Les commissions du conseil municipal ou du conseil général, *AJDA 1962. 164.* – LAINVILLE, Les commissions du conseil municipal, *Rev. adm. 1950. 301.*

1. La désignation des membres des commissions doit être effectuée au scrutin secret. • CE 29 juin 1994, *Agard*, n° 120000 : *Lebon 340*. ♦ Et l'ensemble des tendances représentées au sein du conseil doit pouvoir disposer d'un représentant au sein des commissions permanentes. • CE 26 sept. 2012, *Cne de Martigues*, n° 345568 : *AJDA 2013. 413, note Brisson ; AJCT 2013. 149, obs. Sempé ; BJCL 2012. 804, concl. Daumas, obs. Janicot ; JCP Adm. 2012, n° 2384, note Verpeaux.* ♦ Le conseil municipal peut toujours, pour des motifs tirés de la bonne administration de la commune, procéder au remplacement d'un conseiller au sein des commissions qu'il a formées. Cette faculté devient obligation lorsque, dans les communes de plus de 3 500 habitants, la composition d'une commission n'assure plus la représentation proportionnelle des différentes tendances du conseil. • CE 20 nov. 2013, *Cne de Savigny-sur-Orge*, n° 353890 : *AJCT 2014. 164, obs. Yazi-Roman ; Rev. CMP 2014, n° 16, note Eckert ; BJCL 2014. 92, concl. Aladjidi.* ♦ Ressortissent au contentieux de l'excès de pouvoir et non électoral les litiges relatifs à la désignation des membres des commissions. • CE 18 mars 2005, *Mme Dugas*, n° 262961 : *Lebon 119 ; AJDA 2005. 1077 ; BJCL 2005. 296, obs. Vialettes et Robineau-Israël.*

2. L'art. L. 2121-22 n'a pas vocation à régir les commissions consultatives des services publics locaux prévues à l'art. L. 1413-1. La présence d'un élu de chaque tendance n'est pas obligatoire dans ces commissions. • TA Rouen, 31 mars 2015,

M.C. c/ Cne de Vernon, n° 1401882 : *AJCT 2016. 219, note Jeanmougin* ✐.

3. Le conseil municipal commet une erreur en instituant des comités consultatifs au lieu et place des commissions prévues par l'art. L. 2121-22. • TA Lille, 18 déc. 1997, ⛫ *Mme Wattez*, n° 97-1722 B.

4. La décision prise par le conseil municipal de charger les commissions de statuer sur certaines affaires est illégale. • CE 20 mars 1936, *Loff : Lebon 356.* ♦ Les décisions prises par ces organismes constituent des actes inexistants. • CE 28 oct. 1932, *Laffitte : Lebon 882 ; S. 1933. 3. 65, note Mestre.* ♦ Et ces décisions ne peuvent en aucune manière engager la commune. • CE 19 févr. 1975, *Pignon : Lebon 133.* ♦ Les discussions et les rapports des commissions ne peuvent pas remplacer une délibération. • CE 1er mai 1903, *Bergeon : Lebon 324 ; DP 1904. 3. 107.*

5. Le fait que le rapport d'une commission d'étude n'ait pas encore été déposé peut justifier le refus du maire de mettre une affaire en discussion. • CE 22 juill. 1927, *Bailleul : Lebon 823.*

6. Ne constitue pas une décision susceptible de recours la convocation de membres d'un conseil municipal à une séance des « commissions réunies » du conseil municipal. • CE 25 févr. 1991, ⛫ *Lecanu*, n° 109627.

Art. L. 2121-22-1 *(L. n° 2002-276 du 27 févr. 2002, art. 8)* **Dans les communes de** *(L. n° 2022-217 du 21 févr. 2022, art. 232)* **« 20 000 » habitants et plus, le conseil municipal, lorsqu'un sixième de ses membres le demande, délibère de la création d'une mission d'information et d'évaluation, chargée de recueillir des éléments d'information sur une question d'intérêt communal ou de procéder à l'évaluation d'un service public communal. Un même conseiller municipal ne peut s'associer à une telle demande plus d'une fois par an.**

Aucune mission ne peut être créée à partir du 1er janvier de l'année civile qui précède l'année du renouvellement général des conseils municipaux.

Le règlement intérieur fixe les règles de présentation et d'examen de la demande de constitution de la mission, ses modalités de fonctionnement, les modalités de sa composition dans le respect du principe de la représentation proportionnelle, la durée de la mission, qui ne peut excéder six mois à compter de la date de la délibération qui l'a créée, ainsi que les conditions dans lesquelles elle remet son rapport aux membres du conseil municipal.

COMMENTAIRE

V. dans le supplément en ligne ⛫.

Art. L. 2121-23 *(Ord. n° 2021-1310 du 7 oct. 2021, art. 2)* **Les délibérations sont inscrites par ordre de date sur un registre tenu dans des conditions définies par décret en Conseil d'État.**

Elles sont signées par le maire et le ou les secrétaires de séance.

Ancien art. L. 2121-23 ***Les délibérations sont inscrites par ordre de date.***

Elles sont signées par tous les membres présents à la séance, ou mention est faite de la cause qui les a empêchés de signer. *— [C. communes, art. L. 121-18, al. 1er et 2.]*

COMMENTAIRE

V. dans le supplément en ligne ⛫.

1. L'inobservation des dispositions portant sur la motivation et la signature n'entraîne pas la nullité de la délibération. • CE 30 oct. 1990, *Cne de Lignières*, n° 90679. ♦ Et cela ne peut avoir pour effet de faire regarder les délibérations concernées comme des actes inexistants. • CE 13 juin 1986, ⛫ *Toribio et Bideau*, n° 59578 : *Lebon 161 ; AJDA 1986. 503, concl. Roux.* ♦ S'agissant du respect des formalités afférentes à leur signature, les délibérations d'un conseil municipal ne sont pas soumises aux dispositions générales du second al. de l'art. 4 de la L. du 12 avr. 2000 mais aux dispositions spéciales de l'art. L. 2121-23, lesquelles ne sont pas prescrites à peine de nullité de ces délibérations. • CE 22 juill. 2016, ⛫ *Ville de Paris*, n° 389056 : *Lebon ; AJCT 2017. 54, obs. Yazi-Roman* ✐ *; BJCL 2016. 662 et 666, concl. Cortot-Boucher, obs. Collin.*

2. Cependant, l'absence de signature d'une délibération par les conseillers présents ne permet pas d'établir avec certitude l'existence de cette délibération. • CE 21 oct. 1992, ⛫ *Épx Guillou et a.*, n° 90774.

3. Également ne constitue pas une irrégularité de nature à entraîner la nullité de la délibération, le fait que le registre n'a été signé que par cinq sur dix conseillers présents sans qu'il soit fait mention de la cause ayant empêché les autres conseillers de la signer. • CE 10 janv. 1992, ⛫ *Assoc. des usagers de l'eau de Peyreleau*, n° 97476 : *Lebon 13* ✐.

Art. L. 2121-24 **Le dispositif des délibérations du conseil municipal prises en matière d'interventions économiques en application des dispositions du titre I du livre V de la première partie et des articles L. 2251-1 à** *(L. n° 2021-1901 du 30 déc. 2021, art. 2)* **« L. 2251-5 », ainsi que celui des délibérations approuvant une convention de délégation de service public, fait l'objet d'une insertion dans une publication locale diffusée dans la commune.**

Selon la cour de Marseille, l'insertion dans une publication locale constitue un mode de publicité qui s'ajoute à la formalité ordinaire de l'affichage au siège de la collectivité. • CAA Marseille, 18 juin 1998, *Sté de développement du Val-d'Allos : BJCP janv. 1999, p. 171, concl. Duchon-Doris, obs. Ch. M.* ♦ Le délai de recours contentieux commence à courir à l'égard des tiers à compter de la plus tardive des deux formalités de publicité. • Même arrêt. ♦ La solution s'applique à l'ensemble des collectivités locales ainsi qu'à la totalité des établissements publics de coopération entre collectivités locales, y compris les syndicats mixtes (non cités expressément par la loi). • Même arrêt.

Art. L. 2121-25 *(Ord. n° 2021-1310 du 7 oct. 2021, art. 4)* **Dans un délai d'une semaine, la liste des délibérations examinées par le conseil municipal est affichée à la mairie et mise en ligne sur le site internet de la commune, lorsqu'il existe.**

COMMENTAIRE

V. dans le supplément en ligne.

1. C'est au maire qu'il appartient de préparer les extraits à afficher et qu'incombe la responsabilité de faire procéder à l'affichage. • CE 2 déc. 1977, *Comité de défense de l'environnement de Mâcon-Nord : Lebon 474.* ♦ Le Conseil d'État a ainsi admis qu'un particulier pouvait intenter un recours pour excès de pouvoir contre la décision de refus implicite ou explicite d'un maire de procéder à cet affichage. • CE 18 déc. 1957, *Bazeilles : AJDA 1988. 333.* ♦ Cependant, le défaut d'affichage est sans effet sur la validité des délibérations et ne peut être invoqué pour en demander l'annulation. • CE 29 oct. 1969, *Cne de Labeuvrière,* n° 72791 : *Lebon 459.*

2. Et l'affichage du compte rendu est toujours obligatoire. Il ne peut être remplacé par la simple mise en ligne sur le site internet de la mairie. * Rép. min. n° 12653 : *JO Sénat 2 sept. 2004, p. 2006.* ♦ Les comptes rendus peuvent être affichés dans les locaux de l'hôtel de ville même si l'accès à ce lieu n'est possible qu'aux heures d'ouverture de la mairie. • CAA Bordeaux, 8 janv. 2008, *Cne Le Barp,* n° 05BX0113. ♦ Et l'affichage du compte rendu ne relève pas de la loi de 1978 relative à l'accès aux documents administratifs. • CE 7 juill. 2010, *Cne de Mailleroncourt Saint-Pancras,* n° 316668.

3. La rédaction des extraits doit permettre aux administrés de saisir le sens et la portée réelle des délibérations prises pour voir si une délibération est susceptible ou non de faire grief. • TA Clermont-Ferrand, 29 oct. 1987, *Lopez Mendez : Rec. TA 1988, n° 34.* ♦ Ainsi doivent apparaître les destinataires des subventions accordées. • CAA Nantes, 10 févr. 2000, *Dpt du Cher,* n° 96NT01949. ♦ Ces extraits doivent porter notamment sur les délibérations proprement dites, c'est-à-dire les décisions prises par le conseil municipal. • CE 30 juill. 1941, *Chauvin : Lebon 152.* ♦ Cependant si la délibération comporte des mentions injurieuses, diffamatoires ou grossières, le maire a le devoir de ne pas les faire figurer dans les extraits destinés à l'affichage. En le faisant, il peut engager sa responsabilité personnelle. • T. confl. 7 mai 1953, *Mitard : Lebon 586.*

4. Le juge a en outre retenu qu'il importe peu que la délibération ait été incomplètement analysée dans le compte rendu affiché. • CE 3 nov. 1937, *Vautrin : Lebon 883.* ♦ ... Ou que le compte rendu n'ait pas fait état de la date de transcription de la délibération sur le registre. • CE 13 juin 1952, *Armand : Lebon 308.* ♦ ... Ou que l'affichage du compte rendu ait été tardif. • CE 29 juin 1979, *Min. de l'Intérieur c/ Malardel : Lebon 295, concl. Dondoux.*

5. Ne constitue pas un acte administratif et est donc insusceptible de recours pour excès de pouvoir la décision du conseil municipal uniquement relative à la présentation des comptes rendus et des procès-verbaux des séances du conseil. • CE 18 nov. 1987, *Marcy,* n° 75312 : *Lebon 371*.

Art. L. 2121-26 **Toute personne physique ou morale a le droit de demander communication** *(Ord. n° 2021-1310 du 7 oct. 2021, art. 5)* **« des délibérations et » des procès-verbaux du conseil municipal, des budgets et des comptes de la commune et des arrêtés municipaux.**

Chacun peut les publier sous sa responsabilité. — *[C. communes, art. L. 121-19.]*

(Ord. n° 2005-650 du 6 juin 2005, art. 11) **« La communication des documents mentionnés au premier alinéa, qui peut être obtenue aussi bien du maire que des services déconcentrés de l'État, intervient dans les conditions prévues par l'article L. 311-9 du code des relations entre le public et l'administration. »**

Les dispositions du présent article s'appliquent aux établissements publics administratifs des communes.

BIBL. ▶ Bourgeois et Bounedjoum, Les apports de la loi pour une République numérique en matière d'accès et de réutilisation d'informations publiques, *JCP Adm. 2016. 2307.* – Braibant, Droit d'accès et droit à l'information, *Mél. Charlier, 1981, p. 703 s.* – Chabanol, L'accès aux informations administratives, *Gaz. Pal. 1985. 2. 428.* – Denis-Lempereur, Le mythe du libre accès aux documents administratifs, *Administration, juin 1984, p. 55.* – Delpiron, La communication des documents administratifs, Étude de jurisprudence, *CJEG 1983. 353.* – Didout, La liberté d'accès aux documents administratifs, *Rev. adm. 1979. 23.* – Gjidara, Le droit général d'accès aux documents administratifs, notamment au plan local et dans le cadre associatif, *Quot. jur. 1983, n° 56.* – Grard, Élus : Le droit à l'information communale, *Gaz. cnes 17 août 1992.* – Holleaux, Les nouvelles lois françaises sur l'information du public, *RISA, 1981, n° 3, p. 191.* – Lasserre, La Commission d'accès aux documents administratifs, *EDCE 1981-1982, p. 49.* – Laubadère (de), La loi du 17 juillet 1978, *AJDA 1978. 519.* – Laveissière, Le « droit à l'information » à l'épreuve du contentieux. À propos de l'accès aux documents administratifs, *D. 1987. Chron. 275.* – Le Guilcher, Nouveaux développements autour des conditions d'exercice du droit à l'information des élus locaux, *RD publ. 2006. 605.* – Lemasurier, Vers une démocratie administrative : du refus d'informer au droit d'être informé, *RD publ. 1980. 1289.* – Maisl, Une nouvelle liberté publique : la liberté d'accès aux documents administratifs, *Mél. Charlier, 1981, p. 831.* – Manson, La mise à disposition de leurs données publiques par les collectivités territoriales, *AJDA 2016. 97* ✎. – Sadran, Le miroir sans tain, Réflexions sur la communication entre l'administration et les administrés, *Mél. Ellul, 1983, p. 797.* – Soubelet, Sur l'accès aux documents administratifs, *Rev. adm. 1987. 32.* – Touvet et Stahl, Accès aux documents administratifs, *AJDA 1994. 679, chron. de jurisprudence* ✎.

▶ **Dossier :** Les collectivités territoriales et le CRPA, *JCP Adm. 2018, n° 42.*

1. La personne qui demande la communication de documents administratifs n'a pas à justifier de son intérêt à ce que ceux-ci lui soient communiqués, que la demande soit fondée sur les dispositions du CRPA ou sur celles de l'art. L. 2121-26. • CE 17 mars 2022, n° 449620 B : *AJDA 2022. 608* ✎.

2. Demande de communication sur le fondement de l'al. 1er de l'art. L. 2121-26. Le droit de communication s'étend aux pièces annexées aux procès-verbaux : conventions et avenants passés avec un entrepreneur lorsqu'ils ont été approuvés par une délibération et annexés à celle-ci. • CE, sect., 11 janv. 1978, *Ville de Muret : Lebon 5.* ♦ Le droit de communication n'est pas limité aux arrêtés réglementaires et s'applique également aux arrêtés individuels tels que les arrêtés individuels d'attribution du régime indemnitaire applicable au personnel communal. • CE 10 mars 2010, *Cne de Sète,* n° 303814 A : *AJFP 2011. 39* ✎ *; BJCL 2010. 432, concl. Boucher ; JCP Adm. 2010, n° 2137, note Pélissier.* ♦ Le droit de communication ne s'applique pas aux pièces justificatives des opérations et documents de comptabilité qu'il appartient à l'ordonnateur et au comptable public de conserver, en vertu des dispositions de l'art. 52 du Décr. du 7 nov. 2012 relatif à la gestion budgétaire et comptable publique, lesquelles constituent des documents distincts des « comptes ». • CE 8 févr. 2023, *Ville de Paris,* n° 452521 B : *AJDA 2023. 263* ✎.

3. Les exceptions au droit d'accès prévues à l'art. 6 de la L. du 17 juill. 1978 ne sont pas opposables en tant que telles à une demande présentée sur le fondement de l'art. L. 2121-26. • CE 10 mars 2010, *Cne de Sète,* n° 303814 : *préc. note 3.* ♦ Si les exceptions au droit d'accès prévues à l'art. L. 311-6 CRPA ne sont pas opposables à une demande présentée sur le fondement des dispositions spéciales de l'art. L. 2121-26, l'exercice de ce droit d'accès particulier ne saurait faire obstacle, par principe, à la protection de secrets protégés par la loi sur d'autres fondements, tels que le secret de la vie privée ou le secret industriel et commercial, ni imposer à l'administration des difficultés matérielles excessives pour satisfaire aux demandes dont elle est saisie. Lorsque l'administration fait valoir que la communication des documents sollicités, en raison notamment des opérations matérielles qu'elle impliquerait, ferait peser sur elle une charge de travail disproportionnée au regard des moyens dont elle dispose, il revient au juge de prendre en compte, pour déterminer si cette charge est effectivement excessive, l'intérêt qui s'attache à cette communication pour le demandeur ainsi, le cas échéant, que pour le public. • CE 17 mars 2022, n° 449620B : *AJDA 2022. 608* ✎. ♦ Ainsi, l'art. L. 2121-26 ne saurait être interprété, eu égard à l'objectif d'information du public sur la gestion municipale, comme prescrivant la communication des arrêtés portant des appréciations d'ordre individuel sur les fonctionnaires communaux. Les arrêtés fixant le montant des primes contiennent une appréciation sur le comportement des fonctionnaires concernés ; par suite, ces arrêtés ne peuvent être communiqués qu'après occultation de la mention du nom des intéressés, et, le cas échéant des autres mentions permettant d'identifier la personne concernée. • CE 10 mars 2010, *Cne de Sète*, n° 303814 : *préc. note 3.*

4. Demande de communication sur le fondement du CRPA. Des notes de frais et reçus de déplacement ainsi que des notes de frais de restauration et reçus de frais de représentation d'élus locaux ou d'agents publics constituent des documents administratifs communicables à toute personne qui en fait la demande dans les conditions et sous les réserves prévues par le CRPA. • CE 8 févr. 2023, n° 452521 B : *AJDA 2023. 263 ; ibid. 1238, note Haquet ; AJCT 2023. 292, obs. Dreyfus ; ibid. 263, étude Dreyfus*. ♦ V. dans le même sens, pour les courriels des élus : • CE 3 juin 2022, n° 452218 : *AJDA 2022. 2135, note Faure ; AJCT 2022. 591, note Yazi-Roman ; ibid. 2023. 263, étude Dreyfus*. ♦ L'agenda d'un élu local, détenu par la collectivité territoriale au sein de laquelle il siège, se rapportant à des activités qui s'inscrivent dans le cadre de ses fonctions dans cette collectivité, présente également le caractère d'un document administratif au sens de l'art. L. 300-2 CRPA, à la différence de l'agenda personnel que cet élu peut détenir lui-même. Un tel document administratif est en principe communicable en vertu de l'art. L. 311-1 du même code, sous réserve de l'occultation, le cas échéant, des mentions relatives à des activités privées ou au libre exercice du mandat électif ainsi que de celles dont la communication porterait atteinte à l'un des secrets et intérêts protégés par la loi, conformément à ce que prévoient les dispositions du CRPA, y compris des mentions qui seraient susceptibles de révéler le comportement de l'intéressé ou de tiers dans des conditions pouvant leur porter préjudice. L'administration n'est pas tenue de donner suite à une demande de communication lorsque, compte tenu de son ampleur, le travail de vérification et d'occultation ferait peser sur elle une charge disproportionnée (CRPA, art. L. 311-2). • CE 31 mai 2024, n° 474473 B : *AJDA 2024. 1136 ; JA 2024, n° 702, p. 13, obs. Kras ; AJCT 2024. 638, obs. Noual*.

5. Si l'avant-dernier al. de l'art. L. 311-2 CRPA fait obligation à l'administration et à la CADA, lorsqu'elles sont saisies d'une demande de communication d'un document administratif susceptible de relever de plusieurs des régimes d'accès mentionnés aux art. L. 342-1 et L. 342-2, notamment celui qui est prévu par l'art. L. 2121-26, de procéder d'office à l'examen de cette demande au regard de l'ensemble de ces régimes, à l'exception du régime organisé par l'art. L. 213-3 C. patr., il n'appartient, en revanche, pas au juge de l'excès de pouvoir, saisi de conclusions tendant, sur le fondement du seul CRPA, à l'annulation d'un refus de communiquer un document administratif, d'examiner d'office si ce refus méconnaît les dispositions régissant un autre régime d'accès aux documents administratifs. • CE 8 févr. 2023, *Ville de Paris*, n° 452521 B : *AJDA 2023. 263 ; concl. de Moustier ; BJCL 2023. 165, obs. Poujade.*

Art. L. 2121-27 Dans les communes de plus de 3 500 habitants, les conseillers n'appartenant pas à la majorité municipale qui en font la demande peuvent disposer sans frais du prêt d'un local commun. Un décret d'application détermine les modalités de cette mise à disposition. – *[C. communes, art. L. 318-3.]*

V. art. D. 2121-12.

COMMENTAIRE

V. dans le supplément en ligne.

1. L'attribution d'un local aux conseillers n'appartenant pas à la majorité municipale constitue pour eux un droit que le maire est tenu de satisfaire. • CE 28 janv. 2004, *Cne de Pertuis*, n° 256544 : *AJDA 2004. 932*. ♦ La suspension, par le juge des référés, d'une mesure qui ne satisfait pas complètement à cette obligation appelle nécessairement une nouvelle délibération du conseil municipal afin de remédier à cette insuffisance. • Même arrêt. ♦ Cette mise à disposition doit être effective. • CAA Marseille, 15 janv. 2007, *Louise X. c/ Cne de Carpentras*, n° 06MA02540. ♦ Cette attribution ne peut être fondée sur le seul critère du résultat des dernières élections. • CAA Versailles, 13 déc. 2007, *Cne de Livry-Gargan*, n° 06VE00384. ♦ En revanche est fondé le refus du maire de mettre à la disposition d'un conseiller d'opposition un local situé sur le territoire de la commune associée dont il est membre du conseil consultatif. • CAA Douai, 7 oct. 2004, *Cne d'Hellemes*, n° 01DA00022.

2. Ce local peut être extérieur aux bâtiments de l'hôtel de ville ; il doit être aménagé de telle sorte qu'il permette une utilisation conforme à son affectation, c'est-à-dire la tenue de réunions par les conseillers, l'étude de documentations et l'examen de dossiers. Ces conditions d'aménagement doivent être satisfaisantes, compte tenu des possibilités matérielles et financières de chaque commune. • TA Rennes, 12 févr. 2004, *Le Menn*, n° 025349 : *JCP Adm. 2004, n° 1310, note Moreau.* ♦ Et le maire doit satisfaire à cette demande dans un délai raisonnable, en l'espèce au terme de quatre mois. • CE 4 juill. 1997, *Leveau*, n° 161105 : *Lebon 282 ; RFDA 1997. 819, concl. Stahl*. ♦ Ce local n'est pas destiné à être une permanence ni à accueillir des réunions publiques. * Rép. min. n° 36602 : *JOAN Q, 13 mai 1996, p. 2607.* ♦ ... Ni à servir de permanence électorale pour les élus. * Rép. min. n° 55877 : *JOAN 22 mars 2005, p. 3035.*

3. Une délibération peut réglementer l'utilisation du local en prévoyant par ex. une demande écrite d'utilisation adressée au maire. • CE 18 oct. 2006, *Cne de Houilles*, n° 291804 : *AJDA 2006. 2470*.

Art. L. 2121-27-1 *(L. nº 2015-991 du 7 août 2015, art. 83)* **Dans les communes de 1 000 habitants et plus, lorsque des informations générales sur les réalisations et sur la gestion du conseil municipal sont diffusées par la commune, un espace est réservé à l'expression des conseillers élus sur une liste autre que celle ayant obtenu le plus de voix lors du dernier renouvellement du conseil municipal ou ayant déclaré ne pas appartenir à la majorité municipale.**

(L. nº 2024-247 du 21 mars 2024, art. 15) **« Le procureur de la République du ressort de la cour d'appel compétent sur le territoire de la commune peut, dans les conditions prévues au premier alinéa du présent article et dans le respect de l'article 11 du code de procédure pénale, diffuser dans un espace réservé toute communication en lien avec les affaires de la commune. »**

Les modalités d'application du présent article sont définies par le règlement intérieur du conseil municipal.

BIBL. ▸ Bricker, Y a-t-il des mesures efficaces pour assurer la place des élus d'opposition dans les bulletins municipaux ?, *JCP Adm. 2013, nº 2189.* – Couvert-Castera, Le droit d'expression des élus locaux dans les bulletins d'information, *AJDA 2004. 1801*. – Dieu, Quand le droit d'expression de l'opposition se heurte à la liberté de la presse, *AJDA 2008. 72*. – Long, Le bulletin municipal : un statut juridique complexe, *AJDA 1998. 387*. – Maetz, Liberté d'expression des élus d'opposition dans un bulletin municipal et droit de la presse, *AJDA 2011. 1623*. – Montecler, L'expression des élus d'opposition dans le bulletin municipal, nouveaux développements, *AJDA 2018. 2295*. – Yazi-Roman, Les tribunes de l'opposition à l'épreuve de la campagne électorale, *AJCT 2013. 280*.

COMMENTAIRE

V. dans le supplément en ligne.

I. SUPPORT DU DROIT D'EXPRESSION

1. Ce droit d'expression des conseillers de l'opposition s'exerce pour tous les bulletins d'information que diffuse la commune, quel que soit son support. Mais cette faculté ne saurait s'étendre à toutes les notes techniques. A ainsi été jugé que le rapport annuel du conseil général sur le fonctionnement de ses services ne revêt pas la nature d'un bulletin d'information générale. • CAA Versailles, 12 juill. 2006, *Dpt de l'Essonne*, n° 04VE03234. ♦ À l'inverse, un bulletin de mi-mandat constitue un bulletin d'information générale. De ce fait, un espace doit être réservé à l'opposition. • CAA Versailles, 27 août 2009, *Cne de Clamart*, n° 08VE01825 : *AJDA 2009. 2134*.

2. Les dispositions de l'art. L. 2121-27-1 s'appliquent aux nouvelles technologies d'information et de communication. Il en est ainsi de la mise en ligne du bulletin d'information générale sur le site internet d'une collectivité territoriale ou la reprise de l'ensemble des informations contenues dans le bulletin d'information générale dans une rubrique de ce site. • CE 14 avr. 2022, *Cne de Willems*, n° 451097 B : *AJDA 2022. 839* ; *BJCL 2022. 234, concl. Merloz.* ♦ Antérieurement. • CAA Versailles, 17 avr. 2009, *Ville de Versailles*, n° 06VE00222 : *AJDA 2009. 1712, concl. Jarreau*. ♦ Il en est ainsi de la page Facebook, dès lors que celle-ci contient des informations sur les réalisations et la gestion du conseil municipal. • TA Montreuil, 2 juin 2015, n° 1407830 : *AJDA 2015. 1652, concl. Roussier*. ♦ V. égal. • CAA Lyon, 26 juin 2018, n° 16LY04102 : *JCP Adm. 2018, nº 2311, concl. Deliancourt.* ♦ Rien n'interdit de diffuser contre rémunération des messages publicitaires sur des panneaux électroniques d'information municipale. * Rép. min. n° 17881 : *JO Sénat Q, 13 oct. 2005, p. 2646.* ♦ ... Ou encore sur une télévision locale. • TA Lyon, 15 févr. 2007, *Amaury Nardane*, n° 0404876 : *AJDA 2007. 932*. ♦ ... Ou dans la presse locale. * Rép. min. n° 67668 : *JOAN Q, 11 oct. 2005, p. 9540.*

3. Toutefois, la mise en ligne sur le site internet du magazine papier dans lequel est publiée la tribune des conseillers n'appartenant pas à la majorité suffit à satisfaire les exigences de l'art. L. 2121-27-1, sans que la commune soit tenue de prévoir un autre espace d'expression sur ce site. • CAA Nancy, 30 juin 2016, *Cne de Jarville-la-Malgrange*, n°s 16NC00169 et 16NC00170 : *AJCT 2016. 641, note Chevilley-Hiver*.

II. TITULAIRES DU DROIT D'EXPRESSION : LES CONSEILLERS N'APPARTENANT PAS À LA MAJORITÉ MUNICIPALE

4. Bénéficie de ce droit le conseiller qui n'appartient plus à la majorité municipale en cours de mandat • CAA Versailles, 13 déc. 2007, *Bellebeau*, n° 06VE00383 : *JCP Adm. 2008, n° 2124, note Manson.* ♦ Dans le même sens, il y a atteinte au droit général d'expression des élus locaux en organisant l'accès au journal municipal sur le seul critère du résultat des dernières élections. • CAA Versailles, 13 déc. 2007, *Cne de Livry-Gargan*, n° 06VE00383.

5. Ce droit appartient à chaque élu. • TA Versailles, 27 mai 2004, *Chandon*, n° 0203884. ♦ Il peut aussi être exercé collectivement, par l'intermédiaire d'un groupe, à condition toutefois que chacun des conseillers municipaux soit rattaché à un tel groupe. • TA Versailles, 27 mai 2004, *Lesquen*, n° 0204011.

III. ESPACE RÉSERVÉ AUX CONSEILLERS N'APPARTENANT PAS À LA MAJORITÉ MUNICIPALE

6. Ces dispositions n'ont pas pour objet d'interdire qu'un espace soit attribué à l'expression des élus de la majorité, sous réserve que cette expression n'ait pas pour effet, notamment au regard de son étendue, de faire obstacle à l'expression des élus n'appartenant pas à la majorité. • CE 14 avr. 2022, *Cne de Thouaré-sur-Loire*, n° 448912 B : *AJDA 2022. 839 ; ibid. 1837, note Combeau ; AJCT 2022. 457, obs. Chevilley-Hiver ; BJCL 2022. 234, concl. Merloz.* ♦ Une note de rédaction publiée directement sous la tribune rédigée par les conseillers municipaux n'appartenant pas à la majorité municipale ne se présente pas comme un droit de réponse des élus de la majorité municipale mais présente le caractère d'un commentaire critique qui suit immédiatement la tribune de l'opposition dont elle a ainsi pour objet et pour effet de réduire la portée. Elle méconnait ainsi l'art. L. 2121-27-1. • CAA Douai, 20 oct. 2020, *Cne de Hénin-Beaumont*, n° 19DA01986 : *AJDA 2022. 229, note Marani .*

7. L'espace réservé aux conseillers n'appartenant pas à la majorité municipale doit, sous le contrôle du juge, présenter un caractère suffisant et être équitablement réparti. • CE 14 avr. 2022, *Cne de Thouaré-sur-Loire*, n° 448912 B : *préc. note 6.* ♦ Il a par exemple été jugé suffisant, pour une publication d'environ trente pages, de réserver à chaque opposition un espace limité à 1 600 caractères. • CAA Versailles, 8 mars 2007, *Cne du Vésinet*, n° 04VE03177.

8. Le règlement intérieur doit prévoir un espace réservé à l'expression des élus d'opposition et fixer les modalités pratiques du droit d'expression des élus sous peine de méconnaître l'art. L. 2121-27-1. Ainsi, la seule circonstance que les élus d'opposition, comme n'importe quelle autre personne intéressée, peuvent publier directement des messages d'information sur le mur de la page Facebook de la commune ne peut suffire à respecter les objectifs fixés par la loi. • TA Montreuil, 2 juin 2015, n° 1407830 : *préc. note 2.*

IV. POUVOIRS DU MAIRE

9. Le maire ne dispose pas de la compétence, en tant que chef de la publication d'un bulletin d'information municipale, de contrôler le contenu et la teneur du texte rédigé par l'opposition municipale en vue d'être inséré dans le bulletin d'information municipale. • CE 7 mai 2012, *Él. cant. de Saint-Cloud*, n° 353536 : *AJCT 2012. 436, obs. Dutrieux ; AJDA 2012. 2072, note Long ; Dr. adm. 2012, n° 81, note Pissaloux.*

10. Mais le maire peut refuser la publication d'un texte comportant des risques de troubles à l'ordre, à la sécurité et à la tranquillité publique. • CAA Nancy, 14 avr. 2005, *Cne de Clouange c/ Schutz*, n° 03NC00869 : *AJDA 2005. 1683, note Janicot .* ♦ ... Ou d'un texte ayant un caractère diffamatoire ou injurieux. • CAA Nancy, 15 mars 2012, *Cne de Schiltigheim*, n° 11NC01004 : *AJDA 2012. 1701 .* ♦ ... Ou d'un texte dont le contenu porte atteinte à l'honneur ou à la considération de la personne ou présente un caractère injurieux, diffamatoire ou outrageant de nature à engager la responsabilité pénale du maire, directeur de publication du bulletin municipal, sur le fondement de la L. du 29 juill. 1881. • CE 20 mai 2016, *Cne de Chartres*, n° 387144 : *Lebon ; AJCT 2016. 518, obs. Yazi-Roman .* ♦ ... Ou d'un texte présentant un caractère manifestement outrageant, diffamatoire ou injurieux au regard de la L. du 29 juill. 1881. • CE 27 juin 2018, n° 406081 B : *AJDA 2018. 2295, note de Montecler ; AJCT 2018. 576, obs. Chevilley-Hiver .* ♦ En raison de la combinaison de l'art. L. 2121-27-1 et de la L. du 29 juill. 1881 sur la presse, les deux ordres de juridiction peuvent être saisis d'une atteinte à cette liberté. • Colmar, 31 mars 2011, *M. X.*, n° 10-03.165 : *AJDA 2011. 1623, note Maetz .*

11. Ce droit d'expression existe aussi en période électorale. Ni le maire, ni le conseil municipal ne peut décider de suspendre la publication des tribunes réservées à l'expression des conseillers n'appartenant pas à la majorité municipale pendant une période qui précède un scrutin électoral. • CE 17 juin 2015, *Él. mun. de Bron*, n° 385204 : *AJDA 2015. 1242 .* ♦ Le bulletin doit toutefois rester un élément de communication institutionnelle et non un outil de propagande électorale au profit du maire. C'est ainsi que ne se rattache pas directement à une élection cantonale le bulletin qui se borne à traiter de la situation de la commune et qui n'a subi aucune modification quant à sa fréquence, sa présentation et son contenu. • CE 20 mai 2005, *Él. cant. de Dijon*, n° 274400 : *AJDA 2005. 1956, note Maligner ; BJCL 2005. 555, concl. Stalh.* ♦ Dans la mesure où la commune ne contrôle pas le contenu des articles publiés dans le bulletin, qui n'engagent que la responsabilité de leurs auteurs, si de tels articles sont susceptibles d'être regardés, en fonction de leur contenu et de leur date de parution, comme des éléments de propagande électorale de leurs auteurs, ils ne sauraient être assimilés à des dons émanant de la commune, personne morale, au sens des dispositions de l'art. L. 52-8 C. élect. • CE 7 mai 2012, *Él. cant. de Saint-Cloud*, n° 353536 : *préc. note 9.* ♦ En revanche, les termes d'un éditorial du maire, prenant ouvertement parti pour les candidats issus de la liste municipale sortante, confère à la diffusion d'un bulletin mettant par ailleurs en valeur les réalisations de la commune le caractère d'une campagne de promotion publicitaire des réalisations ou de la gestion de la collectivité intéressée par le scrutin, prohibée par l'art. L. 52-1 C. élect. • CE 3 déc. 2014, *Él. mun. de La Croix-Saint-Leuffroy*, n° 382217 : *AJCT 2015. 81, pratique Yazi-Roman*.

V. RÉFÉRÉ-LIBERTÉ

12. Il n'existe pas d'urgence particulière à insérer un article de l'opposition dans un bulletin municipal : dans la mesure où le bulletin est publié tous les mois. • CE, ord., 6 avr. 2007, n° 304361 B : *AJDA 2007. 831* • CE 18 juill. 2023, *Cne de Capestang*, n° 467512 : *BJCL 2023, note Garcia.* ♦ ... Dans la mesure où les élus de l'opposition disposent de la possibilité d'exprimer leur point de vue dans le prochain numéro de la publication mensuelle • CE, ord., 29 avr. 2011, n° 348653 : *AJDA 2011. 1454*. ♦ L'absence d'espace réservé à l'expression des élus de l'opposition dans le supplément du bulletin municipal ne caractérise pas en l'absence de circonstances particulières exigeant que ses lecteurs aient connaissance de l'expression des groupes d'opposition dans les jours suivants sa distribution, une situation d'urgence impliquant qu'une mesure visant à sauvegarder une liberté fondamentale doive être prise dans un très bref délai. • CE 8 févr. 2023, n° 470804 : *AJDA 2023. 1333, note I. Muller-Quoy*.

Art. L. 2121-28 **I. — Dans les conseils municipaux des communes de plus de 100 000 habitants, le fonctionnement des groupes d'élus peut faire l'objet de délibérations sans que puissent être modifiées, à cette occasion, les décisions relatives au régime indemnitaire des élus.**

II. — Dans ces mêmes conseils municipaux, les groupes d'élus se constituent par la remise au maire d'une déclaration, signée de leurs membres, accompagnée de la liste de ceux-ci et de leur représentant.

Dans les conditions qu'il définit, le conseil municipal peut affecter aux groupes d'élus, pour leur usage propre ou pour un usage commun, un local administratif, du matériel de bureau et prendre en charge leurs frais de documentation, de courrier et de télécommunications.

Le maire peut, dans les conditions fixées par le conseil municipal et sur proposition des représentants de chaque groupe, affecter aux groupes d'élus une ou plusieurs personnes. Le conseil municipal ouvre au budget de la commune, sur un chapitre spécialement créé à cet effet, les crédits nécessaires à ces dépenses, sans qu'ils puissent excéder *(L. n° 2002-276 du 27 févr. 2002, art. 14)* **« 30 % » du montant total des indemnités versées chaque année aux membres du conseil municipal** *(L. n° 2022-217 du 21 févr. 2022, art. 171)* **« , charges sociales incluses ».**

Le maire est l'ordonnateur des dépenses susmentionnées.

(L. n° 99-586 du 12 juill. 1999) **« L'élu responsable de chaque groupe d'élus décide des conditions et des modalités d'exécution du service confié que ces collaborateurs accomplissent auprès de ces groupes au sein de l'organe délibérant. »**

COMMENTAIRE

V. dans le supplément en ligne.

1. Si aucune disposition législative ne s'oppose à ce que le conseil retienne un seuil minimal nécessaire à la reconnaissance d'un groupe. • CAA Nancy, 4 juin 1998, *Ville de Metz c/ Masson*, n° 97NC02102 : *LPA 1er mars 1999, p. 9, note Allemand ; AJDA 1998. 885, chron. Stamm ; RGCT 1999. 12, concl. Vincent.* ♦ Il ne peut imposer aux conseillers non rattachés à un groupe de se regrouper en une « réunion administrative » • Même arrêt. ♦ ... Ni affilier automatiquement les conseillers municipaux en deux groupes. • CAA Paris, 22 nov. 2005, *Cne d'Issy-les-Moulineaux*, n° 02PA1786 : *BJCL 2006. 92, concl. Trouilly et obs. B.P.* ♦ ... Ni limiter le droit de réunion de l'opposition • CE 28 janv. 2004, *Cne de Pertuis*, n° 256544 : *AJDA 2004. 932, note Brondel*. ♦ Lorsque le maire refuse de prendre acte de la création d'un groupe, les élus de ce groupe peuvent par la procédure du référé-liberté obtenir la suspension de cette décision • CE 16 juin 2003, *Hug-Kalinkova*, n° 253290 : *Coll. terr. 2003, n° 193, note Moreau.*

2. Dans le cadre de la fourniture de « matériel de bureau », possibilité d'utilisation du papier à en-tête de la commune. * Rép. min. n° 33730 : *JOAN Q, 23 sept. 1996, p. 5070.*

3. N'a pas été admis l'octroi de subventions aux groupes politiques constitués au sein du conseil municipal. • CE 16 janv. 1995, *Ville de Bourges*, n° 143931.

SECTION 5 Attributions

ENCYCL. COLL. LOC. *Conseil municipal : attributions, 320,* par Bénoit.

BIBL. ► L'administration communale et les vœux, *Vie cnale et dptale 1980. 181.* – Bonichot, Les aides des collectivités locales en cas de grève, *LPA 29 sept. 1993.* – Bosseboeuf, L'acte III de la décentralisation : quelques réflexions sur le système de compétences déléguées, *BJCL 2014. 234.* – Cabannes, Une curiosité jurisprudentielle : les blâmes votés par le conseil municipal, *RGCT 2000. 491.* – Chapuisat, Les affaires communales, *AJDA 1976. 470.* – Douence, La spécialité des personnes publiques en droit administratif français, *RD publ. 1972. 753* ; L'action économique locale, *AJDA 1992. 70* . – Douence, Réflexions sur la vocation générale des collectivités locales à agir dans l'intérêt public local, *in* « Quel avenir pour l'autonomie des collectivités locales ? », *Éditions de l'aube 1999, p. 317* ; La nouvelle répartition des compétences, gage de clarification ?, *JCP Adm. 2011, nº 2135.* – Fort, Observations sur la notion de compétence locale, *JCP Adm. 2014, nº 2200.* – Gohin, Semper. Abest. La prétendue clause générale de compétence dans les collectivités territoriales, *in* P. Türk (dir.), Pour un droit constitutionnel des collectivités territoriales. Évolutions et débats, *L'Harmattan, coll. Droit des collectivités territoriales, Travaux de l'AFDCL, 2019, p. 203.* – Imbert, Conseil municipal – Attributions, *J.-Cl. Adm., fasc. 125-30.* – Janicot, Les collectivités territoriales, une définition doctrinale menacée ?, *RFDA 2011. 227* . – Le Chatelier, Le débat sur la clause générale de compétence est-il vraiment utile ?, *AJDA 2009. 186* . – Long, La fin de la clause générale de compétence ?, *BJCL 2013. 645.* – Madiot, Les techniques de correction de la répartition de compétences entre collectivités locales, *RFDA 1996. 964* . – Mozol, La distinction entre les collectivités territoriales et les établissements publics de coopération intercommunale à l'épreuve de la loi du 27 janvier 2014, *JCP Adm. 2014, nº 2201.* – Pastorel, Collectivités territoriales et clause générale de compétences, *RD publ. 2007. 51.* – Perrier, Le Conseil d'État et l'intervention des collectivités territoriales en matière cultuelle, *AJCT 2011. 515* . – Peyrical, Réflexions autour de la sphère des compétences particulières des communes, *D. 1998. Chron. 341* . – Pontier, Le vrai faux retour de la clause générale de compétence, *JCP Adm. 2014, nº 2047.* – Pontier, Semper manet. Sur une clause générale de compétence, *RD publ. 1984. 1443.* – Rouault, L'intérêt communal, *thèse, PU de Lille 1991.* – Terneyre, Légalité et illégalité des décisions de nature politique des collectivités locales, *Rev. adm. 1989. 376.* –Truchet, Les fonctions de la notion d'intérêt général dans la jurisprudence du CE, *LGDJ, 1977.* – Verpeaux, Pavane pour une notion défunte. La clause de compétence générale, *RFDA 2014. 457* .

COMMENTAIRE

V. dans le supplément en ligne.

Art. L. 2121-29 Le conseil municipal règle par ses délibérations les affaires de la commune.

Il donne son avis toutes les fois que cet avis est requis par les lois et règlements, ou qu'il est demandé par le représentant de l'État dans le département. – *[C. communes, art. L. 121-26, al. 1er et 2.]*

Lorsque le conseil municipal, à ce régulièrement requis et convoqué, refuse ou néglige de donner avis, il peut être passé outre. – *[C. communes, art. L. 121-28, al. 2.]*

Le conseil municipal émet des vœux sur tous les objets d'intérêt local. – *[C. communes, art. L. 121-26, al. 4.]*

COMMENTAIRE

V. dans le supplément en ligne.

Plan des annotations

I. LE CONSEIL MUNICIPAL, AUTORITÉ COMMUNALE DE DROIT COMMUN

A. GÉNÉRALITÉS

1. En l'absence de dispositions législatives attribuant expressément compétence à une autre autorité, notamment au maire, le conseil municipal est de plein droit compétent pour régler par ses délibérations les affaires de la commune. La solution est constante depuis 1884 et le plus souvent implicite. Ainsi la délibération adoptant un projet d'aménagement de la Grand'Rue a été prise dans l'exercice des compétences du conseil municipal. • CE 30 oct. 1996, *Sté Henri Herrmann,* n° 130031 : *Lebon 416*.

2. La jurisprudence consacre les « pouvoirs généraux » du conseil municipal en matière d'administration communale. Elle se fonde parfois sur la loi (art. 61, al. 1er, L. 5 avr. 1884 ; art. 40, C. adm. comm. ; art. L. 121-26, C. communes ; art. L. 2121-29, CGCT). • T. confl. 7 juill. 1975, *Cne de Ponts-de-Cé c/ Poisson : Lebon 795.* ♦ ... Ou elle ne juge pas nécessaire d'expliciter la base légale d'une solution constante. • CE 24 févr. 1971, *Cne de Sainte-Maure-de-Touraine : Lebon 155.*

3. Les dispositions antérieures à la loi du 5 avr. 1884 (dont l'art. 61, 1er al., est maintenant codifié à l'art. L. 2121-29, al. 1er) attribuant compétence à une autre autorité doivent être considérées comme abrogées lorsqu'elles sont inconciliables avec la compétence générale du conseil municipal. Ainsi des dispositions de l'an IX et de l'an X, portant sur la création et l'organisation de bureaux communaux de pesage. • CE 1er avr. 1960, *Guanter : S. 1960. 239, note Sirat ; Dpt et cnes sept.-oct. 1960, p. 235, note Hourticq.*

4. La compétence générale du conseil municipal est confirmée et précisée par les attributions particulières qu'il tient de dispositions législatives expresses, en matière de budget, de gestion des biens, d'autorisation d'agir en justice, etc. Parfois la disposition générale est utilisée pour éclairer le sens des dispositions particulières. Ainsi il résulte de ces dispositions législatives combinées qu'en matière d'aménagement foncier rural (art. L. 121-17 et L. 123-8 nouv. C. rur.), le conseil municipal est seul compétent pour décider la création, la suppression et la modification du tracé et de l'emprise des chemins ruraux et que ses délibérations s'imposent aux commissions de remembrement. V. par ex. • CE 30 janv. 1981, *Min. de l'Agriculture c/ Épx Ponton d'Amécourt,* n° 13207 B.

B. RESPECT DES COMPÉTENCES DU MAIRE

5. Dans l'exercice de ses propres compétences, le conseil municipal doit veiller à respecter les compétences conférées par la loi au maire (V. notes ss. art. L. 2122-21).

6. Le Conseil d'État a rappelé que si l'organe exécutif est compétent pour prendre les mesures relatives à l'organisation des services publics et à la gestion du personnel, il appartient à la seule assemblée délibérante de décider de créer ou de supprimer de tels services, d'en fixer les règles générales d'organisation et, de façon générale, de prendre toutes les mesures portant sur la définition des missions remplies par les services de la collectivité territoriale. C'est ainsi que le président du conseil général est incompétent pour décider de faire prendre en charge par une entreprise privée les travaux de nettoyage et d'entretien des locaux exécutés par un service du département. • CE, sect., 6 janv. 1995, *Synd. nat. des personnels techniques, administratifs et de services de l'Équipement CGT,* n° 91224 : *Lebon 5* (une solution identique serait retenue pour toutes les collectivités locales). ♦ De même, incompétence du maire de Paris pour supprimer le service de l'imprimerie municipale et du « routage express » pour en confier les tâches à une entreprise privée. • CE, sect., 6 janv. 1995, *Ville de Paris,* n° 93428 : *Lebon 3 ; AJDA 1995. 423 ; D. 1995. 42*. ♦ La définition des emplois communaux et la fixation de leur nombre sont des éléments de l'organisation des services municipaux entrant dans la compétence du conseil municipal. • CE 9 oct. 1995, *Cne de Saint-Joseph c/ Mme Auberval,* n° 117922 : *RF décentr. 1996. 238, obs. Marillia.* ♦ Le maire ne peut nommer ou titulariser des agents dans des emplois qui n'auraient pas été créés ou déclarés permanents par le conseil municipal. • CE 18 mai 1973, *Ville de Cayenne,* n° 78734 : *Lebon 359 ; AJDA 1973. 538, note Ferrari.*

7. Le conseil municipal étant compétent pour l'organisation et la gestion, le maire intervient seulement pour préciser les modalités d'application de la décision prise par le conseil municipal. C'est ainsi que relève de la compétence du conseil et non du maire la réglementation de la vente des boissons dans le périmètre d'une baignade et d'un terrain de camping municipal. • CE, sect., 17 mai 1968, *Delage*, n° 66484 : *Lebon 314.* ♦ ... Ou la suppression d'un marché hebdomadaire d'approvisionnement. • CE 5 mai 1995, *Synd. des commerçants non sédentaires de l'Orne*, n° 136294 : *Lebon 190 ; RTD com. 1995. 764, obs. Orsoni.* ♦ De même, le conseil municipal est compétent pour l'organisation générale des services de la commune. • CE 18 mai 1979, *Assoc. urbanisme judaïque Saint-Seurin*, n° 00413 : *Lebon 218.* ♦ ... Ou pour toute décision concernant l'étendue des prestations que les services publics fournissent. • CE 1er mai 1929, *Grandjean : Lebon 439.* ♦ ... Ou pour la fixation ou la modification de la durée hebdomadaire du travail. • CE 29 mai 2000, *Pacha*, n° 196127 B : *Gaz. Pal. 23 juin 2001, Pan. dr. adm. 14.* ♦ Les décisions individuelles concernant les agents communaux ne relèvent que du maire et non du conseil municipal. • CE 9 févr. 1933, *Bénard : Lebon 172.* ♦ V. aussi • CE 21 mai 1971, *Philippon*, n° 75035 : *Lebon 376 ; RD publ. 1971. 1349.* ♦ Il peut notamment, à ce titre, requérir en cas de grève un agent communal pour assurer le fonctionnement d'un service indispensable. • CE 9 juill. 1965, *Pouzenc*, n° 58778 : *Lebon 421 ; D. 1966. 722, note Gilli.* ♦ Mais il ne peut leur demander d'ouvrir le courrier adressé aux adjoints et aux conseillers • CE 9 avr. 2004, *Vast c/ Cne de Drancy*, n° 263759 : *Lebon ; RFDA 2004. 778, concl. Boissard ; JCP Adm. 2004, nos 1318 et 1319, notes Rouault et Moreau ; BJCL 2004. 397, concl. Boissard ; Dr. adm. 2004, n° 98, note Lombard ; Coll. terr. 2004, n° 120, note Derridi.*

8. C'est également sur la base de ce principe général de compétence que le juge a estimé que l'assemblée délibérante peut confier à une entreprise privée les missions assumées par un service public local. • CE, sect., 6 janv. 1995, *Ville de Paris*, n° 93428 : *préc. note 6.*

9. En ce qui concerne le financement des services publics, le conseil municipal est compétent pour en fixer les tarifs. • CE 10 juill. 1954, *Brouillard : Lebon 453.*

10. Le conseil municipal exerce également un pouvoir de contrôle permanent sur l'exercice par le maire de ses fonctions de responsable de l'administration de la commune. Il peut donc prononcer un blâme à l'encontre du maire à l'occasion de l'examen des questions inscrites à l'ordre du jour. • CAA Nantes, 17 déc. 1997, *Gicquel*, n° 96NT01490 : *Gaz. Pal. 1998. 2. Pan. dr. adm. 153.*

11. En matière de police, en revanche, seul le maire est compétent. ♦ V. notes ss. art. L. 2122-24. ♦ Le maire peut toujours demander l'avis du conseil municipal sur toute question de sa compétence propre. • CE 22 nov. 1935, *Chouard : Lebon 1080.*

12. De même, le conseil municipal est incompétent pour prescrire au maire de différer le mandatement d'une dépense obligatoire, compétence réservée exclusivement au maire chargé de l'exécution du budget. • TA Bordeaux, 18 juin 1985, *École Sainte-Marie de Saint-André-de-Cubzac : Lebon T. 518.* ♦ V. notes ss. art. L. 2342-1.

II. NOTION D'AFFAIRES DE LA COMMUNE

A. VOCATION GÉNÉRALE DE LA COMMUNE

13. Une jurisprudence traditionnelle reconnaît à la commune une vocation générale à intervenir sur le fondement de la compétence du conseil municipal à régler les affaires de la commune, indépendamment de toute attribution spécifique de compétence. Le plus souvent, le raisonnement reste implicite. Ainsi, en allouant un traitement à un médecin communal chargé de soigner tous les habitants, le conseil municipal d'Olmeto n'a pas délibéré en vue d'organiser l'assistance médicale gratuite conformément à la loi régissant la matière mais pour procurer des soins médicaux aux habitants qui en sont privés (ce qu'il ne pouvait faire que dans des circonstances exceptionnelles non présentes en l'espèce). • CE 29 mars 1901, *Casanova : Lebon 333 ; S. 1901. 3. 73, note Hauriou.*

14. Les affaires de la commune ne correspondent pas à des domaines d'activité déterminés ; elles se caractérisent par le but d'intérêt public communal poursuivi par le conseil municipal en décidant d'intervenir. Le raisonnement est parfois explicite. Ainsi des travaux destinés à prévenir les conséquences dommageables pour les biens et terrains situés sur le territoire communal du déversement d'eaux pluviales présentent un caractère d'intérêt communal, alors même qu'ils sont réalisés sur l'emprise d'une voie départementale ; dans ces conditions la délibération concerne les affaires de la commune au sens de la loi. • CE 25 juill. 1986, *Rougeaux c/ Cne de Saint-Sauveur-sur-École : Gaz. Pal. 1986. 2. Pan. dr. adm. 461.*

15. Le but d'intérêt public poursuivi imprime à l'activité ainsi prise en charge le caractère d'une mission de service public qui peut être reconnue comme telle, sans référence à la notion d'affaires de la commune qui constitue pourtant le fondement légal de la compétence du conseil municipal. Ainsi en passant un contrat pour la capture et la mise en fourrière des chiens errants et l'enlèvement des bêtes mortes, la ville de Montpellier a agi en vue de l'hygiène et de la sécurité de la population et a eu, dès lors, pour but d'assurer un service public. • CE 4 mars 1910, *Thérond : Lebon 193, concl. Pichat ; DP 1912. 3. 57 ; S. 1911. 3. 17, note Hauriou ; RD publ. 1910. 249, note Jèze.* ♦ ... Ou encore, en prenant en charge, dans l'intérêt public, une opération jugée utile pour le développement de la commune, cette dernière a assuré l'exécution d'une mission de service public. • CE 26 juin 1974, *Sté la Maison des Isolants France : Lebon 365 ; RD publ. 1974. 1486, note J.-M. Auby.* ♦ ... Ou en finançant l'édition et la diffusion d'un bilan de mandat autorisé par l'art. L. 52-1 C. élect., dépourvu de toute polémique électorale. • CE 6 févr. 2002, *Él. mun. de Montségur*, n° 236264.

16. De même, le conseil municipal peut créer une allocation municipale d'habitation dans le but d'aider les citoyens de la commune à régler leurs dettes vis-à-vis d'organismes de logement en contrepartie de l'engagement du bénéficiaire à participer à des activités d'intérêt général. • CE, ass., 29 juin 2001, *Cne de Mons-en-Barœul*, n° 193716 : *Lebon 298 ; Dr. adm. 2001, n° 183 ; AJDA 2002. 42, note Jégouzo ; Coll. terr. 2001, n° 228, note Moderne.*

B. RESPECT DES ATTRIBUTIONS LÉGALES DE COMPÉTENCE

17. Les attributions expressément dévolues aux communes soit par les dispositions du code, soit par celles de la législation particulière à la matière (urbanisme, aide sociale, transports...) confèrent à l'objet considéré un caractère d'intérêt public communal, indépendamment de toute autre considération. La compétence communale trouve alors son fondement dans les dispositions de la loi applicable à la matière, à l'exclusion de la compétence à régler les affaires de la commune.

18. L'art. L. 2121-29 a pour effet de donner au conseil municipal compétence pour statuer sur toutes les questions d'intérêt public communal qui ne sont pas dévolues par les textes à une autre personne. • CE 25 juill. 1986, *Rougeaux c/ Cne de Saint-Sauveur-sur-École : préc. note 14.*

19. Ces atteintes à la compétence d'une autre autorité sont illégales même si elles ne prennent qu'une forme indirecte : le conseil municipal a excédé sa compétence en faisant du déplacement d'une institutrice la condition de construction d'une classe par la commune. • CE 23 nov. 1960, *Mignon : Lebon 646 ; AJDA 1961. 154.*

1° RESPECT DES ATTRIBUTIONS LÉGALES DE COMPÉTENCE DE LA COMMUNE

20. L'intérêt public communal ne saurait justifier une intervention faite en violation de la loi propre à la matière considérée. Le juge administratif a ainsi été amené à sanctionner comme contraires à la loi de nombreuses interventions des collectivités dans le domaine de l'enseignement privé. Il en est ainsi pour les contributions au financement des dépenses d'investissement des établissements privés alors que la loi du 31 déc. 1959 (art. 4) [abrogé et codifié ss. C. éduc., art. L. 442-5. – **C. éduc.**] ne permet qu'une aide aux dépenses de fonctionnement des établissements sous contrat. • CE, ass., 25 oct. 1991, *Synd. national de l'enseignement chrétien et a.*, n°s 68523, 68526, 68529, 68577, 68642, 68643 et 68803 : *Lebon 349 ; RD publ. 1992. 217, concl. Pochard ; AJDA 1991. 885, chron. Maugüé et Schwartz ; D. 1992. 136, note F.-H. B ; LPA 1992, n°s 73 et 74, note Chouvel ; RFDA 1992. 995, note Durand-Prinborgne.* ♦ V. également notes ss. art. L. 2321-2.

21. Le juge a précisé que la compétence particulière définie par les textes doit être exercée dans les conditions prévues. Ainsi, en matière d'aides aux entreprises, la collectivité ne peut accorder des aides autres que celles définies par les textes. • CE 6 juin 1986, *Dpt de la Côte-d'Or*, n° 58463 : *Lebon 156 ; AJDA 1986. 549, note Moreau ; D. 1986. IR 351, note Llorens.* ♦ V. notes ss. art. L. 1511-2 s. et L. 3231-1 s.

22. Cependant, en cas de lacune des dispositions applicables, le Conseil d'État admet que le conseil municipal prenne des dispositions au titre de sa compétence générale. Ainsi, la loi relative au comité d'hygiène et de sécurité du personnel communal n'ayant pas prévu les modalités de l'élection des représentants du personnel, le Conseil d'État juge qu'il « appartient dès lors à l'organe de la collectivité compétent pour organiser les services de cette collectivité de fixer les règles d'application de la loi ». • CE 13 févr. 1985, *Synd. communautaire d'aménagement de l'agglomération nouvelle de Cergy-Pontoise*, n° 40756 : *Lebon 37 ; AJDA 1985. 271, note Moreau ; RFDA 1985. 367, note Douence, obs. Favoreu.* ♦ De même le juge a admis que le conseil municipal a pu statuer pour des agents à temps non complet sur la prise en compte de la durée du service militaire pour l'avancement de grade et d'échelon alors que le code ne le prévoit que pour les agents à temps complet. • CE 21 mai 1971, *Philippon : préc. note 7.*

2° ACTIVITÉS RÉSERVÉES AUX PARTICULIERS

23. Les activités par nature réservées aux particuliers ne peuvent faire l'objet d'une intervention de la commune et ne rentrent donc pas dans le domaine des affaires communales. Il en est ainsi pour la création d'une voie privée exclusivement destinée à une exploitation privée. • CE 11 oct. 1929, *Berton : Lebon 894.* ♦ ... Pour le financement de l'entretien de voies privées. • CE 17 oct. 1980, *Braesch*, n° 17395 : *Lebon 625.* ♦ ... Ou pour la prise en charge d'une partie du coût des travaux relatifs à la salubrité et à la sécurité d'un lotissement sauf dispositions législatives spéciales. • CE 21 juin 1993, *Cne de Chauriat c/ Lebris*, n° 118491 B.

3° RESPECT DES COMPÉTENCES DE L'ÉTAT

24. En se fondant sur l'obligation de respecter les compétences de l'État, le juge a sanctionné notamment une délibération portant sur l'application d'une taxe à un contribuable déterminé. • CE 9 janv. 1931, *De la Rochefoucault d'Estissac : Lebon 9.* ♦ Il en est de même pour la délibération acceptant un don d'une entreprise au titre d'acompte sur la taxe locale due par celle-ci, alors que seul le receveur des impôts était compétent. • CE 22 févr. 1984, *Sté SIPAV*, n° 33896 : *Lebon 77*. ♦ ... De même, illégalité d'une délibération interdisant les expulsions de locataires et les saisies mobilières sur le territoire de la commune et faisant ainsi obstacle à l'exécution d'une décision de justice. • CE 9 oct. 1996, *Cne d'Ivry-sur-Seine*, n° 121323 B. ♦ Le conseil municipal ne peut fixer la rémunération des interventions d'un service des enquêtes municipales sans que soit réservé le cas des recherches que le maire doit faire en qualité d'agent de l'État. • CE 9 mars 1998, *Ville de Nice*, n° 172603 B.

25. Le conseil municipal ne peut également adresser une directive au maire lorsque celui-ci agit en qualité d'agent de l'État. • CE 29 avr. 1983, *Assoc. de défense des espaces ruraux et naturels de la Cne de Regny*, n° 32105 : *Lebon 168* ; *AJDA 1983. 376, concl. Denoix de Saint-Marc.* ♦ En revanche il peut définir des règles sur la base desquelles la commune détermine les bénéficiaires de réservation de logement HLM. • CE 5 oct. 1998, *Cne de Longjumeau*, n° 172597 B : *LPA 12 mai 1999, note Brouant.*

26. A été également jugé que le conseil municipal ne peut décider de consulter les électeurs sur l'opportunité du tracé d'un projet d'autoroute ne relevant pas de la compétence de la commune. • CE 16 déc. 1994, *Cne d'Avrillé*, n° 146832 : *Lebon 558* ; *LPA 1995, n° 91, note Gilly ; ibid. n° 65, note Kouby ; AJDA 1995. 838, note Jégouzo*. ♦ ... Ni sur le projet de tracé de TGV. • CE 14 avr. 1995, *Cne de Ventabren*, n° 150163 B. ♦ Cependant, il n'est pas interdit de subventionner une association ayant pour objet de lutter contre un projet autoroutier. • CAA Paris, 23 mai 2001, *Dpt de Seine-Saint-Denis : Dr. adm. 2002, n° 20, note V. H.*

27. Le conseil municipal ne peut modifier le chiffre de la population communale résultant du recensement général. • CE 29 oct. 1986, *COREP d'Indre-et-Loire*, n° 55139 B. ♦ Il ne peut également instituer une prestation non obligatoire ; en l'espèce une allocation de congé parental dont les conditions d'octroi relèvent d'une politique démographique que la commune n'a pas compétence pour définir. • TA Paris, 19 mars 1986, *Levy : Lebon 308.*

28. Le conseil municipal ne peut accorder une subvention à une association d'élus pour un département basque ayant pour objet de modifier le découpage territorial, compétence relevant exclusivement du législateur. • CAA Bordeaux, 13 mars 2007, *Cne d'Ainhoa*, n° 05BX01230. ♦ Pour l'octroi d'une subvention à une association ayant pour objet principal la mise en place d'une chambre agricole du Pays basque. • CAA Bordeaux, 18 nov. 2008, *Cne de Saint-Pierre d'Irube*, n° 07BX01024.

29. Le juge a en outre sanctionné comme ayant un objet politique la délibération d'un conseil municipal portant sur la consultation des électeurs au sujet du maintien sur le territoire de la commune de populations étrangères. • CE 16 nov. 1994, *Cne d'Awala-Yalimapo*, n° 148995 : *Lebon 498* ; *LPA 1995, n° 91, note Gilly ; RD publ. 1995. 1081, note J.-M. Auby.* ♦ ... Sur la question du droit de vote des étrangers aux élections locales. • CAA Versailles, 23 oct. 2008, *Cne de Clichy-la-Garenne*, n° 08VE01555. ♦ ... Sur l'adhésion à une association dont le but est de s'opposer à l'application d'un traité. • TA Poitiers, 30 nov. 2006, *Préfet Région Poitou-Charentes*, n° 0503072 : *AJDA 2007. 390* . ♦ ... Sur l'attribution de la qualité de citoyen d'honneur de la ville à un prisonnier palestinien notoire, condamné pour meurtres à la réclusion criminelle à perpétuité en Israël et demandant la libération de prisonniers palestiniens détenus par l'État d'Israël et la reconnaissance d'un État palestinien. • CAA Versailles, 19 juill. 2016, *Cne d'Aubervilliers*, n° 15VE02895 : *BJCL 2016. 657 et 661, concl. Lepetit-Collin, obs. Poujade.* ♦ ... Sur la prise en charge de la participation des élus locaux à la réunion d'un mouvement ayant pour but de manifester l'hostilité de ses membres aux négociations en vue de l'adoption d'un projet de traité relatif aux commerces de services. • CAA Lyon, 7 oct. 2008, *Préfet du Rhône c/ Cne de Grigny*, n° 06LY01474. ♦ ... Sur la soustraction du territoire de la commune à l'application d'un accord international. • CAA Lyon, 13 déc. 2007, *Préfecture de l'Allier c/ Cne de Bellenaves et Cne d'Autry-Issards*, n° 06LY00379 : *AJDA 2008. 461, concl. Besle* . ♦ ... Sur la limitation de la portée des dispositions d'un traité. • CAA Bordeaux, 6 oct. 2008, *Cne de Trélissac*, n° 07BX00917. ♦ Cependant la commune peut délibérer sur une question nationale ou européenne si elle présente un intérêt local. • CAA Nancy, 28 sept. 2006, *Cne de Villers-lès-Nancy*, n° 05NC00882 : *AJDA 2006. 2139* .

30. Cependant, si l'intervention répond directement aux besoins de la population, le juge estime que le conseil municipal peut par exemple décider la construction d'un local destiné à recevoir un bureau de poste. • CE 1er avr. 1977, *Grignard*, n° 02445 : *Lebon 174 ; AJDA 1977. 377.* ♦ Il en est de même pour la prise en charge partielle de travaux sur un chemin privé situé en contrebas d'une route nationale, affecté par des désordres menaçant l'assise de cette route dont la fermeture aurait isolé plusieurs quartiers du centre-ville. • CE 21 déc. 1994, *Cne de Théoule-sur-Mer*, nos 118975 et 119135 : *Lebon 825* .

4° RESPECT DES COMPÉTENCES DU DÉPARTEMENT

31. S'agissant de la réglementation du droit de vaine pâture (C. rur., art. L. 651-1 s. – V. **C. rur.**), le conseil municipal peut en suspendre l'exercice et non le supprimer, ce qui relève du conseil général. • TA Toulouse, 25 mars 1976, *Perier : Lebon T. 619.* ♦ Toutefois, il a été admis qu'une ville subventionne une association départementale qui organise sur son territoire un événement présentant un intérêt communal évident. • CE 5 déc. 1941, *Rousteau : Lebon 206.*

5° RESPECT DES COMPÉTENCES DES ÉTABLISSEMENTS PUBLICS

32. Le juge a rappelé que le conseil municipal doit respecter les compétences des établissements publics de coopération intercommunale et notamment celles des organes de gestion des biens indivis entre plusieurs communes. • CE 26 avr. 1985, *Cne de Larrau,* n°s 31752, 44482, 45259 et 48727 : *Lebon 129 ; AJDA 1985. 431, concl. Jeannerey ; JCP 1985. II. 20480, note Ourliac.* ♦ De même, incompétence de la commune pour instituer une redevance spéciale relative à un service public d'enlèvement d'ordures ménagères transféré à un syndicat intercommunal. • CE 18 oct. 1993, *Cne de Senots c/ Fernand,* n° 126038 B : *ACL 1994. 179.* ♦ Ni le conseil municipal ni le maire ne peuvent attribuer les logements sociaux, compétence réservée aux organismes d'HLM. • CE 21 juin 2000, *Cne de Charvieu-Chavagneux,* n° 198237 B : *RFDA 2001. 1082, obs. Verpeaux.*

33. Toutefois, le législateur peut aménager des hypothèses de compétences concurrentes, notamment entre une commune et un établissement public qui lui est rattaché : par exemple, un conseil municipal peut sans empiéter sur les compétences d'un bureau de bienfaisance, accorder des aides consistant en des repas gratuits assurés par la cantine au bénéfice d'élèves indigents des écoles publiques ou privées. • CE 11 janv. 1952, *Assoc. des parents d'élèves de l'enseignement libre de Seine-et-Oise : Lebon 26.* ♦ ... Ou bien le conseil municipal en votant des crédits permettant l'allocation de récompenses aux élèves de l'ensemble des écoles privées ou publiques de la commune n'empiète pas sur les compétences de la caisse des écoles dont la mission consiste à encourager la fréquentation des écoles publiques par des récompenses. • CE 26 nov. 1954, *Cne de Freigné : Lebon 619.* ♦ ... Ou bien le conseil municipal peut, par voie réglementaire, organiser son pouvoir de proposition, à un organisme d'HLM, des candidats à l'attribution de logements sociaux. • CE 5 oct. 1998, *Cne de Longjumeau,* n° 172597 : *préc. note 25.*

34. En ce qui concerne l'Agence nationale des déchets radioactifs, le juge a sanctionné l'allocation d'une subvention à une association dont l'objet est de s'opposer aux études effectuées par l'Agence dans le département en vue de la recherche d'un lieu de stockage des déchets nucléaires. • CE 15 nov. 1995, *Cne de Secondigny,* n° 137500 : *RF décentr. 1996. 246, note Verpeaux.*

C. INTÉRÊT PUBLIC COMMUNAL FONDANT LA COMPÉTENCE COMMUNALE

35. La notion d'intérêt public communal est appréciée dans le cadre territorial de la commune et en fonction des besoins des habitants de celle-ci. L'existence d'un intérêt public communal a ainsi été reconnue à propos de l'octroi de bourses à des étudiants étrangers originaires de villes jumelées qui facilitera le développement d'échanges multiples et fructueux pour le tissu local universitaire, administratif et économique. • CE, sect., 28 juill. 1995, *Cne de Villeneuve-d'Ascq,* n° 129838 : *Lebon 324 ; RF décentr. 1995, n° 2, p. 212, note Mallol ; AJDA 1995. 834, note Schwartz.* ♦ De même, pour une aide au maintien d'un salon de coiffure en milieu rural. • TA Nantes, 16 déc. 1997, *Calba,* n° 962308 : *Gaz. Pal. 1998. 2. Pan. dr. adm. 197.* ♦ ... Pour l'acquisition sur le territoire d'une autre commune de terrains pour satisfaire des besoins en logements qu'elle ne peut satisfaire sur son propre territoire. • CE 22 nov. 2002, *Cne de Gennevilliers,* n° 229192. ♦ ... Ou en vue d'augmenter la superficie des espaces verts à la disposition des habitants, d'un centre aéré et des chasseurs. • CE 7 févr. 2005, *Cne de Fos-sur-Mer,* n° 261589 : *BJCL 2005. 225, concl. Prada-Bordenave.* ♦ ... Ou la construction d'une déviation • CE 6 mars 1981, *Assoc. de défense des habitants du quartier de Chèvre-Morte,* n° 00120 : *Lebon 125 ; AJDA 1981. 245, chron. Feller et Pinault ; RD publ. 1981. 1695, note J.-A. Auby.* ♦ ... Ou l'implantation d'un cimetière • CE 18 févr. 1972, *Ch. synd. de Haute-Garonne,* n° 77277 : *Lebon 153.* ♦ ... Ou un captage d'eau • CE 13 déc. 1967, *Ville de Dreux,* n° 66138 : *Lebon 487.* ♦ En revanche elle ne peut pas acquérir des terrains pour empêcher une commune riveraine de réaliser une opération d'aménagement. • CE 24 mai 1993, *Cne du Vésinet,* n° 118414 : *Lebon 163.*

36. Présente un intérêt communal toute décision portant sur le développement ou l'aménagement de la commune et notamment pour toute décision relative à la construction des ouvrages publics communaux. • CE 15 févr. 1961, *Couquet : Lebon 119.* ♦ ... Ou pour la dénomination des rues et places publiques, des chemins ruraux. • CAA Bordeaux, 30 avr. 2002, *Farrugia,* n° 99BX02592. ♦ ... Ou pour la détermination du schéma général de circulation concernant la circulation automobile, transports en commun et voies piétonnes. • TA Besançon, 18 févr. 1976, *Union des professions pour l'aménagement de Besançon : Lebon 603.* ♦ ... Ou pour l'édification de bâtiments à usage industriel et commercial destinés à la location. • TA Caen, 8 janv. 1980, *Sté Gauthier : Lebon 624.* ♦ ... Ou pour la réglementation de l'utilisation de la salle des fêtes. • CE 21 mars 1990, *Cne de la Roque-d'Anthéron,* n° 76765 : *Lebon 74.* ♦ ... Ou pour la décision d'agrandissement des cimetières mais non pour la translation. • CE 20 juin 1980, *Jaillard,* nº 03621 : *Lebon 282* (V. également notes ss. art. L. 2223-1). ♦ ... Ou pour le projet d'aménagement d'une rue de la commune. • CE 30 oct. 1996, *Sté Henri Herrmann : préc. note 1.* ♦ ... Ou pour fixer les redevances d'occupation du domaine public. • CE 8 juill. 1996, *Merie : Lebon 272*. ♦ ... Ou la vente en dessous de sa valeur d'un bien immobilier à une assoc. locale dès lors que cette cession est justifiée par des motifs d'intérêt général et comporte des contreparties suffisantes. • CE 25 nov. 2009, *Cne de Mer*, nº 310208.

37. Il en est de même pour la prise en charge par la commune des frais de justice occasionnés par des attaques portant sur l'exercice des fonctions municipales par le maire. • TA Besançon, 25 oct. 2001, *Dahla c/ Cne de Grandfontaine*, nº 991394 : *Coll. terr. 2002, nº 7, note Moreau.* ♦ Se rattache également à un intérêt communal la prise en charge des frais de justice pour une action qui oppose l'ancien maire et le maire actuel à un particulier. • Même arrêt. ♦ Il en est de même pour la prise en charge des cotisations aux associations d'élus lorsque c'est la commune qui adhère. * Rép. min. nº 357 : *JOAN 6 avr. 2004, p. 2953.*

38. Présente encore un intérêt public culturel l'érection par la ville de Lille d'une sculpture commémorative du cardinal Liénart en raison de l'ensemble des activités exercées et du rôle joué par cette personnalité dans cette ville. • CE 25 nov. 1988, *Dubois*, nº 65932 : *Lebon 422* ; *AJDA 1989. 172, note Pontier.* ♦ ... Ou pour l'organisation par une commune avec le concours d'une association « transparente » d'un festival de la bande dessinée. • CE 25 mars 1988, *Cne d'Hyères c/ Serre*, nº 61257 : *Lebon 669*. ♦ ... Ou pour un festival de musique qui constitue une manifestation d'ordre culturel et touristique. • CE 2 juin 1995, *Ville de Nice*, nº 123647 B : *RF décentr. 1995, nº 2, obs. Laurent.* ♦ Pour l'adhésion d'une commune à une association chargée de la gestion d'activités de rencontre, de concerts, de spectacles sur un site de la commune. • CE 8 juin 1994, *Delrez*, nº 143272 B. ♦ De même, la commune peut prendre en charge les dettes d'une association municipale « transparente » chargée d'une activité de service public administratif. • CE 4 août 2006, *Cne de Grimaud*, nº 271964 : *Coll. terr. oct. 2006. 8, note Mondou.* ♦ De même, présente un intérêt communal la prise en charge des frais de transports et autres frais annexes impliqués par les déplacements d'une équipe municipale de handball. • TA Versailles, 10 avr. 1998, *Préfet de Seine-et-Marne c/ Cne de Pontault-Combault*, nº 914630 : *Gaz. Pal. 28 avr. 1999, Pan. dr. adm. 74.* ♦ Mais pas la prise en charge des frais de participation à un congrès de conseillers municipaux. • TA Saint-Denis de La Réunion, 9 juin 1999, *Préfet de La Réunion c/ Cne de Sainte-Marie*, nº 9801113 B.

39. A été reconnu comme présentant un intérêt communal, le financement par la commune d'un voyage de découverte à la Guadeloupe offert aux enfants de la commune et à leurs accompagnateurs dans le but de fédérer l'esprit communal et de favoriser l'ouverture vers l'extérieur des habitants de la commune. • CE 7 juill. 2004, *Cne de Celoux*, nº 254165 : *Lebon 319* ; *JCP Adm. 2004 nº 1531, chron. Glaser et Séners ; Coll. terr. 2004, nº 197, note Moreau ; BJCL 2004. 625, concl. Séners.*

40. Le principe simple posé par la L. nº 87-571 du 23 juill. 1987 (JO 24 juill.), selon lequel toute association déclarée peut recevoir des subventions des collectivités territoriales, doit être concilié avec le principe selon lequel l'association doit présenter un intérêt pour la collectivité. Il convient de tenir compte des buts de l'association et de la nature de l'activité subventionnée à l'exclusion des intentions de la commune. • CAA Nancy, 6 mars 2008, *Cne de Soultz*, nº 07NC00083. ♦ Ainsi, le financement d'une campagne publicitaire visant à favoriser le développement du thermalisme présente un intérêt local relatif à l'essor commercial de la station. • TA Caen, 2 juin 1971, *Carrière Lebon : Lebon 859.* ♦ De même, l'organisation d'un congrès ou de l'assemblée générale d'une association nationale par une de ses sections locales peut recevoir une subvention en raison des retombées attendues sur la notoriété de la commune et l'économie locale. • CE 5 déc. 1941, *Rousteau : Lebon 206.* ♦ Il en est également ainsi pour l'aide à une association sportive contribuant au développement de la pratique locale du sport. • CE 31 mai 2000, *Ville de Dunkerque*, nº 170563 : *Lebon 218 ; AJDA 2000. 939, note Chouvel* ; *RDSS 2001. 815, obs. Alfandari* ; *RTD com. 2000. 874, obs. Orsoni* ; *RD publ. 2001. 295, note Eckert.* ♦ ... Ou à une association sportive pour la construction d'une salle de sport. • TA Bordeaux, 17 févr. 1989, *Cazalis et Lassus : Lebon 896.* ♦ ... Ou l'aide à une association exploitant un cinéma à caractère exclusivement éducatif. • CE 16 févr. 1940, *Capelle : Lebon 40 (a contrario).*

41. Cependant, les retombées notamment économiques doivent être suffisamment directes pour que la collectivité y trouve un intérêt réel. Il en est ainsi faute d'intérêt local suffisant pour l'octroi de subventions à des concurrents participant au rallye automobile Paris-Dakar. • TA Lyon, 30 mars 1989, *Assoc. automobile Rhône-Afrique, Tête : Lebon 386.* ♦ ... Ou pour une subvention accordée à une association de défense contre un projet d'autoroute. • CAA Paris, 23 mai 2001, *Dpt de Seine-Saint-Denis : préc. note 26.* ♦ ... Ou pour une subvention destinée à financer l'impression d'une brochure appelant à voter « non » au référendum sur l'Union européenne. • CE 25 avr. 1994, *Président du conseil général du Territoire de Belfort*, nº 145874 A : *AJDA 1994. 545, concl. Kessler*. ♦ ... Ou l'octroi d'une subvention à des associations d'action laïque en vue de leur participation à une manifestation nationale en faveur du service public de l'éducation nationale. • CE

6 mai 1996, *Préfet des Pyrénées-Atlantiques*, n° 165054.

42. Enfin, l'intérêt public ne peut justifier une délibération autorisant un acte qui exposerait son destinataire à commettre un délit. • CAA Marseille, 3 juill. 2008, *SCI Planet*, n° 07MA03520.

D. LIMITES DE LA COMPÉTENCE GÉNÉRALE DE LA COMMUNE

1° INTERVENTION ÉCONOMIQUE ET CRÉATION DE SERVICE PUBLIC

43. La liberté de la commune d'octroyer des aides à des personnes privées poursuivant un but lucratif doit s'apprécier conformément aux principes définis par les art. L. 1511-1 s., L. 1524-1 s. pour les SEM et L. 2251-1 s. (V. notes ss. ces art.).

44. Outre les services publics entrant dans les missions légales des collectivités locales qu'ils soient obligatoires ou qu'ils soient prévus à titre facultatif par la loi (V. art. L. 2221-1 s.), la vocation générale des collectivités locales rend possible la création par le conseil municipal de services publics répondant à un intérêt public local, c'est-à-dire si cette intervention est justifiée par la satisfaction de besoins précis de certains ou de l'ensemble des habitants. • CE 24 oct. 1958, *Cne de Saint-Trojan : RPDA 1958, n° 396* (pour la création facultative d'un corps municipal de sapeurs-pompiers). ♦ Les lois de 1983 relatives à la répartition de compétences n'ont nullement fait disparaître la faculté pour le conseil municipal de créer des services publics non prévus par des textes. Ainsi, est expressément consacrée l'existence d'un service public d'information municipale, à propos de contrats en confiant l'exécution, pour tout ou partie, à une entreprise. • T. confl. 24 juin 1996, *Préfet de l'Essonne*, n° 3023 : *Lebon 596*. • CE 10 juill. 1996, *Coisne*, n° 140606 B : *RFDA 1997. 504, concl. Chantepy ; ibid. 507, note Douence* . ♦ La prise en compte des besoins futurs peut fonder la création d'un service public local. • CE 18 mai 2005, *Territoire de la Polynésie française*, n° 254199 B : *AJDA 2005. 2130, note Nicinski ; Dr. adm. 2005, n° 98, note F. D.* ♦ Si les collectivités territoriales entendent prendre en charge une activité économique, elles ne peuvent légalement le faire que dans le respect tant de la liberté du commerce et de l'industrie que du droit de la concurrence. À cet égard, pour intervenir sur un marché, elles doivent non seulement agir dans la limite de leurs compétences, mais également justifier d'un intérêt public, lequel peut résulter notamment de la carence de l'initiative privée. • CE 31 mai 2006, *Ordre des avocats au barreau de Paris*, n° 275531 A : *AJDA 2006. 1592, chron. Landais et Lenica ; ibid. 2008. 911, étude Israël ; RDI 2006. 480, obs. Dreyfus ; RFDA 2006. 1048, concl. Casas ; RTD com. 2006. 774, obs. Orsoni* . ♦ V. notes ss. art. L. 2221-1 s. ♦ Faute d'intérêt public établi, la commune ne peut conclure un contrat d'alarme à titre onéreux visant à assurer une mission de télésurveillance à domicile par la police municipale. • CAA Versailles, 5 juill. 2018, *Cne de Drancy*, n° 16VE01084 : *AJDA 2019. 858, chron. Ribeiro-Mengoli ; ibid. 2018. 2430* .

2° INTERVENTION À CARACTÈRE POLITIQUE

45. L'assemblée délibérante ne peut intervenir dans un contexte politique. C'est ainsi qu'a été sanctionné l'aide à l'achat d'une ambulance et de médicaments pour l'Espagne républicaine. • CE 16 juill. 1941, *Synd. de défense des contribuables de Goussainville : Lebon 133*. ♦ ... Ou l'octroi à l'association humanitaire France-Palestine Solidarité d'une subvention ayant pour objet le soutien au peuple palestinien. • CAA Versailles, 31 mai 2007, *Cne de Stains*, n° 05VE00412. ♦ ... Ou l'octroi d'une subvention à une association qui se proposait de combattre une formation politique dont l'existence est légalement reconnue. • CE 28 oct. 2002, *Cne de Draguignan*, n° 216706. ♦ De même, porte atteinte au principe de neutralité l'interdiction d'attribuer à une école le nom d'un homme politique. • TA Lille, 18 déc. 2007, *Desurmont*, n° 0601575 : *AJDA 2008. 709, note Deliancourt* . ♦ ... L'accrochage du portrait du maréchal Pétain dans la salle de délibération du conseil municipal. • TA Caen, 26 oct. 2010, *Préfet du Calvados c/ Cne de Gonneville-sur-Mer*, n° 1000282 : *AJCT 2010. 177, obs. Dreyfus ; D. 2010. 2505 , édito Rome ; BJCL 2010. 746, concl. Tiger.* ♦ Est illégale l'apposition d'une banderole en soutien de la cause palestinienne sur le fronton de la mairie. • TA Montreuil, 6 déc. 2024, n° 2417169 : *AJCT 2025. 304, obs. Villeneuve* . ♦ De même, sont dépourvues d'intérêt public local les subventions octroyées à une association d'obédience maçonnique, subventions destinées non pas à répondre aux besoins de la population locale mais seulement à faciliter le fonctionnement de l'association. • CAA Marseille, 6 janv. 2011, *Centre culturel montpelliérain*, n° 08MA02999 : *AJDA 2011. 1205, note Tsiadino Rakotondrahaso* . ♦ Le conseil municipal ne peut décider d'apposer sur ou dans un édifice public des symboles politiques tels qu'un drapeau symbole d'une revendication politique. • CE 27 juill. 2005, *Cne de Sainte-Anne*, n° 259806 : *Lebon 347 ; AJDA 2006. 196, note Darracq ; RFDA 2005. 1137, concl. Donnat ; RFAP 2005. 1137, concl. Donnat ; Dr. adm. 2005, n° 165, note Erstein ; BJCL 2005. 676, concl. Donnat, obs. J. C. B.* ♦ En l'absence de dispositions législatives spéciales l'autorisant expressément à accorder des concours financiers ou le lui interdisant, une commune ne peut accorder une subvention à une association qu'à la condition qu'elle soit justifiée par un intérêt public communal. Si une commune ne peut, en attribuant une subvention, prendre parti dans des conflits, notamment de nature politique, la seule circonstance qu'une association prenne des positions dans des débats publics ne fait pas obstacle à ce que la commune lui accorde légalement une subvention, dès lors que ses activités présentent un intérêt public local. Lorsqu'une association a un objet d'intérêt public local, mais mène aussi des actions, notamment à caractère politique, qui ne peuvent être regardées comme revêtant un tel caractère, la commune ne peut légalement lui accorder une subvention, en particulier lorsqu'il s'agit d'une subvention générale destinée à son fonctionnement, qu'en s'assurant, par des engagements appropriés qu'elle lui demande de prendre, que son aide sera destinée au financement des activités d'intérêt public local. • CE 8 juill. 2020, n° 425926 B : *AJDA 2020. 1448* ; *ibid. 2433, note B. Faure* ; *JA 2020, n° 625, p. 10, obs. X. Delpech* ; *JCP Adm. 2020. n° 48. 2311, note Rombaults-Chabrol*. V. aussi • TA Nantes, 7 févr. 2018, n° 1602967 : *AJCT 2018. 330, obs. Didriche* ; *AJDA 2018. 504, note Delvolvé* ; *BJCL 2018. 39, concl. Frank, obs. Jozefowicz*. ♦ Jugement annulé par la CAA. • CAA Nantes, 5 oct. 2018, n°s 18NT01408 et 18NT01427 : *JA 2018, p. 11, obs. Benazeth* ; *BJCL 2018. 625, concl. Lemoine, obs. Poujade* ; *JCP Adm. 2018, n° 2310, note Rombauts-Chabrol* ; *AJCT 2019. 92, note Didriche*.

3° INTERVENTION DANS UN CONFLIT COLLECTIF DE TRAVAIL

46. Un conseil municipal ne peut intervenir dans un conflit collectif du travail en apportant son soutien financier à l'une des parties en litige même si la commune est elle-même l'employeur des personnels grévistes et même si le mouvement de grève avait pris fin à la date de la délibération. • CE 12 oct. 1990, *Cne de Champigny-sur-Marne*, n° 91325 B.

47. Cependant, le juge a estimé qu'il n'y avait pas intervention dans un différend politique lorsque le conseil municipal a accordé à des fins sociales des aides personnelles aux grévistes de la SNCF et plus particulièrement la gratuité des restaurants scolaires aux enfants des grévistes. • CE 11 oct. 1989, *Cne de Port-Saint-Louis-du Rhône*, n° 89628 : *Lebon 184* ; *AJDA 1990. 109, note Julien-Laferrière* ; *Dr. soc. 1990. 538, note Lachaume*.

48. Le Conseil d'État a jugé que des subventions accordées à l'union locale d'un syndicat avant la L. du 17 janv. 2002 étaient légales dès lors qu'il existe un lien suffisamment direct entre les actions menées localement et un intérêt public local et à la condition que les subventions ne soient pas octroyées pour des motifs politiques ou pour apporter un soutien dans un conflit du travail. • CE 4 avr. 2005, *Cne d'Argentan*, n° 264596 : *AJDA 2005. 1295, concl. Glaser* ; *RFDA 2006. 51, obs. Cadeau* ; *Dr. adm. 2005, n° 80, note E. G* ; *BJCL 2005. 448, concl. Glaser, obs. Vialettes et Robineau-Israël*. ♦ Pour les subventions accordées après la L. du 17 janv. 2002, le Conseil d'État admet la légalité d'une délibération décidant l'octroi d'une subvention de fonctionnement à la structure locale d'une organisation syndicale représentative sans exiger la définition de l'intérêt public local auquel répond la mission à laquelle cette subvention doit être affectée. • CE 16 févr. 2011, *Dpt de la Seine-Saint-Denis*, n° 314096 : *BJCL 2011. 252, concl. Geffray*. ♦ V. notes ss. art. L. 2251-3-1.

4° RESPECT DU PRINCIPE DE LAÏCITÉ

49. BIBL. Bahouala, Laïcité/séparatisme : états des lieux, obligations et pouvoirs du maire, *AJCT 2020. 348* .Le juge a été amené, sur le fondement de l'art. 19 de la L. du 9 déc. 1905 concernant la séparation des Églises et de l'État, à sanctionner l'octroi d'une subvention à une association ayant une activité cultuelle, même si cette association exerce d'autres activités sociales, sportives, culturelles ou musicales. C'est ainsi que ce principe a été appliqué pour une association dont les buts étaient à la fois de favoriser le culte hindouiste et d'organiser des activités sociales et culturelles. • CE, sect., 9 oct. 1992, *Cne de Saint-Louis de La Réunion c/ Assoc. « Siva Soupramanien de Saint-Louis »*, n° 94455 : *Lebon 803* ; *AJDA 1992. 817, concl. Scanvic* ; *RDSS 1993. 127, obs. Alfandari*. ♦ Toutefois, le juge autorise les subventions octroyées à des associations confessionnelles en vue de favoriser telle ou telle pratique sociale, culturelle ou sportive, l'activité cultuelle étant assumée par une autre association. • Même arrêt. ♦ V. par ex. pour la prise en charge des abattoirs provisoires pour l'Aïd-el-Kébir : • CE 19 juill. 2011, *Cté urb. du Mans – Le Mans métropole*, n° 309161 : *Lebon* ; *AJCT 2011. 515, obs. Perrier* ; *AJDA 2011. 1667, chron. Domino et Bretonneau* ; *ibid. 2014. 124, chron. Hubac* ; *D. 2011. 2375, note Touzeil-Divina* ; *RFDA 2011. 967, concl. Geffray*. ♦ En outre, les collectivités locales peuvent apporter une aide financière aux associations cultuelles pour l'entretien et la réparation des édifices construits notamment après 1906 et ouverts au culte public dont les collectivités locales ne sont pas propriétaires. Il en est ainsi lorsque l'édifice fait l'objet d'une très importante fréquentation touristique. • CE, ass., 19 juill. 2011, *Féd. de la libre pensée et de l'action sociale du Rhône*, n° 308817 : *AJCT 2011. 515, obs. Perrier* ; *AJDA 2011. 1667, chron. Domino et Bretonneau* ; *ibid. 2014. 124, chron. Hubac* ; *D. 2011. 2375, note Touzeil-Divina* ; *RFDA 2011. 967, concl. Geffray*. ♦ ... Ou pour l'acquisition d'un orgue dans le but d'un enseignement artistique et pour l'organisation de manifestation culturelle. • CE, ass., 19 juill. 2011, *Cne de Trélazé*, n° 308544 : *Lebon* ; *AJDA 2011. 1667, chron. Domino et Bretonneau* ; *ibid. 2014. 124, chron. Hubac* ; *AJCT 2011. 515, obs. Perrier* ; *RFDA 2011. 967, concl. Geffray*. ♦ ... Ou pour l'installation d'un système de chauffage. • CE 26 nov. 2012, *Cté des bénédictins de l'Abbaye de Saint-Joseph de Clairval*, n° 344284 : *Lebon* ;

AJDA 2013. 245, note Pontier ; *RFDA 2013. 326, concl. Cortot-Boucher* ; *ibid. 342, note Comte-Perrier*. ♦ ... Ou pour la restauration d'une basilique, monument inscrit au patrimoine culturel du Bassin méditerranéen, à Annaba (Algérie). Ainsi la loi de 1905 s'applique aux conventions de coopération ayant pour objet la réparation d'édifices cultuels. • CE 17 févr. 2016, *Région Rhône-Alpes*, n° 368342 : *Lebon ; AJDA 2016. 712, chron. Dutheillet de Lamothe et Odinet* ; *AJCT 2016. 340, obs. Gounin*. ♦ V. aussi notes ss. art. L. 2321-2. ♦ En revanche, le conseil municipal ne peut décider d'apposer sur ou dans un édifice public des signes à caractère religieux. • CAA Nantes, 4 févr. 1999, *Assoc. civique Joué Langueurs et a.*, n° 98NT00207 : *Lebon 498*. ♦ Est illégale l'apposition d'une banderole en soutien de la cause palestinienne sur le fronton de la mairie à laquelle est ajouté un message : « Seigneur pardonnez-nous ! ». • TA Montreuil, 6 déc. 2024, n° 2417169 : *préc. note 45*. ♦ L'installation d'une crèche de Noël, à titre temporaire, dans un emplacement public, n'est légalement possible que lorsqu'elle présente un caractère culturel, artistique ou festif, sans exprimer la reconnaissance d'un culte ou marquer une préférence religieuse. Dans l'enceinte des bâtiments publics, sièges d'une collectivité publique ou d'un service public, le fait pour une personne publique de procéder à l'installation d'une crèche de Noël ne peut, en l'absence de circonstances particulières permettant de lui reconnaître un caractère culturel, artistique ou festif, être regardé comme conforme aux exigences qui découlent du principe de neutralité des personnes publiques ; dans les autres emplacements publics, eu égard au caractère festif des installations liées aux fêtes de fin d'année notamment sur la voie publique, l'installation à cette occasion et durant cette période d'une crèche de Noël est possible, dès lors qu'elle ne constitue pas un acte de prosélytisme ou de revendication d'une opinion religieuse. • CE 9 nov. 2016, *Cne de Melun*, n° 395122 • CE 9 nov. 2016, *Féd. de la libre pensée de Vendée*, n° 395223 : *Lebon ; AJCT 2017. 90, obs. De la Morena et Yazi-Roman* ; *AJDA 2016. 2375, chron. Dutheillet de Lamothe et Odinet* ; *D. 2016. 2456, entretien Maus* ; *ibid. 2017. 345, édito. Dissaux* ; *RFDA 2017. 127, note Morange* ; *BJCL 2016. 728 et 740, concl. Bretonneau, note Degoffe ; JCP Adm. 2016, n° 2309, note Chifflot*. ♦ Pour des applications de cette jurisprudence, pour l'installation d'une crèche dans l'enceinte d'un bâtiment public, siège d'une collectivité locale, • TA Lyon, 5 oct. 2017, n° 1701752 : *AJCT 2018. 111, obs. Le Chatelier* • CAA Nantes, 6 oct. 2017, *Dpt de Vendée c/ Féd. de la libre pensée de Vendée*, n° 16NT03735 : *AJCT 2018. 111, obs. Le Chatelier* • TA Nîmes, 16 mars 2018, n°s 1600514, 1603919 et 1603925 : *AJCT 2018. 350, obs. Le Chatelier*. ♦ L'édification d'une statue de Jean-Paul II surplombée d'une croix sur une place publique doit être regardée comme un emblème ou un signe religieux interdit par l'art. 28 de la L. du 9 déc. 1905, sans qu'il soit possible de se prévaloir du caractère d'œuvre d'art du monument ni de la forte tradition catholique locale. • CE 25 oct. 2017, *Féd. morbihannaise de la libre pensée et a.*, n° 396990 : *Lebon ; AJDA 2018. 452, note Juston* ; *D. 2018. 56, note Alonso* ; *AJCT 2018. 93, obs. de Dieuleveult* ; *BJCL 2017. 671, concl. Victor, obs. Poujade*. ♦ L'apposition d'une croix sur la grille d'un cimetière porte atteinte à la loi de 1905, si elle est postérieure à la loi. • CE, avis, 28 juill. 2017, n° 408920 : *Lebon ; AJCT 2017. 637, obs. Goutal* ; *BJCL 2017. 659, concl. Crépey, obs. Poujade*. ♦ Un blason communal qui a pour objet de présenter sous forme emblématique des éléments caractéristiques, notamment historiques, géographiques, patrimoniaux, économiques ou sociaux d'une commune, ne peut légalement comporter d'éléments à caractère cultuel que si ceux-ci sont directement en rapport avec ces caractéristiques de la commune, sans exprimer la reconnaissance d'un culte ou marquer une préférence religieuse. • CE 15 juill. 2020, n° 423702 : *AJCT 2021. 50, note Noual*. ♦ De même, s'il n'existe aucune obligation pour les collectivités territoriales gestionnaires d'un service public de restauration scolaire de distribuer à ses usagers des repas différenciés leur permettant de ne pas consommer des aliments proscrits par leurs convictions religieuses, et aucun droit pour les usagers qu'il en soit ainsi, dès lors que les dispositions de l'art. 1er de la Constit. interdisent à quiconque de se prévaloir de ses croyances religieuses pour s'affranchir des règles communes régissant les relations entre collectivités publiques et particuliers, ni les principes de laïcité et de neutralité du service public, ni le principe d'égalité des usagers devant le service public ne font, par eux-mêmes, obstacle à ce que ces mêmes collectivités territoriales puissent proposer de tels repas. • CE 11 déc. 2020, n° 426483 A : *AJDA 2021. 461, concl. Cytermann* ; *ibid. 2020. 2464* ; *AJCT 2021. 157, obs. Bouillon*.

50. La L. du 9 déc. 1905 ne s'appliquant pas en Polynésie française, le principe de laïcité n'interdit pas l'octroi de subventions à des activités ou équipements dépendant des cultes (presbytère) au motif que ce bâtiment joue un rôle important dans de nombreuses activités socio-éducatives. • CE 16 mars 2005, *Min. de l'Outre-mer c/ Gouvernement de la Polynésie française*, n° 265560 : *Lebon 108 ; AJDA 2005. 1463, note Durand-Prinborgne*.

III. ATTRIBUTIONS CONSULTATIVES DU CONSEIL MUNICIPAL

A. AVIS

51. Le conseil municipal peut toujours émettre un avis sur un objet d'intérêt communal. Ainsi il peut donner un avis sur un budget et des comptes d'un établissement de bienfaisance. • CE 23 mars 1917, *Ruelle : Lebon 277.*

52. Lorsque l'avis est obligatoire et que le conseil municipal s'est abstenu, le maire ne peut sous peine de nullité de la procédure, se substituer à l'assemblée délibérante et le donner en ses lieu et place. • CE 6 avr. 1979, *Leprête : Lebon 149.*

53. En revanche, un avis ne doit être obligatoirement suivi que dans le cas où un avis conforme est demandé. La décision ne respectant pas cette condition peut faire l'objet d'un recours en annulation. • CE 14 mars 1969, *Cne de Saint-Pierre-de-Bœuf : Lebon 155.*

54. Irrecevabilité du recours pour excès de pouvoir et recevabilité du déféré préfectoral, quels que soient les moyens invoqués à l'encontre d'un avis. • CE, ass., 15 avr. 1996, *Synd. CGT des hospitaliers de Bédarieux,* n° 120273 : *Lebon 130 ; AJDA 1996. 405, chron. Stalh et Chauveaux ; RFDA 1996. 1169, concl. Combrexelle ; ACL 1997. 32* (à propos d'une demande formulée par le conseil d'administration d'un hôpital).

B. VŒUX

55. Il est loisible au conseil municipal de prendre des délibérations qui se bornent à des vœux, des prises de position ou des déclarations d'intention ; de telles délibérations peuvent porter sur des objets à caractère politique et sur des objets qui relèvent de la compétence d'autres personnes publiques, dès lors qu'ils présentent un intérêt communal. • CE 30 déc. 2009, *Dpt du Gers,* n° 308514 : *AJDA 2010. 734, note Verpeaux ; JCP Adm. 2010, n° 49, note C. A. D. ; RLCT 2010, n° 56, p. 25, note Glaser* (à propos du département).

56. Il peut ainsi solliciter de l'État ou du département la création d'un bac qui faciliterait l'approvisionnement de la ville et développerait le commerce local. • CE 21 juin 1929, *Mériot : Lebon 606.* ♦ ... Ou demander au préfet de retirer sa décision de suspendre des travaux après annulation du permis de construire en raison des conséquences sur le marché de l'emploi dans la commune. • CE 26 oct. 1979, *Robert : Dr. adm. 1979. 339.* ♦ ... Ou émettre des vœux dans le choix de livres de classe destinés aux écoles de la commune. • CE 2 févr. 1917, *Cne de Lassigny : Lebon 109.* ♦ ... Ou émettre un vœu critiquant le service d'accueil des élèves. • CAA Nancy, 20 mai 2010, *Préfet du Doubs c/ Cne de Grand Chamont,* n° 09NC00681. ♦ ... Ou demander que soient déclarés d'utilité publique des travaux et acquisitions de terrains par le concessionnaire d'un service public communal. • CE 21 avr. 1972, *Sté civile particulière de la montagne de Blaitière : Lebon 305.* ♦ ... Ou demander au maire d'émettre un titre de recette à l'encontre d'un débiteur de la commune. • CE 10 nov. 1989, *Montardier,* n° 75422 : *Lebon 229* . ♦ ... Ou à l'encontre de l'État. • CAA Versailles, 29 janv. 2009, *Préfet de l'Essonne c/ Cté d'aggl. Évry-Centre-Essonne,* n° 07VE0081. ♦ ... Ou pour que la commune se déclare en état d'urgence climatique et sociale. • CAA Montreuil, 14 janv. 2022, *Préfet de la Seine-Saint-Denis c/ Cne de Bagnolet,* n° 201477 : *AJCT 2022. 268, obs. Colera* .

57. En ce qui concerne les vœux concernant la situation des fonctionnaires, la jurisprudence est nuancée. C'est ainsi qu'émettant un vœu que soit déplacé un directeur d'école dont la présence crée des troubles dans la commune, le conseil municipal ne délibère pas sur un objet étranger à ses attributions. • CE 20 oct. 1976, *Cts Coppens : Lebon 789.* ♦ Cependant le juge rappelle que si l'autorité communale peut en certaines circonstances être conduite à émettre le vœu de voir remplacer un maître d'école, elle ne peut sous prétexte d'attirer l'attention sur le mauvais fonctionnement de l'institution scolaire rechercher en fait l'éviction de l'enseignant. • CE 3 nov. 1997, *Cne de Bora-Bora,* n° 164419. ♦ En revanche le conseil ne peut pas subordonner la réalisation d'une construction relevant de sa compétence à l'obtention d'une réponse satisfaisante à un vœu qu'il a émis sur la mutation d'une institutrice. • CE 23 nov. 1960, *Mignon : préc. note 21.* ♦ Il ne peut également pas émettre de vœux tendant à ce qu'une sanction disciplinaire soit infligée à un fonctionnaire : révocation ou déplacement d'un commissaire de police. • CE 31 juill. 1891, *Ville d'Espalion : Lebon 580.* ♦ ... Ou suspension d'un garde champêtre. • CE 27 juin 1890, *Cne d'Apt : Lebon 618.* ♦ ... Ou la délibération demandant à l'évêque le déplacement du curé au motif que celui-ci aurait refusé de célébrer un office à la mémoire de soldats morts pour la France et se serait opposé à ce que cette cérémonie soit célébrée par un autre prêtre car « il n'appartient pas à l'autorité municipale d'intervenir dans l'organisation des cérémonies religieuses ». • TA Caen, 16 juill. 1959, *Bédouin : Lebon 837.*

58. Dans tous les cas, un vœu ne doit pas contenir de critiques, blâmes, injures ou propos diffamatoires. • CE 20 oct. 1976, *Cts Coppens : préc. note 57.*

59. Irrecevabilité du recours pour excès de pouvoir et recevabilité du déféré préfectoral à l'encontre d'un vœu, quels que soient les moyens invoqués. • CE, sect., 29 déc. 1997, *SARL Enlem,* n° 157623 : *Lebon ; RFDA 1998. 553, concl. Touvet* . ♦ V. aussi art. L. 2131-6.

C. AUTRES PRISES DE POSITION

60. Le conseil municipal peut librement adopter toute prise de position qui lui paraît souhaitable sur tout objet d'intérêt local. • CE 10 janv. 1931, *Ladis Lewkowicz : Lebon 27.* ♦ C'est ainsi que le juge selon une jurisprudence ancienne a reconnu que le conseil municipal peut envisager les moyens d'obtenir un nouvel examen d'un litige dans lequel la commune est partie. • CE 31 oct. 1930, *Cne* *de Celles : Lebon 876.* ♦ ... Ou inviter le maire, dans le cadre du règlement de marché de travaux publics, à réclamer à un entrepreneur le versement d'une indemnité en faveur du bureau de bienfaisance. • CE 25 févr. 1931, *Cne de Sourdeval-la-Barre : Lebon 212.* ♦ ... Ou décider la transcription sur le registre de délibérations d'un arrêt de la Cour des comptes relatif à une affaire en cours. • CE 20 janv. 1939, *Cne de Thorens : Lebon 19.* ♦ ... Ou procéder à l'examen d'une lettre adressée au maire par le président d'un syndicat d'irrigation et intéressant des habitants de la commune. • CE 1er mars 1939, *Chini : Lebon 127.* ♦ ... Ou protester contre les critiques formulées par un co-contractant de la commune et l'inviter à produire les documents justifiant ses accusations. • CE 18 déc. 1953, *Dobrouchkess : Lebon 562.* ♦ ... Ou apprécier les conséquences pour une ville de décisions prises par le comité de coordination du rail et de la route. • CE 23 déc. 1936, *Ville de Montpellier : Lebon 1150.* ♦ ... Ou rechercher les moyens de trouver un repreneur pour une entreprise dont la fermeture est décidée par ses propriétaires et inviter ceux-ci à lui céder les bâtiments afin de favoriser l'implantation ultérieure d'entreprises nouvelles. • CE 10 mai 1985, *SA Boussac Saint-Frères,* n° 31604 : *Lebon 145 ; AJDA 1985. 434, concl. Cazin d'Honincthum ; RFDA 1986. 74, note Hubrecht et Melleray.* ♦ En revanche est illégale car contraire au principe de neutralité des services publics une délibération ayant pour objet d'informer par avance de l'attitude qui sera adoptée par certains membres du conseil municipal dans le cas où ils seraient contraints de procéder à une cérémonie d'un couple du même sexe et signifier ainsi leur opposition à la L. du 17 mai 2013. • TA Limoges, 10 juill. 2014, *Préfet de l'Indre c/ Cne de Fontgombault,* n° 1301846 : *BJCL 2014. 788, concl. Debrion, obs. Rambaud.*

61. Le conseil municipal peut aussi prononcer des blâmes à l'encontre du maire. • CE 21 mars 1902, *Colas,* n° 02175 : *Lebon 225.* ♦ ... Ou à l'encontre de conseillers municipaux. • CE 16 avr. 1886, *Bobillon,* n° 65647 : *Lebon 340.* ♦ Dans le même sens, • CE 4 août 1905, *Cne de Saint-Sauveur-le-Vicomte : Lebon 743.*

62. Irrecevabilité du recours pour excès de pouvoir et recevabilité du déféré préfectoral à l'encontre d'une déclaration d'intention, quels que soient les moyens invoqués. • TA Limoges, 10 juill. 2014, *Préfet de l'Indre c./ Cne de Fontgombault,* n° 1301846 : *préc. note 60.* ♦ V. aussi art. L. 2131-6.

Art. L. 2121-30 *(L. n° 2022-217 du 21 févr. 2022, art. 169)* **« I. — » Le conseil municipal décide de la création et de l'implantation des écoles et classes élémentaires et maternelles d'enseignement public après avis du représentant de l'État dans le département.**

(L. n° 2022-217 du 21 févr. 2022, art. 169) **« II. — Le conseil municipal procède à la dénomination des voies et lieux-dits, y compris les voies privées ouvertes à la circulation.**

« Les communes mettent à disposition les données relatives à la dénomination des voies et la numérotation des maisons et autres constructions dans le cadre de la mise à disposition des données de référence prévue à l'article L. 321-4 du code des relations entre le public et l'administration.

« Les modalités d'application du présent article sont fixées par décret en Conseil d'État. »

1. Il appartient au conseil municipal après avoir recueilli l'avis du représentant de l'État, d'affecter, compte tenu des besoins du service public des écoles maternelles et élémentaires, les locaux dont la commune est propriétaire audit service public et de prendre les décisions de désaffectation de ces biens. • CE, ass., 2 déc. 1994, *Cne de Pulversheim : Lebon 531 ; AJDA 1995. 40.* ♦ Le préfet doit donner son avis lors d'une modification de l'implantation des classes maternelles et élémentaires. • CAA Lyon, 26 juin 2007, *Cne de Fleurs,* n° 05LY00284 : *JCP Adm. 2008, n° 2073, chron. Sestier et Chabanol.* ♦ L'avis du préfet n'est pas nécessaire cependant lorsque la désaffectation des locaux a été opérée à une date antérieure à l'entrée en vigueur de la L. du 22 juill. 1983. • CE 27 janv. 2010, *Cne de Mazayes-Basses,* n° 313247 : *AJDA 2010. 1282, note Legrand ; JCP Adm. 2010, n° 2275, note Chamard-Heim.* ♦ L'État reste compétent pour l'affectation des instituteurs. • CAA Nancy, 24 févr. 2005, *Assoc. École et Territoire,* n° 04NC00700.

2. La création et l'implantation des écoles sont soumises au contrôle restreint du juge. • CE 14 oct. 1992, *Cne de Lancrans c/ Épx Lançon,* n° 76497 : *Lebon 369.*

Art. L. 2121-30-1 *(L. n° 2016-1547 du 18 nov. 2016, art. 49)* **Pour l'application de** *l'article 75* **du code civil, le maire peut, sauf opposition du procureur de la République, affecter à la célébration de mariages tout bâtiment communal, autre que celui de la maison commune, situé sur le territoire de la commune.**

Le procureur de la République veille à ce que la décision du maire garantisse les conditions d'une célébration solennelle, publique et républicaine. Il s'assure également que les conditions relatives à la bonne tenue de l'état civil sont satisfaites.

Les conditions d'information et d'opposition du procureur de la République sont fixées par décret. — *V. art. R. 2122-11.*

Art. L. 2121-31 Le conseil municipal arrête le compte administratif qui lui est annuellement présenté par le maire.

Il entend, débat et arrête les comptes de gestion des receveurs sauf règlement définitif. — *[C. communes, art. L. 121-27 issu de la L. du 5 avr. 1884, art. 71.]*

1. Le juge a précisé qu'aucune disposition n'impose que le vote sur le compte administratif et le vote sur le compte de gestion interviennent au cours de la même séance. • CE 28 juill. 1995, *Mme Medes*, n° 93407 : *Lebon 688 ; RF décentr. 1996. 93, note Mandon.*

2. En outre, le conseil municipal ne peut valablement délibérer sur le compte administratif du maire sans disposer de l'état de situation de l'exercice clos dressé par le receveur municipal. • CE 3 nov. 1989, *Ecorcheville et a.*, n° 65013 B : *AJDA 1990. 186, concl. Tuot*. – V. également • CE 28 juill. 1995, *Mme Medes*, n° 93407 : *préc. note 1.*

3. Doivent être communiquées aux conseillers qui en font la demande les factures concernant le compte administratif. • CAA Nancy, 30 sept. 2004, *X. c/ Cne de Longeville-lès-Metz*, n° 01NC01105.

Nouvel art. L. 2121-31 ***Le conseil municipal*** *(Ord. n° 2025-526 du 12 juin 2025, art. 1er)* ***« approuve » le*** *(Ord. n° 2025-526 du 12 juin 2025, art. 1er)* ***« compte financier unique » qui lui est annuellement présenté par le maire.***

Le présent art. entre en vigueur à compter de l'exercice budgétaire 2026 (Ord. n° 2025-526 du 12 juin 2025, art. 12).

Art. L. 2121-32 Le conseil municipal dresse, chaque année, la liste des contribuables susceptibles d'être désignés comme membres de la commission communale des impôts directs, conformément à l'article 1650 du code général des impôts. — *[C. communes, art. L. 121-26, al. 5.]*

Art. L. 2121-33 Le conseil municipal procède à la désignation de ses membres ou de délégués pour siéger au sein d'organismes extérieurs dans les cas et conditions prévus par les dispositions du présent code et des textes régissant ces organismes. La fixation par les dispositions précitées de la durée des fonctions assignées à ces membres ou délégués ne fait pas obstacle à ce qu'il puisse être procédé à tout moment, et pour le reste de cette durée, à leur remplacement par une nouvelle désignation opérée dans les mêmes formes. — *[C. communes, art. L. 121-26, al. 6.]*

1. Le conseil municipal peut procéder à tout moment au remplacement de délégués qu'il a désignés pour siéger au sein d'organismes extérieurs s'il estime que le contexte politique local ou l'intérêt communal le justifie : • CE 5 juill. 2013, *Cne d'Issoire*, n° 363653. ♦ L'évolution des équilibres politiques au sein du conseil municipal est ainsi au nombre des motifs pouvant justifier qu'il soit procédé à une nouvelle désignation des délégués. • CE 23 déc. 2011, *M. Arevalo et a.*, n° 351068 : *AJDA 2012. 887, note Verpeaux*. ♦ Cependant, le conseil municipal ne peut procéder à de nouvelles désignations pour le motif que le résultat d'un premier scrutin serait contesté. • CE 19 juin 1992, *Desgris*, n° 127421 : *Lebon 240*. ♦ V. aussi • CE 10 févr. 2010, *Beyney*, n° 327422 : *BJCL 2010. 86, concl. Derepas.*

2. Le juge administratif a également reconnu la compétence du conseil municipal pour désigner les délégués chargés de représenter la commune dans l'élaboration des POS conjointement avec les services de l'État. • CE 14 oct. 1977, *Min. de l'Équipement c/ Bodson et Foulon : Lebon 387 ; D. 1978. 476, note Moderne.*

3. Les litiges relatifs à la désignation des délégués se rattachent au contentieux général et non au contentieux des élections. • CE 30 mai 1994, *MM. Bouin et de Perrier*, n° 138877 : *Lebon 273 ; ACL 1995. 221* (pour la désignation des représentants du conseil régional dans les conseils d'administration des lycées).

4. En revanche, la désignation des représentants de la commune dans un EPCI est assimilée à une opération électorale soumise au régime spécifique des élections municipales et cantonales. • CE 1er déc. 2004, *Él. Conseil Cté de cnes du Canal du Midi en Minervois*, n° 267035. ♦ ... Et la désignation d'un délégué de la commune dans une communauté de communes ne peut s'effectuer qu'au scrutin secret et non à main levée. • TA Amiens, 14 avr. 2005, *Préfet de l'Aisne*, n° 0500421.

5. Il n'y a pas lieu de renvoyer au Conseil constitutionnel une question prioritaire de constitutionnalité de l'art. L. 2121-33. Les modalités de désignation des représentants des conseils municipaux au sein d'organes d'administration et de gestion des SEML, qui sont des sociétés anonymes, ne se rattachent pas à l'expression du suffrage et ne sont relatives ni à la vie politique, ni à la vie démocratique. Dès lors, le moyen tiré de la méconnaissance des principes de pluralisme des courants d'idées et d'opinions et de participation équitable des partis et groupements politiques à la vie démocratique de la Nation est inopérant et, par suite, la question soulevée, qui n'est pas nouvelle, ne présente pas un caractère sérieux. • CE 22 juill. 2015, n° 390484 : *AJDA 2015. 2417*.

Art. L. 2121-34 *(L. n° 2015-177 du 16 févr. 2015, art. 15)* **Les délibérations des centres communaux d'action sociale relatives aux emprunts sont prises sur avis conforme du conseil municipal.**

SECTION 6 Délégation spéciale

BIBL. GÉN. ▶ Le remplacement temporaire du conseil municipal, *Rev. fin. communales 1982. 41.* – MALIGNER, Les conséquences de l'annulation des élections municipales, *RF décentr. 1995, n° 1, p. 70.*

Art. L. 2121-35 En cas de dissolution d'un conseil municipal ou de démission de tous ses membres en exercice, ou en cas d'annulation devenue définitive de l'élection de tous ses membres, ou lorsqu'un conseil municipal ne peut être constitué, une délégation spéciale en remplit les fonctions. – *[C. communes, art. L. 121-5, al. 1er.]*

1. L'illégalité du décret de dissolution entraîne l'illégalité par voie de conséquence de la désignation de la délégation spéciale. • CE 18 déc. 1968, *Durand, Barbero : Lebon 657 ; D. 1970. 291, note Escarra.*

2. Le Conseil d'État a jugé qu'on ne peut pas considérer qu'un conseil municipal ne peut être constitué lorsque, après des élections, le préfet a constaté lui-même l'inexistence des opérations électorales à la place d'un juge. • CE, ass., 31 mai 1957, *Rosan Girard : Lebon 355, concl. Gazier ; D. 1958. 152, note Weil ; AJDA 1957. 275, chron. Fournier et Braibant.* ♦ En revanche, le préfet a pu constituer une délégation spéciale lorsque le conseil municipal n'a pas pu être constitué en raison de la disparition des listes d'émargement. • CE 2 mars 1990, *Girard c/ Préfet de la Guadeloupe*, n° 94743 : *Lebon 679*.

3. A été aussi jugé qu'il n'y a pas lieu de recourir à la délégation spéciale au cas où l'un au moins des conseillers municipaux conserve son mandat alors que l'élection des autres conseillers est annulée. • CE 21 nov. 1969, *Él. mun. de Cauro : Lebon 522.*

Art. L. 2121-36 La délégation spéciale est nommée par décision du représentant de l'État dans le département dans un délai de huit jours à compter de la dissolution, de l'annulation définitive des élections, de l'acceptation de la démission ou de la constatation de l'impossibilité de constituer le conseil municipal.

La délégation spéciale élit son président et, s'il y a lieu, son vice-président. – *[C. communes, art. L. 121-5, al. 2 et 3.]*

Le président, ou, à défaut, le vice-président, remplit les fonctions de maire. Ses pouvoirs prennent fin dès l'installation du nouveau conseil. – *[C. communes, art. L. 122-16 issu de la L. du 5 avr. 1884, art. 87.]*

1. La composition de la délégation spéciale est laissée à la libre appréciation du représentant de l'État. Rien ne s'oppose à ce que les membres de la délégation spéciale soient choisis parmi les anciens membres d'un conseil municipal dissous. • CE 17 juin 1931, *Boitet : Lebon 640.* ♦ ... Ou, du fait d'une modification des limites territoriales de communes, le choix peut s'opérer parmi les anciens membres du ou des conseils municipaux. • CE 3 avr. 1968, *Papin : Lebon 230 ; AJDA 1968. 463, concl. Dutheillet de Lamothe ; RD publ. 1968. 1152 ; D. 1970. 231, note Demichel.*

2. D'une manière générale, le président et les membres de la délégation spéciale remplacent respectivement le maire et les conseillers municipaux. • CE 10 juill. 1957, *Prosperi : Lebon T. 869.*

Art. L. 2121-37 Le nombre des membres qui composent la délégation spéciale est fixé à trois dans les communes où la population ne dépasse pas 35 000 habitants.

Ce nombre peut être porté jusqu'à sept dans les communes d'une population supérieure. – *[C. communes, art. R. 121-6.]*

Art. L. 2121-38 Les pouvoirs de la délégation spéciale sont limités aux actes de pure administration conservatoire et urgente.

En aucun cas, il ne lui est permis d'engager les finances municipales au-delà des ressources disponibles de l'exercice courant.

Elle ne peut ni préparer le budget communal, ni recevoir les comptes du maire ou du receveur, ni modifier le personnel ou le régime de l'enseignement public. – *[C. communes, art. L. 121-6 issu de la L. du 5 avr. 1884, art. 44.]*

La décision par laquelle une commune se prononce sur le nombre et la répartition des sièges de conseiller communautaire de la communauté de communes à laquelle elle appartient, qui engage la composition de l'organe délibérant de l'EPCI, ne constitue pas un acte de pure administration conservatoire et urgente de la commune. La délégation spéciale ne peut se prononcer en conséquence sur le nombre et la répartition des sièges des conseillers communautaires. • TA Montpellier, 3 oct. 2017, n° 1600122 : *AJDA 2018. 310*.

Art. L. 2121-39 **Les fonctions de la délégation spéciale** *(Ord. n° 2009-1530 du 10 déc. 2009)* **« instituée en application de l'article L. 2121-35 » expirent de plein droit dès que le conseil municipal est reconstitué.**

SECTION 7 Relations avec le représentant de l'État

(L. n° 2004-809 du 13 août 2004, art. 133)

Art. L. 2121-40 **Sur sa demande, le maire reçoit du représentant de l'État dans le département les informations nécessaires à l'exercice des attributions de la commune.**

Sur sa demande, le représentant de l'État dans le département reçoit du maire les informations nécessaires à l'exercice de ses attributions.

Art. L. 2121-41 *(L. n° 2019-1461 du 27 déc. 2019, art. 41)* **À la demande du maire, le représentant de l'État dans le département ou son représentant présente, une fois par an, devant le conseil municipal, l'action de l'État en matière de sécurité et de prévention de la délinquance pour la commune concernée.**

CHAPITRE II LE MAIRE ET LES ADJOINTS

SECTION 1 Dispositions générales

COMMENTAIRE

V. dans le supplément en ligne.

Art. L. 2122-1 **Il y a, dans chaque commune, un maire et un ou plusieurs adjoints élus parmi les membres du conseil municipal.** – *[C. communes, art. L. 122-1.]*

BIBL. ▶ Dietsch, À propos de la loi du 3 février 1992 relative aux conditions d'exercice des mandats locaux, *LPA 7 août 1992*. – Jégouzo, L'amorce d'un statut de l'élu. Commentaire de la loi n° 92-108 du 3 février 1992 relative aux conditions d'exercice des mandats locaux, *AJDA 1992. 427*.

COMMENTAIRE

V. dans le supplément en ligne.

Art. L. 2122-2 **Le conseil municipal détermine le nombre des adjoints au maire sans que ce nombre puisse excéder 30 p. 100 de l'effectif légal du conseil municipal.** – *[C. communes, art. L. 122-2.]*

1. Nombre d'adjoints. Le maximum de 30 % des effectifs du conseil municipal ne doit pas être dépassé, tout dépassement étant sanctionné par le juge. • CE 24 avr. 1985, *Ville d'Aix-en-Provence*, n° 58793 B : *RFDA 1985. 527, concl. Latournerie ; AJDA 1985. 378, note Moreau ; Dr. adm. 1985, n° 275.* ♦ Un conseil municipal de 15 membres ne peut donc pas élire plus de 4 adjoints. • CE 2 mars 1990, *Él. du 5e adjoint au maire de Linguizzetta*, n° 109804.

2. Le conseil municipal ne peut procéder à la suppression d'un poste d'adjoint que si ce poste est devenu vacant. • TA Amiens, 20 déc. 1990, *Préfet de la Somme c/ Cne d'Amiens : Rec. TA 1991. 48, n° 37 ; JCP 1991. IV. 246.* ♦ ... Ni faire évoluer le nombre d'adjoints indépendamment du nombre de conseillers municipaux pour tenir compte de l'évolution de la population. • CE 23 nov. 2012, *Mme Tekkouk*, n° 357670.

3. Procédure. La décision sur le nombre des adjoints doit précéder l'élection mais peut ne pas faire l'objet d'un vote formel dès lors que l'assentiment de la totalité ou de la majorité des conseillers présents a été constaté par le maire ou le président de séance. • CE 16 déc. 1983, *Él. des adjoints au maire de la Baume-de-Transit*, n° 51417 B.

4. Recours. Aucun recours n'a été jugé possible contre cette décision comme autrefois pour la création de postes d'adjoints supplémentaires. • CE 13 juill. 1966, *Él. d'un adjoint supplémentaire à Avilly-Saint-Léonard : Lebon T. 982.* ♦ Mais le déféré préfectoral est recevable. • CE 24 avr. 1985, *Ville d'Aix-en-Provence*, n° 58793 : *préc. note 1.*

Art. L. 2122-2-1 *(L. nº 2002-276 du 27 févr. 2002, art. 3)* **Dans les communes de 80 000 habitants et plus, la limite fixée à l'article L. 2122-2 peut donner lieu à dépassement en vue de la création de postes d'adjoints chargés principalement d'un ou plusieurs quartiers, sans toutefois que le nombre de ceux-ci puisse excéder 10 % de l'effectif légal du conseil municipal.**

Art. L. 2122-3 Lorsqu'un obstacle quelconque, ou l'éloignement, rend difficiles, dangereuses ou momentanément impossibles les communications entre le chef-lieu et une fraction de commune, un poste d'adjoint spécial peut être institué par délibération motivée du conseil municipal.

Un ou plusieurs postes d'adjoint spécial peuvent également être institués en cas de fusion de communes. – *[C. communes, art. L. 122-3, al. 1er, issu de la L. du 5 avr. 1884, art. 75.]*

1. Seuls un éloignement considérable, des obstacles majeurs ou un événement isolant durablement une fraction du territoire communal peuvent justifier la création d'un poste d'adjoint spécial. • CE 10 août 2005, *Cne de Génolhac*, nº 277013 : *AJDA 2005. 1955, note Tuot*. ♦ La création de postes d'adjoints spéciaux n'est pas justifiée lorsque les communications entre le chef-lieu et la fraction de commune considérée ne présentent ni difficultés ni dangers : le fait que la commune accueille l'été de nombreux touristes ne peut justifier l'institution de postes d'adjoints spéciaux. • CE 1er oct. 1986, *Cne de Cagnes-sur-Mer*, nº 68553 : *Lebon 223* ; *Dr. adm. 1986, nº 549*. ♦ Elle ne peut être motivée par la création d'un port de plaisance et d'une ZAC, ou par une tradition locale. • CE 2 oct. 1996, *Ville de Bastia*, nº 114195 B : *Dr. adm. 1996, nº 513, note L.T.* ♦ Et l'adjoint spécial d'une fraction de commune doit être choisi par priorité parmi les conseillers municipaux résidant dans la fraction de commune. • CE 15 juill. 1960, *Él. d'un adjoint de Saint-Laurent-de-Nesle : Lebon T. 1009*. ♦ V. aussi • CE 25 oct. 2004, *Cne de Castellet*, nº 267037.

2. En cas de création consécutive à une fusion de communes (al. 2), l'institution de postes d'adjoint spécial n'est pas subordonnée à la justification d'un besoin particulier. Ainsi aucune disposition n'interdit le maintien de postes d'adjoint spécial pour des fractions de commune correspondant à d'anciennes communes fusionnées pour lesquelles des postes d'adjoint de quartier ont également été créés. • CE 25 juill. 2013, *Él. des adjoints spéciaux de la Cne de Dunkerque*, nº 357825.

Art. L. 2122-4 *(L. nº 2000-295 du 5 avr. 2000, art. 7)* **Le conseil municipal élit le maire et les adjoints parmi ses membres, au scrutin secret. Nul ne peut être élu maire s'il n'est âgé de dix-huit ans révolus.**

Les fonctions de maire sont incompatibles avec l'exercice d'une des fonctions électives suivantes : président d'un conseil régional, président d'un conseil départemental.

Les fonctions de maire sont également incompatibles avec celles de membre de la Commission européenne, membre du directoire de la Banque centrale européenne ou membre du conseil de la politique monétaire de la Banque de France.

[Dispositions déclarées non conformes à la Constitution par décision du Conseil constitutionnel nº 2000-426 DC du 30 mars 2000.]

Tout maire exerçant une fonction le plaçant dans une situation d'incompatibilité prévue par les deuxième *(L. nº 2003-327 du 11 avr. 2003, art. 16)* **« et troisième » alinéas cesse de ce fait même d'exercer ses fonctions de maire. En cas de contestation, l'incompatibilité prend effet à compter de la date à laquelle la décision juridictionnelle confirmant l'élection devient définitive.**

COMMENTAIRE

V. dans le supplément en ligne.

1. Le conseiller municipal élu maire ou adjoint doit, au moment de cette élection, remplir les conditions d'éligibilité au conseil municipal. • CE 30 nov. 1955, *Él. mun. de Saint-Georges-les-Côteaux : Lebon 706*.

2. Si la cause d'inéligibilité est antérieure à l'élection comme conseiller municipal et qu'elle a été soulevée à l'encontre de cette élection, celle-ci sera annulée et par conséquent celle en tant que maire ou adjoint. • CE 21 janv. 1976, *Bauer : Dr. adm. 1976, nº 42*. ♦ Mais si l'élection comme conseiller municipal est devenue définitive, l'élection du maire ne peut être contestée. • CE 16 janv. 2004, *Él. du maire de la Cne de Villiers-aux-Corneilles*, nº 259045 : *BJCL 2004. 163, concl. Stahl*.

3. Si la cause d'inéligibilité au conseil municipal est survenue postérieurement à ces élections, la démission d'office des fonctions de conseiller municipal doit être prononcée et l'élu perdra en même temps ses fonctions de maire ou d'adjoint.

• CE 6 avr. 1990, *Él. mun. de Vincly,* n°s 109307 et 109397 : *Lebon 93* ; *RFDA 1990. 469* . ♦ V. aussi, • CE 14 nov. 2008, *A. c/ Préfet de Dordogne,* n° 317779.

4. Absence de règle de droit positif interdisant aux membres du gouvernement d'exercer les fonctions de maire, pas de recours possible. • CE 22 mars 2001, *Meyet,* n° 231601 : *Lebon 244* ; *Coll. terr. 2001, n° 167, note Moreau.*

5. Le conseil municipal ne peut renoncer à l'élection au scrutin secret et désigner le maire oralement. • CE 11 mars 2009, *E. c/ Cne de Blavignac,* n° 317002.

Art. L.O. 2122-4-1 *(L. org. n° 98-404 du 25 mai 1998, art. 9)* **Le conseiller municipal qui n'a pas la nationalité française ne peut être élu maire ou adjoint, ni en exercer même temporairement les fonctions.**

Le conseiller municipal qui n'a pas la nationalité française ne peut exercer les fonctions exécutives d'un EPCI. • CE 8 juill. 2002, *Smit, Préfet du Cher,* n° 240269 : *JCP Coll. terr. 2002, n° 1006, note Ondoua.*

Art. L. 2122-5 **Les agents des administrations ayant à connaître de la comptabilité communale, de l'assiette, du recouvrement ou du contrôle de tous impôts et taxes ne peuvent être maires ou adjoints, ni en exercer même temporairement les fonctions, dans toutes les communes qui, dans leur département de résidence administrative, sont situées dans le ressort de leur service d'affectation.**

La même incompatibilité est opposable dans toutes les communes du département où ils sont affectés aux comptables supérieurs du Trésor et aux chefs de services départementaux des administrations *(Ord. n° 2010-420 du 27 avr. 2010, art. 109)* **« mentionnées au premier alinéa ».**

Elle est également opposable dans toutes les communes de la région ou des régions où ils sont affectés aux *(Ord. n° 2010-420 du 27 avr. 2010, art. 109)* **« directeurs régionaux des finances publiques » et aux chefs de services régionaux des administrations** *(Ord. n° 2010-420 du 27 avr. 2010, art. 109)* **« mentionnées au premier alinéa ».**

1. Fonctions incompatibles. Les huissiers du Trésor dans les communes de leur ressort d'affectation. • CE 10 juill. 1992, *Huguet,* n° 127109. ♦ Les contrôleurs divisionnaires des impôts. • CE 5 avr. 1996, *M. Thiébaud,* n° 171789 B : *LPA 5 juin 1996, concl. Arrighi de Casanova.* ♦ ... Lorsqu'ils ont à connaître de l'assiette et du recouvrement de l'impôt. • CE 4 avr. 1997, *Él. de Digne-les-Bains,* n° 177443. ♦ ... Ou s'ils sont affectés à la conservation des hypothèques de cette commune. • CE 18 déc. 1996, *Larrey,* n° 173888. ♦ Les géomètres principaux du cadastre. • CE 26 févr. 1990, *Él. mun. de Bizonnes,* n° 108270. ♦ Les contrôleurs divisionnaires des douanes. • CE 10 janv. 1990, *Él. d'un adjoint au maire d'Escautpont,* n° 108953. ♦ Mais les gérants de débits de tabac ne sont pas concernés. • CE 13 janv. 1984, *Él. du maire de La Pouge : Dr. adm. 1984, n° 49.* ♦ Ni les directeurs d'associations syndicales autorisées. • CE 19 mars 1975, *Benhamou : Lebon 204.*

2. L'incompatibilité a un caractère personnel, par exemple elle ne peut être étendue au conjoint d'un receveur municipal. • CE 27 févr. 1953, *Él. du maire de Saint-Hilaire-du-Maine : Lebon 105.* ♦ Et le juge applique le texte en vigueur à la date où il statue sur l'incompatibilité. • CE 5 avr. 1996, *Thiébaud,* n° 171789 B. ♦ Ces incompatibilités ne s'appliquent pas aux conseillers municipaux. • CE 27 févr. 1998, *Synd. nat. du Trésor-CGT,* n° 170783 B.

3. Limites dans le temps. Les incompatibilités ne vicient pas l'élection, mais rendent impossible l'occupation des fonctions de maire ou d'adjoint jusqu'à l'abandon de l'emploi incompatible avec celle-ci. • CE 21 oct. 1992, *Couveinhes,* n° 125211 : *Lebon 373* ; *AJDA 1993.153, obs. Belloubet-Frier*. ♦ Le maire ou l'adjoint touché en cours de mandat par une incompatibilité (ou une inéligibilité) concernant les conseillers municipaux et qui ne démissionnent pas volontairement doivent continuer l'exercice de leurs fonctions tant qu'ils n'ont pas été déclarés démissionnaires d'office par arrêté du préfet. • CE 22 mars 1978, *Groupement foncier agricole des Cinq Ponts : Lebon 723.* ♦ L'incompatibilité cesse à partir du moment où l'agent a été muté dans un autre département. • CE 6 févr. 1984, *Él. du maire de Jaujac,* n° 52218. ♦ ... Ou lorsque sa démission a été acceptée. • CE 23 nov. 1983, *Él. du maire de la Cne de Belmont,* n° 50971 B. ♦ ... Ou lorsqu'il est admis à faire valoir ses droits à la retraite. • CE 27 janv. 1984, *Él. du maire de Caujac,* n° 53860. ♦ ... Ou lorsqu'il est admis au bénéfice de la cessation anticipée d'activité. • CE 6 janv. 1984, *Él. d'un adjoint au maire de Marvejols,* n° 50948. ♦ ... Ou s'il a été placé en disponibilité pour convenances personnelles. • CE 24 juin 1991, *Marin,* n° 120747. ♦ En revanche l'incompatibilité subsiste même lorsqu'il n'en a pas été fait état lors d'une élection précédente et que l'intéressé a rempli pendant toute la durée du mandat les fonctions de maire ou d'adjoint. • CE 24 févr. 1954, *Él. du maire d'Orlu : Lebon 122.*

4. Limites dans l'espace. Ces dispositions n'interdisent pas l'exercice des fonctions de maire ou d'adjoint au maire aux agents des administrations financières dans l'ensemble des communes situées dans leur département de résidence administrative, mais uniquement dans celles qui sont situées dans le ressort de leur service d'affectation. • CE 17 juin 2009, *M. Blot,* n° 318601. ♦ Un contrôleur divisionnaire des impôts affecté à une recette locale peut être maire d'une commune relevant d'une autre recette locale dépendant de la même recette principale. • CE 28 juin 1996, *Él. du maire de Saint-Féliu-d'Amont,* n° 173466 B.

5. Limites matérielles. Il n'y a pas incompatibilité lorsque l'agent de l'administration financière ne traite aucune des déclarations de revenus provenant de l'arrondissement auquel est rattachée la commune ou lorsqu'il n'a pas à connaître de la comptabilité communale, de l'assiette, du recouvrement ou du contrôle des impôts de la commune. • CE 12 oct. 1998, *Blarel et Louf,* n° 193492 B : *Gaz. Pal. 1999. 1. Pan. dr. adm. 64.* ♦ ... Ou si l'agent est chargé de la seule fiscalité des sociétés. • CE 21 juill. 2006, *Cne de Boulogne-sur-Mer,* n° 279505 B.

Art. L. 2122-5-1 *Abrogé par L. n° 2021-1520 du 25 nov. 2021, art. 39.*

Art. L. 2122-5-2 *(L. n° 2018-607 du 13 juill. 2018, art. 33)* **Les fonctions de maire, de maire délégué, d'adjoint au maire et d'adjoint au maire délégué sont incompatibles avec celles de militaire en position d'activité.**

Art. L. 2122-6 *(L. n° 2004-809 du 13 août 2004, art. 148)* **Les agents salariés du maire ne peuvent être adjoints si cette activité salariée est directement liée à l'exercice du mandat de maire.**

Cette incompatibilité dans l'art. L. 2122-6 ne s'étend pas aux salariés d'une entreprise dont le maire est le directeur. • CE 23 déc. 1966, *Él. d'un adjoint au maire de Genlis : Lebon 982.* ♦ ... Mais s'étend à l'attaché parlementaire d'un maire député ou sénateur. • CE 21 oct. 1992, *Couveinhes,* n° 125211 : *Lebon 373 ; AJDA 1993. 153, note Belloubet-Frier.*

SECTION 2 Désignation

V. art. R. 2122-1 s.

Art. L. 2122-7 **Le maire** *(L. n° 2007-128 du 31 janv. 2007)* **« est élu » au scrutin secret et à la majorité absolue.**

Si, après deux tours de scrutin, aucun candidat n'a obtenu la majorité absolue, il est procédé à un troisième tour de scrutin et l'élection a lieu à la majorité relative.

En cas d'égalité de suffrages, le plus âgé est déclaré élu.

BIBL. ▶ Bénoit, L'incidence sur l'élection du maire de la modification postérieure de la proclamation des conseillers élus, Études offertes à J.-M. Auby, *Dalloz 1992, p. 365.* – Courtejaire et Verpeaux, *AJDA 2004. 954*, (l'élection des présidents des assemblées locales et le quorum). – Maisl, *AJDA 1973. 489* (installation du maire et des adjoints dans leurs fonctions).

COMMENTAIRE

V. dans le supplément en ligne.

1. Caractères du scrutin. C'est au maire sortant, même non réélu conseiller municipal, qu'il incombe de convoquer la première réunion du nouveau conseil municipal, au cours de laquelle seront élus le nouveau maire et les nouveaux adjoints. • CE 26 mars 1909, *Él. de Bénéjacq : DP 1910. 3. 117.*

2. L'élection est irrégulière si les conditions de déroulement du scrutin ont permis de connaître le sens du vote d'au moins un conseiller. • CE 29 déc. 1989, *Él. mun. de Méharicourt,* n° 108922. ♦ Mais l'absence d'isoloirs et d'urnes ne constitue pas par elle-même une atteinte au secret du vote, sauf si elle a eu pour objet ou pour effet de permettre la mise en évidence et le contrôle du sens du vote émis par les conseillers municipaux. • CE 10 janv. 1990, *Él. mun. de Challeville,* n° 108849. ♦ Il en est de même pour la rédaction des bulletins par les conseillers eux-mêmes et leur dépôt dans l'urne sans enveloppe. • CE 2 mars 1990, *Él. mun. du Pré-Saint-Gervais,* n° 109195. ♦ ... Ou l'utilisation de bulletins portant un nom inscrit à l'avance. • CE 16 nov. 1990, *M. Chapuis, M. Klein,* n° 118103 : *Lebon 331.* ♦ Et un bulletin manuscrit peut être utilisé. • CE 30 juill. 2003, *Huart, él. du maire de Norrent-Fontes,* n° 249993 : *JCP Adm. 2003, n° 1965, note Dutrieux.* ♦ La circonstance qu'un conseiller municipal ne soit pas encore présent lors d'un tour de scrutin ne peut le priver du droit de prendre part aux tours suivants. • CE 20 févr. 2013, *Berbon c/ Cne de Bagnols-les-Bains,* n° 364053.

3. Modalités du scrutin. Aucun acte de candidature n'est exigé, donc il n'est pas nécessaire d'avoir été candidat aux deux premiers tours pour l'être au troisième. • CE 23 janv. 1984, *Él. du maire* *et des adjoints de Chapdeuil : Dr. adm. 1984, n° 47.* ♦ Le vote par délégation est possible. • CE 22 janv. 1965, *Él. du maire de Sarcelles : Lebon 47.* ♦ Aucun texte ni aucun principe n'impose à un conseiller municipal de faire acte de candidature pour être élu maire ou maire délégué, ce dont il découle que des suffrages peuvent à chacun des tours de l'élection valablement se porter sur tout membre d'un conseil municipal sans qu'ait d'incidence la circonstance que celui-ci n'a pas déclaré son souhait d'être élu ou, même, a manifesté celui de ne pas l'être. • CE 18 nov. 2024, n° 494128 B : *AJDA 2024. 2143 ; AJCT 2025. 290, obs. Didriche.*

4. Est illégale toute « manœuvre » de nature à affecter la régularité de l'élection. • CE 6 janv. 1967, *Él. de l'adjoint au maire de la Cne de Kertzfeld : Lebon 4.* ♦ Si une irrégularité apparaît commise, le président de séance ne peut décider une nouvelle élection : il faut, dans un délai de cinq jours, introduire devant le TA une réclamation contre l'élection considérée comme irrégulière. • TA Dijon, 28 juin 1983, *Él. du président du SIVOM du canton de Recey-sur-Ource : Lebon 641.* ♦ Le délai commence à courir 24 heures après l'élection et la réclamation doit être adressée en temps utile pour parvenir avant son expiration. • CE 21 févr. 2000, *Blachère*, n° 206581 : *Lebon 63 ; Coll. terr. 2000, n° 128, note Moreau.*

5. Pour le calcul de la majorité sont pris en compte le nombre de suffrages exprimés et non l'effectif légal du conseil municipal. • CE 10 déc. 2001, *Él. du maire et des adjoints au maire de Santeau, M. Rouillon*, n° 235027 B : *Coll. terr. 2002, n° 58, note Moreau.*

6. Résultats du scrutin. En cas d'égalité de suffrages au 3e tour, le conseiller le plus âgé doit être déclaré élu. • CE 23 janv. 1984, *Él. du maire et des adjoints de Chapdeuil : préc. note 3.* ♦ Si celui-ci renonce, il faut procéder à une nouvelle élection, qui peut avoir lieu immédiatement si le refus est exprimé avant que la séance ne soit levée. • CE 8 déc. 1954, *Él. mun. de Zudausque : Lebon 795.*

7. Si les adjoints n'ont pas fait l'objet d'élections successives et s'il y a doute sur la volonté des membres du conseil municipal, l'ensemble de l'élection des adjoints doit être annulé s'ils ont été élus en surnombre. • CE, sect., 31 mars 1950, *Él. de Mila : Lebon 205.*

8. L'ordre du tableau des adjoints résulte purement et seulement de l'ordre de leur élection. • CE 9 oct. 1968, *Él. du maire de Vauclin : Lebon T. 874 et 958.*

9. L'annulation de l'élection d'un conseiller municipal entraîne celle de son élection en qualité d'adjoint. • CE 29 oct. 1990, *Moriano*, n° 107474.

10. Les adjoints ne peuvent être élus que parmi les membres du conseil municipal : il s'agit là d'un motif d'illégalité d'ordre public. • CE 6 avr. 1990, *Él. mun. de Vincly*, nos 109307 et 109397 : *Lebon 93.*

11. Cette élection ne peut être contestée avant d'avoir eu lieu, fût-ce par quelqu'un qui conteste la validité de la convocation à la réunion consacrée à cette élection. • CE 4 mai 1998, *Vidalon*, n° 176361 B.

Art. L. 2122-7-1 *(Abrogé par L. n° 2025-444 du 21 mai 2025, art. 4, à compter du premier renouvellement général des conseils municipaux suivant la promulgation de ladite loi) (L. n° 2007-128 du 31 janv. 2007)* ***Dans les communes de*** *(L. n° 2013-403 du 17 mai 2013, art. 29)* ***« 1 000 » habitants, les adjoints sont élus dans les conditions fixées à l'article L. 2122-7.***

(L. n° 2019-1461 du 27 déc. 2019, art. 29) ***« Quand il y a lieu, en cas de vacance, de désigner un nouvel adjoint, le conseil municipal peut décider qu'il occupera, dans l'ordre du tableau, le même rang que l'élu qui occupait précédemment le poste devenu vacant. »***

Art. L. 2122-7-2 *(L. n° 2007-128 du 31 janv. 2007) (Abrogé par L. n° 2025-444 du 21 mai 2025, art. 4)* ***« Dans les communes de*** *(L. n° 2013-403 du 17 mai 2013, art. 29)* ***« 1 000 » habitants et plus, »*** **Les adjoints sont élus au scrutin de liste à la majorité absolue, sans panachage ni vote préférentiel.** *(L. n° 2019-1461 du 27 déc. 2019, art. 29)* **« La liste est composée alternativement d'un candidat de chaque sexe. »**

Si, après deux tours de scrutin, aucune liste n'a obtenu la majorité absolue, il est procédé à un troisième tour de scrutin et l'élection a lieu à la majorité relative. En cas d'égalité de suffrages, les candidats de la liste ayant la moyenne d'âge la plus élevée sont élus.

En cas d'élection d'un seul adjoint, celui-ci est élu selon les règles prévues à l'article L. 2122-7.

(L. n° 2019-1461 du 27 déc. 2019, art. 29) **« Quand il y a lieu, en cas de vacance, de désigner un ou plusieurs adjoints, ceux-ci sont choisis parmi les conseillers de même sexe que ceux auxquels ils sont appelés à succéder. Le conseil municipal peut décider qu'ils occuperont, dans l'ordre du tableau, le même rang que les élus qui occupaient précédemment les postes devenus vacants. »**

(L. n° 2025-444 du 21 mai 2025, art. 4) **« Par dérogation à l'avant-dernier alinéa du présent article, en cas de vacance dans les communes de moins de 1 000 habitants, le ou les adjoints sont désignés parmi les conseillers, sans tenir compte du sexe de ces derniers. »**

Les dispositions issues de la L. n° 2025-444 du 21 mai 2025 s'appliquent à compter du premier renouvellement général des conseils municipaux suivant la promulgation de ladite loi (L. préc., art. 7).

1. Par application de l'art. L. 2122-7, auquel renvoie le dernier al. de l'art. L. 2122-7-2, en cas d'élection d'un seul adjoint, ce dernier est élu au scrutin secret et à la majorité absolue. • CE 27 juill. 2012, *Élection du 15e adjoint au maire de Villeurbanne*, n° 350820.

2. Les communes d'au moins 20 000 habitants peuvent disposer d'adjoints de quartier, dont la création et le nombre sont décidés librement par le conseil municipal dans le respect de plafonds qu'elles fixent. Les adjoints sont élus au scrutin de liste, la liste étant composée alternativement d'un candidat de chaque sexe. Si l'art. L. 2121-7 prévoit que le maire et les adjoints sont élus lors de la première réunion du conseil municipal suivant le renouvellement général des conseils municipaux, ni ce texte ni aucune autre disposition n'impose que la création et l'élection d'adjoints de quartier interviennent au cours de cette séance, ni, si c'est le cas, que l'élection des adjoints et des adjoints de quartier ait lieu sur une liste unique. • CE 11 juin 2021, n° 448537 B : *AJDA 2021. 1242*.

Art. L. 2122-8 **La séance au cours de laquelle il est procédé à l'élection du maire est présidée par le plus âgé des membres du conseil municipal.**

Pour toute élection du maire ou des adjoints, les membres du conseil municipal sont convoqués dans les formes et délais prévus aux articles L. 2121-10 à L. 2121-12. La convocation contient mention spéciale de l'élection à laquelle il doit être procédé.

Avant cette convocation, il est procédé aux élections qui peuvent être nécessaires *(Ord. n° 2009-1530 du 10 déc. 2009)* **« lorsque le conseil municipal est incomplet ».**

Si, après les élections, de nouvelles vacances se produisent, le conseil municipal procède néanmoins à l'élection du maire et des adjoints, à moins qu'il n'ait perdu le tiers *(L. n° 2019-1461 du 27 déc. 2019, art. 39)* **« ou plus » de ses membres** *(L. n° 2019-1461 du 27 déc. 2019, art. 39)* **« ou compte moins de cinq membres ».**

Toutefois, quand il y a lieu à l'élection d'un seul adjoint, le conseil municipal peut décider, sur la proposition du maire, qu'il y sera procédé sans élections complémentaires préalables, sauf dans le cas où le conseil municipal a perdu le tiers *(L. n° 2019-1461 du 27 déc. 2019, art. 39)* **« ou plus » de son effectif légal** *(L. n° 2019-1461 du 27 déc. 2019, art. 39)* **« ou compte moins de cinq membres ».**

(L. n° 2019-1461 du 27 déc. 2019, art. 39) **« Lorsqu'une vacance du maire ou des adjoints intervient après le 1er janvier de l'année qui précède le renouvellement général des conseils municipaux, il n'est procédé aux élections nécessaires avant l'élection du maire ou des adjoints que si le conseil municipal a perdu le tiers ou plus de ses membres ou s'il compte moins de quatre membres. »**

1. Tenue de la séance. Il n'est pas exigé que tous les conseillers en exercice siègent effectivement à la séance d'élection du maire et des adjoints. • CE 6 janv. 1967, *Él. de l'adjoint au maire de la Cne de Kertzfeld : Lebon 4.* ♦ Le quorum n'est requis qu'à l'ouverture de la séance, pas lors des scrutins eux-mêmes. • CE, ass., 11 déc. 1987, *Él. du président du conseil régional de Haute-Normandie, Le Vern c/ Fossé*, n° 77054 : *Lebon 415* ; *AJDA 1988. 162, chron. Azibert et de Boisdeffre ; LPA 1988, n° 1013, note Chouvel* (par analogie). ♦ La décision prise en début de séance, de la reporter, doit respecter le délai de trois jours francs. • CE 19 avr. 1995, *Guy Littaye et a.*, n° 59896.

2. Convocation. En cas de carence du maire, ou de celui qui le remplace, le préfet ou le sous-préfet peut procéder à la convocation du conseil municipal en vue de l'élection du nouveau maire. • CE 20 mai 1994, *Cimia : RFDA 1994. 832*. ♦ Le maire démissionnaire dont la démission a été acceptée, ainsi que le maire dont l'élection a été annulée, sont incompétents pour procéder à la convocation du conseil municipal en vue de l'élection du nouveau maire, et cette irrégularité a un caractère substantiel, entraînant l'annulation de l'élection. • CE 23 juin 1993, *Léontieff*, n° 141488 B : *JCP 1993. IV. 238, obs. Rouault.* ♦ Et la convocation doit être faite par un conseiller municipal désigné par le conseil ou à défaut par le conseiller municipal le plus ancien dans l'ordre du tableau. • CE 11 févr. 1998, *Él. du maire et des adjoints de la Cne du Moule*, n° 187357 B. ♦ L'absence de transmission dématérialisée des convocations des conseillers municipaux n'entache pas d'illégalité l'élection des adjoints de quartier si les convocations ont été remises à l'ensemble des élus en mains propres. • CE 30 mars

2021, n° 446461 B : *AJCT 2021. 376, note Pontier*.

3. Le respect des règles de délai entre la convocation et la séance (3 ou 5 jours) constitue une formalité substantielle. • CE 21 nov. 1969, *Él. du maire et de l'adjoint de Cauro*, n° 74383.

4. La procédure d'urgence pour l'élection du maire est nulle si elle est utilisée sans motif d'urgence mais pour interdire aux membres de la minorité de préparer une candidature. • TA Toulouse, 3 nov. 1987, *Monnier : Gaz. Pal. 1988. 2. 478 ; JCP 1989. 2. suppl. n° 24. 116, note Vigne.*

5. Pas d'irrégularité si l'indication de l'heure de la séance ne figurait pas sur la convocation mais avait été portée à la connaissance du requérant par la suite. • CE 24 oct. 1980, *Él. du maire et des adjoints de la Cne de Port-sur-Saône*, n° 21319 B. ♦ La convocation doit mentionner l'élection du maire et des adjoints comme ordre du jour de la séance. • CE 29 juill. 1947, *Él. d'adjoints de Bir-Rabalou : Lebon 590.* ♦ Aucun texte ni aucun principe général n'exige que la convocation soit adressée par lettre recommandée. • CE 26 oct. 1988, *Él. mun. de Grasse*, n° 91940.

Art. L. 2122-9 **Dans les communes de** *(L. n° 2013-403 du 17 mai 2013, art. 29)* **« 1 000 » habitants et plus, lorsqu'il y a lieu de procéder à l'élection d'un nouveau maire, le conseil municipal est réputé complet si les seules vacances qui existent en son sein sont la conséquence :**

1° De démissions données lorsque le maire a cessé ses fonctions et avant l'élection de son successeur ;

2° D'une décision de la juridiction administrative devenue définitive annulant l'élection de conseillers municipaux sans proclamation concomitante d'autres élus.

1. Un conseil municipal est réputé complet dès lors que le maire a cessé ses fonctions à une date antérieure à celle à laquelle cinq conseillers ont démissionné. • CE, ass., 26 mai 1995, *Préfet de la Guadeloupe et Etna*, n° 167914 : *Lebon 215 ; AJDA 1995. 575, chron. Stahl et Chauveaux*.

2. Le conseil municipal est réputé complet même si des démissions sont intervenues entre la date de lecture de la décision et celle de sa notification. • CE, sect., 4 mars 1998, *Courtois*, n° 193527 : *Lebon 69*. ♦ Le conseil municipal est réputé complet à la date où la convocation est envoyée. • CE, sect., 6 oct. 2000, *Él. du maire et des adjoints de Villemomble*, n° 216176 : *Lebon 392*.

3. L'exception au caractère complet du conseil ne joue que pour l'élection du maire et non pour celle des adjoints pour laquelle le conseil doit être réellement complet. • CE 19 janv. 2007, *MSF et a.*, n° 289431.

Art. L. 2122-10 **Le maire et les adjoints sont élus pour la même durée que le conseil municipal.**

Toutefois, dans les communes de *(L. n° 2013-403 du 17 mai 2013, art. 29)* **« 1 000 » habitants et plus, le mandat du maire et des adjoints prend fin de plein droit lorsque la juridiction administrative, par une décision devenue définitive, a rectifié les résultats de l'élection des conseillers municipaux de telle sorte que la majorité des sièges a été attribuée à une liste autre que celle qui avait bénéficié de cette attribution lors de la proclamation des résultats à l'issue du scrutin.**

Quand il y a lieu, pour quelque cause que ce soit, à une nouvelle élection du maire, il est procédé à une nouvelle élection des adjoints.

Après une élection partielle, le conseil municipal peut décider qu'il sera procédé à une nouvelle élection des adjoints.

COMMENTAIRE

V. dans le supplément en ligne.

1. Il doit être procédé à une nouvelle élection des adjoints chaque fois que, pour quelque cause que ce soit, il y a lieu à une nouvelle élection du maire. • CE 6 avr. 1990, *Él. mun. de Vincly*, n°s 109307 et 109397 : *Lebon 93*. ♦ Et les adjoints n'ont pas besoin de démissionner. • CE 14 mars 2005, *Cne de Pignan*, n° 272860.

2. En cas de démission du maire, la note explicative de synthèse, adressée en prévision de la réunion au cours de laquelle sera élu le nouveau maire, doit contenir une information suffisante quant à sa démission. • CE 14 mars 2005, *Él. du maire et des adjoints de la Cne de Pignan*, n° 272860 B : *BJCL 2005. 292, concl. Roul et obs. B.P.*

3. Dans les communes de moins de 3 500 habitants, où l'inscription sur une liste n'est pas obligatoire et où le panachage est admis, une modification de l'équilibre du conseil municipal par l'annulation de l'élection d'un candidat et son remplacement par un autre ne retire pas sa validité à l'élection du maire et des adjoints, même si celle-ci avait été acquise à une voix de majorité. • CE 14 mars 1990, *Él. du maire et des adjoints* de Bouray-sur-Juine, n°s 109144, 109145, 109146 et 109147 : *Lebon 67*. ♦ V. pour le sort du maire en cas de démission de la totalité du conseil municipal. * Rép. min. n° 21305, 7 juill. 2003 : *JOAN Q, 25 août 2003 p. 6699*.

4. Après une élection partielle, le conseil municipal a le choix de décider soit de faire procéder à une nouvelle élection de l'ensemble des adjoints, soit de ne faire procéder à une élection que pour pourvoir aux postes d'adjoints vacants. • CE 27 juill. 2005, *Degoulet c/ Cne de Roeze-sur-Sarthe*, n° 274600 : *Lebon ; AJDA 2005. 1598 ; BJCL 2005. 742, concl. de Silva, obs. M.D.* ♦ La réélection des adjoints relève de la volonté du conseil constatée par un vote formel ou une discussion préalable. Cependant l'assentiment de la totalité ou de la majorité des conseillers présents doit être constaté par le maire ou le président de la séance municipale. • Même arrêt.

Art. L. 2122-11 **L'adjoint spécial mentionné à l'article L. 2122-3 est élu par le conseil parmi les conseillers et, à défaut d'un conseiller résidant dans cette fraction de commune ou s'il en est empêché, parmi les habitants de la fraction.** — *[C. communes, art. L. 122-3, al. 2, issu de la L. du 5 avr. 1884, art. 75.]*

1. L'adjoint spécial doit être en principe choisi parmi les conseillers municipaux résidant dans la fraction de commune d'accès difficile ou dangereux. • CE 15 juill. 1960, *Él. d'un adjoint de Saint-Laurent-de-Nesle : Lebon T. 1009.* ♦ Mais, à défaut, ce doit être l'un des habitants de cette fraction. • CE 22 déc. 1954, *Él. mun. d'Avignon-Montfavet : Lebon 684.*

2. L'adjoint spécial doit effectivement résider sur la fraction lors de sa désignation, et non seulement s'y rendre quotidiennement pour des raisons professionnelles. • CE 17 juin 1987, *Kieffer, Mlle Pape c/ M. Lombard*, n° 72955. ♦ Cependant, est considéré comme résidant dans la fraction de commune un conseiller municipal y possédant un domaine agricole où il se rend chaque jour et un logement qu'il occupe une partie de l'année. • CE 21 déc. 1983, *de David Beauregard*, n° 51690 : *Lebon 521 ; Gaz. Pal. 1984. 2. Pan. dr. adm. 388.*

3. Une commune n'a pas qualité pour faire appel du jugement d'un TA annulant l'élection de conseillers municipaux en tant qu'adjoints spéciaux. • CE 1er oct. 1986, *Cne de Cagnes-sur-Mer c/ Dimeglio*, n° 68553 : *Lebon 223*.

Art. L. 2122-12 **Les élections du maire et des adjoints sont rendues publiques, par voie d'affiche, dans les vingt-quatre heures.** — *[C. communes, art. L. 122-6.]*

V. art. R. 2122-1.

Art. L. 2122-13 **L'élection du maire et des adjoints peut être arguée de nullité dans les conditions, formes et délais prescrits pour les réclamations contre les élections du conseil municipal.** — *[C. communes, art. L. 122-7, al. 1er.]*

1. Modalités de la réclamation. Un membre du conseil municipal, tout électeur ou éligible de la commune peut introduire devant le juge administratif un recours contre les opérations d'élection du maire et des adjoints, dans un délai de 5 jours courant à partir de 24 heures après l'élection. • CE 21 févr. 2000, *Blachère*, n° 206581 : *Lebon 63 ; Coll. terr. 2000, n° 128, note Moreau.* ♦ Le refus de certains conseillers municipaux de signer le procès-verbal de l'élection ne constitue pas une « réclamation ». • CE 16 mai 1986, *Él. mun. de Flers-en-Escrebieux*, n° 71344.

2. Le préfet dispose d'un délai de 15 jours après réception du procès-verbal de l'élection. • CE 7 avr. 1967, *Él. du deuxième adjoint au maire d'Avignon : Lebon 148.*

3. Le délai de 5 jours n'est pas rouvert par une proclamation de résultats différents par le juge qui aurait annulé ceux portés sur le procès-verbal. • CE 21 déc. 1983, *Él. du maire de Limeil-Brévannes*, n° 53855 : *Lebon 520 ; AJDA 1984. 347, chron. Lasserre et Hubac ; RD publ. 1984. 206, note Drago et 1690, note de Soto.* ♦ Cependant un recours est recevable contre la proclamation par le juge, dans le respect du délai de 5 jours. • CE, ass., 27 janv. 1984, *Él. du maire de Villepinte*, n° 51494 : *Lebon 27 ; AJDA 1984. 348, chron. Lasserre et Hubac ; RD publ. 1984. 1691, note de Soto.*

4. Lorsque l'élection d'un conseiller au conseil municipal est devenue définitive, on ne peut contester son élection aux fonctions de maire au motif qu'il aurait été inéligible aux fonctions de conseiller municipal. • CE 25 nov. 1983, *Él. du maire d'Ozières*, n° 51790.

5. Conséquences. Le renouvellement intégral du conseil municipal doit être regardé comme ayant eu lieu à la date de la proclamation des résultats par le juge administratif statuant définitivement sur la réclamation, une nouvelle élection du maire et des adjoints devant aussitôt avoir lieu, selon les règles applicables au cas de renouvellement intégral du conseil municipal. • CE 5 déc. 1969, *Él. du maire et des adjoints d'Aix-en-Provence : RD publ. 1971. 1347.*

6. La commune n'a pas qualité pour faire appel du jugement par lequel le TA a annulé l'élection d'un adjoint au maire. • CE 4 nov. 1990, *Él. d'un adjoint de la ville de Digne-les-Bains*, n° 110934 B.

7. Le maire ou l'adjoint dont l'élection est contestée continue à exercer ses fonctions jusqu'à notification du jugement définitif prononçant l'annulation de son élection comme maire ou adjoint. • CE, ass., 2 déc. 1983, *Charbonnel*, n° 43541 : *Lebon 474, concl. Roux* ; *AJDA 1984. 76 et 105, chron. Lasserre et Delarue ; JCP 1985. II. 2045, note Chaminade ; RD publ. 1985. 827, note de Soto* (solution donnée en l'espèce pour le président et le bureau d'un conseil général).

Art. L. 2122-14 **Lorsque l'élection du maire ou des adjoints est annulée ou que, pour toute autre cause, le maire ou les adjoints ont cessé leurs fonctions, le conseil est convoqué pour procéder au remplacement dans le délai de quinzaine.**

(Ord. n° 2009-1530 du 10 déc. 2009) **« Toutefois, si le conseil se trouve dans l'un des cas prévus à l'article L. 2122-8, il est procédé aux élections nécessaires et le conseil municipal est convoqué pour procéder au remplacement qui a lieu dans la quinzaine qui suit. »**

1. L'annulation de l'élection du maire n'entraîne pas celle des adjoints, mais entraîne une nouvelle élection de l'ensemble de la municipalité. • CE 7 mars 1980, *Él. du maire et des adjoints de Brignoles*, n°s 16577, 16650 : *Lebon 135.* ♦ L'annulation et la rectification par le juge des résultats de l'élection du maire et des adjoints ne retirent pas rétroactivement sa validité à leur élection. • CE 14 mars 1990, *Él. du maire et des adjoints de Bouray-sur-Juines*, n°s 109144, 109145, 109146 et 109147 : *Lebon 67*.

2. Les convocations pour une nouvelle élection du maire et des adjoints ne peuvent être faites que lorsque l'annulation de la précédente élection est devenue définitive. • CE 30 nov. 1992, *Él. du maire et des adjoints de la Cne de Capesterre*, n° 130423 B.

3. Conséquence de l'annulation. Le maire cesse l'exercice de ses fonctions dès la notification de cette décision. • CE 11 févr. 1998, *Tacita*, n° 187357. ♦ Et lorsque le maire est invalidé sans que son éligibilité soit en cause, il peut rester président d'un SIVOM. * Rép. min. n° 04876 : *JO Sénat Q, 8 mai 2003, p. 1559.*

Art. L. 2122-15 **La démission du maire ou d'un adjoint est adressée au représentant de l'État dans le département. Elle est définitive à partir de son acceptation par le représentant de l'État dans le département ou, à défaut de cette acceptation, un mois après un nouvel envoi de la démission constatée par lettre recommandée.**

Le maire et les adjoints continuent l'exercice de leurs fonctions jusqu'à l'installation de leurs successeurs, sous réserve des dispositions des articles L. 2121-36, L. 2122-5, L. 2122-6, L. 2122-16 et L. 2122-17.

Toutefois, en cas de renouvellement intégral, les fonctions de maire et d'adjoint sont, à partir de l'installation du nouveau conseil jusqu'à l'élection du maire, exercées par les conseillers municipaux dans l'ordre du tableau.

La procédure prévue au présent article s'applique également lorsque le maire ou l'adjoint se démettent simultanément du mandat de conseiller municipal.

Par dérogation aux dispositions du premier alinéa, les démissions des maires et adjoints données en application des articles L. 46-1, L.O. 151 et L.O. 151-1 du code électoral sont définitives à compter de leur réception par le représentant de l'État dans le département. — *[C. communes, art. L. 122-10.]*

COMMENTAIRE

V. dans le supplément en ligne.

1. Champ d'application. Lorsqu'au cours de la séance à laquelle il a été procédé à l'élection un conseiller municipal élu maire ou maire délégué refuse d'accepter les fonctions auxquelles il vient d'être élu, le conseil municipal peut procéder immédiatement à une nouvelle élection pour le remplacer, sans nécessité pour le conseiller élu de présenter sa démission selon la procédure prévue à l'art. L. 2122-15. • CE 18 nov. 2024, n° 494128 B : *AJDA 2024. 2143*.

2. Acceptation de la démission. La démission prend effet à compter du jour où son acceptation par le préfet est portée à la connaissance du démissionnaire, même verbalement, et non pas à compter de la date de réception de la lettre d'acceptation du préfet, même si celle-ci prévoit (illégalement) une autre date de prise d'effet de la démission. • CE, ass., 26 mai 1995, *Etna et Min. des dpts et territoires d'outre-mer*, n° 167914 : *Lebon 213* ; *RD publ. 1996. 526, note Auby.* ♦ Mais la démission du maire devient définitive dès que l'acceptation du préfet lui est notifiée, sans que cette notification coïncide nécessairement avec le moment où il en prend connaissance. • CE 17 nov. 2010, *Min. Intérieur*, n° 334489 : *AJDA 2010. 2317, note Roux* ; *BJCL 2010. 862, concl. Vialette.*

3. Le préfet peut accepter ou refuser la démission mais ne peut porter d'appréciation sur les raisons invoquées. • TA Versailles, 27 juin 1980,

Ghibaudo : Lebon T. 626. ♦ De plus, il ne peut accepter la démission du maire lorsque celui-ci l'a retirée. • CE 21 mars 1962, *Rousseau : Lebon 906.*

4. N'est pas entachée de détournement de procédure, la démission du maire motivée par la volonté de faire arbitrer par le conseil municipal le différend l'opposant à un adjoint. • CE 15 mars 2005, *Cne de Pignan,* n° 272860. ♦ En revanche, constitue une manœuvre de nature à entacher l'élection du maire, le fait pour un maire sortant déclaré inéligible par le juge pénal de démissionner de sa seule fonction de maire dans le but de participer à l'élection de son successeur. • CE 5 mai 2006, *Él. du maire et des adjoints de la Cne de Goussainville,* n° 288488 : *Coll. terr. 2006, comm. 120, note Moreau.*

5. Conséquences de la démission. Le maire démissionnaire est en principe remplacé par le premier adjoint, dans l'ordre du tableau. • CE 23 juin 1993, *Léontieff et a.,* n° 141488 B. ♦ Si tous les adjoints sont démissionnaires, il continue ses fonctions jusqu'à l'installation d'un conseiller municipal désigné par le conseil municipal ou, à défaut, pris dans l'ordre du tableau. • CE 13 mars 1968, *Él. du maire et de l'adjoint de Talasani : Lebon 873.*

6. Une démission reprise avant son acceptation par le préfet ne peut plus être acceptée par celui-ci, qui peut au contraire accepter ce retrait de démission : l'éventuelle annulation par le TA de cette acceptation de retrait de démission implique alors le remplacement du maire par le premier adjoint. • CE, ass., 26 mai 1995, *Etna et Min. des dpts et territoires d'outre-mer,* n° 167914 : *préc. note 2.*

7. La démission d'un adjoint a pour effet de mettre fin à ses fonctions dès qu'elle est définitive. * Rép. min. n° 37821, 22 nov. 1999 : *Rev. cnes 2000. 183.* ♦ Le conseil ne peut être convoqué pour procéder au remplacement de l'adjoint que lorsque le préfet a accepté la démission. • CE 4 juin 2012, *Mace,* n° 355193 : *AJDA 2012.1137.* ♦ Et l'adjoint ne peut prendre part au vote de la délibération l'excluant de ses fonctions. • TA Amiens, 24 janv. 2012, *Lefèvre,* n° 1002237 : *AJDA 2012. 1364.*

Art. L. 2122-16 **Le maire et les adjoints, après avoir été entendus ou invités à fournir des explications écrites sur les faits qui leur sont reprochés, peuvent être suspendus par arrêté ministériel motivé pour une durée qui n'excède pas un mois. Ils ne peuvent être révoqués que par décret motivé pris en conseil des ministres.**

Le recours contentieux exercé contre l'arrêté de suspension ou le décret de révocation est dispensé du ministère d'avocat.

La révocation emporte de plein droit l'inéligibilité aux fonctions de maire et à celles d'adjoint pendant une durée d'un an à compter du décret de révocation à moins qu'il ne soit procédé auparavant au renouvellement général des conseils municipaux. – *[C. communes, art. L. 122-15.]*

BIBL. ▸ Franc, *AJDA 1981. 476* (concl. ss. CE, ass., 27 févr. 1981, *M. Wahnapo*). – Moreau, *AJDA 1967. 344.* – Pacteau, Jusqu'où peut aller la tutelle disciplinaire sur les maires ?, *Rev. adm. 1982, n° 206, p. 159.* – Seiller, Le pouvoir disciplinaire sur les maires, *AJDA 2004. 1637.* – Singer, Les motifs des suspensions ou révocations des maires, *AJDA 1963. 670.*

COMMENTAIRE

V. dans le supplément en ligne.

I. MOTIFS DE SUSPENSION OU RÉVOCATION

1. Saisi par le Conseil d'État d'une question prioritaire de constitutionnalité, le Conseil constitutionnel a affirmé que la procédure de révocation d'un maire par décret en Conseil des ministres est conforme à la Constitution. • CE 24 oct. 2011, *M. A.,* n° 348771 et • Cons. const. 13 janv. 2012, n° 2011-210 QPC : *AJDA 2012. 546, note Verpeaux.* ♦ Ces dispositions ont pour objet de réprimer les manquements graves et répétés aux obligations qui s'attachent aux fonctions de maire et de mettre ainsi fin à des comportements dont la particulière gravité est avérée. • CE 19 déc. 2019, n° 434071. ♦ Aucun texte ni aucun principe général du droit n'enferment dans un délai déterminé le prononcé de la révocation prévue. Le moyen tiré de ce que le décret attaqué serait entaché d'une erreur de droit au motif qu'il se fonde pour partie sur des faits remontant à plus d'un an ne peut, dès lors, qu'être écarté. • CE 19 déc. 2019, n° 434071 : *AJCT 2020. 305, obs. Huige.*

2. Ainsi peut justifier une sanction le fait, pour un maire, d'avoir mis son adjoint dans l'impossibilité d'assurer en son absence la continuité des services publics communaux. • CE 9 nov. 1927, *Altier : Lebon 1028.* ♦ ... Ou d'avoir commis de graves négligences durant plusieurs années, notamment dans l'établissement des documents budgétaires et la gestion des biens communaux. • CE 27 févr. 1987, *M. Georges Perrier : nos 78247 et 80149.* ♦ ... Ou d'avoir envoyé à la préfecture des extraits certifiés conformes du registre des délibérations alors que celui-ci n'était plus tenu. • CE 24 oct. 2011, *Ahmed S.,* n° 348771 : *préc. note 1.* ♦ Ou encore l'utilisation de moyens de la commune dans le cadre d'une campagne en vue des élections législatives. • CE 19 déc. 2019, n° 434071 : *AJCT 2020. 305, obs. Huige*.

3. Il peut s'agir aussi de manquements à des obligations incombant au maire en tant qu'agent de l'État. • CE 1er févr. 1967, *Cuny : Lebon 52 ; AJDA 1967. 344, note Moreau.* ♦ ... Ou d'avoir tenu publiquement des propos outranciers au cours de la cérémonie du 11 novembre, compte tenu des circonstances de temps et de lieu. • CE 27 févr. 1981, *Wahnapo*, nos 14361 et 12112 : *Lebon 111 ; AJDA 1981. 476, concl. Franc ; Rev. adm. 1982. 159, note Pacteau.* ♦ Mais ne suffit pas à caractériser la condition d'urgence, la suspension d'un maire pour manquement à la loi résultant de l'interdiction par le ministère public de procéder à un mariage homosexuel. • CE 7 juill. 2004, *Mamère*, n° 268974 : *JCP Adm. 2004, n° 1527, chron. Glaser et Séners.*

4. Il peut s'agir aussi de faits étrangers aux fonctions mais dont la nature et la gravité sont inconciliables avec celles-ci. • CE 14 janv. 1916, *Camino : Lebon 15 ; RD publ. 1917. 463, concl. Corneille, note Jèze.* ♦ ... Comme d'une condamnation pénale (même faisant l'objet d'un pourvoi en cassation) pour des faits dont la gravité prive le maire de l'autorité morale nécessaire à l'exercice de ses fonctions. • CE 12 juin 1987, *Chalvet*, n° 78114 B. ♦ Toutefois une simple illégalité n'est pas suffisante. • CE 19 oct. 1938, *Mallan : Lebon 772.* ♦ La condamnation d'un maire en première instance, qui ne peut permettre de regarder comme établis les faits qui la motivent ni comme définitives les sanctions pénales qui les répriment, ne peut suffire à fonder légalement une décision de révocation. Cependant, la procédure disciplinaire étant indépendante de la procédure pénale, l'autorité administrative ne méconnaît pas le principe de la présomption d'innocence, y compris dans l'hypothèse où c'est à raison des mêmes faits, étrangers ou non à l'exercice des fonctions de maire, que sont engagées parallèlement les deux procédures, en prononçant une sanction sans attendre que les juridictions répressives aient définitivement statué. • CE 26 févr. 2014, *M. Goudou*, n° 372015 : *AJDA 2014. 1384, note Lachaume*. ♦ V. aussi dans le même sens, • CE 7 nov. 2012, *M. Souffou*, n° 348771 : *AJDA 2013. 446*.

II. PROCÉDURE

5. Sous peine d'illégalité de la sanction, l'intéressé doit être mis en mesure de présenter sa défense. • CE 6 mai 1949, *Pivron : Lebon 200.* ♦ ... En étant informé de la totalité des griefs retenus dans la motivation de la décision prononçant la sanction. • CE 8 juill. 1938, *Mailloux : Lebon 649.* ♦ ... Et ce, par tout moyen, même verbal. • CE 6 mai 1949, *Pivron : préc.* ♦ Un délai raisonnable doit lui être accordé pour lui permettre de produire ses explications écrites. • CE 1er avr. 1960, *Ramelot : Lebon 245.* ♦ La preuve que ces explications ont été données doit figurer dans le dossier. • CE 23 mars 1938, *Dupoisot : Lebon 294.* ♦ Si la preuve ne peut être apportée, l'information est présumée n'avoir pas eu lieu et la sanction est annulée pour vice de procédure. • CE 8 mars 1944, *Guy : Lebon 79.*

6. L'audition de l'intéressé peut avoir lieu soit à la suite d'une convocation spéciale soit dans le cadre d'une enquête. • CE 7 juill. 1933, *Venet : Lebon 750.*

7. La sanction ne peut être prise qu'au vu d'un dossier contenant les pièces propres à déterminer la décision. • CE 16 mars 1929, *Audebert-Larochas : Lebon 330.* ♦ Mais aucune enquête ou déposition de témoin sous serment n'est obligatoire. • CE 26 janv. 1927, *de La Fargue : Lebon 103.*

8. La motivation d'un arrêté ministériel de suspension d'un maire ne peut consister en un simple visa d'un rapport établi sur sa gestion mais doit préciser les éléments de fait et de droit à l'origine de la décision. • CE 29 nov. 1985, *Secr. d'État auprès du Min. de l'Intérieur et de la Décentralisation chargé des dpts et territoires d'outre-mer c/ Charron*, n° 68768 : *Lebon 519*. ♦ Et le défaut ou l'insuffisance de la motivation est sanctionné par l'annulation de la décision de suspension ou de révocation. • CE 3 déc. 1937, *Doriot : Lebon 991.*

III. NATURE DES SANCTIONS

9. La loi n'établit aucune corrélation entre les deux sanctions qu'elle prévoit (suspension et révocation) et le degré de gravité des motifs de sanction. • CE 1er févr. 1967, *Cuny : Lebon 52 ; AJDA 1967. 344, note Moreau.*

10. La suspension ne fait pas obstacle à une éventuelle révocation ultérieure pour les mêmes faits. • CE 27 févr. 1981, *Wahnapo*, nos 14361 et 12112 : *préc. note 3.*

11. La procédure prévue à l'art. L. 2122-16 est indépendante de la procédure pénale. Par suite, l'autorité administrative ne méconnaît pas le principe de la présomption d'innocence en prononçant une sanction sur le fondement de ces dispositions sans attendre que les juridictions répressives aient définitivement statué, y compris dans l'hypothèse où c'est à raison des mêmes faits que sont engagées parallèlement les deux procédures. • CE 19 déc. 2019, n° 434071 : *AJCT 2020. 305, obs. Huige*.

IV. CONTRÔLE DU JUGE

12. Le contrôle du juge sur la sanction est un contrôle normal. • CE 2 mars 2010, *Dalongeville*, n° 328843 : *AJDA 2010. 664, chron. Liéber et Botteghi ; Dr. adm. 2010. 41, note Melleray ; JCP Adm. 2010, n° 2281, note Dubreuil.*

V. CONSÉQUENCES

13. La révocation d'un maire ou d'un adjoint emporte inéligibilité à ces fonctions pendant un délai d'un an, la violation de cette inéligibilité ouvrant sur un recours dans les mêmes conditions que les réclamations contre les élections du conseil municipal, susceptible de déboucher sur une annulation. • CE 20 févr. 1957, *Él. mun. de Cardet : Lebon 113.*

14. Ces dispositions s'appliquent aussi aux adjoints spéciaux. • TA Saint-Denis de La Réunion, 3 mai 1995, *Law Way : JCP 1996. IV. 451.* ♦ ... Ainsi qu'aux président et membres de délégations spéciales. • CE 10 juill. 1957, *Proseri : Lebon T. 869.*

Art. L. 2122-17 En cas d'absence, de suspension, de révocation ou de tout autre empêchement, le maire est provisoirement remplacé, dans la plénitude de ses fonctions, par un adjoint, dans l'ordre des nominations et, à défaut d'adjoint, par un conseiller municipal désigné par le conseil ou, à défaut, pris dans l'ordre du tableau. – *[C. communes, art. L. 122-13 issu de la L. du 5 avr. 1884, art. 84.]*

COMMENTAIRE

V. dans le supplément en ligne.

I. CONDITIONS

1. L'art. L. 2122-17 ne donne compétence au suppléant que pour les actes dont l'accomplissement, au moment où il s'impose, serait empêché par l'absence du maire et ne permettrait donc pas un fonctionnement normal de l'administration municipale. Il doit être démontré que le maire est empêché. • CAA Bordeaux, 7 juill. 2016, *Cne de Saint-Saturnin-du-Bois,* n° 14BX03439 : *AJDA 2016. 2310*. ♦ L'accomplissement occasionnel de certains actes ou la réception d'un habitant à la place du maire empêché ne constitue pas pour un adjoint l'exercice d'un « remplacement » au sens de l'art. L. 2122-17. • CE 19 févr. 1993, *M. Schmitt,* n° 118161 : *Lebon 34 ; JCP 1993. IV. 1053, note Rouault.* ♦ La désignation ponctuelle d'une personne pour représenter le maire à une réunion de la commission départementale d'équipement commercial ne constitue pas un « empêchement » au sens de l'art. L. 2122-17. • CE 4 déc. 2013, *Sté Bricoman,* n° 349277 : *AJDA 2014. 891 ; BJCL 2014. 98, concl. Keller.* ♦ L'acte par lequel le maire donne pouvoir à son adjoint pour le représenter lors de cette réunion ne présente pas, faute de permanence, le caractère d'un acte réglementaire. • Même arrêt.

2. Le but poursuivi doit être d'éviter toute carence de l'autorité communale. • CE 18 mars 1955, *de Peretti : Lebon 163 ; RD publ. 1955. 395, concl. Grévisse.* ♦ ... Dans certaines situations dont l'absence. • CE 22 déc. 1911, *Legrand : Lebon 1222.* ♦ ... Ou d'autres empêchements comme la démission. • CE 25 juill. 1986, *Él. du maire de Clichy,* n° 67767 : *Lebon 216 ; AJDA 1986. 704, concl. Roux.* ♦ ... Ou l'incarcération du maire en détention provisoire de longue durée. • CE 1er oct. 1993, *Bonnet,* n° 128485 : *Lebon 255*. ♦ Ne constitue pas un empêchement le fait qu'un maire soit placé sous contrôle judiciaire. • CAA Marseille, 1er avr. 1999, *Cne Morosaglia,* n° 97MA00223 B : *AJDA 1999. 873, note L. B.*

3. Le remplaçant (suppléant) du maire est obligatoirement choisi dans l'ordre du tableau. C'est ainsi que le deuxième adjoint n'exerce la suppléance qu'en l'absence du maire et du premier adjoint. • CAA Versailles, 7 avr. 2005, *Cne de Draveil,* n° 02VE03512 : *BJCL 2005. 437, concl. Polissier et obs. B.P.*

II. POUVOIRS DU SUPPLÉANT

4. La formule « dans la plénitude de ses fonctions » signifie que l'adjoint remplace le maire tant comme agent de la commune que comme agent de l'État. • CE 18 juin 1969, *Épx Mercier et a.,* nos 73425 B et 73426 B. ♦ ... Et dans toutes ses attributions. • CE 25 juill. 1986, *Él. du maire de Clichy,* n° 67767 : *préc. note 2.* ♦ Le maire par intérim peut même modifier l'ordre du jour du conseil municipal qu'il préside. • CAA Douai, 30 déc. 2003, *Gonthier,* n° 02DA001825.

5. Mais le remplacement joue uniquement pour les actes ou opérations dont l'accomplissement s'impose normalement pendant la durée de l'empêchement du maire. • CE 20 janv. 1926, *Lajous : Lebon 98.* ♦ C'est ainsi que le premier adjoint peut signer l'arrêté délivrant un permis de construire après le décès du maire et avant l'élection de son successeur. • CE 17 févr. 1997, *Cne de Vourles,* n° 140357 B. ♦ Mais il ne peut valablement délivrer un permis de construire compte tenu du délai prévu pour l'instruction du permis et de la date de retour du maire. • CAA Paris, 5 août 2004, *Cne de Gagny,* n° 01PA00072 : *JCP Adm. 2004, n° 1808, note Billet ; BJCL 2005. 7, concl. Heu.* ♦ ... Ce qui n'inclut pas, par exemple, l'autorisation d'exploitation d'un taxi. • CE 18 mars 1996, *Cne de Villeneuve-lès-Avignon,* n° 140860 : *Lebon 86*.

6. L'adjoint exerçant une suppléance peut donc rapporter les délégations de fonctions que le maire avait consenties. • CE 1er oct. 1993, *Bonnet et a.,* nos 128485, 128486, 128487 et 128605 : *Lebon 255 ; JCP 1993. IV. 2573, obs. Rouault ; LPA 20 mai 1994, concl. Pochard.* ♦ Il peut procéder à la signature d'un acte faisant l'objet d'une délégation à un deuxième adjoint. • CE 19 mai 2000, *Cne du Cendre,* n° 208542 B.

7. Mais il ne peut présider la séance du conseil municipal au cours de laquelle le nouveau maire sera élu : elle doit être présidée par le doyen d'âge, fût-il le maire démissionnaire. • CE 25 mai 1973, *Él. du maire et de l'adjoint de Lacourt : Lebon 371.*

SECTION 3 **Attributions**

COMMENTAIRE

V. dans le supplément en ligne.

SOUS-SECTION 1 **Conditions générales d'exercice**

COMMENTAIRE

V. dans le supplément en ligne.

Art. L. 2122-18 Le maire est seul chargé de l'administration, mais il peut, sous sa surveillance et sa responsabilité, déléguer par arrêté une partie de ses fonctions à un ou plusieurs de ses adjoints et à des membres du conseil municipal.

(L. n° 2000-295 du 5 avr. 2000, art. 9) **« Le membre du conseil municipal ayant démissionné de la fonction de maire en application des articles L.O. 141 du code électoral, L. 3122-3** *(L. n° 2003-327 du 11 avr. 2003, art. 16)* **« ou L. 4133-3 du présent code » ne peut recevoir de délégation jusqu'au terme de son mandat de conseiller municipal ou jusqu'à la cessation du mandat ou de la fonction l'ayant placé en situation d'incompatibilité. »**

(L. org. n° 2014-125 du 14 févr. 2014, art. 9) **« Les membres du conseil municipal exerçant un mandat de député, de sénateur ou de représentant au Parlement européen ne peuvent recevoir ou conserver de délégation, sauf si celle-ci porte sur les attributions exercées au nom de l'État mentionnées à la sous-section 3 de la présente section. »**

Lorsque le maire a retiré les délégations qu'il avait données à un adjoint *(L. n° 2004-809 du 13 août 2004, art. 143)* **« , le conseil municipal doit se prononcer sur le maintien de celui-ci dans ses fonctions. »**

BIBL. ▶ AUBY, Les délégations des maires aux adjoints et conseillers municipaux, *LPA 24 févr. 1988.* – BROLLES, Les délégations du conseil municipal et du maire, *Rev. Trésor 1988. 101.* – DYENS, Les délégations de signature et de fonctions au sein de la commune : entre sécurité et opérationnalité, *AJCT 2014. 143.*

I. UN EXÉCUTIF « INDIVIDUEL »

1. Le maire, et lui seul, est « chef de l'administration communale ». • CE 1er mai 1914, *Barthez : Lebon 520 ; DP 1920. 3. 31 ; S. 1921. 3. 6.* ♦ C'est à lui seul qu'incombent la charge et la responsabilité des fonctions conférées à l'autorité municipale. • CE 18 mars 1955, *de Peretti : Lebon 163 ; RD publ. 1955. 395, concl. Grévisse.*

2. Il est libre de ne conférer aucune délégation, ou de n'en conférer qu'à certains adjoints. • CE 5 déc. 1962, *Pallard : Lebon 657.* ♦ Mais il ne peut déléguer la totalité de ses fonctions. • CAA Douai, 10 mai 2007, *Cne de Compiègne,* n° 06DA00503. ♦ Le maire peut seul déléguer, est donc illégale la délibération ayant prévu avant l'élection de l'adjoint les fonctions déléguées. • CE 2 févr. 1951, *Préfet de la Marne,* n° 95490 : *Lebon 60.* ♦ Et le conseil municipal ne peut limiter l'exercice de cette compétence. • CE 19 mai 2000, *Cne du Cendre,* n° 208542 B. ♦ Les adjoints ne détiennent de fonctions communales que s'il leur en délègue, néanmoins ils ont tous de plein droit la qualité d'officiers de l'état civil. • CE 11 oct. 1991, *Ribauté, Balanca,* nos 92741 et 92744 : *Lebon 330 ; AJDA 1991.883, chron. Maugüé et Schwartz* (V. art. L. 2122-32).

3. Toute décision prise collégialement par la municipalité, à la place du conseil municipal ou du maire, est un acte « inexistant » susceptible d'être déféré au juge de l'excès de pouvoir sans condition de délai. • CE 9 nov. 1983, *Saerens et a.,* n° 15116 : *Lebon 453.*

II. PROCÉDURE DE DÉLÉGATION

4. La délégation doit faire l'objet d'un arrêté du maire, publié. • CE 12 mars 1975, *Cne de Loges-Margueron : Lebon 186.* ♦ C'est un acte de nature réglementaire soumis aux dispositions de l'art. L. 2131-1. • CAA Douai, 4 mars 2004, *Cne de Brebières,* n° 02DA00332. ♦ Cet arrêté doit être affiché intégralement ; sa simple publication en substance (sans date ni texte exact) dans la lettre d'information de la commune, supplément au bulletin municipal, ne constitue pas une publication régulière et le prive de caractère exécutoire. • CE

21 juill. 1995, Ville de Nevers, n° 117690. ♦ ... Et l'avis du conseil municipal n'a pas à être sollicité. • CE 4 juin 1997, Leduc, n° 170749.

5. Les délégations doivent définir de façon précise les fonctions déléguées. • CE 1er févr. 1989, *Cne de Grasse,* n° 82231 : *Lebon 42.* ♦ Il en est de même pour une délégation de signature du maire à son adjoint. • CE 16 nov. 2005, *Auguste, Cne de Nogent-sur-Marne,* n° 262360 : *AJDA 2005. 2323*. ♦ Par exemple, les formules « remplir les fonctions d'officier d'état civil, délivrer les alignements et permissions de bâtir sur les rues, places et autres voies communales » ne sont pas assez précises. • CE 12 mars 1975, *Cne de Loges-Margueron : préc. note 4.* ♦ De même pour la formule « signer toutes pièces nécessaires à une bonne administration des intérêts de la ville ». • CE 18 févr. 1998, *Cne de Conflans-Sainte-Honorine,* n° 152572. ♦ De même pour la formule « en cas d'empêchement du maire (...) pour assurer le fonctionnement de la commune ». • TA Versailles, 22 juin 1999, *Mansoux c/ Cne de Luzarches,* n° 965389 B. ♦ De même est illégale la délibération décidant le renouvellement des « délégations de pouvoir antérieurement données » car il n'y a pas mention des noms des bénéficiaires, ni de l'objet ni de l'étendue des compétences renouvelées. • CE 16 janv. 1998, *Dpt d'Indre-et-Loire,* n° 172268. ♦ Est illégale la désignation par un maire de conseillers municipaux « délégués auprès du maire » sans délégation précise. • CE 1er févr. 1989, *Cne de Grasse,* n° 82231 : *préc.* ♦ L'arrêté désignant un conseiller municipal pour « seconder » un adjoint dans l'exercice de sa délégation ne constitue pas une délégation et donc ne confère pas le pouvoir de signer un acte administratif. • CE 3 juin 1994, *Ville de Lyon c/ Mme François,* n° 139261 : *Lebon 287.*

III. TITULAIRES DE DÉLÉGATION

6. Lorsque le maire a délégué à plusieurs adjoints les mêmes fonctions, l'acte de délégation doit préciser l'ordre de priorité dans lequel s'exerce la délégation. • CAA Nantes, 26 déc. 2002, *Cne de Gouray,* n° 01NT02068 B. ♦ Sont illégales les délégations identiques à des adjoints qui n'établissent pas entre eux un ordre de priorité. • CAA Bordeaux, 28 mai 2002, *Carrière,* n° 98BX00268.

7. La délégation ne peut être donnée qu'à un adjoint agissant individuellement, et non à un organe collégial. • CE 28 oct. 1932, *Laffitte : Lebon 882 ; S. 1932. 3. 65, note Mestre.*

8. Le maire choisit librement l'adjoint auquel il donne délégation. • CE 18 mars 1955, *de Peretti : préc. note 1.* ♦ ... Sans être tenu par l'ordre du tableau. • CE 2 févr. 1934, *Marius Barthès : Lebon 162.*

9. Les délégations doivent être effectuées par priorité aux adjoints. • CE, ass., 2 févr. 1951, *Préfet de la Marne : Lebon 60 ; S. 1951. 3. 32.* ♦ ... Aux conseillers municipaux ne pouvant en bénéficier qu'en cas d'absence ou d'empêchement des adjoints. • CE 8 avr. 1987, *Ville de Fréjus,* nos 58576, 58577 et 58578 : *Lebon 124 ; AJDA 1987. 540, note Moreau.* ♦ Et cet empêchement permanent et simultané doit être établi. • CAA Bordeaux, 15 mars 2005, *Cne de Matoury,* n° 02BX00110. ♦ Ou si tous les adjoints sont titulaires d'une délégation. • CAA Bordeaux, 30 déc. 2003, *Cne de Saint-Paul,* n° 99BX02834.

10. Les délégations multiples doivent, soit recouvrir des champs d'application distincts, soit fixer un ordre de priorité entre les adjoints qui en sont titulaires. • CAA Nantes, 26 déc. 2002, *Cne de Gouray,* n° 01NT02068 : *préc. note 6.*

11. Les adjoints ne peuvent percevoir d'indemnités que s'ils bénéficient de délégations et donc sont chargés de fonctions effectives. • CE 29 avr. 1988, *Cne d'Aix-en-Provence,* nos 81371 et 81567 : *Lebon 174 ; AJDA 1988. 483, note Moreau.* ♦ Cependant, l'indemnité peut être différenciée selon que l'adjoint est titulaire d'une délégation de compétence ou de signature. • CAA Douai, 29 nov. 2011, *Cne de Noyon,* n° 10DA01567 : *AJDA 2012. 543, concl. Marjanovic ; AJCT 2012. 262, obs. Derridj.*

IV. CONTENU DES DÉLÉGATIONS

12. Le maire peut toujours exercer lui-même des compétences qu'il a déléguées. * Rép. min. à la question écrite n° 12074, *JOAN Q, 3 juill. 1989 ; Rev. Trésor 1990, nos 3-4, p. 245.* ♦ Il en est de même pour le premier adjoint suppléant du maire empêché. • CE 19 mai 2000, *Cne du Cendre : préc. note 2.*

13. La faculté de délégation du maire à un adjoint s'applique en matière de police municipale. • CE, sect., 4 janv. 1995, *Épx Métras,* n° 110211 B.

V. RETRAIT DES DÉLÉGATIONS

14. En cas de décès du maire, les délégations subsistent jusqu'à l'élection des nouveaux adjoints. • CE 27 mars 1992, *Cne de Saint-Paul,* n° 101933 B. ♦ Au contraire, l'absence ou l'empêchement du maire ne rend pas caduques les délégations qu'il a antérieurement accordées, et il peut d'ailleurs prévoir des délégations en prévision de ses absences. • CE 18 mars 1955, *de Peretti : préc. note 1.*

15. Le maire dispose d'un pouvoir discrétionnaire pour retirer les délégations (comme pour les conférer) mais il ne peut le faire dans un but autre que l'intérêt du service. • CE 11 avr. 1973, *Nemez : Lebon 293.* ♦ ... Ou étranger à la bonne marche de l'administration communale. • CE 10 juin 1986, *Cne d'Aix-en-Provence,* n° 73093 : *Gaz. Pal. 1987. 1. Pan. dr. adm. 153.* ♦ Ainsi le retrait ne peut être motivé par la volonté de rééquilibrer la répartition des délégations en fonction des différents courants représentés au conseil municipal. • CE 20 mai 1994, *Cne de Tomblaine*, n° 126958 : *Lebon 249.*

16. Le retrait peut être motivé par de mauvaises relations notoires entre le maire et l'adjoint, de nature à nuire au bon fonctionnement de l'administration communale. • CE 11 juin 1993, *Cne de Coudekerque-Branche*, n° 105066. ♦ V. aussi • CE 25 oct. 1996, *Cne de Montredon-Labessonnié*, n° 170151 : *Lebon 412.* ♦ ... Par une dissension grave au sein du conseil municipal. • CE 1er oct. 1993, *Bonnet*, nos 128485, 128486, 128487 et 128605 : *Lebon 255*. ♦ ... Ou entre le maire et l'adjoint. • CE 20 mars 1996, *Mme Richard*, n° 137847 B. ♦ ... Ou par de graves difficultés relationnelles. • CAA Versailles, 8 nov. 2007, *Cne de Bougival*, n° 05VE01769. ♦ ... Ou des dissensions sur la question du personnel communal et la diffusion aux élus de la majorité d'un document mettant gravement en cause le maire. • CAA Bordeaux, 30 déc. 2003, *Ducasse*, n° 99BX02860 : *Coll. terr. 2004, n° 90, note Moreau.*

17. Le maire peut retirer ses délégations à un adjoint sans remettre en cause celles attribuées à des conseillers municipaux à la condition que le conseil municipal se soit prononcé sur le maintien en fonction de l'adjoint. • CE, avis, 14 nov. 2012, *Hersen*, n° 361541 : *AJCT 2013. 201, obs. Penaud ; AJDA 2013. 574, note Lachaume*.

18. Le retrait de délégations ne prive pas les adjoints de leur qualité légale d'officiers de l'état civil. • CE 11 oct. 1991, *Ribauté et Balanca*, nos 92741 et 92744 : *Lebon 330 ; D. 1991 IR 883, chron. Maugüé et Scwartz*. ♦ Et le retrait de la délégation entraîne la suppression des indemnités qui lui sont liées. * Rép. min. n° 13485 : *JO Sénat 14 oct. 2004, p. 1766.*

19. L'arrêté mettant fin à la délégation n'a pas le caractère d'une sanction mais celui d'un acte réglementaire et n'a donc pas à être motivé. • CE 29 juin 1990, *de Marin c/ Cne de Levallois-Perret*, n° 86148 : *Lebon 183 ; AJDA 1990. 831, note Moreau ; RFDA 1990. 831, note Terneyre.* ♦ ... Ni à respecter les droits de la défense. • TA Melun, 24 mars 2005, *M. Kœssler et Mme Bourdet*, n° 046920 : *BJCL 2005. 680, concl. Dewailly et obs. B. P.* ♦ Pour la même raison, l'adjoint n'a pas le droit d'être mis à même de présenter ses observations avant la décision du maire. • CE 16 juin 1939, *Poli : Lebon 406.* ♦ Le retrait de délégation à un adjoint doit s'analyser comme une décision réglementaire qui a pour objet la répartition des compétences entre les différentes autorités municipales. Elle ne constitue pas une décision individuelle ni une décision prise en considération de la personne au sens de l'art. L. 121-1 CRPA, impliquant le respect d'une procédure contradictoire préalable. • CE, avis cont., 27 janv. 2017, n° 404858 : *Lebon ; AJCT 2017. 285, note Derridj*. ♦ V. pour la saisine du CE de la demande d'avis : • TA Lille, 28 oct. 2016, *M. Tonnel*, n° 1601679 : *BJCL 2016. 649 et 656, concl. Villette, obs. Poujade.*

20. Le juge n'exerce sur la décision de retrait qu'un contrôle minimum des motifs englobant l'existence matérielle des faits et l'erreur manifeste d'appréciation. • CE 24 mars 1976, *Cne de Bouc-Bel-Air : Lebon 1078.* ♦ V. aussi • CE 29 juin 1990, *M. de Marin c/ Cne de Levallois-Perret*, n° 86148 : *Lebon 183 ; RFDA 1990. 831, obs. Terneyre ; AJDA 1990. 831, note Moreau*.

21. La délibération par laquelle le conseil municipal se prononce sur le maintien dans ses fonctions d'un adjoint au maire est adoptée selon les modalités générales prévues à l'art. L. 2121-21 et non selon celles mentionnées à l'art. L. 2122-7 relatif à l'élection des adjoints au maire. • CE 1er août 2013, *M. Le Coz*, n° 365016 : *AJCT 2013. 580, note Gonzalez* • CE 5 juill. 2018, *Cne de Mantes-la-Jolie*, n° 412721 B : *AJDA 2018. 1422 ; AJCT 2018. 624, note Ferreira*.

VI. RECOURS CONTENTIEUX

22. Les rapports entre le maire ou les adjoints et la commune, en raison de l'exercice de leurs fonctions, sont des rapports de droit public relevant du juge administratif. • T. confl. 21 janv. 1985, *Hospice de Châteauneuf-du-Pape c/ Jeune : Lebon T. 519 ; RD publ. 1985. 1356, note Drago.*

23. L'adjoint concerné, les conseillers municipaux et tout électeur peuvent intenter contre le retrait de délégation un recours contentieux dans les conditions du recours pour excès de pouvoir. • CE 12 mars 1975, *Cne de Loges-Margueron : préc. note 4.*

24. Le recours contre la délibération se prononçant sur le maintien d'un adjoint dans ses fonctions, qui n'est que la conséquence de la décision par laquelle le maire a retiré les délégations qu'il avait données à son adjoint, a la nature d'un recours pour excès de pouvoir et non d'un litige en matière électorale. • CE 1er août 2013, *M. Le Coz*, n° 365016 : *préc. note 21.*

Art. L. 2122-18-1 *(L. n° 2002-276 du 27 févr. 2002, art. 3)* **L'adjoint chargé de quartier connaît de toute question intéressant à titre principal le ou les quartiers dont il a la charge. Il veille à l'information des habitants et favorise leur participation à la vie du quartier.**

Art. L. 2122-19 Le maire peut donner, sous sa surveillance et sa responsabilité, par arrêté, délégation de signature :

1° Au *(L. n° 2000-321 du 12 avr. 2000)* « directeur général des services » et au *(L. n° 2000-321 du 12 avr. 2000)* « directeur général adjoint des services » de mairie ;

2° Au directeur général et au directeur des services techniques ;

(L. n° 2009-526 du 12 mai 2009, art. 86) « 3° Aux responsables de services communaux. »

V. art. R. 2122-8.

1. La délégation de signature d'un maire peut porter sur ses attributions en tant qu'agent de l'État. • CE 17 nov. 1995, *SA Multypromotion : RD publ. 1995. 552.*

2. Une décision mettant fin aux fonctions d'un agent non titulaire de la commune signée par un fonctionnaire autre que le secrétaire général, son adjoint, le directeur général et le directeur des services techniques est illégale. • CE 24 janv. 1994, *Cne de Vigneux-sur-Seine c/ Mlle Duplessis,* n° 141143.

3. À Paris, Lyon et Marseille, le directeur de cabinet du maire doit être regardé comme un responsable de services communaux auquel le maire peut, en application de l'art. L. 2511-27, déléguer sa signature. • CE 16 sept. 2005, *Ville de Paris,* n° 280202 : *Lebon ; AJDA 2005. 1757.*

♦ Le directeur général des services fait partie des personnes susceptibles de recevoir délégation de signature du maire. Toutefois, pour qu'il puisse en bénéficier, le conseil municipal doit auparavant autoriser explicitement le maire, dans la délibération portant délégation en matière de marchés publics et d'accords-cadres, à déléguer sa signature. • CAA Nancy, 7 août 2003, *Cne de Strasbourg,* n° 98NC01059.

Art. L. 2122-19-1 *(L. n° 2023-1380 du 30 déc. 2023, art. 1er)* **Pour assurer les fonctions liées au secrétariat de mairie dans les communes de moins de 3 500 habitants, le maire nomme un agent aux fonctions de secrétaire général de mairie, sauf s'il nomme un agent pour occuper les fonctions de directeur général des services. Le secrétaire général de mairie peut exercer ses fonctions à temps partiel ou à temps non complet.**

Nouvel art. L. 2122-19-1 *(L. n° 2023-1380 du 30 déc. 2023, art. 1er)* ***Pour assurer les fonctions liées au secrétariat de mairie dans les communes de moins de 2 000 habitants, le maire nomme aux fonctions de secrétaire général de mairie un agent relevant d'un corps ou d'un cadre d'emplois classé au moins dans la catégorie B.***

Pour assurer les fonctions liées au secrétariat de mairie dans les communes de 2 000 habitants et plus, le maire nomme aux fonctions de secrétaire général de mairie un agent relevant d'un corps ou d'un cadre d'emplois classé dans la catégorie A, sauf s'il nomme un agent pour occuper les fonctions de directeur général des services.

Quel que soit le nombre d'habitants de la commune, le secrétaire général de mairie peut exercer ses fonctions à temps partiel ou à temps non complet.

Le nouvel art. entre en vigueur le 1er janv. 2028 (L. n° 2023-1380 du 30 déc. 2023, art. 1er).

Art. L. 2122-20 **Les délégations données par le maire en application des articles L. 2122-18 et L. 2122-19 subsistent tant qu'elles ne sont pas rapportées.** — *[C. communes, art. L. 122-11, al. 5.]*

1. Si aucune durée n'a été fixée, la délégation subsiste tant qu'elle n'a pas été rapportée. • CE 29 avr. 1988, *Cne d'Aix-en-Provence,* n°s 81371 et 81567 : *Lebon 174.*

2. La décision de retrait de délégation par le maire n'est pas une sanction et n'a donc pas à être motivée. • CE 29 juin 1990, *de Marin c/ Cne de Levallois-Perret,* n° 86148 : *Lebon 183 ; AJDA 1990. 831, note Moreau ; RFDA 1990. 831, obs. Terneyre.*

SOUS-SECTION 2 Attributions exercées au nom de la commune

Art. L. 2122-21 **Sous le contrôle du conseil municipal et sous le contrôle administratif du représentant de l'État dans le département, le maire est chargé, d'une manière générale, d'exécuter les décisions du conseil municipal et, en particulier :**

1° De conserver et d'administrer les propriétés de la commune et de faire, en conséquence, tous actes conservatoires de ses droits ;

2° De gérer les revenus, de surveiller les établissements communaux et la comptabilité communale ;

3° De préparer et proposer le budget et ordonnancer les dépenses *(L. n° 98-1267 du 30 déc. 1998, art. 47)* **« , de les imputer en section d'investissement conformément à chacune des délibérations expresses de l'assemblée pour les dépenses d'équipement afférentes à des biens meubles ne figurant pas sur les listes et d'une valeur inférieure à**

un seuil fixé par arrêté des ministres en charge des finances et des collectivités locales ; »

4° De diriger les travaux communaux ;

5° De pourvoir aux mesures relatives à la voirie communale ;

6° De souscrire les marchés, de passer les baux des biens et les adjudications des travaux communaux dans les formes établies par les lois et règlements ;

7° De passer dans les mêmes formes les actes de vente, échange, partage, acceptation de dons ou legs, acquisition, transaction, lorsque ces actes ont été autorisés conformément aux dispositions du présent code ;

8° De représenter la commune soit en demandant, soit en défendant ;

(L. n° 2016-1087 du 8 août 2016, art. 157) **« 9° De prendre, à défaut des propriétaires ou des détenteurs du droit de chasse, à ce dûment invités, toutes les mesures nécessaires à la destruction des animaux d'espèces non domestiques pour l'un au moins des motifs mentionnés aux 1° à 5° de l'article L. 427-6 du code de l'environnement et de requérir, dans les conditions fixées à l'article L. 427-5 du même code, les habitants avec armes et chiens propres à la chasse de ces animaux, à l'effet de détruire ces derniers, de surveiller et d'assurer l'exécution de ces mesures, qui peuvent inclure le piégeage de ces animaux, et d'en dresser procès-verbal ; »**

(L. n° 2002-276 du 27 févr. 2002, art. 156) **« 10° De procéder aux enquêtes de recensement. »**

Sur les opérations de recensement, V. ci-dessous L. n° 2002-276 du 27 févr. 2002, art. 156 à 158.

COMMENTAIRE

V. dans le supplément en ligne.

I. COMPÉTENCE D'EXÉCUTION

1. Après le vote du conseil municipal, l'exécution de la délibération est une obligation pour le maire. • CE 28 mai 1980, *Cne d'Évaux-les-Bains,* n° 17583 : *Lebon 239*. ♦ Le maire dispose toutefois d'un assez large pouvoir d'appréciation des modalités d'exécution. • CE 18 oct. 1968, *Barbier : Lebon 498.* ♦ ... Sauf s'il s'agit d'un contrat, dont il ne peut modifier les clauses. • CE 15 juin 1994, *Min. de l'Intérieur c/ Cne de Longueau,* n° 137690 : *Lebon 318*.

2. Le conseil municipal doit préciser suffisamment ce qu'il demande au maire d'exécuter. Ainsi, il méconnaît l'étendue de sa compétence en ne définissant pas avec précision l'objet et le montant des emprunts que le maire était autorisé à garantir. • CE 28 oct. 2002, *Cne de Moisselles,* n° 232060.

3. Lorsqu'il exécute les décisions du conseil municipal en application de cet article, le maire n'agit pas en vertu d'une délégation de pouvoirs du conseil. Ces mesures peuvent donc être prises par le premier adjoint en cas d'absence du maire. • CE 15 juin 1994, *Min. de l'Intérieur c/ Cne de Longueau,* n° 137690 : *préc. note 1.*

4. C'est un excès de pouvoir de la part d'un maire que de modifier, même en partie, une délibération du conseil municipal au moment de l'exécution. • CE 4 nov. 1949, *Laboux : Lebon 457.* ♦ De même pour l'exécution d'une délibération illégale. • CE 20 juin 1969, *Cne de Terre-de-Bas : Lebon 343.* ♦ ... Ou pour l'exécution d'une décision irrégulièrement prise à sa place par le conseil municipal. • CE 28 mai 1986, *Épx André,* n° 39775 B. ♦ De même pour les arrêtés pris par un maire en exécution de délibérations non encore exécutoires. • CE 4 mai 1928, *Buteau : Lebon 549.* ♦ Sur l'action en justice, V. notes ss. art. L. 2132-1. ♦ Sur la conclusion des contrats, V. notes ss. art. L. 2122-21-1.

II. CONTRÔLE DU CONSEIL MUNICIPAL SUR LE MAIRE

5. Le conseil municipal peut indiquer au maire quelles solutions lui paraissent souhaitables et ordonner des mesures d'instruction sur les moyens d'y parvenir. • CE 29 mars 1933, *Bonifacy : Lebon 365.*

6. Il peut délibérer sur les actes de gestion du maire et porter sur eux un jugement de valeur. • CE 12 mai 1944, *Lerouxel : Lebon 136.*

7. Il peut, à l'occasion d'une affaire en délibération, adresser un blâme au maire en exercice. • CE 9 mai 1924, *Thibault : Lebon 453.* ♦ ... Ou à un ancien maire. • CE 29 juill. 1994, *Cne de Saint-Mandrier-sur-Mer,* n° 126383 B. – V. aussi • CAA Bordeaux, 22 juin 1998, *Maître Vinceneux c/ Cne de Saint-Lys,* n° 96BX00415 B. ♦ Et la question du blâme doit être inscrite à l'ordre du jour de la séance. • CAA Nantes, 17 déc. 1997, *Gicquel : Lebon T. 698.*

Loi nº 2002-276 du 27 février 2002,

Relative à la démocratie de proximité.

TITRE V. DES OPÉRATIONS DE RECENSEMENT

Art. 156 I. — Le recensement de la population est effectué sous la responsabilité et le contrôle de l'État.

II. — Le recensement a pour objet :

1° Le dénombrement de la population de la France ;

2° La description des caractéristiques démographiques et sociales de la population ;

3° Le dénombrement et la description des caractéristiques des logements.

Les données recueillies sont régies par les dispositions de la loi nº 51-711 du 7 juin 1951 sur l'obligation, la coordination et le secret en matière de statistiques et de la loi nº 78-17 du 6 janvier 1978 relative à l'informatique, aux fichiers et aux libertés.

III. — La collecte des informations est organisée et contrôlée par l'Institut national de la statistique et des études économiques.

Les enquêtes de recensement sont préparées et réalisées par les communes ou les établissements publics de coopération intercommunale, qui reçoivent à ce titre une dotation forfaitaire de l'État.

[...]

V. — Lorsque l'établissement public de coopération intercommunale a reçu des communes qui le constituent compétence pour préparer et réaliser les enquêtes de recensement, l'organe délibérant de l'établissement peut, par délibération, charger le président de l'établissement de procéder à ces enquêtes.

Dans le cas où une commune ou un établissement public de coopération intercommunale refuserait ou négligerait d'accomplir cette mission, le représentant de l'État dans le département peut, après l'en avoir requis, y pourvoir d'office.

Les enquêtes de recensement sont effectuées par des agents recenseurs *(Abrogé par Décr. nº 2024-1124 du 4 déc. 2024, art. 1er)* « *, agents de la commune ou de l'établissement public de coopération intercommunale affectés à cette tâche ou recrutés par eux à cette fin* ». Lorsque l'activité exercée par un agent recenseur présente un caractère accessoire, elle est exclue de l'interdiction prévue *(L. nº 2007-148 du 2 févr. 2007, art. 24)* « par l'article 25 de la loi nº 83-634 du 13 juillet 1983 portant droits et obligations des fonctionnaires ». L'inéligibilité prévue au douzième alinéa de l'article L. 231 du code électoral s'applique à tous les agents recenseurs, quel que soit le nombre d'habitants de la commune.

VI. — Les dates des enquêtes de recensement peuvent être différentes selon les communes.

Pour les communes dont la population est inférieure à 10 000 habitants, les enquêtes sont exhaustives et ont lieu chaque année par roulement au cours d'une période de cinq ans. Pour les autres communes, une enquête par sondage est effectuée chaque année ; la totalité du territoire de ces communes est prise en compte au terme de la même période de cinq ans.

Chaque année, un décret établit la liste des communes concernées par les enquêtes de recensement au titre de l'année suivante. *– V. Décr. nº 2003-561 du 23 juin 2003, art. 4.*

VII. — Pour établir les chiffres de la population, l'Institut national de la statistique et des études économiques utilise les informations collectées dans chaque commune au moyen d'enquêtes de recensement exhaustives ou par sondage, les données démographiques non nominatives issues des fichiers administratifs, notamment sociaux et fiscaux, que l'institut est habilité à collecter à des fins exclusivement statistiques, ainsi que les résultats de toutes autres enquêtes statistiques réalisées en application de l'article 2 de la loi nº 51-711 du 7 juin 1951 précitée.

À cette fin, les autorités gestionnaires des fichiers des organismes servant les prestations de base des régimes obligatoires d'assurance maladie transmettent à l'Institut national de la statistique et des études économiques les informations non nominatives qu'il appartient à l'institut d'agréger cinq ans après leur réception, à un niveau géographique de nature à éviter toute identification de personnes.

VIII. — Un décret authentifie chaque année les chiffres des populations de métropole, des départements d'outre-mer *(L. nº 2017-256 du 28 févr. 2017, art. 147)* « , » *(Ord. nº 2009-536 du 14 mai 2009, art. 23)* « de Saint-Barthélemy, de Saint-Martin » et de Saint-Pierre-et-Miquelon, des circonscriptions administratives et des collectivités territoriales.

IX. — Les informations relatives à la localisation des immeubles, nécessaires à la préparation et à la réalisation des enquêtes de recensement, sont librement échangées entre l'Institut national de la statistique et des études économiques, les communes et les établissements publics de coopération intercommunale intéressés.

X. — Le premier décret authentifiant les chiffres de population en application du VIII sera publié à la fin de la première période de cinq ans mentionnée au VI.

Les mots « agents de la commune ou de l'établissement public de coopération intercommunale affectés à cette tâche ou recrutés par eux à cette fin » figurant à la 1re phrase du dernier al. du § V ont un caractère réglementaire (Cons. const. 17 oct. 2024, no 2024-309 L).

Sur la répartition des communes pour les besoins du recensement de la population, V. Décr. no 2003-561 du 23 juin 2003.

Art. 157 I. — Jusqu'à la publication du décret mentionné au X de l'article 156, la population des collectivités territoriales et des circonscriptions administratives est celle qui a été authentifiée par décret à l'issue du dernier recensement général de la population effectué en métropole, dans les départements d'outre-mer et à Saint-Pierre-et-Miquelon, modifiée, le cas échéant, par des recensements complémentaires.

À compter de la publication du même décret, les références au recensement général de la population et au recensement complémentaire sont remplacées par des références au recensement de la population dans toutes les dispositions législatives alors en vigueur.

II. — Par dérogation aux dispositions de l'article 156 et du I du présent article, il est procédé, tous les cinq ans, à des recensements généraux de la population en Nouvelle-Calédonie, en Polynésie française et dans les îles Wallis-et-Futuna. Les opérations de recensement y sont, le cas échéant, organisées avec l'institut de statistiques compétent. Après chacun de ces recensements généraux, un décret authentifie les chiffres des populations de ces territoires, de leurs circonscriptions administratives et de leurs collectivités territoriales.

Ces dispositions s'appliquent en Nouvelle-Calédonie et en Polynésie française dans le respect des compétences définies par les lois organiques fixant leur statut.

Dans les îles Wallis-et-Futuna, les enquêtes de recensement sont préparées et réalisées par les services de l'administrateur supérieur, qui perçoivent à ce titre une dotation forfaitaire de l'État.

En Nouvelle-Calédonie, en Polynésie française, dans les îles Wallis-et-Futuna et à Mayotte, lorsque l'activité exercée par un agent recenseur présente un caractère accessoire, les interdictions relatives au cumul d'emplois public et privé prévues par la réglementation du travail en vigueur ne sont pas applicables.

Les dispositions de la dernière phrase du dernier alinéa du V de l'article 156 s'appliquent en Nouvelle-Calédonie, en Polynésie française et à Mayotte.

Art. 158 *(Ord. no 2004-637 du 1er juill. 2004, art. 12)* Un décret en Conseil d'État définit les modalités d'application du présent titre.

Art. L. 2122-21-1 *(L. no 2009-179 du 17 févr. 2009, art. 10)* **Lorsqu'il n'est pas fait application du 4° de l'article L. 2122-22, la délibération du conseil municipal chargeant le maire de souscrire un marché** *(L. no 2015-991 du 7 août 2015, art. 125)* **« ou un accord-cadre » déterminé peut être prise avant l'engagement de la procédure de passation de ce marché** *(L. no 2015-991 du 7 août 2015, art. 125)* **« ou de cet accord-cadre ». Elle comporte alors obligatoirement la définition de l'étendue du besoin à satisfaire et le montant prévisionnel du marché** *(L. no 2015-991 du 7 août 2015, art. 125)* **« ou de l'accord-cadre ».**

1. Cette disposition revient sur la jurisprudence du Conseil d'État en vertu de laquelle le conseil municipal doit, sauf à méconnaître l'étendue de sa compétence, se prononcer sur tous les éléments essentiels du contrat à intervenir, au nombre desquels figurent notamment l'objet précis de celui-ci, son montant exact et l'identité de l'attributaire. • CE 13 oct. 2004, *Cne de Montélimar,* no 254007 : *Lebon ; AJDA 2004. 2107, note Dreyfus ; RDI 2004. 564, obs. Dreyfus ; BJCP 2005. 42, concl. Casas ; LPA 2005, no 30, note Laget ; JCP Adm. 2004, no 1484, note Linditch ; Coll. terr. 2004, no 223, note Pellissier ; Dr. adm. 2004, no 172, note Ménéménis.*

2. En revanche, cette disposition ne s'applique pas aux conventions de délégation de service public. S'il entend autoriser le maire à souscrire une telle convention, le conseil municipal doit, sauf à méconnaître l'étendue de sa compétence, se prononcer sur tous les éléments essentiels du contrat à intervenir au nombre desquels figurent notamment l'objet précis de celui-ci ainsi que les éléments financiers exacts et l'identité de son attributaire. • CE 10 janv. 2007, *Sté Pompes funèbres et conseillers funéraires du Roussillon*, n° 284063 : *Lebon ; AJDA 2007. 636, note Dreyfus*. ♦ … Ni aux transactions. Le conseil municipal doit, sauf à méconnaître l'étendue de sa compétence, se prononcer sur les éléments essentiels du contrat, au nombre desquels figurent la contestation précise que la transaction a pour objet de prévenir ou de terminer et les concessions réciproques que les parties se consentent à cette fin. • CE 11 sept. 2006, *Cne de Théoule-sur-Mer*, n° 255273 : *Lebon ; AJDA 2006. 2125, note Dreyfus ; Gaz. Pal. 2007. 29, note du Marais.* ♦ De même, le maire ne peut conclure un bail sans que le montant de la location ait été préalablement fixé par une délibération du conseil municipal. • CE 30 oct. 1996, *Épx Selmi*, n° 123638 B. ♦ … Ou la durée et le régime de la location. • CAA Nancy, 3 juin 2004, *Moinier*, n° 99NC02085 : *AJDA 2004. 1780*. ♦ De même, la cession d'une créance déterminée par une commune (prévue à l'art. 6 de la L. du 2 janv. 1981 facilitant le crédit aux entreprises) doit être autorisée par le conseil municipal et non acceptée par le maire seul. • CE 25 juin 2003, *Caisse centrale de Crédit mutuel du Nord de la France c/ Cne de Sainte-Menehould*, n° 240679 : *Lebon 285 ; AJDA 2003. 1729, concl. Le Chatelier ; RTD civ. 2004. 330, obs. Crocq ; RTD com. 2003. 792, obs. Cabrillac*.

Art. L. 2122-22 **Le maire peut, en outre, par délégation du conseil municipal, être chargé, en tout ou partie, et pour la durée de son mandat :**

1° D'arrêter et modifier l'affectation des propriétés communales utilisées par les services publics municipaux *(L. n° 2017-257 du 28 févr. 2017, art. 74)* **« et de procéder à tous les actes de délimitation des propriétés communales » ;**

2° De fixer, dans les limites déterminées par le conseil municipal, les tarifs des droits de voirie, de stationnement, de dépôt temporaire sur les voies et autres lieux publics et, d'une manière générale, des droits prévus au profit de la commune qui n'ont pas un caractère fiscal *(L. n° 2017-257 du 28 févr. 2017, art. 74)* **« , ces droits et tarifs pouvant, le cas échéant, faire l'objet de modulations résultant de l'utilisation de procédures dématérialisées » ;**

3° *(L. n° 2002-276 du 27 févr. 2002, art. 44)* **« De procéder, dans les limites fixées par le conseil municipal, à la réalisation des emprunts destinés au financement des investissements prévus par le budget, et aux opérations financières utiles à la gestion des emprunts, y compris les opérations de couvertures des risques de taux et de change,** *(L. n° 2003-1311 du 30 déc. 2003, art. 116)* **« ainsi que de prendre les décisions mentionnées au III de l'article L. 1618-2 et au *a* de l'article L. 2221-5-1, sous réserve des dispositions du *c* de ce même article », et de passer à cet effet les actes nécessaires ; »**

4° *(L. n° 2007-1787 du 20 déc. 2007, art. 13)* **« De prendre toute décision concernant la préparation, la passation, l'exécution et le règlement des marchés et des accords-cadres ainsi que toute décision concernant leurs avenants, lorsque les crédits sont inscrits au budget ; »**

5° De décider de la conclusion et de la révision du louage de choses pour une durée n'excédant pas douze ans ;

6° *(L. n° 2007-1787 du 20 déc. 2007, art. 13)* **« De passer les contrats d'assurance ainsi que d'accepter les indemnités de sinistre y afférentes ; »**

7° De créer *(L. n° 2015-991 du 7 août 2015, art. 126)* **« , modifier ou supprimer » les régies comptables nécessaires au fonctionnement des services municipaux ;**

8° De prononcer la délivrance et la reprise des concessions dans les cimetières ;

9° D'accepter les dons et legs qui ne sont grevés ni de conditions ni de charges ;

10° De décider l'aliénation de gré à gré de biens mobiliers jusqu'à 4 600 € ;

11° De fixer les rémunérations et de régler les frais et honoraires des avocats, notaires, huissiers de justice et experts ;

12° De fixer, dans les limites de l'estimation des services fiscaux (domaines), le montant des offres de la commune à notifier aux expropriés et de répondre à leurs demandes ;

13° De décider de la création de classes dans les établissements d'enseignement ;

14° De fixer les reprises d'alignement en application d'un document d'urbanisme ;

15° D'exercer, au nom de la commune, les droits de préemption définis par le code de l'urbanisme, que la commune en soit titulaire ou délégataire, de déléguer l'exercice de ces droits à l'occasion de l'aliénation d'un bien selon les dispositions prévues *(L. n° 2022-217 du 21 févr. 2022, art. 110)* **« aux articles L. 211-2 à L. 211-2-3 »** *(L.*

n° 2017-86 du 27 janv. 2017, art. 85) « ou » au premier alinéa de l'article L. 213-3 de ce même code dans les conditions que fixe le conseil municipal ;

16° D'intenter au nom de la commune les actions en justice ou de défendre la commune dans les actions intentées contre elle, dans les cas définis par le conseil municipal *(L. n° 2017-257 du 28 févr. 2017, art. 74)* « , et de transiger avec les tiers dans la limite de 1 000 € pour les communes de moins de 50 000 habitants et de 5 000 € pour les communes de 50 000 habitants et plus » ;

17° De régler les conséquences dommageables des accidents dans lesquels sont impliqués des véhicules municipaux dans la limite fixée par le conseil municipal ;

(L. n° 2000-1208 du 13 déc. 2000, art. 28) « 18° De donner, en application de l'article L. 324-1 du code de l'urbanisme, l'avis de la commune préalablement aux opérations menées par un établissement public foncier local ; »

(L. n° 2003-590 du 2 juill. 2003, art. 63) « 19° De signer la convention prévue par *(L. n° 2018-1021 du 23 nov. 2018, art. 9)* « l'avant-dernier » alinéa de l'article L. 311-4 du code de l'urbanisme précisant les conditions dans lesquelles un constructeur participe au coût d'équipement d'une zone d'aménagement concerté et de signer la convention prévue par le troisième alinéa de l'article L. 332-11-2 du même code *(L. n° 2014-1655 du 29 déc. 2014, art. 44)* « , dans sa rédaction antérieure à la loi n° 2014-1655 du 29 décembre 2014 de finances rectificative pour 2014, » précisant les conditions dans lesquelles un propriétaire peut verser la participation pour voirie et réseaux ; »

(L. n° 2004-809 du 13 août 2004, art. 149) « 20° De réaliser les lignes de trésorerie sur la base d'un montant maximum autorisé par le conseil municipal ; »

(L. n° 2005-882 du 2 août 2005, art. 58) « 21° D'exercer *(L. n° 2014-626 du 18 juin 2014, art. 17)* « ou de déléguer, en application de l'article L. 214-1-1 du code de l'urbanisme », au nom de la commune et dans les conditions fixées par le conseil municipal, le droit de préemption défini par l'article L. 214-1 *(L. n° 2014-626 du 18 juin 2014, art. 17)* « du même code » ; »

(L. n° 2007-290 du 5 mars 2007, art. 19) « 22° D'exercer au nom de la commune le droit de priorité défini » *(Ord. n° 2009-1530 du 10 déc. 2009)* « aux articles L. 240-1 à L. 240-3 du code de l'urbanisme » *(L. n° 2017-86 du 27 janv. 2017, art. 85)* « ou de déléguer l'exercice de ce droit en application des mêmes articles, dans les conditions fixées par le conseil municipal » ;

(L. n° 2009-526 du 12 mai 2009, art. 100) « 23° De prendre les décisions mentionnées aux articles L. 523-4 et L. 523-5 du code du patrimoine relatives à la réalisation de diagnostics d'archéologie préventive prescrits pour les opérations d'aménagement ou de travaux sur le territoire de la commune » *(L. n° 2022-217 du 21 févr. 2022, art. 177)* « et de conclure la convention prévue à l'article L. 523-7 du même code » ;

(L. n° 2011-525 du 17 mai 2011, art. 79) « 24° D'autoriser, au nom de la commune, le renouvellement de l'adhésion aux associations dont elle est membre » ;

(L. n° 2014-1170 du 13 oct. 2014, art. 67) « 25° D'exercer, au nom de la commune, le droit d'expropriation pour cause d'utilité publique prévu au troisième alinéa de l'article L. 151-37 du code rural et de la pêche maritime en vue de l'exécution des travaux nécessaires à la constitution d'aires intermédiaires de stockage de bois dans les zones de montagne ; »

(L. n° 2017-257 du 28 févr. 2017, art. 74) « 26° De demander à tout organisme financeur, dans les conditions fixées par le conseil municipal, l'attribution de subventions ; »

(L. n° 2017-86 du 27 janv. 2017, art. 85) « 27° De procéder, dans les limites fixées par le conseil municipal, au dépôt des demandes d'autorisations d'urbanisme relatives à la démolition, à la transformation ou à l'édification des biens municipaux ;

« 28° D'exercer, au nom de la commune, le droit prévu au I de l'article 10 de la loi n° 75-1351 du 31 décembre 1975 relative à la protection des occupants de locaux à usage d'habitation » ;

(L. n° 2018-1021 du 23 nov. 2018, art. 6) « 29° D'ouvrir et d'organiser la participation du public par voie électronique prévue au I de l'article L. 123-19 du code de l'environnement ; »

(L. n° 2022-217 du 21 févr. 2022, art. 173) « 30° D'admettre en non-valeur les titres de recettes, ou certaines catégories d'entre eux, présentés par le comptable public, chacun de ces titres correspondant à une créance irrécouvrable d'un montant

inférieur à un seuil fixé par délibération du conseil municipal, qui ne peut être supérieur à un seuil fixé par décret. Ce même décret précise les modalités suivant lesquelles le maire rend compte au conseil municipal de l'exercice de cette délégation ;

« 31° D'autoriser les mandats spéciaux que les membres du conseil municipal peuvent être amenés à exercer dans le cadre de leurs fonctions, ainsi que le remboursement des frais afférents prévus à l'article L. 2123-18 du présent code. »

(L. n° 2014-58 du 27 janv. 2014, art. 92) **« Les délégations consenties en application du 3° du présent article prennent fin dès l'ouverture de la campagne électorale pour le renouvellement du conseil municipal. »**

BIBL. ▶ Nouvelle mandature : premières décisions (2e partie), *AJCT 2014. 135.*

COMMENTAIRE

V. dans le supplément en ligne.

I. COMPÉTENCES SUSCEPTIBLES D'ÊTRE DÉLÉGUÉES

1. Les délégations du conseil municipal au maire sont impossibles en dehors des matières où elles sont expressément prévues par la loi. • TA Nice, 7 nov. 1985, *Synd. des commerçants non sédentaires des Alpes-Maritimes : Lebon 438 ; Rec. TA 1987. 36, n° 21.* ♦ ... Et ce qui n'est pas délégué reste de la compétence du conseil municipal. Il en est ainsi pour l'approbation de la passation des baux. • CE 5 déc. 2005, *Cne Pontoy,* n° 270948 : *JCP Adm. 2006. 1009, concl. Glaser.* ♦ Lorsque le maire agit en tant qu'autorité de l'État, le conseil municipal ne peut régulièrement l'autoriser à ester en justice, sauf à commettre une erreur de droit. Par exemple, en matière de police de l'affichage. • CE 7 déc. 1990, *Ville de Paris c/ Sté Multypromotion,* n° 103902 B : *RFDA 1991. 937, concl. Abraham.*

2. Le conseil municipal peut donner au maire une délégation générale pour ester en justice au nom de la commune pendant la durée de son mandat. • CE 27 juill. 1988, *Épx Gohin,* n° 81698 B : *Dr. adm. 1988, n° 494.* ♦ Le conseil municipal peut légalement déléguer au maire, pendant la durée de son mandat, le droit d'ester en justice pour l'ensemble du contentieux de la commune. Dans le cadre des actions en justice ouvertes devant le juge judiciaire : • Crim. 4 avr. 2023, n° 22-83.613 : *AJDA 2023. 694 ; AJ pénal 2023. 247 et les obs. ; AJCT 2023. 514, obs. M. Yazi-Roman.* ♦ Et celui-ci peut déléguer cette autorisation à un adjoint. • CAA Lyon, 6 nov. 2003, *Ville de Grenoble,* n° 98LY01815 : *AJDA 2004. 728.* ♦ V. aussi notes ss. art. L. 2132-2.

3. Le conseil municipal, sur la base de l'art. L. 2122-22-2°, peut déléguer au maire le pouvoir de fixer les tarifs d'inscription à un conservatoire municipal de musique. • CE 25 févr. 1998, *Cne de Colombes,* n° 157347 B. ♦ Le conseil municipal peut déléguer, sur le fondement de l'art. L. 2122-22, 5°, au maire le pouvoir de décider du non-renouvellement du bail d'une société sur le domaine privé. • CE 12 mars 1975, *Cne des Loges Margueron,* n° 93439 : *Lebon.* ♦ V. aussi : • TGI Tarascon, 19 janv. 2018, n° 08/01926 : *AJCT 2018. 219, obs. Noual.* ♦ Le conseil municipal a la possibilité de déléguer au maire, pour la durée de son mandat, l'exercice des droits de préemption dont la commune est titulaire ou délégataire afin d'acquérir des biens au profit de celle-ci. • CE 1er mars 2023, n° 462648 B : *AJCT 2023. 436 ; ibid. 1070, note V. Laugier ; RDI 2023. 286, obs. J.-F. Struillou ; AJCT 2023. 436, obs. P. Jacquemoire.* ♦ Le maire n'est compétent pour décider la conclusion de conventions d'occupation du domaine public que sur délégation du conseil municipal prise en application des dispositions du 5° de l'art. L. 2122-22 et pour les conventions dont la durée n'excède pas 12 ans. En revanche, s'il appartient au conseil municipal de délibérer sur les conditions générales d'administration du domaine communal, le maire est seul compétent pour délivrer et retirer les autorisations unilatérales d'occuper temporairement ce domaine. • CE 21 déc. 2023, *M. A. et a. c/ Cne Clomot,* n° 471189 B : *AJDA 2024. 9, note Chamard-Heim ; ibid. 1075, note Caylet ; RDI 2024. 162, obs. Giacuzzo ; JCP Adm. 2024. 2035. 3, concl. Ciavaldini et obs. Poujade ; BJCL 2024. 94.*

4. La délégation portant sur les contrats d'assurance n'autorise le maire à conclure que les contrats destinés à assurer la couverture des risques incombant à la commune ou dont elle peut être déclarée responsable. • CE 27 mars 1996, *Préfet de l'Hérault c/ Cne d'Agde,* n° 122912. ♦ Mais la délégation ne peut porter sur la possibilité pour le maire d'accepter les indemnités de sinistre qui constituent une mesure d'exécution du contrat, attribution du conseil municipal. * Rép. min. n° 70204 : *JOAN 27 juin 2006, p. 6803.*

5. L'autorisation du conseil municipal au maire de constituer la commune caution solidaire d'une société emprunteuse ne procède pas d'une délégation dans le cadre de l'art. L. 2122-22 mais d'une application de l'art. L. 2122-21 sur l'exécution des délibérations. • CE 15 juin 1994, *Min. de l'Intérieur c/ Cne de Longueau,* n° 137690 : *Lebon 318.*

II. CONDITIONS DE LA DÉLÉGATION

6. L'acte de délégation doit définir les limites de la délégation avec une précision suffisante. • CE

12 mars 1975, *Cne de Loges-Margueron : Lebon 186 ; Dr. adm. 1975, n° 115.* ♦ Le conseil municipal doit préciser la rubrique déléguée et non déléguer « une partie de ses attributions au maire ». • CE 2 févr. 2000, *Cne de Saint-Joseph*, n° 117920 B : *Dr. adm. 2000, n° 53, note L. T.* ♦ Le conseil municipal doit fixer les limites à l'intérieur desquelles le maire peut exercer sa délégation. • TA Lyon, 22 nov. 2001, *J.-L. Borel*, n° 9603006 : *Coll. terr. 2001, n° 138, note Moreau.* ♦ Mais la délibération qui confère au maire l'exercice du droit de préemption urbain n'a pas à indiquer les conditions particulières d'exercice de cette délégation. • CE 2 mars 2011, *Cne de Brétignolles-sur-Mer*, n° 315880 : *AJCT 2011. 309, obs. Moliner-Dubost ; BJCL 2011. 248, concl. Landais ; RDI 2011. 351, obs. Soler-Couteaux.*

7. Le « règlement intérieur » adopté par le conseil municipal ne peut avoir pour objet de consentir au maire délégation pour modifier la durée du travail du personnel communal. • CE 28 juill. 1989, *Cne de Sainte-Marie c/ Tanjan*, n° 72170 : *Lebon 128.*

III. CONSÉQUENCES DE LA DÉLÉGATION OU DE LA NON-DÉLÉGATION

8. Le maire ne peut déléguer à ses adjoints une mission qui lui a été déléguée par le conseil municipal au titre de l'art. L. 2122-22. • CE 15 juin 1994, *Min. de l'Intérieur c/ Cne de Longueau*, n° 137690 : *préc. note 5.* ♦ ... À moins que celui-ci ne l'y ait autorisé dans sa délibération. • CE 6 déc. 1989, *SA de crédit à l'Industrie française (CALIF)*, n° 75991 B : *AJDA 1990. 484, note Moreau.* ♦ V. cependant en sens contraire, • CE 2 oct. 2013, *Cne de Fréjus*, n° 357008.

9. Le conseil municipal ayant procédé à une délégation au maire de l'exercice du droit de préemption est incompétent pour l'exercer tant qu'il n'a pas mis fin à cette délégation. • CE 2 oct. 2013, *Cne de Fréjus*, n° 357008 : *préc. note 8.*

10. Sans délégation de compétence et en l'absence de délibération préalable du conseil municipal, le maire n'a pas compétence pour décider un congé de non-renouvellement d'un bail d'une société sur le domaine privé. Le congé délivré illégalement sera annulé et la commune peut être condamnée à payer des dommages et intérêts. • TGI Tarascon, 19 janv. 2018, n° 08/01926 : *AJCT 2018. 219, obs. Noual.*

IV. FIN DE LA DÉLÉGATION

11. Une délibération doit être prise pour mettre fin explicitement à cette délégation. • CE 1er mars 2023, n° 462648 B : *AJDA 2023. 415 ; ibid. 1070, note V. Laugier ; RDI 2023. 286, obs. J.-F. Struillou ; AJCT 2023. 436, obs. P. Jacquemoire.*

Art. L. 2122-23 **Les décisions prises par le maire en vertu de l'article L. 2122-22 sont soumises aux mêmes règles que celles qui sont applicables aux délibérations des conseils municipaux portant sur les mêmes objets.**

(L. n° 2004-809 du 13 août 2004, art. 195) **« Sauf disposition contraire dans la délibération portant délégation, les décisions prises en application de celle-ci peuvent être signées par un adjoint ou un conseiller municipal agissant par délégation du maire dans les conditions fixées à l'article L. 2122-18. » Sauf disposition contraire dans la délibération, les décisions relatives aux matières ayant fait l'objet de la délégation sont prises, en cas d'empêchement du maire, par le conseil municipal.**

Le maire doit rendre compte à chacune des réunions obligatoires du conseil municipal.

Le conseil municipal peut toujours mettre fin à la délégation.

BIBL. ▶ TOMASI, Le retrait des délégations par le conseil municipal : une alternative à l'absence de responsabilité politique du maire, *JP blog, 29 déc. 2023 : https://blog.juspoliticum.com/2023/12/29/le-retrait-des-delegations-par-le-conseil-municipal-une-alternative-a-labsence-de-responsabilite-politique-du-maire-par-pierre-antoine-tomasi/.*

Art. L. 2122-24 **Le maire est chargé, sous le contrôle administratif du représentant de l'État dans le département, de l'exercice des pouvoirs de police, dans les conditions prévues aux articles L. 2212-1 et suivants.** – *[C. communes, art. L. 122-22.]*

BIBL. ▶ LE CHATELIER, Le point sur... les pouvoirs de police du maire. Des moyens administratifs limités et une demande forte de sécurité des citoyens, *AJCT 2018. 358.*

1. Nature du pouvoir de police. Il s'agit d'une compétence communale, dans l'exercice de laquelle le maire ne se trouve pas sous l'autorité du préfet. • CE 18 avr. 1902, *Cne de Néris-les-Bains : Lebon 275 ; S. 1902. 3. 81, note Hauriou.*

2. C'est une compétence propre du maire, et non du conseil municipal, qui ne peut prendre de délibération en la matière. • CE 24 juill. 1934, *Cne de Souillac : Lebon 870.* ♦ Dans le même sens, à propos d'une délibération refusant l'installation de compteurs Linky. • TA Nantes, réf., 1er juin 2016, *Préfet de la Loire-Atlantique*, n° 1603910 : *AJCT 2016. 649, note Didriche.*

3. Exercice du pouvoir de police. V. notes ss. art. L. 2212-1 s.

Art. L. 2122-25 **Le maire procède à la désignation des membres du conseil municipal pour siéger au sein d'organismes extérieurs dans les cas et conditions prévus par les dispositions du présent code et des textes régissant ces organismes. La fixation par les dispositions précitées de la durée des fonctions assignées à ces membres ne fait pas obstacle à ce qu'il puisse être procédé à tout moment, et pour le reste de cette durée, à leur remplacement par une nouvelle désignation opérée dans les mêmes formes.** – *[C. communes, art. L. 122-11, al. 6.]*

COMMENTAIRE

V. dans le supplément en ligne.

V. notes ss. art. L. 2121-33.

Art. L. 2122-26 **Dans le cas où les intérêts du maire se trouvent en opposition avec ceux de la commune, le conseil municipal désigne un autre de ses membres pour représenter la commune, soit en justice, soit dans les contrats.** – *[C. communes, art. L. 122-12 issu de la L. du 5 avr. 1884, art. 83.]*

Sur la prise illégale d'intérêts, V. C. pén., art. 432-12 s. – ***C. pén.***

BIBL. ▸ OLIVIER, La prise illégale d'intérêts : quels risques aujourd'hui pour les collectivités ?, *AJCT 2014. 534*.

Lorsque les intérêts du maire se trouvent en opposition avec ceux de la commune dans un litige donné ou pour la signature ou l'exécution d'un contrat, seul le conseil municipal est compétent pour désigner un autre de ses membres soit pour représenter la commune en justice, soit pour signer le contrat ou intervenir dans son exécution. Lorsque le maire estime ne pas devoir exercer ses compétences en raison d'un conflit d'intérêts, il ne saurait désigner la personne habilitée soit à représenter la commune en justice dans un litige donné, soit à signer ou à exécuter un contrat que si ses intérêts ne se trouvent pas en opposition avec ceux de la commune. Lorsqu'une telle opposition ressort des pièces du dossier qui lui est soumis, il appartient au juge de relever d'office l'irrecevabilité de la demande de la commune représentée par son maire ou par une personne qui n'a pas été légalement désignée. • CE 30 janv. 2020, *Cne de Paita*, n° 421952 B : *AJDA 2020. 1666, note Gohin ; AJCT 2020. 366, note Villeneuve*.

SOUS-SECTION 3 Attributions exercées au nom de l'État

COMMENTAIRE

V. dans le supplément en ligne.

Art. L. 2122-27 **Le maire est chargé, sous l'autorité du représentant de l'État dans le département :**

1° De la publication et de l'exécution des lois et règlements ;

2° De l'exécution des mesures de sûreté générale ;

3° Des fonctions spéciales qui lui sont attribuées par les lois. – *[C. communes, art. L. 122-23.]*

BIBL. ▸ CASSIA, Le maire, agent de l'État, *AJDA 2004. 245* – JACQUEMOIRE, Le maire, agent de l'État : un concentré de déconcentration, *AJCT 2022. 80*.

I. LE MAIRE, AGENT DE L'ÉTAT

1. Les actes qu'il prend à ce titre sont accomplis au nom et pour le compte de l'État et non de la commune. • CE 7 déc. 1990, *Ville de Paris c/ Sté Multypromotion*, n° 103902 B : *RFDA 1991. 937, concl. Abraham*.

2. Ils engagent donc la responsabilité de l'État. • CE 20 juill. 1951, *Richard : Lebon 417 ; RD publ. 1952. 1078.* ♦ V. aussi en matière d'état civil. • *Civ. 1re, 14 nov. 2006 : AJDA 2007. 103*.

3. Le maire agit comme autorité de l'État lorsqu'il exécute un ordre reçu du préfet ou du ministre. • CE 19 janv. 1951, *Ville de Menton : Lebon 35.*

4. Le pouvoir hiérarchique du préfet sur le maire inclut une compétence d'annulation et de réformation. • CE 16 nov. 1992, *Ville de Paris*, n° 96016 : *Lebon 406 ; AJDA 1993. 54, concl. Legal ; RFDA 1993. 602, note Morand-Deviller et Moréno*.

5. Le maire n'a pas qualité pour faire appel des décisions juridictionnelles relatives aux décisions qu'il a prises à ce titre. • CE 4 févr. 1991, *Cne de Millas c/ Casanovas*, nos 72171 B et 72643 B. ♦ ... Ni le conseil municipal. • CAA Bordeaux, 5 juill. 1999, *Cne de Pontonx-sur-l'Adour*, n° 96BX01428 B.

II. LES « FONCTIONS SPÉCIALES » ATTRIBUÉES PAR LES LOIS

6. La délivrance de certificats de « bonnes vie et mœurs ». • CE 4 févr. 1991, *Cne de Millas c/ Casanovas*, nos 72171 et 72643 : *préc. note 5.*

7. La délivrance de « certificats de vie ». • CE 15 juin 1951, *Caisse interprofessionnelle d'allocations familiales du Loiret : Lebon 341, concl. Le Tourneau ; S. 1952. 3. 29.*

8. Le maire n'a aucun pouvoir d'appréciation lors de la délivrance d'un certificat d'insolvabilité dans le cadre de l'art. 752 C. pén., il ne peut pas déduire l'existence de ressources des activités du demandeur. • CAA Nancy, 20 oct. 2005, *M. X.*, n° 02NC01266.

9. La certification de copies, conformément aux conditions posées par la circulaire du 17 janv. 1963. • TA Rennes, 25 janv. 1995, *Courtet : JCP 1996. IV. 453.* ♦ V. aussi : * Rép. min. n° 60666 : *JOAN Q, 27 août 2001, p. 4945.*

10. La participation aux opérations électorales. • CE 1er mai 1914, *Barthez : Lebon 520 ; DP 1920. 3. 31 ; S. 1921. 3. 6.* ♦ La délivrance de l'autorisation à tout électeur, candidat ou parti d'accéder aux listes électorales, même informatisées, et d'en prendre copie. • CE 3 janv. 1975, *Él. mun. de Nice*, n° 84188 : *Lebon 7 ; D. 1975. 790, note Frayssinet.*

11. La constatation des infractions à la législation sur l'urbanisme. • CE 23 juin 1976, *Latty c/ Cne de Vaux-sur-Mer : Lebon 329 ; Dr. adm. 1976, n° 277.* ♦ Statuant sur les demandes de permis de construire, dans le cadre de ses « fonctions spéciales qui lui sont attribuées par les lois », le maire est placé sous le contrôle hiérarchique du préfet. • CE 7 mai 1986, *Mme Kindermans*, n° 59847. – V. aussi • CE 10 mai 1996, *Agnel et a.*, nos 133195 et 133352.

12. L'application de la loi n° 79-1150 du 29 déc. 1979 sur la publicité, les enseignes et préenseignes. • CE 7 déc. 1990, *Ville de Paris c/ Sté Multypromotion*, n° 103902 : *préc. note 1.* ♦ Lorsque le maire, en application de l'art. L. 581-27 C. envir., met en demeure une personne de supprimer ou de mettre en conformité avec la réglementation en vigueur des publicités ou des préenseignes, lorsqu'il prononce une astreinte en vue de garantir l'exécution de cette mesure ou liquide l'astreinte, alors même que le produit de celle-ci est affecté à la commune, le maire agit au nom de l'État. • CE 9 déc. 2015, *EURL du Curtil*, n° 386992 B : *AJDA 2015. 2407 ; BJCL 2016. 86, concl. Domino, note Poujade.*

13. Les décisions en matière d'enseignement primaire comme la délimitation du ressort de chaque école. • CE 28 mai 1986, *Épx André, maire de Châtillon-le-Duc*, n° 39775 B. ♦ ... Ou l'admission des enfants dans les écoles maternelles. • CE 7 déc. 1990, *Di Lello*, n° 106868 B : *AJDA 1991. 117, chron. Honorat et Schwartz.* ♦ ... Ou la radiation d'un élève en classe maternelle en raison des troubles apportés au fonctionnement de l'école. • TA Nantes, 6 oct. 1998, *Épx Scudeller*, n° 96-2036 : *Lebon 639.* ♦ ... Ou l'admission d'un élève ne résidant pas dans la commune. • TA Dijon, 22 déc. 2006, *Préfet de la Nièvre*, n° 0502046. ♦ Ou l'établissement de la liste des enfants résidant dans la commune et qui sont soumis à l'obligation scolaire en application de l'art. L. 131-6 C. éduc. • CE 19 déc. 2018, *Cne de Ris-Orangis*, n° 408710 B : *AJCT 2019. 211, note Ferreira ; AJDA 2019. 640, concl. Lieber.*

14. L'établissement d'une « carte communale » délimitant, en l'absence d'un POS, les zones constructibles sur le territoire communal. • CE 29 avr. 1983, *Assoc. de défense des espaces ruraux et naturels de la Cne de Régny*, n° 32105 : *Lebon 168.*

15. L'enregistrement d'une demande d'emploi lorsqu'il n'existe aucun organe de l'ANPE dans la commune. • CE 6 févr. 1998, *Agence nationale pour l'emploi*, n° 176922 B.

16. L'autorisation d'ouverture d'un établissement recevant du public en vertu des art. L. 111-8-3 et R. 111-19-29 CCH. • CE, ord., 19 janv. 2016, *Assoc. musulmane El Fath*, n° 396003 : *Lebon ; AJDA 2016. 732, note Le Foyer de Costil.*

Art. L. 2122-28 **Le maire prend des arrêtés à l'effet :**

1° D'ordonner des mesures locales sur les objets confiés par les lois à sa vigilance et à son autorité ;

2° De publier à nouveau des lois et règlements de police et de rappeler les citoyens à leur observation. – *[C. communes, art. L. 122-27 issu de la L. du 5 avr. 1884, art. 94.]*

Art. L. 2122-29 **Les arrêtés du maire ainsi que les actes de publication et de notification sont inscrits par ordre de date** *(Ord. n° 2021-1310 du 7 oct. 2021, art. 2)* **« sur un registre tenu dans des conditions définies par décret en Conseil d'État. »**

1. À peine de nullité l'arrêté doit prendre la forme d'un document écrit et être revêtu de la signature du maire. • CE 28 nov. 1934, *Abbé Turby : Lebon 1115.* ♦ Et l'affichage de l'arrêté avant son insertion dans le bulletin fait courir le délai de recours. • CE 30 juin 1999, *Ch. synd. propriétaires et copropriétaires de Marseille*, n° 131858 : *Lebon 223 ; Coll. terr. 1999, n° 14.*

2. Le caractère exécutoire d'un arrêté municipal est subordonné à son affichage ou à sa publication et non à l'accomplissement de ces deux formalités. • CE 21 mai 2008, *Mme Louvard c/ Cne de Saint-Tropez*, n° 284801 : *AJDA 2008. 1548, note Moukoko.* ♦ V. notes ss. art. L. 2131-1.

Art. L. 2122-30 **Le maire, ou celui qui le remplace, est tenu de légaliser toute signature apposée en sa présence par l'un de ses administrés connu de lui, ou accompagné de deux témoins connus.**

Les signatures manuscrites données par des magistrats municipaux dans l'exercice de leurs fonctions administratives valent dans toute circonstance sans être légalisées par le représentant de l'État dans le département si elles sont accompagnées du sceau de la mairie. – *[C. communes, art. L. 122-26.]*

1. Hormis les cas énumérés par des textes, le maire ne peut refuser une légalisation qu'en justifiant son refus. • CE 18 mars 1955, *Cardinaël : Lebon T. 660 ; AJDA 1955. 326.*

2. Une légalisation est réputée exacte jusqu'à ce que la preuve contraire soit apportée. • CE 1er avr. 1955, *Delarue : Lebon 195.*

3. Le maire qui commet une faute de service à l'occasion d'une légalisation engage la responsabilité de l'État. • CE 30 mai 1945, *Dame Grèce : Lebon 113.*

Art. L. 2122-31 **Conformément au 1° de l'article 16 du code de procédure pénale, le maire et les adjoints ont la qualité d'officier de police judiciaire.** – *[C. communes, art. L. 122-24.]*

BIBL. ► BORDIER, Le maire, officier de police judiciaire « *to be or not to be* » ? *AJDA 2012. 189* . – Rép. min. à la question écrite n° 6736 (exercice des fonctions d'officier de police judiciaire par le maire et les adjoints), *JOAN CR, 27 déc. 1993, p. 4770 ; Dr. adm. 1994, n° 21.*

1. Les décisions que le maire prend en tant qu'officier de police judiciaire ne sont pas susceptibles de recours devant les juridictions administratives. • CE 11 mai 1951, *Baud : Lebon 265 ; S. 1952. 3. 13, concl. Delvolvé.*

2. Le préfet est incompétent pour intervenir en qualité de supérieur hiérarchique. • CE 29 janv. 1954, *Dame Jolivot : Lebon 61.*

3. En tant qu'officier de police judiciaire, le maire peut demander la mise en fourrière d'un véhicule à un officier de police judiciaire, de la police nationale ou de la gendarmerie territorialement compétent. * Rép. min. n° 25531 : *JOAN 2 mars 2004, p. 1632.* ♦ En tant qu'officier de police judiciaire, le maire peut constater des faits constitutifs d'une infraction pénale comme cela est le cas pour l'installation irrégulière d'un ouvrage, tel qu'une clôture, sur un chemin rural. * Rép. min. n° 05525 : *JO Sénat Q, 27 juin 2013, p. 1948.* ♦ Mais il ne peut s'accorder un permis de port d'armes nonobstant sa qualité d'officier de police judiciaire. • CE 21 nov. 2001, *Cne de Wissous*, n° 202102 B.

Art. L. 2122-32 **Le maire et les adjoints sont officiers d'état civil.** – *[C. communes, art. L. 122-25 issu de la L. du 28 pluviôse An VIII, art. 13.]*

BIBL. ► BENMIMOUNE, Les officiers d'état civil et la clause de conscience, *AJCT 2017. 86* . – BRUNEL, L'état civil, un nouveau challenge pour les maires ?, *AJCT 2018. 68* . – DELORME, Le transfert des PACS à l'officier de l'état civil, *AJCT 2018. 72* . – JACQUEMOIRE, Le changement de prénom réalisé par l'officier de l'état civil, *AJCT 2018. 76* . – LEFEBVRE, La mise en place du dispositif COMEDEC à Versailles, *AJCT 2018. 81* . – SHARSHAR, Le rôle de l'officier d'état civil dans le mariage naturalisant, *RF décentr. 1996. 31.* – ZADIG, La loi et la liberté de conscience, *RFDA 2013. 957* .

1. Les adjoints tiennent leur qualité d'officiers de l'état civil de la loi ; ils peuvent donc exercer les fonctions correspondantes sans délégation du maire à cet effet, et celui-ci ne peut le leur interdire. • CE 11 oct. 1991, *Ribauté et Balanca*, n°s 92742 et 92743 : *Lebon 331 ; AJDA 1991. 883 et 931, chron. Maugüé et Schwartz ; LPA 1991, n° 130, note Célérier.* – Conf. • CE 25 oct. 1996, *Cne de Montredon-Labessonnié*, n° 170151 : *Lebon 412 ; Dr. adm. 1996, n° 554.*

2. Les conseillers municipaux peuvent exercer les fonctions d'officiers d'état civil en cas d'empêchement du maire et des adjoints à condition qu'une délégation leur ait été donnée par le maire. • CE 11 oct. 1991, *Ribauté et Balanca*, n°s 92742 et 92743 : *préc. note 1.* ♦ Mais un maire ne peut déléguer qu'à des fonctionnaires titulaires de la commune, et non à des agents contractuels, les fonctions qu'il exerce en tant qu'officier de l'état civil. • TA Mayotte, 1er juill. 2010, *Cne de Brandélé*, n° 0800470 : *AJCT 2011. 93* .

3. Les dispositions de la L. du 17 mai 2013 ne permettent pas aux officiers de l'état civil de se prévaloir de leur désaccord avec celle-ci pour se soustraire à l'accomplissement des attributions qui leur sont confiées par la loi pour la célébration du mariage. Eu égard aux fonctions de l'officier de l'état civil dans la célébration du mariage, la loi n'a pas porté atteinte à la liberté de conscience. • Cons. const. 18 oct. 2013, n° 2013-353 QPC : *D. 2014. 1342, obs. Lemouland et Vigneau ; ibid. 1516, obs. Jacquinot et Mangiavillano ; AJ fam. 2013. 645, obs. de Boysson ; RFDA 2013. 957, étude Zadig ; Constitutions 2013. 564, obs.*

Lutton ; ibid. 2014. 196, chron. Roux ; Dr. fam. 2013, n° 159, note Binet ; JCP Adm. 2013. Actu. 848, note Tukov. ♦ Le conseil municipal fait obstacle à l'application de la L. du 17 mai 2013 en adoptant une délibération autorisant les officiers d'état civil à se prévaloir d'une clause de conscience et à ne pas marier des personnes du même sexe. La délibération doit être annulée. • CAA Versailles, 10 déc. 2015, *Cne de Montfermeil,* n° 14VE00629 : *AJDA 2016. 580.*

4. Au vu de l'art. 175-2 C. civ., l'officier d'état civil peut saisir à nouveau le procureur de la République s'il a recueilli de nouveaux indices laissant présumer une absence de consentement au mariage, mais il ne peut, en ce cas, refuser de procéder à sa célébration, en l'absence d'opposition ou de décision de sursis du procureur. • Civ. 1re, 6 févr. 2007, *Panafieu c/ O. et a.,* n° 06-10.403 : *AJDA 2008. 530, note Van Lang ; D. 2007. 891, chron. Chauvin ; ibid. 1561, obs. Lemouland et Vigneau ; RFDA 2007. 1263, note Éveillard ; RTD civ. 2007. 313, obs. Hauser ; JCP Adm. 2007, n° 2272, note Massip ; ibid., n° 2131, note Renard-Payen.*

5. L'exercice des fonctions d'officier de l'état civil est placé sous le contrôle de l'autorité judiciaire. • T. confl. 17 juin 1991, *Mme Maadjel : Lebon 465.* ♦ Pour l'appréciation de la responsabilité de cet agent, le juge judiciaire doit se référer aux règles du droit public et appliquer la distinction entre faute personnelle et faute de service. • Civ. 1re, 6 févr. 2007, *Panafieu c/ O. et a.,* n° 06-10.403 : *préc. note 4.* ♦ Le refus, fût-il illégal, d'un maire de célébrer un mariage dont il soupçonne l'absence de sincérité ne constitue pas une faute personnelle. Par conséquent, doit être engagée non la responsabilité personnelle du maire, mais celle de l'État, pour le compte duquel il agit en sa qualité d'officier d'état civil. • Même arrêt.

6. Le maire est seul compétent pour décider de l'organisation du service de l'état civil. * Rép. min. n° 49039 : *JOAN 7 déc. 2004, p. 9767.* ♦ Les missions du service public de l'état civil étant assurées au nom de l'État, ni l'art. 72-2 Const. ni le principe de libre administration des collectivités territoriales ne sont de nature à fonder la compétence du maire d'instituer des droits ou tarifs perçus à l'occasion de l'enregistrement des actes d'union civile que constituent les pactes civils de solidarité. • TA Nantes, 20 juill. 2018, *Préfet de Maine-et-Loire c/ Cne de Cholet,* n° 1711367 : *BJCL 2018. 621, concl. Franck, obs. Poujade.*

Art. L. 2122-33 L'adjoint spécial mentionné à l'article L. 2122-3 remplit les fonctions d'officier d'état civil et peut être chargé de l'exécution des lois et règlements de police dans la partie de la commune pour laquelle il a été désigné. Il n'a pas d'autres attributions. – *[C. communes, art. L. 122-3, al. 2, issu de L. 5 avr. 1884, art. 75.]*

1. L'adjoint spécial n'a pas la qualité d'adjoint, donc ne peut recevoir délégation du maire même pour les questions se rapportant à la partie de la commune pour laquelle il a été désigné. • CE 9 mars 1990, *Bruère,* n° 87486 B. ♦ Il ne peut recevoir délégation que d'attributions exercées par le maire au nom de l'État. • CAA Bordeaux, 30 déc. 2003, *Cne de Saint-Paul,* n° 99BX02834. ♦ Mais il peut par ailleurs être désigné comme adjoint au maire. • CAA Marseille, 4 avr. 2005, *Cne de Hyères,* n° 02MA01198.

2. Il n'a pas la qualité d'officier de police judiciaire. • Crim. 24 mars 1987, *Casollo-Ginelli : JCP 1988. II. 20953, note Walton.*

3. Il ne peut prétendre aux indemnités assortissant les délégations consenties aux adjoints. • CE 16 févr. 1994, *Jeamblu,* n° 125807 B.

4. Mais il peut comme tout conseiller municipal être désigné comme adjoint au maire et bénéficier en tant que tel de délégations du maire. • CAA Marseille, 4 avr. 2005, *Cne de Hyères c/ Préfet du Var,* n° 02MA01198.

Art. L. 2122-34 Dans le cas où le maire, en tant qu'agent de l'État, refuserait ou négligerait de faire un des actes qui lui sont prescrits par la loi, le représentant de l'État dans le département peut, après l'en avoir requis, y procéder d'office par lui-même ou par un délégué spécial. – *[C. communes, art. L. 122-14.]*

1. Les décisions prises par le préfet à ce titre peuvent faire l'objet de recours pour excès de pouvoir. • CE 16 nov. 1960, *Ducousso : Lebon 623.* ♦ Le refus du préfet d'exercer les pouvoirs qu'il tient de l'art. L. 2122-34 afin de prendre, en lieu et place du maire qui refuserait ou négligerait de le faire, les mesures qu'appelle nécessairement l'exécution d'une décision juridictionnelle, peut être contesté dans le cadre d'un référé-liberté (CJA, art. L. 521-2). Le refus du préfet de prendre, dans le cadre de son pouvoir hiérarchique, la mesure ordonnée par le juge des référés du Conseil d'État porte une atteinte grave et manifestement illégale à la liberté fondamentale que constitue le droit à un recours effectif ainsi que, par voie de conséquence, aux libertés fondamentales que cette mesure a pour objet de sauvegarder. • CE, ord., 19 janv. 2016, *Assoc. musulmane El Fath,* n° 396003 : *Lebon ; AJDA 2016. 71.*

2. Le maire peut agir en défense lors de ces recours et notamment faire appel d'un jugement annulant ces actes du préfet. • CE, ass., 1er juin 1956, *Ville de Nîmes : Lebon 218 ; RPDA 1956. 121, concl. Laurent.*

3. Le pouvoir de substitution du préfet ne s'applique que dans les limites des compétences des maires qui s'exercent dans le domaine administratif sous l'autorité et le contrôle du préfet et ne s'étend pas, alors même que les maires agissent au nom de l'État, aux actes résultant de l'exercice des fonctions d'officier d'état civil, qui sont placés sous le contrôle du procureur de la République. La circulaire du 29 mai 2013 n'a pas méconnu l'art. L. 2122-34 en rappelant qu'il n'autorisait pas le préfet à se substituer au maire pour la célébration du mariage. • CE 18 déc. 2015, *M. Meyer et a.*, n° 369834 : *Lebon ; AJCT 2016. 268, obs. Benmimoune ; AJ fam. 2016. 60, obs. Berdeaux-Gacogne ; BJCL 2016.89, concl. Bretonneau, note Poujade.*

4. Le préfet peut recourir aux pouvoirs qu'il tient de l'art. L. 2122-34 afin de prendre, en lieu et place du maire qui refuserait ou négligerait de le faire, les mesures qu'appelle nécessairement l'exécution d'une décision juridictionnelle (revirement sur ce point de • CE 16 nov. 1960, *Ducousso : préc. note 1).* • CE, ord., 19 janv. 2016, *Assoc. musulmane El Fath*, n° 396003 : *Lebon ; AJDA 2016. 732, note le Foyer de Costil.*

Art. L. 2122-34-1 *(L. n° 2019-1461 du 27 déc. 2019, art. 42)* **Après le renouvellement général des conseils municipaux, le représentant de l'État dans le département et le ou les procureurs de la République territorialement compétents reçoivent les maires du département afin de leur présenter les attributions que ces derniers exercent au nom de l'État et comme officiers de police judiciaire et de l'état civil.**

À compter de leur désignation, les maires et les adjoints sont destinataires d'une carte d'identité tricolore attestant de leurs fonctions.

Art. L. 2122-34-2 *(L. n° 2021-1109 du 24 août 2021, art. 6)* **Pour les attributions qu'ils exercent au nom de l'État, le maire ainsi que les adjoints et les membres du conseil municipal agissant par délégation du maire dans les conditions fixées à l'article L. 2122-18 sont tenus à l'obligation de neutralité et au respect du principe de laïcité.**

SECTION 4 Honorariat des maires, maires délégués et adjoints

Art. L. 2122-35 **L'honorariat est conféré par le représentant de l'État dans le département aux anciens maires, maires délégués et adjoints qui ont exercé des fonctions municipales pendant au moins dix-huit ans. Sont comptés pour une durée de six ans les mandats municipaux qui, par suite de dispositions législatives, ont eu une durée inférieure à six ans, à condition qu'elle ait été supérieure à cinq ans.**

L'honorariat ne peut être refusé ou retiré par le représentant de l'État dans le département que si l'intéressé a fait l'objet d'une condamnation entraînant l'inéligibilité.

L'honorariat des maires, maires délégués et adjoints n'est assorti d'aucun avantage financier imputable sur le budget communal.

Si tout élu ayant exercé pendant 18 ans dans plusieurs collectivités a la possibilité de bénéficier de l'honorariat, le texte n'a pas pour finalité de décerner automatiquement ce titre à tout élu, titre qui doit garder un caractère exceptionnel. * Rép. min. n° 25253 : *JOAN 14 déc. 2004, p. 10041.*

CHAPITRE III CONDITIONS D'EXERCICE DES MANDATS MUNICIPAUX

Sur les conditions d'exercice des mandats municipaux dans le cadre de la transparence de la vie publique et la prévention des conflits d'intérêts, V. C. élect., v° Transparence de la vie politique. — ***C. élect.***

Sur la charte de l'élu local, V. art. L. 1111-1-1.

ENCYCL. COLL. LOC. *Le statut général des élus locaux, 12030 s.*, par J. Benoit

BIBL. GÉN. ▸ Albert, Le statut des élus, *JCP Adm. 2002. 49.* – Bourdon et Pontier, Les conditions d'exercice des mandats locaux, *RFDA 1992. 957*. – Cerf, Le statut de l'élu, *Assoc. des maires de France 1995.* – Crouzatier et Donier, Recherche sur le statut des élus locaux, *IFJD, coll. Colloques et Essais, 2025.* – Dietsch, À propos de la loi du 3 février 1992 relative aux conditions d'exercice des mandats locaux, *LPA 7 août 1992.* – Dyens, La loi du 31 mars 2015 visant à faciliter l'exercice par les élus locaux de leur mandat, un pas supplémentaire vers leur professionnalisation, *AJCT 2015. 334* ; Le statut des élus locaux après la loi Engagement et proximité : entre approfondissement et élargissement, *AJCT 2020. 227*. – Faure, Le statut constitutionnel de l'élu local : ambiguïtés et lacunes, *Dr. adm. 1998. Chron. 5.* – Guignard, Observations sur le titre V : « Reconnaître et renforcer les droits des élus », *BJCL 2020. 3.* – Haquet, Statut de l'élu : découpons le serpent de mer, *AJDA 2013. 761* ; Le statut de l'élu local en filigrane, *AJDA 2015. 1210* ; La reconnaissance et le renforcement des droits des élus, *AJDA 2020. 569* –

Lacaïle, Le statut de l'élu local, *Berger-Levrault, 1996* ; L'élu municipal, fonctionnement du conseil municipal et droits de l'élu, *Berger-Levrault, coll. Administration locale, 2001*. – Muller-Quoy, L'élu local : nouveau statut, nouveau droit, *AJDA 2002. 283*. – Perrin, Le statut de l'élu local, *LCT 1996*. – Poujade, Le renforcement des droits des élus, *RFDA 2020. 242*. – Scanvic, Le « statut » de l'élu local, *Dalloz 1994*. – Soubelet, Les nouvelles conditions d'exercice des mandats locaux, *Rev. adm. 1992. 156*.

COMMENTAIRE

V. dans le supplément en ligne.

SECTION 1 Garanties accordées aux titulaires de mandats municipaux

SOUS-SECTION 1 Garanties accordées dans l'exercice du mandat

Art. L. 2123-1 **L'employeur est tenu de laisser à tout salarié de son entreprise membre d'un conseil municipal le temps nécessaire pour se rendre et participer :**

1° Aux séances plénières de ce conseil ;

2° Aux réunions de commissions dont il est membre et instituées par une délibération du conseil municipal ;

3° Aux réunions des assemblées délibérantes et des bureaux des organismes où il a été désigné pour représenter la commune ;

(L. nº 2022-217 du 21 févr. 2022, art. 220) **« 4° Aux réunions des assemblées, des bureaux et des commissions spécialisées des organismes nationaux où il a été désigné ou élu pour représenter des collectivités territoriales ou des établissements publics en relevant. »**

Selon des modalités fixées par un décret en Conseil d'État, l'élu municipal doit informer l'employeur de la date de la séance ou de la réunion dès qu'il en a connaissance.

L'employeur n'est pas tenu de payer comme temps de travail le temps passé par l'élu aux séances et réunions précitées.

(L. nº 2019-1461 du 27 déc. 2019, art. 90) **« Au début de son mandat de conseiller municipal, le salarié bénéficie, à sa demande, d'un entretien individuel avec son employeur portant sur les modalités pratiques d'exercice de son mandat au regard de son emploi. Cet entretien ne se substitue pas à l'entretien professionnel mentionné à l'article L. 6315-1 du code du travail.**

« L'employeur et le salarié membre du conseil municipal peuvent s'accorder sur les mesures à mettre en œuvre pour faciliter la conciliation entre la vie professionnelle et les fonctions électives du salarié et, le cas échéant, sur les conditions de rémunération des temps d'absence consacrés à l'exercice de ces fonctions. »

BIBL. ► Pontier, Les garanties accordées aux titulaires de mandats locaux, *RFDA 1992. 978*. – Fougère, Une face cachée de la fonction publique, les autorisations d'absence et les dispenses de service, *AJDA 1977. 584*. – Sueur, Les situations d'absence temporaire dans la fonction publique, *RD publ. 1985. 981*.

I. AUTORISATIONS D'ABSENCE DES SALARIÉS

1. Le Conseil d'État a jugé que le refus « par principe » de toute autorisation d'absence est illégal. • CE 10 nov. 1982, *Min. du Budget c/ Soulié*, nº 25997 B. ♦ Et le juge vérifie que la réunion pour laquelle l'autorisation d'absence est demandée figure bien au nombre de celles prévues par la loi. • CE 16 déc. 1994, *Loubet*, nº 99459 B. ♦ L'Association des maires de France n'étant pas un organisme au sens de l'art. L. 2123-1, le maire n'a pas droit à une autorisation d'absence pour y participer. * Rép. min. nº 21198 : *JO Sénat 20 avr. 2006, p. 1142*. ♦ Et le fait pour l'employeur de ne pas laisser le temps nécessaire pour participer aux réunions du conseil municipal peut faire peser sur lui la responsabilité d'une éventuelle rupture du contrat de travail. • Soc. 28 oct. 1996, *Bergeal : Dr. adm. 1996, nº 555*.

II. AUTORISATIONS D'ABSENCE DANS LA FONCTION PUBLIQUE

2. Le fonctionnaire élu local bénéficie des mêmes garanties. Il en est de même pour les agents contractuels de l'État, des collectivités locales et de leurs établissements publics administratifs. • CE 10 nov. 1982, *Min. du Budget c/ Soulié*, nº 25997 : *préc. note 1*. ♦ ... Pour les fonctionnaires membres des organismes collégiaux de sécurité sociale. • CE 11 juill. 1956, *de Bernardi : Lebon 323*. ♦ ... Ainsi que pour tous les agents des services semi-publics et para-publics (allocations familiales, SNCF, EDF...). * Rép. min. nº 13783 : *JOAN Q, 25 janv. 1975, p. 308*. ♦ ... Et pour les ouvriers des armées. * Rép. min. armées, n° 1739 : *JOAN Q, 16 nov. 1968, p. 4530.*

3. Le fonctionnaire bénéficiant d'une autorisation d'absence « ne cesse pas d'être en activité de service ». • CE 6 juill. 1979, *Min. Éco. et Fin. c/ Sers : Lebon T. 772.*

4. Cependant les autorisations spéciales d'absence ne sont accordées que dans la mesure où les nécessités du service le permettent. L'administration dispose dans cette hypothèse d'un pouvoir d'appréciation. • CE 11 juill. 1956, *de Bernardi : préc. note 2.* ♦ C'est ainsi qu'une autorisation d'absence peut être refusée lorsque des « circonstances exceptionnelles » l'imposent, notamment pour la continuité du service. • CE, ass., 18 janv. 1980, *Synd. CFDT des P et T du Haut-Rhin,* n° 07636 : *Lebon 30.*

Art. L. 2123-1-1 *(L. n° 2019-1461 du 27 déc. 2019, art. 89)* **Sous réserve de la compatibilité de son poste de travail, le conseiller municipal est réputé relever de la catégorie de personnes qui disposent, le cas échéant, de l'accès le plus favorable au télétravail dans l'exercice de leur emploi.**

Art. L. 2123-2 **I. — Indépendamment des autorisations d'absence dont ils bénéficient dans les conditions prévues à l'article L. 2123-1, les maires, les adjoints et les conseillers municipaux ont droit à un crédit d'heures leur permettant de disposer du temps nécessaire à l'administration de la commune ou de l'organisme auprès duquel ils la représentent et à la préparation des réunions des instances où ils siègent.**

II. — *(L. n° 2002-276 du 27 févr. 2002, art. 66)* **« Ce crédit d'heures, forfaitaire et trimestriel, est fixé par référence à la durée hebdomadaire légale du travail. Il est égal :**

« 1° À l'équivalent de quatre fois la durée hebdomadaire légale du travail pour les maires des communes d'au moins 10 000 habitants et les adjoints au maire des communes d'au moins 30 000 habitants ;

« 2° À l'équivalent de trois fois *(L. n° 2019-1461 du 27 déc. 2019, art. 87)* **« et demie » la durée hebdomadaire légale du travail pour les maires des communes de moins de 10 000 habitants et les adjoints au maire des communes de 10 000 à 29 999 habitants ;**

« 3° À l'équivalent *(L. n° 2019-1461 du 27 déc. 2019, art. 87)* **« de deux fois » la durée hebdomadaire légale du travail pour les conseillers municipaux des communes de 100 000 habitants au moins et les adjoints au maire des communes de moins de 10 000 habitants ;**

« 4° À l'équivalent d'une fois la durée *(L. n° 2015-366 du 31 mars 2015, art. 7)* **« hebdomadaire » légale du travail pour les conseillers municipaux des communes de 30 000 à 99 999 habitants, de 60 % pour les conseillers municipaux des communes de 10 000 à 29 999 habitants et de 30 % pour les conseillers municipaux des communes de 3 500 à 9 999 habitants ; »**

(L. n° 2015-366 du 31 mars 2015, art. 7) **« 5° À l'équivalent de** *(L. n° 2019-1461 du 27 déc. 2019, art. 87)* **« 30 % » de la durée hebdomadaire légale du travail pour les conseillers municipaux des communes de moins de 3 500 habitants. »**

(L. n° 2002-276 du 27 févr. 2002, art. 66) **« Les heures non utilisées pendant un trimestre ne sont pas reportables.**

« Lorsqu'un adjoint ou un conseiller supplée le maire dans les conditions fixées par l'article L. 2122-17, il bénéficie, pendant la durée de la suppléance, du crédit d'heures fixé *(Ord. n° 2003-1212 du 18 déc. 2003, art. 3)* **« au 1° ou au 2° du présent article ».**

« Les conseillers municipaux qui bénéficient d'une délégation de fonction du maire ont droit au crédit d'heures prévu pour les adjoints *(Ord. n° 2003-1212 du 18 déc. 2003, art. 3)* **« au 1°, au 2° ou au 3° du présent article ». »**

III. — En cas de travail à temps partiel, ce crédit d'heures est réduit proportionnellement à la réduction du temps de travail prévue pour l'emploi considéré.

L'employeur est tenu d'accorder aux élus concernés, sur demande de ceux-ci, l'autorisation d'utiliser le crédit d'heures prévu au présent article. Ce temps d'absence n'est *pas payé* **par l'employeur.**

V., par analogie, note ss. art. L. 3123-2.

Art. L. 2123-3 *(L. n° 2002-276 du 27 févr. 2002, art. 67)* **Les pertes de revenu subies par les conseillers municipaux qui exercent une activité professionnelle salariée ou non salariée et qui ne bénéficient pas d'indemnités de fonction peuvent être compensées**

par la commune ou par l'organisme auprès duquel ils la représentent, lorsque celles-ci résultent :

– de leur participation aux séances et réunions mentionnées à l'article L. 2123-1 ;

– de l'exercice de leur droit à un crédit d'heures lorsqu'ils ont la qualité de salarié ou, lorsqu'ils exercent une activité professionnelle non salariée, du temps qu'ils consacrent à l'administration de cette commune ou de cet organisme et à la préparation des réunions des instances où ils siègent, dans la limite du crédit d'heures prévu pour les conseillers de la commune.

Cette compensation est limitée à soixante-douze heures par élu et par an ; chaque heure ne peut être rémunérée à un montant supérieur à une fois et demie la valeur horaire du salaire minimum de croissance.

Art. L. 2123-4 Les conseils municipaux visés à l'article L. 2123-22 peuvent voter une majoration de la durée des crédits d'heures prévus à l'article *(L. n° 2002-276 du 27 févr. 2002, art. 67)* « L. 2123-2. »

Art. L. 2123-5 Le temps d'absence utilisé en application des articles L. 2123-1, *(L. n° 2002-276 du 27 févr. 2002, art. 67)* « L. 2123-2 » et L. 2123-4 ne peut dépasser la moitié de la durée légale du travail pour une année civile.

Art. L. 2123-6 Des décrets en Conseil d'État fixent en tant que de besoin les modalités d'application des dispositions des articles *(L. n° 2002-276 du 27 févr. 2002, art. 67)* « L. 2123-2 » à L. 2123-5. Ils précisent notamment les limites dans lesquelles les conseils municipaux peuvent voter les majorations prévues à l'article L. 2123-4 ainsi que les conditions dans lesquelles ces articles s'appliquent aux membres des assemblées délibérantes et aux présidents des établissements publics de coopération intercommunale, lorsqu'ils n'exercent pas de mandat municipal.

V. art. R. 2123-1 s.

SOUS-SECTION 2 Garanties accordées dans l'exercice d'une activité professionnelle

Art. L. 2123-7 Le temps d'absence prévu aux articles L. 2123-1, *(L. n° 2002-276 du 27 févr. 2002, art. 67)* « L. 2123-2 » et L. 2123-4 est assimilé à une durée de travail effective pour la détermination de la durée des congés payés ainsi qu'au regard de tous les droits découlant de l'ancienneté.

Aucune modification de la durée et des horaires de travail prévus par le contrat de travail ne peut, en outre, être effectuée en raison des absences intervenues en application des dispositions prévues aux articles L. 2123-1, *(L. n° 2002-276 du 27 févr. 2002, art. 67)* « L. 2123-2 » et L. 2123-4 sans l'accord de l'élu concerné.

Art. L. 2123-8 *(L. n° 2002-276 du 27 févr. 2002, art. 72)* Aucun licenciement ni déclassement professionnel, aucune sanction disciplinaire ne peuvent être prononcés en raison des absences résultant de l'application des dispositions des articles L. 2123-1, L. 2123-2 et L. 2123-4 sous peine de nullité et de dommages et intérêts au profit de l'élu. La réintégration ou le reclassement dans l'emploi est de droit.

Il est interdit à tout employeur de prendre en considération les absences visées à l'alinéa précédent pour arrêter ses décisions en ce qui concerne l'embauche, la formation professionnelle, l'avancement, la rémunération et l'octroi d'avantages sociaux.

1. Un employeur ne peut demander la résiliation du contrat de travail d'un élu ayant quitté son emploi pour participer à une réunion municipale pour la répartition des fonds de chômage alors même que cette réunion n'était pas au nombre de celles qui donnaient alors droit à une autorisation d'absence. • Soc. 17 févr. 1960, *SA Cie Fives-Lille c/ Gaudin : Bull. civ. IV, n° 187.* – V. aussi • Soc. 19 juill. 1994, *STIMAP c/ Gaquière,* n° 91-40.941.

2. Par ailleurs l'élu exerçant une activité professionnelle risque de se trouver dans des situations de confusion ou de conflits d'intérêts. C'est ainsi que si l'élu jouit d'une liberté d'expression en dehors mais aussi au sein de l'entreprise, la perte de confiance peut justifier un licenciement notamment pour des cadres. • Soc. 9 avr. 1987 : *D. 1987. 437, note Mouly.*

3. L'absence d'un salarié en raison de son mandat d'élu peut entraîner une réduction de sa prime d'intéressement sans méconnaître l'interdiction posée en matière de rémunération par l'art. L. 2123-8 : * Rép. min. n° 00172 : *JO Sénat Q, 6 juin 2013, p. 1734.*

Art. L. 2123-9 *(L. n° 2000-295 du 5 avr. 2000, art. 12)* **« Les maires, d'une part, ainsi que les adjoints au maire, d'autre part, qui, pour l'exercice de leur mandat, ont cessé d'exercer leur activité professionnelle, bénéficient », s'ils sont salariés, des dispositions** *(Ord. n° 2009-1530 du 10 déc. 2009 ; L. n° 2016-1088 du 8 août 2016, art. 9)* **« des articles L. 3142-83 à L. 3142-87 du code du travail » relatives aux droits des salariés élus membres de l'Assemblée nationale et du Sénat.**

(L. n° 2015-366 du 31 mars 2015, art. 8) **« Le droit à réintégration prévu à l'article** *(L. n° 2016-1088 du 8 août 2016, art. 9)* **« L. 3142-84 » du même code est maintenu aux élus mentionnés au premier alinéa du présent article jusqu'à l'expiration de deux mandats consécutifs.**

« L'application de l'article *(L. n° 2016-1088 du 8 août 2016, art. 9)* **« L. 3142-85 » du code du travail prend effet à compter du deuxième renouvellement du mandat.**

Sur les droits des salariés élus membres de l'Assemblée nationale ou du Sénat, V. ci-dessous C. trav. art. L. 3142-83 s.

1. Les dispositions des art. L. 122-24-2 [L. 3142-60 nouveau] et L. 122-24-3 [L. 3142-64 nouveau] C. trav. relatives au droit des salariés élus membres de l'Assemblée nationale et du Sénat assurent à l'élu qui le demande une simple suspension de son contrat de travail jusqu'à l'expiration de son mandat et non une résiliation. De ce fait est illégale une disposition ne prévoyant ce réemploi que « dans la mesure où les nécessités de service le permettent (...) les agents bénéficiant à défaut d'une priorité pour occuper un emploi similaire assorti d'une rémunération identique ». • CE 26 nov. 1993, *Synd. dptal du Nord des personnels communaux et d'offices publics d'HLM CFDT et a.*, n° 97036 B.

2. La circonstance que la période d'exercice effectif du mandat diffère de sa durée théorique ou de celle, qu'éventuellement, le fonctionnaire ou l'administration ont pu déterminer à l'occasion de la demande de suspension de l'activité professionnelle, notamment dans les cas où la cessation du mandat résulte de la démission de son titulaire, est sans incidence sur le droit du fonctionnaire à retrouver son précédent emploi dans les conditions désormais prévues à l'art. L. 3142-84 C. trav. En outre, lorsque le bénéficiaire de la suspension d'activité professionnelle exerce plusieurs mandats lui ouvrant droit à une telle suspension, la cessation d'un seul de ces mandats permet au fonctionnaire de retrouver son précédent emploi dans les conditions désormais prévues à l'art. L. 3142-84 C. trav. • CE 20 févr. 2018, n° 401731 B : *AJCT 2018. 337, obs. Didriche*.

Code du travail

Art. L. 3142-83 Le contrat de travail d'un salarié membre de l'Assemblée nationale ou du Sénat est, sur sa demande, suspendu jusqu'à l'expiration de son mandat, s'il justifie d'une ancienneté minimale d'une année chez l'employeur à la date de son entrée en fonction.

Art. L. 3142-84 À l'expiration de son mandat, le salarié retrouve son précédent emploi, ou un emploi analogue assorti d'une rémunération équivalente, dans les deux mois suivant la date à laquelle il a avisé son employeur de son intention de reprendre cet emploi.

Il bénéficie de tous les avantages acquis par les salariés de sa catégorie durant l'exercice de son mandat.

Il bénéficie, en tant que de besoin, d'une réadaptation professionnelle en cas de changement de techniques ou de méthodes de travail.

Art. L. 3142-85 Les dispositions de l'article *(L. n° 2016-1088 du 8 août 2016, art. 9)* « L. 3142-84 » ne sont pas applicables lorsque le mandat a été renouvelé, sauf si la durée de la suspension prévue à l'article *(L. n° 2016-1088 du 8 août 2016, art. 9)* « L. 3142-83 » a été, pour quelque cause que ce soit, inférieure à cinq ans.

Ces dispositions ne s'appliquent pas non plus lorsque le salarié membre de l'Assemblée nationale ou du Sénat est élu dans l'autre de ces deux assemblées.

À l'expiration du ou des mandats renouvelés, le salarié peut cependant solliciter sa réembauche dans des conditions déterminées par voie réglementaire.

Le salarié bénéficie alors pendant un an d'une priorité de réembauche dans les emplois auxquels sa qualification lui permet de prétendre. En cas de réemploi, l'employeur lui accorde le bénéfice de tous les avantages qu'il avait acquis au moment de son départ.

Art. L. 3142-86 Un décret détermine les conditions dans lesquelles les droits des salariés, notamment en matière de prévoyance et de retraite, leur sont conservés durant la durée du mandat.

Art. L. 3142-87 Les dispositions de la présente sous-section sont applicables aux fonctionnaires et aux agents non titulaires de l'État, des collectivités territoriales et de leurs établissements publics ainsi qu'aux personnels des entreprises publiques, sauf s'ils bénéficient de dispositions plus favorables.

Art. L. 3142-88 Les maires et les adjoints au maire, les présidents et les vice-présidents de conseil départemental, les présidents et les vice-présidents de conseil régional bénéficient des dispositions des articles *(L. n° 2016-1088 du 8 août 2016, art. 9)* « L. 3142-83 à L. 3142-87 » dans les conditions prévues, respectivement, aux articles L. 2123-9, L. 3123-7 et L. 4135-7 du code général des collectivités territoriales.

Art. L. 2123-10 **Les fonctionnaires régis par les titres I à IV du statut général de la fonction publique** *[V. **CGFP**]* **sont placés, sur leur demande, en position de détachement pour exercer l'un des mandats mentionnés à l'article L. 2123-9.** – *[C. communes, art. L. 121-44, al. 3.]*

SOUS-SECTION 3 **Garanties accordées à l'issue du mandat**

(L. n° 2002-276 du 27 févr. 2002, art. 68)

BIBL. ▶ Untermaier-Kerléo, La reconversion professionnelle des élus locaux : quel cadre déontologique ?, *JCP Adm. 2021. 2160.*

Art. L. 2123-11 **À la fin de leur mandat, les élus visés à l'article L. 2123-9 bénéficient à leur demande d'un stage de remise à niveau organisé dans l'entreprise, compte tenu notamment de l'évolution de leur poste de travail ou de celle des techniques utilisées.** – *[C. communes, art. L. 121-44, al. 2.]*

Art. L. 2123-11-1 *(L. n° 2002-276 du 27 févr. 2002, art. 68)* **À l'issue de son mandat, tout maire ou tout adjoint qui, pour l'exercice de son mandat, a cessé son activité professionnelle salariée a droit sur sa demande à une formation professionnelle et à un bilan de compétences dans les conditions fixées par** *(Ord. n° 2009-1530 du 10 déc. 2009)* **« la sixième partie du code du travail, ».**

Lorsque l'intéressé demande à bénéficier du congé de formation prévu par *(Ord. n° 2009-1530 du 10 déc. 2009)* **« les articles L. 6322-1 à L. 6322-3 du même code », ainsi que du congé de bilan de compétences prévu par** *(Ord. n° 2009-1530 du 10 déc. 2009)* **« l'article L. 6322-42 du même code », le temps passé au titre du mandat local est assimilé aux durées d'activité exigées pour l'accès à ces congés.**

Art. L. 2123-11-2 *(L. n° 2002-276 du 27 févr. 2002, art. 69 ; L. n° 2004-809 du 13 août 2004, art. 196)* **« À l'occasion du renouvellement général des membres du conseil municipal », tout maire d'une commune de 1 000 habitants au moins ou tout adjoint dans une commune de** *(L. n° 2015-366 du 31 mars 2015, art. 12)* **« 10 000 » habitants au moins** *(L. n° 2004-809 du 13 août 2004, art. 196)* **« ayant reçu délégation de fonction de celui-ci » qui, pour l'exercice de son mandat, avait cessé d'exercer son activité professionnelle perçoit, sur sa demande, une allocation différentielle de fin de mandat s'il se trouve dans l'une des situations suivantes :**

– être inscrit à l'institution mentionnée à *(Ord. n° 2009-1530 du 10 déc. 2009)* **« l'article L. 5312-1 du code du travail » conformément aux dispositions de** *(Ord. n° 2009-1530 du 10 déc. 2009)* **« l'article L. 5411-1 du même code » ;**

– avoir repris une activité professionnelle lui procurant des revenus inférieurs aux indemnités de fonction qu'il percevait au titre de sa dernière fonction élective.

Le montant mensuel de l'allocation est au plus égal à 80 % de la différence entre le montant de l'indemnité brute mensuelle que l'intéressé percevait pour l'exercice de ses fonctions, dans *(L. n° 2015-366 du 31 mars 2015, art. 12)* **« les conditions fixées » aux articles L. 2123-23, L. 2123-24** *(L. n° 2017-257 du 28 févr. 2017, art. 5)* **« , L. 2511-34 et L. 2511-34-1 », et l'ensemble des ressources qu'il perçoit à l'issue du mandat.**

L'allocation est versée pendant une période *(L. n° 2015-366 du 31 mars 2015, art. 12)* **« d'un an » au plus. Elle n'est pas cumulable avec celles prévues par les articles L. 3123-9-2 et L. 4135-9-2.** *(L. n° 2015-366 du 31 mars 2015, art. 12)* **« À compter du septième mois suivant le début du versement de l'allocation, le taux mentionné au quatrième alinéa est au plus égal à 40 %. »**

Le financement de cette allocation est assuré dans les conditions prévues par l'article L. 1621-2.

Les modalités d'application du présent article sont déterminées par décret en Conseil d'État.

SECTION 2 Droit à la formation

V. art. R. 2123-12 s.

BIBL. ▶ BOURDON, La formation des élus locaux, *RFDA 1992. 959*. – DERBOULLES, De la libre formation des élus locaux, *AJDA 2000. 773*. – FERRARI, La formation des élus locaux, *BJCL 2017. 582*. – MAISL, La formation des élus locaux, *ACL 1983. 585*. – POUYET, La formation des élus locaux, *ACL 1981. 565 ; ibid. 1982. 713 ; ibid. 1984. 505*.

Art. L. 2123-12 **Les membres d'un conseil municipal ont droit à une formation adaptée à leurs fonctions.** *(L. nº 2015-366 du 31 mars 2015, art. 17)* **« Une formation est obligatoirement organisée au cours de la première année de mandat pour les élus ayant reçu une délégation. »**

(L. nº 2020-105 du 10 févr. 2020, art. 124) **« Les élus qui reçoivent délégation en matière de prévention et de gestion des déchets ou d'économie circulaire** *(L. nº 2022-217 du 21 févr. 2022, art. 92)* **« ou en matière d'urbanisme, de construction ou d'habitat » sont encouragés à suivre une formation en la matière. »**

(L. nº 2002-276 du 27 févr. 2002, art. 73) **« Dans les trois mois suivant son renouvellement, le conseil municipal délibère sur l'exercice du droit à la formation de ses membres. Il détermine les orientations et les crédits ouverts à ce titre. »**

(Ord. nº 2021-45 du 20 janv. 2021, art. 1er) **« Le conseil municipal peut également délibérer sur sa participation au financement de formations dont peuvent bénéficier ses élus à leur initiative au titre de leur droit individuel à la formation mentionnée à l'article L. 2123-12-1. Cette délibération détermine notamment le champ des formations ouvrant droit à cette participation, qui doivent correspondre aux orientations déterminées en application de l'alinéa précédent. La délibération peut limiter cette participation à un montant maximal par formation ainsi qu'à un nombre maximal de formations par élu et par mandat. La part des frais pédagogiques de la formation financée par le fonds du droit individuel à la formation des élus locaux prévu à l'article L. 1621-3 ne peut être inférieure à un taux fixé par décret. »**

(L. nº 2002-276 du 27 févr. 2002, art. 73) **« Un tableau récapitulant les actions de formation des élus financées par la commune est annexé au compte administratif. Il donne lieu à un débat annuel sur la formation des membres du conseil municipal. »**

À compter de l'exercice budgétaire 2026, au dernier al. du présent art., les mots : « compte administratif » sont remplacés par les mots : « compte financier unique » (Ord. nº 2025-526 du 12 juin 2025, art. 1er et 12).

BIBL. ▶ AUBIN et MOZOL, État des lieux de la nouvelle formation des élus locaux, *AJCT 2021. 352*. – KERLÉO et GRANERO, La formation des élus locaux : un marché en pleine expansion, *AJDA 2020. 2477*. – MOZOL, La ratification sous ajustements des ordonnances des 20 et 27 janvier 2021 portant réforme de la formation des élus locaux, *JCP Adm. 2021. 2225*. – VERPEAUX, Enfin l'ordonnance sur la formation des élus, *JCP Adm. 2021. Actu. 69*.

1. Il en est ainsi pour toute formation d'élu local ayant pour objet d'élargir leurs connaissances et leur expérience ainsi que d'approfondir leur culture générale administrative et financière. • CAA Marseille, 18 juin 2002, *Capallère*, nº 99MA02405 : *JCP Coll. terr. 2002, nº 1304.* ♦ Les dispositions de l'art. L. 2123-12 ne limitent pas le droit à la formation au cas où le conseiller municipal exercerait des fonctions spécifiques au conseil municipal ou ferait partie de telle ou telle commission spécialisée. • CAA Marseille, 18 juin 2002, *Capallère*, nº 99MA02405 : *JCP Adm. 2002, nº 1304.* ♦ Et la formation ne doit pas être entravée par des crédits manifestement insuffisants. • TA Toulouse, 2 oct. 2009, *Mme Argentin c/Cne de Saint-Joly*, nº 0604485 : *AJDA 2009. 2245*. ♦ Le maire doit respecter le droit à la formation de tous les élus, y compris ceux de l'opposition. • TA Caen, 23 déc. 2009, *Dubourg, Tribouillard c/ Cne de Carentan*, nº 0900297. ♦ Le conseil ne peut limiter le droit à la formation au-delà de ce que permet le CGCT. • TA Amiens, 24 janv. 2012, *Jourdain*, nº 1002352 : *AJDA 2012. 1364*.

2. Mais le droit à la formation est réservé aux élus communaux et non aux élus représentant la commune au sein d'une communauté de communes. • CAA Bordeaux, 27 avr. 2004, *Cté intercommunale des villes solidaires (CIVIS)*, nº 00BX00058.

3. Les élus ont droit au remboursement des frais de formation qu'ils ont exposés, sous condition que la formation soit dispensée par un organisme bénéficiant d'un agrément de la part du ministre de l'Intérieur, qu'elle soit adaptée, qu'elle ne soit pas trop coûteuse, et n'entraîne pas le dépassement du plafond visé à l'art. L. 2123-14, ni de la somme votée au budget au titre de la formation. • CAA Bordeaux, 9 nov. 2010, *Cne de Fenouillet*, n° 10BX00364.

Art. L. 2123-12-1 *(L. n° 2015-366 du 31 mars 2015, art. 15)* **Les membres du conseil municipal bénéficient chaque année d'un droit individuel à la formation** *(Ord. n° 2021-45 du 20 janv. 2021, art. 6)* **« comptabilisé en euros »** *(L. n° 2021-771 du 17 juin 2021, art. 3)* **« , cumulable sur toute la durée du mandat dans la limite d'un plafond »** *(L. n° 2021-771 du 17 juin 2021, art. 6)* **« et dont le montant annuel est arrêté pour une période de trois ans ».** *(L. n° 2016-341 du 23 mars 2016, art. 1er)* **« Il est financé par une cotisation obligatoire dont le taux ne peut être inférieur à 1 %, prélevée sur les indemnités de fonction perçues par les membres du conseil »** *(L. n° 2016-1918 du 29 déc. 2016, art. 140)* **« dans les conditions prévues à l'article L. 1621-3 ».**

La mise en œuvre du droit individuel à la formation relève de l'initiative de chacun des élus et peut concerner des formations sans lien avec l'exercice du mandat. Ces formations peuvent notamment contribuer à l'acquisition des compétences nécessaires à la réinsertion professionnelle à l'issue du mandat *(Ord. n° 2021-45 du 20 janv. 2021, art. 6)* **« lorsque l'élu n'a pas liquidé ses droits à pension au titre de son activité professionnelle. »**

(L. n° 2021-771 du 17 juin 2021, art. 4) **« Pour assurer le financement d'une formation, le droit individuel à la formation peut être complété, à la demande de son titulaire, par des abondements en droits complémentaires qui peuvent être financés par les collectivités territoriales selon les modalités définies aux articles L. 2123-12, L. 3123-10, L. 4135-10, L. 7125-12 et L. 7227-12. »** *(Ord. n° 2021-45 du 20 janv. 2021, art. 6)* **« Lorsqu'une formation contribue à sa réinsertion professionnelle, l'élu peut contribuer à son financement en mobilisant son compte personnel d'activité mentionné à l'article L. 5151-1 du code du travail et à l'article 22 *ter* de la loi n° 83-634 du 13 juillet 1983 portant droits et obligations des fonctionnaires, lorsqu'il dispose de droits monétisables. Il peut également contribuer à son financement par un apport personnel augmentant les sommes engagées au titre de son droit individuel à la formation. »** *(L. n° 2021-771 du 17 juin 2021, art. 4)* **« Ces abondements complémentaires n'entrent pas en compte dans les modes de calcul du montant du droit individuel à la formation des élus définis au premier alinéa du présent article. »**

(Ord. n° 2021-45 du 20 janv. 2021, art. 6) **« Un décret en Conseil d'État détermine les modalités de calcul, de plafonnement ainsi que de mise en œuvre du droit individuel à la formation. »**

Art. L. 2123-13 *(L. n° 2002-276 du 27 févr. 2002, art. 74)* **Indépendamment des autorisations d'absence et du crédit d'heures prévus aux articles L. 2123-1, L. 2123-2 et L. 2123-4, les membres du conseil municipal qui ont la qualité de salarié ont droit à un congé de formation. Ce congé est fixé à dix-huit jours par élu pour la durée du mandat et quel que soit le nombre de mandats qu'il détient. Ce congé est renouvelable en cas de réélection.**

Les modalités d'application du présent article sont fixées par décret en Conseil d'État.

Art. L. 2123-14 *(L. n° 2002-276 du 27 févr. 2002, art. 75)* **Les frais de déplacement, de séjour et d'enseignement donnent droit à remboursement.**

Les pertes de revenu subies par l'élu du fait de l'exercice de son droit à la formation prévu par la présente section sont compensées par la commune dans la limite de dix-huit jours par élu pour la durée du mandat et d'une fois et demie la valeur horaire du salaire minimum de croissance par heure.

(L. n° 2015-366 du 31 mars 2015, art. 16) **« Le montant prévisionnel des dépenses de formation** *(Ord. n° 2021-45 du 20 janv. 2021, art. 1er)* **« au titre de l'article L. 2123-12 » ne peut être inférieur à 2 % du montant total des indemnités de fonction qui peuvent être allouées aux membres du conseil municipal en application des articles L. 2123-23, L. 2123-24, L. 2123-24-1 et, le cas échéant, L. 2123-22. Le montant réel** *(Ord. n° 2021-45 du 20 janv. 2021, art. 1er)* **« de ces dépenses » de formation ne peut excéder 20 % du même montant. Les crédits relatifs aux dépenses de formation qui**

n'ont pas été consommés à la clôture de l'exercice au titre duquel ils ont été inscrits sont affectés en totalité au budget de l'exercice suivant. Ils ne peuvent être reportés au-delà de l'année au cours de laquelle intervient le renouvellement de l'assemblée délibérante. »

Un décret en Conseil d'État fixe les modalités d'application de ces dispositions. — *V. art. R. 2123-15 et R. 2123-18.*

En cas de litige entre un salarié et un employeur sur l'exercice du droit à la formation ouvert aux élus locaux, il appartient au salarié de saisir la juridiction prud'homale de ce différend. * Rép. min. n° 15910 : *JOAN Q, 7 nov. 1994, p. 5555.* ♦ Les dispositions de l'art. L. 2123-14 n'ont pas pour objet de limiter le remboursement des frais de formation des élus au regard du montant susceptible d'être alloué individuellement à chacun d'eux mais de limiter l'enveloppe globale des dépenses de formation annuelle. • CAA Bordeaux, 9 nov. 2010, *Cne de Fenouillet*, n° 10BX00364 • CAA Douai, 17 janv. 2013, *Sarna*, n° 11DA02017 : *AJDA 2013. 1257 ; JCP Adm. 2013, n° 2256, concl. Moreau.*

Art. L. 2123-14-1 *(Ord. n° 2021-45 du 20 janv. 2021, art. 7)* **I. — Les communes membres d'un établissement public de coopération intercommunale à fiscalité propre peuvent délibérer pour confier à ce dernier, dans les conditions prévues par l'article L. 5211-17, la mise en œuvre des dispositions relatives à la formation des élus prévues aux trois derniers alinéas de l'article L. 2123-12. Elles se prononcent dans les six mois suivant l'installation du conseil municipal suivant chaque renouvellement général. Elles peuvent aussi délibérer à leur initiative à tout moment sur ce sujet.**

Le transfert entraîne de plein droit la prise en charge par le budget de l'établissement public de coopération intercommunale à fiscalité propre des frais de formation visés à l'article L. 2123-14.

Dans les neuf mois suivant l'arrêté du représentant de l'État prononçant le transfert en application du présent I, et dans les neuf mois suivant son installation après chaque renouvellement général des conseils municipaux, l'organe délibérant de l'établissement public de coopération intercommunale à fiscalité propre délibère sur l'exercice du droit à la formation des élus des communes membres. Il détermine les orientations et les crédits ouverts à ce titre. Les dispositions du dernier alinéa de l'article L. 2123-12 sont applicables à compter du transfert.

II. — Dans les six mois suivant son renouvellement, lorsqu'il n'a pas été fait application des dispositions prévues au I, l'organe délibérant de l'établissement public de coopération intercommunale à fiscalité propre délibère sur l'opportunité de proposer des outils communs visant à développer la formation liée à l'exercice du mandat des élus des communes membres prévue à l'article L. 2123-12.

Cette délibération précise, le cas échéant, les dispositifs envisagés. Elle peut notamment comprendre l'élaboration d'un plan de formation, les règles permettant d'en assurer le suivi, le financement et l'évaluation. Elle peut également autoriser la participation au financement de formations organisées soit à l'initiative des élus des communes membres au titre de leur droit individuel à la formation mentionné à l'article L. 2123-12-1, soit à l'initiative des communes membres, dans les conditions fixées à l'article L. 2123-12, lorsque ces formations sont liées à l'exercice du mandat.

III. — Les dispositions du présent article s'appliquent sans préjudice des articles L. 5211-4-2, L. 5214-16-1, L. 5215-27, L. 5216-7-1 et L. 5217-7.

Art. L. 2123-15 **Les dispositions des articles L. 2123-12 à L. 2123-14 ne sont pas applicables aux voyages d'études des conseils municipaux. Les délibérations relatives à ces voyages précisent leur objet, qui doit avoir un lien direct avec l'intérêt de la commune, ainsi que leur coût prévisionnel.** — *[C. communes, art. L. 121-49.]*

Le voyage doit s'inscrire dans le cadre d'une opération déterminée. C'est ainsi que la participation à un salon et la visite de diverses installations ne constituent pas un tel voyage. • CAA Bordeaux, 27 avr. 2004, *Cté intercommunale des villes solidaires (CIVIS) (97)*, n° 00BX00058.

Art. L. 2123-16 **Les dispositions de la présente section ne s'appliquent que si l'organisme qui dispense la formation a fait l'objet d'un agrément délivré par le ministre** *(Ord. n° 2021-45 du 20 janv. 2021, art. 17)* **« chargé des collectivités territoriales » dans les conditions fixées à l'article « L. 1221-3 ».**

SECTION 3 Indemnités des titulaires de mandats municipaux

BIBL. ▶ DIETSCH, Régime indemnitaire des élus locaux, *Dpt et cnes juill. 1992, p. 56.* – LUCHAIRE, Indemnisation et disponibilité des élus, *Cah. du CFPC n° 14, juin 1984, p. 17.* – PONTIER, Les indemnités des élus locaux, *RFDA 1992. 978* . – SCHLEGIEL, Statut de l'élu : la nature des indemnités, *Journ. maires n° 1, janv. 1995, p. 53.*

SOUS-SECTION 1 Dispositions générales

Art. L. 2123-17 **Sans préjudice des dispositions du présent chapitre, les fonctions de maire, d'adjoint et de conseiller municipal sont gratuites.** – *[C. communes, art. L. 123-1 issu de la L. du 5 avr. 1884, art. 74.]*

1. Le juge fonde parfois son raisonnement sur le principe de gratuité lorsqu'il annule les délibérations des assemblées locales créant des indemnités de fonction en dehors des dispositions des lois ou des décrets. • CE 18 mars 1994, *Hélias*, n° 116426 : *Lebon 143* ; *RFDA 1994. 623* .

2. Il résulte de cet article qu'en cas d'accident un maire ne saurait faire état de la perte de son indemnité de maire pendant une période d'incapacité partielle. • CE 8 avr. 1970, *Dame Vve Blouin : Dr. adm. 1970, n° 156.*

3. L'art. L. 2123-17 ne fait pas obstacle au remboursement aux élus de leurs frais de téléphone quand ceux-ci sont de ceux que les services municipaux doivent normalement supporter. • CE, sect. intérieur avis, 15 mai 1975 : *Rev. fin. communales, nov. 1975.* ♦ De même les frais d'installation et d'abonnement de postes téléphoniques à leur domicile peuvent être admis. * Rép. min. n° 15070 : *JO Sénat Q, 22 janv. 1975, p. 52.*

SOUS-SECTION 2 Remboursement de frais *(L. n° 2002-276 du 27 févr. 2002, art. 84).*

BIBL. ▶ BROLLES, Frais de mission et de représentation exposés par les élus, *Vie cnale et dptale, janv. 1989, p. 8.* – DIETSCH, Comment être remboursé de ses frais de mission et de représentation ?, *Lettre du maire n° 829, 10 juin 1992, p. 7.*

Art. L. 2123-18 **Les fonctions de maire, d'adjoint, de conseiller municipal, de président et membre de délégation spéciale donnent droit au remboursement des frais que nécessite l'exécution des mandats spéciaux.**

Les frais ainsi exposés peuvent être remboursés forfaitairement dans la limite du montant des indemnités journalières allouées à cet effet aux fonctionnaires de l'État.

Les dépenses de transport effectuées dans l'accomplissement de ces missions sont remboursées *(L. n° 2019-1461 du 27 déc. 2019, art. 101)* **« selon des modalités fixées par délibération du conseil municipal ».**

(L. n° 2002-276 du 27 févr. 2002, art. 84) **« Les autres dépenses liées à l'exercice d'un mandat spécial peuvent être remboursées par la commune sur présentation d'un état de frais et après délibération du conseil municipal. S'agissant des frais de garde d'enfants ou d'assistance aux personnes âgées, handicapées ou à celles qui ont besoin d'une aide personnelle à leur domicile, le remboursement ne peut excéder, par heure, le montant horaire du salaire minimum de croissance. »**

1. Le Conseil d'État définit le mandat spécial pour un élu municipal comme devant « s'entendre de toutes les missions accomplies (...) avec l'autorisation du conseil municipal dans l'intérêt des affaires communales, à l'exclusion seulement de celles qui lui incombent en vertu d'une obligation expresse ». • CE 24 mars 1950, *Sieur Maurice : Lebon 185.* ♦ De ce fait ces indemnités ne peuvent être considérées comme substitut d'indemnités de fonction pour des tâches vagues, généralisées ou permanentes. • TA Nice, 11 févr. 1985, *COREP du Var : Lebon 415.* ♦ Mais le conseil municipal doit préciser que les crédits sont destinés au remboursement des frais exposés dans le cadre d'un mandat spécial et non pour des « frais de missions indéterminées ». • TA Lyon, 19 sept. 2001, *Préfet du Rhône c/ Cne de Feyzin*, n° 9800381 : *Coll. terr. 2002, n° 6, note Moreau.* ♦ Le mandat spécial doit être suffisamment précis pour bénéficier du remboursement des frais. • CE 11 janv. 2006, *Dpt des Bouches-du-Rhône*, n° 265325 : *Dr. adm. 2006. 92, note E. G. ; BJCL 2006. 177, concl. Glaser.*

2. Le juge vérifie aussi que le conseil municipal a, au préalable et dans le cadre de ses compétences, attribué par délibération le mandat spécial à l'élu. • CE 24 mars 1950, *Sieur Maurice : préc. note 1.* ♦ V. aussi • C. comptes, 10 janv. 1991, *G. comptable de la Cne de Ceillac : Rev. Trésor 1991. 465.*

3. Les frais remboursés doivent toujours répondre à un intérêt public. L'élu local n'a pas droit à un logement de fonction. * Rép. min. n° 33821 : *JOAN Q, 19 févr. 1996, p. 925.* ♦ Ne peuvent pas faire l'objet de remboursement les dépenses de transport des conjoints des élus ou de tiers à la collectivité. • C. comptes, 4e ch., 7 nov. 1985, *Cne de Rennes.*

4. Lorsque le remboursement est fondé sur un état de frais réels, le juge administratif a estimé que l'assemblée délibérante devait fixer les règles et les plafonnements des remboursements. V. par ex., pour un président de conseil général, • CAA Paris, 26 janv. 1995, *Legros : Lebon 505.* ♦ L'élu doit alors présenter des pièces justificatives complètes. Par exemple les factures des agences de voyages doivent être « clairement rédigées » et mentionner les noms des personnes autrement que par des initiales. • C. comptes, 21 sept. 1989, *Lephay : Rev. adm. 1989. 259.*

5. L'élu doit avoir réellement dépensé pour que le paiement des frais soit régulier. À défaut, le comptable engage sa responsabilité personnelle s'il paie indûment des indemnités. • C. comptes, 27 janv. 1969, *Schoof : Rec. C. comptes, p. 73.* ♦ Et le bénéficiaire de l'indemnité peut être déclaré comptable de fait. • C. comptes, 3 oct. 1980, *Pellecuer : Rec. C. comptes, p. 218.*

6. Aucun texte législatif ou réglementaire ne permet le remboursement des frais pour un président de la commission syndicale d'une section de commune. • CE 3 juin 1998, *Section de Cne d'Antilly,* n° 160663 B.

Art. L. 2123-18-1 *(L. n° 2002-276 du 27 févr. 2002, art. 84)* **Les membres du conseil municipal peuvent bénéficier du remboursement des frais de transport et de séjour qu'ils ont engagés pour se rendre à des réunions dans des instances ou organismes où ils représentent leur commune ès qualités, lorsque la réunion a lieu hors du territoire de celle-ci.**

Lorsqu'ils sont en situation de handicap, ils peuvent également bénéficier du remboursement des frais spécifiques de déplacement, d'accompagnement et d'aide technique qu'ils ont engagés pour les situations visées à l'alinéa précédent, ainsi que pour prendre part aux séances du conseil municipal et aux réunions des commissions et des instances dont ils font partie ès qualités qui ont lieu sur le territoire de la commune.

Ces dispositions s'appliquent aux membres de la délégation spéciale mentionnée à l'article L. 2121-35.

Les modalités d'application du présent article sont fixées par décret en Conseil d'État.

Pour les modalités de remboursement des frais : V. * Rép. min. n° 8847 : *JO Sénat Q, 22 janv. 2004, p. 185.*

Art. L. 2123-18-1-1 *(L. n° 2013-907 du 11 oct. 2013, art. 34)* **Selon des conditions fixées par une délibération annuelle, le conseil municipal peut mettre un véhicule à disposition de ses membres ou des agents de la commune lorsque l'exercice de leurs mandats ou de leurs fonctions le justifie.**

Tout autre avantage en nature fait l'objet d'une délibération nominative, qui en précise les modalités d'usage.

Art. L. 2123-18-2 *(L. n° 2019-1461 du 27 déc. 2019, art. 91)* **Les membres du conseil municipal bénéficient d'un remboursement par la commune des frais de garde d'enfants ou d'assistance aux personnes âgées, handicapées ou ayant besoin d'une aide personnelle à leur domicile qu'ils ont engagés en raison de leur participation aux réunions mentionnées à l'article L. 2123-1. Ce remboursement ne peut excéder, par heure, le montant horaire du salaire minimum de croissance. Les modalités de remboursement sont fixées par délibération du conseil municipal.**

Dans les communes de moins de 3 500 habitants, le remboursement auquel a procédé la commune est compensé par l'État *(L. n° 2022-1726 du 30 déc. 2022, art. 110)* **« dans les conditions fixées à l'article L. 2335-1 ».**

Art. L. 2123-18-3 *(L. n° 2002-276 du 27 févr. 2002, art. 84)* **Les dépenses exceptionnelles d'assistance et de secours engagées en cas d'urgence par le maire ou un adjoint sur leurs deniers personnels peuvent leur être remboursées par la commune sur justificatif, après délibération du conseil municipal.**

Art. L. 2123-18-4 *(L. n° 2002-276 du 27 févr. 2002, art. 87)* **Lorsque les maires et les adjoints au maire utilisent le** *(L. n° 2005-841 du 26 juill. 2005, art. 12)* **« chèque *emploi-service* universel prévu par »** *(Ord. n° 2009-1530 du 10 déc. 2009)* **« l'article L. 1271-1 du code du travail » pour assurer la rémunération des salariés** *(L. n° 2005-841 du 26 juill. 2005, art. 12)* **« ou des associations ou entreprises agréées » chargés soit de la garde des enfants, soit de l'assistance aux personnes âgées, handicapées ou à celles qui ont besoin d'une aide personnelle à leur domicile** *(L. n° 2005-841 du 26 juill. 2005, art. 12)* **« ou d'une aide à la mobilité dans l'environnement de proximité favo-**

risant leur maintien à domicile » en application *(Ord. nº 2009-1530 du 10 déc. 2009)* **« des articles L. 7231-1 et L. 7232-1 du même code », le conseil municipal peut accorder par délibération une aide financière en faveur des élus concernés, dans des conditions fixées par décret.**

Le bénéfice du présent article ne peut se cumuler avec celui du quatrième alinéa de l'article L. 2123-18 et de l'article L. 2123-18-2.

Art. L. 2123-19 Le conseil municipal peut voter, sur les ressources ordinaires, des indemnités au maire pour frais de représentation. – *[C. communes, art. L. 123-3 issu de la L. du 5 avr. 1884, art. 74.]*

1. Seuls les maires peuvent bénéficier d'indemnités pour frais de représentation. • CE 17 mars 1939, *Assoc. de défense des contribuables de Dijon : Lebon 179.*

2. Cette indemnisation n'est pas un droit pour le maire mais une faculté laissée au conseil municipal dans le cadre des ressources ordinaires de la commune. • CE 16 avr. 1937, *Richard : Lebon 395.* ♦ Le maire n'est pas par principe intéressé à la délibération fixant le montant de cette indemnité. • TA Montpellier, 29 nov. 1991, *Chiffre c/ Cne de Béziers : Juris-Data nº 000347.*

3. Le juge a précisé que les indemnités pour frais de représentation constituent une allocation et ne sont pas un remboursement au sens strict. • CE 16 avr. 1937, *Richard : préc. note 2.*

4. Une indemnité unique et globale peut être déterminée par le conseil municipal. • CE 4 janv. 1929, *Cuvilliez : Lebon 3.* ♦ Cependant le montant de cette indemnité ne peut excéder les frais auxquels elle correspond sous peine de constituer un traitement déguisé. • CE 20 févr. 1942, *Ligue des contribuables de Sevran : Lebon 58.*

5. Au plan fiscal, ces indemnités s'analysent comme des allocations destinées à couvrir des frais inhérents à la fonction de maire. Elles ne sont donc pas imposables. * Rép. min. nº 33549 : *JOAN Q, 10 déc. 1990, p. 5673.*

SOUS-SECTION 3 **Indemnités de fonction**

Art. L. 2123-20 *(L. nº 2015-366 du 31 mars 2015, art. 3)* **« I. – Les indemnités allouées au titre de l'exercice des fonctions de maire et de président de délégation spéciale et les indemnités maximales pour l'exercice effectif des fonctions d'adjoint au maire des communes, de conseiller municipal des communes de 100 000 habitants et plus ou de membre de délégations spéciales qui fait fonction d'adjoint sont fixées par référence au montant du traitement correspondant à l'indice brut terminal de l'échelle indiciaire de la fonction publique. »**

II. – L'élu municipal titulaire d'autres mandats électoraux ou qui siège à ce titre au conseil d'administration d'un établissement public local, du centre national de la fonction publique territoriale, au conseil d'administration ou au conseil de surveillance d'une société ou qui préside une société ne peut percevoir, pour l'ensemble de ses fonctions, un montant total de rémunérations et d'indemnités de fonction supérieur à une fois et demie le montant de l'indemnité parlementaire telle qu'elle est définie à l'article 1er de l'ordonnance nº 58-1210 du 13 décembre 1958 portant loi organique relative à l'indemnité des membres du Parlement. Ce plafond s'entend déduction faite des cotisations sociales obligatoires.

(L. nº 99-1126 du 28 déc. 1999, art. 6) **« III. – Lorsqu'en** *[Lorsque, en]* **application des dispositions du II, le montant total de rémunération et d'indemnité de fonction d'un conseiller municipal fait l'objet d'un écrêtement,** *(L. nº 2013-403 du 17 mai 2013, art. 36)* **« la part écrêtée est reversée au budget de la personne publique au sein de laquelle le conseiller municipal exerce le plus récemment un mandat ou une fonction ». »**

1. Les indemnités de fonction ne peuvent être attribuées qu'en vertu de dispositions spécifiques. • CAA Lyon, 18 mars 1999, *Cne de Vénissieux,* nº 96LY01272 B. ♦ Et les attributions doivent pouvoir être identifiées de façon suffisamment précise pour permettre d'en apprécier la consistance. • CE 21 juill. 2006, *Cne de Boulogne-sur-Mer,* nº 279504 B : *BJCL 2006. 720, note Touvet ; ibid. 791, concl. Glaser.*

2. Le juge a précisé que l'indemnité de fonction ne peut être perçue que si l'élu a assuré l'exercice « effectif » des fonctions correspondantes. C'est le cas dès lors que, juridiquement, il « entre en fonction », il reçoit l'indemnité tant qu'il exerce lesdites fonctions. • TA Besançon, 12 mars 1986, *Froideveaux : Lebon T. 422.* ♦ Il en va différemment pour un maire incarcéré. • TA Saint-Denis de la Réunion, 14 déc. 1994, *Préfet de la Réunion c/ Maire du Port, M. Vergès : RFDA 1995. 1101, concl. Vivens.* ♦ ... Ou pour un maire en fuite. • TA Saint-Denis de La Réunion, 14 déc. 1994, *Préfet de la Réunion c/ Cne de Saint-Paul et*

M. Moussa : RFDA 1995. 1101, concl. Vivens . ♦ ... Ou pour un maire ayant disparu pour échapper à l'exécution d'un mandat d'amener et n'ayant plus reparu avant sa démission, même s'il est resté en relation avec ses adjoints auxquels il avait donné délégation. • CE, sect., 28 févr. 1997, *Cne du Port,* n° 167483 : *Lebon 61 ; D. 1998. 409, chron. Marceau et Verpeaux ; RFDA 1997. 1190, concl. Stahl ; ibid. 1198 note Douence ; AJDA 1997. 476, chron. Chauvaux et Girardot*. ♦ Chaque assemblée délibérante doit s'assurer que la condition d'exercice des fonctions est remplie. * Rép. min. n° 24986 : *JOAN Q, 20 janv. 2004, p. 516*.

3. De même, l'adjoint ne peut percevoir l'indemnité de fonction que lorsqu'il a reçu du maire une délégation de fonctions. • CE 5 mars 1980, *Botta,* n° 10954 B. ♦ V. aussi • CE 20 mars 1996, *Mme Richard,* n° 137847 B. ♦ Cette délégation doit être précise. • CAA Douai, 4 févr. 2010, *Cne de Compiègne,* n° 09DA00264 : *BJCL 2010. 423, concl. Lepers.* ♦ Et l'indemnité peut être différenciée selon que l'adjoint est titulaire d'une délégation de compétence ou de signature. • CAA Douai, 29 nov. 2011, *Cne de Noyon,* n° 10DA01567 : *AJDA 2012. 543, concl. Marjanovic*. ♦ La seule qualité d'officier d'état civil ne peut justifier l'octroi d'une indemnité de fonction en l'absence de délégation du maire. • CE 29 avr. 1988, *Cne d'Aix-en-Provence c/ Mme Joissains,* n° 81371 : *Lebon 174 ; AJDA 1988. 483, note Moreau.* ♦ De même, le remplacement ponctuel du maire ne suffit également pas à donner droit à indemnité. • CE 19 févr. 1993, *Schmitt,* n° 118161 : *Lebon 34*. ♦ ... De même pour la qualité d'adjoint spécial. • CAA Marseille, 26 nov. 2002, *Cne de Gardanne,* n° 02MA00452.

4. Lorsque le maire a retiré à l'adjoint non démissionnaire les délégations et qu'il les a attribuées à un conseiller municipal, celui-ci peut bénéficier des indemnités de fonction d'adjoint. • CAA Paris, 23 sept. 1999, *Préfet de Seine-Saint-Denis,* n° 98PA02857 B. ♦ La mésentente d'un adjoint avec le maire ne suffit pas à justifier la suppression de l'indemnité. • CE 16 mai 2001, *Ville de Plouguer-Nevel,* n° 78131.

5. En outre, l'indemnité de fonction ne peut être versée que si l'assemblée délibérante en a déterminé les bénéficiaires ainsi que le niveau. • C. comptes, 26 mars 1992, *Cousturion, Cne de Hyères : Rec. C. comptes, p. 27, concl. proc. gén.* ♦ Aucune disposition ne prescrit l'adoption d'une nouvelle délibération fixant les indemnités des membres du conseil municipal, sinon à l'occasion du renouvellement de ce conseil, qu'à moins qu'elle n'ait été elle-même adoptée expressément pour une durée limitée. Toute délibération fixant de telles indemnités demeure en vigueur, aussi longtemps qu'elle n'a pas été retirée, abrogée ou annulée, jusqu'au prochain renouvellement du conseil municipal, sans que la circonstance que des changements aient été apportés à la liste des adjoints et conseillers municipaux bénéficiant d'une délégation de fonctions implique, par elle-même, que la délibération cesse de recevoir application. • CE 4 avr. 2025, *Cne de Wissous,* n° 473305 B : *AJDA 2025. 686* . ♦ ... Et seul le conseil municipal est compétent pour revaloriser le montant de ces indemnités. • TA Nancy, 28 janv. 2003, *M.,* n° 021470 : *JCP Adm. 2003, n° 1587, note Quillien.* ♦ Cette délibération doit être rédigée précisément en respectant les différents plafonds légaux. En deçà, l'assemblée dispose d'une grande liberté. Cependant le conseil municipal ne peut décider de n'allouer qu'une faible indemnisation au maire et à ses adjoints pour des motifs uniquement tirés « du désaccord entre le maire et la majorité du conseil ». • CAA Bordeaux, 7 mai 2007, *Cne de Brion c/ Mme Barre,* n° 04BX01466 : *AJDA 2007. 1428*. ♦ Aucune disposition de l'art. L. 2123-20, ni aucune autre, n'impose au conseil municipal de se prononcer par des délibérations distinctes sur le montant des indemnités du maire et sur celles des conseillers municipaux. Le conseil municipal, saisi d'une demande de son maire tendant à percevoir une indemnité de fonction inférieure au montant légal, n'a pas à adopter une délibération formellement distincte de celle fixant les montants des indemnités allouées aux autres membres du conseil municipal. • TA Grenoble, 21 déc. 2023, n° 2006676 : *JCP Adm. 2024. 60, note Beaujard.*

6. Les élus concernés peuvent participer au vote de la délibération relative à leurs indemnités. • CE 16 déc. 1994, *Cne d'Oullins,* n° 145370 : *Lebon 559* . ♦ L'élu n'a pas à lui seul exercé une influence sur le résultat du vote. • CE 26 oct. 1994, *Monier,* n° 121717 B.

7. Ces indemnités sont assujetties au versement de la taxe sur les transports. • Civ. 2e, 6 déc. 2006 : *AJDA 2007. 213*.

Art. L. 2123-20-1 *(L. n° 2015-366 du 31 mars 2015, art. 3)* **I. — Lorsque le conseil municipal est renouvelé, les indemnités de ses membres, à l'exception de l'indemnité du maire, sont fixées par délibération. Cette délibération intervient dans les trois mois suivant l'installation du conseil municipal.**

II. — Sauf décision contraire de la délégation spéciale, ses membres qui font fonction d'adjoint perçoivent l'indemnité fixée par délibération du conseil municipal pour les adjoints.

III. — Toute délibération du conseil municipal concernant les indemnités de fonction d'un ou de plusieurs de ses membres, à l'exception du maire, est accompagnée d'un tableau annexe récapitulant l'ensemble des indemnités allouées aux autres membres du conseil municipal.

Art. L. 2123-21 Le maire délégué, visé à l'article L. 2113-13, perçoit l'indemnité correspondant à l'exercice effectif des fonctions de maire, fixée conformément *(L. n° 2002-276 du 27 févr. 2002, art. 80)* « aux articles L. 2123-20 et L. 2123-23 » en fonction de la population de la commune associée.

(L. n° 2002-276 du 27 févr. 2002, art. 80) « Les adjoints au maire délégué perçoivent l'indemnité correspondant à l'exercice effectif des fonctions d'adjoint, fixée conformément au I de l'article L. 2123-24 en fonction de la population de la commune associée. »

(L. n° 2016-1500 du 8 nov. 2016, art. 5) « Le deuxième alinéa du présent article est applicable aux maires délégués des communes issues d'une fusion de communes en application de la section 3 du chapitre III du titre I du présent livre, dans sa rédaction antérieure à la loi n° 2010-1563 du 16 décembre 2010 de réforme des collectivités territoriales. »

Les fonctions de maire d'une commune fusionnée ne peuvent être cumulées avec celles du maire délégué d'une commune associée. • CE 26 juill. 1982, *François*, n° 35993 : *Lebon 290*. ♦ Mais aucune disposition n'interdit qu'un maire délégué soit désigné parmi les adjoints de la commune fusionnée. Il aurait pu de ce fait choisir de continuer à être indemnisé en qualité d'adjoint. * Rép. min. n° 19799 : *JOAN Q, 15 janv. 1990, p. 227.* ♦ Mais une circulaire remet en cause cette solution en se référant à une réponse ministérielle antérieure *(JOAN Q, 23 juin 1986, p. 1817)*, selon laquelle, lorsque le maire-délégué est adjoint au maire de la commune principale, il ne peut percevoir que l'indemnité correspondant à son mandat de maire délégué (Circ. 15 avr. 1992 : *JO 31 mai*).

Art. L. 2123-22 Peuvent voter des majorations d'indemnités de fonction par rapport à celles *(L. n° 2002-276 du 27 févr. 2002, art. 79)* « votées par le conseil municipal dans les limites prévues par l'article L. 2123-23, par le I de l'article L. 2123-24 et par » *(L. n° 2019-1461 du 27 déc. 2019, art. 92)* « les I et III de l'article L. 2123-24-1 » les conseils municipaux :

(L. n° 2014-1654 du 29 déc. 2014, art. 107) « 1° Des communes chefs-lieux de département et d'arrondissement ainsi que des communes sièges du bureau centralisateur du canton ou qui avaient la qualité de chef-lieu de canton avant la modification des limites territoriales des cantons prévues en application de la loi n° 2013-403 du 17 mai 2013 relative à l'élection des conseillers départementaux, des conseillers municipaux et des conseillers communautaires, et modifiant le calendrier électoral ; »

2° Des communes sinistrées ;

3° *(L. n° 2006-437 du 14 avr. 2006, art. 7)* « Des communes classées stations de tourisme au sens de la sous-section 2 de la section 2 du chapitre III du titre III du livre I du code du tourisme ; »

4° Des communes dont la population, depuis le dernier recensement, a augmenté à la suite de la mise en route de travaux publics d'intérêt national tels que les travaux d'électrification ;

5° Des communes qui, au cours de l'un au moins des trois exercices précédents, ont été attributaires de la dotation de solidarité urbaine et de cohésion sociale prévue *(Ord. n° 2009-1530 du 10 déc. 2009)* « aux articles L. 2334-15 à L. 2334-18-4 » *(L. n° 2022-217 du 21 févr. 2022, art. 174)* « ou des communes de 5 000 habitants ou plus qui, au cours de l'un au moins des trois exercices précédents, ont été attributaires de l'enveloppe de la dotation d'aménagement des communes d'outre-mer prévue au 1° du II de l'article L. 2334-23-1. Pour l'application du présent 5°, la population à prendre en compte est celle définie à l'article L. 2334-2. »

(L. n° 2019-1461 du 27 déc. 2019, art. 92) « L'application de majorations aux indemnités de fonction fait l'objet d'un vote distinct. Le conseil municipal vote, dans un premier temps, le montant des indemnités de fonction, dans le respect de l'enveloppe indemnitaire globale définie au II de l'article L. 2123-24. Dans un second temps, il se prononce sur les majorations prévues au premier alinéa du présent article, sur la base des indemnités votées après répartition de l'enveloppe. Ces deux décisions peuvent intervenir au cours de la même séance. »

1. Le juge a estimé que les majorations n'ont pas pour conséquence, dans les communes concernées, de permettre à des conseillers municipaux de communes de moins de 100 000 habitants de recevoir des indemnités de fonction. • TA Lyon, 2 avr. 1996, *Préfet du Rhône : Gaz. cnes 2 sept. 1996, p. 35.*

2. Dans les communes de moins de 100 000 habitants, lorsque le conseil municipal décide d'attribuer des indemnités à des conseillers municipaux pour l'exercice effectif de leurs fonctions ou à raison d'une délégation du maire, la somme des indemnités fixées pour le maire, les adjoints et les conseillers municipaux concernés, avant majoration éventuelle des indemnités attribuées au maire et aux adjoints, ne doit pas excéder le plafond mentionné au II de l'art. L. 2123-24. Les majorations prévues par l'art. L. 2123-22 n'ont pas à être prises en compte dans le plafond prévu par le II de l'art. L. 2123-24. Le conseil municipal est donc tenu de voter dans un premier temps sur les indemnités hors majoration qu'il entend allouer au maire, aux adjoints au maire et aux conseillers municipaux concernés, dans le respect du plafond indiqué au II de l'article L. 2123-24 et de voter dans un deuxième temps sur les majorations qu'il souhaite appliquer aux indemnités attribuées au maire ou aux adjoints au maire. • CE 24 juill. 2019, *Cne de La Chapelle-Saint-Luc*, n° 411004 B : *AJDA 2019. 1606*. ♦ Le nombre d'adjoints devant être pris en compte dans le calcul du plafond, d'une part, correspond au nombre d'adjoints exerçant effectivement leurs fonctions et non au nombre d'adjoints désignés en début de mandat en application de l'art. L. 2122-2 CGCT et, d'autre part, ne peut inclure de conseillers municipaux, fussent-ils délégataires de fonctions précédemment exercées par un adjoint au maire. • CE 1er juill. 2022, n° 452223 B : *AJDA 2022. 1362*; *ibid. 2305, note Ferstenbert*; *AJCT 2022. 651, obs. Baudry*; *BJCL 2022. 560, concl. Merloz, obs. Poujade*.

Art. L. 2123-23 *(L. n° 2015-366 du 31 mars 2015, art. 3)* **Les maires des communes ou les présidents de délégations spéciales perçoivent une indemnité de fonction fixée en appliquant au terme de référence mentionné à l'article L. 2123-20 le barème suivant :** — *Tableau mod. par L. n° 2019-1461 du 27 déc. 2019, art. 92.*

Population (habitants)	Taux (en % de l'indice)
Moins de 500	25,5
De 500 à 999	40,3
De 1 000 à 3 499	51,6
De 3 500 à 9 999	55
De 10 000 à 19 999	65
De 20 000 à 49 999	90
De 50 000 à 99 999	110
100 000 et plus	145

(L. n° 2016-1500 du 8 nov. 2016, art. 5) **« Le conseil municipal peut, par délibération, fixer une indemnité de fonction inférieure au barème ci-dessus, à la demande du maire. »**

(L. n° 2017-1837 du 30 déc. 2017, art. 100) **« L'indemnité de fonction versée aux maires des communes de 100 000 habitants et plus peut être majorée de 40 % du barème prévu au deuxième alinéa, à condition que ne soit pas dépassé le montant total des indemnités maximales susceptibles d'être allouées aux membres du conseil municipal hors prise en compte de ladite majoration. »**

Si l'art. L. 2123-23 permet au conseil municipal de faire varier les indemnités de fonctions allouées dans la limite des taux maximaux mentionnés, la délibération à caractère réglementaire, par laquelle il détermine le montant de ces indemnités, doit reposer sur des critères objectifs, destinés à être appliqués pour la fixation des indemnités de fonctions du maire, des adjoints ou d'autres élus pouvant, le cas échéant, bénéficier de telles indemnités et ne peut pas être prise en considération de leur personne ou de leur comportement. En l'espèce, les délibérations ont été jugées entachées d'une erreur manifeste dans l'appréciation du montant des indemnités au regard des fonctions effectivement exercées par le maire ainsi que par les premier et second adjoints de la commune. • TA Toulouse, 14 oct. 2014, n° 1102475 : *AJDA 2014. 2536, concl. Jobart*.

Art. L. 2123-24 *(L. n° 2002-276 du 27 févr. 2002, art. 81)* **I. — Les indemnités votées par les conseils municipaux pour l'exercice effectif des fonctions d'adjoint au maire et de membre de délégation spéciale faisant fonction d'adjoint au maire sont déterminées en appliquant au terme de référence mentionné à l'article L. 2123-20 le barème suivant :** — *Tableau mod. par L. n° 2019-1461 du 27 déc. 2019, art. 92.*

Population (habitants)	Taux maximal (en % de l'indice)
Moins de 500	9,9
De 500 à 999	10,7
De 1 000 à 3 499	19,8
De 3 500 à 9 999	22
De 10 000 à 19 999	27,5
De 20 000 à 49 999	33
De 50 000 à 99 999	44
De 100 000 à 200 000	66
Plus de 200 000	72,5

II. — L'indemnité versée à un adjoint peut dépasser le maximum prévu au I, à condition que le montant total des indemnités maximales susceptibles d'être allouées au maire et aux adjoints ne soit pas dépassé.

III. — Lorsqu'un adjoint supplée le maire dans les conditions prévues par l'article L. 2122-17, il peut percevoir, pendant la durée de la suppléance et après délibération du conseil municipal, l'indemnité fixée pour le maire par l'article L. 2123-23, éventuellement majorée comme le prévoit l'article L. 2123-22. Cette indemnité peut être versée à compter de la date à laquelle la suppléance est effective.

IV. — En aucun cas l'indemnité versée à un adjoint ne peut dépasser l'indemnité *(L. n° 2015-366 du 31 mars 2015, art. 3)* **« fixée pour le maire » en application des articles L. 2123-22 et L. 2123-23.**

V. — Par dérogation au I, dans les communes de 20 000 habitants au moins, lorsqu'un adjoint a interrompu toute activité professionnelle pour exercer son mandat et que le maire lui retire les délégations de fonctions qu'il lui avait accordées, la commune continue de lui verser, dans les cas où il ne retrouve pas d'activité professionnelle et pendant trois mois au maximum, l'indemnité de fonction qu'il percevait avant le retrait de la délégation.

Jurisprudence rendue sous le régime antérieur à la L. du 27 févr. 2002.

1. Le problème de l'emploi de la partie des indemnités de fonction et des diverses rémunérations dépassant le plafond légal n'est pas évoqué. Le système utilisé dans la plupart des collectivités consiste à faire reverser par l'élu concerné aux adjoints ou aux conseillers municipaux qui le suppléent ou qu'il a désignés expressément la part de l'indemnité non perçue soumise à l'écrêtement (Circ. 15 avr. 1992 : *JO 31 mai*). ♦ Le juge contrôle que ces indemnités « excédentaires » sont effectivement et définitivement versées à leur bénéficiaire. A donc été reconnu coupable du délit de concussion un maire qui avait demandé au bénéficiaire de lui reverser ces indemnités écrêtées. • Crim. 14 févr. 1995, *D. : JCP 1995. IV. 1277 ; Juris-Data n° 000638.*

2. Une telle pratique peut être contestée. En effet, il est possible d'estimer que la part écrêtée ne revient pas à l'élu et demeure composée de deniers publics : l'élu ne peut alors les manier lui-même sans commettre une gestion de fait. • C. comptes, 4e ch., 18 déc. 1995, *Cne d'Illkirch-Graffenstaden, A. Durr et Vve Wach*, n° 12290.

Art. L. 2123-24-1 *(L. n° 2002-276 du 27 févr. 2002, art. 82)* **I. — Les indemnités votées par les conseils municipaux des communes de 100 000 habitants au moins pour l'exercice effectif des fonctions de conseiller municipal sont au maximum égales à 6 % du terme de référence mentionné au I de l'article L. 2123-20.**

II. — Dans les communes de moins de 100 000 habitants, il peut être versé une indemnité pour l'exercice effectif des fonctions de conseiller municipal dans les limites prévues par le II de l'article L. 2123-24. Cette indemnité est au maximum égale à 6 % du terme de référence mentionné au I de l'article L. 2123-20.

III. — Les conseillers municipaux auxquels le maire délègue une partie de ses fonctions en application des articles L. 2122-18 et L. 2122-20 peuvent percevoir une

indemnité allouée par le conseil municipal dans les limites prévues par le II de l'article L. 2123-24. Cette indemnité n'est pas cumulable avec celle prévue par le II du présent article.

IV. — Lorsqu'un conseiller municipal supplée le maire dans les conditions prévues par l'article L. 2122-17, il peut percevoir, pendant la durée de la suppléance et après délibération du conseil municipal, l'indemnité fixée pour le maire par l'article L. 2123-23, éventuellement majorée comme le prévoit l'article L. 2123-22. Cette indemnité peut être versée à compter de la date à laquelle la suppléance est effective.

V. — En aucun cas l'indemnité versée à un conseiller municipal ne peut dépasser l'indemnité *(L. n° 2015-366 du 31 mars 2015, art. 3)* « fixée pour le » maire de la commune en application des articles L. 2123-22 et L. 2123-23.

Art. L. 2123-24-1-1 *(L. n° 2019-1461 du 27 déc. 2019, art. 93)* Chaque année, les communes établissent un état présentant l'ensemble des indemnités de toute nature, libellées en euros, dont bénéficient les élus siégeant au conseil municipal, au titre de tout mandat et de toutes fonctions exercés en leur sein et au sein de tout syndicat au sens des livres VII et VIII de la cinquième partie ou de toute société mentionnée au livre V de la première partie ou filiale d'une de ces sociétés. Cet état est communiqué chaque année aux conseillers municipaux avant l'examen du budget de la commune.

Art. L. 2123-24-2 *(L. n° 2019-1461 du 27 déc. 2019, art. 94)* Dans des conditions fixées par leur règlement intérieur, le montant des indemnités de fonction que le conseil municipal *(Abrogé par Cons. const. n° 2024-1094 QPC du 6 juin 2024) « des communes de 50 000 habitants et plus »* alloue à ses membres peut être modulé en fonction de leur participation effective aux séances plénières et aux réunions des commissions dont ils sont membres. La réduction éventuelle de ce montant ne peut dépasser, pour chacun des membres, la moitié de l'indemnité pouvant lui être allouée.

La déclaration d'inconstitutionnalité issue de la Décis. Cons. const. n° 2024-1094 QPC du 6 juin 2024 est applicable à toutes les affaires non jugées définitivement à sa date de publication (Décis. préc., art. 2, JO 7 juin).

Les dispositions de l'art. L. 2123-24-2 réservant aux seules communes de 50 000 habitants et plus la possibilité de modulation du montant des indemnités en fonction de leur participation effective aux séances plénières et aux réunions des commissions dont ils sont membres sont contraires au principe d'égalité. Au regard de l'objet de la loi qui consiste à assurer l'assiduité des conseillers municipaux, il n'y a pas de différence de situation entre les communes de 50 000 habitants et plus et les autres communes. La différence de traitement n'est pas non plus justifiée par un motif d'intérêt général. • Cons. const. 6 juin 2024, *Cne de La Madeleine*, n° 2024-1094 QPC : *AJDA 2024. 1190 ; ibid. 1710, note Verpeaux ; AJCT 2024. 631, obs. Pontier.*

SECTION 4 Protection sociale

SOUS-SECTION 1 Sécurité sociale

Art. L. 2123-25 *(L. n° 2002-276 du 27 févr. 2002, art. 89)* Le temps d'absence prévu aux articles L. 2123-1, L. 2123-2 et L. 2123-4 est assimilé à une durée de travail effective pour la détermination du droit aux prestations sociales.

Sur la couverture sociale des maires, V. * Rép. min. n° 20050 : *JO Sénat Q, 9 déc. 1999, p. 4075.*

Art. L. 2123-25-1 *(L. n° 2002-276 du 27 févr. 2002, art. 90)* Lorsqu'un élu qui perçoit une indemnité de fonction et qui n'a pas interrompu toute activité professionnelle ne peut exercer effectivement ses fonctions en cas de maladie, maternité, paternité ou accident, le montant de l'indemnité de fonction qui lui est versée est au plus égal à la différence entre l'indemnité qui lui était allouée antérieurement et les indemnités journalières versées par son régime de protection sociale.

Les conditions d'application du présent article sont fixées par décret.

Art. L. 2123-25-2 *(L. n° 2012-1404 du 17 déc. 2012, art. 18)* « Les élus municipaux sont affiliés au régime général de sécurité sociale dans les conditions définies à l'article L. 382-31 du code de la sécurité sociale. »

(L. n° 2002-276 du 27 févr. 2002, art. 91) **« Les cotisations des communes et celles de l'élu sont calculées sur le montant des indemnités effectivement perçues par ce dernier en application des dispositions du présent code.**

« Un décret fixe les conditions d'application du présent article. »

Les élus locaux peuvent bénéficier de l'allocation parentale d'éducation. • CE 22 nov. 2000, *Féd. nat. Familles de France*, n° 210718 B : *Dr. adm. 2001, n° 4.*

SOUS-SECTION 2 **Retraite**

V. art. R. 2123-24 s.

BIBL. ▶ LEVEL et ZGOLLI, La retraite des élus locaux, *Journ. des cnes, juin 1996, p. 231.*

Art. L. 2123-26 *Abrogé par L. n° 2012-1404 du 17 déc. 2012, art. 18.*

Art. L. 2123-27 Les élus qui perçoivent une indemnité de fonction en application des dispositions du présent code ou de toute autre disposition régissant l'indemnisation de leurs fonctions peuvent constituer une retraite par rente à la gestion de laquelle doivent participer les élus affiliés.

La constitution de cette rente incombe pour moitié à l'élu et pour moitié à la commune.

Un décret en Conseil d'État fixe le plafond des taux de cotisation.

Sur la durée d'affiliation aux organismes de retraite des élus, V. * Rép. min. n° 21479 : *JO Sénat Q, 24 févr. 2000, p. 693.*

Art. L. 2123-28 Les élus qui perçoivent une indemnité de fonction en application des dispositions du présent code ou de toute autre disposition régissant l'indemnisation de leurs fonctions sont affiliés au régime complémentaire de retraite institué au profit des agents non titulaires des collectivités publiques.

Les pensions versées en exécution du présent article sont cumulables sans limitation avec toutes autres pensions ou retraites.

Un décret fixe les conditions dans lesquelles sont pris en compte les services rendus par les maires et adjoints. – *[C. communes, art. L. 123-12.]*

1. Sur l'évolution de la Caisse nationale de retraite des agents des collectivités locales, V. * Rép. min. n° 19366 : *JO Sénat Q, 2 déc. 1999, p. 3972.*

2. Un élu ne peut faire valoir simultanément son droit à perception d'une retraite au titre d'un mandat local dont l'exercice a pris fin et cotiser au titre du même mandat renouvelé ou d'un autre mandat local. Le versement de la pension de retraite est suspendu et l'élu doit cotiser pour l'exercice du mandat en cours. * Rép. min. n° 3209 : *JO Sénat Q, 27 janv. 1994, p. 190.*

3. Il résulte de l'art. L. 84 C. pens. retr. que le bénéfice de la dérogation prévue par le troisième al. de cet art., permettant à un assuré de pouvoir entièrement cumuler sa pension avec les revenus d'une activité professionnelle exercée pour l'un des employeurs mentionnés à l'art. L. 86-1, est subordonné à la condition que l'intéressé ait préalablement liquidé ses pensions de vieillesse personnelles auprès de la totalité des régimes légaux ou rendus légalement obligatoires, de base et complémentaires. Toutefois, le législateur n'a pas entendu, eu égard à l'objet de ces dispositions, inclure dans les régimes visés le régime spécifique de retraite assis sur les cotisations versées au titre de l'exercice d'un mandat d'élu local, organisé par le CGCT qui prévoit notamment que les pensions servies à ce titre sont cumulables sans limitation avec toutes les autres pensions. • CE 22 sept. 2017, n° 398310 : *Lebon ; AJCT 2018. 55, obs. Didriche.*

Art. L. 2123-29 Les cotisations des communes et celles de leurs élus résultant de l'application des articles *(L. n° 2012-1404 du 17 déc. 2012, art. 18)* **« L. 2123-27 et L. 2123-28 » sont calculées sur le montant des indemnités effectivement perçues par ces derniers en application des dispositions du présent code ou de toute autre disposition régissant l'indemnisation de leurs fonctions.**

Les cotisations des élus ont un caractère personnel et obligatoire.

Les cotisations ne pouvant être valablement établies et prélevées que sur des rémunérations effectivement versées, les maires bénévoles qui ont renoncé à leurs indemnités de fonction afin de ne pas grever le budget communal, ne peuvent être affiliés au régime complémentaire de retraite. * Rép. min. n° 8454 : *JOAN Q, 21 mars 1994, p. 1421.*

Art. L. 2123-30 Les pensions de retraite déjà liquidées et les droits acquis avant le 30 mars 1992 des élus communaux continuent d'être honorés par les institutions et organismes auprès desquels ils ont été constitués ou auprès desquels ils ont été transférés. Les charges correspondantes sont notamment couvertes, le cas échéant, par une subvention d'équilibre versée par les collectivités concernées.

Les élus mentionnés à l'alinéa précédent, en fonction ou ayant acquis des droits à une pension de retraite avant le 30 mars 1992, peuvent continuer à cotiser à ces institutions et organismes.

La commune au sein de laquelle l'élu exerce son mandat contribue dans la limite prévue à l'article L. 2123-27. — *[L. n° 92-108 du 3 févr. 1992, art. 32.]*

SECTION 5 Responsabilité des communes en cas d'accident

BIBL. ▶ J.-F. Auby , Services communaux (responsabilité des), *Répertoire Dalloz de la responsabilité de la puissance publique.* - Lavialle, La responsabilité légale des communes pour les accidents subis par les élus locaux, *LPA 20 juill. 1983.* - Moreau, Dommages causés ou subis par des élus locaux, *J.-Cl. Coll. terr., fasc. 945.* - Pittard et Rossinyol, La responsabilité de l'État et des communes du fait des dommages subis par leurs agents, *RD publ. 1975. 635.* - Vital Durand, Dommages subis par des élus ou agents locaux, *JCP Adm. 2003. 1266.*

Art. L. 2123-31 Les communes sont responsables des dommages résultant des accidents subis par les maires, les adjoints et les présidents de délégation spéciale dans l'exercice de leurs fonctions. — *[C. communes, art. L. 121-25 issu de la L. du 8 nov. 1941, art. 1er et 2, et de l' Ord. n° 59-33 du 5 janv. 1959, art. 4.]*

1. Lorsque la victime de l'accident est investie de plusieurs mandats ou délégations, elle doit agir contre la personne publique à l'occasion du fonctionnement de laquelle elle exerçait ses fonctions au moment de l'accident. Ainsi un maire victime d'un accident après avoir assisté à une réunion d'un comité d'un syndicat de communes où il représentait sa commune, doit mettre en cause la responsabilité du syndicat et non de la commune. • CE 22 mars 1968, *Cne de Faux-Mazuras : Lebon 200.* ♦ En revanche, cette responsabilité ne couvre pas l'élu se rendant à une commission dont il n'est pas membre et en l'absence de mandat spécial. • CE 20 janv. 1989, *Guigonis*, n° 80606 : *CE 22, AJDA 1989. 400, obs. J.-B. Auby.*

I. JURIDICTION COMPÉTENTE

2. L'action contre la personne publique doit être portée devant la juridiction administrative. • CE 29 juill. 1953, *Cts Jasse-Miailhe : Lebon 406.* ♦ Même si l'accident a été causé par un véhicule. • T. confl. 25 nov. 1963, *Aubertot : Lebon 788 ; JCP 1963. II. 13456, note R.L. ; AJDA 1964. 41 et 147, concl. Chardeau et chron. Fourré et Puy-Basset.*

3. En revanche l'action contre l'assureur de la personne publique doit être portée devant le juge judiciaire. • T. confl. 3 mars 1969, *Esposito : Lebon 681* • T. confl. 14 mars 1988, *EDF : RD publ. 1989. 560.* ♦ La compétence judiciaire se limite toutefois à l'exécution de cette obligation. • CE, ass., 6 juin 1969, *Cne de Sains : Lebon 289, concl. Théry ; JCP 1969. II. 15960, note P.L. ; AJDA 1969. 506, note Delcros.* ♦ Compétence judiciaire également pour l'action récursoire de la collectivité contre le tiers responsable (sauf renvoi préjudiciel concernant l'exercice des fonctions). • CE 13 mai 1966, *Cne de Rochetaillée-sur-Aujon*, n° 64945 : *Lebon.*

II. CONDITIONS DE LA RESPONSABILITÉ

4. La responsabilité de la commune connaît une limite en cas de faute de la victime qui peut aboutir comme en droit commun à une exonération partielle ou totale de la personne publique. • CE, ass., 6 juin 1969, *Cne de Sains : préc. note 3.*

A. EXERCICE DES FONCTIONS

5. Le Conseil d'État a jugé que l'accident subi par un adjoint dans le cadre de la lutte contre l'incendie est subi dans l'exercice des fonctions. • CE 11 mai 1956, *Ville de Thouars : Lebon 198 ; RPDA 1956. 107, concl. Laurent ; RD publ. 1956. 1078, note Waline ; Dpt et cnes 1956. 223, note Hourticq.* ♦ Même si l'accident a été provoqué au cours d'un incendie par une bouteille de gaz vendue peu auparavant par l'élu en sa qualité de commerçant. • CE 29 avr. 1966, *Cne de Charmentray : Lebon 295.*

6. Pour l'accident survenu lors de l'organisation d'un feu d'artifice (exercice des fonctions). • CE 29 juill. 1953, *Cts Jasse-Miailhe : préc. note 2* (jurisprudence concernant un conseiller municipal pouvant être appliquée par similitude à tous les élus). ♦ ... Ou lors d'une fête locale. • CE 9 juill. 1969, *Cne de Sausseuzemare-en-Caux : Lebon T. 757* (même remarque). ♦ ... Ou pour l'accident survenu à un maire se rendant sur les lieux pour reconnaître l'état d'un chemin communal que ses administrés lui auraient signalé comme dangereux. • CE 17 mars 1967, *Cne de Saint-Momelin : Lebon T. 719 ; JCP 1967. II. 15142, note P.L.* ♦ ... Ou pour l'accident provoqué par l'effondrement de la toiture d'un hangar communal alors que la victime, montée sur ce toit, dirigeait les opérations de dégagement d'un arbre qui s'y était abattu. • TA Poitiers, 27 mars 1985, *Courivaud : Lebon T. 519.*

7. En revanche, se situent hors du système de garantie les accidents survenus hors de toute mission ou de tout exercice des fonctions. Par ex. : accident survenu à un maire effectuant bénévolement des travaux sur un terrain municipal. • CE, ass., 27 nov. 1970, *Appert-Collin*, n° 75992*Lebon* (la responsabilité de la commune a été en l'espèce retenue dans le cadre de la collaboration bénévole). – V. aussi • CE 14 déc. 1988, *Cne de Chatellon-Famechon*, n° 61492 B : *D. 1989. Somm. 354, note Moderne et Bon.*

B. ACCIDENTS DU TRAJET

8. Le Conseil d'État a toujours admis que l'accident de trajet lié à l'exercice de la fonction rentre dans le champ d'application de l'art. L. 2123-31. • CE 6 oct. 1971, *Cne de Baud.*

9. Est réputé accident de trajet l'accident survenu lors du parcours habituel entre le domicile et le lieu d'exercice de la fonction, la mairie le plus souvent, pendant la durée normale pour l'effectuer, sauf si un fait personnel de cet agent ou toute autre circonstance particulière est de nature à détacher l'accident de la fonction. • CE 17 janv. 2014, *Min. du Budget c/ M. Lançon*, n° 352710 : *Lebon ; AJDA 2014. 448, chron. Bretonneau et Lessi ; AJFP 2014. 157 ; BJCL 2014. 202, concl. Legras, obs. Janicot.* ♦ ... Ou un autre immeuble administratif, un chantier de travaux ou une dépendance du domaine. • CE 17 mars 1967, *Cne de Saint-Momelin : préc. note 6.*

10. Le domicile ou la résidence de l'intéressé peut être situé hors du territoire de la commune. • CE, ass., 6 juin 1969, *Cne de Sains : préc. note 3.*

III. RÉPARATION DES DOMMAGES

11. Ce sont les règles générales de la responsabilité administrative relatives aux modalités de réparation des dommages qui sont applicables. C'est ainsi que les dommages causés à l'intégrité physique sont intégralement réparés. • CE 29 avr. 1966, *Cne de Charmentray : préc. note 5.* ♦ La réparation englobe les frais médicaux, la perte des revenus professionnels, le trouble dans les conditions d'existence. • CE 9 juill. 1969, *Cne de Sausseuzemare-en-Caux : préc. note 6.* ♦ ... Ainsi que les douleurs endurées et le préjudice esthétique. • CE 25 févr. 1983, *Cauvin*, n° 23644 B. ♦ En cas de décès, les membres de la famille sont indemnisés selon les règles ordinaires de la responsabilité publique. • CE 29 juill. 1953, *Cts Jasse-Miailhe : préc. note 2.*

12. En ce qui concerne les dommages matériels, ne sont réparés que ceux qui ont un lien direct et nécessaire avec l'exercice des fonctions. C'est ainsi que peuvent être indemnisés les dommages causés lors d'un accident de voiture à une serviette utilisée pour le transport des dossiers de la commune. • CE, ass., 6 juin 1969, *Cne de Sains : préc. note 3.* ♦ Au contraire, la perte lors de l'accident de voiture de dossiers privés ne donne pas lieu à indemnisation. • CE, ass., 6 juin 1969, *Cne de Sains : préc. note 3.*

Art. L. 2123-32 **Lorsque les élus locaux mentionnés** *(L. n° 2002-276 du 27 févr. 2002, art. 92)* **« aux articles L. 2123-31 et L. 2123-33 » sont victimes d'un accident survenu dans l'exercice de leurs fonctions, les collectivités publiques concernées versent directement aux praticiens, pharmaciens, auxiliaires médicaux, fournisseurs ainsi qu'aux établissements le montant des prestations afférentes à cet accident calculé selon les tarifs appliqués en matière d'assurance maladie.**

Les caisses de sécurité sociale sont remboursées par la collectivité concernée dans les conditions prévues à l'art. L. 376-1 CSS des prestations qu'elles ont versées. • CE 27 mars 1991, *Cne de La Garde c/ Louis Dorel*, n° 71860 B : *LPA 20 nov. 1991, note Chouvel ; ACL 1992. 242.*

Art. L. 2123-33 **Les communes sont responsables des dommages subis par les conseillers municipaux et les délégués spéciaux lorsqu'ils sont victimes d'accidents survenus soit à l'occasion de séances des conseils municipaux ou de réunions de commissions** *(L. n° 2005-157 du 23 févr. 2005, art. 112)* **« et des conseils d'administration des centres communaux d'action sociale » dont ils sont membres, soit au cours de l'exécution d'un mandat spécial.**

I. ACCIDENTS SURVENUS À L'OCCASION DES SÉANCES DU CONSEIL MUNICIPAL OU DES RÉUNIONS DES COMMISSIONS

1. Il faut qu'il y ait eu convocation à une séance ou une réunion de commission. V. notamment, • CE 24 juill. 1981, *Ragaut : Dr. adm. 1981, n° 311.*

2. Dans le cas d'une commission, la victime de l'accident doit être personnellement membre de la commission considérée. • CE 21 déc. 1966, *Conte : Lebon 678.* ♦ ... Ou doit s'y rendre en vertu d'un mandat spécial. • CE 20 janv. 1989, *Guigonis*, n° 80606 : *Lebon 22 ; AJDA 1989. 400, obs. JB Auby ; D. 1990. Somm. 296, obs. Bon et Terneyre ; Quot. jur. 1989, n° 73, note Chouvel.*

3. V. par analogie notes ss. art. L. 2123-31 pour la notion de lien direct entre l'accident et la réuniondu conseil ou de la commission ainsi que pour la notion d'accident de trajet.

II. ACCIDENTS SURVENUS À L'OCCASION D'UN MANDAT SPÉCIAL

4. Il a été jugé qu'il y avait mandat spécial lorsque le conseiller municipal a été chargé d'une mission par délibération du conseil municipal. Il en est ainsi pour l'organisation d'un feu d'artifice. • CE 29 juill. 1953, *Cts Jasse-Miailhe : Lebon 406.* ♦ ... Ou l'organisation de la fête locale. • CE 9 juill. 1969, *Cne de Sausseuzemare-en-Caux : Lebon T. 757.* ♦ ... Ou la surveillance de travaux. • CE 24 juill. 1981, *Ragaut : préc. note 1.* ♦ De même a été considérée comme survenue au cours de l'exécution d'un mandat spécial la chute d'un conseiller municipal délégué à l'environnement après sa descente de l'autocar au retour d'une visite de stations d'épuration. • CE 27 mars 1991, *Cne de La Garde c/ Louis Dorel : LPA 20 nov. 1991, note Chouvel.*

5. En revanche, n'a pas été jugé comme survenu dans le cadre d'un mandat spécial l'accident d'un conseiller qui prétendait avoir été chargé par le maire de chercher un terrain nécessaire pour la construction d'un stade, accident survenu à l'occasion de la consultation du cadastre pour les besoins de sa mission. • CE 21 déc. 1966, *Conte : préc. note 2.* ♦ De même pour un conseiller chargé par arrêté du maire d'une délégation à la surveillance d'un service municipal. • CE 11 oct. 1968, *Esposito : Lebon 485.* ♦ Ne constitue pas un mandat spécial l'invitation d'un maire à se rendre aux obsèques d'un ancien secrétaire de mairie. • CE 3 mars 1978, *Cne de Reinharsmunster : Lebon T. 723.*

6. Ne constitue pas non plus un mandat spécial le fait qu'un conseiller municipal travaillait souvent de façon bénévole pour le compte de la commune. En l'espèce, un conseiller avait été informé que les buts mobiles d'un terrain de football auraient été remontés en équilibre instable. Il s'était rendu sur les lieux en vue d'en assurer la bonne fixation et a été mortellement blessé en procédant à cette opération. • CE 14 déc. 1988, *Cne de Catillon-Fumechon,* n° 61492 B : *D. 1989. Somm. 354, obs. Bon et Moderne* (jurisprudence semblable à celle de l'arrêt *Appert-Collin*, V. note 7 ss. art. L. 2123-31).

7. Cependant la responsabilité de la commune peut être exonérée soit totalement ou partiellement en cas de faute de la victime (V. note 4 ss. art. L. 2123-31). V. par exemple • CE 29 juill. 1953, *Cts Jasse-Miailhe : Lebon 406.*

8. V. notes ss. art. L. 2123-31 sur les modalités de réparation.

SECTION 6 Responsabilité et protection des élus (*L. n° 2002-276 du 27 févr. 2002, art. 101*).

(*L. n° 96-393 du 13 mai 1996*)

COMMENTAIRE

V. dans le supplément en ligne.

Art. L. 2123-34 (*L. n° 2000-647 du 10 juill. 2000, art. 10*) **« Sous réserve des dispositions du quatrième alinéa de l'article 121-3 du code pénal, le maire ou un élu municipal le suppléant ou ayant reçu une délégation ne peut être condamné sur le fondement du troisième alinéa de ce même article pour des faits » non intentionnels commis dans l'exercice de ses fonctions que s'il est établi qu'il n'a pas accompli les diligences normales compte tenu de ses compétences, du pouvoir et des moyens dont il disposait ainsi que des difficultés propres aux missions que la loi lui confie.**

(*L. n° 2000-647 du 10 juill. 2000, art. 10*) **« La commune est tenue d'accorder sa protection au maire, à l'élu municipal le suppléant ou ayant reçu une délégation ou à l'un de ces élus ayant cessé ses fonctions lorsque celui-ci fait l'objet de poursuites pénales à l'occasion de faits qui n'ont pas le caractère de faute détachable de l'exercice de ses fonctions ».**

(*L. n° 2019-1461 du 27 déc. 2019, art. 104*) **« La commune est tenue de souscrire, dans un contrat d'assurance, une garantie visant à couvrir le conseil juridique, l'assistance psychologique et les coûts qui résultent de l'obligation de protection à l'égard du maire et des élus mentionnés au deuxième alinéa du présent article. Dans les communes de moins de** (*L. n° 2023-1322 du 29 déc. 2023, art. 247*) **« 10 000 » habitants, le montant payé par la commune au titre de cette souscription fait l'objet d'une compensation par l'État** (*L. n° 2022-1726 du 30 déc. 2022, art. 110*) **« dans les conditions fixées à l'article L. 2335-1 du présent code ». »**

(*L. n° 2000-647 du 10 juill. 2000, art. 10*) **« Lorsque le maire ou un élu municipal le suppléant ou ayant reçu une délégation agit en qualité d'agent de l'État, il bénéficie, de la part de l'État, de la protection prévue** (*L. n° 2024-247 du 21 mars 2024, art. 9*) **« aux articles L. 134-1 à L. 134-12 du code général de la fonction publique »** [*V. CGFP*]. **»**

BIBL. ▶ CHEVALIER, Le point sur... la protection fonctionnelle des élus locaux, *AJCT 2016. 566*. – COROLIAND, Agressions des élus : la nécessité de renforcer le cadre juridique existant ?, *AJCT 2023. 143*. – DURAND, La loi du 21 mars 2024 renforçant la sécurité et la protection des maires et des élus locaux : véritable progrès ou pis-aller ?, *BJCL 2024. 167*. – DYENS, « Loi protection des élus locaux » : *Citius, Altius. Fortius ?*, *AJCT 2024. 293*. – DYENS et ROTIVEL, Flux et reflux de la protection fonctionnelle des élus locaux, *AJCT 2023. 260*. – DYENS, La loi du 21 mars 2024 renforçant la sécurité et la protection des maires et des élus locaux – Premiers éléments du débat, *AJCT 2024. 196*. – GOUTAL et AVELINE, La protection fonctionnelle, une vieille dame méconnue, *AJCT 2014. 529*. – MARTIN, La protection des exécutifs locaux pénalement poursuivis, *AJCT 2025. 263*. – NURET, Protection fonctionnelle des élus locaux et protection statutaire des agents : spécificités et convergences, *RFDA 2013. 271*. – POUJADE, Les élus locaux et le juge pénal, *AJDA 2016. 604*. – SALMON et DIDRICHE, La protection fonctionnelle face au défi assurantiel, *AJCT 2025. 270*.

COMMENTAIRE

V. dans le supplément en ligne.

I. RESPONSABILITÉ PÉNALE (ALINÉA 1er)

1. Application de la loi du 10 juill. 2000 avec la condamnation d'un maire sur la base d'une faute de négligence dans un accident causé par la chute d'une cage de but de football sur le terrain municipal. • TGI La Rochelle, 7 sept. 2000, *Bernardi : Dr. adm. 2000, n° 200.* ♦ ... Ou pour un défaut de mesures de sécurité. • Crim. 18 mars 2003 : *Juris-Data n° 2003-018745.* ♦ ... Ou lorsque le maire s'est désintéressé de l'organisation d'une manifestation et de ses règles de sécurité. • Crim. 11 juin 2003 : *Juris-Data n° 2003-019714.* ♦ ... Ou en cas de carence grave dans la prévention des risques météorologiques après la tempête Xynthia qui a tué 29 personnes. Condamnation du maire : • TGI Sables-d'Olonne, ch. corr., 12 déc. 2014, n° 877/2014 : *AJDA 2015. 379, étude Cans, Pontier et Touret*; *D. 2015. 257*, *édito. Wachsmann* • Poitiers, 4 avr. 2016, n° 16/00199 : *AJCT 2016. 325, note Mayaud*; *AJDA 2016. 1296, note Cans, Pontier et Touret*; *D. 2016. 949, obs. Rousseau*. ♦ En revanche, dans une affaire concernant le décès d'un enfant tombé dans un précipice sur la côte de l'île d'Ouessant, a été écartée la responsabilité pénale du maire à qui on reprochait de ne pas avoir signalé le danger. • Rennes, 19 sept. 2000, *Bertheleme : Dr. adm. 2000, n° 200.*

2. Application stricte : la responsabilité est propre à l'élu local dans l'exercice de ses fonctions. Le maire ne peut donc être pénalement responsable pour les défaillances constatées dans un établissement public dont il est le président du conseil d'administration. • Crim. 22 févr. 2005, n° 04-82.966. ♦ ... Ou lorsque l'élu municipal est devenu président d'une SEM et est poursuivi pénalement pour des faits commis en cette qualité. • CAA Lyon, 25 nov. 2008, *G. c/ Cne de Grenoble*, n° 06LY01776 : *AJDA 2009. 28, chron. Vinet*.

3. La responsabilité pénale de l'élu bénéficiant d'une délégation du maire peut être reconnue. * Rép. min. n° 27171 : *JOAN 24 janv. 2006, p. 7561.* ♦ Il en est ainsi pour un adjoint bénéficiant de fonctions déléguées. • Crim. 4 sept. 2007, n° 07-80.072 : *AJDA 2007. 1783*.

II. PROTECTION FONCTIONNELLE (ALINÉAS 2 ET 3)

4. Les élus protégés. La protection fonctionnelle s'applique aux élus locaux exerçant des fonctions exécutives. Toutefois, extension à un élu ne bénéficiant d'aucune délégation du maire. • CAA Versailles, 9 févr. 2024, n° 22VE01436 : *AJDA 2024. 1525, chron. Le Gars*; *JCP Adm. 2024.2112, concl. Frémont.* ♦ L'exclusion des élus non dotés de fonction exécutive ne porte pas atteinte au principe d'égalité. Il existe en effet une différence de situation justifiant ce traitement différent (jugé à propos des conseillers régionaux, art. L. 4135-28). • Cons. const. 11 oct. 2024, *M. François D.*, n° 2024-1107 QPC : *AJDA 2025. 99, note Verpeaux*.

5. Faits qui n'ont pas le caractère de faute détachable de l'exercice de ses fonctions. En vertu d'un principe général du droit qui s'applique à tous les agents publics, lorsqu'un agent public est mis en cause par un tiers à raison de ses fonctions, il incombe à la collectivité publique dont il dépend de lui accorder sa protection dans le cas où il fait l'objet de poursuites pénales, sauf s'il a commis une faute personnelle détachable de l'exercice des fonctions de l'élu. • CE 11 févr. 2015, *Min. de la Justice*, n° 372359 : *Lebon* ; *AJDA 2015. 944, concl. von Coester*; *AJFP 2015. 208, note Legrand*. ♦ Ou encore : • CE 5 juill. 2021, n° 433537 B : *AJDA 2022. 578, note Reine Wakote*; *ibid. 2021. 1414*; *AJCT 2021. 598, obs. Pontier*. ♦ Contrôle du juge administratif sur l'existence d'une telle faute personnelle, V. par ex. • CAA Versailles, 11 déc. 2008, *Fatoux*, n° 06VE02776 : *AJFP 2009. 249*. ♦ La condamnation pénale ne caractérise pas toujours une faute détachable des fonctions électives de l'élu. • Même arrêt. ♦ Des faits qui révèlent des préoccupations d'ordre privé constituent une faute personnelle. V. par ex. l'achat par la commune de deux voitures de sport ne répondant pas aux besoins d'une administration communale, et utilisées à des fins privées par le maire et un membre de sa famille. • CE 30 déc. 2015, *Cne de Roquebrune-sur-Argens*, n° 391798 : *Lebon ; AJCT 2016. 163, note Yazi-Roman ; AJDA 2016. 1575, note Rihal ; BJCL 2016. 175, concl. Cortot Boucher, obs. Poujade.* ♦ La participation d'un maire à la délibération par laquelle le conseil municipal accorde le bénéfice de la protection fonctionnelle est une faute détachable des fonctions. • CAA Douai, 24 mai 2017, n° 15DA00805 : *AJCT 2017. 578, obs. Didriche*. ♦ Jugé de même pour des propos qui, eu égard à leur nature et à leur gravité, procèdent d'un comportement incompatible avec les obligations qui s'imposent dans l'exercice de fonctions publiques. • CE 30 déc. 2015, *Cne de Roquebrune-sur-Argens : Lebon; AJCT 2016.163, note Yazi-Roman ; AJDA 2016. 1575, note Rihal ; BJCL 2016. 175, concl. Cortot Boucher, obs. Poujade.* ♦ Présentent le caractère d'une faute personnelle détachable des fonctions de maire des faits qui révèlent des préoccupations d'ordre privé, qui procèdent d'un comportement incompatible avec les obligations qui s'imposent dans l'exercice de fonctions publiques ou qui, eu égard à leur nature et aux conditions dans lesquelles ils ont été commis, revêtent une particulière gravité. En revanche, ni la qualification retenue par le juge pénal, ni le caractère intentionnel des faits retenus contre l'intéressé ne suffisent par eux-mêmes à regarder une faute comme étant détachable des fonctions, et justifiant dès lors que le bénéfice du droit à la protection fonctionnelle soit refusé au maire qui en fait la demande. • CAA Douai, 24 mai 2017, n° 15DA00805 : *AJCT 2017. 578, obs. Didriche*.

6. Poursuites pénales. Un élu local doit être regardé comme faisant l'objet de poursuites pénales lorsque l'action publique a été mise en mouvement à son encontre. Un signalement au procureur de la République au titre de l'art. 40 C. pr. pén. par l'AFA et une convocation des services de police n'ont pas pour effet de mettre en mouvement l'action publique. Partant, aucune décision attributive de la protection fonctionnelle ne pouvait être accordée à l'élu local. • TA Lille, 12 oct. 2021, n° 1909928 : *AJDA 2022. 319 ; AJCT 2022. 170, obs. Dyens*. ♦ L'absence de protection fonctionnelle des élus en cas d'actes intervenant pendant l'enquête préliminaire ne méconnaît pas le principe d'égalité. Les agents publics (qui bénéficient de cette protection dans ce cas) ne se trouvent pas dans la même situation que les élus chargés d'administrer la commune, au regard de la nature de leurs missions et des conditions d'exercice de leurs fonctions. Compte tenu de cette différence de situation, le législateur n'était donc pas tenu de les soumettre aux mêmes règles de protection fonctionnelle. • Cons. const. 11 oct. 2024, *Cne d'Istres*, n° 2024-1106 QPC : *AJDA 2024. 1942 ; ibid. 2025. 99, Verpeaux ; AJCT 2024. 621, obs. Dyens*.

Art. L. 2123-35 *(L. n° 2002-276 du 27 févr. 2002, art. 101)* **Le maire ou les élus municipaux le suppléant ou ayant reçu délégation bénéficient, à l'occasion de leurs fonctions, d'une protection organisée par la commune conformément aux règles fixées par le code pénal, les lois spéciales et le présent code.**

(L. n° 2024-247 du 21 mars 2024, art. 5) **« La commune accorde sa protection au maire, aux élus municipaux le suppléant ou ayant reçu délégation ou à l'un de ces élus ayant cessé ses fonctions lorsqu'ils sont victimes de violences, de menaces ou d'outrages à l'occasion ou du fait de leurs fonctions. Elle répare, le cas échéant, l'intégralité du préjudice qui en a résulté.**

« L'élu adresse une demande de protection au maire, ce dernier adressant sa propre demande à tout élu le suppléant ou ayant reçu délégation. Il en est accusé réception. L'élu bénéficie de la protection de la commune à l'expiration d'un délai de cinq jours francs à compter de la réception de sa demande par la commune s'il a été procédé, dans ce délai, à la transmission de la demande au représentant de l'État dans le département ou à son délégué dans l'arrondissement, selon les modalités prévues au II de l'article L. 2131-2, ainsi qu'à l'information des membres du conseil municipal. Cette information est portée à l'ordre du jour de la séance suivante du conseil municipal. À défaut de respect de ce délai, l'élu bénéficie de la protection fonctionnelle à compter de la date d'accomplissement de ces obligations de transmission et d'information.

« Le conseil municipal peut retirer ou abroger la décision de protection accordée à l'élu par une délibération motivée prise dans un délai de quatre mois à compter de la date à laquelle l'élu bénéficie de la protection de la commune, dans les conditions prévues aux articles L. 242-1 à L. 242-5 du code des relations entre le public et *l'administration*.

« Par dérogation à l'article L. 2121-9 du présent code, à la demande d'un ou de plusieurs de ses membres, le maire est tenu de convoquer le conseil municipal dans ce même délai. La convocation est accompagnée d'une note de synthèse. »

(L. n° 2003-239 du 18 mars 2003, art. 112) **« La protection prévue aux** *(L. n° 2024-247 du 21 mars 2024, art. 5)* **« premier à cinquième alinéas » est étendue aux**

conjoints, enfants et ascendants directs des maires ou des élus municipaux les suppléant ou ayant reçu délégation lorsque, du fait des fonctions de ces derniers, ils sont victimes de menaces, violences, voies de fait, injures, diffamations ou outrages.

« Elle peut être accordée, sur leur demande, aux conjoints, enfants et ascendants directs des maires ou des élus municipaux les suppléant ou ayant reçu délégation, décédés dans l'exercice de leurs fonctions ou du fait de leurs fonctions, à raison des faits à l'origine du décès ou pour des faits commis postérieurement au décès mais du fait des fonctions qu'exerçait l'élu décédé. »

La commune est subrogée aux droits de la victime pour obtenir des auteurs de ces infractions la restitution des sommes versées à l'élu intéressé. Elle dispose en outre aux mêmes fins d'une action directe qu'elle peut exercer, au besoin par voie de constitution de partie civile, devant la juridiction pénale.

(L. n° 2024-247 du 21 mars 2024, art. 10) **« La protection mentionnée aux mêmes premier à cinquième alinéas implique notamment la prise en charge par la commune de tout ou partie du reste à charge ou des dépassements d'honoraires résultant des dépenses liées aux soins médicaux et à l'assistance psychologique engagées par les bénéficiaires de cette protection pour les faits mentionnés auxdits premier à cinquième alinéas. »**

(L. n° 2019-1461 du 27 déc. 2019, art. 104) **« La commune est tenue de souscrire, dans un contrat d'assurance, une garantie visant à couvrir le conseil juridique, l'assistance psychologique et les coûts qui résultent de l'obligation de protection à l'égard du maire et des élus mentionnés au deuxième alinéa du présent article. Dans les communes de moins de** *(L. n° 2023-1322 du 29 déc. 2023, art. 247)* **« 10 000 » habitants, le montant payé par la commune au titre de cette souscription fait l'objet d'une compensation par l'État** *(L. n° 2022-1726 du 30 déc. 2022, art. 110)* **« dans les conditions fixées à l'article L. 2335-1 du présent code ». »**

(L. n° 2024-247 du 21 mars 2024, art. 7) **« Lorsque le maire ou un élu municipal le suppléant ou ayant reçu une délégation agit en qualité d'agent de l'État, il bénéficie, de la part de l'État, de la protection prévue aux articles L. 134-1 à L. 134-12 du code général de la fonction publique. Il adresse sa demande de protection au représentant de l'État dans le département. »**

Sur les conditions et les limites de la prise en charge des frais exposés dans le cadre d'instances civiles ou pénales par l'agent public ou ses ayants droit, V. CGFP, art. R. 134-1 s. — **CGFP.**

1. La protection accordée aux élus par la commune peut être attribuée pour toutes menaces ou attaques, violences, injures, diffamations ou outrages dont ils peuvent être victimes à l'occasion de leurs fonctions. • CE 12 mars 2010, *Cne d'Hoenheim*, n° 308974 : *Lebon ; AJDA 2010. 1138, chron. Liéber et Botteghi ; AJFP 2010. 255, concl. Geffray.* ♦ Pour des faits constitutifs de harcèlement moral. • CE 23 déc. 2014, n° 358340 : *AJCT 2015. 355, obs. Guillaumont.* ♦ Pour des propos publiés sur un compte Twitter dans le cadre d'un débat avec un adversaire politique, et qui ne procèdent pas d'un comportement incompatible avec les responsabilités de l'élu. • CAA Douai, 11 mai 2021, n° 20DA00184 : *AJDA 2021. 1737, concl. Baillard ; AJCT 2021. 480, obs. Bonnefont.*

2. Les dispositions n'ont pas pour objet ou pour effet de méconnaître les exigences inhérentes au bon usage des deniers publics, garanties par les art. 14 et 15 DDH. • CE 9 juill. 2014, n° 380377 : *AJDA 2014. 2398.*

3. Est recevable l'action judiciaire d'une commune constituée partie civile dans le cadre de l'action publique déclenchée contre un individu poursuivi pour outrage envers un agent municipal en vue d'obtenir le remboursement non seulement des sommes directement versées au fonctionnaire victime mais également de la prise en charge financière des frais et honoraires de l'avocat représentant l'agent. • Crim. 2 sept. 2014, *Ville de Dijon*, n° 13-84.663 : *AJCT 2014. 624, note Yazi-Roman ; AJFP 2015. 214, et les obs. ; AJ pénal 2014. 585, obs. Luciani-Mien ; BJCL 2014. 811, obs. Finon.* ♦ Dans l'hypothèse où la commune décide d'assister le maire ou un élu municipal dans les procédures judiciaires que celui-ci aurait décidé d'entreprendre pour sa défense, à la suite de faits dont il aurait été victime à raison de ses fonctions, en prenant en charge les frais exposés à ce titre, les dispositions contestées n'ont en tout état de cause pas pour effet de contraindre la commune à prendre à sa charge, dans tous les cas, l'intégralité de ces frais. • CE 9 juill. 2014, n° 380377 : *AJDA 2014. 2398.* ♦ Compétence du juge administratif pour connaître d'un litige relatif au moment des honoraires de l'avocat. • T. confl. 13 sept. 2021, *Maître S. c/ Agent judiciaire de l'État et ministère de l'Intérieur*, n° 4226 A : *AJDA 2021. 1887.*

4. Procédure (avant la L. du 21 mars 2024). Le conseil municipal est seul compétent pour se prononcer sur cette demande de protection. Le maire ne peut faire obstacle à cette compétence en refusant d'inscrire à l'ordre du jour cette demande. • CAA Versailles, 20 déc. 2012, n° 11VE02556 : *AJDA 2013. 1497, chron. Agier-Cabanes* • CAA Marseille, 14 mars 2014, n° 12MA01582. ♦ Le maire peut présider en revanche la séance au cours de laquelle le conseil municipal lui accorde la protection de la commune. • CAA Nantes, 4 mars 2008, n° 07NT01623. ♦ La collectivité n'a pas à subordonner sa décision à l'intervention du juge pénal. • TA Cergy-Pontoise, 6 nov. 2003, n° 9920384 : *AJFP 2004. 207, obs. Petit*.

5. Décision d'octroi de la protection fonctionnelle. La décision d'octroi de la protection fonctionnelle étant créatrice de droit, elle ne peut être retirée que dans les conditions classiques de la jurisprudence *Ternon*, à savoir dans les 4 mois suivant son édiction. • CE, sect., 14 mars 2008, n° 283943 A : *AJDA 2008. 800, chron. Boucher et Bourgeois-Machureau ; AJFP 2008. 140 ; RFDA 2008. 482, concl. Boulouis ; ibid. 931, note Seiller ; JCP Adm. 2008. Actu. 264 ; ibid., n° 2123, note Jean-Pierre ; Dr. adm. 2008, n° 63, note Melleray.* ♦ L'octroi illégitime de la protection fonctionnelle est sanctionné par l'annulation de cette décision par le juge administratif et qualifié de détournement de fonds publics pour le décideur et de recel pour le bénéficiaire par le juge pénal. • Crim. 22 févr. 2012, n° 11-81.476 : *JCP Adm. 2012, n° 2382, note Nuret.*

CHAPITRE IV **DISPOSITIONS APPLICABLES EN PÉRIODE DE MOBILISATION GÉNÉRALE ET EN TEMPS DE GUERRE**

Art. L. 2124-1 En cas de mobilisation générale, le conseil municipal délibère valablement après une seule convocation lorsque la moitié de ses membres non mobilisés assiste à la séance.

Lorsque le conseil municipal est réduit au tiers de ses membres en exercice du fait de la mobilisation générale, les délibérations par lesquelles il statue définitivement ne sont exécutoires que si, dans le délai d'un mois à partir de leur transmission au représentant de l'État dans le département, celui-ci n'en a pas suspendu l'exécution par une décision motivée. En cas d'urgence, l'exécution immédiate peut être autorisée par le représentant de l'État dans le département. – *[C. communes, art. L. 124-3.]*

V. art. R. 2124-1.

Art. L. 2124-2 En cas de mobilisation générale, lorsque les élections au conseil municipal ont été ajournées, la délégation spéciale prévue à l'article L. 2121-35 est habilitée à prendre les mêmes décisions que le conseil municipal. – *[C. communes, art. L. 124-1 issu de L. 5 avr. 1884, art. 44, al. 1er.]*

Art. L. 2124-3 En temps de guerre, le représentant de l'État dans le département peut, par lui-même ou par un délégué spécial, prendre une mesure d'intérêt communal en se substituant au maire qui, malgré une mise en demeure, a négligé ou refusé de la prendre.

Lorsque la mesure à prendre présente un intérêt intercommunal, le représentant de l'État dans le département peut se substituer dans les mêmes conditions aux maires des communes intéressées ou, si la mesure rentre par son objet dans les attributions d'un établissement public de coopération intercommunale, au président de cet établissement. – *[C. communes, art. L. 124-6.]*

V. art. R. 2124-2 et R. 2124-3.

Art. L. 2124-4 La mise en demeure prévue à l'article L. 2124-3 doit indiquer le délai imparti au maire ou au président de l'établissement public de coopération intercommunale pour répondre au représentant de l'État dans le département.

Le défaut de réponse dans ce délai équivaut à un refus. – *[C. communes, art. L. 124-7.]*

Art. L. 2124-5 En temps de guerre, tout membre d'un conseil municipal, y compris le maire, peut être suspendu par décret pour des motifs d'ordre public ou d'intérêt général jusqu'à la cessation des hostilités.

L'élu ainsi suspendu n'est pas remplacé numériquement pendant la durée normale *du mandat de l'assemblée.*

Si la mesure de suspension a pour effet de réduire d'un quart au moins le nombre des membres de l'assemblée, le décret l'ordonnant constitue une délégation spéciale qui est habilitée à prendre les mêmes décisions que l'assemblée. – *[C. communes, art. L. 124-4 issu du Décr. 26 sept. 1939, art. 4.]*

V. art. R. 2124-4.

Art. L. 2124-6 **En temps de guerre, en cas d'absence, de suspension, de révocation ou de tout autre empêchement du maire, le représentant de l'État dans le département peut désigner, pour le remplacer dans la plénitude de ses fonctions, un délégué choisi parmi les membres du conseil municipal.** – *[C. communes, art. L. 124-8.]*

Art. L. 2124-7 **En temps de guerre, le conseil municipal d'une commune ou l'organe délibérant de l'établissement public de coopération intercommunale peut être suspendu par décret, pour des motifs d'ordre public ou d'intérêt général, jusqu'à la cessation des hostilités.**

Le même décret constitue une délégation spéciale habilitée à prendre les mêmes décisions que le conseil municipal ou l'organe délibérant de l'établissement public de coopération intercommunale. – *[C. communes, art. L. 124-2 issu du Décr. 26 sept. 1939, art. 3.]*

V. art. R. 2124-5.

TITRE III ACTES DES AUTORITÉS COMMUNALES ET ACTIONS CONTENTIEUSES

CHAPITRE I RÉGIME JURIDIQUE DES ACTES PRIS PAR LES AUTORITÉS COMMUNALES

ENCYCL. COLL. LOC. *Actes des collectivités locales : décisions des autorités locales, 4510,* par F.-P. Bénoit, refonte par Janicot ; *Actes des collectivités locales : transmission au préfet, 4520,* par F.-P. Bénoit, refonte par Janicot ; *Actes des collectivités territoriales : modalités de publicité, 4525,* par F.-P. Bénoit, refonte par M. Verpeaux ; *Les recours contre les actes des collectivités locales, 4550 s.,* par Gourdou et Bourrel.

BIBL. GÉN. ▸ Réforme de 1982 : Aubry et Lepage-Jessua, Les juges administratifs face à la décentralisation, *AJDA 1984. 370.* – Lachaume, Remarques sur le contrôle *a posteriori* de la légalité des actes des autorités locales décentralisées, *RFDA 1985. 529.* – Luchaire, La persistance de la tutelle dans le droit des collectivités territoriales, *AJDA 2009. 1134* . – Melleray, La suppression des tutelles ? *in* La nouvelle décentralisation (dir. Moderne), *Sirey 1983, p. 211.* – Piedbois, Le juge administratif et la nouvelle tutelle, *ibid., p. 613.* – Regourd, La prétendue suppression de la tutelle, *Rev. adm. 1982. 613.*

▸ Exercice du contrôle de légalité avant la réforme de 2004. Études doctrinales : Delcros, Le contrôle des actes des autorités communales, départementales et régionales, *Rapport public du Conseil d'État 1987, n° 38, p. 23.* – Douence, Contrôle de légalité et contentieux de l'annulation. Réformisme législatif et fixisme jurisprudentiel, *Mél. Auby, Dalloz 1992, p. 71* ; Collectivités locales (contrôle de la légalité des actes des), *Répertoire du contentieux administratif, Dalloz 2005* ; Le fondement constitutionnel du déféré préfectoral, *RFDA 1997. 1198* . – Dreifuss, Vers une meilleure effectivité du contrôle des contrats des collectivités locales, *RD publ. 1999. 829.* – Faure, Les contrôles de l'État sur les collectivités territoriales, *AJDA 2024. 302* . – Favro, Le contrôle de légalité... Bilan et perspectives, *LPA 9 janv. 2003.* – Gaudemet, Les communes hors la loi ? *LPA 2001, n° 95.* – Gérard, Décentralisation : le déféré délaissé, *Dr. adm. 1992, n° 11, p. 1.* – Hélin, La régulation administrative du contrôle de légalité et le droit, *RFDA 1987. 765* ; Les contrôles sont-ils efficaces ?, *Pouvoirs 1992, n° 60, p. 115* ; La décentralisation saisie par le juge ?, *LPA 1er août 1997* ; Le contrôle de légalité des actes locaux en France, *AJDA 1999. 767* . – Koubi, Acte exécutoire et actes des autorités locales, *RD publ. 1990. 1493.* – Landrieu, L'avenir du contrôle de légalité, *JCP Adm., 2003, n° 23, 1555.* – Llorens, Le statut du déféré préfectoral, *Cahiers CNFPT 1989. 132.* – Moreau, Bilan jurisprudentiel du contrôle administratif de légalité des actes locaux, *AJDA n° spécial avr. 1992. 55* . – Ngamakita, Réflexion sur quelques aspects juridiques du déféré préfectoral : l'abstention préfectorale, *LPA 11 déc. 1992.* – Seiller, La contestation du refus d'exercer le déféré préfectoral, *RD publ. 1992. 1149.* – Terneyre, Le contrôle de légalité des marchés publics locaux, *LPA 29 févr. 1991.* – Verpeaux, Constitution, déféré préfectoral et recours pour excès de pouvoir, *Mél. Moreau, Economica 2003. 469.* – Villeneuve, Relations État-collectivités territoriales : l'examen du contrôle de légalité, *AJCT 2022. 68* .

▸ Études doctrinales après les réformes de 2004 et suivantes : Allemand, Les modalités du contrôle administratif des actes locaux dans six États de l'Union européenne, *RFDA 2008. 287* . – Branquart, Contrôle de légalité, un réel renouveau ?, *AJDA 2011. 198* . – Brisson, Le contrôle de légalité dans la loi du 13 août 2004, *AJDA 2005. 126* . – Cadieu, La modernisation du contrôle de légalité, *RLCT, mai 2006. 5.* – Claverie, Contrôle de légalité : la télétransmission des actes au représentant de l'État, *RGCT 2007. 155*. – COMBEAU (dir), Les contrôles de l'État sur les collectivités territoriales aujourd'hui, *L'Harmattan, 2007, 326 p.* (colloque de Metz, sept. 2006). – DOUTEAUD, Face au contrat, le préfet reste-t-il un requérant « superprivilégié » ?, *AJDA 2012. 2154*. – FAURE, Les contrôles de l'État sur les collectivités territoriales, *AJDA 2024. 302*. – FISCHER, La réforme du contrôle de légalité et l'acte II de la décentralisation, *AJDA 2007. 1793*. – HASTING-MARCHANDIER (dir.), La performance des contrôles de l'État sur les collectivités locales, *LGDJ, 2011, 356 p.* – MELLA, De la fonction de la transmission de la délibération locale auprès du représentant de l'État, *BJCL 2008. 398*. – PONTIER, Les transmutations du contrôle sur les collectivités territoriales, *JCP Adm. 2012. 2348*. – POUJADE, Filtrer le moustique et lasser passer le chameau : le contrôle de légalité aujourd'hui, *BJCL 2013. 720*. – ROUTIER, De quelques réflexions en matière de contrôle de légalité des actes des collectivités territoriales, *BJCL 2021. 87*.

COMMENTAIRE

V. dans le supplément en ligne.

SECTION 1 **Publicité et entrée en vigueur** *(Ord. n° 2021-1310 du 7 oct. 2021, art. 6)*.

Art. L. 2131-1 *(Ord. n° 2021-1310 du 7 oct. 2021, art. 6)* **I. — Les actes pris par les autorités communales sont exécutoires de plein droit dès qu'ils ont été portés à la connaissance des intéressés dans les conditions prévues au présent article et, pour les actes mentionnés à l'article L. 2131-2, qu'il a été procédé à la transmission au représentant de l'État dans le département ou à son délégué dans l'arrondissement prévue par cet article.**

Le maire peut, sous sa responsabilité, certifier le caractère exécutoire d'un acte.

II. — Les décisions individuelles prises par les autorités communales sont notifiées aux personnes qui en font l'objet.

III. — Les actes réglementaires et les décisions ne présentant ni un caractère réglementaire, ni un caractère individuel font l'objet d'une publication sous forme électronique, dans des conditions fixées par décret en Conseil d'État, de nature à garantir leur authenticité et à assurer leur mise à disposition du public de manière permanente et gratuite.

IV. — Par dérogation aux dispositions du III, dans les communes de moins de 3 500 habitants, les actes réglementaires et les décisions ni réglementaires, ni individuelles sont rendus publics :

1° Soit par affichage ;

2° Soit par publication sur papier, dans des conditions fixées par décret en Conseil d'État ;

3° Soit par publication sous forme électronique, dans les conditions prévues au III.

Le conseil municipal choisit le mode de publicité applicable dans la commune. Il peut modifier ce choix à tout moment. À défaut de délibération sur ce point, les dispositions du III sont applicables.

En cas de création d'une commune de 3 500 habitants ou plus par fusion de communes dont aucune ne dépassait ce seuil, le conseil municipal de la commune nouvelle dispose de la faculté de choix prévue au présent IV pendant une période de six mois à compter de la publication de l'arrêté préfectoral portant création de la commune nouvelle. Au terme de ce délai, les dispositions du III s'appliquent.

V. — En cas d'urgence, un acte devant, en vertu des dispositions du III ou du IV, faire l'objet d'une publication par voie électronique ou sur papier entre en vigueur dès qu'il a été procédé à son affichage et, s'il est soumis aux dispositions de l'article L. 2131-2, à sa transmission au représentant de l'État dans le département ou à son délégué dans l'arrondissement.

Il est néanmoins procédé dans les meilleurs délais à la publication normalement requise, qui peut seule faire courir le délai de recours contentieux.

VI. — Lorsqu'une personne demande à obtenir sur papier un acte publié sous forme électronique, le maire le lui communique. Il n'est pas tenu de donner suite aux demandes abusives, en particulier par leur nombre ou par leur caractère répétitif ou systématique.

BIBL. ▸ ÉVEILLARD, Les collectivités territoriales à l'ère du numérique, *AJDA 2022. 219*. – LANDOT, La réforme de la publicité des actes des collectivités territoriales, *BJCL 2022. 227*. – MOLINERO, L'ordonnance et le décret du 7 octobre 2021 relatifs à la publicité, l'entrée en vigueur et la conservation des actes locaux : une réforme appelant des prolongements, *JCP Adm. 2021. 2359*. – RANCON MEYREL, L'ordonnance du 7 octobre 2021 : nouvelles règles de publicité, entrée en vigueur et conservation des actes des collectivités territoriales, *AJCT 2022. 148*. – STRUILLOU, La preuve de la publication des actes des autorités communales, *AJDA 2014. 1211*. – YAZI-ROMAN, Décret sur la publication et la transmission, par voie écrite et par voie électronique, des actes des collectivités territoriales. Un pas de plus vers la publication légale en ligne, *AJCT 2016. 382*.

I. CARACTÈRE EXÉCUTOIRE DES ACTES

1. Actes réglementaires. Les dispositions de l'art. L. 2122-29 prévoyant, dans les communes de 3 500 habitants et plus, la publication des arrêtés municipaux à caractère réglementaire dans un recueil des actes administratifs n'a pas dérogé au principe selon lequel la formalité de publicité qui conditionne l'entrée en vigueur des arrêtés réglementaires peut être soit la publication, soit l'affichage. La solution vaut pour l'art. L. 2131-3, al. 1er, rédigé comme l'art. L. 2131-1, al. 1er. • CE 21 mai 2008, *Mme Louvard*, n° 284801 : *AJDA 2008. 1548, note Moukoko*. ♦ Un arrêté de délégation de fonction qui a fait l'objet d'un affichage et non d'une publication au recueil des actes administratifs est donc entré en vigueur. • CE 25 juill. 2008, *Sté Francelot*, n° 295799. ♦ Un arrêté de délégation de fonctions d'un maire à un adjoint qui n'a été ni affiché, ni publié n'est pas entré en vigueur et son inscription au registre de la mairie prévu à l'art. R. 2122-7 ne saurait tenir lieu de publication. • CE 26 sept. 2008, *Cne de Souillac*, n° 294021 : *AJDA 2008. 2283, note Verpeaux*. ♦ L'autorité administrative est tenue de publier dans un délai raisonnable les règlements qu'elle édicte. Cette obligation constitue un principe général du droit. Le refus de publier constitue une décision faisant grief. • CE 12 déc. 2003, *Synd. des commissaires et hauts fonctionnaires de la police nationale*, n° 243430 : *Lebon ; AJDA 2004. 442, note H. M. ; Dr. adm. 2003, n° 19.*

2. Décisions à caractère individuel. Nonobstant sa publication, une délibération de portée individuelle doit être notifiée aux personnes concernées. V. par ex., une délibération majorant le prix d'une redevance exigée des ayants droit d'une section de commune. • CE 27 févr. 1995, *Chapelle et a.*, n° 133804 : *Lebon 107*. ♦ ... Ou encore une délibération créant un chemin rural sur une propriété privée. • CE 27 févr. 1995, *Mme Louvel et a.*, n° 132241 B.

3. Certification et preuve du caractère exécutoire des actes. Les mentions apportées, sous la responsabilité du maire, pour certifier le caractère exécutoire des actes des autorités communales font foi jusqu'à preuve contraire. • CE 12 févr. 2014, *Sté Famca*, n° 358956 : *Lebon ; AJDA 2014. 1211, note Struillou ; AJCT 2014. 382, obs. Yazi-Roman*. ♦ La simple affirmation par une commune de ce que l'un de ses actes dont figure au dossier une ampliation revêtue du cachet de la commune mentionnant son caractère exécutoire et assorti de la signature d'un adjoint au maire, n'a pas été affiché, ne peut être regardée comme apportant la preuve requise de l'inexactitude des mentions certifiées. • Même arrêt. ♦ La seule circonstance que la réalité de la publication d'un acte comportant une telle mention soit contestée devant le juge ne suffit pas, faute de preuve, à regarder cet acte comme n'ayant pas été publié. • CE 5 févr. 2014, *Sté Ecrindis*, n° 355055 : *AJDA 2014. 1211, note Struillou ; AJCT 2014. 382, note Yazi-Roman ; BJCL 2014. 171, concl. Keller, obs. Poujade.*

II. DÉLAI DE RECOURS CONTENTIEUX

4. La publication d'une décision administrative dans un recueil autre que le *Journal officiel* fait courir le délai du recours contentieux à l'égard des tiers si l'obligation de publier cette décision résulte d'un texte législatif ou réglementaire lui-même publié au *Journal officiel*. • CE, sect., 27 juill. 2005, *M. Million*, n° 259004 : *Lebon 336 ; AJDA 2005. 2462, note Janicot ; BJCL 2005. 636, concl. Glaser, obs. Poujade ; RGCT 2005. 241, concl. Glaser ; ACL 2006, n° 28*. ♦ En l'absence d'une telle obligation, cet effet n'est attaché à la publication que si le recueil peut, eu égard à l'ampleur et aux modalités de sa diffusion, être regardé comme aisément consultable par tous les intéressés. • Même arrêt.

5. Contrats. L'obligation générale de publicité s'étend aux contrats conclus par les autorités communales. Ils doivent en principe être notifiés aux cocontractants sous réserve des dispositions spécifiques aux marchés et contrats de délégation de service public. – V. art. L. 1411-9 et L. 2131-13. ♦ Tout contrat doit en outre faire l'objet de mesures de publicité appropriées, notamment au moyen d'un avis mentionnant à la fois la conclusion du contrat et les modalités de sa consultation dans le respect des secrets protégés par la loi. À défaut, tout tiers à un contrat administratif susceptible d'être lésé dans ses intérêts de façon suffisamment directe et certaine par sa passation ou ses clauses est recevable à former devant le juge du contrat un recours de pleine juridiction contestant la validité du contrat ou de certaines de ses clauses non réglementaires qui en sont divisibles, y compris lorsque le délai de deux mois à compter de l'accomplissement de ces mesures est expiré. • CE

4 avr. 2014, *Dpt du Tarn-et-Garonne*, n° 358994 : *Lebon avec les concl.* ; *AJDA 2014. 1035, chron. Bretonneau et Lessi* ; *D. 2014. 1179, note Gaudemet et Dizier* ; *RDI 2014. 344, obs. Braconnier* ; *AJCT 2014. 375, obs. Dyens* ; *ibid. 380, interview Hul* ; *ibid. 434, Pratique Didriche* ; *ibid. 2015. 32, Pratique Hul* ; *AJCA 2014. 80, obs. J.-D. Dreyfus* ; *RFDA 2014. 425, concl. Dacosta* ; *ibid. 438, note Delvolvé* ; *RTD com. 2014. 335, obs. Orsoni* ; *RMCUE 2015. 370, étude Eckert* ; *JCP 2014, n° 732, note Bourdon* ; *RLCT 2014, n° 2687, note Brameret* ; *Dr. adm. 2014, n° 36, note Brenet* ; *BJCL 2014. 316, note Fardet* ; *RJEP juill. 2014, n° 31, note Lafaix* ; *Rev. CMP 2014. Repère 5, note Llorens et Soler-Couteaux* ; *ibid., Étude 5, note Rees* ; *JCP Adm. 2014, n° 2152, note Sestier* ; *ibid., n° 2153, note Hul.* ♦ Faute de publicité, tout tiers intéressé peut également exercer un recours pour excès de pouvoir contre les clauses réglementaires du contrat au-delà du délai de deux mois à compter de ces mesures de publicité. La circonstance que le requérant ait, sur sa demande, obtenu une copie du contrat n'est pas de nature à faire courir le délai de recours contentieux à son encontre. • CE, ass., 10 juill. 1996, *Cayzeele*, n° 138536 : *AJDA 1996. 807, note Chauvaux et Girardot* ; *CJEG 1996. 382, note Terneyre* ; *LPA 18 déc. 1996, note Viviano* ; *RFDA 1997. 89, note Delvolvé* ; *ACL 1997, n° 44.*

III. TRANSMISSION DE L'ACTE AU REPRÉSENTANT DE L'ÉTAT

6. Modalités de la transmission. L'autorité chargée de la transmission est le maire (l'organe exécutif de la collectivité ou de l'établissement), y compris pour une délibération. Solution implicite résultant du mécanisme du recours gracieux adressé par le préfet au maire (V. notes ss. art. L. 2131-6). • CE, sect., 6 déc. 1995, *Préfet des Deux-Sèvres c/ Cne de Neuvy-Bouin*, n° 127841 : *Lebon 425* ; *RFDA 1996. 328, étude Douence* • 6 déc. 1995, *Préfet des Deux-Sèvres c/ Cne de Vernoux-en-Gatines*, n° 127842 : *ibid.* • 6 déc. 1995, *Préfet du Morbihan*, n° 168618 : *ibid.*

7. La transmission doit comporter le texte intégral de l'acte et être accompagnée des documents annexes nécessaires pour mettre le préfet à même d'apprécier la portée et la légalité de l'acte. • CE, sect., 13 janv. 1988, *Mutuelle générale des personnels des collectivités locales et de leurs éts*, n° 68166 : *Lebon 6, concl. Roux* ; *RFDA 1988. 282, concl. Roux* ; *AJDA 1988. 142 et 160, chron. Azibert et de Boisdeffre* ; *ACL 1989, n° 16.*

8. Lorsqu'une délibération approuve un contrat ou autorise sa conclusion, les documents contractuels doivent être transmis avec la délibération. • CE, sect., 13 janv. 1988, *Mutuelle générale des personnels des collectivités locales et de leurs éts*, n° 68166 : *préc. note 7.* ♦ Mêmes principes pour tous les actes transmissibles et pour tous les documents annexes nécessaires. • CE 31 mars 1989, *Préfet de la Région Languedoc-Roussillon c/ Mme Alary (et cinq autres espèces identiques)*, n° 83329 : *Lebon 112* ; *AJDA 1989. 538, concl. Lévis, note J.-B. Auby* ; *ACL 1990, n° 49.* ♦ La liste des pièces qui doivent accompagner la transmission d'un marché est fixée par décret, V. art. R. 2131-1 s.

9. En cas de demande de communication de documents complémentaires, le juge contrôle la nécessité de ces documents pour mettre le préfet à même de remplir sa mission légale. Jugé ainsi qu'une fiche d'état civil mentionnant la nationalité, le bulletin n° 2 du casier judiciaire et des certificats médicaux ne sont pas nécessaires pour apprécier la portée et la légalité d'un arrêté de titularisation. • CE 31 mars 1989, *Préfet de la Région Languedoc-Roussillon c/ Mme Alary (et cinq autres espèces identiques)*, n° 83329 : *préc. note 8.* ♦ Jugé au contraire que sont nécessaires les pièces établissant le caractère infructueux d'un appel d'offres pour apprécier la portée et la légalité d'un marché négocié. • CE 31 mars 1989, *Cne de Septèmes-lès-Vallons*, n° 80272 : *Lebon 102* ; *AJDA 1989. 547, note J.-B. Auby* ; *D. 1990. Somm. 62, note Terneyre*. ♦ Comp. • CE 29 avr. 1994, *Cne de Baillif*, n° 106185 B.

10. Sanction du défaut de transmission. Le refus de transmission d'un acte soumis à cette obligation peut faire l'objet d'un recours pour excès de pouvoir conduisant à l'annulation de la décision, implicite ou explicite, de refus (solution donnée pour un acte exécutoire de plein droit en vertu des dispositions particulières du droit local d'Alsace-Moselle). • CE 28 juill. 1989, *Ville de Metz*, n° 74950 : *Lebon 171* ; *AJDA 1989. 793, concl. De Guillenchmidt.*

11. Le défaut de transmission d'un acte transmissible empêche ce dernier d'acquérir le caractère exécutoire prévu par la loi : la délibération décidant d'adhérer à un syndicat intercommunal était dépourvue de force exécutoire faute d'avoir été transmise au préfet. • CE 10 janv. 1992, *Assoc. des usagers de l'eau de Peyreleau*, n° 97476 : *Lebon 13*. ♦ Cette circonstance a pour effet de différer l'entrée en vigueur de la délibération du syndicat acceptant l'adhésion mais elle est sans incidence sur sa légalité. • Même arrêt. ♦ Une délibération autorisant le premier adjoint à signer le permis d'aménagement d'un camping n'est pas entrée en vigueur si elle n'a pas été transmise au préfet avant la signature du permis. Ce dernier est donc entaché d'incompétence faute de délégation entrée en vigueur. • CE 25 juill. 2008, *Cne de Rougon*, n° 299951. ♦ Il n'y a pas lieu d'annuler pour ce motif un marché qui a commencé à être exécuté sans avoir été transmis. • CE 27 avr. 1987, *COREP du Dpt des Côtes-du-Nord*, n° 68831 B : *AJDA 1987. 680, note J.-B. Auby.*

12. La circonstance qu'un contrat ait prévu une date d'effet antérieure à sa transmission au préfet n'entraîne pas sa nullité et est sans effet sur sa régularité. • CE 14 mai 2008, *Épx Daviet c/ Ville d'Annecy*, n° 284362 : *AJDA 2008. 966* ; *Rev. CMP 2008. 204, note Delacour.*

13. *Transmission préalable de la délibération autorisant le maire à signer un contrat.* L'absence de transmission préalable de la délibération autorisant la signature du contrat entraînait auparavant l'illégalité du contrat (ou, s'agissant d'un contrat de droit privé, de la décision de la signer), sans régularisation possible. • CE, avis cont., 10 juin 1996, *Préfet de la Côte-d'Or et a.* : *JO 4 juill., p. 10114 ; Lebon 198* ; *RFDA 1997. 83, note Douence* ; *ACL 1997, n° 33.* ♦ La solution était conforme au contentieux, puis systématiquement appliquée. • CE, sect., 20 oct. 2000, *Sté Citécable Est*, n° 196553 : *Lebon 457* ; *RFDA 2001. 359, concl. Savoie* ; *ACL 2001, n° 32.*

14. Cette solution est abandonnée dans le contentieux contractuel : l'absence de transmission de la délibération autorisant le maire à signer un contrat avant la date de la signature constitue un vice affectant les conditions dans lesquelles les parties ont donné leur consentement ; toutefois, eu égard à l'exigence de loyauté des relations contractuelles, ce seul vice ne saurait être regardé comme d'une gravité telle que le juge du contrat doive écarter le contrat. • CE, ass., 28 déc. 2009, *Cne de Béziers*, n° 304802 : *BJCP 2010. 139, concl. Glaser, obs. Ch. M.* ; *JCP Adm. 2010, n° 2072, note Linditch* ; *AJDA 2010. 142, chron. Lieber et Botteghi* ; *DGCT 2010. Chron. n° 30.* ♦ Le juge du contrat tranche le litige sur le terrain contractuel. • Même arrêt. ♦ Saisi d'un déféré préfectoral tendant à l'annulation d'un contrat, le CE a jugé que le vice tenant à la signature d'un contrat par le représentant de la personne publique avant la transmission au préfet chargé du contrôle de légalité de la délibération l'autorisant n'entraîne pas nécessairement l'illégalité du contrat si les conditions de la transmission n'ont pas privé ce dernier de sa capacité à exercer le contrôle de légalité et dès lors que cette délibération a été prise avant la signature du contrat • CE 9 mai 2012, *Synd. dptal des ordures ménagères de l'Aude*, n° 355665 : *AJDA 2012. 1688, note Martin* ; *BJCL 2012. 511, concl. Dacosta et note Janicot* ; *JCP Adm. 2012, n° 2291, note Pontier* ; *RDI 2012. 402, note Noguellou* ; *Rev. CMP 2012, p. 22, note Pietri.*

15. *Preuve de la réception.* Si l'accusé de réception délivré par le préfet est le mode usuel de preuve, tout fait quelconque du représentant de l'État impliquant que l'acte lui a bien été transmis suffit à établir la preuve de la réception. Ainsi d'une lettre du sous-préfet invitant le maire à provoquer une nouvelle délibération. • TA Strasbourg, 28 juin 1983, *COREP du Haut-Rhin c/ Cne de Kaysersberg* : *Lebon 562.* ♦ La preuve de la réception effective de l'acte relève de l'appréciation souveraine des juges du fond. Le contrôle du juge de cassation se limite au contrôle de la dénaturation. • CE 6 juill. 2007, *Cne de Saint-Paul-Trois-Châteaux*, n° 298744 : *Lebon* ; *AJDA 2008. 348, note Nguyên-Duy* ; *RDI 2007. 362, obs. Soler-Couteaux.*

16. *Délai de transmission.* Le délai de 15 jours prévu par la L. du 13 août 2004 pour les décisions individuelles ne devrait avoir qu'un caractère indicatif.

17. *Transmission par voie électronique.* Le Décr. n° 2005-324 du 7 avr. 2005 prévoit les modalités d'application de la disposition législative relative à la télétransmission des actes locaux. Il renvoie à un arrêté ministériel fixant le cahier des charges puis à des conventions conclues entre le préfet et les collectivités intéressées. – V. art. R. 2131-1 s. et Arr. du 26 oct. 2005. ♦ Pour des statistiques sur le contrôle de légalité « dématérialisé », V. * Rép. min. n° 10272 : *JOAN Q, 12 févr. 2013, p. 1626.*

Ancien art. L. 2131-1 *Les actes pris par les autorités communales sont exécutoires de plein droit dès qu'il a été procédé à leur publication (L. n° 2002-276 du 27 févr. 2002, art. 6) « ou affichage » ou à leur notification aux intéressés ainsi qu'à leur transmission au représentant de l'État dans le département ou à son délégué dans l'arrondissement. (L. n° 2004-809 du 13 août 2004, art. 138) « Pour les décisions individuelles, cette transmission intervient dans un délai de quinze jours à compter de leur signature.*

« Cette transmission peut s'effectuer par voie électronique, selon des modalités fixées par décret en Conseil d'État. » (L. n° 2015-991 du 7 août 2015, art. 128) « Pour les communes de plus de 50 000 habitants, cette transmission est réalisée selon ces modalités dans un délai de cinq ans à compter de la promulgation de la loi n° 2015-991 du 7 août 2015 portant nouvelle organisation territoriale de la République. »

(L. n° 2015-991 du 7 août 2015, art. 128) « Le maire peut certifier, sous » sa responsabilité, le caractère exécutoire de ces actes.

La preuve de la réception des actes par le représentant de l'État dans le département ou son délégué dans l'arrondissement peut être apportée par tout moyen. L'accusé de réception, qui est immédiatement délivré, peut être utilisé à cet effet mais n'est pas une condition du caractère exécutoire des actes. – [L. n° 82-213 du 2 mars 1982, art. 2-I.]

(L. n° 2015-991 du 7 août 2015, art. 128) « La publication ou l'affichage des actes mentionnés au premier alinéa sont assurés sous forme papier. La publication peut également être assurée, le même jour, sous forme électronique, dans des conditions, fixées par un décret en Conseil

d'État, de nature à garantir leur authenticité. Dans ce dernier cas, la formalité d'affichage des actes a lieu, par extraits, à la mairie et un exemplaire sous forme papier des actes est mis à la disposition du public. La version électronique est mise à la disposition du public de manière permanente et gratuite. »

Art. L. 2131-2 *(Ord. n° 2021-1310 du 7 oct. 2021, art. 6)* « I. – Sont transmis au représentant de l'État dans le département ou à son délégué dans l'arrondissement, dans les conditions prévues au II : »

1° Les délibérations du conseil municipal ou les décisions prises par délégation du conseil municipal en application de l'article L. 2122-22, *(Ord. n° 2009-1401 du 17 nov. 2009)* « à l'exception :

« *a)* Des délibérations relatives aux tarifs des droits de voirie et de stationnement, au classement, au déclassement, à l'établissement des plans d'alignement et de nivellement, à l'ouverture, au redressement et à l'élargissement des voies communales ;

« *b)* Des délibérations relatives aux taux de promotion pour l'avancement de grade des fonctionnaires, à l'affiliation ou à la désaffiliation aux centres de gestion ainsi qu'aux conventions portant sur les missions supplémentaires à caractère facultatif confiées aux centres de gestion. »

2° *(L. n° 2007-1787 du 20 déc. 2007, art. 13)* « Les décisions réglementaires et individuelles prises par le maire dans l'exercice de son pouvoir de police. En sont toutefois exclues :

« – celles relatives à la circulation et au stationnement *(L. n° 2019-1461 du 27 déc. 2019, art. 53)* « , à l'exception des sanctions prises en application de l'article L. 2212-2-1 » ;

« – celles relatives à l'exploitation, par les associations, de débits de boissons pour la durée des manifestations publiques qu'elles organisent ; »

3° Les actes à caractère réglementaire pris par les autorités communales dans tous les autres domaines qui relèvent de leur compétence en application de la loi ;

(Ord. n° 2018-1074 du 26 nov. 2018, art. 6) « 4° Les conventions relatives aux emprunts, les marchés et les accords-cadres d'un montant au moins égal à un seuil défini par décret, les marchés de partenariat ainsi que les contrats de concession, dont les délégations de service public, et les concessions d'aménagement ; »

5° *(L. n° 2004-809 du 13 août 2004, art. 140)* « Les décisions individuelles relatives à la nomination, » au recrutement, y compris le contrat d'engagement, et au licenciement des agents non titulaires, à l'exception de celles prises *(L. n° 2012-347 du 12 mars 2012, art. 42)* « pour faire face à un besoin lié à un accroissement temporaire ou saisonnier d'activité, en application » de l'article L. 332-23 du code général de la fonction publique ;

6° *(L. n° 2004-809 du 13 août 2004, art. 140)* « Le permis de construire et les autres autorisations d'utilisation du sol et le certificat d'urbanisme délivrés par le maire » ou le président de l'établissement public de coopération intercommunale, lorsqu'il a reçu compétence *(Ord. n° 2005-1527 du 8 déc. 2005, art. 31)* « dans les conditions prévues aux articles L. 422-1 et L. 422-3 du code de l'urbanisme » *[V. **C. urb.**]* ;

7° Les ordres de réquisition du comptable pris par le maire ;

8° Les décisions relevant de l'exercice de prérogatives de puissance publique, prises par les sociétés d'économie mixte locales pour le compte d'une commune ou d'un établissement public de coopération intercommunale.

(Ord. n° 2021-1310 du 7 oct. 2021, art. 6) « II. – La transmission prévue au I peut s'effectuer par voie électronique, selon des modalités fixées par décret en Conseil d'État. Pour les communes de plus de 50 000 habitants, cette transmission est réalisée selon ces modalités. La transmission des décisions individuelles intervient dans un délai de quinze jours à compter de leur signature.

« La preuve de la réception des actes par le représentant de l'État dans le département ou son délégué dans l'arrondissement peut être apportée par tout moyen. L'accusé de réception, qui est immédiatement délivré, peut être utilisé à cet effet mais n'est pas une condition du caractère exécutoire des actes. »

1. Délibérations et décisions prises par délégation du conseil municipal, sauf exceptions introduites en 2009. Toute délibération, au sens formel du terme, indépendamment de son objet et de son régime, doit faire l'objet d'une transmission en raison du caractère général de l'obligation de transmission prévue par la loi. La solution, incontestée, n'a été explicitée que pour son application en Alsace-Moselle. • CE 28 juill. 1989, *Ville de Metz*, n° 74950 : *Lebon 171 ; AJDA 1989. 793, concl. Guillenchmidt.*

2. Les délibérations à objet électoral qui doivent être transmises (C. élect., art. R. 118) mais qui ne peuvent être déférées au TA que dans des conditions spéciales (C. élect., art. L. 248 et R. 119) n'entrent pas dans le champ des actes dont la force exécutoire est subordonnée à leur transmission préalable au préfet. • CE 16 févr. 2004, *Cté cantonale de Celles-sur-Belle et M. Proust*, n° 253334. ♦ Sans délibération préalable du conseil municipal les établissant, les indemnités de fonctions ne sont pas de droit et leur versement ne peut constituer une dépense obligatoire au sens de l'art. L. 2321-1. Ainsi il a été estimé que « si le versement d'indemnités de fonction nécessite au préalable une délibération du conseil municipal, il ne résulte pas de ces dispositions, eu égard au principe de gratuité des fonctions énoncé à l'art. L. 2123-17 préc., que le versement d'indemnités de fonction serait de droit pour les élus. Par suite, M. F... ne peut utilement soutenir qu'il aurait droit à des indemnités dès lors qu'il a effectivement exercé ses fonctions, que leur versement constituerait une dépense obligatoire pour la commune, ni que la commune aurait dû prendre une nouvelle délibération à portée rétroactive afin de régulariser sa situation ». • CAA Versailles, 14 févr. 2023, n° 22VE01717.

3. Doivent être transmises les délibérations qui ne font pas grief par elles-mêmes (avis, vœux, mesures préparatoires...). Le déféré préfectoral est recevable à l'encontre de ces délibérations dans les conditions ordinaires, ce qui sous-entend le même régime de transmission que pour les délibérations produisant des effets de droit. • CE, ass., 15 avr. 1996, *Synd. CGT des hospitaliers de Bédarieux : Lebon 130 ; AJDA 1996. 405 ; ACL 1997, n° 32.* ♦ Sur ce point, V. notes 20 s. ss. art. L. 2131-6.

4. Les décisions prises par le maire en vertu d'une délégation consentie par le conseil municipal en application de l'art. L. 2122-22 sont soumises à la même obligation de transmission que les délibérations correspondantes. Un contrat conclu dans ces conditions contient nécessairement une décision du maire prise par délégation du conseil. Il est donc soumis à l'obligation de transmission. • CE 30 janv. 1987, *COREP d'Ille-et-Vilaine c/ Cne du Rheu*, n° 70777 B : *RFDA 1987. 221, note Douence.*

5. Décisions de police sauf certaines exceptions. L'obligation de transmettre les décisions réglementaires et individuelles prises par le maire dans l'exercice de son pouvoir de police ne concerne que les mesures de police municipale et non les décisions prises au nom de l'État dans l'exercice de certaines polices spéciales. Nombreuses solutions implicites, par ex., en matière de police de l'affichage. • CE 3 févr. 1992, *Cne de Challes-les-Eaux*, n° 128004 : *Lebon 48*.

6. Actes réglementaires. Est dépourvu de caractère réglementaire et donc n'est pas soumis à l'obligation de transmission un arrêté municipal ouvrant un concours pour le recrutement d'agents communaux. • CE 17 juin 1988, *COREP du Val-d'Oise c/ Cne de Garges-lès-Gonesse*, n° 55125 B. ♦ En revanche, une délibération du conseil général relative au guide des interventions départementales en faveur des communes et de leurs groupements comporte des dispositions à caractère réglementaire. • CE 27 oct. 2008, *Dpt de Haute-Corse*, n° 292396 : *AJDA 2009. 159, note Verpeaux ; RGCT 2009.49, concl. Glaser.* ♦ Mais le « pouvoir » par lequel le maire de la commune désigne l'un de ses adjoints pour le représenter lors d'une séance donnée de la commission départementale d'équipement commercial ne présente pas, faute de permanence, un caractère réglementaire. • CE 4 déc. 2013, *Sté Bricoman*, n° 349277 : *Lebon ; AJDA 2014. 891 ; BJCL 2014. 98, concl. Keller.*

7. Certains contrats. Les conventions relatives aux marchés et aux emprunts ne sont soumises à l'obligation de transmission que dans la mesure où ce sont des contrats administratifs. Y échappe une convention de garantie d'emprunt, acte de droit privé. • CE 29 déc. 1995, *SA « Nato Energie »*, n° 143861 B : *ACL 1996, n° 30.* ♦ La solution perd beaucoup de sa portée avec la loi MURCEF du 11 déc. 2001 déterminant le caractère administratif de tous les marchés passés en application du code des marchés publics. • CE, avis, 29 juill. 2002, *Sté MAJ Blanchisseries de Pantin*, n° 246921 : *Lebon 297 ; AJDA 2002. 755, note Dreyfus*. ♦ La loi MURCEF du 11 déc. 2001 ne s'applique pas aux contrats conclus avant son entrée en vigueur. Un contrat présentant un caractère de droit privé en vertu du critère jurisprudentiel n'a pas à être transmis au préfet pour être exécutoire. • CE 12 févr. 2003, *Min. de l'Économie*, n° 234917 : *BJCL 2003. 441, concl. Guyomar ; ACL 2004, n° 122.*

8. Échappent à l'obligation de transmission les marchés et accords-cadres d'un montant inférieur au seuil de 200 000 € fixé par décret (art. D. 2131-5-1). Les délibérations et décisions prises par délégation du conseil municipal relatives à ces marchés restent pour leur part soumises à l'obligation de transmission. * Rép. min. n° 64592 : *JOAN 8 nov. 2005, p. 10372.*

9. Les conventions de délégation de service public sont soumises à des règles particulières de transmission figurant à l'art. L. 1411-9. V. aussi pour les contrats de partenariat, art. L. 1414-15.

10. N'ont pas à être transmis les contrats non visés par la loi, par exemple un contrat de prêt. • TA Nantes, 21 févr. 1985, *COREP de Loire-Atlantique : Lebon T. 619.* ♦ Même s'il n'est pas soumis à l'obligation de transmission, un contrat (de droit public : sol. impl.) peut faire l'objet d'un recours en annulation du préfet. • CE 14 mars 1997, *Dpt des Alpes-Maritimes,* n° 143800 : *Lebon 79 ; AJFP 1997. 5, chron. Marillia ; Cah. fonct. publ. n° 159, p. 18, concl. Touvet.*

11. Décisions individuelles relatives aux agents locaux. Les actes non mentionnés n'ont pas à être transmis. Par exemple, pour un arrêté ouvrant un concours de recrutement. • CE 17 juin 1988, *COREP du Val-d'Oise c/ Cne de Garges-lès-Gonesse,* n° 55125 : *préc. note 6.* ♦ De même pour le refus de titularisation d'un stagiaire. • CAA Bordeaux, 23 févr. 2010, *Cne de Bonnes c/ Mme D.,* n° 09BX01718 : *AJDA 2010. 1081, note Lachaume* .

12. L'art. 21 de la L. n° 84-53 du 26 janv. 1984 soumet également à l'obligation de transmission « les actes des centres de gestion relatifs à l'organisation des concours, à l'inscription des candidats admis à ces concours sur une liste d'aptitude, à l'inscription des fonctionnaires sur une liste d'aptitude, à la publicité des créations et vacances d'emplois et le budget de ces centres ».

13. Certaines décisions d'urbanisme. En matière de permis de construire, l'exercice du contrôle de légalité s'étend à l'ensemble des décisions individuelles prises par le maire y compris les décisions de refus. L'irrecevabilité opposée au déféré tardif confirme implicitement l'obligation de transmission. • CE 15 avr. 1988, *COREP du Dpt du Val-de-Marne,* n° 75533 B : *AJDA 1988. 623, note J.-B. Auby.* ♦ La solution peut être généralisée aux hypothèses où les textes organisent une procédure de publicité pour les décisions négatives. Par ailleurs, une décision de non-opposition à des travaux soumis au régime de la déclaration préalable doit être regardée comme une autorisation d'utilisation du sol au sens du 6° de l'art. L. 2131-2 et, par suite, doit être transmise au préfet. Une commune satisfait à l'obligation de transmission, dans le cas d'une décision tacite de non-opposition, si elle a transmis au préfet la déclaration préalable faite par le pétitionnaire, en application de l'art. R. 423-7 C. urb. • CE 19 avr. 2011, *M. Galle,* n° 313469 : *AJCT 2011. 405, obs. Dyens ; BJCL 2011. 380.* ♦ Pour une confirmation • CE 23 oct. 2013, *SARL Prestig'Immo,* n° 344454 : *Lebon ; AJDA 2014. 463, note Planchet ; RDI 2014. 63, note Soler-Couteaux ; Constr.-Urb. 2013. 171, note Dutrieux ; JCP Adm. 2014, n° 2164, note Bourrel.* ♦ Figurent au nombre de ces actes les permis de construire tacites ; une commune doit être réputée avoir satisfait à l'obligation de transmission dans le cas d'un permis de construire tacite, si elle a transmis au préfet l'entier dossier de demande, en application de l'art. R. 423-7 C. urb. ; le délai du déféré court alors de la date à laquelle le permis est acquis ou, dans l'hypothèse où la commune ne satisfait à l'obligation de transmission que postérieurement à cette date, à compter de la date de cette transmission ; toutefois, lorsqu'une commune a fait appel aux services de l'État pour l'instruction d'un dossier de permis de construire sur le fondement de l'art. L. 422-8 C. urb., cette demande d'instruction ne constitue, en l'absence de toute demande expressément formulée en ce sens par la commune auprès des services instructeurs, ni une transmission faite aux services de l'État en application des art. L. 2131-1 et L. 2131-2, ni une transmission au préfet au titre de l'obligation posée par l'art. R. 423-7 C. urb. ; une telle demande n'est donc pas de nature à faire courir le délai du déféré préfectoral ; dans l'hypothèse où les services instructeurs ont transmis le dossier, après naissance d'un permis tacite, aux services de la préfecture chargés du contrôle de légalité, cette transmission ne peut se substituer à celle que le maire doit obligatoirement faire au préfet en application des dispositions de l'art. R. 423-7 C. urb., sauf dans le cas où elle aurait été faite sur demande expresse de la commune. • CE 17 déc. 2014, *Min. de l'égalité, des territoires et du logement,* n° 373681 : *Lebon ; AJCT 2015. 290, obs. Grand ; AJDA 2015. 828, note Planchet ; RDI 2015. 96, obs. Soler-Couteaux* . ♦ Lorsque, en application de l'art. R. 423-38 C. urb., la commune invite le pétitionnaire à compléter son dossier de demande, la transmission au préfet de l'entier dossier implique que la commune lui transmette les pièces complémentaires éventuellement reçues en réponse à cette invitation. La transmission incomplète fait obstacle au déclenchement du délai du déféré à la date de naissance du permis tacite. • CE 22 oct. 2018, n° 400779 B : *AJCT 2019. 59, obs. Bonnefont ; RDI 2018. 627, obs. Revert ; ibid. 2019. 122, obs. Soler-Couteaux* .

14. Conventions avec des collectivités territoriales étrangères. En vertu de l'art. L. 1115-1, les conventions avec des collectivités territoriales étrangères et leurs groupements entrent en vigueur dès leur transmission (V. cet art.). En vertu de l'art. L. 1115-4, il en va de même des conventions par lesquelles les collectivités territoriales françaises adhèrent à des organismes publics de droit étranger ou participent au capital d'une personne morale de droit étranger.

15. Actes adoptés par voie de référendum. Ils sont soumis à transmission en vertu de l'art. L.O. 1112-7, al. 2 (issu de la L. org. n° 2003-705 du 1er août 2003).

Ancien art. L. 2131-2 *Sont soumis aux dispositions de l'article L. 2131-1 les actes suivants :*

1° Les délibérations du conseil municipal ou les décisions prises par délégation du conseil municipal en application de l'article L. 2122-22, (Ord. n° 2009-1401 du 17 nov. 2009) *« à l'exception :*

« a) Des délibérations relatives aux tarifs des droits de voirie et de stationnement, au classement, au déclassement, à l'établissement des plans d'alignement et de nivellement, à l'ouverture, au redressement et à l'élargissement des voies communales ;

« b) Des délibérations relatives aux taux de promotion pour l'avancement de grade des fonctionnaires, à l'affiliation ou à la désaffiliation aux centres de gestion ainsi qu'aux conventions portant sur les missions supplémentaires à caractère facultatif confiées aux centres de gestion. »

2° (L. n° 2007-1787 du 20 déc. 2007, art. 13) « Les décisions réglementaires et individuelles prises par le maire dans l'exercice de son pouvoir de police. En sont toutefois exclues :

« — celles relatives à la circulation et au stationnement (L. n° 2019-1461 du 27 déc. 2019, art. 53) « , à l'exception des sanctions prises en application de l'article L. 2212-2-1 » ;

« — celles relatives à l'exploitation, par les associations, de débits de boissons pour la durée des manifestations publiques qu'elles organisent ; »

3° Les actes à caractère réglementaire pris par les autorités communales dans tous les autres domaines qui relèvent de leur compétence en application de la loi ;

(Ord. n° 2018-1074 du 26 nov. 2018, art. 6) « 4° Les conventions relatives aux emprunts, les marchés et les accords-cadres d'un montant au moins égal à un seuil défini par décret, les marchés de partenariat ainsi que les contrats de concession, dont les délégations de service public, et les concessions d'aménagement ; »

5° (L. n° 2004-809 du 13 août 2004, art. 140) « Les décisions individuelles relatives à la nomination, » au recrutement, y compris le contrat d'engagement, et au licenciement des agents non titulaires, à l'exception de celles prises (L. n° 2012-347 du 12 mars 2012, art. 42) « pour faire face à un besoin lié à un accroissement temporaire ou saisonnier d'activité, en application des 1° et 2° » de l'article 3 de la loi n° 84-53 du 26 janvier 1984 portant dispositions statutaires relatives à la fonction publique territoriale ; »

*6° (L. n° 2004-809 du 13 août 2004, art. 140) « Le permis de construire et les autres autorisations d'utilisation du sol et le certificat d'urbanisme délivrés par le maire » ou le président de l'établissement public de coopération intercommunale, lorsqu'il a reçu compétence (Ord. n° 2005-1527 du 8 déc. 2005, art. 31) « dans les conditions prévues aux articles L. 422-1 et L. 422-3 du code de l'urbanisme » [V. **C. urb.**] ;*

7° Les ordres de réquisition du comptable pris par le maire ;

8° Les décisions relevant de l'exercice de prérogatives de puissance publique, prises par les sociétés d'économie mixte locales pour le compte d'une commune ou d'un établissement public de coopération intercommunale.

Art. L. 2131-3 *(Ord. n° 2021-1310 du 7 oct. 2021, art. 6)* **Le représentant de l'État peut, à tout moment, demander communication des actes pris au nom de la commune qui ne sont pas mentionnés à l'article L. 2131-2.**

Il ne peut les déférer au tribunal administratif, dans un délai de deux mois à compter de leur communication, que si sa demande a été présentée dans le délai de deux mois à compter de la date à laquelle les actes sont devenus exécutoires.

Ancien art. L. 2131-3 *Les actes pris au nom de la commune autres que ceux mentionnés à l'article L. 2131-2 sont exécutoires de plein droit dès qu'il a été procédé à leur publication (L. n° 2002-276 du 27 févr. 2002, art. 6) « ou affichage » ou à leur notification aux intéressés. — [L. n° 82-213 du 2 mars 1982, art. 2-III.]*

(L. n° 2004-809 du 13 août 2004, art. 140) « Le représentant de l'État peut en demander communication à tout moment. Il ne peut les déférer au tribunal administratif, dans un délai de deux mois à compter de leur communication, que si sa demande a été présentée dans le délai de deux mois à compter de la date à laquelle les actes sont devenus exécutoires. »

COMMENTAIRE

V. dans le supplément en ligne.

I. CARACTÈRE EXÉCUTOIRE DES ACTES NON SOUMIS À L'OBLIGATION DE TRANSMISSION

1. Un acte qui n'entre pas dans les catégories d'actes énumérées par la loi (art. L. 2131-2) est exécutoire de plein droit dès sa publication, son affichage ou sa notification. Ainsi d'un arrêté municipal ouvrant un concours pour le recrutement d'agents communaux. • CE 17 juin 1988, *COREP du Val-d'Oise*, n° 55125 B.

2. Publicité des actes réglementaires du maire. L'art. L. 2122-29 n'a pas dérogé au principe fixé à l'al. 1er selon lequel la formalité de publicité qui conditionne l'entrée en vigueur des actes réglementaires du maire peut être soit la publication, soit l'affichage. • CE 21 mai 2008, *Mme Louvard*, n° 284801 : *AJDA 2008. 1548, note Moukoko*. ♦ Un arrêté de délégation à un adjoint au maire est un acte de nature réglementaire. Il y a erreur de droit à juger qu'il n'est pas exécutoire faute d'avoir été publié dans le recueil des actes administratifs, alors qu'il n'est pas contesté qu'il a fait l'objet d'une publicité régulière par voie d'affichage. • Même arrêt • CE 21 mai 2008, *Mme Cécile*, n° 284801. ♦ Dans les arrêts précités, le Conseil d'État vise les dispositions de l'art. L. 122-29 C. communes, alors en vigueur et reprises en substance à l'art. L. 2131-3.

II. DÉFÉRÉ PRÉFECTORAL CONTRE LES ACTES NON SOUMIS À L'OBLIGATION DE TRANSMISSION

3. Arrêts de principe. Le préfet peut déférer au tribunal administratif tous les actes des collectivités territoriales qu'il estime contraires à la légalité. • CE 30 janv. 1987, *COREP d'Ille-et-Vilaine c/ Cne du Rheu*, n° 70777 B : *RFDA 1987. 221, note Douence.* ♦ En prévoyant expressément la procédure de déféré, le législateur n'a pas entendu limiter la faculté qu'a le préfet de former un recours pour excès de pouvoir à l'encontre de tous les actes des collectivités territoriales. • CE, sect., 13 janv. 1988, *Mutuelle générale des personnels des collectivités locales*, n° 68166 : *Lebon 6, concl. Roux ; RFDA 1988. 282, concl. Roux ; AJDA 1988. 142 et 160, chron. Azibert et de Boisdeffre ; D. 1989. 66, note Négrin ; RD publ. 1988. 853, note Llorens.* ♦ V. aussi • CE, sect., 28 févr. 1997, *Cne du Port*, n° 167483 : *Lebon 61 ; RFDA 1997. 1190, concl. Stahl ; ibid. 1198, note Douence ; ACL 1998, n° 21 ; AJDA 1997. 421, chron. Chauvaux et Girardot.* ♦ Ce recours est un déféré préfectoral, même s'il est formé contre une décision non soumise à l'obligation de transmission et même s'il n'est pas précédé d'une demande de déféré (sol. impl. résultant de ce que le contentieux des ordres de reversement, objet du litige, relève normalement de la pleine juridiction). • Même arrêt.

A. ACTES INSUSCEPTIBLES D'ÊTRE DÉFÉRÉS

4. Existence d'un recours spécial : contentieux de l'aide sociale. Les décisions des collectivités territoriales à l'égard desquelles la loi prévoit un recours spécial ouvert au préfet ne semblent pas pouvoir faire l'objet d'un déféré. Ainsi une décision du président du conseil général relative à l'admission à l'aide sociale peut faire l'objet d'un recours du préfet devant la commission départementale d'aide sociale en vertu de l'art. 131 C. fam. [devenu CASF, art. L. 134-4 et L. 134-5 – **CASF**] ; dès lors le tribunal administratif est incompétent pour connaître d'un déféré préfectoral formé contre cette décision. • CE 22 janv. 1997, *Dpt d'Eure-et-Loir*, n° 157192 : *Lebon 26 ; ACL 1998, n° 20.*

5. Contentieux électoral. Le contentieux électoral est exclusif du contentieux de l'excès de pouvoir et du régime du contrôle de légalité. Les délibérations à objet électoral sont transmises au sous-préfet (art. R. 118 C. élect.), mais elles entrent en vigueur immédiatement dès la proclamation publique des résultats, selon un principe traditionnel du droit électoral, et la transmission ne sert qu'à marquer le point de départ du délai de recours. • CE 16 févr. 2004, *Cté cantonale de Celles-sur-Belle c/ Synd. intercommunal de collecte et de traitement des ordures ménagères de Loubeau*, n° 253334 B : *AJDA 2004. 1044 ; Dr. adm. 2004, n° 89, note E.G. ; ACL 2005, n° 19.* ♦ Ces délibérations à objet électoral ne peuvent être déférées par le préfet au tribunal administratif que dans les conditions spéciales prévues aux art. L. 248 et R. 119 C. élect. ♦ Est tardif le recours enregistré après l'expiration du délai de 15 jours prévu par ce code. • CE 30 avr. 1997, *Préfet de La Réunion*, n° 181559 : *Lebon ; ACL 1998, n° 23.*

6. Délibérations à objet électoral. Sont des délibérations à objet électoral celles relatives à l'élection des délégués à l'assemblée délibérante d'un groupement de communes ainsi qu'à l'élection par cette assemblée de l'organe exécutif du groupement. Il en va ainsi de l'élection de délégués municipaux au comité d'un syndicat de commune. • CE 16 juin 2003, *Cne de Longuyon*, n° 247294 B : *AJDA 2003. 1631 ; BJCL 2003. 561, concl. Séners ; ACL 2004, n° 25.* ♦ ... Ou encore de l'élection des délégués d'une communauté de communes dans un syndicat mixte. • CE 16 févr. 2004, *Cté cantonale de Celles-sur-Belle c/ Synd. intercommunal de collecte et de traitement des ordures ménagères de Loubeau*, n° 253334 : *préc. note 5.* ♦ ... Ou encore de l'élection du président des membres du bureau d'un comité syndical. • CE, sect., 1er avr. 2005, *Cne de Villepinte*, n° 262078 : *Lebon 132 ; AJDA 2005. 1228, chron. Landais et Lénica.*

7. Sont des délibérations à objet électoral celles relatives à l'élection des membres des commissions d'appel d'offres. Pour un litige relatif à l'élection du président du bureau et de la commission d'appel d'offres par le comité d'un syndicat de communes. • CE, sect., 1er avr. 2005, *Cne de Villepinte*, n° 262078 : *préc. note 6.*

8. L'élection des membres de la commission d'ouverture des plis relève également du juge de l'élection et doit être contestée dans le délai prévu à l'art. R. 119 C. élect. • CE 8 avr. 2009, *Sté Sogedo, Cne de Brantôme*, n° 301153 : *AJDA 2009. 736 ; RGCT 2010, n° 46.* ♦ Par suite, le moyen tiré de ce que l'irrégularité alléguée de cette élection aurait affecté la régularité de la délibération du conseil municipal approuvant une délégation de service public sur avis de la commission est irrecevable. • Même arrêt. ♦ Confirmation indirecte de la solution, la commission de l'art. L. 1411-5 étant composée de conseillers municipaux élus, ayant seuls voix délibérative. • CE 23 juill. 2010, *M. Mérigot*, n° 338499 : *AJCT 2010. 131, obs. Philip-Gay ; AJDA 2010. 2053, note Verpeaux ; Rev. CMP 2010, n° 10, p. 344, note Eckert.*

9. Délibérations à objet électoral (non). Ne sont pas des délibérations à objet électoral mais des délibérations ordinaires les désignations faites par les assemblées locales aux multiples organismes où elles sont représentées. • CE 19 juin 1992, *Desgris,* n° 127421 : *Lebon 240 ; AJDA 1992. 771, obs. P. L. M., citant les concl. Pochard.* ♦ Confirmation pour la désignation de représentants dans des organismes extérieurs de toute nature, tels que : CCAS, maison de retraite, collège, mission locale, société d'économie mixte... • CE 16 juin 2003, *Cne de Longuyon,* n° 247294 : *préc. note 6.*

10. La solution est la même pour toutes les collectivités : n'est pas une délibération à objet électoral la désignation des délégués du conseil régional dans les conseils d'administration des lycées. • CE 30 mai 1994, *MM. Bouin et de Perier,* n° 138877 : *Lebon 273 ; ACL 1995. 221.*

11. De même, les délibérations désignant les membres de commissions instituées au sein du conseil municipal en vertu de l'art. L. 2121-22 ne relèvent pas du contentieux électoral mais de celui de l'excès de pouvoir. • CE 18 mars 2005, *Mme Dugas,* n° 262961 : *Lebon 119 ; AJDA 2005. 1077.* ♦ De même pour les délibérations par lesquelles le conseil municipal désigne les membres, conseillers municipaux ou membres d'associations locales, de la commission consultative des services publics locaux de l'art. L. 1413-1. • CE 23 juill. 2010, *M. Mérigot,* n° 338499 : *préc. note 8.*

12. La délibération demandant à l'exécutif municipal d'organiser un référendum local est détachable des opérations électorales. Elle fait l'objet d'un déféré préfectoral de l'art. L. 2131-6 et le recours intenté contre le jugement d'annulation n'est pas un recours en cassation mais un appel qui doit être porté devant la CAA. • CE 28 déc. 2007, *Cne de Clichy-La-Garenne,* n° 308964 : *BJCL 2008. 145, concl. Séners.*

13. En l'absence de dispositions légales spécifiques, la délibération par laquelle le conseil municipal se prononce sur le maintien dans ses fonctions d'un adjoint au maire auquel ce dernier a retiré ses délégations est adoptée selon les modalités générales de l'art. L. 2121-21 et non selon les modalités de l'art. L. 2122-7 relatives à l'élection des adjoints. • CE 10 sept. 2010, *Louvet,* n° 338707 : *AJCT 2010. 126, obs. Rubens.* ♦ Le recours contre cette délibération est donc un recours pour excès de pouvoir et non un litige en matière électorale. • Même arrêt.

14. Actes relevant du contrôle budgétaire du préfet. En matière d'adoption et d'exécution des budgets locaux, la L. du 2 mars 1982 a institué des procédures spéciales de contrôle budgétaire faisant intervenir le préfet et la chambre régionale des comptes excluant en principe le déféré (V. art. L. 1612-1 s.). ♦ Toutefois, la saisine de la CRC par le préfet n'est pas susceptible d'entraîner l'annulation d'une délibération budgétaire (pour défaut d'équilibre réel) ; par suite le préfet peut former un déféré contre cette délibération en se fondant sur un moyen de légalité (composition irrégulière du conseil qui l'a adoptée). • CE 3 juin 1998, *Préfet de la Haute-Corse c/ OPHLM de la Haute-Corse,* n° 169403 B.

B. RÉGIME DU DÉFÉRÉ

15. Application des règles de droit commun. V. par ex., pour la computation du délai de recours prorogé par un recours gracieux du préfet et repoussé d'un jour, le dernier jour tombant un dimanche ; absence de tardiveté du recours enregistré au greffe le 18 déc., le délai courant à compter du 16 oct. • CE 15 déc. 1995, *Mme Rémy,* n° 129700. ♦ À propos de la computation du délai de recours. • CE 29 mai 1987, *Cne de Goult,* n° 65605 B.

16. Alignement sur le régime du déféré. Le préfet a qualité pour faire appel d'un jugement rejetant sa demande tendant à l'annulation d'un acte non soumis à l'obligation de transmission (sol. impl.). • CE 25 avr. 1984, *COREP du Dpt du Val-d'Oise c/ Maire de Sarcelles,* nos 49535 B et 50614 B.

17. Rejet au fond d'un « déféré » formé contre un contrat de droit public non soumis à l'obligation de transmission (sans qu'il soit besoin de statuer sur la recevabilité du déféré). • CE 4 nov. 1994, *Dpt de la Sarthe,* n° 99643 B : *AJDA 1994. 898, concl. Maugüé ; ACL 1995, n° 35.*

Art. L. 2131-4 Les actes pris par les autorités communales au nom de l'État ainsi que les actes relevant du droit privé ne sont pas soumis aux dispositions du présent chapitre et demeurent régis par les dispositions qui leur sont propres. — *[L. n° 82-213 du 2 mars 1982, art. 2-IV.]*

I. ACTES PRIS PAR LES AUTORITÉS COMMUNALES AU NOM DE L'ÉTAT

1. Retrait par le préfet d'un arrêté municipal ordonnant l'interruption de travaux non déclarés en mairie, V. • CE, sect., 16 nov. 1992, *Ville de Paris,* n° 96016 : *Lebon 406 ; AJDA 1993. 54, concl. Legal ; RFDA 1993. 602, note Morand-Deviller et Moreno.* ♦ Retrait par le préfet d'un permis de construire délivré par le maire au nom de l'État. • CE 30 juill. 2003, *Min. de l'Équipement c/ Mme Thénault,* n° 255368 B : *Dr. adm. 2003, n° 232, note C. M.* ♦ Le maire est agent de l'État quand il inscrit des élèves ne résidant pas sur le territoire communal ; le déféré est donc irrecevable. • TA Dijon, 12 déc. 2006, *Préfet de la Nièvre c/ Cne de Varzy : BJCL 2007, n° 159, concl. Delespierre.*

II. ACTES RELEVANT DU DROIT PRIVÉ

2. Contrats. La juridiction administrative est incompétente pour connaître de la légalité d'un contrat de droit privé. • CE, sect., 27 févr. 1987, *Cne de Grand-Bourg de Marie-Galante*, n° 54847 : *Lebon 79 ; AJDA 1987. 419, note Prétot ; RFDA 1987. 212 et 777, concl. Stirn et note Douence.* ♦ Les contrats de courtage sont des marchés de droit privé, bien que soumis au C. marchés, et le contentieux relatif à leur annulation relève de la compétence judiciaire. • T. confl. 14 févr. 2000, *Cne de Baie-Mahault*, n° 3138 : *Lebon 747 ; RDI 2000. 166 et 172, obs. Llorens et Soler-Couteaux ; Dr. adm. 2000, n° 80, note R. S. ; BJCP 2000. 186, concl. Schwartz ; ACL 2001, n° 58.* ♦ Par conséquent, la juridiction administrative est incompétente pour connaître des conclusions des déférés tendant à leur annulation. • CE 8 nov. 2000, *Cne de Baie-Mahault c/ Sté Rhoddlams*, n° 149404 : *Lebon 999 ; Dr. adm. 2000, n° 80, note R. S. ; ACL 2001, n° 33.* ♦ La jurisprudence précédente consacrant l'existence de marchés publics de droit privé est devenue caduque depuis la L. n° 2001-1168 du 11 déc. 2001 MURCEF affirmant le caractère administratif de tous les contrats passés en application du C. marchés. ♦ Un contrat de fourniture d'eau par un syndicat intercommunal à une entreprise (belge) n'a pas pour objet l'organisation du service public, ne fait pas participer la société à l'exécution même de ce service, ne comporte aucune clause exorbitante du droit commun ; il ne fait donc naître entre les parties que des rapports de droit privé ; le déféré dirigé contre ce contrat ne ressortit pas à la compétence de la juridiction administrative. • CE 15 sept. 2004, *Min. de l'Aménagement du territoire et de l'Environnement c/ Synd. intercommunal de distribution des eaux du Nord*, n° 230901 : *AJDA 2004. 2412 ; ACL 2005, n° 57.*

3. Actes unilatéraux. La juridiction administrative ne peut connaître de la légalité des actes unilatéraux privés (par ex. un arrêté de protection du domaine privé communal). • CE 27 mai 1991, *Épx Campagne*, n° 96591 : *Lebon 212 ; D. 1991. IR 177.*

4. Mais la juridiction administrative est compétente pour connaître de conclusions à fin d'annulation dirigées contre une décision administrative, quel que soit le caractère administratif ou privé du litige au fond. Ainsi d'un recours en annulation contre une délibération mettant fin à un bail de droit de chasse. • T. confl. 4 nov. 1991, *Ginter : Lebon 476.* ♦ Le juge administratif est seul compétent pour connaître d'un déféré préfectoral contre les délibérations de conseils municipaux et les arrêtés des maires, même si leur objet est l'autorisation et la passation de contrats de droit privé. • T. confl. 14 févr. 2000, *Cne de Baie-Mahault*, n° 3188 : *préc. note 2.* ♦ Dans un même arrêt, le juge administratif se déclare incompétent pour connaître d'un contrat de droit privé et rejette pour tardiveté le déféré formé contre la délibération approuvant le contrat. • CE 15 sept. 2004, *Min. de l'Aménagement du territoire et de l'Environnement c/ Synd. intercommunal de distribution d'eau du Nord*, n° 230901 : *préc. note 2.*

5. Pour statuer sur un déféré formé contre un acte détachable d'un contrat, le juge administratif apprécie la validité des contrats de droit privé et juge que le conseil municipal ne pouvait légalement autoriser le maire à signer des contrats négociés en dehors des conditions prévues par le code des marchés publics, et que le maire ne pouvait légalement décider le versement d'une commission pour l'exécution de ces contrats. • CE 8 nov. 2000, *Cne de Baie-Mahault c/ Sté Rhoddlams*, n° 149404 : *préc. note 2.* ♦ Inversement l'appréciation de la légalité d'un acte administratif échappe à la compétence des tribunaux de l'ordre judiciaire. • Civ. 1re, 10 mars 1992, *Cne de Noyers c/ Épx Coutellier*, n° 87-19.586 P : *JCP 1992. IV. 1411.*

Art. L. 2131-5 Les dispositions des articles L. 2131-1 à L. 2131-4 ne font pas obstacle à l'exercice, par le représentant de l'État dans le département, du pouvoir de substitution qu'il tient, notamment en matière de police, des articles L. 2215-1 et L. 2215-5, ni à celui de son pouvoir hiérarchique sur les actes du maire lorsque celui-ci, en application des articles L. 2122-27 et L. 2122-34, agit comme agent de l'État dans la commune. — *[L. n° 82-213 du 2 mars 1982, art. 2-V.]*

SECTION 2 Contrôle de légalité *(Ord. n° 2021-1310 du 7 oct. 2021, art. 6)*.

Art. L. 2131-6 Le représentant de l'État dans le département défère au tribunal administratif les actes mentionnés à l'article L. 2131-2 qu'il estime contraires à la légalité dans les deux mois suivant leur transmission.

Sur demande du maire, le représentant de l'État dans le département l'informe de son intention de ne pas déférer au tribunal administratif un acte des autorités communales qui lui a été transmis en application des articles L. 2131-1 à L. 2131-5. Lorsque le représentant de l'État dans le département défère un acte au tribunal administratif, il en informe sans délai l'autorité communale et lui communique toutes précisions sur les illégalités invoquées à l'encontre de l'acte concerné.

(L. n° 2000-597 du 30 juin 2000, art. 16) « Le représentant de l'État peut assortir son recours d'une demande de suspension. Il est fait droit à cette demande si l'un des moyens invoqués paraît, en l'état de l'instruction, propre à créer un doute sérieux quant à la légalité de l'acte attaqué. Il est statué dans un délai d'un mois.

« Jusqu'à ce que le président du tribunal administratif ou le magistrat délégué par lui ait statué, la demande de suspension en matière d'urbanisme, de marchés et de délégation de service public formulée par le représentant de l'État dans les dix jours à compter de la réception de l'acte entraîne la suspension de celui-ci. Au terme d'un délai d'un mois à compter de la réception, si le juge des référés n'a pas statué, l'acte redevient exécutoire.

« Lorsque l'acte attaqué est de nature à compromettre l'exercice d'une liberté publique ou individuelle, *(L. n° 2021-1109 du 24 août 2021, art. 5)* « ou à porter gravement atteinte aux principes de laïcité et de neutralité des services publics, » le président du tribunal administratif ou le magistrat délégué à cet effet en prononce la suspension dans les quarante-huit heures. La décision relative à la suspension est susceptible d'appel devant le Conseil d'État dans la quinzaine de la notification. En ce cas, le président de la section du contentieux du Conseil d'État ou un conseiller d'État délégué à cet effet statue dans un délai de quarante-huit heures.

« L'appel des jugements du tribunal administratif ainsi que des décisions relatives aux demandes de suspension prévues aux alinéas précédents, rendus sur recours du représentant de l'État, est présenté par celui-ci. »

ENCYCL. COLL. LOC. *Actes des collectivités locales : recours d'urgence*, 4630, par GOURDOU et BOURREL.

COMMENTAIRE

V. dans le supplément en ligne.

PLAN DES ANNOTATIONS

I. DÉFÉRÉ PRÉFECTORAL

A. GÉNÉRALITÉS SUR LE CONTRÔLE DE LÉGALITÉ

1° FONDEMENT CONSTITUTIONNEL

1. En vertu de l'art. 72 Const., si la loi peut fixer les conditions de la libre administration des collectivités territoriales, c'est sous la réserve que cette dernière respecte les prérogatives de l'État énoncées à l'al. 3 de cet art. En prévoyant que le représentant de l'État défère au tribunal administratif les actes locaux qu'il estime contraires à la légalité, la loi établit un contrôle respectant les objectifs de l'art. 72 préc. À noter que le Cons. const. se prononce sur les dispositions initiales de la loi du 2 mars 1982, non modifiées sur ce point par la loi du 25 juill. 1982. • Cons. const. 25 févr. 1982, n° 82-137 DC : *JO 3 mars ; Rec. Cons. const. 38 ; AJDA 1982. 303, note Boulouis ; RD publ. 1982. 1259, note Favoreu ; Rev. adm. 1982. 271, note Étien ; JCP 1983. II. 20009, note Franck.*

2. Le législateur peut à tout moment prévoir des dispositions plus rigoureuses pour l'exercice du contrôle administratif des collectivités, dès lors qu'elles n'aboutissent pas à priver de garanties légales des exigences de caractère constitutionnel. • Cons. const. 20 janv. 1993, n° 92-316 DC : *Rec. Cons. const. 14 ; RFDA 1993. 902 et 914, note Pouyaud.* ♦ Mais des dispositions (de l'art. 83, L. n° 93-122 du 29 janv. 1993) qui ont pour effet de permettre au préfet de provoquer à tout moment, jusqu'à ce que le juge ait statué définitivement sur le recours en annulation, la suspension pendant trois mois des actes de collectivités dans des domaines importants relevant de leurs compétences, en interrompant le cas échéant leur mise en œuvre, privent de garanties suffisantes l'exercice de la libre administration des collectivités locales. • Même décision.

3. Aucune exigence constitutionnelle n'impose que le caractère exécutoire des actes des collectivités territoriales dépende, dans tous les cas, de leur transmission au préfet. Il appartient au législateur de mettre ce dernier en mesure de remplir en toutes circonstances les missions que lui confie le dernier al. de l'art. 72 Const., notamment en ayant recours à des procédures d'urgence. • Cons. const. 12 févr. 2004, n° 2004-490 DC (considérants 109 à 111) : *JO 2 mars 2004, p. 4220, texte n° 3, Rec. p. 41.*

2° COMPÉTENCE EXCLUSIVE DU LÉGISLATEUR

4. Seul le législateur est compétent pour établir un régime de contrôle administratif sur les collectivités. Ainsi, en l'absence de loi, est illégal un décret qui soumet à approbation les conventions de transfert de services au département et prévoit la fixation unilatérale des modalités de transfert à défaut de convention. • CE 18 nov. 1988, *Féd. nat. des travaux publics et a.,* n° 72653 : *Lebon 414 ; RFDA 1989. 281, note Douence.*

3° NATURE DU DÉFÉRÉ

a. Recours pour excès de pouvoir

5. Certains arrêts qualifient expressément le déféré préfectoral de recours pour excès de pouvoir. • CE 27 févr. 1987, *Cne de Grand-Bourg de Marie-Galante c/ Mme Pistol,* n° 54847 : *Lebon 80 ; AJDA 1987. 419, note Prétot ; RFDA 1987. 212 et 777, concl. Stirn et note Douence.*

b. Recours de pleine juridiction contestant la validité d'un contrat

6. Le préfet est recevable à former devant le juge du contrat un recours de pleine juridiction contestant la validité du contrat ou de certaines de ses clauses non réglementaires qui en sont divisibles. • CE 4 avr. 2014, *Dpt du Tarn-et-Garonne,* n° 358994 : *Lebon avec les concl. ; AJDA 2014. 1035, chron. Bretonneau et Lessi ; D. 2014. 1179, note Gaudemet et Dizier ; RDI 2014. 344, obs. Braconnier ; AJCT 2014. 375, obs. Dyens ; ibid. 380, interview Hul ; ibid. 434, Pratique Didriche ; ibid. 2015. 32, Pratique Hul ; AJCA 2014. 80, obs. Dreyfus ; RFDA 2014. 425, concl. Dacosta ; ibid. 438, note Delvolvé ; RTD com. 2014. 335, obs. Orsoni ; RMCUE 2015. 370, étude Eckert ; JCP 2014, n° 732, note Bourdon ; RLCT 2014, n° 2687, note Brameret ; Dr. adm. 2014, n° 36, note Brenet ; BJCL 2014. 316, note Fardet ; RJEP juill. 2014, n° 31, note Lafaix ; Rev. CMP 2014. Repère 5, note Llorens et Soler-Couteaux ; ibid. Étude 5, note Rees ; JCP Adm. 2014, n° 2152, note Sestier ; ibid., n° 2153, note Hul.* ♦ Ce recours doit être exercé, y compris si le contrat contesté est relatif à des travaux publics, dans un délai de deux mois à compter de l'accomplissement des mesures de publicité appropriées, notamment au moyen d'un avis mentionnant à la fois la conclusion du contrat et les modalités de sa consultation dans le respect des secrets protégés par la loi. • Même arrêt. ♦ Le représentant de l'État dans le département, compte tenu des intérêts dont il a la charge, peut invoquer tout moyen à l'appui de ce recours. • Même arrêt. ♦ Saisi par le préfet de conclusions contestant la validité du contrat ou de certaines de ses clauses, il appartient au juge du contrat, lorsqu'il constate l'existence de vices entachant la validité du contrat, d'en apprécier l'importance et les conséquences ; ainsi, il lui revient, après avoir pris en considération la nature de ces vices, soit de décider que la poursuite de l'exécution du contrat est possible, soit d'inviter les parties à prendre des mesures de régularisation dans un délai qu'il fixe, sauf à résilier ou résoudre le contrat ; en présence d'irrégularités qui ne peuvent être couvertes par une mesure de régularisation et qui ne permettent pas la poursuite de l'exécution du contrat, il lui revient de prononcer, le cas échéant avec un effet différé, après avoir vérifié que sa décision ne portera pas une atteinte excessive à l'intérêt général, soit la résiliation du contrat, soit, si le contrat a un contenu illicite ou s'il se trouve affecté d'un vice de consentement ou de tout autre vice d'une particulière gravité que le juge doit ainsi relever d'office, l'annulation totale ou partielle de celui-ci • Même arrêt. ♦ Le représentant de l'État dans le département est recevable à contester la légalité de ces actes devant le juge de l'excès de pouvoir jusqu'à la conclusion du contrat, date à laquelle les recours déjà engagés et non encore jugés perdent leur objet. • Même arrêt. ♦ Revirement de jurisprudence par rapport à : • CE 23 déc. 2011, *Min. de l'Intérieur, de l'Outre-mer, des Collectivités territoriales et de l'Immigration,* n°s 348647 et 348648 : *Lebon 662 ; BJCP 2012. 125, concl. Dacosta, obs. S.N. ; RJEP 2012, n° 25, note Brenet ; AJDA 2012. 1065, note Quyollet ; RFDA 2012. 683, note Delvolvé.*

7. Le juge des référés doit, comme le juge du fond, prendre en considération la nature de l'illégalité commise pour se prononcer sur la demande de suspension dont est assorti le déféré. • CE 9 mai 2012, *Synd. dptal des ordures ménagères de l'Aude,* n° 355665 : *Lebon 192 ; RDI 2012. 403, obs. Noguellou ; AJDA 2012. 1688, note Martin ; RFDA 2012. 683, note Delvolvé ; BJCL 2012. 511, concl. Dacosta.*

c. Faculté de déférer

8. Le Conseil d'État n'a pas tranché explicitement la controverse soulevée en doctrine relative au caractère obligatoire ou facultatif de la mission dévolue au préfet. Mais l'assimilation du déféré au recours pour excès de pouvoir va dans le sens d'une faculté d'agir. ♦ Vont dans le même sens les solutions suivantes : l'affirmation que le préfet peut déférer tous les actes qu'il estime contraires à la légalité. • CE 30 janv. 1987, *COREP d'Ille-et-Vilaine c/ Cne de Rheu,* n° 70777 B : *RFDA 1987. 221, obs. Douence.* ♦ ... L'annulation d'un jugement par lequel le tribunal avait statué sans tenir compte du fait que le préfet s'était désisté de sa demande de sursis à exécution. • CE 16 juin 1989, *Préfet des Bouches-du-Rhône c/ Cne de Belcodène,* n° 103661 B : *RFDA 1989. 941, note F. M.* ♦ ... L'affirmation que le refus du préfet de mettre en œuvre la procédure de déféré sur demande n'est pas une décision susceptible de recours pour excès de pouvoir. • CE 25 janv. 1991, *Brasseur,* n° 80969 : *Lebon 23, concl. Stirn ; JCP 1991. II. 21654, note Moreau ; AJDA 1991. 395, chron. Schwartz et Maugüé ; RFDA 1991. 587, concl. Stirn et note Douence.*

9. Pourtant, la mission constitutionnelle de contrôle de légalité que le Cons. const. reconnaît au représentant de l'État implique pour ce dernier l'obligation d'exercer ses attributions. • Cons. const. 21 janv. 1994, n° 93-335 DC : *JO 25 janv. 1994, p. 1382 ; RFDC 1994. 364, note Mélin-Soucramanien ; Rec. Cons. const. 40* • Cons. const. 9 avr. 1996, n° 96-373 DC : *JO 13 avr. 1996, p. 5724.* ♦ V. aussi en ce sens, s'agissant de la responsabilité encourue pour non-exercice du contrôle de légalité,. notes 102 s.

4° CHAMP D'APPLICATION DU DÉFÉRÉ

10. V. notes ss. art. L. 2131-3. • CE, sect., 28 févr. 1997, *Cne du Port,* n° 167483 : *Lebon 61 ; RFDA 1997. 1190, concl. Stahl, note Douence ; AJDA 1997. 476, chron. Chauvaux et Girardot ; D. 1998. 409, chron. Marceau et Verpeaux.*

11. Décisions implicites. Est recevable le déféré contre le refus implicite d'abroger un arrêté réglementaire de police municipale. • CE 15 mars 1996, *Cne de Busy,* n° 113884 : *Lebon 81.* ♦ De même, le préfet peut déférer la décision implicite du maire rejetant son recours gracieux lui demandant de prendre un ordre de reversement des indemnités indûment versées à son prédécesseur, même si l'acte ainsi demandé n'est pas soumis à l'obligation de transmission (sol. impl.). • CE, sect., 28 févr. 1997, *Cne du Port,* n° 167483 : *préc. note 10.*

12. Délibérations ne faisant pas grief par elles-mêmes. Recevabilité du déféré préfectoral à l'encontre d'une délibération à caractère préparatoire des collectivités territoriales et de leurs établissements publics. • CE, ass., 15 avr. 1996, *Synd. CGT des hospitaliers de Bédarieux,* n° 120273 : *Lebon 130 ; AJDA 1996. 405.* ♦ Recevabilité du référé-suspension à l'encontre d'une délibération à caractère préparatoire dès lors qu'il existe un moyen propre à créer un doute sérieux sur la légalité. • CE 5 avr. 2019, n° 418906 : *AJDA 2019. 1701, note Château-Grine ; AJCT 2019. 406, note Didriche.* ♦ De même, pour une délibération constitutive d'un vœu. • CE, sect., 29 déc. 1997, *SARL ENLEM,* n° 157623 : *Lebon 500 ; RFDA 1998. 553, concl. Touvet ; Dr. adm. 1998, n° 165 ; ACL 1998, n° 24.* ♦ Le préfet peut donc déférer une délibération du conseil général constitutive d'un vœu adressé aux autorités municipales pour qu'elles interdisent les essais et cultures d'organismes génétiquement modifiés en plein champ. • CE 30 déc. 2009, *Dpt du Gers,* n° 308514 : *AJDA 2010. 734, note Verpeaux ; JCP Adm. 2010, n° 2059, note Camozzi.*

13. Contrats de droit public. Recevabilité du déféré préfectoral à l'encontre de tous les contrats de droit public, même non soumis à l'obligation de transmission. Le préfet peut déférer un contrat de recrutement d'agent public conclu à la suite d'une procédure irrégulière. • CE 14 mars 1997, *Dpt des Alpes-Maritimes,* n° 143800 : *Lebon 79 ; Cah. fonct. publ. 1997. 18, concl. Touvet ; AJFP 1997. 4 ; ibid. 5, note Marillia.* ♦ En revanche, est irrecevable le déféré qui ne demande que l'annulation d'une clause du contrat, celle fixant la rémunération d'un agent n'étant pas divisible du contrat de recrutement. • CE 11 mars 1998, *Préfet du Val-d'Oise,* n° 107404 : *Lebon ; Dr. adm.*

1998, n° 168. ♦ Les dispositions relatives au référé précontractuel n'ont ni pour objet ni pour effet de priver le préfet, dans le cas où il n'a pas mis en œuvre cette procédure spéciale de référé, du pouvoir général dont il dispose de déférer au tribunal administratif les actes des collectivités territoriales et notamment les marchés qu'il estime contraires à la légalité. • CE 14 janv. 1998, *Conseil régional de la Région Centre*, n° 155409 : *Lebon 7 ; RTD com. 1998. 584, obs. Orsoni ; Dr. adm. 1998, n° 83 ; ACL 1999, n° 25.* • CE, avis cont., 6 mai 1996, *Andersen*, n° 178473 : *Lebon 150 ; AJDA 1996. 566 ; ibid. 513, chron. Chauvaux et Girardot ; RFDA 1996. 1027, concl. Bonichot.*

14. Actes pris au nom et pour le compte de la commune. Les dispositions relatives au contrôle de légalité sont applicables à un marché passé au nom et pour le compte d'une commune par une société d'économie mixte locale, ainsi qu'aux avenants à ce marché. • CE 28 juill. 1995, *Préfet de la Région Île-de-France, préfet de Paris c/ Sté de gérance Jeanne-d'Arc*, n° 143438 : *Lebon 321 ; RDI 1995. 742, obs. Llorens et Terneyre ; RD publ. 1996. 569, concl. Fratacci ; JCP 1996. II. 22577, note Haïm.*

15. Actes insusceptibles d'être déférés en raison d'un recours spécial. V. annotations ss. art. L. 2131-3.

16. Délibérations à objet électoral. V. annotations ss. art. L. 2131-3.

B. CONDITIONS DE RECEVABILITÉ DU DÉFÉRÉ

1° COMPÉTENCE DU PRÉFET

17. Vu l'art. 72, al. 3, Const. et la L. du 2 mars 1982, le préfet dispose d'un pouvoir propre pour déférer au juge administratif les actes des collectivités qu'il estime irréguliers. • CE, ass., 15 oct. 1999, *Min. de l'Intérieur c/ Cne de Savigny-le-Temple*, n° 196548 : *Lebon 309 ; Dr. adm. 1999, n° 270 ; ACL 2000, n° 37 ; RFDA 2001. 128, note Marceau et Verpeaux ; RGCT 1999. 486, note Bourdon ; Lettre du cadre territorial, 1er mars 2000, p. 3, note Groud.*

18. Compétence ratione temporis. Le décret de nomination d'un préfet prend effet à la date de son installation dans ses nouvelles fonctions. Jusqu'à cette date, le préfet précédent reste compétent pour former un déféré. • CE 24 sept. 2012, *Cne de Valence*, n° 342990 : *Lebon 335.*

19. Intérim. Le secrétaire général de la préfecture assurant l'intérim du préfet en cas d'absence ou d'empêchement de ce dernier a qualité pour signer la requête. • CE 27 févr. 1995, *Préfet de l'Essonne*, n° 150631 : *Lebon 112 ; RFDA 1995. 416.* ♦ Il appartient à la partie contestant la qualité du secrétaire général pour introduire le référé d'établir que le préfet n'était ni absent ni empêché. • CE 16 nov. 2001, *Préfet de La Réunion*, n° 184682 B : *ACL 2002, n° 38.*

20. Délégation de signature. Le préfet peut donner délégation de signature au secrétaire général en toutes matières. • CE 16 déc. 1994, *Office dptal d'HLM du Var*, nos 146528 et 146529 B. ♦ ... Y compris pour l'exercice du contrôle de légalité. • CE, ass., 15 oct. 1999, *Min. de l'Intérieur c/ Cne de Savigny-le-Temple*, n° 196548 : *préc. note 17.* ♦ Le sous-préfet a qualité pour former un déféré, s'il est investi d'une délégation expresse de signature. • CE 12 déc. 1997, *Préfet du Tarn*, n° 148897 B : *LPA n° 86, 21 juill. 1998, concl. Stahl.*

21. En revanche, le préfet ne peut, pour l'exercice de cette compétence, déléguer sa signature aux agents en fonction dans les préfectures. • CE, ass., 15 oct. 1999, *Min. de l'Intérieur c/ Cne de Savigny-le-Temple*, n° 196548 : *préc. note 17.*

2° SAISINE DU TRIBUNAL ADMINISTRATIF

22. L'assimilation de principe au recours pour excès de pouvoir justifie notamment les solutions suivantes : possibilité de déposer le recours au bureau annexe d'un greffe. • CE 29 mai 1987, *Cne de Goult*, n° 65605 B. ♦ Irrecevabilité d'une requête qui ne contient l'énoncé d'aucun moyen. • CE, sect., 27 févr. 1987, *Cne de Grand-Bourg de Marie-Galante c/ Mme Pistol*, n° 54847 : *préc. note 5.* ♦ Irrecevabilité d'un déféré formé contre un contrat que l'autorité locale avait résilié pour tenir compte des observations du préfet sur la légalité. • CE 27 mars 2000, *Préfet de la Seine-Saint-Denis c/ Conseil général de Seine-Saint-Denis*, n° 188141 B : *RDI 2000. 172, obs. Llorens et Soler-Couteaux ; ACL 2001, n° 28.*

23. Compétence directe du Conseil d'État en premier et dernier ressort. Sur renvoi du dossier par le TA de Paris, le Conseil d'État se prononce en premier et dernier ressort sur le déféré intenté par le préfet de Paris contre des délibérations réglementaires du Centre national de la fonction publique territoriale (CNFPT). • CE 5 févr. 2001, *Préfet de Paris c/ CNFPT*, n° 226392 B : *ACL 2002, nos 34 et 87.*

3° INFORMATION À DONNER À L'AUTORITÉ LOCALE

24. Le préfet n'est pas tenu d'attirer l'attention de l'autorité locale sur les illégalités entachant un acte avant de le déférer au juge. • CE 1er févr. 1989, *Cne de Briançon*, nos 92875 B et 92876 B.

25. La règle posée par l'art. L. 2131-6, al. 2, relative à l'information donnée par le préfet après la saisine du tribunal n'est pas prescrite à peine d'irrecevabilité du déféré. • CE 24 avr. 1985, *Ville d'Aix-en-Provence*, n° 58793 B : *RFDA 1985. 527, concl. Latournerie ; AJDA 1985. 78, note Moreau.* ♦ V. aussi par ex. • CE, ass., 2 déc. 1994, *Cne de Pulversheim*, n° 133726 : *Lebon 531 ; AJDA 1995. 40, concl. Schwartz.*

C. CONDITION RELATIVE AU DÉLAI DE RECOURS

26. **BIBL.** Benoît, Recours gracieux et demande de pièces complémentaires dans le cadre du déféré préfectoral *in* Mél. Chapus, *Montchrestien,1992, p. 71.*

27. Application du droit commun. Le déféré est soumis aux règles de droit commun, notamment en ce qui concerne les règles de computation du délai de deux mois. • CE 29 mai 1987, *Cne de Goult,* n° 65605 : *préc. note 22.*

28. Délai franc. Le dernier jour du délai est le lendemain du *dies ad quem* (jour où les deux mois ont expiré). Si le dernier jour est férié, la date d'expiration se trouve reportée au premier jour ouvrable suivant. • CE 26 juill. 1991, *Cne de Sainte-Marie de La Réunion,* n° 117717 : *Lebon 302 ; RFDA 1991. 871* et *966, concl. Legal ; AJDA 1991. 693 et 739, chron. Maugüé et Schwartz ; ACL 1992, n° 12.*

1° POINT DE DÉPART DU DÉLAI

29. Le délai de deux mois court à compter de la date à laquelle l'acte contesté a été reçu par le préfet de département, en préfecture, ou le sous-préfet d'arrondissement compétent, en sous-préfecture, ou si elle est antérieure, à compter de la date à laquelle l'acte a été porté à la connaissance du préfet par les services d'État placés sous son autorité, lorsque l'acte a été transmis à ces derniers par la commune. • CE 6 juill. 2007, *Cne de Saint-Paul-Trois-Châteaux,* n° 298744 B : *Dr adm. 2007, n° 125.* ♦ La transmission d'un permis à la subdivision de la direction départementale de l'équipement ne peut avoir pour effet de faire courir le délai. • Même arrêt. ♦ La preuve de la transmission d'un acte relève de l'appréciation souveraine des faits de l'espèce par le juge du fond (ou ici le juge des référés). • Même arrêt.

30. Le délai ne court qu'à compter de la transmission complète de l'acte, y compris les documents annexes. Sur cette exigence, V. notes ss. art. L. 2131-1. Sur la possibilité pour le préfet de demander des pièces complémentaires, V. notes 55 à 63.

31. Jugé que si deux actes (deux marchés négociés) ne concernent en réalité qu'une seule et même opération, le délai ne court qu'à compter de la dernière transmission effectuée. • CE 26 juill. 1991, *Cne de Sainte-Marie de La Réunion,* n° 117717 : *préc. note 28.* ♦ Trois délibérations relatives à la construction d'une maison de retraite portent sur la même opération et sont, à ce titre, indissociables. Le préfet était donc recevable à déférer pour ce motif l'ensemble des délibérations, dans le délai du recours contre la dernière d'entre elles. • CE 30 juill. 2003, *Banco di Napoli International SA et Sté San Paolo Bank SA,* n°s 240664 et 240758 : *BJCL 2004. 88, concl. Goulard.*

32. Cas d'une non-opposition tacite à une déclaration préalable de travaux. Le délai du déféré court alors de la date à laquelle la décision est acquise (par le silence gardé pendant un mois sur la déclaration préalable) ou à compter de la transmission de la déclaration si elle est effectuée après que la décision est acquise. • CE 23 oct. 2013, *SARL Prestig'Immo,* n° 344454 : *RDI 2014. 63, obs. Soler-Couteaux ; AJDA 2014. 463, note Planchet ; Constr.-Urb. 2013. 171, note Dutrieux ; JCP Adm. 2014, n° 2164, note Bourrel.*

2° PROROGATION DU DÉLAI DU FAIT D'UN RECOURS GRACIEUX

33. La demande de réexamen d'une délibération estimée illégale doit être considérée comme un recours gracieux qui interrompt le délai si elle est formée dans le délai de recours contentieux. • CE 18 avr. 1986, *COREP d'Ille-et-Vilaine,* n° 62470 : *Lebon 423 ; RFDA 1987. 206, concl. Roux ; AJDA 1986. 455, note Chabanol ; D. 1987. 70, note Négrin.* ♦ Et par ex. • CE 27 févr. 1995, *Cne de Châlons-sur-Marne,* n° 143050 : *Lebon 108 ; ACL 1996, n° 34.*

34. Recours gracieux et retrait. Les dispositions du C. urb. (art. L. 424-5) qui limitent à trois mois le délai pendant lequel une autorisation de construire peut être retirée, spontanément ou à la demande d'un tiers par l'autorité qui l'a délivrée, n'ont ni pour objet ni pour effet de faire obstacle à ce que le représentant de l'État forme un recours gracieux dans le délai du recours contentieux et à ce que ce recours gracieux interrompe le cours du délai de recours contentieux. • CE 5 mai 2011, *Min. d'État, min. de l'Écologie, du Développement durable et de la Mer, en charge des technologies vertes et des négociations sur le climat,* n° 336893 : *AJDA 2011. 927 ; AJCT 2011. 312, obs. Pastor ; RDI 2011. 411, obs. Soler-Couteaux ; Dr. adm. 2011, n° 71, note Viel ; AJDA 2011. 2084, note Andréani ; JCP Adm. 2011, n° 2364, note Rouault.* ♦ D'ailleurs, même si le délai de retrait est expiré, le recours gracieux n'est pas dépourvu d'utilité : l'auteur de l'acte litigieux peut justifier de sa légalité et son bénéficiaire peut solliciter son retrait au profit d'une nouvelle décision légalement prise. • Même arrêt.

a. Conditions du recours gracieux

35. Auteur du recours gracieux. Le recours gracieux peut émaner du sous-préfet, destinataire de la transmission selon la loi, sans nécessité de délégation de signature du préfet (sol. impl.). • CE 18 avr. 1986, *COREP d'Ille-et-Vilaine,* n° 62470 : *préc. note 33.* ♦ Confirmation explicite de la compétence du sous-préfet. • CE 8 juill. 1992, *District de Freyming-Merlebach,* n° 132488 B. ♦ De même, le directeur de cabinet du préfet, membre du corps préfectoral, qui est l'un des collaborateurs immédiats de ce haut fonctionnaire et qui a normalement qualité pour le représenter, peut former un recours administratif sans qu'il ait besoin de justifier d'une délégation de signature ou d'un mandat. • CAA Marseille, 4 févr. 1999, *Préfet de la Corse-du-Sud,* n° 96MA02597 : *RFDA 2001. 172, obs. J.-P. Négrin.*

36. La faculté de former un recours gracieux est dissociée de la possibilité de déférer un acte local au juge. Ni la Constitution, ni la loi du 2 mars 1982, ni le décret du 10 mai 1982, ni aucune autre règle ne font obstacle à ce que le préfet donne délégation pour signer les recours gracieux. • CE, ass., 15 oct. 1999, *Min. de l'Intérieur c/ Cne de Savigny-le-Temple,* n° 196548 : *préc. note 17.*

37. Forme du recours gracieux. Le recours gracieux prend la forme d'une lettre indiquant clairement que l'acte concerné est entaché d'illégalité et demandant qu'il soit retiré ou réformé. V. par ex. • CE 24 janv. 1994, *Préfet de l'Hérault,* n° 124308 : *Lebon 27 ; AJDA 1994. 187.*

38. Il suffit que la demande du préfet attire l'attention de l'autorité locale sur l'illégalité de l'acte et l'invite à revenir sur sa position pour être considérée comme un recours gracieux. V. par ex. • CE 9 oct. 1992, *Cne de Saint-Louis c/ Assoc. « Siva Soupramanien de Saint-Louis »,* n° 94455 : *Lebon 358 ; AJDA 1992. 817, concl. Scanvic ; ACL 1993, n° 37.*

39. Ne constitue ni un recours gracieux, ni une demande de transmission de documents nécessaires pour apprécier la légalité de l'acte une lettre du préfet demandant de bien vouloir lui « adresser toutes explications utiles » « pour lui permettre d'examiner la légalité » du marché qui lui a été transmis. Tardiveté du déféré. • CE 15 mai 2013, *OPH de Nice et des Alpes-Maritimes,* n° 357031 : *JCP Adm. 2013. 2208, note Pauliat.*

40. Le recours gracieux peut être combiné avec une demande de documents complémentaires. Sur les rapports entre les deux, V. note 63.

41. Destinataire du recours. Le recours gracieux est adressé à l'organe exécutif de la collectivité (maire pour la commune), même lorsque l'acte contesté émane de l'organe délibérant. Solution implicite constante. • CE, sect., 6 déc. 1995, *Préfet des Deux-Sèvres c/ Cne de Neuvy-Bouin,* n° 127841 : *Lebon 425 ; RFDA 1995. 328, note Douence* • 6 déc. 1995, *Préfet des Deux-Sèvres c/ Cne de Vernoux-en-Gâtine,* n° 127842 : *ibid.* • 6 déc. 1995, *Préfet du Morbihan (3 esp.),* n° 168618 : *ibid.* ♦ Solution explicite : le recours gracieux formé auprès du maire et lui demandant d'annuler un marché a pour effet de proroger le délai de recours contentieux, sans que la commune puisse se prévaloir de ce que le maire n'avait pas compétence pour annuler un marché. • CE 14 janv. 1998, *Cne du Blanc-Mesnil,* n° 165261 B. ♦ Inversement, la résiliation par l'autorité signataire d'un avenant à un contrat, sur recours gracieux du préfet, rend irrecevable, faute d'objet, le déféré préfectoral, sans qu'y fasse obstacle le fait que cette résiliation n'avait pas été autorisée par une nouvelle délibération de l'autorité délibérante. • CE 27 mars 2000, *Préfet de Seine-Saint-Denis c/ Conseil général de Seine-Saint-Denis,* n° 188141 : *préc. note 22.*

42. Dans ce cas, seul le conseil municipal peut modifier la délibération litigieuse. En revanche, le rejet de la demande résulte soit du silence gardé par le maire pendant plus de quatre mois sur le recours gracieux. • CE, sect., 6 déc. 1995, *Préfet des Deux-Sèvres c/ Cne de Neuvy-Bouin,* n° 127841 : *préc. note 41* • 6 déc. 1995, *Préfet des Deux-Sèvres c/ Cne de Vernoux-en-Gâtine,* n° 127842 : *préc. 41.* ♦ ... Soit d'une décision expresse de rejet par le maire. • CE, sect., 6 déc. 1995, *Préfet du Morbihan,* n° 168618 : *préc. note 41.*

43. Ces règles s'appliquent nonobstant les dispositions de l'art. R. 102 C. trib. adm. [codifié ss. CJA, art. R. 421-1 s.], selon lesquelles seule une décision expresse de rejet fait courir le délai de recours lorsque, dans le contentieux de l'excès de pouvoir, la mesure sollicitée ne peut être prise que par décision ou sur avis des assemblées locales. • CE, sect., 6 déc. 1995, *Préfet du Morbihan,* n° 168618 : *préc. note 41.*

44. Demande d'abrogation. Une demande d'abrogation de tout ou partie d'un plan local d'urbanisme doit être présentée au maire, à qui il revient d'inscrire cette question à l'ordre du jour d'une réunion du conseil municipal, seul compétent pour prononcer l'abrogation. Le maire a compétence pour rejeter la demande si les dispositions contestées sont légales. Dans l'hypothèse inverse, il est tenu d'inscrire la question à l'ordre du jour du conseil municipal pour permettre à ce dernier d'abroger les dispositions illégales. • CE, avis, 2 oct. 2013, n° 367023 : *RDI 2013. 606, obs. Soler-Couteaux ; AJDA 2014. 1046, note Dubreuil ; JCP Adm. 2014, n° 2016, concl. Vialettes.*

45. Représentation par un avocat. Aucune décision administrative ne saurait résulter des seules correspondances d'un avocat représentant une personne publique. Le rejet d'un recours gracieux ne peut donc naître d'un courrier adressé au préfet par l'avocat, si n'est pas jointe à ce courrier la décision prise par la personne publique elle-même. Par suite, ce courrier ne fait pas courir le délai dont disposait le préfet pour saisir le tribunal. • CE 9 mai 2012, *Synd. dptal. des ordures ménagères de l'Aude,* n° 355665 : *préc. note 7.*

46. Délai du recours gracieux. Le recours gracieux doit être formé dans le délai du recours contentieux, soit dans les deux mois de la transmission de l'acte contesté. Ainsi une délibération de l'assemblée territoriale de Polynésie française ayant été transmise le 5 août, un recours du Haut-Commissaire présenté le 6 oct. est dans le délai du recours contentieux. • CE 6 janv. 1995, *Assem-*

blée territoriale de la Polynésie française, n° 152654 : *Lebon 10* ✎.

47. La date prise en considération est celle à laquelle le recours est parvenu à l'autorité locale destinataire. Ainsi une lettre du préfet du 20 mars contre un acte transmis le 20 janv. est hors délai parce qu'elle n'est parvenue à la mairie que le 22 mars. • CE 27 mars 1991, *Préfet de la Haute-Garonne,* n° 114854 : *Lebon 107* ✎. ♦ Le recours gracieux doit être regardé comme arrivé le jour où il est parvenu par télécopie à la mairie (qui était le dernier jour du délai), alors même que la télécopie est arrivée à 18 h 59, après la fermeture des bureaux et n'a été enregistrée que le lendemain. • CE 3 juin 1998, *Cne de Sanary-sur-Mer,* n° 164798.

48. Le législateur n'a pas entendu régir les relations entre le représentant de l'État et les collectivités par les dispositions des art. 18, 19 et 20 de la L. n° 2000-32 du 12 avr. 2000, relative aux droits des citoyens dans leurs rapports avec l'administration (DCRA). • CE 1er juill. 2005, *Ville de Nice,* n° 258509 : *Lebon 304* ✎ *; BJCL 2005. 593, concl. Boulouis.* ♦ Par suite, ces dispositions (accusé de réception d'une demande, transmission à l'autorité compétente d'une demande adressée à une autorité incompétente) ne sont pas applicables au recours gracieux du préfet et ne conservent pas les délais de recours contentieux. • Même arrêt.

49. L'Ord. n° 2005-1516 du 8 déc. 2005 relative aux échanges électroniques entre les usagers et les autorités administratives et entre autorités administratives prévoit un accusé de réception électronique.

b. Effet du recours gracieux

50. Le recours gracieux répondant aux conditions précitées a pour effet de faire courir à nouveau le délai de recours contentieux pour la totalité de sa durée légale à compter de la réponse (négative) de l'autorité locale.

51. Le silence gardé pendant deux mois par le maire vaut décision implicite de rejet de la demande. Il ne s'agit pas d'un délai de procédure. Il s'ouvre le lendemain du *dies a quo* (jour où le recours gracieux est parvenu à l'autorité locale) et expire le *dies ad quem* (dernier jour du délai) et non le lendemain.

52. Le déféré préfectoral peut être formé dans les deux mois qui suivent la décision implicite de rejet. Jurisprudence constante. V. par ex. • CE 8 juill. 1992, *District de Freyming-Merlebach,* n° 132488 : *préc. note 35.*

53. Lorsqu'une décision explicite de rejet intervient dans ce délai de deux mois, elle fait à nouveau courir le délai du recours contentieux. Il en résulte, au cas d'espèce, que le déféré préfectoral n'était pas tardif alors même que la décision explicite était purement confirmative de la décision implicite. • CE 5 mai 2011, *Min. d'État, min. de l'Écologie, du Développement durable et de la Mer, en charge des technologies vertes et des négociations sur le climat,* n° 336893 : *préc. note 34.* ♦ Une décision expresse de rejet fait courir le délai de recours contentieux de deux mois, sans que ce dernier puisse être conservé par un second recours gracieux • CE, sect., 6 déc. 1995, *Préfet du Morbihan,* n° 168618 : *préc. note 41.*

54. Toutefois, le déféré peut être introduit contre l'acte contesté sans attendre l'expiration du délai constitutif d'une décision implicite de rejet (sol. impl.). • CE 9 oct. 1992, *Cne de Saint-Louis c/ Assoc. « Siva Soupramanien de Saint-Louis »,* n° 94455 : *préc. note 38* • CE 24 janv. 1994, *Préfet de l'Hérault,* n° 124308 : *préc. note 37.*

3° EFFETS D'UNE DEMANDE DE COMPLÉMENT DE TRANSMISSION

55. Lorsque la transmission d'un acte ne comporte pas le texte intégral de cet acte ou n'est pas accompagnée des documents annexes nécessaires pour mettre le préfet à même d'apprécier la portée et la légalité de l'acte, il appartient au préfet de demander à l'autorité communale, dans le délai de deux mois de la réception de l'acte transmis, de compléter cette transmission. Arrêt inaugural à propos d'une délibération transmise sans être accompagnée de la convention dont elle autorise la passation et qui n'est pas soumise par elle-même à l'obligation de transmission. • CE, sect., 13 janv. 1988, *Mutuelle générale des personnels des collectivités locales,* n° 68166 : *Lebon 7, concl. Roux* ✎ *; RFDA 1988. 282, concl. Roux ; AJDA 1988. 142 et 160, chron. Azibert et de Boisdeffre ; ACL 1989, n° 16.*

56. Si la demande est justifiée, le délai de recours contentieux court à compter de la réception des documents annexes réclamés. • CE 31 mars 1989, *Cne de Septèmes-les-Vallons,* n° 80272 : *Lebon 102 ; AJDA 1989. 547, note J.-B. Auby ; D. 1990. 62, note Terneyre* ✎. ♦ ... Ou de la décision implicite de rejet de la demande résultant du silence gardé pendant quatre mois par l'autorité locale. • CE 27 févr. 1995, *Préfet de l'Essonne c/ Conseil général de l'Essonne,* n° 150631 : *préc. note 19.*

57. À noter que la demande de pièces complémentaires n'est pas soumise à l'obligation de notification au titulaire du permis de construire prévue par l'art. L. 600-3 C. urb. (devenu l'art. R. 600-1). • CE 18 oct. 2002, *Dumas c/ Cne de Morance,* n° 222957 : *Lebon ; RDI 2003. 107, obs. Soler-Couteaux* ✎ *; Coll. terr. 2003, n° 13, note Célérier.*

58. Demande tardive. Si le préfet n'a pas demandé dans le délai de deux mois que soit complétée la transmission initiale incomplète d'une délibération, son déféré enregistré ultérieurement est tardif, donc irrecevable. • CE 15 sept. 2004, *Min. de l'Aménagement du territoire et de l'Environnement c/ Synd. intercommunal de distribu-*

tion d'eau du Nord, n° 230901 : *AJDA 2004. 2412* .

59. *Absence de demande du préfet.* À défaut d'un recours gracieux dirigé contre l'acte ou d'une demande tendant à ce que l'autorité locale en complète la transmission, le délai pour déférer l'acte court à compter de sa réception par le préfet. • CE, sect., 13 janv. 1988, *Mutuelle générale des personnels des collectivités locales,* n° 68166 : *préc. note 55* (jurisprudence constante).

60. *Transmission complémentaire spontanée.* En l'absence de demande de pièces complémentaires par le préfet, un envoi complémentaire effectué spontanément par la commune n'est pas de nature à proroger le délai de recours dont dispose le préfet. Le recours gracieux de ce dernier est donc irrecevable par tardiveté. • CE 29 oct. 2008, *Cne de Sainte-Marie-aux-Mines,* n° 273569 : *RCGT 2010. 199, chron. Mozol ; AJDA 2009. 116* . ♦ Il en va de même en matière de marchés : en l'absence de toute initiative du préfet, le délai court à compter de la réception du marché et non du complément transmis spontanément et composé des pièces mentionnées à l'art. L. 2131-1. • CE 17 oct. 2003, *District de Bastia,* n° 223296 : *Dr. adm. 2003. 245, note GLC ; BJCL 2004. 167, concl. Le Chatelier.*

61. *Demande injustifiée.* La demande du préfet n'a pour effet de reporter le point de départ du délai de recours contentieux que si elle est justifiée par la nécessité d'être à même d'apprécier la portée et la légalité de l'acte. Le juge contrôle la nécessité des documents demandés. Une demande injustifiée ne prolonge pas le délai de recours, ce qui entraîne le plus souvent l'irrecevabilité du recours tardif. Jugé qu'une fiche d'état civil mentionnant la nationalité, le bulletin n° 2 du casier judiciaire et divers certificats médicaux ne sont pas nécessaires pour apprécier la portée et la légalité d'un arrêté de titularisation. • CE 31 mars 1989, *Préfet de la Région Languedoc-Roussillon c/ Mme Alary, Mlle Bellet, Mme Benedetto, Mme Bochkovitch, M. Pigoullié, Mlle Memet (6 esp. identiques),* n° 83329 : *Lebon 112* ; *AJDA 1989. 538, concl. Levis, note J.-B. Auby ; ACL 1990, n° 49.* ♦ De même, pour apprécier la légalité d'un arrêté ouvrant un concours qui fixe la clôture des inscriptions des candidats à une date antérieure à celle à laquelle il a été pris, il n'est pas nécessaire de demander au maire de justifier de la date de publication. • CE 29 avr. 1994, *Cne de Baillif,* n° 106185 B : *ACL 1995, n° 34.* ♦ À propos d'une subvention communale au comité des œuvres sociales de la ville, le préfet n'a pas à demander si une partie de la somme est affectée au financement de titres de restauration au bénéfice des agents, dès lors qu'il s'agit d'une subvention globale sans affectation déterminée. • CE 23 févr. 2000, *Min. de l'Intérieur c/ Cne de Mende,* n° 190898 : *Lebon 80* ; *AJDA 2000. 463* ; *ACL 2001, n° 27.*

62. *Demande justifiée.* Sont au contraire nécessaires, pour apprécier la légalité d'un marché négocié, les pièces établissant le caractère infructueux d'un appel d'offres. • CE 31 mars 1989, *Cne de Septèmes-les-Vallons,* n° 80272 : *préc. note 56.* ♦ ... Ou les documents justifiant la légalité du recrutement d'agents contractuels sur des emplois permanents. • CE 27 févr. 1995, *Préfet de l'Essonne c/ Conseil général de l'Essonne,* n° 150631 : *préc. note 19.*

63. *Rapports entre le recours gracieux et la demande de documents complémentaires.* La même lettre du préfet peut valoir à la fois recours gracieux et demande de documents complémentaires. V. pour une lettre parvenue trop tard. • CE 27 mars 1991, *Préfet de la Haute-Garonne,* n° 114854 : *Lebon 107.* ♦ Sur la prorogation du délai imparti au préfet pour saisir le TA, • CE 4 nov. 1996, *Dpt de la Dordogne,* n° 114956 : *Lebon 433* ; *AJDA 1997. 185, concl. Maugüé* .

4° RECOURS EN CONSTATATION D'INEXISTENCE D'UN ACTE

64. Lorsque le préfet demande au juge de constater l'inexistence d'un acte normalement soumis à l'obligation de transmission, son déféré est recevable sans condition de délai. Ainsi jugé d'un déféré contre de prétendues délibérations qui émanent en réalité du maire et qui n'ont jamais été adoptées par le conseil municipal ; elles doivent être regardées comme des actes nuls et de nul effet. • CE 28 févr. 1986, *COREP des Landes,* n° 62206 : *Lebon 50* ; *RD publ. 1986. 1468, note J.-M. Auby ; AJDA 1986. 326, note Moreau ; RFDA 1987. 219, note Douence.*

65. L'inexistence d'un acte s'étend par voie de conséquence à tous les actes pris pour son application. Le juge de l'excès de pouvoir saisi d'un recours contre un acte nul et de nul effet (pour cette raison) est tenu d'en constater la nullité à toute époque. Il en va de même pour tous les actes consécutifs. Application au déféré formé contre des arrêtés municipaux nommant un agent sur un emploi transformé par une délibération inexistante et réglant ensuite sa situation administrative. • CE 10 nov. 1999, *Préfet de la Drôme,* n° 126382 : *ACL 2000, n° 38.*

D. DÉROULEMENT DE L'INSTANCE ET VOIES DE RECOURS

66. L'instance se déroule devant le TA selon les règles de forme et de procédure qui régissent tout recours en annulation d'un acte administratif.

67. *Appel.* Le préfet a seul qualité pour relever appel du jugement rendu sur son déféré. • CE, sect., 2 mars 1990, *Cne de Boulazac,* n° 84590 : *Lebon 58* ; *RFDA 1990. 621, concl. Abraham* ; *LPA 1990, n° 140, note Pacteau.* ♦ Comp. • CE, ass., 2 déc. 1994, *Préfet de la Région Nord-Pas-de-Calais,* n° 147962 : *Lebon 530* .

68. Le ministre peut présenter des observations, spontanément ou à la demande du juge d'appel mais elles sont sans incidence sur le déroulement de l'instance. Des observations ministérielles tendant au rejet de l'appel formé par le préfet n'affectent pas la recevabilité de recours (sol. impl.). • CE, sect., 5 oct. 1984, *COREP de l'Ariège c/ Cne de Lavelanet,* n° 46917 : *Lebon 315* ; *RFDA 1985. 241, concl. Delon.* ♦ Un moyen nouveau, exposé par le ministre mais non présenté par le préfet, ne peut être retenu, s'il n'a pas un caractère d'ordre public. • CE, sect., 2 mars 1990, *Cne de Boulazac,* n° 84590 : *préc. note 67.*

69. Pourvoi en cassation. La requête d'appel introduite par le préfet devant la cour administrative d'appel peut en réalité avoir le caractère d'un pourvoi en cassation relevant de la compétence du Conseil d'État. • CE 29 déc. 2004, *Préfet de Corse,* n° 272078 : *AJDA 2005. 952, note Hul*. ♦ Il y a donc lieu de surseoir à statuer pour mettre le ministre de l'Intérieur en mesure de s'approprier la requête dans le délai d'un mois. • Même arrêt. ♦ Les dispositions de la loi du 2 mars 1982 confiant au préfet le pouvoir de faire appel d'un jugement rejetant son déféré n'ont ni pour objet, ni pour effet d'écarter pour les pourvois en cassation la règle [codifiée ss. CJA, art. R. 432-4], selon laquelle l'État est représenté devant le Conseil d'État par les ministres. • CE, sect., 28 janv. 1998, *Préfet du Var c/ M. Ferran,* n° 176286 : *Lebon 22* ; *AJDA 1998. 441, concl. Savoie* ; *LPA 1998, n° 57.* ♦ Mais l'irrecevabilité dont est entaché le pourvoi du préfet est couverte par la production d'un mémoire du ministre s'appropriant les conclusions du pourvoi, même si ce mémoire n'est enregistré qu'après l'expiration du délai de recours. • Même arrêt.

70. Point de départ du délai pour se pourvoir en cassation. En vertu de l'art. R. 751-8 CJA, l'arrêt de la CAA est notifié au préfet qui assurait la défense de l'État avec copie au ministre intéressé au litige ; l'État dispose de deux mois à compter de la notification au préfet pour se pourvoir en cassation ; un autre ministre, également intéressé, ne peut soutenir que le délai ne court pas à son encontre et son pourvoi, enregistré plus de deux mois après la notification, est tardif et donc irrecevable. • CE 19 mars 2008, *Min. d'État, de l'Intérieur et de l'Aménagement du territoire c/ Sté Poitevin Construction,* n° 301797 B.

II. SUSPENSION SUR DÉFÉRÉ

71. ENCYCL. COLL. LOC. *Actes des collectivités locales : recours d'urgence, n° 4630,* par Gourdou et Bourrel. ♦ **BIBL.** Vandermeeren, La réforme des procédures d'urgence devant le juge administratif, *AJDA 2000. 706* . – La réforme des procédures d'urgence : le nouveau référé administratif (dossier : rapport du groupe de travail du Conseil d'État, articles de Pacteau et Fouletier, annexes), *RFDA 2000. 941*. – Marcou, Le référé administratif et les collectivités territoriales, *LPA 2001, n° 95.*

72. L'art. L. 511-2 CJA, relatif à la possibilité pour un président de tribunal administratif, en sa qualité de juge des référés, de déléguer dans ces fonctions un magistrat qu'il désigne, n'est pas applicable à la mise en œuvre des procédures de suspension sur déféré prévues à l'art. L. 2131-6. • CE, ord., 17 mai 2006, *Cne de Wissous,* n° 293110 : *AJDA 2006. 1068* ; *RGCT 2008. 3, chron. Mozol.* ♦ Le juge des référés du Conseil d'État soulève d'office l'incompétence du premier conseiller délégué par le président du tribunal administratif. • Même décision.

A. SUSPENSION ORDINAIRE (AL. 3)

73. Compétence du préfet. Seul le préfet peut mettre en œuvre la procédure, qu'il agisse d'office ou sur demande d'un intéressé. • TA Versailles, 1er avr. 1982, *Wantiez : Lebon 480.* ♦ Le régime spécial de sursis à exécution (auquel est substitué le référé-suspension) est applicable à tous les actes locaux faisant l'objet d'un déféré préfectoral, même s'ils ne sont pas soumis à l'obligation de transmission (sol. impl.). • CE 16 déc. 1994, *Préfet du Haut-Rhin,* n° 116564 B.

74. Procédure. En application du droit commun, irrecevabilité d'une demande présentée isolément ou à l'appui d'un recours principal irrecevable. • TA Strasbourg, 28 juin 1983, *COREP du Haut-Rhin c/ Cne de Kaysersberg : Lebon 562.* ♦ ... D'un acte qui n'est pas exécutoire, au sens où il n'est pas entré en vigueur. Cas d'une délibération modifiant un plan d'occupation des sols qui ne devient exécutoire qu'un mois après sa transmission. • CE 1er févr. 1989, *Cne de Briançon,* nos 92875 B et 92876 B : *RD publ. 1989. 1496.* ♦ Non-lieu à statuer lorsque la décision est entièrement exécutée avant que le juge ne se soit prononcé sur la demande de sursis. Par ex. la délibération autorisant la signature d'un contrat est entièrement exécutée dès qu'intervient cette signature. • CE 9 févr. 2004, *Sté d'économie mixte de la Lozère,* n° 258369 : *AJDA 2004. 1046* ; *ACL 2005, n° 18.* ♦ Toutefois un acte à exécution instantanée peut produire des effets permanents justifiant l'octroi du sursis. Ainsi jugé à propos d'un arrêté de révocation d'un agent qui produit des effets à l'encontre de l'intéressé aussi longtemps qu'il reste en vigueur. • CE 14 janv. 1987, *COREP du Dpt du Calvados,* n° 77770 : *RFDA 1988. 71, note Négrin.* ♦ De même, le juge peut prononcer le sursis à exécution d'une délibération et d'un marché qui ont fait l'objet d'un début d'exécution. • CE 31 mars 1989, *Cne de Septèmes-les-Vallons,* n° 80272 : *préc. note 56.*

75. Il n'y a pas lieu à statuer si le juge statue au fond sur la légalité de l'acte avant de se prononcer sur la demande de sursis. • TA Pau, 13 mars 1983, *Préfet, COREP des Pyrénées-Atlantiques c/ Dpt des*

Pyrénées-Atlantiques : D. 1983. 457, note Douence.

76. Le tribunal doit statuer dans le délai d'un mois. Cette disposition n'est assortie d'aucune sanction. Le juge peut statuer plus rapidement pour se prononcer avant que la décision soit entièrement exécutée. • CE 7 oct. 2009, *Cne de Plessis-Paté,* n° 325829 : *DGCT 2010. Chron. 12.*

77. Les demandes de suspension de l'exécution présentées par le représentant de l'État obéissent sur le plan procédural, et notamment pour leur instruction, leur jugement et l'exigence de tenue d'une audience publique préalable, au régime de droit commun. • CE 23 avr. 2003, *Cne de Roquebrune-Cap-Martin,* n° 251946 B : *ACL 2004, n° 24.* ♦ Le juge des référés ne peut se dispenser de l'exigence de la tenue d'une audience que lorsqu'il statue sans procédure contradictoire en application de l'art. L. 522-3 CJA. • Même arrêt. ♦ La solution vaut pour le juge des référés statuant en appel, que la requête d'appel émane du demandeur ou du défendeur en première instance. • Même arrêt.

78. Aucune disposition ne dispense la procédure de référé engagée par le préfet du respect des exigences de communication des mémoires prescrites à l'art. R. 611-1 CJA. • CE 22 juill. 2010, *Région Réunion,* n° 338367.

79. Absence de condition d'urgence. En cas de demande de suspension présentée par le représentant de l'État, il n'y a pas lieu de rechercher si la condition tenant à l'urgence est ou non remplie. ♦ Confirmation expresse d'une solution constante. • CE 23 avr. 2003, *Cne de Roquebrune-Cap-Martin,* n° 251946 : *préc. note 77.* ♦ Le juge des référés commet une erreur de droit en rejetant, sur le fondement de l'art. L. 522-3 CJA, une demande de suspension présentée par le préfet sur le fondement de l'art. L. 554-1 et en subordonnant la suspension à une condition d'urgence qui n'est pas exigée dans le cadre de cette procédure. • CE 11 mars 2005, *Min. de l'Intérieur, Sécurité intérieure et Libertés locales c/ Cne d'Avion et a.,* n° 276181 : *Lebon 101.*

80. Moyen propre à créer un doute sérieux quant à la légalité de l'acte. Est jugé sérieux le moyen tiré de ce qu'un permis de construire ne pouvait être délivré compte tenu de l'avis défavorable du préfet. • CE 30 déc. 2002, *M. Jeandey,* n° 239380 : *RDI 2003. 200, obs. Soler-Couteaux ; BJDU 2003. 612, concl. Piveteau.* ♦ ... Le moyen tiré de ce qu'un arrêté municipal ne pouvait refuser l'ouverture d'une école municipale le mercredi matin alors que la loi « ne donne [pas] compétence aux communes pour organiser le temps scolaire en déterminant le nombre de demi-journées sur lesquelles sont réparties les vingt-quatre heures hebdomadaires d'enseignement ». • TA Rouen, ord., 16 sept. 2014, *Préfet de Seine-Maritime,* n° 1402904.

81. Pouvoirs du juge. Les demandes de suspension de l'exécution présentées par le représentant de l'État doivent être accueillies par le juge des référés lorsque les conditions de la suspension sont remplies. • CE 23 avr. 2003, *Cne de Roquebrune-Cap-Martin,* n° 251946 : *préc. note 77.*

82. Suspension de l'exécution d'un contrat. Le déféré préfectoral formé à l'encontre d'un contrat relève du contentieux de pleine juridiction (V. *supra*). Le juge des référés doit donc, comme le juge du fond, prendre en considération la nature de l'illégalité commise pour se prononcer sur la demande de suspension dont est assorti le déféré. • CE 9 mai 2012, *Synd. dptal des ordures ménagères de l'Aude,* n° 355665 : *préc. note 7.* ♦ Le vice tenant à la signature du contrat avant la transmission au préfet de la délibération l'autorisant n'entraîne pas nécessairement l'illégalité du contrat, si les conditions de la transmission n'ont pas privé le préfet de sa capacité à exercer le contrôle de légalité et dès lors que la délibération a été prise avant la signature du contrat. • Même arrêt.

83. Appel. Lorsque le juge des référés du TA se prononce sur une demande de suspension présentée par le préfet en application de l'art. L. 2131-6, sa décision est susceptible de faire l'objet d'un appel et n'entre pas dans le champ d'application de l'art. 523-1, al. 1er, CJA, prévoyant que ses décisions sont rendues en dernier ressort. • CE 14 mars 2001, *CDG du Vaucluse,* n° 230487 : *Lebon 121 ; AJDA 2001. 465, chron. Guyomar et Collin.* ♦ Dans cette hypothèse, en l'absence de dérogation aux règles de droit commun relatives à la compétence d'appel, la CAA est normalement compétente pour juger le recours formé contre la décision prise par le juge des référés du tribunal administratif. Et le Conseil d'État, saisi à tort, lui renvoie l'affaire. • Même arrêt. ♦ Commet donc une erreur de droit le juge des référés de la cour administrative d'appel qui rejette l'appel formé par le préfet au motif que l'ordonnance de première instance ne pouvait être attaquée que par la voie du pourvoi en cassation. • CE 11 mars 2005, *Min. de l'Intérieur, de la Sécurité intérieure et des Libertés locales c/ Cne d'Avion et a. : préc. note 79.*

84. Toutefois, lorsque le préfet assortit son déféré d'une demande de suspension dans un litige exclu du double degré de juridiction, l'ordonnance du TA est rendue en premier et dernier ressort et ne peut faire l'objet que d'un pourvoi en cassation. • CE 6 avr. 2007, *Min. de l'Intérieur et de l'Aménagement du territoire c/ Centre de gestion de la FPT des Hautes-Alpes,* n° 297812 : *Dr. adm. 2007, n° 143, note Glaser.*

85. Cassation. Conformément à un principe général du droit, les décisions rendues en matière de référé-suspension peuvent faire l'objet d'un pourvoi en cassation. Le Conseil d'État, juge de cassation, vérifie que le premier juge n'a pas commis d'erreur de droit ou de dénaturation des pièces de la procédure et, en cas d'annulation, peut régler l'affaire au fond. • CE 23 févr. 2001, *Min. de l'Intérieur c/ Traikia*, n° 230218 : *Lebon 83* ; *Dr. adm. 2001, n° 101 ; RFDA 2001. 521*. ♦ Lorsque le pourvoi est dirigé contre une ordonnance rendue par le juge des référés d'une CAA dans le cadre d'une procédure engagée par le représentant de l'État et tendant à la suspension de l'exécution d'un acte pris par une commune, et que ce pourvoi mentionne l'intention de son auteur de présenter un mémoire complémentaire, la production annoncée doit parvenir au secrétariat du contentieux du Conseil d'État dans un délai de quinze jours à compter de la date à laquelle le pourvoi a été enregistré. Si ce délai n'est pas respecté, le requérant ou le ministre est réputé s'être désisté à l'expiration de ce délai. • CE 20 févr. 2013, *Cne d'Allauch*, n° 362201 : *AJDA 2013. 958*.

B. EFFET SUSPENSIF DE LA DEMANDE DANS CERTAINES MATIÈRES (AL. 4)

86. BIBL. Debouy, La suspension des décisions en matière d'urbanisme par la procédure du référé administratif, *CJEG 2002. 65.* – Douence et Terneyre, Marchés publics et délégations de service public : nouvelles modifications législatives, *RFDA 1995. 971 (spéc. p. 982)*. – Hourson, Les recours suspensifs en matière administrative, *Dr. adm. 2012, n° 9.*

87. Effet suspensif en matière d'urbanisme. Le préfet peut assortir son déféré contre un permis de construire d'une demande de suspension. Il est fait droit à sa demande dès lors que son déféré était recevable (le délai de recours contentieux ayant été conservé par un recours gracieux du sous-préfet) et que l'un des moyens invoqués paraissait propre à créer un doute sérieux quant à la légalité du permis. • CE 5 mai 2011, *Min. d'État, min. de l'Écologie, du Développement durable et de la Mer, en charge des technologies vertes et des négociations sur le climat*, n° 336893 : *préc. note 34.* ♦ L'effet suspensif du déféré sur référé dans cette matière n'est pas applicable en appel. • CE 8 févr. 2017, *Min. du Logement et de l'Habitat durable*, n° 402417 : *Lebon ; AJDA 2017. 320, note de Montecler*.

88. Effet suspensif en matière d'expérimentation locale. V. art. L.O. 1113-1 s.

C. SUSPENSION EN MATIÈRE DE LIBERTÉ (AL. 5)

89. BIBL. Haïm, Référé-liberté et administration des collectivités territoriales, *AJDA 2005. 810*.

90. La loi du 30 juin 2000 (art. 16) se borne à substituer le terme « suspension » au terme « sursis à exécution », sans modifier les dispositions applicables. La jurisprudence antérieure conserve donc son intérêt.

1° PROCÉDURE

91. La possibilité pour le président du TA d'ordonner le sursis à exécution n'est ouverte que si la demande émane du représentant de l'État et vise un acte d'une autorité locale. Irrecevabilité d'un recours ne remplissant aucune de ces deux conditions. • CE, ord., 22 nov. 1984, *Allain*, n°s 54359 et 54360 : *Lebon 382*. ♦ Rejet de la demande d'un particulier. • CE, ord., 8 juin 1995, *Hoarau*, n° 170043 : *Lebon 232 ; AJDA 1995. 505* et *576, chron. Stahl et Chauvaux*.

92. Il s'agit d'une procédure de référé. • CE, ord., 22 nov. 1984, *Allain*, n°s 54359 et 54360 : *préc. note 91.*

93. Une demande de sursis rejetée au titre du sursis accéléré peut être mise à l'instruction au titre du sursis ordinaire. • TA Rennes, 25 juill. 1984, *COREP des Côtes-du-Nord c/ Cne de Plestin-les-Grèves : Lebon T. 517.* ♦ De même, si le président du tribunal s'est incompétemment substitué à la formation collégiale, le président de la section du contentieux du Conseil d'État annule sa décision et renvoie la requête devant le TA. • CE, ord., 2 juill. 1982, *Cne de Sarcelles*, n° 43545 : *Lebon 260*. – V. aussi • CE, ord., 25 janv. 1984, *Cne de Pont-du-Casse : Lebon T. 518.*

94. L'observation du délai de 48 heures doit être conciliée avec le respect du principe du caractère contradictoire de la procédure. • CE, ord., 13 juill. 1999, *Cne de Monétier-les-Bains*, n° 210348 : *Lebon 246*. ♦ Le juge doit assortir la communication du référé à l'auteur de l'acte attaqué de l'indication d'un délai, compatible avec les dispositions légales et approprié aux données de l'espèce, pour présenter ses observations. • Même arrêt. ♦ Le juge ne peut régulièrement statuer qu'à l'expiration du délai imparti, nonobstant l'absence d'observations de l'auteur de l'acte attaqué. • Même arrêt.

95. Voie de recours. Appel devant le Conseil d'État. La loi prévoit expressément que l'appel est porté devant le Conseil d'État. Il s'ensuit que le préfet reste chargé de représenter l'État devant le Conseil d'État. • CE, ord., 29 juill. 1997, *Préfet du Vaucluse c/ Cne de Sorgues*, n° 189250 B : *RFDA 1998. 383, note Frier*.

2° ACTE DE NATURE À COMPROMETTRE L'EXERCICE D'UNE LIBERTÉ PUBLIQUE OU INDIVIDUELLE

96. Sont de nature à compromettre l'exercice d'une liberté publique ou individuelle les mesures de police suivantes : l'interdiction de la circulation sur une voie communale. • TA Montpellier, ord., 31 mai 1983, *Préfet des Pyrénées-Orientales c/ Cne de Casteil : Lebon 557.* ♦ ... L'interdiction des stands politiques pendant la durée d'une foire. • TA Orléans, ord., 3 oct. 1985, *Préfet d'Eure-et-Loir : RFDA 1987. 201, note Melleray.* ♦ ... L'arrêté ordonnant la fermeture d'un centre commercial. • TA Nice, ord., 5 sept. 1986, *COREP du Var : Lebon 425.* ♦ ... L'arrêté prononçant la réquisition d'un logement. • TA Paris, ord., 27 févr. 1987, *Maire d'Arcueil : Lebon 621.* ♦ ... L'interdiction de la circulation des véhicules de plus de 10 t dans une rue. • TA Strasbourg, ord., 12 févr. 1989, *Préfet de la Moselle : Rec. TA 1990. 50.*

97. Confirmation par le Conseil d'État du sursis à exécution d'une mesure de police : arrêté municipal réglementant l'activité des chauffeurs de taxis assurant la desserte de la commune, y compris l'aéroport de Satolas. • CE, ord., 1er avr. 1984, *Cne de Colombier-Saugnieu : Lebon T. 518.* ♦ ... Arrêté municipal prévoyant que les enfants de moins de 12 ans non accompagnés circulant de nuit pourront être conduits par la force publique chez leurs parents, au motif que l'autorité administrative ne dispose du pouvoir d'assurer l'exécution forcée de ses décisions que si la loi le prévoit ou en cas d'urgence. • CE, ord., 29 juill. 1997, *Préfet du Vaucluse c/ Cne de Sorgues*, n° 189250 : *préc. note 95.* ♦ ... Arrêté interdisant toute circulation et tout stationnement des véhicules lourds sur l'ensemble des voies et chemins communaux ainsi que dans certaines parcelles de la forêt communale, portant ainsi atteinte à la liberté d'aller et venir, dans le seul but d'empêcher le déroulement de travaux déclarés d'utilité publique. • CE, ord., 3 juill. 1998, *Cne de La Bruguière*, n° 197525 : *Lebon 286 ; Dr. adm. 1998, nos 318 et 378, note Bonichot ; Quot. jur. 1998, n° 98, p. 2, note Pélissier.*

98. Ne portent pas illégalement atteinte à une liberté les mesures de police suivantes : l'interdiction de survol du territoire communal limitée aux aéronefs répandant des produits chimiques. • TA Lyon, ord., 21 oct. 1987, *COREP de l'Ardèche : Lebon 621.* ♦ ... L'interdiction faite, sur le fondement des pouvoirs de police, aux gestionnaires des réseaux de distribution d'électricité, de gaz ou d'eau de procéder à toute interruption de service à l'encontre des abonnés n'ayant pas acquitté leur facture parce qu'ils rencontrent des difficultés économiques et sociales et tant que des moyens adéquats ne sont pas mis en œuvre pour y répondre. • CE 11 mars 2005, *Min. de l'Intérieur, de la Sécurité intérieure et des Libertés locales c/ Cne d'Avion et a.*, n° 276181 : *Lebon 101* .

99. N'apparaît pas comme portant illégalement atteinte à la liberté d'expression et à la liberté de la presse un arrêté municipal interdisant la vente ou la distribution gratuite de journaux et de tracts et la mise en circulation de pétitions sur le marché et ses alentours immédiats les jours où il a lieu. • CE, ord., 15 déc. 1982, *Cne de Garches*, n° 47231 : *Lebon 417.*

100. En dehors du domaine de la police, les décisions publiées du Conseil d'État sont toutes négatives : arrêté municipal organisant un concours de recrutement. • CE, ord., 2 juill. 1982, *Cne de Sarcelles*, n° 43545 : *préc. note 93.* ♦ ... Délibération décidant le gel des équipements nouveaux d'une centrale électrique. • CE, ord., 24 févr. 1983, *Ass. de Corse*, n° 48822 : *Lebon 82* . ♦... Délibération supprimant le service de ramassage scolaire dans une commune voisine. • CE, ord., 25 janv. 1984, *Cne de Pont-du-Casse : Lebon T. 517.* ♦ ... Arrêté municipal autorisant un particulier à créer un étang sur un terrain lui appartenant. • CE, ord., 10 janv. 1985, *Doret : AJDA 1985. 366, note Périnet-Marquet.* ♦ ... Décisions du conseil municipal et arrêté municipal décidant de maintenir à l'identique les horaires d'ouverture des écoles maternelles et élémentaires et de ne pas mettre ces écoles en état de fonctionner le mercredi matin. • TA Rouen, ord. 6 sept. 2014, *Préfet de la Seine-Maritime*, n° 1402920. ♦ Dès lors que les enfants scolarisés bénéficient de la totalité des heures obligatoires d'enseignement et qu'il ne résulte pas des dispositions du code de l'éducation que les activités pédagogiques complémentaires doivent être obligatoirement organisées, les décisions municipales ne peuvent être regardées comme portant atteinte au principe d'égal accès à l'éducation et au principe d'égal accès au service public. • Même ord.

D. DÉFÉRÉ-LAÏCITÉ

101. Le juge des référés du Conseil d'État a ordonné la suspension d'une modification du règlement d'une piscine municipale permettant le port du maillot de bain intégral en ce qu'il est porté atteinte au principe de neutralité du service public. Le gestionnaire d'un service public est tenu, lorsqu'il définit ou redéfinit les règles d'organisation et de fonctionnement de ce service, de veiller au respect de la neutralité du service et notamment de l'égalité de traitement des usagers. S'il lui est loisible, pour satisfaire à l'intérêt général qui s'attache à ce que le plus grand nombre d'usagers puisse accéder effectivement au service public, de tenir compte, au-delà des dispositions légales et réglementaires qui s'imposent à lui, de certaines spécificités du public concerné, et si les principes de laïcité et de neutralité du service public ne font pas obstacle, par eux-mêmes, à ce que ces spécificités correspondent à des convictions religieuses, il n'est en principe pas tenu de tenir compte de telles convictions et les usagers n'ont aucun droit qu'il en soit ainsi, dès lors que les dispositions de l'art. 1er de la Constitution interdisent à quiconque de se prévaloir de ses croyances religieuses pour s'affranchir des règles communes régissant les relations entre collectivités publiques et particuliers. Cependant, lorsqu'il prend en compte pour l'organisation du service public les convictions religieuses de certains usagers, le gestionnaire de ce service ne peut procéder à des adaptations qui porteraient atteinte à l'ordre public ou qui nuiraient au bon fonctionnement du service, notamment en ce que, par leur caractère fortement dérogatoire par rapport aux règles de droit commun et sans réelle justification, elles rendraient plus difficile le respect de ces règles par les usagers ne bénéficiant pas de la dérogation ou se traduiraient par une rupture caractérisée de l'égalité de traitement des usagers, et donc méconnaîtraient l'obligation de neutralité du service public. • CE, ord., 21 juin 2022, *Cne de Grenoble*, n° 464648 : *AJDA 2022. 1255* ; *ibid. 1736, note Bioy* ; *D. 2022. 1210*, *et les obs.* ; *AJCT 2022. 451, obs. Le Chatelier* ; *RFDA 2022. 689, note Camby et Schoettl*.

III. RESPONSABILITÉ DE L'ÉTAT DU FAIT DE L'EXERCICE DU CONTRÔLE DE LÉGALITÉ

102. Le Conseil d'État pose en principe que la faute lourde est seule de nature à engager la responsabilité de l'État du fait de l'exercice du contrôle de légalité. • CE 21 juin 2000, *Min. de l'Équipement c/ Cne de Roquebrune-Cap-Martin*, n° 202058 : *Lebon 236* ; *RFDA 2000. 1096, note Bon* ; *RD publ. 2000. 1257, concl. Touvet* ; *D. 2002. Somm. 526*, *Bon et de Béchillon* ; *ACL 2001, n° 29.* ♦ Mais en l'espèce, le comportement du préfet ne revêt pas le caractère d'une faute lourde. • Même arrêt.

103. Si le préfet n'est pas tenu de déférer au juge administratif toutes les décisions illégales des collectivités et de leurs établissements publics et si, par conséquent, son abstention ne saurait par elle-même engager la responsabilité de l'État, en s'abstenant pendant trois années consécutives, de déférer au TA neuf délibérations dont l'illégalité ressortait avec évidence des pièces qui lui étaient transmises et dont les conséquences financières étaient graves pour les communes concernées, il a commis, compte tenu des circonstances particulières de l'espèce dans l'exercice du contrôle de légalité qui lui incombait, une faute lourde de nature à engager la responsabilité de l'État. • CE 6 oct. 2000, *Min. de l'Intérieur c/ Cne de Saint-Florent et a.*, n° 205959 : *Lebon 395* ; *RFDA 2001. 152, obs. Bon* ; *AJDA 2001. 201, note Cliquennois* ; *JCP 2001. II. 10516, note Rouault* ; *LPA 2001, n° 132, chron. Guettier* ; *D. 2002. 526, obs. de Béchillon* ; *ACL 2001, n° 31.* ♦ Les fautes du syndicat et des communes membres sont de nature à atténuer la responsabilité de l'État dont la condamnation est limitée du tiers au cinquième du préjudice subi par les communes. • Même arrêt.

104. Un SIVOM chargé de la distribution d'eau au profit de communes situées hors de son périmètre d'intervention, condamné à rembourser aux usagers le montant d'une redevance illégale, demande la condamnation de l'État pour sa carence dans l'exercice du contrôle de légalité. En jugeant, après avoir relevé que le préfet s'était abstenu de déférer la délibération instituant la redevance (en 1986), que cette seule abstention était constitutive d'une faute lourde susceptible d'engager la responsabilité de l'État, la Cour a entaché son arrêt d'une erreur de qualification juridique. • CE 30 mars 2011, *Min. Intérieur c/ SIVOM Cinarca-Liamone*, n° 328972 : *AJDA 2011. 1223*. ♦ Le Conseil d'État maintient donc l'exigence de faute lourde pour engager la responsabilité de l'État dans l'exercice du contrôle de légalité et exerce son contrôle sur la qualification juridique de la faute. • Même arrêt.

Art. L. 2131-7 **Le Gouvernement soumet** *(L. n° 2004-809 du 13 août 2004, art. 141)* **« tous les trois ans », avant le 1er juin, au Parlement, un rapport sur le contrôle *a posteriori* exercé à l'égard des actes des communes par les représentants de l'État dans les départements.**

COMMENTAIRE
V. dans le supplément en ligne.

Art. L. 2131-8 **Sans préjudice du recours direct dont elle dispose, si une personne physique ou morale est lésée par un acte mentionné aux articles L. 2131-2 et L. 2131-3, elle peut, dans le délai de deux mois à compter de la date à laquelle l'acte est devenu exécutoire, demander au représentant de l'État dans le département de mettre en œuvre la procédure prévue à l'article L. 2131-6.**

Pour les actes mentionnés à l'article L. 2131-2, cette demande ne peut avoir pour effet de prolonger le délai de recours contentieux dont dispose le représentant de l'État dans le département en application de l'article L. 2131-6.

Lorsque la demande concerne un acte mentionné à l'article L. 2131-3, le représentant de l'État dans le département peut déférer l'acte en cause au tribunal administratif dans les deux mois suivant sa saisine par la personne physique ou morale lésée. – *[L. n° 82-213 du 2 mars 1982, art. 4.]*

BIBL. ▶ LESOBRE, Quel avenir pour le déféré préfectoral sur demande ?, *JCP 2001. I. 308.* – FAURE, L'intérêt pour agir des membres des assemblées locales contre les actes de leur collectivité, *AJDA 2018. 1400*.

COMMENTAIRE
V. dans le supplément en ligne.

Plan des annotations

I. RECOURS DIRECT D'UNE PERSONNE LÉSÉE

A. NATURE DU RECOURS DIRECT

1. En l'absence de régime particulier de tutelle, les décisions administratives prises par le maire sont susceptibles de recours pour excès de pouvoir dans les conditions de droit commun. • CE 7 août 1911, *Maire de Toulouse : Lebon 970.* ♦ Solution maintenue après la loi du 2 mars 1982, le plus souvent sans que la loi figure dans les visas. V. par ex. recours contre une décision du maire fixant l'ordre du tableau des conseillers municipaux. • CE 25 mai 1988, *Tête*, n° 56575 : *Lebon 207*. ♦ Recours contre un permis de construire, après rejet d'un recours gracieux : • CE, sect., 15 mai 1992, *Stahly*, n° 90397 : *Lebon 214 ; AJDA 1992. 701, obs. Jacquot*.

2. Depuis la loi du 2 mars 1982, les délibérations du conseil municipal sont également susceptibles d'être déférées à la juridiction administrative par les personnes ayant intérêt à leur annulation. • CE 26 oct. 1984, *Cne de Heume-l'Église*, n° 49919 : *Lebon 341 ; RFDA 1985. 247, concl. Thiriez.*

3. Cela résulte de la combinaison des dispositions de l'art. 21 de ladite loi, donnant une nouvelle rédaction à l'art. L. 121-34 C. communes (CGCT, art. L. 2131-9) et de l'art. 4, modifié, de la même loi (CGCT, art. L. 2131-8). • CE 26 oct. 1984, *Cne de Heume-l'Église*, n° 49919 : *préc. note 2.* ♦ Sur cette combinaison, V. notes ss. art. L. 2131-9.

4. Lorsqu'un particulier saisit directement le juge sans user de la faculté de demander au préfet de mettre en œuvre la procédure de déféré, sa demande est régie par le droit commun. • CE 20 févr. 1985, *Botet*, n° 61412 : *Lebon 522 ; ACL 1986, n° 16.*

B. RÉGIME DU RECOURS DIRECT

5. Le recours direct d'un intéressé obéit aux règles générales du recours pour excès de pouvoir, compte tenu des précisions suivantes.

1° PERSONNES POUVANT AGIR

a. Qualité pour agir du contribuable local

6. La recevabilité du recours du contribuable communal est traditionnelle. V. l'arrêt de principe : • CE 29 mars 1901, *Casanova : Lebon 333 ; DP 1902. 3. 33 ; S. 1901. 3. 73, note Hauriou.* ♦ Elle subsiste dans le cadre du recours direct. Ainsi du recours contre les décisions du maire de Paris prévoyant le financement d'actions d'information sur les fonds mis à la disposition d'une association par la ville de Paris (sol. impl.). • CE 11 mai 1987, *Divier*, n° 62459 : *Lebon 167 ; RFDA 1988. 780, concl. Schrameck.*

7. L'intérêt à agir du contribuable communal suppose que l'acte attaqué soit générateur de dépenses pour la commune dont le requérant est contribuable. V. par ex. • CE 11 mai 1987, *Divier*, n° 62459 : *préc. note 6.* ♦ Comp. : recours contre le refus du maire d'ordonner la restitution de sommes versées à tort à des entreprises, • CE 10 févr. 1992, *Mme Courtet c/ Cne de Guidel*, n° 116582 : *Lebon 1210 ; D. 1992. Somm. 414, obs. Terneyre*. ♦ Une délibération ayant pour objet d'accorder une subvention a par elle-même une incidence directe sur le budget communal, ce qui suffit à conférer à un requérant établissant sa qualité de contribuable communal un intérêt à agir, sans qu'il soit nécessaire d'établir que les conséquences directes de cette délibération sur les finances communales seraient d'une importance suffisante. • CE, sect., 13 mai 2024, n° 474652 A : *AJDA 2024. 996 ; ibid. 1373, chron. A. Goin et L. Cadin ; JA 2024, n° 700, p. 11, obs. X. Delpech*.

8. Mêmes solutions pour le contribuable départemental ou régional. Par ex. à propos d'un recours contre une délibération du conseil régional accordant des subventions à des établissements d'enseignement privés. • CE 14 avr. 1995, *Mme Bigaud*, n° 103195 : *Lebon 184 ; ACL 1996, n° 133.*

9. Le recours est irrecevable si la mesure attaquée ne comporte par elle-même aucun engagement de dépenses. Ainsi d'un recours contre un permis de construire un logement privé dans le cadre d'une opération d'aménagement ayant par ailleurs des incidences financières sur la commune. • CE 22 janv. 1988, *Laügt : Lebon T. 946 ; RD publ. 1988. 1165* • CE 8 mars 1933, *Bourguignon : Lebon 277* • CE 3 févr. 2003, *Wirbel*, n° 240630.

10. Mêmes solutions pour les recours des contribuables départementaux ou régionaux. V. par ex. le défaut d'intérêt à contester une délibération du conseil régional autorisant son président à signer des avenants à un marché, dès lors que la délibération n'emporte par elle-même aucune conséquence financière sur le budget régional. • CE 25 avr. 1994, *Mme Aguila*, n° 89602 B.

11. Recours en matière contractuelle. En revanche, lorsque la délibération d'un conseil municipal autorise la conclusion d'une convention, le contribuable de cette commune n'est recevable à en demander l'annulation pour excès de pouvoir que si les conséquences directes de cette délibération sur les finances communales sont d'une importance suffisante pour lui conférer un intérêt pour agir. • CE 1er juin 2016, *Cne de Rivedoux-Plage*, n° 391570 : *AJDA 2016. 1614*. ♦ Même solution pour un recours *Tarn-et-Garonne*. • CE 27 mars 2020, n° 426291 A : *AJDA 2020. 706 ; AJCT 2020. 476, obs. Bonnefont ; AJ contrat 2020. 343, obs. Dreyfus*.

b. Qualité pour agir des membres des assemblées locales

12. La recevabilité du recours d'un élu local contre une délibération de l'assemblée dont il est membre est traditionnelle. V. arrêt de principe (à propos d'un conseil général) : • CE 4 août 1905, *Martin : Lebon 749, concl. Romieu ; S. 1906. 3. 49, note Hauriou.* ♦ Elle subsiste dans le cadre du recours direct. • CE 13 juin 1986, *Toribio et Bideau*, n° 59578 A : *AJDA 1986. 503, concl. Roux ; ACL 1986, n° 12.*

13. Solutions anciennes. Le recours est recevable si la délibération attaquée porte atteinte au statut de l'assemblée délibérante ou aux prérogatives de ses membres. • CE 13 juin 1986, *Toribio et Bideau*, n° 59578 : *préc. note 12.* ♦ ... Ou si elle est entachée d'un vice propre (incompétence ou vice de forme). • CE 10 nov. 1989, *Moutardier et a*, n° 75422 : *Lebon 220 ; RFDA 1989. 1042.* ♦ Même solution pour le recours d'un conseiller général (ou d'un conseiller régional) contre une délibération de l'assemblée dont il est membre. • TA Amiens, 1er déc. 1987, *Braine : Lebon 721 ; AJDA 1988. 394, note Némery.*

14. Jurisprudence actuelle. Toute restriction est abandonnée. La qualité de conseiller municipal donne intérêt à attaquer les délibérations, même sans se prévaloir d'une atteinte portée à ses prérogatives. • CE 24 mai 1995, *Ville de Meudon*, n° 150360 : *Lebon 208 ; Bulletin de jurispr. de droit de l'urb. 1995. 322, concl. Baschelier et obs. Touvet.*

15. Recevabilité du recours de plein contentieux contestant la validité des contrats. Les membres de l'organe délibérant de la collectivité ou du groupement de collectivités territoriales concerné, compte tenu des intérêts dont ils ont la charge, sont recevables à former devant le juge du contrat un recours de pleine juridiction contestant la validité du contrat ou de certaines de ses clauses non réglementaires qui en sont divisibles. • CE 4 avr. 2014, *Dpt du Tarn-et-Garonne*, n° 358994 : *Lebon avec les concl. ; AJDA 2014. 1035, chron. Bretonneau et Lessi ; D. 2014. 1179, note Gaudemet et Dizier ; RDI 2014. 344, obs. Braconnier ; AJCT 2014. 375, obs. Dyens ; ibid. 380, interview Hul ; ibid. 434, Pratique Didriche ; ibid. 2015. 32, Pratique Hul ; AJCA 2014. 80, obs. J.-D. Dreyfus ; RFDA 2014. 425, concl. Dacosta ; ibid. 438, note Delvolvé ; RTD com. 2014. 335, obs. Orsoni ; RMCUE 2015. 370, étude Eckert ; JCP 2014, n° 732, note Bourdon ; RLCT 2014, n° 2687, note Brameret ; Dr. adm. 2014, n° 36, note Brenet ; BJCL 2014. 316, note Fardet ; RJEP juill. 2014, n° 31, note Lafaix ; Rev. CMP 2014. Repère 5, note Llorens et Soler-Couteaux ; ibid. Étude 5, note Rees ; JCP Adm. 2014, n° 2152, note Sestier ; ibid., n° 2153, note Hul.* ♦ Ils peuvent invoquer tout moyen à l'appui de ce recours. • Même arrêt. ♦ Les membres de l'organe délibérant d'une collectivité territoriale ou d'un groupement de collectivités territoriales justifient d'un intérêt leur donnant qualité pour contester, devant le juge de l'excès de pouvoir, les contrats de recrutement d'agents non titulaires par la collectivité ou le groupement de collectivités. • CE 2 févr. 2015, *Cne d'Aix-en-Provence*, n° 373520 : *Lebon ; AJDA 2015. 990, note Melleray ; AJCT 2015. 287, obs. Rouault ; Rev. CMP 2015, n° 102, note Pietri.* ♦ Ils peuvent invoquer tout moyen à l'appui de ce recours. • Même arrêt. ♦ Revirement de jurisprudence : le CE subordonnait la recevabilité de ce recours à l'invocation de la méconnaissance de leurs droits et prérogatives. • CE, sect., 30 oct. 1998, *Ville de Lisieux*, n° 149662 : *Lebon 375 ; AJDA 1998. 1041 ; ibid. 969, chron. Raynaud et Fombeur ; AJFP 1999. 5 ; ibid. 4, note Boutelet ; RFDA 1999. 128, concl. Stahl ; ibid. 139, note Pouyaud.* ♦ Dans le cadre d'une demande tendant à la suspension de l'exécution d'un contrat administratif, sur le fondement de l'art. L. 521-1 CJA, le juge des référés peut prendre en compte pour apprécier si la condition d'urgence est remplie, tous les éléments dont se prévalent les membres de l'organe délibérant, de nature à caractériser une atteinte suffisamment grave et immédiate à leurs prérogatives ou aux conditions d'exercice de leur mandat, aux intérêts de la collectivité ou du groupement de collectivités publiques dont ils sont les élus, ou le cas échéant, à tout autre intérêt public. • CE

18 sept. 2017, n° 408894 : *Lebon ; AJCT 2018. 40, obs. Hul ; BJCL 2017. 630, concl. Pelissier.*

2° ACTES SUSCEPTIBLES DE RECOURS

16. Le recours direct d'un intéressé est recevable contre tout acte d'une autorité locale susceptible de faire l'objet d'un recours pour excès de pouvoir selon les règles ordinaires du contentieux administratif, sous réserve de quelques particularités.

a. Délibérations ne faisant pas grief par elles-mêmes

17. Par dérogation au droit commun, le recours était recevable contre toutes les délibérations même lorsqu'elles ne constituaient pas des décisions faisant grief par elles-mêmes. • CE 21 févr. 1986, *Gilles*, n° 56417 : *Lebon 42* • CE 22 mai 1987, *Tête c/ Cne de Caluire-et-Cuire*, n° 70085 : *Lebon 179 ; AJDA 1987. 664, concl. Vigouroux ; ACL 1988, n° 28.* ♦ Cette dérogation a pris fin. Contrairement au préfet, un requérant n'est pas recevable à attaquer par la voie du recours pour excès de pouvoir une délibération qui ne fait pas grief par elle-même, même à raison des vices propres allégués. Il en va ainsi d'une délibération à caractère préparatoire, telle que la délibération du conseil d'administration d'un hôpital demandant au préfet la constitution d'un syndicat interhospitalier. • CE, ass., 15 avr. 1996, *Synd. CGT des hospitaliers de Bédarieux*, n° 120273 : *Lebon 130 ; RFDA 1996. 1169, concl. Combrexelle ; ACL 1997, n° 32 ; AJDA 1996. 366 et 405, chron. Stahl et Chauvaux* . ♦ De même est irrecevable le recours formé contre une délibération constitutive d'un vœu. • CE, sect., 29 déc. 1997, *SARL ENLEM*, n° 157623 : *Lebon 500 ; RFDA 1998. 553, concl. Touvet ; Dr. adm. 1998, n° 165 ; ACL 1998, n° 24.* – V. art. L. 2131-6.

b. Actes relevant du contrôle budgétaire du préfet

18. BIBL. Tercinet, Le retour de l'exception de recours parallèle, *RFDA 1993. 705* .

19. L'art. L. 1612-15 fait obstacle à ce que les autorités ou les personnes ainsi énumérées défèrent au juge de l'excès de pouvoir la délibération par laquelle un conseil municipal refuse d'inscrire une dépense au budget communal. Irrecevabilité de la demande d'un préfet : • CE 13 mars 1989, *Cne de Gardonne*, n° 75038 : *Lebon 89 ; LPA 28 mai 1990, note Llorens ; ACL 1990, n° 127.*

20. L'art. L. 1612-5 fait obstacle à un recours pour excès de pouvoir fondé sur la méconnaissance de la règle de l'équilibre réel. Mais cette irrecevabilité ne peut plus être opposée aux personnes justifiant d'un intérêt lorsque le préfet n'a pas saisi la chambre dans le délai de 30 jours imparti par la loi. En pareil cas, les demandeurs disposent d'un délai de 2 mois à compter de l'expiration du délai de 30 jours. Application à la délibération d'un conseil général de ce cas d'irrecevabilité provisoire d'un moyen : • CE, sect., 23 déc. 1988, *Dpt du Tarn c/ M. Barbut et a. : Lebon 466 ; AJDA 1989. 91 et 135, chron. Azibert et de Boisdeffre ; D. 1989. Somm. 381, obs. Llorens et Soler-Couteaux ; RFDA 1989. 365, concl. Lévis ; ACL 1989, n° 60.* ♦ Comp., pour l'assemblée territoriale de Polynésie française, • CE, sect., 27 mai 1994, *Braun-Ortega et Buisson*, n° 112026 : *Lebon 264 ; ACL 1995, n° 102 ; AJDA 1994. 658* . ♦ Application dans les mêmes conditions au recours formé contre une délibération du conseil régional adoptant le budget supplémentaire de la région et fondé sur la méconnaissance de la règle de l'équilibre réel. • CE 3 déc. 1999, *Région Guadeloupe*, n° 159041.

21. En revanche, aucun délai n'est imparti au préfet pour saisir la chambre régionale des comptes du compte administratif de la collectivité, lorsque celui-ci présente un déficit. Le recours d'un intéressé contre la délibération approuvant le compte administratif doit, dans ce cas, être intenté dans le délai normal de recours contentieux. Irrecevabilité pour tardiveté du recours d'un conseiller régional enregistré plus de deux mois après la réunion du conseil régional à laquelle il participait. • CE 3 déc. 1999, *Région Guadeloupe : préc. note 20.*

c. Délibérations à objet électoral

22. Le code électoral réserve la qualité pour contester une élection aux personnes électrices et éligibles ainsi qu'au préfet (art. L. 248). La même règle s'applique au recours contre une délibération à objet électoral. – V. notes ss. anc. art. L. 2131-3. ♦ Un électeur inscrit sur la liste électorale d'une commune membre d'un EPCI est recevable à contester devant le juge administratif l'élection du président du conseil de cet établissement. • CE 28 nov. 2007, *M. Sindou-Faurie et a.*, n° 271990 : *BJCL 2008. 56, concl. Séners.*

3° DÉLAI DU RECOURS DIRECT

23. Les dispositions de la loi du 2 mars 1982 relatives au déféré préfectoral ne sont pas applicables au recours direct qui relève donc uniquement du régime général du recours pour excès de pouvoir. • CE 13 juin 1986, *Toribio et Bideau*, n° 59578 : *préc. note 12.*

24. Le point de départ du délai est déterminé par l'accomplissement des formalités de publicité de l'acte, conformément au droit commun (publication ou notification), sans tenir compte de la transmission de l'acte au préfet (sol. impl. constante). Sur les mesures de publicité, V. notes ss. art. L. 2131-1. ♦ Ainsi, à l'appui d'un recours contre une délibération, le requérant peut invoquer l'illégalité de deux délibérations non réglementaires précédentes qui ne sont pas devenues définitives, faute de publicité régulière. • CE 22 févr. 1995, *M. Tiberti, M. Béranger,* n° 109684 : *Lebon 98* ; *AJDA 1995. 328, concl. Maugüé* ; *ACL 1996, n° 127.*

a. Théorie de la connaissance acquise par les élus locaux

25. Par application de la théorie de la connaissance acquise, les membres d'une assemblée délibérante sont réputés avoir eu connaissance de la délibération attaquée dès le moment de la séance à laquelle ils ont pris part et au cours de laquelle la délibération a été adoptée. Le délai de recours court à leur égard à compter de cette séance, indépendamment de toute mesure de publicité. Solution classique : • CE 4 août 1905, *Martin : préc. note 12.* ♦ Reprise dans le cadre du recours direct • CE 13 juin 1986, *Toribio et Bideau,* n° 59578 : *préc. note 12.* ♦ Il suffit que le conseiller ait été régulièrement convoqué à la séance, même s'il n'y a pas assisté. • CE 24 mai 1995, *Ville de Meudon,* n° 150360 : *préc. note 14.*

26. La sanction de la connaissance acquise est l'irrecevabilité pour tardiveté du recours intenté plus de deux mois après la séance. • CE 13 juin 1986, *Toribio et Bideau,* n° 59578 : *préc. note 12.* ♦ Il en va ainsi, même si le conseiller requérant n'a pas eu connaissance du texte du marché que le conseil a approuvé, étant précisé qu'il lui aurait appartenu de demander au juge, saisi dans le délai, la production du document concerné. • CE 27 oct. 1989, *de Peretti c/ Cne de Sarlat,* n° 70549 B : *Quot. jur. 1990, n° 51, note Chouvel.* ♦ Il en va de même si la délibération contestée n'était pas inscrite à l'ordre du jour de la séance. • CE 10 nov. 1989, *Moutardier,* n° 75422 : *préc. note 13.*

b. Effet de la demande de déféré sur le délai du recours direct

27. La demande de déféré présentée au préfet peut, depuis 1991, proroger le délai de recours direct, à l'instar d'un recours gracieux adressé à l'auteur de l'acte attaqué. Si la demande de déféré a été formée dans le délai du recours contentieux ouvert contre l'acte de la collectivité locale, elle a pour effet de proroger ce délai jusqu'à l'intervention de la décision explicite ou implicite par laquelle le préfet se prononce sur ladite demande. À propos d'une mesure de police : • CE, sect., 25 janv. 1991, *Brasseur,* n° 80969 : *Lebon 23, concl. Stirn* ; *JCP 1991. II. 21654, note Moreau* ; *AJDA 1991. 351* et *395, chron. Maugüé et Schwartz* ; *RFDA 1991. 587, concl. Stirn et note Douence* . ♦ À propos d'un permis de construire : • CE 19 janv. 1994, *SCI Les Alpilles c/ M. Gailland,* n° 119275. ♦ Même solution à propos du recours d'un conseiller municipal contre une délibération à laquelle il a pris part. Le délai de recours contre cet acte a commencé à courir, en ce qui concerne le requérant, à partir de la date de la délibération. Toutefois l'intéressé a saisi le préfet d'une demande tendant à ce qu'il défère la délibération à la juridiction administrative. Formée dans le délai de recours contentieux, la demande ainsi présentée au préfet a eu pour effet d'interrompre ce délai jusqu'à la notification de la décision par laquelle l'autorité préfectorale a refusé de lui donner suite ; la demande présentée par le requérant devant les premiers juges moins de deux mois après la notification de la décision du préfet est dès lors recevable. • CE, sect., 23 avr. 1997, *Ville de Caen c/ M. Paysant,* n° 151852 : *Lebon 158* ; *AJDA 1997. 538, concl. Pécresse* ; *JCP 1997. I. 4072, chron. Petit.* – V. aussi • CE 6 avr. 1998, *Cté urb. de Lyon,* n° 151752 : *Lebon 132* . ♦ Contre une délibération du 24 mars 2003 qui a fait l'objet d'une demande de déféré le 29 mars, le recours en annulation présenté le 9 juillet est recevable. • CE 18 mars 2005, *Mme Dugas,* n° 262961 : *Lebon 119* ; *AJDA 2005. 177* .

28. Si la demande de déféré proroge le délai de recours direct jusqu'à la réponse du préfet, le déféré lui-même puis le désistement ultérieur du préfet sont des circonstances sans incidence sur le délai du recours direct. La CAA de Paris déclare irrecevable pour tardiveté le recours formé contre les décisions d'attribution d'un marché après que le préfet s'est désisté du déféré intenté sur demande d'une entreprise concurrente. • CAA Paris, 10 mars 1998, *Dpt de la Seine-et-Marne, SA Decaux,* n° 96PA02332 : *Dr. adm. 1998, n° 251* ; *AJDA 1998. 1025, note V.M* . ♦ En statuant ainsi, la Cour n'a pas commis d'erreur de droit. • CE 6 déc. 1999, *Sté Aubettes SA,* n° 196403 : *Dr. adm. 2000, n° 20* ; *ACL 2000, n° 40.*

29. La demande de déféré ne proroge le délai de recours contentieux que pour autant qu'elle entre dans le champ d'application de l'art. L. 2131-8, c'est-à-dire du déféré sur demande. Ce n'est pas le cas d'une délibération à objet électoral dont le contentieux est régi par le code électoral. • CE 29 déc. 2004, *Mercier,* n° 265240 B.

4° PROCÉDURE DU RECOURS DIRECT

30. Le recours peut être accompagné d'une demande de sursis à exécution qui obéit aux règles de droit commun, y compris la procédure de suspension provisoire. • CE, ass., 26 mai 1995, *Préfet de la Guadeloupe et Etna,* n° 168931 : *Lebon 214* ; *AJDA 1995. 505* et *575, chron. Stahl et Chauvaux* .

31. L'appel est régi par le droit commun. À noter que si le recours est dirigé contre un acte pris par le maire au nom de l'État, le maire est sans qualité pour faire appel au nom de la commune. V. par ex., pour un arrêté pris en application de la loi de 1979 sur la publicité : • CE 7 déc. 1990, *Ville de Paris c/ Sté Multy-promotion,* n° 103902 B : *RFDA 1991. 937, concl. Abraham* . ♦ ... Ou encore pour un refus de délivrer un certificat de bonne vie et mœurs. • CE 4 févr. 1991, *Cne de*

Millas c/ M. Casanova, nos 72171 B et 72643 B : *RD publ. 1992. 546.*

II. DÉFÉRÉ PRÉFECTORAL SUR DEMANDE

A. DEMANDE DE DÉFÉRÉ

32. Actes pouvant faire l'objet de la demande. Il s'agit des actes mentionnés aux art. L. 2131-2 (actes soumis à l'obligation de transmission) et L. 2131-3 (autres actes pris au nom de la commune et non soumis à l'obligation de transmission). V. annotations ss. ces art.

33. Dans le cas d'actes soumis à l'obligation de transmission, il n'est pas nécessaire que celle-ci ait été effectuée pour former une demande. Pour une mesure de licenciement résultant d'une décision non transmise. • CE, sect., 27 févr. 1987, *Cne de Grand-Bourg de Marie-Galante c/ Mme Pistol,* n° 54847 : *Lebon 80.*

34. Pour le cas d'un acte non soumis à l'obligation de transmission : arrêté municipal relatif au logement de fonction d'un instituteur. • CE 16 oct. 1987, *Cne du Rheu c/ Mme Chesnais,* n° 80776.

35. Les délibérations procédant à des opérations électorales font l'objet d'un contentieux régi par le code électoral. Une demande de déféré n'entre pas dans le champ d'application de l'art. L. 2131-8 puisque le préfet n'a pas la possibilité de les déférer au TA selon les règles du contrôle de légalité. • CE 29 déc. 2004, *M. Mercier,* n° 265240 B : *AJDA 2005. 453.* ♦ V. aussi notes ss. art. L. 2131-6.

36. Conditions relatives au demandeur. Est personne physique ou morale lésée toute personne ayant intérêt à l'annulation de l'acte dans le cadre du recours pour excès de pouvoir. • CE 26 oct. 1984, *Cne de Heume-l'Église,* n° 49919 : *préc. note 2.*

37. Conditions de procédure. La demande n'est assujettie à aucune règle de forme particulière. Pour un déféré intenté après que l'intéressée se fut plainte de la mesure de licenciement la frappant auprès de l'autorité administrative, V. • CE, sect., 27 févr. 1987, *Cne de Grand-Bourg de Marie-Galante c/ Mme Pistol,* n° 54847 : *préc. note 33.* ♦ Pour une demande d'annulation d'un arrêté qui doit être interprétée comme une demande de déféré, V. • CE, sect., 25 janv. 1991, *Brasseur,* n° 80969 : *préc. note 27.* ♦ Toutefois, la demande de déférer une décision d'urbanisme doit être considérée comme un recours administratif au sens de l'art. L. 600-3 C. urb., et doit être notifiée par son auteur à l'auteur de la décision et, s'il y a lieu, au titulaire de l'autorisation. • CE 28 juill. 2000, *SA Lapalun,* n° 211872. ♦ La demande non notifiée ne proroge pas le délai de recours contentieux, qui est dès lors irrecevable pour tardiveté. • Même arrêt.

38. La demande doit être présentée dans le délai de 2 mois à compter de la date à laquelle l'acte est devenu exécutoire. Sur cette date, V. art. L. 2131-1 et L. 2131-3. À noter que le juge traduit l'exigence légale par un délai de recours contentieux ouvert contre l'acte et qu'il ne retient que la date d'affichage en mairie de l'arrêté, objet de la demande, pour déterminer le respect du délai par le demandeur, sans mentionner la date de transmission également nécessaire pour rendre exécutoire un arrêté réglementaire de police. • CE, sect., 25 janv. 1991, *Brasseur,* n° 80969 : *préc. note 27.*

39. Selon un tribunal, saisi par des tiers d'une demande de déféré contre une décision municipale de non-opposition à travaux, le préfet a sollicité du maire la communication de documents annexes nécessaires pour la mettre à même d'apprécier la portée et la légalité de la décision contestée, ce qui a prorogé le délai imparti pour déférer cette décision au TA (tous ces actes étant intervenus dans les délais prescrits). • TA Cergy-Pontoise, 19 oct. 2010, *Préfet du Val-d'Oise c/ Cne de Moiselles,* n° 1004567.

40. Pour les effets de la demande de déféré sur le délai de recours direct, V. notes 27 s.

B. DÉCISION DE DÉFÉRER

41. Le déféré sur demande est un recours pour excès de pouvoir du préfet. Est irrecevable une requête qui ne contient l'énoncé d'aucun moyen (elle se borne à communiquer au juge la demande de la personne lésée). • CE 27 févr. 1987, *Cne de Grand-Bourg de Marie-Galante c/ Mme Pistol,* n° 54847 : *préc. note 33.*

42. Le préfet met en œuvre la procédure prévue à l'art. L. 2131-6 (déféré d'office). V. notes ss. cet art. et • CE 16 oct. 1987, *Cne du Rheu c/ Mme Chesnais,* n° 80776 : *préc. note 34.*

43. Le champ d'application du déféré est circonscrit par celui de la demande elle-même. Ainsi il n'appartient pas à la juridiction administrative de connaître d'un litige relatif à un contrat de droit privé. Pour un contrat de travail : • CE 27 févr. 1987, *Cne de Grand-Bourg de Marie-Galante c/ Mme Lancelot : Lebon 79 ; RFDA 1987. 212 et 777, concl. Stirn et note Douence ; AJDA 1987. 418, note Prétot.*

44. Pour un acte soumis à l'obligation de transmission, la demande ne prolonge pas le délai dont dispose le préfet pour déférer d'office l'acte. Pour un cas où le délai ne court pas faute de transmission (sol. impl., le déféré étant irrecevable pour un autre motif), V. • CE, sect., 27 févr. 1987, *Cne de Grand-Bourg de Marie-Galante c/ Mme Pistol,* n° 54847 : *préc. note 33.*

45. Pour un acte non soumis à l'obligation de transmission, le délai de recours dont dispose le préfet court à compter de sa saisine par le demandeur. Recevabilité d'un déféré présenté dans le délai contre un arrêté de détachement illégal (sol. impl.). • CE 28 juill. 1995, *Dpt de la Loire,* n° 118716 : *Lebon 326.* ♦ Recevabilité d'un déféré présenté dans le délai de 2 mois à compter de la demande de déférer (arrêté municipal relatif à un logement de fonction d'un instituteur). • CE 16 oct. 1987, *Cne du Rheu c/ Mme Chesnais*, n° 80776 : *préc. note 34.*

Art. L. 2131-9 Si un citoyen croit être personnellement lésé par un acte d'une autorité communale, il peut en demander l'annulation au tribunal administratif. — *[C. communes, art. L. 121-34.]*

COMMENTAIRE

V. dans le supplément en ligne.

I. HISTORIQUE

1. Avant 1982, l'art. L. 121-34 C. communes, issu de la L. du 14 déc. 1789, disposait : « Si un citoyen croit être personnellement lésé par un acte du conseil municipal, il peut en demander l'annulation au préfet qui statue sur sa demande après vérification des faits ». La procédure était distincte du système de la nullité de droit des art. L. 121-32 et L. 121-33 C. communes. Elle n'était mise en œuvre que pour supprimer des mentions injurieuses incluses dans une délibération et les rayer du registre des délibérations. Par ex. • CE 20 oct. 1976, *Cts Coppens : Lebon T. 789 ; AJDA 1977. 311.* ♦ Dernière application : • CE 27 oct. 1982, *Cne de Parigny-les-Vaux*, n° 33263 B.

2. La L. du 2 mars 1982 (art. 21-VII) a modifié l'art. L. 121-34 C. communes à la suite de la suppression de la tutelle administrative : « Si un citoyen croit être personnellement lésé par un acte du conseil municipal, il peut en demander l'annulation au tribunal administratif ». Cette disposition reste distincte de celle qui, après suppression de la nullité de droit des délibérations, ouvre à toute personne un recours direct contre un acte d'une autorité locale (art. 4 de la L. 2 mars 1982, devenu art. L. 2131-8 CGCT).

3. La jurisprudence combine les dispositions préc. pour assimiler le recours de l'art. L. 121-34 (CGCT, art. L. 2131-9) au recours de l'art. 4, L. 2 mars 1982 (CGCT, art. L. 2131-8), présenté directement au TA. • CE 26 oct. 1984, *Cne de Heume-l'Église*, n° 49919 : *Lebon 341 ; RFDA 1985. 247, concl. Thiriez.*

4. Le juge identifie le citoyen qui croit être personnellement lésé par un acte du conseil municipal (C. communes, art. L. 121-34) à la personne lésée par une délibération (art. 4 de la L. 2 mars 1982). Il s'agit donc d'un recours pour excès de pouvoir de droit commun. • CE 26 oct. 1984, *Cne de Heume-l'Église*, n° 49919 : *préc. note 3.*

5. La combinaison des deux procédures fait disparaître la spécificité de l'art. L. 121-34. Ainsi un requérant arguant de sa qualité de citoyen français, mais qui n'est ni électeur, ni contribuable dans la commune ne justifie pas d'un intérêt lui donnant qualité pour contester une délibération. • CE 30 nov. 1990, *Roujanski*, n° 118556. ♦ Sur le régime du recours direct, V. annotations ss. art. L. 2131-8.

II. ÉTAT ACTUEL DU DROIT

6. La codification du 21 févr. 1996 a de nouveau modifié l'art. L. 121-34 en remplaçant les termes « acte du conseil municipal » par « acte d'une autorité communale ». Elle fait donc disparaître la spécificité potentielle du régime des délibérations, confirmant la tendance à l'alignement sur le régime du recours pour excès de pouvoir. L'article n'est plus jamais visé par le juge.

7. Il n'existe pas de disposition comparable à l'encontre des actes des autorités départementales et régionales. En revanche, l'ensemble des dispositions du présent chap. est applicable aux EPCI. – V. art. L. 5211-3.

Art. L. 2131-10 Sont illégales les décisions et délibérations par lesquelles les communes renoncent soit directement, soit par une clause contractuelle, à exercer toute action en responsabilité à l'égard de toute personne physique ou morale qu'elles rémunèrent sous quelque forme que ce soit. — *[C. communes, art. L. 316-2.]*

BIBL. ▶ Moderne, La responsabilité décennale des constructeurs en droit public, *Dalloz 1993, nos 292 s.* ; Le principe de liberté contractuelle et la portée des clauses de non-responsabilité dans le contentieux de la construction publique, *CJEG 1998. 269.* – Montmerle, Les clauses de décharge de responsabilité dans le domaine des marchés de travaux publics, *Mon. TP 10 févr. 1973, p. 115.*

Les dispositions de l'art. L. 2131-10, qui dérogent au principe de la liberté contractuelle, doivent être interprétées restrictivement. Ne visant expressément que les clauses par lesquelles une collectivité locale renonce à exercer une action en responsabilité, elles ne s'appliquent pas à celles qui se bornent à prévoir un aménagement ou une limitation de la responsabilité du cocontractant. • CE, sect., 28 janv. 1998, *Sté « Borg-Warner » : Lebon 20 ; Dr. adm. 1998, n° 218 ; RFDA 1998. 455 ; CJEG 1998. 269, note Moderne.* ♦ Ces dispositions s'appliquent à un marché conclu par une société d'économie mixte agissant pour le compte d'un syndicat de communes. Elles s'appliquent aux communes et à leurs groupements, même si des sociétés fermières ont été substituées au syndicat de communes pour l'exercice des actions en responsabilité. • Même arrêt. ♦ Elles valent pour les responsabilités post-contractuelles (décennales...) et pour la responsabilité contractuelle. • Même arrêt. ♦ Une clause ne pourrait être écartée par le juge du fond que si celui-ci constatait, par rapprochement avec les autres éléments pertinents de l'économie du contrat, qu'elle avait en réalité un effet voisin de celui d'une clause de renonciation. • Même arrêt. ♦ Pour une application par le juge du fond : • CAA Paris, 30 janv. 2003, *Bureau de recherches géologiques et minières et Sté auxiliaire de chauffage urbain*, n°s 98-364 et 98-341 : *BJCP 2003. 360, concl. Haïm ; RDI 2004. 386, note Moderne*.

Art. L. 2131-11 **Sont illégales les délibérations auxquelles ont pris part un ou plusieurs membres du conseil intéressés à l'affaire qui en fait l'objet, soit en leur nom personnel, soit comme mandataires.** *(L. n° 2022-217 du 21 févr. 2022, art. 217)* **« En application du II de l'article L. 1111-6, les représentants des collectivités territoriales ou des groupements de collectivités territoriales mentionnés au I du même article L. 1111-6 ne sont pas comptabilisés, pour le calcul du quorum, parmi les membres en exercice du conseil municipal. »**

BIBL. ▶ Les conseillers municipaux personnellement intéressés aux délibérations, *AJDA 1962. 493.* – Les délibérations annulables, *Dpt et cnes mai 1979, p. 26.* – LINGIBE, Le point sur les conflits d'intérêts : prise illégale d'intérêts, octroi d'avantage injustifié et notion de conseiller intéressé, *AJCT 2012. 609*. – MAILLOT, La notion d'élu « intéressé » dans le droit des collectivités locales, *JCP 2000. I. 242.*

COMMENTAIRE

V. dans le supplément en ligne.

I. RÉGIME PROCÉDURAL

1. Le moyen peut être invoqué dans le cadre de l'exception d'illégalité d'une délibération servant de fondement juridique à l'acte attaqué. Ainsi d'une délibération déclassant des parcelles du domaine communal à l'occasion d'un recours contre les permis de construire les parcelles vendues dans ces conditions. • CE 23 oct. 1995, *Cne de Moisselles et SENSOMAC*, n° 125961. ♦ Le moyen peut aussi être invoqué contre un acte préparatoire à la délibération attaquée. Ainsi du recours contre une délibération approuvant le plan d'occupation des sols viciée par les conditions d'élaboration du projet au sein du groupe de travail. • CE 17 févr. 1993, *Desmons*, n° 115600 B. ♦ Le moyen peut être invoqué contre une délibération autorisant le maire à interjeter appel d'un jugement. • CE 24 mai 2000, *Comité dptal de tourisme équestre de la Mayenne*, n° 195657 : *ACL 2001, n° 14.*

2. La contestation peut aussi faire l'objet d'un recours incident. Ainsi le juge judiciaire, saisi d'un litige relatif à un contrat de bail peut renvoyer au juge administratif l'appréciation de la validité de la délibération qui autorise la signature du contrat. • CE, sect., 16 déc. 1994, *Cne d'Oullins c/ Assoc. Léo-Lagrange Jeunesse et Tourisme, n° 145370 : Lebon 559 ; AJDA 1995. 72 ; JCP 1995. IV. 486 ; RFDA 1995. 212*.

3. L'appréciation à laquelle se livrent les juges du fond pour qualifier « d'intéressé à l'affaire » un membre du conseil municipal relève du contrôle de la qualification des faits du juge de cassation. Les juges du fond apprécient en revanche souverainement si un membre du conseil « intéressé » a exercé une influence sur la délibération. • CE 30 déc. 2002, *Assoc. « Expression village »*, n° 229099 : *Lebon ; BJDU 2003. 176, concl. Austry.* ♦ Lorsqu'un membre du conseil municipal a été écarté, à tort, des débats, au motif qu'il était intéressé, la délibération, bien qu'adoptée à l'unanimité des votants, est illégale car prise en violation du droit d'expression de l'intéressé. • CAA Douai, 8 sept. 2014, *Cne de Vignemont*, n° 13DA00765 : *AJCT 2015. 37, obs. Yazi-Roman ; RDI 2014. 656, obs. Soler-Couteaux*.

II. INTÉRÊT À L'AFFAIRE

A. EXISTENCE D'UN INTÉRÊT

4. D'une façon générale, l'intérêt à l'affaire existe dès lors qu'il ne se confond pas avec les intérêts de la généralité des habitants de la commune. • CE, sect., 16 déc. 1994, *Cne d'Oullins c/ Assoc. Léo-Lagrange Jeunesse et Tourisme*, n° 145370 : *préc. note 2.*

5. Un conseiller municipal, acquéreur d'une parcelle du domaine privé de la commune est personnellement intéressé à la délibération qui décide cette cession. • CE 12 févr. 1986, *Cne d'Ota*, n° 45156 : *Lebon 39 ; D. 1987. 73, note Peuchot ; ACL 1987, n° 11.* ♦ De même, un conseiller municipal, entrepreneur en plomberie-chauffage qui se voit confier des travaux relatifs au chauffage de la cantine scolaire. • CE 6 mai 1994, *Gindreau*, n° 115612. ♦ Une conseillère municipale, ayant pris part au vote de la délibération qui a décidé de la recruter comme agent de service, est intéressée. • CE 22 févr. 1995, *Cne de Ménotey,* n° 150713.

6. Un maire, exploitant d'une salle de danse, est personnellement intéressé à la résiliation du bail accordé à une association de loisirs organisant notamment des bals. • CE 13 févr. 1987, *Cne de Saint-Vivien de Monségur c/ Assoc. Foyer rural de Saint-Vivien de Monségur,* n° 70331. ♦ De même le conseiller municipal, notaire, qui a préparé le dossier préalable à la vente d'un bâtiment communal et qui, au surplus, rédige l'acte de vente au profit de l'acquéreur. • CE 29 juill. 1994, *SA Diffusion, Information, Fabrication, Orientation et Publicité (DIFOP),* n° 129877 : *Lebon 386*.

7. Est intéressé à l'affaire le conseiller, président-directeur général d'une société qui exploite un théâtre, propriété de la commune, lorsque le conseil municipal délibère sur des demandes de subventions en vue de travaux de réaménagement de la salle de théâtre. • CE 23 sept. 1987, *Écorcheville,* n° 65014 B.

8. Le maire, président d'une association, a, en cette qualité, un intérêt distinct de celui de la commune, à la signature d'un bail portant sur un immeuble communal au profit de l'association, bien que cette dernière soit dépourvue de but lucratif. • CE, sect., 16 déc. 1994, *Cne d'Oullins c/ Assoc. Léo-Lagrange Jeunesse et Tourisme,* n° 145370 : *préc. note 2.*

9. L'existence de liens de parenté entre conseiller municipal et bénéficiaires de la délibération peut vicier cette dernière. • CE 23 févr. 1990, *Cne de Plougerneve c/ Lenoir et a.,* n° 78130 • CE 28 juill. 1993, *Cne d'Arcangues c/ Assoc. Herriarentzat,* n° 120419.

10. Dans une affaire relative à l'acquisition d'un immeuble, doit être regardé comme personnellement intéressé le conseiller qui assure la gestion d'une partie des biens du vendeur dont il a été à plusieurs reprises le notaire. • CE 27 juin 1997, *M. Tassel et a.,* n° 122044 B : *ACL 1998, n° 8.*

B. ABSENCE D'INTÉRÊT

11. Absence d'intérêt suffisamment marqué. La circonstance que des membres du conseil municipal présentent des liens de parenté avec des personnes auxquelles sont cédés des biens communaux ne suffit pas à elle seule à justifier l'annulation s'il ne ressort pas des pièces du dossier que ces conseillers auraient été intéressés. • CE 12 févr. 1986, *Cne d'Ota,* n° 45156 : *préc. note 5.* – V. aussi • CE 22 juill. 1992, *Cts Canton,* n°s 88549 B et 102297 B.

12. À propos d'une délibération décidant la vente d'une parcelle à une société civile immobilière, le maire qui a, en qualité d'ingénieur, collaboré à l'élaboration des plans de fondations du magasin édifié par la société, ne peut être dans les circonstances de l'affaire regardé comme intéressé. • CE 16 déc. 1988, *SCI Paule,* n° 70908 B. ♦ À propos d'une location de la chasse communale à une association de chasseurs, le conseiller qui a été auparavant adhérent et même dirigeant de l'association ne peut être considéré comme intéressé. • CE 25 sept. 1992, *Assoc. de chasse les Tétras d'Hargnies et a.,* n° 92676.

13. Intérêt personnel et intérêt de la commune. Il n'y a pas d'intérêt à l'affaire lorsqu'il s'agit d'un intérêt attaché à la qualité d'habitant ou de contribuable de la commune, sans être distinct de l'intérêt général de la commune. Ainsi d'un maire, propriétaire d'une parcelle de terrain située dans une zone du plan d'occupation des sols dont le règlement a été modifié dans un sens favorable à la construction conformément aux vœux du conseil municipal. • CE 20 janv. 1989, *Assoc. des amis de Chérence,* n° 75442 B. ♦ ... Ou encore du maire et d'un conseiller résidant dans un hameau qui pourra être raccordé au réseau d'eau potable grâce à l'adhésion de la commune à un syndicat intercommunal, au prix d'un renchérissement du coût de la distribution d'eau pour l'ensemble de la commune. • CE 10 janv. 1992, *Assoc. des usagers de l'eau de Peyreleau et a.,* n° 97476 : *Lebon 13.* ♦ La délibération d'un conseil municipal donnant un avis favorable à un projet de création d'une réserve naturelle n'est pas viciée par la participation de plusieurs conseillers, membres d'une association créée dans un cadre intercommunal avant l'élaboration du projet et ayant pour mission de gérer la mise en valeur des espaces naturels dans l'intérêt des communes, alors même que l'association devait être ultérieurement chargée de la gestion de la réserve ; elle n'est pas non plus viciée par la participation du maire, membre de l'association en raison de ses fonctions. • CE 17 nov. 1999, *M. Riche, M. Madère et Assoc. de défense des intérêts des habitants de Kaw,* n° 196531. ♦ Des élus municipaux ne peuvent être considérés comme « intéressés » à une affaire (construction d'un complexe hôtelier et d'un centre de vinothérapie) parce qu'ils exercent l'activité économique prépondérante dans la commune (la viticulture). • CE 26 oct. 2012, *Dpt du Haut-Rhin,* n° 351801 : *AJCT 2013. 139, obs. Yazi-Roman ; AJDA 2013. 626, note Dubreuil ; BJCL 2013. 10, concl. Lallet.* ♦ Des conseillers municipaux, membres d'une association d'opinion opposée à l'implantation de certaines activités sur le territoire de la commune, ne sont pas considérés comme intéressés et peuvent ainsi participer à la délibération portant modification du plan local d'urbanisme ayant pour objet de restreindre ces activités. • CE 22 févr. 2016, *Sté Entreprise routière du Grand Sud et a.,* n° 367901 : *Lebon ; AJCT 2016. 334, obs. Bonnefont ; BJCL 2016. 181, concl. von Coester, obs. Poujade.* ♦ Un maire n'a pas un intérêt distinct de celui de la commune lors de l'approbation du plan local d'urbanisme, le projet de centre de thermalisme correspondant à un véritable projet structurant de la commune. • CE 8 mars 2024, *Assoc. Athéna,* n° 461520 : *AJDA 2024. 1386, note Regourd*.

14. Intérêt attaché à la fonction de conseiller municipal. L'octroi d'une indemnité de fonctions à des conseillers qui ne remplissent pas une fonction particulière au sens de la loi est illégale, mais la délibération n'est pas viciée par la participation des conseillers concernés. • CE 6 déc. 1993, *Cté urb. de Lyon,* n° 132793 B : *AJDA 1994. 442*.

15. La participation en qualité de représentant de la commune à un organisme qui lui est rattaché ou à une commission administrative n'est pas constitutive d'un intérêt à l'affaire. Si le maire, président de la SEM, a pris la précaution de déléguer à un adjoint l'octroi du permis de construire à la société qui a acquis des parcelles communales, la circonstance qu'il ait assisté à la séance au cours de laquelle a été décidé le déclassement de ces parcelles n'est pas de nature à le faire regarder comme personnellement intéressé. • CE 23 oct. 1995, *Cne de Moisselles et SEMSOMAC,* n° 125961 : *préc. note 1.* ♦ Dans le même sens, à propos d'une délibération décidant de déclasser certaines voies communales et de les céder à l'office public d'aménagement et de construction : la circonstance que deux conseillers municipaux ayant pris part à la délibération était l'un président, l'autre membre du conseil d'administration de l'OPAC, ne saurait les faire considérer comme intéressés à l'affaire, compte tenu du caractère public de cet établissement. • CAA Versailles, 15 mai 2008, *Ville de Versailles,* n° 06VE01131 : *AJDA 2008. 1676*. ♦ Mais les conseillers municipaux, président et membres du conseil d'administration d'une association gérant une maison de retraite, ont intérêt à l'affaire et leur participation entache d'illégalité les délibérations accordant des garanties d'emprunt à l'association parce que cette dernière, bien que dépourvue de but lucratif, poursuit des intérêts ne se confondant pas avec ceux de la généralité des habitants. • CE 9 juill. 2003, n° 248344 B : *AJDA 2003. 2264, note Blaise ; JCP Adm. 2003, 1926, note Moreau ; BJCL 2003, concl. Vallée.* ♦ Il en va ainsi nonobstant la circonstance que les statuts de l'association prévoyaient la participation de cinq membres du conseil municipal au conseil d'administration. • Même arrêt.

16. L'art. 5-I de la loi n° 2002-1 du 2 janv. 2002 dispose que les élus locaux, agissant en tant que mandataires des collectivités territoriales au sein du conseil d'administration ou de surveillance des SEML et exerçant certaines fonctions, ne sont pas considérés comme intéressés à l'affaire lorsque la collectivité délibère sur leurs relations avec la société. En revanche, ils ne peuvent participer aux commissions d'appel d'offres ou aux commissions d'attribution de DSP, lorsque la SEM est candidate à l'attribution d'un contrat. – V. art. L. 1524-5, al. 11 et 12. Le juge fait application de ces dispositions. Ils ne peuvent être regardés comme « intéressés » du seul fait de leurs fonctions, lorsqu'ils délibèrent sur un projet de convention portant attribution à cette société d'un marché public, d'une délégation de service public ou d'une convention d'aménagement. • CE 10 déc. 2012, *Auclair c/ Cne de Bagneux,* n° 354044 : *AJDA 2013. 1059, note Devès ; BJCP 2013. 89, concl. Pélissier, obs. Terneyre ; JCP Adm. 2013, n° 2014, note Brameret ; BJCL 2013. 23, concl. Pélissier, obs. Poujade ; Rev. CMP 2013, n° 46, note Devillers.* ♦ Le seul fait qu'un membre du conseil municipal soit actionnaire d'une des entreprises candidates à un marché de la commune et ait un lien de parenté avec son dirigeant ne justifie pas d'écarter par principe l'offre de cette société alors qu'il s'agit d'un marché de travaux habituels dont l'utilité n'est pas contestée et qu'il n'est pas allégué que le conseiller municipal, qui n'a participé qu'à la délibération autorisant la passation du marché, aurait exercé une influence particulière sur le vote. • CE 9 mai 2012, *Cne de Saint-Maur-des-Fossés,* n° 355756 A : *AJDA 2012. 1404, note Dreyfus ; RDI 2012. 400, obs. Braconnier ; BJCP 2012. 343, concl. Dacosta ; RJEP 2012. 53, note Friboulet.*

III. INFLUENCE EFFECTIVE SUR LA DÉLIBÉRATION

17. La seule présence du conseiller intéressé ne suffit pas à vicier la délibération. Il faut que sa participation ait été de nature à exercer une influence décisive sur le résultat du vote.

18. Participation aux travaux préparatoires. La participation active d'un conseiller à la séance du groupe de travail au cours de laquelle le classement d'une parcelle lui appartenant a été modifié est de nature à vicier la procédure d'élaboration du POS en ce qui concerne cette parcelle. • CE 17 févr. 1993, *Desmons,* n° 115600 : *préc. note 1.*

19. L'avis sur un projet de plan d'occupation des sols n'est pas entaché d'irrégularité du fait de la participation du maire et d'un adjoint, propriétaires dans la commune, dès lors qu'il ne ressort pas du dossier qu'ils aient influencé le groupe de travail et le conseil municipal pour des motifs d'intérêt personnel. • CE 8 déc. 1982, *Marsac et a. : Lebon T. 549 ; JCP 1983. II. 20016, concl. Labetoulle.* ♦ S'agissant d'une délibération déterminant des prévisions et règles d'urbanisme applicables dans l'ensemble d'une commune, la circonstance qu'un conseiller municipal intéressé au classement d'une parcelle ait participé aux travaux préparatoires et aux débats précédant son adoption ou à son vote n'est de nature à entraîner son illégalité que s'il ressort des pièces du dossier que, du fait de l'influence que ce conseiller a exercée, la délibération prend en compte son intérêt personnel. • CE 8 mars 2024, *Assoc. Athéna,* n° 461520 : *préc. note 13.*

20. La qualité de rapporteur du projet de délibération confirme tout particulièrement la présomption d'influence effective. • CE 13 févr. 1987,

Cne de Saint-Vivien-de-Monségur, n° 70331 : *préc. note 6* • CE 16 déc. 1994, *Cne d'Oullins,* n° 145370 : *préc. note 2* • CE 21 nov. 2012, *Cne de Vaux-sur-Vienne,* n° 334726 : *AJCT 2013. 199, note Derridj*. ♦ Il en va de même pour le maire, trésorière d'une association, présentant au conseil municipal le projet de délibération accordant le cautionnement de la commune à l'association. • CE 8 mars 2002, *Mme Géron,* n° 234650 : *Rev. Trésor 2002. 628.*

21. Participation à la délibération. La présence du conseiller intéressé à la séance est de nature à exercer une influence sur le résultat du vote auquel il a d'ailleurs pris part. • CE 12 févr. 1986, *Cne d'Ota,* n° 45156 : *préc. note 5.* ♦ Le fait que le conseiller intéressé ait pris une part importante aux débats et a participé au vote de la délibération, adoptée par 14 voix contre 13 et 2 bulletins blancs, vicie la délibération. • CE 27 juin 1997, *M. Tassel et a.,* n° 122044 : *préc. note 10.* ♦ La participation à la délibération et à des réunions préparatoires du premier adjoint, propriétaire de parcelles dont le classement a été modifié, n'est pas de nature à rendre la procédure irrégulière dès lors qu'il avait quitté la salle au moment du vote et n'avait pas pris une part active aux réunions préparatoires. Le premier adjoint était bien « intéressé à l'affaire » mais n'avait pas été en mesure d'exercer une influence décisive sur la délibération. • CE 30 déc. 2002, *Assoc. Expression Village,* n° 229099 : *Coll. terr. 2003, n° 74, note Célérier.* ♦ À l'inverse, la participation d'une personne intéressée aux travaux préparatoires et aux débats précédant l'adoption de la délibération est susceptible de vicier la légalité de la délibération, alors même que cette participation préalable ne serait pas suivie d'une participation au vote de la disposition litigieuse, dès lors que la personne a été en mesure d'exercer une influence effective sur la délibération litigieuse. • CE 21 nov. 2012, *Cne de Vaux-sur-Vienne,* n° 334726 : *préc. note 20.* ♦ Mais la participation au vote permettant l'adoption d'une délibération, par une personne intéressée à l'affaire est à elle seule aussi de nature à entraîner l'illégalité de cette délibération. • Même arrêt. ♦ De même, le conseiller intéressé ayant présidé la séance est susceptible d'avoir exercé une influence effective sur la délibération. • CE 11 déc. 1992, *Stehly,* n° 89121. • CE 17 nov. 2010, *SCI Domaine de la Rivoire,* n° 338338 : *AJCT 2011. 29, obs. Penaud*. ♦ Tel n'est pas le cas lorsque le conseiller (qui était délégué de la société chargée de réaliser les opérations de restauration dans le secteur sauvegardé d'Uzès) n'a pas été le rapporteur du projet et que le conseil s'est prononcé à l'unanimité. • CE 26 févr. 1982, n°s 12440 B, 21704 B, *Assoc. renaissance d'Uzès.*

Art. L. 2131-12 **Les dispositions des articles L. 2131-1 à L. 2131-11 sont applicables aux établissements publics communaux.** – *[L. n° 82-213 du 2 mars 1982, art. 16, al. 1er.]*

1. En l'absence de contestation sur ce point, le Conseil d'État indique, le cas échéant, que la solution dégagée est applicable aux collectivités territoriales et à leurs établissements publics. V. par ex., pour la recevabilité des recours contre une délibération préparatoire du conseil d'administration d'un hôpital : • CE, ass., 15 avr. 1996, *Synd. CGT des hospitaliers de Bédarieux : Lebon 130 ; AJDA 1996. 366 et 405, chron. Stahl et Chauvaux*.

2. L'établissement public foncier de la Région Nord-Pas-de-Calais est un établissement public d'aménagement de l'État et non un établissement public foncier local. L'obligation de transmission de ses actes, prévue à l'art. L. 2131-1, ne lui est donc pas applicable. • CE 7 juill. 2008, *Éts public foncier de la Région Nord-Pas-de-Calais,* n° 300836.

Art. L. 2131-13 **Les dispositions de l'article L. 1411-9 sont applicables aux marchés passés par les communes et les établissements publics communaux.** – *[C. communes, art. L. 314-1.]*

CHAPITRE II ACTIONS CONTENTIEUSES DE LA COMMUNE

SECTION 1 Dispositions générales

ENCYCL. COLL. LOC. *Municipalité : fonctions du maire, 500,* par F.-P. Benoit, refonte par J. Benoit.

BIBL. ▸ Cholet, L'action en justice exercée par les exécutifs locaux devant les juridictions civiles, *AJCT 2012. 1455.* – Pacteau, Les actions en justice des collectivités territoriales : rôles respectifs de l'exécutif et de l'assemblée délibérante, *RF décentr. 1995. 168.*

COMMENTAIRE

V. dans le supplément en ligne.

Art. L. 2132-1 **Sous réserve des dispositions du 16° de l'article L. 2122-22, le conseil municipal délibère sur les actions à intenter au nom de la commune.** – *[C. communes, art. L. 316-1.]*

V. Circ. du 6 avr. 2012 (NOR : IOCB1210275C) relative à la capacité à ester en justice au nom de la commune.

I. RÉGIME GÉNÉRAL D'AUTORISATION

A. NÉCESSITÉ D'UNE AUTORISATION PRÉALABLE

1. L'autorisation donnée au maire par le conseil municipal est nécessaire pour toute action, que la commune soit demandeur ou défendeur à l'instance. Par ex. pour ce dernier cas. • CE 23 janv. 1959, *Cne d'Huez : Lebon 67.* ♦ Solution constante découlant aussi des dispositions expresses de l'art. L. 2122-21-8°. – V. aussi • CE 11 mars 1977, *Cne d'Achen c/ Wolf : Lebon 134.*

2. L'autorisation est également nécessaire pour une intervention. • CE 10 déc. 1952, *Defos du Rau : Lebon 565.*

3. L'autorisation est nécessaire même si le litige porte sur l'exercice des pouvoirs propres du maire. * Rép. min. n° 3288 : *JO Sénat, 16 déc. 1993, p. 2417.*

4. La décision d'autorisation relève de la seule compétence du conseil municipal. Jurisprudence constante. • CE 5 nov. 1947, *Nègre : Lebon 406.* ♦ Est irrecevable la requête introduite par un premier adjoint qui s'est borné à produire une décision s'habilitant lui-même. • CE 19 mai 1995, *Cne de Bandol,* n° 133903.

5. Une autorisation spécifique est nécessaire pour faire appel, l'autorisation donnée pour l'action en première instance ne valant pas par elle-même pour l'appel. • CE 21 juin 1961, *Maire de Thionville : Lebon 422* • CE 21 oct. 1994, *Cne de Brassac-les-Mines,* n° 141073. ♦ Toutefois l'autorisation initiale peut légalement prévoir l'exercice des voies de recours. • CE 2 juin 1938, *Cne de Vico : Lebon 506.* ♦ L'autorisation vaut au contraire pour l'exercice des voies de recours devant le juge pénal et civil. • Crim. 22 janv. 1990, n° 88-87.003 : *DA 1990, n° 327.*

6. Le conseil municipal définit l'étendue et les limites de l'autorisation qu'il donne au maire. L'autorisation de défendre à une action en responsabilité donne qualité à l'exécutif du département pour présenter toute demande, même dirigée contre un tiers, de nature à compenser en tout ou partie les conséquences d'une admission éventuelle des conclusions du demandeur principal (appel en garantie). • CE, sect., 26 nov. 1976, *Dpt de l'Hérault : Lebon 514, concl. Galabert ; AJDA 1977. 266, note Nguyên Duy Tan.* ♦ L'autorisation permet d'avoir recours à l'assistance d'un avocat. • CE 23 nov. 1977, *Delle Lecoq : Lebon 457.*

7. Cas du référé. Par dérogation à la règle générale, une action en référé devant le juge administratif peut être introduite par le maire sans autorisation préalable ni régularisation *a posteriori.* La solution résulte de la nature même de l'action en référé qui ne peut être intentée qu'en cas d'urgence et qui ne peut préjudicier au principal. • CE 28 nov. 1980, *Ville de Paris c/ Éts Roth,* n° 17732 : *Lebon 447, concl. Costa ; AJDA 1981. 86 et 95, chron. Feffer et Pinault.* ♦ Pour une confirmation, postérieurement à la loi n° 2000-597 du 30 juin 2000, à propos du référé-liberté de l'art. L. 521-2 CJA : • CE 18 janv. 2001, *Cne de Venelles et Morbelli,* n° 229247 : *Lebon 18 ; AJDA 2001. 153, chron. Guyomar et Collin ; D. 2002. 2227, obs. Vandermeeren ; RFDA 2001. 378, concl. Touvet ; ibid. 681, note Verpeaux.* – V. notes ss. art. L. 2132-3.

B. SANCTION DU DÉFAUT D'AUTORISATION

8. L'action introduite par le maire sans autorisation est irrégulière et par suite irrecevable. Elle peut toutefois être régularisée *a posteriori* jusqu'au jour du jugement et le juge a l'obligation d'inviter le maire à produire une délibération l'habilitant à agir. – V. notes ss. art. L. 2132-2.

II. DÉLÉGATION DU CONSEIL MUNICIPAL AU MAIRE

9. L'art. L. 2122-22-16° permet au conseil municipal de déléguer sa compétence au maire dans les cas définis par le conseil. Dans les limites ainsi fixées, le maire agit sans autorisation expresse. Méconnaît ces dispositions la chambre d'accusation qui déclare irrecevable une constitution de partie civile alors que le maire agissait dans un cas défini par la délégation. • Crim. 15 juin 1993, *Cne de Yerres : JCP 1993. IV. 2399.*

10. Le Conseil d'État admet la validité d'une délégation générale donnée au maire pour ester en justice au nom de la commune pendant la durée de son mandat. • CE 27 juill. 1988, *Gohin,* n° 81698 B. – V. aussi • CE 29 déc. 1995, *Assoc. MJC de Courbevoie,* n° 122414. ♦ Cette délégation générale d'ester en justice inclut également le choix de l'avocat ou d'un autre mandataire légalement habilité à cette fin d'accomplir, au nom de la commune, les actes de la procédure. • CE 12 mai 2006, *Caisse des dépôts et consignations,* n° 249442 : *AJDA 2006. 1607, concl. Casas.* ♦ En revanche, le maire ne peut, sans y avoir été préalablement autorisé par une délibération expresse du conseil municipal, donner mandat à un tiers d'exercer au nom de la commune l'action que le conseil a décidé d'intenter, en s'en remettant notamment à ce tiers pour le choix d'un avocat ou d'un autre mandataire légalement habilité à accomplir les actes de la procédure ainsi que des instructions à donner à celui-ci. • Même arrêt.

11. La Cour de cassation juge de même. • Civ. 2e, 4 juin 1993, *Synd. des eaux de Xaintrailles-Montgaillard c/ Colas : D. 1993. IR 174.*

12. La délégation ne peut se borner à reprendre les dispositions de l'art. L. 2122-22-16° ; elle doit définir les cas dans lesquels le maire peut ester en justice. • CAA Bordeaux, 30 déc. 1991, *Cne de Feytiat*, n° 91-13.496 : *Lebon 614.* ♦ Une simple référence aux dispositions du code, sans préciser s'il s'agit d'une délégation totale ou partielle, ne suffit pas. • CE 2 févr. 2000, *Cne de Saint-Joseph*, n° 117920 : *Dr. adm. 2000, n° 53 ; ACL 2001, n° 17.*

Art. L. 2132-2 **Le maire, en vertu de la délibération du conseil municipal, représente la commune en justice.** — *[C. communes, art. L. 316-3 issu de L. 5 avr. 1884, art. 122, al. 1er.]*

1. Complémentarité des dispositions légales. Le juge se prononce sur la recevabilité de l'action introduite par le maire en visant indifféremment l'art. précédent (V. note 4 ss. art. L. 2132-1), soit le présent art. • CE 4 oct. 1995, *Cne de Rouvray-Catillon et a.*, n° 103137. ♦ ... Soit encore les deux simultanément. • CE 19 mai 1995, *Cne de Bandol*, n° 133903.

2. Compétence exclusive du maire. Seul le maire a qualité pour représenter la commune en justice. Des conseillers municipaux n'ont pas qualité pour présenter une requête au nom de la commune. • TA Nancy, 7 févr. 1985, *Santi et a. c/ Maire de Champigneulles : AJDA 1985. 492, note Luisin.* ♦ Un conseil municipal ne peut légalement donner mandat à une association pour intervenir au nom de la commune. • CE 16 oct. 1992, *M. Gautier et a.*, n° 105480. ♦ La délibération du conseil municipal désignant un de ses membres pour agir en justice à la place du maire dans les actions où les intérêts de celui-ci se trouveraient en opposition avec ceux de la ville n'équivaut aucunement à la délibération pouvant permettre au même conseiller d'agir, en tant que contribuable, pour le compte de la commune. • CE 22 juill. 1992, *M. Avrillier*, n° 134976 : *Lebon 301 ; AJDA 1992. 649, chron. Maugüé et Schwartz.* ♦ Lorsque les intérêts du maire se trouvent en opposition avec ceux de la commune dans un litige donné ou pour la signature ou l'exécution d'un contrat, seul le conseil municipal est compétent pour désigner un autre de ses membres soit pour représenter la commune en justice, soit pour signer le contrat ou intervenir dans son exécution. Lorsque le maire estime ne pas devoir exercer ses compétences en raison d'un conflit d'intérêts, il ne saurait désigner la personne habilitée soit à représenter la commune en justice dans un litige donné, soit à signer ou à exécuter un contrat que si ses intérêts ne se trouvent pas en opposition avec ceux de la commune. Lorsqu'une telle opposition ressort des pièces du dossier qui lui est soumis, il appartient au juge de relever d'office l'irrecevabilité de la demande de la commune représentée par son maire ou par une personne qui n'a pas été légalement désignée. • CE 30 janv. 2020, *Cne de Paita*, n° 421952 B : *AJDA 2020. 265 ; ibid. 1666, note Gohin ; AJCT 2020. 366, obs. Villeneuve.* ♦ V. art. L. 2122-26.

3. Contrôle du conseil municipal. Le maire doit obligatoirement rendre compte au conseil des actions en justice dont la commune est partie. • TA Strasbourg, 20 août 1997, *Masson c/ Ville de Metz*, n° 952965 : *Lebon 598.*

4. Procédure. Lorsqu'une partie est une personne morale, il appartient à la juridiction administrative saisie, qui en a toujours la faculté, de s'assurer, le cas échéant, que le représentant de cette personne morale justifie de sa qualité pour agir au nom de cette partie ; que tel est le cas lorsque cette qualité est contestée sérieusement par l'autre partie ou qu'au premier examen, l'absence de qualité du représentant de la personne morale semble ressortir des pièces du dossier. • CE 7 mars 2012, *Niel*, n° 334898 : *RLCT 2012. 59, note Glaser ; AJDA 2012. 522, note Grand.* ♦ Arrêt infirmant la solution suivante • CAA Bordeaux, 30 déc. 1991, *Cne de Feytiat*, n° 89BX01030 : *Lebon 614.*

5. La présentation d'une action par un avocat, un avocat aux conseils ou un avoué ne dispense pas le TA de s'assurer, le cas échéant, lorsque la partie en cause est une personne morale (en l'espèce une commune), que le représentant de cette personne morale justifie de sa qualité pour engager cette action. • CE, avis, 29 nov. 1991, *Synd. des commerçants non sédentaires de la Savoie*, n° 129441 : *JO 13 déc. 1991, p. 16314 ; RFDA 1992. 234, concl. Hagelsteen.* ♦ Les avocats ont qualité pour représenter leurs clients, et notamment les personnes publiques, devant les administrations publiques sans avoir à justifier du mandat reçu par eux ; toutefois, aucune décision administrative ne saurait résulter de leurs seules correspondances ; un courrier d'avocat ne peut donc rejeter le recours gracieux du préfet et faire courir le délai de recours contentieux. • CE 9 mai 2012, *Synd. dptal des ordures ménagères de l'Aude*, n° 355665 : *JCP Adm. 2012. 2291, note Pontier ; AJDA 2012. 1688, note Martin.*

6. Le juge doit, de même, contrôler la valeur de cette autorisation ou de cette délégation. La production d'un extrait non signé d'une délibération approuvant l'arrêté du maire désignant un avocat n'est pas de nature à établir que le conseil municipal ait régulièrement entendu donner délégation au maire pour interjeter appel. • CAA Bordeaux, 30 déc. 1991, *Cne de la Grande-Motte, Assurances du groupe de Paris : Dr. adm. 1992, n° 204.* ♦ V. aussi jurisprudence citée ss. art. L. 2132-1.

7. La délibération autorisant le maire à agir a le caractère d'un acte de procédure se rattachant à l'instance pendante devant le TA. La partie adverse peut donc en contester la régularité dans le cadre de l'instance mais non par un recours pour excès de pouvoir direct. • CE 21 nov. 1980, *Rémy*, n° 16530 : *Dr. adm. 1980, n° 443.*

8. Peut ainsi être invoqué le fait que la délibération est assortie d'une condition illégale (en l'espèce, la recherche préalable d'une conciliation alors que toute transaction est légalement prohibée). • CE 27 juin 1962, *Ville de Tananarive : Lebon T. 907.*

9. Régularisation d'une action introduite sans autorisation. L'autorisation donnée postérieurement à l'introduction de l'action peut être produite au tribunal à tout moment jusqu'au jour du jugement, en première instance comme en appel. • CE 23 janv. 1959, *Cne d'Huez : Lebon 67* • 21 juin 1961, *Maire de Thionville : Lebon 422.*

10. La délibération autorisant à défendre sur l'appel ne régularise pas *a posteriori* l'action du maire en première instance. La fin de non-recevoir opposée à la demande de première instance doit être accueillie en l'absence de production d'une délibération relative à celle-ci. • CAA Lyon, 29 juin 1993, *SA Constructions-Loisirs-Équipement : Lebon T. 648.*

11. Obligation pour le juge d'inviter le maire à fournir la délibération. Le Conseil d'État censure les tribunaux qui omettent d'inviter le maire, à titre de mesure d'instruction, à produire la délibération requise. • CE 3 mai 1963, *Cne de Pierrelatte : Lebon T. 958* • 11 mars 1977, *Cne d'Achen c/ Wolf : Lebon 134.*

12. La même obligation pèse sur le juge d'appel, tant en ce qui concerne l'instance d'appel que la première instance si l'exception n'est soulevée qu'en appel. • CAA Lyon, 29 juin 1993, *SA Constructions-Loisirs-Équipement : préc. note 10.*

13. Il en résulte que l'irrecevabilité tirée de l'absence d'autorisation ne peut être déclarée qu'en cas d'abstention caractérisée du maire. ♦ Comp. • CE 10 févr. 1989, *Cne de Dugny c/ Mme Prigent,* n° 76449. – V. notes ss. art. L. 2132-3.

14. Qualité de partie à l'instance devant le juge administratif. Une commune conserve la qualité de partie à l'instance ouverte devant le tribunal administratif contre un acte adopté par celle-ci, quand bien même le recours n'a été formé que postérieurement à la date du transfert à une métropole de la compétence en matière de plan local d'urbanisme. • CE 12 juill. 2019, *Cne de Corenc,* n° 418818 : *AJDA 2019. 1483.*

15. Action devant le juge civil. Il appartient à ce dernier d'apprécier si le maire est régulièrement autorisé à agir. Les solutions retenues par la Cour de cassation sont analogues à celles données par le juge administratif. Le défaut d'autorisation préalable est une irrégularité qui peut être couverte par la production d'une autorisation avant que le juge statue. La solution peut être fondée sur l'art. 121 C. pr. civ. • Civ. 3e, 11 janv. 1984, *SCI Le Vernay c/ Ville de Chambéry : Bull. civ. III, n° 8.* ♦ Comp. : la régularisation *a posteriori* des appels interjetés à titre conservatoire sans autorisation (V. note 6 ss. art. L. 2132-3).

16. Action devant le juge répressif. Le dépôt d'une plainte avec constitution de partie civile doit obligatoirement être accompagné de la production d'une délibération autorisant le maire à agir. • Crim. 18 févr. 1987, *Biancotto : D. 1987. IR 74.* ♦ Toutefois l'action civile est régularisable *a posteriori* si l'action publique n'a pas été mise en jeu par la plainte de la commune. • Crim. 16 déc. 1975, *Levray et Robert : Bull. crim. n° 279.*

Art. L. 2132-3 **Le maire peut toujours, sans autorisation préalable du conseil municipal, faire tous actes conservatoires ou interruptifs des déchéances.** – *[C. communes, art. L. 316-4 issu de L. 5 avr. 1884, art. 122, al. 2.]*

1. Constitue un acte conservatoire n'importe quelle action préventive d'une forclusion. Il en va ainsi classiquement d'une action en défense. • CE 9 janv. 1849, *Ville de Paris c/ Noël et Cts : Lebon 21* (sur le fondement de la L. de 1837). ♦ ... Mais aussi d'un appel. • CE 3 août 1877, *Cne de Cintray : Lebon 765.* ♦ ... Ou même d'un recours pour excès de pouvoir. • CE 19 nov. 1926, *Ville de Strasbourg : Lebon 989.* ♦ Tel n'est pas le cas de la déclaration de surenchère, acte de disposition, que le maire ne peut accomplir que dûment autorisé par le conseil municipal. • Civ. 2e, 21 mars 2013, n° 12-10.091 : *BJCL 2013. 324, obs. Janicot.*

2. Mais l'acte conservatoire doit être approuvé *a posteriori* par le conseil municipal. La délibération régularise l'acte du maire dans les mêmes conditions qu'aux articles précédents. Elle peut intervenir après l'expiration du délai de recours. • CE 11 déc. 1963, *Ville de Colombes : Lebon 612.*

3. L'abstention du maire à produire une délibération régularisant son acte rend l'action irrecevable. • CE 10 févr. 1989, *Cne de Dugny c/ Mme Prigent,* n° 76449.

4. Le refus du conseil municipal d'autoriser l'acte conservatoire du maire rend l'action irrecevable. • CE 3 mars 1972, *Ville du Havre c/ Sté Borgeaud : Lebon T. 995.*

5. Par dérogation à la règle générale, une action en référé devant le juge administratif n'a besoin ni d'autorisation préalable, ni d'autorisation *a posteriori.* La solution résulte de la nature même de l'action en référé qui ne peut être intentée qu'en cas d'urgence et qui ne peut préjudicier au principal. • CE 28 nov. 1980, *Ville de Paris c/ Éts Roth,* n° 17732 : *Lebon 447, concl. Costa ; AJDA 1981. 86 et 95, chron. Feffer et Pinault.* ♦ Pour une confirmation, postérieurement à la loi n° 2000-597 du 30 juin 2000, à propos du référé-liberté de l'art. L. 521-2 CJA : • CE 18 janv. 2001,

Cne de Venelles et Morbelli, n° 229247 : Lebon 18 ; AJDA 2001. 153, chron. Guyomar et Collin ; D. 2002. 2227, obs. Vandermeeren ; RFDA 2001. 378, concl. Touvet ; ibid. 681, note Verpeaux.

6. *Action devant le juge civil.* La Cour de cassation déclare recevable l'appel fait à titre conservatoire par le maire sous réserve d'une régularisation par la production d'une délibération avant le jour du jugement. Ceci sans viser l'art. L. 316-4 C. communes (art. L. 2132-3). • Civ. 3e, 9 nov. 1982, *SCI Les résidences de la Corniche c/ Ville de Marseille : Bull. civ. III, n° 214.* ♦ ... Ou en l'évoquant incidemment. • Soc. 5 juin 1991, *Techer c/ Cne de Salazie : D. 1991. IR 176.*

7. *Action devant le juge répressif.* La délibération autorisant le maire à agir doit obligatoirement précéder le dépôt d'une plainte avec constitution de partie civile, sans régularisation possible *a posteriori.* • Crim. 18 févr. 1987, *Biancotto : D. 1987. IR 74.*

Art. L. 2132-4 **Toute partie qui a obtenu une condamnation contre la commune n'est pas passible des charges ou contributions imposées pour l'acquittement des frais et dommages-intérêts qui résultent du procès.** – [*C. communes, art. L. 316-12 issu de L. 5 avr. 1884, art. 131.*]

SECTION 2 Exercice par un contribuable des actions appartenant à la commune

ENCYCL. COLL. LOC. *Droits des habitants : actions exercées aux lieu et place des collectivités, 12220,* par PACTEAU.

BIBL. GÉN. ▶ AGUILA, Le régime issu du décret du 26 févr. 1992, *RFDA 1993. 95.* – HEINIS, La notion de chance de succès, *Gaz. Pal. 1993. 2. 1350.* – LANGELIER, L'autorisation de plaider : point sur la jurisprudence récente, *AJCT 2012. 482.* – MAKHLOUCHE, L'exercice par un contribuable des actions en justice appartenant à la commune, *RD publ. 1995. 449.* – NGAMPIO OBELE-BELE, Retour sur une procédure exceptionnelle et méconnue des administrés, *RD publ. 2010. 1327.* – PACTEAU, L'autorisation de plaider... curiosité, danger, bienfait ?, *in* Mél. Moreau, *Economica 2002, p. 337.* – PARENT, L'autorisation du contribuable de plaider au lieu et place de sa collectivité : une tradition au service de la démocratie locale, *RFDA 2010. 378.* – POUJADE, Le régime des autorisations de plaider, *BJCL 2008. 238.*

COMMENTAIRE

V. dans le supplément en ligne.

Art. L. 2132-5 **Tout contribuable inscrit au rôle de la commune a le droit d'exercer, tant en demande qu'en défense, à ses frais et risques, avec l'autorisation du tribunal administratif, les actions qu'il croit appartenir à la commune, et que celle-ci, préalablement appelée à en délibérer, a refusé ou négligé d'exercer.** – [*C. communes, art. L. 316-5 issu de L. 5 avr. 1884, art. 123, al. 1er.*]

PLAN DES ANNOTATIONS

I. CHAMP D'APPLICATION DE L'AUTORISATION DE PLAIDER

A. PERSONNES PUBLIQUES CONCERNÉES

1. *Extensions législatives du régime communal.* L'art. 73 de la L. n° 99-586 du 12 juill. 1999 (CGCT, art. L. 5211-58) ouvre au contribuable communal le droit d'exercer les actions qu'il croit appartenir aux EPCI auxquels a adhéré la commune. Puis la L. n° 2000-321 du 12 avr. 2000 a étendu le régime aux départements (CGCT, art. L. 3133-1) et aux régions (CGCT, art. L. 4143-1).

2. *Sections de communes.* L'art. L. 2411-8 institue à leur égard un régime spécifique. V. cet art.

3. *Établissements publics locaux.* Ils ne sont pas soumis à ce régime faute de contribuables. À propos d'un hospice. • CE 4 juill. 1930, *Moreau : Lebon 1127.*

B. QUALITÉ DE CONTRIBUABLE COMMUNAL

4. La qualité de contribuable communal est nécessaire et suffisante pour exercer l'action en substitution. Solution constante depuis 1837. • CE 16 déc. 1994, *Casanovas,* n° 118546. ♦ La procédure est ouverte à un conseiller municipal agissant en qualité de contribuable. • CE 22 juill. 1992, *Avrillier*, n° 134976 : *Lebon 301* ; *AJDA 1992. 649, chron. Maugüé et Schwartz* ; *ACL 1993, n° 10.* ♦ Un maire pourrait y avoir recours, en qualité de contribuable, alors même que le conseil municipal lui aurait refusé l'autorisation de représenter la commune en justice. • TA Limoges, 26 mai 1986, *Lumet : Lebon T. 439.* ♦ Un contribuable communal est personnellement intéressé à ce que les actes concernant la gestion du patrimoine communal soient accomplis dans les conditions prescrites par la loi ; ainsi, il dispose d'un intérêt lui donnant qualité à agir pour contester une délibération du conseil municipal de cette commune portant sur l'aliénation de chemins ruraux. • CE 7 déc. 2015, n° 377264 : *AJDA 2016. 466*. ♦ Un contribuable local a intérêt à contester la délibération autorisant le recours à un bail emphytéotique eu égard aux conséquences financières sur le budget municipal de celle-ci et du fait de la très longue durée de ce bail et au montant modique de la redevance prévue par le contrat. • CE 10 févr. 2017, *Ville de Paris*, n° 395433 : *Lebon* ; *AJDA 2017. 684, concl. Henrard*.

5. Un contribuable ne peut demander l'autorisation d'exercer une action qu'il croit appartenir à la commune s'il justifie d'un intérêt qui le rend recevable à exercer lui-même le recours. • CE 28 avr. 2006, *M. Cassinari*, n° 280878 : *AJDA 2006. 903* ; *JCP Adm. 2006, n° 1198, comm. Moreau.* ♦ Est donc rejetée la demande d'autorisation de plaider relative à un recours pour excès de pouvoir contre l'arrêté préfectoral refusant l'adhésion de la commune à une communauté d'agglomération. • Même arrêt. ♦ Rejet de la demande d'autorisation d'exercer, au nom d'une section de commune, une action en justice contre un permis de construire délivré par le préfet : l'intéressée, contribuable inscrite au rôle de la commune et électrice de la section de commune, justifie d'un intérêt qui la rend recevable à exercer elle-même le recours. L'irrecevabilité de la demande se justifie par le caractère essentiellement subsidiaire de la procédure. • CE 24 sept. 2010, *Mme Barthélemy*, n° 330886 : *Dr. adm. 2010, n° 160, note Lachaire* ; *JCP Adm. 2010, n° 43, p. 17, note Pacteau.*

6. Une demande unique peut émaner de plusieurs contribuables. • CE, ass., 26 juin 1992, *Mme Lepage-Huglo et a.*, n° 137345 : *Lebon 246, concl. Le Chatelier* ; *AJDA 1992. 477* et 506, *concl. Le Chatelier, chron. Maugüé et Schwartz* ; *ACL 1993, n° 8.*

7. Une demande présentée par un groupement est rejetée au fond sans qu'il soit besoin de statuer sur la recevabilité de la requête. • CE, sect., 29 déc. 1995, *Union pour la sauvegarde des intérêts des contribuables et du patrimoine cabourgeais et a.*, n° 161372 : *Lebon 462*. ♦ Solution explicite : une association de contribuables n'a pas qualité pour faire une demande lorsqu'elle ne justifie pas de sa propre qualité de contribuable inscrit au rôle des contributions de la commune. • CE 13 janv. 2003, *Assoc. de défense des contribuables ansois et a.*, n° 242768. ♦ En revanche, les demandes présentées individuellement sont examinées au fond. • Même arrêt.

C. ACTIONS EN JUSTICE CONCERNÉES

8. L'action en substitution s'applique à toute action en justice ouverte à la commune. Ce peut être une action civile, telle une action en rescision pour lésion d'une vente. • CE, ass., 26 juin 1992, *Mme Lepage-Huglo et a.*, n° 137345 : *préc. note 6.* ♦ Il s'agit souvent d'une action devant le juge répressif, plainte avec constitution de partie civile. • CE, ass., 26 juin 1992, *M. Monnier-Besombes*, n° 133901 : *Lebon 250, concl. Le Chatelier* ; *AJDA 1992. 477* et 506, *concl. Le Chatelier, chron. Maugüé et Schwartz*.

9. Ce peut aussi être un procès devant le juge administratif. • CE 22 oct. 1990, *Bigot : DF 1990, n° 50, comm. 2330, concl. Chahid-Nouraï* ; *LPA 1992, n° 97, note Peiberg.* ♦ ... Une action en responsabilité contre une entreprise ayant reçu une aide de la commune et n'ayant pas respecté ses engagements en matière de création d'emplois. • CE 7 juin 2006, *Asselin*, n° 286356 : *Dr. adm. 2006, n° 137.* ♦ ... Encore faut-il que l'autorité administrative soit recevable à demander au juge de se prononcer (à propos de la délimitation du domaine public). • CE 10 déc. 1982, *Épx Pagotto*, n° 19099 : *Lebon 415*. ♦ Même solution pour le recouvrement d'une somme due par un de ses agents, même contractuel. • CE 2 juill. 2007, *Cne de Lattes*, n° 294393 : *AJDA 2007. 1437* ; *Dr. adm. 2007, n° 124* ; *RLCT 2007. 825, obs. Glaser.* ♦ Même solution pour une action en responsabilité contre un agent communal. • CE 3 déc. 2007, *M. Scuderi c/ Mielo*, n° 300922 : *Lebon* ; *AJDA 2007. 2346*.

II. AUTORISATION DU TRIBUNAL ADMINISTRATIF

A. CARACTÈRE ADMINISTRATIF DE LA COMPÉTENCE DU TRIBUNAL

10. Le TA statue comme autorité administrative. Pour une affirmation expresse de la nature de sa compétence. • CE, ass., 26 juin 1992, *Pezet et San Marco*, nos 134980, 134981, 134983, 134984 et 134985 : *Lebon 248, concl. Le Chatelier* ; *ACL 1993, n° 8.* ♦ Sa décision est qualifiée d'arrêté par l'art. R. 316-3 C. communes, terme repris par le Conseil d'État. • CE, ass., 26 juin 1992, *Monnier-Besombes*, n° 133901 : *préc. note 8.* ♦ Lorsque le tribunal autorise le demandeur à se constituer partie civile au nom de la commune devant le juge pénal contre le maire de la commune poursuivi du chef de détournement de fonds publics, ce dernier se trouve en situation de conflit d'intérêts pour attaquer la décision du tribunal administratif devant le Conseil d'État et la requête de la commune doit être présentée, le cas échéant, par un autre élu habilité par le conseil municipal. À défaut la requête est irrecevable sous réserve d'une régularisation. • CE 12 mai 2021, n° 447403 : *BJCL 2021. 478, concl. Villettes et obs. Seners.*

11. Il en résulte que le tribunal n'est pas tenu de respecter les règles de la procédure juridictionnelle. • CE 29 sept. 1993, *Prelle*, n° 149419. ♦ ... Ni les prescriptions de l'art. 6 de la Conv. EDH. • CE, ass., 26 juin 1992, *Monnier-Besombes*, n° 133901 : *préc. note 8.* ♦ Ainsi dans un cas où le demandeur a d'abord uniquement fait état de sa qualité de conseiller municipal, le tribunal peut tenir compte de pièces justificatives attestant de la qualité de contribuable communal du demandeur, alors même qu'elles n'auraient pas été communiquées à la commune. • CE 30 avr. 1997, *Cne de Cahors c/ M. Mas*, n° 183379 B. ♦ Inversement aucune disposition, non plus qu'aucun principe du droit ne fait obstacle à ce que le tribunal, bien qu'appelé à se prononcer dans l'exercice d'attributions administratives, prenne sa décision après audition d'un commissaire du gouvernement comme en matière juridictionnelle. • CE 30 avr. 1997, *M. Voguel, M. Jarry*, n° 181658 B.

12. Le caractère administratif et non juridictionnel de la procédure exclut de faire application des dispositions relatives au paiement des frais irrépétibles ou d'une amende pour recours abusif. • CE 13 mai 1994, *Levais*, n° 150047 : *Lebon 235*.

13. Le principe d'impartialité s'oppose à ce que la formation du TA appelée à statuer, en tant qu'autorité administrative, sur la demande présentée par le contribuable en vue d'être autorisé à relever appel, comprenne des magistrats qui ont siégé dans la formation juridictionnelle qui a rendu le jugement dont l'intéressé souhaite faire appel. En l'espèce, les trois membres du TA qui ont pris la décision avaient rendu le jugement contesté. • CE 16 janv. 2004, *M. Méry*, n° 254839.

B. CONDITIONS DE RECEVABILITÉ DE LA DEMANDE

14. Une demande adressée à la commune l'appelant à agir elle-même. Cette demande préalable constitue une formalité substantielle, insusceptible de régularisation, à laquelle il ne peut être suppléé par la transmission ultérieure du mémoire du contribuable. • CE, sect., 22 juill. 1992, *Avrillier*, n° 134976 : *préc. note 4.*

15. Il n'est pas nécessaire que le contribuable qui saisit le TA ait été l'auteur de la demande préalable. • CE, sect., 22 juill. 1992, *Grapin*, n° 134986 : *Lebon 302 ; AJDA 1992. 694, Chron. 649 ; ACL 1993, n° 10.*

16. La demande doit être formelle. Ainsi d'une lettre invitant le maire à engager devant la juridiction compétente l'action pour laquelle la substitution est demandée. • CE, sect., 22 juill. 1992, *Grapin*, n° 134986 : *préc. note 15.* ♦ La condition n'est pas satisfaite si le conseil municipal a été appelé à délibérer sur un objet différent. • CE, sect., 22 juill. 1992, *Avrillier*, n° 134976 : *préc. note 4.*

17. Une commune ne saurait être regardée comme appelée à délibérer du principe d'un REP contre une décision de la commission départementale d'aménagement foncier si la demande du contribuable a été adressée à la commune avant que la décision ait été prise. • CE 3 oct. 2011, *M. Hayart*, n° 343637 B : *D. actu. 13 oct. 2011, obs. Pastor ; AJCT 2012. 103, obs. Untermaier ; BJCL 2011. 797, obs. Poujade.*

18. La demande préalable doit être précise. Ne peuvent être accueillies des demandes qui n'indiquent, ni devant la commune, ni devant le TA, la nature de l'action envisagée. • CE 1er févr. 1993, *Mme Chalard et Mme Fourvel*, n° 137607 B. ♦ Comp. pour l'action appartenant à un département : le contribuable doit indiquer dans sa demande la nature de l'action envisagée afin que le conseil général soit en mesure de se prononcer sur l'intérêt de l'action et sur ses chances de succès. • CE 5 mai 2010, *M. Asselin*, n° 330700 : *AJDA 2010. 1493, note Bonnefont*. ♦ Comp. pour une commune. • CE 23 mars 2012, *M. Barois*, n° 352360. ♦ La demande étant manifestement vouée à l'échec, rien ne s'oppose à ce qu'elle soit rejetée par le président seul, en s'inspirant de la procédure de l'art. R. 222-1 CJA. • Même arrêt.

19. Une demande tendant à ce que soient sanctionnés des manquements contractuels relevés à l'encontre d'un délégataire, le cas échéant en prononçant la déchéance de ce dernier, n'est pas formulée dans des termes suffisamment précis pour identifier la nature de l'action en justice. • CE 26 oct. 2011, *Sté Global Carribean Network*, n° 346634 (1re esp.) : *AJCT 2012. 157, obs. Untermaier ; AJDA 2012. 265, concl. Landais*. ♦ Le non-respect de la condition de précision de la demande peut être relevé d'office par le Conseil d'État (alors que le tribunal avait accordé l'autorisation de plaider) mais le moyen relevé d'office doit avoir été communiqué aux parties, ce qui est le cas en l'espèce (sol. impl.). • Même arrêt.

20. La demande préalable adressée à la collectivité ne peut être constitutive de diffamation publique dès lors qu'elle constitue une obligation légale. • Crim. 11 oct. 2011, n° 10-88.657 : *AJDA 2012. 157, note Bonnefont ; D. 2012. 765, obs. Dreyer*.

21. Refus ou négligence de la commune. En l'absence de prise de position explicite, une décision implicite de rejet, résultant du silence de quatre mois, doit être née à la date de la saisine du tribunal. • CE 10 juin 1994, *Lacroix*, n° 152453.

22. Est irrecevable une saisine effectuée cinq jours après la demande au conseil municipal. L'irrecevabilité n'est pas levée du fait d'un refus explicite intervenu postérieurement, mais avant que le Conseil d'État ne statue. • CE 25 janv. 1993, *Ville de Paris c/ Quémar*, n° 134982 : *RFDA 1993. 398*. ♦ Mais le demandeur peut reprendre la procédure, saisir le tribunal sans avoir préalablement appelé la ville à délibérer à nouveau de l'action et obtenir l'autorisation de plaider. • CE 7 févr. 1994, *M. Quémar*, n° 147335 : *Lebon 58 ; ACL 1995, n° 15 ; D. 1994. IR 57*.

23. L'engagement par la collectivité de l'action demandée, entre la demande et la décision du TA, fonde le refus d'autorisation. • CE, ass., 26 juin 1992, *Le Mener*, n° 137343 : *Lebon 425, concl. Le Chatelier ; AJDA 1992. 506 ; ACL 1993, n° 9*.

24. Le tribunal a refusé l'autorisation de plaider après que le conseil municipal a autorisé la commune à se constituer partie civile dans l'affaire. Toutefois, la délibération demande à l'avocat mandaté par la commune d'intervenir afin qu'il lui soit donné acte que la commune déclare n'avoir subi aucun préjudice, ce qui est la condition pour se constituer partie civile. La commune ne peut donc être regardée comme ayant exercé l'action demandée et la décision du tribunal est annulée. • CE 13 oct. 2003, *M. Predon*, n° 253804 : *AJDA 2003. 107 ; AJDA 2004. 591, note Tuot ; BJCL 2003. 858, concl. Devys ; ACL 2004, n° 6*.

25. La commune ne peut être regardée comme ayant refusé ou négligé l'action demandée dès lors qu'elle s'est constituée partie civile, en vertu d'une habilitation donnée au premier adjoint par une délibération qui n'a pas le caractère d'un acte nul et non avenu. • CE, sect., 29 déc. 1995, *Union pour la sauvegarde des intérêts des contribuables et du patrimoine cabourgeais et a.*, n° 161372 : *Lebon 462 ; préc. note 7*. ♦ Lorsque la commune s'est régulièrement portée partie civile pour les faits dénoncés, elle ne peut être regardée, alors même qu'elle n'aurait pas porté plainte sur le fondement des dispositions du code de procédure pénale invoquées par les demandeurs, comme ayant négligé d'exercer l'action considérée. • CE 30 avr. 1997, *M. Voguel, M. Jarry*, n° 181658 : *préc. note 11*.

26. La substitution peut être refusée dès lors que la commune ne s'est pas désintéressée de l'affaire et a mis en œuvre des moyens non juridictionnels pour y mettre fin (à propos de l'utilisation indue par un conseiller du papier à en-tête de la commune). • CE 7 avr. 1993, *Cne de Vélizy-Villacoublay c/ Trani*, n° 137831. ♦ Il en va de même lorsque la commune, à qui il était demandé de prononcer la déchéance de son concessionnaire, a pris diverses mesures pour engager avec ce dernier la recherche de « solutions rationnelles et équitables » pour remédier aux conditions d'exécution de la convention. • CE 28 juill. 1999, *Synd. des hôteliers, cafetiers et restaurateurs de Val-d'Isère*, n° 202144 : *Dr. adm. 1999, n° 285, note C. M.* ♦ V. aussi • CE 26 oct. 2011, *Sté Global Carribean Network*, n° 346634 : *préc. note 19*.

C. PROCÉDURE D'AUTORISATION

27. V. notes ss. art. L. 2132-6.

D. CONDITIONS DE FOND D'OCTROI DE L'AUTORISATION

28. Malgré le silence de la loi, les décrets en Conseil d'État se prononçant sur la demande d'autorisation (selon la procédure antérieure à 1992) posent en principe que le législateur a entendu faire obstacle à toute action qui ne remplirait pas simultanément les deux conditions de présenter des chances sérieuses de succès et d'offrir un intérêt pour la commune (jurisprudence constante). V. par ex. • CE 23 mars 1927, *Tournois : Lebon 1309*.

29. Le TA, et le Conseil d'État en cas de recours, procèdent à cette analyse du bien-fondé de la demande sans se substituer au juge de l'action. V. par ex. • CE, ass., 26 juin 1992, *Mme Lepage-Huglo et a.*, n° 137345 : *préc. note 6* • CE 13 mai 1994, *Levais*, n° 150047 : *préc. note 12*.

30. L'intérêt de la commune doit être un intérêt matériel. Il résulte de la qualité de contribuable requise pour être recevable à formuler une telle demande que l'intérêt de la commune ne peut s'entendre que de ses intérêts matériels, à l'exclusion notamment de ses intérêts moraux. • CE 17 juin 1998, *Berger*, n° 192498 B. ♦ Le préjudice subi en apparence par une association « transparente » est susceptible de constituer un préjudice direct et personnel pour la commune et peut justifier une action civile contre le maire mis en examen du chef d'abus de confiance. • CE 23 mai 2001, *Cne de Fenouiller c/ Pascaud*, n° 220214 : *Coll. terr. 2001, n° 186, obs. Moreau*.

31. L'action doit offrir un intérêt suffisant pour la personne publique. L'existence d'un intérêt suffisant peut être reconnue après analyse approfondie du dossier. À propos de la demande de rescision pour cause de lésion d'une vente portant sur plus de 7 ha de terrains constructibles. • CE, ass., 26 juin 1992, *Mme Lepage-Huglo et a.*, n° 137345 : *préc. note 6*. ♦ ... D'un permis de construire accordé à une société qui ne s'est pas acquittée des obligations financières afférentes. • CE 7 avr. 1993, *Trani*, n° 137831 B. ♦ ... D'une indemnité d'expropriation excessive occasionnant un préjudice matériel à la commune. • CE 7 févr. 1994, *M. Quémar*, n° 147335 : *préc. note 22*. ♦ ... De la cession à titre gratuit à une entreprise d'un terrain de 2,6 hectares que la commune avait acheté 1,7 million F. • CE 30 avr. 1997, *Cne de Cahors c/ M. Mas*, n° 183379 : *préc. note 11*. ♦ ... Du recrutement de dizaines de personnes sur des emplois soupçonnés d'être fictifs. • CE 26 mars 1999, *Ville de Paris*, n° 202245 : *Dr. adm. 1999, n° 172, note C. M.* ♦ ... D'études non réalisées mais payées à des agents qui avaient été licenciés pour écoutes téléphoniques. • CE 29 juill. 2002, *M. Quémar*, n° 237844 : *ACL 2003, n° 102.*

32. L'existence d'un intérêt suffisant est au contraire déniée dans les espèces suivantes. Plainte contre les agissements de certains parents d'élèves pour obtenir l'inscription de leurs enfants dans les écoles primaires de la commune. • CE, sect., 22 juill. 1992, *Cne de Neuilly-sur-Seine c/ Sulzet*, n° 137344 : *Lebon 304*. ♦ ... Contre la vente d'un terrain de 30 m^2 à un prix qui serait anormalement bas. • CE 13 mai 1994, *Levais*, n° 150047 : *préc. note 12.* ♦ Action destinée à mettre fin à une occupation irrégulière du domaine public d'ampleur limitée et sans préjudice pour la commune. • CE 27 mars 1996, *Verrier*, n° 163909 : *Dr. adm. 1996, n° 280, note C.M.* ♦ V. aussi • CE, ass., 26 juin 1992, *Pezet et San Marco*, n°s 134980, 134981, 134983, 134984 et 134985 : *préc. note 10.* ♦ Action destinée à contester un arrêté, qui a pour objet de déclarer d'utilité publique et urgents les travaux nécessaires à la réalisation d'une ligne de tramway, de modifier le PLU de communes et de déclarer cessibles les immeubles nécessaires à la réalisation de ces travaux, et qui n'emporte, par lui-même, aucun engagement de dépense de la part de la collectivité. • CE 23 déc. 2014, *Cté d'agglomération du Grand Besançon*, n° 371035 : *Lebon.* ♦ Plainte contre l'accord donné par M. A. Juppé, en sa qualité d'adjoint au maire de Paris, à la conclusion d'un bail entre son fils et la ville pour la location d'un appartement du domaine privé de la ville : même si le bail a été consenti pour un loyer inférieur au prix du marché, le préjudice matériel subi à ce titre par la ville de Paris pendant une période d'une durée effective de 28 mois n'est pas d'une importance telle que la constitution de partie civile envisagée puisse être regardée comme présentant un intérêt suffisant pour la ville. • CE 30 avr. 1997, *M. Emmerich, M. Simon-Rossignon*, n° 117385 B. ♦ La constitution de partie civile envisagée ne présente pas un intérêt suffisant, lorsque les demandeurs ne précisent pas les faits reprochés ni ne prétendent que les infractions éventuellement commises auraient causé un préjudice à la commune. • CE 13 janv. 2003, *Assoc. des contribuables ansois et a.*, n° 242768 : *préc. note 7.*

33. L'autorisation d'intenter une action en nullité de la transaction conclue entre la ville de Grenoble et son délégataire est refusée car l'action ne présente pas d'intérêt suffisant (ni d'ailleurs de chance de succès) : l'action risquerait d'aboutir à ce que la ville soit tenue de verser à son délégataire une indemnité supérieure à celle qu'elle s'est engagée à verser dans le cadre de la transaction. • CE 29 déc. 2000, *M. Comparat*, n° 219918 : *ACL 2001, n° 15.* ♦ Un contribuable demande à exercer les droits de la partie civile dans l'affaire des emplois fictifs de la ville de Paris en cours devant le tribunal correctionnel de Paris. La ville s'est désistée du procès en cours après avoir conclu une transaction avec la personne poursuivie et son parti, correspondant aux rémunérations perçues par 18 des 19 personnes visées. La demande est rejetée car elle ne présente pas un intérêt suffisant pour la ville de Paris. En effet, pour des raisons minutieusement analysées, il ne résulte pas de l'instruction que l'action envisagée puisse permettre à la ville d'obtenir un montant très supérieur aux sommes qui lui sont contractuellement garanties par la transaction qu'elle a conclue. • CE 26 juill. 2011, *M. Bayou*, n° 349020 : *AJDA 2011. 1595, note Grand*.

34. Lorsqu'une commune vend des terrains à une communauté urbaine à un prix symbolique ou inférieur au prix du marché mais qu'elle tire des avantages importants de cette cession (construction d'une piscine et d'un carrefour giratoire), il existe une contrepartie suffisante à l'économie générale de cette cession. • CE 15 mai 2012, *Hayart*, n° 351416 : *Lebon ; RDI 2013. 274, obs. Foulquier*.

35. L'action ne doit pas être dépourvue de chances de succès. C'est le cas pour une demande d'action en rescision pour lésion. • CE, ass., 26 juin 1992, *Mme Lepage-Huglo et a.*, n° 137345 : *préc. note 16* • CE, sect., 22 juill. 1992, *Grapin*, n° 134986 : *Lebon 302*. ♦ N'est pas dépourvue de chances de succès l'action envisagée à propos de la cession à titre gratuit à une entreprise d'un terrain de 2,6 hectares que la commune avait acheté pour 1,7 million F, eu égard à la nature des liens existants entre le groupe industriel auquel appartient l'entreprise et le maire de la commune. • CE 30 avr. 1997, *Cne de Cahors c/ M. Mas*, n° 183379 : *préc. note 11.* ♦ Il en va de même lorsque les éléments avancés par le demandeur (les personnes recrutées comme « chargés de mission » sont inscrites sur la liste électorale pour le CTP de la « direction du cabinet » de la ville, alors qu'elles ne figurent pas sur l'annuaire téléphonique interne de la ville) rapprochés de l'ensemble des pièces du dossier font peser un soupçon d'infraction pénale. • CE 26 mars 1999, *Ville de Paris*, n° 202245 : *préc. note 31.* ♦ Les éléments du dossier, et notamment les déclarations circonstanciées et réitérées d'un ancien collaborateur du maire selon lesquelles les cigares étaient destinés à la consommation personnelle du maire, la relaxe de cette personne dans un procès en diffamation et l'absence de tout élément corroborant la défense de la commune font peser un soupçon d'infraction pour détournement de fonds publics relatif à l'achat par la commune de 500 cigares pour un montant de 22 000 euros entre 2006 et 2009. • CE 4 juill. 2012, *Cne de Menton*, n° 356130 : *AJDA 2012. 2035* ; *BJCL 2012. 698, concl. Landais.*

36. Ne saurait être regardée comme présentant une chance de succès une demande qui porte sur une simple constitution de partie civile alors que selon l'art. 85 du C. pr. pén., cette constitution n'aurait été recevable que présentée 3 mois après le dépôt de plainte par son auteur, ce qui n'est pas le cas. • CE 26 oct. 2011, *Région Guadeloupe, Sté Global Carribean Network*, n°s 347254 et 348391 : *AJCT 2012. 157, obs. Untermaier* ; *AJDA 2012. 265, concl. Landais*.

37. Est dépourvue de chances de succès une demande qui invoque un moyen non fondé (absence de consultation du service des domaines alors que celle-ci n'était pas obligatoire). • CE 14 janv. 1998, *Cne de Saint-Vincent-de-Boisset*, n° 186042. ♦ Une deuxième autorisation peut être demandée si l'action envisagée n'est pas identique à celle qui a motivé la première. Mais en l'espèce, la demande est rejetée car l'action ne présente pas de chances de succès, compte tenu du fait que la première action pénale a fait l'objet d'une ordonnance de non-lieu, confirmée par un arrêt devenu définitif. • CE 30 déc. 1998, *Mme Melloni, épse Quémar*, n° 191194 : *Dr. adm. 1999, n° 143, note C. M.*

38. La demande est rejetée lorsque les allégations du demandeur ne sont pas assorties des précisions nécessaires pour en apprécier la portée. • CE, ass., 26 juin 1992, *Monnier-Besombes*, n° 133901 : *préc. note 8*. – V. aussi • CE 17 déc. 1993, *Cne de Rennes-les-Bains c/ M. Philippe Lacan*, n° 148867 • CE 30 avr. 1997, *Carrière*, n° 182355 : *Dr. adm. 1998, n° 297*. ♦ Est dépourvue de chance de succès une demande qui fait état de simples soupçons sans apporter d'éléments précis sur les infractions pénales qui auraient pu être commises à l'occasion d'une opération dont la gestion s'est révélée peu rigoureuse, ce qui a d'ailleurs conduit la ville à saisir la CRC. • CE 29 juill. 2002, *Ville de Marseille c/ M. Carrière*, n° 239368 : *RGCT 2002. 492*.

39. Pour juger qu'une action ne présente pas de chances de succès, le Conseil d'État peut se fonder sur des éléments d'information postérieurs à la décision du tribunal administratif, en l'espèce un arrêt de la chambre d'accusation. • CE 29 juill. 1994, *Ghis et a.*, n°s 154682 et 154781 : *Lebon 387* ; *ACL 1995, n° 15*.

40. En indiquant que les dispositions de l'art. 575 C. pr. pén. font obstacle à ce que la ville de Paris puisse se pourvoir en cassation contre l'arrêt contesté, le TA a suffisamment motivé le refus d'autorisation opposé au requérant et l'action envisagée apparaît dépourvue de chances de succès. • CE 6 juill. 2007, *M. Divier*, n° 282094 : *AJDA 2007. 1385*.

Art. L. 2132-6 **Le contribuable adresse au tribunal administratif un mémoire détaillé.** *(L. n° 2000-629 du 7 juill. 2000, art. 4)* **« Le maire soumet ce mémoire au conseil municipal lors de la plus proche réunion tenue en application des articles L. 2121-7 et L. 2121-9. »**

1. La procédure d'autorisation de plaider a été réformée par le Décr. n° 92-180 du 26 févr. 1992 (art. R. 316-1 à R. 316-4 C. communes, devenus art. R. 2132-1 à R. 2132-4 CGCT), supprimant le recours en la forme administrative devant le Conseil d'État.

I. PROCÉDURE DEVANT LE TRIBUNAL ADMINISTRATIF

2. Le contribuable qui s'est vu opposer un refus de la part d'une commune peut contester ce refus dans un délai qui, à défaut de prescriptions spéciales, ne peut être autre que le délai de droit commun de 2 mois régissant normalement le recours formé devant une juridiction administrative. • CE 15 janv. 1999, *M. O'Neilly*, n° 196248 : *Lebon 2* ; *ACL 2000, n° 21* ; *Dr. adm. 1999, n° 82, note J.C.B.* ♦ Ce délai est applicable alors même que le tribunal est appelé à se prononcer en la forme administrative. • Même arrêt.

3. En cas de refus explicite de la commune, l'absence de notification de la décision écarte le grief de tardiveté de la demande et la mention de la décision dans une procédure juridictionnelle distincte ne vaut pas connaissance acquise. • CE 7 févr. 1994, *Quémar*, n° 147335 : *Lebon 58* ; *ACL 1995, n° 15* ; *D. 1994. IR 57*. ♦ Le délai court à compter de la décision implicite de rejet résultant du silence gardé plus de 4 mois par l'autorité communale sur la demande du contribuable. Irrecevabilité d'une demande tardive. • CE 15 janv. 1999, *M. O'Neilly*, n° 196248 : *préc. note 2*. ♦ Le requérant ne peut se prévaloir des dispositions du Décr. n° 83-1025 du 28 nov. 1983, sur les relations entre l'administration et les usagers, qui, soit ne concernent pas les décisions implicites, soit ne sont pas applicables aux collectivités territoriales. • Même arrêt.

4. Le TA saisi par le contribuable d'un mémoire détaillé doit délivrer un récépissé de la demande qui mentionne les délais prévus par les art. R. 316-2 et R. 316-3 C. communes [codifiés ss. CGCT, art. R. 2132-2 à R. 2132-3.] L'omission de ces mentions empêche les délais de courir. • CE 13 mai 1994, *Levais*, n° 150047 : *Lebon 235* ; *ACL 1995, n° 15*. – V. aussi note 2.

5. À l'appui de sa demande, le contribuable doit présenter un mémoire détaillé, à peine d'irrecevabilité. V. par ex. • CE 4 nov. 1992, *Cne de Yerres c/ Prats*, n° 137869 B : *ACL 1993, n° 8*.

6. Le tribunal, saisi d'une demande irrecevable (en l'espèce parce qu'elle n'indique pas la nature de l'action envisagée), n'est pas tenu de la communiquer au maire, par l'intermédiaire du préfet en application de l'art. R. 316-1 C. communes (CGCT, art. R. 2132-1). • CE 1er févr. 1993, *Mlle Chalard et Mme Fourvel*, n°s 137607 et 137608 B. ♦ Sur l'irrecevabilité de la demande, V. notes ss. art. L. 2132-5.

7. Si la demande est manifestement vouée à l'échec, la décision du tribunal peut être prise par son président ou celui d'une formation de jugement, en s'inspirant des dispositions de l'art. R. 222-1 CJA. • CE 23 mars 2012, *M. Barois,* n° 352360 B : *BJCL 2012. 395, concl. (contr.) Vialettes.*

8. La transmission au préfet du mémoire du contribuable en vue de la saisine du maire, en application de l'art. R. 316-1 C. communes, ne fait pas double emploi avec la demande adressée à la commune par le contribuable avant de saisir le tribunal et ne peut suppléer à cette formalité substantielle, V. notes ss. art. L. 2132-5. • CE, sect., 22 juill. 1992, *Avrillier,* n° 134976 : *Lebon 301 ; AJDA 1992. 649 et 693, chron. Maugüé et Schwartz ; ACL 1993, n° 10.* ♦ La transmission directe du mémoire au président de la communauté (et non par l'intermédiaire du préfet comme le prescrit l'art. R. 2132-1) n'entache pas la procédure d'irrégularité dès lors que le mémoire a été soumis par son président au conseil de communauté qui a refusé d'intenter l'action. • CE 23 mai 2001, *Cté urb. de Lille,* n° 223055 : *D. 2001. 2708, note Éoche-Duval.*

9. Le tribunal doit statuer dans le délai de 2 mois. À l'expiration du délai, il se trouve dessaisi et ne peut plus statuer sur la demande qui a fait l'objet d'une décision implicite de rejet. Sur recours de la commune, le Conseil d'État annule une décision explicite d'octroi prise après ce dessaisissement. • CE 9 juill. 1993, *Cne de Saint-Pierre,* n° 143624 : *Lebon 213 ; RFDA 1993. 1028.* ♦ Toutefois une décision expresse, confirmative de la décision implicite de rejet, peut faire l'objet d'un pourvoi devant le CE, dès lors que le récépissé ne mentionnait pas les délais réglementaires. • CE 13 mai 1994, *Levais,* n° 150047 : *préc. note 4.* ♦ Aucune disposition ni aucun principe n'impose au tribunal administratif, statuant comme autorité administrative et tenu de se prononcer dans un délai de deux mois sur la demande d'autorisation, d'attendre pour le faire que le maire soumette au conseil municipal le mémoire détaillé transmis par le préfet. Toutefois, lorsque le tribunal administratif invite le maire à soumettre ce mémoire au conseil municipal ou à produire des observations dans un délai déterminé, il ne peut en principe, à moins que les circonstances particulières de l'affaire ou le respect du délai de deux mois dont il dispose pour rendre sa décision ne l'imposent, la prendre avant l'expiration du délai qu'il a lui-même imparti à la commune. Le non-respect de ce délai particulier ne constitue pas toutefois une illégalité lorsque le tribunal a pris sa décision, alors que le conseil municipal n'a pas encore été convoqué. • CE 12 mai 2021, *Cne de Montauban,* n° 447403 : *BJCL 2021. 478, concl. Villettes et obs. Seners.*

10. La décision d'autorisation de plaider n'entre dans aucune des catégories d'actes qui doivent être motivés. • CE 16 déc. 1994, *Cne de Varets,* n° 158034 B. ♦ La solution est confirmée au motif que la décision constitue une autorisation de plaider et non un refus d'autorisation. • CE 26 mars 1999, *Ville de Paris,* n° 202245 : *Dr. adm. 1999, n° 172, note C. M.*

II. RECOURS CONTENTIEUX DEVANT LE CONSEIL D'ÉTAT

A. SAISINE DU CONSEIL D'ÉTAT

11. Le recours doit être formé dans le délai d'un mois qui suit, soit l'expiration du délai imparti au TA pour statuer, soit la notification de l'arrêté portant refus. L'absence de mention des délais dans le récépissé de la demande délivré par le tribunal empêche de courir le délai de recours contre le rejet implicite. • CE 13 mai 1994, *Levais,* n° 150047 : *préc. note 4.* ♦ L'absence de notification de l'arrêté portant refus empêche le délai de courir (s'agissant de personnes mises en cause). • CE, ass., 26 juin 1992, *Pezet et San Marco,* n°s 134980, 134981, 134983, 134984 et 134985 : *Lebon 248, concl. Le Chatelier ; ACL 1993, n° 8.*

12. Lorsque le TA accorde ou refuse l'autorisation de plaider, les intéressés ont le droit de se pourvoir devant le Conseil d'État statuant au contentieux pour demander l'annulation ou la réformation de la décision du tribunal. Ont ainsi intérêt à agir des personnes mises en cause dans l'action autorisée par le tribunal. • CE, ass., 26 juin 1992, *Pezet et San Marco,* n°s 134980, 134981, 134983, 134984 et 134985 : *préc. note 1.* ♦ Il en va de même de la commune au nom de laquelle le contribuable a été autorisé à agir (sol. impl.). • CE 9 juill. 1993, *Cne de Saint-Pierre,* n° 143624 : *préc. note 9.* ♦ Lorsqu'elle saisit le Conseil d'État d'un recours contre la décision d'octroi de l'autorisation, la commune peut assortir son recours au fond d'une demande de sursis à exécution de la décision prise par le TA. • CE 3 févr. 1999, *Ville de Paris c/ M. Brossault,* n° 202245 : *ACL 2000, n° 21.* ♦ Lorsque le tribunal autorise le demandeur à se constituer partie civile au nom de la commune devant le juge pénal contre le maire de la commune poursuivi du chef de détournement de fonds publics, ce dernier se trouve en situation de conflit d'intérêts pour attaquer la décision du tribunal administratif devant le Conseil d'État et la requête de la commune doit être présentée, le cas échéant, par un autre élu habilité par le conseil municipal. À défaut la requête est irrecevable sous réserve d'une régularisation. • CE 12 mai 2021, *Cne de Montauban,* n° 447403 : *préc. note 9.*

13. Le délai de recours est un délai franc. Pour une décision notifiée le 9 avril, le délai d'un mois n'est pas expiré le 10 mai. • CE 22 juill. 1992, *Cne de Neuilly-sur-Seine,* n° 137344 : *Lebon 304.*

B. DÉCISION DU CONSEIL D'ÉTAT

14. Le Conseil d'État doit statuer dans le délai de 3 mois mais ce délai n'est pas impératif (sol. impl.). Par ex. une requête enregistrée le 19 juill. 1993 et jugée le 13 mai 1994. • CE 13 mai 1994, *Levais*, n° 150047 : *préc. note 4.*

15. Le recours est un recours de pleine juridiction, donnant au Conseil d'État le pouvoir de réformer la décision du TA. Le Conseil d'État peut accorder l'autorisation refusée par le tribunal. • CE, ass., 26 juin 1992, *Mme Lepage-Huglo et a.*, n° 137345 : *Lebon 246, concl. Le Chatelier ; AJDA 1992. 477 et 506, concl. Le Chatelier, chron. Maugüé et Schwartz ; ACL 1993, n° 8.* ♦ Il peut refuser l'autorisation précédemment accordée. • CE, ass., 26 juin 1992, *Pezet et San Marco*, nos 134980, 134981, 134983, 134984 et 134985 : *préc. note 10 ss. art. L. 2132-5.* ♦ Il peut fonder sa décision sur des éléments d'information postérieurs à la décision du tribunal. • CE 29 juill. 1994, *Ghis et a.*, nos 154682 et 154781 : *Lebon 387 ; ACL 1995, n° 15.*

16. Le recours suit les règles procédurales du recours de pleine juridiction, telle l'obligation du ministère d'avocat. Irrecevabilité de la requête présentée sans ministère d'avocat, au besoin après demande expresse de régularisation. V. par ex. • CE 28 oct. 1992, *Bauchat*, n° 135465.

17. Selon les circonstances de l'espèce, le Conseil d'État (contrairement au TA) peut accorder ou refuser l'indemnisation des frais irrépétibles. V. pour un double refus, • CE, sect., 29 déc. 1995, *Union pour la sauvegarde des intérêts des contribuables et du patrimoine cabourgeais et a.*, n° 161372 : *Lebon 462*. ♦ Dans le même sens, refus de l'autorisation et refus de condamnation envers la commune. • CE 13 janv. 2003, *Assoc. de défense des contribuables ansois et a.*, n° 242768 : *cité notes ss. art. L. 2132-5.* ♦ Pour une condamnation du contribuable envers la commune, V. • CE 10 juin 1994, *Lacroix*, n° 151453. ♦ ... Envers une personne privée mise en cause, V. • CE 19 oct. 1992, *Bourasseau*, n° 136055. ♦ Lorsque le Conseil d'État est saisi d'une demande de sursis à exécution de la décision d'autorisation de plaider accordée par le TA, il l'examine selon le régime ordinaire du sursis. • CE 3 févr. 1999, *Ville de Paris c/ M. Brossault*, n° 202245 : *ACL 2000, n° 21.* ♦ La demande est rejetée si les deux conditions d'octroi du sursis ne sont pas réunies. • Même arrêt.

C. CONSÉQUENCES SUR L'ACTION SOLLICITÉE

18. Si l'autorisation de plaider initialement accordée par le TA est refusée par le Conseil d'État, l'action intentée par le contribuable devient normalement irrecevable. Toutefois une action publique déclenchée, dans ces conditions, sur constitution de partie civile n'est pas anéantie de ce fait. • Crim. 21 juin 1973, *Auger : Bull. crim. n° 290.*

Art. L. 2132-7 Lorsqu'un jugement est intervenu, le contribuable ne peut se pourvoir en appel ou en cassation qu'en vertu d'une nouvelle autorisation. – *[C. communes, art. L. 316-8 issu de L. 5 avr. 1884, art. 123, al. 8.]*

1. La demande préalable doit être présentée à nouveau pour pouvoir faire appel (alors même que l'autorisation avait été obtenue pour le recours initial, recours pour excès de pouvoir rejeté par le tribunal administratif). • CE 16 janv. 2004, *M. Méry*, n° 254839.

2. L'intéressé peut introduire, à titre conservatoire, une requête d'appel dans le délai prévu par l'art. R. 811-2 CJA après avoir saisi la collectivité d'une demande tendant à ce qu'elle agisse par elle-même. • CE 24 sept. 2010, *M. Asselin*, n° 336117.

3. Le contribuable doit présenter une nouvelle demande pour pouvoir former, au nom de la région (art. L. 4143-1), un appel incident contre le jugement de première instance. Il doit pouvoir engager utilement cette action, une fois l'autorisation éventuellement obtenue, sans encourir de forclusion, compte tenu de l'effet suspensif du délai d'appel attaché devant la juridiction répressive à la procédure d'autorisation de plaider. • CE 30 sept. 2011, *M. Tête*, n° 341089 : *AJDA 2011. 1873 ; BJCL 2011. 792, concl. Landais.* ♦ Le Conseil d'État s'aligne sur la position de la Cour de cassation (arrêt du 21 sept. 2005). • Même arrêt.

TITRE IV INFORMATION ET PARTICIPATION DES HABITANTS

CHAPITRE I DISPOSITIONS GÉNÉRALES

ENCYCL. COLL. LOC. *Communication des documents des collectivités territoriales au public : régime général, 12210*, par Becet.

BIBL. GÉN. ► Auby, La loi du 6 février 1992 et la citoyenneté locale, *RFDA 1993. 37*. – Boissard, De l'information au droit d'accès : quelles sont les obligations des collectivités territoriales en matière de communication de documents ?, *BJCL 2003. 234.* – Bourgeois et Bounedjoum, Les apports de la loi pour une République numérique en matière d'accès et de réutilisation d'informations publiques, *JCP Adm. 2016, n° 2307.* – Chevilley-Hiver, La participation des citoyens aux décisions locales, *Thèse Besançon 1999, PU du Septentrion Lille 2000.* – ESPAGNO-ABADIE, Un renouvellement relatif de la participation du public dans le code des relations entre le public et l'administration, *JCP Adm. 2018, n° 2282.* – GUGLIELMI et MARTIN, La démocratie de proximité. Bilan et perspectives de la loi du 27 février 2002, dix ans après, *Berger-Levrault, 2013.* – GUILLET et BASTE DEHAYES, Conception et mise en place du budget participatif : l'exemple de la ville de Montreuil, *AJCT 2018. 259* . – LENFANT, Le point sur... les instances participatives de la démocratie locale, *AJCT 2018. 248* . – MABILEAU, Démocratie locale, *in* Dictionnaire constitutionnel (dir. O. Duhamel et Y. Mény), *PUF 1992.* – MANSON, La mise à disposition de leurs données publiques par les collectivités territoriales, *AJDA 2016. 97* . – MONDOU, Les outils légaux de participation citoyenne aux décisions locales, *AJCT 2018. 252* . – RAMBAUD, Le droit d'interpellation citoyenne. Un angle mort de la démocratie participative locale, *AJDA 2016. 22* . – ROMI, Les conseils municipaux d'enfants : une situation de non-droit ?, *LPA 3 juill. 1991.* – TESTARD, Les procédés d'association du public aux décisions prises par les administrations locales, *JCP Adm. 2018, n° 2281.* – TOULEMONDE, Le droit des associations à l'information et à la participation en matière d'urbanisme et d'environnement, *Droit et Ville, n° 12, p. 55.* – VERPEAUX, La loi relative à la démocratie de proximité. Dernière scène avant l'acte II ?, *Coll. terr., juill. 2002, p. 4.* – La loi relative à la démocratie de proximité ou la proximité, une solution pour la démocratie locale ?, *RFDA 2003. 261* .

Art. L. 2141-1 **Le droit des habitants de la commune à être informés des affaires de celle-ci et à être consultés sur les décisions qui les concernent, indissociable de la libre administration des collectivités territoriales, est un principe essentiel de la démocratie locale. Il s'exerce sans préjudice des dispositions en vigueur relatives notamment à la publicité des actes des autorités territoriales ainsi qu'à la liberté d'accès aux documents administratifs.**

1. Droit à l'information. Ce droit des habitants de la commune recouvre largement le droit à communication des documents administratifs et obéit aux mêmes conditions (V. art. L. 2121-26, notes et bibliographie). S'agissant des horaires d'ouverture des services municipaux, il suffit qu'il ne soit pas en fait porté atteinte à l'exercice normal des droits des habitants. • CE 2 nov. 1960, *Costedoat : Lebon 582.*

2. Le droit à information est reconnu à tout habitant ou contribuable de la commune ainsi qu'aux groupes d'habitants ou de contribuables. • CE 11 janv. 1978, *Cne de Muret : Lebon 5.*

CHAPITRE II *[ABROGÉ]* CONSULTATION DES ÉLECTEURS SUR LES AFFAIRES COMMUNALES *(L. n° 2002-276 du 27 févr. 2002, art. 1er).*

(Abrogé par L. n° 2004-809 du 13 août 2004, art. 122)

V., désormais, art. L.O. 1112-5 s.

CHAPITRE III PARTICIPATION DES HABITANTS À LA VIE LOCALE *(L. n° 2002-276 du 27 févr. 2002, art. 1er).*

BIBL. ▶ CÉLÉRIER, Institution des quartiers. Loi du 27 févr. 2002 sur la démocratie de proximité, *Coll. terr., juin 2002, p. 7.*

Art. L. 2143-1 *(L. n° 2002-276 du 27 févr. 2002, art. 1er)* **Dans les communes de 80 000 habitants et plus, le conseil municipal fixe le périmètre de chacun des quartiers constituant la commune.**

Chacun d'eux est doté d'un conseil de quartier dont le conseil municipal fixe la dénomination, la composition et les modalités de fonctionnement.

Les conseils de quartier peuvent être consultés par le maire et peuvent lui faire des propositions sur toute question concernant le quartier ou la ville. Le maire peut les associer à l'élaboration, à la mise en œuvre et à l'évaluation des actions intéressant le quartier, en particulier celles menées au titre de la politique de la ville.

Le conseil municipal peut affecter aux conseils de quartier un local et leur allouer chaque année des crédits pour leur fonctionnement.

Les communes dont la population est comprise entre 20 000 et 79 999 habitants peuvent appliquer les présentes dispositions. Dans ce cas, les articles L. 2122-2-1 et L. 2122-18-1 s'appliquent.

(L. n° 2014-173 du 21 févr. 2014, art. 7) **« Dans chaque commune soumise à l'obligation de création d'un conseil de quartier, le maire peut décider que le conseil citoyen**

prévu à l'article 7 de la loi n° 2014-173 du 21 février 2014 de programmation pour la ville et la cohésion urbaine *[V. infra]* **se substitue au conseil de quartier. »**

Sur l'instauration des conseils citoyens, V. ci-dessous L. n° 2014-173 du 21 févr. 2014, art. 7.

Il résulte des dispositions de la L. du 21 févr. 2014 de programmation pour la ville et la cohésion urbaine que les membres du collège habitants du conseil citoyen doivent être tirés au sort parmi les résidents des quartiers prioritaires de la politique de la ville. Annulation de l'arrêté du préfet en tant qu'il fixe la composition irrégulière du conseil citoyen. Injonction au préfet de constituer à nouveau ce collège. • TA Lyon, 12 juill. 2018, n° 1607073 : *AJDA 2018. 1971, concl. Arnould*. ♦ Est annulé un arrêté approuvant la composition du collège « habitants » qui méconnait les règles de parité entre les femmes et les hommes, fixées par la loi. • TA Versailles, 10 oct. 2019, n° 1800049 : *AJCT 2020. 88, note Finck*.

Loi n° 2014-173 du 21 février 2014,

De programmation pour la ville et la cohésion urbaine.

Art. 7 I. — Un conseil citoyen est mis en place dans chaque quartier prioritaire de la politique de la ville, sur la base d'un diagnostic des pratiques et des initiatives participatives.

Le conseil citoyen est composé *(Décr. n° 2024-1036 du 15 nov. 2024, art. 1er)* « , selon les modalités définies par décret », d'une part, d'habitants *(Abrogé par Décr. n° 2024-1036 du 15 nov. 2024, art. 1er)* « *tirés au sort* » dans le respect de la parité entre les femmes et les hommes et, d'autre part, de représentants des associations et acteurs locaux.

Ces conseils citoyens sont associés à l'élaboration, à la mise en œuvre et à l'évaluation des contrats de ville.

Des représentants du conseil citoyen participent à toutes les instances de pilotage du contrat de ville, y compris celles relatives aux projets de renouvellement urbain.

Les conseils citoyens exercent leur action en toute indépendance vis-à-vis des pouvoirs publics et inscrivent leur action dans le respect des valeurs de liberté, d'égalité, de fraternité, de laïcité et de neutralité.

(Abrogé par Décr. n° 2024-1036 du 15 nov. 2024, art. 1er) « Dans ce cadre, l'État apporte son concours à leur fonctionnement.

« Le représentant de l'État dans le département, après consultation du maire et du président de l'établissement public de coopération intercommunale concernés, reconnaît la composition du conseil citoyen et accorde, si besoin est, la qualité de structure porteuse du conseil citoyen à une personne morale chargée d'assurer le fonctionnement du conseil citoyen.

« Les contrats de ville définissent un lieu et des moyens dédiés pour le fonctionnement des conseils citoyens ainsi que des actions de formation. Le conseil citoyen peut faire appel à des personnalités extérieures en raison de leur expertise dans les domaines relevant de leur compétence.

« Les modalités d'application du présent article sont précisées par un arrêté du ministre chargé de la ville. Cet arrêté détermine, en particulier, les garanties de représentativité et d'autonomie des conseils citoyens. »

[...]

Art. L. 2143-2 **Le conseil municipal peut créer des comités consultatifs sur tout problème d'intérêt communal concernant tout ou partie du territoire de la commune. Ces comités comprennent des personnes qui peuvent ne pas appartenir au conseil, notamment des représentants des associations locales.**

(L. n° 2002-276 du 27 févr. 2002, art. 2) **« Sur proposition du maire, il en fixe la composition pour une durée qui ne peut excéder celle du mandat municipal en cours. »**

(L. n° 96-987 du 14 nov. 1996, art. 39) **« Chaque comité est présidé par un membre *du conseil municipal*, désigné par le maire.**

« Les comités peuvent être consultés par le maire sur toute question ou projet intéressant les services publics et équipements de proximité et entrant dans le domaine d'activité des associations membres du comité. Ils peuvent par ailleurs transmettre au maire toute proposition concernant tout problème d'intérêt communal pour lequel ils ont été institués. »

1. Les communes qui ne peuvent créer des commissions consultatives des services publics locaux peuvent recourir à des comités consultatifs afin d'associer les usagers à la gestion des services publics locaux. * Rép. min. n° 12974 : *JOAN Q, 30 avr. 2013, p. 4780.*

2. Un conseil municipal ne peut, sans commettre d'erreur de droit, instituer les comités consultatifs prévus à l'art. L. 2143-2 au lieu et place des commissions prévues par l'art. L. 2121-22. • TA Lille, 18 déc. 1997, ⚖ n° 97-1722 : *Lebon.*

3. La participation aux comités consultatifs est bénévole et ne donne pas droit à la perception d'indemnités ou de vacations. * Rép. min. n° 14100 : *JOAN Q, 6 mai 2008, p. 3846.*

Art. L. 2143-3 *(L. n° 2005-102 du 11 févr. 2005, art. 46)* **Dans les communes de 5 000 habitants et plus, il est créé une commission communale pour l'accessibilité composée notamment des représentants de la commune,** *(Ord. n° 2014-1090 du 26 sept. 2014, art. 11)* **« d'associations ou organismes représentant les personnes handicapées pour tous les types de handicap, notamment physique, sensoriel, cognitif, mental ou psychique, d'associations ou organismes représentant les personnes âgées, de représentants des acteurs économiques ainsi que de représentants d'autres usagers de la ville ».**

Cette commission dresse le constat de l'état d'accessibilité du cadre bâti existant, de la voirie, des espaces publics et des transports. *(L. n° 2019-1428 du 24 déc. 2019, art. 27)* **« Elle détaille l'accessibilité aux personnes handicapées ou à mobilité réduite, en fonction du type de handicap, des principaux itinéraires et cheminements dans un rayon de deux cents mètres autour des points d'arrêt prioritaires au sens de l'article L. 1112-1 du code des transports. » Elle établit un rapport annuel présenté en conseil municipal et fait toutes propositions utiles de nature à améliorer la mise en accessibilité de l'existant.**

(Ord. n° 2014-1090 du 26 sept. 2014, art. 11) **« Elle est destinataire des projets d'agendas d'accessibilité programmée prévus à l'article** *(Ord. n° 2020-71 du 29 janv. 2020, art. 4)* **« L. 165-1 » du code de la construction et de l'habitation concernant des établissements recevant du public situés sur le territoire communal.**

« Elle est également destinataire des documents de suivi définis par le décret prévu à l'article *(Ord. n° 2020-71 du 29 janv. 2020, art. 4)* **« L. 165-5 » du code de la construction et de l'habitation et de l'attestation d'achèvement des travaux prévus dans l'agenda d'accessibilité programmée mentionnée au même article quand l'agenda d'accessibilité programmée concerne un établissement recevant du public situé sur le territoire communal.**

« Pour les services de transport ferroviaire, la commission est destinataire des schémas directeurs d'accessibilité-agendas d'accessibilité programmée prévus à l'article L. 1112-2-1 du code des transports quand ils comportent un ou plusieurs établissements recevant du public situés sur le territoire communal ainsi que des bilans des travaux correspondant à ces schémas directeurs d'accessibilité-agendas d'accessibilité programmée prévus au I de l'article L. 1112-2-4 du même code.

« La commission communale *(L. n° 2015-988 du 5 août 2015, art. 4)* **« et la commission intercommunale » pour l'accessibilité** *(L. n° 2015-988 du 5 août 2015, art. 4)* **« tiennent » à jour, par voie électronique, la liste des établissements recevant du public situés sur le territoire communal** *(L. n° 2015-988 du 5 août 2015, art. 4)* **« ou intercommunal » qui ont élaboré un agenda d'accessibilité programmée et la liste des établissements accessibles aux personnes handicapées** *(L. n° 2015-1776 du 28 déc. 2015, art. 21)* **« et aux personnes âgées ». »**

Le rapport *(L. n° 2015-988 du 5 août 2015, art. 4)* **« de la commission communale pour l'accessibilité est présenté au conseil municipal et » est transmis au représentant de l'État dans le département, au président du conseil départemental, au conseil départemental** *(L. n° 2015-1776 du 28 déc. 2015, art. 21)* **« de la citoyenneté et de l'autonomie », ainsi qu'à tous les responsables des bâtiments, installations et lieux de travail concernés par le rapport.**

Le maire préside la commission et arrête la liste de ses membres.

Cette commission organise également un système de recensement de l'offre de logements accessibles aux personnes handicapées *(L. n° 2015-1776 du 28 déc. 2015, art. 21)* **« et aux personnes âgées ».**

(L. n° 2009-526 du 12 mai 2009, art. 98) « La création d'une commission intercommunale pour l'accessibilité est obligatoire pour les établissements publics de coopération intercommunale compétents en matière de transports ou d'aménagement de l'espace, dès lors qu'ils regroupent 5 000 habitants et plus. Elle est alors présidée par le président de cet établissement. Elle exerce ses missions dans la limite des compétences transférées au groupement. Les communes membres de l'établissement peuvent également, au travers d'une convention passée avec ce groupement, confier à la commission intercommunale tout ou partie des missions d'une commission communale, même si elles ne s'inscrivent pas dans le cadre des compétences de l'établissement public de coopération intercommunale. Lorsqu'elles coexistent, les commissions communales et intercommunales veillent à la cohérence des constats qu'elles dressent, chacune dans leur domaine de compétences, concernant l'accessibilité du cadre bâti existant, de la voirie, des espaces publics et des transports.

« Les établissements publics de coopération intercommunale de moins de 5 000 habitants peuvent créer une commission intercommunale pour l'accessibilité. Présidée par le président de cet établissement, elle exerce ses missions dans la limite des compétences transférées au groupement. Les communes membres de l'établissement peuvent également, au travers d'une convention passée avec ce groupement, confier à la commission intercommunale tout ou partie des missions d'une commission communale, même si elles ne s'inscrivent pas dans le cadre des compétences de l'établissement public de coopération intercommunale.

« Les communes peuvent créer librement une commission intercommunale pour l'accessibilité. Celle-ci exerce, pour l'ensemble des communes volontaires, les missions d'une commission communale, dans la limite des compétences transférées, le cas échéant, par l'une ou plusieurs d'entre elles à un établissement public de coopération intercommunale. Elle est alors présidée par l'un des maires des communes concernées, ces derniers arrêtant conjointement la liste de ses membres. »

Art. L. 2143-4 *(L. n° 2019-1461 du 27 déc. 2019, art. 40)* Dans les communes de moins de 3 500 habitants, chaque bourg, hameau ou groupement de hameaux peut être doté par le conseil municipal, sur demande de ses habitants, d'un conseil consultatif. Le conseil municipal, après avoir consulté les habitants selon les modalités qu'il détermine, en fixe alors la dénomination, la composition et les modalités de fonctionnement.

Le conseil consultatif ainsi créé peut être consulté par le maire sur toute question. Il est informé de toute décision concernant la partie du territoire communal qu'il couvre.

CHAPITRE IV SERVICES DE PROXIMITÉ

Art. L. 2144-1 Certains services municipaux peuvent être mis à la disposition de la population dans des annexes mobiles de la mairie.

Toutefois, aucune opération d'état civil impliquant le déplacement des registres d'état civil ne peut être réalisée dans ces annexes mobiles. – *[C. communes, art. L. 318-1.]*

Art. L. 2144-2 *(L. n° 2002-276 du 27 févr. 2002, art. 4) (L. n° 2019-1461 du 27 déc. 2019, art. 80)* « Les annexes de la mairie créées par les communes peuvent être communes à plusieurs quartiers. » Dans ces annexes, des services municipaux de proximité sont mis à la disposition des habitants. Les dispositions de l'article L. 2144-1 sont applicables à ces annexes.

Art. L. 2144-3 Des locaux communaux peuvent être utilisés par les associations ou partis politiques qui en font la demande.

Le maire détermine les conditions dans lesquelles ces locaux peuvent être utilisés, compte tenu des nécessités de l'administration des propriétés communales, du fonctionnement des services et du maintien de l'ordre public.

Le conseil municipal fixe, en tant que de besoin, la contribution due à raison de cette utilisation.

(L. n° 2016-1088 du 8 août 2016, art. 27) « Les locaux communaux peuvent également être mis à la disposition des organisations syndicales, dans les conditions prévues à l'article L. 1311-18. »

BIBL. ▶ COLLIÈRE, La mise à disposition de locaux communaux au profit d'associations, de syndicats et de partis politiques, *AJDA 2006. 1817*.

1. Il n'appartient qu'au maire, en l'absence de délégation explicite relative à la gestion des locaux communaux, de décider de leur mise à disposition à des associations, à des syndicats ou à des partis politiques. • CE 21 juin 1996, *Assoc. « Saint-Rome demain »*, n° 134243 B : *RDI 1996. 555, obs. Auby et Maugüé*.

2. Sont regardés comme des locaux communaux au sens et pour l'application de cet article les locaux affectés aux services publics communaux. • CE 7 mars 2019, *Cne de Valbonne*, n° 417629 A : *AJDA 2019. 980, chron. Malverti et Beaufils* ; *JA 2019, n° 597, p. 10, obs. de Montecler* ; *BJCL 2019. 434, note Poujade.* ♦ Ainsi, les collectivités territoriales peuvent donner à bail et pour un usage exclusif et pérenne à une association cultuelle un local existant sur leur domaine privé sans méconnaître la loi du 9 déc. 1905 dès lors que les conditions, notamment financières, de cette location excluent toute libéralité. • Même arrêt.

3. Les conditions d'attribution des locaux doivent respecter le principe d'égalité. • CE 21 avr. 1972, *Ville de Caen*, n° 78589 A • CE 30 mars 2007, *Ville de Lyon*, n° 304053 B : *AJDA 2007. 1242, note Damarey* • Civ. 1re 13 mai 2014, n° 12-16.784 : *AJDA 2014. 1949, note Hauy* ; *AJDI 2014. 882, obs. Le Rudulier* ; *Rev. CMP 2014, n° 199, note Eckert.* ♦ ... Le principe de neutralité à l'égard des cultes dès lors que les conditions financières de cette autorisation excluent toute libéralité, et par suite, toute aide à un culte. • CE 19 juill. 2011, *Cne de Montpellier*, n° 313518 A : *AJDA 2011. 1667, chron. Domino et Bretonneau* ; *ibid. 2014. 124, chron. Hubac* ; *D. 2011. 2025, édito Rome* ; *AJCT 2011. 515, obs. Perrier* ; *RFDA 2011. 967, concl. Geffray* ; *JCP Adm. 2011, n° 2307, note Amédro* ; *BJCL 2011. 507, concl. Geffray.* ♦ En vertu des dispositions du CGCT, qui dérogent à celles, générales de l'art. L. 2125-1 du CGPPP, le conseil municipal fixe, en tant que de besoin, la contribution due à raison de cette utilisation. L'existence d'une libéralité, qui ne saurait résulter du simple fait que le local est mis à disposition gratuitement, est appréciée compte tenu de la durée et des conditions d'utilisation du local communal, de l'ampleur de l'avantage éventuellement consenti et le cas échéant, des motifs d'intérêt général justifiant la décision de la commune. • CE 18 mars 2024, *Cne de Nice*, n° 471061 A : *AJDA 2024. 588* ; *ibid. 1276, note Crouzatier-Durand* ; *JA 2024, n° 697, p. 11, obs. Delpech* ; *chron. Goin et Cadin* ; *AJDA 2024. 1758* ; *AJCT 2024. 376, obs. Quiriny*. ♦ ... Ainsi que les droits et les libertés, notamment la liberté de réunion... • CE 19 août 2002, *Front national, IFOREL*, n° 249666 : *AJDA 2002. 1017, note Braud*. ♦ ... Ou la liberté syndicale. • CE, ord., 13 nov. 2009, *Union dptale CFDT des Hauts-de-Seine et Union locale CGT de Boulogne-Billancourt*, n° 333414. ♦ ... Ou la liberté d'association. • CE 28 mars 1997, *Solana*, n° 182912 A : *RTD com. 1997. 476, obs. Alfandari*.

4. La mise à disposition d'une salle communale peut être refusée pour des motifs tirés des nécessités de l'administration des propriétés communales, du fonctionnement des services, du maintien de l'ordre public ou pour un motif d'intérêt général. • CAA Bordeaux, 28 déc. 2009, *Assoc. du comité des fêtes de Lavignolle-de-Salles*, n° 09BX01310 : *AJDA 2010. 750* ; *JCP Adm. 2010. 2147, note Yolka.* ♦ En revanche, le motif tiré de la nature de la formation politique ne saurait justifier une décision de refus. • CE 15 mars 1996, *M. Cavin*, n° 137376 : *Lebon 16.* ♦ Une commune ne peut pas non plus rejeter une demande d'utilisation d'un local au seul motif que cette demande lui est adressée par une association dans le but d'exercer un culte. • CE 19 juill. 2011, *Cne de Montpellier*, n° 313518 : *préc. note 3.* ♦ En revanche, les collectivités ne peuvent, sans méconnaître les dispositions de la L. du 9 déc. 1905, décider qu'un local dont elles sont propriétaires sera laissé de façon exclusive et pérenne à la disposition d'une association pour l'exercice d'un culte et constituera ainsi un édifice cultuel. • Même arrêt. ♦ Il en va différemment lorsque le local appartient au domaine privé de la collectivité. Elle peut donner à bail, et ainsi pour un usage exclusif et pérenne, à une association cultuelle un local existant de son domaine privé sans méconnaître les dispositions de la L. du 9 déc. 1905 dès lors que les conditions, notamment financières, de cette location excluent toute libéralité. • CE 7 mars 2019, *Cne de Valbonne*, n° 417629 A : *AJDA 2019. 551* ; *ibid. 980, chron. Malverti et Beaufils* ; *JA 2019, n° 597, p. 10, obs. de Montecler* ; *AJCT 2019. 305, obs. Juilles* • CAA Marseille, 4 nov. 2019, n° 19MA01149 : *AJCT 2020. 157, note Didriche*.

5. Le refus d'autoriser l'occupation de locaux peut être contesté par la voie du référé-liberté de l'art. L. 521-2 CJA. • CE, ord., 26 août 2011, *Cne de Saint-Gratien*, n° 352106 : *AJCT 2011. 566, obs. Rouquet*.

LIVRE II ADMINISTRATION ET SERVICES COMMUNAUX

TITRE I POLICE

ENCYCL. COLL. LOC. *Théorie générale de la police municipale, 2210 s.*, par BON.

BIBL. GÉN. ▸ BON, La police municipale, *Thèse droit Bordeaux I, 1975*. – CHEVALIER, L'intercommunalisation de la police municipale, *AJCT 2014. 367*. – DONIER, L'objectif de renforcement du pouvoir de police du maire : quelle effectivité ? *RFDA 2020. 247*. – JACQUEMOIRE, Pouvoirs de police des maires : une extension législative d'importance, *AJCT 2020. 237*. – PISSALOUX, Les nouveaux pouvoirs du maire, *BJCL 2020. 18*. – TEITGEN, La police municipale, étude de l'interprétation jurisprudentielle des art. 91, 94 et 97 de la loi du 5 avril 1884, *Thèse droit Nancy 1934, Sirey 1934*. – VALLAR, Les polices municipales en mutation, *JCP Adm. 2014, nº 2078*. – Rapport Cour des comptes, Les polices municipales, *oct. 2020*.

▸ **Dossiers :** Police, polices, *JCP Adm. 2012, nºs 2110 à 2118*. – Prévention de la délinquance, *AJCT 2013. 441*. – Ordre public, *AJCT 2020. 7*. – La police municipale, *AJCT 2023. 463*.

CHAPITRE I DISPOSITIONS GÉNÉRALES

Art. L. 2211-1 *(Ord. nº 2012-351 du 12 mars 2012, art. 7)* **Le maire concourt à la politique de prévention de la délinquance dans les conditions prévues à la section 1 du chapitre II du titre III du livre I du code de la sécurité intérieure** *[V. infra]*.

Sur le conseil local de sécurité et de prévention de la délinquance, V. CSI, art. D. 132-7 à R. 132-10-1, ss. art. D. 2211-1.

Sur le plan de prévention de la délinquance dans le département, V. CSI, art. D. 132-13, ss. art. D. 2215-1.

Sur les pouvoirs du maire en matière de sécurité civile (associations de sécurité civile et organisation des secours), V. CSI, art. L. 725-5, ss. art. L. 1424-8-2, et L. 742-1 s. — **CSI.**

BIBL. ▸ **Prévention de la délinquance :** BONFILS, Utilisation et évolution des contrats locaux de sécurité, *AJCT 2010. 155*. – BOUILLART, L'engagement du maire dans la nouvelle politique de prévention de la délinquance, *RLCT 2007, nº 22, p. 19*. – CAMOUS, La place du maire dans la politique pénale, *AJCT 2010. 144*. – CHAVRIER, Les communes et la délinquance, *éd. Le Moniteur, 2003* ; Les dispositifs des communes face à la délinquance estivale, *Gaz. cnes 7 juin 2004. 52* ; Le rôle du maire dans la lutte contre la délinquance et la prévention des émeutes urbaines, *BJCL 2006. 2*. – CHRESTIA, Une réponse aux nouvelles formes de délinquance : la loi du 5 mars 2007 relative à la prévention de la délinquance, *JCP Adm. 2007, nº 2159*. – FROMENT, Structures territoriales de sécurité : un dispositif resserré, des ambiguïtés persistantes, *JCP Adm. 2007, nº 2313*. – JOBART, Organisation et fonctionnement des polices municipales dans la loi Sécurité globale, *AJCT 2021. 340*. – LATOUR, La loi relative à la prévention de la délinquance et le maire, *BJCL 2007. 218* ; Quel partenariat entre la commune et le département en matière de prévention de la délinquance ?, *AJDA 2008. 1924* ; La LOPPSI, les collectivités territoriales et la lutte contre la délinquance, *AJDA 2011. 1075* ; LATOUR, La sécurité intérieure entre échelon national et échelon local, *AJDA 2022. 614*. – MULLER-QUOY, La LOPPSI : nouvelle illustration de la participation des collectivités locales à l'exercice de la compétence régalienne de sécurité, *JCP Adm. 2011, nº 2145*. – RIHAL, L'appel au maire, *RDSS 2007. 47*. – YAZI ROMAN, Une nouvelle compétence pour les policiers municipaux : la sécurité dans les transports en commun, *AJCT 2016. 263*. – Dossier, Prévention de la délinquance, *AJCT 2013. 441*.

▸ **Sécurité civile :** Dossier Loi pour une sécurité globale préservant les libertés, *AJCT 2021. 339*. – CARTAULT, La sécurité civile – Essai de réflexion prospective, *RGCT, 2007, nº 42, p. 273*. – DERBOULLES, C'est pourtant dans la commune que réside la force... Réflexion sur l'évolution contemporaine de l'implication communale en matière de sécurité civile, *RRJ 2008. 313*. – FAURE, La promotion contrariée des polices municipales, *AJDA 2021. 1490*. – LATOUR, Les nouveaux instruments communaux au service de la sécurité civile, *BJCL 2006. 82*. – PRÉTOT, L'État, les collectivités territoriales et la sécurité civile, *Les cahiers du CNFPT 1993, nº 39, p. 13*. – RENAUDIE, La contribution de la loi nº 2021-1520 du 25 novembre 2021 relative au renouvellement de la sécurité civile, *AJCT 2022. 160*.

▸ **Sécurité publique :** V. notes 132 s. ss. art. L. 2212-2.

▸ **Vidéoprotection :** Dossier, La vidéoprotection, *AJCT 2011. 322*. – ADDA et PERRAY, Le recours aux dispositifs de surveillance à l'aune de la loi Sécurité globale, *AJCT 2021. 349*. – LATOUR, Les technologies et la loi relative à la sécurité globale : un flop ?, *AJDA 2021. 1467*.

COMMENTAIRE

V. dans le supplément en ligne.

Code de la sécurité intérieure

(Ord. n° 2012-351 du 12 mars 2012, en vigueur le 1er mai 2012)

CHAPITRE II. *PRÉVENTION DE LA DÉLINQUANCE*

SECTION 1. *Rôle du maire*

Art. L. 132-1 Le maire concourt par son pouvoir de police à l'exercice des missions 8de sécurité publique et de prévention de la délinquance, sauf application des dispositions des articles L. 742-2 à L. 742-7. – *[CGCT, art. L. 2211-1.]*

Art. L. 132-2 Conformément aux dispositions du deuxième alinéa de l'article 40 du code de procédure pénale, le maire est tenu de signaler sans délai au procureur de la République les crimes ou les délits dont il acquiert la connaissance dans l'exercice de ses fonctions.

Le maire est avisé des suites données conformément aux dispositions de l'article 40-2 du même code.

Le procureur de la République peut porter à la connaissance du maire ou du président de l'établissement public de coopération intercommunale toutes les mesures ou décisions de justice, civiles ou pénales, dont la communication paraît nécessaire à la mise en œuvre d'actions de prévention, de suivi et de soutien, engagées ou coordonnées par l'autorité municipale ou intercommunale.

Les dispositions des articles 226-13 et 226-14 du code pénal s'appliquent aux destinataires de cette information, sous réserve de l'exercice de la mission mentionnée à l'alinéa précédent.

Les modalités d'échange d'informations prévues au présent article peuvent être définies par les conventions mentionnées aux articles L. 132-10 et L. 132-12 du présent code, que signe également le procureur de la République. – *[CGCT, art. L. 2211-2.]*

Art. L. 132-3 Le maire est informé sans délai par les responsables locaux de la police ou de la gendarmerie nationales des infractions causant un trouble à l'ordre public commises sur le territoire de sa commune.

(L. n° 2019-1461 du 27 déc. 2019, art. 59) « Le maire est *(L. n° 2021-646 du 25 mai 2021, art. 3)* « systématiquement » informé par le procureur de la République des classements sans suite, des mesures alternatives aux poursuites, des poursuites engagées, des jugements devenus définitifs ou des appels interjetés lorsque ces décisions concernent des infractions mentionnées au premier alinéa du présent article.

« Il est également *(L. n° 2021-646 du 25 mai 2021, art. 3)* « systématiquement » informé, à sa demande, par le procureur de la République, *(L. n° 2021-646 du 25 mai 2021, art. 3)* « des classements sans suite, des mesures alternatives aux poursuites, des poursuites engagées, des jugements devenus définitifs ou des appels interjetés lorsque ces décisions concernent des » infractions constatées sur le territoire de sa commune par les agents de police municipale en application de l'article 21-2 du code de procédure pénale *(L. n° 2021-646 du 25 mai 2021, art. 3)* « et par les gardes champêtres en application de l'article 27 du même code ».

« Le maire est *(L. n° 2021-646 du 25 mai 2021, art. 3)* « systématiquement » informé *(L. n° 2024-247 du 21 mars 2024, art. 14)* « , dans un délai d'un mois, » par le procureur de la République *(L. n° 2021-646 du 25 mai 2021, art. 3)* « des classements sans suite, des mesures alternatives aux poursuites, des poursuites engagées, » des jugements devenus définitifs ou des appels interjetés lorsque ces décisions concernent des infractions signalées par lui en application du second alinéa de l'article 40 du même code. »

(L. n° 2021-646 du 25 mai 2021, art. 3) « Lorsque le procureur de la République informe au titre des deuxième à quatrième alinéas du présent article le maire d'une décision de classer sans suite une procédure, il indique les raisons juridiques ou d'opportunité qui justifient cette décision. »

Les informations mentionnées aux *(L. n° 2021-646 du 25 mai 2021, art. 3)* « cinq premiers alinéas du présent article » sont transmises dans le respect de l'article 11 du *(L. n° 2021-646 du 25 mai 2021, art. 3)* « code de procédure pénale ». – *[CGCT, art. L. 2211-3.]*

Des conventions prévoyant un protocole d'information des maires sur le traitement judiciaire des infractions commises à l'encontre des élus peuvent être signées entre les associations représentatives des élus locaux, le représentant de l'État dans le département et le procureur de la République (L. n° 2024-247 du 21 mars 2024, art. 14).

Art. L. 132-3-1 *(L. n° 2025-532 du 13 juin 2025, art. 4)* Le maire est informé par le représentant de l'État dans le département des mesures de fermeture administrative prises sur le territoire de la commune en application de l'article L. 333-2.

Art. L. 132-4 Sous réserve des pouvoirs de l'autorité judiciaire et dans le respect des compétences du représentant de l'État, des compétences d'action sociale confiées au département et des compétences des collectivités publiques, des établissements et des organismes intéressés, le maire anime, sur le territoire de la commune, la politique de prévention de la délinquance et en coordonne la mise en œuvre. À cette fin, il peut convenir avec l'État ou les autres personnes morales intéressées des modalités nécessaires à la mise en œuvre des actions de prévention de la délinquance.

Dans les communes de plus de *(L. n° 2021-646 du 25 mai 2021, art. 72)* « 5 000 » habitants et dans les communes comprenant *(L. n° 2014-173 du 21 févr. 2014, art. 26-V, en vigueur le 1er janv. 2015)* « un quartier prioritaire de la politique de la ville », le maire ou son représentant désigné dans les conditions prévues à l'article L. 2122-18 du code général des collectivités territoriales préside un conseil local de sécurité et de prévention de la délinquance. Lorsque, en application de l'article L. 132-13, il est créé un conseil intercommunal de sécurité et de prévention de la délinquance, la mise en place par les communes membres de l'établissement public de coopération intercommunale d'un conseil local de sécurité et de prévention de la délinquance est facultative.

(L. n° 2021-646 du 25 mai 2021, art. 72) « Dans les communes de plus de 15 000 habitants, le maire charge un membre du conseil municipal ou un agent public territorial du suivi, de l'animation et de la coordination des travaux du conseil local de sécurité et de prévention de la délinquance. »

(L. n° 2024-247 du 21 mars 2024, art. 16) « S'il n'a pas été désigné par le maire, le représentant de l'État territorialement compétent désigne un agent coordinateur au sein des services de l'État afin d'assister le maire dans l'animation du conseil local de sécurité et de prévention de la délinquance.

« Sont membres de droit du conseil local de sécurité et de prévention de la délinquance :

« 1° Le représentant de l'État ou son représentant ;

« 2° Le procureur de la République ou son représentant ;

« 3° Le cas échéant, le président de l'établissement public de coopération intercommunale à fiscalité propre compétent en matière de dispositifs locaux de prévention de la délinquance et dont la commune est membre ou son représentant.

« Peuvent être désignés membres dudit conseil :

« *a)* Des représentants des services de l'État désignés par le représentant de l'État dans le département ;

« *b)* À leur demande, les parlementaires concernés ;

« *c)* Des représentants d'associations, d'établissements ou d'organismes œuvrant notamment dans les domaines de la prévention, de la sécurité, de l'aide aux victimes, du logement, des transports collectifs, de l'action sociale ou des activités économiques désignés par le président du conseil local de sécurité et de prévention de la délinquance, après accord des responsables des associations, des établissements ou des organismes dont ils relèvent.

« En tant que de besoin et selon les particularités locales, les maires des communes limitrophes de moins de 5 000 habitants ou leurs représentants et des présidents des établissements publics de coopération intercommunale intéressés ainsi que des personnes qualifiées peuvent être associés aux travaux du conseil.

« La composition du conseil local de sécurité et de prévention de la délinquance est fixée par arrêté du maire.

« Le conseil local de sécurité et de prévention de la délinquance se réunit au moins une fois par an en présence des membres de droit ou de leurs représentants spécialement désignés à cet effet. »

Art. L. 132-5 Le conseil local de sécurité et de prévention de la délinquance peut constituer en son sein un ou plusieurs groupes de travail et d'échange d'informations à vocation territoriale ou thématique.

(L. n° 2014-896 du 15 août 2014, art. 36) « À la demande de l'autorité judiciaire *(L. n° 2019-222 du 23 mars 2019, art. 76)* « ou des membres du conseil local de sécurité et de prévention

de la délinquance », ces groupes peuvent traiter des questions relatives à l'exécution des peines et à la prévention de la récidive.

(L. n° 2024-247 du 21 mars 2024, art. 16) « À la demande du maire, du représentant de l'État dans le département ou de l'autorité judiciaire, un groupe thématique chargé des violences commises à l'encontre des élus peut être constitué au sein du conseil local de sécurité et de prévention de la délinquance. Il peut traiter de l'organisation d'une réponse aux violences et d'une stratégie d'accompagnement des élus victimes. »

Des informations confidentielles peuvent être échangées dans le cadre de ces groupes. Elles ne peuvent être communiquées à des tiers. »

L'échange d'informations est réalisé selon les modalités prévues par un règlement intérieur établi par le conseil local de sécurité et de prévention de la délinquance sur la proposition des membres du groupe de travail.

Art. L. 132-6 Les actions de prévention de la délinquance conduites par les collectivités territoriales et leurs établissements publics ne doivent pas être incompatibles avec le plan de prévention de la délinquance arrêté par le représentant de l'État dans le département. — *[CGCT, art. L. 2215-2, al. 2.]*

Art. L. 132-7 Lorsque des faits sont susceptibles de porter atteinte au bon ordre, à la sûreté, à la sécurité ou à la salubrité publiques, le maire ou son représentant désigné dans les conditions prévues à l'article L. 2122-18 du code général des collectivités territoriales peut procéder verbalement à l'endroit de leur auteur au rappel des dispositions qui s'imposent à celui-ci pour se conformer à l'ordre et à la tranquillité publics, le cas échéant en le convoquant en mairie.

Le rappel à l'ordre d'un mineur intervient, sauf impossibilité, en présence de ses parents, de ses représentants légaux ou, à défaut, d'une personne exerçant une responsabilité éducative à l'égard de ce mineur. — *[CGCT, art. L. 2212-2-1.]*

Art. L. 2211-2 à L. 2211-5 *Abrogés par Ord. n° 2012-351 du 12 mars 2012, art. 19. — V. désormais CSI, art. L. 132-2 à L. 132-5, reproduits ss. art. L. 2211-1.*

CHAPITRE II POLICE MUNICIPALE

Art. L. 2212-1 Le maire est chargé, sous le contrôle administratif du représentant de l'État dans le département, de la police municipale, de la police rurale et de l'exécution des actes de l'État qui y sont relatifs. — *[C. communes, art. L. 131-1.]*

1. Principes généraux. Les dispositions de l'Ord. du 11 oct. 1945 n'ont pas fait disparaître le pouvoir que le maire tient de l'art. 97 de la loi du 5 avr. 1884 (CGCT, art. L. 2212-2) de prononcer, en cas d'urgence et à titre exceptionnel, la réquisition des locaux nécessaires au logement de familles sans abri dont le défaut de logement est de nature à apporter un trouble grave à l'ordre public. • CE 7 janv. 1957, *Épx de Lagrevol : Lebon 14.* • CE 11 déc. 1991, *Sté d'HLM « Le logement familial du bassin parisien »*, n° 192673 : *Lebon 427* • 29 déc. 1997, *Préfet du Val-de-Marne*, n° 172556 : *Lebon 505*.

2. Réquisitions légales. Est légale une réquisition de logement au profit de cinq familles habitant un immeuble frappé d'une interdiction d'habiter et dont l'état ne cesse de se dégrader alors que la crise du logement sévissant dans la commune ne permet pas de procurer, par voie d'accord amiable, un abri aux habitants de l'immeuble. • CE 1er avr. 1960, *Dame Rousseau : Lebon 252* • 13 déc. 1961, *Épx Hinker : Lebon T. 961.* ♦ Le maire peut réquisitionner une partie d'un immeuble pour assurer le logement des personnes évacuées d'un immeuble voisin ayant fait l'objet trois jours auparavant d'un arrêté de péril nonobstant la circonstance que ces personnes avaient pu être provisoirement accueillies dans les hôtels de la ville. • CE 15 févr. 1961, *Werquin : Lebon 118 ; RD publ. 1961. 321, concl. Braibant ; RD publ. 1961. 1253, note Waline ; AJDA 1961. 212, chron. Galabert et Gentot ; JCP 1961. II. 12259, note Auby ; D. 1961. 611, note Weil.*

3. Ni le caractère commercial du local réquisitionné au profit de deux familles sans abri ni la circonstance que ledit local n'aurait pas été vacant ou aurait été mis en vente au moment où est intervenue la réquisition ne mettent en cause la légalité de cette dernière. • CE 13 déc. 1961, *Épx Hinker : Lebon T. 961.* ♦ Est légale la réquisition d'un local inoccupé compte tenu de la nécessité urgente à loger une famille de quatre enfants se trouvant sans aucun abri, sur la voie publique, après avoir été expulsée du logement qu'elle occupait. • CE 19 oct. 1963, *Godier : Lebon T. 834.*

4. Réquisitions illégales. Est illégale la réquisition d'un logement par un maire qui a laissé s'écouler avant d'agir plusieurs semaines après la date où une habitation a été reconnue dangereuse et qui ne justifie pas qu'il a été impossible de parvenir matériellement au relogement de son occupant ou de le faire bénéficier d'une réquisition au titre de l'Ord. de 1945. • CE 7 janv. 1957, *Épx de Lagrevol : Lebon 14.* ♦ Est illégale une réquisition au profit d'une famille habitant un immeuble qui avait fait l'objet d'une interdiction d'habiter trois ans auparavant, laquelle n'avait été suivie d'aucune mesure d'exécution et alors que le maire n'excipe d'aucune aggravation du péril. • CE 15 mars 1961, *Maire de Bagnolet c/ Dames Planchat et Barrat : Lebon 961.* ♦ Est illégale la réquisition d'un logement au bénéfice d'une famille objet il y a plusieurs années de deux arrêtés d'expulsion qui n'avaient pas été exécutés et alors que le maire n'a pas demandé au préfet le bénéfice d'une réquisition au titre de l'Ord. de 1945 (n° 45-2394 du 11 oct. 1945 instituant des mesures exceptionnelles et temporaires en vue de remédier à la crise du logement, *JO 19 oct.*). • CE 28 avr. 1961, *Cne de Cormeilles-en-Parisis : Lebon 264, concl. Chardeau ; RD publ. 1961. 1253, note Waline* • 7 juill. 1961, *Ville d'Alger : Lebon T. 961.* ♦ La circonstance que le local servant de dépôt de pain à l'une des deux boulangeries d'une commune soit devenu inutilisable n'est pas de nature à justifier la réquisition d'un logement pour y installer ledit dépôt de pain alors que la continuité de l'approvisionnement en pain de la commune n'était pas sérieusement menacée. • CE 19 nov. 1969, *Dame vve Hatte-Devaux : Lebon 512.* ♦ Il n'est pas établi qu'une famille se soit trouvée dans l'impossibilité, après destruction accidentelle de son habitation, de se procurer par les procédés de droit commun un appartement de telle sorte qu'est illégale la réquisition à son profit d'un logement. • CE 14 juin 1972, *Ville de Saint-Germain-en-Laye : Lebon T. 998.* ♦ Est illégale une réquisition de logement avant laquelle le maire n'a fait aucune tentative pour rechercher par voie amiable un logement ni n'a demandé au préfet d'user des pouvoirs qu'il tient de l'art. L. 641-1 CCH. • CE 11 déc. 1991, *Sté d'HLM « Le logement familial du bassin parisien »,* n° 192673 : *Lebon 427.* ♦ Est illégale une réquisition de logement au profit d'une famille qui avait saisi le maire d'une demande de logement social trois ans auparavant et qui avait quitté d'elle-même un logement qu'elle occupait sans titre sans qu'aucune mesure d'expulsion n'ait été mise à exécution. • CE 29 déc. 1997, *Préfet du Val-de-Marne,* n° 172556 : *Lebon 505.*

5. Inexécution de la réquisition par le préfet. Si la libre administration des collectivités doit être regardée, dans la recherche et la constatation d'une voie de fait, comme une liberté fondamentale, l'inexécution par le préfet d'un arrêté municipal de réquisition, visant un immeuble du domaine privé de l'État en vue d'y reloger des personnes expulsées de locaux qu'elles occupaient sans droit ni titre, ne peut être constitutive d'une voie de fait dès lors que le préfet de police a agi dans le cadre des pouvoirs de police qui lui sont conférés par l'art. L. 2215-1 et alors même qu'il se serait abstenu de procéder à la mise en demeure prescrite par cet art. • T. confl. 19 nov. 2007, *Maire de Limeil-Brevannes c/ Préfet du Val-de-Marne,* n° 3653 : *Lebon 608.*

Art. L. 2212-2 **La police municipale a pour objet d'assurer le bon ordre, la sûreté, la sécurité et la salubrité publiques. Elle comprend notamment :**

1° Tout ce qui intéresse la sûreté et la commodité du passage dans les rues, quais, places et voies publiques, ce qui comprend le nettoiement, l'éclairage, l'enlèvement des encombrements, la démolition ou la réparation des édifices *(L. n° 2008-1350 du 19 déc. 2008)* **« et monuments funéraires » menaçant ruine, l'interdiction de rien exposer aux fenêtres ou autres parties des édifices qui puisse nuire par sa chute ou celle de rien jeter qui puisse endommager les passants ou causer des exhalaisons nuisibles** *(L. n° 2001-1062 du 15 nov. 2001, art. 46)* **« ainsi que le soin de réprimer les dépôts, déversements, déjections, projections de toute matière ou objet de nature à nuire, en quelque manière que ce soit, à la sûreté ou à la commodité du passage ou à la propreté des voies susmentionnées » ;**

2° Le soin de réprimer les atteintes à la tranquillité publique telles que les rixes et disputes accompagnées d'ameutement dans les rues, le tumulte excité dans les lieux d'assemblée publique, les attroupements, les bruits, *(L. n° 2007-297 du 5 mars 2007, art. 18)* **« les troubles » de voisinage, les rassemblements nocturnes qui troublent le repos des habitants et tous actes de nature à compromettre la tranquillité publique ;**

3° Le maintien du bon ordre dans les endroits où il se fait de grands rassemblements d'hommes, tels que les foires, marchés, réjouissances et cérémonies publiques, spectacles, jeux, cafés, églises et autres lieux publics ;

4° L'inspection **sur la fidélité du débit des denrées qui se vendent au poids ou à la mesure et sur la salubrité des comestibles exposés en vue de la vente ;**

5° Le soin de prévenir, par des précautions convenables, et de faire cesser, par la distribution des secours nécessaires, les accidents et les fléaux calamiteux ainsi que les pollutions de toute nature, tels que les incendies, les inondations, les ruptures de digues, les éboulements de terre ou de rochers, les avalanches ou autres accidents

naturels, les maladies épidémiques ou contagieuses, les épizooties, de pourvoir d'urgence à toutes les mesures d'assistance et de secours et, s'il y a lieu, de provoquer l'intervention de l'administration supérieure ;

6° Le soin de prendre provisoirement les mesures nécessaires contre les personnes atteintes de troubles mentaux dont l'état pourrait compromettre la morale publique, la sécurité des personnes ou la conservation des propriétés ;

7° Le soin d'obvier ou de remédier aux événements fâcheux qui pourraient être occasionnés par la divagation des animaux malfaisants ou féroces ;

Sur les règles générales d'hygiène, V. ci-dessous CSP, art. L. 1311-1 s.

Sur les animaux dangereux et errants, V. ci-dessous C. rur., art. L. 211-11 s.

Sur les pouvoirs du maire en matière d'accueil des gens du voyage, V. ci-dessous L. n° 2000-614 du 5 juill. 2000.

Sur la possibilité pour le maire, par dérogation aux dispositions de l'art. L. 2212-2, de transférer une partie de son pouvoir de police au président d'un établissement public de coopération intercommunale (EPCI), V. art. L. 5211-9-2. — V. aussi Billet, Intercommunalité et transfert de la police spéciale « déchets ménagers », JCP Adm. 2012, n° 2178. - Didriche et Bahouala, Les transferts de pouvoirs de police entre les communes et les EPCI, AJCT 2018. 203 . - Faure, La promotion contrariée des polices municipales, AJDA 2021. 1490 . - Lekkou, Les nouveaux pouvoirs de police spéciale des présidents d'EPCI, JCP Adm. 2013, n° 2227. - Martin, Le président de l'EPCI à fiscalité propre, une autorité de police administrative en devenir, AJDA 2012. 135 . - Pontier, Le transfert des pouvoirs de police du maire, JCP Adm. 2011, n° 2362.

Sur la police, V. Bossebœuf, La police administrative et le contrôle de la liberté vestimentaire : la question de l'habillement minimum, BJCL 2013. 556. - Crouzatier, Les évolutions des polices municipales. Mutualisation et territorialisation, AJDA 2013. 1961 . - Einaudi, Les pouvoirs de police du maire mis à mal ?, AJDA 2014. 442. - Maillard Desgrées du Loû, La jurisprudence Dieudonné et la protection de l'ordre public, BJCL 2013. 442 . - Soykurt-Macaire, L'expansion des pouvoirs de police administrative des maires à travers la notion de circonstances locales particulières, Dr. adm. 2009. Étude 13.

Pour les communes à police d'État, V. art. L. 2214-1 s.

Pour les communes des départements des Hauts-de-Seine, de la Seine-Saint-Denis et du Val-de-Marne, V. art. L. 2521-1 s.

Pour les communes des départements de la Moselle, du Bas-Rhin et du Haut-Rhin, V. art. L. 2542-1 s.

Pour Paris (Ville de), V. art. L. 2512-13 s.

COMMENTAIRE

V. dans le supplément en ligne.

PLAN DES ANNOTATIONS

I. RÈGLES GÉNÉRALES

A. OBLIGATION D'AGIR EN MATIÈRE DE POLICE MUNICIPALE

1. BIBL. Melleray, L'obligation de prendre des mesures de police administrative initiales, *AJDA 2005. 71*. – Riabi et Didriche, Le point sur l'inaction du maire en matière de police, *AJCT 2021. 401*.

1° LE REFUS DU MAIRE DE FAIRE USAGE DE SES POUVOIRS DE POLICE PEUT ÊTRE ILLÉGAL

2. Principe. Le refus opposé par le maire à une demande tendant à ce qu'il fasse usage de ses pouvoirs de police n'est entaché d'illégalité que dans le cas où, à raison de la gravité du péril résultant d'une situation particulièrement dangereuse pour le bon ordre, la sécurité ou la salubrité publiques, cette autorité, en n'ordonnant pas les mesures indispensables pour faire cesser ce péril grave, méconnaît ses obligations légales. • CE 23 oct. 1959, *Doublet : Lebon 540 ; RD publ. 1959. 1235, concl. Bernard ; ibid. 1960. 802, note Waline ; D. 1960. 191, note Lavroff ; Dpt et cnes 1960. 13, note Hourticq ; AJDA 1960. 98.* ♦ Le juge doit apprécier le bien-fondé du refus d'adopter une mesure de police au regard des règles applicables et des circonstances prévalant à la date à laquelle il statue et non à la date de la décision de refus. • CE 23 déc. 2020, *M. Guillemain*, no 431520 B : *AJDA 2021.11.* ♦ V. par ex., • CAA Bordeaux, 9 avr. 2024, *Sté Ter Arcins*, no 22BX00613 : *AJDA 2024. 1543, note Le Bris*.

3. Cas où le refus d'agir du maire est illégal. En rejetant la demande d'un habitant de la commune qui l'invitait, soit à prendre les mesures nécessaires pour faire respecter la réglementation en vigueur, soit à y substituer une réglementation nouvelle, un maire excède ses pouvoirs et sa décision implicite rejetant la demande du requérant doit être annulée. • CE 3 avr. 1968, *Jardin : Lebon 233.* ♦ L'activité d'un club de tir porte à la tranquillité publique une atteinte d'une gravité telle que le maire ne peut, sans méconnaître ses obligations en matière de police, s'abstenir d'y porter remède de telle sorte que son refus implicite de faire cesser les nuisances sonores est illégal. • CE 8 juill. 1992, *Ville de Chevreuse*, no 80775 : *Lebon 281*.

4. Cas où le refus d'agir du maire est légal. Des constructions édifiées en vertu d'un permis de construire annulé ne créent pas un péril d'une gravité telle qu'en s'abstenant de faire usage de ses pouvoirs de police le maire ait méconnu ses obligations légales. • CE 21 juin 1968, *Dame Spiagerri et Delle Courtois : Lebon 380.* ♦ En ne modifiant pas les conditions d'enlèvement des ordures ménagères dans sa commune, un maire ne méconnaît pas ses obligations légales. • CE 1er oct. 1971, *Assoc. « Alba Stella » : Lebon T. 953.* ♦ Le bruit provoqué par les installations d'une société n'est pas constitutif d'un trouble tel que le maire soit tenu de faire usage des pouvoirs de police qu'il tient de l'art. L. 131-2 C. communes (CGCT, art. L. 2212-2). • CE 29 juin 1983, *Maignan*, n° 35518 : *Lebon 281*. ♦ Si les spectacles organisés dans un établissement sont la source de bruits qui troublent la tranquillité des voisins, ces troubles ne sont pas tels que l'autorité de police ait été tenue de faire usage de ses pouvoirs de police pour en prononcer la fermeture. • CE 12 mars 1986, *Préfet de police de Paris c/ Metzler et a.*, n° 52101 : *Lebon 70*. ♦ Aucune carence fautive du préfet dans l'usage de ses pouvoirs de police pour prévenir des troubles à l'ordre public générés par des activités de vente à la sauvette sur le trottoir ou divers trafics et de rodéos urbains dans deux communes où la police est étatisée n'est caractérisée. • CAA Lyon, 2 avr. 2024, n° 22LY00245 : *AJDA 2024. 1827, concl. Savouré*.

2° LA CARENCE DU MAIRE À FAIRE USAGE DE SES POUVOIRS DE POLICE PEUT ÊTRE FAUTIVE

5. *Carence du maire à prendre les mesures de police nécessaires.* La carence du maire à prendre les mesures de police nécessaires pour assurer la sécurité des administrés lors d'un tir organisé sur des buts flottants sur une rivière constitue une faute grave de nature à engager la responsabilité de la commune. • CE 26 juill. 1918, *Épx Lemonnier : Lebon 761, concl. Blum ; S. 1918-1919. 3. 41, concl. Blum, note Hauriou ; DP 1918. 3. 9, concl. Blum ; RD publ. 1919. 41, concl. Blum, note Jèze ; GAJA n° 32.* ♦ En s'abstenant, malgré les demandes réitérées d'un riverain, de faire dégager les matériaux et plantations installés indûment sur la voie publique et qui rendaient difficile l'accès normal de l'immeuble de l'intéressé, le maire a commis dans l'exercice de ses pouvoirs de police une faute lourde de nature à engager la responsabilité de la puissance publique. • CE 16 févr. 1977, *Jarron et Sté Pom-Ail : Lebon T. 730.* ♦ Les nuisances sonores causées par la conception et le fonctionnement d'un télésiège implanté à 30 m de l'habitation des requérants portent à la tranquillité du voisinage une atteinte d'une gravité telle que le maire ne peut s'abstenir d'y porter remède sans méconnaître ses obligations en matière de police de la tranquillité. Dans les circonstances de l'affaire, le maire a donc commis une faute de nature à engager la responsabilité de la commune. • CAA Lyon, 15 oct. 1998, *Predo*, n° 97LY02711 B. ♦ L'octroi au maire d'un pouvoir de police spéciale, telle que la police des installations d'assainissement non collectif, ne prive pas celui-ci des pouvoirs de police générale qu'il tient des art. L. 2212-1 et L. 2212-2, notamment en vue de faire cesser les pollutions de toute nature. L'abstention de celui-ci à faire usage de ses pouvoirs de police générale peut être constitutive d'une faute de nature à engager la responsabilité de la commune. • CE 27 juill. 2015, n° 367484 : *Lebon ; AJDA 2015. 2277, note Perrin ; AJCT 2016. 48, obs. Defix*.

6. *Carence du maire à appliquer les mesures de police qu'il a prises.* Les difficultés que la police de la circulation rencontre n'exonèrent pas les services municipaux de l'obligation qu'ils ont de prendre les mesures appropriées, réglementaires ou d'exécution, pour que les interdictions édictées soient observées et la carence à ce faire constitue une faute lourde de nature à engager la responsabilité de la commune. • CE 20 oct. 1972, *Ville de Paris c/ Marabout : Lebon 664 ; AJDA 1972. 1625, concl. Guillaume ; RD publ. 1973. 832, note Waline ; Gaz. Pal. 1973. 1. 265, note Rougeaux ; JCP 1973. II. 17373, note Odent ; AJDA 1972. 581, chron. Cabanes et Léger.*

7. *Carence du maire à appliquer les mesures de police prises par l'autorité supérieure.* Il incombe au maire d'assurer sur le territoire de sa commune l'observation de la réglementation de police édictée par l'autorité supérieure et, dès lors qu'il ne prend aucune mesure pour mettre un terme aux infractions à ladite réglementation, cette carence systématique présente le caractère d'une faute lourde de nature à engager la responsabilité de la commune. • CE 14 déc. 1962, *Doublet : Lebon 680 ; D. 1963. 117, concl. Combarnous ; AJDA 1963. 101, chron. Gentot et Fourré.*

8. *Carence constitutive d'une faute simple.* En s'abstenant de faire usage de ses pouvoirs de police pour édicter une réglementation relative à l'accès au terrain de sport en cause et destinée à réduire les nuisances sonores résultant de son utilisation, le maire commet une faute de nature à engager la responsabilité de la commune sans qualifier celle-ci de faute lourde. • CE 28 nov. 2003, *Cne de Moissy-Cramayel*, n° 238349 : *Lebon 464 ; BJCL 2004. 60, concl. Le Chatelier et obs. J.-C. B. ; AJDA 2004. 988, note Deffigier ; Dr. adm. 2004, n° 36, obs. G.L.C. ; JCP Adm. 2004, n° 1053, obs. Moreau.* ♦ Revirement par rapport à • CE 14 déc. 1962, *Doublet : préc. note 7.* ♦ Malgré l'aggravation et la multiplication des nuisances, le maire s'est borné à dresser des procès-verbaux de contraventions, dont l'existence n'est d'ailleurs pas établie, sans prendre aucune autre mesure de nature à faire cesser les troubles de telle sorte que sa carence à agir constitue une faute simple de nature à engager la responsabilité de la commune. • CE 27 juill. 2005, *Ville de Noisy-le-Grand*, n° 257394 B : *Coll. terr. 2005, n° 207, p. 26, obs. Erstein ; RLCT 2005, n° 8, p. 20, obs. Glaser ; ACL 2006. 38.*

9. *Carence fautive donnant lieu à injonction et à astreinte.* Bien que le maire ait interdit le stationnement de tout véhicule à l'entrée de la propriété des requérants et prescrit que cette interdiction serait matérialisée par un marquage au sol ainsi que par un panneau réglementaire, ce dispositif est resté insuffisant pour empêcher le stationnement des automobilistes, rendant difficile voire impossible l'accès en voiture à leur domicile. Dès lors, l'administration municipale ne peut être regardée comme ayant mis en œuvre les moyens suffisants pour assurer l'exécution de l'interdiction de stationnement, d'où sa condamnation à verser aux requérants la somme de 3 000 € en réparation du préjudice subi. Par ailleurs, en application de l'art. L. 911-1 CJA, il convient d'enjoindre à la commune de réaliser, dans un délai de deux mois, les travaux nécessaires comportant l'installation d'un dispositif garantissant effectivement le libre accès des véhicules à la propriété des requérants et d'assortir cette injonction d'une astreinte de 100 € par jour de retard. • CAA Versailles, 9 févr. 2010, *Hardouin*, n° 07VE01197 : *JCP Adm. 2010, n° 2160, 8, obs. Yazi-Roman.*

B. INTERDICTION DE SE DESSAISIR DU POUVOIR DE POLICE MUNICIPALE

10. **BIBL.** Latour, La sécurité sur la voie publique : entre classicisme et pragmatisme, *BJCL 2012. 566.* – Latour et Moreau, Délégation et activités de police : stop ou encore ?, *JCP Adm. 2012, n° 2117.* – Lemaire, Actualité du principe de prohibition de la privatisation de la police, *RFDA 2009. 767*. – Sécurité publique : partenariat puissance publique : acteurs privés, *IFSA 2010.*

11. Impossibilité de contracter sur l'exercice du pouvoir de police. Le fait que des conventions passées entre une commune et une société chargée de la gestion du stationnement payant déterminent le nombre des emplacements payants et disposent que ce nombre ne pourra être unilatéralement modifié par la commune que dans la limite de 5 % du nombre total des emplacements confie à la société des prérogatives de police du stationnement sur la voie publique qui ne peuvent légalement lui être déléguées. • CE 1er avr. 1994, *Cne de Menton et a.*, nos 144152 et 144241 : *Lebon 175 ; Dr. adm., nov. 1994, p. 1, concl. Lasvignes ; RD publ. 1994. 1825, note Auby.* ♦ V. aussi • CE 19 déc. 2007, *Sté Sogeparc-CGST-Cie gén. de stationnement*, n° 260327 : *AJDA 2008. 419, note Dreifuss*. ♦ Si, par contrat, une commune confie à une société de surveillance et de gardiennage la surveillance de la ville trois soirées par semaine, un tel contrat ne se limite pas à confier à la société des tâches de surveillance et de gardiennage des immeubles et du mobilier urbain de la commune mais lui confie des tâches de surveillance de la voie publique, lesquelles, conformément aux dispositions du C. communes, relèvent, dans les communes, de la police municipale, d'où l'illégalité du contrat. • CE 29 déc. 1997, *Cne d'Ostricourt*, n° 170606 B : *JCP 1998. II. 10139, note Prétot.* ♦ Un contrat signé avec une société en vue d'assurer la surveillance des accès et des vestiaires d'un centre nautique, d'intervenir en cas de nécessité sur les bassins et les pelouses et d'empêcher les incidents provoqués par certains usagers du centre nautique est irrégulier car la collectivité publique ne peut confier à une personne privée le soin d'assurer le bon ordre, mission qui relève de la compétence de police du maire et qui ne saurait être déléguée. • CAA Lyon, 7 mai 2003, *Cté de cnes des vallons du Lyonnais c/ Préfet du Rhône*, n° 01LY02009 : *AJDA 2003. 1999 ; BJCL 2003. 663, concl. Bourrachot ; JCP Adm. 2003, n° 2119, obs. Moreau.* ♦ Un contrat confiant à une société privée l'aménagement et la gestion d'un réseau logistique de télésurveillance par caméras et bornes antipanique sur l'ensemble d'un port communal est régulier car il ne lui confie pas une mission de police administrative, la société privée se bornant à retransmettre des informations, n'ayant pas en charge la protection effective des lieux et ne procédant pas à la constatation et à la répression des infractions commises aux règlements de police. • CAA Marseille, 9 nov. 2009, *Sté Vigitel*, n° 07MA00594 : *JCP Adm. 2010. Actu. 2280, obs. Deliancourt.*

12. Impossibilité d'abandonner les forces de police à l'initiative privée. Le service de la police rurale, par sa nature, ne saurait être confié qu'à des agents placés sous l'autorité directe de l'administration de telle sorte qu'il y a excès de pouvoir si la charge de ce service est confiée à une fédération de propriétaires privés. • CE 17 juin 1932, *Ville de Castelnaudary : Lebon 595 ; DP 1932. 3. 26, concl. Josse.*

13. Impossibilité pour la commune d'écarter toute responsabilité. La circonstance qu'une commune ait confié par convention l'exploitation du service des bains à un particulier et l'ait chargé d'assurer, en ses lieu et place, l'exécution de diverses mesures spécifiées dans la convention en vue de la protection des baigneurs ne saurait, s'agissant de l'accomplissement d'une mission afférente à l'exercice de la police municipale, dégager cette collectivité de la responsabilité qu'elle peut encourir directement envers la victime d'un accident du fait de l'existence d'une faute provenant de l'insuffisance des mesures prescrites pour la prévention des accidents et le sauvetage des victimes ou du fait de l'existence d'une faute lourde commise dans l'exécution desdites mesures. • CE 23 mai 1958, *Cts Amoudruz : Lebon 301 ; AJDA 1958. 309, chron. Fournier et Combarnous* • CE 4 oct. 1961, *Dame Verneuil : Lebon 301.* ♦ Eu égard à l'objet d'un contrat administratif passé avec une société privée et relatif à l'exécution par cette dernière de tâches matérielles de police, contrat qui, associant une personne privée à la mise en œuvre d'une opération décidée dans le cadre de pouvoirs de police, devait être exécutée sous le contrôle et la responsabilité de l'administration, il appartient à cette dernière de réparer les dommages causés par la société sans subordonner cette responsabilité à l'insolvabilité de cette dernière. • CE 10 oct. 2011, *Min. de l'Alimentation, de l'Agriculture et de la Pêche*, n° 337062 : *RJEP 2012, n° 18, note Bon ; RLCT 2012, n° 2084,* *obs. Glaser ; RFDA 2012. 481, note Delaunay ; DGCT 2012. 437, obs. Bon.*

C. CONCOURS DE POLICE

14. **BIBL.** Deliancourt, Concours de police : l'identification des compétences et moyens des autorités locales, *JCP Adm. 2012, n° 2114*. – Délicat, Le principe d'exclusivité des polices spéciales, *AJDA 2013. 1782*. – Hoepffner et Janicot, Police locale versus police spéciale : l'exclusivité de la police administrative spéciale des communications électroniques, *RD publ. 2012. 1245* ; Le règlement des concours de police obéit-il à des principes directeurs ?, *AJDA 2020. 1211*. – Petit, Les aspects nouveaux du concours entre police générale et polices spéciales, *RFDA 2013. 1187*. – Pontier, La multiplication des polices spéciales : pourquoi ?, *JCP Adm. 2012, n° 2113*. – Dossier : les concours de polices, *AJCT 2020. 1210*.

1° CONCOURS ENTRE POLICE GÉNÉRALE MUNICIPALE ET POLICE GÉNÉRALE DU PREMIER MINISTRE OU DU PRÉFET

15. Le fondement du pouvoir de police du Premier ministre est jurisprudentiel : il appartient au chef de l'État (sous la Ve République au Premier ministre ou au président de la République si le décret est délibéré en Conseil des ministres), en dehors de toute délégation législative et en vertu de ses pouvoirs propres, de déterminer celles des mesures de police qui doivent en tout état de cause être appliquées dans l'ensemble du territoire. • CE 8 août 1919, *Labonne : Lebon 737.* ♦ Quant au fondement du pouvoir de police du préfet, il est textuel : V. notamment art. L. 2215-1.

16. Le maire ne peut contrevenir aux dispositions de police prises par l'autorité supérieure. Ainsi, un maire ne peut autoriser un commerçant à fermer son débit de boissons après l'heure de fermeture fixée réglementairement par le préfet. • CE 17 juill. 1953, *Constantin : Lebon 381 ; AJDA 1956. 134, obs. H. G.*

17. En revanche, les autorités départementales et municipales de police conservent, chacune en ce qui la concerne, compétence pleine et entière pour ajouter à la réglementation générale édictée par le chef de l'État (ou par le Premier ministre sous la Ve République) toutes les prescriptions réglementaires supplémentaires que l'intérêt public peut commander dans la localité. • CE 8 août 1919, *Labonne : préc. note 15.*

18. Notamment, le maire peut, lorsque les circonstances locales l'exigent, préciser voire aggraver les dispositions prises par l'autorité supérieure. • CE 18 avr. 1902, *Cne de Néris-Les-Bains : Lebon 275 ; S. 1902. 3. 81, note Hauriou ; GAJA n° 9.*

19. Par ailleurs, le préfet, lorsqu'il prend un arrêté de police applicable dans tout le département, a le droit d'autoriser les maires à y déroger pour une durée déterminée lors de circonstances particulières ou exceptionnelles qu'il détermine, par exemple, s'agissant d'un arrêté relatif à la lutte contre la nuisance sonore dans le département, manifestations commerciales, sportives et musicales ou fêtes et réjouissances publiques. • CAA Marseille, 4 avr. 2005, *Assoc. PLUCE,* n° 01MA02513 : *BJCL 2005 384, concl. Louis.*

2° CONCOURS ENTRE POLICE GÉNÉRALE ET POLICE SPÉCIALE

a. Le maire détenteur de pouvoirs de police spéciale

20. Le maire détient aussi des pouvoirs de police spéciale. Par exemple : police des baignades (CGCT, art. L. 2213-3 et L. 2213-23), des funérailles (CGCT, art. L. 2213-7), des ports maritimes (CGCT, art. L. 2213-22), des édifices menaçant ruine (CGCT, art. L. 2213-26 et L. 2213-24), des installations d'assainissement non collectif (CGCT, art. L. 2224-8 s.).

b. Police locale générale et police spéciale étatique

21. Exclusivité de la police spéciale étatique. En cas de pouvoirs de police spéciale étatique exclusifs, le maire n'est pas compétent, en dehors des hypothèses de péril imminent. Ainsi en a-t-il été jugé par exemple dans le domaine des cultures d'organismes génétiquement modifiés (OGM), de la police des eaux, de la police des installations classées, ou encore de la police spéciale des communications électroniques. En cas de péril imminent, le maire a pas non seulement le pouvoir mais aussi le devoir d'exercer sa compétence de police générale sous peine d'engager la responsabilité de la commune.

22. Espèces animales et végétales. Les polices spéciales de la protection des espèces animales et végétales étant confiées au préfet ou au ministre, le maire ne tient ni du CGCT ni d'aucune autre disposition législative ou réglementaire le pouvoir de prononcer l'interdiction, au surplus sans restriction dans le temps, de la pratique de l'escalade sur le territoire d'une réserve de chasse pour des motifs exclusivement tirés de la protection des espèces animales et végétales. • TA Nice, 22 févr. 2005, *Préfet des Alpes-maritimes c/ Cne de Gourdon,* n° 0300491 : *JCP Adm. 2005, n° 1169, note Guillaumont.*

23. Gares ferroviaires. De même l'art. 6 du Décr. du 11 nov. 1917 (devenu l'art. 6 du Décr. du 22 mars 1942) disposant que les mesures de police destinées à assurer le bon ordre dans les parties de gares et de leurs dépendances accessibles au public sont réglées par des arrêtés du préfet du département, est illégal un arrêté de police du maire réglementant le stationnement dans les cours de gares. • CE 20 juill. 1935, *Éts SATAN : Lebon 847.* ♦ V. aussi • TA Nantes, 24 oct. 1996,

Assoc. des taxis baulois : RFDA 1997. 831, concl. Millet.

24. L'art. 6 du Décr. du 22 mars 1942 donne compétence au seul préfet pour prendre avec l'approbation du ministre des Travaux publics toutes mesures de police nécessaires pour assurer le bon ordre dans les parties des gares et de leurs dépendances accessibles au public au nombre desquelles figurent les quais d'embarquement et les fautes qu'il est susceptible de commettre dans l'exercice de cette police engagent la responsabilité de l'État. • CE 9 mars 1966, *Min. des Travaux publics et des transports c/ Latu : Lebon 198 ; AJDA 1966. 362, note Dufau ; JCP 1967. II. 15097, note Duran* • CE 24 nov. 1967, *Min. des Travaux publics et des transports c/ Delle Labat : Lebon 444 ; RD publ. 1968. 659, concl. Baudouin ; RD publ. 1968. 648, note Waline ; AJDA 1968. 100, note Massot et Dewost.*

25. Dans le cas particulier où il n'existe pas de cour de gare appartenant au domaine public ferroviaire et où les taxis stationnent de ce fait sur le domaine public communal, l'art. 6 du Décr. du 22 mars 1942 ne s'applique pas et l'autorité compétente pour agir est alors le maire. • CE 6 avr. 2001, *Féd. nat. des taxis indépendants,* n° 211385 B : *Coll. terr. 2001, n° 195, obs. Célérier.* ♦ Il en va ainsi lorsque la propriété de la cour de la gare a été transférée par la SNCF à la commune et incorporée à la voirie communale. • CE 6 juin 2001, *Cne de Vannes,* n° 199674 : *Lebon 256 ; CJEG 2002. 19, note Laget-Annamayer ; Coll. terr. 2001, n° 229, obs. Célérier.*

26. En indiquant, dans une circulaire du 11 mai 1999, que les taxis des communes extérieures devront desservir leur commune et ne pourront stationner dans les cours de gares d'autres communes que sur réservation dont ils devront apporter la preuve, le ministre de l'Intérieur a édicté en matière de réglementation des taxis extérieurs aux communes des règles qu'il n'était pas compétent pour prendre. • CE 6 avr. 2001, *Féd. nat. des taxis indépendants,* n° 211385 : *préc. note 25.* ♦ V. maintenant la circulaire du 15 mai 2001 relative au stationnement des taxis dans les cours des gares, *BOMI 2001-2. 150.*

27. Cumul de la police spéciale étatique et de la police générale locale. Dans d'autres cas, au contraire, il peut y avoir cumul des pouvoirs de police spéciale et de police générale.

28. Domaines d'intervention distincts des autorités de police. L'existence d'un pouvoir de police spéciale confié par le C. aviat. au ministre chargé de l'aviation civile en matière de circulation aérienne exclut la possibilité pour le maire d'user de ses pouvoirs de police générale pour réglementer les évolutions des aéronefs d'écoles de pilotage au-dessus du territoire de sa commune. • CE 10 avr. 2002, *Min. de l'Équipement,* n° 238212 : *Lebon 124 ; BJCL 2002. 170, concl. Bachelier ; RDI 2002. 527, obs. Jégouzo ; ACL 2003, n° 47.* ♦ ... Pour interdire la nuit le survol de sa commune par des avions. • CAA Paris, 7 août 2002, *Cne de Deuil-La-Barre : JCP Adm. 2002. 1238, obs. Moreau ; Coll. terr. 2002, n° 277, obs. Célérier ; RRJ 2004. 1423, note Delhoste.* ♦ Il résulte des dispositions du C. rur., notamment de ses art. L. 253-1, L. 253-7 s., R. 253-1, R. 253-45, D. 253-45-1 et D. 253-46-1-5, ainsi que de l'Arr. du 4 mai 2017 relatif à la mise sur le marché et à l'utilisation des produits phytopharmaceutiques et de leurs adjuvants, que le législateur a organisé une police spéciale de la mise sur le marché, de la détention et de l'utilisation des produits phytopharmaceutiques, qu'il a confiée à l'État. Le maire ne peut légalement user de cette compétence pour édicter une réglementation portant sur les conditions générales d'utilisation des produits phytopharmaceutiques, qu'il appartient aux seules autorités de l'État de prendre. • CE 16 juin 2025, n° 490161 : *AJDA 2025. 1160*.

29. En revanche, les dispositions du C. aviat. qui confient au ministre des Transports la faculté d'interdire le survol de certaines zones pour des raisons de sécurité n'ont pas pour objet et ne sauraient avoir pour effet de priver le maire de la possibilité d'utiliser ses pouvoirs de police pour réglementer, en vue d'assurer la tranquillité et la sécurité des habitants de sa commune, l'utilisation des appareils d'aéromodélisme sur le territoire de sa commune. • CE 8 mars 1993, *Cne des Molières,* n° 102027 B : *RFD aérien 1993. 333, concl. Lasvignes ; JCP 1993. II. 22157, note Lascombe et Vandendriessche ; D. 1994. Somm. 110, obs. Maillard Desgrées du Loû*. ♦ La décision de l'autorité de police interdisant au requérant d'effectuer de la publicité par voie de projection lumineuse sur les nuages à partir du sol a pour objet d'assurer la commodité et la sécurité de la circulation sur les voies publiques et relève dès lors de l'exercice de la police générale de la voie publique (compétence du maire) et non de la police de la navigation aérienne (compétence du ministre en charge de l'aviation). • CE 15 déc. 1961, *Chiaretta : Lebon 709 ; Rev. adm. 1962. 44, concl. Braibant ; D. 1962. 473, note Vergnaud ; AJDA 1962. 21, chron. Galabert et Gentot ; Dpt et cnes 1962. 145, note Hourticq.*

30. Domaines d'intervention identiques des autorités de police. Un maire, responsable du maintien de l'ordre dans sa commune, peut interdire sur le territoire de celle-ci la représentation d'un film auquel le visa ministériel d'exploitation a été accordé mais dont la projection est susceptible d'entraîner des troubles sérieux ou d'être, à raison du caractère immoral dudit film et de circonstances locales, préjudiciable à l'ordre public. • CE 18 déc. 1959, *Sté « Les films Lutétia » et Synd. fr. des producteurs et exportateurs de films : Lebon 693 ; S. 1960. 94, concl. Mayras ; D. 1960. 171, note Weil ; AJDA 1960. 21, chron. Combarnous et Galabert ; Rev. adm. 1960. 31, note*

Juret ; JCP 1961. II. 11898, note Mimin ; GAJA n° 76.

31. Si la police de la chasse relève, en vertu des dispositions de l'art. L. 220-1 nouv. C. rur. alors en vigueur (aujourd'hui C. envir., art. L. 420-1 s.), de la compétence de l'État, un maire n'excède pas les pouvoirs de police qu'il tient des dispositions de l'art. L. 131-2 C. communes (CGCT, art. L. 2212-2), ni ne prend une mesure disproportionnée par rapport aux risques encourus par les habitants en élargissant de 150 m à 200 m le périmètre interdit à la chasse autour des habitations. • CE 13 sept. 1995, *Féd. dptale des chasseurs de la Loire,* n° 127553 B. ♦ V. Comte, Le maire et la chasse, *AJCT 2020. 134*. ♦ Le maire peut user de ses pouvoirs de police générale pour réglementer la chasse à courre afin de répondre à des circonstances locales. • CAA Douai, 25 mai 2021, n° 20DA00793 : *AJCT 2021. 485, note Bahouala*.

3° CONCOURS ENTRE POLICES SPÉCIALES

32. Il résulte des dispositions des art. 3 et 4 de la L. du 15 juill. 1975 relative à l'élimination des déchets (V. désormais C. envir., art. L. 541-3 s.) que l'autorité investie des pouvoirs de police municipale est fondée, alors même que le préfet est susceptible d'intervenir au titre des pouvoirs de police spéciale qu'il tient de la L. du 19 juill. 1976 relative aux installations classées pour la protection de l'environnement (V. désormais C. envir., art. L. 511-1 s.), à prendre les mesures nécessaires pour assurer l'élimination des déchets dont l'abandon, le dépôt ou le traitement présentent des dangers pour l'environnement. • CE 18 nov. 1998, *Jaeger,* n° 161612 B : *Dr. envir. 1999, n° 67, p. 6, note Fontbonne* • CE 11 janv. 2007, *Min. de l'Écologie et du Développement durable c/ Sté Barbazanges Tri ouest,* n° 287674 : *Envir. 2007, n° 45, note Billet ; JCP Adm. 2007, n° 2106, note Billet ; JCP E 2007, n° 1715, note Billet ; Rev. jur. envir. 2007. 347, note Billet ; ACL 2008, n° 112.*

D. BUT DE LA POLICE MUNICIPALE

33. **BIBL.** Bonnet, L'ordre public en France : de l'ordre matériel et extérieur à l'ordre public immatériel. Tentative de définition d'une notion insaisissable, *in* Dubreuil (dir.), L'ordre public, *éd. Cujas, 2013*. – Canedo-Paris, La dignité humaine en tant que composante de l'ordre public : l'inattendu retour en droit administratif français d'un concept controversé, *RFDA 2008. 979*. – Delaunay, Faut-il revoir la trilogie des buts de la police générale ?, *JCP Adm. 2012, n° 2112*. – Dubreuil (dir.), L'ordre public (Actes du colloque organisé à Clermont-Ferrand, déc. 2011), *éd. Cujas, 2013, p. 61*. – Falgas, Sur la police administrative de l'esthétique, *RFDA 2024. 375*. – Franc, Une relecture de l'arrêt Commune de Morsang-sur-Orge, *AJDA 2014.106*.

34. Le but de la police municipale est la protection de l'ordre public, plus précisément de la sécurité, de la tranquillité et de la salubrité publiques (art. L. 131-2 C. communes devenu art. L. 2212-2 CGCT).

35. Toutefois, il a été admis que la moralité publique, qui ne figure pas dans cet art., est aussi un but de la police municipale. La police municipale des spectacles forains est ainsi exercée, non seulement dans l'intérêt de la sécurité et de la tranquillité, mais également dans celui de la moralité publique. ♦ V. notes 417 s.

36. Même chose pour le respect de la dignité de la personne humaine, bien que l'art. préc. n'y fasse pas directement référence. ♦ V. notes 434 à 439.

37. En revanche, et sauf disposition de police spéciale, la police municipale ne peut être exercée dans un but étranger à la protection de la sécurité, de la tranquillité, de la salubrité et de la moralité publiques ou au respect de la dignité de la personne humaine.

38. Ainsi, le maire ne peut exercer ses pouvoirs de police générale aux fins de protéger l'esthétique. Il en résulte que, dès lors que l'existence d'un dépôt de vieux véhicules n'est susceptible de porter atteinte ni à la sécurité, ni à la tranquillité, ni à la salubrité publique, les art. 97 s. C. adm. comm. (CGCT, art. L. 2212-2 s.) ne peuvent servir de fondement légal à l'arrêté d'un maire prescrivant de faire disparaître ledit dépôt. • CE 21 juill. 1970, *Loubat : Lebon 507.* ♦ De même, le stationnement des véhicules autorisés pour des spectacles de « stock-cars » n'étant pas de nature à créer un risque pour la sécurité, la tranquillité ou la salubrité publiques, est illégal l'arrêté par lequel le maire met la personne dont le terrain servait à entreposer les véhicules en demeure de procéder à leur enlèvement dans les quinze jours. • CE 9 juill. 1975, *Cne de Janvry : Lebon 410.* ♦ De même, les dispositions d'un arrêté municipal portant règlement général d'un nouveau cimetière qui limitent la hauteur des dalles, encadrements, monuments funéraires et éléments de décoration, qui déterminent trois types de monuments funéraires et qui soumettent à autorisation préalable tout projet de construction de tombe ou caveau en vue de contrôler notamment la conception esthétique de l'ouvrage n'ont pas pour objet direct le maintien du bon ordre et de la décence dans le cimetière et ne trouvent donc pas leur base légale dans l'art. 97 (4°) C. adm. comm. (art. L. 2213-9 CGCT). • CE 18 févr. 1972, *Ch. synd. des entreprises artisanales du bâtiment de la Haute-Garonne : Lebon 153 ; AJDA 1972. 215, chron. Labetoulle et Cabanes ; JCP 1973. II. 17446, note Bouyssou ; Gaz. Pal. 1973. 2. 761, note Melin.* ♦ De même, le maire ne tient pas des dispositions de l'art. 97 (4°) C. adm. comm. (art. L. 2213-9 CGCT) le pouvoir de limiter, pour des raisons de caractère esthétique, le type de monument ou de plantation que peuvent placer sur les tombes les personnes titulaires d'une concession, de telles limitations étant d'ailleurs contraires aux dispositions de l'art. 447 du même code (art. L. 2223-12 CGCT). • CE 11 mars 1983, *Cne de Bures-sur-Yvette*, n° 20837 : *Lebon 104 ; Gaz. Pal. 1983. 2. 649, note Melin ; Quot. jur. 16 juin 1983, note M. D.*

39. Le maire ne tire pas des dispositions de l'art. L. 131-2 C. communes (CGCT, art. L. 2212-2) le pouvoir de faire obstacle à l'exécution des décisions de justice en interdisant sur le territoire de la commune les expulsions de locataires et les saisies mobilières. • CE 9 oct. 1996, *Cne d'Ivry-sur-Seine*, n° 121323 B. ♦ Le maire ne tient ni des dispositions de l'art. L. 2212-2 ni d'aucune autre disposition le pouvoir de faire obstacle à l'exécution d'une décision de justice de telle sorte qu'il y a lieu de suspendre son arrêté déclarant sa ville « hors expulsion locative ». • TA Cergy-Pontoise, réf., 12 mars 2004, *Préfet de la Seine-Saint-Denis : JCP Adm. 2004, n° 1325, obs. Moreau.* ♦ Il y a également lieu d'annuler son arrêté qui interdit, pour des raisons économiques et sociales, toutes les mesures d'expulsion visant des personnes et des familles. • CAA Versailles, 31 mai 2007, *Cne Bagneux c/ Préfet des Hauts-de-Seine*, n° 06VE02251 : *JCP Adm. 2007, n° 2242, obs. Saulnier-Cassia.* ♦ Sur les arrêtés municipaux anti-coupure d'eau, V. Braconnier, *AJDA 2005. 644.* ♦ Sur les arrêtés municipaux anti-coupure d'électricité et de gaz, V. Kern, *RLCT, avr. 2005. 53.* ♦ V. également note 44. ♦ Sur les arrêtés anti-expulsion, V. Pinto, Le point... sur les arrêtés « anti-expulsions » locatives pris par les maires, *AJCT 2019. 503*.

40. Le maire ne peut pas non plus exercer ses pouvoirs de police générale pour faire respecter l'égalité entre les hommes et les femmes en interdisant un défilé de prêt-à-porter pour femmes musulmanes voilées au motif qu'il est exclusivement réservé aux femmes. • TA Cergy-Pontoise, 21 juill. 2005, *Sté Jasmeen*, n° 0409171 : *AJDA 2006. 439, concl. Fournales*.

41. Une mesure litigieuse visant à mettre fin à des mauvais traitements envers les animaux ne relève ni du bon ordre ni de la sécurité ou de la salubrité publiques. Elle n'est pas au nombre de celles que le maire peut prendre dans le cadre de ses pouvoirs de police municipale. • CAA Nancy, 15 nov. 2010, *M. Speth*, n° 09NC01433 : *AJDA 2011. 1446, note Nicoud ; BJCL 2011. 482, obs. Nicoud.*

42. Lorsque le maire, sous couvert de protection de la sécurité, de la tranquillité, de la salubrité et de la moralité publiques ou du respect de la dignité de la personne humaine, a entendu, en réalité, protéger un intérêt privé, il y a détournement de pouvoir. Ainsi, des arrêtés de police réglementant diverses activités touristiques sur un lac ou aux abords de celui-ci pris, en réalité, dans le but de défavoriser l'un des concessionnaires de la plage par rapport à ses concurrents sont entachés de détournement de pouvoir. • CE 20 oct. 1971, *Estaynou : Lebon 614 ; JCP 1972. II. 17217, note Bonnefoy.* ♦ De même, est entaché de détournement de pouvoir l'arrêté du maire n'autorisant les marchands forains et ambulants à pratiquer leur commerce que sur une seule place et une seule matinée par semaine, cette mesure étant motivée, non par les nécessités de la circulation, mais par le souci de protéger les intérêts des commerçants de la localité. • CE 22 janv. 1975, *Cne de Vallon-Pont-d'Arc : Lebon 43.* – V. également : • CE 23 avr. 1997, *Cne des Gets*, n° 115523 B.

43. Il y a également détournement de pouvoir lorsque le maire, sous couvert de protection de la sécurité, de la tranquillité, de la salubrité et de la moralité publiques ou de la dignité de la personne humaine, entend en réalité protéger un autre intérêt public comme favoriser l'exécution d'un contrat ou le règlement d'un litige. Ainsi, l'interdiction d'une publicité lumineuse pour des motifs avancés d'ordre public mais qui, en réalité, a pour but d'assurer l'exécution d'un contrat constitue un détournement de pouvoir. • CE 8 juin 1962, *Dibon : Lebon 380.* ♦ De même, est entaché de détournement de pouvoir l'arrêté du maire enjoignant à une association gérant une maison de jeunes et de la culture d'évacuer les immeubles qu'elle occupait au motif qu'ils présenteraient un danger pour la sécurité publique alors que, en réalité, le maire a usé de ses pouvoirs pour mettre fin à un différend qui opposait la commune au directeur de la maison de jeunes. • CE 19 janv. 1979, *Ville de Viry-Châtillon : Lebon T. 651.*

E. ADÉQUATION DE LA MESURE PRISE AUX CIRCONSTANCES DE L'AFFAIRE

1° LA MESURE DOIT ÊTRE FONDÉE SUR UN TROUBLE À LA SÉCURITÉ, À LA TRANQUILLITÉ, À LA SALUBRITÉ ET À LA MORALITÉ PUBLIQUES OU AU RESPECT DE LA DIGNITÉ DE LA PERSONNE HUMAINE

44. Est illégal l'arrêté du maire réglementant les convois funèbres sur la voie publique et interdisant notamment aux membres du clergé, revêtus de leurs habits sacerdotaux, d'accompagner à pied ces convois conformément à la tradition locale, aucun motif tiré de la nécessité de maintenir l'ordre sur la voie publique ne pouvant être invoqué pour justifier une telle mesure. • CE 19 févr. 1909, *Abbé Olivier : Lebon 181 ; S. 1909. 3. 34, concl. Chardenet ; DP 1910. 3. 121, concl. Chardenet ; RD publ. 1910. 69, note Jèze ; GAJA n° 19.* ♦ Les menaces à l'ordre public, à la sécurité et à la salubrité publiques que constitueraient, selon la commune, les coupures d'électricité et de gaz pour les familles qui en sont l'objet ne sont pas, de par leur imprécision et leur éventualité, de nature à justifier le recours par le maire à ses pouvoirs de police pour interdire lesdites coupures. • CAA Douai, 29 déc. 2005, *Cne de Waziers*, n° 05DA00726 : *BJCL 2006. 261, concl. Lepers et obs. B. P.* • CAA Paris, 11 juill. 2007, *Cne de Mitry-Mory*, n° 05PA01942 : *JCP Adm. 2007,* *n° 2327, comm. 14, obs. Foulquier* • CAA Marseille, 26 nov. 2007, *Cne d'Elne,* n° 06MA03460 : *JCP Adm. 2008, n° 2109, comm. 8, obs. Chatain* • CAA Nantes, 27 déc. 2007, *Cne d'Allones,* n° 07NT00615 : *JCP Adm. 2008, n° 2158, comm. 15, obs. Vandermeeren.* ♦ Une mesure de police n'est légale que si elle est nécessaire au regard de la situation de fait existant à la date à laquelle elle a été prise, éclairée au besoin par des éléments d'information connus ultérieurement. La circonstance que cette mesure se révèle ensuite inutile est sans incidence sur sa légalité mais entraîne l'obligation de l'abroger ou de l'adapter sous peine d'engager la responsabilité pour faute de la commune. • CE 31 août 2009, *Cne de Crégols,* n° 296458 : *Lebon 343 ; RJEP 2010, n° 16, concl. de Salins ; AJDA 2009. 1824, chron. Liéber et Botteghi ; JCP Adm. 2009, n° 2288, note Moreau ; RLCT 2009, n° 51, p. 22, note Gaté ; RDP 2010. 807, note Broyelle ; Dr. adm. 2009, n° 134 ; LPA 25 janv. 2011, p. 6, obs. Pollet-Panoussis ; DGCT 2010. 475, obs. Bon.* ♦ Le maire peut prendre des mesures de police pour assurer la sécurité et la salubrité qui seraient susceptibles d'être menacées par l'installation des compteurs Linky sur son territoire. Toutefois, si le maire a constaté neuf erreurs de branchements et des incursions sur des propriétés privées sans autorisation, ces circonstances, à les supposer établies, ne suffisent pas à elles seules à caractériser un trouble à l'ordre public ou un risque pour la sécurité ou la salubrité publiques justifiant l'usage de ses pouvoirs de police. • CAA Nantes, 5 oct. 2018, n° 17NT01495, *Cne de Cast c/ Sté Enedis : et n° 18NT00454, Cne de Bovel c/ Préfet d'Ille-et-Vilaine et Sté Enedis : AJDA 2018. 2193, concl. Bréchot.*

2° LA MESURE DOIT ÊTRE LA MOINS CONTRAIGNANTE POSSIBLE POUR PRÉVENIR EFFICACEMENT LE TROUBLE

a. Une autre mesure de police, moins contraignante, ne doit pas être aussi efficace

45. L'interdiction de deux conférences est illégale dès lors qu'il résulte de l'instruction que l'éventualité de troubles, alléguée par le maire, ne présentait pas un degré de gravité tel qu'il n'ait pu, sans interdire les conférences, maintenir l'ordre en édictant les mesures de police qu'il lui appartenait de prendre. • CE 19 mai 1933, *Benjamin : Lebon 541 ; S. 1934. 3. 1, concl. Michel, note Mestre ; DP 1933. 3. 354, concl. Michel ; GAJA n° 45.*

b. Les interdictions générales et absolues sont présumées illégales

46. Si le maire a le pouvoir de réglementer l'exercice d'une activité commerciale afin de garantir la sécurité des skieurs et la salubrité du domaine skiable ainsi que la commodité de la circulation et du stationnement, il ne saurait interdire l'installation des marchands ambulants sur l'ensemble du territoire de la commune sauf dans une zone très réduite et sauf deux jours par semaine sans porter atteinte à la liberté du commerce et de l'industrie dont bénéficient notamment les commerçants ambulants. • CE 26 avr. 1993, *Cne de Méribel-les-Allues c/ Sté Banan'Alp,* n° 101146 B.

3° LA MESURE DOIT ÊTRE EXACTEMENT PROPORTIONNÉE AUX INTÉRÊTS EN CAUSE

47. Un arrêté municipal édictant une mesure d'interdiction de la circulation et du stationnement dans une rue piétonne assorti seulement de dérogations limitées impose aux riverains une restriction qui excède, dans les circonstances de l'espèce, celles qu'il pouvait légalement leur imposer « eu égard aux nécessités de la circulation ». • CE 3 juin 1994, *Cne de Coulommiers,* n° 122655 : *Lebon 287.*

48. En revanche, l'arrêté municipal fermant de 22 h 30 à 5 h pendant quatre mois un débit de boissons qui avait été l'objet ou le cadre d'infractions fréquentes et graves liées, pour la plupart, à son ouverture nocturne n'est pas, dans les circonstances de l'espèce, disproportionné par rapport à son objet. • CE 21 janv. 1994, *Cne de Dammarie-les-Lys c/ Sté Carmag,* n° 120043 B : *D. 1994. Somm. 112, obs. Maillard Desgrées du Loû.* ♦ L'interdiction de l'exercice du commerce ambulant du 1er avr. au 30 oct. de 10 h à 20 h sur huit voies et cinq places d'un secteur réservé aux piétons et situé près de la cathédrale, loin d'être générale, est adaptée aux circonstances de temps et de lieu et ne soumet pas les intéressés à des contraintes autres que celles qu'impose le respect du bon ordre, de la sécurité et de la tranquillité des piétons dont l'affluence est considérable à ces époques et dans ces lieux. • CE 25 janv. 1980, *Gadiaga et a.,* nos 14260 à 14265 : *Lebon 44, concl. Rougevin-Baville ; AJDA 1980. 307, chron. Robineau et Feffer ; D. 1980. 270, note Peiser ; Rev. adm. 1980. 609, note Bienvenu et Rials.* ♦ Les arrêtés d'un maire interdisant l'accès à un espace public de loisirs opposés aux personnes « portant tout signe religieux » sont constitutifs d'une discrimination et portent ainsi une atteinte grave et manifestement illégale à la liberté d'expression religieuse. • TA Versailles, ord., 12 juill. 2014, n° 1404939 : *AJCT 2014. 558, obs. Rouquet.* ♦ Les mesures de police que le maire édicte en vue de réglementer l'accès à la plage et la pratique de la baignade doivent être adaptées, nécessaires et proportionnées au regard des seules nécessités de l'ordre public, telles qu'elles découlent des circonstances de temps et de lieu, et compte tenu des exigences qu'impliquent le bon accès au rivage, la sécurité de la baignade ainsi que l'hygiène et la décence sur la plage. Il n'appartient pas au maire de se fonder sur d'autres considérations et les restrictions qu'il apporte aux libertés doivent être justifiées par des risques avérés d'atteinte à l'ordre public. • CE 26 août 2016, *Ligue des droits de l'homme et a., Assoc. de défense des droits de l'homme, Collectif contre l'islamophobie en France*, n°s 402742 et 402777 : *Lebon ; AJDA 2016. 2122, note Gervier ; AJCT 2016. 508, obs. Le Chatelier ; ibid. 529, tribune Granger ; ibid. 552, étude Alonso ; RFDA 2016. 1227, note Bon ; BJCL 2016. 680, obs. Rambaud* • CAA Marseille, 3 juill. 2017, n° 17MA01337 : *AJCT 2018. 50, obs. Le Chatelier*. ♦ La mesure de police prise par le préfet de police consistant à évacuer des personnes dépendantes du crack depuis le secteur du jardin d'Éole et de la place Stalingrad à destination d'un autre quartier de la capitale présente un caractère adapté et proportionné au regard des troubles à l'ordre public constatés. • CAA Paris, 7 mai 2024, *Préfet de police*, n° 23PA04055 : *AJDA 2024. 1541, note Naudin*.

F. PROHIBITION DE PRINCIPE DES AUTORISATIONS ET DÉCLARATIONS PRÉALABLES

49. BIBL. Ligneau, *RD publ. 1976. 679.* – Martin, *AJDA 1975. 436.*

1° PRINCIPE

50. Le maire ne saurait, sans porter atteinte au principe de la liberté du commerce et de l'industrie, subordonner l'exercice de la profession de photographe-filmeur à la délivrance d'une autorisation. • CE 22 juin 1951, *Daudignac : Lebon 362 ; D. 1951. 589, concl. Gazier, note J.C. ; GAJA n° 65.* ♦ ... Ni subordonner à autorisation l'exercice de toute activité de vente ambulante et de colportage dans une partie de la ville et à une certaine période : il peut seulement réglementer l'exercice du commerce ambulant dans les rues et notamment l'interdire dans certaines rues et à certaines heures. • CE 28 mars 1979, *Ville de Strasbourg : Lebon T. 652.*

51. Le maire ne peut soumettre à autorisation la circulation de véhicules publicitaires dans les rues. • CE 2 avr. 1954, *Pétronelli : Lebon 208 ; RPDA 1954. 98, concl. Laurent ; AJDA 1954. 9, chron. Gazier et Long.* ♦ Aucune loi n'autorise non plus l'autorité de police à subordonner la mise en place d'enseignes publicitaires sur les taxis à la délivrance d'une autorisation. • CE 14 mars 2001, *Sté Rouge Petrus Le média Taxi et Min. de l'Intérieur : n°s 196199 et 196203.*

52. Si le maire est compétent pour édicter des mesures de police nécessaires pour assurer la sécurité des personnes et des biens, il ne tient ni du CGCT ni d'aucune loi le pouvoir de soumettre l'exercice du tir depuis un poste fixe à autorisation préalable. • CE 27 juill. 2009, *Girard*, n° 300964 B.

2° EXCEPTIONS

a. Autorisation ou déclaration préalable prévue par la loi

53. L'art. 1er de la loi du 30 déc. 1906 soumettait toutes les ventes de marchandises neuves sous forme de soldes, liquidations, ventes forcées ou déballage à autorisation préalable du maire. Aujourd'hui cette matière est régie par les art. L. 310-1 et s. C. com., le régime de l'autorisation étant remplacé par celui de déclaration préalable tantôt auprès du préfet tantôt auprès du maire.

54. L'obligation de déclaration préalable à l'exercice de la profession de colporteur ou de distributeur sur la voie publique, ou en tout autre lieu public ou privé, de livres, écrits, brochures, journaux, dessins, gravures, lithographies et photographies a été supprimée par l'art. 13-1° L. n° 2004-1343 du 9 déc. 2004 de simplification du droit.

55. Le décret-loi du 23 oct. 1935 soumet à l'obligation d'une déclaration préalable faite à l'autorité investie des pouvoirs de police municipale « tous cortèges, défilés et rassemblements de personnes et, d'une façon générale, toutes manifestations sur la voie publique » (à l'exception des sorties sur la voie publique conformes aux usages locaux).

b. Autorisation liée à une occupation privative du domaine public

56. V. art. L. 1311-1.

G. PRISE EN COMPTE DU DROIT DE LA CONCURRENCE

57. Dès lors que l'exercice des pouvoirs de police administrative est susceptible d'affecter des activités de production, de distribution ou de services, la circonstance que les mesures de police ont pour objectif la protection de l'ordre public n'exonère pas l'autorité investie de ces pouvoirs de l'obligation de prendre en compte également la liberté du commerce et de l'industrie et les règles de la concurrence. Il appartient au juge de l'excès de pouvoir d'apprécier la légalité de ces mesures de police en recherchant si elles ont été prises compte tenu de l'ensemble de ces objectifs et de ces règles et si elles en ont fait, en les combinant, une exacte application. • CE, avis, 22 nov. 2000, *Sté L. et P. : Lebon 525 ; RFDA 2001. 872, concl. Austry ; RD publ. 2001. 393, note Guettier ; Dr. adm. 2001, n° 5, et p. 3, chron. Auby ; AJDA 2001. 198, note Rouault ; Coll. terr. 2001, n° 30, obs. Célérier ; ibid. n° 59, obs. Erstein ; ACL 2001, n° 44* • CE 15 mai 2009, *Sté Cie des bateaux-mouches*, n° 311082. ♦ L'autorité compétente en matière de ventes au déballage dispose du pouvoir d'apprécier l'opportunité des ventes projetées et d'accorder ou de refuser les autorisations demandées. Ce pouvoir lui est conféré, en même temps que dans un but de police, en vue de protéger les intérêts du commerce local et des consommateurs sans pour autant méconnaître les règles de la concurrence. • CAA Douai, 16 nov. 2004, *Sté Autoforum du particulier*, n° 01DA00715 : *AJDA 2005. 77, chron. Michel*. ♦ Une réglementation de police peut conférer un droit exclusif à une entreprise de nature à la placer en situation d'abus de position dominante. • TA Grenoble, 20 nov. 2018, *Sté Entre chiens et loups*, n° 1604784 : *AJDA 2019. 1201* (à propos d'une activité de chiens de traîneau). ♦ V. également, Marceau, *AJDA 2002. 190* (police administrative et droit de la concurrence). – Vigouroux, Terres du droit, *Mél. en l'honneur d'Yves Jégouzo, Dalloz, 2009, p. 187* (police, concurrence et État).

H. CARACTÈRE NON DISCRIMINATOIRE DE LA MESURE DE POLICE

58. La seule circonstance qu'une mesure de police d'application générale affecte particulièrement la situation de certaines personnes ne suffit pas à lui conférer un caractère discriminatoire. Il appartient au juge administratif, saisi d'un recours pour excès de pouvoir contre une telle mesure, de vérifier qu'elle est justifiée par la nécessité de prévenir ou faire cesser un trouble à l'ordre public et de contrôler son caractère proportionné en tenant compte de ses conséquences pour les personnes dont elle affecte la situation, en particulier lorsqu'elle apporte une restriction à l'exercice de droits. • CE 15 nov. 2017, *Ligue fr. pour la défense des droits de l'homme et du citoyen*, n° 403275 : *Lebon ; AJDA 2018. 62, concl. Marion ; ibid. 2017. 2222 ; AJCT 2018. 222, obs. Jacquemoire*.

II. POLICE DE LA CIRCULATION ET DU STATIONNEMENT

59. ENCYCL. COLL. LOC. *Police de la circulation et du stationnement, 2255 s.*, par Bon. – Jobart, Transports et police de la circulation. De la sécurité intérieure à la préservation de l'environnement, *AJCT 2024. 411*.

A. RÉGLEMENTATION DE LA CIRCULATION ET DU STATIONNEMENT DES VÉHICULES

1° MESURES INTÉRESSANT TOUS LES VÉHICULES

60. V. notes ss. art. L. 2213-1 s.

2° MESURES N'INTÉRESSANT QUE CERTAINS VÉHICULES

a. Poids lourds

61. V. notes ss. art. L. 2213-2.

b. Transports en commun

62. V. notes ss. art. L. 2213-3.

c. Taxis

63. *Compétence du maire pour subordonner l'exploitation des taxis à autorisation.* Le maire est compétent, dans l'intérêt de la commodité et de la sécurité de la circulation sur les voies publiques, pour limiter le nombre des taxis. • CE 23 nov. 1955, *Dame Dupont : Lebon 555* • CE 23 nov. 1956, *Testardi : Lebon T. 630* • CE 11 janv. 1957, *Delprat : Lebon 25.* ♦ Sa compétence ne trouve pas sa base légale dans l'art. L. 2213-3 (réservation des emplacements sur la voie publique pour faciliter la circulation et le stationnement des taxis) mais dans ses pouvoirs généraux de police issus de l'art. L. 2212-2. • CE 25 mars 1987, *Cne de Colombier-Saugnieu*, n° 65303 : *Lebon 104*. ♦ Ces pouvoirs généraux de police lui permettent d'autoriser le stationnement des taxis sur le territoire de sa commune et, le cas échéant, de retirer cette autorisation en cas d'insuffisante exploitation ou de violation des règlements applicables à cette activité. • CE 7 mai 1993, *Ville de Saint-Malo c/ Mme Gautier*, n° 104444 B. ♦ Dans le cas particulier des taxis desservant un aéroport, la compétence du préfet pour délivrer l'autorisation est substituée à celle du maire sur le fondement des dispositions de l'art. L. 213-2 C. aviat. civ. • Même arrêt • CE 16 juin 1993, *Synd. dptal des artisans du taxi du Bas-Rhin et Assoc. centrale des auto-taxis de la Cté urbaine de Strasbourg*, n° 135436 : *Lebon 174*.

64. *Nombre d'autorisations.* Le juge de l'excès de pouvoir exerce un contrôle normal sur le pouvoir de l'autorité de police de réglementer, en vertu de ses pouvoirs de police générale, le nombre de taxis autorisés, ce nombre devant être fixé en tenant compte des besoins de la population, des conditions générales de la circulation publique et des équilibres économiques de la profession des exploitants de taxi. • CE 27 juin 2007, *Synd. de défense des conducteurs du taxi parisien*, n° 292855 : *BJCL 2007. 656, concl. Guyomar ; RJEP 2008, n° 8, concl. Guyomar ; Dr. adm. 2007, n° 129, obs. Bazex et Blazy ; ACL 2008, n° 108* • CE 27 juin 2007, *Synd. de défense des conducteurs du taxi parisien*, n° 259809 : *BJCL 2007. 828, concl. Guyomar.* ♦ Le fait qu'un arrêté municipal fixant le nombre de taxis admis à être exploités dans la commune ait été pris sans avis de la commission des taxis et des véhicules de petite remise constitue une illégalité ; le maire est donc dans l'obligation de retirer son arrêté. • CE 25 oct. 1985, *Tabel c/ Ville de Villeneuve-sur-Lot*, n° 57187 B : *RFDA 1986. 600, concl. Stirn.*

d. Autres véhicules

65. V. notes ss. art. L. 2213-2.

e. Véhicules des gens du voyage

66. V. notes ss. art. L. 2213-2.

3° PROBLÈMES PARTICULIERS POSÉS PAR CERTAINS LIEUX

a. Chemin rural

67. **BIBL.** Carton, De certaines obligations communales quant à l'entretien et à la police des chemins ruraux, *RLCT, févr. 2009, p. 27.* – Fleury, Les chemins ruraux, *Territorial, 2012* ; Pouvoirs de police du maire : restreindre la circulation sur les chemins ruraux (quelques rappels), *JCP Adm. 2013, n° 2331.* – Lavialle, La fin des chemins ruraux, *Mél. Montané de la Roque, 1986, p. 449.* – V. également notes ss. art. L. 2241-1.

68. Possibilité de réglementer ou d'interdire la circulation de certains véhicules. Il appartient au maire de réglementer et au besoin d'interdire la circulation de certains véhicules sur un chemin rural en vue d'éviter sa détérioration mais il excède ses pouvoirs en procédant par une interdiction générale, quel que soit le poids des véhicules, tout en permettant la circulation des véhicules à usage agricole des cultivateurs riverains. • CE 6 févr. 1963, *Assoc. « Le Club du soleil » : Lebon 73.* ♦ L'arrêté municipal, pris pour préserver le chemin rural de risques de dégradation en période d'inondations et demeuré applicable pendant un peu plus de deux ans alors que la période d'inondations avait pris fin, présente un caractère excessif. Il est de nature à engager la responsabilité de la commune à l'égard de l'exploitant forestier, gêné dans son activité, dès lors qu'il n'est pas établi que d'autres voies auraient été disponibles pour les besoins de l'exploitation durant le temps où l'interdiction de la circulation des véhicules a été maintenue ni que l'exploitant aurait respecté l'interdiction de circulation. • CE 19 févr. 2003, *Cne de Primelles c/ M. Jean X.*, n° 220278 : *JCP Adm. 2003, n° 15, p. 1336, note Moreau.* ♦ En revanche le maire peut interdire la circulation automobile sur un chemin rural rendu dangereux à la suite de l'éboulement d'une partie du mur de soutènement. • CE 23 juin 1972, *Costa : Lebon 478.* ♦ Eu égard aux caractéristiques propres d'un chemin rural, simple chemin de terre non empierré, le maire ne commet aucune faute en s'abstenant d'y implanter une signalisation limitant le poids des véhicules pouvant y circuler. • CE 18 oct. 1978, *Couve et a. : Lebon T. 938.*

69. Ouverture à la circulation. Si un chemin rural mis en état de viabilité est barré par les propriétaires riverains, le maire est tenu de prendre les mesures nécessaires pour le rouvrir à la circulation publique (sol. applicable à tous les chemins ruraux, viabilisés ou non). • CE 7 juin 1989, *Texerot : Dr. adm. 1989, n° 409.* ♦ De même, si la circulation est perturbée par la pose d'une chaîne, il est tenu de prendre les mesures appropriées pour son rétablissement. • CE 29 déc. 1999, *Cne Breteau c/ Gérardin : Coll. terr. 2000, n° 75, obs. Moreau.* ♦ S'il ne le fait pas, il commet une faute de nature à engager la responsabilité de la commune. • CAA Nancy, 29 avr. 1997, *Chevalet c/ Cne de Marolles-sur-Ourcq : LPA 21 janv. 1998, n° 9, obs. F.M.* ♦ Si des particuliers ont recouvert de terre un chemin rural, il incombe au maire d'en faire effectuer le déblaiement dans le cadre de ses pouvoirs de police. Le juge administratif est compétent pour connaître du litige né de la demande d'annulation, par des particuliers, du titre de recettes correspondant au montant des frais de déblaiement. • T. confl. 18 juin 2007, *M. et Mme Goddyn c/ Cne de Bondues*, n° 3617 : *Lebon 603* ; *RLCT, oct. 2007, p. 18, obs. Glaser ; ACL 2008, n° 109.*

70. Règles de sécurité, d'éclairage et de salubrité des voies publiques. Quand un maire réglemente la circulation sur un chemin rural et y installe un lampadaire et un réceptacle destiné au recueil des ordures ménagères, tous deux situés non loin de l'habitation du requérant, celui-ci n'est pas fondé à soutenir que le maire n'a pas respecté les règles de sécurité, d'éclairage et de salubrité des voies publiques figurant à l'art. L. 131-2 C. comm. [CGCT, art. L. 2212-2]. • CE 30 juill. 1997, *M. Parisse*, n° 160935. ♦ Compte tenu de la localisation de l'habitation du requérant à l'écart du centre du bourg, l'installation d'un lampadaire et d'un réceptacle destiné au recueil des ordures ménagères ne constitue pas un traitement discriminatoire méconnaissant le principe d'égalité devant les charges publiques. • Même arrêt.

b. Espaces naturels

71. V. notes ss. art. L. 2213-4.

c. Place ou promenade publique non ouverte à la circulation publique

72. S'agissant d'une place publique non affectée à la circulation générale et n'ayant donc pas le caractère d'une voie publique, ses riverains n'ont aucun droit à l'utiliser pour accéder en automobile à leur propriété et le maire peut légalement interdire à tous véhicules d'y circuler. • CE 22 avr. 1960, *Berthier : Lebon 264 ; RD publ. 1960. 1223, concl. Henry ; AJDA 1960. 78, chron. Combarnous et Galabert ; AJDA 1960. 140, note Vergnaud.* ♦ Il en va de même d'une place servant à titre principal d'aire de jeu aux boulistes et aux enfants de la commune. • CE 21 mars 1984, *Cne de La Barben c/ Cts Chaumard*, n° 43467 B. ♦ ... D'espaces verts et de jardins qui ne constituent pas des voies publiques affectées à la circulation générale mais des promenades publiques affectées à l'usage du public et aménagées à cette fin. • CE 11 déc. 1985, *Ville d'Annecy*, n° 67115 : *Lebon 369*.

73. Toutefois, dans le cas particulier où le riverain d'une place non ouverte à la circulation publique n'a d'autre accès à son immeuble qu'en empruntant la place en question, le maire, en ne l'exemptant pas de l'interdiction générale de circuler, l'assujettit à des contraintes excédant celles qu'il pouvait légalement lui imposer pour atteindre les buts d'intérêt général invoqués. • CE 21 mars 1984, *Cne de La Barben c/ Cts Chaumard*, n° 43467 : *préc. note 72.*

d. Voie privée ouverte à la circulation publique

74. BIBL. Clavel, *JCP 1964. I. 1865.* – Deliancourt, *Gaz. cnes 2006, n° 1820, p. 48.* – Gonzalez et Roman, *CJEG 1991. 307.* – Liet-Veaux, *Rev. adm. 1958. 396.* – Mény, *AJDA 1971. 18.* – Singer, *Dpt et cnes 1982. 40.*

75. Notion de voie privée ouverte à la circulation publique. V. notes ss. art. L. 2241-1.

76. Pouvoir du maire d'interdire la circulation. Le maire peut interdire la circulation des véhicules d'un poids supérieur à 3,5 tonnes sur une voie privée ouverte au public dès lors que cette décision a pour but d'empêcher une utilisation anormale et dangereuse de la voie et d'assurer sur l'ensemble de celle-ci la sécurité et la commodité de la circulation. • CE 19 nov. 1975, *Épx Roussel et Sieur Beuriot : Lebon T. 900.* ♦ Il peut aussi, afin d'assurer la sécurité des usagers d'un centre commercial, interdire l'accès à un garage souterrain par une voie privée ouverte à la circulation publique qui traversait certaines galeries marchandes du centre en question. • CE 3 déc. 1975, *Sté foncière Paris Languedoc : Lebon T. 900.*

77. En revanche, est illégal l'arrêté municipal interdisant, sur certains chemins possédés par une association foncière de remembrement, la circulation de véhicules n'appartenant pas à des exploitants agricoles. Cette mesure institue en effet entre les utilisateurs de véhicules selon qu'ils appartiennent ou non à des exploitants agricoles une discrimination qui n'est justifiée ni par une différence entre leurs situations respectives ni par des considérations d'intérêt général. • CE 1er juill. 1981, *SA « Carrière Chalumeau »*, n° 17889 : *Lebon 292 ; AJDA 1982. 72, chron. Tiberghien et Lasserre.*

78. Pouvoir du maire de réglementer le stationnement. Le maire est compétent pour réglementer le stationnement sur une voie privée ouverte à la circulation générale. • CAA Marseille, 22 oct. 2007, *Tourrenc*, n° 05MA02078 : *JCP Adm. 2008, n° 2109, comm. 9, obs. Deliancourt.*

79. Panneaux de signalisation routière. Si le droit de poser les panneaux de signalisation routière n'appartient, pour les voies privées ouvertes à la circulation publique, qu'à l'administration, pour les voies non ouvertes à la circulation publique, le propriétaire de cette voie doit poser et entretenir les panneaux de signalisation destinés à annoncer l'intersection de cette voie avec une voie publique. • CE 21 oct. 1983, *Cts Tomasini*, n° 40266 : *Lebon 425 ; Dr. adm. 1983, n° 451.*

80. Pouvoir du maire d'ordonner ou d'exécuter des travaux. Le maire peut légalement enjoindre au propriétaire d'une voie privée d'exécuter les travaux nécessaires pour assurer sa viabilité et sa salubrité mais il n'a compétence ni pour décider que ladite voie serait soumise au contrôle des ingénieurs de la voie publique qui indiqueraient les travaux à effectuer, ni pour prescrire que les travaux seraient exécutés à ses frais par l'administration communale en cas d'inaction du propriétaire. • CE 9 nov. 1956, *Porry : Lebon T. 635.* ♦ Si les riverains d'une voie privée ouverte à la circulation creusent des cassis et plantent des poteaux, non pour interdire cette voie au public mais pour y ralentir la circulation, le maire est en droit, par arrêté, de prescrire le rétablissement de l'allée dans son état primitif. • CE 5 mai 1958, *Dorie et a. : Lebon T. 852 ; Rev. adm. 1958. 396, note Liet-Veaux* • CE 8 mai 1963, *Cne de Maisons-Laffite : Lebon 276.* ♦ Il a aussi le pouvoir d'ordonner le nettoyage des trottoirs et des caniveaux des voies ouvertes au public par les riverains de ces voies. • CE 15 oct. 1980, *Garnotel*, n°s 16199-18740 B. ♦ La responsabilité d'une commune à raison des travaux qu'elle a fait exécuter d'office sur une voie privée n'est engagée qu'en cas de faute lourde. • CE 6 mars 1970, *Ville de Paris et Assoc. synd. des propriétaires de la rue Antoine c/ Marmuse : Lebon 165.*

81. La convention par laquelle une servitude est instituée sur une voie d'une copropriété au profit d'une commune afin que cette voie soit ouverte au public et qui prévoit que les travaux d'entretien de celles-ci sont pris en charge par la commune est relative à des travaux publics et a dès lors le caractère d'un contrat administratif relevant, en cas de litige, de la compétence du juge administratif. • T. confl. 20 juin 2005, *Ville de Tours c/ Mme Guidoux et synd. des copropriétaires de la résidence « Les mouettes »*, n° 3456 : *BJCL 2005. 590, concl. Bachelier et obs. J.-C. B.*

82. Pouvoir du propriétaire de fermer la voie à la circulation publique. Le propriétaire d'une voie privée ouverte à la circulation est en droit d'en interdire à tout moment l'usage au public et le maire ne peut, sans excéder ses pouvoirs de police, inviter le propriétaire à rouvrir le chemin à la circulation publique. • CE 5 nov. 1975, *Cne de Villeneuve-Tolosane : Lebon T. 1176* • 5 mars 2008, *Cts Bermond et a.*, n° 288540 : *BJCL 2008. 257, concl. Thiellay et obs. M. G. ; JCP Adm. 2008, n° 2164, note Moreau ; AJDA 2008. 1334, note Deliancourt ; RLCT, juin 2008, p. 23, obs. Glaser ; DGCT 2009. 397.* ♦ Lorsque le propriétaire d'une voie privée a cessé d'en autoriser l'accès au public par la pose de barrières, le maire ne peut user de ses pouvoirs pour rétablir la libre circulation sur cette voie. • CE 25 juill. 1980, *Mme Vve Buisson*, n° 10023 B. • CAA Marseille, 5 mars 2013, *Cne d'Ajaccio*, n° 11MA01744 : *AJCT 2013. 304, obs. Borel.*

83. Compétence du juge administratif pour apprécier la volonté du propriétaire. Le juge administratif est compétent pour apprécier la réalité du consentement de propriétaires à l'ouverture au public d'une voie dont ils ont la propriété.

• CE 5 mars 2008, *Mme Bermond et a.*, n° 288540.

e. Voie publique dont l'axe détermine les territoires de deux communes

84. La police de la circulation sur une voie communale dont l'axe délimite les territoires de deux communes doit être exercée en commun par les maires de ces communes et la réglementation doit être édictée sous forme, soit d'arrêtés concordants signés par chacun d'entre eux, soit d'un arrêté unique signé par les deux maires. • CE 9 mai 1980, *Cne de Champagne-de-Blanzac*, n° 15533 : *Lebon 221* ; *AJDA 1981. 103, note Bélanger.*

f. Voie publique se prolongeant sur une autre commune

85. Le maire d'une commune ne peut modifier le sens de circulation d'une voie si ce changement, décidé unilatéralement, a des conséquences sur les conditions de circulation dans la commune voisine. • CAA Douai, 25 mai 2004, *Marin*, n° 01DA00413 : *JCP Adm. 2004, n° 1474, note Moreau.* ♦ Lorsqu'une décision réglementant la circulation a des conséquences sur les conditions de circulation d'une voie située sur le territoire d'une commune voisine, elle doit être prise dans les conditions évoquées à la note 84. • TA Melun, 4 févr. 2010, *SARL Trans cars, SARL Private cars*, n° 0602077 : *AJDA 2010. 2430, concl. Gallaud*.

g. Voirie des hôpitaux publics

86. Il appartient au conseil d'administration de l'établissement public hospitalier de réglementer la circulation et le stationnement dans l'enceinte de l'établissement dans l'intérêt du domaine public et du service public auquel il est affecté ainsi que dans l'intérêt général. Cette compétence s'exerce sans préjudice des mesures réglementaires prises par les autorités chargées de la police, de la sécurité et de l'ordre public qui ont l'obligation d'intervenir, soit à la demande des autorités hospitalières, soit même d'office, en cas d'atteinte à la sécurité ou à l'ordre public et notamment lorsque le fonctionnement du service public hospitalier est compromis. • CE, avis, 28 avr. 1977 : *AJDA 1978. 586.*

B. RÉGLEMENTATION D'AUTRES ACTIVITÉS DANS L'INTÉRÊT DE LA CIRCULATION

1° ACTIVITÉS ARTISTIQUES SUR LA VOIE PUBLIQUE

87. L'organisation d'un spectacle de danses folkloriques sur une place publique étant de nature à entraver la circulation publique sur la place et faisant de cette dernière une utilisation non conforme à sa destination, le maire n'excède pas ses pouvoirs en refusant d'autoriser le spectacle prévu bien que ce dernier ne fût pas en lui-même de nature à troubler l'ordre public. • CE 28 févr. 1968, *Comité des fêtes et des activités culturelles de Pérouges : Lebon T. 876.* ♦ Il appartient à l'autorité de police d'examiner les demandes d'autorisation de spectacles en des lieux publics dont elle est saisie en fonction des autorisations déjà délivrées et utilisées pour chaque emplacement, des gênes pour la circulation des piétons et des troubles de toute nature que relèvent les riverains. Est légale la mesure qui refuse à un artiste acrobate et jongleur, qui avait déjà été autorisé à donner son spectacle en deux lieux, à le donner également dans d'autres lieux où il était susceptible de provoquer des troubles incompatibles avec leur caractère. • CE 5 sept. 1990, *Delaby*, n° 92387 B : *D. 1992. Somm. 216, obs. Maillard Desgrées du Loû*. ♦ L'autorité de police qui réglemente, en cas de nécessité, dans l'intérêt du bon ordre, de la tranquillité et de la sécurité publiques, les activités musicales et les attractions de toute nature dans les voies et zones réservées aux piétons, ne peut édicter une mesure d'interdiction générale et permanente de toutes ces activités et attractions applicable, sous la seule réserve de dérogations trop limitatives, à la presque totalité des voies et zones dont s'agit. • CE 4 mai 1984, *Préfet de police c/ Guez*, n° 49153 : *Lebon 164* ; *AJDA 1984. 393, concl. Dutheillet de Lamothe.* ♦ Constituent une carence constitutive d'une faute lourde l'inadaptation d'une réglementation qui permettait à un très grand nombre de silhouettistes et portraitistes de s'installer sur des emplacements d'une exiguïté excessive ainsi que l'absence de mesures prises pour faire respecter cette réglementation et les interdictions édictées ultérieurement, ayant entraîné des dégradations de la façade d'un immeuble. • CE 25 sept. 1992, *SCI Le Panorama*, n° 94334 B : *D. 1994. Somm. 62, obs. Bon et Terneyre*.

2° DÉFILÉS ET MANIFESTATIONS SUR LA VOIE PUBLIQUE

88. **BIBL.** Fialaire, *J.-Cl. Adm., fasc. 210.* – *Rép. pén., v° Manifestations.* – Péchillon, *AJCT 2012. 291*. – Pontier, *Rev. adm. 2002. 72.* – Tercinet, *RD publ. 1979. 1009.*

89. V. le Décr.-L. du 23 oct. 1935, renforcement du maintien de l'ordre public [V. désormais CSI, art. L. 211-1 à L. 211-4].

90. Le Décr.-L. de 1935 soumettant les manifestations à déclaration préalable seulement, est illégal le fait de soumettre à autorisation tous défilés, auditions et exercice de toute société musicale sur la voie publique. • CE 1er févr. 1939, *La Lyre Mascaréenne : Lebon 50.*

91. L'arrêté municipal interdisant la procession dite du Grand Retour est légal dès lors que des processions similaires avaient provoqué des troubles dans les communes limitrophes. • CE 2 juill. 1947, *Guiller : Lebon 293.* ♦ L'arrêté municipal interdisant une manifestation organisée par la CGT en février 1952 pour commémorer les événements du 6 févr. 1934 est légal dès lors qu'une telle manifestation était de nature à porter atteinte à l'ordre public. • CE 19 févr. 1954, *Union des synd. ouvriers de la région parisienne : Lebon 113.* ♦ Celui interdisant les défilés ou manifestations dans deux rues est justifié par l'accroissement de la circulation et des risques d'accidents et ne fait pas obstacle au déroulement des défilés et cortèges dans les autres rues de la ville. • CE 21 janv. 1966, *Legastelois : Lebon 45 ; JCP 1966. II. 14568, concl. Galmot ; AJDA 1966. 435, note Moreau.* ♦ Une manifestation prévue dans une commune ayant pour objet, selon les mots d'ordre lancés par ses organisateurs, de porter une atteinte illégale aux propriétés privées présente une menace pour l'ordre public et peut donc être interdite par le maire tant sur le fondement des pouvoirs qu'il tient de l'art. L. 131-2 C. communes (CGCT, art. L. 2212-2) que de l'art. 3 du Décr.-L. du 23 oct. 1935. • CE 12 oct. 1983, *Cne de Vertou,* n° 41410 : *Lebon 406.*

92. Ne viole pas le principe d'égalité des citoyens devant la loi le fait que le maire se soit réservé le pouvoir de déroger à une interdiction dans une rue au profit des manifestations traditionnelles organisées par les comités d'intérêt local. • CE 19 mars 1969, *Legastelois,* n° 67589 B.

93. Une CAA ne commet pas d'erreur de droit en jugeant qu'aucune disposition du décret-loi de 1935 imposant aux organisateurs d'une manifestation sur la voie publique de la déclarer à l'autorité investie des pouvoirs de police, ne s'oppose à ce que cette dernière, dès lors qu'elle dispose des précisions nécessaires à l'examen particulier des circonstances de l'espèce, prenne la décision d'interdire la manifestation avant que ne soit déposée la déclaration exigée. • CE 25 juin 2003, *Assoc. SOS Tout-petits et M. Letondot,* n° 223444 B : *BJCL 2004. 9, concl. Chauvaux ; JCP Adm. 2003, n° 1975, obs. Moreau.*

94. En revanche, est illégale l'interdiction de manifestations prévues lors de la visite d'un chef d'État étranger dès lors qu'elle n'est justifiée par aucun motif tiré de la protection de l'ordre public mais par le fait que de telles manifestations pouvaient porter atteinte aux relations internationales de la République française. • CE 12 nov. 1997, *Min. de l'Intérieur c/ Assoc. « La communauté tibétaine en France et ses amis »,* n° 169295 : *Lebon 417 ; Quot. jur. 21 avr. 1998, n° 32, note Pellissier.*

95. La décision par laquelle les autorités investies des pouvoirs de police interdisent une manifestation sur la voie publique est de nature individuelle. Il en résulte qu'elle entre dans le champ d'application de l'art. 8 du décret du 28 nov. 1983, alors en vigueur, qui prévoit que, sous réserve des nécessités de l'ordre public, la décision ne peut être prise sans que l'intéressé ait été mis à même de présenter ses observations. • CE 25 juin 2003, *Assoc. SOS Tout-petits et M. Letondot,* n° 223444 B : *BJCL 2004. 9, concl. Chauvaux ; JCP Adm. 2003, n° 1975, obs. Moreau.* ♦ Il ne peut être jugé que l'autorité de police, qui interdit une manifestation soumise à déclaration préalable, statue sur une demande présentée par les intéressés eux-mêmes au sens des dispositions de l'art. 8 du décret préc. et n'est, par suite, pas tenue de mettre ceux-ci à même de présenter des observations écrites, sans commettre une erreur de droit en regardant la déclaration préalable prévue par l'art. 1er du décret-loi du 23 oct. 1935 comme une demande au sens des dispositions de l'art. 8 du décret préc. • CE 30 déc. 2003, *M. Lehembre et a.,* n° 248264 B : *BJCL 2004. 322, concl. Chauvaux ; AJDA 2004. 888, note Le Bot.*

96. L'accident mortel survenu à l'occasion d'un défilé est pour partie imputable à la faute de la commune qui n'a pas pris les mesures nécessaires pour signaler aux usagers d'une route la présence, sur une portion peu éclairée de celle-ci, du cortège qu'elle avait organisé à l'occasion de la fête nationale. • CE 9 mars 1984, *Pujo : D. 1986. IR 25, obs. Moderne et Bon.*

3° MARCHANDS SUR LA VOIE PUBLIQUE

97. Autorisation et droit de place. Est légal un arrêté de police qui dispose que toute occupation de la voie publique ou des marchés publics en vue d'une exploitation commerciale donne lieu à une autorisation du maire et au paiement d'un droit de place. • CE 22 mars 1967, *Dame Laborie : Lebon T. 719 ; AJDA 1967. 540, obs. Dufau.*

98. Si le maire, dans l'intérêt de la commodité et de la sûreté de la circulation, peut réglementer l'exercice du commerce ambulant dans les rues et notamment l'interdire dans certaines rues et à certaines heures, il ne peut légalement, sans porter atteinte à la liberté du commerce et de l'industrie, subordonner à autorisation l'exercice de toute activité de vente ambulante et de colportage dans une partie de la ville et à une certaine période. • CE 28 mars 1979, *Ville de Strasbourg : Lebon T. 652.*

99. Le versement d'un droit de stationnement ne peut être exigé des professionnels ambulants circulant sur les voies publiques en quête d'acheteurs lorsqu'ils se bornent à s'arrêter momentanément pour conclure une vente. • CE 15 mars 1996, *Synd. des artisans, fabricants de pizzas non sédentaires Provence-Côte d'Azur,* n° 133080 : *Lebon 78.* • CAA Marseille, 9 avr. 2013, *Cne du Lavandou,* n° 11MA02622 : *JCP Adm. 2013, n° 2181, concl. Deliancourt.*

100. Interdictions légales. L'arrêté du maire interdisant l'installation d'éventaires fixes ou mobiles et le stationnement de tout marchand ambulant sur la place du château et, d'une façon générale, dans le haut du bourg a été pris en raison de l'augmentation du nombre de touristes et a eu pour objet d'améliorer la circulation et le stationnement des véhicules. Il est donc intervenu pour des fins d'intérêt général quels qu'aient pu être par ailleurs les motifs d'ordre secondaire dont le maire aurait tenu compte. • CE 25 juill. 1975, *Cne de Beynac-et-Cazenac : Lebon T. 901 ; Administration locale 1975. 55, concl. Boutet.* ♦ L'interdiction de toute occupation, même occasionnelle, des emprises du domaine public des voies à grande circulation et de diverses autres voies routières pour la vente de produits de toute nature est légale car la présence de vendeurs ambulants sur les dépendances de ces voies publiques, qui figurent parmi les plus fréquentées, constitue, par les manœuvres et les stationnements de véhicules qu'elle entraîne, un danger pour la sécurité de la circulation. • CE 14 janv. 1976, *Ollivon et Mauvais : Lebon 28.*

101. L'interdiction sur les promenades publiques et sur les voies publiques réservées aux piétons, en dehors de 17 emplacements réservés, de la vente de marchandises ou de la fourniture de services par des commerçants à installation provisoire est légale. Est également légal le fait d'interdire ces mêmes activités sur les promenades publiques en bordure d'un lac du 1er juin au 15 sept. et les dimanches et jours fériés et sur les voies publiques réservées aux piétons hormis les jours de marché. Est enfin légale l'interdiction de la vente de produits en bouteilles ou de produits alimentaires nécessitant une fabrication ou une cuisson sur les promenades publiques en bordure d'un lac mais l'interdiction de ces mêmes activités sur toutes les voies publiques de la ville et pendant toute l'année est illégale. • CE 11 déc. 1985, *Ville d'Annecy,* n° 67115 : *Lebon 369*. ♦ L'interdiction de l'activité des marchands ambulants dans les places et promenades de la vieille ville est nécessaire pour assurer aux usagers et notamment aux touristes appelés à fréquenter la station l'agrément, la commodité et la sécurité que, compte tenu du caractère de ladite station, ils sont en droit d'attendre de l'usage normal de ces lieux destinés à la villégiature et à la promenade. • CE 23 sept. 1991, *Lemonne,* n° 87629 : *Lebon 314 ; D. 1992. Somm. 214, obs. Maillard Desgrées du Loû*.

102. Interdictions illégales. En revanche, les marchands forains et ambulants n'étant autorisés, pour la période comprise entre le 15 juin et le 15 sept., à pratiquer leur commerce que sur une place et un matin seulement, une restriction de cette importance est principalement motivée, non par les nécessités de la circulation, contrairement aux allégations dépourvues de toute précision de la commune, mais par le souci de protéger les intérêts des commerçants de la localité et est donc entachée de détournement de pouvoir. • CE 22 janv. 1975, *Cne de Vallon-Pont-d'arc : Lebon 43.* ♦ Un maire ne saurait interdire le colportage et la vente ambulante de marchandises de 10 heures à 20 heures dans un certain nombre de voies et places du centre-ville pendant la période du 1er avr. au 31 oct. car rien ne justifie une mesure d'interdiction générale et permanente dans une zone aussi étendue et à l'intérieur de laquelle la circulation s'effectue selon les voies, les jours et heures dans des conditions d'intensité et de difficultés très inégales, même au cours de la période concernée. • CE 28 mars 1979, *Ville de Strasbourg : Lebon T. 652.* ♦ La limitation du commerce ambulant pendant la période du 15 juin au 15 sept. à la seule vente de beignets sur cinq plages de la commune porte atteinte à la liberté du commerce et de l'industrie car la nécessité et la proportionnalité à l'objectif poursuivi de protection de la sécurité et de la salubrité publiques ne sont pas établies. • CAA Marseille, 9 avr. 2013, *Cne du Lavandou,* n° 11MA02622 : *JCP Adm. 2013, n° 2181, concl. Deliancourt.*

103. Aucune disposition législative n'autorise le maire, qui n'évoque aucun motif tiré des nécessités urgentes de l'ordre public, à prendre une mesure interdisant à un commerçant non sédentaire d'exercer son activité sur la totalité du territoire de la commune. • CE 27 juill. 1984, *Ville de Toulouse c/ Jardin,* n° 44202 : *Lebon 284*. ♦ Il ne résulte pas des pièces du dossier que la vente par colportage soit susceptible de porter atteinte à la salubrité, à la sécurité et à la tranquillité publique à toutes les heures de la journée de telle sorte qu'est illégal un arrêté interdisant le colportage sur toutes les places de la commune pendant la durée de la saison balnéaire. • CE 5 avr. 1991, *Auclair,* n° 84395 : *D. 1992. Somm. 214, obs. Maillard Desgrées du Loû*.

104. En ne prévoyant, sur la partie littorale de la ville qui s'étend sur cinq kilomètres, que six emplacements pour le stationnement des véhicules destinés au commerce ambulant, le maire prend une mesure restrictive dont l'ampleur n'est pas justifiée par l'intérêt de la sécurité et du bon ordre. • CE 6 mai 1996, *Vanderhaeghen,* n° 098237 : *Lebon 156*.

105. Impossibilité d'opérer des distinctions entre les marchands de la commune et les autres. Est illégal l'arrêté réservant aux commerçants locaux le droit d'occuper, le jour de la fête annuelle, les trottoirs de certaines rues de la ville, aucune nécessité d'ordre public ne justifiant une telle distinction entre catégories de commerçants. • CE 15 juill. 1959, *Ville de Lille : Lebon 446.* ♦ Le maire porte une atteinte illégale à la liberté du commerce et de l'industrie lorsqu'il édicte une règle de priorité au détriment des postulants qui ne sont pas domiciliés dans sa commune. Par ailleurs, le fait de prévoir que des emplacements pour étals fixes ou commerces ambulants ne pourront être concédés à moins de 150 m des halles, marchés et magasins vendant des produits similaires revient à interdire au commerce non sédentaire la plupart des emplacements favorables à ce type d'activité et vise en réalité à assurer la protection du commerce sédentaire contre le commerce non sédentaire. • CE 15 mars 1996, *Synd. des* *artisans, fabricants de pizzas non sédentaires Provence-Côte d'Azur*, n° 133080 : *Lebon 78*.

106. *Possibilité d'opérer des distinctions selon le type de commerce.* Si la vente à l'étalage sur la voie publique de végétaux et de denrées périssables résulte d'usages constants, il n'en va pas de même du commerce des articles d'équipement de la maison et de la personne qui sont proposés à la vente dans des locaux commerciaux prévus à cet effet. Dans ces conditions, le maire peut, sans porter une atteinte excessive à la liberté du commerce et de l'industrie dont bénéficient notamment les commerces d'équipement, imposer à ces derniers des mesures d'installation de leurs étalages sur la voie publique plus restrictives que celles imposées aux autres commerces sédentaires. • CAA Versailles, 15 oct. 2009, *Cne de Saint-Denis*, n° 08VE01365 : *AJDA 2010. 908, note Verpeaux*.

107. *Ventes traditionnelles.* Est légale la décision d'un maire refusant, à la demande d'un fleuriste, de réglementer la vente de muguet sur la voie publique, cette activité traditionnelle bénéficiant d'une tolérance établie par la coutume. • TA Orléans, 22 juin 1982, *Mme Courault : Lebon T. 541*.

108. *Commerce ambulant sur les quais d'un port de commerce ouvert à la circulation publique.* Les pouvoirs de police administrative dévolus au maire par les dispositions de l'art. L. 131-2 C. communes (CGCT, art. L. 2212-2) s'exerçant, dans l'intérêt de l'ordre public, sur tout le territoire de la commune y compris sur les dépendances du domaine public de l'État, le maire est compétent pour réglementer l'activité des commerçants ambulants sur les parties des quais d'un port maritime livrées à la circulation générale et à la promenade publique. • CE 17 janv. 1986, *Mansuy (1re esp.) : AJDA 1986. 15, note Rézenthel*.

4° PHOTOGRAPHES-FILMEURS SUR LA VOIE PUBLIQUE

109. *Prohibition d'un régime d'autorisation.* Le régime d'autorisation est contraire à la liberté du commerce et de l'industrie. • CE 22 juin 1951, *Daudignac : Lebon 362 ; D. 1951. 589, concl. Gazier, note J.C.*

110. *Interdictions légales.* L'interdiction de l'activité des photographes-filmeurs, pendant la saison touristique, sur la portion de route conduisant au Mont-Saint-Michel ainsi que sur les aires de stationnement aménagées de part et d'autre est légale compte tenu des dangers que cette activité présente pour le maintien de l'ordre et auxquels il n'était pas possible de remédier par une mesure moins contraignante. • CE 13 mars 1968, *Min. de l'Intérieur c/ Épx Leroy : Lebon 179 ; AJDA 1968. 240, chron. Massot et Dewost*.

111. Loin d'être générale, une interdiction de l'activité des photographes-filmeurs, soit de manière permanente, soit pendant des périodes ou des jours déterminés, dans un certain nombre de rues et de places est adaptée aux circonstances de temps et de lieu. • CE 5 juill. 1974, *Synd. patronal du photo-filmage et Synd. Force ouvrière du photo-filmage : Lebon 399*. ♦ Un arrêté complétant la liste des voies et places publiques où est interdit l'exercice de la profession de photographe-filmeur est légal dès lors que cette mesure est justifiée par la nécessité de permettre aux usagers de circuler dans les conditions de sécurité et de tranquillité auxquelles ils sont en droit de prétendre et qu'elle a pour seul effet d'adapter l'exercice de cette profession aux circonstances de lieu. • CE 14 mars 1979, *Synd. patronal du photo-filmage et a. : Lebon T. 652*.

112. *Interdictions illégales.* L'arrêté d'un maire interdisant à quiconque de prendre sur la voie publique des photographies des passants lorsque ces opérations sont faites dans un but commercial est illégal car il s'agit d'une interdiction générale qui porte atteinte à la liberté du commerce et de l'industrie garantie par la loi. • CE 22 juin 1951, *Féd. nat. des photographes-filmeurs : Lebon 363 ; D. 1951. 589, concl. Gazier, note J.C.* ♦ Est assimilé à une interdiction trop générale l'arrêté municipal interdisant l'exercice de la profession de photographe-filmeur dans un certain nombre de rues qui sont, en fait, les voies les plus favorables à l'exercice de cette activité et dans lesquelles la circulation s'effectue dans des conditions d'intensité et de difficulté très inégales. • CE 26 févr. 1960, *Ville de Rouen c/ Laboratoire photographique Lucas frères : Lebon 154* • CE 4 juill. 1962, *Ville de Rouen : Lebon 449* • CE 31 mai 1963, *Ville de Grenoble c/ Dame Medan : Lebon T. 833* • CE 15 oct. 1965, *Préfet de police c/ Alcaraz, Dame Tanasijevic et a. : Lebon 516 ; AJDA 1965. 2. 662, concl. Kahn*.

5° AUTRES ACTIVITÉS S'EXERÇANT SUR LA VOIE PUBLIQUE

113. *Appareils distributeurs de confiserie.* L'autorité de police ne peut légalement, en l'absence d'un motif d'intérêt général, édicter l'interdiction absolue d'installer des appareils distributeurs de confiserie dans toutes les voies soumises à son pouvoir de police. • CE 13 juill. 1961, *Ville de Montpellier : Lebon T. 960*.

114. *Construction.* En l'absence de réglementation d'urbanisme en vigueur à la date de ses décisions, le maire n'excède pas ses pouvoirs en interdisant l'édification d'une construction sur une place publique afin d'y assurer la sûreté et la commodité du passage. • CE 18 oct. 1991, *Moussa*, n° 86050 : *Lebon 339*. ♦ Même en l'absence de plan d'alignement, il appartient au maire, dans l'exercice de ses pouvoirs de police, de prendre les mesures nécessaires pour mettre fin à un empiétement sur la voie publique. • CE 17 janv. 2011, *Cne de Clavans-en-Haut-Oisans*, n° 312310 B : *AJDA 2011. 1162, note Le Roux* ; *AJCT 2011. 195, obs. Péchillon* ; *BJCL 2011. 197, concl. Thiellay et obs. B.P.*

115. Convois funèbres. Est illégal l'arrêté du maire réglementant les convois funèbres sur la voie publique et interdisant notamment aux membres du clergé, revêtus de leurs habits sacerdotaux, d'accompagner à pied ces convois conformément à la tradition locale, aucun motif tiré de la nécessité de maintenir l'ordre sur la voie publique ne pouvant être invoqué pour justifier une telle mesure. • CE 19 févr. 1909, *Abbé Olivier : Lebon 181 ; S. 1909. 3. 34, concl. Chardenet ; DP 1910. 3. 121, concl. Chardenet ; RD publ. 1910. 69, note Jèze ; GAJA n° 19.*

116. Distribution de documents imprimés. V. art. 18 de la L. du 29 juill. 1881 sur la liberté de la presse. ♦ Eu égard à l'affluence exceptionnelle des spectateurs désirant assister à des championnats internationaux de France de tennis et à la disposition des lieux, l'autorité de police est fondée à réglementer la distribution et la vente de journaux et prospectus aux portes du stade durant la durée de ces championnats. • CE 22 juin 1984, *Préfet de police de Paris c/ Sté « Le monde du tennis »*, n° 40742 : *Lebon 245*.

117. Mineurs. **BIBL.** Frier, Couvre-feu pour les enfants ?, *RFDA 1998. 383*. – Quillien, Comment prendre un arrêté « couvre-feu » ?, *JCP Adm. 2002. 1086.* – Spierpinski, La police administrative au secours de la permission de minuit, *Rev. adm. 1998. 723 ; ibid. 1999. 28.*

118. V. aussi l'art. 43 de la L. n° 2011-267 du 14 mars 2011 dite LOPPSI II [V. CSI, art. L. 132-8 et L. 132-9,] qui permet au préfet de restreindre la liberté d'aller et venir des mineurs de treize ans lorsque le fait pour ceux-ci de circuler ou de stationner sur la voie publique entre 23 h et 6 h sans être accompagnés de l'un de leurs parents ou du titulaire de l'autorité parentale les expose à un risque manifeste pour leur santé, leur sécurité, leur éducation ou leur moralité.

119. L'arrêté d'un maire disposant que les enfants de moins de 12 ans circulant de 23 h à 6 h sur le territoire de la partie urbaine de la commune sans être accompagnés d'une personne majeure pourront être reconduits par la force publique (hors cas d'urgence) chez leurs parents ou, en cas d'absence de ces derniers, mis sous protection prévoit une hypothèse d'exécution forcée d'une décision administrative entachée d'illégalité de telle sorte qu'il y a lieu d'en prononcer le sursis à exécution. • CE, ord., 29 juill. 1997, *Préfet du Vaucluse*, n° 189250 B : *D. 1997. IR 211* ; *RFDA 1998. 383, étude Frier* • CE, ord., 4 août 1997 *Quot. jur. 23 oct. 1997, n° 85.*

120. La légalité de mesures restreignant la liberté de circulation des mineurs est subordonnée à la double condition qu'elles soient justifiées par l'existence de risques particuliers dans les secteurs pour lesquels elles sont édictées et qu'elles soient adaptées par leur contenu à l'objectif de protection pris en compte. S'il en va ainsi dans trois des quatre secteurs délimités par l'arrêté litigieux, il n'est pas établi que, dans le quatrième secteur, les mineurs concernés soient exposés à des risques justifiant l'édiction de mesures restreignant leur liberté de circulation, d'où la suspension de l'arrêté en ce qui concerne ce secteur. • CE, ord., 9 juill. 2001, *Préfet du Loiret*, n° 235638 : *Lebon 337* ; *AJDA 2002. 351, note Armand* ; *Dr. adm., août-sept. 2001, p. 3, chron. Auby.* ♦ L'arrêté d'un maire interdisant, pour la période du 6 juill. 2001 au 6 sept. 2001, sur tout le territoire de la commune et la nuit, la circulation de mineurs de moins de 13 ans non accompagnés d'une personne majeure est adapté aux circonstances locales compte tenu du fait que, si certains lieux sont particulièrement sensibles, la taille réduite de la ville et la grande mobilité des bandes de délinquants rendent irréaliste une interdiction limitée à ces lieux. • CE, ord., 27 juill. 2001, *Ville d'Étampes*, n° 236489 B : *AJDA 2002. 351, note Armand* ; *Dr. adm., août-sept. 2001, p. 3, chron. Auby.* ♦ S'il paraît excessif que l'interdiction de circulation commence dès 22 h, il n'y a pas lieu cependant de suspendre l'exécution de l'arrêté dès lors que le maire s'est engagé devant le juge des référés à le modifier pour repousser à 23 h le début de la période nocturne réglementée. • CE, ord., 27 juill. 2001, *Ville d'Étampes*, n° 236489 : *préc.* • CE, ord., 2 août 2001, *Préfet du Vaucluse*, n° 236821 B. ♦ Le caractère permanent de la réglementation édictée n'est pas de nature, à lui seul, à affecter la légalité de l'arrêté litigieux dès lors que, si les circonstances qui ont motivé légalement l'intervention d'une telle mesure disparaissaient, il serait loisible tant à l'autorité de tutelle qu'à toute personne intéressée de saisir à toute époque le maire d'une demande tendant à la modification ou à l'abrogation de l'arrêté et de se pourvoir, le cas échéant, devant le juge contre le refus ou le silence gardé par le maire pendant plus de deux mois sur cette demande. • CE, ord., 30 juill. 2001, *Préfet d'Eure-et-Loir*, n° 236657 B : *D. 2002. 1582, note Legrand*. ♦ Le fait que la délinquance soit dans une commune inférieure à ce qu'elle est dans les communes voisines et en baisse n'empêche pas le maire de prendre un arrêté limitant la circulation des mineurs la nuit dès lors qu'il ressort du contrat local de sécurité qu'existe un phénomène de délinquance des mineurs. • CAA Paris, 17 déc. 2002, *Cne de Yerres c/ Préfet de l'Essonne : Lebon 528 ; AJDA 2003. 296, concl. Haïm* ; *JCP Coll. terr. 2003, n° 1303, obs. Quillien.*

121. En revanche, l'interdiction pour des mineurs de moins de 13 ans de circuler, sans être accompagnés, entre 23 h et 6 h dans certains secteurs de la commune, est illégale compte tenu de l'absence de risques justifiant, en l'espèce, l'édiction d'une telle mesure, les plaintes invoquées par la commune concernant essentiellement des nuisances sonores imputables à des jeux de ballon nocturnes et à des véhicules à moteur. • CE, ord., 10 août 2001, *Cne de Meyreuil*, n° 237008 B. ♦ S'agissant de l'arrêté d'un maire interdisant, dans certains secteurs de la commune, entre 22 h et 6 h, la circulation de mineurs de moins de 13 ans non accompagnés, il n'y a pas, au cas d'espèce, de justification sérieuse pour appliquer cette interdiction hors du territoire urbanisé de la commune. • CE, ord., 10 août 2001, *Cne de Yerres*, n° 237047 B. ♦ V. dans le même sens • CE 6 juin 2018, n° 410774 B : *AJCT 2018. 524, note Otero* ; *AJDA 2018. 2155, note Avvenire*.

122. Piétons. Est légal le fait d'interdire aux touristes à pied d'emprunter un chemin vicinal réservé aux montures et aux touristes disposant d'une monture d'emprunter un chemin réservé aux piétons. Le préjudice subi de ce fait par un commerçant riverain du chemin réservé aux montures peut être réparé sur le terrain de la responsabilité sans faute s'il présente un caractère spécial et anormal. • CE 29 nov. 1963, *Cne de Gavarnie : Lebon 113 ; RD publ. 1963. 1019, note Waline ; AJDA 1963. 208, chron. Gentot et Fourré.* ♦ En s'abstenant d'interdire ou de réglementer la circulation du public sur la jetée d'un port où un pêcheur, de nuit et par gros temps, a été emporté par une lame, le maire n'a commis aucune faute de nature à engager la responsabilité de la commune. • CE 10 nov. 1976, *Cts Artuso : Lebon T. 1103.* ♦ Les mesures prises par le préfet de police et les mesures prises par la maire de Paris pour améliorer la salubrité publique pour prévenir les nuisances et les troubles importants résultant de l'encombrement de la chaussée et des trottoirs de la rue Dejean par des étalages installés sans autorisation ne peuvent être regardées comme appropriées eu égard à l'ampleur et à la persistance des problèmes et constituent une carence fautive de nature à engager la responsabilité de la ville de Paris. Les difficultés de l'activité de police administrative n'exonéraient pas les services compétents de leur obligation de prendre des mesures appropriées, réglementaires ou matérielles, pour que les usagers de la voie publique bénéficient d'un niveau raisonnable de sécurité et de salubrité. • CE 9 nov. 2018, n° 411626 B : *AJDA 2018. 2218*.

123. Sans domicile fixe. BIBL. Carton, *RLCT févr. 2010* (mendicité et ordre public). – Delhoste, *RD publ. 2001. 1285.* – Deschamps, *RDSS 2000. 495* (contentieux des arrêtés anti-mendicité). – Katz, La légalité des arrêtés anti-mendicité et anti-glanage, *AJCT 2016. 542*. – Michallet, *AJDA 2001. 320* (contentieux des arrêtés d'interdiction de la mendicité). – Olive, *RSC 1998. 69* (droit de mendier). – Rihal, *RD publ. 2003. 371* (droit pénal et droit public). – Roman, *RDSS 2007. 952* (ordre public). – Sayah, *RSC 1997. 45* (vagabondage et mendicité). – Vandervorst, *JCP Adm. 2003, n° 1802* (juge administratif et arrêtés anti-mendicité).

124. Est illégale l'interdiction, au surplus sans aucune restriction dans le temps, d'une part, de la mendicité dans tout le centre d'une ville et, d'autre part, des quêtes non autorisées et de la consommation de boissons alcoolisées en dehors des terrasses de cafés et restaurants, aires de pique-niques et lieux de manifestations locales. • TA Pau, 22 nov. 1995, *Couveinhes et Assoc. « Sortir du fond » : RFDA 1996. 373, concl. Madec* ; *LPA 31 mai 1996, concl. Madec.* ♦ V. également, dans le même sens : • TA Poitiers, 19 oct. 1995, *Massaoud Abderrezac c/ Cne de La Rochelle : RFDA 1996. 377*.

125. La liberté d'aller et venir étant un principe à valeur constitutionnelle et l'errance de personnes sans domicile fixe en période de grands froids n'étant pas de nature à porter atteinte à l'ordre public, est illégal l'arrêté municipal qui dispose que de telles personnes se verront proposer un site d'accueil où elles pourront séjourner et où, si elles ne s'y rendent pas spontanément, elles pourront y être conduites dès lors que leur sécurité ou leur santé est menacée. • TA Versailles, 23 janv. 1998, *Préfet de l'Essonne c/ Cne de Longjumeau : Lebon 623.* ♦ La prise en charge d'autorité des personnes sans abri présentant un risque d'hypothermie étant subordonnée à l'existence de températures fortement négatives et à celle d'un risque vital, elle ne porte pas une atteinte excessive à la liberté d'aller et de venir, au droit de toute personne de s'opposer à toute investigation ou thérapeutique et ne constitue pas un détournement de la procédure d'internement d'office. • CAA Paris, 21 déc. 2004, *Assoc. Droit au logement Paris et environ*, n° 03PA03824 : *JCP Adm. 2005, n° 1064, note Moreau.* ♦ Un arrêté qui a pour effet d'éloigner des quartiers les plus passants certaines catégories de personnes particulièrement vulnérables a indirectement mais nécessairement porté atteinte à la liberté d'aider autrui, laquelle ne prend, parfois, spontanément corps qu'à la vue de personnes dans le besoin. • TA Besançon, ord., 28 août 2018, *M. Guardado*, n° 1801454 : *AJDA 2018. 2509, note Korsakoff*.

126. Dès lors qu'elles ont une durée indéterminée, l'interdiction des occupations abusives et prolongées des rues et autres dépendances domaniales limitativement énumérées, celle de la consommation de boissons alcoolisées en dehors notamment des terrasses de café et celle des regroupements de chiens soumettent les personnes visées à des contraintes excédant celles qu'impose le respect de la commodité de la sécurité et de la tranquillité des usagers des voies publiques. • CAA Marseille, 9 déc. 1999, *Assoc. AC Conflent : RFDA 2002. 819, obs. Négrin.* ♦ Il en va de même alors même que ces interdictions sont limitées à la période du 1er décembre au 1er mars et du 15 mai au 30 septembre. • CAA Bordeaux, 6 févr. 2003, *Lhomme, Werischko, Féd. nationale des comités « Droit au logement » Bordeaux c/*

Cne de Bordeaux : Coll. terr. 2003, n° 1187, concl. Dronneau. ♦ En revanche, les mêmes mesures sont légales dès lors qu'elles sont limitées à la période du 21 juin au 30 sept. ou à celle du 10 juin au 30 sept. ou encore à celle du 15 juin au 15 sept. • CAA Marseille, 9 déc. 1999, *Cne de Sète, Cne de Prades et Mme Cardinali-Boyer et a. : RFDA 2002. 819, obs. Négrin (trois espèces).*

127. En jugeant qu'un arrêté municipal interdisant la mendicité sur la voie publique durant la période estivale du mardi au dimanche de 9 h à 20 h et dans une zone limitée au centre-ville et aux abords de deux grandes surfaces est légalement justifié par les nécessités de l'ordre public, une CAA se livre à une exacte qualification juridique des faits et ne commet aucune erreur de droit. • CE 9 juill. 2003, *M. Lecomte et Assoc. AC Conflent,* nos 229618 B et 229619 B : *BJCL 2003. 816, concl. Olson ; Coll. terr. 2003, n° 194, obs. Moreau ; ACL 2004, n° 35.* ♦ Les risques d'atteinte au bon ordre, à la sûreté, à la sécurité et à la salubrité publiques ne sont pas de nature à justifier un arrêté « anti-mendicité » eu égard, d'une part, à sa durée dans l'année et à son étendue dans la ville et, d'autre part, à la généralité de ses termes quant à la consommation de boissons alcoolisées et au regroupement de chiens. • CAA Bordeaux, 27 avr. 2004, *Ville de Bordeaux,* n° 03BX760 : *BJCL 2004. 543, concl. Rey.* ♦ En revanche, il ne ressort pas des pièces du dossier que les risques d'atteinte à l'ordre public liés à la pratique de la mendicité, sous quelque forme que ce soit, présentent dans la commune un degré de gravité tel que son interdiction, sous toutes ses formes, y compris paisibles, s'avérât nécessaire sur l'ensemble des lieux énumérés et pour une durée de 6 mois alors même que la commune serait une ville touristique. • CAA Douai, 13 nov. 2008, *Cne de Boulogne-sur-mer c/ Ligue française pour la défense des droits de l'homme et du citoyen,* n° 08DA756 : *BJCL 2009. 44, concl. Lepers et obs. B. P.* ♦ Les dispositions de l'art. 1er de l'arrêté attaqué prohibent comme étant de nature à porter par soi-même atteinte à l'ordre public le seul fait de laisser plus de deux chiens stationner, même temporairement, sur la voie publique, ainsi que, de manière générale, le fait pour un groupe de plus de trois personnes d'émettre des bruits de conversation et de musique « audibles par les passants », sans en préciser la durée ni l'intensité. Les mesures ainsi édictées par l'arrêté litigieux pour une durée de trois mois, sans aucune limitation de plage horaire et tous les jours de la semaine, dans un vaste périmètre géographique correspondant à l'ensemble du centre-ville de la commune, doivent être regardées, alors même que la commune de Saint-Étienne invoque une augmentation de la délinquance et des incivilités dans son centre-ville, comme portant, du fait du caractère général et absolu des interdictions ainsi prononcées, une atteinte à la liberté personnelle, en particulier à la liberté d'aller et venir, qui est disproportionnée au regard de l'objectif de sauvegarde de l'ordre public poursuivi. • CE 16 juill. 2021, n° 434254 B : *AJDA 2022. 179, note Crouzatier-Durand ; ibid. 2021. 1538 ; AJCT 2022. 50, obs. Ristori.*

C. ACCIDENTS DE LA CIRCULATION

1° FAUTE DE L'AUTORITÉ DE POLICE

128. Absence de faute. Ne constitue pas une faute de l'autorité chargée de la police de la circulation dans la traversée de l'agglomération le fait de ne pas avoir signalé une couche de gravillons à l'origine d'un accident. • CE 11 janv. 1967, *Gélin : Lebon 9.* ♦ L'accident survenu sur une route exposée aux avalanches après que l'autorité de police ait autorisé le rétablissement de la circulation qu'elle avait interdite auparavant n'a pas pour origine, dans les circonstances de l'espèce, une faute de nature à engager la responsabilité de la puissance publique. • CE 11 avr. 1975, *Dpt de la Haute-Savoie : Lebon 230 ; AJDA 1975. 528, concl. Labetoulle ; JCP 1976. II. 18244, note Moderne ; D. 1976. 178, note Horrut.* ♦ En interdisant une route exposée aux avalanches aux seuls piétons et en ne faisant pas assurer le respect de cette interdiction, le maire n'a commis dans l'exercice de ses pouvoirs de police aucune faute lourde de nature à engager la responsabilité de la commune. • CE 12 mai 1976, *Cie d'assurances Zurich : Lebon 247.*

129. En ne prenant pas les mesures nécessaires pour signaler ou faire disparaître le danger constitué par une plaque de verglas dont la présence sur la chaussée était récente, le maire n'a commis, dans les circonstances de l'affaire, aucune faute lourde dans l'exercice de ses pouvoirs de police. • CE 26 janv. 1977, *Cne de Villeneuve-le-Roi : Lebon T. 956.* ♦ L'autorité de police n'a commis aucune faute de nature à engager la responsabilité publique en ne fermant pas une route à la circulation pendant la période au cours de laquelle s'est produit l'accident (automobiliste tué par la chute d'un bloc de pierre) d'autant plus que la victime, habitant à proximité, connaissait les risques de chutes de pierres existant sur cette route et qui étaient rappelés par une signalisation appropriée. • CE 20 mars 1987, *Cts Garzino,* n° 63220 : *Lebon 101.*

2° FAUTE DES SERVICES DE POLICE

130. Existence d'une faute. Le fait qu'un conducteur se soit porté sur la partie gauche de la route à l'invitation expresse de l'agent chargé de régler la circulation sur une route réduite à une voie unique sur 50 mètres et ait heurté alors un autre véhicule est dû à une faute lourde de l'agent de police de nature à engager la responsabilité de la commune. • CE 7 juill. 1976, *Cne de Villiers-Semeuse c/ Bilhay et a. : Lebon T. 1033.* ♦ Constitue une faute lourde engageant la responsabilité de la commune le fait qu'un agent de la police nationale ait invité un camion à emprunter la partie gauche de la chaussée sans prendre les précautions nécessaires pour que cette manœuvre puisse être faite sans danger. • CE 3 avr. 1981, *Ville de Bayonne,* n°s 12870 B et 18293 B : *D. 1982. IR 57, obs. Moderne et Bon.*

3° COLLECTIVITÉ RESPONSABLE

131. Un accident ayant été provoqué par le dérèglement des feux de signalisation, c'est la commune qui est responsable alors même que, au moment où l'accident s'est produit, la surveillance de ces feux était assurée par des personnels de la gendarmerie nationale dans la mesure où ces derniers exerçaient leur mission de surveillance à la demande du maire et participaient ainsi au service de la police municipale. • CE 22 juin 1987, *Min. de la Défense c/ Bouesnard,* n° 50387 B : *D. 1988. Somm. 165, obs. Moderne et Bon.*

III. POLICE DE LA SÉCURITÉ

132. **ENCYCL. COLL. LOC.** *Police de la sécurité publique, 2510 s.*, par Bon.

133. **BIBL.** Berramdane, L'obligation de prévention des catastrophes et risques naturels, *RD publ. 1997. 1717.* – Branquart, Prévention des risques naturels et responsabilisation des administrés, *Dr. adm. 2011. Étude 24.* – Caldero, Le juge administratif et les risques naturels, *RFDA 2001. 895*. – Champon, Douard et Sanson, Les collectivités locales et les risques naturels : connaissance, prévention, gestion de crise, réparation, *Impr. nationale 2003.* – Diniz et Tourret, Les collectivités territoriales face aux risques naturels, *RLCT 2010, p. 38.* – Dupont-Marillia, Police spéciale du maire et sécurité, *RGCT 2002. 198.* – Lemaire, Le maire et la prévention des risques naturels, *RGCT 2002. 312.* – Maillard Desgrées du Loû, La loi relative à la sécurité quotidienne et le maire, *Les collectivités locales, Mél. en l'honneur de J. Moreau, Economica, p. 275.* – Moderne, Responsabilité de l'État et des communes en cas de réalisation des risques naturels et technologiques majeurs, *Droit et ville 1986, n° 21, p. 157.* – Péchillon, Les pouvoirs de police du maire face au fait religieux, *AJCT 2012. 291*. – Roux, La réglementation des sports de nature par les autorités publiques, *BJCL 2003. 797.* – Tchen, *Dr. adm. 2003, n° 10* (la loi sur la sécurité intérieure : aspects de droit administratif). – Collectivités locales et sécurité, *Cahiers de la sécurité intérieure 1994, n° 16.* – Dossier : La prévention et la gestion des risques naturels, *AJDA 2012. 1316*. – Dossier : Collectivités territoriales et catastrophes naturelles, *RLCT 2013, n° 88, p. 52.* – L'organisation du secours en montagne et de la surveillance des plages, *Cour des comptes, sept. 2012.*

134. Intervention du juge des référés. Pour prévenir ou pour faire cesser un péril dont il n'est pas sérieusement contestable, qu'il trouve sa cause dans l'action ou la carence de l'autorité publique, le juge des référés peut, en cas d'urgence, être saisi soit sur le fondement de l'art. L. 521-1 CJA afin qu'il ordonne la suspension de la décision administrative, explicite ou implicite, à l'origine de ce péril, soit sur le fondement de l'art. L. 521-3 afin qu'il enjoigne à l'autorité publique, sans faire obstacle à l'exécution d'une décision administrative, de prendre des mesures conservatoires destinées à faire échec ou à mettre un terme à ce péril. En outre, le droit au respect de la vie constitue une liberté fondamentale au sens de l'art. L. 521-2 du même code. Dès lors, lorsque l'action ou la carence de l'autorité publique crée un danger caractérisé et imminent pour la vie des personnes, portant ainsi une atteinte grave et manifestement illégale à cette liberté fondamentale, et que la situation permet de prendre utilement des mesures de sauvegarde dans un délai de 48 h, le juge des référés peut, au titre de la procédure particulière prévue par cet art., prescrire toutes les mesures de nature à faire cesser le danger résultant de cette action ou de cette carence. • CE, réf., 16 nov. 2011, *Ville de Paris c/ SEM Pariseine,* n°s 353172 et 353173 : *RFDA 2012. 269, concl. Botteghi ; BJCL 2012. 60, concl. Botteghi et obs. Martin ; AJCT 2012. 156, obs. Moreau ; AJDA 2011. 2207, obs. de Montecler ; RJEP 2012, n° 10, note Chabrier ; Dr. adm. 2012, n° 10, note Bellier ; RLCT 2012, n° 2117, note Rouault ; DGCT 2012. 427, obs. Bon.*

A. ANIMAUX NUISIBLES OU DANGEREUX

135. **ENCYCL. COLL. LOC.** *Police municipale : êtres dangereux, 2530*, par Bon.

136. **BIBL.** Capitani, Les pouvoirs de police du maire et la divagation des animaux, *BJCL 2009. 6.* – Cassia, Le chien dans l'espace public municipal, *BJCL 2003. 319 et 2003. 394.* – Dreifuss, La délégation du service public de la fourrière, *AJDA 2007. 1745*. – Fedou, La responsabilité des communes à l'occasion des lâchers de taureaux, *JCP Adm. 2005. n° 1222 ;* Le contentieux administratif des courses de taureaux, *AJDA 2011. 2333*. – Franck, De la protection des personnes contre les chiens dangereux, *AJDA 2008. 1821*. – Le Goff, Le juge administratif et le loup, *Dr. adm. 2005, n° 9.* – Loubert-Davaine, Loups et droit, *Publ. Univ. Limoges 2004.* – Sablière, Le lapin de garenne saisi par le droit, *AJDA 2006. 1642*. – Virot-Landais, Le pigeon, un occupant préoccupant du domaine public urbain, *AJDA 2013. 1147*. – Bahouala, Les pouvoirs de police du maire en matière d'animaux errants et d'animaux dangereux, *AJCT 2020. 121*. – Moliner-Dubost, Encadrement des chiens dangereux : rôle du maire, *AJCT 2020. 126*.

137. V. également art. L. 2122-21 (9°) et C. rur., art. L. 211-11 s.

138. Pouvoirs du maire. L'autorité chargée de la police municipale ne saurait prescrire la mise à mort sans condition ni délai d'un animal qu'en vue de parer un danger grave et immédiat. Lorsqu'il ressort des circonstances de fait et notamment de l'avis du vétérinaire que le danger présenté par l'animal n'est pas tel que seule sa mise à mort puisse le parer, il lui appartient de prescrire les mesures appropriées au propriétaire ou au gardien de l'animal et de n'ordonner l'euthanasie que dans le cas où les prescriptions alors annoncées n'auraient pas été observées. • CAA Bordeaux, 20 mars 2010, *Min. de l'Intérieur, de l'Outre-mer et des Collectivités territoriales c/ M. Galvez*, n° 09BX00439 : *AJDA 2010. 2100, note Vié* ; *JCP Adm. 2010, n° 2323, obs. Maublanc* • CAA Marseille, 8 juill. 2010, *Cne de Saint-Cyprien*, n° 08MA04943 : *JCP Adm. 2011, n° 2187, note Lantero.* ♦ Une ordonnance de référé suspendant l'exécution d'un arrêté municipal ordonnant, sur le double fondement des pouvoirs de police générale reconnus au maire par le CGCT et des dispositions du C. rur. relatives aux animaux dangereux, l'euthanasie d'un chien placé en fourrière n'implique pas nécessairement la restitution de l'animal à son propriétaire. • CE 8 févr. 2006, *Cne de Ste-Maxime*, n°s 276047 et 276048 : *AJDA 2006. 780* ; *BJCL 2006. 288, concl. Olson et obs. Cassia.*

139. Animaux errants. Malgré les troubles causés depuis plusieurs années par la divagation du bétail, le maire de la commune s'est borné à prendre des mesures réglementaires interdisant la divagation des animaux qui ont été dépourvues de tout effet. Dans ces conditions, en n'engageant aucune démarche pour tenter d'assurer le respect effectif de cette interdiction par les éleveurs, le maire a commis une faute (simple) de nature à engager la responsabilité de la commune. • CE 25 juill. 2007, *Min. d'État, min. de l'Intérieur et de l'Aménagement du territoire*, n° 293882 B : *RLCT 2007, p. 24, obs. Glaser* ; *ACL 2008, n° 111.*

140. Chiens. Les dommages causés à des troupeaux par des chiens errants peuvent engager la responsabilité de la commune en raison d'une insuffisance des mesures prévues pour empêcher la divagation des chiens ou en raison de fautes lourdes commises dans l'exécution de ces mesures. • CE 27 avr. 1962, *De la Bernardie : Lebon 281.* ♦ La carence du maire à mettre fin à la divagation d'une chienne errante, notamment en ne faisant pas appel une seconde fois au service de la fourrière dont la première intervention avait échoué, constitue une faute lourde de nature à engager la responsabilité de la commune. • TA Rennes, 6 nov. 1996, *Monnerais : LPA 27 nov. 1996, concl. Gros.* ♦ Le maire n'a commis aucune illégalité fautive en ordonnant à trois chasseurs requis à cette fin d'abattre des chiens qui avaient attaqué un troupeau de moutons et les conditions dans lesquelles les chasseurs ont opéré ne révèlent aucune faute lourde. • CAA Nancy, 25 oct. 2001, *Bonfanti*, n° 99NC02177 : *Coll. terr. 2002, n° 20, obs. Moreau.*

141. Loup. En chargeant deux habitants de la commune d'organiser une battue au loup, le maire les a, par là même, autorisés à solliciter le concours d'autres chasseurs et rabatteurs. Le rabatteur est alors un collaborateur bénévole d'un service public communal et la commune doit supporter la réparation des conséquences dommageables de l'accident. • CE 16 nov. 1960, *Cne de Gouloux : Lebon 628 ; D. 1961. 353, note Salomon.* ♦ Si l'arrêté fixant la liste des mammifères protégés confie aux ministres chargés de la protection de la nature et de l'agriculture la possibilité de délivrer des autorisations de capture ou de destruction de loup, il n'a pas pu avoir pour effet de retirer au maire le pouvoir dont il dispose en vertu du 9° de l'art. L. 2122-21 CGCT. • CE 30 déc. 1998, *Ch. d'agriculture des Alpes-Maritimes et Centre dptal des jeunes agriculteurs des Alpes-Maritimes*, n° 188159 : *Lebon 516* .

142. Ours. Les pouvoirs de police spéciale attribués aux ministres et aux préfets ne font pas obstacle à l'exercice des compétences de police reconnues aux maires par la loi, notamment pour assurer la sécurité des personnes et des biens. Toutefois, eu égard au statut de protection et aux caractéristiques de l'ours brun, les maires ne peuvent faire usage à son encontre ni des pouvoirs de police spéciale de destruction des animaux nuisibles prévus au 9° de l'art. L. 2122-21 CGCT, l'ours ne pouvant être classé dans cette catégorie, ni des pouvoirs définis aux art. L. 211-11 s. C. rur. pour traiter les animaux dangereux et urgents dès lors que l'ours, dans son aire de répartition naturelle, n'est la chose d'aucun propriétaire ou gardien auquel le maire aurait à se substituer. En revanche, les maires disposent, pour assurer la sécurité publique, des pouvoirs de police générale que leur confère l'art. L. 2212-2 CGCT, leur responsabilité pouvant être recherchée devant le juge administratif pour faute simple. • CE, sect. TP avis, 29 juill. 2008, n° 381725 : *EDCE 2009. 320 ; Dr. adm. 2009, n° 120, note Melleray ; Envir. 2009. Comm. 138, note Billet.*

143. Pigeons. Si les mesures destinées à enrayer la multiplication des pigeons sur la commune n'ont pas empêché que des dommages soient causés aux cultures du requérant, la commune ne peut pour autant être regardée comme ayant commis une faute simple, au regard de la finalité de la police municipale, dans l'édiction des mesures appropriées aux événements fâcheux qui pourraient être occasionnés par la divagation de pigeons, ou une faute lourde dans l'exécution de ces mesures. • CE 4 déc. 1995, *Delavallade*, n° 133880 B : *LPA 15 mai 1996, note Paillet ; Dr. adm. 1996, n° 49, obs. D.P.*

144. Porcs. La carence du maire à prendre les mesures d'ordre juridique ou matériel susceptibles d'empêcher la divagation dans la commune de porcs errants constitue une faute lourde de nature à engager la responsabilité de la commune. • TA Bastia, 3 mai 1985, *Marchetti : Lebon T. 768.*

B. BAIGNADES

145. **BIBL.** ▸ Blanquefort et Terrien, *RLCT 2009, p. 63* (piscines publiques, centres aquatiques et collectivités territoriales). – Pelzer, La notion d'« établissements de baignade d'accès payant » : un régime juridique inadapté ?, *RLCT 2010, n° 62, p. 16.*

146. V. également art. L. 2212-3 et L. 2213-23.

1° BAIGNADES AMÉNAGÉES

a. Principes généraux

147. Zone spéciale de surveillance des bains : responsabilité et surveillance. Le maire d'une station balnéaire doit prendre les mesures appropriées en vue d'assurer la sécurité des baigneurs sur toutes les plages de la localité et, en instituant une zone spéciale de surveillance des bains, la commune ne se dégage pas de toute responsabilité pour les dommages susceptibles de se produire sur l'ensemble de ses plages. • CE 9 févr. 1966, *Ville du Touquet-Paris-Plage : Lebon 91 ; AJDA 1966. 440, note Moreau.* ♦ Dans les communes comportant des zones surveillées réservées aux baigneurs, le maire doit prendre toutes dispositions pour assurer la sécurité des baigneurs pendant les périodes de surveillance et notamment l'enlèvement des objets décelables susceptibles de blesser les baigneurs dans la partie proche du rivage où ils peuvent reprendre pied. • CAA Lyon, 8 juill. 1993, *Cne du Pradet : Lebon T. 656.*

148. Surveillance des bains par un particulier et responsabilité de la commune. La responsabilité de la commune est susceptible d'être engagée à raison de l'insuffisance des mesures de prévention et de sauvetage prescrites ou d'une faute lourde commise dans l'exécution desdites mesures. Il en va ainsi alors même que la commune a confié l'exploitation du service public des bains à un particulier et a chargé celui-ci de prendre diverses mesures en vue de la protection des baigneurs, qu'ils soient ou non usagers du service. • CE 23 mai 1958, *Cts Amoudruz : préc. note 13.* • CE 10 oct. 2011, *Min. de l'Alimentation, de l'Agriculture et de la Pêche*, n° 337062 : *préc. note 13.*

149. Signalement des dangers. En vertu des dispositions de l'art. 97 C. adm. comm. (CGCT, art. L. 2212-2), il incombe aux communes qui ont aménagé sur leur territoire des plans d'eau destinés à la baignade et aux sports nautiques, d'une part, de prendre les mesures appropriées en vue d'assurer la sécurité des usagers et plus particulièrement des baigneurs et, d'autre part, de signaler spécialement les dangers excédant ceux contre lesquels les intéressés doivent personnellement, par leur prudence, se prémunir. • CE 14 oct. 1977, *Cne de Catus : Lebon T. 731.*

150. Surveillance des baignades par des maîtres-nageurs sauveteurs ou des sapeurs-pompiers. Il résulte des dispositions combinées de l'art. 1er de la L. n° 96-370 du 3 mai 1996 (développement du volontariat dans les corps des sapeurs-pompiers) et de l'art. 1er de la L. n° 87-565 du 22 juill. 1987 (organisation de la sécurité civile) qu'il convient de ranger parmi les missions susceptibles d'être confiées à un sapeur-pompier le fait d'assurer, dans le cadre des services d'incendie et de secours, la surveillance des baignades ouvertes gratuitement au public ainsi que celle des activités nautiques. • CE 17 mai 1999, *Féd. des maîtres-nageurs sauveteurs*, n° 197343 : *Lebon 151.*

b. Cas concrets

151. Faute lourde de la police. Constituent des fautes lourdes de nature à engager la responsabilité de la commune : le fait que le marin chargé de la barque de sauvetage ne se trouvait pas à proximité de celle-ci alors que le signal autorisant la baignade était déjà hissé et que le maître-nageur-sauveteur ne se trouvait pas sur place au moment de l'accident, étant établi que des secours immédiats auraient permis de sauver la victime. • CE 4 oct. 1961, *Dame Vve Verneuil : Lebon 533.* ♦ ... Le fait que le surveillant des bains ait orienté le matin un groupe d'écoliers dans une direction dangereuse à marée descendante et ne l'ait pas immédiatement averti ni rappelé l'après-midi. • CE 9 févr. 1966, *Ville du Touquet-Paris-Plage : préc. note 147.* ♦ ... La défaillance des maîtres-nageurs chargés de la surveillance de la plage. • CE 28 juin 1978, *Dame vve Moreau : Lebon T. 725.* ♦ ... L'absence de signalisation d'un fort courant. • CE 30 janv. 1980, *Cts Quiniou*, n° 12928 B.

152. Faute simple de la police. Constituent des fautes simples de nature à engager la responsabilité de la commune : l'absence de signalisation des dangers particuliers que présentait un plan d'eau à certains endroits. • CE 14 oct. 1977, *Cne de Catus*, n° 01404 B. ♦ ... La signalisation insuffisante des limites d'une baignade surveillée et des dangers particuliers courus par les baigneurs au voisinage d'épis aménagés en dehors de cette baignade. • CE 28 juin 1978, *Dame Vve Moreau : Lebon 533.* ♦ ... Le fait pour le maire, averti des dangers présentés par un plan d'eau aménagé par la commune, de ne pas avoir interdit la baignade ni informé les usagers du danger. • CE 9 mai 1980, *Cne de Ladignac-le-Long et Cts Courteille*, nos 07213-07393 B : *D. 1980. IR 501, obs. Moderne et Bon.* ♦ ... Le fait pour un maire, alors que la commune a installé sur une plage une plate-forme flottante destinée au divertissement des baigneurs et habituellement utilisée par des adolescents et des enfants pour effectuer des plongeons, de ne pas avoir averti les usagers du danger que pouvait présenter l'utilisation de cette installation comme plongeoir, ni pris une réglementation concernant l'accès et l'usage de la plate-forme flottante, ni encore mis en place une surveillance particulière de cette installation. • CE 19 nov. 2013, *M. L. et a.*, n° 352955 B : *AJCT 2014. 168, obs. Royer ; JCP Adm. 2014, n° 2238, note Arbousset.*

153. Absence de faute de la police. Ne constituent pas des fautes de nature à engager la responsabilité de la commune : le fait qu'un enfant ait été blessé par des tessons de bouteille se trouvant dans le fond d'un bassin aménagé par la commune dans les rochers de la plage. • CE 6 mars 1968, *Huet : Lebon 166.* ♦ ... La circonstance que les eaux d'un simple bassin aménagé dans une rivière et ne présentant pas le caractère d'une piscine aient été troubles et aient rendu plus difficile la découverte du corps d'un noyé, la responsabilité de la commune ne pouvant être, au surplus, engagée pour défaut de surveillance du maître-nageur. • CE 5 oct. 1973, *Épx Peigne : Lebon T. 1106.* ♦ ... Le fait de ne pas avoir enlevé un tronc d'arbre lisse et poli par la mer et qui tantôt émerge du sable tantôt est enfoui dans le sol, tronc d'arbre qui ne présente pas par lui-même le caractère d'un objet dangereux de nature à nuire à la sécurité des baigneurs. • CE 5 avr. 1974, *Allieu : Lebon 216.* ♦ ... Le fait de ne pas avoir interdit l'approche d'un talus surplombant d'une hauteur de 1,20 m la plage par la mise en place d'une barrière ou une signalisation appropriée. • CE 6 févr. 1981, *Barateau,* n° 13145 B : *D. 1981. IR 419, obs. Moderne et Bon.* ♦ ... Le fait que les maîtres-nageurs-sauveteurs, qui s'étaient immédiatement portés au secours d'un baigneur entré en collision avec un autre baigneur, n'aient pas relevé l'identité de ce dernier. • CE 9 mars 1988, *Bonnefond,* n° 58038 B : *D. 1989. Somm. 113, obs. Moderne et Bon.*

154. Fait de la victime. Aucune faute n'est susceptible d'être relevée à l'encontre de la commune, l'accident étant dû aux graves imprudences des victimes qui ne pouvaient ignorer le danger et n'ont pas tenu compte des indications données. • CE 23 mai 1958, *Cts Amoudruz : préc. note 3.* ♦ Un jeune garçon s'étant grièvement blessé en plongeant d'un ponton, l'imprudence qu'il a commise en ne vérifiant pas si la faible profondeur de l'eau permettait de plonger est la cause exclusive de son accident qui n'est imputable ni à un défaut de signalisation ni à l'insuffisance d'une surveillance qui eut incombé à l'autorité municipale. • CE 9 févr. 1972, *Dame Edel : Lebon T. 998.*

155. Si les personnels de la gendarmerie qui assuraient, pour le compte de la commune, la surveillance de la baignade ne sont pas intervenus à temps pour prévenir les conséquences de l'imprudence de baigneurs qui tentaient de renverser un plongeoir flottant au moment même où un nageur en sautait, cette circonstance n'a pas constitué une faute lourde dans l'exercice des pouvoirs de police municipale. • CE 12 oct. 1973, *Cne de Saint-Brévin-les-Pins : Lebon 567 ; RD publ. 1974. 1137, note Waline.* ♦ Bien que la commune ait commis une faute lourde en ne signalant pas un fort courant, sa responsabilité est limitée au quart des conséquences dommageables de l'accident compte tenu de la grave imprudence commise par la victime qui s'est baignée hors de la zone de baignade aménagée sans s'être préalablement assurée qu'elle pouvait le faire sans danger. • CE 30 janv. 1980, *Cts Quiniou,* n° 12928 B. ♦ Bien que la commune ait commis une faute lourde en laissant une plage aménagée sans surveillance, la victime a commis une imprudence d'une particulière gravité en sautant d'un plongeoir alors que, compte tenu de la marée descendante, la profondeur de l'eau était insuffisante. • CAA Nantes, 29 déc. 1990, *Boisaubert : Lebon T. 981 ; RFDA 1991. 485.*

156. Fait du tiers. L'accident survenu aux passagers d'un bateau est exclusivement imputable aux fautes d'une particulière gravité commises par trois des préposés de la société requérante, la commune n'ayant commis aucune faute ayant pu exercer une influence quelconque sur les causes de l'accident ou en aggraver les conséquences. • CE 19 janv. 1962, *SA « Les établissements Bauchet » : Lebon 48.* ♦ La responsabilité de la commune doit être réduite de moitié, les responsables d'un groupe d'écoliers dont deux se sont noyés n'étant pas restés dans les limites de la zone de bains surveillée. • CE 9 févr. 1966, *Ville du Touquet-Paris-Plage : Lebon 91 ; AJDA 1966. 440, note Moreau.*

157. Responsabilité pénale. En maintenant l'autorisation de baignade dans un lac dont la transparence n'était pas conforme à celle requise impérativement par les textes, le maire n'a pas pris les mesures propres à éviter le danger auquel il exposait les baigneurs en toute connaissance de cause de telle sorte qu'il doit être reconnu coupable du délit prévu par l'art. 121-3 C. pén. • T. corr. Agen, 22 sept. 2004, *Mme C. : JCP Adm. 2004, n° 1757, note Jeandidier ; Coll. terr. 2004, n° 237, note Moreau.* ♦ La prévenue, maire d'une commune, s'est bornée après un premier accident, à commander un dispositif destiné à prévenir les accidents de baignade dans un lac qui n'était pas encore en place lorsqu'un second accident s'est produit de telle sorte qu'elle n'a pas pris toutes les mesures destinées à l'éviter et a commis une faute caractérisée exposant autrui à un risque d'une particulière gravité qu'elle ne pouvait ignorer. • Crim., 22 janv. 2008, n° 07-83.877 : *RLCL 2008. 22, obs. Mayaud.*

2° BAIGNADES NON AMÉNAGÉES

158. Signalement des dangers. Le maire n'a à prévenir les accidents par des précautions convenables que dans le cas où existe un danger excédant ceux contre lesquels les intéressés doivent normalement par leur prudence se prémunir. Tel n'est pas le cas d'un lieu de baignade donné qui ne présente pas de dangers excédant ceux que l'on rencontre habituellement dans les cours d'eau de cette nature. • CE 26 févr. 1969, *Dame vve Gravier : Lebon T. 759.* ♦ Le maire n'est pas tenu de prendre des mesures de surveillance ou d'installer un dispositif de signalisation en un lieu situé en dehors de la baignade aménagée et qui ne présente pas des dangers excédant ceux que l'on rencontre habituellement dans les cours d'eau. • CE 11 juin 1969, *Cne de Cournon-d'Auvergne : Lebon T. 760 ; JCP 1969. II. 16031, obs. anonymes.* ♦ Il incombe au maire d'une commune présentant le caractère d'une station balnéaire de prendre les mesures appropriées en vue d'assurer la sécurité des baigneurs sur les plages et notamment, même dans le cas où une zone de baignade surveillée a été aménagée, de signaler, en dehors de cette zone, les dangers qui excèdent ceux contre lesquels les intéressés doivent normalement se prémunir. • CE 30 janv. 1980, *Cts Quiniou*, n° 12928 B.

159. La circonstance qu'un lieu de baignade n'entre dans aucune des catégories d'emplacements pour lesquels, en application d'un arrêté préfectoral, le maire est tenu de prendre des mesures particulières ne le dispense pas de l'obligation de prendre des mesures appropriées en vue d'assurer la sécurité des baigneurs et de signaler spécialement les dangers excédant ceux contre lesquels les intéressés doivent personnellement, par leur prudence, se prémunir. Tel est le cas d'une baignade non aménagée mais très fréquentée et où se trouvent des blocs de pierre et de ciment constituant un danger excédant ceux que l'on rencontre habituellement dans les cours d'eau de cette nature. • CE 5 mars 1971, *Le Fichant : Lebon 185 ; AJDA 1971. 680, note Moreau.* ♦ Les dangers que présentent les rochers bordant le cours d'eau étant apparents, le maire n'a commis aucune faute en ne prenant pas de mesures pour avertir les promeneurs éventuels des dangers auxquels ils s'exposent en circulant sur ces rochers. • CE 2 juill. 1976, *Cie d'assurance « La nationale » : Lebon 347.* ♦ Il incombe au maire d'une commune sur le territoire de laquelle sont situés des lieux de baignade qui, en dehors des zones surveillées délimitées à cet effet, sont fréquentées par des baigneurs et par des pratiquants de sports nautiques comme le surf, de prendre les mesures de publicité appropriées pour signaler la réglementation applicable et les dangers qui excéderaient ceux contre lesquels les intéressés doivent normalement se prémunir. L'installation de manière visible sur le site d'un panneau sur lequel était mentionné : « baignade interdite, site dangereux, accès à vos risques et périls » constitue une publicité appropriée de la réglementation applicable et des dangers du site, même si elle ne faisait pas spécifiquement état de la menace des requins. • CE 22 nov. 2019, n° 422655 B : *AJDA 2019. 2408 ; AJDA 2020. 1867, note Ferreira ; AJCT 2020. 152, note Pechillon et Renard ; BJCL 2019. 856, concl. Polge.*

160. En se bornant à signaler par un panneau sur le chemin d'accès à une plage « baignades dangereuses – courants violents », le maire n'a pas délivré une information suffisamment exacte de nature à avertir les estivants des réels dangers qu'ils encourent à fréquenter cet endroit non aménagé et a donc commis une faute. • CAA Nantes, 21 mars 1990, *Mmes Olivier et Marchetti c/ Cne de Saint-Jean-Trolimon : Lebon 426 ; LPA 2 oct. 1991, note Lévy.*

161. Baignades non aménagées et moyens permettant l'intervention rapide des secours. Il incombe aux communes sur le territoire desquelles sont situées des baignades qui, sans avoir été aménagées, font l'objet d'une fréquentation régulière et importante, de prendre les mesures nécessaires à l'intervention rapide des secours en cas d'accident. En ne dotant un tel lieu de baignade d'aucun moyen permettant d'alerter un centre de secours, le maire commet une faute dans l'exercice de ses pouvoirs de police qui engage la responsabilité de la commune. • CE 13 mai 1983, *Mme Lefebvre*, n° 30538 : *Lebon 194 ; AJDA 1983. 476, concl. Boyon ; D. 1984. IR 341, obs. Moderne et Bon.*

162. Fait de la victime. En dépit du caractère gravement insuffisant des moyens de secours mis en place par la commune, une noyade est exclusivement imputable à la grave imprudence commise par la victime qui se baignait, au mépris des indications affichées, seule et au large d'une plage qu'elle savait dangereuse. • CE 28 juill. 1993, *Cts Dubouloz*, n° 117449 : *Lebon 250 ; RFDA 1994. 35, concl. Bonichot ; AJDA 1993. 685, chron. Maugüé et Touvet ; D. 1994. Somm. 364, obs. Bon et Terneyre.*

3° PISCINES

163. BIBL. Delamarre, La sécurité dans les piscines municipales, *JCP Adm. 2005, n° 1260.* – Jean-Pierre, Surveillance et risques professionnels dans les piscines municipales, *JCP Adm. 2005, n° 1256.*

a. Principes généraux

164. Pour une noyade en piscine, la responsabilité de la commune peut être recherchée devant le juge administratif soit à raison d'un défaut d'entretien normal de l'ouvrage soit d'une faute née d'un défaut de surveillance ou d'une méconnaissance des exigences relatives à la sécurité de la part du personnel communal chargé d'assurer la surveillance de la piscine. Si cette noyade a lieu lors d'une séance de natation scolaire, la responsabilité de l'État peut être engagée devant le juge judiciaire lorsque le préjudice est imputé à un membre de l'enseignement et devant le juge administratif lorsqu'il est imputé à un défaut d'organisation du service public de l'enseignement. • CE 10 juin 1988, *Cts Metnaoui*, n° 67878 : *Lebon 235 ; AJDA 1989. 52, obs. Moreau ; D. 1989. Somm. 120, obs. Moderne et Bon* • 10 févr. 2010, *Mlle A.*, n° 313295 : *RLCT 2010, n° 57, p. 19, note Coronat.* ♦ Une piscine municipale gérée en régie directe et dont les produits d'exploitation sont imputés au chapitre des sports du budget de la collectivité territoriale concernée constitue un service public administratif. Il s'ensuit qu'une action en réparation du préjudice subi à raison du vol d'effets et d'objets personnels commis par des individus non identifiés dans un casier fermé à clé de cette piscine ressortit à la compétence de la juridiction administrative. • T. confl. 26 mai 2003, *Ville de Paris c/ Deruelle*, n° 3346 B : *BJCL 2003. 586, concl. Bachelier.*

b. Cas concrets

165. Faute de service. Constituent des fautes dans le fonctionnement du service de nature à engager la responsabilité de la commune : le fait que, au moment de l'accident, les deux maîtres baigneurs, chargés de la surveillance, étaient occupés à donner des leçons particulières et n'exerçaient aucune surveillance et le fait que l'eau était trouble au point qu'il n'était pas possible de discerner les objets, même à une faible profondeur. • CE 14 juin 1963, *Épx Hébert : Lebon 364, concl. Méric ; D. 1964. 326, note Lalumière ; AJDA 1964. 63, obs. Moreau.* ♦ ... Qu'une noyade soit intervenue alors que le maître-nageur chargé seul de la surveillance était détourné de sa mission essentielle par l'accomplissement d'une autre tâche relevant également de ses attributions. • CE 5 oct. 1973, *Ville de Rennes : Lebon 551.* ♦ ... De ne pas avoir mis en place un service de surveillance susceptible de faire effectivement respecter l'interdiction réglementaire d'utiliser le plongeoir de cinq mètres sans en avoir reçu l'autorisation. • CE 9 juill. 1975, *Ville de Cognac : Lebon 413* • CE 5 oct. 1977, *Groupement d'aménagement de la zone urbaine de Pont-à-Mousson : Lebon T. 734 ; JCP 1980. II. 13319, note Y. Brard.* ♦ ... Que, malgré l'affluence, la surveillance était réduite à un seul agent qui n'effectuait pas des rondes régulières autour du bassin et n'a porté secours que tardivement à la victime. • CE 8 févr. 1980, *Cts Pelletier,* n° 08405 B. ♦ ...Qu'un nageur se soit noyé sans qu'à aucun moment ait été attirée l'attention du personnel chargé de la surveillance du bassin et que, une fois constatée sa disparition, ce personnel ait procédé avec retard à l'évacuation du bassin. • CE 10 juin 1988, *Cts Metnaoui,* n° 67878 : *Lebon 235 ; AJDA 1989. 52, obs. Moreau ; D. 1989. Somm. 120, obs. Moderne et Bon.* ♦ ... Que le personnel communal, après avoir constaté que l'enrouleur n'avait pas été replacé sur son fixateur et que sa présence au bord du bassin constituait un risque pour les nageurs, n'ait pas remédié à ce désordre alors même que c'était le professeur d'éducation physique en charge des élèves qui avait été à l'origine de cette négligence fautive. • CE 10 févr. 2010, *Mlle A.*, n° 313295.

166. Absence de faute de service. Un baigneur ayant plongé dans ce qu'il croyait être à tort le grand bassin n'établit pas que la piscine ait été dépourvue de toute indication avertissant les usagers de la profondeur des bassins de telle sorte que la faute du service public n'est pas établie. • CE 29 mai 1968, *Prod'homme : Lebon T. 1105.* ♦ La surveillance de la piscine n'a pas été insuffisante au moment de l'accident et les recherches entreprises lorsque la disparition de la victime a été signalée n'ont pas été conduites dans des conditions constitutives d'une faute. Si l'eau de la piscine n'était pas d'une limpidité parfaite, il était possible de distinguer le corps de la victime au fond du bassin et si le dispositif d'épuration s'est trouvé momentanément hors d'état de fonctionner, les services municipaux étaient parvenus à maintenir l'eau dans un état compatible avec la sécurité des baigneurs. • CE 2 févr. 1972, *Deborne : Lebon 102.*

167. La surveillance de la baignade était réduite à un seul agent, lequel n'a pas vu l'accident qui s'est produit dans un temps très court, mais il effectuait des rondes régulières autour des bassins, à ce moment peu fréquentés, et les secours ont été organisés avec diligence. • CE 6 juin 1975, *Épx Schreiber : Lebon T. 907.* ♦ L'usage normal d'une aire de jeux ne présentant pas de risques particuliers, la commune n'était pas tenue d'y organiser une surveillance spéciale distincte de celle du bassin de natation attenant qui incombait au maître-nageur ni d'informer les usagers qu'une telle surveillance n'y était pas exercée. • CE 26 janv. 1977, *Conil : Lebon T. 955.* ♦ Aucune faute ne peut être relevée à l'encontre d'une commune dans l'accident dont a été victime une personne dans une piscine dès lors que l'accident n'est pas imputable à une insuffisance des mesures prises par la ville pour assurer tant la surveillance des bassins que l'organisation des secours. • CE 19 mai 1983, *Dame Policardo : D. 1984. IR 335, obs. Moderne et Bon.*

168. Fait du tiers. L'exercice sans agrément d'une activité de garderie, l'insuffisance du nombre et de la vigilance du personnel chargé de l'encadrement des enfants à la piscine la participation de la victime à la baignade alors qu'elle était inscrite seulement pour la pratique du tennis constituent, de la part des responsables de la garderie et de leurs préposés, des fautes de nature à exonérer la commune de la moitié de sa responsabilité du fait de l'accident dont a été victime dans le petit bassin d'une piscine municipale un enfant confié à ladite garderie. • CAA Paris, 3 juin 1996, *Cie Préservatrice foncière assurances : Lebon 586* • CAA Douai, 2 juill. 2002, *Cne de Nouméa : JCP Adm. 2002, n° 1234, obs. Moreau.*

169. Fait de la victime. Le fait qu'un jeune homme, alors qu'il nageait dans une piscine, ait tenté d'explorer à plus de 5 mètres de profondeur le conduit d'évacuation d'eau de la piscine après avoir enlevé la grille de protection et soit resté coincé dans le conduit est exclusivement imputable à la faute de la victime alors même que la grille n'était pas amarrée au sol. • CE 3 mars 1971, *Dame Portal : Lebon 182.* ♦ Si la commune a commis une faute en ne mettant pas en place un service de surveillance susceptible de faire effectivement respecter l'interdiction réglementaire d'utiliser le plongeoir de cinq mètres sans en avoir reçu l'autorisation, l'accident est aussi imputable au nageur qui a utilisé ce plongeoir en violation des dispositions réglementaires de telle sorte que la responsabilité de la commune est limitée à la moitié des conséquences dommageables de l'accident. • CE 9 juill. 1975, *Ville de Cognac : Lebon 413* • CE 5 oct. 1977, *Groupement d'aménagement de la zone urbaine de Pont-à-Mousson : Lebon T. 734 ; JCP 1980. II. 13319, note Brard.*

170. Bien que la commune ait commis des fautes dans la mesure où il n'y avait qu'un seul surveillant qui, au surplus, n'a porté que tardivement secours à la victime, sa responsabilité doit être limitée aux deux tiers des conséquences dommageables de l'accident compte tenu de l'imprudence de la victime qui s'est baignée alors qu'elle ne savait pas nager. • CE 8 févr. 1980, *Cts Pelletier*, n° 08405 B. ♦ La noyade du père d'un enfant auquel un maître-nageur donnait une leçon de natation est exclusivement imputable à la faute qu'il a commise en se baignant alors que la piscine était fermée au public, qu'il était interdit de se baigner et qu'il ne savait pas nager. • CE 29 févr. 1980, *Min. de l'Économie c/ Cne de Saint-Jean-Pied-de-Port*, n° 11272 : *Lebon 119 ; D. 1980. IR 316, obs. Moderne et Bon.*

C. CAMPINGS

171. Absence d'autorisation. Un maire ne peut légalement subordonner l'exercice du camping à des autorisations spéciales et temporaires délivrées par écrit aux membres d'associations touristiques reconnues qui en feraient la demande. • CE 14 févr. 1958, *Abisset : Lebon 98, concl. Long ; AJDA 1958. 220, chron. Fournier et Combarnous.* ♦ Toutefois, l'ouverture de terrains spécialement aménagés pour l'accueil des campeurs et des caravanes est maintenant soumis à autorisation sur le fondement de l'art. L. 433-1 C. urb. En revanche, le camping sauvage et isolé en dehors de ces terrains ne semble pas pouvoir être soumis à autorisation.

172. Interdiction proportionnée. Un maire ne peut légalement, en l'absence de toute circonstance particulière, décider que le camping est et demeure interdit sur tout le territoire de la commune. • CE 14 févr. 1958, *Abisset : préc. note 171.*

173. Interdiction de campings dans les zones susceptibles d'être inondées. Il appartient au maire, en vertu de ses pouvoirs de police, de prendre pour les terrains de camping, alors même que ces derniers font l'objet d'une autorisation préfectorale, des mesures de police tendant à l'évacuation ou à l'interdiction de l'accès de ces terrains en cas de menace d'inondation. • CE 1er déc. 1972, *Lassieur : Lebon 769.*

174. En ne prescrivant à l'égard de l'exploitant d'un terrain de camping aucune mesure ou interdiction visant à prévenir les fléaux calamiteux tels que les inondations et en ne prenant, le jour même de la catastrophe et alors que les sols étaient saturés d'eau et qu'il était prévu des orages violents, aucune disposition pour prévenir les risques que couraient les campeurs, le maire a commis une faute de nature à engager la responsabilité de la commune. • CAA Lyon, 13 mai 1997, *Balusson et a. : Dr. adm. juill. 1997, p. 5, concl. Erstein ; D. 1998. 11, note Shaegis ; LPA 14 nov. 1997, note Mallol.*

175. Fermeture d'un camping menacé d'inondation et responsabilité sans faute de la commune. En l'absence même de dispositions le prévoyant expressément, l'exploitant d'un camping dont la fermeture a été ordonnée sur le fondement des pouvoirs de police du maire pour prévenir les conséquences d'éventuelles inondations est fondé à demander l'indemnisation du dommage qu'il a subi de ce fait lorsque, excédant les aléas que comporte nécessairement une telle exploitation, il revêt un caractère grave et spécial et ne saurait, dès lors, être regardé comme une charge incombant normalement à l'intéressé. Au cas d'espèce, la fermeture du camping décidée en 1996 ne saurait être regardée comme un aléa excédant ceux que comporte nécessairement son exploitation dans la mesure où le camping avait été créé en 1966 dans un site exposé à des risques élevés d'inondation qui s'étaient matérialisés par un décès en 1971. • CE 25 juill. 2007, *Leberger et M. et Mme Cortie*, n° 278190 : *Lebon 392 ; RJEP 2007, p. 410, concl. Chauvaux ; BJCL 2007. 745, concl. Chauvaux et obs. M.G. ; Dr. adm. 2007, n° 159, note Melleray ; JCP Adm. 2007, n° 2319, note Ngampio-Obélé-Bélé ; RLCT, oct. 2007, p. 56, note Carton ; ACL 2008, n° 110.* ♦ Constitue en revanche un aléa excédant ceux que comporte nécessairement l'exploitation d'un camping le fait qu'un camping ait été fermé alors que son propriétaire avait réalisé les travaux de sécurité demandés par l'administration, cette dernière ayant décidé postérieurement, sans que soit survenue aucune circonstance extérieure nouvelle, de renforcer le niveau de précaution et de prévention du risque d'inondation. • CE 11 avr. 2008, *SCI Moulin du Roc*, n° 288528 : *AJDA 2009. 628, note Vatna.*

176. Pouvoirs du préfet. Le préfet peut, dans le cadre des pouvoirs qui lui sont confiés par l'art. 107 C. adm. comm. (CGCT, art. L. 2215-1), légalement aggraver la réglementation nationale du camping en interdisant notamment le camping le long de certaines rivières et l'ouverture de terrains dans certaines zones. • CE 24 janv. 1968, *Féd. fr. de camping et de caravaning et Assoc. touristique des cheminots : Lebon 52 ; D. 1968. 204, concl. Fournier.*

177. Il résulte de l'art. 4 du décret du 9 févr. 1968 modifié que les préfets peuvent imposer aux gestionnaires de terrains de camping situés en zones submersibles des normes de fonctionnement allant jusqu'à la fermeture périodique desdits terrains, notamment dans les périodes traditionnelles de crue des cours d'eau à proximité desquels ils sont situés. • CE 18 mai 1998, *SARL River Caravaning et a.*, n° 173145 : *Lebon 195*.

178. Dès lors qu'il ne ressort pas des pièces du dossier que la décision par laquelle le préfet, après mise en demeure du maire restée sans résultat, a ordonné non la fermeture provisoire mais définitive d'un camping en raison des risques d'inondation ait présenté un caractère d'urgence, cette décision ne pouvait légalement intervenir qu'après que les exploitants du camping eussent été invités à présenter leurs observations conformément aux dispositions de l'art. 8 du décret du 28 nov. 1983. • CE 16 oct. 1998, *Épx Bressange et SARL Camping du Moulin des Ramades*, n° 167591 : *Lebon 356*.

D. CARRIÈRES

179. Bien que les mesures prises pour protéger les rivages de la mer puissent affecter les conditions d'exploitation de carrières situées à proximité du littoral, l'existence de pouvoirs relevant de la police spéciale des carrières ne fait pas obstacle à ce que le maire use de ses pouvoirs de police générale pour assurer la protection des terres contre les inondations d'origine maritime et, en conséquence, interdise l'extraction de sable, pierres et autres matériaux dans les dunes qui bordent le territoire de la commune. • CE 20 juill. 1971, *Mehu et a. : Lebon 567 ; AJDA 1972. 251, note Moderne.*

180. Si la police des carrières relève des autorités de l'État, il appartient au maire, dans le cadre de ses pouvoirs de police, de prendre éventuellement les mesures particulières pour parer au danger que crée l'état des lieux. • CE 10 mai 1974, *Cne de Thusy : Lebon 277.* ♦ Aucun dispositif n'ayant été établi à l'entrée d'une carrière pour en interdire ou en restreindre l'accès et aucun avis n'ayant été affiché pour signaler le danger présenté par une excavation profonde de plusieurs mètres aux parois abruptes et que les eaux de ruissellement avaient remplie jusqu'aux bords, le maire a commis une faute de nature à engager la responsabilité de la commune. • Même arrêt.

E. EAUX

181. Police de la navigation sur les cours d'eau. La police de la navigation sur les cours d'eau appartient au préfet. C'est donc lui seul qui est compétent pour réglementer la pratique du canoë-kayak. • CE 3 juill. 1987, *Dubail et Assoc. « L'Eau vive »*, n° 61915 : *Lebon 244 ; CJEG 1988. 9, concl. Fornacciari* • CE 20 mars 1991, *Assoc. « La truite de Mouthier-Haute-Pierre » et Mlle de Montrichard et a.*, n°s 98220 et 98224 : *Lebon 95.* ♦ Cela ne lui permet pas pour autant de la soumettre à autorisation. • CE 13 nov. 1992, *Min. de l'Équipement c/ Ligue du centre de canoë-kayak et a.*, n° 106788 : *Lebon 404 ; D. 1993. Somm. 331, obs. Morange*. ♦ C'est également le préfet qui est compétent pour réglementer le motonautisme ou le ski nautique. • CE 19 févr. 1988, *Assoc. des propriétaires riverains et plaisanciers du Cingle de Trémolat-Cales-Mauzac : Lebon 79 ; AJDA 1988. 417, note Moreau ; D. 1989. Somm. 408, obs. Morange.* ♦ C'est enfin lui seul qui est compétent pour réglementer la circulation des bateaux à moteur alors même que le cours d'eau en cause est un cours d'eau non domanial. • CAA Bordeaux, 21 févr. 2006, *Dumoulin de Laplante*, n° 02BX02383 : *Envir. 2006, n° 53, obs. Trouilly.* ♦ En revanche, aucun texte ne lui donne le droit de soumettre la circulation des bateaux à moteur à autorisation. • CE 13 nov. 1992, *Min. de l'Équipement c/ Ligue du centre de canoë-kayak et a.*, n° 106788 : *préc.* ♦ En l'absence de schéma d'aménagement et de gestion des eaux, la circulation sur les cours d'eau non domaniaux est libre dans le respect des lois, des règlements de police et des droits des riverains. Ces derniers ne peuvent pas empêcher le passage d'embarcations en édifiant des barrages, le préfet étant seul compétent pour adopter des mesures conciliant la navigation avec les principes tirés de la libre circulation, du commerce et de l'industrie, de l'objectif de protection de l'environnement, des droits des riverains et des activités de pêche. • Civ. 2e, 29 mars 2006 : *JCP Adm. 2006, n° 1211, note Billet.* ♦ La carence du préfet à ce faire n'est pas susceptible d'engager que la responsabilité de l'État. • CE 19 déc. 1980, *Min. des Transports c/ AGF et Jacob : Lebon T. 430 ; Quot. jur. 24 mars 1981, note J. M.*

182. Police de la conservation des cours d'eau. La police de la conservation des cours d'eau appartient aussi en principe au préfet. Ainsi, s'agissant d'un défaut de curage d'un cours d'eau domanial, le préfet est compétent pour prendre les mesures nécessaires à l'exécution des règlements et usages locaux et, au cas de carence de ce dernier, le maire n'est tenu, ni de se substituer à lui, ni, en l'absence de péril imminent, de provoquer son intervention. • CE 2 févr. 1957, *Min. de l'Agriculture et Cne de Lettret c/ Champollion : Lebon 84* • CE 22 avr. 1970, *Duhaze : Lebon T. 954.* ♦ La carence du préfet engage la responsabilité de l'État. • CE 2 mars 1984, *Synd. intercommunal de l'Huveaume et a.*, n° 35524 : *Lebon 93 ; LPA 24 oct. 1984, note Moderne ; D. 1986. IR 27, obs. Moderne et Bon.* ♦ La responsabilité de l'État n'est plus maintenant subordonnée à la commission d'une faute lourde, une faute simple suffisant. • CE 28 févr. 2001, *Sté des Autoroutes du nord et de l'est de la France*, n° 199953 : *Coll. terr. 2001, n° 112, obs. Moreau.* ♦ De même, en l'absence de péril imminent, le maire ne saurait s'immiscer dans l'exercice de la police spéciale des eaux confiée par la loi du 3 janv. 1992 au préfet. Il n'a donc pas le pouvoir d'aggraver les prescriptions édictées par le préfet relatives à l'activité d'épandage des boues d'épuration. • CAA Nancy, 5 août 2004, *Préfet de la Haute-Saône c/ Cne de Saulnot*, n° 02NC00779 : *RFDA 2005. 173, note*

Lagrange ; *JCP Adm. 2005, n° 1128, note Billet ; AJDA 2004. 2039, obs. Adrien* . ♦ Sauf péril imminent notamment pour la santé, il n'a pas non plus le droit d'interdire la culture de certaines parcelles dans le périmètre du captage d'eau dans sa commune en raison d'une augmentation substantielle de la teneur en nitrate des eaux potables de la commune tant que le préfet, auquel la police spéciale de l'eau a été attribuée, n'a pas modifié les prescriptions applicables à l'intérieur dudit périmètre. • CE 2 déc. 2009, *Cne de Rachecourt-sur-Marne*, n° 309684 : *Lebon 481 ; BJCL 2009. 690, concl. M. Guyomar ; JCP Adm. 2010, n° 2106, obs. Moreau ; Envir. févr. 2010, comm. 13 par Trouilly ; RLCT 2010, n° 54, p. 59, obs. Glaser ; DGCT 2010, p. 481, obs. Bon.*

183. Toutefois, il convient désormais de tenir compte de la possibilité accordée par la L. n° 2003-699 du 30 juill. 2003 aux collectivités territoriales et à leurs groupements de se voir transférer certains cours d'eau en pleine propriété, ce qui n'est pas dépourvu de certaines conséquences sur le plan des compétences de police de la conservation.

184. Action naturelle des eaux. L'État et les communes n'ont pas l'obligation d'assurer la protection des propriétés riveraines des cours d'eau navigables ou non navigables contre l'action naturelle des eaux. Toutefois, la responsabilité des collectivités publiques peut être engagée lorsque les dommages subis ont été provoqués ou aggravés, soit par l'existence ou le mauvais état d'entretien d'ouvrages publics, soit par une faute commise par l'autorité administrative. • CE 19 oct. 1988, *Min. du Redéploiement industriel c/ Épx Veillard*, n°s 71248, 71249, 71251, 71252 et 71253 : *Lebon 347 ; CJEG 1989. 55, concl. de La Verpillière ; D. 1989. Somm. 124. obs. Moderne et Bon.*

185. Police des baignades. En revanche, en dehors de la police de la navigation, de la police de la conservation et de la police des eaux, le maire retrouve sa compétence. Il en va ainsi en matière de police des baignades sur un cours d'eau. • CE 9 mai 1980, *Cne de Ladignac-le-Long et Cts Courteille*, n°s 07213 B et 07393 B : *D. 1980. IR 501, obs. Moderne et Bon.* ♦ V. notes 145 s.

186. Police des eaux stagnantes. Une ravine qui n'est alimentée par aucune source mais reçoit seulement, de façon intermittente, les eaux pluviales ne constitue pas un cours d'eau de telle sorte que c'est le maire et non le préfet qui est compétent pour en assurer la police et notamment faire cesser l'état d'insalubrité et les dangers d'inondations résultant de la stagnation des eaux du fait de son obstruction. • CE 22 févr. 1980, *Min. de l'Environnement et du Cadre de vie c/ Pourfillet et a.*, n° 15516 : *Lebon 101 ; AJDA 1980. 487, concl. Galabert.*

187. Plan d'eau. De la même manière, s'agissant d'un plan d'eau, le maire est seul compétent, en vertu de ses pouvoirs de police, pour réglementer, dans l'intérêt général et pour des motifs de sécurité et de salubrité publiques, les baignades et la navigation sur un plan d'eau situé sur le territoire de la commune et qui, sans appartenir au domaine public, est ouvert au public. • CE 28 nov. 1980, *Cne d'Ardres*, n° 04551 : *Lebon 449 ; D. 1981. IR 117, obs. Delvolvé.* ♦ En raison de la configuration étroite et de la superficie d'un lac, la circulation des bateaux à moteur comporte pour les usagers et les riverains des dangers auxquels il ne peut être remédié que par l'interdiction de celle-ci. • CE 28 nov. 1980, *Cne d'Ardres*, n° 04551 : *Lebon 449 ; D. 1980. IR 117, obs. Delvolvé.*

188. Ligne à haute tension. En ne prenant aucune mesure propre à avertir les plaisanciers du danger exceptionnel constitué par la présence d'une ligne à haute tension, fût-elle à hauteur réglementaire, à proximité d'une rampe d'accès des voiliers à un lac, le maire a commis dans l'exercice de ses pouvoirs de police une faute de nature à engager la responsabilité de la commune. • CE 8 nov. 1985, *Rijlaarsdam*, n° 35177 B : *LPA 23 juill. 1986, obs. Moderne.* ♦ En ne prenant pas les mesures propres à empêcher que les pêcheurs à la ligne heurtent avec leur canne une ligne à haute tension, le maire n'a commis aucune faute, la ligne à haute tension ne présentant pas, en raison de sa visibilité, le caractère d'un obstacle imprévisible et l'instruction n'ayant pas fait apparaître que le maire ait été informé de ce qu'un accident similaire avait eu lieu au même endroit peu de temps auparavant. • CAA Nancy, 20 janv. 2003, *Leguay : JCP Adm. 2003. 1465, obs. Moreau.*

189. Police des inondations. BIBL. Pondaven, La commune et les inondations, *Berger-Levrault, 2010*. – Le Louarn, La tempête Xynthia, révélateur des insuffisances du droit ?, *JCP 2011, n° 565*. – Lesigne, De la loi littoral à la prévention du risque d'inondation, *AJDA 2011. 1767* .

190. Compétence du maire. Alors même que les opérations d'alerte et de secours auraient été menées sous la direction du préfet, assisté du directeur départemental de la protection civile, dans le cadre d'un plan général d'organisation des secours, les fautes commises par le service de lutte contre les inondations ne peuvent, en vertu de l'art. 97 C. adm. comm. (CGCT, art. L. 2212-2), engager que la responsabilité de la commune et non celle de l'État. • CE 23 févr. 1973, *Min. de l'Équipement c/ Sté entr. Tomine : Lebon 168* • 25 mai 1990, *Abadie et a. : AJDA 1990. 824, note Darcy* ; *D. 1991. Somm. 232, obs. Bon et Terneyre* • CE 22 juin 1987, *Ville de Rennes c/ Cie rennaise de linoléum et du caoutchouc*, n° 62559 : *Lebon 223 ; LPA 26 oct. 1987, note Moderne ; AJDA 1988. 65, note Moreau ; D. 1988. Somm. 163, obs. Moderne et Bon.* ♦ V. toutefois art. L. 2216-2.

191. Exigence d'une faute simple. La responsabilité d'une commune du fait des dommages causés par une inondation peut être engagée au cas de faute simple dans la conception et l'étude du plan de défense contre les inondations et au cas de faute (alors lourde) dans la prescription de mesures d'urgence au cours de l'inondation. • CE 31 mars 1965, *Cts Peydessus c/ Cne de Loudenvielle : Lebon 212.* ♦ Mais évolution jurisprudentielle. Eu égard à l'importance de la brèche pratiquée dans une digue, à son ancienneté et à l'obligation de prudence particulière qui incombait à la commune du fait de la présence en aval d'une ZAC, le maire a commis une faute (désormais simple) dans l'exercice de ses pouvoirs de police dès lors qu'il n'avait pas prévenu le sinistre par des précautions convenables. • CE 14 mai 2008, *Cne de Pertuis,* n°s 291440 et 291916 : *RLCT 2008. 26.*

192. Interdiction de travaux. Un maire peut, en vertu de ses pouvoirs de police de la sécurité, interdire la réalisation de travaux si cette interdiction est seule de nature à prévenir les inondations qui en seraient la conséquence. • CAA Douai, 9 nov. 2000, *Préfet de la région Nord-Pas-de-Calais, Préfet du Nord,* n° 96DA02456 B. ♦ En ordonnant la cessation de travaux de terrassement entrepris sans autorisation ni déclaration préalable sur un terrain particulièrement exposé aux risques d'inondation, un maire n'excède pas les pouvoirs de police qui lui sont attribués notamment par l'art. 97-6° C. adm. comm. (art. L. 2212-2-5°). • CE 13 juill. 1977, *Sté de gestions foncières et d'études et Dame de Farcy de Ponfarcy : Lebon 337.*

193. Pouvoirs du maire. En zone inondable répertoriée comme telle dans un plan de prévention des risques, le maire de la commune où se situe un immeuble de cette zone peut demander au préfet d'engager la procédure prévue par l'art. L. 561-1 C. envir. qui permet une expropriation sous réserve que les moyens de sauvegarde et de protection des populations s'avèrent plus coûteux que les indemnités d'expropriation. Le maire peut également, en vertu de ses pouvoirs de police générale, prendre des mesures temporaires ou limitées de prévention ou de sauvegarde. En revanche, il ne peut pas, dans le cadre de ces mêmes pouvoirs, prendre une mesure permanente et définitive privant le propriétaire de l'immeuble de l'usage de son bien en interdisant toute occupation de celui-ci dans l'attente d'une éventuelle acquisition amiable par la commune. • CE 21 oct. 2009, *Mme Roger,* n° 310470 B : *BJCL 2010. 33, concl. Thiéllay et obs. Poujade ; AJDA 2010. 393, note Nicoud ; JCP Adm. 2009, n° 2280, note Billet.*

194. Sirène d'alarme. Le maire, en tant qu'autorité de police municipale, ne commet aucune faute (alors lourde) en s'abstenant d'actionner la sirène d'alarme lors d'une inondation afin de ne pas provoquer une agitation que la situation, telle qu'elle était alors connue dans la localité, ne justifiait pas. • CE 16 nov. 1960, *Sté Codolar et fils et Sté du pont des Bordes : Lebon T. 932.*

195. Responsabilité de la commune. Lors de pluies d'orage qui, en raison de leur durée et de leur intensité exceptionnelles et imprévisibles, présentent le caractère d'un événement de force majeure, la responsabilité d'une commune ne peut être engagée à l'occasion des dommages causés par l'inondation provoquée par ces pluies dès lors qu'il n'y a pas défaut d'entretien normal des égouts ou insuffisance de leur débit d'évacuation. • CE 26 juin 1963, *Sieur Calkus : Lebon 401.* ♦ En ne prenant pas les mesures nécessaires pour empêcher des enfants de quitter leur collège afin de rejoindre leur domicile par leurs propres moyens alors qu'il ne pouvait ignorer notamment l'interruption du service de ramassage scolaire et les dangers auxquels les enfants allaient être exposés compte tenu des inondations provoquées par de très fortes pluies, le maire a commis une faute (alors lourde) de nature à engager la responsabilité de la commune. • CE 14 mai 1986, *Cne de Cilaos,* n° 45296, 45297, 45298 et 45299 : *Lebon 426 ; AJDA 1986. 466, note Richer ; D. 1987. Somm. 115, obs. Moderne et Bon.* ♦ Responsabilité d'une commune, de l'État et d'une association syndicale autorisée pour les dommages consécutifs aux inondations survenues lors de la tempête Xynthia de 2010. • TA Nantes, 12 févr. 2018, n° 1504909 : *AJDA 2018. 1734, note Belrhali.* ♦ Si l'art. L. 2212-2 confie au maire le soin d'assurer la sécurité et la salubrité publiques en prévenant notamment les inondations par des mesures appropriées et si l'art. L. 2226-1 institue un service public administratif de gestion des eaux pluviales urbaines dans les zones identifiées par les documents d'urbanisme comme « urbanisées et à urbaniser », ces dispositions n'ont ni pour objet ni ne sauraient avoir pour effet d'imposer aux communes et aux communautés de communes compétentes la réalisation de réseaux d'évacuation pour absorber l'ensemble des eaux pluviales ruisselant sur leur territoire. Par suite, la CAA n'a pas commis d'erreur de droit en jugeant qu'aucune disposition législative ou réglementaire n'impose aux communes de recueillir l'ensemble des eaux de pluie transitant sur leur territoire. • CE 11 févr. 2022, n° 449831 B : *AJDA 2022. 315.*

196. Service d'annonce des crues. Eu égard tant au caractère du service d'annonce des crues institué par l'administration en dehors de toute obligation légale qu'aux difficultés propres à son accomplissement en période d'inondation, il faut qu'une faute (alors lourde) soit commise pour engager la responsabilité de l'État vis-à-vis des victimes de l'inondation. • CE 11 janv. 1957, *Dame vve Étienne : Lebon 27 ; AJDA 1957. 71, concl. Gazier* • CE 16 nov. 1960, *Sté Codolar fils et Sté du pont de Bordes : Lebon T. 1123.* ♦ Une commune ne saurait s'exonérer de la responsabilité qu'elle a encourue dans l'exercice de la mission de prévention des inondations qui lui incombe en invoquant les fautes qu'aurait commises le service d'annonce des crues mis en place par l'État en tardant à informer les services municipaux de la montée des eaux. • CE 22 juin 1987, *Ville de Rennes c/ Cie rennaise de linoléum et du caoutchouc*, n° 62559 : *Lebon 223 ; LPA 26 oct. 1987, note Moderne ; AJDA 1988. 65, note Moreau ; D. 1988. Somm. 163, obs. Moderne et Bon.* ♦ V. aussi Lohrer, La responsabilité pour faute relative à la vigilance et aux alertes météorologiques : un premier bulletin, *RFDA 2014. 305.*

F. ÉBOULEMENT DE TERRE OU DE ROCHERS

197. En se bornant à interdire l'habitation, la circulation et le stationnement dans une zone dominée par une falaise menaçant de s'ébouler et dans laquelle se trouve l'hôtel appartenant à la société requérante sans entreprendre, avec les moyens limités dont disposait la commune, les travaux considérables nécessaires pour parer ce danger, le maire ne commet pas, dans l'exercice de la police municipale, une faute (alors lourde) susceptible d'engager la responsabilité publique. Par ailleurs, le préjudice qui est résulté pour l'exploitant d'un hôtel situé au pied d'une falaise de l'interdiction légale d'habiter prise par le maire et justifiée par la menace d'éboulement est en réalité la conséquence, non de l'arrêté municipal, mais de la situation naturelle des lieux laquelle aurait amené, en tout état de cause, la société à cesser son exploitation de telle sorte que cette dernière ne saurait prétendre voir engager à son égard, même sur le terrain de l'égalité devant les charges publiques, la responsabilité de la commune. • CE 17 janv. 1964, *Sté thermale de l'Aude : Lebon 25 ; AJDA 1964. II. 449, obs. Moreau.*

198. Un commerçant ayant installé son établissement dans une cave creusée dans un rocher et qui demande réparation du préjudice spécial et anormal que lui auraient causé des arrêtés du maire ordonnant la fermeture de cet établissement au public en raison de risques d'éboulement subit un préjudice résultant d'une situation à laquelle il s'est sciemment exposé et qui ne lui ouvre pas droit à réparation. • CE 10 juill. 1996, *Meunier*, n° 143487 : *Lebon 289*.

199. La commune, tout en renonçant à entretenir un ouvrage devenu inefficace et dans l'attente des résultats d'expertises ayant pour objet l'étude des moyens techniques qu'il était possible de mettre en œuvre pour prévenir le danger, ayant fait procéder périodiquement à la destruction des blocs rocheux qui menaçaient de se détacher d'une falaise surplombant une habitation, n'a pas commis de faute lourde qui eût été seule de nature à engager sa responsabilité dans la prescription des mesures de police destinées à prévenir les accidents naturels tels que les éboulements de terre et de rochers. • CE 29 déc. 1989, *Cassagne*, n° 66273 B.

200. À la suite d'un glissement de terrain de grande ampleur, un maire interdit toute occupation des terrains situés dans la zone et, pour renforcer la portée de cette mesure d'interdiction, demande à EDF de couper l'électricité des habitations concernées. La nécessité de prévenir un accident ou un fléau calamiteux n'impose pas qu'il soit mis fin à l'alimentation en électricité de telle sorte que les pouvoirs de police qui sont conférés au maire ne l'autorisent pas à effectuer une telle demande. • CE 29 juin 1990, *Bedat c/ Maire de la Cne de Borce : CJEG 1990. 413, concl. Toutée, note Cardon.*

201. Même si les éléments versés au dossier ne permettent pas de regarder comme établi avec certitude qu'un immeuble à usage d'habitation serait exposé à un danger grave ou imminent d'affaissement du terrain sur lequel il est construit, il ne peut en être déduit que l'arrêté interdisant d'accéder audit immeuble ait été, à la date où il a été pris, entaché d'une illégalité revêtant un caractère manifeste, seule susceptible de justifier la suspension pour violation d'une liberté fondamentale. • CE 9 déc. 2004, *Cne de Béziers*, n° 274852 : *BJCL 2005, obs. B.P.* ♦ La fermeture d'un établissement, jusqu'à la levée de tout risque par une étude géotechnique portant sur la fiabilité de la falaise, ne constitue pas une mesure manifestement inadaptée ou disproportionnée pour garantir la sécurité publique face au risque de chute de blocs ou de glissement de terrain. • CE 9 sept. 2022, n° 467212 : *AJCT 2023. 120, obs. Didriche*.

202. Les risques encourus par les personnes présentes sur un terrain surplombé par une falaise en cas de détachement de pierres résultant de la méconnaissance de l'obligation, prévue par l'autorisation de lotir, d'aménager un piège à bloc au pied de la falaise, le maire pouvait légalement, sur le fondement de l'art. L. 2212-2, et sans qu'il soit nécessaire d'utiliser les pouvoirs qu'il tire de l'art. L. 2212-4, enjoindre aux intéressés de rétablir la sécurité par la mise en place d'un tel dispositif. • CE 22 oct. 2010, *Épx Powell*, n° 316945 B : *AJDA 2010. 2219, concl. Thiellay ; RDI 2010. 623, obs. Soler-Couteaux ; DGCT 2011. 299, obs. Bon.*

203. Lorsqu'il existe un risque d'éboulement d'une paroi rocheuse surplombant des habitations, l'obstruction par une barrière cadenassée de l'accès à ces habitations, ordonnée par arrêté municipal, est la seule mesure immédiate et possible de nature à prévenir le risque élevé d'atteinte aux personnes. Si cette interdiction met en cause le droit d'accès à la voie publique des riverains, la propriété privée et la liberté d'aller et de venir, elle constitue, au regard des risques avérés, une mesure proportionnée ne portant pas une atteinte grave et manifestement illégale aux droits et libertés fondamentales. • CE, réf., 14 août 2012, *Cne Le Rove*, n° 361700 : *AJDA 2012. 2360*.

G. ÉTABLISSEMENTS RECEVANT DU PUBLIC

204. BIBL. Burriez, *JCP Adm. 2016, n° 2310* (de la spécificité de l'articulation des pouvoirs de police spéciale et générale détenus par une même autorité de police administrative. L'exemple des pouvoirs de police du maire en matière d'établissements recevant du public).

205. V. CCH, art. L. 123-1 à L. 123-4 et R. 123-1 s.

206. Sur le fondement du décret du 21 oct. 1973 (CCH, art. R. 123-1 s.) et sans préjudice de l'exercice de ses pouvoirs généraux de police, le maire peut ordonner la fermeture des établissements exploités en infraction aux dispositions de ce décret. • CE 9 mars 1979, *Pinçon : Lebon 104* • 26 juin 2009, *Sté coopérative agricole d'approvisionnement Les Avirons,* n° 311356 : *JCP Adm. 2009, n° 2290, obs. Moreau.* ♦ La fermeture, par une mesure de police municipale, d'un hôtel-restaurant n'est possible qu'en raison de menaces graves et certaines à l'ordre public. • CE 9 mars 1960, *Min. de l'Intérieur c/ Rossi : Lebon 180.* ♦ Les exigences du contradictoire s'imposent à l'autorité administrative qui envisage de prescrire la fermeture d'un établissement recevant du public. • TA Cergy-Pontoise, 4 déc. 2007, *Sté Armand Thiery,* n° 0307061 : *JCP Adm. 2008, n° 2065, concl. Fournalès.*

207. Dès lors que la situation de l'immeuble ne permettait pas la mise en service de moyens de secours et de lutte contre l'incendie, il est légal d'en interdire l'accès au public. En revanche, porte une atteinte illégale à la liberté des cultes le fait d'y interdire toute cérémonie et tout office religieux à l'intention, notamment, des personnes ayant leur résidence dans ce bâtiment. • CE 14 mai 1982, *Assoc. internat. pour la conscience de Krishna,* n° 31102 : *Lebon 179* ; *D. 1982. 516, note Debouy et Boinot.*

208. Les dispositions du CCH relatives aux établissements recevant du public ne font pas obstacle à ce que le maire use des pouvoirs généraux que lui confère l'art. L. 131-2 C. communes (CGCT, art. L. 2212-2) pour réglementer le stationnement des véhicules dans la cour intérieure d'un immeuble privé afin d'assurer, le cas échéant, l'évacuation d'un établissement commercial dont l'escalier de secours aboutit dans cette cour. • CE 21 juill. 1995, *Épx Baverez,* n° 141617 B.

209. L'existence de pouvoirs de police spéciale reconnus à la fois au maire en application de l'art. R. 123-52 CCH et au préfet en application des art. L. 26 s. CSP [recodifiés ss. nouv. CSP, art. L. 1331-26] ne fait pas obstacle à ce que le maire use de ses pouvoirs de police générale pour assurer le maintien de la sécurité publique, sauf si cet usage, hors des cas d'urgence, a pour objet ou pour effet de ne pas respecter la procédure prévue par la police spéciale. De ce fait, est légal un arrêté de police générale ordonnant, en raison de l'urgence résultant de l'état des bâtiments, la fermeture d'un établissement recevant du public et faisant courir un danger immédiat à d'éventuels occupants ainsi qu'aux passants. • CE 5 avr. 1996, *SARL Le club olympique et Marcu,* n° 147903 B. ♦ Un débit de boissons ayant été l'objet ou le cadre d'infractions graves liées pour la plupart à son ouverture nocturne (cambriolages, dégradations, violences et tapages nocturnes), le maire, sur le fondement de ses pouvoirs généraux de police, ne prend pas une mesure disproportionnée par rapport à son objet en le fermant de 22 h 30 à 5 h pendant quatre mois. • CE 21 janv. 1994, *Cne de Dammarie-les-Lys c/ Sté Carmag,* n° 120043 B.

210. Le maire doit être déclaré coupable d'homicide involontaire à la suite de l'incendie d'un établissement thermal ayant entraîné la mort de plusieurs personnes dès lors qu'il est établi qu'il n'a pas accompli les diligences normales pour faire respecter les règles applicables aux établissements recevant du public, notamment en provoquant la visite de la commission de sécurité qui aurait pu constater l'ouverture sans autorisation de l'établissement et les nombreux manquements à l'origine du sinistre. • Toulouse, 29 janv. 1998, *X et a. c/ Y et a. : D. 1999. 56, note Bénoit.*

H. FÊTES ET RÉJOUISSANCES PUBLIQUES

1° PRINCIPES GÉNÉRAUX

211. Organisation d'une fête communale par une personne privée et responsabilité. Lorsqu'une entreprise est chargée par une commune de préparer et de tirer un feu d'artifice, sa responsabilité est substituée à celle de cette dernière quant aux dommages pouvant résulter de l'exécution du feu d'artifice. Dès lors, la responsabilité de celle-ci ne peut être engagée. • CE 13 nov. 1970, *Ville de Royan c/ Dame Le Lan : Lebon 683* • CE 2 oct. 1974, *Chatelais : Lebon 461.* ♦ V. aussi • CE 21 avr. 1982, *Mme Daunes et a.* n° 13282 B : *D. 1983. IR 316, obs. Moderne et Bon.*

212. Il n'en va différemment que si la commune a commis une faute ou si l'entreprise s'avère insolvable, auquel cas la responsabilité de la collectivité publique peut être engagée à titre subsidiaire. • CE 13 nov. 1970, *Ville de Royan c/ Dame Le Lan : préc. note 211.*

213. Fêtes traditionnelles et activités de service public. L'organisation d'une fête dépourvue de tout caractère traditionnel ne peut être regardée comme comprise dans les limites des missions de service public qui incombent à la commune. En conséquence, une personne blessée au cours d'une rencontre sportive prévue au programme de cette fête ne peut se prévaloir de la qualité de collaborateur bénévole de l'exécution d'un service public. • CE 12 avr. 1972, *Chatelier : Lebon 262 ; D. 1973. 545, note Duprat.*

214. Nonobstant son caractère traditionnel, une fête locale à l'organisation de laquelle n'a pas pris part la commune ne peut être considérée comme un service public. En conséquence, une personne blessée alors qu'elle prêtait son concours à un feu d'artifice ne peut être considérée comme un collaborateur occasionnel de la commune et ne peut donc bénéficier d'un régime de responsabilité sans faute. Il n'y a pas non plus responsabilité pour faute dès lors que ne peuvent être relevées à la charge de la commune aucune insuffisance des mesures de police prises par les autorités municipales en vue de la prévention des accidents ni aucune faute lourde dans l'exécution desdites mesures. • CE 13 juill. 1966, *Sieur Leygues : Lebon 475.*

2° *APÉROS GÉANTS*

215. BIBL. Hanicotte, *Gaz. Pal. 10 juin 2010, n° 161, p. 9.* – Jobart, *AJDA 2010. 1978.*

3° *FÊTE*

216. BIBL. Volut, Les pouvoirs du maire en matière d'installation et d'exploitation des manèges forains, *AJCT 2012. 367.*

217. Le fait de n'avoir ni interdit ni réglementé le lancement de fusées lors de réjouissances populaires ne constitue pas, dans les circonstances de l'espèce, une faute lourde. Ne constitue pas non plus une telle faute le fait de ne pas avoir interrompu le lancement des fusées eu égard à la soudaineté avec laquelle s'est manifesté le danger. • CE 15 juill. 1957, *Joachim c/ Cne de Damparis : Lebon T. 1020.*

218. Constitue une faute lourde de nature à engager la responsabilité de la commune le fait que les services de police aient laissé des porteurs de torches se répandre dans les rues de la commune et stationner plus d'une heure dans la cour d'une école sans prendre aucune mesure de sécurité. • CE 17 juin 1959, *Dlle Victor : Lebon 366.*

219. Une bousculade lors d'une fête locale ne peut engager la responsabilité de la commune dès lors qu'aucune insuffisance des mesures réglementaires prises par le maire pour assurer le maintien du bon ordre n'est établie et qu'aucune faute lourde n'a été commise par le service d'ordre dans l'exécution de sa mission. • CE 27 nov. 1959, *Cne de Blainville-sur-Mer : Lebon T. 1100.*

220. En interdisant une « fête foraine » projetée par un foyer rural et devant se tenir les jours mêmes où était organisée la « fête communale » au motif que, compte tenu des circonstances locales, l'ordre public pouvait être sérieusement menacé et en rejetant par là même la demande d'autorisation présentée par le foyer rural en application de l'ord. du 13 oct. 1945, un maire ne fonde pas sa décision sur des faits matériellement inexacts et n'excède pas les pouvoirs qu'il tient de l'art. 97 C. adm. comm. (CGCT, art. L. 2212-2). • CE 17 janv. 1969, *Cne de Saint-Genest-de-Contest : Lebon 29.* ♦ Des incidents ayant occasionné d'importants dégâts matériels ainsi que des blessures s'étant produits lors d'un bal, le maire se trouve dans la nécessité d'édicter, pour en prévenir le retour, l'interdiction de tout bal public au cours du mois suivant. • CE 23 juill. 1974, *Cne de Génissac : Lebon 445.* ♦ Compte tenu de la gravité des troubles survenus au cours d'un bal organisé précédemment et de l'absence de moyens pour en éviter la répétition, le maire peut légalement interdire les bals publics sur tout le territoire de la commune « jusqu'à nouvel ordre ». • CE 28 oct. 1983, *Cne de Louroux-Béconnais,* n° 34624 B.

221. Un maire, avisé de l'effondrement d'une dalle d'égout implantée sur une esplanade, commet une faute en ne prenant, comme l'art. 97 C. adm. comm. (CGCT, art. L. 2212-2) lui en faisait l'obligation, aucune mesure de police appropriée destinée à assurer la sécurité des personnes alors que la commune organisait, le soir même, une manifestation devant provoquer une grande affluence de spectateurs. • CE 12 juin 1970, *Roba : Lebon 394.*

222. Un maire qui laisse se dérouler un exercice d'entraînement aux régates devant avoir lieu lors d'une fête nautique sans avoir prescrit les mesures appropriées pour assurer la sécurité des utilisateurs du plan d'eau et qui a négligé de prendre les décisions qu'imposait la situation a, dans l'exercice de ses pouvoirs de police, commis une faute engageant la responsabilité de la commune. • CE 28 mai 1971, *Cne de Châtelaudren c/ Van Dorsselaer et Caisse primaire centrale de sécurité sociale de la région parisienne : Lebon 399.*

223. Saisi d'une demande de modifier l'emplacement de la fête foraine, le maire ne peut la rejeter en s'abritant derrière la tradition locale. En revanche, il peut légalement la rejeter au motif que ledit emplacement ne méconnaissait pas les impératifs de sécurité publique et de maintien de l'ordre public qu'il lui appartient de faire respecter. • CAA Douai, 25 mai 2004, *Cne de Vred,* n° 01DA00264 : *Coll. terr. 2004, n° 145, note Moreau.*

224. L'effondrement d'une passerelle construite par une entreprise en méconnaissance des règles de l'art et de laquelle des personnes assistaient au défilé de carnaval constitue une faute de nature à engager sa responsabilité. Mais cette dernière est atténuée par la faute de la commune dans la mesure où il appartenait au maire de prendre, dans le cadre de ses pouvoirs de police générale, les mesures nécessaires pour assurer la sécurité des personnes participant ou assistant à cette manifestation nonobstant la circonstance qu'elle était organisée par une association. • CAA Bordeaux, 30 déc. 2005, *Sté des chantiers modernes,* n° 02BX01644 : *JCP Adm. 2006, n° 1134, obs. Brisson.*

225. L'unique entrée de l'infirmerie où officiait le médecin de permanence étant située à l'intérieur du périmètre où avait lieu le lâcher de taureaux dans une ruelle très étroite n'offrant aucun abri, le choix d'un tel emplacement pour un poste de secours est constitutif d'une faute de nature à engager la responsabilité de la commune à laquelle il incombait de garantir la sécurité des festivités dont elle assurait l'organisation générale alors même que le maire avait chargé les organisateurs de chaque manifestation de mettre en place un dispositif de secours. • CE 9 déc. 2009, *Caurette*, n° 311975 : *JCP Adm. 2010, n° 2113, note Moreau.*

226. Commet un délit d'imprudence le maire qui ne vérifie pas les installations électriques lors d'un bal organisé par le comité des fêtes de sa commune. • Crim. 11 juin 2003 : *JCP Adm. 2003, n° 2087, obs. Moreau ; LPA 19 févr. 2004, p. 12, note Steinlé-Feuerbach.*

4° FEU D'ARTIFICE

227. La responsabilité d'une commune en cas d'accident survenu à un spectateur d'un feu d'artifice ne peut être engagée que si la victime établit l'existence d'une faute dans l'organisation ou le fonctionnement du service public ou d'une faute lourde dans l'organisation des mesures de police prises pour assurer la sécurité des spectateurs. • CE 21 févr. 1958, *Cne de Domme : Lebon 118 ; AJDA 1958. 220, chron. Fournier et Combarnous.* ♦ … Sans que la commune puisse se prévaloir de ce que cette faute aurait son origine dans la mauvaise qualité des engins qui lui avaient été fournis et qui furent utilisés à cette occasion. • CE 3 nov. 1961, *Cne de Vico : Lebon 612* • CE 1er mars 1967, *Cne d'Harquency : Lebon T. 723* • CE 26 mars 1971, *Cne de Renage : Lebon T. 1198* • CE 30 mars 1979, *Moisan et a. : Lebon 143 ; D. 1979. 552, note Richer.*

228. La circonstance que des enfants ont recueilli une fusée qui n'avait pas explosé après son lancement n'établit pas par elle-même que les employés municipaux chargés de la mise à feu des engins auraient été imprudents ni que l'autorité municipale aurait commis une faute dans l'organisation du spectacle et l'application des mesures de sécurité. • CAA Marseille, 4 déc. 1997, *M. et Mme Laroque : RFDA 1998. 1132, obs. Pontier.*

229. Deux habitants de la commune qui avaient accepté bénévolement, à la demande du maire, de tirer un feu d'artifice à l'occasion de la fête locale et qui ont été blessés, au cours de cette fête, par l'explosion prématurée d'un engin, doivent être considérés comme ayant assuré l'exécution d'un service public dans l'intérêt de la commune de telle sorte que c'est cette dernière qui est responsable sans faute du dommage qu'ils ont subi. • CE 22 nov. 1946, *Cne de Saint-Priest-La-Plaine : Lebon 27 ; D. 1947. 375, note Blaevoet ; S. 1947.3.105, note F.P.B. ; GAJA.* ♦ Un sapeur-pompier volontaire qui participe à la préparation d'un feu d'artifice tiré à l'occasion d'une fête locale présentant un caractère traditionnel, ce qui lui donne un caractère d'intérêt général, est un collaborateur occasionnel du service public. Ses blessures provoquées par l'explosion inopinée d'une charge préparée par lui engagent ainsi la responsabilité sans faute de la commune. • CE 30 avr. 2004, *Perroud*, n° 244143 B : *BJCL 2004. 501, concl. Prada Bordenave.*

5° MANIFESTATIONS SPORTIVES

230. Course cycliste. La mauvaise organisation du service d'ordre lors d'une course cycliste se rattache à l'exercice de la police de la liberté et de la sécurité de la voie publique mais, en l'espèce, aucune faute ne peut être reprochée à la commune. • CE 13 juin 1956, *Cie d'assur. L'indépendance et a. : Lebon T. 634.* ♦ Constitue un défaut d'organisation d'une course cycliste et engage dès lors la responsabilité de la commune le fait qu'aucune mesure n'ait été prise en vue de prévenir les accidents sur le circuit se déroulant sur une route, ne mesurant par endroits que 3, 60 m de large, que les concurrents devaient parcourir plusieurs fois par aller et retour. • CE 24 juin 1964, *Cne de Plouisy : Lebon T. 283.*

231. Enceintes sportives. **BIBL.** Juen, La responsabilité des collectivités territoriales, *JCP Adm. 2009, n° 2096.* – Lagarde, Organiser une manifestation sportive dans une enceinte sportive, *AJCT 2012. 343* . – Magnaval, L'État, le juge et les hooligans, *AJDA 2013. 1607* .

232. Il appartient aux autorités de police de prendre les mesures nécessaires au maintien de l'ordre et de la sécurité publics dans les enceintes sportives indépendamment de l'application des règlements des fédérations sportives relatifs à l'organisation des compétitions prévoyant dans certains cas la perte du match par l'équipe résidente dont le terrain a été fermé. • CE 13 déc. 2006, *Féd. fr. de football*, n° 292245 B. ♦ V. aussi art. L. 332-16 C. sport permettant au préfet de département et, à Paris, au préfet de police d'interdire à toute personne présentant un risque pour l'ordre public de pénétrer ou de se rendre aux abords des enceintes sportives. Sur le refus du Conseil d'État de poser une QPC concernant cet art., V. • CE 13 juill. 2010, *Merlin*, n° 340302 B. ♦ Pour des applications de cet art., V. • TA Versailles, 11 déc. 2008, *Bourbon*, n° 0701397 : *JCP Adm. 2009, n° 2097, note Pontier* • TA Besançon, 11 mars 2010, *M. G.*, n° 0801746 : *JCP Adm. 2010, n° 2190, concl. Poitreau* • TA Montreuil, 21 sept. 2010, *M. A.*, n° 0810341 : *AJDA 2011. 230, concl. Donnart* .

233. Tournoi. En laissant un tournoi de volley-ball se dérouler alors que les spectateurs s'étaient rapprochés dangereusement du terrain en l'absence de toute barrière les maintenant à distance, les organisateurs ont commis une faute de nature à engager la responsabilité de la commune qui ne peut s'exonérer en invoquant le comportement du joueur, auteur involontaire d'un accident. • CE 25 févr. 1976, *Morvan : Lebon 116.*

6° RAVE-PARTY

234. Est légal un arrêté municipal interdisant une « rave-party », les forces de police disponibles étant insuffisantes pour assurer l'ordre public, les moyens appropriés en matière de lutte contre l'incendie et de secours aux personnes ne pouvant être réunis et la manifestation comportant des risques sérieux de désordre. • CAA Nantes, 31 juill. 2001, *Sté L'Othala production*, n° 97NT00844 B : *AJDA 2001. 981, note Millet ; Coll. terr. 2002, n° 63, obs. Moreau.*

235. V. toutefois désormais l'art. 53 de la L. n° 2001-1062 du 15 nov. 2001, sécurité quotidienne, qui transfère la police des « rave parties » au préfet, le décret n° 2002-887 du 3 mai 2002 et les circulaires du min. de l'Intérieur du 24 juill. 2002 (NOR/INT/D/02/00158/C) et du 13 sept. 2002 (NOR/INT/D/02/00172/C). Le décret du 3 mai 2002 a été jugé légal par • CE 30 avr. 2004, *Assoc. Technopol*, n° 248460 B : *JCP Adm. 2004. 1405, obs. Moreau.* ♦ Pour un commentaire de ce nouveau dispositif, V. Videlin, *AJDA 2004. 1070* (le régime juridique des rave-parties) ; Bordier, *AJDA 2010. 185* (*rave-parties, free-parties, tecknivals*, cauchemar du maire). ♦ Premiers contentieux • TA Châlons-en-Champagne, 29 avr. 2005, *Conservatoire du patrimoine naturel et a. c/ Préfet de la Marne*, n° 0500828/830 : *JCP 2005, n° 1216, note Billet ; RDI 2005. 265, obs. Fonbaustier* • TA Rennes, 28 juin 2006, *Cne de Vannes et a.*, n° 0602705 : *AJDA 2006. 1360, obs. Brondel*. ♦ Sur la question de savoir si le préfet peut utiliser, en matière de rave-parties, le pouvoir de réquisition que lui donne l'art. L. 2215-1-4°.

7° SPECTACLE

236. BIBL. Auby, La commune et les spectacles, *Le Moniteur, 2005.* – Rouault, Police des spectacles et des jeux, *J.-Cl. Adm., fasc. 211.*

237. Autorisation. L'ordonnance n° 45-2339 du 13 oct. 1945 relative aux spectacles soumettait à autorisation un certain nombre de spectacles (V. art. 1er, 12 et 13 de cette Ord.), mais cette exigence a été supprimée par l'art. 10-III de la loi n° 99-198 du 18 mars 1999 (*JO 19 mars*).

238. Interdiction. Un festival de « pop musique » qui devait avoir lieu sur la Côte d'Azur au mois d'août comporte un risque sérieux de désordre à une période de l'année où l'autorité de police ne dispose pas, compte tenu des tâches multiples et importantes qui incombent alors aux forces de l'ordre, d'effectifs suffisants pour faire face à ce risque. Dans ces conditions, l'autorité de police peut l'interdire. • CE 21 juin 1972, *Mallisson : Lebon 472.* ♦ La décision du maire résiliant une convention de mise à disposition d'une salle de spectacle dans laquelle devait se produire un artiste doit être regardée comme une mesure de police dont la légalité est conditionnée par son caractère nécessaire, adapté et proportionné. Pour l'annulation d'une décision d'interdiction d'un spectacle en l'absence de risque réel et avéré de trouble à l'ordre public, V. • CE 13 nov. 2017, n° 415400 : *AJCT 2018. 171, obs. Juilles*.

239. Fermeture. Le moyen tiré de l'erreur d'appréciation qu'un maire aurait commise en ordonnant, par arrêté, la fermeture d'un site de spectacles jusqu'à la complète exécution des travaux de mise en sécurité du site paraît, en l'état de l'instruction, propre à créer un doute sérieux quant à la légalité de cet arrêté de telle sorte que la commune n'est pas fondée à se plaindre que le juge des référés en ait ordonné la suspension. • CE 1er mars 2004, *Cne de Cussac-Fort-Médoc*, n° 260549 B : *Coll. terr. 2004, n° 91, note Moreau.*

240. Cascades automobiles. Il incombe au maire de la commune où a lieu un spectacle de cascades automobiles de prendre les mesures nécessaires pour assurer la sécurité des spectateurs. En ne prenant pas les précautions qu'impliquait l'importance des dangers que fait courir aux spectateurs ce type de manifestation, le maire commet une faute (alors lourde) de nature à engager la responsabilité de la commune. • TA Amiens, 12 janv. 1988, *Épx Didier : Lebon T. 660.*

8° TIRS

241. BIBL. Chalus, Police du maire, stands de tir et Conseil d'État, *RGCT, n° 41, p. 179.*

242. En autorisant l'établissement d'un tir forain sans s'être assurée que les conditions de l'installation et de l'emplacement offraient des garanties suffisantes pour la sécurité des voies publiques, l'autorité municipale chargée de veiller à la sécurité desdites voies a commis une faute grave de nature à engager la responsabilité de la commune. • CE 26 juill. 1918, *Épx Lemonnier : Lebon 761, concl. Blum ; S. 1918-1919. 3. 41, concl. Blum, note Hauriou ; DP 1918. 3. 9, concl. Blum ; RD publ. 1919. 41, concl. Blum, note Jèze ; GAJA n° 32.* • CE 7 déc. 1979, *Ville de Dôle c/ Trimaille : Lebon T. 652.* ♦ En s'abstenant de réglementer les tirs avec fusils de chasse à l'occasion des mariages qui correspondent à une tradition dans certaines localités du Morvan où ils sont exécutés dans des conditions telles qu'ils ne présentent normalement aucun danger pour les participants à la cérémonie ou pour les tiers, le maire n'a commis aucune faute. • CE 9 juill. 1982, *Cne d'Ouroux-en-Morvan*, n° 33778 : *Lebon 282 ; D. 1984. IR 25, obs. Moderne et Bon.*

I. FUNÉRAILLES

243. V. art. L. 2213-7 s.

J. IMMEUBLES MENAÇANT RUINE

244. V. art. L. 2213-24.

K. INCENDIE

245. BIBL. Carton, *RLCT, nov. 2008, p. 59* (responsabilité des services d'incendie et de secours vue par les cours administratives d'appel). – Chapuisat, *D. 1981. Chron. 286* (responsabilités consécutives aux incendies de forêts). – Douence, *RFDA 1987. 941* (statut des services d'incendie et de secours). – Genovèse, *RGCT 2010, n° 46, p. 79* (responsabilité pénale). – Marchessou, *RD publ. 1980. 765* (responsabilité de la puissance publique). – Sur la loi n° 96-369 du 3 mai 1996 relative aux services d'incendie et de secours : Le Cornec, *LPA 30 sept. 1996 ; ibid. 4 juill. 1997.* – Linarès, *AJDA 1997. 168*. – Sur les dispositions de la loi n° 2002-276 du 27 févr. 2002, démocratie de proximité et concernant l'organisation et le financement des services d'incendie et de secours : Prétot, *RD publ. 2002. 987.* – Renaudie, Les services d'incendie et de secours, Institut universitaire de Varenne, 2018.

246. Sur les services d'incendie et de secours, V. également art. L. 1424-1, L. 2216-2 et R. 1424-1.

1° MESURES SUSCEPTIBLES D'ÊTRE PRESCRITES

247. Le maire peut prescrire à un propriétaire la réparation d'un conduit de fumée ou d'un foyer de cheminée mais il ne peut lui imposer la construction d'un nouveau conduit. • CE 14 nov. 1957, *Dame vve Bonet-Maury : Lebon 602.*

248. Eu égard à la situation d'un bâtiment, le maire peut légalement, dans l'intérêt de la lutte contre l'incendie et en vertu de ses pouvoirs de police générale, prescrire l'installation d'une liaison téléphonique directe entre ledit bâtiment et le poste central de sécurité et imposer un droit d'accès des services de sécurité aux parties communes et locaux techniques. • CE 24 juill. 1987, *Damman et Rohmer,* n° 53039 B.

2° FAUTES DES SERVICES DE SECOURS

249. *Existence d'une faute de nature à engager la responsabilité.* La responsabilité d'une commune, à laquelle incombe le soin de prévenir et de combattre les incendies, peut être engagée pour toute faute commise dans l'organisation ou le fonctionnement du service départemental d'incendie et de secours. • CE 29 avr. 1998, *Cne de Hannapes,* n° 164012 : *Lebon 185 ; RD publ. 1998. 1001, note Prétot ; D. 1998. 535, note Lebreton ; LPA 10 mars 1999, note Pieraccini ; JCP 1999. II. 10109, note Genovese ; D. 2000. Somm. 247, obs. Bon et de Béchillon*. ♦ En l'espèce, la défaillance de la moto-pompe n'étant pas imputable à un cas fortuit, elle a constitué une faute de nature à engager la responsabilité de la commune où s'est produit le sinistre. • Même arrêt. ♦ Abandon de la jurisprudence exigeant une faute lourde. • CE 18 nov. 1994, *Épx Sauvi,* n° 141180 : *Lebon 503 ; AJDA 1995. 254, obs. Prétot ; D. 1996. Somm. 47, obs. Bon et Terneyre*.

3° CAUSES EXONÉRATOIRES

250. La responsabilité de la commune du fait de l'entretien insuffisant des bouches d'eau est limitée au quart compte tenu de l'absence de déclaration d'une entreprise à risque, d'un aménagement des locaux augmentant les risques et d'un personnel incapable de se servir du matériel de lutte contre l'incendie. • CE 15 mai 1957, *Cne de Tinqueux : Lebon 313.* ♦ Responsabilité du fait de l'incendie d'un cinéma partagée pour moitié entre le propriétaire qui s'est abstenu de procéder aux aménagements dont la nécessité lui avait été signalée et la commune qui n'a adressé aucune mise en demeure et a négligé de provoquer la fermeture de l'établissement. • CE 10 juill. 1957, *Ville de Rueil-Malmaison c/ Tournier : Lebon 457.*

251. La commune n'est responsable que des deux tiers du sinistre, les propriétaires d'un château sinistré n'ayant pas prévu les moyens de combattre efficacement un commencement d'incendie. • CE 8 janv. 1958, *Cne de Batz de Tranquelléon : Lebon 18.* ♦ Le fait que le maire, au lieu d'alerter les centres de secours auxquels la commune était rattachée, ait fait appel aux pompiers de la régie autonome des pétroles et que la mise en batterie de ces pompiers ait été retardée par des fautes de manœuvre n'engage pas la responsabilité de la commune dès lors que, eu égard à la violence et à la soudaineté du sinistre, la ruine totale des bâtiments n'aurait pu être évitée que par l'intervention instantanée de moyens de lutte contre l'incendie supérieurs à ceux auxquels l'autorité municipale pouvait faire appel. • CE 2 mars 1962, *Cne de Roquefort-sur-Garonne et Cie d'assur. « L'Union et le Phénix espagnol » : Lebon T. 910.*

252. Le fait que des incidents aient entravé la manœuvre de la pompe municipale n'engage pas la responsabilité de la commune dès lors que les services communaux de lutte contre l'incendie n'ont été alertés par la victime que trois heures après le début de l'incendie et alors que le sinistre avait atteint une ampleur telle qu'il ne pouvait être efficacement combattu. • CE 19 mars 1965, *Fouet : Lebon 183.* ♦ La commune n'est responsable que de 10 % du préjudice subi compte tenu du retard avec lequel le centre de premier appel a été alerté par la victime, de l'absence sur place de tout moyen de protection et de l'accumulation de matières inflammables. • CE 21 janv. 1966, *Cie d'assur. « La paix » et « L'urbaine » : Lebon T. 887.* ♦ La baisse de pression de l'eau qui a affecté momentanément le débit d'une bouche d'incendie du réseau de distribution d'eau concédé et qui a rendu inefficace l'action de l'une des lances à incendie n'étant pas imputable à une faute (alors lourde) de la ville, celle-ci n'est pas responsable des conséquences dommageables de l'accident en cause. • CE 2 févr. 1973, *SARL Harel et Cie Les assurances nationales*, n° 82209 B. ♦ La commune n'est responsable que de 30 % des conséquences de l'aggravation du dommage eu égard au comportement des propriétaires d'une grange à foin qui ignoraient la conduite à tenir en cas d'incendie. • CE 13 oct. 1976, *Cne de Mazières-en-Gâtine : Lebon 408.*

253. La commune n'est responsable que des deux tiers du dommage, la destruction rapide de l'immeuble étant de toute façon inévitable compte tenu de son mode de construction. • CE 13 févr. 1980, *Dumy*, n° 02203 : *Lebon 79.* ♦ Compte tenu de l'importance des fautes commises par les exploitants d'un dancing et qui ont été les causes déterminantes de la gravité de l'incendie qui l'a ravagé, ces derniers ne peuvent se prévaloir des fautes, même lourdes, commises par le maire de la commune en négligeant d'exercer les contrôles de police qui auraient pu les empêcher de commettre les fautes en question et ne peuvent donc demander la condamnation de la commune à leur rembourser une fraction quelconque des dommages-intérêts qu'ils ont versés. • CE 7 mars 1980, *SARL « Cinq-sept » et a.*, n° 03473 : *Lebon 129, concl. Massot ; D. 1980. 320, note Richer ; AJDA 1980. 423, note Albertini ; Rev. adm. 1980. 608, chron. Bienvenu et Rials ; JCP 1981. II. 19622, note Brard.*

254. L'incapacité du service de lutte contre l'incendie à mettre en œuvre un matériel adéquat n'engage la responsabilité de la commune qu'à concurrence de 20 % compte tenu du temps mis par le propriétaire à appeler les pompiers. • CAA Nancy, 18 avr. 1989, *Cne de Beauvais : Lebon T. 919.* ♦ Alors que leur propriété se trouvait dans une zone exposée aux incendies de forêt, les requérants entreposaient sans protection particulière et en quantités importantes des matériaux inflammables qui accroissaient sensiblement les risques de propagation d'un incendie. De ce fait, ils ont contribué à aggraver les dommages dont ils ont été victimes et cette faute justifie que soit laissée à leur charge la moitié des conséquences dommageables du sinistre. • CAA Lyon, 5 mars 1991, *Cne de Roquevaire : Lebon T. 758.*

4° IMMEUBLE IRRÉGULIÈREMENT ÉDIFIÉ

255. La transformation irrégulière en maison d'habitation d'un abri de jardin édifié en vertu d'un permis de construire limité à ce seul objet ne prive pas les propriétaires du droit à réparation du préjudice subi du fait de sa destruction par un incendie dont les conséquences ont été aggravées par une faute lourde commise par le service municipal de sécurité mais limite le montant de la réparation à la fraction indemnisable par la commune du coût de l'abri qui avait été seul autorisé. • CAA Paris, 19 sept. 1989, *Épx Garrigues : Lebon T. 930.* ♦ Si les propriétaires d'un hangar et d'une caravane détruits par le feu du fait notamment d'une faute lourde commise par les services de secours n'étaient pas titulaires d'une autorisation administrative pour la construction du hangar et l'installation de la caravane, cette occupation irrégulière du terrain n'est pas de nature, en elle-même, à les priver de tout droit à indemnisation dès lors qu'elle n'est pas la cause exclusive des dommages dont ils demandent réparation. • CAA Lyon, 5 mars 1991, *Cne de Roquevaire : Lebon T. 758.*

5° COLLECTIVITÉ OU PERSONNE RESPONSABLE

256. V. notes ss. art. L. 2216-2.

L. INSTALLATIONS CLASSÉES POUR LA PROTECTION DE L'ENVIRONNEMENT

257. BIBL. Gillig, Polices administratives et pénales en matière d'installations classées pour la protection de l'environnement, *Envir. 2013, Comm. 69.* – Williamson, Les pouvoirs de police du maire en matière d'installations classées : quelles stratégies d'action ?, *Gaz. Pal. 23-24 nov. 2005, p. 15.*

258. V. C. envir., art. L. 511-1 s.

259. Police spéciale exclusive. S'il appartient au maire de mettre le propriétaire d'un établissement classé en demeure d'observer les règlements sanitaires, il ne peut s'immiscer, sauf dans le cas de péril imminent et par des mesures de caractère provisoire, dans l'exercice des pouvoirs de police qui ne relèvent que du préfet. • CE 22 janv. 1965, *Cts Alix : Lebon 44.* ♦ Le maire ne pouvant, en l'absence de péril imminent, se substituer au préfet pour faire respecter, par les propriétaires d'une porcherie, les dispositions législatives et réglementaires relatives aux établissements classés, la responsabilité de la commune ne peut être engagée à raison de la carence du maire dans l'exercice de ses pouvoirs de police. • CE 14 déc. 1981, *Cne de Montmorot*, n° 16229 B : *D. 1982. IR 375, obs. Moderne et Bon.*

260. Absence de péril imminent. Absence de péril imminent en cas de pollution atmosphérique causée par le fonctionnement défectueux d'une usine d'incinération : elle ne menace pas gravement la santé et la salubrité publiques dans l'agglomération ; par ailleurs, la vive hostilité de la population locale et le risque de troubles à l'ordre public qui en résulte ne constituent pas davantage un péril imminent. • CE 15 janv. 1986, *Sté Pec-Engineering*, n° 47836 B : *AJDA 1986. 190, note Richer.* ♦ Des risques présentés par un complexe chimique ne constituent pas en l'espèce un péril imminent. • CE 29 sept. 2003, *Houillères du bassin de Lorraine*, n° 218217 B : *AJDA 2003. 2164, concl. Olson ; Coll. terr. 2003, n° 233, obs. Moreau ; ACL 2004, n° 36 ; JCP Adm. 2003, n° 2109, note Billet ; RDI 2004. 82, obs. Y. J.* ♦ La pollution atmosphérique causée par le fonctionnement d'une entreprise de stockage et de traitement de déchets d'origine animale ne menaçait pas gravement la santé et la salubrité des habitants de la commune au point de constituer un péril imminent. • CAA Paris, 29 juin 2004, *Préfet de la Seine-Saint-Denis,* n° 03PA02867 : *Envir. 2004, n° 94, note Gillig.* ♦ Jugé de même pour la poursuite de l'exploitation d'un atelier artisanal de découpe de viandes : • CAA Lyon, 6 juill. 2004, *SARL Ets Lucien Rey,* n° 03LY00674 : *Coll. terr. 2004, n° 227, note Moreau.* ♦ ... L'implantation d'installations industrielles non agricoles. • CAA Bordeaux, 18 mars 2010, *Cne de Betcave-Aguin,* n° 09BX01338 : *Envir. juin 2010, comm. 78 par Gillig ; JCP Adm. 2010, n° 2323, obs. Pacteau.*

261. Cas particulier de la police de la chasse. Malgré les législations spécialisées pouvant régir le fonctionnement d'une station d'épuration (police spéciale des établissements classés et des installations soumises à la loi sur l'eau), le maire doit prendre, dans le cadre de ses pouvoirs municipaux de police générale, les mesures garantissant la sécurité notamment des personnels qui interviennent dans l'enceinte de cette station en interdisant la pratique de la chasse à proximité de manière proportionnée par rapport aux buts recherchés. • CE 26 juin 2009, *Lacroix,* n° 309527 B : *JCP Adm. 2009, n° 2291, obs. J. Moreau ; RLCT, sept. 2009, p. 35, obs. Glaser ; RLCT déc. 2009, p. 24, note Carton ; DGCT 2010. 479, obs. Bon.*

262. Cas particulier de la police des déchets. Il résulte des dispositions des art. 3 et 4 de la loi du 15 juill. 1975 relative à l'élimination des déchets (désormais art. L. 541-3 s. C. envir.) que l'autorité investie des pouvoirs de police municipale est fondée, alors même que le préfet est susceptible d'intervenir au titre des pouvoirs de police spéciale qu'il tient de la loi du 19 juill. 1976 relative aux installations classées pour la protection de l'environnement (désormais art. L. 511-1 s. C. envir.), à prendre les mesures d'élimination prévues à l'art. 3 susmentionné. • CE 18 nov. 1998, *Jaeger,* n° 161612 B : *Dr. envir. 1999, n° 67, p. 6, note Fontbonne* • CE 11 janv. 2007, *Min. de l'Écologie et du Développement durable c/ Sté Barbazanges Tri ouest,* n° 287674 : *Envir. 2007, n° 45, note Billet ; JCP Adm. 2007, n° 2106, note Billet ; JCP E 2007, n° 1715, note Billet ; Rev. jur. envir. 2007. 347, note Billet ; ACL 2008, n° 112* • CAA Bordeaux, 18 mai 2009, *Sté Pédarré Pneus Bayonne,* n° 08BX02028 : *Envir. 2009, n° 113, note Gillig.*

263. Exonération de responsabilité. La mise en cause de la responsabilité de l'État du fait des conditions dans lesquelles le préfet exerce ses pouvoirs de police des installations classées n'exclut pas que la faute de la commune l'en exonère partiellement. Ainsi il y a faute du maire pour s'être abstenu de faire usage des pouvoirs qu'il tient des art. L. 541-3 et L. 541-4 C. envir. en matière d'élimination des déchets alors qu'ils lui auraient permis de prévenir la survenance du dommage ou d'en limiter les effets. • CE 13 juill. 2007, *Cne de Taverny,* n° 293210 : *BJCL 2007. 740, concl. Aguila et obs. M.G. ; RLCT, nov. 2007, p. 15, note Carton ; Envir. 2007, n° 154, note Billet ; JCP Adm. 2007, n° 2202, note Billet ; AJDA 2007. 2266, note Delhoste.* ♦ Lorsqu'une commune demande à être garantie par l'État des condamnations prononcées à son encontre sur le fondement de la faute commise par le préfet dans l'exercice de ses pouvoirs de police des installations classées, il faut que le préfet ait commis une faute lourde pour que la responsabilité de l'État puisse être engagée. • CAA Bordeaux, 21 mai 2002, *Min. de l'Aménagement du territoire et de l'Environnement c/ Gandon : Envir. 2002, n° 16, note Podraza.*

M. MALADES MENTAUX

264. **ENCYCL. COLL. LOC.** *Police municipale : êtres dangereux, 2530,* par Bon.

265. **BIBL.** Castaing, *AJDA 2013. 153* (loi du 5 juill. 2011). – Chavrier, *BJCL 2005. 286* (motivation des arrêtés municipaux préalables à l'hospitalisation d'office). – Lucas, *RDSS 2010. 1077* (initiative de l'hospitalisation d'office). – Vialettes et Grosset, *JCP 2013, n° 157* (loi du 5 juill. 2011).

266. V. CSP, art. L. 3211-1 s.

267. V., en particulier, l'art. L. 3213-2 qui habilite le maire à prendre toutes les mesures provisoires nécessaires à l'égard des personnes dont le comportement révèle des troubles mentaux manifestes. Aux termes de la loi, ces pouvoirs étaient subordonnés à l'existence d'un danger imminent attesté par un avis médical ou, à défaut, par la notoriété publique. Dans sa décision n° 2011-174 QPC du 6 oct. 2011 (Hospitalisation d'office en cas de péril imminent), le Conseil constitutionnel a jugé que les mots « ou, à défaut, par la notoriété publique » étaient contraire à la Constitution. • Cons. const. 6 oct. 2011, *Mme Oriette P.,* n° 2011-174 QPC : *Dr. adm. 2011, n° 99, note Lantero ; Dr. fam. 2011, n° 184, note Maria ; JCP Adm. 2012, n° 2040, note Péchillon ; Constitutions 2012. 140, obs. Fallon.*

268. En ne donnant pas suite à une démarche de trois habitants de la commune qui lui signalaient que l'état d'une habitante de la commune pouvait compromettre la sécurité des biens et des personnes, le maire n'a pas commis, notamment dans l'exercice de ses pouvoirs de police municipale, une faute lourde qui eût été alors seule de nature à engager la responsabilité de la commune. • CE 11 juill. 1952, *Cts Bruyère : Lebon 375.*

269. S'agissant d'un aliéné ayant agressé deux personnes quelques mois après un incident au cours duquel il avait été soupçonné d'avoir menacé un autre passant, aucune faute lourde ne peut être imputée au maire de la commune pour s'être abstenu, soit de signaler le cas de l'intéressé au préfet, soit de prendre une mesure d'urgence sur le fondement de l'art. 97 C. adm. comm. (CGCT, art. L. 2212-2). • CE 13 juill. 1968, *Min. de l'Intérieur et Cne de Saulge c/ Épx Hugonneau : Lebon 447.*

270. En vertu de l'art. L. 343 CSP et des art. L. 131-2 et L. 131-7 C. communes (CGCT, art. L. 2212-2 et L. 2212-4), les maires sont compétents pour prendre toutes les mesures provisoires nécessaires à l'égard des personnes atteintes d'aliénation mentale en cas de danger imminent. • CE 16 nov. 1984, *Léoni,* n° 28208 B.

271. Ainsi, l'autorité municipale est seule responsable des conséquences dommageables des fautes de service qui pourraient intervenir dans la mise en œuvre de ces mesures d'urgence. • CE 18 mars 1970, *Bila : Lebon 195.*

272. La responsabilité de l'administration dans l'exercice de ses pouvoirs d'hospitalisation d'office dans un établissement spécialisé, tels qu'ils résultent des art. L. 342 et L. 343 CSP [devenus ss. CSP, art. L. 3213-1 et L. 3213-2], relève dorénavant d'un régime de faute simple. • CE 14 avr. 1999, *Sté AGF,* n° 194462 B : *Dr. adm. 1999, n° 180, obs. L. T.* • TA Nice, 11 oct. 2011, *M. Rodriguez,* n°s 084698 et 084706 : *BJCL 2011. 850, concl. Laso.*

273. Motivation et dérogations. Le maire, lorsqu'il prend, à l'égard d'une personne dont il estime que le comportement révèle des troubles mentaux manifestes, des mesures provisoires d'internement, doit indiquer dans sa décision les éléments de droit ou de fait qui justifient cette mesure. S'il peut être satisfait à cette exigence de motivation en se référant à un avis médical circonstancié qui doit être nécessairement établi avant la décision en cause, c'est à la condition de s'en approprier le contenu et de joindre cet avis à la décision. • CAA Marseille, 29 mars 2004, *Cne de Montpellier,* n° 00MA01467 : *JCP Adm. 2004, n° 1489, note Chavrier ; RFDA 2004. 850* • CAA Versailles, 26 janv. 2006, *Duplan,* n° 04VE033217 : *Coll. terr. 2006, n° 100, obs. Moreau.* ♦ Ces mesures provisoires entrent ainsi dans le champ d'application de l'art. 24 de la loi n° 2000-321 du 12 avr. 2000 relative aux droits des citoyens dans leurs relations avec les administrations. Toutefois, en l'espèce, l'urgence qui s'attache à ce que soit prise la décision de conduire la requérante à l'infirmerie psychiatrique de la préfecture de police est de nature à exonérer l'administration du respect de cette procédure. • CE 13 mars 2013, *Préfet de police,* n° 354976 : *AJDA 2013. 601, note Biget ; RLCT 2013, n° 90, p. 30, obs. Dordevic.*

N. MONTAGNE

274. BIBL. Sécurité civile en montagne : Servouin, *RFDA 1985. 805.* – Pintat, *Contrats publics, n° 63, févr. 2007, p. 41.* – Yolka, *JCP Adm. 2007, n° 2184 ; ibid. 2011, n° 488.* – Bailleul, Accidents de ski, *Gaz. Pal. 11 et 12 févr. 2005.* – Bon, Ski et service public, Espaces du service public, *in Mél. en l'honneur de J. de Gaudusson, 2013, tome II, p. 817.* – Marillia, *JCP 1987. I. 3285.* – Pouyaud, *RFDA 2009. 777* . – Sandevoir, Les collectivités locales, *Mél. en l'honneur de J. Moreau, Economica, p. 391.* – Trimarco-Marciali, *Gaz. Pal. 6 mars 2007, p. 4.* – Vandermeeren, *AJDA 2004. 1916* . – Kaczmarek, Gestion du domaine skiable : *Gaz. cnes 9 févr. 2004. 56.* – Yolka, Statut des pistes de ski, *JCP Adm. 2006, n° 1264.* – Pérès, Droit et responsabilité en montagne : activités sportives et touristiques, *PUG, 2006.*

275. Répartition des compétences. La responsabilité de la commune peut être recherchée devant le juge administratif pour carence du maire dans l'exercice de son pouvoir de police. L'exploitant d'une remontée mécanique gérant un service public industriel et commercial, l'action en responsabilité dirigée contre lui par un skieur accidenté relève de la compétence du juge judiciaire en raison de la nature juridique des liens existant entre les services publics industriels et commerciaux et leurs usagers. • T. confl. 24 févr. 2003, *Schach c/ Sté Deux-Alpes Loisirs : BJCL 2003. 447, concl. Schwartz.* ♦ L'exploitation des pistes de ski, incluant notamment leur entretien et leur sécurité, constitue un service public industriel et commercial même lorsque la station de ski est exploitée en régie directe par la commune. En raison de la nature juridique des liens existant entre les services publics industriels et commerciaux et leurs usagers, lesquels sont des liens de droit privé, les tribunaux judiciaires sont seuls compétents pour connaître d'un litige opposant une victime à une commune en sa qualité d'exploitant de la station, que la responsabilité de l'exploitant soit engagée pour faute ou sans faute. Dès lors, la responsabilité sans faute de la commune pour défaut d'entretien et de mise en sécurité des pistes de ski ne peut être recherchée que devant le juge judiciaire. • CE 19 févr. 2009, *Cts Beaufils,* n° 293020 : *JCP Adm. 2009. 2086, note Pellissier ; Dr. adm. 2009, n° 76, note Mollion ; RLCT, juin 2009, p. 27, note Tifine ; AJDA 2010. 430, note Févrot ; RGCT janv. 2010, p. 59, note Fiorentino* • T. confl. 6 avr. 2009, *Ferry c/ Synd. mixte des stations de l'Audibergue et de Gréolières,* n° 09-03.684 : *Bull. T. confl. 2009, n° 8 ; RJEP 2009, n° 50, concl. de Silva.* ♦ La société chargée de l'exploitation du domaine skiable étant en charge d'un service public industriel et commercial et les liens unissant un tel service à ses usagers étant par conséquent des liens de droit privé, la juridiction de l'ordre judiciaire est seule compétente pour connaître du litige l'opposant à un de ses usagers. • Civ. 1re, 31 mars 2010, n° 09-10.560. ♦ C'est non au maire mais à l'exploitant du domaine skiable qu'il incombe de signaler sur le terrain les limites de ce domaine. • CE 31 mai 2013, *M. C. E. et a.,* n° 350887 : *AJDA 2013. 1137, note de Montecler ; RLCT 2013, n° 2503, obs. Glaser ; JCP Adm. 2013, n° 2321, note Arbousset ; BJCL 2013. 622, concl. Lambolez ; ibid. 625, obs. Degoffe.*

1° SÉCURITÉ DES PISTES DE SKI

276. En n'installant pas de balisage ou de protection à l'endroit où une piste réservée aux débutants se dédouble alors que cette piste est parfaitement tracée et qu'à l'endroit du dédoublement le départ des deux nouvelles pistes est nettement marqué, le maire n'a commis aucune faute. • CE 11 juill. 1973, *Delle Roques : Lebon T. 914 ; D. 1974. 81, note Rabinovitch.*

277. L'absence de signalisation d'une plaque rocheuse dissimulée sous la couche de neige, obstacle fréquent en haute montagne et contre lequel les skieurs doivent normalement se prémunir, ne constitue pas, dans les circonstances de l'espèce, une faute commise par le maire dans l'exercice de ses pouvoirs de police. • CE 12 déc. 1986, *Rebora,* n° 51249 : *Lebon 281 ; AJDA 1987. 354, concl. Bonichot ; Rev. adm. 1987. 34, note Terneyre ; D. 1987. Somm. 343, obs. Moderne et Bon ; CJEG 1987. 601, concl. Bonichot ; LPA 6 mars 1987, note Moderne.*

278. En tardant à fermer une piste verglacée puis, une fois cette piste fermée, en tardant à prendre les mesures nécessaires à l'exécution de cette décision, la commune, qui n'a pas pris les dispositions convenables pour assurer la sécurité des skieurs alors que les circonstances atmosphériques entraînaient un risque de verglas généralisé qui avait été signalé par les services météorologiques, commet une faute de nature à engager sa responsabilité. • CE 4 mars 1991, *Cne de Saint-Lary-Soulan c/ Mme Bordignon et a.,* nos 90267, 90268, 90269, 90270 et 90271 B : *D. 1992. Somm. 143, obs. Bon et Terneyre .*

279. Le fait pour une commune de n'avoir aménagé aucune protection du remblai d'un téléski situé à proximité immédiate d'une piste dangereuse est de nature à engager la responsabilité de la commune dans l'accident dont a été victime un enfant alors même que la faute de ce dernier, qui ne portait pas de casque et n'aurait pas contrôlé sa vitesse, serait reconnue. • CE 6 déc. 2002, *Voidey : BJCL 2003. 146, concl. Prada Bordenave et obs. S.A.* • CAA Nancy, 14 déc. 2006, *Colas,* n° 05NC01012 : *JCP Adm. 2007, n° 2087, note Lazzarin.*

280. Commet un délit d'imprudence le maire qui autorise les engins de damage à accéder aux pistes de ski sans réglementer les conditions de leur circulation alors que, dès qu'ils quittent leur garage, ils accèdent aux pistes de luge et de fond fréquentées notamment par de jeunes enfants n'ayant pas la maîtrise de leur équipement de glisse. • Crim. 18 mars 2003 : *JCP Adm. 2003, n° 2087, obs. Moreau.*

2° SÉCURITÉ HORS PISTES DE SKI

281. Si le parcours suivi par l'intéressé ne constituait pas une piste, il est constant que bon nombre de skieurs l'empruntaient habituellement à raison de la configuration des lieux et de l'existence de deux remontées mécaniques. Eu égard au danger exceptionnel que présente la proximité d'une dénivellation profonde et abrupte, le maire, en ne prenant pas, notamment par une signalisation appropriée, les dispositions convenables pour assurer la sécurité des skieurs, a commis une faute de nature à engager la responsabilité de la commune. • CE 22 déc. 1971, *Cne de Mont-de-Lans : Lebon 789 ; RD publ. 1972. 1252, note Waline ; JCP 1973. II. 17289, note Rabinovitch.*

282. Bien que, à l'époque de l'accident, une piste n'ait été ni balisée ni déclarée ouverte, les skieurs étaient incités à l'emprunter en raison de la mise en service d'une télécabine. Dès lors, le maire aurait dû prendre, notamment par une signalisation appropriée, les dispositions convenables pour assurer la sécurité des skieurs alors qu'une tranchée profonde la barrait entièrement. • CE 25 févr. 1976, *Cne des Contamines-Montjoie : Lebon T. 793.*

283. Eu égard au danger exceptionnel créé par un obstacle qui, s'il ne se trouvait pas sur le tracé d'une piste, était situé sur un parcours habituellement emprunté par les skieurs, le maire, en ne prenant pas, notamment par une signalisation appropriée, les dispositions convenables pour assurer la sécurité des skieurs, a commis une faute de nature à engager la responsabilité de la commune. • CE 12 mai 1978, *Lesigne : Lebon T. 725 ; D. 1979. 608, note Broussolle ; Gaz. Pal. 1978. 2. 546, note Richer.*

284. En tolérant le passage habituel des skieurs dans une zone hors piste où se trouvait une clôture dont la commune connaissait le danger en période de fonte des neiges et en ne le signalant pas en amont de l'obstacle, le maire n'a pas pris les dispositions convenables pour assurer la sécurité des skieurs et a commis une faute qui engage la responsabilité de la commune. • CE 9 nov. 1983, *Mlle Cousturier,* n° 35444 B : *Quot. jur. 17 mai 1984, note Moderne ; D. 1985. IR 92, obs. Moderne et Bon.*

285. Bien que la piste empruntée par la victime décédée des suites d'une chute d'une barre rocheuse dissimulée dans un bois ne constituait pas une piste aménagée pour la pratique du ski, il est constant qu'elle était couramment empruntée par de nombreux skieurs. Il incombait donc au maire de signaler la présence de cette barre rocheuse tant au travers de l'information transmise aux skieurs que sur le site lui-même. Sa carence constitue une faute de nature à engager la responsabilité de la commune. • TA Marseille, 9 déc. 2003, *Vidal : JCP Adm. 2004, n° 1362, obs. Moreau.*

286. Le maire ne doit prendre des dispositions pour assurer la sécurité des skieurs sur un chemin hors piste habituellement emprunté par ces derniers qu'en cas de danger exceptionnel. La présence de rochers en bordure de ce chemin ne constitue pas un danger de cette nature compte tenu de leur caractère visible, de telle sorte que le maire ne commet pas de faute en ne les signalant pas. • CE 31 mai 2013, *M. C. E. et a.,* n° 350887 : *AJDA 2013. 1137, note de Montecler ; RLCT*

2013, n° 2503, obs. Glaser ; JCP Adm. 2013, n° 2321, note Arbousset.

3° AVALANCHES

287. L'accident survenu à un skieur renversé par une avalanche sur une piste ouverte alors que de sérieux risques d'avalanche existaient encore est imputable au fonctionnement défectueux du service des pistes que le conseil municipal de la commune avait décidé d'assumer directement et de la police municipale exercée par le maire. Faute, dans les circonstances de l'espèce, de nature à engager la responsabilité de la commune. • CE 28 avr. 1967, *Sieur Lafont : Lebon 182 ; D. 1967. 434, concl. Galabert ; AJDA 1967. 272, chron. Lecat et Massot ; JCP 1967. II. 15296, note Rabinovitch.*

288. L'accident survenu sur une route exposée aux avalanches après le rétablissement sur cette voie publique de la circulation qui avait été interdite auparavant n'a pas pour origine, dans les circonstances de l'espèce, une faute de l'autorité de police de nature à engager la responsabilité de la puissance publique. • CE 11 avr. 1975, *Dpt de la Haute-Savoie : Lebon 230 ; AJDA 1975. 528, concl. Labetoulle ; JCP 1976. II. 18244, note Moderne ; D. 1976. 178, note Horrut.*

289. Bien que les travaux entrepris par la commune n'aient pas été suffisamment efficaces pour parer entièrement à un danger d'avalanches qui menaçait un lotissement, la commune, en n'entreprenant pas des travaux plus importants qui eussent été à l'époque hors de proportion avec ses ressources, n'a pas commis une faute de nature à engager la responsabilité de la commune dans la prescription des mesures de police destinées à prévenir de tels accidents naturels. • CE 27 juill. 1979, *Carot et a. : Lebon 34 ; Quot. jur. 20 oct. 1979, note Moderne.* ♦ V. aussi • CE 16 juin 1989, *Assoc. « Le ski alpin murois », n° 59616 : Lebon 141 ; D. 1990. Somm. 300, obs. Bon et Terneyre.*

290. La faute commise par une commune à qui incombait la charge des services de police sur les champs de neige d'une station de sports d'hiver à raison du fonctionnement défectueux de ces services et qui est la cause unique des accidents survenus à des skieurs emportés par une avalanche engage la responsabilité totale de cette collectivité. • CE 10 juill. 1981, *Cne de Bagnères-de-Bigorre et a.*, n°s 16622 B, 16480 B à 16483 B : *D. 1982. Somm. 58, obs. Moderne et Bon.*

291. L'absence d'étude approfondie des zones exposées aux avalanches et le faible nombre d'ouvrages de protection contre les avalanches qui auraient été nécessaires pour assurer une protection efficace et dont la *réalisation* n'aurait pas été hors de proportion avec les ressources de la commune constituent une faute de la commune de nature à engager sa responsabilité envers les victimes d'une avalanche qui avait emporté le chalet dans lequel elles étaient hébergées. • CE 14 mars 1986, *Cne de Val-d'Isère et a.*, n°s 96272 B et 99725 B : *JCP 1986. II. 20670, concl. Lasserre, note Moderne ; LPA 7 mai 1986, concl. Lasserre ; AJDA 1986. 298, chron. Azibert et Fornacciari ; D. 1986. IR 463, obs. Moderne et Bon.*

292. En n'interdisant pas totalement tout accès à des immeubles susceptibles d'être atteints par une avalanche et en ne diffusant pas plus d'informations à l'usage des nouveaux venus dans la station alors que les conditions météorologiques et l'enneigement laissaient prévoir le déclenchement d'avalanches avec une quasi-certitude dans la zone concernée, le maire a commis une faute (alors lourde) de nature à engager la responsabilité de la commune. • CAA Lyon, 1er févr. 1990, *Cts Pressigout : Lebon T. 611.*

293. Le maire et le préfet de département sont seuls compétents pour décider et mettre en œuvre le déclenchement préventif d'une avalanche destiné à assurer la sécurité de la circulation sur la voirie routière départementale, le président du conseil général n'étant pas compétent pour intervenir en la matière car le point d'application d'une telle intervention se situe au-delà des limites du domaine départemental dont il assure la gestion. • CE, sect. intérieur avis, 23 juill. 1996, n° 359284 : *EDCE, n° 48, p. 302.*

294. Les conditions météorologiques laissant craindre des risques d'avalanches et l'absence de dispositif permettant un déclenchement artificiel des plaques neigeuses présentant un danger dans un secteur signalé comme comportant de tels risques auraient dû conduire le maire à ordonner la fermeture de la piste de la commune. En s'abstenant de le faire, il commet une faute de négligence, d'imprudence et d'inobservation des règlements en relation de causalité directe avec le décès de deux skieurs de telle sorte que doit être confirmée sa déclaration de culpabilité d'homicides involontaires. • Grenoble, 5 août 1992, *Ministère public c/ S. : JCP 1992. II. 21959, note Sarraz-Bournet.*

295. Après la délivrance du permis de construire d'un immeuble endommagé ultérieurement par une avalanche et alors que de nouvelles informations venaient préciser la connaissance et l'étendue du risque pesant dans ce secteur où de nouvelles constructions étaient en outre édifiées pour accompagner le développement touristique de la commune, aucune initiative, tenant notamment à l'étude approfondie du risque ou à la réalisation d'ouvrages de protection susceptible de prévenir les conséquences d'une avalanche, n'a été prise par le maire dans le cadre de l'exercice de ses pouvoirs de police générale de telle sorte que la commune doit être déclarée partiellement responsable des dommages subis par l'immeuble. • CAA Lyon, 15 juin 2004, *Cne des Allues*, n° 02LY01879 : *AJDA 2005. 785, note Priet.*

4° SKI DE FOND

296. Aucune disposition législative ne donne au maire le pouvoir de subordonner à la délivrance d'une autorisation préalable l'exploitation de pistes de ski de fond. En revanche, il peut, dans l'intérêt de la sécurité des skieurs, réglementer la pratique du ski de fond voire l'interdire, compte tenu de risques d'avalanches, en un lieu déterminé et jusqu'au rétablissement de conditions atmosphériques plus favorables. • CE 22 janv. 1982, *Assoc. « Foyer de ski de fond de Crévoux »*, n° 14586 : *Lebon 30*.

5° CANYONING ET ESCALADE

297. Bien qu'il ne porte que sur un espace très limité mais dont les caractéristiques pour la pratique du canyoning et de l'escalade sont uniques sur le territoire de la commune, l'arrêté attaqué comporte une interdiction permanente de caractère général et absolu, disproportionnée par rapport aux buts poursuivis et dont la nécessité ne ressort pas des pièces du dossier. Par ailleurs, il n'est pas démontré par le maire que les objectifs de sécurité et de protection du site qu'il poursuivait en édictant cette mesure de police ne pouvaient être atteints par des dispositions moins sévères. • TA Nice, 28 janv. 2003, *Synd. nat. des accompagnateurs en montagne et a. c/ Cne de Courmes : JCP Adm. 2003, n° 1534, obs. Moreau.* ♦ Il ne ressort pas des pièces du dossier que la pratique du canyoning soit, par elle-même, de nature à porter atteinte à la protection du site ni que les parois de la falaise surplombant le canyon présentent un risque particulier de chute de pierres. • CAA Marseille, 11 juin 2013, *Cne de Rabou*, n° 11MA02122 : *LPA 6 sept. 2013, concl. Deliancourt.*

O. RAMASSAGE SCOLAIRE

1° FAUTES DANS L'EXERCICE DES POUVOIRS DE POLICE

298. En s'abstenant de faire usage de ses pouvoirs de police pour prendre des mesures de sécurité en vue notamment d'imposer la mise en place des véhicules de ramassage scolaire avant la sortie des enfants, le maire a commis une faute de nature à engager la responsabilité de la commune quelle que puisse être par ailleurs la responsabilité du syndicat intercommunal pour les transports scolaires. • CE 4 juill. 1980, *Chevrier*, n° 07353 : *Lebon 309 ; D. 1980. IR 502, obs. Moderne et Bon.*

2° FAUTES DANS L'ORGANISATION DU SERVICE PUBLIC

299. Le fait qu'un enfant qui, après être descendu d'un car de transport scolaire, ait traversé la chaussée sans s'assurer que celle-ci était libre n'est pas imputable à une faute dans l'organisation du service de transport des élèves. • CE 4 juill. 1973, *Charbonnier : Lebon T. 1108.* ♦ La circonstance que deux fillettes, déposées à l'arrêt du lieu-dit de résidence de leur famille par le car de transport scolaire avec cinq minutes d'avance sur l'horaire prévu, aient traversé la route sans avoir été accompagnées alors qu'elles étaient, à ce moment, censées être prises en charge dans le cadre du service public de ramassage scolaire révèle que les dispositions nécessaires pour imposer à l'entreprise de transport des obligations appropriées pour leur surveillance et leur sécurité n'ont pas été prises. • CE 30 déc. 2009, *Cne de Merlevennez*, n° 30622 : *JCP Adm. 2010, n° 2114, note Moreau.*

300. La circonstance qu'un enfant ait pu descendre sans contrôle à un arrêt autre que celui correspondant à son école révèle que les dispositions nécessaires pour assurer une surveillance particulière et, par suite, la sécurité des jeunes enfants, n'avaient pas été prises par la commune dont les préposés affectés à la conduite des autocars n'avaient reçu aucune consigne à cet égard. • CE 26 mai 1976, *Épx Salabaras : Lebon 276.*

301. En s'abstenant de prendre les mesures de sécurité propres à éviter qu'un enfant soit renversé par un car de ramassage scolaire qu'il attendait sur l'aire de stationnement aménagée devant son collège, la ville et le syndicat intercommunal des transports ont commis des fautes de nature à engager leur responsabilité solidaire. • CE 24 mai 1978, *Laporta : Lebon 159.*

302. Le syndicat intercommunal de transport des élèves n'a pas effectué de manière suffisante la surveillance des élèves dont il doit assurer la sécurité et qui, au nombre de 400, attendaient sur une aire de stationnement située à 50 m du lycée sous la surveillance d'une seule personne. • CE 25 févr. 1981, *Synd. intercommunal de ramassage scolaire de Condom*, n° 11391 B : *D. 1981. IR 420, obs. Moderne et Bon.*

303. Le département, bien qu'il n'ait pas organisé un service spécial de ramassage scolaire et se soit borné à passer une convention avec une entreprise privée en vue d'assurer le transport des élèves par les cars desservant les lignes exploitées par cette entreprise, n'était pas pour autant exonéré de l'obligation qui lui incombe de prendre les mesures nécessaires pour assurer le bon fonctionnement de ce service public. Constitue une faute le fait de n'avoir pris aucune mesure de surveillance propre à éviter qu'un enfant, bousculé par d'autres élèves, ait été précipité sous le car qu'il devait emprunter. • CE 30 mai 1986, *Épx Faix*, n° 39080 B : *LPA 8 juin 1986, concl. Guillaume ; D. 1987. Somm. 118, obs. Moderne et Bon.*

P. RÉUNIONS ET MANIFESTATIONS

304. **BIBL.** Dautan et Liet-Veaux, Police des réunions et manifestations, *J.-Cl. Adm., fasc. 210.*

305. L'interdiction de deux conférences est illégale dès lors qu'il résulte de l'instruction que l'éventualité de troubles, alléguée par le maire, ne présentait pas un degré de gravité tel qu'il n'ait pu, sans interdire la conférence, maintenir l'ordre en édictant les mesures de police qu'il lui appartenait de prendre. • CE 19 mai 1933, *Benjamin : Lebon 541 ; S. 1934. 3. 1, concl. Michel, note Mestre ; DP 1933. 3. 354, concl. Michel ; GAJA n° 45.* ♦ L'interdiction d'une conférence publique est illégale dès lors que ladite conférence n'était pas de nature à menacer l'ordre public dans des conditions telles qu'il ne pût être paré au danger par des mesures appropriées, lesquelles pouvaient être prises en l'espèce. • CE 27 nov. 1959, *Min. de l'Intérieur c/ Salem : Lebon 632.* ♦ En refusant à une association l'autorisation de tenir une réunion dans un lieu ordinairement mis à la disposition de divers groupements sans que ce refus soit motivé par les nécessités de l'administration des propriétés communales ou par celles de l'ordre public, le maire a méconnu le principe d'égalité. • CE 15 oct. 1969, *Assoc. « Caen-Demain » : Lebon 435* • 8 juill. 1970, *Cne de L'Hermitage : Lebon 469.*

306. Référé. En l'absence de circonstances particulières à la commune, les exigences du maintien de l'ordre public ne justifient pas le refus d'accueillir au centre de congrès l'université d'été d'un parti politique. En outre, le souci de maintenir ouvert au public le parc dans lequel ce centre est situé ne justifie pas davantage le refus. Dans ces conditions, l'atteinte grave que ce refus a porté à la liberté fondamentale pour un parti politique d'organiser une réunion est, en l'état du dossier, manifestement illégale et de nature à justifier la suspension de la décision, la condition d'urgence étant remplie eu égard aux dates prévues de l'université d'été. • CE 19 août 2002, *FN et Institut de formation des élus locaux : Lebon 311 ; BJCL 2002. 344, obs. B. P.* ♦ En interdisant, par l'arrêté contesté, plusieurs rassemblements liés à la distribution sur la voie publique d'aliments contenant du porc, l'autorité de police n'a pas, eu égard au fondement et au but de la manifestation et à ses motifs portés à la connaissance du public par le site internet de l'association, porté une atteinte grave et manifestement illégale à la liberté de manifestation. • CE, réf., 5 janv. 2007, *Min. de l'Intérieur et de l'Aménagement du territoire c/ Assoc. « Solidarité des Français »,* n° 300311 : *AJDA 2007. 601, note Pauvert ; RLCT 2007, n° 24, p. 17, note Dieu.* ♦ Légalité de l'interdiction d'une conférence au regard du contenu très prévisible des interventions portant atteinte aux principes et valeurs de la République, à la cohésion nationale et à la dignité des femmes, pouvant constituer dans certains cas des infractions pénales et des risques d'atteintes graves compte tenu du nombre important de participants prévus et de la montée en puissance de vives réactions sur les réseaux sociaux, qu'il serait difficile aux forces de police de maîtriser. • CE 4 mars 2023, *n° 471871 : AJCT 2023. 441, note Balossi.*

Q. AUTRES DANGERS

307. Arbres. BIBL. Piasecki, La problématique des chutes d'arbres sur les voies publiques, *RLCT 2013, n° 2487.* ♦ L'autorité de police peut légalement prévoir, dans l'exercice de ses pouvoirs de police, qu'il incombe aux riverains des voies relevant de sa compétence de procéder à l'élagage ou à l'abattage des arbres de leur propriété menaçant de tomber sur lesdites voies mais cette obligation ne peut, sans fondement législatif, être assortie de la mise à la charge des propriétaires des frais d'exécution d'office des travaux en cas de défaut d'accomplissement de ces derniers par les propriétaires. • CE 23 oct. 1998, *Prébot,* n° 172017.

308. Ascenseurs. L'exécution des mesures de protection, contrôle et entretien des ascenseurs fonctionnant dans les immeubles d'habitation n'impose pas aux propriétaires des charges excédant celles que le pouvoir de police est en droit de leur faire supporter. • CE 18 avr. 1956, *Ch. synd. des propriétés immobilières de la Ville de Paris : Lebon 159.*

309. Fouilles. Est prise légalement dans le cadre des pouvoirs généraux de police la décision prescrivant à une société de ne poursuivre que sous la direction d'un homme de l'art des travaux de fouilles qui constituaient un péril grave et imminent pour la sécurité publique. • CE 3 juill. 1959, *Sté de constructions immobilières : Lebon 421.*

310. Grottes et gouffres. Les deux incidents relatés par le maire ne permettent pas, à eux seuls, d'établir la réalité des motifs de sécurité invoqués par lui pour justifier l'interdiction faite à toute personne d'accéder aux avens, grottes et gouffres situés sur le territoire de sa commune. Par ailleurs, il ne tient d'aucune disposition législative ou réglementaire la faculté de soumettre l'activité des spéléologues à un régime préalable d'autorisation sur le territoire de la commune. • CAA Marseille, 3 mai 2004, *Féd. fr. de spéléologie c/ Cne de Nans-les-Pins,* n° 98MA01905 : *BJCL 2004. 694, concl. Louis et obs. Poujade.*

311. Ruches. Le maire tient, tant de l'art. 97 C. adm. comm. (CGCT, art. L. 2212-2) que de l'art. 207, al. 1, anc. C. rur. (V. cet art. **C. rur.**), le pouvoir de prescrire aux propriétaires de ruches toutes les mesures qui peuvent assurer la sécurité des personnes et des animaux ainsi que la préservation des récoltes et des fruits. • CE 16 nov. 1977, *Sevin et a. : Lebon 436.*

312. Ruines. Le maire tient des dispositions combinées de l'art. 97 C. adm. comm. (CGCT, art. L. 2212-2) et de l'art. 305 C. urb. (art. L. 511-1 s. CCH) le pouvoir d'interdire au public, bien qu'elles soient propriétés privées, l'accès à l'intérieur et aux abords immédiats des ruines d'un château compte tenu des menaces de chutes de pierres. • CE 18 oct. 1972, *Guiral : Lebon 639.*

313. Société de surveillance. En raison de l'urgence et en faisant légalement usage de ses pouvoirs de police générale, l'autorité de police peut par arrêté suspendre provisoirement l'autorisation de fonctionnement d'une société de surveillance pour mettre fin aux risques que faisaient peser sur la sécurité publique ses conditions irrégulières de fonctionnement. • CE 6 janv. 1997, *Sté AS Conseil Formation*, n° 132456 : *Lebon 8*.

314. Tribune. Constitue une faute de nature à engager la responsabilité de la commune le fait que le maire ait, à nouveau, autorisé l'accès des fidèles à une église endommagée et dont le plancher de la tribune s'est finalement effondré sans avoir fait preuve en l'espèce de la circonspection particulière qui imposait de procéder à un examen approfondi de l'édifice. • CE 23 déc. 1960, *Lauer et a. : Lebon 732.*

R. GRATUITÉ DES SERVICES DE SECOURS

315. **BIBL.** Bodecher, *Gaz. Pal. 11 et 12 févr. 2005, p. 145.* – Delhoste, *RGCT 2002. 353 ; RFDA 2003. 274*. – Fort, *JCP Adm. 2004, n° 1087.* – Landros, *JCP Adm. 2010, n° 2175.* – Latour, *JCP Adm. 2010, n° 2199.* – Sauzey, *Rev. adm. 1989. 56.*

316. La commune doit supporter la charge des interventions de ses sapeurs-pompiers dans la limite des besoins normaux de protection des personnes et des biens auxquels la collectivité publique est tenue de pourvoir dans l'intérêt général. En revanche, elle est fondée à poursuivre le remboursement des frais exposés pour les prestations particulières qui ne relèvent pas de la nécessité publique. Les évacuations que les sapeurs-pompiers sont conduits à effectuer vers les établissements hospitaliers en cas d'accident corporel sur la voie publique doivent être regardées comme le prolongement des missions de secours d'urgence aux accidentés ou blessés qui leur sont normalement dévolues et doivent donc être assurées gratuitement. • CE 5 déc. 1984, *Ville de Versailles c/ Lopez*, n° 48639 : *Lebon 399* ; *Quot. jur. 30 avr. 1985, note Moderne ; RFDA 1985. 523, note Prétot ; AJDA 1985. 104, note J.C.* ♦ Si le service d'incendie et de secours, pour éteindre deux incendies survenus sur des stockages de bois entreposés sur une propriété privée, est dans l'obligation d'utiliser une pelle mécanique appartenant à une entreprise privée, cette intervention avec de tels moyens nécessaires à la maîtrise des sinistres n'excède pas la mission de protection des personnes et des biens dont la charge incombe à la commune dans l'intérêt général et qui doit être assurée gratuitement par la collectivité. • CAA Lyon, 1er juin 2006, *Cne de Luzinay*, n° 02LY01394 : *JCP Adm. 2007, n° 2050, note Deliancourt.*

317. La pose de barrières de protection sur un trottoir pour protéger les passants de la chute d'une cheminée est une mesure de protection prise par le maire dans l'exercice de ses pouvoirs de police dans la limite des besoins normaux de protection des personnes et des biens auxquels la commune est tenue de pourvoir dans l'intérêt général. En conséquence, cette mesure doit être assurée gratuitement par la collectivité dès lors que la commune n'a effectué aucune prestation particulière ne relevant pas de la nécessité publique. • CAA Nancy, 6 févr. 1990, *Ville de Dijon : Lebon T. 610.*

318. Les conditions dans lesquelles les communes peuvent exiger des intéressés le remboursement des frais engagés par elles à l'occasion des accidents de ski sont fixées par les dispositions de l'art. L. 221-2 (7°) C. communes (CGCT, art. L. 2321-2) et du décret n° 87-141 du 3 mars 1987 (abrogé et codifié ss. CGCT, art. R. 2321-6 et R. 2321-7), dispositions qui n'imposent pas que la brochure destinée aux skieurs fasse mention du caractère onéreux du sauvetage en montagne ou que les skieurs signent préalablement un engagement de régler les frais de sauvetage. • TA Clermont-Ferrand, 12 mars 1991, *Lebeau : Lebon T. 750.*

319. Les services de lutte contre l'incendie ayant recouru à l'utilisation d'azote liquide pour circonscrire un incendie, la ville, alors même que d'autres moyens moins onéreux auraient permis de circonscrire ledit incendie, doit supporter la charge des frais ainsi engagés dès lors que ceux-ci ne peuvent être regardés comme exposés pour des prestations particulières ne relevant pas de la nécessité publique. • TA Rouen, 15 nov. 1994, *SA La Concorde c/ Ville du Havre : Lebon T. 839.* ♦ Le sauvetage par des sapeurs-pompiers de chiens tombés dans une faille située dans une propriété privée a le caractère d'une prestation particulière ne relevant pas de la nécessité publique. En conséquence, le propriétaire des animaux bénéficiaire de cette opération doit supporter les dépenses exposées par le service à cette occasion. • TA Lyon, 13 juin 1995, *Boileau : Lebon T. 945.* ♦ Les interventions effectuées par un SDIS qui ont pour seul objet la désincarcération de personnes bloquées dans un ascenseur affecté par un défaut de fonctionnement ne peuvent être regardées comme se rattachant directement à l'exercice des missions de prévention des risques de sécurité civile, d'organisation des moyens de secours, de protection des personnes et de secours d'urgence aux accidentés qui sont dévolues au service de telle sorte que ce dernier est fondé à demander aux personnes bénéficiaires de telles interventions une participation aux frais. • CAA Douai, 14 déc. 2004, *Service dptal d'incendie et de secours de l'Eure*, n° 01DA00380 : *AJDA 2005. 959, concl. Michel* ; *JCP Adm. 2005, n° 1111, note J.B.* • CAA Lyon, 14 déc. 2010, *SDIS de la Savoie*, n° 09LY03001 : *AJDA 2011. 850, concl. Schmerber*. ♦ Des interventions en cas de carence des ambulanciers pendant la grève du secteur privé ne se rattachent pas directement à l'exercice des missions de service public du service d'incendie et de secours de telle sorte que le conseil d'administration du SDIS peut légalement prévoir une participation financière pour ces interventions. • CAA Lyon, 30 mars 2006, *SDIS de Saône-et-Loire*, n° 01LY00529 : *BJCL 2006. 738, concl. Besle et obs. B.P.*

320. Si la surveillance de la baignade et des activités nautiques au cours de la période estivale peut faire partie des missions pouvant être, le cas échéant, exercées par un SDIS, elle ne constitue toutefois pas une de ses missions obligatoires relevant de la gestion opérationnelle de l'établissement public pour assurer les interventions d'urgence. En conséquence, son coût n'est pas couvert par la contribution communale annuelle et peut donner lieu à une contribution spécifique déterminée par une convention signée entre la commune et le SDIS. • TA Montpellier, 14 juin 2011, *Cne de Mèze*, n° 0904562 : *AJDA 2011. 1744, concl. De Monte*.

321. V., aussi, art. L. 1424-42 sur le remboursement des transports effectués par le SDIS en dehors de l'évacuation des personnes victimes d'accident et sur le régime propre aux opérations sur le réseau routier ou autoroutier concédé. V. à ce dernier propos : • Civ. 2e, 13 nov. 2008, n° 07-17.056 : *BJCL 2009. 170, note Janicot ; JCP Adm. 2009, n° 2093, note Sousse ; JCP 2008. Actu. 690, obs. Ondoua.*

S. COLLABORATEURS BÉNÉVOLES DES SERVICES DE SECOURS

322. BIBL. Brenet, *LPA 26 nov. 1986*. – Hamonic, *Dr. adm. 2013. Étude 10*. – Prévost, *RD publ. 1980. 1071*. – Roche, *D. 1971. Chron. 257*. – Roy-Loustaunau, *PUAM 1980*. – Waline, *JCP Adm. 2012, n° 2370*.

1° APPLICATION D'UN RÉGIME DE RESPONSABILITÉ SANS FAUTE

323. Un médecin blessé par une explosion alors qu'il examinait le corps des victimes d'une intoxication par le gaz participe ainsi à un service public communal (L. 5 avr. 1884, art. 97 (6°) devenu CGCT, art. L. 2212-2, 6°) et la responsabilité de la commune doit être engagée sans faute à son égard. • CE 11 oct. 1957, *Cne de Grigny : Lebon 524 ; RD publ. 1957. 306, concl. Kahn ; AJDA 1957. 499, chron. Fournier et Braibant ; D. 1958. 768, note Lucchini.* ♦ En chargeant deux habitants de la commune d'organiser une battue au loup, le maire les a par là même autorisés à solliciter le concours d'autres chasseurs et rabatteurs. Un rabatteur ayant pris part à cette battue est un collaborateur bénévole d'un service public communal et la commune doit supporter la réparation des conséquences dommageables de l'accident par application de la théorie de la responsabilité sans faute. • CE 16 nov. 1960, *Cne de Gouloux : Lebon 628 ; D. 1961. 353, note Salomon ; AJDA 1961. 365, obs. Coulet.* ♦ En assurant le transport à l'hôpital psychiatrique d'un individu qui paraissait atteint de troubles mentaux, un administré participe à un service public communal de telle sorte que, s'il est accidenté au cours du transport, il doit être indemnisé de la totalité du dommage subi par lui du fait de cette participation sur le fondement de la responsabilité sans faute de la commune. • CE 24 juin 1961, *Chevalier : Lebon 431 ; S. 1962. 211, note Prévault ; D. 1962. 450, note Prévault.* ♦ La responsabilité sans faute d'une commune est engagée du fait du décès d'un particulier qui s'était porté volontairement au secours d'un enfant qui se noyait. • CE 31 mars 1965, *Cne de Bricy : Lebon 216.*

324. Bien que l'accident, aux victimes duquel un administré a cherché à porter secours en se noyant à son tour, se soit produit en un lieu (côte rocheuse) et à une époque (décembre) excluant les baignades, l'administré a participé à un service public communal et le dommage résultant pour sa famille de son décès doit être réparé par la commune sur le terrain de la responsabilité sans faute. • CE 25 sept. 1970, *Cne de Batz-sur-Mer et Dame Vve Tesson : Lebon 540 ; D. 1971. 55, concl. Morisot ; AJDA 1971. 37, chron. Labetoulle et Cabanes ; JCP 1970. II. 16525, note anonyme.* ♦ En se noyant en tentant de porter secours à un baigneur en difficulté, un administré participe à un service public communal alors même que l'accident s'est produit au cours d'une baignade familiale et que la victime était parente du baigneur en difficulté. • CE 1er juill. 1977, *Cne de Coggia : Lebon 301 ; AJDA 1978. 286, concl. Morisot ; RD publ. 1978. 1141, note Waline ; Rev. adm. 1978. 288, note Darcy.* ♦ En traversant les flammes d'un incendie pour secourir son fils et sa sœur qui étaient en danger, un sauveteur participe à un service public communal engageant la responsabilité de la commune en dehors de toute faute de sa part. • CE 22 juin 1984, *Mme Nicolaï*, n° 40605 B : *D. 1985. IR 93, obs. Moderne et Bon.* ♦ En se portant spontanément au secours de l'un des jeunes skieurs du groupe qu'elle encadrait, la requérante s'est comportée en collaboratrice occasionnel du service public communal de prévention des accidents et d'aide aux personnes qui en ont été victimes. • TA Clermont-Ferrand, 17 oct. 1989, *Mlle Demarche : Lebon T. 900.* ♦ En prenant part aux opérations de secours d'une personne âgée accidentée en dehors de toute réquisition et sans même y avoir été invité par l'autorité municipale, un administré agit en qualité de collaborateur occasionnel du service public, son intervention ayant été motivée par l'urgente nécessité de porter secours à la victime. • CE 9 oct. 1970, *Gaillard : Lebon 565, concl. Rougevin-Baville ; RD publ. 1970. 1431, concl. Rougevin-Baville.* ♦ En courant pour rattraper un enfant qui avait échappé à sa mère et risquait de se faire écraser par des voitures, une personne participe à un service public communal et, dans la mesure où elle n'a commis aucune faute, la commune doit intégralement réparer les conséquences dommageables de sa chute. • TA Paris, 26 janv. 1988, *Samah : Lebon T. 1010.*

325. Un soldat du contingent victime d'un accident alors que, ayant été mis par son chef de corps à la disposition d'un maire, il participait à la lutte contre un incendie de forêt ne saurait être regardé comme un collaborateur occasionnel du service municipal de lutte contre l'incendie de telle sorte qu'il ne saurait bénéficier du régime de responsabilité sans faute propre à de tels collaborateurs occasionnels. • CE, ass., 9 juill. 1976, *Gonfond*, n° 93695 : *Lebon. 354 ; AJDA 1976. 560, chron. Nauwelaers et Fabius.*

326. Agit en collaborateur bénévole de la police municipale et non pas du service public hospitalier avec laquelle elle n'a aucun lien la personne qui se porte au secours d'un malade mental hospitalisé en placement libre dans un établissement et qui, ayant quitté cet établissement, se noie dans un étang. • CE 14 oct. 1988, *Le Goff c/ Centre psychothérapique dptal de Ste-Gemmes-sur-Loire*, n° 76820 : *Lebon 341 ; D. 1989. Somm. 353, obs. Moderne et Bon.*

327. Participe au service public de la police municipale le conseiller municipal qui cherche à prévenir le danger que présente l'instabilité de buts de football installés sur la place du village. • CE 14 déc. 1988, *Cne de Catillon-Fumechon c/ Cts Allain*, n° 61492 B : *D. 1989. Somm. 353, obs. Moderne et Bon.*

328. Lorsqu'il est victime d'un accident à l'occasion de l'exercice même de ses fonctions, un médecin du service des urgences d'un hôpital participant à une opération de secours en montagne ne peut être regardé comme un collaborateur du service public communal de secours de telle sorte que la responsabilité de la commune ne saurait être recherchée sur le fondement de la théorie du collaborateur occasionnel. • CAA Bordeaux, 18 déc. 2003, *CPAM du Béarn et de la Soule : AJDA 2004. 89, chron. Rey et a .*

2° IMPUTATION DE LA RESPONSABILITÉ À LA COMMUNE

329. V. cependant art. L. 2216-2.

330. Les dommages subis par les collaborateurs du service public communal de lutte contre les inondations engagent la responsabilité de la commune même s'ils sont intervenus en exécution d'un plan ORSEC mis en œuvre par le préfet. • CE 10 déc. 1969, *Simon et a. : Lebon 567 ; D. 1970. 447, note Blaevoet ; CJEG 1970. 214.*

331. Une personne, sollicitée par les services de police agissant au titre des dispositions de l'art. 97 C. adm. comm. (CGCT, art. L. 2212-2) pour prêter son concours afin de ramener à la raison son frère de lait victime d'une crise nerveuse et blessée par un coup de feu tiré par ce dernier, participe à une mission qui incombe à l'autorité municipale. Dès lors, bien que les services de police soient d'État dans la ville en cause, la responsabilité de celle-ci est engagée. • CE 10 juin 1977, *Ville de Caen : Lebon T. 730.*

332. Un particulier participant aux opérations d'évacuation par hélicoptère d'une skieuse blessée dans un accident de montagne participe à une mission (mise en œuvre des secours aux victimes d'accidents) qui est au nombre des attributions de la police municipale de telle sorte que, en cas de dommage, la responsabilité de la commune doit être engagée alors même que son concours a été sollicité par un agent de l'État. • CE 19 mars 1982, *Ranchoup*, n° 18744 B : *D. 1983. IR 133, obs. Moderne et Bon.*

IV. POLICE DE LA TRANQUILLITÉ

333. **BIBL.** Carton, De la responsabilité des communes du fait des bruits de voisinage, *RLCT 2005, n° 5, p. 12.* – Dauchy, Le droit au sommeil, *LPA 23 août 2001, p. 4.* – Lamarque, Le droit contre le bruit, *LGDJ 1975.* – Pipard et Gualezzi, Les communes et le bruit, *Le Moniteur 2004.*

334. V. aussi, s'agissant des bruits de voisinage, art. R. 1334-30 à R. 1334-37 CSP.

A. BALS ET FÊTES

335. **ENCYCL. COLL. LOC.** *Théorie générale de la police municipale, 2210 s.*, par Bon.

336. Fermeture. Est légal l'arrêté municipal prescrivant la fermeture, à 23 h le samedi et à 22 h les autres jours, des bals publics dès lors qu'il est fondé sur l'atteinte portée par ces bals à la tranquillité du voisinage. • CE 17 juin 1970, *Combault : Lebon 408.* ♦ La réglementation par le maire des horaires de fermeture de trois salles de réception données en location en fin de semaine pour l'organisation de fêtes est légale dès lors que les clients se rendant ou provenant de ces salles étaient particulièrement bruyants et troublaient la tranquillité du voisinage et que ladite mesure ne peut être regardée comme revêtant un caractère disproportionné. • CAA Versailles, 25 mai 2010, *Sté Les salles du Moulin Basset*, n° 09VE01280 : *JCP Adm. 2010, n° 2341, obs. Markus.*

337. Est entaché d'excès de pouvoir l'arrêté municipal décidant de la fermeture d'une salle de bal. Si l'ouverture d'un tel établissement risquait d'attirer, comme les années précédentes, une clientèle se déplaçant sur des véhicules bruyants en violation des règles de stationnement et de circulation et au mépris de la sécurité des piétons, une telle situation ne constituait pas, par elle-même, un motif pouvant justifier la fermeture alors que le maire avait la possibilité de prévenir et de réprimer les nuisances constatées en prenant les mesures de police appropriées. • CE 26 juin 1987, *Cts Guyot*, n° 65074 B : *AJDA 1987. 689, note Prétot.*

338. Responsabilité. S'il incombe au maire, chargé de la police municipale et de l'exécution des actes de l'autorité supérieure qui y sont relatifs, de prendre les mesures appropriées pour empêcher, sur le territoire de sa commune, les bruits excessifs de nature à troubler le repos et la tranquillité des habitants et d'assurer l'observation de la réglementation édictée à cet effet, il ne résulte pas de l'instruction que l'insuffisance des mesures prises par le maire pour assurer le respect de la réglementation préfectorale par l'exploitante d'un dancing qui bénéficiait d'une autorisation d'ouverture jusqu'à 4 h du matin au voisinage d'une villa ait, en l'espèce, le caractère d'une faute (alors lourde) de nature à engager la responsabilité de la commune à l'égard du propriétaire de la villa. • CE 23 juin 1976, *Latty et Cne de Vaux-sur-Mer : Lebon 329 ; RD publ. 1977. 859, note Waline.* ♦ En ne prenant pas de manière permanente les mesures de police appropriées en vue de prévenir et de mettre fin rapidement aux nuisances dues à une fête foraine, le maire a commis une faute (simple) de nature à engager la responsabilité de la commune. • CAA Douai, 14 mai 2008, *Cne de Compiègne c/ M. Finel,* n° 07DA1776 : *BJCL 2008. 607.*

B. MARCHÉS ET FOIRES

339. Création du marché. La décision de créer ou de supprimer un marché hebdomadaire d'approvisionnement ne constitue pas une mesure de police appartenant au maire mais relève de la compétence du conseil municipal. • CE 5 mai 1995, *Synd. des commerçants non sédentaires de l'Orne,* n°s 136294 et 136295 : *Lebon 190* (sol. impl.).

340. Suspension du marché. Le caractère désordonné du placement des étals et du stationnement des véhicules sur une place lors de la tenue d'un marché concédé constituant une gêne pour la circulation des riverains, des services de transports en commun et des services de secours, le maire peut légalement, dans le cadre de ses pouvoirs de police, décider de la suspension du marché dans l'attente qu'il soit remédié à ces troubles. • CE 2 déc. 2009, *EURL Mandon,* n° 301279 : *JCP Adm. 2010, n° 2107, note Moreau.*

341. Transfert du marché. L'arrêté du maire décidant le transfert sur un nouvel emplacement du marché hebdomadaire est illégal s'il ressort des pièces du dossier qu'il a eu pour motif, non de remédier à des difficultés de stationnement, mais de protéger les intérêts des commerçants sédentaires de la localité. • CE 23 avr. 1997, *Cne des Gets,* n° 115523 B.

342. Horaires d'ouverture du marché et des étals. Un arrêté du maire réglementant le marché hebdomadaire de la commune en fixant notamment ses heures d'ouverture ne traite pas des droits de place et de stationnement dont le régime doit, en application des dispositions de l'art. L. 2224-18, être soumis à la consultation des organisations professionnelles intéressées mais constitue une mesure de police qui est dès lors soustraite à cette consultation. • CE 17 févr. 1992, *Synd. des marchands forains de Carcassonne et environs,* n° 126222 B. ♦ Il appartient à l'autorité de police compétente pour fixer les horaires d'ouverture d'un marché, lorsque des titulaires d'emplacement de vente demandent à bénéficier individuellement d'autorisations de fermeture nécessaires au respect d'une pratique religieuse ou à l'exercice d'un culte, de prendre en compte, sous le contrôle du juge, la compatibilité des dérogations ainsi demandées avec le bon fonctionnement du marché, notamment au regard de l'objectif de continuité de ce fonctionnement, compte tenu des besoins des habitants du quartier desservi par ce marché. Une réponse favorable aux demandes de dérogation, entraînant la fermeture, tous les samedis et pour toute la journée, de plus d'un tiers des emplacements de vente alors en activité dans le marché, porterait une atteinte excessive à son bon fonctionnement. • CE 23 déc. 2011, *M. Halfon et a.,* n° 323309 : *BJCL 2012. 31, concl. Aladjidi et obs. Poujade ; RJEP 2012, n° 52, concl. Aladjidi ; AJDA 2012. 833, note Marliac ; RLCT 2012, n° 2115, note Rouault ; RDP 2012. 506, obs. Pauliat ; DGCT 2012. 429, obs. Bon.* ♦ Annulation de • CAA Paris, 16 oct. 2008, *M. Lévy et a.,* n° 07PA01331 : *AJDA 2009. 35, chron. Bachini* ♦ annulant à son tour • TA Paris, 8 févr. 2007, *Levy et a.,* n° 0608141 : *BJCL 2007. 166, concl. Célérier et obs. B. P.*

343. Octroi d'emplacements sur les marchés. L'attribution de nouveaux emplacements dans un marché aux personnes qui sont déjà titulaires d'un étal peut tenir compte du critère de l'antériorité de l'installation, du critère de l'antériorité de la demande et du caractère contigu de l'état demandé par rapport à l'étal déjà accordé. • CE 13 déc. 1967, *Ville de Montpellier c/ Dlle Victor : Lebon 490.* ♦ Quand le maire détermine les conditions d'attribution d'emplacements sur les foires et marchés situés sur le domaine communal, il ne peut se fonder que sur des motifs tirés d'une part de l'ordre public, de l'hygiène et de la fidélité du débit des marchandises, d'autre part de la meilleure occupation du domaine public. Sont légales les dispositions tenant compte de la nature des attractions et de leur intérêt pour le public puis, à l'intérieur de chaque catégorie, de l'ancienneté des demandeurs d'emplacement. Sont illégales les dispositions prévoyant pour les candidats dont les ascendants auraient exercé la profession de marchand forain sur les mêmes lieux une majoration d'ancienneté. • CE 18 nov. 1966, *Froment et Dame vve Clément (2 esp.) : Lebon 607 ; RD publ. 1967. 543 et 987, note Waline, concl. Galabert ; JCP 1967. II. 15063, note Mourgeon ; AJDA 1967. 45, note de Laubadère.* ♦ L'interdiction de stationner sur une place où se tenait habituellement le marché afin de permettre la tenue d'un salon est fondée sur des motifs tirés du respect de la sécurité et de la tranquillité publique et ne porte pas une atteinte excessive à la liberté du commerce, l'arrêté ayant prévu le déplacement temporaire sur une autre place du marché afin que les commerçants non sédentaires puissent y exercer leur activité commerciale durant la tenue du salon. • CAA Bordeaux, 7 déc. 2004, *Synd. des commerçants non sédentaires de la Charente*, n° 01BX00214 : *Coll. terr. 2005, n° 77, note Moreau.*

344. En subordonnant l'occupation d'un emplacement dans le marché aux timbres à une autorisation municipale, soit provisoire, soit permanente, qu'il lui appartient, le cas échéant, et sous le contrôle du juge, de retirer pour un motif tiré de l'intérêt général, le maire a pris une mesure de police qui ne porte pas, par elle-même, une atteinte illégale au principe de la liberté du commerce et de l'industrie. • CE 22 juin 1983, *Ville de Lyon*, n° 38274 : *Lebon 269*. ♦ L'autorité de police peut fixer, dans l'intérêt de la sécurité, du bon ordre et de la circulation ainsi que dans celui du domaine public et de son affectation et plus largement dans l'intérêt général, les conditions auxquelles elle entend subordonner la délivrance de permis de stationnement sur les trottoirs et places publiques. Si elle peut fixer des critères de priorité entre les demandeurs en se fondant sur leur ancienneté de résidence dans la commune et sur leurs ressources ou leur réserver des contingents, elle ne peut réserver de façon exclusive l'octroi des permis de stationnement aux victimes de guerre dans le besoin, aux personnes chargées de famille et aux personnes nécessiteuses. • CE 18 déc. 1985, *Legendre*, n° 48293 : *Lebon 380* ; *AJDA 1986. 112, concl. Bonichot.*

345. Est légal l'arrêté municipal disposant que 75 % environ du champ de foire seront réservés à l'ancienneté tandis que la zone restante, dénommée zone bleue, sera réservée à des attractions ou métiers nouveaux au seul gré de l'administration communale. • CAA Douai, 10 févr. 2000, *Cne de Cambrai : Coll. terr. 2000, n° 156, note J. F. R.*

346. En application du règlement municipal relatif à la police d'une nouvelle halle, chaque étal est affecté à une nature déterminée de commerce et les candidats sont invités à préciser le numéro d'étal souhaité en indiquant trois numéros par ordre de préférence. Méconnaît le principe de l'égalité de traitement entre les différents candidats le changement d'affectation d'un étal sans que les candidats, dont l'un des choix s'était porté sur cet étal, aient été invités à modifier leurs vœux. • CAA Nantes, 6 févr. 2003, *Cne de Pornichet et Hernandez*, n°s 01NT02119 et 02NT01362 : *JCP Adm. 2003, n° 1839, obs. Vandermeeren.*

347. Un refus illégal d'attribuer à un commerçant un emplacement sur un marché constitue une faute de nature à engager la responsabilité de la ville. • CE 6 juin 1969, *Ville de Dijon c/ Ducret : Lebon T. 763.*

348. Retrait d'emplacements sur les marchés. En retirant aux marchands forains l'autorisation d'utiliser des emplacements sur une place, le maire s'est borné à faire usage des pouvoirs de police sur les foires et marchés en vue du développement du marché fermier et de la protection du bon ordre et de la commodité de la vente. • CE 23 juin 1965, *Assoc. dite « Synd. des commerçants étalagistes de la plaine du Forez » et Giraud : Lebon 375.*

349. Les arrêtés par lesquels un maire prononce, en vue d'assurer le bon ordre sur les marchés de la ville, la suspension d'emplacement sur un marché puis l'exclusion définitive des marchés de la ville ont le caractère de mesures de police et non de sanctions. Ils peuvent par suite être légalement pris sans que les intéressés soient mis à même de présenter leurs moyens de défense. • CE 16 oct. 1981, *Épx Matteuci*, n°s 12146 B, 12147 B • CE 9 nov. 1994, *Tigrini*, n° 140726 B.

350. Interdictions d'exercer. Est légale l'interdiction d'exercer son commerce sur les marchés de la ville faite à un commerçant forain dont la présence en cet endroit était en l'espèce de nature à troubler l'ordre public et alors qu'un renforcement de la surveillance du marché n'aurait pas suffi à assurer le maintien de l'ordre. • CE 10 juill. 1957, *Feltin : Lebon T. 873* • CE 13 juill. 1963, *Ville d'Alès : Lebon 437.*

351. L'interdiction, à la suite d'incidents, faite à une marchande d'exercer son commerce sur les marchés de la commune pendant un mois est illégale, le trouble allégué n'étant pas tel qu'un renforcement de la surveillance n'eût pas suffi à assurer le maintien de l'ordre. • CE 24 oct. 1958, *Cne de Rufisque c/ Dame Fatou Sene : Lebon T. 854.* ♦ L'interdiction faite par l'autorité de police de vendre des huîtres pendant la saison chaude aux seuls commerçants installés à l'intérieur du périmètre des halles alors que, pendant la même période, la vente reste libre pour les commerçants installés à l'extérieur n'est justifiée ni par un motif d'intérêt général ni par une différence de situation entre les intéressés et méconnaît donc le principe d'égalité des citoyens devant la loi. • CE 19 févr. 1964, *Sté « Maison Yvonne » : AJDA 1964. 501, note Moreau.*

352. Aucune circonstance particulière ne justifie l'interdiction par le maire de tous commerces alimentaires sur les parties extérieures des divers emplacements de marchés publics de telle sorte que son interdiction est entachée d'excès de pouvoir. • TA Bordeaux, 26 mars 1985, *Mlle Barutel c/ Cne de Lège : LPA 16 juin 1986, note Pacteau.*

353. Il est constant que le requérant s'est absenté au moins trois fois consécutivement du marché sans justifier de motif sérieux et qu'il a fait l'objet à plusieurs reprises de remarques sur la nécessité de respecter les limites de son emplacement de telle sorte que le maire a pu légalement lui interdire d'exercer son activité sur le marché de la commune au motif de la méconnaissance des dispositions du règlement des marchés de la commune, interdiction qui a la caractère d'une mesure de police et non d'une sanction. • CAA Bordeaux, 8 nov. 2005, *Sté Cuir Lux*, n° 02BX01578 : *JCP Adm. 2006, n° 1041, p. 14, obs. Rouyère.*

C. RÉUNIONS ET MANIFESTATIONS

354. Si des réunions de jeunes dans une salle municipale ont porté une certaine atteinte plusieurs fois par semaine à la tranquillité des riverains, le défaut d'efficacité des mesures prises par le maire, alors que les bruits cessaient vers 22 h, ne suffit pas à caractériser, dans les circonstances de l'affaire, l'existence d'une faute (alors lourde) de nature à engager la responsabilité de la commune. • CE 27 nov. 1974, *Cne de Villenave-d'Ornon c/ Bayens : Lebon 586 ; Gaz. Pal. 1975. 1. 386, note Moderne ; D. 1976. 100, note Bélanger.*

355. Les manifestations organisées dans un foyer rural ont, à de nombreuses reprises, entraîné des bruits de nature, en raison de leur caractère excessif et du fait qu'ils se sont prolongés tard dans la nuit, à porter gravement atteinte à la tranquillité et au repos nocturne d'un voisin. La carence de l'autorité de police à prendre les mesures appropriées pour mettre fin aux troubles qui en résultaient présente le caractère d'une faute (alors lourde) de nature à engager la responsabilité de la commune. • CE 17 mars 1989, *Cne de Montcourt-Fromonville c/ Lagrange,* n° 49367 B.

356. La commune, dont la responsabilité envers un habitant est engagée à raison des nuisances sonores excessives imputables à l'absence de mesures de police municipale appropriées lors de la fête annuelle et de certaines réunions du foyer municipal, ne saurait atténuer sa responsabilité en invoquant la connaissance des nuisances que la victime, originaire de la commune, devait avoir lorsqu'elle s'y est installée. • CAA Bordeaux, 24 avr. 2007, *Cne de Salles,* n° 04BX01568 : *JCP Adm. 2007, n° 2257, comm. 8, obs. Maublanc.*

357. Le manque de diligence du maire à prendre les mesures nécessaires pour faire cesser les nuisances sonores émanant tous les samedis soirs de la salle des fêtes et l'insuffisance des mesures finalement prises constituent une faute (simple) de nature à engager la responsabilité de la commune. • CAA Nancy, 7 juin 2007, *Cne de Montauville,* n° 06NC00055 : *JCP Adm. 2008, n° 2083, comm. 9, obs. Dubuy.*

D. SPECTACLES

358. Fermeture. La décision par laquelle l'autorité de police rejette la demande tendant à la fermeture administrative d'un établissement de spectacles pour atteinte à la tranquillité publique n'entre dans aucune des catégories d'actes qui doivent être motivés en vertu de la loi du 11 juill. *1979.* • CE 12 mars 1986, *Préfet de police de Paris c/ Metzler et a.,* n° 52101 : *Lebon 70.*

359. Si les spectacles organisés dans l'établissement sont la source de bruits qui troublent la tranquillité des voisins, ces troubles ne sont pas tels que l'autorité de police, qui avait fait dresser plusieurs procès-verbaux et mis l'exploitant en demeure de faire exécuter des travaux d'insonorisation qui ont été effectués et qui ont réduit l'intensité des nuisances, ait été tenue de faire usage de ses pouvoirs de police pour en prononcer la fermeture. • CE 12 mars 1986, *Préfet de police de Paris c/ Metzler et a.,* n° 52101 : *Lebon 70.*

360. Inaction. Des spectacles et manifestations organisés en plein air durant l'été dans une commune ont, en raison tant de leur durée que de l'ampleur des nuisances sonores provoquées notamment par l'utilisation de haut-parleurs en méconnaissance du règlement sanitaire départemental, porté gravement atteinte, à diverses reprises, à la tranquillité et au repos nocturne d'un voisin. La carence du maire à prendre les mesures appropriées pour empêcher les bruits excessifs de nature à troubler le repos des habitants et à assurer l'observation de la réglementation préfectorale édictée à cet effet présente le caractère d'une faute (alors lourde) de nature à engager la responsabilité de la commune. • CE 25 sept. 1987, *Cne de Lège-Cap-Ferret,* n° 68501 : *Lebon 296 ; D. 1988. Somm. 376, obs. Moderne et Bon.* ♦ La responsabilité pour faute de la commune est engagée lorsque les nuisances sonores subies par les riverains d'une salle des fêtes communale résultent de la carence du maire à exercer ses pouvoirs de police de la tranquillité. • CAA Bordeaux, 13 févr. 2007, n° 04BX00662 : *Envir. 2007, n° 65, obs. Gillig.* ♦ V. aussi • TA Caen, 10 juin 2021, n° 1902772 : *AJCT 2021. 548, obs. Otero.*

361. S'il est constant que certains spectacles ou manifestations qui ont eu lieu sur une place ont, en raison du bruit qu'ils provoquent, porté atteinte à diverses reprises à la tranquillité et au repos nocturne des riverains, l'insuffisance des mesures prises par le maire pour assurer le respect par les organisateurs de la réglementation préfectorale interdisant les bruits excessifs de nature à troubler le repos et la tranquillité des habitants n'a pas, dans les circonstances de l'espèce, le caractère d'une faute (alors lourde) de nature à engager la responsabilité de la ville. • CE 21 juill. 1970, *Ville du Croisic : Lebon 508.*

E. AUTRES ACTIVITÉS DE NATURE À PORTER ATTEINTE À LA TRANQUILLITÉ

362. Aboiements. Est illégal l'arrêté du maire qui, en vue d'assurer la tranquillité publique, décide de façon générale et absolue que « seraient réprimés les aboiements et les hurlements des chiens » sur tout le territoire de la commune. • CE 5 févr. 1960, *Cne de Mougins : Lebon 83.* ♦ Un maire tire des dispositions des art. L. 2212-1 et L. 2212-2 relatives à la répression des bruits de voisinage le pouvoir de mettre en demeure les propriétaires de chiens de les empêcher d'aboyer. En revanche, il ne peut, à défaut d'exécution de cette mise en demeure, imposer la mise en fourrière des animaux. • TA Lille, 26 juin 2002, *Sculba*, n° 002270 B.

363. Aéromodélisme. Les dispositions du code de l'aviation civile qui confient au ministre des Transports la faculté d'interdire le survol de certaines zones pour des raisons de sécurité n'ont pas pour objet et ne sauraient avoir pour effet de priver le maire de la possibilité d'utiliser ses pouvoirs de police pour réglementer, en vue d'assurer la tranquillité et la sécurité des habitants de sa commune, l'utilisation des appareils d'aéromodélisme sur le territoire de sa commune. • CE 8 mars 1993, *Cne des Molières*, n° 102027 B : *RFD aérien 1993. 333, concl. Lasvignes ; JCP 1993. II. 22157, note Lascombe et Vandendriessche ; D. 1994. Somm. 110, obs. Maillard Desgrées du Loû*.

364. Boissons alcoolisées et aliments (vente des). Les conditions climatiques et les modes de consommation des boissons alcoolisées en Polynésie française ne permettent pas au maire d'atteindre, par une mesure moins contraignante que l'interdiction permanente sur l'ensemble du territoire communal de la vente de boissons alcoolisées à emporter, l'objectif d'intérêt général qu'est la réglementation de la vente de boissons alcoolisées afin de prévenir les troubles à l'ordre public qui peuvent résulter d'une consommation excessive. • TA Papeete, 2 déc. 2002, *SA Brasserie de Tahiti c/ Cne de Mahini : AJDA 2003. 904, note Joyau*. ♦ Si le maire d'une commune peut, sous le contrôle du juge de l'excès de pouvoir, imposer des horaires de fermeture à des commerces fixes ou mobiles de vente de boissons et d'aliments à emporter dont l'activité est à l'origine de troubles à la tranquillité publique, c'est à la condition, non remplie en l'espèce, d'une part, que la réalité des troubles auxquels il entend ainsi mettre fin soit établie et, d'autre part, qu'il soit justifié de ce que la prévention et la répression des nuisances constatées n'auraient pu être assurées par le recours à d'autres mesures de police d'effet équivalent mais moins contraignantes. • CAA Marseille, 22 oct. 2007, *Cne d'Avignon*, n° 07MA01571 : *JCP Adm. 2008, n° 2109, comm. 7, obs. Chatain*. ♦ L'interdiction de la vente à emporter d'alcool autour d'un stade dans les quatre heures qui précèdent les manifestations s'y déroulant et dans les deux heures qui les suivent n'apparaît pas disproportionnée au regard de la nécessité du maintien de l'ordre public. • TA Lyon, 6 févr. 2013, *Assoc. des commerçants ambulants de la ville de Lyon*, n° 1100245 : *AJDA 2013. 1700, concl. Burnichon*. ♦ Est légal un arrêté du maire restreignant pour une durée de six mois les horaires d'ouverture des restaurants, des établissements de restauration rapide à emporter ou à consommer sur place et débits de boissons sur l'ensemble du territoire de la commune. • CAA Versailles, 4 juill. 2019, n° 16VE02718 : *AJCT 2019. 580, obs. Demunck*.

365. Commerce. Est légal l'arrêté municipal interdisant la vente, de 22 h à 6 h du matin, à une boulangerie-croissanterie afin de lutter contre le bruit provoqué par l'afflux des clients au cours de la nuit, cette interdiction ne portant que sur une tranche d'heure déterminée et le maire ne pouvant atteindre l'objectif recherché par une mesure moins contraignante. • CE 7 juill. 1993, *Cazorla*, n° 139329 B : *D. 1994. Somm. 112, obs. Maillard Desgrées du Loû*. ♦ La carence des services de police à faire respecter les règlements relatifs au bruit et à la salubrité en ne faisant pas cesser les agissements d'un poissonnier qui portaient préjudice à un commerce de fleurs n'a pas, en l'espèce, le caractère d'une faute (alors lourde) de nature à engager la responsabilité de la commune. • CE 4 oct. 1968, *Pascal : Lebon T. 875.*

366. Entreprise. Un maire, à qui la victime de bruits produits par l'activité d'une entreprise implantée à proximité de son domicile a demandé de faire exercice de ses pouvoirs de police et qui s'abstient de toute action alors que, notamment, le préfet l'avait invité par lettre à réglementer les horaires d'exercice d'activités de l'entreprise source de nuisances, commet une faute (alors lourde) de nature à engager la responsabilité de la commune. • TA Rennes, 20 juin 1991, *Le Pioufle : Lebon T. 750.* ♦ Le maire, en ne prenant pas les mesures appropriées pour mettre fin aux nuisances sonores causées par l'activité d'une menuiserie, commet une faute de nature à engager la responsabilité de la commune. • CAA Douai, 19 oct. 2006, *Cne de Verneuil-en-Halatte*, n° 06DA00003 : *BJCL 2007. 55, concl. Lepers et obs. B.P.*

367. Éolienne. L'arrêté par lequel le maire interdit, pour en éviter les nuisances sonores, tout fonctionnement d'une éolienne antigel répond à des troubles qui, en réalité, étaient limités à quelques jours dans l'année sur une partie de la commune à vocation agricole et dans des conditions hivernales impliquant normalement la fermeture des fenêtres des habitations la nuit. Ne comportant de surcroît aucune limite précise d'exécution dans le temps, il excède les restrictions que le maire pouvait légalement imposer sur le fondement de ses pouvoirs de police. • CAA Marseille, 6 mars 2006, *Frachisse*, n° 04MA01701 : *AJDA 2006. 1399, note A. M.*

368. Établissements de jeux. Compte tenu des nuisances pour la tranquillité publique que comporte le fonctionnement des établissements où des installations de jeux sont mises à la disposition du public, le maire n'excède pas ses pouvoirs de police et ne méconnaît pas la liberté du commerce et de l'industrie en fixant à 24 h l'heure limite de leur fermeture et en subordonnant leur fonctionnement entre 22 h et 24 h à l'installation de dispositifs d'insonorisation. • CE 7 nov. 1984, *M. Guillaume et SA Guillaume : AJDA 1984. 700, chron. Schoettl et Hubac.*

369. Feu d'artifice. Le préfet est compétent, sur le fondement de l'art. L. 2 CSP [devenu CSP, art. L. 1311-2], pour réglementer les tirs de feu d'artifice qui, bien qu'effectués à partir d'une commune, entraînent des nuisances sonores pour plusieurs communes avoisinantes. • CE 12 juin 1998, *Cne de Chessy,* n° 153546 : *Lebon 233 ; Dr. adm. 1999, n° 15, obs. Chauvaux.*

370. Motopompes. Le maire qui néglige de prendre des mesures appropriées pour faire cesser les nuisances sonores provoquées par l'utilisation par les agriculteurs de motopompes pour arroser leurs champs de maïs la nuit commet une faute (alors lourde) engageant la responsabilité de la commune. • TA Strasbourg, 29 avr. 2004, *Durringer,* n° 0001034 : *AJDA 2004. 1666, concl. Collier* .

371. Pêche. En interdisant l'utilisation des terrains communaux et « sectionnaux » pour la pratique de la pêche dans un étang, le maire a pris une mesure de police excédant celles qui pouvaient être nécessaires pour assurer la sécurité, la salubrité et la tranquillité publiques même si la pratique de la pêche dans cet étang comportait pour les propriétés riveraines certains inconvénients dus au passage et au stationnement des pêcheurs et de leurs véhicules. • CE 27 avr. 1979, *Cne de Saint-Germain-près-Herment : Lebon T. 653.*

372. Prostitution. BIBL. Vennin, Que peut faire la police municipale pour lutter contre la prostitution ?, *JCP Coll. terr. 2003, n° 1193.* ♦ Les services de police ayant procédé à un grand nombre d'interpellations dans une rue et spécialement aux abords d'un immeuble où il y avait nombre de prostituées et proxénètes, aucune faute (alors lourde) ne peut leur être reprochée dans leur tentative de réprimer les atteintes à la tranquillité publique alors même que cela n'a pas suffi à supprimer toute activité de racolage. • CE 8 avr. 1987, *Mme Virmaux,* n° 49442 : *Lebon 140 ; LPA 14 oct. 1987, concl. Fornacciari ; D. 1988. Somm. 61, obs. Moderne et Bon.*

373. Rassemblements nocturnes. En jugeant que, en n'ayant pas fait usage de ses pouvoirs de police pour prendre les mesures nécessaires afin d'éviter les troubles causés par la présence dans un quartier de plus de vingt débits de boissons provoquant des rassemblements nocturnes de plus en plus fréquents et bruyants jusqu'à des heures tardives, l'autorité compétente a commis une faute de nature à engager la responsabilité publique sans qualifier celle-ci de faute lourde, le tribunal administratif n'a pas commis une erreur de droit. • CAA Bordeaux, 29 mars 2005, *X., n° 00BX02120 : JCP Adm. 2005, n° 1338, p. 11, chron. Pacteau.*

374. Sonneries de cloches. BIBL. Hanicotte, Clochemerle au tribunal administratif, *Gaz. Pal. 15 déc. 2011, p. 6 ;* L'édile, la cloche et le prétoire, *AJCT 2012. 140* . – Péchillon, Les pouvoirs de police du maire face au fait religieux, *AJCT 2012. 291* . – Salun, « Pour qui sont ces cloches qui tintent sur nos têtes ? » ou la complainte du maire pris entre le battant et la robe !, *BJCL 2015. 2.* ♦ Il appartient au maire de réglementer l'usage des cloches dans l'intérêt de l'ordre public en conciliant l'exercice de ce pouvoir avec le respect de la liberté des cultes. L'emploi des cloches d'un édifice cultuel à des fins civiles est légal lorsque, notamment, les sonneries sont autorisées par les usages locaux. ♦ Un usage local s'entend de la pratique régulière et suffisamment durable de telles sonneries civiles dans la commune, à la condition que cette pratique n'ait pas été interrompue dans des conditions telles qu'il y ait lieu de la regarder comme abandonnée. • CE 14 oct. 2015, *Cne de Boissettes,* n° 374601 : *Lebon ; AJCT 2016. 112, obs. Goutal ; BJCL 2015. 774, obs. Salaun.* ♦ Compte tenu de l'existence d'une pratique locale des sonneries civiles rétablies, conformément au souhait d'une grande partie des habitants de la commune et avec l'accord du comité paroissial, le maire peut refuser de réduire le nombre des sonneries civiles dès lors que les nuisances sonores qu'elles engendrent ne peuvent être regardées comme portant atteinte à la tranquillité publique. • CAA Douai, 26 mai 2005, *Cne de Férin c/ Épx Duavrant et a.,* n° 04DA00251 : *BJCL 2005. 52, concl. Lepers et obs. B.P. ; Dr. adm. 2005, n° 122, note Türk* • CAA Bordeaux, 19 juin 2007, *Cne de Biran c/ Carlier,* n° 05BX01912 : *JCP Adm. 2007, n° 2257, comm. 17, obs. Garrido.* ♦ En revanche, si les nuisances sonores sont telles qu'elles portent atteinte à la tranquillité publique, le maire commet une irrégularité en s'abstenant d'utiliser ses pouvoirs de police afin de prescrire un régime de sonneries plus supportable. • CAA Nantes, 6 mai 2005, *Amalric,* n° 03NT01770 : *JCP Adm. 2005, n° 1326, p. 12, chron. Vandermeeren.* ♦ Il ne ressort pas des pièces du dossier que les sonneries de cloches de l'église portent atteinte, par leur fréquence et leur intensité, à la tranquillité des habitants du village alors même que l'émergence sonore en résultant excéderait les limites définies par le CSP. Dès lors, en refusant d'user de ses pouvoirs de police pour faire procéder aux modifications demandées, le maire n'a pas méconnu ses pouvoirs de police. • CAA Lyon, 24 sept. 2009, *Maria M.,* n° 07LY00542 : *Envir. 2009, comm. 125, note Gillig.* ♦ La seule circonstance que les requérants aient pris le parti d'édifier leur habitation à proximité de l'église en connaissance du fait que les cloches retentissent pour les sonneries civiles et l'angélus entre 22 heures et 7 heures du matin n'a pas pour effet de rendre irrecevable pour défaut d'intérêt à agir leurs conclusions d'excès de pouvoir dirigées contre le refus implicite du maire d'accéder à leur demande tendant à interrompre toutes sonneries de cloches la nuit. • CAA Nancy, 24 sept. 2009, *Cne de Berentzwiller,* n° 09NC00788 : *Envir. 2009, comm. n° 136, note Gillig.* ♦ Le régime diurne des sonneries civiles de la cloche de l'église ne porte pas atteinte, par sa fréquence et son intensité, à la tranquillité publique des habitants du village. En revanche, en ce qui concerne la période entre 20 h et 8 h, ces sonneries constituent une source de nuisance sonore excessive. • CAA Nancy, 5 déc. 2011, *Épx Leclerc c/ Cne de Sainte-Ruffine*, n° 10NC01532 : *AJDA 2012. 813, note Wiernasz*. ♦ En tant qu'autorité de police, le maire est seul compétent pour réglementer les sonneries de cloches, qu'elles soient civiles ou religieuses. Il ne peut s'engager par la voie contractuelle à modifier la réglementation existant en la matière. Il ne saurait faire valoir que, en l'absence de consultation du responsable de l'association cultuelle, son arrêté ne pouvait légalement réglementer la sonnerie de l'angélus dès lors que, en l'absence de création d'une association de ce type, cette consultation, bien que prévue par les textes, relevait de la formalité impossible. • CAA Bordeaux, 5 févr. 2013, *Denoits*, n° 11BX01160 : *JCP Adm. 2013, n° 2146, concl. de la Taille*.

375. Sports. L'interdiction de la pratique des sports en eaux vives sur les parcelles du domaine privé communal longeant une rivière dans le but de protéger la tranquillité des riverains et des pêcheurs constitue, non pas un acte de gestion du domaine privé, mais une mesure de police. Par conséquent, le conseil municipal n'est pas compétent pour l'édicter. • CE 11 déc. 2008, *Féd. fr. de la montagne et de l'escalade*, n° 307084 : *AJDA 2009. 371, note Lagarde ; JCP Adm. 2009, n° 2020, note Yolka ; DGCT 2009. 403*. ♦ La pratique du canyoning provoque des nuisances pour les habitants du village, notamment sonores, et des dégradations des propriétés privées riveraines de la rivière justifiant une mesure d'interdiction. Cependant, la mesure d'interdiction édictée par le maire, ne comportant aucune limitation dans le temps, est disproportionnée par rapport au but poursuivi. • CAA Marseille, 11 juin 2013, *Cne de Rabou*, n° 11MA02122 : *LPA 6 sept. 2013, concl. Deliancourt*. ♦ L'autorisation d'ouvrir une piste de karting n'est légale que si le maire a imposé des prescriptions propres à atténuer les nuisances sonores qui en découlent. • CAA Marseille, 3 juin 2003, *Cne de Monteux : JCP Adm. 2003, n° 1974, obs. Moreau ; Envir. 2003, n° 93, obs. Trouilly*. ♦ Le maire ne peut, sans méconnaître ses obligations légales, décider de ne prendre aucune mesure pour limiter les nuisances sonores produites par des activités de moto-cross exercées sur une propriété privée. • CAA Nancy, 19 nov. 2007, *Cne de Barville*, n° 06NC01316 : *Envir. 2008, n° 1, obs. Février*. ♦ En vertu de ses pouvoirs de police municipale, le maire peut légalement prendre un arrêté qui, dans le souci d'éviter des nuisances sonores importantes portant atteinte à la tranquillité des riverains, n'autorise la mise à l'eau des scooters de mer qu'à partir d'un point. • CAA Bordeaux, 3 juin 2008, *Sté Dolphin jet school*, n° 06BX01912 : *AJDA 2008. 1725, concl. Viard*. ♦ Le bruit provoqué par les installations d'une société de tennis n'est pas constitutif d'un trouble tel que le maire soit tenu de faire usage des pouvoirs de police qu'il tient de l'art. L. 131-2 C. communes (CGCT, art. L. 2212-2). • CE 29 juin 1983, *Maignan*, n° 35518 : *Lebon 281*. ♦ Ne commet pas d'erreur de droit la cour administrative d'appel qui juge qu'un maire, en s'abstenant de faire usage de ses pouvoirs de police pour édicter une réglementation relative à l'accès au terrain de sport en cause et destinée à réduire les nuisances sonores résultant de son utilisation, a commis une faute de nature à engager la responsabilité de la commune sans qualifier celle-ci de faute lourde. • CE 28 nov. 2003, *Cne de Moissy-Cramayel*, n° 238349 : *Lebon 464 ; BJCL 2004. 60, concl. Le Chatelier et obs. J.-C. B. ; AJDA 2004. 988, note Deffigier ; Dr. adm. 2004, n° 36, obs. G.L.C. ; JCP Adm. 2004, n° 1053, obs. Moreau*.

376. Télésiège. Les nuisances sonores causées par la conception et le fonctionnement d'un télésiège implanté à 30 m de l'habitation des requérants portent à la tranquillité du voisinage une atteinte d'une gravité telle que le maire ne peut s'abstenir d'y porter remède sans méconnaître ses obligations en matière de police de la tranquillité. • CAA Lyon, 15 oct. 1998, *Predo*, n° 97LY02711 B.

377. Tir. L'activité d'un club de tir porte à la tranquillité publique une atteinte d'une gravité telle que le maire ne peut, sans méconnaître ses obligations en matière de police, s'abstenir d'y porter remède. • CE 8 juill. 1992, *Ville de Chevreuse*, n° 80775 : *Lebon 281*. ♦ Le maire, auquel il incombe de veiller à la tranquillité publique, ne peut autoriser l'utilisation d'un site de ball-trap du 15 janv. au 15 sept. les week-ends et jours fériés de 8 h à 21 h alors même que le règlement sanitaire interdisant les bruits gênants tels que les armes à feu prévoyait que l'autorité locale pourrait y déroger lors de circonstances particulières. • CE 26 juin 1996, *Cne de Méjannes-les-Alès*, n° 132043 B.

378. Tondeuse à gazon. Ni l'intervention du décret du 5 mai 1988 pris sur le fondement de l'art. L. 1er CSP ni l'existence de pouvoirs de police spéciale attribués au maire par l'art. L. 2 du même code [L. 1er et L. 2, recodifiés ss. nouv. CSP, art. L. 1311-1 s., V. ces art.] ne font obstacle à ce que le maire use des pouvoirs de police générale qu'il tient de l'art. L. 131-2 C. communes (art. L. 2212-2 CGCT) pour réglementer l'utilisation en plein air d'outils à moteur tels que les tondeuses à gazon dans le but de sauvegarder la tranquillité publique. • CE 2 juill. 1997, *Bricq*, n° 161369 : *Lebon 275*.

379. Véhicules sonorisés. Compte tenu du caractère général de la prohibition de toute propagande électorale au moyen de véhicules équipés de hauts parleurs et de porte-voix édictée par le maire en vue de protéger la tranquillité publique mais sans aucune distinction selon l'heure de la journée et alors que l'utilisation à certaines autres fins de véhicules ainsi équipés demeurait permise, il a été porté une atteinte grave et manifestement illégale à l'exercice des libertés d'un candidat à l'élection du député de la circonscription dans laquelle se situe la commune. • CE, réf., 11 juin 2012, *Cne de l'Étang-Salé*, n° 360024 : *AJDA 2012. 1190 ; BJCL 2012. 586, obs. B.P.*

V. POLICE DE LA SALUBRITÉ

380. BIBL. Cadeau, Protection générale de la santé publique, *J.-Cl. Adm., fasc. 220.* – Faure-Tronche, Le maire et la salubrité publique, *Territorial Éditions, 2011.* – Vandendriessche, Propreté urbaine : quels pouvoirs pour le maire ?, *Cahiers jur. coll. terr., déc. 2001-janv. 2002, p. 22.* – Renard, Les polices sanitaires du maire, *AJCT 2020. 143*.

A. ONDES

381. BIBL. Fontana, *JCP Adm. 2010, n° 2332* (l'antenne-relais, les deux juges et le principe de précaution). – Hoepffner et Janicot, *RD publ. 2012. 1245* (police locale *versus* police spéciale : l'exclusivité de la police spéciale des communications électroniques). – Kostrzewski-Pugnat, *JCP Adm. 2003, n° 1527* (téléphonie mobile, environnement et santé : bilan d'une coexistence sous le contrôle du juge). – Gossement, *Gaz. Pal. 18-19 nov. 2005, p. 16* (le maire et l'incertitude scientifique : l'exemple des antennes-relais). – Krolik (régime juridique), *RFDA 2013. 1082*. – Le Port et Martin, *RGCT 2005. 253* (l'application contrariée du principe de précaution par les collectivités territoriales : l'exemple des ondes électromagnétiques). – Van Lang, Police municipale et antennes-relais : l'incompatibilité se confirme, *AJDA 2013. 1292*.

382. Eu égard à l'intérêt public qui s'attache à la couverture du territoire national par le réseau de téléphonie mobile ainsi qu'aux intérêts propres de l'opérateur de téléphonie mobile ayant pris des engagements à ce titre envers l'État dans son cahier des charges, et en l'absence d'éléments de nature à accréditer l'hypothèse, en l'état des connaissances scientifiques, de risques pour la santé publique pouvant résulter de l'exposition du public aux champs électromagnétiques émis par les antennes-relais, l'urgence justifie la suspension de la décision du maire imposant des conditions à l'installation d'antennes-relais dans un périmètre de 100 mètres autour de certains établissements. • CE 2 juill. 2008, *Sté fr. de radiotéléphone*, n° 310548 : *DGCT 2009. 400.*

383. Le législateur a organisé de manière complète une police spéciale des communications électroniques. Afin d'assurer un niveau élevé de protection de la santé publique et un fonctionnement optimal des réseaux de communication électroniques, il a confié aux seules autorités qu'il a désigné (ministre chargé des communications électroniques, ARCEP et ANFR) le soin de déterminer, de manière complète, les modalités d'implantation des stations radioélectriques sur l'ensemble du territoire ainsi que les mesures de protection du public contre les effets des ondes qu'elles émettent. Dans ces conditions, si les art. L. 2212-1 et L. 2212-2 CGCT habilitent le maire à prendre des mesures de police générale nécessaires au bon ordre, à la sécurité et à la salubrité publiques, celui-ci ne saurait, sans porter atteinte aux pouvoirs de police spéciale des autorités de l'État, adopter sur le territoire de la commune une réglementation relative à l'implantation des antennes-relais de téléphonie mobile et destinée à protéger le public contre les effets des ondes émises par ces antennes. • CE, ass., 26 oct. 2011, *Cne des Pennes-Mirabeaux*, n° 329904 • CE, ass., 26 oct. 2011, *SFR*, n° 341767 • CE, ass., 26 oct. 2011, *Cne de Saint-Denis*, n° 326492 : *Lebon 529 ; RJEP 2012, n° 1, concl. de Lesquen ; AJDA 2011. 2219, chron. Stahl et Domino ; Dr. adm. 2012, n° 8, note Melleray ; JCP Adm. 2012, n° 2004, note Charmeil ; JCP Adm. 2012, n° 2005, note Billet ; JCP 2012, n° 60, note Del Prete et Borel ; RLCT 2012, n° 2090, obs. Glaser ; D. 2011. AJ 2660 ; AJCT 2012. 37, obs. Moliner-Dubost ; RDI 2012. 153, obs. Van Lang ; RGCT, mars 2012, p. 101, note Chaminade ; DGCT 2012. 431, obs. Bon.* ♦ Si le législateur a prévu que le maire serait informé, à sa demande, de l'état des installations radioélectriques exploitées sur le territoire de la commune et si les art. L. 2212-1 et L. 2212-2 habilitent le maire à prendre les mesures de police générale nécessaires au bon ordre, à la sûreté, à la sécurité et à la salubrité publiques, celui-ci ne saurait, sans porter atteinte aux pouvoirs de police spéciale confiés aux autorités de l'État, prendre sur le territoire de la commune une décision relative à l'implantation d'une antenne-relais de téléphonie mobile ou au niveau d'émission des champs électromagnétiques de cette antenne et destinée à protéger le public contre les effets des ondes émises par cette antenne. • CE 26 déc. 2012, *Cne de Saint-Pierre d'Irube*, n° 352117 B : *AJDA 2013. 10, note Necib ; AJDA 2013. 1292, note Van Lang ; DGCT 2013. 415, obs. Bon.*

384. Si le maire ne saurait ainsi édicter, dans le cadre de ses pouvoirs de police, une réglementation générale de l'implantation des antennes-relais au nom de l'exclusivité de la police spéciale ou prendre une décision relative à l'implantation d'une antenne et à son niveau d'émission, il peut en revanche prendre en compte le principe de précaution lorsqu'il se prononce sur l'octroi d'une autorisation délivrée en application de la législation sur l'urbanisme comme l'est l'autorisation d'implanter un pylône de téléphonie mobile. • CE 19 juill. 2010, *Assoc. du quartier « Les hauts de Choiseul »*, n° 328687 : *Lebon 333 ; AJDA 2010. 2114, note Dubrulle ; Constitutions 2010. 611, note Carpentier ; Dr. envir. 2010, p. 396, note Duhamel ; JCP Adm. 2011, n° 2119, note Billet ; JCP 2011. II. 55, note Del Prete et Borel.* ♦ Cela ne lui permet pas toutefois de refuser une telle autorisation en l'absence d'éléments circonstanciés faisant apparaître, en l'état des connaissances scientifiques, des risques, mêmes incertains, de nature à justifier un tel refus. • CE 30 janv. 2012, *Sté Orange France*, n° 344992 : *AJDA 2012. 183, obs. Grand*.

385. Sur l'incompétence du conseil municipal en matière de réglementation de l'intensité des émissions d'ondes électromagnétiques sur le territoire communal • TA Nantes, 4 janv. 2012, n° 01112005 : *RDI 2012. 325, obs. Van Lang*.

386. Sur la répartition du contentieux des antennes-relais entre le juge administratif et le juge judiciaire • T. confl. 14 mai 2012, *Mme Girardeau c/ Sté Orange France et a.*, n° 3848 : *JCP 2012, n° 819, concl. Sarcelet ; AJDA 2012. 1525, note Van Lang ; D. 2012. 2978, note Moreil ; RD publ. 2013. 287, note Delaunay.*

387. Le maire ne saurait, sans porter atteinte aux pouvoirs ainsi confiés par la loi aux autorités de l'État et au gestionnaire national du réseau de distribution d'électricité, adopter sur le territoire de la commune une réglementation portant sur l'implantation des compteurs Linky et destinée à protéger le public contre les effets des ondes émises par ces compteurs, alors qu'il ne ressort des pièces versées au dossier aucun élément circonstancié de nature à établir l'existence, en l'état des connaissances scientifiques, d'un risque pouvant résulter pour le public, de son exposition aux champs électromagnétiques émis par ces compteurs et justifiant la suspension de leur installation, indépendamment des procédures d'évaluation des risques et des mesures provisoires et proportionnées susceptibles, le cas échéant, d'être mises en œuvre par les autorités compétentes. • TA Montreuil, 7 déc. 2017, n° 1700278 : *AJDA 2017. 2443 ; BJCL 2018. 46, concl. Simon, note Poujade.* ♦ Il appartient ainsi aux autorités de l'État de veiller, pour l'ensemble du territoire national, non seulement au fonctionnement optimal du dispositif de comptage au vu notamment des exigences d'interopérabilité, mais aussi à la protection de la santé publique par la limitation de l'exposition du public aux champs électromagnétiques, en mettant en œuvre des capacités d'expertise et des garanties techniques indisponibles au plan local. Dans ces conditions, le maire ne saurait adopter sur le territoire de la commune des décisions portant sur l'installation de compteurs électriques communicants qui seraient destinées à protéger les habitants contre les effets des ondes émises. Ni les pouvoirs de police générale, ni le principe de précaution n'autorisent le maire à prendre la décision de suspendre l'installation des compteurs dits « Linky » sur le territoire de la commune. • CE 11 juill. 2019, *Cne de Cast*, n° 426060 B : *AJDA 2019. 1479 ; BJCL 2019. 516, concl. Cytermann, obs. Poujade, AJCT 2019. 579, obs. Didriche*.

B. DÉCHETS, ORDURES ET SITES POLLUÉS

388. **BIBL.** Bailly, Ordre public et environnement, *AJCT 2020. 340*. – Billet, Sites anciens et responsabilités nouvelles des communes. Derniers développements en matière de sites pollués, *BJCL 2007. 706.* – Maître et Miteva, Réhabilitation des sites et sols pollués : qui, quand, comment ?, *Gaz. Pal. 22 déc. 2007, p. 23.* ♦ Sur le cas particulier des établissements classés pour la protection de l'environnement, V. notes 273 s. ♦ Sur les pouvoirs de police spéciale du maire en matière de déchets, V. les dispositions de l'art. L. 541-3 C. envir. ♦ Sur les nouvelles modalités de transfert de cette police spéciale du maire dans le cadre d'une intercommunalité, V. Billet, *JCP Adm. 2012, n° 2178 ; Envir. 2012. 68.* ♦ Bahouala, La police des dépôts sauvages, *AJCT 2018. 87*. – Necib, Loi sur l'économie circulaire : les collectivités enrôlées dans la guerre aux déchets, *AJCT 2020. 113*.

389. L'interdiction portant sur la fouille des poubelles et autres bacs à ordures ne porte atteinte à aucun droit ou situation légalement constituée. • CE 15 nov. 2017, *Ligue fr. pour la défense des droits de l'homme et du citoyen*, n° 403275 : *préc. note 58.*

390. La commune n'établit pas que l'existence d'une décharge comporte des risques de pollution superficielle et souterraine des eaux avoisinantes. Elle n'établit pas non plus l'enlaidissement du paysage ni les nuisances que cette décharge recouverte d'humus peut présenter pour la faune et la flore. Dès lors, dans la mesure où il ne résulte pas des pièces du dossier d'atteintes à la salubrité publique ou de menaces justifiant des mesures de prévention contre les accidents, épidémies ou épizooties, le maire ne peut faire usage de ses pouvoirs de police pour en ordonner la fermeture. • CAA Nancy, 24 oct. 2002, *Cne de Hegenheim : JCP coll. terr. 2003, n° 1038, obs. Moreau.*

391. S'agissant d'un site pollué, le maire ne peut légalement, en l'absence d'urgence, faire usage de ses pouvoirs de police générale mais doit se conformer aux procédures prévues par le C. envir. et mettre en demeure les propriétaires de procéder à la dépollution de leurs terrains avant, le cas échéant, d'assurer d'office l'élimination des déchets aux frais des responsables. • CAA Versailles, 10 mai 2007, *Cne de Saint-Chéron c/ Mme Evenou et a.*, n° 05VE01492 : *BJCL 2007. 653, concl. Pellissier et obs. B.P. ; JCP Adm. 2007, n° 2169, note Billet ; ibid., n° 2242. Comm. 7, obs. Wolff.*

392. Il résulte des dispositions des art. 3 et 4 de la L. du 15 juill. 1975 relative à l'élimination des déchets (V. désormais C. envir., art. L. 541-3 s.) que l'autorité investie des pouvoirs de police municipale est fondée, alors même que le préfet est susceptible d'intervenir au titre des pouvoirs de police spéciale qu'il tient de la L. du 19 juill. 1976 relative aux installations classées pour la protection de l'environnement (V. désormais C. envir., art. L. 511-1 s.), à prendre les mesures nécessaires pour assurer l'élimination des déchets dont l'abandon, le dépôt ou le traitement présentent des dangers pour l'environnement. • CE 18 nov. 1998, *Jaeger*, n° 161612 B : *Dr. envir. 1999, n° 67, p. 6, note Fontbonne* • CE 11 janv. 2007, *Min. de l'Écologie et du Développement durable c/ Sté Barbazanges Tri ouest*, n° 287674 : *Envir. 2007, n° 45, note Billet ; JCP Adm. 2007, n° 2106, note Billet ; JCP E 2007, n° 1715, note Billet ; Rev. jur. envir. 2007. 347, note Billet ; ACL 2008, n° 112.* ♦ Sur la compétence du maire au titre de cette police spéciale, V. • CE 13 oct. 2017, n° 397031 B : *AJCT 2018. 105, obs. Bahouala*.

393. Exonération de responsabilité. La mise en cause de la responsabilité de l'État du fait des conditions dans lesquelles le préfet exerce ses pouvoirs de police des installations classées n'exclut pas que la faute de la commune l'en exonère partiellement. Ainsi, il y a faute du maire pour s'être abstenu de faire usage des pouvoirs qu'il tient des art. L. 541-3 et L. 541-4 C. envir. en matière d'élimination des déchets alors qu'ils lui auraient permis de prévenir la survenance du dommage ou d'en limiter les effets. • CE 13 juill. 2007, *Cne de Taverny*, n° 293210 : *BJCL 2007. 740, concl. Aguila et obs. M.G. ; RLCT, nov. 2007, p. 15, note Carton ; Envir. 2007, n° 154, note Billet ; JCP Adm. 2007, n° 2202, note Billet ; AJDA 2007. 2266, note Delhoste*.

394. En cas de carence de l'autorité municipale dans l'exercice des pouvoirs de police qui lui sont conférés au titre de la police des déchets, le préfet doit prendre, au titre de son pouvoir de substitution, sur le fondement de ces dispositions, à l'égard du producteur ou du détenteur des déchets, les mesures propres à prévenir toute atteinte à la santé de l'homme et à l'environnement. • CE 23 nov. 2011, *Min. de l'Écologie, de l'Énergie, du Développement durable et de l'Aménagement du territoire*, n° 325334 : *AJCT 2012. 101, obs. Scanvic*.

395. Un dépôt d'ordures s'étant constitué depuis plusieurs années sur des propriétés privées en dehors de toute intervention de l'administration et l'attention du maire ayant été attirée à de nombreuses reprises sur les dangers résultant de cette situation, il lui incombe de faire cesser cette cause d'insalubrité et sa carence constitue une faute lourde de nature à engager la responsabilité de la commune. • CE 28 oct. 1977, *Cne de Merfy*, n° 95537 : *Lebon 406 ; JCP 1978. II. 18814, concl. Galabert.* ♦ Le juge exerce un plein contrôle sur l'obligation du maire de prendre les mesures nécessaires pour assurer l'élimination des déchets dont l'abandon, le dépôt ou le traitement présente des dangers pour l'environnement. • CE 13 oct. 2017, n° 397031 B : *AJCT 2018. 105, obs. Bahouala*.

C. EAUX POLLUÉES

396. V. art. L. 2213-29.

D. IMMEUBLES INSALUBRES

397. V. CSP, art. L. 1331-23 s.

398. Le maire peut seulement enjoindre aux particuliers de faire disparaître les causes d'insalubrité de leurs immeubles et il ne peut leur ordonner l'exécution de travaux déterminés que s'il s'agit de travaux mentionnés par les dispositions réglementaires applicables. • CE 21 févr. 1947, *Varlet et Barsi : Lebon 74* • CE 16 mai 1947, *Gourlet : Lebon 207* • CE 20 mai 1949, *Parmentier : Lebon 235* • CE 10 mars 1954, *Dame Vve Picard : Lebon 151* • CAA Nancy, 21 juin 2004, *Cne de Maizières-les-Metz*, n° 00NC00716 : *JCP Adm. 2005, n° 1628, note Moreau.* ♦ Il peut leur ordonner l'exécution de travaux déterminés si ces travaux envisagés sont les seuls susceptibles de faire cesser l'insalubrité constatée. • CE 19 mai 1954, *Legrand et Lagrèze : Lebon 285.* ♦ En revanche le maire ne saurait, sans porter atteinte aux pouvoirs de police spéciale ainsi confiés par la loi aux autorités de l'État, prononcer une interdiction temporaire d'habitation à l'encontre d'un locataire d'un logement insalubre. • CAA Nancy, 6 mai 2013, n° 12NC01517.

399. L'existence de pouvoirs de police spéciale reconnus au préfet en application de l'art. L. 42 (devenu aujourd'hui L. 1331-23) CSP ne fait pas obstacle à ce que le maire use de ses pouvoirs de police générale pour assurer le maintien de la sécurité publique sauf si cet usage, hors des cas d'urgence, a eu pour objet ou pour effet de ne pas respecter la procédure prévue par la police spéciale. Le préfet ayant, dans le cadre de ses pouvoirs de police spéciale, déclaré insalubre un immeuble abritant un hôtel et interdit d'y habiter, le maire peut, dans le cadre de ses pouvoirs de police générale et en raison de l'urgence résultant de l'état du bâtiment, ordonner au propriétaire de l'hôtel et à son gérant de procéder à la fermeture de toutes les chambres vides ainsi que de celles devant être libérées afin d'éviter toute réoccupation des locaux. • CAA Paris, 24 oct. 2002, *Cne d'Aubervilliers : BJCL 2003. 272, concl. Haïm.*

400. S'il appartient au maire, en vertu des pouvoirs généraux de police qu'il tient de l'art. L. 2212-2 CGCT et des pouvoirs de contrôle administratif et techniques des règles générales d'hygiène applicables aux habitations et à leurs abords qui lui sont désormais conférés par l'art. L. 1421-4 CSP, de veiller au respect des règles de salubrité sur le territoire de la commune, la prescription de mesures adéquates de nature à faire cesser l'insalubrité dans un logement relève, en application des art. L. 1331-26 et L. 1331-28 du même code, de la compétence des services de l'État. • CE 14 nov. 2011, *Min. de la Santé et des Sports c/ Cne de Rodez*, n° 341956 B : *AJDA 2011. 2264, obs. Grand ; AJCT 2012. 267, obs. Péchillon*.

E. ORGANISMES GÉNÉTIQUEMENT MODIFIÉS

401. Par les art. L. 533-3 s. C. envir., le législateur a organisé une police spéciale de la dissémination volontaire d'organismes génétiquement modifiés, confiée à l'État, dont l'objet est, conformément au droit de l'Union européenne, de prévenir les atteintes à l'environnement et à la sécurité publique pouvant résulter de l'introduction intentionnelle de tels organismes dans l'environnement. S'il appartient au maire, responsable de l'ordre public sur le territoire de sa commune, de prendre les mesures de police générale nécessaires au bon ordre, à la sécurité et à la salubrité publiques, il ne saurait en aucun cas s'immiscer dans l'exercice de cette police spéciale par l'édiction d'une réglementation locale. • CE 24 sept. 2012, *Cne de Valence*, n° 342990 : *Lebon 335 ; BJCL 2012. 726, concl. Lambolez, note Degoffe ; AJDA 2012. 2122, note Untermaier ; AJCT 2013. 57, obs. Moliner-Dubost ; JCP Adm. 2013, n° 2006, note Billet ; RJEP 2013, n° 9, note Caudal ; RLCT 2012, n° 2339, note Rouault ; Envir. 2012, n° 92, note Trouilly ; DGCT 2013. 418, obs. Bon.* ♦ L'art. 5 de la Charte de l'environnement ne saurait être regardé comme habilitant les maires à adopter une réglementation locale portant sur la culture de plantes génétiquement modifiées en plein champ et destinée à protéger les exploitations avoisinantes des effets d'une telle culture ; il appartient aux seules autorités nationales auxquelles les dispositions précitées du C. envir. confient la police spéciale de la dissémination des organismes génétiquement modifiés de veiller au respect du principe de précaution. • Même arrêt.

F. RÈGLEMENTS SANITAIRES

402. V. CSP, art. L. 1311-1 s.

403. Application du règlement sanitaire. En mettant en demeure un propriétaire de faire cesser la cause d'insalubrité résultant du fait que le logement occupé par une de ses locataires n'avait plus l'eau et de rétablir le branchement qu'il avait coupé à la suite d'un différend survenu avec ladite locataire, le maire s'est borné à assurer l'application du règlement sanitaire. • CE 28 avr. 1961, *Cne de Cormeilles-en-Parisis : Lebon 265, concl. Chardeau.* ♦ Le maire, qui, après avoir adressé au locataire d'un logement ayant coupé à des sous-locataires l'accès au poste d'eau et aux toilettes une mise en demeure de faire cesser cette cause d'insalubrité, a fait dresser contre lui plusieurs procès-verbaux et a saisi le préfet à plusieurs reprises de l'impossibilité où il était de faire cesser cette cause d'insalubrité, a exercé comme il le devait ses pouvoirs de police de telle sorte que la responsabilité de sa commune n'est pas engagée. • CE 20 déc. 1963, *Dame et Dlle Morvan-Clavenna : Lebon 654 ; AJDA 1964. 376, obs. J.S.*

404. S'agissant de dommages causés par des émanations toxiques provenant de l'installation de chauffage d'un immeuble, le maire avait invité le propriétaire à mettre cette installation en conformité et avait transmis deux procès-verbaux à l'autorité judiciaire de telle sorte qu'aucune faute n'a été commise susceptible d'engager la responsabilité de la commune. • CE 9 juin 1978, *Ville de Nice c/ Liotard : Lebon 240.*

405. La carence des services de police à faire respecter les règlements relatifs à la salubrité en ne faisant pas cesser les agissements d'un poissonnier portant préjudice à l'exploitation d'un commerce de fleurs ne constitue pas en l'espèce une faute lourde de nature à engager la responsabilité de la ville. • CE 4 oct. 1968, *Sieur et Dame Pascal : Lebon T. 875.*

G. VENTES

406. Est légale la mesure de police interdisant la mise en vente d'un lait qui, devant être regardé eu égard aux conditions dans lesquelles il était vendu comme du lait pasteurisé certifié et ne répondant pas aux normes bactériologiques exigées par cette catégorie, présentait un danger pour la santé publique. • CE 2 nov. 1956, *Sté coopérative laitière de Hermes : Lebon 402.*

407. S'il appartient à l'autorité de police de prendre, notamment dans les hôtels, les mesures nécessaires au maintien du bon ordre et de l'hygiène publique et à la salubrité des denrées vendues, elle ne peut interdire, en méconnaissance de la loi de 1906, toute vente ou exposition de marchandises dans les hôtels, cafés, restaurants et autres établissements analogues ouverts au public. • CE 14 janv. 1976, *Ville de Strasbourg c/ SARL « Fourrures du Nord » : Lebon 33.*

408. L'interdiction de la vente ambulante et du stationnement des véhicules aménagés pour cette vente sur les plages de la commune est légale eu égard à l'affluence exceptionnelle des touristes, à l'encombrement qui en résulte et aux atteintes à l'hygiène publique qui en sont la conséquence compte tenu notamment des conditions climatiques, de la nature des produits vendus et des procédés utilisés par les vendeurs. • CE 14 mars 1979, *Auclair : Lebon 112 ; RD publ. 1979. 1163, note Waline ; JCP 1980. II. 19452, note Kerninon.* ♦ La vente ambulante de denrées comestibles sur les plages de la commune présente des inconvénients pour la salubrité et la tranquillité publiques de nature à permettre au maire de l'interdire pendant la saison touristique. • CE 21 févr. 1986, *Cne d'Agde et Cne de Fleury-d'Aude c/ Roustan (2 esp.)*, n° 54228 B : *JCP 1986. II. 20680, note Rézenthel.*

H. DIVERS

409. Alimentation. Le maire peut, sur le fondement de l'art. L. 131-2 C. communes (art. L. 2212-2

CGCT), fermer un magasin d'alimentation dans lequel plusieurs manquements aux règles d'hygiène ont été constatés jusqu'à ce que les prescriptions d'hygiène indiquées dans le rapport établi par l'inspecteur de salubrité soient respectées. • CE 7 juill. 1997, *Cne de Porcheville c/ Mouni*, n° 156456 B.

410. Balayage des trottoirs et des caniveaux. Le maire détient, sur la base de ses pouvoirs de police municipale, le pouvoir d'ordonner le balayage des trottoirs et des caniveaux des voies ouvertes au public par les riverains de ces voies. • CE 15 oct. 1980, *Garnotel*, n° 16199 B.

411. Boues. En interdisant sur tout le territoire de la commune l'épandage de boues et de résidus industriels, le maire prend une mesure qui excède, par sa généralité dans le temps et dans l'espace, les pouvoirs de prévention qu'il tient de l'art. L. 2212-2. • TA Nancy, 29 févr. 2000, *Préfet des Vosges : Coll. terr. 2000, n° 157, obs. Moreau.*

412. Habitations démontables. Une trentaine d'habitations démontables et de tentes installées à titre permanent présentent un danger pour la santé publique que seuls des travaux immobiliers peuvent faire disparaître. Dans ces conditions, la seule mesure que l'autorité de police puisse prendre à leur égard en vue de supprimer le danger qu'elles présentent est de prescrire leur enlèvement. • CE 10 juill. 1964, *Jeanjean : Lebon 395 ; AJDA 1964. 634, concl. Rigaud.*

413. Lieu d'aisances. L'utilisation comme lieu d'aisances d'un rez-de-chaussée inhabité ouvert à tout-venant sur la voie publique à proximité d'un marché constituant un danger grave pour la salubrité publique, le maire commet une faute en n'usant pas de ses pouvoirs de police pour le faire cesser. • CE 29 nov. 1963, *Ecarot : Lebon 596 ; AJDA 1964. 189, obs. Moreau.* ♦ En prescrivant aux propriétaires de fosses à purin de tenir les lieux dans un état de propreté absolue, le maire s'est borné à prescrire les mesures de salubrité qu'il lui appartient de prendre dans le cadre de ses pouvoirs de police. • CE 5 févr. 1960, *Cne de Mougins : Lebon 83.* ♦ Le maire a, en vertu de ses pouvoirs propres de police, la possibilité de réglementer ou d'interdire l'écoulement du purin. Il commet donc l'infraction prévue aux art. L. 231-3 et L. 232-2 C. rur. en s'abstenant d'utiliser les pouvoirs que lui confère sa qualité afin de prévenir une pollution provenant de rejets d'agriculteurs ne possédant pas de fosse à purin. • TGI Chaumont, 17 mai 1994, *Proc. Rép. de Chaumont c/ X. et a. : D. 1995. 191, note Guihal.*

414. Occupation d'église. BIBL. Vandermeeren, *AJDA 2003. 427* (les occupations d'églises : petite histoire et problématique juridique).

415. Si les ministres du culte occupant les édifices sont chargés d'en régler l'usage de manière à assurer aux fidèles la pratique de leur religion, cela ne fait pas obstacle à l'intervention des autorités de police compétentes en charge de la préservation de l'ordre public. Eu égard aux exigences de sauvegarde de la tranquillité publique, de la sécurité et de la salubrité publique, l'autorité de police peut ordonner l'évacuation d'une église occupée par des sans papiers depuis plusieurs semaines. Les conditions sanitaires et d'hébergement de ces sans papiers ne cessant de se dégrader et étant gravement insuffisantes, l'autorité de police peut, compte tenu de cette situation d'urgence, exécuter par la force sa décision d'évacuation sans adresser aux occupants une mise en demeure préalable de quitter les lieux. • CAA Paris, 4 nov. 2003, *Niakate : Coll. terr. 2004, n° 30, obs. Moreau.*

416. Utilisation de produits phytopharmaceutiques. Le législateur a organisé une police spéciale de la mise sur le marché, de la détention et de l'utilisation des produits phytopharmaceutiques, confiée à l'État et dont l'objet est, conformément au droit de l'Union européenne, d'assurer un niveau élevé de protection de la santé humaine et animale et de l'environnement tout en améliorant la production agricole et de créer un cadre juridique commun pour parvenir à une utilisation des pesticides compatible avec le développement durable, alors que les effets de long terme de ces produits sur la santé restent, en l'état des connaissances scientifiques, incertains. Dans ces conditions, si les art. L. 2212-1 et L. 2212-2 habilitent le maire à prendre, pour la commune, les mesures de police générale nécessaires au bon ordre, à la sûreté, à la sécurité et à la salubrité publiques, celui-ci ne peut légalement user de cette compétence pour édicter une réglementation portant sur les conditions générales d'utilisation des produits phytopharmaceutiques qu'il appartient aux seules autorités de l'État de prendre. • CE 31 déc. 2020, *Cne d'Arcueil c/ Préfet Val-de-Marne*, n° 439253 B : *BJCL 2021. 197, concl. Merloz, obs. Deharbe et Loise ; JCP Adm. 2021. 2150, note Malblanc.* ♦ La police spéciale des produits phytopharmaceutiques porte tant sur les dérives de ces produits que sur les déchets résultant de leur usage. À supposer même que les résidus d'épandage de tels produits puissent être qualifiés de déchets, les maires ne sont pas compétents pour s'immiscer dans l'exercice d'une police spéciale appartenant à l'État. • TA Cergy-Pontoise, 21 oct. 2021, n° 2105854 : *AJCT 2022. 106, obs. Guinard.*

VI. POLICE DE LA MORALITÉ PUBLIQUE

417. BIBL. Chérigny, Le juge administratif gardien de la moralité des administrés, *Thèse Poitiers 1968.* – Delhoste, *RD publ. 2003. 889.* – Lebreton, *Mél. Peiser, PUF 1995, p. 363.* – Taugourdeau, La moralité publique et la police administrative, *Thèse droit Poitiers 1964.*

A. FILMS

418. **BIBL.** Hostiou, Service public et libertés, *Mél. Charlier, Éd. Émile-Paul 1981, p. 793.*

1° PRINCIPES GÉNÉRAUX

419. Un maire, responsable du maintien de l'ordre dans sa commune, peut interdire sur le territoire de celle-ci la représentation d'un film auquel le visa ministériel d'exploitation a été accordé mais dont la projection est susceptible d'entraîner des troubles sérieux ou d'être, à raison du caractère immoral dudit film et de circonstances locales, préjudiciable à l'ordre public. • CE 18 déc. 1959, *Sté « Les films Lutétia » et Synd. fr. des producteurs et exportateurs de films : Lebon 693 ; S. 1960. 94, concl. Mayras ; D. 1960. 171, note Weil ; AJDA 1960. 21, chron. Combarnous et Galabert ; Rev. adm. 1960. 31, note Juret ; JCP 1961. II. 11898, note Mimin ; GAJA n° 76.*

2° CAS CONCRETS

420. S'il ne ressort pas des pièces du dossier que la projection à Nice du film *Avant le déluge* eût été de nature à provoquer des troubles matériels sérieux dans la ville, il résulte de l'instruction que ce film présente un caractère immoral de nature, compte tenu des circonstances locales, à justifier légalement l'interdiction de sa projection sur le territoire de la ville. • CE 23 déc. 1960, *Union générale cinématographique et Synd. fr. des producteurs et exportateurs de films : Lebon 731 ; RD publ. 1961. 140, note Waline ; AJDA 1961. 80, chron. Galabert et Gentot.*

421. Le caractère immoral du film *La jument verte* est de nature à justifier légalement, compte tenu des circonstances locales, l'interdiction de sa projection sur le territoire de la commune de Cosne mais non sur celui de la commune de Versailles. • CE 9 mars 1962, *Sté nouvelle des éts Gaumont : Lebon 162 ; AJDA 1962. 370, concl. Gand* • CE 25 févr. 1966, *Sté nouvelle des éts Gaumont : Lebon T. 1121.*

422. Est légale, eu égard à la forte vague de protestations émanant de différents milieux, l'interdiction des *Régates de San Francisco* à Montpellier ou Calais mais non au Mans ou à Nantes. • CE 4 mai 1962, *Ville de Montpellier : Lebon 299* • CE 4 mai 1962, *Ville de Calais : Lebon 300* • CE 6 nov. 1963, *Ville du Mans et Ville de Nantes : Lebon T. 834.*

423. Le caractère immoral du film *Les liaisons dangereuses 1960* est de nature à justifier légalement son interdiction à Saverne, Beauvais, Salon-de-Provence, Mulhouse, Rouen, Avranches et Marseille compte tenu des protestations émanant de milieux différents ou à Senlis compte tenu de la composition particulière de la population. Il ne l'est pas au Mans, à Dijon, à Landerneau ou à Château-Thierry. • CE 19 avr. 1963, *Ville de Saverne : Lebon T. 833* • CE 19 avr. 1963, *Ville de Beauvais : Lebon T. 833* • CE 19 avr. 1963, *Ville de Salon-de-Provence : Lebon 229* • CE 19 avr. 1963, *Sté Les films Marceau : Lebon T. 863* • CE 19 avr. 1963, *Ville de Rouen : Lebon T. 833* • CE 19 avr. 1963, *Ville d'Avranches : Lebon T. 833* • CE 19 avr. 1963, *Ville de Marseille : Lebon T. 833* • CE 19 avr. 1963, *Ville de Senlis : Lebon T. 833* • CE 19 avr. 1963, *Ville du Mans : Lebon T. 833* • CE 19 avr. 1963, *Ville de Dijon : Lebon 227* • CE 19 avr. 1963, *Sté Les films Marceau : Lebon T. 833* • CE 15 janv. 1965, *Sté Les films Marceau : Lebon T. 863.*

424. L'interdiction de la projection du film *La neige sale* est illégale dès lors qu'il ne ressort pas des pièces du dossier que ladite projection soit susceptible de provoquer des troubles sérieux dans la ville et de l'instruction que le film présente un caractère d'immoralité tel qu'il justifiât légalement, dans les circonstances locales, cette mesure. • CE 14 oct. 1960, *Sté Les films Marceau : Lebon 454 ; AJDA 1961. 80, chron. Galabert et Gentot.*

425. La projection du film *La main chaude* dans une commune n'est pas de nature à provoquer des troubles matériels sérieux ni, quel que soit le caractère immoral dudit film, à préjudicier à l'ordre public. • CE 23 févr. 1966, *Sté Franco London film et Sté Les films Gibe : Lebon T. 1121 ; JCP 1966. II. 14608, concl. Rigaud.*

426. La projection dans la commune d'Aix-en-Provence du film *Le pull-over rouge* n'est pas, quel que fût le caractère de ce film, de nature à porter atteinte au bon ordre ou à la tranquillité publique dans la ville. • CE 26 juill. 1985, *Ville d'Aix-en-Provence c/ Sté Gaumont distribution et a.,* n° 51083 : *Lebon 236 ; RFDA 1986. 439, concl. Genevois.* ♦ Confirmation de : • TA Marseille, 18 mars 1982, *Sté Gaumont distribution c/ Maire d'Aix-en-Provence : Gaz. Pal. 1982. 2. 468, note Amiel.*

427. La projection du film *La dernière tentation du Christ* n'est pas de nature à provoquer des troubles matériels sérieux ni ne comporte une atteinte grave aux consciences. • TA Bordeaux, 13 déc. 1990, *United international pictures c/ Cne d'Arcachon : LPA 11 déc. 1991, note Pacteau.*

3° RESPONSABILITÉ

428. L'interdiction illégale par un maire de la projection d'un film constitue une faute (simple) de nature à engager la responsabilité de la ville. • CE 25 mars 1966, *Sté Les films Marceau : Lebon 240.*

B. AUTRES ACTIVITÉS

429. Dénomination des voies. Le maire tient de ses pouvoirs généraux de police le droit de contrôler les dénominations de toutes les voies, publiques ou privées, et d'interdire celles qui seraient contraires à l'ordre public ou aux bonnes mœurs. • CE 19 juin 1974, *Broutin : Lebon 346.*

430. Lieu de débauche. Il appartient à l'autorité investie des pouvoirs de police de prendre toute mesure nécessaire pour faire cesser un trouble apporté à l'ordre public et, notamment, d'ordonner la fermeture des lieux de débauche portant atteinte à la moralité publique et par là générateurs d'un tel trouble, mais l'autorité de police ne saurait prendre que les mesures strictement nécessaires à la suppression du trouble causé à l'ordre public à l'exclusion de toute mesure ayant un caractère d'une sanction ou pouvant se prolonger au-delà de la disparition de ce trouble. • CE 30 sept. 1960, *Sieur Jauffret : Lebon 504 ; RD publ. 1961. 828, note Waline.*

431. Publications licencieuses ou pornographiques. Si l'art. 14 de la loi du 16 juill. 1949 donne au ministre de l'Intérieur le pouvoir d'interdire la diffusion de publications présentant un danger pour la jeunesse, notamment en raison de leur caractère licencieux ou pornographique, cette disposition législative n'a pas retiré aux maires l'exercice, en ce qui concerne la diffusion de publications, des pouvoirs de police qui leur permettent de réglementer la distribution de documents publicitaires présentant un caractère licencieux ou pornographique si leur diffusion est susceptible, en raison de circonstances particulières locales, de provoquer des troubles à l'ordre public. • CE 9 oct. 1996, *Cne de Taverny c/ Sté Comareg Île-de-France*, n° 159192 B.

432. Publicité et affichage. La décision d'un maire refusant la pose de deux enseignes au droit d'un « sex-shop » situé à proximité immédiate du mémorial de la Résistance est justifiée par l'ordre public, les circonstances locales invoquées par le maire étant de nature à justifier légalement cette décision qui ne porte aucune atteinte illégale à la liberté du commerce et de l'industrie. • CE 11 mai 1977, *Ville de Lyon : Lebon 210.* ♦ L'interdiction sur le territoire de la commune de l'affichage en faveur des « messageries roses » est illégal dès lors, tout d'abord, qu'il ne ressort pas des pièces du dossier que cet affichage soit susceptible de provoquer, dans la commune, des troubles matériels sérieux, ensuite que le caractère immoral desdites messageries, à le supposer établi, ne peut, en l'absence de circonstances locales particulières, légalement fonder une interdiction de toute publicité en leur faveur et, enfin, que la commune n'apporte aucun élément au soutien du moyen tiré de ce que cet arrêté est justifié par la nécessité de prévenir une atteinte à la dignité de la personne humaine. • CE 8 déc. 1997, *Cne d'Arcueil c/ Régie publicitaire des transports parisiens*, n° 171134 : *Lebon 482*. ♦ Le caractère immoral d'un affichage préventif contre le SIDA, et le danger qu'il présenterait pour les mineurs, à les supposer établis, ne sont pas de nature à justifier légalement l'interdiction totale de tout affichage sur le territoire de la commune. • TA Montreuil, 9 nov. 2017, n° 1609168 : *AJCT 2018. 106, obs. Noual*.

433. Sex-shop. Le maire peut faire usage des pouvoirs de police générale dont il dispose à l'égard d'un établissement qui présenterait, en raison des circonstances locales, des dangers particuliers pour la jeunesse ou pour la tranquillité de la population. Dès lors, un arrêté municipal interdisant l'ouverture d'un sex-shop apparaît fondé sur des éléments d'appréciation tirés de la protection de la tranquillité de la population et de la protection de la jeunesse qui ne font pas apparaître d'atteinte manifestement illégale à la liberté fondamentale que constitue la liberté du commerce et de l'industrie. • CE 8 juin 2005, *Cne de Houilles*, n° 281084 B : *BJCL 2005. 598, obs. Bonichot ; AJDA 2005. 1260, obs. Montecler, et 1851, note Hul ; Coll. terr. 2005, n° 163, obs. Moreau ; RLCT. 2005, n° 5, p. 16, obs. Glaser ; ACL 2006, n° 39.*

VII. RESPECT DE LA DIGNITÉ DE LA PERSONNE HUMAINE

434. Lancer de nain. L'attraction de « lancer de nain », qui consiste à utiliser comme projectile une personne affectée d'un handicap physique et présentée comme telle, porte atteinte à la dignité de la personne humaine, laquelle est l'une des composantes de l'ordre public. Dans ces conditions, elle peut être légalement interdite par un maire alors même que des mesures de protection ont été prises pour assurer la sécurité de la personne en cause et que celle-ci se prêtait librement à cette exhibition contre rémunération. • CE 27 oct. 1995, *Cne de Morsang-sur-Orge*, n° 136727.

435. Monument aux morts. BIBL. Deliancourt et Lantero, Les maires et les monuments dédiés aux morts de la Première Guerre mondiale, *JCP Adm. 2011, n° 2202.*

436. Il appartient au maire, dans l'exercice de ses pouvoirs de police, d'interdire l'apposition sur le monument aux morts de la commune d'emblèmes de nature à enlever à ce monument son véritable caractère. Il en va ainsi d'une gerbe portant l'inscription « Aux trois millions d'enfants tués par avortement » qui est sans rapport avec les événements commémorés par le monument aux morts et qui est de nature à lui enlever son véritable caractère. • CE 28 juill. 1993, *Assoc. « Laissez-les vivre SOS futures mères »*, n° 107990 : *Lebon 235 ; LPA 27 juill. 1994, note Cliquennois ; Rev. adm. 1993. 575, chron. Sueur.* ♦ Une stèle, pour l'installation de laquelle une association a obtenu du maire une autorisation d'occuper un emplacement dans le cimetière, ne constitue pas, au cas d'espèce, un simple monument commémoratif à la mémoire de personnes défuntes mais manifeste une prise de position politique et procède à l'apologie de faits criminels. En délivrant une telle autorisation, le maire a permis l'occupation du domaine public communal pour un usage qui, d'une part, n'est pas compatible avec la destination normale d'un cimetière et, d'autre part, est de nature à entraîner des troubles à l'ordre public de telle sorte que l'annulation de l'autorisation est fondée. • CE 14 nov. 2011, *Assoc. amicale pour la défense des intérêts moraux et matériels des anciens détenus et exilés politiques de l'Algérie française*, n° 340753 : *AJDA 2012. 159, concl. Thiellay ; RLCT 2012, n° 2113, note Dupuis ; DGCT 2012. 433, obs. Bon.*

437. Spectacle. Un spectacle prévu, tel qu'il est annoncé et programmé, peut constituer lui-même une menace à l'ordre public en raison des propos pénalement répréhensibles, de nature à mettre en cause la cohésion nationale, à porter de graves atteintes au respect des valeurs et principes tels que la dignité de la personne humaine et à provoquer la haine et la discrimination raciales, que l'acteur a pu tenir lors de séances de spectacle précédentes. • CE 11 janv. 2014, *ord., SARL Les productions de la plume et M. Dieudonné M'Bala M'Bala*, n°s 374552, 374528 et 374508 : *AJDA 2014. 129, tribune Seiller ; ibid. 473, tribune Broyelle , note Petit ; AJCT 2014. 157, obs. Le Chatelier ; JCP Adm. 2014. Actu. 55 et 56, note Bonnet, Chabanol et Touzeil-Divina ; RFDA 2014. 87, note Gohin* • CE 6 févr. 2015, *Cne de Cournon-d'Auvergne*, n° 387726 : *Lebon ; AJDA 2015. 1658, note Saillant-Maraghni ; D. 2015. 544, note Quiriny* • CE 9 nov. 2015, *Assoc. générale contre le racisme et pour le respect de l'identité française chrétienne*, n° 376107 : *Lebon ; AJDA 2015. 2508, concl. Bretonneau ; ibid. 2512, note Bioy ; AJCT 2016. 220, obs. Gaté ; RFDA 2016. 791, note Bon*. ♦ Pour une annulation de l'interdiction d'un spectacle en l'absence de risque de trouble avéré, V. • CE 13 nov. 2017, n° 415400 : *AJCT 2018. 171, obs. Juilles*.

438. Conférences. Un maire peut interdire la tenue d'une conférence au regard du contenu très prévisible des interventions portant atteinte aux principes et valeurs de la République, à la cohésion nationale et à la dignité des femmes, pouvant constituer dans certains cas des infractions pénales et des risques d'atteintes graves, compte tenu du nombre important de participants prévus et de la montée en puissance de vives réactions sur les réseaux sociaux, qu'il serait difficile aux forces de police de maîtriser. • CE, ord., 4 mars 2023, n° 471871.

439. Activités commerciales. Si l'exposition, dans la vitrine d'une boulangerie, de pâtisseries figurant des personnages de couleur noire présentés dans une attitude obscène et s'inscrivant délibérément dans l'iconographie colonialiste est de nature à choquer, l'abstention puis le refus du maire de Grasse de faire usage de ses pouvoirs de police pour y mettre fin ne constituent pas en eux-mêmes une illégalité manifeste portant atteinte à une liberté fondamentale qu'il appartiendrait au juge administratif des référés (CJA, art. L. 521-2) de faire cesser. • CE, ord., 16 avr. 2015, *Sté Grasse Boulange*, n° 389372 : *Lebon ; AJCT 2015. 400, obs. Gaté*.

440. Traitement inhumain et dégradant. En l'absence de texte particulier, il appartient en tout état de cause aux autorités titulaires du pouvoir de police générale, garantes du respect du principe constitutionnel de sauvegarde de la dignité humaine, de veiller, notamment à ce que le droit de toute personne à ne pas être soumise à des traitements inhumains ou dégradants soit garanti. Lorsque la carence des autorités publiques expose des personnes, de manière caractérisée, à un traitement inhumain ou dégradant, portant ainsi une atteinte grave et manifestement illégale à une liberté fondamentale, et que la situation permet de prendre utilement des mesures de sauvegarde dans un délai de quarante-huit heures, le juge des référés peut, au titre de l'art. L. 521-2 CJA, prescrire toutes les mesures de nature à faire cesser la situation résultant de cette carence. • CE 31 juill. 2017, n° 412125 A : *AJCT 2018. 51, obs. Péchillon ; D. 2018. 313, obs. Boskovic, Corneloup, Jault-Seseke, Joubert et Parrot*.

Code de la santé publique

Protection générale de la santé et environnement

Art. L. 1311-1 Sans préjudice de l'application de législations spéciales et des pouvoirs reconnus aux autorités locales, des décrets en Conseil d'État, pris après consultation du *(L. n° 2004-806 du 9 août 2004, art. 54-I)* « Haut Conseil de la santé publique et, le cas échéant, du Conseil supérieur de la prévention des risques professionnels », fixent les règles générales d'hygiène et toutes autres mesures propres à préserver la santé de l'homme, notamment en matière :

— de prévention des maladies transmissibles ;

— de salubrité des habitations, des agglomérations et de tous les milieux de vie de l'homme ;

— d'alimentation en eau destinée à la consommation humaine ;

— d'exercice d'activités non soumises à la législation sur les installations classées pour la protection de l'environnement ;

— d'évacuation, de traitement, d'élimination et d'utilisation des eaux usées et des déchets ;

(L. nº 2016-41 du 26 janv. 2016, art. 62) « — de lutte contre les nuisances sonores et la pollution atmosphérique ; »

— de préparation, de distribution, de transport et de conservation des denrées alimentaires.

Art. L. 1311-2 Les décrets mentionnés à l'article L. 1311-1 peuvent être complétés par des arrêtés du représentant de l'État dans le département ou par des arrêtés du maire ayant pour objet d'édicter des dispositions particulières en vue d'assurer la protection de la santé publique dans le département ou la commune.

(L. nº 2014-366 du 24 mars 2014, art. 78) « Pour les infractions aux arrêtés mentionnés au premier alinéa, l'action publique est éteinte par le paiement d'une amende forfaitaire, qui est exclusive de l'application des règles de la récidive. Toutefois, la procédure de l'amende forfaitaire n'est pas applicable si plusieurs infractions, dont l'une au moins ne peut donner lieu à une amende forfaitaire, ont été constatées simultanément ou lorsque la loi prévoit que la récidive de la contravention constitue un délit. Le montant de l'amende forfaitaire peut être acquitté soit entre les mains de l'agent verbalisateur au moment de la constatation de l'infraction, soit auprès du service indiqué dans l'avis de contravention, dans les quarante-cinq jours qui suivent la constatation de l'infraction ou, si cet avis est ultérieurement envoyé à l'intéressé, dans les quarante-cinq jours qui suivent cet envoi. »

Art. L. 1311-3 Dans le cas où plusieurs communes font connaître leur volonté de s'associer, conformément aux dispositions du titre I du livre II de la partie V du code général des collectivités territoriales, pour l'exécution des mesures sanitaires, elles peuvent adopter les mêmes règlements qui leur seront rendus applicables suivant les formes prévues par ce code.

Art. L. 1311-4 *(L. nº 2004-806 du 9 août 2004, art. 18-II-1)* En cas d'urgence, notamment de danger ponctuel imminent pour la santé publique, le représentant de l'État dans le département peut ordonner l'exécution immédiate, tous droits réservés, des mesures prescrites par les règles d'hygiène prévues au présent chapitre.

(Ord. nº 2005-1566 du 15 déc. 2005, art. 1er) « Lorsque les mesures ordonnées ont pour objet d'assurer le respect des règles d'hygiène en matière d'habitat et faute d'exécution par la personne qui y est tenue, le maire *(L. nº 2017-86 du 27 janv. 2017, art. 104)* « ou, le cas échéant, le président de l'établissement public de coopération intercommunale » ou à défaut le représentant de l'État dans le département y procède d'office aux frais de celle-ci.

« La créance de la collectivité publique qui a fait l'avance des frais est alors recouvrée comme en matière de contributions directes. Toutefois, si la personne tenue à l'exécution des mesures ne peut être identifiée, les frais exposés sont à la charge de l'État. »

Admission en soins psychiatriques sur décision du représentant de l'État

Art. L. 3213-2 En cas de danger imminent pour la sûreté des personnes, attesté par un avis médical *(Abrogé par Cons. const. nº 2011-174 QPC du 6 oct. 2011) « ou, à défaut, par la notoriété publique »*, le maire et, à Paris, les commissaires de police arrêtent, à l'égard des personnes dont le comportement révèle des troubles mentaux manifestes, toutes les mesures provisoires nécessaires, à charge d'en référer dans les vingt-quatre heures au représentant de l'État dans le département qui statue sans délai et prononce, s'il y a lieu, un arrêté *(L. nº 2011-803 du 5 juill. 2011, art. 3)* « d'admission en soins psychiatriques » dans les formes prévues à l'article L. 3213-1. Faute de décision du représentant de l'État, ces mesures provisoires sont caduques au terme d'une durée de quarante-huit heures.

(L. nº 2011-803 du 5 juill. 2011, art. 3) « La période d'observation et de soins initiale mentionnée à l'article L. 3211-2-2 prend effet dès l'entrée en vigueur des mesures provisoires prévues au premier alinéa. »

Débits de boissons – Zones protégées

Art. L. 3335-4 La vente et la distribution de boissons des groupes *(Ord. nº 2015-1682 du 17 déc. 2015, art. 12)* « 3 » à 5 définis à l'article L. 3321-1 est interdite dans les stades, dans les salles d'éducation physique, les gymnases et d'une manière générale, dans tous les établissements d'activités physiques et sportives.

Des dérogations peuvent être accordées par *(Décr. nº 2019-1383 du 18 déc. 2019, art. 1er)* « l'autorité administrative compétente » pour des installations qui sont situées dans des établissements classés hôtels *(L. n° 2009-888 du 22 juill. 2009, art. 21)* « de tourisme ou dans des restaurants ».

(L. n° 2000-1352 du 30 déc. 2000, art. 18) « Sous réserve des décisions de justice passées en force de chose jugée, le maire peut, par arrêté, et dans les conditions fixées par décret, accorder des autorisations dérogatoires temporaires, d'une durée de quarante-huit heures au plus, à l'interdiction de vente à consommer sur place ou à emporter et de distribution des boissons *(Ord. n° 2015-1682 du 17 déc. 2015, art. 12)* « du troisième groupe » sur les stades, dans les salles d'éducation physique, les gymnases et les établissements d'activités physiques et sportives définies par la loi n° 84-610 du 16 juillet 1984 relative à l'organisation et à la promotion des activités physiques et sportives, en faveur :

« *a)* Des *(Ord. n° 2006-596 du 23 mai 2006, art. 5)* « associations sportives agréées conformément à l'article L. 121-4 du code du sport et dans la limite des dix autorisations annuelles pour chacune desdites associations » qui en fait la demande ;

« *b)* Des organisateurs de manifestations à caractère agricole dans la limite de deux autorisations annuelles par commune ;

« *c)* Des organisateurs de manifestations à caractère touristique dans la limite de quatre autorisations annuelles, au bénéfice des stations classées et des communes touristiques *(L. n° 2009-888 du 22 juill. 2009, art. 26)* « relevant de la section 2 du chapitre III du titre III du livre I du code du tourisme ». »

Code rural et de la pêche maritime

PARTIE LÉGISLATIVE

Animaux dangereux et errants

BIBL. ▶ ANTOINE, *D. 1999. 167* (L. n° 99-5 du 6 janv. 1999 et protection animale). – CASSIA, *LPA 12 août 2003. 3* (chien et espace public municipal). – DELAIRE, La loi du 6 janvier 1999, entre répression et protection des animaux, *Gaz. cnes 28 août 2000, p. 44*. – REVET, *RTD civ. 1999. 479* (L. n° 99-5 du 6 janv. 1999).

Art. L. 211-11 *(L. n° 2001-1062 du 15 nov. 2001, art. 45)* « I. — » Si un animal est susceptible, compte tenu des modalités de sa garde, de présenter un danger pour les personnes ou les animaux domestiques, *(L. n° 2008-582 du 20 juin 2008, art. 2)* « le maire ou, à défaut, le préfet peut prescrire à son propriétaire ou à son détenteur de prendre des mesures de nature à prévenir le danger. Il peut à ce titre, à la suite de l'évaluation comportementale d'un chien réalisée en application de l'article L. 211-14-1, imposer à son propriétaire ou à son détenteur de suivre la formation et d'obtenir l'attestation d'aptitude prévues au I de l'article L. 211-13-1. »

En cas d'inexécution, par le propriétaire ou le *(L. n° 2008-582 du 20 juin 2008, art. 12)* « détenteur » de l'animal, des mesures prescrites, le maire peut, par arrêté, placer l'animal dans un lieu de dépôt adapté à l'accueil et à la garde de celui-ci.

Si, à l'issue d'un délai franc de garde de huit jours ouvrés, le propriétaire ou le *(L. n° 2008-582 du 20 juin 2008, art. 12)* « détenteur » ne présente pas toutes les garanties quant à l'application des mesures prescrites, le maire autorise le gestionnaire du lieu de dépôt, après avis d'un vétérinaire *(L. n° 2007-297 du 5 mars 2007, art. 25)* « désigné » par *(Ord. n° 2010-460 du 6 mai 2010, art. 2)* « le préfet », soit à faire procéder à l'euthanasie de l'animal, soit à en disposer dans les conditions prévues au II de l'article L. 211-25.

(L. n° 2001-1062 du 15 nov. 2001, art. 45) « Le propriétaire ou le *(L. n° 2008-582 du 20 juin 2008, art. 12)* « détenteur » de l'animal est invité à présenter ses observations avant la mise en œuvre des dispositions du deuxième alinéa du présent I. » — *Pour Paris, V. art. L. 211-28.*

(L. n° 2001-1062 du 15 nov. 2001, art. 45 ; L. n° 2007-297 du 5 mars 2007, art. 25) « II. — En cas de danger grave et immédiat pour les personnes ou les animaux domestiques, le maire ou, à défaut, le préfet peut ordonner par arrêté que l'animal soit placé dans un lieu de dépôt adapté à la garde de celui-ci et, le cas échéant, faire procéder à son euthanasie.

« Est réputé présenter un danger grave et immédiat tout chien appartenant à une des catégories mentionnées à l'article L. 211-12, qui est détenu par une personne mentionnée à l'article L. 211-13 ou qui se trouve dans un lieu où sa présence est interdite par le I de l'article L. 211-16, ou qui circule sans être muselé et tenu en laisse dans les conditions prévues par le II du même article *(L. n° 2008-582 du 20 juin 2008, art. 2)* « , ou dont le propriétaire ou le détenteur n'est pas titulaire de l'attestation d'aptitude prévue au I de l'article L. 211-13-1 ».

« L'euthanasie peut intervenir sans délai, après avis d'un vétérinaire désigné par *(Ord. n° 2010-460 du 6 mai 2010, art. 2)* « le préfet ». Cet avis doit être donné au plus tard quarante-huit heures après le placement de l'animal. À défaut, l'avis est réputé favorable à l'euthanasie.

« III. — Les frais afférents aux opérations de capture, de transport, de garde et d'euthanasie de l'animal sont intégralement *(L. n° 2008-582 du 20 juin 2008, art. 3)* « et directement » mis à la charge de son propriétaire ou de son détenteur. »

Art. L. 211-12 Les types de chiens susceptibles d'être dangereux faisant l'objet des mesures spécifiques prévues par les articles *(L. n° 2008-582 du 20 juin 2008, art. 8)* « L. 211-13, L. 211-13-1, L. 211-14, L. 211-15 et L. 211-16 », sans préjudice des dispositions de l'article L. 211-11, sont répartis en deux catégories :

1° Première catégorie : les chiens d'attaque ;

2° Deuxième catégorie : les chiens de garde et de défense.

Un arrêté du ministre de l'Intérieur et du ministre chargé de l'agriculture établit la liste des types de chiens relevant de chacune de ces catégories.

Art. L. 211-13 Ne peuvent détenir les chiens mentionnés à l'article L. 211-12 :

1° Les personnes âgées de moins de dix-huit ans ;

2° Les majeurs en tutelle à moins qu'ils n'y aient été autorisés par le juge des tutelles ;

3° Les personnes condamnées pour crime ou à une peine d'emprisonnement avec ou sans sursis pour délit inscrit au bulletin n° 2 du casier judiciaire ou, pour les ressortissants étrangers, dans un document équivalent ;

4° Les personnes auxquelles la propriété ou la garde d'un chien a été retirée en application de l'article L. 211-11. Le maire peut accorder une dérogation à l'interdiction en considération du comportement du demandeur depuis la décision de retrait, à condition que celle-ci ait été prononcée plus de dix ans avant le dépôt de la déclaration visée à l'article L. 211-14.

Pour les pénalités, V. C. rur., art. L. 215-1. — ***C. rur.***

Art. L. 211-13-1 *(L. n° 2008-582 du 20 juin 2008, art. 4)* I. — Le propriétaire ou le détenteur d'un chien mentionné à l'article L. 211-12 est tenu d'être titulaire d'une attestation d'aptitude sanctionnant une formation portant sur l'éducation et le comportement canins, ainsi que sur la prévention des accidents.

Les frais afférents à cette formation sont à la charge du propriétaire ou du détenteur du chien.

Un décret en Conseil d'État définit le contenu de la formation et les modalités d'obtention de l'attestation d'aptitude. Il détermine également les conditions d'agrément et de contrôle des personnes habilitées à dispenser la formation et à délivrer l'attestation d'aptitude.

II. — Le propriétaire ou le détenteur d'un chien mentionné à l'article L. 211-12 est tenu, lorsque le chien est âgé de plus de huit mois et de moins de douze mois, de le soumettre à l'évaluation comportementale prévue à l'article L. 211-14-1.

Cette évaluation peut être renouvelée dans des conditions définies par décret. Le maire peut en outre demander à tout moment une nouvelle évaluation en application de l'article L. 211-14-1.

Art. L. 211-14 *(L. n° 2008-582 du 20 juin 2008, art. 5)* I. — Pour les personnes autres que celles mentionnées à l'article L. 211-13, la détention des chiens mentionnés à l'article L. 211-12 est subordonnée à la délivrance d'un permis de détention par le maire de la commune où le propriétaire ou le détenteur de l'animal réside. En cas de changement de commune de résidence, le permis doit être présenté à la mairie du nouveau domicile. — *Pour Paris, V. art. L. 211-28.*

II. — La délivrance du permis de détention est subordonnée à la production :

1° De pièces justifiant :

a) De l'identification du chien dans les conditions prévues à l'article L. 212-10 ;

b) De la vaccination antirabique du chien en cours de validité ;

c) Dans les conditions définies par décret, d'une assurance garantissant la responsabilité civile du propriétaire du chien ou de la personne qui le détient pour les dommages causés aux tiers par l'animal. Les membres de la famille du propriétaire de l'animal ou de celui qui le détient sont considérés comme tiers au sens des présentes dispositions ;

d) Pour les chiens mâles et femelles de la première catégorie, de la stérilisation de l'animal ;

e) De l'obtention, par le propriétaire ou le détenteur de l'animal, de l'attestation d'aptitude mentionnée au I de l'article L. 211-13-1 ;

2° De l'évaluation comportementale prévue au II de l'article L. 211-13-1.

Lorsque le chien n'a pas atteint l'âge auquel cette évaluation doit être réalisée, il est délivré à son propriétaire ou son détenteur un permis provisoire dans des conditions précisées par décret. – *V. C. rur., art. D. 211-5-2.* – ***C. rur.***

Si les résultats de l'évaluation le justifient, le maire peut refuser la délivrance du permis de détention.

III. — Une fois le permis accordé, il doit être satisfait en permanence aux conditions prévues aux *b* et *c* du 1° du II.

IV. — En cas de constatation du défaut de permis de détention, le maire ou, à défaut, le préfet met en demeure le propriétaire ou le détenteur du chien de procéder à la régularisation dans le délai d'un mois au plus. En l'absence de régularisation dans le délai prescrit, le maire ou, à défaut, le préfet peut ordonner que l'animal soit placé dans un lieu de dépôt adapté à l'accueil ou à la garde de celui-ci et peut faire procéder sans délai et sans nouvelle mise en demeure à son euthanasie.

Les frais afférents aux opérations de capture, de transport, de garde et d'euthanasie de l'animal sont intégralement et directement mis à la charge de son propriétaire ou de son détenteur.

V. — Le présent article, ainsi que le I de l'article L. 211-13-1, ne sont pas applicables aux personnes qui détiennent un chien mentionné à l'article L. 211-12 à titre temporaire et à la demande de son propriétaire ou de son détenteur.

Pour les pénalités, V. C. rur., art. L. 215-2-1, L. 215-3-1, L. 215-4 et R. 215-2. – ***C. rur.***

Sur la déclaration du chien et l'obligation d'assurance de son propriétaire, V. C. rur., art. R. 211-5 et R. 211-7. – ***C. rur.***

Art. L. 211-14-1 *(L. n° 2007-297 du 5 mars 2007, art. 26)* Une évaluation comportementale peut être demandée par le maire pour tout chien qu'il désigne en application de l'article L. 211-11. Cette évaluation est effectuée par un vétérinaire choisi sur une liste départementale. *(L. n° 2008-582 du 20 juin 2008, art. 2)* « Elle est communiquée au maire par le vétérinaire. »

Les frais d'évaluation sont à la charge du propriétaire du chien.

Un décret détermine les conditions d'application du présent article. – *V. C. rur., art. D. 211-3-1.* – ***C. rur.***

Art. L. 211-14-2 *(L. n° 2008-582 du 20 juin 2008, art. 7)* Tout fait de morsure d'une personne par un chien est déclaré par son propriétaire ou son détenteur ou par tout professionnel en ayant connaissance dans l'exercice de ses fonctions à la mairie de la commune de résidence du propriétaire ou du détenteur de l'animal.

Le propriétaire ou le détenteur du chien est en outre tenu de le soumettre, pendant la période de surveillance définie en application du premier alinéa de l'article L. 223-10, à l'évaluation comportementale mentionnée à l'article L. 211-14-1, qui est communiquée au maire.

À la suite de cette évaluation, le maire ou, à défaut, le préfet peut imposer au propriétaire ou au détenteur du chien de suivre la formation et d'obtenir l'attestation d'aptitude mentionnées à l'article L. 211-13-1.

Faute pour l'intéressé de s'être soumis à ces obligations, le maire ou, à défaut, le préfet peut ordonner par arrêté que l'animal soit placé dans un lieu de dépôt adapté à la garde de celui-ci. Il peut, en cas de danger grave et immédiat et après avis d'un vétérinaire désigné par *(Ord. n° 2010-460 du 6 mai 2010, art. 2)* « le préfet », faire procéder à son euthanasie.

Art. L. 211-15 I. — L'acquisition, la cession à titre gratuit ou onéreux, hormis les cas prévus au troisième alinéa de l'article L. 211-11 ou au *(L. n° 2011-525 du 17 mai 2011, art. 30)* « deuxième alinéa de l'article 99-1 du code de procédure pénale », l'importation et l'introduction *(Ord. n° 2016-391 du 31 mars 2016, art. 4)* « sur le territoire métropolitain et sur celui de l'ensemble des collectivités territoriales d'outre-mer et de la Nouvelle-Calédonie » des chiens de la première catégorie mentionnée à l'article L. 211-12 sont interdites.

II. — La stérilisation des chiens de la première catégorie est obligatoire. Cette stérilisation donne lieu à un certificat vétérinaire. – *V. C. rur., art. R. 211-6* – ***C. rur.***

Pour les pénalités, V. C. rur., art. L. 215-2. – ***C. rur.***

Art. L. 211-16 I. — L'accès des chiens de la première catégorie aux transports en commun, aux lieux publics à l'exception de la voie publique et aux locaux ouverts au public est interdit. Leur stationnement dans les parties communes des immeubles collectifs est également interdit.

II. — Sur la voie publique, dans les parties communes des immeubles collectifs, les chiens de la première et de la deuxième catégorie doivent être muselés et tenus en laisse par une personne majeure. Il en est de même pour les chiens de la deuxième catégorie dans les lieux publics, les locaux ouverts au public et les transports en commun.

III. — Un bailleur ou un copropriétaire peut saisir le maire en cas de dangerosité d'un chien résidant dans un des logements dont il est propriétaire. Le maire peut alors procéder, s'il le juge nécessaire, à l'application des mesures prévues à l'article L. 211-11.

*Pour les pénalités, V. C. rur., art. L. 215-3-1 et L. 215-4. — **C. rur.***

Art. L. 211-17 Le dressage des chiens au mordant n'est autorisé que dans le cadre des activités de sélection canine encadrées par une association agréée par le ministre chargé de l'agriculture et des activités de surveillance, de gardiennage et de transport de fonds.

Seuls les dresseurs détenant un certificat de capacité peuvent exercer l'activité de dressage des chiens au mordant et acquérir des objets et des matériels destinés à ce dressage. *(Ord. nº 2008-507 du 30 mai 2008, art. 45)* « Les prestations de services effectuées en France, à titre temporaire et occasionnel par les professionnels ressortissants d'un État membre de *(Ord. nº 2015-1245 du 7 oct. 2015, art. 5)* « l'Union » européenne, ou d'un autre État partie à *(Ord. nº 2015-1245 du 7 oct. 2015, art. 5)* « l'accord sur » l'Espace économique européen, établis sur le territoire d'un de ces États sont régies par l'article L. 204-1 *(Ord. nº 2015-1245 du 7 oct. 2015, art. 5)* « et, le cas échéant, par l'article L. 204-2 ». » Il en est de même pour les responsables des activités de sélection canine mentionnées à l'alinéa précédent. Le certificat de capacité est délivré par l'autorité administrative aux candidats justifiant d'une aptitude professionnelle.

L'acquisition, à titre gratuit ou onéreux, par des personnes non titulaires du certificat de capacité, d'objets et de matériels destinés au dressage au mordant est interdite. Le certificat de capacité doit être présenté au vendeur avant toute cession. Celle-ci est alors inscrite sur un registre spécial tenu par le vendeur ou le cédant et mis à la disposition des autorités de police et des administrations chargées de l'application du présent article quand elles le demandent.

*Pour les pénalités, V. C. rur., art. L. 215-3. — **C. rur.***

*Sur le dressage des chiens au mordant, V. C. rur., art. R. 211-8 à R. 211-10. — **C. rur.***

Art. L. 211-18 Les dispositions des articles L. 211-13 à L. 211-17, L. 215-1 à L. 215-3 ne s'appliquent pas aux services et unités de la police nationale, des armées, de la gendarmerie, des douanes *(L. nº 2021-646 du 25 mai 2021, art. 12)* « , des polices municipales » et des services publics de secours, utilisateurs de chiens.

(L. nº 2008-582 du 20 juin 2008, art. 10) « Les personnes exerçant les activités mentionnées *(Ord. nº 2015-1243 du 7 oct. 2015, art. 2)* « au premier alinéa de l'article L. 214-6-1, au I de l'article L. 214-6-2 et à l'article L. 214-6-3 » ne sont pas tenues d'être titulaires de l'attestation d'aptitude mentionnée au I de l'article L. 211-13-1. »

Art. L. 211-19 *Abrogé par Ord. nº 2010-461 du 6 mai 2010, art. 5.*

Art. L. 211-19-1 *(Ord. nº 2006-1224 du 5 oct. 2006)* Il est interdit de laisser divaguer les animaux domestiques et les animaux sauvages apprivoisés ou tenus en captivité.

Art. L. 211-20 Lorsque des animaux errants sans *(L. nº 2008-582 du 20 juin 2008, art. 12)* « détenteur », ou dont le *(L. nº 2008-582 du 20 juin 2008, art. 12)* « détenteur » refuse de se faire connaître, sont trouvés pacageant sur des terrains appartenant à autrui, sur les accotements ou dépendances des routes, canaux, chemins ou sur des terrains communaux, le propriétaire lésé, ou son représentant, a le droit de les conduire ou de les faire conduire immédiatement au lieu de dépôt désigné par l'autorité municipale.

(Ord. nº 2006-1224 du 5 oct. 2006) « Le maire donne avis au propriétaire ou au *(L. nº 2008-582 du 20 juin 2008, art. 12)* « détenteur » des animaux des dispositions mises en œuvre.

« Si les animaux ne sont pas réclamés, ils sont considérés comme abandonnés et le maire fait procéder soit à leur euthanasie, soit à leur vente conformément aux dispositions de l'article L. 211-1, soit à leur cession, à titre gratuit, à une fondation ou à une association de protection animale reconnue d'utilité publique ou déclarée. Les frais résultant de l'ensemble des mesures prises sont mis à la charge du propriétaire ou du *(L. nº 2008-582 du 20 juin 2008, art. 12)* « détenteur » des animaux.

« Si le propriétaire ou le *(L. n° 2008-582 du 20 juin 2008, art. 12)* « détenteur » des animaux demeure inconnu, le maire autorise le gestionnaire du lieu de dépôt à prendre l'une des mesures énumérées ci-dessus. »

Art. L. 211-21 Les maires prescrivent que les animaux d'espèce sauvage apprivoisés ou tenus en captivité, trouvés errants et qui sont saisis sur le territoire de la commune, sont conduits à un lieu de dépôt désigné par eux. Ces animaux y sont maintenus aux frais du propriétaire ou du *(L. n° 2008-582 du 20 juin 2008, art. 12)* « détenteur ».

Les propriétaires, locataires, fermiers ou métayers peuvent saisir ou faire saisir par un agent de la force publique, dans les propriétés dont ils ont l'usage, les animaux d'espèce sauvage apprivoisés ou tenus en captivité, échappés à leur *(L. n° 2008-582 du 20 juin 2008, art. 12)* « détenteur » ou que celui-ci laisse divaguer. Les animaux saisis sont conduits à un lieu de dépôt désigné par le maire. Ils y sont maintenus, le cas échéant, aux frais du propriétaire ou du *(L. n° 2008-582 du 20 juin 2008, art. 12)* « détenteur ».

À l'issue d'un délai franc de garde de huit jours ouvrés au lieu de dépôt désigné, si l'animal n'a pas été réclamé par son propriétaire auprès du maire de la commune où l'animal a été saisi, il est alors considéré comme abandonné et le maire peut le céder ou, après avis d'un vétérinaire, le faire euthanasier. — *Pour Paris, V. C. rur., art. L. 211-28. — V. C. rur., art. R. 211-11. —* ***C. rur.***

Art. L. 211-22 Les maires prennent toutes dispositions propres à empêcher la divagation des chiens et des chats. Ils peuvent ordonner que ces animaux soient tenus en laisse et que les chiens soient muselés. Ils prescrivent que les chiens et les chats errants et tous ceux qui seraient saisis sur le territoire de la commune sont conduits à la fourrière, où ils sont gardés pendant les délais fixés aux articles L. 211-25 et L. 211-26. — *Pour Paris, V. C. rur., art. L. 211-28. —* ***C. rur.***

Les propriétaires, locataires, fermiers ou métayers peuvent saisir ou faire saisir par un agent de la force publique, dans les propriétés dont ils ont l'usage, les chiens et les chats que leurs maîtres laissent divaguer. Les animaux saisis sont conduits à la fourrière.

Un décret en Conseil d'État détermine les modalités d'application du présent article. — *V. C. rur., art. R. 211-11 et R. 211-12. —* ***C. rur.***

Pour les pénalités, V. C. rur., art. L. 215-5. — ***C. rur.***

Art. L. 211-23 Est considéré comme en état de divagation tout chien qui, en dehors d'une action de chasse ou *(L. n° 2005-157 du 23 févr. 2005, art. 125)* « de la garde ou de la protection du troupeau », n'est plus sous la surveillance effective de son maître, se trouve hors de portée de voix de celui-ci ou de tout instrument sonore permettant son rappel, ou qui est éloigné de son propriétaire ou de la personne qui en est responsable d'une distance dépassant cent mètres. Tout chien abandonné, livré à son seul instinct, est en état de divagation *(L. n° 2005-157 du 23 févr. 2005, art. 156)* « , sauf s'il participait à une action de chasse et qu'il est démontré que son propriétaire ne s'est pas abstenu de tout entreprendre pour le retrouver et le récupérer, y compris après la fin de l'action de chasse ».

Est considéré comme en état de divagation tout chat non identifié trouvé à plus de deux cents mètres des habitations ou tout chat trouvé à plus de mille mètres du domicile de son maître et qui n'est pas sous la surveillance immédiate de celui-ci, ainsi que tout chat dont le propriétaire n'est pas connu et qui est saisi sur la voie publique ou sur la propriété d'autrui.

Art. L. 211-24 *(L. n° 2021-1539 du 30 nov. 2021, art. 7)* Chaque commune ou, lorsqu'il exerce cette compétence en lieu et place de ladite commune, chaque établissement public de coopération intercommunale à fiscalité propre dispose d'une fourrière apte à l'accueil et à la garde, dans des conditions permettant de veiller à leur bien-être et à leur santé, des chiens et chats trouvés errants ou en état de divagation, jusqu'au terme des délais fixés aux articles L. 211-25 et L. 211-26. Cette fourrière peut être mutualisée avec un autre établissement public de coopération intercommunale ou avec un syndicat mixte fermé. La commune compétente peut mettre en place une fourrière communale sur son territoire ou disposer du service d'une fourrière établie sur le territoire d'une autre commune, avec l'accord de cette commune. Lorsqu'elle ne l'exerce pas en régie, la commune peut confier le service public de la fourrière à des fondations ou associations de protection des animaux disposant d'un refuge, sous forme de délégation de service public et dans des conditions fixées par décret en Conseil d'État.

La fourrière a une capacité adaptée aux besoins de chacune des communes pour lesquelles elle assure le service d'accueil des animaux en application du présent code. Cette capacité est constatée par arrêté du maire de la commune où elle est installée.

La surveillance dans la fourrière des maladies mentionnées à l'article L. 221-1 est assurée par un vétérinaire sanitaire désigné par le gestionnaire de la fourrière, dans les conditions prévues à la section 1 du chapitre III du titre préliminaire du présent livre.

Dans leurs contrats de prestations, les fourrières sont tenues de mentionner les sanctions encourues pour sévices graves ou actes de cruauté envers des animaux, mentionnées à l'article 521-1 du code pénal.

Les animaux ne peuvent être restitués à leur propriétaire qu'après paiement des frais de garde. En cas de non-paiement, le propriétaire est passible d'une amende forfaitaire dont les modalités sont définies par décret.

Par dérogation au cinquième alinéa du présent article, les fonctionnaires et agents mentionnés au premier alinéa de l'article L. 212-13 du présent code peuvent restituer sans délai à son propriétaire tout animal trouvé errant et identifié selon les modalités définies à l'article L. 212-10, lorsque cet animal n'a pas été gardé à la fourrière. Dans ce cas, l'animal est restitué après paiement d'un versement libératoire forfaitaire dont le montant est fixé par arrêté du maire.

Le gestionnaire de la fourrière est tenu de suivre une formation relative au bien-être des chiens et des chats, selon des modalités fixées par un décret qui prévoit des équivalences avec des formations comparables.

Art. L. 211-25 I. — Lorsque les chiens et les chats accueillis dans la fourrière sont identifiés conformément à l'article L. 212-10 ou par le port d'un collier où figurent le nom et l'adresse de leur maître, le gestionnaire de la fourrière recherche, dans les plus brefs délais, le propriétaire de l'animal. Dans les départements officiellement déclarés infectés par la rage, seuls les animaux vaccinés contre la rage peuvent être rendus à leur propriétaire.

À l'issue d'un délai franc de garde de huit jours ouvrés, si l'animal n'a pas été réclamé par son propriétaire, il est considéré comme abandonné et devient la propriété du gestionnaire de la fourrière, qui peut en disposer dans les conditions définies ci-après.

II. — Dans les départements indemnes de rage, le gestionnaire de la fourrière peut garder les animaux dans la limite de la capacité d'accueil de la fourrière. Après avis d'un vétérinaire, le gestionnaire peut céder les animaux à titre gratuit à des fondations ou des associations de protection des animaux disposant d'un refuge *(L. nº 2021-1539 du 30 nov. 2021, art. 7)* « ou à des associations mentionnées à l'article L. 214-6-5, » qui, seules, sont habilitées à proposer les animaux à l'adoption à un nouveau propriétaire. Ce don ne peut intervenir que si le bénéficiaire s'engage à respecter les exigences liées à la surveillance vétérinaire de l'animal, dont les modalités et la durée sont fixées par arrêté du ministre chargé de l'agriculture.

Après l'expiration du délai de garde, si le vétérinaire en constate la nécessité, il procède à l'euthanasie de l'animal.

III. — Dans les départements officiellement déclarés infectés de rage, il est procédé à l'euthanasie des animaux non remis à leur propriétaire à l'issue du délai de garde.

Art. L. 211-26 I. — Dans les départements indemnes de rage, lorsque les chiens et les chats accueillis dans la fourrière ne sont pas identifiés, les animaux sont gardés pendant un délai franc de huit jours ouvrés. L'animal ne peut être remis à son propriétaire qu'après avoir été identifié conformément à l'article L. 212-10. Les frais de l'identification sont à la charge du propriétaire.

Si, à l'issue de ce délai, l'animal n'a pas été réclamé par son propriétaire, il est considéré comme abandonné et devient la propriété du gestionnaire de la fourrière, qui peut en disposer dans les mêmes conditions que celles mentionnées au II de l'article L. 211-25.

II. — Dans les départements officiellement déclarés infectés de rage, il est procédé à l'euthanasie des chiens et des chats non identifiés admis à la fourrière.

Art. L. 211-27 Le maire peut, par arrêté, à son initiative ou à la demande d'une association de protection des animaux, faire procéder à la capture de chats non identifiés, sans propriétaire ou sans *(L. nº 2008-582 du 20 juin 2008, art. 12)* « détenteur », vivant en groupe *dans des lieux publics* de la commune, afin de faire procéder à leur stérilisation et à leur identification conformément à l'article L. 212-10, préalablement à leur relâcher dans ces mêmes lieux. Cette identification doit être réalisée au nom de la commune ou de ladite association.

(L. nº 2021-1539 du 30 nov. 2021, art. 12) « Les établissements publics de coopération intercommunale à fiscalité propre peuvent, en application de l'article L. 5211-4-2 du code géné-

ral des collectivités territoriales, mettre les moyens nécessaires à disposition des maires pour l'exercice de ce pouvoir de police. »

La gestion, le suivi sanitaire et les conditions de la garde au sens de l'article L. 211-11 de ces populations sont placés sous la responsabilité du représentant de la commune et de l'association de protection des animaux mentionnée *(L. n° 2021-1539 du 30 nov. 2021, art. 12)* « au premier alinéa du présent article.

« Pour l'application du présent article, le nourrissage de ces populations est autorisé sur les lieux de leur capture. »

Ces dispositions ne sont applicables que dans les départements indemnes de rage. Toutefois, sans préjudice des articles L. 223-9 à L. 223-16, dans les départements déclarés officiellement infectés de rage, des dérogations peuvent être accordées aux communes qui le demandent, par arrêté préfectoral, après avis favorable *(Ord. n° 2010-18 du 7 janv. 2010, art. 3)* « de l'Agence nationale chargée de la sécurité sanitaire de l'alimentation, de l'environnement et du travail » selon des critères scientifiques visant à évaluer le risque rabique.

(L. n° 2021-1539 du 30 nov. 2021, art. 13) « Dans les mairies et les établissements de soins vétérinaires, une signalisation apparente présente l'intérêt de la stérilisation des animaux domestiques en termes de santé, de bien-être animal et de préservation de la biodiversité. »

Art. L. 211-28 Conformément à l'article L. 2512-13 du code général des collectivités territoriales, les compétences dévolues au maire en application des articles L. 211-11, *(L. n° 2008-582 du 20 juin 2008, art. 16)* « L. 211-13-1, L. 211-14, L. 211-14-1, L. 211-14-2, » L. 211-21, L. 211-22 et L. 211-27 sont, à Paris, exercées par le préfet de police et les formalités devant être accomplies en mairie doivent l'être à la préfecture de police.

Loi n° 2000-614 du 5 juillet 2000,

Relative à l'accueil et à l'habitat des gens du voyage.

Sur la Commission nationale consultative des gens du voyage, V. Décr. n° 2015-563 du 20 mai 2015.

BIBL. ▶ **Commentaires de la loi :** BAZIN, *RGCT 2000. 415.* – ZENTNER, *Gaz. cnes 4 sept. 2000, p. 44.* – COLSON, L'accueil des gens du voyage par les communes de moins de 5000 habitants, *Dr. adm. 2014. Prat. 5.*

Art. 1er I. — Les communes participent à l'accueil des personnes dites gens du voyage et dont l'habitat traditionnel est constitué de résidences mobiles *(L. n° 2017-86 du 27 janv. 2017, art. 149)* « installées sur des aires d'accueil ou des terrains prévus à cet effet.

« Ce mode d'habitat est pris en compte par les politiques et les dispositifs d'urbanisme, d'habitat et de logement adoptés par l'État et par les collectivités territoriales.

« II. — Dans chaque département, au vu d'une évaluation préalable des besoins et de l'offre existante, notamment de la fréquence et de la durée des séjours des gens du voyage, de l'évolution de leurs modes de vie et de leur ancrage, des possibilités de scolarisation des enfants, d'accès aux soins et d'exercice des activités économiques, un schéma départemental prévoit les secteurs géographiques d'implantation et les communes où doivent être réalisés :

« 1° Des aires permanentes d'accueil, ainsi que leur capacité ;

« 2° Des terrains familiaux locatifs aménagés et implantés dans les conditions prévues à l'article L. 444-1 du code de l'urbanisme et destinés à l'installation prolongée de résidences mobiles, le cas échéant dans le cadre des mesures définies par le plan départemental d'action pour le logement et l'hébergement des personnes défavorisées, ainsi que le nombre et la capacité des terrains ;

« 3° Des aires de grand passage, destinées à l'accueil des gens du voyage se déplaçant collectivement à l'occasion des rassemblements traditionnels ou occasionnels, ainsi que la capacité et les périodes d'utilisation de ces aires.

« Le schéma départemental définit les conditions dans lesquelles l'État intervient pour assurer le bon déroulement des rassemblements traditionnels ou occasionnels et des grands passages.

« Les communes de plus de 5 000 habitants figurent obligatoirement au schéma départemental. Celui-ci définit la nature des actions à caractère social destinées aux gens du voyage.

« Deux annexes au schéma départemental recensent les terrains privés aménagés dans les conditions prévues à l'article L. 444-1 du code de l'urbanisme pour l'installation de résidences mobiles et les terrains mis à la disposition des gens du voyage par leurs employeurs, notamment dans le cadre d'emplois saisonniers.

« Le schéma départemental tient compte de l'existence de sites inscrits ou classés sur le territoire des communes concernées. La réalisation des aires permanentes d'accueil doit respecter la législation applicable, selon les cas, à chacun de ces sites.

« III. — Le schéma départemental est élaboré par le représentant de l'État dans le département et le président du conseil départemental. Après avis de l'organe délibérant des communes et des établissements publics de coopération intercommunale concernés et de la commission consultative prévue au IV, il est approuvé conjointement par le représentant de l'État dans le département et le président du conseil départemental dans un délai de dix-huit mois à compter de la publication de la présente loi. Passé ce délai, il est approuvé par le représentant de l'État dans le département. Il fait l'objet d'une publication.

« À l'initiative du représentant de l'État dans le département ou du président du conseil départemental, le schéma départemental est révisé selon la même procédure au moins tous les six ans à compter de sa publication. » *(L. nº 2018-957 du 7 nov. 2018, art. 1er)* « Il est tenu compte, lors de sa révision, des évolutions du schéma départemental de coopération intercommunale mentionné à l'article L. 5210-1-1 du code général des collectivités territoriales. »

(Ord. nº 2014-1543 du 19 déc. 2014, art. 26) « III *bis*. — Le schéma qui s'applique sur les territoires du département du Rhône et de la métropole de Lyon est dénommé "schéma départemental-métropolitain". Il est élaboré par le représentant de l'État dans le département, le président du conseil départemental et le président du conseil de la métropole de Lyon selon la procédure prévue au III du présent article.

« Le schéma élaboré avant la création de la métropole de Lyon par le représentant de l'État dans le département et le président du conseil départemental demeure applicable jusqu'à l'approbation du schéma mentionné à l'alinéa précédent ou au plus tard jusqu'à sa révision. »

(Ord. nº 2016-1562 du 21 nov. 2016, art. 17) « III *ter*. — En Corse, chaque schéma départemental est élaboré et approuvé par le représentant de l'État dans le département et le président du conseil exécutif. »

(Ord. nº 2020-1304 du 28 oct. 2020, art. 7) « III *quater*. — Dans le Bas-Rhin et dans le Haut-Rhin, chaque schéma départemental est élaboré et approuvé par le représentant de l'État dans le département et le président du conseil départemental de la Collectivité européenne d'Alsace. »

IV. — Dans chaque département, une commission consultative, comprenant notamment des représentants des communes *(L. nº 2017-86 du 27 janv. 2017, art. 149 ; L. nº 2018-957 du 7 nov. 2018, art. 1er)* « et des établissements publics de coopération intercommunale concernés », des représentants des gens du voyage et des associations intervenant auprès des gens du voyage, est associée à l'élaboration et à la mise en œuvre du schéma. Elle est présidée conjointement par le représentant de l'État dans le département et par le président du conseil départemental ou par leurs représentants.

La commission consultative établit chaque année un bilan d'application du schéma. Elle peut désigner un médiateur chargé d'examiner les difficultés rencontrées dans la mise en œuvre de ce schéma et de formuler des propositions de règlement de ces difficultés. Le médiateur rend compte à la commission de ses activités.

(Ord. nº 2014-1543 du 19 déc. 2014, art. 26) « IV *bis*. — La commission consultative du département du Rhône est compétente également sur le territoire de la métropole de Lyon. Elle est dénommée "commission consultative départementale-métropolitaine". Elle est présidée par le représentant de l'État dans le département, le président du conseil départemental du Rhône et le président du conseil de la métropole de Lyon ou par leurs représentants. »

(Ord. nº 2016-1562 du 21 nov. 2016, art. 17) « IV *ter*. — En Corse, la commission consultative est présidée conjointement par le représentant de l'État dans le département et par le président du conseil exécutif ou par leurs représentants. »

(Ord. nº 2020-1304 du 28 oct. 2020, art. 7) « IV *quater*. — Dans le Bas-Rhin et dans le Haut-Rhin, chaque commission consultative est présidée conjointement par le représentant de l'État dans le département et par le président du conseil départemental de la Collectivité européenne d'Alsace ou par leurs représentants. »

V. — Le représentant de l'État dans la région coordonne les travaux d'élaboration des schémas départementaux. Il s'assure de la cohérence de leur contenu et de leurs dates de publication. Il réunit à cet effet une commission constituée des représentants de l'État dans les départements, du président du conseil régional et des présidents des conseils départementaux, ou de leurs représentants. *(L. nº 2017-86 du 27 janv. 2017, art. 149)* « Il coordonne l'action de l'État sur les grands passages. »

(Ord. n° 2016-1562 du 21 nov. 2016, art. 17) « V *bis*. — Le représentant de l'État dans la collectivité de Corse coordonne les travaux d'élaboration des schémas départementaux. Il s'assure de la cohérence de leur contenu et de leurs dates de publication. Il réunit à cet effet une commission constituée des représentants de l'État dans les départements, du président du conseil exécutif ou de son représentant et de deux conseillers à l'Assemblée de Corse élus en son sein. »

Code pénal

Art. 322-4-1 *(L. n° 2003-239 du 18 mars 2003, art. 53)* Le fait de s'installer en réunion, en vue d'y établir une habitation, même temporaire, sur un terrain appartenant soit à une commune qui s'est conformée aux obligations lui incombant en vertu du schéma départemental prévu *(L. n° 2017-86 du 27 janv. 2017, art. 150)* « à l'article 1er » de la loi n° 2000-614 du 5 juillet 2000 relative à l'accueil et à l'habitat des gens du voyage ou qui n'est pas inscrite à ce schéma, soit à tout autre propriétaire autre qu'une commune, sans être en mesure de justifier de son autorisation ou de celle du titulaire du droit d'usage du terrain, est puni *(L. n° 2018-957 du 7 nov. 2018, art. 4)* « d'un an » d'emprisonnement et de *(L. n° 2018-957 du 7 nov. 2018, art. 4)* « 7 500 € » d'amende.

(L. n° 2018-957 du 7 nov. 2018, art. 4) « Dans les conditions prévues à l'article 495-17 du code de procédure pénale, l'action publique peut être éteinte par le versement d'une amende forfaitaire d'un montant de 500 €. Le montant de l'amende forfaitaire minorée est de 400 € et le montant de l'amende forfaitaire majorée de 1 000 €. »

Lorsque l'installation s'est faite au moyen de véhicules automobiles, il peut être procédé à leur saisie, à l'exception des véhicules destinés à l'habitation, en vue de leur confiscation par la juridiction pénale.

Art. 2 *(L. n° 2018-957 du 7 nov. 2018, art. 1er)* « I. — A. — Les communes figurant au schéma départemental et les établissements publics de coopération intercommunale compétents en matière de création, d'aménagement, d'entretien et de gestion des aires d'accueil des gens du voyage et des terrains familiaux locatifs définis aux 1° à 3° du II de l'article 1er sont tenus, dans un délai de deux ans suivant la publication de ce schéma, de participer à sa mise en œuvre.

« B. — Les communes membres d'un établissement public de coopération intercommunale compétent remplissent leurs obligations en accueillant sur leur territoire les aires et terrains mentionnés au A du présent I.

« L'établissement public de coopération intercommunale compétent remplit ses obligations en créant, en aménageant, en entretenant et en assurant la gestion des aires et terrains dont le schéma départemental a prévu la réalisation sur son territoire. Il peut retenir un terrain d'implantation pour une aire ou un terrain situé sur le territoire d'une commune membre autre que celle figurant au schéma départemental, à la condition qu'elle soit incluse dans le même secteur géographique d'implantation.

« L'établissement public de coopération intercommunale compétent peut également remplir ses obligations en contribuant au financement de la création, de l'aménagement, de l'entretien et de la gestion d'aires ou de terrains situés hors de son territoire. Il peut, à cette fin, conclure une convention avec un ou plusieurs autres établissements publics de coopération intercommunale.

« C. — Les communes qui ne sont pas membres d'un établissement public de coopération intercommunale compétent remplissent leurs obligations en créant, en aménageant, en entretenant et en assurant la gestion des aires et terrains dont le schéma départemental a prévu la réalisation sur leur territoire. Elles peuvent également contribuer au financement de la création, de l'aménagement, de l'entretien et de la gestion d'aires ou de terrains situés hors de leur territoire. Elles peuvent, à cette fin, conclure une convention avec d'autres communes ou établissements publics de coopération intercommunale compétents.

« II. — Les communes ou les établissements publics de coopération intercommunale compétents assurent la gestion de ces aires et terrains ou la confient par convention à une personne publique ou privée. »

(L. n° 2017-86 du 27 janv. 2017, art. 149) « II *bis*. — Un décret en Conseil d'État détermine :

« 1° En ce qui concerne les aires permanentes d'accueil : les règles applicables à leur aménagement, leur équipement, leur gestion, leur usage et les conditions de leur contrôle périodique, les modalités de coordination locale des périodes de fermeture temporaire, les modalités de calcul du droit d'usage et de la tarification des prestations fournies, le règlement intérieur type ;

« 2° En ce qui concerne les terrains familiaux locatifs : les règles applicables à leur aménagement, leur équipement, leur gestion et leur usage ;

« 3° En ce qui concerne les aires de grand passage : les règles applicables à leur aménagement, leur équipement, leur gestion et leur usage, les modalités de calcul du droit d'usage et de la tarification des prestations fournies, le règlement intérieur type. »

(L. nº 2004-809 du 13 août 2004, art. 201) « III. — Le délai de deux ans prévu au I est prorogé de deux ans, à compter de sa date d'expiration, lorsque la commune ou l'établissement public de coopération intercommunale a manifesté, dans ce délai, la volonté de se conformer à ses obligations :

« — soit par la transmission au représentant de l'État dans le département d'une délibération ou d'une lettre d'intention comportant la localisation de l'opération de réalisation ou de réhabilitation *(L. nº 2017-86 du 27 janv. 2017, art. 149)* « de l'aire permanente d'accueil, des terrains familiaux locatifs ou de l'aire de grand passage ; »

« — soit par l'acquisition des terrains ou le lancement d'une procédure d'acquisition des terrains sur lesquels les aménagements sont prévus ;

« — soit par la réalisation d'une étude préalable.

« Le délai d'exécution de la décision d'attribution de subvention, qu'il s'agisse d'un acte unilatéral ou d'une convention, concernant les communes ou établissements publics de coopération intercommunale qui se trouvent dans la situation ci-dessus est prorogé de deux ans. »

(L. nº 2007-1822 du 24 déc. 2007, art. 138) « IV. — Un délai supplémentaire est accordé, jusqu'au 31 décembre 2008 à compter de la date d'expiration du délai prévu au III, à la commune ou à l'établissement public de coopération intercommunale qui a manifesté, dans les conditions fixées au III, la volonté de se conformer à ses obligations et qui, au terme de ce délai, n'a pu néanmoins s'en acquitter. »

Sur l'exclusion de communes aux dispositions relatives à l'accueil des gens du voyage, V. ci-dessous L. nº 2003-710 du 1er août 2003, art. 15.

Loi nº 2003-710 du 1er août 2003,

D'orientation et de programmation pour la ville et la rénovation urbaine.

Art. 15 Les communes de moins de 20 000 habitants dont la moitié de la population habite dans *(L. nº 2014-173 du 21 févr. 2014, art. 26)* « un quartier prioritaire de la politique de la ville » sont exclues, à leur demande, du champ d'application des dispositions de la loi nº 2000-614 du 5 juillet 2000 relative à l'accueil et à l'habitat des gens du voyage et notamment de l'obligation prévue à l'article 2 de ladite loi.

Art. 3 *(L. nº 2017-86 du 27 janv. 2017, art. 149)* I. — Si, à l'expiration des délais prévus à l'article 2, une commune ou un établissement public de coopération intercommunale auquel a été transféré l'exercice de la compétence afférente n'a pas rempli les obligations mises à sa charge par le schéma départemental en matière d'aménagement, d'entretien et de gestion des aires permanentes d'accueil, des aires de grand passage et des terrains familiaux locatifs aménagés dans les conditions prévues à l'article L. 444-1 du code de l'urbanisme, le représentant de l'État dans le département met en demeure la commune ou l'établissement public de coopération intercommunale de prendre les mesures nécessaires selon un calendrier déterminé, en évaluant le montant des dépenses afférentes.

Si la commune ou l'établissement public de coopération intercommunale n'a pas pris les mesures nécessaires dans les délais prévus par le calendrier, le représentant de l'État dans le département peut lui *ordonner de consigner* entre les mains d'un comptable public les sommes correspondant au montant de ces dépenses. Ces sommes sont restituées au fur et à mesure de l'exécution de ces mesures.

Il est procédé au recouvrement de ces sommes comme en matière de créances de l'État étrangères à l'impôt et au domaine. L'opposition devant le juge administratif à l'état exécutoire pris en application d'une mesure de consignation ordonnée par le représentant de l'État dans le département n'a pas de caractère suspensif.

II. — Si, à l'expiration d'un délai de six mois à compter de la consignation des sommes prévue au I, la commune ou l'établissement public de coopération intercommunale n'a pas pris toutes les mesures nécessaires, le représentant de l'État dans le département peut mettre à nouveau en demeure la commune ou l'établissement public de coopération intercommunale de prendre ces mesures, selon un calendrier déterminé.

Si la commune ou l'établissement public de coopération intercommunale n'a pas obtempéré dans les délais prévus par le calendrier, l'État peut acquérir les terrains nécessaires, réaliser les travaux d'aménagement et gérer les aires ou les terrains aménagés au nom et pour le compte de la commune ou de l'établissement public.

Le représentant de l'État dans le département peut faire procéder d'office, en lieu et place et aux frais de la commune ou de l'établissement public de coopération intercommunale, à l'exécution des mesures nécessaires. Les sommes consignées en application du I peuvent être utilisées pour régler les dépenses ainsi engagées.

Le représentant de l'État dans le département peut se substituer à l'ensemble des organes de la commune ou de l'établissement public de coopération intercommunale pour faire procéder d'office à l'exécution des mesures nécessaires. Il peut procéder à la passation de marchés publics, selon les règles de procédures applicables à l'État.

À compter de l'achèvement des travaux d'aménagement, la commune ou l'établissement public de coopération intercommunale devient de plein droit propriétaire des aires ou terrains aménagés en application du présent II.

III. — Les dépenses d'acquisition, d'aménagement, d'entretien et de gestion des aires et terrains d'accueil des gens du voyage constituent des dépenses obligatoires, au sens des articles L. 1612-15 et L. 2321-2 du code général des collectivités territoriales, pour les communes ou les établissements publics de coopération intercommunale auxquels a été transféré l'exercice de cette compétence.

Art. 4 *(L. nº 2007-1822 du 24 déc. 2007, art. 138)* « L'État prend en charge, dans la limite d'un plafond fixé par décret, les investissements nécessaires à l'aménagement et à la réhabilitation des aires *(L. nº 2017-86 du 27 janv. 2017, art. 149)* « permanentes d'accueil prévues au 1º » du II de l'article 1er, dans la proportion de 70 % des dépenses engagées dans les délais fixés aux I et III de l'article 2. Cette proportion est de 50 % pour les dépenses engagées dans le délai prévu au IV du même article 2. »

(L. nº 2006-872 du 13 juill. 2006, art. 89) « Pour les aires de grand passage *(L. nº 2017-86 du 27 janv. 2017, art. 149)* « prévues au 3º » du II de l'article 1er, le représentant de l'État dans le département peut, après avis de la commission consultative départementale, faire application d'un taux maximal de subvention de 100 % du montant des dépenses engagées dans le délai fixé à l'article 2, dans la limite d'un plafond fixé par décret. *(L. nº 2007-1822 du 24 déc. 2007, art. 138)* « L'État peut assurer la maîtrise d'ouvrage de ces aires. Dans ce cas, le montant des dépenses qu'il engage est soumis au plafond précité. »

« La région, le département et les caisses d'allocations familiales peuvent accorder des subventions complémentaires pour la réalisation des aires d'accueil visées au présent article. »

Art. 5 *Mod. CSS.*

Art. 6 I. — Les modalités de mise en œuvre des actions de caractère social mentionnées au II de l'article 1er, dont le financement incombe à l'État, au département et, le cas échéant, aux organismes sociaux concernés, dans le cadre de leurs compétences respectives, sont fixées par des conventions passées entre ces personnes morales et les gestionnaires des aires d'accueil prévues par le schéma départemental.

II. — Des conventions passées entre le gestionnaire d'une aire d'accueil et le département déterminent les conditions dans lesquelles celui-ci participe aux dépenses de frais de fonctionnement des aires d'accueil prévues au schéma départemental, sans que cette participation puisse excéder le quart des dépenses correspondantes.

Art. 7 *Mod. CGCT, art. L. 2334-2.*

Art. 8 *Mod. C. urb.*

Art. 9 *(L. nº 2018-957 du 7 nov. 2018, art. 3)* « I. — Le maire d'une commune membre d'un établissement public de coopération intercommunale compétent en matière de création, d'aménagement, d'entretien et de gestion des aires d'accueil des gens du voyage et des terrains familiaux locatifs définis aux 1º à 3º du II de l'article 1er peut, par arrêté, interdire en dehors de ces aires et terrains le stationnement sur le territoire de la commune des résidences mobiles mentionnées au même article 1er, dès lors que l'une des conditions suivantes est remplie :

« 1° L'établissement public de coopération intercommunale a satisfait aux obligations qui lui incombent en application de l'article 2 ;

« 2° L'établissement public de coopération intercommunale bénéficie du délai supplémentaire prévu au III du même article 2 ;

« 3° L'établissement public de coopération intercommunale dispose d'un emplacement provisoire agréé par le préfet ;

« 4° L'établissement public de coopération intercommunale est doté d'une aire permanente d'accueil, de terrains familiaux locatifs ou d'une aire de grand passage, sans qu'aucune des communes qui en sont membres soit inscrite au schéma départemental prévu à l'article 1er ;

« 5° L'établissement public de coopération intercommunale a décidé, sans y être tenu, de contribuer au financement d'une telle aire ou de tels terrains sur le territoire d'un autre établissement public de coopération intercommunale ;

« 6° La commune est dotée d'une aire permanente d'accueil, de terrains familiaux locatifs ou d'une aire de grand passage conformes aux prescriptions du schéma départemental, bien que l'établissement public de coopération intercommunale auquel elle appartient n'ait pas satisfait à l'ensemble de ses obligations.

« L'agrément prévu au 3° du présent I est délivré pour une durée ne pouvant excéder six mois, en fonction de la localisation, de la capacité et de l'équipement de l'emplacement concerné, dans des conditions définies par décret.

« L'agrément d'un emplacement provisoire n'exonère pas l'établissement public de coopération intercommunale des obligations qui lui incombent dans les délais prévus à l'article 2.

« I *bis.* — Le maire d'une commune qui n'est pas membre d'un établissement public de coopération intercommunale compétent en matière de création, d'aménagement, d'entretien et de gestion des aires d'accueil des gens du voyage et des terrains familiaux locatifs définis aux 1° à 3° du II de l'article 1er peut, par arrêté, interdire en dehors de ces aires et terrains le stationnement sur le territoire de la commune des résidences mobiles mentionnées au même article 1er, dès lors que l'une des conditions suivantes est remplie :

« 1° La commune a satisfait aux obligations qui lui incombent en application de l'article 2 ;

« 2° La commune bénéficie du délai supplémentaire prévu au III du même article 2 ;

« 3° La commune dispose d'un emplacement provisoire agréé par le préfet, dans les conditions prévues aux deux derniers alinéas du I du présent article ;

« 4° La commune, sans être inscrite au schéma départemental prévu à l'article 1er, est dotée d'une aire permanente d'accueil, de terrains familiaux locatifs ou d'une aire de grand passage ;

« 5° La commune a décidé, sans y être tenue, de contribuer au financement d'une telle aire ou de tels terrains sur le territoire d'une autre commune. »

(L. n° 2007-297 du 5 mars 2007, art. 27) « II. — En cas de stationnement effectué en violation de l'arrêté prévu au I *(L. n° 2018-957 du 7 nov. 2018, art. 3)* « ou au I *bis* », le maire, le propriétaire ou le titulaire du droit d'usage du terrain occupé peut demander au préfet de mettre en demeure les occupants de quitter les lieux.

« La mise en demeure ne peut intervenir que si le stationnement est de nature à porter atteinte à la salubrité, la sécurité ou la tranquillité publiques.

« La mise en demeure est assortie d'un délai d'exécution qui ne peut être inférieur à vingt-quatre heures. Elle est notifiée aux occupants et publiée sous forme d'affichage en mairie et sur les lieux. Le cas échéant, elle est notifiée au propriétaire ou titulaire du droit d'usage du terrain. »

(L. n° 2017-86 du 27 janv. 2017, art. 150) « Cette mise en demeure reste applicable lorsque la résidence mobile se retrouve à nouveau, dans un délai de sept jours à compter de sa notification aux occupants, en situation de stationnement illicite sur le territoire de la commune ou de tout ou partie du territoire de l'intercommunalité concernée en violation du même arrêté du maire ou, s'il est compétent, du président de l'établissement public de coopération intercommunale prévu au I et de nature à porter la même atteinte à la salubrité, à la sécurité ou à la tranquillité publiques. »

(L. n° 2007-297 du 5 mars 2007, art. 27) « Lorsque la mise en demeure de quitter les lieux n'a pas été suivie d'effets dans le délai fixé et n'a pas fait l'objet d'un recours dans les conditions fixées au II *bis*, le préfet peut procéder à l'évacuation forcée des résidences mobiles, sauf opposition du propriétaire ou du titulaire du droit d'usage du terrain dans le délai fixé pour l'exécution de la mise en demeure.

« Lorsque le propriétaire ou le titulaire du droit d'usage du terrain fait obstacle à l'exécution de la mise en demeure, le préfet peut lui demander de prendre toutes les mesures nécessaires pour faire cesser l'atteinte à la salubrité, à la sécurité ou la tranquillité publiques dans un délai qu'il fixe.

« Le fait de ne pas se conformer à l'arrêté pris en application de l'alinéa précédent est puni de 3 750 € d'amende.

« II *bis.* — Les personnes destinataires de la décision de mise en demeure prévue au II, ainsi que le propriétaire ou le titulaire du droit d'usage du terrain peuvent, dans le délai fixé par celle-ci, demander son annulation au tribunal administratif. Le recours suspend l'exécution de la décision du préfet à leur égard. Le président du tribunal ou son délégué statue dans un délai de *(L. n° 2017-86 du 27 janv. 2017, art. 150)* « quarante-huit » heures à compter de sa saisine. »

III. — Abrogé par Cons. const. n° 2019-805 QPC du 27 sept. 2019.

IV. — En cas d'occupation, en violation de l'arrêté prévu au I *(L. n° 2018-957 du 7 nov. 2018, art. 3)* « ou au I *bis* », d'un terrain privé affecté à une activité à caractère économique, et dès lors que cette occupation est de nature à entraver ladite activité, le propriétaire ou le titulaire d'un droit réel d'usage sur le terrain peut saisir le président du tribunal de grande instance aux fins de faire ordonner l'évacuation forcée des résidences mobiles. Dans ce cas, le juge statue en *(Ord. n° 2019-738 du 17 juill. 2019, art. 25)* « référé ».

Par dérogation au présent art., les pouvoirs de police du maire en matière d'accueil des gens du voyage sont transférés aux EPCI à fiscalité propre. — V. art. L. 5211-9-2.

Sur l'agrément délivré à la commune ou à l'EPCI par le préfet pour des emplacements provisoires pour l'accueil des gens du voyage, V. ci-dessous Décr. n° 2007-690 du 3 mai 2007.

Décret n° 2007-690 du 3 mai 2007,

Relatif à l'agrément prévu à l'article 9 de la loi du 5 juillet 2000 relative à l'accueil et à l'habitat des gens du voyage.

Art. 1er *(Décr. n° 2019-815 du 31 juill. 2019, art. 1er)* L'agrément mentionné au I et au I *bis* de l'article 9 de la loi du 5 juillet 2000 susvisée est délivré à la commune ou à l'établissement public de coopération intercommunale par le préfet pour des emplacements provisoires qui répondent aux conditions fixées aux articles 2 et 3 du présent décret.

Le préfet peut consulter la commission prévue aux IV, IV *bis* et IV *ter* de l'article 1er de la loi du 5 juillet 2000 précitée.

La décision d'agrément est notifiée à la commune ou à l'établissement public de coopération intercommunale.

Art. 2 Pour être agréé, l'emplacement provisoire choisi par la commune *(Décr. n° 2019-815 du 31 juill. 2019, art. 1er)* « ou par l'établissement public de coopération intercommunale » doit présenter les caractéristiques suivantes :

a) Sa localisation doit garantir l'accessibilité au terrain, l'hygiène et la sécurité du stationnement des résidences mobiles ;

b) Il doit être desservi par un service régulier de ramassage des ordures ménagères ;

c) Il comprend une alimentation en eau et en électricité correspondant à la capacité d'accueil.

Art. 3 *(Décr. n° 2019-815 du 31 juill. 2019, art. 1er)* La capacité d'accueil de l'emplacement provisoire est de deux cents places de résidences mobiles au plus.

Art. 9-1 *(L. n° 2007-297 du 5 mars 2007, art. 28)* Dans les communes non inscrites au schéma départemental et non mentionnées à l'article 9, le préfet peut mettre en œuvre la procédure de mise en demeure et d'évacuation prévue au II du même article, à la demande du maire, du propriétaire ou du titulaire du droit d'usage du terrain, en vue de mettre fin au stationnement non autorisé de résidences mobiles de nature à porter atteinte à la salubrité, la sécurité ou la tranquillité publiques.

Les personnes objets de la décision de mise en demeure bénéficient des voies de recours mentionnées au II *bis* du même article.

Art. 9-2 *(L. n° 2018-957 du 7 nov. 2018, art. 2)* Afin d'organiser l'accueil des personnes dites gens du voyage, tout stationnement d'un groupe de plus de cent cinquante résidences mobiles est notifié par les représentants du groupe au représentant de l'État dans la région de destination, au représentant de l'État dans le département et au président du conseil départemental concernés trois mois au moins avant l'arrivée sur les lieux pour permettre l'identification d'une aire de stationnement correspondant aux besoins exprimés.

Le représentant de l'État dans le département concerné informe le maire de la commune et le président de l'établissement public de coopération intercommunale à fiscalité propre sur le territoire desquels est située l'aire désignée pour cet accueil deux mois au moins avant son occupation. Il précise les conditions de cette occupation.

Par dérogation à l'article L. 2212-1 du code général des collectivités territoriales, en cas de stationnement de plus de cent cinquante résidences mobiles sur le territoire d'une commune, le maire, s'il n'est pas en mesure d'assurer le bon ordre, la sûreté, la sécurité et la salubrité publiques, peut demander au représentant de l'État dans le département de prendre les mesures nécessaires.

Art. 10 I. — Les schémas départementaux établis en application de l'article 28 de la loi n° 90-449 du 31 mai 1990 visant à la mise en œuvre du droit au logement, publiés antérieurement à l'entrée en vigueur de la présente loi, font l'objet d'un nouvel examen dans les conditions et délais prévus à l'article 1er ci-dessus.

II. — L'article 28 de la loi n° 90-449 du 31 mai 1990 précitée est abrogé. Toutefois, dans les départements qui ne disposent pas d'un schéma départemental approuvé dans les conditions définies à l'article 1er ci-dessus, les deux derniers alinéas de cet article restent en vigueur.

Art. 10-1 *(L. n° 2018-699 du 3 août 2018, art. 7)* I. — La Commission nationale consultative des gens du voyage comprend parmi ses membres un député et un sénateur.

II. — Les missions, la composition, l'organisation et le fonctionnement de la commission sont précisés par décret.

Art. 11 Un décret en Conseil d'État détermine les conditions d'application de la présente loi.

Art. L. 2212-2-1 *(L. n° 2019-1461 du 27 déc. 2019, art. 53)* I. — Dans les conditions prévues au II, peut donner lieu à une amende administrative d'un montant maximal de 500 € tout manquement à un arrêté du maire présentant un risque pour la sécurité des personnes et ayant un caractère répétitif ou continu :

1° En matière d'élagage et d'entretien des arbres et des haies donnant sur la voie ou le domaine public ;

2° Ayant pour effet de bloquer ou d'entraver la voie ou le domaine public, en y installant ou en y laissant sans nécessité ou sans autorisation tout matériel ou objet, ou en y déversant toute substance ;

3° Consistant, au moyen d'un bien mobilier, à occuper à des fins commerciales la voie ou le domaine public soit sans droit ni titre, lorsque celui-ci est requis en application de l'article L. 2122-1 du code général de la propriété des personnes publiques, soit de façon non conforme au titre délivré en application du même article L. 2122-1, lorsque cette occupation constitue un usage privatif de ce domaine public excédant le droit d'usage appartenant à tous ;

4° En matière de non-respect d'un arrêté de restrictions horaires pour la vente d'alcool à emporter sur le territoire de la commune, pris en application de l'article L. 3332-13 du code de la santé publique.

II. — Le manquement mentionné au I du présent article est constaté par procès-verbal d'un officier de police judiciaire, d'un agent de police judiciaire ou d'un agent de police judiciaire adjoint.

Le maire notifie par écrit à la personne intéressée les faits qui lui sont reprochés, les mesures nécessaires pour faire cesser le manquement ainsi que les sanctions encourues. Cette notification mentionne la possibilité de présenter des observations, écrites ou orales, dans un délai de dix jours, le cas échéant assisté par un conseil ou représenté par un mandataire de son choix.

À l'expiration de ce délai de dix jours, si la personne n'a pas pris les mesures nécessaires pour faire cesser le manquement, le maire la met en demeure de se conformer à la réglementation dans un nouveau délai de dix jours.

À l'issue de ce second délai et à défaut d'exécution des mesures prescrites, le maire peut, par une décision motivée qui indique les voies et délais de recours, prononcer l'amende administrative prévue au premier alinéa du I. Le montant de l'amende est fixé en fonction de la gravité des faits reprochés.

La décision du maire prononçant l'amende est notifiée par écrit à la personne intéressée. Elle mentionne les modalités et le délai de paiement de l'amende. Cette décision est soumise aux dispositions de l'article L. 2131-1.

Le recours formé contre la décision prononçant l'amende est un recours de pleine juridiction.

L'amende administrative est recouvrée au bénéfice de la commune dans les conditions prévues par les dispositions relatives aux produits communaux.

Le délai de prescription de l'action du maire pour la sanction d'un manquement mentionné au premier alinéa du I est d'un an révolu à compter du jour où le premier manquement a été commis.

Ne peut faire l'objet de l'amende administrative prévue au premier alinéa du I le fait pour toute personne d'avoir installé sur la voie ou le domaine public les objets nécessaires à la satisfaction de ses besoins élémentaires.

(L. n° 2020-105 du 10 févr. 2020, art. 93) « III. — Après avoir prononcé l'amende mentionnée au I, le maire peut, par une décision motivée qui indique les voies et délais de recours, faire procéder d'office, en lieu et place de la personne mise en demeure et à ses frais, à l'exécution des mesures prescrites mentionnées au quatrième alinéa du II. »

BIBL. ▶ Donier, L'objectif de renforcement du pouvoir de police du maire : quelle effectivité ?, *RFDA 2020. 247*. – Faure, Les communes : le retour, *AJDA 2020. 557*.

Le maire ne peut prononcer une amende administrative à l'encontre d'un commerçant qui avait installé une contre-terrasse sans autorisation en raison de l'absence de risque pour la sécurité de ladite contre-terrasse. • TA Paris, 5 juill. 2024, n° 2220563 : *AJCT 2024. 689, note Pontier*.

Art. L. 2212-2-2 *(L. n° 2011-525 du 17 mai 2011, art. 78)* Dans l'hypothèse où, après mise en demeure sans résultat, le maire procéderait à l'exécution forcée des travaux d'élagage destinés à mettre fin à l'avance des plantations privées sur l'emprise des voies *(L. n° 2019-1461 du 27 déc. 2019, art. 49)* « sur lesquelles il exerce la police de la circulation en application de l'article L. 2213-1 » afin de garantir la sûreté et la commodité du passage, les frais afférents aux opérations sont mis à la charge des propriétaires négligents.

Art. L. 2212-3 La police municipale des communes riveraines de la mer s'exerce sur le rivage de la mer jusqu'à la limite des eaux. — *[C. communes, art. L. 131-2, al. 11.]*

1. V. également art. L. 2212-2 et notes ss. art. L. 2212-2.

2. Avant même l'intervention de l'art. 31 de la loi n° 86-2 du 3 janv. 1986 relative au littoral dont est issu l'art. L. 2212-3, il avait été jugé que, s'agissant des communes riveraines de la mer, les pouvoirs de police municipale, qui comportent la prévention des noyades et les secours à porter à leurs victimes, s'étendent à la portion du rivage faisant partie du domaine public maritime. • CE 25 sept. 1970, *Cne de Batz-sur-Mer et Dame vve Tesson : Lebon 540 ; D. 1971. 55, concl. Morisot ; AJDA 1971. 37, chron. Labetoulle et Cabanes ; JCP 1970. II. 16525, obs. anonymes ; RTD sanit. et soc. 1971. 294, note Dubouis.*

3. C'est ainsi que le maire tient de l'art. 97 C. adm. comm. (CGCT, art. L. 2212-2) le pouvoir de prévenir les troubles à l'ordre, à la tranquillité et à la salubrité publiques sur le domaine public maritime en y interdisant la vente ambulante ainsi que le stationnement des véhicules aménagés pour la vente ambulante. • CE 14 mars 1979, *Auclair : Lebon 112 ; RD publ. 1979. 1163, note Waline ; JCP 1980. II. 19452, note Kerninon.*

Art. L. 2212-4 En cas de danger grave ou imminent, tel que les accidents naturels prévus au 5° de l'article L. 2212-2, le maire prescrit l'exécution des mesures de sûreté exigées par les circonstances.

Il informe d'urgence le représentant de l'État dans le département et lui fait connaître les mesures qu'il a prescrites. — *[C. communes, art. L. 131-7.]*

BIBL. ▶ Pontier, *BJCL 2014. 698* (les collectivités territoriales et la prévention des risques). – Prétot, *Rev. adm. 1981. 259.*

1. Mesures susceptibles d'être prises. En cas de danger grave et imminent tel que celui afférent à une menace d'éboulement de terre, le maire peut, par application de l'art. 7 de la loi du 21 juin 1898 (CGCT, art. L. 2212-4), ordonner l'évacuation de la zone de terrains dominée par un rocher qui menace de tomber. En tardant à prendre l'autre mesure de sûreté qu'appelle ce danger et qui consiste en la destruction du rocher par les services de la commune, il ne commet pas de faute (alors lourde) dans l'exercice de la police municipale. • CE 14 mars 1958, *Dame Fleury : Lebon 166.*

2. Les dispositions des art. L. 131-2 et L. 131-7 C. communes (CGCT, art. L. 2212-2 et L. 2212-4) n'autorisent le maire à s'immiscer dans l'exercice de la police spéciale des installations classées que la loi du 19 juill. 1976 attribue au préfet et au gouvernement qu'au cas de péril imminent. Tel n'est pas le cas à propos de la pollution atmosphérique causée par le fonctionnement défectueux d'une usine d'incinération : elle ne menace pas gravement la santé et la salubrité publiques dans l'agglomération ; par ailleurs, la vive hostilité de la population locale et le risque de troubles à l'ordre public qui en résulte ne constituent pas davantage un péril imminent. • CE 15 janv. 1986, *Sté Pec-Engineering*, n° 47836 B : *AJDA 1986. 191, note Richer.* ♦ V. également notes 257 s. ss. art. L. 2212-2.

3. S'il appartient au maire, responsable de l'ordre public sur le territoire de sa commune, de prendre les mesures de police générale nécessaires au bon ordre, à la sûreté, à la sécurité et à la salubrité publiques, ce dernier ne saurait s'immiscer dans l'exercice de la police spéciale de l'eau qu'en cas de péril imminent. La teneur élevée en nitrates des eaux destinées à l'alimentation de la commune menaçant ses habitants d'un péril imminent, le maire peut s'immiscer dans la police préfectorale des eaux en interdisant les cultures agricoles dans le périmètre de protection d'un point d'eau. • CE 2 déc. 2009, *Cne de Rachecourt-sur-Marne*, n° 309684 : *BJCL 2009. 690, concl. Guyomar ; JCP Adm. 2010, n° 2106, obs. Moreau ; Envir. févr. 2010, comm. 13 par Trouilly.* ♦ Annulation de • CAA Nancy, 2 août 2007, *GAEC Varennes*, n° 05NC01255 : *Dr. rur. 2007. Comm. 351, note Billet.* ♦ V. également notes ss. art. L. 2212-2.

4. Il résulte des dispositions du CCH que, si le maire peut ordonner la démolition d'un immeuble en application des dispositions de l'art. L. 511-2 de ce code après accomplissement des formalités qu'il prévoit, il doit, lorsqu'il agit sur le fondement de l'art. L. 511-3 afin de faire cesser un péril imminent, se borner à prescrire les mesures provisoires nécessaires pour garantir la sécurité. En présence d'une situation d'extrême urgence créant un péril particulièrement grave et imminent qui exige la mise en œuvre immédiate d'une mesure de démolition, le maire ne peut l'ordonner que sur le fondement des pouvoirs de police générale qu'il tient des dispositions des art. L. 2212-2 et L. 2212-4 CGCT. • CE 6 nov. 2013, *Maire de Cayenne*, n° 349245 : *AJCT 2014. 209, obs. Yazi-Roman.*

5. Cas particulier des travaux susceptibles d'être ordonnés. C'est la commune qui est responsable des dommages causés par des travaux accomplis dans les conditions prévues à l'art. 7 de la loi du 21 juin 1898 (CGCT, art. L. 2212-4) sur un terrain privé par un détachement du génie militaire pour parer à un danger grave et imminent d'éboulement de terre. • CE 7 mai 1956, *Caisse primaire de sécurité sociale de Grenoble : Lebon 185.* ♦ Les travaux exécutés d'office sur l'ordre du maire dans l'intérêt de la sécurité publique et en vue de faire cesser un péril imminent conformément aux dispositions des art. 97 (6°) et 101 C. adm. comm. (CGCT, art. L. 2212-2-5° et L. 2212-4) sont des travaux publics. • CE 16 oct. 1964, *Ville de Tulle c/ Roume : Lebon 476 ; AJDA 1965. 180, obs. Moreau.*

6. Les dispositions de l'art. 7 de la loi du 21 juin 1898 (CGCT, art. L. 2212-4) permettent au maire d'ordonner des travaux sur des propriétés privées lesquels, s'agissant de travaux d'intérêt collectif, doivent être exécutés par la ville et à ses frais sauf recours contre le tiers responsable. • CE 6 févr. 1970, *Préfet de police c/ Sieur Kerguélen : Lebon 87, concl. Bertrand ; RD publ. 1970. 1226, note Waline* • CE 5 mars 1971, *SNCF : Lebon 184 ; AJDA 1971. I. 283, obs. Labetoulle et Cabannes.* ♦ Pour une confirmation, • CE 11 juill. 2014, *Copropriété les Hauts de Riffroids*, n° 360835 : *AJCT 2015. 557, obs. Defix.*

7. À la suite de l'effondrement d'un mur de soutènement et pour parer à un danger d'éboulement, le maire d'une commune a, en application notamment de l'art. 101 C. adm. comm. (CGCT, art. L. 2212-4), fait exécuter sur une propriété privée des travaux de déblaiement et de construction d'un mur en béton à l'emplacement de l'ancien mur écroulé. Ces travaux doivent être intégralement supportés par la commune. La juridiction administrative est incompétente pour se prononcer sur l'action de la commune contre le propriétaire à raison de faits qui seraient de nature à engager la responsabilité de ce dernier. • CE 4 déc. 1974, *Dame Bonneau*, n° 90473 : *Lebon. 608.* ♦ V. aussi • Civ. 1re, 28 nov. 2007, n° 06-19.405 : *D. 2008. 2390, obs. Trébulle ; RDI 2008. 191, obs. Trébulle ; JCP Adm. 2008, n° 2064, note Renard-Payen ; BJCL 2008. 356, obs. Janicot.*

8. Un dépôt d'ordures s'étant constitué depuis plusieurs années sur des propriétés privées en dehors de toute intervention de l'administration et l'attention du maire ayant été attirée à des nombreuses reprises sur les dangers résultant de cette situation, il lui incombe de faire cesser cette cause d'insalubrité, notamment en faisant exécuter sur les propriétés en cause, en application de l'art. 101 C. adm. comm. (CGCT, art. L. 2212-4), les travaux nécessaires pour mettre fin au danger et sa carence à ce faire constitue une faute (alors lourde) de nature à engager la responsabilité de la commune. • CE 28 oct. 1977, *Cne de Merfy : Lebon 406* ; *JCP 1978. II. 18814, concl. Galabert.*

9. L'art. L. 131-7 C. communes (art. L. 2212-4 CGCT) autorise le maire à prescrire au propriétaire d'une parcelle sur laquelle s'est produit un glissement de terrain de procéder d'urgence aux travaux nécessaires afin de stopper ledit glissement lesquels, toutefois, ayant un caractère collectif, doivent être exécutés par les soins de la commune et à ses frais. • CE 6 avr. 1998, *SARL Anciens éts Oustau et Cie*, n° 142845 B : *Dr. adm. 1998, n° 317, note D.C.*

10. Lorsque le maire d'une commune fait exécuter des travaux sur une propriété privée pour prévenir un danger grave et imminent, la charge financière de ces travaux est supportée par la commune. En l'espèce, la cour d'appel ayant caractérisé la négligence du propriétaire, elle a légalement justifié sa condamnation à prendre en charge le coût des travaux. • Civ. 1re, 28 nov. 2007, n° 06-19.405 : *JCP Adm. 2008, n° 2064, note Renard-Payen ; BJCL 2008. 356, obs. Janicot.*

11. Eu égard à la situation d'urgence et de péril pour la sécurité publique, le maire n'a commis aucune faute en décidant, dans le cadre de ses pouvoirs de police générale dont l'exercice n'est subordonné ni à l'envoi d'une mise en demeure préalable, ni à la prise d'un arrêté municipal ni même à l'intervention d'une décision de justice, de procéder au démontage et à l'enlèvement de constructions irrégulièrement édifiées, de telles mesures étant nécessaires et appropriées au risque présenté par les constructions et matériels en cause. • CAA Marseille, 18 oct. 2010, *SARL Bleu passion et a.*, n° 08MA02140 : *AJDA 2011. 393, concl. Deliancourt* .

12. Disparition de l'utilité des mesures prises. Lorsqu'il ressort d'éléments sérieux portés à sa connaissance qu'il existe un danger à la fois grave et imminent exigeant une intervention urgente qui ne peut être différée, l'autorité de police ne commet pas d'illégalité en prenant les mesures qui paraissent nécessaires au vu des informations dont elle dispose à la date de sa décision. La circonstances que ces mesures se révèlent ensuite inutiles est sans incidence sur leur légalité mais entraîne l'obligation de les abroger ou de les adapter. La lenteur à ce faire est susceptible d'entraîner la responsabilité pour faute de la commune. • CE 31 août 2009, *Cne de Crégols*, n° 296458 : *Lebon 343* ; *RJEP 2010, mars 2010, n° 673, p. 34, concl. de Salins ; AJDA 2009. 1824, chron. Liéber et Botteghi* ; *JCP A 2009, n° 2288, note Moreau ; RLCT 2009, n° 51, p. 22, note Gaté ; RDP 2010. 807, note Broyelle ; Dr. adm. 2009, n° 134 ; LPA 25 janv. 2011, p. 6, obs. Pollet-Panoussis ; DGCT 2010. 475, obs. Bon.*

Art. L. 2212-5 *(Ord. n° 2012-351 du 12 mars 2012, art. 7)* **Les missions des agents de police municipale et l'organisation des services de police municipale sont régies par les dispositions du titre I du livre V du code de la sécurité intérieure** *[V. infra].*

Sur les missions des agents de police municipale, V. CSI, art. L. 511-1, infra, et R. 511-1, ss. art. R. 2212-15 [abrogé].

Sur la nomination et l'agrément des agents de police municipale, V. CSI, art. L. 511-2 et L. 511-3, infra, et R. 511-2, ss. art. R. 2212-15 [abrogé].

Sur la carte professionnelle, la tenue et les équipements des agents de police municipale, V. CSI, art. L. 511-4, infra, et D. 511-3 s. – ***CSI****.*

Sur l'armement des agents de police municipale, V. CSI, art. L. 511-5, infra, et R. 511-11 s. – ***CSI****.*

Sur la formation continue des agents de police municipale, V. CSI, art. L. 511-6, infra, et R. 511-35 s. – ***CSI****.*

Sur la mise en commun des agents de police municipale, V. CSI, art. L. 512-1 s., infra, et R. 512-1 s., ss. art. R. 2212-11 à R. 2212-14 [abrogés].

Sur les conventions de coordination entre la police municipale et les forces de sécurité de l'État, V. CSI, art. L. 512-4 s., infra, R. 512-5 et R. 512-6, ss. art. R. 2212-1 et R. 2212-2 [abrogés].

Sur le contrôle d'un service de police municipale par le ministère de l'intérieur, V. CSI, art. L. 513-1, infra.

Sur la commission consultative des polices municipales, V. CSI, art. L. 514-1, infra, et R. 514-1 s., ss. art. R. 2212-3 à R. 2212-10 [abrogés].

Sur la déontologie des agents de police municipale, V. CSI, art. L. 515-1, infra, et R. 515-1 s. – ***CSI****.*

Sur les missions des agents de police judiciaire adjoints, V. ci-dessous C. pr. pén., art. 21, 21-2 et 44-1.

ENCYCL. COLL. LOC. *Police municipale : forces d'exécution, 2230*, par Bon.

BIBL. ▸ **L. du 15 avr. 1999 :** Dumolard, *AJPI 1999. 4.* – Froment, *Territorial 1999.* – Luchaire, *RGCT 1999. 198.* – Perrin, *Cah. fonct. publ. 1999. 13.* – Pontier, *Rev. adm. 1999. 416.* – Tamion, *LPA 2 juin 1999, p. 4.*

▸ **L. du 27 févr. 2002 :** Luchaire, *RGCT 2002. 111.*

▸ Aubin, *AJDA 2004. 1163* (les évolutions récentes de la fonction d'agent des polices municipales) ; *RLCT 2007, n° 22, p. 42* (réforme de la filière polices municipales) ; *JCP Adm. 2012, n° 2115* (évolution statutaire et perspectives d'avenir des agents des polices municipales). – Boillot-Burg, *JCP Adm. 2003, n° 2127* (du code de déontologie des agents de la police municipale). – Calon, Guide de la responsabilité du policier municipal, *Territorial, 2009.* – Crouzatier-Durand, Les évolutions des polices municipales – Mutualisation et territorialisation, *AJDA 2013. 1961* . – Derboulles, De la fondation du cadre d'emlois de directeur de police municipale, *RLCT 2008. 28.* – Jean-Pierre, La police municipale : entre extension de ses missions et stagnation de son statut, *JCP Adm. 2010, n° 123* ; *JCP Adm. 2003, n° 1846* (propos irrévérencieux sur la déontologie des policiers municipaux). – Glaser, Analyse par le Conseil d'État de la réforme du statut des policiers municipaux au regard du principe d'égalité, *RLCT 2008, p. 32.* – Latour et Moreau, Les nouvelles conventions types de coordination en matière de police municipale, *JCP Adm. 2012, n° 2082.* – Miranda, Le directeur de police municipale : une profession en pleine mutation, *AJCT 2010. 147* . – Pontier, Conventions types de coordination en matière de police, *JCP Adm. 2013. Actu. 244.* – Rousel, La nature répressive de la police municipale après la loi LOPPSI 2, *AJCT 2011. 347* ; Police municipale, police nationale, gendarmerie : après la défiance, le partenariat, *La Gazette 17 juin 2004.* – Le policier municipal, *Éd. du Papyrus, 2006.* – Le guide de la responsabilité du policier municipal, *Territorial, 2009.* – La filière police municipale – Réflexions et propositions, *Rapp. adopté par le Conseil supérieur de la fonction publique territoriale dans sa séance plénière du 5 sept. 2012.* – De la police municipale à la police territoriale, mieux assurer la tranquillité publique, *Rapp. d'information du Sénat n° 782 du 26 sept. 2012.*

1. Le fait de nommer des agents de la police municipale régisseurs de recettes du service des droits de place sur le marché porte illégalement atteinte à leurs conditions de travail et d'emploi dès lors qu'il leur attribue des responsabilités nouvelles correspondant à des tâches de gestion administrative et comptable étrangères à l'objet et aux missions de la police municipale. • CAA Nantes, 19 déc. 1998, *Boissy, Kervegant et Collins*, n° 96NT01246 B. ♦ V. également, *JCP Coll. terr. 2003, n° 1025.*

2. Sur l'encaissement, par les agents de la police municipale, des amendes pour contraventions, V. * Rép. min. n° 53323 : *JOAN Q, 2002. 81* * Rép. min. n° 1820 : *JOAN Q, 2002. 4051.* ♦ Pour l'exercice des missions confiées à des agents communaux agissant au nom de l'État par l'art. L. 2212-5 CGCT, les communes exposent deux types de dépense : les frais liés à la constatation par les agents de police municipale des contraventions aux dispositions du C. route ; la perception des amendes forfaitaires résultant de ces contraventions lorsqu'elles sont effectuées par les agents verbalisateurs. Les premières constituent des dépenses nécessaires à l'exercice des missions confiées aux agents de police municipale et sont donc à la charge des communes. En revanche, les frais de fonctionnement d'une régie de recettes créée par arrêté préfectoral auprès des communes et groupements de communes qui emploient des agents de police municipale doivent être mis à la charge de l'État. • CE 22 oct. 2010, *Min. de l'Intérieur, de l'Outre-mer et des Collectivités territoriales c/ Cne de Versailles*, n° 328102 : *BJCL 2011. 123, concl. de Salins et obs. B.P. ; JCP Adm. 2010, n° 2374, note Pontier ; DGCT 2011. 350, obs. Lafargue.* ♦ Annulation partielle de • CAA Versailles, 26 mars 2009, *Cne de Versailles*, n° 07VE03261 : *AJDA 2009. 1484, concl. Beaufaÿs ; RLCT, sept. 2009, p. 19, note Bartmann.*

3. La constatation des infractions à la réglementation du stationnement des véhicules automobiles est une opération de police judiciaire. Par suite, l'action en responsabilité exercée par le contrevenant à la suite d'un coup qui lui a été porté par l'agent municipal qui le verbalisait relève de la compétence des tribunaux de l'ordre judiciaire. • T. confl. 7 juin 1999, *Tardiff*, n° 03134 : *Lebon 454* . ♦ Des agents de la police municipale faisant une ronde de surveillance à l'occasion de laquelle ils se lancent à la poursuite d'un fuyard participent à une mission de police administrative dont le contentieux relève de la compétence de la juridiction administrative. • CAA Douai, 18 juin 2002, *El Mahmoun Inssi : LPA 11 mars 2003, concl. Michel ; JCP coll. terr. 2002, n° 1236, obs. Moreau.* ♦ Lors de l'appréhension dont il a fait l'objet dans un bar-restaurant où il s'était réfugié, le requérant a été blessé par un agent de police municipale qui, informé de la commission de vols à la roulotte sur le parking attenant à l'établissement, avait remarqué sa présence à cet endroit et l'avait poursuivi. Les agissements en cause, commis à l'occasion de la constatation d'infractions à la loi pénale et de la recherche de leurs auteurs, se rattachent à une opération de police judiciaire. Par suite, les litiges relatifs aux dommages pouvant survenir lors de telles opérations relèvent de la compétence des juridictions de l'ordre judiciaire. • T. confl. 26 juin 2006, *Littman c/ Cne de Villeneuve-Loubet*, n° 3504 B : *ACL 2007, n° 25.*

4. En confiant le pouvoir de procéder à des contrôles et des vérifications d'identité aux agents de police municipale qui, relevant des autorités communales, ne sont pas mis à la disposition des officiers de police judiciaire, l'art. 92 de la loi d'orientation et de programmation pour la performance de la sécurité intérieure II méconnaît l'art. 66 de la Constitution qui fait de l'autorité judiciaire la gardienne de la liberté individuelle et doit, par suite, être déclaré contraire à la Constitution. • Cons. const. 10 mars 2011, n° 2011-625 DC, consid. n° 60 : *D. 2011. 1162, note Bonfils ; AJDA 2011. 1097, note Ginocchi ; AJCT 2011. 182, note Dreyfus ; Constitutions 2011. 223, note Darsonville.*

5. En décidant de recourir à la réquisition de plusieurs agents de la police municipale en grève, le maire n'a pas porté à leur droit de grève une atteinte excessive compte tenu du caractère limité de la période de réquisition portant sur des tranches horaires précises, de la situation de l'ensemble des personnels concernés et des nécessités de l'ordre public. • TA Lyon, 13 déc. 2011, n° 0900665 : *AJCT 2012. 266, obs. Moliner-Dubost.*

6. Commet le délit puni par l'art. 432-1 C. pén. le maire qui a donné l'ordre aux policiers municipaux, placés sous son autorité, de ne pas aviser l'officier de police judiciaire de la police nationale compétent des agissements commis par le coupable d'une infraction au C. route. • Crim. 5 févr. 2013, n° 12-80.081 : *AJDA 2013. 956 ; JCP Adm. 2013, n° 2324, note Belfanti.*

Code de procédure pénale

(L. n° 57-1426 du 31 déc. 1957)

Art. 21 *(L. n° 78-788 du 28 juill. 1978)* « Sont agents de police judiciaire adjoints » :

[...]

(L. n° 66-493 du 9 juill. 1966) « 2° Les agents de police municipale ; »

(L. n° 2007-297 du 5 mars 2007, art. 74) « 3° Les gardes champêtres, lorsqu'ils agissent pour l'exercice des attributions fixées *(L. n° 2023-580 du 10 juill. 2023, art. 49)* « à l'avant-dernier » alinéa de l'article L. 521-1 du code de la sécurité intérieure. »

(Ord. n° 60-529 du 4 juin 1960) Ils ont pour mission :

De seconder, dans l'exercice de leurs fonctions, les officiers de police judiciaire ;

De rendre compte à leurs chefs hiérarchiques de tous crimes, délits ou contraventions dont ils ont connaissance ;

De constater en se conformant aux ordres de leurs chefs, les infractions à la loi pénale et de recueillir tous les renseignements en vue de découvrir les auteurs de ces infractions, le tout dans le cadre et dans les formes prévues par les lois organiques ou spéciales qui leur sont propres.

(L. n° 2001-1062 du 15 nov. 2001, art. 13) « De constater par procès-verbal les contraventions aux dispositions du code de la route dont la liste est fixée par décret en Conseil d'État *(L. n° 2018-703 du 3 août 2018, art. 15)* « ainsi que *(L. n° 2023-22 du 24 janv. 2023, art. 14)* « la contravention d'outrage sexiste et sexuel et le délit prévu à l'article 222-33-1-1 » du code pénal ». »

(L. n° 2003-239 du 18 mars 2003, art. 90) « Lorsqu'ils constatent une infraction par procès-verbal, les agents de police judiciaire adjoints peuvent recueillir les éventuelles observations du contrevenant. »

....

Art. 21-2 *(L. n° 99-291 du 15 avr. 1999)* Sans préjudice de l'obligation de rendre compte au maire qu'ils tiennent de l'article 21, les agents de police municipale rendent compte immédiatement à tout officier de police judiciaire de la police nationale ou de la gendarmerie nationale territorialement compétent de tous crimes, délits ou contraventions dont ils ont connaissance.

Ils adressent sans délai leurs rapports et procès-verbaux simultanément au maire et, par l'intermédiaire des officiers de police judiciaire mentionnés à l'alinéa précédent, au procureur de la République.

....

Art. 44-1 *(L. nº 2006-396 du 31 mars 2006, art. 51)* Pour les contraventions que les agents de la police municipale sont habilités à constater par procès-verbal conformément aux dispositions *(Ord. nº 2012-351 du 12 mars 2012, art. 9)* « des articles L. 511-1 et L. 512-2 du code de la sécurité intérieure *[V. infra]* » et qui sont commises au préjudice de la commune au titre de l'un de ses biens, le maire peut, tant que l'action publique n'a pas été mise en mouvement, proposer au contrevenant une transaction consistant en la réparation de ce préjudice.

La transaction proposée par le maire et acceptée par le contrevenant doit être homologuée par le procureur de la République.

Les actes tendant à la mise en œuvre ou à l'exécution de la transaction sont interruptifs de la prescription de l'action publique.

L'action publique est éteinte lorsque l'auteur de l'infraction a exécuté dans le délai imparti les obligations résultant pour lui de l'acceptation de la transaction.

La transaction peut également consister en l'exécution, au profit de la commune, d'un travail non rémunéré pendant une durée maximale de trente heures. Elle doit alors être homologuée, selon la nature de la contravention, par le juge *(L. nº 2011-1862 du 13 déc. 2011, art. 2, mod par L. nº 2012-1441 du 24 déc. 2012, L. nº 2014-1654 du 29 déc. 2014, art. 99, et L. nº 2016-1547 du 18 nov. 2016, art. 15)* « compétent du tribunal de police ».

Lorsqu'une de ces contraventions n'a pas été commise au préjudice de la commune mais a été commise sur le territoire de celle-ci, le maire peut proposer au procureur de la République de procéder à une des mesures prévues par les articles 41-1 ou 41-3 du présent code. Il est avisé par le procureur de la République de la suite réservée à sa proposition.

Les dispositions du présent article s'appliquent aux contraventions de même nature que les agents de la ville de Paris chargés d'un service de police et les agents de surveillance de Paris sont habilités à constater par procès-verbal conformément aux dispositions *(Ord. nº 2012-351 du 12 mars 2012, art. 9)* « des articles L. 531-1 et L. 532-1 du code de la sécurité intérieure *[V. ss. art. L. 2512-16]* ». *(L. nº 2007-297 du 5 mars 2007, art. 74)* « Ces dispositions s'appliquent également aux contraventions de même nature que les gardes champêtres sont habilités à constater par procès-verbal conformément à l'article L. 521-1 du code de la sécurité intérieure. »

Un décret en Conseil d'État précise les conditions d'application du présent article.

Code de la sécurité intérieure

(Ord. nº 2012-351 du 12 mars 2012, en vigueur le 1er mai 2012)

LIVRE V. POLICES MUNICIPALES

TITRE I. AGENTS DE POLICE MUNICIPALE

CHAPITRE I. *MISSIONS, RECRUTEMENT ET MODALITÉS D'EXERCICE*

SECTION 1. *Missions*

Art. L. 511-1 Sans préjudice de la compétence générale de la police nationale et de la gendarmerie nationale, les agents de police municipale exécutent, dans la limite de leurs attributions et sous son autorité, les tâches relevant de la compétence du maire que celui-ci leur confie en matière de prévention et de surveillance du bon ordre, de la tranquillité, de la sécurité et de la salubrité publiques.

Ils sont chargés d'assurer l'exécution des arrêtés de police du maire et de constater par procès-verbaux les contraventions auxdits arrêtés. Sans préjudice des compétences qui leur sont dévolues par des lois spéciales, ils constatent également par procès-verbaux les contraventions aux dispositions du code de la route dont la liste est fixée par décret en Conseil d'État ainsi que les contraventions mentionnées au livre VI du code pénal dont la liste est fixée par décret en Conseil d'État, dès lors qu'elles ne nécessitent pas de leur part d'actes d'enquête et à l'exclusion de celles réprimant des atteintes à l'intégrité des personnes.

(L. nº 2015-991 du 7 août 2015, art. 78) « Ils sont habilités à établir l'avis de paiement prévu à l'article L. 2333-87 du code général des collectivités territoriales. »

Ils peuvent également constater par rapport le délit prévu par l'article *(Ord. n° 2020-71 du 29 janv. 2020, art. 7)* « L. 272-4 » du code de la construction et de l'habitation.

Ils exercent leurs fonctions sur le territoire communal, dans les conditions prévues au 2° de l'article 21 du code de procédure pénale.

Affectés sur décision du maire à la sécurité d'une manifestation sportive, récréative ou culturelle *(L. n° 2017-1510 du 30 oct. 2017, art. 1er-II)* « ou à celle des périmètres de protection institués en application de l'article L. 226-1 » *(L. n° 2021-646 du 25 mai 2021, art. 4)* « du présent code » *(L. n° 2017-258 du 28 févr. 2017, art. 21-1°)* « ou à la surveillance de l'accès à un bâtiment communal », ils peuvent procéder à l'inspection visuelle des bagages et, avec le consentement de leur propriétaire, à leur fouille. *(L. n° 2017-258 du 28 févr. 2017, art. 21-2°)* « Ils peuvent également procéder, avec le consentement exprès des personnes, à des palpations de sécurité. Dans ce cas, la palpation de sécurité doit être effectuée par une personne de même sexe que la personne qui en fait l'objet. » — *[CGCT, art. L. 2212-5, al. 1er à 4 ; L. n° 83-629 du 12 juill. 1983, art. 3-2, ecqc les agents de police municipale.]*

(L. n° 2016-339 du 22 mars 2016, art. 20) « Affectés par le maire à des missions de maintien du bon ordre au sein des transports publics de voyageurs, les agents de police municipale peuvent constater par procès-verbaux les infractions mentionnées à l'article L. 2241-1 du code des transports sur le territoire de la commune ou des communes formant un ensemble d'un seul tenant dans les conditions définies à l'article L. 512-1-1 du présent code, sans pouvoir excéder le ressort du tribunal auprès duquel ils ont prêté serment.

« À cette fin, les communes contiguës desservies par un ou plusieurs réseaux de transports publics peuvent conclure entre elles une convention locale de sûreté des transports collectifs afin de permettre à leurs polices municipales d'exercer indistinctement leurs compétences sur les parties de réseaux qui les traversent. Cette convention est conclue sous l'autorité du représentant de l'État dans le département dans le respect des conventions de coordination des interventions de la police municipale et des forces de sécurité de l'État prévues à la section 2 du chapitre II du présent titre et dans le respect du contrat d'objectif départemental de sûreté dans les transports collectifs. »

SECTION 2. *Nomination et agrément*

Art. L. 511-2 Les fonctions d'agent de police municipale ne peuvent être exercées que par des fonctionnaires territoriaux recrutés à cet effet dans les conditions fixées par les statuts particuliers prévus à l'article 6 de la loi n° 84-53 du 26 janvier 1984 portant dispositions statutaires relatives à la fonction publique territoriale *(L. n° 2021-646 du 25 mai 2021, art. 6)* « et, à Paris, par des fonctionnaires de la Ville de Paris recrutés à cet effet dans les conditions fixées au chapitre III du titre III du présent livre ».

Ils sont nommés par le maire ou le président de l'établissement public de coopération intercommunale, agréés par le représentant de l'État dans le département et le procureur de la République, puis assermentés. Cet agrément et cette assermentation restent valables tant qu'ils continuent d'exercer des fonctions d'agents de police municipale. En cas de recrutement par une commune ou un établissement de coopération intercommunale situé sur le ressort d'un autre tribunal judiciaire, les procureurs de la République compétents au titre de l'ancien et du nouveau lieu d'exercice des fonctions sont avisés sans délai.

L'agrément peut être retiré ou suspendu par le représentant de l'État ou le procureur de la République après consultation du maire ou du président de l'établissement public de coopération intercommunale. Toutefois, en cas d'urgence, l'agrément peut être suspendu par le procureur de la République sans qu'il soit procédé à cette consultation. — *[C. communes, art. L. 412-49.]*

1. **BIBL.** Jean-Pierre, Le retrait d'agrément des policiers municipaux et ses conséquences, *JCP Adm. 2007, n° 2345.* – Liberatore, Recrutement et formation des policiers municipaux, *Dossiers d'expert de la lettre du cadre territorial, 2004.*

2. L'agrément n'est pas une formalité préalable à la nomination, mais cette dernière n'est parfaite qu'après que l'intéressé en a fait l'objet. • CE 24 nov. 1982, ⛫ *Graciano*, n° 27865 B.

3. Ayant pour objet de vérifier que l'intéressé présente les garanties d'honorabilité requises pour occuper l'emploi de l'administration municipale auquel il a été nommé, l'agrément présente ainsi par son objet, quelle que soit l'autorité qui y procède, le caractère d'un acte administratif. La juridiction administrative est, dès lors, seule compétente pour connaître des litiges nés d'un refus ou d'un retrait d'agrément, même si ce dernier est motivé par le comportement de l'intéressé. • CE

6 avr. 1992, *Procureur de la République près le tribunal de grande instance c/ Pirozelli*, n° 119653 : *Lebon 150*.

4. Ont été considérés comme des manquements à l'honorabilité requise le fait d'avoir participé à la mise en œuvre, à l'utilisation et à la dissimulation d'un fichier informatique créé en violation de la loi et contenant des informations nominatives portant atteinte à la vie privée des habitants de la commune. • CE 10 juill. 1995, *Cne de La Tremblade et Garde des Sceaux, Min. de la Justice*, n°s 148139 B et 148146 B. ♦ ... Le fait de porter une arme sans y être autorisé, de présenter des papiers ne correspondant pas à ceux du véhicule qu'il conduisait et d'avoir employé à son domicile une personne condamnée pour avoir agressé un autre agent de police municipale. • CAA Paris, 2 juill. 1998, *Garde des Sceaux, Min. de la Justice c/ Charmont*, n° 97PA01703.

5. Ne va pas à l'encontre de l'honorabilité requise le fait d'avoir, sur l'ordre du maire, signé un arrêté portant placement d'office dans un établissement psychiatrique alors qu'il n'était pas compétent pour le faire. • CAA Bordeaux, 3 nov. 1997, *Min. de la Justice*, n° 96BX00136. ♦ ... Le fait d'avoir fait l'objet d'un blâme, d'avoir fait preuve d'un zèle intempestif dans la répression des infractions et d'avoir eu des écarts de langage envers les administrés. • CAA Lyon, 5 déc. 1997, *Cne de La Bouilladisse*, n° 95LY00674. ♦ ... Le fait d'avoir été condamné pénalement à 3 000 F d'amende avec sursis pour avoir poursuivi à bord de son véhicule de service, hors du ressort de la commune où il exerçait ses fonctions, un contrevenant faisant preuve au volant d'un comportement dangereux et fait preuve ainsi d'un zèle excessif dans l'exercice de ses fonctions. • CAA Marseille, 26 oct. 1999, *Min. de la Justice*, n° 99MA00148.

6. Le fait que l'intéressé ait fait l'objet d'une sanction disciplinaire ou d'une sanction pénale ne prive pas le procureur de la République de son pouvoir d'appréciation et ne le place pas en situation de compétence liée pour refuser l'agrément sollicité. • CAA Lyon, 5 déc. 1997, *Cne de La Bouilladisse : préc. note 4* • CAA Marseille, 26 oct. 1999, *Min. de la Justice : préc. note 4*.

7. Le procureur de la République ne peut refuser l'agrément sollicité pour un motif tiré de l'irrégularité de la nomination de l'agent. • CAA Bordeaux, 8 juill. 1996, *Min. de la Justice c/ Leauthier : Lebon T. 1053*.

8. Le retrait d'agrément d'un policier municipal ne peut avoir lieu sans que ce dernier ait été mis en mesure de consulter son dossier dans des conditions lui permettant de présenter utilement ses observations sur la mesure envisagée. Tel n'est pas le cas si le dossier lui est communiqué quelques minutes avant son audition de telle sorte que le retrait d'agrément doit être annulé et, par voie de conséquence, la décision du maire le radiant des cadres de la commune. • CAA Paris, 10 juill. 2002, *Marion : BJCL 2002. 4847, concl. Haïm.*

9. Le fait qu'un policier municipal ait, dans l'exercice de ses fonctions et en uniforme, critiqué publiquement et de manière répétée l'action et la personne du maire avant des élections municipales a pour conséquence qu'il ne disposait plus, de la part de cette autorité dont il dépend, de la confiance nécessaire au bon accomplissement de ses missions, ce qui a affecté également le crédit et la fiabilité dont il devait normalement se prévaloir notamment vis-à-vis de l'autorité judiciaire et des administrés de la commune. Dès lors, le procureur de la République a pu légalement estimer qu'il ne présentait plus les garanties d'honorabilité requises et prononcer pour ce motif le retrait de son agrément de policier municipal. De son côté, le maire a pu légalement procéder à son reclassement dans un autre cadre d'emplois. • CE 9 févr. 2005, *Cne de Cagny c/ M. A.*, n° 257240 : *AJDA 2005. 779, note de Montecler ; JCP Adm. 2005, n° 1181, note Jean-Pierre ; BJCL 2005. 306, concl. Olson et obs. J.-C. B.*

10. Dans le passé, le fait que l'agrément soit refusé ou retiré imposait au maire de mettre fin aux fonctions de l'intéressé. • CE 24 nov. 1982, *Graciano*, n° 27865 : *préc. note 2.* ♦ Dorénavant, le statut des agents de la police municipale lui offre également la possibilité de proposer à la personne concernée un reclassement dans un autre cadre d'emplois (loi n° 99-291 du 15 avr. 1999, art. 25 ; V. aujourd'hui art. L. 412-49 C. communes). En tout état de cause, la décision prise par le maire n'a pas le caractère d'une sanction. • CE 30 avr. 1990, *Cne d'Aix-en-Provence*, n° 75231. ♦ Elle peut, dès lors, intervenir sans communication du dossier. • CAA Paris, 2 juill. 1998, *Garde des Sceaux, Min. de la Justice c/ Charmont : préc. note 4.* ♦ En revanche, elle est entachée d'excès de pouvoir si elle a été prise en raison d'un refus ou d'un retrait d'agrément qui s'avère illégal. • CE 10 juill. 1995, *Cne de Hyères*, n°s 147402 B et 147403 B.

11. Le fait, pour un policier municipal, d'effectuer auprès de la police nationale une démarche pour faire annuler une contravention de petite voirie dressée à l'encontre d'un de ses proches constitue un manquement à l'honneur. Mais muter cet agent au service de collecte des ordures ménagères est une sanction déguisée qui encourt l'annulation. • CAA Marseille, 8 févr. 2008, *Cne de Béziers*, n° 05MA00030 : *AJDA 2008. 1330, note de Montecler*.

12. La réintégration, après annulation d'une mesure irrégulière d'éviction, d'un agent de police municipale dont la nomination requiert l'agrément du procureur de la République est subordonnée au renouvellement de cet agrément. • TA Lille, 26 mai 1998, *Pagniez c/ Cne de Grande-Synthe*, n° 95-1236 B.

13. Sur le recrutement d'un contractuel pour un emploi de directeur de la police municipale, V. • CAA Lyon, 19 déc. 2006, *Union syndicale professionnelle des policiers municipaux c/ Cne de*

Saint-Fons, n° 02LY01463 : *JCP Adm. 2007, n° 2109, note Bentolila* • CAA Bordeaux, 12 juin 2007, *Union nationale des agents de la police municipale de Toulouse Midi-Pyrénées*, n° 04BX01585 : *JCP Adm. 2008, n° 2010, note Jean-Pierre.* ♦ ... De directeur communal de la prévention et de la sécurité. • CAA Versailles, 24 mai 2007, *Union synd. professionnelle des policiers municipaux*, n° 05VE00810 : *BJCL 2007. 831, concl. Pellissier.*

14. Sur la possibilité de donner à un agent de catégorie A d'un autre cadre d'emplois l'encadrement des agents de police municipale. • CE 19 nov. 2008, *Cne de Saint-Paul*, n° 300521 : *Lebon 423 ; BJCL 2009. 47, concl. Séners et obs. anonymes ; RLCT, janv. 2009, p. 4, obs. Glaser ; DGCT 2009. 402.*

Art. L. 511-3 L'agrément mentionné à l'article L. 511-2 peut aussi être accordé à des agents titulaires de la commune habituellement affectés à des emplois autres que ceux de la police municipale ou non titulaires, chargés d'assister temporairement les agents de la police municipale dans les communes touristiques et stations classées relevant de la section 2 du chapitre III du titre III du livre I du code du tourisme. Ces agents ne peuvent porter aucune arme. — *[C. communes, art. L. 412-49-1.]*

SECTION 3. *Carte professionnelle, tenue et équipements*

Art. L. 511-4 La carte professionnelle, la tenue, la signalisation des véhicules de service et les types d'équipement dont sont dotés les agents de police municipale font l'objet d'une identification commune à tous les services de police municipale et de nature à n'entraîner aucune confusion avec ceux utilisés par la police nationale et la gendarmerie nationale. Les caractéristiques de la carte professionnelle, les caractéristiques ainsi que les catégories et les normes techniques des autres équipements sont fixées par arrêté du ministre de l'Intérieur après avis de la commission consultative des polices municipales prévue à l'article L. 514-1. — *V. Arr. du 5 mai 2014 (JO 14 mai, textes n°s 26 et 27 ; JO 22 mai).*

Le port de la carte professionnelle et celui de la tenue sont obligatoires pendant le service. — *[C. communes, art. L. 412-52.]*

Art. L. 511-4-1 *(L. n° 2021-646 du 25 mai 2021, art. 18)* Les agents de police municipale, revêtus de leurs uniformes, peuvent faire usage de matériels appropriés pour immobiliser les moyens de transport dans les cas prévus à l'article L. 214-2. Ces matériels sont conformes à des normes techniques définies par arrêté du ministre de l'intérieur.

SECTION 4. *Port d'armes et règles d'usage des armes (L. n° 2017-258 du 28 févr. 2017, art. 1er).*

Art. L. 511-5 Les agents de police municipale peuvent être autorisés nominativement par le représentant de l'État dans le département, sur demande motivée du maire, à porter une arme, sous réserve de l'existence d'une convention de coordination des interventions de la police municipale et des forces de sécurité de l'État, prévue par la section 2 du chapitre II du présent titre.

Lorsque l'agent est employé par un établissement public de coopération intercommunale et mis à disposition de plusieurs communes dans les conditions prévues *(L. n° 2019-1461 du 27 déc. 2019, art. 61)* « aux I et II » de l'article L. 512-2, cette demande est établie conjointement par l'ensemble des maires des communes où il est affecté.

Un décret en Conseil d'État précise, par type de mission, les circonstances et les conditions dans lesquelles les agents de police municipale peuvent porter une arme. Il détermine, en outre, les catégories et les types d'armes susceptibles d'être autorisés, leurs conditions d'acquisition et de conservation par la commune ou par l'établissement public de coopération intercommunale et les conditions de leur utilisation par les agents. Il précise les modalités de la formation que ces derniers reçoivent à cet effet. — *[C. communes, art. L. 412-51.]* — *V. CSI, art. R. 511-11 à R. 511-34.* — ***CSI.***

1. BIBL. Jean-Pierre, Formation au tir, armement et mise à disposition des agents de la police municipale, *JCP Adm. 2007, n° 2240.* – Le Moigne, L'armement des policiers municipaux : les moyens d'une profession à risques, *AJCT 2010. 152*. – Liénard, L'armement des policiers municipaux : analyse juridique et choix techniques, *Territorial, 2003.*

2. Si le maire d'une commune a autorité sur la police municipale, il n'est pas un agent d'une administration publique chargé d'un service de police ou de répression au sens des dispositions du décret du 6 mai 1995 et ne peut disposer à ce titre d'une autorisation de port d'arme. Sa qualité d'officier de police judiciaire ne lui confère pas non plus, à elle seule, le droit au port d'une arme.

• CE 21 nov. 2001, *Cne de Wissous : Coll. terr. 2002. 47, obs. Moreau.*

3. En ne retenant, parmi les armes de 4e catégorie, que les agents de police municipale ne peuvent être autorisés à porter que les revolvers chambrés, pour le calibre 38 spécial, et les armes de poing chambrées, pour le calibre 7,65 mm, le décret du 24 mars 2000 n'a pas commis d'erreur manifeste d'appréciation compte tenu tant des missions susceptibles d'être confiées à ces agents que des risques encourus par eux-mêmes et par les tiers. Il n'a pas commis non plus d'erreur manifeste d'appréciation en subordonnant le port d'arme à la condition qu'un risque de nature à compromettre la sécurité des personnes et des biens soit identifié ou à celle que les bâtiments soient exposés à des risques particuliers d'insécurité. Les missions des agents de police municipale, leurs modalités de recrutement et de formation ainsi que leurs statuts différant de ceux des agents de la police nationale, le principe d'égalité ne peut être utilement invoqué entre ces catégories d'agents. • CE 19 juin 2002, *Cne de Marcq-en-Barœul et a.*, n° 221500 B : *BJCL 2002. 259, concl. Chauvaux ; AJDA 2002. 852, note Aubert ; ACL 2003, n° 46.*

4. Le décret du 22 sept. 2008 qui étend l'usage des pistolets à impulsion électrique (taser) aux agents de police municipale, faute d'avoir précisé, en application des dispositions de l'art. L. 412-51 C. communes, les précautions d'emploi de l'arme, les modalités d'une formation adaptée à son emploi et la mise en place d'une procédure d'évaluation et de contrôle périodique nécessaire à l'appréciation des conditions effectives de son utilisation par ces agents, méconnaît les principes d'absolue nécessité et de proportionnalité dans la mise en œuvre de la force publique et doit, par suite, être annulé. • CE 2 sept. 2009, *Assoc. Réseau d'alerte et d'intervention pour les droits de l'homme*, nos 318584 et 321715 : *Lebon 346 ; BJCL 2009. 531, concl. Thiellay et obs. Geffray ; JCP Adm. 2009, n° 2253, note Dieu ; DGCT 2010. 483, obs. Bon.* ♦ V. maintenant le Décr. n° 2010-544 du 26 mai 2010 modifiant le Décr. n° 2000-276 du 24 mars 2000 jugé légal par • CE 1er juin 2011, *Assoc. Réseau d'alerte et d'intervention pour les droits de l'homme*, n° 341917.

Art. L. 511-5-1 *(L. n° 2017-258 du 28 févr. 2017, art. 1er)* Les agents de police municipale autorisés à porter une arme selon les modalités définies à l'article L. 511-5 peuvent faire usage de leurs armes dans les conditions prévues au premier alinéa de l'article L. 435-1 et dans les cas prévus au 1° du même article L. 435-1.

SECTION 4 *bis*. *Brigades cynophiles de police municipale*
(L. n° 2021-646 du 25 mai 2021, art. 12)

Art. L. 511-5-2 Sur décision du maire, après délibération du conseil municipal, ou, le cas échéant, sur décision conjointe du président de l'établissement public de coopération intercommunale à fiscalité propre et des maires des communes où les agents de police municipale sont affectés en application de l'article L. 512-2, une brigade cynophile de police municipale peut être créée pour l'accomplissement des missions mentionnées à l'article L. 511-1, sous réserve de l'existence d'une convention de coordination des interventions de la police municipale et des forces de sécurité de l'État prévue à la section 2 du chapitre II du présent titre.

Un décret en Conseil d'État précise les conditions de création, de formation et d'emploi de cette brigade ainsi que les conditions de dressage, de propriété, de garde et de réforme des chiens.

SECTION 5. *Formation (L. n° 2019-828 du 6 août 2019, art. 60).*

Art. L. 511-6 Outre la formation initiale dont ils bénéficient en application des dispositions de la loi n° 84-53 du 26 janvier 1984 portant dispositions statutaires relatives à la fonction publique territoriale et de la loi n° 84-594 du 12 juillet 1984 relative à la formation des agents de la fonction publique territoriale et complétant la loi n° 84-53 du 26 janvier 1984 précitée, les fonctionnaires mentionnés à l'article L. 511-2 reçoivent une formation continue dispensée en cours de carrière et adaptée aux besoins des services, en vue de maintenir ou parfaire leur qualification professionnelle et leur adaptation aux fonctions qu'ils sont amenés à exercer.

Cette formation est organisée et assurée par le Centre national de la fonction publique territoriale. Le centre peut à cet effet passer convention avec les administrations et établissements publics de l'État chargés de la formation des fonctionnaires de la police nationale et de la gendarmerie nationale. Il perçoit une redevance due pour prestations de services, versée par les communes bénéficiant des actions de formation et dont le montant est lié aux dépenses réellement engagées à ce titre.

Un décret en Conseil d'État fixe les conditions d'application du présent article. – *[C. communes, art. L. 412-54.]*

Art. L. 511-7 *(L. n° 2019-828 du 6 août 2019, art. 60)* Dans des conditions fixées par les statuts particuliers, les agents nommés au sein des cadres d'emploi de la police municipale et astreints à une formation d'intégration et de professionnalisation en application du 1° de l'article 1er de la loi n° 84-594 du 12 juillet 1984 relative à la formation des agents de la fonction publique territoriale et complétant la loi n° 84-53 du 26 janvier 1984 portant dispositions statutaires relatives à la fonction publique territoriale peuvent être dispensés de tout ou partie de cette formation à raison de la reconnaissance de leurs expériences professionnelles antérieures.

CHAPITRE II. *ORGANISATION DES SERVICES*

SECTION 1. *Mise en commun des agents de police municipale*

Art. L. 512-1 Les communes *(L. n° 2021-646 du 25 mai 2021, art. 8)* « limitrophes ou appartenant à une même agglomération au sein d'un même département ou à un même établissement public de coopération intercommunale à fiscalité propre » peuvent avoir un ou plusieurs agents de police municipale en commun, compétents sur le territoire de chacune d'entre elles.

Pendant l'exercice de leurs fonctions sur le territoire d'une commune, ces agents sont placés sous l'autorité du maire de cette commune.

Chaque agent de police municipale est de plein droit mis à disposition des autres communes par la commune qui l'emploie dans des conditions prévues par une convention transmise au représentant de l'État dans le département. Cette convention, conclue entre l'ensemble des communes intéressées, précise les modalités d'organisation et de financement de la mise en commun des agents et de leurs équipements. *(L. n° 2021-646 du 25 mai 2021, art. 8)* « Le retrait d'une commune de la convention est sans effet sur l'application de cette convention aux autres communes participantes. »

Ces communes se dotent d'une convention de coordination des interventions de la police municipale et des forces de sécurité de l'État dans les formes prévues par la section 2 du présent chapitre.

Le cas échéant, la demande de port d'arme prévue par l'article L. 511-5 est établie conjointement par l'ensemble des maires de ces communes. Ceux-ci désignent parmi eux l'autorité qui sera autorisée par le représentant de l'État dans le département à acquérir et détenir les armes.

(L. n° 2021-646 du 25 mai 2021, art. 8) « Une commune appartenant à un syndicat de communes ou à un établissement public de coopération intercommunale à fiscalité propre ne peut mettre en commun des agents de police municipale lorsque ce syndicat ou cet établissement met des agents à disposition des communes dans les conditions prévues respectivement aux articles L. 512-1-2 ou L. 512-2. »

Un décret en Conseil d'État fixe les modalités d'application du présent article.

Art. L. 512-1-1 *(L. n° 2016-339 du 22 mars 2016, art. 20)* Pour l'exercice des missions mentionnées à l'avant-dernier alinéa de l'article L. 511-1, les communes formant un ensemble d'un seul tenant peuvent autoriser un ou plusieurs agents de police municipale à intervenir sur le territoire de chacune d'entre elles, dans les conditions prévues par la convention prévue au dernier alinéa du même article L. 511-1.

Pendant l'exercice de leurs fonctions sur le territoire d'une commune, ces agents sont placés sous l'autorité du maire de cette commune.

Un décret en Conseil d'État fixe les modalités d'application du présent article.

Art. L. 512-1-2 *(L. n° 2021-646 du 25 mai 2021, art. 8)* I. — Les communes limitrophes ou appartenant à une même agglomération au sein d'un même département ou à un même établissement public de coopération intercommunale à fiscalité propre peuvent former un syndicat de communes afin de recruter un ou plusieurs agents de police municipale en commun, compétents sur le territoire de chacune des communes.

Les statuts du syndicat de communes fixent les modalités d'organisation et de financement de la mise à disposition des agents et de leurs équipements. Ils sont transmis au représentant de l'État dans le département.

Le syndicat de communes et les communes membres se dotent d'une convention de coordination des interventions de la police municipale et des forces de sécurité de l'État dans les conditions prévues à la section 2 du présent chapitre.

Le cas échéant, la demande de port d'arme mentionnée à l'article L. 511-5 est établie conjointement par le président du syndicat de communes et l'ensemble des maires de ces communes.

II. — Les agents de police municipale recrutés en application du I du présent article et mis à disposition des communes membres du syndicat de communes exercent, sur le territoire de chaque commune où ils sont affectés, les compétences mentionnées à l'article L. 511-1, sans préjudice des compétences de police judiciaire qui leur sont attribuées par le code de procédure pénale et par les lois pénales spéciales.

Leur nomination en qualité de fonctionnaires stagiaires ne fait pas obstacle à leur mise à disposition des communes membres du syndicat de communes.

Pendant l'exercice de leurs fonctions sur le territoire d'une commune, ils sont placés sous l'autorité du maire de celle-ci.

III. — Une commune appartenant à un établissement public de coopération intercommunale à fiscalité propre ne peut adhérer à un syndicat de communes mettant en œuvre les dispositions du présent article lorsque cet établissement met des agents à disposition des communes dans les conditions prévues à l'article L. 512-2.

IV. — Un décret en Conseil d'État fixe les modalités d'application du présent article.

Les syndicats de communes mentionnés dans le présent art. et créés avant l'entrée en vigueur du Décr. nº 2021-1640 du 13 déc. 2021 disposent, à compter de cette date, d'un délai de 6 mois pour mettre leurs statuts en conformité avec les dispositions de l'art. R. 512-3-1 CSI. Ces dispositions sont applicables en Polynésie française (Décr. préc., art. 3).

Art. L. 512-2 *(L. nº 2019-1461 du 27 déc. 2019, art. 61)* I. — Dans les conditions prévues aux deuxième et dernier alinéas du présent I, le président d'un établissement public de coopération intercommunale à fiscalité propre peut recruter, à son initiative ou à la demande des maires de plusieurs communes membres, un ou plusieurs agents de police municipale en vue de les mettre en tout ou partie à la disposition de l'ensemble des communes et d'assurer, le cas échéant, l'exécution des décisions qu'il prend au titre des pouvoirs de police qui lui ont été transférés en application de l'article L. 5211-9-2 du code général des collectivités territoriales.

Le recrutement est autorisé par délibérations concordantes de l'organe délibérant de l'établissement public de coopération intercommunale à fiscalité propre et de deux tiers au moins des conseils municipaux des communes représentant plus de la moitié de la population totale de celles-ci ou de la moitié au moins des conseils municipaux des communes représentant les deux tiers de la population totale de celles-ci.

Le conseil municipal de chaque commune membre dispose d'un délai de trois mois, à compter de la notification au maire de la délibération de l'organe délibérant de l'établissement public de coopération intercommunale, pour se prononcer sur la décision de recrutement proposée. À défaut de délibération dans ce délai, sa décision est réputée favorable.

II. — Les agents de police municipale recrutés en application du I du présent article et mis à la disposition des communes membres de l'établissement public de coopération intercommunale exercent, sur le territoire de chaque commune où ils sont affectés, les compétences mentionnées à l'article L. 511-1, sans préjudice des compétences de police judiciaire qui leur sont attribuées par le code de procédure pénale et par les lois pénales spéciales.

Leur nomination en qualité de fonctionnaires stagiaires ne fait pas obstacle à leur mise à disposition des communes membres de l'établissement public de coopération intercommunale.

Pendant l'exercice de leurs fonctions sur le territoire d'une commune, ils sont placés sous l'autorité du maire de celle-ci.

Une convention conclue entre l'établissement public de coopération intercommunale et chaque commune concernée fixe les modalités d'organisation et de financement de la mise à disposition des agents et de leurs équipements.

III. — Lorsqu'ils assurent, en application du V de l'article L. 5211-9-2 du code général des collectivités territoriales, l'exécution des décisions du président de l'établissement public de coopération intercommunale, les agents de police municipale sont placés sous l'autorité de ce dernier.

IV. — Le recrutement d'agents de police municipale par un établissement public de coopération intercommunale à fiscalité propre dans les conditions prévues au I du présent article ne fait pas obstacle au recrutement, par une commune membre de cet établissement, de ses propres agents de police municipale.

Art. L. 512-3 Lors d'une manifestation exceptionnelle, notamment à caractère culturel, récréatif ou sportif, *(L. nº 2021-646 du 25 mai 2021, art. 10)* « ou » à l'occasion d'un afflux important de population, les maires de communes limitrophes ou appartenant à une même agglomération peuvent être autorisés à utiliser en commun, sur le territoire d'une ou plusieurs communes, pour un délai déterminé, tout ou partie des moyens et des effectifs de leurs services de police municipale. Cette faculté s'exerce exclusivement en matière de police administrative.

(L. n° 2021-646 du 25 mai 2021, art. 10) « En cas de catastrophe naturelle ou technologique, les maires de communes limitrophes ou appartenant à un même département ou à des départements limitrophes peuvent être autorisés, par arrêté du représentant de l'État dans le département ou par arrêté conjoint des représentants de l'État dans les départements concernés, à utiliser en commun, sur le territoire d'une ou plusieurs communes, pour un délai déterminé, tout ou partie des moyens et des effectifs de leurs services de police municipale. Cette faculté s'exerce exclusivement en matière de police administrative. »

Cette utilisation en commun des moyens et effectifs est autorisée par arrêté du représentant de l'État dans le département *(L. n° 2021-646 du 25 mai 2021, art. 10)* « , ou par arrêté conjoint des représentants de l'État dans les départements concernés, » qui en fixe les conditions et les modalités au vu des propositions des maires des communes concernées.

(L. n° 2021-646 du 25 mai 2021, art. 10) « Par dérogation au deuxième alinéa, l'utilisation en commun des forces de police municipale en matière administrative en cas de catastrophe naturelle ou technologique peut être autorisée par arrêtés municipaux concordants des maires des communes concernées lorsque les modalités et conditions de cette autorisation ont fait l'objet d'une convention cadre préalable entre ces communes et les représentants de l'État dans les départements concernés. » – *[CGCT, art. L. 2212-9.]*

SECTION 2. *Convention de coordination des interventions de la police municipale et des forces de sécurité de l'État*

Art. L. 512-4 Dès lors qu'un service de police municipale comporte au moins *(L. n° 2019-1461 du 27 déc. 2019, art. 58)* « trois » emplois d'agent de police municipale, y compris d'agent mis à disposition de la commune par un établissement public de coopération intercommunale dans les conditions prévues *(L. n° 2021-646 du 25 mai 2021, art. 8)* « à l'article L. 512-1-2 ou » *(L. n° 2019-1461 du 27 déc. 2019, art. 61)* « aux I et II » de l'article L. 512-2, une convention de coordination des interventions de la police municipale et des forces de sécurité de l'État est conclue entre le maire de la commune, le président de l'établissement public de coopération intercommunale le cas échéant, *(L. n° 2019-1461 du 27 déc. 2019, art. 58)* « le représentant de l'État dans le département et le procureur de la République territorialement compétents ».

Cette convention peut également être conclue, à la demande du maire, lorsqu'un service de police municipale compte moins de *(L. n° 2019-1461 du 27 déc. 2019, art. 58)* « trois » emplois d'agent de police municipale. – *[CGCT, art. L. 2212-6, I.]*

Les communes soumises à l'obligation de conclure une convention de coordination en application des dispositions modifiées par le I de l'art. 58 de la L. n° 2019-1461 du 27 déc. 2019, pour lesquelles le maire ou le président de l'EPCI n'a pas conventionné avant la publication de ladite loi, sont tenues de s'y conformer dans un délai maximal de 2 ans à compter de cette publication (L. préc., art. 58-II).

Art. L. 512-5 Lorsque les agents de police municipale sont mis à disposition de plusieurs communes par un établissement public de coopération intercommunale en application *(L. n° 2019-1461 du 27 déc. 2019, art. 61)* « des I et II » de l'article L. 512-2 *(L. n° 2021-646 du 25 mai 2021, art. 8)* « ou par un syndicat de communes en application de l'article L. 512-1-2 », une convention intercommunale de coordination peut être conclue, à la demande de l'ensemble des maires concernés, en substitution des conventions prévues à l'article L. 512-4. L'acte est signé par les maires, le président de l'établissement *(L. n° 2021-646 du 25 mai 2021, art. 8)* « ou du syndicat » *(L. n° 2019-1461 du 27 déc. 2019, art. 58)* « , le ou les représentants de l'État dans le département et le ou les procureurs de la République territorialement compétents ». – *[CGCT, art. L. 2212-6, II.]*

Art. L. 512-6 *(L. n° 2019-1461 du 27 déc. 2019, art. 58)* « La convention de coordination des interventions de la police municipale et des forces de sécurité de l'État précise *(L. n° 2021-646 du 25 mai 2021, art. 14)* « , après réalisation d'un diagnostic préalable des problématiques de sûreté et de sécurité auxquelles est confronté le territoire, » les missions *(L. n° 2021-646 du 25 mai 2021, art. 14)* « complémentaires » prioritaires, notamment judiciaires, confiées aux agents de police municipale ainsi que la nature et les lieux de leurs interventions, eu égard à leurs modalités d'équipement et d'armement. » Elle détermine les modalités selon lesquelles ces interventions sont coordonnées avec celles de la police et de la gendarmerie nationales. *(L. n° 2019-1461 du 27 déc. 2019, art. 58)* « Elle précise la doctrine d'emploi du service de police municipale. »

L'accord du président de l'établissement public de coopération intercommunale prévu aux articles L. 512-4 et L. 512-5 ne porte que sur la mise à disposition des agents de police municipale et leurs équipements.

À défaut de *(L. n° 2021-646 du 25 mai 2021, art. 14)* « mention spécifique dans la » convention, les missions de police municipale ne peuvent s'exercer qu'entre 6 heures et 23 heures, à l'exception des gardes statiques des bâtiments communaux et de la surveillance des cérémonies, fêtes et réjouissances organisées par la commune ou par l'établissement public de coopération intercommunale.

V. CSI, art. L. 512-4.

Art. L. 512-7 Un décret en Conseil d'État détermine les clauses d'une convention type. – *[CGCT, art. L. 2212-6, al. 7.]*

CHAPITRE III. *CONTRÔLE PAR LE MINISTRE DE L'INTÉRIEUR*

Art. L. 513-1 À la demande du maire, du président de l'établissement public de coopération intercommunale, du représentant de l'État dans le département ou du procureur de la République, le ministre de l'Intérieur peut décider de la vérification de l'organisation et du fonctionnement d'un service de police municipale. Il en fixe les modalités après consultation du maire ou, le cas échéant, après consultation du président de l'établissement public de coopération intercommunale et de chacun des maires concernés. Cette vérification peut être opérée par les services d'inspection générale de l'État. Les conclusions sont transmises au représentant de l'État dans le département, au procureur de la République, au maire de la ou des communes concernées et, le cas échéant, au président de l'établissement public de coopération intercommunale.

La demande de vérification par le président de l'établissement public de coopération intercommunale ne peut porter que sur la mise à disposition des agents de police municipale ou leurs équipements. – *[CGCT, art. L. 2212-8.]*

CHAPITRE IV. *COMMISSION CONSULTATIVE DES POLICES MUNICIPALES*

Art. L. 514-1 Une commission consultative des polices municipales est créée auprès du ministre de l'Intérieur. Elle est composée pour un tiers de représentants des maires *(L. n° 2021-646 du 25 mai 2021, art. 15)* « ou adjoints au maire des communes employant des agents de police municipale ou faisant partie d'un établissement public de coopération intercommunale » employant des agents de police municipale, pour un tiers de représentants de l'État et, pour le dernier tiers, de représentants des agents de police municipale choisis par les organisations syndicales représentatives des fonctionnaires territoriaux. Elle est présidée par un maire élu en son sein, qui a voix prépondérante en cas de partage égal des voix.

(L. n° 2021-646 du 25 mai 2021, art. 15) « La commission consultative des polices municipales traite de tous sujets concernant les polices municipales, à l'exception des sujets liés au statut des agents. »

Un décret en Conseil d'État définit les modalités d'application du présent article. – *[CGCT, art. L. 2212-7.]*

CHAPITRE V. *DÉONTOLOGIE DES AGENTS DE POLICE MUNICIPALE*

Art. L. 515-1 A *(L. n° 2021-1109 du 24 août 2021, art. 2)* Préalablement à sa prise de fonctions, tout agent de la police municipale déclare solennellement servir avec dignité et loyauté la République, ses principes de liberté, d'égalité et de fraternité et sa Constitution par une prestation de serment.

Art. L. 515-1 Un code de déontologie des agents de police municipale est établi par décret en Conseil d'État après avis de la commission consultative des polices municipales. – *[C. communes, art. L. 412-53.] – V. CSI, art. R. 515-1 à R. 515-21. –* **CSI.**

....

TITRE III. DISPOSITIONS PARTICULIÈRES APPLICABLES À PARIS

....

CHAPITRE III. *AGENTS DE POLICE MUNICIPALE EXERÇANT LEURS FONCTIONS SUR LE TERRITOIRE DE LA VILLE DE PARIS*
(L. n° 2021-646 du 25 mai 2021, art. 6)

Art. L. 533-1 Les fonctions d'agent de police municipale ne peuvent être exercées à Paris que par des fonctionnaires de la Ville de Paris recrutés dans le cadre des dispositions prévues au présent chapitre. Le titre I du présent livre leur est applicable, sous réserve des dérogations prévues au présent chapitre.

Art. L. 533-2 Par dérogation à l'article 118 de la loi n° 84-53 du 26 janvier 1984 portant dispositions statutaires relatives à la fonction publique territoriale, les statuts particuliers des corps de la police municipale à Paris sont définis par décret en Conseil d'État après avis du Conseil de Paris.

Art. L. 533-3 Par dérogation à l'article L. 511-6, les agents mentionnés à l'article L. 533-1 bénéficient d'une formation initiale et continue assurée par la Ville de Paris. Le contenu et la durée de ces formations sont équivalents à ceux des formations dispensées aux agents des cadres d'emplois de la police municipale mentionnés à l'article L. 511-2. La Ville de Paris peut à cet effet passer une convention avec les administrations et établissements publics de l'État chargés de la formation des fonctionnaires de la police nationale et des militaires de la gendarmerie nationale ainsi qu'avec le Centre national de la fonction publique territoriale.

Art. L. 533-4 À Paris, les agents mentionnés à l'article L. 533-1 peuvent constater par procès-verbal les contraventions aux arrêtés de police du préfet de police relatifs au bon ordre, à la salubrité, à la sécurité et la tranquillité publiques.

Le premier alinéa du présent article n'est pas applicable aux interdictions de manifestation sur la voie publique.

Art. L. 533-5 Les attributions dévolues par le titre I du présent livre au représentant de l'État dans le département sont exercées à Paris par le préfet de police.

Loi n° 2021-646 du 25 mai 2021,

Pour une sécurité globale préservant les libertés.

Art. 6 *[...]* II. — Les statuts particuliers des corps de la police municipale à Paris sont fixés par référence aux cadres d'emplois de la police municipale. Ils fixent notamment les conditions d'intégration, de reclassement et de formation des fonctionnaires de la Ville de Paris exerçant des fonctions d'agent de police municipale.

Dans des conditions fixées par les statuts particuliers prévus à l'article L. 533-2 du code de la sécurité intérieure, les agents intégrés au sein des corps des agents de police municipale lors de la constitution initiale de ces corps et astreints à la formation initiale peuvent être dispensés d'une partie de cette formation à raison de la reconnaissance de leurs expériences professionnelles antérieures.

III. — Un Conseil parisien de sécurité réunit le maire de Paris, ou son représentant, les maires de chaque arrondissement, ou leur représentant, et le préfet de police, ou son représentant. Il est consulté sur les politiques municipales en matière de sécurité et de tranquillité publiques ainsi que sur la doctrine d'emploi de la police municipale. Il se réunit au moins une fois par trimestre.

Art. L. 2212-5-1 *(L. n° 2004-1485 du 30 déc. 2004, art. 102)* **Les communes et groupements de communes qui ont créé une régie de recettes pour percevoir le produit des contraventions en application** *(Ord. n° 2012-351 du 12 mars 2012, art. 7)* **« des articles L. 511-1 et L. 512-2 du code de la sécurité intérieure** *[V. ces art. ss. art. L. 2212-5]* **» et de l'article L. 130-4 du code de la route, et le produit des consignations prévues par l'article L. 121-4 du code de la route, versent, au nom et pour le compte de l'État, l'indemnité de** *(Ord. n° 2022-408 du 23 mars 2022, art. 17)* **« maniement de fonds » due aux régisseurs de ces régies au vu de la décision du représentant de l'État dans le département.**

Ce versement fait l'objet d'un remboursement par l'État dans des conditions prévues par voie réglementaire.

Art. L. 2212-6 à L. 2212-10 *Abrogés par Ord. nº 2012-351 du 12 mars 2012, art. 19. — V. désormais CSI, art. L. 512-1, L. 512-3 à L. 512-7, L. 513-1 et L. 514-1, ss. art. L. 2212-5.*

CHAPITRE III POUVOIRS DE POLICE PORTANT SUR DES OBJETS PARTICULIERS

SECTION 1 Police de la circulation et du stationnement

Art. L. 2213-1 **Le maire exerce la police de la circulation sur les routes nationales, les routes départementales et** *(L. nº 2019-1461 du 27 déc. 2019, art. 50)* **« l'ensemble des voies publiques ou privées ouvertes à la circulation publique » à l'intérieur des agglomérations, sous réserve des pouvoirs dévolus au représentant de l'État dans le département sur les routes à grande circulation.** *(L. nº 2014-58 du 27 janv. 2014, art. 62)* **« À l'extérieur des agglomérations, le maire exerce également la police de la circulation sur les voies du domaine public routier communal et du domaine public routier intercommunal, sous réserve des pouvoirs dévolus au représentant de l'État dans le département sur les routes à grande circulation. »**

Les conditions dans lesquelles le maire exerce la police de la circulation sur les routes à grande circulation sont fixées par décret en Conseil d'État.

Par dérogation aux dispositions des deux alinéas précédents et à celles des articles L. 2213-2 et L. 2213-3, des décrets peuvent transférer, dans les attributions du représentant de l'État dans le département, la police de la circulation sur certaines sections des routes à grande circulation.

V. art. R. 2213-1.

Le terme « agglomération » désigne un espace sur lequel sont groupés des immeubles bâtis rapprochés et dont l'entrée et la sortie sont signalées par des panneaux placés à cet effet le long de la route qui le traverse ou qui le borde (C. route, art. R. 110-2). — Les limites des agglomérations sont fixées par arrêté du maire (C. route, art. R. 411-2).

Sur les règles de circulation, V. ci-dessous C. route, art. R. 411-1 s.

1. Les bois de Boulogne et de Vincennes ne peuvent être regardés comme constituant une agglomération en raison de leur grande dimension et du nombre très réduit et disséminé des bâtiments qu'ils intègrent. • CAA Paris, 6 mars 2001, *Préfet de police c/ Rio*, nº 99PA03830 B. ♦ La portion litigieuse de la route nationale traversant une zone d'activité économique comportant plusieurs groupes, séparés les uns des autres, de bâtiments à usage commercial non rapprochés ne peut être considérée comme traversant l'agglomération de la commune. • CAA Marseille, 22 janv. 2002, *Préfet de l'Hérault : JCP Coll. terr. 2002, nº 141, obs. Moreau.*

I. À L'INTÉRIEUR DES AGGLOMÉRATIONS

2. Permis de stationnement. Le maire ayant la police des routes nationales et départementales et des voies de communication à l'intérieur des agglomérations, il est également compétent pour accorder des permis de stationnement sur ces mêmes voies et sur les autres lieux publics. L'installation d'une terrasse de café sur le terre-plein d'une route nationale ne modifiant pas l'assiette de ladite voie, elle n'implique pas la délivrance d'une permission de voirie de la compétence du préfet mais d'un simple permis de stationnement de la compétence du maire. • CE 14 juin 1972, *Elkoubi : Lebon 436*. ♦ Si la délivrance d'un permis de stationnement incombe en principe au gestionnaire du domaine, c'est sous réserve de dispositions contraires. Il résulte des dispositions des art. L. 2213-1 et L. 2213-6 qu'en sa qualité d'autorité compétente en matière de police de la circulation sur les voies de communication situées à l'intérieur des agglomérations, le maire est seul compétent pour délivrer des permis de stationnement sur ces mêmes voies et sur les autres lieux publics visés à l'art. L. 2213-6. Une place piétonne ouverte à la circulation du public et située au sein d'une agglomération est au nombre des dépendances domaniales visées à l'art. L. 2213-6 CGCT. • CE 9 avr. 2014, *Domaine national de Chambord*, nº 366483 : *Lebon ; AJDA 2014. 1840, note Foulquier ; AJCT 2014. 515, obs. Juilles ; JCP Adm. 2014, nº 2214, note Pauliat.*

3. Permission de voirie. En revanche, l'installation de palissades établies pour la clôture des chantiers et fixées par des poteaux enfoncés et scellés dans le sol de la voie publique a pour effet de modifier l'assiette de ladite voie et implique, dès lors, la délivrance de permissions de voirie qui, à la différence des permis de stationnement donnés par le maire, sont sur les routes nationales accordées par l'État. • CE 29 avr. 1966, *Sté d'affichage Giraudy,* n° 60127 : *Lebon 293*. ♦ Même à l'intérieur d'une agglomération, les permissions de voirie sur le domaine public départemental n'entrent pas dans le champ d'application de l'art. L. 2213-1 et relèvent, en vertu de l'art. L. 3221-4, de la seule compétence du président du conseil général. • CE 15 nov. 2006, *Dpt de Meurthe-et-Moselle,* n° 265453 B : *ACL 2007. 297, obs. Bon.*

4. Modification de l'assiette des voies. De même, les pouvoirs du maire ne lui permettent pas de décider, fût-ce dans un but de sécurité, d'apporter des modifications dans l'assiette des voies départementales sans l'accord du président du conseil général. • CE 29 juill. 1994, *Cne de Magalas,* n°s 123812 et 123868.

5. Dispositifs publicitaires. Le maire exerçant la police de la circulation sur les routes nationales, les routes départementales et les voies de communication à l'intérieur des agglomérations, la décision du directeur départemental de l'équipement mettant en demeure d'enlever un dispositif publicitaire installé par un commerçant au droit de son établissement sur l'emprise d'une route départementale et dans une agglomération est prise par une autorité incompétente. • CE 29 mai 1985, *Morgenstern,* n° 27388. ♦ En prenant, sur le fondement des art. 6 et 11 du décret n° 76-148 du 11 févr. 1976 (codifiés ss. C. route, art. R. 418-4 et R. 418-9), un arrêté mettant en demeure une société d'enlever un dispositif publicitaire dont l'implantation réduit la visibilité de la signalisation routière, le maire agit, non pas dans le cadre des pouvoirs qu'il tient, en sa qualité de représentant de l'État, de la loi n° 79-1150 du 29 déc. 1979 relative à la publicité, aux enseignes et préenseignes, mais, pour des fins relatives à la sécurité de la circulation, dans le cadre des pouvoirs de police qu'il exerce au nom de la commune sur le fondement de l'art. L. 131-3 C. communes (CGCT, art. L. 2213-1) relatif à la police de la circulation à l'intérieur des agglomérations. • CE 8 déc. 1997, *Min. de l'Équipement,* n° 151708 B.

6. Dispositifs de protection. La décision de procéder ou non au retrait de poteaux en bois installés en bordure d'une route départementale dans sa traversée de l'agglomération en vue de protéger la circulation des piétons le long de cette voie n'implique pas que soient apportées des modifications à l'assiette de la voie départementale. Par conséquent, elle relève de la seule compétence du maire agissant dans le cadre de ses pouvoirs de police. • TA Dijon, 23 févr. 2006, *Féd. fr. des motards en colère de la Côte-d'Or c/ Cne de Ste-Marie-sur-Ouche,* n° 0401261 : *BJCL 2006. 344, concl. Nicolet et obs. B. P. ; JCP Adm. 2006, n° 1117, obs. Moreau.* ♦ Le maire d'une commune peut, dans le cadre de son pouvoir de police de la circulation, décider de la mise en place de dispositifs de ralentissement sur toutes les routes à l'intérieur des agglomérations si ces dispositifs n'ont ni pour objet ni pour effet de modifier l'assiette de ces voies. • CE, avis, 3 nov. 2006, *Cne de Mont-Dore,* n° 292880 : *Dr. adm. 2007, n° 24.*

7. Responsabilité. En s'abstenant de signaler le danger dû à la situation d'une branche d'arbre surplombant à une hauteur de 3,90 m la chaussée d'une route nationale à l'intérieur des limites de l'agglomération, le maire, qui a la charge de la police municipale à l'intérieur des limites de l'agglomération, a commis une faute de nature à engager la responsabilité de la commune. • CE 1er oct. 1971, *Sté d'assur. mutuelle générale fr. accidents et SARL Saint-Étienne transport : Lebon T. 954*. ♦ La carence du maire à prendre les mesures nécessaires pour assurer la sécurité de la circulation sur les routes départementales à l'intérieur des agglomérations est susceptible, dans le cas de faute lourde, d'entraîner la mise en jeu de la responsabilité de la commune alors même que celle-ci n'a pas la charge de l'entretien des routes départementales. En s'abstenant, soit d'avertir le service des ponts et chaussées de la présence d'une nappe d'eau dangereuse, soit de mettre en place une signalisation provisoire d'urgence, le maire a commis une faute lourde de nature à engager la responsabilité de la commune. • CE 26 nov. 1976, *Dpt de l'Hérault : Lebon 514, concl. Galabert ; AJDA 1977. 267, note Nguyên Duy Tan.* ♦ Le maire commet également une faute lourde en ne signalant pas aux autorités départementales le danger présenté par une route départementale dont la chaussée n'avait pas reçu un revêtement d'enrobés sur toute sa surface et en ne mettant pas en place une signalisation d'urgence. • CE 2 mai 1990, *Dpt du Puy-de-Dôme c/ Dunaud-Cne d'Enval,* n°s 58827 et 59033. ♦ Il commet aussi une faute lourde en s'abstenant de mettre en place sur une route départementale une signalisation appropriée alors que le risque de formation de verglas était connu et que des travaux y étaient programmés. • CE 8 juin 1994, *Djabali et a.,* n°s 52867, 53062 et 142126. ♦ **BIBL.** Juristes de l'appel expert, Route départementale en traversée d'agglomération : À qui incombe l'entretien ?, *AJCT 2014. 258*.

II. HORS AGGLOMÉRATION

8. Est pris par une autorité incompétente l'arrêté par lequel un maire interdit aux poids lourds, au débouché d'un chemin rural, de tourner à gauche sur une route départementale dès lors que cet arrêté a pour objet et pour effet de réglementer la circulation sur ladite route dans une portion située hors de l'agglomération. • CE 1er mars 1993, *Sté Entreprise Nabrin,* n° 102785 B.

9. Est entaché d'incompétence un arrêté interdisant la circulation des véhicules d'un poids supérieur à 3,5 tonnes sur l'ensemble du territoire de la commune, le maire réglementant ainsi la circulation sur la totalité d'un chemin départemental qui la traverse et non pas sur la seule partie de cette voie située en agglomération. • TA Lille, 26 janv. 1995, *Préfet du Nord et SA SGTN : LPA 18 juill. 1997, note Tachon.*

III. ROUTES À GRANDE CIRCULATION

10. Le maire exerçant la police de la circulation sur les routes à grande circulation à l'intérieur des agglomérations (sauf décret ayant transféré ses attributions au préfet sur certaines sections de routes à grande circulation), il peut prescrire l'enlèvement d'une enseigne lumineuse située en bordure d'une route à grande circulation qui, par son emplacement, sa surface et son intensité lumineuse, est de nature à nuire à l'efficacité de la signalisation routière et à détourner l'attention des usagers automobilistes, en particulier la nuit. • CE 11 mai 1987, *Van Loenen,* n° 53749. ♦ En sens inverse (et toujours sous la même réserve), le préfet et le directeur départemental de l'équipement sont incompétents pour prendre une telle mesure. • CE 19 avr. 1985, *Sté Excelsior,* n° 42648.

11. Le préfet est également incompétent (toujours sous la même réserve) pour réglementer le stationnement dans la traversée d'un groupement d'habitations sis le long des deux côtés d'une route nationale classée dans la catégorie des « grands itinéraires internationaux » (maintenant routes à grande circulation) dès lors que ce groupement de maisons, compte tenu du nombre et de la disposition des habitations qui le composent, constitue une agglomération. • CE 14 mai 1954, *Feuger : Lebon 274 ; RPDA 1954. 125, concl. Jacomet.*

12. Une commune est recevable, compte tenu en particulier des incidences que le classement sur la liste des routes à grande circulation d'une route départementale traversant son territoire emporte sur l'exercice du pouvoir de police municipale, à demander l'annulation pour excès de pouvoir du décret modifiant la liste des routes à grande circulation en tant qu'il ajoute la voie en question. • CE 3 août 2011, *Cne de Buc,* n° 330310 : *AJDA 2011. 1600, obs. Grand.* ♦ Elle est également recevable, pour les mêmes raisons, à contester un tel décret en tant qu'il n'ajoute pas à la liste une telle voie. • CE 3 août 2011, *Cne de Clichy-la-Garenne,* n° 330476 : *ibid ; RLCT 2011, n° 2048, obs. Glaser.* ♦ Si les riverains d'une route inscrite sur la liste des routes à grande circulation justifient d'un intérêt leur permettant de demander l'annulation du décret procédant à cette inscription, il n'en va pas de même des personnes qui, sans être riverains, sont seulement résidentes d'une zone traversée par une telle voie. La qualité d'usager de cette voie comme celle de contribuable départemental ne sont pas, non plus, de nature à conférer un intérêt pour agir contre ce décret. • CE 3 août 2011, *Mme Buguet et a.,* n° 330566 : *ibid.*

Code de la route

(Décr. n° 2001-251 du 22 mars 2001)

Art. R. 411-1 Les règles relatives aux modalités d'application de l'article L. 411-1 concernant les routes à grande circulation sont fixées par l'article R. 2213-1 du code général des collectivités territoriales ci-après reproduit : *[V. cet art., Partie Réglementaire.]*

Art. R. 411-2 Les limites des agglomérations sont fixées par arrêté du maire.

Art. R. 411-3 *(Décr. n° 2008-754 du 30 juill. 2008)* L'autorité détentrice du pouvoir de police de la circulation détermine le périmètre des aires piétonnes et fixe les règles de circulation à l'intérieur de ce périmètre.

Art. R. 411-3-1 *(Décr. n° 2008-754 du 30 juill. 2008)* Le périmètre des zones de rencontre et leur aménagement sont fixés par arrêté pris par l'autorité détentrice du pouvoir de police de la circulation après consultation des autorités gestionnaires de la voirie concernée et, s'il s'agit d'une section de route à grande circulation, après avis conforme du préfet.

Les règles de circulation définies à l'article R. 110-2 sont rendues applicables par arrêté de l'autorité détentrice du pouvoir de police constatant l'aménagement cohérent des zones et la mise en place de la signalisation correspondante.

Art. R. 411-3-2 *(Décr. n° 2022-635 du 22 avr. 2022, art. 2)* Un arrêté pris par l'autorité détentrice du pouvoir de police de la circulation détermine les routes sur lesquelles est créée une voie verte après consultation des autorités gestionnaires de la voirie concernée.

Lorsque la voie verte est créée sur une partie de domaine faisant l'objet d'une superposition d'affectations régie par une convention conclue en application du code général de la propriété des personnes publiques, l'arrêté est pris après consultation de l'autorité gestionnaire du domaine et vise cette convention.

Les règles de circulation définies à l'article R. 110-2 sont rendues applicables par arrêté de l'autorité détentrice du pouvoir de police. Dans les conditions qu'elle détermine, les véhicules motorisés utilisés par une catégorie d'usagers qu'elle définit, ou par les titulaires d'une autorisation individuelle qu'elle délivre, peuvent, par dérogation, être autorisés à circuler pour accéder aux terrains riverains, sous réserve de respecter la vitesse maximale autorisée qu'elle fixe et qui ne peut excéder 30 km/h.

Art. R. 411-4 *(Décr. nº 2008-754 du 30 juill. 2008)* Le périmètre des zones 30 et leur aménagement sont fixés par arrêté pris par l'autorité détentrice du pouvoir de police de la circulation après consultation des autorités gestionnaires de la voirie concernée et, s'il s'agit d'une section de route à grande circulation, après avis conforme du préfet.

Les règles de circulation définies à l'article R. 110-2 sont rendues applicables par arrêté de l'autorité détentrice du pouvoir de police constatant l'aménagement cohérent des zones et la mise en place de la signalisation correspondante.

Art. R. 411-5 Pour l'application des dispositions du présent code, les compétences de police attribuées par la loi au président du conseil départemental, au maire, au président du conseil exécutif en Corse en matière de circulation routière s'exercent sous réserve des pouvoirs propres du préfet en sa qualité d'autorité de police générale dans le département, lorsqu'il prend des mesures relatives au bon ordre et à la sécurité publique dont le champ d'application excède le territoire d'une commune.

Le préfet se substitue au président du conseil départemental par application de l'article L. 3221-5 du code général des collectivités territoriales, au maire par application de l'article L. 2215-1 du même code, ou conjointement aux deux autorités lorsque celles-ci n'ont pas exercé leurs attributions de police respectives ou conjointes après qu'il les a mises en demeure.

Art. R. 411-6 Les pouvoirs conférés par le présent code au préfet sont exercés à Paris par le préfet de police.

Art. R. 411-7 *(Décr. nº 2006-253 du 27 févr. 2006)* « I. — » Les intersections dans lesquelles le passage des véhicules est organisé par une signalisation spéciale ou par des feux de signalisation lumineux, sont désignées :

1° Hors agglomération :

a) *(Décr. nº 2010-1390 du 12 nov. 2010, art. 9)* « Par arrêté du préfet pour les intersections de routes appartenant à la voirie nationale ; »

b) Par arrêté du président du conseil exécutif de Corse, pour les intersections de routes prévues à l'article L. 4424-30 du code général des collectivités territoriales ;

c) Par arrêté du président du conseil départemental pour les intersections de routes départementales ;

d) Par arrêté du maire pour les intersections de routes appartenant à la voirie communale ;

(Décr. nº 2010-1390 du 12 nov. 2010, art. 9) « *e)* Par arrêté conjoint du préfet et du président du conseil départemental ou du maire lorsque l'intersection est formée par une route nationale ou une route à grande circulation et une route classée ou non à grande circulation relevant de la voirie départementale ou communale ;

« *f)* Par arrêté conjoint du président du conseil départemental et du maire lorsque l'intersection est formée par une route départementale non classée à grande circulation et une route appartenant à la voirie communale non classée à grande circulation ;

« *g)* Dans les départements des Hauts-de-Seine, de la Seine-Saint-Denis et du Val-de-Marne, par arrêté du préfet, après consultation du président du conseil départemental ou du maire, lorsque l'intersection est formée par une route à grande circulation et une route classée ou non à grande circulation relevant de la voirie départementale ou communale ;

« 2° En agglomération, par arrêté du maire ou, pour les routes à grande circulation, par arrêté conjoint du préfet et du maire et, dans les départements des Hauts-de-Seine, de la Seine-Saint-Denis et du Val-de-Marne, par arrêté du préfet, après consultation du maire. »

II. — Abrogé par Décr. nº 2010-1390 du 12 nov. 2010, art. 9.

Art. R. 411-8 Les dispositions du présent code ne font pas obstacle au droit conféré par les lois et règlements aux préfets, au président du Conseil exécutif de Corse, aux présidents de conseil départemental et aux maires de prescrire, dans la limite de leurs pouvoirs, des mesures plus rigoureuses dès lors que la sécurité de la circulation routière l'exige. Pour ce qui les concerne, les préfets et les maires peuvent également fonder leurs décisions sur l'intérêt de l'ordre public.

Lorsqu'ils intéressent la police de la circulation sur les voies classées à grande circulation, les arrêtés du président du conseil départemental ou du maire fondés sur le premier alinéa sont pris après avis du préfet.

Art. R. 411-8-1 *(Décr. nº 2006-253 du 27 févr. 2006)* Les projets qui, en vertu du second alinéa de l'article L. 110-3, doivent être, avant leur mise en œuvre, communiqués au représentant de l'État dans le département, sont les projets ou les mesures techniques de nature à modifier les caractéristiques géométriques ou mécaniques de la route classée à grande circulation ou de l'une de ses voies, en particulier, en affectant les profils en travers, les rayons en plan ou le gabarit ou en prévoyant la mise en place de dispositifs empiétant sur la chaussée.

Art. R. 411-9 Le préfet exerce la police de la circulation sur les autoroutes, sous réserve des compétences conférées à d'autres autorités administratives en vertu du présent code.

Art. L. 2213-1-1 *(L. nº 2015-992 du 17 août 2015, art. 47)* **Sans préjudice de l'article L. 2213-1, le maire peut, par arrêté motivé, fixer pour tout ou partie des voies de l'agglomération ouvertes à la circulation publique une vitesse maximale autorisée inférieure à celle prévue par le code de la route, eu égard à une nécessité de sécurité et de circulation routières, de mobilité ou de protection de l'environnement.**

(L. nº 2019-1428 du 24 déc. 2019, art. 51) **« Le maire peut également, par arrêté motivé, fixer des règles dérogatoires à celles prévues par le code de la route pour la circulation des engins de déplacement personnel sur tout ou partie des voies sur lesquelles il exerce son pouvoir de police ainsi que sur leurs dépendances, dans des conditions fixées par décret. »**

Art. L. 2213-2 **Le maire peut, par arrêté motivé, eu égard aux nécessités de la circulation** *(L. nº 96-1236 du 30 déc. 1996, art. 42)* **« et de la protection de l'environnement » :**

1º Interdire à certaines heures l'accès de certaines voies de l'agglomération ou de certaines portions de voie ou réserver cet accès, à certaines heures *(L. nº 2019-1428 du 24 déc. 2019, art. 88)* **« ou de manière permanente », à diverses catégories d'usagers ou de véhicules ;**

2º Réglementer l'arrêt et le stationnement des véhicules ou de certaines catégories d'entre eux, ainsi que la desserte des immeubles riverains ;

(L. nº 2014-58 du 27 janv. 2014, art. 51) **« 3º Réserver sur la voie publique ou dans tout autre lieu de stationnement ouvert au public des emplacements de stationnement aménagés aux véhicules utilisés par les personnes titulaires de la** *(L. nº 2016-1321 du 7 oct. 2016, art. 107)* **« carte "mobilité inclusion" portant la mention "stationnement pour personnes handicapées" mentionnée à l'article L. 241-3 » du code de l'action sociale et des familles »** *(L. nº 2019-1428 du 24 déc. 2019, art. 35)* **« , aux véhicules bénéficiant d'un label "auto-partage", aux véhicules bénéficiant d'un signe distinctif de covoiturage** *(L. nº 2021-1104 du 22 août 2021, art. 108)* **« , aux véhicules des usagers des transports publics de personnes » ou aux véhicules à très faibles émissions au sens de l'article L. 318-1 du code de la route ».**

PLAN DES ANNOTATIONS

I. INTERDICTION À CERTAINES HEURES DE L'ACCÈS À CERTAINES VOIES OU RÉSERVATION DE CET ACCÈS À CERTAINES CATÉGORIES D'USAGERS

A. MOTIVATION

1. Des arrêtés instaurant une interdiction de stationnement dans plusieurs rues doivent être motivés. Il est satisfait à cette obligation dès lors que, visant le CGCT et le Décr. n° 86-475 du 14 mars 1986 relatif au pouvoir de police en matière de circulation, ils indiquent que ces interdictions de stationner ont pour finalité d'éviter des stationnements prolongés et abusifs et donc de favoriser la fluidité de la circulation, la sécurité des piétons et l'accès aux garages des propriétés riveraines. • CAA Bordeaux, 11 juill. 2013, *M. Xavier M.,* n° 11BX02549 : *AJCT 2013. 528, obs. Amblard*. ♦ En revanche, pour justifier une interdiction de circulation des véhicules à moteur terrestres de 9 h à 12 h et de 14 h à 16 h, le maire s'est borné à viser le code des communes (CGCT) sans préciser les circonstances de fait qui l'avaient conduit à prendre une telle mesure ; il n'a donc pas satisfait à l'obligation de motiver sa décision qui lui est faite par l'art. L. 131-4 C. communes (CGCT, art. L. 2213-2). • CE 8 juill. 1994, *Assoc. des loueurs de scooters saintois,* n° 132295. ♦ L'arrêté abrogeant un précédent arrêté interdisant la circulation des véhicules d'un tonnage supérieur à 3,5 tonnes sur un chemin n'entre pas, eu égard à son objet et à son contenu, dans le champ d'application de l'art. L. 131-4 C. communes (CGCT, art. L. 2213-2) de telle sorte qu'il n'a pas à être motivé en application de cette disposition. Ayant le caractère d'un acte réglementaire, il n'a pas non plus à être motivé en application de la loi du 11 juill. 1979 sur la motivation des actes administratifs. • CE 28 sept. 1994, *Cottin,* n° 145438.

2. Le maire peut réglementer le stationnement eu égard aux nécessités soit de la circulation soit de la protection de l'environnement, ces deux motifs étant alternatifs et non cumulatifs. • Crim. 8 juin 2017, n° 16-85.633 : *AJDA 2017. 1202* ; *D. 2017. 1251*.

B. MESURES INTÉRESSANT TOUS LES VÉHICULES

1° INTERDICTION DE CIRCULATION

3. BIBL. Coulet, *Droit et ville 1977, n° 4, p. 253.*

4. Interdictions légales. L'arrêté par lequel un maire interdit le samedi la circulation de tout véhicule dans la rue principale a été pris en vue d'assurer dans de meilleures conditions de sécurité, de commodité et d'agrément la circulation respective des piétons et des automobilistes dans le centre de la ville et les sujétions qui en résultent pour les riverains n'excèdent ni par leur nature ni par leur importance celles que le maire pouvait légalement leur imposer dans l'intérêt général. • CE 8 déc. 1972, *Ville de Dieppe : Lebon 794* ; *AJDA 1973. 1. 28, chron. Cabannes et Léger ; Gaz. Pal. 1974. 1. 57, note Moderne.*

5. En interdisant la circulation de tous véhicules sur deux promenades du 1er juill. au 30 sept. de 23 h à 7 h, le maire a entendu assurer le repos des habitants dans la zone bordée par ces voies qui comprend des hôtels de tourisme tout en créant une aire réservée aux piétons en bord de mer. Cette mesure, qui excepte expressément de l'interdiction édictée les véhicules des riverains et de leurs visiteurs et laisse toute possibilité aux autres conducteurs de traverser l'agglomération par une voie parallèle, a été prise dans le but de garantir la tranquillité publique ainsi que la sécurité et la commodité du passage sur les voies publiques et ne présente pas un caractère de généralité excessif par rapport aux fins recherchées. • CE 16 juin 1976, *Ville de Menton : Lebon T. 791*.

6. L'arrêté instituant du début juillet au début septembre une zone réservée aux piétons à l'intérieur des remparts de la vieille ville et qui est justifié par l'afflux des touristes, l'intensité de la circulation et l'étroitesse des rues a été pris en vue d'assurer dans de meilleures conditions de sécurité et d'agrément la circulation dans le centre de la ville. Dans la mesure où il prescrit des dérogations à l'interdiction de circuler et de stationner au profit des habitants du quartier, il ne crée pas pour les riverains des sujétions excédant celles qui pouvaient leur être imposées dans l'intérêt général. • CE 14 janv. 1981, *Bougie,* n° 11762 : *Lebon 15*.

7. Interdictions illégales. Un arrêté municipal édictant une mesure générale d'interdiction de la circulation et du stationnement dans une rue piétonne assortie seulement d'une dérogation permanente pour les riverains disposant d'un garage et d'une dérogation la nuit et en milieu de journée pour le chargement et le déchargement de marchandises et de matériel impose aux riverains dépourvus de garage une restriction qui excède, dans les circonstances de l'espèce, celles qu'il pouvait légalement leur imposer « eu égard aux nécessités de la circulation ». • CE 3 juin 1994, *Cne de Coulommiers,* n° 122655 : *Lebon 287*. ♦ Est illégale une interdiction générale de la circulation des véhicules à quatre roues et du matériel agricole sur un chemin dès lors qu'elle n'est pas justifiée dans tous les cas soit par la conservation du chemin soit par la commodité et la nécessité de la circulation des piétons qui l'empruntent. • CE 28 févr. 1973, *Cne de Pierrecourt c/ Sère,* n° 86512 : *Lebon 172.* ♦ Est également illégal l'arrêté interdisant tout accès d'un chemin vicinal à une route nationale dès lors que les dangers courus par les usagers de ces deux voies au carrefour formé par leur intersection pouvaient être évités par des mesures moins rigoureuses. • CE 17 mars 1978, *Gaillard et Figini,* n° 01508 : *Lebon 139.*

8. Interdictions et droit d'accès des riverains. Si un arrêté municipal est susceptible d'interdire légalement le stationnement et la circulation automobile dans une voie piétonne, il ne saurait légalement interdire, de façon générale et en toute circonstance, l'accès par des véhicules au domicile des riverains. • CE, réf., 14 mars 2011, *Cne de Galluis*, n° 347345 : *AJDA 2011. 1562, note Févrot* ; *JCP Adm. 2011, n° 2167, note J. Moreau* ; *RJEP 2011, n° 31, note Chabrier.* ♦ V. également, Deliancourt, Le régime juridique des aisances de voirie dont bénéficient les riverains des voies publiques, *BJCL 2011. 394.* ♦ La privation de tout accès à la voie publique est susceptible de constituer une atteinte grave et manifestement illégale à cette liberté, pouvant justifier le prononcé, par le juge administratif des référés, de toute mesure nécessaire de sauvegarde. Il en va ainsi lorsque le maire fait procéder à la pose de bacs contenant des arbustes sur la chaussée faisant obstacle au passage de tout véhicule automobile dans une voie qui constitue le seul accès au domicile des requérants. • Même arrêt.

9. Fin de l'interdiction. L'arrêté par lequel un maire lève l'interdiction faite aux véhicules de circuler et de stationner dans une voie communale et ouvre de ce fait une voie piétonnière à la circulation a été pris dans le but de faire face à l'accroissement de la circulation et d'assurer une meilleure desserte de la plage et ne porte pas atteinte gravement à la tranquillité et à la salubrité publiques. • CE 9 mars 1979, *Cne du Lavandou : Lebon 105*. ♦ Il est soumis de la part du juge de l'excès de pouvoir à un contrôle normal. • Même arrêt (sol. impl.).

10. Responsabilité. Le défaut d'efficacité des mesures prises par le maire pour faire respecter l'interdiction faite à tous véhicules de circuler dans la zone piétonnière ne présente pas le caractère d'une faute (alors lourde) de nature à engager la responsabilité de la commune envers un piéton renversé dans la zone en question par un cycliste. • CE 25 juin 1982, *Chouchana*, n° 19807 B : *D. 1984. Somm. 25, obs. Moderne et Bon.*

11. Le fait pour l'autorité de police de barrer une rue à la circulation publique sans aucune nécessité pour le maintien de l'ordre et de la sécurité publique constitue une faute lourde engageant la responsabilité de l'administration. • CE 21 mars 1956, *Constantin : Lebon 134.* ♦ Un arrêté d'interdiction de toute circulation sur une voie ayant été pris afin de préserver ladite voie de risques de dégradation en période d'inondation et étant demeuré applicable pendant une durée d'un peu plus de deux ans alors que la période d'inondations qui était à son origine avait pris fin, le maintien de l'interdiction édictée par cet arrêté pendant une telle durée a un caractère excessif et est de nature à engager la responsabilité de la commune. • CE 19 févr. 2003, *Cne de Primelles*, n° 220278 : *JCP Adm. 2003, n° 1336, obs. Moreau.* ♦ En revanche, le maire ne commet aucune faute en s'abstenant d'interdire totalement la circulation des voitures automobiles dans certaines rues du centre-ville au-delà du temps nécessaire au défilé d'un groupe folklorique et alors même qu'une fête de nuit devait se dérouler sur une place voisine. • CE 6 oct. 1965, *Ville d'Armentières c/ Dlle Ingrand : Lebon 726.*

12. La transformation d'une rue en voie piétonnière ayant rendu les locaux d'une société qui exploitait un garage inaccessibles aux voitures automobiles et ayant contraint cette société à cesser son exploitation est à l'origine d'un préjudice spécial et anormal dont elle est fondée à demander réparation. • CE 22 juin 1983, *Cté urbaine de Bordeaux et a.*, n° 22695 B. ♦ De même, un commerce de vente et de réparation automobile et de vente de carburant devant cesser son activité du fait de l'aménagement d'un secteur piétonnier subit un préjudice spécial et anormal de nature à engager la responsabilité de la commune même en l'absence de faute. • CE 16 oct. 1992, *SA Garage de Garches*, n° 95152 B : *D. 1994. Somm. 60, obs. Bon et Terneyre*.

13. Dès lors, la commune est fondée à soutenir que c'est à tort que le jugement attaqué, après avoir annulé l'arrêté d'interdiction, l'a condamnée à verser à un riverain de la rue une indemnité pour le préjudice subi du fait de l'interdiction. • CE 26 sept. 2008, *Cne de Souillac*, n° 294021 : *AJDA 2008. 2283, note Verpeaux*.

14. Interdictions et intérêt à agir. Si large que puisse être l'intérêt à déférer au juge de l'excès de pouvoir un arrêté municipal prononçant une interdiction de circulation sur une des voies communales, une personne qui ne réside pas habituellement à l'intérieur de la zone affectée par la mesure de police dont elle entend contester la légalité ne justifie pas d'un intérêt suffisant pour en demander l'annulation. • TA Besançon, 29 nov. 2007, *M. J.-P. D.*, n° 0501495 : *JCP Adm. 2008, n° 2062, note Moreau.*

2° SENS UNIQUE

15. Le maire peut instituer un sens unique de circulation sur un chemin communal dont le tracé sinueux gêne la visibilité. • CE 18 janv. 1974, *Bonnement et a.*, n° 89698 B. ♦ Le maire n'excède pas ses pouvoirs en supprimant une dérogation accordée à des riverains en ce qui concerne la circulation en sens interdit des véhicules assurant la desserte d'une halle. • CE 2 mars 1966, *Sté Lyon-Marée et a. : Lebon 155.* ♦ Compte tenu de l'étroitesse d'une partie de la rue et de la présence d'un groupe scolaire, un arrêté instituant un sens unique dans la rue en cause est susceptible d'améliorer la sécurité publique. • CAA Marseille, 31 mars 2008, *M. et Mme Delahaye*, n° 07MA000523 : *BJCL 2008, n° 8, concl. Paix.* ♦ Un arrêté modifiant le sens de la circulation sur une voie publique n'a pas à être motivé en application de l'art. L. 2213-2 CGCT. Étant une mesure réglementaire, il n'a pas non plus à être motivé en application de la L. n° 79-587 du 11 juill. 1979. • CAA Bordeaux, 11 juill. 2013, *M. Xavier M.*, n° 11BX02549 : *AJCT 2013. 528, obs. Amblard*.

3° SENS GIRATOIRE

16. Eu égard aux difficultés de la circulation automobile existant en période estivale aux abords d'un lac, le maire peut légalement interdire le franchissement d'un passage à niveau aux véhicules allant dans un sens et prescrire qu'une voie communale serait aménagée avec un sens giratoire pour permettre le retour des véhicules venant en sens inverse. • CE 15 mai 1987, *Brosse*, n° 57913 B.

C. MESURES N'INTÉRESSANT QUE CERTAINS VÉHICULES

1° POIDS LOURDS

17. Interdictions légales. Une interdiction de circuler dans une « zone bleue » de 13 à 19 h, sauf les dimanches et les jours fériés, édictée à l'égard des véhicules de transport dont la charge utile est supérieure à 300 kg est légale eu égard aux difficultés de circulation dans cette zone et alors même qu'elle ne comporte aucune dérogation au profit des propriétaires de tels véhicules ayant le siège de leur entreprise dans la zone en question. • CE 22 févr. 1961, *Lagoutte et Robin : Lebon 135 ; AJDA 1961. 267, obs. anonymes.* ♦ Est légale une interdiction, sur certaines voies et compte tenu de leur étroitesse, de la circulation de véhicules de toute nature dont le poids total en charge excède 1,5 tonne alors même que cette mesure empêche deux entreprises d'utiliser les véhicules d'un tonnage plus élevé qu'elles employaient couramment. • CE 22 oct. 1975, *Stés Solimat et Morlon : Lebon T. 1173.*

18. Est légale l'interdiction de l'utilisation d'une voie communale par des camions de poids total en charge supérieur à 3, 5 tonnes dès lors que l'utilisation de cette voie par l'exploitant d'une carrière compromettait l'état de la voirie et la sécurité de la circulation et que l'exploitation de la carrière pouvait être poursuivie par l'utilisation d'autres voies de desserte. • CE 2 déc. 1977, *Sté « Carrière des maraîchères » : Lebon T. 730 ; CJEG 1978. 45, note anonyme.* ♦ Sont légaux les arrêtés pris par plusieurs maires et interdisant la circulation sur la route nationale traversant leurs communes des transports routiers de marchandises d'un poids total en charge supérieur à 6 tonnes. Pris dans le but d'assurer la tranquillité publique et la sécurité du passage sur les voies publiques, ils prévoient des exceptions permettant la desserte locale et n'instituent pas de restrictions excessives puisque les transporteurs peuvent aisément contourner ces agglomérations par une déviation autoroutière malgré l'obligation d'y acquitter un péage. • CE 13 juin 1979, *SARL Rossetto : RD publ. 1980. 249* • CE 5 nov. 1980, *Féd. nat. des transports routiers et a.*, n° 10148 B : *AJDA 1981. 211, note Broussolle* • CE 14 nov. 1980, *Sté des transports André Coing et a. : AJDA 1981. 211, note Broussolle.*

19. Est légale l'interdiction d'une voie à la circulation des véhicules de plus de 10 tonnes compte tenu de sa largeur insuffisante qui ne permettait pas le croisement des camions et d'autres véhicules alors même que cette interdiction rend impossible l'exploitation d'une carrière autorisée dont la voie en question était l'unique route d'accès. • CE 9 déc. 1983, *SA Entreprise Monin*, n° 26813 B : *Quot. jur. 8 août 1984, note Moderne ; CJEG 1984. 179, note Dupiellet ; D. 1985. IR 91, obs. Moderne et Bon.*

20. Compte tenu des incertitudes concernant la solidité d'un pont, l'autorité de police peut, par mesure de sauvegarde et alors même qu'aucun incident n'a été jusqu'alors constaté, y interdire la circulation à tout véhicule de plus de 19 tonnes. • CE 22 oct. 2003, *Sté Les Sablières de la Perche*, n°s 242195 B et 243328 B : *BJCL 2004. 171, concl. Boissard ; JCP Adm. 2003, n° 2121, obs. Moreau ; ACL 2004, n° 37.*

21. Interdictions illégales. Est illégal l'arrêté limitant à 3, 5 tonnes le poids maximum des véhicules autorisés à circuler dans cinq rues de la commune en vue notamment d'assurer la protection d'une canalisation d'eau potable placée sous certaines d'entre elles dès lors qu'il n'est pas contesté que le passage fréquent, dans ces voies, des camions du service public de l'assainissement s'est effectué sans causer des dommages notables à la chaussée et à la canalisation. • TA Bordeaux, 30 oct. 1986, *SARL Fabrimaco c/ Maire de Villenave-d'Ornon : LPA 13 avr. 1987, note Fernandez.*

22. Interdictions et dérogations. S'il appartenait au maire, afin de maintenir la voirie dans un état de conservation satisfaisant, d'interdire la circulation des véhicules de poids total autorisé en charge supérieur à 10 tonnes en prévoyant des dérogations permanentes pour certaines catégories d'usagers, celui-ci, en subordonnant à l'obtention de dérogations ponctuelles individualisées, sollicitées 72 h à l'avance, la circulation sur lesdites voies des véhicules de plus de 10 tonnes ne relevant pas du régime des dérogations permanentes, a entendu en réalité soumettre la circulation de ces véhicules à un régime d'autorisation préalable et a, ce faisant, excédé ses pouvoirs et porté une atteinte excessive à la liberté de circulation. • CAA Nantes, 12 nov. 2010, *Cne de Périers-en-Auge*, n° 09NT02042 : *JCP Adm. 2011, n° 2098, comm. Degommier.*

23. Interdictions et responsabilité. L'arrêté du maire interdisant à certains véhicules poids lourds et aux véhicules transportant des matières dangereuses de traverser la commune par une route nationale et prévoyant en conséquence un itinéraire de détournement par une autoroute cause à l'exploitant d'un relais routier, dont, de ce fait, la quasi-totalité de la clientèle s'est tarie, un préjudice spécial et anormal de nature à engager la responsabilité de la commune sur le fondement du principe de l'égalité devant les charges publiques. • CE 13 mai 1987, *Aldebert*, n° 50876 B : *JCP 1988. II. 20960, note Pacteau ; RFDA 1988. 950, note Rihal.* ♦ L'arrêté du maire interdisant la circulation aux véhicules de 3,5 tonnes sur une route communale qui constitue la seule voie de desserte d'un ensemble immobilier utilisé par une entreprise de transport routier cause aux propriétaires dudit ensemble un préjudice présentant un caractère grave et spécial qui ne saurait être regardé comme une charge leur incombant normalement, d'où la mise en jeu de la responsabilité de la commune. • CE 4 oct. 2010, *Cne de Saint-Sylvain-d'Anjou*, n° 310801 : *BJCL 2010. 796, concl. de Salins et obs. M. G. ; RJEP 2011, n° 15, concl. de Salins ; AJCT 2010. 175, obs. Vanel-Perrier ; DGCT 2011. 295, obs. Bon.*

24. La cessation par deux entreprises de l'exploitation de gravières n'est pas la conséquence directe et nécessaire d'un arrêté municipal interdisant la circulation des véhicules de plus de 6 tonnes dans deux rues de la commune, ces entreprises étant en mesure d'évacuer leur marchandise par d'autres itinéraires, de telle sorte que, bien que l'arrêté ait été annulé, la responsabilité de la commune n'est pas engagée. • CE 22 juin 1977, *Épx Reynes-Guiraudou : Lebon T. 912.* ♦ Le préjudice subi par l'exploitant d'une carrière dont l'exploitation s'est avérée impossible compte tenu de l'interdiction faite aux camions de plus de 10 tonnes d'emprunter l'unique voie qui la desservait n'est pas, dans les circonstances de l'espèce, spécial et anormal. • CE 9 déc. 1983, *SA Entreprise Monin*, n° 26813 : *préc. note 19.* ♦ La perte de clientèle invoquée par un restaurateur du fait d'interdictions de circulation visant des autocars transportant des touristes n'a pas de lien direct avec ces mesures. • CE 18 sept. 1992, *SA « La main »*, n° 96697 B : *D. 1994. Somm. 62, obs. Bon et Terneyre.* ♦ Les exploitants de restaurants ou de stations-service d'une commune ne démontrent pas que l'arrêté interdisant la traversée de la commune aux véhicules de plus de 7, 5 tonnes, même si elle a pu entraîner une baisse de leur activité, ait provoqué un préjudice excédant ceux auxquels toute activité commerciale est, par nature, soumise. • CAA Lyon, 8 févr. 1993, *Épx Bougarel-Tessier et a. : AJDA 1993. 744, chron. Jouguelet.*

25. Mesures susceptibles d'être prises pour assurer l'exécution d'une interdiction. Pour assurer l'exécution d'un arrêté municipal interdisant sur certains chemins ruraux la circulation des véhicules de plus de 3,5 tonnes, le maire peut, sans commettre de voie de fait, faire installer sur le sol du domaine communal soit des barrières de bois soit des rangées de blocs de ciment espacés. • T. confl. 26 nov. 1973, *Cne de Rueil-Malmaison c/ SCI « Les hauts de Malmaison » : Lebon 849 ; AJDA 1974. 315, note Moulin ; JCP 1974. II. 17759, note Marchand ; D. 1974. 374, note Christini.*

26. Prise en compte des incidences d'une mesure d'interdiction sur la circulation dans les communes voisines. Les inconvénients que présentent les restrictions apportées à la circulation des véhicules poids lourds dans une commune pour les habitants des communes situées à proximité ne présentent pas un caractère excessif de nature à les faire regarder comme illégaux. • CE 18 oct. 1989, *Cne d'Aigueperse : AJDA 1990. 64, obs. Marillia.*

27. Contrôle du juge. Examinant la légalité d'une décision administrative restreignant la circulation automobile sur un pont en raison d'incertitudes affectant sa résistance, le juge administratif ne contrôle pas de façon spécifique l'existence de ce risque. Le juge administratif apprécie globalement au regard des circonstances qui l'ont motivée et du but poursuivi si la décision attaquée ne porte pas une atteinte excessive à la liberté de circulation. • CE 22 oct. 2003, *Sté Les sablières de la Perche*, n°s 242195 et 243328 : *préc. note 20.* ♦ En jugeant que n'est pas de nature à justifier la suspension demandée le moyen tiré de ce que le maire a excédé ses pouvoirs et porté une atteinte excessive à la liberté du commerce et de l'industrie en décidant d'interdire sur un chemin communal la circulation de tous les véhicules à moteur de plus de dix tonnes, le juge des référés, eu égard à son office, ne commet pas d'erreur de droit. • CE 10 déc. 2003, *Sté Tarmac-Granulats*, n° 260402 : *ACL 2004, n° 38.*

2° TRANSPORTS EN COMMUN

28. V. notes ss. art. L. 2213-3.

3° VÉHICULES DES GENS DU VOYAGE

29. BIBL. Aubin, La commune et les gens du voyage, *Berger-Levrault 2008 ; BJCL 2004. 749 ; RLCT, avr. 2009, p. 59.* – Boutet, *RD publ. 1986. 169.* – Darmanville, *LPA 24 févr. 2000, p. 11.* – Gannat et Stourm, Le maire et les gens du voyage, *Territorial 2012.* – Le Berre, Les gens du voyage : une catégorie ambiguë, source de discrimination directe, *RDP 2008. 891.* – Merchat, Accueil et stationnement des gens du voyage, *Le Moniteur 2000.* – Monjal, *LPA 2004, n° 115, p. 16.* – Morand-Deviller, *LPA 2004, n° 115, p. 16.* – Singer, *Gaz. cnes 19 janv. 2004. 52.* – Rouquette, Gens du voyage : accueil ou rejet ?, *Dr. adm. 2007, n° 19.* – Terrien, Accueil des gens du voyage, *JCP Adm. 2007, n° 2127.* ♦ Sur la L. n° 2000-614 du 5 juill. 2000, accueil et habitat des gens du voyage (complétant la L. n° 90-449 du 31 mai 1990 visant à la mise en œuvre du droit au logement) : Aubin, *AJDA 2000. 822 ; LPA 22 août 2000, p. 12.* – Bazin, *RGCT 2000. 415.* – Lopez, *LPA 29 sept. 2000, p. 195.* – Deprez, *Mon.*

TP, 14 juill. 2000, p. 50. – Muller-Quoy, *J.-Cl. Coll. terr., fasc. 716.* – Sommer, *AJDI 2001. 133*. – Zentner, *Gaz. cnes 4 sept. 2000, p. 44.* – V. aussi : Circ. n° 06/00074/C du 3 août 2006. – Rapport de la Cour des comptes d'oct. 2012 (accueil et accompagnement des gens du voyage). ♦ Sur le nouveau pouvoir du préfet d'ordonner l'exécution forcée de l'expulsion des résidences mobiles des gens du voyage dont le contentieux relève désormais de la compétence du juge administratif (art. 27/ 28 de L. n° 2007-297 du 5 mars 2007, Décr. n° 2007-1018 du 14 juin 2007, Circ. INT/D/00080/C du 10 juill. 2007) : Aubin, *RLCT, juill. 2007, p. 16.* – Michon, *AJDA 2009. 330*. ♦ Sur la constitutionnalité de la procédure d'évacuation forcée en cas de stationnement effectué en violation de l'arrêté du maire interdisant le stationnement en dehors des aires d'accueil aménagées. • Cons. const. 9 juill. 2010, *M. Orient O. et a.*, n° 2010-13 QPC : *AJDA 2010. 2324, note Aubin ; JCP Adm. 2010. Actu. n° 664, Sorbara ; Constitutions 2011. 601, obs. Le Bot ; RFDC 2011. 281, obs. Pena-Gaïa* (QPC posée par : • CE 28 mai 2010, *Balta et Opra*, n° 337840 : *Lebon. 171).* ♦ V. aussi sur la constitutionnalité du régime de circulation des gens du voyage. • Cons. const. 5 oct. 2012, *Jean-Claude P.*, n° 2012-279 QPC : *AJDA 2012. 2392, note Aubin ; JCP A 2012, n° 47, p. 17, note Verpeaux ; Constitutions 2012. 635, note Le Bot*.

30. Entrent dans le champ d'application de la loi du 5 juill. 2000 les gens du voyage, quelle que soit leur origine, dont l'habitat est constitué de résidences mobiles et qui ont choisi un mode de vie itinérant ; en revanche, n'entrent pas dans le champ d'application de cette loi les personnes occupant sans titre une parcelle du domaine public dans des abris de fortune ou des caravanes délabrées qui ne constituent pas des résidences mobiles. • CE 5 mars 2014, n° 372422 : *AJDA 2014. 1280, note Aubin ; ibid. 2103, étude Dufour*.

31. Aucune disposition du CSP ni du C. adm. comm. n'autorise le maire, hormis le seul cas d'épidémie grave exigeant des mesures d'urgence, à faire visiter les voitures de nomades, lesquelles constituent leur domicile dont l'inviolabilité est consacrée. • CE 2 déc. 1983, *Ville de Lille*, n° 13205 : *Lebon 470 ; D. 1985. 388, note Romi.* ♦ La Cour européenne des droits de l'homme a condamné la France pour violation du droit au respect de la vie privée et familiale et du domicile en raison d'une décision d'expulsion de gens du voyage de terrains sur lesquels ils vivaient de longue date alors même que cette décision n'avait pas été exécutée. • CEDH 17 oct. 2013, *Winterstein et a. c/ France*, n° 27013/07 : *D. 2013. 2678, note Marguénaud et Mouly*.

32. En l'absence d'un transfert d'attributions en matière de police spéciale à un EPCI à fiscalité propre en vertu de l'art. L. 5211-9-2, le maire peut « prendre un arrêté de police pour interdire, sur le territoire communal, le stationnement des résidences mobiles en dehors des aires d'accueil qui y avaient été aménagées ». • CAA Douai, 1er oct. 2013, n° DA01228. ♦ En se bornant à dresser des contraventions dont la réalité ne ressort pas d'ailleurs des pièces du dossier sans prendre aucune autre mesure de nature à faire cesser les troubles causés par des gens du voyage tels que les stationnements abusifs, tapages diurnes et nocturnes, dégradations des biens mobiliers et immobiliers ou menaces physiques, le maire et l'État ont commis une faute lourde de nature à engager leur responsabilité. • CAA Paris, 19 mars 2003, *Vidal et a. : JCP Adm. 2003. 1819, obs. Moreau.* ♦ Le maire d'une commune qui dispose d'une aire d'accueil peut, par arrêté, interdire le stationnement des gens du voyage hors de cette aire. Ce n'est qu'en cas de violation d'un tel arrêté que le préfet peut mettre en demeure les occupants de quitter les lieux. • TA Rennes, 7 août 2008, *Cté des gens du voyage*, n° 083426 : *AJDA 2008. 1962, concl. Touret*. ♦ Le maire ayant interdit le stationnement des nomades sur le territoire communal en dehors de l'aire d'accueil spécialement aménagée à cet effet et des nomades s'étant néanmoins installés dans un parc de la commune, il appartenait au préfet, qui avait été alerté des faits et saisi d'une demande en ce sens, de mettre à la disposition de la commune les forces de police nécessaires pour exécuter cet arrêté. Toutefois, en s'abstenant de prêter son concours à une telle opération qui aurait pu entraîner des troubles importants à l'ordre public, le préfet n'a pas commis de faute lourde. En revanche, les dommages résultant de cette abstention revêtent un caractère grave et spécial et ne sauraient être regardés comme une charge incombant normalement à la commune dont il n'est pas contesté qu'elle remplit les obligations qui lui incombent en matière d'accueil des gens du voyage. • TA Lille, 11 juin 2009, *Cne de Wattrelos*, n° 0703701 : *AJDA 2009. 2123, note Minet*.

4° *AUTRES VÉHICULES*

33. Engins blindés. L'interdiction par un maire de la circulation des engins blindés sur le territoire de sa commune viole l'art. 26 de la loi du 7 janv. 1983 (CGCT, art. L. 1111-7) prévoyant que les collectivités territoriales exercent leurs compétences propres dans le respect des sujétions imposées par la défense nationale. • CE 15 mars 1996, *Cne de Busy*, n° 113884 : *Lebon 81*.

34. Fauteuil roulant. En ne faisant pas respecter les règles imposées par ses arrêtés alors que la circulation des fauteuils roulants sur les trottoirs du centre-ville est difficile, notamment pendant la période estivale, en ne dressant aucun procès-verbal et en ne retirant ou ne limitant pas les autorisations d'occupation du domaine public dont bénéficient les contrevenants, à l'exception de quelques commerçants, malgré la persistance de comportements fautifs, le maire a commis une faute de nature à engager la responsabilité de la ville. • TA Lyon, 20 mars 2008, *Mme Vanel*, n° 0602614 : *BJCL 2009. 60, concl. Arnould et obs. B. P.*

35. Motoneiges. BIBL. Yolka, Les terrains ouverts aux motoneiges, *Envir., 2008, étude n° 8.* ♦ Aux termes de la loi du 3 janv. 1991, l'utilisation, à des fins de loisirs, d'engins motorisés conçus pour la progression sur la neige est interdite. En autorisant la circulation de tels engins sur une route non déneigée qui constituait le seul accès à un gîte-refuge, l'autorité de police ne méconnaît pas l'interdiction précitée. • CAA Marseille, 24 nov. 2003, *Préfet des Hautes-Alpes : Envir. 2004, n° 21, note Bénoit.* ♦ L'utilisation d'engins motorisés conçus pour les déplacements sur neige n'est prohibée que si elle a lieu à des fins de loisirs. Tel n'est pas le cas lorsque de tels engins sont utilisés par les exploitants d'un restaurant d'altitude pour acheminer directement jusqu'à leur établissement leurs clients. • Grenoble, 21 oct. 2008, *Dessaix, Guion et SARL Napoléon : JCP Adm. 2009. 2025, note Yolka.* ♦ L'interdiction du recours aux engins motorisés conçus pour la progression sur neige à des fins de loisirs dans les espaces naturels s'applique au convoyage de la clientèle des restaurants d'altitude. • Crim. 4 avr. 2013, n° 12-81.759 : *AJDA 2013. 1288, note Yolka ; AJ pénal. 2013. 611, obs. Vial.* ♦ Sur les motoneiges, V. également la circulaire du ministre de l'Aménagement et du territoire du 20 nov. 2000 jugée légale par • CE 30 déc. 2003, *Synd. nat. des professions de la moto-neige et a.*, nos 229713 B et 230192 B : *BJCL 2004. 179, concl. Chauvaux ; Envir. 2004, n° 21, note Bénoit.*

36. Tricycles à traction humaine. S'il eût été possible d'interdire, dans l'intérêt de la sécurité publique, la circulation et le stationnement de tricycles à traction humaine susceptibles d'accueillir un ou deux passagers et dénommés « pédicabs » dans certaines voies très fréquentées en raison de l'encombrement supplémentaire et des dangers particuliers résultant de la présence de ces véhicules dans lesdites voies, le maire excède ses pouvoirs en les interdisant de façon générale et permanente sur toute l'étendue de la commune alors que la circulation s'effectue selon les voies, jours et heures dans des conditions d'intensité et de difficultés très inégales. • TA Nice, 6 nov. 1987, *COREP Alpes-Maritimes c/ Ville de Cannes : Lebon 492 ; LPA 10 juill. 1989, note G.F.*

37. Véhicules n'appartenant pas à des exploitants agricoles. Est illégal l'arrêté municipal interdisant, sur certains chemins, la circulation de véhicules n'appartenant pas à des exploitants agricoles. • CE 1er juill. 1981, *SA « Carrière Chalumeau »*, n° 17889 : *Lebon 292.*

38. Véhicules publicitaires. Un maire ne peut soumettre à autorisation la circulation de véhicules publicitaires dans les rues. • CE 2 avr. 1954, *Pétronelli : Lebon 208 ; RPDA 1954. 98, concl. Laurent ; AJDA 1954. II bis. 9, chron. Long.*

39. Véhicules transportant des animaux ou des viandes de provenance étrangère. La décision d'un maire interdisant la circulation, sur le territoire de sa commune, de véhicules transportant des animaux ou des viandes de provenance étrangère afin d'éviter les troubles qui pourraient résulter d'actions d'agriculteurs contre ces véhicules porte une atteinte excessive à la liberté de circulation car il ne résulte pas du dossier que de tels incidents s'étaient déjà produits ou étaient susceptibles de se produire dans la commune. • TA Limoges, 24 janv. 1991, *Préfet de la Haute-Vienne c/ Cne de Saint-Martin-le-Vieux : Rev. jur. Centre-Ouest 1991, n° 9, p. 70, note Lachaume.*

40. Voiturette. Le refus du maire de permettre à un malade atteint d'une grave insuffisance coronarienne et qui se trouve dans l'impossibilité de se déplacer sans assistance mécanique d'utiliser une « voiturette » dans une île où la circulation des véhicules est soumise à autorisation n'est pas justifié par la nature des troubles à l'ordre public que l'utilisation de la « voiturette » pouvait susciter. • CE 10 déc. 1993, *Mme Maes*, n° 107309 B : *RD publ. 1994. 819, note Gros.*

II. RÉGLEMENTATION DE L'ARRÊT ET DU STATIONNEMENT DES VÉHICULES ET DE LA DESSERTE DES IMMEUBLES RIVERAINS

A. MESURES INTÉRESSANT TOUS LES VÉHICULES

1° STATIONNEMENT INTERDIT

41. Le maire peut totalement interdire le stationnement dans une rue dès lors que son étroitesse et l'intensité du trafic qu'elle connaît créent de graves difficultés de circulation. • CE 14 mars 1973, *Almela : Lebon 213.*

42. En interdisant le stationnement de tous véhicules, autres que les autocars, sur une partie de voie communale située devant une gare routière, l'autorité municipale a agi dans l'intérêt de la sécurité et de la commodité de la circulation sans porter une entrave illégale à l'exercice de la profession de loueur de voitures de remise. • CE 9 juill. 1975, *Épx Durand : Lebon T. 900.*

43. L'inobservation des interdictions de stationner dans une voie édictées par l'autorité de police ayant eu pour conséquence d'empêcher les voitures de secours d'y pénétrer en cas de sinistre et de priver les riverains du libre accès à leur immeuble, la ville commet une faute (alors lourde) de nature à engager sa responsabilité en ne prenant pas les mesures appropriées, réglementaires ou d'exécution, pour faire respecter ces interdictions et pour préserver le droit d'accès des riverains. • CE 20 oct. 1972, *Ville de Paris c/ Marabout : Lebon 664 ; AJDA 1972. 625, concl. Guillaume ; RD publ. 1973. 832, note Waline ; Gaz. Pal. 1973. 1. 265, note Rougeaux ; JCP 1973. II. 17373, note Odent ; AJDA 1972. 581, chron. Cabanes et Léger.*

44. Bien que le maire ait interdit le stationnement de tout véhicule à l'entrée de la propriété des requérants et prescrit que cette interdiction serait matérialisée par un marquage au sol ainsi que par un panneau réglementaire, ce dispositif est resté insuffisant pour empêcher le stationnement des automobilistes, rendant difficile voire impossible l'accès en voiture à leur domicile, d'où la condamnation de la commune à verser aux requérants la somme de 3 000 € en réparation du préjudice subi. Par ailleurs, en application de l'art. L. 911-1 CJA, il convient de lui enjoindre d'installer, dans un délai de deux mois, un dispositif garantissant effectivement le libre accès des véhicules à la propriété des requérants et d'assortir cette injonction d'une astreinte de 100 € par jour de retard. • CAA Versailles, 9 févr. 2010, *Hardouin*, n° 07VE01197 : *JCP Adm. 2010, n° 2160, 8, obs. Yazi-Roman.*

45. Lorsqu'un maire institue un stationnement unilatéral en ne prévoyant aucune possibilité de dérogation, il ne peut légalement exempter de cette réglementation deux négociants établis dans la rue et, par conséquent, ne commet aucune illégalité en rapportant les deux autorisations de stationnement illégalement accordées. • CE 2 nov. 1960, *Ville de Sidi-Bel-Abbès c/ Tabet : Lebon T. 928 ; AJDA 1960. 2. 385, obs. anonymes.*

2° STATIONNEMENT LIMITÉ DANS LE TEMPS

46. Un arrêté municipal instituant une « zone bleue » qui, en méconnaissance de l'art. 98 C. adm. comm. (CGCT, art. L. 2213-2), n'est pas motivé, est illégal alors même qu'il visait l'avis émis par la commission municipale de voirie et par le conseil municipal. • CE 12 nov. 1975, *Rodes : Lebon T. 900 ; AJDA 1976. 147.*

47. Eu égard aux difficultés de la circulation automobile, un arrêté municipal peut instituer une « zone bleue » dans le centre de la ville. Si cette mesure ne prévoit aucune dérogation en faveur des riverains de la zone, la restriction ainsi apportée à leurs droits et les inconvénients qui en découlent pour eux dans l'exercice de leur profession ne constituent pas une atteinte qui ne fût justifiée par la nécessité d'assurer la circulation automobile dans des conditions satisfaisantes. • CE 4 déc. 1974, *Barrois : Lebon 607*.

48. Le fait qu'un commerçant ambulant vendant des denrées alimentaires dans son véhicule ait acquitté un droit de place ne lui permet pas de contrevenir aux dispositions d'un arrêté instituant une « zone bleue » et interdisant de stationner sans disque et de façon durable. • Crim. 5 mars 1987, n° 86-90.641.

3° STATIONNEMENT PAYANT

49. V. art. L. 2213-6.

4° STATIONNEMENT TOLÉRÉ SUR LES TROTTOIRS

50. Aucune disposition du code de la route n'interdit à l'autorité de police de tolérer que les voitures particulières stationnent sur certains trottoirs, terre-pleins et contre-allées. Cette mesure est légale dès lors que, eu égard aux difficultés de la circulation automobile dans la ville en question et aux caractéristiques des trottoirs sur lesquels le stationnement a été autorisé, elle n'impose pas aux piétons des sujétions qui excéderaient celles que l'autorité de police peut leur imposer dans l'intérêt général et qu'elle réserve le droit d'accès des riverains à leurs immeubles. • CE 23 mars 1973, *Assoc. des droits du piéton : Lebon 245 ; RD publ. 1974. 271, concl. Bernard ; AJDA 1973. 246, chron. Cabanes et Léger ; JCP 1974. II. 17775, note Moderne.*

B. MESURES N'INTÉRESSANT QUE CERTAINS VÉHICULES

1° POIDS LOURDS

51. Un arrêté interdisant de façon absolue le stationnement des véhicules poids lourds sur la route nationale dans toute la traversée de la commune est illégal dans la mesure où un tel stationnement ne faisait courir aucun risque particulier ni à la circulation des véhicules ni à celle des piétons. • CE 21 janv. 1976, *Cne de Saint-Benoist-sur-Vanne : Lebon T. 792*.

52. Il ne ressort pas des pièces du dossier que les nécessités de la circulation des véhicules et des piétons ont été de nature à justifier légalement l'interdiction du stationnement des véhicules d'un poids supérieur à 3,5 tonnes sur les accotements de toutes les voies situées dans l'agglomération. • CE 24 janv. 1994, *Cne de Vauxaillon c/ Varry*, n° 140685.

53. Le rétablissement de l'autorisation de stationnement des poids lourds en un point d'une route nationale a pour conséquence d'obliger les piétons qui circulaient à cet endroit de descendre sur la chaussée de la route nationale pour contourner les camions en stationnement. Le danger est d'autant plus grand qu'une école est située à proximité. Cette situation particulièrement dangereuse pour l'ordre public rend nécessaire le maintien à cet endroit de l'interdiction de stationnement des poids lourds. • CE 17 mars 1989, *Cne de Villeneuve-au-Chemin*, n° 76314.

2° AUTRES VÉHICULES

54. *Camions-citernes.* L'interdiction de livraison de carburant par camions-citernes édictée par l'arrêté litigieux ne porte que sur une seule voie de la commune ouverte à la circulation publique qui conduit à une gare maritime et est limitée à la saison estivale et, durant cette dernière, aux heures d'affluence. Eu égard aux inconvénients pour la tranquillité publique et aux risques pour la sécurité des riverains et des usagers de la voie publique résultant de la livraison de carburant sur la voie en question durant la saison estivale et aux heures d'affluence, le maire n'a, dans les circonstances de l'espèce, porté une atteinte excessive ni à l'exercice de la liberté du commerce et de l'industrie ni à la libre concurrence. • CE 15 oct. 2004, *SARL Ets. Botti*, n° 261254 : *BJCL 2005. 25, concl. Olson ; Coll. terr. 2004, n° 250, note Moreau.*

55. *Cortèges de mariage.* Afin de faciliter l'écoulement de la circulation automobile le samedi matin aux abords de l'hôtel de ville et l'accès des cortèges de mariage à la mairie, le maire peut légalement, ce jour-là, réserver pendant quatre heures des emplacements de stationnement aux seuls véhicules amenant des mariages. • CE 26 févr. 1969, *Chabrot et Synd. nat. des automobilistes (1re esp.) : Lebon 120.*

56. *Véhicules de livraison.* L'autorité de police peut réserver des lieux de stationnement aux utilisateurs de véhicules qui servent à l'approvisionnement des halles et marchés. • CE 21 juill. 1972, *Ville de Paris c/ Cormier : Lebon 561.* ♦ L'autorité de police peut instituer des zones dites de livraison réservées aux usagers ayant à « accomplir des opérations de déchargement et notamment de livraison de marchandises de manière à éviter les difficultés que ne manquent pas d'entraîner ces opérations quand elles sont effectuées au milieu de la chaussée ». • Crim. 27 nov. 1991, n° 92-84.597 P : *Dr. pénal 1992, n° 97, obs. Robert* • Crim. 27 janv. 1993 : *D. 1994. Somm. 261, obs. Couvrat et Massé* • Crim. 1er févr. 1995, n° 93-85.168.

57. *Véhicules de location.* Eu égard aux difficultés particulières qu'entraîne l'occupation par des véhicules appartenant à des sociétés de location d'un grand nombre d'emplacements sur la voie publique, le maire peut légalement interdire « le remisage sur la voie publique et ses dépendances des véhicules de location lorsqu'ils sont en attente d'affectation à un client ». • CE 9 nov. 1990, *Ville d'Angers c/ Sté Auto 49 et a.*, n° 75055 : *Lebon 320* • CE 29 mai 2002, *Stés ADA et SAPN*, n° 220060 B : *BJCL 2002. 255, concl. Chauvaux* • CAA Douai, 22 juin 2006, *Sté France cars c/ Cne de Lens*, n° 05DA1515 : *BJCL 7/06, concl. Lepers et obs. B.P.* ♦ L'autorité de police excède toutefois ses pouvoirs en prescrivant la mise en fourrière des véhicules de location en attente d'affectation à un client qui stationnent sur la voie publique en violation de l'interdiction édictée. • CE 29 mai 2002, *Stés ADA et SAPN : préc.*

58. *Véhicules des écoles de conduite.* Est légal, compte tenu des circonstances de temps et de lieu, un arrêté imposant un lieu de stationnement unique aux véhicules de toutes les écoles de conduite. • CE 21 oct. 1959, *Lukowiack : Lebon 531.* ♦ N'est pas étrangère aux nécessités du bon ordre et de la circulation la mesure de police qui fait obligation à tout exploitant d'une auto-école de disposer d'un parking dans son établissement ou à proximité immédiate. • CE 5 janv. 1968, *Préfet de police c/ Ch. synd. patronale des enseignants de la conduite des véhicules à moteur : Lebon 14 ; RD publ. 1968. 905, concl. Fournier ; JCP 1968. II. 15529, note Vincent ; AJDA 1968. 1. 221, chron. Massot et Dewost.* ♦ Annulation de : • TA Paris, 16 juin 1965, *Ch. synd. patronale des enseignants de la conduite des véhicules à moteur : Lebon 754 ; AJDA 1966. 439, obs. A. de L.*

59. *Véhicules servant au logement des forains.* Est justifiée par des circonstances locales la mesure interdisant le stationnement des voitures de logement des forains sur une voie de la ville pendant la durée des fêtes foraines et destinée à faciliter le stationnement des véhicules de tourisme sur ladite voie et d'améliorer la circulation dès lors qu'elle n'a pas rendu impossible l'exercice de leur profession par les marchands forains. • CE 23 avr. 1969, *Froment : Lebon 222.*

60. *Camping-cars.* Un arrêté réglementant le stationnement des camping-cars est légal car motivé notamment par les encombrements répétés imputables à leur stationnement sur des emplacements inadaptés à leur gabarit et les risques en découlant pour la sécurité des autres usagers des voies publiques. • CAA Nantes, 29 juin 2010, *Assoc. Comité de liaison du camping-car*, n° 09NT01619 : *JCP Adm. 2011, n° 2098, comm. Van Lang.*

61. *Caravanes.* La circonstance qu'une caravane serait stationnée irrégulièrement au regard des dispositions relatives à l'utilisation des sols n'est pas de nature, par elle-même, à justifier légalement un arrêté par lequel le maire s'opposerait, sur le seul fondement des pouvoirs de police générale qu'il tient de l'art. L. 2212-2 CGCT, au raccordement au réseau de distribution d'électricité sollicité par des occupants. • CE 7 juill. 2004, *Épx Herlemann et a.*, n° 266478 : *Lebon. 322 ; BJDU 2004. 278, concl. Séners ; JCP Adm. 2005, n° 1199, § 8, chron. Glaser et Séners ; AJDA 2005. 105, note Sablière ; Coll. terr. 2005, n° 31, note Pélissier ; Envir. 2005, n° 1, étude Goutal et Peynet.*

62. V. L. n° 2000-614 du 5 juill. 2000, art. 9, ss. art. L. 2212-2.

Art. L. 2213-3 **Le maire peut, par arrêté motivé :**

1° Instituer, à titre permanent ou provisoire, pour les véhicules affectés à un service public et pour les besoins exclusifs de ce service *(L. n° 2000-646 du 10 juill. 2000)* **« et, dans le cadre de leurs missions, pour les véhicules de transport de fonds, de bijoux ou de métaux précieux, » des stationnements réservés sur les voies publiques de l'agglomération ;**

2° Réserver des emplacements sur ces mêmes voies pour faciliter la circulation et le stationnement des transports publics de voyageurs et des taxis *(L. n° 2000-646 du 10 juill. 2000)* « ainsi que des véhicules de transport de fonds, de bijoux ou de métaux précieux, dans le cadre de leurs missions » *(L. n° 2000-1208 du 13 déc. 2000, art. 107)* « et l'arrêt des véhicules effectuant un chargement ou un déchargement de marchandises » ;

(L. n° 2019-1428 du 24 déc. 2019, art. 35) « 3° Réserver des emplacements sur la voie publique, de façon permanente ou à certaines heures, pour faciliter la circulation des véhicules de transport en commun, des taxis, des véhicules transportant un nombre minimal d'occupants notamment dans le cadre du covoiturage au sens de l'article L. 3132-1 du code des transports ou des véhicules à très faibles émissions au sens de l'article L. 318-1 du code de la route.

« Pour des raisons liées aux conditions de circulation et à la sécurité routière, le maire peut ne pas autoriser la circulation sur ces emplacements réservés des véhicules de transport de marchandises de plus de 3,5 tonnes même s'ils répondent aux conditions du premier alinéa du présent 3°. »

I. STATIONNEMENTS RÉSERVÉS AUX VÉHICULES AFFECTÉS À UN SERVICE PUBLIC

1. Ne peuvent être regardées comme affectées à un service public pour les besoins exclusifs de celui-ci les voitures personnelles des agents municipaux. En conséquence, un maire excède ses pouvoirs en réservant sur des voies publiques affectées à la circulation et soumises de ce fait aux dispositions de l'art. 98 C. adm. comm. (CGCT, art. L. 2213-3) des places de stationnement à ces véhicules. En revanche, il peut librement réserver une partie de la cour de l'hôtel de ville, laquelle constitue une dépendance dudit hôtel, aux véhicules de certains membres du personnel sans être lié par les dispositions de l'art. 98 préc. qui n'y est pas applicable. • CE 16 févr. 1972, *Bernard : Lebon 140.*

2. L'art. 98 C. adm. comm. (CGCT, art. L. 2213-3) ne permet pas non plus au maire de réserver, par arrêté, un emplacement de stationnement au bénéfice d'un médecin libéral. • CAA Lyon, 13 mars 1990, *Cne de La Ciotat : Lebon 421.*

3. En revanche, est légal l'arrêté municipal réservant un stationnement sur la voie publique aux véhicules des services judiciaires de la police et de la gendarmerie. • Crim. 19 févr. 1974 : *Bull. crim. n° 70.*

4. Est également légal l'arrêté municipal réservant un stationnement sur la voie publique aux véhicules de police et de gendarmerie et interdisant à tout automobiliste de s'y arrêter même pendant le temps nécessaire à la montée et à la descente des voyageurs dès lors qu'une telle interdiction était nécessaire pour faire respecter le stationnement réservé. • Crim. 28 avr. 1987, n° 86-92.637.

5. Est aussi légal l'arrêté municipal réservant une zone de stationnement sur la voie publique aux véhicules des services d'un tribunal administratif et, pour les besoins exclusifs de ces services, aux véhicules des magistrats et fonctionnaires de cette juridiction autorisés à utiliser leurs voitures personnelles pour les besoins du service par application de l'art. 26 du décret du 10 août 1966. • Crim. 26 avr. 1990, n° 89-82.440 P.

II. EMPLACEMENTS RÉSERVÉS À LA CIRCULATION ET AU STATIONNEMENT DES TRANSPORTS PUBLICS DE VOYAGEURS ET DES TAXIS

6. **BIBL.** Bon, *Les cahiers du CNFPT, nov. 1988, n° 26, p. 134.*

7. Avant même l'entrée en vigueur de la loi n° 66-407 du 18 juin 1966 dont est issu l'art. L. 2213-3-2°, avait été considéré comme légal un arrêté de police réservant un certain nombre de voies à la circulation des véhicules de transports publics de voyageurs et des taxis de même, d'ailleurs, que des véhicules de police et de gendarmerie, de lutte contre l'incendie et des ambulances, l'avantage ainsi réservé à ces véhicules étant justifié, soit par les missions de service public qu'ils sont appelés à remplir, soit par les obligations particulières qui leur sont imposées dans l'intérêt du public. • CE 15 mars 1968, *Synd. nat. des automobilistes : Lebon 188 ; AJDA 1968. 355, obs. J.D.*

A. ENTREPRISES DE TRANSPORTS EN COMMUN

8. Détermination des itinéraires. En ce qui concerne les entreprises de transports en commun reliant plusieurs communes entre elles, le maire est en droit, dans l'intérêt de la commodité de la circulation et de la sécurité des voies publiques, de prescrire des itinéraires spéciaux pour la traversée de la ville. • CE 29 janv. 1932, *Sté des autobus antibois : Lebon 117 ; D. 1932. 60, concl. Latournerie et note Blaevoet ; RD publ. 1932. 505, concl. Latournerie.* ♦ Le maire peut, pour les entreprises de transports en commun assurant les liaisons en provenance et à destination de sa ville, fixer des itinéraires différents de ceux habituellement empruntés par ces entreprises même si cette mesure a pu favoriser indirectement la société concessionnaire des transports urbains dès lors qu'il n'est pas établi qu'il ait agi dans un intérêt autre que ceux de la sécurité et de la commodité de la circulation. • CE 10 nov. 1972, *Cne de Saint-Denis de la Réunion : Lebon T. 997.*

9. Fixation des points d'arrêt. En ce qui concerne les entreprises de transports en commun reliant plusieurs communes entre elles, le maire est en droit d'interdire la montée ou la descente des voyageurs en dehors du ou des points où il estime que la circulation ne subit de ce fait aucun inconvénient appréciable. • CE 29 janv. 1932, *Sté des autobus antibois : préc. note 8.* ♦ Un arrêté interdisant de stationner sur une distance de 30 m de part et d'autre des arrêts des autobus d'une régie mixte a été pris dans l'intérêt de la sûreté et de la commodité de la circulation et est donc légal alors même que la mesure en cause a pour conséquence de favoriser la régie mixte. En revanche, la suppression pour les voitures d'une entreprise d'autocars de tout arrêt à proximité d'un carrefour est illégale, un arrêt y était prévu au profit des voitures d'une autre ligne exploitée par une autre société. • CE 29 mars 1957, *Sté des autocars Orlandi : Lebon 229.*

10. En prescrivant une réduction du nombre des points d'arrêt des véhicules des sociétés de transports en commun automobile assurant les liaisons en provenance et à destination de sa ville, le maire agit dans le seul intérêt de la sécurité et de la commodité de la circulation. Il peut, sans commettre de détournement de pouvoir, tenir compte du statut de concessionnaire du service public de transports en commun de la ville qu'a une régie mixte pour exempter cette dernière de la mesure de police en question. • CE 2 oct. 1968, *Union dptale des transports routiers du Var et a. : Lebon T. 875.*

11. Les dispositions de l'art. L. 2213-3-2° ne font pas obstacle à ce qu'une voie soit réservée exclusivement à une catégorie de transports publics si les nécessités de la circulation le justifient. En réservant un emplacement pour la circulation des tramways, qui utilisent la voie publique dans des conditions différentes des autres véhicules de transports publics de voyageurs et des taxis, un maire ne porte pas atteinte à l'égalité entre les usagers de la voie publique. • CE 19 juin 2002, *Briot : Coll. terr. 2002. 198, obs. Moreau.*

B. TAXIS

12. L'autorité de police ne peut légalement réserver aux seuls taxis de la commune de stationner sur les emplacements réservés aux taxis devant une gare eu égard à l'importance de la restriction ainsi apportée à l'exercice de cette activité professionnelle et au fait que la fonction de desserte de la gare en question dépassait largement le cadre de la commune. • CE 6 juin 2001, *Cne de Vannes*, n° 199674 : *Lebon 256 ; CJEG 2002. 19, note Laget-Annamayer ; Coll. terr. 2001, n° 229, obs. Célérier.* ♦ Un maire peut autoriser sur le territoire de sa propre commune le stationnement des taxis rattachés à d'autres communes dans le cadre d'une zone unique de prise en charge résultant d'un mécanisme de coopération mis en place entre les communes concernées. • CAA Nantes, 24 mars 2016, n° 15NT00088 : *AJDA 2016. 1724*.

III. EMPLACEMENTS RÉSERVÉS À LA CIRCULATION ET AU STATIONNEMENT DES TRANSPORTS DE FONDS

13. BIBL. Brecq-Coutant, Transports de fonds : les nouvelles responsabilités des communes, *Gaz. cnes 2003. 52.*

Art. L. 2213-3-1 *(L. n° 2010-788 du 12 juill. 2010, art. 51)* **Lorsqu'une commune est membre** *(L. n° 2010-1563 du 16 déc. 2010, art. 17)* **« d'une métropole, » d'une communauté urbaine ou d'une communauté d'agglomération compétente en matière de voirie dont le territoire est couvert par un** *(L. n° 2019-1428 du 24 déc. 2019, art. 16)* **« plan de mobilité », ou d'une communauté de communes compétente en matière de voirie dont le territoire est couvert par un** *(L. n° 2019-1428 du 24 déc. 2019, art. 16)* **« plan de mobilité », le stationnement des véhicules à moteur est soit interdit, soit réservé à des catégories particulières de véhicules, ou limité dans le temps, ou soumis à paiement, sur les voies publiques supportant la circulation de véhicules assurant un service régulier de transport public et sur les trottoirs adjacents à ces voies lorsque ces mesures sont nécessaires pour faciliter la circulation de ces véhicules ou l'accès des usagers au service.**

Art. L. 2213-4 **Le maire peut, par arrêté motivé, interdire l'accès de certaines voies ou de certaines portions de voies ou de certains secteurs de la commune aux véhicules dont la circulation sur ces voies ou dans ces secteurs est de nature à compromettre** ***soit la tranquillité*** **publique,** *(L. n° 96-1236 du 30 déc. 1996, art. 42)* **« soit la qualité de l'air, » soit la protection des espèces animales ou végétales, soit la protection des espaces naturels, des paysages ou des sites ou leur mise en valeur à des fins esthétiques, écologiques, agricoles, forestières ou touristiques.**

Dans ces secteurs, le maire peut, en outre, par arrêté motivé, soumettre à des prescriptions particulières relatives aux conditions d'horaires et d'accès à certains lieux et

aux niveaux sonores admissibles les activités s'exerçant sur la voie publique, à l'exception de celles qui relèvent d'une mission de service public.

Ces dispositions ne s'appliquent pas aux véhicules utilisés pour assurer une mission de service public et ne peuvent s'appliquer d'une façon permanente aux véhicules utilisés à des fins professionnelles de recherche, d'exploitation ou d'entretien des espaces naturels.

(L. n° 2019-1428 du 24 déc. 2019, art. 10) **« Dans les îles mono-communales, l'interdiction mentionnée au premier alinéa peut couvrir l'ensemble du territoire de la commune. »**

V. égal. C. envir., art. L. 362-1 s. — ***C. envir.***

BIBL. ▶ BILLET, *JCP 2004. 1377* (préservation des espaces naturels utilisés à des fins sportives) – CARIUS, *Rev. jur. envir. 2001. 173* (police administrative et activités sportives de pleine nature). – JOLIVET, La police de l'accès aux espaces protégés. Ordre public écologique et politique des « petits pas », *Dr. adm. 2021. Étude 15*. – JOLIVET, Utiliser la police de l'accès aux espaces protégés, c'est possible ! Des quotas à Bréhat, *AJCT 2023. 393* . – PAULIAT, *ALD 1992. 117* (circulation dans les espaces naturels). – LE MEUR, *Rev. jur. envir. 1998. 503* (circulation sur les espaces naturels). – DE MALAFOSSE, *Dr. adm. 2007. Repère 2* (circulation sur les espaces naturels).

1. L'arrêté par lequel un maire interdit le stationnement des véhicules et le déneigement complet d'un chemin a été pris pour assurer, au cours de l'hiver, la sécurité des skieurs qui utilisent cette voie comme piste de ski de fond. Ayant pour but la mise en valeur du site à des fins touristiques compte tenu de l'affluence des amateurs de sports d'hiver dans la commune, il est légal. • CE 17 juin 1992, *Midot*, n° 123305.

2. L'interdiction, dans la zone forestière de la commune, de véhicules automobiles 4 × 4 a été prise afin d'assurer la tranquillité des promeneurs et de préserver cet espace naturel ainsi que la faune et la flore qu'il abrite en empêchant une utilisation anormale du domaine. Compte tenu de l'intérêt général qui s'attache à la préservation de ces espaces, le maire n'a pas porté une atteinte illégale au principe de liberté de circulation et n'a pas excédé les pouvoirs qu'il tient de l'art. L. 131-4-1 C. communes (CGCT, art. L. 2213-4). • TA Amiens, 12 mars 1996, *Dermigny c/ Cne de Salency : Rev. jur. envir. 1996. 341.*

3. Est légal l'arrêté du maire interdisant la circulation de certains véhicules à moteur, en dehors des voies revêtues, dans une zone dite rouge, afin de protéger sa grande richesse floristique et faunistique ainsi que pour lutter contre les phénomènes d'érosion et de dégradation. • CE 12 déc. 1997, *Assoc. Les crapahuteurs de la Colombière*, n° 173231 B.

4. La légalité d'une mesure générale d'interdiction de circulation des véhicules tout terrain sur les chemins ruraux est subordonnée à la preuve, non apportée en l'espèce par la commune, de l'exactitude matérielle des motifs invoqués pour fonder une telle mesure d'interdiction et sur son caractère approprié eu égard aux risques invoqués de dégradation de l'état des chemins ruraux, de préservation d'espèces végétales rares ou fragiles et de sécurité des riverains. • TA Cergy-Pontoise, 9 nov. 2004, *Rando Club Horizon vert : Coll. terr. 2005, n° 6, concl. Fournalès.*

5. Il ressort des pièces du dossier que la partie du territoire de la commune où l'accès à divers chemins a été réglementé par l'arrêté attaqué est pratiquement située dans son intégralité dans une zone naturelle d'intérêt écologique, floristique et faunistique. Ainsi, compte tenu de l'intérêt général qui s'attache à la nécessité de protéger les espaces naturels sensibles de la commune, le maire n'a pas excédé les pouvoirs qu'il tient de la loi en réglementant l'accès des véhicules à moteur de façon permanente sur les différentes voies desservant ce secteur. • CAA Lyon, 10 févr. 2005, *Decroix*, n° 99LY01092 : *Envir. 2005, n° 40.*

6. Pour protéger les espaces naturels du littoral et notamment le cordon dunaire du passage incessant des véhicules, le maire a interdit la circulation et le stationnement des véhicules sur le rivage de la mer et sur les espaces remarquables classés en zone naturelle. Alors que le juge du fond avait considéré que cette mesure portait au droit de propriété de ceux qui possédaient des parcelles situées dans la zone concernée une atteinte disproportionnée au but de protection de l'environnement recherché, la Cour de cassation relève que l'arrêté ne présente pas le caractère d'une interdiction générale et absolue mais que le juge du fond n'a pas recherché si la protection du cordon dunaire pouvait être atteinte par des mesures moins restrictives, d'où la cassation du jugement. • Crim., 14 mai 2008, n° 07-87.123 : *Envir. 2008, comm. 99, obs. Février ; LPA 26 août 2008, p. 8, note Touillier ; AJ pénal 2008. 372 ; RSC 2009. 382* . ♦ Suite à cette cassation, un autre juge du fond est intervenu. Comme le premier, il a considéré que l'arrêté municipal était illégal et a, en conséquence, relaxé l'automobiliste qui s'était vu infliger une contravention pour avoir stationné dans un terrain dont il était propriétaire mais qui était situé dans la zone visée par l'arrêté. • J. prox. 17 sept. 2009 : *AJDI 2011. 513, note Train* .

7. Un chemin rural appartenant au domaine privé de la commune se trouvant partiellement soumis à des servitudes pour la pratique du ski, l'arrêté municipal qui y interdit la circulation des véhicules pendant la période de fonctionnement d'un télésiège est nécessaire pour assurer, en période hivernale, la sécurité des skieurs et, participant à la mise en valeur du site à des fins touristiques, il entre dans le champ d'application de l'art. L. 2213-4. • CAA Lyon, 6 mai 2010, *SCI Le petit dru*, n° 08LY01355 : *Envir. 2010, comm. 113, note Yolka.*

8. Il appartient au seul maire d'une commune adhérant à la charte d'un parc naturel régional de réglementer la circulation dans les voies et chemins de la commune mais il doit nécessairement exercer ses compétences de façon cohérente avec les objectifs définis par la charte en mettant en œuvre les règles générales de circulation qu'elle a définies. • CE 16 juill. 2012, *Union des amis du parc naturel régional du Gâtinais français*, n° 351846 : *AJCT 2013. 53, obs. Defix.* ♦ V. C. envir., art. L. 362-1 s.

9. En l'absence de réglementation municipale, la circulation sur les chemins ruraux est autorisée à tout véhicule y compris à moteur, en particulier, lorsqu'il est carrossable. • T. pol. Charleville-Mézières, 17 janv. 2024, n° 23296000036 : *AJCT 2024. 309, note Dreyfus.* ♦ V. pour la réglementation de l'accès à l'espace naturel protégé, et non plus la réglementation relative à la circulation dans cet espace, l'art. L. 360-1 C. envir.

Art. L. 2213-4-1 *(L. n° 2015-992 du 17 août 2015, art. 48)* **I. — Pour lutter contre la pollution atmosphérique,** *(L. n° 2019-1428 du 24 déc. 2019, art. 86)* **« des zones à faibles émissions mobilité peuvent être créées dans les agglomérations et dans » les zones pour lesquelles un plan de protection de l'atmosphère est adopté, en cours d'élaboration ou en cours de révision en application de l'article L. 222-4 du code de l'environnement, par le maire ou par le président d'un établissement public de coopération intercommunale à fiscalité propre lorsque celui-ci dispose du pouvoir de police de la circulation, sur tout ou partie du territoire de la commune ou de l'établissement public de coopération intercommunale.**

(L. n° 2019-1428 du 24 déc. 2019, art. 86) **« L'instauration d'une zone à faibles émissions mobilité est obligatoire avant le 31 décembre 2020 lorsque les normes de qualité de l'air mentionnées à l'article L. 221-1 du même code ne sont, au regard de critères définis par voie réglementaire, pas respectées de manière régulière sur le territoire de la commune ou de l'établissement public de coopération intercommunale à fiscalité propre compétent. À compter du 1er janvier 2021, l'instauration d'une zone à faibles émissions mobilité est également obligatoire, dans un délai de deux ans, lorsque les normes de qualité de l'air mentionnées au même article L. 221-1 ne sont pas respectées de manière régulière, au regard de critères définis par voie réglementaire, sur le territoire de la commune ou de l'établissement public de coopération intercommunale à fiscalité propre compétent et que les transports terrestres sont à l'origine d'une part prépondérante des dépassements. »** *(L. n° 2021-1104 du 22 août 2021, art. 119)* **« Un décret précise les conditions d'application du présent alinéa, en particulier les modalités de dérogation à cette obligation, compte tenu de la faible proportion de population exposée aux dépassements des normes de qualité de l'air ou des actions alternatives mises en place afin de respecter ces normes dans des délais plus courts que ceux procédant de la mise en place d'une zone à faibles émissions mobilité.**

« L'instauration d'une zone à faibles émissions mobilité est obligatoire avant le 31 décembre 2024 dans toutes les agglomérations de plus de 150 000 habitants situées sur le territoire métropolitain.

« Pour l'application du troisième alinéa du présent I, la liste des communes incluses dans ces agglomérations est fixée par arrêté conjoint des ministres chargés de l'environnement et des transports. Cette liste est actualisée au moins tous les cinq ans.

« L'obligation d'instaurer une zone à faibles émissions mobilité en application du même troisième alinéa est satisfaite sur le territoire de l'agglomération lorsque, le cas échéant, le président de l'établissement public de coopération intercommunale à fiscalité propre dont la population est la plus importante au sein de l'agglomération a créé une zone à faibles émissions mobilité couvrant la majeure partie de la population de l'établissement public.

« Un décret précise les conditions d'application dudit troisième alinéa, en particulier les modalités de dérogation aux obligations pour des motifs légitimes ou en cas d'actions alternatives mises en place et conduisant à des effets similaires à ceux de la création d'une zone à faibles émissions mobilité. »

II. — Les zones à *(L. n° 2019-1428 du 24 déc. 2019, art. 86)* **« faibles émissions mobilité » sont délimitées par un arrêté qui fixe les mesures de restriction de circulation**

applicables *(L. n° 2021-1104 du 22 août 2021, art. 119)* « , détermine les catégories de véhicules concernés et précise les motifs légitimes pour lesquels des dérogations individuelles peuvent être accordées. » L'inclusion de voies du domaine public routier national ou de voies du domaine public routier départemental situées hors agglomération dans les zones à *(L. n° 2019-1428 du 24 déc. 2019, art. 86)* « faibles émissions mobilité » est subordonnée à l'accord, respectivement, du représentant de l'État dans le département et du président du conseil départemental sur les mesures de restriction qu'il est prévu d'y appliquer. Les véhicules circulant dans une zone à *(L. n° 2019-1428 du 24 déc. 2019, art. 86)* « faibles émissions mobilité » font l'objet de l'identification fondée sur leur contribution à la limitation de la pollution atmosphérique prévue à l'article L. 318-1 du code de la route.

L'arrêté précise la durée pour laquelle les zones à *(L. n° 2019-1428 du 24 déc. 2019, art. 86)* « faibles émissions mobilité » sont créées.

Les mesures de restriction fixées par l'arrêté sont cohérentes avec les objectifs de diminution des émissions fixés par le plan de protection de l'atmosphère défini à l'article L. 222-4 du code de l'environnement.

III. — Le projet d'arrêté, accompagné d'une étude présentant l'objet des mesures de restriction, justifiant leur nécessité et exposant les bénéfices environnementaux et sanitaires attendus de leur mise en œuvre, notamment en termes d'amélioration de la qualité de l'air et de diminution de l'exposition de la population à la pollution atmosphérique, *(L. n° 2021-1104 du 22 août 2021, art. 119)* « ainsi que les impacts socio-économiques attendus à l'échelle de la zone urbaine, » est *(L. n° 2019-1428 du 24 déc. 2019, art. 86)* « mis à la disposition du public dans les conditions prévues à l'article L. 123-19-1 du code de l'environnement et » soumis pour avis, par l'autorité compétente, aux autorités organisatrices de la mobilité dans les zones et dans leurs abords, aux conseils municipaux des communes limitrophes, aux gestionnaires de voirie, ainsi qu'aux chambres consulaires concernées. À l'expiration d'un délai fixé par le décret prévu au V du présent article, cet avis est réputé favorable.

(L. n° 2019-1428 du 24 déc. 2019, art. 86) « Lorsqu'un projet de zone à faibles émissions mobilité couvre le territoire de plusieurs collectivités territoriales, ce projet peut faire l'objet d'une étude unique et d'une seule procédure de participation du public.

« L'étude réalisée préalablement à l'institution d'une zone à faibles émissions mobilité peut être reprise lorsqu'il est envisagé d'étendre les mesures arrêtées à tout ou partie du territoire d'une autre commune ou collectivité territoriale limitrophe, en y apportant les éléments justifiant cette extension et, le cas échéant, ceux nécessaires à l'actualisation de l'étude initiale.

« Les dispositions du présent III ne sont toutefois pas applicables lorsque l'institution d'une zone à faibles émissions mobilité constitue l'une des mesures du plan d'action pour la réduction des émissions de polluants atmosphériques du plan climat-air-énergie territorial prévu au 3° du II de l'article L. 229-26 du code de l'environnement et que les restrictions envisagées ont, pour l'essentiel, fait l'objet de l'étude prévue au deuxième alinéa du même 3°.

« La création d'une zone à faibles émissions mobilité est accompagnée d'une campagne d'information locale, d'une durée minimale de trois mois. Cette campagne porte à la connaissance du public le périmètre contrôlé ainsi que les restrictions de circulation mises en œuvre. » *(L. n° 2021-1104 du 22 août 2021, art. 119)* « Elle expose également les alternatives à l'usage individuel de la voiture au sein du périmètre contrôlé, notamment l'offre de transport public, dont le transport à la demande. »

IV. — L'autorité compétente pour prendre l'arrêté en évalue de façon régulière, au moins tous les trois ans, l'efficacité au regard des bénéfices attendus et peut le modifier en suivant la procédure prévue au III du présent article.

V. — Après consultation des représentants des catégories professionnelles concernées, un décret en Conseil d'État précise les modalités d'application du présent article, notamment les catégories de véhicules, y compris de transport collectif de personnes, dont la circulation dans une zone à *(L. n° 2019-1428 du 24 déc. 2019, art. 86)* « faibles émissions mobilité » ne peut être interdite, ainsi que les modalités selon lesquelles des dérogations individuelles aux mesures de restriction peuvent être accordées.

(L. n° 2021-1104 du 22 août 2021, art. 119) « VI. — Dans les zones à faibles émissions mobilité rendues obligatoires en application du deuxième alinéa du I, l'autorité

compétente prend des mesures de restriction de la circulation des véhicules automobiles construits pour le transport de personnes ou de marchandises dont le poids total autorisé en charge est inférieur ou égal à 3,5 tonnes et disposant d'au moins quatre roues.

« En application du premier alinéa du présent VI, lorsque les normes de qualité de l'air mentionnées à l'article L. 221-1 du code de l'environnement ne sont pas respectées dans ces zones de manière régulière au regard des critères mentionnés au deuxième alinéa du I du présent article, les mesures de restriction interdisent la circulation des véhicules automobiles construits pour le transport de personnes dont le poids total autorisé en charge est inférieur ou égal à 3,5 tonnes et disposant d'au moins quatre roues suivants :

« 1° Au plus tard le 1er janvier 2023, les véhicules diesel et assimilés dont la date de première immatriculation est antérieure au 31 décembre 2000 ainsi que les véhicules essence et assimilés dont la date de première immatriculation est antérieure au 31 décembre 1996 ;

« 2° Au plus tard le 1er janvier 2024, les véhicules diesel et assimilés dont la date de première immatriculation est antérieure au 31 décembre 2005 ;

« 3° Au plus tard le 1er janvier 2025, les véhicules diesel et assimilés dont la date de première immatriculation est antérieure au 31 décembre 2010 ainsi que les véhicules essence et assimilés dont la date de première immatriculation est antérieure au 31 décembre 2005.

« Pour l'application du présent article, les mots : "véhicules diesel et assimilés" désignent les véhicules ayant une motorisation au gazole ainsi que les véhicules combinant une motorisation électrique et une motorisation au gazole. Les mots : "véhicules essence et assimilés" désignent les véhicules ayant une motorisation à l'essence ainsi que les véhicules combinant une motorisation électrique et à l'essence.

« Les mesures de restriction rendues obligatoires en application du présent VI ne s'appliquent pas aux véhicules dont l'autonomie équivalente en mode tout électrique en ville est supérieure à cinquante kilomètres.

« VII. – Dans les zones à faibles émissions mobilité rendues obligatoires en application du deuxième alinéa du I ou dans les agglomérations ou dans les zones mentionnées au premier ou au troisième alinéas du même I ou concernées par les dépassements mentionnés au deuxième alinéa dudit I, l'autorité compétente s'assure du déploiement et de l'installation des infrastructures de recharge pour véhicules électriques nécessaires au respect des normes de circulation.

« L'autorité compétente a notamment la charge de concevoir, en concertation avec l'ensemble des parties prenantes, un schéma directeur de développement des infrastructures de recharge prévu à l'article L. 353-5 du code de l'énergie. Ce schéma directeur tient compte des spécificités techniques de chaque borne et, le cas échéant, de la compensation financière des difficultés techniques qui y sont liées. »

À compter du 1er janv. 2025, lorsque, en application de l'art. L. 2213-4-1, le maire ou le président d'un EPCI a mis en place sur le territoire de la commune ou de l'établissement public une zone à faibles émissions mobilité, le produit des amendes forfaitaires et des amendes forfaitaires majorées perçues au titre de l'année écoulée sanctionnant les infractions aux règles de circulation arrêtées en application du même art. L. 2213-4-1 est affecté à la commune ou à l'établissement public de coopération intercommunale à fiscalité propre, déduction faite de la quote-part de ce produit affectée à l'Agence nationale de traitement automatisé des infractions. Un décret en Conseil d'État précise les conditions d'application, notamment les modalités de répartition, au sein des établissements publics de coopération intercommunale à fiscalité propre, des recettes affectées (L. n° 2023-1322 du 29 déc. 2023, art. 135).

Art. L. 2213-4-2 *(L. n° 2019-1428 du 24 déc. 2019, art. 86)* **I. – Afin de faciliter la constatation des infractions aux règles de circulation arrêtées en application de l'article L. 2213-4-1 et de permettre le rassemblement des preuves de ces infractions ainsi que *la recherche de leurs* auteurs, des dispositifs fixes ou mobiles de contrôle automatisé des données signalétiques des véhicules peuvent être mis en œuvre par les services de police et de gendarmerie nationales ou par les services de police municipale des communes sur le territoire desquelles a été instituée une zone à faibles émissions mobilité ou, pour la zone instaurée à Paris, par le service dont relèvent les agents de surveillance de Paris.**

II. – La mise en œuvre des dispositifs de contrôle est autorisée par arrêté du représentant de l'État dans le département et, à Paris, du préfet de police.

Les lieux d'implantation des dispositifs fixes sont déterminés en tenant compte notamment des niveaux de pollution atmosphérique observés sur les voies de circulation concernées.

L'autorisation ne peut être délivrée que si :

1° Les modalités de contrôle ne conduisent pas à contrôler chaque jour plus de 15 % du nombre moyen journalier de véhicules circulant au sein de la zone ;

2° Le rapport entre le nombre de dispositifs de contrôle permettant les traitements automatisés des données signalétiques des véhicules mentionnés au III du présent article mis en œuvre au cours d'une même journée au sein de la zone à faibles émissions mobilité et la longueur totale de la voirie publique mesurée en kilomètres n'excède pas 0,025 ;

3° Les lieux de déploiement retenus n'ont pas pour effet de permettre un contrôle de l'ensemble des véhicules entrant dans la zone à faibles émissions mobilité ou dans un espace continu au sein de cette zone.

Les conditions prévues pour la délivrance de l'autorisation doivent être respectées lorsque des dispositifs mobiles de contrôle sont ajoutés.

La demande d'autorisation est accompagnée d'une étude de la circulation et de la pollution au sein de la zone à faibles émissions mobilité permettant d'apprécier le respect des conditions fixées aux 1° à 3° du présent II.

Le taux mentionné au 1° du présent II est le rapport entre le nombre de véhicules ayant donné lieu aux traitements automatisés mentionnés au deuxième alinéa du III et le nombre moyen de véhicules ayant circulé dans la zone.

Les huitième et avant-dernier alinéas et les conditions mentionnées aux 1° et 2° du présent II ne sont pas applicables lorsque les dispositifs mis en œuvre pour les finalités mentionnées au I permettent de s'assurer du respect par un véhicule des règles de circulation mentionnées au même I sans que soient mis en œuvre les traitements automatisés mentionnés au deuxième alinéa du III.

III. – Les données à caractère personnel collectées au moyen des dispositifs mentionnés au I peuvent, pour les finalités prévues au même I, faire l'objet de traitements automatisés dans les conditions prévues par la loi n° 78-17 du 6 janvier 1978 relative à l'informatique, aux fichiers et aux libertés.

Ces traitements automatisés peuvent comporter la consultation du fichier des véhicules pour lesquels une identification fondée sur leur contribution à la limitation de la pollution atmosphérique a été délivrée en application de l'article L. 318-1 du code de la route, ainsi que des fichiers des véhicules autorisés à circuler sur les voies et espaces concernés. Dans les seuls cas où ces consultations ne permettent pas de procéder à une telle vérification, ils peuvent également comporter une consultation du système d'immatriculation des véhicules prévu à l'article L. 330-1 du même code. Ces consultations, qui ont lieu immédiatement après la collecte des données signalétiques, ne portent que sur les données relatives aux caractéristiques du véhicule et à sa contribution à la limitation de la pollution atmosphérique et ne peuvent avoir pour objet d'identifier le titulaire du certificat d'immatriculation du véhicule.

Dès que la consultation de l'un de ces fichiers a permis de s'assurer du respect par un véhicule des règles de circulation mentionnées au I du présent article, les données collectées relatives à ce véhicule sont détruites immédiatement.

Les données relatives aux autres véhicules font immédiatement l'objet d'un traitement destiné à masquer les images permettant l'identification des occupants du véhicule, de façon irréversible s'agissant des tiers et des passagers du véhicule. Elles peuvent être enregistrées et conservées pour une durée qui ne peut excéder huit jours ouvrés à compter de leur collecte, sous réserve des besoins d'une procédure pénale.

Sur demande du titulaire du certificat d'immatriculation ou de l'une des personnes mentionnées aux trois derniers alinéas de l'article L. 121-2 du code de la route, destinataire de l'avis d'amende forfaitaire, ou de l'officier du ministère public en cas de requêtes ou de réclamations, le responsable du traitement communique les données permettant l'identification du conducteur du véhicule.

Seuls les agents de police municipale intervenant dans les communes sur le territoire desquelles une zone à faibles émissions mobilité a été instituée en application de l'article L. 2213-4-1 du présent code et, pour la zone instaurée à Paris, les agents de surveillance de Paris ont accès aux données issues des traitements prévus au premier alinéa du présent III.

Lorsque les dispositifs et traitements mentionnés au présent article sont mis en œuvre par l'État, les agents de police municipale intervenant dans les communes concernées et, à Paris, les agents de surveillance de Paris peuvent être rendus destinataires des données caractérisant l'infraction pour les besoins du constat qu'ils ont compétence pour opérer.

IV. — Lorsque les dispositifs et les traitements automatisés prévus au présent article sont mis en œuvre par l'État à la demande d'une collectivité territoriale ou d'un établissement public de coopération intercommunale qui a créé une zone à faibles émissions mobilité, une convention entre l'État et la collectivité ou l'établissement concerné définit les modalités de cette mise en œuvre et, le cas échéant, la contribution de la collectivité ou de l'établissement à son financement.

Art. L. 2213-5 Le maire peut, par arrêté motivé, interdire l'accès de certaines voies ou de certaines portions de voies aux véhicules de transport de matières dangereuses visées par la directive 82/501 du Conseil du 24 juin 1982 concernant les risques d'accidents majeurs de certaines activités industrielles et de nature à compromettre la sécurité publique. — *[C. communes, art. L. 131-4-2.]*

Avant même l'entrée en vigueur de la loi n° 87-565 du 22 juill. 1987 dont est issu l'art. L. 2213-5, il avait été admis qu'un arrêté puisse interdire l'accès de la commune aux véhicules transportant des matières dangereuses au sens de l'arrêté ministériel du 15 avr. 1945 à l'exception de ceux qui ont à charger ou à décharger des marchandises sur son territoire. • CE 1er févr. 1978, *Coing et Assoc. fr. de transports routiers internationaux : Lebon 41 ; CJEG 1978. 49, note anonyme.*

Art. L. 2213-6 Le maire peut, moyennant le paiement de droits fixés par un tarif dûment établi, donner des permis de stationnement ou de dépôt temporaire sur la voie publique et autres lieux publics, sous réserve que cette autorisation n'entraîne aucune gêne pour la circulation et la liberté du commerce. *(L. nº 2014-58 du 27 janv. 2014, art. 63)* « Les modalités de la tarification et la gestion matérielle du stationnement des véhicules sur la voie publique sont régies par l'article L. 2333-87. »

V. aussi art. L. 2333-87.

I. STATIONNEMENT PAYANT DES VÉHICULES

1. BIBL. Dreifuss, *AJDA 2001. 129*. – Kerviler, *Gaz. cnes 19 sept. 1994.* – Moderne, *Gaz. Pal. 1973. 2. 539 ; Quot. jur. 15 oct. 1977 ; Gaz. Pal. 12-13 mai 1999.* – Moreau, *JCP Adm. 2005, nº 1251.* – Petit, La dépénalisation du stationnement payant, *AJDA 2014. 1134*. – Rees, *Les annales de la voirie 2002. 93.* – Tachon, *Dr. adm. janv. 1999, p. 4.*

A. LÉGALITÉ DU STATIONNEMENT PAYANT

2. Compte tenu des termes de l'art. L. 2213-2, un arrêté municipal réglementant le stationnement payant doit être motivé, non seulement par référence aux nécessités de la circulation, mais également eu égard à la protection de l'environnement. • Crim. 20 nov. 2012, nº 12-83.339 : *Dr. pénal 2013, nº 22, obs. J.-H. Robert.*

3. Pourvu qu'aient été respectés la liberté d'accès des riverains et leur desserte ainsi que les besoins de la circulation, certaines parties de la voie publique et des installations spécialement aménagées peuvent légalement être affectées à la création de parcs dans lesquels le stationnement des véhicules peut être autorisé dans des limites moins strictes que celles que les nécessités de la voie publique imposent sur la voie publique elle-même. Le maire est également compétent pour assujettir au paiement d'une taxe les usagers des parcs de stationnement ainsi établis dont l'aménagement et l'exploitation peuvent être confiés à un concessionnaire. • CE 26 févr. 1969, *Chabrot et Synd. nat. des automobilistes (2e esp.) : Lebon 120.*

4. Le maire peut instituer une taxe de stationnement dans certaines voies du centre de la ville, à certains emplacements déterminés et à des heures et jours précisés dès lors que la situation locale justifie l'intervention de l'autorité de police, que l'institution d'un régime de stationnement réglementé n'a pas permis de porter remède aux embarras de la circulation et que la desserte des immeubles riverains peut être assurée en dehors des emplacements où le stationnement est subordonné au paiement d'une taxe. • CE 26 févr. 1969, *Féd. nat. des clubs automobiles de France : Lebon 121* • CE 22 févr. 1974, *Idée et a. : Lebon 141 ; Gaz. Pal. 1975. 2. 454, note Moderne.*

5. L'institution du stationnement payant ne doit pas porter atteinte à la liberté d'accès aux immeubles riverains et à leur desserte. Est illégal un arrêté municipal délimitant des zones de stationnement payant sans prévoir de mesure particulière visant les conditions d'accès des riverains et de desserte des immeubles. • CE 30 juill. 1997, *Cne de Dunkerque*, n° 168695 B : *Quot. jur. 6 nov. 1997, note Moreno.*

B. LÉGALITÉ DES TARIFS PRÉFÉRENTIELS

6. Est légal l'arrêté soumettant à un tarif préférentiel le stationnement payant des automobilistes qui ont opté pour une redevance mensuelle ou semestrielle. Si les riverains sont les plus susceptibles d'invoquer le bénéfice de cette disposition, il existe entre ces personnes et les autres usagers une différence de situation de nature à justifier que des tarifs de stationnement réduits leur soient offerts. • CE 4 mai 1994, *Ville de Toulon*, n° 143992 : *Lebon 221 ; Gaz. cnes 19 sept. 1994, concl. Fratacci.*

7. Est légal l'arrêté instituant une zone de stationnement payant avec application d'un forfait mensuel pour les résidents de ladite zone compte tenu de la différence de situation entre ces derniers et les autres usagers. • Crim. 16 juin 1993 : *JCP 1994. II. 22303, note Lavialle* • Crim. 16 févr. 1999, n° 98-82.575 P.

8. Il existe, d'une part, entre les non-résidents travaillant dans la commune et les autres non-résidents, d'autre part, entre les résidents et les non-résidents, des différences de situation de nature à justifier, pour les premiers, des tarifs préférentiels sans qu'une discrimination illégale soit ainsi édictée. Le fait qu'un forfait tarifaire mensuel dans des zones où la durée du stationnement n'est pas limitée soit offert à tous les usagers qui souhaitent en bénéficier n'est pas non plus contraire au principe d'égalité. • CE 28 févr. 1996, *Assoc. « Le Vésinet sans parcmètre »*, n° 150682.

9. Une commune ne commet pas d'illégalité en réservant un tarif préférentiel de stationnement dans le centre-ville aux personnes y ayant leur domicile et en fixant un tarif moins avantageux pour les autres résidents de la commune alors même que ceux-ci exercent leur activité professionnelle dans le centre-ville. • CE 30 nov. 2005, *Mme Bloch-Lévy*, n° 283981 : *BJCL 2006. 26, concl. Séners et obs. anonymes.*

C. AUGMENTATION DE LA REDEVANCE

10. La revalorisation des redevances est une mesure de nature à porter remède aux difficultés de la circulation dans la zone concernée dont il ne ressort pas des pièces du dossier qu'elles ne nécessitaient pas l'intervention de mesures de police. Au surplus, le requérant n'apporte pas la preuve du caractère excessif de cette revalorisation par rapport au but recherché. Dans ces conditions, il n'est pas établi que l'augmentation des tarifs de stationnement payant ait été entachée d'erreur manifeste d'appréciation. • TA Lille, 19 juin 2001, *Groupement valenciennois de défense contre le stationnement payant abusif c/ Cne de Valenciennes (1re esp.) : LPA 19 avr. 2002, p. 9, concl. Lepers.*

D. CONVENTIONS PASSÉES AVEC LES ENTREPRISES PRIVÉES

11. Le service de la police du stationnement, par sa nature, ne saurait être confié qu'à des agents placés sous l'autorité directe du maire. Le fait que des conventions passées entre une commune et une société chargée de la gestion du stationnement payant disposent que les agents municipaux chargés de la constatation des infractions au stationnement payant sur la voie publique seront mis à la disposition de la société qui assure l'encadrement et l'organisation de leur travail, déterminent le nombre des emplacements payants et disposent que ce nombre ne pourra être unilatéralement modifié par la commune que dans la limite de 5 % du nombre total des emplacements confient à la société des prérogatives de police du stationnement sur la voie publique qui ne peuvent légalement lui être déléguées. • CE 1er avr. 1994, *Cne de Menton et a.*, nos 144152 et 144241 : *Lebon 175 ; Dr. adm., nov. 1994, p. 1, concl. Lasvignes ; RD publ. 1994. 1825, note Auby.*

12. Une convention pour l'exploitation du stationnement payant sur voirie, en confiant à une société privée le bénéfice des produits des redevances de stationnement et en subordonnant les tarifs de stationnement payant sur voirie au respect de l'équilibre financier du contrat, a illégalement délégué une prérogative de puissance publique. • TA Limoges, 30 mai 1996, *Préfet de la Corrèze c/ Cne de Brive et Sté auxiliaire des parcs : Rev. jur. Centre-Ouest 1997, n° 19, p. 109, note Garrigou-Lagrange.*

13. L'illégalité des stipulations ayant pour effet de déléguer des prérogatives de police du stationnement payant sur la voie publique à une société entache la convention d'une nullité qu'il appartient au juge administratif de soulever d'office. • CAA Bordeaux, 28 avr. 1997, *Cne d'Alès : Lebon T. 972.*

14. L'arrêt attaqué, qui juge que, les clauses du cahier des charges ayant eu pour effet de déléguer à la société gestionnaire des prérogatives de police de stationnement sur la voie publique que seule l'autorité administrative pouvait exercer et de mettre à sa charge des dépenses étrangères à l'exploitation des ouvrages, le contrat était, pour cette raison, frappé de nullité, doit être lu comme prononçant la nullité de l'ensemble du contrat. • CE 19 déc. 2007, *Sté Sogeparc-CGST-Cie gén. de stationnement*, n° 260327 : *AJDA 2008. 419, note Dreifuss .*

15. Le maire ne peut valablement souscrire une convention de délégation de service public, telle une convention ayant pour objet la concession de la construction et de l'exploitation des parcs de stationnement et l'exploitation d'un périmètre de stationnement payant sur voirie, sans y avoir été préalablement autorisé par le conseil municipal, lequel doit, sauf à méconnaître sa compétence, se prononcer sur tous les éléments essentiels du contrat à intervenir, au nombre desquels figurent notamment le nombre et la localisation exacte des emplacements de stationnement payant dont l'exploitation est déléguée. • CAA Bordeaux, 6 mai 2008, *Cne de Biarritz et Sté auxiliaire de parcs*, n°s 05BX00917 et 05BX00974 : *JCP Adm. 2008, n° 2176, note Linditch.*

E. MODALITÉS DE PAIEMENT

16. La redevance d'utilisation du domaine public, légalement fixée par le maire dans le cadre des pouvoirs qu'il tient de l'art. L. 2213-6 CGCT et qui échappe au C. consom., ne s'impose qu'au seul usager désireux d'utiliser l'aire de stationnement réglementée et qui est ainsi tenu de se conformer aux modalités établies par l'autorité publique. L'instauration d'un système de règlement de cette redevance exclusivement au moyen d'une carte prépayée, qui répond à l'objectif d'intérêt public de sécuriser les horodateurs contre le vol, n'apparaît pas imposer aux usagers d'autre contrainte que celle d'en faire l'acquisition auprès des buralistes, laquelle s'opère par tout moyen de paiement. Dans ces conditions, il ne peut être considéré comme imposant des sujétions disproportionnées par rapport au but légitime poursuivi ni constitutif d'une rupture de l'égalité entre les usagers de la voie publique. • Crim. 26 avr. 2006 : *AJDA 2006. 2011, note Lombard*. ♦ Dans le même sens, • Crim. 23 janv. 2013 : *D. 2013.506 ; RMCUE 2015. 434, étude Bourdon*.

II. CIRCULATION PAYANTE DES VÉHICULES

17. **BIBL.** Auby, Le péage urbain, *Dr. adm. 2011. Repère 10.*

18. En subordonnant, à l'occasion de l'arrivée du Tour de France, l'accès à une route départementale à une « autorisation spéciale » délivrée contre le paiement d'un droit de stationnement, le maire institue un véritable droit de péage sur la circulation des véhicules qui est dépourvu de base légale. • CE 22 févr. 1991, *Cne de Bagnères-de-Luchon c/ Loquet*, n° 90381 : *Lebon 63*.

19. V. toutefois art. L. 2213-6-1 et pour la circulation payante des véhicules sur des ouvrages d'art compris dans le domaine public routier communal, C. voirie rout., art. L. 153-1 s. – V. ces art. au **CGPPP**.

III. NATURE DES DROITS

20. V. notes ss. art. L. 2331-4.

Art. L. 2213-6-1 *(L. n° 2009-526 du 12 mai 2009, art. 101)* **Le maire peut, dans la limite de deux fois par an, soumettre au paiement d'un droit l'accès des personnes à certaines voies ou à certaines portions de voies ou à certains secteurs de la commune à l'occasion de manifestations culturelles organisées sur la voie publique, sous réserve de la desserte des immeubles riverains.**

SECTION 2 **Police des funérailles et des lieux de sépulture**

V. art. R. 2213-1-1 à R. 2213-50.

V. égal., s'agissant des cimetières et opérations funéraires, art. L. 2223-1 s. et R. 2223-1 s.

ENCYCL. COLL. LOC. *Police municipale : règles de compétence, 2210 ; Police municipale : principes de fond, 2220*, par Bon.

BIBL. ► Aubin et Savarit-Bourgeois, Cimetières et opérations funéraires, *Berger-Levrault, 6e éd. 2011* ; Du statut juridique des cendres à la nouvelle gestion communale en matière funéraire, *AJDA 2009. 531*. – d'Abbadie et Bouriot, Code pratique des opérations funéraires, *Éd. Le Moniteur, 3e éd., 2004*. – Berchon, Sépulture, *Rép. civ. Dalloz* – Boudet, Les cimetières doivent-ils rester des espaces publics ? Commentaire critique de la circulaire du 19 février 2008 relative à la police des lieux de sépulture, *Dr. adm. 2009, étude 4* ; La liberté des funérailles, *Droits et religions – Annuaire 2010-2011, PU Aix-Marseille 2011* ; Maire et action communale, *Mémento pratique Francis Lefebvre/Dalloz, 2011-2012*. – Chaillot, Le droit des sépultures en France, *Éd. Pro Roc, 2004*. – Dutrieux, Opérations funéraires, *J.-Cl. Coll. terr., fasc. 717* ; Le régime juridique des concessions funéraires, *Dossiers d'expert de la Lettre du cadre territorial, n° 691, 2011* ; La commune et la crémation, *ibid., n° 692, 2011* ; La fin des crémations administratives, *AJDA 2010. 1130*. – Gabolde, v° Cimetière, *Répertoire de droit public et administratif, Dalloz, 1958*. – Georgel, Notre dépouille mortelle, Les cimetières, étude de jurisprudence, *AJDA 1963. 407*. – Guillaumont, Du principe de neutralité des cimetières et de la pratique des carrés confessionnels, *JCP Adm. 2004, n° 1799*. – Hédin, La prise en charge par la commune des frais d'obsèques de personnes décédées sur son territoire, *AJCT 2013. 567*. – Lefebvre, Cimetières – Droits et obligations, *éd. du Papyrus, 2012*. – Moderne, Le droit des concessions funéraires, *Quot. jur. 25 nov. 1980*. – Perchey, La liberté des funérailles, une liberté limitée, *AJDA 2008. 1310*. – Perrier, Crémation : un choix pour l'éternité, *Dr. fam. 2014, dossier 4*. – Popu, La dépouille mortelle, chose sacrée, *L'Harmattan, 2009*. – Py (dir.), La mort & le droit, *PU Nancy 2010*. – Papi, Droit funéraire et islam en France : l'acceptation de compromis réciproques, *AJDA 2007. 1968* ✐. – Saujot, La mort : notre destin, *L'Harmattan, 2012.* – Tricon, Traité de législation et réglementation funéraire, *SCIM-Résonance Éditions 2009.* – Viel, Droit funéraire et gestion des cimetières, *Berger-Levrault, 2e éd., 1999.* – Dossier sur les opérations funéraires, *AJCT 2011. 433* ✐.

Art. L. 2213-7 Le maire ou, à défaut, le représentant de l'État dans le département pourvoit d'urgence à ce que toute personne décédée soit ensevelie et inhumée décemment sans distinction de culte ni de croyance. — *[C. communes, art. L. 131-6.]*

1. BIBL. Michel, Hibernatus, le droit, les droits de l'homme et la mort (le juge administratif face à la cryogénisation), *D. 2005. 1742* ✐. – Poirot-Mazères, « Toute entreprise d'immortalité est contraire à l'ordre public » ou comment le juge administratif appréhende… la cryogénisation, *Dr. adm., juill. 2006, p. 6.* – Dutrieux, Cimetières et cultes : la solution des carrés confessionnels illégaux dans les cimetières communaux, *AJCT 2012. 298* ✐. – Hédin, La prise en charge par la commune des frais d'obsèques des personnes décédées sur son territoire, *AJCT 2013. 567* ✐. – Nicoud, Laïcité et expression religieuse, *LPA 11 janv. 2013, p. 4.*

2. En vertu des art. 8 et 9 Conv. EDH, le choix du mode de sépulture, qui est intimement lié à la vie privée et par lequel une personne peut entendre manifester ses convictions, peut faire l'objet de restrictions notamment dans l'intérêt de l'ordre et de la santé publics. Les restrictions que prévoient les dispositions des art. L. 2213-7, R. 2213-15, R. 2213-32 et R. 2213-33 CGCT, en n'autorisant, après le décès d'une personne, que l'inhumation ou la crémation de son corps, lesquelles visent à organiser des modes de sépulture selon les usages et à protéger la santé publique, ne sont pas disproportionnées par rapport à ces objectifs et ne méconnaissent pas, par suite, les stipulations de la Convention. Par conséquent, l'autorité de police est légalement tenue de refuser l'autorisation de conserver le corps d'une personne décédée selon un procédé de congélation (cryogénisation). • CE 6 janv. 2006, ⛫ *Martinot et a., n° 260307 : AJDA 2006, p. 757, note L. Burgorgue-Larsen* ✐ *; JCP 2006, n° 10059, note Erstein ; Dr. adm. 2006, n° 64, obs. Erstein ; D. 2006. 1875, note Corpart* ✐. – V. également à propos de la même affaire, • TA Nantes, 5 sept. 2002, *Cts Martinot : JCP 2003. II. 10052, note Douay* • CAA Nantes, 27 juin 2003, *Cts Martinot : AJDA 2003. 1871, concl. Millet* ✐.

3. Aucune disposition légale ni réglementaire n'oblige le maire, qui, en vertu de l'art. L. 2213-7, doit pourvoir d'urgence à ce que toute personne décédée soit inhumée décemment, à informer sa sœur du décès de son frère et à obtenir son accord sur les modalités d'inhumation approuvées par les fils du défunt. Au surplus, les démarches entreprises par les services de la commune pour la joindre sont de nature à l'exonérer de toute faute. • TA Dijon, 28 févr. 2008, ⛫ *Mme Aillot*, n° 0602516 : *BJCL 2008. 456, concl. Tainturier.* ♦ En l'absence de dispositions législatives ou réglementaires imposant à l'autorité administrative d'informer individuellement les membres de la famille du défunt, cette autorité pouvait légalement procéder à l'exhumation et à la crémation du corps, présent dans une sépulture en terrain commun, sans respecter une telle formalité. • TA Montreuil, 27 mai 2011, *Mmes Françoise et Juliana R.*, n° 1012029.

Art. L. 2213-8 Le maire assure la police des funérailles et des cimetières. — *[C. communes, art. L. 364-3 issu de Décr. 23 prairial An XII, art. 16.]*

V. art. R. 2213-2 à R. 2213-50.

Les décisions prises par le maire sur le fondement des art. L. 2213-8 s. CGCT s'analysent comme des mesures de police, au sens des dispositions précitées de l'art. 1er de la loi du 11 juill. 1979, et doivent, en application de ces dispositions, être motivées. • TA Lille, 13 nov. 2012, n° 1002567. ♦ *Par ailleurs, il ne résulte d'aucune disposition législative ou réglementaire que, en dehors de situations d'urgence dûment établies, dont la remise en état d'un passage entre deux sépultures n'est pas au nombre, l'administration puisse assurer elle-même l'exécution forcée de ses décisions alors que leur éventuelle violation est passible de sanctions pénales.* • Même jugement.

Art. L. 2213-9 Sont soumis au pouvoir de police du maire le mode de transport des personnes décédées, le maintien de l'ordre et de la décence dans les cimetières, les inhumations et les exhumations, sans qu'il soit permis d'établir des distinctions ou des prescriptions particulières à raison des croyances ou du culte du défunt ou des circonstances qui ont accompagné sa mort. — *[C. communes, art. L. 131-2, al. 1er, 4°.]*

1. Attribution de concessions. Par suite de l'absence de plan de gestion du cimetière et d'identification précise des parcelles concédées dans les actes de concession, la commune a successivement attribué la même parcelle à deux concessionnaires différents. Le maire a ainsi commis une faute dans l'exercice de ses pouvoirs de gestion et de police des cimetières de nature à engager la responsabilité de la commune. • CE 17 janv. 2011, ⛫ *Cne de Massels,* n° 334156 : *BJCL 2011. 213,* *concl. Thiellay et obs. Poujade ; JCP Adm. 2011, n° 2142, note Dupuis ; AJCT 2011. 249, note Dutrieux*.

2. Un maire peut accorder une concession dans un cimetière destinée à accueillir un monument commémoratif sans sépulture, à la condition que l'usage envisagé soit compatible avec la destination normale d'un cimetière et ne soit pas de nature à entraîner des troubles à l'ordre public. • CE 14 nov. 2011, *Assoc. ADIMAD*, n° 340753 : *AJDA 2012. 159, concl. Thiellay*. ♦ Une stèle comportant notamment l'inscription « aux combattants tombés pour que vive l'Algérie française » ainsi que les dates auxquelles ont été exécutés les auteurs de plusieurs assassinats ou tentatives d'assassinats, jouxtant un bas-relief représentant l'exécution d'un militaire, ne constituait pas un simple monument commémoratif à la mémoire de personnes défuntes mais manifeste une prise de position politique et procède à l'apologie de faits criminels. En délivrant par l'arrêté attaqué l'autorisation d'occuper pendant quinze ans un emplacement dans le cimetière en vue d'y installer cette stèle, le maire a autorisé l'occupation du domaine public communal pour un usage qui, d'une part, n'était pas compatible avec la destination normale d'un cimetière et, d'autre part, était de nature à entraîner des troubles à l'ordre public. • Même arrêt.

3. Des arrêtés municipaux ayant accordé des concessions funéraires perpétuelles à trois administrés qui ont alors construit leur caveau sur l'emplacement d'anciennes concessions perpétuelles après avoir procédé à l'exhumation des restes des personnes qui s'y trouvaient inhumées, il y a là un trouble pour le bon ordre du cimetière et une atteinte au respect dû aux morts de telle sorte que le maire peut leur ordonner de libérer les concessions occupées et de prendre possession des emplacements à eux attribués. • CE 4 oct. 1967, *Gérard et Cts Dubois : Lebon 352*. ♦ Cette réattribution illégale, en raison de l'absence d'exhumation des restes, constitue une emprise irrégulière dont il n'appartient qu'au juge judiciaire de connaître. • CAA Bordeaux, 16 déc. 2011, *M. Claude A.*, n° 10BX01416.

4. Pour refuser d'attribuer à des parents une concession dans le « carré juif » du cimetière communal pour l'inhumation de leur fils, le maire peut tenir compte de toutes considérations d'intérêt général, et notamment de celles tirées des nécessités de l'ordre public, mais il ne peut se fonder exclusivement sur la circonstance que des autorités religieuses déniaient l'appartenance de la personne décédée à la confession israélite. • TA *Grenoble, 5 juill. 1993, Épx Darmon : JCP 1994. II. 22198, note Prétot*. – V. Dutrieux, Carrés confessionnels : *bis repetita placent !, JCP Adm. 2008. Actu. 196*.

5. En accordant une concession qui empiète sur le périmètre d'une autre, le maire, qui est chargé de l'ordre matériel du cimetière, de sa surveillance et des conditions dans lesquelles une inhumation peut légalement être réalisée, a commis une faute de nature à engager la responsabilité de la commune. • CE 17 janv. 2011, *Cne de Massels*, n° 334156 B : *JCP Adm. 2011, n° 2142, note Dupuis ; AJCT 2011. 249, note Dutrieux*.

6. Exhumation et inhumation. La réponse favorable du ministre de l'Intérieur à une demande d'exhumation ne crée aucun droit à l'obtention des autorités compétentes de l'autorisation sollicitée. • CE 27 janv. 1956, *Dame vve Gadois : Lebon T. 635*.

7. Il incombe au maire, dans l'exercice des compétences qu'il tient de ces dispositions législatives, de veiller à ce qu'une personne ne soit pas inhumée à un emplacement ayant fait l'objet d'une concession acquise par un tiers, sans l'accord du titulaire de la concession. • CE 30 avr. 2014, n° 366081. ♦ L'inhumation d'une tierce personne dans la concession dont est titulaire une famille et sans son autorisation constitue une faute de nature à engager la responsabilité de la commune. • TA Lille, 11 mars 1999, *Cts Kheddache c/ Cne de Maubeuge : AJDA 1999. 1026, note Dutrieux*. ♦ Néanmoins, une exhumation ne peut être imposée par le juge administratif dans le cadre d'une action en responsabilité pour revente illégale d'un emplacement dans le cimetière. • CE 11 juill. 2012, *M. Hubert B. et Mme Denise C.*, n° 349008.

8. En constatant que des cercueils de personnes inhumées dans un caveau étaient décomposés et en rassemblant les restes desdites personnes dans une boîte prévue à cet effet, le fossoyeur ne procède pas à une exhumation de telle sorte que n'est pas nécessaire la demande du plus proche parent exigée par l'art. R. 361-15 C. communes [CGCT, art. R. 2213-40]. La commune n'a donc commis aucune faute dès lors qu'il n'est pas allégué que ces opérations n'ont pas été exécutées avec décence et dans le respect dû aux morts. • CE 11 déc. 1987, *Cne de Contes*, n° 72998 B : *D. 1988. Somm. 378, obs. Moderne et Bon*. ♦ Cette appréciation a été néanmoins contredite par la première chambre civile de la Cour de cassation, qui assimile réunion (c'est-à-dire une réduction pratiquée sur plusieurs corps) de corps à exhumation. • Civ. 1re, 16 juin 2011, n° 10-13.580 : *JCP Adm. 2011, n° 2240, note Dutrieux ; RLCT sept. 2011. 38, note Dupuis ; AJCT 2011. 574, obs. Hédin*. ♦ Cette assimilation impose que l'opération ait lieu en dehors des heures d'ouverture du cimetière et qu'elle fasse l'objet d'une surveillance (CGCT, art. L. 2213-14).

9. Le fait pour le maire d'autoriser l'exhumation d'une personne sans vérifier que le demandeur justifie de la qualité adéquate engage la responsabilité de la commune sur le terrain de la faute simple. • CAA Nantes, 30 sept. 1998, *Mordellet : Dr. adm. 1999, n° 57*. ♦ La commune est donc responsable de ne pas avoir vérifié la qualité de plus proche parent du défunt, la mention « déclare se porter fort au nom d'éventuels autres ayants droit » signée par le demandeur étant inopérante. • CAA Bordeaux, 5 juin 2008, *Cne de Chauvigny*, n° 07BX00828 : *Cah. jur. coll. terr. 2008, n° 135, p. 20, note Dutrieux.* ♦ Le maire est tenu de surseoir à statuer s'il est informé de l'existence d'un conflit familial. • TA Amiens, 17 juin 2010, *M. et Mme Thomas Soriano-Barbero*, n° 0702811 : *AJCT 2010. 130, note Pastor* ; *JCP Adm. 2011. 2060, note Dutrieux.*

10. Le maire commet une faute de nature à engager la responsabilité de la commune en autorisant l'inhumation, dans une concession qui avait été initialement acquise pour y fonder la sépulture particulière du père des requérantes, de leur grand-père puis d'autres membres de leur famille, à défaut de pouvoir démontrer que le fondateur de la sépulture avait souhaité transformer cette dernière en concession de famille. • CAA Versailles, 6 juill. 2010, *Cts Walquise*, n° 08VE02943 : *AJCT 2010. 130, obs. Perrier* ; *JCP Adm. 2011, n° 2059, note Dutrieux.*

11. Le parquet de Bobigny a accepté que l'urne contenant les cendres d'un animal soit déposée dans le cercueil au moment de la mise en bière. – V. Le chien dans le cercueil, *JCP 2012, n° 1261, note Labbée.* – Se faire enterrer avec son chien, *RSDA 2012. 15, note Labbée.* – V. également sur la mise en bière autorisée par le maire, Les instruments de prothèse et la mise en bière, *LPA 26 juill. 2012, p. 3, note Labbée.*

12. Pouvoir de police et de gestion des cimetières. Les dispositions d'un arrêté municipal portant règlement général d'un nouveau cimetière qui limitent la hauteur des dalles, encadrements, monuments funéraires et éléments de décoration, qui déterminent trois types de monument funéraire et qui soumettent à autorisation préalable tout projet de construction de tombe ou caveau en vue de contrôler notamment la conception esthétique de l'ouvrage n'ont pas pour objet direct le maintien du bon ordre et de la décence dans le cimetière et ne trouvent donc pas leur base légale dans l'art. 97 (4°) C. adm. comm. (CGCT, art. L. 2213-9). • CE 18 févr. 1972, *Ch. synd. des entreprises artisanales du bâtiment de la Haute-Garonne : Lebon 153 ; AJDA 1972. 215, chron. Labetoulle et Cabanes ; JCP 1973. II. 17446, note Bouyssou ; Gaz. Pal. 1973. 2. 761, note Melin.* ♦ Il ne saurait davantage, en l'absence de dispositions spécifiques législatives ou réglementaires instituant un régime distinct pour les columbariums, restreindre les droits des personnes qui y sont titulaires d'une case. • TA Lille, 30 mars 1999, *Mme Tillieu et a. c/ Cne de Mons-en-Barœul : LPA 2 juin 1999, note Dutrieux.* ♦ Le maire ne tient en effet pas de ces dispositions le pouvoir de limiter, pour des raisons de caractère esthétique, le type de monument ou de plantation que peuvent placer sur les tombes les personnes titulaires d'une concession, de telles limitations étant d'ailleurs contraires aux dispositions de l'art. 447 du même code (CGCT, art. L. 2223-12). • CE 11 mars 1983, *Cne de Bures-sur-Yvette*, n° 2083 : *Lebon 104* ; *Gaz. Pal. 1983. 2. 649, note Melin ; Quot. jur. 16 juin 1983, note M.D.* ♦ V. aussi : • TA Montpellier, 13 nov. 1979, *Allemandi : Lebon T. 653.* ♦ La décision du maire interdisant la construction d'un monument funéraire au motif de la méconnaissance du caractère architectural et paysager du cimetière est illégale. • TA Pau, 25 avr. 2023, n° 2002435 : *AJCT 2023. 521, obs. B. Hédin* . ♦ Ces principes doivent dorénavant être conciliés avec le nouvel art. L. 2223-12-1 créé par la L. n° 2008-1350 du 19 déc. 2008.

13. L'ordre donné par le maire de déplacer de 25 centimètres les limites d'une concession funéraire n'est constitutif ni d'une emprise irrégulière ni d'une voie de fait car il est susceptible d'être rattaché à l'exercice des pouvoirs de police et de gestion, de telle sorte que c'est le juge administratif qui est compétent pour connaître des conclusions en indemnité dirigées contre la commune et fondées sur la faute qu'aurait ainsi commise le maire. • T. confl. 6 juill. 1981, *Jacquot c/ Cne de Maixe : Lebon 107.*

14. L'arrêté du maire portant règlement général des cimetières de la ville organise un dispositif de surveillance des cimetières en prévoyant notamment un système de contrôle des véhicules automobiles pénétrant dans l'enceinte des cimetières et un système de gardiennage de ces derniers. En l'espèce, ce dispositif de surveillance doit être regardé comme suffisant et, compte tenu de la taille importante du cimetière où des vols se sont produits et de la difficulté d'exercer une surveillance constante de l'ensemble de sa superficie, les victimes du vol ne sont pas fondées à soutenir que le maire a commis une faute de nature à engager la responsabilité de la commune dans l'exercice de ses pouvoirs de police. • TA Marseille, 8 juin 2004, *M. et Mme G. c/ Ville de Marseille*, n° 0200154 : *Coll. terr. 2004, n° 249, note Dutrieux.*

15. La responsabilité de la commune peut être engagée devant le juge administratif à raison d'un défaut de surveillance d'un cimetière ayant entraîné la ruine d'un monument funéraire et l'inhumation dans le caveau d'une famille de personnes étrangères à cette famille. • CE 19 oct. 1966, *Cne de Clermont (Oise) : Lebon 550.* ♦ Sur cette éventuelle responsabilité, • CAA Nancy, 13 janv. 2005, *X c/ Ville de Nancy*, n° 02NC00427. ♦ V. Mondou, Les dommages dans les cimetières, *AJCT 2011. 434* .

16. Néanmoins, la circonstance que le maire n'ait pas pris, dans l'exercice de ses pouvoirs de police, de mesure particulière destinée à prévenir la chute d'une stèle funéraire qui ne comportait aucun signe de danger n'a pas constitué une faute de nature à engager la responsabilité de la commune. • CE 23 juin 1976, *Tony : Lebon T. 790.* ♦ Dans le même sens, • CAA Marseille, 4 juill. 2014, *Cne de Cassis*, n° 12MA02220 : *AJCT 2014. 619, obs. Dutrieux* .

Art. L. 2213-10 Les lieux de sépulture autres que les cimetières sont également soumis à l'autorité, à la police et à la surveillance des maires. — *[C. communes, art. L. 364-4 issu du Décr. du 23 prairial An XII, art. 16.]*

BIBL. ▶ Clergerie, Les sépultures sur un terrain privé, *AJCT 2011. 441*.

1. Le maire ne tient pas de ce pouvoir de police le droit de mettre en œuvre une procédure de reprise pour état d'abandon de l'art. L. 2223-17 du présent code, ni la procédure définie par l'art. L. 511-4-1 CCH. Seule une procédure d'expropriation permettra au maire de faire relever la sépulture. * Rép. min. n° 13793 : *JOAN Q 23 févr. 2010, p. 2091.*

2. Il appartient au maire d'autoriser l'exhumation du corps inhumé dans une sépulture présente sur un terrain privé mais le juge judiciaire reste compétent pour surmonter une opposition familiale à l'opération. • Bordeaux, 28 févr. 2012, n° 11/03209 : *JCP N 2012, n° 1407, note Dutrieux.*

3. Eu égard aux fortes réactions d'hostilité des élus et de la population locale, le préfet prend une mesure légalement justifiée par la nécessité du maintien de l'ordre public en interdisant à une secte d'inhumer son gourou dans une propriété privée. Il en va de même de l'arrêté du maire interdisant à la secte de conserver le corps de son gourou pendant plusieurs mois dans une propriété privée et ordonnant son inhumation dans un cimetière communal même situé à l'écart de la commune. • CE 12 mai 2004, *Assoc. du Vajra triomphant c/ Cne de Castellane*, n° 253341 B : *BJCL 2004. 468, concl. Chauvaux.*

Art. L. 2213-11 Il est procédé aux cérémonies conformément aux coutumes et suivant les différents cultes ; il est libre aux familles d'en régler la dépense selon leurs moyens et facultés. — *[C. communes, art. L. 364-1, al. 1er, issu du Décr. du 23 prairial An XII, art. 18, al. 2.]*

Art. L. 2213-12 Les dispositions légales relatives aux honneurs funèbres sont appliquées, quel que soit le caractère des funérailles, civil ou religieux. — *[C. communes, art. L. 364-1, al. 2, issu de la L. du 15 nov. 1887, art. 1er.]*

Art. L. 2213-13 Il ne peut être établi, même par voie d'arrêté, de prescriptions particulières applicables aux funérailles, selon qu'elles présentent un caractère civil ou religieux. — *[C. communes, art. L. 364-2 issu de L. 15 nov. 1887, art. 2.]*

Le principe de neutralité imposé aux pouvoirs publics concernant les édifices publics, qui contient notamment l'interdiction d'y apposer des signes religieux, est régi par les dispositions de l'art. 28 de la L. du 9 déc. 1905 [V. au **C. assoc.**] qui prévoit une exception tant pour les sépultures présentes dans les cimetières que pour les monuments funéraires, catégorie à laquelle appartiennent les monuments aux morts, que ces monuments se situent ou non dans l'enceinte d'un cimetière. • CAA Lyon, 16 mars 2010, *Denis Rossi*, n° 07LY02583.

Art. L. 2213-14 *(L. n° 2008-1350 du 19 déc. 2008)* Afin d'assurer l'exécution des mesures de police prescrites par les lois et règlements, les opérations de fermeture *(L. n° 2015-177 du 16 févr. 2015, art. 15)* « et de scellement du cercueil lorsqu'il y a crémation s'effectuent : »

— dans les communes dotées d'un régime de police d'État, sous la responsabilité du chef de circonscription, en présence d'un fonctionnaire de police délégué par ses soins ;

— dans les autres communes, sous la responsabilité du maire, en présence du garde champêtre ou d'un agent de police municipale délégué par le maire.

(L. n° 2015-177 du 16 févr. 2015, art. 15) « Lorsque le corps est transporté hors de la commune de décès ou de dépôt, les opérations de fermeture et de scellement du cercueil s'effectuent sous la responsabilité de l'opérateur funéraire, en présence d'un membre de la famille. À défaut, elles s'effectuent dans les mêmes conditions qu'aux deuxième et troisième alinéas. »

Les fonctionnaires mentionnés aux *(L. n° 2015-177 du 16 févr. 2015, art. 15)* « deuxième et troisième alinéas » peuvent assister, en tant que de besoin, à toute autre opération consécutive au décès.

Dans les communes à police d'État, les opérations d'exhumation de corps s'effectuent sous la responsabilité du chef de circonscription de telle sorte que la responsabilité de l'État peut être recherchée pour les fautes commises par ses agents. • CAA Marseille, 16 janv. 2006, *Cne de Marseille*, n° 04MA00061 : *JCP Adm. 2006, n° 1075, p. 11, obs. Chatain.* ♦ Depuis l'entrée en vigueur de l'art. 15 de la L. n° 2015-177 du 16 févr. 2015 relative à la modernisation et à la simplification du droit, seulement deux types d'opération font l'objet d'une surveillance par une autorité de police et donnent lieu à vacation : les opérations de fermeture et de scellement du cercueil lorsqu'il y a crémation, ainsi que les opérations de fermeture et de scellement de cercueil lorsque le corps est transporté hors de la commune de décès ou de dépôt et qu'aucun membre de la famille n'est présent au moment de celles-ci. De ce fait, les exhumations de cercueils, que celles-ci soient administratives, ou effectuées à la « demande du proche parent », ne donnent pas lieu à surveillance obligatoire d'une autorité de police. Il en va de même pour les opérations de retrait des urnes de leur lieu d'inhumation ou de leur lieu de dépôt au sein d'un espace cinéraire. * Rép. min. n° 17540 : *JO Sénat, 29 oct. 2020, p. 4963.*

Art. L. 2213-15 *(L. n° 2008-1350 du 19 déc. 2008)* **« Les opérations de surveillance mentionnées** *(L. n° 2011-525 du 17 mai 2011, art. 25)* **« au premier alinéa de l'article L. 2213-14 » donnent seules droit à des vacations dont le montant, fixé par le maire après avis du conseil municipal, est compris entre 20 € et 25 €. Ce montant peut être actualisé par arrêté du ministre chargé des collectivités territoriales en fonction de l'indice du coût de la vie de l'Institut national de la statistique et des études économiques. Ces vacations sont versées à la recette municipale. » Lorsque ces opérations sont effectuées par des fonctionnaires de la police nationale, les vacations sont soumises aux dispositions de l'article 25 de la loi n° 95-73 du 21 janvier 1995 d'orientation et de programmation relative à la sécurité.**

Aucune vacation n'est exigible :

1° Lors des opérations qui constituent des actes d'instruction criminelle ;

2° Lors des opérations qui sont faites aux frais du ministère de la défense pour le transport des corps de militaires et de marins décédés sous les drapeaux ;

3° Dans le cas où un certificat attestant l'insuffisance de ressources a été délivré par le maire.

V. Circ. du 14 déc. 2009 relative à la mise en œuvre de la L. n° 2008-1350 du 19 déc. 2008 relative à la législation funéraire.

BIBL. ▶ Dutrieux, Surveillance des opérations funéraires et vacations funéraires : une simplification acquise, *JCP Adm. 2010. Actu. 618* ; Simplification et amélioration de la qualité du droit : les apports à la législation funéraire, *ibid. 2011. 2228.*

SECTION 3 Police dans les campagnes

Art. L. 2213-16 *Abrogé par Ord. n° 2012-351 du 12 mars 2012, art. 19 — V. désormais CSI, art. L. 521-1, ss. art. L. 2213-17.*

Art. L. 2213-17 *(Ord. n° 2012-351 du 12 mars 2012, art. 7)* **Les missions des gardes champêtres et les conditions dans lesquelles ils peuvent être recrutés sont définies par les dispositions du titre II du livre V du code de la sécurité intérieure** *[V. infra].*

Sur les missions des gardes champêtres, V. CSI, art. L. 521-1, infra, et R. 521-1, ss. art. R. 2213-58 à R. 2213-60 [abrogés].

Sur la nomination, l'agrément et les modalités d'exercice des gardes champêtres, V. CSI, art. L. 522-1 s., infra, et R. 522-1 s., reproduit ss. art. R. 2213-58 à R. 2213-60 [abrogés].

ENCYCL. COLL. LOC. *Police municipale : forces de police, 2230,* par Bon.

1. **BIBL.** Guignard, *Coll. terr. 2003, n° 11.* – Luchaire, *RGCT 2002. 111.*

2. En effectuant une ronde de surveillance au cours de laquelle il a blessé deux personnes avec son fusil, un garde champêtre, qui n'est intervenu que pour prévenir d'éventuels troubles à l'ordre public que l'état d'ébriété des intéressés pouvait laisser craindre, exerce en la circonstance des attributions de police administrative. Il appartient dès lors aux juridictions administratives de connaître d'actions tendant à la réparation des conséquences dommageables de la faute non dépourvue de tout lien avec le service qu'il a commise. • T. confl. 24 févr. 2003, *Leprovost et Verry c/ Cne de Chalifert,* n° 3333-3334 : *Lebon 570* ; *AJDA 2003. 1181*.

Code de la sécurité intérieure

(Ord. n° 2012-351 du 12 mars 2012, en vigueur le 1er mai 2012)

TITRE II. GARDES CHAMPÊTRES

CHAPITRE I. *MISSIONS*

Art. L. 521-1 Les gardes champêtres concourent à la police des campagnes.

Ils sont chargés de rechercher, chacun dans le territoire pour lequel il est assermenté, les contraventions aux règlements et arrêtés de police municipale.

Ils dressent des procès-verbaux pour constater ces contraventions.

Les gardes champêtres sont également autorisés à constater par procès-verbal les contraventions aux dispositions du code de la route dont la liste est fixée par décret en Conseil d'État. À cette occasion, ils sont habilités à procéder aux épreuves de dépistage mentionnées à l'article L. 234-3 du code de la route, dans les conditions prévues au deuxième alinéa de l'article L. 234-4 du même code *(L. nº 2021-646 du 25 mai 2021, art. 67)* « , et aux épreuves de dépistage mentionnées aux deux premiers alinéas de l'article L. 235-2 dudit code, sur l'ordre et sous la responsabilité des officiers de police judiciaire, dans les conditions prévues à l'avant-dernier alinéa du même article L. 235-2 ».

Ils constatent également les contraventions mentionnées au livre VI du code pénal, dont la liste est fixée par décret en Conseil d'État, dès lors qu'elles ne nécessitent pas de leur part d'actes d'enquête et à l'exclusion de celles réprimant des atteintes à l'intégrité des personnes.

(L. nº 2023-580 du 10 juill. 2023, art. 49) « Ils recherchent et constatent les infractions forestières mentionnées aux articles L. 161-1 et L. 161-4 du code forestier. »

CHAPITRE II. *NOMINATION, AGRÉMENT ET MODALITÉS D'EXERCICE*

Art. L. 522-1 Les gardes champêtres sont nommés par le maire, agréés par le procureur de la République et assermentés. — *[C. communes, art. L. 412-46 et L. 412-48.]*

Art. L. 522-2 *(L. nº 2019-1461 du 27 déc. 2019, art. 63)* I. — Plusieurs communes peuvent avoir un ou plusieurs gardes champêtres en commun, compétents sur le territoire de chacune d'entre elles.

Chaque garde champêtre est de plein droit mis à la disposition des autres communes par la commune qui l'emploie, dans des conditions prévues par une convention transmise au représentant de l'État dans le département. Cette convention, conclue entre l'ensemble des communes concernées, précise les modalités d'organisation et de financement de la mise en commun des gardes champêtres et de leurs équipements.

II. — Une région, un département ou un établissement public chargé de la gestion d'un parc naturel régional peut recruter un ou plusieurs gardes champêtres compétents dans chacune des communes concernées.

Dans ces cas, leur nomination est prononcée conjointement par le maire de chacune des communes et, selon le cas, par le président du conseil régional, le président du conseil départemental ou le président de l'établissement public.

III. — Le président d'un établissement public de coopération intercommunale à fiscalité propre peut recruter, à son initiative ou à la demande des maires de plusieurs communes membres, un ou plusieurs gardes champêtres, en vue de les mettre à la disposition de l'ensemble des communes membres de l'établissement public de coopération intercommunale.

Le recrutement est autorisé par délibérations concordantes de l'organe délibérant de l'établissement public de coopération intercommunale à fiscalité propre et de deux tiers au moins des conseils municipaux des communes représentant plus de la moitié de la population totale de celles-ci ou de la moitié au moins des conseils municipaux des communes représentant les deux tiers de la population totale de celles-ci.

Le conseil municipal de chaque commune membre dispose d'un délai de trois mois, à compter de la notification au maire de la délibération de l'organe délibérant de l'établissement public de coopération intercommunale, pour se prononcer sur la décision de recrutement proposée. À défaut de délibération dans ce délai, sa décision est réputée favorable.

La nomination des gardes champêtres recrutés en application du présent III est prononcée conjointement par le maire de chacune des communes membres et le président de l'établissement public de coopération intercommunale.

IV. — Un établissement public de coopération intercommunale peut mettre à disposition d'un autre établissement public de coopération intercommunale ou d'une commune non membre de son établissement le ou les gardes champêtres qu'il a recruté en application du III, dans des conditions prévues par une convention transmise au représentant de l'État dans le département. Cette convention précise les modalités d'organisation et de financement de la mise à disposition des gardes champêtres et de leurs équipements.

V. — Les gardes champêtres recrutés en application des I à III du présent article exercent, sur le territoire de chaque commune où ils sont affectés, les compétences mentionnées à l'article L. 521-1 du présent code, sans préjudice des compétences de police judiciaire qui leur sont dévolues par le code de procédure pénale et par les lois pénales spéciales. Pendant l'exercice de leurs fonctions sur le territoire d'une commune, ils sont placés sous l'autorité du maire de cette commune.

Leur nomination en qualité de fonctionnaire stagiaire ne fait pas obstacle à leur mise à disposition.

VI. — Le présent article est applicable dans les départements de la Moselle, du Haut-Rhin et du Bas-Rhin, sous réserve des dispositions des articles L. 523-1 et L. 523-2.

VII. — Les conditions d'application du présent article sont définies par décret en Conseil d'État.

Art. L. 522-2-1 *(L. n° 2021-646 du 25 mai 2021, art. 11)* I. — Lors d'une manifestation exceptionnelle, notamment à caractère culturel, récréatif ou sportif, ou à l'occasion d'un afflux important de population, les maires de communes limitrophes ou appartenant à un même établissement public de coopération intercommunale à fiscalité propre ou à une même agglomération peuvent être autorisés à utiliser en commun, sur le territoire d'une ou plusieurs communes, pour un délai déterminé, tout ou partie des moyens et des effectifs de leurs gardes champêtres. Cette faculté s'exerce exclusivement en matière de police administrative.

En cas de catastrophe naturelle ou technologique, les maires de communes limitrophes ou appartenant à un même département ou à des départements limitrophes peuvent être autorisés à utiliser en commun, sur le territoire d'une ou plusieurs communes, pour un délai déterminé, tout ou partie des moyens et des effectifs de leurs gardes champêtres.

Cette utilisation en commun est autorisée par arrêté du représentant de l'État dans le département, ou par arrêté conjoint des représentants de l'État dans les départements concernés, qui en fixe les conditions et les modalités au vu des propositions des maires des communes concernées.

Par dérogation au deuxième alinéa du présent I, l'utilisation en commun des services de gardes champêtres en matière administrative en cas de catastrophe naturelle ou technologique peut être autorisée par arrêtés municipaux concordants des communes concernées lorsque les modalités et conditions de cette autorisation ont fait l'objet d'une convention cadre préalable entre ces communes et le représentant de l'État dans le département.

II. — Le présent article est applicable dans les départements de la Moselle, du Haut-Rhin et du Bas-Rhin, sous réserve des articles L. 523-1 et L. 523-2.

Art. L. 522-3 Les gardes champêtres sont au nombre des agents mentionnés au *(L. n° 2023-22 du 24 janv. 2023, art. 18)* « 4° » de l'article 15 du code de procédure pénale.

Ils exercent leurs fonctions dans les conditions prévues aux articles 15, 22 à 25 et 27 du même code.

Pour l'exercice des attributions fixées *(L. n° 2023-580 du 10 juill. 2023, art. 49)* « à l'avant-dernier » alinéa de l'article L. 521-1 du présent code, les gardes champêtres agissent en application des dispositions du 3° de l'article 21 du code de procédure pénale. — *[CGCT, art. L. 2213-19.]*

Art. L. 522-4 Les gardes champêtres sont habilités à relever l'identité des contrevenants, dans les conditions prévues à l'article 78-6 du code de procédure pénale, pour dresser les procès-verbaux des infractions qu'ils constatent. — *[CGCT, art. L. 2213-19-1.]*

Art. L. 522-5 *(L. n° 2021-646 du 25 mai 2021, art. 17)* La carte professionnelle, la tenue, la signalisation des véhicules de service et les types d'équipement dont sont dotés les gardes champêtres font l'objet d'une identification commune de nature à n'entraîner aucune confusion avec ceux utilisés par la police nationale et la gendarmerie nationale. Leurs caractéristiques et leurs normes techniques sont fixées par arrêté du ministre de l'intérieur.

Le port de la carte professionnelle et celui de la tenue sont obligatoires pendant le service.

CHAPITRE III. *DISPOSITIONS APPLICABLES DANS LES DÉPARTEMENTS DE LA MOSELLE, DU BAS-RHIN ET DU HAUT-RHIN*

Art. L. 523-1 Dans les départements de la Moselle, du Haut-Rhin et du Bas-Rhin, il y a au moins un garde champêtre par commune. La commune juge de la nécessité d'en établir davantage.

Un groupement de collectivités peut avoir en commun un ou plusieurs gardes champêtres compétents sur l'ensemble du territoire des communes instituant ce groupement. — *[CGCT, art. L. 2542-9.]*

À compter du 1er janv. 2021, les départements du Bas-Rhin et du Haut-Rhin sont regroupés sous le nom de « Collectivité européenne d'Alsace » (L. n° 2019-816 du 2 août 2019, art. 1er).

Art. L. 523-2 Dans les communes de 25 000 habitants et plus ainsi que les communes assimilées, le maire nomme seul les gardes champêtres. — *[C. communes, art. L. 441-2.]*

Art. L. 2213-18 à L. 2213-19-1 *Abrogés par Ord. n° 2012-351 du 12 mars 2012, art. 19. — V. désormais CSI, art. L. 521-1, L. 522-3 et L. 522-4, ss. art. L. 2213-17.*

Art. L. 2213-20 Le maire peut, sur l'avis conforme du conseil municipal et après avoir consulté les présidents des groupements viticoles existant dans la commune, fixer la date à partir de laquelle la récolte des raisins de table et de vendanges est autorisée sur le territoire de la commune.

Des dates différentes peuvent être prévues selon l'encépagement et la situation des vignobles. — *[C. communes, art. L. 132-5 issu de la L. n° 46-2300 du 21 oct. 1946, art. 1er.]*

Art. L. 2213-21 Le maire peut prescrire que les meules de grains, de paille et de fourrage, etc., doivent être placées à une distance déterminée des habitations et de la voie publique. — *[C. communes, art. L. 131-10 issu de la L. du 21 juin 1898, art. 11.]*

SECTION 4 Autres polices

Art. L. 2213-22 *Abrogé par Ord. n° 2005-898 du 2 août 2005, art. 2.*

Art. L. 2213-23 Le maire exerce la police des baignades et des activités nautiques pratiquées à partir du rivage avec des engins de plage et des engins non immatriculés. Cette police s'exerce en mer jusqu'à une limite fixée à 300 mètres à compter de la limite des eaux.

Le maire réglemente l'utilisation des aménagements réalisés pour la pratique de ces activités. Il pourvoit d'urgence à toutes les mesures d'assistance et de secours.

Le maire délimite une ou plusieurs zones surveillées dans les parties du littoral présentant une garantie suffisante pour la sécurité des baignades et des activités mentionnées ci-dessus. Il détermine des périodes de surveillance. Hors des zones et des périodes ainsi définies, les baignades et activités nautiques sont pratiquées aux risques et périls des intéressés.

Le maire est tenu d'informer le public par une publicité appropriée, en mairie et sur les lieux où elles se pratiquent, des conditions dans lesquelles les baignades et les activités nautiques sont réglementées.

V. Arr. du 27 mars 1991 relatif au balisage et à la signalisation de la bande littorale maritime des 300 mètres (JO 28 avr.).

BIBL. ▶ CALDERARO, Droit du littoral, *Éd. du Moniteur, 1993, p. 155 s.* - DELHOSTE, La sécurité dans la bande littorale des 300 mètres, *Éd. du Papyrus, 2001.* - FABERON, Les polices des activités maritimes, *LGDJ 1993, p. 27 s.* ; Les polices du littoral, *Quot. jur. 1er nov. 1988 ; ibid. 5 nov. 1988 ; ibid. 8 nov. 1988 ; ibid. 10 nov. 1988 ; ibid. 12 nov. 1988 ; ibid. 17 nov. 1988 ; ibid. 19 nov. 1988.* - GENEVOIS, La police du littoral, *in* La loi littoral, *Economica, 1987, p. 201.* - HÉLIN, La « loi littoral » et les pouvoirs de police des maires, *RFDA 1986. 730.* - PAILLET, Police et responsabilités municipales sur le littoral après la loi du 3 janv. 1986, *LPA 14 sept. 1987 ; ibid. 16 sept. 1987.*

V. notes ss. art. L. 2212-2 et L. 2212-3.

Art. L. 2213-24 *(L. n° 2008-1350 du 19 déc. 2008)* **Le maire prescrit la réparation ou la démolition des murs, bâtiments, édifices ou monuments funéraires menaçant ruine dans les conditions prévues** *(Ord. n° 2020-1144 du 16 sept. 2020, art. 6)* **« au chapitre I du titre I du livre V » du code de la construction et de l'habitation.**

Sur la police de la sécurité et de la salubrité des immeubles, locaux et installations, V. ci-dessous. CCH, art. L. 511-1 s.

BIBL. ▶ ALAIMO et NUGUE, Ordonnance du 16 septembre 2020, vade-mecum d'une réforme attendue, *AJCT 2020. 566*. - AVALLONE, Les débuts hésitants des articles L. 481-1 et suivants du code de l'urbanisme, *AJCT 2022. 371*. - MAUPIN, Une nouvelle police de la sécurité et de la salubrité des immeubles bâtis, *AJDA 2020. 1756*.

COMMENTAIRE

V. dans le supplément en ligne.

I. IMMEUBLES MENAÇANT RUINE

1. Une galerie dont le maire a admis que l'entretien incombait à la commune et qui remplit une fonction d'utilité générale du fait de sa participation au drainage des eaux d'un bassin versant doit être regardée comme un ouvrage public communal. Par conséquent, le maire ne peut légalement, sur le fondement des pouvoirs qu'il tient de l'art. L. 511-3 CCH, mettre en demeure un syndicat de copropriétaires de procéder aux travaux de consolidation de cet ouvrage. • CAA Marseille, 28 juin 2004, *Mme Desfoux et a.*, n° 02MA02248 : *LPA du 13 déc. 2004, concl. Louis.* ♦ Annulation de • TA Nice, 18 juin 2002, *Desfoux et a. c/ Cne de Draguignan : BJCL 2003. 18, concl. Poujade et obs. B.P.* ♦ Il ressort des pièces du dossier que, pour sa partie qui longe la voie publique, un mur ne constitue pas une simple clôture de la propriété d'un riverain de la voie publique mais un accessoire indispensable de cette voie relevant à ce titre du domaine public communal. Dans ces conditions, le maire ne peut prendre un arrêté de péril mettant en demeure un administré d'effectuer à ses frais des travaux de réparation du mur litigieux. • CE 7 juill. 2006, *Mlle Karine Juignet*, n° 275241 : *BJCL 2006. 572, concl. Chauvaux et obs. B.P.* ♦ Un amoncellement de choses, même s'il fait 3 m de haut, n'est pas un immeuble de telle sorte que le maire ne peut utiliser ses pouvoirs de police des immeubles menaçant ruine pour exiger du propriétaire du terrain qu'il le débarrasse de cet amoncellement. • CE 30 nov. 2007, *M. Luneaut*, n° 294768 B : *AJDA 2008. 208, concl. Thiellay ; ACL 2008, n° 113.*

2. Le maire peut utiliser les pouvoirs qu'il tient de l'art. R. 511-1 CCH alors même que l'immeuble menaçant ruine est un édifice classé au sens de la L. du 31 déc. 1913 sur les monuments historiques dès lors que les services compétents du ministère de la Culture ont donné leur consentement aux travaux prescrits par l'arrêté de péril. • CAA Nantes, 6 févr. 2003, *Ville de Nantes : Lebon T. 678 ; JCP Adm. 2003, n° 1816, obs. Vandermeeren ; AJDA 2003. 844, note Millet* . ♦ La police des immeubles menaçant ruine a pour objet de protéger la sécurité et la santé des personnes (V. les cas à l'art. L. 511-2 CCH). ♦ Un maire peut, au titre des pouvoirs qu'il tient de la police des édifices menaçant ruine, prescrire la réalisation de travaux de mise en sécurité sur un édifice constituant une dépendance du domaine public. • CE 1er mars 2023, n° 466574 B : *AJDA 2023. 413 ; RDI 2023. 361, obs. J.-F. Giacuzzo ; AJCT 2023. 443, obs. E. Mascré* .

II. APPLICATION DES POUVOIRS DE POLICE GÉNÉRALE AUX IMMEUBLES MENAÇANT RUINE : L'ÉTAT DE PÉRIL JUSTIFIÉ PAR UNE CAUSE ÉTRANGÈRE À L'IMMEUBLE

3. Un arrêté de péril ne peut être motivé que par l'état de l'immeuble lui-même et non celui du sous-sol du terrain qui lui sert d'assise. Dès lors, en cas d'effondrement du toit de galeries souterraines situées sous le terrain d'assise d'un immeuble, il appartient au maire, si les conditions en sont réunies, de prescrire l'exécution des mesures de sûreté exigées par ces circonstances étrangères à l'immeuble lui-même sur le fondement de son pouvoir de police générale et non sur celui de l'art. L. 511-1 CCH. • CE 27 juin 2005, *Ville d'Orléans*, n° 262199 B : *BJCL 2005. 532, concl. Olson et obs. B. P. ; JCP Adm. 2005, n° 1268, note Billet ; RLCT, oct. 2005, n° 6, obs. Glaser ; ACL 2006, n° 41.*

4. Il ressort du rapport de l'expert désigné par le président du tribunal administratif que l'état de péril est la conséquence d'un glissement de la surface de remblai et du front de taille d'une ancienne carrière provoqué par la fuite d'une canalisation publique. Alors même que ledit rapport relève que les fondations de l'immeuble en cause sont posées à une profondeur insuffisante, il ne résulte pas de l'instruction que l'absence de ce vice de construction aurait permis d'éviter le désordre. Dès lors, le glissement de terrain, qui ne constitue pas une cause propre à l'immeuble, constitue la cause prépondérante de l'état de péril. Il suit de là que le maire ne pouvait légalement faire usage des pouvoirs qu'il tire de l'art. L. 511-1 CCH pour prendre l'arrêté de péril contesté mais seulement de ses pouvoirs de police générale. • CE 31 mars 2006, *Mme Perone et a.*, nos 279664 B et 284091 B : *AJDA 2006. 1680, concl. Chauvaux ; Coll. terr. 2006, n° 99, obs. Erstein ; ACL 2007, n° 22.*

5. Il résulte de l'instruction que la dégradation des piliers et des parois d'une ancienne carrière souterraine créant des risques pour des pavillons situés non loin et à l'égard de laquelle le maire a pris un arrêté de péril est due à la proximité immédiate d'une zone instable où un effondrement s'est produit il y a une quarantaine d'années et qu'elle a été accélérée par des infiltrations d'eau liées notamment à des précipitations importantes et à l'évacuation des eaux usées en provenance de pavillons qui n'étaient pas raccordés au réseau d'assainissement. Dans ces conditions, les désordres affectant la carrière ne sont pas dus à titre prépondérant à des causes internes à celle-ci, alors même qu'un défaut d'entretien a pu y contribuer, de telle sorte que les pouvoirs de police spéciale des immeubles menaçant ruine ne peuvent être utilisés. • CE 30 août 2006, *M. Rossignol*, n° 275008 : *BJCL 2006. 730, concl. Chauvaux et obs. M.D.*

III. APPLICATION DES POUVOIRS DE POLICE SPÉCIALE DES IMMEUBLES MENAÇANT RUINE : L'ÉTAT DE PÉRIL JUSTIFIÉ PAR UNE CAUSE PROPRE À L'IMMEUBLE

6. V. CCH, art. L. 511-1 s.

7. Les procédures de péril ou de péril imminent régies par les art. L. 511-1 s. CCH auxquels renvoie l'art. L. 2213-4 CGCT doivent être mises en œuvre lorsque le danger provoqué par un immeuble provient à titre prépondérant de causes qui lui sont propres. Elles se distinguent en cela des pouvoirs reconnus au maire par le CGCT qui s'appliquent dans l'hypothèse où le danger résulte d'une cause qui lui est extérieure. Il n'y a pas lieu, pour déterminer les champs respectifs de ces deux procédures, d'avoir recours à un critère tiré de l'origine naturelle ou artificielle du danger. • CE 27 juin 2005, *Ville d'Orléans*, n° 262199 : *préc. note 3.*

8. Responsabilité du fait de la mise en œuvre des pouvoirs de police spéciale. Un particulier dont l'immeuble fait l'objet des procédures d'arrêtés de péril et de péril imminent prévues par les art. L. 511-1 à L. 511-3 CCH ne peut pas se prévaloir du principe d'égalité des citoyens devant les charges publiques pour demander la condamnation de l'État à lui accorder réparation du préjudice qu'il aurait subi du fait de la mise en œuvre des mesures prises par la commune dès lors que ces mesures résultent, en tout état de cause, d'obligations qui lui incombent en sa qualité de propriétaire du bien concerné. • CAA Paris, 13 mai 2004, *Lopes*, n° 01PA02537 B : *JCP Adm. 2004, n° 1475, note Moreau.*

9. Compétence au sein de la juridiction administrative. Il ressort des termes mêmes de l'art. R. 222-13 CJA que l'expression « litiges relatifs aux immeubles menaçant ruine » a une portée générale et recouvre aussi bien les différends relatifs aux arrêtés de péril que les litiges relatifs aux états exécutoires émis par le maire afin de recouvrer, auprès du propriétaire de l'immeuble concerné, les créances de la commune nées de l'application de la législation relative aux bâtiments menaçant ruine. Dès lors, l'art. R. 811-1 CJA, qui prévoit que le tribunal administratif statue en premier et dernier ressort dans les litiges relevant du 9° de l'art. R. 222-13 du même code, est applicable au contentieux du recouvrement des dépenses se rattachant à la mise en œuvre, par le maire, de ses pouvoirs de police spéciale en matière de bâtiments menaçant ruine. • CE 30 juin 2004, *Cté urb. de Lille et Verheyde*, n°s 267005 B et 267006 B : *BJCL 2004 725, concl. Chauvaux ; Coll. terr. 2004, n° 160, note Erstein.*

IV. APPLICATION DES POUVOIRS DE POLICE GÉNÉRALE À LA PLACE DES POUVOIRS DE POLICE SPÉCIALE EN CAS DE CIRCONSTANCES EXCEPTIONNELLES

10. En présence d'une situation d'extrême urgence créant un péril particulièrement grave et imminent, le maire peut, quelle que soit la cause du danger et alors même qu'elle provient, à titre prépondérant d'une cause propre à l'immeuble, faire légalement usage de ses pouvoirs de police générale et notamment prescrire l'exécution des mesures de sécurité qui sont nécessaires et appropriées. • CE 10 oct. 2005, *Cne de Badinières*, n° 259205 : *Lebon 425 ; BJCL 2005. 690, concl. Olson et obs. J.-C. B. ; AJDA 2006. 362, chron. Landais et Lénica ; RLCT, déc. 2005, n° 8, p. 19, obs. Glaser ; JCP Adm. 2006, n° 1149, p. 10, obs. Glaser et Crépey ; ACL 2006, n° 42.* – V. déjà dans ce sens • TA Strasbourg, 2 mai 2000, *SCI OPA c/ Ville de Thann*, n° 97-105 : *AJDA 2001. 402, concl. Faessel.* ♦ Il résulte des dispositions du CCH que, si le maire peut ordonner la démolition d'un immeuble en application des dispositions de l'art. L. 511-2 de ce code après accomplissement des formalités qu'il prévoit, il doit, lorsqu'il agit sur le fondement de l'art. L. 511-3 afin de faire cesser un péril imminent, se borner à prescrire les mesures provisoires nécessaires pour garantir la sécurité. En présence d'une situation d'extrême urgence créant un péril particulièrement grave et imminent qui exige la mise en œuvre immédiate d'une mesure de démolition, le maire ne peut l'ordonner que sur le fondement des pouvoirs de police générale qu'il tient des dispositions des art. L. 2212-2 et L. 2212-4 CGCT, en faisant réaliser ces travaux aux frais de la commune. • CE 6 nov. 2013, *Maire de Cayenne*, n° 349245 : *AJCT 2014. 209, obs. Yazi-Roman.* ♦ Ne constitue pas un péril particulièrement grave et imminent l'état d'un immeuble ravagé par un incendie dès lors que le feu a été maîtrisé et ne semble pas en mesure de reprendre, que le bâtiment sinistré se trouve à l'écart du village et que les risques éventuels pour la circulation sur la route peu fréquentée qui longe le terrain sur lequel il est implanté peuvent être prévenus par une signalisation appropriée. En conséquence, le maire ne peut en ordonner l'arasement dans le cadre de ses pouvoirs de police générale. • TA Besançon, 3 oct. 2006, *Desgarges c/ Cne de Perrigny*, n° 040026 : *BJCL 2007, n° 1, concl. Tissot-Grossrieder et obs. B.P.* ♦ Lorsque la personne publique entend obtenir le remboursement auprès d'un propriétaire privé des frais qu'elle a exposés à l'occasion de travaux de démolition engagés sur ce fondement en invoquant la responsabilité civile de ce propriétaire, au titre soit d'une faute, soit de son enrichissement sans cause, la contestation de la créance invoquée par la personne publique constitue, quel que soit son mode de recouvrement, un litige relevant de la compétence des tribunaux de l'ordre judiciaire, en l'absence d'une disposition législative spéciale régissant une telle action civile. • CE 4 juill. 2024, n° 464689 B : *AJDA 2024. 1416, concl. Pez-Lavergne ; AJCT 2024. 688, note Bahouala.*

V. IMPOSSIBILITÉ DE SUBSTITUER LES POUVOIRS DE POLICE GÉNÉRALE AUX POUVOIRS DE POLICE SPÉCIALE LORSQUE CES DERNIERS NE PEUVENT PAS ÊTRE MIS EN ŒUVRE

11. Les pouvoirs de police générale reconnus au maire par le CGCT sont distincts de ceux qui lui sont conférés dans le cadre des procédures de péril régies par le CCH. Ils ne relèvent pas des mêmes procédures et n'ont pas la même portée. Un arrêté qui ne peut être légalement pris sur le fondement du CCH ne peut dès lors trouver son fondement par substitution de base légale dans les dispositions du CGCT. • CE 30 nov. 2007, *M. Luneaut*, n° 294768 : *AJDA 2008. 208, concl. Thiellay ; ACL 2008, n° 113.*

VI. CARENCE DANS L'EXERCICE DES POUVOIRS DE POLICE DES IMMEUBLES MENAÇANT RUINE

12. La responsabilité du maire est engagée pour faute simple en cas de carence dans l'exercice de ses pouvoirs de police des édifices menaçant ruine. • CE 27 sept. 2006, Cne de Baalon, n° 284022 B : *BJCL 2006. 838, concl. Olson ; JCP Adm. 2006, n° 1305, note Pélissier ; AJDA 2007. 385, note Lemaire ; ACL 2007, n° 23.*

Code de la construction et de l'habitation

LIVRE V. LUTTE CONTRE L'HABITAT INDIGNE

(Ord. n° 2020-1144 du 16 sept. 2020, art. 1er)

TITRE I. SÉCURITÉ ET SALUBRITÉ DES IMMEUBLES, LOCAUX ET INSTALLATIONS

CHAPITRE UNIQUE

SECTION 1. *Champ d'application*

Art. L. 511-1 La police de la sécurité et de la salubrité des immeubles, locaux et installations est exercée dans les conditions fixées par le présent chapitre et précisées par décret en Conseil d'État.

Art. L. 511-2 La police mentionnée à l'article L. 511-1 a pour objet de protéger la sécurité et la santé des personnes en remédiant aux situations suivantes :

1° Les risques présentés par les murs, bâtiments ou édifices quelconques qui n'offrent pas les garanties de solidité nécessaires au maintien de la sécurité des occupants *(L. n° 2024-322 du 9 avr. 2024, art. 53)* « ou » des tiers ;

2° Le fonctionnement défectueux ou le défaut d'entretien des équipements communs d'un immeuble collectif à usage principal d'habitation, lorsqu'il est de nature à créer des risques sérieux pour la sécurité des occupants ou des tiers ou à compromettre gravement leurs conditions d'habitation ou d'utilisation ;

3° L'entreposage, dans un local attenant ou compris dans un immeuble collectif à usage principal d'habitation, de matières explosives ou inflammables, lorsqu'il est en infraction avec les règles de sécurité applicables ou de nature à créer des risques sérieux pour la sécurité des occupants ou des tiers ;

4° L'insalubrité, telle qu'elle est définie aux articles L. 1331-22 et L. 1331-23 du code de la santé publique.

Art. L. 511-3 Les dispositions du présent chapitre sont applicables aux édifices ou monuments funéraires dans le cas mentionné au 1° de l'article L. 511-2.

SECTION 2. *Pouvoirs de l'autorité compétente et procédure*

Art. L. 511-4 L'autorité compétente pour exercer les pouvoirs de police est :

1° Le maire dans les cas mentionnés aux 1° à 3° de l'article L. 511-2, sous réserve s'agissant du 3° de la compétence du représentant de l'État en matière d'installations classées pour la protection de l'environnement prévue à l'article L. 512-20 du code de l'environnement ;

2° Le représentant de l'État dans le département dans le cas mentionné au 4° du même article.

Art. L. 511-5 Le maire de Paris exerce les pouvoirs dévolus aux maires par le présent chapitre lorsque l'immeuble est un bâtiment à usage principal d'habitation dans les cas mentionnés aux 1°, 2° et 3° de l'article L. 511-2, et lorsque l'immeuble est un bâtiment à usage total ou partiel d'hébergement ou un édifice ou monument funéraire dans le cas mentionné au 1° de l'article L. 511-2. Pour les autres immeubles dans les cas mentionnés à l'article L. 511-2, ces pouvoirs sont exercés par le préfet de police.

Pour l'application du présent article, le pouvoir de substitution conféré au représentant de l'État dans le département par l'article L. 2215-1 du code général des collectivités territoriales est exercé par le préfet de police.

Art. L. 511-6 Toute personne ayant connaissance de faits révélant l'une des situations mentionnées à l'article L. 511-2 signale ces faits à l'autorité compétente, qui met en œuvre, le cas échéant, les pouvoirs définis par le présent chapitre.

Art. L. 511-7 L'autorité compétente peut faire procéder à toutes visites qui lui paraissent utiles afin d'évaluer les risques mentionnés à l'article L. 511-2.

Lorsque les lieux sont à usage total ou partiel d'habitation, les visites ne peuvent être effectuées qu'entre 6 heures et 21 heures. L'autorisation du juge des libertés et de la détention du tribunal judiciaire dans le ressort duquel sont situés ces lieux est nécessaire lorsque l'occupant s'oppose à la visite ou que la personne ayant qualité pour autoriser l'accès aux lieux ne peut pas être atteinte.

Art. L. 511-8 La situation d'insalubrité mentionnée au 4° de l'article L. 511-2 est constatée par un rapport du directeur général de l'agence régionale de santé ou, par application du troisième alinéa de l'article L. 1422-1 du code de la santé publique, du directeur du service communal d'hygiène et de santé, remis au représentant de l'État dans le département préalablement à l'adoption de l'arrêté de traitement d'insalubrité.

Les autres situations mentionnées à l'article L. 511-2 sont constatées par un rapport des services municipaux ou intercommunaux compétents, ou de l'expert désigné en application de l'article L. 511-9.

(L. n° 2024-322 du 9 avr. 2024, art. 47) « Les situations d'insécurité mentionnées au 2°, lorsqu'elles concernent le risque incendie, et au 3° de l'article L. 511-2 peuvent être constatées par un rapport des services départementaux d'incendie et de secours remis aux autorités compétentes mentionnées à l'article L. 511-4. »

Art. L. 511-9 Préalablement à l'adoption de l'arrêté de mise en sécurité, l'autorité compétente peut demander à la juridiction administrative la désignation d'un expert afin qu'il examine les bâtiments, dresse constat de leur état y compris celui des bâtiments mitoyens et propose des mesures de nature à mettre fin au danger. L'expert se prononce dans un délai de vingt-quatre heures à compter de sa désignation.

Si le rapport de l'expert conclut à l'existence d'un danger imminent, l'autorité compétente fait application des pouvoirs prévus par la section 3 du présent chapitre.

Art. L. 511-10 L'arrêté de mise en sécurité ou de traitement de l'insalubrité est pris à l'issue d'une procédure contradictoire avec la personne qui sera tenue d'exécuter les mesures : le propriétaire ou le titulaire de droits réels immobiliers sur l'immeuble, le local ou l'installation, tels qu'ils figurent au fichier immobilier ou, dans les départements de la Moselle, du Bas-Rhin ou du Haut-Rhin, au livre foncier, dont dépend l'immeuble.

(L. n° 2024-322 du 9 avr. 2024, art. 35) « L'autorité compétente à l'initiative de la procédure informe concomitamment les occupants de l'engagement de la procédure contradictoire, par courrier ou remise contre signature ou par affichage sur la façade de l'immeuble. »

Lorsque les travaux prescrits ne concernent que les parties communes d'un immeuble en copropriété, la procédure contradictoire est valablement conduite avec le seul syndicat de copropriétaires représenté par le syndic qui en informe immédiatement les copropriétaires *(L. n° 2024-322 du 9 avr. 2024, art. 34)* « et les occupants ».

Par dérogation aux dispositions des alinéas précédents, la procédure contradictoire est conduite avec les personnes suivantes qui seront celles tenues d'exécuter les mesures :

1° L'exploitant et le propriétaire lorsqu'elle concerne des établissements recevant du public à usage total ou partiel d'hébergement ou lorsqu'elle concerne l'entreposage de matières explosives ou inflammables ;

2° Les titulaires de la concession funéraire dans le cas mentionné à l'article L. 511-3 ;

3° La personne qui a mis les immeubles, les locaux ou les installations à disposition ou celle qui en a l'usage lorsque la mesure de police porte sur l'usage qui en est fait.

Art. L. 511-11 L'autorité compétente prescrit, par l'adoption d'un arrêté de mise en sécurité ou de traitement de l'insalubrité, la réalisation, dans le délai qu'elle fixe, de celles des mesures suivantes nécessitées par les circonstances :

1° La réparation ou toute autre mesure propre à remédier à la situation y compris, le cas échéant, pour préserver la solidité ou la salubrité des bâtiments contigus ;

2° La démolition de tout ou partie de l'immeuble ou de l'installation ;

3° La cessation de la mise à disposition du local ou de l'installation à des fins d'habitation ;

4° L'interdiction d'habiter, d'utiliser, ou d'accéder aux lieux, à titre temporaire ou définitif.

L'arrêté mentionne d'une part que, à l'expiration du délai fixé, en cas de non-exécution des mesures et travaux prescrits, la personne tenue de les exécuter est redevable du paiement d'une astreinte par jour de retard dans les conditions prévues à l'article L. 511-15, et d'autre part que les travaux pourront être exécutés d'office à ses frais.

L'arrêté ne peut prescrire la démolition ou l'interdiction définitive d'habiter *(L. n° 2024-322 du 9 avr. 2024, art. 45)* « ou d'utiliser » que s'il n'existe aucun moyen technique de remédier à l'insalubrité ou à l'insécurité ou lorsque les *(L. n° 2024-322 du 9 avr. 2024, art. 45)* « mesures et travaux nécessaires à une remise en état du bien aux normes de salubrité, de sécurité et de décence seraient plus coûteux que sa » reconstruction.

Lorsque l'immeuble ou le logement devient inoccupé et libre de location après la date de l'arrêté pris sur le fondement du premier alinéa, la personne tenue d'exécuter les mesures prescrites *(L. n° 2024-322 du 9 avr. 2024, art. 45)* « reste » obligée de le faire dans le délai fixé par l'arrêté. L'autorité compétente peut prescrire ou faire exécuter d'office, aux frais de cette personne, *(L. n° 2024-322 du 9 avr. 2024, art. 45)* « les mesures prescrites et » toutes mesures nécessaires pour empêcher l'accès et l'usage du lieu, faute pour cette dernière d'y avoir procédé. Les mesures prescrites doivent, en tout état de cause, être exécutées avant toute nouvelle occupation, remise à disposition ou remise en location, sous peine des sanctions prévues à l'article L. 511-22.

Art. L. 511-12 L'arrêté de mise en sécurité ou de traitement de l'insalubrité est notifié à la personne tenue d'exécuter les mesures. Il est également notifié, le cas échéant, pour autant qu'ils sont connus, aux titulaires de parts donnant droit à l'attribution ou à la jouissance en propriété des locaux, aux occupants et, si l'immeuble est à usage total ou partiel d'hébergement, à l'exploitant. Lorsque les travaux prescrits ne concernent que les parties communes d'un immeuble en copropriété, la notification aux copropriétaires est valablement faite au seul syndicat de la copropriété, représenté par le syndic qui en informe immédiatement les copropriétaires *(L. n° 2024-322 du 9 avr. 2024, art. 34)* « et les occupants ».

À défaut de connaître l'adresse actuelle des personnes mentionnées au premier alinéa ou de pouvoir les identifier, la notification les concernant est valablement effectuée par affichage à la mairie de la commune ou, à Paris, Marseille et Lyon, de l'arrondissement où est situé l'immeuble, ainsi que par affichage sur la façade de l'immeuble.

À la demande de l'autorité compétente, l'arrêté de mise en sécurité ou de traitement de l'insalubrité est publié au fichier immobilier ou, dans les départements de la Moselle, du Bas-Rhin et du Haut-Rhin, au livre foncier, dont dépend l'immeuble. Cette publication ne donne lieu à aucune perception au profit du Trésor.

Art. L. 511-13 La personne tenue d'exécuter les mesures prescrites par l'arrêté de mise en sécurité ou de traitement de l'insalubrité peut se libérer de son obligation par la conclusion d'un bail à réhabilitation dans les conditions prévues par le chapitre II du titre V du livre II. Elle peut également conclure un bail emphytéotique ou un contrat de vente moyennant paiement d'une rente viagère, à charge pour les preneurs ou débirentiers d'exécuter les travaux prescrits et d'assurer, le cas échéant, l'hébergement des occupants. Les parties peuvent convenir que l'occupant restera dans les lieux lorsqu'il les occupait à la date de l'arrêté de mise en sécurité ou de traitement de l'insalubrité, dès lors que cela ne fait pas obstacle à l'exécution des mesures prescrites.

Art. L. 511-14 L'autorité compétente constate la réalisation des mesures prescrites ainsi que leur date d'achèvement et prononce la mainlevée de l'arrêté de mise en sécurité ou de traitement de l'insalubrité et, le cas échéant, de l'interdiction d'habiter, d'utiliser, ou d'accéder aux lieux.

L'arrêté de mainlevée est notifié selon les modalités prévues par l'article L. 511-12. Il est publié à la diligence du propriétaire au fichier immobilier ou, dans les départements de la Moselle, du Bas-Rhin et du Haut-Rhin, au livre foncier, dont dépend l'immeuble.

Art. L. 511-15 I. — Lorsque les mesures et travaux prescrits par l'arrêté de mise en sécurité ou de traitement de l'insalubrité n'ont pas été exécutés dans le délai fixé, la personne tenue de les réaliser est redevable d'une astreinte dont le montant, sous le plafond de 1 000 € par jour de retard, est fixé par arrêté de l'autorité compétente en tenant compte de l'ampleur des mesures et travaux prescrits et des conséquences de la non-exécution.

Si les mesures et travaux prescrits concernent un établissement recevant du public à usage total ou partiel d'hébergement, l'arrêté prononçant l'astreinte est notifié au propriétaire de l'immeuble et à l'exploitant, lesquels sont solidairement tenus au paiement de l'astreinte.

Lorsque l'arrêté de mise en sécurité ou de traitement de l'insalubrité concerne tout ou partie des parties communes d'un immeuble soumis à la loi n° 65-557 du 10 juillet 1965 fixant le statut de la copropriété des immeubles bâtis, l'astreinte est appliquée dans les conditions prévues à l'article L. 543-1 du présent code.

Lorsque l'arrêté concerne un immeuble en indivision, l'astreinte est appliquée dans les conditions fixées à l'article L. 541-2-1.

II. — L'astreinte court à compter de la date de notification de l'arrêté la prononçant et jusqu'à la complète exécution des mesures et travaux prescrits. La personne tenue d'exécuter les mesures informe l'autorité compétente de leur exécution. Le recouvrement des sommes est engagé par trimestre échu.

L'autorité compétente peut, lors de la liquidation trimestrielle de l'astreinte, consentir une exonération partielle ou totale de son produit si le redevable établit que la non-exécution de l'intégralité de ses obligations est due à des circonstances qui ne sont pas de son fait.

Le montant total des sommes demandées ne peut être supérieur au montant de l'amende prévue au I de l'article L. 511-22.

III. — Le produit de l'astreinte est attribué :

1° Lorsque l'autorité compétente est le maire, à la commune ;

2° Lorsque l'autorité compétente est le représentant de l'État dans le département, à l'Agence nationale de l'habitat, après prélèvement de 4 % de frais de recouvrement ;

3° Lorsque l'autorité compétente est le président de l'établissement public de coopération intercommunale ou le président de la métropole de Lyon, à cet établissement ou à la métropole.

À défaut pour le maire ou, le cas échéant, le président de l'établissement public de coopération intercommunale ou de la métropole de Lyon de liquider l'astreinte et de dresser le titre exécutoire nécessaire à son recouvrement, la créance est liquidée par le représentant de l'État et est recouvrée comme en matière de créances étrangères à l'impôt et au domaine. Les sommes perçues sont versées au budget de l'Agence nationale de l'habitat après prélèvement de 4 % de frais de recouvrement.

L'application de l'astreinte et sa liquidation ne font pas obstacle à l'exécution d'office par l'autorité compétente, aux frais du propriétaire, des mesures et travaux prescrits par l'arrêté prévu à l'article L. 511-11. L'astreinte prend fin à la date de la notification au propriétaire de l'exécution d'office des mesures et travaux prescrits. Dans ce cas, le montant de l'astreinte s'ajoute à celui du coût des mesures et travaux exécutés d'office.

Art. L. 511-16 Lorsque les prescriptions de l'arrêté de mise en sécurité ou de traitement de l'insalubrité n'ont pas été mises en œuvre dans le délai fixé, l'autorité compétente peut, par décision motivée, faire procéder d'office à leur exécution, aux frais du propriétaire. Elle peut prendre toute mesure nécessaire à celle-ci. Elle peut également faire procéder à la démolition prescrite sur jugement du président du tribunal judiciaire statuant selon la procédure accélérée au fond, rendu à sa demande.

Si l'inexécution de mesures prescrites portant sur les parties communes d'un immeuble en copropriété résulte de la défaillance de certains copropriétaires, l'autorité compétente peut, sur décision motivée, se substituer à ceux-ci pour les sommes exigibles à la date votée par l'assemblée générale des copropriétaires. Elle est alors subrogée dans les droits et actions du syndicat des copropriétaires à concurrence des sommes par elle versées.

Lorsque l'autorité compétente se substitue aux propriétaires défaillants et fait usage des pouvoirs d'exécution d'office qui lui sont reconnus, elle agit en leur lieu et place, pour leur compte et à leurs frais.

Lorsque les locaux sont occupés par des personnes entrées par voie de fait ayant fait l'objet d'un jugement d'expulsion devenu définitif, et que le propriétaire ou l'exploitant du local d'hébergement s'est vu refuser le concours de la force publique pour que ce jugement soit mis à exécution, le propriétaire ou l'exploitant du local d'hébergement peut demander au tribunal administratif que tout ou partie de la dette dont il est redevable au titre des dispositions du présent chapitre soit mis à la charge de l'État. Cette somme vient en déduction de l'indemnité à laquelle peut prétendre le propriétaire en application de l'article L. 153-1 du code des procédures civiles d'exécution.

Le représentant de l'État dans le département peut par convention confier au maire l'exé*cution des arrêtés de* traitement de l'insalubrité à l'exclusion de ceux engagés au titre de la section 3 du présent chapitre. Les frais prévus à l'article L. 511-17 sont dans ce cas recouvrés au profit de la commune.

Art. L. 511-17 Les frais de toute nature, avancés par l'autorité compétente lorsqu'elle s'est substituée aux personnes mentionnées à l'article L. 511-10 ou lorsqu'elle exécute les mesures mentionnées au dernier alinéa de l'article L. 511-11 visant à empêcher l'accès ou l'usage du logement, ainsi que le produit de l'astreinte mentionnée à l'article L. 511-15, *(L. n° 2024-322 du 9 avr. 2024, art. 53)* « et, le cas échéant, la rémunération de l'expert nommé par la juridiction administrative en application de l'article L. 511-9, » sont recouvrés comme en matière de créances étrangères à l'impôt et au domaine lorsque l'autorité compétente est le représentant de l'État dans le département, ou comme en matière de contributions directes conformément aux dispositions de l'article L. 1617-5 du code général des collectivités territoriales lorsque l'autorité compétente est le maire ou le président de l'établissement public de coopération intercommunale.

Si l'immeuble relève du statut de la copropriété, le titre de recouvrement est émis à l'encontre de chaque copropriétaire pour la fraction de créance dont il est redevable. Dans les situations prévues au deuxième alinéa de l'article L. 511-16, le titre de recouvrement est émis à l'encontre des seuls copropriétaires défaillants.

Lorsque l'autorité compétente s'est substituée à certains copropriétaires défaillants, le montant de la créance due par ceux-ci est majoré de celui des intérêts moratoires calculés au taux d'intérêt légal, à compter de la date de notification par l'autorité compétente de la décision de substitution aux copropriétaires défaillants.

Le recouvrement de l'astreinte est réalisé en faisant usage, en tant que de besoin, des dispositions prévues au 8° de l'article 2374 du code civil et aux articles L. 541-1 à L. 541-6 du présent code.

Art. L. 511-18 Lorsque l'arrêté de mise en sécurité ou de traitement de l'insalubrité pris en application des articles L. 511-11 et L. 511-19 est assorti d'une interdiction d'habiter à titre temporaire ou lorsque les travaux nécessaires pour remédier au danger les rendent temporairement inhabitables, le propriétaire ou l'exploitant est tenu d'assurer l'hébergement des occupants dans les conditions prévues au chapitre I du titre II du présent livre. Lorsque l'interdiction d'habiter est prononcée à titre définitif ou lorsqu'est prescrite la cessation de la mise à disposition à des fins d'habitation des locaux mentionnés à l'article L. 1331-23 du code de la santé publique, le propriétaire, l'exploitant ou la personne qui a mis à disposition le bien est tenu d'assurer le relogement des occupants dans les conditions prévues au même chapitre. L'arrêté précise la date d'effet de l'interdiction, ainsi que la date à laquelle le propriétaire, l'exploitant ou la personne qui a mis à disposition le bien doit avoir informé l'autorité compétente de l'offre d'hébergement ou de relogement qu'il a faite aux occupants.

Les contrats à usage d'habitation en cours à la date de l'arrêté de mise en sécurité ou de traitement de l'insalubrité pris en application des articles L. 511-11 et L. 511-19 sont soumis aux règles définies à l'article L. 521-2.

À compter de la notification de l'arrêté de mise en sécurité ou de traitement de l'insalubrité, les locaux vacants ne peuvent être ni loués, ni mis à disposition, ni occupés pour quelque usage que ce soit.

Les dispositions du présent article cessent d'être applicables à compter de l'arrêté de mainlevée prévu par l'article L. 511-14.

SECTION 3. *Procédure d'urgence*

Art. L. 511-19 En cas de danger imminent, manifeste ou constaté par le rapport mentionné à l'article L. 511-8 ou par l'expert désigné en application de l'article L. 511-9, l'autorité compétente ordonne par arrêté et sans procédure contradictoire préalable les mesures indispensables pour faire cesser ce danger dans un délai qu'elle fixe.

Lorsqu'aucune *[Lorsque aucune]* autre mesure ne permet d'écarter le danger, l'autorité compétente peut faire procéder à la démolition complète après y avoir été autorisée par jugement du président du tribunal judiciaire statuant selon la procédure accélérée au fond.

Art. L. 511-20 Dans le cas où les mesures prescrites en application de l'article L. 511-19 n'ont pas été exécutées dans le délai imparti, l'autorité compétente les fait exécuter d'office dans les conditions prévues par l'article L. 511-16. Les dispositions de l'article L. 511-15 ne sont pas applicables.

Art. L. 511-21 Si les mesures ont mis fin durablement au danger, l'autorité compétente prend acte de leur réalisation et de leur date d'achèvement. Elle prend un arrêté de mainlevée conformément à l'article L. 511-14.

Si elles n'ont pas mis fin durablement au danger, l'autorité compétente poursuit la procédure dans les conditions prévues par la section 2.

SECTION 4. *Dispositions pénales*

Art. L. 511-22 I. — Est puni d'un an d'emprisonnement et d'une amende de 50 000 € le refus délibéré et sans motif légitime d'exécuter les travaux et mesures prescrits en application du présent chapitre.

(L. n° 2024-42 du 26 janv. 2024, art. 54) « Est punie de deux ans d'emprisonnement et de 75 000 € d'amende l'infraction mentionnée au premier alinéa du présent I lorsque les faits sont commis alors que l'occupant est une personne vulnérable, notamment un ressortissant étranger en situation irrégulière au sens du code de l'entrée et du séjour des étrangers et du droit d'asile. »

II. — Est puni de deux ans d'emprisonnement et d'une amende de 75 000 € le fait de ne pas déférer à une mise en demeure du représentant de l'État dans le département prise sur le fondement de l'article L. 1331-23 du code de la santé publique concernant des locaux mis à disposition aux fins d'habitation dans des conditions qui conduisent manifestement à leur sur-occupation.

(L. n° 2024-42 du 26 janv. 2024, art. 54) « Est punie de trois ans d'emprisonnement et de 100 000 € d'amende l'infraction mentionnée au premier alinéa du présent II lorsque les faits sont commis alors que l'occupant est une personne vulnérable, notamment un ressortissant étranger en situation irrégulière au sens du code de l'entrée et du séjour des étrangers et du droit d'asile. »

III. — Est puni d'un emprisonnement de trois ans et d'une amende de 100 000 € :

1° Le fait de dégrader, détériorer, détruire des locaux ou de les rendre impropres à l'habitation de quelque façon que ce soit dans le but d'en faire partir les occupants lorsque ces locaux sont visés par un arrêté de mise en sécurité ou de traitement de l'insalubrité *(L. n° 2024-322 du 9 avr. 2024, art. 41)* « , ou lorsque la procédure contradictoire prévue à l'article L. 511-10 est engagée » ;

2° Le fait, de mauvaise foi, de ne pas respecter une *(L. n° 2024-322 du 9 avr. 2024, art. 53)* « prescription de cessation de mise à disposition du local ou de l'installation à des fins d'habitation ou une interdiction d'habiter, d'utiliser » ou d'accéder aux lieux prise en application du présent chapitre.

(L. n° 2024-42 du 26 janv. 2024, art. 54) « Sont punies de cinq ans d'emprisonnement et de 150 000 € d'amende les infractions mentionnées aux 1° et 2° du présent III lorsque les faits sont commis alors que l'occupant est une personne vulnérable, notamment un ressortissant étranger en situation irrégulière au sens du code de l'entrée et du séjour des étrangers et du droit d'asile. »

IV. — Les personnes physiques encourent également les peines complémentaires suivantes :

1° La confiscation du fonds de commerce ou de l'immeuble destiné à l'hébergement des personnes et ayant servi à commettre l'infraction. Lorsque les biens immeubles qui appartenaient à la personne condamnée au moment de la commission de l'infraction ont fait l'objet d'une expropriation pour cause d'utilité publique, le montant de la confiscation en valeur prévue au *(L. n° 2024-582 du 24 juin 2024, art. 16)* « dixième » alinéa de l'article 131-21 du code pénal est égal à celui de l'indemnité d'expropriation ;

2° L'interdiction pour une durée de cinq ans au plus d'exercer une activité professionnelle ou sociale dès lors que les facilités que procure cette activité ont été sciemment utilisées pour préparer ou commettre l'infraction. Cette interdiction n'est toutefois pas applicable à l'exercice d'un mandat électif ou de responsabilités syndicales ;

3° L'interdiction pour une durée de dix ans au plus d'acheter un bien immobilier à usage d'habitation ou un fonds de commerce d'un établissement recevant du public à usage total ou partiel d'hébergement ou d'être usufruitier d'un tel bien ou fonds de commerce. Cette interdiction porte sur l'acquisition ou l'usufruit d'un bien ou d'un fonds de commerce soit à titre personnel, soit en tant qu'associé ou mandataire social de la société civile immobilière ou en nom collectif se portant acquéreur ou usufruitier, soit sous forme de parts immobilières. Cette interdiction ne porte toutefois pas sur l'acquisition ou l'usufruit d'un bien immobilier à usage d'habitation à des fins d'occupation à titre personnel.

Le prononcé des peines complémentaires mentionnées aux 1° et 3° du présent IV est obligatoire à l'encontre de toute personne coupable d'une infraction prévue au présent article. Toutefois, la juridiction peut, par une décision spécialement motivée, décider de ne pas prononcer ces peines, en considération des circonstances de l'infraction et de la personnalité de son auteur.

V. — Les personnes morales déclarées responsables pénalement, dans les conditions prévues à l'article 121-2 du code pénal, des infractions définies au présent article encourent, outre l'amende suivant les modalités prévues à l'article 131-38 du code pénal, les peines prévues aux 2°, 4°, 8° et 9° de l'article 131-39 du même code.

Elles encourent également la peine complémentaire d'interdiction, pour une durée de dix ans au plus, d'acheter ou d'être usufruitier d'un bien immobilier à usage d'habitation ou d'un fonds de commerce d'un établissement recevant du public à usage total ou partiel d'hébergement.

La confiscation mentionnée au 8° du même article 131-39 porte sur le fonds de commerce ou l'immeuble destiné à l'hébergement des personnes et ayant servi à commettre l'infraction.

Le prononcé de la peine de confiscation mentionnée au même 8° et de la peine d'interdiction d'acheter ou d'être usufruitier mentionnée au deuxième alinéa du présent V est obligatoire à l'encontre de toute personne coupable d'une infraction prévue au présent article. Toutefois, la juridiction peut, par une décision spécialement motivée, décider de ne pas prononcer ces peines, en considération des circonstances de l'infraction et de la personnalité de son auteur.

Lorsque les biens immeubles qui appartenaient à la personne condamnée au moment de la commission de l'infraction ont fait l'objet d'une expropriation pour cause d'utilité publique, le montant de la confiscation en valeur prévue au *(L. n° 2024-582 du 24 juin 2024, art. 16)* « dixième » alinéa de l'article 131-21 du code pénal est égal à celui de l'indemnité d'expropriation.

VI. — Lorsque les poursuites sont engagées à l'encontre d'exploitants de fonds de commerce aux fins d'hébergement, il est fait application des dispositions de l'article L. 651-10 du présent code.

Art. L. 2213-25 **Faute pour le propriétaire ou ses ayants droit d'entretenir un terrain non bâti** *(L. n° 2022-217 du 21 févr. 2022, art. 100)* **« ou une partie de terrain non bâtie » situé à l'intérieur d'une zone d'habitation ou à une distance maximum de 50 mètres des habitations, dépendances, chantiers, ateliers ou usines lui appartenant, le maire peut, pour des motifs d'environnement, lui notifier par arrêté l'obligation d'exécuter, à ses frais, les travaux de remise en état de ce terrain après mise en demeure.**

Si, au jour indiqué par l'arrêté de mise en demeure, les travaux de remise en état du terrain *(L. n° 2022-217 du 21 févr. 2022, art. 100)* **« ou de la partie de terrain » prescrits n'ont pas été effectués, le maire peut faire procéder d'office à leur exécution aux frais du propriétaire ou de ses ayants droit.**

Si le propriétaire ou, en cas d'indivision, un ou plusieurs des indivisaires n'ont pu être identifiés, la notification les concernant est valablement faite à la mairie.

Un décret en Conseil d'État fixe les modalités d'application du présent article.

Sur l'obligation de débroussaillement du propriétaire dans les communes où se trouvent des bois classés (c'est-à-dire exposés aux incendies de forêt), V. C. for., art. L. 131-10 s., L. 134-1 s., R. 131-13 s. et R. 134-1 s. — ***C. rur.***

1. Des déblais n'étant entreposés que provisoirement sur un terrain et ne portant pas atteinte à l'environnement, le maire ne peut, en invoquant l'art. L. 2213-25, mettre en demeure leur propriétaire de les enlever. La circonstance, à la supposer avérée, que lesdits déblais constituent un danger pour les enfants est inopérante, dès lors que le maire ne s'est pas fondé sur ce motif pour en ordonner l'enlèvement. • TA Nancy, 30 déc. 2002, *D. et P. : JCP Coll. terr. 2003, n° 1433, obs. Moreau.*

2. L'application de l'art. L. 2213-25 n'est pas rendue impossible par l'absence du décret prévu en son dernier alinéa. Le refus opposé par un maire à une demande tendant à ce qu'il fasse usage des pouvoirs que lui confère cet article n'est entaché d'illégalité que lorsque l'état du terrain non bâti porte à l'environnement une atteinte d'une gravité telle qu'un refus serait entaché d'une erreur manifeste d'appréciation. En l'espèce, il ne ressort pas des pièces du dossier qu'une telle erreur manifeste ait été commise. • CE 11 mai 2007, *Mme Pierres*, n° 284681 : *AJDA 2007. 1719, note Hul ; RLCT, sept. 2007, p. 14, obs. Glaser ; Dr. adm. 2007, n° 98, note Février ; ACL 2008, n° 114.* ♦ Annulation de • TA Rennes, 26 mars 2003, *P. : JCP Adm. 2003, n° 1535, note Rouhaud ; Coll. terr. 2003, n° 151, obs. Moreau.*

3. Sur les raisons pour lesquelles le décret en question n'a toujours pas été édicté, V. * Rép. min. Écologie : *JOAN Q 8 juin 2004, p. 4229.*

4. Un terrain situé à l'intérieur d'une zone d'habitation étant demeuré encombré de gravats issus de la démolition d'un immeuble et divers détritus et déchets de chantiers y ayant ensuite été accumulés sans qu'il soit prouvé que c'était pour servir à une nouvelle construction, le maire pouvait légalement faire procéder d'office à la remise en état de ce terrain sur le fondement des dispositions de l'art. L. 2213-25 après avoir vainement mis en demeure son propriétaire d'y procéder. • CAA Nancy, 11 févr. 2010, ♔ *Vincenzo A.*, nº 09NC00279 : *Envir. 2011, nº 21, note Billet.*

Art. L. 2213-26 **Le maire prescrit que le ramonage des fours, fourneaux et cheminées des maisons, usines, etc., doit être effectué au moins une fois chaque année.**

Il ordonne, s'il y a lieu, la réparation ou, en cas de nécessité, la démolition des fours, fourneaux et cheminées dont l'état de délabrement ferait craindre un incendie ou d'autres accidents.

Les règles prescrites par *(Ord. nº 2020-1144 du 16 sept. 2020, art. 6)* **« le chapitre I du titre I du livre V » du code de la construction et de l'habitation sont applicables en cas de réparation ou de démolition.**

1. En application de l'art. L. 131-9 C. communes (CGCT, art. L. 2213-26), l'autorité de police peut ordonner des travaux sur des propriétés privées et notamment enjoindre au propriétaire d'un immeuble ou à son mandataire d'effectuer les travaux de réparation nécessaires à la remise en état d'un conduit de fumée. • CE 20 mai 1994, *Préfet de police de Paris,* nº 115128.

2. En revanche, il ne saurait lui imposer la construction d'un nouveau conduit. • CE 14 nov. 1957, *Dame Vve Bonot-Maury,* nº 15639 : *Lebon 602* ✎.

Art. L. 2213-27 **Le maire peut prescrire aux propriétaires, usufruitiers, fermiers ou à tous autres possesseurs ou exploitants d'entourer d'une clôture suffisante les puits et les excavations présentant un danger pour la sécurité publique.** — *[C. communes, art. L. 131-11 issu de la L. du 21 juin 1898, art. 13.]*

Art. L. 2213-28 **Dans toutes les communes où l'opération est nécessaire, le numérotage des maisons est exécuté** *(L. nº 2022-217 du 21 févr. 2022, art. 169)* **« par arrêté du maire ».**

L'entretien du numérotage est à la charge du propriétaire qui doit se conformer aux instructions ministérielles.

1. Les dispositions de l'art. L. 313-12 C. communes (CGCT, art. L. 2213-28) confèrent aux maires un pouvoir de police propre concernant le numérotage des maisons. En délibérant sur ce sujet, le conseil municipal méconnaît la compétence propre du maire. Annulation de la délibération pour incompétence. • TA Amiens, 13 oct. 2005, nº 02-00922. ♦ Si le maire peut refuser un numéro au propriétaire d'une maison possédant un accès sur la voie publique dont elle est riveraine, il ne peut légalement le faire que pour des motifs d'intérêt général correspondant aux objectifs en vue desquels un tel pouvoir de police lui a été conféré par la loi. Un refus fondé uniquement sur le fait qu'une propriété ne dispose pas sur une voie d'un accès pour les véhicules automobiles n'est pas au nombre de ceux qui peuvent légalement justifier une décision de refus de numérotage. • CE 22 janv. 1993, ♔ *Cne de Bougival c/ Josset et Motte*, nº 101456 B : *AJPI 1995. 41, concl. Fratacci.*

2. Le maire tient de ses pouvoirs généraux de police le droit de contrôler les dénominations de toutes les voies, publiques ou privées, et d'interdire celles qui seraient contraires à l'ordre public ou aux bonnes mœurs. • CE 19 juin 1974, *Broutin : Lebon 346.*

3. Il appartient au conseil municipal de dénommer les rues et places publiques de la commune. Dans l'exercice de cette compétence, il n'est lié ni par les mentions portées sur les documents cadastraux ni par les appellations figurant sur les cartes établies par l'IGN. • CAA Bordeaux, 30 avr. 2002, *Farrugia : BJCL 2002. 316 ; JCP Coll. terr. 2002, nº 1171, obs. Moreau.*

4. Lorsqu'il décide le numérotage des maisons de la commune, le maire met en œuvre ses pouvoirs de police et ne prend pas une décision individuelle défavorable qu'il serait tenu de motiver. • TA Dijon, 29 juin 2004, *Mme Arnoult c/ Cne de Courban*, nº 0302107 : *Coll. terr. 2004, nº 228, note Moreau.*

Art. L. 2213-29 **Le maire surveille, au point de vue de la salubrité, l'état des ruisseaux, rivières, étangs, mares ou amas d'eau.** — *[L. du 21 juin 1898, art. 21.]*

ENCYCL. COLL. LOC. *Police municipale : règles de compétence, 2210,* par BON.

1. Le maire, qui n'a pas pu obtenir l'accord des propriétaires pour faire cesser par un autre moyen *le danger* pour la santé publique résultant d'une mare, peut légalement ordonner la suppression de cette dernière. • CE 5 nov. 1958, *Épx Gauthier : Lebon 523.*

2. La mesure par laquelle, pour faire cesser la cause d'insalubrité que constitue un bassin d'irrigation, le maire détermine lui-même les travaux à effectuer est légale dès lors qu'il n'est pas possible de mettre fin définitivement à l'insalubrité autrement qu'en exécutant l'ensemble des travaux ordonnés. • CE 4 nov. 1959, *Mantouche : Lebon T. 935.*

3. L'évacuation des matières usées faisant l'objet non de règlements municipaux mais d'un règlement départemental pris par le préfet et la police des rivières non navigables non flottables appartenant également au préfet, il appartient seulement au maire, d'une part de compléter les prescriptions réglementaires qui se révéleraient insuffisantes dans la mesure où il y est autorisé par les dispositions législatives en vigueur, et d'autre part de prendre toute mesure d'urgence exigée par une circonstance exceptionnelle. La responsabilité de la commune n'est pas engagée du fait du préjudice causé par le déversement d'eaux usées dans un ruisseau traversant une propriété, le maire n'ayant commis aucune faute en ne complétant pas les prescriptions réglementaires en vigueur et aucune faute lourde dans l'exécution des mesures de police dont il avait le contrôle. • CE 11 mai 1960, *Cne du Teil c/ Sté des chaux et ciments de Lafarge et du Teil : Lebon 306.*

4. En s'abstenant de prendre les mesures nécessaires pour parer au danger grave pour la salubrité constitué par l'écoulement d'eaux ménagères provenant d'un nombre croissant d'immeubles neufs et par leur stagnation, le maire a commis une faute engageant la responsabilité de la ville. • CE 4 janv. 1961, *Palmier : Lebon 2.*

5. C'est le maire et non le préfet qui, sur le fondement de ses pouvoirs de police générale, est compétent pour faire cesser l'insalubrité et les dangers d'inondation qui résultent de la stagnation des eaux dans une ravine qui ne constitue pas un cours d'eau. • CE 22 févr. 1980, *Min. de l'Environnement et du Cadre de vie c/ Pourfillet et a.*, n° 15516 : *Lebon 101 ; AJDA 1980. 487, concl. Galabert.*

6. La pollution des eaux et l'état d'envasement d'un lac constituent une menace telle pour la santé des baigneurs éventuels qu'ils justifient une interdiction générale de baignade. • CE 28 nov. 1980, *Cne d'Ardres*, n° 04551 : *Lebon 449 ; D. 1981. IR 117, obs. Delvolvé.*

7. La ravine n'étant alimentée par aucune source mais recevant seulement, de façon intermittente, les eaux pluviales du bassin versant, elle ne constitue pas un cours d'eau non domanial auquel s'appliquent les dispositions du titre III du C. rur. Par suite, c'est au maire et non au préfet, sauf carence du premier, de faire cesser l'insalubrité et les dangers d'inondations résultant de la stagnation des eaux du fait de l'obstruction de la ravine. • CE 22 févr. 1980, *Min. de l'Environnement et du Cadre de vie c/ Pourfillet et a.*, n° 15516 : *Lebon 101 ; AJDA 1980. 487, concl. Galabert.*

8. Le maire ayant mis en demeure à plusieurs reprises les propriétaires de fonds dont les eaux usées polluaient une source de se conformer aux dispositions du règlement sanitaire départemental et ayant averti les autorités compétentes pour constater les infractions, la commune ne peut être déclarée responsable à raison d'une carence du maire dans l'exercice de ses pouvoirs de police. • CE 14 déc. 1981, *Cne de Montmorot*, n° 16229 B : *D. 1982. IR 375, obs. Moderne et Bon.*

9. Un maire peut interdire une première fois à un propriétaire de mettre hors d'eau un canal afin d'éviter que les eaux usées qui y étaient déversées par plusieurs conduites n'y stagnent, créant ainsi un danger pour la salubrité publique. En revanche, le maire n'ayant pris aucune disposition pour mettre fin définitivement au déversement de ces eaux usées, il ne peut, une seconde fois, prendre la même mesure d'interdiction. • CE 24 juin 1987, *Bes*, n° 47260 B.

10. En relevant que les eaux usées de plusieurs pavillons rejoignaient le bief dépendant d'une rivière, provoquant la pollution de ce bief, de la rivière et du lac de retenue situé en aval, le juge des référés s'est fondé sur les faits rapportés dans un rapport de la direction départementale des affaires sanitaires et sociales sans les dénaturer. Dès lors, la commune n'est pas fondée à demander l'annulation de l'ordonnance par laquelle il lui a enjoint de mettre en place des panneaux interdisant la pêche et la baignade et de mettre en demeure les propriétaires des pavillons précités d'effectuer les travaux préconisés par le rapport de la DDASS. • CE 13 juin 2003, *Cne de Bièvres : JCP Adm. 2003, n° 1818, obs. Moreau.*

Art. L. 2213-30 **Le maire doit ordonner les mesures nécessaires pour assurer l'assainissement des mares communales placées dans l'intérieur des villages ou dans le voisinage des habitations,** *(L. n° 2016-1087 du 8 août 2016, art. 158)* **« dès lors » que ces mares compromettent la salubrité publique.**

À défaut du maire, le représentant de l'État dans le département peut, sur l'avis du conseil d'hygiène et après enquête *de commodo* et *incommodo* *(Ord. n° 2015-1341 du 23 oct. 2015, art. 5)* **« réalisée dans les conditions prévues par le code de l'environnement », prescrire aux frais de la commune les travaux reconnus utiles.**

Art. L. 2213-31 **Le maire prescrit aux propriétaires de mares ou de fossés à eau stagnante établis dans le voisinage des habitations d'exécuter** *(L. n° 2016-1087 du 8 août 2016, art. 158)* **« les travaux ou de » prendre les mesures nécessaires pour faire cesser toutes causes d'insalubrité.**

En cas de refus ou de négligence, le maire dénonce au représentant de l'État dans le département l'état d'insalubrité constatée.

Le représentant de l'État dans le département, après avis du conseil d'hygiène et du service hydraulique, peut prescrire que les travaux reconnus nécessaires seront exécutés d'office aux frais du propriétaire, après mise en demeure préalable.

Saisi par l'héritier d'une concession funéraire, qui souhaitait bénéficier d'une autorisation d'inhumation par anticipation de son compagnon au sein d'une concession familiale héritée de la mère de son ancien compagnon décédé, le tribunal administratif de Paris considère que les volontés exprimées par le titulaire d'une concession, qui n'en est pas le fondateur, ne valent que jusqu'à son décès, et qu'ensuite les héritiers de cette concession peuvent en faire libre usage. Le tribunal annule par voie de conséquence la décision par laquelle la maire de Paris a refusé d'autoriser, par anticipation, l'inhumation. • TA Paris, 28 janv. 2022, n° 2000957 : *AJDA 2022. 996, concl. de Shotten*.

Art. L. 2213-32 *(L. n° 2011-525 du 17 mai 2011, art. 77)* **Le maire assure la défense extérieure contre l'incendie.**

V. aussi art. L. 2225-1 à L. 2225-4.

Sur les mesures d'aménagement, d'équipement et de lutte contre les incendies de forêt, V. C. for., art. L. 131-1 s. et R. 132-1 s. — ***C. rur.***

Art. L. 2213-33 *(L. n° 2014-58 du 27 janv. 2014, art. 62)* **Le maire, ou le préfet de police de Paris dans sa zone de compétence, peut délivrer des autorisations de stationnement sur la voie publique aux exploitants de taxi, dans les conditions prévues à l'article L. 3121-5 du code des transports.**

Art. L. 2213-34 *(L. n° 2019-1461 du 27 déc. 2019, art. 43)* **Les délibérations du conseil municipal ou les arrêtés du maire tendant à transférer ou à supprimer des lieux traditionnellement ouverts à l'installation de cirques ou de fêtes foraines sont pris après une consultation menée auprès des professionnels concernés selon des modalités définies par la commune.**

CHAPITRE IV DISPOSITIONS APPLICABLES DANS LES COMMUNES OÙ LA POLICE EST ÉTATISÉE

COMMENTAIRE

V. dans le supplément en ligne.

Art. L. 2214-1 Le régime de la police d'État peut être établi dans une commune en fonction de ses besoins en matière de sécurité. Ces besoins s'apprécient au regard de la population permanente et saisonnière, de la situation de la commune dans un ensemble urbain et des caractéristiques de la délinquance.

Il est institué par arrêté conjoint des ministres compétents lorsque la demande émane du conseil municipal ou en cas d'accord de celui-ci, par décret en Conseil d'État dans le cas contraire.

La suppression du régime de la police d'État dans une commune est opérée dans les mêmes formes et selon les mêmes critères.

Un décret en Conseil d'État fixe les modalités d'application du présent article. — *[C. communes, art. L. 132-6.]*

V. art. R. 2214-1 à R. 2214-3.

1. **BIBL.** Dupic, Quelles perspectives pour le régime de police d'État ?, *Gaz. Pal. 17 nov. 2011, p. 7.* – Prétot, Le régime de la police d'État, Les collectivités locales – Mél. en l'honneur de J. Moreau, *Economica, p. 361.*

2. Il résulte des art. L. 2214-1, R. 2214-2 et R. 2214-3 que le *régime de la police d'État* peut être supprimé sur le territoire d'une ou plusieurs communes, soit lorsque la population de cette commune ou de cet ensemble de communes est inférieure à 20 000 habitants, soit lorsque les caractéristiques de la délinquance sur le territoire de cette commune ou de cet ensemble de communes ne sont pas celles des zones urbaines. Le juge de l'excès de pouvoir exerce un contrôle normal sur l'appréciation portée par l'autorité administrative quant aux caractéristiques de la délinquance sur le territoire de la circonscription de sécurité publique en cause. • CE 30 nov. 2001, *De Courson et a.*, n° 224800 : *Lebon 617* ; *AJDA 2002. 539, concl. Mignon*.

3. À supposer que deux communes, qui constituent le territoire de la circonscription de sécurité publique dont la suppression a été prononcée par le décret attaqué, fassent partie d'un ensemble urbain comportant d'autres communes, seule la population de ces deux communes doit être prise en compte pour apprécier le seuil de 20 000 habitants dès lors que le régime de la police d'État n'avait pas été instauré dans les autres communes. Le décret de suppression est donc légal sans qu'il soit besoin d'examiner l'autre condition. • CE 16 janv. 2008, *Cne de Marmande*, n° 297648 : *JCP Adm. 2008, n° 2063, note Moreau.*

Art. L. 2214-2 *(L. n° 2010-1563 du 16 déc. 2010, art. 24)* **La commune résultant de la fusion de deux ou plusieurs communes ou de la création d'une commune nouvelle est soumise au régime de la police d'État lorsque celle-ci était, antérieurement à l'acte prononçant la fusion ou la création de la commune nouvelle, instituée sur le territoire d'au moins l'une des anciennes communes.**

Art. L. 2214-3 **Dans les communes où le régime de la police d'État est institué, les forces de police étatisée sont chargées, notamment, d'exécuter les arrêtés de police du maire.** — *[C. communes, art. L. 132-8, al. 4.]*

Art. L. 2214-4 **Le soin de réprimer les atteintes à la tranquillité publique, tel qu'il est défini au 2° de l'article L. 2212-2 et mis par cet article en règle générale à la charge du maire, incombe à l'État seul dans les communes où la police est étatisée, sauf en ce qui concerne les** *(L. n° 2007-297 du 5 mars 2007, art. 18)* **« troubles » de voisinage.**

Dans ces mêmes communes, l'État a la charge du bon ordre quand il se fait occasionnellement de grands rassemblements d'hommes.

Tous les autres pouvoirs de police énumérés aux articles L. 2212-2, L. 2212-3 et L. 2213-9 sont exercés par le maire y compris le maintien du bon ordre dans les foires, marchés, réjouissances et cérémonies publiques, spectacles, jeux, cafés, églises et autres lieux publics.

I. ATTEINTES À LA TRANQUILLITÉ PUBLIQUE

1. Des coups donnés par les forces de l'ordre au cours d'une opération tenant à réprimer les atteintes à la tranquillité publique au sens de l'art. 97-2° C. adm. comm. (CGCT, art. L. 2212-2-2°) ne sont susceptibles d'engager que la responsabilité de l'État à l'exclusion de celle d'une ville où a été instituée la police d'État. • TA Nice, 15 oct. 1980, *Zitouni : D. 1981. 200, note Moderne.*

2. La réduction de la durée quotidienne d'exploitation d'une salle de jeux, prise à la suite d'incidents provoqués, en dehors de l'établissement, par des bandes de jeunes fréquentant l'établissement et dans le but de limiter les troubles de l'ordre public ainsi constatés relève de la compétence du préfet et non du maire. • CE 20 déc. 1995, *Cne de Bourg-en-Bresse c/ Finestrat*, n° 145908.

3. Le maire n'est pas compétent pour interdire la prostitution comme il l'a fait par l'arrêté attaqué en tant que celui-ci est motivé par des considérations de tranquillité publique. • TA Caen, 18 nov. 2003, *Préfet du Calvados : BJCL 2004. 175, concl. Hommeril.*

4. Il résulte de la combinaison des dispositions des art. L. 2212-2, L. 2214-4 et L. 2215-1 CGCT que, dans les communes où la police est étatisée, le soin de réprimer les atteintes à la tranquillité publique en ce qui concerne les bruits de voisinage relève du pouvoir de police du maire tandis que celui de réprimer les autres atteintes à la tranquillité publique énumérées au 2° de l'art. L. 2212-2 appartient au représentant de l'État. • CE 27 juill. 2005, *Ville de Noisy-le-Grand*, n° 257394 B : *Coll. terr. 2005, n° 207, p. 26, obs. Erstein ; RLCT, déc. 2005, n° 8, obs. Glaser ; ACL 2006. 338, obs. Bon.* ♦ Si les activités de vente à la sauvette sur le trottoir ou divers trafics et de rodéos urbains sont susceptibles de constituer des troubles de voisinage eu égard aux nuisances sonores qu'elles provoquent, la prévention des troubles à l'ordre public que peuvent générer ces activités relèvent des pouvoirs de police du préfet. • CAA Lyon, 2 avr. 2024, n° 22LY00245 : *AJDA 2024. 1827, concl. Savouré.*

5. Les clients se rendant ou provenant de salles de réception louées en fin de semaine pour l'organisation de fêtes étant particulièrement bruyants et troublant la tranquillité du voisinage, le maire est bien compétent pour réglementer les horaires de fermeture de ces salles nonobstant le fait que la police est étatisée dans la commune car il agit pour faire cesser les atteintes à la tranquillité publique qui résultent de bruits de voisinage. • CAA Versailles, 25 mai 2010, *Sté Les salles du Moulin Basset*, n° 09VE01280 : *JCP Adm. 2010, n° 2341, obs. Markus.* ♦ V. aussi • TA Nice, 6 juill. 2010, *SARL Anteo et a.*, n° 1001757 : *BJCL 2010. 601, concl. Laso.*

II. CHARGE DU BON ORDRE LORS DE GRANDS RASSEMBLEMENTS D'HOMMES À CARACTÈRE OCCASIONNEL

6. Dans les villes où est instituée une police d'État, l'autorité préfectorale a seule qualité pour prononcer l'interdiction d'une manifestation sur la voie publique de nature à troubler l'ordre public et cela même si le maire a tenté de fonder sa compétence sur la gêne apportée par la manifestation à la circulation publique, matière qui, dans les communes à police d'État, demeure dans la compétence municipale. • CE 28 avr. 1989, *Cne de Montgeron*, n° 74018 : *Lebon 119* ; *AJDA 1989. 644, obs. Prétot.*

7. Le maire d'une commune dont les services de police sont étatisés reste compétent pour prendre toutes les mesures entrant dans le cadre de la police municipale à l'exception de la prévention des atteintes à la tranquillité publique quand il se fait occasionnellement de grands rassemblements de personnes qui relèvent de la compétence de l'État. • CAA Nancy, 25 juin 1992, *Cne de Tomblaine : Lebon T. 799.*

8. Dans les communes où la police est étatisée, le maintien du bon ordre lors des manifestations à caractère occasionnel provoquant de grands rassemblements d'hommes, y compris lorsque ces rassemblements ont pour cadre des cérémonies publiques, incombe à l'État. Par suite, la responsabilité de la commune ne peut être engagée à raison d'un accident survenu par le fait d'un policier du service d'ordre mis en place pour la visite d'un chef d'État étranger lors de la célébration du quarantième anniversaire du Débarquement. • CAA Nantes, 14 avr. 1993, *Marie : Lebon 441.*

9. Le maire est incompétent pour interdire une manifestation prévue par une association. • CE 8 avr. 1994, *Cne de Cormeilles-en-Parisis c/ Dettling*, n° 116569.

III. COMPÉTENCES CONSERVÉES PAR LE MAIRE

10. Le maire d'une ville dotée d'une police d'État est compétent pour maintenir le bon ordre dans les cafés, débits et autres lieux publics. • CE 10 déc. 1962, *Bouali Salah : Lebon 674.*

11. Les décisions prises par le maire et concernant le stationnement des marchands forains sur la voie publique se rattachent aux attributions de police municipale qui n'ont pas été transférées à l'État dans les villes à police d'État. • CE 22 mars 1967, *Dame Laborie : Lebon T. 719 ; AJDA 1967. 540, obs. Dufau.*

12. Lorsque des agents de police, ayant trouvé une personne gisant dans sa voiture en stationnement sur la voie publique, la conduisent pour ivresse au commissariat de police, ils agissent en vertu des pouvoirs de police conférés à l'administration communale car cette mission n'a pas été transférée à l'État dans les villes à police d'État. • CE 26 oct. 1968, *Dame vve Bille : Lebon T. 875.*

13. Les mesures d'urgence à l'égard des personnes atteintes d'aliénation mentale relèvent des attributions du maire y compris dans les communes où a été instituée la police d'État. • CE 18 mars 1970, *Bila : Lebon 195* • CE 16 nov. 1984, *Léoni*, n° 28208 B. ♦ Une personne, sollicitée par les services de police agissant au titre des dispositions de l'art. 97 C. adm. comm. (CGCT, art. L. 2212-2) de prêter son concours afin de ramener à la raison son frère de lait victime d'une crise nerveuse et blessée par un coup de feu tiré par ce dernier, participe à une mission qui incombe à l'autorité municipale. Dès lors, bien que les services de police soient d'État dans la ville en cause, la responsabilité de celle-ci est engagée. • CE 10 juin 1977, *Ville de Caen : Lebon T. 730.*

14. La faute commise par des gardiens de la paix qui n'auraient pas pris les mesures nécessaires pour transporter une personne blessée à l'hôpital n'est susceptible, dans une commune où a été instituée la police d'État, de n'engager que la responsabilité de la commune. • TA Nice, 15 oct. 1980, *Zitouni : D. 1981. 200, note Moderne.*

15. La faute lourde commise par un agent de la police nationale chargé d'assurer la police de la circulation engage la responsabilité de la commune dès lors que la mission qu'il remplissait n'est pas au nombre des attributions transférées à l'État. • CE 3 avr. 1981, *Ville de Bayonne*, n°s 12870 B, 18293 B : *D. 1982. IR 57, obs. Moderne et Bon.*

16. Le maire est compétent pour maintenir le bon ordre sur une foire présentant un caractère traditionnel et annuel. • TA Orléans, 7 avr. 1987, *COREP Eure-et-Loir c/ Maire de Dreux : AJDA 1987. 693, note Duvillard.*

17. Lorsque, dans une commune à police d'État, des agents de la police nationale participent à l'exercice d'une mission de police municipale qui n'a pas été transférée à l'État, c'est la responsabilité de la commune et non celle de l'État qui doit être engagée en cas de dommages. • CE 23 févr. 1951, *Sieur Desgranges : Lebon 112, concl. Barbet.*

CHAPITRE V POUVOIRS DU REPRÉSENTANT DE L'ÉTAT DANS LE DÉPARTEMENT

Art. L. 2215-1 **La police municipale est assurée par le maire, toutefois :**

1° Le représentant de l'État dans le département peut prendre, pour toutes les communes du département ou plusieurs d'entre elles, et dans tous les cas où il n'y aurait pas été pourvu par les autorités municipales, toutes mesures relatives au maintien de la salubrité, de la sûreté et de la tranquillité publiques.

Ce droit ne peut être exercé par le représentant de l'État dans le département à l'égard d'une seule commune qu'après une mise en demeure au maire restée sans résultat ;

2° Si le maintien de l'ordre est menacé dans deux ou plusieurs communes limitrophes, le représentant de l'État dans le département peut se substituer, par arrêté motivé, aux maires de ces communes pour l'exercice des pouvoirs mentionnés aux 2° et 3° de l'article L. 2212-2 et à l'article L. 2213-23 ;

3° Le représentant de l'État dans le département est seul compétent pour prendre les mesures relatives à l'ordre, à la sûreté, à la sécurité et à la salubrité publiques, dont le champ d'application excède le territoire d'une commune ;

(L. nº 2003-239 du 18 mars 2003, art. 3 ; L. nº 2007-297 du 5 mars 2007, art. 29)
« 4° En cas d'urgence, lorsque l'atteinte constatée ou prévisible au bon ordre, à la salubrité, à la tranquillité et à la sécurité publiques l'exige et que les moyens dont dispose le préfet ne permettent plus de poursuivre les objectifs pour lesquels il détient des pouvoirs de police, celui-ci peut, par arrêté motivé, pour toutes les communes du département ou plusieurs ou une seule d'entre elles, réquisitionner tout bien ou service, requérir toute personne nécessaire au fonctionnement de ce service ou à l'usage de ce bien et prescrire toute mesure utile jusqu'à ce que l'atteinte à l'ordre public ait pris fin ou que les conditions de son maintien soient assurées.

« L'arrêté motivé fixe la nature des prestations requises, la durée de la mesure de réquisition ainsi que les modalités de son application.

« Le préfet peut faire exécuter d'office les mesures prescrites par l'arrêté qu'il a édicté.

« La rétribution par l'État de la personne requise ne peut se cumuler avec une rétribution par une autre personne physique ou morale.

« La rétribution doit uniquement compenser les frais matériels, directs et certains résultant de l'application de l'arrêté de réquisition.

« Dans le cas d'une réquisition adressée à une entreprise, lorsque la prestation requise est de même nature que celles habituellement fournies à la clientèle, le montant de la rétribution est calculé d'après le prix commercial normal et licite de la prestation.

« Dans les conditions prévues par le code de justice administrative, le président du tribunal administratif ou le magistrat qu'il délègue peut, dans les quarante-huit heures de la publication ou de la notification de l'arrêté, à la demande de la personne requise, accorder une provision représentant tout ou partie de l'indemnité précitée, lorsque l'existence et la réalité de cette indemnité ne sont pas sérieusement contestables.

« En cas d'inexécution volontaire par la personne requise des obligations qui lui incombent en application de l'arrêté édicté par le préfet, le président du tribunal administratif ou le magistrat qu'il délègue peut, sur demande de l'autorité requérante, prononcer une astreinte dans les conditions prévues aux articles L. 911-6 à L. 911-8 du code de justice administrative.

« Le refus d'exécuter les mesures prescrites par l'autorité requérante constitue un délit qui est puni de six mois d'emprisonnement et de 10 000 € d'amende. »

COMMENTAIRE

V. dans le supplément en ligne.

I. POUVOIR DE SUBSTITUTION À L'ÉGARD D'UNE SEULE COMMUNE (ART. L. 2215-1, 1°, AL. 2)

1. **BIBL.** Clouzot, Recherche sur la substitution en droit administratif français, *Dalloz, 2012*. – Plessix, *RD publ. 2003. 579*. – Vignes, *RD publ. 1960. 753*. – Villeneuve, Focus sur le pouvoir de substitution du préfet, *AJCT 2021. 410*.

A. NÉCESSITÉ D'UNE MISE EN DEMEURE

2. Si la loi du 28 août 1943 donne au préfet le pouvoir de prononcer la fermeture pour trois mois d'un débit de boissons considéré comme un lieu de débauche, cette loi ni aucune disposition législative ou réglementaire ne lui donnent compétence pour prendre la même mesure à l'égard d'un hôtel et il ne peut, en cette matière, agir au titre de l'art. 99 de la loi du 5 avr. 1884 (CGCT, art. L. 2215-1) en l'absence d'une mise en demeure préalable au maire. • CE 9 févr. 1955, *Épx Le Brigand : Lebon 78.*

3. Un maire ayant prescrit la suppression, dans un délai déterminé, des constructions et installations situées dans une zone exposée aux avalanches, est illégale la décision par laquelle le préfet, sans mise en demeure préalable, invite un commerçant, qui ne s'était pas conformé à l'injonction du maire dans le délai prévu, à fermer immédiatement l'établissement qu'il exploitait dans cette zone. • CE 27 nov. 1974, *Min. de l'Intérieur c/ Dame Bertranuc et a. : Lebon 584.*

4. Un préfet ayant mis en demeure un maire d'interdire l'installation de tentes, caravanes et maisons mobiles dans le secteur inondable d'un camping situé dans une zone à risque majeur et cette mise en demeure étant restée sans suite pendant trois semaines, il peut légalement se substituer au maire pour prendre à sa place la mesure d'interdiction. • CE 31 janv. 1997, *SARL Camping « Les clos »*, n° 156276.

5. L'urgence justifie que le préfet puisse ordonner la fermeture provisoire d'une boucherie-charcuterie dont les produits comportent des souches épidémiques de listériose sans mise en demeure d'agir adressée au maire préalablement à la mesure de fermeture. • CE 25 nov. 1994, *Min. de l'Intérieur c/ Grégoire*, nos 148962 B et 149018 B : *Quot. jur. 28 mars 1995, note Moreno.*

6. S'il est vrai que la liberté d'administration des collectivités territoriales doit être regardée, dans la recherche et la constatation d'une voie de fait, comme une liberté fondamentale, l'inexécution par le préfet d'un arrêté municipal de réquisition, visant un immeuble du domaine privé de l'État en vue d'y reloger des personnes expulsées de locaux qu'elles occupaient sans droit ni titre, ne peut être considérée comme constitutive d'une voie de fait dès lors que le préfet a agi dans l'exercice des pouvoirs de police qui lui sont conférés par l'art. L. 2215-1 et alors même qu'il se serait abstenu de procéder à la mise en demeure prescrite par cet art. • T. confl. 19 nov. 2007, *Maire de Limeil-Brévannes c/ Préfet du Val-de-Marne*, n° 3653 : *Lebon 608 ; AJDA 2008. 885, note Verpeaux.*

B. RESPONSABILITÉ DE LA COMMUNE EN CAS DE DOMMAGE

7. Le préfet, qui avait mis en demeure le 10 juill. le maire d'utiliser ses pouvoirs de police pour interdire un festival de « pop musique », n'a pas commis de faute de nature à engager la responsabilité de la commune envers l'organisateur en ne l'interdisant que le 24 juill. • CE 16 févr. 1979, *Mallisson : Lebon T. 820.*

8. V. toutefois art. L. 2216-1.

C. RESPONSABILITÉ DE L'ÉTAT EN CAS DE CARENCE DU PRÉFET

9. V. Dieu, Le pouvoir de substitution d'action du préfet en matière de police administrative n'engage que rarement la responsabilité de l'État, *Dr. adm. janv. 2008, n° 2.* ♦ La responsabilité de l'État du fait de l'absence de mise en œuvre par le préfet des pouvoirs de substitution aux autorités municipales en matière de police est subordonnée à la commission d'une faute lourde. • CE 25 juill. 2007, *Sté France Télécom et Sté Axa Corporate Solutions Assurance*, n° 283000 B : *RLCT, 2007, p. 24, obs. Glaser ; Dr. adm. 2008, n° 2, note Dieu ; ACL 2008, n° 115* (confirmation de • CAA Versailles, 19 mai 2005, *Min. de l'Intérieur c/ France Télécom*, n° 02VE00421 : *Lebon 614 ; AJDA 2005. 1565, note Pellissier ; JCP Adm. 2006, n° 1035, obs. Ciaudo),* ♦ Avertis des dégradations, nuisances et risques pour la sécurité publique causés par le bétail que les éleveurs laissaient divaguer librement, les services de l'État ont mené diverses actions destinées à aider les maires concernés à faire cesser ces troubles. Dans ces conditions, et eu égard par ailleurs à la nature des dommages occasionnés par la divagation des animaux, l'absence de mise en œuvre par le préfet de ses pouvoirs de substitution ne révèle pas de faute lourde de nature à engager la responsabilité de l'État. • CE 25 juill. 2007, *Min. d'État, min. de l'Intérieur et de l'Aménagement du territoire*, n° 293882 B : *RLCT, déc. 2007, p. 24, obs. Glaser ; Dr. adm. 2008, n° 2, note Dieu.*

II. POUVOIR DE POLICE DU PRÉFET (ART. L. 2215-1, 1°, AL. 1ER ET 3°)

10. Mesure de police dont le champ excède le territoire d'une commune. Le champ d'application d'une mesure prise sur le fondement du 3° de l'art. pour réglementer l'activité d'un établissement qui cause des troubles à l'ordre public s'apprécie au regard de l'objet de la mesure, en fonction de la localisation de l'établissement dont l'activité est à l'origine du litige, et non au regard des effets de la mesure, en fonction de la portée des troubles à l'ordre public auquel elle entend remédier. • CE 29 nov. 2022, n° 449749 B : *AJDA 2022. 2326.*

11. Mesures légales. Les dispositions de l'art. 107 C. adm. comm. (présent art.) permettent au préfet de réglementer les conditions de la circulation et du séjour des nomades dans son département dans le seul but d'éviter qu'elles créent un danger pour la salubrité, la sûreté ou la tranquillité publiques. • CE 20 janv. 1965, *Min. de l'Intérieur c/ Dame Vicini : Lebon 41.* ♦ Le préfet peut, dans le cadre des pouvoirs (texte préc.), légalement aggraver la réglementation nationale du camping en interdisant notamment le camping le long de certaines rivières et l'ouverture de terrains dans certaines zones. • CE 24 janv. 1968, *Féd. fr. de camping et de caravaning et Assoc. touristique des cheminots : Lebon 52.*

12. La situation dans des bidonvilles créant pour la sécurité et l'ordre publics une menace justifiant que le préfet use des pouvoirs qu'il tient du C. adm. comm. (présent art.), ce dernier peut réglementer les rapports entre propriétaires et locataires et fixer notamment un prix maximum de location. • CE 26 avr. 1968, *Merel et Rivière : Lebon 264.* ♦ La zone d'application d'un arrêté préfectoral interdisant l'activité des photographes filmeurs s'étendant sur le territoire de deux communes, le préfet est compétent, en vertu du C. adm. comm. (présent art.), pour prendre ledit arrêté alors même que les maires des communes intéressées n'avaient pas été mis en demeure de réglementer l'activité des photographes filmeurs. • CE 13 mai 1968, *Min. de l'Intérieur c/ Épx Leroy : Lebon 179 ; AJDA 1968. 240, chron. Massot et Dewost.*

13. En application du C. adm. comm. (présent art.), il appartient au préfet de prendre pour toutes les communes du département toutes mesures relatives au maintien de la salubrité publique. En raison des précautions particulières qu'exigent le transfert et la vente des produits de la mer et de l'eau douce destinés à l'alimentation, il peut légalement imposer l'utilisation de voitures-boutiques pour la vente ambulante et sur les marchés couverts, préciser les modalités de conservation, de manipulation et d'exposition de ces produits et charger les services vétérinaires de constater, par la délivrance d'un certificat d'agrément, que les aménagements des véhicules utilisés par les commerçants sont conformes à ceux qu'il prescrit. • CE 9 févr. 1973, *Rousseau : Lebon 127.*

14. La menace d'une importante éruption volcanique constitue une circonstance exceptionnelle autorisant le préfet, dans l'intérêt de l'ordre public et compte tenu de l'urgence et du caractère limité de la zone géographique concernée, à prendre des mesures d'interdiction de la circulation, d'évacuation de la population et d'interdiction de la navigation de certains navires de commerce. • CE 18 mai 1983, *Rodes,* n° 25308 : *Lebon 199 ; AJDA 1984. 44, note Moreau.* ♦ En interdisant, sur le fondement des pouvoirs qu'il tenait du C. communes (CGCT, art. L. 2215-1), de faire usage d'armes à feu sur les routes, chemins publics et voies ferrées et à portée de ces voies pour assurer, durant la période de la chasse, la sécurité et la tranquillité des habitants du département, le préfet a pris les mesures nécessaires pour assurer efficacement la protection des personnes et des lieux contre les tirs d'armes à feu. • CE 24 janv. 1990, *Painot,* n° 71225 B.

15. Est légal l'arrêté du préfet interdisant, dans toutes les communes du département et à titre temporaire, l'arrosage des pelouses, jardins d'agrément et des golfs, le remplissage des piscines et le lavage des véhicules, ces mesures ayant pour objectif de contribuer, par la limitation des utilisations non essentielles de l'eau en période de sécheresse, à la préservation de la salubrité publique. • CE 23 sept. 1991, *Cne de Narbonne c/ Préfet de l'Aude,* n° 117118 : *Lebon 313 ; AJDA 1992. 154, note Moreau.* ♦ Est légal l'arrêté du préfet interdisant, pour toutes les communes de son département, la vente à emporter de boissons alcooliques entre 22 h et 6 h du matin compte tenu de la forte proportion d'accidents de la circulation dus à l'alcoolisme entre 22 h et 6 h constatée par les enquêtes des services de police et de gendarmerie. • CE 3 mars 1993, *SA Carmag,* n° 116550 : *Lebon 51.* ♦ V. aussi • CAA Bordeaux, 15 févr. 2011, *Préfet de la Haute-Garonne,* n° 10BX01551 : *JCP Adm. 2011, n° 2318, note Pontier.*

16. Compte tenu de la situation de sécheresse constatée dans le département et eu égard au fait que l'arrêté n'interdit l'irrigation des prairies et cultures que dans certaines conditions, pendant une période limitée et pour certains jours de la semaine, la mesure de police édictée par le préfet est nécessaire et proportionnée à ce qu'exige la salubrité publique. • CE 21 févr. 1997, *Min. de l'Environnement c/ Synd. des agriculteurs irrigants du Val-d'Allier-Bourbonnais,* n° 139504 B. ♦ Un arrêté préfectoral ordonnant aux occupants d'un campement illicite implanté sur un chemin de halage situé sur deux communes de quitter les lieux ne porte pas aux libertés fondamentales des occupants une atteinte grave et manifestement illégale compte tenu des nécessités de sécurité publique en cause. • CE 5 avr. 2011, *Mme Ciurar et a.,* n° 347949 : *AJCT 2011. 250, note Pastor ; AJDA 2011. 1389, note Calmette ; D. 2011. 1995, obs. Bonfils et Gouttenoire.*

17. Nonobstant les dispositions de la L. du 12 juill. 1983, qui fixe les conditions dans lesquelles sont délivrées et le cas échéant suspendues ou retirées les autorisations d'exercer des activités privées de surveillance, de gardiennage et de transport de fonds, le préfet peut user des pouvoirs de police générale de l'art. L. 2215-1 CGCT pour prendre, dans une situation d'urgence, toute mesure nécessaire à la prévention de troubles à l'ordre public sans pour autant pouvoir, dans le cadre de l'exercice de ces pouvoirs, modifier par une mesure à caractère permanent une autorisation régie par la loi de 1983. • CAA Marseille, 3 mai 2004, *Min. de l'Intérieur,* n° 00MA00103 : *JCP Adm. 2004, n° 1476, note Moreau.*

18. Mesures illégales. Les dispositions du C. adm. comm. (présent art.) ne permettent pas au préfet, en l'absence de circonstances exceptionnelles, d'interdire d'une façon permanente et absolue le stationnement et le séjour des nomades sur tout ou partie du territoire du département. • CE 20 janv. 1965, *Min. de l'Intérieur c/ Dame Vicini : Lebon 41.* ♦ S'il appartient au préfet de prendre, notamment dans les hôtels, les mesures nécessaires au maintien du bon ordre et de l'hygiène publique et à la salubrité des denrées vendues, il ne peut interdire toute vente ou exposition de marchandises dans les hôtels, cafés, restaurants ou autres établissements analogues ouverts au public. • CE 14 janv. 1976, *Ville de Strasbourg c/ SARL « Fourrures du Nord » : Lebon 33.* ♦ S'il appartient au préfet, dans les conditions prévues à l'art. 107 C. adm. comm. (CGCT, art. L. 2215-1), de limiter, le cas échéant, l'exploitation des taxis dans plusieurs communes du département dans l'intérêt de la commodité des usagers et de la sécurité de la circulation sur les voies publiques, il ne peut prévoir l'exploitation d'un seul véhicule par carte professionnelle délivrée et limiter à un seul salarié la possibilité pour le titulaire d'une autorisation de stationnement de se faire suppléer dans la conduite de son véhicule à la condition qu'il renonce pendant cette suppléance à travailler lui-même. • CE 20 févr. 1981, *Min. de l'Intérieur c/ Billot*, n° 18714 B.

19. S'il appartenait au préfet, en vertu des pouvoirs qu'il tient du C. adm. comm. (présent art.), de réglementer, dans l'intérêt de la sécurité, de la tranquillité et de la salubrité publiques, la vente ambulante sur les plages de deux communes, il ne peut légalement édicter une mesure d'interdiction générale et permanente de cette activité sous la seule réserve d'autorisations individuelles dont il n'a précisé ni l'importance, ni les conditions d'attribution et dont la délivrance est laissée à l'appréciation arbitraire des maires des communes intéressées. • CE 26 juill. 1985, *Sté Glace service*, n° 51083 : *Lebon 236*. ♦ Ni l'art. L. 131-13 C. communes (présent art.), ni aucune autre loi ne permet au préfet d'interdire sur le domaine public et les plages de son département la vente de crèmes glacées en vrac par colportage car il ne ressort pas du dossier qu'une telle vente soit susceptible de porter atteinte à la salubrité, à la sûreté et à la tranquillité publiques sur la totalité du domaine public et des plages du département. • CE 16 janv. 1987, *Auclair*, n° 61525 B.

20. Est illégal l'arrêté du préfet interdisant sur l'ensemble du territoire de son département l'organisation de courses de taureaux avec mise à mort, cette interdiction ne pouvant trouver son fondement, en l'absence de nécessité résultant de l'ordre public, dans les dispositions de l'art. 131-13 C. communes (présent art.). • TA Bordeaux, 10 mars 1987, *Club taurin Goya : Lebon T. 467*. ♦ Est illégal l'arrêté du préfet interdisant, sur l'ensemble du département, la vente de boissons alcoolisées dans les stations-service et leurs dépendances entre 22 h et 6 h du matin dans la mesure où cette interdiction n'a pas été prise en considération de circonstances particulières au département concerné. • CE 3 juill. 1992, *Min. de l'Intérieur c/ Sté Carmag*, n° 120448 : *Lebon 280*.

21. S'il appartient au préfet de réglementer l'installation des huttes de chasse destinées au gibier d'eau dans l'intérêt de la sécurité des personnes et des biens, aucune disposition législative ne lui donne le pouvoir de subordonner leur utilisation à autorisation. • CAA Douai, 27 janv. 2000, *Cordonnier : Lebon T. 1126*. ♦ L'existence de pouvoirs de police spéciale attribuée au ministre chargé de la chasse pour réglementer les chasses dites traditionnelles ne fait pas obstacle à ce que le préfet usât des pouvoirs de police générale qu'il tient de l'art. L. 2215-1 pour réglementer l'installation des postes fixes appelés miradors afin de préserver la sécurité des personnes. Toutefois, aucune disposition ne lui donne le pouvoir de subordonner de tels miradors à autorisation préalable. • CAA Douai, 29 avr. 2003, *Coudenove : JCP Adm. 2003, n° 1976, note Deliancourt.*

22. Carence du préfet et référé-liberté. Le juge du référé-liberté, saisi par une commune, peut enjoindre au préfet de s'assurer qu'une information suffisante est assurée sur les interdictions de baignade et de certaines activités nautiques, et sur les risques encourus par le non-respect de ces interdictions, cette information devant être faite, d'une part, sur les lieux où ces interdictions s'appliquent et, d'autre part, par les voies de communication les plus appropriées, à destination de l'ensemble des populations concernées dans le département. • CE, ord., 13 juill. 2013, *Min. de l'Intérieur c/ Cne de Saint-Leu*, n° 370902 : *AJDA 2013. 2104, note Le Bot ; ibid. 2137, note Dupré de Boulois*.

III. POUVOIR DE RÉQUISITION (ART. L. 2215-1, 4°)

23. **BIBL.** Maillard Desgrées du Loû, *JCP Adm. 2003, n° 1475* (l'encadrement législatif du pouvoir de réquisition des préfets et la police administrative générale). – Travard, *JCP Adm. 2012, n° 2306* (le pouvoir de réquisition des préfets – Premier bilan de la loi du 18 mars 2003). – Weclawiak, *RD publ. 2003. 1023* (sécurité civile et réquisition). – Dossier spécial 1999 sur l'impuissance publique.

24. Sur le pouvoir de réquisition de logement du préfet, V. CCH, art. L. 641-1 s. et sa combinaison avec art. L. 2215-1. • TA Montreuil, 5 juin 2014, *Cne de Saint-Denis*, rn° 1305002 : *DA 2014. 52, note Sayede Hussein.* ♦ Sur le pouvoir de réquisition de logement du maire, V. notes ss. art. L. 2212-1. ♦ Les juges ont confirmé la décision de réquisitionner un immeuble aux fins de l'hébergement social d'urgence prise par le préfet usant de son pouvoir résultant du 4° de l'art. L. 2215-1. • TA Montreuil, 5 juin 2014, *Cne Saint-Denis*, n° 1305002 : *Dr. adm. 2014, n° 52, note Sayede Hussein.*

25. Il résulte du 4° du présent art., tel qu'interprété par le Cons. const., que le pouvoir de réquisition attribué au préfet n'a vocation à être mis en œuvre qu' « en cas d'urgence, lorsque le rétablissement de l'ordre public exige des mesures de réquisition ». En l'espèce, il n'existait aucun trouble avéré à l'ordre public dès lors notamment que les participants du Tecknival n'étaient pas présents sur le site et que le risque que des rassemblements sauvages aient lieu en cas d'annulation du Tecknival n'était pas réalisé à cette date. Le préfet ne peut donc se prévaloir d'aucune circonstance permettant d'établir l'existence d'un trouble à l'ordre public à la date de son arrêté de réquisition du site qui est, ainsi, entaché d'erreur de droit. • TA Rennes, 10 mai 2007, *Cne de Vannes et a.*, n° 0602702 : *RFDA 2007. 1086, concl. Tronel ; BJCT 2007. 573, concl. Tronel et obs. M.D.* ♦ Compte tenu de ce que l'expérience acquise au plan national a montré que l'interdiction d'une rave-party n'était pas de nature à assurer qu'elle ne se tiendrait pas, le préfet se trouvait dans une situation d'urgence l'autorisant, afin de prévenir des troubles à l'ordre public inhérents au rassemblement de plusieurs dizaines de personnes, à prononcer la réquisition litigieuse. • TA Poitiers, 11 oct. 2007, *Aéroclub de France et a.*, n° 0602114 : *RFDA 2007. 1095*.

26. Le préfet peut, sur le fondement du 4° de l'art. L. 2215-1, réquisitionner des terrains pour mettre en place des aires de stationnement temporaire destinées à l'accueil de groupes de gens du voyage. • TA Nice, 3 mars 2015, *Ville de Nice c/ Préfet des Alpes Maritimes*, n° 132450 : *AJDA 2015. 1229, concl. Laso*. ♦ Compte tenu de la nécessité de permettre d'accueillir rapidement et dans de bonnes conditions de salubrité des déchets ultimes en provenance des collectivités et des entreprises et en l'absence d'autres solutions acceptables, le préfet, qui a pris les mesures nécessaires strictement adaptées aux circonstances, peut réquisitionner une installation de stockage de déchets. • TA Bastia, 21 nov. 2019, *Cté de cnes de Fium' Orbu Castellu*, n° 1801237 : *AJCT 2020. 306. note Moliner Dubost.*

27. Un préfet peut prendre des arrêtés de réquisition dès lors que les appels d'offres lancés en vue de l'attribution du service de l'équarrissage ont été déclarés infructueux et que les conditions requises par les dispositions de l'Ord. du 6 janv. 1959 et du présent art. pour engager une procédure de réquisition sont réunies. • CAA Lyon, 10 mai 2007, *Sté des Éts Verdannet*, n° 02LY01154 : *AJDA 2007. 1986, concl. Besle*.

28. Pour l'exercice des pouvoirs qu'il tient du présent art., le préfet peut prendre toutes les mesures relatives au maintien de la salubrité, de la sûreté et de la tranquillité publiques. Il peut ainsi, en cas d'urgence, requérir tout médecin dans le but d'assurer ou de rétablir la continuité des soins ambulatoires interrompus par des mouvements de refus concertés et répétés des médecins libéraux d'assurer les gardes de nuit et de fins de semaine. • T. confl. 26 juin 2006, *M. Rosset c/ État*, n° 3524 : *Lebon 633 ; AJDA 2006. 1891, concl. Stahl*.

29. Si le préfet, dans le cadre des pouvoirs qu'il tient du 4° du présent art., peut légalement requérir les agents en grève d'un établissement de santé dans le but d'assurer le maintien d'un effectif suffisant pour garantir la sécurité des patients et la continuité des soins, il ne peut toutefois prendre que les mesures imposées par l'urgence et proportionnées aux nécessités de l'ordre public, au nombre desquelles figurent les impératifs de santé publique. • CE 9 déc. 2003, *Mme Aguillon et a.*, n° 262186 : *Lebon 497 ; RDF adm. 2004. 306, concl. Stahl et note Cassia ; AJDA 2004. 1138, note Le Bot ; JCP Adm. 2004, n° 1054, obs. Moreau ; ibid. n° 1096, note Maillard Desgrées du Loû ; JCP 2004. II. 10076, note Prétot.*

30. La réquisition d'une partie du personnel en grève d'un établissement pétrolier, en raison de ses stocks de carburant aérien et de sa capacité de traitement de kérosène, constituait une solution nécessaire, dans l'urgence, à la prévention du risque de pénurie totale de carburant aérien à l'aéroport de Roissy, en l'absence d'autres solutions disponibles et plus efficaces. En raison de sa situation, cet établissement représentait également une solution nécessaire pour l'approvisionnement en urgence de la région Île-de-France en essence et en gazole. Dans ces conditions, il n'y a pas d'atteinte grave et manifestement illégale au droit de grève de nature à permettre au juge des référés de suspendre l'arrêté de réquisition. • CE, ord., 27 oct. 2010, *M. Stéphane L. et a.*, n° 343966 : *Lebon. 421 ; Dr. adm. 2010, n° 157, note Andréani ; RJEP avr. 2011. 32, note Lallet.* ♦ Les organes dirigeants d'EDF sont compétents, sous certaines conditions, pour déterminer les limitations à apporter au droit de grève de ses agents, sans préjudice des dispositions du présent art. • CE, ass., 12 avr. 2013, *Féd. Force ouvrière Énergie et Mines*, n° 329570 : *Lebon ; AJDA 2013. 1052, chron. Domino et Bretonneau ; Dr. soc. 2013. 608, note Gahdoun ; RFDA 2013. 637, concl. F. Aladjidi ; ibid. 663, chron. Roblot-Troizier et Tusseau ; JCP Adm. 2013, n° 2308, note Pauliat ; RJEP 2013. 34, note Dupré de Boulois ; DA 2013. 59, note Éveillard.*

Art. L. 2215-2 *Abrogé par Ord. n° 2012-351 du 12 mars 2012, art. 19. — V. désormais CSI, art. L. 132-6, ss. art. L. 2211-1, et L. 132-10, infra.*

Code de la sécurité intérieure

(Ord. n° 2012-351 du 12 mars 2012, en vigueur le 1er mai 2012)

Art. L. 132-10 Sous réserve des dispositions du code de procédure pénale relatives à l'exercice de la mission de police judiciaire, le représentant de l'État dans le département associe le maire à la définition des actions de lutte contre l'insécurité et l'informe régulièrement des résultats obtenus. Les modalités de l'association et de l'information du maire peuvent être définies par des conventions que le maire signe avec l'État. — *[CGCT, art. L. 2215-2, al. 1er.]*

Art. L. 2215-3 **Les pouvoirs confiés au maire par l'article L. 2213-4 ne font pas obstacle à ce que le représentant de l'État dans le département puisse, pour plusieurs**

communes ou pour une seule commune après mise en demeure adressée au maire et restée sans résultat, interdire, par arrêté motivé, l'accès de certaines voies ou de certaines portions de voies ou de certains secteurs de la ou des communes aux véhicules dont la circulation sur ces voies ou dans ces secteurs est de nature à compromettre soit la tranquillité publique, soit la protection des espèces animales ou végétales, soit la protection des espaces naturels, des paysages ou des sites ou leur mise en valeur à des fins esthétiques, écologiques, agricoles, forestières ou touristiques.

Dans ces secteurs, le représentant de l'État dans le département peut, en outre, dans les conditions prévues au premier alinéa, soumettre à des prescriptions particulières relatives aux conditions d'horaires et d'accès à certains lieux et aux niveaux sonores admissibles les activités s'exerçant sur la voie publique, à l'exception de celles qui relèvent d'une mission de service public.

Ces dispositions ne s'appliquent pas aux véhicules utilisés pour assurer une mission de service public et ne peuvent s'appliquer d'une façon permanente aux véhicules utilisés à des fins professionnelles de recherche, d'exploitation ou d'entretien des espaces naturels. – [*C. communes, art. L. 131-14-1.*]

1. V. par analogie notes ss. art. L. 2213-4.

2. Le préfet dispose également d'autres pouvoirs sur le fondement de ses pouvoirs de police spéciale. Ainsi, le décret portant création d'une réserve naturelle l'habilitant à prendre, après avis du comité consultatif, toutes mesures en vue d'assurer la conservation d'espèces animales ou végétales, il dispose d'un pouvoir de police lui permettant de réglementer la circulation et le stationnement des personnes dans la réserve afin d'assurer la conservation des espèces animales et végétales qui s'y trouvent. Par conséquent, il peut dans ce but y réglementer la circulation et le stationnement des personnes à ski et notamment délimiter les itinéraires et espaces où la pratique du ski n'est pas interdite. Il peut également signer une convention avec l'ONF imposant aux skieurs souhaitant emprunter les itinéraires traversant la réserve naturelle de suivre une formation préalable assurée par l'ONF et de contribuer aux frais de cette formation. • CE 1er juill. 1998, ⚖ *Min. de l'Environnement c/ Assoc. « Vivre en Tarentaise »*, n° 173.018 : *Rev. jur. envir. 1999. 249, concl. Stahl.*

3. Le préfet peut également, sur le fondement de la loi n° 96-1236 du 30 déc. 1996 sur l'air, et en cas de pollution, instituer une circulation alternée des véhicules en fonction du caractère pair ou impair de leur numéro d'immatriculation. S'il prévoit des dérogations justifiées notamment par la situation particulière des personnes dont le véhicule est à la fois strictement indispensable à l'exercice de leur activité professionnelle et aisément identifiable, il ne peut, sans méconnaître le principe d'égalité des citoyens devant la loi, refuser d'accorder une telle dérogation aux auto-écoles. • CE 28 févr. 2000, ⚖ *Union nationale intersyndicale des enseignants de la conduite*, n° 195033. ♦ En revanche, il peut la refuser aux avocats. • CE 28 févr. 2000, ⚖ *Petit-Perrin*, n° 189082.

Art. L. 2215-4 Les permissions de voirie sont délivrées par le représentant de l'État dans le département, après que le maire a donné son avis dans le cas où il ne lui appartient pas de les délivrer lui-même. – [*C. communes, art. L. 131-5, al. 2.*]

Art. L. 2215-5 Les permissions de voirie à titre précaire ou essentiellement révocable sur les voies publiques qui sont placées dans les attributions du maire et ayant pour objet, notamment, l'établissement dans le sol de la voie publique des canalisations destinées au passage ou à la conduite de l'eau ou du gaz peuvent, en cas de refus du maire non justifié par l'intérêt général, être accordées par le représentant de l'État dans le département. – [*C. communes, art. L. 131-14.*]

Art. L. 2215-6 et L. 2215-7 *Abrogés par Ord. n° 2012-351 du 12 mars 2012, art. 19. – V. désormais CSI, art. L. 332-1, L. 333-1, L. 334-1 et L. 334-2, infra.*

Code de la sécurité intérieure

(Ord. n° 2012-351 du 12 mars 2012, en vigueur le 1er mai 2012)

Art. L. 332-1 Les établissements fixes ou mobiles de vente à emporter de boissons alcoolisées ou d'aliments assemblés et préparés sur place, destinés à une remise immédiate au consommateur, dont l'activité cause un trouble à l'ordre, la sécurité ou la tranquillité publics peuvent faire l'objet d'un arrêté de fermeture administrative d'une durée n'excédant pas trois mois pris par le représentant de l'État dans le département ou, à Paris, par le préfet de police.

(L. n° 2019-1461 du 27 déc. 2019, art. 45) « Au vu des circonstances locales, le représentant de l'État dans le département peut déléguer par arrêté à un maire qui en fait la demande l'exercice, sur le territoire de sa commune, des prérogatives mentionnées au premier alinéa. Le représentant de l'État dans le département peut mettre fin à cette délégation, dans les mêmes conditions, à la demande du maire ou à son initiative.

« Les prérogatives déléguées au maire en application du deuxième alinéa sont exercées au nom et pour le compte de l'État. Le maire transmet au représentant de l'État dans le département, dans un délai de trois jours à compter de leur signature, les arrêtés de fermeture qu'il prend au titre de ces prérogatives. Le représentant de l'État dans le département peut ordonner la fermeture administrative d'un établissement, après une mise en demeure du maire restée sans résultat. » — *[CGCT, art. L. 2215-6, al. 1er et L. 2512-14-1, al. 1er.]*

……………………………………………………………………

Art. L. 333-1 Les établissements diffusant de la musique, dont l'activité cause un trouble à l'ordre, la sécurité ou la tranquillité publics, peuvent faire l'objet d'un arrêté de fermeture administrative d'une durée n'excédant pas trois mois par le représentant de l'État dans le département ou, à Paris, par le préfet de police. — *[CGCT, art. L. 2215-7, al. 1er et L. 2512-14-2, al. 1er.]*

(L. n° 2019-1461 du 27 déc. 2019, art. 45) « Au vu des circonstances locales, le représentant de l'État dans le département peut déléguer par arrêté à un maire qui en fait la demande l'exercice, sur le territoire de sa commune, des prérogatives mentionnées au premier alinéa. Le représentant de l'État dans le département peut mettre fin à cette délégation, dans les mêmes conditions, à la demande du maire ou à son initiative.

« Les prérogatives déléguées au maire en application du deuxième alinéa sont exercées au nom et pour le compte de l'État. Le maire transmet au représentant de l'État dans le département, dans un délai de trois jours à compter de leur signature, les arrêtés de fermeture qu'il prend au titre de ces prérogatives. Le représentant de l'État dans le département peut ordonner la fermeture administrative d'un établissement, après une mise en demeure du maire restée sans résultat. »

……………………………………………………………………

Art. L. 334-1 Le fait, pour le propriétaire ou l'exploitant, malgré une mise en demeure du représentant de l'État dans le département, ou, à Paris, du préfet de police, d'avoir à se conformer à l'arrêté pris en application de l'article L. 332-1, de ne pas procéder à la fermeture de l'établissement est puni de 3 750 euros d'amende. — *[CGCT, art. L. 2215-6, al. 2 et L. 2512-14-1, al. 2.]*

Art. L. 334-2 Le fait, pour le propriétaire ou l'exploitant, malgré une mise en demeure du représentant de l'État dans le département, ou, à Paris, du préfet de police, d'avoir à se conformer à l'arrêté pris en application de l'article L. 333-1, de ne pas procéder à la fermeture de l'établissement est puni de 3 750 euros d'amende. — *[CGCT, art. L. 2215-7, al. 2 et L. 2512-14-2, al. 2.]*

Art. L. 2215-8 *(L. n° 2015-991 du 7 août 2015, art. 95)* **« Les laboratoires publics d'analyses gérés par des collectivités territoriales constituent un élément essentiel de la politique publique de sécurité sanitaire ; ces laboratoires font partie intégrante du dispositif de prévention des risques et de gestion des crises sanitaires. Ils interviennent dans les domaines de la santé publique vétérinaire, de la santé végétale et dans la surveillance de la qualité de l'alimentation, des eaux potables et de l'environnement. »**

(L. n° 2004-811 du 13 août 2004, art. 26) **En cas de menace ou d'atteinte graves à la santé publique, le représentant de l'État dans le département dispose sans délai, en tant que de besoin, pour l'exercice de ses attributions, du laboratoire du service vétérinaire du département ou du laboratoire hydrologique ou, à défaut, de ceux d'un autre département en coordination avec le représentant de l'État dans le département concerné.**

Art. L. 2215-9 *(L. n° 2011-525 du 17 mai 2011, art. 80)* **Lorsqu'un tunnel ou un pont s'étend sur plusieurs départements, la direction des opérations de secours, relevant de la police municipale en application de l'article L. 2212-2, est confiée, en cas**

d'accident, sinistre ou catastrophe, pour les tunnels routiers visés à l'article L. 118-1 du code de la voirie routière, au représentant de l'État compétent pour intervenir comme autorité administrative chargée de la sécurité et désigné par arrêté ministériel, et, pour les autres tunnels et ponts, au représentant de l'État dans le département sur le territoire duquel la longueur d'implantation de l'ouvrage est la plus longue.

Art. L. 2215-10 *(Ord. nº 2014-792 du 10 juill. 2014, art. 17)* **Sans préjudice des articles L. 2213-1 et L. 3221-4, le représentant de l'État dans le département peut réglementer, pour des motifs liés à l'ordre public ou à la sécurité des personnes et des biens, les conditions de circulation et de stationnement sur des voies ou portions de voies qu'il détermine, situées dans un rayon de cinq kilomètres autour des locaux ou terrains clos délimités pour assurer la protection des établissements ou des installations abritant des matières nucléaires affectées aux moyens nécessaires à la mise en œuvre de la politique de dissuasion ou des matières nucléaires dont la détention est soumise à l'autorisation mentionnée à l'article L. 1333-2 du code de la défense.**

Lorsqu'elle concerne, à l'intérieur des agglomérations, les routes nationales, les routes départementales et toutes voies de communication ainsi que, à l'extérieur des agglomérations, les voies des domaines publics routiers communal et intercommunal, la réglementation mentionnée au premier alinéa est édictée, sauf en cas d'urgence, après avis du maire.

Lorsqu'elle concerne, à l'extérieur des agglomérations, les voies du domaine public routier départemental, la réglementation mentionnée au premier alinéa est édictée, sauf en cas d'urgence, après avis du président du conseil départemental.

En l'absence de réponse dans un délai de quinze jours à compter de la réception de la demande d'avis, les autorités consultées en application des deuxième et troisième alinéas sont réputées avoir émis un avis.

CHAPITRE VI RESPONSABILITÉ

BIBL. ▶ Antoine et Landel, Responsabilités et assurances des collectivités locales : précis pratique, *Economica, 1985.* – Bénoît, La responsabilité du fait de la police administrative, *Sirey, 1946.* – Eveillard, Existe-t-il encore une responsabilité administrative pour faute lourde en matière de police administrative ?, *RFDA 2006. 733*. – Faure, Les responsabilités communales et leurs assurances, *Librairies techniques, 1978.* – Larroumec, Les responsabilités en matière de police administrative, *JCP Adm. 2012, nº 2116.* – Romi, La responsabilité pour carence des autorités de police administrative, *LPA 10 déc. 1986.* – Vincent, Responsabilité en matière de police, *J.-Cl. Adm., fasc. 912.*

Art. L. 2216-1 **La commune voit sa responsabilité supprimée ou atténuée lorsqu'une autorité relevant de l'État s'est substituée, dans des hypothèses ou selon des modalités non prévues par la loi, au maire pour mettre en œuvre des mesures de police.** – *[L. nº 83-8 du 7 janv. 1983, art. 16.]*

Art. L. 2216-2 **Sans préjudice des dispositions de l'article L. 2216-1, les communes sont civilement responsables des dommages qui résultent de l'exercice des attributions de police municipale, quel que soit le statut des agents qui y concourent. Toutefois, au cas où le dommage résulte, en tout ou partie, de la faute d'un agent ou du mauvais fonctionnement d'un service ne relevant pas de la commune, la responsabilité de celle-ci est atténuée à due concurrence.**

La responsabilité de la personne morale autre que la commune dont relève l'agent ou le service concerné ne peut être engagée que si cette personne morale a été mise en cause, soit par la commune, soit par la victime du dommage. S'il n'en a pas été ainsi, la commune demeure seule et définitivement responsable du dommage. – *[L. nº 83-8 du 7 janv. 1983, art. 91.]*

1. **BIBL.** Deliancourt, La responsabilité administrative des communes et des SDIS, *éd. du Papyrus, 2009, 400 p.*– Goutal, Service départemental d'incendie et de secours et personne publique responsable, *JCP Adm. 2003, nº 1267.*

2. Responsabilité de l'État. Si la responsabilité de la commune, à laquelle incombe notamment le soin de pourvoir d'urgence à toutes les mesures d'assistance et de secours, est susceptible d'être engagée par toute faute commise dans l'exercice de ces attributions, celles des fautes qui seraient commises, dans cet exercice, par un service relevant d'une autre personne morale que la commune, sont de nature à atténuer la responsabilité de cette dernière, sous réserve que la commune ou les victimes du dommage aient mis en cause la responsabilité de ce service devant le juge administratif. Lorsqu'il assure, dans une commune du département des Hauts-de-Seine, de la Seine-Saint-Denis ou du Val-de-Marne, les missions qui lui sont attribuées par l'art. L. 2521-3, le préfet de police y exerce des missions de police municipale prévues par les dispositions de l'art. L. 2212-2. La responsabilité de l'État peut, par suite, être recherchée pour les fautes éventuellement commises dans l'exercice de ces missions dans les conditions fixées par l'art. L. 2216-2 du même code. • CE 5 févr. 2020, *Cne de Courbevoie*, n° 423972 B : *AJDA 2020. 328* ; *AJCT 2020. 435, obs. O. Didriche* ; *BJCL 2020. 217.*

3. Responsabilité solidaire de la commune et du SDIS. La victime d'un dommage peut rechercher directement devant la juridiction compétente la responsabilité de la personne morale dont les agents ont prêté leur concours à l'autorité municipale dans l'exercice de ses pouvoirs en matière de lutte contre l'incendie. Le SDIS n'est pas fondé à demander sa mise hors de cause en tant que seule la responsabilité de la commune pourrait être engagée pour les fautes (alors lourdes) commises par le service de lutte contre l'incendie. Les sapeurs-pompiers de deux centres de secours dépendant du SDIS ayant quitté les lieux après l'extinction apparente d'un incendie sans laisser en place un piquet de surveillance et le feu ayant repris, il y a faute (alors lourde) de ce dernier engageant sa responsabilité. • CAA Bordeaux, 18 déc. 1990, *Jouannem*, n° 89BX00575.

4. La responsabilité du SDIS est susceptible d'être engagée pour méconnaissance des règles d'engagement résultant du règlement opérationnel. • CE 26 nov. 2012, *Thillard c/ Cne de Domaize et SDIS du Puy-de-Dôme*, n° 344778 : *JCP Adm. 2013, n° 2119, note Prétot* ; *RLCT 2012. 2387, note Dordevic* ; *BLCL 2013. 369, concl. Cortot-Boucher* ; *AJDA 2013. 1233, note Pauvert* ; *AJCT 2013. 305, note Péchillon*. ♦ En jugeant qu'il n'y avait pas de faute dans le fonctionnement du SDIS alors que, d'une part, une interruption pendant 20 à 30 mn de l'alimentation en eau des lances à incendie résultant de l'absence de mise en service de la réserve d'incendie du château d'eau a contribué à l'aggravation des conséquences dommageables du sinistre, d'autre part, que les sapeurs-pompiers du SDIS n'ont pas vérifié dès leur arrivée sur les lieux qu'ils disposeraient des moyens en eau suffisants pour combattre l'incendie, n'ont recherché la clé de la vanne de la réserve d'incendie que lorsque l'eau a commencé à manquer, n'ont pas cherché à ouvrir cette vanne par d'autres moyens et n'ont mis en œuvre que tardivement une solution alternative d'approvisionnement en eau par pompage dans la rivière, la Cour a inexactement qualifié les faits qui lui étaient soumis. • CE 30 mars 2011, *Cne de Monnet-La-Ville*, n° 323889 : *AJCT 2011. 528, obs. Péchillon* (cassation de • CAA Nancy, 30 oct. 2008, *Sté Sogitrans c/ SDIS du Jura*, n° 07NC00809 : *JCP Adm. 2009, n° 2028, note Moreau* ; *ibid. 2009, n° 2111, note Dubuy* ; *LPA 27 oct. 2009, n° 214, p. 3, obs. Tifine*).

5. Appels en garantie. La commune et un SDIS peuvent être condamnés à réparer solidairement les conséquences dommageables d'un incendie causées par les fautes des agents du service départemental mais la commune peut demander à être garantie par l'établissement public de la totalité des condamnations prononcées à son encontre. • CAA Bordeaux, 18 juin 2002, *SARL Protex et Sté de droit étranger Général Accident* : *AJDA 2002. 967, note Deffigier* ; *Coll. terr. 2002. 271, obs. Moreau*. ♦ V. aussi • CAA Nantes, 10 juin 2005, *SFIS des Côtes-d'Armor*, n° 02NT01092 : *JCP Adm. 2005, n° 1326, p. 8, chron. Vandermeeren*. ♦ Une commune peut demander à être garantie des condamnations mises à sa charge en conséquence d'agissements fautifs commis par les agents du SDIS à l'occasion d'une intervention qui relève de la police municipale et qui a été sollicitée par la commune alors même que ces agents sont intervenus rapidement et avec des moyens adaptés sans transgresser ou méconnaître les instructions éventuellement données par le maire. • CAA Nancy, 1er juill. 1997, *Cne de Saint-Yvi* : *Lebon T. 1069.*

6. Il résulte des art. L. 5215-20, L. 5215-22 et L. 5215-24 CGCT que les dommages imputables à des défauts d'organisation ou de fonctionnement des services d'incendie et de secours engagent la responsabilité de la communauté urbaine à l'exclusion de celle de la commune sur le territoire de laquelle est survenu le sinistre. • CE 29 déc. 1999, *Cté urbaine de Lille*, n° 197502 : *Lebon. 436* ; *RD publ. 2000. 1581, note Bléchaut-Dubois* ; *D. 2000. Somm. 247, obs. Bon et de Béchillon*.

7. La commune demeure seule responsable du dommage si ni elle-même ni les victimes du dommage n'ont présenté de conclusions tendant à ce que le SDIS la garantisse des condamnations prononcées contre elle. • CE 29 avr. 1998, *Cne de Hannapes*, n° 164012 : *Lebon 185* ; *RD publ. 1998. 1001, note Prétot* ; *D. 1998. 535, note Lebreton* ; *LPA 10 mars 1999, note Pieraccini* ; *JCP 1999. II. 10109, note Genovese* ; *D. 2000. Somm. 247, obs. Bon et de Béchillon*. ♦ De même, une commune, dont la responsabilité est recherchée par la victime d'un incendie, ne saurait prétendre à l'atténuation de sa responsabilité par celle du département, dès lors qu'elle s'est bornée à mettre en cause l'insuffisance des moyens et effectifs placés à sa disposition par celui-ci sans se prévaloir de la manière défectueuse dont ces moyens auraient été mis en œuvre. • CAA Paris, 4 juin 1992, *Cne de Capesterre-Belle-Eau c/ Mme Romuald* : *Lebon 531.*

8. En cas d'intervention du SDIS, le commandement des opérations de secours lui incombe, y compris la mise en place des mesures de surveillance destinées à parer à une éventuelle reprise du feu après le départ des secours. La carence fautive constatée en l'espèce doit donc être imputée à lui seul de telle sorte qu'il doit garantir intégralement la commune des condamnations qui ont été prononcées contre elle. • CAA Lyon, 17 déc. 2001, *SDIS de l'Yonne : Dr. adm. 2002. 133.*

9. Le délégataire du service public de distribution d'eau (service public industriel et commercial) devant être considéré comme un collaborateur occasionnel du service public de lutte contre l'incendie (service public administratif), l'action engagée à son encontre à raison de l'insuffisance du débit de la canalisation sur laquelle étaient branchés les robinets d'incendie relève de la compétence du juge administratif. • TA Saint-Denis de la Réunion, 20 janv. 2007, *CGE c/ SA Fibres coopérative : AJDA 2007. 754, note Lemaire.*

Art. L. 2216-3 *Abrogé par Ord. n° 2012-351 du 12 mars 2012, art. 19. — V. désormais CSI, art. L. 211-10, infra.*

BIBL. ▶ JOBART, Collectivités et assurances. Les réparations des émeutes urbaines, *AJCT 2023. 602*. – OLSON, Régime de responsabilité de l'État pour les dommages dus aux attroupements et rassemblements, *Rép. resp. puiss. publ., Dalloz, janv. 2019.* – BRIMO, Régimes législatifs spéciaux de responsabilité, *J.-Cl. Adm., fasc., 960.*

Code de la sécurité intérieure

(Ord. n° 2012-351 du 12 mars 2012, en vigueur le 1er mai 2012)

Art. L. 211-10 L'État est civilement responsable des dégâts et dommages résultant des crimes et délits commis, à force ouverte ou par violence, par des attroupements ou rassemblements armés ou non armés, soit contre les personnes, soit contre les biens.

(L. n° 2019-290 du 10 avr. 2019, art. 9) « L'État peut également exercer une action récursoire contre les auteurs du fait dommageable, dans les conditions prévues au chapitre I du sous-titre II du titre III du livre III du code civil. »

Il peut exercer une action récursoire contre la commune lorsque la responsabilité de celle-ci se trouve engagée.

BIBL. ▶ DUTHEILLET DE LAMOTHE et ODINET, L'introuvable attroupement, *AJDA 2017. 524*. – SERRAND, Les notions juridiques d'attentat, d'attroupement et de rassemblement en droit administratif de la responsabilité, *LGDJ, 1994.* – TALBOT, L'indemnisation par l'État des victimes d'attroupements ou de rassemblements, *Rev. adm. 1991. 397.* – VINCENT, Régimes législatifs spéciaux de responsabilité, *J.-Cl. Adm., fasc. 960, nos 1 s.*

I. COLLECTIVITÉ RESPONSABLE

1. Avant l'intervention de l'art. 92 de la loi n° 83-8 du 7 janv. 1983 (CGCT, art. L. 2216-3), la responsabilité du fait des attroupements et rassemblements incombait traditionnellement aux communes. V. art. L. 133-1 C. communes (abrogé par L. n° 86-29 du 9 janv. 1986, art. 27 ; JO 10 janv.), au **C. adm.** éd. 1985 et antérieures. Elle incombe maintenant à l'État. Il en résulte que la responsabilité civile de l'État peut être dorénavant engagée envers une commune. • CE 18 nov. 1998, *Cne de Roscoff : Dr. adm. 1999, n° 21, obs. L.C. ; D. 2000. Somm. 259, obs. Bon et de Béchillon.*

II. JURIDICTION COMPÉTENTE

2. L'art. 92 de la L. n° 83-8 du 7 janv. 1983 (CGCT, art. L. 2216-3) ne comportant pas de dispositions sur la compétence (mais seulement sur la collectivité responsable), il avait été jugé qu'il n'avait pas abrogé l'art. L. 133-5 C. communes avec lequel il n'était pas incompatible et qui disposait que « les actions, tant principales qu'en garantie, sont portées devant les tribunaux de l'ordre judiciaire ». • T. confl. 13 févr. 1984, *Préfet, COREP de Seine-Maritime c/ Cour d'appel de Rouen : Lebon 445 ; AJDA 1984. 452, concl. Labetoulle ; JCP 1984. II. 20269, note Moderne ; RFDA 1985. 57, note Douence ; AJDA 1985. 533, chron. Hubac et Schoettl ; D. 1984. 625, note Mardesson.*

3. L'art. 27 de la loi n° 86-29 du 9 janv. 1986 portant diverses dispositions relatives aux collectivités locales ayant abrogé les art. L. 133-1 à L. 133-8 C. communes et en particulier l'art. L. 133-5, la responsabilité du fait des attroupements et rassemblements relève dorénavant de la compétence du juge administratif.

4. Cette compétence empêche le juge pénal de connaître de l'action civile contre l'État même s'il est saisi au fond d'une plainte pour crime ou délit. • T. confl. 21 mai 2001, *Préfet de La Réunion : Dr. adm. 2001, n° 225, obs. R. S.*

III. RÉGIME DE LA RESPONSABILITÉ

A. RESPONSABILITÉ SANS FAUTE

5. La responsabilité encourue par l'État sur le fondement des dispositions de l'art. 92 de la loi du 7 janv. 1983 (CGCT, art. L. 2216-3) est engagée envers l'assureur subrogé aux droits de la victime, dans la limite de ceux-ci, alors même qu'aucune faute des autorités et service de l'État n'aurait contribué à la réalisation ou à l'aggravation du dommage. • CE 16 févr. 1990 (avis), *Sté « GAN*

Incendie-Accidents » : Lebon 36, concl. de Clausade ; *RFDA 1991. 556, concl. de Clausade* ; *LPA 1er oct. 1990, note Morand-Deviller ; D. 1991. Somm. 234, obs. Bon et Terneyre*.

6. Il s'agit même d'une responsabilité sans faute plus favorable pour la victime que la responsabilité sans faute de droit commun puisqu'il a été jugé que l'art. 92 de la L. n° 83-8 du 7 janv. 1983 (art. L. 2216-3 CGCT) ne prescrivait ni n'impliquait que le dommage subi soit spécial et anormal. • CE, avis, 20 févr. 1998, *Sté Études et construction de sièges pour l'automobile et a.*, n° 189185 : *Lebon 60* ; *RFDA 1998. 584, concl. Arrighi de Casanova* ; *JCP 1998. II. 10062, note Moniolle ; AJDA 1998. 1029, note Poirot-Mazères* ; *D. 2000. Somm. 259, obs. Bon et de Béchillon*.

B. RESPONSABILITÉ D'ORDRE PUBLIC

7. Lorsqu'il ressort des pièces du dossier que les conditions d'application en sont réunies, il appartient au juge administratif de soulever d'office le moyen tiré de l'existence d'une responsabilité sans faute de l'État sur le fondement de l'art. 92 de la L. n° 83-8 du 7 janv. 1983 (CGCT, art. L. 2216-3). • CE 30 juin 1999, *Foucher : RFDA 1999. 1210, concl. Bergeal* ; *D. 2000. Somm. 259, obs. Bon et de Béchillon*.

C. ATTROUPEMENTS OU RASSEMBLEMENTS

8. Les dispositions de l'art. 92 de la loi du 7 janv. 1983 (CGCT, art. L. 2216-3) ne distinguant pas entre les causes de la formation de l'attroupement ou du rassemblement, elles sont applicables aux ouvriers grévistes occupant les locaux de leur travail. • T. confl. 22 avr. 1985, *COREP Préfet des Yvelines : Lebon 405.* ♦ La poursuite pendant une longue période d'une occupation d'un établissement par les salariés de l'entreprise qui l'exploite qui impliquait l'organisation de permanences et la mise en œuvre concertée de moyens destinés à empêcher l'accès à l'établissement ne peut être regardé, dans les circonstances de l'espèce, comme ayant été le fait d'un rassemblement ou d'un attroupement. • CE 18 mai 2009, *Sté BDA*, n° 302090 : *RLCT, juill. 2009, p. 28, obs. Glaser.*

9. Les dispositions susvisées ne sont pas applicables aux actions préméditées et soigneusement mises au point par un petit groupe de personnes qui constituent en réalité des opérations de commando : attentat commis dans le hall d'un aéroport. • T. confl. 24 juin 1985, *Préfet, COREP du Val-de-Marne c/ TGI de Créteil : Mme Carme c/ État : Lebon T. 537 ; JCP 1986. II. 20703, note C.S. ; LPA 15 janv. 1986, note Moderne.* ♦ ... Destruction par explosif d'un pylône électrique. • T. confl. 4 nov. 1985, *Préfet, COREP de l'Aude c/ TGI de Carcassonne : EDF c/ État : Lebon T. 537 ; JCP 1986. II. 20703, note CS. ; LPA 15 janv. 1986, note Moderne ; AJDA 1986. 50, obs. Moreau.* ♦ ... Attentat par substances explosives et incendiaires commis dans le dépôt d'une entreprise de travaux publics. • T. confl. 4 nov. 1985, *Préfet, COREP du Tarn-et-Garonne c/ TGI de Montauban : Sté Culetto et Sté mutuelle d'assur. du bâtiment et des travaux publics c/ État : JCP 1986. II. 20703, note C. S. ; LPA 15 janv. 1986, note Moderne.* ♦ ... Destruction par substances explosives et incendiaires d'un supermarché. • T. confl. 27 juin 1988, *Sté TPLM Éts Leclerc et a. c/ État : JCP 1989. II. 21244, note C.S.* ♦ ... Destruction par incendie volontaire d'une pelle hydraulique destinée au chantier d'une centrale nucléaire. • T. confl. 9 mai 1989, *Préfet des Ardennes c/ CA Reims : Lebon T. 534.* ♦ ... Destruction à l'explosif de la majeure partie d'une cave vinicole. • T. confl. 15 janv. 1990, *Chamboulive et a. c/ Cne de Vallecalle : Lebon 386 ; RFDA 1991. 551, concl. Charbonnier* ; *AJDA 1990. 486, obs. Prétot*. ♦ ... Destruction par un groupe organisé d'un village de vacances. • CAA Lyon, 20 nov. 1990, *GAMF : Lebon T. 963.* ♦ ... Incendie du contenu d'un camion par un commando. • CAA Nantes, 21 juill. 1991, *Min. de l'Intérieur c/ Sté Fjerde Forsikringsselskab : Lebon T. 1183.* ♦ ... Saccage d'une société d'éditions par cent cinquante personnes transportées sur les lieux par une quarantaine de véhicules. • CAA Paris, 17 déc. 1991, *Sté Drouot-Assurances : Lebon T. 1183 ; LPA 29 janv. 1992, concl. Dacre-Wright.* ♦ ... Interception d'un camion et destruction de sa cargaison. • CE 25 mars 1992, *Cie d'ass. Mercator N.V. et a.*, n° 102632 B : *D. 1993. Somm. 145, obs. Bon et Terneyre*. ♦ ... Destruction d'un convoi transportant un rotor destiné à une centrale nucléaire. • CE 16 juin 1997, *Caisse centrale de réassurance*, n° 145139 : *Lebon 241*. ♦ ... Attentat commis au siège de Radio-France-Outre-mer. • CE 12 nov. 1997, *Cie d'assurances générales de France et a.*, n° 150224 B. ♦ ... Destruction d'un chargement de viande transporté par un camion. • CE 26 mars 2004, *Sté Bv Exportslachterij Apeldoorn Esa*, n° 248623 : *JCP Adm. 2004, n° 1361, obs. Moreau ; AJDA 2004. 2349, note Deffigier*. ♦ ... Saccage par le collectif des « faucheurs volontaires » d'une parcelle de plants de maïs transgénique. • TA Clermont-Ferrand, 17 nov. 2005, *Sté Biogemma et a. c/ Préfet du Puy-de-Dôle*, n° 0500099 : *AJDA 2005. 2264, obs. E.R*. ♦ ... Pillage et incendie précédés de l'attaque à la voiture bélier d'un magasin dès lors que le saccage a été commis la nuit suivante et dans un quartier éloigné de ceux où se sont déroulés des attroupements ou rassemblements précisément identifiés. • CAA Bordeaux, 23 oct. 2007, *Vautier c/ Préfet de la Hte-Garonne*, n° 05BX01943 : *JCP Adm. 2008, n° 2119, comm. 7, obs. Maublanc.* ♦ Si plusieurs heures après la dispersion d'une manifestation qui a regroupé une centaine de personnes devant un commissariat de police à la suite du décès accidentel d'un jeune homme poursuivi par les forces de l'ordre, une vingtaine d'individus agissant par petits groupes de trois ou quatre personnes et de manière organisée incendient ou dégradent plusieurs bâtiments communaux, on n'a pas affaire à des dommages causés par un attroupement ou un rassemblement. • CE 3 mars 2003, *Min. de l'Intérieur et Cie Générali France assurance*, n° 242720 : *BJCL 2003. 497, concl. de Silva et obs. B.P. ; JCP Adm. 2003, n° 1571, obs. Quillien.*

10. Violences urbaines et spontanéité peuvent être dissociées : bien qu'une salle municipale de sports et l'annexe d'un château appartenant à la commune aient été endommagées par des incendies volontaires et que ces délits aient été perpétrés dans le contexte de violences urbaines, il résulte de l'instruction qu'ils n'ont pas été commis par un attroupement ou un rassemblement précisément identifié et agissant de façon spontanée au sens des dispositions de l'art. L. 2216-3 CGCT. • CAA Bordeaux, 6 juill. 2010, *Sté Mutuelle d'assurances des collectivités locales*, n° 09BX01203 : *JCP Adm. 2010, n° 2323, obs. Pacteau.* ♦ Nonobstant le fait qu'elles se soient produites dans un contexte de violences urbaines, les dégradations causées à un restaurant résultent d'une action préméditée sans qu'il ait été prouvé qu'elles avaient un lien avec un attroupement ou un rassemblement déterminé. • CAA Bordeaux, 27 sept. 2011, *SA GFA Caraïbes et a.*, n° 10BX03125 : *AJDA 2012. 816, note Vié.* ♦ Il n'en va pas de même en revanche des dégradations causées à une bijouterie compte tenu de sa proximité avec la préfecture autour de laquelle des attroupements ont donné lieu à de graves dégradations et nonobstant le fait que les circonstances d'effraction de l'établissement auraient révélé une certaine organisation. • Même arrêt. ♦ Même produite dans un contexte de violence urbaine, la destruction d'un gymnase causée par l'embrasement d'une voiture bélier qui en avait forcé l'accès est le fait d'agissements prémédités dépourvus de liens avec un attroupement ou un rassemblement prémédité. • CE 11 juill. 2011, *Sté Mutuelle d'assurances des collectivités locales*, n° 331669 : *RLCT 2011, n° 2051, note Aubin ; AJDA 2011. 1461, note Grand ; DGCT 2012. 435, obs. Bon.*

11. En revanche, sont le fait d'un attroupement ou d'un rassemblement les destructions et dégradations de bâtiments commises par des jeunes gens s'étant regroupés à la suite du décès accidentel d'un jeune homme poursuivi par la police. • CE 29 déc. 2000, *Assurances générales de France : AJDA 2001. 164, chron. Guyomard et Collin ; Gaz. cnes 12 févr. 2001, p. 59, note Montagne ; D. 2002. Somm. 527, chron. Bon et de Béchillon.* ♦ *Idem* compte tenu des circonstances de temps et de lieu, pour des dégradations commises par des jeunes dans la soirée et la nuit qui ont suivi l'annonce du décès accidentel de deux jeunes adolescents poursuivis par la police. • CE 11 juill. 2011, *Sté Mutuelle d'assurances des collectivités locales : préc. note 10.* ♦ *Idem* pour des jeunes gens qui se sont progressivement rassemblés devant une discothèque dont l'entrée leur avait été refusée par la direction de l'établissement, et qui y sont restés massés plusieurs heures en manifestant leur mécontentement tandis que certains d'entre eux ont réussi à y pénétrer et à procéder à diverses destructions et dégradations. • CE 13 déc. 2002, *Cie d'assurances Les Lloyd's de Londres et a. : AJDA 2003. 398, concl. Olson.* ♦ *Contra* • CAA Paris, 19 janv. 1995, *Préfet du Val-d'Oise : LPA 21 juill. 1995, concl. Mendras.* ♦ Doit être considérée comme un attroupement la trentaine d'éleveurs en colère qui participaient à une manifestation organisée par des syndicats agricoles et qui ont pendant plusieurs jours bloqué l'accès à un abattoir. • CAA Lyon, 5 févr. 2009, *Sté Charveron frères*, n° 08LY01426 : *AJDA 2009. 1002, concl. Besle.*

12. Une foule de 200 à 300 personnes s'étant rassemblée à l'aéroport le jour de l'évacuation pour des raisons d'ordre public d'un agent public suspendu de ses fonctions pour avoir tenu des propos estimés injurieux à l'égard de la population locale et plusieurs personnes ayant violemment attaqué à coups de pied et de poing l'agent avant son embarquement, les blessures dont il a été victime ne sont pas dissociables de la manifestation, l'administration n'établissant pas que lesdites blessures seraient le fait d'un groupe distinct des manifestants et ayant prémédité l'agression. Par conséquent, elles engagent la responsabilité sans faute de l'État sur le fondement de l'art. L. 2216-3 CGCT. • CAA Bordeaux, 27 déc. 2005, *Min. de l'Intérieur c/ Rongieras*, n° 02BX02661 : *JCP Adm. 2006, n° 1134, obs. Garrido.* ♦ L'émeute des détenus au sein d'une maison centrale a revêtu le caractère d'un mouvement général, spontané et violent au cours duquel ont été notamment incendiés les ateliers de travail. Les pertes en matériel et d'exploitation résultant pour le requérant, concessionnaire d'un contrat de main d'œuvre pénale, de l'incendie de l'atelier dans lequel il exerçait ainsi son activité revêtent ainsi le caractère de dommages susceptibles d'engager la responsabilité sans faute de l'État. • CAA Bordeaux, 10 juill. 2007, *Dornbusch c/ Garde des Sceaux, min. de la Justice*, n° 05BX01097 : *JCP Adm. 2007, n° 2257, comm. 6, obs. Garrido ; AJDA 2008. 367, note Arbousset.* ♦ Un groupe qui s'est constitué et organisé à seule fin de commettre le délit d'entrave à la circulation puni par l'art. L. 412-1 C. route ne peut être regardé comme un attroupement ou un rassemblement. • CE 30 déc. 2016, *Sté Generali IARD*, n° 389835 : *Lebon ; AJDA 2017. 524, chron. L. Dutheillet de Lamothe et G. Odinet ; Dr. Adm. 2017, Étude 15, note Diemer.*

13. La découverte de l'inscription « FLNC » près des débris d'un avion détruit à l'explosif sur un aérodrome ne suffit pas à établir, en l'absence de toute autre circonstance, que le dommage résulte d'un attroupement ou d'un rassemblement. • CE 3 mars 2003, *Groupement d'intérêt économique « La réunion aérienne »*, n° 232537 : *JCP Adm. 2003, n° 106, obs. Moreau.*

D. CRIMES OU DÉLITS COMMIS À FORCE OUVERTE OU PAR VIOLENCE

14. Le fait que des manifestants aient maculé de peinture des marches en marbre, nécessitant la dépose et la repose de plusieurs éléments et le remplacement de certains d'entre eux, est constitutif du délit de destruction ou détérioration volontaire d'objet mobilier ou de bien immobilier. • CE 6 déc. 1999, *Ouizille : D. 2000. Somm. 259, obs. Bon et de Béchillon*. ♦ Si des ouvriers grévistes, à l'occasion de l'occupation d'une usine, brûlent dans la cour de l'usine des stocks de produits chimiques appartenant à l'entreprise et s'opposent à l'extinction de l'incendie par les sapeurs-pompiers, l'État est responsable des dommages causés en application de l'art. 92 de la L. du 7 janv. 1983 (CGCT, art. L. 2216-3). • CAA Douai, 26 févr. 2002, *Sté AIG Europe : LPA du 13 nov. 2002, concl. Michel.* ♦ Il en va de même des dommages causés par une vingtaine d'agriculteurs qui, à l'issue d'une manifestation, forcent l'entrée de la caisse de mutualité sociale agricole et s'y livrent à des actes de vandalisme. • CAA Nantes, 11 avr. 2002, *Caisse régionale d'assurances mutuelles agricoles de Bretagne : Coll. terr. 2002. 200, note Rouhaud.*

15. Le fait que des manifestants aient déversé des tonnes de pommes de terre sur les voies publiques, empêchant ainsi toute circulation automobile pendant plusieurs heures, constitue un délit d'entrave ou de gêne à la circulation publique. La responsabilité de l'État est donc engagée à l'égard de la communauté urbaine au titre des opérations de nettoiement et de déblaiement des rues qu'il lui incombait d'assurer. • CAA Nantes, 3 mai 1995, *Min. de l'Intérieur et de l'Aménagement du territoire : AJDA 1995. 799, obs. Cadenat ; JCP 1996. II. 22612, note Dupont-Marillia.* ♦ Elle est également engagée à l'égard de la commune si c'est à cette dernière que cette tâche incombait. • CE 18 nov. 1998, *Cne de Roscoff*, n° 173183. ♦ L'occupation des voies de chemin de fer par des salariés correspond, lorsqu'elle entrave la circulation des trains, à un délit commis à force ouverte par un attroupement au sens de l'art. L. 2216-3 CGCT. • CAA Paris, 19 oct. 2004, *Min. de l'Intérieur*, n° 01PA02677 : *AJDA 2005. 83, note Trouilly*.

16. Le fait que des manifestants aient empêché la perception du péage dû par les automobilistes n'est pas constitutif d'un délit d'entrave ou de gêne à la circulation alors même qu'ils ont profité de l'arrêt des automobilistes au péage pour exposer leurs doléances. En conséquence, la responsabilité de l'État n'est pas engagée à l'égard de la société d'autoroute. • CE 10 mai 1996, *Sté des autoroutes Paris-Rhin-Rhône*, n° 146927 : *Lebon 172*. ♦ Ne commet pas d'erreur de qualification juridique une cour administrative d'appel qui ne qualifie pas de délit la tentative de lycéens de pénétrer par la force à l'intérieur d'un établissement à l'occasion d'une manifestation lycéenne dès lors qu'aucun délit n'a été relevé dans le procès-verbal de police et qu'aucune plainte n'a été déposée par l'établissement. Les dommages consécutifs à cette manifestation (effondrement d'une balustrade ayant blessé un mineur) ne sont pas, par suite, de nature à engager la responsabilité de l'État. • CE 19 mai 2000, *Région Languedoc-Roussillon*, n° 203546 : *D. 2002. Somm. 527, chron. Bon et de Béchillon*. ♦ Si, en lançant des fusées de détresse en direction de bâtiments alors qu'ils manifestaient, les marins pêcheurs ont pu manquer à une obligation de sécurité ou de prudence, il n'est pas soutenu ou établi que celle-ci serait imposée par la loi ou le règlement. Ainsi, il n'est pas démontré que les agissements des marins pêcheurs seraient constitutifs du délit prévu et réprimé par l'art. 322-5 C. pén. Dans ces conditions, les dommages provoqués ne sont pas au nombre de ceux qui peuvent ouvrir droit à réparation sur le fondement de l'art. L. 2216-3. • CAA Douai, 26 mars 2009, *SA Gan assurances c/ Min. de l'Intérieur*, n° 08DA1010 : *BJCL 2009. 338, concl. Lepers et obs. B.P. ; JCP Adm. 2010, n° 2018, obs. Rouault.*

E. PRÉJUDICES RÉPARABLES

17. L'État est responsable des dégâts et dommages de toute nature qui sont la conséquence certaine et directe des crimes et délits commis par des attroupements ou rassemblements de telle sorte que sa responsabilité peut être engagée, non seulement à raison de dommages corporels ou matériels, mais aussi, le cas échéant, lorsque les dommages invoqués ont le caractère d'un préjudice commercial consistant notamment en un accroissement des dépenses d'exploitation ou en une perte de recettes d'exploitation. • CE, ass., avis cont., 6 avr. 1990, *Sté « Cie financière et industrielle des autoroutes »*, n° 112497 : *Lebon 95, concl. Hubert ; RD publ. 1990. 1145, concl. Hubert ; RFDA 1991. 562, note Letteron ; LPA 1er août 1990, note Prélot ; LPA 1er oct. 1990, note Morand-Deviller ; D. 1991. Somm. 235, obs. Bon et Terneyre ; GAJA n° 114.* ♦ C'est ainsi qu'est réparable le préjudice commercial subi par la SNCF à la suite d'occupations des gares par des manifestants. • CAA Paris, 6 juin 1991, *SNCF : LPA 17 juill. 1991, concl. Dacre-Wright.*

18. Le lien de causalité entre le dommage et les crimes ou délits commis doit être direct et certain. Des sociétés de livraison de marchandises qui demandent réparation de dommages subis du fait de barrages routiers ne peuvent obtenir réparation que si elles rattachent le dommage invoqué à un ou plusieurs barrages précis. • CE, avis, 20 févr. 1998, *Sté Études et construction de sièges pour l'automobile*, n° 189185 : *préc. note 6* • CAA Bordeaux, 10 sept. 2002, *Sté GEFCO : JCP Coll. terr. 2003, n° 1016, obs. Moreau.* ♦ Le préjudice commercial lié à un afflux massif de marchandises dans les jours suivant le rétablissement de la situation postérieurement au blocage des routes par des barrages ne revêt pas de lien direct avec ces barrages. • CE 7 févr. 2005, *Sté. GEFCO*, n° 2289952 : *Coll. terr. 2005, n° 69, note Moreau.*

19. Une société demandait à être indemnisée du préjudice résultant de l'impossibilité dans laquelle elle s'est trouvée d'acheminer à ses clients les produits qu'elle commercialise en raison de barrages mis en place par les chauffeurs routiers sur l'ensemble du territoire national. Rejet par la CAA en se fondant sur la brièveté de la période pendant laquelle les autorités compétentes ont laissé subsister les barrages. Mais en ne tenant pas compte de la nature de l'activité de la société et, notamment, du caractère périssable des produits qu'elle commercialise, la Cour a commis une erreur de droit. • CE 27 juin 2005, *SA Vergers d'Europe*, n° 267628 : *AJDA 2005. 2078, concl. Chauvaux ; Coll. terr. 2005, n° 180, obs. Moreau.*

20. Le TA de Paris indemnise, pour la première fois, le préjudice causé par un tir de flashball en faisant application du régime légal de réparation des dommages causés par des attroupements et des rassemblements. • TA Paris, 17 déc. 2013, n° 1217943/3-1 : *AJDA 2014. 1112, note Akoun.*

F. CAUSES EXONÉRATOIRES

21. Les fautes commises par la société requérante et tenant à ce que l'implantation des installations et la poursuite de l'exploitation étaient intervenues en méconnaissance de la législation sur l'urbanisme et de celle des installations classées ne sont pas de nature à exonérer l'État de la responsabilité qui lui incombe du fait des dommages causés à une exploitation avicole lors d'une manifestation. • CE 21 févr. 1996, *SARL « Œufs B.B. »*, n° 142883 : *Lebon 50.*

G. RESPONSABILITÉ DU FAIT DES ATTROUPEMENTS ET RASSEMBLEMENTS ET RESPONSABILITÉ CONTRACTUELLE

22. En dépit du caractère exclusif de la responsabilité contractuelle, le contractant de l'État peut engager la responsabilité sans faute de celui-ci sur le fondement de l'art. L. 2216-3. Une société concessionnaire d'autoroutes peut donc demander la condamnation sans faute de l'État, sur le fondement des dispositions précitées, du fait du préjudice qu'elle estime avoir subi lors de l'occupation par des manifestants d'un poste de péage. • CAA Lyon, 24 juin 2003, *Sté des autoroutes Paris-Rhin-Rhône : AJDA 2003. 2372, note Bourrachot.*

23. Cette responsabilité s'étend à la réparation des dégâts et dommages provoqués par l'intervention des forces de l'ordre contre les membres d'attroupements ou rassemblements. • CE 31 mai 2024, n° 468316 A : *AJDA 2024. 1666, note Rouillier ; AJCT 2024. 512, obs. Renard.*

24. La faute de la victime qui s'est maintenue à proximité immédiate du rassemblement alors que des ordres de dispersion ont été donnés exonère partiellement l'État de sa responsabilité. • TA Montpellier, 7 mars 2023, *M. M. : préc.* • TA Bordeaux, 21 févr. 2023, *Mme D. F. : préc.* • CAA Toulouse, 21 févr. 2023, *Voiturier et a. : préc.* • CAA Paris, 23 mai 2016, *Préfet de police c/ FGVAT*, n° 15PA00652 • TA Toulouse, 1er mars 2016, n° 1204467 • CAA Paris, 31 oct. 1991, n° 89PA0279. ♦ V., pour une exonération totale, • CAA Nantes, 19 mai 2021, n° 20NT02603 ou • CE 31 mai 2024, n° 468316 A : *AJDA 2024. 1135 ; ibid. 1666, note Rouillier ; AJCT 2024. 512, obs. Renard ; Dr. adm. 2024. Comm. 35.*

TITRE II SERVICES COMMUNAUX

CHAPITRE I RÉGIES MUNICIPALES

ENCYCL. COLL. LOC. *Services publics locaux : régies locales, 6220 ; Services publics locaux : régime des SPIC, 6120*, par J.-C. DOUENCE.

BIBL. GÉN. ► DOUENCE, La réforme des régies locales, *AJDA 2001. 376*. – LACHAUME, Régie. Mode de gestion des services publics locaux, *J.-Cl. Coll. terr., fasc. 740 et 742* ; Que reste-t-il de la distinction SPA-SPIC et de ses effets aujourd'hui ?, *AJDA 2021. 60*. – SEILLER, L'érosion de la distinction SPA-SPIC, *AJDA 2005. 417*. – Régies et collectivités territoriales, *Dossier*, *AJCT 2014. 184*.

SECTION 1 Dispositions générales

Art. L. 2221-1 **Les communes et les syndicats de communes peuvent exploiter directement des services d'intérêt public à caractère industriel ou commercial.**

Sont considérées comme industrielles ou commerciales les exploitations susceptibles d'être gérées par des entreprises privées, soit par application de la loi des 2-17 mars 1791 *[portant suspension de tous les droits d'aides, de toutes les maîtrises et jurandes et établissement des droits de patente dite loi Le Chapelier]*, **soit, en ce qui concerne l'exploitation des services publics communaux, en vertu des contrats de concession ou d'affermage.** – *[C. communes, art. L. 323-1, al. 1er et 2.]*

Plan des annotations

I. NOTION DE SERVICE PUBLIC INDUSTRIEL ET COMMERCIAL

1. La notion de SPIC a été créée par le Tribunal des conflits (sans que le terme même figure dans l'arrêt) dans un arrêt attribuant compétence au juge judiciaire pour connaître d'un litige relatif à un service de transport (le bac d'Eloka) que la colonie de Côte-d'Ivoire exploitait dans les mêmes conditions qu'un industriel ordinaire. • T. confl. 22 janv. 1921, *Sté commerciale de l'ouest africain : Lebon 91 ; S. 1924. 3. 34, concl. Matter ; D. 1921. 3. 1, concl. Matter.*

2. Le critère jurisprudentiel a été fixé par un arrêt de principe déniant qu'un établissement public national gère un service public industriel et commercial. • CE 16 nov. 1956, *Union syndicale des industries aéronautiques : Lebon 434 ; S. 1957. 38, concl. Laurent ; D. 1956. 759, concl. Laurent ; JCP 1957. II. 9968, note Blaevoet ; AJDA 1956. 489, chron. Fournier et Braibant.*

A. SERVICE PUBLIC INDUSTRIEL ET COMMERCIAL PAR DÉTERMINATION DE LA LOI

3. Seule une qualification législative, plus ou moins explicite, s'impose au juge. Une qualification purement réglementaire peut être écartée par le juge si elle n'est pas conforme à son propre critère. Ainsi le Fonds d'orientation et de régularisation des marchés agricoles, bien que qualifié par décret d'établissement public à caractère industriel et commercial, gère en réalité un service public administratif. • T. confl. 24 juin 1968, *Sté d'approvisionnements alimentaires, Sté des distilleries bretonnes (2 esp.) : Lebon 801, concl. Gégout ; D. 1969. 116, note Chevallier ; JCP 1969. II. 15764, concl. Gégout, note Dufau.*

4. Bien qu'une régie gère en principe un service à caractère industriel et commercial (selon le droit en vigueur avant la loi du 3 janv. 1992), le juge a considéré que le bac de l'île de Ré, géré par la régie départementale des passages d'eau de la Charente-Maritime, constituait en réalité un service public administratif (sol. impl.). • CE 10 mai 1974, *Denoyez et Chorques : Lebon 274 ; AJDA 1974. 311, chron. Franc et Boyon ; RD publ. 1975. 467, note Waline ; Rev. adm. 1974. 440, note Moderne ; D. 1975. 393, note Tedeschi.* – V. aussi note 15.

5. Service d'assainissement. Ce service est financièrement géré comme un service à caractère industriel et commercial, selon les termes mêmes de la loi, et la redevance d'assainissement assise sur la consommation d'eau constitue le prix d'un service. Ainsi il doit être regardé comme un service public industriel et commercial. • CE 20 janv. 1988, *SCI La Colline c/ Cne de La Bénisson-Dieu,* n° 70719 : *Lebon 21 ; AJDA 1988. 407, obs. Auby ; RFDA 1988. 880, concl. de la Verpillère ; CJEG 1988. 407, note JB Auby ; ACL 1989, n° 20.*

6. La solution précitée est l'aboutissement d'une évolution initiée par le Conseil constitutionnel. Ce dernier distingue la redevance-pénalité infligée au riverain du réseau qui refuse de se raccorder, qui a le caractère d'une taxe fiscale et la redevance normale payée par l'usager en contrepartie du service rendu. • Cons. const. 29 déc. 1983, n° 83166 DC, *prix de l'eau pour 1984 : Rec. Cons. const. 77.* ♦ Puis le Tribunal des conflits renvoie au juge judiciaire la connaissance d'un litige entre fermier et usager relatif à la redevance-prix. • T. confl. 12 janv. 1987, *Cie des Eaux et de l'Ozone c/ SA Éts Vétillard : Lebon 442 ; RFDA 1987. 284, concl. Massot ; ACL 1988, n° 32* • T. confl. 13 nov. 2000, *Sté de distribution d'eau intercommunale c/ SA Descombe,* n° 3191. ♦ V. aussi art. L. 2224-7 à L. 2224-12.

7. Service des ordures ménagères et autres déchets. La loi détermine son mode de financement, soit par le budget général et notamment une taxe spécifique, soit par une redevance contrepartie du service rendu. S'il est financé par voie fiscale, le service présente un caractère administratif. • T. confl. 28 mai 1979, *SCAAN de Cergy-*

Pontoise : Lebon T. 658 et 672 ; RD publ. 1980. 262 ; D. 1979. IR 386, obs. Delvolvé. ♦ Il résulte des dispositions légales, éclairées par leurs travaux préparatoires, que le législateur a entendu permettre aux collectivités publiques, en substituant une rémunération directe du service par l'usager à une recette de caractère fiscal, de gérer ce service comme une activité industrielle et commerciale. Par suite lorsqu'une commune décide de financer son service par la redevance mentionnée par la loi, ce service doit être regardé comme ayant un caractère industriel et commercial. • CE, sect. avis cont., 10 avr. 1992, *SARL Hofmiller*, n° 132539 : *Lebon 159 ; AJDA 1992. 687, obs. Prétot ; CJEG 1992. 480, note Lachaume ; RFDA 1994. 159, concl. Arrighi de Casanova ; ACL 1993, n° 29.* ♦ Analyse confirmée par le Tribunal des conflits. • T. confl. 29 sept. 1998, *Hermann c/ Cne d'Indisheim*, n° 3073 : *D. 1999. IR 10* • CE 25 juin 2003, n° 240411 A : *AJDA 2003. 2111*. ♦ V. art. L. 2224-13 à L. 2224-17, ainsi que L. 2333-76 à L. 2333-80 (pour la redevance) • T. confl. 16 oct. 2006, *SA camping Les Grosses Pierres*, n° C3533 B. ♦ V. art. L. 2224-13.

8. *Abattoirs publics.* Il ressort des dispositions de la loi du 8 juill. 1965 éclairée par les travaux préparatoires, que le législateur a entendu faire des abattoirs publics des services publics à caractère industriel et commercial. • T. confl. 8 nov. 1982, *SA Maine-Viande et a. : Lebon 460 ; D. 1983. 69, concl. Picca.* ♦ Solution reprise sans plus de discussion par la suite. • T. confl. 14 févr. 2005, *Sté Maison de Domingo*, n° 3405 : *RFDA 2005. 1055* (V. les autres références dans la Chronique GRALE, rubrique « Compétences – Services publics locaux »). ♦ V. art. L. 2224-30 et L. 2333-1 (pour la taxe d'usage des abattoirs publics).

9. *Exploitation des pistes de ski.* Le service public concerne d'abord les remontées mécaniques. • CE 23 janv. 1959, *Cne d'Huez*, n° 39532 : *Lebon 67.* ♦ Il est qualifié d'industriel et commercial par la loi n° 85-30 du 9 janv. 1985, relative au développement et à la protection de la montagne. La qualification est reprise sans discussion par le juge. • T. confl. 24 févr. 2003, *M. Schach c/ Sté Deux Alpes Loisirs*, n° 3340 : *ACL 2004, n° 28* • 29 oct. 1990, *Moyal*, n° 2625 : *RD publ. 1991. 1152.* ♦ Le juge élargit enfin la qualification à l'ensemble de l'exploitation des pistes de ski, incluant notamment leur entretien et leur sécurité. • CE 19 févr. 2009, *Mlle Beaufils, M. et Mme Beaufils*, n° 293020 : *Dr. adm. 2009, n° 76, note Mollion ; AJDA 2009. 340 ; RFDA 2009. 777, note Pouyaud ; RLCT 2009. 1367, note Tifine* • 28 avr. 2014, *Cne de Val-d'Isère*, n° 349420 A : *AJDA 2014. 885 ; ibid. 1258, chron. Bretonneau et Lessi ; RDI 2014. 571, obs. Foulquier ; AJCT 2014. 507, obs. Josselin ; JS 2014, n° 144, p. 9, obs. Juilles ; ibid. 2015, n° 152, p. 25, étude Honorat.* ♦ L'exploitation des remontées mécaniques et des pistes de ski, incluant notamment leur entretien et leur sécurité, constitue un service public industriel et commercial, même lorsque la station de ski est exploitée en régie directe par la commune ou par un groupement de communes, le cas échéant associés au département. Il en résulte qu'en l'absence de disposition législative contraire, les agents contractuels recrutés pour exercer dans un tel service public sont, à l'exception de l'agent chargé de la direction du service ainsi que du chef de la comptabilité ayant la qualité de comptable public, soumis à un régime de droit privé. Ils peuvent donc être placés en position d'activité partielle dans les conditions prévues par le code du travail. • CE 28 janv. 2021, *Synd. mixte Savoie Grand Revard*, n° 432340 B : *AJDA 2021. 245 ; JT 2021, n° 239, p. 13, obs. Montecler.* ♦ En l'absence de faute du maire dans l'exercice de ses pouvoirs de police, la responsabilité sans faute de la commune exploitante de la station pour défaut d'entretien et de mise en sécurité des pistes de ski ne peut être recherchée que devant le juge judiciaire. • Même arrêt.

10. *Autres services publics locaux.* Aucune jurisprudence explicite n'est nécessaire lorsque la qualification de service public industriel et commercial résulte d'une disposition expresse de la loi. Ainsi de la distribution d'électricité et de gaz aux termes de la loi n° 46-628 du 8 avr. 1946 sur la nationalisation de l'électricité et du gaz ou des transports publics réguliers de personnes relevant d'une collectivité locale et régis par la loi n° 82-1153 du 30 déc. 1982, d'orientation des transports intérieurs.

B. CRITÈRE JURISPRUDENTIEL DU SERVICE PUBLIC INDUSTRIEL ET COMMERCIAL

11. Un service public est présumé administratif, à moins que son caractère industriel et commercial ne résulte de la réunion de trois conditions posées par la jurisprudence. Arrêt de principe. • CE 16 nov. 1956, *Union syndicale des industries aéronautiques : préc. note 2.*

1° OBJET DU SERVICE

12. L'objet du service doit avoir un caractère industriel et commercial, c'est-à-dire être une activité de production et d'échanges de biens ou de services susceptible d'être exercée par une entreprise privée. Ainsi de la gestion d'un entrepôt frigorifique municipal. • T. confl. 17 déc. 1962, *Dame Bertrand : Lebon 831, concl. Chardeau ; AJDA 1963. 88, chron. Gentot et Fourré.* ♦ ... Ou d'un parc de stationnement situé hors de la voirie municipale. • CE 12 juill. 1995, *Cne de Maintenon*, n° 147947 : *Lebon 305 ; ACL 1996, n° 45.* ♦ ... Ou de la gestion d'une gare routière par une chambre de commerce et d'industrie. • T. confl. 27 juin 1988, n° 02527 A. ♦ ... Ou d'un service de télématique assurant notamment des missions de télésurveillance, télégestion, téléassistance, gestion de banques de données, etc. • CE 20 mars 1998, *SEM de Sécurité active et de télématique*, n° 157586 B.

13. Hôtellerie. La Régie du Grand Hôtel des Thermes de Brides-les-Bains a un caractère industriel et commercial. • T. confl. 13 févr. 1984, *M. X*, n° 02318 B. ♦ L'activité d'hôtellerie-restauration exploitée sur le site du mont Sainte-Odile par la mense épiscopale de Strasbourg est, eu égard à son objet et à ses modalités de fonctionnement, un service public industriel et commercial. La mense épiscopale, organe du culte catholique reconnu d'Alsace-Moselle, est, en vertu du concordat et de la loi, un établissement public du culte chargé de gérer les biens du diocèse. • T. confl. 13 déc. 2010, *M. Muller c/ Mense épiscopale de Strasbourg*, n° C3748 : *RFDA 2011. 428.*

14. Caractère administratif. Le but d'intérêt général qui s'attache à des activités à objet social, éducatif, culturel ou touristique est souvent considéré comme exclusif de tout caractère industriel et commercial, alors même que ces activités pourraient être exercées par des personnes privées. Ainsi de la lutte contre l'usure par l'octroi désintéressé de prêts sur gages et autres procédés charitables. • T. confl. 15 janv. 1979, *Caisse de Crédit municipal de Toulon c/ Creus : Lebon 658 ; D. 1979. IR 264, obs. Delvolvé ; JCP 1980. II. 19328, note Kerninon.* ♦ Confirmation pour les caisses de crédit municipal. • T. confl. 22 sept. 2003, *Thomas c/ Crédit municipal de Dijon*, n° 3349 : *Lebon 576 ; BJCL 2003. 355, concl. Commaret.* ♦ ... De la gestion du théâtre antique d'Orange. • CE 26 janv. 1968, *Dame Maron : Lebon 69 ; AJDA 1968. 293, concl. Bertrand.* ♦ ... Du palais des festivals et des congrès de Cannes. • T. confl. 19 déc. 1988, *Ville de Cannes c/ Ponce : Lebon 497 ; AJDA 1989. 274, obs. Prétot ; ACL 1989, n° 29.* ♦ ... De l'organisation d'un festival de la bande dessinée. • CE 25 mars 1988, *Ville d'Hyères*, n° 61257 : *Lebon 668*. ♦ ... Ou d'une « grande parade du jazz ». • CE 2 juin 1995, *Ville de Nice*, n° 123647 B : *ACL 1996, n° 41.* ♦ ... Ou d'un théâtre lyrique régional géré par le syndicat intercommunal Opéra du Nord. • T. confl. 12 mai 1997, *Synd. intercommunal Opéra du Nord c/ M. Serkoyan : Lebon T. 741*.

15. Le bac de l'île de Ré a été considéré comme un service public administratif, d'abord de façon implicite. • CE 10 mai 1974, *Denoyez et Chorques : préc. note 4.* ♦ La solution a été confirmée parce que son objet était d'assurer la continuité territoriale entre le continent et les îles. • CE 10 juill. 1989, *Régie dptale des passages d'eau de la Charente-Maritime : RFDA 1991. 180, note Lachaume*.

2° ORIGINE DES RESSOURCES DU SERVICE

16. La redevance pour service rendu s'analyse comme un prix payé par les usagers en contrepartie des prestations qui leur sont fournies. Ce principe d'équivalence la distingue de la taxe à caractère fiscal qui frappe les contribuables sans contrepartie directe. • CE 21 nov. 1958, *Synd. national des transporteurs aériens : Lebon 572 ; S. 1959. 205, concl. Chardeau ; D. 1959. 475, note Trotabas.* ♦ La distinction a un caractère constitutionnel, la taxe relevant du domaine de la loi en vertu de l'art. 34 de la Constitution et la redevance relevant de la compétence administrative. • Cons. const. 6 oct. 1976, n° 76-92 L : *JO 9 oct., p. 5943 ; Rec. Cons. const. 59 ; RD publ. 1977. 464, note Favoreu et Philip.*

17. La redevance est la contrepartie directe du service rendu aux usagers. La charge de l'éclairage public, qui est une dépense distincte, ne peut donc être imputée aux usagers du service municipal de distribution d'électricité. • CE 31 juill. 2009, *Ville de Grenoble*, n° 296964 : BJCP 2009. 460, concl. Boulouis, obs. M. ; RLCT 2009. 1476, obs. Glaser ; DGCT 2010, chron. n° 19.

18. Le financement du service par une taxe est exclusif de tout caractère industriel et commercial. Jurisprudence constante. • CE 16 nov. 1956, *Union syndicale des industries aéronautiques : préc. note 2.* ♦ V. par ex. pour un service d'enlèvement des ordures ménagères financé par la taxe d'enlèvement des ordures ménagères. • T. confl. 28 mai 1979, *SCAAN de Cergy-Pontoise : préc. note 7.*

19. La perception d'une redevance sur les usagers est la condition nécessaire du caractère industriel et commercial d'un service. Ainsi la colonie de Côte-d'Ivoire exploite un service de transport dans les mêmes conditions qu'un industriel ordinaire parce qu'elle effectue, moyennant rémunération, les opérations de passage des piétons et des voitures d'une rive à l'autre de la lagune. • T. confl. 22 janv. 1921, *Sté commerciale de l'ouest africain : préc. note 1.*

20. Si le financement du service combine plusieurs types de ressources différentes et éventuellement variant dans le temps, il convient de s'attacher à celle qui en fournit la part prépondérante. D'où le caractère administratif d'un service principalement financé par une taxe parafiscale. • CE 16 nov. 1956, *Union syndicale des industries aéronautiques : préc. note 2.* ♦ Est également administratif un centre portuaire d'accueil routier financé pour une part prépondérante par des subventions publiques. • T. confl. 25 avr. 1994, *Synd. mixte d'équipement de Marseille : Lebon T. 856 ; ACL 1995, n° 38.* ♦ Il en va également ainsi d'un palais municipal des festivals dont les recettes propres, exclusivement tirées de la location des salles, ne couvrent qu'une petite partie de ses dépenses de fonctionnement. • T. confl. 19 déc. 1988, *Ville de Cannes*, n° 2541 : *préc. note 14.* ♦ *Contra* : un service de distribution d'eau servant à l'irrigation qui prélève à ce titre sur les usagers des redevances dont le montant est fonction du service rendu, mesurée par la superficie des surfaces irriguées, présente un caractère industriel et commercial, nonobstant la circonstance que le montant des redevances à la charge des bénéficiaires ne représenterait qu'une faible partie du coût du service. • T. confl. 16 oct. 2006, *M. Monteil c/ Synd. intercommunal d'études, de travaux et de gestion du canton de Montignac*, n° C3511 B : *AJDA 2006. 2413*.

21. Mais une redevance peut également être instituée pour financer un service qui conserve un caractère administratif. Ainsi l'exploitation du pont à péage, administratif en raison de son objet (ouvrage incorporé à la voirie départementale), malgré la perception de péages par le concessionnaire. • CE 2 oct. 1985, *Jeissou (2 esp.)*, n° 23254 B : *AJDA 1986. 38, concl. Jeanneney.*

22. De même un service public peut présenter un caractère administratif en raison de ses modalités de création et de gestion, malgré la perception de redevances. Ainsi d'un camping municipal. • T. confl. 14 janv. 1980, *Mme Le Crom c/ Cne de Saint-Philibert : Lebon T. 633 ; Dr. adm. 1980, n° 74.* ♦ ... Ou encore d'une piscine municipale gérée en régie directe sous forme d'établissement public chargé de développer la pratique sportive, dont les produits d'exploitation sont imputés au budget général de la collectivité. • T. confl. 26 mai 2003, *Ville de Paris c/ Deruelle*, n° 3346 B : *BJCL 2003. 586, concl. Bachelier.*

23. Souvent le caractère administratif du service est retenu par le juge, malgré l'existence de redevances, sans motivation explicite. Ainsi d'une piscine municipale. • CE 14 juin 1963, *Épx Hébert : Lebon 364, concl. Méric ; D. 1964. 1326, note Lalumière ; AJDA 1964. 63, note Moreau.* ♦ ... Ou d'un camping municipal. • CE 30 juin 1976, *Carrier : Lebon 341.*

3° MODALITÉS DE FONCTIONNEMENT DU SERVICE

24. Il ne suffit pas que le service s'exerce dans un domaine ouvert à l'initiative privée et perçoive des redevances de ses usagers, il faut en outre que ses modalités d'organisation et de fonctionnement révèlent une similitude avec les entreprises privées comparables. Le plus souvent le juge n'explicite pas les indices qui ont emporté sa conviction. V. par ex. pour des services de distribution d'eau et d'électricité, industriels et commerciaux eu égard à leur objet et leurs conditions de fonctionnement. • T. confl. 22 juin 1992, *Berger : Lebon T. 840 ; Dr. adm. 1992, n° 444.* ♦ V. aussi pour l'activité d'hôtellerie-restauration de la Mense épiscopale de Strasbourg. • T. confl. 13 déc. 2010, *M. Muller c/ Mense épiscopale de Strasbourg*, n° C3748 : *préc. note 13.*

25. Les indices tirés des modalités de fonctionnement *sont souvent retenus pour* dénier le caractère industriel et commercial du service. Ainsi le palais des festivals et des congrès de la ville de Cannes est géré en régie directe, avec un nombreux personnel relevant presqu'en totalité du statut du personnel communal, avec des recettes propres tirées de la location des salles, infimes par rapport aux dépenses. • T. confl. 19 déc. 1988, *Ville de Cannes c/ M. Ponce : préc. note 14.* ♦ De même un foyer-logement pour personnes âgées constitue un service public administratif, eu égard notamment à ses modalités de fonctionnement. • CE 17 mars 1993, *Tortajada*, n° 89572 : *Lebon 71 ; LPA 1993, n° 87, concl. Pochard.* ♦ V. aussi pour le service territorial des hydrocarbures de Mayotte livrant aux particuliers du pétrole lampant utilisé pour l'éclairage et la cuisson des aliments. • T. confl. 24 oct. 1994, *Préfet de Mayotte c/ M. Mahamoudou et Mme Toianti-Ali : Lebon 607 ; ACL 1995, n° 47.*

26. L'examen des trois conditions posées par la jurisprudence peut aussi conduire le juge à reconnaître directement le caractère administratif du service. Ainsi, eu égard à l'intérêt général d'ordre culturel et touristique que présente cette manifestation, aux conditions de son financement et à son mode de fonctionnement, l'organisation de la grande parade du jazz avait le caractère d'une activité de service public administratif. • CE 2 juin 1995, *Ville de Nice*, n° 123647 : *préc. note 14.*

27. Un centre aquatique, qui comprend, en plus de la traditionnelle piscine olympique, un espace « bien-être » (avec salle de « cardio-fitness, sauna, hamman, bain à remous ») et propose des activités d' « aqua-gym » et d' « aqua-bike », peut, au regard de son organisation et de ses conditions de fonctionnement, être qualifié de service public administratif. • T. confl. 9 janv. 2017, *Sté Centre Léman c/ Cté d'agglomération d'Annemasse – Les Voirons*, n° 4074 : *AJCT 2017. 349, obs. Didriche*. ♦ Même si les activités proposées dans l'équipement en cause dans cette espèce étaient plus commerciales que celles habituellement rencontrées dans les piscines municipales « classiques » (V. notes 22 et 23), la qualification de service public industriel et commercial peut donc ne pas être retenue par le juge. • Même arrêt.

28. La circonstance qu'un établissement soit soumis au plan comptable M4 applicable aux services publics locaux à caractère industriel et commercial et qu'un budget annexe soit spécialement dédié à l'activité litigieuse ne saurait suffire à établir que le fonctionnement de cet établissement serait comparable à celui d'une entreprise privée. Par suite, compte tenu de la nature de ses activités, de leur financement, ainsi que de leur mode de fonctionnement, la mission « Grand Parquet » confiée à l'office de tourisme Fontainebleau Tourisme doit être regardée comme présentant un caractère administratif. • CAA Paris 23 avr. 2019, *Cté de cnes du Pays de Fontainebleau*, n° 17PA00362 : *AJCT 2019. 414, obs. Benech*.

C. APPLICATION AUX SERVICES PUBLICS LOCAUX

1° SERVICES COMMUNAUX PRÉVUS PAR LE CODE

29. Service des pompes funèbres (art. L. 2223-19 s.). Sous le régime du monopole légal, le Tribunal des conflits a qualifié le service extérieur des pompes funèbres de service public administratif en raison notamment de son objet. • T. confl. 20 janv. 1986, *Ville de Paris c/ SA Roblot et Bouissoux : Lebon 298 ; AJDA 1986. 267, obs. Richer ; ACL 1987, n° 25.* ♦ La loi du 6 févr. 1993 supprime le monopole et soumet le service, s'il subsiste, à la concurrence d'entreprises privées habilitées. Au terme de la période transitoire, le service présenterait alors un caractère industriel et commercial. • CE, sect. intérieur avis, 19 déc. 1995, n° 358102 : *Rapport public 1995, p. 427.*

30. Services publics industriels et commerciaux (art. L. 2224-1 s.). Le titre du chapitre du code ne préjuge pas de la qualification effective du service figurant dans ce chapitre. Le service d'assainissement est industriel et commercial par détermination de la loi. • CE 20 janv. 1988, *SCI La Colline c/ Cne de La Bénisson-Dieu*, n° 70719 : *préc. note 5.* ♦ Le service d'eau potable a été jumelé avec le service d'assainissement et introduit dans le CGCT par la loi n° 2006-1772 du 30 déc. 2006, qui confirme le caractère industriel et commercial reconnu traditionnellement par la jurisprudence. V. notes ss. art. L. 2224-7 s. ♦ Toutefois, si le service public de distribution de l'eau est en principe, de par son objet, un service public industriel et commercial, même s'il est géré en régie, sans budget annexe et que le prix facturé à l'usager ne couvre que partiellement le coût du service, il revêt le caractère de service public administratif lorsque son coût ne fait l'objet d'aucune facturation périodique à l'usager. • T. confl. 21 mars 2005, *Mme Alberti-Scott c/ Cne de Tournefort*, n° 3413 : *Lebon ; RFDA 2006. 119, obs. Lachaume ; RTD com. 2006. 48, obs. Orsoni.* ♦ Le service des ordures ménagères et autres déchets est administratif s'il est financé par voie fiscale. • T. confl. 28 mai 1979, *SCAAN de Cergy-Pontoise : préc. note 7.* ♦ ... Mais industriel et commercial s'il est financé par voie de redevance. • CE, sect. avis cont., 10 avr. 1992, *SARL Hofmiller*, n° 132539 : *préc. note 7.* ♦ L'utilisation des bureaux de pesage est soumise au payement d'un droit de pesage qui est une taxe indirecte dont le produit n'est pas affecté au service rendu (ce qui exclut implicitement le caractère industriel et commercial). • CE 1er avr. 1960, *Guanter : Lebon 249 ; S. 1960. 239, note Sirat ; Dpt et cnes, sept-oct. 1960, p. 235, note Hourticq.* ♦ Les abattoirs ont un caractère industriel et commercial par détermination de la loi. • T. confl. 8 nov. 1982, *SA Maine-Viande : préc. note 8.* – V. les notes ss. les art. correspondant à chacun des services.

2° SERVICES PUBLICS LOCAUX PRÉVUS PAR DES LOIS SPÉCIALES

31. La mission des caisses de crédit municipal, c'est-à-dire la lutte contre l'usure par l'octroi désintéressé de prêts sur gages et autres procédés charitables en fait un service public administratif par son objet. • T. confl. 15 janv. 1979, *Caisse de Crédit municipal de Toulon c/ Creus : préc. note 14.*

32. La gestion d'un pont à péage revêt un caractère administratif en raison de son incorporation à la voirie routière. • CE 2 oct. 1985, *Jeissou*, n° 23254 : *préc. note 21.* ♦ Il en va de même pour la même raison pour un parc de stationnement implanté sur la voirie communale. • T. confl. 17 oct. 1988, *Cne de Sainte-Geneviève-des-Bois : Lebon 493.* ♦ En revanche, un parc de stationnement situé hors de la voirie communale peut avoir un caractère industriel et commercial. • CE 12 juill. 1995, *Cne de Maintenon*, n° 147947 : *préc. note 12.*

33. La distribution d'électricité a un caractère industriel et commercial. • T. confl. 22 juin 1992, *Berger : préc. note 24.*

34. Les transports scolaires, régis par la loi du 30 déc. 1982 mais surtout par la loi du 22 juill. 1983 [abrogée et codifiée ss. C. éduc., art. L. 213-11 s.], ont un caractère administratif, solution implicite découlant de la recevabilité du recours d'un usager contre le tarif qui lui est appliqué. • CE 19 juin 1992, *Dpt du Puy-de-Dôme c/ M. Marc Bouchon*, n° 108367 : *Lebon 237 ; AJDA 1992. 528, chron. Maugüé et Schwartz ; ACL 1993, n° 39.*

35. La régie du port de plaisance de La Rochelle constitue un service public industriel et commercial. • CAA Bordeaux, 4 mars 2004, *Régie du port de plaisance de La Rochelle*, n° 03BX00795. ♦ Un litige avec un membre du personnel de cet établissement public industriel et commercial ne saurait relever de la compétence du juge administratif. • Même arrêt.

3° LIBERTÉ DE CHOIX DE L'AUTORITÉ LOCALE

36. La qualification législative du service et la condition tenant à l'objet du service s'imposent à l'autorité locale. – V. la jurisprudence citée aux notes 3 à 9 et 11 à 13. Sauf lorsque la loi organise elle-même la liberté de choix de l'autorité locale en fonction du mode de financement adopté pour le service, comme en matière d'ordures ménagères. – V. la jurisprudence citée aux notes 7 à 29.

37. En fixant les modalités d'organisation, de fonctionnement et de financement du service, l'autorité locale détermine objectivement l'application des conditions fixées par la jurisprudence. Le juge reconnaît parfois la liberté de choix qui appartient à l'autorité locale, notamment à propos de services d'initiative locale. De tels services, créés dans l'intérêt général, n'ont de caractère industriel et commercial que dans les cas où les modalités particulières de leur création et de leur gestion impliquent que la commune a entendu leur donner ce caractère. Ce n'est pas le cas du camping municipal de Saint-Philibert. • T. confl. 14 janv. 1980, *Le Crom c/ Cne de Saint-Philibert : préc. note 22.* ♦ Dans le même sens, un village de vacances, repris en gestion directe, dont aucune des modalités de la gestion n'implique que la commune ait entendu lui donner le caractère d'un service public industriel et commercial, constitue un service public administratif. • CE 26 juin 1996, *Cne de Céreste c/ M. Moreschi et a.*, n° 135453 : *Lebon 246 ; ACL 1997, n° 41.* ♦ Rappr. pour la reprise en régie directe de services d'eau et d'assainissement. • Soc. 7 oct. 1992, *Lazareff c/ Cne de Soulac : JCP 1992. II. 21973, rapport Waquet.*

38. Pourtant un parc de stationnement hors de la voie publique, exploité en régie et financé par redevance des usagers, est un service public industriel et commercial, sans autre justification de la solution. • CE 12 juill. 1995, *Cne de Maintenon*, n° 147947 : *préc. note 12.* ♦ La tarification du service rendu doit être fixée conformément aux règles applicables à ces services et notamment au principe d'égalité des usagers. • Même arrêt. ♦ Réaffirmation péremptoire : le service du stationnement payant hors de la voie publique a le caractère d'un service public industriel et commercial. • CE 2 avr. 1997, *Cne de Montgeron*, n° 124883 B : *Dr. adm. 1997, n° 233, note R.S. ; CJEG 1998. 433, note Lachaume ; ACL 1998, n° 26.* ♦ Le contrat d'affermage prévoyant une subvention d'équilibre, contrairement au principe d'équilibre financier de ces services, est, par suite, irrégulier. • Même arrêt. ♦ De même, le caractère industriel et commercial d'un camping municipal est affirmé sans discussion. • T. confl. 18 avr. 2005, *Mme Matterne*, n° 3430.

39. Un service de télésurveillance confié par une commune à une personne privée par un marché public de services qui a pour objet la retransmission d'informations dans le but d'assurer la sécurité de locaux privés constitue un service public industriel et commercial. • T. confl. 2 mai 2011, *Sté Mona Parfum Holding c/ Sté Centre dptal de télésurveillance sécurité*, n° 3776 : *JCP Adm. 2011. 2197, note Crouzatier-Durand.* ♦ V. aussi note 54.

II. RÉGIME DU SERVICE PUBLIC INDUSTRIEL ET COMMERCIAL

A. RÉGIME JURIDIQUE MIXTE

40. Les mesures réglementaires d'organisation du service ont toujours un caractère administratif. Même lorsqu'elles sont prises par une personne privée chargée de gérer le service. • T. confl. 15 janv. 1968, *Cie Air France c/ Épx Barbier : Lebon 789, concl. Kahn.* ♦ Un contrat confiant au cocontractant l'exécution d'un service public est toujours un contrat administratif. • CE, sect., 20 avr. 1956, *Épx Bertin : Lebon 167 ; D. 1956. 869, note de Laubadère ; RD publ. 1956. 869, concl. Long, note Waline ; AJDA 1956. 272, concl. Long, chron. Fournier et Braibant ; Rev. adm. 1956. 496, note Liet-Veaux.* ♦ Les clauses du contrat relatives à l'organisation et au fonctionnement du service public ont un caractère réglementaire. Elles peuvent être invoquées par les tiers à l'appui d'un recours pour excès de pouvoir contre une décision qui les méconnaîtrait. • CE 21 déc. 1906, *Synd. des propriétaires et contribuables du quartier Croix de Seguey-Tivoli : Lebon 962, concl. Romieu.* ♦ Elles peuvent faire l'objet d'un recours pour excès de pouvoir d'un tiers. • CE, ass., 10 juill. 1996, *Cayzeele*, n° 138536 : *Lebon 274 ; AJDA 1996. 807, chron. Chauvaux et Girardot ; CJEG 1996. 382, note Terneyre ; LPA 18 déc. 1996, note Viviano ; RFDA 1997. 89, note Delvolvé ; ACL 1997, n° 44.* – Confirmation : • CE 9 févr. 2018, *Cté d'agglomération Val d'Europe agglomération*, n° 404982 A : *AJDA 2018. 301 ; ibid. 1168, note Alliez ; AJCT 2018. 331, obs. Didriche.* ♦ Le refus implicite du maire de faire respecter par le fermier le règlement du service des eaux est une décision qui a trait à l'organisation du service et est détachable des rapports de droit privé existant entre le gestionnaire du SPIC et ses usagers. Recevabilité du recours pour excès de pouvoir de tout intéressé et invocabilité de tout moyen à l'encontre de la décision. • CE 14 janv. 1998, *Cne de Toulon et Cie des Eaux et de l'Ozone*, nos 160138 et 160432 : *Lebon 8 ; Dr. adm. 1998, n° 82.*

41. Compétence du juge administratif. La responsabilité pour les dommages causés par le service relève du juge judiciaire. • T. confl. 22 janv. 1921, *Sté commerciale de l'ouest africain : préc. note 1.* ♦ Toutefois le juge administratif connaît des dommages de travaux publics causés à des tiers. • CE, sect., 25 avr. 1958, *Dame Vve Barbaza : Lebon 228 ; AJDA 1958. 272, chron. Fournier et Cambarnous* • CE, sect., 13 janv. 1961, *Dpt du Bas-Rhin : Lebon 38 ; AJDA 1961. 235, concl. Fournier.* ♦ ... Mais non des dommages subis par les usagers du service ou des candidats usagers. • T. confl. 17 oct. 1966, *Dame Vve Canasse c/ SNCF : Lebon 834 ; D. 1967. 252, note Durupty ; JCP 1966. II. 14899, concl. Dutheillet de Lamothe.* ♦ Le juge administratif connaît également des dommages causés dans l'exercice de prérogatives de puissance publique telles que l'expropriation. • CE, sect., 23 déc. 1970, *EDF c/ Farsat : Lebon 790 ; AJDA 1970. 96, concl. Kahn ; JCP 1971. II. 16577, note Beaugrève.*

42. À l'exception des blocs de compétences concernant les relations individuelles avec les agents et les usagers du service, les contrats passés par le service sont administratifs ou de droit privé par application du critère général des contrats administratifs. Ainsi est administratif un contrat passé par une personne publique et comportant des clauses exorbitantes du droit commun. • T. confl. 14 nov. 1960, *Sté coop. agricole de stockage de la région d'Ablis et Sté Vandroy-Jaspar : Lebon 866 ; AJDA 1961. 89, note de Laubadère.*

B. RELATIONS INDIVIDUELLES DU SERVICE AVEC SES AGENTS

43. Les rapports individuels entre le service et ses agents relèvent en principe du droit privé et de la compétence judiciaire. • CE 26 févr. 1923,

De Robert Lafreygère : Lebon 67 ; RD publ. 1923. 237, concl. Rivet. ♦ Il n'est fait exception que pour le personnel supérieur de direction et de comptabilité qui a toujours la qualité d'agent public (si le service est géré par une personne publique). • Même arrêt. ♦ L'exception se limite aux deux personnes les plus élevées de la hiérarchie, le comptable public, s'il existe, et le directeur du service. • CE 8 mars 1957, *Jalenques de Labeau : Lebon 158 ; D. 1957. 358, concl. Mosset, note de Laubadère.* – Solution confirmée par le Tribunal des conflits après l'arrêt « Berkani ». • T. confl. 3 juill. 2000, *Fiat c/ Office du tourisme et du thermalisme de Vichy*, n° 3172 : *Dr. adm. 2000, n° 229, note R. S.*

44. Lorsqu'une commune reprend en régie directe l'exploitation d'un service public industriel et commercial antérieurement affermé (abattoirs municipaux), elle doit être considérée comme un nouvel employeur tenu de respecter les contrats de travail en cours, en vertu de l'art. L. 122-12 C. trav. [L. 1224-1 nouveau.] Il en va ainsi y compris pour le directeur du service. Mais, en raison de la volonté de la commune de ne plus recourir à son concours pour la direction du service, il ne s'est pas trouvé placé sous un régime de droit public. Son licenciement se rattache donc à des rapports de droit privé et relève de la compétence judiciaire. • T. confl. 15 mars 1999, *M. Faulcon c/ Cne de Chatellerault*, n° 3097 : *Dr. adm. 1999, n° 215 ; ACL 2000, n° 15.* ♦ Lorsqu'un contrat a pour objet de fixer les modalités selon lesquelles le directeur d'un SPIC prend une préretraite progressive en exerçant l'emploi à temps partiel de conseiller de direction, ce nouveau contrat de travail est soumis au droit privé et son contentieux ne relève pas du juge administratif. • TA Poitiers, 5 févr. 2003, *Régie du port de plaisance de La Rochelle-Les Minimes*, n° 01.2448 : *AJDA 2003. 681, concl. (contr.) Artus.* ♦ Solution confirmée. • CAA Bordeaux, 4 mars 2004, *Régie du port de plaisance de La Rochelle*, n° 03BX00795 : *préc. note 35.*

45. Les circonstances qu'un chef d'exploitation, qui était aussi régisseur de recettes, d'une régie municipale de remontées mécaniques se soit comporté comme le directeur du service – sans pour autant en avoir le titre – et qu'il en ait donc assuré la direction effective suffisent à donner à la juridiction administrative la compétence exclusive pour connaître du litige portant sur son licenciement • T. confl. 13 janv. 2020, *M. A. c/ Cne de Saint-Hilaire-du-Touvet*, n° 4177 : *AJCT 2020. 379, obs. Rouquet.*

C. RELATIONS INDIVIDUELLES DU SERVICE AVEC SES USAGERS

46. Les contrats conclus avec les usagers du service sont toujours des contrats de droit privé relevant du juge judiciaire, même s'ils contiennent des clauses exorbitantes du droit commun. Solution constante. • CE 13 oct. 1961, *Éts Companon-Rey : Lebon 567 ; AJDA 1962. 98, concl. Heumann, note de Laubadère* • T. confl. 17 déc. 1962, *Dame Bertrand : préc. note 12.*

47. L'exploitation d'une station de sports d'hiver est un service public industriel et commercial et les liens qui existent entre le service et ses usagers sont des liens de droit privé ; la société exploitante invoque en vain la mission de sécurité qu'elle exerce pour le compte de la commune, à propos d'un skieur qui a fait une chute et heurté un pylône de remontée mécanique. • T. confl. 24 févr. 2003, *M. Schach c/ Sté Deux-Alpes Loisirs*, n° 3340 : *préc. note 9.* ♦ L'exploitation des pistes de ski incluant leur entretien et leur sécurité constitue un service public industriel et commercial, même lorsque la station de ski est exploitée en régie directe par la commune ; les litiges opposant la victime d'un accident de ski, en qualité d'usager du service, et la commune, en qualité d'exploitant de la station, relèvent des seuls tribunaux judiciaires, que la responsabilité de l'exploitant soit recherchée pour faute ou sans faute. • CE 19 févr. 2009, *Mlle Beaufils, M. et Mme Beaufils*, n° 293020 : *Lebon 62 ; Dr. adm. 2009, nos 58 et 76, note Mollion ; AJDA 2009. 340 ; RFDA 2009. 777, note Pouyaud.* ♦ La compétence judiciaire fait échec au régime de responsabilité pour dommages de travaux publics. • Même arrêt. ♦ La victime ne peut rechercher la responsabilité de la commune devant le juge administratif que pour une faute du maire, dans l'exercice de ses pouvoirs de police, faute qui n'est pas relevée en l'espèce. • Même arrêt. ♦ Le maire, dans l'exercice de ses pouvoirs de police, ne doit prendre de dispositions pour assurer la sécurité des skieurs sur un chemin hors-piste qu'en cas de danger exceptionnel ; il incombe à l'exploitant du domaine skiable de signaler sur le terrain les limites de ce domaine et, en cas d'accident, sa responsabilité ne peut être recherchée que devant le juge judiciaire, dès lors qu'il gère un service public industriel et commercial. • CE 31 mai 2013, *Consorts E.*, n° 350887 : *AJDA 2013. 1137, note de Montecler ; RLCT 2013, n° 2503, obs. Glaser ; JCP Adm. 2013, n° 2321, note Arbousset ; BJCL 2013. 622, concl. Lambolez et obs. Degoffe.*

48. La compétence judiciaire vaut pour tous les litiges relatifs à l'application du contrat. Mauvais fonctionnement du frigorique municipal. • T. confl. 17 déc. 1962, *Dame Bertrand : préc. note 12.* ♦ Dommages résultant de la mauvaise qualité de l'eau distribuée. • T. confl. 19 févr. 1990, *Thomas c/ Cne de Francazal : Lebon 618 ; AJDA 1990. 558, note Théron.* ♦ Interdiction faite à l'usager d'un réseau d'irrigation intercommunal d'utiliser un certain type de matériel. • CE 5 mai 1995, *Deyres*, n° 109930 B : *ACL 1996, n° 38.* ♦ Litige né de la décision d'un usager de ne plus utiliser l'abattoir. • T. confl. 22 mai 1995, *Synd. intercommunal de l'abattoir d'Avignon-Le Pontet c/ Sté coop. « Charolais-Provence » : Lebon 497 ; ACL 1996,* n° 40. ♦ Litiges individuels relatifs à l'application des redevances. • T. confl. 8 nov. 1982, *Sté Maine-Viande : préc. note 8* • CE 6 mars 1992, *Cne de Rabastens-de-Bigorre : Quot. jur. 1992, n° 59, note Deguergue*. ♦ Litige relatif à la redevance d'assainissement, quand bien même l'intéressé ne serait pas raccordé au réseau. • T. confl. 7 déc. 1998, *Rugraff*, n° 3122 : *Dr. adm. 1999, n° 81*. ♦ Radiation d'un hôtel de la liste figurant dans le guide des hôtels de la commune édité par l'office du tourisme, dans la mesure où l'office est un établissement public industriel et commercial et où les hôtels sont répertoriés en contrepartie d'une rémunération. • CE 31 mai 2006, *Office du tourisme de Luchon*, n° 287501 B.

49. Le bloc de compétence fondé sur la notion de liens de droit privé s'étend à l'ensemble des relations individuelles entre le service et ses usagers, même en dehors de tout contrat. Ainsi des litiges opposant au service des candidats usagers qui se heurtent à une décision de refus. • CE 21 avr. 1961, *Dame Agnesi : Lebon 254 ; D. 1962. 536, note FB* • CE 20 janv. 1988, *SCI La Colline c/ Cne de La Bénisson-Dieu*, n° 70719 : *préc. note 5*. ♦ Lorsque GDF, société commerciale exploitant un service public industriel et commercial, rejette la demande d'une ville tendant à la conclusion de contrats dits réglementés, le litige met en cause les droits nés des rapports entre le service et un usager ; il relève donc de la juridiction judiciaire. • CE 4 nov. 2005, *Ville de Dijon*, n° 278895 : *Lebon 760 ; BJCL 2006. 64, concl. Boulouis, obs. B.P.*

50. La compétence judiciaire n'est pas liée à l'existence ou à l'exécution d'un contrat. Il suffit que le litige oppose le service à un usager, ainsi à propos d'une fuite d'eau ayant provoqué une inondation chez un usager. • CE, sect., 13 janv. 1961, *Dpt du Bas-Rhin : préc. note 41*. ♦ La compétence judiciaire fait échec à la responsabilité pour dommages de travaux publics vis-à-vis d'un usager. • CE 25 avr. 1958, *Dame Vve Barbaza : préc. note 41* • CE 25 févr. 1983, *Mme de Stéphano*, n° 24362 B : *RD publ. 1984. 854*. ♦ Solution constante : eu égard aux rapports de droit privé nés du contrat d'abonnement, il n'appartient qu'à la juridiction judiciaire de connaître des dommages causés à un usager à l'occasion de la fourniture de la prestation due par le service du fait de la rupture du branchement particulier desservant l'usager, quelle qu'en soit la cause. • T. confl. 20 janv. 2003, *M. et Mme Fernandez c/ Synd. intercommunal d'adduction d'eau de Montrichard*, n° 3327 : *Dr. adm. 2003, n° 71, note Ménéménis ; BJCL 2003. 375, concl. Bachelier*. ♦ Même solution à l'égard d'un candidat usager. • T. confl. 17 oct. 1966, *Dame Vve Canasse c/ SNCF : préc. note 41*. ♦ ... Ou d'une personne qui soutient n'être pas raccordée au réseau d'assainissement. • T. confl. 16 juin 1997, *M. Thierry c/ Cne de Bétaucourt : Lebon T. 708*.

51. Le juge judiciaire a adopté la même conception extensive de sa compétence. Par ex. • Civ. 1re, 1er oct. 1985 : *CJEG 1986. 364, note Gégout*. – V. aussi • Civ. 1re, 10 févr. 1998, *Sté d'aménagement urbain et rural c/ Bensetti : D. 1998. 422, note Seiller ; JCP 1998. II. 1020, note Mahinga*. ♦ S'agissant d'un litige entre un SPIC et un usager, la qualification de travaux publics est inopérante. • Civ. 1re, 9 juill. 2002, *Sté Suez Lyonnaise des eaux*, n° X00-11-221 : *Dr. adm. 2002, n° 183*.

52. La compétence du juge administratif ne réapparaît que pour les recours intentés par l'usager ou tout autre intéressé contre une mesure réglementaire d'organisation du service. Par exemple recours contre une délibération décidant de ne pas raccorder au réseau de distribution d'eau des terrains non constructibles. • CE 27 juin 1994, *M. Charpentier*, n° 85436 : *Lebon 334 ; ACL 1995, n° 41*. ♦ Recours contre une délibération fixant les tarifs d'un parc de stationnement hors voirie. • CE 12 juill. 1995, *Cne de Maintenon*, n° 147947 : *préc. note 12*. ♦ V. aussi note 38.

53. En revanche, relève du juge judiciaire l'action en responsabilité intentée par un usager, même si elle se fonde sur l'illégalité fautive des mesures d'organisation du service. À propos de l'application des tarifs de remontées mécaniques. • CE 3 oct. 2003, *Peyron*, n° 242967 : *Lebon 686 ; BJCL 2003. 854, concl. Séners*.

54. Une société a souscrit auprès de la commune de Perpignan un contrat d'abonnement au système de télésurveillance d'habitations et de commerces mis en place par la commune sur son territoire et géré par une société privée les nuits et le dimanche. Le service qui a pour objet la retransmission d'informations dans le but d'assurer la sécurité de locaux privés constitue un service public industriel et commercial ; les tribunaux judiciaires sont seuls compétents pour connaître des dommages causés à un usager du service par une personne privée participant, en qualité de titulaire d'un marché public de services, à l'exécution de ce service. • T. confl. 2 mai 2011, *Sté Mona Parfum Holding c/ Sté Centre dptal de télésurveillance sécurité*, n° 3776 : *préc. note 39*.

55. Le juge administratif est aussi compétent pour connaître, par renvoi du juge judiciaire, des questions préjudicielles relatives à la légalité des dispositions réglementant le service. Par exemple • Civ. 1re, 22 nov. 1994, *Synd. intercommunal des eaux de Croix c/ Jeanguenin : D. 1995. IR 16 ; JCP 1995. IV. 182 ; Rev. Trésor 1996. 207*. – V. aussi • Civ. 1re, 26 mai 1999, *CGE c/ Gaillet : D. 1999. IR 155*. ♦ Confirmation de la solution de principe, déniant la plénitude de compétence du juge administratif pour connaître d'un litige relatif à la légalité d'un acte réglementaire fixant le tarif de la redevance. • T. confl. 16 oct. 2006, *SA camping Les Grosses Pierres*, n° C3533 : *préc. note 7*. ♦ V. aussi notes ss. art. L. 2333-76.

D. PRINCIPE D'ÉQUILIBRE FINANCIER

56. Le principe d'équilibre financier des services publics industriels et commerciaux des collectivités locales a été édicté par un décret du 30 juill. 1937. Il est maintenant codifié aux art. L. 2224-1 s. – V. les notes ss. ces art.

Art. L. 2221-2 Les communes et les syndicats de communes peuvent exploiter directement des services d'intérêt public à caractère administratif pour lesquels un statut d'établissement public spécifique n'est pas imposé. — *[C. communes, art. L. 323-1, al. 3.]*

1. Cette disposition, issue de la loi du 29 janv. 1993, n'a limité ni la nature ni l'objet des services publics à caractère administratif que les communes peuvent gérer sous forme de régie. Il y a lieu de réserver toutefois, outre les services auxquels est imposé un statut d'établissement public spécifique, le cas des services qui, par leur nature ou par la volonté du législateur, ne peuvent être assurés que par la commune elle-même. • CE, sect. intérieur avis, 1er oct. 1996, n° 359409 : *Rapport public 1996, n° 48, p. 305.*

2. Sous réserve des dispositions législatives et réglementaires propres aux régies, le régime juridique qui leur est applicable, lorsqu'elles gèrent des services publics des collectivités territoriales et sont dotées de la personnalité morale, est celui des établissements publics des mêmes collectivités territoriales. Tel est le cas notamment des dispositions statutaires relatives à la fonction publique territoriale. • Même avis.

3. L'art. L. 1412-2, issu de l'art. 62 de la loi n° 99-586 du 12 juill. 1999, étend à toutes les personnes publiques locales la possibilité de créer des régies pour exploiter des services publics à caractère administratif. – V. cet art.

Art. L. 2221-3 Les conseils municipaux déterminent les services dont ils se proposent d'assurer l'exploitation en régie et arrêtent les dispositions qui doivent figurer dans le règlement intérieur de ces services. — *[C. communes, art. L. 323-2.]*

Art. L. 2221-4 Les régies mentionnées aux articles L. 2221-1 et L. 2221-2 sont dotées :

1° Soit de la personnalité morale et de l'autonomie financière, si le conseil municipal ou le comité du syndicat en a ainsi décidé ;

2° Soit de la seule autonomie financière. — *[C. communes, art. L. 323-3 issu du Décr.-L. du 28 déc. 1926, art. 4, al. 1er.]*

Art. L. 2221-5 Les règles *(Ord. n° 2005-1027 du 26 août 2005, art. 3)* **« budgétaires et comptables » des communes sont applicables aux régies municipales, sous réserve des modifications prévues par les décrets en Conseil d'État mentionnés aux articles L. 2221-10 et L. 2221-14.**

Les recettes et les dépenses de chaque régie sont effectuées par un comptable *(Ord. n° 2022-408 du 23 mars 2022, art. 17)* **« public ».**

À compter de l'exercice budgétaire 2026, au 1er al. du présent art., les mots : « des communes » sont remplacés par les mots : « précisées par la section 2 du chapitre II du titre I du livre IV de la première partie du présent code » (Ord. n° 2025-526 du 12 juin 2025, art. 1er et 12).

1. En l'absence de dérogation à la règle générale, est illégale et doit être annulée une délibération approuvant le compte administratif du maire ainsi que le compte de la régie autonome d'assainissement sans qu'ait été soumis au conseil municipal l'état de situation de l'exercice clos établi par le receveur municipal. • CE 3 nov. 1989, *Écorcheville et a.*, n° 65013 B : *AJDA 1990. 186, concl. Tuot.*

2. Le pouvoir réglementaire demeure habilité à définir par décret le cadre de l'organisation administrative et financière des régies. • CE, sect. intérieur avis, 1er oct. 1996, n° 359409 : *Rapport public 1996, n° 48, p. 305.* ♦ Il ne peut déroger aux normes supérieures de caractère législatif que dans les cas expressément prévus par la loi, ce qui est le cas en matière de comptabilité en vertu du premier alinéa dudit article. • Même avis.

Art. L. 2221-5-1 *(L. n° 2003-1311 du 30 déc. 2003, art. 116)* **Les dispositions de l'article L. 1618-2 sont applicables aux régies mentionnées à l'article L. 2221-1 sous réserve des dispositions suivantes :**

a) **Elles peuvent déroger à l'obligation de dépôt auprès de l'État pour les fonds qui proviennent des excédents de trésorerie résultant de leur cycle d'activité ;**

b) **Les régies chargées de la gestion d'un service public à caractère industriel et commercial mentionnées à l'article L. 2221-10 peuvent déposer leurs fonds, après autorisation expresse** *(Ord. n° 2010-420 du 27 avr. 2010, art. 109) [de]* **« l'autorité**

compétente de l'État », sur un compte ouvert à La Poste ou dans un établissement de crédit ayant obtenu un agrément en vertu des dispositions applicables dans les États membres de la Communauté européenne ou les autres États parties à l'accord sur l'Espace économique européen ;

c) Pour les régies mentionnées au *b*, le conseil d'administration peut déléguer au directeur les décisions mentionnées au III de l'article L. 1618-2.

Art. L. 2221-6 Les régies municipales sont soumises, dans toutes les parties de leur service, aux vérifications des corps d'inspection habilités à cet effet. – *[C. communes, art. L. 323-5 issu du Décr. du 28 déc. 1926, art. 7.]*

Les régies communales sont de plein droit soumises au contrôle de légalité. La suppression de la référence aux contrôles administratifs et financiers de l'État sur les régies, qui figuraient à l'ancien art. L. 323-5 C. communes, résulte de la loi du 2 mars 1982. • CE, sect. intérieur avis, 1er oct. 1996, no 359409 : *Rapport public 1996, no 48, p. 305.*

Art. L. 2221-7 Des décrets en Conseil d'État déterminent les conditions d'application des articles L. 2221-1 à L. 2221-6.

Ils précisent notamment les mesures à prendre dans le cas où le fonctionnement d'une régie compromet la sécurité publique, ainsi que dans celui où la régie n'est pas en état d'assurer le service dont elle est chargée. – *[C. communes, art. L. 323-7.]*

V. art. R. 2221-1 s.

Art. L. 2221-8 Les communes qui avaient des régies municipales avant le 28 décembre 1926 ont la faculté de conserver la forme de la régie simple ou directe en vigueur à moins qu'elles ne préfèrent accepter les dispositions du présent chapitre.

Les dispositions de l'article L. 2221-6 sont applicables à ces régies. – *[C. communes, art. L. 323-8 issu du Décr. du 28 déc. 1926, art. 12, et de la L. du 30 juin 1930, art. 23.]*

Art. L. 2221-9 Les régies organisées exclusivement dans un but d'hygiène ou d'assistance et ne comportant que des recettes en atténuation de dépenses ne sont pas soumises aux dispositions du présent chapitre. – *[C. communes, art. L. 323-1, al. 4.]*

SECTION 2 Régies dotées de la personnalité morale et de l'autonomie financière

Art. L. 2221-10 Les régies dotées de la personnalité morale et de l'autonomie financière *(L. no 2004-809 du 13 août 2004, art. 197)* « , dénommées établissement public local, » sont créées, et leur organisation administrative et financière déterminée, par délibération du conseil municipal. Elles sont administrées par un conseil d'administration et un directeur désignés dans les mêmes conditions sur proposition du maire.

Un décret en Conseil d'État détermine, en tant que de besoin, les modalités d'application du présent article ainsi que les modalités particulières applicables aux régies créées pour l'exploitation de services d'intérêt public à caractère administratif. – *[C. communes, art. L. 323-9.]*

V. art. R. 2221-18.

Une employée de la régie des eaux, établissement public industriel et commercial, en position de détachement, n'est pas un agent salarié de la commune, au sens de l'art. 231 C. élect., car la régie n'est pas dépourvue de toute autonomie réelle. Cette personne peut donc être élue conseillère municipale. • CE 9 févr. 2012, *M.B.,* no 347155.

SECTION 3 Régies dotées de la seule autonomie financière

Art. L. 2221-11 Les produits des régies dotées de la seule autonomie financière, y compris les taxes ainsi que les charges, font l'objet d'un budget spécial annexé au budget de la commune voté par le conseil municipal.

(L. no 98-546 du 2 juill. 1998, art. 84) « Toutefois, l'établissement d'un budget annexe, pour les services de distribution d'eau potable et d'assainissement gérés sous la

forme d'une régie simple ou directe, est facultatif pour les communes de moins de 500 habitants, dès lors qu'elles produisent, en annexe au budget et au compte administratif, un état sommaire présentant, article par article, les montants de recettes et de dépenses affectés à ces services. »

V. art. R. 2221-63 s.

À compter de l'exercice budgétaire 2026, au 2e al. du présent art., les mots : « compte administratif » sont remplacés par les mots : « compte financier unique » (Ord. n° 2025-526 du 12 juin 2025, art. 1er et 12).

Le budget annexe d'une régie autonome n'est pas indépendant du budget général de la commune ; il ne peut donc faire l'objet d'une délibération budgétaire à compter de la saisine de la chambre régionale des comptes pour défaut d'équilibre réel du budget communal (art. L. 1612-9). • CE 25 févr. 1998, *Préfet de la Haute-Corse,* n° 168726 : *Rev. Trésor 1998. 529.*

Art. L. 2221-12 **Les articles L. 2122-21, L. 2342-1 et L. 2343-1 ne sont applicables aux régies dotées de la seule autonomie financière que sous réserve des modifications prévues par le décret en Conseil d'État mentionné à l'article L. 2221-14.** – *[C. communes, art. L. 323-11.]*

Art. L. 2221-13 **Lorsque les régies sont d'intérêt intercommunal, elles peuvent être exploitées :**

1° Soit sous la direction d'une commune agissant, vis-à-vis des autres communes, comme concessionnaire ;

2° Soit sous la direction d'un syndicat formé par les communes intéressées.

Si ce syndicat est constitué exclusivement en vue de l'exploitation d'un service administratif ou industriel ou commercial, les communes peuvent demander que l'administration du syndicat se confonde avec celle de la régie. Dans ce cas, l'acte institutif du syndicat peut apporter des modifications aux règles d'administration fixées par le chapitre II du titre I du livre II de la cinquième partie. – *[C. communes, art. L. 323-12.]*

Art. L. 2221-14 **Les régies dotées de la seule autonomie financière sont créées, et leur organisation administrative et financière déterminée, par délibération du conseil municipal. Elles sont administrées, sous l'autorité du maire et du conseil municipal, par un conseil d'exploitation et un directeur désignés dans les mêmes conditions sur proposition du maire.**

Un décret en Conseil d'État détermine, en tant que de besoin, les modalités d'application du présent article ainsi que les modalités particulières applicables aux régies créées pour l'exploitation de services d'intérêt public à caractère administratif. – *[C. communes, art. L. 323-13.]*

1. *Directeur.* Le directeur d'une régie exerce les fonctions de directeur d'un service public industriel et commercial. Il a de ce fait la qualité d'agent public et un litige relatif à son licenciement relève du juge administratif. • CE 17 juin 1992, *Pautot,* n° 112771. ♦ Compétence du préfet pour prononcer le licenciement du directeur, avant l'entrée en vigueur du décret du 6 mai 1988. • Même arrêt : *n° 112771.* ♦ Compétence du maire pour prononcer le licenciement du directeur de la régie municipale du théâtre d'Avignon. • CE 28 avr. 1989, *Duffaut,* nos 87045 B et 87046 B : *RFDA 1991. 134* .

2. Une régie personnalisée peut conclure un contrat de délégation de service public. • CAA Lyon, 9 déc. 2021, *Préfet de Saône-et-Loire,* n° 19LY04109.

3. *Receveur.* Relève du juge administratif le litige relatif à la décision par laquelle le maire de Perpignan a révoqué le receveur des régies de la ville, fonctionnaire territorial. • CE 9 nov. 1990, *Ville de Perpignan c/ Gautier,* n° 99439 B : *ACL 1991, n° 123.*

4. *Personnel.* Le personnel de la régie municipale de Grenoble relevait du statut national des personnels des industries électriques et gazières (de droit privé). Il garde ce statut avec la transformation de la régie en société d'économie mixte. • CE 28 juin 1989, *Synd. du personnel des industries électriques et gazières du centre de Grenoble CFDT et a.,* n° 77659 : *RFDA 1989. 929, concl. Guillaume, note Lachaume ; CJEG 1989. 369, note Delpiron ; ACL 1990, n° 62.* ♦ Incompétence du tribunal administratif pour connaître d'un litige opposant les agents licenciés au département, motif pris qu'en vertu du statut de la régie, le personnel se trouve dans une situation de droit privé. • TA Bordeaux, 29 sept. 1988, *Rocher et a. c/ Dpt de la Gironde : RFDA 1989. 450, note Lachaume.*

5. *Éligibilité des employés.* L'employé d'une régie municipale de remontées mécaniques, qui ne dispose pas de la personnalité morale, doit être considéré comme un agent salarié de la commune, même s'il a été nommé irrégulièrement ; il est inéligible à ce titre au conseil municipal. • CE 28 nov. 2008, *M. Abisse,* n° 317587 B.

SECTION 4 Régies ayant pour objet de combattre les prix excessifs des denrées alimentaires de première nécessité

Art. L. 2221-15 Lorsque les régies à caractère commercial ont pour objet de combattre les prix excessifs des denrées alimentaires de première nécessité, leur création et leur fonctionnement sont réglés par les dispositions de la présente section. – *[C. communes, art. L. 323-14 issu du Décr. du 30 oct. 1935, art. 1er.]*

V. art. R. 2221-99.

Art. L. 2221-16 La régie est créée par délibération du conseil municipal. Celui-ci établit son règlement intérieur. – *[C. communes, art. L. 323-15 issu du Décr. du 30 oct. 1935, art. 2.]*

Art. L. 2221-17 Après la délibération du conseil municipal, le maire ouvre une enquête *(Ord. nº 2015-1341 du 23 oct. 2015, art. 5)* « publique, réalisée conformément au code des relations entre le public et l'administration, » sur le projet.

Le commissaire enquêteur reçoit les observations des habitants.

S'il y a des oppositions, le conseil municipal délibère à nouveau.

Art. L. 2221-18 Le règlement intérieur prévoit l'organisation administrative de la régie.

Il fixe le rôle et les attributions du directeur.

Il détermine le régime financier, la comptabilité en deniers et en matières, le mode de présentation du compte administratif et du bilan de la régie. – *[C. communes, art. L. 323-17 issu du Décr. de 30 oct. 1935, art. 4.]*

À compter de l'exercice budgétaire 2026, au 3e al. du présent art., les mots : « compte administratif » sont remplacés par les mots : « compte financier unique » (Ord. nº 2025-526 du 12 juin 2025, art. 1er et 12).

Art. L. 2221-19 Les fonctions d'agent comptable de la régie sont remplies par le receveur municipal ou par un comptable spécial nommé par le maire. – *[C. communes, art. L. 323-18.]*

Art. L. 2221-20 Lorsque le bilan, pendant deux années consécutives, fait apparaître une perte supérieure à la moitié du capital de premier établissement, le représentant de l'État dans le département peut retirer l'autorisation d'exploiter et la régie est, dans ce cas, liquidée suivant les règles et dans les délais fixés par le règlement intérieur pour la liquidation en fin d'opérations. – *[C. communes, art. L. 323-19.]*

CHAPITRE II CONCESSIONS ET AFFERMAGES

Art. L. 2222-1 Dans les contrats portant concession de service public, les communes ainsi que les établissements publics communaux ne peuvent pas insérer de clauses par lesquelles le concessionnaire prend à sa charge l'exécution de travaux étrangers à l'objet de la concession. – *[C. communes, art. L. 324-2 issu du Décr. du 30 oct. 1935, art. 1er.]*

BIBL. ▶ Dossiers : Le nouveau droit des concessions, *AJDA 2016. 991*. – Concessions, nouvelles règles, *AJCT 2016. 235*.

COMMENTAIRE

V. dans le supplément en ligne.

Art. L. 2222-2 Les contrats de travaux publics conclus par les collectivités mentionnées à l'article L. 2222-1 ne doivent pas contenir de clauses portant affermage d'une recette publique. – *[C. communes, art. L. 324-3 issu du Décr. du 30 oct. 1935, art. 2.]*

V. art. R. 2222-1 à R. 2222-6.

CHAPITRE III CIMETIÈRES ET OPÉRATIONS FUNÉRAIRES

BIBL. GÉN. ▶ Ministère de l'Intérieur, Guide juridique relatif à la législation funéraire à l'attention des collectivités territoriales, *juill. 2017*. – Ministère de la Cohésion des territoires et des Relations avec les collectivités territoriales, *Guide de recommandations relatif aux urnes funéraires* *et aux sites funéraires, 6 déc. 2018.* – Défenseur des droits, Rapport : La personne défunte et ses proches face au service public funéraire. Des droits gravés dans le marbre ?, *2021.* – Dossier Les opérations funéraires, *AJCT 2011. 433* . – Dossier Droit funéraire : questions d'actualité, *AJCT 2017. 359* . – Dossier Le maire et les opérations funéraires, 50 questions, *Le courrier des Maires, cahier détachable, oct. 2021, n° 360.* – Aubin et Savarit-Bourgeois, Cimetières, sites cinéraires et opérations funéraires, *Berger-Levrault, 10e éd., 2023.* – Blanquefort et Terrien, Les collectivités territoriales et les opérations funéraires, *RLCT 2007. 844 s.* – Défenseur des droits, Rapport relatif à la législation funéraire, *29 oct. 2012, 34 p.* – Desprairies, Application du « silence vaut acceptation » : les demandes en matière funéraire, *AJCT 2016. 378* . – Didriche et Chioukh, Droit funéraire, chemins ruraux, coopération transfrontalière... Retour sur les « autres » dispositions de la loi 3DS, *AJCT 2022. 317* . – Dupuis, Gérer un cimetière, *éd. Territorial, 2024.* – Dutrieux, Opérations funéraires, *Coll. terr. 2012, fasc. 717 ; ibid., Adm. fasc. 2012, 150-30* ; La commune et la crémation, *Éd. La lettre du cadre territorial, 2011.* – Féral, 1904-1994, 90 ans d'évolution du service public local des pompes funèbres, *ACL 1994. 63 s.* – Hédin, Le point sur... les règles d'inhumation dans le cimetière communal, *AJCT 2018. 439* ; L'adaptation des pouvoirs du maire dans le domaine funéraire au temps du covid-19, *AJCT 2020. 258* ; Panorama des évolutions du droit funéraire, *AJCT 2021. 362* ; La Défenseure des droits favorable à une évolution de la législation funéraire, *AJCT 2021. 560* ; Les opérations funéraires dans le cadre de la réforme du don du corps. Au lendemain de la loi de bioéthique de 2021, *AJCT 2022. 506* ; La simplification des procédures et opérations funéraires, *AJCT 2023. 107* . – Lefebvre, Cimetières – Droits et obligations, *éd. du Papyrus, 2012.* – Michaud-Nérard, Une révolution rituelle : accompagner la crémation, *Éd. de l'Atelier, 2012.* – Péri, Le statut juridique des cendres : un vide juridique comblé ?, *LPA 31 août 2007, p. 3.* – Py, (dir.), La mort et le droit, *PU Nancy 2010.* – Py et Mayer (dir.), La crémation et le droit en Europe, *PU Nancy, 2e éd., 2011.* – Saujot, La mort : notre destin, *L'Harmattan, 2012.* – Touzeil-Divina, Bouteille-Brigant et Boudet (dir.), Traité des nouveaux droits de la mort, *Éd. L'épitoge, Lextenso, 2014.* – Sueur et Lecerf, Bilan et perspectives de la législation funéraire, Sérénité des vivants et respect des défunts, *Rapport Sénat 2006, n° 372.* – Trompette, Le marché des défunts, *Les Presses de Sciences Po, 2008.*

COMMENTAIRE

V. dans le supplément en ligne

SECTION 1 Cimetières

BIBL. ▸ Baude, L'inhumation dans le terrain commun, *Journ. maires juill-août 2006, p. 61* ; La création et l'agrandissement d'un cimetière, *Journ. maires févr. 2009, p. 55.* – Clergerie, Les cimetières privés, *AJCT 2011. 441* . – Dutrieux, La mise en œuvre d'une politique de protection patrimoniale du cimetière, *LPA 28 nov. 2013, p. 3* ; La loi n° 2008-1350 du 19 décembre 2008 relative à la législation funéraire. La fin d'un long processus législatif, *JCP Adm. 2009. Actu 2* ; Le regroupement de sépultures dans le cimetière et le concept de « carrés », *Journ. comm. oct. 2007, p. 49* ; Cimetières et cultes, la solution des carrés confessionnels illégaux dans les cimetières communaux, *AJCT 2012. 298* . – Guérard, La nouvelle procédure de péril pour les monuments funéraires, *AJCT 2011. 437* . – Hédin, Les funérailles du défunt étranger, *AJCT 2022. 145* . – Mondou, Les dommages dans les cimetières, *AJCT 2011. 434* . – Papi, Neutralité dans les cimetières : carrés confessionnels et inhumations religieuses, *AJCT 2017. 363* .

SOUS-SECTION 1 Dispositions générales

V. art. R. 2223-1 s.

Art. L. 2223-1 *(L. n° 2008-1350 du 19 déc. 2008, art. 14)* **« Chaque commune ou chaque établissement public de coopération intercommunale compétent en matière de cimetières dispose d'au moins un cimetière comprenant un terrain consacré à l'inhumation des morts et, dans les communes de 2 000 habitants et plus ou les établissements publics de coopération intercommunale de 2 000 habitants et plus compétents en matière de cimetières, d'au moins un site cinéraire destiné à l'accueil des cendres des personnes décédées dont le corps a donné lieu à crémation. »**

(Ord. n° 2005-855 du 28 juill. 2005, art. 1er) **« La création, l'agrandissement et la translation d'un cimetière » sont décidés par le conseil municipal.** *(L. n° 2010-788 du 12 juill. 2010, art. 240)* **« Toutefois, dans les communes urbaines et à l'intérieur des périmètres d'agglomération, la création, l'agrandissement et la translation d'un cimetière à moins de 35 mètres des habitations sont autorisés par arrêté du représentant de l'État dans le département, pris après une enquête publique réalisée conformément**

au chapitre III du titre II du livre I du code de l'environnement et avis de la commission départementale compétente en matière d'environnement, de risques sanitaires et technologiques. »

Un décret en Conseil d'État fixe les conditions d'application du présent article.

COMMENTAIRE

V. dans le supplément en ligne.

PLAN DES ANNOTATIONS

I. GÉNÉRALITÉS

1. Sur la notion de « commune urbaine » au sens de l'art. L. 2223-1, V. art. R. 2223-1.

2. Sur la notion de « périmètre d'agglomération » (ex-« enceinte »). • CE 23 déc. 1887, *Toret : Lebon 854* (« Périmètre extérieur des constructions groupées ou des enclos ») • CE 30 sept. 1994, *M. et Mme Cadorel*, no 150521.

3. Les dispositions de l'ancien C. adm. comm. (art. 442), qui avaient étendu à toutes les agglomérations les interdictions édictées par les textes antérieurs pour les « villes et bourgs », avaient été déclarées illégales par le CE. • CE, ass., 4 févr. 1966, *Dame Vve Caffort et a. : Lebon 77 ; JCP 1966. II. 14610, obs. M.T.* • CE 1er oct. 1971, *Cts Vitrin : Lebon 574* • CE 28 avr. 1976, *Épx Nez : Dr. adm. 1976, no 185.*

II. IDENTIFICATION JURIDIQUE DES CIMETIÈRES

4. Un « jardin cinéraire » n'est pas un cimetière. • TA Paris, 25 juin 2002, *Préfet de la région Île-de-France, Préfet de Paris : AJDA 2003. 179, note D. Dutrieux*. ♦ ... Ni un élément indissociable d'un crématorium. • Même jugement. ♦ ... Mais il peut être un élément d'un cimetière communal (art. R. 2223-9). À noter que la faculté de créer et gérer, par voie de gestion déléguée, un site cinéraire en dehors d'un cimetière ou d'un crématorium n'est plus possible depuis la loi no 2008-1350 du 19 déc. 2008.

A. DOMAINE PUBLIC

5. **BIBL.** Boehler, Le droit du concessionnaire de sépulture après la loi du 5 janvier 1998, *Dr. adm. 1991, p. 1.* – Lavialle, Domanialité publique et concessions de sépultures, *LPA 29 mars 1985, p. 8.* – Moderne, Le droit des concessions funéraires, *Quot. jur. 25 nov. 1980.*

6. Un cimetière est affecté à l'usage du public et il doit être dès lors compris parmi les dépendances du domaine public. • CE, sect., 28 juin 1935, *Mougamoudousadagnetoullah, Marécar : Lebon 734 ; S. 1937. 343, concl. Latournerie, note Waline ; RD publ. 1935. 590, concl. Latournerie, note G. J.* • CE, ass., 21 oct. 1955, *Dlle Méline : Lebon 491 ; D. 1956. 543, concl. Guionin ; RPDA 1956. 65, étude J.-M. Auby* • CE, sect., 11 oct. 1957, *Cts Hérail : Lebon 523 ; AJDA 1957. 429, concl. Kahn* • T. confl. 25 nov. 1963, *Cne de Saint-Just-Chaleyssin et Sieur Rey c/ Épx Thomas : Lebon 793, concl. Chardeau ; AJDA 1964. 142, chron. Fourré et Puybasset ; JCP 1964. II. 137493, note J.-M. Auby.* ♦ Mais les monuments et emblèmes funéraires présents sur les concessions abandonnées par les familles font partie du domaine privé de la commune et les litiges les concernant relèvent de la compétence du juge judiciaire. • CAA Marseille, 15 nov. 2004, *X. : Coll. terr., févr. 2005, p. 21 s., note Dutrieux.*

7. Conséquence : nature des concessions funéraires. Il en résulte que les concessions funéraires qui comportent occupation du domaine public communal sont des contrats administratifs par détermination de la loi. – V. arrêts cités note 6. ♦ La même analyse vaut pour les contrats portant occupation des cases d'un columbarium. • TA Lille, 30 mars 1999, *D. Tillieu et a. c/ Cne de Mons-en-Barœul : LPA 2 juin 1999, p. 17, note Dutrieux.* ♦ Néanmoins, la détermination des droits à sépulture des membres d'une famille dans une concession ne ressort pas de la compétence du juge administratif. • CAA Bordeaux, 2 mars 2010, *Gilbert Rol*, no 08BX02222. ♦ Un arrêt, bien que confirmant le principe sus-évoqué, donne compétence au juge administratif pour apprécier le legs d'une concession funéraire sans question préjudicielle. • CAA Marseille, 18 avr. 2013, *Mme D.*, no 11MA01571.

8. Il s'agit le plus souvent du domaine public communal (arrêt préc.). Mais certains cimetières peuvent relever d'autres personnes publiques telles que l'État. • CE 18 avr. 1956, *Min. des Anciens*

Combattants et des Victimes de la guerre c/ Dame Balique : Lebon 159 ; AJDA 1956. 332, concl. Lasry. ♦ ... Ou de certains établissements publics tels les hôpitaux. • CE 19 déc. 1994, *Mennessier-L'Hénoret*, n° 148830 B.

9. L'occupant sans droit ni titre d'une parcelle du domaine public communal constitué par le cimetière et les bâtiments qui y sont édifiés peut faire l'objet d'une expulsion. • CAA Marseille, 26 févr. 2002, *Cne de Saint-Laurent-du-Var*, n° 99MA00372.

B. OUVRAGE PUBLIC

10. Les cimetières constituent des ouvrages publics et les dommages qui leur sont imputables relèvent de la catégorie des dommages de travaux publics. • CE 5 mars 1952, *Cne de Louey : Lebon 149* • CE 18 avr. 1956, *Min. des Anciens Combattants et des Victimes de la guerre c/ Dame Balique : préc. note 8* • CE 1er oct. 1979, *Cts Vitrin : Lebon 574* • CE 23 juin 1976, *Tony : Lebon T. 791* • CE 12 déc. 1986, *Ferry*, n° 47627 B : *AJDA 1987. 283, obs. Prétot* • CE 25 nov. 1994, *Cne de Serrières-de-Briord*, n° 111724 B • CAA Nantes, 31 juill. 2001, *Ville de Rennes*, n° 99NT00024. ♦ Dommage dû à la chute d'un arbre. • TA Amiens, 22 mars 2005, *Mme Denise B. c/ Ville d'Amiens : Journ. maires, oct. 2005, p. 86, note Dupuis.*

11. La qualité d'ouvrage public concerne l'ensemble des constructions immobilières et leurs accessoires. • Req. 23 juin 1937 : *Gaz. Pal 1937. 2. 546.* ♦ Par exemple, les installations particulières, telles que les chapelles. • CE 28 févr. 1973, *Cne de Lagos : Lebon 180.* ♦ ... Les carrés militaires et les monuments qui y sont édifiés. • CE, ass., 30 nov. 1934, *Minart : Lebon 1130.* ♦ Sur les sépultures collectives ou en élévation dites « enfeus », V. * Rép. min. : *JOAN Q, 15 févr. 1988, p. 722* (et Circ. n° 79-141 du 2 avr. 1979 : *BOME 1979. 71*). ♦ Sur la qualité d'ouvrage privé des caveaux et monuments funéraires, V. • Civ. 1re, 10 oct. 1961 : *Bull. civ. I, n° 446* • 12 juin 1974 : *Bull. civ. I, n° 185* • Civ. 3e, 17 déc. 2003, *Épx Spalletta c/ Sté Marbrerie du Quai*, n° 02-17.388 : *RDI 2004. 192, obs. Malinvaud*. ♦ Sur l'application à ces ouvrages des principes de la responsabilité décennale des constructeurs. • Même arrêt. ♦ Sur la condamnation du constructeur à réparer, au titre des désordres de l'art. 1792 C. civ., les frais de transport et de rapatriement d'un corps dans un pays étranger. • Même arrêt. – V. également • Poitiers, 20 mai 2011, *M. Gibert L. c/ SARL Services Funéraires Pays Rochelais (SFPR)*, n° 09/02567.

III. ASPECTS DE RÉGIME JURIDIQUE

A. COMPÉTENCE

12. L'extension d'un cimetière communal n'ayant pas le caractère d'une translation, le préfet départemental n'est pas compétent pour prendre la décision. • CE, sect., 20 juin 1980, *Jaillard*, n° 03621 : *Lebon 282*. ♦ La translation des cimetières est devenue compétence municipale avec l'ordonnance n° 2005-855 du 28 juill. 2005, *JO 29 juill., p. 12348.*

13. Ni l'art. L. 2223-1 ni les art. R. 361-1 et R. 361-2 C. communes ni aucune autre disposition législative ou réglementaire n'ont conféré au maire ou aux adjoints le pouvoir d'autoriser la création d'un cimetière. • CE 20 janv. 1984, *Assoc. consistoriale israélite de Marseille c/ Mme Rouquette Vve Picard*, n° 19631.

14. Le préfet ayant reçu compétence pour les créations ou agrandissements de cimetières à moins de 35 m des habitations (art. L. 2223-1), le moyen tiré de la méconnaissance de cette disposition à l'appui de conclusions dirigées contre une mesure de classement de parcelles en emplacement réservé pour une future extension du cimetière communal est inopérant. • CE 13 mars 1996, *Conchon*, n° 109732 : *BJDU 1996, n° 2, p. 90, concl. Schwartz.* ♦ Les deux législations sont en effet indépendantes. • Même arrêt.

15. Les cimetières intercommunaux peuvent être gérés dans le cadre d'un établissement public intercommunal, ou dans le cadre d'un accord entre les communes concernées. * Rép. min. : *JOAN Q, 4 déc. 1989, p. 5345.*

16. Les communautés urbaines sont normalement compétentes en matière de création ou d'extension de cimetières (art. L. 5215-20), mais cette compétence peut être restituée aux communes (art. L. 5215-21). V. Circ. n° 69-222 du 8 mai 1969 : *BOME 1969. 68* ; Circ. n° 75-232 du 25 avr. 1975 : *Rev. fin. comm. 1975. 335.* ♦ Sur la compétence des communautés urbaines, en matière de translation de cimetières, V. Ord. n° 2005-855 du 28 juill. 2005, art. 1er, VII (V. art. L. 5215-20, 5°, *b*).

17. Règlements municipaux. Les cimetières communaux peuvent être régis par des règlements municipaux, susceptibles à ce titre de recours pour excès de pouvoir. • CE 20 mai 1996, *Riehl*, n° 139186. ♦ Les dispositions du règlement doivent être respectées par la commune, notamment lorsqu'elles ajoutent des formalités supplémentaires. • CAA Versailles, 17 sept. 2009, *Ville de Paris*, n° 08VE00240. ♦ La nouvelle règle contenue dans l'art. R. 2213-46 – imposant la réalisation des exhumations en dehors des heures d'ouverture du cimetière – semble rendre obligatoire le règlement, même simplement limité à la définition des horaires d'accès du public.

18. Employés des cimetières. Les emplois de gardien de cimetière sont des emplois communaux dont la création relève de la compétence du conseil municipal. • CE 4 févr. 1994, *Cne de Sainte-Marie c/ Défrel*, n° 116184. ♦ Sur l'expulsion de l'occupant d'un logement de fonction, V. • CAA Paris, 28 déc. 1995, *Lubin*, n° 95PA03018. ♦ Sur l'inéligibilité d'un agent d'entretien, V. • CE 24 mai 1996, *Él. mun. de Vézezoux*, n° 173510.

B. CRÉATION ET AMÉNAGEMENT

19. Les dispositions concernant la création des cimetières s'appliquent à leur agrandissement éventuel. * Rép. min. : *JOAN Q, 11 sept. 1989, p. 4070.*

20. Seuls les cimetières communaux non confessionnels sont conformes à la volonté du législateur ; les communes ne peuvent donc créer ou étendre des cimetières confessionnels. Par ex. pour un cimetière israélite, • CE, ass., 17 juin 1938, *Dame Vve Derode : Lebon 549.* ♦ Pour un cimetière protestant, V. • CE 18 août 1944, *Lagarrigue : Lebon 237.* ♦ Toutefois, il est admis que les autorités municipales peuvent procéder à un regroupement de fait des sépultures de défunts ayant manifesté cette volonté de leur vivant dans un « carré » affecté à une religion. * Rép. min., *JOAN Q, 10 janv. 2000, p. 224* ; Circ. du 28 nov. 1975 ; Circ. du 14 févr. 1991 sous réserve que la neutralité du cimetière soit préservée tant en ce qui concerne l'aspect extérieur des parties publiques que la possibilité reconnue aux familles de toutes religions de s'y faire inhumer. • CE, ass., 17 juin 1938, *Dame Veuve Derode : préc.* • CE 18 août 1944, *Lagarrigue : préc.* – V. également * Rép. min. n° 8815 : *JOAN Q, 8 août 1994, p. 4047.* ♦ Toutefois, les juges administratifs se montrent réticents. • TA Grenoble, 5 juill. 1993, *Épx Darmon : JCP 1994. II. 22198, note P.H. Prélot.* ♦ Un recours contre une décision implicite rejetant une demande adressée à un consistoire israélite pour qu'il constate la non-application d'une disposition du règlement général des consistoires israélites du Bas-Rhin n'est recevable que si ladite décision a été identifiée et réellement attaquée. • CAA Nancy, 26 juin 2003, *M. et Mme Robert X,* n° 98NC02573. ♦ Toutefois ces dispositions ne concernent pas les départements d'Alsace et de Moselle, les lois du 14 nov. 1881 et du 5 avr. 1884 ne leur ayant pas été étendues. Un cimetière musulman a d'ailleurs été inauguré à Strasbourg en février 2012, V. Dutrieux, Cimetières et cultes : la solution des carrés confessionnels illégaux dans les cimetières communaux, *AJCT 2012. 298.*

21. Les marchés de maîtrise d'œuvre pour la création puis l'aménagement intérieur du cimetière sont soumis au C. marchés. • CAA Lyon, 28 mai 2009, *Cne de Bourg-Saint-Andéol,* n° 05LY00925.

C. INTÉRÊT PUBLIC DE LA CRÉATION OU DE L'EXTENSION D'UN CIMETIÈRE

22. La création ou l'extension d'un cimetière présente un caractère d'utilité publique justifiant qu'il soit recouru à l'expropriation. • CE 28 juin 1951, *Choignes : Lebon 392* • CE 19 janv. 1979, *Leclert : Lebon T. 758 ; D. 1979. IR 323, obs. Bon* • CE 23 mars 1979, *Conchon : Dr. adm. 1979, n° 164* • CE 24 févr. 1984, *Mme Deniel,* n° 26702. ♦ Sur l'évaluation des terrains en tant que « terrains à bâtir ». • CE 23 mars 1995, *Cne de Bavinchove : nos 106077 et 106078.* ♦ Sur l'appréciation des caractéristiques géophysiques d'un terrain déclaré cessible. • CAA Nantes, 4 mai 1995, *Cne de La Baule,* n° 93NT00145. ♦ Sur l'utilisation abusive de la procédure d'expropriation d'urgence (C. expr., art. 15-1) alors que la commune ne compte que cinq morts par an en moyenne. • CAA Marseille, 18 mai 2000, *Fraissinet,* n° 97MA05561.

23. Est légale la création d'un cimetière communal qui ne porte que faiblement atteinte à la propriété agricole. • CE 23 déc. 1988, *Assoc. de défense de la qualité de la vie, de la nature, de l'environnement et de l'éducation du secteur nord des Bouches-du-Rhône et Villemon,* n° 60234 : *Lebon 462 ; RFDA 1990. 27, concl. de la Verpillière ; D. 1990. Somm. 13, obs. Bon.* ♦ ... D'autant qu'elle n'affectera pas la qualité des eaux du voisinage et que la commune ne possède pas de terrain plus propice. • Même arrêt.

24. Serait illégale la création d'un cimetière si le coût du projet et les atteintes à la propriété privée ou aux sites environnants sont excessifs au regard de l'intérêt qu'elle présente. • CE 31 oct. 1990, *Min. de l'Intérieur c/ Assoc. de défense et de sauvegarde des collines du Mas-Blanc des Alpilles,* n° 88235. ♦ ... Ou si le projet d'extension amalgame sans justification suffisante l'extension du cimetière communal et la création d'un parking. • CAA Nantes, 29 juin 1994, *Min. de l'Intérieur,* n° 92NT00839. ♦ Dans le cadre d'une opération ayant pour objet l'extension du cimetière de la commune de Vialas, le juge relève que si le requérant soutient qu'il n'est pas établi que cette opération serait utile en l'absence de précision sur le nombre d'emplacements encore disponibles et les besoins de la commune en matière d'inhumation, il n'apporte aucun élément chiffré à l'appui de son affirmation alors que le commissaire enquêteur a relevé la saturation du cimetière actuel. La circonstance, à la supposer établie, que cet état de saturation serait dû à une politique passée de la commune qui aurait accordé des concessions à des personnes envers lesquelles elle n'avait pas d'obligation légale est sans incidence sur la finalité d'intérêt général de l'opération. • CAA Lyon, 27 mars 2014, *M. A c/ Cne de Vialas,* n° 11LY24696.

25. Dès lors qu'une parcelle de terrain est contiguë au cimetière communal (ou n'en est séparée que par un chemin) et que la réalisation du projet d'extension d'un cimetière communal n'entraînera pas des frais excessifs, le classement en emplacement réservé dans un POS n'est pas entaché d'une erreur manifeste d'appréciation. • CE 13 mars 1996, *Conchon,* n° 109732 : *préc. note 14.* ♦ Légalité de la création d'un emplacement réservé du POS eu égard à la nécessité de disposer d'un nouveau cimetière, dès lors que cette réservation n'est pas disproportionnée à la population de la commune et ne contrevient pas aux orientations générales du plan d'occupation des sols visant à la sauvegarde des espaces agricoles et à la protection des richesses naturelles. • CAA Nancy, 18 nov. 1999, *Cne de Heiteren,* n° 96NC01794. ♦ V. également • CAA Paris, 30 déc. 2009, *Assoc. de défense des rives de l'Almont,* n° 08PA03676. ♦ Illégalité du choix de l'emplacement du parking faisant l'objet d'un emplacement réservé pour extension du cimetière qui peut révéler une erreur manifeste d'appréciation. • CAA Marseille, 21 déc. 2006, *Cté urbaine de Marseille,* n° 03MA01015. ♦ Légalité de la délibération d'un conseil municipal autorisant la création d'un columbarium et l'extension d'un cimetière sur un terrain de stationnement avoisinant. • CAA Paris, 15 juin 2000, *Synd. des copropriétaires de la Tour Société Générale,* n° 98PA00710. ♦ Légalité de l'acquisition d'une parcelle destinée à faciliter l'accès au cimetière communal. • CAA Douai, 23 mai 2002, *Groupement foncier agricole du fonds de Belleval,* n° 99DA20345. ♦ Légalité de l'arrêté déclarant d'utilité publique le projet d'évacuation des eaux pluviales d'un cimetière. • CAA Marseille, 27 déc. 2001, *Marcies,* n° 00MA01406. ♦ Dans le cadre d'une procédure d'agrandissement d'un cimetière communal, la régularité de la procédure d'expropriation éventuellement entreprise sera appréciée en fonction de la théorie du bilan. • CAA Bordeaux, 17 nov. 2005 : *Coll. terr., avr. 2006, p. 19, note Moreau.* ♦ Absence de responsabilité de la commune concernant le préjudice allégué lié à la perte de valeur de la propriété résultant de l'extension du cimetière communal, la propriété en cause ayant déjà une vue sur le cimetière avant son extension. • CAA Nantes, 7 avr. 2010, *Philippe Cappe,* n° 09NT01123. V. sur la responsabilité en matière d'ouvrage public, note 10. ♦ Le moyen tiré de l'illégalité d'une délibération décidant la création d'un cimetière peut être invoqué à l'appui d'un recours contre l'arrêté déclarant cette création d'utilité publique. • CE, sect., 23 déc. 1988, *Assoc. de défense de la qualité de la vie, de la nature, de l'environnement et de l'éducation du secteur nord des Bouches-du-Rhône,* n° 60234 : *préc. note 23.* ♦ Si la délibération du conseil municipal autorisant la création ou l'extension d'un cimetière est devenue définitive, est irrecevable le moyen fondé sur l'illégalité de cette délibération dans un recours formé contre l'arrêté préfectoral déclarant l'opération d'utilité publique. • Même arrêt. ♦ Mais le recours contre un arrêté de cessibilité peut se prévaloir de l'illégalité de l'acte déclaratif d'utilité publique. • CE 24 mars 1971, *Dame Fenie,* n° 76257 : *Lebon 247.* ♦ La délibération d'un conseil municipal portant extension d'un cimetière sur un terrain avoisinant, affecté au stationnement et situé sur la même parcelle cadastrale, n'est pas une décision préparatoire. • CAA Paris, 15 juin 2000, *Synd. des copropriétaires de la Tour Société Générale : préc.*

26. Après avoir jugé que le choix des terrains à exproprier pour la création ou l'extension d'un cimetière communal relevait de l'opportunité. • CE 12 janv. 1955, *Paradis : Lebon T. 664.* ♦ ... Le Conseil d'État admet aujourd'hui la possibilité d'un contrôle juridictionnel. • CE 26 févr. 1982, *Mme Laigle : Lebon T. 654* • CE 20 janv. 1984, *Muller,* n° 20498 B • CAA Lyon, 25 juin 1996, *Cts Margnac,* n° 94LY01896. ♦ Il appartient au juge administratif de vérifier la compatibilité des travaux projetés avec les documents d'urbanisme prévisionnel. • CE, sect., 20 juin 1980, *Jaillard,* n° 03621 : *Lebon 282* • CAA Bordeaux, 1er juin 1995, *Conchon,* n° 93BX00978. • CE 13 mars 1996, *Conchon,* n° 109732 : *préc. note 14.* ♦ Mais en l'absence d'une décision classant un monument historique aux abords du terrain litigieux, l'avis de l'architecte des Bâtiments de France n'est pas indispensable au regard de la loi du 2 mai 1930 sur les sites classés (V. ce texte au **C. envir.**, art. L. 341-1). • CAA Nantes, 18 mai 1995, *Cts Loussert,* n° 94NT00045. ♦ Il appartient au juge administratif de vérifier si la commune ne possédait pas d'autres terrains d'assiette pour le projet de création ou d'extension. • CE, sect., 23 déc. 1988, *Assoc. de défense de la qualité de la vie, de la nature, de l'environnement et de l'éducation du secteur nord des Bouches-du-Rhône,* n° 60234 : *préc. note 23.* ♦ Comp. • CE 19 janv. 1979, *Leclert,* n° 03391 B : *D. 1979. IR 323, obs. Bon.* ♦ Il n'y a pas lieu, pour l'extension d'un cimetière, à création d'une réserve foncière. • CAA Marseille, 18 mai 2000, *Fraissinet : préc. note 22.*

27. Sur les conséquences de la modification des règles relatives aux enquêtes publiques en matière de création de cimetière, V. Circ. du 2 févr. 2012 *(NOR : COTB1201868C)* relative à l'application du décret du 28 janv. 2011 concernant les opérations funéraires.

28. L'expropriation d'un terrain situé à proximité d'un cimetière et sur lequel était exercée une activité de marbrier-fleuriste ne confère aucun droit de réinstallation au profit de ce dernier. • CAA Paris, 17 janv. 2002, *Sté Pouchol, Adnot et Cie,* n° 99PA02112.

29. Sur le régime particulier des cimetières pour animaux en tant qu'installations classées, • CAA Paris, 14 nov. 1995, *Sté d'exploitation des pompes funèbres pour animaux,* n° 94PA00510.

D. DISTANCE DE 35 M EXIGÉE ENTRE LES CIMETIÈRES ET LES HABITATIONS

30. Les servitudes des art. L. 2223-1 et L. 2223-5 ne donnent pas lieu à indemnisation dans la mesure où elles n'entraînent par elles-mêmes aucun préjudice pour les propriétaires des parcelles voisines. • CE, sect., 14 mars 1986, *Cne de Gap-Romette,* n° 40310 : *Lebon 74 ; D. 1986. IR 468, obs. Moderne et Bon ; AJDA 1986. 3177, concl. Jeanneney ; JCP 1987. II. 20759, note Davignon.* ♦ Il peut en aller différemment dans l'hypothèse d'un dommage direct, certain, grave et spécial. • Même arrêt.

31. Les dispositions de l'art. L. 2223-1 ne concernent que les communes urbaines ; pour les communes rurales, les cimetières peuvent être créés ou agrandis quelle que soit la distance entre ceux-ci et les habitations. * Rép. min. : *JOAN Q, 11 sept. 1989, p. 4070.* ♦ Aucune réglementation spécifique n'est applicable aux constructions édifiées à leur voisinage * Même Rép. min.

32. S'agissant de cimetières *intra-muros* situés à l'intérieur des communes urbaines, l'implantation de constructions à moins de 35 m de l'enceinte est subordonnée à autorisation spéciale du maire. * Rép. min. : *JOAN Q, 11 sept. 1989, préc. note 31.*

33. L'autorisation préfectorale prévue par l'art. L. 2223-1 est donnée après avis du conseil municipal et enquête *de commodo et in commodo*. • CE 28 juill. 1905, *Allègre : DP 1907. 3. 36* • CE 15 mai 1914, *Cne de Livry : Lebon 594* • CE 23 janv. 1924, *Blondeau : Lebon 78* • CE 13 févr. 1925, *Laroux : Lebon 145* • CE, sect., 20 juin 1980, *Jaillard*, n° 03621 : *Lebon 282* • CE 15 déc. 1989, *Boucher : Gaz. Pal. 1990. 2. Somm. 339.* – V. art. R. 2223-1, al. 2. ♦ V. sur les modifications prévues de l'enquête, Rapport au président de la République (Ord. n° 2005-855 du 28 juill. 2005 relative aux opérations funéraires, *JO 29 juill. 2005*) ; sur l'application dans le temps de cette réforme, V. Circ. du 2 févr. 2012 *(NOR : COTB1201868C) : préc. note 27.*

34. L'enquête doit être ouverte sur le territoire des deux communes concernées lorsqu'un cimetière intercommunal est établi sur le territoire d'une autre commune. • CE 15 mai 1914, *Cne de Livry : préc. note 33* • CE 6 mai 1936, *Ville d'Essones : Lebon 500.*

35. La publicité de l'enquête doit être suffisante. • CE 13 févr. 1925, *Laroux : Lebon 145* • CE 16 juill. 1927, *Kissler : Lebon 745* • CE 28 mai 1935, *Wagon et a. : Lebon 608.* ♦ Ainsi que sa durée. • Mêmes arrêts. ♦ L'enquête doit permettre de recueillir les observations des intéressés. • CE 13 févr. 1914, *Tissot : Lebon 183* • CE 23 janv. 1924, *Blondeau : Lebon 78.* ♦ L'intervention d'un géologue n'est pas imposée par un texte législatif ou réglementaire. • CE 29 juill. 1953, *Laffon et Chanel : Lebon 409.*

36. La méconnaissance des dispositions relatives à la distance de 35 m des habitations a donné lieu à une jurisprudence abondante sous l'empire des textes anciens, antérieurs à la loi n° 85-772 du 25 juill. 1985 et au décret d'application n° 86-272 du 24 févr. 1986 (V. Pellas, Le nouveau régime de localisation des cimetières : de la relégation à la réinsertion, *JCP 1987. I. 3297, n°s 9 s.*).

Art. L. 2223-2 *(L. n° 2008-1350 du 19 déc. 2008)* **Le terrain consacré à l'inhumation des morts est cinq fois plus étendu que l'espace nécessaire pour y déposer le nombre présumé des morts qui peuvent y être enterrés chaque année.**

Le site cinéraire destiné à l'accueil des cendres des personnes décédées dont le corps a donné lieu à crémation comprend un espace aménagé pour leur dispersion et doté d'un équipement mentionnant l'identité des défunts, ainsi qu'un columbarium ou des espaces concédés pour l'inhumation des urnes.

1. En l'absence de terrains suffisants sur le territoire d'une commune, un cimetière communal peut être établi sur le territoire d'une autre commune : • CE 15 mai 1914, *Cne de Livry : Lebon 594.*

2. Sous réserve que l'impossibilité de trouver un emplacement approprié soit effective. • CE 13 juill. 1923, *M. Roël : Lebon 568* • CE 27 mars 1931, *Cne de Barembach : Lebon 387* • CE 27 oct. 1948, *Cne de Livry-Gargan : Lebon 391* • CE 28 juin 1950, *Cne de Choignes : Lebon 392.*

3. L'aménagement d'un « terrain commun » ou « cimetière général » qui fut parfois dénommé « carré des indigents » est la seule obligation qui pèse sur les communes en la matière. • TA Lille, 11 mars 1999, *Kheddach c/ Cne de Maubeuge : AJDA 1999. 1026, note D. Dutrieux*. ♦ Le choix doit être laissé aux familles. • CAA Nancy, 27 mars 2003, *M. André et M. Guy*, n° 98NC00275 : *Coll. terr. août-sept. 2003, p. 26 s., note Dutrieux.*

4. La forme et le nombre des équipements prévus à l'art. L. 2223-2 sont laissés à l'appréciation des personnes publiques compétentes. L'équipement mentionnant l'identité des défunts dont les cendres ont été dispersées au sein du site cinéraire doit pouvoir bénéficier à tous les défunts dont c'est le souhait ou si la personne ayant qualité pour pourvoir aux funérailles en a exprimé la demande, quelle que soit la localisation de la dispersion des cendres dans le site cinéraire du cimetière. Ainsi, sur seule présentation de l'autorisation de dispersion des cendres délivrée par le maire, une famille doit obtenir l'inscription du défunt sur le mur du jardin du souvenir, dès lors que c'est la forme de l'équipement qui a été retenue localement. * Rép. min. n° 11875 : *JO Sénat Q, 17 oct. 2019, p. 5264.*

Art. L. 2223-3 La sépulture dans un cimetière d'une commune est due :

1° Aux personnes décédées sur son territoire, quel que soit leur domicile ;

2° Aux personnes domiciliées sur son territoire, alors même qu'elles seraient décédées dans une autre commune ;

3° Aux personnes non domiciliées dans la commune mais qui y ont droit à une sépulture de famille ;

(L. n° 2008-1350 du 19 déc. 2008) **« 4° Aux Français établis hors de France n'ayant pas une sépulture de famille dans la commune et qui sont inscrits** *(L. n° 2016-1048 du 1er août 2016, art. 14)* **« ou remplissent les conditions pour être inscrits sur la liste électorale de celle-ci en application des articles L. 12 et L. 14 du code électoral ». »**

1. Le maire qui autorise l'inhumation d'une personne décédée sur le territoire de la commune dans le cimetière d'un hôpital satisfait aux obligations de l'art. L. 2223-3. • CE 19 déc. 1994, *Mennessier-L'Henoret,* n° 148830 B.

2. Les notions de domicile et de droit à la sépulture doivent être appréciées au regard des dispositions de la loi n° 69-3 du 3 janv. 1969 relative à l'exercice des activités ambulantes et au régime applicable aux personnes circulant en France sans domicile ni résidence fixe (V. ce texte au **C. pén.**). * Rép. min. : *JOAN Q, 23 juin 1986.* ♦ Sur le rattachement administratif des personnes sans résidence fixe (marchands, ambulants, forains, nomades, vagabonds, etc.), V. L. n° 69-3 du 3 janvier 1969, mod. *JOAN Q, 5 sept. 1983, p. 3909.* ♦ Sur la situation des personnes sans domicile fixe et ne bénéficiant pas d'un rattachement administratif, V. L. n° 98-657 du 29 juill. 1998, relative à la lutte contre l'exclusion, art. L. 15-1 C. élect. : assimilation à la commune de domicile de la commune où siège l'organisme d'accueil agréé auquel les personnes sans domicile fixe sont rattachées.

3. Les communes ne peuvent pas instituer un droit d'entrée pour les personnes décédées hors du territoire de la commune et n'ayant ni domicile, ni droit à une sépulture de famille. • CE 10 déc. 1969, *Cne de Nerville-la-Forêt : Lebon 564 ; JCP 1970. II. 16280.* ♦ La même prohibition existe concernant le tarif du crématorium. • CAA Bordeaux, 13 juill. 2011, *Sté des crématoriums de France,* n° 10BX01939.

4. En refusant l'attribution d'une concession funéraire dans le cimetière communal, dès lors que la personne dont l'inhumation était demandée n'était pas décédée sur le territoire de la commune, n'y était pas domiciliée et n'y possédait pas de sépulture de famille, un maire ne viole pas les dispositions législatives et réglementaires et ne porte pas atteinte au principe d'égalité. • CE 16 nov. 1992, *Locre : Gaz. Pal. 1993. 2. Pan. dr. adm. 116.* ♦ Il en irait différemment en cas de refus d'inhumation d'une personne décédée sur le territoire de la commune, alors même qu'elle disposerait d'une concession propre sur le territoire d'une autre commune. • CAA Bordeaux, 3 nov. 1997, *Lavé,* n° 96BX01838. ♦ V. aussi • CAA Marseille, 9 févr. 2004, *Mme Nicole X.,* n° 00MA01855.

5. Le maire ne peut se fonder que sur l'absence de places pour refuser l'inhumation d'une personne y ayant droit dans un cimetière communal. • CAA Marseille, 15 nov. 2004, *X.,* n° 03MA00490 : *Coll. terr. févr. 2005.* ♦ Hors motif d'ordre public, et en cas de place disponible, toute personne non domiciliée dans une commune mais dont la famille possède une sépulture dans cette commune peut y être inhumée, en application du 3° de l'art. L. 2223-23. * Rép. min. n° 3802 : *JOAN, 24 janv. 2023, p. 635.* ♦ Le maire peut accorder, sans pour autant y être tenu, l'inhumation ou l'octroi d'une concession à toute autre personne que celles mentionnées à l'art. L. 2223-3 CGCT * Rép. min. : *JO Sénat, 9 janv. 2020, p. 173.*

6. Le refus d'inhumer dans un cimetière communal une personne qui dispose d'un droit à inhumation constitue une faute susceptible d'engager la responsabilité de la commune. • CAA Marseille, 9 févr. 2004, *Mme Nicole X.,* n° 00MA01855 : *préc. note 4.* ♦ Le préjudice causé à la famille comporte notamment les frais de transport et d'inhumation dans un autre cimetière mais ne couvre pas le « choc émotionnel » subi de ce fait par le demandeur. • Même arrêt.

7. Le demandeur ne dispose pas du droit de choisir l'emplacement de la sépulture concédée. • CE 28 janv. 1925, *Valès : Lebon 79.* ♦ Cette prérogative appartient au maire. • Même arrêt. ♦ En revanche, une fois concédée, la concession ne peut plus être « déplacée » par le maire. • TA Lille, 24 févr. 2011, *M. Gilbert Boulet,* n° 0807110 : *LPA 19 juill. 2011, p. 18, note Dutrieux.*

8. L'ayant droit d'une concession funéraire n'a pas d'intérêt à agir contre l'autorisation d'inhumation délivrée au profit d'un autre ayant droit dans cette concession. • CAA Versailles, 7 juin 2012, *M. Jean-Pierre Fouliard,* n° 10VE02950. ♦ En revanche, le maire a commis une faute engageant la responsabilité de la commune en autorisant l'inhumation d'un tiers à l'emplacement de la concession funéraire acquise par le requérant. • CE 30 avr. 2014, *M. C. c/ Cne de Pernois,* n° 366081. ♦ La circonstance que le monument édifié sur la sépulture du père de ce dernier aurait légèrement empiété sur cette concession n'était pas de nature à interdire son usage ni à la rendre caduque et n'exonère donc pas la commune de sa responsabilité. • Même arrêt.

9. Les dispositions de l'art. L. 2223-3 doivent être conciliées avec celles qui confient au maire des pouvoirs de police. Par conséquent, le maire peut légalement refuser l'inhumation pour risque de troubles (inhumation d'un terroriste) ; la libre administration des collectivités n'est pas méconnue (refus de renvoyer la question prioritaire de constitutionnalité au Conseil constitutionnel). • CE 16 déc. 2016, *Cne de Mantes-la-Jolie,* n° 403738 : *Lebon ; AJCT 2017. 164, obs. Hédin.*

Art. L. 2223-4 *(L. n° 2008-1350 du 19 déc. 2008)* **Un arrêté du maire affecte à perpétuité, dans le cimetière, un ossuaire aménagé où les restes exhumés sont aussitôt réinhumés.**

Le maire peut également faire procéder à la crémation des restes exhumés *(Abrogé par Cons. const. n° 2024-1110 QPC du 31 oct. 2024, à compter du 31 déc. 2025)* **«** *en l'absence d'opposition connue* *(L. n° 2011-525 du 17 mai 2011, art. 26)* **«** *ou attestée* **»** *du défunt* **». »**

Les restes des personnes qui avaient manifesté leur opposition à la crémation sont distingués au sein de l'ossuaire.

Afin de faire cesser l'inconstitutionnalité constatée à compter de la publication de la Décis. n° 2024-1110 QPC du 31 oct. 2024, il y a lieu de juger que, jusqu'à l'entrée en vigueur d'une nouvelle loi ou jusqu'à la date de l'abrogation des dispositions déclarées inconstitutionnelles, le maire doit informer par tout moyen utile les tiers susceptibles de faire connaître la volonté du défunt du fait qu'il envisage de faire procéder à la crémation des restes exhumés à la suite de la reprise d'une sépulture en terrain commun.

V. art. R. 2213-31 s.

BIBL. ▶ DUTRIEUX, Ossuaire municipal : un équipement spécifique, *Cah. jur. mars 2006, p. 26* ; L'exhumation à la demande des familles, *Journ. maires, mai 2004, p. 63* ; Les exhumations pratiquées hors de la demande des familles, *Journ. maires, juin 2004, p. 63* ; La fin des crémations administratives, *AJDA 2010. 1130* ; Simplification et amélioration de la qualité du droit : les apports à la législation funéraire, *JCP Adm. 2011. 2228* ; Terres issues d'un cimetière... quel statut et quel régime juridiques ? : *Funéraire Magazine n° 227, juin 2012, p. 41.* – DUPUIS, Les vicissitudes en matière d'exhumation, *Journ. maires, déc. 2006, p. 72* ; Le maire et les conflits en matière d'exhumation, *Journ. maires, mars 2006, p. 86.* – LABBÉE, L'urne au fond du jardin. Quel statut pour les cendres ?, *JCP 2008. 239.* – LEPRAT, Gestion des cimetières : éviter les écueils, *Maires de France, févr. 2007, p. 52 s.*

1. Les autorisations d'exhumer sont délivrées par le maire à la demande du plus proche parent du défunt. • CE 27 avr. 1987, *Ségura et a.*, n° 38492B : *Dr. adm. 1987, n° 334.* ♦ La responsabilité de la commune est engagée du fait de la méconnaissance de cette condition. • CAA Nantes, 30 sept. 1998, *Mordellet*, n° 96NT01061 B : *Dr. adm. 1999, n° 57.* ♦ La commune est responsable de ne pas avoir vérifié la qualité de plus proche parent du défunt, la mention « déclare se porter fort au nom d'éventuels autres ayants droit » signée par le demandeur étant inopérante. • CAA Bordeaux, 5 juin 2008, *Cne de Chauvigny*, n° 07BX00828 : *Cah. jur. coll. terr. 2008, n° 135, p. 20, note Dutrieux.* ♦ Le maire compétent est celui du lieu où l'exhumation doit être effectuée. * Rép. min. n° 79697 : *JOAN Q, 21 févr. 2006.* ♦ Le maire doit surseoir à statuer dès lors qu'il est saisi d'une opposition à l'exhumation, le juge judiciaire étant compétent pour trancher la question de la qualité du plus proche parent du défunt, lorsqu'il s'agit de choisir entre les parents du défunt et les enfants de ce dernier s'exprimant par leur représentant légal, l'ancien concubin. • TA Amiens, 17 juin 2010, n° 0702811 : *AJCT 2010. 130, note Pastor* ; *JCP Adm. 2011. 2060, note Dutrieux.* ♦ Le maire doit refuser d'autoriser l'exhumation si le demandeur n'atteste pas sur l'honneur que les autres plus proches parents ne s'opposent pas à l'exhumation. • TA Châlons-en-Champagne, 7 avr. 2011, *Mme Maryse Renauld : nos 0900982 et 1000466.* ♦ En revanche, s'il est saisi d'une demande conjointe des plus proches parents, le maire délivre légalement l'autorisation d'exhumer. • CAA Nancy, 31 mars 2011, *Mme Colette Colombani*, n° 10NC01397.

2. La revente du terrain à un nouveau concessionnaire implique que l'exhumation des corps présents dans la concession reprise soit effectuée au préalable. • TA Pau, 14 déc. 1960, *Loste : Lebon 838.* * Rép. min. : *JOAN Q, 23 juill. 2001, p. 4298.* • CAA Bordeaux, 16 déc. 2011, *M. Claude A.*, n° 10BX01416.

3. Les opérations d'exhumation et de réinhumation doivent être surveillées par les fonctionnaires mentionnés à l'art. L. 2213-14 CGCT. • CE 26 juill. 1985, *Lefèvre et a.*, n° 36749 B. ♦ V. sur le nouveau régime : Circ. du 14 déc. 2009 relative à la mise en œuvre de la loi n° 2008-1350 du 19 déc. 2008 relative à la législation funéraire ; Décr. n° 2010-917 du 3 août 2010 (*JO 5 août*). Les exhumations administratives – c'est-à-dire celles opérées à la suite des reprises pour non-renouvellement ou état d'abandon – ne doivent plus être surveillées en raison de la modification expresse de l'art. L. 2213-14 par la L. n° 2011-525 du 17 mai 2011 de simplification et d'amélioration du droit : V. Dutrieux, Simplification et amélioration de la qualité du droit : les apports à la législation funéraire, *JCP Adm. 2011. 2228.*

4. Une exhumation non autorisée constitue un délit de violation de tombeaux et de sépultures. • T. corr. Villefranche, 8 mars 1949 : *Gaz. Pal. 1949. 1. 227.* ♦ ... Et d'atteinte à l'intégrité des cadavres. • Crim. 25 oct. 2000, *X. : Coll. terr. 2001 n° 139, obs. D. Dutrieux.*

5. L'extraction d'un cercueil de sa sépulture constitue une exhumation quand bien même il n'y aurait pas mise au jour des restes des dépouilles. • CAA Nantes, 3 févr. 2004, H., n° 01NT 01243 : *Gaz. cnes 15 nov. 2004, p. 7.*

6. Il n'appartient pas au maire de décider, en cas d'opposition formelle à l'inhumation, quel est le plus proche parent du défunt. • TA Amiens, 23 mai 2005, *M.*, n° 0400344 : *Coll. terr., janv. 2006, p. 17, note Dutrieux.* ♦ V. aussi • CE 13 mai 1910, *Haubdine : Lebon 391.* ♦ Mais il lui appartient de s'assurer de la qualité du plus proche parent du demandeur de l'exhumation. • TA Lille, 20 mars 2007, n° 040187 • TA Amiens, 17 juin 2010, n° 0702811 : *préc. note 1.* ♦ V. sur le contentieux civil du changement du lieu d'inhumation. • Civ. 1re, 8 avr. 2009 : *Rev. notaires, oct. 2009, p. 14, obs. Dutrieux.* ♦ Sur le principe de l'immutabilité de la sépulture, *RLDC 2010. 47, note Dutrieux*. V. • Civ. 1re, 14 avr. 2010 : *JCP Adm. 2011. 2034, note Dutrieux.* – V. • Rennes, 13 sept. 2011, *Mme Marie-Annick B. c/ Mme Marie-Claire D.*, n° 09/06669. – V. • Bordeaux, 6e ch. civ., 22 mai 2013, *Mme Nadine V. c/ consorts O.*, n° 12/04646.

7. Il lui appartient également, en cas de doute, de surseoir à la délivrance de l'autorisation demandée. • TA Amiens, 23 mai 2005, *M.*, n° 0400344 : *préc. note 6.* ♦ Il commettrait une erreur de droit en accordant le permis d'exhumer. • Même arrêt.

8. Le fait que le défunt ait manifesté avant sa mort l'intention d'être inhumé dans un lieu déterminé et que ce souhait ait été de notoriété publique ne constitue pas un motif suffisant pour s'opposer à une exhumation. • TA Toulouse, 2 juin 2005, *Mlle Toulze*, n° 0303196 : *Journ. maires, mars 2006, p. 86 et 17, note Dutrieux.*

9. Le juge peut réclamer de la part du demandeur une attestation sur l'honneur par laquelle il certifie être le plus proche parent ou qu'il n'y a pas d'autre parent venant au même degré que lui. • CE 9 mai 2005, *Rabau*, n° 262977 : *Lebon 186* ; *BJCL 2005. 455, concl. Séners, obs. M. D. ; Coll. terr. 2005, n° 161, note Erstein ; JCP 2005. 11. 10131, note Dutrieux ; JCP Adm. 2005 n° 1307, chron. Glaser et Séners.* ♦ ... Ou qu'un autre parent du même degré ne s'opposera pas à sa demande. • Même arrêt • TA Châlons-en-Champagne, 7 avr. 2011, *Mme Maryse Renauld : préc. note 1.*

10. L'exhumation est un acte de police qui ne saurait être tributaire de la volonté du défunt ou de ses proches. • TA Lille, 23 mai 2005, *Marquet*, n° 0400344 : *Coll. terr. 2006, n° 8, obs. Dutrieux* • TA Toulouse, 2 juin 2005, *Mlle Toulze*, n° 0303196 : *préc. note 8.*

11. Si l'administration n'a pas à vérifier l'exactitude de l'attestation sur l'honneur fournie par le plus proche parent, il lui appartient de refuser l'autorisation d'exhumer dès qu'elle a connaissance de la volonté contraire du défunt. • Douai, 22 juin 2006, *Mme Janine S. : Journ. maires, déc. 2006, p. 72, note Dupuis.*

12. Si la loi du 15 nov. 1887 relative à la liberté des funérailles permet à chacun de régler les conditions de ses funérailles, celles-ci doivent se dérouler conformément à la législation en vigueur au moment du décès. • CE 29 juill. 2002, *X*, n° 222180.

13. La responsabilité de la commune pourrait être engagée en cas de non-respect des dispositions précitées. • CAA Douai, 26 févr. 2002, *Cne de Nieppe*, n° 99DA00433 : *LPA 28 août 2002, p. 8, concl. Michel.*

14. Sur le dépôt à l'ossuaire municipal des restes mortels issus des exhumations opérées à l'issue du délai de rotation du terrain commun. * Rép. min. : *JOAN Q, 9 déc. 1991, p. 5094.*

15. Le placement à l'ossuaire est définitif. Dès cet instant, les restes mortels sont placés sous la responsabilité de la commune et la famille ne peut donc plus en disposer. En conséquence, le maire ne peut pas délivrer d'autorisation d'exhumation pour extraire des ossements, même individualisés, de l'ossuaire. * Rép. min. : *JO Sénat, 23 août 2012, p. 1878.*

16. Sur l'intérêt de créer un ossuaire réservé aux restes mortels des défunts relevant d'une confession déterminée dans les cimetières dotés de carrés confessionnels, V. Circ. du ministre Intérieur n° 98-38 du 19 févr. 2008 ; Dutrieux, Carrés confessionnels : *bis repetita placent, JCP Adm. 2008. Actu. 196* ; La fin des crémations administratives ?, *AJDA 2010. 1130* .

17. Dans le cadre d'une exhumation à la demande des familles, il incombe à l'opérateur funéraire dans le cadre de l'art. L. 2223-19 du CGCT de procéder lui-même à l'enlèvement et à la destruction des débris du cercueil. * Rép. min. n° 18658 : *JO Sénat Q, 4 nov. 1999, p. 3642.* Dans le cadre d'une exhumation administrative, l'ossuaire prévu à l'art. L. 2223-4 CGCT a vocation à recevoir les restes des corps exhumés, à moins qu'ils ne fassent l'objet d'une crémation. Il appartient alors à la commune d'assurer l'élimination des débris de cercueil et autres matériaux qui n'ont pas vocation à être déposés dans l'ossuaire, soit dans le cadre d'un marché public, soit par son propre personnel. * Même Rép. min. ♦ Les débris de corps humain constituant une dépouille mortelle sont dignes de respect, quand bien même ils proviendraient d'une sépulture abandonnée, et méritent protection. • TGI Lille, 5 déc. 1996 : *D. 1997. 376, note Labbée* . ♦ Il conviendra, le cas échéant, de les placer dans une boîte à ossements. • Même jugement.

18. La réduction de corps est une exhumation. • Civ. 1re, 16 juin 2011, n° 10-13.580 : *JCP Adm. 2011, n° 2240, note Dutrieux ; RLCT sept. 2011. 38, note Dupuis.*

19. En cas de conflit familial quant à l'exhumation d'un défunt, il appartient au juge judiciaire de trancher. • Civ. 1re, 14 avr. 2010, n° 09-65.720 : *JCP Adm. 2011, n° 2034, note*

Dutrieux • 9 mars 2011, n° 09-65.431 • 1er juin 2011, n° 10-18.337.

20. Il appartient éventuellement au juge judiciaire d'ordonner le retrait d'un cercueil irrégulièrement inhumé dans une concession funéraire. • TA Caen, 19 mars 2002, *Harel : Coll. terr. 2002, n° 139, note Dutrieux.*

21. Nul ne peut prétendre reposer dans une sépulture sur laquelle il n'a aucun titre sans justifier de l'autorisation de ceux qui ont qualité pour la délivrer. • Civ. 1re, 6 janv. 2004 : *RGCT 2003. 753, note Dutrieux.* ♦ Les consentements ne se présument pas. • Même arrêt.

22. Les stipulations de l'art. 8 Conv. EDH ne font pas obstacle à ce que l'autorité administrative exerce son pouvoir de police en matière funéraire, dans le cadre des dispositions qui la réglementent, et procède à la reprise et à la crémation des restes présents dans les sépultures en terrain commun. • TA Montreuil, 27 mai 2011, *Mmes Françoise et Juliana R.*, n° 1012029 : *JCP Adm. 2013, n° 2095, note Dutrieux.*

23. Le Cons. const. déclare contraires à la Const. les mots « en l'absence d'opposition connue ou attestée du défunt » figurant à l'art. L. 2223-4, al. 2 CGCT. L'abrogation de ces dispositions est toutefois reportée au 31 déc. 2025. En revanche, afin de faire cesser l'inconstitutionnalité constatée, le conseil juge que, jusqu'à l'entrée en vigueur d'une nouvelle loi ou jusqu'à la date de l'abrogation des dispositions déclarées inconstitutionnelles, le maire doit informer par tout moyen utile les tiers susceptibles de faire connaître la volonté du défunt du fait qu'il envisage de faire procéder à la crémation des restes exhumés à la suite de la reprise d'une sépulture en terrain commun. • Cons. const. 31 oct. 2024, n° 2024-1110 QPC : *AJDA 2025. 347, note Bioy ; AJCT 2025. 37, obs. Hédin.*

Art. L. 2223-5 **Nul ne peut, sans autorisation, élever aucune habitation ni creuser aucun puits à moins de 100 mètres des nouveaux cimetières transférés hors des communes.**

Les bâtiments existants ne peuvent être ni restaurés ni augmentés sans autorisation.

Les puits peuvent, après visite contradictoire d'experts, être comblés par décision du représentant de l'État dans le département. – *[C. communes, art. L. 361-4.]*

V. art. R. 2223-7. — V. aussi C. urb., art. R. 425-13. —* ***C. urb.***

1. Les bâtiments existants, dans le périmètre de la servitude, ne peuvent être ni restaurés, ni agrandis sans autorisation. • Civ. 1re, 20 févr. 1961 : *JCP 1961. IV. 50.*

2. Sur le comblement d'un puits après visite contradictoire d'experts. • Civ. 3e, 23 oct. 1973 : *Bull. civ. III, n° 539.*

3. Ne constitue pas une habitation au sens de l'art. L. 2223-5 un hangar destiné à abriter les automobiles et ne comportant pas la présence habituelle de l'homme. • CE 11 mai 1938, *Suc : Lebon 410 ; S. 1938. 3. 72.*

4. Dès lors que les dispositions de l'art. L. 2223-5 se bornent à soumettre certaines constructions à un accord de l'administration, elles n'entraînent par elles-mêmes aucune conséquence dommageable pour les propriétaires des parcelles voisines des cimetières transférés. Il en va de même dans l'hypothèse où l'agrandissement d'un cimetière communal placerait des terrains appartenant aux requérants dans la zone des 100 m. • CE, sect., 14 mars 1986, *Cne de Gap-Romette*, n° 40310 : *Lebon 74 ; D. 1986. IR 468, obs. Moderne et Bon ; AJDA 1986. 317, concl. Jeanneney ; JCP 1987. II. 20759, note Davignon.*

5. Mais le Conseil d'État réaffirme le principe selon lequel l'institution d'une servitude administrative de ce type n'exclut pas toute forme d'indemnisation, sous réserve que le préjudice soit direct, certain, grave et spécial. • CE, sect., 14 mars 1986, *Cne de Gap-Romette*, n° 40310 : *préc. note 4.*

6. Sur la portée limitée de l'art. L. 2223-5 en ce qu'il impose seulement l'obtention d'une autorisation. • CE 28 juill. 1905, *Allègre : DP 1907. 3. 36.*

7. L'accord du maire est réputé donné à défaut de réponse dans le délai d'un mois qui suit le dépôt de la demande de permis de construire. • CE 23 sept. 1983, *M. et Mme Fovanna*, n° 34703.

8. Le titulaire d'une autorisation de lotir à moins de 100 m d'un cimetière transféré doit également obtenir l'autorisation exigée par l'art. L. 2223-5. • CE 20 mai 1994, *Butin*, n° 115804. ♦ Les dispositions de l'art. L. 2223-5 n'ont donc pas pour effet de rendre les terrains inconstructibles. • Même arrêt. ♦ Une autorisation de lotir n'a pas pour objet de soustraire les terrains qu'elle vise aux dispositions de la loi, il appartient donc aux acquéreurs de lots d'obtenir les autorisations nécessaires. • Même arrêt.

Art. L. 2223-6 **En cas de translation de cimetières, les cimetières existants sont fermés dès que les nouveaux emplacements sont disposés à recevoir les inhumations. Ils restent dans l'état où ils se trouvent, sans que l'on en puisse faire usage pendant cinq ans.**

Toutefois, les inhumations peuvent continuer à être faites dans les caveaux de famille édifiés dans les cimetières désaffectés, à concurrence du nombre de places disponibles

au moment de la fermeture de ces cimetières, à condition que ceux-ci satisfassent aux prescriptions légales d'hygiène et de salubrité et que l'affectation du sol à un autre usage ne soit pas reconnue d'utilité publique. – *[C. communes, art. L. 361-6 issu du Décr. du 23 prairial An XII, art. 8.]*

V. art. R. 2223-10.

1. Sur les conditions de la translation. • CE 9 juill. 1980, *Rougier et Sté pour la protection des paysages et de l'esthétique de la France : Dr. adm. 1980, n° 299.*

2. Il appartient au préfet de fixer le moment où la translation doit être ordonnée. • CE 9 juill. 1980, *Rougier et Sté pour la protection des paysages et de l'esthétique de la France : préc. note 1.* ♦ V. aussi, • CE 13 févr. 1914, *Tissot : Lebon 183.*

3. Les pouvoirs du préfet s'appliquent aux cimetières qui ne seraient pas compris dans le périmètre d'une agglomération au sens de l'art. L. 2223-1. • CE 13 févr. 1914, *Tissot : préc. note 2.*

4. La commune décidant légalement la translation des monuments n'est pas tenue d'assumer les frais de reconstruction des caveaux et de transfert des monuments. • CE 11 déc. 1963, *Dame Despax : Lebon 613* • Cass. 25 oct. 1910 : *DP 1912. 1. 129.*

5. Si le préfet était compétent pour prononcer la translation d'un cimetière, après avis motivé du conseil municipal (art. R. 361-2 C. communes), le conseil municipal était seul habilité à décider la création ou l'extension d'un cimetière. • CE, sect., 20 juin 1980, *Jaillard*, n° 03621 : *Lebon 282.*

6. Le maire et les adjoints ne disposaient, avant l'ordonnance du 28 juill. 2005, d'aucune compétence en la matière. • CE 20 janv. 1984, *Assoc. consistoriale israélite de Marseille c/ Mme Rouquette*, n° 19631.

7. Le préfet pouvait décider de fermer le cimetière seulement aux inhumations ordinaires et non aux inhumations en concession. • CE 23 oct. 1942, *Philibert et a. : Lebon 283.*

8. En l'absence de décision de désaffectation d'un cimetière, celui-ci doit être regardé comme étant toujours affecté à l'inhumation des personnes décédées sur le territoire de la commune. • CAA Marseille, 3 oct. 2002, n° 98MA02019. ♦ ... Ou qui y résidaient avant leur décès. • Même arrêt.

9. Lorsqu'une commune a décidé la fermeture d'un cimetière, cette décision fait obstacle à l'octroi de toute nouvelle concession et à toute nouvelle inhumation en terrain commun mais n'interdit pas, tant que l'affectation du sol à un autre usage n'a pas été reconnue d'utilité publique, la poursuite des inhumations en terrain concédé dans les caveaux de famille, si ceux-ci satisfont aux prescriptions légales d'hygiène et de salubrité et à concurrence du nombre de places encore disponibles dans ces caveaux à la date de la décision de fermeture ; si ces conditions sont remplies, le maire est tenu de faire droit à une telle demande d'inhumation • CE 9 nov. 2018, n° 416683 B : *AJDA 2018. 2214 ; AJCT 2019. 153, obs. Hédin.* ♦ Il ne ressort pas de l'art. L. 2223-6 que le législateur ait entendu appliquer le délai de cinq ans prévu au 1er al. à la faculté dérogatoire ouverte par le 2d al., laquelle peut s'exercer, pourvu que les conditions précitées soient remplies, jusqu'à l'échéance des concessions en cours à la date de la décision de fermeture du cimetière • Même arrêt.

Art. L. 2223-7 **Passé le délai de cinq ans, les cimetières désaffectés peuvent être affermés par les communes auxquelles ils appartiennent, mais à condition qu'ils ne soient qu'ensemencés ou plantés, sans qu'il puisse être fait aucune fouille ou fondation pour des constructions de bâtiment jusqu'à ce qu'il en soit autrement ordonné.** – *[C. communes, art. L. 361-7 issu du Décr. du 23 prairial An XII, art. 9.]*

1. Ces dispositions s'appliquent pour toute fermeture de cimetière. • CE 9 juill. 1980, *Rougier et Sté pour la protection des paysages et de l'esthétique de la France : Dr. adm. 1980, n° 299.*

2. Pour toute autre destination que l'affermage, un délai de dix ans doit être respecté. * Rép. min. : *JOAN Q 2 juin 2003, p. 4293.*

3. L'utilisation d'une procédure d'aliénation laisse le libre choix de la nouvelle affectation aux autorités compétentes. * Rép. min. : *JOAN Q 2 juin 2003, p. 4293.*

4. Constitue une voie de fait le fait pour une commune d'entreprendre des travaux dans le cimetière désaffecté sans avoir, au préalable, transféré les ossements humains vers l'ossuaire du nouveau cimetière. • Metz, 5 oct. 2010 : *JCP 2010. 1168, note Francioso.*

Art. L. 2223-8 **Les cimetières ne peuvent être aliénés qu'après dix années à compter de la dernière inhumation.** – *[C. communes, art. L. 361-8 issu du Décr. du 6 et 15 mai 1791, art. 9, al. 2.]*

Cette disposition s'applique à toute fermeture de cimetière. • CE 9 juill. 1980, *Rougier et Sté pour la protection des paysages et de l'esthétique de la France : Dr. adm. 1980, n° 299.* ♦ V. * Rép. min. : *JOAN Q 2 juin 2003, p. 4293.*

Art. L. 2223-9 **Toute personne peut être enterrée sur une propriété particulière, pourvu que cette propriété soit hors de l'enceinte des villes et des bourgs et à la distance prescrite.** — *[C. communes, art. L. 361-9 issu du Décr. du 23 prairial An XII, art. 14.]*

Sur la notion de périmètre d'agglomération, V. art. L. 2223-1 et R. 2223-1.

BIBL. ▶ DUPUIS, Vente de propriété : que devient la sépulture ?, *Cah. jur. coll. terr. 2006, n° 103, p. 11.* – DUTRIEUX, L'inhumation en terrain privé, *JCP N 2006. 2126* ; Sépulture sur terrain privé, obs. sous Rép. min. n° 44012 : *JOAN Q 8 sept. 2009, JCP N 2009. Actu. 631.*

1. Un refus d'autorisation serait soumis à un contrôle du juge administratif. • CE 21 janv. 1987, *Risterucci*, n° 56133.

2. Sur les cimetières juifs appartenant à des associations privées, V. • CE 13 mai 1964, *Eberstarck : Lebon 288 ; AJDA 1964. 485, obs. A de L.* ♦ V. aussi, • Pau, 17 févr. 1959 : *Gaz. Pal. 1959. 2. 106* • Civ. 1re, 20 févr. 1961 : *Bull. civ. I, n° 111* • Aix-en-Provence, 1er févr. 1971 : *AJDA 1972. 111, note M. M.* • Civ. 1re, 11 avr. 1973 : *Bull. civ. I, n° 141.*

3. Les cimetières n'appartenant pas à des personnes publiques ne peuvent constituer des dépendances du domaine public communal. • CE 13 mai 1964, *Eberstarck : préc. note 2.*

4. Mais les autorisations d'inhumer dans une propriété privée ne peuvent être considérées comme des autorisations de créer des cimetières privés. • Aix-en-Provence, 1er févr. 1971 : *préc. note 2.*

5. La compétence du préfet pour accorder une autorisation d'inhumation dans une propriété privée ne fait pas obstacle à la compétence du maire en matière de police des sépultures. • CE 27 avr. 1953, *Cerciat : Lebon 195.*

6. Le maire ne peut toutefois utiliser ses pouvoirs de police des sépultures pour imposer des conditions non prévues par les textes ou non justifiées par des considérations d'ordre public. • CE 16 oct. 1931, *Persegout : Lebon 876 ; DH 1931. 26.* ♦ En revanche, le maire ne tient pas de ce pouvoir de police le droit de mettre en œuvre une procédure de reprise pour état d'abandon de l'art. L. 2223-17 du présent code, ni la procédure définie par l'art. L. 511-4-1 CCH. Seule une procédure d'expropriation permettra au maire de faire relever la sépulture. * Rép. min. n° 13793 : *JOAN Q 23 févr. 2010, p. 2091.*

7. Les servitudes instituées autour des lieux d'inhumation privés sont perpétuelles ; les familles disposent d'un droit de passage même si elles ne sont plus propriétaires des terrains. • Cass. 23 janv. 1884 : *S. 1884. 1. 315* • Civ. 11 avr. 1938 : *DH 1938. 321.* ♦ La servitude de passage ne peut notamment pas faire l'objet d'une prescription acquisitive. • Amiens, 28 oct. 1992 : *D. 1993. 370* . ♦ Un renoncement à la servitude par contrat serait nul, la servitude étant un droit hors commerce (art. 1128 C. civ.) – toute atteinte à une sépulture privée par l'acquéreur du terrain sur lequel elle porte constituerait le délit de violation de sépulture (art. 225-17 et 225-18 C. pén.). • Crim. 2 nov. 1934 : *DH 1934. 574.* ♦ L'engagement de libérer le bien vendu de la dépouille litigieuse doit ressortir clairement des négociations contractuelles entre les intéressés, dès lors que l'acquéreur était dûment informé de la présence d'une sépulture privée. • Civ. 3e, 1er mars 2006, n° 05-11.327 : *JCP N 2006. 2126.*

8. Le maire disposant de la police et de la surveillance des sépultures privées, il a compétence pour en ordonner le transfert dans le cimetière communal. • CE, sect. intérieur avis, 17 sept. 1964, n° 289.259 : *AJDA 1965. 149.* ♦ Il peut notamment mettre en demeure le propriétaire des lieux de réaliser les travaux nécessaires, dans l'hypothèse d'un probable abandon de sépulture – et se substituer éventuellement à lui, voire avoir recours à l'expropriation. * Rép. min. : *JOAN Q, 27 févr. 1995, p. 1140.* ♦ V. également * Rép. min. n° 13793 : *JOAN Q 23 févr. 2010, p. 2091.* ♦ Néanmoins, les conflits familiaux en matière d'exhumation demeurent de la compétence du juge judiciaire. • Bordeaux, 28 févr. 2012, n° 11/03209 : *JCP N 2012, n° 1407, note Dutrieux.*

9. Une demande d'autorisation de conserver le corps d'un défunt dans le sous-sol d'une demeure particulière, selon une technique spéciale de congélation, n'entre pas dans le champ des dispositions de l'art. L. 2223-9. • CE 29 juill. 2002, *Cts Leroy : Lebon 282* ; *Dr. adm. nov. 2002, n° 182, p. 25 ; Adm. et collect. territ. 2002, n° 2, p. 67, obs. J. Moreau.* ♦ V. aussi • CAA Nantes, 27 juin 2003, *Cts Martinot*, n° 02NT01704 : *AJDA 2003. 1871, concl. J.F. Millet* (à propos de l'utilisation d'un procédé de cryogénisation). – V. note 14.

10. Une tombe située dans une propriété privée peut se trouver à moins de 35 mètres d'une habitation lorsque la commune considérée n'a pas le caractère de « ville » ou de « bourg ». • CE 21 janv. 1987, *Risterucci*, n° 56133.

11. Le refus du préfet d'autoriser l'inhumation du corps peut être fondé sur des considérations d'ordre public : • CAA Marseille, 3 oct. 2002, *Bourdin*, n° 98MA02019 (affaire dite du « Mandarom ») • CE 12 mai 2004, *Assoc. Du Vajra triomphant, M. Bourdin*, nos 253341, 253342 et 253343 : *Coll. terr. 2004, comm. 175, p. 26, obs. Dutrieux.* ♦ Absence de dénaturation des pièces du dossier, les troubles à l'ordre public étant prévisibles, eu égard à l'hostilité des élus et de la population locale à la présence de l'intéressé sur le site dit du Mandarom. • Même arrêt. ♦ Il en va de même du refus du maire d'autoriser le dépôt temporaire de la dépouille du « gourou » d'une secte dans les locaux de la secte. • CAA Marseille, 3 oct.

2002, *Bourdin*, n° 98MA02019 : *préc.* ♦ Une telle décision ne porte pas atteinte par ailleurs à la liberté religieuse. • Même arrêt. ♦ Le refus du transfert d'une sépulture commandé pour le seul intérêt du demandeur ne constitue pas une violation de son droit au respect de sa vie privée et familiale, selon la Cour européenne des droits de l'homme. • CEDH 17 janv. 2006, *Elli Polihas Dödslo c/ Suède : JCP 2006. II. 10102, note Labbée.*

12. Le juge civil des référés ayant à statuer sur un cas de violation du droit funéraire, du fait de la congélation de personnes décédées reposant dans le sous-sol d'une propriété privée, peut prendre les mesures appropriées en vue de leur inhumation. • TGI Saumur, 13 mars 2002 : *LPA 4 oct. 2002, p. 15, note B. Rolland.*

13. La législation funéraire française, en pareille matière, justifiée par les nécessités de la sécurité et de l'ordre public, ne méconnaît pas l'art. 8 de la Conv. EDH. • CAA Nantes, 27 juin 2003, *Cts Martinot*, n° 02NT01704 : *préc. note 9.* • CE 6 janv. 2006, *Martinot et a.*, n° 260307 : *Lebon 8 ; Dr. adm. avr. 2006, p. 34, note Erstein ; Coll. terr., mars 2006, p. 25, note Moreau ; AJDA 2006. 757, note Burgorgue-Larsen.*

14. La conservation du corps par un procédé de congélation, ou cryogénisation, dans la perspective d'une future réanimation, ne peut être regardée comme une sépulture légale. • CE 6 janv. 2006, *Martinot et a.*, n° 260307 : *préc. note 13* ; V. Poirot-Mazères, « Toute entreprise d'immortalité est contraire à l'ordre public » – ou « Comment le juge administratif français appréhende… la cryogénisation », *Dr. adm. juill. 2006, p. 6.* ♦ Raimbault, Le corps humain après la mort. Quand les juristes jouent au « cadavre exquis », *Dr. sociétés 2005, n° 61, p. 832.*

15. Les travaux de construction d'un monument funéraire peuvent faire l'objet d'un arrêté du maire prononçant leur interruption motivée, dans le cadre du droit de l'urbanisme (art. L. 480-2 C. urb.), à la suite d'infractions réalisées lors des travaux. • CAA Marseille, 9 juill. 2007, n° 04MA01975 : *Journ. comm. 26 nov. 2007, p. 61.* ♦ L'arrêté préfectoral portant autorisation de construction d'une chapelle funéraire privée ne peut être regardé comme une autorisation d'inhumation au sens de l'art. R. 2213-32 CGCT. • Même arrêt.

16. Les caveaux et autres monuments funéraires sont des ouvrages au titre des art. 1792 s. C. civ. – et donnent lieu à une éventuelle responsabilité décennale des constructions. • Civ. 3e, 17 déc. 2003 : *RDI 2004. 192, obs. Malinvaud.*

17. Transfert de propriété. La présence d'une sépulture sur une propriété privée ne fait pas obstacle au transfert de propriété du terrain sur lequel elle se situe, notamment dans le cadre d'un remembrement rural, ou d'une zone d'aménagement concertée. * Rép. min. n° 09330 : *JO Sénat Q, 13 juin 2019, p. 3085.* ♦ En revanche, de telles opérations ne transfèrent pas la propriété de la sépulture, qui demeure en indivision dans le patrimoine des héritiers, sans que ceux-ci ne puissent la céder par contrat, cette dernière étant hors du commerce. * Même Rép. min. ♦ L'exhumation des corps et le retrait des monuments funéraires ne peuvent s'effectuer qu'à la demande du plus proche parent de la personne défunte ou par le biais d'une procédure d'expropriation pour cause d'utilité publique. * Même Rép. min.

Art. L. 2223-10 Aucune inhumation ne peut avoir lieu dans les églises, temples, synagogues, hôpitaux, chapelles publiques, et généralement dans aucun des édifices clos et fermés où les citoyens se réunissent pour la célébration de leurs cultes, ni dans l'enceinte des villes et bourgs.

Toutefois, le maire peut, à titre d'hommage public, autoriser, dans l'enceinte de l'hôpital, et après avis de son conseil d'administration, la construction de monuments pour les fondateurs et bienfaiteurs de l'établissement, lorsqu'ils en ont exprimé le désir dans leurs actes de donation, de fondation ou de dernière volonté. – *[C. communes, art. L. 361-10 issu du Décr. du 23 prairial An XII, art. 1er et 13.]*

Les dispositions de l'art. L. 2223-10 ne sont pas contradictoires avec celles de l'art. L. 2223-1. * Rép. min. : *JOAN Q, 25 nov. 1991*), ni avec celles de l'art. L. 2223-18-1, issues de la loi n° 2008-1350 du 19 déc. 2008, autorisant le dépôt provisoire de l'urne dans un lieu de culte.

Art. L. 2223-11 Les sépultures militaires sont soumises aux dispositions *(Ord. n° 2009-1530 du 10 déc. 2009)* **« des articles L. 498 à L. 514 du code des pensions militaires d'invalidité et des victimes de la guerre ».** – *[C. communes, art. L. 361-11.]*

1. L'obligation d'entretien des sépultures militaires incombe à l'État. • CE 30 nov. 1934, *Minart*, n° 35658 : *Lebon 1130* • CE 18 avr. 1956, *Min. des Anciens Combattants et des Victimes de la guerre c/ Dame Balique*, n° 87397 : *Lebon 159 ; AJDA 1956. 332, concl. C. Lasry.*

2. L'État peut confier les opérations d'entretien à la commune, mais il demeure responsable de l'exécution de cette obligation. • CE 30 nov. 1934, *Minart*, n° 35658 : *préc. note 1* • CE 18 avr. 1956, *Min. des Anciens Combattants et des Victimes de la guerre c/ Dame Balique*, n° 87397 : *préc. note 1.*

Art. L. 2223-12 Tout particulier peut, sans autorisation, faire placer sur la fosse d'un parent ou d'un ami une pierre sépulcrale ou autre signe indicatif de sépulture. – *[C. communes, art. L. 361-5 issu du Décr. du 23 prairial An XII, art. 12.]*

1. En décidant que chaque tombe serait individualisée grâce à un tumulus gazonné, le maire d'une commune a illégalement porté atteinte au droit reconnu par l'art. L. 2223-12. • CE, sect., 18 févr. 1972, *Ch. syndicale des entreprises artisanales du bâtiment de la Haute-Garonne : Lebon 153 ; AJDA 1972. 215, chron. Labetoulle et Cabanes ; JCP 1973. II. 17466, note Bouyssou.*

2. Un maire ne peut invoquer son pouvoir de police des cimetières et des sépultures pour limiter la hauteur des dalles, encadrements, monuments funéraires et éléments de décoration. • CE, sect., 18 févr. 1972, *Ch. syndicale des entreprises artisanales du bâtiment de la Haute-Garonne : préc. note 1.* ♦ … Ni déterminer les types de monuments funéraires. • Même arrêt. ♦ … Ni s'attribuer un pouvoir de vérification de la conception esthétique des monuments funéraires. • Même arrêt. – V. aussi, • TA Montpellier, 13 nov. 1979, *Allemandi : Lebon 541* • TA Versailles, 10 août 1979, *Médard : Lebon 653* • CE 11 mars 1983, *Cne de Bures-sur-Yvette*, n° 20837 : *Lebon 104 ; Gaz. Pal. 1982. 2. 649, note Mélin.* ♦ Ces principes demeurent malgré l'introduction du nouvel art. L. 2223-12-1 par la loi n° 2008-1350 du 19 déc. 2008, qui vise essentiellement la possibilité pour le maire de protéger – par des restrictions à la liberté des concessionnaires – le caractère des cimetières « paysagers » de la réalisation de constructions « intempestives » et d'éviter que les constructions dépassent les limites de la concession.

3. Un maire ne peut interdire la clôture des emplacements concédés. • CE 1er juill. 1925, *Bernon : Lebon 627.*

4. Les dispositions de l'art. L. 2223-12 valent aussi bien pour les inhumations en service ordinaire que pour les inhumations sur les terrains concédés. • CE 23 juin 1911, *Téoulé et Baux : Lebon 714.* ♦ L'inhumation en terrain commun ne permet pas normalement (art. R. 2223-3 CGCT) plusieurs inhumations sur le même emplacement. * Rép. min. : *JOAN Q, 9 déc. 1991* • CAA Nancy, 28 sept. 2006, *Éts V.*, n° 05NC00285 : *Journ. maires, févr. 2007, p. 58, note Dupuis.* ♦ La double circonstance que plusieurs inhumations aient été réalisées sur le même emplacement du cimetière communal et qu'un monument funéraire y ait été construit n'établit pas la réalité d'une concession funéraire régulièrement délivrée – et la commune peut concéder ultérieurement l'emplacement légitime selon les règles prévues par le code, sans commettre pour autant une faute de nature à engager sa responsabilité. • Même arrêt.

5. La construction ou l'utilisation de caveaux au-dessus du sol (enfeus) peut être réglementée ou interdite pour des motifs de police. • CE, sect., 18 mars 1932, *Frédéric Bertrand : Lebon 345 ; DH 1932. 321.*

6. Les monuments funéraires élevés sur les terrains concédés restent la propriété privée des concessionnaires. • Civ. 12 févr. 1901 : *S. 1901. 1. 233 ; DP 1905. 1. 495* • Paris, 29 oct. 1947 : *D. 1948. J. 59.* ♦ V. aussi • CE, ass., 9 févr. 1940, *Monier : Lebon 54 ; DH 1940. 118* • CE 19 oct. 1966, *Cne de Clermont (Oise) : Lebon 551.* ♦ … Pour autant que la concession ne soit pas abandonnée. • CAA Marseille, 15 nov. 2004, *X.*, n° 03MA00490 : *Coll. terr., 2005, n° 28, p. 21, note Dutrieux.* ♦ Ils deviendraient alors des dépendances du domaine privé communal. • Même arrêt. – V. également Circ. n° 93-28 du 28 janv. 1993, reprenant CE, avis, 4 févr. 1992 : *Rapp. CE, 1992, p. 409.*

7. La propriété du tombeau ne se transmet en principe qu'aux héritiers naturels. • Civ. 1re, 1er juill. 1970 : *Bull. civ. I, n° 232 ; JCP 1970. II. 17004, note Ourliac.* ♦ Le contentieux des droits respectifs des héritiers sur la sépulture ressort de la compétence du juge administratif. • CAA Bordeaux, 2 mars 2010, *Gilbert Rol*, n° 08BX02222. ♦ Compétence du juge administratif pour apprécier la validité du legs d'une concession funéraire sans question préjudicielle au judiciaire. • CAA Marseille, 18 avr. 2013, *Mme D.*, n° 11MA01571.

8. Les arbres de haute tige garnissant les concessions sont propriétés privées des concessionnaires. • CE 19 avr. 1907, *Dame de Suremain, Vve de Crest : DP 1908. 3. 66, concl. Romieu* • CE 7 janv. 1953, *Sieur de Saint-Mathurin : Lebon 3.*

9. Toutefois le droit réel dont bénéficie le concessionnaire d'une sépulture s'étend par accession au monument construit sur la concession par un tiers. • Civ. 1re, 13 mai 1980 : *Bull. civ. I, n° 147 ; JCP 1980. II. 19439, concl. Gulphe.* ♦ Le droit d'usage du monument, incorporé au droit du concessionnaire, est comme ce dernier hors du commerce et ne peut être acquis par prescription. • Même arrêt.

10. Les pierres tombales, monuments funéraires, chapelles, caveaux, enfeus, ne s'intègrent pas à l'ouvrage public que constitue globalement le cimetière. • CE 28 nov. 1934, *Cie d'assurances La Bourgogne : Lebon 1126.*

11. Les travaux d'entretien, de construction ou de démolition des caveaux et autres monuments funéraires ne sont pas des travaux publics. • Civ. 1re, 10 oct. 1961 : *Bull. civ. I, n° 446* (sol. impl.). ♦ Le juge judiciaire peut ordonner éventuellement la démolition des ouvrages ou éléments d'ouvrages. • Civ. 1re, 12 juin 1974 : *Bull. civ. I, n° 185.* ♦ Les accidents causés par la chute de ces éléments ne peuvent être imputés au défaut d'entretien d'un ouvrage public. • CE 23 juin 1976, *Tony : Lebon T. 791.* ♦ La responsabilité des communes ne peut être de ce fait recherchée. • CE 23 juin 1976, *Tony : préc.* ♦ … Sous réserve des obligations susceptibles de leur incomber au titre de la protection des monuments historiques. * Rép. min. : *JOAN Q, 1988, p. 1268*. ♦ ... Ou de celles qui peuvent incomber aux collectivités publiques en tant que propriétaires. • CAA Bordeaux, 25 mars 1994, *Cne de Les Peintures*, n° 93BX00838 (dommages causés à des herbages voisins par l'utilisation de produits désherbants chimiques). ♦ ... Ou de celles qui résulteraient des interventions d'office de ces collectivités pour des raisons d'intérêt général (par ex. police des immeubles menaçant ruine). • CE, ass., 12 avr. 1957, *Mimouni : Lebon 261 ; D. 1957. 413, concl. Tricot, note P. L. J.* • CE 27 févr. 1981, *De Vaivre*, n° 16982 B. ♦ ... Ou de celles qui tiennent à leur obligation de surveillance des cimetières : • CE 19 oct. 1966, *Cne de Clermont (Oise) : Lebon 551* • CAA Nancy, 27 mars 2003, *M. André et M. Guy*, n° 98NC00275 : *Coll. terr. août-sept. 2003, p. 26, note Dutrieux*.

12. Sur un litige opposant une fédération syndicale à une commune à la suite d'un marché autorisant une entreprise à construire des caveaux sur une partie des cimetières communaux. • CE, sect., 9 juin 1995, *Confédération de l'artisanat et des petites entreprises du bâtiment*, n° 106732 : *Lebon 237*. ♦ V. aussi • CE 26 sept. 1994, *Cne de Lattes c/ Sté Pierres et portail du Midi*, n° 141975 (à propos de l'examen irrégulier des offres présentées au regard du C. marchés publ.).

13. Le permis de construire ne sanctionne pas les règles relatives à l'inhumation dans un cimetière communal. • CE 24 juill. 1987, *Andarelli et Lecas*, n° 60505. ♦ Ne sont plus nécessaires ni permis de construire ni déclaration préalable pour les caveaux et monuments funéraires, quelles que soient leurs dimensions, construits dans l'enceinte des cimetières, depuis l'entrée en vigueur de la réforme des autorisations d'urbanisme le 1er oct. 2007 ; art. R. 421-2 C. urb.

14. Une confédération nationale artisanale n'est pas recevable à attaquer, à la place d'un syndicat membre, une autorisation d'occupation d'emplacement de cimetières communaux en vue d'y édifier des caveaux. • CE 9 juin 1995, *Confédération de l'artisanat et des entreprises du bâtiment*, n° 106732 : *Lebon 237*.

15. Une entreprise chargée par contrat renouvelable des travaux d'entretien d'un cimetière communal doit être regardée comme un entrepreneur de services municipaux au regard du C. élect. (V. art. L. 231 **C. élect.**). • CE 5 juin 1996, *Él. mun. d'Amplepuis*, n° 171857. ♦ V. aussi • CE 10 mai 1996, *Él. mun. de Vidauban (Var)*, n° 173.747. ♦ V. pour une entreprise de pompes funèbres : • CE 30 janv. 2002, *Él. mun. de Loures-Barousse*, n° 235593 : *JCP Adm 2002. 182, note Dutrieux*.

16. Le déplacement d'une stèle tombale pour des raisons de sécurité publique peut être décidé sur le fondement de l'art. L. 2212-2 CGCT. • CE 24 mars 1997, *Mlle Collombat*, n° 165273. ♦ Si cette mesure a été prise avec l'accord des membres de la famille, elle ne saurait être regardée comme une voie de fait. • Même arrêt.

17. La statue rattachée à une tombe de manière indissociable ne constitue pas un immeuble par destination. C'est un élément constitutif du monument funéraire qui est un immeuble par nature et, dès lors, susceptible d'être classé monument historique sans le consentement des propriétaires. • CE 2 juill. 2021, n° 447967 B : *AJDA 2021. 1415 ; ibid. 2401, note Defoort ; AJCT 2021. 543, obs. Noual ; RFDA 2021. 902, chron. Ménard AJCT 2021. 543, obs. Noual*.

Art. L. 2223-12-1 *(L. n° 2008-1350 du 19 déc. 2008)* **Le maire peut fixer des dimensions maximales des monuments érigés sur les fosses.**

SOUS-SECTION 2 Concessions

BIBL. GÉN. ▶ Borel, La gestion des concessions funéraires, *AJCT 2019. 81*. – Carle, Concessions funéraires. Quels droits à inhumation pour l'héritier du fondateur ?, *Gaz. cnes 18 sept. 2023, p. 52*. – Dutrieux, La délivrance des concessions funéraires et des sépultures dans le cimetière communal, *JCP Adm. 2003. 1933* ; La reprise des concessions funéraires, *JCP Adm. 2006, n° 1100* ; Le régime juridique des concessions funéraires, *Dossiers d'expert de la Lettre du cadre territorial, n° 691, 2011* ; Les concessions funéraires en dix questions, *Conseils des notaires, n° 419, oct. 2012, p. 33* ; La durée des concessions funéraires octroyées dans les cimetières, *LPA 5 févr. 2013, p. 3* ; Reprise de concessions : les communes doivent-elles utiliser un reliquaire ?, *AJCT 2011. 173*. – Ferradou et Carle, Code pratique des opérations funéraires, *Éd. Le Moniteur, 2017*. – Labbée, La dévolution successorale des restes mortels, *AJ fam. 2004, n° 4, p. 123*.

Art. L. 2223-13 **Lorsque l'étendue des cimetières le permet, il peut être concédé des terrains aux personnes qui désirent y fonder leur sépulture et celle de leurs enfants ou successeurs. Les bénéficiaires de la concession peuvent construire sur ces terrains des caveaux, monuments et tombeaux.**

(Ord. n° 2005-855 du 28 juill. 2005, art. 1er) **« Il peut être également concédé des espaces pour le dépôt ou l'inhumation des urnes dans le cimetière. »**

Le terrain nécessaire aux séparations et passages établis autour des concessions de terrains mentionnées ci-dessus est fourni par la commune.

V. art. L. 2223-1 et L. 2223-2.

BIBL. ▶ Dutrieux, La délivrance des concessions funéraires et des sépultures dans le cimetière communal, *JCP Adm. 2003. 1933.*

PLAN DES ANNOTATIONS

1. Sur le caractère facultatif des concessions de terrains pour sépultures privées, V. * Rép. min. : *JOAN Q, 13 nov. 1989, p. 5003* ; * Rép. min. : *JOAN Q 30 mars 2004, p. 2658* ; * Rép. min. : *JOAN Q, 15 nov. 2005, p. 10620.* ♦ Sur l'impossibilité de délivrer une concession au profit d'une personne morale, V. * Rép. min. n° 92464 : *JOAN Q, 31 mai 2011, p. 5777.* ♦ Sur la distinction entre concessions individuelle, collective et de famille, * Rép. min. n° 15350 : *JO Sénat Q, 2 déc. 2010, p. 3165 ; JCP N 2010. Actu. 901, note Dutrieux* ; * Rép. min. n° 12069 : *JO Sénat Q, 22 sept. 2011, p. 2438.* ♦ Il appartient au conseil municipal de découper les terrains du cimetière en « terrain commun » (ou « terrain général ») et terrain affecté aux concessions funéraires. • CAA Nancy, 22 avr. 2004, *Cts X.*, n° 99NC01599 (à propos de terrains ayant fait l'objet d'une donation avec charges). ♦ L'inhumation en terrain commun est le seul service obligatoire dont la commune a la charge. • TA Lille, 11 mars 1999, *Kheddach c/ Cne de Maubeuge : AJDA 1999. 1026, note Dutrieux*. ♦ Mais le seul motif valable pour refuser une concession est le manque de place disponible. • CAA Marseille, 15 nov. 2004, *X.*, n° 03MA00490. ♦ De même, une concession pour une durée non prévue (centenaire en l'espèce) ne peut être délivrée. • TA Strasbourg, 19 oct. 2011, *Mme Pierrette H.*, n° 1001127, LPA 15 mai 2012, p. 19, note Dutrieux.

I. GÉNÉRALITÉS

2. Dès lors qu'une personne a obtenu la concession d'une place séparée dans un cimetière, elle est de ce fait autorisée à y construire un caveau. • CE 8 nov. 1993, *Cts Sentilles et Cne de Sère-Rustaing*, nos 128447 B et 133324 B. ♦ Néanmoins, une fois concédée, la concession ne peut plus être « déplacée » par le maire, même si le concessionnaire n'a pas encore « matérialisé » l'emplacement concédé. • TA Lille, 24 févr. 2011, *M. Gilbert Boulet*, n° 0807110 : *LPA 19 juill. 2011, p. 18, note Dutrieux.*

3. Un maire ne peut, pour refuser une concession funéraire dans le « carré juif » d'un cimetière communal, se fonder exclusivement sur la circonstance que des autorités religieuses déniaient l'appartenance de la personne décédée à la confession israélite. • TA Grenoble, 5 juill. 1993, *Darmon : Lebon T. 657 ; JCP 1994. II. 22198, note Prélot.*

4. La translation de 25 cm des limites d'une concession funéraire n'a pas, en l'espèce, le caractère d'une emprise immobilière. • T. confl. 6 juill. 1981, *Jacquot : Lebon 507 ; Gaz. Pal. 1982. 1. 290, note Mélin.* ♦ Elle ne relève pas en conséquence du juge judiciaire. • Même arrêt.

5. Le maire peut fonder le refus d'octroyer une concession sur les contraintes résultant du plan d'aménagement du cimetière. • CE 26 oct. 1994, *Mlle Arii*, n° 133244 B. ♦ Dès lors que l'intéressé a déjà obtenu quatre concessions funéraires cinquantenaires restées vacantes, il ne peut se prévaloir sans autre justification de l'insuffisance desdites concessions pour en réclamer de nouvelles. • CAA Douai, 14 févr. 2001, *Coudeville*, n° 97DA0225. ♦ Le fait que la demande initiale portait sur des concessions perpétuelles ne lui confère aucun droit à cet égard. • Même arrêt. ♦ ... Ni le fait que l'emplacement des concessions déjà obtenues ait été légèrement modifié • Même arrêt. ♦ ... Ni le fait que ledit emplacement ne permettrait pas de réaliser le caveau envisagé. • Même arrêt. ♦ Seule l'absence de places peut justifier le refus de concession à une personne ayant droit à l'inhumation dans le cimetière communal. • CAA Marseille, 15 nov. 2004, *X.*, n° 03MA00490 : *Coll. terr. 2005, n° 28, p. 21, note Dutrieux.* ♦ Dans l'hypothèse où le demandeur contesterait le bien-fondé du refus qui lui a été opposé, compte tenu de la situation des lieux, il appartient au juge d'ordonner une expertise. • CAA Bordeaux, 4 juill. 2003, *M. X. c/ Cne de Montalembert*, n° 01BX01959. ♦ Sur la validation du renouvellement d'une concession. • CE 9 mai 2005, *Rabau*, n° 262977 : *Lebon 186*, *JCP 2005. II. 10131, note Dutrieux.*

6. Il appartient au maire, après avoir prononcé par arrêté la reprise du terrain affecté à la concession, de veiller à ce que les restes des défunts soient exhumés, réunis dans un cercueil de dimensions appropriées et inhumés de nouveau sans délai dans un lieu définitivement affecté à cet usage. Il ne résulte pas des dispositions du CGCT que les restes transférés vers l'ossuaire doivent être individualisés. • CE 21 nov. 2016, n° 390298 : *Lebon ; AJCT 2017. 225, obs. Hédin*.

7. Une cour d'appel commet une erreur de droit en estimant qu'en raison de l'impossibilité matérielle de procéder à l'exhumation demandée par la requérante, l'ensemble des autres moyens dirigés contre le refus du maire d'y procéder devaient être regardés comme inopérants, alors que le maire ne pouvait opposer à la requérante cette impossibilité matérielle sans procéder à une appréciation des faits de l'espèce. • CE 21 nov. 2016, n° 390298 ; *préc. note 6.*

8. Le maire ne peut, au titre de son pouvoir de police des cimetières, limiter le droit de construire des concessionnaires pour des raisons autres que le maintien de l'ordre public et de la décence. L'esthétisme ne constituant pas une composante de l'ordre public, la décision d'un maire interdisant la construction d'un monument funéraire sur le fondement de la méconnaissance du caractère architectural et paysager du cimetière est donc entachée d'illégalité. • TA Pau, 25 avr. 2023, n° 2002435 : *AJCT 2023. 520, obs. Hédin*.

II. NATURE JURIDIQUE DES CONCESSIONS FUNÉRAIRES

9. Les concessions funéraires comportent occupation de dépendances du cimetière communal qui font partie du domaine public. • CE, sect., 28 juin 1935, *Mougamoudousadagnetoullah Marécar : Lebon 734 ; S. 1937. 3. 43, concl. Latournerie, note G.J. ; RD publ. 1935. 590, concl. Latournerie, note Waline* (jurisprudence constante).

10. Elles constituent de ce fait des contrats administratifs, par application du décret-loi du 17 juin 1938, et relèvent de la compétence administrative. • CE, ass., 21 oct. 1955, *Dlle Méline : Lebon 491 ; D. 1956. 543, concl. Guionin ; RPDA 1956. 65, étude J.M. Auby* • CE 20 janv. 1956, *Ville de Royan : Lebon 26* (sol. impl.) • CE, sect., 11 oct. 1957, *Cts Hérail : Lebon 523 ; AJDA 1957. 129, concl. Kahn* • CE 30 mai 1962, *Cordier : Lebon 358* (sol. impl.) • T. confl. 25 nov. 1963, *Cne de Saint-Just-Chaleyssin : Lebon 793, concl. Chardeau ; AJDA 1964. 42, chron. Fourré et Puybasset ; JCP 1964. II. 13493, note J.M. Auby* • T. confl. 6 juill. 1981, *Jacquot : Lebon 507 ; Gaz. Pal. 1982. 1. 290, note Mélin* • T. confl. 4 juill. 1983, *François : Lebon 539 ; JCP 1985. II. 20331, concl. Labetoulle ; AJDA 1983. 681, chron. Lasserre et Delarue.* • CAA Marseille, 9 févr. 2004, *M. Sauveur*, n° 99MA00943. ♦ V. cependant *contra*, • CAA Bordeaux, 2 mars 2010, *Maire de Brive-la-Gaillarde*, n° 08BX02222 : *JCP Adm. 2011. 2035, note Dutrieux.* ♦ Solution analogue pour le contrat portant occupation d'une case de columbarium. • TA Lille, 30 mars 1999, *Mme Tillieu c/ Cne de Mons-en-Barœul : LPA 2 juin 1999, p. 17, note Dutrieux.*

11. Le maire ne tient pas des dispositions du CGCT relatives à la police communale le pouvoir de limiter pour des raisons de caractère esthétique le type de monument ou de plantation que peuvent faire placer sur les terrains concédés les titulaires d'une concession funéraire. • CE, sect., 18 févr. 1972, *Ch. syndicale des entreprises artisanales du bâtiment de la Haute-Garonne : Lebon 153 ; AJDA 1972. 215, chron. Labetoulle et Cabanes ; JCP 1973. II. 17466, note Bouyssou* • CE 11 mars 1983, *Cne de Bures-sur-Yvette*, n° 20837 : *Lebon 104 ; Gaz. Pal. 1983. 2. 649, note Mélin.* ♦ Il ne saurait davantage restreindre les droits des personnes titulaires d'une case de columbarium. • TA Lille, 30 mars 1999, *Mme Tillieu c/ Cne de Mons-en-Barœul : LPA 2 juin 1999, p. 17, note Dutrieux.* ♦ Mais il est tenu de veiller au respect dû aux morts et à la dignité des sépultures. V. à propos de manifestations de nature politique dans le cimetière, Dupuis, Le cimetière n'est pas un lieu de polémique (note ss. CE 14 nov. 2011, *ADIMAD : n° 340756), RLCT févr. 2012. 47.* ♦ V. à propos des profanations des cimetières et des inscriptions racistes ou antisémites sur les monuments funéraires, Circ. intermin., 11 janv. 2005, *Gaz. cnes 24 janv. 2005, p. 14 ; Coll. terr., mars 2005, p. 27, note Dutrieux.* ♦ V. sur ce point, Guillaumont, Du principe de neutralité des cimetières et de la pratique des carrés confessionnels, *JCP Adm. 2004, n° 1799.* – Boudet, Les cimetières doivent-ils rester des espaces publics ? Commentaire critique de la circulaire du 19 février 2008 relative à la police des lieux de sépulture, *Dr. adm. 2009, étude 4.* – V. aussi L. n° 2003-88 du 3 févr. 2003 visant à aggraver les peines punissant les infractions à caractère raciste, antisémite ou xénophobe (C. pén., art. 322-2). – Dubaele, Le racisme dans les cimetières, *La lettre du funéraire, janv. 2005, n° 4, p. 2.*

12. L'occupation du domaine public par le titulaire d'une concession présente la particularité de n'être ni précaire ni révocable ; la concession correspond à une utilisation normale du domaine public, ce qui limite les pouvoirs du maire en matière d'octroi de la concession. • CE 25 nov. 1921, *Niveteau : Lebon 974 ; S. 1923. 3. 17, concl. Corneille, note Hauriou* • CE 25 juin 1948, *Plisson : Lebon 294* • CE, sect., 11 oct. 1957, *Cts Hérail : préc. note 10.* ♦ En particulier, le maire ne pourrait se prévaloir de ses pouvoirs de police pour tenter d'imposer une conception esthétique. • TA Lille, 30 mars 1999, *D. Tillieu c/ Cne de Mons-en-Barœul : préc. note 11.* ♦ ... Ni résilier unilatéralement de ce chef un contrat d'occupation d'une parcelle du domaine public communal. • Même jugement. ♦ Il ne résulte d'aucune disposition législative ou réglementaire que, en dehors de situations d'urgence dûment établies, dont la remise en état d'un passage entre deux sépultures n'est pas au nombre, l'administration puisse assurer elle-même l'exécution forcée de ses décisions alors que leur éventuelle violation est passible de sanctions pénales. • TA Lille, 13 nov. 2012, n° 1002567.

13. Le maire peut toutefois choisir l'emplacement d'une concession. • CE 28 janv. 1925, *Valès : Lebon 79 ; DH 1925. 184* • 15 nov. 1993, *Denis*, n° 123151.

14. Sur les pouvoirs du maire en matière de construction de monuments funéraires, caveaux, etc., V. notes ss. art. L. 2223-12. V. aussi, • CE 11 juin 1989, *Cne de Saint-Georges-sur-Layon c/ Oriou*, n° 80627 • TA Lille, 24 févr. 2011, *M. Gilbert*

Boulet, n° 0807110 : *LPA 19 juill. 2011, p. 18, note Dutrieux.*

15. Le juge judiciaire reste compétent s'il y a emprise irrégulière ou voie de fait (V. notes 25 s.). ♦ ... Ou pour statuer sur les litiges entre personnes privées relatifs au « droit à la sépulture » (jurisp. constante : V. par ex. • Lyon, 4 févr. 1877 : *DP 1877. 2. 61 ; S. 1877. 2. 35* • Civ. 1re, 25 mars 1958 : *Bull. civ. I, n° 178 ; D. 1958. 352).* • Amiens, 29 nov. 1960 : *Gaz. Pal. 1961. I. 124* • Limoges, 12 mars 1992 : *D. 1995. Somm. 191* . ♦ ... Ou sur les cessions de ce droit. • Req. 16 juill. 1928 : *DP 1929. 157, note Monsarrot* • Civ. 1re, 25 mars 1958 : *Bull. civ. I, n° 178* • 4 déc. 1967 : *Bull. civ. I, n° 353 ; JCP 1969. II. 15404 bis, note Lindon ; D. 1968. 133, note Mazeaud* • 22 févr. 1972 : *Bull. civ. I, n° 56 ; D. 1972. 513, note Lindon.* – V. • CE 1er févr. 1950, *Dame Vve Durand de Sachot : Lebon 93 ; D. 1950. 318, note Rolland ; S. 1950. 3. 70.* – V. pour un rappel des principes jurisprudentiels applicables : Dutrieux, Le contentieux du droit à sépulture, note ss. • Civ. 1re, 17 déc. 2008 : *JCP Adm 2009. 22.* ♦ Le juge peut autoriser une exhumation, mais à certaines conditions : seulement, dans l'hypothèse d'un conflit familial. • Riom, 26 oct. 1999 : *JCP 2000. IV. 1709* • Toulouse, 7 févr. 2000 : *JCP 2000. IV. 2374.* – V. Beigner, *Dr. fam. janv. 2001, p. 24* (le respect dû aux morts n'est pas mort...). – V. également • Poitiers, 7 mars 2007 : *JCP N 2008. 24* • Montpellier, 11 sept. 2007 : *JCP N 2008. 24.* ♦ ... Ou sur les dispositions testamentaires. • Civ. 1re, 25 mars 1958 : *Bull. civ. I, n° 178 ; D. 1958. 342.* ♦ V. à propos de la décision du titulaire d'une concession d'y faire enterrer son chien. • T. pol. Libourne, 26 sept. 1960 : *D. 1961. 500, note Lamarque* • TA Bordeaux, 22 nov. 1961, *Blois : AJDA 1962. II. 12407, concl. Luce ; D. 1962. 160 ; JCP 1961. II. 12407, concl. Luce* • CE 17 avr. 1963, *Blois : Lebon 223 ; AJDA 1963. 486 ; JCP 1963. II. 13226, obs. Luce ; D. 1963. 459, note Esmein.* ♦ Sur les exhumations, V. art. L. 2223-4 et R. 2213-40 s. CGCT. ♦ ... Ou sur les monuments ou emblèmes funéraires, qui ne sont pas incorporés au domaine public, lors d'une reprise de concession. • CAA Marseille, 13 déc. 2004, n° 03MA00490 : *Coll. terr., 2005, n° 28, p. 21, note Dutrieux.*

III. RESPONSABILITÉ DE LA COMMUNE

16. BIBL. Benarab, Tempêtes et dégâts dans les cimetières (de la sécurité dans les cimetières en général et de la responsabilité du maire en particulier), *LPA 8 août 2000, p. 21.* – Guérard, La nouvelle procédure de péril dans le cimetière, *AJCT 2011. 437* . – Mondou, Les dommages dans le cimetière, *AJCT 2011. 434* .

17. Les actions en responsabilité peuvent être formées contre la commune devant le juge administratif, à raison du préjudice que cause le comportement de la personne publique. • CE 20 janv. 1988, *Mme Chemin-Leblond : Dr. adm. 1988, n° 128.* ♦ ... Ou en cas de « ruine d'un monument funéraire ... imputable à un défaut de surveillance du cimetière ». • CE 19 oct. 1966, *Cne de Clermont (Oise) : Lebon 551.* ♦ ... Ou en cas de refus injustifié d'une concession. • CE, sect., 11 oct. 1957, *Cts Hérail : préc. note 10* • CAA Marseille, 20 mai 1998, *Cne de Saint-Étienne-du-Grès*, n° 96MA00906. ♦ ... Ou en cas d'inhumation d'une personne étrangère à la famille, sans information de cette dernière. • TA Lille, 11 mars 1999, *Cts Kheddache c/ Cne de Maubeuge : AJDA 1999. 1026, note Dutrieux* . ♦ ... Ou en cas d'extraction d'un cercueil d'une sépulture faisant l'objet d'une concession, sans en avoir avisé les proches du défunt. • CAA Nantes, 3 févr. 2004, *Mme H.*, n° 01NC01243 : *Gaz. cnes 15 nov. 2004, p. 74.* ♦ ... Ou en cas de refus illégal d'inhumation dans le cimetière communal. • CAA Marseille, 9 févr. 2004, *Mme Nicole X.*, n° 00MA01855. ♦ Si le défunt avait le droit d'être inhumé dans le caveau de famille, l'autorisation d'inhumer sera légalement donnée. • CAA Bordeaux, 3 nov. 1997, *G. Lavé*, n° 96BX01838. ♦ L'autorisation d'inhumer est légalement donnée si le fondateur d'une concession individuelle a décidé de la transformer en concession de famille et la commune est tenue de respecter la lettre du titre de concession dans lequel le concessionnaire – fondateur de la sépulture – imprime à la concession son caractère de concession individuelle, collective ou de famille. • CAA Versailles, 6 juill. 2010, n° 08VE02943 : *AJCT 2010. 130, note Vanel-Perrier ; JCP Adm. 2011. 2059, note Dutrieux.* ♦ ... Ou en cas d'exigence de conditions non prévues par les textes. • TA Amiens, 14 oct. 1992, *Sté Pompes funèbres de la liberté c/ Cne de Laon*, n° 8731. * Rép. min. : *JO Sénat, Q 20 août 1998, p. 2721.* ♦ ... En cas de délivrance d'un terrain ne possédant pas les dimensions suffisantes, une autre concession délivrée postérieurement empiétant sur la concession initialement attribuée. • CE 17 janv. 2011, *Cne de Massels*, n° 334156 : *BJCL 2011. 213, concl. Thiellay et obs. Poujade ; JCP Adm. 2011, n° 2142, note Dupuis ; AJCT 2011. 249, note Dutrieux* .

18. Mais le requérant doit apporter la preuve du préjudice qu'il invoque. • CE 29 mai 1970, *Clément : Lebon 378.* ♦ ... Ainsi que celle de la faute de la collectivité publique. • CE 29 avr. 1957, *Dame Vve Desprès : Lebon T. 874* (faute lourde, alors exigée, dans la vérification du degré de parenté avant d'accorder une autorisation de transfert de corps dans une concession) • CAA Nancy, 2 juill. 1991, *Cts Tahir*, n° 89NC011389 (empiétement d'une dalle mortuaire sur une concession voisine, révélatrice d'une « faute dans l'exercice du pouvoir de police »). ♦ Le préjudice moral doit être réparé tant au profit de la veuve et de l'enfant du défunt qu'à celui des petits-enfants de ce dernier. • TA Clermont-Ferrand, 5 mai 2009, *Mlle Laure Bernard et a.*, n° 081474 : *AJDA 2009. 1626, note J.-M. Pontier* .

19. La responsabilité de la commune peut être recherchée sur le terrain contractuel. • CE 1er déc. 1976, *Berezowski : Lebon 521 ; D. 1978. 45 note Richer* (infiltrations d'eau ayant provoqué l'inondation d'un caveau) • CE 22 avr. 1988, *Mme Gilbert*, n° 72926 (même type de dommage). ♦ Dans cette hypothèse l'exercice de l'action contractuelle exclut tout recours formé sur la responsabilité quasi délictuelle. • Mêmes arrêts. ♦ V. aussi, • CAA Nancy, 7 mars 1996, *Macquet*, n° 93NC00965.

20. Sur la responsabilité d'une commune pour violation des droits acquis du concessionnaire. • CE 20 janv. 1956, *Ville de Royan c/ Dame Oger : Lebon 26* • CE 22 févr. 1957, *Ville de La Rochelle c/ Cts Vignier-Guérin : Lebon 120.* ♦ .... Pour refus illégal d'inhumation dans une tombe alors que le délai de rotation fixé par le règlement du service des cimetières avait été respecté. • CAA Nancy, 18 mars 2004, *Cne de Hagueneau*, n° 99NC01602. ♦ ... Concernant la responsabilité engagée dans le cas de la délivrance d'une concession funéraire et le non-respect de l'obligation de fournir le terrain nécessaire aux inter-tombes : • CE 17 janv. 2011, *Cne de Massels*, n° 334156 : *préc. note 17.*

21. Le fait, pour le maire, d'autoriser une exhumation sans vérifier que le demandeur justifie d'une qualité adéquate engage la responsabilité de la commune sur le terrain de la faute simple. • CAA Nantes, 30 sept. 1998, *Mme Mordellet : Dr. adm. 1999, n° 57* • CAA Douai, 26 févr. 2002, *Cne de Nieppe : LPA 28 août 2002, p. 8, concl. J. Michel ; RGCT 2002, n° 26, p. 481, note Dutrieux* • TA Lille, 11 mars 1999, *Cts Kheddache c/ Cne de Maubeuge : AJDA 1999. 1026, note Dutrieux* ♦ Il en va de même si le maire autorise des extractions de cercueils dans une sépulture faisant l'objet d'une concession, sans en informer les proches du défunt. • CAA Nantes, 3 févr. 2004, *Mme H.*, n° 01NC01243 : *préc. note 17.* ♦ Le maire est d'ailleurs tenu de surseoir à statuer s'il est informé de l'existence d'un conflit familial. • TA Amiens, 17 juin 2010, *M. et Mme Thomas Soriano-Barbero*, n° 0702811 : *AJCT 2010. 130, note Pastor* ; *JCP Adm. 2011. 2060, note Dutrieux.*

22. La commune ne commet pas de faute en différant l'envoi d'une quittance de règlement de frais d'obsèques jusqu'à ce que l'intéressé s'acquitte entièrement de la somme. • CE 2 oct. 1987, *Kahn*, n° 70769. ♦ ... Ou en autorisant l'inhumation dans un caveau de famille d'un conjoint, descendant ou ascendant du fondateur de la sépulture. • CAA Bordeaux, 3 nov. 1997, *Lavé : préc. note 17.* ♦ ... Ou en concédant un emplacement bien que plusieurs inhumations aient été réalisées et qu'un monument funéraire ait été construit. * Rép. min. : *JOAN Q, 9 déc. 1991* • CAA Nancy, 28 sept. 2006, *Éts V.*, n° 05NC00285.

23. Sauf dispositions législatives contraires, la responsabilité qui peut incomber à l'État ou aux autres personnes morales de droit public en raison des dommages imputés à leurs services publics administratifs est soumise à un régime de droit public et relève en conséquence de la juridiction administrative. Cette compétence, qui découle du principe de la séparation des autorités administratives et judiciaires posé par l'art. 13 de la L. des 16-24 août 1790 et par le Décr. du 16 fructidor an III, ne vaut toutefois que sous réserve des matières dévolues à l'autorité judiciaire par des règles ou principes de valeur constitutionnelle. Dans le cas d'une décision administrative portant atteinte à la propriété privée, le juge administratif, compétent pour statuer sur le recours en annulation d'une telle décision et, le cas échéant, pour adresser des injonctions à l'administration, l'est également pour connaître de conclusions tendant à la réparation des conséquences dommageables de cette décision administrative, hormis le cas où elle aurait pour effet l'extinction du droit de propriété. • T. confl. 17 avr. 2023, n° 4268 B : *AJDA 2023. 812* ; *AJCT 2023. 518, obs. B. Hédin* . ♦ Mme B... et autres tiraient de la concession funéraire accordée à titre perpétuel à M. E... B... en 1954 un droit réel immobilier qui s'est trouvé éteint par la reprise de cette concession et le transfert dans l'ossuaire communal des restes des personnes qui y étaient inhumées, suivie de la réattribution de l'emplacement en cause en vue de l'inhumation d'une personne étrangère à la famille B.... La juridiction judiciaire est seule compétente pour connaître de la demande des intéressés tendant à la condamnation de la commune à réparer les conséquences de cette dépossession dont ils soutiennent qu'elle est irrégulière. Il appartiendra, le cas échéant, au juge judiciaire de saisir le juge administratif d'une question préjudicielle relative à la légalité des décisions des autorités communales. • Même arrêt.

IV. NATURE DES DROITS DES TITULAIRES DE CONCESSION

24. BIBL. Défenseur des droits, Rapport relatif à la législation funéraire, *29 oct. 2012, 34 p. (spéc. p. 4-18).* – Dutrieux, Peut-on céder une concession funéraire de famille à un tiers ?, *JCP N 2013, 1291.*

25. Le juge judiciaire s'est prononcé assez rapidement en faveur de la reconnaissance d'un droit réel immobilier au profit du concessionnaire ; V. en ce sens : • Cass. 4 janv. 1893 : *S. 1893. 1. 227* • Civ. 12 févr. 1901 : *D. 1905. 1. 495 ; S. 1901. 1. 233* • Req. 18 janv. 1911 : *D. 1911. 1. 341* • CAA Marseille, 31 déc. 2003, *M. Pierre X.*, n° 00MA00157. ♦ ... Tout en admettant une certaine spécificité de ce droit qui portait sur la jouissance et l'usage de la chose et pouvait faire l'objet d'une transmission héréditaire. • Douai, 2 déc. 1903 : *DP 1905. 2. 433, note Appleton ; S. 1904. 2. 307* • Toulouse, 25 avr. 1904 : *S. 1905. 2. 9* • T. civ. Seine, 21 juin 1938 : *DH 1938. 589* • Paris, 19 janv. 1939 : *Gaz. Pal. 1939. 1. 483*, etc. (il est vrai que les cimetières étaient alors considérés comme des dépendances du domaine privé communal). ♦ L'action en réintégrande pouvait être envisagée non seulement en cas de trouble de jouissance causé par un tiers mais aussi dans l'hypothèse où ce trouble serait imputable à la collectivité publique propriétaire du domaine communal.

26. L'éventualité d'une voie de fait n'était pas à exclure, mais elle sanctionnait autant la violation d'un droit (le respect dû aux sépultures) que la dépossession d'un droit réel immobilier par des moyens inacceptables. • Paris, 29 oct. 1947 : *D. 1948. 59* (exhumation d'office des corps et enlèvement des ornements de la sépulture) • T. confl. 25 nov. 1963, *Cne de Saint-Just-Chaleyssin : Lebon 793, concl. Chardeau ; AJDA 1964. n° 7, p. 42, chron. Fourré et Puybasset* (exhumation d'office et attribution de la concession à une autre famille) • TA Paris, 10 juill. 1969 : *Gaz. Pal. 1971. 1. Somm. 55* • Civ. 1re, 17 mars 1964 : *D. 1964. Somm. 77* • CE 12 déc. 1986, *Mme Barjot : Dr. adm. 1987, n° 89* • TGI Lille, 21 déc. 1998 : *D. 1999. 533, note Labbée* (disparition d'une tombe dans un cimetière communal) • TA Paris, 18 févr. 2004, *M. C. : JCP Adm. avr. 2004, p. 22.* ♦ La voie de fait peut être admise même si la reprise de sépulture a lieu en terrain commun. • Riom, 12 avr. 2003, n° R 61133/2002. ♦ De même, s'il s'agit de travaux réalisés dans un cimetière désaffecté sans avoir transféré les restes à l'ossuaire du nouveau cimetière. • Metz, 5 oct. 2010 : *JCP 2010. 1168, note Francioso.* ♦ La voie de fait n'est pas caractérisée si la prise de possession irrégulière d'une parcelle de concession voisine est la conséquence de l'octroi d'une nouvelle concession et se rattache aux pouvoirs de police et de gestion détenus par le maire. • Civ. 1re, 29 mai 2001, n° 99-15.725 P : *Coll. terr. 2001, n° 293, obs. Dutrieux ; JCP 2002. II. 10101, note Fromont.* ♦ Il n'y a pas voie de fait du seul fait du déplacement d'une stèle et d'une plaque pour des raisons de sécurité. • CE 24 mars 1997, *Collombat,* n° 165273. ♦ ... Ou dans l'hypothèse de l'inhumation par erreur d'un tiers dans une sépulture familiale. • TA Lille, 11 mars 1999, *Cts Kheddache c/ Cne de Maubeuge,* n° 97-338 : *AJDA 1999. 1026, note Dutrieux*. ♦ Il n'y a pas voie de fait lorsque la commune délivre une autorisation d'inhumation sur un emplacement du cimetière municipal sans s'être assurée du consentement du titulaire de la concession : • CAA Douai, 26 févr. 2002, *Cne de Nieppe : LPA 28 août 2002, p. 8, concl. Michel ; RGCT 2002, n° 26, p. 480, note Dutrieux.* ♦ Mais il y a emprise irrégulière dans l'hypothèse où des exhumations ont été pratiquées dans une concession à l'occasion de travaux effectués sur une concession voisine. • TA Versailles, 19 déc. 1989, *Flageolet-Lardenois : Rec. TA 62.* ♦ L'emprise irrégulière ne sera pas reconnue, malgré l'empiétement effectué sur une concession voisine, si cet empiétement ne résulte pas d'un fait de l'administration. • CAA Nancy, 2 juill. 1991, *Cts Tahir,* n° 89NC011389. ♦ En revanche, il y a emprise irrégulière si la commune dépossède le titulaire d'une concession de son droit immobilier et attribue la concession à un autre titulaire qui fait ériger un monument funéraire. • CAA Bordeaux, 16 déc. 2011, *M. Claude A.,* n° 10BX01416. ♦ Dès lors qu'il n'a pas été porté atteinte au corps, ne constitue pas une emprise irrégulière la simple dépossession matérielle et temporaire de la concession. • Amiens, 1re ch., 19 nov. 2009, *Donneger c/ Cne de Pernois,* n° 09/02613.

27. L'application de la théorie de l'emprise immobilière confirme la qualification de droit réel immobilier. • T. confl. 6 juill. 1981, *Jacquot c/ Cne de Maixe : Lebon 507 ; Gaz. Pal. 1982. 1. 290, note Mélin* (emprise irrégulière non reconnue) • T. confl. 4 juill. 1983, *François : Lebon 539 ; JCP 1985. II. 20331, concl. Labetoulle ; AJDA 1983. 681, chron. Delarue et Lasserre* (emprise irrégulière reconnue : dépossession du titulaire de la concession, réaffectation à des tiers et destruction des sépultures) • CE 22 avr. 1983, *Lasporte,* n° 35199 : *Lebon 160 ; Rev. adm. 1983. 255, note Pacteau* (inhumation de deux personnes d'une famille étrangère dans les limites du terrain concédé au requérant) • CE 12 déc. 1986, *Mme Barjot : Dr. adm. 1987, n° 89.* ♦ V. à propos d'une emprise irrégulière sans exhumation portant sur une parcelle inoccupée. • Civ. 1re, 29 mai 2001, n° 99-15.725 P • CAA Marseille, 9 févr. 2004, *Sauveur,* n° 99MA00943.

28. Il n'est pas certain que la loi du 5 janv. 1988 (art. 13-I), selon laquelle l'occupation et l'utilisation par des personnes privées de dépendances immobilières du domaine public ne confèrent aucun droit réel, ait eu pour effet de disqualifier le droit des titulaires des concessions funéraires. V. en ce sens Boechler, Le droit du concessionnaire de sépulture après la loi du 5 janv. 1988, *Dr. adm. mai 1991, p. 1 s.*

29. Le droit à la sépulture est hors du commerce, mais il est possible d'y renoncer au profit d'autres membres de la famille. • Civ. 1re, 17 mai 1993, n° 91-15.780 P. ♦ V. aussi * Rép. min. : *JOAN 12 juill. 2005, p. 6909,* et * Rép. min. n° 7524 : *JO Sénat Q, 26 juin 2014, p. 1562.* ♦ La sépulture présente un caractère définitif. • TA Paris, 18 févr. 2004, *X. : Coll. terr. 2004, n° 69, note Dutrieux* • Montpellier, 10 févr. 2004, *Mme H. c/ SARL Pompes funèbres des Hauts-Cantons : Coll. terr., août-sept. 2004, n° 169, p. 23, obs. Dutrieux.* ♦ V. cependant *contra* la position du juge administratif semblant *a priori* opposé au principe d'une transmission volontaire de la sépulture. • CAA Marseille, 18 avr. 2013, n° 11MA01571 : *RLCT sept. 2013. 56, note Dupuis.*

30. En l'absence d'intérêt personnel, la qualité d'habitant de la commune ne suffit pas à rendre recevable le recours contre une décision autorisant l'achat d'une concession. • CE 17 mars 1995, *Mme Écorce,* n° 121789.

31. Le fait d'être titulaire d'une concession ne donne pas à lui seul qualité pour attaquer un permis de construire sur un terrain voisin du cimetière. • CAA Nantes, 23 avr. 1997, *Cne de Sainte-Hermine,* n° 95NT00211.

32. Il appartient au maire d'examiner si, compte tenu des emplacements disponibles dans la partie du cimetière réservée aux concessions, la demande d'une nouvelle concession par le bénéficiaire d'une concession familiale peut être satisfaite. • CE, sect., 5 déc. 1997, *Cne de Bachy c/ Mme Saluden-Laniel,* n° 112888 : *Lebon 463 ; AJDA 1998. 258, concl. Piveteau ; Dr. adm. 1998, n° 49 ; LPA 28 sept. 1998, p. 7, note Dutrieux.* ♦ Mais il ne peut fonder son refus sur le motif erroné que le défunt n'avait pas droit à l'inhumation dans le cimetière communal du fait que le caveau édifié sur la concession familiale ne permettait plus d'accueillir de nouveaux corps. • Même arrêt.

33. Il n'y aura pas de préjudice si la commune propose à l'intéressé une parcelle contiguë : • TA Amiens, 1er mars 1988, *M. et Mme Savoye c/ Cne de La-Rue-Saint-Pierre,* n° 85-12859.

34. L'inhumation des corps des enfants mort-nés fait l'objet de dispositions particulières (Circ. n° 2001-576 du 30 nov. 2001 – Dutrieux, La nouvelle définition de l'enfant mort-né, *Rép. Defrénois 2002. 719*). Le pouvoir d'appréciation des maires en l'absence d'acte dressé par l'officier d'état civil est reconnu. * Rép. min. n° 181176 : *JOAN Q, 11 août 2003, p. 6354* (V. annotations ss. art. L. 2223-39 CGCT). – V. également Dutrieux, Enfant sans vie : publication d'une nouvelle circulaire, *JCP Adm. 2009. Actu. 943.* ♦ Le modèle de certificat d'accouchement destiné à l'établissement des actes d'enfant sans vie est validé par le Conseil d'État, V. note ss. • CE 2 avr. 2010, *Confédération du mouvement français pour le planning familial,* n° 325252 : *Dr. adm. 2010, comm. 124.*

35. Les travaux de canalisation entrepris par une commune engagent la responsabilité de la collectivité locale en cas de détérioration d'une sépulture. • TA Bordeaux, 26 mars 2002, *Dueynes c/ Cne de Camarsac,* n° 01843.

36. Il appartient au maire de vérifier si la personne susceptible d'être inhumée dans une concession funéraire dispose d'un droit à l'inhumation – une cour d'appel ne donne pas de fondement légal à sa décision déboutant de leur demande les intéressés au seul motif que l'enterrement avait été réalisé en un lieu conforme à la volonté plausible de la personne défunte – et sans protestation de la part des requérants. • Civ. 1re, 6 janv. 2004 : *RGCT juill.-août 2003, n° 30, p. 753, note Dutrieux.* ♦ Le maire a commis une faute engageant la responsabilité de la commune en autorisant l'inhumation d'un tiers à l'emplacement de la concession funéraire acquise par le requérant. • CE 30 avr. 2014, *M. C. c/ Cne de Pernois,* n° 366081. ♦ De même, la commune doit vérifier le titre de la concession et respecter la volonté du fondateur concernant les personnes susceptibles d'être inhumées. • CAA Versailles, 6 juill. 2010, n° 08VE02943 : *préc. note 17.* ♦ En revanche, l'ayant droit d'une concession funéraire n'a pas d'intérêt à agir contre l'autorisation d'inhumation délivrée au profit d'un autre ayant droit dans une concession funéraire. • CAA Versailles, 7 juin 2012, *M. Jean-Pierre Fouliard,* n° 10VE02950.

37. Les collatéraux des titulaires décédés d'une concession funéraire ne disposent pas ès qualités du droit d'être inhumés dans cette concession. * Rép. min. : *JOAN Q, 22 juin 1992, p. 2789.* ♦ ... À moins qu'ils ne soient héritiers ou bénéficiaires d'une donation expresse. * Même Rép. min.

38. Les retards supportés par une famille en raison des conditions dans lesquelles a été effectuée une opération d'exhumation n'engagent pas à son égard la responsabilité de la commune, dès lors que la demande d'autorisation ne précisait pas la date et l'heure de l'opération – et que l'absence d'un fonctionnaire de police ne pouvait être imputée à la collectivité locale. • CAA Marseille, 4 avr. 2005, *Mme X,* n° 01MA02179.

39. Le conseil municipal ou le maire, par délégation, n'est pas tenu d'accepter une offre de rétrocession d'une concession funéraire. * Rép. min. : *JOAN Q, 12 juill. 2005, p. 6909.* ♦ Cette rétrocession ne peut émaner que du concessionnaire, c'est-à-dire le fondateur de la concession. * Même Rép. min.

40. L'instruction fiscale du 18 janv. 2006 (BO Impôts n° 7A-1-06, p. 13) assujettit de façon facultative les concessions funéraires de quinze ans au plus au droit fixe de 25 euros (art. 739 CGI) depuis le 1er janv. 2006. ♦ Les concessions perpétuelles sont désormais considérées comme des baux d'immeubles à durée illimitée, soumises au même régime que les mutations à titre onéreux des biens immeubles (droit départemental de 3, 60 %, taxe additionnelle communale de 1, 20 %, taxe budgétaire additionnelle de 0,2 %, frais d'assiette et de recouvrement de 2,50 % sur le montant du droit départemental).

41. Il résulte du régime juridique applicable aux concessions funéraires fixé par l'art. L. 2223-13 CGCT selon lequel la concession se transmet à l'ensemble des enfants du fondateur de la sépulture ou successeurs sous la forme d'une indivision perpétuelle, que les documents se rapportant à la gestion de concessions funéraires, qui ont le caractère de documents administratifs dès lors qu'il s'agit de contrats portant occupation de dépendances du cimetière communal, qui fait partie du domaine public, sont communicables à chaque indivisaire. • CADA, 16 juill. 2009 : *avis n° 2009-2364.* ♦ Si l'ayant droit d'une concession peut obtenir la communication de la liste des personnes inhumées dans cette concession, les informations concernant toutes les personnes inhumées ne lui sont communicables que pour autant qu'il peut être regardé comme l'ayant droit de ces dernières, et sous réserve qu'elles ne s'y soient pas opposées de leur vivant. Les informations concernant les personnes dont il n'est pas l'ayant droit ne peuvent lui être communiquées que si elles figurent dans des documents librement communicables en vertu de l'art. L. 213-2 C. patr., en particulier à l'expiration du délai de cinquante ans mentionné au 3° du I de cet art., ou si il obtient une dérogation sur le fondement de l'art. L. 213-3 du même code. • CADA, 5 nov. 2009 : *avis n° 2009-3395* et • CADA, avis, 13 mai 2014, n° 2014-1270.

42. La première chambre civile de la Cour de cassation a tranché une question inédite dans un arrêt de cassation dans lequel elle considère que les personnes héritières du concessionnaire fondateur de la concession mais n'ayant pas le même patronyme que celui-ci ne peuvent exiger l'inscription de leur patronyme avant le décès de l'une d'elles. • Civ. 1re, 12 janv. 2011 : *JCP N 2011. Actu. 105, note Dutrieux.*

43. La transmission d'une concession funéraire perpétuelle relève de l'application des règles successorales législatives et réglementaires, et non d'une décision du maire de la commune concernée. À la mort du titulaire d'une concession funéraire se crée, en principe, une indivision perpétuelle entre les ayants droits, en l'absence de dispositions testamentaires spécifiant la dévolution de la concession à un ou plusieurs héritiers désignés. En outre, eu égard à son incessibilité à titre onéreux, une concession funéraire ne peut être comprise dans la quotité disponible d'une succession. • TA Rouen, 12 sept. 2024, n° 2105062.

44. Il ressort de l'art. L. 2223-13 que la répartition des droits sur les différents éléments de la sépulture s'analyse sous la forme d'un droit de superficie, permettant de dissocier la propriété du sol, qui revient à la personne publique concédante, et la propriété des immeubles bâtis dessus (monuments funéraires) et dessous (caveaux funéraires), qui revient à la personne privée concessionnaire. Le concessionnaire dispose donc d'un droit de propriété privée complet (qui ne dure toutefois que le temps de la concession) sur les monuments qu'il érige sur cette parcelle et peut limiter l'usage qu'en font les tiers. Ainsi, sans accord préalable de la famille, la photographie d'un monument funéraire ne peut être diffusée qu'à la seule condition que cette diffusion ne cause pas un trouble anormal au titulaire de la concession ou à ses successeurs. * Rép. min.n° 12549 : *JO Sénat, 9 janv. 2020, p. 171.*

Art. L. 2223-14 **Les communes peuvent, sans toutefois être tenues d'instituer l'ensemble des catégories ci-après énumérées, accorder dans leurs cimetières :**

1° Des concessions temporaires pour quinze ans au plus ;

2° Des concessions trentenaires ;

3° Des concessions cinquantenaires ;

4° Des concessions perpétuelles. – *[C. communes, art. L. 361-13 issu de l'Ord. du 6 déc. 1843, art. 3.]*

Sur la distinction entre les concessions individuelles, collectives et de famille, V. Rép. min. n° 1956 : JO Sénat Q, 17 janv. 2013, p. 197.

BIBL. ▸ DUTRIEUX, La durée des concessions funéraires octroyées dans les cimetières, *LPA 5 févr. 2013, p. 3* ; La délivrance des concessions funéraires et des sépultures dans le cimetière communal, *JCP Adm. 13 oct. 2003, n° 42, p. 1356* ; La distinction entre droit à inhumation et droit à concession, *LPA 28 sept. 1998, p. 7.*

▸ Défenseur des droits, Rapport relatif à la législation funéraire, *29 oct. 2012, 34 p. (spéc. p. 4-18)* ; *JCP Adm. 2012 Actu. 759, note Dutrieux.*

I. OCTROI DES CONCESSIONS

1. Le contrat de concession funéraire obéit aux conditions de validité des contrats administratifs. • TA Paris, 21 avr. 1971, *Ville de Paris c/ Ribette et a. : AJDA 1972. 164, note Godfrin* (vice de consentement) • CE 1er déc. 1976, *Berezowski : Lebon 521 ; D. 1978. 45, note Richer* (absence de fraude ou de dol). ♦ Bien que la concession funéraire soit délivrée sous forme d'arrêté du maire, elle revêt une nature contractuelle. • Même arrêt. ♦ V. cependant *contra*, • CAA Bordeaux, 2 mars 2010, *Maire de Brive-la-Gaillarde*, n° 08BX02222 : *JCP Adm. 2011. 2035, note Dutrieux.* ♦ Mais le refus d'attribuer une concession constitue une décision administrative susceptible de recours pour excès de pouvoir. • TA Châlons-en-Champagne, 21 sept. 2004, *B. : Coll. terr. juin 2005, p. 31, obs. Dutrieux.*

2. Le maire ne peut refuser d'octroyer une concession funéraire en se fondant sur des préoccupations étrangères à l'objet des pouvoirs qu'il tient de la loi. • CE 25 nov. 1921, *Niveteau : Lebon 974 ; DP 1923. 3. 7, concl. Corneille ; S. 1923. 3. 17, concl. Corneille, note Hauriou* • CE 27 avr. 1923, *Trottereau et a. : Lebon 366* • CE 28 janv. 1925, *Valès : Lebon 93 ; DH 1925. 124 (a contrario)* • CE 25 juin 1948, *Plisson : Lebon 294* • CE, sect., 11 oct. 1957, *Cts Hérail : Lebon 523 ; AJDA 1957. 129, concl. Kahn* • CE 5 déc. 1997, *Cne de Bachy c/ Mme Saluden-Daniel*, n° 112888 : *Lebon 463* ; *AJDA 1998. 258, concl. Piveteau* (refus fondé à tort sur le motif que le caveau construit sur la concession familiale initiale ne permettrait plus d'accueillir de nouveaux corps). ♦ Insuffisance des arguments avancés par un des ex-époux pour s'opposer à l'octroi d'une concession voisine à son ex-épouse dans un même cimetière communal.

• CAA Nancy, 23 oct. 2003, *Michel X.*, n° 99NC00617. ♦ Le maire peut se prévaloir de la décision du conseil municipal d'ériger une stèle à la mémoire des soldats de la commune morts au combat sur un emplacement du cimetière communal qui avait été auparavant concédé à titre gratuit pour l'inhumation d'un habitant de la commune tué pendant la guerre de 1914-1918. • CE 15 nov. 1993, *Denis*, n° 123151. ♦ Le maire est en droit de refuser une modification du contrat initial de concession funéraire, afin de permettre à un époux de devenir partie au contrat, signé par son beau-père, et d'obtenir ainsi droit à la sépulture dans une concession dont il avait payé le prix et où son épouse avait été inhumée. • TA Paris, 18 févr. 2004, *M. C. : Coll. terr., avr. 2004, p. 22, note Dutrieux.* ♦ Le maire est en droit, pour des motifs tirés de la bonne gestion et de l'étendue du cimetière, de refuser une concession supplémentaire au titulaire de quatre concessions cinquantenaires non utilisées. • CAA Douai, 14 févr. 2001, *Coudeville*, n° 97DA02255. ♦ Dès lors que l'intéressé n'établit pas l'insuffisance des concessions dont il est déjà titulaire. • Même arrêt. ♦ Seule l'absence de places peut justifier le refus de concession à une personne ayant droit à l'inhumation dans le cimetière communal. • CAA Marseille, 15 nov. 2004, *X.*, n° 03MA00490 : *Coll. terr. févr. 2005, n° 28, p. 21, note Dutrieux.* ♦ Sur un prétendu détournement de pouvoir commis par un maire qui avait accordé une concession à l'ex-épouse du requérant et l'avait refusée au requérant. • CAA Nancy, 23 oct. 2003, *M. X.*, n° 99NC00617. ♦ Toutefois, le maire est en droit de prendre en compte la bonne gestion du cimetière en refusant de délivrer une concession dont les dimensions dépassent manifestement les besoins des demandeurs. • CE 25 juin 2008, *Cts Schiocchet*, n° 297914 : *JCP Adm. 2008, n° 2192, note Dutrieux ; AJDA 2008. 2229, note Savarit-Bourgeois*.

3. Aucun texte législatif ou réglementaire ne limite le droit pour une personne ne résidant pas dans une commune d'y acquérir une concession funéraire sous réserve des dispositions de l'art. L. 2223-13. • TA Nice, 25 juill. 1984, n° 92-84. ♦ Viole le principe d'égalité devant les services publics la délibération d'un conseil municipal qui réserve l'octroi des concessions aux seules personnes domiciliées toute l'année dans la commune. • TA Orléans, 10 mai 1988, *Mme Cortier : RJCO 1989, n° 3, p. 82, note Lachaume.*

4. Le maire ne peut s'opposer à l'octroi d'une concession au motif que l'une des personnes que le demandeur souhaitait y faire inhumer ne remplissait pas les conditions prévues par l'art. L. 2223-3 CGCT. • CE 28 mai 1990, *Cne de Cergy c/ Duval-Martin*, n° 71412.

5. Le maire peut s'opposer légalement à la conversion d'une concession temporaire en concession perpétuelle si l'emplacement réclamé est contesté par la commune. • CE 31 janv. 1994, *Coudeville*, n° 122178. ♦ Les communes disposent d'une compétence de principe pour choisir tel ou tel type de concession funéraire. * Rép. min. : *JOAN Q, 15 nov. 2005, p. 10620* ; V. également * Rép. min. n° 77473 : *JOAN Q, 31 mai 2011, p. 5771.* ♦ Il est dès lors possible de refuser de délivrer ou convertir une concession funéraire pour une durée non prévue dans le cimetière et qui, par surcroît, ne peut plus être délivrée depuis l'Ord. n° 59-33 du 5 janv. 1959 (concession centenaire). • TA Strasbourg, 19 oct. 2011, *Mme Pierrette H.*, n° 1001127 ; LPA 15 mai 2012, p. 19, note Dutrieux.

6. Les concessions funéraires, qui portent sur le domaine public, ne peuvent être acquises par voie de prescription ou de possession d'état. • CE 5 mai 1993, *Mme Germain*, n° 88061. ♦ Il appartient au requérant de démontrer l'existence d'un acte de concession, qui ne peut exister sans titre. • CAA Marseille, 10 mars 2011, *Mme Annie Piperno*, n° 09MA00288. ♦ Néanmoins, à défaut de retrouver le titre, l'existence d'une concession n'étant pas contestée, si le renouvellement n'a jamais été proposé au titulaire, la concession accordée sera réputée perpétuelle. • CAA Lyon, 10 déc. 2009, *Mical et Cne de Thorrenc*, n° 09LY00795.

7. Les concessions funéraires peuvent résulter d'offres de concours. • CE 12 déc. 1986, *Ferry*, n° 47627.

8. Aucun droit d'entrée ne peut être exigé pour l'inhumation de personnes étrangères à la commune. • CE 10 déc. 1969, *Cne de Nerville-la-Forêt : Lebon 564.*

9. Les communes peuvent accorder des concessions sur lesquelles elles ont fait construire des caveaux. • TA Paris, 15 déc. 1977, *Cne de Vitry-sur-Seine : Lebon 652.*

10. L'arrêté municipal prévoyant que les séparations et passages établis autour des concessions seraient prélevés sur les terrains des concessions est illégal. • CE 18 févr. 1972, *Ch. synd. des entreprises artisanales du bâtiment de la Haute-Garonne : Lebon 153 ; JCP 1973. II. 17446, note Bouyssou ; AJDA 1972. 215, chron. Labetoulle et Cabanes* • CE 17 janv. 2011, *Cne de Massels*, n° 334156 : *BJCL 2011. 213, concl. Thiellay et obs. Poujade ; JCP Adm. 2011, n° 2142, note Dupuis ; AJCT 2011. 249, note Dutrieux*. ♦ V. également * Rép. min. n° 09485 : *JO Sénat Q, 25 févr. 2010, p. 462.* ♦ Mais le terrain séparant les sépultures d'une même concession n'a pas à être fourni gratuitement par la commune. • Civ. 20 févr. 1899 : *S. 1899. 1. 437 ; D. 1899. 1. 230.*

11. Il résulte de l'art. L. 2223-14, 4°, que les autorités communales disposent d'un pouvoir discrétionnaire quant à l'opportunité d'accorder ou non des concessions perpétuelles. * Rép. min. n° 09274 : *JO Sénat Q, 30 mai 2019, p. 2858* * Rép. min. : *JO Sénat, 11 juin 2020, p. 2700.* ♦ Aucune évolution législative ayant pour effet de remettre en cause cette liberté n'est actuellement à l'étude, alors que, dans la pratique, certaines communes font état de leur souhait de ne plus accorder, pour l'avenir, des concessions perpétuelles. * Même Rép. min. ♦ Il convient de rappeler que ces communes ne sauraient porter atteinte aux droits acquis des titulaires de concessions perpétuelles existantes que dans le cadre du droit en vigueur et qu'à cet égard, le maire ne peut éteindre le droit réel immobilier dont bénéficient les concessionnaires sur leur concession autrement que par la mise en œuvre d'une procédure de reprise pour état d'abandon, dans les conditions prévues à l'art. L. 2223-17 CGCT. * Rép. min. n° 09274 : *préc.*

II. MODIFICATIONS DU RÉGIME DES CONCESSIONS

12. BIBL. Dutrieux, Une commune peut-elle refuser le renouvellement d'une concession funéraire ?, *RLCT oct. 2010, p. 35* ; Les concessions funéraires en dix questions, *Conseils des notaires, n° 419, oct. 2012, p. 33* ; La durée des concessions funéraires octroyées dans les cimetières, *LPA 5 févr. 2013.* ♦ Les concessions peuvent être renouvelées ; en l'absence de demande de renouvellement, les terrains font retour à la commune. • CE 21 juin 1985, *Cts Fougeroux,* n° 29398 • CE 26 juill. 1985, *Lefèvre et a.,* n° 36749 : *Lebon 524 ; Dr. adm. 1985, n° 465.* ♦ Sur le rôle du « plus diligent des héritiers naturels » après la mort du fondateur décédé *ab intestat,* V. • CE, ass., 21 oct. 1955, *Dlle Méline : Lebon 491 ; D. 1956. 543, concl. Guionin ; RPDA 1956. 65, étude J.M. Auby.* ♦ Si le règlement du cimetière prévoit une procédure particulière en cas de reprise pour non-renouvellement, cette disposition doit être respectée par la commune, même si elle ne figure pas au CGCT. • CAA Versailles, 17 sept. 2009, *Ville de Paris,* n° 08VE00240 : *AJDA 2010. 225.* ♦ Le renouvellement doit être demandé au profit de tous les titulaires de la concession, le maire étant en droit de refuser un renouvellement sollicité par un ayant cause souhaitant devenir le seul titulaire de la sépulture. • CAA Nancy, 31 mars 2011, n° 10NC01397.

13. Le refus de renouvellement serait éventuellement contrôlé par le juge administratif. • CE 12 janv. 1917, *Devoncoux : Lebon 38* • CE, ass., 21 oct. 1955, *Dlle Méline : préc. note 12.* ♦ Il en est de même du refus de conversion. • TA Strasbourg, 19 oct. 2011 : *préc. note 5.*

14. Les concessions sont normalement hors du commerce et le titulaire du contrat ne peut céder ses droits. • CE, sect., 11 oct. 1957, *Cts Hérail : Lebon 523 ; AJDA 1957. 129, concl. Kahn.* ♦ Mais la Cour de cassation admet la renonciation. • Civ. 1re, 4 déc. 1967 : *Bull. civ. I, n° 353 ; D. 1968. 133, note Mazeaud* • Civ. 1re, 17 mai 1993, n° 91-15.780 P. ♦ Sur l'interdiction des cessions à titre onéreux. * Rép. min. : *JOAN Q, 26 oct. 1992, p. 4920.*

15. Les concessions peuvent faire l'objet de donations si elles sont perpétuelles. * Rép. min. 7 mars 1983 : *JOAN Q, 28 mars 1983* ; * Rép. min. : *JOAN Q, 16 mai 1983* ; * Rép. min. 9 août 1990 : *JO Sénat, 27 juin 1991.* Il y a alors subrogation du tiers dans les droits du titulaire initial. – V. Dutrieux, La dernière place du caveau, *Dr. fam. 2014. Étude 2* ; Peux-ton céder une concession de famille à un tiers ?, *Dr. fam. 2014. Étude 3.* – Perrier-Cussac, Les droits du titulaire d'une concession funéraire, *JCP N. 1990. I. 343.*

16. Le maire ne peut s'opposer à une inhumation dans une concession familiale dont le titulaire n'a pas manifesté sa volonté expresse d'en exclure le défunt quand bien même celui-ci disposerait d'une autre concession. • CAA Bordeaux, 3 nov. 1997, *Lavé,* n° 96BX01838. ♦ De même, l'autorisation d'inhumer n'est pas légalement donnée si le fondateur d'une concession individuelle n'a pas décidé de la transformer en concession de famille. • CAA Versailles, 6 juill. 2010, *Cts Walquise,* n° 08VE02943 : *AJCT 2010. 130, obs. Perrier ; JCP Adm. 2011. 2059, note Dutrieux.*

17. Le conseil municipal peut déléguer au maire le pouvoir de prononcer la délivrance et la reprise des concessions dans les cimetières. • CAA Douai, 14 févr. 2001, *Coudeville,* n° 97DA02255.

18. Le fait que la délibération litigieuse n'ait pas été transmise au préfet, ni affichée selon les règles, ni publiée au recueil des actes administratifs de la préfecture est sans incidence sur la légalité de la délibération. • CAA Douai, 14 févr. 2001, *Coudeville : préc. note 17.*

19. La volonté du défunt serait insuffisante pour autoriser l'inhumation dès lors que doit être également identifié un droit à l'inhumation. • Civ. 1re, 6 janv. 2004, n° 01-14.226 : *RGCT 2003. 753, note Dutrieux.*

20. Il appartient au juge judiciaire d'ordonner le retrait d'un cercueil irrégulièrement inhumé dans une concession funéraire. • TA Caen, 19 mars 2002, *Harel : Coll. terr. 2002, n° 139, note Dutrieux.* ♦ En effet, une exhumation ne peut être imposée par le juge administratif dans le cadre d'une action en responsabilité pour revente illégale d'un emplacement dans le cimetière. • CE 11 juill. 2012, *M. Hubert B. et Mme Denise C.,* n° 349008. ♦ Le refus de transfert d'une sépulture commandé par le seul intérêt du demandeur ne constitue pas une violation de son droit au respect de sa vie privée et familiale, selon la Cour européenne des droits de l'homme. • CEDH 17 janv. 2006, *Elli Poluhas Dödsbo c/ Suède : JCP 2006. II. 10102, note Labbée.*

21. Le fait de modifier l'identité du bénéficiaire d'une concession perpétuelle doit être regardé comme un retrait de la décision d'octroi initiale et la substitution d'une nouvelle décision comportant nouvelle attribution de la concession. • CAA Marseille, 31 déc. 2003, *M. Pierre X.,* n° 00MA00517. ♦ Un tel retrait, pour être légalement effectué, doit intervenir dans le délai de quatre mois à compter de la décision (à la supposer illégale) qui est créatrice d'un droit réel immobilier au profit des attributaires initiaux. • Même arrêt. ♦ Le fait que les paiements aient été effectués par le nouvel attributaire ne suffit pas à établir l'illégalité de l'attribution initiale. • Même arrêt.

22. Sur la portée exact d'un mandat verbal donné pour l'achat d'une concession perpétuelle de terrain dans un cimetière et la détermination des bénéficiaires de la concession. • CAA Marseille, 9 févr. 2004, *Sauveur,* n° 99MA00943. ♦ Faute de précisions écrites, le maire est en droit de refuser de supprimer le nom d'un bénéficiaire initial du titre de concession, même si ce dernier n'a assumé aucun frais. • Même arrêt.

Art. L. 2223-15 **Les concessions sont accordées moyennant le versement d'un capital dont le montant est fixé par le conseil municipal.**

Les concessions temporaires, les concessions trentenaires et les concessions cinquantenaires sont renouvelables au prix du tarif en vigueur au moment du renouvellement.

À défaut du paiement de cette nouvelle redevance, le terrain concédé fait retour à la commune. Il ne peut cependant être repris par elle que deux années révolues après l'expiration de la période pour laquelle le terrain a été concédé.

Dans l'intervalle de ces deux années, les concessionnaires ou leurs ayants cause peuvent user de leur droit de renouvellement. *(L. n° 2022-217 du 21 févr. 2022, art. 237)* **« Les communes sont tenues d'informer par tout moyen les concessionnaires et leurs ayants cause de l'existence de ce droit de renouvellement. »**

BIBL. ▶ BAUMANN, Cimetières : la reprise des concessions funéraires, *Journal des Maires, avr. 2022, p. 43.* – DUTRIEUX, Le renouvellement et la conversion des concessions funéraires, *JCP N 1999, p. 1540* ; La reprise des concessions funéraires, *JCP Adm. 2006, n° 1100* ; Une commune peut-elle refuser le renouvellement d'une concession funéraire ?, *RLCT oct. 2010, p. 35.*

1. Sur la légalité de certaines taxes dites de « superposition de corps » considérées comme des redevances pour service rendu. • CE 18 janv. 1929, *Barbé : Lebon 66 ; DP 1930. 3. 10, note Monsarrat* • CE 26 juill. 1982, *Cne de Jouy-Bonvoisin c/ Alie et a.,* n° 19429. – * Rép. min. : *JOAN Q 22 mars 1999, p. 1754.* – V. Dupuis, Attention aux taxes illégalement perçues !, *Gaz. cnes 23 juill. 2012. 46.*

2. Sur l'irrégularité de certains prélèvements exigés après coup. • Rennes, 29 janv. 1901 : *DP 1901. 2. 428 ; Gaz. Pal. 1901. 529* • Civ. 5 juill. 1938 : *DH 1938. 469.*

3. Le conseil municipal a compétence pour fixer les tarifs d'occupation d'une case au dépositoire du cimetière communal. • CAA Lyon, 29 mars 1995, *Orsoni,* n° 93LY01709. ♦ Cette tarification constitue un acte de gestion du domaine public et n'a pas pour seul objet de représenter la contrepartie d'un service rendu à l'usager. • Même arrêt. ♦ Elle peut être progressive. • Même arrêt. ♦ Sur la disparition du terme « dépositoire » et ses conséquences, * Rép. min. n° 101820, *JOAN Q, 23 août 2011, p. 9041.*

4. Un conseil municipal peut décider que les concessions seront accordées à titre gratuit. • CE 26 oct. 1994, *Mlle Arii,* n° 133244 B.

5. Se rend coupable, d'une part, du délit de violation de sépulture et d'atteinte à l'intégrité des cadavres et, d'autre part, de vol par personne chargée d'une mission de service public le fossoyeur qui s'approprie des bijoux au cours de travaux de nettoyage de fosses communes et de concessions non renouvelées. • Crim. 25 oct. 2000 : *Coll. terr. 2001, n° 139, obs. D. Dutrieux.*

6. Pour pouvoir être réutilisées et à nouveau concédées, les sépultures doivent être libres de tout corps. • TA Paris, 14 déc. 1960, *Loste : Lebon 838* • CAA Bordeaux, 16 déc. 2011, *M. Claude A.,* n° 10BX01416. ♦ En revanche, est responsable la commune qui autorise la construction d'un monument alors que la concession trentenaire est expirée, puis procède, sans mise en demeure, à la démolition du monument édifié. • CAA Versailles, 17 sept. 2009, *Ville de Paris,* n° 08VE00240.

7. Une différenciation de tarifs peut être instituée en fonction des dimensions du terrain affecté à la concession ou des avantages offerts au titulaire de la concession. * Rép. min. : *JOAN Q 8 mars 1993, p. 3944.*

8. Il n'appartient pas aux opérateurs funéraires de se substituer aux familles pour le paiement d'une concession funéraire. * Rép. min. : *JOAN Q 24 mai 1999, p. 3175.*

9. La quote-part d'un tiers du prix des concessions funéraires n'est plus obligatoirement réservée aux centres communaux d'actions sociales (Instr. min. n° 00-078-MO du 27 sept. 2000 relative à la répartition du produit des concessions de cimetières ; *RDSS 2001. 557, note Dutrieux*).

10. Il importe peu que le prix d'une concession ait été payé par un autre que le concessionnaire. • TA Paris, 18 févr. 2004, *M. C. : Coll. terr. 2004, n° 69, note Dutrieux.* ♦ ... Ou par un seul des cotitulaires. • CAA Marseille, 9 févr. 2004, *X.,* n° 99MA00943.

11. Le prix peut être payé en plusieurs échéances sous la responsabilité des comptables publics. * Rép. min. : *JOAN Q, 13 janv. 2004, p. 339.*

12. La procédure de reprise concerne toutes les concessions funéraires d'une durée de trente ans et plus. * Rép. min. : *JOAN Q, 26 sept. 1994, p. 4787.* ♦ Mais cette procédure ne concerne pas les sépultures présentes sur les propriétés privées. * Rép. min. n° 13793 : *JOAN Q, 23 févr. 2010, p. 2091.*

13. Sur la constatation de l'état d'abandon. • CAA Nancy, 3 nov. 1994, *Gaunet : Juris-Data n° 1994-051596*. * Rép. min. : *JOAN Q, 4 oct. 1999, p. 5783*. ♦ Sur la notion d'abandon, * Rép. min. n° 12072 : *JO Sénat Q, 11 nov. 2010, p. 2966*. ♦ Sur la combinaison entre la procédure de reprise pour état d'abandon et les pouvoirs de police permettant d'imposer des travaux ou d'ordonner la démolition d'un monument, * Rép. min. n° 77949 : *JOAN Q, 31 mai 2011, p. 5772*.

14. Le non-respect des formalités et de la publicité requises affecte la légalité de l'arrêté municipal de reprise, si cet arrêté a été pris. • CE 5 mai 1995, *Cne d'Arques c/ Dupuis-Matton : D. 1995. IR 148*.

15. La concession funéraire doit être renouvelée au tarif en vigueur au jour de son arrivée à échéance et non au tarif en vigueur à la date de la demande de renouvellement. • CE 21 mai 2007, *Pujol : JCP Adm. 2007, n° 28, p. 34, note Dutrieux*.

16. Le renouvellement doit s'opérer nécessairement au profit de tous les ayants cause du concessionnaire, le maire devant refuser une demande visant à faire d'un seul de ces ayants cause le titulaire de la concession. • CAA Nancy, 31 mars 2011, n° 10NC01397 : *AJCT 2011. 418, note Dutrieux*.

17. La conversion en une plus longue durée ne peut être accordée que pour une durée légalement prévue (refus de transformer une concession de trente ans en concession de cent ans). • TA Strasbourg, 19 oct. 2011, *Mme Pierrette H.*, n° 1001127, LPA 15 mai 2012, p. 19, note Dutrieux. ♦ La même solution devrait s'appliquer pour le renouvellement des concessions centenaires qui ont été légalement délivrées entre 1924 et 1959. Ce renouvellement devrait intervenir selon la durée la plus longue proposée au jour du renouvellement.

18. Il ne ressort des dispositions de l'art. L. 2223-15 aucune obligation légale incombant à la commune de rechercher la totalité des personnes disposant d'un droit sur la sépulture en vue de recueillir leur consentement au renouvellement. *A fortiori*, la commune n'est obligée de satisfaire à aucune forme de publicité, dans la perspective d'une procédure de reprise en cas de non-renouvellement. Il est toutefois préférable que les communes prennent les mesures adéquates pour informer les familles, lorsqu'elles sont connues, de leur intention de reprendre une concession, et les aviser, le cas échéant, des exhumations consécutives à une reprise de la sépulture, au cas où elles désireraient être présentes ou représentées. * Rép. min. n° 22667 : *JOAN, 24 déc. 2019, p. 11389*.

19. Après échéance de la concession et expiration du délai supplémentaire de deux ans laissé aux ayants droits pour la renouveler, le maire n'est pas tenu d'accepter la demande de renouvellement. * Rép. min. n° 14489 : *JOAN Q, 23 avr. 2024, p. 3229*.

20. La procédure de reprise des concessions échues est conforme aux art. 2 et 17 de la Déclaration des droits de l'homme et du citoyen du 26 août 1789 • CE 11 mars 2020, *Cne d'Épinal*, n° 436693 B : *AJCT 2020. 484, note Hédin*. ♦ Toutefois, il appartient au maire de rechercher par tout moyen utile d'informer les titulaires d'une concession ou leurs ayants droits de l'extinction de la concession et de leur droit à en demander le renouvellement dans les deux ans qui suivent • Même arrêt.

Art. L. 2223-16 Les concessions sont convertibles en concessions de plus longue durée.

Dans ce cas, il est défalqué du prix de conversion une somme égale à la valeur que représente la concession convertie, compte tenu du temps restant encore à courir jusqu'à son expiration. — *[C. communes, art. L. 361-16 issu de la L. du 24 févr. 1928, art. 1er, al. 3.]*

1. La commune ne peut imposer le déplacement de la sépulture lorsque le concession sollicite sa conversion. * Rép. min. n° 22464 : *JOAN Q, 12 avr. 1999, p. 2240*.

2. La conversion peut être légalement refusée s'il y a contestation sur l'emplacement. • CE 31 janv. 1994, *Coudeville*, n° 122178.

3. La conversion en une plus longue durée ne peut être accordée que pour une durée légalement prévue (refus de transformer une concession de trente ans en concession de cent ans). • TA Strasbourg, 19 oct. 2011, *Mme Pierrette Hueber*, n° 1001127 : *LPA 15 mai 2012, p. 19, note Dutrieux*.

Art. L. 2223-17 Lorsque, après une période de trente ans, une concession a cessé d'être entretenue, le maire peut constater cet état d'abandon par procès-verbal porté à la connaissance du public et des familles.

Si, *(L. n° 2022-217 du 21 févr. 2022, art. 237)* **« un an » après cette publicité régulièrement effectuée, la concession est toujours en état d'abandon, le maire a la faculté de saisir le conseil municipal, qui est appelé à décider si la reprise de la concession est prononcée ou non.**

Dans l'affirmative, le maire peut prendre un arrêté prononçant la reprise par la commune des terrains affectés à cette concession.

V. art. R. 2223-12 s. et Circ. n° 93-28 du 28 janv. 1993 relative à la nature et à la destination des monuments, signes funéraires et caveaux se trouvant sur des sépultures abandonnées, BOMI 1993-3. 74.

BIBL. ▶ DUTRIEUX, La reprise des concessions funéraires, *JCP Adm. 2006. 566.*

1. Les concessions ne peuvent être retirées ou résiliées. • Paris, 29 oct. 1947 : *D. 1948. 59.* – V. également, * Rép. min. n° 26311 : *JOAN 24 mai 1999, Q 1999, p. 3174.*

2. Mais les concessions en état d'abandon peuvent être reprises par la commune. • CE 24 nov. 1971, *Cne de Bourg-sur-Gironde : Lebon 704.* ♦ Aucun texte ne définit la notion d'abandon d'une concession funéraire (V. toutefois Circ. du 30 mai 1924 et du 22 mars 1962). * Rép. min. : *JO Sénat, 23 févr. 2006, p. 507.* ♦ Sur la notion d'abandon, * Rép. min. n° 12072 : *JO Sénat Q, 11 nov. 2010, p. 2966.* ♦ Faute pour le requérant de démontrer l'existence d'un acte de concession, la procédure d'état d'abandon n'a pas à s'appliquer. • CAA Marseille, 10 mars 2011, *Mme Annie Piperno,* n° 09MA00288.

3. Après publication de l'arrêté pris pour l'exécution de la délibération décidant la reprise de la concession, il peut être procédé à l'exhumation des restes des personnes inhumées (C. communes, art. R. 361-29, devenu art. R. 2223-20 ss. CGCT). • CE 20 janv. 1988, *Mme Chemin-Leblond c/ Ville de Paris : Dr. adm. 1988, n° 128.*

4. En vertu des dispositions combinées des art. R. 361-22, R. 361-25 et R. 361-27 C. communes [CGCT, art. R. 2223-13, R. 2223-16 et R. 2223-18], les avis préalables aux procès-verbaux destinés à constater l'état d'abandon doivent faire l'objet d'un affichage pendant un mois avant la constatation proprement dite. • CE 5 mai 1995, *Cne d'Arques c/ Mme Dupuis-Matton,* n° 111720. ♦ Sur le contrôle des formalités de publicité, V. aussi, • CE 26 oct. 1994, *Gras,* n° 135146.

5. Sur le degré de précision des énonciations des procès-verbaux, V. • CE 24 nov. 1971, *Cne de Bourg-sur-Gironde : préc. note 2.*

6. La qualité d'habitant de la commune ne suffit pas à conférer un intérêt suffisant pour demander l'annulation d'une décision du maire autorisant la réattribution d'une concession perpétuelle. • CE 17 mars 1995, *Mme Ecorce,* n° 121789. ♦ ... Ou pour attaquer un permis de construire sur un terrain voisin de la concession. • CAA Nantes, 23 avr. 1997, *Cne de Sainte-Hermine,* n° 95NT00211.

7. En cas de disparition d'une tombe, aucune fiche signalétique n'indiquant qu'elle aurait été abandonnée ou détruite, il y a lieu de déduire qu'une reprise irrégulière a été effectuée par les services municipaux et qu'une voie de fait a été commise. • TGI Lille, 21 déc. 1998 : *D. 1999. 533, note Labbée.* ♦ Il appartient dès lors au juge judiciaire de prendre les mesures adéquates en sa qualité de gardien des libertés fondamentales. • Même arrêt.

8. Sur le contrôle des dispositions prises par le maire d'une commune pour constater l'état d'abandon et sur la publicité des mesures prises à cet effet, V. • CE 26 oct. 1994, *Gras,* n° 135146. ♦ V. également * Rép. min. n° 33615 : *JOAN (Q) 4 oct. 1999, p. 5783.*

9. L'absence d'information régulière des successeurs du concessionnaire entraînerait l'annulation de l'arrêté de reprise. • CAA Paris, 24 févr. 2000, *Mme Laval,* n° 98PA00158.

10. Pour être réutilisées et à nouveau concédées, les sépultures doivent être libres de tout corps. • CAA Bordeaux, 16 déc. 2011, *M. Claude A.,* n° 10BX01416.

11. L'annulation de l'arrêté municipal portant reprise irrégulière d'une concession perpétuelle oblige l'administration à réattribuer à l'ayant droit évincé un emplacement équivalent, dès lors que la concession a été réattribuée avant le jugement et qu'une inhumation a été effectuée. • CAA Paris, 22 févr. 2001, *Mme Laval,* n° 00PA02796.

12. L'administration doit également, dans la même hypothèse, procéder au transfert et à l'inhumation des restes mortels dans le nouvel emplacement. • CAA Paris, 22 févr. 2001, *Mme Laval : préc. note 11.*

13. Les monuments ou emblèmes funéraires abandonnés par les familles appartiennent au domaine privé de la commune. • CAA Marseille, 15 nov. 2004, *X.,* n° 03MA490. – V. également Circ. n° 93-28 du 28 janv. 1993, reprenant CE, avis, 4 févr. 1992 : *Rapp. CE, 1992, p. 409.*

14. L'extraction de cercueils d'une sépulture, dans une concession de cimetière communal, ne peut être demandée que par le plus proche parent du défunt (art. 2213-40, CGCT) ; en l'absence de toute démarche en ce sens, la décision du maire engage la responsabilité de la commune. • CAA Nantes, 3 févr. 2004, n° 01NT01243 : *Gaz. cnes 15 nov. 2004, p. 79, n° 43.*

15. La durée d'une concession se calcule à la date de l'acte de concession. * Rép. min. : *JO Sénat, 23 févr. 2006, p. 507.*

16. L'état d'abandon n'implique pas l'état de8 ruine de la sépulture. * Rép. min. : *préc. note 15.* ♦ V. également * Rép. min. n° 12072 : préc. note 2.

17. Les indices les plus souvent utilisés ont trait au bon ordre et à la décence des lieux. * Rép. min. : *préc. note 15.* ♦ V. également * Rép. min. n° 12072 : *préc. note 2.*

18. Mais les signes extérieurs d'abandon sont en tout état de cause nécessaires. * Rép. min. : *préc. note 15.* ♦ V. également * Rép. min. n° 12072 : *préc. note 2.* ♦ Ainsi, la présence d'une végétation sauvage suffit à qualifier l'état d'abandon. • CE 24 nov. 1971, *Cne Bourg-sur-Gironde,* n° 79385.

19. La Cour de cassation estime que les travaux de « nettoyage » impliquent, outre l'exhumation des restes, l'enlèvement des monuments, caveaux et signes funéraires. • Crim. 25 oct. 2000 : *Coll. terr. 2001, n° 139, obs. Dutrieux.*

20. La présence d'un parent ou d'un mandataire de la famille n'est pas requise pour l'exhumation des restes. • CE 26 juill. 1985, *Lefebvre et a.*, n° 36749 B. ♦ ... Et les personnels affectés à cette tâche n'ont pas à être spécialement habilités (Circ. n° 97-211 du 12 déc. 1997). ♦ Les « exhumations administratives » sont désormais expressément exclues des opérations obligatoirement surveillées depuis la modification, par la L. n° 2011-525 du 17 mai 2011, de l'art. L. 2213-14. – V. *JCP Adm. 2011. 2228, note Dutrieux.*

21. Les restes exhumés sont réunis dans un cercueil de dimensions appropriées en vue soit de leur ré-inhumation immédiate dans l'ossuaire spécial soit, après leur crémation, de la dispersion des cendres dans le lieu spécialement destiné à cet effet. * Rép. min. : *JOAN Q, 8 nov. 1999, p. 6469.* ♦ La boîte à ossements – également dénommée reliquaire –, ayant vocation à être inhumée dans l'ossuaire, doit être réalisée dans un matériau agréé pour la composition d'un cercueil. – V. *AJCT 2011. 173, note Dutrieux.* ♦ L'intervention de la loi n° 2008-1350 du 19 déc. 2008 vient limiter de façon importante la possibilité de choisir la crémation des restes, crémation toujours prévue à l'art. L. 2223-4. – V. Dutrieux, La fin des crémations administratives ?, *AJDA 2010. 1130.*

22. La revente des concessions sans que les opérations de reprise matérielle aient eu lieu serait vraisemblablement illégale. * Rép. min. : *JOAN Q, 23 juill. 2001, p. 4298.* ♦ La commune ne peut, une fois écoulé le délai offert pour le renouvellement de la concession funéraire, concéder le terrain à l'un des membres de la famille alors que des corps y sont encore présents. • Dijon, 17 nov. 2009, n° 08/01394 : *JCP Adm. 2010, n° 2172, note Dutrieux.*

23. La juridiction administrative serait incompétente pour connaître de la décision de mettre à la charge du concessionnaire le paiement du prix du caveau lors de l'attribution d'une nouvelle concession. S'agissant d'un acte de gestion du domaine privé communal. • CAA Marseille, 13 déc. 2004, n° 02MA0084.

24. Sur la liste des déchets de cimetière, V. Dutrieux, La question des déchets dans les cimetières. 2. Le régime des monuments et des caveaux, *Journ. maires, mai 2006, p. 63* (V. aussi, Décret n° 2002-540 du 18 avr. 2002, *JO 20 avr.*).

25. Sur l'incinération possible des débris de cercueil et autres matériaux qui n'ont pas vocation à être déposés dans l'ossuaire. * Rép. min. : *JO Sénat Q, 4 nov. 1999, p. 3642.*

26. La récupération illicite par les agents affectés aux opérations de nettoyage de bijoux, dents en or ou autres objets trouvés dans les concessions reprises constitue un délit de vol par personne chargée d'une mission de service public. • Crim. 25 oct. 2000, n° 00-82.152 : *Coll. terr. 2001, n° 139, note Dutrieux.* – V. Dutrieux, La question des déchets dans les cimetières. 3. Les bijoux et les prothèses, *Journ. maires, juin 2006, p. 67.* ♦ Il peut y avoir aussi violation de sépulture aggravée et atteinte à l'intégrité du cadavre. • Même arrêt (V. ss. art. L. 2223-15, note 5).

27. La circonstance que le service municipal n'ait pas donné suite immédiatement à la demande de l'intéressé d'effectuer une opération d'exhumation et de réduction de corps ne constitue pas nécessairement une faute de service pour atteinte au principe de continuité – alors que la demande ne contenait pas les précisions nécessaires. • CAA Marseille, 4 avr. 2005, *Mme X*, n° 01MA02179.

28. En prononçant la reprise de la concession litigieuse en raison d'un état d'abandon, le conseil municipal de la commune a fait usage des pouvoirs qu'il tirait des dispositions de l'art. L. 2223-17 CGCT, et le maire, en faisant pour sa part procéder à l'exhumation des personnes inhumées et à l'enlèvement des matériaux restés sur l'emplacement concédé, a procédé à une exécution d'office autorisée par l'art. R. 2223-20, de sorte que les autorités communales n'ont commis aucune voie de fait, ce qui implique que la juridiction administrative est seule compétente pour connaître des conclusions du requérant tendant à ce que des injonctions soient prononcées contre la commune. • T. confl., 9 déc. 2019, n° C4170 : *AJCT 2020. 308, note Hédin.* ♦ Toutefois, dans la mesure où le requérant tirait de la concession funéraire un droit réel immobilier qui s'est trouvé éteint par la reprise de la concession, suivie de la destruction de la sépulture, la juridiction judiciaire est seule compétente pour connaître de sa demande tendant à la condamnation de la commune à réparer les conséquences de cette dépossession. • Même arrêt.

Art. L. 2223-18 Un décret en Conseil d'État fixe :

1° Les conditions dans lesquelles sont dressés les procès-verbaux constatant l'état d'abandon ;

2° **Les modalités de la publicité qui doit être faite pour porter les procès-verbaux à la connaissance des familles et du public ;**

3° Les mesures à prendre par les communes pour conserver les noms des personnes inhumées dans la concession et la réinhumation ou la crémation des ossements qui peuvent s'y trouver encore ;

(Ord. n° 2005-855 du 28 juill. 2005, art. 1er) **« 4° Les conditions dans lesquelles les articles L. 2223-14 à L. 2223-17 sont applicables aux concessions des espaces pour le dépôt ou l'inhumation des urnes dans le cimetière. »**

V. art. R. 2223-12 s.

SOUS-SECTION 3 **Destination des cendres**

(L. n° 2008-1350 du 19 déc. 2008)

Art. L. 2223-18-1 **Après la crémation, les cendres sont pulvérisées et recueillies dans une urne cinéraire munie extérieurement d'une plaque portant l'identité du défunt et le nom du crématorium.**

Dans l'attente d'une décision relative à la destination des cendres, l'urne cinéraire est conservée au crématorium pendant une période qui ne peut excéder un an. À la demande de la personne ayant qualité pour pourvoir aux funérailles, l'urne peut être conservée, dans les mêmes conditions, dans un lieu de culte, avec l'accord de l'association chargée de l'exercice du culte.

Au terme de ce délai et en l'absence de décision de la personne ayant qualité pour pourvoir aux funérailles, les cendres sont dispersées dans l'espace aménagé à cet effet du cimetière de la commune du lieu du décès ou dans l'espace le plus proche aménagé à cet effet visé à l'article L. 2223-18-2.

BIBL. ▶ AUBIN et SAVARIT-BOURGEOIS, Du statut juridique des cendres à la nouvelle gestion communale en matière funéraire, *AJDA 2009. 531*. – DUPUIS, Columbariums et sites cinéraires : l'imbroglio, *Gaz. cnes 29 oct. 2012. 54*. – LE GUAY, La mort en cendres, *éd. du Cerf, 2012*. – LEVRAY, Funéraire – Ce que contient le cadre juridique de la crémation, *Gaz. cnes 22 nov. 2021. 59*. – MICHAUD-NÉRARD, Une révolution rituelle : accompagner la crémation, *Éd. de l'Atelier, 2012*. – MISTRETA, Cadavre : un statut en cendres, *in* La mort et le droit, PY (dir.), *PU Nancy 2010, p. 239*. – PERI, Le statut des cendres funéraires : un vide juridique comblé ?, *LPA 31 août 2007, p. 3*. – PY et MAYER (dir.), La crémation et le droit en Europe, *2e éd. PU Nancy 2011*.

Art. L. 2223-18-1-1 *(L. n° 2022-217 du 21 févr. 2022, art. 237)* **I. — Sans considération de leur origine, les métaux issus de la crémation ne sont pas assimilés aux cendres du défunt. Ces métaux font l'objet d'une récupération par le gestionnaire du crématorium pour cession, à titre gratuit ou onéreux, en vue du traitement approprié pour chacun d'eux.**

II. — Le produit éventuel de la cession prévue au I est inscrit en recette de fonctionnement au sein du budget du crématorium où les métaux ont été recueillis. Ce produit éventuel ne peut être destiné qu'aux opérations suivantes :

1° Financer la prise en charge des obsèques des personnes dépourvues de ressources suffisantes, mentionnées à l'article L. 2223-27 ;

2° Faire l'objet d'un don à une association d'intérêt général ou à une fondation reconnue d'utilité publique.

III. — Les dispositions des I et II figurent sur tout document de nature contractuelle prévoyant la crémation du défunt et sont affichées dans la partie des crématoriums ouverte au public.

IV. — Un décret en Conseil d'État précise les conditions d'application du présent article.

Constitutionnalité. Les moyens tirés de ce que ces dispositions portent atteinte au principe de sauvegarde de la dignité de la personne humaine découlant du 1er al. Préamb. Const. 1946 et au droit de propriété soulèvent une question de constitutionnalité présentant un caractère sérieux. Ainsi, il y a lieu de renvoyer au Conseil constitutionnel la QPC invoquée par les requérants. • CE 11 oct. 2023, n° 472830. ♦ Les paragraphes I et III de l'art. L. 2223-18-1-1, dans sa rédaction issue de la L. n° 2022-217 du 21 févr. 2022 relative à la différenciation, la décentralisation, la déconcentration et portant diverses mesures de simplification de l'action publique locale, sont conformes à la Constitution. • Cons. const. 18 janv. 2024, n° 2023-1075 QPC : *AJDA 2024. 134 ; AJCT 2024. 314, obs. B. Hédin*.

Art. L. 2223-18-2 **À la demande de la personne ayant qualité pour pourvoir aux funérailles, les cendres sont en leur totalité :**

— soit conservées dans l'urne cinéraire, qui peut être inhumée dans une sépulture ou déposée dans une case de columbarium ou scellée sur un monument funéraire à l'intérieur d'un cimetière ou d'un site cinéraire visé à l'article L. 2223-40 ;

— soit dispersées dans un espace aménagé à cet effet d'un cimetière ou d'un site cinéraire visé à l'article L. 2223-40 ;

— soit dispersées en pleine nature, sauf sur les voies publiques.

V. Circ. du 14 déc. 2009 relative à la mise en œuvre de la L. n° 2008-1350 du 19 déc. 2008 relative à la législation funéraire ; Circ. du 2 févr. 2012 (n° 1201868C) relative à l'application du Décr. du 28 janv. 2011 concernant les opérations funéraires. — V. aussi sur l'espace de dispersion : Rép. min. n° 04950, JO Sénat Q, 13 juin 2013, p. 1806.

BIBL. ▶ Dutrieux, Les cendres, les urnes et le cimetière, *Funéraire magazine n° 200, oct. 2009, p. 66* ; La commune et la crémation, Py et Mayer (dir.), La crémation et le droit en Europe, *2e éd. PU Nancy 2011, p. 239.*

1. Une urne inhumée doit pouvoir permettre la conservation des cendres et faire l'objet d'une exhumation. Ainsi, l'inhumation d'une urne biodégradable s'apparente juridiquement à une dispersion de cendres. * Rép. min. n° 24586 : *JOAN, 22 sept. 2020, p. 6468.*

2. Un règlement de cimetière qui interdit de déposer une urne à la surface, donc de sceller les urnes sur les monuments funéraires, est illégal, car contraire aux dispositions de l'art. L. 2223-18-2. • TA Toulon, 26 juin 2024, n° 2200188.

Art. L. 2223-18-3 **En cas de dispersion des cendres en pleine nature, la personne ayant qualité pour pourvoir aux funérailles en fait la déclaration à la mairie de la commune du lieu de naissance du défunt. L'identité du défunt ainsi que la date et le lieu de dispersion de ses cendres sont inscrits sur un registre créé à cet effet.**

BIBL. ▶ Dutrieux, Le décret relatif aux opérations funéraires : une simplification enfin adoptée, *JCP Adm. 2011. Actu. 77.*

Art. L. 2223-18-4 **Le fait de créer, de posséder, d'utiliser ou de gérer, à titre onéreux ou gratuit, tout lieu collectif, en dehors d'un cimetière public ou d'un lieu de dépôt ou de sépulture autorisé, destiné au dépôt temporaire ou définitif des urnes ou à la dispersion des cendres, en violation du présent code est puni d'une amende de 15 000 € par infraction. Ces dispositions ne sont pas applicables aux sites cinéraires créés avant le 31 juillet 2005.**

L'interdiction faite aux personnes autres que les communes et EPCI de créer et gérer des sites cinéraires est également valable pour les sites créés avant le 31 juill. 2005. En revanche, l'infraction n'est caractérisée et, par conséquent, l'amende prévue par l'art. L. 2223-18-4 CGCT applicable, que pour les sites cinéraires créés à compter de cette date. Ce dispositif a des conséquences, d'une part, quant à la gestion de ces sites, qui peut être reprise par les communes ou EPCI compétents et qui ne pourront en tout état cause plus être exploités économiquement et, d'autre part, sur le régime applicable aux sépultures. S'agissant de ce dernier point, il convient de considérer que, tant que sa gestion n'a pas été reprise par une personne publique, le site devra être géré selon les dispositions de l'art. R. 2213-32 CGCT relatif aux sépultures en terrain privé autorisées par le préfet. * Rép. min. n° 12864 : *JO Sénat, 23 sept. 2021, p. 5468.*

SECTION 2 Opérations funéraires

BIBL. ▶ Cour des comptes, Rapport public annuel 2019, févr. 2019, *La gestion des opérations funéraires : une réforme à poursuivre, p. 195 à 243.*

SOUS-SECTION 1 Service des pompes funèbres

BIBL. GÉN. ▶ **1° Avant la loi n° 93-23 du 8 janvier 1993 relative à la législation dans le domaine funéraire.** ▶ **Ouvrages :** Aubert, Pour une actualisation de la législation funéraire, *Doc. fr. 1981.* – J.-F. Auby et Rials, Votre commune et la mort, *Éd. Le Moniteur, 1983.*

▶ **Articles :** J.-F. Auby, Les conditions d'exercice du monopole communal des pompes funèbres, *RFDA 1989. 921.* – Bouzely, L'évolution du secteur des pompes funèbres, *Rev. adm. 1986. 599.* – Féral, 1904-1994, 90 ans d'évolution du service public local des pompes funèbres, *ACL 1994. 63.* – Hardy, L'avenir du monopole communal des pompes funèbres, *Rev. adm. 1991. 97.* – Rainaud, Service public et pompes funèbres, *RD publ. 1992. 313.* – Rials, La difficile réforme du service extérieur des pompes funèbres, *Rev. adm. 1980. 348.*

▸ **Dossier :** Les pompes funèbres et le funéraire sur le plan européen, national et communal, *Journ. des communes 1990. 39.*

▸ **Sur la situation du service des pompes funèbres au regard du Traité de Rome :** Pellas, Pompes funèbres et Traité de Rome, *AJDA 1986. 141.*

▸ **2° Depuis la loi n° 93-23 du 8 janvier 1993 :** Albert, Droit funéraire : une concurrence encore limitée, *Gaz. cnes 14 mars 2005, p. 50 ; ibid, 21 mars 2005, p. 56 s.* – Aubin et Savarit-Bourgeois, Cimetières, sites cinéraires et opérations funéraires, *Berger-Levrault, 10e éd., 2023.* – J.-F. Auby et Ekam, Le statut des pompes funèbres. Commentaire de la loi n° 93-23 du 8 janvier 1993, *LPA 20 sept. 1932.* – Bénarab, Réflexions à propos de la conformité de la loi n° 93-23 du 8 janvier 1993 modifiant la législation funéraire aux dispositions du Traité de Rome, *LPA 20 sept. 1993.* – Blanquefort et Terrien, Les collectivités territoriales et les opérations funéraires, *RLCT nov. 2007, p. 55.* – Boudet, Faut-il « remunicipaliser » le service extérieur des pompes funèbres ?, *AJCT 2017. 367*. – Bouriot, Analyse du décret du 28 janvier 2011 relatif aux opérations funéraires, *Résonance févr. 2011, p. 16.* – Carle, La gestion d'une chambre funéraire sur une parcelle communale, *La Gazette, 1er juill. 2024, p. 60.* – Daval, Commentaire de la loi n° 93-23 du 8 janvier 1993 portant l'abandon du monopole communal du service extérieur des pompes funèbres, *AJDA 1993. 121*. – Dutrieux, Le décret relatif aux opérations funéraires : une simplification enfin adoptée, *JCP Adm. 2011. Actu. 77* ; Les vingt ans de la loi Sueur : bilan critique, *Gaz. cnes 7 janv. 2013. 52.* – Ferradou et Carle, Code pratique des opérations funéraires, *Éd. Le Moniteur, 2017.* – Jouanneau, L'intercommunalité funéraire, réponse à la concurrence privée, *Gaz. cnes 30 oct. 2000. 30.* – Sébastien, La fin du monopole communal des pompes funèbres : vers un droit funéraire ?, *JCP 1993. I. 3701.* – Sueur, Statut des cendres, pourquoi il faut légiférer, *Dossier La crémation, n° spéc. de l'Officiel du Funéraire, mars 2004, p. 4.* – Viel, L'ouverture du marché des pompes funèbres et les principes généraux du droit communautaire, *Cahiers du CNFPT, n° 46, p. 91 s.*

▸ **3° Sur la question de la TVA :** Blairon, La circulation des personnes décédées dans l'Union européenne, *in* La mort & le droit, Py (dir.), PU Nancy 2010, p. 31. – de Fréminet, La TVA entre la vie et la mort, *Les nouvelles fiscales 2010, n° 1037, p. 20.* – CJUE 6 mai 2010, n° C-94/09, *Commission c/ France.*

Sur les pouvoirs limités du juge administratif lorsqu'il est saisi d'une question préjudicielle par le juge judiciaire, V. • CE 14 janv. 1998, *Sté Million et Marais*, n° 169908 • CE 20 sept. 1999, *Mlle Rosato et Sté des Pompes funèbres libres*, n° 199081.

Art. L. 2223-19 **Le service extérieur des pompes funèbres est une mission de service public comprenant :**

1° Le transport des corps avant et après mise en bière ;

2° L'organisation des obsèques ;

3° Les soins de conservation *(L. n° 2016-41 du 26 janv. 2016, art. 214)* **« définis à l'article L. 2223-19-1 » ;**

4° La fourniture des housses, des cercueils et de leurs accessoires intérieurs et extérieurs ainsi que des urnes cinéraires ;

5° Abrogé par Ord. n° 2005-855 du 28 juill. 2005, art. 1er.

6° La gestion et l'utilisation des chambres funéraires ;

7° La fourniture des corbillards et des voitures de deuil ;

8° La fourniture de personnel et des objets et prestations nécessaires aux obsèques, inhumations, exhumations et crémations, à l'exception des plaques funéraires, emblèmes religieux, fleurs, travaux divers d'imprimerie et de la marbrerie funéraire.

Cette mission peut être assurée par les communes, directement ou par voie de gestion déléguée. Les communes ou leurs délégataires ne bénéficient d'aucun droit d'exclusivité pour l'exercice de cette mission. Elle peut être également assurée par toute autre entreprise ou association bénéficiaire de l'habilitation prévue à l'article L. 2223-23.

V. art. R. 2213-2 s.

Plan des annotations

I. NATURE JURIDIQUE DU SERVICE EXTÉRIEUR DES POMPES FUNÈBRES

1. Le service extérieur des pompes funèbres a pu être considéré comme présentant un caractère administratif compte tenu de son objet, de son mode de fonctionnement et des modalités de son financement. • T. confl. 20 janv. 1986, *Ville de Paris c/ SA Roblot et Bouissoux : Lebon 298 ; AJDA 1986. 267, obs. Richer ; LPA 13 déc. 1986, étude Pellas ;* V. aussi, Didier, La nature juridique du service des pompes funèbres, *LPA 8 mars 1989.* ♦ Toutefois, plus récemment, dans un contentieux opposant, devant le juge judiciaire, un agent municipal à la commune qui l'employait, le T. confl. a jugé que compte tenu de son objet, de l'origine de ses ressources, constituées principalement du prix acquitté par les usagers en paiement des prestations, et de ses modalités de fonctionnement, marquées par la pluralité des intervenants publics ou privés, le service extérieur des pompes funèbres assuré par la régie des pompes funèbres de la commune de Toulouse présente le caractère d'un service public industriel et commercial. Il en va de même pour la gestion, par la régie des pompes funèbres, du crématorium de Cornebarrieu où était affecté M. A., sans qu'y fasse obstacle la circonstance que l'art. L. 2223-40 réserve aux communes la compétence pour créer et gérer les crématoriums. • T. confl. 8 juill. 2024, n° C4314 : *AJCT 2025. 113, obs. Rouault* .

II. RÉGIME JURIDIQUE DU SERVICE EXTÉRIEUR DES POMPES FUNÈBRES

A. PRESTATIONS

2. L'énumération de l'art. L. 2223-19 ne devrait pas être considérée comme limitative, le nouvel art. L. 2223-19 n'ayant pas repris l'adverbe « exclusivement ». ♦ Comp. • CE 9 oct. 1985, *SA Les Pompes funèbres réunies,* n°s 49721 et 49814 : *Lebon 275 ; AJDA 1986. 49, obs. Richer ; D. 1986. IR 142, obs. Llorens.*

3. Le monopole communal antérieur à 1993 n'englobait, en matière de transport des corps, que le transport après mise en bière (sur les avatars des textes qui se sont succédé, V. Moderne, *op. cit. ; Quot. jur. 8 déc. 1988, p. 4 s.*

4. Les activités de thanatopraxie (conservation et soins des corps) étaient déjà considérées comme accessoires au service extérieur des pompes funèbres. • CE 10 févr. 1988, *Mezy,* n° 67219 : *Lebon 52 ; D. 1988. Somm. 263, obs. Llorens.*

5. La vente de fournitures funéraires (en dehors des tentures extérieures des maisons mortuaires) a toujours été laissée au libre choix des familles. • CE 4 juin 1954, *Dame Berthod : Lebon 335.*

6. Les prestations accomplies par un service municipal des pompes funèbres sur le territoire d'autres communes peuvent être regardées comme accessoires si elles ne comportent que quelques transports de corps sans pompes ni convois et la fourniture de quelques objets nécessaires à l'inhumation. • CE 12 févr. 1981, *Sté des pompes funèbres générales c/ Ville de Bordeaux : Lebon 161.*

7. Les opérations de creusement et de comblement des fosses font partie du service extérieur des pompes funèbres. • CE, avis, 6 juill. 1989, n° 89-206 : *cité par Circ. n° 95-51 du 14 févr. 1995, Mon. TP, 30 juin 1995, Suppl. Textes, p. 298* • CAA Marseille, 4 avr. 2005, *Mme X,* n° 01MA02179. ♦ ... L'entreprise ayant l'obligation de creuser une fosse séparée pour chaque inhumation. • Même arrêt. ♦ V. art. R. 2223-3 CGCT. – V. Dutrieux, Le fossoyage dans les cimetières (parties 1 et 2), *Journ. maires nov. 2006, p. 93, et mars 2007, p. 55.* ♦ V. sur la revalorisation de l'indemnité d'inhumation des fossoyeurs municipaux, * Rép. min. n° 88952, *JOAN Q 13 déc. 2011, p. 13047.*

8. Selon un arrêt du Conseil d'État, en l'absence du décret d'application prévu par l'art. L. 362-2-1 C. communes (CGCT, art. L. 2223-23), les nouvelles dispositions de l'art. L. 362-1 C. communes (CGCT, art. L. 2223-19) n'étaient pas encore entrées en vigueur le 10 oct. 1993. • CE 29 juill. 1994, *Rudeau,* n° 155175 B.

9. La loi du 8 janv. 1993 modifiant le titre VI du livre III du C. communes [V. CGCT, art. L. 2223-1 s.] ne présente pas un caractère rétroactif. • CE 30 juill. 1997, *Lamotte,* n° 173138. ♦ Un contrat de partenariat passé avec l'ancien concessionnaire mais lui confiant des prestations limitativement énumérées (obsèques d'indigents, de certains agents décédés en service commandé, situations de catastrophe) ne peut être regardé comme portant délégation de service public au sens de la loi du 8 janv. 1993. • CAA Nancy, 23 mars 2000, *SA Ceotto,* n° 96NC00556.

10. Les conditions auxquelles est subordonnée l'autorisation de transport avant mise en bière du corps d'une personne décédée sont limitativement énumérées par l'art. R. 363-5 C. communes [V. CGCT, art. R. 2213-8.] • CE 29 oct. 1997, *Cne d'Aubenas,* n° 164707.

11. Le maire est seul compétent pour accorder l'autorisation requise par l'art. R. 363-4 C. communes [V. CGCT, art. R. 2213-7], et pour pourvoir d'urgence à ce que toute personne décédée soit ensevelie et inhumée décemment ; le conseil municipal n'est pas habilité à réglementer l'exercice de ces compétences. • CE 29 oct. 1997, *Cne d'Aubenas,* n° 164707 : *préc. note 10.* ♦ Mais l'illégalité de la délibération peut être neutralisée par la signature ès qualités du maire compétent. • Même arrêt. ♦ Le maire ne peut décider par voie de mesure générale qu'il sera procédé en toute circonstance par voie de réquisition d'office d'une entreprise pour l'inhumation des indigents. • Même arrêt.

12. Les chambres funéraires ne figuraient pas au nombre des éléments du service extérieur des pompes funèbres énumérés par l'ancien art. L. 362-1 C. communes [V. cet art. au **C. adm.**, éd. 1992 et antérieures], et n'entraient donc pas dans les prévisions de l'art. 28 de la L. n° 93-23 du 8 janv. 1993, relatif au maintien, au profit des régies communales, du droit exclusif d'exploitation du service extérieur des pompes funèbres. • CE 4 mai 1998, *Ville de Marseille*, n° 171517 • CE, sect. avis, 24 mars 1995, n° 357297 : *EDCE 1995, n° 47, p. 470.* ♦ L'autorité compétente pour accorder l'autorisation de créer une chambre funéraire n'est pas liée par les avis qu'elle est tenue de solliciter. • CAA Marseille, 15 janv. 2005, *X.*, n° 01MA01894. ♦ Et elle peut légalement se fonder sur un motif tiré de la sécurité de la circulation sur les voies publiques. • Même arrêt. ♦ L'autorisation pouvant être refusée en cas d'atteinte à l'ordre public, le préfet commet une erreur manifeste d'appréciation en autorisant une chambre funéraire, alors que la construction de la chambre envisagée en limite séparative de propriétés est, compte tenu de son implantation en fond d'impasse et à proximité immédiate d'un immeuble d'habitation, de nature à leur créer une gêne excédant les inconvénients normaux de voisinage. • CAA Douai, 23 déc. 2011, *M. et Mme Romaric A.*, n° 1DA00629. ♦ Dans un avis du 2 déc. 1997, n° 97-A-26, le Conseil de la concurrence avait indiqué que les activités de gestion d'une chambre funéraire et les activités de gestion commerciale du service extérieur des pompes funèbres devaient être exercées dans des locaux séparés. La Cour de cassation estime que la demande tend à la globalisation des fournitures à laquelle répond une globalisation de l'offre. • Cass. 9 mai 2001, *Sté Groupement d'entreprises de services (GES)*, n° 98-22.150 : *BOCCRF, 23 juin 2001, p. 527.* ♦ Sur des pratiques contestables dans la gestion d'une chambre funéraire, V. • Cons. const. 10 mars 1998, n° 98-D-20 : *BOCCRF, 15 mai 1998, p. 223.* ♦ Sur la neutralité de la chambre funéraire, V. • Lyon, 15 mai 2003 : *JCP Adm. 2003. 1876, note Dutrieux* • Lyon, 10e ch., 30 oct. 2007, *Sté Pompes funèbres Argaud Paul*, n° 06/03430. ♦ Comme le précise l'art. L. 2223-19, la chambre funéraire dépend bien du service extérieur des pompes funèbres, tandis que la chambre mortuaire, lorsqu'elle existe, dépend du service public hospitalier. • CE, avis, 24 mars 1995, n° 357297. ♦ Le transfert à un EPCI de la compétence service extérieur des pompes funèbres n'implique pas que lui soient transférés la charge financière de l'inhumation des personnes dépourvues de ressources suffisantes et le paiement des frais de conservation du corps par un établissement hospitalier au-delà des délais légaux, dans la mesure où ces éléments relèvent de la police spéciale des funérailles et lieux de sépulture exclusivement confiée au maire. • TA Toulouse, 14 déc. 2022, n° 1903174.

13. Dans le cadre d'une exhumation à la demande des familles, il incombe à l'opérateur funéraire, dans le cadre de l'art. L. 2223-19 CGCT, de procéder lui-même à l'enlèvement et à la destruction des débris du cercueil. * Rép. min. n° 18658 : *JO Sénat Q, 4 nov. 1999, p. 3642.* Dans le cadre d'une exhumation administrative, l'ossuaire prévu à l'art. L. 2223-4 CGCT a vocation à recevoir les restes des corps exhumés, à moins qu'ils ne fassent l'objet d'une crémation. Il appartient alors à la commune d'assurer l'élimination des débris de cercueil et autres matériaux qui n'ont pas vocation à être déposés dans l'ossuaire, soit dans le cadre d'un marché public, soit par son propre personnel. * Même Rép. min. ♦ Les débris de corps humain constituant une dépouille mortelle sont dignes de respect, quand bien même ils proviendraient d'une sépulture abandonnée, et méritent protection. • TGI Lille, 5 déc. 1996 : *D. 1997, p. 376, note Labbée*. ♦ Il conviendra, le cas échéant, de les placer dans une boîte à ossements. • Même jugement.

14. Les dispositions du code des communes habilitant le ministre de la Santé publique à dresser la liste des maladies contagieuses ou susceptibles de se propager par le contact direct avec certains éléments pathogènes de l'organisme du malade décédé ne lui donnent pas qualité pour interdire de manière absolue la possibilité pour les maires de pratiquer des soins de conservation sur le corps des défunts atteints de ces maladies, ni imposer la mise en bière immédiate de ces personnes décédées. • CE 29 nov. 1999, *Féd. fr. des pompes funèbres*, n° 200777. ♦ L'expression « maladies contagieuses » a été remplacée par celle d'« infections transmissibles » : V. Dutrieux, *JCP Adm. 2011. Actu. 77.*

B. GESTION

15. BIBL. Comm. clauses abusives, recommandation n° 10-02, 15 avr. 2010, *BOCCRF 25 juin 2010, JCP E 2010. Actu. 413.*

16. Le service extérieur des pompes funèbres a conservé le caractère de service public communal après la loi du 8 janv. 1993. • CE, sect. intérieur avis, 19 déc. 1995, n° 358102 : *Rapport public 1995, n° 47, p. 427.* ♦ La commune est donc en droit de le gérer en régie. • Même avis. ♦ Le budget des régies communales de pompes funèbres doit respecter le principe de l'équilibre budgétaire. * Rép. min. : *JOAN Q, 15 mars 1999, p. 1601*, par référence à l'art. L. 2224-1 CGCT.

17. La commune gestionnaire en régie du service extérieur des pompes funèbres peut intervenir sur le territoire d'une autre commune en cas de convention intercommunale ou de création d'un établissement public de coopération intercommunale comportant mise à disposition réciproque des services et des moyens. • CE, sect. intérieur avis, 19 déc. 1995, n° 358102 : *préc. note 16.* ♦ ... Ou lorsque la commune du décès, de la mise en bière, de l'inhumation ou de la crémation est distincte de celle du domicile du défunt. • Même avis.

18. Une société d'économie mixte locale peut être créée pour assurer le service des pompes funèbres conformément à la loi du 7 juill. 1983 sur les sociétés d'économie mixte locales (CGCT, art. L. 1521-1 s.). La compétence de la société d'économie mixte est la même que celle de la commune ou des communes concernées. • CE, sect. intérieur avis, 19 déc. 1995, n° 358102 : *préc. note 16.* ♦ Il n'est pas nécessaire qu'une commune participe au capital de la société d'économie mixte à laquelle elle délègue le service extérieur des pompes funèbres. • Même avis. ♦ Seules les communes, titulaires de la compétence, peuvent créer une société d'économie mixte à cette fin. • Même avis.

19. Les régies municipales mentionnées par la loi du 8 janv. 1993 sont dotées ou non de l'autonomie financière et de la personnalité morale ; elles comprennent également les services, quelle que soit leur dénomination, par lesquels la commune assure directement le service extérieur des pompes funèbres. • CE, sect. intérieur avis, 19 déc. 1995, n° 358102 : *préc. note 16* • CE 8 juill. 1910, *Cne de Lardy : Lebon 568.* * Rép. min. : *JOAN Q, 10 avr. 1995, p. 1947.* ♦ Sur des pratiques contestables d'une régie municipale, V. • Cons. const. 3 juill. 2003, n° 03-D-33 : *BOCCRF, 8 oct. 2003, p. 725* • 17 juin 2004, n° 04-D-21 : *BOCCRF, 8 nov. 2004, p. 668.* ♦ Sur un recours intenté par un opérateur privé, V. • CE 30 juin 2004, *Dpt de la Vendée,* n° 250124 : *Dr. adm. 2004, n° 161.*

20. Les communes peuvent à tout moment renoncer à organiser et à gérer le service extérieur des pompes funèbres. * Rép. min. : *JOAN Q, 27 juill. 1987, p. 4275.*

21. La gestion en concession (ou toute autre forme de gestion déléguée) ne peut plus s'accompagner aujourd'hui d'un privilège d'exclusivité. Comp. à propos de la situation antérieure. • CE 28 mars 1979, *Cne de Lavaur : RD publ. 1980. 1482* • CE 27 mars 1985, *Cne de Lavaur,* n° 55423. ♦ Mais si le concédant abuse de la position dominante qu'il détient, il encourt éventuellement une responsabilité d'ordre délictuel à l'égard du concessionnaire. • Com. 23 oct. 2001 : *CCC 2002, n° 9, p. 25, note Malaurie-Vignal ; RJDA 2002. 280.*

22. Sur un modèle de contrat de concession du service extérieur des pompes funèbres, V. Circ. du 18 févr. 1985 (JO 12 avr.). Sur le contenu de ce type de contrats. • CE, sect., 6 mai 1955, *Ch. syndicale des entrepreneurs concessionnaires des services des pompes funèbres : Lebon 240.* V. aujourd'hui les dispositions des art. L. 2223-20 et L. 2223-21 sur le règlement national et le règlement municipal des pompes funèbres.

23. Le choix du concessionnaire était libre. • CE 5 mars 1937, *Petot, Dor et a. : Lebon 274* • CE 3 mai 1974, *Flesch : Lebon 259* • CE 30 juill. 1997, *Lamotte,* n° 173-138. ♦ ... Et n'obéissait pas en principe aux dispositions du code des marchés publics. • Même arrêt. • CE 30 juill. 1997, *Lamotte : préc.* • CE 3 oct. 1997, *SARL Gravolux,* n° 160338 • CE, sect., 3 nov. 1997, *Sté Yonne Funéraire,* n° 148698 : *Lebon 406, concl. Stahl ; AJDA 1997. 945, chron. Girardot et Raynaud ; RFDA 1997. 1228, concl. Stahl ; CJEG 1997. 441, concl. Stahl ; RD publ. 1998. 256, note Gaudemet* • CE 4 juin 1999, *Sté Recherches et développement des services funéraires,* n° 150956 • CE 20 sept. 1999, *Mlle Rosato et Sté Pompes funèbres libres,* n° 199081. ♦ Mais les délégations de service public sont aujourd'hui soumises aux dispositions des art. 38 à 47 de la loi n° 93-122 du 29 janv. 1993, modifiée, relative à la prévention de la corruption et à la transparence de la vie économique et des procédures publiques (Circ. du 14 févr. 1995, citée ss. art. L. 2223-21) (CGCT, art. L. 1411-1 s.). ♦ ... Et l'autorité qui recourt volontairement à une procédure formalisée doit la respecter. • CE 21 sept. 1992, *Cne de Bagnols-sur-Cèze,* n° 111555 B. – V. aussi • CE 3 oct. 1997, *SARL Gravolux : préc.* (à propos d'une consultation informelle qui n'imposait pas des formalités de publicité et de mise en concurrence) • CE 4 juin 1999, *Sté Recherches et développement des services funéraires,* n° 150956 : *préc.* • CE 20 sept. 1999, *Mlle Rosato et Sté Pompes funèbres libres : préc.* ♦ ... Sauf à engager sa responsabilité. • Même arrêt. ♦ L'organisation du service extérieur des pompes funèbres n'est pas constitutive d'une activité de production, de distribution ou de services au sens de l'art. 53 de l'Ord. du 1er déc. 1986 relative à la liberté des prix et de la concurrence (V. ce texte au **C. com.**). • CE 22 janv. 1997, *Sté BC,* n° 116416 : *préc.* ♦ L'acte juridique de dévolution de l'exécution de ce service n'est donc pas en lui-même susceptible d'empêcher, de restreindre ou de fausser le jeu de la concurrence. • Même arrêt. ♦ Le maire ne peut, au nom de la commune, valablement souscrire avec un opérateur économique une convention de délégation de service public sans y avoir été préalablement autorisé par une délibération expresse du conseil municipal. • CE10 janv. 2007, *Sté Pompes funèbres et Conseillers funéraires du Roussillon et a.,* n° 284063 : *AJDA 2007. 636, note Dreyfus.* ♦ Le conseil municipal ne peut valablement déléguer au maire le pouvoir qui lui appartient exclusivement, de décider d'obliger la commune. Il doit se prononcer sur tous les éléments essentiels du contrat, notamment son objet précis, les éléments financiers exacts et l'identité de l'attributaire. Le caractère facultatif de la procédure suivie est sans incidence sur l'étendue de sa compétence, ni le fait que le choix du cocontractant ait été opéré à la suite d'une procédure d'appel d'offres. • Même arrêt (V. aussi *JCP Adm. 2007, n° 2060, note Pélissier*).

24. Dès lors que le conseil municipal a clairement exprimé sa volonté de ne pas renouveler un contrat de concession, il importerait peu que la commune n'ait pas envoyé au concessionnaire la lettre recommandée de dénonciation du contrat prévue par le cahier des charges. • CE 20 janv. 1965, *Sté Les Pompes funèbres générales : Lebon 42 ; D. 1965. 788, note Touscoz.*

25. Un tiers ne peut attaquer directement un contrat de concession par la voie du recours pour excès de pouvoir. • CE 18 mars 1988, *Pessiot,* n° 69217 • 30 juin 2004, *Dpt de la Vendée,* n° 250124 : *préc. note 19.*

26. Il appartient au juge administratif de prononcer la déchéance de la concession. • CE 22 mai 1914, *Ville de Bergerac : Lebon 623.* ♦ La demande doit lui être adressée. • CE 10 déc. 1909, *Ville de Troyes c/ Dame Gatouillat : Lebon 963* • CE 23 mars 1984, *Cne de Lavaur,* n° 43400. ♦ Le juge administratif peut être saisi, sur renvoi préjudiciel par le juge judiciaire, de la validité d'un contrat de concession. • CE 4 juin 1999, *Sté Recherches et développement des services funéraires,* n° 150956 : *préc. note 23.*

27. La résiliation non justifiée peut être annulée. • CE 13 mai 1927, *Ville de Bergerac : Lebon 539* • CE 27 mars 1985, *Cne de Lavaur,* n° 55423 • CE 6 nov. 1985, *Gianetta,* n° 56387. ♦ ... Et justifier l'octroi de dommages et intérêts : • CAA Bordeaux, 31 juill. 1992, *Cne de Saint-Laurent-de-la-Salanque,* n° 91BX00415.

28. Sur des exemples de contrôles jugés abusifs. • CE 23 déc. 1925, *Dame Baeva : Lebon 1047* • CE 6 mai 1949, *Sté des pompes funèbres générales : Lebon 200.*

29. Les exploitants d'un service de pompes funèbres ont la qualité d'entrepreneurs de services municipaux au sens de l'art. L. 231-6° C. élect. • CE 10 mars 1996, *Él. mun. de Vidauban (Var),* n° 173747. ♦ Toutefois l'entrepreneur de pompes funèbres habilité, mais non délégataire de la commune pour le service extérieur des pompes funèbres, ne tombe pas sur le coup de l'inégalité prévue à l'art. L. 231-6, 6°, C. élect. • CE 30 janv. 2002, *Él. mun. de Loures-Barousse (Hautes-Pyrénées),* n° 235593 B : *BJCL 2002. 64 ; Gaz. Pal. 2002. 2. Somm. 1874 ; JCP Adm. 2002. 1146, note Dutrieux.* ♦ V. aussi, à propos de la personne chargée par un traité de gré à gré du transport des cercueils de la maison mortuaire au cimetière communal. • CE 21 déc. 1977, *Él. municipales de Saint-Pargoire : AJDA 1978. 93, chron. Nauwelaers et Fabius.* ♦ À propos du gérant, même minoritaire, d'une entreprise de pompes funèbres. • CE 13 déc. 1989, *Él. municipales de Pouzin : AJDA 1990. 370 chron. Honorat et Baptiste.* ♦ V. aussi • TA Montpellier, 10 févr. 2004, *Mme H. c/ SARL Pompes funèbres des Hauts cantons : Coll. terr. 2004, n° 169, p. 23, obs. Dutrieux ; D. 2007. 758 s.*

30. La responsabilité d'une commune peut être engagée en cas de préjudice causé à un riverain par la création d'un funérarium dans des conditions irrégulières au regard du plan d'occupation des sols. • CAA Paris, 27 juin 1995, *Soleilhac,* n° 94PA00381.

31. Le maire ne peut au titre de l'art. L. 2122-22 CGCT relatif aux pouvoirs exercés par délégation du conseil municipal, renouveler un contrat de concession de pompes funèbres. • CE 3 oct. 1997, *Cne de Saint-Junien,* n° 164360.

32. La légalité d'un contrat de concession de pompes funèbres peut être appréciée par le juge administratif au regard des dispositions des art. 7 et 8 de l'Ord. du 1er déc. 1986 relative à la liberté des prix et de la concurrence. • CE, sect., 3 nov. 1997, *Sté Million et Marais,* n° 169907 : *Lebon 406, concl. Stahl ; CJEG 1997. 441, concl. Stahl ; RD publ. 1998. 256, note Gaudemet ; AJDA 1997. 945, chron. Girardot et Raynaud ; RFDA 1997. 1228, concl. Stahl ; RCC 1997, n° 100, p. 46, note Maigre.*

33. Si le contrat confère, en raison du droit exclusif qu'il comporte, une position dominante au profit de l'exploitant, sa durée et les modalités de sa gestion ne mettent pas nécessairement l'entreprise titulaire en situation de contrevenir aux dispositions de l'ordonnance de 1986. • CE, sect., 3 nov. 1997, *Sté Million et Marais,* n° 169907 : *préc. note 32.* ♦ ... Ni d'abuser de sa position dominante. • Même arrêt. – V. aussi • CE 30 nov. 1998, *Sté Pompes funèbres européennes du Gard,* n° 159203 • CE 20 sept. 1999, *Mlle Rosato et Sté Pompes funèbres libres,* n° 199081 : *préc. note 23.*

34. Les dispositions de l'art. 85 du Traité de Rome ne sont pas applicables à un contrat de concession passé entre une commune et une entreprise chargée de l'exécution d'un service public. ♦ Ni la durée du contrat ni le caractère exclusif des droits concédés sont de nature à faire acquérir à l'exploitant une position dominante sur le marché commun. • CE 26 juill. 1996, *SARL Pompes funèbres des Alpes-Maritimes et a.,* n° 142503. – V. aussi • CE, sect., 3 nov. 1997, *Sté Millon et Marais,* n° 169907 : *préc. note 32* • CE, sect., 3 nov. 1997, *Sté Yonne Funéraire,* n° 148698 : *préc. note 23* • CE, sect., 3 nov. 1997, *Sté Intermarbres,* n° 165260 : *Lebon 393 ; AJDA 1997. 945, chron. Girardot et Raynaud ; RFDA 1997. 1228, concl. Stahl* • CE 20 sept. 1999, *Mlle Rosato et Sté Pompes funèbres libres,* n° 199081 : *préc. note 23.* ♦ À supposer que le contrat de concession, en raison du droit exclusif qu'il comporte, contribue à assurer à l'exploitant une position dominante sur une partie substantielle du marché commun et par suite susceptible d'affecter les échanges intracommunautaires, ses clauses ne seraient incompatibles avec l'art. 86 du Traité de Rome, que si l'entreprise était amenée, par l'exercice du droit exclusif dans les conditions dans lesquelles il lui a été conféré, à exploiter sa position dominante de façon abusive. ♦ Sur l'applicabilité aux entreprises de pompes funèbres de la directive n° 93/36/CEE du Conseil du 14 juin 1993, V. • CJCE 27 févr. 2003, *Adolf Truley GmbH c/ Bestattung Wien GmbH,* n° C-373/00 : *Rec. 2003-I, p. 1931* (les activités mortuaires et des pompes funèbres correspondent à un besoin d'intérêt général, lié à l'ordre public, à l'hygiène publique et à la santé publique). ♦ L'approbation par le cahier des charges de dispositions qui sont pratiquées sur le territoire d'autres communes n'est pas de nature à fausser la concurrence au profit du concessionnaire sur une partie substantielle du marché commun. • CE, sect., 3 nov. 1997, *Sté Intermarbres,* n° 165260 : *préc.* • CE 30 nov. 1998, *Sté Pompes funèbres européennes du Gard,* n° 159203. ♦ Ne peut être regardé comme aggravant la position dominante d'une entreprise en contrat qui, précisément, réduit les missions du service des pompes funèbres confié en partenariat à ladite entreprise. • CAA Nancy, 23 mars 2000, *SA Ceotto,* n° 96NC00556. ♦ Une position dominante n'est pas en elle-même condamnable, le Conseil d'État rappelant que c'est la situation qui conduit à placer une société en situation d'abuser automatiquement de sa position dominante qui vient contredire les règles de la concurrence. • CE 17 oct. 2008, *Sté OGF,* n° 29322 : *AJDA 2009. 56, concl. Seners.*

35. Il n'appartient pas à la juridiction administrative, saisie sur renvoi préjudiciel du juge judiciaire, de trancher des questions autres que celles qui font l'objet du renvoi (par ex. si seule la validité du contrat de concession est renvoyée au juge administratif, celui-ci ne peut pas examiner la légalité de la décision approuvant le contrat et autorisant le maire à signer. • CE, sect., 3 nov. 1997, *Sté Million et Marais,* n° 169907 : *préc. note 32* • CE 14 janv. 1998, *Sté Million et Marais,* n° 169908 • CE 4 juin 1999, *Sté Recherches et développement des services funéraires,* n° 150956 : *préc. note 23* • CE 20 sept. 1999, *Mlle Rosato et Sté Pompes funèbres libres,* n° 199081 : *préc. note 23.*

36. Sur diverses affaires ayant trait à des problèmes de concurrence, V. • Cons. conc. n° 97-D-76 du 21 oct. 1997 : *BOCC 29 janv. 1998* • Cons. conc. n° 97-D-84 du 25 nov. 1997 : *BOCC 17 févr. 1998* • Cons. conc. n° 97-D-92 du 16 déc. 1997 : *BOCC 28 févr. 1998.*

37. La transmission au procureur de la République de documents relatifs à des pratiques regardées comme violant les droits d'exclusivité ne peut être détachée de la procédure engagée devant le juge judiciaire ; le juge administratif est incompétent pour en connaître. • CE 3 avr. 1998, *Morales et SARL MC,* n° 163132. ♦ Les conclusions dirigées contre les demandes de paiement d'une régie municipale des pompes funèbres ne sont pas recevables, les factures résultant d'acceptation de devis ne constituant pas des décisions administratives faisant grief. • Même arrêt.

38. Sous réserve de l'accord de l'autorité concédante, le concessionnaire du service extérieur des pompes funèbres peut céder à une entreprise tierce l'exécution de tout ou partie de ce service. • CE 4 juin 1999, *SARL Maison Dulac : Coll. terr. 1999, n° 15.*

39. Sur la crémation et le statut des cendres, Peri, *LPA 31 août 2007* ; Dutrieux, Les cendres, les urnes et le cimetière, *Funéraire magazine, n° 200, oct. 2009, p. 66* ; La commune et la crémation, *Éd. La lettre du cadre territorial 2011, 6e éd.* ♦ Sur l'assimilation des droits du titulaire d'une case du columbarium à ceux du titulaire d'une concession funéraire dans le cimetière communal. • TA Lille, 30 mars 1999 : *LPA 2 juin 1999, note Dutrieux.* ♦ Interdiction de sites cinéraires privés. • TGI Lille, 25 janv. 2001 : *D. 2001. 2545, note Labbée* • Aix-en-Provence, 15 janv. 2002 : *Coll. terr. 2002, comm. n° 140, obs. Dutrieux.* ♦ Une commune peut déléguer la gestion d'un site cinéraire accessoire à un crématorium en même temps et selon la même procédure que la gestion de ce dernier. • TA Paris, 25 juin 2002, *Préfet de la Région Île-de-France, Préfet de Paris : AJDA 2003. 179, note Dutrieux.* ♦ Sur une erreur commise quant à l'identité du défunt transporté au crématorium, (en l'occurrence, absence de responsabilité de l'établissement hospitalier assigné en réparation, et absence d'obligation pour lui de vérifier l'identité des défunts avant la fermeture du cercueil). • TA Marseille, 21 sept. 2004, *Carletti et a. : Coll. terr. n° 1133, note Dutrieux.*

40. Un contrat par lequel l'ancien concessionnaire est autorisé à assurer en partenariat avec la commune des missions limitativement énumérées concernant les obsèques des indigents, de certains agents communaux décédés en service commandé suite à des catastrophes, ne peut être regardé comme une délégation du service public des pompes funèbres au sens de la loi du 8 janv. 1993. • CAA Nancy, 23 mars 2000, *SA Ceotto,* n° 96NC00556.

41. L'exécution de tout ou partie du service concédé ne peut être cédée par le concessionnaire à une entreprise tierce sans l'accord de l'autorité concédante. • CE 4 juin 1999, *SARL Maison Dulac,* n° 160390. ♦ Mais les dispositions de l'anc. art. L. 362-4-1 C. communes ne font pas obstacle à une cession de tout ou partie du service, sous réserve de l'accord du concédant. • Même arrêt. ♦ L'absence de stipulation contractuelle à cet égard ne permet pas au concessionnaire de se dispenser de cette obligation. • Même arrêt.

42. Le cogérant de la société assurant le service extérieur des pompes funèbres ainsi que la gestion, le contrôle et le financement d'une chambre funéraire a la qualité d'entrepreneur municipal, dès lors qu'il n'est allégué ni que les contrats ayant concédé le service à l'entreprise qui porte le nom de l'intéressé, conclus entre ce dernier et la commune, aient été résiliés ni qu'ils soient parvenus à leur terme avant l'élection. • CE 15 avr. 1996, *Hautevent, élections municipales de Saint-Paul (Oise),* n° 172422. ♦ La circonstance que ces conventions devraient être regardées comme entachées de nullité en raison des vices affectant tant la compétence du maire de la commune que leur contenu même ne retire pas à l'intéressé sa qualité d'entrepreneur de services municipaux – pas davantage la circonstance que l'intéressé aurait modifié après coup les conditions d'exploitation de l'entreprise. • Même arrêt.

43. Un concubin peut faire prévaloir la dispersion des cendres en se réclamant des dernières volontés du défunt quand bien même les enfants auraient préféré une inhumation. • Paris, 9 sept. 2003 : *Journ. maires, sept. 2004, p. 89, note Dutrieux.* ♦ V. également sur la détermination de la volonté du défunt : • Colmar, 3e ch. A, 8 févr. 2010, n° 10/00797.

Art. L. 2223-19-1 *(L. n° 2016-41 du 26 janv. 2016, art. 214)* **Les soins de conservation mentionnés au 3° de l'article L. 2223-19, ou soins de thanatopraxie, ont pour finalité de retarder la thanatomorphose et la dégradation du corps, par drainage des liquides et des gaz qu'il contient et par injection d'un produit biocide.**

Les dispositions du dernier al. de l'art. 1er du Décr. n° 2020-384 du 1er avr. 2020, qui prévoient une interdiction des soins de conservation du corps et de toilette mortuaire pendant l'état d'urgence sanitaire, portent, en raison de leur caractère général et absolu, une atteinte manifestement disproportionnée au droit à une vie privée et familiale normale et doivent par conséquent être annulées. • CE 22 déc. 2020, n° 439804 B : *AJDA 2021. 6*. ♦ Toutefois, moins d'un mois après cet arrêt, le Décr. n° 2021-51 du 21 janv. 2021 a interdit les soins de conservation définis à l'art. L. 2223-19-1 sur les corps des défunts atteints ou probablement atteints de la covid-19, dont le décès est survenu moins de dix jours après la date des premiers signes cliniques ou la date de test ou examen positif (V. Décr. n° 2021-51 du 21 janv. 2021 modifiant les Décr. n° 2020-1262 du 16 oct. 2020 et n° 2020-1310 du 29 oct. 2020 prescrivant les mesures générales nécessaires pour faire face à l'épidémie de covid-19 dans le cadre de l'état d'urgence sanitaire, art. 1er).

Art. L. 2223-20 **Le règlement national des pompes funèbres est établi par décret en Conseil d'État après avis du Conseil national des opérations funéraires. Il définit les modalités d'information des familles et les obligations des régies et des entreprises ou associations habilitées à fournir les prestations énumérées à l'article L. 2223-19.**

Ce règlement détermine :

1° Les conditions dans lesquelles est assurée l'information des familles, en particulier les mentions que doivent comporter les devis fournis par les prestataires faisant apparaître de façon distincte les prestations obligatoires, et plus généralement les modalités d'application des textes réglementaires pris sur la base de l'article L. 113-3 du code de la consommation ;

2° Les conditions d'application des dispositions du code des assurances aux formules de financement en prévision d'obsèques qui peuvent être proposées ;

3° Les obligations des régies et des entreprises ou associations habilitées en matière de formation professionnelle de leurs dirigeants et de leurs agents ;

4° Les obligations particulières relatives à la gestion et à l'utilisation des chambres funéraires ou mortuaires et des crématoriums ;

(L. n° 2016-41 du 26 janv. 2016, art. 214) **« 5° Les conditions d'intervention des personnes susceptibles de réaliser les soins de conservation mentionnés au 3° de l'article L. 2223-19. »**

Les mots « après avis du Conseil national des opérations funéraires » figurant au 1er al. du présent art. ont un caractère réglementaire (Cons. const. 21 juill. 2015, n° 2015-256 L, art. 2).

Sur le Conseil national des opérations funéraires, V. art. L. 1241-1 et D. 1241-1 s.

1. Sur la validité du décret créant le Conseil national des opérations funéraires. • CE 29 juill. 1994, *Féd. fr. des pompes funèbres,* n° 152097.

2. L'arrêté du 19 janv. 1994 relatif à l'information sur le prix des prestations funéraires a été pris sur le fondement de l'art. L. 113-3 C. consom.

3. Sur la validité de la Circ. n° 95-265 du 27 oct. 1995 [en note *supra*] en ce qui concerne les formules de financement en prévisions d'obsèques, V. • CE 4 avr. 1997, *Féd. fr. des pompes funèbres,* n° 176538.

4. Sur les difficultés rencontrées pour l'application de l'art. L. 2223-20 en matière de passation de contrats en prévision d'obsèques, V. * Rép. min. : *JO Sénat Q, 26 août 2004, p. 1961.*

5. Sur les réformes introduites en matière de contrats-obsèques, V. art. L. 2223-34-1 et L. 2223-35-1 CGCT modifiés par L. n° 2004-1343 du 9 déc. 2004 portant simplification du droit. • Civ. 3e, 17 mars 2010, n° 80-20.426 : *LPA 23 juin 2010, note Dutrieux.*

Art. L. 2223-21 **Dans le respect du règlement national des pompes funèbres, le conseil municipal peut arrêter un règlement municipal des pompes funèbres que doi-**

vent respecter les régies et les entreprises ou associations habilitées. – *[C. communes, art. L. 362-1-2.]*

Art. L. 2223-21-1 *(L. n° 2008-1350 du 19 déc. 2008)* **Les devis fournis par les régies et les entreprises ou associations habilitées doivent être conformes à des modèles de devis établis par arrêté du ministre chargé des collectivités territoriales.**

(L. n° 2015-177 du 16 févr. 2015, art. 15) **« Les régies, entreprises et associations habilitées déposent ces devis,** *(L. n° 2022-217 du 21 févr. 2022, art. 237)* **« actualisés tous les trois ans, » dans chaque département où elles ont leur siège social ou un établissement secondaire, auprès des communes où ceux-ci sont situés, ainsi qu'auprès de celles de plus de 5 000 habitants.**

« Elles peuvent également déposer ces devis auprès de toute autre commune. »

(L. n° 2022-217 du 21 févr. 2022, art. 237) **« Ces devis sont publiés sur le site internet des communes de plus de 5 000 habitants. Dans les autres communes, ils peuvent » être consultés selon des modalités définies, dans chaque commune, par le maire.**

BIBL. ▶ DUTRIEUX, Le modèle de devis applicable aux prestations funéraires, commentaire de l'arrêté du 23 août 2010, *JCP Adm. 2010. Actu. 647.*

L'art. L. 2223-21-1 fait état d'une triple obligation : il impose aux opérateurs funéraires de respecter le modèle de devis fixé par arrêté ministériel, il impose à ces mêmes opérateurs de déposer les devis ainsi élaborés auprès des communes où ils sont situés, ainsi que de celles de plus de 5 000 hab., et, enfin, il impose aux communes de mettre les devis réglementaires transmis à disposition des administrés, selon des modalités définies par chaque maire. * Rép. min. n° 06428 : *JO Sénat Q, 29 août 2019, p. 4401.* ♦ La finalité de ces dispositions est de garantir au consommateur toute la clarté nécessaire dans les prestations proposées. * Même Rép. min. ♦ Le Gouvernement est attentif à la mise à disposition effective des devis par les communes, au sujet de laquelle la Cour des comptes a souligné des manquements dans son rapport public de 2019. * Même Rép. min. ♦ Le ministère de l'Économie et des Finances a décidé d'initier une réflexion sur le format et le contenu du modèle de devis, afin d'assurer une meilleure lisibilité de ce document, ainsi qu'une véritable comparabilité des opérateurs à l'attention des familles. * Même Rép. min. ♦ Le manquement, par les opérateurs funéraires, à leur obligation de déposer les devis est un motif de sanction administrative, entrant dans le champ de l'art. L. 2223-25, 1°. À ce titre, le préfet du département où les faits ont été constatés peut prononcer la suspension de l'habilitation pour une durée maximale d'un an, ou son retrait. * Rép. min. : *JO Sénat, 9 juil. 2020, p. 3168.*

Art. L. 2223-22 *Abrogé par L. n° 2020-1721 du 29 déc. 2020, art. 121.*

BIBL. ▶ DUPUIS, Attention aux taxes illégalement perçues !, *Gaz. cnes 23 juill. 2012. 46.* – Convois funéraires : une taxe aux contours incertains, *Cah. jur. févr. 2000, p. 20.*

1. Les communes ne peuvent instituer un droit d'entrée dans le cimetière communal pour les personnes décédées hors du territoire de la commune et n'y ayant ni domicile ni droit à une sépulture de famille. • CE 10 déc. 1969, *Cne de Nerville-la-Forêt : Lebon 564 ; JCP 1970. II. 16280.* ♦ La même solution a été retenue pour le tarif des crémations qui ne peut être moindre pour les habitants de la commune. • CAA Bordeaux, 19 juill. 2011, *Sté des crématoriums de France,* n° 10BX01939.

2. Sont illégales les délibérations des conseils municipaux instituant une taxe supplémentaire à ajouter au prix de la classe, chaque fois que la pompe des cérémonies funèbres ne correspondrait pas à la classe commandée par le service extérieur. • CE 13 mai 1921, *Sté des Pompes funèbres générales : Lebon 482.*

3. Les délibérations décidant la gratuité totale du service seraient entachées de nullité. • CE 8 nov. 1929, *Puynaire : Lebon 970.*

4. Dans le cadre du monopole (avant 1993), une taxe supplémentaire pouvait être votée au profit du concessionnaire lorsque la famille s'adressait à une autre entreprise pour la fourniture du cercueil. • CE 24 nov. 1911, *Séraphini : Lebon 1093.*

5. Les « taxes » de l'art. L. 2223-22 ont été parfois qualifiées de redevances pour services rendus. • CE 31 mai 1989, *Ville de Paris,* n° 71794 : *Lebon 136* (*Contra* : Circ. n° 95-51, 14 févr. 1995, préc. ss. art. 2223-21 : les taxes « sont de nature fiscale »). ♦ La Cour de cassation s'est prononcée dans le même sens. • Civ. 1re, 12 juill. 1994, n° 92-18.940 P. ♦ Le fait que le service soit gratuit pour les personnes dépourvues de ressources suffisantes ne saurait modifier ce caractère. • Même arrêt. ♦ La fixation de plusieurs tarifs a pour objet d'adapter le coût du service aux prestations en nature de qualité variable qui peuvent être demandées par les familles. • Même arrêt. ♦ Mais le législateur y a vu en définitive des taxes fiscales dont le produit est rangé dans les recettes fiscales de la section de fonctionnement (art. L. 2331-3 CGCT, *JO 3 juill. 1998*).

6. Les tarifs doivent être respectés par les gestionnaires du service nonobstant les modifications intervenues dans la réglementation des prix ou les procédures de concertation en la matière. • CE 18 nov. 1983, *Ouhayoun,* n° 25172 : *Lebon 651*.

7. L'ordonnance du 30 juin 1945 relative aux prix s'appliquait à ce type de prestations. • CE 31 mai 1989, *Ville de Paris,* n° 71794 : *Lebon 136*. (V. après Ord. n° 86-1243 du 1er déc. 1986, Circ. du 17 nov. 1986, BOMI 1987. 19).

8. Le juge administratif est compétent pour contrôler les délibérations relatives aux tarifs des concessions. • CE 24 nov. 1911, *Séraphini : Lebon 1093.*

9. Le chapitre III de la Circ. n° 95-265 du 27 oct. 1995 relative au règlement national des pompes funèbres, en spécifiant que les opérateurs funéraires habilités souhaitent présenter aux familles des formules de financement en prévision d'obsèques peuvent avoir recours à la technique du contrat d'assurance de groupe, ne présente pas un caractère réglementaire dès lors qu'elle se borne à reproduire les dispositions du code des assurances interdisant l'attribution directe ou indirecte d'une commission ou rétribution entre l'assureur et le souscripteur et entre l'adhérent et le souscripteur. • CE 4 avr. 1997, *Féd. fr. des pompes funèbres,* n° 176538.

10. La circulaire du 12 août 1996 relative à l'utilisation des véhicules funéraires ne présente pas un caractère réglementaire. • CE 8 avr. 1998, *Féd. fr. des pompes funèbres,* n° 183256.

11. Les taxes instituées par l'art. L. 2223-2 CGCT ne peuvent être perçues que pour autant que les services qu'elles rémunèrent ont été effectivement rendus par la commune. • CAA Paris, 25 juin 2002, *Mme Souici : BJCL 2002. 492, concl. Haïm.* ♦ Elles ne sauraient être perçues pour des prestations qu'une entreprise fournit aux familles. • Même arrêt.

12. Sur l'éventualité de taxes sur les convois funèbres, Viel, Droit funéraire et gestion des cimetières, *Berger-Levrault, 2e éd., 1999, p. 42.*

13. Sur la prise en compte des frais d'obsèques pour la récupération des prestations d'aide sociale. • CE 5 nov. 2004, *Mme Lalande : BJCL 2005. 97, concl. Devys.*

Art. L. 2223-23 Les régies, les entreprises ou les associations et chacun de leurs établissements qui, habituellement, sous leur marque ou non, fournissent aux familles des prestations énumérées à l'article L. 2223-19 ou définissent cette fourniture ou assurent l'organisation des funérailles doivent être habilités à cet effet selon des modalités et une durée prévues par décret en Conseil d'État.

Pour accorder cette habilitation, le représentant de l'État dans le département s'assure :

1° Des conditions requises des dirigeants telles que définies à l'article L. 2223-24 ;

2° *(L. n° 2008-1350 du 19 déc. 2008)* **« De conditions minimales de capacité professionnelle du dirigeant et des agents. Dans le cas d'une régie non dotée de la personnalité morale et de l'autonomie financière, seuls les personnels de la régie doivent justifier de cette capacité professionnelle ; »**

3° De la conformité des installations techniques à des prescriptions fixées par décret ;

4° De la régularité de la situation du bénéficiaire au regard des impositions de toute nature et des cotisations sociales ;

5° De la conformité des véhicules à des prescriptions fixées par décret.

L'habilitation est valable sur l'ensemble du territoire national.

(L. n° 2011-302 du 22 mars 2011, art. 6) **« Le contrôle de la conformité aux prescriptions mentionnées aux 3° et 5° est assuré par des organismes accrédités dans des conditions fixées par décret. »**

1. Le caractère national de l'habilitation ne fait pas obstacle au caractère communal du service extérieur des pompes funèbres. • CE, sect. intérieur avis, 19 déc. 1995, n° 358102 : *Rapport public 1995, n° 47, p. 427.*

2. Sur les modalités d'imposition des entreprises de pompes funèbres. • TA Dijon, 28 nov. 1989, *Sté des Pompes funèbres Meurdra : DF 1990, n° 161, p. 229, note Darrieutort.* ♦ Sur l'assujettissement à la TVA. * Rép. min. : *JO Sénat Q, 16 juill. 1992, p. 1614.* ♦ V. de Fréminet, La TVA entre la vie et la mort, *Les nouvelles fiscales 2010, n° 1037, p. 20.*

3. En l'absence de tout texte attribuant la connaissance de tels litiges au juge administratif, la demande en réparation du préjudice moral et matériel causé à une commune par une personne privée du fait de la violation du monopole du service extérieur de pompes funèbres relève de la compétence judiciaire. • Civ. 1re, 12 juill. 1994, n° 92-18.940 P. ♦ Mais le juge saisi doit répondre aux exceptions fondées sur l'illégalité de la régie municipale au regard notamment du droit communautaire. • Même arrêt.

4. Sur des problèmes relatifs au respect des règles de concurrence. • Paris, 25 févr. 1994 : *BOCC 29 mars 1994, p. 104.*

5. Les frais funéraires étaient déduits de l'actif des successions dans la limite d'un maximum de 6 000 F (L. n° 95-1346 du 30 déc. 1995 portant loi de finances pour 1996, art. 7). ♦ La loi n° 2002-

1575 du 30 déc. 2002 a modifié le régime fiscal des frais funéraires. Son art. 14 a modifié l'art. 775 CGI qui dispose dorénavant que les frais funéraires sont déduits de l'actif de la succession pour un montant de 1 500 euros, et pour la totalité de l'actif si celui-ci est inférieur à ce montant.

6. Sur les « contrats de partenariat » parfois conclus entre les communes et portant sur certaines prestations seulement, sans organisation du service extérieur des pompes funèbres *(Circ. n° 95-51 du 14 févr. 1995 : Mon. TP 30 juin 1995, Suppl. Textes, p. 298).* • CAA Nancy, 23 mars 2000, *Sté Ceotto,* n° 96NC0056.

7. Sur la situation des « correspondants » des opérateurs de pompes funèbres au regard des art. L. 2223-19, L. 2223-23 et L. 2223-33, V. d'Abbadie et Bouriot, *op. cit. (Bibl. gén.)*

8. Sur la situation des sociétés mutualistes lorsqu'elles créent des services gratuits d'obsèques. • CE, sect., 13 juill. 1966, *Féd. mutualiste de la Seine : Lebon 466* (validité des créations litigieuses).

9. Sur la situation des « marbriers funéraires », V. * Rép. min. : *JOAN Q, 16 mars 1995* (habilitation nécessaire).

10. L'agrément accordé aux entreprises privées de pompes funèbres dans le cadre de la loi n° 86-29 du 9 janv. 1986 (aujourd'hui abrogée) avait été jugé comme n'ayant ni pour objet ni pour effet de remettre en cause le monopole communal. • TA Nice, 2 juin 1988, *Ville de Nice : Lebon 515.*

11. Sur le contrôle de la régularité de la situation du candidat au regard de ses obligations fiscales, V. • CE 26 juill. 1996, *SARL Pompes funèbres et transports funéraires d'Austerlitz,* n° 133751.

12. La formation des dirigeants des entreprises qui participent aux activités de pompes funèbres doit être en tout état de cause contrôlée par le préfet avant l'habilitation. • TA Lille, 30 déc. 2003, *S. c/ Préfet Région Nord-Pas-de-Calais,* n° 00-327 : *JCP Adm 2004. 1427, obs. Dutrieux.*

Art. L. 2223-24 **Nul ne peut exercer les fonctions de dirigeant ou de gérant de droit ou de fait d'une régie, d'une entreprise, d'une association ou d'un établissement bénéficiant de ou sollicitant l'habilitation prévue à l'article L. 2223-23 :**

1° S'il a fait l'objet d'une condamnation définitive à une peine d'emprisonnement avec ou sans sursis, figurant au bulletin n° 2 du casier judiciaire, pour un crime ou l'un des délits suivants :

— exercice illégal d'une activité professionnelle ou sociale dont l'accès est réglementé ;
— corruption active ou passive ou trafic d'influence ;
— acte d'intimidation contre une personne exerçant une fonction publique ;
— escroquerie ;
— abus de confiance ;
— violation de sépulture ou atteinte au respect dû aux morts ;
— vol ;
— attentat aux mœurs ou agression sexuelle ;
— recel ;
— coups et blessures volontaires ;

2° S'il a fait l'objet d'une condamnation prononcée par une juridiction étrangère et passée en force de chose jugée constituant d'après la loi française une condamnation pour un crime ou l'un des délits mentionnés au 1° du présent article ; le tribunal correctionnel du lieu de résidence du condamné, ou, s'il n'a pas sa résidence en France, du lieu où il a demandé l'habilitation, saisi par requête, apprécie la régularité et la légalité de cette décision et statue en chambre du conseil, l'intéressé dûment appelé, sur l'application en France de l'interdiction ;

3° S'il a été frappé de faillite personnelle ou d'une autre sanction en application *(Ord. n° 2003-1212 du 18 déc. 2003, art. 3)* **« du chapitre V ou du chapitre VI du titre II du livre VI du code de commerce » ou, dans le régime antérieur** *(Ord. n° 2003-1212 du 18 déc. 2003, art. 3)* **« à ces dispositions », en application du titre II de la loi n° 67-563 du 13 juillet 1967 sur le règlement judiciaire, la liquidation des biens, la faillite personnelle et les banqueroutes, ou s'il a été déclaré en état de faillite par une juridiction étrangère quand le jugement déclaratif a été déclaré exécutoire en France, et s'il n'a pas été réhabilité ;**

Art. L. 2223-25 *(L. n° 2022-217 du 21 févr. 2022, art. 237)* **« I. — » L'habilitation prévue à l'article L. 2223-23 peut être suspendue pour une durée maximum d'un an ou retirée, après mise en demeure, par le représentant de l'État dans le département où les faits auront été constatés, pour les motifs suivants :**

1° *(Ord. n° 2005-855 du 28 juill. 2005, art. 1er)* « **Non-respect des dispositions du présent code auxquelles sont soumises les régies, entreprises ou associations habilitées conformément à l'article L. 2223-23 ;** »

2° *Abrogé par Ord. n° 2005-855 du 28 juill. 2005, art. 1er.*

3° Non-exercice des activités au titre desquelles elle a été délivrée ;

4° Atteinte à l'ordre public ou danger pour la salubrité publique.

Dans le cas d'un délégataire, le retrait de l'habilitation entraîne la déchéance des délégations.

(L. n° 2022-217 du 21 févr. 2022, art. 237) « **II. — En cas de cessation d'exercice des activités au titre desquelles l'habilitation prévue à l'article L. 2223-23 a été délivrée, le représentant de l'État dans le département met fin à cette habilitation.** »

1. Sur certaines divergences de rédaction des réponses ministérielles quant aux pouvoirs du maire en cas de refus, de suspension ou de retrait de l'habilitation, V. * Rép. min. nos 8786 et 8791 : *JO Sénat Q, 20 août 1998, p. 2721 et 2722.*

2. Lorsque le préfet décide de retirer l'habilitation d'un opérateur funéraire, il n'est pas lié par la décision du juge judiciaire ayant sanctionné ce dernier. • CAA Lyon, 26 mai 2009, *M. Denis A.*, n° 06LY02229. ♦ Le préfet a pu retenir que la falsification de documents, notamment la signature d'une autorisation de transport à la place du sous-préfet et la confection d'une fausse facture de location d'un véhicule de transport constatées par l'autorité judiciaire, était de nature à susciter des doutes sérieux sur la probité de l'opérateur. • Même arrêt.

Art. L. 2223-25-1 *(L. n° 2008-1350 du 19 déc. 2008, art. 2)* **Les agents qui assurent leurs fonctions en contact direct avec les familles ou qui participent personnellement à la conclusion ou à l'exécution de l'une des prestations funéraires prévues par les 2°, 3°, 6° et 8° de l'article L. 2223-19 sont titulaires d'un diplôme national, sans préjudice des dispositions de l'article L. 2223-45.**

Un décret fixe les conditions dans lesquelles ces diplômes sont délivrés, les conditions dans lesquelles les organismes de formation sont habilités à assurer la préparation à l'obtention de ces diplômes ainsi que les conditions dans lesquelles les personnes se prévalant d'une expérience professionnelle peuvent se voir délivrer ce diplôme dans le cadre de la procédure de validation des acquis de l'expérience.

Art. L. 2223-26 **Le matériel fourni dans le cadre du service public des pompes funèbres par les régies et les entreprises ou associations habilitées doit être constitué en vue aussi bien d'obsèques religieuses de tout culte que d'obsèques dépourvues de tout caractère confessionnel.** — *[C. communes, art. L. 362-3.]*

Art. L. 2223-27 **Le service est gratuit pour les personnes dépourvues de ressources suffisantes.**

Lorsque la mission de service public définie à l'article L. 2223-19 n'est pas assurée par la commune, celle-ci prend en charge les frais d'obsèques de ces personnes. Elle choisit l'organisme qui assurera ces obsèques. *(L. n° 2008-1350 du 19 déc. 2008)* « **Le maire fait procéder à la crémation du corps lorsque le défunt en a exprimé la volonté.** »

Sur le règlement des frais funéraires, V. CGCT, art. L. 2213-7, C. civ., art. 806, et C. mon. fin., art. L. 312-1-4.

Sur la possibilité de mettre à disposition une salle municipale pour des obsèques civiles, V. Rép. min. n° 50356, JOAN Q, 26 mai 2009, p. 10459.

BIBL. ▶ Dutrieux, Les frais d'obsèques, *JCP N 1999. 1171* ; Le paiement des frais d'obsèques, *Gaz. cnes 29 oct. 2007 p. 62* ; Paiement des frais d'obsèques et remboursement du monument payé par un seul des deux enfants, note ss. : Rouen, 2 juill. 2008 : *Dr. fam. 2009, comm. 30* ; L'enfant peut être tenu de payer des obsèques organisées avant sa naissance, note ss. Civ. 1re, 28 janv. 2009, *JCP N 2009, Actu. 250* ; Frais d'obsèques et compte bancaire du défunt (loi n° 2013-672 du 26 juillet 2013), *JCP N 2013. Actu. 844* ; Compte bancaire du défunt : un prélèvement fixé à 5 000 euros pour les frais d'obsèques (Arr. du 25 oct. 2013), *JCP N 2013. Actu. 2013.* – Hédin, La prise en charge par la commune des frais d'obsèques des personnes décédées sur son territoire, *AJCT 2013. 567*.

1. Le maire ne peut agir, dans le cadre de l'art. L. 2213-7, que s'il y a urgence. • CE, avis, 25 avr. 1989 : *RFDA 1989. 921, étude J.-F. Auby.* ♦ V. également Circ. du 25 avr. 1989 relative aux conditions d'exercice du service public des pompes funèbres : *ibid.*

2. Les frais funéraires sont une « dette de la succession ». • Civ. 22 oct. 1946 : *D. 1947. 69* • Civ. 1re, 10 juill. 1990 : *JCP 1990. IV. 342.* ♦ V. également * Rép. min. n° 81900 : *JOAN Q 16 nov. 2010, p. 12487.* ♦ Les frais funéraires font partie des obligations alimentaires – et donc des charges de la succession. • Civ. 1re, 14 mai 1992 : *JCP N 1994. II. 1993, p. 171, note Patarin.* ♦ L'épouse du défunt quelle que soit l'option successorale, doit assurer le paiement des frais d'inhumation de son conjoint. • TI Maubeuge, 26 févr. 1993 : *LPA 15 nov. 1996.* ♦ La commune peut faire jouer le privilège institué par l'art. 2331 C. civ. pour les frais de l'inhumation et de la cérémonie qui l'accompagne. • Civ. 15 mars 1897 : *DP 1897. 1. 280.* ♦ Mais ce privilège ne peut s'exercer que sur les biens provenant de la succession. • Civ. 22 oct. 1946 : *D. 1947. 69.* ♦ Peu importe que les héritiers, débiteurs de l'obligation alimentaire, aient renoncé à la succession. • Civ. 1re, 21 sept. 2005 : *Journ. maires, janv. 2007, p. 89, note Dupuis.* ♦ V. Dutrieux, Prélèvement des frais d'obsèques sur le compte bancaire du défunt (Ass. nat., proposition de loi n° 225, 26 sept. 2012), *JCP Adm. 2012. Actu. 646.*

3. Sur l'interprétation d'un contrat de concession selon lequel le concessionnaire supporte la charge du service pour les personnes dépourvues de ressources suffisantes, la commune ne supportant cette charge qu'au cas où le nombre des décès correspondants dépasserait le dixième du nombre total des décès. • CE 22 janv. 1997, *Sté BC*, n° 116416.

4. Le recours en récupération de successions à laquelle peuvent prétendre les départements ne peut être exercé que dans les limites de l'actif net successoral, déduction faite des dettes à la charge du défunt au jour d'ouverture de la succession, et notamment des frais funéraires. • CE 15 mai 2002, *Dpt de la Côte d'Or : BJCL 2002. 252, concl. Boissard.* ♦ Aucune disposition législative ou réglementaire ne permet à un département de limiter ces frais à un montant forfaitaire. • Même arrêt.

5. La question de savoir à quel moment une personne est dépourvue de ressources suffisantes est parfois délicate. • Civ. 1re, 14 mai 1992 : *JCP N 1994. II. 56, note Testu.* ♦ Une réponse ministérielle précise qu'une personne dépourvue de ressources suffisantes est une personne qui est à la fois dépourvue d'un actif successoral permettant de couvrir le coût des obsèques et de créanciers alimentaires (enfants, parents, beaux-parents), ou de conjoint survivant, disposant des moyens suffisants pour le paiement de ces frais. * Rép. min. n° 10992 : *JO Sénat, 16 janv. 2020, p. 285.*

Art. L. 2223-28 **Les fabriques, consistoires ou établissements religieux ne peuvent devenir entrepreneurs d'un service extérieur.**

Dans les localités où les familles pourvoient directement ou par les soins de sociétés charitables laïques, en vertu d'anciennes coutumes, au transport ou à l'enterrement de leurs morts, les mêmes usages peuvent être maintenus avec l'autorisation du conseil municipal et sous la surveillance du maire. – *[C. communes, art. L. 362-4 issu de la L. du 28 déc. 1904, art. 2, al. 6 et 7.]*

Art. L. 2223-29 **Les fabriques et consistoires conservent le droit exclusif de fournir les objets destinés au service des funérailles dans les édifices religieux et à la décoration intérieure et extérieure de ces édifices.**

Le service attribué aux fabriques est gratuit pour les indigents. – *[C. communes, art. L. 362-6 issu de la L. du 28 déc. 1904, art. 3.]*

Art. L. 2223-30 **Un décret en Conseil d'État détermine les conditions d'application de la présente sous-section.** – *[C. communes, art. L. 362-7 issu de la L. du 28 déc. 1904, art. 7.]*

SOUS-SECTION 2 Réglementation de l'activité des opérateurs participant au service extérieur des pompes funèbres

BIBL. ▶ Rapports du Conseil national des opérations funéraires. Les rapports sont consultables à l'adresse suivante : *http://www.collectivites-locales.gouv.fr/.*

Art. L. 2223-31 **Les entreprises ou associations habilitées ne peuvent employer dans leurs enseignes, leurs publicités et leurs imprimés des termes ou mentions qui tendent à créer une confusion avec les régies, les délégataires des communes ou les services municipaux.**

Les délégataires des communes peuvent, seuls, utiliser la mention : "Délégataire officiel de la ville".

Les régies communales peuvent, seules, utiliser la mention : "Régisseur officiel de la ville". – *[C. communes, art. L. 362-8.]*

L'art. L. 2223-31 (C. communes, art. L. 362-8 issu de l'art. 11 de la loi du 8 janv. 1993) et l'art. L. 2223-44 (art. 28 de la même loi) ont, en ce qui concerne les régies, des objets différents et ne doivent pas être interprétés l'un par rapport à l'autre. • Paris, 15 sept. 1995, n° 94.01177.

Art. L. 2223-32 *Abrogé par Ord. n° 2015-1682 du 17 déc. 2015, art. 10.*

Art. L. 2223-33 *(L. n° 2008-1350 du 19 déc. 2008)* **« À l'exception des formules de financement d'obsèques, sont interdites les offres de services faites en prévision d'obsèques ou pendant un délai de deux mois à compter du décès en vue d'obtenir ou de faire obtenir, soit directement, soit à titre d'intermédiaire, la commande de fournitures ou de prestations liées à un décès. » Sont interdites les démarches à domicile ainsi que toutes les démarches effectuées dans le même but sur la voie publique ou dans un lieu ou édifice public ou ouvert au public.**

(L. n° 2022-217 du 21 févr. 2022, art. 237) **« Par dérogation au premier alinéa, et dans le seul cas d'un décès à domicile, sont autorisées, les dimanches, jours fériés et aux heures de nuit, les démarches à domicile des personnels des régies, entreprises ou associations habilitées quand elles sont sollicitées par la personne ayant qualité pour pourvoir aux funérailles. Cette dérogation ne concerne que la commande de prestations de transport ou de dépôt de corps avant mise en bière et de soins de conservation à domicile. »**

V. art. L. 2223-23 et L. 2223-35.

L'art. L. 2223-33 ne fait aucune distinction selon les prestations offertes : l'interdiction posée par cet article s'applique également à la marbrerie funéraire. • Crim., 29 juin 2004, *X.*, n° 03-85190 : *Coll. terr., oct. 2004, p. 25, obs. Dutrieux.* – V. également • Crim. 27 juin 2006 : *JCP Adm. 2007, n° 2123, note Dutrieux.*

Art. L. 2223-33-1 *(L. n° 2013-672 du 26 juill. 2013, art. 73)* **Les formules de financement d'obsèques prévoient expressément l'affectation à la réalisation des obsèques du souscripteur ou de l'adhérent, à concurrence de leur coût, du capital versé au bénéficiaire.**

Ce texte a pour but de lier la souscription d'une convention d'obsèques et l'affectation des sommes versées au paiement des frais funéraires, alors que cette affectation n'était logiquement pas reconnue par la jurisprudence quand la convention ne reposait pas sur un devis. • Civ. 3e, 17 mars 2010 : *LPA 23 juin 2010, p. 18, note Dutrieux.* – V. art. L. 2223-34-1.

Art. L. 2223-34 **Aucune majoration ne peut être perçue à aucun titre et par aucun intermédiaire sur les concessions dans les cimetières, les taxes municipales et droits de toute nature.** – *[C. communes, art. L. 362-11.]*

1. Le tarif du crématorium qui ne peut être différent selon la domiciliation du défunt. • CAA Bordeaux, 13 juill. 2011, *Sté des crématoriums de France*, n° 10BX01939.

2. Sur l'illégalité de « taxes » supplémentaires lorsque la pompe des cérémonies funèbres (service « intérieur » des pompes funèbres) ne correspond pas à la classe choisie pour le service extérieur. • CE 13 mai 1921, *Sté des Pompes funèbres générales : Lebon 482.*

Art. L. 2223-34-1 *(L. n° 2004-1343 du 9 déc. 2004, art. 11)* **Toute clause d'un contrat prévoyant des prestations d'obsèques à l'avance sans que le contenu détaillé** *(L. n° 2013-672 du 26 juill. 2013, art. 73)* **« et personnalisé » de ces prestations soit défini est réputée non écrite.**

(L. n° 2013-672 du 26 juill. 2013, art. 74) **« Tout contrat prévoyant des prestations d'obsèques à l'avance précise les conditions d'affectation des bénéfices techniques et financiers, conformément à l'article L. 132-5 du code des assurances. Il lui est affecté chaque année, lorsqu'il est positif, un montant correspondant à une quote-part du solde créditeur du compte financier, au moins égale à 85 % de ce solde multiplié par le rapport entre les provisions mathématiques relatives à ce contrat et le total des provisions mathématiques, diminuée des intérêts crédités aux provisions mathématiques relatives à ce même contrat au cours de l'exercice. Il fait aussi l'objet d'une information annuelle conformément à l'article L. 132-22 du même code. Un arrêté précise les modalités de calcul et d'affectation de cette quote-part. »**

Sur les modalités de calcul et d'affectation de la quote-part du solde créditeur du compte financier à tout contrat prévoyant des prestations d'obsèques à l'avance, V. Arr. du 17 févr. 2014.

En l'absence de devis lié au contrat, la dénomination et les documents publicitaires sont insuffisants pour affecter juridiquement le produit d'une assurance décès au paiement des frais d'obsèques. • Civ. 1re, 17 mars 2010, ☎ n° 80-20.426 : *LPA 23 juin 2010, note Dutrieux*. – V. sur la prévoyance funéraire, Défenseur des droits, *Rapport relatif à la législation funéraire, 29 oct. 2012, 34 p. (spéc. p. 19-24).*

Art. L. 2223-34-2 *(L. n° 2009-526 du 12 mai 2009, art. 25)* **Il est créé un fichier national destiné à centraliser les contrats prévoyant des prestations d'obsèques à l'avance souscrits par les particuliers auprès des entreprises visées à l'article L. 310-1 du code des assurances et des mutuelles et unions mentionnées à l'article L. 111-1 du code de la mutualité.**

Les modalités d'application du présent article, y compris la durée de conservation des informations enregistrées, sont déterminées par décret en Conseil d'État après avis de la Commission nationale de l'informatique et des libertés.

SOUS-SECTION 3 **Sanctions pénales**

Art. L. 2223-35 Le fait de diriger en droit ou en fait une régie, une entreprise ou une association ou un établissement sans l'habilitation prévue aux articles L. 2223-23, L. 2223-41 et L. 2223-43 ou lorsque celle-ci est suspendue ou retirée en application de l'article L. 2223-25 est puni d'une amende de 75 000 €.

La violation des dispositions des articles L. 2223-31 à L. 2223-34 est punie d'une amende de 75 000 €.

Est puni de cinq ans d'emprisonnement et de 75 000 € d'amende le fait de proposer, directement ou indirectement, des offres, des promesses, des dons, des présents ou des avantages quelconques pour obtenir d'une personne qui, à l'occasion de son activité professionnelle, a connaissance d'un décès, qu'elle fasse connaître aux entreprises ou associations fournissant les prestations énumérées à l'article L. 2223-19 la survenance d'un décès ou qu'elle recommande aux familles les services d'une entreprise ou association déterminée.

Est puni de trois ans d'emprisonnement et de 45 000 € d'amende le fait, par une personne qui, à l'occasion de l'exercice de son activité professionnelle, a connaissance d'un décès, de solliciter ou d'agréer, directement ou indirectement, des offres, des promesses, des dons, des présents ou des avantages quelconques pour faire connaître aux entreprises ou associations fournissant les prestations énumérées à l'article L. 2223-19 la survenance d'un décès ou pour recommander aux familles les services d'une entreprise ou association déterminée.

Les personnes physiques coupables de l'une des infractions prévues au présent article encourent également les peines complémentaires suivantes :

1° L'interdiction des droits civiques, civils et de famille, suivant les modalités prévues par l'article 131-26 du code pénal ;

2° L'interdiction, pour une durée de cinq ans au plus, d'exercer une fonction publique ou d'exercer l'activité professionnelle ou sociale dans l'exercice ou à l'occasion de l'exercice de laquelle l'infraction a été commise ;

3° L'affichage ou la diffusion de la décision prononcée, dans les conditions prévues à l'article 131-35 du code pénal. – *[C. communes, art. L. 362-12.]*

V. art. L. 2223-37.

1. Sur la non-application de l'art. L. 2223-35 à une commune qui avait maintenu la gestion du service extérieur des pompes funèbres en régie directe. • Paris, 15 sept. 1995, n° 9401177.

2. Sur la situation d'un « mandataire » d'une entreprise de pompes funèbres auprès des familles, pour l'organisation des obsèques. • T. com. Grenoble, 13 avr. 1994, n° 94R00288.

3. Une société mutualiste peut également prendre en charge toutes les démarches en cas de décès et organiser des services gratuits d'obsèques, l'énumération de l'art. 75 du code de la mutualité ne présentant pas un caractère limitatif : • CE, sect., 13 juill. 1966, *Féd. mutualiste de la Seine c/ Sté des Pompes funèbres générales : Lebon 466.*

Art. L. 2223-35-1 *(L. n° 2004-1343 du 9 déc. 2004, art. 12)* **Afin de garantir au contractant ou au souscripteur d'une formule de prestations d'obsèques à l'avance sa**

pleine et entière liberté de choix sa vie durant, qu'il s'agisse d'un contrat de forme individuelle ou d'adhésion à un contrat de groupe au sens de l'article *(L. n° 2005-1564 du 15 déc. 2005, art. 15)* **« L. 141-1 » du code des assurances, le contrat doit prévoir explicitement la faculté pour le contractant ou le souscripteur de modifier la nature des obsèques, le mode de sépulture, le contenu des prestations et fournitures funéraires, l'opérateur habilité désigné pour exécuter les obsèques et, le cas échéant, le mandataire désigné pour veiller à la bonne exécution des volontés exprimées au sens de l'article 3 de la loi du 15 novembre 1887 sur la liberté des funérailles, le ou les changements effectués à fournitures et prestations équivalentes ne donnant droit à la perception que des seuls frais de gestion prévus par les conditions générales souscrites, sous peine, en cas de non-respect par une entreprise de cette liberté de modification ou de proposition par elle d'un contrat n'incluant pas cette faculté, d'une amende de 15 000 € par infraction commise.**

Art. L. 2223-36 *(L. n° 2009-526 du 12 mai 2009, art. 125)* **Les personnes morales déclarées responsables pénalement, dans les conditions prévues par l'article 121-2 du code pénal, des infractions définies à l'article L. 2223-35 encourent, outre l'amende suivant les modalités prévues par l'article 131-38 du code pénal, les peines prévues par les 2° à 9° de l'article 131-39 du même code.**

L'interdiction mentionnée au 2° de l'article 131-39 du même code porte sur l'activité dans l'exercice ou à l'occasion de l'exercice de laquelle l'infraction a été commise.

V. art. L. 2223-37.

Sur la responsabilité des personnes morales, V. notes ss. C. pén., art. 121-2. — **C. pén.**

Art. L. 2223-37 Les dispositions des articles L. 2223-35 et L. 2223-36 ne sont pas applicables aux autorités publiques qui, en application d'un texte législatif ou réglementaire, sont tenues soit d'assurer tout ou partie d'opérations funéraires, soit d'en assurer le financement. – *[C. communes, art. L. 362-14.]*

V. art. L. 2223-27.

SOUS-SECTION 4 Équipements funéraires

Art. L. 2223-38 Les chambres funéraires ont pour objet de recevoir, avant l'inhumation ou la crémation, le corps des personnes décédées.

Les locaux où l'entreprise ou l'association gestionnaire de la chambre funéraire offre les autres prestations énumérées à l'article L. 2223-19 doivent être distincts de ceux abritant la chambre funéraire.

La violation des dispositions de l'alinéa précédent est punie d'une amende de 75 000 €. – *[C. communes, art. L. 361-19.]*

V. art. L. 2223-43 et R. 2223-74 s.

1. Les chambres funéraires sont l'un des éléments du service extérieur des pompes funèbres (V. art. L. 2223-19). • CE, sect. soc. et intérieur réunies, avis, 24 mars 1995, n° 357297 : *Rapport public 1995, n° 47, p. 470.* – V. aussi • CE, sect. soc., avis, 1er juill. 1976 : *cité par la Circ. n° 76-473 du 15 oct. 1976, Journ. communes 1977, p. 206 s.*

2. Les dispositions de l'art. L. 2223-38 ne sont pas applicables aux chambres mortuaires des établissements de santé (art. L. 2223-39).

3. Les opérations du service extérieur des pompes funèbres sont étrangères aux missions et obligations des établissements de santé (CSP, art. L. 6111-1 s.) et à celles des institutions sociales et médico-sociales hébergeant les personnes âgées. • CE, sect. soc. et Intérieur réunies avis, 24 mars 1995 : *préc. note 1.*

4. Les établissements de santé et les maisons de retraite ne peuvent être gestionnaires de chambres funéraires. • CE, sect. soc. et Intérieur réunies, avis, 24 mars 1995 : *préc. note 1.* ♦ Ils ne peuvent davantage autoriser l'installation d'une chambre funéraire gérée par un opérateur extérieur ou par une collectivité publique.

5. Sur les contrats de concession pour la création, l'aménagement et l'exploitation des chambres funéraires, V. Circ. n° 74-62 du 4 févr. 1974 (Intérieur) ; sur les conditions de transport des personnes décédées, V. Circ. n° 74-683 du 24 déc. 1974.

6. Un moyen tiré de la violation d'un plan d'occupation des sols ne peut être invoqué utilement à l'encontre de la délibération d'un conseil municipal relative à la fixation des modalités de gestion d'une chambre funéraire. • CE 21 févr. 1986, *Gilles*, n° 56417 : *Lebon 42*.

7. La possibilité de faire admettre à certaines conditions le corps d'une personne décédée dans une chambre funéraire ne porte pas atteinte aux prérogatives du maire concernant le permis d'inhumer ni à l'exercice de ses compétences en tant qu'officier d'état civil. • CE 1er juill. 1970, *Assoc. des conseillers funéraires : Lebon 445.*

8. La fixation des tarifs d'occupation d'un dépositorium ne relève pas de la police des funérailles mais constitue un acte de gestion du domaine public communal relevant de la compétence du conseil municipal. • CAA Lyon, 29 mars 1995, *Orsoni*, n° 93LY01709. ♦ La progressivité des tarifs en fonction de la durée d'utilisation des installations peut être légalement instituée par l'autorité compétente sous réserve du contrôle des discriminations injustifiées ou de l'erreur manifeste d'appréciation. • Même arrêt.

9. L'enquête prévue pour la création d'une chambre funéraire est irrégulièrement effectuée lorsque l'avis est entaché d'une erreur sur la localisation du terrain concerné et qu'aucun des affichages au voisinage des lieux n'a été réalisé. • TA Rennes, 23 nov. 2000, *Épx Dreano : Coll. terr. 2001, n° 56.* ♦ La procédure d'enquête a été supprimée, V. Circ. du ministère Intérieur (n° 1201868C) du 2 févr. 2012 relative à l'application du décret du 28 janv. 2011 concernant les opérations funéraires.

10. Les rejets liquides des chambres funéraires, faiblement pollués, peuvent être dirigés vers un système de collecte et d'épuration collectif sans traitement préalable. • CAA Paris, 16 mai 2002, *Sté Omnium de gestion et de financement*, n° 00PA02596. ♦ Mais il appartient au préfet de vérifier si le projet de création d'une chambre funéraire est conforme aux prescriptions impératives du décret du 20 déc. 1994 relatif aux prescriptions applicables aux chambres funéraires. • Même arrêt.

11. L'utilisation par un hôpital d'une chambre funéraire gérée par un opérateur funéraire privé ne justifie la responsabilité de l'établissement de santé qu'en cas de faute de celui-ci. • CAA Nancy, 1er févr. 2001, *SA Ceotto*, n° 96NC00555.

12. La distinction établie par l'art. L. 2223-38 CGCT a été voulue par la loi pour assurer la libre concurrence entre les opérateurs de pompes funèbres habilités à gérer une chambre funéraire et ceux non habilités à le faire. • Lyon, 15 mai 2003, n° 2002/00175 : *JCP Adm. 2003, n° 40, p. 1269, note Dutrieux* • Lyon, 10e ch., 30 oct. 2007, *Sté Pompes funèbres Argaud Paul*, n° 06/03430. ♦ Il convient, pour assurer le respect du principe de neutralité, que l'opérateur gestionnaire d'une chambre funéraire ne se livre pas à des analyses, des agencements, des pratiques publicitaires ou des démarches commerciales susceptibles d'entretenir la confusion. • Lyon, 15 mai 2003 : *préc.* ♦ Il en va ainsi en particulier lorsqu'un affichage informatif dans les locaux du gestionnaire de la chambre funéraire comporte des mentions tendancieuses. • Même arrêt.

13. La création et l'extension d'une chambre funéraire sont autorisées par le préfet départemental (art. R. 361-35 C. communes). Le préfet peut légalement refuser l'autorisation sans être lié par les avis favorables éventuellement recueillis au cours de l'instruction de la demande. • CAA Marseille, 17 janv. 2005, *Jean-Luc X.*, n° 01MA01894. ♦ En l'occurrence, validité d'un refus fondé sur la sécurité de la circulation sur les voies publiques. • Même arrêt. ♦ L'autorisation peut être refusée en cas d'atteinte à l'ordre public ou de danger pour la salubrité publique, mais cette atteinte n'est pas constituée par la simple présence de l'équipement. Le juge doit caractériser l'atteinte à l'ordre public, une gêne excédant les inconvénients normaux de voisinage étant insuffisante, l'arrêt d'appel (CAA Douai, 23 déc. 2011, *M. et Mme Romaric A. : n° 11DA00629*) devant alors être cassé. • CE 6 mars 2014, *SCI C*, n° 357208 : *AJCT 2014. 386, note Dutrieux*. ♦ V. également concernant le refus fondé sur le caractère visible de la partie technique. • CAA Nancy, 29 mars 2012, *M. B. c/ Cne de Sarralbe*, n° 11NC00235.

Art. L. 2223-39 Les établissements de santé publics ou privés qui remplissent des conditions fixées par décret en Conseil d'État doivent disposer d'une chambre mortuaire dans laquelle doit être déposé le corps des personnes qui y sont décédées. *(L. n° 2002-276 du 27 févr. 2002, art. 53)* **« Toutefois, la chambre mortuaire peut accessoirement recevoir, à titre onéreux, les corps des personnes décédées hors de ces établissements en cas d'absence de chambre funéraire à sa proximité. »**

Les dispositions de l'article L. 2223-38 ne sont pas applicables aux chambres mortuaires.

BIBL. ► Balestrinero, La situation de l'enfant mort-né, *D. 1999. Chron. 81*. – Beigner, La famille du défunt se divise : inhumation ou crémation ?, *Dr. fam. 2005, n° 193, p. 3*. – Corpart, Décès et devenir des corps : clarification des consignes, *Gaz. Pal. 16-17 août 2006, p. 2* ; Décès périnatal et qualification juridique du cadavre, *JCP 2005. I. 171*. – Dutrieux, Accès à la chambre mortuaire, *Coll. terr. juill. 2002, p. 7* ; La chambre mortuaire : aspects juridiques, *Rev. hosp. de France, 2002, p. 62* ; De nouvelles règles en cas de décès en milieu hospitalier, *JCP Adm. 2006. 1132* ; La nouvelle définition de l'enfant mort-né, *Defrénois 2002, p. 719* ; Enfant sans vie : publication d'une nouvelle circulaire, *JCP Adm. 2009. Actu. 943*. – Lalande et Veber, La mort à l'hôpital, *Rapport de l'inspection générale des affaires sociales, nov. 2009 (http://lesrapports.ladocumentationfrancaise.fr/)*. – Sureau, Son nom est personne, *Albin Michel, 2005.*

1. Les chambres mortuaires sont distinctes des chambres funéraires. Elles ne constituent pas un élément du service extérieur. • CE sect. Soc. et Intérieur réunies, avis, 24 mars 1995, n° 357297 : *Rapport public 1995, n° 47, p. 470.* ♦ Elles constituent des équipements destinés à permettre aux familles des personnes décédées dans les établissements de santé de disposer du temps nécessaire pour l'organisation des obsèques. • CE 5 oct. 1998, *Féd. fr. des pompes funèbres et Assoc. FO consommateur,* n° 193261 : *Gaz. Pal. 2000, somm. 812.* ♦ La distinction des deux services publics (hospitalier et pompes funèbres) interdit au conseil d'administration d'un établissement hospitalier d'adopter une délibération imposant aux entreprises de pompes funèbres de lui payer les sommes à la charge des familles pour l'occupation, plus de trois jours, de la chambre mortuaire. • CAA Marseille, 5 juill. 2011, *CH de Bastia,* n° 09MA04145 : *RGDM 2011, n° 41, note Dutrieux.*

2. Elles sont imposées à certains établissements de santé pour que les familles puissent disposer du temps nécessaire à l'organisation des obsèques. • CE, avis, 24 mars 1995, n° 357297 : *préc. note 1.*

3. L'utilisation des chambres mortuaires n'est pas dissociable des activités de l'établissement ; elle ne peut être qualifiée de service public en elle-même. • CE, avis, 24 mars 1995, n° 357297 : *préc. note 1.*

4. Les chambres mortuaires sont placées sous la responsabilité directe des établissements de santé ; elles ne peuvent faire l'objet d'une délégation de service public. • CE, avis, 24 mars 1995, n° 357297 : *préc. note 1.* ♦ Le législateur, s'il n'a pas entendu réserver un tel équipement aux établissements de santé, n'a pour ces derniers rendu leur création et leur gestion obligatoires que pour ceux d'entre eux qui satisfont à certaines conditions fixées par décret en Conseil d'État. • CE 5 oct. 1998, *Féd. fr. des pompes funèbres et Assoc. Consommateurs,* n° 193261 : *préc. note 1.*

5. Le gouvernement est en droit de prévoir que des entités géographiquement distinctes d'un même établissement de santé seront dotées chacune d'une chambre mortuaire. • CE, avis, 24 mars 1995, n° 357297 : *préc. note 1.*

6. Le dépôt des corps des personnes décédées en chambre funéraire ne peut être éludé sauf, à la demande de la famille, pour un très bref délai. • CE, avis, 24 mars 1995, n° 357297 : *préc. note 1.*

7. Le Décr. n° 97-1039 du 14 nov. 1997, en subordonnant à la création d'une chambre mortuaire l'existence d'un seuil d'au moins 200 décès par an dans l'établissement de santé concerné, n'est pas contraire aux dispositions de l'art. L. 2223-39. • CE 5 oct. 1998, *Féd. française des pompes funèbres et Assoc. FO Consommateurs,* n° 193261 : *préc. note 1.* ♦ Ce seuil vise à prendre en compte le degré de nécessité d'une chambre mortuaire en tant qu'équipement relevant d'une structure sanitaire dont le financement, s'agissant du secteur public, est supporté par la collectivité. • Même arrêt. ♦ Quand bien même, le seuil retenu ne concernerait que 11 % des établissements de santé, il recouvre cependant près de 70 % des décès survenus dans de tels établissements et n'est pas affecté d'une erreur manifeste d'appréciation. • Même arrêt. ♦ Le décret ne méconnaît pas davantage le principe d'égalité dès lors qu'il trouve son origine dans la volonté du législateur de ne pas imposer de tels équipements à l'ensemble des établissements de santé. • Même arrêt. ♦ Si des impératifs d'ordre financier ont influé sur le choix du seuil en question, le décret attaqué n'est pas pour autant entaché d'excès de pouvoir. • Même arrêt. ♦ Les dispositions de l'art. 3 du décret litigieux selon lesquelles les établissements de santé peuvent satisfaire à l'obligation légale de disposer d'une chambre mortuaire en utilisant les facultés offertes en matière de coopération hospitalière, ne sont contraires à aucune prescription législative dès lors que la gestion déléguée du service à un tiers, prohibée par l'art. 2 du décret ne saurait découler d'une telle procédure. • Même arrêt. ♦ Les dispositions de l'art. 6, relatives au transport des corps en chambre mortuaire dans le cas où l'établissement de santé n'est pas lui-même gestionnaire de la chambre mortuaire d'accueil ou dans le cas où le transfert nécessite de sortir de l'enceinte de l'établissement de santé, ne sont pas contraires aux règles légales instituées par le transport de corps des défunts. • Même arrêt. ♦ Les dispositions de l'art. 8 prévoyant que des chambres mortuaires peuvent être créées et gérées par d'autres établissements de santé ou par des établissements assurant l'hébergement des personnes âgées ne méconnaissent pas les prescriptions de l'ordonnance du 1er déc. 1986 sur la liberté de concurrence dès lors que les établissements doivent gérer directement leurs chambres mortuaires et qu'ils ne sauraient être habilités à gérer les chambres funéraires mentionnées à l'art. L. 2223-38 CGCT. • Même arrêt. ♦ En confiant la gestion d'une chambre mortuaire dans le funérarium qu'une société exploitait au titre du service extérieur des pompes funèbres, un centre hospitalier ne respecte pas les prescriptions de l'art. 8 de l'ordonnance du 1er déc. 1986. • CAA Lyon, 9 mars 2006, *CH de Moulins-Yzeure : Gaz. Pal. 28 févr. 2007, p. 21.* ♦ Dans l'hypothèse où des contrats de gestion des chambres mortuaires étaient en cours à la date de la promulgation de la loi, il appartenait au pouvoir réglementaire d'en fixer les modalités d'application dans le temps, sur le fondement de l'art. L. 2223-39 CGCT au regard des missions d'intérêt général assumées par les établissements de santé et afin d'assurer la continuité des missions ; le décret pouvait fixer une date limite et introduire le renouvellement ou la prorogation de ces contrats sans porter atteinte au principe d'égalité. • Même arrêt.

8. Un établissement hospitalier, dont la morgue est vétuste, est en droit de passer convention pour utiliser une chambre funéraire gérée par une société privée, dès lors que les familles ont la possibilité de refuser le transfert du corps du défunt vers la chambre funéraire et que les délais qui leur sont laissés sont suffisants. • CAA Nancy, 1er févr. 2001, *SA Ceotto*, n° 96NC00555.

9. Les comportements déloyaux reprochés à une société gestionnaire d'une chambre funéraire ne peuvent être imputés à l'établissement public hospitalier qui a passé contrat avec cette société. • CAA Nancy, 1er févr. 2001, *SA Ceotto : préc. note 8.*

10. La disposition selon laquelle les chambres mortuaires peuvent accueillir les corps de personnes décédées en dehors des établissements hospitaliers avait fait l'objet de diverses interventions de parlementaires. * Rép. min. : *JO Sénat Q, 15 juill. 1999, p. 2432 ; JOAN Q, 19 juill. 1999, p. 4440 ; JO Sénat Q, 9 déc. 1999, p. 4440 ; JOAN Q, 30 mai 2001, p. 3493.*

11. Les dispositions de l'arrêté du 7 mai 2001 relatif aux prescriptions techniques applicables aux chambres mortuaires des établissements de santé sont purement confirmatives de celles de l'arrêté du 11 sept. 1988, abrogé par l'arrêté du 7 mai 2001, qui n'avaient pas été attaquées dans le délai de recours contentieux. • CE 9 oct. 2002, *Féd. française des pompes funèbres*, n° 240208. ♦ Un recours pour excès de pouvoir contre cet arrêté est donc irrecevable. • Même arrêt.

12. L'établissement hospitalier, procédant par erreur à l'incinération de la dépouille d'un enfant mort-né sans avoir pris contact avec la famille, commet une faute dont il doit répondre envers cette dernière, pour préjudice moral. • CAA Lyon, 18 nov. 2003, *Épx Y.*, n° 00LY01964 : *JCP 2004. II. 10152, concl. Kolbert.* ♦ ... Mais il n'est pas tenu de vérifier l'identité du défunt avant la fermeture du cercueil. • TA Marseille, 21 sept. 2004, *Mme H. et a. : JCP Adm. 2005, n° 1133, note Dutrieux ; JCP 2005. II. 10029, note Laget.* Cette jurisprudence va nécessairement évoluer, puisque le défunt doit être muni d'un bracelet d'identification placé par un agent de l'établissement hospitalier, selon l'alinéa 2 de l'art. R. 2213-2 du CGCT.

13. En vertu de l'art. R. 1112-75 CSP un établissement de santé doit procéder lui-même à l'inhumation lorsque le corps n'a pas été réclamé par la famille ; mais il est tenu d'en informer les proches s'il les connaît. • CE 25 avr. 1980, *Kerdel*, n° 11735 B.

14. L'établissement de santé pourrait être déclaré responsable à l'égard des proches du défunt, en raison de l'état de décomposition du corps. • Civ. 2e, 17 juill. 1991, n° 90-14.441 P : *RTD civ. 1992. 412, note Gautier.*

15. Le juge administratif annule la sanction infligée au responsable d'une chambre mortuaire n'ayant pas dénoncé la faute d'un agent commise à l'occasion d'une restauration tégumentaire, en considérant que cette négligence fautive ne justifiait pas une sanction. • TA Lille, 2 juin 2010, n° 0905585 : *AJPF 2010. 265.*

Art. L. 2223-40 *(L. n° 2008-1350 du 19 déc. 2008)* **Les communes et les établissements publics de coopération intercommunale sont seuls compétents pour créer et gérer les crématoriums et les sites cinéraires. Les crématoriums et les sites cinéraires qui leur sont contigus peuvent être gérés directement ou par voie de gestion déléguée. Les sites cinéraires inclus dans le périmètre d'un cimetière ou qui ne sont pas contigus à un crématorium doivent être gérés directement.**

Lorsqu'un site cinéraire contigu d'un crématorium fait l'objet d'une délégation de service public, le terrain sur lequel il est implanté et les équipements qu'il comporte font l'objet d'une clause de retour à la commune ou à l'établissement public de coopération intercommunale au terme de la délégation.

Toute création ou extension de crématorium ne peut avoir lieu sans l'autorisation du représentant de l'État dans le département, accordée après une enquête publique *(L. n° 2010-788 du 12 juill. 2010, art. 240)* **« réalisée conformément au chapitre III du titre II du livre I » du code de l'environnement et un avis de la commission départementale compétente en matière d'environnement, de risques sanitaires et technologiques.**

BIBL. ▶ D'ABBADIE, Les crématoriums privés construits et gérés avant la loi de 1993, *Journ. cnes sept. 1998, n° 2036, p. 44.* – DUTRIEUX, Rejets des crématoriums : l'arrêté enfin publié, *JCP Adm. 2010. Actu. 141* ; La commune et la crémation, *Éd. La lettre du cadre territorial, 6e éd.*, 2011. – PERRIER, Crémation : un choix pour l'éternité, *Dr. fam. 2014. Étude 4.* – PY (dir.), La crémation et le droit en Europe, *PU Nancy 2011, 2e éd.* – MISTRETA, Cadavre : un statut en cendres, *in* La mort & le droit, PY (dir.), *PU Nancy 2010, p. 239.*

1. Sur la définition et le régime des urnes et des cendres et leur accueil dans le cimetière, V. Dutrieux, Urnes, cendres et site cinéraire, *AJCT 2011. 445*.

2. Sur les redevances à verser pour couvrir les frais du service de crémation. • CE, sect. intérieur avis, 7 juin 1977, n° 319-967 : *inédit.* ♦ La commune ne saurait introduire des éléments tenant compte de la situation personnelle des personnes décédées ou des redevables. • Même avis, confirmé par • CAA Bordeaux, 13 juill. 2011, *Sté des crématoriums de France,* n° 10BX01939.

3. Les communes et leurs groupements ne sont pas tenus d'organiser un service de crémation. • CE, sect. intérieur avis, 7 juin 1977, n° 319-967 : *préc. note 2.*

4. En tant qu'élément du service extérieur des pompes funèbres, les services de crémation peuvent faire l'objet d'une délégation (V. art. L. 2223-19). ♦ Cette délégation peut accompagner celle d'autres éléments du même service. • TA Paris, 25 juin 2002, *Préfet de la Région Île-de-France, Préfet de Paris : AJDA 2003. 179, note Dutrieux.* – V., sur cette délégation, Hédin, La gestion déléguée des crématoriums, *AJCT 2011. 446.*

5. Lorsque le lieu de mise en bière est différent du lieu de crémation, le concessionnaire de la commune de mise en bière choisi par la famille doit pouvoir exercer, directement ou par prestataire agréé, l'ensemble des prestations prévues à l'art. L. 2223-19. • TA Grenoble, 31 déc. 1991, *SARL Manchon : Lebon T. 758.*

6. Un syndicat de communes autorisé à exploiter un crématorium ne peut imposer la fourniture de l'urne funéraire au concessionnaire de la commune de mise en bière. • TA Grenoble, 31 déc. 1991, *SARL Manchon : préc. note 5.*

7. Un concubinage stable donne aux concubins qualité suffisante pour, en connaissance de la volonté du défunt, organiser une crémation. • Douai, 7 juill. 1998 : *JCP 1998. II. 10173, note Labbé.* ♦ V. également • Civ. 1re, 2 févr. 2010, n° 10-11.295. ♦ L'attribution de l'urne funéraire implique qu'il n'y ait pas partage des cendres (V. art. R. 2213-38 C. communes). • Même arrêt. ♦ V. aussi * Rép. min. : *JOAN Q 17 févr. 2004, p. 1259.*

8. La création et la gestion d'un crématorium constituent des missions de service public que les communes ou leurs groupements ont la faculté d'exercer (Circ. n° 00-269 C du 27 nov. 2000 : *BOMI 2001. 29*). ♦ La création d'un site cinéraire est interdite aux personnes privées. • CAA Aix-en-Provence, 15 janv. 2002, *Assoc. Site cinéraire intercommunal Alpes-Maritimes, SCI Carimail, SARL Cariges c/ Cne de Mougins : Coll. terr. 2002, n° 140, note Dutrieux.* • CAA Marseille, 17 janv. 2005, *X.,* n° 01MA01894 • Civ. 1re, 13 déc. 2005 (avis) : *BJCL 2006. 181, note Sainte Rose* ♦ Mais la délégation de ce service public est possible. • TA Paris, 25 juin 2002, *Préfet de la région Île-de-France, Préfet de Paris : AJDA 2003. 179, note Dutrieux.* ♦ ... Dès lors que la convention de délégation n'a ni pour objet ni pour effet de confier au délégataire des pouvoirs de police municipale ou celui d'aliéner des dépendances du domaine public. • Même jugement. ♦ Selon le ministère de l'Intérieur, la procédure de création d'un cimetière peut être diligentée pour régulariser la situation des équipements cinéraires situés à proximité des crématoriums. * Rép. min. : *JOAN Q, 27 mars 2000, p. 2023.* ♦ Mais le crématorium peut faire l'objet d'une délégation de service public, concernant sa gestion aussi bien que sa construction. À l'occasion du contentieux d'un tel contrat, pourra être arguée la violation des règles d'urbanisme nécessaire pour la construction de l'équipement. • CAA Versailles, 18 nov. 2010, *Assoc. c/ le Crématorium des Mureaux,* n° 09VE02463. ♦ Dans le cadre d'une délégation du service public d'un crématorium, le délégataire ne peut se voir demander par le délégant de prévoir un tarif différent selon le lieu de résidence du défunt. • CAA Bordeaux, 13 juill. 2011, *Sté des crématoriums de France : préc. note 2.* ♦ L'autorisation donnée par le représentant de l'État pour la création d'un crématorium n'est pas une mesure prise pour l'application de la délégation de service public passée pour la construction et la gestion de ce même équipement et, par suite, les requérants ne sauraient utilement se prévaloir par voie d'exception à l'encontre de cette autorisation de l'annulation de la délibération approuvant la délégation de service public afférente au crématorium. • CAA Nantes, 28 déc. 2012, *Assoc. de défense des habitants d'Agneaux ouest et a.,* n° 11NT01560 : *AJCT 2013. 252, obs. Dutrieux.*

9. La dispersion des cendres par voie aérienne n'est légale que si elle intervient en surplomb d'espaces naturels dépourvus de voies publiques. * Rép. min. : *JOAN Q, 8 avr. 2002).* ♦ V. également * Rép. min. n° 55580 : *JOAN Q, 22 juin 2010, p. 7033.*

10. L'urne funéraire est un objet de copropriété familiale. • TGI Lille, 23 sept. 1997 : *LPA 27 janv. 1999, note Mory et Labbée.* ♦ Le fait pour le dépositaire de retirer l'urne de son emplacement prévu au columbarium et de l'emporter chez lui ne constitue pas une atteinte illicite aux droits des autres copropriétaires. • Même jugement. ♦ Cette copropriété étant regardée comme « indivise, inviolable et sacrée ». • TGI Lille, 5 déc. 1997 : *D. 1997. 376, note Labbée.* ♦ Le droit des héritiers sur la dépouille mortelle, même sous forme de cendres, est soumis aux dispositions de l'art. 815-3 C. civ. • Bordeaux, 14 janv. 2003, *Mme Jocelyne Thébault,* n° 99/03465.

11. L'urne funéraire est remise à bon escient au plus proche parent présent du défunt. • Montpellier, 10 févr. 2004, *Mme H. c/ SARL Pompes funèbres des Hauts-Cantons,* n° 01/05103 : *Coll. terr., août-sept. 2004, n° 169, p. 23, obs. Dutrieux.* ♦ En l'absence d'intentions clairement exprimées par le défunt quant au mode et au lieu des funérailles, il y a lieu de rechercher quelle était sa volonté – et non celle de ses héritiers, fût-ce sa veuve. • Montpellier, 10 févr. 2004, *Mme H. c/ SARL Pompes funèbres des Hauts-Cantons,* n° 01/05103 :

préc.. ♦ La volonté du concubin peut prévaloir sur celle des enfants. • Paris, 9 sept. 2003 : *Journ. maires, sept. 2004, p. 88, note Dutrieux.*

12. Une urne placée dans une case de columbarium n'est pas, à proprement parler, inhumée • TA Lille, 30 mars 1999, *Tillieu c/ Cne de Mons-en-Barœul : Juris-Data n° 1999-1111 87.* ♦ Le déplacement d'une urne d'une case à une autre n'est donc pas, à proprement parler, une exhumation. • TGI Lille, 23 sept. 1997 : *LPA 27 janv. 1999, p. 17, note Mory et Labbée.*

13. Une demande de référé-mesure utile fondée sur l'art. L. 521-3 CJA, en vue de la suspension d'une autorisation d'ouverture d'un crématorium, ne peut être valablement rejetée au motif que cette ouverture créerait une situation irréversible. • CE 25 oct. 2005, *Sté des crématoriums de France*, n° 279441 : *Lebon 447*. ♦ Mais une telle suspension aurait pour effet de faire obstacle à l'exécution d'une décision administrative et ne peut être prononcée par application de l'art. L. 521-3 CJA lui-même. • Même arrêt. ♦ Le moyen ainsi soulevé est d'ordre public. • Même arrêt.

14. Sur la dispersion des cendres sur une parcelle sectionale, *Vie cnale et dptale, avr. 2007, p. 118.*

15. Sur l'évaluation du préjudice moral subi par les parents du fait de l'incinération fautive par l'hôpital de leur enfant mort-né. • CAA Lyon, 18 nov. 2003, *Épx Y. : JCP 2004. 1752, concl. Kolbert.*

16. Sur la question de la crémation des corps venant de l'étranger et de l'utilisation d'un cercueil hermétique, V. Dutrieux, L'encadrement juridique du rapatriement d'un défunt de l'étranger, *Tourisme & Droit, févr. 2009. 27.*

17. Sur la possibilité d'interdire les cercueils « en carton », V. * Rép. min. n° 75916 : *JOAN Q, 19 oct. 2010, p. 11462.*

Art. L. 2223-41 Les régies, entreprises ou associations gestionnaires d'un crématorium conformément à l'article L. 2223-40 sont soumises à l'habilitation prévue à l'article L. 2223-23.

Les dispositions des articles L. 2223-26 et L. 2223-31 à L. 2223-34 leur sont applicables. — *[C. communes, art. L. 361-20-1.]*

V. notes ss. art. L. 2223-31 et L. 2223-33 à L. 2223-34.

Art. L. 2223-42 L'autorisation de fermeture du cercueil ne peut être délivrée qu'au vu d'un certificat *(L. n° 2019-774 du 24 juill. 2019, art. 12)* « attestant le décès, établi par un médecin, en activité ou retraité, par un étudiant en cours de troisième cycle des études de médecine en France ou un praticien à diplôme étranger hors Union européenne autorisé à poursuivre un parcours de consolidation des compétences en médecine, dans des conditions fixées par décret pris après avis du Conseil national de l'ordre des médecins. » *(L. n° 2025-199 du 28 févr. 2025, art. 56)* « Le certificat attestant le décès peut également être établi par un infirmier diplômé d'État volontaire, dans des conditions fixées par un décret pris après avis du Conseil national de l'ordre des infirmiers. »

(L. n° 2004-806 du 9 août 2004, art. 25) « Ce certificat, rédigé sur un modèle établi par le ministère chargé de la santé, précise la ou les causes de décès, aux fins de transmission à l'Institut national de la santé et de la recherche médicale et aux organismes dont la liste est fixée par décret en Conseil d'État pris après avis de la Commission nationale de l'informatique et des libertés *(L. n° 2016-41 du 26 janv. 2016, art. 193)* « et qui ont accès aux données relatives aux causes médicales de décès pour l'accomplissement de leurs missions ». Ce même décret fixe *(L. n° 2016-41 du 26 janv. 2016, art. 193)* « le périmètre des accès ainsi que » les modalités de cette transmission, notamment les conditions propres à garantir sa confidentialité. *(L. n° 2019-774 du 24 juill. 2019, art. 12)* « Ce décret détermine également les modalités d'établissement de ce certificat lorsqu'il est établi par des médecins retraités. » — *V. art. R. 2213-1-1 s.*

« Ces informations ne peuvent être utilisées que pour des motifs de santé publique :

« 1° À des fins de veille et d'alerte, par l'État *(Ord. n° 2010-177 du 23 févr. 2010, art. 8)* « , les agences régionales de santé et » l'*(Ord. n° 2016-462 du 14 avr. 2016, art. 3)* « Agence nationale de santé publique » ;

« 2° Pour l'établissement de la statistique nationale des causes de décès et pour la recherche en santé publique par l'Institut national de la santé et de la recherche médicale » ;

(L. n° 2016-41 du 26 janv. 2016, art. 193) « 3° Pour les *(L. n° 2019-774 du 24 juill. 2019, art. 41)* « traitements de données concernant » la santé, dans les conditions fixées à l'article L. 1461-3 du code de la santé publique ;

« 4° Pour alimenter le système national des données de santé défini à l'article L. 1461-1 du même code ;

« 5° Pour l'établissement de statistiques dans le cadre de l'article 7 *bis* de la loi n° 51-711 du 7 juin 1951 sur l'obligation, la coordination et le secret en matière de statistiques, par l'Institut national de la statistique et des études économiques ou par les services statistiques du ministre chargé de la santé. Ces données doivent être conservées séparément des données du répertoire national d'identification des personnes physiques détenues par l'Institut national de la statistique et des études économiques. »

(L. n° 2011-267 du 14 mars 2011, art. 7) « En outre, si lors de l'établissement de l'acte de décès mentionné à l'article 87 du code civil l'identité du défunt n'a pu être établie, l'autorisation de fermeture du cercueil ne peut être délivrée qu'après exécution, dans un délai compatible avec les délais régissant l'inhumation et la crémation, des réquisitions éventuellement prises par le procureur de la République aux fins de faire procéder aux constatations et opérations nécessaires en vue d'établir l'identité du défunt. »

La certification du décès est un processus légal par lequel sont attestés par écrit le fait, la cause et les circonstances du décès d'une personne. C'est pourquoi il n'est pas prévu de déléguer cet acte à d'autres professionnels de santé non médicaux, tels les infirmières et les infirmiers. Toutefois, pour faire face aux difficultés rencontrées, d'autres solutions ont été recherchées pour faire établir un certificat de décès à domicile en zones sous-dotées en médecins. En cas d'impossibilité pour un médecin en activité d'établir un certificat de décès dans un délai raisonnable, le Décr. n° 2020-446 du 18 avr. 2020 relatif à l'établissement du certificat de décès précise les modalités d'établissement d'un tel certificat par les médecins retraités sans activité, par les étudiants en cours de troisième cycle des études de médecine en France ou par un praticien à diplôme étranger hors Union européenne autorisé à poursuivre un parcours de consolidation des compétences en médecine. * Rép. min. n° 12603 : *JO Sénat, 30 juill. 2020, p. 3387.*

Art. L. 2223-42-1 *(L. n° 2022-217 du 21 févr. 2022, art. 238)* À la demande de la personne ayant qualité pour pourvoir aux funérailles et lorsque le corps du défunt a été placé, pour assurer son transport, dans un cercueil composé d'un matériau présentant un obstacle à la crémation, une autorisation de transfert du corps vers un cercueil adapté peut être délivrée par le maire.

Cette autorisation ne peut être délivrée qu'en vue de la crémation du corps, qui s'opère sans délai après le changement de cercueil, et à condition que le défunt n'ait pas été atteint par l'une des infections transmissibles prescrivant ou interdisant certaines opérations funéraires, dont la liste est fixée par voie réglementaire.

Un décret en Conseil d'État précise les conditions d'application du présent article.

Art. L. 2223-43 Les établissements de santé publics ou privés qui assurent le transport de corps avant mise en bière et le transfert de corps dans une chambre funéraire doivent être titulaires de l'habilitation prévue à l'article L. 2223-23 au seul vu de la capacité professionnelle des agents et de la conformité des véhicules aux prescriptions fixées par les décrets visés aux 2° et 5° du même article.

Cette habilitation peut être retirée dans les conditions prévues à l'article L. 2223-25.

(L. n° 2006-1640 du 21 déc. 2006, art. 48) « Les dispositions des deux premiers alinéas du même article ne s'appliquent » *(L. n° 2016-1827 du 23 déc. 2016, art. 79)* « ni aux établissements de santé qui assurent le transport des corps de personnes décédées, en vue de prélèvements à des fins thérapeutiques, ni aux établissements de santé qui assurent le transport d'enfants décédés de cause médicalement inexpliquée, en vue de prélèvements à des fins diagnostiques et scientifiques, vers l'établissement de santé appelé à réaliser les prélèvements. »

(L. n° 2008-1350 du 19 déc. 2008) « Ces établissements ne peuvent exercer aucune autre mission relevant du service extérieur des pompes funèbres. »

V. art. L. 2223-38.

1. Cette disposition doit être entendue comme permettant seulement aux établissements de santé d'assurer eux-mêmes ces transports, mais non de conclure des conventions avec des opérateurs funéraires. • CE, sect. Soc. et Intérieur réunies, avis, 24 mars 1995, n° 357297 : *Rapport public 1995, n° 47, p. 470.* ♦ À moins que l'admission en chambre funéraire soit demandée par le directeur de l'établissement dans les conditions prévues à l'art. R. 361-37 C. communes, al. 2 [V. CGCT, art. R. 2223-76, al. 2.] • Même avis.

2. Il ne résulte d'aucune disposition légale ou réglementaire qu'un centre hospitalier ait à vérifier l'identité du défunt avant la fermeture du cercueil. • TA Marseille, 21 sept. 2004, *Carletti et a. : JCP 2005. II. 10029, note Laget ; JCP Adm. 2005, p. 526, note Dutrieux.* ♦ Néanmoins, les nouvelles règles en matière de surveillance des opérations funéraires imposant à un agent hospitalier de munir le défunt d'un bracelet d'identification devraient amener à une modification de cette jurisprudence : Dutrieux, *JCP Adm 2010. Actu. 618.*

3. À supposer que le centre hospitalier ait commis une faute quant à la localisation exacte du corps du défunt, il n'est pas certain que cette faute ait été à l'origine des dommages allégués. • TA Marseille, 21 sept. 2004, *Carletti et a : préc. note 2.*

4. Sur les nouvelles règles à appliquer en cas de décès en milieu hospitalier, V. Décr. n° 2006-965 du 1er août 2006 *(JO 3 août 2006)* et Décr. n° 2010-917 du 3 août 2010 (*JO 5 août 2010*).

SOUS-SECTION 5 Dispositions diverses et transitoires

Art. L. 2223-44 **Les régies communales et intercommunales de pompes funèbres existant au 9 janvier 1993, date de publication de la loi n° 93-23 du 8 janvier 1993 modifiant le titre VI du livre III du code des communes et relative à la législation dans le domaine funéraire, peuvent, durant une période qui ne saurait excéder cinq années à compter de cette date, assurer seules le service extérieur des pompes funèbres tel que défini par les dispositions légales précédemment en vigueur.**

Durant une période de trois ans, les contrats de concession, conclus avant la date visée à l'alinéa précédent, y compris ceux comportant une clause d'exclusivité, continuent à produire effet jusqu'à leur terme, sauf résiliation d'un commun accord. Nonobstant toute disposition contraire, les contrats comportant une clause d'exclusivité ne peuvent être prorogés ni renouvelés. Sans préjudice des indemnités qui pourraient être mises à leur charge, les communes ou les établissements de coopération intercommunale peuvent mettre fin à tout moment aux contrats en cours, dans les conditions de droit commun de résiliation unilatérale d'un contrat.

Le fait de diriger en droit ou en fait une entreprise ou une association ou un établissement qui fournit des prestations de pompes funèbres en violation des droits d'exclusivité maintenus en application des deux premiers alinéas sera puni d'une amende de 75 000 €.

Par dérogation aux dispositions des deux premiers alinéas, lorsque la commune du lieu de mise en bière n'est pas celle du domicile du défunt ou du lieu d'inhumation ou de crémation, la régie ou le concessionnaire ou, en l'absence d'organisation du service, toute entreprise ou association de pompes funèbres de l'une ou l'autre de ces communes peut intervenir sur le territoire de celles-ci si la personne qui a qualité pour pourvoir aux funérailles ou son mandataire le décide.

Les crématoriums qui auraient été construits et seraient exploités sous la seule responsabilité d'une entreprise privée ou d'une association devront, dans un délai de quatre ans à compter du 9 janvier 1993, date de la publication de la loi n° 93-23 du 8 janvier 1993 précitée, faire l'objet d'une convention avec la commune ou l'établissement public de coopération intercommunale qui a décidé d'exercer la compétence prévue à l'article L. 2223-40. Si, dans ce délai, la convention n'est pas intervenue du fait de l'autorité compétente, le crématorium continue d'être exploité dans les conditions antérieures pour une durée de quatre ans. — *[L. n° 93-23 du 8 janv. 1993, art. 28.]*

1. Au terme de la période transitoire instituée par l'art. L. 2223-44, le service extérieur des pompes funèbres revêtira le caractère d'un service public industriel et commercial. Les périodes transitoires prévues par l'art. 28 de la loi du 8 janv. 1993 étaient de 3 ou 5 ans, s'agissant des clauses d'exclusivité des entreprises délégataires ou des régies. • CE, sect. intérieur avis, 19 déc. 1995, n° 358102 : *Rapport public 1995, n° 47, p. 427.*

2. Il en ira ainsi eu égard à l'origine de ses ressources et aux modalités de son fonctionnement. • CE, sect. intérieur avis, 19 déc. 1995, n° 358102 : *préc. note 1.*

3. L'art. 28 de la loi du 8 janv. 1993 n'a pas distingué entre la régie directe, la régie dotée de l'autonomie financière et la régie dotée de la personnalité morale. • Paris, 15 sept. 1995, n° 94/01177. ♦ Le mode de gestion par régie directe – ou service municipal – permet à la commune d'invoquer les dispositions transitoires de la loi et de conserver provisoirement le monopole d'exploitation. • Même arrêt.

4. Dès lors que le contrat n'a pas été résilié et n'est pas parvenu à son terme avant la date d'une élection municipale contestée, l'exploitant du service des pompes funèbres conserve la qualité d'entrepreneur de services municipaux au sens de l'art. L. 231 C. élect. • CE 15 avr. 1996, ⚖ *Él. mun. de Saint-Paul (Oise)*, n° 172422 B. ♦ ... Quand bien même le contrat ne donnerait pas lieu à une rémunération de l'intéressé et qu'il serait, selon ce dernier, entaché d'incompétence. • Même arrêt.

5. Les chambres funéraires ne figurent pas dans le service extérieur des pompes funèbres (ancien art. L. 362-1 C. communes) et n'entrent donc pas dans le dispositif de l'art. L. 2223-44. • CE 4 mai 1998, ⚖ *Ville de Marseille*, n° 171517.

Art. L. 2223-45 **Un décret prévoit les conditions dans lesquelles un diplôme national de thanatopracteur est délivré et est exigé des thanatopracteurs pour bénéficier de l'habilitation prévue à l'article L. 2223-23.** — *[L. n° 93-23 du 8 janv. 1993, art. 19.]*

Art. L. 2223-46 **Un décret en Conseil d'État détermine les conditions applicables aux divers modes de sépulture.** — *[C. communes, art. L. 361-21.]*

Sur le problème des déclarations écrites des volontés en ce qui concerne la crémation et le don du corps aux établissements de soins hospitaliers. * Rép. min. : *JOAN Q, 31 juill. 1989, p. 3426.*

SOUS-SECTION 6 Reconnaissance des qualifications professionnelles des ressortissants d'un État membre de la Communauté européenne ou d'un autre État partie à l'accord sur l'Espace économique européen

(Ord. n° 2008-507 du 30 mai 2008, art. 43)

BIBL. ▶ Baude, Reconnaissance des qualifications professionnelles, *Lettre du funéraire (Weka), févr. 2010, p. 3.*

Art. L. 2223-47 **Les professionnels ressortissants d'un État membre de la Communauté européenne ou d'un autre État partie à l'accord sur l'Espace économique européen peuvent exercer de façon temporaire et occasionnelle sur le territoire national** *(Ord. n° 2015-1682 du 17 déc. 2015, art. 11)* **« tout ou partie de ces activités » professionnelles mentionnées aux articles L. 2223-23 et L. 2223-41 sous réserve :**

1° D'être légalement établis dans un État membre ou un autre État partie à l'accord sur l'Espace économique européen pour exercer la même activité ;

2° Lorsque l'activité ou la formation y conduisant ne sont pas réglementées dans l'État d'établissement, d'avoir exercé celle-ci *(Ord. n° 2015-1682 du 17 déc. 2015, art. 11)* **« dans un ou plusieurs États membres pendant au moins une année à temps plein ou à temps partiel pendant une durée totale équivalente » au cours des dix années qui précèdent la prestation ;**

3° D'être titulaire*[s]* **de l'habilitation prévue à ces articles sans toutefois avoir à justifier du respect du 2° de l'article L. 2223-23.**

(Ord. n° 2015-1682 du 17 déc. 2015, art. 11) **« L'accès à une partie seulement des activités professionnelles s'effectue dans les conditions prévues par arrêté du ministre de l'intérieur. »**

Art. L. 2223-48 **Les ressortissants d'un État membre de la Communauté européenne ou d'un autre État partie à l'accord sur l'Espace économique européen souhaitant s'établir en France pour exercer** *(Ord. n° 2015-1682 du 17 déc. 2015, art. 11)* **« tout ou partie des activités » professionnelles mentionnées aux articles L. 2223-23 et L. 2223-41 doivent justifier :**

1° D'une expérience professionnelle, en qualité de dirigeant au sens de l'article 3.1.i de la directive 2005/36/CE du Parlement européen et du Conseil du 7 septembre 2005 relative à la reconnaissance des qualifications professionnelles ou en qualité d'indépendant pour l'activité considérée :

— de trois années consécutives ;

— ou de deux années consécutives si le demandeur justifie d'une formation préalable sanctionnée par une attestation reconnue par l'État où il a exercé, ou jugée pleinement valable par un organisme professionnel compétent de cet État ;

— ou de deux années consécutives si le demandeur justifie de l'exercice, pendant trois années, à titre de salarié ;

2° Ou d'une expérience professionnelle de trois années consécutives en qualité de salarié dans l'une des fonctions mentionnées aux articles L. 2223-19 et L. 2223-41 et aux mesures prises pour leur application au titre de laquelle il souhaite s'établir, si le demandeur justifie d'une formation préalable sanctionnée par une attestation reconnue par l'État où il a exercé, ou jugée pleinement valable par un organisme professionnel compétent de ce même État.

Dans tous les cas mentionnés au présent article, l'expérience professionnelle doit avoir été acquise dans un État membre de la Communauté européenne ou un autre État partie à l'accord sur l'Espace économique européen pendant les dix années qui précèdent la demande de reconnaissance de qualifications professionnelles.

(Ord. n° 2015-1682 du 17 déc. 2015, art. 11) « L'accès à une partie seulement des activités professionnelles s'effectue dans les conditions prévues par arrêté du ministre de l'intérieur. »

Art. L. 2223-49 *(Ord. n° 2015-1682 du 17 déc. 2015, art. 11)* « I. – » Lorsque le demandeur ne remplit pas les exigences visées à l'article L. 2223-48, il doit justifier :

1° Si la demande de reconnaissance porte sur l'activité de thanatopraxie :

a) D'un diplôme, certificat ou titre, *(Ord. n° 2015-1682 du 17 déc. 2015, art. 11)* « qui est requis par un autre État membre pour accéder à cette activité sur son territoire ou l'y exercer, » délivré par une autorité compétente lorsque cette activité est réglementée dans l'État dans lequel il a été délivré, d'un niveau équivalent ou immédiatement inférieur à celui prévu pour le diplôme national de thanatopracteur visé à l'article L. 2223-45 et sanctionnant une formation professionnelle acquise principalement dans la Communauté européenne ou l'Espace économique européen ;

(Ord. n° 2015-1682 du 17 déc. 2015, art. 11) « *b)* Ou de l'exercice à plein temps de l'activité de thanatopraxie pendant une année ou à temps partiel pendant une durée totale équivalente au cours des dix années précédentes dans un État membre de l'Union européenne ou un autre État partie à l'accord sur l'Espace économique européen qui ne réglemente pas cette activité, à condition de justifier de la possession d'une ou plusieurs attestations de compétences ou preuves de titres de formation. Toutefois, cette condition d'une expérience professionnelle d'une année n'est pas requise lorsque le titre de formation détenu par le demandeur certifie une formation réglementée ; »

2° Si la demande de reconnaissance porte sur une des fonctions, autre que celle de thanatopracteur, mentionnées aux articles L. 2223-19 et L. 2223-41 et aux mesures prises pour leur application :

(Ord. n° 2015-1682 du 17 déc. 2015, art. 11) « *a)* D'une attestation de compétence ou d'un titre de formation qui est requis par un autre État membre pour accéder à cette activité sur son territoire ou l'y exercer, et qui est délivré par une autorité compétente lorsque la fonction est réglementée dans l'État dans lequel il a été délivré ;

« *b)* Ou de l'exercice à plein temps de la fonction considérée pendant une année ou à temps partiel pendant une durée totale équivalente dans un État membre de l'Union européenne ou un autre État partie à l'accord sur l'Espace économique européen qui ne réglemente pas cette activité à condition de justifier de la possession d'une ou plusieurs attestations de compétences ou preuves de titres de formation. Toutefois, cette condition d'une expérience professionnelle d'une année n'est pas requise lorsque l'attestation de compétence détenue par le demandeur certifie une formation réglementée.

« II. – Les attestations de compétences ou les titres de formation mentionnés au présent article remplissent les conditions suivantes :

« *a)* Être délivrés par une autorité compétente dans un État membre, désignée conformément aux dispositions législatives, réglementaires ou administratives de cet État membre ;

« *b)* Attester la préparation du titulaire à l'exercice de la profession concernée. »

Art. L. 2223-50 Lorsqu'il est fait application des dispositions de l'article L. 2223-49, l'autorité compétente peut exiger que le demandeur accomplisse, selon son choix, un stage d'adaptation ou se soumette à une épreuve d'aptitude préalablement à la reconnaissance de qualification, suivant des modalités fixées par décret en Conseil d'État :

– lorsque la formation du demandeur porte sur des matières substantiellement différentes *(Ord. n° 2015-1682 du 17 déc. 2015, art. 11)* « en termes de contenu » par rapport aux matières exigées par la formation sur le territoire national et dont la connaissance est essentielle à son exercice ;

– ou lorsque l'activité considérée n'est pas réglementée dans l'État d'origine du demandeur et que *(Ord. n° 2015-1682 du 17 déc. 2015, art. 11)* « la formation requise en France porte » sur des matières substantiellement différentes de celles couvertes par l'attestation de compétence ou le diplôme, certificat ou titre *(Ord. n° 2015-1682 du 17 déc. 2015, art. 11)* « du demandeur.

« L'autorité compétente doit cependant vérifier au préalable si les connaissances, aptitudes et compétences acquises par le demandeur au cours de son expérience professionnelle ou de l'apprentissage tout au long de la vie et ayant fait l'objet à cette fin d'une validation en bonne et due forme par un organisme compétent sont de nature à couvrir, en tout ou partie, cette différence substantielle. »

Art. L. 2223-51 La décision de reconnaissance des qualifications professionnelles du demandeur est prise dans des conditions fixées par décret en Conseil d'État, par l'autorité compétente pour la délivrance de l'habilitation prévue à l'article L. 2223-23.

CHAPITRE IV **SERVICES PUBLICS INDUSTRIELS ET COMMERCIAUX**

L'étude jurisprudentielle générale du service public industriel et commercial est présentée sous l'art. L. 2221-1.

ENCYCL. COLL. LOC. *Services publics locaux : régime des SPIC, 6120,* par J.-C. DOUENCE.

BIBL. GÉN. ▸ **Ouvrages :** J.-B. AUBY et BRACONNIER (dir.), Services publics industriels et commerciaux : questions d'actualité, *LGDJ 2003.* - BAHOUGNE, Le financement du service public, *LGDJ, 2015.* - BRACONNIER, Droit des services publics, *PUF, Thémis, 2e éd., 2007.* - BRACONNIER et autres, Questions actuelles sur les services publics industriels et commerciaux, *LGDJ 2003.* - GUGLIEMI et KOUBI, Droit du service public, *Montchrestien, 4e éd., 2016.* - LACHAUME, PAULIAT, DEFFIGIER et VIROT LANDAIS, Droit des services publics, *LexisNexis, 2024.* - LONG M. (dir.), Le financement des services publics locaux, *LGDJ, 2010, 163 p.* - NICINSKI, L'usager du service public industriel et commercial, *L'Harmattan, coll. Logiques juridiques, 2001.*

▸ **Articles :** Le service public local, Actes du colloque de Brest, *RGCT 2012, n° 51.* - Le service public. Unité et diversité, *AJDA, n° spécial juin 1997.* - AMAR, De l'usager au consommateur de service public, *PUAM 2001.* - BIGOT, Les faillites conceptuelles de la notion de service public en droit administratif, *RFDA 2008. 1* ⊘. - CASSIN, Les usagers des SPIC sont-ils des clients ?, *AJDA 2005. 62* ⊘. - KARPENSCHIF, Où en est-on du développement de l'économie locale ? *JCP Adm. 2009, n° 2230.* - LACHAUME, Brèves remarques sur les services publics à double visage, *RFDA 2003. 362* ⊘, *J.-Cl. Coll. terr., fasc. 734* (service public local. Régime juridique) ; Détermination du caractère industriel et commercial d'un service public par le juge judiciaire, *AJDA 2014. 2082* ⊘. - MAZÈRES, Concurrence et services publics : détermination des coûts pertinents, *AJDA 2005. 1334* ⊘. - MONIOLLE (coord.), Prise en compte de la valeur économique dans la tarification d'une redevance pour service rendu, *Dr. adm. 2011. Chron. n° 1.* - PERDU, Le juge administratif et la protection des consommateurs, *AJDA 2004. 481* ⊘. - PEYRICAL, De nouvelles voies pour la gestion des services publics locaux, *AJDA 2011. 934* ⊘. - PICARD et MICHEL, Le renouvellement de la gestion des SPIC, *Gaz. cnes 31 janv. 2011. 48.* - PUGEAULT, Les services publics locaux et le droit interne de la concurrence, *D. 1999. Chron. 347* ⊘. - SEILLER, L'érosion de la distinction service public administratif-service public industriel et commercial, *AJDA 2005. 417* ⊘. - TERRIEN, Les évolutions de la gestion des SPIC, *JCP Adm. 2008, n° 2237.* - TESSON, La notion française d'activité économique des personnes publiques, *AJDA 2013. 1675* ⊘.

COMMENTAIRE

V. dans le supplément en ligne.

SECTION 1 **Dispositions générales**

Art. L. 2224-1 Les budgets des services publics à caractère industriel ou commercial exploités en régie, affermés ou concédés par les communes, doivent être équilibrés en recettes et en dépenses. – *[C. communes, art. L. 322-5, al. 1er.]*

BIBL. ▸ CAFARELLI, Remunicipalisation et finances, *JCP Adm. 2014, n° 2069.* - CATTIER, Subventionner un service public délégué, *AJDA 2014. 1305* ⊘. - GINTRAND, La fiscalité des services publics locaux à caractère industriel et commercial, *ibid., p. 143* s. – Long, La tarification des services publics industriels et commerciaux locaux, *in* Services publics industriels et commerciaux : questions actuelles, *LGDJ, 2003, p. 43 s.* – Mouzet, Le Conseil d'État et le contrôle budgétaire des collectivités territoriales, *RFDA 2003. 741* .

COMMENTAIRE

V. dans le supplément en ligne.

I. CHAMP D'APPLICATION RATIONE PERSONAE

1. Le principe de l'équilibre financier ne s'impose aux budgets des services publics à caractère industriel et commercial qu'en l'absence de mesure de contrôle des prix. Est illégale une délibération qui majore le tarif de l'eau en méconnaissant les dispositions de la loi du 29 déc. 1983 relative au prix de l'eau en 1984. La circonstance que seule l'augmentation de prix arrêtée par le conseil municipal permettrait d'équilibrer le budget du service des eaux dans la commune et de maintenir la gestion de ce service en régie directe n'est pas de nature à dispenser la commune de l'obligation de se conformer à la loi. • CE 21 mai 1986, *Ville de Belvèze-du-Razès c/ COREP du Dpt de l'Aude*, n° 69467 : *ACL 1987, n° 56.*

2. Mesure provisoire liée à la covid-19. La crise économique et sanitaire engendrée par la covid-19 a entraîné des difficultés financières pour de nombreux services publics industriels et commerciaux (SPIC) exploités en régie. Or, la nature publique de ces régies ne les rendait pas éligibles aux dispositifs de soutien de droit commun bénéficiant aux entreprises et les règles de la comptabilité publique interdisent aux collectivités de rattachement de subventionner le budget annexe ou propre d'une régie exploitant un SPIC (V. art. L. 2224-2). Pour ces raisons, l'art. 26 de la L. n° 2021-953 du 19 juill. 2021 de finances rectificative pour 2021 a instauré un dispositif de compensation des pertes de recettes tarifaires subies par les services publics locaux exploités en régie par les collectivités locales. L'objectif du mécanisme au profit des SPIC était de soutenir environ 1 000 services publics en difficulté exploitant des activités essentielles pour la vie économique locale, mais aussi des services de loisirs, de sports et de vacances, ainsi que de nombreux lieux culturels * Rép. min. : *JO Sénat, 22 avr. 2021, p. 2597.*

3. L'obligation d'équilibre s'impose à un syndicat de communes exclusivement chargé de l'exploitation d'un ou de services publics à caractère industriel et commercial. En conséquence, les communes membres ne peuvent prendre en charge des dépenses de ce service, en principe couvertes par le produit des seules redevances perçues auprès des usagers, que dans les conditions prévues à l'art. L. 2224-2. • CE 29 oct. 1997, *Sté Sucrerie agricole Colleville*, n° 144007 : *Dr. adm. 1998, n° 5, note Gintrand.* ♦ Le syndicat ne peut donc bénéficier, ni de la contribution des communes associées, mentionnée à l'art. L. 5212-19, ni du produit fiscal de remplacement, mentionné à l'art. L. 5212-20. • Même arrêt.

4. Une commune peut légalement décider de ne pas faire supporter par son budget annexe le coût de l'eau, mais instituer des surtaxes au prix de l'eau afin d'assurer l'équilibre de ce budget annexe et de faire face aux investissements nécessaires ou au déficit résultant des impayés des exercices antérieurs. • CE 30 juill. 2003, *Cie gén. des eaux, Cne de Saint-Paul (Réunion), Mme Carlier*, n°s 235398 B, 236086 B, 243893 B, 245672 B : *BJCL 2003. 824, concl. Lamy ; ACL 2004, n° 82.*

5. Lorsqu'un syndicat de communes est exclusivement chargé de l'exploitation d'un service public industriel et commercial, les dépenses de ce service doivent être en principe couvertes par le produit des redevances perçues auprès des usagers. • CE 8 mars 2002, *Ratie*, n° 229630 B : *ACL 2003, n° 95.*

II. CHAMP D'APPLICATION RATIONE MATERIAE

A. QUALIFICATION DU SERVICE PUBLIC

6. Compte tenu de la nature des activités décrites, de leur financement, ainsi que de leur mode de fonctionnement, la mission « Grand Parquet » confiée à l'office de tourisme Fontainebleau Tourisme est conduite dans des conditions exclusives de tout caractère industriel et commercial et doit, par suite, être regardée comme présentant un caractère administratif. C'est donc à tort que les premiers juges ont considéré, pour annuler la délibération en litige, que cette mission constituait un service public industriel et commercial, et qu'il était donc insusceptible de percevoir une subvention d'une commune. • CAA Paris, 23 avr. 2019, *Cté de cnes du Pays de Fontainebleau*, n° 17PA00362 : *AJCT 2019. 414* .

7. Il résulte des conditions dans lesquelles était déléguée à l'association la gestion de la piscine et, notamment, de l'obligation d'y accueillir des groupes scolaires, que cette mission présentait le caractère d'un service public administratif et non d'un service public à caractère industriel et commercial. Les dispositions des art. L. 2224-1 et L. 2224-2 CGCT étaient dès lors inapplicables. Le tribunal administratif s'est donc fondé à tort sur ce motif pour annuler la délibération par laquelle la commune a décidé d'accorder une subvention à l'association. • CAA Lyon, 18 avr. 2013, *Cne de Saint-Nectaire*, n° 12LY01547.

B. PRINCIPE D'ÉQUILIBRE ET BUDGET GÉNÉRAL

8. Les dispositions de l'art. L. 2224-2 ouvrent la faculté aux communes dans des cas limitativement énumérés de décider de prendre en charge sur leur budget propre certaines dépenses mais elles ne leur en font nullement obligation. La commune peut donc légalement, en application des dispositions de l'art. L. 2224-1, décider de ne pas faire supporter par son budget général les charges du budget annexe de l'eau mais d'instituer des « surtaxes » au prix de l'eau afin d'assurer l'équilibre de ce budget annexe. • CE 30 juill. 2003, *Cie gén. des eaux, Cne de Saint-Paul (Réunion), Mme Carlier,* nos 235398, 236086, 243893 et 245672 : *préc. note 4.*

9. Le principe d'équilibre financier ne peut être interprété comme interdisant à une commune d'affecter à son budget général l'excédent dégagé par le budget annexe d'un service public industriel et commercial. • CE 9 avr. 1999, *Cne de Bandol,* n° 170999 A : *Dr. adm. 1999, n° 271, note G.G. ; CJEG 1999. 193, concl. Goulard ; ACL 2000, n° 103.* ♦ Les dispositions de l'art. R. 323-111 C. communes (CGCT, art. R. 2221-48 et R. 2221-90) sont applicables au budget annexe retraçant les opérations qu'il incombe à la commune d'effectuer en propre et directement au titre de ses obligations prévues par le contrat d'affermage du service. Elles ne prévoient pas d'ordre de priorité entre les trois affectations de l'excédent qu'elles autorisent (financement des charges d'exploitation ou d'investissement, report à nouveau ou reversement à la collectivité). • Même arrêt. ♦ Néanmoins, le conseil municipal ne saurait, sans erreur manifeste d'appréciation, décider le reversement au budget général des excédents qui seraient nécessaires au financement de dépenses d'exploitation ou d'investissements qui devraient être réalisées à court terme. Pas d'erreur en l'espèce. • Même arrêt. ♦ La délibération litigieuse d'affectation de l'excédent ne constitue pas une mesure d'application des délibérations adoptant le budget du service pour les années antérieures ; l'illégalité de ces dernières ne peut donc être invoquée par voie d'exception pour en déduire l'illégalité de l'affectation. • Même arrêt.

10. Les tarifs, qui servent de base à la détermination des redevances demandées aux usagers en vue de couvrir les charges du service, doivent trouver leur contrepartie directe dans le service rendu aux usagers ; le principe d'équilibre financier ne fait pas obstacle à l'application de cette règle. • CE 30 sept. 1996, *Sté stéphanoise des eaux et Ville de Saint-Étienne,* n° 156176 A : *Dr. adm. 1996, n° 557, note Devès ; JCP 1997. IV. 603, note Renault ; ACL 1997, n° 48.* ♦ Des augmentations de tarifs motivées par le souhait qu'une partie des redevances perçues par le service municipal de distribution des eaux puisse être reversées au budget général de la ville afin de couvrir des charges étrangères à la mission dévolue à ce service sont donc entachées d'erreur de droit. • Même arrêt. ♦ Lorsque le contrat de concession du service des eaux prévoit le paiement à la ville par le concessionnaire de sommes sans relation avec la valeur des prestations qui lui sont fournies par la ville, ces dépenses sont répercutées sur le tarif payé par les usagers. La tarification qui prévoit ainsi des redevances sans contrepartie directe dans les prestations fournies par le service est entachée d'erreur de droit. • Même arrêt.

11. L'évaluation des dépenses de chaque budget annexe de l'eau et de l'assainissement ne peut être tenue pour sincère lorsque certaines dépenses de personnel prises en charge par eux relèvent du budget général, certains agents concernés effectuant tout ou partie de leurs activités dans d'autres services, et que la méthode de détermination de la quote-part des frais d'administration générale imputée à chaque budget annexe n'est pas justifiée ; dès lors, les deux budgets annexes ne peuvent être regardés comme votés en équilibre réel et la délibération qui les approuve est entachée d'illégalité. • CAA Lyon, 14 oct. 1999, *Kolischev,* n° 96LY02665 : *Dr. adm. 2000, n° 78.*

12. La charge des impayés des exercices antérieurs n'entre dans aucune des catégories de dépenses que le conseil municipal peut décider de faire assumer par le budget propre de la commune. • CE 30 juill. 2003, *Cie Gén. des Eaux, Cne de Saint-Paul (Réunion), Mme Carlier,* nos 235398, 236086, 243893 et 245672 : *préc. note 4.*

C. PRINCIPE D'ÉQUILIBRE ET REDEVANCE

13. Une redevance pour service rendu doit essentiellement trouver une contrepartie directe dans la prestation fournie par le service et par conséquent doit correspondre à la valeur de la prestation ; il s'agit en principe de couvrir les charges du service public mais le montant de la redevance peut excéder le coût de la prestation : il s'ensuit que le respect de la règle d'équivalence peut être assuré non seulement en retenant le prix de revient du service mais aussi en fonction des caractéristiques du service, en tenant compte de la valeur économique de la prestation pour son bénéficiaire. • CE 7 oct. 2009, *Sté d'équipement de Tahiti et des îles,* n° 309499 B : *RJCP 2010. n° 22, concl. Boulouis.* ♦ Dans tous les cas, le tarif doit être établi selon des critères objectifs et rationnels, dans le respect du principe d'égalité des usagers du service public et des règles de la concurrence. • Même arrêt. ♦ Les redevances pour l'activité de catering sur les aéroports de Polynésie pouvaient légalement être calculées proportionnellement au chiffre d'affaire réalisé par la société sous-concessionnaire avec les compagnies aériennes. • Même arrêt.

14. Les considérations relatives à l'équilibre financier d'un gestionnaire de service d'assainissement ne sauraient purger les illégalités affectant l'instauration de la redevance d'assainissement. • CE 23 mai 2003, *Cté de cnes Artois-Lys*, n° 249995 A : *AJDA 2003. 1519* ; *BJCL 2003. 759, concl. Collin* ; *Dr. adm. oct. 2003, p. 45, note Lombard* ; *RFDA 2004. 299, note Faure*.

III. CONTRÔLE DU PRINCIPE D'ÉQUILIBRE

15. Sur les règles applicables en matière de contrôle budgétaire, V. • CE 16 mars 2001, *Cne de Rennes-les-Bains c/ Lacan*, n° 160257 A : *RFDA 2002. 807, note Damarey*. ♦ Comp. • CE, sect., 23 déc. 1988, *Dpt du Tarn c/ Barbut*, n° 60678 A. – V. aussi, Damarey, La conception du Conseil d'État de l'équilibre budgétaire des budgets locaux, *LPA 26 juin 2001, n° 126, p. 27*.

16. Un contribuable local peut contester un budget en raison de l'insincérité de ses prévisions budgétaires. • CE 16 mars 2001, *Cne de Rennes-les-Bains c/ Lacan*, n° 160257 A : *préc. note 15*.

Art. L. 2224-2 Il est interdit aux communes de prendre en charge dans leur budget propre des dépenses au titre des services publics visés à l'article L. 2224-1.

Toutefois, le conseil municipal peut décider une telle prise en charge lorsque celle-ci est justifiée par l'une des raisons suivantes :

1° Lorsque les exigences du service public conduisent la collectivité à imposer des contraintes particulières de fonctionnement ;

2° Lorsque le fonctionnement du service public exige la réalisation d'investissements qui, en raison de leur importance et eu égard au nombre d'usagers, ne peuvent être financés sans augmentation excessive des tarifs ;

3° Lorsque, après la période de réglementation des prix, la suppression de toute prise en charge par le budget de la commune aurait pour conséquence une hausse excessive des tarifs.

La décision du conseil municipal fait l'objet, à peine de nullité, d'une délibération motivée. Cette délibération fixe les règles de calcul et les modalités de versement des dépenses du service prises en charge par la commune, ainsi que le ou les exercices auxquels elles se rapportent. En aucun cas, cette prise en charge ne peut se traduire par la compensation pure et simple d'un déficit de fonctionnement. – *[C. communes, art. L. 322-5, al. 2 à 7.]*

(L. n° 2005-1719 du 30 déc. 2005, art. 91) « L'interdiction prévue au premier alinéa n'est pas applicable :

« 1° Dans les communes de moins de 3 000 habitants et les établissements publics de coopération intercommunale dont aucune commune membre n'a plus de 3 000 habitants, aux services de distribution d'eau et d'assainissement ;

(L. n° 2022-217 du 21 févr. 2022, art. 30) « 1° *bis* Quelle que soit la population des établissements publics de coopération intercommunale à fiscalité propre compétents, aux services de distribution d'eau et d'assainissement des eaux usées, lorsque le fonctionnement du service public exige la réalisation d'investissements qui, en raison de leur importance, ne peuvent être financés sans augmentation excessive des tarifs ;

« 1° *ter* Quelle que soit la population des établissements publics de coopération intercommunale à fiscalité propre, aux services de distribution d'eau et d'assainissement des eaux usées, pendant la période d'harmonisation des tarifications de l'eau et de l'assainissement après la prise de compétence par l'établissement public de coopération intercommunale à fiscalité propre ; »

« 2° Quelle que soit la population des communes et groupements de collectivités territoriales, aux services publics d'assainissement non collectif, lors de leur création et pour une durée limitée au maximum aux *(L. n° 2008-1425 du 27 déc. 2008, art. 123)* « cinq » premiers exercices » ;

(L. n° 2006-1771 du 30 déc. 2006, art. 125) « 3° Quelle que soit la population des communes et groupements de collectivités territoriales, aux services publics *(Ord. n° 2010-1579 du 17 déc. 2010, art. 24)* « de gestion » des déchets ménagers et assimilés, lors de l'institution de la redevance d'enlèvement des ordures ménagères et pour une durée limitée au maximum aux quatre premiers exercices ; »

(L. n° 2023-175 du 10 mars 2023, art. 88) « 4° Aux services de production d'électricité exploités dans les conditions prévues au dernier alinéa de l'article L. 1412-1. »

(L. n° 2005-1719 du 30 déc. 2005, art. 91) « Lorsque le service a été délégué, la part prise en charge par le budget propre ne peut excéder le montant des sommes données au délégataire pour sujétions de service public et représenter une part substantielle de la rémunération de ce dernier. »

COMMENTAIRE

V. dans le supplément en ligne.

1. Il résulte nécessairement des dispositions de cet article (premier alinéa en vigueur à la date des faits) que le budget d'une régie dotée de l'autonomie financière peut comprendre des subventions mais que ces subventions ne peuvent provenir du budget communal. • CE 9 nov. 1988, *Cne de Piseux c/ M. et Mme Dulière*, n° 79694 : *Lebon 397 ; RFDA 1989. 748, concl. de la Verpillière ; ACL 1989, n° 24.*

2. Est illégale l'inscription au budget général de la commune d'une subvention d'exploitation destinée à assurer l'équilibre du budget du service d'assainissement. • CE 9 nov. 1988, *Cne de Piseux c/ M. et Mme Dulière*, n° 79694 : *préc. note 1.* ♦ Le versement de cette subvention a entaché d'illégalité tant le budget communal que le budget du service d'assainissement. • Même arrêt. ♦ Par voie de conséquence, le tarif de la redevance d'assainissement, tenant compte de cette subvention illégale est volontairement sous-évalué par rapport au prix de revient réel ; ainsi la décision qui fixe ce tarif est entachée d'illégalité. • Même arrêt.

3. Il est illégal d'inscrire dans le compte administratif de la commune et non dans celui du service d'assainissement les charges d'annuité en intérêts et en capital de l'emprunt contracté pour le financement du réseau d'assainissement. • CE 9 nov. 1988, *Cne de Piseux c/ M. et Mme Dulière*, n° 79694 : *préc. note 1.*

4. ... Dès lors que la commune n'invoque pas que ses décisions de prise en charge dans le budget communal de dépenses au titre de l'assainissement soient justifiées par l'une des raisons énumérées au texte. • CE 9 nov. 1988, *Cne de Piseux c/ M. et Mme Dulière*, n° 79694 : *préc. note 1.*

5. L'annulation pour violation du principe d'équilibre financier s'étend par voie de conséquence à toutes les écritures correspondantes retracées dans les budgets primitifs et les comptes administratifs. Confirmation et prolongation de la solution. • CE 14 avr. 1995, *Cts Dulière*, n° 126204 : *Lebon. T. 686 ; ACL 1996, n° 37.*

6. Les tarifs d'abonnement destinés aux usagers de parcs de stationnement sont irrégulièrement fixés si le contrat d'affermage prévoit le versement d'une subvention d'équilibre pour couvrir les charges d'exploitation du fermier. • CE 2 avr. 1997, *Cne de Montgeron*, n° 124883 : *Lebon. T. 706 et 779 ; Dr. adm. 1997, n° 33, note RJ ; CJEG 1998. 433, note Lachaume ; ACL 1998, n° 26.* – V. aussi cet arrêt ss. art. L. 2221-1. ♦ Les motifs de la délibération prévoyant le versement au concessionnaire d'une somme de 3 099 817,69 F TTC ne suffisent pas à établir que la prise en charge par la ville, sur son budget propre, serait justifiée par l'une des raisons mentionnées à l'art. L. 322-5, C. communes (art. L. 2224-2, CGCT) ; la délibération ne précisant pas les « règles de calcul » de cette participation financière, elle doit être regardée comme destinée à assurer la compensation pure et simple d'un déficit de fonctionnement de la société, en méconnaissance des dispositions légales. • CE 28 mars 1998, *SEM de sécurité active et de télématique*, n° 157586 B. – V. aussi cet arrêt ss. art. L. 2221-1.

7. Le principe d'équilibre financier prévu au texte est une règle propre aux services publics à caractère industriel et commercial. Il ne peut faire obstacle à la prise en charge par le budget communal d'une fraction des frais d'organisation d'une activité qui avait le caractère de service public administratif (en l'espèce l'organisation d'une « grande parade du jazz »). • CE 2 juin 1995, *Ville de Nice*, n° 123647 B : *ACL 1996, n° 41.* ♦ Solution analogue pour le Palais des festivals et des congrès de Cannes. • CAA Marseille, 9 avr. 2004, *Cne de Cannes*, n° 99MA01956.

8. Exploitation du service par un syndicat intercommunal à vocation unique. Les communes membres d'un syndicat intercommunal exclusivement chargé de l'exploitation d'un ou de services publics industriels et commerciaux ne peuvent prendre en charge des dépenses de ce service que pour l'une des raisons limitativement énoncées par les 1°, 2° ou 3° de l'art. L. 2224-2 et à la condition que le conseil municipal ait voté, à cette fin, une délibération répondant aux exigences de forme et de fond définies par le dernier alinéa du même article. • CE 29 oct. 1997, *Sté Sucrerie agricole de Colleville*, n° 144007 B : *Dr. adm. 1998, n° 5, note Gintrand.* – V. aussi note 3 ss. art. L. 2224-1.

9. Sur le plan procédural, la participation des communes membres requiert une délibération du syndicat ayant prévu des subventions et des délibérations des communes décidant le versement au syndicat de ces subventions. • CE 6 avr. 2007, *Synd. intercommunal d'adduction d'eau et d'assainissement d'eau de la Vallée de la Béthune*, n° 284544 : *Lebon 158 ; AJDA 2007. 1289, note Mouzet.*

10. La solution de principe est ainsi précisée. Nonobstant les dispositions de délibérations antérieures à l'entrée en vigueur de la loi, le comité syndical d'un syndicat des eaux ne peut mettre à la charge des communes adhérentes des contributions qui ne sont pas justifiées par l'un des motifs prévus par la loi. • CAA Douai, 16 déc. 2004, *Synd. des eaux d'Honnechy-Maurois*, n° 03DA00097. ♦ Même solution pour un syndicat de distribution d'eau potable et d'assainissement qui a illégalement décidé d'instituer le produit fiscal de substitution prévu à l'art. L. 5212-20. • CAA Nancy, 22 janv. 2004, *Préfet des Vosges*, n° 98NC00207. ♦ Le syndicat ne peut se prévaloir de ce que cette contribution des communes ne couvrirait que les dépenses d'investissement des services concernés et les dépenses de fonctionnement du service d'assainissement des eaux pluviales (service administratif), alors qu'il ne ressort pas de la ventilation proposée que ce serait le cas. • Même arrêt.

11. Même si le conseil du syndicat a décidé que son président demanderait au préfet l'autorisation que les communes membres contribuent, à titre dérogatoire, au financement de ses dépenses, les communes membres restent libres en tout état de cause, de décider du montant qu'elles acceptent de prendre en charge et ne sont en rien tenues de contribuer pour un montant correspondant à ce qui est réclamé aux usagers au titre de la part fixe des redevances. • CE 8 mars 2002, *M. Ratie et a.*, n° 229630 : *ACL 2003, n° 95.* ♦ La renonciation d'un établissement public de coopération intercommunale à percevoir directement la redevance ou la taxe d'enlèvement des ordures ménagères peut résulter implicitement de ses statuts. • CE 1er avr. 2005, *Cne de Flesselles*, n° 257269 B.

12. V. pour le département, • CAA Bordeaux, 31 oct. 2002, *Préfet de l'Ariège : BJCL 2003. 108* (illégalité de la participation du département au financement d'une installation nouvelle gérée en régie industrielle et commerciale). ♦ Pour les établissements publics de coopération intercommunale. * Rép. min. : *JO Sénat Q, 22 mai 2003, p. 1691.*

13. Inapplication du principe aux communes de moins de 3 000 habitants. Dans le but d'éviter un renchérissement du coût de l'eau assainie pour les habitants des communes de moins de 3 000 habitants, le législateur a exclu ces communes de la règle d'interdiction et leur a permis d'équilibrer le budget du service en cause par une subvention du budget général. La commune de Bonneval-sur-Arc (216 habitants) peut donc financer par une subvention du budget général la totalité de son service de distribution d'eau. • CAA Lyon, 24 févr. 2005, *Préfet de la Savoie*, n° 99LY01865 B. ♦ Le moyen tiré de ce que ce mode de financement serait incompatible avec l'existence même du service public industriel et commercial est sans incidence sur l'application de ces dispositions législatives. • Même arrêt. ♦ Si l'art. 13 de la loi du 3 janv. 1992 sur l'eau impose des modalités particulières de tarification, il n'a ni pour objet ni pour effet d'imposer aux collectivités responsables de facturer la consommation d'eau. • Même arrêt.

Art. L. 2224-3 **Sont réputées légales les délibérations ainsi que les clauses des traités ou cahiers des charges qui, antérieurement à la date d'entrée en vigueur de la loi n° 88-13 du 5 janvier 1988 d'amélioration de la décentralisation, ont prévu la prise en charge par les communes des dépenses répondant aux conditions de l'article L. 2224-2.**

Sont également réputées légales les clauses des traités ou des cahiers des charges approuvés avant la date d'entrée en vigueur de la loi n° 82-213 du 2 mars 1982 relative aux droits et libertés des communes, des départements et des régions, qui ont prévu la prise en charge par une commune de dépenses d'un service public industriel et commercial, même dans des cas autres que ceux mentionnés à l'article L. 2224-2. – *[L. n° 88-13 du 5 janv. 1988, art. 14-II.]*

La commune ne saurait utilement se prévaloir de ces dispositions (pour des délibérations antérieures à l'entrée en vigueur de la loi du 5 janv. 1988) dès lors qu'elle n'invoque pas que ses décisions de prise en charge dans le budget communal de dépenses au titre de l'assainissement soient justifiées par l'une des raisons énumérées à l'article précédent. • CE 9 nov. 1988, *Cne de Piseux c/ M. et Mme Dulière*, n° 79694 : *Lebon 397 ; RFDA 1989. 748, concl. de la Verpillière ; ACL 1989, n° 24.*

Art. L. 2224-4 **Les délibérations ou décisions des conseils municipaux ou des autorités locales compétentes qui comportent augmentation des dépenses des services publics industriels ou commerciaux exploités en régie, affermés ou concédés, ne peuvent être mises en application lorsqu'elles ne sont pas accompagnées du vote de recettes correspondantes.** – *[C. communes, art. L. 322-6.]*

Art. L. 2224-5 **Le maire présente au conseil municipal ou le président de l'établissement public de coopération intercommunale présente à son assemblée délibérante un rapport annuel sur le prix et la qualité du service public d'eau potable destiné notamment à l'information des usagers.**

Ce rapport est présenté au plus tard dans les *(L. n° 2015-991 du 7 août 2015, art. 129)* **« neuf » mois qui suivent la clôture de l'exercice concerné.**

(L. n° 2010-788 du 12 juill. 2010, art. 161) **« Le maire y joint la note établie chaque année par l'agence de l'eau ou l'office de l'eau sur les redevances figurant sur la facture d'eau des abonnés et sur la réalisation de son programme pluriannuel d'intervention. »**

Le rapport et l'avis du conseil municipal ou de l'assemblée délibérante sont mis à la disposition du public dans les conditions prévues à l'article L. 1411-13.

(Ord. nº 2022-1611 du 22 déc. 2022, art. 2) **« Les données relatives à la qualité de l'eau, au prix, aux volumes consommés, à l'organisation du service public de distribution de l'eau potable et à la mise en œuvre des mesures favorisant l'accès à l'eau prévues à l'article L. 2224-7-2 et aux 2° à 4° de l'article L. 2224-7-3 sont transmises par la commune ou l'établissement public de coopération compétent, par voie électronique, au système d'information mentionné au 2° du I de l'article L. 131-9 du code de l'environnement.**

« Un décret détermine les conditions d'application du présent article. Il précise notamment les indicateurs qui doivent figurer dans le rapport annuel et sont transmis au système d'information, ainsi que les modalités de transmission de ces données. »

Les services d'assainissement municipaux sont soumis aux dispositions du présent article.

BIBL. ► Braconnier, Contrôle et régulation des services publics industriels et commerciaux locaux, *in* Services publics industriels et commerciaux : questions actuelles, *LGDJ 2003, p. 159 s.*

Les dispositions du cahier des charges faisant obligation au concessionnaire de produire certains documents techniques ou financiers pour les besoins du contrôle opéré par le concédant n'ont d'effet qu'entre les parties et ne présentent pas un caractère réglementaire. • CE 17 nov. 1999, *Cne de Port-Saint-Louis-du-Rhône*, nº 188818 B : *LPA 7 juin 2000, p. 17, note Nicinski ; Rev. concessions 1999, nº 7, p. 125.*

Art. L. 2224-6 *(L. nº 2006-1772 du 30 déc. 2006, art. 53)* **« Les communes de moins de 3 000 habitants et les établissements publics de coopération intercommunale dont aucune commune membre n'a plus de 3 000 habitants peuvent établir un budget unique des services de distribution d'eau potable et d'assainissement si les deux services sont soumis aux mêmes règles d'assujettissement à la taxe sur la valeur ajoutée et si leur mode de gestion est identique. »**

Le budget et les factures émises doivent faire apparaître la répartition entre les opérations relatives à la distribution d'eau potable et celles relatives à l'assainissement.

V. art. R. 2224-21 et D. 2335-15 (distribution d'eau potable).

SECTION 2 **Eau et assainissement** *(L. nº 2006-1772 du 30 déc. 2006, art. 54).*

BIBL. GÉN. ► **Ouvrages :** L'eau et son droit, *Rapport public CE 2010.* – Les enjeux de la gestion locale de l'eau, dossier, *DCGT GRALE 2010.*

► **Articles :** Ahoulouma, Vers une efficacité du droit à l'eau en France ?, *AJDA 2011. 1887.* – Billet, Double mort et résurrection du régime de publicité et de gestion du captage d'eau potable, *JCP Adm. 19 nov. 2007, p. 3,* Les services collectifs d'eau et d'assainissement en France ; Étude réalisée par le BIPE, 3e éd., 30 janv. 2008, *Mon. TP. 1er févr. 2008, nº 5436* ; Principales dispositions de la loi sur l'eau et les milieux aquatiques intéressant les collectivités locales, *JCP Adm. 2007. 4* ; L'assistance technique des départements en matière d'eau, d'assainissement et d'entretien des milieux aquatiques, *JCP Adm. 2008. 2135* ; Le renforcement de la solidarité en matière d'accès à l'eau, *JCP Adm. 2011. 2383* ; Le financement du nouveau service public des eaux pluviales urbaines, *JCP Adm. 2011. 2336.* – Blanquefort et Terrien, Collectivités territoriales et service public de l'assainissement, *Rev. Lamy, sept. 2008, nº 38, p. 69 s.* – Bohen-Bacri, Cinq questions sur l'assainissement, *Journ. maires déc. 2008, p. 50.* – Caudal et Janin, La loi du 30 décembre 2006 sur l'eau et les milieux aquatiques entre volontarisme et renoncements, *Dr. adm. 2007, Étude. nº 5.* – Dossier : Eaux usées : protéger le milieu naturel, *Rev. Coll. loc., mars 2011, p. 38 s.* – Dossier : L'eau potable, *Rev. Coll. loc., 22 avr. 2011, p. 22 s.* – Dossier : Eau et assainissement, *ACCP 2011. 37.* – Dubol, Guinaudeau et Hanus, Évolution et suivi des coûts d'investissement en assainissement, *Mon. TP 14 juill. 2006, Cahier détaché nº 2.* – Gabai, Gestion des services publics d'assainissement et développement durable, *RLCT 2006. 76.* – Hadache, Loi sur l'eau et les milieux aquatiques : vague réglementaire, *Journ. maires, juill.-août 2008, p. 28.* – Landot, La réforme des services publics locaux de l'eau et de l'assainissement, *RLCT avr. 2007, p. 44 s.* ; Les nouvelles normes pour l'eau potable. Quelles responsabilités ?, *Journ. maires, avr. 2004, p. 53* ; Eau et assainissement : la réforme au compte-gouttes, *Gaz. cnes 29 janv. 2007, p. 58* ; La loi sur l'eau et les milieux aquatiques, *Gaz. cnes (cahier détaché), 19 mars 2007, nº 1878.* – Llorens et Soler-Couteaux, Gestion et services publics d'eau et d'assainissement : l'analyse de la Cour des comptes, *Rev. CMP 2003, nº 3, p. 1.* – Mereangelos, La loi du 7 février 2011 relative à la solidarité dans le domaine de l'eau et de l'assainissement,

Jour. cnes, 4 avr. 2011, n° 2153. – Peyrical, Quel avenir juridique pour le traitement des boues d'épuration ?, *Mon. TP 5 avr. 2002, p. 78.* – Richer, Les services de l'eau potable et de l'assainissement dans la loi sur l'eau, la loi à la traîne de la jurisprudence, *AJDA 2007. 1168 s.* ; Facturation de la redevance d'assainissement par la délégation du service d'eau, *Contrats publics juill.-août 2006, p. 78.* – Salaun, Les services publics d'assainissement non collectifs, *Journ. maires, avr. 2008, p. 57.* – Teissonnier-Muchielli, L'impact du droit communautaire sur la distribution et l'assainissement de l'eau en France, *Doc. fr. 2003.* – Thouvenin, Droit de la concurrence et marché de la distribution de l'eau, *Gaz. Pal. 2003. 2. 2177.* – Touret, Le contrôle des déversements des eaux usées autres que domestiques, *Journ. maires, avr. 2007, p. 51 s.* ; Le contrôle des dispositifs d'assainissement, *Journ. maires, mars 2007, p. 53* ; La taxe sur les eaux pluviales, *Journ. maires, juin 2007, p. 533* ; Les régimes spécifiques d'autorisation et de déclaration dans le domaine de l'eau, *Journ. maires, janv. 2007, p. 57 s.* ; La procédure de déclaration dans le domaine de l'eau, *Journ. maires, déc. 2006, p. 55 s.* ; La procédure d'autorisation dans le domaine de l'eau, *Journ. maires, nov. 2006, p. 87 s.*

COMMENTAIRE

V. dans le supplément en ligne.

SOUS-SECTION 1 Dispositions générales

(L. n° 2006-1772 du 30 déc. 2006, art. 54)

Art. L. 2224-7 *(Ord. n° 2022-1611 du 22 déc. 2022, art. 2)* **« I. — Tout service assurant tout ou partie de la production, du transport, du stockage et de la distribution d'eau destinée à la consommation humaine est un service d'eau potable.**

« La production d'eau destinée à la consommation humaine comprend tout ou partie du prélèvement, de la protection du point de prélèvement ainsi que du traitement de l'eau brute. »

II. — Tout service assurant tout ou partie des missions définies à l'article L. 2224-8 est un service public d'assainissement.

1. Service de l'eau. Dès la fin du XIXe siècle et malgré l'absence de textes précis, la jurisprudence considère que le service public de distribution d'eau, dans ses diverses composantes (production, transport et stockage, distribution aux usagers), est un service public. • CE 27 avr. 1877, *Ville de Poitiers : Lebon 385* • 28 avr. 1877, *Ville de Blois : Lebon 385* • 28 déc. 1877, *Ville de Carpentras : Lebon 1058* • 8 août 1878, *Ville de Lille : Lebon 817.* ♦ La qualification légale récente ne fait que confirmer des solutions jurisprudentielles implicites, la précision ne portant que sur le caractère industriel et commercial du service depuis l'adoption de cette théorie. V. notes ss. art. L. 2224-11.

2. Service de l'assainissement. V. notes ss. art. L. 2224-11.

§ 1 Dispositions relatives à la distribution d'eau *(Ord. n° 2022-1611 du 22 déc. 2022, art. 2).*

Art. L. 2224-7-1 *(L. n° 2006-1772 du 30 déc. 2006, art. 54)* **Les communes sont compétentes en matière de distribution d'eau potable. Dans ce cadre, elles arrêtent un schéma de distribution d'eau potable déterminant les zones desservies par le réseau de distribution. Elles peuvent également assurer la production d'eau potable, ainsi que son transport et son stockage.** *(L. n° 2010-788 du 12 juill. 2010, art. 161)* **« Toutefois, les compétences en matière d'eau potable assurées à la date du 31 décembre 2006 par des départements ou des associations syndicales créées avant cette date ne peuvent être exercées par les communes sans l'accord des personnes concernées.**

(L. n° 2021-1104 du 22 août 2021, art. 59) **« Le schéma mentionné au premier alinéa comprend un descriptif détaillé et un diagnostic des ouvrages et équipements nécessaires à la distribution d'eau potable et, le cas échéant, à sa production, à son transport et à son stockage. Il comprend également un programme d'actions chiffrées et hiérarchisées visant à améliorer l'état et le fonctionnement de ces ouvrages et équipements. Ce schéma tient compte de l'évolution de la population et des ressources en eau disponibles. Lorsque le taux de perte en eau du réseau s'avère supérieur à un taux fixé par décret selon les caractéristiques du service et de la ressource, ce schéma est complété, avant la fin du second exercice suivant l'exercice pour lequel le dépassement a été constaté, par un plan d'actions comprenant, s'il y a lieu, un projet de programme pluriannuel de travaux d'amélioration du réseau.**

« Le *(Ord. n° 2022-1611 du 22 déc. 2022, art. 2)* « schéma de distribution » d'eau potable est établi au plus tard le 31 décembre 2024 ou dans les deux années suivant la prise de compétence à titre obligatoire par la communauté de communes, si cette prise de compétence intervient après le 1er janvier 2023. » Il est mis à jour selon une périodicité fixée par décret afin de prendre en compte l'évolution du taux de perte visé à l'alinéa précédent ainsi que les travaux réalisés sur ces ouvrages. »

(L. n° 2020-105 du 10 févr. 2020, art. 107) « Les schémas mentionnés au premier alinéa définissent des zones dans lesquelles il est pertinent d'installer des fontaines d'eau potable *(Ord. n° 2022-1611 du 22 déc. 2022, art. 2)* « ou d'autres équipements nécessaires à la mise en œuvre des solutions mentionnées au 2° de l'article L. 2224-7-3 ». »

COMMENTAIRE

V. dans le supplément en ligne.

Avant la loi du 30 déc. 2006, aucun texte de valeur législative ne conférait l'exclusive compétence aux communes. • CE 13 mars 1985, *Ville de Cayenne*, n° 19322 : *Lebon 76 ; AJDA 1985. 376, obs. Richer.* ♦ L'organisation de la distribution de l'eau présentait un intérêt départemental, dans les circonstances de l'espèce, et le préfet a pu refuser d'autoriser la création d'un syndicat intercommunal de gestion de l'eau. • Même arrêt.

Art. L. 2224-7-1-1 *(L. n° 2025-327 du 11 avr. 2025, art. 4)* Lorsque le réseau public d'adduction et de distribution d'eau potable d'une commune connaît une rupture qualitative ou quantitative pour la première fois depuis au moins cinq ans, le maire peut demander à une commune voisine dont les réserves d'eau sont supérieures aux besoins estimés la mise à disposition d'eau potable. Lorsqu'elle accepte cette demande, la commune fournit gratuitement la ressource en eau et la commune bénéficiaire finance son acheminement.

La commune donatrice est exemptée de toute contribution sur l'eau faisant l'objet du transfert gratuit.

La perte de recettes résultant pour l'État de cet art. est compensée, à due concurrence, par la création d'une taxe additionnelle à l'accise sur les tabacs prévue au chapitre IV du titre I du livre III du CIBS (L. n° 2025-327 du 11 avr. 2025, art. 4-II).

Art. L. 2224-7-1-2 *(L. n° 2025-327 du 11 avr. 2025, art. 3)* Après chaque renouvellement général des conseils municipaux, une fois publié le compte-rendu de la réunion de la commission départementale de la coopération intercommunale prévue à l'article L. 5211-45-1, le conseil municipal se réunit pour évoquer les enjeux relatifs à la qualité et à la quantité de la ressource en eau à l'échelle de la commune et à l'échelle du département, la performance des services et l'efficacité des interconnexions ainsi que les perspectives d'évolution à dix ans de ces différents éléments.

Art. L. 2224-7-2 *(Ord. n° 2022-1611 du 22 déc. 2022, art. 2)* Pour mettre en œuvre les compétences énoncées à l'article L. 1321-1 B du code de la santé publique visant à satisfaire les besoins essentiels des personnes en eau destinée à la consommation humaine, les communes ou leurs établissements publics de coopération identifient sur leur territoire les personnes n'ayant pas accès, ou ayant un accès insuffisant, à l'eau potable ainsi que les raisons expliquant cette situation.

Ce diagnostic territorial porte sur l'intégralité de la population présente sur leur territoire. Il fait l'objet d'une mise à jour régulière, au moins tous les six ans, qui tient compte des signalements de situations relatives à un accès inexistant ou insuffisant à l'eau potable.

Les dépenses exposées par les communes ou leurs établissements publics de coopération dans le cadre de la réalisation du diagnostic territorial ne sont pas soumises à l'interdiction prévue au premier alinéa de l'article L. 2224-2.

Le diagnostic prévu au présent art., introduit par l'art. 2 de l'Ord. n° 2022-1611 du 22 déc. 2022, est réalisé par les communes ou leurs établissements publics de coopération au plus tard le 1er janv. 2025. Il est réalisé au plus tard le 1er janv. 2027 pour les communautés de communes qui deviennent compétentes en matière d'eau au 1er janv. 2026 (Ord. préc., art. 9).

Art. L. 2224-7-3 *(Ord. nº 2022-1611 du 22 déc. 2022, art. 2)* Au vu du diagnostic territorial établi en application de l'article L. 2224-7-2, les communes ou leurs établissements publics de coopération procèdent à :

1º L'identification et l'évaluation des possibilités d'améliorer l'accès à l'eau destinée à la consommation humaine des personnes et groupes de personnes n'y ayant pas accès, ou y ayant un accès insuffisant ;

2º La mise en œuvre, au plus tard trois ans après la réalisation du diagnostic territorial, des mesures techniquement réalisables et proportionnées à l'urgence de la situation permettant de garantir à toute personne, y compris à celles en situation de vulnérabilité liée à des facteurs sociaux, économiques ou environnementaux, l'accès à l'eau destinée à la consommation humaine, en application de l'article L. 1321-1 B du code de la santé publique ;

3º L'information des personnes n'ayant pas accès ou ayant un accès insuffisant à l'eau destinée à la consommation humaine, des possibilités de connexion à un réseau de distribution ou d'accès alternatifs à l'eau destinée à la consommation humaine ;

4º La mise en place et l'entretien des fontaines d'eau potable et des autres équipements prévus au dernier alinéa de l'article L. 2224-7-1 permettant d'accéder dans les lieux publics à l'eau destinée à la consommation humaine ;

Les dépenses résultant des actions réalisées en application des 1º, 3º et 4º du présent article par les communes ou leurs établissements publics de coopération ne sont pas soumises à l'interdiction prévue au premier alinéa de l'article L. 2224-2.

Art. L. 2224-7-4 *(Ord. nº 2022-1611 du 22 déc. 2022, art. 2)* Les dispositions des articles L. 2224-7-2 et L. 2224-7-3 s'appliquent sans préjudice des dispositions prévues par l'article 2 de la loi nº 2000-614 du 5 juillet 2000 relative à l'accueil et à l'habitat des gens du voyage pour les personnes mentionnées à l'article 1er de la même loi dont l'habitat traditionnel est constitué de résidences mobiles installées sur des aires d'accueil ou des terrains prévus à cet effet. Les obligations précisées à l'article L. 2224-7-3 sont réputées satisfaites à leur égard dès lors que les communes ou leurs établissements publics de coopération ont exécuté les obligations en matière d'accès à l'eau prévues dans ces dispositions spécifiques.

Les communes ou leurs établissements publics de coopération procèdent à la communication annuelle des informations relatives à la mise en œuvre de l'article L. 2224-7-2 et des 2º et 4º de l'article L. 2224-7-3 par le renseignement du système d'information sur les services publics d'eau et d'assainissement s'appuyant sur le rapport annuel sur le prix et la qualité du service public d'eau potable mentionné à l'article L. 2224-5.

Un décret en Conseil d'État définit les modalités d'application du présent article et des articles L. 2224-7-2 et L. 2224-7-3.

La communication annuelle prévue par le présent art., introduit par l'art. 2 de l'Ord. nº 2022-1611 du 22 déc. 2022, s'effectue à compter du 1er janv. 2025 pour les communes ou leurs établissements de coopération et à compter du 1er janv. 2027 pour les communautés de communes devenues compétentes dans le domaine de l'eau au 1er janv. 2026 (Ord. préc., art. 9).

§ 2 Dispositions relatives à la production d'eau

(Ord. nº 2022-1611 du 22 déc. 2022, art. 2)

Art. L. 2224-7-5 Toute personne publique responsable de la production d'eau qui assure tout ou partie du prélèvement peut contribuer à la gestion et à la préservation de la ressource en eau.

Cette contribution est obligatoire lorsque l'eau est produite en tout ou partie à partir d'un point de prélèvement sensible, au sens de l'article L. 211-11-1 du code de l'environnement.

Art. L. 2224-7-6 La personne publique mentionnée à l'article L. 2224-7-5 qui contribue à la gestion et à la préservation de la ressource en eau élabore et met en œuvre un plan d'action visant à contribuer au maintien ou à l'amélioration de la qualité de la part de cette ressource utilisée pour la production d'eau destinée à la consommation humaine.

Ce plan s'applique sur tout ou partie de l'aire d'alimentation des captages pendant la durée qu'il détermine. Il constitue le volet relatif à la maîtrise des risques liés aux pollutions sur les zones de captage du plan de gestion de la sécurité sanitaire de l'eau que la personne publique doit établir en application de l'article L. 1321-4 du code de la santé publique.

La personne publique mentionnée au premier alinéa transmet au représentant de l'État dans le département le plan d'action qu'elle a établi ainsi qu'une proposition de délimitation de l'aire d'alimentation des captages d'eau potable correspondante. Un décret détermine, dans le cas mentionné au second alinéa de l'article L. 2224-7-5, le délai dans lequel cette transmission intervient à compter de la date à laquelle le point de prélèvement peut être qualifié de sensible, au sens de l'article L. 211-11-1 du code de l'environnement.

Avant la fin de la période d'application du plan d'action, la personne publique responsable de la production d'eau procède à l'évaluation de sa mise en œuvre et décide de la prolongation ou de la modification des actions prévues par ce plan au vu des résultats de cette évaluation.

Lorsque la contribution à la gestion et à la préservation de la ressource en eau est mise en œuvre dans un cadre mutualisé entre personnes publiques, elle fait l'objet d'une convention qui précise la ou les personnes en charge du pilotage du plan d'action ainsi que les modalités de son suivi.

(L. n° 2025-327 du 11 avr. 2025, art. 2) « Une commune qui assure la gestion des compétences "eau" et "assainissement" peut réaliser, avec l'établissement public de coopération intercommunale et les communes du bassin versant, des études sur la gestion de la ressource en eau et sur la sécurité du service. »

Art. L. 2224-7-7 Les mesures prévues par le plan d'action mentionné à l'article L. 2224-7-6 visent à éviter, réduire ou supprimer les pollutions de toute nature ou à limiter leur transfert vers la ressource en eau, sans préjudice des prescriptions arrêtées par le préfet dans les périmètres définis à l'article L. 1321-2 du code de la santé publique et des règles adoptées en application des dispositions des chapitres I et II du titre I du livre II de la partie législative du code de l'environnement. Elles sont définies en concertation avec les acteurs du territoire concernés par la protection de la ressource en eau ou dont les activités sont susceptibles d'en affecter la qualité.

Ces mesures consistent notamment à :

1° Sensibiliser, informer et mobiliser les acteurs du territoire pour préserver la qualité de la ressource en eau et les accompagner dans la mise en œuvre d'actions contribuant à cet objectif ;

2° Réaliser toute étude nécessaire pour mettre en œuvre, compléter ou actualiser le plan d'action ;

3° Suivre la qualité de la ressource en eau ;

4° Soutenir et favoriser la transition agro-écologique ;

5° Assurer la maîtrise foncière pour la mise en œuvre d'actions destinées à protéger ou restaurer la ressource en eau ;

6° Mettre en place des aménagements limitant le transfert de pollutions vers la ressource en eau ;

7° Signer des conventions d'engagement avec les partenaires du plan ;

8° Suivre et évaluer l'efficacité de la démarche.

Lorsque le plan d'action concerne un point de prélèvement sensible, au sens de l'article L. 211-11-1 du code de l'environnement, il contient également des propositions de mesures pouvant être rendues obligatoires dans le cadre d'un programme d'action établi en application du 7° de l'article L. 211-3 du même code.

Art. L. 2224-7-8 *(L. n° 2025-268 du 24 mars 2025, art. 50)* Dans les conditions prévues aux articles L. 2422-5 à L. 2422-11 du code de la commande publique, le département peut recevoir un mandat de maîtrise d'ouvrage, conclu à titre gratuit, en vue de la production, du transport et du stockage d'eau destinée à la consommation humaine ou en vue de l'approvisionnement en eau, au sens du 3° du I de l'article L. 211-7 du code de l'environnement, confié par l'établissement public de coopération intercommunale ou le syndicat mixte compétent.

Art. L. 2224-7-9 *(L. n° 2025-268 du 24 mars 2025, art. 50)* Un syndicat mixte, régi par les articles L. 5721-1 à L. 5721-9, constitué exclusivement d'un ou de plusieurs groupements de collectivités mentionnés aux articles L. 5210-1-1 A et L. 5711-1 compétents en matière de production, de transport et de stockage d'eau destinée à la consommation humaine et d'un ou de plusieurs départements limitrophes peut exercer tout ou partie de ces compétences.

§ 3 Dispositions relatives à l'assainissement *(Ord. nº 2022-1611 du 22 déc. 2022, art. 2).*

Art. L. 2224-8 *(L. nº 2006-1772 du 30 déc. 2006, art. 54)* « I. — Les communes sont compétentes en matière d'assainissement des eaux usées. »

(L. nº 2010-788 du 12 juill. 2010, art. 161) « Dans ce cadre, elles établissent un schéma d'assainissement collectif comprenant, avant la fin de l'année 2013, un descriptif détaillé des ouvrages de collecte et de transport des eaux usées. Ce descriptif est mis à jour selon une périodicité fixée par décret afin de prendre en compte les travaux réalisés sur ces ouvrages. »

(L. nº 2006-1772 du 30 déc. 2006, art. 54) « II. — Les communes assurent le contrôle des raccordements au réseau public de collecte, la collecte, le transport et l'épuration des eaux usées, ainsi que l'élimination des boues produites. Elles peuvent également, à la demande des propriétaires, assurer les travaux de mise en conformité des ouvrages visés à l'article L. 1331-4 du code de la santé publique, depuis le bas des colonnes descendantes des constructions jusqu'à la partie publique du branchement, et les travaux de suppression ou d'obturation des fosses et autres installations de même nature à l'occasion du raccordement de l'immeuble. »

(L. nº 2021-1104 du 22 août 2021, art. 63) « Le contrôle du raccordement est notamment réalisé pour tout nouveau raccordement d'un immeuble au réseau public de collecte des eaux usées conformément au premier alinéa de l'article L. 1331-1 du même code et lorsque les conditions de raccordement sont modifiées. À l'issue du contrôle de raccordement au réseau public, la commune établit et transmet au propriétaire de l'immeuble ou, en cas de copropriété, au syndicat des copropriétaires un document décrivant le contrôle réalisé et évaluant la conformité du raccordement au regard des prescriptions réglementaires. La durée de validité de ce document est de dix ans. Le contrôle effectué à la demande du propriétaire de l'immeuble ou du syndicat des copropriétaires est réalisé aux frais de ce dernier et la commune lui transmet ce document dans un délai fixé par décret en Conseil d'État. »

L'étendue des prestations afférentes aux services d'assainissement municipaux et les délais dans lesquels ces prestations doivent être effectivement assurées sont fixés par décret en Conseil d'État, en fonction des caractéristiques des communes et notamment de l'importance des populations totales agglomérées et saisonnières.

(L. nº 2006-1772 du 30 déc. 2006, art. 54) « III. — » *(L. nº 2010-788 du 12 juill. 2010, art. 159)* « Pour les immeubles non raccordés au réseau public de collecte, la commune assure le contrôle des installations d'assainissement non collectif. Cette mission consiste :

« 1º Dans le cas des installations neuves ou à réhabiliter, en un examen préalable de la conception joint, s'il y a lieu, à tout dépôt de demande de permis de construire ou d'aménager et en une vérification de l'exécution. À l'issue du contrôle, la commune établit un document qui évalue la conformité de l'installation au regard des prescriptions réglementaires ;

« 2º Dans le cas des autres installations, en une vérification du fonctionnement et de l'entretien. À l'issue du contrôle, la commune établit un document précisant les travaux à réaliser pour éliminer les dangers pour la santé des personnes et les risques avérés de pollution de l'environnement.

« Les modalités d'exécution de la mission de contrôle, les critères d'évaluation de la conformité, les critères d'évaluation des dangers pour la santé et des risques de pollution de l'environnement, ainsi que le contenu du document remis au propriétaire à l'issue du contrôle sont définis par un arrêté des ministres chargés de l'intérieur, de la santé, de l'environnement et du logement. »

« Les communes déterminent la date à laquelle elles procèdent au contrôle des installations d'assainissement non collectif ; elles effectuent ce contrôle au plus tard le 31 décembre 2012, puis selon une périodicité qui ne peut pas excéder *(L. nº 2010-788 du 12 juill. 2010, art. 161)* « dix » ans. »

(L. nº 2010-788 du 12 juill. 2010, art. 159) « Elles peuvent assurer, avec l'accord écrit du propriétaire, l'entretien, les travaux de réalisation et les travaux de réhabili-

tation des installations d'assainissement non collectif prescrits dans le document de contrôle. »

Elles peuvent en outre assurer le traitement des matières de vidanges issues des installations d'assainissement non collectif.

« Elles peuvent fixer des prescriptions techniques, notamment pour l'étude des sols ou le choix de la filière, en vue de l'implantation ou de la réhabilitation *(L. n° 2021-1308 du 8 oct. 2021, art. 34)* « de tout ou partie d'une installation » d'assainissement non collectif. »

(L. n° 2010-788 du 12 juill. 2010, art. 159) « Les installations d'assainissement non collectif recevant des eaux usées domestiques ou assimilées au sens de l'article L. 214-2 du code de l'environnement et n'entrant pas dans la catégorie des installations avec traitement par le sol font l'objet d'un agrément délivré » *(L. n° 2020-1525 du 7 déc. 2020, art. 33)* « par un ou plusieurs organismes, notifiés par l'État à la Commission européenne au titre du règlement (UE) n° 305/2011 du Parlement européen et du Conseil du 9 mars 2011 établissant des conditions harmonisées de commercialisation pour les produits de construction et abrogeant la directive 89/106/CEE du Conseil, compétents dans le domaine des produits d'assainissement et désignés par arrêté des ministres chargés de l'environnement et de la santé.

« Les ministres chargés de l'environnement et de la santé peuvent, dans des conditions précisées par décret, demander à l'organisme notifié de procéder à une nouvelle évaluation d'une demande d'agrément que celui-ci a instruite. »

Art. L. 2224-9 *(L. n° 2023-175 du 10 mars 2023, art. 83)* « I. — » Tout prélèvement, puits ou forage réalisé à des fins d'usage domestique de l'eau fait l'objet d'une déclaration auprès du maire de la commune concernée. *(L. n° 2021-1104 du 22 août 2021, art. 64)* « Les entreprises doivent tenir un registre des forages d'eau qu'elles réalisent, quel qu'en soit l'usage, et doivent les déclarer pour le compte de leur client au maire de la commune concernée dans les trois mois suivant leur réalisation. » Les informations relatives à cette déclaration sont tenues à disposition du représentant de l'État dans le département *(Ord. n° 2010-177 du 23 févr. 2010, art. 8)* « , du directeur général de l'agence régionale de santé » et des agents des services publics d'eau potable et d'assainissement.

(L. n° 2023-175 du 10 mars 2023, art. 83) « Les prestations de travaux de création de puits ou de forage à des fins d'usage domestique de l'eau mentionnés au premier alinéa et les prestations de travaux de remise en état exécutées lors de l'arrêt des travaux d'exploitation sont conformes aux exigences techniques d'une certification délivrée dans des conditions prévues par décret en Conseil d'État.

« Sans préjudice des poursuites pénales qui peuvent être exercées, lorsque des prestations de travaux de forage sont réalisées sans disposer de la certification délivrée en application du présent article, l'autorité administrative compétente peut, dans les cas et les conditions fixés par décret en Conseil d'État et sans avoir procédé préalablement à une mise en demeure, ordonner le paiement d'une amende administrative. Cette amende administrative est au plus égale à 15 000 € par ouvrage.

« II. — » *(L. n° 2010-788 du 12 juill. 2010, art. 164)* « Tout dispositif d'utilisation, à des fins domestiques, d'eau de pluie à l'intérieur d'un bâtiment alimenté par un réseau, public ou privé, d'eau destinée à la consommation humaine doit préalablement faire l'objet d'une déclaration auprès du maire de la commune concernée. Les informations relatives à cette déclaration sont tenues à disposition du représentant de l'État dans le département et transmises aux agents des services publics d'eau potable et de la collecte des eaux usées.

« La possibilité d'utiliser de l'eau de pluie pour l'alimentation des toilettes, le lavage des sols et le lavage du linge dans les bâtiments d'habitation ou assimilés est étendue aux établissements recevant du public. Cette utilisation fait l'objet d'une déclaration préalable au maire de la commune concernée. »

(L. n° 2023-175 du 10 mars 2023, art. 83) « III. — Un décret en Conseil d'État définit les modalités d'application du présent article. »

V. art. R. 2224-22 s.

Un Décr. en Conseil d'État définit les modalités et les conditions selon lesquelles les travaux de sondage, de forage ou de création de puits ou d'ouvrages souterrains non destinés à un usage domestique, d'une profondeur comprise entre 50 et 100 m et exécutés conformément aux exigences techniques d'une certification délivrée dans des conditions prévues par Décr. en Conseil d'État ne sont pas soumis à évaluation environnementale ou à un examen au cas par cas (L. n° 2023-175 du 10 mars 2023, art. 83-III).

Art. L. 2224-10 Les communes ou leurs établissements publics de coopération délimitent, après enquête publique *(L. n° 2010-788 du 12 juill. 2010, art. 240)* **« réalisée conformément au chapitre III du titre II du livre I du code de l'environnement » :**

1° Les zones d'assainissement collectif où elles sont tenues d'assurer la collecte des eaux usées domestiques et le stockage, l'épuration et le rejet ou la réutilisation de l'ensemble des eaux collectées ;

2° *(L. n° 2006-1772 du 30 déc. 2006, art. 54)* **« Les zones relevant de l'assainissement non collectif où elles sont tenues d'assurer le contrôle de ces installations et, si elles le décident, le traitement des matières de vidange et, à la demande des propriétaires, l'entretien et les travaux de réalisation et de réhabilitation des installations d'assainissement non collectif ; »**

3° Les zones où des mesures doivent être prises pour limiter l'imperméabilisation des sols et pour assurer la maîtrise du débit et de l'écoulement des eaux pluviales et de ruissellement ;

4° Les zones où il est nécessaire de prévoir des installations pour assurer la collecte, le stockage éventuel et, en tant que de besoin, le traitement des eaux pluviales et de ruissellement lorsque la pollution qu'elles apportent au milieu aquatique risque de nuire gravement à l'efficacité des dispositifs d'assainissement.

Sur les règles en matière de collecte des eaux pluviales, V. CSP, art. L. 1331-1. – **CSP.**

1. L'art. L. 2224-10 ne subordonne pas la mise en place de ces services à la réalisation des opérations de délimitation qu'il prévoit. • CE, avis, 10 avr. 1996, n° 358783 : *Rapport public 1996, EDCE 1996. 295.*

2. Sur les compétences en matière de zonage d'assainissement, V. * Rép. min. *JO Sénat Q, 22 mai 2003, p. 1700.*

3. La limitation des zones d'assainissement collectif et non collectif poursuit un objectif distinct et ne dispense pas les communes d'assumer leurs obligations à l'égard des autres installations. • CE 13 févr. 2004, *Cté de cnes du Béthunois,* n° 250633.

4. Le tribunal administratif exerce un contrôle d'erreur manifeste d'appréciation sur la décision de délimitation d'une zone d'assainissement collectif prenant en compte la configuration des lieux et l'importance des dépenses pour la commune concernée. • TA Orléans, 12 oct. 2004, *M. et Mme Fouchault-Moreau : BJCL 2005. 33, concl. Franfort.* ♦ La circonstance qu'un domaine hôtelier situé dans le bourg sera relié au réseau collectif d'épuration des eaux usées, à la différence des hameaux éloignés de l'agglomération, est sans incidence sur la légalité de la délibération du conseil municipal approuvant le plan de zonage d'assainissement de la commune. • CAA Nantes, 11 oct. 2005, *Fouchault : RFDA 2006. 596, concl. Artus.* ♦ ... Dès lors que l'incorporation de ce domaine ne méconnaît pas les critères adoptés pour déterminer les zones d'assainissement collectif et individuel. • Même arrêt.

5. La compétence d'un syndicat intercommunal à vocation multiple en matière de réseau d'assainissement s'étend au zonage d'assainissement. Le conseil municipal qui a empiété sur les compétences du syndicat n'est pas compétent. • CAA Lyon, 31 mai 2005, *Boyer : RFDA 2005. 10 ; Légilocal mars 2006, n° 42.*

6. Les zones d'assainissement ne sont pas des documents d'urbanisme dès lors qu'elles n'ont pas pour objet principal de déterminer les règles d'affectation et d'utilisation des sols. • CE, avis, 26 oct. 2005, *Assoc. Défendre la qualité de la vie à Plan-d'Aups-Sainte-Baume,* n° 281877 B : *JCP 2005. 1378, note Billet ; BJDU 2005. 443, concl. Aguila ; RLCT 2005. 20, obs. E. G. ; RDI 2005. 470, obs. Soler-Couteaux ; AJDA 2006. 105, note Pontier.* ♦ Mais lorsque leur contenu est fixé par le plan local d'urbanisme, elles font partie intégrante de ce document d'urbanisme. • Même arrêt. ♦ Les schémas d'assainissement élaborés par les communes ou les EPCI ne constituent pas des documents et décisions relatifs à la vocation des zones ou à l'occupation des sols au sens de la loi Littoral. Ces zonages ne sont pas soumis à une exigence de compatibilité avec le plan local d'urbanisme. • CE 12 févr. 2014, *M. et Mme B. et Assoc. interdépartementale et intercommunale pour la protection du lac de Sainte-Croix, de son environnement et des lacs et sites du Verdon c/ Cne d'Aiguines,* n° 360161 : *RDI 2014. 229, obs. Soler-Couteaux.*

7. Il résulte des dispositions combinées des art. R. 2224-7 et R. 2224-9 que le dossier soumis à enquête publique pour l'évaluation des dépenses de mise en place d'un système d'assainissement collectif au sein des zones définies par le plan de zonage d'assainissement n'impose pas d'évaluer, même sommairement, les dépenses induites par les projets alternatifs envisagés. • TA Amiens, 5 juin 2007, n° 0400069. ♦ Si la mise en place du système d'assainissement collectif prévue par le plan de zonage est en elle-même soumise au contrôle du bilan, la définition des zones d'assainissement collectif relève du contrôle de l'erreur manifeste d'appréciation. • TA Amiens, 5 juin 2007, n° 0400069 : *Journ. cnes 5 oct. 2007, p. 61.*

8. Large pouvoir d'appréciation. Les communes et les EPCI disposent d'un large pouvoir d'appréciation pour délimiter les zones d'assainissement collectif et non collectif en tenant compte de la concentration de la population et des activités économiques productrices d'eaux usées sur leur territoire, de la charge brute de pollution organique présente dans les eaux usées, ainsi que des coûts respectifs des systèmes d'assainissement collectif et non collectif et de leurs effets sur l'environnement et la salubrité publique. • CE 17 oct. 2014, *Assoc. Cadre de vie et environnement de Lamorlaye*, n° 364720 : *Lebon ; AJDA 2014. 2036*. ♦ Toutefois, le juge a déduit de l'art. R. 2224-10 CGCT que lorsque tout ou partie du territoire d'une commune est compris dans une agglomération d'assainissement dont les populations et les activités économiques produisent des eaux usées dont la charge brute de pollution organique est supérieure à 120 kg par jour, la commune est tenue d'équiper cette partie du territoire d'un système de collecte des eaux usées. • Même arrêt.

9. Compétence du juge administratif. Le juge administratif est compétent pour connaître de la demande d'un habitant d'une commune tendant à la condamner à effectuer les travaux d'extension du réseau d'assainissement collectif vers son habitation et à l'indemniser de ses préjudices résultant des frais qu'il a dû engager dans l'attente de ces travaux dès lors que cette demande se rattache à un refus d'exécution de travaux publics et non à un litige opposant un service public industriel et commercial à un usager. • CE 8 juin 2015, *M. A. B. c/ Cne du Rouret*, n° 362783 : *Lebon. T. ; AJDI 2015. 453, note Maublanc ; JCP Adm. 2015. Actu. 546, obs. Langelier.*

§ 4 Dispositions communes *(Ord. n° 2022-1611 du 22 déc. 2022, art. 2).*

Art. L. 2224-11 *(L. n° 2006-1772 du 30 déc. 2006, art. 54)* **Les services publics d'eau et d'assainissement sont financièrement gérés comme des services à caractère industriel et commercial.**

BIBL. ► V. Bibl. gén. ss. chap. IV.

Plan des annotations

I. GÉNÉRALITÉS

1. La loi n° 2006-1772 du 30 déc. 2006 étend au service de l'eau la formule adoptée pour le service d'assainissement par l'art. 75 de la loi de finances du 29 nov. 1965.

II. QUALIFICATION JURIDIQUE (SPIC)

A. QUALIFICATION DU SERVICE DE L'EAU

2. Solutions antérieures à la L. du 30 déc. 2006. Né d'initiatives spontanées des communes, le service de distribution d'eau a toujours été considéré comme un service public industriel et commercial. La solution est traditionnelle. V. par ex. • CE 6 mai 1931, *Tondut : Lebon 577 ; S. 1931. 3. 81, note P.L.*

3. Cette solution est constamment réaffirmée. V. par ex. • T. confl. 28 juin 1976, *Burlat c/ Cne de Somme-Suippe*, n° 2030 : *Lebon 701 ; AJDA 1976. 570, note Moderne* • 22 juin 1992, *Berger*, n° 02683 B • CE 30 sept. 1996, *Sté stéphanoise des eaux, Ville de Saint-Étienne*, n° 156176 : *Lebon 355*. ♦ Un seul arrêt dénie le caractère industriel et commercial d'un service pour lequel l'usager effectue un versement unique lors de son branchement au réseau. • CE 7 mai 1982, *Verdier*, n° 08442 B.

4. La jurisprudence se fixe sur une formule distincte du critère général. Le service public de distribution d'eau est en principe de par son objet un service public industriel et commercial ; il en va ainsi, même si s'agissant de son organisation et de son fonctionnement, ce service est géré en régie par une commune, sans disposer d'un budget annexe et si le prix facturé à l'usager ne couvre que partiellement le coût du service ; en revanche, le service ne peut revêtir un caractère industriel et commercial lorsque son coût ne fait l'objet d'aucune facturation périodique à l'usager. • T. confl. 21 mars 2005, *Mme Alberti-Scott c/ Cne de Tournefort*, n° 3413 : *Lebon 651 ; RJCL 2005. 396, concl. Duprat, obs. M.D. ; RFDA 2006. 119, obs. Lachaume* • 16 oct. 2006, *M. Monteil et a. c/ Synd. intercommunal du canton de Montignac,* n° C3570 : *Lebon 637* • 6 juill. 2009, *M. Bricet c/ Cne de Vienne*, n° C3707.

5. Solutions postérieures à la L. du 30 déc. 2006. L'art. R. 2224-20, issu du Décr. n° 2007-1339 du 11 sept. 2007, soumet à conditions et autorisation préalables toute tarification de l'eau ne comportant pas de terme directement proportionnel au volume total consommé.

B. QUALIFICATION DU SERVICE DE L'ASSAINISSEMENT

6. Les termes de la loi étant ambigus, la nature du service dépend de la nature des redevances qu'elle institue. Il y a lieu de distinguer la redevance normale d'assainissement, redevance pour service rendu, et la redevance-pénalité de l'art. 75-II de la loi du 29 nov. 1965, qui a le caractère d'une taxe fiscale dans la mesure où elle frappe ceux qui refusent ou négligent de se relier au réseau d'assainissement, et ne correspond à aucun service rendu. • Cons. const. 23 déc. 1983, n° 83-166 DC : *Rec. Cons. const. 77.*

7. Dès lors, le service d'assainissement, financé par une redevance pour service rendu, doit être regardé comme un service public à caractère industriel et commercial. • T. confl. 12 janv. 1987, *Cie des eaux et de l'ozone c/ SA Éts Vétillard : Lebon 442 ; RFDA 1987. 284, concl. Massot ; LPA 1987, n° 45, obs. Morand-Deviller ; Gaz. Pal. 1987. 1. 365, note Portnoi ; RJF 1988. 284, étude Texidor* • 19 déc. 1988, *Pernin : DF 1989, n° 1418, note Moderne.* ♦ Symétriquement, l'imposition de la redevance-pénalité pour non-raccordement s'analyse comme l'exercice d'une prérogative de puissance publique dont le contentieux relève du juge administratif. • T. confl. 19 déc. 1988, *Sté de distribution d'eau intercommunale*, n° 2549.

8. Le Conseil d'État avait déjà adopté la qualification de service public industriel et commercial. • CE 17 déc. 1982, *Préfet de la Charente-Maritime*, n° 23293 : *Lebon 427 ; RTF 1983. 262, note Moderne.* ♦ Il la réaffirme sans ambiguïté pour un service géré en régie directe par la commune sans disposer d'un budget autonome. • CE 20 janv. 1988, *SCI « La Colline » c/ Cne de la Bénisson-Dieu*, n° 70719 : *Lebon 21 ; RFDA 1988. 880, concl. de la Verpillère ; AJDA 1988. 407, note J.-B. Auby ; CJEG 1988. 328 et 330, concl. de la Verpillère, note Delpirou.*

9. Depuis lors, le service de l'assainissement est toujours considéré comme industriel et commercial par détermination de la loi, en visant l'art. L. 2224-11, V. par ex. • T. confl. 13 nov. 2000, *Sté de distribution d'eau intercommunale*, n° 3191 : *Lebon 877 ; ACL 2001, n° 42* • T. confl. 24 mai 2004, *Sté régionale de distribution d'eau c/ Sté auxiliaire du Languedoc*, n° C3396.

10. Eaux pluviales. Le réseau d'assainissement ne couvre que la collecte, le transport et l'épuration des eaux usées. Le coût de ces mêmes opérations pour les eaux pluviales doit être imputé au budget général de la commune, même si le réseau a vocation à devenir unitaire. • Dijon, 18 déc. 2003 : *Juris-Data n° 231769.*

11. La gestion des eaux pluviales est distincte de celle des eaux usées. Des ouvrages dénommés « bassins d'orage » sur les réseaux d'assainissement, destinés à prévenir ou limiter les risques d'inondation liés à l'arrivée de grosses pluies dans les réseaux qui recueillent à la fois des eaux pluviales et des eaux usées, ne relèvent pas du service public de l'assainissement. • CAA Nantes, 5 févr. 2008, *Ville de Laval*, n° 07NA00182. ♦ La loi du 30 sept. 2008 institue une taxe communale destinée au financement de ce service qu'elle qualifie de service public administratif relevant des communes. – V. art. L. 2333-97.

III. RÉGIME JURIDIQUE

A. DROIT PRIVÉ ET COMPÉTENCE JUDICIAIRE

12. Relations individuelles avec les usagers. Il résulte de la qualification de service public industriel et commercial que les litiges relatifs à la facturation du service relèvent de la compétence du juge judiciaire. • T. confl. 12 janv. 1987, *Cie des eaux et de l'ozone c/ SA Éts Vétillard : préc. note 7* • 2 déc. 1991, *Cne de Carqueranne : Quot. jur. 1er août 1991* • CE 6 mars 1992, *Cne de Rabastens-en-Bigorre : Quot. jur. 23 juill. 1992* • CAA Nancy, 19 mars 1992, *Haution : Lebon T. 810* (quand bien même l'usager contesterait cette qualité) • T. confl. 13 nov. 2000, *Sté de distribution d'eau intercommunale : ACL 2001. 348* • T. confl. 24 mai 2004, *Sté régionale de distribution d'eau c/ Sté auxiliaire du Languedoc*, n° C3396.

13. Il en va de même pour les litiges portant sur le refus de raccordement au réseau d'assainissement. V. par ex. • CAA Nantes, 28 avr. 1999, *Cne de Meslay-le-Vidame*, n° 97NT00118 • 28 avr. 1999, *Patrux*, n° 97NT01228 • CAA Nancy, 20 mai 1999, *Flandre*, n° 99NC00270.

14. Relèvent également du juge judiciaire les litiges nés des conditions techniques de fonctionnement du service d'assainissement. • CAA Nancy, 10 déc. 1992, *Chevalier : Lebon T. 810*. ♦ ... Ainsi que les litiges dans lesquels un particulier conteste devoir à une commune une redevance d'assainissement au motif qu'il ne bénéficie pas des services d'assainissement. • T. confl. 16 juin 1997, *Thierry c/ Cne de Beaucourt : Gaz. Pal. 1997. 2. 749* • Civ. 1re, 14 déc. 2005 : *JCP Adm. 2005. 1164, note Billet.* ♦ ... Ou les demandes de remboursement de la redevance, même si l'intéressé prétend ne pas être raccordé. • CAA Nantes, 7 déc. 2000, *Mme Trousselle et M. Bouret*, n° 00NT00681. ♦ ... Ou les demandes d'annulation d'un titre exécutoire émis pour le paiement d'une redevance. • CAA Bordeaux, 5 déc. 2000, *SIVOM des cnes urbaines des cantons de Décazeville et d'Aubin*, n° 98BX01253. ♦ ... Ou les demandes de décharge de l'augmentation de la redevance.

• Civ. 1re, 14 déc. 2005 : *préc.* ♦ Le contentieux relatif aux ouvrages nécessaires pour amener les eaux usées d'un particulier à la partie publique d'un branchement relève également du juge judiciaire. • CAA Bordeaux, 31 août 2006, *M. et Mme X.*, n° 03BX01102 : *Gaz. cnes 25 sept. 2006. 53.*

15. Une action en responsabilité intentée par un usager relève du juge judiciaire. Ainsi d'une action relative au dommage causé par la mauvaise qualité de l'eau distribuée. • T. confl. 19 févr. 1990, *Thomas c/ Cne de Francazal,* n° 02589 B : *AJDA 1990. 558, obs. Théron ; RDP 1991. 1152.*

16. Dans le même sens, le contrat par lequel un syndicat intercommunal chargé du service de distribution d'eau fournit de l'eau à une commune non adhérente est, par son objet, un contrat de droit privé. • CAA Bordeaux, 8 févr. 1994, *Cne d'Ardin,* n° 91BX00664 : *Lebon 836*.

17. Exception. Recours contre les actes réglementaires. Relèvent toutefois de la compétence du juge administratif les délibérations des conseils municipaux ou des organes délibérants des établissements de regroupement intercommunaux établissant les tarifs de la redevance d'assainissement. • CE 17 déc. 1982, *Préfet de la Charente-Maritime,* n° 23293 : *Lebon 427 ; RJF 1983. 262, étude Moderne* • 26 mai 1997, *Sté Pfizer-France,* n° 95165 • 16 févr. 1996, *Synd. de la copropriété de la Résidence « La Balme »,* n° 141485 : *RJF 1996. 295* • 9 sept. 1996, *Cne de Vallica,* n° 151345 : *RJF 1996. 711* • Civ 1re, 14 déc. 2004 : *JCP A 2005. 1066, note Renard-Payen.* ♦ À propos d'une redevance dénommée « redevance du traitement de matières de vidange », créée sur la base du décr. n° 97-1133 du 8 déc. 1997 relatif à l'épandage des boues issues du traitement des eaux usées par des dispositifs non collectifs d'assainissement. • CE 14 mai 2008, *Cne de Villiers-au-Bovin : RLCT oct. 2008, n° 39, p. 13, note Desclodures.* ♦ Sur la redevance d'assainissement, V. notes ss. art. L. 2231-2. ♦ Serait irrecevable le recours dirigé contre une simple « communication » sans caractère décisoire. • CE 16 janv. 1995, *Gobillon,* n° 132732. ♦ Sont susceptibles de recours pour excès de pouvoir les délibérations par lesquelles le conseil municipal adopte le compte administratif du service d'assainissement. • CE 20 nov. 1996, *Cne de Chilly-Mazarin,* n° 162190.

18. À propos de la contestation d'une surtaxe prévue par une clause d'une convention d'affermage, la Cour de cassation relève que cette clause présentait le caractère d'un acte administratif réglementaire dont l'appréciation de la légalité relève exclusivement de la compétence de la juridiction administrative. • Civ. 1re, 16 déc. 2003, n° 02-19.915. ♦ En estimant mal fondée la demande en paiement des redevances au motif que l'exigibilité du paiement était subordonnée à la preuve – non rapportée en l'espèce – du service rendu, le jugement attaqué viole la loi des 16-24 août 1790 et l'art. L. 2224-7 CGCT. • Même arrêt. ♦ Dès lors que l'appréciation de la légalité de la clause litigieuse relevait de la compétence du juge administratif, que sa mise en œuvre n'était soumise à aucune condition particulière et que la redevance d'assainissement est due par toute personne rattachée à un réseau d'assainissement, du seul fait de ce rattachement. • Même arrêt. ♦ ... Et ce, bien que le tribunal administratif ait rejeté l'exception d'illégalité soulevée à l'encontre de la délibération du syndicat instituant cette surtaxe. • Même arrêt.

19. Responsabilité du fait d'un ouvrage public. Responsabilité sans faute de la commune à l'égard des tiers, en raison de l'insuffisance de l'ouvrage public (aménagement sommaire du réseau d'eaux pluviales, inexistence du réseau d'assainissement) permettant de contenir les inondations. • CE 13 nov. 2009, *Cne des Bordes,* n° 306992 : *AJDA 2010. 1440, note Fuchs-Cessot*.

B. COMPÉTENCE ET FINANCEMENT

20. Une commune ne peut confier à un district la gestion de son service d'assainissement avant que le district ait reçu compétence à cet effet. • CE 20 juin 1997, *Cne de la Tour-du-Pin,* n° 147395. ♦ Sur l'obligation pour le préfet de modifier la compétence d'un district de manière à y inclure le service de l'assainissement, avant de procéder à la transformation de ce district en communauté d'agglomération dotée de compétences en matière d'assainissement. • CAA Marseille, 12 juin 2001, *Min. de l'Intérieur et District de l'agglomération de Montpellier,* n° 01MA00070. ♦ Sur la distinction entre extension des compétences d'un syndicat intercommunal d'assainissement et création d'un nouveau syndicat. • CE 29 juin 2001, *Cne de Valenton,* n° 212365. ♦ Sur divers moyens invoqués à l'encontre d'un arrêté fixant le périmètre d'un établissement public de coopération intercommunale compétent en matière d'assainissement. • CE 14 déc. 2002, *Cté de cnes du Piémont d'Alarie,* n° 244851. ♦ Le juge administratif des référés est en droit de retenir le moyen selon lequel l'arrêté préfectoral autorisant l'adhésion d'un syndicat intercommunal d'assainissement à un autre syndicat intercommunal ayant le même objet serait entaché d'illégalité. • CE 10 mars 2006, *Min. d'État, min. de l'Intérieur et de l'Aménagement du territoire,* n° 285439.

21. Un établissement public intercommunal ne peut exercer ses missions que dans la limite de celles que les communes lui ont régulièrement transférées. • CAA Douai, 5 juin 2002, *Synd. intercommunal d'adduction et de distribution d'eau potable de la région de Quesques : Rec. des arrêts de la CAA Douai 2002. 235, note Demoye-Simoni.* ♦ Le fait qu'un syndicat intercommunal assure pour le compte des communes l'instruction des demandes d'assainissement autonome ne correspond pas à un transfert légal de compétence des communes concernées, et n'autorise pas le syndicat à fixer le tarif de ses prestations. • Même arrêt. ♦ Solution caduque en matière de mutualisation. • Même arrêt.

22. Toutes les sommes affectées au financement des charges du service public d'assainissement de la commune doivent être transférées à l'établissement public intercommunal dès lors que la commune a transféré à ce dernier l'intégralité de ses compétences en la matière. • TA Versailles, 7 mai 2009, *Synd. d'assainissement de la Moyenne Vallée de l'Essonne c/ Cne de Maisse,* n° 0604650 : *BJCL 2009. 546, obs. B de Campredon.*

23. La circonstance que les titres exécutoires émis à cette occasion soient devenus définitifs n'obligeait pas la juridiction des comptes à mettre en demeure la collectivité ou l'établissement concerné d'inscrire la dépense correspondante à son budget. • CE 8 déc. 2003, *Cne de Maurepas,* n° 215705.

24. Le financement du réseau de distribution d'eau et d'assainissement ne peut être mis à la charge de l'aménageur ou du constructeur car il ne fait pas partie des participations à la réalisation d'équipements publics prévus par l'article L. 332-6 C. urb. • CE 10 oct. 2007, *Cne de Biot,* n° 268205 : *Lebon. T. 1123 ; RDI 2007.456, obs. Soler-Couteaux ; AJDA 2008. 889, note Poujade.*

25. Sur les redevances d'eau potable et d'assainissement, V. notes ss. art. L. 2224-12-2.

C. LIBERTÉ DU COMMERCE ET DROIT DE LA CONCURRENCE

26. Le principe de liberté du commerce et de l'industrie ne fait pas obstacle, par lui-même, à ce qu'un établissement public se porte candidat à l'obtention d'une délégation de service public. • CE 16 oct. 2000, *Cie méditerranéenne d'exploitation des services d'eau,* n° 212054 : *Lebon 422 ; RFDA 2001. 106, concl. Bergeal ; BJCP 2001. 105, concl. Bergeal ; LPA 21 févr. 2001, note Charbit ; Rev. concessions 2000. 75, note Bettinger ; Dr. adm. avr. 2001. 4, étude Laidié ; Mon. TP 11 mai 2001, p. 76, note Raymundie et Vérité ; AJDA 2001. 106, note Treppoz.* ♦ Mais l'autorité organisatrice du service doit respecter le principe d'égalité entre les candidats dans les négociations des offres. • CE 15 juin 2001, *Synd. intercommunal d'assainissement de Saint-Martin-de-Ré et La Flotte-en-Ré,* n° 223481 : *Lebon 265.* ♦ Il convient notamment que, dans le prix proposé, soit intégré le coût complet des prestations. • C. comptes, 29 janv. 2001 : *Rec. C. comptes, p. 158 ; RFDA 2004. 804, obs. Lascombes et Vandendriessche* • 22 mars 2002 : *Rec. C. comptes, p. 172.*

27. Les subventions publiques qui lui sont éventuellement attribuées ne placent pas nécessairement la personne publique bénéficiaire dans une situation avantageuse par rapport aux autres candidats. • CE 16 oct. 2000, *Cie méditerranéenne d'exploitation des services d'eau,* n° 212054 : *préc. note 26.* ♦ Sur les conditions de prise en charge financière du coût des travaux effectués sur un réseau d'assainissement, * Rép. min. : *JO Sénat Q, 18 mars 2004, p. 657.* ♦ Sur les modalités du financement des opérateurs d'assainissement en cas d'élaboration conjointe du programme d'assainissement par plusieurs collectivités, * Rép. min. : *JO Sénat Q, 18 mars 2004, p. 654.* ♦ Sur la distinction, dans la facturation, des frais de contrôle et d'entretien des installations, * Rép. min. : *JOAN Q, 26 oct. 2004, p. 8434.*

28. Le marché pertinent est constitué à la fois par le marché national de la gestion déléguée du service de distribution d'eau et par le marché national de la gestion déléguée de l'assainissement. • Cons. conc., avis, 11 juill. 2002, n° 02D44 • Paris, 18 févr. 2003 : *Gaz. Pal. 2003. 3. 2185, ét. Thouvenin, ibid. 2003. 2. 2177 ; CCC 2004, n° 1, p. 21, note Malaurie-Vignal.*

29. Le recours peu fréquent des collectivités locales à la régie ou à d'autres collectivités locales ne démontre pas une offre de service comparable à celle que proposent les opérateurs privés. • Cons. conc., avis, 11 juill. 2002, n° 02D44 : *préc. note 28* • Paris, 18 févr. 2003 : *préc. note 28.*

30. La dimension nationale du marché pertinent vient précisément de ce que les trois grands opérateurs privés présents sur le marché interviennent sur l'ensemble du territoire national. • Cons. conc., avis, 11 juill. 2002, n° 02D44 : *préc. note 28* • Paris, 18 févr. 2003 : *préc. note 28.*

31. Peu importe à cet égard que les faits retenus par le Conseil de la concurrence ne concernent que les zones d'implantation de leurs filiales communes dès lors que les opérateurs sont en mesure de répondre directement ou par leurs agences sur l'ensemble du territoire national. • Cons. conc., avis, 11 juill. 2002, n° 02D44 : *préc. note 28* • Paris, 18 févr. 2003 : *préc. note 28.*

32. L'importance des parts de marchés des deux opérateurs privés principaux, la société Lyonnaise des Eaux (SLE) et la Compagnie générale des Eaux (CGE), dépassant 80 % au cours des 27 dernières années, ces groupes détiennent une position dominante au sens de l'art. L. 420-2 C. com. • Cons. conc., avis, 11 juill. 2002, n° 02D44 : *préc. note 28* • Paris, 18 févr. 2003 : *préc. note 28.*

33. Le caractère conjoint de cette domination, qui suppose l'existence de liens structurels et une politique d'action commune, est démontré suffisamment par la création d'entreprises communes, disposant de zones d'influence reconnues par l'une ou l'autre des sociétés mères, dont les comportements sont parallèles et prévisibles dans ces zones. • Cons. conc., avis, 11 juill. 2002, n° 02D44 : *préc. note 28* • Paris, 18 févr. 2003 : *préc. note 28.*

34. Le caractère homogène du produit « eau » commercialisé par les deux grands opérateurs privés et l'inélasticité de la demande de ce produit par rapport à son prix conforte la présomption de comportement parallèle des deux sociétés concernées. • Cons. conc., avis, 11 juill. 2002, n° 02D44 : *préc. note 28* • Paris, 18 févr. 2003 : *préc. note 28.*

35. L'abus de position dominante est établi par le taux d'abstention des opérateurs incriminés dans les appels à la concurrence lancés par les collectivités locales, dès lors qu'une entreprise commune était elle-même candidate. • Cons. conc., avis, 11 juill. 2002, n° 02D44 : *préc. note 28* • Paris, 18 févr. 2003 : *préc. note 28.*

36. Ces pratiques ont limité sensiblement le nombre d'offreurs actifs dans la zone d'influence des entreprises communes ; elles ont un objet et un effet anticoncurrentiel au sens de l'art. L. 420-2 C. com. • Cons. conc., avis, 11 juill. 2002, n° 02D44 : *préc. note 28* • Paris, 18 févr. 2003 : *préc. note 28.*

37. Dans la mise en œuvre des pouvoirs qu'il tient de l'art. L. 133-8 C. trav. [L. 2261-15 nouveau], le ministre compétent doit veiller à ce que l'extension d'une convention collective ou d'un accord collectif de travail n'ait pas pour effet d'empêcher, restreindre ou fausser le jeu de la concurrence. • CE, sect., 30 avr. 2003, *Synd. prof. des exploitants indépendants des réseaux d'eau et d'assainissement*, n° 230804 : *Lebon 189 ; CJEG 2003. 410, concl. Stahl ; BJCP 2004. 39, concl. Stahl ; AJDA 2003. 1156, chron. Donnat et Casas ; ibid. 1849, note Subra de Bieusses ; Dr. adm. juin 2003, n° 123, p. 22, note Bazex et Blazy ; LPA 19 déc. 2003, p. 14, note Gate ; ACL 2004, n° 54.* ♦ Il en va ainsi, dans les secteurs de l'eau et de l'assainissement, où des entreprises sont candidates à des marchés publics ou à des délégations de service public, lorsque le projet d'extension entend obliger les nouveaux titulaires d'un marché ou d'une délégation à reprendre le personnel en place au titre de l'art. L. 122-12 C. trav. [L. 1224-1 nouveau.] • Même arrêt.

Art. L. 2224-11-1 *(L. n° 2006-1772 du 30 déc. 2006, art. 54)* **La section d'investissement du budget de la commune peut être votée en excédent afin de permettre les travaux d'extension ou d'amélioration des services prévus par le conseil municipal dans le cadre d'une programmation pluriannuelle.**

Art. L. 2224-11-2 *(L. n° 2006-1772 du 30 déc. 2006, art. 54)* **Le régime des redevances susceptibles d'être perçues par les communes, les départements ou les régions en raison de l'occupation de leur domaine public par des ouvrages de distribution d'eau et d'assainissement est fixé par décret en Conseil d'État.**

La volonté d'assurer une meilleure exploitation du domaine public, notamment par l'instauration d'une redevance tenant compte des avantages de toute nature qu'un permissionnaire est susceptible de retirer de l'occupation de ce domaine, fait partie des motifs d'intérêt général pouvant justifier qu'il soit mis fin à un contrat d'occupation du domaine public avant son terme. • CE 23 mai 2011, *Éts public pour l'aménagement de la région de la Défense (EPAD)*, n° 328525 : *RDI 2011. 454, note Févrot .* ♦ Application aux conventions conclues entre l'EPAD et l'entreprise délégataire du syndicat des eaux de l'Île-de-France et relatives à l'implantation du réseau de distribution d'eau dans le secteur de la Défense. • Même arrêt.

Art. L. 2224-11-3 *(L. n° 2006-1772 du 30 déc. 2006, art. 54)* **Lorsque le contrat de délégation d'un service public d'eau ou d'assainissement met à la charge du délégataire des renouvellements et des grosses réparations à caractère patrimonial, un programme prévisionnel de travaux lui est annexé. Ce programme comporte une estimation des dépenses. Le délégataire rend compte chaque année de son exécution dans le rapport prévu à l'article L. 1411-3.**

Art. L. 2224-11-4 *(L. n° 2006-1772 du 30 déc. 2006, art. 54)* **Le contrat de délégation de service public d'eau ou d'assainissement impose au délégataire, d'une part, l'établissement en fin de contrat d'un inventaire détaillé du patrimoine du délégant, d'autre part, sans préjudice des autres sanctions prévues au contrat, le versement au budget de l'eau potable ou de l'assainissement du délégant d'une somme correspondant au montant des travaux stipulés au programme prévisionnel mentionné à l'article L. 2224-11-3 et non exécutés.**

(L. n° 2010-788 du 12 juill. 2010, art. 163) **« Le fichier des abonnés, constitué des données à caractère personnel pour la facturation de l'eau et de l'assainissement, ainsi que les caractéristiques des compteurs et les plans des réseaux mis à jour sont remis par le délégataire au délégant au moins six mois avant l'échéance du contrat ou, pour les contrats arrivant à échéance dans les six mois suivant la date de promulgation de la loi n° 2010-788 du 12 juillet 2010 portant engagement national pour l'environnement, à la date d'expiration du contrat et au plus tard dans un délai de six mois à**

compter de cette date de promulgation. Un décret en Conseil d'État, pris après avis de la Commission nationale de l'informatique et des libertés, définit les modalités d'application du présent alinéa, en fixant notamment les modalités de transmission des données à caractère personnel au délégant, de traitement et de conservation de ces données par celui-ci, et de transmission de ces données au service chargé de la facturation. »

Art. L. 2224-11-5 *Abrogé par Cons. const. n° 2011-146 QPC du 8 juill. 2011.*

Art. L. 2224-11-6 *(L. n° 2008-776 du 4 août 2008, art. 109)* Les communes et leurs établissements publics de coopération exerçant la compétence en matière d'eau potable ou d'assainissement peuvent également assurer, accessoirement à cette compétence, dans le cadre d'une même opération et en complément à la réalisation de travaux relatifs aux réseaux de distribution d'eau potable ou d'assainissement collectif, la maîtrise d'ouvrage et l'entretien d'infrastructures de génie civil destinées au passage de réseaux de communications électroniques, incluant les fourreaux et les chambres de tirage, sous réserve, lorsque les compétences mentionnées à l'article L. 1425-1 sont exercées par une autre collectivité territoriale ou un autre établissement public de coopération, de la passation avec cette collectivité ou cet établissement d'une convention déterminant les zones dans lesquelles ces ouvrages pourront être réalisés.

La pose de câbles dans lesdites infrastructures par une collectivité territoriale ou un établissement public de coopération exerçant les attributions définies à l'article L. 1425-1, ou par un opérateur de communications électroniques, est subordonnée à la perception, par l'autorité organisatrice du service d'eau potable ou d'assainissement concernée, de loyers, de participations ou de subventions. Cette autorité organisatrice ouvre un budget annexe permettant de constater le respect du principe d'équilibre prévu à l'article L. 2224-1.

L'intervention des collectivités territoriales et de leurs établissements publics de coopération garantit l'utilisation partagée des infrastructures établies ou acquises en application du présent article et respecte le principe d'égalité et de libre concurrence sur les marchés des communications électroniques. Les interventions des collectivités et de leurs établissements publics de coopération s'effectuent dans des conditions objectives, transparentes, non discriminatoires et proportionnées.

Les communes et leurs établissements publics de coopération exerçant la compétence de distribution d'eau potable ou d'assainissement, maîtres d'ouvrage des infrastructures de génie civil susmentionnées, bénéficient pour la réalisation d'éléments nécessaires au passage de réseaux souterrains de communication des dispositions prévues aux deuxième et troisième alinéas de l'article L. 332-11-1 du code de l'urbanisme *(L. n° 2014-1655 du 29 déc. 2014, art. 44)* « , dans sa rédaction antérieure à la loi n° 2014-1655 du 29 décembre 2014 de finances rectificative pour 2014 ».

SOUS-SECTION 2 Règlements des services et tarification

(L. n° 2006-1772 du 30 déc. 2006, art. 57)

Art. L. 2224-12 Les communes et les groupements de collectivités territoriales, après avis de la commission consultative des services publics locaux, établissent, pour chaque service d'eau ou d'assainissement dont ils sont responsables, un règlement de service définissant, en fonction des conditions locales, les prestations assurées par le service ainsi que les obligations respectives de l'exploitant, des abonnés, des usagers et des propriétaires.

L'exploitant remet à chaque abonné le règlement de service ou le lui adresse par courrier postal ou électronique. Le paiement de la première facture suivant la diffusion du règlement de service ou de sa mise à jour vaut accusé de réception par l'abonné. Le règlement est tenu à la disposition des usagers.

L'exploitant rend compte au maire ou au président du groupement de collectivités territoriales des modalités et de l'effectivité de la diffusion du règlement de service.

En cas d'utilisation d'une autre ressource en eau par l'abonné, le règlement de service prévoit la possibilité pour les agents du service d'eau potable d'accéder aux propriétés privées pour procéder au contrôle des installations intérieures de distribution d'eau potable et des ouvrages de prélèvement, puits et forages. Les frais de contrôle sont mis à la charge de l'abonné. En cas de risque de contamination de l'eau provenant du réseau public de distribution par des eaux provenant d'une autre source, le service enjoint à l'abonné de mettre en œuvre les mesures de protection nécessaires. En l'absence de mise en œuvre de ces mesures, le service peut procéder à la fermeture du branchement d'eau. Un décret en Conseil d'État fixe les modalités d'accès aux propriétés privées et de contrôle des installations prévues par le présent article.

Les usagers des services d'eau potable peuvent présenter à tout moment une demande de résiliation de leur contrat d'abonnement. Ce contrat prend fin dans les conditions fixées par le règlement de chaque service, dans un délai qui ne peut excéder quinze jours à compter de la date de présentation de la demande.

Sur le contrôle des installations prévu par le présent art., V. art. R. 2224-22-3 s.

COMMENTAIRE

V. dans le supplément en ligne.

Art. L. 2224-12-1 Toute fourniture d'eau potable, quel qu'en soit le bénéficiaire, fait l'objet d'une facturation au tarif applicable à la catégorie d'usagers correspondante *(L. n° 2013-312 du 15 avr. 2013, art. 27)* « , les ménages, occupants d'immeubles à usage principal d'habitation, pouvant constituer une catégorie d'usagers ». Les collectivités mentionnées à l'article L. 2224-12 sont tenues de mettre fin, avant le 1er janvier 2008, à toute disposition ou stipulation contraire. Le présent article n'est pas applicable aux consommations d'eau des bouches et poteaux d'incendie placés sur le domaine public.

Art. L. 2224-12-1-1 *(L. n° 2019-1461 du 27 déc. 2019, art. 15)* Les services publics d'eau et d'assainissement sont autorisés à mettre en œuvre des mesures sociales visant à rendre effectif le droit d'accéder à l'eau potable et à l'assainissement dans des conditions économiquement acceptables par tous, tel que prévu à l'article L. 210-1 du code de l'environnement. Ces mesures peuvent inclure la définition de tarifs tenant compte de la composition ou des revenus du foyer, l'attribution d'une aide au paiement des factures d'eau, une aide à l'accès à l'eau ou un accompagnement et des mesures favorisant les économies d'eau. Ces mesures peuvent également inclure la définition de tarifs incitatifs définis en fonction de la quantité d'eau consommée. La part incitative s'ajoute à une part fixe déterminée selon les modalités de tarification classique.

Par dérogation au premier alinéa de l'article L. 2224-2 du présent code, les communes et leurs groupements mettant en œuvre ces mesures peuvent contribuer à leur financement en prenant en charge dans leur budget propre tout ou partie du montant des dépenses prévues à cet effet par les services publics d'eau et d'assainissement, dans la limite de 2 % des montants hors taxes des redevances d'eau ou d'assainissement perçues, y compris les dépenses liées à l'attribution d'une subvention au fonds de solidarité pour le logement prévue à l'article L. 2224-12-3-1. Un versement peut être réalisé à ce titre aux centres communaux ou intercommunaux d'action sociale.

Dans le cadre de la définition de tarifs ou de l'attribution d'une aide au paiement des factures d'eau tenant compte des difficultés particulières du foyer, si le bénéficiaire des mesures sociales en faveur de l'accès à l'eau ne reçoit pas directement de facture d'eau à son nom, les bailleurs et syndicats de copropriété établissent une convention pour définir les modalités de perception de l'aide.

Les organismes de sécurité sociale et ceux chargés de gérer l'aide au logement et l'aide sociale fournissent aux services chargés de la mise en œuvre de ces mesures les données nécessaires pour identifier les foyers bénéficiaires des mesures sociales visant à rendre effectif le droit d'accéder à l'eau potable et à l'assainissement, la Commission nationale de l'informatique et des libertés étant préalablement consultée en application de la loi n° 78-17 du 6 janvier 1978 relative à l'informatique, aux fichiers et aux libertés.

Art. L. 2224-12-2 Dans des conditions fixées par décret en Conseil d'État, les règles relatives aux redevances d'eau potable et d'assainissement et aux sommes prévues par les articles L. 1331-1 à L. 1331-10 du code de la santé publique sont établies par délibération du conseil municipal ou de l'assemblée délibérante du groupement de collectivités territoriales.

Lorsque les communes prennent en charge les travaux mentionnés à la deuxième phrase du premier alinéa du II et à la première phrase du *(L. n° 2010-788 du 12 juill. 2010, art. 159)* **« sixième » alinéa du III de l'article L. 2224-8, elles se font rembourser intégralement par les propriétaires les frais de toute nature entraînés par ces travaux, y compris les frais de gestion, diminués des subventions éventuellement obtenues.**

L'interdiction prévue au premier alinéa de l'article L. 511-5 du code monétaire et financier ne fait pas obstacle à ce que les communes puissent échelonner les remboursements dus par les propriétaires en vertu du précédent alinéa.

Ces sommes sont perçues au profit du budget du service d'assainissement et recouvrées comme les redevances dues par les usagers du service d'assainissement.

COMMENTAIRE

V. dans le supplément en ligne.

I. REDEVANCE D'EAU POTABLE

1. V. notes ss. art. L. 2224-12-4.

II. REDEVANCE D'ASSAINISSEMENT COLLECTIF

2. Les dispositions des articles L. 2224-12 et R. 2224-19 à R. 2224-19-11 reprennent pour l'essentiel les solutions dégagées par la jurisprudence.

3. La redevance d'assainissement due par les usagers des services d'assainissement municipaux, chargés en tout ou partie de la collecte, du transport ou de l'épuration des eaux usées, est assise sur le volume d'eau prélevé par l'usager sur le réseau public de distribution ou sur toute autre source. • CE 23 nov. 1992, *Synd. d'assainissement de la Haute Vallée d'Aure*, n° 76939 : *Lebon 422 ; RFDA 1994. 172, concl. Fouquet ; RJF 1993, n° 72.* ♦ La redevance d'assainissement est assise en fonction des rejets d'eaux usées attribuables aux usagers, mesurés à partir de la consommation d'eau réelle ou estimée. • CE 16 févr. 2007, *M. Bidaut*, n° 283072 : *AJDA 2007. 935 .* ♦ La redevance d'assainissement étant une redevance pour service rendu, le tarif applicable n'est légalement établi que s'il est proportionnel au coût dudit service. Dès lors, il peut être prévu l'institution d'une redevance comportant une partie fixe et une partie variable, même en l'absence de toute disposition législative le prévoyant expressément, à condition que le calcul de la redevance permette de garantir la proportionnalité avec le coût du service rendu. • CE 9 juill. 2003, *Union féd. des consommateurs « Que Choisir »*, n° 220803 : *AJDA 2003. 2111 ; RJF 2003, n° 1329 ; JCP Adm. 2003, n° 1873, note Moreau ; ACL 2004. 541.* ♦ En ce qui concerne l'assainissement collectif, la redevance comprend une partie proportionnelle au volume d'eau effectivement consommé par l'usager et, le cas échéant, une partie fixe calculée pour couvrir tout ou partie des charges fixes du service d'assainissement. Les volumes d'eau utilisés pour tout usage ne générant pas d'eau usée pouvant être rejetée dans le système d'assainissement sont exclus du calcul de la redevance. Par contre, seront incorporés dans le calcul de la redevance les cas d'alimentation en eau, partielle ou totale, à une source qui ne relève pas d'un service public et qui génère des rejets d'eaux usées dans le réseau d'assainissement collectif. La possibilité d'appliquer un calcul forfaitaire de la redevance d'assainissement est limitée au cas où la loi du 3 janv. 1992 prévoit la possibilité d'un calcul forfaitaire de la consommation d'eau. • Même décision. ♦ Ces dispositions permettent de garantir un lien suffisant entre le tarif de la redevance d'assainissement et le coût du service rendu. Si elles laissent aux conseils municipaux et aux assemblées délibérantes des établissements publics de coopération intercommunale une certaine liberté pour fixer les tarifs en fonction du mode de calcul qu'elles instituent, ce n'est qu'à l'occasion d'éventuelles contestations de ces tarifs que la règle de proportionnalité entre la redevance et le coût du service rendu pourra, au cas par cas, être contrôlée par le juge de l'excès de pouvoir. • Même décision.

4. Par ailleurs, le principe dit du « pollueur-payeur », issu du I de l'art. 1er de la loi du 2 févr. 1995, et repris à l'art. L. 111-1 C. envir., n'a eu ni pour objet ni pour effet de modifier le régime applicable aux redevances d'assainissement ; dès lors, en ne répondant pas aux moyens inopérants tirés des conséquences qu'aurait entraînées l'application du principe « pollueur-payeur » aux délibérations dont la légalité était en cause, le tribunal administratif n'a pas entaché son jugement d'irrégularité. • CE 23 mai 2003, *Cté de cnes Artois-Lys*, n° 249995 : *Dr. adm. 2003, n° 208, note Lombard ; RFDA 2004. 229, note Faure ; RJF 2003, n° 1068 ; BJCL 2003. 753, concl. Collin ; Rev. Trésor 2003. 565 ; ACL 2004. 544.*

5. Lorsqu'il s'avère impossible de mesurer le volume d'eau réellement prélevé par les usagers, l'autorité compétente peut fixer le tarif de la redevance d'assainissement à partir d'une évaluation forfaitaire de l'importance des rejets d'eaux usées qui peuvent être attribués aux différentes catégories d'usagers du réseau d'assainissement : tel est le cas lorsque l'absence de compteurs individuels ne permet pas de connaître le volume des prélèvements réellement effectués par les usagers du réseau d'eau potable. • CE 9 sept. 1996, *Cne de Vallica*, n° 151345 : *RJF 1996, n° 1253.* ♦ Il appartient au conseil municipal de fixer les critères permettant d'évaluer les volumes d'eau prélevés par les campings pour déterminer l'assiette de la redevance d'assainissement. La délibération a pu retenir comme seul critère le nombre d'emplacements pour évaluer la consommation d'eau servant d'assiette, dès lors que ce critère conduit à tenir compte de la superficie du terrain, qui est l'un des critères énumérés par l'art. R. 2333-125 (compte tenu des dispositions imposant une superficie minimale par établissement). • CE 28 juin 2010, *Sté camping de la Yole,* n° 329241 : *AJCT 2010. 45, obs. Albert*.

6. Toutefois, le champ d'application de la redevance n'est pas laissé à la libre appréciation de la commune : ainsi est illégale une délibération accordant à des personnes âgées ou invalides des dégrèvements de la redevance d'assainissement. • CE 17 déc. 1982, *Préfet de Charente-Maritime,* n° 23293 : *Lebon 427*. ♦ Les différences de tarif entre des usagers d'un service public ne sont légales que si elles trouvent leur justification dans la loi, dans la différence de situation existant entre ces catégories d'usagers ou dans une nécessité d'intérêt général en rapport avec les conditions d'exploitation du service : dans les circonstances de l'espèce, une laiterie, d'une part, qui n'était pas exclusivement approvisionnée en eau par son branchement au réseau mais aussi par un puits dont elle avait la disposition, et les exploitants agricoles, d'autre part, dont le branchement au réseau était utilisé à la fois pour la consommation professionnelle et la consommation familiale des exploitants, se trouvaient dans des situations différentes de celle des autres usagers qui, comme le terrain de camping exploité par le requérant, étaient exclusivement alimentés par leur branchement au réseau pour un usage identifié, et, dès lors, le moyen tiré de la violation du principe d'égalité ne pouvait être accueilli. • CE 16 févr. 2007, *M. Bidaut,* n° 283072 : *préc. note 3.* ♦ Dans le cas où un usager prétend au bénéfice de l'exonération des volumes d'eau utilisés à des fins professionnelles, il lui appartient d'apporter la preuve de sa consommation, par tout moyen à sa disposition. • TA Nancy, 25 janv. 2000, *Calin : Coll. terr. 2000, n° 160.* ♦ Ainsi, un conseil municipal est fondé à ne pas accorder d'exonération aux exploitants agricoles, au titre de l'art. R. 372-11 CGCT, dès lors qu'ils ne justifient pas de leur consommation d'eau à titre professionnel. • Même jugement.

7. L'art. R. 2224-19-2, al. 3, CGCT prévoit que n'entrent pas en compte dans le calcul de la redevance d'assainissement les volumes d'eau utilisés pour l'irrigation et l'arrosage des jardins ou pour tout autre usage ne générant pas une eau usée pouvant être rejetée dans le système d'assainissement, dès lors qu'ils proviennent de branchements spécifiques.

8. Facturation commune à l'eau et à l'assainissement. Si les deux services publics sont distincts et délégués, la prestation relative au relevé des compteurs d'eau, à la facturation des deux services et au suivi non juridictionnel du recouvrement peut être commune aux deux services et réalisée par un même organisme, au moyen d'une même facture, sur la base du cubage de l'eau consommée par l'usager. • CAA Marseille, 23 janv. 2006, *Cne d'Alès-en-Cévennes,* n° 04MA02580. ♦ Dans l'hypothèse où la collectivité décide que l'organisme en question sera l'un des deux exploitants des services publics, le choix de cet organisme peut être effectué dans les conditions prévues par la loi Sapin, compte tenu du caractère accessoire de la prestation aux deux délégations de service public et ce, quel que soit le mode de rémunération prévu pour la prestation accessoire. • Même arrêt.

9. Assainissement sans station d'épuration. Aux termes de l'art. L. 2224-7 CGCT, tout service chargé en tout ou partie de la collecte, du transport ou de l'épuration des eaux usées constitue un service d'assainissement : dès lors, l'installation existante, constituée d'un bassin d'orage et d'un collecteur des eaux usées, s'analyse comme un réseau d'assainissement, même si elle n'est raccordée à aucune station d'épuration et de déversant, et la redevance d'assainissement est due par les usagers de cette installation. • Civ. 1re, 27 juin 2000, n° 98-18.597 P : *Dr. adm. 2000, n° 178.* ♦ En effet, la redevance d'assainissement est due par toute personne rattachée à un réseau d'assainissement du seul fait de ce rattachement ; peu importe que la propriété de l'intéressé ne soit pas raccordée à une station d'épuration. • Civ. 1re, 27 nov. 2001 : *Coll. terr. 2002, n° 65 ; Rev. Trésor 2002. 493.*

10. Le rejet des eaux thermales par un centre thermal, dans le réseau d'eaux pluviales de la commune, justifie le paiement d'une redevance d'assainissement. • Civ. 1re, 17 nov. 1999, n° 99-11.454 P : *Rev. Trésor 2000. 234.*

11. Principe d'équilibre financier. Le taux de la redevance d'assainissement est déterminé par le conseil municipal en tenant compte de l'obligation imposée aux services industriels et commerciaux de la commune d'avoir un budget en équilibre. • CE 9 nov. 1988, *Cne de Piseux,* n° 79694 : *Lebon 397 ; Dr. adm. 1988, n° 625 ; ACL 1989. 173.* ♦ Sur le principe d'équilibre financier, V. art. L. 2224-2 et L. 1612-4.

12. Est légal un tarif dont l'augmentation est directement liée aux investissements réalisés par la commune en matière d'adduction d'eau et d'assainissement, et qui, par suite, ne peut être regardé comme sans lien avec le service rendu. • CE 9 sept. 1996, *Cne de Vallica : RJF 1996, n° 1253.* ♦ De même, est légal un tarif de la redevance d'assainissement qui prévoit une seule catégorie d'usagers, sans distinguer, selon leur durée d'occupation, entre les différentes « demeures » de la commune : un tel tarif ne méconnaît pas le principe d'égalité devant les charges publiques.

• Même décision. ♦ Les textes sur la redevance d'assainissement n'obligent pas les communes ou les établissements publics compétents à instituer un tarif uniforme pour chaque mètre cube prélevé : compte tenu des conditions d'exploitation du service et de l'importance des investissements à amortir, un tarif dégressif peut être institué par le moyen d'une redevance comportant une partie fixe et une partie proportionnelle au volume d'eau consommé. • CE 17 déc. 1982, *Préfet de la Charente-Maritime*, n° 23293 : *préc. note 3* • 17 oct. 2003, *Synd. des copropriétaires de l'ensemble immobilier « Les Alpages », Synd. des copropriétaires de l'ensemble immobilier « Les Trois Mousquetaires »*, n° 255591 • 17 oct. 2003, *Synd. des copropriétaires de la résidence « Atlantis » et a.*, n° 247747 • 8 déc. 2003, *Synd. des copropriétaires de la résidence « Le Hameau des Pêcheurs » et a.*, n° 247545 • 8 déc. 2003, *Synd. des copropriétaires de la résidence « Calypso-La Goélette » et a.*, n° 247570. ♦ La redevance d'assainissement peut donc comporter, compte tenu notamment des conditions d'exploitation du service et de l'importance des investissements à amortir, une partie fixe ou surtaxe, correspondant à la part des charges d'investissement dans le coût global du service rendu et réparti entre les usagers. • CE 8 mars 2002, *M. Ratie et a.*, n° 229630 B : *Coll. terr. 2002, n° 143, note Célérier ; ACL 2003, n° 95 ; RJF 2002, n° 726.* ♦ Ni la circonstance que la surtaxe soit un élément constitutif du prix de l'eau et non une contribution de nature fiscale, ni la circonstance que la convention d'affermage du service public d'eau potable et celle du service public d'assainissement déterminent les modalités de reversement du produit de la surtaxe par référence aux facturations effectuées au cours du semestre précédent ne sont de nature à faire supporter par le mandataire le risque financier d'un non-paiement par les usagers de la surtaxe destinée à la collectivité. • CAA Marseille, 15 juin 2004, *Sté Vivendi*, n° 00MA01944 : *AJDA 2004. 1893*. ♦ En l'espèce, la commune avait fixé une surtaxe pour l'assainissement dont le montant était contesté par un certain nombre d'usagers, qui avaient décidé de ne pas la payer : aussi, la commune avait demandé à la société, chargée de l'exploitation par affermage du service public d'assainissement, de lui reverser le montant de la surtaxe facturée, qu'elle ait ou non été effectivement encaissée. • Même arrêt.

13. Branchements collectifs. Le tarif de la redevance d'assainissement peut légalement prévoir la facturation d'une partie fixe pour chacun des appartements d'un immeuble collectif, même s'il n'existe qu'un seul compteur pour l'immeuble. • CE 19 avr. 2000, *Cne de la Bresse : RJF 2000, n° 729.* ♦ La mise en œuvre de la part fixe, la définition de son montant et son application éventuelle à l'ensemble des logements individuels en cas de branchement collectif constituent des éléments de la structure tarifaire qui sont à définir par la collectivité en application de l'art. L. 214-15 C. envir. et dans le respect du principe d'égalité des usagers du service public (...). Notamment, il ne peut y avoir de différence d'assujettissement des logements individuels à la part fixe entre deux copropriétés desservies par le même service d'eau (...). Dans les choix qui sont opérés pour la fixation de la structure tarifaire, un juste équilibre doit simplement être trouvé pour s'assurer que la tarification retenue incite à une bonne gestion de l'eau, comme le demande la Dir. 2000/60/CE du 23 oct. 2000 établissant un cadre pour une politique communautaire de l'eau. * Rép. min., n° 4198 : *JO Sénat Q, 27 févr. 2003 ; Rev. Trésor 2003. 409.* ♦ La facturation des sommes dues par les usagers est faite au nom du titulaire de l'abonnement à l'eau, à défaut au nom du propriétaire du fonds de commerce, à défaut au nom du propriétaire de l'immeuble : dès lors, la commune peut prévoir, pour les abonnés dont le compteur dessert plusieurs habitations, que le tarif de base, partie fixe de la redevance, soit multiplié par le nombre d'habitations déclarés dans les documents officiels détenus par la mairie. • TA Bordeaux, 19 juin 1997, *Assoc. synd. Les Maisons landaises c/ Cne de Lacanau : AJDA 1998. 86*. ♦ Lorsqu'un article du cahier des charges du service d'assainissement prévoit, sans autre précision, une redevance fixe d'abonnement à payer par chaque abonné, cet article ne peut avoir d'autre sens que d'assujettir au paiement de cette redevance fixe d'abonnement tout titulaire d'un contrat d'abonnement, que ce soit au titre d'un logement individuel ou d'un immeuble collectif, sans considération dans ce dernier cas du nombre de logements ou de points de consommation desservis en eau potable. • CE 29 janv. 2003, *Sté d'équipement et d'entretien des réseaux communaux*, n° 246879 : *ACL 2004. 543.* ♦ Dès lors, en procédant à la réécriture de cet article de manière à prévoir que serait désormais perçue une partie fixe semestrielle pour chaque point de consommation, les points de consommation étant définis comme les habitations desservies directement par un compteur particulier, mais également les logements faisant partie d'un immeuble collectif et autres structures, ouvrages ou bâtiments desservis par des compteurs généraux, l'avenant au contrat a eu pour objet de modifier cette disposition et non de la préciser ou de l'expliciter. • Même décision. ♦ Les dispositions tarifaires des cahiers des charges relatifs aux conventions d'affermage des services de distribution d'eau et d'assainissement d'une commune ont un caractère réglementaire et sont exécutoires de plein droit dès leur publication et leur transmission au représentant de l'État. L'article du cahier des charges d'une collectivité territoriale, qui se borne à mentionner qu'un document intitulé « règlement de service » était destiné à être remis à chaque abonné, ne subordonne pas à la remise ou au contenu de ce dernier document l'opposabilité aux usagers des dispositions tarifaires réglementaires. • Civ. 1re, 22 oct. 2002, n° 99-20.759. ♦ V. art. R. 372-8 et R. 372-14 C. communes [CGCT, art. R. 2224-19 s.].

14. Rétroactivité. La délibération du conseil municipal, en tant qu'elle fixe l'effet du tarif de la redevance d'assainissement à une date antérieure à celle à laquelle elle est elle-même parvenue en préfecture et donc entrée en vigueur, est entachée d'une rétroactivité illégale. • CE 19 avr. 2000, *Cne de La Bresse : préc. note 13.* ♦ En revanche, le tarif de la redevance d'assainissement peut légalement être fixé rétroactivement par délibération du conseil municipal, pour se substituer à un précédent tarif annulé par le juge, afin d'assurer la continuité du service public. • Même arrêt. ♦ Si l'article R. 2224-19-1 CGCT autorise l'autorité délégante à établir une surtaxe perçue par le fermier au profit de la collectivité, les dispositions du cahier des charges ne permettaient pas son application antérieure à la délibération l'instituant. • CAA Marseille, 7 avr. 2011, *Assoc. Eau Secours,* n° 09MA02070.

15. Majoration-sanction. Aux termes de l'art. R. 372-16 C. communes (devenu R. 2224-19-9), à défaut de paiement dans un délai de trois mois à compter de la présentation de la quittance et dans les quinze jours d'une mise en demeure par lettre recommandée avec demande d'avis de réception, la redevance d'assainissement est majorée de 25 %. La majoration instituée par ces dispositions, qui a pour objet d'inciter les usagers des services d'assainissement à s'acquitter dans les délais impartis du paiement des redevances qui sont mises à leur charge, constitue une sanction qui ne peut, dès lors, être mise en œuvre que dans le respect des droits de la défense. • CE 9 juill. 2003, *M. Ferrand,* n° 221070 : *AJDA 2003. 2054 ; RJF 2003, n° 1329 ; Rev. Trésor 2004. 219 ; ACL 2004. 544, 545 et 567.*

16. Compétence juridictionnelle. Les litiges relatifs au paiement de la redevance d'assainissement relèvent de la compétence judiciaire. • T. confl. 12 janv. 1987, *Cie des eaux,* n° 02432 B : *LPA 15 avr. 1987, note Morand* • CE 20 déc. 1985, *Sté Outters,* n° 31927 : *Lebon 382 ; LPA 12 déc. 1986, note Moderne* • 20 janv. 1988, *SCI La Colline,* n° 70719 : *Lebon 21 ; Dr. adm. 1988, n° 136.* ♦ En particulier, les litiges portant sur le bien-fondé ou sur le montant de la redevance d'assainissement, qui constitue la rémunération des prestations d'un service à caractère industriel et commercial, relèvent des tribunaux judiciaires. • T. confl. 2 déc. 1991, *SA de Molitg-les-Bains,* n° 02665 : *Lebon 480 ; Dr. adm. 1992, n° 136 ; RJF 1992, n° 247.* ♦ Ainsi, un litige ayant pour objet la contestation de redevances d'eau et d'assainissement, au motif que le redevable n'avait pas la qualité d'usager de ce service, porte sur le bien-fondé de redevances qui constituent la rémunération des prestations de services publics industriels et commerciaux, et ne relève donc pas de la compétence de la juridiction administrative. • CAA Bordeaux, 2 nov. 1994, *Pereira Da Silva : RJF 1995, n° 34.* ♦ De même, le litige relatif à la redevance d'assainissement réclamée par une société de distribution d'eau, gestionnaire du réseau d'assainissement, à une société au titre de la collecte et du traitement des eaux que cette dernière a déversée dans le réseau relève de la compétence des tribunaux de l'ordre judiciaire : en effet, les litiges individuels nés des rapports entre un service public industriel et commercial et ses usagers, qui sont des rapports de droit privé, relèvent de la compétence des juridictions judiciaires. • T. confl. 24 mai 2004, *Sté régionale de distribution d'eau (SRDE) c/ Sté auxiliaire du Languedoc (AUXIAL),* n° 3396 : *ACL 2005. 348.* ♦ De même, une demande tendant à la décharge du paiement de la redevance d'assainissement relève des tribunaux de l'ordre judiciaire, même si le demandeur invoque, par voie d'exception, l'illégalité de la délibération instituant la redevance. • T. confl. 7 juin 1999, *Dominiczakc c/ District de Montreuil-sur-Mer : RJF 1999, n° 1047.* ♦ De manière générale, les litiges qui opposent des usagers au trésorier de la commune, au sujet du paiement de la redevance d'assainissement, relèvent, quel que soit le mode de recouvrement de ces redevances, de la compétence des tribunaux de l'ordre judiciaire. • T. confl. 15 nov. 1999, *SARL Sodetex c/ Trésorier d'Auterive : Rev. Trésor 2001. 144.* ♦ De même, le litige relatif à la redevance d'assainissement réclamée par le gestionnaire du réseau d'assainissement d'un syndicat intercommunal à une société usager de ce réseau relève, alors même qu'une convention relative au déversement des eaux usées, à laquelle ces deux sociétés sont parties, prévoit que les contestations relatives à cette convention seront portées devant le tribunal administratif, de la compétence des tribunaux de l'ordre judiciaire. • T. confl. 13 nov. 2000, *SA Descombe,* n° 03191. ♦ De même, le juge administratif, auquel il revient de connaître des recours pour excès de pouvoir dirigés contre les délibérations par lesquelles les collectivités ou les établissements publics, qui exploitent ou concèdent le service d'assainissement, instituent la redevance et en fixent le tarif, n'est pas compétent pour enjoindre la restitution d'une somme mise à la charge d'un usager et qui constitue la rémunération des prestations d'un service public industriel et commercial. • CE 13 mars 1998, *Mme Vindevogel,* n° 190751 : *Lebon 78 ; RJF 1998, n° 637 ; ACL 1999. 315.* ♦ Les recours, tendant à ce que la commune soit condamnée à rembourser la redevance d'assainissement et à ce que le maire de cette commune se voit interdire toute facturation à l'avenir, relèvent de la compétence des juridictions de l'ordre judiciaire, quand bien même l'intéressé ne serait pas raccordé au réseau communal d'assainissement. • T. confl. 11 janv. 1997, *Cne de Bétaucourt : ACL 1998. 234.* ♦ En revanche, le juge judiciaire n'est pas compétent pour trancher un litige qui, bien qu'opposant les usagers au service gestionnaire, met en cause la légalité de la tarification de la redevance d'assainissement. • Civ. 1re, 18 avr. 2000 : *Coll. terr. 2000, n° 188.* ♦ En l'espèce, les usagers contestaient le principe même de la redevance en ce que celle-ci ne trouvait plus sa contrepartie dans la fourniture d'un service. Dès lors, le litige mettait en cause, non la tarification aux abonnés, mais la légalité de celle-ci. • Même arrêt.

III. REDEVANCE D'ASSAINISSEMENT NON COLLECTIF

17. L'art. 35 de la loi n° 92-3 du 3 janv. 1992 sur l'eau a procédé à la décentralisation, au profit des communes ou des EPCI, de la mission de contrôle des installations d'assainissement non collectif. Dès lors, à compter de la mise en place du service de contrôle, toute personne disposant d'une telle installation est tenue de se soumettre aux vérifications requises dans les conditions prévues par l'assemblée délibérante de la commune ou de l'EPCI compétent. Ces vérifications peuvent porter sur la conformité de l'établissement initial de l'équipement ou de travaux modificatifs. Elles peuvent également résider dans un contrôle régulier du bon fonctionnement, selon une périodicité déterminée. Les visites de contrôle donnent lieu au paiement d'une redevance, qui est exigée même si le propriétaire ou l'occupant de la propriété concernée fait obstacle à la vérification. Le tarif de cette redevance est établi en fonction de la nature de la prestation ou de l'ouvrage. En application des art. L. 2224-1 et L. 2224-11 CGCT, le produit de ces recettes a pour vocation de couvrir entièrement le coût total de l'exercice du contrôle par la collectivité locale. * Rép. min. n° 15689 : *JO Sénat Q, 26 juill. 2001 ; Rev. Trésor 2001. 725.* ♦ Les dispositions précitées de la loi sur l'eau permettent également à la commune ou EPCI compétent d'intervenir pour assurer l'entretien de ces ouvrages. Cette habilitation n'a aucunement vocation à conférer à la collectivité publique une quelconque exclusivité en la matière. Dès lors, la relation entre le service et l'usager s'inscrit dans le cadre d'un contrat passé à l'initiative de l'usager, sans que la collectivité publique n'ait légalement vocation à lui imposer son intervention, sauf dans l'hypothèse où l'absence de mesures rend nécessaire une exécution d'office, après mise en demeure infructueuse et dans la limite de prérogatives légales dont elle dispose sur des terrains privés. Cette intervention a également pour contrepartie le versement d'une redevance pour service rendu, selon une logique de tarification représentative du coût réel du service, en application de l'art. L. 2224-11 CGCT [V. cet art.] * Même Rép. min. ♦ Sur le plan budgétaire et comptable, les missions de contrôle et d'entretien doivent alors pouvoir être distinguées en recettes sur des lignes budgétaires distinctes. * Même Rép. min. ♦ Si la collectivité territoriale doit bien instituer la redevance d'assainissement non collectif à la mise en place du service, l'usager ne peut toutefois être tenu à son versement qu'à la réalisation effective du contrôle ou de l'entretien de son installation. * Rép. min. : *JO Sénat Q, 28 mars 2002, p. 927 ; BJCL 2002, 137.*

18. À propos d'une « redevance de traitement des matières de vidange » mise à la charge de tous les habitants relevant de l'assainissement non collectif, le Conseil d'État a estimé qu'il ne résulte pas des dispositions du CGCT qu'une redevance pour le service d'assainissement non collectif puisse, quelle que soit la prestation en contrepartie de laquelle elle est créée, être mise à la charge d'usagers ne bénéficiant pas de cette prestation. • CE 14 mai 2008, *Cne de Villiers-au-Bouin,* n° 291230 : *RLCT 2008, n° 1008, et n° 1101, note Desclodures.* ♦ Par ailleurs, il résulte des dispositions de l'art. 1er du Décr. n° 97-1133 du 8 déc. 1997 que les matières issues de la vidange des systèmes d'assainissement non collectif ne sauraient être considérées comme devant faire obligatoirement l'objet d'un traitement en station d'épuration et peuvent, sous certaines conditions, faire l'objet d'un épandage : ainsi, dès lors que la délibération du conseil municipal met cette redevance à la charge de tous les habitants disposant d'un système d'assainissement non collectif, qu'ils aient ou non recours à un tel service, cette dernière ne saurait être regardée comme ayant le caractère d'un prix en contrepartie d'un service rendu et constitue un prélèvement assimilable à une taxe qui, en l'absence de dispositions législatives en permettant la création, est illégale. • Même décision. ♦ V. dans la même affaire le jugement de première instance. • TA Orléans, 5 janv. 2006, *M. Richard Mocie,* n° 0502840 : *BJCL 2006. 106, concl. Francfort.*

19. La redevance d'assainissement étant une redevance pour service rendu, le tarif applicable n'est légalement établi que s'il est proportionnel au coût dudit service. Dès lors, il peut être prévu l'institution d'une redevance comportant une partie fixe et une partie variable, même en l'absence de toute disposition législative le prévoyant expressément, à condition que le calcul de la redevance permette de garantir la proportionnalité avec le coût du service rendu. • CE 9 juill. 2003, *Union féd. des consommateurs « Que Choisir »,* n° 220803 : *préc. note 3.* ♦ En ce qui concerne l'assainissement non collectif, la redevance d'assainissement non collectif comprend une part destinée à couvrir les charges de contrôle de la conception, de l'implantation et de la bonne exécution et du bon fonctionnement des installations et, le cas échéant, une part destinée à couvrir les charges d'entretien de celles-ci. La part représentant des fonctions de contrôle est calculée en tenant compte notamment de la situation, de la nature et de l'importance des installations. Ces opérations peuvent donner lieu à une tarification forfaitaire. La part représentative des prestations d'entretien n'est due qu'en cas de recours au service d'entretien par l'usager. Les modalités de tarification doivent tenir compte de la nature des prestations assurées. • Même décision. ♦ Ces dispositions permettent de garantir un lien suffisant entre le tarif de la redevance d'assainissement et le coût du service rendu. Si elles laissent aux conseils municipaux et aux assemblées délibérantes des établissements publics de coopération intercommunale une certaine liberté pour fixer les tarifs en fonction du mode de calcul qu'elles instituent, ce n'est qu'à l'occasion d'éventuelles contestations de ces tarifs que la règle de proportionnalité entre la redevance et le coût du service rendu pourra, au cas par cas, être contrôlée par le juge de l'excès de pouvoir. • Même décision.

20. Les litiges nés des rapports entre un service public industriel et commercial et ses usagers, qui sont des rapports de droit privé, relèvent de la compétence des juridictions judiciaires. Aux termes de l'art. L. 2224-11 CGCT, les services publics d'assainissement sont financièrement gérés comme des services à caractère industriel et commercial. Dès lors, la demande d'un redevable tendant à être déchargé du paiement de la redevance d'assainissement non collectif qui lui est réclamée par un syndicat, relève, sous réserve d'une éventuelle question préjudicielle relative à la légalité de la délibération instituant, à la charge des personnes non raccordées au réseau d'assainissement, cette redevance au titre du contrôle des systèmes d'assainissement non collectif, de la compétence des tribunaux de l'ordre judiciaire. • T. confl. 20 oct. 2008, *M. et Mme Guyot c/ Sima-Coise*, n° 3668.

21. Le moyen tiré de ce que le redevable n'a pas la qualité d'usager du service public d'assainissement non collectif, et qu'aucun service ne lui a été rendu, est inopérant à l'appui d'une contestation de la légalité de la délibération instituant ce service public, portée devant le juge administratif. • CE 14 nov. 2001, ⚖ *Demailly : RJF 2002, n° 244.* ♦ Ce moyen ne peut être invoqué qu'à l'appui d'une contestation du bien-fondé de la redevance portée devant le juge judiciaire. • Même arrêt. ♦ De même, la circonstance que le budget annexe du service de l'assainissement ne fait pas apparaître la distinction entre les opérations relatives à l'assainissement collectif et celles relatives à l'assainissement non collectif est sans incidence sur la légalité de la délibération litigieuse. • Même arrêt. ♦ De même, la circonstance que la redevance de l'assainissement non collectif serait, en réalité, affectée au financement du service public de l'assainissement collectif est sans incidence sur la légalité de cette délibération. • Même arrêt.

22. Il résulte des dispositions du CGCT, d'une part, que le législateur n'a expressément prévu la prise en charge par les communes ou leur groupement, au titre de l'assainissement non collectif, que des prestations et dépenses de contrôle et, le cas échéant, d'entretien des installations d'assainissement autonome, d'autre part, que les communes ou leur groupement ne peuvent étendre l'objet des services publics à caractère industriel et commercial que constituent les services d'assainissement non collectif que si un intérêt public le justifie et dans le respect du principe de liberté du commerce et de l'industrie. • CE 23 mai 2003, ⚖ *Cté de cnes Artois-Lys*, n° 249995 : *préc. note 4.* ♦ Dans les circonstances de l'espèce, la création d'un service facultatif de réhabilitation des installations d'assainissement autonome situées dans le ressort de la communauté de communes, en zone d'assainissement non collectif, a été considérée comme contribuant à l'équilibre financier global du service de l'assainissement non collectif assuré par cette collectivité et à la satisfaction des usagers, qui pourront confier à un seul prestataire, s'ils le souhaitent, l'ensemble des prestations relatives au contrôle, à l'entretien et à la réhabilitation de leurs installations. Elle constitue ainsi un complément utile aux services de contrôle et d'entretien institués par cette collectivité, conformément à la loi, dans l'intérêt de l'hygiène et de la salubrité publiques. • Même décision. ♦ En outre, il n'était pas allégué qu'en fixant le montant des contributions exigées en contrepartie de ce service de réhabilitation, la communauté n'ait pas pris en compte l'ensemble des coûts de la prestation offerte, ou qu'elle ait bénéficié d'un avantage découlant des ressources ou moyens qui lui sont attribués au titre de ses autres missions de service public : ainsi, elle n'a pas méconnu les conditions d'une concurrence loyale entre les prestataires de tels services et, dès lors, le principe de la liberté du commerce et de l'industrie. • Même décision. ♦ La communauté de communes a pu à bon droit instituer une redevance de réhabilitation due par l'usager de ce service, assise sur la consommation d'eau du titulaire de l'abonnement aux services d'adduction et de distribution d'eau, alors même que cet usager ne serait pas propriétaire de l'immeuble qu'il occupe. • Même décision. ♦ La circonstance que tant le tarif retenu pour cette redevance que le montant de la participation forfaitaire aux travaux de réhabilitation seraient excessifs et hors de proportion avec le service rendu est, compte tenu du caractère facultatif de ce service et de l'existence d'une concurrence effective sur le marché local, sans incidence sur la légalité des dispositions instituant lesdites redevances et participation. • Même décision.

IV. SOMMES PRÉVUES AU CODE DE LA SANTÉ PUBLIQUE

23. Les sommes réclamées au titre de l'art. 75-II de la L. du 29 novembre 1965 (devenu l'art. L. 1331-8 CSP) ont le caractère d'une taxe fiscale, perçu dans l'intérêt de la santé publique, sans contrepartie pour les usagers. • Cons. const. 29 déc. 1983, ⚖ n° 83-166 DC, Loi relative au prix de l'eau en 1984 : *JO 30 déc. 1983. 3875 ; RD publ. 1986. 395, étude Favoreu ; D. 1985. IR 354, obs. Hamon.* ♦ Il s'agit d'un impôt local au sens des articles R. 222-13 et R. 811-1 CJA, et le tribunal administratif statue en premier et dernier ressort. • CE 5 févr. 2009, *Synd. mixte d'assainissement et de transports urbains du Verdunois (SMATUV)*, n° 306045 B : *RLCT 2009. 13, étude Joubert.*

24. Les usagers ainsi que les propriétaires n'ayant pas raccordé leurs immeubles aux égouts pour l'évacuation des eaux usées d'origine domestique peuvent être également assujettis à la redevance d'assainissement. • CE 6 juin 1984, *Sté thermale de Molitg-les-Bains : DF 1984.* ♦ En effet, en vertu de l'art. L. 1331-8 CSP, tant que le propriétaire ne s'est pas conformé à l'obligation de raccorder son immeuble au réseau d'assainissement, il est astreint au paiement d'une somme au moins équivalente à la redevance qu'il aurait payée si son immeuble avait été raccordé au réseau et qui pourra être majorée dans une proportion fixée par le conseil municipal dans la limite de 100 % : le paiement ainsi prévu, loin d'être le prix du service rendu par le service industriel et commercial que constitue l'exploitation du réseau d'assainissement, a le caractère d'une contribution imposée dans l'intérêt de la salubrité publique à quiconque ayant la possibilité de relier son immeuble à un tel réseau néglige de le faire, ou qui, si son immeuble n'est pas raccordable au réseau, néglige de se doter d'une installation autonome. • T. confl. 13 déc. 2004, *Cts Tiberghien c/ SA des Eaux du Nord et de la Cté urbaine de Lille*, n° 3424 : *AJDA 2005. 340 ; ACL 2005. 349.* ♦ Ainsi, la mise en œuvre de ces dispositions se rattache à l'exercice de prérogatives de puissance publique et le contentieux auquel elle donne lieu ressortit aux juridictions de l'ordre administratif. • Même jugement.

25. L'art. L. 1331-1 CSP prévoit la possibilité pour la commune de réclamer la redevance d'assainissement collectif dès la mise en service du réseau, c'est-à-dire sans attendre que les immeubles soient effectivement raccordés. Cette possibilité a pour but d'inciter les propriétaires d'immeubles à faire réaliser le raccordement dans les meilleurs délais. Il serait en tout état de cause tout à fait inopportun d'utiliser cette possibilité envers les propriétaires qui auraient bénéficié d'une prolongation de délai, d'autant plus que ces derniers devront s'acquitter de la redevance d'assainissement non collectif dès lors que le service public d'assainissement non collectif aura été mis en place par la commune et aura commencé à effectuer ses missions de contrôle. * Rép. min. n° 13997 : *JOAN Q, 1er déc. 2003, p. 9185 ; BJCL 2004. 68.* ♦ Confirmation jurisprudentielle : un particulier ne peut refuser de procéder aux travaux nécessaires au raccordement de son habitation, dès lors que le réseau est mis en service, même si les travaux d'installation du branchement ne sont pas encore réalisés. • CE 5 févr. 2009, *SMATUV*, n° 306045 : *préc. note 23.* ♦ Par ailleurs, les habitants des communes dans lesquelles le réseau d'assainissement n'a pas encore été construit et mis en service ne peuvent être regardés comme des usagers du service public de l'assainissement, quand bien même ce service se chargerait du contrôle et de l'entretien des systèmes d'assainissement non collectif : si les collectivités locales gestionnaires des services publics d'assainissement ont la faculté de facturer aux habitants concernés, au prix coûtant, le service de contrôle et d'entretien de leurs systèmes d'assainissement non collectif, elles ne les autorisent pas à percevoir auprès d'eux la redevance d'assainissement prévue par l'art. L. 2224-12. • CE 6 mai 1996, *District de Montreuil-sur-Mer : RJF 1996, n° 843.* ♦ Par suite, la délibération par laquelle le conseil d'une communauté de communes a institué une redevance d'assainissement, destinée à couvrir les dépenses du service public de l'assainissement collectif mis en place par cette communauté, qui s'applique à l'ensemble des habitants de son territoire, qu'ils soient ou non desservis par le réseau d'assainissement collectif, ne pouvait légalement assujettir les habitants non desservis par le réseau d'assainissement collectif et n'ayant pas ainsi la qualité d'usager du service public d'assainissement collectif, au paiement de la redevance qu'elle a instituée. • CE 14 nov. 2001, *Cté de cnes Artois-Lys : RJF 2002, n° 243.* ♦ Dès lors, la délibération est, dans cette mesure, entachée d'illégalité sans qu'y fasse obstacle la circonstance, à la supposer établie, que le coût des installations d'assainissement collectif serait financièrement insupportable faute pour la communauté de communes de pouvoir soumettre au paiement de la redevance, couvrant les dépenses relatives auxdites installations, l'ensemble des habitants de son territoire, y compris ceux qui ne sont pas desservis par le réseau d'assainissement collectif. • Même arrêt. ♦ Le principe « pollueur-payeur », issu du I de l'art. 1er de la loi du 2 févr. 1995 sur l'environnement, et repris à l'art. L. 111-1 C. envir., n'a eu ni pour objet, ni pour effet, de modifier le régime applicable aux redevances d'assainissement. • Même arrêt.

Art. L. 2224-12-2-1 *(L. n° 2014-344 du 17 mars 2014, art. 22)* **Aucuns frais liés au rejet de paiement ne peuvent être imputés par les services d'eau potable et d'assainissement aux personnes physiques n'agissant pas pour des besoins professionnels qui ont obtenu, pour la facture ayant généré des frais de rejet de paiement par la banque ou dans les douze mois précédant la date limite de paiement de ladite facture, une aide accordée pour le paiement de la fourniture d'eau par le Fonds de solidarité pour le logement ou le centre communal d'action sociale ou qui bénéficient, le cas échéant, d'un tarif social mis en place par le service public d'eau potable ou d'assainissement.**

Les modalités de mise en œuvre du présent article sont précisées par arrêté conjoint des ministres chargés de la consommation et des affaires sociales.

Art. L. 2224-12-3 **Les redevances d'eau potable et d'assainissement couvrent les charges consécutives aux investissements, au fonctionnement et aux renouvellements nécessaires à la fourniture des services, ainsi que les charges et les impositions de toute nature afférentes à leur exécution.**

(L. n° 2023-1322 du 29 déc. 2023, art. 101, en vigueur le 1er janv. 2025 et applicable aux délibérations des comités de bassin et des conseils d'administration des agences de l'eau prises pour une application à compter de cette même date) **« Toutefois, la redevance d'eau potable prend en compte la redevance pour la performance des réseaux d'eau potable prévue à l'article L. 213-10-5 du code de l'environnement à hauteur d'un montant forfaitaire maximal, déterminé par arrêté conjoint des ministres chargés de l'environnement et des collectivités territoriales, indépendant de l'application des coefficients de modulation mentionnés au 3° du IV du même article L. 213-10-5. De même, la redevance d'assainissement prend en compte la redevance pour la performance des systèmes d'assainissement collectif prévue à l'article L. 213-10-6 du même code à hauteur d'un montant forfaitaire maximal, déterminé par arrêté conjoint des ministres chargés de l'environnement et des collectivités territoriales, indépendant de l'application des coefficients de modulation mentionnés au 3° du A du IV du même article L. 213-10-6. »**

Pour les abonnés domestiques, les demandes de caution ou de versement d'un dépôt de garantie sont interdites. Le remboursement des sommes perçues au titre des dépôts de garantie intervient dans un délai maximum fixé à trois ans à compter de la promulgation de la loi n° 2006-1772 du 30 décembre 2006 sur l'eau et les milieux aquatiques.

Art. L. 2224-12-3-1 *(L. n° 2011-156 du 7 févr. 2011, art. 1er)* **Les services publics d'eau et d'assainissement peuvent attribuer une subvention au fonds de solidarité pour le logement afin de contribuer au financement des aides relatives au paiement des fournitures d'eau ou des charges collectives afférentes mentionnées à l'article 6 de la loi n° 90-449 du 31 mai 1990 visant à la mise en œuvre du droit au logement.**

Une convention passée avec le gestionnaire du fonds de solidarité pour le logement détermine les règles de calcul ainsi que les modalités d'attribution et de versement de cette subvention, dont le montant ne peut excéder *(L. n° 2019-1461 du 27 déc. 2019, art. 15)* **« 2 % » des montants hors taxes des redevances d'eau ou d'assainissement perçues.**

Sur le fonds de solidarité pour le logement, V. ci-dessous L. n° 90-449 du 31 mai 1990, art. 6-2.

Loi n° 90-449 du 31 mai 1990,

Visant à la mise en œuvre du droit au logement.

Art. 6-2 *(L. n° 2004-809 du 13 août 2004, art. 65)* Le fonds peut être saisi directement par toute personne ou famille en difficulté et, avec son accord, par toute personne ou organisme y ayant intérêt ou vocation. Il peut également être saisi par la commission *(L. n° 2014-366 du 24 mars 2014, art. 35)* « de coordination des actions de prévention des expulsions locatives, par toute instance du *(Ord. n° 2014-1543 du 19 déc. 2014, art. 14 ; L. n° 2017-86 du 27 janv. 2017, art. 147)* « plan départemental » d'action pour le logement et l'hébergement des personnes défavorisées », par l'organisme payeur de l'aide au logement ou par le représentant de l'État dans le département.

(L. n° 2011-156 du 7 févr. 2011, art. 1er) « La demande d'aide est notifiée par le gestionnaire du fonds au maire et au centre communal ou intercommunal d'action sociale de la commune de résidence du demandeur. Ceux-ci peuvent communiquer au gestionnaire du fonds, avec copie à l'intéressé, le détail des aides déjà fournies ainsi que toute information en leur possession susceptible d'éclairer le gestionnaire du fonds sur les difficultés rencontrées par le demandeur. »

Toute décision de refus doit être motivée.

Art. L. 2224-12-4 I. – Toute facture d'eau comprend un montant calculé en fonction du volume réellement consommé par l'abonné et peut, en outre, comprendre un montant calculé indépendamment de ce volume en fonction des charges fixes du service et des caractéristiques du branchement, notamment du nombre de logements desservis.

Ce montant ne peut excéder un plafond dont les modalités de calcul sont définies par arrêté des ministres chargés de l'intérieur, de l'environnement et de la consommation, après avis du Comité national de l'eau et du Conseil national de la consommation. Le conseil municipal ou l'assemblée délibérante du groupement de collectivités territoriales modifie, s'il y a lieu, la tarification dans un délai de deux ans suivant la date de publication de cet arrêté. Le présent alinéa n'est pas applicable aux communes touristiques visées à l'article L. 133-11 du code du tourisme.

Toutefois, à titre exceptionnel, lorsque la ressource en eau est abondante et qu'un nombre limité d'usagers est raccordé au réseau, le représentant de l'État dans le département peut, dans des conditions prévues par décret en Conseil d'État, à la demande du maire ou du président du groupement de collectivités territoriales compétent pour assurer la distribution d'eau, autoriser une tarification ne comportant pas de terme proportionnel au volume d'eau consommé.

(L. n° 2019-1461 du 27 déc. 2019, art. 15) « La tarification de l'eau potable aux abonnés domestiques peut tenir compte du caractère indispensable de l'eau potable et de l'assainissement pour les abonnés en situation particulière de vulnérabilité en prévoyant un tarif progressif pouvant inclure une première tranche de consommation gratuite.

« La progressivité du tarif peut être modulée pour tenir compte des revenus et du nombre de personnes composant le foyer, le prix au mètre cube de la tranche de consommation supérieure ne pouvant toutefois excéder le double du prix moyen au mètre cube pour une consommation de référence fixée par arrêté des ministres chargés de l'environnement et de la consommation. »

II. – Lorsque plus de 30 % de la ressource en eau utilisée pour la distribution fait l'objet de règles de répartition des eaux en application de l'article L. 211-2 du code de l'environnement, le conseil municipal ou l'assemblée délibérante du groupement de collectivités territoriales procède, dans un délai de deux ans à compter de la date du classement en zone de répartition des eaux, à un réexamen des modalités de tarification en vue d'inciter les usagers à une meilleure utilisation de la ressource.

III. – À compter du 1er janvier 2010 et sous réserve du deuxième alinéa du I, le montant de la facture d'eau calculé en fonction du volume réellement consommé peut être établi soit sur la base d'un tarif uniforme au mètre cube, soit sur la base d'un tarif progressif. Cette facture fait apparaître le prix du litre d'eau.

Toutefois, un tarif dégressif peut être établi si plus de 70 % du prélèvement d'eau ne fait pas l'objet de règles de répartition des eaux en application de l'article L. 211-2 du code de l'environnement.

Le conseil municipal ou l'assemblée délibérante du groupement de collectivités territoriales modifie, s'il y a lieu, la tarification dans un délai de deux ans à compter du 1er janvier 2008 pour les zones de répartition des eaux créées à cette date et, pour les autres zones, à compter de la date de leur classement en zone de répartition des eaux.

Lorsque le conseil municipal ou l'assemblée délibérante du groupement de collectivités territoriales définit un tarif progressif ou dégressif en fonction des consommations d'eau, il peut définir, pour les immeubles collectifs d'habitation, un barème particulier tenant compte du nombre de logements.

(L. n° 2019-1461 du 27 déc. 2019, art. 15) « Lorsque l'aide au paiement des factures d'eau concerne la distribution d'eau potable et l'assainissement, une convention précisant les modalités de versement de l'aide est passée entre le service assurant la facturation de l'eau, les gestionnaires de services et les collectivités territoriales dont le service perçoit les redevances. »

(L. n° 2011-525 du 17 mai 2011, art. 2) « III *bis*. – Dès que le service d'eau potable constate une augmentation anormale du volume d'eau consommé par l'occupant d'un local d'habitation susceptible d'être causée par la fuite d'une canalisation, il en informe sans délai l'abonné. Une augmentation du volume d'eau consommé est anormale si le volume d'eau consommé depuis le dernier relevé excède le double du volume d'eau

moyen consommé par l'abonné ou par un ou plusieurs abonnés ayant occupé le local d'habitation pendant une période équivalente au cours des trois années précédentes ou, à défaut, le volume d'eau moyen consommé dans la zone géographique de l'abonné dans des locaux d'habitation de taille et de caractéristiques comparables.

« L'abonné n'est pas tenu au paiement de la part de la consommation excédant le double de la consommation moyenne s'il présente au service d'eau potable, dans le délai d'un mois à compter de l'information prévue au premier alinéa du présent III *bis*, une attestation d'une entreprise de plomberie indiquant qu'il a fait procéder à la réparation d'une fuite sur ses canalisations.

« L'abonné peut demander, dans le même délai d'un mois, au service d'eau potable de vérifier le bon fonctionnement du compteur. L'abonné n'est alors tenu au paiement de la part de la consommation excédant le double de la consommation moyenne qu'à compter de la notification par le service d'eau potable, et après enquête, que cette augmentation n'est pas imputable à un défaut de fonctionnement du compteur.

« À défaut de l'information mentionnée au premier alinéa du présent III *bis*, l'abonné n'est pas tenu au paiement de la part de la consommation excédant le double de la consommation moyenne.

« Les redevances et sommes prévues par le premier alinéa de l'article L. 2224-12-2 sont calculées en tenant compte de la consommation facturée.

« Un décret en Conseil d'État précise les modalités d'application du présent III *bis*. »

IV. — Dans les communes où l'équilibre entre la ressource et la consommation d'eau est menacé de façon saisonnière, le conseil municipal ou l'assemblée délibérante du groupement de collectivités territoriales peut définir des tarifs différents selon les périodes de l'année.

I. NATURE JURIDIQUE (REDEVANCE)

1. Contrepartie dans le service rendu. Les tarifs qui servent de base à la détermination des redevances demandées aux usagers d'un service public à caractère industriel et commercial en vue de couvrir les dépenses d'investissement et de fonctionnement relatives à la fourniture de ce service, y compris les dépenses correspondant à son renouvellement et à sa modernisation, doivent trouver leur contrepartie directe dans le service rendu aux usagers. • CE 17 oct. 2003, *M. Bompard et a.*, n° 244521 : *ACL 2004. 533.* ♦ En l'espèce, la surtaxe, dont le montant a été fixé par le conseil municipal et qui est perçue par le fermier pour le compte de la collectivité, servait à compléter le financement des dépenses d'investissement nécessaires à la commune pour assurer l'ensemble des opérations de renouvellement et d'extension du réseau. Ainsi, la redevance, qui inclut la surtaxe, trouve sa contrepartie directe dans le service rendu aux usagers du service public de distribution d'eau. Par suite, en dépit de la dénomination retenue sur ce point par le traité d'affermage, la surtaxe n'avait que le caractère d'un complément de redevance et ne saurait être regardée comme ayant celui d'une imposition qui aurait été créée par la commune alors qu'elle n'aurait pas été compétente. • Même décision. ♦ Pour une solution identique, V. • Civ. 1re, 22 juin 2004, *Rantier c/ Cie Gén. des Eaux : JCP Adm. 2004, n° 1555, note Renard-Payen.* ♦ Le juge administratif vérifie que le prix de l'eau, qui figure sur la facture des abonnés, ne comporte pas des charges étrangères au service. • CE 5 nov. 2003, *Assoc. des consommateurs de La Fontaulière*, n° 226671 : *ACL 2004. 532.* ♦ D'où l'illégalité d'une délibération approuvant le contrat de concession du service des eaux, en tant qu'elle approuve les stipulations relatives à la tarification, dès lors que celle-ci répercute sur les usagers le versement par le concessionnaire, à la ville, des sommes sans rapport avec la valeur des prestations qui lui sont fournies par la commune, notamment en ce qui concerne les droits d'usage des installations concédées, les loyers et diverses redevances au bénéfice de la commune. • CE 30 sept. 1996, *Sté stéphanoise des eaux et ville de Saint-Étienne*, nos 156176 et 156509 : *Lebon 355* ♦ Il en va de même de la délibération par laquelle un conseil municipal a approuvé un tarif du m^3 d'eau découlant de l'application de l'indice INSEE des prix à la consommation au prix du m^3 d'eau. En effet, le prix du m^3 d'eau est ainsi indexé sur un indice portant, pour l'essentiel, sur des biens et services sans rapport avec l'exploitation d'un service de distribution d'eau potable. En approuvant un tarif ainsi déterminé selon des modalités qui ne permettent pas de considérer qu'il constitue la contrepartie directe du service rendu aux usagers, le conseil municipal a entaché sa délibération d'erreur de droit. • CAA Lyon, 25 avr. 2002, *Sté stéphanoise des eaux c/ Sté Tartary et a.*, n° 97LY00743 : *BJCL 2002. 297 ; JCP Adm. 2003, n° 1029, note Linditch.*

II. RÉGIME JURIDIQUE

A. PRINCIPES ESSENTIELS

1° ÉGALITÉ

2. Principe d'égalité entre usagers. Si le principe ne s'oppose pas à ce que le législateur règle de façon différente des situations différentes, ni à ce qu'il déroge à l'égalité pour des raisons d'intérêt général, il ne permet pas de prévoir des tarifs différents pour les résidents permanents de la commune et pour les autres abonnés : est donc illégale la délibération d'un conseil municipal qui réserve aux seuls résidents permanents le bénéfice de tarifs plus avantageux pour les familles, et impose aux seuls autres abonnés un forfait au titre des visites et contrôles supplémentaires entre chaque relevé. • CE 28 avr. 1993, *Cne de Coux : Lebon 664 ; Dr. adm. 1993, n° 365.* ♦ Si, au soutien de la délibération en cause, la commune invoque la nécessité d'éviter le gaspillage de l'eau et l'insuffisance des ressources en eau en période d'été, ces motifs ne sont pas, non plus, de nature à justifier les discriminations opérées pour les mêmes quantités d'eau consommées aux mêmes époques de l'année entre les résidents permanents de la commune et les autres abonnés. • Même décision. ♦ De même, si le principe de l'égalité de traitement entre usagers, qui s'impose à l'autorité concédante et au concessionnaire pour la fixation du prix de l'eau, ne fait pas obstacle à ce qu'un tarif dégressif soit institué en considération des situations différentes dans lesquelles les titulaires de contrats d'abonnement peuvent se trouver au regard dudit service, l'autorité municipale ne peut réserver le bénéfice de ce barème dégressif à certaines entreprises du secteur industriel en vue de favoriser le développement d'activités industrielles déjà implantées dans la ville ou susceptibles de venir s'y installer : une telle mesure, proposée dans un intérêt économique étranger au fonctionnement même du service public dont il s'agit, est entachée d'illégalité. • TA Toulouse, 10 juill. 1997, *Sté MAJ-Blanchisserie de Pantin c/ Ville de Toulouse, Cie générale des eaux : AJDA 1998. 190*. ♦ De même, si la commune invoque l'existence de différences de situation objectives entre les catégories d'usagers et de considérations d'intérêt général tirées, d'une part, de la nécessité de combattre le déclin de l'agriculture et, d'autre part, de celle de réduire le déficit du budget annexe de l'eau, les modalités de modulation retenues induisent des écarts de charges entre les différentes catégories d'usagers au regard du service rendu qui, en raison de leur ampleur, ne peuvent être regardés comme limités à ce que permettrait, eu égard aux exigences du principe d'égalité, la prise en compte des différences de situation et des considérations d'intérêt général invoquées. • CAA Bordeaux, 28 oct. 2003, *Cne de Cilaos,* n° 99BX1040 : *BJCL 2004. 17, concl. Rey.* ♦ En l'espèce, le conseil municipal avait prévu, par délibération, une exonération totale de la surtaxe communale pratiquée sur la consommation d'eau pour les usagers « agricoles » et « mixtes », qui disposaient déjà d'un tarif de base préférentiel par mètre cube, tandis que tous les autres usagers étaient assujettis à une surtaxe par mètre cube, s'ajoutant à un tarif beaucoup plus élevé par mètre cube. • Même arrêt. ♦ Toutefois, le législateur a entendu permettre que la tarification de l'eau prenne en compte les investissements réalisés pour garantir qu'en toute circonstance les habitants puissent disposer du volume et de la pression d'eau nécessaires, qui constituent des charges fixes. Au regard de cet objectif, la prise en compte des caractéristiques propres à chaque immeuble et à son implantation dans une zone touristique ne constitue pas une violation du principe d'égalité devant le service public. • CE 17 oct. 2003, *Synd. des copropriétaires de la résidence « Atlantis » et a.*, n° 247747 : *ACL 2004. 535* • 8 déc. 2003, *Synd. des copropriétaires de la résidence « Le Hameau des Pêcheurs » et a.*, n° 247545 : *ibid.* • 8 déc. 2003, *Synd. des copropriétaires de la résidence « Calypso-La Goélette » et a.*, n° 247570 : *ibid.* ♦ De manière générale, les dispositions législatives n'obligent pas les assemblées délibérantes des collectivités publiques ou établissements publics dont relève le service d'eau et d'assainissement à instituer un tarif uniforme par mètre cube prélevé : dès lors, elles peuvent légalement instituer un tarif dégressif ou progressif, en fonction des tranches de consommation. • CE 25 juin 2003, *Cne des Contamines-Montjoie*, n° 237305 : *Dr. adm 2003, n° 209 ; AJDA 2003. 2055 ; BJCL 2003. 820, concl. Guyomar ; ACL 2004. 535.* ♦ Une telle progression peut résulter de l'institution d'un tarif d'eau comportant une partie fixe et une partie proportionnelle au volume d'eau prélevé. • Même décision. ♦ Dès lors, une commune peut, d'une part, prendre en considération, dans la tarification qu'elle doit adopter, les caractéristiques particulières du branchement, au nombre desquelles elle peut retenir le nombre d'appartements desservis et leur mode d'occupation, qui ont une incidence sur l'importance des besoins en eau d'un immeuble collectif, indépendamment de son régime de propriété, et, à cette fin, instituer une part fixe d'un montant calculé en fonction du nombre des locaux distincts desservis par un même branchement d'immeuble collectif, qu'il soit ou non en copropriété, et elle peut, d'autre part, légalement tenir compte des charges fixes du service, eu égard notamment à ses conditions d'exploitation et à l'importance des investissements à amortir et des extensions à réaliser, en particulier pour la desserte d'un hameau. • Même décision. ♦ La circonstance que les hôtels bénéficient d'un seul abonnement pour l'ensemble des chambres qu'ils abritent n'est pas de nature à établir que les délibérations litigieuses méconnaîtraient le principe d'égalité des usagers devant le service public, en raison des différences qui caractérisent la situation des hôtels et des occupants d'appartements d'un immeuble collectif. • Même décision. ♦ La circonstance que l'équilibre financier du service aurait été atteint avant cette nouvelle tarification ne saurait ni dispenser la commune de mettre sa tarification en conformité avec les nouvelles dispositions législatives applicables, ni la priver de son droit de mettre en place à cette occasion une partie fixe destinée à tenir compte des charges fixes du service, et notamment des extensions à réaliser, dans les conditions prévues par la loi. • Même décision. ♦ La loi de 1992 n'oblige pas à instituer un tarif uniforme ; un tarif dégressif ou progressif peut être instauré en fonction des tranches de consommation. Un tarif progressif est donc légal en l'espèce. • CE 14 oct. 2009, *Cne de Saint-Jean-d'Aulps*, n° 300608 : *RJEP mai 2010 n° 27, concl. Geffray ; DGCT 2009. Chron. 21 ; RLCT 2010, n° 1601, note Guglielmi ; JCP Adm. 2009, n° 2293, note Terrien.* ♦ Le principe d'égalité n'implique pas que des abonnés à un service public se trouvant dans des situations différentes soient soumis à des tarifs différents : rien n'imposait donc d'arrêter un tarif spécifique pour les habitants d'immeubles collectifs regroupés dans un même contrat d'abonnement. • Même arrêt. ♦ Même solution de principe à propos de campings. • CE 31 juill. 2009, *Sté Les sables d'or et a.*, n° 303876 : *AJDA 2010. 895, note Subra de Bieusses*.

2° NON-RÉTROACTIVITÉ

3. *Rétroactivité.* La tarification de la redevance de consommation d'eau et la taxation de chaque compteur doivent être établies en respectant le principe de non-rétroactivité : ainsi est illégale la nouvelle tarification d'un service d'eau potable instituée après le début d'un exercice financier et fixée forfaitairement pour toute la durée de cet exercice commençant le 1er janvier, dans la mesure où elle prend effet à compter d'une date antérieure à celle de son entrée en vigueur et se trouve donc entachée d'une rétroactivité illégale qui, en raison du caractère de forfait annuel des redevances instituées, l'affecte dans sa totalité. • CE 18 mars 1988, *Ville de Poggio-Mezzana c/ MM. Piazza et Santolini : Dr. adm. 1988, n° 220.* ♦ De même, une nouvelle tarification de l'eau ne peut s'appliquer à des consommations d'eau effectuées avant l'entrée en vigueur de la délibération du conseil municipal décidant cette tarification. • CE 11 juin 1993, *Cne de Rai*, n° 112810 B. ♦ De plus, la délibération du conseil municipal, en tant qu'elle fixe l'effet du tarif de la redevance de consommation d'eau à une date antérieure à celle à laquelle elle est elle-même parvenue en préfecture et donc entrée en vigueur, est entachée d'une rétroactivité illégale. • CE 19 avr. 2000, *Cne de la Bresse : RJF 2000, n° 729* • 25 juin 2003, *Cne des Contamines-Montjoie*, n° 237305 : *préc. note 2.* ♦ En revanche, le tarif de la redevance de consommation d'eau peut légalement être fixé rétroactivement par délibération du conseil municipal, pour se substituer à un précédent tarif annulé par le juge, afin d'assurer la continuité du service public. • Même arrêt. ♦ Ainsi, lorsque le conseil syndical d'un SIVOM ne fixait les tarifs de l'eau que pour une année, l'annulation de la délibération fixant pour une année les tarifs de l'eau n'a pu faire revivre les délibérations antérieures, et, dans ces conditions, le syndicat, qui devait assurer la continuité du service, pouvait fixer rétroactivement la tarification de l'eau applicable pour la période couverte par la délibération annulée. • CE 9 avr. 2004, *M. Escurat*, n° 252888 : *BJCL 2004. 476, concl. Séners ; ACL 2005. 348.* ♦ Lorsqu'un acte réglementaire fixant le tarif d'un service public pour une période donnée fait l'objet d'une annulation, cette annulation, si elle peut avoir pour effet, le cas échéant, de permettre d'appliquer un tarif antérieur fixé pour une période indéterminée, ne saurait faire revivre un acte fixant un tarif pour une période déterminée dont le terme était antérieur à la période couverte par l'acte annulé. • CAA Lyon, 25 avr. 2002, *Sté stéphanoise des eaux c/ Sté Tartary et a.*, n° 97LY00743 : *préc. note 1.* ♦ Pour remédier aux conséquences juridiques résultant d'une délibération tarifaire déclarée illégale, une nouvelle délibération peut fixer de manière rétroactive des redevances à l'égard des usagers ayant effectivement bénéficié du service rendu. • CE 28 avr. 2014, *Anschling*, n° 357090 : *Lebon ; AJDA 2014. 1264, chron. Bretonneau et Lessi ; RFDA 2014. 512, note De Barmon ; Dr. adm. 2014, n° 53, note Éveillard.*

B. AUTRES ASPECTS

1° COMPÉTENCE

4. Aux termes de l'art. L. 2121-29, il n'appartient qu'au conseil municipal d'établir le tarif d'un service public communal, et, lorsqu'un service public communal a fait l'objet d'une délégation de service public, la détermination du prix du service ou du montant de la redevance ne peut être laissée à la discrétion du concessionnaire : dès lors, en se bornant à fixer des prix de base de livraison d'eau potable, constituant un plafond en deçà duquel le concessionnaire peut librement fixer des tarifs applicables à certains usagers sous réserve du respect du principe d'égalité, le conseil municipal méconnaît l'étendue de sa compétence. • CAA Lyon, 20 mai 1999, *SA Comalait Industries : AJDA 1999. 874 et 945 ; Rev. Trésor 2000. 229.* ♦ Les dispositions tarifaires des cahiers des charges relatifs aux conventions d'affermage des services de distribution d'eau et d'assainissement d'une commune ont un caractère réglementaire et sont exécutoires de plein droit dès leur publication et leur transmission au représentant de l'État. L'article du cahier des charges d'une collectivité territoriale, qui se borne à mentionner qu'un document intitulé « règlement de service » était destiné à être remis à chaque abonné, ne subordonne pas à la remise ou au contenu de ce dernier document l'opposabilité aux usagers des dispositions tarifaires réglementaires. • Civ. 1re, 22 oct. 2002, *Sté Suez-Lyonnaise des Eaux c/ SARL Delias : JCP Adm. 2002, n° 1189 ; ibid., n° 1230, note Lindtich.*

2° CALCUL, PAIEMENT ET SANCTION

5. *Proportionnalité.* Afin de garantir le caractère proportionné du tarif de la redevance d'assainissement avec le coût du service rendu, la collectivité publique peut prendre en considération, dans la tarification qu'elle adopte, les caractéristiques particulières du branchement, notamment celles qui ont une incidence sur l'importance des besoins en eau. De même, la collectivité publique peut légalement tenir compte des charges fixes du service, eu égard notamment à ses conditions d'exploitation, à l'importance des investissements à amortir et des extensions à réaliser pour garantir qu'en toute circonstance les usagers puissent disposer de l'assainissement collectif nécessaire. • CE 27 oct. 2016, *Sté d'exploitation de la maison de retraite d'Agosta Plage (SEMRAP)*, n° 383501 : *Lebon ; AJCT 2017. 171, obs. Clémence*.

6. Le caractère non exhaustif de l'énumération, par un avenant au contrat d'affermage, des divers droits et taxes additionnelles au prix de l'eau qui doivent s'ajouter au tarif de base ne confère pas un caractère imprécis au tarif ainsi fixé, dès lors qu'elle renvoie à l'ensemble des droits et taxes additionnelles établis par la législation en vigueur à la date de conclusion de l'avenant attaqué. • CE 5 nov. 2003, *Assoc. des consommateurs de La Fontaulière*, n° 226671 : *préc. note 1.*

7. Branchements collectifs. Aux termes de la loi, toute facture d'eau comprend un montant calculé en fonction du volume réellement consommé par l'abonné à un service de distribution d'eau et peut, en outre, correspondre un montant calculé indépendamment de ce volume, compte tenu des charges fixes du service et des caractéristiques du branchement : à ce titre, la redevance d'abonnement peut être calculée compte tenu du nombre d'appartements à desservir pour un immeuble collectif à branchement unique. • Civ. 1re, 11 janv. 2000, *Synd. copropriétaires de la résidence « Le Pierly »*, n° 97-16.530 P : *Coll. terr. 2000, n° 114.* ♦ En effet, les conditions que doit remplir le branchement pour assurer efficacement la distribution de l'eau sont au nombre des charges fixes du service pouvant entrer dans le calcul de la part fixe des abonnements. Ainsi, les caractéristiques propres à chaque immeuble, notamment le nombre de logements qu'il comporte, sont au nombre des caractéristiques de branchement au sens des dispositions précitées de la loi sur l'eau. Dès lors, les dispositions d'un contrat d'affermage, faisant intervenir le nombre d'appartements par immeuble dans le calcul de la part fixe de la tarification de l'eau, ne sont pas contraires aux dispositions du II de l'art. 13 de la loi du 3 janv. 1992. • CE 17 oct. 2003, *Synd. des copropriétaires de la résidence « Atlantis » et a.*, n° 247747 : *préc. note 2* • 8 déc. 2003, *Synd. des copropriétaires de la résidence « Le Hameau des Pêcheurs » et a.*, n° 247545 : *préc. note 2* • 8 déc. 2003, *Synd. des copropriétaires de la résidence « Calypso-La Goélette » et a.*, n° 247570 : *préc. note 2.* ♦ Les dispositions de l'art. 13-II de la loi du 3 janv. 1992, codifié à l'art. L. 214-15 C. envir., qui permettent l'institution d'un tarif dégressif comportant une partie fixe, n'interdisent pas que celle-ci représente, dans certaines circonstances, une part prépondérante de la facture d'eau. Au sens de ces dispositions, le nombre de logements desservis par un même branchement, qui a une incidence sur l'importance des besoins en eau de l'immeuble, est une caractéristique essentielle du branchement, en fonction de laquelle peut être établie la partie fixe de la redevance due par l'abonné au service d'eau. Appliquée à l'ensemble des abonnés sur le fondement d'un critère objectif et en rapport avec l'objet de la redevance, l'institution d'une partie fixe calculée par logement desservi ne méconnaît pas le principe d'égalité de traitement des usagers du service public. • CE 17 oct. 2003, *Synd. des copropriétaires de l'ensemble immobilier « Les Alpages », Synd. des copropriétaires de l'ensemble immobilier « Les Trois Mousquetaires »*, n° 255591 : *BJCL 2003. 865 ; ACL 2004. 538.* ♦ En revanche, le nombre de copropriétaires d'un immeuble collectif est, par lui-même, sans incidence sur les besoins en eau de cet immeuble et ne détermine donc ni les dimensions du branchement qui le dessert, ni les particularités techniques des installations situées en amont. Par suite, il ne peut être regardé comme une caractéristique du branchement au sens du II de l'art. 13 de la L. du 3 janv. 1992. • CE 10 août 2005, *Synd. des copropriétaires de la résidence « Mer et Soleil »*, n° 274103 : *ACL 2006. 392.*

8. Une commune peut légalement décider l'affermage d'une partie du service de distribution d'eau potable et du réseau d'assainissement des eaux, la partie du territoire de la commune desservie par le service affermé étant constituée par une zone touristique dans laquelle une organisation particulière du service est rendue nécessaire par l'affluence d'une population saisonnière : dès lors, est légale la décision de prélever une surtaxe sur les usagers résidant à l'intérieur du périmètre couvert par le contrat d'affermage, eu égard aux conditions d'exploitation et à l'importance des investissements à amortir. • CE 8 avr. 1998, *Assoc. pour la promotion et le rayonnement des Orres*, n° 127205 : *ACL 1999. 319 ; AJDA 1998. 463*.

9. Régime légal exceptionnel. Un régime exceptionnel de tarification de l'eau peut être prévu si la ressource en eau est naturellement abondante et si le nombre d'usagers raccordés au réseau est suffisamment faible, ou si la commune connaît habituellement de fortes variations de sa population : le préfet peut alors autoriser la mise en œuvre d'une tarification ne comportant pas de terme directement proportionnel au volume total consommé. • CE 30 juin 1995, *Cne de Saint-Étienne-du-Grès*, n° 156795 : *ACL 1996. 99.* ♦ V. * Rép. min. n° 20716 : *JO Sénat Q, 2 mai 1997 ; Rev. Trésor 1997. 560.*

10. Tarification-sanction. Un conseil municipal ne peut pas décider que les usagers faisant obstacle au relevé de leur compteur d'eau feront l'objet d'une facturation comprenant, d'une part, un montant correspondant aux charges fixes du service, et, d'autre part, un montant correspondant à une consommation d'eau forfaitairement fixée à 200 m^3. • CE 30 déc. 2002, *Cne de Quai-en-Chartreuse*, n° 241240 : *AJDA 2003. 1068, note Fonbaustier ; RFDA 2003. 174 et 788, note Lachaume ; Coll. terr. 2003, n° 64, concl. Guyomar ; JCP Adm. 2003, n° 1217, note Moreau ; BJCL 2003. 180 ; ACL 2003. 369.* ♦ Une telle tarification, qui ne se borne pas à mettre à la charge des usagers une consommation estimée, sous réserve d'une régularisation ultérieure, et qui n'entre pas dans le champ des dérogations prévues par la loi, ne comporte pas de terme directement proportionnel au volume d'eau réellement consommé par l'abonné, et méconnaît ainsi les dispositions légales. • Même décision. ♦ Il appartient à la commune, le cas échéant et si elle s'y croit fondée, de poursuivre le recouvrement des sommes qu'elle estime lui être dues devant le juge judiciaire, compétent s'agissant d'un service public industriel et commercial. • Même décision.

3° CONTENTIEUX

11. Compétence juridictionnelle. Eu égard à son objet et aux conditions de son fonctionnement, le service public de distribution de l'eau de la commune présente le caractère d'un service public industriel et commercial : il suit de là que le litige qui oppose des usagers au trésorier de la commune, au sujet du paiement de la redevance d'eau, relève, quel que soit le mode de recouvrement de cette redevance, de la compétence des tribunaux de l'ordre judiciaire. • T. confl. 15 nov. 1999, *SARL Sodetex c/ Trésorier d'Auterive : Rev. Trésor 2001. 144* • 28 avr. 2003, *M. Guillaumin c/ Cne de Fort-Mahon*, n° 3348. ♦ Le service public de distribution de l'eau est en principe, de par son objet, un service public industriel et commercial : il en va ainsi même si, s'agissant de son organisation et de son financement, ce service est géré en régie par une commune, sans disposer d'un budget annexe, et si le prix facturé à l'usager ne couvre que partiellement le coût du service. • T. confl. 21 mars 2005, *Mme Alberti-Scott c/ Cne de Tournefort*, n° 3413 : *Dr. adm. 2005, n° 94 ; AJDA 2005. 964 ; RFDA 2005. 1056 ; ACL 2006. 395.* ♦ En revanche, le service ne peut revêtir un caractère industriel et commercial lorsque son coût ne fait l'objet d'aucune facturation périodique à l'usager. • Même décision. ♦ En l'espèce, la commune, qui exploitait en régie un service de distribution d'eau non doté d'un budget annexe, prélevait à ce titre sur les usagers une redevance tenant compte de leur consommation d'eau mesurée par les compteurs installés à l'initiative de la commune : ainsi, ce service présentait un caractère industriel et commercial, nonobstant la circonstance que ces redevances ne couvraient qu'une faible partie du coût annuel du service. • Même décision. ♦ Par suite, le litige opposant le redevable à la commune, au sujet du remboursement de la pose d'un compteur d'eau, concerne les rapports entre un service public industriel et commercial et un usager, et relève de la compétence des tribunaux de l'ordre judiciaire. • Même décision. ♦ De manière générale, les litiges nés des rapports entre un service public industriel et commercial et ses usagers, qui sont des rapports de droit privé, relèvent de la compétence des juridictions judiciaires. En l'espèce, un syndicat intercommunal d'études, de travaux et de gestion d'irrigation, qui exploitait en régie un service de distribution d'eau servant à l'irrigation, prélevait à ce titre sur les usagers des redevances dont le montant était fonction du service rendu, mesuré par la superficie des surfaces irriguées. Ainsi, l'activité de distribution d'eau d'irrigation exercée par l'établissement public de coopération intercommunal présentait un caractère industriel et commercial, nonobstant la circonstance que le montant des redevances à la charge des bénéficiaires ne représentait qu'une faible partie du coût du service. Dès lors, le litige opposant un bénéficiaire, au sujet des redevances dont le syndicat intercommunal lui réclamait le paiement, concernait les rapports entre un service public industriel et commercial et ses usagers, et relevait de la compétence des tribunaux de l'ordre judiciaire. • T. confl. 16 oct. 2006, *M. Monteil et a. c/ Synd. intercomm. d'études de travaux et de gestion d'irrigation du canton de Montignac*, n° 3511. ♦ Par contre, le juge judiciaire n'est pas habilité à apprécier la légalité de la délibération d'un SIVOM, fondant la redevance dont le versement était réclamé. • Civ. 1re, 22 juin 2004, *Rantier c/ Cie Gén. des Eaux : préc. note 1.*

12. Relation entre contentieux. La déclaration d'illégalité du contrat d'affermage et de ses avenants par le juge administratif n'a aucune incidence sur l'exécution du contrat d'abonnement, contrat de droit privé, et par conséquent sur l'obligation, pour les usagers, de payer leurs factures. • Civ. 1re, 30 juin 2004, *Assoc. des consommateurs de La Fontaulière*, n° 02-10.393 : *AJDA 2004. 2411.*

Art. L. 2224-12-5 **Un décret fixe les conditions dans lesquelles il est fait obligation aux usagers raccordés ou raccordables au réseau d'assainissement d'installer un dispositif de comptage de l'eau qu'ils prélèvent sur des sources autres que le réseau de distribution. Il fixe également les conditions dans lesquelles la consommation d'eau constatée au moyen de ce dispositif est prise en compte dans le calcul de la redevance d'assainissement due par les usagers.**

SECTION 3 Ordures ménagères et autres déchets

BIBL. GÉN. ▶ Dossier, Les déchets, *AJCT 2011. 211* . – BERTOLINI, Gestion des déchets : faut-il élargir les compétences publiques ?, *Territoires, mai 2007, p. 40.* – BÈS-FERNANDES-BUESOS, Les nouvelles modalités de financement de la collecte et de l'élimination des déchets gérées par les syndicats de communes, *Gaz. Pal. 18-19 nov. 2005, p. 3804.* – BILLET, Déchets ménagers et assimilés, *J.-Cl. Envir., fasc. 812* ; Le déchet face au déclin et à l'abandon, *Envir., avr. 2003, p. 8* ; La communautarisation de la gestion des déchets ménagers et assimilés, *JCP Adm. 2005. 24* ; La réforme du financement du service d'élimination des déchets ménagers réceptionnés dans une installation de stockage : il est urgent de ne rien faire !, *JCP Adm. 2006. 1569.* – Dérogations, prorogations et autres régimes transitoires : prévisions sur l'application dans le temps et dans l'espace de la fiscalité locale des déchets issue de la loi de finances pour 2006, *JCP R 2006. 795.* – Zonage et lissage : variations estivales sur la taxe d'enlèvement des ordures ménagères, *JCP Adm. 2005. 1317.* – BLANQUEFORT et TERRIEN, Les collectivités territoriales et le traitement des déchets ménagers, *RLCT 2008. 43.* – CABANES et LEMAIRE, Collecte des déchets ménagers et concurrence, *ACCP 2002, n° 11, p. 37.* – CHARREL et CHENERILE, Les conséquences de la réforme du code sur la collecte des déchets, *ACCP 2002, n° 11, p. 44.* – DEHARBE, Définition française du déchet ultime, *Envir., avr. 2003, p. 11.* – DELAUNAY, Gestion des ordures ménagères. Des communes économes, *Journ. maires nov. 2006, p. 48.* – DELOIRE, Vers l'Europe du recyclage des déchets ? *Journ. maires nov. 2006, p. 102.* – DELPECH et BOUGELOT, Le rapport annuel sur le prix et la qualité du service public d'élimination des déchets, *Gaz. cnes 4 déc. 2000.* – DEMAYE-SIMONI, Les communes face aux déchets ultimes, *Envir., avr. 2003, p. 24.* – DEQUEANT, L'incinération des déchets. Des exigences plus strictes pour les exploitants, *Mon. TP 23 août 2002, p. 44 s.* – Fiscalité des déchets : faut-il choisir la taxe ou la redevance ? (dossier), *Gaz. cnes 9 févr. 2004, p. 38 s.* – DIDRICHE, Déchets touristiques : Quel rôle pour les collectivités territoriales ? (dossier), *Juristourisme 2016, n° 188. 24.* – DUPASSIEUX, La redevance d'enlèvement des ordures ménagères, *Gaz. cnes 15 mars 2004, p. 64.* – GERBEAU, Plan d'élimination des déchets ménagers, *Gaz. cnes 7 nov. 2005, p. 52.* – KLOPFER, Intercommunalité : comment organiser les transferts de charges ?, *Gaz. cnes 21 févr. 2001, p. 53.* – LOISEL, Le poids des déchets ménagers, *La lettre du cadre territorial 1er juill. 2005, p. 31.* – LONDON, Définition communautaire du déchet, *Environnement, avr. 2006, p. 16.* – MATHARAN et PINTAT, Les montages contractuels dans l'élimination des déchets ménagers, *ACCP 2002, n° 11, p. 32.* – PEYRICAL et DIAS, Déchets assimilés : compétence obligatoire ou facultative ?, *Mon. TP 10 nov. 2000, p. 92.* – ROMI et WILLIAMSON, Le bilan juridique des plans départementaux d'élimination des déchets ménagers, *ACL 2000, p. 121.* – SONTHEIMER, Les collectivités locales et les déchets ultimes ménagers. Aspects juridiques et retours d'expérience (dossier), *JCP Envir., avr. 2003, n° 4, p. 3 s.* ; La démarche idéale : le plan communal ou intercommunal de réduction des déchets, *Journ. cnes oct. 2006, p. 24* ; Déchets municipaux : il n'y a pas que les O.M., *Journ. cnes juin 2004, p. 22* ; Le transfert de la compétence « déchets », *Gaz. cnes 23 mai 2005, p. 50* ; Trois défis pour la gestion des déchets ménagers, *Maires de France nov. 2005, p. 49* ; Collecte et traitement des déchets ménagers. Que font-ils nos voisins ?, *Journ. maires juin 2006, p. 36* ; Connaissance des coûts de gestion des déchets : l'Ademe répond à vos questions, *Journ. cnes juin 2006, n° 2114, p. 23* ; Le financement de l'élimination des déchets, *Journ. cnes, juin 2006, p. 25* ; Réglementation applicables aux installations de stockage des déchets non dangereux, *Journ. maires, oct. 2006, p. 64* ; Faut-il augmenter la redevance ?, *Journ. maires, oct. 2006, p. 21.* – THAUVIN, Planifier et suivre la modernisation de la gestion des déchets, *Environnement, avr. 2003, p. 28.* – VINCENT et CLEACH, Le transfert de la compétence « déchets », *Gaz. cnes 23 mai 2005, p. 50.*

Art. L. 2224-13 **Les communes** *(L. n° 2014-58 du 27 janv. 2014, art. 71)* **« , la métropole de Lyon » ou les établissements publics de coopération intercommunale assurent, éventuellement en liaison avec les départements et les régions,** *(Ord. n° 2010-1579 du 17 déc. 2010, art. 24)* **« la collecte et le traitement » des déchets des ménages.**

(L. n° 99-586 du 12 juill. 1999) **« Les communes peuvent transférer à un établissement public de coopération intercommunale ou à un syndicat mixte soit l'ensemble de la compétence** *(Ord. n° 2010-1579 du 17 déc. 2010, art. 24)* **« de collecte et de traitement » des déchets des ménages, soit la partie de cette compétence comprenant le traitement, ainsi que les opérations de transport qui s'y rapportent. »** *(L. n° 2004-1485 du 30 déc. 2004, art. 62)* **« Les opérations de transport** *(Ord. n° 2010-1579 du 17 déc. 2010, art. 24)* **« de transit ou de regroupement » qui se situent à la jonction de la collecte et du traitement peuvent être intégrées à l'une ou l'autre de ces deux missions. »**

(L. n° 99-586 du 12 juill. 1999) **« À la demande des communes et des établissements publics de coopération intercommunale qui le souhaitent, le département peut se voir confier la responsabilité du traitement et des opérations de transport qui s'y rap-**

portent. *(L. n° 2004-1485 du 30 déc. 2004, art. 62)* **« Les opérations de transport,** *(Ord. n° 2010-1579 du 17 déc. 2010, art. 24)* **« de transit ou de regroupement » qui se situent à la jonction de la collecte et du traitement peuvent être intégrées à l'une ou l'autre de ces deux missions. » Le département et la commune ou l'établissement public de coopération intercommunale déterminent par convention les modalités, notamment financières, de transfert des biens nécessaires à l'exercice de la partie du service confiée au département** *(L. n° 2004-809 du 13 août 2004, art. 45)* **« et précisent les équipements pour lesquels la maîtrise d'ouvrage est confiée au département ». »**

(L. n° 2020-105 du 10 févr. 2020, art. 57) **« Les collectivités territoriales et leurs groupements compétents pour la collecte et le traitement des déchets des ménages ont l'obligation de permettre, par contrat ou par convention, aux personnes morales relevant de l'économie sociale, solidaire et circulaire qui en font la demande d'utiliser les déchetteries communales comme lieux de récupération ponctuelle et de retraitement d'objets en bon état ou réparables. Les déchetteries sont tenues de prévoir une zone de dépôt destinée aux produits pouvant être réemployés. »**

COMMENTAIRE

V. dans le supplément en ligne.

I. NATURE JURIDIQUE DU SERVICE PUBLIC D'ÉLIMINATION DES DÉCHETS MÉNAGERS

1. Le service de collecte et d'évacuation des ordures ménagères a été considéré d'abord comme un service public à caractère administratif. • T. confl. 27 nov. 1933, *Verbanck : Lebon 1248 ; S. 1934. 3. 33, note Alibert ; D. 1934. 3. 9, concl. Rouchon-Mazerat, note Waline* • CE, sect., 9 févr. 1934, *Mabille : Lebon 201 ; D. 1934. 3. 9, note Waline ; D. 1934. 3. 33, note Alibert.* ♦ ... Malgré un arrêt isolé du Tribunal des conflits qui y voyait un service « assumé » dans des conditions assimilables à celles dans lesquelles le serait un service public industriel. • T. confl. 11 juill. 1933, *Dame Mélinette : Lebon 1237, concl. Rouchon-Mazerat, note Blaevoet.*

2. Le caractère administratif du service était rattaché à son objet (hygiène publique) ou à son mode de financement (taxe d'enlèvement des ordures ménagères). • T. confl. 28 mai 1979, *Synd. d'aménagement de la ville nouvelle de Cergy-Pontoise c/ Cie générale d'entreprise automobile,* n° 02120 B : *D. 1979. IR, 386, obs. Delvolvé* • T. confl. 13 févr. 1984, *Cne de Pointe-à-Pitre c/ Martin,* n° 02309 B : *Bull. fisc. Lefebvre 1985, n° 2, p. 78, note Moderne.* – Sur la même affaire, V. • CE 2 mars 1983, *Cne de Pointe-à-Pitre,* n° 26783 : *Lebon 89* • CE 6 mai 1985, *Cne de Pointe-à-Pitre c/ Martin,* n° 26783 : *Lebon 557 ; JCP 1986. II. 20536, concl. Fouquet, RJF 1985. 558* (à propos d'un financement assis sur le volume de la consommation d'eau et non sur le volume des ordures ménagères collectées).

3. Caractère industriel et commercial du service financé par la redevance. Mais le service d'enlèvement des ordures ménagères, s'il est financé par des redevances assises sur le volume des déchets collectés, présente un caractère industriel et commercial. V. Circ. n° 75-71 du 5 févr. 1975, Intérieur : *Mon TP 1er mars 1975, Suppl. Textes, p. 188 ;* Circ. du 18 mai 1977 : *JO 9 juill., II. 1 ;* Circ. du 21 oct. 1981 : *JO 7 janv. 1982.* ♦ ... Ainsi que l'ont admis le Conseil d'État dans un avis contentieux. • CE, sect. avis cont., 10 avr. 1992, *SARL Hofmiller,* n° 132539 : *JO 24 avr. ; Lebon 159 ; RFDA 1994. 159, concl. Arrighi de Casanova ; CJEG 1992. 480, chron. Lachaume ; DF 1992. 1308, concl. ; AJDA 1992. 687, note Prétot ; Gaz. Pal 1992. 2. 474, note Portnoi ; CJEG 1992. 480, note Lachaume.* ♦ ... Et le Tribunal des conflits. • T. confl. 7 oct. 1996, *Mme Breton c/ Cne de Gennes,* n° 2976 B : *Gaz. Pal. 1997. 1. 164* • T. confl. 15 mars 1999, *Faulcon c/ Cne de Chatellerault,* n° 3097 • T. confl. 23 juin 2003, *Sté Clinique de la Pointe Rouge c/ Cté urbaine Marseille-Provence-Métropole : Rev. jur. fisc. 2003, n° 1330, p. 934* (litige opposant une clinique à une communauté urbaine à la suite du refus de cette dernière de continuer à assurer l'enlèvement des déchets relatifs aux protections pour adultes incontinents). • T. confl. 16 oct. 2006, *SA Camping Les Grosses Pierres c/ Cté de cnes de l'Île d'Oléron,* n° 3545 • T. confl. 18 déc. 2006, *Bourreau c/ Cté de cnes du Pays Thénezéen,* n° 3563 • T. confl. 12 févr. 2007, *Bonnin c/ Cté de cnes du Pays Thénezéen,* n° 3527 : *AJDA 2007. 653* . ♦ V. aussi • CE 25 oct. 2004, *Cne du Castellet,* n° 249090 B : *CJEG 2005, p. 68, concl. Glasen ; BJCP 2005. 51, concl. Glasen ; D.A févr. 2005, p. 28, obs. E.G.*

4. Il appartient dès lors au juge judiciaire de statuer sur les litiges individuels relatifs à la redevance. • CE, sect. avis cont., 10 avr. 1992, *SARL Hofmiller,* n° 132539 : *préc. note 3.* ♦ Sur le régime de la redevance, V. notes ss. art. L. 2333-76.

5. Caractère administratif du service financé principalement par voie fiscale. Mais si le financement du service n'est assuré que partiellement par la redevance, il peut revêtir le caractère d'un service public administratif. • CAA Bordeaux, 6 mai 1993, *Cne de Corneilla-de-Conflent,* n° 92BX01174. ♦ Notamment si l'essentiel du financement provient de la taxe d'enlèvement des ordures ménagères. • CE 28 juin 1996, *SARL d'exploitation des Éts Bailly*, n° 141561 B : *RJF 1996. 621*. ♦ ... Ou *a fortiori*, si le service est financé par le budget général. • CE 8 janv. 1997, *Sté Verrerie-Cristallerie d'Arques*, n° 151795. ♦ La commune peut substituer une redevance à une taxe et faire application aux résidents secondaires d'un tarif indépendant du temps d'occupation des logements ou du nombre de leurs occupants. • CE 26 mars 1997, *Mme Berque*, n° 141946. ♦ ... Sous réserve de respecter le principe de proportionnalité. • Même arrêt. ♦ Le financement du service peut être également assuré par l'impôt. • CE 8 janv. 1997, *Sté Verrerie-Cristallerie d'Arques*, n° 151795 : *préc.* ♦ Le financement par voie fiscale, à la différence du financement par redevance, peut prévoir une péréquation selon les capacités contributives. • CE 27 févr. 1998, *Cne de Sassenay*, n° 160932 B : *RJF 1998, n° 514, p. 339 ; Gaz. Pal. 19-20 juin 1998, p. 19*.

6. Une délibération du conseil municipal divisant le territoire communal en deux zones, l'une où s'applique la taxe sur l'enlèvement des ordures ménagères, l'autre où s'applique la redevance, est illégale au regard du principe d'égalité des contribuables devant l'impôt et des usagers devant le service public. • TA Grenoble, 24 sept. 1996, *Copropriété de l'ensemble immobilier Le Kalinka : RJF 1998, n° 636*.

II. OBJET DU SERVICE

7. La gestion de la collecte et de l'évacuation des ordures ménagères est éventuellement séparée de leur traitement. V. Circ. du 11 mars 1987, Environnement, *JO 11 avr.* • CE 18 mai 1988, *Sté Monin-Ordures-Services*, n° 67294.

8. Une déchetterie peut relever du traitement des ordures ménagères au sein de l'art. L. 2224-13 CGCT si elle ne constitue pas seulement un point d'apport volontaire mais comporte des opérations de tri. • CE 12 mai 2003, *Assoc. Dedicas*, n° 249935 B : *BJCL 2003. 513, concl. Austry ; Envir. août-sept. 2003, n° 75, p. 19, obs. Trouilly*. ♦ Les exploitants de déchetteries bénéficient d'autorisations au titre de la législation des installations classées. • CE 27 nov. 2004, *Sté gén. d'archives*, n° 252514 B : *AJDA 2005. 675, note Braud et Moustardrer* • CE sect., 27 sept. 2006, *Cté d'agglomération de Montpellier c/ Assoc. pour la défense de la nature et de l'environnement de Maguelonne-Gardiole*, n° 269553 : *Lebon 398 ; RLCT 2007, n° 20, note Merley*. ♦ Un préfet ne commet pas d'erreur manifeste d'appréciation en autorisant l'implantation d'une déchetterie sur un site historique de la Première Guerre mondiale dès lors que son arrêté prévoit des garanties spécifiques pour assurer le respect dû aux dépouilles des combattants qui pourraient y être retrouvées. • CAA Douai, 16 nov. 2006, *Min. de l'Écologie et du Développement durable et Sté Valnor*, n° 05DA01495 : *AJDA 2007. 199, concl. Lepers*.

9. Le Conseil constitutionnel a censuré une disposition législative qui obligeait les distributeurs de prospectus publicitaires ou de journaux gratuits sur la voie publique à les recycler sous peine d'être assujettis à une taxe *ad hoc*, jugée contraire au principe d'égalité en raison des trop nombreuses exceptions prévues par le législateur. • Cons. const. 27 déc. 2002, *Loi de finances pour 2003*, n° 2002-464 DC : *JO 31 déc. 2002, p. 22103 ; JCP Envir. 2003, n° 23, p. 15, obs. Trouilly*. ♦ V. Décr. n° 2006-239 du 1er mars 2006 (JO 2 mars) pris pour l'application de l'art. L. 541-10-1 C. envir., instituant une contribution financière ou en nature à la collecte, à la valorisation et à l'élimination des déchets d'imprimés (V. L. fin. rect. 2003, n° 2003-131 du 30 déc. 2003, art. 20-I, JO 31 déc.) et • Cons. const. 29 déc. 2003, n° 2003-488 DC : *Dr. envir. 2004, n° 116, p. 41, obs. Romi ; L. finances rect. 2004, n° 2004-1485 du 30 déc. 2004, art. 61 (JO 31 déc.) ; L. n° 2005-516 du 20 mai 1955 relative à la régulation des activités postales (JO 21 mai)*.

10. Élimination et valorisation des déchets. Les transferts transfrontaliers de déchets sont soumis à une réglementation communautaire différente selon qu'il s'agit d'opérations d'élimination ou de valorisation. Le dépôt de déchets dans une mine désaffectée (en Allemagne) ne constitue pas nécessairement une opération d'élimination : il peut s'agir de valorisation si l'objectif principal est de conférer aux déchets une fonction utile. Ce n'est pas le cas en l'espèce, le stockage de résidus d'épuration des fumées d'incinération des ordures pour remblayer des galeries de mines de sel constitue une opération d'élimination. • CE 29 avr. 2009, *Synd. intercommunal pour la destruction d'ordures ménagères et la production d'énergie*, n° 312344.

III. GESTION INTERCOMMUNALE DU SERVICE

11. Sur la légalité de la perception d'une redevance d'enlèvement des ordures ménagères par une communauté de communes, le service étant assuré par un syndicat intercommunal, V. • TA Besançon, 10 déc. 1998, *Préfet de la Haute-Saône c/ Cté de cnes des Combes : RGCT 1999. 283*. ♦ Mais l'établissement public de coopération intercommunale peut renoncer à percevoir la redevance et abandonner cette compétence aux communes. • CE 1er avr. 2005, *Cne de Flesselles*, n° 257269 B : *RLCT juill.-août 2005. 12, obs. G.* ♦ Dès lors que le syndicat mixte compétent pour la gestion du service a décidé entre le 1er juillet et le 15 octobre de substituer la taxe à la redevance, une communauté de communes membre du syndicat ne peut plus légalement instituer la taxe sur son territoire pour son propre compte. • CE 13 janv. 2010, *Romang*, n° 325547 : *JCP Adm. 2010. 19, note Erstein ; AJDA 2010. 71 ; RLCT avr. 2010. 14, obs. Glaser*. ♦ Sur le droit des établissements publics de coopération intercommunale de voter, à titre dérogatoire, des taux différents de taxe d'enlèvement des ordures ménagères par commune ou groupe de communes. * Rép. min. : *JO Sénat Q, 17 mars 2005, p. 774*. ♦ Sur les modalités de fixation et d'harmonisation de la taxe, V. Circ. du 8 août 2004, *Envir. 2004, p. 21*. ♦ Sur les exonérations éventuelles des bâtiments municipaux. * Rép. min. : *JOAN Q, 4 avr. 2006, p. 3652*. ♦ Sur les modalités de recouvrement. * Rép. min. : *JO Sénat Q, 13 oct. 2005, p. 2641*. ♦ À propos du transfert total ou partiel du service public local d'élimination des déchets ménagers, V. * Rép. min. : *JOAN Q, 15 nov. 2000 ; JO Sénat Q, 25 mai 2000, p. 1874 ; JOAN Q, 13 nov. 2000 ; Circ. du DGCL du 13 juin 2002 (application de l'art. 109 de la loi de finances pour 2002) ; Mon. TP 19 juill. 2002, Suppl. Textes, p. 387 (échéance du régime transitoire et nouveau régime dérogatoire) complétant n° NTB 0000 249 C du 10 nov. 2000 (BOMI 2000. 514)*.

12. Dès lors que les opérations de tri dans une déchetterie peuvent être assimilées à des opérations de traitement des déchets, l'exploitation de la déchetterie peut être confiée à un établissement public intercommunal qui n'avait reçu compétence qu'en matière de traitement des déchets. • CE 12 mai 2003, *Assoc. Dedicca*s, n° 249935 : *préc. note 8*. ♦ La renonciation d'un établissement public de coopération intercommunale à percevoir directement la redevance ou la taxe d'enlèvement des ordures ménagères peut résulter implicitement de ses statuts. • CE 1er avr. 2005, *Cne de Flesselles*, n° 257269 : *préc. note 11*.

13. Il résulte des dispositions combinées des art. L. 5212-3 et L. 5212-6 CGCT que la décision d'admettre, dans un syndicat mixte déjà existant, des communes relevant d'un autre département implique l'intervention du représentant de l'État dans les départements concernés. • CE 17 nov. 1999, *Synd. mixte des installations de tri et des valorisations*, n° 203182 B. ♦ Le refus d'admission peut être décidé par les préfets statuant ensemble ou par l'un ou l'autre statuant séparément (annulation de la décision d'un préfet se déclarant incompétent). • Même arrêt.

14. Sur l'illégalité d'une décision du comité d'un syndicat intercommunal relative à l'installation d'une usine d'incinération des ordures ménagères, alors que les procédures d'extension des compétences du syndicat n'avaient pas été respectées. • CE 7 janv. 2004, *Cne de Haumont*, n° 217251. ♦ Sur l'annulation pour défaut de base légale d'une délibération d'un syndicat intercommunal d'enlèvement des ordures ménagères n'ayant pas fait l'objet d'une publicité régulière. • TA Pau, 11 mai 2004, *SARL Le Twickenham : AJDA 2004. 2340, concl. Godbillon*.

15. Un syndicat dont la compétence statutaire est limitée au ramassage des ordures ne peut prendre en charge leur traitement. • CE 4 janv. 1995, *Cne de Lignères*, n° 124707. ♦ ... Ni créer une déchetterie. • CE 13 déc. 1996, *Cne de Chaux-la-Lotière et a.*, n° 157090.

16. Une commune qui a transféré ses compétences en matière de ramassage et de traitement des ordures ménagères ne peut prétendre continuer à fixer les redevances correspondantes. • CAA Douai, 19 mars 2003, *GAEC Cardon c/ Cne de Flesselles : Rec. Douai 2003, p. 249, note Demoye-Simoni*. ♦ Sur la compétence des établissements publics de coopération intercommunale, V. • CE 12 mai 2003, *Assoc. Dedicca*s, n° 249935 : *préc. note 8*. V. * Rép. min. : *JO Sénat CR, 17 mars 2005, p. 774*.

17. Une commune peut se retirer d'un syndicat intercommunal où elle est manifestement sous-représentée, eu égard à sa population et aux moyens matériels et humains qu'elle met à la disposition du service. • CE 7 juill. 2000, *SICTOM de la région d'Issoudun*, n° 205842 : *Dr. adm. 2000, n° 219*.

IV. CALCUL

18. La taxe d'enlèvement des ordures ménagères n'a pas le caractère d'un prélèvement opéré sur les contribuables en vue de pourvoir à l'ensemble des dépenses budgétaires mais a exclusivement pour objet de couvrir les dépenses exposées par la commune pour assurer l'enlèvement et le traitement des ordures ménagères et non couvertes par des recettes non fiscales. Il en résulte que le produit de cette taxe et, par voie de conséquence, son taux ne doivent pas être manifestement disproportionnés par rapport au montant de ces dépenses, tel qu'il peut être estimé à la date du vote de la délibération fixant ce taux. • CE 9 nov. 2016, *Sté Auchan France*, n° 387602.

Loi n° 2020-105 du 10 février 2020,

Relative à la lutte contre le gaspillage et à l'économie circulaire.

Art. 108 Par dérogation au premier alinéa de l'article L. 2224-14 du code général des collectivités territoriales, les collectivités territoriales mentionnées à l'article L. 2224-13 du même code peuvent assurer la collecte et le traitement de biodéchets collectés séparément, au sens du code de l'environnement, et dont le producteur n'est pas un ménage, même si elles n'ont pas mis en place de collecte et de traitement des biodéchets des ménages, dans la limite des biodéchets qui, eu égard à leurs caractéristiques et aux quantités produites, sont similaires aux biodéchets des ménages. Cette dérogation n'est possible que pendant une durée maximale de cinq ans à compter de la publication de la présente loi.

Art. L. 2224-14 **Les collectivités visées à l'article L. 2224-13 assurent** *(Ord. nº 2010-1579 du 17 déc. 2010, art. 24)* **« la collecte et le traitement » des autres déchets définis par décret, qu'elles peuvent, eu égard à leurs caractéristiques et aux quantités produites, collecter et traiter sans sujétions techniques particulières.**

V. art. R. 2224-23 s.

1. Sur l'élimination des déchets industriels banals, V. par ex. • CE 19 juin 1991, *Cne de Piriac-sur-Mer*, nº 93889 B • TA Pau, 28 déc. 2001, *Chevassus : RJF 2002, p. 727* • TA Pau, 11 mai 2004, *SARL « Le Twickenham » : AJDA 2004. 2340, concl. Godbillon* (annulation de la délibération du syndicat intercommunal instituant une redevance spéciale, faute d'une publicité régulière).

2. Une cargaison de fuel lourd, produit énergétique élaboré pour servir à une destination déterminée, ne peut être considérée comme un déchet. • Rennes, 13 févr. 2002 : *Environnement avr. 2002, p. 14, obs. Trouilly.*

3. Un transformateur abandonné peut avoir la qualité de déchet : • CAA Nancy, 6 mars 2003, *Min. de l'Aménagement du territoire et de l'Environnement c/ Lachaux : Adm. et collect. territ. nº 19, 2003, nº 1431, p. 595, obs. Moreau.*

Art. L. 2224-15 **L'étendue des prestations afférentes aux services prévus aux articles L. 2224-13 et L. 2224-14 est fixée par les communes ou leurs groupements** *(Ord. nº 2010-1579 du 17 déc. 2010, art. 24)* **« dans le cadre des plans de prévention et de gestion des déchets prévus à la sous-section 1 de la section 3 du chapitre I du titre IV du livre V du code de l'environnement ».**

Un décret en Conseil d'État précise les conditions minimales d'exécution de ces services notamment quant aux fréquences de collecte, en fonction des caractéristiques démographiques et géographiques des communes. Ce même décret détermine les conditions dans lesquelles le représentant de l'État dans le département, après avis des conseils municipaux intéressés, peut accorder des dérogations temporaires.

1. Si le cahier des charges de l'exploitation du service d'élimination des ordures ménagères ne prévoit pas l'obligation d'organiser le service au porte-à-porte dans les terrains de camping, le maire n'est pas tenu de prendre une décision en ce sens. • CE 26 févr. 1982, *Bergon*, nº 13862.

2. Pour apprécier si une copropriété doit ou non être regardée comme desservie par le service, la distance à retenir est celle qui sépare l'entrée de la copropriété du plus proche point de passage du service ou du centre de réception des déchets. • CE 30 mars 2007, *Langlois*, nº 276701 : *BJCL 2007. 494.*

3. Sur l'utilisation de la procédure spéciale de suspension des arrêtés préfectoraux autorisant les installations de stockage et de traitement des déchets, V. • CE, sect., 28 févr. 2001, *Préfet des Alpes-Maritimes et Sté Sud-Est Assainissement*, nºs 229562, 229563 et 229721 : *Lebon 110* ; *AJDA 2001. 464, chron. Guyomar et Collin* • 21 nov. 2001, *Synd. dptal d'ordures ménagères de l'Aude et a.*, nº 233329 B • 2 avr. 2003, *Boudier : BDEI 2004, nº 3, p. 22, concl. Lamy* • 29 mars 2004, *Cne de Soignolles-en-Brie*, nº 258653.

4. Sur la mise en place des plans de gestion dans le cadre de la directive communautaire relative aux déchets, nº 75/442/CEE du Conseil du 15 juill. 1975 (*JOCE L 192, p. 39*) modifiée par la directive nº 91/156 CEE du Conseil du 18 mars 1991 (*JOCE L 78, p. 32*), V. • CJCE 1er avr. 2004 : *Mon. TP 14 mai 2004, p. 81, obs. Maître.*

Art. L. 2224-16 *(Ord. nº 2020-920 du 29 juill. 2020, art. 11)* **« Le maire définit les règles relatives à la collecte des déchets collectés en application des articles L. 2224-13 et L. 2224-14 en fonction de leurs caractéristiques. Il impose les modalités de collecte séparée, y compris le cas échéant la présentation et le lieu de collecte, au minimum pour les déchets suivants :**

« 1º Les déchets de papier, de verre, de métal et de plastique ;

« 2º Les déchets de fractions minérales, de bois et de plâtre pour les déchets de construction et de démolition ;

« 3º Les déchets de textiles et les déchets dangereux, à compter du 1er janvier 2025.

« Il impose également les modalités de collecte séparée, y compris le cas échéant la présentation et le lieu de collecte, pour les biodéchets remis au service public local, conformément à l'article L. 541-21-1 du code de l'environnement. »

Le service communal et, le cas échéant, les personnes dûment autorisées peuvent seuls recevoir ces déchets.

(Ord. nº 2010-1579 du 17 déc. 2010, art. 24) **« La gestion » de ces déchets par la personne qui les produit peut être réglementée.**

Art. L. 2224-17 **L'obligation générale d'entretien à laquelle sont soumis les propriétaires et affectataires du domaine public comporte celle** *(Ord. n° 2010-1579 du 17 déc. 2010, art. 24)* **« d'assurer » ou de faire** *(Ord. n° 2010-1579 du 17 déc. 2010, art. 24)* **« assurer la gestion des déchets » qui s'y trouvent.**

Art. L. 2224-17-1 *(L. n° 2015-992 du 17 août 2015, art. 98)* **Le service public de prévention et de gestion des déchets fait l'objet d'une comptabilité analytique.**

Le maire ou le président de l'établissement public de coopération intercommunale présente, respectivement, au conseil municipal ou à l'assemblée délibérante un rapport annuel sur le prix et la qualité du service public de prévention et de gestion des déchets, destiné notamment à l'information des usagers.

Le rapport rend compte de la situation de la collectivité territoriale par rapport à l'atteinte des objectifs de prévention et de gestion des déchets fixés au niveau national. Il présente notamment la performance du service en termes de quantités d'ordures ménagères résiduelles et sa chronique d'évolution dans le temps.

Le rapport présente les recettes et les dépenses du service public de gestion des déchets par flux de déchets et par étape technique.

Le rapport précise, le cas échéant, la performance énergétique des installations au regard de la directive 2008/98/CE du Parlement européen et du Conseil, du 19 novembre 2008, relative aux déchets et abrogeant certaines directives.

Ce rapport est présenté au plus tard dans les six mois qui suivent la clôture de l'exercice concerné.

Le rapport et l'avis du conseil municipal ou de l'assemblée délibérante sont mis à la disposition du public, dans les conditions prévues à l'article L. 1411-13 et sur le site internet de la collectivité ou, à défaut, du syndicat de collecte.

Un décret précise les conditions d'application du présent article. Il fixe notamment les indicateurs techniques et financiers, fondés sur la comptabilité analytique dont fait l'objet le service public de prévention et de gestion des déchets, devant figurer dans le rapport. — *V. art. D. 2224-1 s.*

SECTION 4 Halles, marchés et poids publics

Art. L. 2224-18 *(L. n° 96-603 du 5 juill. 1996, art. 34)* **« Les délibérations du conseil municipal relatives à la création, au transfert ou à la suppression de halles ou de marchés communaux sont prises après consultation des organisations professionnelles intéressées qui disposent d'un délai d'un mois pour émettre un avis. »**

Le régime des droits de place et de stationnement sur les halles et les marchés est défini conformément aux dispositions d'un cahier des charges ou d'un règlement établi par l'autorité municipale après consultation des organisations professionnelles intéressées.

Sur le droit global d'attribution d'emplacement de vente des producteurs sur les marchés municipaux, V. ci-dessous C. rur., art. L. 664-1.

BIBL. ▶ GUIAVARC'H, Contrat administratif et compétence judiciaire, l'exemple atypique de la gestion déléguée des halles et marchés, *RFDA 2001. 93*.

1. Le contentieux des droits de place dans les halles et marchés a été assimilé au contentieux des anciens « droits d'octroi » (décr. 17 mai 1809, art. 136, mod. par L. 21 juin 1865, art. 11) et attribué aux juridictions de l'ordre judiciaire en tant que contentieux de droits indirects. • CE 8 avr. 1852, *Istria : cité par Hauriou, S. 1925. 3. 41* • CE 8 déc. 1859, *Poirier : S. 1860. 2. 106* • T. confl. 15 mars 1879, *Renaud : S. 1880. 2. 280* • CE 13 mars 1891, *Medioni et Seris : S. 1893. 3. 49, note Hauriou* • CE 8 juill. 1925, *Ledard : Lebon 652 ; S. 1925. 3. 41, note Hauriou.*

2. Mais l'interprétation du tarif de ces taxes indirectes ainsi que le contentieux de la légalité des actes administratifs qui les instituent relevaient du juge administratif. • CE 3 avr. 1872, *Jugeat : S. 1873. 2. 311* • T. confl. 30 avr. 1898, *Lombard : S. 1900. 3. 47.*

3. La division des contentieux a été confirmée. • T. confl. 25 mai 1950, *Lecavelier : Lebon 659* • CE, sect., 21 févr. 1958, *Sté nouvelle des Éts Gaumont : Lebon 124 ; S. 1958. 281, concl. Jouvin* • CE 6 nov. 1959, *Auguste : Lebon 582* • CE, sect., 22 déc. 1989, *CCI du Var : Lebon 268 ; DF 1990, n° 19, comm. n° 978, concl. Fouquet ; JCP 1990. II. 21538, concl. Fouquet ; RFDA 1990. 649, concl. Fouquet ; LPA 15 juin 1992, note Boudine* • CE 26 mars 1990, *SA Comptoir lyonnais des viandes, n° 72481 : Lebon 614 ; D. 1991. Somm. 141, obs. Llorens et Soler-Couteaux* • 20 mars 1992, *Séguéla : CJEG 1992. 436, concl. Hagelsteen, note Goehring-Crinon* • CAA Paris, 5 mars 1996,

Cne de Gif-sur-Yvette : LPA 24 juill. 1996, note Morand-Deviller • T. confl. 16 juin 1997, *Sté Les Fils de Mme Géraud c/ Cne de Longjumeau : Gaz. pal. 1997. 2. 780, concl. Sainte-Rose* • Paris, 28 janv. 2003 : *Jurisdata no 2003-206816.*

4. Le Conseil d'État confirme la division traditionnelle des contentieux. Il ajoute qu'il revient à la seule autorité judiciaire, lorsqu'elle est saisie par une commune et son fermier d'un litige relatif à l'exécution du contrat qui les lie, d'apprécier si elle doit écarter le contrat et renoncer à régler le litige sur le terrain contractuel, eu égard à l'illégalité constatée, le cas échéant, par le juge administratif. • CE 9 mai 2011, *Les fils de M. Géraud*, no 341118 : *JCP Adm. 2011. no 2333.*

5. Toutefois, lorsqu'il est saisi d'une demande de question préjudicielle sur le sens et la légalité des clauses d'un contrat d'affermage des droits de place, le juge judiciaire, seul compétent pour statuer sur les contestations relatives à l'exécution de ce contrat, a la faculté de constater, conformément à une jurisprudence établie du juge administratif, qu'eu égard à l'exigence de loyauté des relations contractuelles, l'irrégularité invoquée par une partie n'est pas d'une gravité telle qu'il y ait lieu d'écarter l'application du contrat, de sorte que l'appréciation de la légalité de cet acte par le juge administratif n'est pas nécessaire à la solution du litige. • Civ. 1re 24 avr. 2013, *Cne de Sancoins c/ Sté les fils de Madame Géraud*, no 12-18.180 : *Dr. adm. 2013, no 57, note Distel ; AJCT 2013. 426, obs. Grand ; AJDA 2013. 1630, note Dreyfus ; JCP Adm. 2014, no 2013, note Renard-Payen.*

6. Du contentieux des droits de place, la compétence judiciaire s'étend à celui de l'indemnité qu'une commune est fondée à réclamer à l'occupant sans titre d'un emplacement pour obtenir réparation du dommage qui lui a été causé par cette occupation. Le juge judiciaire connait ainsi des états exécutoires et des commandements de payer émis à cette occasion. • CE 24 juin 2013, *SARL Eldorado*, no 348207 : *AJCT 2013. 585, obs. Giacuzzo ; JCP Adm. 2013, no 2295, note Langelier ; Dr. adm. 2013, no 73, comm. Éveillard.* ♦ L'indemnité est alors calculée par référence aux tarifs applicables ou, en leur absence, au revenu qu'aurait pu produire une occupation régulière. • Même arrêt. ♦ La compétence judiciaire s'étend aussi aux référés en expertise. • T. confl. 10 avr. 1995, *Cts Auguste-Géraud : Lebon 494 ; ACL 1996. 379.* ♦ ... Sauf question préjudicielle portant sur l'interprétation du contrat conclu entre la commune et le fermier. • Même arrêt. ♦ Le juge judiciaire reste compétent pour connaître d'une demande indemnitaire formée contre la commune par le fermier après l'annulation du contrat, alors même que cette demande ne peut plus être formée sur un fondement contractuel. • T. confl, 19 mai 2014, *Cne de Raincy*, no 3938 : *AJDA 2014. 1062, note Pastor ; Rev. CMP 2014, no 200, note Pietri.*

7. La légalité d'une clause contractuelle d'indexation qui permet aux parties de réactualiser les tarifs dont la fixation incombe à la commune suscite une difficulté sérieuse qui échappe à la compétence de la juridiction judiciaire. • Com. 7 janv. 2004 : *Jurisdata no 2004-021754.*

8. Ces droits font l'objet d'un « affermage » (spécifique) ou d'une « concession » (également spécifique). • CE, sect., 15 mai 1953, *Cne de Nogent-sur-Marne : Lebon 235* • CE 13 mai 1959, *Sportes : préc. note 3* • CE 14 janv. 1987, *Sté des marchés de la région parisienne : Dr. adm. 1987, no 91.* ♦ ...Voire d'une « entreprise ». • CE 6 nov. 1959, *Auguste : préc. note 3* (mais le vocabulaire est ici incertain).

9. Sur la qualification d'un contrat tendant à confier à une personne privée la construction, la gestion et l'entretien d'une foire, d'une halle ou d'un marché de détail, V. * Rép. min. : *JOAN Q, 14 nov. 1996, p. 2977.* ♦ Sur les appréciations des critères utilisés en matière de contrat d'affermage. • CAA Lyon, 10 mai 2001, *Ville de Lyon*, no 00LY00675.

10. Selon le Conseil d'État, les droits de place, s'ils sont perçus à l'occasion d'un service rendu, n'en constituent pas moins une recette fiscale et n'entrent pas dans le cadre de la réglementation des prix. • CE 6 avr. 1951, *Synd. des marchands ambulants d'Eure-et-Loir : Lebon 177 ; Gaz. Pal. 1951. 1. 292* • CE 22 nov. 1985, *Ville de La Courneuve*, no 60459 : *Lebon 333*.

11. L'existence et le fonctionnement de certains marchés peuvent impliquer des interventions particulières de la commune (circulation, salubrité, enlèvement des déchets, sécurité, etc.) qui donneront lieu légalement à versement d'une redevance. • CE 19 févr. 1988, *SARL Pore-Gestion*, nos 49338 et 49809 : *Lebon 77 ; LPA 14 sept. 1988, note Moderne.*

12. Un conseil municipal ne peut mettre ces droits pour partie à la charge des acheteurs. • CE 15 juill. 1957, *Féd. algérienne des armateurs au chalut : Lebon 481.*

13. Le conseil municipal peut choisir une base autre que la superficie de l'emplacement occupé. • CE 7 févr. 1962, *Sté industrielle de pêche : Lebon T. 911.*

14. Les conventions portant sur des emplacements sis sur le domaine public échappent normalement à la législation sur les baux commerciaux. Jurisprudence constante, V. • CAA Paris, 21 janv. 1997, *Sté Les Vergers de Trianon : LPA 20 mai 1997, note Moréno* • CAA Paris, 21 janv. 1997, *Dumontel*, no 95PA02148. ♦ Et les relations entre les cocontractants sont guidées, sur le plan de la responsabilité, par les principes de la responsabilité contractuelle. • Même arrêt.

15. La transmission ou la cession à titre onéreux d'un emplacement serait contraire au caractère précaire et révocable de l'occupation du domaine public. * Rép. min. : *JOAN, Q, 29 sept. 2003,* *p. 7531.* ♦ ... Et les droits du bénéficiaire ne pourraient être garantis. * Même Rép. min.

16. Aucune disposition ne donne compétence au maire pour instituer, à chaque occupation irrégulière d'un emplacement du domaine public, une taxation d'office sous forme de sanction administrative s'ajoutant aux sanctions pénales prévues par la réglementation en vigueur pour la violation des dispositions de l'arrêté municipal fixant les modalités d'utilisation du domaine public en dehors des droits de place et de stationnement sur les halles et marchés communaux. • CE 15 mars 1996, *Synd. des artisans fabricants de pizzas non sédentaires PACA*, n° 133080 : *Lebon 78*.

17. Est illégal l'arrêté qui interdit aux commerçants non sédentaires d'exercer leur activité à moins de 150 m. des halles, marchés et magasins vendant des produits similaires. • CE 15 mars 1996, *Synd. des artisans fabricants de pizza*, n° 133080 : *préc. note 16.* ♦ De même est illégal l'arrêté qui édicte une règle de priorité au détriment des professionnels qui ne sont pas domiciliés dans une zone déterminée et viole ainsi le principe de liberté du commerce et de l'industrie. • Même arrêt. ♦ Mais le maire peut légalement ne pas préciser les conditions auxquelles sont subordonnées les autorisations de transfert d'emplacement. • Même arrêt. ♦ Il appartient au maire, dans l'exercice de ses pouvoirs de gestion du domaine public communal, de veiller au respect des prescriptions imposées aux titulaires d'une autorisation d'occupation dudit domaine et il peut imposer la désignation des marchandises offertes à la vente, avec retrait éventuel de l'autorisation, au cas où d'autres marchandises seraient proposées. • Même arrêt. ♦ Le versement d'un droit de stationnement ne peut être exigé des professionnels ambulants circulant sur les voies publiques en quête d'acheteurs lorsqu'ils s'arrêtent momentanément pour réaliser une vente. • Même arrêt.

18. La modification des horaires d'ouverture d'un marché d'approvisionnement ne confère en elle-même aucun monopole aux commerçants sédentaires et ne porte pas irrégulièrement atteinte au principe de liberté du commerce et de l'industrie ou au principe de la concurrence. • CE 23 avr. 1997, *Assoc. des commerçants et artisans du Kremlin-Bicêtre*, n° 159519.

19. En matière de facturations des droits de place, l'appel n'est pas au nombre de ceux dont le Conseil d'État doit connaître en vertu de l'art. 1er de la loi n° 87-1127 du 31 déc. 1987 • CE 28 avr. 1997, *Assoc. des commerçants non sédentaires de Corbeil-Essonnes : D. 1998. 136, note Haïm*.

20. En modifiant en cours de consultation une disposition du règlement fixant les critères de sélection des candidats, le maire rompt l'égalité entre les candidats et la décision d'attribution se trouve de ce fait entachée d'illégalité. • CAA Nantes, 6 févr. 2003, *Cne de Pornichet et Hernandez : JCP Adm. 2003, n° 1839, p. 1229, obs. Vandermeeren.*

21. Sur une demande de référé-suspension portant sur une décision de la société d'économie mixte d'aménagement et de gestion du marché d'intérêt national de la Région parisienne, enjoignant à l'occupant d'un emplacement de libérer les locaux et de quitter les lieux (rejet en l'occurrence), V. • CE 10 oct. 2003, *M. Baronnie, Sté Confrérie du Vin*, n° 252466.

22. Il appartient au juge du contrat de prononcer l'annulation de décisions illégales portant résiliation de conventions d'occupation du domaine public. • CE 9 juill. 2003, *Sté Midi-Fruit*, n° 255980. ♦ La compétence sur ce point s'étend au juge des référés-suspensions. • Même arrêt.

23. Lorsque le juge des référés est saisi d'une demande d'expulsion d'un occupant du domaine public, il lui appartient de rechercher si, au jour où il statue, cette demande présente un caractère d'urgence et ne se heurte à aucune contestation sérieuse. Si, dans le cas où la demande d'expulsion fait suite au refus de renouvellement du titre d'occupation ou à son retrait, et si l'occupant conteste la légalité de ces décisions, le juge des référés doit rechercher si, compte tenu tant de la nature que du bien-fondé des moyens ainsi soulevés, la demande d'expulsion doit être regardée comme se heurtant à une contestation sérieuse. • CE, sect., 16 mai 2003, *SARL Icomatex*, n° 249880 : *Lebon 228 ; RFDA 2003. 836*.

24. Sur le refus du juge des référés de suspendre une délibération par laquelle un conseil municipal a retiré l'agrément d'exploitation d'un marché forain à un sous-concessionnaire. • CE 28 avr. 2003, *Ville de Neuilly-sur-Seine*, n° 240803 : *JCP Adm. 2003, n° 1518, p. 713, obs. Moreau.*

Code rural et de la pêche maritime

LIVRE VI. PRODUCTION ET MARCHÉS

(L. n° 98-565 du 8 juill. 1998)

Art. L. 664-1 Les producteurs-vendeurs de fruits, de légumes ou de fleurs bénéficient sur les marchés municipaux de détail d'un droit global d'attribution d'emplacement de vente minimal de 10 % des surfaces pouvant faire l'objet de concessions.

Ce droit est exercé nominativement par les producteurs-vendeurs à l'occasion de chaque répartition suivant l'ordre chronologique de présentation de leurs demandes à l'organisme répartiteur des emplacements.

Art. L. 2224-18-1 *(L. n° 2014-626 du 18 juin 2014, art. 71)* Sous réserve d'exercer son activité dans une halle ou un marché depuis une durée fixée par délibération du conseil municipal dans la limite de trois ans, le titulaire d'une autorisation d'occupation peut présenter au maire une personne comme successeur, en cas de cession de son fonds. Cette personne, qui doit être immatriculée au registre du commerce et des sociétés, est, en cas d'acceptation par le maire, subrogée dans ses droits et ses obligations.

En cas de décès, d'incapacité ou de retraite du titulaire, le droit de présentation est transmis à ses ayants droit qui peuvent en faire usage au bénéfice de l'un d'eux. À défaut d'exercice dans un délai de six mois à compter du fait générateur, le droit de présentation est caduc. En cas de reprise de l'activité par le conjoint du titulaire initial, celui-ci en conserve l'ancienneté pour faire valoir son droit de présentation.

La décision du maire est notifiée au titulaire du droit de présentation et au successeur présenté dans un délai de deux mois à compter de la réception de la demande. Toute décision de refus doit être motivée.

Art. L. 2224-19 L'établissement, la suppression et les changements des dates et des lieux des marchés à bestiaux, ainsi que toutes les modifications à leur fonctionnement, sont autorisés par délibération du conseil municipal.

1. Sur la compétence du conseil municipal avant les lois de décentralisation : pour la création d'un marché. • CE 14 juin 1901 : *DP 1902. 3. 111.* ♦ ... Pour le déplacement d'un marché. • CE 19 janv. 1938, *Cuzange et Ribier : Lebon 44.* ♦ ... Pour la suppression d'un marché. • CE 5 janv. 1954, *Leroy et a. : Lebon 2.* ♦ Cette compétence est toujours affirmée. • TA Nice, 7 nov. 1985, *Synd. des commerçants non sédentaires des Alpes-Maritimes : Lebon 437.*

2. L'expropriation peut être utilisée pour procéder au remplacement d'un marché préexistant par un nouveau marché. • CE 24 janv. 1964, *Sté Fayeton et Cie : Lebon 39.*

3. Une halle affectée à un service public pour lequel elle a été spécialement aménagée fait partie du domaine public communal. • CE, sect., 22 avr. 1977, *Michaud : Lebon 185.* ♦ Nonobstant une délibération du conseil municipal la classant dans le domaine privé de la commune. • Même arrêt. ♦ Elle ne peut donc faire l'objet d'un bail commercial. • Même arrêt.

4. Les mesures de suspension ou d'exclusion définitive des titulaires d'emplacements sur un marché peuvent constituer des mesures de police et non des sanctions. Elles peuvent être prises sans que les intéressés soient invités à présenter leurs moyens de défense. • CE 16 oct. 1981, *Épx Matteuci,* n°s 12146 B, 12147 B.

5. Les compétences des communes membres d'une communauté urbaine ayant été transférées à cette communauté, c'est à elle qu'il appartient de pourvoir au nettoiement des voies sur lesquelles se tiennent les marchés nouvellement créés. • CE 18 mai 1988, *Cne de Décines-Charpieu,* n° 53575 : *Lebon 194.* ♦ Elle ne peut exiger une contribution des communes. • Même arrêt.

6. La création d'un marché d'approvisionnement n'entre pas dans le champ d'application de l'art. L. 2224-19. • CE 30 juill. 1997, *Joly,* n° 159516.

Art. L. 2224-20 Il ne peut être institué aucune foire, ni aucun marché, même de simple approvisionnement, sur un emplacement compris, en tout ou partie, dans les emprises d'une route nationale classée comme route à grande circulation. — *[C. communes, art. L. 376-4 issu du Décr. du 24 mai 1938, art. 7.]*

Art. L. 2224-21 Lorsqu'il est constaté qu'une foire ou un marché, même de simple approvisionnement, constitue, en raison de sa tenue sur un emplacement compris en tout ou partie dans les emprises d'une route à grande circulation, une cause de trouble grave pour la circulation générale, le représentant de l'État dans le département met la commune en demeure de transférer, dans le délai d'un an à partir de la notification de cette mise en demeure, cette foire ou ce marché sur un autre emplacement, ou d'en limiter l'emplacement par une ligne déterminée de manière à supprimer tout empiétement sur les emprises de la route à grande circulation.

Après l'expiration du délai d'un an, est de plein droit interdite toute installation ou occupation de terrain qui est faite à l'occasion de cette foire ou de ce marché et ne tient pas compte de la décision du représentant de l'État dans le département. — *[C. communes, art. L. 376-5.]*

V. art. R. 2224-30.

Art. L. 2224-22 L'application des dispositions des articles L. 2224-20 et L. 2224-21 peut être étendue par décret aux déviations construites ou à construire pour le contournement d'agglomérations par des routes nationales qui ne sont pas classées comme routes à grande circulation. — *[C. communes, art. L. 376-6 issu du Décr. du 24 mai 1938, art. 8.]*

Art. L. 2224-23 Les communes peuvent instituer les bureaux de pesage, de mesurage et de jaugeage publics où chacun peut faire peser et jauger ses marchandises moyennant le payement d'un droit.

Le recours à ces bureaux n'est obligatoire qu'en cas de contestation. — *[C. communes, art. L. 376-9 issu de l'Arr. du 7 brumaire An IX, art. 1er, et de la L. du 29 floréal An X, art. 1er.]*

1. Les tarifs sont établis par le conseil municipal (Décr. 25 mars 1952, art. 47-5°, al. 2) ; ces tarifs doivent être « justes et modérés » ; avant les lois de décentralisation, ils devaient être approuvés par arrêté préfectoral, mais une fois l'autorisation accordée, il n'y avait plus de recours contre elle. • CE 1er avr. 1960, *Guanter : Lebon 249 ; S. 1960. 239, note Sirat ; Dpt et cnes, sept. 1960, p. 15, note Hourticq.*

2. Le droit de pesage constitue une taxe indirecte dont le produit ne fait pas l'objet d'une affectation spéciale et qui ne doit pas nécessairement être proportionnée à l'importance des prestations ou aux frais d'établissement et d'entretien. • CE 1er avr. 1960, *Guanter : préc. note 1.*

Art. L. 2224-24 Nul ne peut exercer les fonctions de peseur, mesureur et jaugeur sans avoir prêté serment.

Le serment est reçu par le président du tribunal de commerce ou le *(Ord. no 2019-964 du 18 sept. 2019, art. 35)* « juge du tribunal judiciaire ».

1. Les peseurs ont la qualité d'agents communaux. • CE 4 avr. 1952, *Fockeu : Lebon 207.*

2. Ils peuvent être soumis à un régime analogue à celui du personnel municipal. • CE 11 août 1916, *Servau : Lebon 387.*

Art. L. 2224-25 Dans les localités où il n'est pas nécessaire d'établir des poids publics, les fonctions de peseur, mesureur et jaugeur peuvent être confiées par le représentant de l'État dans le département à des citoyens d'une probité et d'une capacité reconnues, lesquels prêtent serment. — *[C. communes, art. L. 376-11.]*

Le préfet peut éventuellement procéder à la révocation des personnes investies de la fonction de peseur, mesureur et jaugeur. • CE 28 janv. 1910, *Dufrechon : Lebon 71.*

Art. L. 2224-26 Aucune personne autre que ces employés ou préposés ne peut exercer, dans l'enceinte des marchés, halles et ports, la profession de peseur, mesureur et jaugeur, à peine de confiscation des instruments destinés au mesurage.

L'enceinte de ces marchés, halles et ports est déterminée et désignée d'une manière apparente par le maire. — *[C. communes, art. L. 376-12.]*

Art. L. 2224-27 Ceux à qui les bureaux ou les fonctions de peseur ou mesureur public sont confiés sont obligés de tenir les marchés, halles et ports garnis d'instruments nécessaires à l'exercice de leurs fonctions et de disposer d'employés en nombre suffisant. À défaut, il y est pourvu à leurs frais par la police et ils sont destitués. — *[C. communes, art. L. 376-13 issu de l'Arr. du 7 brumaire An IX, art. 6.]*

Art. L. 2224-28 Les peseurs et mesureurs publics délivrent à ceux qui le demandent un bulletin constatant le résultat de leur opération. — *[C. communes, art. L. 376-14 issu de l'Arr. du 7 brumaire An IX, art. 7.]*

Art. L. 2224-29 L'infidélité dans les poids employés au pesage public est sanctionnée des peines prévues par l'article L. 213-4 du code de la consommation. — *[C. communes, art. L. 376-15 issu de l'Arr. du 7 brumaire An IX, art. 8.]*

SECTION 5 **Abattoirs**

Art. L. 2224-30 *Abrogé par Ord. no 2005-1127 du 8 sept. 2005, art. 5.*

SECTION 6 Énergie *(L. nº 2015-992 du 17 août 2015, art. 198).*

(L. nº 2000-108 du 10 févr. 2000)

*V. également C. énergie, codifié par Ord. nº 2011-504 du 9 mai 2011. — **C. énergie**.*

BIBL. ▶ Dossier : Collectivités et transition énergétique, *AJCT 2016. 9*. – Dossier : L'électricité sous tension, *ACCP 2011, nº 109. 245*. – GARRIGUES, Les collectivités engagent un bras de fer avec Enedis, *Gaz. cnes 25 juin 2018. 8*. – LE CHATELIER et GRANJON, Le nouveau régime des concessions hydroélectriques. Au lendemain du décret nº 2016-530 du 27 avril 2016, *AJCT 2016. 623*. – NICINSKI, À propos des concessions locales d'électricité. Évitons les surtensions, *AJDA 2010. 1737*. – SABLIÈRE, Droit de l'énergie, *Dalloz, 2013*. – SCANVIC, Le système français de distribution publique d'électricité, *AJCT 2011. 512*. – TERNEYRE, Sur quelques problèmes juridiques contemporains à haute tension. À propos des concessions locales de distribution et de fourniture d'électricité, *AJDA 2010. 1640*.

COMMENTAIRE

V. dans le supplément en ligne.

Art. L. 2224-31 **I. — Sans préjudice des dispositions de l'article L. 111-54 du code de l'énergie, les collectivités territoriales ou leurs établissements publics de coopération, en tant qu'autorités concédantes de la distribution publique d'électricité** *(L. nº 2003-8 du 3 janv. 2003, art. 14)* **« et de gaz » en application des articles L. 321-1, L. 322-1, L. 322-2, L. 324-2 et L. 432-1 du code de l'énergie et des articles L. 322-6 et L. 432-5 du code de l'énergie, négocient et concluent les contrats de concession, et exercent le contrôle du bon accomplissement des missions de service public fixées, pour ce qui concerne les autorités concédantes, par les cahiers des charges de ces concessions.**

Les autorités concédantes précitées assurent le contrôle des réseaux publics de distribution d'électricité *(L. nº 2003-8 du 3 janv. 2003, art. 14)* **« et de gaz ». À cette fin, elles désignent un agent du contrôle distinct du gestionnaire du réseau public de distribution.**

Chaque organisme de distribution *(L. nº 2003-8 du 3 janv. 2003, art. 14)* **« d'électricité et de gaz » tient à la disposition de chacune des autorités concédantes précitées dont il dépend les informations d'ordre économique, commercial, industriel, financier ou technique utiles à l'exercice des compétences de celle-ci,** *(L. nº 2003-8 du 3 janv. 2003, art. 14)* **« dans les conditions prévues »** *(L. nº 2015-992 du 17 août 2015, art. 153)* **« aux articles L. 111-73, L. 111-77, L. 111-81 et L. 111-82 du code de l'énergie. En outre, il communique, à une échelle permettant le contrôle prévu au deuxième alinéa du présent I, ces informations aux autorités concédantes dont il dépend, sous la forme d'un compte rendu annuel qui comporte, notamment, la valeur brute ainsi que la valeur nette comptables, la valeur de remplacement des ouvrages concédés pour la distribution d'électricité et la valeur nette réévaluée des ouvrages pour la distribution de gaz naturel. Un inventaire détaillé et localisé de ces ouvrages est également mis, à leur demande, à la disposition de chacune des autorités concédantes précitées, pour ce qui concerne la distribution d'électricité. Cet inventaire distingue les biens de retour, les biens de reprise et les biens propres. Un décret fixe le contenu de ces documents ainsi que les délais impartis aux gestionnaires de réseaux pour établir des inventaires détaillés. »** *(L. nº 2010-788 du 12 juill. 2010, art. 75)* **« Ces informations comprennent également, dans des conditions fixées par décret,** *(L. nº 2015-992 du 17 août 2015, art. 179)* **« les données de consommation et de production prévues aux articles L. 111-73 et L. 111-77 du code de l'énergie et dont il assure la gestion, et » les données permettant d'élaborer et d'évaluer les schémas régionaux du climat, de l'air et de l'énergie** *(Ord. nº 2016-1028 du 27 juill. 2016, art. 12)* **« ou les schémas régionaux en tenant lieu » et les** *(L. nº 2015-992 du 17 août 2015, art. 179)* **« plans climat-air-énergie territoriaux » prévus par les articles L. 222-1 à L. 222-3, L. 229-25 et L. 229-26 du code de l'environnement ainsi qu'un bilan détaillé de la contribution du concessionnaire aux** *(L. nº 2015-992 du 17 août 2015, art. 179)* **« plans climat-air-énergie territoriaux » qui le concernent. »** *(L. nº 2010-1488 du 7 déc.*

2010, art. 21) « Chaque organisme de distribution d'électricité et de gaz transmet à chacune des autorités concédantes précitées un compte rendu de la politique d'investissement et de développement des réseaux prévue aux articles L. 111-57, L. 322-8, L. 322-10, L. 322-11, L. 432-8, L. 432-9 et L. 432-10 du code de l'énergie. Sur la base de ce compte rendu, les autorités organisatrices établissent un bilan détaillé de la mise en œuvre du programme prévisionnel de tous les investissements envisagés sur le réseau de distribution. Ce programme prévisionnel, qui précise notamment le montant et la localisation des travaux, est élaboré à l'occasion d'une conférence départementale réunie sous l'égide du préfet et transmis à chacune des autorités concédantes. » — *V. art. D. 2224-34 s. et D. 2224-48 s.*

(L. n° 2003-8 du 3 janv. 2003, art. 14) « Des fonctionnaires et agents parmi ceux qui sont chargés des missions de contrôle visées aux alinéas précédents sont habilités à cet effet par le maire ou par le président de l'établissement public de coopération et assermentés dans les conditions prévues par l'article 43 de la loi n° 2000-108 du 10 février 2000 précitée *[V. désormais* ***C. énergie****]* pour les fonctionnaires et agents habilités par le ministre chargé de l'énergie et pour les agents de la Commission de régulation de l'énergie habilités par son président. Ils encourent une amende de 15 000 € en cas de révélation des informations *(L. n° 2015-992 du 17 août 2015, art. 179)* « prévues aux articles L. 111-81 et L. 111-82 du code de l'énergie ». »

(L. n° 2005-781 du 13 juill. 2005, art. 19) « L'autorité organisatrice d'un réseau public de distribution d'électricité et de gaz peut exercer des missions de conciliation en vue du règlement de différends *(L. n° 2006-1537 du 7 déc. 2006, art. 2)* « relatifs à la fourniture d'électricité de secours mentionnée *(L. n° 2019-1147 du 8 nov. 2019, art. 63)* « à l'article L. 333-3 du même code » ou à la fourniture de gaz » *(L. n° 2019-1147 du 8 nov. 2019, art. 63)* « de secours ou de dernier recours mentionnées à l'article L. 121-32 dudit code », qui lui seraient soumis par les consommateurs éligibles raccordés à son réseau ou leurs fournisseurs. »

En application des dispositions des articles L. 322-6 et L. 432-5 du code de l'énergie, les collectivités et établissements précités peuvent assurer la maîtrise d'ouvrage des travaux de développement des réseaux publics de distribution d'électricité *(L. n° 2003-8 du 3 janv. 2003, art. 14)* « et de gaz ». Le même droit est accordé aux collectivités territoriales et aux établissements publics de coopération compétents en matière de distribution publique d'électricité *(L. n° 2003-8 du 3 janv. 2003, art. 14)* « et de gaz » ayant constitué un organisme de distribution mentionné à l'article L. 111-54 du code de l'énergie *(L. n° 2003-8 du 3 janv. 2003, art. 14)* « ou au III du présent article ».

(L. n° 2011-1978 du 28 déc. 2011, art. 7) « L'autorité organisatrice d'un réseau public de distribution d'électricité mentionnée au IV peut recevoir des aides pour le financement d'une partie du coût des travaux visés à l'article L. 322-6 du code de l'énergie dont elle assure la maîtrise d'ouvrage en application *(L. n° 2015-992 du 17 août 2015, art. 188 ; L. n° 2015-992 du 17 août 2015, art. 201)* « du sixième alinéa » sur les ouvrages ruraux de ce réseau *(L. n° 2023-175 du 10 mars 2023, art. 33)* « , notamment lorsque ces travaux visent à faciliter l'insertion des énergies renouvelables sur le réseau et le développement de services de flexibilité ». »

(L. n° 2015-992 du 17 août 2015, art. 188) « Les actions relatives aux économies d'énergie des consommateurs finals de gaz ou d'électricité basse tension que peuvent réaliser ou faire réaliser les autorités organisatrices d'un réseau public de distribution d'électricité ou de gaz doivent avoir pour objet ou pour effet d'éviter ou de différer l'extension ou le renforcement des réseaux publics de distribution relevant de leur compétence. »

(L. n° 2019-1147 du 8 nov. 2019, art. 14) « Dans les mêmes conditions, l'autorité organisatrice d'un réseau public de distribution d'électricité peut recevoir ces aides pour la réalisation, dans les communes rurales, d'opérations de maîtrise de la demande d'électricité, de production d'électricité par des énergies renouvelables et d'autres actions concourant à l'atteinte des objectifs de la politique énergétique mentionnés aux articles L. 100-1 à L. 100-4 du code de l'énergie, en particulier au 4° du I de l'article L. 100-4 du même code, ainsi que, dans les zones non interconnectées au réseau métropolitain continental, pour la réalisation des installations de production de proxi-

mité mentionnées à l'article L. 2224-33 du présent code, lorsque ces différentes opérations permettent d'éviter directement ou indirectement des extensions ou des renforcements de réseaux. L'autorité organisatrice d'un réseau public de distribution d'électricité peut également recevoir ces aides pour la réalisation d'opérations exceptionnelles en lien avec le réseau public de distribution d'électricité qui concourent à la transition énergétique, présentent un caractère innovant et répondent à un besoin local spécifique. »

(L. n° 2011-1978 du 28 déc. 2011, art. 7) « La répartition annuelle des aides est arrêtée par le ministre chargé de l'énergie, après avis d'un conseil composé notamment, dans la proportion des deux cinquièmes au moins, de représentants des collectivités territoriales et des établissements publics maîtres d'ouvrage de travaux et présidé par un membre pris parmi ces représentants, en tenant compte de l'inventaire des besoins recensés tous les deux ans dans chaque département auprès des maîtres d'ouvrage des travaux mentionnés à l'article L. 322-6 du code de l'énergie. » *(L. n° 2015-992 du 17 août 2015, art. 155)* « Lorsque l'inventaire de ces besoins est effectué à l'aide d'une méthode statistique, le gestionnaire du réseau public de distribution d'électricité soumet préalablement les résultats de son estimation à l'approbation des maîtres d'ouvrage mentionnés à la première phrase du présent alinéa, qui complètent le cas échéant ces résultats afin de prendre en compte les besoins supplémentaires résultant des mesures réelles effectuées sur le terrain pour contrôler le respect des niveaux de qualité mentionnés à l'article L. 322-12 du code de l'énergie. »

(L. n° 2019-1147 du 8 nov. 2019, art. 14) « Un décret en Conseil d'État, pris après avis du conseil prévu à l'avant-dernier alinéa du présent I, précise la notion de communes rurales bénéficiaires de ces aides en fonction, notamment, de la densité de population ainsi que les catégories de travaux mentionnés aux septième à neuvième alinéas du présent I et fixe les règles d'attribution des aides ainsi que leurs modalités de gestion. »

(L. n° 2025-127 du 14 févr. 2025, art. 20, en vigueur le 1er août 2025) « I *bis*. — Le financement des aides aux collectivités pour l'électrification rurale est régi par l'article 7 de la loi n° 2011-1978 du 28 décembre 2011 de finances rectificative pour 2011. »

II. — Pour assurer le respect des principes et conditions énoncés à l'article 1er de la loi n° 2000-108 du 10 février 2000 précitée *(L. n° 2003-8 du 3 janv. 2003, art. 14)* « et à l'article 16 de la loi n° 2003-8 du 3 janvier 2003 précitée » *[V. désormais* **C. *énergie*]**, des décrets en Conseil d'État fixent en tant que de besoin :

— les procédures et prescriptions particulières applicables aux cahiers des charges des concessions et aux règlements de service des régies ;

— les règles et les indicateurs de performances techniques destinés à répondre aux objectifs de sécurité et de qualité de l'électricité *(L. n° 2003-8 du 3 janv. 2003, art. 14)* « et du gaz livrés » ;

— les normes relatives à l'intégration visuelle et à la protection de l'environnement applicables aux réseaux publics de distribution ;

— les conditions dans lesquelles les collectivités concédantes peuvent faire prendre en charge par leur concessionnaire des opérations de maîtrise de la demande d'électricité *(L. n° 2005-781 du 13 juill. 2005, art. 20)* « ou d'énergies de réseau » ;

— les conditions financières des concessions en matière de redevance et de pénalités.

III. — *(L. n° 2005-781 du 13 juill. 2005, art. 20)* « Les communes, leurs établissements publics de coopération intercommunale ou leurs syndicats mixtes qui ne disposent pas d'un réseau public de distribution de gaz naturel ou dont les travaux de desserte ne sont pas en cours de réalisation peuvent concéder la distribution publique de gaz à toute entreprise agréée à cet effet par le ministre chargé de l'énergie, dans les conditions précisées à l'article 25-1 de la loi n° 2003-8 du 3 janvier 2003 précitée *[V. désormais* **C. *énergie*]**. Ces communes et ces établissements peuvent créer une régie agréée par le ministre chargé de l'énergie, avoir recours à un établissement de ce type existant ou participer à une société d'économie mixte existante. »

(L. n° 2004-803 du 9 août 2004, art. 35) « IV. – Un réseau public de distribution d'électricité a pour fonction de desservir les consommateurs finals et les producteurs d'électricité raccordés en moyenne et basse tension.

« L'autorité organisatrice d'un réseau public de distribution, exploité en régie ou concédé, est la commune ou l'établissement public de coopération auquel elle a transféré cette compétence, ou le département s'il exerce cette compétence à la date de publication de la loi n° 2004-803 du 9 août 2004 relative au service public de l'électricité et du gaz et aux entreprises électriques et gazières. *(L. n° 2006-1537 du 7 déc. 2006, art. 33)* « Toutefois, lorsque les attributions prévues par le présent article ne sont, pour les réseaux publics de distribution d'électricité, exercées ni par le département ni, au terme d'un délai d'un an suivant la date de publication de la loi n° 2006-1537 du 7 décembre 2006 relative au secteur de l'énergie, par un unique syndicat de communes ou syndicat mixte sur l'ensemble du territoire départemental ou sur un ensemble de territoires départementaux contigus *(L. n° 2010-1563 du 16 déc. 2010, art. 69)* « ni par un groupement de collectivités territoriales dont la population est au moins égale à un million d'habitants », le ou les représentants de l'État dans le ou les départements engagent, dans le cadre des dispositions prévues au 2° du I de l'article L. 5211-5 *(L. n° 2010-1563 du 16 déc. 2010, art. 69)* « ou à l'article 61 de la loi n° 2010-1563 du 16 décembre 2010 de réforme des collectivités territoriales », la procédure de création d'un syndicat de communes ou d'un syndicat mixte pour l'exercice de ces compétences sur l'ensemble du territoire départemental ou sur un ensemble de territoires départementaux contigus. À défaut d'autorité organisatrice unique sur le territoire départemental, l'évaluation de la qualité de l'électricité réalisée en application de l'article 21-1 de la loi n° 2000-108 du 10 février 2000 précitée *[V. désormais **C. énergie**]* est transmise par le ou les gestionnaires de réseaux publics concernés à une conférence, lorsque celle-ci a été constituée entre l'ensemble des autorités organisatrices du département dans les conditions prévues par l'article L. 5221-2. »

(L. n° 2004-803 du 9 août 2004, art. 35) « Sous réserve des dispositions des articles 12 et 24 de la loi n° 2000-108 du 10 février 2000 précitée *[V. désormais **C. énergie**]* et de l'article L. 324-1 du code de l'énergie, un réseau public de distribution est constitué par les ouvrages de tension inférieure à 50 kV situés sur le territoire de l'autorité organisatrice de la distribution d'électricité ainsi que par les ouvrages de tension supérieure existant, sur le territoire métropolitain continental, à la date de publication de la loi n° 2004-803 du 9 août 2004 précitée et non exploités par Électricité de France en tant que gestionnaire du réseau public de transport à cette même date. Un décret en Conseil d'État définit, en particulier pour les postes de transformation, les conditions de l'appartenance des ouvrages ou parties d'ouvrages aux réseaux publics de distribution, notamment en ce qui concerne leurs caractéristiques, leurs fonctions ou la date de leur mise en service.

« V. – Lorsque, dans des communes fusionnées préalablement à la publication de la loi n° 2004-803 du 9 août 2004 précitée, la distribution d'électricité ou de gaz est assurée par des organismes de distribution distincts, l'autorité organisatrice de la distribution peut, nonobstant toutes dispositions contraires, confier à l'un de ces organismes la distribution sur tout le territoire de la commune à la date de son choix. »

(L. n° 2010-1488 du 7 déc. 2010, art. 22) « Si la compétence d'autorité organisatrice de la distribution d'électricité ou de gaz a été transférée, dans une de ces communes, à un établissement public de coopération intercommunale avant la publication de la loi n° 2004-803 du 9 août 2004 précitée, cette commune peut, nonobstant toutes dispositions contraires, être autorisée par le représentant de l'État dans le département, après avis de la commission départementale de la coopération intercommunale réunie dans la formation prévue au second alinéa de l'article L. 5211-45, à se retirer de l'établissement public de coopération intercommunale lorsque cet établissement ne décide pas d'exercer le droit prévu au premier alinéa du présent V. »

(L. n° 2023-175 du 10 mars 2023, art. 81) **« VI. – Dans le cadre de ses missions de distribution publique de l'électricité et de gaz, l'autorité organisatrice d'un réseau public de distribution d'électricité et de gaz peut concourir au déploiement des installations de production d'hydrogène renouvelable ou bas-carbone, au sens de l'article L. 811-1 du code de l'énergie, implantées sur son territoire. »**

*Les dispositions mentionnées au présent art. (L. du 15 juin 1906, L. n° 46-628 du 8 avr. 1946, L. n° 2000-108 du 10 févr. 2000, L. n° 2003-8 du 3 janv. 2003 et L. n° 2004-803 du 9 août 2004) ont été abrogées par l'Ord. n° 2011-504 du 9 mai 2011, art. 4, sous réserve des dispositions des art. 6 et 12. Ces textes sont désormais codifiés au C. énergie. — **C. énergie**.*

Sur l'expérimentation d'un service de flexibilité local sur des portions du réseau public de distribution d'électricité, V. L. n° 2015-992 du 17 août 2015, art. 199.

*Sur la mise à disposition des personnes publiques de données relatives au transport, à la distribution et à la production d'électricité, de gaz naturel et de biométhane, de produits pétroliers et de chaleur et de froid, V. C. énergie, art. D. 111-52 s. — **C. énergie**.*

Le taux de la contribution due par les gestionnaires des réseaux publics de distribution d'électricité pour le financement des aides aux collectivités pour l'électrification rurale, assise sur le nombre de kWh distribués à partir d'ouvrages exploités en basse tension en 2024, est fixé pour l'année 2025 à : 0,117 249 centime d'€/kWh pour les communes dont la population est supérieure à 2 000 habitants ; 0,023 447 centime d'€/kWh pour les communes dont la population est inférieure à 2 000 habitants (Arr. du 26 juin 2025).

1. Il résulte de l'art. 23 de la loi du 8 avr. 1946 que les sociétés d'économie mixte, les régies des services analogues constitués par les collectivités locales, avant l'entrée en vigueur de cette loi, pour la distribution d'électricité sont et demeurent exclus de la nationalisation de l'électricité et du gaz ; les communes concernées peuvent donc librement choisir entre ces différentes solutions, les modalités de gestion et d'organisation desdits services. • CE 28 juin 1989, *Synd. du personnel des industries électriques et gazières du centre de Grenoble : CJEG 1989. 369, note Delpirou ; RFDA 1989. 929, concl. Guillaume, note Lachaume.* ♦ V. aussi notes ss. art. L. 1521-1.

2. Les communes et ou les EPCI auxquels elles ont transféré cette compétence ont la qualité d'autorités organisatrices des réseaux publics de distribution d'électricité, lesquels ont pour fonction de desservir les consommateurs finals et les producteurs d'électricité raccordés en moyenne et basse tension et ont qualité pour concéder la distribution publique d'électricité. Le syndicat de communes compétent justifie donc d'un intérêt pour agir à l'encontre de décisions ministérielles fixant les tarifs (et obtenir leur annulation). • CE 28 mars 2012, *Sté Direct Énergie*, n° 330548 : *Lebon 130 ; AJDA 2012. 1146, chron. Lombard.* ♦ Confirmation de la solution. • CE 12 oct. 2012, *SIPPEREC*, n° 332641 : *AJDA 2013. 126, note Laffaille.*

3. Lorsque l'ouvrage est concédé, le concessionnaire est seul responsable, même en cas d'affermage, des dommages imputables au fonctionnement de l'ouvrage. En l'espèce, il résulte du contrat conclu que les circuits souterrains d'éclairage public inclus dans les câbles du réseau de distribution d'énergie électrique ainsi que les branchements qui en sont issus font partie des ouvrages concédés au gestionnaire et il ne résulte pas de l'instruction que la canalisation endommagée relèverait des lignes spéciales et des supports d'éclairage public indépendants du réseau de distribution publique. Par conséquent, l'autorité concédante n'ayant pas la garde du câble électrique d'éclairage public en cause dans la perforation de la canalisation de gaz naturel à l'origine du litige, sa responsabilité ne peut être recherchée. • CAA Marseille, 9 avr. 2024, n° 22MA00986.

Art. L. 2224-32 **Sous réserve de l'autorisation prévue à l'article 7 de la loi n° 2000-108 du 10 février 2000 précitée** *[V. désormais **C. énergie**]*, **les communes, sur leur territoire, et les établissements publics de coopération, sur le territoire des communes qui en sont membres, peuvent, outre les possibilités ouvertes par les douzième et treizième alinéas de l'article 8 de la loi n° 46-628 du 8 avril 1946 précitée** *[V. désormais **C. énergie**]*, *(L. n° 2005-781 du 13 juill. 2005, art. 24)* **« aménager, exploiter, faire aménager et faire exploiter » dans les conditions prévues par le présent code toute nouvelle installation hydroélectrique, toute nouvelle installation utilisant les autres énergies renouvelables** *(L. n° 2021-1104 du 22 août 2021, art. 88)* **« définies notamment à l'article L. 211-2 du code de l'énergie, » toute nouvelle installation de valorisation énergétique des déchets ménagers ou assimilés mentionnés aux articles L. 2224-13 et L. 2224-14** *(L. n° 2021-1104 du 22 août 2021, art. 88)* **« du présent code », ou toute nouvelle installation** *(L. n° 2021-1104 du 22 août 2021, art. 88)* **« de production d'hydrogène**

renouvelable ou bas-carbone définis à l'article L. 811-1 du code de l'énergie, » de cogénération ou de récupération d'énergie provenant d'installations visant l'alimentation d'un réseau de chaleur dans les conditions fixées par le dixième alinéa (6°) de l'article 8 de la loi n° 46-628 du 8 avril 1946 précitée *[V. désormais* ***C. énergie****]* lorsque ces nouvelles installations se traduisent par une économie d'énergie et une réduction des pollutions atmosphériques.

Les dispositions de l'alinéa précédent s'appliquent sans préjudice du maintien des activités de production existantes à la date de publication de la loi n° 2000-108 du 10 février 2000 précitée, en application notamment de l'article L. 511-11 du code de l'énergie.

Pour les installations mentionnées au présent article entrant dans le champ d'application de l'article 10 de la loi n° 2000-108 du 10 février 2000 précitée, les communes et les établissements publics de coopération dont elles sont membres bénéficient, à leur demande, de l'obligation d'achat de l'électricité produite dans les conditions prévues à cet article.

Art. L. 2224-33 Dans le cadre de la distribution publique d'électricité, et sous réserve de l'autorisation prévue à l'article 7 de la loi n° 2000-108 du 10 février 2000 précitée *[relative à la modernisation et au développement du service public de l'électricité ; V. désormais* ***C. énergie****]*, les autorités concédantes de la distribution d'électricité visées au I de l'article L. 2224-31 peuvent aménager, exploiter directement ou faire exploiter par leur concessionnaire de la distribution d'électricité toute installation de production d'électricité de proximité d'une puissance inférieure à un seuil fixé par décret, lorsque cette installation est de nature à éviter, dans de bonnes conditions économiques, de qualité, de sécurité et de sûreté de l'alimentation électrique, l'extension ou le renforcement des réseaux publics de distribution d'électricité relevant de leur compétence.

Art. L. 2224-34 *(L. n° 2015-992 du 17 août 2015, art. 188)* Les établissements publics de coopération intercommunale et la métropole de Lyon, lorsqu'ils ont adopté le plan climat-air-énergie territorial mentionné à l'article L. 229-26 du code de l'environnement, sont les coordinateurs de la transition énergétique. Ils animent et coordonnent, sur leur territoire, des actions dans le domaine de l'énergie en cohérence avec les objectifs du plan climat-air-énergie territorial et avec le schéma régional du climat, de l'air et de l'énergie, *(Ord. n° 2016-1028 du 27 juill. 2016, art. 12)* « ou le schéma régional en tenant lieu, » en s'adaptant aux caractéristiques de leur territoire.

Afin de répondre aux objectifs fixés au titre préliminaire et au titre II du livre I du code de l'énergie, les personnes publiques mentionnées au premier alinéa du présent article *(L. n° 2017-1839 du 30 déc. 2017, art. 24)* « , les autres établissements publics de coopération intercommunale qui ont adopté le plan mentionné au même premier alinéa à titre facultatif et les syndicats exerçant la compétence mentionnée au deuxième alinéa du IV de l'article L. 2224-31 » peuvent notamment réaliser des actions tendant à maîtriser la demande d'énergie de réseau des consommateurs finals desservis en gaz, en chaleur ou en basse tension pour l'électricité et accompagner des actions tendant à maîtriser la demande d'énergie sur leur territoire.

Ces actions peuvent également tendre à maîtriser la demande d'énergie des consommateurs en situation de précarité énergétique. Les personnes publiques mentionnées *(L. n° 2017-1839 du 30 déc. 2017, art. 24)* « au deuxième alinéa du présent article » peuvent notamment proposer des aides à ces consommateurs en prenant en charge, en tout ou partie, des travaux d'isolation, de régulation thermique ou de régulation de la consommation d'énergie ou l'acquisition d'équipements domestiques à faible consommation. Ces aides font l'objet de conventions avec les bénéficiaires.

(L. n° 2019-1147 du 8 nov. 2019, art. 16) « Les personnes publiques mentionnées au présent article peuvent prendre en charge, pour le compte de leurs membres, *(L. n° 2023-222 du 30 mars 2023, art. 4)* « des études et » tout ou partie des travaux nécessaires pour améliorer la performance énergétique des bâtiments dont ces membres sont propriétaires. Elles peuvent assurer le financement de ces *(L. n° 2023-222 du 30 mars 2023, art. 4)* « études et de ces » travaux. Ces travaux font l'objet de conventions conclues avec les membres bénéficiaires. » *(L. n° 2023-222 du 30 mars 2023, art. 4)* « À cette fin, des conventions sont conclues avec les membres bénéficiaires. »

Sur le tiers financement de la rénovation énergétique des bâtiments publics, V. L. n° 2023-222 du 30 mars 2023 infra.

Sur les modalités d'application de la L. n° 2023-222 du 30 mars 2023 visant à ouvrir le tiers-financement à l'État, à ses établissements publics et aux collectivités territoriales pour favoriser les travaux de rénovation énergétique, V. Décr. n° 2023-913 du 3 oct. 2023 🏛.

Loi n° 2023-222 du 30 mars 2023,

Visant à ouvrir le tiers financement à l'État, à ses établissements publics et aux collectivités territoriales pour favoriser les travaux de rénovation énergétique.

Art. 1er À titre expérimental, pour une durée de cinq ans à compter de la promulgation de la présente loi, l'État et ses établissements publics ainsi que les collectivités territoriales, leurs établissements publics et leurs groupements peuvent conclure des contrats de performance énergétique dérogeant aux articles L. 2191-2 à L. 2191-8 du code de la commande publique, sous la forme d'un marché global de performance mentionné à l'article L. 2171-3 du même code, pour la rénovation énergétique d'un ou de plusieurs de leurs bâtiments. Lorsque le contrat conclu en application du présent article porte sur plusieurs bâtiments, les résultats des actions de performance énergétique sont suivis de manière séparée pour chaque bâtiment.

Les contrats mentionnés au premier alinéa du présent article peuvent être conclus pour la prise en charge des travaux prévue au dernier alinéa de l'article L. 2224-34 du code général des collectivités territoriales.

Pour le calcul de la rémunération du titulaire, le marché global de performance précise les conditions dans lesquelles sont pris en compte et identifiés :

1° Les coûts d'investissement, notamment les coûts d'étude et de conception, les coûts de construction, les coûts annexes à la construction et les frais financiers intercalaires ;

2° Les coûts de fonctionnement, notamment les coûts d'entretien, de maintenance et de renouvellement des ouvrages et des équipements ;

3° Les coûts de financement ;

4° Le cas échéant, les revenus issus de l'exercice d'activités annexes ou de la valorisation du domaine.

Par dérogation aux articles L. 2193-10 à L. 2193-13 du code de la commande publique, le sous-traitant direct du titulaire du marché global de performance est payé, pour la part du marché dont il assure l'exécution, dans les conditions prévues au titre III de la loi n° 75-1334 du 31 décembre 1975 relative à la sous-traitance.

Pour l'application des articles L. 2313-1, L. 3313-1, L. 3661-15, L. 4313-2, L. 4425-18, L. 5217-10-14, L. 71-111-14 et L. 72-101-14 du code général des collectivités territoriales, les documents budgétaires sont accompagnés :

a) D'une annexe retraçant l'ensemble des engagements financiers de la collectivité territoriale ou de l'établissement public résultant des contrats de performance énergétique signés dans les conditions prévues au présent article ;

b) D'une annexe retraçant la dette liée à la part d'investissements de ces contrats.

Art. 2 I. — Le présent article est applicable aux marchés globaux de performance conclus en application de l'article 1er.

II. — Un marché global de performance peut être conclu pour la réalisation d'une opération répondant aux besoins d'une autre personne morale de droit public ou de droit privé en vue de l'exercice de ses missions. Dans ce cas, une convention est signée entre l'acheteur et la personne morale pour les besoins de laquelle le marché global de performance est conclu.

III. — Lorsque la réalisation d'un projet relève simultanément de la compétence de plusieurs acheteurs, ces derniers peuvent désigner par convention celui d'entre eux qui conduira la procédure de passation et, éventuellement, signera le contrat et en suivra l'exécution. Le cas échéant, cette convention précise les conditions de ce transfert de compétences et en fixe le terme.

IV. — Avant de décider de recourir à un marché global de performance, l'acheteur procède à une étude préalable ayant pour objet de démontrer l'intérêt du recours à un tel contrat. La procédure de passation de ce marché ne peut être engagée que si cette étude préalable démontre que le recours à un tel contrat est plus favorable que le recours à d'autres modes de réalisation du projet, notamment en termes de performance énergétique. Le critère du paiement différé ne peut à lui seul constituer un avantage.

Cette étude préalable est soumise pour avis à l'organisme expert mentionné à l'article L. 2212-2 du code de la commande publique.

Les modalités d'application du présent IV sont déterminées par décret en Conseil d'État.

V. — Avant de décider de recourir à un marché global de performance, l'acheteur réalise une étude de soutenabilité budgétaire, qui apprécie notamment les conséquences du contrat sur les finances publiques et la disponibilité des crédits. Cette étude est soumise pour avis au service de l'État compétent.

Lorsque le marché global de performance est conclu pour les besoins de plusieurs personnes morales, l'étude de soutenabilité budgétaire précise les engagements financiers supportés par chacune d'elles.

VI. — Pour les marchés globaux de performance conclus par l'État et ses établissements publics, le lancement de la procédure de passation est soumis à l'autorisation des autorités administratives compétentes, dans des conditions fixées par voie réglementaire.

VII. — Pour les collectivités territoriales et leurs établissements publics, l'étude préalable, l'étude de soutenabilité budgétaire et les avis sur celles-ci sont présentés à l'assemblée délibérante ou à l'organe délibérant, qui se prononce sur le principe du recours à un marché global de performance.

VIII. — Pour les autres acheteurs, l'étude préalable, l'étude de soutenabilité budgétaire et les avis sur celles-ci sont présentés à l'organe décisionnel, qui se prononce sur le principe du recours à un marché global de performance.

IX. — L'acheteur peut prévoir que les modalités de financement indiquées dans l'offre finale présentent un caractère ajustable.

Ces ajustements ne peuvent avoir pour effet ni de remettre en cause les conditions de mise en concurrence en exonérant l'acheteur de l'obligation de respecter le principe du choix de l'offre économiquement la plus avantageuse ni de permettre au titulaire pressenti de bouleverser l'économie de son offre.

L'ajustement de l'offre ne porte que sur la composante financière du coût global du contrat et est seulement fondé sur la variation des modalités de financement, à l'exclusion de tout autre élément.

X. — Le soumissionnaire auquel il est envisagé d'attribuer le marché global de performance présente le financement définitif dans un délai fixé par l'acheteur. À défaut, le marché global de performance ne peut lui être attribué et le soumissionnaire dont l'offre a été classée immédiatement après la sienne peut être sollicité pour présenter le financement définitif de son offre dans le même délai.

XI. — Les autorités administratives compétentes autorisent la signature des marchés globaux de performance par l'État et ses établissements publics, dans des conditions fixées par voie réglementaire.

XII. — L'assemblée délibérante de la collectivité territoriale ou l'organe délibérant de l'établissement public local autorise la signature du marché global de performance par l'organe exécutif.

XIII. — L'organe décisionnel des autres acheteurs autorise la signature du marché global de performance.

XIV. — La durée du marché global de performance est déterminée en fonction de la durée d'amortissement des investissements ou des modalités de financement retenues.

XV. — Une fois signés, les marchés globaux de performance et leurs annexes sont communiqués à l'organisme expert mentionné à l'article L. 2212-2 du code de la commande publique. Les informations et documents communiqués ne sont utilisés qu'à des fins de recensement et d'analyse économique.

XVI. — En cas d'annulation ou de résiliation du marché global de performance par le juge faisant suite au recours d'un tiers, le titulaire peut prétendre à l'indemnisation des dépenses qu'il a engagées conformément au contrat dès lors qu'elles ont été utiles à l'acheteur.

XVII. — Parmi les dépenses mentionnées au XVI du présent article, figurent, s'il y a lieu, les frais liés au financement mis en place dans le cadre de l'exécution du marché, y compris, le cas échéant, les coûts pour le titulaire afférents aux instruments de financement et résultant de la fin anticipée du contrat.

La prise en compte des frais liés au financement est subordonnée à la mention, dans les annexes au marché global de performance, des principales caractéristiques des financements à mettre en place pour les besoins de l'exécution du marché.

XVIII. — Lorsqu'une clause du marché global de performance fixe les modalités d'indemnisation du titulaire en cas d'annulation ou de résiliation du contrat par le juge, elle est réputée divisible des autres stipulations du contrat.

XIX. — La rémunération due par l'acheteur dans le cadre du marché global de performance peut être cédée conformément aux articles L. 313-29-1 et L. 313-29-2 du code monétaire et financier.

Art. 3 L'expérimentation prévue à l'article 1er fait l'objet d'un suivi et d'une évaluation par le Gouvernement, qui remet au Parlement, dans un délai de trois ans à compter de la promulgation de la présente loi, un rapport sur les contrats conclus en application de l'article 1er. Ce rapport est mis à jour et à nouveau transmis au Parlement, au plus tard six mois avant le terme de l'expérimentation.

Ce rapport examine notamment :

1° Le nombre et la destination des bâtiments publics ayant fait l'objet de travaux de rénovation énergétique par le recours à ces contrats ;

2° Les économies d'énergie réalisées du fait des travaux de rénovation énergétique effectués dans le cadre de ces contrats ;

3° L'atteinte des objectifs chiffrés de performance énergétique définis dans ces contrats ;

4° La qualité et la quantité de la sous-traitance dans ces contrats ;

5° L'accès à ces contrats par catégorie d'entreprises, au sens de l'article 51 de la loi n° 2008-776 du 4 août 2008 de modernisation de l'économie ;

6° Le recours à ces contrats par catégorie de collectivités territoriales, notamment par les communes de moins de 3 500 habitants ayant eu recours à la mutualisation de plusieurs opérations entre différentes communes ;

7° La participation des usagers du service public en lien avec les bâtiments publics faisant l'objet des contrats conclus en application de l'article 1er de la présente loi, au stade de leur passation comme de leur exécution ;

8° L'association des agents du service public en lien avec les bâtiments publics faisant l'objet de ces contrats, au stade de leur passation comme de leur exécution ;

9° L'accompagnement des acheteurs publics, en particulier les collectivités territoriales et les établissements publics de santé, notamment pour la passation et l'exécution de ces contrats ;

10° Les conséquences budgétaires desdits contrats sur les finances des acheteurs publics concernés.

....

Art. 5 La présente loi est applicable, dans les îles Wallis-et-Futuna, en Polynésie française, en Nouvelle-Calédonie et dans les Terres australes et antarctiques françaises, aux contrats de performance énergétique conclus sous la forme d'un marché global de performance, pour la rénovation énergétique d'un ou de plusieurs de leurs bâtiments, par l'État ou ses établissements publics, sous réserve des compétences dévolues à ces collectivités.

Art. L. 2224-35 *(L. n° 2004-575 du 21 juin 2004, art. 51)* **Tout opérateur de communications électroniques autorisé** *(L. n° 2004-669 du 9 juill. 2004, art. 116)* **« par une collectivité territoriale, par un établissement public de coopération compétent pour la distribution publique d'électricité, ou par un gestionnaire de réseau public de distribution d'électricité » à installer un ouvrage aérien non radioélectrique sur un support de ligne aérienne d'un réseau public de distribution d'électricité procède, en cas de remplacement de cette ligne aérienne par une ligne souterraine à l'initiative de la collectivité ou de l'établissement précité, au remplacement** *(L. n° 2009-1572 du 17 déc. 2009, art. 28)* **« de la totalité » de sa ligne aérienne** *(L. n° 2004-669 du 9 juill. 2004, art. 116)* **« en utilisant la partie aménagée à cet effet dans l'ouvrage souterrain construit en remplacement de l'ouvrage aérien commun ». Les infrastructures communes de génie civil créées par la collectivité territoriale ou l'établissement public de coopération** *(L. n° 2009-1572 du 17 déc. 2009, art. 28)* **« leur » appartiennent.**

L'opérateur de communications électroniques prend à sa charge les coûts de dépose, de réinstallation en souterrain et de remplacement des équipements de communications électroniques incluant *(L. n° 2009-1572 du 17 déc. 2009, art. 28)* **« en particulier les câbles et les coûts d'études et d'ingénierie correspondants. » Il prend à sa charge l'entretien de ses équipements.** *(L. n° 2006-1537 du 7 déc. 2006, art. 30)* **« Un arrêté des ministres chargés des communications électroniques et de l'énergie détermine la**

proportion des coûts de terrassement pris en charge par l'opérateur de communications électroniques. »

(L. nº 2009-1572 du 17 déc. 2009, art. 28) « Les infrastructures d'accueil, d'équipement de communications électroniques, en particulier les fourreaux et les chambres de tirage, peuvent faire l'objet d'une prise en charge financière partielle ou complète par la collectivité ou par l'établissement public de coopération, qui dispose alors d'un droit d'usage ou de la propriété de ces infrastructures dans des conditions fixées par la convention prévue au dernier alinéa. Dans le cas où la collectivité est propriétaire des infrastructures, l'opérateur dispose alors d'un droit d'usage pour rétablir ses lignes existantes. »

Une convention conclue entre la collectivité ou l'établissement public de coopération et l'opérateur de communications électroniques fixe *(L. nº 2009-1572 du 17 déc. 2009, art. 28)* « les modalités de réalisation et, le cas échéant, d'occupation de l'ouvrage partagé, notamment les responsabilités et la participation financière de chaque partie, » sur la base des principes énoncés ci-dessus, *(L. nº 2009-1572 du 17 déc. 2009, art. 28)* « et indique » le montant de la redevance qu'il doit éventuellement verser au titre de l'occupation du domaine public.

1. Obligation à la charge de l'opérateur. Bien que l'art. L. 2224-35 CGCT ait été modifié par la L. nº 2009-1572 du 17 déc. 2009, qui a notamment imposé un engagement contractuel préalable, l'opérateur conserve à sa charge l'obligation de déposer et d'enfouir son réseau câblé aérien en cas de remplacement du réseau public aérien de distribution d'électricité. • CE 20 févr. 2013, *Cté d'agglomération de Saint-Quentin-en-Yvelines,* nº 364025 B : *AJCT 2013. 366, obs. Defix ; RJEP 2013. 38, concl. Dacosta.*

2. FCTVA et prise en charge des coûts de dépose et d'enfouissement du réseau câblé. Les dépenses correspondant à la prise en charge, par une personne publique, des coûts de dépose et d'enfouissement du réseau câblé d'un opérateur de communications électroniques à l'occasion de l'enfouissement du réseau public aérien de distribution d'électricité dont les supports accueillaient également le réseau de télécommunications ne peuvent donner lieu à attribution du fonds de compensation pour la taxe sur la valeur ajoutée dès lors qu'elle a principalement pour objet et pour effet d'avantager cet opérateur de communications électroniques. • CE 26 avr. 2013, *Min. de l'Intérieur, de l'Outre-mer, des Collectivités territoriales et de l'Immigration c/ Synd. dptal d'électricité et de gaz de la Charente,* nº 346849 : *Lebon ; AJDA 2013. 1572, note Quiriny .*

Art. L. 2224-36 *(L. nº 2008-776 du 4 août 2008, art. 109)* Les collectivités territoriales et leurs établissements publics de coopération exerçant la compétence d'autorité organisatrice de réseaux publics de distribution d'électricité peuvent également assurer, accessoirement à cette compétence, dans le cadre d'une même opération et en complément à la réalisation de travaux relatifs aux réseaux de distribution électrique, la maîtrise d'ouvrage et l'entretien d'infrastructures de génie civil destinées au passage de réseaux de communications électroniques, incluant les fourreaux et les chambres de tirage, sous réserve, lorsque les compétences mentionnées à l'article L. 1425-1 sont exercées par une autre collectivité territoriale ou un autre établissement public de coopération, de la passation avec cette collectivité ou cet établissement d'une convention déterminant les zones dans lesquelles ces ouvrages pourront être réalisés.

La pose de câbles dans lesdites infrastructures par une collectivité territoriale ou un établissement public de coopération exerçant les attributions définies à l'article L. 1425-1, ou par un opérateur de communications électroniques, est subordonnée à la perception, par l'autorité organisatrice de la distribution d'électricité concernée, de loyers, participations ou subventions. Cette autorité organisatrice ouvre un budget annexe permettant de constater le respect du principe d'équilibre prévu à l'article L. 2224-1.

L'intervention des collectivités territoriales et de leurs établissements publics de coopération garantit l'utilisation partagée des infrastructures établies ou acquises en application du présent article et respecte le principe d'égalité et de libre concurrence sur les marchés des communications électroniques. Les interventions des collectivités et de leurs établissements publics de coopération s'effectuent dans des conditions objectives, transparentes, non discriminatoires et proportionnées.

L'autorité organisatrice de la distribution publique d'électricité maître d'ouvrage des infrastructures de génie civil susmentionnées bénéficie, pour la réalisation d'éléments nécessaires au passage de réseaux souterrains de communication, des dispositions prévues aux deuxième et troisième alinéas de l'article L. 332-11-1 du code de l'urbanisme *(L. n° 2014-1655 du 29 déc. 2014, art. 44)* « , dans sa rédaction antérieure à la loi n° 2014-1655 du 29 décembre 2014 de finances rectificative pour 2014 ».

Art. L. 2224-37 *(L. n° 2010-788 du 12 juill. 2010, art. 57) (L. n° 2017-1839 du 30 déc. 2017, art. 20)* « Sous réserve d'une offre inexistante, insuffisante ou inadéquate sur leur territoire, les communes peuvent créer et entretenir des infrastructures de charge nécessaires à l'usage de véhicules électriques ou hybrides rechargeables ou de navires à quai, ainsi que des points de ravitaillement en gaz ou en hydrogène pour véhicules ou pour navires, ou mettre en place un service comprenant la création, l'entretien et l'exploitation de telles infrastructures ou points de ravitaillement. L'exploitation peut comprendre l'achat d'électricité, de gaz ou d'hydrogène nécessaire à l'alimentation des véhicules ou des navires. »

Elles peuvent transférer cette compétence aux établissements publics de coopération intercommunale exerçant les compétences en matière d'aménagement, de soutien aux actions de maîtrise de la demande d'énergie ou de réduction des émissions polluantes ou de gaz à effet de serre, aux autorités organisatrices d'un réseau public de distribution d'électricité visées à l'article L. 2224-31, aux autorités organisatrices *(L. n° 2015-991 du 7 août 2015, art. 18)* « de la mobilité mentionnées au titre III du livre II de la première partie du code des transports » et, en Île-de-France, *(L. n° 2019-1428 du 24 déc. 2019, art. 8)* « à Île-de-France Mobilités ».

(L. n° 2017-1839 du 30 déc. 2017, art. 20) « Sans préjudice des consultations prévues par d'autres législations, l'autorité organisatrice du réseau public de distribution d'électricité ou de gaz et le gestionnaire du réseau public de distribution d'électricité ou de gaz émettent un avis sur le projet de création d'infrastructures de charge ou de points de ravitaillement en gaz soumis à délibération de l'organe délibérant en application du présent article. »

(L. n° 2019-1428 du 24 déc. 2019, art. 19 et 68) « Sur la voirie communale, lorsque des places de stationnement sont matérialisées sur le domaine public et équipées de dispositifs de recharge pour véhicules électriques, un pourcentage minimal de l'ensemble de ces places, arrondi à l'unité supérieure, est accessible aux personnes à mobilité réduite, sans que cette ou ces places leur soient réservées. Le pré-équipement de places de stationnement pour la recharge de véhicules électriques tient compte de cette obligation. Le pourcentage de places accessibles est défini par arrêté ministériel.

« Lorsque la compétence mentionnée au premier alinéa a été transférée aux établissements publics de coopération intercommunale exerçant les compétences en matière d'aménagement, de soutien aux actions de maîtrise de la demande d'énergie ou de réduction des émissions polluantes ou de gaz à effet de serre ou aux autorités organisatrices d'un réseau public de distribution d'électricité mentionnées à l'article L. 2224-31 ou aux autorités organisatrices de la mobilité mentionnées à l'article L. 1231-1 du code des transports ou, en Île-de-France, à l'autorité mentionnée à l'article L. 1241-1 du même code, son titulaire peut élaborer un schéma directeur de développement des infrastructures de recharge ouvertes au public pour les véhicules électriques et les véhicules hybrides rechargeables dans le cadre prévu à l'article *(Ord. n° 2021-237 du 3 mars 2021, art. 34)* « L. 353-5 » du code de l'énergie. »

Art. L. 2224-37-1 *(L. n° 2015-992 du 17 août 2015, art. 198)* Une commission consultative est créée entre tout syndicat exerçant la compétence mentionnée au deuxième alinéa du IV de l'article L. 2224-31 et l'ensemble des établissements publics de coopération intercommunale à fiscalité propre totalement ou partiellement inclus dans le périmètre du syndicat. Cette commission coordonne l'action de ses membres dans le domaine de l'énergie, met en cohérence leurs politiques d'investissement et facilite l'échange de données.

La commission comprend un nombre égal de délégués du syndicat et de représentants des établissements publics de coopération intercommunale. Chacun de ces établissements dispose d'au moins un représentant.

Elle est présidée par le président du syndicat ou son représentant et se réunit au moins une fois par an, à l'initiative de son président ou de la moitié au moins de ses membres.

Un membre de la commission consultative, nommé parmi les représentants des établissements publics de coopération intercommunale, est associé à la représentation du syndicat à la conférence départementale mentionnée au troisième alinéa du I du même article L. 2224-31.

Après la création de la commission, le syndicat peut assurer, à la demande et pour le compte d'un ou de plusieurs établissements publics de coopération intercommunale à fiscalité propre qui en sont membres, l'élaboration du plan climat-air-énergie territorial mentionné à l'article L. 229-26 du code de l'environnement, ainsi que la réalisation d'actions dans le domaine de l'efficacité énergétique.

SECTION 7 Distribution de chaleur et de froid

(L. n° 2015-992 du 17 août 2015, art. 194)

Art. L. 2224-38 I. — Les communes sont compétentes en matière de création et d'exploitation d'un réseau public de chaleur ou de froid. Cette activité constitue un service public industriel et commercial, géré selon les modalités définies à la section 1 du présent chapitre. Cette compétence peut être transférée par la commune à un établissement public dont elle fait partie. Cet établissement public peut faire assurer la maîtrise d'ouvrage de ce réseau par un autre établissement public.

II. — Les collectivités territoriales chargées d'un service public de distribution de chaleur ou de froid réalisent un schéma directeur de leur réseau de chaleur ou de froid. Ce schéma directeur concourt à la réalisation de l'objectif d'une alimentation des réseaux de chaleur ou de froid à partir d'énergies renouvelables et de récupération. Il inclut une évaluation de la qualité du service fourni et des possibilités de densification et d'extension de ce réseau et d'interconnexion de ce dernier avec les autres réseaux situés à proximité, ainsi qu'une évaluation des possibilités de développement de la part des énergies renouvelables et de récupération dans l'approvisionnement du réseau *(L. n° 2019-1147 du 8 nov. 2019, art. 18)* « , et une évaluation de l'opportunité de créer un service public de distribution de froid. Il est élaboré au plus tard cinq ans après la mise en service du réseau, et révisé tous les dix ans. Pour les réseaux mis en service entre le 1er janvier 2009 et le 31 décembre 2019, le schéma directeur mentionné au présent II est réalisé avant le 31 décembre 2021. »

(L. n° 2021-1104 du 22 août 2021, art. 190) « III. — Les collectivités territoriales chargées d'un service public de distribution de chaleur ou de froid délimitent, conformément au chapitre II du titre I du livre VII du code de l'énergie, les zones de développement prioritaires des réseaux de chaleur et de froid classés au sein desquelles le raccordement est obligatoire. Un décret en Conseil d'État définit la zone de développement prioritaire qui s'applique en l'absence de telle décision. »

CHAPITRE V DÉFENSE EXTÉRIEURE CONTRE L'INCENDIE

(L. n° 2011-525 du 17 mai 2011, art. 77)

BIBL. GÉN. ▶ ROCHELLE, La défense extérieure contre l'incendie : compétence, acteurs, missions, *AJCT 2018. 361* . – SALAUN, Service public de la défense extérieure contre l'incendie : le législateur a-t-il réussi à éteindre le feu ?, *JCP Adm. 2013, n° 2122.*

Art. L. 2225-1 La défense extérieure contre l'incendie a pour objet d'assurer, en fonction des besoins résultant des risques à prendre en compte, l'alimentation en eau des moyens des services d'incendie et de secours par l'intermédiaire de points d'eau identifiés à cette fin. Elle est placée sous l'autorité du maire conformément à l'article L. 2213-32.

Art. L. 2225-2 Les communes sont chargées du service public de défense extérieure contre l'incendie et sont compétentes à ce titre pour la création, l'aménagement et la gestion des points d'eau nécessaires à l'alimentation en eau des moyens des services d'incendie et de secours. Elles peuvent également intervenir en amont de ces points d'eau pour garantir leur approvisionnement.

Art. L. 2225-3 Lorsque l'approvisionnement des points d'eau visés aux articles L. 2225-1 et L. 2225-2 fait appel à un réseau de transport ou de distribution d'eau, les investissements afférents demandés à la personne publique ou privée responsable de ce réseau sont pris en charge par le service public de défense extérieure contre l'incendie.

Art. L. 2225-4 Un décret en Conseil d'État détermine les conditions d'application du présent chapitre.

V. art. R. 2225-1 à R. 2225-10 (régime général), R. 1424-56 (Bouches-du-Rhône), R. 1424-57 (Rhône et métropole de Lyon), R. 2512-21-1 (Paris), R. 2513-14-1 (Marseille), R. 2521-3 (Hauts-de-Seine, Seine-Saint-Denis et Val-de-Marne) et R. 2564-19 (Mayotte).

CHAPITRE VI GESTION DES EAUX PLUVIALES URBAINES

(L. nº 2014-1654 du 29 déc. 2014, art. 20)

Art. L. 2226-1 La gestion des eaux pluviales urbaines correspondant à la collecte, au transport, au stockage et au traitement des eaux pluviales des aires urbaines constitue un service public administratif relevant des communes, dénommé service public de gestion des eaux pluviales urbaines.

(L. nº 2022-217 du 21 févr. 2022, art. 197) « Le service de gestion des eaux pluviales urbaines assure le contrôle du raccordement des immeubles au réseau public de collecte des eaux pluviales urbaines et du respect des prescriptions fixées en application du dernier alinéa de l'article L. 1331-1 du code de la santé publique et par le zonage défini aux 3° et 4° de l'article L. 2224-10 du présent code ainsi que par les règlements en vigueur. Les modalités d'exécution de ce contrôle sont précisées par délibération du conseil municipal. »

Un décret en Conseil d'État précise les modalités d'application du présent article. – *V. art. R. 2226-1.*

Art. L. 2226-2 *(L. nº 2015-991 du 7 août 2015, art. 61)* L'article L. 2226-1 est applicable aux départements de Paris, des Hauts-de-Seine, de la Seine-Saint-Denis et du Val-de-Marne ainsi qu'à l'institution interdépartementale qu'ils ont créée entre eux lorsque, en application de l'article L. 3451-1, ils assurent tout ou partie des missions de gestion des eaux pluviales urbaines.

TITRE III ARTIFICIALISATION DES SOLS

(L. nº 2021-1104 du 22 août 2021, art. 206)

CHAPITRE UNIQUE

Art. L. 2231-1 Le maire d'une commune ou le président de l'établissement public de coopération intercommunale doté d'un plan local d'urbanisme, d'un document d'urbanisme en tenant lieu ou d'une carte communale présente au conseil municipal ou à l'assemblée délibérante, au moins une fois tous les trois ans, un rapport relatif à l'artificialisation des sols sur son territoire au cours des années civiles précédentes.

Le rapport rend compte de la mesure dans laquelle les objectifs de lutte contre l'artificialisation des sols sont atteints.

Le rapport donne lieu à un débat au sein du conseil municipal ou de l'assemblée délibérante. Le débat est suivi d'un vote.

Le rapport et l'avis du conseil municipal ou de l'assemblée délibérante font l'objet d'une publication dans les conditions prévues au dernier alinéa de l'article L. 2131-1.

Dans un délai de quinze jours à compter de leur publication, ils sont transmis aux représentants de l'État dans la région et dans le département, au président du conseil régional ainsi que, selon le cas, au président de l'établissement public de coopération intercommunale à fiscalité propre dont la commune est membre ou aux maires des communes membres de l'établissement public de coopération intercommunale compétent ainsi qu'au président de l'établissement public mentionné à l'article L. 143-16 du code de l'urbanisme.

Un décret en Conseil d'État détermine les conditions d'application du présent article. Il précise notamment les indicateurs et les données qui doivent figurer dans le rapport ainsi que les conditions dans lesquelles l'État met à la disposition des collectivités concernées les données de l'observatoire de l'artificialisation.

TITRE IV BIENS DE LA COMMUNE

CHAPITRE I DISPOSITIONS GÉNÉRALES

V. art. R. 2241-1 s.

Sur l'affouage communal, V. C. for., art. L. 243-1 s. avec annotations, ss. art. L. 2241-7.

Art. L. 2241-1 **Le conseil municipal délibère sur la gestion des biens et les opérations immobilières effectuées par la commune, sous réserve, s'il s'agit de biens appartenant à une section de commune, des dispositions des articles L. 2411-1 à L. 2411-19.**

Le bilan des acquisitions et cessions opérées sur le territoire d'une commune de plus de 2 000 habitants par celle-ci, ou par une personne publique ou privée agissant dans le cadre d'une convention avec cette commune, donne lieu chaque année à une délibération du conseil municipal. *(Abrogé par Ord. n° 2025-526 du 12 juin 2025, art. 1er, à compter de l'exercice budgétaire 2026)* ***« Ce bilan est annexé au compte administratif de la commune. »***

Toute cession d'immeubles ou de droits réels immobiliers par une commune de plus de 2 000 habitants donne lieu à délibération motivée du conseil municipal portant sur les conditions de la vente et ses caractéristiques essentielles. Le conseil municipal délibère au vu de l'avis *(Ord. n° 2006-460 du 21 avr. 2006, art. 3)* **« de l'autorité compétente de l'État ». Cet avis est réputé donné à l'issue d'un délai d'un mois à compter de la saisine de** *(L. n° 2009-526 du 12 mai 2009, art. 121)* **« cette autorité ».**

BIBL. ▶ V. Bibl. ss. art. L. 1311-1.

Assainissement, V. art. L. 2224-7 s.

Cimetières, V. art. L. 2223-1 s.

Électricité et gaz, V. art. L. 2224-31 s.

Halles, marchés, V. art. L. 2224-18 s.

Ordures ménagères, V. art. L. 2224-13 s.

Sur les biens communaux, V. ci-dessous C. civ., art. 542.

Sur les chemins ruraux, V. ci-dessous C. rur., art. L. 161-1 s. et D. 161-1 s.

PLAN DES ANNOTATIONS

1. Procédure (application de la jurisprudence Danthony). La consultation du Service des Domaines prévue par l'art. L. 2241-1, préalablement à la délibération du conseil municipal portant sur la cession d'un immeuble ou de droits réels immobiliers par une commune de plus de 2 000 habitants, ne présente pas le caractère d'une garantie. Il appartient au juge saisi d'une délibération prise en méconnaissance de cette obligation de rechercher si cette méconnaissance a eu une incidence sur le sens de la délibération attaquée. • CE, sect., 23 oct. 2015, *Sté CFA Méditerranée c/ Assoc. de sauvegarde des terres, du patrimoine et des paysages (STEPPES)*, no 369113 : *Lebon ; AJDA 2015. 2382, concl. Bohnert ; RDI 2016. 36, obs. Foulquier* • CE, ass., 23 déc. 2011, *Danthony*, no 335033 : *Lebon ; AJCT 2015. 388, étude Bonnefont ; AJDA 2012. 195, chron. Domino et Bretonneau ; ibid. 1484, étude Mialot ; D. 2013. 324, obs. Boskovic, Corneloup, Jault-Seseke, Joubert et Parrot ; AJDI 2014. 16, étude Gilbert ; ibid. 2015. 25, chron. Gilbert ; ibid. 2016. 27, étude Gilbert ; RFDA 2012. 284, concl. Dumortier ; ibid. 296, note Cassia ; ibid. 423, étude Hostiou*.

2. Pour apprécier le nombre d'habitants d'une commune, le juge doit se référer à l'art. R. 2151-2 CGCT. • CE 16 nov. 2016, *Mme Y... et a.*, no 385411.

I. DOMAINE PUBLIC HORS VOIRIE

A. HÔTELS DE VILLE

3. Domanialité publique : conditions de propriété, d'affectation et d'aménagement spécial. Un hôtel de ville peut faire partie du domaine public communal, à condition qu'il soit propriété de la commune, qu'il soit affecté à des services publics communaux et qu'il ait fait l'objet d'aménagements spéciaux destinés à l'adapter à l'usage auquel il est destiné. • CE 17 mars 1967, *Ranchon*, no 64440 : *Lebon 131 ; AJDA 1967. 415, note Dufau ; D. 1968. 247, note Leclercq ; RD publ. 1968. 180, note Waline.*

4. Nouveaux hôtels. Les nouveaux hôtels construits par les communes, ou les hôtels des villes nouvelles, font partie du domaine public communal s'ils ont été spécialement conçus en vue de leur utilisation à cette fin ; tel est le cas d'un hôtel de ville « qui a été spécialement aménagé en vue du regroupement des services municipaux ». • CE 17 mars 1967, *Ranchon*, no 64440 : *préc. note 3.*

5. Locaux commerciaux sous les arcades d'un hôtel. De tels locaux indissolublement liés à l'hôtel doivent être considérés comme appartenant au domaine public communal, même s'ils ne sont pas affectés au service public car loués à des commerçants. • CE 17 mars 1967, *Ranchon*, no 64440 : *préc. note 3.*

6. Expropriation : local permettant une réorganisation des services. Est d'utilité publique l'expropriation d'un immeuble contigu à un hôtel et qui forme avec lui un ensemble architectural permettant une réorganisation rationnelle de l'ensemble des services municipaux. • CE 3 juill. 1998, *Mme Salva-Couderc*, n° 172736 : *Lebon 297*.

B. ÉDIFICES DU CULTE

7. BIBL. Benoît, L'intervention des collectivités territoriales dans le champ religieux, *JCP Adm. 2004, n° 1-3, p. 43*. – Cortot-Boucher, La dissociation fonctionnelle d'un bien affecté au culte. concl. sur CE, 20 juin 2012, *Cne des Saintes-Maries-de-la-Mer*, n° 340648, *RFDA 2012. 821*. – Délicat, Les pouvoirs de l'affectataire cultuel, *AJDA 2012. 2103*. – Duroy, Biens meubles culturels et cultuels, *RFDA 2007. 1155*. – Guilbaud, La propriété des orgues, *AJDA 2011. 2515*. – Jourda, Édifices religieux : « le cultuel prime sur le culturel », *Cah. jur. coll. terr. mars 2000, p. 15*. – Lavialle, Les édifices affectés aux cultes, *RFDA 2006. 949*. – Subra de Bieusses, L'utilisation d'un édifice religieux sans l'accord du prêtre affectaire porte atteinte à une liberté fondamentale (note ss. CE, ord., 25 août 2005) *AJDA 2006. 91*. – Untermaier, Les églises et le code général de la propriété des personnes publiques, *AJDA 2006. 2210*. – Vandermeeren, Les occupations d'églises : petite histoire et problématique juridique, *AJDA 2003. 427*.

1° DOMANIALITÉ

a. Immeubles

8. Principe. Les édifices du culte propriété des communes relèvent de leur domaine public. • CE 10 juin 1921, *Cne de Montségur : Lebon 573 ; DP 1922. 3. 26*.

9. Église. Domanialité publique, affectation au service du culte et ouverture au public. Une église, propriété publique, lieu public affecté directement à l'usage du public pour la célébration du culte et ouvert à tous les habitants qui veulent y pénétrer, est une dépendance du domaine public de la commune. • CE 13 mai 1933, *Ville d'Avallon c/ Cts Lepoux : DP 1934. 101, note Waline ; DH 1933. 369*.

10. Domanialité privée. Une église propriété communale n'appartient pas au domaine public, puisque la ville n'avait pas affecté l'édifice à un service public et que la convention passée ne pouvait être « regardée comme ayant entraîné l'affectation de cet édifice à l'usage direct du public », en dépit de l'utilisation effective de l'église par ce public. Par ailleurs, ne s'applique pas la loi du 9 déc. 1905, qui prévoyait que certains édifices religieux étaient reconnus ou devenaient la propriété des communes qui avaient la charge d'en maintenir l'affectation cultuelle ; en effet le champ d'application de cette loi coïncide avec les édifices anciennement propriété des collectivités publiques ou des établissements publics, ce qui n'était pas le cas, puisque depuis 1851 l'église avait été propriété de diverses associations. • CE 19 oct. 1990, *Assoc. Saint-Pie V et Saint-Pie X de l'Orléanais c/ Ville d'Orléans*, n° 90346 : *RD publ. 1990. 1874 ; AJDA 1991. 46, concl. de La Verpillière ; JCP 1990. II. 19910 et 21649, p. 99, obs. Davignon ; Quot. jur., n° 14, 31 janv. 1991, p. 3, note Rouault*.

11. Déclassement. L'appartenance au domaine public d'un édifice cultuel ne cesse que par une décision expresse de déclassement intervenue dans les conditions prévues par l'art. 13 de la loi du 9 déc. 1905 complété par le décret du 17 mars 1970. La circonstance que l'église ait cessé d'être affectée au culte n'a pu avoir pour effet de retirer à cette dernière son caractère de domanialité publique en l'absence d'une telle décision. • CE 30 déc. 2002, *Cne de Pont-Audemer c/ Assoc. de sauvegarde des patrimoines de la Basse-Seine*, n° 248787 B : *BJCL 2003. 352, concl. Collin*.

12. Chapelle : domanialité publique. Fait partie du domaine public une chapelle qui, élément d'un ensemble immobilier, n'était pas concernée par la vente de domaines nationaux intervenue selon le procès-verbal établi le 19 avr. 1791 ; elle « est demeurée propriété de la commune et affectée à l'usage du public ». • CE 13 oct. 1989, *Cne de Beaumont-du-Périgord*, n° 68263.

13. Domanialité privée. En l'absence de preuve de propriété les circonstances que la chapelle serait demeurée affectée à l'exercice public du culte, notamment à l'occasion de fêtes religieuses, ou qu'un relevé cadastral des parcelles ne fasse pas mention de ladite chapelle dans la liste de ses propriétés ou que la commune aurait engagé des frais pour la réfection d'une partie de la toiture n'autorisait pas à la faire regarder comme appartenant au domaine public. • CAA Bordeaux, 16 janv. 2003, *Mme B.*, n° 00BX01996.

14. Salle située sous l'église et constituant son soubassement. Bien qu'une salle ait une entrée indépendante de celle de l'église et que le culte n'y ait pas été célébré depuis de nombreuses années, et bien qu'un contrat l'avait mise à la disposition d'un particulier, cette salle située sous l'église et constituant son soubassement devait être considérée comme une dépendance de l'église ; par suite, sauf désaffectation résultant de la loi ou d'un décret dans les conditions prévues par la loi du 9 déc. 1905, elle faisait partie du domaine public communal. • TA Paris, 8 juin 1971, *Ville de Paris c/ Kergo : AJDA 1972. 169, note de Laubadère*.

15. Passage conduisant de la sacristie à la rue. Relève du domaine public communal un passage attenant à une église dès lors qu'il « est une dépendance nécessaire et indispensable de l'église ; que ledit passage conduit de la sacristie à la rue sur laquelle il aboutit par une porte ; qu'il est utilisé pour faciliter, les jours de mariage, la circulation et la sortie des fidèles sortant de la sacristie (...) dès lors (...) ledit passage participe du caractère de domanialité publique au même titre que l'église dont il est partie intégrante ». • CE 13 mai 1933, *Ville d'Avallon c/ Cts Lepoux : préc. note 9.*

16. Terrain ayant servi d'assiette à une sacristie. La sacristie édifiée sur une parcelle léguée à une commune, accolée à une façade de l'église, constitue, « au même titre que les autres parties de l'église, une dépendance du domaine public communal (...) la circonstance que cette sacristie ait été démolie en 1907 et 1908, à l'occasion de travaux de réparation effectués sur l'église, n'a pu avoir pour effet, en l'absence de mesure expresse de déclassement du bâtiment affecté à la sacristie, ou après sa démolition du terrain lui ayant servi d'assiette, de retirer à ce dernier son caractère de domanialité publique ». • CE 18 mars 1988, *Maron : JCP 1988. II. 21152, note Davignon.*

17. Presbytère. La loi de 1905 ne s'applique pas en Polynésie française et le principe de laïcité n'exclut pas qu'un presbytère ait une fonction d'intérêt général, en l'espèce des activités socio-éducatives, et d'accueil en cas de cyclone. • CE 16 mars 2005, *Min. de l'Outre-mer c/ Gouv. de la Polynésie française,* n° 265560 : *AJDA 2005. 1463, note Durand-Prinborgne.*

18. Croix, calvaires ou espaces de processions. Les croix, calvaires ou espaces qui servent à des processions traditionnelles, et sont de ce fait associés à l'exercice du culte, font partie du domaine public communal et bénéficient donc des mêmes mesures protectrices que les édifices du culte proprement dits. • CE 22 juin 1934, *Abbé Badoual : Lebon 722.* ♦ Dans le même sens : « (...) ce monument (un calvaire érigé en 1863), qui se trouvait ainsi associé à l'exercice public du culte tel qu'il se pratique dans la commune, constituait, dès lors, une dépendance nécessaire de l'église de Lagranlière ». • CE 1er avr. 1938, *Laplanche-Coudert : Lebon 339.*

b. Meubles

19. Stalles. Le préfet est en droit d'interdire l'enlèvement de stalles et d'enjoindre au maire de veiller à leur conservation dans l'église, dès lors que celles-ci garnissaient l'édifice lors de la publication de la loi du 2 janv. 1907, qu'au titre de l'art. 5 de ladite loi, elles ont été laissées à la disposition des fidèles et des ministres du culte pour la pratique de la religion, et qu'enfin en l'absence d'un décret mettant fin à cette affectation, celle-ci n'a pas cessé, nonobstant la vente consentie par la commune. • CE 17 févr. 1932, *Cne de Barran : DH 1933. 3. 49, note Capitant.*

20. Tableau. Un tableau de Delacroix suspendu dans l'église de Nantua est « une véritable richesse nationale inaliénable et imprescriptible, comme tout ce qui fait partie du domaine de l'État ». • Lyon, 19 déc. 1873 : *D. 1876. 2. 89.*

21. Tapisseries. « Ces tapisseries (garnissant l'église) faisaient partie du domaine public municipal ; à ce titre elles étaient inaliénables et imprescriptibles ; l'art. 2279 (C. civ.) ne peut, dès lors, être invoqué par les défenseurs. » • Paris, 12 juill. 1879 : *DH 1880. 2. 101.*

22. Orgue mobile à affectation cultuelle. Pour une église dépourvue d'un orgue, la mise en place d'un tel mobilier non intégré à l'édifice, ni affecté à l'exercice du culte, fait de ce bien un investissement culturel ; toutefois, son utilisation au bénéfice des fidèles et des desservants du culte lui donne une affectation cultuelle au regard de la loi du 9 déc.1905 (art. 2 et 19). Il importe peu que la commune détienne la clé de l'édifice et en assume le contrôle dans le cadre d'un projet d'animation. • CAA Nantes, 24 avr. 2007, *Cne de Trélazé,* n° 05NT01941 : *AJDA 2007. 2086, note Gaboriau.*

23. Orgue. Utilisation cultuelle et culturelle. Conditions. Les dispositions de la loi du 9 déc. 1905 et de l'art. 5 de la loi du 2 janv. 1907 précitées ne font pas obstacle à ce qu'une commune qui a acquis, afin notamment de développer l'enseignement artistique et d'organiser des manifestations culturelles dans un but d'intérêt public communal, un orgue ou tout autre objet comparable, convienne avec l'affectataire d'un édifice cultuel dont elle est propriétaire ou, lorsque cet édifice n'est pas dans son patrimoine, avec son propriétaire, que cet orgue sera installé dans cet édifice et y sera utilisé par elle dans le cadre de sa politique culturelle et éducative et, le cas échéant, par le desservant, pour accompagner l'exercice du culte. À cette fin, il y a lieu que des engagements soient pris afin de garantir une utilisation de l'orgue par la commune conforme à ses besoins et une participation de l'affectataire ou du propriétaire de l'édifice, dont le montant soit proportionné à l'utilisation qu'il pourra faire de l'orgue afin d'exclure toute libéralité et, par suite, toute aide à un culte. • CE 19 juill. 2011, *Cne de Trélazé,* n° 308544 : *AJCT 2011. 515, obs. Perrier ; AJDA 2011. 1667, chron. Domino et Bretonneau ; D. 2011. 2375, note Touzeil-Divina.*

2° POLICES

24. Pour la police municipale, V. notes ss. art. L. 2212-2.

3° ENTRETIEN

25. Constitutionnalité de certaines subventions. Le principe constitutionnel de laïcité, qui implique la neutralité de l'État et des collectivités territoriales et le traitement égal des différents cultes, n'interdit pas l'octroi dans l'intérêt général ou dans celui des territoires dont ces collectivités ont la charge et dans le respect des conditions définies par la loi, de certaines subventions à des activités ou des équipements dépendant des cultes. • CE 16 mars 2005, *Min. de l'Outre-mer*, n° 265560.

a. Nature des dépenses

26. Caractère facultatif de l'entretien. Les dépenses d'entretien des édifices du culte sont facultatives, car si l'art. 136 de la loi du 5 avr. 1884 les définissait comme obligatoires pour la commune, les lois du 9 déc. 1905 et du 13 avr. 1908 ont autorisé les communes à engager les dépenses d'entretien des édifices du culte et elles « n'ont pas fait revivre l'obligation que leur imposait la loi de 1884 ». • CE 26 mai 1911, *Ferry : Lebon 638.*

27. Définition de l'entretien. La commune peut faire procéder à des travaux d'entretien comme ceux de peinture, de réfection de la maçonnerie ou de charpente et couverture, de réparation des estrades ou autres aménagements intérieurs destinés à accueillir les fidèles, ou d'installation d'une horloge électrique. • CE 20 nov. 1929, *Foussart : Lebon 999.* ♦ Les travaux d'entretien peuvent aller jusqu'à « reconstruire l'édifice existant, ou même d'en construire un nouveau en remplacement de l'ancien, à la condition que les dépenses à sa charge n'excèdent pas les frais nécessités par l'entretien de l'édifice ». • CE 22 janv. 1937, *Ville de Condé-sur-Noireau : Lebon 87.*

28. Chauffage central. L'installation d'un système de chauffage central peut justifier l'attribution d'une subvention de l'État, dès lors qu'elle a pour objet la meilleure conservation du bâtiment et pas seulement le confort des fidèles. • CE, avis, 11 déc. 1928 : *inédit.*

b. Financement des dépenses

29. Refus d'une offre de concours. Les offres de concours relatives à des travaux d'entretien d'édifices du culte ne peuvent être refusées par la commune dès lors que les sommes proposées sont suffisantes pour remettre l'immeuble en état ; un tel refus d'une offre de concours « faite par les fidèles en vue de maintenir pratiquement l'affectation légale de l'édifice du culte, et à la fois indispensable et suffisante pour atteindre ce but, va directement à l'encontre de cette affectation et, dès lors, est contraire à la loi ; que, s'il résulte des dispositions combinées des art. 13 et 44 de la loi du 9 déc. 1905 que les communes n'ont pas l'obligation d'exposer elles-mêmes les dépenses pour l'entretien, la réparation et, le cas échéant, la reconstruction des édifices publics du culte qui font partie de leur domaine, l'exécution des travaux qui font l'objet d'une offre de concours des fidèles constitue pour la commune une obligation légale à laquelle elle ne peut se soustraire sans engager sa responsabilité ». • CE 28 oct. 1945, *Chanoine Vaucanu : Lebon 212.*

30. Cumul offre de concours et subvention. Lorsque l'offre de concours n'est pas suffisante pour financer les travaux d'entretien et qu'une subvention de l'État est nécessaire pour la compléter, la commune n'est pas obligée de faire une telle demande. • CE 28 oct. 1945, *Chanoine Vaucanu : préc. note 29.*

31. Subventions aux monuments historiques. Le ministère chargé des Affaires culturelles peut attribuer des subventions pour les édifices qui sont en totalité ou en partie classés monuments historiques. Ces dotations ne peuvent être attribuées que pour des travaux d'entretien et de réparation du gros œuvre, tels que la maçonnerie, la charpente ou la couverture * Rép. min. n° 5204 : *JOAN CR, 12 mai 1960.*

32. Subvention à association cultuelle. La conclusion d'un bail emphytéotique administratif pour un loyer bien inférieur au prix du marché constitue une subvention à une association cultuelle. • TA Marseille, 17 avr. 2007, *M. Savon et a. c/ Cne de Marseille*, n° 0605998 : *AJDA 2007. 1477.*

33. Subventions pour l'équipement (ascenseur) d'un édifice du culte. Conditions. La loi du 9 déc. 1905 ne fait pas obstacle à ce qu'une collectivité territoriale finance des travaux qui ne sont pas des travaux d'entretien ou de conservation d'un édifice servant à l'exercice d'un culte, soit en les prenant en tout ou partie en charge en qualité de propriétaire de l'édifice, soit en accordant une subvention lorsque l'édifice n'est pas sa propriété, en vue de la réalisation d'un équipement ou d'un aménagement en rapport avec cet édifice, à condition : – que cet équipement ou cet aménagement présente un intérêt public local, lié notamment à l'importance de l'édifice pour le rayonnement culturel ou le développement touristique et économique de son territoire ; – qu'il ne soit pas destiné à l'exercice du culte ; – lorsque la collectivité territoriale accorde une subvention pour le financement des travaux, que soit garanti, notamment par voie contractuelle, que cette participation n'est pas versée à une association cultuelle et qu'elle est exclusivement affectée au financement du projet. La circonstance qu'un tel équipement ou aménagement soit, par ailleurs, susceptible de bénéficier aux personnes qui pratiquent le culte, ne saurait, lorsque les conditions énumérées ci-dessus sont respectées, affecter la légalité de la décision. • CE 19 juill. 2011, *Féd. de la libre pensée et de l'action sociale du Rhône c/ Cne de Lyon*, n° 308817 : *AJCT 2011. 515, obs. Perrier ; AJDA 2011. 1667, chron. Domino et Bretonneau ; D. 2011. 2375, note Touzeil-Divina.*

34. Financement public des travaux d'aménagement d'un abattoir pour ovins à fins rituelles. La loi du 9 déc. 1905 ne fait pas obstacle à ce qu'une collectivité territoriale ou un groupement de collectivités, dans le cadre des compétences qui lui sont dévolues par la loi ou qui sont prévues par ses statuts, construise ou acquière un équipement ou autorise l'utilisation d'un équipement existant, afin de permettre l'exercice de pratiques à caractère rituel relevant du libre exercice des cultes (abattage d'ovins lors de la fête de l'Aïd-el-Kébir), à condition qu'un intérêt public local, tenant notamment à la nécessité que les cultes soient exercés dans des conditions conformes aux impératifs de l'ordre public, en particulier de la salubrité publique et de la santé publique, justifie une telle intervention et qu'en outre le droit d'utiliser l'équipement soit concédé dans des conditions, notamment tarifaires, qui respectent le principe de neutralité à l'égard des cultes et le principe d'égalité et qui excluent toute libéralité et, par suite, toute aide à un culte. • CE 19 juill. 2011, *Cté urbaine du Mans – Le Mans métropole*, n° 309161 : *AJCT 2011. 515, obs. Perrier* ; *AJDA 2011. 1667, chron. Domino et Bretonneau* ; *D. 2011. 2375, note Touzeil-Divina*.

35. Affectation d'un local à un culte, conditions financières. Les collectivités territoriales ne peuvent décider qu'un local dont elles sont propriétaires sera laissé de façon exclusive et pérenne à la disposition d'une association pour l'exercice d'un culte et constituera ainsi un édifice cultuel. L'article L. 2144-3 CGCT permet à une commune, en tenant compte des nécessités qu'elles mentionnent, d'autoriser, dans le respect du principe de neutralité à l'égard des cultes et du principe d'égalité, l'utilisation d'un local qui lui appartient pour l'exercice d'un culte par une association, dès lors que les conditions financières de cette autorisation excluent toute libéralité et, par suite, toute aide à un culte. Une commune ne peut rejeter une demande d'utilisation d'un tel local au motif que cette demande lui est adressée par une association dans le but d'exercer un culte. • CE 19 juill. 2011, *Cne de Montpellier*, n° 313518 : *AJCT 2011. 515, obs. Perrier* ; *AJDA 2011. 1667, chron. Domino et Bretonneau* ; *D. 2011. 2375, note Touzeil-Divina*.

36. Dons et legs ; condition de perception ; association cultuelle. Une association ne peut être admise à percevoir des dons et legs pour l'acquisition, la location, la construction, l'aménagement et l'entretien des édifices servant au culte, notamment, que si elle est reconnue cultuelle. Tel n'est pas le cas d'une association dont le fondateur a fait l'objet de poursuites pénales en relation avec l'activité cultuelle, et qui a fait l'objet de diverses condamnations pour des infractions graves et délibérées. • CE 28 avr. 2004, *Assoc. Cultuelle du Vajra Triomphant*, n° 248467 B.

c. Refus irrégulier d'exécution des travaux par la commune

37. Indemnisation de la privation de jouissance. Le refus de la commune d'exécuter les travaux qui entraîne une privation de jouissance pour les fidèles crée un préjudice qui est suffisamment réparé par l'attribution d'un franc symbolique de dommages-intérêts. • CE 28 oct. 1945, *Chanoine Vaucanu : préc. note 29.*

38. Prise en charge par la commune du surcoût lié à la hausse des prix et à l'aggravation du dommage. Lorsque le refus irrégulier de faire les travaux qui ont fait l'objet de l'offre de concours a pour conséquence d'en augmenter le coût, les fidèles n'ont pas à supporter une charge supérieure à celle qui était initialement fixée ; la commune peut être condamnée à verser une indemnité correspondant à la différence entre l'offre de concours initiale et « le prix qui sera nécessaire, en raison tant de la hausse des prix que de l'aggravation du dommage du fait de l'absence d'entretien, pour mettre l'édifice dans l'état où il se serait trouvé si l'offre de concours avait été normalement acceptée ». • CE 28 oct. 1945, *Chanoine Vaucanu : préc. note 29.*

d. Travaux par communauté d'agglomération

39. Compétence d'une communauté d'agglomération, édifice cultuel et culturel, prise en charge de travaux (non). Une communauté d'agglomération qui a compétence pour la construction et la gestion d'équipements culturels ne peut pas prendre en charge des travaux sur un édifice affecté aux deux tiers à un équipement culturel et pour un tiers à la célébration du culte. La délibération autorisant la signature du marché de travaux, lequel ne répond pas à un besoin de la personne publique au sens du code des marchés publics, doit être annulée. • CAA Lyon, 9 oct. 2008, *Cne de Lorette c/ Cté d'agglomération Saint-Étienne métropole*, n° 05LY01710 : *AJDA 2009. 539, concl. Besle*.

4° CONSTRUCTION ET RECONSTRUCTION

40. Construction. Bail emphytéotique à faible redevance. Un bail emphytéotique comportant une redevance symbolique ne peut être consenti à une association en vue de construire un édifice du culte, en raison de la loi du 9 déc. 1905. • TA Cergy-Pontoise, 12 juin 2007, *Patricia V. : BJCL 2007. 799, obs. Poujade.* ♦ *Contra* : En permettant aux collectivités territoriales de conclure un bail emphytéotique administratif en vue de la construction d'un nouvel édifice cultuel, avec pour contreparties, d'une part, le versement, par l'emphytéote, d'une redevance qui, eu égard à la nature du contrat et au fait que son titulaire n'exerce aucune activité à but lucratif, ne dépasse pas un montant modique, d'autre part, l'incorporation dans leur patrimoine, à l'expiration du bail, de l'édifice construit, dont elles n'auront pas supporté les charges de conception, de construction, d'entretien ou de conservation, le législateur a entendu déroger aux dispositions de la L. du 9 déc. 1905. Par ailleurs, les dispositions des art. 1er, 2, 13, 19 dernier alinéa, de la L. du 9 déc. 1905 ne sont pas applicables à la délibération par laquelle une collectivité territoriale décide de conclure un bail emphytéotique administratif en vue de la construction d'un édifice cultuel. • CE 19 juill. 2011, *Mme Patricia A c/ Cne de Montreuil-sous-Bois*, n° 320796 : *AJCT 2011. 515, obs. Perrier* ; *AJDA 2011. 1667, chron. Domino et Bretonneau* ; *D. 2011. 2375, note Touzeil-Divina* .

41. Reconstruction d'un édifice du culte incendié et assuré. La commune doit reconstruire un édifice du culte qui a été détruit ou endommagé par un incendie, dès lors qu'elle a perçu une indemnité d'assurance ; elle ne peut disposer librement des sommes qu'elle a perçues à ce titre « cette indemnité représentant la partie consumée de l'église, la commune n'en avait pas la libre disposition ; (…) en effet, aux termes de l'art. 5 de la loi du 2 janv. 1907, à défaut d'association cultuelle, les édifices affectés à l'exercice du culte, ainsi que les immeubles la garnissant, continueront, sauf désaffectation dans les cas prévus par la loi du 9 déc. 1905, à être laissés à la disposition des fidèles et des ministres du culte pour la pratique de leur religion ». • CE 19 juin 1914, *Vital-Pichon : Lebon 726.*

42. Grosses réparations. Les charges de grosses réparations qui incombent à la commune peuvent aller jusqu'à la reconstruction : « Considérant (…) que l'église (…) présentait, en certaines de ses parties, du fait d'un glissement de terrain, des dégradations importantes constituant un danger sérieux pour la sécurité publique ; que les travaux projetés n'ont eu pour but que de conserver un élément du patrimoine menacé de destruction totale et que, dans les conditions matérielles prévues pour leur exécution, ils n'ont pas excédé la limite de ceux qu'autorise la disposition législative précitée ». • CE 24 déc. 1926, *Sieur Empereur : Lebon 1138.*

5° RESPONSABILITÉ

43. Principe : le fidèle est usager. Quand des fidèles ont subi des dommages lors de leur fréquentation de l'édifice, ils sont des usagers et doivent faire la preuve du défaut d'entretien de l'immeuble pour que la responsabilité de la commune soit engagée ; le défaut de vigilance du fidèle, ou bien son imprudence peuvent atténuer ou supprimer la responsabilité de la commune. • Civ. 2e, 19 juill. 1966, *SNCF et Dame Vautier c/ Chanoine Rebuffat : Gaz. Pal. 1966. 2. 222 ; JCP 1967. II. 15228, note Dejean de la Batie.*

44. Responsabilité du ministre du culte. Le curé n'assume « aucune obligation de sécurité qui tendrait à l'assimiler à l'exploitation d'un lieu ouvert au public ou à une collectivité publique administrant un bien du domaine public ». • Civ. 2e, 19 juill. 1966 : *préc. note 43.*

45. Chute d'un bénitier. La commune est responsable des conséquences de la chute d'un bénitier, dont l'origine se trouve dans un vice de construction du bénitier ; mais le fait que la victime se soit appuyée sur celui-ci constitue une faute de nature à atténuer la responsabilité de la commune ; en conséquence un tiers de responsabilité peut être mis à la charge de la victime. • CE 12 oct. 1956, *Cne de Saint-Nazaire-en-Royans : Lebon 766 ; AJDA 1956. 449.* ♦ L'accident causé à des enfants par la chute d'un bénitier, auquel ils étaient accrochés à plusieurs, n'engage pas la responsabilité de la commune propriétaire. • CE 10 juin 1921, *Cne de Montségur : préc. note 8.*

46. Chute mortelle d'une personne dans le clocher. La responsabilité de la commune n'est pas retenue pour la chute mortelle d'une personne dans le clocher d'une église, alors que celle-ci n'agissait pas dans l'exercice de ses fonctions d'adjoint au maire de la commune et qu'elle ne pouvait pas être considérée comme un collaborateur bénévole du service public communal. • CE 5 juill. 1963, *Dame Vve Ledoyen : Lebon 418.*

47. Déplacement d'une tombe. La décision par laquelle le maire fait déplacer la stèle de granit placée à l'avant de la tombe d'un abbé dans le cimetière communal ainsi que la plaque portant le nom du défunt, eu égard à la position initiale de ce monument, au pied même de l'escalier conduisant à l'église paroissiale est prise dans un but de sécurité publique ; par ailleurs, ayant été prise avec l'accord des membres de la famille du défunt, elle ne peut être regardée comme procédant d'une exécution forcée irrégulière et comme constitutive d'une voie de fait. • CE 24 mars 1997, *Mlle Collombat c/ Cne de Vouthon-Bas*, n° 165273.

C. ÉTABLISSEMENTS SCOLAIRES

48. Domanialité publique. L'immeuble affecté à l'usage d'école fait partie du domaine public si la commune en est propriétaire et si l'immeuble qui est affecté au service public de l'enseignement fait l'objet d'un aménagement spécial destiné à l'adapter à l'usage auquel il est affecté. • T. confl. 7 juill. 1975, *Debans*, n° C02002 : *Lebon 796* .

49. Domanialité privée. Ancienne affectation à l'éducation. Appartient au domaine privé communal un logement qui, s'il a été mis jadis à la disposition des instituteurs affectés dans les écoles communales en cause, n'est situé ni dans l'enceinte d'une école communale, ni dans un bâtiment affecté à l'usage du public ; de plus ce logement n'a fait l'objet ni d'une décision de classement dans le domaine public ni d'un aménagement spécial en vue de l'exécution des missions du service public de l'éducation, ni d'un autre service public. • CE 12 déc. 2003, *Cne du Lamentin*, n° 256561 B : *BJCL 2004. 185, concl. Mitjavile.*

50. Bâtiment ayant cessé d'être affecté au service public des écoles, aliénation. Dès lors que, depuis 1952, le bâtiment en cause n'est plus affecté au service public des écoles élémentaires, et même si la désaffectation en 1952 de ce bâtiment du service public des écoles, en vue de son affectation au service public municipal, devait, à cette date, être soumise à la procédure de l'art. 13 de la loi du 30 oct. 1886, ce bâtiment, que cette procédure ait ou non été alors mise en œuvre, n'était plus, lorsque le conseil municipal a décidé de procéder à son déclassement du domaine public municipal, affecté au service public des écoles ; dès lors, le conseil municipal pouvait procéder à son déclassement sans mettre préalablement en œuvre la procédure de désaffectation du service public des écoles désormais prévue par les dispositions de l'art. L. 2121-30 CGCT ; il n'avait pas à engager la consultation préalable du représentant de l'État prévue par ces dernières dispositions. • CE 27 janv. 2010, *Cne de Mazayes-Basses*, n° 313247.

51. Financement indu par une participation dans le cadre réglementaire d'une ZAC mais en dehors de son périmètre. Si, dans les zones d'aménagement concerté, peuvent être légalement mis à la charge des constructeurs des équipements autres que ceux qui sont énumérés par l'art. 317 *quater* de l'annexe II au CGI, de tels équipements doivent être situés à l'intérieur du périmètre de ces zones ou, s'ils se situent en dehors de ce périmètre, être réalisés dans l'intérêt principal des constructeurs ; à défaut, les participations mises à la charge des constructeurs pour réaliser ces équipements doivent leur être remboursées ; tel est le cas d'une participation destinée au financement d'équipements scolaires et sportifs situés en dehors de la ZAC. • CE 14 janv. 2002, *Cne des Pennes-Mirabeau*, n° 205393.

52. Contentieux. Motivation de l'arrêt d'appel sur des pièces et pas seulement sur l'affirmation de la domanialité publique. Une cour d'appel ne peut décider que le litige, opposant le locataire d'un syndicat intercommunal d'une école audit syndicat, relève de la juridiction administrative, aux motifs que l'immeuble objet du bail fait partie du domaine public des communes, celui-là ayant été acquis sur autorisation administrative et ayant été affecté au service public de l'éducation nationale puisque normalement destiné au logement des instituteurs et qu'il a été vendu en la forme administrative ; la Cour doit préciser sur quelles pièces elle se fonde. • Civ. 3e, 3 févr. 1998, *M. Antoine Tarrit*, n° 96-10.895.

53. Responsabilité de la région dans l'enceinte d'un lycée. La responsabilité de la région, gardienne de l'ouvrage, est susceptible d'être engagée en cas de dommages de travaux publics survenus dans l'enceinte d'un lycée, et ce alors même que ce dommage aurait sa source dans l'action d'un agent de l'État. • CE 19 févr. 2007, *Clément : BJCL 2007. 360. concl Guyomar.*

54. Logement de fonction, expulsion, référé. Le bénéfice de l'art. 37 du décret n° 86-442 du 14 mars 1986 n'est pas réservé aux seuls agents qui disposaient à la date à laquelle il leur est demandé de quitter les lieux, d'un titre pour occuper le logement qu'ils occupent ; un agent, qui a été placé en congé de longue maladie ou de longue durée alors qu'il occupait en vertu d'une autorisation ou d'une concession un tel logement, est en droit de s'en prévaloir ; il s'agit là d'une contestation sérieuse. Pour l'urgence, dès lors que le département se borne à se prévaloir de la nécessité de loger le successeur du gestionnaire du collège expulsé, alors que celui-là occupe un autre logement du collège il ne justifie pas de l'urgence qui s'attacherait à la libération du logement occupé par le gestionnaire. • CE 6 juill 2009, *Mme Marie-Jo A*, n° 321221. ♦ Le maître d'internat qui a cessé ses fonctions doit libérer la chambre mise à sa disposition ; il n'y a en l'espèce aucune contestation sérieuse. L'urgence est en outre établie dès lors que le maintien dans les lieux compromet l'installation d'un nouveau maître d'internat et empêche l'utilisation de ce bien pour la surveillance des pensionnaires du lycée. • CE 22 juill. 2011, *Région Île-de-France, Mme Jourdan*, n° 345040 : *AJDA 2011. 1854, note Yolka*.

55. École fermée récemment, déclassement, loi de 1886. La procédure de désaffectation des écoles régies par l'art. 13 de la loi du 30 oct. 1886 n'est applicable que pour les écoles en usage récemment. Les écoles fermées peuvent donc être déclassées par le seul conseil municipal. • CE 27 janv. 2010, *Cne de Mazayes-Basses*, n° 313247 : *AJDA 2010. 1282, note Legrand*.

56. Mise à disposition de locaux scolaires au bénéfice d'un syndicat, droit de percevoir les loyers. Lorsqu'une commune a transféré à un syndicat scolaire intercommunal sa compétence en matière de réparation et d'entretien des bâtiments scolaires ; que ce transfert a entraîné de plein droit au titre des art. L. 1321-1 CGCT et suivants la mise à disposition de l'ensemble des locaux comprenant les appartements de fonction des instituteurs ; qu'au titre des mêmes dispositions, cette mise à disposition est gratuite et ne peut donner lieu à versement d'un loyer ; qu'elle confère aux syndicats le droit de percevoir les revenus de la location de ces locaux ; la collectivité propriétaire ne recouvre l'ensemble de ses droits mis à disposition de la collectivité bénéficiaire qu'après que cette dernière a constaté leur désaffectation soit de sa propre initiative soit à la demande de la collectivité propriétaire ; en l'absence d'un tel constat préalable de désaffectation, seule la collectivité bénéficiaire peut percevoir les loyers. • TA Nancy, 24 mai 2011, *Préfet de Meurthe-et-Moselle*, n° 1001963.

D. MUSÉES, BIBLIOTHÈQUES, THÉÂTRES ET CINÉMAS

57. BIBL. Dreyfus, L'exploitation d'un restaurant dans l'enceinte d'un musée ne constitue pas un service public, *AJDA 2003. 2159*. – Louis, Offre de concours ou donation : à propos de la création d'un musée d'objets d'art japonais. Conclusions sur CAA de Marseille, 28 juin 2004, *Ville de Nice et Trémois* (3 arrêts), *RFDA 2005. 393*. – Soleilhac, Les bibliothèques numériques, un domaine public immatériel, *AJDA 2008. 1133*.

1° DOMANIALITÉ

58. Biens meubles. Domanialité publique, ouvrages de bibliothèque. Font partie du domaine public mobilier les ouvrages de la Bibliothèque royale. • Paris, 3 janv. 1846 : *D. 1846. 1. 212.*

59. Reste humain. Pour se soustraire, en vue de la restitution d'une tête maorie, à la mise en œuvre des dispositions de l'art. L. 451-5 C. patr. posant le principe d'un déclassement préalable pour les biens des collections des musées de France, la ville ne peut se prévaloir de l'art. 16-1 C. civ. Le dispositif défini au code du patrimoine place en effet les biens dont s'agit sous une protection particulière, distincte du droit patrimonial garanti par le droit civil. La loi « bioéthique » du 29 juill. 1994 sur l'inviolabilité du corps humain ne fait pas obstacle à l'application de la domanialité publique pour un reste humain. • CAA Douai, 24 juill. 2008, *Cne de Rouen c/ Préfet de la région Haute-Normandie, préfet de Seine-Maritime*, n° 08DA00405 : *AJDA 2008. 1896, concl. Lepers*.

60. Collections mobilières, propriétés communales ou prêtées par des musées nationaux. Font partie du domaine public mobilier les collections appartenant à la ville et déposées dans le musée national, au même titre que celles qui avaient été prêtées au musée municipal par le musée national, et aussi au même titre que celles qui avaient été prêtées au musée municipal par le musée national de Céramique de Sèvres, dont le caractère de domanialité publique était incontestable. • T. corr. Montluçon, 29 sept. 1965 : *D. 1965. 774, note Delpech.*

61. Conservation et présentation publique, objet même du service public. Les objets mobiliers exposés, pendus aux cimaises ou inventoriés dans les collections des musées appartiennent au domaine public de la collectivité propriétaire, dans la mesure où ils sont affectés au service public culturel et « que leurs conservation et présentation au public sont l'objet même du service ». • Civ. 2 avr. 1963 : *AJDA 1963. 486, note Dufau.*

62. Biens immeubles. Principe de l'affectation et de l'aménagement, château. Tout bien appartenant à la commune qui remplit la double condition de l'affectation à un service public culturel et a fait l'objet d'un aménagement spécial est une dépendance du domaine public ; tel est le cas du château de Bonaguil ayant été acheté par la commune de Fumel, puis « affecté à un service public de caractère culturel, en vue duquel il a été spécialement aménagé ». • CE 11 mai 1977, *Dlle Coste*, n° 00764 : *Lebon 733 ; Dr. adm. 1977, n° 220.*

63. Rez-de-chaussée en gestion commerciale provisoire. Des locaux situés au rez-de-chaussée, qui étaient donnés en location à usage de commerce dans l'attente de la réalisation complète d'une opération sur le domaine public, en constituent une dépendance dès lors que : – la commune a acquis l'immeuble en vue d'y installer des services publics municipaux à caractère culturel et touristique ; – elle y a réalisé à cet effet d'importants travaux de restauration et aménagements spéciaux ; – les locaux du rez-de-chaussée ne sont pas restés extérieurs à ces travaux et aménagements et sont compris dans le projet de musée que l'immeuble est destiné à accueillir ; – les commerçants étaient liés à la commune par convention. • CE 1er juin 2005, *Cne de Sarlat-la-Canéda*, n° 277092.

64. Absence de domanialité publique, salle des fêtes indépendante du musée. Quand une commune met à la disposition d'une association un bâtiment à usage de musée, et un autre qualifié de salle polyvalente ou de salle des fêtes ; que ce dernier situé près du musée en est totalement indépendant, et qu'il n'en n'est pas l'accessoire ; qu'il n'a servi qu'à l'organisation de manifestations privées pour lesquelles l'association était autorisée, aux termes de la convention passée, à percevoir une participation financière de ses clients ; qu'il n'est affecté ni à l'usage direct du public, ni à un service public en vue duquel il aurait été spécialement aménagé ; il ressort de là que ce local n'est pas une dépendance du domaine public. Les circonstances que la ville encadre les tarifs de location proposés par l'association et qu'elle se réserve la possibilité de l'utiliser gratuitement dans l'année sont sans incidence. • CE 23 juin 2004, *Assoc. éducative Arts, Cultures et Traditions populaires c/ Ville de Cholet*, n° 259474.

65. Domanialité publique. Cinéma dans un palais des sports. Le tribunal administratif peut à juste droit estimer que le palais des sports et des congrès était un bâtiment unique dont les différentes parties étaient desservies par des escaliers et ascenseurs communs, et qu'eu égard à la configuration des lieux, les locaux à usage de cinéma occupés par une société ne pouvaient être regardés comme divisibles du reste de l'immeuble ; et déduire de ces constatations que l'immeuble communal qui les abritait était dans son ensemble affecté à un service public en vue duquel il avait été spécialement aménagé, ces locaux étaient une dépendance du domaine public communal. • CE 25 mai 2005, *Sté des cinémas Huez-Chamrousse*, n° 274683 : *AJDA 2005. 1804*.

66. Unité de domanialité publique d'une parcelle occupée partiellement par une bibliothèque municipale. Une unité foncière est un îlot de propriété d'un seul tenant, composé d'une parcelle ou d'un ensemble de parcelles appartenant à un même propriétaire ou à la même indivision ; ainsi, une parcelle relève d'un régime de domanialité unique applicable à l'ensemble de son emprise foncière. En l'espèce, la parcelle en litige de domanialité appartient au domaine public dès lors que : – la bibliothèque municipale est implantée sur une partie de la parcelle ; qu'ainsi, cette parcelle, qui constitue une unité foncière, doit être regardée comme affectée à l'usage direct du public, en vue duquel elle a été spécialement aménagée ; – au surplus, le conseil municipal a autorisé le maire à signer une convention avec un bureau d'études pour aménager les abords de la bibliothèque et à procéder au classement de ces aménagements dans le domaine public. • CE 19 juill. 2010, *M. André A. c/ Cne de Mecleuves*, n° 329199.

2° GESTION ET RESPONSABILITÉ

67. Convention d'occupation du domaine public, convention à large portée (théâtre) (non). La mise à disposition par une commune des locaux d'un théâtre pour une mission culturelle impartie à une association ne constitue pas l'objet même du contrat dont la portée est plus large et ne saurait suffire à faire regarder ce dernier comme une convention d'occupation du domaine public. • CE 28 juin 2004, *Ville de Bois c/ Cie du Hasard*, n° 263711.

68. Convention d'occupation du domaine public (non) : convention de prestations alimentaires dans un théâtre municipal. La convention conclue entre la commune et une société privée pour effectuer des prestations dans un théâtre municipal n'a pas le caractère d'une convention d'occupation du domaine public dès lors que : l'accès aux locaux s'effectue par une entrée située directement sur la rue et distincte de celle du théâtre municipal ; si la société bénéficie du droit exclusif de vendre pendant les représentations des rafraîchissements, cela n'est pas une obligation, et la convention ne contient pas d'autres obligations liées au spectacle donné dans le théâtre ; si la société dispose de locaux situés dans le même immeuble que le théâtre, ainsi que de communications avec celui-ci, il ne s'agit pas là d'un élément de l'organisation d'ensemble du théâtre ; par suite, ces locaux ne sont pas affectés au service public culturel et ne sont pas un accessoire du domaine public. • CE 28 déc. 2009, *SARL Brasserie du Théâtre c/ Maire de Reims*, n° 290937 : *BJCP 2010. 125 ; J.-Cl. 2010. 274, note Martin, concl. Olléon ; JCP Adm. 2010. comm. 2197, note Chamard-Heim ; JCP Adm. 2010. Actu. 42. obs. Dubreuil ; AJDA 2010. 841, note Févrot ; RFDA 2011. 427.* ♦ Confirmation, après saisine du Tribunal des conflits. • T. confl. 22 nov. 2010, *SARL Brasserie du Théatre c/ Cne de Reims*, n° 3764 : *AJDA 2010. 2423*. ♦ L'acte par lequel le maire refuse à la société le renouvellement d'un titre d'occupation, consenti par une convention qui ne comportait aucune clause exorbitante, n'était pas détachable de la gestion du domaine privé communal. • CE 15 déc. 2010, *SARL Brasserie du Théâtre c/ Cne de Reims*, n° 290937.

69. Responsabilité contractuelle, compétence du juge du contrat, convention d'occupation du domaine public (théâtre) (non). Le juge du contrat n'a pas, en principe, le pouvoir d'annuler les mesures prises par l'administration à l'encontre de son cocontractant mais il lui appartient de rechercher si ces actes sont intervenus afin d'ouvrir au profit de celui-ci un droit à indemnité ; par suite une association ne peut demander l'annulation de l'arrêté municipal portant résiliation d'une convention qui ne porte pas occupation du domaine public. • CE 28 juin 2004, *Ville de Bois c/ Cie du Hasard*, n° 263711 : *préc. note 67.*

70. Photographie commerciale des œuvres d'un musée. Conditions de l'autorisation. La prise de vues d'œuvres des collections d'un musée, à des fins commerciales de reproductions photographiques, doit être regardée comme une utilisation privative du domaine public mobilier impliquant, pour celui qui entend y procéder, d'obtenir une autorisation ainsi que le prévoit l'art. L. 2122-1 CGPPP ; une telle autorisation peut être délivrée dès lors qu'en vertu de l'art. L. 2121-1 du même code cette activité demeure compatible avec l'affectation des œuvres au service public culturel et avec leur conservation ; toutefois, la collectivité publique affectataire d'œuvres relevant de la catégorie des biens mentionnés au 8° de l'art. L. 2112-1 CGPPP peut, dans le respect du principe d'égalité, ne pas autoriser un usage privatif de ce domaine public sans qu'il puisse utilement n'y être opposé aucun droit, fondé sur le principe de la liberté du commerce, à exercer une activité économique sur le domaine. • CE 29 oct. 2012, *Cne de Tours c/ EURL Photo Josse*, n° 341173 : *AJDA 2012. 2031, note de Montecler*.

71. TVA sur la visite des musées, avec moyens audiovisuels et informatiques. Le Mémorial de la bataille de Normandie géré par une société d'économie mixte locale, qui présente dans un seul bâtiment un parcours relatant les événements majeurs de la Seconde Guerre mondiale, n'est pas un parc à décors animés illustrant un thème culturel au sens de l'art. 279 *b nonies* CGI dont les droits d'entrée sont passibles de la TVA au taux réduit. • CAA Nantes, 22 juill. 1997, *SEML pour la Gestion du Mémorial de la bataille de Normandie « Un musée pour la paix »*, n° 95NT00732.

72. TVA sur la visite-conférence des musées. Les musées et monuments historiques exploités par des personnes de droit public ne sont pas assujettis à la TVA pour leurs activités de visites-conférences ; le principe ainsi posé par l'art. 256 B CGI et par le précis de fiscalité de la DGI ne peut être remis en cause par un recours contre le refus du ministre de modifier le précis. Celui-ci ne contient aucune disposition impérative à caractère général ; dès lors, la décision refusant de modifier ce précis ne constitue pas une décision faisant grief et n'est pas susceptible de recours pour excès de pouvoir. • CE 1er mars 2004, *Synd. nat. des professions du tourisme*, n° 254081 : *Lebon 105*.

73. Procédure contentieuse. Acte d'achat en vue de constituer un musée, compétence judiciaire. Le litige portant sur un acte de vente portant acquisition par une commune d'un immeuble du Crédit agricole et ne comportant aucune clause exorbitante du droit commun relève de la compétence des juridictions de l'ordre judiciaire. • CAA Paris, 30 janv. 1997, *Cne de Basse-Terre*, n° 96PA01140.

74. Appel, sursis à exécution. Liquidation judiciaire d'une collection. Quant à la suite de la liquidation judiciaire du Touring Club de France, propriétaire de biens mobiliers du musée pyrénéen de Lourdes, le tribunal administratif condamne cette ville à verser au Touring Club une somme représentant la valeur de ces biens, la cour peut ordonner le sursis à exécution du jugement ; en effet, l'exécution immédiate du jugement attaqué exposerait la commune à la perte définitive d'une somme qui ne devrait pas rester à sa charge dans le cas où les conclusions de sa requête tendant à l'annulation dudit jugement et au rejet de la demande d'indemnité présentée par le Touring Club seraient reconnues fondées par la cour. • CAA Bordeaux, 23 juin 1997, *Cne de Lourdes c/ Touring Club de France*, n° 96BX00709.

E. ESPACES DE PROMENADE

1° PROMENADES PUBLIQUES

75. Les promenades publiques font partie du domaine public à la double condition qu'elles soient affectées à l'usage du public et qu'elles fassent l'objet d'un aménagement spécial. • CE 22 avr. 1960, *Sieur Berthier : Lebon 442 ; RD publ. 1960. 223, concl. Henry.* – V. aussi : • CE 13 juill. 1961, *Lauriau : Lebon 486 ; AJDA 1961. 469 et 492 ; RD publ. 1962. 530, note Waline* • CE 13 juill. 1961, *Cie fermière du casino municipal de Constantine : Lebon 487 ; AJDA 1961. 466 et 491 ; RD publ. 1961. 1087, concl. Bernard* • CE 3 déc. 1965, *Ville de Nice : RD publ. 1966. 622* • CE 14 juin 1972, *Sieur Eidel*, n° 84967 : *Lebon 442 ; AJDA 1973. 495, note Dufau.* ♦ Est spécialement aménagée en vue de son utilisation par le public, une parcelle qui, « comprenant notamment une partie du lit d'un cours d'eau, a été recouverte par un ouvrage qui prolonge la voûte de l'émissaire communal existant et qui comporte, au-dessus de cette voûte, une promenade publique affectée à l'usage du public et aménagée à cette fin ». • CE 27 avr. 1973, *Cts Béranger : Lebon 930 et 976 ; RD publ. 1974. 293.*

76. Critère d'engagement des travaux pour aménagement de la dépendance. Dès lors que le conseil municipal a décidé d'affecter une parcelle à la réalisation d'un espace public aménagé en aire de promenade et de loisirs ; que le plan d'aménagement correspondant a été élaboré ; que le maire informait Mme A. que des travaux d'aménagement avaient commencé à proximité de la parcelle qu'elle occupait ; il résulte de ceci que la commune avait entrepris des travaux en vue d'aménager les terrains en cause, de sorte qu'ainsi affectés à l'usage du public, ces terrains devaient être regardés comme une dépendance du domaine public. • CE 20 nov. 2009, *Mme Florette A. c/ Cne de Nouméa*, n° 307523.

77. Aisances de voirie. Les aisances de voirie n'existent pas sur les promenades publiques. • CE 22 avr. 1960, *Berthier : préc. note 75.*

78. Corniche dotée d'un chemin et d'équipements. L'aménagement d'un chemin et de certains équipements au sommet d'une corniche ne suffit pas à conférer à cette dernière le caractère d'un ouvrage public ou d'une dépendance d'un tel ouvrage dont la dégradation serait susceptible d'engager la responsabilité de la commune en l'absence de faute sur le fondement des dommages de travaux publics. Par ailleurs, l'autorité de la chose jugée ne s'attache qu'à la décision du juge saisi du fond du litige, et non à une ordonnance de référé ou à l'arrêt rendu sur un appel dirigé contre une telle ordonnance ; par suite, la mention de la CAA statuant en appel d'une ordonnance de référé, selon laquelle une partie de la corniche serait située sur le domaine public, n'a pas lieu d'être retenue. • CE 14 janv. 2005, *M. Jean-Jacques X. c/ Cne de Pornic*, n° 233845.

79. Desserte piétonne d'immeubles : domanialité privée. L'aménagement d'une desserte piétonne réalisée en vue d'améliorer les conditions d'accès à des bâtiments n'a pas pour but de transformer l'ensemble de la zone ainsi desservie en une zone de promenade affectée à l'usage du public ; par suite, les bâtiments et leurs terrains d'assiette sis sur cette zone font partie du domaine privé de la commune. • CE 3 juin 1998, *Cne de Saint-Palais-sur-Mer*, n° 173186.

80. Affectation des jardins des Tuileries, incompatibilité avec l'exercice d'une fête foraine de durée excessive. Si une fête foraine n'est pas incompatible avec la destination des jardins des Tuileries, ce n'est que sous réserve que les restrictions de temps et de lieu nécessaires soient apportées à son organisation. Ainsi, un arrêté qui prévoit, sans y adjoindre de précision de temps, la possibilité d'installation de fêtes foraines dans des conditions susceptibles d'entraîner une occupation de l'esplanade des Feuillants pendant une durée pouvant excéder cinq mois par an, alors que l'usage et la réglementation antérieure n'avaient consacré dans cette partie des jardins qu'une fête foraine annuelle d'une durée maximale de deux mois, doit être regardé comme n'imposant pas les limites de durée qui, seules, rendraient cette activité compatible avec la destination des jardins des

Tuileries. • CE 22 janv. 2007, *Assoc. Les Amis des Tuileries*, n° 269360.

81. Sentier pédestre en bord de rivière ouvert au public. La réalisation d'un sentier pédestre en bordure de rivière, et qui traverse le parc d'un château, ne porte pas à cette propriété privée une atteinte excessive compte tenu des aménagements prévus et de l'intérêt que présente pour l'ensemble de l'agglomération nantaise la réalisation de cette promenade publique. • CE 11 avr. 2008, *Cne de Chapelle-sur-Erdre*, n° 287526 : *AJDA 2008. 1622*.

2° PARCS ET JARDINS PUBLICS

82. Aisances de voirie. Les aisances de voirie (droit d'accès, c'est-à-dire la possibilité d'entrer et de sortir de son immeuble à pied ou avec un véhicule ; droit de vue, c'est-à-dire celui de maintenir ou d'ouvrir des fenêtres sur la dépendance ; droit de déversement des eaux, c'est-à-dire de déverser les eaux fluviales ou de source qui s'écoulent naturellement sur le fonds, ainsi que les eaux ménagères, sur le domaine public) n'existent pas sur les parcs et jardins publics. • CE 9 mai 1902, *Descar : Lebon 594*.

83. Arrachage d'arbres. Un maire ne peut décider seul l'arrachage d'arbres situés sur un quai du domaine public dans le champ de visibilité d'un jardin monument historique. Cet arrachage, opération n'entrant pas dans le champ d'application des articles du code de l'urbanisme relatifs aux autorisations de construire ou de démolir et qui affecte l'aspect de ce quai, ne pouvait être décidé sans qu'ait été obtenue préalablement l'autorisation du préfet du département (art. 13 de la loi du 31 déc. 1913) ; n'équivaut pas à une telle autorisation l'avis favorable de l'architecte des bâtiments de France même si celui-ci bénéficie en tant que chef du service départemental de l'architecture d'une délégation de signature du préfet. • CAA Bordeaux, 1er déc. 1997, *Ville de Nîmes*, n° 94BX00462.

84. Expulsion, urgence (non). Quand une ville concède l'exploitation d'un jardin de son domaine public à une société qui sous-concède un emplacement à une association chargée d'y organiser des spectacles pour enfants, qu'au-delà du terme de la sous-concession la ville obtient l'expulsion de l'association, l'ordonnance d'expulsion doit être annulée pour défaut d'urgence ; en effet, si la ville excipe de la signature imminente d'une nouvelle concession et de la nécessité de remettre au nouveau concessionnaire un équipement libre, il appert que le nouveau concessionnaire n'était autre que l'ancien, lequel s'était engagé au cas où la concession serait reconduite, à reprendre contact avec l'association pour définir avec elle une nouvelle convention de sous-concession ; par ailleurs, la ville n'a fait état d'aucun projet précis concernant l'utilisation de l'emplacement occupé par l'association. • CAA Paris, 23 janv. 1997, *Assoc. le Théâtre du Jardin pour l'enfance et la jeunesse*, n° 95PA03850.

85. Responsabilité : toboggan. Défaut d'entretien normal. Un toboggan n'est pas un ouvrage dangereux susceptible d'engager automatiquement la responsabilité de la personne qui en a la charge envers les usagers victimes d'un accident, mais la responsabilité de la commune peut être recherchée sur le terrain du défaut d'entretien normal de l'ouvrage public qu'il constitue ; en l'espèce, puisque la chute s'est produite à partir de la plate-forme située à 2 m 40 environ du sol et non de la glissière ou de l'escalier, les éléments tenant à la vétusté ou à la dangerosité de l'escalier d'accès ne peuvent être invoqués ; mais il y a défaut d'entretien normal de l'ouvrage public à l'origine de l'accident car le sol sous les appareils de jeu n'est recouvert d'aucun revêtement de protection susceptible d'absorber les chocs en cas de chute et qu'il manque un morceau de la rambarde qui borde la plate-forme ; la preuve contraire ne saurait résulter des faits non prouvés que la chute ne peut s'expliquer que si l'enfant était juchée sur la barrière, et que celle-ci était intacte le jour de l'accident. Mais la responsabilité de la commune est diminuée de moitié par la faute d'un parent qui connaissait les lieux où il venait habituellement et qui était tenu à surveillance compte tenu du jeune âge et de la taille de l'enfant. • CAA Marseille, 27 janv. 1998, *Épx Tintinger*, n° 97MA01004.

86. Défaut d'aménagement. Est un défaut d'aménagement de l'installation de nature à engager la responsabilité de la commune, la présence d'une margelle de granit située à 95 cm d'un toboggan municipal mis à la disposition des enfants et sans utilité pour le fonctionnement de cet appareil. • CE 17 juin 1998, *M. et Mme Pham*, n° 167859 : *Lebon 237 ; RFDA 1999. 112 et 124, note Bourrel, concl. Hubert ; BJDU 1998. 375, concl. Hubert et obs. J.-C. B. ; AJDA 1998. 792, chron. Raynaud et Fombeur ; D. 1999. 101, note Hostiou ; JCP 1998. IV. 3176, obs. Rouault.*

87. Obligation de surveillance (non). • CAA Marseille, 27 janv. 1998, *Epx Tintinger*, n° 97MA01004. ♦ Les communes n'ont aucune obligation particulière de surveillance des aires de jeux installées dans les jardins publics et destinées à l'usage des enfants ; même si le gardien du square a normalement quitté son service à 18 heures, alors qu'à cette époque de l'année le jardin reste ouvert au public jusqu'à 20 heures, aucune faute en matière de police ne peut être imputée à la commune de nature à engager sa responsabilité envers les parents d'un enfant de 5 ans qui est tombé de la plate-forme du toboggan de l'aire de jeux. • Même arrêt.

88. Faute de la victime. Une commune n'est pas responsable des équipements sportifs de son domaine lorsqu'un adolescent en fait un usage anormal et dangereux ; en l'espèce, la victime fréquentait habituellement le terrain de sports et ne pouvait ignorer que le portique n'était pas conçu pour qu'on y grimpe afin de sauter et d'atterrir sur des matelas (lesquels provenaient d'un local fracturé) et n'était donc pas équipé de dispositifs de sécurité permettant de parer aux risques de cette pratique. • CAA Lyon, 5 mai 1997, *M. Nieto*, n° 95LY00165.

3° PLACES PUBLIQUES

89. *Servitude de passage sur domaine public communal.* Il n'existe pas de servitude de passage en automobile à travers une place municipale qui fait partie du domaine public. • CE 13 oct. 1997, *M. et Mme Bordereau*, n° 149065.

90. *Compétence contentieuse, contrat portant occupation du domaine public. Place publique.* Pour l'indemnisation par suite de chute d'un arbre au cours d'un concert, lorsque la commune invoque la violation par une association des clauses d'un contrat intitulé « convention de mise à disposition d'équipements publics », qui comportait l'autorisation d'occuper une dépendance du domaine public en vue de la tenue du concert, le litige relève de la compétence du juge administratif par application de l'art. L. 2331-1 CGPPP. • CE 1er août 2012, *Cne de Strasbourg*, n° 348115.

4° PLAGES ET AUTRES DÉPENDANCES DU DOMAINE PUBLIC MARITIME (HORS PORTS)

91. BIBL. Albert, Pas d'indemnisation pour la destruction de la paillote « Chez Francis » (note ss. CAA Marseille, 21 févr. 2005) *AJDA 2005. 2250*. – Burguburu et Jégouzo, Les nouvelles procédures de délimitation du domaine public maritime naturel, *AJDA 2005. 360*. – Caudal, La loi du 27 février 2002 et le conservatoire de l'espace littoral et des rivages lacustres, *Coll. terr. 2002, n° 12, chron. n° 17, p. 4*. – Coulombie, Le droit de construire sur les plages, *RGCT 2000. 359*. – Dreyfus, À propos de l'arrêt du Conseil d'État du 3 novembre 2003, *Union des groupements d'achats publics*, les démêlés de l'UGAP avec le commissariat de la marine relèvent de la compétence du juge judiciaire, *AJDA 2003. 2323* ; La nature d'une convention de crédit-bail immobilier (note ss. T. confl. 21 mars 2005) *AJDA 2005. 1186*. – Dufau, Domaine public : le casse-tête des plages concédées, *Mon. TP 6 août 1999, p. 28*. – Hostiou, Propriété privée, domanialité publique et protection du littoral : le droit administratif des biens à l'épreuve de la jurisprudence de la Cour européenne des droits de l'homme, *RFDA 2010. 543*. – Jégouzo, La propriété publique gardienne du littoral, *AJDA 2005. 1537*. – Gras, Le régime des concessions de plage et des sous-traités d'exploitation, *RGCT 2000. 262*. – Jouffroy-Bruno, L'aval du Conseil d'État quant aux conditions de l'encadrement juridique des concessions de plages par le décret du 26 mai 2006, *RLCT 2008. 38, Act. 1087*. – Khair, Les titres d'occupation de la zone des « cinquante pas géométriques », *RFDA 2012. 1159*. – Lavialle, L'affaire « des paillotes » et la domanialité publique ?, *RFDA 2005. 105* ; Les vicissitudes du droit de propriété sur la réserve domaniale aux Antilles, *RFDA 2006. 251*. – Lissouck, La rénovation du régime des concessions d'utilisation du domaine public maritime, *AJDA 2005. 365*. – Maugüé, La réaffirmation du caractère exceptionnel de l'occupation privative des plages, *AJDA 2006. 1496*. – Morand-Deviller, Les concessions de plages naturelles ; réflexions sur la délivrance des titres d'occupation domaniale, *AJDA 2002. 481*. – Prieur, Droit de l'environnement, *Dalloz, 9e éd., 2023*.

a. Domanialité

92. *Domaine public communal.* Sur le littoral méditerranéen, une longue bande de terrain appartenant à une commune, qui ne peut être incorporée dans le domaine maritime de l'État en raison de l'étroitesse de celui-ci, fait partie du domaine public communal, du moment qu'elle est affectée à l'usage du public et fait l'objet d'un aménagement spécial. • CE 30 mai 1975, *Dame Gozzoli : Lebon 325 ; AJDA 1975. 348, note Franc et Boyon*. – V. aussi : • CE 7 déc. 1984, *Delapierre*, n° 35535 : *RDI 1985. 37*.

93. *Dépendance n'appartenant pas au domaine sur la base de l'ordonnance de la marine d'août 1681 ; présomption qu'elle relève du domaine à un autre titre.* Le juge administratif ne peut être saisi d'un pourvoi tendant à la mise en œuvre de l'une des procédures régies par le livre V CJA que pour autant que le litige principal auquel se rattache ou est susceptible de se rattacher la mesure d'urgence qu'il lui est demandé de prescrire n'échappe pas de façon manifeste à la compétence de la juridiction administrative ; si l'arrêt de la CAA a jugé que le terrain d'assiette de la discothèque n'appartenait pas au domaine public tel qu'il est défini par l'ord. de la marine d'août 1681, ledit terrain peut appartenir au domaine public pour d'autres motifs ; ainsi le moyen tiré de ce que le juge des référés aurait dû décliner sa compétence, motif pris de ce que le litige toucherait à la gestion du domaine privé de la commune, ne peut être accueilli. • CE 20 janv. 2005, *Cne de St-Cyprien*, n° 276475.

94. *Terrain en bord de mer, affecté au public et aménagé ; incidence de la construction ultérieure d'une digue le protégeant des flots.* Un terrain situé entre un immeuble privé et une digue de protection longeant la mer appartient au domaine public artificiel dès lors que : – il résulte de plusieurs actes du XIXe siècle qu'aucune propriété ni même utilisation privée n'est établie ; – la parcelle litigieuse a été affectée à l'usage du public et spécialement aménagée à cette fin depuis 1843 au moins et n'a cessé de recevoir cette affectation ; – la construction ultérieure de la digue pour protéger ladite voie et les propriétés riveraines contre la mer a été sans influence sur l'incorporation de la parcelle litigieuse au domaine privé de l'État. Cette incorporation n'a pas été effectuée en méconnaissance des dispositions du décret du 17 juin 1966 portant application de la loi du 28 novembre 1963 relative au domaine public maritime, nonobstant l'absence d'une décision expresse d'affectation. • CE 23 juin 2004, *Cne de La Flotte-en-Ré,* n° 254123.

95. Domanialité publique du terrain d'assiette d'un bâtiment privé, posidonies ; autorisation spéciale de travaux. Dès lors qu'une des parois d'un garage privé à bateaux est constituée du mur de clôture de la propriété implanté en bordure immédiate du rivage de la mer, et que des posidonies déposées par les flots sont visibles à l'intérieur du garage lui-même dont la porte a été détruite, il y a lieu de considérer que ce garage a pour assiette un terrain qui, ordinairement atteint par le plus haut flot de l'année (V. art. L. 2111-4 CGPPP), est situé, en partie au moins, sur le domaine public maritime ; par suite les travaux projetés requéraient une autorisation spéciale en l'absence de laquelle le maire était tenu de s'opposer à ces travaux faisant l'objet de la déclaration. • CE 20 mai 2011, *Cne du Lavandou c/ Assoc. de défense de l'environnement de Bormes et du Lavandou,* n° 328338 : *AJDA 2011. 1730, note Éveillard.*

b. Conclusion des concessions

96. Droit de priorité des communes quant aux concessions de plage. Constitutionnalité. Au regard des attributions légales détenues par les autorités municipales et des missions d'intérêt public qui leur sont assignées ainsi qu'aux groupements de communes, il était loisible au législateur (C. envir., art. L. 321-9), pour satisfaire l'exigence constitutionnelle de protection du domaine public et compte tenu du motif d'intérêt général s'attachant à la conservation des plages comme espaces naturels, de décider que l'État attribuerait en priorité les concessions de plage à ces collectivités publiques ; le législateur n'a pas prescrit que les communes et leurs groupements seraient, dans tous les cas, concessionnaires de plage mais a subordonné ce choix à une décision de la commune ou du groupement de communes concerné ; l'octroi en priorité d'une concession de plage à la commune ou au groupement ne fait pas obstacle, par lui-même, à ce que des exploitants privés puissent se porter candidats à la gestion concédée d'une plage, dans le cadre d'un sous-traité de concession ; il résulte de ce qui précède que, en reconnaissant aux communes et à leurs groupements un droit de priorité dans l'attribution des concessions de plage, l'arrêté préfectoral concédant à la commune la concession de ses plages naturelles pour douze ans ne méconnaît ni le principe constitutionnel de la liberté d'entreprendre, garanti par l'art. 4 de la Déclaration des droits de l'homme et du citoyen de 1789, ni celui de la liberté du commerce et de l'industrie qui en découle. • CE 22 mai 2013, *Assoc. synd. libre des résidences du port de Mandelieu-la-Napoule,* n° 366750 : *AJDA 2013. 1976, note Chrestia ; Rev. CMP 2013, n° 193, note Eckert ; RJEP févr. 2014. 17, note Noguellou.*

97. Vice de procédure : doute sur la nature du candidat. Dès lors qu'il existait un doute sur la nature du candidat attributaire d'un lot de plage, puisque aucune pièce du dossier soumis à son examen ni aucun élément débattu lors de l'audience publique ne permettait d'établir si ce lot avait été confié à M. X en tant que personne physique ou à la société dont il était le gérant, la procédure de passation de la délégation de service public avait par suite méconnu les obligations de publicité et de mise en concurrence. • CE 29 juill. 2002, *Cne de Cavalaire-sur-Mer,* n° 242153.

98. Vice : défaut de mention du lot. Dès lors que le soumissionnaire, contrairement à ce qu'imposait le règlement de consultation, n'a pas mentionné dans son offre écrite le lot de plage pour lequel il présentait sa candidature, et qu'en dépit de cela, en retenant sa candidature et en lui ouvrant la faculté de n'apporter cette précision que lors de la phase de négociation, alors que tous les autres candidats avaient pour leur part déjà rendu public dans leurs offres écrites le choix des lots pour lesquels ils postulaient, la commission de délégation de service public a retenu une offre présentée dans des conditions irrégulières. • CE 29 juill. 2002, *Cne de Cavalaire-sur-Mer,* n° 242153 : *préc. note 97.*

99. Délibération du conseil municipal ne donnant pas pleine compétence au maire en matière de transaction préalable à la conclusion d'un nouveau contrat. Quand, pour l'attribution d'un sous-traité d'exploitation d'un lot de plage à un nouvel exploitant, un conseil municipal autorise le maire à signer un protocole prévoyant le dédommagement du précédent occupant pour les frais engagés pour l'exploitation du site, la signature du maire ne saurait engager la commune ; en effet, faute pour le conseil municipal de s'être prononcé tant sur le principe même de la conclusion d'une transaction ayant pour objet de mettre fin au différend opposant les parties que sur l'ensemble des concessions réciproques que celles-ci entendaient se consentir à cet effet, notamment l'abandon des procédures engagées par l'ancien exploitant à l'encontre de la commune et la renonciation de cette dernière à toute autre prétention au titre de l'occupation de la plage par cette société, une telle délibération ne donnait pas qualité au maire à l'effet de conclure le protocole d'accord. • CE 11 sept. 2006, *Cne de Théoule-sur-Mer,* n° 255273.

c. Fin des concessions

100. Tierce opposition à injonction de libérer le domaine. Le gérant d'une société concessionnaire du domaine public communal maritime contrainte de libérer les lieux ne peut faire tierce opposition, dès lors qu'il a des intérêts concordant avec ceux de la société. • CAA Lyon, 8 juill. 1997, *M. Errera*, n° 96LY00836.

101. Conséquences de l'expiration de la concession d'une plage par l'État à une commune sur le sous-concessionnaire. L'expiration de la concession d'une plage par l'État à une commune entraîne l'expiration du titre dont bénéficie l'occupant, sous-concessionnaire. Les circonstances que ce dernier n'aurait pas été averti de l'expiration de la concession dont la commune était titulaire, qu'il aurait continué à verser à la commune la redevance d'occupation et qu'il aurait été conforté dans le sentiment qu'il avait d'occuper régulièrement le domaine public par le renouvellement par le préfet de l'autorisation d'occupation temporaire du domaine public qui lui avait été accordée pour l'installation d'un ponton s'avançant dans la mer sont sans influence sur la matérialité de la contravention de grande voirie dressée à son encontre pour avoir continué d'exploiter son établissement. • CE 2 avr. 2003, *M. Gilbert Saurin c/ Préfet du Var*, n° 237968 B : *JCP Adm. 2003, n° 21, p. 1486, note Moreau.*

102. Aquaculture. Référé. Urgence (non). Quand une société d'aquaculture est titulaire d'une autorisation d'occupation du domaine public concédé par l'État à une commune et d'une autorisation d'exploiter, que le maire lui interdit toute livraison et lui enjoint de quitter les lieux, que l'autorisation d'exploiter n'a été annulée que pour motifs de légalité externe, que l'État est disposé à délivrer une nouvelle autorisation, que le maire suspend sa décision, et n'exclut pas d'autoriser un accès permanent de la société à des installations, et qu'il appartient enfin à la commune de veiller à ce qu'en cas d'urgence, et notamment en cas de rupture dans l'approvisionnement des poissons en oxygène, les livraisons nécessaires puissent être faites ; eu égard à l'ensemble de ces circonstances, et compte tenu des contraintes particulières qui pèsent sur les activités économiques s'exerçant sur le domaine public, il n'y a pas lieu pour le juge des référés du Conseil d'État, de retenir une atteinte grave et manifestement illégale à une liberté fondamentale qui créerait une situation d'urgence de nature à justifier l'usage des pouvoirs que le juge des référés tient de l'art. L. 521-2 CJA. • CE 22 mai 2003, *Cne de Théoule-sur-Mer c/ Sté Cannes Aquaculture*, n° 256848 : *Lebon 232*.

103. Concession précaire ; révocation pour reprise en régie. Dès lors que la concession de plage cesse par suite de l'annulation de la délibération du conseil municipal qui l'autorisait, et que la commune décide l'exploitation en régie, l'ancien concessionnaire ne dispose que d'une autorisation d'occupation temporaire révocable à tout moment pour motifs d'intérêt public, au nombre desquels figure la décision de reprendre en régie l'exploitation du service public balnéaire. • CE 28 juill. 2004, *Cne d'Antibes c/ Sté Juanita Plage*, n° 261129.

104. Contestation de la reprise par la commune de la délégation de service public. Quand une commune délègue l'exploitation du service public balnéaire à une société pour l'exploitation d'un établissement de restauration, que cette consultation ayant été annulée, la commune procède à une nouvelle procédure d'attribution des lots pour finalement déclarer sans suite cette procédure de délégation et reprendre en régie directe la gestion des lots, la légalité de cette reprise ne peut être contestée au motif de l'illégalité de la délibération initiant la seconde procédure ni de celle en constatant le caractère infructueux. • CE 28 juill. 2004, *Cne d'Antibes c/ Sté Juanita Plage*, n° 261129 : *préc. note 103.*

d. Responsabilité

105. Responsabilité du concessionnaire pour défaut d'entretien normal d'un mât. Quand une commune concède la sous-traitance d'une plage maritime à une SEM, laquelle emploie un maître-nageur-sauveteur de la police nationale, que celui-ci est blessé par la chute d'un mât pour signaux dont il tentait de descendre la flamme, la SEM est entièrement responsable du préjudice subi dès lors qu'elle n'apporte pas la preuve de l'entretien normal de l'ouvrage public (en l'espèce, le point de rupture s'est produit à l'emplacement d'une soudure rouillée, et il y avait probabilité d'un antécédent). Il n'y a pas faute de la victime qui monte sur un toit plat pour débloquer la drisse. L'État est fondé à demander à la SEM le remboursement des dépenses qu'il a exposées du fait de l'accident dans la limite des sommes mises à la charge de cette dernière. • CAA Bordeaux, 2 févr. 1998, *SEM pour la gestion et la mise en valeur des ports et aménagements nautiques dans la région de Royan*, n° 95BX00996.

106. Voie de fait. Une voie de fait ne peut être commise que par une autorité administrative ou un de ses agents ; par suite, le refus d'une société privée concessionnaire du fermier de la commune (elle-même concessionnaire de l'État) de démonter les bâtiments qu'elle a aménagés sur le domaine public maritime ne saurait constituer une voie de fait. • CAA Marseille, 26 mars 1998, *Sté de développement économique d'Agde et du littoral*, n° 97MA10393.

107. Défaut de signalisation du risque. Dès lors qu'une plage est fréquentée de manière régulière et importante, qu'elle présente des dangers particuliers, connus des autorités municipales, notamment dans les circonstances où la mer présente de forts rouleaux sur le bord de l'eau, ce danger doit être signalisé, l'absence de signalisation étant fautive. L'absence de toute imprudence de la victime engage l'entière responsabilité de la commune. • CE 25 juin 2008, ♔ *Cne de Deshaies*, n° 295849.

108. Plongeoir, accident, recherche de la faute de la commune. Lorsqu'un jeune est victime d'un accident grave suite à un plongeon depuis une plate-forme aménagée sur la plage par une commune, la cour ne peut exonérer totalement celle-ci de sa responsabilité sans rechercher si elle avait commis une faute en ne prenant aucune mesure destinée à prévenir les risques auxquels les utilisateurs de la plate-forme pouvaient être exposés. • CE 30 déc. 2009, ♔ *Mme Marie-Christine épouse B. c/ Cne d'Étables-sur-Mer*, n° 322882.

e. Gestion

109. L'accès à une plage communale n'est pas nécessairement libre ou gratuit, même si l'utilisation est normale. • CE 30 avr. 1863, *Bourgeois : D. 1863. 3. 64.*

110. Opération complexe (DUP). L'annulation d'un arrêté préfectoral déclarant d'utilité publique les travaux de construction d'une station d'épuration entraîne celle d'un autre arrêté préfectoral autorisant, sur le fondement de ladite déclaration d'utilité publique, le transfert de gestion d'une partie du domaine public maritime à un syndicat intercommunal. • CE 13 juin 1997, ♔ *Centre d'études, de recherche et d'application des systèmes et techniques écologiquement satisfaisants et a.*, n°s 125177 et 125246.

111. Nouveau permis de construire consécutif à un permis illégal, référé. S'il résulte des dispositions de l'art. L. 111-3 C. urb. que les bâtiments construits sans autorisation ou en méconnaissance de celle-ci, ainsi que ceux édifiés sur le fondement d'une autorisation annulée par le juge administratif ou retirée par l'administration, doivent être regardés comme n'ayant pas été régulièrement édifiés, en revanche, un permis de construire délivré sur le fondement de cet article ne saurait être contesté au motif de l'illégalité du permis de construire initial. Commet par suite une erreur de droit le juge des référés qui estime que ce moyen était propre à créer un doute sérieux alors qu'il était inopérant. • CE 5 mars 2003, ♔ *Assoc. de défense des intérêts de Saint-Cyprien et Assoc. pour le libre accès aux plages et la défense du littoral c/ Cne de Lecci*, n° 252422.

112. Concession d'endigage. Propriété communale. Domaine public. Permis de construire, référé, doute sérieux. Une concession d'endigage consentie par l'État à une commune qui a régularisé le transfert à la commune de la propriété des terrains soustraits aux eaux ne peut avoir pour effet de modifier la domanialité publique de ces biens ; dès lors le moyen tiré de ce que la construction se trouve sur une portion du domaine public, imprescriptible et inaliénable, était de nature à créer, en l'état de l'instruction, le doute sérieux sur la légalité du permis de construire contesté admis par le juge des référés. • CE 8 juin 2007, ♔ *Sté Magenta développement c/ Cne de Nouméa*, n° 298920.

113. « Espace proche du rivage ». ZAC. Un syndicat intercommunal peut décider la création d'une ZAC en bordure d'océan, dès lors que son terrain ne constitue pas un espace proche du rivage au sens de l'art. L. 146-4 C. urb. Pour cela, le juge doit examiner trois critères, à savoir la distance séparant ce terrain du rivage de la mer, les caractéristiques des espaces l'en séparant, et les conséquences à tirer de l'existence ou de l'absence d'une covisibilité entre ce terrain et la mer. N'est donc pas un espace proche du rivage un terrain dès lors que : il est situé, à partir de son point le plus proche du rivage de la mer, à une distance d'environ 600 mètres de celui-ci ; qu'il en est séparé par une zone en grande partie urbanisée située en surplomb et atteignant par endroit 20 mètres de hauteur ; et qu'il en résulte une absence totale de covisibilité entre le site d'implantation du projet et le rivage. • CE 9 juin 2008, ♔ *Préfet de la Loire-Atlantique c/ Synd. intercommunal pour le développement de la Côte d'Amour*, n° 291374.

114. Autorisation d'élevage de poissons en cages immergées, décret du 23 avr. 1985. Pour écarter le moyen de la commune à l'encontre d'un arrêté préfectoral accordant une autorisation d'exploiter un élevage de poissons en cages immergées sur le domaine public maritime, tiré de ce que les aménagements autorisés par l'arrêté auraient dû, en vertu des dispositions du II de l'art. 1er du Décr. du 23 avr. 1985, être précédés d'une enquête publique en application de l'art. L. 123-1 C. envir., la cour s'est bornée à relever qu'il ne résulte pas de l'instruction que les installations prévues par l'arrêté attaqué consisteraient en la réalisation fractionnée d'une opération plus vaste ; que, notamment, les installations terrestres du demandeur n'avaient pas à être prises en compte dans l'appréciation des seuils mentionnés à l'annexe dudit décret ; en adoptant une telle motivation, sans faire apparaître les critères qu'elle a pris en compte pour juger que les installations en litige ne constituaient pas la réalisation fractionnée d'une opération d'ensemble, alors que ce point faisait l'objet d'une contestation devant elle, la CAA n'a pas mis à même le juge de cassation d'exercer son contrôle. • CE 22 mars 2010, ♔ *Cne Théoule-sur-Mer*, n° 316180.

115. Demande en transfert d'autorisation d'occupation du domaine public ne précisant pas le bénéficiaire ; responsabilité pour faute du département (non). Quand l'exploitant d'un hôtel-restaurant, sis sur le domaine public maritime, a demandé au département gestionnaire de ce domaine un transfert de son autorisation d'occupation ; que cette demande a été implicitement rejetée ; que son entreprise ayant été placée en liquidation judiciaire, il demande réparation au département du préjudice causé ; cette demande en responsabilité pour faute du département doit être rejetée au motif que la demande de transfert n'indiquait pas le bénéficiaire du transfert de l'autorisation et que s'il était allégué que le département connaissait le nom du repreneur, celui-ci n'avait signé aucun compromis de vente ; par suite l'autorité gestionnaire était tenue de rejeter la demande. • CE 29 avr. 2011, *M. B c/ Dpt. des Pyrénées-Orientales*, n° 331097.

f. Protection

116. Démolition d'un bâtiment édifié sans titre. Référé. Absence d'atteinte grave à une liberté fondamentale. La lettre par laquelle le maire fait connaître à un occupant sans titre son intention de procéder à la démolition d'un bâtiment qui était devenu propriété de la commune n'a pas constitué une atteinte grave à une liberté fondamentale de l'art. L. 521-2 CJA. En l'espèce, l'occupant avait été autorisé à occuper le domaine public de façon précaire ; il s'était engagé à libérer ce terrain au terme de l'occupation consentie libre de toute construction ; le fonds de commerce dont il était propriétaire avait perdu toute valeur ; il n'occupait plus les lieux. • CE 20 janv. 2005, *Cne de Saint-Cyprien : préc. note 93.*

117. Absence de démolition d'une installation irrégulière mais utile à l'intérêt général. Le juge administratif n'impose pas la démolition d'une cale d'accès à la mer irrégulièrement implantée dans un espace remarquable, parce que sa démolition porterait une atteinte excessive à l'intérêt général. • CE 13 févr. 2009, *Cté de cnes du canton de Saint-Malo et de La Lande : BJDU 2009. 31, concl. conformes Geffray ; RLCT 2009/46, repères 1347, note Ach ; RDI 2009. 351, note Hostiou ; JCP Adm. 2009. 228, note Rouault ; AJDA 2009. 1057, note Bailleul.*

g. Compétence juridictionnelle

118. Est un contrat administratif une sous-concession de plage portant délégation de service public des bains et comportant des clauses exorbitantes. • Civ. 1re, 20 sept. 2006, *Tomaselli c/ Cne de Ramatuelle : BJCL 2006. 801, obs. Janicot.*

119. Responsabilité. Désordres en propriété privée liés au domaine public. La demande par laquelle le propriétaire d'un hangar édifié sur la partie supérieure du perré d'une plage communale sollicite la désignation d'un expert afin de constater et d'analyser les désordres résultant d'un phénomène de désensablement provoquant la formation de cavités sous ledit perré, dans sa partie située sur sa propriété comme dans celle située sur le domaine public, relève de la compétence de la juridiction administrative. • CAA Nantes, 10 oct. 1997, *Mme Marie-Cécile Renaud de La Faverie*, n° 97NT00114.

5° *ZONE DE NATURE ET ITINÉRAIRES DE PROMENADE ET DE RANDONNÉE*

120. Périmètre de zone figurant en annexe à l'arrêté ; consultation en mairie : existence. Quand un maire a interdit la circulation des véhicules à moteur dans une zone délimitée sur l'extrait de plan figurant à son arrêté, la circonstance que les plans ne peuvent pas être communiqués mais doivent être consultés à la mairie n'implique pas que ces annexes n'existent pas. • CAA Lyon, 29 mars 2001, *Assoc. Centre de Promotion des Loisirs Verts et Routiers*, n° 97LY01422.

121. Légalité interne de l'arrêté : dégradation des voies. Dès lors que le maire se réfère à la réglementation relative aux plans départementaux des itinéraires de promenade et de randonnée, constitue une motivation suffisante à établir la légalité de l'arrêté municipal réglementant la circulation des véhicules à moteur, le fait de préciser que l'interdiction de ces véhicules répondait à la nécessité de lutter contre les phénomènes d'érosion et de dégradation subis par les chemins, sentiers et terrains du fait de leur passage. • CAA Lyon, 29 mars 2001, *Assoc. Centre de Promotion des Loisirs Verts et Routiers*, n° 97LY01422 : *préc. note 120.*

122. Légalité interne de l'arrêté : protection des sols, de la flore et de la faune. L'arrêté municipal réglementant la circulation des véhicules à moteur qui porte sur un secteur inclus dans un parc régional est suffisamment motivé par la nécessité de protéger les sols, la flore et la faune ; il n'est pas établi que le même but aurait pu être atteint en limitant le tonnage ou la vitesse des véhicules ou en limitant l'interdiction de circulation à certaines périodes. • CAA Lyon, 29 mars 2001, *Assoc. Centre de Promotion des Loisirs Verts et Routiers*, n° 97LY01422 : *préc. note 120.*

123. Absence de plan départemental des itinéraires de randonnées motorisées : incidences sur l'arrêté municipal (aucune). La circonstance que le département, qui a élaboré un plan des itinéraires de promenades et de randonnées, n'a pas élaboré le plan des itinéraires de randonnées motorisées prévu par ces dispositions est sans incidence sur la légalité de l'arrêté municipal réglementant la circulation des véhicules à moteur dans la commune. • CAA Lyon, 29 mars 2001, *Assoc. Centre de Promotion des Loisirs Verts et Routiers*, n° 97LY01422 : *préc. note 120.*

124. Éoliennes surplombant un sentier de randonnée, autorisation de passage (non). La circonstance que des éoliennes surplomberaient un sentier de grande randonnée, lequel emprunte des voies publiques ou privées, n'implique pas, par elle-même, une autorisation préalable des collectivités publiques traversées par ce sentier. • CE 6 nov. 2006, *Assoc. pour la préservation des paysages exceptionnels du Mezenc*, n° 281072.

125. Réglementation portant sur un secteur communal : absence de caractère général. Dès lors que l'arrêté municipal réglementant la circulation des véhicules courants ou de loisirs à moteur dans la commune ne porte que sur un secteur de celle-ci, on ne peut prétendre que cette réglementation présente un caractère général. • CAA Lyon, 29 mars 2001, *Assoc. Centre de Promotion des Loisirs Verts et Routiers*, n° 97LY01422 : *préc. note 120.*

6° CAMPING

126. Camping. Échange de parcelles. N'est pas entachée d'erreur manifeste d'appréciation la délibération du conseil municipal décidant d'échanger des parcelles jouxtant le parc d'un château contre un tènement en vue d'installer sur ce dernier un terrain de camping. Cette délibération n'a pour effet, ni de porter atteinte à un monument protégé en vertu de la loi du 31 déc. 1913, ni de dénaturer le site en violation de la loi du 2 mai 1930. • CE 27 juin 1997, *Mme Beygo*, n° 164216.

127. Taxe foncière sur le bâti ; exonérations, logements du personnel. Il ressort de la convention conclue pour la mise à disposition des terrains et des constructions de la base de loisirs que la Région, qui en est propriétaire, n'en tire aucun revenu ; que cette base, à l'exploitation de laquelle ces immeubles ont été affectés, constitue un service public ou d'intérêt général, offrant au public la possibilité d'un libre accès à des activités ; dès lors ces immeubles entrent dans le champ d'application de l'exonération de taxe foncière sur les propriétés bâties de l'art. 1382 CGI. Mais, pour soutenir que l'affectation des logements des personnels répond à une nécessité impérieuse de loger sur place les agents auxquels ils sont affectés, la région se limite à la seule énonciation des fonctions exercées par ces agents, soit respectivement celles de directeur du camping, de directeur du centre équestre, de responsable de la sécurité et des services techniques et de responsable des écuries du centre équestre ; la nécessité impérieuse de loger ces agents dans l'enceinte de la base ne ressort pas des pièces du dossier ; par suite, l'exonération ne peut concerner ces logements. • CE 19 juin 2006, *Région Île-de-France*, n° 270323.

F. ESPACES DE SPORT

1° STADES

a. Domanialité

128. Domanialité publique. Stade communal. « Le stade dénommé "Stadium municipal du Parc des Sports", situé à Toulouse et appartenant à la ville de Toulouse, a été édifié par cette dernière en vue de permettre le développement d'activités sportives et d'éducation physique présentant un caractère d'utilité générale ; [...] du fait de cette affectation à un service public et de l'aménagement dont il a été l'objet à cette occasion par les soins de la ville, ledit stade s'est trouvé incorporé au domaine public communal ». • CE 13 juill. 1961, *Ville de Toulouse c/ « Toulouse Football-Club »*, n° 48792 : *Lebon 513 ; RD publ. 1961. 1120.* ♦ Le fait qu'une association sportive spécialisée n'ait pas un droit d'utilisation exclusive des installations sportives, et que la ville puisse y organiser des activités sportives ouvertes à des non-professionnels, permet de considérer que le stade est affecté à un besoin d'utilité publique. • Même arrêt.

129. Circuit routier affecté au service public et au public. Constitue une dépendance du domaine public un circuit routier affecté à des activités, tant sportives et récréatives que relatives à la sécurité routière, relevant de missions de service public, et spécialement aménagé à cet effet ; en outre, le circuit est certains jours de la semaine affecté à l'usage du public ; les installations aménagées comprises dans l'enceinte du circuit sont indissociables de celui-ci, pour l'une et l'autre de ses affectations. • CE 25 mai 2007, *Sté Zebra Auto Moto École*, n° 289751 : *AJDA 2007. 1493*.

130. Contrat comportant occupation du domaine public. Le contrat, conclu entre la Ville de Paris et deux personnes privées, relatif à la location d'installations sportives dénommées Parc des Princes, est un contrat d'occupation du domaine public au motif que « cette convention comportait des clauses exorbitantes et revêtait ainsi un caractère administratif ». • CE 26 févr. 1965, *Sté du Vélodrome du Parc des Princes : Lebon 133 ; RD publ. 1965. 515, concl. Bertrand.*

131. Distinction entre contrats domaniaux et délégations de service public. L'argumentation présentée par la ville de Paris et l'association, selon laquelle la convention conclue pour l'occupation du stade n'avait pas le caractère d'une délégation de service public, était suffisamment sérieuse pour qu'il soit fait droit à la demande de sursis à l'exécution du jugement annulant la décision du maire de signer la convention pour non-respect des dispositions de la loi du 29 janv. 1993 sur les délégations de service public. • CE 13 janv. 2010, *Assoc. Paris Jean-Bouin c/ Ville de Paris*, n° 329576 : *AJDA 2010. 731, note Mollion*. – V. Carpentier, Querelle autour du stade Jean-Bouin (litige autour de la dévolution de la gestion d'un équipement sportif situé sur le domaine public), *RLCT 2009. Repères 1404.*

b. Gestion

132. **BIBL.** Bayeux et Clavagnier, Les modes de gestion des équipements sportifs utilisés par les clubs professionnels, *AJDA 2005. 1438*. – Modalités de calcul de la redevance due par l'occupant privatif d'un équipement sportif public, TA Lyon, 10 mars 2005 : *AJDA 2005. 1474, note Lagarde*.

133. Redevance d'utilisation, détermination du montant. Les avantages retirés par le bénéficiaire d'une autorisation d'occuper un complexe sportif s'apprécient notamment au regard des recettes tirées de son utilisation, telles que la vente des places et des produits dérivés et les recettes publicitaires, et des charges supportées par la collectivité (amortissement, entretien, maintenance). Ainsi, la redevance demandée par la commune à un club sportif pour l'utilisation du stade ne saurait être considérée comme représentative des avantages retirés par le club de cette occupation. • CAA Lyon, 12 juill. 2007, *Ville de Lyon*, n° 06LY02105 : *AJDA 2007. 2312, note Denis Besle ; ibid. 2007. 2053*.

134. Logement par nécessité de service : résiliation. Un ouvrier professionnel concessionnaire d'un logement par nécessité de service depuis sa nomination dans les fonctions de gardien d'un stade et qui est affecté au service de la voirie par décision devenue définitive peut voir légalement la concession résiliée par le maire. • CAA Paris, 7 mai 1997, *M. Thomas*, n° 96PA02236. ♦ Quand le maire résilie légalement la concession de logement par nécessité de service d'un gardien de stade communal, celui-ci devient occupant sans titre. La circonstance que par arrêt définitif la CAA ait annulé une ordonnance du juge des référés prescrivant l'expulsion de l'intéressé n'empêche pas la commune de présenter une nouvelle demande, à raison d'éléments nouveaux et notamment de la désignation d'un nouveau gardien. • Même arrêt. ♦ L'expulsion peut être ordonnée du moment que la commune a établi la nécessité qu'il y avait à obtenir la libération du logement occupé (à raison des mesures de réorganisation du service de gardiennage, d'entretien des installations sportives et d'accueil du public). • Même arrêt.

135. Contrat de remise aux normes de sécurité. Notion d'avenant bouleversant le contrat. Quand la fédération internationale de football et le comité français d'organisation de la coupe du monde ont formulé des exigences relatives à la sécurité et au confort des joueurs, des spectateurs et des journalistes dans l'enceinte d'un stade municipal, retenu comme l'un des dix sites de la coupe du monde ; que, par ailleurs, le conseil régional, qui avait accordé une subvention pour la mise aux normes du même stade, a subordonné le versement de cette subvention à un projet d'études destiné à permettre l'organisation de matchs de rugby en vue de la candidature de la commune à l'organisation de la coupe du monde de cette discipline, il y a lieu de juger que si ces exigences nécessitaient, pour être satisfaites, de modifier les marchés de maîtrise d'œuvre et de contrôle technique passés par la commune en vue de la rénovation du stade, elles ne peuvent être regardées comme des difficultés techniques rencontrées dans l'exécution des travaux ; à supposer même qu'elles soient telles, leur cause, dès lors que le maître de l'ouvrage avait volontairement accepté de reprendre à son compte les exigences formulées par la fédération, le comité et le conseil régional, n'était pas extérieure aux parties ; elles n'autorisaient dès lors pas la commune à conclure, sans publicité ni mise en concurrence préalable, des avenants bouleversant l'économie des contrats initiaux. • CE 30 juill. 2003, *Cne de Lens*, n° 223445 B : *BJCP 2003. 462, concl. Piveteau ; AJDA 2003. 1727, note Dreyfus ; JCP Adm. 2003. 1961 ; JCP E 2003. 1628, note Linditch ; Dr. adm. 2003. 22, note Ménéménis.*

136. Convention entre la ville et le concessionnaire. Notion de tiers. Quand le maire de Paris signe avec une société chargée de la gestion du stade du Parc des Princes, et le Comité français d'organisation de la Coupe du monde de football une convention pour la mise à disposition de ce comité dudit stade pour la durée de la coupe, que ladite convention prévoyait notamment que l'exploitation des points de vente d'objets non consommables serait du ressort du Comité précité, une tierce société ne justifie pas d'un intérêt lui donnant qualité pour agir contre cette décision, dès lors que la ville n'avait donné aucun agrément à un quelconque contrat de sous-concession dont serait titulaire cette société, laquelle ne pouvait donc se prévaloir de la situation irrégulière dans laquelle elle se trouvait, et, d'autre part, que l'intérêt économique dont cette société se prévalait, tiré de ce que son activité dépendait des relations commerciales qu'elle aurait pu nouer avec ledit comité, n'avait pas de rapport direct avec la convention litigieuse. • CE 24 sept. 2003, *Sté Coquelicot Promotion c/ ville de Paris, Sté d'exploitation sports et événements (SESE) et Comité d'organisation de la Coupe du monde de football*, n° 203268.

137. Délégation de service public (non). Un contrat par lequel une collectivité confie à une société la gestion d'un stade et de ses abords pour une durée de huit ans, moyennant le paiement d'une redevance en prévoyant que la collectivité serait propriétaire de toutes les constructions neuves et améliorations dès leur réalisation, en ne confiant aucune mission particulière au cocontractant, seul compétent pour gérer l'équipement, sous réserve du respect de modèles de contrat d'utilisation annexés ne peut être qualifié de délégation de service public, à supposer même que la collectivité ait entendu imposer une utilisation principale du stade par des clubs de football professionnel sans autres contraintes que celles découlant de la mise à disposition de l'équipement sportif et par des fédérations sportives, délégataires d'un service public national, alors que les conditions d'utilisation de l'équipement sont étrangères aux missions de service public relevant de la compétence de la collectivité. Il s'agit d'une convention autorisant l'exploitation d'un équipement situé, en l'espèce, sur une dépendance du domaine public de la collectivité. • CE 11 juill.

2011, Mme Christine A c/ Ville de Paris, n° 339409 : *AJDA 2011. 1949, chron. Domino* ; *RDI 2011. 508, note Foulquier*.

c. Responsabilité

138. Rafales précycloniques révélant les vices de l'ouvrage. Si le cyclone Hugo qui a dévasté la Haute-Terre du département de la Guadeloupe le 15 sept. 1989 a pu présenter à un moment un caractère de force majeure, l'effondrement de la couverture du stade est intervenue dès 22 h 30, soit bien avant que le cyclone ait atteint son apogée dans les conditions climatiques permettant de regarder comme réalisée l'impossibilité pour des ouvrages normalement conçus et construits de résister à des éléments naturels déchaînés ; ainsi, l'activité cyclonique qui ne se manifestait encore, au moment de l'effondrement, que par un vent soufflant par rafales de 160/180 km à l'heure, n'a eu d'autre effet que de révéler les vices de conception et de réalisation dont était affecté l'ouvrage ; la responsabilité de l'architecte est engagée sur le fondement des principes des art. 1792 et 2270 C. civ. • CAA Paris, 11 juill. 1997, *M. Lomba, M. Valmorin, Bet Duro*, n° 95PA02189.

139. Causes multiples, vices de construction et pluies torrentielles ; versement d'une provision en l'absence de décompte général et définitif du marché. Si l'ensemble des opérations auxquelles donne lieu l'exécution d'un marché de travaux publics est compris dans un compte dont aucun élément ne peut être isolé et dont seul le solde, arrêté lors de l'établissement du décompte définitif, détermine les droits et obligations définitifs des parties, cette règle ne fait toutefois pas obstacle, eu égard notamment au caractère provisoire d'une mesure prononcée en référé, à ce qu'il soit ordonné à l'une des parties de verser à son cocontractant une provision au titre d'une obligation non sérieusement contestable lui incombant dans le cadre du marché, alors même que le décompte général et définitif n'aurait pas encore été établi. En l'espèce, la commune ne peut justifier à l'encontre de l'entreprise d'une obligation non sérieusement contestable, puisque l'effondrement d'un talus a pu trouver sa cause non seulement dans les fautes commises par les constructeurs, mais aussi dans les pluies torrentielles qui se sont abattues sur le chantier à quelques jours de son terme. • CE 2 juin 2004, *Cne de Cluny*, n° 230729.

140. Accident. Absence de causalité avec l'ouvrage public. La juridiction peut estimer que le lien entre l'ouvrage public et l'accident n'était pas établi, et pouvait donc s'abstenir de s'interroger sur le bon entretien de l'ouvrage. • CE 19 nov. 2003, *Cne de Bellerive-sur-Allier*, n° 248557.

141. Référé, provision, condamnation solidaire du gérant et de la société concessionnaire (non). Quand une communauté d'agglomération demande la condamnation solidaire d'une société concessionnaire du marché et de son gérant au titre des désordres affectant la pelouse du stade de la commune, une telle demande ne peut être regardée comme non sérieusement contestable au sens de l'art. R. 541-1 CJA ; par suite, il y a lieu d'annuler l'ordonnance du juge des référés ordonnant le versement solidaire de la provision. • CE 9 févr. 2004, *Cté d'agglomération TET Méditerranée c/ SA ABIG*, n° 254438.

142. Atteinte à l'œuvre originale d'architecte pour nécessité de sécurité. Si les impératifs techniques liés aux exigences de l'organisation des matches de la coupe du monde de football comme les impératifs de sécurité résultant de l'application des normes en vigueur peuvent autoriser une atteinte à l'œuvre originale afin de répondre aux nécessités du service public, il appartient toutefois à la personne publique d'établir que la dénaturation ainsi apportée à l'œuvre de l'architecte était rendue strictement indispensable par les impératifs dont elle se prévalait. • CE 11 sept. 2006, *M. Agopyan*, n° 265174 : *AJDA 2006. 2189, note Dreyfus*.

143. Responsabilité quasi délictuelle, moyen fondé sur l'inexécution d'un contrat, tiers. Les tiers à un contrat administratif (portant sur un stade), hormis les clauses réglementaires, ne peuvent en principe se prévaloir des stipulations de ce contrat. Dès lors, la qualité de tiers au contrat fait obstacle à ce qu'un requérant se prévale d'une inexécution du contrat dans le cadre d'une action en responsabilité quasi délictuelle. • CE 11 juill. 2011, *Mme Christine A c/ Ville de Paris*, n° 339409 : *AJDA 2011. 1949, chron. Domino* ; *RDI 2011. 508, note Foulquier*.

d. Procédure contentieuse

144. Intérêt à agir. La communauté urbaine étant responsable de la gestion du stade et ayant la qualité de maître d'ouvrage du projet d'extension dudit stade a un intérêt à agir pour l'annulation de l'arrêt en tant que, par cet arrêt, la CAA statuant au titre de la procédure de référé a ordonné la suspension de l'exécution des arrêtés du maire autorisant les travaux d'extension du stade. • CE 20 avr. 2005, *Ville de Lille*, n° 278186.

145. Erreur d'appréciation de l'administration ; compétence souveraine de la CAA. En jugeant que l'architecte des bâtiments de France ou le ministre des monuments historiques, saisi de la conformité d'un permis de construire pour l'extension d'un stade au regard des dispositions de l'art. L. 621-31 C. patr., a entaché son avis d'une erreur d'appréciation, une CAA se livre à une appréciation souveraine des faits qui, en l'absence de dénaturation, ne peut être discutée devant le juge de cassation. • CE 28 déc. 2005, *Ville de Lille*, n° 284863.

146. Travaux d'extension. Suspension, urgence (non). Si l'urgence fonde la suspension d'un acte administratif, eu égard au caractère difficilement réversible de la construction d'un bâtiment autorisée par un permis de construire, elle doit, en principe, être constatée lorsque les travaux vont commencer ou ont déjà commencé sans être pour autant achevés ; il en va autrement au cas où le pétitionnaire ou l'autorité qui a délivré le permis justifient de circonstances particulières. Dès lors a commis une erreur de droit la CAA qui estime l'urgence présente, alors que la ville avait fait valoir devant elle, d'une part, que l'exécution des arrêtés litigieux ne donnerait lieu, dans un premier temps, qu'à des travaux de préparation du chantier et, d'autre part, que divers intérêts publics s'opposaient à un nouveau report de l'ouverture du chantier (coût financier considérable pour la ville, notamment du fait du préjudice subi par les entreprises bénéficiaires des contrats conclus pour l'opération, et qui risquerait de compromettre la réalisation du projet, alors que le stade ne peut, en l'état, accueillir de compétitions sportives dans des conditions conformes aux normes nationales et européennes en la matière). • CE 20 avr. 2005, *Ville de Lille : préc. note 144.*

2° DOMAINE SKIABLE ET DE MONTAGNE

147. BIBL. Charles, Urbanisme et montagne, *AJDA, n° spécial Droit de l'urbanisme, 1993. 125* . – Marcou, Réflexion sur l'évolution du droit de l'urbanisme en montagne, *Rev. adm. 1988. 22.* – Pouyaud, Le contentieux des accidents sur les pistes de ski, note sous CE 19 févr. 2009, *Mlle Beaufils et a. c/ Cne de Font-Romeu : RFDA 2009. 777* . – Subra de Bieusses, Développement et protection de la montagne, *AJDA 1985. 355.* – Tercinet et autres, La loi sur le développement et la protection de la montagne, *RFDA 1985. 459 et 567.* – Yolka, Racket à neige, *AJDA 2006. 1065* ; Le statut des pistes de ski : nouveaux développements, *JCP Adm. 2006, n° 46. Étude 1264.*

148. Domanialité. Inaliénabilité. Contrat prévoyant la cession du domaine public à titre temporaire. En faisant application des stipulations d'un contrat en matière de remontées mécaniques qui, telles qu'elle les a souverainement interprétées, prévoyaient le transfert à une personne privée, sans désaffectation ni déclassement préalable, de la propriété de dépendances du domaine public, sans relever d'office, eu égard au principe d'inaliénabilité de ce domaine, le caractère illicite de leur contenu et en écarter l'application, la CAA a commis une erreur de droit. L'illégalité de ces stipulations n'entache pas la légalité des autres stipulations du contrat. • CE 4 mai 2011, *Cté de cnes du Queyras,* n° 340089.

149. Responsabilité. Chute d'un hélicoptère. Le SIVOM qui assure l'exploitation d'une station de ski doit être tenu pour responsable, même en l'absence de faute, des dommages causés aux tiers de la chute d'un hélicoptère heurtant un ouvrage public ; il ne peut être exonéré de sa responsabilité que si ces dommages sont imputables à une faute des victimes (le pilote et un passager) ou à la force majeure ; le fait d'embarquer un passager à bord sans autorisation de son employeur n'est pas constitutif d'une faute puisque ce fait n'a eu aucune incidence dans la survenance de l'accident. Mais il y a faute du pilote puisque : – celui-ci était expérimenté et devait redoubler de vigilance dès lors qu'il faisait une approche à basse altitude dans une vallée réservée en hiver à la pratique du ski et où il devait s'attendre à la présence d'obstacles tels que des câbles aériens ; – l'ouvrage public était signalé par un drapeau. • CAA Bordeaux, 4 mars 1997, *SIVOM de Luz-Ardiden et Cne de Luz-Ardiden,* n° 95BX00488.

150. Accident mortel de ski par heurt avec un poteau. La présence d'un poteau de sonorisation implanté sur le stade de slalom jouxtant une piste skiable, de même que l'absence de mesure municipale visant à le déplacer ou à le protéger ne constituent pas des fautes engageant la responsabilité de la commune à l'égard d'un accident mortel survenu à un skieur qui, surpris par une plaque de verglas, a perdu la maîtrise de sa trajectoire et de sa vitesse et a franchi, après avoir parcouru environ vingt-cinq mètres, la limite de la piste pour percuter cet obstacle, dès lors que : – les conditions météorologiques ne nécessitaient pas la fermeture de la piste ; – le poteau est implanté à l'extérieur de la piste ; – la piste est matérialisée par un balisage ; – il appartient au skieur de conserver la maîtrise de sa trajectoire et de sa vitesse. ♦ Il n'y a pas défaut d'entretien normal de l'ouvrage public constitué par le poteau de sonorisation dès lors que l'accès au stade de slalom sur lequel il était implanté était clairement interdit aux skieurs, et que ni l'implantation de cet ouvrage par rapport aux pistes, ni son absence de protection ou de signalisation ne révèlent un aménagement défectueux. • CAA Lyon, 20 mars 1997, *EDF et Cts Anotaux,* nos 94LY01572 et 94LY01573.

151. Dommages pour suppression d'une installation de ski, compétence administrative. La décision de supprimer la gare de départ d'une télécabine, prise en vue de la réalisation d'un projet de nouvelle remontée mécanique sur le domaine skiable d'une station de sports d'hiver, concerne l'organisation du service public des remontées mécaniques ; alors même que la gare faisait partie du domaine privé communal, les litiges nés des conséquences dommageables de cette décision relèvent de la compétence de la juridiction administrative. • CE 9 mai 2012, *Cne d'Orcières,* n° 340103.

152. Indemnisation du dommage anormal et spécial, et objet d'une expertise juridictionnelle. Toutefois une CAA ne peut en même temps dire que la décision peut conduire à indemnisation en cas de préjudice anormal et spécial, et ordonner une expertise « à l'effet d'établir la réalité et l'importance » du préjudice. Elle devait préciser si elle entendait juger soit que le préjudice n'était pas établi, soit qu'il l'était et qu'il était spécial à l'entreprise, auquel cas elle demandait seulement à l'expert d'en évaluer le montant. • CE 9 mai 2012, *Cne d'Orcières,* n° 340103.

153. Station de ski en régie directe. SPIC. Litige entre service et usager, responsabilité de l'exploitant pour faute ou non. Compétence judiciaire. L'exploitation des pistes de ski, incluant notamment leur entretien et leur sécurité, constitue un service public industriel et commercial, même lorsque la station de ski est exploitée en régie directe par la commune ; en raison de la nature juridique des liens existant entre les SPIC et leurs usagers, lesquels sont des liens de droit privé, les tribunaux judiciaires sont compétents pour connaître d'un litige opposant une victime à une commune en sa qualité d'exploitant de la station, que la responsabilité de l'exploitant soit engagée pour faute ou sans faute. Dès lors, la responsabilité sans faute de la commune pour défaut d'entretien et de mise en sécurité des pistes de ski ne pouvait être recherchée que devant ce juge. • CE 19 févr. 2009, *Cne de Font-Romeu,* n° 293020 : *RFDA 2009. 390, chron. Terneyre.*

3° PISCINES

154. Piscine municipale. Vol. Compétence des juridictions administratives. La piscine municipale est un établissement, géré en régie directe par la ville, chargé de développer la pratique sportive ; ses produits d'exploitation sont imputés, avec ceux des terrains de sports et des stades, au chapitre des sports du budget communal ; il en résulte qu'elle constitue un service public administratif ; il s'ensuit que l'action par laquelle un usager demande l'indemnisation du préjudice que lui a causé un vol dans un casier fermé à clé de la piscine est de la compétence de la juridiction de l'ordre administratif. • T. confl. 26 mai 2003, *Ville de Paris,* n° C3346 : *BJCL 2003. 586, concl. Bachelier.*

155. Responsabilité dans le cadre du service public d'enseignement. Responsabilité de l'État devant le juge judiciaire. Responsabilité de la commune pour faute devant le juge administratif. Proportionnalité des deux indemnisations par rapport au préjudice. La victime d'un accident dans une piscine municipale peut obtenir la condamnation de l'État devant les tribunaux judiciaires, en application de la loi du 5 avr. 1937, fondée sur la faute commise par un membre du personnel enseignant qui avait en charge les élèves. La possibilité de mettre en jeu cette responsabilité de l'État n'exclut pas que la responsabilité de la commune puisse être recherchée devant le juge administratif à raison soit d'un défaut d'aménagement de la piscine municipale, soit d'une faute née d'une surveillance défectueuse ou d'une méconnaissance des exigences de sécurité, de la part du personnel communal chargé d'assurer la surveillance. S'il incombe au juge administratif de s'assurer que l'indemnité qu'il peut allouer ne conduit pas à une indemnisation qui, compte tenu des sommes accordées par le juge judiciaire, excéderait le préjudice subi, la commune n'est pas fondée à soutenir que la victime, du seul fait de son indemnisation par le juge judiciaire, ne serait pas recevable à rechercher sa responsabilité à raison de fautes qu'aurait commises le personnel chargé de la surveillance. Si la commune a mis la piscine à la disposition d'un établissement scolaire pour y faire passer un test de natation à ses élèves, cette circonstance ne dispensait pas la collectivité d'exercer la surveillance et de veiller au respect des règles de sécurité ; il appartenait, en conséquence, au personnel communal présent sur les lieux, après avoir constaté que l'enrouleur n'avait pas été replacé sur son fixateur et que sa présence au bord du bassin constituait un risque pour les nageurs, de remédier à ce désordre ; la circonstance que le professeur d'éducation physique en charge des élèves ait été à l'origine de la négligence fautive n'exonérait nullement le personnel communal en service de sa responsabilité propre de surveillance ; en s'abstenant de le faire, ce personnel a commis une faute de nature à engager la responsabilité de la commune. • CE 10 févr. 2010, *Mlle Florence A. c/ Cne de Grasse,* n° 313295.

4° BASES NAUTIQUES

156. Base nautique. Litige entre le concessionnaire et un occupant du domaine. Compétence administrative. Dès lors que la communauté de communes a chargé, par une délégation de service public, une société de la gestion d'une base nautique implantée sur le domaine public, que la société a elle-même confié la gérance de la cafétéria destinée à permettre la restauration des usagers du complexe sportif à M. X et ultérieurement fermé la base, les litiges qui peuvent s'élever entre la société, concessionnaire de service public, et M. X à l'occasion de l'occupation du domaine public par ce dernier sont relatifs à l'exécution du contrat et relèvent, en vertu de l'art. 1er du décret du 17 juin 1938, de la compétence de la juridiction administrative. • T. confl. 12 déc. 2005, *M. Jacques X c/ Sté Vert Marine SAS,* n° C3479 : *RFDA 2006. 409.*

G. PORTS MARITIMES COMMUNAUX

157. **BIBL.** Rezenthel, La décentralisation et la place du secteur public en matière portuaire, *BJCL 2007. 146.*

1° DÉFINITION ET DOMANIALITÉ

158. Définition du port communal. Relève de la compétence de la commune et non du département (V. art. 6 de la loi du 22 juill. 1983) le port maritime qui constitue un ensemble portuaire unique comportant des installations affectées à la plaisance et à la pêche, dès lors que l'activité de pêche est accessoire par rapport à l'activité de plaisance qui, elle, est dominante, et que, seulement une partie du terre-plein portuaire est réservée aux pêcheurs. Dès lors, le préfet peut autoriser la commune à engager des travaux d'extension du port. • CAA Bordeaux, 4 déc. 1997, *Comité de liaison pour la vie des étangs montpelliérains*, n° 95BX00039.

159. Incorporation au domaine public portuaire, affectation au public, au service public et avec aménagement spécial. Accessoire. Font partie du domaine public des parcelles communales en raison d'une part, de leur affectation au service public portuaire qui résultait de leur contiguïté aux parcelles formellement incorporées au domaine public portuaire et de ce qu'elles font ainsi partie de l'organisation d'ensemble du port et concourent à l'utilité générale qui a déterminé l'affectation des terrains du port, et d'autre part sur la circonstance qu'elles font l'objet, de par leur situation même à proximité immédiate de la zone portuaire, d'un aménagement spécial destiné à les rendre propres à cet usage. • CE 17 déc. 2003, *Sté Leader Racing*, n° 236827.

160. Référé. Absence de doute sérieux sur la domanialité privée d'un terrain d'un port, dès lors qu'un bail le qualifie de domaine privé. Dès lors que la demande de permis de construire était assortie de la production d'un bail à construction mentionnant que le terrain d'assiette du projet était situé sur une emprise du domaine privé du port autonome, le préfet a pu légalement estimer que la société pétitionnaire justifiait d'un titre suffisant pour l'habiliter à construire sur ce terrain ; le juge des référés n'a pas commis d'erreur de droit en estimant que n'était pas de nature à créer un doute sérieux sur la légalité de la décision attaquée le moyen tiré de ce que le préfet aurait dû exiger la production d'une autorisation d'occupation du domaine public. • CE 15 févr. 2007, *Synd. d'agglomération nouvelle Ouest-Provence, Cne de Fos-Sur-Mer*, n° 294852.

2° GESTION

161. Facilités particulières accordées aux armements. S'il appartient aux collectivités et personnes publiques, auxquelles sont affectées ou concédées les installations des ports maritimes, de permettre l'accès des armements à ces installations, elles n'en sont pas moins corollairement en charge de fixer, par une réglementation adaptée à la configuration des ports concernés, des conditions de sécurité des usagers et de protection des biens du domaine public maritime ; en outre, ces collectivités et personnes ne sont autorisées par aucune loi à consentir aux entreprises chargées d'un service public de transport maritime le monopole de l'utilisation des ouvrages portuaires et, dès lors, en l'absence de circonstances exceptionnelles à réserver à ces entreprises l'exclusivité de l'accès aux installations portuaires ; il leur appartient dans le cadre des règles de concurrence et du principe de la liberté du commerce et de l'industrie, d'apporter aux armements l'appui nécessaire à l'exploitation du service et, le cas échéant, de leur accorder des facilités pour l'utilisation du domaine public. • CE 30 juin 2004, *Dpt de la Vendée*, n° 250124.

162. Création d'un port et POS. La procédure selon laquelle est élaboré et modifié le POS est indépendante de celle qui a trait à la création d'un port, régie par le code des ports maritimes ; par suite est inopérant le moyen tiré de ce que la modification du POS ne pouvait légalement intervenir que si, préalablement, les documents relatifs à la création du port avaient eux-mêmes été modifiés après une nouvelle étude d'impact et une nouvelle enquête publique. • CE 25 mars 1998, *Cne de Saint-Quay-Portrieux*, n° 159040.

163. Candidatures multiples pour le même port. L'art. 30 de la loi du 13 août 2004 dispose que, lorsque plusieurs demandes sont présentées pour le même port, le préfet de région doit organiser, entre les collectivités et groupements candidats, une concertation dont l'objectif est de tenter d'aboutir à la présentation d'une candidature unique. Le préfet peut alors prendre toute initiative en vue d'y parvenir. • TA Nice, 15 janv. 2008, *Région Provence-Alpes-Côte d'Azur*, n° 0602971 : *AJDA 2008. 1041, note Merland ; JCP Adm. 2008. 1. 2034, note O. G.*

164. Concession, indépendance par rapport à l'arrêté de ZAC : illégalité par rapport au classement en zone NA de POS. L'illégalité de l'acte créant une zone d'aménagement concerté, si elle n'entraîne pas nécessairement l'illégalité de l'arrêté approuvant une concession portuaire avec laquelle elle ne forme pas une opération complexe, entraîne en revanche l'illégalité de la délibération municipale approuvant le plan d'aménagement de zone, alors même que la délibération précitée créant la zone n'a pas été attaquée dans le délai du recours contentieux. Cette illégalité n'entraîne pas nécessairement celle de l'arrêté approuvant le cahier des charges de la concession à la commune des installations du port qui, pris en application d'une législation distincte, ne peut être regardé comme une mesure d'application du plan d'aménagement de zone de la ZAC, alors même que cette concession est nécessaire à la réalisation du projet de port de plaisance prévu par celui-ci. ♦ Néanmoins, la concession des installations du port de plaisance ne pouvait être autorisée sans que se trouvent méconnues les règles d'urbanisme résultant du POS ; en effet, celui-ci classe les terrains d'assiette du projet de port en zone NA, zone d'urbanisation future dans laquelle, aux termes des dispositions de l'art. R. 123-18 C. urb. alors en vigueur, les utilisations ou occupations du sol sont subordonnées à une modification ultérieure du POS, à la création d'une ZAC ou à la réalisation d'opérations d'aménagement ou de construction compatibles avec un aménagement cohérent de la zone tel qu'il est défini par le règlement ; or, ni la mention d'une destination touristique future dans la définition du caractère de la zone ni l'exception prévue à l'article NA2 au titre des opérations d'utilité publique ne sont de nature à rendre compatible le projet de port avec ce classement. • CE 2 févr. 2004, *Assoc. des Cinq Cantons, La Barre et a. c/ Min. de l'Équipement, des transports et du tourisme,* n° 215763.

165. Expulsion. Pour apprécier si la mesure d'expulsion du domaine présentait un caractère d'urgence ou d'utilité, le juge des référés pouvait prendre en considération la continuité du service rendu aux usagers du port, alors même que le lien contractuel unissant la commune à la société aurait cessé. • CE 8 juill. 2002, *Cne de Cogolin,* n° 240015 B.

166. Expulsion, urgence : oui. Accès égal et régulier au service public portuaire. Le fonctionnement normal d'un port communal, qui a pour finalité, en permettant l'amarrage des bateaux, l'accueil à la journée ou à l'année des plaisanciers à la disposition desquels la commune doit mettre un équipement et des prestations adaptées en contrepartie d'un tarif qu'ils acceptent d'acquitter, requiert que les plaisanciers qui utilisent un anneau, disposent d'un titre régulier d'occupation, s'acquittent, en contrepartie, de la redevance au taux fixé par la commune et, lorsqu'ils cessent de s'en acquitter ou n'ont plus de titre régulier, libèrent l'anneau ; l'expulsion demandée vise à assurer cet objectif d'accès égal et régulier des usagers au service public alors que les demandes d'accueil par des plaisanciers inscrits sur une liste d'attente sont supérieures à 430 ; dans ces conditions, tant l'urgence que l'utilité de la mesure d'expulsion de l'occupant sans titre sont fondées. • CE 3 févr. 2010, *Cne de Cannes,* n° 330184 : *BJCL 2010. 145, obs. Degoffe, concl. conformes Boulouis ; AJDA 2010. 1591, note Caille.*

167. Expulsion. Référé. Mesure quasi irréversible. Audience publique obligatoire, observations orales. Lorsque le juge des référés statue, sur le fondement de l'art. L. 521-3 CJA qui instaure une procédure de référé pour laquelle la tenue d'une audience publique n'est pas prévue par les dispositions de l'art. L. 522-1 du même code, sur une demande d'expulsion d'un occupant du domaine public, il doit, eu égard au caractère quasi irréversible de la mesure qu'il peut être conduit à prendre, aux effets de celle-ci sur la situation des personnes concernées et dès lors qu'il se prononce en dernier ressort, mettre les parties à même de présenter, au cours d'une audience publique, des observations orales à l'appui de leurs observations écrites. En l'espèce, dès lors qu'il résulte des mentions de l'ordonnance déférée au juge de cassation que les parties n'ont pas été convoquées à une audience publique, l'ordonnance attaquée est intervenue au terme d'une procédure irrégulière et doit être annulée. • CE 24 nov. 2006, *M. Arnold A. c/ Sté Yacht Club International de Saint-Laurent-du-Var,* n° 291294.

168. Résiliation d'un poste d'amarrage ne portant pas atteinte au droit de propriété sur un navire. Nonobstant le fait que la concession d'un port de plaisance confère aux détenteurs initiaux ou successifs d'actions de la société concessionnaire des droits particuliers sur les dépendances du domaine public que constituent les postes d'amarrage, et qu'il s'agit de graves anomalies, au regard des principes et des règles de la domanialité publique, il n'y a pas dans la résiliation d'un contrat d'occupation d'un poste d'amarrage une atteinte à une liberté fondamentale au sens de l'art. L. 521-2 CJA, dès lors que l'ordonnance du juge des référés du tribunal administratif énonce que « le droit d'utiliser librement ses biens, qui est un corollaire du droit de propriété, a le caractère d'une liberté fondamentale au sens de l'art. L. 521-2 », et que par ailleurs ladite ordonnance ne met pas en cause la libre disposition par l'ayant-droit de la société concessionnaire de son navire. • CE 8 mars 2004, *Sté Yacht Club International de Saint-Laurent-du-Var,* n° 265144.

169. Atteinte au libre accès du public au domaine public, mais pas à une liberté fondamentale. Quand un restaurant est implanté sans autorisation sur le domaine public et qu'il fait l'objet d'un procès-verbal de contravention de grande voirie, sans suites, les conditions dans lesquelles l'établissement continue à occuper irrégulièrement le domaine, alors même qu'elles empêcheraient le libre accès du public aux parcelles litigieuses ne mettent en cause aucune liberté fondamentale ; par suite, le juge des référés a pu juger que le principe susmentionné n'était pas au nombre des libertés fondamentales dont la sauvegarde est susceptible de donner lieu au prononcé de mesures sur le fondement de l'art. L. 521-2 du même code. • CE 4 juin 2004, *Assoc. La Londe-Environnement,* n° 260956.

170. Urgence (non) : délai de deux mois prévu au contrat pour quitter les lieux. La décision par laquelle une société concessionnaire du domaine public maritime avait mis fin au contrat d'occupation d'un poste d'amarrage situé dans un port qui avait été conclu pour une durée d'un an renouvelable par tacite reconduction, en précisant un délai de deux mois pour libérer l'emplacement occupé, ne saurait, sauf circonstance particulière, créer une situation d'urgence au sens de l'art. L. 521-2 CJA. Par ailleurs, l'imminence, à la date à laquelle la requérante a saisi le tribunal, de l'expiration du délai dont était assortie la décision de résiliation ne saurait être invoquée comme relevant d'une situation d'urgence, dès lors qu'il lui appartenait d'utiliser le délai de deux mois qui lui avait été imparti pour prendre toutes dispositions appropriées. • CE 6 févr. 2004, *Sté Yacht Club International de Saint-Laurent-du-Var*, n° 264169.

3° RESPONSABILITÉ

171. Responsabilité. Désordres générés par une digue construite sur le domaine public, responsabilité d'un tiers aménageur envers des copropriétaires, compétence judiciaire. S'il appartient à la juridiction administrative de connaître des litiges nés de l'exécution de marchés de travaux publics, il en va différemment lorsque les parties en cause sont unies par un contrat de droit privé ou lorsque est recherchée la responsabilité quasi délictuelle d'une personne étrangère à l'opération de travail public. Dès lors qu'une SCI réalise un ensemble immobilier dont un port comportant une digue, laquelle construite en vertu d'une autorisation d'occupation temporaire du domaine public, a le caractère d'un ouvrage public, le litige, opposant des copropriétaires de l'ensemble immobilier à la SCI en raison des désordres affectant la digue ressortit à la compétence des juridictions judiciaires. • T. confl. 24 mai 2004, *SCI du Port des Engraviers*, n° C3331.

4° IMPOSITION, FISCALITÉ

172. Opposition à contrainte en paiement des droits de douanes et autres assimilés, compétence judiciaire. En application de l'art. L. 211-1 C. ports mar., l'art. R. 214-1 du même code institue une redevance dite d'équipement des ports de plaisance à laquelle peuvent être soumis les navires de plaisance ou de sport à l'occasion de leur séjour dans un port maritime et qui est à la charge du propriétaire du navire ; selon l'art. L. 211-4 C. ports mar. et le point 4 de l'art. 285 C. douanes, les droits, taxes et redevances institués par le présent titre sont perçus comme en matière de douane ; en vertu de l'art. 357 *bis* C. douanes, dans sa rédaction applicable au litige, les tribunaux d'instance connaissent des contestations concernant le paiement ou le remboursement des droits et des autres affaires de douane n'entrant pas dans la compétence des juridictions répressives ; il résulte de la combinaison des textes précités qu'il appartient aux juridictions judiciaires, lorsqu'elles sont saisies d'une opposition fondée sur une prétendue illégalité des dispositions instituant les impositions contestées, à une contrainte délivrée à l'effet d'obtenir le paiement de droits de douane ou de taxes ou redevances perçues comme en matière de douane, de vérifier la légalité des dispositions réglementaires en vertu desquelles l'administration des Douanes a établi la contrainte et s'estime fondée à en poursuivre le règlement. • T. confl. 26 avr. 2004, *Min. de l'Économie, des Finances et de l'Industrie (direction générale des douanes et des droits indirects)*, n° C3402.

173. Taxe foncière, valeur locative, bases matérielles, marinas, enrochements. Les quais ou ouvrages d'accostage de la partie privée du port de plaisance appartiennent aux propriétaires des marinas et les enrochements et talus sur lesquels sont édifiées les marinas ne constituent pas un élément du domaine public maritime dont le coût de construction devrait être pris en compte pour l'appréciation de la valeur de construction du port servant de base au calcul de la valeur locative à la taxe foncière des installations portuaires. Par suite, le bien à évaluer se limite aux ouvrages portuaires constitués par les ouvrages d'accostage du port public ainsi que les divers ouvrages de protection délimitant les plans d'eau, les avant-ports, bassins et chenal, à l'exclusion des enrochements, des talus et des quais des marinas et des autres immeubles de l'enceinte portuaire faisant l'objet d'évaluations cadastrales séparées. • CE 20 déc. 2011, *Cne du Grau-du-Roi*, n° 301419.

5° COMPÉTENCE JURIDICTIONNELLE

174. Litige entre une association et un sociétaire, juridiction judiciaire. Le conflit qui oppose une association autorisée à occuper à titre précaire divers emplacements du port de plaisance d'une commune afin d'y installer des mouillages pour l'amarrage des bateaux de ses sociétaires à un particulier et qui porte sur le refus d'attribution d'une place d'amarrage ressort à la compétence des juridictions judiciaires. • T. confl. 22 juin 1998, *M. Alain Corbusie*, n° 3102 : *JCP 1998. IV. 3486, obs. Rouault.*

175. Contrat administratif, compétence administrative. Une société exerce des prérogatives de puissance publique lorsqu'elle attribue les postes d'amarrage et d'accostage, dès lors que ces prérogatives figurent dans la convention passée avec la commune dans le cadre de l'exécution du service public, et lui donnant compétence pour réglementer l'usage du port et le bon emploi des outillages et des ouvrages et de mettre à la disposition des tiers les anneaux et les emplacements sur les terre-pleins et sur les plans d'eau, en lui réservant le droit exclusif de placement des bateaux. Par suite, la juridiction administrative est compétente. • CE 4 oct. 2004, *SARL CHT, Sté SEMAGEST*, n° 259525.

H. EAUX

176. BIBL. Rénovation du régime de l'eau, loi du 30 décembre 2006, *AJDA 2007. 1162 (dossier)*. – Billet, La publicité des servitudes d'utilité publique relatives à la protection des captages d'eau potable, *JCP Adm. 2006, n° 1121*. – Chavrier, La qualification juridique de l'eau des cours d'eau domaniaux, *RFDA 2004. 928*. – Landot et Vann,

Eau potable et assainissement : deux services publics à la veille de mutations, *BJCL 2005. 658.* ♦ V. aussi le régime des fleuves, lacs, rivières, îles, canaux et sources, notes 244 s.

1° EAUX DESTINÉES À L'ALIMENTATION DES COMMUNES

a. Domanialité

177. Domanialité publique, en fonction de l'affectation. Les eaux destinées aux communes qui sont affectées à un usage public, tel que l'alimentation des personnes, ou des animaux, la lutte contre l'incendie, l'alimentation des fontaines publiques, des lavoirs, ou au nettoyage des rues, sont considérées comme faisant partie du domaine public de la commune. • Civ. 30 avr. 1889 : *D. 1889. 1. 373.* – V. aussi : • Civ. 14 févr. 1900 : *D. 1900. 1. 593.*

178. Cessation de l'affectation. La domanialité publique des eaux destinées à l'alimentation des communes disparaît lorsque l'affectation à l'usage du public cesse ; tel est le cas des eaux qui se déversent d'un lavoir. • CE 13 févr. 1953, *Susini : Lebon 67.*

179. Classement du dessus et du dessous. Le classement d'une voie dans le domaine public communal emporte classement du réseau d'assainissement situé sous cette voie. • CAA Versailles, 30 juin 2009, *Synd. intercommunal pour l'assainissement de la région de Villeneuve-Saint-Georges et Cne de Boussy-Saint-Antoine*, n° 08VEO243 : *AJDA 2010. 117* ⦸.

180. Domanialité publique des eaux captées. N'appartiennent au domaine public parmi les eaux communales que celles qui sont effectivement captées, à l'exclusion de celles qui sont simplement susceptibles de l'être, car elles sont affectées à l'usage du public et ont reçu un aménagement spécial : les eaux captées par une ville « afin d'assurer l'alimentation en eau de sa population (...) constituent, à raison de leur affectation et de leurs aménagements, des éléments du domaine public communal ». • CE 16 nov. 1962, *Ville de Grenoble*, n° 36688 : *Lebon 611* ⦸ ; *JCP 1963. II. 13395, note Dufau.* ♦ Les installations de captage et de distribution sont soumises pour leur appartenance au domaine public aux mêmes conditions que les eaux communales. • Même arrêt. ♦ Il en va de même pour l'édification d'ouvrages servant à l'alimentation en eau. • CE 6 avr. 1979, *Sté « La plage de la forêt » : Lebon 732.*

181. Eaux de fontaine publique, courantes ou surabondantes. Domaine public. Les eaux de source provenant de la fontaine publique de la commune et issues d'une source captée par cette dernière et destinées à l'alimentation d'une fontaine publique, de même que les eaux surabondantes s'écoulant de cette fontaine, appartiennent au domaine public de la commune ; il en va également ainsi de la fontaine municipale et du caniveau situé le long de la voie publique, destiné à assurer l'écoulement du trop-plein de cette fontaine, qui constitue un accessoire de la voie publique ; le litige portant sur ces eaux surabondantes relève de la compétence des juridictions de l'ordre administratif. • T. confl. 18 mars 2013, *Cne de Rambaud*, n° C3887.

182. Déclassement. Aucune disposition législative ou réglementaire n'impose de recourir à une enquête publique préalablement au déclassement d'une fontaine-lavoir communale. • CE 16 janv. 1998, *Assoc. « Aux amis des vieilles pierres d'Aiglemont »*, n° 153558. ♦ Les irrégularités de l'enquête publique, lorsqu'il y a été procédé, sont de nature à vicier la décision de déclassement d'une dépendance du domaine public communal si elles ont exercé une influence sur ladite décision. N'ont aucune influence, d'une part, la circonstance que le commissaire-enquêteur n'a pas fait état dans son avis de pétitions anciennes tendant au maintien dans le domaine public de la fontaine-lavoir en cause qui lui ont été remises par une association et, d'autre part, l'absence d'indications dans le dossier d'enquête sur la propriété de la fontaine. • Même arrêt.

b. Utilisation

183. Imprescriptibilité. La règle de l'imprescriptibilité interdit que des propriétaires puissent, par l'effet de la prescription, acquérir un droit d'usage sur les eaux communales, alors même qu'il s'agirait d'un débit qui excède les besoins actuels des habitants de la commune. • Civ. 20 août 1861 : *DP 1861. 1. 385.* ♦ V. aussi : • Lyon, 23 mars 1877 : *DP 1878. 2. 251* • Grenoble, 30 avr. 1867 : *DP 1868. 2. 130.*

184. Affectation de l'eau aux besoins personnels. L'application des règles de la domanialité publique interdit que les habitants auxquels l'eau est distribuée en usent autrement que pour satisfaire leurs besoins personnels ou ceux de leurs locataires. • Paris, 5 févr. 1886 : *DP 1887. 2. 46.* ♦ Ils ne peuvent en particulier la céder à d'autres utilisateurs. • Paris, 29 nov. 1895 : *DP 1896. 2. 371.*

c. Gestion

185. V. art. L. 2224-7 s.

186. Raccordement d'un terrain au réseau d'eau potable. Conv. EDH. Quand une famille avec cinq enfants habite dans des caravanes sur un terrain lui appartenant en zone ND du plan d'occupation du sol, dans le périmètre d'un site classé et dans celui de protection d'un monument historique, le maire ne peut refuser le raccordement du terrain au réseau d'eau potable. En effet, au titre de l'art. 8 de la Conv. EDH, il appartient au juge de vérifier si l'ingérence dans la vie privée et familiale qui découle d'un refus de raccordement est, compte tenu de l'ensemble des données de l'espèce, proportionnée au but légitime poursuivi, ici l'art. L. 111-6 C. urb. ; or il n'y a pas en l'espèce d'ingérence légitime. • CE 15 déc. 2010, *Mme Sandra A. c/ Cne de Gouvernes,* n° 323250.

187. Sur le service d'assainissement, V. notes ss. art. L. 2224-11 s.

d. Responsabilité

188. Insuffisance du réseau public d'évacuation des eaux pluviales. La responsabilité de la commune est engagée quand les aménagements routiers qu'elle réalise ainsi que l'insuffisance du réseau public d'évacuation des eaux pluviales sont les causes directes de l'inondation qui ravage deux propriétés privées. Mais si l'ampleur des dégâts a été accrue par l'insuffisance du réseau de refoulement des eaux d'une de ces propriétés, cette circonstance ne saurait exonérer ou atténuer la responsabilité de la commune envers le second propriétaire, tiers par rapport aux ouvrages publics susmentionnés. • CAA Bordeaux, 5 mai 1997, *M. René Ricard,* n° 96BX00579.

189. Inondation et assainissement, budget. Des travaux de prévention des inondations ne relèvent pas du budget annexe de l'assainissement. • CAA Nantes, 5 févr. 2008 : *AJDA 2008. 2242.*

190. Pollution : responsabilité de l'exploitant d'une source vis-à-vis d'un ouvrage extérieur. S'il appartient à l'exploitant d'une source thermale de veiller à l'entretien du site où se manifestent les émergences d'eau thermale et d'exercer une surveillance rigoureuse sur la qualité des eaux livrées, il ne lui incombe pas de se protéger contre les agressions résultant d'un défaut d'entretien d'un ouvrage public extérieur au site. Par suite, une société thermale installée sur les lieux avant la construction du réseau d'assainissement défectueux n'a commis aucune faute en ne réalisant pas de sa propre initiative les travaux de nature à mettre ses installations à l'abri de tout défaut d'entretien du réseau d'assainissement passant à proximité de ses captages et gérés par un syndicat intercommunal. • CE 30 avr. 1997, *SIVOM du Conflent,* n° 157677. ♦ Dès lors que les analyses de prélèvements d'eau ont été effectuées durant la période pendant laquelle les eaux ont été polluées à la suite des débordements des égouts, le coût de la totalité de ces analyses doit être mis à la charge du syndicat intercommunal. • Même arrêt. ♦ Dès lors que la responsabilité d'un syndicat intercommunal est reconnue, il peut être condamné soit à verser une indemnité correspondant au coût des travaux nécessaires à la protection des zones de captage, soit à faire cesser la cause du dommage en réalisant lui-même les travaux d'amélioration du réseau d'assainissement, et alors même que le coût de ces deux catégories de travaux est différent. • Même arrêt.

191. Maire agissant au nom de l'État. La décision par laquelle un maire fait procéder à l'ouverture des vannes d'un déversoir installé sur un canal aux lieu et place du concessionnaire d'énergie hydraulique dans le cadre d'un arrêté préfectoral (applicable en cas de dépassement d'un niveau de retenue d'eau) relève non des pouvoirs de police générale mais de la police spéciale établie par la loi du 16 oct. 1919, relative à l'utilisation de l'énergie hydraulique. Par suite, le maire agissant au nom de l'État, la responsabilité de la commune ne saurait être engagée. • CE 10 févr. 1997, *M. Julien,* n° 146227.

192. Inondation. Dégâts, responsabilité. Faute de la victime (inertie). Quand une coopérative agricole est propriétaire d'un terrain sur lequel deux silos à grains ont été construits de part et d'autre d'une canalisation enterrée reliant le réseau d'assainissement de la ville à un bassin exutoire ; que des infiltrations d'eau dues à la détérioration de cette canalisation ont eu pour effet l'inondation de la galerie de ventilation de l'un des silos ; il y a lieu de relever que les désordres à l'origine des dommages subis par la coopérative ont été aggravés par l'inertie de celle-ci, qui s'est abstenue d'informer et de prévenir tant le fermier du réseau d'assainissement de la commune, que la commune, maître d'ouvrage, des infiltrations d'eau qui se sont poursuivies jusqu'à la saisine du tribunal par voie de référé ; il y a là l'existence d'une faute de nature à atténuer la responsabilité du fermier. • CE 13 juin 2003, *Coopérative Agricole Delta Coop c/ Cne de Bapaume et Cie générale des eaux,* n° 229304.

e. Servitudes de passage

193. Art. L. 152-1 C. rur., servitude de passage des canalisations d'eau, motivation de l'arrêté. Si la loi du 11 juill. 1979 impose la motivation de certaines décisions individuelles, l'arrêté pris en application des dispositions de l'art. L. 152-1 C. rur. et grevant de servitudes de passage de canalisations d'eau certaines parcelles privées ne saurait être regardé comme une décision individuelle pour l'application de ladite loi. • CE 17 juin 2009, *M. et Mme A. c/ Synd. d'assainissement et de l'eau du Puy-en-Velay,* n° 321511.

194. Art. L. 152-1 C. rur., servitude de passage des canalisations d'eau, contestation du tracé et non de l'utilité publique. Dès lors que les requérants n'ont pas contesté, devant le juge du fond, l'utilité publique de la canalisation d'eau potable en litige, mais seulement le tracé de celle-ci au regard de la configuration de leur propriété, la CAA, qui s'est prononcée sur le caractère dommageable de ce tracé, a pu, sans erreur de droit, vérifier la conformité de l'arrêté litigieux aux dispositions de l'art. L. 152-1 C. rur. sans procéder à la comparaison des avantages et des inconvénients susceptibles de naître de cette opération. • CE 17 juin 2009, *M. et Mme A. c/ Synd. d'assainissement et de l'eau du Puy-en-Velay,* n° 321511 : *préc. note 193.*

f. Contentieux

195. Compétence des juridictions judiciaires : acte de gestion du domaine privé. La délibération du conseil municipal refusant d'accorder une concession d'utilisation de l'eau d'une source du domaine privé de la commune est un acte de pure gestion de ce domaine ; par suite, la juridiction administrative est incompétente pour connaître du litige relatif tant à la délibération, qu'à la décision du maire confirmant ce refus. • CE 14 janv. 1998, *M. et Mme Forwald,* n° 159220. ♦ La délibération par laquelle le conseil municipal enjoint à un particulier de retirer sa prise d'eau potable de la source communale de son domaine privé ne met en œuvre aucune prérogative de puissance publique distincte de l'exercice par un particulier de son droit de propriété, et échoit aux tribunaux de l'ordre judiciaire. • CE 20 nov. 1998, *Mme Courrèges,* n° 138333.

196. Dommage en amont du branchement particulier. Compétence judiciaire. Les rapports entre le SPIC d'eau potable et l'usager sont de droit privé, et il n'appartient qu'à la juridiction judiciaire de connaître des dommages liés à ce service causés à l'usager, même si ces dommages trouvent leur origine dans un incident survenu en amont du branchement particulier (en l'espèce des travaux de remise en état du réseau avait été suivis d'un déboîtement de la canalisation du branchement particulier). • T. confl. 18 juin 2007, *Sté SNVB et Cie d'Assurances GAN,* n° C 3525 : *RFDA 2007. 1124*.

197. Sur les services d'eau et d'assainissement, V. notes ss. art. L. 2224-7 s.

2° EAUX USÉES (ÉGOUTS)

198. Domanialité publique : station d'épuration des eaux usées. Dès lors qu'une parcelle appartenait, dès son entrée dans le patrimoine de la ville, à son domaine public ; que si un projet de station a été abandonné, l'affectation au service public d'assainissement a été maintenue ; que cette affectation s'est traduite par le projet de construction d'un bassin de dessablement aboutissant à un collecteur d'eaux usées ; que la communauté urbaine, qui est devenue compétente en matière d'assainissement à compter de 1966, a effectivement fait édifier sur la partie nord de ce terrain, un bassin de dessablement ainsi qu'un ouvrage de raccordement de bassin ; eu égard à l'aménagement spécial qu'a ainsi reçu le terrain en cause en vue de son affectation au service public de l'assainissement, et en l'absence de toute décision de déclassement, la parcelle litigieuse n'a cessé de constituer une dépendance du domaine public de la ville. • CE 19 juin 2006, *Cne de Lyon,* n° 266263.

199. Exécution d'office de travaux d'égouts, remboursement. Réclamation préalable. Le remboursement prévu par l'art. L. 1331-2 CSP présente un caractère non fiscal et n'a donc pas à être précédé d'une réclamation préalable. • CE 5 févr. 2001, *Cne de Saint-Maur-des-Fossés c/ M. Bruneau,* n° 216928.

200. Montant réclamé au particulier. La Cour s'est livrée à une appréciation souveraine de la valeur probante d'une pièce, insusceptible d'être discutée devant le juge de cassation en relevant que le récapitulatif des frais annexes produit par la commune n'était ni daté, ni signé, ni étayé par des factures, et en estimant que ce document ne suffisait pas à apporter la preuve que les dépenses exposées par la commune excédaient le montant initialement réclamé au particulier sur la base de l'art. L. 1331-2 CSP. Il en va de même pour les subventions versées à la commune par la région et l'agence de l'eau qui concernaient non seulement la réalisation du collecteur principal mais aussi les branchements privés situés sous la voie publique et qui doivent venir en déduction des sommes mises à la charge du particulier pour l'exécution d'office par la commune des parties des branchements situées sous la voie publique. • CE 5 févr. 2001, *Cne de Saint-Maur-des-Fossés c/ M. Bruneau,* n° 216928 : *préc. note 199.*

I. HALLES ET MARCHÉS

201. V. art. L. 2224-18 s.

J. LOTISSEMENTS

1° VOIRIE

202. BIBL. Priet, le lotissement communal : particularités juridiques, *Dr. adm. 1999, n° 4, p. 4.*

203. Transfert d'office d'une voie privée dans le domaine public communal. Un particulier ne peut se prévaloir du fait qu'à la suite de plusieurs arrêtés préfectoraux opérant des regroupements de parcelles loties, les terrains ne constitueraient plus un lotissement ; il ne peut demander l'annulation du décret portant transfert d'office d'une voie privée dans le domaine public communal. • CE 12 déc. 1997, *M. et Mme Ferreira,* n° 171962.

204. Voie affectée à la circulation générale, transfert de charges sur les propriétaires lotis. Une voie de lotissement qui est principalement affectée à la circulation générale constitue non un équipement propre au lotissement, mais un équipement public ; par suite, la commune ne pouvait légalement obtenir des bénéficiaires de l'autorisation de lotir qu'ils prennent en charge des dépenses afférentes à de tels équipements. ♦ La commune ne saurait demander que l'État soit condamné à lui rembourser les sommes qu'elle doit reverser aux propriétaires lotis alors même que les services de l'État auraient commis une faute lors de l'instruction et de la délivrance de l'autorisation de lotir. • CE 29 oct. 1997, *Cne de Toulouges,* n° 158494.

205. Chemin encore privé, référé. Arrêté du maire portant une atteinte grave et manifestement illégale à une liberté fondamentale. Quand un chemin compris dans l'assiette d'un lotissement devrait, au titre d'arrêtés préfectoraux et à la demande de la commune, être cédé gratuitement à cette dernière ; qu'aucune cession de propriété n'est intervenue puisque le jugement par lequel le TGI, saisi par la commune, a condamné les copropriétaires à procéder à cette cession, n'est pas exécutoire dès lors que le Premier Président de la cour d'appel en a arrêté l'exécution provisoire ; ledit chemin reste placé sous l'empire de la propriété privée. Par suite, en ne se bornant pas à prévoir, en liaison avec les copropriétaires, des conditions propres à assurer, sur une voie susceptible d'être à court terme englobée dans la voirie publique, des modalités assurant aux véhicules des usagers du port ainsi qu'à ceux des services nécessaires aux fonctionnement normal de celui-ci, mais en faisant unilatéralement procéder par les services municipaux à l'enlèvement de la chaîne à enrouleur qui avait été placée à l'entrée du chemin pour en empêcher l'accès et en édictant un arrêté prévoyant pour tout véhicule une liberté d'accès et de stationnement sur le chemin, le maire a porté une atteinte grave et manifestement illégale à une liberté fondamentale. Par suite, le juge des référés pouvait édicter la suspension de l'arrêté. • CE 10 sept. 2003, *Cne d'Hyères-les-Palmiers*, n° 260015.

206. Voirie privée, travaux de réfection, contribution, consentement. Aucune disposition législative n'autorisait la commune à imposer aux propriétaires de ce lotissement une participation aux travaux de réfection de voirie à défaut pour ceux-là d'y avoir consenti. • CE 7 mars 2005, *Mme Ghislaine G. F. c/ Cne de Gourbeyre*, n° 261091.

207. Travaux publics sur voirie devant devenir communale. La réalisation par une société privée de la voirie d'un lotissement qui doit être remise à la commune gratuitement a le caractère de travaux publics. Renard-Payen Olivier, note sous • Civ. 1re, 19 sept. 2007, *Sté Axa corporate assurance : JCP Adm. 2007. 2321.*

208. Changement d'affectation paysagère d'une parcelle communale dans un lotissement. Violation du cahier des charges par la commune prononcée par les juridictions judiciaires, irrecevabilité d'une demande en exécution de la décision judiciaire auprès des juridictions administratives. Quand le propriétaire d'une maison dans un lotissement privé dispose d'une vue sur une parcelle communale qui a le caractère d'un jardin d'agrément commun à l'ensemble du lotissement, que la commune substitue audit jardin des équipements de voirie pour des locaux d'utilité sociale, que les juridictions judiciaires ont jugé que la commune avait ainsi violé le cahier des charges du lotissement, mais ont décliné leur compétence pour enjoindre à la commune de remettre en état d'origine le jardin, il résulte de l'art. L. 911-4 CJA que la juridiction administrative ne peut être saisie d'une demande d'exécution que de ses propres décisions ; que ni ces dispositions, ni aucune autre disposition ne permettent à une personne, partie à une instance devant l'autorité judiciaire, de saisir le tribunal administratif d'une demande tendant à l'exécution de la décision rendue par cette autorité ; en l'espèce, dès lors que les demandeurs ont saisi la juridiction administrative pour l'exécution d'une décision judiciaire, cette demande est irrecevable. • CE 27 juill. 2009, *Mme B c/ Cne de Boos*, n° 302110.

2° ÉLECTRICITÉ

209. BIBL. Blanquefort et Terrien, Collectivités territoriales et éclairage public, *RLCT 2008. 980.* – Sablière, La nouvelle concession du réseau de transport d'électricité, *AJDA 2009. 462*.

210. Éclairage mis à la charge du lotisseur. L'arrêté préfectoral qui met à la charge d'un lotisseur la réalisation d'un réseau d'éclairage public conformément aux normes utilisées dans la commune n'a pas pour objet d'imposer à la société requérante une participation au financement d'équipements publics ; par suite le moyen tiré de ce que cet arrêté aurait mis à sa charge une contribution illégale est inopérant. • CE 16 janv. 1998, *Sté de gestion Pierre Bardon c/ Cne d'Amilly*, n° 91156.

211. Ouvrage public mal planté, régularisation appropriée. Le juge administratif saisi d'une demande d'exécution d'une décision juridictionnelle dont il résulte qu'un ouvrage public a été implanté de façon irrégulière doit pour déterminer si l'exécution de cette décision implique qu'il ordonne la démolition de cet ouvrage, rechercher, d'abord, si, eu égard notamment aux motifs de la décision, une régularisation appropriée est possible. • CE 29 janv. 2003, *Synd. dptal de l'électricité et du gaz des Alpes-Maritimes*, n° 245239 : *Lebon 21 ; CJEG, n° 597, 2003, p. 243, concl. Maugüé ; RFDA 2003. 477, concl. Maugüé ; ibid. 484, note Lavialle ; BJCL 2003. 419, concl. Maugüé et obs. Morand-Deviller ; AJDA 2003. 761, étude Brondel ; ibid. 784, note Sablière ; JCP 2003. II. 10118, note Noël ; JCP Adm 2003, n° 15, p. 1342, note Dufau ; LPA 21 mai 2003, p. 4, note Bougrab ; ibid. 6 juin 2003, p. 20, note Charret et Deliancourt ; Dr. adm., 2003, note C. M. ; JCP, n° 27, 4 juill. 2003, p. 1030, comm. 1405, étude Y. Stemmer.*

3° EAUX

212. Réseau d'évacuation des eaux pluviales mis à la charge d'une société. Le réseau d'évacuation des eaux pluviales d'un lotissement dans un ruisseau situé en contrebas, afin d'éviter que ces eaux ne ruissellent dans les rues et terrains adjacents, doit être regardé comme un équipement public. Doit donc être annulée la convention passée entre une société et une commune en tant qu'elle a mis les coûts de réalisation de ce réseau à la charge d'une société. • CE 16 janv. 1998, *Sté de gestion Pierre Bardon,* n° 91156 : *préc. note 210.*

213. Réseau d'évacuation des eaux usées à la charge du district. Le réseau d'évacuation des eaux qui excède par ses caractéristiques, et notamment par le diamètre du collecteur, les seuls besoins d'un lotissement, et sur lequel des riverains de la voie publique sous laquelle il a été installé y ont raccordé leur habitation, constitue un équipement public au sens de l'art. L. 332-6 C. urb. ; par suite les sommes correspondant à sa réalisation doivent être à la charge du district, alors même que la collectivité aurait renoncé, en échange de la réalisation de ces travaux, à demander à une société une participation pour raccordement à l'égout. • CE 16 janv. 1998, *Sté de gestion Pierre Bardon,* n° 91156 : *préc. note 210.*

4° ÉQUIPEMENTS PUBLICS EN GÉNÉRAL

214. Remboursement de l'indu. Intérêts. Point de départ. Quand une commune est condamnée à rembourser à un lotisseur les participations aux dépenses de réalisation des équipements publics que celui-ci lui avait versées, assorties des intérêts en fixant le point de départ du paiement de ceux-ci à la date à laquelle le lotisseur s'était acquitté de ces sommes sans rechercher si la commune était de mauvaise foi, elle n'a pas légalement justifié sa décision sur ce point. En effet, selon les principes de l'art. 1378 C. civ., il n'y a lieu de fixer le point de départ des intérêts au jour du paiement que lorsqu'il y a eu mauvaise foi de la part de celui qui a reçu les sommes dont il est demandé répétition. • CE 25 juin 2003, *Cne de Saint-Jean-de-Boiseau,* n° 219661 B : *BJDU 6/2003. 435, concl. Chauvaux.*

215. Participation d'urbanisme. Programme d'aménagement d'ensemble. Notion. Ne constitue pas un « programme d'aménagement d'ensemble » au sens de l'art. L. 332-9 C. urb. le programme de travaux prévu par la délibération d'un 6 mai, qui donc d'une part n'a pas été envisagé avant le dépôt, le 5 avr., de la demande d'autorisation de lotir, et d'autre part se bornait à des équipements directement liés à la réalisation de ce lotissement. • CE 25 juin 2003, *Cne de Saint-Jean-de-Boiseau,* n° 219661 : *préc. note 214.*

216. Participation de l'art. R. 315-29 C. urb. et TLE. L'imposition, prévue par l'art. R. 315-29 C. urb., à la charge du lotisseur d'une contribution à la réalisation des équipements publics rendus nécessaires par la création du lotissement, sous la forme de l'exécution de travaux, d'apport de terrain ou de participations financières n'est pas applicable dans une commune où la taxe locale d'équipement a été instituée, sauf dans les zones que le conseil municipal a décidé d'exclure du champ de cette taxe. • CE 16 févr. 2005, *Cne de Brétigny-sur-Orge,* n° 258512.

5° LOTS COMMUNAUX

217. Lotissement communal, revente des lots, contrôle par la commune. La Cour de cassation admet la surveillance, par la commune ayant réalisé un lotissement communal, du prix de revente des lots par les acquéreurs, pendant une durée de vingt ans. • Civ. 3e, 23 sept. 2009 : *AJDA 2010. 685, note Bouyssou et Teisseyre* (lotissement communal : validité des clauses antispéculatives).

K. PONTS

218. **BIBL.** Doyen, Le régime juridique des ponts, *Mon. TP 9 juin 2000, p. 86.* – Lachaume, Nature et régime juridique du droit de passage sur un ouvrage d'art (note ss. CE 10 juin 1998, Assoc. pour la protection de l'environnement et le développement économique de l'île d'Oléron), *RFDA 1998. 1157*. – Mahinga, La condition juridique des ponts en droit administratif, *Dr adm. 2002, n° 7, chron. n° 14, p. 10.*

219. Embâcle sous pont et crue. Responsabilité communale de maître d'ouvrage. Il appartient au préfet en application des dispositions de l'art. 103 C. rur., reprises à l'art. L. 215-7 C. envir., de prendre les dispositions nécessaires au libre cours des eaux. Dès lors que des pluies, qui n'ont pas le caractère de force majeure, ont arraché des branchages, qui en étant emportés dans un cours d'eau se sont amassés sous un pont et ont formé un embâcle qui a partiellement retenu le cours supérieur dudit cours d'eau, lequel est entré en crue, il y a lieu de condamner l'État et la commune de situation, en tant que maître d'ouvrage du pont, à réparation des dégâts causés à une entreprise par l'inondation. Pour celle-ci l'installation en bordure de rivière n'est pas en soi-même une faute. • CE 8 avr. 2005, *Cne de Saint-Julien-en-Saint-Alban, Min. de l'écologie et développement durable,* n° 252260.

220. Embâcles. Responsabilité. Propriétaire du pont. Les dégâts dont la cause réside dans les embâcles et dus au ralentissement de l'écoulement des eaux lors de la crue, en raison d'un pont sur un cours d'eau non domanial, engagent la responsabilité du propriétaire du pont ; le préfet est en droit de regarder comme propriétaire du pont celui qui est propriétaire des parcelles d'assise de celui-ci. • CE 9 juill. 2008, *SCI Danube,* n° 275576.

221. Inondations. Responsabilité, conditions. Le juge administratif ne peut, pour réduire la responsabilité d'une collectivité territoriale à 50 % des conséquences dommageables d'inondations, se contenter d'affirmer que celles-ci ne sont pas sans lien avec l'ouvrage public routier, mais sont aussi dues à d'autres facteurs non imputables à la collectivité. Il doit préciser quels sont ces facteurs et leur lien éventuel avec les inondations en cause. • CE 8 avr. 2005, *Sté Isalu c/ Coll. terr. de Corse*, n° 253162.

222. Ouvrage public, maître d'ouvrage, dommages causés aux tiers, responsabilité sans faute. Le maître d'ouvrage est responsable, même en l'absence de faute, des dommages que les ouvrages publics dont il a la garde peuvent causer aux tiers en raison tant de leur existence que de leur fonctionnement ; ainsi se trouvent engagées les responsabilités d'une commune et d'un syndicat intercommunal dès lors que les conséquences dommageables des inondations ont été aggravées par l'état de divers ouvrages publics, notamment des buses et enfin les défauts caractérisant l'aménagement des deux berges, ainsi que le système d'évacuation des eaux ; par suite, les propriétaires riverains ayant la qualité de tiers par rapport à ces ouvrages, les responsabilités précitées se trouvent engagées même sans faute. • CE 3 mai 2006, *Cne de Bollène et Synd. intercommunal pour l'aménagement et l'entretien du réseau hydraulique du nord Vaucluse*, n° 262046.

223. Ouvrage public, dommages causés aux tiers, responsabilité pour défaut d'entretien. Les tiers peuvent rechercher, pour obtenir la réparation des dommages imputables à un ouvrage public qu'ils ont subis, la responsabilité du maître de l'ouvrage et de la collectivité publique qui assure l'entretien de cet ouvrage ; par suite, la commune ne saurait utilement faire valoir qu'elle n'a la qualité de propriétaire ni des buses situées à droite du pont, ni du pont lui-même. • CE 3 mai 2006, *Cne de Bollène et Synd. intercommunal pour l'aménagement et l'entretien du réseau hydraulique du nord Vaucluse*, n° 262046 : *préc. note 222.*

224. Ouvrage public, quais de rivière, surélévation d'un quai. La surélévation d'un quai sur une rive et l'insuffisance du mur de protection situé sur l'autre rive, alors même qu'ils ont pu atténuer les effets de la crue sur la première rive, ont contribué à l'ampleur de l'inondation sur l'autre et ont donc aggravé les dommages au titre desquels une commune et un syndicat intercommunal sont responsables. • CE 3 mai 2006, *Cne de Bollène et Synd. intercommunal pour l'aménagement et l'entretien du réseau hydraulique du nord Vaucluse : préc. note 222.*

225. Responsabilité. Transformation d'un pont routier en pont piétonnier. Allongement de parcours routier, indemnisation (non). Les modifications définitives apportées à la circulation générale, et résultant des changements effectués dans l'assiette ou la direction des voies publiques existantes, ne sont pas de nature à ouvrir droit à indemnité ; les allongements de parcours et les difficultés d'accès des riverains à leur propriété du fait de la disparition d'une voie d'accès qu'ils utilisaient, que celle-ci résulte d'un parti d'aménagement de la collectivité publique ou d'un défaut d'entretien de la voie, ne peuvent ouvrir droit à indemnisation à leur profit que si elles excèdent les sujétions qui doivent normalement être supportées sans indemnité. En l'espèce, le préjudice allégué n'excédait pas les sujétions susceptibles d'être imposées aux riverains et usagers des voies publiques dans un but d'intérêt général (effondrement d'un pont routier, remplacement par un pont piétonnier, et obligation pour les propriétés desservies par l'ancien pont de faire un détour de 1500 m). • CE 16 juin 2008, *Cne de Valréas*, n° 293857.

226. Pont servant à la voirie départementale à franchir une voie ferrée. Propriété départementale. Entretien. Les ponts ne constituent pas des éléments accessoires des cours d'eau ou des voies ferrées qu'ils traversent mais sont au nombre des éléments des voies dont ils relient les parties séparées de façon à assurer la continuité du passage ; par suite, un pont supportant une route départementale appartient à la voirie départementale ; les art. L. 131-2 C. voirie rout. et L. 3321-1 CGCT ne font pas obstacle à ce que le département conclue avec le propriétaire ou l'exploitant de la voie franchie par un pont de la voirie départementale une convention mettant à la charge de celui-ci les frais d'entretien de l'ouvrage ; si le département peut, lorsqu'une telle convention a été conclue, réclamer sur ce fondement le versement d'une indemnité réparant le préjudice que lui a causé l'inexécution fautive du contrat par l'autre partie, il reste tenu d'assurer l'entretien normal du pont en faisant procéder aux réparations nécessaires et en inscrivant les dépenses correspondantes à son budget. • CE 23 juill. 2012, *Dpt de la Marne*, n° 341932 : *AJDA 2012. 2008, note Finon*.

L. ORDURES MÉNAGÈRES

227. Incinérateur. Recours contre une seconde expertise. Quand un incinérateur d'ordures ménagères est géré par un syndicat intercommunal, qu'une première expertise est ordonnée par le juge des référés du tribunal administratif concernant les effets sur l'environnement des dépôts et des stocks de déchets présents sur le site, qu'ultérieurement une seconde expertise est ordonnée sur les conditions de fonctionnement interne de l'incinérateur, cette seconde a un objet distinct de la première ; par suite, dès lors que l'incinérateur n'a pas été arrêté de façon certaine et définitive, et que la seconde expertise était utile dans la perspective de contentieux ultérieurs susceptibles d'être engagés par des recours recevables, le syndicat n'est pas fondé à demander l'annulation de l'ordonnance la prescrivant. • CE 20 mars 2002, *Synd. intercommunal du traitement des ordures ménagères de La Gravenne (Sitom de La Gravenne)*, n° 233180.

228. V. notes ss. art. L. 2224-13 s.

M. LOGEMENTS

229. BIBL. Chalon, Le droit de passage pour les infrastructures des télécommunications, *CJEG 2002, n° 583, p. 2.* – Mondou, La domanialité privée des appartements publics situés dans une enceinte d'un service public, *RLCT 2009, repères 1315.*

230. Logement de fonction. Attribution. L'organe délibérant des collectivités territoriales est compétent pour déterminer les emplois auxquels peut être attachée l'attribution d'un logement de fonction. Cette liste doit être établie en prenant en compte les fonctions qui ne pourraient être exercées normalement par un agent qui ne serait pas logé sur place. • CE 12 déc. 2014, *Dpt du Val-de-Marne*, n° 367974 : *Lebon ; AJDA 2014. 2450*. ♦ En dehors du cas où un logement est attribué par nécessité absolue de service, il convient nécessairement de déterminer si la concession d'un logement de service présente un intérêt certain pour la bonne marche du service, compte tenu des contraintes liées à l'exercice de l'emploi en cause. • CE 27 oct. 2008, *Synd. intercommunal de Bellecombe et Patois*, n° 293611 B : *AJDA 2009. 605, note Aubin ; JCP Adm. 2008. Actu. 953.*

231. Logements communaux. Expulsion. La lettre par laquelle le maire demande à un particulier de quitter le logement du domaine public communal qu'il occupait doit être regardée comme prononçant une résiliation du contrat de location ; par suite, le requérant est privé de tout titre à occuper le logement qui lui avait été attribué ; dès lors, même si le requérant soutient que la résiliation est irrégulière, la demande d'expulsion présentée par la commune ne se heurte à aucune contestation sérieuse ; la libération des locaux présentant un caractère d'urgence, le juge des référés est en droit d'ordonner leur libération ; mais l'astreinte de 1 000 F par jour de retard présente un caractère excessif et doit être ramenée à 500 F. • CAA Paris, 29 janv. 1998, *Mme Parenteau*, n° 97PA02279. ♦ Il n'appartient pas au juge administratif d'accorder à un occupant sans titre du domaine public un délai pour libérer les locaux qu'il occupe. • Même arrêt.

232. Logement de fonction indissociable d'une dépendance du domaine public. Dès lors que le logement en cause appartient à un établissement public communal ; que ce logement constitue une dépendance du logement de fonction, concédé pour nécessité absolue de service à la directrice de l'établissement ; qu'il est situé dans l'enceinte de la résidence, au dernier étage du bâtiment dans lequel sont hébergés les résidents de l'établissement, et ne bénéficie d'aucun accès séparé de celui de la résidence ; dans ces conditions, le logement en cause n'est pas manifestement insusceptible d'être qualifié d'accessoire indissociable d'un bien appartenant au domaine public au titre de l'art. L. 1 CGPPP, dont le contentieux relève de la juridiction administrative. • CE 24 févr. 2011, *Maisons de retraite de Neuilly-sur-Seine c/ Mme Karima*, n° 342621.

233. Clause permettant au propriétaire de reprendre la jouissance de l'immeuble à tout moment et pour tout motif, sans indemnité. Compétence judiciaire. Dans une convention d'occupation temporaire, par laquelle une communauté urbaine met à la disposition d'une entreprise, pour une durée de deux ans, un immeuble à usage d'entrepôt et de bureaux appartenant au domaine privé de la communauté urbaine, la clause qui permet au propriétaire de reprendre la jouissance de l'immeuble à tout moment et pour tout motif, sans indemnité, sous réserve d'un préavis d'un mois, ne constitue pas une clause exorbitante. Par suite, le litige relatif à l'exécution d'un tel contrat relève de la compétence des juridictions de l'ordre judiciaire. • T. confl. 20 févr. 2008, *M et Mme A.*, n° C3623 : *BJCL 2008. 453, Yolka, Gariazzo, concl. conformes et note sous cette décision, JCP Adm. 2008. 1. 2117.*

234. Logements sociaux. L'action engagée par des parents contre l'office public d'HLM, dont ils sont locataires, en vue d'obtenir réparation du préjudice qu'ils ont subi du fait de l'accident mortel dont a été victime leur enfant, survenu en raison de l'entretien défectueux, incombant à l'office, d'un lampadaire extérieur éclairant l'ensemble immobilier où résidait la victime, ne peut trouver sa source que dans le contrat de droit privé et relève de la compétence des juridictions judiciaires. • T. confl. 24 mai 2004, *OPHLM de l'Aude*, n° C3399.

235. Expropriation pour construction de logements sociaux, destination non réalisée, rétrocession, compétence judiciaire ; demande supplémentaire en indemnisation. C'est à bon droit que, saisi de l'action engagée par un exproprié et tendant à ce que soient tirées les conséquences de l'absence d'utilisation du terrain dont l'expropriation avait été prononcée en vue de la constitution d'une réserve foncière destinée à la réalisation de logements sociaux, le juge judiciaire a retenu qu'il est seul compétent pour connaître des litiges relatifs aux demandes de rétrocession et, lorsque cette rétrocession est devenue impossible, pour condamner la collectivité au bénéfice de laquelle a été prononcée la déclaration d'utilité publique au paiement d'une indemnité compensatrice au propriétaire initial. Le droit à rétrocession des expropriés ayant été reconnu par un jugement bénéficiant de l'autorité de la chose jugée, ceux-ci sont irrecevables à exercer à l'encontre de la commune expropriante une action en indemnisation pour charges excessives du fait de l'expropriation. • Civ. 3e, 20 juin 2007, *Cne de Saint-Denis-de-La-Réunion c/ Cts Mas*, n° 06-12.569 : *AJDA 2008. 407, note Hostiou*.

236. Taxe sur les logements vacants. Il résulte de l'article 232 du code général des impôts, interprété par le Conseil constitutionnel : – que la taxe sur les logements vacants ne concerne que les logements pouvant être mis, sur simple décision du propriétaire, sur le marché immobilier locatif dans des conditions normales et durables d'habitation ; – que les logements qui constituent des dépendances du domaine public, auxquels n'est pas applicable, notamment, la loi n° 89-462 du 6 juillet 1989 tendant à améliorer les rapports locatifs, et dont l'occupation a, comme toute occupation du domaine public, un caractère précaire, ne remplissent pas ces critères ; – qu'ils doivent par suite être exclus du champ d'application de la taxe sur les logements vacants ; – que la taxe ne saurait donc s'appliquer à un logement de fonction appartenant au domaine public • CE 18 janv. 2008, *Min. de l'Économie, des Finances et de l'Industrie c/ Région Île-de-France*, n° 290366 : *RLCT 2008. 956, note Mondou.*

N. THERMES

237. Thermes, bail, interprétation des clauses sur les conséquences financières de la résiliation. L'art. 16-1 du contrat de concession thermale qui dispose que : « Le présent contrat sera résilié si bon semble à l'une des parties en cas d'inexécution par l'autre partie de l'une quelconque de ses obligations au titre des présentes, et ce quatre-vingt-dix jours après une mise en demeure par lettre recommandée avec accusé de réception restée en tout ou partie sans effet pendant ce délai et sous réserve de tous dommages et intérêts », doit être compris comme conférant à chacune des parties un droit à résiliation subordonné seulement à l'inexécution par l'autre partie de l'une quelconque de ses obligations ; par suite, cette inexécution se réalisant, le juge du contrat peut prononcer la résiliation mais doit rejeter les conclusions tendant à ce qu'elle soit prononcée aux torts de l'autre partie. ♦ L'art. 16-3 de ce contrat qui dispose que « en cas de résiliation en application des dispositions de l'art. 16-1 ci-dessus, le concessionnaire pourra prétendre à une indemnité égale à la valeur vénale des investissements qu'il a réalisés, déterminée à défaut d'accord entre les parties par un expert désigné par M. le président du tribunal administratif saisi par la partie la plus diligente, déduction faite du solde des emprunts éventuellement garantis et repris par le concédant et diminuée d'un trente-cinquième par année d'exécution du contrat, ladite indemnité étant payable après liquidation des dommages-intérêts éventuellement dus par le concessionnaire au concédant et à concurrence du montant non compensé », n'a d'autre objet que de prévoir que l'indemnité due le cas échéant au concessionnaire au titre des investissements réalisés ne sera versée que déduction faite des dommages-intérêts mis à sa charge ; les stipulations de l'art. 16-3 ne signifient pas qu'en cas de résiliation prononcée en application de l'art. 16-1, les droits à dommages-intérêts dont peut se prévaloir l'autorité concédante peuvent seulement venir en déduction des droits à indemnité du concessionnaire au titre des investissements réalisés et sont, par suite, subordonnés à l'existence de tels droits à indemnisation et limités à leur montant. • CE 17 mars 2004, *Cne d'Aix-en-Provence c/ Sté thermale d'Aix-en-Provence*, n° 243141.

238. Contentieux contractuel. Non-respect de l'obligation de verser des subventions annuelles. Fixation de l'indemnité. Lorsque le concessionnaire d'un établissement thermal a signé un protocole avec une commune pour l'exploitation d'un casino municipal ; que selon ce protocole, en contrepartie de l'exploitation de discothèque du casino, le concessionnaire s'engage à verser au profit du théâtre municipal des subventions annuelles ; le tribunal puis la cour peuvent condamner le concessionnaire pour non-respect de ses engagements à verser à la commune une indemnité correspondant à la différence entre le montant des subventions contractuellement prévues et les sommes effectivement versées ; sans que puisse être invoqué utilement devant le juge de cassation le principe selon lequel une personne publique ou privée ne peut être condamnée à payer une somme qu'elle ne doit pas. • CE 8 août 2008, *La compagnie fermière de l'éts thermal de Vichy*, n° 292380.

239. Impôt sur les sociétés ; dépenses engagées pour accroître l'actif net. Au regard de l'impôt sur les sociétés, et au titre de l'art. 38 CGI, ne peuvent être déduites du résultat imposable les dépenses engagées : – pour la démolition d'un pensionnat, non suivie d'une reconstruction, mais nécessaire à la transformation des bâtiments appartenant à la société thermale en établissement hôtelier ; – et pour des travaux de réhabilitation des bâtiments conservés et de remise en état des aménagements extérieurs, également nécessaires à ce projet. L'ensemble de ces opérations a eu pour effet d'accroître sensiblement la durée probable d'utilisation de ces immobilisations, et donc d'accroître l'actif net. • CE 18 mai 2005, *Sté thermale d'Eugénie-les-Bains*, n° 264035.

240. Impôt sur les sociétés ; immobilisations acquises à titre gratuit. Au regard de l'impôt sur les sociétés, et au titre de l'art. 38 *quinquies* de l'annexe III au CGI, les immobilisations acquises à titre gratuit, sont inscrites au bilan pour leur valeur vénale. Doivent être considérées comme telles, les immobilisations : – données en location-gérance par le bailleur par convention initiale prévoyant que sauf indemnisation, les matériels et les installations constituant le fonds de commerce seraient restitués au bailleur ou remplacés à l'identique ; – et faisant l'objet d'une nouvelle convention précisant que la restitution était réputée accomplie par la remise au bailleur du matériel équipant les installations de l'établissement thermal et qui a renoncé à toute indemnisation. Il importe peu que le preneur soutienne que les équipements mis en location-gérance en application de la convention initiale n'ont jamais cessé de lui appartenir, et que même s'ils ont été remplacés, ils doivent être regardés comme étant de même nature et de même valeur que le matériel d'origine immobilisé, dès lors que le preneur n'a produit aucune justification, notamment comptable, tendant à établir que ces éléments figuraient au nombre des équipements inscrits à son actif à l'origine. • CE 18 mai 2005, *Sté thermale d'Eugénie-les-Bains : préc. note 239.*

241. Arrhes restant acquises au prestataire de service hôtelier après dédit du client. Non-assujettissement à TVA. Les sommes versées à titre d'arrhes, dans le cadre de contrats portant sur des prestations de service hôtelier assujetties à la TVA, doivent être regardées, lorsque le client fait usage de la faculté de dédit qui lui est ouverte et que ces sommes sont conservées par l'exploitant d'un établissement hôtelier (en l'espèce, thermes) comme des indemnités forfaitaires de résiliation versées en réparation du préjudice subi à la suite de la défaillance du client, sans lien direct avec un quelconque service rendu à titre onéreux et, en tant que telles, non soumises à cette taxe. • CE 30 nov. 2007, *Sté thermale d'Eugénie-les-Bains,* n° 263653.

O. GÎTES RURAUX

242. BIBL. Collin, concl. conformes sur CE 25 janvier 2006, Commune de la Souche, *BJCL 2006, p. 412, obs. Poujade.*

243. Gîte rural communal, domanialité publique. Dès lors que la commune a acquis l'immeuble litigieux et y a entrepris des travaux en vue d'y exploiter un gîte rural, elle doit être regardée comme ayant affecté cet immeuble au service public de développement économique et touristique ; les circonstances qu'aient été envisagées une exploitation commerciale de l'immeuble, et, selon les stipulations de la convention d'occupation temporaire conclue entre la commune et les bénéficiaires, la conclusion ultérieure d'un bail commercial, sont, à cet égard, sans effet ; cet immeuble appartient au domaine public communal. • CE 25 janv. 2006, *Cne de la Souche,* n° 284878.

P. FLEUVES, LACS, RIVIÈRES, ÎLES, CANAUX ET SOURCES

244. BIBL. Deguergue, La garde dans les dommages de travaux publics (CE 3 mai 2006, *Ministre de l'Écologie et du Développement durable, Commune de Bollène* et a. : n°s 261956 et 262041 ; Commune de Bollène, Syndicat intercommunal pour l'aménagement et l'entretien du réseau hydraulique du Nord Vaucluse, n° 262046), *AJDA 2007. 204*. – Moreau, À propos de l'arrêt du Conseil d'État du 19 mars 2003, *Cts Temple-Boyer,* le juge administratif est compétent pour déterminer si un étang est un étang salé, *JCP Adm. 2003, n° 21, comm., n° 1485, p. 668.* ♦ V. aussi le régime des eaux, notes 176 s.

1° GÉNÉRALITÉS

245. Cours d'eau des DOM. Dans les départements d'outre-mer, les cours d'eau naturels ou artificiels appartiennent au domaine public de l'État. Cette domanialité inclut les eaux et le lit naturel ou artificiel. • Civ. 3e, 3 mai 2007, n° 06-16.705 : *AJDA 2007. 1756, note Dufau*.

2° FLEUVES

246. Interdiction totale d'accoster dans un port fluvial pour motif de gestion optimale du domaine et détérioration du ponton faite à une EURL. Quand un maire interdit à un navire d'usage touristique toute utilisation du port, y compris l'accostage sur un emplacement commun pour embarquer et débarquer des passagers au motif d'une « gestion optimale du domaine public communal », il ne résulte pas de l'instruction que des considérations d'encombrement des emplacements communs du port ou de gestion financière du domaine puissent justifier l'interdiction totale prise à l'encontre de ce navire. Concurremment, si le maire fonde également un arrêté similaire sur la détérioration d'une partie du ponton bordant le quai nord de l'embouchure du port, et impute cette détérioration audit navire, il résulte de l'instruction que les faits à l'origine de cette détérioration n'ont pas été constatés, que le maire a interdit toute utilisation de la partie endommagée du ponton et que les emplacements communs demeurant disponibles permettent l'accostage du navire ; ainsi l'interdiction totale d'accostage édictée à l'encontre de l'EURL, qui est propriétaire d'un seul navire et organise des promenades touristiques à destination de sites naturels proches du port, et alors que le navire utilisait sans difficultés ledit port en 2003 et 2004 lorsqu'il appartenait à une autre compagnie de navigation, porte une atteinte grave et manifestement illégale à la liberté d'entreprendre. • CE 6 sept. 2006, *Cne d'Ota c/ EURL Via Mare,* n° 296912.

247. Création d'un chemin piétonnier sur la servitude de marchepied des cours d'eau domaniaux, compatibilité avec le POS. Si des modifications ont été apportées au projet de révision du POS (PLU) après l'enquête publique, ces modifications consistant en la création d'un emplacement réservé pour l'établissement d'un cheminement piétonnier sur les berges et sur l'emprise déjà affectée par la servitude de marchepied instituée le long des cours d'eau domaniaux par le code du domaine public fluvial, qui tenaient compte des résultats de l'enquête publique et n'affectaient pas l'économie générale du plan d'occupation des sols, n'étaient pas de nature à justifier une nouvelle consultation par le maire des services de l'État prévue à l'art. R. 123-12 C.

urb. • CE 8 janv. 2010, *Cne de Châtel-de-Neuvre*, n° 303869.

3° RIVIÈRES

248. Domaine privé, interdiction de la pratique d'un sport d'eau prise dans l'intérêt des pêcheurs et riverains, compétence de police du maire, contentieux administratif. Une délibération d'un conseil municipal interdisant la pratique des sports d'eau vive sur le domaine privé communal constitue une mesure de police administrative, et non une mesure de gestion du domaine privé, dès lors qu'elle a été décidée dans l'intérêt des pêcheurs et des riverains d'un cours d'eau et en vue d'assurer le maintien de la tranquillité publique. La police municipale relevant de la compétence exclusive du maire, le conseil municipal n'était donc pas compétent pour prendre une telle mesure. • CE 11 déc. 2008, n° 307084 : *AJDA 2009. 371, note Lagarde* .

249. Protection des berges, marché, irrégularité. Lorsqu'une commune confie à une société le soin d'exécuter des travaux de protection des berges d'un cours d'eau qui revêtent un caractère d'urgence, que ce contrat est annulé puisque passé sans autorisation du conseil municipal et sans respecter la procédure de passation des marchés, la demande de remboursement des dépenses afférentes aux travaux utiles à la commune est fondée. Le tribunal n'a pas commis d'erreur de droit en ne relevant pas d'office que la commune ne pouvait être condamnée à payer ce qu'elle ne devait pas, du fait que la rivière en cause appartenait au domaine public de l'État. • CE 21 oct. 2009, *Cne de Pointe-Noire*, n° 312214.

250. Limites entre mesure de gestion du domaine et police administrative sur domaine privé. Une délibération d'un conseil municipal interdisant la pratique des sports d'eau vive sur le domaine privé communal constitue une mesure de police administrative, et non une mesure de gestion du domaine privé, dès lors qu'elle a été décidée dans l'intérêt des pêcheurs et des riverains d'un cours d'eau et en vue d'assurer le maintien de la tranquillité publique. La police municipale relevant de la compétence exclusive du maire, le conseil municipal n'était donc pas compétent pour prendre une telle mesure. • CE 11 déc. 2008, *Féd. fr. de la montagne et de l'escalade*, n° 307084 : *RLCT 2009, Actu. 1264, note Foulquier ; AJDA 2009. 371, note Lagarde ; JCP Adm. 2009. 37, note Yolka.*

4° LACS

251. Domaine public lacustre, procédure de classement. Le décret de classement d'un lac susceptible de produire une puissance permanente de 50 kilowatts d'énergie électrique, qui inclut à la fois des parcelles appartenant au domaine public de la commune et des parcelles appartenant à des propriétaires privés doit être pris au titre de l'art. L. 341-6 C. envir., qui prévoit notamment que le classement ne peut intervenir qu'après avis des ministres intéressés ou à l'issue d'un délai de trois mois suivant leur saisine. Si le décret en cause ne vise pas l'avis du secrétaire d'État à l'industrie, qui avait la qualité de ministre intéressé, il mentionne néanmoins la saisine de ce ministre, antérieure de plus de trois mois à sa signature. Dès lors, il n'est pas entaché d'illégalité. • CE 31 mars 2004, *SA Blanchiment De Xonrupt*, n° 247924.

252. Cassation. Compétence. Lien entre un ouvrage public et un dommage. En cas de rupture d'une digue retenant les eaux d'un étang provoquant des dégâts aux propriétés voisines, l'existence d'un lien de causalité, de nature à engager la responsabilité d'une personne publique, entre la rupture de la digue et les travaux de goudronnage du chemin communal supporté par la digue d'une part et le dommage invoqué relève de l'appréciation souveraine du juge du fond et il n'appartient pas au juge de cassation de contrôler, en l'absence, comme en l'espèce, de dénaturation. • CE 9 juin 2008, *Min de l'Agriculture, Cne de Saint-Gervais-d'Auvergne*, n° 302210.

5° CANAUX

253. Coupes d'arbres au bord d'un canal et espaces naturels sensibles. Le fait pour une association syndicale de prescrire la suppression « d'arbres dangereux sur les berges du canal au sud de l'étang » ne paraît pas, en l'espèce, constitutif d'une illégalité manifeste au regard des dispositions des art. L. 142-1 et L. 142-10 C. urb. relatif aux espaces naturels sensibles. • CE 14 juin 2006, *Assoc. syndicale du canal de la Gervonde c/ Dpt de l'Isère*, n° 294060.

6° SOURCES

254. Périmètre de protection immédiate. Expropriation et service public de l'eau. Un arrêté préfectoral ne peut emporter autorisation, au bénéfice d'un syndicat intercommunal, en vue d'acquérir par voie d'expropriation le terrain nécessaire à la constitution du périmètre de protection immédiate autour d'une source (art. L. 20 du code de la santé publique), dès lors que : – la parcelle objet de l'expropriation appartient à une commune ; – qu'elle est affectée au service public de l'eau géré par le syndicat intercommunal des eaux ; – qu'elle a fait l'objet d'aménagements spéciaux à cette fin ; qu'ainsi, son affectation au service public de l'eau ne saurait remettre en cause son caractère de dépendance du domaine public de la commune. • CE 19 déc. 2007, *Cne de Mercy-le-Bas c/ Synd. intercommunal des eaux de Piennes*, n° 288017.

255. Inondations, responsabilité communale, réseau d'évacuation des eaux pluviales insuffisant, réseau d'assainissement inexistant. La commune est responsable des dégâts causés à une société par une inondation dès lors que, d'une part, malgré leur intensité, les pluies qui se sont abattues n'ont pas présenté un caractère de violence imprévisible constituant un cas de force majeure, de tels événements, de fréquence au moins décennale, s'étant produits à plusieurs reprises au cours des années précédentes et, d'autre part, qu'en dépit de ce contexte le réseau d'évacuation des eaux pluviales n'avait fait l'objet que d'aménagements sommaires tandis que le réseau d'assainissement était inexistant, qu'un lien direct de causalité était établi entre ces carences et les dommages allégués par la société. Par ailleurs, celle-ci n'avait pas pris toutes les précautions nécessaires qui auraient permis de limiter les dommages, et a donc commis une faute de nature à exonérer à hauteur de 30 % la responsabilité de la commune. • CE 13 nov. 2009, *Cne des Bordes c/ Sté Sygma*, n° 306992.

256. Maire propriétaire d'un terrain de proximité. La circonstance que le maire de la commune était propriétaire de parcelles situées à proximité des sources concédées ne suffisait pas à établir l'existence d'un intérêt personnel qui l'aurait empêché de prendre part au vote de la délibération approuvant le contrat de concession des sources. • CE 24 sept. 2003, *Assoc. Avenir d'Alet c/ Cne d'Alet-les-Bains*, n° 215557 : *JCP Adm. 2003. 2115, note Quillien.*

257. Contrat passé selon la L. du 30 déc. 1967. Si la commune pouvait utiliser ses prérogatives de puissance publique pour s'inspirer d'éléments du régime de droit privé de la concession immobilière prévu par la L. du 30 déc. 1967 dans l'élaboration du contrat spécifique de concession des sources, ce n'est pas pour autant que ce contrat relevait du régime de cette loi, dont par suite elle n'a pu méconnaître les dispositions. • CE 24 sept. 2003, *Assoc. Avenir d'Alet c/ Cne d'Alet-les-Bains*, n° 215557 : *préc. note 256.*

Q. MONUMENTS HISTORIQUES

258. BIBL. Le Roux, Le transfert de propriété de monuments historiques aux collectivités territoriales, *AJDA 2007. 2117*.

R. DOMAINE SOUTERRAIN

259. Marnière sise sous le domaine public et se prolongeant en propriété privée. Comblement, partage des frais de travaux. Quand, par un premier jugement, le tribunal administratif a, sur le fondement de l'article L. 511-2 du code de la construction et de l'habitation, autorisé le maire à faire procéder d'office, aux frais de particuliers, aux travaux de comblement de la marnière située sous leur propriété, que ce jugement a acquis l'autorité de la chose jugée, le tribunal, dans un second jugement, peut interpréter le premier comme ne permettant pas à la commune de recouvrer la totalité du coût des travaux à l'encontre des particuliers, y compris ceux situés sous le domaine public communal. • CE 21 mars 2008, *Cne de Bois-Guillaume c/ M et Mme A.*, n° 293991.

S. AUTRES DÉPENDANCES

260. BIBL. Terneyre, Sur quelques problèmes juridiques contemporains à haute tension, à propos des concessions locales de distribution et de fourniture d'électricité, *AJDA 2009. 1640*.

261. Téléphonie mobile, retrait d'occupation du domaine. Doit être suspendue d'urgence la décision par laquelle un maire impose à la société Orange France de procéder au démontage de ses installations sur domaine public avant une date fixée, dès lors que : – un intérêt s'attache à la couverture du territoire national par le réseau de téléphonie mobile ; – les intérêts propres de la société Orange France résultent notamment des autorisations qui lui ont été données ; – il n'y a pas d'éléments établissant l'existence de risques sérieux pour la santé publique. Il importe peu que la commune ait proposé à la société Orange France un autre site pour l'implantation de ses équipements. La juridiction ne peut substituer au motif de la santé publique celui de la nullité de la convention d'occupation du domaine public conclue pour l'implantation des installations litigieuses dès lors qu'il n'apparaît pas que la commune aurait pris la même décision si elle s'était initialement fondée sur ce second motif. • CE 15 mars 2004, *Cne de Villasavary c/ Sté Orange France*, n° 261130.

262. Téléphonie mobile. Compétences juridictionnelles. Les juridictions judiciaires sont incompétentes pour connaître du litige opposant la commune à la société Orange France tendant à ce que soient prononcés le déplacement d'une antenne-relais de téléphonie mobile et subsidiairement la limitation de l'exposition des riverains à une énergie électromagnétique inférieure à 0,6 v/m à tout moment de la journée, ayant reçu l'accord de l'Agence nationale des fréquences pour être implantée sur le territoire de la commune, au motif que cette installation présenterait un risque pour la santé des populations vivant dans son voisinage. • T. confl. 14 mai 2012, *Cne de Château-Thierry*, n° C3850 : *RDI 2012. 514, note Jacquemet-Gauché*. ♦ La juridiction de l'ordre judiciaire est compétente pour connaître des conclusions du litige opposant la société Bouygues Télécom à des usagers en tant qu'elles tendent au versement par ladite société de dommages-intérêts pour risque créé, pour la santé des populations vivant dans son voisinage, par le fonctionnement d'une antenne de téléphonie mobile ayant reçu l'accord de l'Agence nationale des fréquences pour être implantée sur le territoire de la commune et qui lui appartient ; la juridiction de l'ordre administratif est en revanche seule compétente pour connaître des conclusions du litige tendant pour les mêmes motifs à l'enlèvement de cette antenne. • T. confl. 14 mai 2012, *Sté Bouygues Télécom,* n° C3852 : *RDI 2012. 514, note Jacquemet-Gauché.*

263. Télécommunications, permission de voirie. Un maire doit justifier son refus d'accorder une permission de voirie à un opérateur de télécommunications. • CAA Bordeaux, 27 oct. 2009, *France Télécom,* n° 09BX00027 : *AJDA 2010. 518.*

264. Domaine public de chasse. BIBL. Boulard, À propos de l'arrêt de la cour administrative d'appel de Bordeaux du 22 octobre 2002, droit de chasse sur le domaine public, comment en être adjudicataire, *RD rur. 2003, n° 314, p. 382.*

265. Réserve naturelle et affectation au service public ou à l'usage du public. Si, en vertu des art. L. 332-1 s. C. envir., le classement en réserve naturelle de terrains appartenant à des personnes publiques ou privées permet, dans un objectif de conservation du milieu naturel, d'y soumettre les activités à des prescriptions particulières, il n'a pas, en soi, pour effet d'affecter ces terrains à un service public ou à l'usage du public. • CE 28 sept. 2011, *Synd. mixte pour la protection et la gestion de la Camargue gardoise,* n° 343690 : *AJCT 2011. 577, obs. Coronat ; AJDA 2012. 1449, note Fuchs-Cessot.*

266. Casernes. Au titre de l'art. 59 C. dom. Ét., les communes détentrices de la nue-propriété de certaines casernes peuvent récupérer l'usufruit des casernes inutilisées définitivement par l'État, sans qu'une décision de désaffectation soit nécessaire., concl. conformes sur • CAA Nantes 2e ch., 28 juin 2005, *Bruno Hergas : BJCL 2005. 760, obs. Bonichot.*

267. Monument aux morts. Un monument aux morts constitue un « monument funéraire » au sens de l'art. 28 de la loi du 9 déc. 1905. Dès lors il échappe à l'interdiction posée par cet article « d'élever ou d'apposer un signe ou emblème religieux sur les monuments publics ou en quelques emplacements publics que ce soit ». • TA Dijon, 20 sept. 2007, *M. Denis Rossi,* n° 07073 : *AJDA 2007. 2195, concl. Tainturier.*

268. Lignes électriques, utilité publique. Pour l'évaluation de l'utilité publique d'une ligne à très haute tension, • CE 27 mars 2009, *Assoc La vie ne tient qu'à un fil,* n° 298046 : *AJDA 2009. 1268.*

269. Le premier ministre doit prendre, dans un délai de quatre mois à compter de la notification de la décision, le décret fixant le régime des redevances d'occupation provisoire du domaine public communal par des chantiers de travaux relatifs aux ouvrages de transport et distribution d'électricité et de gaz. • CE 1er oct. 2013, *Cne de Montpellier,* n° 352563 : *AJDA 2013. 2525.*

270. Lignes électriques. Référé-suspension, abattages d'arbres. Travaux achevés, exécution totale de l'acte administratif. La condition d'urgence à suspendre un arrêté autorisant la modification de lignes électriques déclarée d'utilité publique n'est pas remplie dès lors que l'arrêté a été entièrement exécuté. En l'espèce, les travaux d'abattage d'arbres, principal préjudice mis en avant par la commune, ont été réalisés il y a plus d'un mois, soit avant même la date à laquelle le juge des référés du CE a été saisi ; d'autre part, sont achevées les dernières opérations des travaux approuvés par l'arrêté préfectoral litigieux. • CE 29 nov. 2012, *Cne de Neuilly-Plaisance,* n° 363741.

271. Remplacement du réseau. Obligation d'enfouissement. Les modifications apportées par la L. n° 2009-1572 du 17 déc. 2009 aux dispositions de l'art. L. 2224-35 CGCT n'ont pas remis en cause l'obligation pour l'opérateur de déposer et d'enfouir son réseau câblé aérien en cas de remplacement du réseau public aérien de distribution d'électricité. En particulier, l'absence de l'engagement contractuel préalable entre les deux parties prévu depuis la loi du 17 déc. 2009 ne peut l'exonérer de cette obligation. • CE 20 févr. 2013, *Cté d'agglomération de Saint-Quentin-en-Yvelines,* n° 364025 : *AJDA 2013. 438, note de Montecler.*

272. Réseau public aérien de distribution d'électricité. Enfouissement. Prise en charge du coût par une personne publique. TVA. Il résulte de la combinaison des art. L. 1615-7 et L. 2224-35 CGCT que la prise en charge, par une personne publique, des coûts de dépose et d'enfouissement du réseau câblé d'un opérateur de communications électroniques à l'occasion de l'enfouissement du réseau public aérien de distribution d'électricité dont les supports accueillaient également le réseau de télécommunications a principalement pour objet et pour effet d'avantager cet opérateur de communications électroniques ; par suite, les dépenses d'investissement correspondantes ne peuvent donner lieu à attribution du fonds de compensation pour la taxe sur la valeur ajoutée. • CE 26 avr. 2013, *Min. de l'Intérieur, de l'Outre-mer, des Collectivités territoriales et de l'Immigration c/ Synd. dptal d'électricité et de gaz de La Charente,* n° 346849 : *AJDA 2013. 887, note de Montecler.*

T. POLITIQUE D'ACQUISITIONS FONCIÈRES DE LA COMMUNE

273. BIBL. Camoz, 97e congrès des notaires de France. Troisième commission : les investissements immobiliers des collectivités locales, *LPA 14 mai 2001, n° 95, p. 73.* – Chaussade et Sevino, L'accession sociale à la propriété et les collectivités territoriales : un dispositif encore en construction, *AJDA 2008. 1177.* – Gros, Construction, occupation d'immeubles domaniaux et commande publique, *Dr. et patr. 2004, n° 124, p. 62.* – D'Harcourt, L'édification d'immeubles publics dans le cadre de la loi du 25 juillet 1994, *JCP N 2001, n° 18, p. 818.*

1° ACQUISITION AMIABLE

274. Proposition d'achat, acte préparatoire à l'acquisition : délibérations distinctes. La délibération du conseil municipal qui charge le maire de faire parvenir au tribunal de commerce une proposition d'achat d'un immeuble a un caractère préparatoire à l'acquisition, au cas où l'offre de la commune aurait été retenue, de l'immeuble en question, qui ne pouvait légalement intervenir que sur une nouvelle délibération du conseil, en vertu de l'art. L. 2241-1 CGCT. • CAA Nancy, 15 mai 2003, *Cne de Remomeix c/ Assoc. régionale pour le culte des Témoins de Jéhovah de l'Est de la France (ACTEF)*, n° 98NC01864.

2° DROITS DE PRÉEMPTION

275. Annulation de l'acte de préemption communal ; conséquences ; devoirs de la commune. L'annulation par le juge de l'excès de pouvoir de l'acte par lequel le titulaire du droit de préemption décide d'exercer ce droit emporte pour conséquence que ce titulaire doit être regardé comme n'ayant jamais décidé de préempter ; ainsi cette annulation implique nécessairement, sauf atteinte excessive à l'intérêt général appréciée au regard de l'ensemble des intérêts en présence, que le titulaire du droit de préemption, s'il n'a pas entre temps cédé le bien illégalement préempté, prenne toute mesure afin de mettre fin aux effets de la décision annulée ; il lui appartient de s'abstenir de revendre à un tiers le bien illégalement préempté ; il doit proposer à l'acquéreur évincé puis, le cas échéant, au propriétaire initial d'acquérir le bien, et ce, à un prix visant à rétablir autant que possible et sans enrichissement sans cause de l'une quelconque des parties les conditions de la transaction à laquelle l'exercice du droit de préemption a fait obstacle. • CE 26 févr. 2003, *Assoc. des contribuables de Clairefontaine-en-Yvelines c/ Cne de Clairefontaine-en-Yvelines*, n° 231558.

276. L'annulation pour excès de pouvoir de la délibération d'un conseil municipal décidant la préemption d'un bien n'a pas pour effet de mettre fin au droit de propriété de la commune sur ce bien, mais implique seulement que celle-ci prenne toute mesure pour mettre fin aux effets de la décision annulée, par exemple en proposant à l'acquéreur évincé puis, le cas échéant, à l'ancien propriétaire du bien préempté, d'acquérir ce bien. • CE 17 mai 2006, *Cne de Jonquières*, n° 281509.

277. Décision de préemption suivie de revente. Incompétence du juge judiciaire sur l'irrégularité de la préemption. Le juge judiciaire est incompétent pour statuer sur l'irrégularité d'une décision de préemption dont il déduit l'irrégularité de la décision ultérieure par laquelle une commune a décidé de revendre le bien préempté. • Civ. 3e, 21 oct. 2009, n° 08-11.162 : *AJDA 2009. 2419, concl. Serge Petit*.

278. Droit de préemption de l'art. L. 210-1 C. urb. exercé de manière irrégulière par des objectifs trop généraux : conséquence sur une unité foncière indivisible. Quand une commune veut acquérir une propriété pour y installer un commerce de proximité ainsi qu'un musée du football, qu'elle fait usage du droit de préemption, de l'art. L. 210-1 C. urb., qu'il ressort des pièces du dossier que la délibération du conseil municipal ne mentionne, au titre de l'exercice du droit de préemption urbain, que des objectifs généraux qui ne font pas apparaître de façon précise l'action ou l'opération en vue de laquelle ce droit de préemption est exercé ; que, notamment, elle ne mentionne pas le projet de musée envisagé pour l'utilisation des bâtiments ; ainsi, et alors même que les projets de la commune étaient, en réalité, précis et suffisamment certains dès la date d'intervention de la décision de préemption, la délibération ne répond pas à l'exigence, qui découle de l'art. L. 210-1 précité, de description précise de l'objet en vue duquel est exercé le droit de préemption urbain ; dès lors que la propriété préemptée constitue une unité foncière dont l'aliénation est indivisible, l'illégalité de la décision en tant qu'elle fait usage du droit de préemption urbain entraîne nécessairement l'illégalité de celle qui exerce le droit de préemption au titre des espaces naturels sensibles sur les parcelles de la propriété non soumises au droit de préemption urbain ; par suite, la délibération doit être annulée dans son ensemble. • CE 26 févr. 2003, *Assoc. des contribuables de Clairefontaine-en-Yvelines c/ Cne de Clairefontaine-en-Yvelines*, n° 231558 : *préc. note 275*.

3° ACQUISITION PAR EXPROPRIATION

279. Expropriation, renoncement à rétrocession, préemption communale. Les propriétaires d'un bien immobilier, précédemment exproprié par l'État, qui ont renoncé à leur droit de rétrocession de cet immeuble et qui ne justifient d'aucune autre qualité, n'ont pas d'intérêt à agir contre la décision communale de le préempter. • TA Toulon, 19 mars 2010, *Mme. Guez, Mme Paret*, n° 0802717 : *AJDA 2010. 1825*.

280. Renonciation à l'expropriation. La mise en demeure d'acquérir un bien inclus dans le périmètre d'une opération déclarée d'utilité publique n'est pas un acte créateur de droit et par conséquent l'expropriant peut renoncer à l'expropriation antérieurement à la fixation du prix et au transfert de propriété. • Civ. 3e, 13 févr. 2008, *SCI Les Trois Figuiers*, n° 06-21.202 : *AJDA 2008. 1198, note Souchon*.

281. Retrait de DUP et paiement de l'indemnité. Le préfet peut procéder au mandatement d'office des sommes correspondant à l'indemnité fixée par le juge de l'expropriation, sans que le retrait de la déclaration d'utilité publique, base légale de l'expropriation, puisse être vu comme constitutif d'une contestation sérieuse. • CE 5 juill. 2010, *Cne d'Angerville*, n° 309355 : *AJDA 2011. 168, note Caille*.

4° BIENS SANS MAÎTRE

282. Il résulte de l'art. 27 *bis* C. dom. Ét. que la commune sur le territoire de laquelle est situé le bien qu'elle entend incorporer dans le domaine communal doit procéder par les soins de son maire à la notification de l'arrêté constatant que ce bien est présumé vacant et sans maître, aux derniers domiciles et résidence connu non seulement du propriétaire, mais encore à ceux de l'habitant ou de l'exploitant ; faute d'une telle notification, les délais de recours contentieux ne commencent pas à courir à l'encontre de l'arrêté constatant que la parcelle est présumée vacante et sans maître. • CAA Bordeaux, 28 avr. 2011, *M. Porrineau, SARL Guyabef*, n° 10BX01959.

5° CRÉDIT-BAIL IMMOBILIER

283. Compétence juridictionnelle, judiciaire. Contrat de crédit-bail immobilier passé avec une commune. Un contrat de crédit-bail immobilier, qui n'a pas lui-même pour objet l'occupation du domaine public et se borne à mettre en place une opération de financement entre deux sociétés commerciales, ne fait naître entre les parties, même si une collectivité publique s'est ultérieurement substituée à l'une d'elles, que des rapports de droit privé et relève de la compétence de la juridiction de l'ordre judiciaire. • T. confl. 21 mars 2005, *Sté Slibail énergie c/ Ville de Conflans-Sainte-Honorine*, n° 3436 : *AJDA 2005. 1186, note Dreyfus*.

6° LOCATIONS DU DOMAINE COMMUNAL

284. Ateliers-relais (aides aux entreprises), domaine public (non). Si la construction d'ateliers-relais par une commune a pour objet de favoriser son développement économique en complétant ses facultés d'accueil des entreprises et relève donc d'une mission de service public, cette circonstance ne suffit pas à faire regarder ces ateliers, qui ont vocation à être loués ou cédés à leurs occupants, comme étant affectés, une fois construits, à un service public et, sous réserve qu'ils aient fait l'objet d'un aménagement spécial, à les incorporer dans le domaine public de la commune ; ainsi, le bail que la commune consent à une entreprise en vue de l'occupation d'un tel atelier-relais revêt, en l'absence de clause exorbitante du droit commun, le caractère d'un contrat de droit privé. • CE 11 juin 2004, *Cne de Mantes-la-Jolie*, n° 261260.

285. Fiscalité. Logements locatifs et TVA. La réalisation de logements locatifs n'est pas éligible au FCTVA. • CE 28 avr. 2006, *Min. de l'Intérieur, de la sécurité intérieure et des libertés locales c/ Cne de Fertans*, n° 266100 : *AJDA 2006. 1559*.

286. Fiscalité. Réhabilitation de logements sociaux par office communal, taxe foncière. Quand un office public départemental d'habitations à loyer modéré d'une ville qui a conclu avec celle-ci un bail de 99 ans portant sur la réhabilitation de logements sociaux a été assujetti à la taxe foncière sur les propriétés bâties à raison de ces locaux, en tant qu'emphytéote, sur le fondement du II de l'art. 1400 CGI, cet office ne peut être regardé comme étant le propriétaire de l'immeuble au sens du I de l'art. 1400 CGI, et doit être déchargé des cotisations afférentes dès lors que : – le ministre ne conteste pas que l'Office ne peut être assujetti à la taxe foncière sur le fondement du II de l'art. 1400 ; – le contrat de location conserve cette nature même si l'Office s'est engagé à assurer la réhabilitation de l'immeuble ; – il importe peu que le bail ait prévu que les impositions locales soient à la charge du bailleur ; – aucune stipulation de ce document ne confère au preneur la propriété de l'immeuble pendant la durée de la convention. En outre, dès lors qu'au regard du I de l'art. 1404 CGI le dégrèvement de cotisations est subordonné au respect des obligations prévues à l'art. 1402, au titre desquelles figure l'imposition compensatoire au profit de l'État dans la limite du dégrèvement, le tribunal ne pouvait se contenter de décharger l'office des cotisations de taxe foncière sans désigner, même en l'absence de toute demande des parties, le redevable légal de ces impositions. • CE 27 oct. 2009, *Min. du Budget, des comptes publics et de la fonction publique c/ Office public dptal de l'habitat des Hauts-de-Seine*, n° 319917.

287. Action sociale, personnes âgées. Dès lors qu'un particulier n'est plus titulaire d'un titre régulier d'occupation de la résidence services gérée par un établissement public communal d'action sociale et que ce point n'est plus contesté, la demande d'expulsion ne se heurte à aucune question sérieuse ; d'autre part, l'expulsion demandée vise à assurer le bon fonctionnement du service public de l'hébergement et de l'aide sociale des personnes âgées et à respecter l'objectif d'accès égal et régulier des usagers à ce service public ; or, de très nombreuses personnes sont inscrites sur liste d'attente ; dans ces conditions, la demande présente un caractère d'urgence. L'expulsion est ordonnée. • CE 28 sept. 2011, *Centre d'action sociale de la ville de Paris*, n° 344031.

II. VOIRIE

288. BIBL. Charbit, L'application du droit de la concurrence au domaine public : affrontement sur la voie publique ?, *RTD com. 2004, n° 1, p. 47*. – Deliancourt, À propos de l'arrêt du Conseil d'État du 19 mai 2003, *commune de La Foye-Monjault c/ Le Clainche*, des critères d'appartenance d'une voie au domaine public communal, *JCP Adm. 2003,* *n° 2147, p. 1558.* – Lavialle, Les dommages causés aux riverains du domaine public routier, *RFDA 2011. 301*. – Levy, obs. sous Cass. 3e civ. 5 mai 2004, *Bertinaria c/ Bouaffou, AJDI 2005. 63* (délaissés du domaine public, violation du droit de priorité que confère l'art. L. 112-8 C. voirie rout. au riverain). – Moreau, À propos de l'arrêt de la cour administrative d'appel de Marseille du 11 septembre 2002, *Maignant*, à quelles conditions le conseil municipal peut-il légalement incorporer un chemin dans la voirie communale, *JCP Adm. 2003, n° 1340, p. 478* ; À propos de l'arrêt du Conseil d'État du 30 avril 2003, *Sté des bouillons*, le mur surplombant une route nationale n'est pas une dépendance du domaine public, *JCP Adm. 2003, n° 1751, p. 1151*. – Strebler, De l'affichage publicitaire aux abords des agglomérations, *JCP Adm. 2003, n° 4, p. 50.*

A. VOIRIE DU DOMAINE PUBLIC

289. Définition des voies communales. Sont devenues voies communales les voies qui, au 7 janv. 1959, date de l'ordonnance n° 59-115 (relative à la voirie des collectivités locales) organisant le statut de la voirie communale, étaient dans la catégorie des voies urbaines, des chemins vicinaux à l'état d'entretien et des chemins ruraux reconnus dont l'incorporation a été décidée par le conseil municipal (Ord. 7 janv. 1959, préc., art. 9). • CE 26 janv. 1966, *Cne de Las Illas : Lebon 1141.*

1° RÈGLES COMMUNES AU DOMAINE ROUTIER COMMUNAL

a. Propriété communale

290. Classement illégal, défaut de droit de propriété. Une commune ne peut légalement classer dans sa voirie des parcelles qui ne lui appartiennent pas ; dès lors qu'elle reconnaît avoir commis une erreur, induite par le cadastre, la délibération de classement peut être attaquée par le propriétaire des parcelles, même si la délibération ne lui a pas été notifiée. • CE 5 sept. 2001, *M. Redoules*, n° 212040 : *Dr. rur. 2003. 152, note Lachaud.*

291. Mur entre un immeuble et une voie privée non aménagée. N'est pas une dépendance du domaine public le mur formant limite entre une voie et un immeuble privé dès lors que la voie appartient aux propriétaires riverains, et ni à la commune ni à aucune autre personne publique, et n'est pas aménagée pour la circulation publique • CE 21 nov. 2003, *Mme Annick X c/ Cne de Gometz-le-Châtel*, n° 244820.

292. Mur de soutènement sur sol privé : propriété privée. Le mur de soutènement d'une voie publique ne saurait constituer une dépendance du domaine public dès lors que cette construction est édifiée sur une parcelle propriété privée. • CE 12 mai 2004, *Cne de La Ferté-Milon*, n° 192595. ♦ Le mur de soutènement d'une voie publique ne saurait constituer une dépendance du domaine public dès lors que cette construction est édifiée sur une parcelle appartenant à une personne privée ; par suite, il n'y a pas lieu à saisine du juge judiciaire à titre de question préjudicielle. • CE 14 déc. 2011, *GFA des petits propriétaires du vignoble de Joigny et a. c./ Cne de Joigny*, n° 346553.

293. Base d'un mur soutenant la voie publique, domanialité publique, effondrement, responsabilité à l'égard du tiers, enrichissement sans cause. Fait partie du domaine public communal, comme accessoire, le mur pour lequel aucun titre de propriété n'est établi, mais dont la partie inférieure séculaire soutient la voie publique. Le riverain sur la propriété duquel le mur s'effondre est un tiers. Si l'effondrement peut être imputable à la communauté d'agglomération, cela ne fait pas obstacle à la mise en responsabilité de la commune à l'égard du tiers, mais permet à celle-là d'appeler la communauté en garantie. L'arrêté du maire ordonnant l'exécution d'office des travaux de réparation du mur aux frais du tiers est illégal. Si le tiers avait initialement recherché la responsabilité communale pour dommages de travaux publics, il est recevable à se prévaloir ultérieurement de l'enrichissement sans cause que l'exécution des travaux de réfection du mur avait procuré à la commune. • CE 15 mai 2013, *Cne de Villeneuve-lès-Avignon*, n° 354593 : *AJDA 2013. 1028, note de Montecler*.

294. Mur soutenant la voie publique et dont la partie supérieure aurait été privée, domanialité publique. Quand un mur longe une parcelle privée, qu'il soutient pour partie la voie publique, que sa partie supérieure aurait été à l'usage de clôture, mais qu'aucun titre de propriété ne figure au dossier, ce mur ne constitue pas une simple clôture de la propriété privée mais un accessoire indispensable de la voie, relevant à ce titre du domaine public communal. Par suite, il appartient à la commune de prendre à sa charge les frais de réparation. • CE 7 juill. 2006, *Cne de Verdes*, n° 275241.

295. Mur surplombant la voie pour soutenir la propriété privée et ni construit, ni incorporé au domaine public. Un mur, non cité dans un acte de propriété, qui surplombe une voie publique mais qui n'a pas été construit par l'État, ni incorporé à son domaine, dont la fonction est de maintenir les terres de la propriété des requérants, ne peut être regardé comme appartenant au domaine public. • CE 30 avr. 2003, *M. et Mme Jérôme X. c/ Directeur dptal de l'équipement de la Manche*, n° 223093.

296. Acquisition par expropriation. Si le conseil municipal a compétence pour prononcer le classement d'une voie et son incorporation dans les voies communales, il ne peut s'affranchir de l'application des règles du code de l'expropriation lorsque les parcelles de terrain qu'il projette de classer n'appartiennent pas à la commune et que leurs propriétaires refusent de les lui céder à l'amiable ; la commune doit alors avoir recours à l'expropriation, puisque seule cette procédure lui permet d'atteindre le but qu'elle s'est fixé. • CE 15 déc. 1972, *Ville de Nanterre : Lebon 1087 ; Dr. adm. 1973, n° 37.*

297. Acte illégal créateur de droit ; vente d'un délaissé de voirie. À supposer même qu'elle ait été illégale, le conseil municipal ne pouvait revenir légalement sur la délibération de vente d'un délaissé de voirie communale, délibération qui constitue un acte administratif individuel créateur de droits pour l'intéressé, au-delà d'un délai de quatre mois à partir de son adoption ; au surplus, les nouvelles délibérations avaient pour objet et pour effet de porter atteinte aux droits nés du contrat par lequel a été conclue une vente parfaite alors même que le prix n'en aurait pas été payé ; dès lors, il importe peu que la commune soutienne que la parcelle faisait partie du domaine public et ne pouvait être vendue sans un déclassement qui n'a pas eu lieu, que ce déclassement ne pouvait être que formel et que, par suite, la vente est nulle. • CE 3 août 2005, *Cne de Roquebillière*, n° 283351.

b. Classement

298. Ouverture à la circulation générale. L'absence d'ouverture à la circulation générale d'une voie écarte son appartenance au domaine public communal. • CE 27 oct. 1989, *Elhaim*, n° 85602 • CE 10 avr. 2002, *Cne de Rugny c/ M. Merel*, n° 234777.

299. Affectation de fait. L'affectation de fait à l'usage du public permet l'entrée de la voie dans le domaine public de la commune, sans que l'acte de classement soit obligatoire. • CE 10 janv. 1934, *Roger : Lebon 35.* ♦ V. aussi : • CE 9 nov. 1935, *Cne de Roquefeuil*, n° 32084 : *Lebon 1040* • CE 2 mai 1945, *Leliard : Lebon 88* • CE 9 mai 1958, *Delors : AJDA 1958. 331, concl. Long* • CE 30 mai 1962, *Ferret : Lebon 358* • CE 11 mai 1984, *Arribey*, n° 24755 : *Lebon 519 ; RDI 1965. 25.*

300. Empierrement et état goudronné. Le fait qu'une voie ait été empierrée, puis goudronnée, par les soins de la commune au cours des années précédentes, avec l'accord verbal des propriétaires de certaines parcelles n'a pu avoir pour effet de l'incorporer au domaine public de la commune. • CE 12 mai 1997, *Cne de Brem-sur-Mer c/ M. et Mme Bengsch*, n° 158810. ♦ Dès lors qu'aucun titre de propriété n'est invoqué par les parties à l'appui de leurs prétentions contraires sur le terrain litigieux, et qu'il ressort du rapport de l'expert judiciaire, que l'emprise réelle de la voie, classée dans la voirie communale par délibération du conseil municipal, s'étend jusqu'aux murs et bâtiments existants, incluant les espaces non goudronnés permettant de desservir les propriétés riveraines et de garantir la liberté de passage, ledit terrain constitue ainsi une dépendance nécessaire de cette voie publique dont il est un accessoire indispensable. L'état non goudronné du terrain n'est pas la preuve de sa non-appartenance au domaine public. • CE 13 févr. 2004, *Cne de Lissac-sur-Couze*, n° 237499.

301. Enneigement. Une voie publique enneigée, fermée temporairement à la circulation par l'autorité de police, ne perd pas son statut de voie publique ; il est loisible à l'autorité compétente de ne pas la fermer aux engins motorisés conçus pour la progression sur neige utilisés à des fins autres que de loisirs au sens de l'art. 1er de la loi du 3 janv. 1991. • CE 30 déc. 2003, *Synd. national des professionnels de la moto-neige et Assoc. des maires de stations de sports d'hiver et d'été*, n° 229713 B : *BJCL 2004. 179, concl. Chauvaux.*

302. Entretien et éclairage. Font partie du domaine public communal, dès lors qu'elles appartiennent à la commune, des parcelles situées dans une agglomération et affectées à la circulation générale, dont la commune assure l'entretien et l'éclairage ; à supposer même que les conditions matérielles d'utilisation de la voie aient été modifiées, supprimant ou réduisant la circulation générale, cette circonstance est sans influence sur l'appartenance desdites parcelles au domaine public communal en l'absence d'un acte formel de déclassement ; est également inopérant le moyen tiré de ce que des voies purement privées situées à proximité seraient entretenues et éclairées par la commune dans les mêmes conditions. • CE 3 déc. 2003, *M. et Mme Georges c/ Cne de Bourges*, n° 254222.

303. Coût de l'éclairage public communal gratuit pour la commune, répercussion sur les usagers contraire au fondement des redevances SPIC ; redevance d'occupation domaniale (non). Méconnaît le principe d'équivalence entre le tarif et les charges du service public à caractère industriel et commercial rendu à l'usager, l'avenant qui établit le principe de la gratuité de la totalité de l'énergie électrique consommée par le réseau d'éclairage public de la ville et, d'autre part, la prise en charge totale de l'entretien courant de ce réseau. • CE 31 juill. 2009, *Cne de Grenoble*, n° 296964.

304. Terrains bordant des voies. Si la commune ne peut classer, et donc incorporer dans son domaine public, que les terrains bordant des voies qui sont sa propriété, ce principe peut être délicat dans sa mise en œuvre ; V. pour une voie urbaine partie de la voirie communale : • CE 8 mai 1974, *Giraud et Truchefaud : Dr. adm. 1974, n° 232 ; AJDA 1974. 379, concl. Rougevin-Baville.*

305. Classement illégal et voie de fait. Bien qu'illégal, le classement dans la voirie communale de parcelles opéré par la délibération du conseil municipal n'est pas une voie de fait, dès lors que cette délibération a été prise sur le fondement du décret n° 76-790 du 20 août 1976 fixant les modalités d'enquête préalable au classement, à l'ouverture, au redressement, à la fixation de la largeur et au déclassement des voies communales. • CE 5 sept. 2001, *M. Redoules*, n° 212040 : *préc. note 290.*

306. Décision portant reclassement dans la voirie territoriale, délai de recours contentieux. Une décision portant reclassement dans la voirie d'une collectivité territoriale, intervenue sur le fondement de l'art. L. 123-3 C. voirie rout. et qui participe de la redéfinition du réseau routier national mentionné à l'art. L. 121-1 du même code, ne constitue pas une décision réglementaire et ne présente pas davantage le caractère d'une décision administrative individuelle ; par suite, et en l'absence de dispositions législatives ou réglementaires prévoyant qu'une telle décision doive être notifiée, le délai de recours à son encontre court à compter de sa publication. • CE 25 sept. 2009, *Cne de Coulomby*, n° 310873 : *BJCL 2009. 644, obs. Geffray, concl. conformes Escaut ; RLCT 2009. Actu. 1497, obs. Glaser.*

c. Déclassement

307. Conséquences du déclassement. La voie déclassée passe dans le domaine privé de la commune, sauf si elle est l'objet, concomitamment au déclassement, d'une nouvelle affectation et d'un classement dans une autre catégorie de voie publique. • Civ. 1re, 17 déc. 1964, *Cne de Saint-Pierre-des-Corps c/ Brault : JCP 1965. II. 14411, note Bulté.*

308. Déclassement explicite. Le déclassement doit résulter d'une désaffectation explicite ; par suite, est nulle une délibération d'un conseil municipal décidant de la vente d'une place publique ayant fait l'objet d'une affectation à la circulation publique, qui n'était plus utilisée en fait à cette fin mais n'avait pas été formellement déclassée auparavant. • CE 9 mai 1958, *Delors : préc. note 299.* ♦ Une désaffectation de fait n'est jamais suffisante pour qu'un bien cesse d'appartenir au domaine public. • CE 20 janv. 1930, *Marrot : Lebon 664 ; D. 1931. 3. 31, concl. Rivet.* ♦ La légalité de l'arrêté par lequel le préfet a prononcé le déclassement d'une voie communale ne peut être contestée au seul motif que la commune n'apporte pas la preuve que la voie en question avait cessé d'être affectée à un usage public, dès lors qu'avant son déclassement, elle était fréquentée par des promeneurs et par les habitants de la commune ; cette circonstance est sans influence sur la légalité de l'arrêté attaqué, une décision de déclassement portant par elle-même désaffectation. • CE 9 juill. 1997, *Assoc. de défense de la forêt de la Caboche*, n° 168852.

309. Désaffectation implicite. Changement de tracé. Une portion de voie routière abandonnée à la suite d'un changement de tracé perd automatiquement sa qualité de dépendance du domaine public. • CE 29 mars 1901, *Roumy : Lebon 338, concl. Corneille.*

310. État d'abandon. Le déclassement peut résulter de l'état d'abandon dans lequel se trouve la voie, qui doit résulter de faits nombreux, concordants et se produisant sur une certaine durée, qui constituent une désaffectation implicite. • Civ. 1re, 10 janv. 1962, *Dal c/ Frésia et a. : Bull. civ. I, n° 24 ; D. 1962. Somm. 97.*

311. Autres cas. Le déclassement peut être implicite et résulter d'un rétrécissement, d'un redressement, d'un alignement de la voie, ou encore du classement de la voie dans la voirie nationale ou départementale. • Civ. 1re, 17 févr. 1964, *Goerg c/ Dlle Gallois : Bull. civ. I, n° 88.*

312. Procédure en cas de vente. La circonstance qu'une dépendance du domaine public ne puisse être cédée sans avoir fait l'objet d'une décision expresse de déclassement ne fait pas obstacle à ce que le conseil municipal décide par une même délibération de déclasser et de céder une telle dépendance. • CE 15 juin 1998, *M. Wallerich*, n° 171328.

313. Compétence du conseil de communauté urbaine. Dans le cas où existe une communauté urbaine, l'ordonnance du 7 janv. 1959 et la loi du 31 déc. 1966 peuvent être interprétées comme confiant au conseil de communauté urbaine la compétence pour prononcer le déclassement d'une partie d'une place publique communale. • CE 4 déc. 1981, *Fabre*, n° 16109 : *Lebon 649*.

d. Déclassement et transfert de propriété

314. Code de l'urbanisme : transfert de portions de voirie communale dans le domaine de l'État. Décret, contreseing. Le Décr. du 18 déc. 2003, pris sur le fondement des art. L. 318-1 et R. 318-2 C. urb., portant déclassement et transfert de propriété au profit de l'État de dépendances du domaine public communal constituées de portions de rues, a seulement pour objet d'autoriser le déclassement et le transfert au profit de l'État de dépendances du domaine public de ces communes et n'appelait aucune mesure d'exécution que le ministre chargé des finances serait compétent pour signer ou contresigner ; par suite, et même si le décret créant l'Établissement public d'aménagement de la défense (EPAD) a été revêtu du contreseing du ministre des Finances, le contreseing de ce dernier sur le décret attaqué n'était pas requis. • CE 29 juin 2005, *Cne de Puteaux*, n° 264714.

315. Code de l'urbanisme : transfert de portions de voirie communale dans le domaine de l'État et Convention européenne de sauvegarde des droits de l'homme. L'art. L. 318-1, qui vise à faciliter la réalisation de travaux liés à une opération d'aménagement, par notamment des déclassements et transferts de propriété de toute dépendance du domaine public, a été pris dans un but d'intérêt général ; eu égard à son contenu et à son champ d'application, le Décr. du

18 déc. 2003, pris sur ce fondement, n'a pas porté au droit de propriété, garanti à l'art. 1er du premier protocole additionnel à la Convention européenne de sauvegarde des droits de l'homme et des libertés fondamentales, une atteinte disproportionnée au regard du but d'intérêt général qu'il poursuit. • CE 29 juin 2005, *Cne de Puteaux : préc. note 314.*

e. Alignement

316. **BIBL.** Bourguet-Chassagnon, La procédure d'alignement, *BJCL 2006, p. 241.* – Foulquier, la procédure d'alignement à l'épreuve de la Convention européenne des droits de l'homme, *JCP Adm. 2006, n° 51, Étude 1311.*

317. La procédure d'alignement est conforme à la Constitution. • Cons. const. 2 déc. 2011, n° 2011-201 QPC : *AJDA 2012. 489, note Foulquier.*

1. Champ d'application

318. Alignement et voie publique. La méconnaissance des règles d'alignement ne peut porter que sur des voies publiques. • CE 9 juill. 2001, *M. Pasquini,* n° 232541.

319. Alignement et délimitation du domaine public. Il appartient au juge administratif, saisi sur renvoi de la juridiction judiciaire d'une question préjudicielle portant sur la délimitation du domaine public, de se prononcer sur les limites de ce domaine, même en l'absence d'acte administratif de délimitation ; par suite il n'y a pas lieu d'ordonner la mise en œuvre d'une procédure administrative d'alignement. • CE 13 févr. 2004, *Cne de Lissac-sur-Couze,* n° 237499 : *préc. note 300.*

320. Alignement et expropriation. Quand la commune a recours non à la procédure d'alignement mais à l'expropriation, le conseil municipal n'a pas à se prononcer sur les conclusions du commissaire-enquêteur ; si une délibération est prise, elle ne fait que confirmer celle qui a été prise pour le déclenchement de l'enquête préalable à la déclaration d'utilité publique. • TA Versailles, 27 nov. 1961, *Dame Catel et a. : Lebon 846.*

321. Alignement et déclaration de clôture. La décision par laquelle le maire d'une commune autorise la construction d'une clôture soumise à déclaration est sans effet sur l'alignement en vigueur. Si le plan de piquetage de la commune visé par l'autorisation de clôture portait « définition de la limite du chemin rural pour pose d'une clôture » il n'avait ni pour objet, ni pour effet de constater la limite de la voie communale et d'autoriser l'implantation du mur en deçà. Par ailleurs, l'arrêté d'alignement est un acte déclaratif, et en conséquence son opposabilité n'est pas conditionnée par sa notification. • CE 20 juin 2008, *Chénac-Saint-Seurin-d'Uzet,* n° 306079.

322. Rétablissement d'une voie dans ses limites antérieures. Quand un maire veut rétablir la voie dans ses limites antérieures, il doit suivre la procédure prévue par l'art. 2 de l'ordonnance du 7 janv. 1959 relative à la voirie des collectivités locales (C. voirie rout., art. L. 112-1), en raison du caractère déclaratif de l'alignement individuel. • CE 18 mai 1988, *Épx de Carlo,* n° 58474 : *RDI 1988. 275.*

323. Élargissement important. La procédure d'alignement est exclue lorsque l'élargissement de la voie est tel qu'il bouleverse profondément l'ancienne structure, et précisément quand la largeur de la voie passe de 5 à 11 m. • CE 18 juin 1948, *Vidal : Lebon 43.* ♦ ... Ou de 12 à 30 m. • CE 13 janv. 1932, *Sarges : Lebon 43.* ♦ Il en va de même quand l'opération envisagée modifie sensiblement l'axe de la voie et que, par exemple, l'élargissement se fait principalement, sinon exclusivement, d'un seul côté de la voie. • CE 20 sept. 1944, *Quetu-Dalhemme : Lebon 254.* ♦ Une commune ne peut invoquer l'art. L. 141-6 C. voirie rout. à l'appui d'un élargissement porté de 2,50 m à 6 m d'une rue comportant emprise sur des parcelles bâties et d'un classement de la nouvelle voie dans son domaine public. • CE 12 mai 1997, *Cne de Brem-sur-Mer,* n° 158810 : *préc. note 300.*

324. Art. R. 332-15 C. urb. Les terrains nécessaires à l'élargissement ou au redressement d'une voie communale peuvent également être acquis par cession gratuite de terrains dans les conditions prévues à l'art. R. 332-15 C. urb. Cet article s'applique également en cas d'ouverture d'une voie nouvelle (V. C. voirie rout., art. L. 141-3). – V. cet art. et ses notes au **C. urb.**

325. Voie nouvelle. L'ouverture d'une voie nouvelle au moyen de la procédure d'alignement est exclue. • Civ. 3e, 22 nov. 1983 : *Bull. civ. III, n° 237 ; JCP 1984. IV. 37.* ♦ L'ouverture d'une voie nouvelle se fait grâce à l'acquisition des terrains par la procédure de l'expropriation. • CE 20 janv. 1971, *Bolelli : Lebon 56.* ♦ L'ouverture de la voie nouvelle peut faire l'objet d'une offre de concours de la part d'un particulier, qui peut consister dans le versement d'une somme d'argent ou la mise d'un terrain à la disposition de l'administration, à la condition qu'elle soit faite avant la déclaration d'utilité publique pour l'expropriation. • CE 5 nov. 1943, *Leneveu : Lebon 243.* ♦ Ne commettent ni détournement de pouvoir, ni erreur manifeste d'appréciation en instituant une réserve pour extension de voirie publique les auteurs du POS qui n'établissent pas un plan d'alignement pour l'institution d'une voie d'intérêt public, en l'espèce une voie qui reprend l'emprise d'un chemin, déjà affecté en fait à la circulation du public, qui relie une voie communale et le chemin du cimetière, et qui est le seul moyen de desservir le haut du village. • CAA Bordeaux, 24 avr. 1997, *M. Rouvière,* n° 94BX00835.

326. Chemins ruraux. La cession gratuite ne s'applique pas aux chemins ruraux qui ne constituent pas des voies publiques ; sont illégales les dispositions d'un permis de construire qui imposent la cession gratuite d'une portion de terrain pour l'élargissement d'un chemin rural. • CE 8 févr. 1985, *Raballand*, n° 40184 : *Lebon 36*.

327. Construction non soumise à l'alignement. La construction réalisée derrière celle des requérants par rapport à la voie publique sans disposer d'accès direct à celle-ci n'a pas à respecter d'alignement par rapport à cette voie publique. • CAA Bordeaux, 16 oct. 1997, *M. et Mme Cahuzière*, n° 94BX01355.

328. Portée aérienne de l'alignement. Si le POS prévoit que les constructions doivent être implantées à au moins trois mètres en retrait de l'alignement, et à défaut de règle contraire de ce plan, cette norme s'applique à tous les étages de la construction. Dès lors doit être annulé le permis de construire délivré par le maire et concernant un immeuble qui comporte des balcons en surplomb par rapport à l'alignement. • CAA Nancy, 26 mars 1998, *SCI Normandie*, n° 94NC00936.

2. Plan d'alignement

2.1. Élaboration

329. Enquête publique et évaluation du coût du plan d'alignement. L'enquête publique préalable à la décision d'établir un plan d'alignement n'a pas à évaluer les dépenses nécessaires pour réaliser l'opération ; par suite lorsqu'une évaluation est indiquée, l'écoulement d'un délai susceptible d'enlever toute valeur à l'évaluation n'entraîne pas l'illégalité de la délibération du conseil municipal, dès lors que les circonstances qui avaient servi de base pour la prise de la décision n'ont pas été modifiées. • CE 3 oct. 1969, *Dlle Masson : Lebon 825 ; Dr. adm. 1969, n° 335.*

330. Arrêté décidant l'enquête, acte préparatoire. L'arrêté municipal décidant l'enquête est une mesure préparatoire insusceptible de faire l'objet d'un recours pour excès de pouvoir. • CE 9 mai 1980, *Béguet*, n° 18267.

331. Commissaire enquêteur. L'enquête publique relative au classement, à l'ouverture, au redressement, à la fixation de la largeur et au déclassement des voies communales (V. C. voirie rout., art. L. 141-3.) est lancée par le maire qui peut désigner le commissaire enquêteur, lequel peut être le directeur des services techniques de la commune. • CE 29 mai 1985, *Assoc. de défense des Creillois*, n° 36087 : *Lebon 626*. ♦ En revanche ne peut être désigné un secrétaire de mairie car en raison de ses fonctions, il n'est pas une personne indépendante de la collectivité locale expropriante. • CE 30 avr. 1993, *Cne de Boynes*, n° 78937 : *Lebon 661 ; Dr. adm. 1993, n° 278.*

332. Déclaration d'utilité publique sur le territoire d'une autre commune. Une commune peut déclarer d'utilité publique la création d'une voie sur le territoire d'une autre commune, sans avoir reçu l'accord de cette dernière, si elle ne peut trouver sur son territoire des terrains permettant de construire la voie dans de bonnes conditions. • CE 6 mars 1981, *Assoc. de défense des habitants du quartier de Chèvre-Morte*, n° 00120 : *Lebon 125 ; D. 1981. IR 281, obs. Delvolvé ; AJDA 1981. 250 et 264 ; RD publ. 1981. 1695, note Auby ; Rev. adm. 1981. 600, concl. Labetoulle.*

333. Limites : délibération ayant pour objet de contrarier la réalisation d'une opération d'intérêt général. « Considérant que, par la délibération attaquée, le conseil municipal du Vésinet a décidé l'acquisition par la commune d'une quote-part d'un terrain en indivision situé dans la commune du Mesnil-le-Roi et appartenant à cette commune ; qu'il ressort des pièces du dossier que cette acquisition avait pour unique objet de retarder, en rendant plus complexes et plus coûteuses les expropriations qu'elle impliquait, la réalisation de l'autoroute A 14 sur le territoire de la commune de Mesnil-le-Roi ; qu'un tel objet est étranger aux intérêts publics communaux dont le conseil municipal a la charge ; que ni les inconvénients que présenterait la réalisation de cet ouvrage pour les habitants du Vésinet, à les supposer établis, ni les liens qui peuvent exister entre la commune du Vésinet et celle de Mesnil-le-Roi, du fait notamment de leur participation à un syndicat intercommunal d'études et de programmation, ne sont de nature à donner une base légale à la délibération dont il s'agit. » • CE 24 mai 1993, *Cne du Vésinet : RFDA 1993. 831*.

2.2. Effets

334. Attribution des terrains. La délibération du conseil municipal décidant du classement, déclassement, élargissement, rétrécissement ou redressement de la voie opère attribution définitive des terrains concernés. • Civ. 3e, 6 juill. 1982 : *Bull. civ. III, n° 398.*

335. Suspension du plan, prise de possession par la commune, éléments nouveaux. La suspension d'un plan d'alignement que le juge peut prononcer au titre de l'article L. 521-1 CJA fait obstacle à la prise de possession des biens par la commune ; mais si cette prise de possession est intervenue antérieurement à la suspension prononcée par le juge des référés, la personne publique est fondée à le saisir au titre de l'article L. 521-4 CJA en soumettant les éléments qui n'avaient pas été produits lors de l'instruction de la demande de suspension et établissant qu'elle était entrée en possession de ces biens conformément à l'article L. 112-2 C. voirie rout. ; le juge doit mettre fin à la mesure de suspension de ce plan qui avait épuisé ses effets à la date où il avait statué. • CE 26 mars 2012, *Assoc. des habitants des quartiers sud et maraîchers de Colmar c/ Cne de Colmar*, n° 350834 : *AJDA 2012. 676, note Grand*.

336. Prise de possession antérieure à la suspension. Référé à l'encontre de la suspension du plan. Un plan d'alignement provoque l'appropriation publique et l'incorporation au domaine public routier des biens situés dans l'emprise de l'alignement. Une ordonnance de suspension d'un tel plan d'alignement peut constituer un obstacle à la prise de possession des biens. La collectivité propriétaire de la voie publique bénéficiaire de l'alignement peut obtenir par le recours de l'art. L. 521-4 CJA qu'un terme soit mis à la suspension de son plan d'alignement, dès lors que la prise de possession est antérieure à la mesure de suspension. • CE 26 mars 2012, *Assoc. des habitants des quartiers sud de Colmar et a.*, n° 350834 : *AJDA 2012. 1741, note Traoré*.

337. Interdiction des travaux. Le plan général d'alignement de la voirie terrestre a pour effet d'interdire au propriétaire d'édifier des travaux de surélévation. • CE 25 nov. 1949, *Beauregard : Lebon 515.*

338. Rétrécissement de la voie : délaissés. L'administration n'est pas obligée de vendre les délaissés si elle estime qu'il vaut mieux les laisser affectés à l'usage de tous. • Civ. 1re, 28 mai 1968 : *Bull. civ. I, n° 157 ; D. 1969. Somm. 2.*

339. Implantation des constructions nouvelles. La disposition du POS par laquelle les « constructions seront implantées en alignement des immeubles existants, exception faite s'il existe une servitude d'alignement », a pour objet de réglementer l'implantation des constructions nouvelles par rapport aux voies publiques ou privées existantes et non l'orientation des façades par rapport à ces voies. • CAA Bordeaux, 16 oct. 1997, *M. et Mme Cahuzière*, n° 94BX01355 : *préc. note 327.* ♦ Dès lors que le règlement du POS prévoit que : « Toute construction doit être édifiée avec un retrait d'au moins 4 mètres par rapport à l'alignement actuel ou futur des voies », le moyen tiré de la méconnaissance de ces prescriptions, qui ne visent que l'implantation des constructions nouvelles par rapport à l'alignement actuel ou futur des voies, ne peut être utilement présenté à l'encontre d'un projet d'élargissement d'une voie existante. • CE 28 juill. 2000, *Cts Cerise*, n° 170564.

340. Définition de la voie publique et POS. La définition de la voie publique par l'annexe du règlement d'un POS vaut pour l'application d'un article du POS. • CE 15 nov. 2000, *M. Marlangeon*, n° 195431.

341. Atteinte grave portée aux propriétés riveraines. La procédure de l'alignement ne peut être employée en raison de l'importance très grande de l'atteinte portée aux propriétés riveraines qui aurait pour effet de modifier profondément l'aménagement intérieur desdites propriétés. • CE 16 nov. 1983, *Tribier*, n° 28951 : *Lebon 457 ; AJDA 1984. 458 ; Droit et Ville 1984. 177, concl. Roux.*

342. Indemnisation. Le plan d'alignement incorpore les parties de terrains nus concernées dans la voie publique dans les limites qui ont été fixées (V. art. L. 112-2 C. voirie rout.) ; par suite, les propriétaires dépossédés ont droit à une indemnité, dont le montant est fixé par accord amiable ou par la procédure applicable en cas d'expropriation pour cause d'utilité publique, tant pour la procédure que pour les règles de fond. • Civ. 17 mai 1968 : *JCP 1969. II. 16021, note Homont ; Gaz. Pal. 1968. 2. 229.* ♦ Pour l'évaluation de l'indemnité devant être versée au propriétaire dépossédé, un immeuble menaçant ruine ne peut qu'être démoli et il est interdit de le renforcer. • CE 14 oct. 1955, *Henry : Lebon 479.* – V. aussi : • CE 8 mars 1957, *Préfet de police c/ Dame Chazal : Lebon 151 ; AJDA 1975. 231.*

2.3. Abrogation

343. Abrogation partielle d'un plan, sauvegarde de la cohérence du plan précédent. L'abrogation partielle d'un plan d'alignement doit respecter certaines formes et sauvegarder la cohérence du plan subsistant, point sur lequel la cour ne s'est pas prononcé bien qu'il s'agisse de l'abrogation d'un acte ni réglementaire ni individuel ni créateur de droit. • CAA Versailles, 15 juill. 2009, *Boyer et a.*, n° 07VE01910 : *AJDA 2009. 2052, chron. Jenny Grand d'Esnon*.

2.4. Contentieux

344. Moyens inopérants. Sont inopérants à l'encontre d'un arrêté approuvant le plan d'alignement et attributif de propriété les moyens fondés sur l'art. 545 C. civ. et sur l'art. 4 de la Déclaration des droits de l'homme et du citoyen. • CE 18 mars 1998, *M. et Mme Grouvel : nos 169649 et 190638.* ♦ De même pour le moyen d'après lequel une parcelle était propriété privée antérieurement à la date à laquelle a été édicté l'arrêté approuvant le plan d'alignement. • Même arrêt. ♦ De même d'une question de propriété privée d'une parcelle sur laquelle il n'appartient qu'à l'autorité judiciaire de statuer. • CE 18 mars 1998, *MM. Jean-Marie et Raymond Basset*, n° 171751.

345. Procédure de demande préalable à l'administration. Les anciens propriétaires de parcelles incluses dans la voie publique par le plan d'alignement qui, avant d'introduire leur recours, n'ont pas présenté à l'administration de demande tendant à l'octroi d'une indemnité couvrant les différents préjudices subi sont irrecevables à présenter une telle demande devant la juridiction. • CE 18 mars 1998, *M. et Mme Grouvel*, n° 169649 : *préc. note 344.*

346. Omission par la cour d'appel de citer ses sources d'information. Le requérant qui dans sa requête rappelle que l'immeuble, objet du permis litigieux, est implanté à une distance de 12,79 m de l'alignement ne peut par la suite soutenir que la CAA aurait entaché son arrêt d'une insuffisance de motivation en omettant d'indiquer le document sur lequel elle s'était fondée pour regarder comme établie la distance susmentionnée. • CE 30 juill. 1997, *M. et Mme Choquet*, n° 159419 : *BJDU, n° 6/97, p. 432, concl. Combrexelle et obs. L.T. ; JCP 1997. IV. 2348, obs. Rouault.*

3. Alignement individuel

3.1. Caractères

347. Base de l'alignement individuel : plan approuvé ou publié, ou limites de fait de la voie. L'alignement individuel est établi, soit conformément au plan d'alignement, à la condition qu'il ait été approuvé ou publié, soit conformément aux limites de fait de la voie publique. • CE 18 févr. 1931, *Coriolle : Lebon 196.* ♦ Dans le même sens : • CE 17 déc. 1975, *Cne de Boson : Lebon T. 1340* • 13 juin 1984, *Fideos Iguace : Gaz. Pal. 1985. 1. Somm. 40.*

348. Droit. L'alignement individuel délivré à chaque propriétaire doit être obligatoirement donné par l'administration, qui engagerait sa responsabilité pour refus ou retard de délivrance. • CE 29 janv. 1958, *Sancerni : Lebon 930 ; RPDA 1958. 88.*

349. Recours. Si l'alignement individuel fixe la consistance de la propriété du riverain par rapport à la voie publique, et s'il ouvre un droit à indemnité quand il porte atteinte à la propriété privée, le riverain peut exercer un recours devant le juge judiciaire s'il estime ses droits violés. • Civ. 12 mai 1942 : *DA 1942. 126.*

350. Constatation des limites de fait. L'arrêté d'alignement se borne à constater les limites de la voie, et par suite le moyen tiré de l'appréciation du droit de propriété pour une fontaine et un lavoir ne peut être évoqué devant le Conseil d'État. • CE 8 juin 1990, *Cne du Vigen c/ Épx Habrias*, n° 76550 : *Lebon 936*. ♦ L'arrêté d'alignement individuel constate la limite de fait de la voie publique ; quand un particulier déplace sa clôture à la limite de sa propriété avant l'arrêté qui fixe la limite en deçà, ledit arrêté ne se borne pas à constater la limite de la voie publique, mais est entaché d'excès de pouvoir. • CE 28 juill. 2004, *Cne de Saint-André-Le-Gaz*, n° 260608.

351. Crêtes du talus pour limite de voie communale, talus nécessaire au soutien de la chaussée. En retenant dans l'arrêté d'alignement attaqué la crête du talus pour fixer la limite de la voie communale au droit de la propriété du requérant, le maire se soit mépris sur les limites actuelles de cette voie publique située en bordure de cette propriété dès lors que le talus, quel que soit son état réel à la date d'édiction de cet arrêté, est nécessaire au soutien de la chaussée ou à sa protection et constitue, par suite, une dépendance du domaine public routier. • CE 5 mai 2010, *Cne de Beignon*, n° 327239 : *AJDA 2010. 1284.*

352. Durée de validité, faits nouveaux. Il résulte des dispositions de l'art. L. 112-1 C. voirie rout. que l'alignement individuel reste valable, en ce qui concerne la délimitation de la voie publique, tant qu'il ne se produit pas de fait nouveau, alors même que l'autorité qui le délivre aurait fixé un délai pour la réalisation des travaux en vue desquels l'alignement a été demandé... Par suite, commet une erreur de droit la cour qui, pour juger que les conclusions dirigées par un requérant contre l'arrêté d'alignement individuel qui lui a été notifié sont devenues sans objet, se fonde sur la seule circonstance que l'intéressé n'a pas entrepris dans le délai d'un an mentionné par l'arrêté les travaux en vue desquels il avait demandé l'alignement de sa propriété, sans rechercher si la caducité de l'alignement était justifiée par un fait nouveau. • CE 26 mai 2004, *M. Raymond Zy*, n° 249157.

353. Imprescriptibilité. L'arrêté d'alignement individuel étant un acte déclaratif qui concerne uniquement les limites de la voie sans préjudice de la propriété du sol, une commune ne saurait se prévaloir de la règle d'imprescriptibilité du domaine public à l'appui de la légalité de cet arrêté. • CE 30 juill. 1997, *Cne de Bordes-sur-Lez c/ M. et Mme Delaitre*, n° 155530.

354. Alignement individuel et expropriation. L'alignement individuel ne saurait être utilisé pour procéder à une expropriation. • CE 18 mars 1998, *MM. Jean-Marie et Raymond Basset*, n° 171751 : *préc. note 344.*

3.2. Responsabilité

355. Refus de délivrer l'alignement ou retard. L'administration étant tenue de délivrer l'alignement individuel lorsque la demande lui en est faite, son refus de le délivrer est susceptible d'engager sa responsabilité. • CE 15 févr. 1939, *Comuquet : Lebon 95.* – V. aussi : • CE 7 nov. 1934, *Pelot : Lebon 1030* • CE 20 févr. 1935, *Dejoie : Lebon 232.* ♦ Il en va de même du retard dans l'octroi du document d'alignement individuel. • CE 28 juin 1912, *Marot : Lebon 742 ; S. 1913. 3. 21, note Hauriou.* – V. aussi : • CE 29 janv. 1958, *Sancerni : préc. note 348.*

356. Refus fondé sur des normes irrégulières : annulation. Quand un POS approuvé prévoit la création d'une voie publique, dont les caractéristiques ont été ultérieurement modifiées, qu'un futur riverain de cette voie demande un arrêté d'alignement, qu'il se heurte de la part du maire à une décision implicite de rejet, ladite décision doit être annulée. En effet, la position du maire a été motivée par le « refus [...] de délivrer un alignement qui ne serait pas conforme aux nouvelles limites de la voie résultant de modifications qui ont été apportées dans le tracé et la largeur de cette voie après l'approbation du plan d'occupation des sols par l'arrêté » ; or l'instruction prouve que les nouvelles caractéristiques n'ont pas été introduites en conformité avec l'art. L. 123-4 C. urb. ; et ne pouvaient donc être opposables à la demande d'alignement du requérant. Les art. L. 123-1 et L. 123-4 C. urb. prévoient que les caractéristiques des voies de circulation ne peuvent être modifiées après leur approbation que par voie de révision (conformément à l'art. L. 123-3 du même code), ou par délibération du conseil municipal après enquête publique et sous les conditions précises définies par ces articles. • CE 25 mai 1990, *M. Rodriguez c/ Cne de Saint-Trojan-les-Bains,* n° 68365 : *Lebon 135 ; AJDA 1990. 749, obs. Auby.*

f. Entretien

1. Usage normal

357. Étendue de l'obligation d'entretien : amélioration (non), élargissement (non). Si les dépenses d'entretien des voies communales sont obligatoires « cette obligation d'entretien porte à l'exclusion des travaux d'amélioration de la voie, sur la remise en état des voies publiques dégradées à la suite d'intempéries ou d'accidents naturels ». • CE 10 juill. 1987, *Derez,* n° 66311 : *Lebon 254.* ♦ L'obligation d'entretien des voies communales imposée aux communes par l'art. L. 2321-2 (20°) CGCT ne s'étend pas aux travaux d'amélioration et d'élargissement. • CE 26 juill. 2006, *Cne de Céaucé,* n° 269724.

358. Étendue de l'obligation d'entretien. Prévention des dommages pour riverains. Injonction donnée au maire. Dès lors que les travaux d'entretien des voies communales ont pour objet d'assurer une circulation normale sur ces voies mais également de prévenir les dommages susceptibles d'être causés aux propriétés qui en sont riveraines, il peut être enjoint au maire de procéder aux travaux d'entretien nécessaires pour mettre un terme aux nuisances occasionnées à la propriété du requérant par la circulation sur la voie en cause. • TA Nice, 23 avr. 2008, n° 0501348 : *AJDA 2008. 1661, concl. Dieu.*

359. Absence de responsabilité pour défaut d'entretien de la voie publique, s'il existe un vice de conception du mur privé sous-jacent. Quand les désordres trouvent leur unique cause dans la conception d'origine du mur privé sous-jacent la Cour peut écarter tout lien de causalité entre ceux-ci et l'entretien de la voie publique. • CE 14 déc. 2011, *GFA des petits propriétaires du vignoble de Joigny et a. c/ Cne de Joigny,* n° 346553.

360. Participation des particuliers. Quand des particuliers sont tenus de participer à l'entretien des voies communales, ou à leur construction, au moyen d'offres de concours, ils doivent respecter cette obligation dans la seule mesure où la commune partenaire assure les siennes. • CE 5 nov. 1943, *Leneveu : préc. note 325.* ♦ L'offre par laquelle des particuliers se sont engagés à prendre à leur charge le quart du coût des travaux décidés par la commune pour pallier les conséquences de l'affaissement de la digue sous-jacente à la voirie communale doit être regardée comme une offre de concours ; mais dès lors que ces particuliers n'ont pris un tel engagement qu'à raison de ce que, sur les affirmations de l'administration, ils se sont estimés à tort propriétaires de la digue, cette offre est entachée d'un vice de consentement qui emporte sa nullité et des actes conséquents (dont un commandement). • CAA Nancy, 19 déc. 1997, *Min. de l'Aménagement du territoire, Cne de Chalou-Moulineux,* n°s 95PA03548 et 95PA03644.

361. Alsace-Lorraine. En Alsace-Lorraine, la loi locale du 21 mai 1879 prévoit la participation des propriétaires riverains aux dépenses d'entretien des voies communales (taxe des riverains), ainsi qu'éventuellement au coût de leur construction. • CE 12 mai 1971, *Épx Ghérardi : Lebon 356.* ♦ Sur le problème né du cumul possible de la taxe de riverain et de la taxe locale d'équipement, V. : Question parlementaire : *JOAN Q, 23 janv. 1971.*

362. Compétences respectives des maires et du président de la communauté urbaine. « Les compétences transférées au président d'une communauté urbaine en vertu des art. L. 165-7, L. 165-16 et L. 165-19 C. communes (CGCT, art. L. 5215-20, L. 5215-22 et L. 5215-24) sont limitées, en ce qui concerne la voirie, à la conservation de celle-ci. Or les pouvoirs attribués au maire par les art. 119 et 120 de la loi n° 83-663 du 22 juill. 1983 en matière de coordination des travaux (C. voirie rout., art. L. 115-1 et L. 141-10) ont pour objet principal la commodité de l'usage des voies publiques, et des chemins ruraux et ne sauraient, dès lors être rattachés à la police de la conservation du domaine. Il s'ensuit que la coordination des travaux n'est pas transférée au président de la communauté ». • CE, sect. intérieur avis, 11 nov. 1986 : *inédit.*

363. Réfection des voies communales : compétences de la communauté urbaine. Le maire d'une commune membre d'une communauté urbaine ne peut pas fixer les conditions de la réfection des voies communales dans lesquelles des tranchées ont été ouvertes, mais il lui appartient, en vertu de ses pouvoirs généraux de police de prendre toute mesure destinée à assurer la sécurité et la commodité du passage sur la voie publique. • CE 13 mai 1988, *Cne Coudekerque-Branche,* n° 67770 : *Lebon 567 ; RDI 1988. 276 ; D. 1989. 377, note Llorens et Soler-Couteaux.*

364. Entretien des voies communales : compétence exclusive de la communauté urbaine. « Le transfert à une communauté urbaine de compétences attribuées aux communes dans le domaine de la voirie, en application de l'art. L. 165-7 C. communes, a pour conséquence de mettre à la charge exclusive de la communauté urbaine l'entretien des voies communales transférées ». • CE 18 mai 1988, *Cne de Décines-*

Charpieu c/ Cté urbaine de Lyon, n° 53575 : *Lebon 194* ; *D. 377, note Llorens et Soler-Couteaux.*

365. *Communauté urbaine, transfert des charges financières aux communes : interdiction.* Doit être annulée la délibération du conseil municipal qui inscrit, en dépenses, au budget de la commune une somme destinée à être versée à la communauté urbaine de Cherbourg pour le financement de travaux de voirie, dès lors que la compétence dévolue à la communauté en matière de voirie n'a pas cessé de lui appartenir, et que par suite ses communes membres ne pouvaient participer au financement des travaux de voirie lui incombant. Il importe peu que la communauté ait « autorisé » les communes membres à lui verser, pour le financement de travaux de voirie, des « dotations » s'ajoutant aux crédits prévus à cette fin à son budget. • CE 14 janv. 1998, *Cté urbaine de Cherbourg*, n° 161661.

366. *Voie privée ouverte à la circulation publique.* La responsabilité de la commune n'est pas engagée quand le dommage résulte du mauvais entretien d'une voie privée ouverte à la circulation publique dont la commune, qui n'en est pas propriétaire, n'a pas la charge d'entretien et ne constitue pas une dépendance du domaine public ou un ouvrage public. • CE 22 avr. 1983, *Mme Vve Jaffrain*, n° 36521 : *Rev. adm. 1983. 251, note Liet-Veaux.*

367. *Trottoir, excavation, défaut d'entretien de l'ouvrage public, précautions requises de tout piéton.* Lorsqu'un piéton fait une chute dans une excavation de 50 cm de profondeur située sur le trottoir d'une voie publique en réfection, accident qui lui occasionne notamment une incapacité permanente partielle au taux de 85 %, le juge peut estimer que le piéton ne pouvait pas ignorer que la voie sur laquelle il était engagé faisait l'objet de travaux de réfection et n'était pas éclairée, et qu'en s'abstenant d'apporter à sa marche toutes les précautions requises il avait commis une imprudence constitutive d'une faute de nature à exonérer la communauté urbaine, gestionnaire de la voirie, d'une part de sa responsabilité pour défaut d'entretien de l'ouvrage public fixée à 50 % de l'indemnisation. • CE 22 févr. 2010, *M. A. c/ Cté urbaine de Bordeaux*, n° 313333.

368. *Revêtement goudronné adapté à la destination agricole du chemin.* Ne souffre pas d'un défaut de conception qui serait constitutif d'un défaut d'entretien normal de l'ouvrage public, le chemin, dont la largeur n'excède pas 2,50 m, qui n'a d'autre destination que d'assurer la desserte des terres agricoles qui le bordent, et qui est pourvu d'un revêtement goudronné qui n'est pas inadapté à cet usage. • CE 10 juill. 2009, *Sté Revel Languedoc Roussillon et Compagnie Gan Assurances Iard c/ Cne de Comigne*, n° 317440.

369. *Absence de signalisation du tonnage et des dimensions des véhicules autorisés.* Ne constitue ni un défaut d'entretien normal de l'ouvrage public, ni un manquement du maire dans l'exercice de ses pouvoirs de police de la circulation, l'absence de signalisation limitant le tonnage et les dimensions des véhicules susceptibles d'utiliser un chemin communal dès lors que compte tenu de la destination et des caractéristiques visibles de cette voie, les utilisateurs de véhicules de très fort tonnage sont à même d'apprécier les risques encourus s'ils y engagent de tels véhicules. • CE 10 juill. 2009, *Sté Revel Languedoc Roussillon et Compagnie Gan Assurances Iard c/ Cne de Comigne : préc. note 368.*

2. Usage anormal. Contributions spéciales pour dégradation anormale de la voirie

370. BIBL. Deliancourt, les contributions spéciales exigées par les communes et les départements en cas de détériorations anormales de la voirie routière, *BJCL 2009. 506.*

371. *Viabilité normale des voies.* Les communes ont simplement le devoir de tenir les voies dans un état de viabilité normal. • CE 15 oct. 1969, *Sté des sucreries raffinerie Say : Lebon 442.*

372. *Procédure amiable préalable à la saisine des tribunaux.* « Les communes qui entendent imposer aux entrepreneurs les contributions spéciales sont tenues de rechercher au préalable un accord amiable avec les intéressés et que cette prescription doit être conciliée avec le principe du règlement annuel de ces contributions posé par la même disposition ; par suite les demandes de règlement pour lesquelles l'administration justifie qu'elle a engagé, avant l'expiration de l'année suivant celle où se sont produites les dégradations litigieuses, des pourparlers en vue d'aboutir à un accord amiable avec l'entrepreneur ne sont recevables devant les tribunaux administratifs que si ces demandes ont été présentées avant l'expiration de l'année civile suivant celle à partir de laquelle la tentative d'accord amiable doit être regardée comme ayant définitivement échoué ». • CE 16 nov. 1979, *Perrol : Lebon 419.* – V. aussi • CE 6 déc. 1985, *Cne de Saint-Étienne-de-Chigny c/ Entreprise Plee : Dr. adm. 1986, n° 80.* ♦ La CAA a compétence pour constater la date de cet échec. • CE 6 juin 2008, *Office National de la Chasse et de la Faune sauvage (ONCFS) c/ Cne de Roz-sur-Couesnon*, n° 299415 : *AJDA 2008. 1846* .

373. *Redevable de la contribution.* Est redevable de la contribution spéciale la personne responsable de la dégradation de la voirie. Tel est le cas quand les transports ont été effectués à l'initiative et au bénéfice de l'ONCFS, cet office étant le titulaire exclusif de l'autorisation de travaux ; en outre cette autorisation, dont il assurait le suivi technique et scientifique, lui imposait des prescriptions particulières en matière de transport des matériaux. • CE 6 juin 2008, *Office national de la Chasse et de la Faune sauvage (ONCFS) c/ Cne de Roz-sur-Couesnon*, n° 299415 : *préc. note 372.*

374. Notification aux entreprises. Il est indispensable que le maire notifie aux entrepreneurs la demande de contributions de la commune et leur propose de s'en acquitter en argent ou par des prestations. • CE 7 févr. 1969, *Cne de Peujard : Lebon 613.*

375. Propositions insusceptibles de recours. Les propositions faites par le maire à des propriétaires ne constituent que le premier acte d'une procédure administrative et ne sont pas susceptibles d'être déférées à la juridiction administrative. • CE 20 avr. 1977, *Cts Prinson : Lebon 176.*

376. Conséquences du défaut d'accord. À défaut d'accord amiable ou d'abonnement, les subventions sont fixées annuellement sur la demande de la commune par les tribunaux administratifs après expertise et recouvrées comme en matière de contributions indirectes * Rép. min. : *JO Sénat Q, 18 juill. 1963.* ♦ V. aussi : • CE 19 juin 1970, *Guérin : Lebon T. 958.*

377. Transport de bois. Une voie communale qui était en état de viabilité, nonobstant la présence de quelques nids-de-poule, avait été dégradée à la suite du trafic exceptionnel de camions de fort tonnage effectuant des transports de bois ; en conséquence la commune avait pu demander à l'entreprise une contribution exceptionnelle, bien que les autorités compétentes n'aient pas limité le tonnage à la circulation sur la partie du chemin concerné. • CE 9 févr. 1981, *SA Éts Célérier,* n° 12503 B. ♦ Dans le même sens : • CE 9 juill. 1975, *Dpt des Alpes-Maritimes : Lebon 1340.*

378. Carrière. « Une rotation exceptionnellement rapide des camions à fort tonnage, appartenant à un exploitant de carrières, a endommagé de façon notable une route départementale en circulant en hiver et par temps de pluie, qu'ainsi l'entreprise était redevable des contributions spéciales, bien que l'autorité compétente n'ait pas limité le tonnage des véhicules pouvant circuler sur le tronçon de voie concernée. » • CE 9 juill. 1975, *Dpt des Alpes-Maritimes : préc. note 377.* ♦ V. dans le même sens : • CE 9 févr. 1981, *SA Éts Célérier,* n° 12503 : *préc. note 377.*

379. Charge de la preuve ; clause exclusive. La commune doit apporter la preuve que les dommages causés sont la conséquence de l'activité industrielle et d'elle seule. • CE 13 janv. 1913, *Cie des Houillères de l'Hérault-Saint-Gervais : Lebon 42.*

380. Espèce : non-imputabilité des dégâts. Dans le cas de fermiers vendant leur production de lait à une laiterie, les dégradations causées au chemin rural menant à leur ferme, dues au passage d'un camion-citerne de fort tonnage de la laiterie qui ramassait pour le compte de celle-ci le lait produit par diverses exploitations ne pouvaient leur être imputées, bien que le camion-citerne n'ait emprunté ce chemin que pour se rendre à leur ferme. • CE 19 févr. 1982, *Épx Prinson,* n° 14428 : *Lebon 77.*

381. Causes exonératoires. État défectueux de la voie antérieur aux dégâts. L'entrepreneur n'est pas tenu au paiement de la contribution (subvention industrielle) lorsque l'état de la voie était défectueux. • CE 2 août 1905, *Sté Gasset : Lebon 730.*

382. Charge de la preuve. Il revient à l'entrepreneur d'apporter la preuve que le chemin n'était pas en bon état et que la dégradation ne lui est pas imputable. • CE 19 janv. 1906, *Cuvernant : Lebon 441.*

383. Absence de réglementation sur le tonnage : incidence (aucune). Le fait qu'aucune limitation du tonnage des véhicules n'ait été fixée par le maire pour l'utilisation de la voie ne dispense pas l'entrepreneur du versement de la contribution. • CE 15 oct. 1969, *Sté des sucreries raffinerie Say : préc. note 371.*

384. Faute des tiers. Pour dégager partiellement sa responsabilité, l'entrepreneur peut prouver que d'autres véhicules ont contribué à la réalisation du dommage. • CE 9 févr. 1981, *SA Éts Célérier,* n° 12503 : *préc. note 377.*

385. Assiette de la contribution. Prise en compte de la circulation générale. La contribution versée doit être proportionnelle à la dégradation causée ; il convient donc de tenir compte de la circulation générale. • CE 5 févr. 1886, *Bullat et Cie : Lebon 110.* ♦ En l'absence d'indications sur ce point aucun versement de contribution ne peut être exigé. • CE 19 janv. 1912, *Arnaud et de Montrobert : Lebon 81.*

386. Proportionnalité des contributions, modalités d'établissement. En dépit de l'art. L. 141-9 C. voirie rout., les communes n'ont aucune obligation de renforcer la voie pour qu'elle puisse être utilisée par un entrepreneur sans que des dommages lui soient causés. • CE 30 oct. 1974, *Sté Tuileries des Mureaux : Lebon 522 ; AJDA 1975. 187.*

387. Travaux d'augmentation de résistance de la chaussée. « Le coût des travaux servant au calcul de la contribution ne peut comprendre outre ceux qui sont destinés à porter remède aux détériorations imputables à la circulation des véhicules de l'entreprise en cause, ceux ayant pour objet d'améliorer la résistance de la chaussée, sans faire supporter à l'auteur des dégradations une charge qui ne lui incombe pas normalement au titre d'une seule année d'utilisation. » • CE 2 déc. 1977, *Sté Houlbracq : Lebon T. 1012.*

388. Travaux communaux générés par un travail d'entreprise (aire de stationnement). « Une commune ne peut faire supporter à une entreprise les frais nécessaires à la création de fossés, non plus que les frais du raccordement des fossés à l'égout municipal et du franchissement par une canalisation de l'accès à l'aire de stationnement de l'entreprise, rendus nécessaires par l'aménagement par cette entreprise d'une telle aire ayant entraîné un important ruissellement. » • CE 29 oct. 1981, *Éts Heintz et Fils : Lebon 393.*

389. Compétence des juridictions administratives. L'action d'une commune concernant le régime des contributions spéciales pour détériorations anormales de la voirie « relevait donc, sans qu'il soit nécessaire de rechercher s'il s'agissait d'une voie communale ou d'un chemin rural, de la compétence de la juridiction administrative ». • T. confl. 22 juin 1992, *Cne de Cocquerel c/ Sieur Denève : Lebon 487 ; Gaz. Pal. 1993. 1. Pan. dr. adm. 30.*

390. Refus d'engager les poursuites pénales. Quand un particulier empiète sur l'assiette d'une voie communale, qu'un autre particulier demande au conseil municipal de poser une plainte avec constitution de partie civile pour destruction et dégradation de biens publics, ce conseil peut légalement refuser d'engager l'action publique, dès lors que le procureur de la République avait classé sans suite une plainte dirigée pour occupation irrégulière du domaine public communal, et que l'action poursuivie devant le juge civil subsiste. • CE 28 juill. 1999, *M. et Mme Mathon, M. et Mme Roure,* n° 197017.

391. Compétence des tribunaux de l'ordre judiciaire. La réparation du dommage causé au domaine public routier (à l'occasion d'un débardage de grumes) est de la compétence des tribunaux de l'ordre judiciaire (V. C. voirie rout., art. L. 116-1). • T. confl. 15 mars 1999, *Cne de Diou,* n° 3120 : *Dr. adm. 1999, n° 175, p. 27, note R. S.*

392. Question préjudicielle (faute des services de la DDE). En application de l'article L. 116-1 C. voirie rout., lorsque une société est autorisée par le préfet à effectuer un transport par convoi exceptionnel, qu'elle endommage un portique de signalisation routière, qu'est émis à son encontre un titre de perception, qu'elle invoque une faute de la direction départementale de l'équipement, il appartenait au tribunal de grande instance, ultérieurement saisi du même litige, de se prononcer sur la demande dont il était saisi, sauf à renvoyer au juge administratif, s'il estimait que le moyen tiré d'une faute des services de la DDE soulevait en l'espèce une contestation sérieuse, l'examen de cette question préjudicielle. • T. confl. 23 juin 2003, *Sarl Transports Saint-Germain,* n° C3362 : *LPA 9 janv. 2004, p. 10, concl. Schwartz ; D. 2003. 28, note R. S.*

393. Imprescriptibilité de l'action en réparation de l'atteinte portée au domaine public routier et recours pour excès de pouvoir. Les dispositions de l'art. L. 116-6 C. voirie rout., selon lesquelles l'action en réparation de l'atteinte portée au domaine public routier est imprescriptible sont étrangères aux conditions de recevabilité d'un recours pour excès de pouvoir formé devant la juridiction administrative. • CE 30 nov. 1998, *Assoc. « Bien vivre à Tredarzec »,* n° 172855.

g. Travaux

394. Illégalité de l'interdiction de principe, sauf dérogation, d'effectuer des travaux. Un maire peut légalement subordonner l'exécution de travaux sur l'ensemble du domaine public communal routier à son autorisation préalable, sur le fondement de son pouvoir de police de la conservation du domaine, à la condition de ne pas porter une atteinte excessive au droit des établissements publics titulaires d'une concession ; par suite, est excessive et illégale l'interdiction de principe, sauf dérogation, d'effectuer des travaux sur les chaussées nouvellement refaites depuis moins de deux ans. • CE 13 janv. 1988, *Synd. nat. de la production autonome d'électricité c/ Min. de l'Intérieur,* nos 35010 et 35064 : *Lebon 577 ; RDI 1988. 276.*

395. Travaux d'aisance de voirie illégaux. Doit être annulée la décision du maire rejetant la demande de propriétaires tendant à ce que soient prises des mesures destinées à assurer l'accès de leur propriété à la voie publique, gêné par la réalisation d'une piste, du moment que ces travaux excèdent l'emprise autorisée par la permission de voirie délivrée par le président du conseil général et s'étendent sur une autre portion de trottoir que celle sur laquelle le maire les a autorisés. • CE 18 mars 1998, *M. Guibert,* n° 171074.

396. Suppression de carrefour. DUP. Balance d'utilité publique. Si pour supprimer un carrefour dangereux, le projet déclaré d'utilité publique a pour effet de transférer sur les routes départementales traversant deux communes, l'essentiel du trafic, important notamment dans les périodes de récolte, des poids lourds qui desservent les silos locaux, et de le faire ainsi passer à proximité, notamment, d'une école maternelle et de divers commerces et services, ce projet est de nature à entraîner un danger permanent et des nuisances accrues pour la population locale, le décret devant dès lors être annulé. • CE 19 mars 2003, *Cne de Prunay-le-Gillon,* n° 238665.

397. Voirie nouvelle. Des travaux de création d'une voirie nouvelle sont censés être réalisés dans l'intérêt du domaine public routier, ce qui implique l'obligation pour le bénéficiaire d'une autorisation temporaire d'occupation de ce domaine de supporter la charge du déplacement de ses installations. • CAA Marseille, 12 mars 2009, *Min. des transports, de la mer c/ France Télécom : BJCL 2009. 539, obs. Poujade, concl. conformes Dieu.*

398. Travaux menés dans l'intérêt de la voirie, et non de France Télécom. Responsabilité. Lorsqu'une société concessionnaire de travaux publics de voirie pour le compte d'une commune sectionne un câble téléphonique appartenant à la SA France Télécom, cette dernière ne peut être regardée comme l'occupant du domaine public dans l'intérêt duquel les travaux ont été entrepris ; par suite la SA France Télécom doit être regardée par rapport à ces travaux, et la société concessionnaire voit sa responsabilité engagée à l'égard de France Télécom même en l'absence de faute. • CE 23 déc. 2010, *Sté Eurovia*, n° 328300.

h. Compétences municipales

399. Redevance sur ouvrage d'art routier : compétence du conseil. L'institution d'une redevance sur un ouvrage d'art à comprendre dans le domaine public routier communal est décidée par une délibération du conseil municipal, et doit être autorisée par décret en Conseil d'État (V. C. voirie rout., art. L. 153-5). Par suite, l'annulation de la délibération entraîne celle du décret. • CE 6 févr. 1998, *M. Tête, Assoc. de sauvegarde de l'Ouest Lyonnais*, n° 138777 : *Lebon 514*.

400. Nullité du bail emphytéotique sur la voirie routière. En application de l'art. L. 1311-2 CGCT, le bail emphytéotique qui porte sur une dépendance de la voirie routière placée à ce titre dans le champ d'application de la contravention de voirie est illégal, et même si ladite dépendance n'est qu'une partie de la surface objet du bail. • CE 30 avr. 2004, *Cne de Saint-Étienne c/ SCI Ferrand*, n° 253372.

401. Convention d'étude sous autorité municipale, louage d'ouvrage de droit commun. La convention conclue au titre de l'art. 1er du décret du 13 avril 1961 est un contrat de louage d'ouvrage dont l'inexécution ou la mauvaise exécution est – sous réserve de l'application, le cas échéant, de stipulations particulières – susceptible d'engager la responsabilité de l'État dans les conditions du droit commun, alors même que selon les dispositions susmentionnées cette mission s'exécute sous l'autorité du maire. Il en va ainsi, notamment, pour la voirie communale. • CE 12 mai 2004, *Cne de La Ferté-Milon*, n° 192595 : *préc. note 292.*

402. Pouvoirs du maire en cas d'empiétement sur les limites de fait de la voirie, en l'absence d'un plan d'alignement. En l'absence d'un plan d'alignement, il appartient au maire, dans l'exercice de ses pouvoirs de police, de prendre les mesures nécessaires pour mettre fin à un empiétement sur la voie publique. Si un élément immobilier vient à être construit au-delà de ce qui était auparavant la limite de fait de la voie, le maire peut, le cas échéant à la suite d'une mise en demeure de le démolir non suivie d'effet, faire dresser procès-verbal d'une contravention de voirie afin de mettre l'autorité judiciaire en mesure d'ordonner la démolition. Ainsi, après avoir souverainement estimé que les pièces du dossier établissaient l'existence d'empiétements sur les voies litigieuses, constitués notamment par un portillon, une murette et des éléments de bâtiment en saillie ou en surplomb sur l'emprise de ces voies, la cour n'a pas commis d'erreur de droit en jugeant qu'il appartenait au maire de faire usage de ses pouvoirs de police afin qu'il soit mis fin à cette situation ; elle n'était pas tenue de répondre aux conclusions de la commune tendant à ce que le jugement de l'affaire fût différé dans l'attente de l'élaboration d'un plan d'alignement. • CE 17 janv. 2011, *Cne de Clavans-en-Haut-Oisans*, n° 312310.

i. Droits des riverains

403. Aisance de voirie. Enclave. Sauf dispositions législatives contraires, la qualité de riverain d'une voie publique confère à celui-ci le droit d'accéder à cette voie ; ce droit est au nombre des aisances de voirie dont la suppression donne lieu à réparation au profit de la personne qui en est privée ; ce même droit est dévolu à celui qui, sans être riverain d'une voie publique, ne peut accéder à son fonds qu'en empruntant une voie publique. Par suite, dès lors que les requérants ne sont pas riverains de la voie en litige, qu'en outre l'accès à leurs propriétés ne dépend pas du passage par celle-ci, ils sont irrecevables à former tierce opposition contre la décision du Conseil d'État qui déclare que la voie ne constitue pas une dépendance du domaine public. • CE 16 déc. 2005, *Mme Paulette BY, Cne de La Foye-Monjault*, n° 268872 : *RFDA 2006. 186*.

404. Aisance de voirie. Atteinte. Lorsque le maire délivre un permis de construire qu'un poteau est implanté sur le domaine public pour empêcher tout accès au terrain des engins de chantier nécessaires à l'exécution des travaux autorisés ; qu'aucun motif tiré des nécessités de la conservation du domaine ou de l'entretien de la voie ne justifie un tel aménagement ; qu'en faisant procéder à l'installation du poteau empêchant l'accès au terrain des véhicules nécessaires à la réalisation des travaux projetés le maire a porté au libre accès des riverains à la voie publique, lequel constitue un accessoire du droit de propriété, et par là-même une liberté fondamentale, une atteinte grave et manifestement illégale. • CE 4 mai 2012, *Cne d'Étampes c/ Assoc. locale pour le culte des témoins de Jéhovah*, n° 358939.

405. Constitue une atteinte grave et manifestement illégale à une liberté publique le fait, pour une commune, de placer un obstacle empêchant le passage de tout véhicule dans une portion de rue qui est le seul accès du domicile des requérants à la voie publique. • CE 14 mars 2011, *Cne de Galluis*, n° 347345 : *AJDA 2011. 1562, note Février ; JCP Adm. 2011, n° 2167, note J. Moreau ; RJEP 2011, n° 31, note Chabrier.* ♦ Le libre accès des riverains à la voie publique est un accessoire du droit de propriété, et une liberté fondamentale ; par suite, le maire ne peut ni installer un poteau y faisant obstacle ni justifier celui-ci par la conservation du domaine public ou par l'entretien de la voie. • CE 4 mai 2012, *Cne d'Étampes c/ Assoc. locale pour le culte des témoins de Jéhovah : préc. note 404.*

406. Remembrement. Division de propriété par la voirie. Droits du propriétaire ayant fait un apport. Lorsqu'une exploitation agricole est coupée en deux par la création d'une voie publique, son propriétaire perçoit une indemnité, fixée par le juge judiciaire, seul compétent, couvrant à la fois l'expropriation proprement dite et les préjudices accessoires relatifs aux terrains conservés par le propriétaire et tenant notamment à la perte de valeur vénale de ces terrains et à la détérioration de leurs conditions d'exploitation ; en revanche, lorsque la même opération s'accompagne d'un remembrement incluant les terrains nécessaires à sa réalisation, le propriétaire, qui a fait apport de ses terrains à l'association foncière, n'a pas la qualité d'exproprié et ne peut saisir le juge judiciaire ; il peut percevoir, pour les terrains qu'il conserve après remembrement, une indemnité au titre de dommages de travaux publics et peut, en cas de contestation, saisir le juge administratif des deux chefs de préjudice tenant à la perte de valeur vénale de ces terrains et à la détérioration de leurs conditions d'exploitation. • CE 7 juill. 2006, *M. Joël A.*, n° 255315.

407. Remembrement. Indemnisation du préjudice ; balance des avantages et inconvénients. Quand un agriculteur dispose pour franchir une voie publique, d'un passage susceptible d'être emprunté par le bétail et que, s'il est obligé à un détour d'environ 2 km en cas d'utilisation de gros engins agricoles, cet inconvénient n'excède pas l'avantage qu'il retirait du rapprochement d'une partie de ses terres dont il avait bénéficié dans le cadre du remembrement ; l'intéressé n'a alors pas subi, du fait de la création de la voie, une détérioration de ses conditions d'exploitation engageant la responsabilité du maître de l'ouvrage dans les conditions prévues au deuxième alinéa de l'art. L. 123-26 C. rur. • CE 7 juill. 2006, *M. Joël A.*, n° 255315 : *préc. note 406.*

408. Remembrement. Compétence juridictionnelle. Les parcelles situées dans l'emprise de la voie publique qu'un agriculteur avaient apportées au remembrement étaient devenues la propriété de l'association foncière de remembrement avant d'être cédées au maître de l'ouvrage ; ainsi l'intéressé n'avait pas la qualité d'exproprié ; par suite, la juridiction administrative ne peut décliner sa compétence au motif que les conclusions de l'agriculteur tendant à la réparation de la perte de valeur vénale de ses terres concernent un dommage accessoire à l'expropriation des terrains servant d'assise à l'ouvrage public. • CE 7 juill. 2006, *M. Joël A.*, n° 255315 : *préc. note 406.*

j. Contentieux

409. Principe. L'action en réparation d'un dommage causé au domaine public routier est de la compétence des tribunaux judiciaires sous réserve des questions préjudicielles relevant de la compétence de la juridiction administrative ; tel est le cas des travaux de comblement d'un chemin vicinal entrepris puis menés à leur terme sans le consentement écrit, ni même verbal, du maire de la commune. • T. confl. 5 juin 2000, *Cne de Ligny c/ Sté Descamps*, n° 3177.

410. Compétence judiciaire. Véhicule : tractopelle. Un « tractopelle » doté d'un dispositif lui permettant de se déplacer de façon autonome doit être regardé comme constituant, au sens des dispositions de la loi du 31 déc. 1957, un « véhicule » ; par suite, et sans qu'y fasse obstacle le fait que cet engin participait à l'exécution de travaux publics, la juridiction de l'ordre judiciaire est seule compétente à l'égard du litige. • T. confl. 29 sept. 1997, *SARL SOFAMM*, n° 2981.

411. Commandement adressé par la ville. L'action en réparation d'un dommage causé au domaine public routier est de la compétence des tribunaux judiciaires (V. art. L. 116-1 C. voirie rout.) (en l'espèce commandement adressé par la Ville de Paris à une société de travaux publics pour avoir réparation de dommages causés à la voie publique et à ses dépendances). • T. confl. 29 sept. 1997, *Sté GTM bâtiment et travaux publics c/ Ville de Paris*, n° 2997.

412. Détérioration accidentelle de la bordure d'un trottoir. Le litige qui oppose la commune à une société en raison de la détérioration accidentelle de la bordure d'un trottoir par un camion lui appartenant relève de la compétence de la juridiction de l'ordre judiciaire. • T. confl. 23 oct. 2000, *Cne de Bulgneville*, n° 3182.

413. Question préjudicielle de propriété résultant d'un acte administratif. Il n'appartient qu'au juge judiciaire de se prononcer sur la propriété d'un bien, alors même que celle-ci résulterait d'un acte administratif ; dès lors, c'est en méconnaissance de la compétence de la juridiction administrative que le tribunal administratif a statué sur la propriété de l'aqueduc construit sous le chemin communal. • CE 26 juill. 2006, *Sté Brasserie Heineken SA c/ Ville de Marseille*, n° 290951.

414. Compétence des juridictions administratives. Police de la conservation. Si en application de l'art. L. 116-1 C. voirie rout., la répression des infractions à la police de la conservation du domaine public routier est poursuivie devant la juridiction judiciaire, il appartient à la juridiction administrative de statuer sur les conclusions relatives à la remise en état du domaine public routier. Relève ainsi de la compétence de ce dernier juge, le litige afférent à l'arrêté du maire ordonnant la remise en état des lieux. • CE 26 mai 2004, *Cne de Cap-d'Ail c/ Sté Paloma*, n° 242086.

415. Dommages causés à d'autres biens, coefficients de vétusté, compétence des juges du fond. L'évaluation des coefficients de vétusté à appliquer, le cas échéant, aux constructions privées endommagées à la suite de l'effondrement d'une dépendance du domaine public routier pour fixer le montant d'une indemnisation relève de l'appréciation souveraine des juges du fond. • CE 12 mai 2004, *Cne de La Ferté-Milon*, n° 192595 : *préc. note 292.*

416. Remblai et fossé indissociables de la voirie, empiétement d'une propriété privée sur l'emprise de la voie publique, compétence de la juridiction administrative, question non préjudicielle. Constituent un empiétement d'une propriété privée sur l'emprise de la voie publique communale, sans qu'une telle appréciation oblige le juge administratif à renvoyer au juge judiciaire une question préjudicielle, les faits qui suivent : une voirie publique est soutenue sur un côté par un remblai, bordé d'un fossé d'écoulement des eaux de ruissellement ; les riverains privés construisent un muret sur le remblai et déplacent à l'intérieur de celui-ci le fossé, en fragilisant ainsi la voirie ; le remblai et le fossé sont des dépendances indissociables de la voirie. • CE 21 nov. 2011, *Cne de Plonéour-Ladvern*, n° 311941 : *AJDA 2011. 2267, note de Montecler*.

417. Empiétement d'un portail et d'une clôture privés sur domaine public, enlèvement, compétence des juridictions administratives. La juridiction administrative est seule compétente pour connaître de l'action engagée par des particuliers contre la commune en vue d'obtenir la destruction d'un portail et d'une clôture réalisés par des tiers sur une voie publique communale qui ont le caractère de travaux d'entretien de la voirie publique et donc de travaux publics, ainsi que la réalisation des travaux de reconstitution de la portion de voirie supprimée. • T. confl. 17 déc. 2012, *Cne Le Revest-les-Eaux*, n° C3884.

418. Acte non susceptible d'un recours. Acte préparatoire à l'incorporation. La délibération par laquelle un conseil municipal décide de lancer une procédure visant à incorporer dans la voirie communale un chemin reliant une voie communale à la station de pompage de la commune a le caractère d'un acte préparatoire à l'incorporation définitive dudit chemin et ne saurait, par suite, faire l'objet d'un recours pour excès de pouvoir. • CE 7 mai 1997, *M. Tillien c/ Cne de Sainte-Vertu*, n° 151283.

419. Arrêté de remise en état ne portant pas grief. L'arrêté par lequel le maire prévoit la remise en état de la parcelle de domaine public routier occupé irrégulièrement n'étant assorti d'aucune disposition permettant d'en assurer l'exécution ni ne prévoyant de telles mesures à l'expiration d'un délai, respecte ainsi les prérogatives du juge compétent en matière de voirie, et se contente de rappeler le principe de remise en état du domaine inhérent au terme de l'autorisation d'occupation temporaire ; par suite, cet arrêté n'a pas le caractère d'une décision faisant grief. • CE 26 mai 2004, *Cne de Cap-d'Ail c/ Sté Paloma et préc. note 414*.

2° RÈGLES SPÉCIALES DE LA VOIRIE URBAINE

a. Composition

420. BIBL. Notion de travaux (plantation d'allées d'arbres) dans l'intérêt du domaine (CAA Lyon, 3 mai 2005) *AJDA 2005. 1412*.

421. Généralités, places et promenades. La voirie urbaine est constituée par l'ensemble des voies et des places publiques de la commune ouvertes à la circulation publique et généralement classées, avec cette exigence particulière pour les places et promenades – avoir été l'objet d'un aménagement spécial – qui se trouvent situées à l'intérieur de l'agglomération et qui étaient antérieurement à l'Ord. du 7 janv. 1959 affectées à l'usage du public. • CE 19 mai 1976, *Sté coopérative La Léonarde : Droit adm. 1976, n° 184*.

422. Voie communale (non), impasse. N'est pas une voie communale le passage en impasse donnant accès à une habitation particulière. • CE 26 mai 1997, *Mme Pierre c/ Cne de Béruges*, n° 169658.

423. Voie communale (non), impasse et absence de circulation publique. Ne saurait être regardé comme une dépendance du domaine public de la commune le chemin qui n'a pas fait l'objet d'un classement dans la voirie communale, et qui par ailleurs n'a pas fait l'objet d'une circulation générale du public, étant en nature d'impasse et ne desservant que trois propriétés riveraines, même si ledit chemin était, depuis des temps immémoriaux, emprunté par le préposé du service postal ou pour le passage de certains commerçants, et que la commune y aménageait le passage de réseaux publics. • CE 19 mai 2003, *Cne de La Foye-Monjault*, n° 246535 : *JCP Adm. 2003, n° 48, p. 2047, note Deliancourt*.

424. Voie communale (oui), impasse avec interruption d'ouverture au public. La voie dénommée impasse, située en agglomération, a été, antérieurement à l'intervention de l'ord. du 7 janv. 1959 relative à la voirie des collectivités locales, et alors même qu'elle constitue une impasse, ouverte à la circulation générale du public ; en l'absence de décision de déclassement et nonobstant la circonstance que la voie ait cessé à une date antérieure à celle de l'ord. susdite, d'être ouverte à la circulation générale du public, cette voie appartient au domaine public de la commune, si, toutefois, elle est propriété de celle-ci. • CE 7 juill. 2006, *Sté Saint-Rémoise de location*, n° 268037.

425. Restaurant du domaine public routier. L'exploitation par une société d'un restaurant implanté en partie sur une parcelle constituant une dépendance du domaine public routier communal n'est pas incompatible par nature avec l'affectation de ce domaine, et même est conforme à l'affectation des dépendances concernées du domaine public. • CE 15 févr. 2008, *Cne de La Londe-les-Maures c/ SARL La Brûlade*, n° 279045.

426. Place publique non affectée à la circulation générale. Une place publique appartenant à la commune, mais qui n'est pas affectée à la circulation générale, n'a pas le caractère de voie publique et son déclassement n'a pas à être précédé d'une enquête publique. • CE 5 févr. 1990,

Assoc. contre le déclassement et la vente du champ de foire de Saint-Germain-des-Bois, n° 88452 : *Lebon 913*.

427. Halle. Si le stationnement des véhicules était toléré par la municipalité sur une partie de l'emplacement de l'ancienne halle entre les piliers supportant les bâtiments de la mairie et s'il était ainsi possible d'accéder avec les véhicules aux dépendances d'un immeuble riverain de cette ancienne halle, ces circonstances ne suffisent pas à conférer à cet emplacement le caractère d'une voie affectée à la circulation générale ; cet emplacement, s'il fait partie du domaine public de la commune, n'a pas le caractère de voie publique ; ainsi un riverain n'a donc aucun droit à l'utiliser pour accéder à sa propriété en véhicule automobile et la privation de cet accès, à la suite d'aménagements apportés aux bâtiments municipaux, ne peut lui ouvrir droit à indemnité. • CE 7 nov. 1979, *Mme Pinaud : Lebon 934.*

428. Terrains affectés à la circulation pédestre. Un terrain communal, planté d'arbres, affecté à l'usage de promenade publique ou la tenue de foires ou de marchés, n'a pas le caractère de voie publique ; par suite les riverains n'ont aucun droit à l'utiliser pour accéder à leur propriété en véhicules automobiles. • CE 11 mai 1959, *Dauphin : Lebon 294 ; AJDA 1959. 228, note Dufau ; JCP 1959. II. 11269, note de Lanversin ; S. 1959. 117, concl. Mayras* • CE 22 avr. 1960, *Berthier : préc. note 75.*

429. Voirie urbaine en possession plus que trentenaire. Fait partie du domaine public la voie sur laquelle la commune a une possession plus que trentenaire, puisque la commune en a assuré dès 1935 l'empierrement. L'affectation peut alors résulter du fait que la commune a fait effectuer divers aménagements, dont la pose de l'éclairage public et de plaques de dénomination. De plus, la voie est actuellement affectée à la circulation générale. • CE 15 nov. 1991, *Dame Dufor c/ Cne de Labarthe-Rivière,* n° 71102 : *Lebon 755 ; JCP N 1992. II. 392, note Rouault.*

430. Routes nationales. Les routes nationales demeurent dans le domaine public de l'État ou du département pour leur partie qui traverse l'agglomération et leur entretien incombe à la collectivité correspondante. • CE 23 févr. 1968, *Min. de l'Équipement c/ Sieur Lamiaux et Cne de Salpignies : Lebon 140 ; Dr. adm. 1968, n° 11.*

431. Routes départementales. Il en va de même des routes départementales, et en l'espèce d'un chemin départemental. • CE 25 févr. 1971, *Ville du Havre : Lebon 1114 ; Dr. adm. 1971, n° 104.*

432. Moselle. Usoirs. Il résulte d'une coutume dont les règles ont fait l'objet de la codification des usages locaux à caractère agricole du département de la Moselle, approuvée par le conseil général le 9 janv. 1961, que les droits coutumiers reconnus au riverain sur l'usoir consistent principalement en la faculté d'y déposer ce qui est nécessaire à son exploitation sans que cette utilisation interdise de façon permanente la circulation des autres usagers ; ainsi l'affectation particulière consacrée par l'usage ne fait pas obstacle à ce que l'usoir, dont la commune en l'espèce est propriétaire, comme du reste de la voie, constitue une dépendance du domaine public communal. Par suite, les opérations entreprises par les agents de la commune pour dégager l'accès à l'usoir attenant à l'immeuble d'un propriétaire, notamment par la coupe de 25 arbustes qu'il y avait plantés, se rattachent à la gestion du domaine public et les juridictions administratives sont compétentes pour connaître de la demande d'indemnité présentée par l'intéressé en réparation du préjudice que ces opérations lui auraient causé. • T. confl. 22 sept. 2003, *M. Michel X. c/ Cne de Juville (Moselle),* n° C3369 : *BJCL 2004. 105, concl. Commaret.*

b. Classement

1. Classement des voies publiques

433. Agglomération. La voie doit être située dans une agglomération (pour la définition du terme « agglomération », V. note ss. art. L. 2213-1). • CE 14 mai 1954, *Geuger : Lebon 274 ; RPDA 1954. 125, concl. Jacomet.*

434. Ouverture à la circulation générale. La voie doit être ouverte à la circulation générale du public. • CE 9 mai 1958, *Delors : préc. note 299.* – V. aussi : • CE 11 mai 1959, *Dauphin : préc. note 428.* ♦ Un passage qui n'est pas affecté à la circulation générale n'appartient pas à la voirie urbaine. • CE 16 nov. 1973, *Cne de Montaigut-le-Blanc : Lebon 651.* ♦ Le caractère déterminant de l'ouverture à la circulation générale d'une voie propriété de la commune, accompagné d'un aménagement en vue de cette utilisation, fait d'elle une dépendance du domaine public, même si la voie n'a fait l'objet d'aucun classement. • Même arrêt.

435. Acte formel de classement. Le classement n'est pas indispensable pour qu'une voie urbaine soit considérée comme une voie publique. • CE 19 janv. 1934, *Cne de Pont-de-Beauvoisin : Lebon 101.* ♦ *Contra* : pour l'exigence d'un acte formel de classement, V. • CE 15 févr. 1989, *Cne de Mouvaux,* n° 71992 : *Dr. adm. 1989, n° 206 ; RD publ. 1989. 1517 ; Gaz. Pal. 1989. 1. 457.*

436. Chemin non visé dans le tableau des voies communales. Fait partie du domaine public communal une partie d'un chemin située dans la partie agglomérée du territoire communal et affectée à l'usage du public, et ceci en dépit du fait que ce chemin n'était pas visé dans le tableau des voies communales. • CE 11 mai 1984, *Arribey,* n° 24755 : *préc. note 299.*

437. Recours contre la dénomination des rues, places et édifices publics. Le conseil municipal étant compétent pour dénommer les rues, places et édifices publics, un recours peut être exercé devant le tribunal administratif contre une délibération, notamment au cas où le nom d'une personne donné à une rue soulève l'opposition de la famille, ou bien lorsque l'événement célébré serait contestable au regard d'un intérêt légitime protégé, V. notamment : Question parlementaire n° 44166 : *JOAN Q, 9 avr. 1984.*

438. Appellation des voies dans les villes et propriété. L'usage de la voie dénommée Rue Kerguelen, sise sur une parcelle propriété d'une société, ne nécessite pas d'autorisation domaniale de la commune dès lors que cette parcelle n'est pas une dépendance du domaine public communal. • CE 17 déc. 2009, *Sté Brico Dépôt,* n° 317506.

2. Classement des voies privées

439. Lotissement. Le cahier des charges d'un lotissement peut prévoir la remise gratuite des voies à la commune au cas de classement par celle-ci de la voie privée ; dans ce cas, l'incorporation est soumise à une délibération du conseil municipal qui peut demander que les voies lui soient remises en bon état de viabilité. • CE 3 oct. 1969, *Dlle Masson : préc. note 329.*

440. Indemnisation. Les propriétaires des parcelles incorporées dans la voirie urbaine communale peuvent obtenir une indemnisation correspondant aux frais avancés par le lotisseur pour la mise en viabilité des voies initialement privées * Rép. min. : *JOAN CR, 8 juin 1971.*

441. Transfert de voirie privée dans le domaine public. Est conforme à la Constitution l'art. L. 318-3 C. urb. qui permet le transfert d'office au domaine public de la commune des voies privées ouvertes à la circulation publique dans des ensembles d'habitations. Ce transfert est subordonné à l'ouverture à la circulation, qui relève de la volonté du propriétaire. Le législateur n'a pas exclu toute indemnisation dans le cas exceptionnel où le transfert de propriété entraînerait pour le propriétaire une charge spéciale et exorbitante, hors de proportion avec l'objectif d'intérêt général poursuivi. • Cons. const. 6 oct. 2010, *Épx Anastasio,* n° 2010-43 QPC : *AJDA 2010. 223, note Trémeau.*

442. Voies privées de Paris. Le classement des voies privées de Paris dans le domaine public peut intervenir nonobstant l'opposition d'un ou plusieurs propriétaires (V. art. 4 de la loi du 15 mai 1930 relative à l'assainissement d'office et au classement d'office des voies privées de Paris, et art. 1er du décret-loi du 26 mars 1852 relatif aux rues de Paris). • CE 9 avr. 1999, *M. Hovsepian c/ Ville de Rennes : nos 132720 et 147192.*

c. Déclassement

443. Le déclassement d'une voie urbaine doit être explicite pour qu'elle cesse d'appartenir au domaine public communal, même s'il y a eu un classement de fait. • CE 9 mai 1958, *Delors : préc. note 299.*

d. Travaux

444. Droit d'occupation d'EDF-GDF. Le droit d'occupation du domaine public routier reconnu à EDF-GDF ne peut s'exercer que dans les conditions prévues par les règlements de voirie ; les autorités compétentes pour les édicter peuvent subordonner l'exercice du droit dont il s'agit aux conditions indispensables pour assurer la protection du domaine public routier dont elles ont la charge et en garantir un usage répondant à sa destination. • CE 3 juin 1988, *EDF-GDF,* n° 41918 : *Lebon 225.* ♦ Dans ce même sens : • CE 13 mars 1985, *EDF-GDF c/ Min. des transports,* nos 42630, 42631, 42691 et 42695 : *Lebon 78.* ♦ Est illégale la demande de remboursement des dépenses indirectes résultant de la dépréciation des voies entraînée par l'exécution des travaux ; quelle que soit la nature de cette majoration, redevance, recette fiscale ou augmentation des droits de voirie, le maire était incompétent pour l'instituer. • CE 3 juin 1988, *EDF-GDF,* n° 41918 : *préc.* ♦ Sont illégales les dispositions de l'arrêté du maire, qui limitent à 80 mètres la longueur des tranchées qui peuvent être ouvertes en vue de la pose d'ouvrages situés sous l'emprise du domaine public, car elles portent une atteinte excessive au droit d'occuper le domaine public qui appartient à EDF-GDF. • CE 7 oct. 1988, *Ville de Chartres c/ EDF-GDF,* n° 77046 : *Lebon 336.*

445. Décision d'application d'un arrêté confirmé par le Conseil d'État et à ce titre ne pouvant être annulée. Dès lors que les décisions d'entreprendre les travaux de rétrécissement de la voie publique et de les poursuivre traduisent seulement le souci de la commune d'assurer l'application effective d'un précédent arrêté interdisant la circulation des véhicules d'un poids total en charge égal ou supérieur à 3,5 tonnes dans plusieurs rues de la commune, elles ne peuvent être annulées ; en effet, l'arrêté a déjà fait l'objet d'un recours devant le CE, qui a été rejeté. • CE 19 févr. 2003, *Cne d'Anzin-Saint-Aubin,* n° 232245 : *JCP Adm. 2003, n° 15, p. 1341, note Moreau.*

446. Communauté urbaine. Au cas où existe une communauté urbaine, la loi du 31 déc. 1966 (C. communes, art. L. 165-1 s. recodifié ss. **CGCT**, art. L. 5215-1 s.) a transféré aux communautés urbaines la gestion du domaine public routier, notamment la délivrance des permissions de voirie. • CE 7 janv. 1987, *Ville de Bordeaux,* n° 26979 : *Lebon 2.*

447. Prolongation d'infrastructure routière. Plans de déplacements urbains. Les plans de déplacements urbains prévus par l'art. 28 de la loi du 30 déc. 1982 d'orientation des transports intérieurs ne contiennent pas de prescriptions s'imposant aux autorités administratives sauf en ce qui concerne les décisions prises en matière de police de stationnement et de gestion du domaine public routier, au rang desquelles ne figure pas la décision de prolonger une infrastructure routière. • CE 18 déc. 2008, *Collectif pour la protection des riverains de l'autoroute A184 (COPRA 124)*, n° 310027.

e. Parking

1. Parking affecté au public, ou à un certain public

448. TVA sur recettes encaissées par une société concessionnaire d'un parc de stationnement payant. Une société concessionnaire d'un parc de stationnement payant au centre d'une ville doit comprendre dans sa base de TVA la totalité des recettes encaissées, sans déduire la redevance qu'elle verse à la commune. • CE 26 sept. 2001, *Min. de l'Économie c/ Sté des garages souterrains et du centre commercial « Esplanade Belvédère »*, n° 220263. ♦ Une instruction fiscale (n° 3 B-5-72 du 30 juin 1972) prévoit que la redevance versée par le concessionnaire à la collectivité concédante, ne constituant pas pour cette dernière des recettes à caractère commercial, n'est pas soumise à la TVA au regard de la collectivité territoriale. • Même arrêt.

449. Avantage tarifaire par entremise financière de la société privée d'aménagement. Compte tenu, d'une part, de l'intérêt général qui s'attache à la venue, dans le centre-ville, des clients des boutiques du centre commercial et, d'autre part, de ce que la société d'aménagement du centre s'est engagée à verser, en contrepartie de cet avantage tarifaire, une redevance financière significative, le protocole d'accord entre la communauté urbaine et la ville avec la société a pu, sans méconnaître le principe d'égalité des usagers devant le service public, accorder un tel avantage tarifaire à la société. • CAA Douai, 8 juill. 2003, *Cne de Roubaix c/ Sté X Europe*, n° 00DA00376.

450. Autorisation d'installation et de travaux donnée par le maire à la commune, procédure contentieuse, appel. Le recours en annulation d'un arrêté du maire de la commune délivrant à celle-ci une autorisation d'installation et de travaux divers en vue de l'aménagement d'un parc public de stationnement doit être regardé comme un appel et ressortit à la compétence de la CAA ; il n'entre pas dans le champ d'application des dispositions du deuxième alinéa ajouté à l'art. R. 811-1 CJA par l'art. 11 du décret du 24 juin 2003 qui, combinées avec celles du 1° de l'art. R. 222-13 du même code, prévoient que le TA statue en premier et dernier ressort dans les litiges relatifs aux déclarations de travaux exemptés de permis de construire. • CE 20 oct. 2004, *Cne de Saint-Rémy-l'Honoré*, n° 270898.

451. Rétrocession par SEM à une commune. Domanialité. Retrait des droits privatifs. Quand une SEM réalise des stationnements souterrains urbains qu'elle loue pour une longue durée à une association, puis qu'elle les rétrocède à la commune, la rétrocession a eu pour effet de faire rentrer ces dépendances dans le domaine public communal. Le recours contre la décision du maire de retrait des droits de stationnement de l'association obéit aux règles normales de saisine des juridictions administratives en matière d'excès de pouvoir. • CE 28 janv. 2013, *Cne de Rennes*, n° 348365.

2. Parking affecté aux taxis

452. Recours contentieux. Intérêt à agir. Un artisan taxi titulaire d'une autorisation de stationner dans une commune limitrophe de Vannes et la fédération nationale des taxis indépendants (région Bretagne) ont qualité pour agir dès lors que la réglementation du maire de Vannes limite la capacité de l'artisan et de certains membres de cette fédération à faire stationner leurs véhicules dans la cour de la gare de Vannes sur les emplacements réservés au taxis, afin d'y prendre en charge des clients. • CE 6 juin 2001, *Cne de Vannes*, n° 199674 : *Lebon 256* ; *CJEG, n° 583, 2002, p. 19, note Laget-Annamayer* ; *Coll. terr. 2001, n° 229, obs. Célérier.*

453. Illégalité d'un arrêté municipal. Quand l'arrêté du maire interdit aux taxis extérieurs à une commune le stationnement sur les emplacements réservés aux taxis devant la gare de la commune ; que, eu égard à l'importance de la restriction ainsi apportée à l'exercice de cette activité professionnelle et au fait que la fonction de desserte de la gare dépasse largement le cadre de cette commune, le maire n'a pas pu légalement réserver aux seuls taxis de sa commune le stationnement sur ces emplacements. • CE 6 juin 2001, *Cne de Vannes*, n° 199674 : *préc. note 452.*

f. Objets implantés

454. BIBL. **Télécommunications :** Chaminade, À propos de l'arrêt du Conseil d'État du 27 mars 2003, *CSA*, la soumission du spectre des fréquences radioélectriques aux règles de la domanialité publique, *JCP 2003. II. 10189.* – Eckert, À propos de l'arrêt du Conseil d'État du 21 mars 2003, *syndicat intercommunal périphérie de Paris pour l'électricité et les réseaux*, occupation du domaine public routier par les opérateurs de télécommunication, *Rev. CMP 2003, n° 7, comm. n° 118, p. 16.*

455. Arbres propriété publique. Les arbres plantés le long des voies communales font partie du domaine public de la personne publique propriétaire de la voie à titre de dépendance. • T. confl. 10 nov. 1900, *Espitalier : Lebon 607.* ♦ V. aussi : • CE 4 avr. 1930, *Lacombe : Lebon 401* • CE 22 févr. 1961, *Dpt du Cantal : Lebon T. 1045 ; RD publ. 1961. 688.*

456. Arbres plantés entre 1792 et 1836 : possibilité de propriété privée. Les arbres plantés sur les voies publiques entre 1792 et 1836 peuvent être la propriété de particuliers, d'autant plus que ceux-ci avaient l'obligation de planter des arbres le long des chemins publics. • Civ. 18 mai 1858 : *DP 1858. 1. 218* • Civ. 3 févr. 1868 : *DP 1868. 1. 121.*

457. Mobilier urbain. Les poteaux, pylônes, candélabres, feux tricolores de signalisation implantés sur la voie publique communale font partie du domaine public communal. • CE 12 nov. 1935, *Cazauran : RPDA 1955, n° 439.*

458. Appareils de signalisation automatique. Des appareils de signalisation automatique implantés sur la chaussée et destinés à régler la circulation des personnes et des véhicules sont une dépendance de la voie publique ; il incombe à l'administration d'apporter la preuve de l'entretien normal pour ne pas voir sa responsabilité engagée à l'occasion d'un accident causé par un mauvais fonctionnement. • CE 22 avr. 1966, *Ville de Marseille : Lebon 278 ; AJDA 1967. 115, note de Laubadère* • CE 5 oct. 1966, *Sieur del Carlo : ibid.*

459. Panneaux de signalisation. Il en est de même pour les panneaux de signalisation. • CE 18 mai 1959, *Blanc : Lebon 699.*

460. Colonnes. Des colonnes appartenant à la ville de Nice et situées sur la voirie communale font partie du domaine public de celle-ci, car « il est constant que lesdites colonnes sont installées sur la voie publique et qu'elles sont exclusivement destinées à permettre l'occupation du domaine public à des fins d'affichage ». • CE, sect., 20 avr. 1956, *Ville de Nice : AJDA 1956. 257, note Weil.*

461. Câbles de télécommunication. Ainsi que l'a rappelé la loi du 12 avr. 2000 relative aux droits des citoyens dans leurs relations avec les administrations, un régime de décision implicite d'acceptation ne peut être institué lorsque la protection des libertés ou la sauvegarde des autres principes de valeur constitutionnelle s'y opposent ; en outre, en vertu de l'art. 17 de la Déclaration des droits de l'homme et du citoyen, auquel se réfère le Préambule de la Constitution, la protection du domaine public est un impératif d'ordre constitutionnel ; il suit de là que le pouvoir réglementaire ne pouvait légalement instaurer un régime d'autorisation tacite d'occupation du domaine public, qui fait notamment obstacle à ce que soient, le cas échéant, précisées les prescriptions d'implantation et d'exploitation nécessaires à la circulation publique et à la conservation de la voirie. Par suite, un syndicat intercommunal est fondé à demander l'annulation du III de l'art. 1er du décret du 30 mai 1997 relatif aux droits de passage sur le domaine public routier et aux servitudes prévus par les art. L. 47 et L. 48 C. P. et T., en tant qu'il insère dans le code des postes et télécommunications les art. R. 20-45 à R. 20-54 qui ne sont pas divisibles des dispositions illégales. • CE 21 mars 2003, *Synd. Intercommunal de la Périphérie de Paris pour l'Électricité et les Réseaux (SIPPEREC),* n° 189191 : *BJCL 2003.. 414, concl. S. Austry ; JCP Adm. 2003, n° 21, p. 1484, note Moreau ; AJDA 2003. 1935, note Subra de Bieusses ; RFDA 2003. 903, note Soulié.*

g. Utilisation : police de la circulation et du stationnement

462. V. notes ss. art. L. 2212-2.

h. Responsabilité

463. Chute de piéton : responsabilité communale. Quand un piéton fait une chute en raison d'une défectuosité d'un trottoir municipal, qu'il n'y a aucune faute de sa part, et que la commune n'apporte pas la preuve de l'entretien normal de l'ouvrage, elle est totalement responsable du préjudice causé. • CE 28 mars 2001, *Mme Garcia,* n° 200655.

3° RÈGLES PARTICULIÈRES À LA VOIRIE NATIONALE OU DÉPARTEMENTALE

464. Radars. BIBL. Bon, Les radars automatiques occupent-ils le domaine public ?, *AJDA 2008. 882.* – Dieu, « Circulez, il n'y a rien à percevoir », ou comment le Conseil d'État laisse au législateur le soin de répartir l'argent des radars, *JCP Adm. 2008. 2002.* – Fages, La légalité des redevances-radars instaurées par certains départements à l'encontre de l'État, *BJCL 2007. 630.* – Lavialle, L'installation par l'État de radars sur le domaine public des collectivités territoriales, *JCP Adm. 2007. 2229.* – Traoré, L'installation par l'État de radars sur les routes départementales : un mode d'affectation *sui generis* du domaine public routier, *BJCL 2008. 82.*

465. Annulation d'une modification d'un projet autoroutier. Quand un projet autoroutier est déclaré d'utilité publique, qu'ultérieurement, les ouvrages à réaliser sont remplacés par d'autres, le juge peut estimer que les modifications apportées affectent de manière substantielle les caractéristiques essentielles de la partie d'autoroute en cause, entachant ainsi la décision les autorisant, en l'absence de déclaration d'utilité publique partielle ; cet état crée un doute sérieux quant à la légalité de ladite décision dont il y a lieu de prononcer la suspension demandée par la commune. • CE 3 juill. 2002, *Cne de Beauregard-de-Terrasson, Assoc. Alerte A89 et a.,* nos 245236 et 245237 : *AJDA 2002. 751, concl. Chauvaux.*

466. Utilité publique de la réalisation d'une route express. Les travaux d'élargissement et de construction d'une route express sont de nature à répondre à l'accroissement du trafic et à améliorer la sécurité de la circulation routière ; eu égard à ces objectifs, ni le coût de l'opération ni les atteintes qu'elle porte à l'environnement, aux sites et paysages, ni les inconvénients éventuels sur le développement d'une zone d'activité ne peuvent être regardés comme excessifs par rapport à l'intérêt général qu'elle présente et la commune doit être déboutée. • CE 14 juin 2002, *Cne de Laudun et a.*, n°s 208996, 208997, 209038 et 209055.

467. Envoi d'une lettre par le maire au commissaire-enquêteur. Dans le cadre d'un projet de voirie départementale déclaré d'utilité publique, l'envoi par le maire de la commune au commissaire-enquêteur d'une lettre lui demandant que le projet de raccordement aboutisse dans les meilleurs délais, ne constitue pas une pression abusive sur le commissaire-enquêteur de nature à altérer l'impartialité de l'avis. • CE 14 juin 2002, *M. et Mme Saez*, n° 226433.

468. Reprise d'un projet, nouvelle enquête. L'existence d'un arrêté préfectoral d'utilité publique concernant un projet de voirie départementale n'oblige pas le département à poursuivre l'opération qu'il a engagée ; dès lors que le maître d'ouvrage décide de reprendre celle-ci, le préfet devait nécessairement ouvrir une nouvelle enquête publique, en dépit de l'existence d'une première enquête, eu égard à l'importance des modifications que le second projet comportait par rapport au premier. • CE 14 juin 2002, *M. et Mme Saez*, n° 226433 : *préc. note 467.*

469. Radars automatiques et redevance. Les radars automatiques qui concourent à l'exécution du service public de la sécurité routière ne peuvent être regardés comme occupant ou utilisant le domaine public routier au sens de l'art. L. 2125-1 CGPPP. Par conséquent, les départements ne peuvent exiger de l'État une redevance pour cette occupation. • CE 31 oct. 2007, *Min. de l'Intérieur, de l'Outre-mer c/ Dpt de l'Essonne*, n° 306338 : *AJDA 2008. 882, note Bon, et Deau, note sous cet arrêt, RLCT 2008. 875.*

B. VOIRIE DU DOMAINE PRIVÉ

470. Parcelle ni classée, ni ouverte, domanialité privée. Une parcelle dont il n'est pas soutenu qu'elle aurait été classée dans la voirie de la communauté d'agglomération et qui n'a jamais été ouverte à la circulation n'appartient ni au domaine public ni *a fortiori* au domaine public routier de ladite communauté. • CE 17 mai 2013, *SCI Gutenberg Aressy, Sté laboratoire Cattier c/ Cté d'agglomération Évry-Centre-Essonne*, n° 361492 : *Dr. adm. 2013, n° 72, note Giacuzzo.*

1° CHEMINS RURAUX

471. BIBL. Astie, Les chemins ruraux, *RD rur. 1998. 588* ; Aspects publics du remembrement, *RD rur. 1997. 552.* – Braud, L'aliénation des chemins ruraux ou la protection inadaptée d'un bien du domaine privé communal, *RD rur. 1999. 572* ; À propos de l'arrêt de la cour administrative d'appel de Nantes du 9 février 2000, une association de protection de l'environnement a-t-elle intérêt à contester l'aliénation de chemins ruraux décidée par une commune ?, *RD rur. 2001. 94.* – Carton, De certaines obligations communales quant à l'entretien et à la police des chemins ruraux, *RLCT 2008, Actu. p. 1231.* – Ferreira et De La Burgade, À propos de l'arrêt de la Cour de cassation, Civ. 3e, du 19 décembre 2001, la condition juridique ambiguë des chemins ruraux, *LPA 1er nov. 2002, n° 219, p. 12.* – Giraudel, À propos de l'arrêt de la Cour de cassation, Civ. 3e, du 26 septembre 2001, travaux de débroussaillage par la commune d'un chemin rural à l'encontre des riverains, *AJDI 2002. 312* ; À propos de l'arrêt de la Cour de cassation, Civ. 3e, du 3 juillet 2002, droit rural, présomption d'appartenance à la commune d'un chemin rural abandonné, *AJDI 2003. 47.* – Grimonprez, À propos de l'arrêt de la Cour de cassation chambre civile 3 du 28 mai 2003, usage du public, servitude de passage, *RD rur. 2003. 587.* – Lachaud, À propos de l'arrêt du Conseil d'État du 5 septembre 2001, chemins ruraux, un fait crée un titre juridique, *RD rur. 2003. 152.* – Moreau, À propos de l'arrêt du Conseil d'État du 19 février 2003, *Cne de Primelles*, en maintenant sans nécessité un arrêté réglementant la circulation sur un chemin rural, le maire commet une illégalité et une faute, *JCP Adm. 2003, n° 15, comm. n° 1336, p. 475.* – Scanvic, La détermination du juge compétent pour connaître des litiges relatifs à la cession des chemins ruraux, *RD rur. 1994. 312.*

a. Domanialité privée

472. Conditions générales. Bien qu'ils soient affectés à l'usage du public, les chemins ruraux font partie du domaine privé de la commune à laquelle ils appartiennent par détermination de la loi (C. voirie rout., art. L. 161-1) ; mais il faut aussi qu'ils n'aient appartenu antérieurement ni à la catégorie des voies urbaines, ni à celle des chemins vicinaux et qu'ils n'aient pas fait l'objet d'une décision d'incorporation prise par le conseil municipal. • T. confl. 6 nov. 1967, *Cne de Bléneau c/ Chaput : Lebon 963.* ♦ V. aussi : • Civ. 1re, 26 janv. 1970 : *D. 1970. Somm. 118.*

473. Domanialité publique d'une buse sous un chemin rural. Quand une commune fait édifier sous un chemin rural une buse permettant l'écoulement d'eaux pluviales, que des propriétaires en demandent la suppression, la juridiction administrative peut retenir sa compétence en raison du caractère d'ouvrage public de la buse et de l'intérêt public d'écoulement des eaux qui y est lié. Ce faisant, elle dissocie la buse du chemin rural, qui reste une dépendance du domaine privé communal. • CE 19 avr. 1991, *Cts Denard et Martin c/ Cne de Carignan-de-Bordeaux*, n° 78275 : *Lebon 148* ; *AJDA 1991. 563, note Teboul.*

474. Classement dans le domaine public. Un chemin rural, dont la commune est propriétaire sans contestation, peut être classé dans les voies communales et entrer dans le domaine public de la commune. • CE 28 avr. 1997, *M. Cros*, n° 146745.

475. Notification individuelle aux propriétaires du dépôt en mairie du dossier d'enquête publique. La notification individuelle prévue au décret n° 76-790 du 20 août 1976 pour les propriétaires concernés du dépôt en mairie du dossier d'enquête publique n'est pas prescrite pour le simple classement d'un chemin rural comme voie communale. • CE 28 avr. 1997, *M. Cros*, n° 146745 : *préc. note 474.*

476. Affichage en mairie. La délibération, par laquelle le conseil municipal a décidé de classer dans la voirie communale un chemin rural, doit faire l'objet d'un affichage régulier en mairie. • CE 14 nov. 2000, *Mme Colomies*, n° 150801.

477. Absence de classement comme voie communale, domanialité privée. Une décision de classement d'un chemin rural comme voie communale est la seule mesure de nature à intégrer cette voie dans le domaine public de la commune ; par suite, en son absence, la voie fait partie du domaine privé de la commune. • T. confl. 21 juin 2004, *Cne de Vernet-La-Varenne*, n° C3408.

b. Qualification de chemin rural

1. Affectation

1.1. Présomption de propriété

478. Conséquence de l'affectation : présomption de propriété. Les chemins qui sont affectés à la circulation générale dans la commune bénéficient d'une présomption d'appartenance à celle-ci (V. C. rur., art. L. 161-3). • Civ. 1re, 20 mai 1957, *Cne de Charot c/ Dagot : Bull. civ. I, n° 225 ; AJDA 1957. 283.* ♦ V. aussi : • Civ. 3e, 10 mars 1976 : *JCP 1976. IV. 156 ; S. 1976. 160.*

479. Contestation de la présomption. La présomption de propriété peut être contestée en apportant la preuve contraire, dont la charge incombe au propriétaire supposé qui revendique la propriété du terrain concerné. • Civ. 1re, 27 févr. 1961, *Polacci c/ Cne de Carbuccia : Bull. civ. I, n° 125.* – V. aussi : • Civ. 1re, 20 déc. 1969, *Joubert et a. : Bull. civ. I, n° 719.* ♦ Cette preuve ne peut pas être fournie par des actes entre personnes privées auxquels la commune n'a pas été partie. • Civ. 3e, 4 déc. 1969, *Épx Veau c/ Ville de Cancale : Bull. civ. III, n° 791.*

480. Preuve par titre. Le droit de propriété de la commune peut être établi par titre reconnu par le juge judiciaire. • CE 29 déc. 1999, *Cne de Breteau c/ Mme Gérardin*, n° 145760.

481. Espèce : preuve par présomption, titre privé non opposable. Dès lors que celui qui soutient être propriétaire d'un fonds peut invoquer à titre de présomption, vis-à-vis des tiers, les titres translatifs ou déclaratifs de propriété, et que la preuve de la propriété est étrangère à la question de l'opposabilité des actes aux tiers, une cour d'appel ne peut reconnaître qu'un chemin est un chemin rural du domaine privé de la commune aux motifs qu'il est affecté à l'usage du public, que les actes produits par la riveraine du chemin décrivent sa propriété comme étant d'un seul tenant mais qu'ils ne sont pas opposables à la commune qui n'y était pas partie, et que la présomption de l'art. 61 C. rur. [recodifié ss. nouv. C. rur., art. L. 161-1, n'est pas « détruite ». • Civ. 3e, 2 juill. 1997, *Mme Eisenberg c/ Cne d'Égliseneuve-d'Entraigues*, n° 95-20.190.

482. Renvoi préjudiciel. Donne lieu à renvoi préjudiciel au profit du juge judiciaire la question de la propriété d'un chemin rural dès lors que : – le chemin a été classé par la commune dans sa voirie communale ; – contrairement à ce que soutient celle-ci, cette question n'a pas été tranchée par un jugement du tribunal administratif, dès lors que la qualification de chemin rural dudit chemin donnée par ce jugement n'est pas le support indispensable du dispositif dudit jugement et n'est donc pas revêtue de l'autorité absolue de la chose jugée ; – que les sociétés requérantes produisent, à l'appui de leur contestation, deux actes notariés anciens qui n'établissent pas avec certitude que ledit chemin a été cédé en pleine propriété à des personnes privées lors de la vente, intervenue à cette époque, de deux ensembles fonciers sur ce site ; la question de propriété ainsi soulevée pose une difficulté sérieuse. • CE 9 juill. 2003, *Cne de Vendres c/ Sté Camping de la Yole et Sté civile d'exploitation du domaine de la Yole*, n° 232801.

1.2. Affectation à l'usage du public et ouverture à la circulation générale et continue

483. Principes. Pour que la voie soit qualifiée de chemin rural, il faut notamment qu'elle soit affectée à l'usage du public et effectivement ouverte à la circulation générale et continue. • Civ. 1re, 18 juin 1963, *Bouillot c/ Cne de Saint-Martial-le-Mont : Bull. civ. I, n° 329.* ♦ V. aussi : • Civ. 1re, 19 févr. 1962, *Cne de Cahuzac c/ Épx Cadenat : Bull. civ. I, n° 111* • Civ. 1re, 15 nov. 1965, *Cne de Sommaing-sur-Écaillon : Bull. civ. I, n° 614.* ♦ Un seul des éléments indicatifs figurant dans l'art. L. 161-2 C. rur. permet de retenir la présomption d'affectation à l'usage du public. • Civ. 3e, 4 avr. 2007, n° 06-12.078 : *AJDA 2007. 1428*.

484. Ouvrage public. L'ouverture d'un chemin rural à la circulation publique le fait considérer comme un ouvrage public dont le contentieux relève exclusivement des tribunaux administratifs. • CE 2 oct. 1987, *Cne de Labastide-Clairence*, n° 71122 : *Lebon 991*.

485. Voie privée. Une « sommière » sur laquelle la circulation est réservée à l'usage de sa propriétaire ou de ses ayants droit n'est pas un chemin rural sur lequel le maire est habilité à exercer les pouvoirs de police. • CE 8 juill. 1998, *Section de Cne d'Antilly*, n° 157239.

486. Preuve du caractère public du chemin par tout usager. Toute personne qui se verrait interdire l'utilisation d'un chemin en raison du fait qu'il serait la propriété de la personne qui en empêche l'usage est admise à apporter la preuve du caractère public du chemin, au nom du droit de libre circulation qui appartient à tous et qui serait méconnu par une telle interdiction. • Paris, 2e ch., 25 févr. 1976, *Maurs c/ Épx Bègue : JCP 1976. IV. 386.*

487. Preuve par acte authentique. La mention dans un acte authentique de l'ouverture du chemin à la circulation générale du chemin est admise comme preuve de l'affectation à la circulation générale. • Civ. 8 juill. 1905 : *DP 1905. 1. 396.*

488. Actes de surveillance ou travaux. La réalisation par la commune d'une surveillance ou de travaux réitérés de la part de la municipalité vaut preuve du caractère public du chemin. • Civ. 1re, 12 oct. 1964, *Ceyssat-Courtadou : Bull. civ. I, no 342 ; JCP 1964. II. 13961, note Bulté.* ♦ Est un chemin rural, le chemin qui, bien que n'ayant pas été classé comme voie communale, figurait au cadastre comme chemin rural menant à un hameau, était utilisé pour la collecte des résidus urbains depuis 1975, dont la commune avait assuré l'entretien, notamment en le remblayant, et dont le conseil municipal, en 1964, avait autorisé le maire à en poursuivre la remise en état ; celui-ci avait fait part de son intention d'y faire transporter de la terre pour le rendre plus carrossable ; ces divers faits caractérisant l'affectation du chemin à l'usage du public. Il en résulte une présomption de propriété au profit de la commune. • Civ. 3e, 15 mars 2000, *M. Pierre Renault c/ Cne de Nevoy et M. Alain Guillon,* no 97-18.092.

489. Cadastre. L'inscription au cadastre comme chemin public est une preuve du caractère public du chemin. • Civ. 1re, 27 févr. 1961, *Polacci c/ Cne de Carbuccia : Bull. civ. I, no 125.*

490. Inscription au PDIPR. La destination publique du chemin peut être établie par son inscription dans le plan départemental des itinéraires de promenade et de randonnée. • Crim. 13 janv. 1993, *Constant : JCP N 1993. II. 270.*

491. Espèce : chemin fermé par barrières amovibles. La circonstance qu'un chemin entretenu et surveillé par l'administration municipale soit fermé à ses deux extrémités par des barrières amovibles n'exclut pas l'ouverture à la circulation publique dès lors qu'il est utilisé par des non-riverains pour y faire passer occasionnellement du bétail. • CE 30 oct. 1981, *Épx Charles Gorse,* no 23988.

492. Chemin rural non reconnu. Un chemin rural non reconnu, qui était dans son tracé ancien affecté à l'usage de tous, peut être toujours considéré comme tel, malgré la modification de son assiette et son nouveau tracé, s'il a conservé pendant plus de trente ans les caractéristiques et la nature juridique de l'ancienne voie. • Civ. 3e, 16 févr. 1972, *Reyt : Bull. civ. III, no 115 ; JCP 1972. IV. 80.*

493. Absence de chemins ruraux (espèces). Un chemin qui n'est pas ouvert à la circulation publique et qui sert exclusivement à la communication entre divers héritages n'est pas un chemin rural. • CE 13 oct. 1989, *Dalvahie c/ Ville de Champagnat : JCP 1989. IV. 368.* ♦ De même pour l'ancien chemin rural qui n'avait pas fait l'objet d'un arrêté de reconnaissance et avait été désaffecté avant l'entrée en vigueur de l'ordonnance du 7 janv. 1959, et dont il était démontré qu'il était l'objet d'actes de possession remontant à plus de trente ans de la part d'un particulier, lequel était fondé à invoquer le bénéfice de la prescription acquisitive trentenaire sur l'assiette du chemin litigieux et à écarter la présomption de propriété attachée à l'inscription au cadastre rénové. • Cass. 2 févr. 2000, *Cne de Maire c/ Sté d'exploitation forestière et agricole de Rocreuse (SEFAR),* no 97-22.569.

1.3. Affectation dans le cadre du remembrement agricole (aménagement foncier agricole)

494. Intérêt général de la desserte des exploitations. « La création d'un chemin rural dans le cadre du remembrement est justifiée par l'intérêt général pour les motifs suivants : le réseau antérieur ne permet pas de satisfaire aux besoins réels ; si le chemin projeté coupe en deux la propriété de la requérante, et occasionne ainsi une certaine gêne, cet inconvénient n'est pas excessif par rapport à l'intérêt de la circulation et de la desserte des exploitations lié à la création du nouveau chemin ». • CE 9 nov. 1990, *Mme Marie c/ Cne de Guichen,* no 86508.

495. Intérêt général lié à une exploitation. Quand dans le cadre du remembrement, un conseil municipal a décidé la création d'un chemin rural, dont l'assiette est entièrement prise sur la propriété d'un particulier (une cour), que celui-ci attaque cette délibération pour des questions d'opportunité liées à l'institution de ce chemin, le Conseil d'État évalue les avantages et les inconvénients du nouveau chemin pour déceler un motif d'intérêt général qui justifie son institution, même si en l'affaire il n'y a apparemment que deux intérêts privés : celui du propriétaire du fonds servant (le requérant), et celui qui retire un profit supérieur du nouveau chemin. Le premier, qui supporte seul l'assiette du chemin, voit sa cour amputée ; mais le juge reconnaît que cet inconvénient n'est pas excessif par rapport à l'amélioration de la desserte du fonds supérieur. • CE 27 févr. 1995, *Mme Louvel et a. c/ Cne de Beauvain,* no 132241 : *Lebon 652*.

496. Chemin du patrimoine privé de l'association foncière de remembrement. Lorsqu'une association foncière de remembrement procède à la création d'un chemin rural, ou reprend un chemin existant pour l'affecter à la desserte des terrains remembrés, le chemin rural perd de plein droit le caractère de propriété privée des riverains, et constitue désormais un élément du patrimoine privé de l'association foncière. • CE 30 juill. 1997, *M. Quipourt,* no 140286.

497. Délibération du conseil municipal ordonnant le maintien d'un chemin. La délibération par laquelle un conseil municipal décide que le tracé et le classement d'un chemin rural seraient maintenus lors du remembrement qui avait été ordonné sur le territoire communal s'impose à la commission départementale d'aménagement foncier ; celle-ci n'a pas à saisir de nouveau le conseil municipal pour qu'il revienne sur ses décisions, et cette abstention ne constitue pas une erreur manifeste d'appréciation. • CE 29 juill. 1998, *M. Lauilhe,* n° 147619. Le conseil municipal est compétent, sur proposition des commissions de remembrement ou sur sa propre initiative, explicitement ou implicitement, pour décider de la création, de la suppression, de la modification du tracé ou de l'emprise des chemins ruraux ; les commissions de remembrement ne peuvent qu'exécuter les décisions qu'il a prises. • CE 28 sept. 1984, *Min. de l'Agriculture c/ B. et M. Régnier,* n° 21352 : *Lebon 495 ; Dr. adm. 1984, n° 494.*

498. Solution de continuité pour le caractère de dépendance d'une parcelle. L'existence d'un chemin rural qui sépare deux parcelles empêche de considérer l'une comme une dépendance indispensable et immédiate des bâtiments situés sur l'autre, au sens des dispositions de l'art. 20 **C. rur.** [recodifié ss. nouv. C. rur., art. L. 123-2 et L. 123-3], par suite, le remembrement peut lui être appliqué sans l'accord du propriétaire. Il importe peu que le chemin ne soit plus utilisé, ou qu'il ait été supprimé à l'occasion du remembrement. • CE 25 avr. 1997, *M. et Mme Locard,* n° 147623.

1.4. Non-classement comme voie communale

499. Principe. La condition de non-classement comme voie communale est déterminante pour la reconnaissance du chemin rural : « Considérant qu'aux termes de l'art. 59 C. rur. les chemins ruraux sont les chemins appartenant aux communes, affectés à l'usage du public, qui n'ont pas été classés comme voies communales ; qu'il ressort des pièces du dossier que le chemin piétonnier dit « de Gorbio », situé sur le territoire de la commune de La Turbie, dont il était la propriété, s'il était affecté à l'usage du public, n'avait pas été classé dans la catégorie des voies communales ; que par suite, contrairement à ce que soutiennent les requérants, il constituait un chemin rural appartenant au domaine privé de cette commune ». • CE 13 mai 1988, *Comité de défense des sites de La Turbie et a.,* n° 72100 : *RD publ. 1989. 1518.* ♦ V. par analogie avec l'exigence d'un acte formel de classement pour qu'une voie qui appartiendrait à la commune et serait ouverte à la circulation publique soit soumise à la domanialité publique. • CE 15 févr. 1989, *Cne de Mouvaux,* n° 71992 : *préc. note 435.*

500. Actes intervenus depuis la loi du 20 août 1881. Au sens de l'art. 59 C. rur. (nouv. C. rur., art. L. 161-1) il convient d'entendre par classement dans la voirie communale, qui exclut la qualification comme chemin rural, l'acte intervenu depuis la loi du 20 août 1881, puisque les actes de classement intervenus antérieurement étaient établis sous réserve des droits des tiers, n'attribuaient aucun droit aux communes et ne mettaient pas en cause la propriété ou la possession des riverains. • Civ. 3e, 8 janv. 1980, *Cne de la Motte-Ternant et a. c/ Dame Fauvelle : Bull. civ. III, n° 9.*

501. Classement par le conseil municipal. Le conseil municipal est compétent pour prononcer, en application de l'Ord. du 7 janv. 1959, l'incorporation dans la voirie communale d'un chemin rural classé, dès lors qu'il n'y a pas de difficulté sur la question de propriété. • CE 23 mai 1980, *SCI d'Orville,* n° 07380 B.

502. Preuve du classement par panneaux et dénomination cadastrale. Est une voie communale, l'ancien chemin rural reconnu et créé comme tel à la demande du conseil municipal, mais qui actuellement ne figure pas sur la liste des chemins ruraux de la commune, alors que figurent au dossier plusieurs photographies de panneaux indicateurs et un extrait de plan cadastral sur lesquels le chemin est dénommé VC ou voie communale. • CE 26 juill. 2006, *Cne de Céaucé,* n° 269724.

503. Milieu rural et milieu urbain. Un chemin situé dans une zone urbanisée et présentant l'aspect d'une rue n'est pas un chemin rural, mais une voie publique communale par destination. • CE 19 mai 1976, *Sté coopérative La Léonarde : préc. note 421.* ♦ Dans le même sens : • CE 11 mai 1984, *Épx Arribey,* n° 24755 : *préc. note 299.* ♦ À supposer même que la parcelle en cause ne serait pas desservie d'un côté par un chemin rural mais par une voie publique, cette circonstance est sans influence sur la qualification juridique du secteur du POS entourant la parcelle en cause à qui la cour a reconnu « un caractère largement rural ». • CE 29 déc. 2000, *M. Henry,* n° 199983.

2. Désaffectation et aliénations

504. Chemin non entretenu et irrégulièrement utilisé. Est considéré comme désaffecté un chemin non entretenu par une commune depuis de nombreuses années et qui n'est plus régulièrement utilisé. • CE 25 nov. 1988, *Laney : JCP 1988. IV. 413.*

505. État de fait. Sont désaffectées les parcelles du chemin rural, dont le conseil municipal a décidé l'aliénation par délibération, qui avaient cessé depuis plusieurs années d'être entretenues par la commune et dont le tracé avait partiellement disparu ; à supposer même que l'itinéraire du chemin partiellement cédé ait été occasionnellement emprunté par des piétons ou des cavaliers dans les mois ayant précédé l'intervention de la délibération du conseil, il n'est pas établi qu'il aurait fait l'objet, à cette date, d'une utilisation régulière de nature à permettre de le regarder comme affecté de fait à l'usage du public. • CE 24 mai 2000, *Comité dptal de tourisme équestre de la Mayenne*, n° 195657.

506. Nouvelle affectation à l'usage du public. La circonstance que les chemins ruraux ne soient plus affectés à l'usage du public ne fait pas obstacle à ce qu'une commune décide de les affecter à nouveau à cet usage en accomplissant les actes de surveillance et de voirie nécessaires. • CE 10 févr. 1982, *Cne de Cerdon*, n° 21714 : *Lebon 67*.

507. Affichage de la délibération sur un panneau. Quand une commune procède au déclassement de chemins ruraux, les juridictions administratives peuvent décider que la délibération portant « déclassement (…) a été affichée (…) non pas » à la porte de la mairie « comme le prévoient les dispositions de l'art. R. 121-9 C. communes [recodifié ss. CGCT, art. R. 2121-11], mais sur le panneau communément affecté à cet usage, et qui était normalement accessible (…) » et que ce mode d'affichage est suffisant. • CE 6 déc. 1993, *M. Bon*, n° 82533 : *Lebon 662*.

508. Enquête publique obligatoire : défaut. Doit être annulée la délibération par laquelle un conseil municipal décide de vendre à un particulier une partie d'un chemin rural dès lors qu'elle n'a pas été précédée de l'enquête publique prescrite, en cas d'aliénation des chemins ruraux, par l'art. 3 du décret n° 76-921 du 8 oct. 1976. • CE 12 déc. 1997, *Cne de Riotord c/ M. et Mme Riocreux*, n° 163656.

509. Défaut de mise en demeure des propriétaires. Quand un conseil municipal décide de céder à un propriétaire riverain un chemin rural séparant deux parcelles lui appartenant, que ce faisant, il omet de mettre également en demeure d'autres propriétaires d'acquérir le chemin, le Conseil d'État juge dès lors : « qu'il ressort clairement des pièces du dossier que les requérants sont aussi propriétaires riverains du chemin rural (…) ; qu'il est constant qu'aucune mise en demeure d'acquérir ce chemin ne leur a été adressée (…) » et que par suite, la délibération du conseil municipal doit être annulée. • CE 28 juin 1996, *Dames Mottet et Grelier c/ Cne de Saint-Hilaire-des-Loges*, n° 164383.

510. Vente partielle. Aucune disposition législative ou réglementaire n'interdit à une commune de décider de ne vendre que certaines portions d'un chemin rural. • CE 24 mai 2000, *Comité dptal de tourisme équestre de la Mayenne*, n° 195657 : *préc. note 505*.

511. Vente entraînant une suppression d'enclave. Dès lors que l'attribution à un particulier de l'assiette d'une partie du chemin rural avait pour effet de relier la parcelle litigieuse à l'autre parcelle détenue par lui, avec laquelle elle forme un ensemble d'un seul tenant ayant accès à un autre chemin rural, ladite parcelle n'est donc pas enclavée et il n'y a pas non plus de servitude de passage. • CE 19 avr. 2000, *Min. de l'Agriculture et de la Pêche c/ M. et Mme Noire*, n° 172133.

512. Vente annulée, chemin toujours affecté à l'usage du public. Dans le cadre de l'article L. 161-10 C. rur., un conseil municipal ne peut procéder à la vente d'un chemin rural, à un particulier riverain, qui ne peut être regardé comme ayant cessé d'être affecté à l'usage du public dans les circonstances suivantes : – le chemin n'était pas inscrit au tableau des voies communales ; – il était l'une des voies desservant un hameau et permettant un accès facile aux propriétés riveraines même si d'autres voies pouvaient desservir les maisons de ce secteur ; – il était utilisé par les riverains. La cour n'avait pas à rechercher si ce chemin faisait l'objet d'une circulation générale et continue. • CE 16 avr. 2010, *Cne de Saint-Frion*, n° 316342.

513. Interdiction d'échanger un chemin rural déclassé. Lorsqu'un chemin rural est déclassé en totalité, ou qu'une partie est déclassée à la suite d'un changement dans le tracé de la voie, la totalité de la parcelle ou les terrains devenus sans affectation peuvent être mis en vente, le législateur n'ayant pas entendu ouvrir d'autres voies que la vente pour procéder à l'aliénation des chemins ruraux ; par suite la délibération du conseil municipal décidant de procéder à un échange entre une portion du chemin rural et une parcelle appartenant à un propriétaire est illégale. • CE 23 mai 1986, *Cts Richard*, n° 48303 : *Lebon 147* ; *RDI 1986. 446.* ♦ De même pour des portions d'un chemin rural. • CE 17 nov. 2010, *SCI Domaine de la Rivoire*, n° 338338.

514. Échange, compétence judiciaire. Le litige relatif à l'exécution d'une convention d'échange d'une partie d'un chemin rural contre une parcelle privée relève de la compétence de la juridiction judiciaire • T. confl. 21 juin 2004, *Cne de Vernet-La-Varenne*, n° C3408 : *préc. note 477*.

515. Responsabilité sans faute de la commune pour suppression d'un chemin. Quand, à la suite de la suppression d'un chemin rural, l'accès au terrain à usage de pâture appartenant à des particuliers était rendu très malaisé par le tracé utilisant le terrain d'assiette de la maison voisine, dont l'entrée notamment n'est pas adaptée aux véhicules encombrants nécessaires à la maintenance d'un élevage de chevaux ; que, par ailleurs, un accès direct à la pâture depuis la route départementale dont elle est riveraine, présente de sérieuses difficultés d'ordre technique liées notamment à la dénivellation du sol de la voie ; le chemin rural susmentionné constituait la seule voie d'accès adaptée à la desserte de la pâture ; les particuliers, qui ont la qualité de tiers par rapport aux travaux publics de suppression du chemin litigieux, avaient subi un préjudice anormal et spécial de nature à leur ouvrir droit à réparation qui incombe à la commune, même en l'absence de toute faute de sa part. • CE 19 avr. 2000, *Cne de Chaussoy-Épagny,* n° 196871.

516. Cession de chemin pour l'exploitation de carrières. Quand pour contester la légalité d'un arrêté préfectoral qui autorise une société à exploiter une carrière de gypse sur le territoire communal, la commune soutient que le dossier de demande d'autorisation ne comprenait pas les documents justifiant que la société disposait des titres l'habilitant à exploiter sur une emprise incluant des chemins ruraux relevant du domaine privé communal, cette omission n'entache pas d'illégalité l'autorisation litigieuse dès lors que les chemins ruraux de la commune étaient situés dans le périmètre d'une autorisation antérieure, que les autres chemins, appartenant à une autre commune, étaient en cours de cession ou avaient déjà été cédés, et que l'autorité chargée de délivrer l'autorisation était informée de cette situation. • CE 7 juill. 1997, *Cne de Villeparisis,* n° 159002.

c. Statut

1. Emprise

517. Compétence du conseil municipal. Le conseil municipal est seul compétent, sur proposition des commissions de remembrement, pour décider implicitement ou explicitement de la modification du tracé ou de l'emprise des chemins ruraux. • CE 21 déc. 1977, *Peyjouquet : Dr. adm. 1978, n° 43.*

518. Rôle de la Commission nationale d'aménagement foncier. Il résulte des art. L. 121-17 et L. 121-11, al. 4, C. rur. que la Commission nationale d'aménagement foncier peut légalement saisir le conseil municipal du projet de modification de l'emprise d'un chemin rural et, d'autre part, qu'en l'absence de réponse dans le délai de deux mois imparti, le conseil municipal est réputé avoir approuvé la proposition de la Commission nationale. • CE 17 mai 1999, *M. et Mme Lebreton, M. Négrier : nos 187996 et 188169.*

519. Rôle des commissions de remembrement. Le conseil municipal est compétent, sur proposition des commissions de remembrement ou de sa propre initiative, explicitement ou implicitement, pour décider de la création, de la suppression, de la modification du tracé ou de l'emprise des chemins ruraux ; les commissions de remembrement ne peuvent qu'exécuter les décisions qu'il a prises. • CE 28 sept. 1984, *Min. de l'Agriculture c/ B. et M. Régnier,* n° 21352 : *préc. note 497.*

520. Refus légal de rétablir l'emprise d'un ancien chemin rural devenu privé. Est régulière la décision par laquelle un maire refuse de rétablir l'emprise d'un ancien chemin rural qui permettait l'accès à une forêt domaniale et à un lavoir, dès lors qu'il résulte clairement des pièces du dossier que ce chemin était incorporé dans une propriété privée depuis 1935 ; par suite, tous les moyens dirigés contre cet acte sont inopérants. • CE 9 mars 1998, *Mme Richard,* n° 169382.

2. Délimitation, bornage

521. Délimitation par convention ou bornage. La délimitation des biens du domaine privé est faite par convention, ou selon la procédure du bornage, et non pas par la procédure de l'alignement qui est applicable aux seules dépendances du domaine public. • Civ. 1re, 22 mai 1958 : *Bull. civ. I, n° 266.* ♦ V. aussi pour la délimitation des chemins ruraux : • CE 3 oct. 1980, *Hameuse : RD publ. 1981. 784.*

3. Travaux

522. Travaux publics. Les travaux sur chemins ruraux présentent le caractère de travaux publics : • CE 13 nov. 1908, *Pin : Lebon 927.* ♦ Dans le même sens : • CE 1er oct. 1965, *Cts Bidaud : Lebon 479* • CE 5 janv. 1977, *Cne de Jumièges : Lebon 742.*

523. La décision par laquelle un conseil municipal s'est notamment fondé sur ce que la charge financière liée à l'entretien des chemins ruraux et chemins de randonnée, dont le tracé atteignait plusieurs kilomètres sur le territoire de la commune, devait être limitée, a été prise dans un but d'intérêt général, et non dans le seul but de satisfaire un intérêt particulier. • CE 24 mai 2000, *Comité dptal de tourisme équestre de la Mayenne,* n° 195657 : *préc. note 505.*

524. Responsabilité pour défaut d'entretien. Aucune disposition législative ou réglementaire n'impose aux communes d'obligation d'entretenir les chemins ruraux. • CE 30 juill. 1997, *M. Parisse,* n° 160935. ♦ Les communes ne sont pas en principe responsables des dommages consécutifs au défaut d'entretien de ces chemins, sauf si, en fait, elles ont accepté d'en assurer la viabilité. • CE 20 nov. 1964, *Ville de Carcassonne : Lebon 573.* – V. aussi • CE 18 oct. 1978, *Couve et a. : Lebon 938* • CE 25 oct. 1985, *Wilhem : Dr. adm. 1985, n° 574.* ♦ Si les communes n'ont pas l'obligation d'entretenir les chemins ruraux, leur responsabilité pour défaut d'entretien normal de ceux-ci peut se trouver engagée si la collectivité a déjà effectué des travaux de viabilité et a ainsi accepté d'en assurer l'entretien. La commune peut ainsi limiter ses opérations d'entretien d'un chemin à sa partie sommitale et à son goudronnage, à l'exclusion des soubassements. • CAA Bordeaux, 16 juin 2011, *Cne de Flayat,* n° 10BX00404 : *AJDA 2011. 2063, concl. Vié.*

525. Herbicide en bordure de chemin. Ne constitue pas un défaut d'entretien normal d'un chemin rural le danger, même non signalé, pouvant résulter de la présence d'un produit herbicide sur le bord du chemin emprunté par un pâtre avec son troupeau, dès lors qu'il ne dépassait pas les risques auxquels les usagers de cette voie pouvaient normalement s'attendre et contre lesquels il leur appartenait de se prémunir. • CE 28 févr. 1997, *M. Pellier*, n° 164140.

526. Inondation par des eaux collectées par un chemin. Quand un chemin rural est pour le moins difficilement praticable, faute d'être entretenu ; que les fossés bordant ce chemin ne sont pas curés, de telle sorte que l'eau se déverse vers les parcelles privées ; que ces fossés, qui sont destinés à l'écoulement des eaux du chemin en constituent une dépendance nécessaire et en font partie intégrante, même s'ils sont creusés, au moins d'un côté, sur le sol de la forêt communale ; qu'il n'est pas établi que des eaux provenant de la forêt elle-même ruissellent sur les parcelles privées, la commune, propriétaire de la forêt riveraine du chemin, n'est pas tenue d'entretenir seule ce chemin et n'a pas commis de faute en s'abstenant de l'entretenir à ses frais. Il appartient au propriétaire privé ayant subi un préjudice d'agir conformément au code rural (art. 69, 70 et 71). • Civ. 2e, 9 oct. 1996, *M. Victor Bissiana c/ Cne de Les Baroches*, n° 95-11.150. ♦ Quand des inondations répétées ont pour origine déterminante l'existence d'ouvrages publics situés en amont des parcelles sinistrées, et particulièrement le mauvais aménagement d'un chemin rural, le comportement des propriétaires sinistrés peut venir atténuer la responsabilité de la commune. En effet, la situation naturelle des lieux imposait depuis plusieurs décennies aux propriétaires et exploitants des parcelles en cause de protéger ces terres contre les inondations ; ceux-ci avaient accru le risque d'inondation en s'abstenant de prendre de telles mesures et, notamment, d'entretenir un bassin de filtration des eaux situé en amont de leur fond ; par cette abstention, les requérants ont commis une faute d'imprudence dans l'appréciation des risques. • CE 30 déc. 1998, *M. Guion et Sté civile Gaec des Espers*, n° 187173. ♦ Le rehaussement et la réfection du revêtement goudronné du chemin rural, qui ont accru les infiltrations d'eau longeant une maison privée, engagent la responsabilité sans faute de la commune pour les dégâts extérieurs, intérieurs et pour les pertes de loyers. Le changement du régime des eaux est établi par rapport d'expertise. • CE 12 oct. 2011, *Cne de Malause c/ Mme A.*, n° 316949.

527. Contributions spéciales pour dégradations apportées aux chemins ruraux. Les propriétaires ou entrepreneurs responsables des dégradations apportées aux chemins ruraux peuvent être tenus d'acquitter les contributions spéciales établies par les communes ou pour les associations syndicales chargées de l'entretien du chemin, dans les mêmes conditions que celles prévues pour les voies communales (V. nouv. C. rur., art. L. 161-8). • T. confl. 22 juin 1992, *Cne de Cocquerel (Somme) c/ M. José Denève*, n° 02675 : *préc. note 389*.

4. Police et protection pénale

528. Compétence de police du maire. Le maire, dans le cadre de ses pouvoirs de police réglemente les conditions d'utilisation et de conservation des chemins ruraux (nouv. C. rur., art. L. 161-5). • CE 20 févr. 1989, *Milesi*, n° 70768. ♦ Dans le même sens : • CE 7 juin 1989, *Texerot : Dr. adm. 1989, n° 409* • CE 25 oct. 1993, *M. Ravat*, n° 129451.

529. Chaîne sur un chemin rural. Dès lors que la circulation sur un chemin rural est perturbée par la pose d'une chaîne, le maire est tenu de prendre les mesures appropriées pour son rétablissement. • CE 29 déc. 1999, *Cne de Breteau c/ Mme Gérardin*, n° 145760 : *préc. note 480*.

530. Requête sans objet contre un arrêté du maire. Le juge des référés du tribunal administratif s'est livré à une appréciation souveraine de l'urgence, en jugeant que la suspension de l'arrêté du 10 août 2001, par lequel le maire a interdit la circulation routière sur le chemin rural de sa commune, serait sans effet pour la société requérante à la date du 7 nov. 2001 à laquelle était rendue l'ordonnance, dès lors que cette société exploite un train touristique sur ce chemin de Pâques à novembre et se consacre, le reste de l'année, à la promotion et à la préparation de cette activité. • CE 6 mars 2002, *Sarl Trans-Cote*, n° 240457.

531. Règles de sécurité, d'éclairage et de salubrité des voies publiques. Quand un maire réglemente la circulation sur un chemin rural et y installe un lampadaire et un réceptacle destiné au recueil des ordures ménagères, tous deux situés non loin de l'habitation du requérant, celui-ci n'est pas fondé à soutenir que le maire n'a pas respecté les règles de sécurité, d'éclairage et de salubrité des voies publiques figurant à l'art. L. 131-2 C. communes [CGCT, art. L. 2212-2.] • CE 30 juill. 1997, *M. Parisse*, n° 160935 : *préc. note 524*. ♦ Compte tenu de la localisation de l'habitation du requérant à l'écart du centre du bourg, l'installation d'un lampadaire et d'un réceptacle destiné au recueil des ordures ménagères ne constitue pas un traitement discriminatoire méconnaissant le principe d'égalité devant les charges publiques. • Même arrêt.

532. Contravention de voirie. Il n'y a pas de contravention de voirie pour les chemins ruraux du fait que ces chemins appartiennent au domaine privé de la commune. • Crim. 13 mars 1963, *Labrune : Bull. crim. n° 120*.

533. Contravention d'embarras de la voie publique. Quand un agriculteur laisse stationner sans nécessité un engin agricole sur le « sentier rural » desservant son exploitation et la propriété voisine, la cour d'appel peut relever que les documents administratifs produits désignent cette voie comme un chemin rural, qu'il fait l'objet d'une procédure de classement dans la voirie communale, et qu'il est ainsi affecté, par détermination de la loi, à la circulation publique ; que dès lors les faits constituent la contravention d'embarras de la voie publique (art. R. 644-2 C. pén.) et que celle-ci est applicable au domaine privé de la commune. • Crim. 7 févr. 1996, *M.*, n° 94-83.678.

534. Inondations. Caractère excessif. L'arrêté municipal qui a été pris afin de préserver le chemin rural de risques de dégradation en période d'inondations et est demeuré applicable pendant une durée d'un peu plus de deux ans, alors que la période d'inondations qui était à son origine avait pris fin, présente un caractère excessif et est de nature à engager la responsabilité de la commune à l'égard de l'exploitant forestier gêné dans son activité, dès lors qu'il n'est pas établi que d'autres voies auraient été disponibles pour les besoins de l'exploitation durant le temps où l'interdiction de la circulation des véhicules a été maintenue, ni que l'exploitant aurait respecté l'interdiction de circulation. • CE 19 févr. 2003, *Cne de Primelles c/ M. Jean X.*, n° 220278 : *JCP Adm. 2003, n° 15, p. 1336, note Moreau.*

535. Dégâts causés par le débordement d'un étang à la suite de fortes précipitations, responsabilités. Lorsque, à la suite de violentes précipitations, un étang privé se déverse sur un chemin rural, que le propriétaire de l'étang est reconnu devant les juridictions judiciaires entièrement responsable des dommages en raison du défaut d'entretien et de conception des dispositifs de vidange, sans qu'ait été retenue l'excuse de force majeure, la commune obtient entière réparation. • CE 18 nov. 2009, *M. Jean-François A., c/ Ét. public Météo France*, n° 305337.

536. Accès à la voirie publique d'une propriété déjà desservie par un chemin rural. Quand un particulier, dont la propriété agricole est bordée d'un côté par une voie publique et de l'autre par un chemin rural, demande à bénéficier d'un accès à partir de la première de ces voies, que le maire lui refuse cet accès, au motif que ce propriétaire dispose déjà d'un passage sur le chemin rural, et que sa propriété est agricole, le Conseil d'État annule cet arrêté municipal sur la base de l'erreur de droit, le maire ne s'étant fondé ni sur les nécessités de la conservation du domaine public, ni sur celles de la circulation publique. Le raisonnement du maire est erroné sur deux points : il est basé sur une notion d'affectation : la propriété étant agricole, sa vocation serait d'avoir un accès agricole, c'est-à-dire sur un chemin rural ; par ailleurs, en prétendant que le propriétaire ne pouvait avoir un accès sur la voie publique parce qu'il a déjà un accès sur une autre voie, le maire fait une application déplacée de la théorie de l'enclave du C. civ., laquelle n'est pas applicable ici puisque tout riverain a droit à un accès sur la voie publique. • CE 18 mars 1994, *Malingue c/ Cne de Crouy-en-Thelle*, n° 140767 : *Lebon 932*.

d. Contentieux

1. Contentieux judiciaire

537. Propriété ou possession. Relèvent du contentieux judiciaire les contestations portant sur la propriété ou la possession d'un chemin rural. • CE 6 janv. 1960, *Cts Ranchin : Lebon 5* • Civ. 3e, 25 juin 1975 : *Bull. civ. III, n° 223.* ♦ V. aussi à propos d'une affaire portant sur l'éventuelle prescription d'une partie d'un chemin rural pour laquelle la juridiction administrative se déclare incompétente : • CE 13 juin 1984, *Béatrice Engelsen et a.*, n° 38807 : *Lebon 521* ; *RDI 1984. 397 ; Rev. adm. 1984. 349.*

538. Sursis à statuer de la juridiction administrative. Quand un arrêté municipal prescrit de laisser « libre d'accès » des chemins ruraux, que ceux-ci sont en indétermination de propriété, une CAA ne peut rejeter l'appel de la commune sur la base d'un jugement d'un TGI dès lors que ce jugement fait l'objet d'un appel. En raison de cet appel, ledit jugement ne pouvait être regardé comme tranchant définitivement la question de propriété à laquelle est subordonnée la solution du litige dont la juridiction administrative avait été saisie ; la Cour devait prononcer un sursis à statuer. • CE 27 avr. 2007, *Cne de Bailleval*, n° 288979.

539. Action possessoire. Si les juridictions administratives sont compétentes pour juger de la légalité d'une décision de l'autorité municipale concernant le tracé du chemin rural, ce sont les juridictions judiciaires qui doivent connaître de l'action possessoire qui est exercée à propos du même chemin. • T. confl. 28 juin 1976, *Morvezen Ernest c/ Cne de Quimperlé : Lebon 700.* ♦ La cour d'appel, qui n'a pas retenu que le chemin litigieux était un chemin d'exploitation et qui ne s'est pas prononcée sur la légalité d'un acte administratif, a légalement justifié sa décision en relevant souverainement que la commune ayant, depuis plus de trente ans, régulièrement entretenu le chemin qu'elle avait goudronné, établissait sa possession non équivoque sur la partie litigieuse du chemin sur laquelle, en revanche les requérants ne démontraient pas avoir accompli un acte quelconque de possession. • Civ. 3e, 22 janv. 1997, *Mme Berges c/ Cne de Taurignan-Castet*, n° 94-19.687.

540. Incorporation d'emprise, usufruit. Les juridictions judiciaires sont compétentes pour connaître des dommages résultant d'une incorporation dans l'emprise d'un chemin rural considérée comme injustifiée d'une parcelle de terre, dont le demandeur est usufruitier. • CE 24 nov. 1982, *Lejasne*, n° 38624.

541. Chemin non ouvert à la circulation publique. Un chemin rural non ouvert à la circulation publique appartient au domaine privé de la commune. Le litige portant sur un dommage causé par son défaut d'entretien est de la compétence des juridictions judiciaires. • T. confl. 22 avr. 1985, *Cne de Mereville c/ Mlle Alexandre*, n° 02362.

542. Responsabilité. Les juridictions judiciaires sont seules compétentes pour statuer sur le dommage résultant de l'effondrement d'un mur limitrophe d'un chemin rural non ouvert à la circulation publique, dès lors qu'un tel chemin fait partie du domaine privé de la commune. • T. confl. 26 avr. 1985, *Mlle Alexandre : RDI 1985. 345.*

543. Actions en réparation des dégâts causés aux chemins ruraux fondées notamment sur l'art. 1382 C. civ. Les tribunaux de l'ordre judiciaire sont seuls compétents pour statuer sur la responsabilité que des personnes privées peuvent avoir encourue à l'égard d'une commune en l'absence de texte attribuant à la juridiction administrative la connaissance de tels litiges ; il en va ainsi de la demande d'une commune en réparation du dommage causé par un véhicule appartenant à une société de transports à un de ses chemins ruraux ; cette action, fondée sur la loi n° 85-677 du 5 juillet 1985 ou subsidiairement sur l'art. 1382 du code civil, relève de la juridiction judiciaire. • T. confl. 19 nov. 2007, *Cne de Chars c/ Sté de transports Fontan,* n° C3640.

2. Contentieux administratif

544. Existence du chemin rural. La véritable nature d'un chemin rural peut être établie en appel. • CAA Bordeaux, 16 juin 2011, *Cne de Flayat,* n° 10BX00404 : *AJDA 2011. 2063, concl. Vié.*

545. Refus de rétablir un chemin rural. L'action par laquelle des propriétaires contestent la légalité du refus du maire de la commune de faire rétablir l'assiette du chemin rural desservant les parcelles leur appartenant, se détachant de la gestion du domaine privé de la commune, dont fait partie le chemin concerné, et mettant en cause l'inexécution par l'autorité municipale de sa mission d'intérêt public de maintenir l'assiette d'une voie qui aurait été partiellement abandonnée aux riverains, relève de la compétence des juridictions administratives. • T. confl. 8 nov. 1982, *Cne de Nevez c/ M. Levis,* n° 02252.

546. Suppression d'un chemin rural. Dès lors que le préjudice invoqué trouve son origine, non dans la circonstance qu'une exploitation agricole ait été coupée en deux à la suite de l'expropriation de terrains nécessaires à l'implantation d'une autoroute, mais dans la suppression, du fait de son incorporation dans l'emprise de l'autoroute, d'une section d'un chemin rural, l'action en réparation du préjudice qui résulterait de l'allongement de parcours entraîné par cette suppression relève des juridictions administratives. • T. confl. 15 janv. 1979, *Sieur Outters c/ Min. de l'Équipement,* n° 02107.

547. Computation du délai de recours contre une délibération créant un chemin rural sur un fonds privé. Quand dans le cadre du remembrement, un conseil municipal a décidé la création d'un chemin rural, dont l'assiette est entièrement prise sur la propriété d'un particulier, que celui-ci attaque cette délibération, le Conseil d'État décide que « ainsi, en admettant même qu'il soit établi que cette délibération a bien été affichée, en application des dispositions combinées des art. L. 121-17 (CGCT, art. L. 2121-17) et R. 121-9 C. communes (CGCT, art. R. 2121-11), à cette date, le délai de recours contentieux ne pouvait courir, pour les consorts Louvel qui étaient directement frappés par la mesure contenue dans la délibération attaquée, qu'à compter de la date à laquelle celle-ci leur était notifiée ». • CE 27 févr. 1995, *Mme Louvel et a. c/ Cne de Beauvain,* n° 132241 : *préc. note 495.*

548. Enlèvement d'un obstacle. Exécution d'office. Frais. Contestation du titre de recettes. Compétence du juge administratif. Quand des propriétaires d'un fond riverain d'une voie recouvrent celle-ci de terre, que la voie est qualifiée par jugement de chemin rural, il appartient au juge administratif de connaître du litige né de la demande d'annulation, par ces propriétaires, du titre de recettes correspondant au montant des frais du déblaiement du chemin. • T. confl. 18 juin 2007, *M. et Mme A. c/ Cne de Bondues,* n° C3617.

549. Vice d'incompétence lors de la contestation de la légalité de la création d'un chemin. Un particulier n'est pas fondé à contester, à l'occasion d'un recours dirigé contre la décision de la commission départementale d'aménagement foncier, la légalité de la création d'un chemin rural qui relevait de la seule compétence du conseil municipal et que ladite commission n'avait, par suite, pas le pouvoir de modifier. • CE 30 juill. 1997, *M. Gobert,* n° 144849.

550. Procédure (requête en suspension et requête en annulation). Quand un particulier demande la suspension de l'arrêté par lequel le préfet a déclaré cessibles des terrains privés au profit de la commune en vue de la création d'un chemin rural ; que sa requête à fin d'annulation dudit arrêté n'a pas été jointe à cette demande de suspension ; ainsi, et alors même que les deux requêtes ont été enregistrées le même jour et communiquées aux défendeurs, la demande de suspension, qui ne satisfait pas aux exigences de l'art. R. 522-1 CJA, doit être rejetée comme irrecevable. • CE 29 avr. 2002, *Cne de Montsapey c/ M. Prallet,* n° 236633.

551. Attributions respectives des compétences aux deux ordres. Quand une commune a décidé de modifier le tracé d'un chemin rural, ce qui a pour effet que celui-ci est désormais situé, non plus à la limite des terrains d'un particulier mais à l'intérieur de la propriété communale, les actions afférentes sont ainsi réglées : – quand ce particulier soutient avoir eu la possession de l'ancien chemin dans les conditions définies par le code civil, et engage une action possessoire, celle-ci relève des juridictions judiciaires ; – quand sans plus alléguer sa possession de l'ancien chemin dans les termes du droit privé, ce particulier soutient que ce sont ses droits de riverain d'un chemin rural ouvert au public qui ont été méconnus, il met en cause la décision des autorités communales relatives à ce tracé et cela ressort à la compétence des juridictions administratives. • T. confl.

28 juin 1976, *Cne de Quimperlé c/ Sieur Morvezen*, n° 02027.

2° CHEMINS OU SENTIERS D'EXPLOITATION

552. BIBL. Campels, Promenade juridique sur les chemins ruraux, chemins et sentiers d'exploitation, *Dr. et patr. 2001, n° 91, p. 46.*

a. Affectation et désaffectation

553. Partage d'un chemin délaissé. Quand pour fixer la limite séparative de deux propriétés privées, une cour d'appel constate qu'un sentier forestier existe entre elles, que le cadastre de 1985 en porte encore le tracé et qu'il importe peu de le qualifier de délaissé, d'ancien chemin forestier ou d'exploitation ou de draille, son existence restant matérialisée et des traces de celui-ci existant en aval des propriétés, elle ne peut décider que celui-ci n'étant plus utilisé, son assiette doit être partagée entre les riverains, sans préciser la qualification du chemin permettant seule de déterminer les règles juridiques lui étant applicables, et notamment son éventuelle appartenance au domaine privé de la commune. • Civ. 3e, 26 nov. 1997, *Bernard Corriger*, n° 95-20.536.

554. Voie privée. Les chemins et sentiers d'exploitation qui appartiennent à des particuliers servent exclusivement à la communication entre divers héritages ou à leur exploitation. • Civ. 3e, 12 juill. 1983 : *JCP 1983. IV. 308.* ♦ V. aussi : • Civ. 3e, 21 déc. 1988, *Delon c/ Cts Boulet : Bull. civ. III, n° 189* • Cass., ass. plén., 14 mars 1986 : *JCP 1986. IV. 146.*

555. Chemin d'exploitation utilisé depuis longtemps par les habitants d'une commune. Lorsqu'un chemin d'exploitation est depuis longtemps utilisé par la généralité des habitants d'une commune, il est présumé faire partie du domaine communal. • Civ. 20 mars 1950 : *S. 1951. 1. 120.*

556. Preuve de propriété du chemin. « En estimant par une appréciation souveraine des éléments de preuve produits devant elle d'une part, que dans le silence des titres des parties, le caractère de chemin d'exploitation du passage litigieux ne résultait d'aucun élément de fait, d'autre part que la partie qui prétendait lui faire attribuer cette qualification ne justifiait pas de la participation par elle alléguée à la mise en état de viabilité et à l'entretien du chemin en litige, une cour d'appel a légalement justifié sa décision ». • Civ. 3e, 8 mars 1977, *Logeais c/ Dame Marillier : Gaz. Pal. 1977. 1. Somm. 174.*

557. Distinction d'avec un chemin rural. Dès lors que la commune atteste que le chemin litigieux a le caractère d'une voie pétitionnaire à l'usage des pêcheurs et n'est pas utilisé par les exploitants pour desservir leurs parcelles, qu'il ressort des photographies que la trace de ce chemin en terrain herbeux a disparu en plusieurs endroits, il en résulte que le chemin litigieux qui borde une rivière n'est pas un chemin d'exploitation destiné exclusivement à la communication entre divers héritages ou à leur exploitation, mais un chemin rural appartenant au domaine privé de la commune et affecté à l'usage du public. • Civ. 3e, 3 févr. 1998, *SCI Meyssac c/ Cne de Mostuejouls*, n° 96-13.696. ♦ Un chemin est un chemin rural du domaine privé de deux communes mais se poursuit comme chemin d'exploitation, dès lors qu'il a pour fonction exclusive la communication entre les parcelles situées en amont du chemin rural jusqu'à une propriété • Civ. 3e, 19 juill. 2000, *M. André Agnès, Mme Simone Agnès c/ M. René Bianco*, n° 98-20.560.

558. Vente à faible prix, avis du service des domaines. La vente d'une dépendance du domaine communal, en l'espèce une « sente rurale », ne peut se faire que si l'avis du service des domaines a été recueilli, même si la dépendance en cause est d'un faible prix. • TA Amiens, 18 sept. 2007, *M. Bawol*, n° 0500855 : *AJDA 2007. 2333*.

b. Constitution par remembrement

559. Compétence de la commission communale d'aménagement foncier. La commission communale d'aménagement foncier est compétente pour l'établissement de tous les chemins d'exploitation indispensables pour desservir les parcelles (nouv. C. rur., art. L. 123-8), mais cette compétence ne peut être exercée légalement qu'à l'intérieur du périmètre de remembrement. • CE 26 juin 1970, *Sieur Christen : Lebon 440.*

560. Compétence des commissions de remembrement. Si le conseil municipal est seul compétent pour décider la création, la suppression, la modification du tracé et de l'emprise des chemins ruraux, et si les délibérations en la matière s'imposent aux commissions de remembrement, ces dernières sont compétentes pour décider la création, la suppression ou la modification des chemins d'exploitation. • CE 29 déc. 1995, *Mme Gauvin c/ Cne de Pancé*, n° 124341 : *Lebon 652*.

561. Association foncière. Quand les chemins d'exploitation sont réalisés à l'occasion d'une opération de remembrement foncier, une association foncière est obligatoirement créée. • CE 10 juin 1966, *Dame Noël : Lebon 385.* ♦ Les chemins d'exploitation, propriété des associations foncières de remembrement, ne constituent pas des dépendances du domaine public communal mais des éléments du patrimoine privé de ces établissements ; par suite, le différend opposant le requérant à l'association foncière, qui est relatif aux conditions d'accès d'une parcelle lui appartenant à un chemin d'exploitation de ladite association, constitue un litige intéressant deux propriétaires privés dont il n'appartient pas aux juridictions administratives de connaître. • CE 30 juill. 1997, *M. Quipourt*, n° 140286 : *préc. note 496.*

562. *Établissement d'un chemin d'exploitation même pour un fonds non enclavé.* La commission départementale d'aménagement foncier peut à bon droit estimer nécessaire l'établissement d'un chemin d'exploitation litigieux même pour desservir une seule parcelle non enclavée, dès lors que sans le nouveau chemin, il faudrait pour desservir la parcelle faire un détour. • CE 26 mars 2004, *Min. de l'Agriculture, de l'Alimentation, de la Pêche et des Affaires rurales,* n° 238215.

563. *Remplacement d'une servitude de passage par un chemin d'exploitation, légalité.* En rejetant la réclamation d'un particulier contre la décision de la commission communale d'aménagement foncier de créer un chemin d'exploitation en remplacement d'une servitude de passage existante, la commission départementale d'aménagement foncier ne méconnaît pas les dispositions de l'art. L. 123-14 C. rur. • CE 26 mars 2004, *Min. de l'Agriculture, de l'Alimentation, de la Pêche et des Affaires rurales,* n° 238215 : *préc. note 562.*

564. *Voirie rurale, ouvrage public, travaux publics, remembrement, actions en responsabilité, procédure.* Il résulte de l'art. 10 de la loi du 8 août 1962, modifié par le VI de l'art. 28 de la loi du 4 juillet 1980, que, lorsqu'un remembrement est effectué en vue de la réalisation d'un grand ouvrage public et qu'il apparaît inévitable de déroger aux dispositions de l'art. 19 C. rur., les propriétaires pour lesquels, du fait de ces dérogations, des préjudices subsistent au terme des opérations de remembrement, sont fondés à demander au maître de l'ouvrage réparation des dommages résultant de ces opérations, constatés à l'issue de celles-ci, à titre de dommages de travaux publics ; les commissions communales et départementales d'aménagement foncier, qui sont dépourvues de compétence pour allouer des indemnités portant réparation de ces préjudices, ne peuvent connaître de demandes tendant à l'attribution de telles indemnités ; toutefois, la nature et l'étendue des dommages, dans la mesure où ils résultent de dérogations apportées aux règles qui s'appliquent aux opérations de remembrement, ne peuvent être constatées qu'une fois que la procédure administrative de remembrement a été menée à son terme ; il suit de là que le juge administratif ne peut être éventuellement saisi d'une demande de réparation des dommages pouvant subsister, à titre de dommages de travaux publics, qu'après que les opérations de remembrement ont été préalablement contestées devant la commission départementale d'aménagement foncier aux fins de supprimer ou, à tout le moins de réduire, les dommages subis. • CE 17 mars 2004, *Min. de l'Équipement, des Transports et du Logement,* n° 233469.

c. Travaux

565. *Entretien.* L'entretien des chemins et sentiers d'exploitation est à la charge des propriétaires intéressés, sauf renonciation à leur droit d'usage ou de propriété. • Civ. 1re, 24 mars 1958, *Sulla : Bull. civ. I, n° 173.*

566. *Travaux d'élagage municipaux sur chemins, sentiers d'exploitation et chemins privés.* Le conseil municipal ne peut pas légalement décider d'engager des travaux sur un chemin qui n'appartient pas à la commune, ni enjoindre aux riverains de procéder eux-mêmes à des travaux d'élagage, ses pouvoirs ne pouvant s'étendre aux sentiers d'exploitation et chemins privés. • CE 17 janv. 1994, *Le Bloas et a.,* nos 115203 et 115245 : *Lebon 824.*

d. Protection

567. *Action en réintégrande.* Le propriétaire riverain d'un chemin d'exploitation a, par ce seul fait, le droit de l'utiliser pour l'exploitation de son fonds et il est fondé à en recouvrer, par la voie d'une action en réintégrande, l'usage dont l'a privé la construction d'une clôture édifiée par un autre riverain. • Civ. 3e, 12 oct. 1983 : *Bull. civ. III, n° 184.*

3° CHEMINS VICINAUX

568. *Domanialité.* Si un chemin vicinal, dont de nombreux arrêtés municipaux avaient réglementé la circulation, n'avait pas été intégré à la voirie communale, il n'avait pas non plus fait l'objet d'un déclassement, et si par ailleurs la desserte de commerces qu'il assurait lui donnait une affectation au public, ces éléments divergents ne permettent pas de déterminer si la voie relève du domaine privé ou public, la question étant préjudicielle. • Civ. 1re, 8 févr. 2000, *SCI Lagarde-Fimarcon et a. c/ Cne de Lagarde Fimarcon et a.,* n° 98-18.576.

569. *Propriété.* Dès lors que le passage, dont la propriété était privée, a fait l'objet d'une procédure d'utilité publique en 1887 pour y dévier le chemin vicinal, la commune en est propriétaire. • Civ. 1re, 8 févr. 2000, *SCI Lagarde Fimarcon et a. c/ Cne de Lagarde-Fimarcon et a. : préc. note 568.*

570. *Travaux de comblement.* En vertu des dispositions de l'art. L. 116-1 C. voirie rout., l'action en réparation d'un dommage causé au domaine public routier est de la compétence des tribunaux judiciaires sous réserve des questions préjudicielles relevant de la compétence de la juridiction administrative ; tel est le cas des travaux de comblement d'un chemin vicinal entrepris puis menés à leur terme sans le consentement écrit, ni même verbal, du maire de la commune. • T. confl. 5 juin 2000, *Cne de Ligny c/ Sté Descamps,* n° 3177.

571. *Enclave.* Dès lors que l'accès à une propriété par un chemin vicinal pouvait être aisément réalisé avec la même conformité que celui passant sur la parcelle des voisins, la parcelle en cause n'était pas enclavée. • Civ. 3e, 1er févr. 2000,

M. Gilbert Joncart c/ Mme Élisabeth Vallée et a., n° 98-16.034.

572. Gestion de la voirie par l'État ; responsabilité de l'État sans faute d'un agent. Dès lors que la commune a confié la gestion de la voirie communale à la direction départementale de l'équipement, la responsabilité de l'État pouvait être engagée à raison des fautes commises par cette direction dans la surveillance du bon état du panneau de pré-signalisation implanté sur le chemin vicinal dont l'entretien lui avait été confié, alors même qu'aucune faute d'un agent de l'État refusant ou négligeant d'exécuter un ordre du maire de la commune n'a pu être relevée. • CE 20 oct. 2004, *Min. de l'Équipement, du Logement, des Transports et du Tourisme*, n° 183974.

573. Entretien à la charge de la communauté de communes, responsabilité. En matière d'accident dû à l'état de la chaussée d'un chemin vicinal, une commune qui n'exerçait plus, à la date des faits, de compétence en matière de voirie ne pouvait être tenue pour responsable d'un accident survenu sur cette voie dont l'entretien était confié à la communauté de communes ; en l'espèce, la communauté était elle-même membre du syndicat mixte intercommunal de voirie de la subdivision de l'équipement, qui était chargé en vertu de ses statuts, de l'entretien et des travaux neufs sur les voies communales et les chemins ruraux appartenant au territoire de ses membres. • CE 24 nov. 2006, *Cne de Villette-sur-Ain*, n° 264592.

4° VOIES PRIVÉES

574. BIBL. Hostiou, La théorie du bilan à l'épreuve des atteintes à l'environnement et à la propriété privée, *AJDA 2006. 604*.

a. Affectation

1. Voie privée de la commune

575. Voie privée non ouverte à la circulation générale. Quand une collectivité locale est propriétaire de voies qui ne sont pas ouvertes à la circulation générale, ces voies ne peuvent être des voies communales en raison de l'absence d'ouverture à ladite circulation. • CE 13 mai 1988, *Comité de défense des sites de La Turbie et a. : préc. note 499.* ♦ N'est pas un chemin rural, même si la voie est située en dehors d'une agglomération, la voie non ouverte à la circulation de tous. • TA Clermont-Ferrand, 2 déc. 1960, *Troupel : AJDA 1961. 546.* ♦ À défaut d'ouverture au public, la voie communale peut être une voie privée de la commune. • CE 23 nov. 1945, *Vellat : Lebon 241.* – V. aussi : • CE 25 juin 1971, *Ribeyre : Lebon 480.*

576. Transfert d'une voie privée dans le domaine communal. Compétence du préfet. Si le préfet a la possibilité d'ouvrir l'enquête publique, prévue à l'art. R. 318-10 C. urb., préalable au transfert dans le domaine public communal de la voie privée, il n'est pas tenu de le faire. • CE 23 janv. 1985 : *Dr. adm. 1985, n° 174.*

577. Domanialité privée. La parcelle n'a pas le caractère d'un chemin rural et constitue une dépendance du domaine privé de la commune non affectée à l'usage du public ; que, la délibération et les décisions attaquées, qui se rattachent à la gestion de ce domaine, sont des actes de droit privé, dont il n'appartient pas à la juridiction administrative de connaître. • CE 6 mai 1996, *M. Formery c/ Cne de Tamerville*, n° 151818 : *AJDA 1996. 551, concl. Arrighi de Casanova*.

2. Voie privée n'appartenant pas à la commune

578. Accès à la voirie publique : non-ouverture au public. La création ou l'aménagement d'une voie urbaine privée constitue un acte de la libre jouissance de la propriété et son débouché sur la voie publique constitue l'exercice du droit d'accès, et non nécessairement une ouverture au public. • CE 18 juill. 1919, *Dame Magnier : Lebon 646.*

579. Grille ouverte au public. Quand une voie privée débouche sur une voie publique par un passage doté d'une grille, que celle-ci est ouverte au public, qu'il n'existe aucune autre clôture interdisant le passage, cette voie doit être considérée comme ouverte à la circulation publique. • TA Versailles, 3 mars 1956, *Pleven : RPDA 1956, n° 203.*

580. Condition d'ouverture : consentement du propriétaire ; en l'espèce, clôtures et entretien par une collectivité publique. « Une voie privée ne peut être réputée affectée à l'usage du public que si son ouverture à la circulation publique résulte du consentement, au moins tacite, des propriétaires ; en l'espèce, des clôtures interdisaient l'accès des voies litigieuses lesquelles se terminaient en impasses et une partie au moins des propriétaires avaient entendu ainsi se prémunir contre toute ouverture à la circulation publique ; de même, la prise en charge financière de l'aménagement et de l'entretien des voies litigieuses par la communauté urbaine (...) et la commune (...) ne permet pas, à elle seule, d'admettre que se soit ainsi manifestée dans l'attitude des propriétaires la faculté d'abandon de leurs droits et l'expression d'un consentement même tacite, à l'ouverture des voies en cause à la circulation publique. » • CE 15 févr. 1989, *Cne de Mouvaux : préc. note 435.*

581. Droit du propriétaire d'interdire l'accès à tout moment. Un particulier peut laisser librement ouvert au passage du public une voie dont il est propriétaire puis décider à tout moment d'en interdire l'usage aux tiers, sans que le maire ne puisse alors au titre de ses pouvoirs de police générale légalement prescrire la réouverture de ladite voie à la circulation publique. En cas de litige, le juge administratif est compétent pour apprécier la réalité du consentement d'un propriétaire à l'ouverture au public de cette voie. • CE 5 mars 2008, *Cts Bermond*, n° 288540 : *BJCL 2008. 257, concl. Thiellay, obs. M. G. ; AJDA 2008. 1334, note Deliancourt ; RLCT 2008. 1010, obs. Glaser ; JCP Adm. 2008. 1. 2164, note Moreau.* ♦ ... Néanmoins, le propriétaire doit en avoir régulièrement informé l'autorité compétente avant que l'arrêté de transfert ne soit pris. • CE 17 juin 2015, *Cne de Noisy-le-Grand*, n° 373187 B : *AJDA 2015. 1243 ; JCP Adm. 2015, n° 2244, concl. Escault ; ibid. Actu. 572, note Langelier.*

582. Voie privée de lotissement transférée dans le domaine public. Dans le cadre de l'art. L. 318-3 C. urb., le règlement du lotissement prévoit expressément que les voies étaient destinées à être incorporées à la voirie communale et que le sol des voies était perpétuellement affecté à la circulation publique. Il s'agit donc d'une voie privée ouverte à la circulation publique. Par ailleurs, « le transfert (...) a pour objet d'améliorer la circulation dans un quartier nouvellement urbanisé, en facilitant l'accès à la voirie communale des propriétés du lotissement (...) et répond ainsi à un but d'intérêt général ; que la circonstance qu'une telle mesure contribue également à faciliter la desserte de la propriété (d'un particulier) ne retire pas à l'opération en cause son caractère d'intérêt général ». • CE 10 févr. 1992, *M. Choquette et Mme Gonzalès c/ Premier ministre : Lebon 806*.

583. Sentier pédestre en bord de rivière ouvert au public. La réalisation d'une promenade publique, en l'espèce un sentier pédestre en bordure de rivière, et qui traverse le parc d'un château, ne porte pas à cette propriété privée une atteinte excessive compte tenu des aménagements prévus et de l'intérêt que présente pour l'ensemble de l'agglomération nantaise la réalisation de cette promenade. • CE 11 avr. 2008, *Cne de Chapelle-sur-Erdre*, n° 287526 : *AJDA 2008. 1622*.

b. Statut

584. Maintien du statut de propriété privée, avec droit de fermeture. Le fait qu'une voie privée soit ouverte au public ne modifie pas son caractère de propriété privée. • CE 29 avr. 1938, *Gailhac : Lebon 392.* – V. aussi : • CE 8 janv. 1964, *Ville de Brive c/ Dame Ardouin : Lebon 1035 ; Dr. adm. 1964, n° 77.* ♦ Les propriétaires d'une voie privée ouverte à la circulation conservent le droit d'en interdire à tout moment l'usage au public et le maire ne peut, sans excéder ses pouvoirs de police, inviter ceux-ci à rouvrir la voie à la circulation publique. • CE 5 nov. 1975, *Cne de Villeneuve-Tolosane : Lebon 1341.*

585. Procédure d'acquisition. Le transfert d'une voie privée dans le patrimoine public se fait d'office et sans indemnité. Néanmoins, la Cour de cassation a jugé que « ni l'ouverture d'une voie [appartenant à une personne privée] à la circulation publique ni son classement dans la voirie communale ne peuvent, en l'absence d'acte translatif de propriété, avoir pour effet d'incorporer cette voie dans le domaine public routier communal ». • Civ. 1re, 1er juill. 2015, n° 14-14.807 P : *AJDA 2015. 1347*.

586. Code de la route et voie privée. L'ouverture à la circulation publique de voies aménagées dans un parc de stationnement privé rendent applicables les règles de priorité du code de la route. • Civ. 2e, 5 déc. 1973, *Épx Combat c/ Épx Peras : Bull. civ. II, n° 120.*

587. Promesse unilatérale d'acquisition. Quand la SNCF met en vente une parcelle de son domaine privé, qu'une commune décide de l'acquérir en vue de l'affecter, au même titre que d'autres tronçons précédemment acquis, à un chemin piétonnier desservant le gîte rural de la commune, qu'un particulier fait valoir que l'existence de sa promesse unilatérale d'acquisition d'immeuble qu'il a souscrite à l'égard de la SNCF aurait fait obstacle à la vente ultérieure par celle-ci du terrain litigieux à la commune, la Haute Juridiction décide que, sans qu'il y ait lieu à question préjudicielle sur ce point devant le juge judiciaire, la promesse consentie unilatéralement n'engage pas la SNCF. • CE 22 janv. 1997, *M. Bazin*, n° 134995.

588. Erreur manifeste d'appréciation pour l'achat d'une parcelle. Il n'y a pas d'erreur manifeste d'appréciation de la commune du moment que la situation surélevée de la parcelle en cause par rapport au chemin vicinal existant n'interdit pas tout accès à ce terrain et que si la commune dispose déjà de plusieurs aires de jeu et sentiers piétonniers accessibles au gîte rural, elle peut acquérir de nouvelles surfaces affectées au même usage. • CE 22 janv. 1997, *M. Bazin*, n° 134995 : *préc. note 587.*

589. Fermeture d'une voie grevée d'une servitude de passage, compétence du conseil municipal. Une servitude de passage instituée en vertu d'un acte de droit privé au bénéfice d'une commune sur une propriété privée constitue un bien communal ; les actes de gestion relatifs à un tel bien relèvent, en application de l'art. L. 2241-1 CGCT, du conseil municipal ; par suite, à défaut de délégation de ce conseil, le maire n'est pas compétent pour autoriser un syndic de copropriété à fermer un passage grevé, en application du règlement de la copropriété, d'une servitude de passage au profit de la commune. • CE 16 déc. 2005, *Cne d'Arpajon*, n° 273861 : *RFDA 2006. 189*.

590. Panneaux de signalisation routière. Si le droit de poser les panneaux de signalisation routière n'appartient, pour les voies privées ouvertes à la circulation publique, qu'à l'administration, pour les voies non ouvertes à la circulation publique, le propriétaire de cette voie doit poser et entretenir les panneaux de signalisation destinés à annoncer l'intersection de cette voie avec une voie publique. • CE 21 oct. 1983, *Cts Tomasini*, n° 40266 : *Lebon 425* ; *Dr. adm. 1983, n° 451.*

591. Interdiction du commerce ambulant et du colportage. Les propriétaires d'une voie privée peuvent interdire tout droit de passage ou d'accès à cette voie. • Paris, 1re ch., 31 oct. 1963, *SEM de la ville de Paris « Domaine de Beauregard » c/ Lakadari : D. 1964. 286, note de la Morandière.* ♦ Dans le même sens : • CE 8 juin 1990, *Gasparini et a. : LPA 25 janv. 1991, chron. Holleaux ; Quot. jur. n° 114, 27 sept. 1990, p. 3, note Rouault.*

592. Atteinte à la salubrité et à l'hygiène. Lorsque l'administration constate que le mauvais état d'entretien d'une voie privée est susceptible de porter atteinte à la salubrité et à l'hygiène, la loi du 22 juill. 1912 l'habilite à mettre en demeure les propriétaires de se constituer en syndicat et de désigner un syndic à l'effet de pourvoir à la gestion et à l'entretien de la voie ; si dans le délai d'un mois suivant cette notification, rien n'a été fait, un syndic est désigné d'office qui fait exécuter les travaux nécessaires à la remise en état de la voie ; le syndic procède également à la répartition des dépenses entre les différents propriétaires de la voie. • CE 29 juill. 1973, *Assoc. syndicale libre des propriétaires de la Villa Mulhouse : Lebon 906 ; JCP 1973. 1. 2594.* – V. aussi : • CE 29 avr. 1977, *Assoc. syndicale libre des propriétaires de la Villa Mulhouse : Lebon 194* • CE 13 avr. 1983, *Walter*, n° 28444 : *Lebon 630* . ♦ L'association syndicale ainsi formée est un syndicat forcé de propriétaires ayant le caractère d'un établissement public et dont l'activité est régie par les dispositions de la loi du 22 juill. 1912. • Même arrêt.

593. Notion de propriétaires riverains de la voie privée. « Considérant qu'il est constant que les personnes représentées par le syndicat requérant sont copropriétaires d'un immeuble contigu sur une longueur de 15 mètres de la voie privée dite Villa du Borrego (Paris 20e) ; que si la construction qui y est édifiée, désignée comme sise 33, rue du Borrego, est en retrait de ladite voie privée et ne disposait, à la date de la décision attaquée, ni d'un accès sur cette voie ni d'un branchement à l'ouvrage d'évacuation des eaux installé dans un sous-sol, qu'ils n'établissent ni même n'allèguent qu'un tel accès ou un tel branchement ne puisse dans l'avenir être réalisé ; que, par suite, ils ne sont pas fondés à soutenir qu'eu égard à l'absence d'intérêt que présente pour eux la réalisation de travaux dans la Villa Borrego, le maire de Paris les a considérés à tort comme des propriétaires riverains de la voie privée tenus par les dispositions précitées de l'art. 2 de la loi du 22 juill. 1912 de se constituer en syndicat ». • CE 22 juin 1992, *Synd. des copropriétaires du 33, rue de Borrego*, n° 100012 : *Lebon 1403* .

594. Responsabilité : sentier ne résultant pas d'un travail humain. La responsabilité d'une commune ne saurait être engagée sur le fondement du défaut d'entretien normal dès lors que le sentier menant à des grottes, même s'il est régulièrement fréquenté, n'étant pas le produit d'un travail humain, ne constitue pas un ouvrage public. • CAA Nancy, 20 mars 1997, *M. et Mme Charpin*, n° 94NC00827.

c. Contentieux

595. Litiges opposant un usager de la voie à la commune propriétaire. Les voies privées communales font partie du domaine privé de la commune, et sont soumises à ce titre au droit privé ; les litiges nés à leur propos relèvent des juridictions judiciaires et notamment les litiges qui opposent un usager de la voie à la commune propriétaire de celle-ci. • CE 2 nov. 1977, *Ville d'Alès : Dr. adm. 1977, n° 326.*

596. Acte créant un droit de passage sur un chemin faisant partie du domaine privé. L'acte par lequel un conseil municipal crée un droit de passage sur un chemin faisant partie du domaine privé constitue un acte de droit privé relevant des tribunaux judiciaires ; par suite, ces tribunaux sont compétents pour connaître du recours exercé contre cet acte au motif qu'il aurait été pris en violation des dispositions du code civil relatives aux servitudes. • CE 20 avr. 1988, *Guaisnon : RDI 1988. 446.*

597. Travaux de réalisation de voies privées d'exploitation forestière. Les travaux de réalisation de voies privées pour l'exploitation de forêts domaniales de la commune ne sont pas des travaux publics et les tribunaux judiciaires sont compétents pour connaître du contentieux pouvant naître à ce propos. • T. confl. 10 juin 1963, *Sté Lombardi et Morello : Lebon 786 ; D. 1963. 736 ; JCP 1963. II. 13540.*

598. Travaux réalisés par une AFU libre. Relève de la compétence des juridictions judiciaires le litige relatif à l'accident subi sur un chantier d'établissement de voies et de réseaux d'équipement dans un lotissement, dès lors que ces travaux ont été réalisés par une association foncière urbaine libre créée pour gérer le lotissement, personne morale de droit privé qui n'a pas agi en vertu d'un mandat donné par la commune. • T. confl. 15 nov. 1999, *Mme Mollo*, n° 3155.

599. Emprise. Constitue une emprise irrégulière sur une propriété privée immobilière le fait pour une entreprise d'occuper temporairement une parcelle privée en y abattant ou élaguant des arbres, alors qu'aucun acte administratif, ni un accord amiable ne l'y avait autorisé. Dès lors, l'action en réparation du dommage subi relève de la compétence des juridictions judiciaires. • T. confl. 2 juill. 1979, *SCI du domaine de Margon c/ Ese Guttierez et Cne d'Alignan-du-Vent*, n° 02122.

III. DOMAINE PRIVÉ

600. BIBL. Clamour, L'occupation précaire du domaine privé dans l'intérêt général n'est pas exorbitante du droit commun, Civ. 3e du 2 février 2005, note, *AJDA 2005. 1125 et 1128*. – Dutrieux, L'aliénation d'un immeuble par une commune, *JCP N 2000, n° 16, p. 679* ; À propos de l'arrêt de la cour administrative d'appel de Nancy du 24 octobre 2002, vente d'immeuble, l'aliénation d'un immeuble par une commune : le choix du cocontractant, *JCP N 2003, n° 51-52, 1658, p. 1886*. – Leroy et Malard, La détermination du domaine privé, *LPA 14 mai 2001, n° 95, p. 51* ; Les ventes d'immeubles par les collectivités locales, *JCP N 2001. 778*. – Pâques, Le droit de propriété et Natura 2000, *Bruylant, 2005, 247 p.* – Pradayrol et Thiriot, La vente au franc ou à l'euro symbolique par une collectivité locale, *Defrénois 2001, n° 5, p. 273*.

601. Sur le régime général du domaine privé. V. notes ss. art. L. 1311-1.

A. DOMAINE FORESTIER

602. **BIBL.** Forêts : Marigot, L'élagage, un enjeu de taille, *CJEG 2002, n° 586, p. 211*.

603. Régime forestier communal et constitutionnalité. Les dispositions de l'art. L. 144-1 C. for. [ancien] n'entraînent aucune privation de propriété pour les collectivités territoriales propriétaires de bois et forêts soumis au régime forestier ; en particulier, le législateur ne peut être regardé comme ayant porté, en interdisant à ces collectivités de procéder elles-mêmes aux ventes des coupes et produits de coupes issus de leurs bois et forêts, une atteinte à leur libre administration contraire à l'art. 72 de la Constitution ou à la liberté garantie par les art. 4 et 5 de la Déclaration des droits de l'homme et du citoyen de 1789 ; il résulte de tout ce qui précède que la question de constitutionnalité soulevée, qui n'est pas nouvelle, ne présente pas un caractère sérieux. • CE 1er févr. 2012, *Cne des Angles c/ Préfet des Pyrénées-Orientales*, n° 353945 : *AJDA 2012. 242, note Grand*.

604. Massif départemental affecté au service public de l'environnement, mais de domanialité privée en l'absence d'aménagement spécial. Un massif forestier départemental est affecté au service public de l'environnement pris en application des art. L. 142-1 s. C. urb. (espaces naturels sensibles). Mais le seul aménagement constitué par des panneaux d'information et de balisage des sentiers de promenade ou de randonnée ne constitue pas un « aménagement spécialement adapté à l'exploitation du service public ». Par suite, le massif appartient au domaine privé départemental, de même que la grotte qui y est comprise. Le litige portant sur l'accident qui s'est déroulé dans cette cavité échoit aux juridictions judiciaires. • T. confl. 22 oct. 2007, *Préfet des Bouches-du-Rhône c/ CA Aix-en-Provence*, n° 3625 : *AJDA 2007. 2453*.

605. Cession de forêt entre deux communes. Permanence du régime forestier. Inopposabilité de l'art. L. 142-2 C. for. Lors de la cession d'une forêt bénéficiant du régime forestier, d'une commune à une autre commune, il n'y a pas lieu d'appliquer l'art. L. 142-2 C. for. [ancien] ; en effet, l'acte de cession a seulement opéré un transfert de propriété de la forêt entre les deux communes, celle-ci demeurant soumise au régime forestier, sans changement dans son mode d'exploitation ou son aménagement, sa gestion continuant d'ailleurs d'être assurée par l'Office national des forêts ; par suite, le moyen tiré de l'erreur de droit à ne pas avoir relevé d'office l'incompétence du maire au profit du ministre ne peut qu'être écarté. • CE 28 févr. 2007, *Cne de Bourisp*, n° 279948.

606. Contrat de travail pour l'exploitation des coupes, domanialité privée. Les agents recrutés par une personne publique pour la gestion de son domaine forestier et spécialement l'exploitation des coupes sont, à défaut de disposition législative contraire, soumis à un régime juridique de droit privé ; il suit de là qu'il n'appartient qu'aux juridictions de l'ordre judiciaire de connaître du litige né de la rupture du contrat de travail qu'avait conclu une commune avec un bûcheron qualifié, pour l'exploitation de la forêt communale. • T. confl. 19 janv. 2004, *Cne de Wildenstein*, n° C3375.

607. Vente de coupes, absence de service public. Lorsqu'une personne publique gère son domaine forestier à seule fin de procéder à des ventes de bois, elle accomplit une activité de gestion de son domaine privé qui n'est pas, par elle-même, constitutive d'une mission de service public. • T. confl. 19 janv. 2004, *Cne de Wildenstein*, n° C3375.

608. Vente ou location de maison forestière. Le juge judiciaire est compétent sur le refus de l'ONF de vendre ou de louer un logement de fonction, maison forestière, concédée à l'un de ses agents. • TA Amiens, 2 déc. 2008, *M. et Mme Froideval*, n° 0602064 : *AJDA 2009. 555*.

609. Zone dite des cinquante pas géométriques et code forestier. Si depuis l'entrée en vigueur de l'art. L. 87 C. dom. Ét., issu de l'art. 37 de la loi n° 86-2 du 3 janvier 1986, la zone dite des cinquante pas géométriques fait partie du domaine public maritime, il résulte du même texte que ces dispositions ne s'appliquent pas aux terrains domaniaux gérés par l'Office national des forêts en application de l'art. L. 121-2 C. for. [ancien] ; par suite dès lors qu'une parcelle sise sur cette zone a été incorporée au domaine forestier de l'État et remise en gestion à cet établissement en 1982, elle appartient à son domaine privé, et il appartient à la juridiction judiciaire de connaître des litiges relatifs à son occupation. • T. confl. 19 janv. 2004, *ONF c/ M. Ibrahim*, n° C3382.

610. Assiette des frais de garderie. Produits de carrières en forêt. Les frais de garderie et d'administration des bois soumis au régime forestier, tous textes cités dans leur rédaction applicable en l'espèce, que les frais de garderie et d'administration, dont les communes sont tenues de s'acquitter en application des dispositions de l'art. L. 147-1 C. for. [ancien], ont pour objet d'indemniser l'Office national des forêts des opérations de conservation et de régie des bois soumis au régime forestier ; par suite, si doit être inclus dans l'assiette de cette contribution l'ensemble des produits résultant de l'exploitation des bois et forêts relevant du régime forestier ou d'activités liées à ces bois et forêts, les produits résultant d'activités sans autre lien avec les bois et forêts que leur localisation géographique à l'intérieur d'une zone soumise au régime forestier ne peuvent être compris dans l'assiette de la contribution ; il en va ainsi du produit de la redevance payée par l'exploitant d'une carrière située dans une zone soumise au régime forestier. • CE 1er avr. 2005, *ONF c/ Cne de Saint-Nabor*, n° 257168.

611. Référé-liberté, urgence à suspendre des coupes. Des coupes ou abattages d'arbres ont pour conséquence d'apporter à l'état des lieux des changements qu'il ne serait pas possible d'effacer ; par ailleurs, dès lors que ces coupes ne sont pas indispensables pour assurer la sauvegarde de la sécurité des personnes, la condition d'urgence à suspendre les coupes prévue à l'art. L. 521-2 CJA est remplie. • CE 14 juin 2006, *Assoc. synd. du canal de la Gervonde c/ Dpt de l'Isère*, n° 294060 : *préc. note 253.*

B. AUTRES DÉPENDANCES DU DOMAINE PRIVÉ

612. **BIBL.** Dutrieux. L'impossibilité pour une commune d'invoquer l'illégalité d'un congé délivré à son locataire commercial, *AJCT 2010. 122*. – Eckert, À propos de l'arrêt de la Cour de cassation, Civ. 3e du 25 septembre 2002, *Cne de Strasbourg*, adjudication du droit de chasse sur des terrains appartenant à une commune d'Alsace-Moselle, *Rev. CMP 2002, n° 12, comm. n° 260, p. 25.* – Mondou, La domanialité privée des appartements publics situés dans une enceinte d'un service public, *RLCT 2009, repères 1315.* – Privat, Vers un nouveau partage du milieu naturel ? Réflexions sur les conséquences liées à la remise en cause des associations communales de chasse agréées, *RFDA 2007. 354*.

613. Aliénation, avis du service des domaines, communication aux conseillers municipaux. L'art. L. 2241-1 CGCT n'impose pas que l'avis du service des domaines soit nécessairement remis aux conseillers municipaux avant la délibération du conseil. • CE 11 mai 2011, *Cne de Vélizy-Villacoublay*, n° 324173.

614. Avis du service des domaines. Une nouvelle délibération peut régulariser celle annulée au motif de la non-transmission de l'avis aux conseillers municipaux avant la délibération : ils peuvent se prononcer à nouveau au vu de l'avis de l'époque alors même qu'il n'est plus en vigueur sans entacher la nouvelle délibération d'irrégularité dès lors qu'elle a pour objet une régularisation rétroactive. • CE 10 avr. 2015, *Cne de Levallois-Perret*, n° 370223 B : *AJCT 2015. 394, obs. Didriche ; RDI 2015. 305, obs. Foulquier ; Rev. CMP 2015, n° 156, note Pietri ; JCP Adm. 2015. Actu. 357, obs. Langelier.*

615. Aliénation, compétence du conseil municipal. Il résulte des dispositions de la L. du 10 juin 1793, de l'art. 542 C. civ. et de l'art. L. 2241-1 CGCT que le conseil municipal est compétent pour délibérer sur l'aliénation de biens communaux ou sur la cession de droits réels afférents à de tels biens et peut organiser la mise à disposition des terrains communaux à vocation agricole de la commune dans le cadre d'un bail. • CE 22 mai 2013, *Cne Les Hermaux*, n° 359592 : *Lebon ; AJCT 2013. 469, obs. Grimaud*.

616. Bail rural. Délai de priorité de l'installation avec DIJA sur la décision de conclure des baux ruraux. La réalisation d'une installation en bénéficiant de la dotation d'installation aux jeunes agriculteurs prévue au 1° de l'art. R. 343-3 C. rur. ne constitue pas un acte instantané, mais la réalisation progressive, étalée dans le temps, du projet d'installation ; en l'espèce, le projet devant être réalisé dans un délai de 10 ans, la commune ne pouvait prendre par délibération la décision de conclure des baux ruraux sur des parcelles lui appartenant pendant ce délai. Il convenait qu'elle respecte la priorité instituée par l'art. L. 411-15 C. rur. • CE 21 janv. 2011, *M. Kilbourg*, n° 330653 : *AJDA 2011. 636*.

617. Droit de reprise du preneur sortant. Application au domaine communal. La violation de l'obligation d'ordre public imposée au bailleur, personne morale de droit public, de réserver aux exploitants agricoles mentionnés à l'art. L. 411-15 C. rur. une priorité lorsqu'elle donne en location des biens ruraux est sanctionnée par la nullité du bail. • Civ. 3e, 10 juin 2009, n° 08-15.533 : *AJDA 2009. 1453*.

618. Salle des ventes, bail commercial, domanialité publique. Font partie du domaine public les locaux d'un établissement public communal qui ont été affectés entre 1920 et 1980 à la salle des ventes des objets gagés et spécialement aménagés à cet effet, pour permettre à cet établissement d'accomplir les missions de service public dont il est investi en matière de crédit et d'aide sociale ; par ailleurs aucun acte exprès prononçant leur déclassement n'a été pris ; il importe peu que ces locaux aient été donnés en location sous le régime des baux commerciaux jusqu'en 2002. • CE 13 déc. 2006, *Sarl Le Dôme du Marais*, n° 286252.

619. Desserte piétonne d'immeubles : domanialité privée. L'aménagement, par une commune, d'une desserte piétonne réalisée en vue d'améliorer les conditions d'accès à des bâtiments n'a pas pour but de transformer l'ensemble de la zone ainsi desservie en une zone de promenade affectée à l'usage du public ; par suite, les bâtiments et leurs terrains d'assiette sis sur cette zone font partie du domaine privé de la commune. • CE 3 juin 1998, *Cne de Saint-Palais-sur-Mer*, n° 173186.

620. Domaine ferroviaire déclassé. Ni les dispositions du décret du 13 sept. 1983 relatif au domaine confié à la SNCF, qui instituent seulement au profit de certaines personnes publiques un droit d'être prioritairement informées des intentions de la SNCF d'aliéner des dépendances de son domaine privé, et non un droit de préemption, ni aucun autre texte, n'imposent de motiver la décision par laquelle une commune, en réponse à cette information, déclare son intention de se porter acquéreuse. • CE 2 oct. 2006, *Magny-en-Vexin*, n° 278446.

621. Biens vacants et sans maître. Incorporation au domaine privé communal. Si des particuliers soutiennent qu'ils occupent une parcelle et qu'ils l'ont mise en valeur en aménageant des pâturages, qu'ils l'exploitent de manière paisible depuis 1995 et qu'ils avaient entrepris des démarches pour se voir attribuer ce bien en tant que succession vacante lorsque la commune a engagé la procédure d'incorporation à son domaine privé de ce bien au motif qu'il était vacant et sans maître, ils ne justifient d'aucun droit ou titre à occuper cette parcelle à raison de l'activité agricole dont ils se prévalent ; la seule circonstance qu'ils l'exploitaient ne leur confère pas, eu égard au caractère irrégulier de cette occupation, un intérêt de nature à leur donner qualité pour demander l'annulation des actes administratifs ayant conduit à cette incorporation. • CE 28 déc. 2012, *Cne de Montsinéry-Tonnégrande (Guyane)*, n° 351361 : *AJDA 2013. 12, note de Montecler*.

622. Compétence juridictionnelle. Relation contractuelle mettant en cause uniquement des rapports de droit privé. Ressortit à la compétence de la juridiction judiciaire la contestation par une personne privée de l'acte, délibération ou décision du maire, par lequel une commune ou son représentant gestionnaire du domaine privé initie avec cette personne, conduit ou termine une relation contractuelle, quelle qu'en soit la forme, dont l'objet est la valorisation ou la protection de ce domaine et qui n'affecte ni son périmètre ni sa consistance, dès lors qu'une telle contestation ne met en cause que des rapports de droit privé. • CE 15 nov. 2012, *Ville de Paris*, n° 346997.

Code civil

Art. 542 Les biens communaux sont ceux à la propriété ou au produit desquels les habitants d'une ou plusieurs communes ont un droit acquis.

PLAN DES ANNOTATIONS

A. NOTION

1o DÉFINITION

1. La définition des « biens communaux » de l'art. 542 C. civ. est reprise par le CE. • CE 31 mai 1989, *M. Mazaurin*, no 82234 : *Lebon 137* ; *Dr. adm. 1989, no 7 ; AJDA 1989. 714.* ♦ L'habitant est une personne physique, ce qui exclut les personnes morales propriétaires. • CE, avis, 20 mai 1953 : *inédit.*

2o AFFECTATION DANS LE TEMPS

2. Les biens communaux appartiennent aux générations passées (les ancêtres), présentes (les habitants) et futures ; par suite, le dépeuplement d'une section de commune n'implique pas sa disparition. • CE, avis, 10 juin 1947 : *inédit.*

3o NATURE DES DROITS

a. Propriété privée ou communale ?

3. Le régime des biens communaux pose plus une question de propriété des habitants, que de propriété communale. • Cons. const. 19 nov. 1975 : *JO 23 nov.* (sol. impl.).

b. Propriété collective

1. Propriété indivise

4. V. art. L. 5222-1 s.

2. Propriété sectionale

5. V. art. L. 2411-1 s.

6. Lien avec la propriété des habitants. Les textes révolutionnaires « ont créé au profit des communes une présomption générale de propriété portant sur les terres « vaines et vagues », à raison de leur nature (...) cette présomption est opposable à toute personne qui doit, pour la détruire, faire la preuve de son droit de propriété ». Le fait pour un usurpateur d'avoir changé la nature de ces terres, en les plantant de peupliers par exemple, ne détruit pas cette présomption dans la mesure où ces terres « étaient incultes, couvertes d'épines et de ronces », lorsque celui-ci en a pris possession. • Civ. 1re, 20 janv. 1965, *Cne d'Aron : Gaz. Pal. 1965. 1. 327.*

7. « Considérant qu'il n'est pas contesté qu'en désignant « les habitants de Chaunac » comme propriétaire des terrains (...) les arrêtés attaqués ont entendu reconnaître les droits de la section de commune de Chaunac qui avait ainsi intérêt à en demander l'annulation ». • CE 13 oct. 1967, *Préfet de Corrèze : Lebon 371.*

8. Lien avec la propriété communale. Des « hameaux » ou « écarts » peuvent être des sections de commune, si la preuve est apportée à leur égard de l'existence d'un droit de propriété collective sur des biens distincts de ceux de la commune. • CE 2 juill. 1980, *Canavaggio et Assoc. de défense des intérêts matériels et moraux des habitants et propriétaires du hameau de Bisiano*, no 13650 : *Lebon 624* .

9. En l'absence de contestation sérieuse, le juge administratif peut constater l'existence de droits d'une partie de la commune, distincts de ceux de la commune. • CE 3 janv. 1934, *Cne de Grayan-L'Hôpital : Lebon 7.* – V. aussi : • CE 2 juill. 1980, *Canavaggio et Assoc. de défense des intérêts matériels et moraux des habitants et propriétaires du hameau de Bisiano*, no 13650 : *Lebon 624* .

10. Les « terres vaines et vagues » appartenant à une commune, devenue par fusion section de commune, restent propriété de la section créée consécutivement à cette fusion. • Civ. 18 avr. 1815, *Cne de Roquefort c/ Dame de Sabran : DP 1815. 1. 41.*

11. Étendue du droit de propriété sectionale. La section exerce sur le patrimoine sectional les droits d'un propriétaire : nue-propriété, jouissance, mise en valeur, perception et disposition des revenus et du produit des aliénations, disposition à titre gratuit ou à titre onéreux, indivision. • CE 14 nov. 1934, *Murzy : Lebon 1048.*

12. Compétence juridictionnelle. Compétence judiciaire. La délimitation de la section résulte des actes constitutifs de la section. • CE 9 juill. 1931, *Gendre : Lebon 752.* ♦ Elle entre dans la compétence du juge judiciaire qui statue alors sur l'existence des droits de propriété et d'usage de la section. • CE 3 janv. 1934, *Cne de Grayan-L'Hôpital : Lebon 7.* ♦ Et sur les limites des sections au point de vue des droits de propriété et d'usage. • CE 10 juill. 1885, *Legrand : Lebon 660* (obs. Min. int. ss. arrêt préc.).

13. « En l'absence de titre probant (...), il appartient au juge du pétitoire de se prononcer d'après les circonstances de la cause en faveur de la partie qui peut se prévaloir de présomptions meilleures (...) ». • Civ. 1re, 11 juin 1960, *Steff c/ Cts Steimer : Bull. civ. I, n° 321.*

14. En cas de litige sur la propriété, l'administration doit attendre la décision du juge judiciaire et ne pas prendre de mesure « prématurée ». • CE 3 janv. 1934, *Cne de Grayan-L'Hôpital : Lebon 7.*

15. Compétence administrative. En l'absence de précision, le juge administratif opère « au coup par coup », utilisant les titres existants, les usages locaux, l'inscription sur les listes électorales... • CE 7 nov. 1928, *Brette : Lebon 1135.*

16. Il appartient à la commission syndicale, ou à défaut à un contribuable, et non au représentant de l'État d'agir aux fins de nomination d'une commission syndicale pour revendiquer contre la commune la propriété de certains biens ; par la suite le préfet ne peut rejeter une telle demande des habitants. • CE 2 avr. 1909, *Fourcade et a. : Lebon 380.*

c. Propriété individuelle

17. L'ayant droit des biens communaux n'est pas placé dans une situation contractuelle vis-à-vis de la commune, mais dans une situation légale consacrant un droit *sui generis* de caractère subjectif, indissociable d'un « statut » objectif établi de manière unilatérale par la communauté d'habitants – de qui émanent les usages – ou ses organes : « Attendu que L'Huillier s'est vu attribuer une parcelle de biens communaux en sa qualité d'habitant de la commune de Thélod (...) que les prérogatives que lui confère cette attribution ne permettent en aucune manière de le considérer comme un locataire exploitant le bien mis à sa disposition, alors qu'il n'existe à sa charge aucun travail de culture ou d'entretien, que le droit qu'il possède sur la chose, essentiellement précaire, est fonction de sa situation personnelle et matérielle au sein de la communauté communale, que les litiges qui peuvent naître avec la commune sur ses conditions d'attribution et sur l'étendue relèvent du tribunal administratif ; enfin que toutes les initiatives qu'il pourrait prendre dans l'utilisation et les modalités d'exploitation de la parcelle sont soumises à l'autorisation préalable du maire ; qu'il s'agit là de rapports juridiques essentiellement différents de ceux qui naissent entre propriétaire et locataire d'un bien rural et que l'attribution d'une parcelle de biens communaux dont il prend possession et qu'il exploite en application d'une réglementation administrative, ne peut revendiquer en sa faveur, et en cas de litige, le statut qu'il ne possédait pas au départ et qu'il n'a jamais acquis par la suite ; que les parties étant liées par une convention qui ne confère pas au preneur la jouissance contractuelle moyennant paiement d'un bien rural pour en recueillir les produits et qui dispense l'occupant d'obligations inhérentes à la qualité de fermier, la loi du 30 déc. 1963 demeure étrangère au présent litige et ne saurait justifier la compétence du tribunal paritaire ». • TA Nancy, 5 mai 1971, *L'Huillier c/ Cne de Thélod : Dpt et cnes janv. 1973. 38.* ♦ Il faut distinguer le titulaire du droit de propriété collective – à l'origine le corps des habitants, ensuite la personne juridique – de l'exercice de ce droit par chaque habitant ; mais, on ne peut dissocier le titulaire du droit de l'exercice de ce droit puisque c'est la propriété des habitants qui génère la personne juridique. • CE 1er oct. 1986, *Cne de la Saulsotte c/ Assoc. des affouagistes de la Saulsotte*, n° 59522.

18. Le droit à la jouissance *ut singuli* est perpétuel, et l'ayant droit peut l'exercer même s'il l'a délaissé pendant longtemps ; mais les ayants droit ne peuvent invoquer la prescription acquisitive, qu'en « prouvant » par des faits inconciliables avec leur droit d'usage qu'ils ont interverti leur titre. • Civ. 3e, 28 nov. 1972 : *Bull. civ. III, n° 634.*

19. Lorsqu'un usager prétend avoir usucapé un bien sur lequel pèse une présomption de propriété communale, le juge vérifie si l'usucapion résulte de faits inconciliables avec l'exercice de son droit d'usage : « les juges du fond qui constatent que la preuve d'un partage des biens communaux en l'an IV n'est pas rapportée, mais qu'ils ont été en revanche soumis au régime forestier conformément à la loi du 10 juin 1793, ce qui a eu pour conséquence de les exempter de tout partage, ne se contredisent pas en énonçant, d'une part qu'ils faisaient partie du domaine privé de la commune et en admettant d'autre part que la soumission au régime forestier constituait pour la commune une présomption de possession conforme à l'art. 2229 C. civ. Le défenseur à l'action en revendication qui, depuis plus de 30 ans, a usé du terrain revendiqué par la commune pour y couper des fougères destinées à servir de litière à ses animaux, doit, à l'appui de sa prétention d'avoir usucapé, prouver par des faits conciliables avec son droit d'usage, qu'il a interverti son titre ». • Civ. 3e, 28 nov. 1972 : *préc. note 18.*

4° PREUVE DE LA PROPRIÉTÉ

a. Possession sectionale

20. La possession de la section de commune est distincte de celle de la commune ou de particuliers ; mais la section doit comme les particuliers apporter la preuve de ses droits, car les communaux sont réputés appartenir à la généralité des habitants de la commune. • Civ. 20 nov. 1920 : *inédit.*

21. La possession de la section de commune est d'ordre juridique, car la commune ne saurait acquérir les biens d'une section par prescription. • Req. 31 déc. 1924 : *S. 1924. 1. 344.* ♦ Si la preuve de sa propriété a été apportée, la question de l'ancienneté ou de l'exercice effectif de ces droits est sans effet sur la reconnaissance de la section, même si aucun titre administratif n'en a reconnu l'existence. • Bourges, 19 déc. 1838, *Cne de Nançay : inédit.*

22. En l'absence de titre probant, la possession doit primer, « si elle présente les caractères utiles pour conduire à l'usucapion (...) ». • Civ. 1re, 11 juin 1960, *Steff c/ Steiner : Bull. civ. I, n° 321.*

b. Titres

23. Le titre ne peut faire revivre les droits féodaux abolis en 1789. Dans ses avis des 23 avr. 1807 et 7 mars 1808, le Conseil d'État estimait que les droits de mutation perçus par le seigneur « infectent par leur annexe les contrats où ils sont stipulés et caractérisent la féodalité » (Ourliac, obs. ss. • Civ. 3e, 30 avr. 1974, *Cne de Beuil*).

24. Un acte mentionnant qu'une propriété appartient « depuis un temps immémorial » à une commune, « ne saurait suffire à faire reconnaître au pétitoire le droit de propriété de la commune sur les parcelles revendiquées, si les défendeurs ont chacun en ce qui le concerne des droits antérieurs à la transcription de l'acte litigieux (...) ». • Civ. 3e, 21 mai 1969 : *Bull. civ. III, n° 408.*

25. En matière de biens indivis, « c'est à bon droit et sans faire revivre des droits féodaux abolis qu'un arrêt retient que le droit de propriété indivise de chacune des communes composant l'ancien Pays de Cize procède de la pleine propriété conférée sous l'ancien régime aux paroisses du Pays de Cize (...) ». • Civ. 3e, 13 mars 1984, *Cne de Saint-Michel c/ Cne de Ahaxe, Alciette, Bascassar et a.*, n° 82-11.568.

c. Autres modes de preuve

26. Par une interprétation souveraine de l'acte, le juge peut considérer qu'un acte de vente portant mention d'un « four communal » ne constitue pas un titre de propriété au profit de la commune, mais que cette mention peut « être retenue comme une présomption meilleure en faveur de cette dernière ». • Civ. 3e, 30 janv. 1969, *Laugier c/ Cne de Gourdon : Bull. civ. III, n° 95.*

27. Sur les présomptions du fait de l'homme, V. • Civ. 3e, 28 mars 1968, *Nolivos c/ Cne de Geronce : Bull. civ. III, n° 143.*

28. Le cadastre n'affecte pas la propriété, mais il peut constituer une présomption de propriété. • CE 21 mars 1891, *Él. de Lalléville : Lebon 225.*

B. GESTION DES COMMUNAUX

1° ORGANE DE GESTION

a. Conseil municipal

29. Les règles de gestion des communaux sont fixées en principe par le conseil municipal, en vertu des art. L. 2121-29 et L. 2241-1, selon lesquels il règle par ses délibérations les affaires de la commune et délibère « sur la gestion des biens et les opérations immobilières de la commune. Il détient à cet effet un pouvoir réglementaire. • CE 27 janv. 1911, *Audoubert : Lebon 100.* ♦ C'est au conseil municipal seul que reviennent un certain nombre de compétences exclusives qui limitent l'intervention directe des habitants dans la gestion des biens « communaux » ou « sectionaux », sauf les cas prévus par la loi, en particulier la constitution d'une association en vue de permettre à ceux-ci d'intervenir en matière de gestion de ces biens. • TGI Clermont-Ferrand, 13 déc. 1985, *Assoc. défense et gestion des biens de Chanat : inédit.* ♦ ... Ou celle d'une commission nommée par lui chargée de gérer les biens d'une section. • TA Lille, 3 nov. 1965, *Bretesieux : inédit.*

30. La compétence du conseil municipal est limitée par les lois à objet particulier (ex. : lois forestières), mais aussi par l'existence de titres anciens à l'origine de la propriété communale, par exemple en matière d'affouage. Toutefois, s'il peut, écarter un simple usage en édictant une nouvelle réglementation, pourvu qu'elle soit légale, il ne peut, après avoir réglementé l'usage des communaux, instituer des pénalités destinées à se substituer à celles que prévoit le code pénal. • CE 1er mars 1968, *Cne de Ferrières-le-Lac : Lebon 153.*

31. « Lorsque le conseil municipal ou le maire gèrent les biens et droits de la section de commune, ils agissent pour le compte de cette personne publique ». • TA Lyon, 19 sept. 1975, *Jourdan et a. : inédit.* ♦ Ce mandat est limité aux seules affaires énumérées par la loi. • TA Clermont-Ferrand, 13 juill. 1982, *Samper : inédit.*

32. Les conditions d'exercice des droits des habitants sur l'usage des biens communaux, puisqu'ils relèvent du domaine privé, peuvent faire l'objet d'une transaction. • CE 28 avr. 1938, *Madamet et a. : Lebon 378.*

b. Maire

33. Police de l'ordre public. Le maire doit exercer les pouvoirs de police municipale et rurale que lui donne l'art. L. 2241-1 CGCT et qui sont applicables aux biens communaux, mais dans le cadre que lui assignent la loi, la réglementation et la jurisprudence ; ainsi, s'il peut suspendre l'exercice du droit de vaine pâture en cas d'épizootie, par exemple, cette mesure doit rester limitée aux nécessités qui la justifient et doit disparaître avec elle. • TA Toulouse, 25 mars 1976, *Perrier : Lebon 619*.

34. Exerçant la police municipale sur les biens communaux, le maire ne saurait toutefois prendre des mesures susceptibles d'« excéder celles qui pouvaient être nécessaires pour assurer la sécurité, la salubrité et la tranquillité publique » (par exemple en interdisant la pêche sur des biens communaux). • CE 27 avr. 1979, *Cne de Saint-Gervais-près-Hérent : Lebon 653.* ♦ Le maire ne saurait, sous prétexte de prévenir les troubles à l'ordre public, établir un véritable règlement de répartition du produit de la cueillette des myrtilles sur des terrains sectionaux entre les ayants droit de cette section, cette compétence appartenant au seul conseil municipal. • TA Clermont-Ferrand, 29 mai 1986, *Chirol*, n° 86300.

35. Police de la conservation. Le maire se borne à appliquer les règlements particuliers sans pouvoir disposer de compétences propres, en particulier dans le domaine de la police. • CE 27 janv. 1911, *Audoubert : Lebon 100.* ♦ Le maire ne peut utiliser ses pouvoirs de police pour assurer la sauvegarde des communaux. • CE 6 juin 1913, *Étienne : Lebon 629.*

36. Le maire prend seul les décisions qui, bien que concernant la gestion des biens, relèvent de la mesure d'exécution de détail, comme l'interdiction par arrêté municipal de couper à la faux l'herbe des accotements de chemins. • CE 24 févr. 1911, *Jacquemin : Lebon 241.* ♦ *A contrario*, pour la décision d'un maire de faire procéder à la réfection complète d'un chemin situé sur des biens communaux, décision jugée illégale comme dépassant le cadre de l'entretien courant. • TA Clermont-Ferrand, 12 avr. 1984, *Grandif*, n° 83893.

c. Association

37. La compétence du conseil municipal lui appartient en propre et ne saurait être déléguée à une « Assemblée générale des habitants » organisme de pur fait dénué de toute existence légale ou réglementaire. • TA Clermont-Ferrand, 13 oct. 1988, *Cros*, n° 88192.

38. Les litiges concernant une association d'habitants d'un hameau qui a pour but de gérer les biens d'une section de commune ne sont pas de la compétence du juge administratif. Il revient au représentant de l'État de prendre les mesures nécessaires pour la mise en place d'une commission syndicale. • TA Limoges, 19 mai 1994, *Cne de Palluau-sur-Indre c/ Assoc. « La section d'Onzay » : inédit.*

2° RÈGLEMENT MUNICIPAL DE GESTION

a. Détermination de l'ayant droit à la jouissance

39. Il appartient au conseil municipal de définir la notion d'ayant droit, en énumérant les conditions à satisfaire ; cette délibération a une valeur réglementaire ; elle peut être retirée à tout moment sous réserve des droits acquis des tiers car elle ne crée aucun droit à son maintien précisément puisqu'elle a un caractère réglementaire, mais son illégalité peut être invoquée à l'occasion d'une mesure d'application. • CE 5 juin 1912, *Dame Hugonnet : Lebon 629.*

1. Critères légaux

40. Forains. Le conseil municipal peut interdire la qualité d'ayant droit aux forains, ou les soumettre à des taxes plus lourdes. • TA Clermont-Ferrand, 14 nov. 1980, *Villedieux-Jallat : inédit.*

41. Feu vif à domicile. « Le conseil municipal se conformant aux usages locaux a décidé que le droit au produit desdits biens était ouvert aux propriétaires entretenant un feu vif à domicile (…) il n'a ainsi méconnu aucune disposition législative ou réglementaire (…) la règle ainsi établie doit être entendue comme réservant le droit aux produits des biens de la section aux propriétaires habitant personnellement dans le territoire de cette section. » • CE 21 nov. 1962, *Sieur Faure : Lebon 625.*

42. Résidence. N'est pas un ayant droit le résident secondaire, « alors même qu'il paierait des impôts directs locaux, serait inscrit sur la liste électorale et ferait partie du conseil municipal ». • CE 4 mars 1983, *Cne de Château-des-Prés : inédit.* ♦ A de même été jugée légale la condition de résidence pendant 9 mois. • TA Clermont-Ferrand, 18 juin 1982, *Vaissade*, n° 8121. ♦ Dans le même sens pour la condition d'habitant de la commune. • TA Clermont-Ferrand, 21 mai 1987, *Assoc. loisirs et éducation*, n° 86401.

43. Agriculteur. Ont été considérées comme légales les conditions subordonnant la qualité d'ayant droit à celle d'agriculteur, pour l'attribution de terres agricoles. • TA Clermont-Ferrand, 14 nov. 1980, *Villedieu-Jallat*, n° 8430. ♦ Il a été jugé de même pour la qualité d'exploitant agricole à titre principal. • TA Clermont-Ferrand, 8 nov. 1984, *Delbert*, n° 84831. ♦ Dans le même sens pour la qualité d'exploitant agricole de terres situées sur le territoire de la collectivité concernée : • TA Clermont-Ferrand, 20 déc. 1984, *Goy*, n° 84194.

2. Critères illégaux

44. Locataire et petit propriétaire. Pour déterminer la liste des ayants droit, le conseil municipal ne peut opérer de discriminations entre propriétaire et locataire, ni entre petit et grand propriétaire. • TA Clermont-Ferrand, 14 nov. 1980, *Villedieu-Jallat*, n° 8430.

45. Habitant temporaire. La décision d'un maire, établissant une distinction non prévue par l'art. 542 C. civ. entre « habitant permanent » et « habitant temporaire », est illégale. • CE 31 mai 1989, *M. Mazaurin*, n° 82234 : *Lebon 137 ; LPA 21 oct. 1989 ; AJDA 1989. 714, concl. Guillaume.* ♦ Dans le même sens : • CE 31 mai 1989,

⚖ *Cne de Véze c/ M. Vinatié,* n° 79856. ♦ Est considéré comme habitant : « celui qui dispose d'un séjour à son nom, qu'il soit propriétaire ou locataire et qui réside à titre permanent ou de façon intermittente, ce peut être toutes les fins de semaine, 2 mois ou 6 mois par an, peu importe ». – Concl. Guillaume ss. arrêt préc. ♦ La liberté de réglementation du conseil municipal pour l'attribution de la qualité d'ayant droit aux communaux, rencontre deux limites : le « respect des dispositions précitées du code civil » (art. 452) et ne pas « porter d'atteinte excessive à l'égalité entre les habitants » ; outrepasse ces limites le règlement qui limite la qualité d'ayant droit « aux seuls habitants (...) justifiant d'une résidence ininterrompue du 1er janv. au 31 déc. sur le territoire de la commune, sauf congé ou force majeure ». • CE 14 mars 1991, *Cne de Véze c/ M. Dellac,* n° 95825 • 29 mars 1991, ⚖ *Cne de Véze c/ M. Dellac.* ♦ Dans le même sens, au motif de l'atteinte portée à la liberté d'aller et de venir : • TA Clermont-Ferrand, 15 déc. 1987, *Dellac,* n° 87504.

46. Agriculteur. A été jugée illégale, la condition d'exploitation de terres d'une surface de 3 ha au moins, ce qui contrevient à la règle d'égalité devant le service public du fait de la discrimination ainsi introduite entre petits et moyens propriétaires. • TA Clermont-Ferrand, 14 nov. 1980, *Villedieu-Jallat,* n° 8430.

47. Permis de ramassage des champignons. Jugé que si le conseil municipal peut légalement créer une carte gratuite de ramassage des champignons dans les forêts communales (voire même une carte délivrée à titre onéreux ; sol. impl.), il ne peut, en ce qui concerne les habitants de la commune, instituer un régime différent entre résidents permanents et résidents temporaires, en imposant notamment le paiement d'une taxe à ces derniers ; en revanche, il peut, imposer des conditions spéciales, financières notamment, aux personnes n'ayant pas la qualité d'habitant. • CE 31 mai 1989, ⚖ *M. Mazaurin,* n° 82234 : *préc. note 45.*

3. Référence aux anciens usages

48. Lorsqu'un conseil municipal, saisi d'une pétition des habitants d'une section se référant aux anciens usages, approuve cette pétition sans établir de mode de partage, il est considéré comme ayant « manifesté son intention de se référer (...) aux usages anciens auxquels se référait elle-même ladite pétition » ; l'application de « ces usages connus de tous les habitants et toujours suivis », exclut alors celle du code forestier concernant le partage de l'affouage. • CE 20 févr. 1935, *Sieur Malpelas : Lebon 215.*

49. Le conseil municipal peut, à défaut d'un règlement légal, renvoyer aux modes de partage établis par le code forestier pour le partage de l'affouage communal ; en cas de silence de sa part et en cas d'absence d'usages, on applique les dispositions dudit code. • CE 3 mars 1905, *Épx Aumeunier : Lebon 223, concl. Romieu.* ♦ Dans le même sens : • CE 1er mai 1912, *Sinègre : Lebon 505* • CE 2 févr. 1927, *Cne de Saint-Denis : Lebon 708.*

50. Dans les forêts privées, les conseils municipaux peuvent approuver les transactions avec les propriétaires en vertu de l'art. L. 121-26 C. communes (CGCT, art. L. 2121-29), « pour modifier les conditions dans lesquelles s'exercent les droits d'usage qu'ils estiment reconnus par des titres anciens au profit de leurs administrés ». • CE 9 janv. 1970, *Cne de La Teste-de-Buch et de Gujan-Mestras : Lebon 12.*

4. Référence implicite

51. Lorsque le silence du conseil municipal n'est pas explicite, le juge fait appel à sa volonté implicite, en considérant que le conseil s'est référé à une décision antérieure impliquant un certain mode de partage réputé maintenu en vigueur, ou qu'il a dans le passé retenu un mode de partage qui sera réputé maintenu en vigueur. • CE 21 déc. 1910, *Dame veuve Thévenet : Lebon 986.*

5. Référence au code forestier

52. Le conseil municipal n'est « pas tenu de déterminer la liste des ayants droit aux produits des biens (...) dans les conditions prévues par l'art. 92 C. for. » (art. L. 145-2) c'est-à-dire par le régime forestier. • CE 21 nov. 1962, *Sieur Faure : Lebon 625.*

b. Jouissance des revenus pécuniaires

53. En dehors des revenus affouagers dont l'attribution entre les habitants est réglementée par le code forestier, les revenus pécuniaires des autres biens communaux peuvent bénéficier aux ayants droit ; le partage de ces revenus est alors pratiqué dans des conditions de légalité incertaines bien qu'aucun texte ne l'interdise formellement et qu'un arrêt de la Cour des comptes l'envisage, sans cependant se prononcer sur sa légalité mais en décidant qu'il s'agissait de deniers indivis jusqu'à ce que leur répartition soit effectuée entre les bénéficiaires. • C. comptes, 22 juill. 1953, *Cne d'Aillamp : Rec. C. comptes 15.*

c. Imposition de contributions diverses

1. Généralités

54. Compétence du conseil municipal. Le conseil municipal répartit seul les taxes de jouissance. Est nul tout rôle dressé sans que le conseil ait opéré cette répartition. • CE 12 août 1859, *Lacave : inédit* • CE 27 mai 1869, *Pinelli : inédit.* ♦ Il peut cependant, après en avoir déterminé de façon précise les bases, confier l'opération matérielle de répartition au maire. • CE 25 juin 1875, *Corpet : inédit* • CE 6 janv. 1882, *Portefin : inédit.*

♦ En matière d'allotissement (encore appelé « partage en jouissance » ou « amodiation », et qui consiste à diviser les communaux en un certain nombre de lots qui seront attribués, de gré à gré ou par tirage au sort, gratuitement ou à titre onéreux, aux ayants droit) un conseil municipal a le droit d'exiger une taxe en contrepartie d'une attribution auparavant faite à titre gratuit. • TA Clermont-Ferrand, 19 janv. 1988, *Ferrand*, n° 87447.

55. Montant. Des taxes peuvent être imposées par le conseil municipal aux titulaires de droits d'usage collectifs, sous réserve de ne pas dépasser l'avance faite par la caisse municipale pour le paiement des frais inhérents à l'exercice des droits d'usage. • CE, avis, 29 mars 1838 : *inédit.*

56. Décharge d'imposition. Les demandes en décharge ou réduction de taxes sont du ressort du juge administratif. • CE 22 déc. 1863, *Piquemal : inédit* • CE 13 mai 1865, *Chateau : inédit* • CE 7 mai 1867, *Richier : inédit.*

57. Recouvrement. L'assimilation des « taxes » de pâturage et de tourbage à des contributions directes ne s'étend pas au-delà de leur recouvrement (lequel s'opère par voie de contrainte et de sommation sans frais et est garanti par un privilège qui prend rang immédiatement après celui du Trésor). • Civ. 2 juin 1875, *Ville de Paris : inédit.*

2. Taxe de pâturage

58. Institution. La jouissance collective des communaux en nature de pâturage est organisée par le conseil municipal qui élabore un règlement fixant les modalités de cette utilisation, notamment le nombre et la catégorie des bêtes que chaque habitant pourra faire paître sur les communaux ; une jurisprudence ancienne et maintes fois confirmée depuis admet que ce droit d'usage peut donner lieu au paiement d'une taxe assurant la rémunération d'un service rendu. • CE 2 févr. 1889, *Cne de Saint-Pargoire : Lebon 147.* ♦ Ce droit d'usage peut donner lieu au paiement d'une indemnité destinée à inviter les habitants à se limiter à un usage régulier des communaux. • CE 1er mars 1968, *Cne de Ferrières-le-Lac : Lebon 153.*

59. Lors de la délibération, les usagers présents au vote ne sont pas considérés comme personnellement intéressés. • CE 17 mars 1937, *Dutilleux : Lebon 324.*

60. Assujettis. Les ayants droit ont l'obligation de déclarer leur intention d'utiliser le pâturage : si le règlement est muet sur cette déclaration et s'ils l'ont fait effectivement, ils doivent payer la taxe. • CE 19 mars 1880 : *inédit.* ♦ Si le règlement prévoit explicitement une déclaration formelle, celui qui a envoyé sans le déclarer ses bestiaux peut être poursuivi mais ne saurait être inscrit d'office au rôle. • CE 7 nov. 1883 : *inédit* • CE 1er févr. 1878 : *inédit* • CE 21 juill. 1882 : *inédit.* ♦ Les habitants dont les troupeaux ont pacagé à diverses reprises mais de façon accidentelle, ne sont pas imposables. • CE 6 févr. 1920, *Cne d'Ouveillan : Lebon 142.*

61. Quand certains propriétaires peuvent faire paître leurs troupeaux sur les terres appartenant à d'autres propriétaires, ils exercent une « servitude d'esplèche » qui donne lieu à perception d'une taxe d'esplèche établie par le conseil municipal, dite aussi taxe de vaine pâture. • Crim. 10 janv. 1873 : *inédit.* ♦ Cette taxe ne peut être imposée à un propriétaire faisant paître ses troupeaux sur ses propres terres. • CE 21 janv. 1949, *Cie agricole de la Cau et sieur Girard : Lebon 26.*

62. Barème. Les taux peuvent être différents suivant les espèces ou au-delà d'un certain nombre de bêtes. • CE 14 nov. 1913, *Paties : Lebon 1104.*

63. Durée. La taxe de pâturage, imposée à l'occasion du pacage sur les terrains communaux pour couvrir les frais d'entretien et accessoirement procurer des ressources supplémentaires à la commune, s'applique au 1er janvier de l'année suivant celle où elle a été votée, la délibération ne devant pas avoir d'effet rétroactif. • CE 9 nov. 1992, *Cne de Fort-du-Plasne*, n° 104937 : *Lebon 399 ; Dr. adm. 1992, n° 508.*

64. Pénalité. Un conseil municipal ne saurait assortir un règlement de pâturage de dispositions « fixant le montant d'une réparation forfaitaire imposée aux habitants de la commune à titre de pénalité en cas de violation des prescriptions du règlement de partage des biens communaux ; (...) aucune disposition de la loi ou du règlement n'autorisait le conseil municipal, ni à déterminer à l'avance le montant des réparations qui pouvaient lui être dues, ni à instituer des pénalités destinées à se substituer à celles qui sont prévues au code pénal en cas de violation des règlements municipaux ». • CE 1er mars 1968, *Cne de Ferrières-le-Lac : Lebon 153.*

65. Frais de garderie du pâturage. Le propriétaire ayant un pâtre particulier doit contribuer au paiement du pâtre commun. • CE 20 juill. 1900, *Trépé : Lebon 491.* ♦ Il n'est pas possible à certains propriétaires de rémunérer directement le pâtre commun car « cet usage n'a pas été autorisé par une loi spéciale ». • CE 26 janv. 1912, *Grosset : Lebon 108.*

d. Durée d'application du règlement

66. Le règlement municipal reste en vigueur tant qu'il n'a pas été abrogé, ou s'il est reconduit, même tacitement. • CE 31 mai 1913, *Dame Carle : Lebon 603.*

67. Si les « ayants droit » n'ont aucun droit acquis au maintien du règlement particulier en raison de son caractère réglementaire, les droits acquis du fait des actes passés en son application doivent être respectés. • CE 15 nov. 1895, *Brugerolles : Lebon 708.* ♦ Il en va de même en cas de modification des usages. • CE 5 juin 1912,

Dame Hugonnet : Lebon 629 • CE 25 févr. 1932, *Porte : Lebon 232.*

e. Recours contre le règlement

68. La légalité du règlement particulier peut être mise en cause par voie d'exception en raison de son caractère réglementaire. • CE 31 mai 1989, *M. Mazaurin,* n° 82234 : *préc. note 45.*

3° ACTES DE LOCATION

69. Un acte de location n'est pas entaché d'illégalité du seul fait que le loyer stipulé au profit de la commune n'est pas suffisant. • CE 23 déc. 1949, *Cne de Pontigné : Lebon 571.*

a. Pâturage

70. Quand une commune a procédé à un nouveau partage des pâtis communaux et, après en avoir fixé les modalités, a conclu pour douze années avec des ayants droit une convention de bail à pâtis communaux à raison d'une redevance, qu'il y a litige entre elle et les ayants droit au sujet du montant de cette redevance, « la juridiction administrative est compétente pour connaître des contestations qui peuvent s'élever en matière de partage des biens communaux » et ce litige « se rattache au partage des biens communaux (...) ». • T. confl. 26 oct. 1987, *Sordel : Lebon 453.*

71. Égalité de traitement entre bêtes aumailles ou équidés. Les communaux de l'article 542 du code civil sont régis par le principe d'égalité de traitement des habitants de la commune. Par suite un conseil municipal ne peut en réserver la jouissance aux seuls propriétaires de bovins, en excluant les propriétaires d'autres espèces comme les équins, ovins et caprins. La réserve d'usage à une personne ou une catégorie de personnes doit être justifiée par des différences de traitement en rapport avec l'usage des communaux et résultant de différences de situation où répondant à un but d'intérêt général. Ne remplissent pas ces conditions, le prétendu risque qui résulterait de la cohabitation des bovins avec d'autres espèces, ni les spécificités propres à l'élevage de chevaux, ni le fait qu'une habitante ne serait pas exploitante agricole. • CAA Lyon, 26 avr. 2007, *Cne de La Trinitat,* n° 05LY01315 : *AJDA 2007. 1429.*

b. Chasse

72. Les communes peuvent disposer du droit de chasse sur leurs communaux en nature de bois ou de terres ; il appartient au conseil municipal de délibérer de la forme et des conditions des baux de chasse, le maire étant chargé de l'exécution des délibérations, c'est-à-dire de la signature des baux : le bail peut être passé de gré à gré ou par adjudication. • CE 5 juill. 1985, *Sieur et dame Henry : Lebon 562.*

73. Les formes de l'adjudication, et les conditions pour soumissionner sont fixées par un cahier des charges dressé par le maire et approuvé par le conseil municipal ; le maire ne peut, seul, accorder l'autorisation de chasser sur les biens de la commune. • Chambéry, 21 déc. 1881 : *inédit.*

74. La ferme des droits de chasse dans les bois communaux est assimilée à un bail soumis au droit commun : il s'agit d'un acte de gestion. • TA Dijon, 11 déc. 1984, *Roussot : inédit.* ♦ Ce droit est, dans la propriété indivise, un acte d'administration du ressort de la commission syndicale. • CE 26 avr. 1985, *Cne de Larrau,* n°s 31752, 44482, 45259, 48725 et 48727 : *Lebon 128.*

75. Un conseil municipal peut inviter le maire à formuler une demande de retrait des terrains communaux du territoire de chasse d'une association communale de chasse agréée, puis décider de louer des terrains à une société de chasse dont font partie, en vertu de ses statuts, les personnes habitant la commune toute l'année et celles qui, natives de la commune, travaillent à l'extérieur. • CE 1er juill. 1988, *Min. de l'Environnement c/ Anthoine : Lebon 622.*

c. Bail à ferme

1. Intérêt à agir

76. Les dispositions du statut des baux ruraux sont applicables aux biens communaux (sauf les bois soumis au régime forestier) ; par suite, en cas d'adjudication, tout habitant de la commune, non retenu, a intérêt à réclamer au juge administratif l'annulation des opérations, à défaut de pouvoir réclamer au juge judiciaire l'annulation du bail auquel il n'est pas partie. • TA Nancy, 13 févr. 1975, *Sieur Rongvaux : Lebon 687.*

2. Non-renouvellement du bail

77. Pour l'application de l'art. L. 415-11, al. 1er, C. rur. (V. **C. rur.**), qui permet à la commune de ne pas renouveler le bail pour un motif d'intérêt général, cette notion d'intérêt général est entendue au sens large, en particulier en vue « de parvenir à une utilisation collective et rationnelle des terrains communaux », d'une pâture appartenant à une section de commune. • Civ. 3e, 24 févr. 1976, *Teilhol c/ Cne de Lacalm : Bull. civ. III,* n° *82.*

78. Pour l'application de l'art. L. 415-11, al. 3, C. rur. qui permet à la commune de résilier le bail pour la réalisation d'un projet déclaré d'utilité publique, cette notion n'est pas celle de l'expropriation, mais est appréciée « au sens que cet art. 861 (C. rur., art. L. 415-1, al. 3) donne à cette expression ». • T. confl. 22 nov. 1965, *Calmette : Lebon 818.*

4° ACTES DE DISPOSITION

a. Aliénations, acquisitions et échanges

79. Vente à l'amiable. En ce qui concerne les biens communaux, la liberté de vente à l'amiable prévaut : « aucune disposition législative ou réglementaire ne faisait obligation à la commune de donner la préférence au mieux offrant ». • CE 12 juin 1987, *Cne de Cestas*, n° 71507 : *Lebon 629* ; *Dr. adm. 1987, n° 413.* ♦ Le conseil municipal n'est pas tenu de choisir le plus offrant dès lors cependant que ce choix repose sur une justification admissible, comme la préférence donnée à une famille résidant déjà dans la commune, y exploitant des terres et possédant une expérience agricole supérieure. • Même arrêt. ♦ Dans le même sens, mais *a contrario*, pour une cession pour laquelle la commune ne justifiait pas de l'intérêt local qui s'attachait au choix d'un acquéreur déterminé pour un terrain où devait être édifié un hôtel. • CE 19 nov. 1986, *Ville de Douai*, n° 45918 : *Lebon 444* .

80. Adjudication. En cas d'adjudication la publicité doit être suffisante. • TA Nancy, 13 févr. 1975, *Sieur Rongvaux : préc. note 76.*

81. Section. À l'égard des biens sectionaux, outre l'obligation de remploi du produit de la vente au profit de la section, l'intervention de la commission syndicale est obligatoire et sa délibération doit comprendre les éléments essentiels de la vente, tels qu'ils sont définis par les art. 1582, 1583 et 1599 C. civ., ainsi que le prix. • TA Clermont-Ferrand, 14 nov. 1980, *Villedieu-Jallat*, n° 8430.

82. Droits des tiers (usagers). L'aliénation du droit de propriété peut ne pas porter atteinte aux droits d'usage des habitants : « c'est sans contradiction et sans violer l'autorité de la chose décidée, qu'une cour d'appel considère qu'un acte avait porté aliénation de terres, sous réserve d'un droit d'usage aux habitants de la commune et qu'une décision postérieure a fait revivre ledit acte comme fondement du droit d'usage, sans reconnaître aux habitants le droit de propriété sur les terres ». • Civ. 3e, 17 mai 1972 : *Bull. civ. III, n° 313.*

83. Modalités du contrôle juridictionnel. Le contrôle juridictionnel s'exerce, s'agissant de la détermination du prix de vente, de location ou de partage, sur l'erreur de droit, de fait, l'erreur manifeste ou le détournement de pouvoir (en l'espèce, vente d'une parcelle pour un prix symbolique de 1 franc décidée pour faire échec à une décision ayant l'autorité de la chose jugée). • TA Clermont-Ferrand, 19 janv. 1988, *Albat*, n° 87447. ♦ Méconnaît le principe d'égalité une adjudication d'un terrain communal offert aux personnes installées dans la commune avant une certaine date. • TA Nantes, 18 juin 1979, *Faure : inédit.* ♦ Dans le même sens pour une cession intervenue en faveur d'un acquéreur alors que la candidature d'un autre acheteur, également soumissionnaire, n'avait pas été examinée. • TA Clermont-Ferrand, 2 févr. 1988, *Épx Lopez-Mendez*, n° 87449. ♦ Dans le même sens pour une adjudication excluant des soumissions « toute personne en litige (avec la commune) ». • CE 23 juill. 1976, *Cne de Bray-sur-Somme : Lebon 739.*

84. La circonstance qu'une parcelle identique ait été vendue à un particulier n'est pas, à elle seule, constitutive d'une violation de la règle d'égalité devant le service public. • TA Clermont-Ferrand, 19 oct. 1988, *Boilot*, n° 87172.

b. Donation

85. Une donation d'un bien communal est possible au cas où un intérêt public le justifie ; tel est le cas pour la donation d'un terrain par une commune à un établissement public communal (OPAC) en vue de la construction de logements. • TA Lyon, 2e ch., 22 nov. 1989, *Tête : JCP 1990. II. 21424, note Davignon.*

c. Partage à titre onéreux

86. Ne sont interdits que les partages à titre gratuit entre les habitants, et non les partages entre les communes des biens qu'elles peuvent posséder indivisément avec d'autres communes, ni les partages expressément prévus par la loi (comme pour les terres vaines et vagues de Bretagne), par les anciens art. 58-1 s. du code rural, ni les partages à titre onéreux entre les habitants. • CE 21 avr. 1844 : *inédit.*

1. Existence du partage

87. Le fait que la commune ait toujours défendu les intérêts de ses ressortissants en ce qui concerne le droit à l'usage de l'eau ne saurait suffire à assimiler l'exercice de ce droit au partage d'un bien communal. • CE 3 janv. 1947, *Dany : Lebon 1.*

2. Assimilation à une aliénation

88. Le partage à titre onéreux des biens communaux est assimilé par la jurisprudence à un mode particulier d'aliénation fait par la commune ou la section de communes au profit des ayants droit : « aucune disposition de la loi ou du règlement ne détermine les formes à suivre pour l'aliénation des biens communaux et n'interdit l'aliénation de ces biens par voie de concession, à titre onéreux, à ceux qui ont le droit d'en jouir ». • CE 4 août 1864, *Bellinet : S. 1865. 3. 116.* ♦ V. note Hauriou ss. • CE 4 mai 1904 : *DP 1906. 3. 1* • CE 3 mai 1905 : *ibid.* ♦ Le partage en pleine propriété s'analyse, en droit comme en fait, comme une vente. • CE 3 mars 1905, *Épx Aumenier : Lebon 221.* ♦ Le partage à titre onéreux des biens communaux est un mode légal, mais particulier, d'aliénation de ces biens ; il s'agit d'une vente attributive et non déclarative de propriété. • CE 2 déc. 1904, *Section de Charmoutière : Lebon 761.*

3. Réalisation du partage

89. Partage de biens non indivis. Le partage est réalisé au profit exclusif des habitants de la commune ou de la section, par la vente d'autant de lots qu'il y a d'ayants droit à la jouissance ; la liste en est dressée par le conseil municipal, après la décision de principe, lorsqu'il s'agit de biens sectionaux, de la commission syndicale. • TA Clermont-Ferrand, 21 janv. 1983, *Goy,* n° 84194. ♦ Elle peut être dressée par le conseil sans la décision de la commission syndicale, en cas de silence de celle-ci. • CE 20 févr. 1935, *Malpelas : Lebon 215.*

90. Partage de biens sectionaux indivis. Lorsque les biens sont indivis entre sections de communes appartenant à une même commune, le partage est possible. • CE 13 févr. 1903, *Mage : Lebon 120.* ♦ Dans le même sens : • CE 2 déc. 1910, *Cne de Saint-Sorlin : Lebon 865.*

91. Critères de partage. La loi du 9 janv. 1985 n'ayant pas supprimé les usages en vigueur concernant les bases du partage, celui-ci peut donc avoir lieu par « feux » (recensés au XIXe siècle), mais aussi en fonction de la population, sauf dérogations fondées sur des titres. • Civ. 12 avr. 1841, *Porare : inédit* • Civ. 21 janv. 1852, *Eysus : inédit.*

92. Compétence juridictionnelle. Si le juge judiciaire est compétent lorsqu'un des copropriétaires refuse de sortir de l'indivision (C. civ., art. 815), le juge administratif statue sur les modes de partage. • CE 29 mars 1889, *Section du Bourg-de-Feniers : Lebon 422.*

4. Illégalité du partage

93. Le contrôle des juridictions administratives sur le prix du partage à titre onéreux est un contrôle minimum, ne serait-ce que pour vérifier s'il ne s'agissait pas d'un partage à titre gratuit déguisé. • CE 20 mars 1925, *Sieur Besse : Lebon 290.*

d. Remembrement

94. Les communaux doivent être compris dans une opération de remembrement concernant la commune ; cette dernière fait apport des biens communaux et doit recevoir des attributions égales en valeur de productivité réelle à celle des apports, mais sans que les communaux puissent se voir reconnaître la qualité de « terrain à utilisation spéciale » qui, en application de l'art. 20, 5°, C. rur. (ancien), lui permettrait d'en exiger la réattribution. • CE 15 juill. 1964, *Dame Vve Denis : Lebon 404.*

95. Les irrégularités qui auraient affecté une opération de partage des biens communaux décidée par le conseil municipal à l'occasion d'un remembrement sont sans influence sur la légalité des opérations de remembrement elles-mêmes. • CE 14 déc. 1973, *Min. de l'Agriculture c/ Dame Vve Vray : Lebon T. 466.*

e. Expropriation

96. Les biens communaux sont susceptibles, comme tous les biens du domaine privé communal, de donner lieu à une expropriation pour cause d'utilité publique. • CE 27 nov. 1970, *Bizière : Lebon 1050.*

5° GESTION DES DROITS DE JOUISSANCE PARTICULIERS (NON FORESTIERS)

a. Droit de bandite dans le comté de Nice

97. Le droit de bandite de l'ancien comté de Nice, qui donne à son titulaire (le bandiote) des droits de parcours et de pacage (notamment) sur des terrains communaux ou particuliers, peut être qualifié de droit d'usage. • Aix-en-Provence, 2 févr. 1925 : *inédit.* ♦ Il peut être aussi qualifié de droit « qui contient des éléments constitutifs du droit de propriété ». • Civ. 10 mai 1950 : *inédit.*

b. Parts de marais

98. Acquisition. Les « Parts de marais » et « portions ménagères » peuvent être acquis par usucapion. • TA Pas-de-Calais, 13 mars 1883, *Cne de Pelves : inédit.*

99. La transmission héréditaire des droits de jouissance exclusifs peut comporter des références au droit féodal, et notamment au droit d'aînesse. • TA Lille, 30 nov. 1966, *Delaby : inédit.*

100. Partage en jouissance. Pour le partage en jouissance des droits de jouissance exclusifs, il a été jugé que le portionnaire doit être de nationalité française. • CE 13 déc. 1845, *Savedra : Lebon 535.*

101. Le régime de partage en jouissance des droits de jouissance exclusifs reste en vigueur s'il n'est pas supprimé par le conseil municipal pour les portions héréditaires. • TA Lille, 22 nov. 1963, *Comble : inédit.* ♦ Tant que ce droit est conservé, la compétence du conseil municipal s'exerce dans le cadre de ces règlements, mais en cas d'extinction de la famille, le bien retourne à la commune. • TA Lille, 3 nov. 1965, *Bretenieu : inédit.*

102. Contentieux. Les litiges concernant les droits de jouissance exclusifs échoient au juge judiciaire et le droit privé s'applique. • CE 18 avr. 1902, *Sté fromagère de Champdor : Lebon 276.*

c. Usages à la pêche

103. Sans texte spécial, la jurisprudence a admis que, bien qu'appartenant au domaine public, la chaîne d'étangs qui s'épanouit en Haute-Somme, puisse être propriété des communes ou de particuliers et faire l'objet d'un droit de pêche permanent. • Civ. 21 févr. 1892 : *Rec. usages 1958. 34.*

104. Dans les étangs salés du littoral méditerranéen qui sont propriétés des communes, le droit de pêche est un bien communal. • Civ. 26 juill. 1870, *Séris, Molle c/ Gondra : DP 1872. 1. 469.* ♦ Les communes peuvent en consentir « la jouissance libre et gratuite à tous les habitants ». Rapport Brousse, *Doc. Sénat 1re S., 1969-70, n° 201, p. 7.*

d. Droit breton des « communs de village »

105. Les « communs de village » forment un patrimoine collectif appartenant aux habitants de l'ancienne province de Bretagne (y compris la Loire-Atlantique) et affecté à leur jouissance commune par le décret du 28 août 1792, dont « l'art. 10 (...) forme un droit spécial qui maintient les possessions des afféages dans la propriété desdits biens (...) Ces dispositions légales (...) n'ont fait que convertir en droit de propriété un droit qui, jusque-là, ne constituait qu'une simple servitude ». • Civ. 3e, 17 avr. 1970 : *Bull. civ. III, n° 259.*

106. La loi du 6 déc. 1850, qui transforme les « communs de village » en indivision et en organise le partage gratuit entre les habitants, s'applique aux cinq départements de l'ancienne province mais pas aux biens communaux.

107. Pour la jouissance et le partage, la définition de l'habitant repose sur le « propriétaire riverain » des terres vaines et vagues, entendu non pas nécessairement comme de la descendance directe des habitants de l'époque de la publication du décret du 26 août 1792, mais de l'habitant sans autre restriction : « l'art. 10 de la loi du 28 août 1792 vise "les habitants des villages" sans aucune restriction et (...) Leray ayant son domicile au hameau du Fretay possédait la qualité "d'habitant" condition nécessaire mais suffisante pour venir au partage ». • Civ. 1re, 12 juin 1965, *Leray c/ Vve Delaunay et a. : Bull. civ. I, n° 381.*

e. Vaine pâture

108. Le droit de vaine pâture peut coexister avec le droit de pâture sur les terrains communaux s'il a été conservé par le conseil municipal ; dans ce cas, ce droit s'exerce sur les pâturages communaux sans que le conseil puisse instituer une redevance au titre de l'utilisation de ces biens. • TA Grenoble, 25 janv. 1961, *Sieur A. André : Lebon 758.*

f. Droit de ban

109. Le droit de ban (terme qui désigne la proclamation par laquelle l'autorité communale annonce le jour où les propriétaires pourront commencer une récolte simultanée) qui existe à l'égard de diverses activités agricoles (viticulture, fauchaison, récolte, fenaison, moisson...) est sanctionné par l'art. R. 30 (1°) anc. C. pén. ; ledit art. punit d'amende les contrevenants aux bans de vendanges, « ou autres bans autorisés par les règlements ». • Crim. 6 mars 1834 : *S. 1834. 1. 443.*

C. CONTENTIEUX

1° COMPÉTENCE DES JURIDICTIONS

a. Compétence du juge judiciaire

110. « Sont réservées à l'autorité judiciaire les questions préjudicielles relatives aux questions d'état et de propriété ». • Civ. 23 nov. 1923 : *inédit.*

1. Fondement de la compétence

111. Domanialité privée. « Les biens dits communaux faisant partie du domaine privé des communes, doit être cassé l'arrêt qui fait droit à l'exception d'incompétence des tribunaux judiciaires fondé sur la domanialité publique alléguée par une commune au seul motif que l'autorité administrative a seule compétence pour reconnaître et déclarer les immeubles qui font partie du domaine public, les faits invoqués par la commune tendant seulement à établir sa propriété de la parcelle litigieuse et la simple allégation que le communal prétendu faisait partie du domaine public n'était assortie d'aucune justification ». • Civ. 1re, 18 avr. 1961, *Éts Petit c/ A. Bayle : Bull. civ. I, n° 211 ; JCP 1961. IV. 81.* ♦ La jouissance des habitants d'une commune aux droits de pâturage, de chasse sur des terres faisant partie du domaine privé d'une autre commune, n'est pas un partage. • CE 1er juin 1984, *Cne de Tibira-Jaunac,* n° 56572. ♦ « Des dispositions qui autorisent à chasser, non seulement, tout habitant de la commune, mais en outre d'autres catégories de personnes, notamment des personnes étrangères à la commune, ne peuvent être regardées comme relatives, ni à la police de chasse, ni au partage des communaux (...), organisent l'exploitation d'un bien du domaine privé communal ». • CE 15 févr. 1963, *Chaussé : Lebon 93.* ♦ Dans le même sens : • CE 12 avr. 1940, *Ballot et Masmonteil : Lebon 140* • CE 3 oct. 1958, *Cne de Villeneuve-au-Chêne et de La Loge-aux-chèvres : Lebon 467.*

112. Droit de propriété. Les contestations touchant à la propriété des biens communaux sont du ressort du juge judiciaire. • Civ. 1re, 18 avr. 1961, *Éts Petit c/ A. Bayle : préc. note 111.* ♦ Dans le même sens : • Civ. 20 janv. 1965 : *Gaz. Pal. 1965. 1. 327.* ♦ La propriété de la section de commune se rattachant au domaine privé, la compétence du juge judiciaire porte sur la propriété de la section. • CE 22 févr. 1911, *Cne de Neuffontaines : Lebon 20.*

113. Échoient au juge judiciaire les litiges relatifs à la preuve du droit de propriété, soit l'examen du titre de propriété, l'application en faveur de la commune des règles de l'usucapion (art. 2229 C. civ.), même si l'hypothèse en est assez exceptionnelle, ou encore la portée de la présomption de propriété (la présomption de propriété joue, en cas d'indivision alléguée, en faveur de la commune sur le territoire de laquelle sont situés les biens litigieux). • Civ. 3e, 13 mars 1984, *Cne de Saint-Michel c/ Cne de Ahaxe, Alciette, Bascassar et a.,* n° 82-11.568. ♦ Sur la preuve des droits de la section : • CE 3 janv. 1934, *Cne de Grayan-L'Hôpital : Lebon 7* • CE 1er mars 1940, *Section de Montquaix : Lebon 83.* ♦ Sur la preuve de ces droits spécialement pour détruire la présomption générale de propriété de la commune : • Civ. 20 nov. 1920 : *inédit.*

114. Sur la prescription acquisitive invoquée par une commune à l'encontre d'une section : • Civ. 31 déc. 1924 : *inédit.*

115. État des personnes. Échoient au juge judiciaire les questions préjudicielles relatives à l'état, la capacité, le domicile des personnes, lorsque l'appréciation des titres de propriété présente une difficulté sérieuse. • CE 10 avr. 1964, *Cne de Sagnes : Lebon 208.*

2. Étendue

116. Actes de gestion et de disposition. Les actes de gestion et de disposition entrent dans le contentieux judiciaire. • CE 22 mai 1891, *Cne de Saint-Martin-les-Ormes : inédit.* ♦ Relève de ce contentieux le litige portant sur le retrait par un maire de la jouissance d'un bien. • CE 18 avr. 1902, *Sté fromagère de Champdor : Lebon 276.*

117. Par principe, le contentieux des ventes est judiciaire : « Considérant que les ventes (...) sont des contrats de droit civil et qu'il n'appartient pas à l'autorité administrative d'en apprécier la validité ». • CE 4 août 1864, *Bellinet : S. 1865. 2. 116.* ♦ La compétence administrative réapparaît pour apprécier la régularité des actes administratifs décidant de la vente. • CE 13 févr. 1914, *Hazéra : Lebon 186.* ♦ De même lorsqu'il s'agit d'un « partage » (allotissement) entre ayants droit. • CE 2 déc. 1904, *Section de Chambourtière : Lebon 761.* ♦ De même, en vertu du code du domaine de l'État, lorsqu'une section acquiert un immeuble appartenant à l'État. • CE 3 mars 1905, *Aumeunier : Lebon 221 ; DP 1906. 3. 11, concl. Romieu.*

118. La compétence du juge judiciaire porte sur les partages de biens indivis entre communes, notamment en matière de contestation relative à l'existence de l'indivision faite par une commune à l'occasion d'une demande en partage. • Civ. 3e, 13 mars 1984, *Cne de Saint-Michel c/ Cne de Ahaxe, Alciette, Bascassar et a.*, n° 82-11.568. ♦ La compétence du juge judiciaire comprend la contestation portant sur l'attribution à une commune d'un terrain sis sur son territoire à l'occasion d'une assignation en partage. • Civ. 3e, 13 mars 1984, *Cne de Larrau : Bull. civ. III, n° 67.* ♦ « Considérant (...) que plusieurs propriétaires indivis de la Lande de Pont-Long ont refusé d'accepter les lots qui leur étaient attribués dans le projet de partage préparé par les experts, en soutenant que ces lots n'avaient pas une valeur proportionnée à leurs droits dans la propriété indivise de la Lande ; qu'il n'appartient qu'à l'autorité judiciaire de prononcer sur cette contestation, et que le préfet devait surseoir à l'approbation du partage jusqu'à ce que la réclamation desdites communes eut été appréciée par l'autorité compétente ou que les communes copropriétaires se fussent mises d'accord à la suite d'une nouvelle expertise ». • CE 10 sept. 1864, *Cne de Bescat : Lebon 876.*

119. Actes administratifs. Les cahiers des charges fixant les droits et obligations des attributaires en jouissance des biens sectionaux, ayant le caractère d'actes administratifs réglementaires, peuvent être interprétés par le juge judiciaire qui peut fixer, même d'office, le sens de tels actes. • TGI Rodez, 8 mars 1985, *Serres c/ Commission synd. de Bigresserre : Juris-Data n° 043700.*

120. Le juge judiciaire est compétent pour apprécier la validité des actes passés en application d'une délibération du conseil municipal comme l'acte de vente. • T. confl. 8 nov. 1902, *Sieur Faillette c/ Sieur Chardin : Lebon 645* • CE 14 déc. 1910, *Durand c/ Ville de Langres : Lebon 943* • CE 5 oct. 1960, *Mathivet : Dr. adm. 1960, n° 317.* ♦ Il en va différemment si l'acte en cause peut se voir reconnaître la qualité de contrat administratif, par exemple s'il contient des clauses exorbitantes de droit privé. • CE 26 janv. 1968, *Pecastaina : Lebon 67.* ♦ *A contrario*, le contrat de vente conclu avec l'acquéreur d'une parcelle comprise dans un lotissement communal, qui n'a pas pour objet l'exécution même d'un service public, et ne contient pas de clause exorbitante du droit privé est de la compétence judiciaire. • T. confl. 27 avr. 1981, *Assoc. des propriétaires du lotissement de la Guichardais : Lebon 641.*

121. À la différence du juge pénal, le juge civil ne peut jamais apprécier la légalité d'un acte administratif réglementaire ou individuel ; le juge judiciaire est donc incompétent pour apprécier la validité de décisions se rattachant à un service public administratif touchant à la jouissance de biens sectionaux. • TGI Rodez, 8 févr. 1985, *Plumard c/ Cne de Prades-d'Aubrac : Juris-Data n° 043699.*

122. Nature des droits. Relève de la compétence de la juridiction judiciaire le litige concernant la jouissance, par les habitants d'une commune, du droit de chasse et de pâturage sur les terres faisant partie du domaine privé d'une autre commune, puisqu'il ne peut être considéré comme se rattachant à un partage des biens communaux au sens des lois des 10 juin 1793 et 9 ventôse an XII. • CE 1er juin 1984, *Cne de Tibéran-Jaunac*, n° 56572.

123. Relève de la compétence de la juridiction judiciaire le litige concernant l'exercice d'un droit de préemption du bénéficiaire d'un bail rural. • CE 19 mai 1972, *Renoux : Lebon 381.*

124. Le juge judiciaire est également compétent en matière de partage des « communs de village » de Bretagne. • Civ. 1re, 12 juin 1965, *Leray c/ Vve Delaunay et a. : Bull. civ. I, n° 381.*

125. Bien qu'en principe la vaine pâture entre dans le contentieux administratif, l'affranchissement du droit de vaine pâture, fondé sur un titre, et établi sur un héritage déterminé, soit par indemnité, soit par cantonnement, est du ressort du juge judiciaire. • CE 21 juin 1839, *Cne de Limans c/ Morel et Glaize : inédit.* ♦ De même pour l'étendue des anciens usages en matière de vaine pâture. • CE 15 févr. 1895, *Heuret : Lebon 152.*

126. Le contentieux de la propriété du droit à la récolte du goémon appartient aux tribunaux judiciaires. • CE 25 juin 1827, *Cne de Bréhal : inédit.*

b. Compétence du juge administratif

1. Fondement

127. Le juge administratif est le protecteur de la jouissance collective : « La juridiction administrative, compétente à l'égard de toutes les réclamations qui peuvent s'élever à raison du mode de partage des biens communaux, l'est par la suite, pour statuer sur toutes les contestations naissant des prétentions des habitants à une part, soit du fonds, soit des fruits des biens communaux et se rattachant au mode de répartition, c'est-à-dire à l'exercice même de la jouissance des biens ; par conséquent, il lui appartient de déterminer les règles suivant lesquelles cette jouissance doit s'exercer et de décider si le particulier qui prétend recevoir une certaine part remplit les conditions requises à cet effet ». • Civ. 21 nov. 1923 : *DP 1926. 1. 152.*

128. La compétence du juge administratif s'exerce sur la base légale du décret du 10 juin 1793, de la loi du 9 ventôse an XII et du décret du 4e complémentaire de l'an XIII sur les modes de jouissance et l'exercice même de la jouissance. • CE 30 juin 1905, *Maire de la Cne de Saint-Anthème : Lebon 578* • CE 8 mai 1912, *Aufrère : Lebon 585* • CE 23 janv. 1935, *Bouillier : Lebon 86* • CE 10 avr. 1964, *Cne de Sagnes-et-Goudoulet : Lebon 208* • CE 1er févr. 1970, *Cne de Saint-Bauzille : Lebon 104.*

2. Étendue

129. Vente des biens communaux. « Considérant que s'il appartient à la juridiction administrative de statuer, en vertu des lois des 10 juin 1793, et 9 ventôse an XII, sur les contestations auxquelles donnent lieu les opérations de partage de jouissance des biens communaux et exceptionnellement en cas de vente de ces biens sur les conditions d'aptitude à leur jouissance en nature antérieurement à leur aliénation (...) aucune disposition législative n'attribue compétence à cette juridiction pour connaître, en dehors de cette hypothèse particulière, des contestations relatives aux ventes de ces biens ». • CE 10 déc. 1986, *Cluzel : Dr. adm. 1987, no 69.*

130. Partage des biens communaux. La juridiction administrative connaît de toutes les contestations s'élevant à l'occasion des prétentions des habitants à une part des biens communaux, qu'il s'agisse des fruits ou de la propriété. • CE 27 févr. 1952, *Lacombe : Lebon 138.* ♦ « Considérant que (...) en vertu des lois des 10 juin 1793 et 9 ventôse an XII, les litiges relatifs au partage des biens communaux, et notamment au droit de participer au partage des produits desdits biens, relèvent de la juridiction administrative ». • CE 10 avr. 1964, *Cne de Sagnes-et-Goudoulet : Lebon 208.* – V. aussi : • CE 3 mai 1911 : *Lebon 497* • CE 22 mai 1912, *Cne d'Arras : Lebon 587.*

131. La juridiction administrative connaît de toutes les contestations s'élevant à l'occasion du mode de partage des biens indivis entre communes. • CE 15 févr. 1901, *Cne de Chilly et a. : Lebon 180.*

132. Échoit au juge administratif le litige concernant le montant de la redevance exigée à l'occasion du partage. • T. confl. 26 oct. 1987, *Sordel : Lebon 453.*

133. Partage sous l'empire de droits anciens. Les litiges survenus à l'occasion du partage ou de la jouissance des biens communaux sous l'empire des édits, lettres patentes et arrêts du conseil d'État du Roi, ou bien des actes des autorités étrangères antérieurement à l'annexion, entrent dans le contentieux administratif, et le Conseil d'État se réfère directement aux règlements légaux ; « vu les lettres patentes d'août 1773 et l'Édit enregistré au Parlement de Paris, le 29 août 1775 ; vu l'arrêt du conseil du Roi du 25 févr. 1779 ; vu les lois des 10 juin 1793 et 9 ventôse an XII et le décret du 4e jour complémentaire de l'an XIII ». • CE 8 juin 1883 : *Lebon 525.*

134. Partage sous l'empire de droits provinciaux. Le juge administratif se réfère à la « législation sarde » à propos d'un litige portant sur la prétention de propriétaires à la jouissance de biens communaux en Savoie. • CE 10 mars 1863, *Cne de Lugrin : Lebon 244.* ♦ Le juge administratif estime que le requérant « agissant en qualité de procureur des indivis du domaine de Vallon », conformément à la législation sarde antérieure à l'annexion, est recevable dans son action au nom des habitants de la section, baptisés « indivis » ; il interprète l'accord passé entre les « indivis du domaine du Vallon » et la commune de Bellevaux. • CE 28 nov. 1979, *Challende : Lebon 433.*

135. Aptitude des habitants à la jouissance. Relèvent de la compétence de la juridiction administrative les litiges concernant la jouissance des biens communaux. • CE 1er févr. 1907, *Cne de Saint-Bauzille : Lebon 105* • CE 3 juin 1910, *Montgloud : Lebon 431* • TA Clermont-Ferrand, 28 avr. 1961, *Cne de la Goutelle : AJDA 1962. II. 176, note Dufau.* ♦ La juridiction administrative connaît de toutes les contestations s'élevant à l'occasion des prétentions des habitants à une part des biens communaux, qu'il s'agisse des fruits ou de la propriété. • Civ. 21 nov. 1923 : *inédit.* – Dans le même sens : • CE 27 févr. 1952, *Lacombe : Lebon 138.* ♦ Sur les biens communaux, les contestations portant sur les partages en jouissance et les conditions d'aptitude à la jouissance des habitants sont du ressort du juge administratif. • CE 11 déc. 1986, *Cluzel : Dr. adm. 1987, no 69.* ♦ Le juge administratif connaît des litiges relatifs à l'aptitude des habitants et à l'étendue de leur droit à la jouissance ou au partage : « Attendu que les prérogatives que lui confère ce document (un règlement communal), et le droit qu'il possède sur la chose, sont fonction de sa situation personnelle et matérielle au sein de la communauté communale, que les litiges qui peuvent naître avec la commune sur ses conditions d'attribution et sur l'étendue, relèvent du tribunal administratif ». • TA Nancy, 5 mai 1971, *Lhuillier c/ Cne de Thélod : inédit.* ♦ La requête par laquelle un particulier demande l'annulation de la délibération du conseil municipal qui lui a refusé l'attribution d'une parcelle de biens communaux est relative au mode de partage ou de jouissance des biens communaux, et par là relève du plein contentieux au titre des lois des 10 juin 1793 et 9 ventôse an XII. • CE 12 déc. 1997, *M. Gruzelle,* n° 167945.

136. À l'occasion de ce contrôle de l'aptitude à la jouissance, le Conseil d'État peut interpréter un règlement municipal : « Considérant que (...) le Conseil municipal a décidé que, pour chaque tête de bétail mise en surplus au parcours communal, en violation des dispositions susrappelées, serait perçue une indemnité de 300 F ; que l'indemnité en question destinée (...) non pas à assurer la rémunération de services rendus aux habitants de la commune, mais à inciter ces derniers à se limiter à un usage régulier des biens communaux, n'avait pas le caractère d'une taxe, mais celui d'une réparation forfaitaire du dommage causé à la commune ». • CE 1er mars 1968, *Cne de Ferrières-le-Lac : Lebon 153.* ♦ V. aussi : • CE 3 juin 1910, *Monland, Depux et a. : Lebon 431.*

137. Relève du juge administratif le litige concernant l'indemnisation d'ayants droit irrégulièrement écartés à qui il n'est pas possible d'attribuer un lot. • CE 1er mars 1933, *Cne de Brion : Lebon 251.*

138. La compétence du juge administratif porte sur les contestations visant la paissance des troupeaux. • CE 24 juill. 1903, *Baulard : Lebon 542.*

139. La compétence du juge administratif porte sur les contestations concernant le maronage. • CE 14 déc. 1921, *Cnes de Nans : Lebon 1049.*

140. Section de commune. Le juge administratif statue sur les litiges se rapportant à l'intérêt à agir des habitants d'une section et à la compétence de la commission syndicale : « Considérant (...) qu'il n'est pas contesté qu'en désignant les habitants de Chaunac comme propriétaires des terrains dont ils autorisaient l'occupation, les arrêtés attaqués ont entendu reconnaître les droits de la section de commune de Chaunac, qui avait ainsi intérêt à en demander l'annulation ; que la commission syndicale de ladite section de commune, élue pour étudier le projet de vente des terrains à l'entreprise Bourg était compétente pour décider des intérêts de la section à propos de l'occupation temporaire de ces terrains par ladite entreprise ». • CE 13 oct. 1967, *Préfet de la Corrèze : Lebon 371.*

141. Droits d'usage. Si le rachat des droits d'usage autres que les droits d'usage au bois, est du ressort des tribunaux judiciaires, par exception le juge administratif est compétent pour apprécier si l'exercice du droit de pâturage est devenu une absolue nécessité pour les habitants d'une ou plusieurs communes ; s'il y a contestation de la part de l'ONF, les parties peuvent se pourvoir devant le tribunal administratif qui statue après enquête (C. for., art. L. 138-1 et L. 224-5 [ancien] [Nouv. C. for., art. L. 241-1 et L. 314-3. – **C. rur.**]. • CE 19 févr. 1840, *Cne de Neuilly-les-Bois : S. 1840. 1. 334.*

142. Le juge administratif apprécie l'incompatibilité entre « l'exercice normal des droits de pâturage », qui « sont des droits réels », appartenant aux habitants de 17 communes usagères avec « l'utilisation militaire » d'une partie d'une forêt domaniale ; considérant le caractère d'« absolue nécessité » de l'utilisation inopinée comme zone de refuge pour le bétail d'une « jasse », il annule un arrêté affectant au ministre de la Défense une partie de cette forêt, car cette affectation « n'apparaît pas compatible avec l'usage normal par les habitants (...) des pâturages (...) l'État n'ayant aucune possibilité légale de réparer la perte des droits d'usage sur ces terrains ». • TA Montpellier, 28 févr. 1975, *Cne des Angles et a. : Lebon 693.*

143. Travaux publics. Les travaux de construction d'une route non exclusivement forestière entrent dans la compétence du juge administratif s'ils ont un but d'intérêt général : « Considérant que (...), les travaux entrepris (...) pour le compte de la commune de Saint-Pierre-Colamine et dont l'exécution aurait été la cause des dommages allégués (...) ont eu pour objet la construction d'une route qui, dénommée « forestière » par ladite commune, est destinée non seulement à désenclaver une forêt communale, mais aussi à desservir dans l'intérêt général les villages de Fayet et de Chananeille ; qu'il suit de là que lesdits travaux ont le caractère de travaux publics ». • T. confl. 8 févr. 1965, *Sieur H. Martin c/ Sieur Sauvadet et a. : Lebon 1.*

144. Actes administratifs. Le juge administratif est compétent pour les délibérations du conseil municipal, même s'il s'agit d'une délibération mettant fin au bail d'un droit de chasse dans des bois communaux : « quel que soit le caractère, administratif ou privé, de ce bail, la juridiction administrative est compétente pour connaître de telles conclusions dirigées contre une décision administrative ». • T. confl. 4 nov. 1991, *Ginter,* n° 2655 : *Dr. adm. 1992, n° 130.* ♦ Jugé de même pour les délibérations du conseil municipal, même s'il s'agit d'une délibération mettant fin au bail d'un droit de chasse dans des bois communaux : « quel que soit le caractère, administratif ou privé, de ce bail, la juridiction administrative est compétente pour connaître de telles conclusions dirigées contre une décision administrative ». • T. confl. 4 nov. 1991, *Ginter : Dr. adm. 1992, n° 130.* ♦ Jugé de même pour la délibération relative à l'administration d'un bien indivis entre plusieurs communes. • CE 26 avr. 1985, Cne de Larrau, n°s 31752, 44482, 45259, 48725 et 48727 : *Lebon 129* ; *AJDA 1985. 431, concl. Jeanneney ; JCP 1985. II. 20480, note Ourliac ; Dr. adm. 1985, n° 271.* ♦ Jugé de même pour la décision de retrait des terrains communaux du domaine d'une association communale de chasse agréée. • CE 1er juill. 1983, *Min. de l'Environnement c/ Antoine*, n°s 24690, 24691 : *Lebon 622*.

145. Le juge administratif est compétent pour les contrats passés pour la gestion des biens communaux, indivis ou sectionaux, s'ils répondent aux critères du contrat administratif. • TA Pau, 21 mars 1978, *Baylaucq : inédit.* ♦ Relève encore de la compétence de la juridiction administrative l'appréciation de la légalité des actes administratifs intervenus à l'occasion de la gestion et de la disposition des biens communaux, et « détachables » des contrats eux-mêmes ultérieurement passés en application de la décision administrative. Tel est le cas de la délibération d'un conseil municipal refusant d'aliéner un bien du domaine privé. • CE 17 oct. 1980, *Gaillard*, n° 23226 : *Lebon 379*. ♦ Jugé de même des opérations d'adjudication du droit de chasse. • CE 11 févr. 1977, *Sté de chasse de Thénissey : Lebon 85.* ♦ Jugé de même pour le cahier des charges de l'adjudication. • CE 23 juill. 1976, *Cne de Bray-sur-Somme : Lebon 739.*

146. Le juge administratif est compétent pour les actes administratifs unilatéraux visant les biens communaux, par exemple, l'arrêté préfectoral ordonnant occupation temporaire d'un terrain appartenant à une section, dans le cadre de travaux publics. • CE 13 oct. 1967, *Préfet de la Corrèze : Lebon 371.* ♦ Jugé de même pour les actes du préfet maritime portant délimitation en mer des communes littorales, délimitant ainsi les droits d'usage de ces communes sur le goémon. • CE 15 août 1979, *Rézenthel et Caubert : inédit.*

147. Responsabilité administrative. La responsabilité de la commune peut être engagée en cas de faute commise dans la gestion des biens communaux ou sectionaux commune. • CE 6 juin 1952, *Grémilly : Lebon 684.* ♦ Lorsqu'il s'agit d'une section de commune pour le compte de laquelle agit le conseil municipal, on applique « la règle générale de droit (...) selon laquelle le patrimoine responsable est celui pour le compte duquel on a agi » ; par conséquent, « les fautes qu'à cette occasion ils (le maire ou le conseil municipal) peuvent commettre, engagent par la suite, vis-à-vis des membres de la section ou des tiers, la responsabilité de la seule section, sauf à cette dernière à engager contre la commune tels recours que de droit ». • TA Lyon, 19 sept. 1985, *Jourdan, Testud et Oddoux : RD rur. 1986. 10.*

148. La responsabilité de la commune à l'égard de la section peut être engagée : pour l'emploi des deniers sectionaux, ou en cas de vente irrégulière. • CE 28 févr. 1902, *Section du Puy : Lebon 146.*

149. Relèvent également de la compétence de la juridiction administrative les actions en responsabilité nées de l'illégalité d'une délibération relative à l'administration des biens communaux et notamment pour le refus de l'attribution d'une part des biens sectionaux. • CE 25 mai 1988, *Cne de Saint-Saturnin c/ M. Chabrier*, n° 84473.

2° INSTANCE

a. Parties au procès

1. Intervention du « contribuable »

150. Si l'habitant de la commune ou de la section de commune peut suppléer les carences de l'organe représentatif pour la défense de ses droits collectifs devant les juridictions de l'État, un recours en cassation contre une ordonnance d'expropriation d'une parcelle appartenant aux habitants d'une section de commune présentée par les habitants, est irrecevable si « les demandeurs ne justifient pas d'une autorisation du tribunal administratif ». • Civ. 3e, 2 févr. 1977, *Épx Guillaume c/ Préfet du Puy-de-Dôme : Bull. civ. III, n° 59.*

2. Intervention de l'« ayant droit » ou de l'« usager »

151. L'usager peut intervenir en tant que contribuable, mais aussi directement devant le juge judiciaire lorsque son droit d'usage présente un caractère individuel (usage des eaux de source, droits d'usage...), et encore pour revendiquer un droit d'usage collectif. • Civ. 18 févr. 1891 : *DP 1891. 1. 48.*

152. Le juge judiciaire peut également être saisi par les habitants contestant l'interprétation par l'administration d'un testament en leur faveur. • Angers, 16 déc. 1842, *Cne de Bouchemaine : DP 1843. 2. 59.* ♦ V. aussi : • TGI Clermont-Ferrand, 25 févr. 1982, *Tarrit*, n° 2402.

153. Si toute personne physique ou morale « intéressée » peut directement agir devant le juge administratif contre les décisions administratives prises par les organes de la commune, de la section de commune ou de l'indivision, et si tout intéressé peut, dans les deux mois de la date à laquelle une décision est devenue exécutoire, demander au préfet de mettre en œuvre la procédure de contrôle administratif (CGCT, art. L. 2131-8), la différence est parfois délicate à faire, entre l'action que peut engager le contribuable « autorisé » à agir en justice et l'action que peut engager l'habitant justifiant d'un intérêt personnel lésé (auquel cas il n'a pas besoin d'une autorisation). • TA Clermont-Ferrand, 5 déc. 1957, *Charreyron : AJDA 1958. 99.*

b. Voies de recours

154. Le juge administratif peut être saisi par voie de recours pour excès de pouvoir lorsqu'il s'agit d'une délibération locale, même si le litige porte sur une parcelle du domaine privé. • CE 17 oct. 1980, ♔ *Gaillard,* n° 23226 : *Lebon 379* ✎ ; *AJDA 1981. 312.*

c. Procédure

155. Bien qu'en vertu de l'art. R. 79 C. trib. adm. (recodifié ss. CJA, art. R. 344-3), les litiges « en matière d'affouage ou de panage des biens communaux » sont dispensés du ministère d'avocat devant les tribunaux administratifs, « ni l'art. 45 de l'Ord. du 31 juill. 1945 modifié par l'art. 13 du décret du 30 sept. 1953, ni aucun texte spécial ne dispensent une telle requête du ministère d'un avocat au Conseil d'État ». • CE 13 oct. 1967, *Préfet de la Corrèze : Lebon 371.*

Code rural et de la pêche maritime

1re PARTIE : LÉGISLATIVE
(L. n° 92-1283 du 11 déc. 1992)

CHAPITRE I (DU TITRE VI DU LIVRE I). LES CHEMINS RURAUX

Art. L. 161-1 Les chemins ruraux sont les chemins appartenant aux communes, affectés à l'usage du public, qui n'ont pas été classés comme voies communales. Ils font partie du domaine privé de la commune.

Art. L. 161-2 *(L. n° 99-533 du 25 juin 1999)* « L'affectation à l'usage du public est présumée, notamment par l'utilisation du chemin rural comme voie de passage ou par des actes réitérés de surveillance ou de voirie de l'autorité municipale. »

(L. n° 2022-217 du 21 févr. 2022, art. 104) « Lorsqu'elle est ainsi présumée, cette affectation à l'usage du public ne peut être remise en cause par une décision administrative. »

La destination du chemin peut être définie notamment par l'inscription sur le plan départemental des itinéraires de promenade et de randonnée.

Art. L. 161-3 Tout chemin affecté à l'usage du public est présumé, jusqu'à preuve du contraire, appartenir à la commune sur le territoire de laquelle il est situé.

Art. L. 161-4 Les contestations qui peuvent être élevées par toute partie intéressée sur la propriété ou sur la possession totale ou partielle des chemins ruraux sont jugées par les tribunaux de l'ordre judiciaire.

Art. L. 161-5 L'autorité municipale est chargée de la police et de la conservation des chemins ruraux.

Art. L. 161-6 Peuvent être incorporés à la voirie rurale, par délibération du conseil municipal prise sur la proposition du bureau de l'association foncière ou de l'assemblée générale de l'association syndicale :

a) Les chemins créés en application des articles L. 123-8 et L. 123-9 ;

b) Les chemins d'exploitation ouverts par des associations syndicales autorisées, au titre *(Ord. n° 2004-632 du 1er juill. 2004, art. 52)* « du *c* de l'article 1er de l'ordonnance du 1er juillet 2004 précitée *[relative aux associations syndicales de propriétaires]* » sur les associations syndicales.

Art. L. 161-6-1 *(L. n° 2022-217 du 21 févr. 2022, art. 102)* Le conseil municipal peut, par délibération, décider le recensement des chemins ruraux situés sur le territoire de la commune. Cette délibération suspend le délai de prescription pour l'acquisition des parcelles comportant ces chemins.

La suspension produit ses effets jusqu'à la délibération arrêtant le tableau récapitulatif des chemins ruraux, prise après enquête publique réalisée en application du code de l'expropriation pour cause d'utilité publique et selon des modalités fixées par décret en Conseil d'État. Cette délibération ne peut intervenir plus de deux ans après la délibération prévue au premier alinéa.

Art. L. 161-7 Lorsque, antérieurement à son incorporation dans la voirie rurale, un chemin a été créé ou entretenu par une association foncière, une association syndicale autorisée, créée au titre *(Ord. n° 2004-632 du 1er juill. 2004, art. 52)* « du c de l'article 1er de l'ordonnance du 1er juillet 2004 précitée *[relative aux associations syndicales de propriétaires]* », ou lorsque le chemin est créé en application de l'article L. 121-17, les travaux et l'entretien sont financés au moyen d'une taxe répartie à raison de l'intérêt de chaque propriété aux travaux.

Il en est de même lorsqu'il s'agit d'un chemin rural dont l'ouverture, le redressement, l'élargissement, la réparation ou l'entretien incombait à une association syndicale avant le 1er janvier 1959.

Dans les autres cas, le conseil municipal pourra instituer la taxe prévue aux alinéas précédents, si le chemin est utilisé pour l'exploitation d'un ou de plusieurs fonds.

Sont applicables à cette taxe les dispositions de l'article L. 231-13 du code des communes *[CGCT, art. L. 2331-11]*, ci-après reproduites :

Art. L. 231-13 **Les taxes particulières dues par les habitants ou propriétaires en vertu des lois et usages locaux sont réparties par délibération du conseil municipal.**

Ces taxes sont recouvrées comme en matière d'impôts directs.

Art. L. 161-8 *(L. n° 2022-217 du 21 févr. 2022, art. 104)* Des contributions spéciales peuvent être imposées par la commune ou l'association syndicale mentionnée à l'article L. 161-11 aux personnes physiques ou morales responsables des dégradations apportées aux chemins ruraux en état de viabilité qui, de manière habituelle ou temporaire, les utilisent à quelque titre que ce soit.

La quotité des contributions est proportionnée à la dégradation causée.

Les deux derniers alinéas de l'article L. 141-9 du code de la voirie routière sont applicables à ces contributions.

Art. L. 161-9 Les dispositions de l'article L. 141-6 du code de la voirie routière sont applicables aux délibérations des conseils municipaux portant élargissement n'excédant pas deux mètres ou redressement des chemins ruraux.

Art. L. 161-10 Lorsqu'un chemin rural cesse d'être affecté à l'usage du public, la vente peut être décidée après enquête par le conseil municipal, à moins que les intéressés groupés en association syndicale conformément à l'article L. 161-11 n'aient demandé à se charger de l'entretien dans les deux mois qui suivent l'ouverture de l'enquête.

Lorsque l'aliénation est ordonnée, les propriétaires riverains sont mis en demeure d'acquérir les terrains attenant à leurs propriétés.

Si, dans le délai d'un mois à dater de l'avertissement, les propriétaires riverains n'ont pas déposé leur soumission ou si leurs offres sont insuffisantes, il est procédé à l'aliénation des terrains selon les règles suivies pour la vente des propriétés communales.

Art. L. 161-10-1 *(L. n° 99-533 du 25 juin 1999)* Lorsqu'un chemin rural appartient à plusieurs communes, il est statué sur la vente après enquête unique par délibérations concordantes des conseils municipaux.

Il en est de même quand des chemins appartenant à plusieurs communes constituent un même itinéraire entre deux intersections de voies ou de chemins.

(L. n° 2014-1170 du 13 oct. 2014, art. 27) « L'enquête préalable à l'aliénation d'un chemin rural prévue à l'article L. 161-10 et au présent article est réalisée conformément au *(Ord. n° 2015-1341 du 23 oct. 2015, art. 5)* « code des relations entre le public et l'administration, » et selon des modalités fixées par décret en Conseil d'État. »

Art. L. 161-10-2 *(L. n° 2022-217 du 21 févr. 2022, art. 103)* Lorsqu'un échange de parcelles a pour objet de modifier le tracé ou l'emprise d'un chemin rural, la parcelle sur laquelle est sis le chemin rural peut être échangée dans les conditions prévues à l'article L. 3222-2 du code général de la propriété des personnes publiques et à l'article L. 2241-1 du code général des collectivités territoriales. L'acte d'échange comporte des clauses permettant de garantir la continuité du chemin rural.

L'échange respecte, pour le chemin créé, la largeur et la qualité environnementale, notamment au regard de la biodiversité, du chemin remplacé. La portion de terrain cédée à la commune est incorporée de plein droit dans son réseau des chemins ruraux.

L'information du public est réalisée par la mise à disposition en mairie des plans du dossier et d'un registre avant la délibération autorisant l'échange, pendant un mois. Un avis est également affiché en mairie. Les remarques et observations du public peuvent être déposées sur un registre.

Art. L. 161-11 Lorsque des travaux sont nécessaires ou lorsqu'un chemin rural n'est pas entretenu par la commune et que soit la moitié plus un des intéressés représentant au moins les deux tiers de la superficie des propriétés desservies par le chemin, soit les deux tiers des intéressés représentant plus de la moitié de la superficie proposent de se charger des travaux nécessaires pour mettre ou maintenir la voie en état de viabilité ou demandent l'institution ou l'augmentation de la taxe prévue à l'article L. 161-7, le conseil municipal doit délibérer dans le délai d'un mois sur cette proposition.

Si le conseil municipal n'accepte pas la proposition ou s'il ne délibère pas dans le délai prescrit, il peut être constitué une association syndicale autorisée dans les conditions prévues par *(Ord. n° 2004-632 du 1er juill. 2004, art. 52)* « le c de l'article 1er et le titre III de l'ordonnance du 1er juillet 2004 » précitée.

Le chemin remis à l'association syndicale reste toutefois ouvert au public sauf délibération contraire du conseil municipal et de l'assemblée générale de l'association syndicale.

(L. n° 2022-217 du 21 févr. 2022, art. 104) « En l'absence d'association syndicale, la commune peut autoriser, par convention, une association régie par la loi du 1er juillet 1901 relative au contrat d'association à restaurer et à entretenir un chemin rural. Cette convention ne vaut pas engagement de la commune à prendre en charge l'entretien du chemin rural.

« Lorsqu'aucune des conditions prévues au présent article n'est satisfaite, une tierce association, régie par la loi du 1er juillet 1901 précitée, peut également proposer de prendre en charge l'entretien dudit chemin à titre gratuit. »

Art. L. 161-12 Les caractéristiques techniques auxquelles doivent répondre les chemins ruraux, les conditions dans lesquelles la voirie rurale peut être modifiée pour s'adapter à la structure agraire, les conditions dans lesquelles sont acceptées et exécutées les souscriptions volontaires pour ces chemins, les modalités d'application de l'article L. 161-7 sont fixées par voie réglementaire.

Art. L. 161-13 Sont applicables aux chemins ruraux les dispositions suivantes du code de la voirie routière :

1° L'article L. 113-1 relatif à la signalisation routière ;

2° Les articles L. 115-1, L. 141-10 et L. 141-11 relatifs à la coordination des travaux exécutés sur les voies publiques.

2e PARTIE : RÉGLEMENTAIRE

(Décr. n° 92-1290 du 11 déc. 1992)

CHAPITRE I (DU TITRE VI DU LIVRE I). LES CHEMINS RURAUX

SECTION 1. *Chemins incorporés à la voirie rurale*

Art. D. 161-1 L'incorporation dans la voirie rurale des chemins mentionnés à l'article L. 161-6 et aux premier et deuxième alinéas de l'article L. 161-7 entraîne la cessation de l'activité correspondante des organismes chargés de leur gestion.

La prise de possession effective par la commune de ces chemins prend effet du jour de la signature d'un procès-verbal de remise dressé entre les représentants qualifiés des parties intéressées.

Ce procès-verbal est notifié par le maire au président ou au directeur de l'ancien organisme gestionnaire et à son receveur. Ceux-ci disposent d'un délai de six mois, à compter de la date de cette notification, pour apurer les comptes.

Art. D. 161-2 Le montant de la taxe prévue au premier alinéa de l'article L. 161-7 est fixé, pour chaque chemin, par le conseil municipal.

Art. D. 161-3 Le conseil municipal arrête la liste des propriétés assujetties au paiement de la taxe et répartit celle-ci en fonction de l'intérêt de chacune d'elles aux travaux.

La délibération est prise après une enquête publique effectuée *(Décr. n° 2017-1246 du 7 août 2017, art. 7)* « dans les formes prévues au chapitre IV du titre III du livre I du code des relations entre le public et l'administration ».

Art. D. 161-4 Lorsque le conseil municipal reconduit la liste des propriétés imposées et les taxes fixées par l'ancien organisme gestionnaire des chemins incorporés à la voirie rurale, il n'y a pas lieu de faire application des dispositions du deuxième alinéa de l'article R. 161-3.

SECTION 2. *Acceptation et exécution des souscriptions volontaires*

Art. D. 161-5 Des souscriptions volontaires en espèces et en nature peuvent être offertes aux communes pour le financement des travaux projetés sur les chemins ruraux.

Le conseil municipal se prononce sur les propositions des souscripteurs. La publication de la délibération vaut avis d'acceptation ou de refus des souscriptions.

Art. D. 161-6 Le conseil municipal fixe les conditions d'exécution des souscriptions en nature, les délais ainsi que les modalités de réception des travaux ou fournitures correspondantes.

Art. D. 161-7 Les souscriptions en espèces sont rendues exécutoires dans les formes prévues par *(Décr. n° 2017-1246 du 7 août 2017, art. 7)* « l'article R. 2342-4 du code général des collectivités territoriales ».

SECTION 3. *Caractéristiques techniques*

Art. D. 161-8 I. — Les caractéristiques techniques générales des chemins ruraux sont fixées de manière à satisfaire, suivant les conditions imposées par la géographie des lieux et les structures agraires, à la nature et à l'importance des divers courants de desserte des terres et bâtiments d'exploitation tels qu'ils peuvent être déterminés dans le cadre d'une prévision d'ensemble des besoins de la commune, compte tenu des cultures pratiquées et des matériels utilisés.

Le tracé, le profil en long et le profil en travers de tout chemin rural construit postérieurement au 3 décembre 1969 doivent être arrêtés en fonction des dessertes et communications à assurer et dans le souci de le réaliser avec des caractéristiques homogènes.

La chaussée et les ouvrages d'art doivent pouvoir supporter avec un entretien normal les efforts dus aux véhicules, matériels et modes de traction couramment utilisés dans la commune.

II. — Sauf circonstances particulières appréciées par le conseil municipal dans une délibération motivée, aucun chemin rural ne doit avoir une largeur de plate-forme supérieure à 7 mètres et une largeur de chaussée supérieure à 4 mètres. Des surlargeurs doivent toutefois être ménagées à intervalles plus ou moins rapprochés pour permettre le croisement des véhicules et matériels lorsque, sur des sections données, la nature du trafic le justifie.

Au passage sous les ouvrages d'art, la largeur de la plate-forme doit être au moins égale à celle de la plate-forme en section courante, mais sans pouvoir dépasser le maximum de 7 mètres prévu à l'alinéa précédent.

Le tracé des chemins ruraux doit être aussi rectiligne que possible et le rayon des courbes en plan aussi grand que les circonstances locales le permettent.

La valeur des déclivités doit être réduite au minimum, compte tenu de la configuration des lieux.

Les profils en long et en travers doivent être établis de manière à assurer l'écoulement des eaux pluviales et l'assainissement de la plate-forme.

III. — Sous les ouvrages d'art qui franchissent un chemin rural, un tirant d'air d'au moins 4,30 mètres doit être réservé sur toute la largeur de la chaussée.

Les surcharges de calcul et d'épreuve des ouvrages d'art supportant les chemins ruraux sont déterminées comme pour les voies communales.

Art. D. 161-9 Les prescriptions des II et III de l'article R. 161-8 s'appliquent aux chemins ruraux et ouvrages d'art construits après le 3 octobre 1969.

Elles s'appliquent également, sauf circonstances particulières, appréciées par le conseil municipal dans une délibération motivée, aux chemins ruraux et ouvrages d'art qui, existant à cette date, seraient l'objet, après la même date, d'aménagements entraînant de profondes modifications de leurs caractéristiques.

SECTION 4. *Mesures générales de police*

Art. D. 161-10 Dans le cadre des pouvoirs de police prévus à l'article L. 161-5, le maire peut, d'une manière temporaire ou permanente, interdire l'usage de tout ou partie du réseau des chemins ruraux aux catégories de véhicules et de matériels dont les caractéristiques sont incompatibles avec la constitution de ces chemins, et notamment avec la résistance et la largeur de la chaussée ou des ouvrages d'art.

Art. D. 161-11 Lorsqu'un obstacle s'oppose à la circulation sur un chemin rural, le maire y remédie d'urgence.

Les mesures provisoires de conservation du chemin exigées par les circonstances sont prises, sur simple sommation administrative, aux frais et risques de l'auteur de l'infraction et sans préjudice des poursuites qui peuvent être exercées contre lui.

SECTION 4 *BIS*. *Recensement*
(Décr. n° 2022-1652 du 26 déc. 2022)

Art. R. 161-11-1 L'enquête prévue au deuxième alinéa de l'article L. 161-6-1 a lieu dans les formes fixées par le titre I du livre I du code de l'expropriation pour cause d'utilité publique, sous réserve des dispositions particulières édictées par la présente section.

Un arrêté du maire de la commune sur le territoire de laquelle doit se dérouler le recensement désigne un commissaire enquêteur ou une commission d'enquête et précise l'objet de l'enquête, la date à laquelle celle-ci sera ouverte et les heures et le lieu où le public pourra prendre connaissance du dossier et formuler ses observations. L'indemnité due au commissaire enquêteur ou aux membres de la commission d'enquête est fixée par le maire.

Art. R. 161-11-2 La durée de l'enquête publique ne peut être inférieure à quinze jours ni supérieure à dix-huit mois.

Le dossier d'enquête comprend :

a) La délibération du conseil municipal mentionnée au premier alinéa de l'article L. 161-6-1 ;

b) Une notice explicative ;

c) Un projet de tableau récapitulatif des chemins ruraux de la commune ;

d) Un plan de situation.

Huit jours au moins avant l'ouverture de l'enquête, le maire ayant pris l'arrêté prévu à l'article R. 161-11-1 fait procéder à la publication, en caractères apparents, d'un avis au public l'informant de l'ouverture de l'enquête dans deux journaux régionaux ou locaux diffusés dans tout le département. Cet avis est ensuite rappelé dans les huit premiers jours suivant le début de celle-ci et, éventuellement, mis en ligne sur le site internet de la commune. Si la commune ne dispose pas d'un site internet, cet avis est publié, à sa demande, sur le site internet des services de l'État dans le département.

En outre, huit jours au moins avant l'ouverture de l'enquête et pendant toute la durée de celle-ci, l'arrêté d'ouverture de l'enquête publique est publié par voie d'affiches et, éventuellement, par tout autre procédé, dans la commune sur le territoire de laquelle le recensement doit avoir lieu.

Art. R. 161-11-3 À l'expiration du délai d'enquête, le registre d'enquête est clos et signé par le commissaire enquêteur ou le président de la commission d'enquête qui, dans le délai d'un mois à compter de la date de clôture de l'enquête, transmet au maire de la commune concernée par le recensement, le dossier et le registre accompagnés de ses conclusions motivées.

Une copie du rapport dans lequel le commissaire enquêteur ou la commission d'enquête énonce ses conclusions motivées est déposée à la mairie de la commune où s'est déroulée l'enquête.

Les demandes de communication des conclusions motivées du commissaire enquêteur ou de la commission d'enquête, formées en application de l'article L. 112-1 du code de l'expropriation pour cause d'utilité publique, sont adressées au maire de la commune où s'est déroulée l'enquête. Celui-ci peut soit inviter le demandeur à prendre connaissance de ces conclusions à la mairie dans laquelle une copie de ce document a été déposée, soit lui en adresser une copie, soit assurer la publication de ces conclusions en vue de leur diffusion aux demandeurs.

Art. D. 161-11-4 La liste des informations comprises dans le tableau récapitulatif des chemins ruraux mentionné à l'article L. 161-6-1 est arrêtée par le ministre chargé de l'agriculture.

SECTION 5. *Bornage*

Art. D. 161-12 Les limites assignées aux chemins ruraux sont fixées, soit par le plan parcellaire annexé à la délibération du conseil municipal portant ouverture ou modification des emprises du chemin, soit par la procédure du bornage.

Elles peuvent être, à titre individuel, constatées par un certificat de bornage délivré par le maire en la forme d'arrêté à toute personne qui en fait la demande, sans préjudice des droits des tiers.

À défaut de plans ou de bornes, le maire peut, sous réserve des dispositions de l'article R. 161-13, délivrer le certificat de bornage au vu des limites de fait telles qu'elles résultent de la situation des lieux ou qu'elles peuvent être établies par tous moyens de preuve de droit commun.

Aucune construction, reconstruction ou installation de mur ou clôture ne peut être effectuée à la limite des chemins ruraux sans que ce certificat ait été préalablement demandé.

Art. D. 161-13 Lorsqu'il n'existe pas de titres, de bornes ou de documents permettant de connaître les limites exactes d'un chemin rural au droit des propriétés riveraines ou qu'une contestation s'élève à ce sujet, il peut être procédé à l'initiative de la partie la plus diligente à une délimitation à l'amiable conformément aux prescriptions de l'article 646 du code civil.

Le géomètre expert désigné dresse, à l'issue de l'opération, un procès-verbal de bornage et, si l'une des parties en fait la demande, des bornes sont plantées aux emplacements choisis ; la délimitation et l'établissement de bornes se font à frais communs sauf convention expresse de répartition différente des charges.

Si l'accord ne se réalise pas ou si la délimitation ne peut être effectuée par suite du refus, de l'incapacité juridique ou de l'absence des intéressés, une action en bornage peut être intentée devant le *(Décr. n° 2019-966 du 18 sept. 2019, art. 8)* « tribunal judiciaire » de la situation du lieu ; l'action ne peut être intentée par le maire que sur autorisation du conseil municipal.

SECTION 6. *Conservation et surveillance*

Art. D. 161-14 Il est expressément fait défense de nuire aux chaussées des chemins ruraux et à leurs dépendances ou de compromettre la sécurité ou la commodité de la circulation sur ces voies, notamment :

1° D'y faire circuler des catégories de véhicules et de matériels dont l'usage a été interdit par arrêté du maire, dans les conditions prévues à l'article R. 161-10 ;

2° De les dépaver, d'enlever les pierres ou autres matériaux destinés aux travaux de ces chemins ou déjà mis en œuvre ;

3° De labourer ou de cultiver le sol dans les emprises de ces chemins et de leurs dépendances ;

4° De faire sur l'emprise de ces chemins des plantations d'arbres ou de haies ;

5° De creuser aucune cave sous ces chemins ou leurs dépendances ;

6° De détériorer les talus, accotements, fossés, ainsi que les marques indicatives de leurs limites ;

7° De rejeter sur ces chemins et leurs dépendances des eaux insalubres ou susceptibles de causer des dégradations, d'entraver l'écoulement des eaux de pluie, de gêner la circulation ou de nuire à la sécurité publique ;

8° De mettre à rouir des plantes textiles dans les fossés ;

9° De mutiler les arbres plantés sur ces chemins ;

10° De dégrader les appareils de signalisation et leurs supports, les bornes ou balises des chemins, les plantations, les ouvrages d'art ou leurs dépendances, les revêtements des chaussées et, d'une façon générale, tout ouvrage public situé dans les emprises du chemin, notamment les supports de lignes téléphoniques ou de distribution d'énergie électrique ou d'éclairage public ;

11° De faire des dessins ou inscriptions ou d'apposer des placards, papillons ou affiches sur ces mêmes chemins et ouvrages ;

12° De déposer sur ces chemins des objets ou produits divers susceptibles de porter atteinte à la sécurité de la circulation, notamment d'y jeter des pierres ou autres matières, d'y amener par des véhicules, en provenance des champs riverains, des amas de terre, d'abandonner sur la chaussée des produits tombés de chargements mal assurés, tels que fumiers, pulpes, graviers, gravois, et d'une manière générale de se livrer à tout acte portant atteinte ou de nature à porter atteinte à l'intégrité des chemins ruraux et des ouvrages qu'ils comportent, à en modifier l'assiette ou à y occasionner des détériorations.

Art. D. 161-15 Nul ne peut, sans autorisation délivrée par le maire, faire aucun ouvrage sur les chemins ruraux et notamment ouvrir, sur le sol de ces chemins ou de leurs dépendances, aucune fouille ou tranchée ou enlever de l'herbe, de la terre, du gravier, du sable ou autres matériaux, y installer des canalisations, y faire aucun dépôt, de quelque nature que ce soit, y étendre aucune espèce de produits ou matières.

Art. D. 161-16 Nul ne peut sans autorisation du maire :

1° Ouvrir des fossés ou canaux le long des chemins ruraux ;

2° Exploiter des carrières à proximité de ceux de ces chemins qui doivent en assurer la desserte ;

3° Rejeter sur les chemins ruraux l'égout des toits ou les eaux ménagères ;

4° Établir sur les fossés de ces chemins des barrages, écluses, passages permanents ou temporaires ;

5° Établir des accès à ces chemins ;

6° Procéder à l'émission de nappes fumigènes destinées à défendre certaines cultures.

Les installations fixes ou mobiles d'irrigation doivent être établies de manière à éviter que leur jet cause des dégradations aux chemins ruraux. Le maire peut, en fonction de la situation des lieux et des matériels utilisés, prescrire toutes les mesures conservatoires nécessaires.

Les autorisations individuelles précisent les différentes conditions d'exécution qui leur sont particulières, tant en ce qui concerne la conformation des ouvrages que leurs modalités d'exécution.

Art. D. 161-17 L'exécution de toute excavation de quelque nature qu'elle soit doit faire l'objet d'une déclaration préalable en mairie dès lors que la distance qui la sépare de la limite du chemin est inférieure à 5 mètres ou à cette distance augmentée de 1 mètre par mètre de profondeur ; au-delà de 10 mètres il n'y a pas lieu à déclaration.

Le maire peut, en tant que de besoin, prescrire toute mesure destinée à sauvegarder l'intégrité du chemin et la sécurité de ses utilisateurs.

Le présent article ne s'applique pas aux excavations qui sont soumises à des dispositions spéciales au titre de la législation sur les mines, minières et carrières.

Art. D. 161-18 Sur le parcours des chemins ruraux, les entrées des champs, les accès aux cours de ferme, les raccordements des chemins d'exploitation et en général tous accès aux propriétés riveraines que les propriétaires sont autorisés à établir doivent être convenablement empierrés ou stabilisés sur une longueur suffisante pour éviter toute détérioration du chemin.

Ces travaux doivent être exécutés de façon à ne pas gêner l'écoulement des eaux et à ne pas modifier les profils en long et en travers des chaussées et des accotements.

Ces dispositions ne dérogent en rien aux conditions d'aménagement des accès aux chemins ruraux qui peuvent, le cas échéant, être imposées par application de *(Décr. n° 2017-1246 du 7 août 2017, art. 7)* « l'article R. 111-5 du code de l'urbanisme ».

Art. D. 161-19 Les propriétaires des terrains supérieurs ou inférieurs bordant les chemins ruraux sont tenus d'entretenir en bon état les ouvrages construits à leurs frais par eux ou pour leur compte et destinés à soutenir les terres.

SECTION 7. *Dispositions relatives à l'écoulement des eaux, aux plantations, à l'élagage et au curage des fossés*

Art. D. 161-20 Les propriétés riveraines situées en contrebas des chemins ruraux sont assujetties à recevoir les eaux qui découlent naturellement de ces chemins.

Les propriétaires riverains de ces chemins ne peuvent faire aucune œuvre tendant à empêcher le libre écoulement des eaux qu'ils sont tenus de recevoir et à les faire séjourner dans les fossés ou refluer sur le sol du chemin.

Art. D. 161-21 L'ouverture de fossés ou canaux le long d'un chemin rural ne peut être autorisée à moins de 0,50 mètre de la limite du chemin. Ces fossés ou canaux doivent avoir un talus d'un mètre de base au moins pour un mètre de hauteur.

Tout propriétaire ayant fait ouvrir des fossés ou canaux sur son terrain le long d'un chemin rural doit les entretenir de manière à empêcher que les eaux nuisent à la viabilité du chemin. Si les fossés ou canaux ouverts par des particuliers sur leur terrain le long d'un chemin rural ont une profondeur telle qu'elle puisse présenter quelque danger, les propriétaires sont tenus de prendre les dispositions qui leur sont prescrites pour assurer la sécurité de la circulation ; injonction leur est faite à cet effet par arrêté du maire.

Art. D. 161-22 Les plantations d'arbres et de haies vives peuvent être faites le long des chemins ruraux sans conditions de distance, sous réserve que soient respectées les servitudes de visibilité et les obligations d'élagage prévues à l'article R. 161-24.

Toutefois, dans un souci de sûreté et de commodité du passage, le maire peut, par arrêté, désigner les chemins de sa commune le long desquels les plantations devront être placées à des distances au plus égales à celles prévues pour les voies communales.

Art. D. 161-23 Les plantations privées existant dans l'emprise du chemin peuvent être conservées lorsqu'elles ne troublent pas la sûreté ou la commodité du passage ; elles ne peuvent en aucun cas être renouvelées.

Lorsque la viabilité du chemin rend nécessaire leur destruction, les propriétaires sont mis en demeure, par arrêté du maire, d'avoir à les enlever dans un délai déterminé.

Si les plantations ont plus de trente ans d'âge, le droit des propriétaires se résout en une indemnité qui est réglée à l'amiable ou, à défaut, comme en matière d'expropriation.

Art. D. 161-24 Les branches et racines des arbres qui avancent sur l'emprise des chemins ruraux doivent être coupées, à la diligence des propriétaires ou exploitants, dans des conditions qui sauvegardent la sûreté et la commodité du passage ainsi que la conservation du chemin.

Les haies doivent être conduites à l'aplomb de la limite des chemins ruraux.

Dans le cas où les propriétaires riverains négligeraient de se conformer à ces prescriptions, les travaux d'élagage peuvent être effectués d'office par la commune, à leurs frais, après une mise en demeure restée sans résultat.

SECTION 8. *Aliénation des chemins ruraux dans les cas prévus aux articles L. 161-10 et L. 161-10-1 (Décr. n° 2015-955 du 31 juill. 2015, art. 1er).*

(Décr. n° 2002-227 du 14 févr. 2002, art. 2)

Les aliénations de chemins ruraux pour lesquelles l'arrêté d'enquête publique a été publié avant l'entrée en vigueur du Décr. n° 2015-955 du 31 juill. 2015 (avant le 3 août 2015) demeurent soumises aux dispositions de l'art. 3 du Décr. n° 76-921 du 8 oct. 1976 et à celles de la section 8 du chapitre I du titre VI du livre I C. rur. dans leur version antérieure au Décr. du 31 juill. 2015 préc. (Décr. n° 2015-955 préc. 2015, art. 3).

Art. R. 161-25 *(Décr. n° 2015-955 du 31 juill. 2015, art. 1er-2°)* L'enquête prévue aux articles L. 161-10 et L. 161-10-1 a lieu dans les formes fixées *(Décr. n° 2016-308 du 17 mars 2016, art. 6-VI)* « par le chapitre IV du titre III du livre I du code des relations entre le public et l'administration », sous réserve des dispositions particulières édictées par la présente section.

Un arrêté du maire ou, dans les cas prévus à l'article L. 161-10-1, un arrêté conjoint des maires des communes concernées par l'aliénation désigne un commissaire enquêteur ou une commission d'enquête et précise l'objet de l'enquête, la date à laquelle celle-ci sera ouverte et les heures et le lieu où le public pourra prendre connaissance du dossier et formuler ses observations. L'indemnité due au commissaire enquêteur ou aux membres de la commission d'enquête est fixée par le maire ou, conjointement, par les maires des communes concernées par l'aliénation.

Art. R. 161-26 *(Décr. n° 2015-955 du 31 juill. 2015, art. 1er-2°)* La durée de l'enquête publique est fixée à quinze jours.

Le dossier d'enquête comprend :

a) Le projet d'aliénation ;

b) Une notice explicative ;

c) Un plan de situation ;

d) S'il y a lieu, une appréciation sommaire des dépenses.

Quinze jours au moins avant l'ouverture de l'enquête, le ou les maires ayant pris l'arrêté prévu à l'article R. 161-25 font procéder à la publication, en caractères apparents, d'un avis au public l'informant de l'ouverture de l'enquête dans deux journaux régionaux ou locaux diffusés dans tout le département ou tous les départements concernés.

En outre, quinze jours au moins avant l'ouverture de l'enquête et pendant toute la durée de celle-ci, l'arrêté d'ouverture de l'enquête publique est publié par voie d'affiches et, éventuellement, par tout autre procédé dans les communes concernées par l'aliénation. Cet arrêté est également affiché aux extrémités du chemin ou des chemins concernés et sur le tronçon faisant l'objet du projet d'aliénation.

Art. R. 161-27 *(Décr. n° 2015-955 du 31 juill. 2015, art. 1er)* « À l'expiration du délai d'enquête, le registre d'enquête est clos et signé par le commissaire enquêteur ou le président de la commission d'enquête qui, dans le délai d'un mois à compter de la date de clôture de l'enquête, transmet au maire ou aux maires des communes concernées par l'aliénation, le dossier et le registre accompagnés de ses conclusions motivées. En cas d'avis défavorable du commissaire enquêteur ou de la commission d'enquête, la délibération du conseil municipal ou, dans les cas prévus à l'article L. 161-10-1, les délibérations concordantes des conseils municipaux décidant l'aliénation sont motivées. »

En outre, pour les chemins inscrits sur le plan départemental des itinéraires de promenade et de randonnée, les conseils municipaux doivent, préalablement à toute délibération décidant de leur suppression ou de leur aliénation, avoir proposé au conseil départemental un itinéraire de substitution approprié à la pratique de la promenade et de la randonnée.

SECTION 9. *Dispositions diverses*

Art. R. 161-28 Les infractions aux dispositions des articles D. 161-8 à D. 161-24 relatives à la conservation des chemins ruraux sont constatées et poursuivies dans les conditions prévues par le code de procédure pénale.

Art. R. 161-29 Les prescriptions visant à compléter dans le cadre de chaque département les dispositions des articles R. *[D.]* 161-8 à R. *[D.]* 161-24 sont prises en la forme d'arrêté préfectoral, après avis du conseil départemental, au vu du règlement type ci-annexé. Cet arrêté est publié au Recueil des actes administratifs de l'État dans le département.

Toute modification ou addition jugée ultérieurement nécessaire intervient dans les mêmes formes.

Art. L. 2241-2 *Abrogé par Ord. nº 2005-1027 du 26 août 2005, art. 26.*

Art. L. 2241-3 Lorsque les communes et leurs établissements publics procèdent à des acquisitions immobilières à l'amiable suivant les règles du droit civil, ou lorsque l'acquisition a lieu sur licitation, le notaire rédacteur de l'acte procède s'il y a lieu, sous sa responsabilité, à la purge de tous privilèges et hypothèques.

Les fonds qui lui sont remis sont alors considérés comme reçus en raison de ses fonctions. – *[C. communes, art. L. 311-2.]*

V. art. R. 2241-1.

Art. L. 2241-4 Les communes sont, sur proposition des vendeurs, autorisées à acquérir, moyennant le paiement d'une rente viagère, les immeubles qui leur sont nécessaires pour des opérations de restauration immobilière, d'aménagement ou d'équipement.

Lorsqu'un immeuble ainsi aliéné est occupé en tout ou partie par le vendeur, le contrat de vente viagère doit comporter à son profit et à celui de son conjoint habitant avec lui, à la date de l'acte de vente, la réserve d'un droit d'habiter totalement ou partiellement ledit immeuble leur vie durant. – *[C. communes, art. L. 311-3 issu de la L. nº 75-1328 du 31 déc. 1975, art. 50.]*

Art. L. 2241-5 Les délibérations par lesquelles les commissions administratives chargées de la gestion des établissements publics communaux changent en totalité ou en partie l'affectation des locaux ou objets immobiliers ou mobiliers appartenant à ces établissements, dans l'intérêt d'un service public ou privé quelconque, ou mettent ces locaux et objets à la disposition, soit d'un autre établissement public ou privé, soit d'un particulier, ne sont exécutoires qu'après accord du conseil municipal.

Les délibérations par lesquelles les conseils d'administration des établissements publics communaux d'hébergement des personnes âgées se prononcent sur l'affectation des immeubles sont régies par *(Ord. nº 2003-1212 du 18 déc. 2003, art. 3)* « l'article L. 315-12 du code de l'action sociale et des familles ».

Art. L. 2241-6 Lorsque le maire procède à une adjudication publique pour le compte de la commune, il est assisté de deux membres du conseil municipal désignés d'avance par le conseil ou, à défaut de cette désignation, appelés dans l'ordre du tableau.

Le receveur municipal est appelé à toutes les adjudications.

Toutes les difficultés qui peuvent s'élever sur les opérations préparatoires de l'adjudication sont résolues, séance tenante, par le maire et les deux assistants, à la majorité des voix, sauf le recours de droit. – *[C. communes, art. L. 313-1 issu de la L. du 5 avr. 1884, art. 89, al. 1er et 2.]*

Commission limitée au recours à l'adjudication. La mise en place de cette commission d'examen des offres ne s'impose que lorsque la commune a recours à une adjudication ; or, aucune disposition législative ni aucun principe général ne font obligation à une commune de recourir à l'adjudication préalablement à la cession d'un bien immobilier lui appartenant. • CAA Bordeaux, 5 mai 2014, n° 12BX02210.

Art. L. 2241-7 **Lorsque l'adjudication a lieu pour le compte d'un centre communal d'action sociale, le président du conseil d'administration y procède, assisté de deux membres du conseil désignés par celui-ci ou, à défaut de cette désignation, appelés par ordre d'ancienneté.**

Le receveur de l'établissement est appelé à l'adjudication. — *[C. communes, art. L. 313-2 issu de la L. du 5 avr. 1884, art. 89, al. 3.]*

Sur l'affouage communal, V. ci-dessous C. for., art. L. 243-1 s.

AFFOUAGE COMMUNAL

Code forestier

PARTIE I : LÉGISLATIVE
(Ord. n° 2012-92 du 26 janv. 2012)

CHAPITRE III. *COUPES DÉLIVRÉES POUR L'AFFOUAGE*

Art. L. 243-1 Pour chaque coupe des bois et forêts appartenant à des communes et sections de commune, le conseil municipal ou, selon le cas, la commission syndicale, le syndicat ou l'établissement public mentionnés respectivement aux articles L. 5222-1, L. 5222-3 et L. 5222-5 du code général des collectivités territoriales, peut décider d'affecter tout ou partie du produit de la coupe au partage en nature entre les bénéficiaires de l'affouage pour la satisfaction de leur consommation rurale et domestique. Ces bénéficiaires ne peuvent pas vendre les bois qui leur ont été délivrés en nature.

L'Office national des forêts délivre les bois au vu d'une délibération du conseil municipal déterminant le mode de partage choisi en application de l'article L. 243-2 ainsi que les délais et les modalités d'exécution et de financement de l'exploitation.

Les bois sont délivrés lorsqu'ils sont en état d'être livrés aux bénéficiaires soit sur pied lorsque la totalité des bois issus de la coupe est destinée au partage en nature, soit, dans les autres cas, après identification des bois abattus non destinés au partage.

Les bois destinés à la délivrance après façonnage sont exploités dans les conditions prévues à l'article L. 214-11.

Lorsque le conseil municipal décide de partager des bois sur pied entre les bénéficiaires de l'affouage, l'exploitation s'effectue sous la garantie de trois bénéficiaires solvables, désignés avec leur accord par le conseil municipal, et soumis solidairement à la responsabilité prévue à l'article L. 241-16.

Faute d'avoir exploité leurs lots ou enlevé les bois dans les délais fixés par le conseil municipal, les titulaires du droit d'affouage sont déchus des droits qui s'y rapportent. — *[Anc. C. for., art. L. 145-1, al. 1, al. 3 à 7.]*

Art. L. 243-2 Sauf s'il existe des titres contraires, le partage de l'affouage, qu'il s'agisse des bois de chauffage ou des bois de construction, se fait de l'une des trois manières suivantes :

1° Ou bien par foyer dont le chef de famille a son domicile réel et fixe dans la commune avant la date de publication du rôle de l'affouage ;

2° Ou bien moitié par foyer et moitié par habitant remplissant les mêmes conditions de domicile. Les ascendants vivant avec leurs enfants ont droit à l'affouage sans qu'il y ait lieu de rechercher s'ils ont la charge effective d'une famille ;

3° Ou bien par habitant ayant son domicile réel et fixe dans la commune avant la date mentionnée au 1°.

Chaque année, avant une date fixée par décret, le conseil municipal détermine lequel de ces trois modes de partage sera appliqué. — *[Anc. C. for., art. L. 145-2.]*

Art. L. 243-3 Dans les cas mentionnés au *[aux]* 2° et 3° de l'article L. 243-2, le conseil municipal a la faculté de décider que, pour avoir droit de participer au partage par habitant de l'affouage, il est nécessaire, à la date de la publication du rôle de l'affouage, de posséder depuis un temps qu'il détermine, mais qui n'excède pas six mois, un domicile réel et fixe dans la commune.

Les usages contraires à ces modes de partage sont et demeurent abolis.

Le conseil municipal peut aussi décider la vente de tout ou partie de l'affouage au profit du budget communal ou des titulaires du droit d'affouage. Dans ce dernier cas, la vente a lieu dans les conditions prévues au chapitre I du présent titre, par les soins de l'Office national des forêts. – *[Anc. C. for., art. L. 145-3.]*

CHAPITRE IV. *APPLICATION*

Art. L. 244-1 Les modalités d'application du présent titre sont, sauf dispositions particulières, fixées par décret en Conseil d'État. – *[Anc. C. for., art. L. 145-4.]*

PARTIE II : RÉGLEMENTAIRE
(Décr. n° 2012-836 du 29 juin 2012)

CHAPITRE III. *COUPES DÉLIVRÉES POUR L'AFFOUAGE*

Art. R. 243-1 La quotité annuelle de l'affouage, toutes les fois qu'elle ne consiste pas en une délivrance fixe, et le revenu annuel de tous droits d'usage en bois, autres que le droit d'usage en bois de construction, sont déterminés par des moyennes calculées sur le plus grand nombre d'années possible.

Art. R. 243-2 Les communes font connaître à l'Office national des forêts, dans le délai qu'il leur indique, la quantité de bois qui leur est nécessaire tant pour le chauffage que pour la construction et les réparations.

Lorsqu'il n'y a pas lieu de délivrer tout ou partie de la coupe en vue de son exploitation dans les conditions prévues à l'article L. 243-1, la quantité de bois demandée est imputée et délivrée dans les conditions prévues au deuxième alinéa de l'article R. 214-27. – *[Anc. C. for., art. R. 145-2.]*

Art. R. 243-3 Lorsque les communes décident, en application de l'article L. 243-3, de vendre tout ou partie de la coupe affouagère après son exploitation, les dispositions de la section 4 du chapitre III du titre I du présent livre sont applicables à ces ventes. – *[Anc. C. for., art. R. 145-3.]*

PLAN DES ANNOTATIONS

I. GÉNÉRALITÉS

A. CHAMP D'APPLICATION

1. Bois communaux. Un bois qui n'est pas affecté à l'usage des habitants mais qui est exploité directement par la collectivité propriétaire ne peut être regardé comme un bien communal au sens des lois du 10 juin 1793 et 9 ventôse an XII qui régissent les forêts dont la commune ou la section « laisse l'usage à ses habitants pour en jouir soit collectivement soit privativement ou pour s'en partager les fruits ». • CE 3 oct. 1958, *Cnes de la Villeneuve-au-Chêne et de La Loge-aux-Chèvres : Lebon 467.*

2. Forêts soumises. La législation de l'affouage communal ne s'applique qu'aux forêts communales ou sectionales soumises au régime forestier (C. for., livre I, titre IV. – **C. rur.**) ; ne sont pas affouagers les bois des communes non soumis à ce régime. • CE 21 nov. 1962, *Faure : Lebon 623.*

3. Alsace-Lorraine. La législation de l'affouage communal du C. for. s'applique à l'ensemble des départements métropolitains, y compris ceux d'Alsace-Lorraine, restitués à la France après la Première Guerre mondiale, même si une part importante de la législation communale et sectionale locale reste applicable. • CE 16 juin 1933, *Cne de Cattenom*, n° 6761.

B. FONDEMENT DE L'AFFOUAGE

4. C'est la propriété des habitants sur une forêt qui fonde l'existence de l'affouage sectional et de la section de commune : « Les habitants du hameau de La Saulsotte sont seuls propriétaires de la forêt de Saulsotte, située sur le territoire de la commune, et titulaires des droits d'affouage afférents à ces bois ; (...) ainsi le hameau de Saulsotte constitue une section de commune ». Ce n'est donc pas la propriété de la section qui fonde les droits d'affouage des habitants. • CE 1er oct. 1986, *Cne de La Saulsotte c/ Assoc. des affouagistes de La Saulsotte*, n° 59522.

5. Boisement de pâturage et conversion du droit au pâturage en affouage. Il résulte des dispositions combinées des lois du 10 juin 1793 et 9 ventôse an XII, et du décret du 21 sept. 1805 additionnel à cette dernière loi, que la juridiction administrative est seule compétente pour connaître des contestations qui peuvent s'élever en matière de partage et de jouissance des biens communaux ; en l'espèce, relève des juridictions administratives le litige dans lequel un arrêté préfectoral a autorisé le changement d'usage et le boisement des parcelles d'une section de commune sur lesquelles les ayants-droit exerçaient le pâturage, ceux-ci, par une sorte de novation, détenant à l'avenir des droits d'affouage lorsque la forêt sera arrivée à maturité. • T. confl. 4 mars 2002, *M. et Mme Chanson c/ Cne de Védrines-Saint-Loup*, n° 02-03270.

C. DIFFÉRENCE ENTRE USAGE ET AFFOUAGE

6. La différence existant entre le droit d'usage dans les bois de l'État et l'affouage est ainsi définie : « Attendu que cette distinction entre les usagers dans les bois de l'État et les affouagers dans les bois communaux se justifie parfaitement par la différence des droits ; que l'un est un droit sur une chose qui n'appartient pas aux habitants, et l'autre un droit qui n'est qu'un mode de jouissance de leur propre chose ». • Civ. 6 avr. 1865, *Arnaud et Eymard : S. 1865. 1. 389.*

7. Droit d'usage communal à l'affouage : extinction. Le droit d'usage au bois existant depuis des temps très anciens et revendiqué par neuf communes peut s'être éteint par prescription trentenaire. • Civ. 3e, 15 déc. 1998, *Cne de Belvezet*, n° 97-11.523. ♦ Le délai de la prescription commence à courir du jour où l'on avait cessé de jouir du droit d'usage. • Même arrêt. ♦ Non exercé pendant trente ans, l'usage demeure éteint par la prescription quoique l'exercice en ait été repris après ce délai ; par suite, il s'est éteint dès lors qu'il n'y avait pas matière à exploiter du bois sur la partie la moins déboisée du bois usager de 1881 à 1912. • Même arrêt.

8. Droit d'usage communal à l'affouage : définition d'un bois. « Les origines historiques et juridiques du droit d'affouage (droit d'usage à l'affouage) et la nature même de ces droits ne permettent pas de considérer comme "bois" des groupes d'arbres disséminés, des boqueteaux ou repousses de petite taille de cépées. » • Civ. 3e, 15 déc. 1998 : *préc. note 7.*

D. ANNUALITÉ DE L'AFFOUAGE

9. Principe. Les conditions pour bénéficier de l'affouage relevant seulement, sous réserve de l'existence de titres contraires, des art. L. 145-2 à L. 145-4 C. for., doivent s'apprécier chaque année, lors de l'établissement du rôle d'affouage. • CE 22 juill. 1931, *Cne de Voyer c/ Sieur Bellot : Lebon 806* (sol. impl.).

10. Le tribunal se prononce sans qu'il soit besoin de rechercher dans quelles conditions la législation a été appliquée les années précédentes. • TA Lyon, 19 mars 1981, *Constans c/ Cne de Belmont-Luthezieu.*

11. Les rôles d'affouage étant annuels, l'inscription ou le rejet d'une demande d'inscription n'ont l'autorité de la chose jugée que pour une année et ne sauraient ni garantir, ni faire obstacle à l'inscription pour les années postérieures. • CE 24 févr. 1912, *Cne de Salnot : Lebon 266.* ♦ Dans le même sens : • CE 2 mars 1966, *Cne de Matemale c/ Vve Payrou : AJDA 1966. 419.* ♦ Si un bénéficiaire a négligé de demander sa part pour une année donnée, il a le droit de solliciter son inscription pour les années ultérieures. • TA Besançon, 28 janv. 1976, *Dame Nonotte : inédit.*

12. Imprescriptibilité. Le droit à l'affouage ne peut se perdre par prescription ; un habitant qui aurait négligé de faire valoir ses droits pendant plus de trente ans, ne pourrait se voir opposer, la 31e année la prescription extinctive dès lors qu'à cet instant il remplirait les conditions d'attribution de l'affouage. • Civ. 16 mai 1824, *Roig et a. c/ Gardon : inédit.* ♦ Dans le même sens : • CE 11 juill. 1902, *Sieur Antoine Martin : Lebon 526.*

13. Absence de changement. Le requérant peut cependant, si l'affouage lui est ultérieurement contesté, se borner à prouver qu'aucun changement n'est intervenu dans sa situation personnelle depuis l'année pour laquelle l'affouage lui a été accordé par une décision de justice devenue définitive. • CE 21 janv. 1910, *Parot : Lebon 54.*

II. DÉLIBÉRATIONS DU CONSEIL MUNICIPAL

A. DÉLIBÉRATION PORTANT CHOIX D'AFFECTATION DE LA COUPE AFFOUAGÈRE

14. Compétence du conseil municipal. Les produits de l'affouage ne sont pas obligatoirement répartis entre les habitants, mais peuvent être attribués à la caisse communale par délibération du conseil municipal et non du maire. • TA Clermont-Ferrand, 12 avr. 1984, *Grandrif*, n° 83893.

15. Caractère réglementaire de la délibération. Revêt un caractère réglementaire la délibération d'un conseil municipal demandant la délivrance en totalité et le partage sur pied d'une coupe affouagère. • CE 19 mai 1965, *Peigney : AJDA 1965. 476.*

16. Changement de délibération. Un affouagiste n'est pas fondé à se prévaloir de ce que le conseil municipal a, en septembre d'une année, demandé la délivrance d'une coupe affouagère au titre de l'exercice suivant puis a décidé de réserver la futaie pour la commune, pour obtenir que cette seconde délibération serait illégale du fait qu'elle n'est pas intervenue au même moment que la première. • CE 19 mai 1965, *Peigney : préc. note 15.*

17. Procédure de vente de la coupe. En application de l'art. L. 134-1 C. for., est nulle toute décision d'une autorité administrative intervenue en violation des dispositions du C. for. réglementant les ventes de coupes ou produits de coupes, y compris en matière d'affouage communal ; en particulier est nulle de droit une délibération par laquelle un conseil municipal, après une première adjudication restée sans résultat, a décidé de procéder à la vente amiable d'une coupe affouagère et d'accepter l'offre d'achat qui lui avait été présentée. • CE 29 nov. 1912, *Cnes de Condes : Lebon 1114.*

18. Contentieux. La délibération par laquelle le conseil municipal attribue les produits de l'affouage à la caisse communale et non au profit direct des habitants relève d'un pouvoir souverain d'appréciation sur lequel le juge administratif ne peut exercer qu'un contrôle minimum. • TA Clermont-Ferrand, 12 avr. 1984, *Grandrif*, n° 83893.

19. Absence de partage en nature. Un conseil municipal peut décider de ne pas partager en nature une coupe de bois d'affouage entre les titulaires du droit d'affouage mais d'en vendre tout ou partie, soit au profit du budget communal pour un emploi dans l'intérêt d'une section de commune, soit à titre dérogatoire au profit des membres de la section titulaires du droit d'affouage. • CE 2 mai 2018, *Cne de Chanaleilles*, n° 392497 B : *AJDA 2018. 950*.

B. DÉLIBÉRATION FIXANT LES CONDITIONS D'INSCRIPTION AU RÔLE

20. Légalité. « Le conseil municipal de Niort-de-Sault a pu légalement, en vue d'éviter le délaissement de certains lots, subordonner la participation des bénéficiaires de l'affouage à la répartition définitive des lots, à leur inscription préalable en mairie, dès lors que, ce faisant, il n'a pas modifié les conditions d'acquisition du droit à l'affouage telles qu'elles sont fixées par le code forestier ». • CE 12 avr. 1991, *Rouquie*, n° 76924 : *Dr. adm. 1991, n° 332.*

21. Droits acquis. Les délibérations du conseil municipal précisant les conditions mises à l'inscription au rôle ne créent en faveur des bénéficiaires de l'affouage selon un mode de répartition donné, aucun droit acquis. • CE 19 mai 1965, *Peigney : préc. note 15.*

22. Notification. Les délibérations du conseil municipal précisant les conditions mises à l'inscription au rôle n'ont pas à être notifiées individuellement aux intéressés. • CE 19 mai 1965, *Peigney : préc. note 15.*

III. QUALITÉ D'AFFOUAGISTE

A. DATE D'APPRÉCIATION DES CONDITIONS

23. La disposition légale qui a autorisé le conseil municipal à vendre tout ou partie de l'affouage au profit des affouagistes n'a pas eu pour effet, pour l'appréciation des conditions de domicile, de substituer la date de la vente à la date de la publication du rôle de répartition des produits. En conséquence ne saurait, en vertu du C. for., être inscrit sur la liste des affouagistes d'une année l'individu qui a quitté la commune après la vente, et avant la publication du rôle. • CE 15 janv. 1918, *Cne d'Essavilly : Lebon 32.*

B. DOMICILE

1° DÉFINITION

24. Le domicile affouager réel et fixe n'est pas celui du droit civil, mais est une notion particulière dont les conditions sont plus sévères, car la résidence doit être effective, continue et permanente ; on se réfère « à la situation de fait des intéressés ». • CE 9 mars 1926, *Cne d'Échallon c/ de Le Bret : Lebon 285.* ♦ Dans le même sens : • CE 4 août 1928, *Cne de Levier : Lebon 1057* • CE 16 mars 1932, *Cne de Taintrux : Lebon 313* • CE 6 oct. 1954, *Cne de Mignonvillard : Lebon 312.*

2° COMMUNE DE RATTACHEMENT

25. Fin de semaine et congés. Bien qu'elle soit logée pour la nuit par son employeur sur le territoire de la commune où elle travaille, une personne qui séjourne à la fin de chaque semaine et pendant tous ses congés dans une commune où elle a son domicile, doit être regardée comme ayant son domicile réel et fixe, au sens de l'art. 92 C. for. dans cette dernière commune. • CE 14 nov. 1974, *Cne de La Chapelle-Agnon : Lebon 889.*

26. Grande partie de l'année. L'inscription sur la liste électorale d'une autre section que celle dans laquelle est revendiqué l'affouage n'a pas d'incidence sur la notion de domicile réel et fixe, s'il est établi que la résidence effective se situe pendant une grande partie de l'année sur le territoire de cette dernière section. • CE 19 mai 1936, *Cne de Bellevaux : Lebon 569.*

27. Lieu de travail. Un apprenti qui réside de façon continue et permanente dans la commune où il travaille, ne peut prétendre à bénéficier d'une part d'affouage dans la commune de ses parents, puisqu'il n'y a pas conservé son domicile réel et fixe. • CE 21 mars 1934, *Cne de Chaux-des-Près : Lebon 388.* ♦ Une jeune fille mineure, employée de l'administration des postes à Paris, bien que domiciliée de droit chez son père, ne peut prétendre à bénéficier d'une part d'affouage dans la commune où celui-ci réside, puisqu'elle n'y a pas conservé un domicile réel et fixe. • CE 4 août 1928, *Cne de Lovier c/ Épx et Dlle Gauthier : Lebon 1056.*

28. Résidence permanente. La femme séparée de fait exploitant une propriété et vivant dans une autre commune que celle de son mari, a son domicile affouager dans cette commune. • CE 8 mai 1912, *Cne de Choux c/ Dame Arbey : Lebon 537.* ♦ Une personne ayant son domicile légal dans une autre commune doit percevoir sa part d'affouage dans la commune où elle a son domicile réel et fixe ; ainsi jugé pour une mineure non émancipée résidant chez une parente dans une autre commune que celle où habite son père. • CE 6 oct. 1954, *Cne de Mignovillard : Lebon 512.* ♦ Des jeunes filles mineures, domiciliées de droit chez leur père, mais résidant d'une manière continue et permanente dans une commune autre que celle où habite leur père, ne possèdent pas dans la commune, lieu d'habitation du père, le domicile réel et fixe exigé par le C. for. • CE 18 nov. 1904, *Cne de Cormaranche : Lebon 712.*

29. Porte d'entrée. Un particulier doit être réputé avoir son domicile réel et fixe dans la commune sur le territoire de laquelle sont situées la partie habitée de l'immeuble qu'il occupe et la porte d'entrée, alors même qu'une partie notable de l'immeuble est située sur le territoire d'une autre commune. • CE 28 févr. 1912, *Cne de Saulnot : Lebon 266.*

30. Critères multiples. Le fait d'être inscrit sur la liste électorale d'une commune, d'y posséder une habitation et une propriété, et d'y payer ses impôts fonciers ne conduit pas directement à établir la réalité du domicile affouager dans ladite commune. • TA Clermont-Ferrand, 27 nov. 1973, *Mme veuve Rivet,* n° 4296.

3° DATE D'APPRÉCIATION

31. Publication du rôle. Un individu qui a loué dans une commune, en septembre d'une année, un logement où il a entreposé ses meubles, mais n'est venu résider effectivement dans cette commune qu'en novembre de l'année suivante, après la publication du rôle d'affouage, n'est pas fondé à réclamer son inscription sur la liste affouagère. Il n'a pas un domicile réel et fixe dans ladite commune avant la publication du rôle. • CE 4 déc. 1903, *Marmet : Lebon 744.*

32. Rôle provisoire. L'habitant qui ne remplit plus la condition de domicile réel et fixe après l'établissement du rôle provisoire par le conseil municipal, perd par là son droit. • CE 16 nov. 1939, *Cne d'Igny-le-Jard : Lebon 563.*

33. Rôle définitif. N'a aucun droit à l'affouage un habitant qui remplissait les conditions de domicile réel et fixe au moment de l'établissement de la liste provisoire et ne les remplit plus au moment de l'établissement de la liste définitive. • CE 16 nov. 1939, *Cne d'Igny-le-Jard : préc. note 32.* ♦ L'héritier d'un habitant décédé dans le laps de temps qui séparait son inscription sur la liste provisoire de la publication de la liste définitive n'est pas fondé à demander le bénéfice de la part d'affouage de cet habitant. • CE 7 juin 1950, *Cne de Chevigney-sur-l'Ognon : Lebon 347.*

34. Époque fixée par le conseil municipal. Si, en cas de partage par feu, la condition de domicile réel et fixe est appréciée uniquement à la date même de la publication du rôle, le conseil municipal peut, selon les dispositions de l'art. L. 145-3 C. for., en cas de partage par tête, exiger que la condition de domicile réel et fixe soit remplie depuis un temps déterminé qui ne peut excéder 6 mois. • CE 8 mai 1926, *Moné : Lebon 126.*

4° PREUVE DU DOMICILE

35. La preuve du domicile réel et fixe incombe au requérant, soit en défense, soit en contestation de la qualité d'autrui, par la fourniture de tous moyens de preuve établissant la réalité du domicile affouager ; aucun moyen relatif aux domiciles fiscal, électoral ou légal ne peut être considéré en lui-même comme suffisant, mais seulement comme permettant au juge administratif de forger sa conviction. • TA Clermont-Ferrand, 23 févr. 1973, *Grolet,* n° 3502. ♦ Dans le même sens : • TA Clermont-Ferrand, 8 juill. 1975, *Tissandier,* n° 5100.

36. Si le requérant fournit un commencement de preuve à ses dires, il appartient à la commune de les contredire utilement, au besoin en effectuant une enquête avant l'établissement du rôle de l'affouage. • TA Clermont-Ferrand, 22 mars 1974, *Vidal,* n° 4600.

5° DURÉE DE DOMICILIATION

a. Numérisée

37. Champ d'application de la durée de six mois. Si l'art. L. 145-3 C. for. autorise le conseil municipal à décider que pour avoir droit à l'affouage, il est nécessaire de posséder un domicile réel et fixe depuis un certain temps, l'extension de la condition de séjour minimum au partage par feu constitue toujours une illégalité. • TA Clermont-Ferrand, 3 oct. 1978, *Giroix,* n° 5143. ♦ La condition de séjour que le conseil municipal peut imposer en vertu de l'art. L. 145-3 du code ne s'applique qu'au partage « par feu et par tête » et au partage « par tête d'habitant ». • CE 8 mai 1946, *Moné : Lebon 128.* ♦ La délibération par laquelle le conseil municipal impose une condition de résidence de 6 mois dans le cas où le partage a lieu par feu est illégale et peut donc être annulée. Mais si le moyen tiré de l'illégalité d'une telle condition est présenté à l'appui d'un recours tendant à l'inscription sur la liste d'affouage, le tribunal ne peut ordonner d'office l'inscription après avoir seulement constaté l'illégalité : il doit, s'agissant d'un recours de plein contentieux, s'assurer au préalable que les autres conditions de domicile en particulier, sont réunies. • TA Clermont-Ferrand, 27 mars 1981, *Volet,* n° 8405.

38. Compétence facultative. Si depuis la loi du 26 mars 1908, le conseil municipal a la faculté de décider qu'il est nécessaire pour participer au partage par tête de l'affouage de posséder depuis un temps qui ne peut excéder 6 mois un domicile réel et fixe dans la commune, rien ne l'oblige à prendre une telle décision. • CE 8 mai 1946, *Moné : Lebon 128.*

39. Conditions illégales. Il est illégal d'exiger une résidence effective dans la commune pendant une partie de l'année (mois de nov. à févr.). • CE 29 févr. 1956, *Cne de Montperreux : AJDA 1956. 395.* ♦ Il est illégal d'exiger une résidence pendant 6 mois de l'année lorsque le partage a lieu par feu, cette faculté n'étant prévue que si le partage a lieu par tête ou par feu et par tête. • CE 8 mai 1946, *Moné : préc. note 38.*

40. Durée de séjour inférieure à six mois. Si un mineur peut prétendre quel que soit son âge à être inscrit sur le rôle d'affouage en cas de partage par tête, un enfant, né moins de 6 mois avant la publication du rôle dans une commune où le délai de résidence a été fixé à 6 mois en application de l'art. L. 145-3 C. for., ne peut bénéficier de l'affouage ; les dispositions du C. civ. ne sont pas transposables. • CE 27 nov. 1912, *Cne de La Chaux-du-Dombief : Lebon 1095.* ♦ Une personne séjournant seulement 3 mois dans la commune ne peut être considérée comme ayant établi dans cette commune son domicile réel et fixe. • CE 20 déc. 1939, *Dame veuve Durand : inédit.* ♦ Dans le même sens pour un séjour de 4 à 5 mois. • CE 28 nov. 1934, *Cne des Angles : Lebon 1117.* ♦ Peut être ordonnée l'inscription sur le rôle affouager d'une femme dont le mari était décédé et qui était allée effectuer chez ses enfants, résidant en dehors de la section affouagère, un séjour excédant 6 mois mais qui n'aurait pas manifesté sa volonté de s'établir définitivement chez ces derniers. • TA Clermont-Ferrand, 6 oct. 1981, *Vve Guilbert,* n° 9747 (sol. impl.).

b. Globalisée

41. Un habitant qui réside « la plus grande partie de l'année » remplit la condition de domicile réel et fixe ; sont exclues de l'affouage les personnes qui résident « quelques mois ». • CE 6 janv. 1926, *Laloy c/ Cne de Rabov : Lebon 10.*

42. Est un chef de ménage l'individu propriétaire d'une maison sur le territoire d'une section où il réside une grande partie de l'année, tout en effectuant plusieurs séjours chez sa mère, sur le territoire d'une autre section, pour des nécessités professionnelles. • CE 19 mai 1936, *Cne de Bellevaux : Lebon 569.*

c. Interrompue

1. Interruptions ne remettant pas en cause le domicile

43. Principes. Des absences même relativement nombreuses ne font pas obstacle au droit à l'affouage du requérant ; le fait de s'être absenté de façon répétée, mais sur de courtes durées, dans les mois qui ont précédé l'établissement du rôle de l'affouage, est admis dans la mesure où aucun élément ne permet de dire que l'intéressé ait eu l'intention de quitter son domicile. • TA Clermont-Ferrand, 14 mars 1975, *Tournadre,* n° 4790.

44. L'appréciation du domicile réel et fixe dans la commune n'implique pas d'avoir résidé de façon constante dans la commune, une domiciliation réelle et fixe inférieure à six mois peut suffire. • CE 20 janv. 1933, *Cne de La Chaux-du-Dombief : Lebon 89.*

45. Absences hebdomadaires. Un requérant peut conserver son domicile réel et fixe dans la commune, alors même qu'il a loué un logement de deux pièces dans une autre commune où il devait se rendre quelques jours par semaine. • CE 4 août 1928, *Cne de Levier c/ Épx et Dlle Gauthier : préc. note 27.*

46. Centre de l'activité et des intérêts professionnels. Les nécessités familiales qui conduisent à s'éloigner du domicile réel et fixe ne nuisent pas nécessairement à la reconnaissance de celui-ci : « Considérant qu'il résulte du supplément d'instruction ordonné par le tribunal que Monsieur Albepart Jean est, depuis 1958, fermier « Au Monteil » sur la commune de Vabres, d'un domaine d'une centaine d'hectares occupant une situation isolée en altitude et d'accès difficile l'hiver, pendant les périodes d'enneigement ; que, durant la période scolaire, sa famille et lui-même sont hébergés chez son frère aîné célibataire au village de Montchamp de manière à être à proximité de l'école primaire ; que, cependant durant cette période, l'intéressé se rend journellement au Monteil pour exploiter la propriété qui constitue le centre de son activité professionnelle et donner les soins à son cheptel composé d'une trentaine de bêtes ; que ni la circonstance que Monsieur Albepart se trouve inscrit sur la liste électorale de la commune de Montchamp où il est propriétaire en indivision avec son frère, ni celle qu'il ait été omis sur le rôle de la contribution mobilière de la commune de Vabres, ni le fait qu'il ne puisse justifier d'une présence absolument continue sur le territoire de cette dernière commune où il possède cependant le centre de son activité et de ses intérêts professionnels ne sauraient, dans les circonstances de l'espèce le faire regarder comme n'ayant pas dans ladite commune un domicile réel et fixe au sens de l'art. 92 C. for. ; que, dès lors, il est fondé à soutenir que la décision de refus implicite opposée par le maire de la commune de Vabres à sa demande, en date du 15 mai 1970, d'inscription sur la liste des bénéficiaires de l'affouage, se trouve entachée d'excès de pouvoir ». • TA Clermont-Ferrand, 3 nov. 1972, *Albepart : inédit.*

47. Douaniers. La juridiction peut constater que des douaniers « avaient leur principal établissement à Vaux-et-Chantegrue et y possédaient un ménage et une habitation à feu distincte avant la publication des rôles » et « que leur qualité de douaniers affectés à la brigade en résidence dans la commune de Vaux-et-Chantegrue ne pouvait suffire à les faire considérer comme n'ayant pas leur domicile réel et fixe dans cette commune ». • CE 7 août 1900, *Cne de Vaux-et-Chantegrue : Lebon 546.*

48. Agents SNCF. Même si une commune a pu prendre, à la demande d'agents de la SNCF, une délibération les soustrayant à la taxe d'affouage, elle ne peut par la suite exclure de plein droit de l'affouage un agent de cette société qui demande à bénéficier de l'affouage, pour le seul motif issu de la qualité précitée en modifiant ainsi les conditions d'aptitude fixées par la loi. • TA Clermont-Ferrand, 8 mai 1979, *Épx Huet : inédit.*

49. Militaire. Le statut de militaire de métier n'est pas incompatible avec celui d'affouagiste. • CE 14 févr. 1969, *Bardet : Lebon 99.*

50. Un douanier mobilisé qui conserve une habitation meublée sur le territoire de la commune, habitation dans laquelle demeure sa famille, est considéré comme disposant toujours d'un domicile réel et fixe. • CE 1er août 1923, *Faivre : Lebon 641.* ♦ Un douanier, exceptionnellement mobilisé en temps de guerre dans ses fonctions et détaché temporairement du poste qu'il occupe alors que sa famille continue à résider dans une habitation meublée sur le territoire de cette commune, conserve son domicile réel et fixe à cet endroit. • CE 26 janv. 1921, *Cne du Lac-des-Rouges-Truites : Lebon 92.*

51. Études scolaires. Le fait d'aller poursuivre des études dans une autre commune que la commune dans laquelle est réparti l'affouage n'empêche pas les enfants mineurs d'être regardés comme ayant conservé leur domicile réel et fixe chez leur père, où ils viennent passer leurs vacances, et d'avoir ainsi un droit personnel à l'attribution d'une part d'affouage. • CE 21 nov. 1929, *Aigrot c/ Cne de Chapois : Lebon 1009.* ♦ Dans le même sens : • CE 9 mars 1927, *Carmillet : Lebon 298.*

52. Droits acquis. Ne perd pas la qualité d'affouagiste la personne qui bien qu'amenée à quitter de façon prolongée sa résidence dans une commune, a dans celle-ci une ancienneté de résidence. Il importe peut dès lors que ladite personne n'ait pas résidé dans la commune de façon constante durant l'année qui a précédé la publication du rôle et qui, apparemment, pour cette année-là, ne répond pas non plus à la condition de résidence d'une durée de six mois posée par le conseil municipal. • CE 20 janv. 1933, *Cne de La Chaux-du-Dombief : Lebon 90.*

2. Interruptions remettant en cause le domicile

53. Congés ou vacances dans la commune. Le fait d'exercer sa profession dans une autre commune et de ne revenir que pendant ses jours de congé dans la commune où est réparti l'affouage ne permet pas d'être regardée comme possédant un domicile réel et fixe dans la commune affouagère. • CE 26 avr. 1973, *Dlle Bertrand c/ Cne de Les Nans : inédit.*

54. Le juge administratif peut exiger une condition de fréquence des séjours, distincte de leur durée : « Considérant que le domicile réel et fixe (...) est distinct du domicile civil ; qu'il s'acquiert par un séjour prolongé dans la commune ; que, s'il est constant que le sieur Boillot est propriétaire à Mailley-Chazelot d'une maison de famille où il réside à la belle saison plusieurs mois de chaque année, il habite également le reste du temps un appartement (...) à Paris, ville où il est inscrit sur la liste électorale ; qu'il ne fournit aucun élément ou commencement de preuve de nature à établir que les séjours effectués par lui à Mailley-Chazelot excèdent en fréquence et en durée ceux qu'il passe à Paris et que la commune où il revendique l'affouage est celle où il a « domicile réel et fixe ». • TA Besançon, 31 mars 1967, *Boillot c/ Cne de Mailley-Chazelot : inédit.*

55. Résident secondaire. Est exclu de l'affouage le résident secondaire. • CE 4 nov. 1983, *Bouvot*, n° 44885.

56. Travailleur itinérant. Un marchand vannier ambulant n'a pas droit à l'affouage dans une commune où il a loué une chambre contenant quelques objets mobiliers déposés par lui, où il n'habite que tout à fait accidentellement sans être inscrit sur la liste électorale ni au rôle des contributions directes. • CE 13 nov. 1918, *Gross c/ Cne des Piards : Lebon 780.*

57. Un employé d'une société de travaux publics, que son métier amène à se déplacer dans toute la France et, la plupart du temps, avec sa famille qui réside avec lui dans une caravane, ne peut posséder un domicile réel et fixe sur le territoire de la section où il revendique le bénéfice de l'affouage. • TA Clermont-Ferrand, 29 févr. 1980, *Morin : inédit.*

58. Études scolaires. N'ont pas droit à des lots d'affouage pour leurs enfants mineurs les parents d'enfants qui ont été mis en pension chez divers habitants de la commune afin d'y suivre les classes d'une école, alors que ces enfants ne demeurent dans ladite commune que les jours de classe et passent chez eux les jours de congé scolaire ; ces enfants n'ont pas dans la commune une résidence continue pouvant les faire considérer comme ayant dans ladite commune le domicile réel et fixe, exigé par le C. for. • CE 22 janv. 1919, *Cne d'Apremont : Lebon 48.* ♦ V. aussi : • CE 4 août 1928, *Cne de Levier : Lebon 1056.*

C. CHEF DE FAMILLE

1° MARIAGE

a. Homme ou femme

59. Est considéré comme chef de famille le mari ou la femme mariée, même s'il n'a pas de logement distinct et si les repas sont pris ailleurs qu'en foyer. • CE 14 févr. 1969, *Bardet : Lebon 99.*

60. Ne peut être considérée comme chef de famille la femme possédant un logement distinct dans la maison de ses enfants, mais dont les ressources sont assurées uniquement par ceux-ci. • CE 9 avr. 1930, *Dame Roze : Lebon 405.*

b. Homme et femme

61. Couple, foyer. Si au titre de l'art. L. 145-2 C. for., en cas de partage par feu, la liste des affouagistes est établie au nom des chefs de famille ou de ménage, le tribunal peut enjoindre à la commune d'inscrire un couple sur le rôle affouager, étant entendu que la juridiction a entendu par là un foyer et non chacun des deux époux. • CE 21 mai 2007, *M. et Mme Borel c/ Cne de Pinolsn*, nº 275479.

c. Absence d'enfants

62. Un homme marié est chef de famille, même s'il n'a pas d'enfants. • CE 27 juin 1902, *Cne de Rang : Lebon 477.* ♦ Pour la définition de la notion de chef de famille de l'art. L. 145-2 C. for., « Doit être inscrit sur la liste des affouagistes dans une commune où le partage se fait par feu, l'homme marié, sans enfants, qui demeure chez ses parents et prend ses repas avec eux, où il a de par son mariage réellement et effectivement la charge d'une famille ». • CE 1er déc. 1916, *Cne de Fréville : Lebon 500, concl. Corneille.*

d. Séparation de droit ou de fait

63. L'époux séparé de droit ou de fait qui conserve la charge et la direction réelle et effective de la famille a seul droit à l'affouage, en tant que chef de famille. • CE 10 mai 1911, *Cne de Moffans c/ Dame Pujol : Lebon 540.*

64. Est chef de famille le conjoint séparé de fait, mais qui assure la charge réelle et effective de la famille, comme une femme qui vit dans un logement distinct, avec son enfant. • CE 2 avr. 1924, *Sieur de Chaon c/ Cne de Fontaine-lès-Luxeuil : Lebon 368.*

e. Indifférence de la notion de logement distinct

65. Aussi bien pour une femme que pour un homme, le simple fait d'être marié suffit pour être considéré comme ayant la charge réelle et effective d'une famille, même s'il n'y a pas de logement distinct, et même si les repas sont pris ailleurs qu'au foyer. • CE 14 févr. 1969, *Bardet : Lebon 99.*

66. Doit être considéré comme chef de famille et a droit à une portion d'affouage un individu habitant et prenant sa nourriture dans une maison distincte de celle de ses parents et qui lui a été donnée par contrat de mariage. • CE 5 août 1908, *Section de Trabesson : Lebon 872.*

f. Repas chez autrui

67. Doit être considéré comme chef de famille et a droit à une portion d'affouage un individu marié, père de plusieurs enfants ayant réellement et effectivement la charge et la direction de sa famille, bien qu'il demeure et prenne ses repas chez ses beaux-parents. • CE 5 août 1908, *Cne de Montenoisson : Lebon 872.* ♦ Dans le même sens : • CE 29 juin 1932, *Cne de Seythenex : Lebon 639.* ♦ Il en va de même s'il prend ses repas chez ses parents. • CE 3 août 1922, *Cne de Mantry : Lebon 700.*

g. Veuf

68. Avec enfants à charge. Le simple fait d'être veuf avec des enfants à charge suffit pour être considéré comme chef de famille, toute autre circonstance étant superfétatoire. • CE 17 mars 1920, *Cne de la Bourogne c/ Dame Vve Gressot : Lebon 283.*

69. Un veuf ayant des enfants à charge, même s'il n'a pas un domicile et un foyer distinct de celui de ses parents, doit être considéré comme chef de famille. • CE 3 août 1922, *Cne de Mantry : Lebon 700.*

70. Sans enfant à charge. Un veuf, qui ne peut plus ou ne peut pas être considéré comme un chef de famille, peut éventuellement percevoir l'affouage s'il remplit les conditions nécessaires pour être chef de ménage. • CE 27 févr. 1952, *Lacombe : Lebon 138.* ♦ Dans le même sens : • CE 13 oct. 1954, *Cne de Frotey-les-Lure : Lebon 754 ; Rev. fin. communales 1955. 121.*

71. Ne peut être considérée comme chef de famille la veuve qui bien que possédant un logement distinct prend ses repas chez son fils. • CE 24 juill. 1908, *Cne de Relans c/ Dame Bernard : Lebon 803.* ♦ Dans le même sens : • CE 31 mai 1911, *Dame Vve Gigout : Lebon 654.*

2º CÉLIBAT

72. Un célibataire vivant au même foyer que son père et ses deux sœurs et assurant, en fait, la charge réelle et effective de la famille doit être regardé comme chef de famille. • CE 18 juill. 1947, *Cne de Fedry : Lebon 329.*

D. CHEF DE MÉNAGE

1º INDÉPENDANCE VIS-À-VIS DE LA NOTION DE CHEF DE FAMILLE

73. Peuvent être considérées comme chef de ménage les personnes auxquelles ne sont pas applicables les critères dégagés pour la notion de chef de famille. • CE 29 juin 1932, *Cne de Seytenex : Lebon 629.*

2º LOGEMENT

a. Logement personnel

74. Pour la définition de chef de ménage de l'art. L. 145-2 C. for., spécialement pour la définition du logement, V. pour un logement « personnel ». • CE 23 déc. 1904, *Guichard : Lebon 865.*

b. Logement distinct

75. Principe. Le chef de ménage doit posséder un « logement distinct ». • CE 16 nov. 1906,

Causel-Guillemin : Lebon 810. ♦ V. aussi : • CE 28 juill. 1970, *Cne de Pessigny : Lebon 770.* ♦ Il doit posséder une « habitation distincte ». • CE 31 juill. 1907, *Cne de La Loye : Lebon 591.*

76. Habitat collectif. Le fait d'habiter la même maison n'empêche pas l'affouagiste de remplir la condition de logement posée par le C. for., à condition que les aménagements intérieurs soient tels qu'ils permettent réellement l'existence de ménages distincts. • CE 31 juill. 1903, *Cne de la Loye : Lebon 591.* ♦ V. aussi : • CE 13 oct. 1954, *Cne de Frotey-Les-Lure,* n° 86139 • TA Clermont-Ferrand, 21 oct. 1975, *Thiollière,* n° 5020. ♦ Le fait de partager le domicile d'un individu, lui-même non affouagiste, ne permet pas de considérer que la condition de logement distinct est remplie. • CE 17 mai 1961, *Saulze : Lebon 959.*

77. Appelé du contingent. Un appelé du contingent ne peut bénéficier de l'affouage du fait qu'il n'est ni marié, ni ne possède un logement distinct dans la commune, et donc ne peut être considéré comme chef de ménage. • CE 21 mai 1919, *Dame Milley : Lebon 140.* ♦ Dans le même sens : • CE 2 mai 1921, *Meunier : Lebon 427.*

3° REPAS À DOMICILE

78. L'ayant droit doit prendre la majorité de ses repas « chez soi ». • CE 18 janv. 1933, *Creux : Lebon 69.*

a. Absence de continuité

79. Il n'est pas besoin de prendre tous les jours ses repas chez soi : « Considérant (...) que la dame Parot, si elle travaille généralement à la journée chez un cultivateur de la commune, possède cependant un ménage distinct (...) qu'elle y prépare et y prend sa nourriture lorsque son travail ne la retient pas hors de son habitation personnelle ». • CE 22 déc. 1905, *Dame Parot : Lebon 973.*

80. Il faut seulement prendre habituellement sa nourriture chez soi. • CE 13 mars 1935, *Ladrix : Lebon 1053.*

81. N'est pas chef de ménage celui qui prend la majorité de ses repas ou *a fortiori* la totalité à l'extérieur de son domicile. • CE 18 janv. 1933, *Creux : Lebon 69.* ♦ Dans le même sens : • CE 17 févr. 1960, *Cretin et Cne d'Auxon-Dessus : Lebon 934.*

b. Préparation des repas chez soi

1. Absence de repas chez soi

82. Parenté par le sang. Ne peut être considéré ni comme chef de famille ni comme chef de ménage un individu qui prend la plupart de ses repas non dans la maison où il demeure mais chez ses parents. • CE 17 févr. 1960, *Sieur Cretin : AJDA 1960. 123.* ♦ V. aussi : • CE 29 juill. 1950, *Cne de Frasnes : Rev. fin. communales 1950. 351.*

83. Parenté par alliance. N'est pas chef de ménage la veuve qui, résidant chez son beau-père mais dans des appartements séparés, prend ses repas non pas dans cet appartement séparé, mais chez son beau-père. • CE 15 déc. 1916, *Cne de Villers-Farlay : Lebon 539.* ♦ Le fait que les repas soient pris dans un logement contigu à celui du prétendant à l'affouage ne permet pas d'établir la qualité de chef de ménage. • CE 27 févr. 1952, *Lacombe : Lebon 138.*

84. Concubinage. Une femme vivant en concubinage notoire au domicile d'un individu, lui-même bénéficiaire d'une part d'affouage, ne peut prétendre à la délivrance d'une part dans la mesure où elle n'est pas chef de famille et où elle ne peut pas non plus être considérée comme chef de ménage, bien qu'ayant conservé un logement distinct mais où elle ne prenait pas sa nourriture. • CE 15 déc. 1916, *Cne de Villers-Farlay : Lebon 539.*

2. Repas chez soi

85. Une veuve habitant un immeuble qu'elle possède dans l'indivision avec sa mère, mais qui a un logement distinct où elle prépare et prend sa nourriture, doit être regardée comme un chef de ménage au sens du C. for. • CE 13 oct. 1954, *Cne de Frotey-les-Lure : Lebon 754 ; Rev. fin. communales 1955. 121.*

86. Quand deux frères vivant dans la même maison prétendent y avoir aménagé deux logements distincts, le fait qu'ils produisent des factures montrant que chacun d'eux possède au moins une cuisinière doit être regardé comme une preuve suffisante de la préparation de la nourriture dans leur logement personnel. • TA Clermont-Ferrand, 21 oct. 1975, n° 5020.

3. Préparation du repas par autrui

87. La nourriture peut être préparée par une tierce personne, à condition que ce soit dans le logement même du candidat à l'affouage. • CE 23 juill. 1924, *Cne de Cerre-les-Noroy : Lebon 716.*

4° SÉPARATION DE FAIT

88. Le conjoint séparé est considéré comme chef de ménage s'il n'a pas d'enfant et vit dans une habitation distincte. • CE 10 mai 1911, *Cne de Moffanse c/ Dame Pujol : Lebon 540.* ♦ Dans le même sens : • CE 8 mai 1912, *Cne de Choux c/ Dame Arbey : Lebon 537.*

E. ENFANTS

89. En cas de partage par tête chaque habitant, quel que soit son âge, a aptitude à bénéficier d'un lot s'il a personnellement dans la commune son domicile réel et fixe, ce qui est le cas d'une jeune fille mineure non émancipée. • CE 9 mars 1926, *Cne d'Échallon c/ Dlle Bret : Lebon 285.* ♦ Dans le même sens : • CE 6 oct. 1954, *Cne de Mignovillard : Lebon 512.*

F. NATIONALITÉ

90. Considérant qu'aux termes de l'art. 105 C. for. (art. L. 153-1 et L. 153-2), modifié par la loi du 26 mars 1908 les étrangers (...) ne pourront être appelés au partage de l'affouage qu'après avoir été autorisés, conformément à l'art. 13 C. civ., à établir leur domicile en France ; que ledit art., qui a réservé, en principe, le bénéfice de l'affouage aux seuls français, ne l'avait accordé qu'à titre exceptionnel aux étrangers admis à domicile par application de l'art. 13 C. civ. ; que par l'art. 13 de la loi du 10 août 1927, qui a abrogé cet art. et supprimé la formalité de l'admission à domicile, n'a pas eu pour conséquence d'étendre à tous les étrangers résidant en France la vocation au partage de l'affouage, mais d'abolir la faveur dont jouissait une catégorie privilégiée d'étrangers. Considérant que le sieur Belloni, de nationalité italienne, qui réside à Midrevaux et qui, d'ailleurs, n'a jamais bénéficié de l'admission à domicile, ne pouvait se prévaloir des dispositions de la loi du 10 août 1927 pour demander son inscription sur la liste d'affouage de cette commune ; que ladite commune est, dès lors, fondée à demander l'annulation de l'arrêté par lequel l'inscription du sieur Belloni a été prononcée (...) (annulation ; rejet de la demande du sieur Belloni). • CE 20 janv. 1933, *Cne de Midrevaux : Lebon 89.*

91. Partage par feu. En cas de partage par feu, c'est la nationalité du chef de famille ou de ménage seul qui est prise en compte, en appréciant de manière réelle l'exercice de cette qualité : « Considérant que, par suite de l'absence presque continuelle de son mari, il n'est pas contestable que c'est la dame Artola, de nationalité française, qui a réellement et effectivement la charge et la direction de la famille et qui en est le chef aux termes de l'art. 105 C. for. ; qu'en outre, c'est elle qui est le véritable chef de ménage au sens du même art. 105 puisqu'elle possède un logement distinct ; qu'elle y demeure et y prépare sa nourriture ainsi que celle des siens ; qu'à ce double titre elle a donc droit à l'affouage ». • TA Nancy, 20 juin 1950, *Dame X c/ Cne de Rupt-Devant-Saint-Mihiel.*

92. Partage par tête. En cas de partage par tête, la nationalité de chaque ayant droit doit être appréciée pour chacune des personnes qui prétendent à une part d'affouage ; un père de famille de nationalité étrangère, s'il ne peut lui-même prétendre bénéficier de l'affouage, peut le revendiquer pour ses enfants mineurs de nationalité française : « Considérant que d'après les dispositions de l'art. 105 C. for. modifié par la loi du 26 mars 1908, lorsque le partage de l'affouage se fait par tête, a un droit personnel à cet affouage tout habitant de nationalité française ou autorisé à établir son domicile en France ayant son domicile réel et fixe dans la commune, soit à la date de la publication du rôle, soit depuis un certain délai fixé par le conseil municipal ; Considérant qu'il n'est pas contesté, d'une part, qu'au moment où a été dressée la liste des ayants droit à l'affouage pour 1924 dans la commune de La Chaux du Dombief, les deux mineures Geinoz, qui étaient françaises, demeuraient dans cette commune chez leur père depuis plus de six mois, délai fixé par le conseil municipal ; que le sieur Geinoz habitait réellement et d'une manière permanente cette localité ; que, dans ces conditions, ses filles mineures devaient être regardées comme y ayant un domicile réel et fixe (...) ; que bien que leur père n'eût pas droit lui-même à une part d'affouage, les mineures Geinoz avaient un droit personnel à figurer sur la liste des affouagistes ; que la commune de La Chaux du Dombief n'est par suite pas fondée à demander l'annulation de l'arrêté attaqué ; (...) (Rejet) ». • CE 15 févr. 1929, *Cne de La Chaux-de-Dombief : Lebon 192.*

G. INTERDICTION DE CUMUL

93. Quand un habitant d'une section déjà bénéficiaire de la part d'affouage sectionale revendique l'attribution d'une part affouagère dans le bois de la commune ; que la section avait été rattachée à la commune en 1791, et qu'antérieurement à cette date les deux communautés (la section et la nouvelle commune) possédaient des droits et des biens propres ; le Conseil d'État peut faire application de l'art. R. 112-27 C. communes (CGCT, art. L. 2112-8) pour débouter l'affouagiste sectional de sa prétention à l'affouage communal. • CE 11 déc. 1992, *Cne d'Argilly c/ M. Martinigol : nos 118872 et 121454.*

H. EXCLUSION TOTALE DE L'AFFOUAGE

94. Condition illégale. Il est illégal pour l'attribution de la qualité d'affouagiste d'exiger la réunion, sur une même tête à la fois de la qualité de chef de famille et de celle de chef de ménage. • CE 5 août 1920, *Sarre : Lebon 814.*

95. Conditions non remplies. Un individu qui habite et prend ses repas chez un parent dans une commune où il a demandé à bénéficier de l'affouage, alors que sa femme réside dans une autre commune, ne peut pas être considéré comme chef de famille (il n'a pas la charge et la direction de sa famille), ni même comme chef de ménage (défaut de logement distinct et de préparation de sa nourriture). • CE 7 déc. 1932, *Cne de Midrevaux : Lebon 1041.* ♦ Ne peut être considéré ni comme chef de famille ni comme chef de ménage un individu qui habite chez son frère avec lequel il fait ménage commun. • CE 22 févr. 1907, *Girardet : Lebon 171.* ♦ Toute personne, qui n'assure pas la charge réelle et effective d'une famille et possède un logement distinct sans y prendre sa nourriture, ne peut prétendre à la qualité ni de chef de famille ni de chef de ménage et ne peut bénéficier de l'affouage. • CE 15 déc. 1916, *Cne de Villers-Farlay : Lebon 539.*

IV. PARTAGE

A. TITRE CONTRAIRE

1° PORTÉE DE L'ABSENCE OU DE LA PRÉSENCE DE TITRE

96. Le « titre contraire » constitue l'acte en vertu duquel le partage doit s'effectuer, de préférence au mode de répartition prévu par la loi. • CE 10 avr. 1964, *Cne de Sagnes-et-Goudoulet : Lebon 208.*

97. La règle d'après laquelle s'il n'y a titre contraire le partage de l'affouage se fait d'après les normes posées par le C. for., est d'application stricte. • CE 5 janv. 1951, *Cne de Grande-Fosse : Lebon 3.*

2° PRÉSENCE DE TITRES

98. Titres unilatéraux ou conventionnels. Par « titres contraires » (prévus à l'art. L. 145-2 C. for.), il faut entendre les titres de l'ancien régime, notamment les règlements légaux, ceux des parlements locaux qui ont subsisté après l'annexion à la France (Savoie, comté de Nice), et à titre exceptionnel certains « titres de valeur contractuelle » anciens (bail emphytéotique). • CE 15 mai 1957, *Tarnat : AJDA 1957. 307.*

99. Ancienneté du titre. Pour l'appréciation de titre contraire au sens de l'art. L. 145-2 C. for., est indifférente l'ancienneté du titre, qui reste valable tant qu'il n'a pas été expressément et légalement abrogé, quelle que soit sa date ; pour un titre remontant à 1769. • CE 1er avr. 1914, *Gaudry : Lebon 423.*

100. Ancien droit. L'attribution de la forêt seigneuriale à la commune n'a rien changé aux droits qu'avaient les habitants sur la forêt du seigneur ; par suite, le bail emphytéotique de 1406 dont bénéficiaient ceux-ci peut être reconnu comme titre contraire au sens de l'art. L. 145-2 C. for. • CE 10 avr. 1964, *Cne de Sagnes-et-Goudoulet : préc. note 96.* ♦ V. aussi, pour un registre foncier daté de 1724 contenant l'indication des terres relevant d'une baronnie et des droits d'affouage afférents à ces dernières. • CE 15 mai 1957, *Tarnat : AJDA 1957. 307.*

3° ABSENCE DE TITRES

101. N'est pas un « titre contraire » susceptible de fonder une répartition de l'affouage différente de celle de l'art. L. 145-2 C. for. un acte par lequel une commune a cédé à un particulier une propriété communale sous la condition que l'acquéreur renoncerait à tout droit d'usage dans les bois communaux. • CE 27 juill. 1910, *Cne de Montigne aux Armognes : Lebon 634.*

102. Pour avoir la qualité de « titre contraire », un acte doit consacrer expressément un mode de partage différent de ceux du C. for., et applicable à toute une collectivité d'individus, habitants d'une paroisse, d'un hameau, d'une section, d'une commune ; il ne peut se borner à régler les rapports de droit pouvant exister entre deux ou plusieurs personnes physiques et morales à l'occasion de l'exploitation de telles forêts. • CE 1er déc. 1937, *Cne de Nans : Lebon 982.*

103. Usage local. Si le titre contraire en vertu duquel le partage est effectué n'a aucune valeur ou existence juridique, la répartition de l'affouage n'obéit en conséquence qu'à un simple usage local et tombe dès lors sous le coup de la prohibition édictée par le C. for. • CE 22 juill. 1931, *Cne de Voyer : Lebon 806.* ♦ Les règles édictées par les conseils municipaux et appliquées sans contestation pendant une ou plusieurs décennies ne constituent pas un usage local qui tirerait sa valeur de son ancienneté. • TA Clermont-Ferrand, 8 mai 1979, *Huet*, n° 7638.

4° INTERPRÉTATION DES TITRES

104. La preuve de la portée du titre n'étant pas rapportée, l'interprétation à retenir est celle qui fait bénéficier de l'affouage la plus grande partie des bénéficiaires potentiels. • Dijon, 27 déc. 1893 : *D. 1894. II. 111.*

5° COMPÉTENCE JURIDICTIONNELLE

105. Il appartient à la juridiction administrative d'apprécier la portée au fond du titre contraire ; le préfet ne peut déclarer nulle de droit une délibération par laquelle un conseil municipal se fondant sur l'existence de titres anciens, décide que les habitants d'une section auront seuls droit à l'affouage, au seul motif que l'appréciation des titres faite par le conseil est erronée. • CE 10 juin 1910, *Cne de Gex : Lebon 472.*

B. DÉLIBÉRATION PORTANT CHOIX DU MODE DE PARTAGE

106. Application du code forestier. Toute délibération d'un conseil municipal qui, en dehors du cadre fixé par les art. L. 145 s. C. for. modifie les règles d'attribution de l'affouage, est entachée d'illégalité. • CE 3 déc. 1913, *Cne de Velverge : Lebon 1193.* ♦ Le conseil municipal ne peut choisir que l'un des modes de partage prévus par le C. for. • CE 22 janv. 1930, *Cne de Virieu le Petit c/ Garin : Lebon 80.*

107. Droits acquis. Les délibérations du conseil municipal choisissant un mode de partage ne créent en faveur des bénéficiaires de l'affouage selon un mode de répartition donné, aucun droit acquis. • CE 19 mai 1965, *Peigney : préc. note 15.*

108. Notification. Les délibérations du conseil municipal choisissant un mode de partage n'ont pas à être notifiées individuellement aux intéressés. • CE 19 mai 1965, *Peigney : préc. note 15.*

109. Délai. Aucune disposition du C. for. n'oblige le conseil municipal à délibérer au même moment sur la demande de délivrance de la coupe et sur la vente de tout ou partie de l'affouage au profit de la commune ou des affouagistes. • CE 19 mai 1965, *Peigney : préc. note 15.*

110. Mode de preuve du mode de partage. Si la requête émane de deux époux réclamant ensemble leur double inscription, l'absence de contestation, au fond, de la part de la commune prouve que le mode de répartition choisi est le partage par tête, le seul qui permette l'inscription simultanée des deux époux ; la requête étant, contrairement aux allégations du maire, recevable, il y a lieu d'ordonner l'inscription du mari et de la femme. • TA Clermont-Ferrand, 15 avr. 1980, *Épx Levet,* n° 8351.

111. Modification. Toute délibération relative aux modalités d'un partage peut légalement être modifiée avant que le partage ait eu lieu. • CE 19 mai 1965, *Peigney : préc. note 15.*

112. Absence de délibération. Le partage peut se faire par feu, même en l'absence d'une délibération du conseil municipal, du moment que cette technique était conforme à un usage constamment suivi dans la commune. • CE 21 déc. 1910, *Dame veuve Thevenet : Lebon 986.* ♦ Dans le même sens : • CE 2 mars 1966, *Cne de Matemale : AJDA 1966. 419.*

C. PARTAGE PAR FEU

113. Quand il y a partage par feu, celui-ci est effectué par chef de famille (« la personne qui a réellement et effectivement la charge et la direction d'une famille ») ou par chef de ménage (« la personne qui possède un ménage distinct où elle demeure et où elle prépare sa nourriture ») ; les ascendants vivant avec leurs enfants sont également des bénéficiaires « sans qu'il y ait lieu de rechercher s'ils ont ou non la charge effective d'une famille » ; le mariage confère à lui seul la qualité de chef de famille. • CE 1er déc. 1916, *Cne de Fréville : Lebon 500.* ♦ Mais la situation de fait est seule prise en compte en ce qui concerne les veufs ou les veuves ainsi que les époux séparés de droit ou de fait : seuls peuvent bénéficier du partage par feu ceux qui ont la charge réelle et effective d'une famille, même s'ils n'ont pas un domicile et un foyer distincts de ceux de leurs parents. • CE 3 août 1922, *Cne de Mautry : Lebon 700.*

D. PARTAGE PAR TÊTE

114. Le partage par tête est ouvert aux mineurs, même à ceux qui résident de façon effective et continue dans une commune autre que celle où habitent leurs parents. • CE 9 mars 1929, *Cne d'Échallon : Lebon 285.* ♦ V. aussi : • CE 6 oct. 1954, *Cne de Mignovillard : Lebon 512.*

V. JOUISSANCE DE LA PART AFFOUAGÈRE

A. INSCRIPTION AU RÔLE AFFOUAGER

115. Publication. La date de « publication du rôle » prévue par le C. for. est celle du rôle définitif et non celle du rôle provisoire ; par suite c'est à la date de publication de ce dernier rôle que doivent s'apprécier les conditions prévues par le code pour bénéficier de l'affouage. • CE 16 nov. 1939, *Cne d'Igny-le-Jard : Lebon 563.*

116. L'absence de publication d'un rôle définitif n'a pas d'effet sur la légalité de la décision, mais rend celle-ci inapplicable. • T. confl. 20 mars 1943, *Sté Béthunoise d'Éclairage et d'Énergie : Lebon 322.*

117. Droits résultant de l'inscription au rôle. L'inscription au rôle provisoire d'affouage ne donne aucun droit acquis à l'inscription sur le rôle définitif. • CE 19 mars 1913, *Dubrey : Lebon 376.*

118. Réclamations. Le conseil municipal a l'obligation de statuer sur les réclamations préalables à l'établissement du rôle définitif de l'affouage ; il ne peut décider de laisser au tribunal le soin de trancher cette question : une telle délibération encourt l'annulation pour n'avoir pas épuisé sa compétence ; ce moyen doit être soulevé d'office par le tribunal. • TA Clermont-Ferrand, 15 juin 1979, *Vve Sauret,* n° 6385 (sol. impl.).

B. DÉLIVRANCE DES LOTS

119. Attribution des lots. Le partage en nature des bois coupés doit se faire en respectant le principe d'égalité entre affouagistes. Est légal un tirage au sort « à double degré » décidé par une commune, et apprécié par la juridiction comme n'aboutissant pas à un partage inégal. • CE 21 juin 1957, *Millard : RD adm. 1957. 131, n° 284.*

120. Accès aux lots. Il est illégal d'exiger des bénéficiaires de procéder ou de faire procéder eux-mêmes à l'enlèvement de leur lot sous peine de voir leur part réduite de moitié. • TA Clermont-Ferrand, 28 févr. 1975, *Tournadre,* n° 4790 (sol. impl.).

121. Quand l'exploitation des bois affouagers est réalisée par les habitants (art. L. 145-1 C. for.) le conseil municipal ne peut leur interdire l'accès du bois ou saisir leur lot sous peine de voie de fait. • TA Pau, 12 juill. 1961, *Sieur Passarieu : Lebon 820.*

122. Accès aux lots. Si une portion affouagère n'a pas été réclamée ou enlevée par son bénéficiaire, la commune a le droit de procéder à la vente de cette part, à condition d'en remettre le prix au titulaire du lot, après déduction de la taxe affouagère et sans pouvoir au-delà de cette taxe encaisser une partie du prix. • CE 16 févr. 1894, *Cne de Brieulles-sur-Meuse : Lebon 130.*

123. Vente du lot. L'affouagiste peut vendre sa part de bois de chauffage, s'il ne le consomme pas lui-même. • Civ. 6 avr. 1865, *Arnaud et Eymard : S. 1865. 1. 389.*

C. TAXE D'AFFOUAGE

124. Existence. La taxe d'affouage peut être totalement supprimée par l'affectation au paiement des frais de coupe du produit de la vente d'arbres de haute futaie. • CE 9 avr. 1875, *Menetrier : Lebon 297.*

125. Montant. Le montant de la taxe d'affouage n'a pas à être égal au quotient des frais de garde et d'administration par le nombre de bénéficiaires, mais peut être supérieur à ce quotient. • CE 31 janv. 1867, *Cne de Chapois : Lebon 120.*

126. Les demandes en décharge ou réduction de taxes sont du ressort du juge administratif. • CE 22 déc. 1863, *Piquemal : inédit.* ♦ V. aussi : • CE 13 mai 1865, *Chateau : inédit* • CE 7 mai 1867, *Richier : inédit.*

127. Recouvrement. L'assimilation de la taxe d'affouage à une contribution directe ne s'étend pas au-delà de son recouvrement (lequel s'opère par voie de contrainte et de sommation sans frais et est garanti par un privilège qui prend rang immédiatement après celui du Trésor). • Civ. 2 juin 1875, *Ville de Paris : inédit.*

128. Non-paiement de la taxe. À condition que les « règles en vigueur dans la commune » aient posé ce principe, un habitant qui ne s'est pas acquitté entièrement du paiement de la taxe affouagère à la date du tirage au sort des lots d'affouage, n'est pas fondé à se plaindre d'avoir été écarté de l'opération. • CE 18 nov. 1932, *Barthelet : Lebon 966.*

129. Un habitant qui demande à être déchargé de la taxe d'affouage ne peut être inscrit d'office sur le rôle, mais ne peut non plus participer à l'affouage. • CE 27 déc. 1918, *Billod et a. : Lebon 1174.*

130. Sauf usage contraire un indigent dispensé de la taxe ne peut participer à l'affouage. • CE 17 déc. 1918, *Billod : Lebon 1174.*

131. Des habitants qui n'ont pas participé aux distributions affouagères doivent être déchargés de la taxe. • CE 3 mars 1900, *Cne de Savines : Lebon 182.* ♦ Dans le même sens : • CE 27 déc. 1918, *Billod et a. : Lebon 1174.*

132. Un habitant qui a été inscrit d'office au rôle de la taxe affouagère sans qu'il ait déclaré son intention de participer à l'affouage et sans qu'il y ait participé directement est fondé à demander décharge de la taxe à laquelle il a été assujetti. • CE 19 juill. 1901, *Dame Lafargue : Lebon 660.* ♦ Dans le même sens : • CE 3 mars 1900, *Cne de Savines : préc. note 131.*

133. Un habitant qui n'a pas contesté son inscription lorsque le rôle a été établi, n'en a pas pour autant déposé implicitement une demande d'inscription ; cette situation ne lui retire pas la possibilité d'obtenir ultérieurement la décharge de la taxe affouagère s'il n'a pas bénéficié de l'affouage. • CE 21 févr. 1879, *Ponsol et Ponsat : Lebon 150.*

VI. RESPONSABILITÉ

A. EXISTENCE DE LA RESPONSABILITÉ

134. Illégalité de la distribution. L'illégalité commise à l'occasion de la distribution de l'affouage constitue une faute de service susceptible d'engager la responsabilité de la commune, dans l'hypothèse où cette illégalité a eu pour conséquence d'écarter un habitant de la liste des bénéficiaires alors qu'il avait droit à l'affouage au titre de l'année en cause. • CE 6 juin 1952, *Cne de Grémilly : Lebon 684 ; Rev. fin. communales 1952. 214.* ♦ Dans le même sens : • TA Clermont-Ferrand, 4 nov. 1977, *Missonnier,* n° 5520.

135. Détournement de fonds sectionaux. Quand une commune a soustrait à leur affectation légitime les coupes d'une forêt sectionale ; que pendant une première période, elle a affecté une partie des coupes affouagères sectionales à la commune, et l'autre aux habitants, et pour une deuxième période, elle a affecté toutes les coupes au budget de la commune ; que pour la première période, un jugement du tribunal administratif a reconnu que la commune était débitrice envers la section des sommes qui n'avaient pas été utilisées pour le profit exclusif de la section, sur la base des art. L. 151-2 et L. 151-3 C. communes (CGCT, art. L. 2411-2 et L. 2411-3) ; que le conseil municipal a alors partagé ces sommes entre les habitants, mais sans prendre en compte les règles spéciales de partage de l'affouage édictées par les art. L. 145-2 et L. 145-3 C. for. (partage par feu, par tête, pondéré) ; le Conseil d'État juge que ces règles devaient être suivies ici, et que le conseil municipal devait se reporter à celles qui avaient été choisies chaque année de la période écoulée pour l'attribution de la deuxième partie de l'affouage aux habitants. Une décision contraire de la commune devait donc être annulée. Pour la deuxième période, le Conseil d'État a relevé un vice d'incompétence, de ce que le président de la commission syndicale de la section n'avait pas été autorisé par celle-là à ester en justice. • CE 26 juill. 1991, *Section de Cne de Ruxurieux-les-Cours-Champ-d'Evraux c/ Cne de Corcieux,* n° 87506.

136. Quand, en matière de coupes ordinaires, la commune a vendu à son profit les ventes de coupes et de chablis (bois abattus par le vent) de la section de commune ; que le produit de la vente a été précisément affecté à la réalisation de travaux d'assainissement se déroulant en partie sur le territoire de la section ; le Conseil d'État fait application de l'art. L. 151-3 C. communes (CGCT, art.

L. 2411-3) pour juger que les délibérations de la commune devaient être annulées (utilisation exclusive). • CE 26 juill. 1991, *Section de Cne de Ruxurieux-les-Cours-Champ-d'Évraux c/ Cne de Corcieux*, n° 87507.

B. IRRESPONSABILITÉ

137. Il n'y a pas lieu à indemnité dans l'hypothèse où la part d'affouage aurait été attribuée à un tiers qui l'aurait rétrocédée au véritable bénéficiaire. • CE 22 févr. 1907, *Girard : Lebon 171.*

C. PRÉJUDICE

138. Montant. L'évaluation du préjudice subi est, en principe, égale à la valeur du lot d'affouage pour l'année en cause. • TA Clermont-Ferrand, 4 nov. 1977, *Missonnier*, n° 5520.

139. Époque. L'évaluation du préjudice affouager s'effectue à l'époque où l'intéressé n'a pas reçu délivrance de la part à laquelle il avait droit. Si, cependant, ce dernier justifie que ses ressources ne lui permettaient pas, à l'époque dont il s'agit, de réparer le préjudice subi en achetant un lot de bois équivalent en qualité et quantité à la part dont il a été privé, il appartient au juge de tenir compte de cette circonstance. • CE 6 juin 1952, *Cne de Grémilly : Lebon 684 ; Rev. fin. communales 1952. 214.* ♦ Les intérêts de l'indemnité sont dus à partir de la date de la demande adressée au maire. • CE 14 avr. 1905, *Cne de Porzat : Lebon 371.*

VII. CONTENTIEUX

A. COMPÉTENCE

1° JURIDICTIONS ADMINISTRATIVES

a. Qualité d'affouagiste

140. Conditions d'aptitude. La juridiction administrative est compétente pour apprécier l'ensemble des conditions d'aptitude exigées par le C. for. pour l'attribution de la qualité d'affouagiste. • T. confl. 4 juill. 1896 : *Lebon 554.* ♦ Dans le même sens : • Civ. 7 juill. 1898, *Boulard c/ Cne d'Angirey : S. 1898. 1. 391.*

141. Domicile. La détermination du domicile réel et fixe en matière d'affouage relève de la compétence de la juridiction administrative. • CE 9 mars 1926, *Cne d'Échallon : Lebon 285.*

142. Inscription sur le rôle. « Les litiges relatifs à l'inscription sur le rôle de l'affouage sont des litiges relevant du contentieux de pleine juridiction, la dame Payrou pouvait valablement présenter des conclusions tendant à la délivrance du lot auquel elle avait droit. » • CE 2 mars 1966, *Cne de Matemale c/ Dame Vve Payrou : AJDA 1966. 399 et 419, note Singer.*

143. Actions en responsabilité. Relèvent de la compétence de la juridiction administrative les actions en responsabilité nées de l'illégalité d'une délibération relative à l'administration des biens communaux pour le refus illégal d'une part d'affouage. • CE 8 mai 1912, *Aufrère : Lebon 535.*

144. Pouvoirs du juge. Le juge administratif peut ordonner l'inscription d'un réclamant sur la liste affouagère. • CE 27 juill. 1910, *Cne de Montigny-aux-Amognes : Lebon 634.*

b. Modes de partage

145. Ensemble du contentieux du partage. L'ensemble du contentieux du partage de l'affouage relève de la compétence de la juridiction administrative. • CE 9 mars 1926, *Cne d'Échallon : préc. note 141.*

146. Délibération établissant un mode de partage. Le Conseil d'État apprécie la légalité d'une délibération d'un conseil municipal établissant un mode de partage de l'affouage de bois communaux non soumis au régime forestier. • CE 21 nov. 1962, *Sieur Faure : Lebon 623.* ♦ V. aussi : • CE 1er févr. 1907, *Saint-Bauzille : Lebon 104.*

147. Modalités du partage. Les litiges portant sur les modalités du partage (consistance des lots attribués et application des bases non contestées du partage) sont du ressort de la juridiction administrative ; mais si le litige porte sur une question de propriété indivise des parcelles, il doit être porté devant le juge judiciaire. • CE 9 févr. 1906, *Cne de Prunière : Lebon 638.*

c. Contestation non sérieuse sur la propriété

148. Lorsque la contestation de propriété ne repose sur aucun titre de propriété, qu'elle n'est confirmée ni par les énonciations cadastrales qui vont au contraire à l'encontre de la thèse des requérants, ni par la pratique suivie depuis de longues années qui attribuait la propriété des bois à une autre section, cette contestation n'est pas jugée sérieuse et le tribunal statue sans reconnaître l'existence d'une question préjudicielle. • TA Clermont-Ferrand, 19 févr. 1974, *Habitants du village du Besset*, n° 2559.

d. Délimitation de la section

149. La demande formée par un habitant d'une commune tendant à faire reconnaître qu'il a droit à l'affouage sur les bois d'une section de cette commune, par le motif que son habitation est située sur une parcelle dépendant du territoire de cette section, n'a pas pour objet un litige sur la consistance des bois communaux appartenant à cette section, mais sur l'aptitude personnelle de cet habitant à l'affouage ; il appartient dès lors au tribunal administratif de statuer sur la question de la délimitation de la section dont dépend l'existence des droits de cet habitant. • CE 3 mai 1911, *Ledieu : Lebon 496.* ♦ Il en va de même si ces limites résultent de l'interprétation d'un acte privé. • CE 15 mai 1957, *Tarnat : AJDA 1957. 307* (sol. impl.).

2° JURIDICTIONS JUDICIAIRES

150. Propriété. Quand des habitants réclament le bénéfice de l'affouage en faisant valoir que les bois dont ils réclament le produit des coupes, appartiennent à la section dont ils font partie et non à la commune, laquelle en revendique au contraire la propriété, cette question de propriété relève de la compétence des tribunaux judiciaires, et constitue une question préjudicielle que la juridiction administrative n'a pas qualité pour trancher. • CE 22 févr. 1911, *Cne de Neuffontaines : Lebon 20.*

151. Titres. La juridiction administrative n'est pas compétente pour statuer sur un litige existant entre l'habitant d'un hameau et une commune qui, pour lui refuser le droit à l'affouage se fonde exclusivement sur la circonstance que le hameau n'est pas au nombre des collectivités ayant vocation à l'affouage d'après les anciens titres. • CE 13 janv. 1905, *Robin : Lebon 29.*

152. Le titre contraire prévu à l'art. L. 145-2 C. for. ne peut être interprété lorsque la difficulté est sérieuse que par le juge judiciaire, notamment quand ce titre a une valeur contractuelle de droit privé, tel un bail emphytéotique. • CE 10 avr. 1964, *Cne de Sagnes et Godoulet : Lebon 205.* ♦ Dans le même sens pour un acte de l'exécutif, en l'occurrence une ordonnance royale, qui mettait à la charge des bénéficiaires de l'affouage une redevance ; précisément la question de savoir si cette ordonnance avait imposé à tort le paiement de cette redevance alors que le requérant soutenait que le partage aurait dû avoir lieu à titre gratuit, relève de la compétence des tribunaux judiciaires. • CE 11 mai 1917, *Lang : Lebon 385.*

B. INTÉRÊT À AGIR

153. Absence d'un intérêt à agir. S'il n'y a pas de distribution d'affouage pendant une année, la demande d'un réclamant tendant à être inscrit sur la liste doit être rejetée faute d'intérêt pour agir. • CE 1er août 1923, *Faivre : Lebon 641.*

154. Celui qui n'a aucun droit à l'affouage d'une commune ou d'une section, n'a pas qualité, faute d'intérêt, pour obtenir la radiation d'une personne figurant sur le rôle. • CE 12 mars 1915, *Servol : Lebon 74.* ♦ L'affouagiste d'une section ne peut contester l'inscription d'un autre habitant sur la liste d'une autre section de la commune. • CE 3 nov. 1943, *Durlac : Lebon T. 1935-1954. 811.*

155. N'a pas d'intérêt suffisant pour agir celui qui demande que soit désigné, si deux communes sont concernées par la répartition du même affouage, le conseil municipal qui sera chargé de dresser annuellement la liste des ayants droit, alors que cette requête ne se rattache à aucun litige relatif à l'aptitude personnelle d'un habitant à figurer sur le rôle d'affouage. • CE 28 nov. 1923, *Section de Charlut : Lebon 769.*

156. N'a pas la qualité d'affouagiste un enfant né 28 jours après la publication du rôle affouager, bien qu'ayant domicile réel et fixe dans la commune plus de six mois avant la publication dudit rôle. • CE 15 févr. 1929, *Cne de la Chaux-du-Dombief : Lebon 192.*

157. Même si l'activité de l'ONF est une activité de protection, conservation et surveillance de la forêt, qui relève de sa mission de service public administratif, elle ne saurait lui donner le droit de s'immiscer dans un litige opposant une commune à un ayant droit. • TA Lyon, 19 sept. 1985, *MM Jourdan, Testud et Oddoux : RD rur. 1986, n° 140, p. 10.*

158. Un entrepreneur de coupe affouagère qui a été condamné par un tribunal judiciaire par un jugement devenu définitif, à payer à l'habitant d'une section la part de l'affouage qui ne lui avait pas été délivrée, et qui a été débouté de sa prétention par le tribunal administratif à voir annuler le droit à l'affouage de l'habitant, est sans intérêt pour faire appel de ce dernier jugement. • CE 6 mai 1970, *Blanc-Talon : Lebon 373.*

159. Un maire ne peut représenter ses administrés affouagistes. • TA Lyon, 29 sept. 1977, *Maire d'Écoche*, n° 23445.

160. Existence d'un intérêt à agir. Ont intérêt à agir afin d'obtenir une radiation du rôle affouager, ceux qui, si cette radiation était obtenue, bénéficieraient de l'augmentation des parts d'affouages consécutive à la diminution du nombre d'affouagistes. • TA Clermont-Ferrand, 29 mars 1977, *Lacoste et a.*, n° 6012.

161. Les personnes écartées de la répartition de l'affouage par une décision individuelle faisant application à leur cas particulier d'une règle fixée par une délibération antérieure peuvent attaquer cette décision individuelle en soulevant « par voie d'exception » l'illégalité de la délibération antérieure fixant ces règles. • CE 22 juill. 1931, *Cne de Voyer c/ Bellot : Lebon 806.* ♦ Dans le même sens : • TA Besançon, 28 janv. 1976, *Dame Nonotte*, n° 7713 *bis.*

162. A qualité pour agir au nom de l'affouagiste le titulaire de l'autorité parentale pour l'enfant mineur. • CE 9 mars 1929, *Cne d'Échallon : Lebon 285.* ♦ Jugé dans les mêmes conditions alors que le titulaire de l'autorité est étranger, du moment qu'il agit au nom de son enfant mineur français. • CE 15 févr. 1929, *Cne de la Chaux-du-Dombief : Lebon 192.*

163. A qualité pour agir au nom de l'affouagiste le représentant légal du majeur faisant l'objet d'une mesure d'assistance. • TA Clermont-Ferrand, 8 mai 1979, *Union dptale des assoc. familiales du Puy-de-Dôme*, n° 7638 (sol. impl. pour un gérant de tutelle).

164. Un mari peut réclamer au nom de sa femme la délivrance d'un lot d'affouage à laquelle celle-ci prétend avoir droit. • CE 3 déc. 1913, *Cne de Vielverge : Lebon 1193.* ♦ Est recevable la demande de deux époux réclamant ensemble leur double inscription. • TA Clermont-Ferrand, 15 avr. 1980, *Épx Levet*, n° 8351. ♦ Si la requête émane de deux époux réclamant ensemble leur double inscription, l'absence de contestation, au fond, de la part de la commune prouve que le mode de répartition choisi est le partage par tête, le seul qui permette l'inscription simultanée des deux époux ; la requête étant, contrairement aux allégations du maire, recevable, il y a lieu d'ordonner l'inscription du mari et de la femme. • Même jugement.

165. Les héritiers du *de cujus* affouagiste ont droit au lot de celui-ci. • CE 3 déc. 1913, *Cne de Vielverge : préc. note 106*.

C. DÉLAI DE SAISINE

166. Limite générale. Une demande contentieuse est recevable tant qu'il n'a pas été dressé une liste nouvelle par le conseil municipal ; la requête présentée même après la distribution des lots est donc recevable. • CE 14 avr. 1905, *Cne de Poizat : Lebon 371*.

167. Délai de deux mois. Toutefois, si l'intéressé se voit notifier une décision individuelle faisant application à son cas personnel des règles fixées par la délibération du conseil municipal, le recours contre cette décision doit être présenté dans un délai de deux mois à compter de la notification. • CE 2 mars 1966, *Cne de Matemale c/ Vve Payrou : AJDA 1966. 419*. ♦ Tout intéressé peut contester par voie d'exception d'illégalité, les dispositions d'une délibération d'un conseil municipal fixant les conditions à remplir par les ayants droit à l'affouage à l'occasion de l'application individuelle qui lui est faite de ces règles ; son recours doit (en application de l'art. R. 89 C. trib. adm., recodifié ss. CJA, art. R. 411-3) être enregistré au greffe du tribunal administratif dans le délai de droit commun habituel de deux mois à compter de la notification de cette décision. • CE 22 juill. 1931, *Cne de Voyer c/ Sieur Bellot : Lebon 806*. ♦ Dans le même sens : • TA Clermont-Ferrand, 16 juin 1978, *Besson*, n° 6280.

D. REQUÊTES

168. Contenu. Le requérant doit indiquer dans la requête pour quelle année il sollicite son inscription au rôle d'affouage, à moins que cette précision ne résulte sans ambiguïté des pièces jointes à la requête, tel le rôle d'affouage contesté. • TA Clermont-Ferrand, 5 déc. 1980, *Goy : inédit*.

169. Rejet. Doit être rejetée la requête quasi inintelligible ou dépourvue de tout moyen de droit ou de fait. • CE 27 juill. 1910, *Cne de Montigny-aux-Amognes : Lebon 634*. ♦ Dans le même sens : • TA Clermont-Ferrand, 4 nov. 1977, *Champeix*, n° 4570.

1° QUALITÉ DES REQUÉRANTS

170. Maire et conseil municipal. Au contentieux affouager, le maire doit être autorisé à défendre par le conseil municipal. • CE 30 juin 1948, *Cne de Gacogne : Lebon 302*. ♦ Le conseil municipal peut régulariser *a posteriori* l'initiative prise par le maire dans ce domaine. • CE 17 mai 1946, *Ville de Marseille c/ Aubert : Lebon 134*.

171. Quand l'autorisation donnée par le conseil municipal au maire de défendre, ou d'intenter l'action devant les tribunaux ne porte expressément que sur la première instance, elle ne vaut pas pour l'appel. • CE 30 juin 1948, *Cne de Gacogne : Lebon 302*. ♦ V. aussi : • CE 2 juin 1938, *Cne de Vico : Lebon 506*. ♦ Le maire peut faire appel à titre conservatoire si l'expiration des délais d'appel rend impossible la convocation et la réunion du conseil municipal en temps utile, à condition qu'une délibération ultérieure de ce dernier vienne régulariser son initiative. • CE 17 mai 1946, *Ville de Marseille c/ Aubert : préc. note 170*.

172. Quand les sections, propriétaires en indivision d'une forêt, relèvent de la même commune, en cas de contentieux entre elles, le maire ne peut demander la mise hors de cause de la commune en faisant valoir que le litige n'oppose entre eux que les habitants des deux sections. • TA Clermont-Ferrand, 27 avr. 1973, *Lebre et a.*, n° 2559.

173. Affouagistes. Est recevable la requête présentée par plusieurs personnes inscrites à un même rôle et agissant ensemble pour obtenir la radiation de l'un des bénéficiaires. • TA Clermont-Ferrand, 29 mars 1977, *Lacoste et a.*, n° 6012.

174. Est recevable une requête collective émanant d'habitants d'une même section contestant les droits des habitants d'une autre section sur la forêt dont ils percevaient les revenus. • TA Clermont-Ferrand, 27 avr. 1973, *Lebre et a. : préc. note 172*.

175. Si l'habitant de la commune ou de la section de commune peut suppléer les carences de l'organe représentatif pour la défense de ses droits collectifs devant les juridictions de l'État, un recours en cassation contre une ordonnance d'expropriation d'une parcelle appartenant aux habitants d'une section de commune présentée par les habitants, est irrecevable si « les demandeurs ne justifient pas d'une autorisation du tribunal administratif ». • Civ. 3e, 2 févr. 1977, *Épx Guillaume c/ Préfet du Puy-de-Dôme : Bull. civ. III, n° 59*. ♦ Il en est de même d'une action en revendication de propriété de bois et forêts engagée par un contribuable inscrit au rôle de la section. • Nîmes, 1re ch., 29 févr. 1984 : *inédit*. – V. aussi : • TGI Privas, 27 janv. 1983, *ONF, Jourdan, Testut, Oddoux : inédit*.

176. Association. Lorsque l'existence d'une section de commune est contestée, le juge administratif estime recevable la requête d'une association d'affouagistes. • CE 1er oct. 1986, ♔ *Cne de* *la Saulsotte c/ Assoc. des affouagistes de la Saulsotte*, n° 59522. ♦ V. aussi : • CE 2 juill. 1980, *Canavaggio et Assoc. de défense des intérêts matériels et moraux des habitants et propriétaires du hameau de Bisiano*, n° 13650 : *Lebon 624*.

177. Décès du requérant. Le décès du requérant affouagiste n'empêche pas le tribunal de prendre sa décision si l'affaire est en état d'être jugée. • CE 17 oct. 1980, *Coudert*, n° 12480.

2° ACTE DÉFÉRÉ

178. Rien ne s'oppose à ce que le postulant à l'affouage attaque une délibération du conseil municipal ayant abouti à la rédaction du rôle d'affouage, en alléguant une illégalité propre à cette décision, qu'il s'agisse de celle qui arrête définitivement ce rôle ou de celles qui, concernant le même objet l'ont précédé. • TA Clermont-Ferrand, 15 avr. 1980, *Levet*, n° 835.

3° MOYENS

179. Délai de dépôt des moyens. Dans leurs mémoires les parties peuvent présenter des moyens nouveaux jusqu'au jugement de l'affaire, mais à condition que ceux-ci reposent sur la même cause juridique que l'un des moyens invoqués dans le délai du recours contentieux (en l'espèce premier moyen : domicile réel et fixe ; moyen ultérieur : délibération intervenue sur une procédure irrégulière). • CE 21 nov. 1962, *Sieur Faure : Lebon 623*.

180. En l'absence d'ordonnance du président du tribunal prononçant la clôture de l'instruction, il est possible de présenter un mémoire, même le jour de l'audience jusqu'au moment où le commissaire du gouvernement commence ses conclusions. • CE 21 janv. 1948, *Latreille de Lavarde : Lebon 662*.

181. Moyens inopérants. Est inopérant le moyen tiré du fait que le requérant ne répond peut-être pas exactement aux conditions prévues par le C. for., mais que tel autre habitant, inscrit au rôle, y satisfait encore moins que lui. • TA Clermont-Ferrand, 2 juin 1978, *Besson*, n° 6770.

4° MÉMOIRE EN DÉFENSE

182. Le mémoire en défense et la délibération peuvent figurer sur un même document, dès lors que ce dernier comporte la signature du maire. • CE 6 juill. 1906, *Cne de Labastide-Murat : Lebon 604*.

E. POUVOIRS DU JUGE ET JUGEMENT

183. Modalités d'instruction. En matière d'affouage, le jugement peut prendre la forme d'un questionnaire adressé au requérant demandant aux parties de fournir toutes indications de nature à constituer sinon une preuve, du moins un faisceau de « présomptions graves, précises et concordantes » pour établir la réalité du domicile affouager. • TA Clermont-Ferrand, 20 oct. 1981, *Guilbert*, n° 9747.

184. Expertise. Le tribunal peut déléguer un ou plusieurs de ses membres sur les lieux (C. trib. adm., art. R. 137 et 138 devenus CJA, art. R. 521-2 et R. 611-1) afin de constater la réalité du domicile réel et fixe au sens de l'art. L. 145-2 C. for. ; les magistrats peuvent vérifier que le « confortable rez-de-chaussée – 2 pièces » annoncé se révèle être un « deux pièces en sous-sol, humides et inhabitables ». • TA Clermont-Ferrand, 21 mars 1969, *Tournadre*, n° 1476.

185. Injonction. S'il ne dispose pas d'un droit de réformation, le juge se reconnaît cependant un droit d'injonction en ordonnant l'inscription d'un réclamant sur la liste des affouagistes. • CE 27 juill. 1910, *Cne de Montigny-aux-Amognes : Lebon 643*.

186. Jugement ultra petita. Le requérant ayant demandé la condamnation de la commune à lui attribuer le lot d'affouage auquel il avait droit, le tribunal administratif n'a pas statué *ultra petita* en décidant, après avoir prescrit l'inscription de l'intéressé sur le rôle d'affouage, que la commune devait lui attribuer un lot ou, à défaut, une somme d'argent en représentant la valeur. • CE 17 nov. 1961, *Cne de Matemalle*, n° 49991 : *tables décennales, 229*.

187. Le tribunal ne peut, sans excéder sa compétence résoudre une difficulté entièrement étrangère au problème d'aptitude personnelle à l'affouage qui lui a été soumis ; ainsi, il ne peut statuer sur la question de savoir lequel des deux conseils municipaux des deux communes intéressées serait chargé de dresser annuellement la liste des ayants droit à l'affouage. • CE 28 nov. 1923, *Section de Charlut, Cne de Saint-Genès-Champespe : Lebon 769* (sol. impl.).

188. Même si la requérante a demandé seulement à ce que lui soit « accordé le bénéfice de son lot d'affouage » le tribunal peut lui accorder soit l'affouage en nature, soit sa contrepartie en valeur avec les intérêts de droit. • TA Besançon, 28 janv. 1976, *Dame Nonotte : inédit*.

CHAPITRE II **DONS ET LEGS**

Art. L. 2242-1 Le conseil municipal statue sur l'acceptation des dons et legs faits à la commune. – *[C. communes, art. L. 312-1.]*

V. art. R. 2242-1 à R. 2242-6.

Sur la demande en révision des donations et legs reçus par la commune, V. ci-dessous C. civ, art. 900-2 s.

1. Recevabilité d'un déféré préfectoral contre une délibération changeant la destination d'un legs. Le préfet peut déférer au tribunal administratif la délibération par laquelle le conseil municipal prend la décision de vendre un bien qui lui a été légué à charge en modifiant la destination du *de cujus* alors même que « l'action en révocation d'un legs pour inexécution d'une charge ne soit ouverte qu'à ceux qui profiteront de la révocation et bien que la méconnaissance de la volonté du testateur ne puisse être utilement invoquée au soutien d'un recours pour excès de pouv ». • CE 5 févr. 1990, *Cne d'Éguilles c/ COREP des Bouches-du-Rhône*, n°s 73923 et 84498.

2. Application des art. 900-2 à 900-8 C. civ. pour la modification de la destination d'un legs. Les art. 900-2 à 900-8 C. civ. sont applicables aux personnes morales de droit public au titre exprès de l'art. 2 de la loi du 4 juill. 1984 ; ces articles doivent régir la modification des charges et conditions grevant un bien légué à une commune ou l'aliénation de ce bien, à l'exclusion des art. 954, 955, 1046 C. civ. Par suite, le conseil municipal ne pouvait modifier la destination du legs sans avoir recours à la procédure prévue par les art. 900-2 à 900-8 C. civ. • CE 5 févr. 1990, *Cne d'Éguilles c/ COREP des Bouches-du-Rhône*, n°s 73923 et 84498 : *préc. note 1.*

3. Don à l'occasion d'un remembrement. Aucune disposition législative ou réglementaire n'impose à une commune d'accepter la proposition de l'association foncière de remembrement constituée sur une commune voisine, de lui céder gratuitement ses chemins, fossés et ouvrages. De même, une commune n'est nullement tenue d'accepter une telle proposition émanant de l'association foncière constituée sur son propre territoire * Rép. min. n° 41122, *JOAN Q, 7 avr. 1997.*

Code civil

Art. 900-2 *(L. n° 84-562 du 4 juill. 1984)* Tout gratifié peut demander que soient révisées en justice les conditions et charges grevant les donations ou legs qu'il a reçus, lorsque, par suite d'un changement de circonstances, l'exécution en est devenue pour lui soit extrêmement difficile, soit sérieusement dommageable.

Art. 900-3 *(L. n° 84-562 du 4 juill. 1984)* La demande en révision est formée par voie principale ; elle peut l'être aussi par voie reconventionnelle, en réponse à l'action en exécution ou en révocation que les héritiers du disposant ont introduite.

Elle est formée contre les héritiers ; elle l'est en même temps contre le ministère public s'il y a doute sur l'existence ou l'identité de certains d'entre eux ; s'il n'y a pas d'héritier connu, elle est formée contre le ministère public.

Celui-ci doit, dans tous les cas, avoir communication de l'affaire.

Art. 900-4 *(L. n° 84-562 du 4 juill. 1984)* Le juge saisi de la demande en révision peut, selon les cas et même d'office, soit réduire en quantité ou périodicité les prestations grevant la libéralité, soit en modifier l'objet en s'inspirant de l'intention du disposant, soit même les regrouper, avec des prestations analogues résultant d'autres libéralités.

Il peut autoriser l'aliénation de tout ou partie des biens faisant l'objet de la libéralité en ordonnant que le prix en sera employé à des fins en rapport avec la volonté du disposant.

Il prescrit les mesures propres à maintenir, autant qu'il est possible, l'appellation que le disposant avait entendu donner à sa libéralité.

Art. 900-5 *(L. n° 84-562 du 4 juill. 1984)* La demande n'est recevable que dix années après la mort du disposant ou, en cas de demandes successives, dix années après le jugement qui a ordonné la précédente révision.

La personne gratifiée doit justifier des diligences qu'elle a faites, dans l'intervalle, pour exécuter ses obligations.

Art. 900-6 *(L. n° 84-562 du 4 juill. 1984)* La tierce opposition à l'encontre du jugement faisant droit à la demande en révision n'est recevable qu'en cas de fraude imputable au donataire ou légataire.

La rétractation ou la réformation du jugement attaqué n'ouvre droit à aucune action contre le tiers acquéreur de bonne foi.

Art. 900-7 *(L. n° 84-562 du 4 juill. 1984)* Si, postérieurement à la révision, l'exécution des conditions ou des charges, telle qu'elle était prévue à l'origine, redevient possible, elle pourra être demandée par les héritiers.

Art. 900-8 *(L. n° 84-562 du 4 juill. 1984)* Est réputée non écrite toute clause par laquelle le disposant prive de la libéralité celui qui mettrait en cause la validité d'une clause d'inaliénabilité ou demanderait l'autorisation d'aliéner.

Art. L. 2242-2 *(L. n° 2013-428 du 27 mai 2013, art. 19)* **Lorsqu'un don ou un legs est fait à un hameau ou à un quartier qui ne constitue pas une section de commune, le conseil municipal statue sur l'acceptation de cette libéralité.**

En cas d'acceptation, la commune gère le bien dans l'intérêt du hameau ou du quartier concerné.

Pour le legs du droit d'usage d'une source, V. • TA Clermont-Ferrand, 24 mai 1984, *Sabatier : inédit.*

Art. L. 2242-3 Les établissements publics communaux acceptent et refusent les dons et legs qui leur sont faits. — *[C. communes, art. L. 312-3.]*

Art. L. 2242-4 Le maire peut toujours, à titre conservatoire, accepter les dons et legs et former, avant l'autorisation, toute demande en délivrance.

Les établissements publics communaux peuvent également, sans autorisation préalable, accepter provisoirement ou à titre conservatoire les legs qui leur sont faits.

La délibération du conseil municipal ou de la commission administrative, qui intervient ultérieurement, a effet du jour de cette acceptation. — *[C. communes, art. L. 312-4.]*

Art. L. 2242-5 *Abrogé par Ord. n° 2010-177 du 23 févr. 2010, art. 27.*

CHAPITRE III DÉCLARATION DE PARCELLE EN ÉTAT D'ABANDON

Art. L. 2243-1 Lorsque, dans une commune, des immeubles, parties d'immeubles, *(L. n° 2005-157 du 23 févr. 2005, art. 81)* **« voies privées assorties d'une servitude de passage public, » installations et terrains sans occupant à titre habituel ne sont manifestement plus entretenus, le maire engage la procédure de déclaration de la parcelle concernée en état d'abandon manifeste.**

Procès-verbaux « provisoires » et procès-verbaux « définitifs », actes préparatoires ne faisant pas grief. Il résulte des art. L. 2243-1, L. 2243-2 et L. 2243-3 CGCT que les procès-verbaux « provisoires » et les procès-verbaux « définitifs » par lesquels le maire constate l'état d'abandon manifeste d'une parcelle ne constituent que de simples mesures préparatoires à la décision éventuelle du conseil municipal de déclarer cette parcelle en l'état d'abandon manifeste et de procéder à son expropriation ; ces procès-verbaux ne portent aucune atteinte directe au droit de propriété de leurs destinataires, garanti par le premier protocole additionnel à la convention européenne de sauvegarde des droits de l'homme et des libertés fondamentales ; les irrégularités dont ils seraient entachés ne peuvent être invoquées qu'à l'appui des recours dirigés contre la décision du conseil municipal. • CE 18 févr. 2009, *Sté Bellingsmattschapijj Belensas BV*, n° 301466 : *BJCL 2009. 333, concl. De Salins et obs. B.P.*

Art. L. 2243-1-1 *(L. n° 2018-1021 du 23 nov. 2018, art. 160)* **Dans le périmètre d'une opération de revitalisation de territoire** *(L. n° 2023-973 du 23 oct. 2023, art. 22)* **« mentionnée à l'article L. 303-2 du code de la construction et de l'habitation ou d'une grande opération d'urbanisme mentionnée à l'article L. 312-3 du code de l'urbanisme », l'abandon manifeste d'une partie d'immeuble est constaté dès lors que des travaux ont condamné l'accès à cette partie. La procédure prévue aux articles L. 2243-2 à L. 2243-4 est applicable.**

Art. L. 2243-2 Le maire constate, par procès-verbal provisoire, l'abandon manifeste d'une parcelle, après qu'il a été procédé à la détermination de celle-ci ainsi qu'à la recherche *(L. n° 2014-366 du 24 mars 2014, art. 71)* **« dans le fichier immobilier ou au livre foncier » des propriétaires, des titulaires de droits réels et des autres intéressés.** *(L. n° 2014-366 du 24 mars 2014, art. 71)* **« Ce procès-verbal indique la nature des désordres affectant le bien auxquels il convient de remédier pour faire cesser l'état d'abandon manifeste. »**

Le procès-verbal provisoire d'abandon manifeste est affiché pendant trois mois à la mairie et sur les lieux concernés ; il fait l'objet d'une insertion dans deux journaux

régionaux ou locaux diffusés dans le département. En outre, le procès-verbal provisoire d'abandon manifeste est notifié aux propriétaires, aux titulaires de droits réels et aux autres intéressés ; à peine de nullité, cette notification reproduit intégralement les termes des articles L. 2243-1 à L. 2243-4. Si l'un des propriétaires, titulaires de droits réels ou autres intéressés n'a pu être identifié ou si son domicile n'est pas connu, la notification le concernant est valablement faite à la mairie.

V. note ss. art. L. 2243-1.

Art. L. 2243-3 À l'issue d'un délai de *(L. nº 96-1236 du 30 déc. 1996, art. 46 ; L. nº 2014-366 du 24 mars 2014, art. 71)* « trois mois » à compter de l'exécution des mesures de publicité et des notifications prévues à l'article L. 2243-2, le maire constate par un procès-verbal définitif l'état d'abandon manifeste de la parcelle ; ce procès-verbal est tenu à la disposition du public. *(L. nº 2011-725 du 23 juin 2011, art. 16)* « Le maire saisit le conseil municipal qui décide s'il y a lieu de déclarer la parcelle en état d'abandon manifeste et d'en poursuivre l'expropriation au profit de la commune, d'un *(L. nº 2022-217 du 21 févr. 2022, art. 98)* « établissement public de coopération intercommunale ou de tout autre » organisme y ayant vocation ou d'un concessionnaire d'une opération d'aménagement visé à l'article L. 300-4 du code de l'urbanisme, en vue soit de la construction ou de la réhabilitation aux fins d'habitat, soit de tout objet d'intérêt collectif relevant d'une opération de restauration, de rénovation ou d'aménagement *(L. nº 2023-973 du 23 oct. 2023, art. 12)* « , y compris, le cas échéant, en vue de l'implantation d'installations industrielles » *(L. nº 2022-217 du 21 févr. 2022, art. 98)* « , soit de la création de réserves foncières permettant la réalisation de telles opérations ».

La procédure tendant à la déclaration d'état d'abandon manifeste ne peut être poursuivie si, pendant le délai mentionné à l'alinéa précédent, les propriétaires ont mis fin à l'état d'abandon *(L. nº 2011-725 du 23 juin 2011, art. 16)* « ou se sont engagés à effectuer les travaux propres à y mettre fin définis par convention avec le maire, dans un délai fixé par cette dernière. »

La procédure tendant à la déclaration d'état d'abandon manifeste peut être reprise si les travaux n'ont pas été réalisés dans le délai prévu. Dans ce cas, le procès-verbal définitif d'abandon manifeste intervient soit à l'expiration du délai mentionné au premier alinéa, soit *(L. nº 2011-725 du 23 juin 2011, art. 16)* « à l'expiration du délai fixé par la convention mentionnée au deuxième alinéa.

« Le propriétaire de la parcelle visée par la procédure tendant à la déclaration d'état d'abandon manifeste ne peut arguer du fait que les constructions ou installations implantées sur sa parcelle auraient été édifiées sans droit ni titre par un tiers pour être libéré de l'obligation de mettre fin à l'état d'abandon de son bien. »

Art. L. 2243-4 *(L. nº 2011-725 du 23 juin 2011, art. 16)* L'expropriation des immeubles, parties d'immeubles, voies privées assorties d'une servitude de passage public, installations et terrains ayant fait l'objet d'une déclaration d'état d'abandon manifeste peut être poursuivie dans les conditions prévues au présent article.

Le maire constitue un dossier présentant le projet simplifié d'acquisition publique, ainsi que l'évaluation sommaire de son coût, qui est mis à la disposition du public, pendant une durée minimale d'un mois, appelé à formuler ses observations dans des conditions précisées par la délibération du conseil municipal.

(L. nº 2014-366 du 24 mars 2014, art. 71) « Sur demande du maire ou si celui-ci n'engage pas la procédure mentionnée au deuxième alinéa dans un délai de six mois à compter de la déclaration d'état d'abandon manifeste, le président de l'établissement public de coopération intercommunale compétent en matière d'habitat *(L. nº 2022-217 du 21 févr. 2022, art. 98)* « dont la commune est membre » ou du conseil départemental du lieu de situation du bien peut constituer un dossier présentant le projet simplifié d'acquisition publique, ainsi que l'évaluation sommaire de son coût, qui est mis à la disposition du public, pendant une durée minimale d'un mois, appelé à formuler ses observations dans des conditions précisées par la délibération de l'organe délibérant de l'établissement public de coopération intercommunale ou du département. »

Par dérogation aux dispositions du code de l'expropriation pour cause d'utilité publique, le représentant de l'État dans le département, au vu du dossier et des observations du public, par arrêté :

1° Déclare l'utilité publique du projet mentionné *(L. n° 2014-366 du 24 mars 2014, art. 71)* « aux deuxième ou troisième alinéas » et détermine la liste des immeubles ou parties d'immeubles, des parcelles ou des droits réels immobiliers à exproprier ainsi que l'identité des propriétaires ou titulaires de ces droits réels ;

2° Déclare cessibles lesdits immeubles, parties d'immeubles, parcelles ou droits réels immobiliers concernés ;

3° Indique *(L. n° 2022-217 du 21 févr. 2022, art. 98)* « le bénéficiaire » au profit duquel est poursuivie l'expropriation ;

4° Fixe le montant de l'indemnité provisionnelle allouée aux propriétaires ou titulaires de droits réels immobiliers, cette indemnité ne pouvant être inférieure à l'évaluation effectuée par le service chargé des domaines ;

5° Fixe la date à laquelle il pourra être pris possession après paiement ou, en cas d'obstacle au paiement, après consignation de l'indemnité provisionnelle. Cette date doit être postérieure d'au moins deux mois à la publication de l'arrêté déclaratif d'utilité publique.

Cet arrêté est publié au recueil des actes administratifs du département et affiché à la mairie du lieu de situation des biens. Il est notifié aux propriétaires et aux titulaires de droits réels immobiliers.

Dans le mois qui suit la prise de possession, l'autorité expropriante est tenue de poursuivre la procédure d'expropriation dans les conditions prévues par le code de l'expropriation pour cause d'utilité publique.

L'ordonnance d'expropriation ou la cession amiable consentie après l'intervention de l'arrêté prévu au présent article produit les effets visés à l'article *(Ord. n° 2014-1345 du 6 nov. 2014, art. 5)* « L. 222-2 » du code de l'expropriation pour cause d'utilité publique.

Les modalités de transfert de propriété des immeubles ou de droits réels immobiliers et d'indemnisation des propriétaires sont régies par le code de l'expropriation pour cause d'utilité publique.

Un conseil municipal ne peut se borner à reproduire les dispositions du 2d al. de l'art. L. 2243-4 CGCT (dans sa version alors applicable) pour décider de l'expropriation : il doit motiver sa décision de façon à permettre au juge de connaître la destination qu'il a entendu déterminer pour la parcelle déclarée en état d'abandon manifeste. • CAA Douai, 11 déc. 2013, n° 13DA00030 : *AJDA 2014. 427*.

TITRE V INTERVENTIONS EN MATIÈRE ÉCONOMIQUE ET SOCIALE

CHAPITRE I AIDES ÉCONOMIQUES *(L. n° 2004-809 du 13 août 2004, art. 1er)*.

Art. L. 2251-1 L'État a la responsabilité de la conduite de la politique économique et sociale ainsi que de la défense de l'emploi.

Néanmoins, sous réserve du respect de la liberté du commerce et de l'industrie *(L. n° 2015-991 du 7 août 2015, art. 3)* « et du principe d'égalité des citoyens devant la loi », la commune peut intervenir en matière économique et sociale dans les conditions prévues au présent chapitre et à l'article L. 2253-1.

Les collectivités territoriales ne doivent pas, par leurs interventions économiques, fausser le libre jeu de la concurrence. Ainsi, en accordant une garantie d'emprunt à une SEML afin de faciliter la réalisation d'une opération hôtelière projetée, une commune crée des conditions de concurrence favorables à l'exploitant du projet de complexe hôtelier au détriment des autres hôteliers exerçant dans la commune et de toute personne souhaitant ouvrir un hôtel dans cette même commune ; elle porte atteinte, ce faisant, à la liberté du commerce et de l'industrie. • TA Grenoble, 27 janv. 1988, *Ruphy et a. c/ Cne de La Clusaz : JCP 1989. II. 21265, note Devès.* ♦ ... Ou en fournissant des fleurs d'ornement pour d'autres collectivités locales. • TA Strasbourg, 29 déc. 1995, *Synd. des horticulteurs c/ Ville de Woippy : LPA 23 août 1996, concl. Portail.* ♦ ... Ou en organisant une exposition municipale sur le thème de la faïence au sein d'une entreprise locale de faïence : parce qu'il existe dans la commune d'autres entreprises commercialisant des faïences et parce que les visiteurs de l'exposition étaient obligés de traverser les locaux de vente de l'entreprise, la décision du conseil municipal porte atteinte, en raison de la localisation de l'exposition, au principe d'égalité des citoyens et au principe de liberté du commerce et de l'industrie en favorisant un commerçant au détriment d'autres commerçants du même secteur d'activité. • TA Besançon, 16 oct. 1997, *SA Super Ceram : Dr. adm. 1998, nº 4.* ♦ ... Ou en accordant une subvention à une mutuelle étudiante alors qu'en l'espèce de nombreuses compagnies d'assurances proposent des prestations adaptées à la situation des étudiants. • TA Pau, 17 déc. 1998, *SMESO : JCP 1999. II. 10114, note Cabannes* ; confirmé par • CAA Bordeaux, 29 avr. 2003, *Dpt des Landes : BJCL 2003. 570, concl. Rey* : considérant que si une prise en charge par le département des Landes des frais que représentent, pour les étudiants landais, l'accès à certaines prestations particulièrement adaptées aux besoins de cette catégorie de la population départementale pouvait se justifier dans un but d'intérêt général, une telle aide ne pouvait s'effectuer légalement que sous réserve de ne pas conférer à un prestataire un avantage économique de nature à porter atteinte aux principes d'égalité de traitement, de liberté du commerce et de l'industrie et de libre concurrence ou en assurant, moyennant rémunération, la gestion administrative et comptable d'une SEML alors qu'il n'y a pas défaillance ou insuffisance manifeste de l'initiative privée ; en revanche, lorsque la délibération se borne à prévoir le versement d'une subvention destinée à un ou plusieurs organismes gérant des cartes permettant aux étudiants résidant dans le département des Landes de bénéficier de prestations d'assurances et de services à un tarif préférentiel, sans préciser les conditions auxquelles sera subordonné le versement de ladite subvention, le moyen tiré de ce qu'en l'absence de carence de l'initiative privée dans le domaine des prestations envisagées, la délibération attaquée méconnaîtrait la liberté du commerce et de l'industrie, doit être écarté. • CE 16 janv. 2006, *Dpt des Landes,* nº 258320. ♦ V. aussi • CAA Marseille, 19 déc. 2002, *Cne de Fréjus : BJCL 2003. 565, concl. Trottier.* ♦ En revanche, est licite la création par une commune d'un service de réhabilitation des installations d'assainissement autonome – secteur ouvert à la concurrence – si ce service fonctionne selon des modalités respectueuses de la concurrence. • CE 23 mai 2003, *Cté de cnes Artois-Lys : Dr. adm. 2003, nº 208, obs. Lombard.*

Art. L. 2251-2 **Lorsque l'intervention de la commune a pour objet de favoriser le développement économique, elle peut accorder des aides dans les conditions prévues par le titre I du livre V de la première partie et à l'article L. 2253-1.**

V. art. L. 1511-1 s.

Art. L. 2251-3 *(L. nº 2005-157 du 23 févr. 2005, art. 12)* **« Lorsque l'initiative privée est défaillante ou insuffisante pour assurer la création ou le maintien d'un service nécessaire à la satisfaction des besoins de la population en milieu rural** *(L. nº 2014-173 du 21 févr. 2014, art. 11)* **« ou dans une commune comprenant un ou plusieurs quartiers prioritaires de la politique de la ville », la commune peut confier la responsabilité de le créer ou de le gérer à une association régie par la loi du 1er juillet 1901 relative au contrat d'association ou à toute autre personne ; elle peut aussi accorder des aides, sous réserve de la conclusion avec le bénéficiaire de l'aide d'une convention fixant les obligations de ce dernier. »**

Pour compléter les aides visées à l'alinéa précédent, la commune peut passer des conventions avec d'autres collectivités territoriales concernées et disposant de moyens adaptés à la conduite de ces actions, notamment au plan financier.

V. ci-dessous L. nº 2005-157 du 23 févr. 2005, art. 111.

BIBL. ► Sur le nouvel article L. 2251-3 : DREYFUS et NOËL, Un socialisme municipal qui ne dit pas son nom ?, *BJCL 2005. 214.*

1. Cette disposition reprend les termes de la jurisprudence antérieure relative à la licéité de la création de services publics locaux tendant à pallier la défaillance ou l'insuffisance de l'initiative privée, cette carence pouvant être quantitative ou qualitative. À cet égard, a été jugée légale : la création d'un cabinet dentaire municipal de nature à permettre à la population locale, composée en grande majorité de salariés modestes, de ne pas renoncer aux soins dentaires malgré la carence de l'équipement hospitalier et le nombre insuffisant de praticiens privés, alors surtout que ceux-ci pratiquaient en fait, pour la plupart du moins, des tarifs supérieurs aux tarifs de responsabilité de la sécurité sociale. • CE 20 nov. 1964, *Ville de Nanterre : Lebon 563.* ♦ ... La création d'un café-hôtel-restaurant pour améliorer la qualité de l'accueil touristique de la commune et contribuer à l'animation de la vie locale, parce que le seul débit de boissons existant dans la commune était mal tenu et fonctionnait de façon irrégulière ; en conséquence, l'intervention de la commune avait eu pour objet de suppléer l'insuffisance de l'initiative privée en vue de satisfaire les besoins de la population. • TA Clermont-Ferrand, 21 oct. 1983, *M. Hugues Tay : AJDA 1984. 166.* ♦ ... La création par une commune, d'un bâtiment à usage de commerces d'alimentation, bar, restaurant, destiné à être loué à une personne qui en assurerait l'exploitation, dans la mesure où cette installation correspondait à un intérêt commun en contribuant à l'animation de la vie locale, et eu égard au mauvais entretien et aux interruptions de fonctionnement de l'unique hôtel-café-restaurant existant dans la commune ; en outre, la présence d'un bar-restaurant, dont la construction était envisagée, était de nature à faciliter l'exploitation du commerce d'alimentation, activité dont la commune était dépourvue jusqu'à présent. • CE 25 juill. 1986, *Cne de Mercœur c/ Morand*, n° 56334 : *Dr. adm. 1986, n° 489*. ♦ ... Le maintien d'un salon de coiffure fixe dans une commune rurale. • TA Nantes, 16 déc. 1997, *Calba : Lebon T. 696*. ♦ L'aménagement puis l'exploitation d'un gîte rural par une commune concourt au service public de développement économique et touristique. • CE 25 janv. 2006, *Cne de La Souche c/ M. et Mme Claite*, n° 284875.

2. En revanche, sont illicites les interventions publiques en faveur de certaines formes d'assurances que le secteur concurrentiel des entreprises d'assurances peut parfaitement assumer. • CE 11 juin 1958, *Synd. des agents généraux d'assurance de la Marne : Lebon 335* • CE 4 juill. 1984, *Dpt de la Meuse c/ Poilera : RFDA 1985. 59, note Douence* • TA Caen, 23 juin 1992, *Assoc. PEEP : D. 1993. 147, note Sueur* • TA Pau, 17 déc. 1998, *SMESO : JCP 1999. II. 10114, note Cabannes* ; confirmé par • CAA Bordeaux, 29 avr. 2003, *Dpt des Landes : BJCL 2003. 570, concl. Rey*. ♦ ... Ou celles tendant à offrir des fleurs d'ornement alors qu'aucune carence de l'initiative privée n'est à constater dans le domaine d'activité dont il s'agit. • TA Strasbourg, 29 déc. 1995, *Synd. des horticulteurs c/ Ville de Woippy : LPA 23 août 1996, concl. Portail*.

3. L'art. L. 2251-3 subordonne l'utilisation de cette forme d'aide, outre la carence de l'initiative privée, à deux conditions nouvelles. L'intervention doit tout d'abord concerner un service. Peuvent être par exemple cités : les stations-service, les restaurants, les hôtels, les débits de boisson et de tabac, les cabinets médicaux ou dentaires, les salles de cinéma, les magasins d'alimentation. • TA Besançon, 22 juin 1983, *COREP du dpt du Jura : inédit* (légalité d'un prêt octroyé à un particulier, 55 000 F, ayant repris un commerce de boulangerie-épicerie-restaurant dans une commune reculée et difficile d'accès pendant l'hiver). ♦ Sont en revanche exclues du champ d'application de ces dispositions toutes les activités qui n'ont pas, à titre principal, le caractère de service, et notamment les activités purement industrielles ou artisanales. • TA Dijon, 1er oct. 1985, *COREP du dpt de Saône-et-Loire : inédit*. ♦ Le service doit, par ailleurs, être nécessaire à la satisfaction des besoins de la population rurale. À cet égard, si la notion de milieu rural est un peu plus large que la notion traditionnelle de commune rurale (qui comprend exclusivement les communes de moins de 2 000 habitants), en revanche, une commune dont l'urbanisation n'est pas géographiquement distincte de celle de la ville de La Rochelle ne peut être regardée comme située en milieu rural. • TA Poitiers, 9 oct. 1991, *Préfet de Charente-Maritime c/ Cne de Lagord : LPA 23 déc. 1992, note Chouvel* • CE 30 nov. 1994, *Cne de Lagord*, n° 132445 : *Lebon 804* (illégalité de la délibération ayant décidé, pour maintenir au centre du bourg un commerce d'alimentation générale, de prendre en location les murs d'un magasin, d'en acquérir le fonds de commerce et, après rénovation, de l'offrir en location-gérance à un nouvel exploitant).

4. La CAA de Lyon avait jugé que ce dispositif n'était pas applicable aux groupements de collectivités territoriales. • CAA Lyon, 27 juill. 2004, *SIVOM du canton de Chevagnes*, n° 98LY02020 : *Dr. adm. 2004, n° 81*. Pour mettre un terme à cette jurisprudence, l'art. 14 de la loi n° 2007-1787 du 20 déc. 2007 a inséré un nouvel alinéa à l'art. L. 5111-4 CGCT aux termes duquel il est affirmé que « les établissements publics de coopération intercommunale peuvent faire application de l'art. L. 2251-3 ».

5. En Nouvelle-Calédonie, la province des îles Loyauté peut accorder à une entreprise une subvention pour l'acquisition d'un nouveau caboteur-vraquier alors même qu'une desserte de voyageurs est assurée par une autre entreprise. • CE 20 oct. 2010, *Province des îles Loyauté*, n° 300347 : *AJCT 2011. 30, obs. Gueguen* ; *BJCL 2011. 183, concl. Lieber*.

Loi n° 2005-157 du 23 février 2005,

Relative au développement des territoires ruraux.

Art. 111 En zones de montagne, pour assurer le maintien de services, les collectivités territoriales ou leurs groupements ont la possibilité de construire ou de subventionner la réalisation d'équipements sanitaires dans le respect des décisions de *(Ord. n° 2010-177 du 23 févr. 2010, art. 10)* « l'agence régionale de santé ». Ces investissements peuvent bénéficier du soutien financier de l'État, au même titre que les investissements des communes.

Art. L. 2251-3-1 *(L. n° 2002-73 du 17 janv. 2002, art. 216)* **Les communes ainsi que leurs groupements peuvent attribuer des subventions de fonctionnement aux structures locales des organisations syndicales représentatives dans des conditions fixées par décret en Conseil d'État. Les organisations ainsi subventionnées sont tenues de présenter au conseil municipal un rapport détaillant l'utilisation de la subvention.**

1. Jurisprudence antérieure à la L. du 17 janv. 2002. Les aides directes octroyées par les collectivités locales aux salariés des entreprises privées (en grève, en difficulté, etc.) « n'entrent pas dans les prévisions de la loi du 2 mars 1982 » [relative aux droits et libertés des communes, des départements et des régions.] • CE 20 nov. 1985, *Cne d'Aigues-Mortes : Lebon 330 ; AJDA 1986. 116, note Moreau ; D. 1986. IR 143, obs. Llorens.* ♦ Leur légalité est souvent contestée au motif qu'elles ne présentent pas un objet d'utilité locale sauf à poursuivre des fins exclusivement sociales et non pas « politiques ». • CE 11 oct. 1989, *Cne de Gardanne et a. : Lebon 188 ; Rev. adm. 1989. 538, étude Terneyre ; AJDA 1990. 109, note Julien-Laferrière* • CE 12 oct. 1990, *Dpt du Val-de-Marne : Lebon 273 ; AJDA 1990. 889, concl. Tuot* • CE 28 juill. 1993, *CCAS d'Évry : LPA 1993. 11, concl. Bonichot.* ♦ Est illégal l'octroi par un département à des salariés en grève de bonification d'intérêts et de garantie du département pour les emprunts contractés par ces salariés. « Il n'appartient pas à un département d'intervenir dans un conflit collectif du travail en réduisant, au profit de l'une des parties, l'effet des pertes financières qui en résultent. Il ne peut prendre des mesures à l'attention des personnes que le conflit a placées dans le besoin dès lors que l'aide ainsi consentie répond exclusivement à des préoccupations sociales. » • CE 2 oct. 1996, *Territoire de Belfort : Dr. adm. 1996. 17, note Oliva.* ♦ En revanche, une commune peut accorder des subventions à l'union locale d'un syndicat professionnel dès lors qu'il existe un lien suffisamment direct entre les actions que cette union mène localement et un intérêt public local et sous réserve que ces subventions ne soient pas attribuées pour des motifs politiques ou pour apporter un soutien dans un conflit collectif du travail. • CE 4 avr. 2005, *Cne d'Argentan*, n° 264596 : *AJDA 2005. 1295, concl. Glaser ; RFDA 2006. 51, note Cadeau .*

2. Jurisprudence postérieure à la L. du 17 janv. 2002. Dès lors que les structures régionales des syndicats ont une activité réelle, elles doivent être regardées comme remplissant « une mission d'intérêt général sur le plan régional » au sens de l'art. R. 4253-4 CGCT. • TA Paris, 10 juill. 2008, *Mme Le Pen*, n° 0702352 : *BJCL 2008. 743, concl. Villalba.* ♦ Est illicite l'attribution par un département à la FSU d'une subvention pour l'organisation de son congrès dès lors qu'aucune mission d'intérêt public n'a été préalablement définie. • CAA Versailles, 1er oct. 2009, *Dpt de la Seine-Saint-Denis*, n° 08VE02589. ♦ Cet arrêt est cassé au motif suivant : « Un département peut légalement accorder des subventions aux structures départementales des organisations syndicales qui, en vertu des textes qui leur sont applicables, doivent être regardées comme représentatives au niveau national, au niveau local ou encore dans une branche d'activité ou au sein d'une profession, dès lors que ces subventions ont pour objet de contribuer au financement du fonctionnement courant des organisations syndicales ou d'une ou plusieurs activités particulières qui en relèvent ; un département ne saurait toutefois accorder des subventions pour des motifs politiques ou pour apporter un soutien à l'une des parties dans un conflit collectif du travail, ni traiter inégalement des structures locales également éligibles à son aide. En conséquence, en jugeant que les dispositions (du CGCT) imposent que la délibération décidant l'octroi d'une subvention de fonctionnement à la structure locale d'une organisation syndicale représentative définisse l'intérêt public départemental auquel répond la mission à laquelle cette subvention doit être affectée, la cour a commis une erreur de droit ». • CE 16 févr. 2011, *Dpt de la Seine-Saint-Denis*, n° 314096 : *BJCL 2011. 252, concl. Geffray.*

Art. L. 2251-4 **La commune peut attribuer des subventions à des entreprises existantes ayant pour objet l'exploitation de salles de spectacle cinématographique dans des conditions fixées par décret en Conseil d'État. Ces subventions ne peuvent être attribuées qu'aux établissements qui, quel que soit le nombre de leurs salles, réalisent en moyenne hebdomadaire moins de** *(L. n° 2002-276 du 27 févr. 2002, art. 110)* **« 7 500 entrées ou qui font l'objet d'un classement art et essai dans des conditions fixées par décret ».**

(L. n° 2022-217 du 21 févr. 2022, art. 148) **« Des subventions peuvent également être attribuées à ces mêmes entreprises pour la création d'un nouvel établissement répondant aux critères mentionnés au premier alinéa. Les conditions d'attribution de ces subventions sont fixées par décret en Conseil d'État. »**

Ces aides ne peuvent bénéficier aux entreprises spécialisées dans la projection de films visés à l'article 279 *bis* du code général des impôts.

Ces aides sont attribuées conformément aux stipulations d'une convention conclue entre l'exploitant et la commune.

COMMENTAIRE

V. dans le supplément en ligne.

V. * Rép. min. n° 72922 : *JOAN Q, 6 mai 2002, p. 2356.*

Art. L. 2251-5 *(L. nº 2021-1901 du 30 déc. 2021, art. 2)* Les communes, leurs groupements, la collectivité de Saint-Barthélemy et la collectivité de Saint-Martin peuvent, dans des conditions fixées par décret en Conseil d'État, attribuer des subventions à des établissements existants ayant pour objet la vente au détail de livres neufs.

Pour bénéficier de la subvention prévue au premier alinéa, un établissement doit, au cours de la période de référence mentionnée à l'article 1467 A du code général des impôts ou, pour la collectivité de Saint-Barthélemy, la collectivité de Saint-Martin et les communes de Saint-Pierre-et-Miquelon, l'année qui précède celle du versement de la subvention, relever d'une entreprise qui satisfait aux conditions suivantes :

1º L'entreprise doit être une petite ou moyenne entreprise au sens de l'annexe I au règlement (UE) nº 651/2014 de la Commission du 17 juin 2014 déclarant certaines catégories d'aides compatibles avec le marché intérieur en application des articles 107 et 108 du traité ou, pour la collectivité de Saint-Barthélemy et les communes de Saint-Pierre-et-Miquelon, occuper moins de 250 personnes et avoir un chiffre d'affaires annuel n'excédant pas 50 millions d'euros ou un total du bilan annuel n'excédant pas 43 millions d'euros ;

2º Le capital de l'entreprise est détenu de manière continue à hauteur de 50 % au moins :

a) Par des personnes physiques ;

b) Ou par une société répondant aux conditions prévues aux 1º et 3º du présent article et dont le capital est détenu à hauteur de 50 % au moins par des personnes physiques ;

3º L'entreprise n'est pas liée à une autre entreprise par un contrat prévu à l'article L. 330-3 du code de commerce.

Ces subventions sont attribuées conformément aux stipulations d'une convention conclue entre l'établissement et la collectivité, la commune ou le groupement de communes.

Le bénéfice de cette subvention est subordonné au respect de l'article 53 du règlement (UE) nº 651/2014 de la Commission du 17 juin 2014 précité.

CHAPITRE II GARANTIES D'EMPRUNTS

BIBL. ▶ Dyens et Vielh, Octroi et « retrait » des garanties d'emprunt par les communes, *AJCT 2018. 142*.

Art. L. 2252-1 Une commune ne peut accorder à une personne de droit privé une garantie d'emprunt ou son cautionnement que dans les conditions fixées au présent chapitre.

(L. nº 96-314 du 12 avr. 1996, art. 20) « Le montant total des annuités, déjà garanties ou cautionnées à échoir au cours de l'exercice, d'emprunts contractés par toute personne de droit privé ou de droit public, » majoré du montant de la première annuité entière du nouveau concours garanti, et du montant des annuités de la dette communale, ne peut excéder un pourcentage, défini par décret, des recettes réelles de la section de fonctionnement du budget communal ; le montant des provisions spécifiques constituées par la commune pour couvrir les garanties et cautions accordées, affecté d'un coefficient multiplicateur fixé par décret, vient en déduction du montant total défini au présent alinéa.

Le montant des annuités garanties ou cautionnées au profit d'un même débiteur, exigible au titre d'un exercice, ne doit pas dépasser un pourcentage, défini par décret, du montant total des annuités susceptibles d'être garanties ou cautionnées en application de l'alinéa précédent.

La quotité garantie par une ou plusieurs collectivités territoriales sur un même emprunt ne peut excéder un pourcentage fixé par décret.

Les dispositions de l'alinéa précédent ne sont pas applicables aux garanties d'emprunts ou cautionnements accordés par une commune aux organismes d'intérêt général visés aux articles 200 et 238 *bis* du code général des impôts.

Aucune stipulation ne peut faire obstacle à ce que la mise en jeu des garanties ou cautions accordées par une commune porte, au choix de celle-ci, soit sur la totalité du concours, soit sur les annuités déterminées par l'échéancier contractuel.

V. art. R. 2252-5.

COMMENTAIRE

V. dans le supplément en ligne.

I. NATURE JURIDIQUE DE LA GARANTIE D'EMPRUNT

1. Si la délibération de l'assemblée locale qui décide de l'octroi de la garantie s'analyse comme un acte administratif relevant de la compétence de la juridiction administrative, les conventions de garanties ou le cautionnement que l'exécutif local est amené à conclure en exécution de cette délibération, soit avec l'emprunteur soit avec le prêteur, ont une nature juridique conditionnée par celle du contrat d'emprunt dont elles sont l'accessoire. Si le juge du fond ne fait pas ce rapprochement, il encourt la cassation. • Civ. 1re, 25 mars 1997, *Cne des Orres*, n° 95-15.234 P : *Dr. adm. 1997, n° 294 ; JCP E 1997. II. 1003, note Chourel.* ♦ En d'autres termes, si le contrat de prêt entre l'emprunteur et l'établissement de crédit (ou tout autre contrat garantie) est un contrat administratif, le contrat par lequel la collectivité locale s'engage à le garantir est lui aussi de droit public : ainsi lorsqu'une collectivité locale garantit l'exécution d'un marché de travaux publics. • CE 13 juin 1964, *Caisse franco-néerlandaise de cautionnements : Lebon 331* • CE 11 févr. 1972, *OPHLM du Calvados et Caisse franco-néerlandaise de cautionnements : Lebon 135* • CE 13 oct. 1972, *SA de banque Le Crédit du Nord c/ OPHLM du Calvados : Lebon 630* • CE 22 mars 1974, *Banque Alexandre de Saint-Phalle et cie : Lebon 211.* ♦ ... Ou l'exécution d'un prêt consenti par un établissement public bancaire à une société privée pour l'aide à l'installation à Madagascar d'agriculteurs originaires de La Réunion. • CE 13 juin 1986, *Dpt de La Réunion*, n° 53110 : *Lebon 162 ; AJDA 1986. 652, note Moreau ; Rev. adm. 1986. 359, note Terneyre.* ♦ ... Ou l'exécution d'un contrat de prêt passé entre un particulier et une banque agissant au nom et pour le compte de l'État dans le cadre du service public de l'accueil et du reclassement des Français d'outre-mer. • CE 28 juin 1996, *M. Krief*, n° 138874 : *Lebon 251 ; JCP 1996. II. 22704, concl. Combrexelle.* ♦ Un contrat par lequel le crédit d'équipement des petites et moyennes entreprises (CEPME), agissant au nom de l'État, a accordé un prêt à une société anonyme comprenait des clauses exorbitantes du droit commun en tant qu'elles prévoyaient notamment, d'une part, l'exigibilité immédiate du prêt sans que l'État ait à remplir de formalités amiables ou judiciaires en cas de saisie, faillite, règlement judiciaire, liquidation de biens de tout co-obligé, déplacement de fonds de commerce et dans tous les cas prévus par la loi, et, d'autre part, que l'emprunteur s'obligeait à communiquer sa documentation comptable au CEPME à la première demande de celui-ci. L'existence de telles clauses confère au contrat de prêt en cause et au contrat de cautionnement qui en est l'accessoire le caractère d'un contrat administratif, et les litiges soulevés par leur exécution relèvent donc de la juridiction administrative. • T. confl. 22 juin 1998, *Agent judiciaire du Trésor c/ Miglierina*, n° 3003. – V. aussi • CE 18 juin 1976, *Dame Culard : Lebon 319.*

2. En revanche, si le contrat de prêt entre l'emprunteur (par définition de droit privé selon le CGCT) et l'établissement de crédit (pour la plupart aujourd'hui de droit privé) est un contrat de droit privé, le contrat par lequel la collectivité locale s'engage à le garantir ou le cautionner est *a priori* un contrat de droit privé – quelle que soit la nature du contrat liant la caution au débiteur – sauf à démontrer qu'il a pour objet l'exécution d'une mission du service public (ce qui n'est pas le cas d'un cautionnement public) ou qu'il comporte des clauses exorbitantes (ce qui n'est pas le cas, par exemple, de l'engagement de la commune de lever des impôts nouveaux pour assurer le remboursement éventuel des annuités d'emprunt). • T. confl. 16 mai 1983, *Sté crédit immobilier de la Lozère c/ Cne de Montrodat : Lebon T. 650 ; Gaz. Pal. 1985. 1. 218, note Liet-Veaux ; Marchés publics n° 201, p. 39, note Bazex et Raynaud-Contamine* (cautionnement par une commune d'un prêt consenti par une banque à un foyer de jeunes travailleurs) • T. confl. 12 janv. 1987, *Ville d'Eaubonne : Lebon T. 640 ; D. 1987. 205, concl. Massot* (caution solidaire par une commune d'un prêt consenti au constructeur et exploitant d'un complexe sportif) • CE 6 déc. 1989, *SA de crédit à l'industrie française (CALIF)*, n° 75991 B : *AJDA 1990. 484, note Moreau ; LPA 4 juill. 1990, note Llorens* (garantie d'un emprunt à une association pour l'exploitation d'un club de tennis) • CE 29 déc. 1995, *SA Natio Energie*, n° 143861 B (garantie d'emprunt d'une commune pour un contrat de crédit-bail conclu entre deux personnes privées) • CE 1er mars 2000, *Cne de Morestel : CJEG 2000. 191, concl. Goulard, note Sablière* (convention d'avances remboursables entre deux personnes publiques qui n'est pas l'accessoire d'un marché de travaux). ♦ L'acte de cautionnement, par une commune, d'un emprunt souscrit par une société d'économie mixte auprès d'un établissement de crédit, qui est l'accessoire d'un contrat de prêt de droit privé, qui n'a pas pour objet l'exécution d'une mission de service public et ne contient aucune clause exorbitante du droit commun, a la nature d'un contrat de droit privé. Par suite, le juge administratif n'est pas compétent pour se prononcer sur la nullité ou le défaut de caractère exécutoire dont serait entaché cet acte de cautionnement. • CE 28 oct. 2002, *Cne de Moisselles : BJCL 2002. 481, concl. Vallée ; AJDA 2002. 1494, obs. Brondel.* ♦ Le contrat de substitution de prêt conclu entre une commune et un établissement financier, qui ne fait pas participer la personne privée cocontractante à l'exécution du service public, ne comporte aucune clause exorbitante du droit commun et qui, eu égard à sa nature, ne relève pas du champ d'application du C. marchés, est un contrat de droit privé • CAA Bordeaux, 12 nov. 2002, *Assoc. des jeunes de Saint-Augustin : BJCL 2003. 84, concl. Rey ; AJDA 2002. 1348*. ♦ En conséquence, parce qu'il s'agit de conventions de droit privé, ces conventions de garantie n'ont pas à être transmises au représentant de l'État qui ne peut former à leur encontre un déféré mais seulement un recours pour excès de pouvoir. • Même arrêt. ♦ Toutefois, le litige né du déféré d'un préfet tendant à l'annulation de contrats de courtage passés par une commune, dont l'objet est de définir, pour le compte de cette commune, les conditions d'emprunt les plus avantageuses, ainsi que des délibérations ou arrêtés municipaux qui les ont approuvés, présente à juger une question de compétence soulevant une difficulté sérieuse et de nature à justifier un renvoi au tribunal des conflits. • CE 22 juin 1998, *Cne de Baie-Mahault et Sté Rhoddlams : BJDCP, n° 2, 1999, concl. Bergeal.*

3. Mise en œuvre de la garantie. La délibération par laquelle une collectivité locale accorde à une personne privée sa garantie d'emprunt ou son cautionnement s'analyse, en l'absence de toute condition suspensive ou résolutoire, comme une décision individuelle à caractère pécuniaire qui, prise dans l'exercice du pouvoir d'appréciation dont dispose en la matière l'assemblée délibérante d'accorder ou non sa garantie à l'entreprise, crée des droits au profit de son bénéficiaire. En conséquence, elle ne peut être ni retirée ni remise en cause, après l'expiration du délai du recours pour excès de pouvoir, par l'administration locale qui souhaiterait se défaire unilatéralement d'un engagement qu'elle jugerait *a posteriori* inopportun et/ou dangereux. Si, malgré tout, elle opérait ce retrait, la collectivité locale commettrait alors une illégalité. Ainsi jugé à propos de la délibération d'un conseil municipal nouvellement élu qui était revenu sur une délibération précédente ayant décidé d'accorder à une association la garantie de la commune à un emprunt contracté auprès du crédit foncier de France pour la construction d'une maison de retraite. • TA Nantes, 29 janv. 1992, *Assoc. Chant'La vie et a. c/ Cne de Faye-d'Anjou : D. 1993. 238, note Chouvel* • CE 28 juill. 1993, *Cne de Faye-d'Anjou c/ Assoc. Chant'La vie*, n° 135903 B • CAA Nantes, 2e ch., 8 nov. 1995, *Cne de Faye-d'Anjou : AJDA 1996. 331, note Chouvel*.

II. RÉGIME JURIDIQUE DE LA GARANTIE D'EMPRUNT

A. COMPÉTENCE

4. Autorités compétentes pour engager la collectivité locale. La délibération par laquelle une assemblée délibérante garantit les annuités d'un emprunt (souscrit par une SEM locale auprès d'une banque) constitue, non pas une délégation de compétence, mais une décision de la collectivité autorisant seulement le maire à prendre les mesures d'exécution, pas forcément nécessaires, qu'implique la délibération. • CE 15 juin 1994, *Min. de l'Intérieur c/ Cne de Longueau*, n° 137690 : *Lebon 318*. – V. aussi : • TA Amiens, 4 oct. 1993, *Cne d'Amiens c/ Préfet de la Somme : AJDA 1993. 888, note Triquenaux*. ♦ En conséquence, parce que la délibération octroyant une sûreté porte décision de contracter et non pas délégation en vue de contracter, les contrats de garantie d'emprunt peuvent être signés, non pas seulement par le maire. • CE 6 déc. 1989, *SA de crédit à l'industrie française (CALIF)*, n° 75991 B : *AJDA 1990. 484, nore Moreau*. ♦ ... Mais aussi par un adjoint agissant soit en vertu d'une délégation de fonction soit en cas de défaillance du maire. • TA Amiens, 4 oct. 1993, *Cne d'Amiens c/ Préfet de la Somme : préc.* • CE 15 juin 1994, *Min. de l'Intérieur c/ Cne de Longueau*, n° 137690 : *préc.* • CE 19 mai 2000, *Cne de Cendre : BJCP 2000. 378.* ♦ Au demeurant, quand bien même les actes pris pour l'exécution de la délibération engageant la garantie de la collectivité locale seraient formellement irréguliers (contrat de caution signé par un adjoint alors que le maire n'était ni absent ni empêché), l'engagement de la collectivité publique lui serait opposable et la dépense serait jugée obligatoire. • CAA Paris, 13 déc. 1994, *Antoine*, n° 94PA00296 : *AJDA 1995. 63, concl. Mendras* • CAA Paris, 13 déc. 1994, *Albert*, n° 94PA00297 : *ibid.* ♦ En revanche, est illégal le contrat de garantie de prêt signé par le maire lorsque la signature intervient avant que la délibération du conseil municipal l'y autorisant ait été transmise au contrôle de légalité. • CE 8 mars 2002, *Mme Géron*, n° 234650.

B. PROCÉDURE ET FORME

5. Pour matérialiser l'engagement de la collectivité locale envers le prêteur, aucune convention spécifique n'est nécessaire : la délibération de l'assemblée locale suffit. • Civ. 1re, 9 janv. 2007, *Cne de Miramas : BJCL 2007. 163, obs. Janicot.* ♦ La délibération du conseil municipal suffit à fonder et à établir l'engagement de garantie autonome donnée par la commune, indépendamment de sa reprise dans un acte ultérieur. Si une convention est naturellement concevable, aucun texte ne prévoit l'obligation d'un contrat exprès entre la caution et le prêteur pour que l'engagement de caution soit valablement formé. • TA Marseille, 16 mai 1995, *Groupement pour le financement des ouvrages de bâtiment, travaux publics et activités annexes (GOBTP) : RFDA 1996. 364, note Deruy*. ♦ Il s'ensuit qu'une collectivité locale qui a souscrit un contrat de cautionnement ne peut invoquer, pour échapper à la mise en œuvre de son engagement, l'absence de conclusion d'une convention de cautionnement par l'autorité exécutive postérieurement à la délibération autorisant un tel cautionnement. • Civ. 1re, 7 déc. 1999, *Soc. Westpac Banking Corp. : Rev. CMP 2000, n° 55.* ♦ Il reste que, lorsqu'une convention est conclue, celle-ci doit être conforme au contenu de la délibération qui en a autorisé la signature. Si tel n'est pas le cas, la garantie souscrite par la collectivité locale est nulle et inopposable à l'établissement de crédit. • CE 27 oct. 2000, *Soc. BFG Bank Luxembourg SA : Rev. CMP 2001, n° 21.*

6. L'engagement de la collectivité locale doit être précis. C'est pourquoi le Conseil d'État juge « qu'une délibération par laquelle un conseil municipal décide, en application de l'art. 6-1 de la loi du 2 mars 1982 alors en vigueur, d'accorder la garantie de la commune aux emprunts d'une société d'économie mixte pour des travaux immobiliers que celle-ci envisage de réaliser et autorise le maire à prendre les mesures d'exécution qu'elle implique, doit définir avec précision l'objet et le montant du ou des emprunts à garantir, ainsi que les conditions de mise en œuvre de la garantie communale ». En se bornant à prévoir que la caution serait « limitée à hauteur des sommes qui seront empruntées par une société d'économie mixte pour lui permettre de réaliser les opérations rentrant dans son objet social et pouvant éventuellement atteindre un total de 35 MF », un conseil municipal ne définit pas l'objet des emprunts en cause ni ne précise suffisamment leur montant et, par suite, méconnaît l'étendue de sa compétence. • CE 28 oct. 2002, *Cne de Moisselles : préc. note 2* • 7 avr. 2004, *Dpt de la Gironde,* n° 255331 : *BJCL 2004. 410, concl. Goulard.*

7. À cet égard, les membres du conseil municipal doivent recevoir tous les documents en vue de leur permettre de délibérer en pleine connaissance de cause et non de se prononcer sur le fondement d'une information sciemment erronée. • CE 30 juill. 2003, *Banco di Napoli International SA,* n° 240664 : *BJCL 2004. 88, concl. Goulard* • 9 juin 2004, *Sté Sofrea,* n° 254221 : *BJCL 2004. 88, concl. Goulard.*

8. En principe, la souscription d'une garantie en faveur d'un emprunteur suppose un certain formalisme. Comme l'indique, en effet, l'art. 1326 C. civ., l'acte juridique par lequel une seule partie s'engage envers une autre à lui payer une somme d'argent (...) doit être constaté dans un titre qui comporte la signature de celui qui a souscrit cet engagement ainsi que la mention, écrite de sa main, de la somme (...) en toutes lettres et en chiffres (...), l'art. 2015 du même code indiquant par ailleurs que le cautionnement ne se présume point ; il doit être exprès... Parce que les règles édictées par l'art. 1326 C. civ. constituent une règle de preuve et que l'acte dépourvu de la mention manuscrite prévue par cet article constitue un commencement de preuve susceptible d'être complété par tout élément extrinsèque écrit, la délibération d'un conseil élu qui décide d'accorder la garantie de la collectivité en s'obligeant à effectuer, en cas de défaillance de l'emprunteur, le paiement de toutes sommes dont l'emprunteur se trouverait redevable à l'égard du prêteur apporte la preuve que la (collectivité) connaissait parfaitement la nature et l'étendue de ses engagements, circonstance corroborée par les termes de la convention intervenue entre la collectivité et l'emprunteur. S'agissant d'une personne publique, avertie des conséquences de tels engagements et soumise au formalisme d'une délibération collégiale préalable, la combinaison des actes précités apporte la preuve de la connaissance de la nature et de l'étendue desdits engagements. En conséquence, la délibération et la convention de garantie dont se prévaut le prêteur suffisent à elles seules à apporter la preuve de l'engagement de la commune et de la connaissance de la nature et de l'étendue de ces obligations, quand bien même aucune convention n'aurait été passée entre la commune et le prêteur. • Même arrêt • Nîmes, 6 sept. 1994, *Ville de Nîmes : LPA 26 mai 1995, note Santacru.* – Confirmé par : • Civ. 1re, 25 mars 1977 : *Bull. civ. I, n° 106* • Civ. 1re, 1er déc. 1993, *Cne de Carcassonne c/ CLF et a. : Juris. assoc., 1er mars 1994, n° 94.* ♦ S'agissant d'un emprunt prétendument autorisé par une délibération inexistante, le Conseil d'État affirme que le conseil municipal est compétent pour constater cette inexistence, il n'appartient en revanche qu'au juge du contrat d'apprécier les conséquences de cette constatation sur les engagements découlant pour la commune de l'emprunt souscrit, en son nom, auprès de la Caisse des dépôts et consignations. Illégalité des délibérations par lesquelles le conseil municipal a unilatéralement décidé de suspendre le remboursement des annuités de cet emprunt et de constater la nullité de celui-ci. • CE 29 déc. 1997, *Cne d'Hautmont,* n° 139317. ♦ À cet égard, le CE, juge de cassation, considère que l'évaluation de l'engagement de la caution relève de l'appréciation souveraine des juges du fond. • CE 28 juin 1996, *M. Krief,* n° 138874 : *préc. note 1.*

C. RÈGLES DE FOND

9. Financements susceptibles d'être garantis ou cautionnés. La faculté ouverte aux communes (et autres collectivités locales) d'accorder leur garantie ou leur cautionnement à des personnes de droit privé ne concerne que les seuls emprunts auxquels sont applicables des ratios (institués par le code), à l'exclusion de toute autre opération de crédit, en particulier celles excluant l'établissement d'un tableau d'amortissement définissant des annuités de remboursement et, par voie de conséquence, l'application des ratios précités. • CE 16 janv. 1995, *Ville de Saint-Denis,* n° 141148 : *Lebon 34* ; *AJDA 1995. 657, note Chouvel* • CE, sect. intérieur avis, 19 déc. 1995 : *Rapport public 1995, p. 430.* ♦ En conséquence, doivent être considérées comme illégales les garanties de loyers, qu'il s'agisse de loyers commerciaux en cas de non-location, de non-vente ou d'insolvabilité des commerçants, de loyers de logements sociaux. • TA Nantes, 27 oct. 1994, *Préfet de Vendée : Lebon T. 804* (garantie de location consistant en un engagement d'une commune à verser à une SA d'HLM 30 % du montant du loyer des logements non occupés à partir du 1er jour du 4e mois de vacance). ♦ ... Ou de loyers de crédit-bail. • TA Bordeaux, 22 oct. 1992, *Préfet du Lot-et-Garonne c/ Cne de Boé*, n° 900-1925. ♦ ... La garantie de dettes commerciales. • TA Amiens, 18 sept. 1984, *Divers c/ Maire de Beaurevoir : inédit.* ♦ ... De dettes fiscales. • TA Strasbourg, 21 févr. 1992, *Strasbourg musique et congrès*, n° 92-252. ♦ ... Ou la caution de pertes financières d'une SEM locale. • CE 6 nov. 1995, *Cne de Villenave-d'Ornon c/ M. Pujol*, n° 145955 B : *RF décentr. 1996, n° 4, p. 221, concl. Martin ; AJDA 1996. 223, note Devès*. ♦ ... La garantie de produits financiers à court terme, tels que les lignes de crédits ou les avances de trésorerie, droit de tirage dont la nature même exclut l'établissement d'un tableau d'amortissement définissant des annuités de remboursement et, par voie de conséquence, l'application des ratios prévus par la loi. • CE 16 janv. 1995, *Ville de Saint-Denis*, n° 141148 : *préc.* ♦ Pour la garantie d'une convention d'ouverture de crédit souscrite par une SEML : la nature même du droit de tirage impliqué par l'ouverture d'une « ligne de crédit » exclut l'établissement d'un tableau d'amortissement définissant des annuités de remboursement et par voie de conséquence, l'application des ratios précités, alors même que le contrat prévoyait en l'espèce un calendrier de réduction progressive des plafonds d'ouverture de crédit ; il suit de là qu'une telle « ouverture de crédit » n'entre pas dans le champ d'application des dispositions du CGCT. • CE 28 avr. 2006, *Soc. BNP Paribas c/ Cne de Grand-Couronne*, n° 268456 : *BJCL 2006. 491, concl. Séners.* ♦ Eu égard aux différences entre un prêt et une ouverture de crédit, le choix du conseil municipal de décider la garantie par la commune d'un emprunt au taux du marché pour une durée de quinze ans ne peut pas être regardé comme autorisant, ce qu'il n'aurait pas pu légalement faire, la garantie d'une ouverture d'une ligne de crédit bancaire, laquelle donne lieu à une succession de prêts, de durée variable et non programmée, qui entrent en application au fur et à mesure de l'utilisation de cette ligne ; au surplus la durée pour laquelle la délibération habilitant le maire à cautionner un emprunt était de quinze ans et non de dix-huit ans ; en conséquence, la banque n'était pas fondée à soutenir que la délibération autorisant le maire à cautionner une ouverture de crédit consentie à une entreprise était légale. • CE 2 mars 2007, *Caisse régionale de crédit agricole mutuel Nord de France*, n° 283439. ♦ Les dispositions des art. L. 2252-1 s. ne s'appliquent pas à la garantie par laquelle une collectivité territoriale délégante couvre, au travers d'une convention tripartite avec un établissement de crédit, la totalité des emprunts que l'entreprise délégataire de service public a souscrits pour la réalisation des équipements nécessaires au service public. • CAA Nantes, 11 avr. 2008, *Sté Auxifip*, n° 07NT00284 : *Dr. adm. 2008, n° 162.*

10. Règles de prudence. Le montant des annuités garanties ou cautionnées au profit d'un même débiteur ne peut excéder un certain pourcentage du montant total des annuités susceptibles d'être garanties, c'est-à-dire du montant défini par le plafond rapporté aux recettes réelles de la section de fonctionnement. Ce pourcentage a été fixé à 10 %. Ainsi, aucun débiteur ne peut, au titre d'un ou plusieurs emprunts, disposer d'une couverture excédant en terme d'annuités le 1/10e de la capacité à garantir d'une collectivité locale. Sur l'annulation d'un engagement communal contraire à cette règle, V. : • TA Amiens, 23 avr. 1990, *Préfet de la Somme c/ Cne de Gamaches*, n° 89-1099. ♦ Sur la vérification de ces règles, V. • CE 11 déc. 2000, *Crédit foncier et communal d'Alsace et de Lorraine : BJCP 2001. 167 ; Rev. CMP 2001, n° 77.* ♦ Sur le fait qu'un engagement d'une collectivité locale qui viole les ratios prudentiels lie néanmoins celle-ci vis-à-vis de la banque, V. la solution contestable • Paris, 17 déc. 1999, *Cne d'Aillaut-sur-Tholon : Rev. CMP 2000, n° 55.*

11. Règle du partage du risque. En principe, les collectivités locales ne peuvent garantir la totalité d'un emprunt mais au maximum seulement la moitié du montant de celui-ci. Toutefois, pour les opérations d'aménagements au sens des art. L. 300-1 à L. 300-4 C. urb., la quotité maximale susceptible d'être garantie peut être portée à 80 %. Ainsi, une commune peut légalement accorder une garantie d'emprunt, à hauteur de 80 %, pour l'implantation d'une société, dans le cadre d'une zone d'activités économiques, qui a pour objet de permettre l'accueil d'activités économiques qui constitue une opération d'aménagement au sens des art. L. 300-1 à L. 300-4 C. urb. • TA Lille, 3 nov. 1995, *Préfet du Nord c/ Cne d'Hoymille : BJDU 1/1996. 31, concl. Célérier.* ♦ En revanche, un emprunt souscrit par une SEM pour une ZAC n'a pas droit à une garantie totale de la part des collectivités locales : celle-ci doit se limiter à 80 %. • CE 19 mai 2000, *Mutuelle de la RATP*, n° 209545. ♦ De la même façon, une commune ne peut garantir qu'à 50 % un emprunt souscrit par une association qui, eu égard à ses activités commerciales, ne saurait être assimilée à un organisme d'intérêt général (visé à l'art. 238 *bis* **CGI**), pour lequel une garantie totale peut être accordée. • CAA Nancy, 5 août 2004, *Cne de Pont-à-Mousson*, n° 00NC00065 : *BJCL 2004. 756.*

III. CONTRÔLE ADMINISTRATIF ET CONTENTIEUX

12. Parce que la mise en jeu d'une garantie d'emprunt ou d'un cautionnement doit s'analyser pour la collectivité territoriale comme une dépense nécessaire à l'acquittement d'une dette exigible, c'est-à-dire comme une dépense obligatoire, l'art. L. 1612-15 CGCT permet au représentant de l'État dans le département, au comptable public concerné ou à toute personne y ayant intérêt, de saisir la chambre régionale des comptes pour qu'elle constate, dans le délai d'un mois à compter de sa saisine, qu'une dépense obligatoire n'a pas été inscrite au budget ou l'a été pour une somme insuffisante et pour que cette chambre adresse une mise en demeure à la collectivité territoriale concernée. ♦ Lorsque la validité de l'engagement local est contestée (signature par une autorité incompétente, absence de mention manuscrite...) et, qu'en conséquence, la chambre régionale des comptes refuse de constater le caractère obligatoire de la dépense ou que le préfet s'écarte des propositions formulées par la chambre régionale des comptes, ces décisions sont susceptibles de recours devant la juridiction administrative par toute personne ayant intérêt à agir, de même évidemment qu'à l'encontre des décisions constatant la dépense obligatoire et l'inscrivant d'office au budget local. • TA Amiens, 4 oct. 1993, *Cne d'Amiens c/ Préfet de la Somme : préc. note 4* • CAA Paris, 13 déc. 1994, *M. Antoine : préc. note 4* • TA Marseille, 16 mai 1995, *GOBTP : préc. note 5.* ♦ Lorsque la totalité des fonds garantis n'est pas affectée à la réalisation de l'opération, la dépense correspondante ne constitue pas pour la collectivité locale une dépense obligatoire et le mandatement d'office par le préfet est illégal. • TA Nantes, 29 déc. 1995, *BRED : RFDA 1996. 1131, concl. Millet*

13. Lorsqu'une collectivité locale retire illégalement la garantie d'emprunt qu'elle a accordée à une personne privée, elle commet une faute de nature à engager sa responsabilité en cas de préjudice subi soit par l'emprunteur à qui l'établissement de crédit n'a en définitive pas accordé le prêt, soit par le prêteur qui voit ainsi l'une de ses plus fortes sûretés disparaître (Jurisprudence précitée). Dans le premier cas, la victime a droit, à la réparation, outre d'un éventuel préjudice moral, de tous les frais qu'elle a engagés pour la réalisation du projet dont le financement était assuré avec certitude eu égard à l'engagement de caution de la collectivé locale (coût des premiers travaux et études, expertises) ; toutefois, si un immeuble a été acheté, ce préjudice n'est pas réparable car l'immeuble peut toujours être revendu. – V. • CAA Nantes, 2e ch., 8 nov. 1995, *Cne de Faye-d'Anjou : préc. note 3.*

Art. L. 2252-2 *(Ord. no 2013-1185 du 19 déc. 2013, art. 1er)* **« I. — »** *(L. no 96-314 du 12 avr. 1996, art. 20)* **« Les dispositions des deuxième, troisième et quatrième alinéas de l'article L. 2252-1 ne sont pas applicables » aux garanties d'emprunts ou aux cautionnements accordés par une commune :**

1° Pour les opérations de construction, d'acquisition ou d'amélioration de logements réalisées par les organismes d'habitations à loyer modéré ou les sociétés d'économie mixte ;

2° Pour les opérations de construction, d'acquisition ou d'amélioration de logements bénéficiant d'une subvention de l'État ou réalisées avec le bénéfice de prêts aidés par l'État ou adossés en tout ou partie à des ressources défiscalisées ;

3° En application du plan départemental prévu à l'article 2 de la loi n° 90-449 du 31 mai 1990 visant à la mise en œuvre du droit au logement ;

(L. no 2015-991 du 7 août 2015, art. 99) **« 4° Pour les opérations prévues à l'article L. 312-3-1 du code de la construction et de l'habitation ; »**

(L. no 2017-1837 du 30 déc. 2017, art. 131) **« 5° Pour les opérations d'acquisition réalisées par les organismes de foncier solidaire définis au premier alinéa de l'article L. 329-1 du code de l'urbanisme. »**

(Ord. no 2013-1185 du 19 déc. 2013, art. 1er) **« II. — Les dispositions du quatrième alinéa de l'article L. 2252-1 ne sont pas applicables aux garanties d'emprunts accordées par une commune pour des opérations d'aménagement réalisées dans les conditions définies par les articles L. 300-4 à L. 300-5-2 du code de l'urbanisme, à la double condition que ces opérations :**

« — concernent principalement la construction de logements ;

« — soient situées dans des communes appartenant à une zone d'urbanisation continue de plus de 50 000 habitants telle que définie à l'article 232 du code général des impôts ou dans des communes de plus de 15 000 habitants en forte croissance démographique identifiées en application des dispositions du *(L. no 2017-86 du 27 janv. 2017, art. 97)* **« dernier alinéa du II » de l'article L. 302-5 du code de la construction et de l'habitation. »**

Art. L. 2252-3 *Abrogé par Ord. no 2005-1027 du 26 août 2005, art. 26.*

Art. L. 2252-4 *(L. no 2021-1109 du 24 août 2021, art. 70)* **Une commune peut garantir les emprunts contractés pour financer la construction, par des associations cultuel-**

les ou, dans les départements du Bas-Rhin, du Haut-Rhin et de la Moselle, par des établissements publics du culte ou par des associations inscrites de droit local à objet cultuel, d'édifices répondant à des besoins collectifs de caractère religieux.

La commune informe le représentant de l'État dans le département de son intention d'accorder une telle garantie au moins trois mois avant que celle-ci soit accordée.

Cette disposition constitue une dérogation au principe selon lequel, en vertu de l'art. 2 de la loi du 9 déc. 1905 concernant la séparation des Églises et de l'État qui dispose que la République ne reconnaît, ne salarie, ni ne subventionne aucun culte, les collectivités publiques ne peuvent légalement accorder des subventions à des associations qui ont des activités cultuelles. • CE, sect., 9 oct. 1992, *Cne de Saint-Louis c/ Assoc. Siva Soupramanien de Saint-Louis*, n° 94455 : *Lebon 358* ; *AJDA 1992. 817, concl. Scanvic*. ♦ Il reste qu'une région peut subventionner une association ayant pour objet de favoriser la réflexion spirituelle, doctrinale et culturelle de ses adhérents, notamment en mettant à leur disposition les moyens matériels d'hébergement nécessaires et, plus généralement, en réalisant toute opération se rattachant directement ou indirectement à son objet dans la mesure où ces activités ne se rattachent pas directement à l'exercice d'un culte, et, en particulier, à la célébration ou à la préparation de cérémonies organisées en vue de l'accomplissement de certains rites ou de certaines pratiques. • CAA Nantes, 31 juill. 2002, *Région de Bretagne : BJCL 2002. 473, concl. Lalauze*. ♦ De même, un département peut subventionner une association ayant pour but de venir en aide à la communauté des cisterciens d'une abbaye pour, essentiellement, la restauration, l'amélioration, la modernisation des immeubles destinés à recevoir prêtres, religieux, religieuses, laïcs pour vaquer aux exercices spirituels dans la mesure où ses activités ne se rattachent pas directement à l'exercice d'un culte et, en particulier, à la célébration ou à la préparation de cérémonies organisées en vue de l'accomplissement de certains rites ou de certaines pratiques. • CAA Nantes, 31 juill. 2002, *Dpt du Morbihan : BJCL 2002. 473, concl. Lalauze*.

Art. L. 2252-5 *(L. n° 2004-809 du 13 août 2004, art. 64)* **Nonobstant le transfert, volontaire ou de plein droit, de tout ou partie de ses compétences en matière de politique du logement ou d'habitat à un établissement public de coopération intercommunale, la commune conserve la possibilité d'accorder une garantie d'emprunt ou son cautionnement pour les opérations de construction, d'acquisition ou d'amélioration de logements sociaux visées à l'article L. 2252-2 et d'apporter à ces opérations des subventions ou des aides foncières.**

CHAPITRE III PARTICIPATION AU CAPITAL DE SOCIÉTÉS

BIBL. ▸ ARNAUD SÉE, Les participations minoritaires des personnes publiques au capital des sociétés de production d'énergie renouvelable, *AJDA 2025. 709*.

SECTION 1 Dispositions générales

Art. L. 2253-1 **Sont exclues, sauf autorisation prévue par décret en Conseil d'État, toutes participations d'une commune dans le capital d'une société commerciale et de tout autre organisme à but lucratif n'ayant pas pour objet d'exploiter les services communaux ou des activités d'intérêt général dans les conditions prévues à l'article L. 2253-2.** – *[L. n° 82-213 du 2 mars 1982, art. 5.]*

(L. n° 2022-217 du 21 févr. 2022, art. 222) **« Par dérogation au premier alinéa du présent article, les communes et leurs groupements peuvent, par délibération de leurs organes délibérants, participer au capital d'une société coopérative d'intérêt collectif dont l'objet est de fournir des services de transport, dans les conditions prévues aux articles 19 *quinquies* à 19 *sexdecies* A de la loi n° 47-1775 du 10 septembre 1947 portant statut de la coopération, dès lors que cette participation est justifiée par un intérêt local. »**

(L. n° 2015-992 du 17 août 2015, art. 109) **« Par dérogation au premier alinéa, les communes et leurs groupements peuvent, par délibération de leurs organes délibérants, participer au capital d'une société anonyme ou d'une société par actions simplifiée dont l'objet social est la production d'énergies renouvelables** *(L. n° 2021-1104 du 22 août 2021, art. 88)* **« ou d'hydrogène renouvelable ou bas-carbone définis à l'article L. 811-1 du code de l'énergie » par des installations situées sur leur territoire ou »** *(L. n° 2019-1147 du 8 nov. 2019, art. 42)* **« , pour une commune, sur le territoire d'une commune limitrophe ou, pour un groupement, sur le territoire d'un groupement limitrophe. L'acquisition de ces actions peut être réalisée au travers de la prise de partici-**

pations au capital de sociétés commerciales ayant pour seul objet de détenir les actions au capital des sociétés mentionnées à la première phrase du présent alinéa. Les communes et leurs groupements peuvent consentir aux sociétés de production d'énergie renouvelable auxquelles ils participent directement des avances en compte courant aux prix du marché et dans les conditions prévues à l'article L. 1522-5 *(L. nº 2021-1104 du 22 août 2021, art. 88)* **« du présent code ». »** *(L. nº 2020-1525 du 7 déc. 2020, art. 52)* **« Par dérogation aux conditions prévues au même article L. 1522-5, la durée des avances en compte courant peut être portée par les communes ou leurs groupements à sept ans, renouvelable une fois, lorsque l'énergie produite par les installations de production bénéficie du soutien prévu aux articles L. 311-12, L. 314-1, L. 314-18, L. 446-2, L. 446-5, L. 446-14 ou L. 446-15 du code de l'énergie. »** *(L. nº 2022-217 du 21 févr. 2022, art. 36)* **« Dans ce dernier cas, par dérogation aux conditions prévues à l'article L. 1522-5 du présent code, l'avance peut être accordée si le montant de la totalité des avances consenties par les communes ou par leurs groupements à toutes les sociétés dont les communes ou leurs groupements sont actionnaires n'excède pas, avec cette nouvelle avance, 15 % des recettes réelles de la section de fonctionnement du budget des communes ou de leurs groupements. Les avances consenties postérieurement par les communes ou leurs groupements à toutes les sociétés dont ils sont actionnaires ne peuvent avoir pour effet de porter leur montant total au-delà du seuil de 15 %. »**

(L. nº 2017-257 du 28 févr. 2017, art. 73) **« Par dérogation au même premier alinéa, la Ville de Paris peut souscrire de plein droit des parts dans un fonds commun de placement à risques à vocation locale ayant pour objet d'apporter des fonds propres à des entreprises concourant à la protection du climat, à la qualité de l'air et de l'énergie, à l'amélioration de l'efficacité énergétique, au retraitement des déchets et au développement des énergies renouvelables** *(L. nº 2021-1104 du 22 août 2021, art. 88)* **« , de l'hydrogène renouvelable ou bas-carbone définis à l'article L. 811-1 du code de l'énergie » et des mobilités durables dans les conditions mentionnées au 9º de l'article L. 4211-1** *(L. nº 2021-1104 du 22 août 2021, art. 88)* **« du présent code ». Elle passe avec la société gestionnaire du fonds une convention déterminant notamment l'objet, le montant et le fonctionnement du fonds ainsi que les conditions de restitution des souscriptions versées en cas de modification ou de cessation d'activité de ce fonds.**

« Le montant total de la souscription sur fonds publics ne peut excéder 50 % du montant total du fonds. Cette limite peut être dépassée lorsqu'il est procédé à un appel à manifestation d'intérêt pour inciter des investisseurs privés à souscrire des parts du fonds. »

Sur le développement portuaire et la transition des concessions au sein des collectivités territoriales, V. ci-dessous L. nº 2006-10 du 5 janv. 2006, art. 35.

COMMENTAIRE

V. dans le supplément en ligne.

1. La prohibition de toute prise de participation est étendue à tout autre organisme à but lucratif. Si la formule exclut les organismes à but non lucratif telles que les fondations et les associations même si elles se livrent, comme c'est possible, à des opérations de nature commerciale, elle est très générale et englobe toutes les structures permettant de dégager ou des bénéfices ou des économies pour ses membres. Est ainsi illicite l'adhésion d'une commune au capital d'une société civile immobilière constituée en vue de l'attribution d'immeubles aux associés par fractions divises. • TA Rennes, 7 mars 1985, *COREP d'Ille-et-Vilaine c/ Cne d'Iffendic : Lebon 418* • CE 24 nov. 1989, *Cne d'Iffendic*, nº 68439 B (« Si la SCI constituée pour les besoins de la réalisation d'un centre commercial n'avait pas pour objet de dégager des bénéfices en argent, elle devait permettre aux associés de la commune de réaliser, sur le coût de la construction des immeubles, une économie : dans ces conditions, la SCI doit être regardée comme un organisme à but lucratif »). ♦ Sur la prohibition des prises de participation communale dans une SCI, V. aussi * Rép. min. nº 9988 : *JOAN Q, 17 nov. 2003, p. 8845.*

2. Autorisées par décret, les communes doivent respecter les termes de celui-ci. En conséquence, lorsqu'une commune est autorisée à prendre dans le capital du Crédit local de France une participation dans la limite de 200 000 F, elle ne peut acquérir de nouvelles actions si cela a pour conséquence de porter sa participation dans le capital du CLF, valorisée à la date de l'achat, à un montant supérieur à la somme de 200 000 F. • TA Pau, 26 févr. 1997, *Préfet des Pyrénées-Atlantiques,* nº 96986.

3. Pour le ministre de l'Intérieur, la participation d'une collectivité locale à un GIE, que celui-ci soit constitué avec ou sans capital, est interdite. * Rép. min. nº 2657 : *JOAN Q, 23 août 1993.* ♦ Pour la participation d'une SEM détenue à 80 % par une commune à un GIE, V. * Rép. min. nº 10745 : *JOAN Q, 3 août 1998, p. 4333.*

4. Lorsque la collectivité territoriale participe au capital de l'entreprise (SEML) ou de l'association ayant un objet économique, elle doit être considérée comme un dirigeant de droit dont la responsabilité commerciale peut être engagée devant la juridiction administrative si la structure de droit privé gère un service public administratif. • T. confl. 15 nov. 1999, *Comité d'expansion de la Dordogne c/ Dpt de la Dordogne : AJDA 1999. 1042 ; D. 2000, AJ 11, obs. Lienhard*. – V. Conf. • Civ. 1re, 11 févr. 2003 : *D. 2003. 312, obs. Lienhard ; Dr. adm. 2003, nº 113, obs. Clamour.* ♦ ... Ou devant la juridiction judiciaire si elle gère un SPIC. • T. confl. 14 févr. 2000, *SA Imphy : Dr. adm. 2000, nº 59.* ♦ ... À propos d'une action en comblement du passif intentée contre des communes membres d'une association exerçant une activité lucrative (restauration immobilière), un tribunal de grande instance (action qui serait aujourd'hui vraisemblablement de la compétence de la juridiction administrative compte tenu de la jurisprudence préc. • T. confl. 15 nov. 1999) décide que l'action en comblement du passif engagée par les syndics liquidateurs à l'encontre de douze membres du conseil d'administration, dont six communes, a pour objet de déterminer si les administrateurs ont apporté à la gestion des activités sociales la diligence nécessaire et tend à la recherche de leur responsabilité permettant la mise à leur charge des dettes sociales, conformément à l'art. de la loi du 13 juill. 1967. En conséquence, la recherche de la responsabilité encourue par chacune des communes membres dudit conseil d'administration dans l'exercice de son mandat de dirigeant de son association relève par nature de la compétence des tribunaux judiciaires. Après jugement du tribunal de grande instance et de la cour d'appel d'Orléans, la chambre commerciale de la Cour de cassation a confirmé les décisions des juges du fond qui ont condamné chacune des communes à verser au syndic 1 MF. • Com. 16 févr. 1993, *Cne de Montargis*, nº 90-18.389 P : *CJEG 1993. 318, rapp. Lassalle.*

5. Dérogation législative. Il résulte de la lettre même des dispositions résultant de l'art. 44 *bis* de la L. nº 82-1153 du 30 déc. 1982 d'orientation des transports intérieurs introduit par l'art. 34-II de la L. nº 86-29 du 9 janv. 1986 portant dispositions diverses relatives aux collectivités locales, que le législateur a entendu instituer un régime juridique particulier, pour les régies de transport public, qui déroge aux conditions générales d'intervention économique des collectivités territoriales et de leurs établissements publics précisées notamment aux paragraphes III respectifs des art. 5 et 48 de la loi du 2 mars 1982 relative aux droits et libertés des communes, des départements et des régions, repris aux art. L. 2253-1 et L. 3231-6, en particulier l'absence d'autorisation prévue par décret en Conseil d'État pour toute prise de participation dans le capital d'une société commerciale ou d'un organisme à but lucratif. La loi ne fixe pas de plafond aux participations financières des régies de transport dans le capital des sociétés. * Rép. min. : *JOAN Q 14 mai 2001, p. 2837.*

6. Société coopérative d'intérêt collectif. Il résulte des dispositions de l'art. 19 *septies* de la L. du 10 sept. 1947 portant statut de la coopération modifiée que, par dérogation au principe posé par l'art. L. 2253-1, qui interdit, notamment aux communes, toute prise de participation dans le capital d'une société commerciale, les collectivités territoriales et leurs établissements publics peuvent être associés au sein d'une SCIC et que la L. du 10 sept. 1947 autorise les collectivités et leurs groupements à prendre des participations au capital d'une SCIC pour autant que leur participation n'excède pas 50 % du capital. • TA Poitiers, 25 mars 2024, nº 2203057 : *AJCT 2024. 508, obs. Durand*. ♦ Même si l'activité de la SCIC entre dans le domaine des « actions de développement économique » que la communauté urbaine est seule compétente pour exercer, en ce qu'elle se fixe pour objectif de contribuer au développement d'une filière agricole, la création de la SCIC s'inscrit dans un projet plus global, n'ayant pas un caractère économique, mais également un caractère d'utilité sociale. Elle facilitera par ailleurs le respect par la commune des prescriptions de la L. du 30 oct. 2018, dite « loi EGalim », ainsi que la mise en œuvre des actions de son projet alimentaire territorial. Par conséquent, eu égard à l'intérêt public communal que comporte la constitution de la SCIC, la commune a pu légalement, sans méconnaître la compétence exclusive de la communauté d'agglomération en matière de développement économique, décider d'en devenir associée et d'y prendre une participation. • Même arrêt.

7. Énergies renouvelables. L'art. L. 2253-1 n'a pas entendu imposer que seules les collectivités ayant la compétence en matière d'énergies renouvelables en vertu de l'art. L. 2224-32 puissent participer au capital d'une société anonyme ou d'une SAS dont l'objet social est la production d'énergies renouvelables. Ainsi, la circonstance que la compétence prévue à l'art. L. 2224-32 aurait été transférée par la commune à un syndicat mixte est sans influence sur la légalité de la Délib. par laquelle son conseil municipal a décidé de souscrire au capital d'une société ayant un tel objet. • CAA Nantes, 19 avr. 2024, nº 23NT01257.

8. Il résulte des dispositions de l'art. 19 *septies* de la loi du 10 sept. 1947 portant statut de la coopération modifiée que par dérogation au principe posé par l'art. L. 2253-1, qui interdit, notamment aux communes, toute prise de participation dans le capital d'une société commerciale, les collectivités territoriales et leurs établissements publics peuvent être associés au sein d'une société coopérative d'intérêt collectif et que la loi du 10 sept. 1947 autorise les collectivités et leurs groupements à prendre des participations au capital d'une SCIC pour autant que leur participation n'excède pas 50 % du capital. • TA Poitiers, 25 mars 2024, *Préfet de la Vienne*, nº 2203057 : *AJCT 2024. 508, obs. Durand*. ♦ Même si l'activité de la SCIC entre dans le domaine des « actions de développement économique » que la communauté urbaine est seule compétente pour exercer, en ce qu'elle se fixe pour objectif de contribuer au développement d'une filière agricole, la création de la SCIC s'inscrit dans un projet plus global, n'ayant pas un caractère économique, mais également un caractère d'utilité sociale. Elle facilitera par ailleurs le respect par la commune des prescriptions de la loi du 30 oct. 2018, dite « Loi EGalim », ainsi que la mise en œuvre des actions de son projet alimentaire territorial. Par conséquent, eu égard à l'intérêt public communal que comporte la constitution de la SCIC, la commune a pu légalement, sans méconnaître la compétence exclusive de la communauté d'agglomération en matière de développement économique, décider d'en devenir associée et d'y prendre une participation. • Même arrêt.

9. Cas des territoires d'outre-mer. Aucune disposition constitutionnelle ou législative n'interdit au territoire de la Polynésie française, qui dispose d'une compétence de droit commun, d'intervenir en matière de développement économique ou d'aides aux entreprises concurrentielles ; mais la prise de participation au capital d'une société commerciale doit être justifiée par un intérêt public en raison de circonstances de temps et de lieu particulières, et respecter les principes généraux d'intervention de la puissance publique, comme celui de la liberté du commerce et de l'industrie. Faute de circonstances exceptionnelles justifiant la prise de participation, cette dernière est irrégulière. • CAA Paris, 18 mai 2006, *Territoire de la Polynésie française : BJCL 2006, nº 9, p. 643, concl. Trouilly.*

Loi nº 2006-10 du 5 janvier 2006,

Relative à la sécurité et au développement des transports.

Art. 35 I. — Par dérogation aux articles L. 2253-1, L. 3231-6, L. 4211-1 et L. 5111-4 du code général des collectivités territoriales, les collectivités territoriales et leurs groupements peuvent prendre des participations dans des sociétés dont l'activité principale est d'assurer l'exploitation commerciale d'un ou plusieurs ports visés au I de l'article 30 de la loi nº 2004-809 du 13 août 2004 relative aux libertés et responsabilités locales lorsqu'au moins l'un d'entre eux se trouve dans leur ressort géographique.

II. — La collectivité territoriale propriétaire d'un port visé au I de l'article 30 de la loi nº 2004-809 du 13 août 2004 précitée peut, à la demande du concessionnaire du port, autoriser la cession ou l'apport de la concession à une société portuaire dont le capital initial est détenu entièrement par des personnes publiques, dont la chambre de commerce et d'industrie dans le ressort géographique de laquelle est situé ce port. Un nouveau contrat de concession est alors établi entre la collectivité territoriale et la société portuaire pour une durée ne pouvant excéder quarante ans. Ce contrat précise notamment les engagements que prend la société portuaire en termes d'investissements et d'objectifs de qualité de service.

III. — Les deuxième à cinquième alinéas de l'article 38 et les deuxième à quatrième alinéas de l'article 40 de la loi nº 93-122 du 29 janvier 1993 relative à la prévention de la corruption et à la transparence de la vie économique et des procédures publiques ne sont pas applicables aux opérations réalisées en application du présent article.

IV. — Les agents publics affectés à la concession transférée sont mis à la disposition de la société pour une durée de dix ans. Une convention conclue entre l'ancien et le nouvel exploitant détermine les conditions de cette mise à disposition et notamment celles de la prise en charge, par ce dernier, des coûts salariaux correspondants.

Pendant la durée de cette mise à disposition, chaque agent peut à tout moment demander que lui soit proposé, par le nouvel exploitant, un contrat de travail. La conclusion de ce contrat emporte alors radiation des cadres. Au terme de la durée prévue au premier alinéa, le nouvel exploitant propose à chacun des agents publics un contrat de travail, dont la conclusion emporte radiation des cadres. Les agents publics qui refusent de signer ce contrat sont réintégrés de plein droit au sein de la chambre de commerce et d'industrie concernée.

Les dispositions de l'article L. 122-12 du code du travail *[L. 1224-1 nouveau]* sont applicables aux contrats de travail des salariés de droit privé affectés à la concession transférée, en cours à la date du transfert de la concession, qui subsistent avec le nouvel employeur.

Art. L. 2253-2 Les communes et leurs groupements peuvent, par délibération de leurs organes délibérants, acquérir ou recevoir des actions des sociétés d'économie mixte locales répondant aux conditions fixées par les articles L. 1521-1 et L. 1522-1.

Ils peuvent, dans les mêmes conditions, détenir des obligations des sociétés chargées d'exploiter des services publics communaux à caractère industriel et commercial. – *[C. communes, art. L. 381-1.]*

Art. L. 2253-3 Les titres mentionnés à l'article L. 2253-2 sont mis sous la forme nominative ou représentés par des certificats nominatifs. – *[C. communes, art. L. 381-3 issu du Décr. du 28 déc. 1926, art. 15, al. 1er.]*

Art. L. 2253-4 Les titres affectés à la garantie de la gestion du conseil d'administration sont inaliénables.

L'aliénation des autres titres mentionnés à l'article L. 2253-2 ne peut avoir lieu qu'en vertu d'une délibération du conseil municipal. – *[C. communes, art. L. 381-4.]*

Art. L. 2253-5 Lorsque, dans une société anonyme, une commune a la qualité de membre ou de président du conseil d'administration, de membre du directoire, de membre ou de président du conseil de surveillance, la responsabilité civile résultant de l'exercice du mandat des représentants de la commune incombe à la commune et non à ces représentants. – *[C. communes, art. L. 381-5 issu du Décr. du 28 déc. 1926, art. 17.]*

Art. L. 2253-6 Un décret en Conseil d'État détermine les conditions d'application des dispositions des articles L. 2253-2 à L. 2253-5. – *[C. communes, art. L. 381-6 issu du Décr. du 28 déc. 1926, art. 18.]*

SECTION 2 Participation à des sociétés de garantie

Art. L. 2253-7 Par dérogation aux dispositions de l'article L. 2253-1, une commune, seule ou avec d'autres collectivités territoriales, peut participer au capital d'un établissement de crédit *(Ord. nº 2013-544 du 27 juin 2013, art. 9)* « ou d'une société de financement » revêtant la forme de société anonyme régie par *(Ord. nº 2003-1212 du 18 déc. 2003, art. 3)* « les dispositions du livre II du code de commerce » et ayant pour objet exclusif de garantir les concours financiers accordés à des personnes morales de droit privé, et notamment celles qui exploitent des entreprises nouvellement créées, dès lors qu'une ou plusieurs sociétés commerciales, dont au moins *(Ord. nº 2003-1212 du 18 déc. 2003, art. 3)* « un établissement de crédit *(Ord. nº 2013-544 du 27 juin 2013, art. 9)* « ou une société de financement » régi par les dispositions du chapitre I du titre I du livre V du code monétaire et financier », participent également au capital de cet établissement de crédit *(Ord. nº 2013-544 du 27 juin 2013, art. 9)* « ou de cette société de financement ».

La commune peut participer par versement de subventions à la constitution de fonds de garantie auprès de l'établissement de crédit *(Ord. nº 2013-544 du 27 juin 2013, art. 9)* « ou de la société de financement » mentionné à l'alinéa précédent. La commune passe avec l'établissement de crédit *(Ord. nº 2013-544 du 27 juin 2013, art. 9)* « ou la société de financement » une convention déterminant notamment l'objet, le montant et le fonctionnement du fonds de garantie ainsi que les conditions de restitution des subventions versées en cas de modification ou de cessation d'activité de ce fonds.

La participation des communes au conseil d'administration de cet établissement *(Ord. nº 2013-544 du 27 juin 2013, art. 9)* « ou de cette société » constitué sous forme de société anonyme est réglée comme suit :

1° Dans le cas où une seule commune est actionnaire de cette société anonyme, elle dispose d'un siège au conseil d'administration de cette société ;

2° Lorsque plusieurs communes sont actionnaires de cette société anonyme, le nombre de sièges dont elles disposent au conseil d'administration tient compte du capital détenu sans que ce nombre puisse être inférieur à un siège ni supérieur à six.

Un décret en Conseil d'État détermine la proportion maximale de capital de l'établissement de crédit *(Ord. nº 2013-544 du 27 juin 2013, art. 9)* « ou de la société de financement » susceptible d'être détenue par les collectivités territoriales, ainsi que les modalités d'octroi des garanties et notamment la quotité garantie par l'établissement *(Ord. nº 2013-544 du 27 juin 2013, art. 9)* « ou la société ». – *V. art. R. 1511-36 s.*

CHAPITRE IV INTERVENTIONS EN FAVEUR DU LOGEMENT SOCIAL

(L. nº 2000-1208 du 13 déc. 2000, art. 64)

Art. L. 2254-1 Les communes et les établissements publics de coopération intercommunale doivent, par leur intervention en matière foncière, par les actions ou opérations d'aménagement qu'ils conduisent ou autorisent en application de l'article L. 300-1 du code de l'urbanisme ou par des subventions foncières, permettre la réalisation des logements locatifs sociaux nécessaires à la mixité sociale des villes et des quartiers.

V. également CCH, art. L. 301-2 s. et R. 302-1 s. – ***CCH.***

CHAPITRE V MAINTIEN DES SERVICES PUBLICS

(L. nº 2018-1021 du 23 nov. 2018, art. 159)

Art. L. 2255-1 Lorsqu'il est envisagé la fermeture ou le déplacement d'un service de l'État *(L. nº 2022-217 du 21 févr. 2022, art. 156)* « , à l'exception de ceux des administrations centrales et des services à compétence nationale, » d'une collectivité territoriale, d'un établissement public de coopération intercommunale à fiscalité propre ou d'un organisme chargé d'une mission de service public situé dans le périmètre de l'opération, le représentant de l'État dans le département ou l'autorité exécutive de la collectivité territoriale, de l'établissement public de coopération intercommunale à fiscalité propre ou de l'organisme chargé d'une mission de service public communique au maire de la commune et au président de l'établissement public de coopération intercommunale à fiscalité propre dont est membre la commune toutes les informations justifiant cette fermeture ou ce déplacement, au moins six mois avant la date prévue pour sa réalisation. Il indique également les mesures envisagées pour permettre localement le maintien de ce service sous une autre forme.

Ces informations sont également transmises à la région et au département.

LIVRE III FINANCES COMMUNALES

BIBL. GÉN. ▶ Adans, *RFFP 2006, n° 93, 61* (LOLF et M 14 : deux façons de réformer la comptabilité publique). – Benjamin et Creusot, Le financement des nouvelles compétences des collectivités locales, *LGDJ, 2007.* – Bidart, Guide budgétaire et comptable de l'intercommunalité, *Berger-Levrault, 2004, coll. Les indispensables.* – Bidart et Moraud, M 14, La comptabilité des communes, *Berger-Levrault, 2010.* – Blanc, Finances locales comparées, *LGDJ, 2002.* – Boudet, *BJCL 2007. 151* (les finances locales et la réforme organique des lois de finances du 1er août 2001). – Bourdin, Les finances communales, *Economica, 2001.* – Bouvier, Les finances locales, *LGDJ, coll. Système, 2013.* – Bramoullé, *JCP Adm. 2010, n° 2244* (les aspects financiers de l'intercommunalité). – Brolles et Straub, Budget des communes et des EPCI, *Berger-Levrault, coll. Les indispensables, 2013* (gestion et comptabilité). – Camous, L'essentiel des finances publiques locales, *Ellipses, 2010.* – Clérembaux, Abécédaire des finances locales, *coll. Dossier d'experts, Territorial, 2012.* – Cornié et Gatin, *Rev. Trésor 2007. 452* (la mise en œuvre de la LOLF au plan local). – Douat et Guengant, Leçons de finances locales, *Economica, 2002.* – Folain, Budgets communaux et paroissiaux sous l'Ancien Régime, *Rev. Trésor 2000, n° 7.* – Gemieux, L'influence de la LOLF sur les budgets locaux, *RFFP 2009, n° 107, p. 53.* – Guenguant, Maîtriser la dépense ou réformer la fiscalité : quel avenir pour les finances locales ?, *RFFP 2007, n° 99, p. 93.* – Hernu, Une comparaison des systèmes budgétaires et comptables de l'État et des collectivités locales, *RFFP 2010, n° 109, p. 181.* – Hertzog, L'ambiguë constitutionnalisation des finances locales, *AJDA 2003. 548* ; La Constitution financière de l'État décentralisé, *ACL 2004. 171.* – Huet, *JCP Adm. 2011, n° 2349* (en route vers une nouvelle péréquation horizontale : le fonds national de péréquation de recettes fiscales intercommunales et communales FPIC). – Klopfer, Gestion financière des collectivités locales, *Éd. du Moniteur, 2010.* – Levoyer, Finances locales, *Hachette, coll. Les Fondamentaux, 2012.* – Mattret, L'analyse financière des communes, *LGDJ, coll. Système, 2009.* – Mouzet, Essentiel des finances locales, *Gualino, 2012.* – Muzellec, et Conan, Finances locales, *Dalloz, 2011.* – Pellion, Le budget communal, *Pédagofiche, 2012.* – Picard, Finances locales, *LexisNexis, 2013.* – Picard et Sottou, Le budget local en pratique, *Éd. Le Moniteur, coll. Guides méthodes, 2006.* – Poli et Léon, *RFFP 2007, n° 99, p. 111* (LOLF et collectivités territoriales : quelle analyse de la performance au niveau local ?). – Pujol et Grau, Le financement des collectivités territoriales, *JCP Adm. 2013, n° 2281.* – Robert, Finances locales, *Doc. Fr., 2009.* – Saïdj, *RFFP 2004, n° 87, p. 147* (l'évolution des finances locales au cours des vingt dernières années, quelles cohérences ?). – Saint-Sernin (de), La difficile appréciation des finances des établissements publics de coopération intercommunale, *Rev. Trésor 2002. 363.* – Taillefait, Les aspects financiers et comptables des marchés publics locaux, *Imprimerie nationale, 2002.*

▶ Numéros spéciaux de la Revue française de finances publiques : N° 71, La communication financière des collectivités locales, *2000.* – N° 81, Vingt ans de finances locales : enjeux pour l'avenir, *2003.* – N° 85, Le contrôle externe des chambres régionales des comptes : actualité et perspectives, *2004.* – N° 95, Les nouveaux instruments financiers et de gestion des collectivités territoriales, *2006.* – N° 107, La LOLF et les collectivités locales, 2009. – N° 109, Les aides au développement économique local, 2010. – N° 121, L'autonomie financière des collectivités locales en Europe, 2013.

TITRE I BUDGET ET COMPTES

ENCYCL. COLL. LOC. *Budgets et comptes locaux : principes, 7030,* par Albert.

BIBL. GÉN. ▶ Castaing, *J.-Cl. Coll. terr., fasc. 2043.* – Crucis, Budget des collectivités territoriales, *J.-Cl. Coll. terr., fasc. 139* ; Budget des communes, *J.-Cl. Coll. terr., fasc. 140.* – Taillefait, *J.-Cl. Adm., fasc. 127-10.* – Landbeck, Les principes budgétaires locaux, *PUAM, 2001.*

CHAPITRE I DISPOSITIONS GÉNÉRALES

Art. L. 2311-1 *(Abrogé par Ord. n° 2025-526 du 12 juin 2025, art. 1er, à compter de l'exercice budgétaire 2026) (Ord. n° 2005-1027 du 26 août 2005, art. 4)* ***« Le budget de la commune est l'acte par lequel sont prévues et autorisées les recettes et les dépenses annuelles de la commune. »***

Le budget de la commune est établi en section de fonctionnement et section d'investissement, tant en recettes qu'en dépenses.

Le budget de la commune est divisé en chapitres et articles dans les conditions qui sont déterminées par décret.

BIBL. ▶ Baudot et Fichot, Guide de l'imputation des dépenses et des recettes communales, *Éditions Pédagofiche, coll. Les Essentiels, 2013.* – Clérembaux, Guide pratique de l'élaboration du budget, *Voiron, La Lettre du cadre territorial, 2011, coll. Dossiers d'experts.* – COBLENTZ, Le budget communal : mode d'emploi, *Voiron, La Lettre du cadre territorial, 2003, coll. L'essentiel.* – MATTRET, Gestion budgétaire, *J.-Cl. Coll. terr., fasc. 2041.* – MESMIN, *Rev. Trésor 2003. 592* (les sanctions applicables à la présentation de comptes de collectivités publiques insincères).

COMMENTAIRE

V. dans le supplément en ligne.

1. Principe d'unité budgétaire. Le budget de la commune est établi en deux sections à l'intérieur d'un même document, d'où l'annulation d'une décision modificative dans son ensemble alors même que les surestimations de crédits se situaient dans la seule section de fonctionnement du budget qui, eu égard au lien existant entre l'équilibre de la section de fonctionnement et celui de la section d'investissement, présente un caractère indivisible. • CE 23 déc. 1988, *Dpt du Tarn c/ M. Barbut et a.*, n° 60678 : *Lebon 466 ; D. 1989. 381, note Llorens et Soler-Couteau ; JCP 1989. IV. 34 ; AJDA 1989. 91, chron. Azibert et de Boisdeffre ; RFDA 1989. 365, concl. Lévis ; Dr. adm. 1989, n° 10 ; ACL 1989, n° 199.* ♦ Le budget est un acte juridique qui autorise le paiement des dépenses et la perception des recettes pour une année. * Rép. min. n° 00629 : *JO Sénat Q, 7 févr. 2013, p. 426.*

2. Imputation budgétaire des dépenses. La circulaire interministérielle du 26 févr. 2002 relative aux règles d'imputation des dépenses du secteur public local expose les règles d'imputation comptable des dépenses du secteur public local. Elle fixe les critères de distinction entre les dépenses d'investissement et celles relevant du fonctionnement, qui résultent à la fois de l'application des principes du code civil (art. 528 et 529), en prenant en considération la consistance du bien et sa durabilité, et des principes du plan comptable général, dont s'inspirent les instructions budgétaires et comptables des collectivités locales. Ainsi, selon les règles communément admises, les dépenses qui ont pour résultat l'entrée d'un nouvel élément d'une certaine consistance destiné à rester durablement dans le patrimoine de la collectivité sont considérées comme des dépenses d'investissement. Ainsi, constituent des dépenses d'investissement les travaux de réfection complète d'un mur de cimetière permettant d'éviter sa dégradation future en limitant le ruissellement des eaux pluviales qui apportent une amélioration à l'ouvrage. • CAA Nantes, 12 janv. 2016, *Min. délégué auprès du min. de l'Économie et des Finances, chargé du budget,* n° 14NT00583 : *AJDA 2016. 989.* ♦ Tel n'est pas le cas en revanche des dépenses d'entretien ou de réparation qui ont pour objet de maintenir le patrimoine en l'état et non d'augmenter sa valeur. C'est le cas des travaux de renouvellement de la seule couche de surface visant à conserver les voies dans de bonnes conditions d'utilisation, y compris lorsque ce renouvellement est effectué avec des matériaux d'une qualité croissante. * Rép. min. n° 06293 : *JO Sénat Q, 19 sept. 2013, p. 2720.* ♦ En application de l'art. L. 2543-3-3° CGCT, concernant les frais du culte en Alsace-Moselle, la dépense afférente à des travaux de peinture réalisés dans ce cadre par une commune sur une église a vocation à être imputée à la section d'investissement du budget communal si elle constitue une dépense d'amélioration ayant pour objet ou pour effet d'augmenter la valeur ou la durée de vie du bien immobilisé. La circulaire du 26 févr. 2002 indique que les frais engagés pour des travaux de peinture extérieure répondent à ce critère et sont par conséquent des dépenses d'investissement, alors que des travaux de peintures intérieures constituent des charges d'entretien relavant de la section de fonctionnement. * Rép. min. n° 06729 : *JO Sénat Q, 19 sept. 2013, p. 2723.* ♦ S'agissant des biens meubles, sont considérés comme des biens meubles imputés à la section d'investissement, quelle que soit leur valeur unitaire, les biens énumérés dans la nomenclature présentée en annexe à un arrêté du 26 oct. 2001, ainsi que les biens meubles non mentionnés dans cette nomenclature, mais pouvant être assimilés par analogie à un bien y figurant. Les autres biens meubles, dont le montant unitaire dépasse 500 € TTC, à condition qu'ils ne figurent pas explicitement parmi les comptes de charges ou de stocks et qu'ils revêtent un caractère de durabilité, sont également considérés comme des dépenses d'investissement. En outre, peuvent être imputés en section d'investissement, sous réserve qu'ils figurent dans la liste complémentaire élaborée par chaque collectivité qui le souhaite, les biens meubles non mentionnés dans la nomenclature réglementaire et d'un montant unitaire inférieur au seuil précité. Il doit s'agir de biens meubles ne figurant pas explicitement parmi les comptes de charges ou de stocks et revêtant un caractère de durabilité. Cette liste fait l'objet d'une délibération-cadre annuelle de l'assemblée. Cette délibération est complétée, le cas échéant, par délibération expresse. Les autres biens meubles sont imputés en section de fonctionnement. Ces dispositions s'imposent aux comptables publics et aux ordonnateurs. * Rép. min. n° 61707 : *JOAN Q, 4 mars 2002 ; Rev. Trésor 2002. 394.*

3. Imputation des frais accessoires. Certains frais peuvent être imputés au même compte que la dépense principale. Il s'agit, pour les acquisitions d'immobilisations achevées, des frais accessoires, c'est-à-dire des charges directement ou indirectement liées à l'acquisition et à la mise en état d'utilisation du bien. Ces frais sont limitativement énumérés (droits de douane, TVA non récupérable, frais de transport, frais d'installation et de montage, honoraires de notaire exposés à l'occasion de l'achat, droits d'enregistrement). Les autres honoraires et commissions, notamment ceux dus à des intermédiaires, constituent des charges de fonctionnement. Pour les acquisitions d'immobilisation en cours, les frais destinés à permettre la construction (démolition, déblaiement, prix d'achat de l'immeuble à détruire) ainsi que les frais d'études engagés en vue de déterminer la faisabilité d'un investissement (frais d'ingénierie et d'architecte) et ceux de publication et d'insertion des appels d'offres dans la presse engagés de manière obligatoire par les collectivités locales dans le cadre de la passation des marchés publics sont imputés en investissement. * Rép. min. n° 2356 : *JOAN Q, 2 déc. 2002 ; Rev. Trésor 2003. 145.* ♦ Ainsi, certains frais accessoires de l'immobilisation sont imputés en section d'investissement. S'agissant de procédures dérogatoires aux règles d'imputation des biens, l'énumération se veut limitative. Dès lors, les autres frais engendrés par l'acquisition ou la construction d'immobilisation sont à imputer en section de fonctionnement. Les indemnités versées aux candidats non retenus lors d'appels d'offres s'analysent comme des charges. Ces frais, qui, au demeurant, ne sont pas obligatoires pour la collectivité, ne peuvent pas être considérés comme participant au coût de revient de l'investissement envisagé. Quant aux indemnités versées aux architectes dans les jurys de concours d'architecture, elles s'analysent comme des honoraires constituant des charges normales de fonctionnement de la collectivité. Les frais d'assurance dommage ouvrage dans le cadre d'opérations de travaux sont des primes d'assurance et, par suite, des charges de fonctionnement. Ils ne sont pas de nature à accroître la valeur vénale de la construction. Toutefois, cette charge peut être étalée sur la durée de la garantie. Enfin, les frais de location de bâtiments modulaires installés lors de chantiers dans les lycées ou collèges sont par nature, puisqu'il s'agit de location, à imputer en section de fonctionnement. Ils portent sur des biens qui ne sont pas la propriété de la collectivité et qui, par conséquent, ne sont pas destinés à rester durablement dans son patrimoine. * Même Rép. min. ♦ V. aussi, * Rép. min. n° 12410 : *JO Sénat Q, 29 juill. 2004 ; Rev. Trésor 2004. 712.*

Art. L. 2311-1-1 *(L. n° 2010-788 du 12 juill. 2010, art. 255)* **Dans les communes de plus de 50 000 habitants, préalablement aux débats sur le projet de budget, le maire présente un rapport sur la situation en matière de développement durable intéressant le fonctionnement de la collectivité, les politiques qu'elle mène sur son territoire et les orientations et programmes de nature à améliorer cette situation** *(L. n° 2021-1031 du 4 août 2021, art. 5)* **« et à contribuer à l'atteinte des objectifs de développement durable inscrits au programme de développement durable à l'horizon 2030, adopté le 25 septembre 2015 par l'Assemblée générale des Nations unies ». Le contenu de ce rapport** *(L. n° 2021-1485 du 15 nov. 2021, art. 35)* **« , qui comprend notamment le bilan annuel de la stratégie numérique responsable mentionnée au I de l'article 35 de la loi n° 2021-1485 du 15 novembre 2021 visant à réduire l'empreinte environnementale du numérique en France, » et, si nécessaire, les modalités de son élaboration sont fixés par décret.**

(L. n° 2021-1104 du 22 août 2021, art. 180) **« Ce rapport précise le programme d'actions mis en place pour assurer la réduction de la consommation d'énergie des bâtiments ou des parties de bâtiment à usage tertiaire dont la collectivité territoriale est propriétaire, dans un objectif de respect des obligations prévues à l'article L. 174-1 du code de la construction et de l'habitation. »**

Ces dispositions sont applicables aux établissements publics de coopération intercommunale à fiscalité propre regroupant plus de 50 000 habitants.

Sur la biodiversité, V. ci-dessous C. envir. art. L. 110-1 s.

Sur les projets territoriaux de développement durable et les agendas 21 locaux, V. ci-dessous L. n° 2010-788 du 12 juill. 2010, art. 252 et 254.

Sur les services régionaux de l'inventaire général du patrimoine culturel, V. ci-dessous L. n° 2021-85 du 29 janv. 2021, art. 2.

Sur les stratégies numériques responsables des communes, V. ci-dessous L. n° 2021-1485 du 15 nov. 2021, art. 35.

Nouvel art. L. 2311-1-1 *(Ord. n° 2025-526 du 12 juin 2025, art. 1er)* ***Le rapport sur la situation en matière de développement durable mentionné à l'article L. 1612-23 comprend pour les communes notamment le bilan annuel de la stratégie numérique responsable mentionnée au I de l'article 35 de la loi n° 2021-1485 du 15 novembre 2021 visant à réduire l'empreinte environnementale du numérique en France. Les modalités de son élaboration sont fixées par décret.***

Ce rapport précise le programme d'actions mis en place pour assurer la réduction de la consommation d'énergie des bâtiments ou des parties de bâtiments à usage tertiaire, donc [dont] la commune est propriétaire, dans un objectif de respect des obligations prévues à l'article L. 174-1 du code de la construction et de l'habitation.

Les dispositions de l'article L. 1612-23 et celles du présent article ne s'appliquent pas aux communes de 50 000 habitants et moins, ni à leurs établissements publics.

Le présent art. entre en vigueur à compter de l'exercice budgétaire 2026 (Ord. nº 2025-526 du 12 juin 2025, art. 12).

Code de l'environnement

Art. L. 110-1 I. — Les espaces, ressources et milieux naturels *(L. nº 2016-1087 du 8 août 2016, art. 1er)* « terrestres et marins » *(L. nº 2021-85 du 29 janv. 2021, art. 1er)* « , les sons et odeurs qui les caractérisent », les *(L. nº 2016-1087 du 8 août 2016, art. 1er)* « sites, les paysages diurnes et nocturnes », la qualité de l'air, *(L. nº 2021-1104 du 22 août 2021, art. 48)* « la qualité de l'eau, » *(L. nº 2016-1087 du 8 août 2016, art. 1er)* « les êtres vivants et la biodiversité » font partie du patrimoine commun de la nation. *(L. nº 2016-1087 du 8 août 2016, art. 2)* « Ce patrimoine génère des services écosystémiques et des valeurs d'usage. »

(L. nº 2016-1087 du 8 août 2016, art. 1er) « Les processus biologiques, les sols et la géodiversité concourent à la constitution de ce patrimoine.

« On entend par biodiversité, ou diversité biologique, la variabilité des organismes vivants de toute origine, y compris les écosystèmes terrestres, marins et autres écosystèmes aquatiques, ainsi que les complexes écologiques dont ils font partie. Elle comprend la diversité au sein des espèces et entre espèces, la diversité des écosystèmes ainsi que les interactions entre les organismes vivants. »

(L. nº 2019-773 du 24 juill. 2019, art. 1er) « On entend par géodiversité la diversité géologique, géomorphologique, hydrologique et pédologique ainsi que l'ensemble des processus dynamiques qui les régissent, y compris dans leurs interactions avec la faune, la flore et le climat. »

II. — *(L. nº 2016-1087 du 8 août 2016, art. 2)* « Leur connaissance, » leur protection, leur mise en valeur, leur restauration, leur remise en état *(L. nº 2016-1087 du 8 août 2016, art. 2)* « , leur gestion, la préservation de leur capacité à évoluer et la sauvegarde des services qu'ils fournissent » sont d'intérêt général et concourent à l'objectif de développement durable qui vise à satisfaire les besoins de développement et la santé des générations présentes sans compromettre la capacité des générations futures à répondre aux leurs. Elles s'inspirent, dans le cadre des lois qui en définissent la portée, des principes suivants :

1° Le principe de précaution, selon lequel l'absence de certitudes, compte tenu des connaissances scientifiques et techniques du moment, ne doit pas retarder l'adoption de mesures effectives et proportionnées visant à prévenir un risque de dommages graves et irréversibles à l'environnement à un coût économiquement acceptable ;

2° Le principe d'action préventive et de correction, par priorité à la source, des atteintes à l'environnement, en utilisant les meilleures techniques disponibles à un coût économiquement acceptable. *(L. nº 2016-1087 du 8 août 2016, art. 2)* « Ce principe implique d'éviter les atteintes à la biodiversité et aux services qu'elle fournit ; à défaut, d'en réduire la portée ; enfin, en dernier lieu, de compenser les atteintes qui n'ont pu être évitées ni réduites, en tenant compte des espèces, des habitats naturels et des fonctions écologiques affectées.

« Ce principe doit viser un objectif d'absence de perte nette de biodiversité, voire tendre vers un gain de biodiversité ; »

3° Le principe pollueur-payeur, selon lequel les frais résultant des mesures de prévention, de réduction de la pollution et de lutte contre celle-ci doivent être supportés par le pollueur ;

(L. nº 2012-1460 du 27 déc. 2012, art. 1er) « 4° Le principe selon lequel toute personne a le droit d'accéder aux informations relatives à l'environnement détenues par les autorités publiques ;

« 5° Le principe de participation en vertu duquel toute personne est informée des projets de décisions publiques ayant une incidence sur l'environnement dans des conditions lui permettant de formuler ses observations, qui sont prises en considération par l'autorité compétente ; »

(L. n° 2016-1087 du 8 août 2016, art. 2) « 6° Le principe de solidarité écologique, qui appelle à prendre en compte, dans toute prise de décision publique ayant une incidence notable sur l'environnement des territoires concernés, les interactions des écosystèmes, des êtres vivants et des milieux naturels ou aménagés ;

« 7° Le principe de l'utilisation durable, selon lequel la pratique des usages peut être un instrument qui contribue à la biodiversité ;

« 8° Le principe de complémentarité entre l'environnement, l'agriculture, l'aquaculture et la gestion durable des forêts, selon lequel les surfaces agricoles, aquacoles et forestières sont porteuses d'une biodiversité spécifique et variée et les activités agricoles, aquacoles et forestières peuvent être vecteurs d'interactions écosystémiques garantissant, d'une part, la préservation des continuités écologiques et, d'autre part, des services environnementaux qui utilisent les fonctions écologiques d'un écosystème pour restaurer, maintenir ou créer de la biodiversité ;

« 9° Le principe de non-régression, selon lequel la protection de l'environnement, assurée par les dispositions législatives et réglementaires relatives à l'environnement, ne peut faire l'objet que d'une amélioration constante, compte tenu des connaissances scientifiques et techniques du moment. »

(L. n° 2010-788 du 12 juill. 2010, art. 253) « III. — L'objectif de développement durable, tel qu'indiqué au II, *(L. n° 2015-992 du 17 août 2015, art. 70)* « est recherché, de façon concomitante et cohérente, grâce aux cinq engagements suivants : »

« 1° La lutte contre le changement climatique » ;

(L. n° 2016-1087 du 8 août 2016, art. 3) « 2° La préservation de la biodiversité, des milieux, des ressources ainsi que la sauvegarde des services qu'ils fournissent et des usages qui s'y rattachent ; »

(L. n° 2010-788 du 12 juill. 2010, art. 253) « 3° La cohésion sociale et la solidarité entre les territoires et les générations » ;

« 4° L'épanouissement de tous les êtres humains ;

(L. n° 2015-992 du 17 août 2015, art. 70) « 5° La transition vers une économie circulaire. »

(L. n° 2010-788 du 12 juill. 2010, art. 253) « IV. — L'Agenda 21 est un projet territorial de développement durable. »

Loi n° 2010-788 du 12 juillet 2010,

Portant engagement national pour l'environnement.

Art. 252 Les projets territoriaux de développement durable et agendas 21 locaux élaborés par les collectivités territoriales contribuent à la mise en œuvre du chapitre 28 de la Déclaration de Rio sur l'environnement et le développement de 1992 et aux engagements de la Déclaration des collectivités territoriales au Sommet mondial sur le développement durable de Johannesburg en 2002.

....

Art. 254 En référence à ses engagements internationaux et nationaux en matière de territoires et de villes durables, l'État encourage les projets territoriaux de développement durable et les agendas 21 locaux portés par les collectivités territoriales ou leurs groupements.

L'État soutient de tels projets élaborés sur la base du cadre de référence pour les projets territoriaux de développement durable et agendas 21 locaux. L'État peut accompagner l'élaboration et l'animation de ces projets. Il peut également soutenir les actions dont les résultats attendus contribueront aux objectifs de la loi n° 2009-967 du 3 août 2009 de programmation relative à la mise en œuvre du Grenelle de l'environnement dans le cadre des financements existants mis en place pour son application.

À ces fins, des conventions territoriales particulières peuvent être conclues entre l'État et les collectivités territoriales ou leurs groupements pour fixer les modalités d'accompagnement d'ordre technique et financier.

Loi nº 2021-85 du 29 janvier 2021,

Visant à définir et protéger le patrimoine sensoriel des campagnes françaises.

Art. 2 I. — Les services régionaux de l'inventaire général du patrimoine culturel, par leurs missions de recherche et d'expertise au service des collectivités locales, de l'État et des particuliers, contribuent, dans toutes les composantes du patrimoine, à étudier et qualifier l'identité culturelle des territoires.

II. — Dans les territoires ruraux, les inventaires menés contribuent à connaître et faire connaître la richesse des patrimoines immobilier et mobilier conservés, leur relation avec le paysage et, dans leur diversité d'expressions et d'usages, les activités, pratiques et savoir-faire agricoles associés.

III. — Les données documentaires ainsi constituées à des fins de connaissance, de valorisation et d'aménagement du territoire enrichissent la connaissance du patrimoine culturel en général et sont susceptibles de concourir à l'élaboration des documents d'urbanisme.

Loi nº 2021-1485 du 15 novembre 2021,

Visant à réduire l'empreinte environnementale du numérique en France.

Art. 35 I. — Les communes de plus de 50 000 habitants définissent, au plus tard le 1er janvier 2025, une stratégie numérique responsable qui indique notamment les objectifs de réduction de l'empreinte environnementale du numérique et les mesures mises en place pour les atteindre.

Elles élaborent, au plus tard le 1er janvier 2023, un programme de travail préalable à l'élaboration de la stratégie mentionnée au premier alinéa du présent I, qui comporte notamment un état des lieux recensant les acteurs concernés et rappelant, le cas échéant, les mesures menées pour réduire l'empreinte environnementale du numérique.

La stratégie numérique responsable fait l'objet d'un bilan annuel dans le cadre du rapport sur la situation en matière de développement durable prévu à l'article L. 2311-1-1 du code général des collectivités territoriales.

Le contenu de cette stratégie et les modalités de son élaboration sont précisés par décret.

Le présent I est applicable aux établissements publics de coopération intercommunale à fiscalité propre regroupant plus de 50 000 habitants.

[...]

III. — Le I entre en vigueur le 1er janvier 2025.

Art. L. 2311-1-2 *(L. nº 2014-873 du 4 août 2014, art. 61)* **Dans les communes de plus de 20 000 habitants, préalablement aux débats sur le projet de budget, le maire présente un rapport sur la situation en matière d'égalité entre les femmes et les hommes intéressant le fonctionnement de la commune, les politiques qu'elle mène sur son territoire et les orientations et programmes de nature à améliorer cette situation. Le contenu de ce rapport et les modalités de son élaboration sont fixés par décret.** — *V. art. D. 2311-16.*

Ces dispositions sont applicables aux établissements publics de coopération intercommunale à fiscalité propre regroupant plus de 20 000 habitants.

Nouvel art. L. 2311-1-2 *(Ord. nº 2025-526 du 12 juin 2025, art. 1er)* ***Les dispositions de l'article L. 1612-24 ne s'appliquent pas aux communes de 20 000 habitants et moins, ni à leurs établissements publics.***

Le présent art. entre en vigueur à compter de l'exercice budgétaire 2026 (Ord. nº 2025-526 du 12 juin 2025, art. 12).

Art. L. 2311-2 **Le budget communal comprend les ressources nécessaires à la couverture des dépenses d'investissement à effectuer au cours de l'exercice pour lequel il a été voté.**

Le conseil municipal détermine l'ordre de priorité des travaux à effectuer suivant leur caractère d'urgence et de nécessité.

La délibération intervenue comporte une évaluation de la dépense globale entraînée par l'exécution de ces travaux, ainsi qu'une répartition de cette dépense par exercice si la durée des travaux doit excéder une année, et l'indication des ressources envisagées pour y faire face. — *[C. communes, art. L. 211-2 issu du Décr. du 12 nov. 1938, art. 4.]*

1. Couverture des dépenses. Le rachat de la concession d'un port décidé par délibération peut ne pas être compatible avec les recettes de la commune ; l'existence d'un tel déséquilibre budgétaire est en tout état de cause sans incidence sur la légalité de la délibération attaquée. • CAA Marseille, 2 oct. 2001, *X.*, n° 00MA02270.

2. Ordre de priorité des travaux. En approuvant le budget primitif de la commune, sur la base d'une liste des opérations d'investissement traduisant les choix arrêtés lors de la séance du débat d'orientation budgétaire, le conseil municipal a déterminé un ordre de priorité des travaux, conformément aux dispositions de l'art. L. 2311-2 CGCT. • CAA Bordeaux, 8 janv. 2008, *Cne de Le Barp*, n° 05BX01139 : *BJCL 2008. 291, concl. Viard.* ♦ En l'espèce, au terme du débat d'orientation budgétaire, le conseil municipal avait décidé que ses investissements se feraient en priorité en faveur de l'enseignement, du patrimoine et de la voirie. • Même arrêt.

Art. L. 2311-3 *(Ord. nº 2005-1027 du 26 août 2005, art. 5)* **« I ». — Les dotations budgétaires affectées aux dépenses d'investissement peuvent comprendre des autorisations de programme et des crédits de paiement.**

Les autorisations de programme constituent la limite supérieure des dépenses qui peuvent être engagées pour le financement des investissements. Elles demeurent valables, sans limitation de durée, jusqu'à ce qu'il soit procédé à leur annulation. Elles peuvent être révisées.

Les crédits de paiement constituent la limite supérieure des dépenses pouvant être mandatées pendant l'année pour la couverture des engagements contractés dans le cadre des autorisations de programme correspondantes.

L'équilibre budgétaire de la section d'investissement s'apprécie en tenant compte des seuls crédits de paiement.

(Ord. nº 2005-1027 du 26 août 2005, art. 5) **« II. — Les dotations affectées aux dépenses de fonctionnement peuvent comprendre des autorisations d'engagement et des crédits de paiement.**

« Cette faculté est réservée aux seules dépenses résultant de conventions, de délibérations ou de décisions, au titre desquelles la commune s'engage, au-delà d'un exercice budgétaire, à verser une subvention, une participation ou une rémunération à un tiers. Toutefois les frais de personnel et les subventions versées aux organismes privés ne peuvent faire l'objet d'une autorisation d'engagement.

« Les autorisations d'engagement constituent la limite supérieure des dépenses qui peuvent être engagées pour le financement des dépenses mentionnées à l'alinéa précédent. Elles demeurent valables sans limitation de durée jusqu'à ce qu'il soit procédé à leur annulation. Elles peuvent être révisées.

« Les crédits de paiement constituent la limite supérieure des dépenses pouvant être mandatées pendant l'année pour la couverture des engagements contractés dans le cadre des autorisations d'engagement correspondantes.

« L'équilibre budgétaire de la section de fonctionnement s'apprécie en tenant compte des seuls crédits de paiement.

« La situation des autorisations d'engagement et de programme, ainsi que des crédits de paiement y afférents donne lieu à un état joint aux documents budgétaires.

« III ». — Les dispositions du présent article s'appliquent aux établissements publics administratifs qui remplissent les conditions fixées par décret en Conseil d'État.

Nouvel art. L. 2311-3 *(Ord. nº 2025-526 du 12 juin 2025, art. 1er)* ***Les communes de moins de 3 500 habitants et leurs établissements publics peuvent adopter des autorisations de programme ou d'engagement mentionnées à l'article L. 1612-29 par délibération distincte, lors de l'adoption du budget de l'exercice ou des décisions modificatives.***

Le présent art. entre en vigueur à compter de l'exercice budgétaire 2026 (Ord. nº 2025-526 du 12 juin 2025, art. 12).

BIBL. ▸ Klopfer, *Rev. Trésor 1999. 520* (gestion des engagements et autorisations de paiement - crédits de paiement des collectivités locales). - Muzellec, *RFFP 1996, nº 53* (démarche stratégique financière pluriannuelle des collectivités locales). - Portal, *RFFP 1996, nº 53* (outils financiers pluriannuels dans les collectivités locales) ; La programmation des équipements publics locaux, *LGDJ, 2003, coll. Politiques locales.*

COMMENTAIRE

V. dans le supplément en ligne.

1. Recours. La délibération par laquelle l'assemblée délibérante d'une collectivité décide d'inscrire à son budget un crédit de paiement, qui n'a pas les mêmes effets juridiques que celle par laquelle elle inscrit des autorisations de programme, a le caractère de décision faisant grief. La circonstance qu'une telle décision budgétaire soit prise en exécution d'une délibération décidant d'accorder une subvention dans le cadre d'une autorisation de programme et à la suite d'une convention de financement signée entre le bénéficiaire de la subvention et la collectivité n'est pas de nature à la rendre insusceptible de recours. • CE 18 juin 2008, ⚖ *Synd. gén. de l'Éduc. nat. CFDT du Bas-Rhin*, n° 289848 : *Dr. adm. 2008, n° 117 ; BJCL 2008. 508, concl. Séners ; RLCT 2008, n° 1075, note Glaser.*

2. Le rapport autorisation de programme-crédit de paiement. Une délibération peut comprendre seulement une autorisation de programme individualisée fixant la limite supérieure des dépenses susceptibles d'être engagées par la suite. • CAA Lyon, 14 mai 2014, ⚖ *M. A. c/ Cté urbaine de Lyon*, n° 13LY01169.

Art. L. 2311-3-1 *(Ord. n° 2025-526 du 12 juin 2025, art. 1er)* **Par dérogation à l'article L. 1612-30, les communes de moins de 3 500 habitants et leurs établissements publics qui ne font pas application des dispositions de l'article L. 1612-29 ne sont pas soumises à l'obligation de produire un règlement budgétaire et financier.**

Le présent art. entre en vigueur à compter de l'exercice budgétaire 2026 (Ord. n° 2025-526 du 12 juin 2025, art. 12).

Art. L. 2311-4 *(L. n° 99-1126 du 28 déc. 1999, art. 7)* **À l'occasion d'un recensement général ou complémentaire de population, les communes et leurs établissements publics administratifs disposent d'un exercice budgétaire, à compter de la date de publication des résultats, pour se conformer aux dispositions budgétaires et comptables liées à leur appartenance à une strate démographique différente.**

Art. L. 2311-5 *(L. n° 99-1126 du 28 déc. 1999, art. 8)* **Le résultat excédentaire de la section de fonctionnement dégagé au titre de l'exercice clos, cumulé avec le résultat antérieur reporté, est affecté en totalité dès la plus proche décision budgétaire suivant le vote du compte administratif et, en tout état de cause, avant la clôture de l'exercice suivant.**

La délibération d'affectation prise par l'assemblée délibérante est produite à l'appui de la décision budgétaire de reprise de ce résultat. *(Ord. n° 2005-1027 du 26 août 2005, art. 6)* **« Lorsque le compte administratif ne fait pas ressortir de besoin de financement en section d'investissement, le résultat de la section de fonctionnement constaté au compte administratif est repris à cette section sauf si le conseil en décide autrement. »**

Le résultat déficitaire de la section de fonctionnement, le besoin de financement ou l'excédent de la section d'investissement sont repris en totalité dès la plus proche décision budgétaire suivant le vote du compte administratif et, en tout état de cause, avant la fin de l'exercice.

Entre la date limite de mandatement fixée au troisième alinéa de l'article L. 1612-11 et la date limite de vote des taux des impositions locales prévue à l'article 1639 A du code général des impôts, le conseil municipal peut, au titre de l'exercice clos et avant l'adoption de son compte administratif, reporter de manière anticipée au budget le résultat de la section de fonctionnement, le besoin de financement de la section d'investissement, ou le cas échéant l'excédent de la section d'investissement, ainsi que la prévision d'affectation.

Si le compte administratif fait apparaître une différence avec les montants reportés par anticipation, l'assemblée délibérante procède à leur régularisation et à la reprise du résultat dans la plus proche décision budgétaire suivant le vote du compte administratif et, en tout état de cause, avant la fin de l'exercice.

Un décret en Conseil d'État fixe les conditions d'application du présent article.

Nouvel art. L. 2311-5 *(Ord. n° 2025-526 du 12 juin 2025, art. 1er)* ***Sans préjudice des cas mentionnés à l'article L. 1612-32, lorsque le compte financier unique ne fait pas ressortir de besoin de financement en section d'investissement, le résultat de la section de fonctionnement constaté au compte financier unique est repris à cette section sauf si le conseil municipal en décide autrement.***

Le présent art. entre en vigueur à compter de l'exercice budgétaire 2026 (Ord. n° 2025-526 du 12 juin 2025, art. 12).

BIBL. ▶ MATTRET, *J.-Cl. Coll. terr., fasc. 2044* (résultats budgétaires et comptables en M. 14).

1. Reprise du résultat de l'exercice clos. Lorsque le conseil municipal a rejeté, par délibération exécutoire, le compte administratif de l'exercice précédent, il ne peut, conformément à l'art. L. 2311-5, procéder à l'affectation et à la reprise des résultats de ce compte, dans une décision budgétaire modificative. • CRC Alsace, 15 nov. 2001, *Avis de contrôle budgétaire,* n° 01-07. ♦ Sur les pouvoirs de la chambre régionale des comptes dans cette hypothèse, V. ss. art. L. 1612-5, note 8.

2. Placement des excédents d'exécution. Sur le régime général des dérogations à l'obligation de dépôt, auprès de l'État, des fonds des collectivités territoriales et de leurs établissements publics, V. art. L. 1618-2.

Art. L. 2311-6 *(Abrogé par Ord. n° 2025-526 du 12 juin 2025, art. 1er, à compter de l'exercice budgétaire 2026) (Ord. n° 2005-1027 du 26 août 2005, art. 7)* ***Lorsque la section d'investissement du budget présente un excédent après reprise des résultats, le conseil municipal peut reprendre les crédits correspondant à cet excédent en recette de fonctionnement dans les cas et conditions définis par décret.***

Art. L. 2311-7 *(Abrogé par Ord. n° 2025-526 du 12 juin 2025, art. 1er, à compter de l'exercice budgétaire 2026) (Ord. n° 2005-1027 du 26 août 2005, art. 7)* ***L'attribution des subventions donne lieu à une délibération distincte du vote du budget.***

Toutefois, pour les subventions dont l'attribution n'est pas assortie de conditions d'octroi, le conseil municipal peut décider :

1° D'individualiser au budget les crédits par bénéficiaire ;

2° Ou d'établir, dans un état annexé au budget, une liste des bénéficiaires avec, pour chacun d'eux, l'objet et le montant de la subvention.

L'individualisation des crédits ou la liste établie conformément au 2° vaut décision d'attribution des subventions en cause.

1. Information des élus. N'est pas suffisamment détaillé le document, que la commune avait adressé aux conseillers municipaux pour le vote de la délibération ayant pour objet la répartition entre différentes associations du montant des subventions inscrit au budget primitif, et qui comportait uniquement un tableau listant les associations et mentionnant, pour chacune d'elles, le montant de subvention alloué. Ce tableau, qui correspondait en réalité au projet de délibération, n'était assorti d'aucune explication sur la détermination des sommes attribuées et les modalités de répartition : un tel document, trop insuffisamment détaillé pour permettre aux élus de disposer de l'information nécessaire, ne pouvait tenir lieu de la note explicative de synthèse, prévue par les dispositions de l'art. L. 2121-12. • CAA Bordeaux, 27 avr. 2004, *Cne de La Possession,* n° 00BX01715 : *JCP Adm. 2004, n° 1473.* • TA Nice, 24 mai 2006, *M. de Canson et a. c/ Préfet du Var et Cne de La Londe-les-Maures,* n° 0502916 : *RGCT 2007. 135, concl. Dieu.* ♦ Sur les modalités d'information des élus à l'occasion des délibérations budgétaires, V. art. L. 2312-1.

2. Décision d'attribution des subventions. Le caractère créateur de droits de l'attribution d'un avantage financier tel qu'une subvention ne fait pas obstacle, soit à ce que la décision d'attribution soit abrogée si les conditions auxquelles est subordonnée cette attribution ne sont plus remplies, soit à ce que l'autorité chargée de son exécution, constatant que ces conditions ne sont plus remplies, mette fin à cette exécution en ne versant pas le solde de la subvention. • CE 7 août 2008, *Crédit coopératif,* n° 285979 : *Dr. adm. 2008, nos 126 et 144, note Glaser ; AJDA 2008. 2397, note Damarey ; BJCL 2008. 678, concl. Glaser ; RLCT 2008, n° 1103, note Glaser ; ibid., n° 1167, note Cafarelli ; RJEP 2009, n° 6, note Moreau ; RGCT 2010, n° 51, concl. Glaser.* ♦ La subvention, dont il est demandé le versement, doit être regardée comme subordonnée à l'exercice par l'association bénéficiaire d'une activité effective aux fins de réaliser les objectifs qui lui étaient assignés par ses statuts. • Même décision. ♦ Dès lors, en l'absence de démonstration que les prestations, effectivement exécutées, excédaient les montants déjà versés par la commune, celle-ci est fondée à opposer l'exception fondée sur la cessation d'activité de l'association, et à refuser de verser la somme demandée, sans qu'il soit nécessaire pour elle d'abroger expressément la délibération décidant l'attribution de la subvention. • Même décision. ♦ Par ailleurs, méconnaît le principe de la liberté d'association la délibération d'un conseil municipal qui stipule que, pour avoir droit aux subventions municipales et pour pouvoir disposer gratuitement des locaux de la commune, les associations doivent inscrire dans leurs statuts d'élire domicile à la mairie et prévoir, en cas de dissolution, que leurs fonds seront bloqués à la mairie pendant un an et, en cas d'arrêt définitif, attribués soit à la caisse des écoles, soit au centre communal d'action sociale de la commune, et qui précise que les associations ont un délai de trois mois, à compter de cette délibération, pour mettre en conformité leurs statuts avec ces exigences. • TA Dijon, 3 févr. 2004, *Assoc. ACDIM et Assoc. culturelle c/ Cne de Michery,* n° 030993 : *JCP Adm. 2004, n° 1243, obs. Moreau.* ♦ Sur les diverses subventions que les communes peuvent attribuer, V. art. L. 2321-2.

CHAPITRE II ADOPTION DU BUDGET

BIBL. GÉN. ▸ Auberger, *RFFP 2004, n° 88, 11* (la décision budgétaire au niveau communal). – Bonsignore et Bally, Finances, budgets, fiscalité : mieux communiquer, mieux faire participer, *Territorial, 2009, coll. Dossier d'experts*. – Chamard-Heim, *AJDA 2010. 547* (le rôle des formes et des procédures dans l'adoption des budgets publics). – Clérembaux, Guide pratique de l'élaboration du budget, *coll. Dossier d'experts, Territorial, 2003* ; Guide de l'élu délégué au budget, coll. Dossier d'experts, *Territorial, 2012*. – Coblentz, Le budget communal : mode d'emploi, *Voiron, La Lettre du cadre territorial, 2003, coll. L'essentiel*. – Kimpe, *RF décentr. 1995. 46* (le droit d'amendement au budget municipal). – Landbeck, *AJDA 2003. 1138* (l'information des assemblées délibérantes locales : enjeux et difficultés). – Le Roux, *RGCT 2000. 203* (information des élus locaux et participation à la prise de décision). – Mariel, *RFFP 2004, n° 88, 99* (l'appui du Trésor public à la prise de décision budgétaire des collectivités locales). – Picard et Sottou, Le budget local en pratique, *Éd. Le Moniteur, coll. Guides méthodes, 2004*. – Terrien, *BJCL 2007. 74* (le droit à l'information des élus municipaux). – Tietzmann e Silva, *Ét. fonc. 2003, n° 103, 30* (l'élaboration participative du budget communal : l'exemple d'une ville brésilienne).

Art. L. 2312-1 Le budget de la commune est proposé par le maire et voté par le conseil municipal.

(L. n° 2015-991 du 7 août 2015, art. 107) **« Dans les communes de 3 500 habitants et plus, le maire présente au conseil municipal, dans un délai de deux mois précédant l'examen du budget, un rapport sur les orientations budgétaires, les engagements pluriannuels envisagés ainsi que sur la structure et la gestion de la dette. Ce rapport donne lieu à un débat au conseil municipal, dans les conditions fixées par le règlement intérieur prévu à l'article L. 2121-8. Il est pris acte de ce débat par une délibération spécifique.**

« Dans les communes de plus de 10 000 habitants, le rapport mentionné au deuxième alinéa du présent article comporte, en outre, une présentation de la structure et de l'évolution des dépenses et des effectifs. Ce rapport précise notamment l'évolution prévisionnelle et l'exécution des dépenses de personnel, des rémunérations, des avantages en nature et du temps de travail. Il est transmis au représentant de l'État dans le département et au président de l'établissement public de coopération intercommunale dont la commune est membre ; il fait l'objet d'une publication. Le contenu du rapport ainsi que les modalités de sa transmission et de sa publication sont fixés par décret. » — *V. art. D. 2312-3.*

Les dispositions du présent article s'appliquent aux établissements publics administratifs des communes de 3 500 habitants et plus.

Nouvel art. L. 2312-1 *(Ord. n° 2025-526 du 12 juin 2025, art. 1er) **« Pour l'application de l'article L. 1612-26, le rapport de la commune fait l'objet d'une transmission au représentant de l'État dans le département, d'une publication et d'un débat au conseil municipal dans les conditions fixées par le règlement intérieur prévu à l'article L. 2121-8.***

« La commune transmet le rapport au président de l'établissement public de coopération intercommunale dont elle est membre.

« Les dispositions du premier alinéa de l'article L. 1612-26 ne sont pas applicables aux communes de moins de 3 500 habitants et leurs établissements publics administratifs. »

*(L. n° 2015-991 du 7 août 2015, art. 107) **« Dans les communes de plus de 10 000 habitants, le rapport mentionné au deuxième alinéa du présent article comporte, en outre, une présentation de la structure et de l'évolution des dépenses et des effectifs. Ce rapport précise notamment l'évolution prévisionnelle et l'exécution des dépenses de personnel, des rémunérations, des avantages en nature et du temps de travail. »*** — *V. art. D. 2312-3.*

*(Ord. n° 2025-526 du 12 juin 2025, art. 1er) **« Les modalités d'application du présent article sont fixées par décret. »***

Le présent art. entre en vigueur à compter de l'exercice budgétaire 2026 (Ord. n° 2025-526 du 12 juin 2025, art. 12).

1. Un préalable : le débat d'orientation budgétaire (DOB). Le débat d'orientation budgétaire (dans les communes de 3 500 habitants et plus) est une formalité substantielle. Le budget primitif d'une commune ne peut être adopté par délibération sans qu'un tel débat ait été organisé. • TA Versailles, 28 déc. 1993, *Cne de Fontenay-le-Fleury : JCP 1994. IV. 2267 ; Rev. Trésor 1995. 208* • TA Lyon, 7 janv. 1997, *Devolfe : JCP 1998. IV. 1422.* ♦ Cependant, en vertu de l'art. L. 2121-8, le conseil municipal des communes de 3 500 habitants et plus n'est tenu d'avoir établi son règlement intérieur que dans les six mois qui suivent son installation : de fait, si le règlement intérieur n'a pas été établi avant l'expiration de ce délai, le conseil municipal n'est pas tenu dans les 2 mois précédant l'examen du budget, d'organiser en son sein un débat sur les orientations générales du budget, lequel ne peut avoir lieu que dans les conditions fixées par le règlement intérieur. • CE 12 juill. 1995, *Cne de Fontenay-le-Fleury,* n° 157092 B : *Dr. adm. 1995, n° 566 ; ACL 1996, n° 100.* ♦ Un tel débat ne saurait intervenir le soir même dans une séance précédant l'adoption du budget communal. • TA Montpellier, 5 nov. 1997, *Synd. de gestion du collège de Florensac : La lettre du cadre territorial, 2000, n° 202* • TA Versailles, 16 mars 2001, n° 003183. ♦ Ce débat constitue uniquement une mesure préparatoire au vote du budget de la commune et ne donne pas lieu à un vote. Il ne peut être qualifié d'affaire soumise à délibération au sens de l'art. L. 2121-12 CGCT. • CAA Marseille, 22 mars 2012, *Cne de Roquefort-les-Pins,* n° 10MA03053 : *AJDA 2012. 1126*. ♦ L'absence de communication aux membres de l'assemblée délibérante des données essentielles sur lesquelles doit porter le débat afférent aux orientations budgétaires revêt un caractère substantiel que ne saurait pallier la communication ultérieure aux membres du conseil des éléments d'information relatifs au budget. • TA Lyon, 9 déc. 2004, *M. Amaury Nardone,* n° 0200825 : *AJDA 2005. 451 ; Coll. terr. 2005, n° 34, note Moreau.* ♦ Un document intitulé « rapport » comportant uniquement quelques considérations générales sur les nouvelles charges imposées aux communes par des mesures gouvernementales et sur la volonté de la commune de ne pas augmenter la pression fiscale ne peut être assimilé à une note explicative de synthèse au sens de l'art. L. 2121-12 CGCT, ce qui est de nature à entacher d'irrégularité la procédure selon laquelle la délibération attaquée a été adoptée. • TA Nice, 10 nov. 2006, *M. Antoine Di Lorio c/ Cne de La Valette-du-Var,* n° 0202069 : *Coll. terr. 2006, n° 543, note Dieu ; Rev. Trésor 2007. 484, note Dieu.* ♦ Si cette note n'est pas suffisamment détaillée, le DOB doit être regardé comme s'étant tenu sans que les conseillers municipaux aient bénéficié de l'information prévue par les dispositions législatives susmentionnées, ce qui constitue une irrégularité substantielle de nature à entacher d'irrégularité la procédure d'adoption du budget primitif. • TA Nice, 19 janv. 2007, *M. Bruno Lang c/ Cne de Mouans-Sartoux,* n° 0201628 : *BJCL 2007. 324, concl. Dieu.* ♦ S'agissant du contenu du rapport d'orientation budgétaire, l'absence des informations exigées par les dispositions de l'article D. 2312-3 CGCT entache d'irrégularité la procédure d'approbation du budget primitif. C'est le cas notamment en cas d'absence des éléments sur « les dépenses de personnel, les traitements indiciaires, les régimes indemnitaires, les nouvelles bonifications indiciaires, les heures supplémentaires rémunérées, les avantages en nature et le temps de travail des agents, ainsi que sur l'évolution prévisionnelle de la structure des effectifs et des dépenses de personnel pour l'exercice auquel se rapporte le projet de budget ». C'est également le cas s'agissant de l'endettement, lorsque celui-ci ne « fait l'objet que d'un diagramme et deux camemberts qui ne sont pas de nature à eux seuls à fournir des informations relatives à la gestion de l'encours de dette contractée et au profil de cet encours, ni les orientations permettant d'évaluer l'évolution prévisionnelle du niveau d'épargne brute, d'épargne nette et de l'endettement à la fin de l'exercice auquel se rapporte le projet de budget ». • CAA Versailles, 10 févr. 2021, n° 18VE00810. ♦ Toutefois, pour la CAA de Marseille, si les conseillers municipaux doivent disposer des informations nécessaires pour pouvoir intervenir dans ce débat, dans les conditions fixées à la fois par l'art. L. 2312-1 CGCT et par le règlement intérieur de la commune, les membres de l'assemblée délibérante n'ont pas à bénéficier de l'envoi préalable, dans les conditions prévues par l'art. L. 2121-12, d'une note explicative de synthèse ou de documents équivalents. • CAA Marseille, 22 mars 2012, *Cne de Roquefort-les-Pins,* n° 10MA03053 : *préc.* ♦ L'annulation d'une délibération relative au budget primitif, compte tenu de la nature et de la portée des lacunes affectant le rapport sur les orientations budgétaires, peut néanmoins être différée. C'est le cas lorsqu'« eu égard à l'intérêt qui s'attache à la continuité de l'exécution et du contrôle des opérations budgétaires de la commune, il apparaît que la disparition rétroactive de cette délibération entraînerait des conséquences manifestement excessives de nature à justifier que les effets de son annulation soient différés ». En effet, la modification nécessaire « nécessite un délai incompressible pour établir les documents requis, organiser la tenue d'un débat de l'assemblée délibérante sur les orientations budgétaires puis soumettre à celle-ci une nouvelle délibération ». Ces circonstances particulières justifient que « l'annulation de la délibération du conseil municipal de Marseille du 15 décembre 2023 adoptant le budget primitif ne prendra effet qu'à la date du 1er août 2025 ». • TA Marseille, 20 févr. 2025, n° 2401510. ♦ L'auteur d'une requête tendant à l'annulation de la délibération portant adoption du budget primitif peut invoquer l'irrégularité des conditions dans lesquelles le débat d'orientation budgétaire s'est déroulé, voire se borner à une telle exception sans soulever de moyens propres à l'illégalité directe de ladite délibération, sans pour autant méconnaître les dispositions de l'art. R. 411-1 CJA. • CAA Marseille, 22 mars 2012, *Cne de Roquefort-les-Pins,* n° 10MA03053 : *préc.* ♦ Un requérant n'est pas recevable à demander l'annulation de la délibération portant sur le débat d'orientation budgétaire, quand bien même il soulève des vices propres qui l'entacheraient. En effet, cette délibération ne comporte aucun caractère décisoire, car elle ne conduit à aucun vote et ne porte que sur les orientations budgétaires pour l'exercice à venir : il ne s'agit que d'une simple mesure préparatoire à l'adoption du budget primitif. L'irrégularité de la délibération portant sur le débat d'orientation budgétaire ne peut donc être invoquée qu'à l'appui d'un recours en annulation dirigé contre la délibération portant adoption du budget. • TA Nice, 19 janv. 2007, *M. Bruno Lang c/ Cne de Mouans-Sartoux*, n° 0201628 : *préc.*

2. Adoption du budget de la commune. Celle-ci se réalise dans un cadre juridique destiné à permettre aux élus de disposer d'une information individuelle et collective la plus complète possible. Le droit à l'information se veut général et porte sur tout ce qui touche aux affaires communales dans des conditions leur permettant de remplir normalement leur mandat. • CE 29 juin 1990, *Cne de Guitrancourt c/ Mallet et a.*, n° 68743 : *Dr. adm. 1990, n° 434.* ♦ Aux termes de l'art. L. 2121-13, tout membre du conseil municipal a le droit, dans le cadre de sa fonction, d'être informé des affaires de la commune qui font l'objet d'une délibération : le maire ne peut donc refuser de communiquer aux conseillers municipaux les documents budgétaires dont disposent ses services, permettant aux membres de l'assemblée délibérante de remplir normalement leur mandat et dont ils ont fait explicitement la demande. • TA Orléans, 23 nov. 1993, *Coenon c/ Cne de Nogent-le-Rotrou : JCP 1994. IV. 742.* ♦ V. aussi : • CE 8 juin 1994, *Cne de Ville-en-Vermois*, n° 136526 : *Lebon 828.* ♦ Le refus du maire de communiquer à un conseiller municipal l'état du personnel et celui des prêts, avances et créances à moyen et à long terme, justifie l'annulation de la délibération budgétaire. • TA Orléans, 23 nov. 1993, *Coenon c/ Cne de Nogent-le-Rotrou : préc.* ♦ Le refus du maire de la commune de rattachement de communiquer les baux de location des biens d'une section de commune, nécessaires à l'établissement du projet de budget de cette section, justifie l'annulation de la délibération du conseil municipal approuvant le budget de la section. • TA Dijon, 19 juin 1990, *Section de la Cne d'Antilly : Lebon T. 624.* ♦ Lors de la discussion du budget, le maire doit apporter à un conseiller municipal les informations que celui-ci demande au sujet des crédits destinés au versement d'indemnités au personnel, et ne peut refuser de lui communiquer les budgets des associations subventionnées par la commune : dans le cas contraire, les conseillers municipaux n'ont pas été suffisamment informés, et la délibération qui a approuvé le budget, ainsi que l'attribution de subventions aux associations, doit être regardée comme ayant été adoptée selon une procédure irrégulière. • CE 2 févr. 1996, *Cne d'Istres*, n° 155583 : *Rev. Trésor 1996. 537* • 20 nov. 1996, *Cne de Chilly-Mazarin*, n° 162840 : *Rev. Trésor 1997. 313.* ♦ La demande des conseillers municipaux doit indiquer, de manière précise, les documents dont la communication est sollicitée. • CE 10 juill. 1996, *Coisne*, n° 140606 : *RFDA 1997. 504, concl. Chantepy* . ♦ L'information délivrée aux conseillers municipaux doit être formulée de manière objective. • CE 1er oct. 1997, *Avrillier*, n° 133849 : *AJDA 1997. 815* . ♦ Les conseillers municipaux ne peuvent d'ailleurs obtenir d'informations que du maire, et ne peuvent s'adresser directement aux agents de la commune. • CE, ass., 9 nov. 1973, *Cne de Pointe-à-Pitre : Lebon 637.* ♦ Le maire, en sa qualité de chef de l'administration communale, doit organiser la mise à disposition aux conseillers municipaux des documents en cause. Celle-ci doit être effectuée dans un délai suffisant pour permettre l'examen des pièces et leur laisser un délai de réflexion raisonnable. Constitue un délai suffisant la communication des documents relatifs à l'approbation du budget supplémentaire 2 jours avant la réunion du conseil municipal et le lendemain de la demande formulée par le conseiller municipal intéressé. • CAA Douai, 11 mai 2000, *Cne de Sangatte : Dr. adm. 2000, n° 202 ; Coll. terr. 2000, n° 272.* ♦ Le droit des conseillers municipaux à être informés des affaires de la commune, soumises à délibération, n'impose pas au maire de transmettre spontanément aux intéressés les documents utiles, s'ils n'en font pas la demande. • TA Nancy, 25 janv. 2000, *Feidt : Coll. terr. 2000, n° 186.* ♦ Cette information de l'élu municipal repose, aux termes de l'art. L. 2121-12, dans les communes de 3 500 habitants et plus, sur une note explicative de synthèse sur les affaires soumises à délibération qui doit être adressée avec la convocation aux membres du conseil municipal : en l'absence d'une telle note ou de tout document équivalent, la délibération adoptée suite à cette convocation est irrégulière, alors même que les conseillers municipaux auraient pu consulter en mairie les documents relatifs aux questions inscrites à l'ordre du jour et que des raisons d'ordre matériel expliqueraient le défaut d'envoi de la note. • CE 30 avr. 1997, *Cne de Sérignan*, n° 158730 B. ♦ Il résulte des dispositions de l'art. L. 2121-12 que le défaut d'envoi de cette note ou l'insuffisance de ses énonciations entache d'irrégularité les délibérations prises, à moins que le maire n'ait fait parvenir aux conseillers municipaux, en même temps que la convocation, les documents leur permettant de disposer d'une information répondant aux exigences de l'art. préc. • CAA Bordeaux, 27 avr. 2004, *Cne de La Possession*, n° 00BX01715 : *JCP Adm. 2004, n° 1473.* ♦ Concernant un établissement public intercommunal auquel ces dispositions s'appliquent, qu'une note explicative de synthèse insuffisamment détaillée, alors que le même projet de budget a été envoyé à tous les délégués en vue de la réunion relative au débat d'orientation budgétaire et n'a pas été modifié avant sa présentation au comité syndical, doit être obligatoirement envoyée aux délégués pour leur permettre de s'assurer qu'aucune modification n'affecte le projet de budget primitif soumis à leur délibération. • TA Melun, 18 févr. 2010, *Cne d'Ozoir-la-Ferrière*, n° 0603371/6 : *BJCL 2010. 428, concl. Gallaud et obs. Poujade.* ♦ Le maire ne peut pas se borner à annexer à sa lettre, portant convocation des conseillers municipaux, quatre tableaux faisant apparaître le seul montant, par chapitre, des dépenses et des recettes concernant le projet de budget. • TA Saint-Denis de la Réunion, 17 oct. 1990, *M. Vergès c/ Cne de Saint-Paul*, n° 15889 : *Rec. TA 1991, n° 39.* ♦ De même, n'est pas suffisamment détaillée une note explicative de synthèse ne comportant, en ce qui concerne le projet de budget primitif, que le montant total des recettes et des dépenses de la section de fonctionnement et d'investissement et la phrase suivante : « Les orientations de la commune pour les travaux d'investissement concernent la mise en place d'infrastructures, l'acquisition d'un terrain en vue de la construction d'un complexe sportif, la remise en état de la voirie, la construction de trottoirs ». • CE 12 juill. 1995, *Cne de Simiane-Collongue*, n° 155495 B : *Dr. adm. 1995, n° 566.* ♦ Ne peuvent être regardés comme ayant été suffisamment informés les conseillers municipaux : à qui avaient été seulement distribués, dans le cadre de la séance au cours de laquelle le budget primitif de la commune avait été adopté, quelques documents mal présentés et difficilement exploitables, et dont les demandes d'explication et de précisions n'avaient pas été satisfaites. La délibération adoptant le budget primitif dans ces conditions est entachée d'illégalité. • TA Nice, 25 mai 1987, *Basilio : Lebon T. 616.* ♦ ... Dont la convocation, en vue de la séance au cours de laquelle le budget primitif de la commune a été adopté, était accompagnée de plusieurs documents budgétaires comprenant, pour la section de fonctionnement, un projet de budget présenté par chapitre, et, pour la section d'investissement, un tableau récapitulant les grandes masses de dépenses et de recettes, ainsi qu'une présentation générale de l'équilibre financier du budget, d'informations statistiques fiscales et financières, et d'une annexe sommaire sur l'état de la dette de la commune. • TA Nice, 24 mai 2006, *M. de Canson et a. c/ Préfet du Var et Cne de La Londe-les-Maures*, n° 0502916 : *RGCT 2007. 135, concl. Dieu.* ♦ En l'espèce, les documents fournis ne comprenaient ni le projet intégral du budget primitif divisé en chap. et art., ni les annexes relatives à l'état des immobilisations, du personnel et des engagements de la commune, et revêtaient un caractère assez sommaire pour ce qui est de la présentation de la section d'investissement et de l'état de la dette. Dès lors, en l'absence de note explicative de synthèse jointe à la convocation, ces documents étaient insuffisants pour permettre aux conseillers municipaux de disposer de l'information exigée par les dispositions des art. L. 2121-13 et L. 2121-12 CGCT. • Même jugement. ♦ En revanche, ont été jugés suffisants, en l'absence d'une note explicative de synthèse, les documents joints à la convocation adressée par le maire aux conseillers municipaux, comprenant le projet intégral de budget primitif divisé en chap. et art. ainsi que, notamment, l'état détaillé des emplois permanents, l'état des ensembles immobiliers et mobiliers, de la dette et des créances, et celui des emprunts garantis par la commune. • CE 12 juill. 1995, *Cne de Simiane-Collongue*, n° 155495 : *préc.* ♦ Constitue une note explicative régulière une note explicative de chaque chapitre des sections de fonctionnement et d'investissement, des tableaux présentés par chap. et art. la section de fonctionnement et par art. et opération de la section d'investissement et la liste des subventions proposées pour être attribuées aux associations. • CAA Lyon, 20 sept. 2011, *Cne de Cébazat*, n° 11LY00029. ♦ Le défaut d'envoi de la note explicative de synthèse n'entache pas d'irrégularité la délibération prise si le maire a fait parvenir aux conseillers municipaux, en même temps que la convocation, les documents leur permettant de disposer d'une information complète. • CAA Nancy, 30 sept. 1999, *Cne de Longeville-lès-Metz*, n° 96NC00687. ♦ Les documents nécessaires à l'information des conseillers municipaux doivent être joints à la convocation et non remis en séance, afin de leur permettre de délibérer en toute connaissance de cause. • TA Pau, 4 déc. 1996, *M. François Pelletan*, n° 96-446. ♦ Sur la note explicative de synthèse relative à la délibération ayant pour objet l'attribution des subventions aux associations, V. art. L. 2121-12 et art. L. 2311-7.

3. Documents budgétaires. L'instruction M 14 prévoit que le budget des communes de plus de 3 500 habitants doit être accompagné, d'une part, d'informations générales et de ratios financiers, et, d'autre part, de différentes annexes. Un budget dans lequel certains ratios ont été omis, et qui n'est pas accompagné en annexe d'un état du personnel communal, méconnaît les dispositions de l'instruction comptable précitée. Cette irrégularité est de nature à entacher d'illégalité la délibération approuvant le budget. • TA Châlons-en-Champagne, 27 sept. 1998, *M. Pongeoise*, n° 98-720.

4. Droit d'amendement des conseillers. Celui-ci est inhérent au pouvoir délibérant du conseil et constitue un principe général du droit. • CAA Paris, 12 févr. 1998, *Tavernier*, n° 96PA01170 : *AJDA 1998. 724, concl. Lambert* • CAA Nancy, 4 juin 1998, *Ville de Metz*, n° 97NC02102 : *Dr. adm. 1998, n° 300 ; AJDA 1998. 885 ; RGCT 1999. 12, concl. Vincent.* ♦ Ce droit ne peut s'exercer que sur des points inscrits à l'ordre du jour et qui ont par suite donné lieu à l'information préalable des membres du conseil. • TA Clermont-Ferrand, 28 juin 2013, *Cne d'Issoire c/ Cté de cnes d'Issoire*, n°s 1200938 et 1201455. ♦ Portent atteinte à l'exercice effectif de ce droit d'amendement, les limitations consistant à subordonner la recevabilité de tout amendement à son examen préalable en commission et ayant ainsi pour effet d'interdire les amendements directement déposés en séance, sans que le conseiller à l'origine de la proposition soit assuré de son réexamen ultérieur. • Mêmes arrêts. ♦ En revanche, le fait que l'amendement, non retenu par la commission compétente, n'ait pas été mis aux voix ne constitue pas une irrégularité substantielle dès lors que l'amendement a été présenté à nouveau en séance et a fait l'objet d'un débat. • CE 31 juill. 1996, *Tête*, n° 132541 : *Lebon 325.* ♦ D'une manière générale, le juge administratif rejette le grief d'illégalité de la délibération écartant implicitement l'amendement d'un conseiller qui avait pu exposer en séance le contenu de son amendement. • CAA Marseille, 20 nov. 1997, *Bernardi*, n° 96MA02482 : *AJDA 1998. 214*.

5. Modification des orientations générales du budget. Cette modification est possible par l'assemblée délibérante de la collectivité, laquelle peut légalement amender le projet de budget initial en décidant une augmentation des impôts locaux plus importante que celle prévue dans les orientations budgétaires antérieurement arrêtées par ce dernier. • CE 4 juill. 1997, *Région Rhône-Alpes*, n° 161380 : *RFDA 1997. 1092 ; Rev. Trésor 1998. 63 ; ACL 1998. 218.* ♦ La liberté de vote du conseil municipal est limitée par le principe de la légalité : le conseil municipal ne peut voter que des recettes et des dépenses autorisées ou imposées par la loi. • CE 14 avr. 1995, *Dulière*, n° 126284. ♦ Sur les modalités de vote des modifications budgétaires pouvant être apportées au budget primitif par décision modificative de l'organe délibérant, V. art. L. 1612-11.

6. Particularisme du blâme adressé au maire. Le conseil municipal peut, à l'occasion de l'examen du projet de budget primitif, adresser un blâme au maire pour sa gestion. • CAA Nantes, 17 déc. 1997, *Gicquel*, n° 96NT01490 B : *Gaz. Pal. 1998. 2. Pan. dr. adm. 153.* ♦ La décision par laquelle un conseil municipal prononce un blâme à l'encontre du maire se rattache aux pouvoirs de contrôle permanent sur l'exercice par le maire de ses fonctions, que le conseil municipal tient des dispositions de l'art. L. 2122-21 CGCT. • Même arrêt. ♦ Ces pouvoirs s'exercent à l'occasion de l'examen par le conseil municipal des questions inscrites à l'ordre du jour de ses séances. Par suite, le maire ne peut soutenir que le conseil municipal ne pouvait prononcer un blâme à son encontre sans que la question de ce blâme ait été prévue à l'ordre du jour de la séance. • Même arrêt. ♦ Le vote d'un blâme apparaîtra dans le procès-verbal de séance et dans le compte rendu de séance qui doit être affiché à la porte de la mairie dans les 8 jours qui suivent la réunion. • CE 16 avr. 1886, *Bobillon : Lebon 340.* ♦ Sur la possibilité d'adresser un blâme au maire à l'occasion du vote du compte administratif, V. ss. art. L. 1612-12, notes 9 s.

7. Question du conseiller intéressé à l'affaire. Est en effet illégale la délibération approuvant le budget primitif de la commune, qui attribue une subvention directe à une association, dans la mesure où cette association, ne gérant pas un service public communal, était présidée par le maire, l'épouse de ce dernier y exerçant les fonctions de directrice salariée, quatre autres des dix membres du conseil municipal faisant partie du conseil d'administration de ladite association, l'un d'eux, vice-président de cette association, exerçant, en outre, l'essentiel de son activité professionnelle dans l'établissement exploité par l'association, avec lequel il avait passé un contrat d'exclusivité, et enfin un sixième membre du conseil municipal étant salarié par cette association. Dès lors, et, eu égard, tant au rôle joué par le maire dans la préparation et l'adoption du budget de la commune qu'au nombre des conseillers municipaux intéressés qui ont pris part au vote de la délibération, celle-ci a été adoptée dans des conditions contraires à l'art. L. 2131-11. • CE 16 déc. 1998, *Cne de Rennes-les-Bains*, n° 157129. ♦ De même, à l'occasion de l'adoption de la délibération approuvant le budget primitif, un conseiller municipal, trésorier d'une association, doit être regardé comme intéressé à l'adoption de cette délibération ayant pour effet de permettre la prise en charge, par la commune, des honoraires d'avocat que cette association a exposés pour sa défense. • TA Besançon, 29 nov. 2007, *Cne de Déservilliers*, n° 0500818. ♦ Sur la notion de membres du conseil municipal intéressés à l'affaire, V. art. L. 2131-11. Pour autant, la qualité de conseiller intéressé s'apprécie aussi en fonction de l'intérêt personnel exclusif que peut retirer un élu municipal d'une délibération : il s'agit d'un intérêt qui doit être distinct de celui des autres habitants de la commune. Ce n'est pas le cas lorsqu'une délibération intéresse en fait un secteur d'activité qui représente l'activité économique prépondérante d'une commune, un grand nombre de producteurs et une part dominante des emplois de ses habitants. • CE 26 oct. 2012, *Dpt du Haut-Rhin*, n° 351801 : *AJDA 2013. 626*. – V aussi Dubreuil, Conseiller intéressé : le Conseil d'État précise la notion d'« intérêt distinct », *AJDA 2013. 626.*

Art. L. 2312-2 *(Abrogé par Ord. n° 2025-526 du 12 juin 2025, art. 1er, à compter de l'exercice budgétaire 2026)* ***Les crédits sont votés par chapitre et, si le conseil municipal en décide ainsi, par article.***

Toutefois, hors les cas où le conseil municipal a spécifié que les crédits sont spécialisés par article, le maire peut effectuer des virements d'article à article dans l'intérieur du même chapitre. *— [C. communes, art. L. 212-2 issu de la L. du 5 avr. 1884, art. 135.]*

Vote par chapitre. Le budget communal peut être adopté sans qu'il soit nécessairement procédé à un vote formel sur chacun des chapitres ou des articles : par suite, si un débat est effectivement intervenu sur chacun des chapitres ou articles dont les conseillers municipaux ont eu pleinement connaissance, la circonstance que lors de la délibération du conseil municipal sur le budget celui-ci ait été adopté sans qu'il soit procédé formellement à un vote sur chacun des chapitres n'est pas de nature à entacher d'illégalité la délibération dont il s'agit. • CE 18 mars 1994, *Cne de Cestas*, n° 138446 : *Lebon 147* ; *Dr. adm. 1994, n° 437* ; *D. 1994. IR 138* ; *AJDA 1994. 649, concl. Fratacci* ; *RFDA 1994. 623* ; *Rev. Trésor 1995. 66* ; *ACL 1995, n° 97* • CE 22 mars 1996, *Cne de Puymirol*, n° 115127 : *Rev. Trésor 1996. 771.* ♦ Il en va de même pour le vote des crédits d'un budget supplémentaire : ainsi le fait que le conseil municipal ait adopté le budget rectificatif de la commune sans voter formellement chacun de ses chapitres n'entache pas d'illégalité la délibération. • CE 8 févr. 1999, *Ville de Lourdes c/ M. et Mme Desbiaux*, n° 168044. ♦ De manière générale, l'adoption d'une délibération du conseil municipal n'est pas subordonnée à l'intervention d'un vote effectif, dès lors que l'assentiment de la totalité ou de la majorité des conseillers présents a pu être constaté par le maire. • CE 22 janv. 1960, *Fichot* : *Lebon 50* • CE 16 déc. 1983, *Cne de La-Baume-de-Transit*, n° 51417 B • CE 13 févr. 1985, *Mme Arnaud* : *Dr. adm. 1985, n° 127.* ♦ L'assentiment de la totalité ou de la majorité des conseillers présents doit être constaté après un débat effectif faisant suite à une question précise posée par le maire. • CAA Bordeaux, 8 nov. 2005, *Cne de Bras-Panon c/ M. Mario Edmond*, n° 01BX00348 : *BJCL 2006. 89, concl. Péano* • 27 juin 2006, *Cne de Sainte-Anne*, n° 03BX00030 : *JCP Adm. 2007, n° 2016, note Maublanc.* ♦ Dans ces espèces, la délibération du conseil municipal approuvant le budget primitif de la commune a été annulée au motif qu'elle avait été adoptée alors que le maire n'avait pas posé de question au conseil, relative aux modalités de vote, et qu'il n'y avait pas eu de débat effectif. • Mêmes arrêts. ♦ Par ailleurs, la circonstance que, par une délibération de régularisation, le conseil municipal ait adopté un nouveau budget, conformément aux dispositions de l'art. L. 2312-2, ne rend pas sans objet le recours en annulation contre la délibération initiale. • Même arrêt. ♦ Lorsque le vote du budget a eu lieu par chapitre, et qu'un mandatement d'office dans le budget de la commune d'une dépense obligatoire résultant d'une décision de justice est réalisé par le préfet, celui-ci doit opérer son contrôle de la suffisance des crédits au niveau du chapitre global et non au niveau de l'art. concerné. • CAA Marseille, 5 juin 2023, n° 20MA01759.

Art. L. 2312-3 **Le budget des communes de** *(Ord. n° 2005-1027 du 26 août 2005, art. 9)* **« 10 000 habitants et plus » est voté soit par nature, soit par fonction. S'il est voté par nature, il comporte une présentation fonctionnelle ; s'il est voté par fonction, il comporte une présentation par nature.**

Le budget des communes de moins de 10 000 habitants est voté par nature. Il comporte pour les communes de *(Ord. n° 2005-1027 du 26 août 2005, art. 9)* **« 3 500 habitants et plus » une présentation fonctionnelle.**

(Ord. n° 2005-1027 du 26 août 2005, art. 9) **« La nomenclature par nature et la nomenclature par fonction ainsi que la présentation des documents budgétaires sont fixées par voie réglementaire. »**

Un décret en Conseil d'État précise les modalités d'application *(Ord. n° 2005-1027 du 26 août 2005, art. 9)* **« des premier et deuxième alinéas » du présent article.**

Nouvel art. L. 2312-3 *(Ord. n° 2025-526 du 12 juin 2025, art. 1er)* ***« Pour l'application de l'article L. 1612-27, le budget est voté par nature pour les communes de moins de 3 500 habitants et leurs établissements publics. Il peut comporter une présentation croisée par fonction. »***

(Ord. n° 2005-1027 du 26 août 2005, art. 9) ***« La nomenclature par nature et la nomenclature par fonction ainsi que la présentation des documents budgétaires sont fixées par voie réglementaire. »***

Un décret en Conseil d'État précise les modalités d'application *(Ord. n° 2025-526 du 12 juin 2025, art. 1er)* ***« du premier alinéa » du présent article.***

Le présent art. entre en vigueur à compter de l'exercice budgétaire 2026 (Ord. n° 2025-526 du 12 juin 2025, art. 12).

Le vote de la délibération est irrégulier dès lors que les documents budgétaires présentés ne comportaient pas les éléments d'information prévus ; il appartient à la commune de prendre en temps utile les mesures nécessaires pour mettre en œuvre celles destinées à permettre une information précise et complète des conseillers municipaux, l'argument des difficultés matérielles ne pouvant être retenu. • CAA Paris, 14 avr. 2005, *Ville de Paris*, n° 00PA00301.

Art. L. 2312-4 *(Abrogé par Ord. n° 2025-526 du 12 juin 2025, art. 1er, à compter de l'exercice budgétaire 2026)* ***Les dispositions de l'article L. 2312-3 entrent en vigueur à compter de l'exercice 1997.*** – *[L. n° 94-504 du 22 juin 1994, art. 11-I.]*

CHAPITRE III PUBLICITÉ DES BUDGETS ET DES COMPTES

Art. L. 2313-1 **Les budgets de la commune restent déposés à la mairie et, le cas échéant, à la mairie annexe où ils sont mis sur place à la disposition du public dans les quinze jours qui suivent leur adoption ou éventuellement leur notification après règlement par le représentant de l'État dans le département.**

Le public est avisé de la mise à disposition de ces documents par tout moyen de publicité au choix du maire.

Dans les communes de 3 500 habitants et plus, les documents budgétaires, sans préjudice des dispositions de l'article L. 2343-2, sont assortis en annexe :

1° De données synthétiques sur la situation financière de la commune ;

(Ord. n° 2005-1027 du 26 août 2005, art. 10) **« 2° De la liste des concours attribués par la commune sous forme de prestations en nature ou de subventions. Ce document est joint au seul compte administratif ;**

« 3° De la présentation agrégée des résultats afférents au dernier exercice connu du budget principal et des budgets annexes de la commune. Ce document est joint au seul compte administratif ;

« 4° De la liste des organismes pour lesquels la commune :

« *a)* détient une part du capital ;

« *b)* a garanti un emprunt ;

« *c)* a versé une subvention supérieure à 75 000 € ou représentant plus de 50 % du produit figurant au compte de résultat de l'organisme.

« La liste indique le nom, la raison sociale et la nature juridique de l'organisme ainsi que la nature et le montant de l'engagement financier de la commune ; »

5° Abrogé par Ord. n° 2005-1027 du 26 août 2005, art. 10.

6° D'un tableau retraçant l'encours des emprunts garantis par la commune ainsi que l'échéancier de leur amortissement ;

7° *(Ord. n° 2005-1027 du 26 août 2005, art. 10)* **« De la liste des » délégataires de service public ;**

8° Du tableau des acquisitions et cessions immobilières mentionné au *c* de l'article *(L. n° 2002-1 du 2 janv. 2002, art. 7)* **« L. 300-5 du code de l'urbanisme » ;**

(Ord. n° 2004-559 du 17 juin 2004, art. 17) **« 9° D'une annexe retraçant l'ensemble des engagements financiers de la collectivité territoriale ou de l'établissement public résultant des** *(Ord. n° 2018-1074 du 26 nov. 2018, art. 6)* **« marchés de partenariat » prévus à l'article L. 1414-1 ; »**

(L. n° 2008-735 du 28 juill. 2008, art. 34) **« 10° D'une annexe retraçant la dette liée à la part investissements des** *(Ord. n° 2018-1074 du 26 nov. 2018, art. 6)* **« marchés de partenariat ».**

(Ord. n° 2005-1027 du 26 août 2005, art. 10) **« Lorsqu'une décision modificative ou le budget supplémentaire a pour effet de modifier le contenu de l'une des annexes, celle-ci doit être à nouveau produite pour le vote de la décision modificative ou du budget supplémentaire. »**

Dans ces mêmes communes de 3 500 habitants et plus, les documents visés au 1° font l'objet d'une insertion dans une publication locale diffusée dans la commune.

(L. n° 2004-1485 du 30 déc. 2004, art. 64) **« Les communes et leurs groupements de 10 000 habitants et plus ayant institué la taxe d'enlèvement des ordures ménagères conformément aux articles 1520, 1609 *quater*, 1609 *quinquies* C** *(L. n° 2010-1563 du 16 déc. 2010, art. 15)* **« et 1379-0 *bis* » du code général des impôts et qui assurent au moins la collecte des déchets ménagers retracent dans un état spécial annexé aux documents budgétaires, d'une part, le produit perçu de la taxe précitée** *(L. n° 2015-992 du 17 août 2015, art. 98)* **« et les dotations et participations reçues pour le financement du service, liées notamment aux ventes d'énergie ou de matériaux, aux soutiens reçus des éco-organismes ou aux aides publiques », et d'autre part, les dépenses, directes et indirectes, afférentes à l'exercice de la compétence susmentionnée. »**

(L. n° 2018-1317 du 28 déc. 2018, art. 191) **« Les communes mentionnées à l'alinéa précédent et ayant institué la taxe de balayage peuvent retracer dans un même état, en**

lieu et place de l'état de répartition prévu au même alinéa, d'une part, les produits perçus mentionnés audit alinéa majoré des produits de la taxe de balayage, et, d'autre part, les dépenses directes et indirectes relatives à l'exercice du service public de collecte et traitement des déchets, ainsi que celles occasionnées par le balayage de la superficie des voies livrées à la circulation publique.

« Pour l'application des deux alinéas précédents, les produits retracés ne comprennent pas les impositions supplémentaires établies au titre de l'exercice ou des exercices précédents. »

(L. n° 2014-173 du 21 févr. 2014, art. 11) « Les établissements publics de coopération intercommunale et les communes signataires de contrats de ville définis à l'article 6 de la loi n° 2014-173 du 21 février 2014 de programmation pour la ville et la cohésion urbaine présentent annuellement un état, annexé à leur budget, retraçant les recettes et les dépenses correspondant aux engagements pris dans le cadre de ces contrats. Y figurent l'ensemble des actions conduites et des moyens apportés par les différentes parties au contrat, notamment les départements et les régions, en distinguant les moyens qui relèvent de la politique de la ville de ceux qui relèvent du droit commun. »

(Ord. n° 2005-1027 du 26 août 2005, art. 10) « Pour l'ensemble des communes, les documents budgétaires sont assortis d'états portant sur la situation patrimoniale et financière de la collectivité ainsi que sur ses différents engagements. »

(L. n° 2015-991 du 7 août 2015, art. 107) « Une présentation brève et synthétique retraçant les informations financières essentielles est jointe au budget primitif et au compte administratif afin de permettre aux citoyens d'en saisir les enjeux.

« La présentation prévue au précédent alinéa ainsi que le rapport adressé au conseil municipal à l'occasion du débat sur les orientations budgétaires de l'exercice prévu à l'article L. 2312-1, la note explicative de synthèse annexée au budget primitif et celle annexée au compte administratif, conformément à l'article L. 2121-12, sont mis en ligne sur le site internet de la commune, lorsqu'il existe, après l'adoption par le conseil municipal des délibérations auxquelles ils se rapportent et dans des conditions prévues par décret en Conseil d'État. »

Un décret en Conseil d'État fixe les conditions d'application du présent article.

Nouvel art. L. 2313-1 *(Ord. n° 2025-526 du 12 juin 2025, art. 1er)* ***« Pour l'application de l'article L. 1612-34, le lieu de mise à disposition des budgets pour les communes est la mairie et, le cas échéant, la mairie annexe.***

« Les dispositions des I et II de l'article L. 1612-35 ne s'appliquent pas aux communes de moins de 3 500 habitants et à leurs établissements publics. » *— L'art. 1er de l'Ord. n° 2025-526 du 12 juin 2025 semble avoir supprimé par inadvertance le 1° du présent art.*

(Ord. n° 2005-1027 du 26 août 2005, art. 10) ***« 2° De la liste des concours attribués par la commune sous forme de prestations en nature ou de subventions. Ce document est joint au seul compte administratif ;***

« 3° De la présentation agrégée des résultats afférents au dernier exercice connu du budget principal et des budgets annexes de la commune. Ce document est joint au seul compte administratif ;

« 4° De la liste des organismes pour lesquels la commune :

« a) détient une part du capital ;

« b) a garanti un emprunt ;

« c) a versé une subvention supérieure à 75 000 € ou représentant plus de 50 % du produit figurant au compte de résultat de l'organisme.

« La liste indique le nom, la raison sociale et la nature juridique de l'organisme ainsi que la nature et le montant de l'engagement financier de la commune. »

5° Abrogé par Ord. n° 2005-1027 du 26 août 2005, art. 10.

6° D'un tableau retraçant l'encours des emprunts garantis par la commune ainsi que l'échéancier de leur amortissement ;

7° *(Ord. n° 2005-1027 du 26 août 2005, art. 10)* ***« De la liste des » délégataires de service public ;***

8° Du tableau des acquisitions et cessions immobilières mentionné au c de l'article *(L. n° 2002-1 du 2 janv. 2002, art. 7)* ***« L. 300-5 du code de l'urbanisme » ;***

(Ord. n° 2004-559 du 17 juin 2004, art. 17) ***« 9° D'une annexe retraçant l'ensemble des engagements financiers de la collectivité territoriale ou de l'établissement public résultant des***

(Ord. n° 2018-1074 du 26 nov. 2018, art. 6) ***« marchés de partenariat » prévus à l'article L. 1414-1 ; »***

(L. n° 2008-735 du 28 juill. 2008, art. 34) ***« 10° D'une annexe retraçant la dette liée à la part investissements des*** *(Ord. n° 2018-1074 du 26 nov. 2018, art. 6)* ***« marchés de partenariat ».***

(Ord. n° 2005-1027 du 26 août 2005, art. 10) ***« Lorsqu'une décision modificative ou le budget supplémentaire a pour effet de modifier le contenu de l'une des annexes, celle-ci doit être à nouveau produite pour le vote de la décision modificative ou du budget supplémentaire. »***

Dans ces mêmes communes de 3 500 habitants et plus, les documents visés au 1° font l'objet d'une insertion dans une publication locale diffusée dans la commune.

(L. n° 2004-1485 du 30 déc. 2004, art. 64) ***« Les communes et leurs groupements de 10 000 habitants et plus ayant institué la taxe d'enlèvement des ordures ménagères conformément aux articles 1520, 1609 quater, 1609 quinquies C*** *(L. n° 2010-1563 du 16 déc. 2010, art. 15)* ***« et 1379-0 bis » du code général des impôts et qui assurent au moins la collecte des déchets ménagers retracent dans un état spécial annexé aux documents budgétaires, d'une part, le produit perçu de la taxe précitée*** *(L. n° 2015-992 du 17 août 2015, art. 98)* ***« et les dotations et participations reçues pour le financement du service, liées notamment aux ventes d'énergie ou de matériaux, aux soutiens reçus des éco-organismes ou aux aides publiques », et d'autre part, les dépenses, directes et indirectes, afférentes à l'exercice de la compétence susmentionnée. »***

(L. n° 2018-1317 du 28 déc. 2018, art. 191 ; Ord. n° 2025-526 du 12 juin 2025, art. 1er) ***« Les communes de 3 500 habitants et plus et ayant institué la taxe de balayage peuvent retracer dans un même état, en lieu et place de l'état de répartition prévu au 1° du I de l'article L. 1612-35, d'une part, les produits perçus mentionnés audit alinéa majoré des produits de la taxe de balayage, et, d'autre part, les dépenses directes et indirectes relatives à l'exercice du service public de collecte et traitement des déchets, ainsi que celles occasionnées par le balayage de la superficie des voies livrées à la circulation publique.***

« Pour l'application de l'alinéa précédent, les produits retracés ne comprennent pas les impositions supplémentaires établies au titre de l'exercice ou des exercices précédents. »

(L. n° 2014-173 du 21 févr. 2014, art. 11) ***« Les communes signataires de contrats de ville définis à l'article 6 de la loi n° 2014-173 du 21 février 2014 de programmation pour la ville et la cohésion urbaine présentent annuellement un état, annexé à leur budget, retraçant les recettes et les dépenses correspondant aux engagements pris dans le cadre de ces contrats. Y figurent l'ensemble des actions conduites et des moyens apportés par les différentes parties au contrat, notamment les départements et les régions, en distinguant les moyens qui relèvent de la politique de la ville de ceux qui relèvent du droit commun. »***

Le présent art. entre en vigueur à compter de l'exercice budgétaire 2026 (Ord. n° 2025-526 du 12 juin 2025, art. 12).

BIBL. ▶ Boissard, *BJCL 2003. 234* (de l'information au droit d'accès : quelles sont les obligations des collectivités territoriales en matière de communication de documents ?) ; *AJDA 2003. 1309* (le droit d'accès aux documents administratifs depuis l'intervention de la loi du 12 avr. 2000). – Lallet et Thiéllay, *AJDA 2008. 1415* (la commission d'accès aux documents administratifs a trente ans).

1. Information sur les comptes de la commune. Un droit général est reconnu à toute personne physique ou morale de demander communication sur place et de prendre copie totale ou partielle des budgets et comptes de la commune : ce droit ne peut être refusé par le maire. • CE, sect., 11 janv. 1978, *Cne de Muret*, n° 04258 : *Lebon 5 ; Dr. adm. 1978, n° 47 ; AJDA 1978. 219, concl. Genevois* • CE 12 oct. 1994, *Cne de Francheville c/ Union des contribuables de Francheville*, n° 135084. – V. art. L. 2121-26. ♦ Tel est le cas notamment d'un contribuable qui demande la délivrance d'une copie des comptes de la commune relatifs au service des eaux. • CE 10 févr. 1978, *Garnotel*, n° 06969 B : *Dr. adm. 1978, n° 84.* ♦ Le terme public doit s'entendre dans son acception la plus large : personnes physiques, représentants des personnes morales, sans condition de nationalité, de résidence, de domiciliation ou d'imposition. * Rép. min. : *JOAN Q, 24 oct. 1994, p. 5318.* ♦ Un refus du maire de communiquer des documents est illégal dès lors que le refus ne trouve pas sa justification dans les nécessités de l'ordre public ou dans le bon fonctionnement des services municipaux. • CE 9 juill. 1975, *Mercier*, n° 91357 B : *RD publ. 1976. 377 ; AJDA 1976. 148 ; Dr. adm. 1975, n° 306.* ♦ **La situation particulière des conseillers municipaux.** La liberté d'accès aux documents administratifs s'exerce soit par consultation gratuite sur place, soit par délivrance de copies moyennant le paiement d'un prix qui ne peut excéder le coût de la reproduction. S'agissant de l'accès aux documents administratifs qui ne font pas l'objet de dispositions spécifiques en faveur des élus, la commission d'accès aux documents administratifs (CADA) a précisé que les élus locaux ne bénéficient pas d'un accès privilégié aux documents produits par la collectivité de laquelle ils relèvent. Mais l'art. L. 2121-13 CGCT dispose que tout membre du conseil municipal a le droit, dans le cadre de ses fonctions, d'être informé des affaires de la commune qui font l'objet d'une délibération. En conséquence, il est absolument proscrit de faire payer aux conseillers municipaux les copies des documents budgétaires et administratifs de la commune. * Rép. min. : *JOAN Q, 8 avr. 2002 ; La lettre du cadre territorial 2002, n° 233, p. 57.*

2. Documents communicables. Les comptes des collectivités territoriales, qui retracent les conditions dans lesquelles celles-ci exercent leurs missions de service public, présentent, par leur nature et leur objet, le caractère de documents administratifs. De même, un document comptable, établi à la demande d'une collectivité territoriale par un prestataire extérieur, constitue un document administratif au sens de l'art. 1er de la L. n° 78-753 du 17 juill. 1978. • CE 6 oct. 2008, *M. Fromentin,* n° 289389. ♦ Des documents budgétaires relatifs à la situation de consommation des crédits à une date donnée ne sont ni des documents provisoires ni des documents inachevés, et sont donc communicables au public au sens de l'art. 1er de la L. n° 78-753 du 17 juill. 1978 ; dès lors, le refus du maire de les communiquer est illégal. • CE 13 nov. 1992, *Cne de Louviers,* n° 111439 : *Lebon 987 ; Dr. adm. 1992, n° 507 ; ACL 1993. 277.* ♦ Les mandatements émis par le maire présentent le caractère de documents administratifs communicables en vertu des art. 1er et 2 de la L. du 17 juill. 1978. • CE 21 déc. 2007, *M. Prévot,* n° 276272. ♦ En l'espèce, le requérant avait demandé, par courrier, à la collectivité territoriale la communication des mandatements émis au cours des 12 derniers mois précédant sa demande mais la collectivité territoriale n'avait mis à la disposition de l'intéressé que des documents retraçant la liste des fournisseurs, accompagnée de la somme globale des mandatements pour chaque fournisseur. Les documents communiqués à l'intéressé ne pouvaient donc être regardés comme ceux qui avaient été demandés, dès lors qu'ils ne lui permettaient pas de connaître les caractéristiques propres à chaque mandatement. Par suite, le requérant était fondé à demander l'annulation de la décision implicite par laquelle la collectivité territoriale avait refusé de lui communiquer les documents demandés, différents de ceux qui lui avaient déjà été communiqués. • Même décision. ♦ De même, un requérant est fondé à demander l'annulation de la décision implicite du maire refusant de lui communiquer les factures relatives aux frais de péage et de carburant engagés par la commune pendant une période déterminée. • CE 19 mai 2008, *Cne de Woippy,* n° 303582. ♦ En l'espèce, le requérant pouvait demander communication des documents sollicités en tant que contribuable, alors qu'il était membre du conseil municipal. • Même décision. ♦ Toutefois, pour la CADA, si les comptes administratifs sont communicables, le droit de prendre communication des titres de recettes, des mandats de paiement et des factures comporte des exceptions qui imposent à l'administration d'apprécier le caractère communicable de chacun des documents sollicités, pièce par pièce. Une communication de l'ensemble des titres de recettes, mandats de paiement et factures d'une commune, pour l'ensemble d'une longue période (en l'espèce de 2010 à 2012) paraît trop générale pour permettre au maire de distinguer les documents communicables de ceux qui ne le sont pas, dans la limite des charges que le législateur a entendu faire peser sur l'administration, tant pour une commune de la taille de celle concernée que pour une commune d'une importance supérieure. • CADA, 5 juin 2014, *Mairie de la Chapelle-Viviers,* n° 20141563 : *RFL, Communication des comptes et titres de recettes 2014, n° 7-8, p. 350 s.*

3. Documents annexés. Le 2° de l'art. L. 2313-1 prévoit l'obligation pour les communes de 3 500 habitants et plus d'annexer aux documents budgétaires « la liste des concours attribués par la commune aux associations sous forme de prestations en nature et de subventions ». Les prestations en nature se définissent comme des prestations effectuées par les collectivités au profit de l'association et présentant pour cette dernière un intérêt manifeste du point de vue économique ou financier, soit que la prestation ait un caractère permanent, soit que sa prise en charge par la collectivité représente pour l'association une économie d'un montant significatif par rapport à ses dépenses. Ainsi, par ex., le prêt d'une salle de réunion ou la mise à disposition de personnels ayant un caractère répétitif tout au long de l'année constituent des prestations en nature devant figurer dans l'annexe prévue au 2° de l'art. L. 2313-1. Ces prestations ne doivent pas être valorisées mais uniquement indiquées. En revanche, le prêt occasionnel d'une salle de réunion ou la mise à disposition irrégulière de personnel n'ont pas à figurer dans la liste des prestations en nature. * Rép. min. n° 14703 : *JOAN Q, 15 mars 1999 ; Rev. Trésor 1999. 367.* ♦ Par ailleurs, les participations aux frais, comme les cotisations versées par la commune en tant que membre d'une association, doivent également être mentionnées dans la liste définie à l'art. L. 2313-1-2° au budget primitif comme au compte administratif. * Rép. min. n° 15804 : *JOAN Q, 18 oct. 1999 ; Rev. Trésor 2000. 53.* ♦ V. art. L. 1611-4. Les documents énumérés constituent des annexes obligatoires aux documents budgétaires de la commune concernée et doivent être présentés au vote des conseillers. • TA Rennes, 12 mars 1997, n° 941262. ♦ Le 10° de l'art. L. 2313-1 prévoit l'obligation pour « les communes et leurs groupements de 10 000 habitants et plus ayant institué la taxe d'enlèvement des ordures ménagères conformément aux art. 1520, 1609 *quater*, 1609 *quinquies* C et 1379-0 *bis* CGI et qui assurent au moins la collecte des déchets ménagers » de retracer « dans un état spécial annexé aux documents budgétaires, d'une part, le produit perçu de la taxe précitée et les dotations et participations reçues pour le financement du service, liées notamment aux ventes d'énergie ou de matériaux, aux soutiens reçus des éco-organismes ou aux aides publiques, et d'autre part, les dépenses, directes et indirectes, afférentes à l'exercice de la compétence susmentionnée ». Ainsi, un EPT qui n'a pas communiqué aux conseillers territoriaux cet état spécial annexé, avant la discussion budgétaire, ni une comptabilité analytique de ce service, ne leur a pas fourni une information suffisamment claire et précise pour leur permettre de se prononcer en toute connaissance de cause sur la délibération contestée. • CAA Versailles, 30 juin 2023, n° 20VE02516.

4. Autres documents. Doivent également être communiqués, à la demande de l'intéressé, les documents relatifs à la mise en œuvre des audits des finances de la collectivité territoriale, tels que les fiches de compte rendu de contrôle, le tableau de bord d'avancement de la mission d'audit et le rapport relatif aux enseignements à tirer de cette mission d'audit. • CE 29 févr. 2008, *M. Bayrou,* n° 299549. ♦ De même, un requérant est fondé à demander la communication d'un « diagnostic concernant la solvabilité de la commune », remis au maire de celle-ci par un cabinet d'experts, quel que soit le document dans lequel se trouve ce diagnostic, ainsi que les correspondances échangées entre le maire et ce cabinet dans le cadre de l'étude réalisée par ce dernier pour le compte de la commune. • CE 30 juin 2010, *Cne de Nogent-sur-Marne,* n° 315498. ♦ Aucune disposition n'impose la transmission du bilan certifié conforme d'une association ; la délibération attributive de subvention ne constitue pas un document budgétaire. • CAA Bordeaux, 5 juill. 2005, *Féd. des libres penseurs de la Charente,* n° 02BX01576. ♦ ... Ni une annexe au budget de la commune. • CAA Lyon, 18 déc. 2012, *Cne d'Aubière,* n° 11LY03022.

5. Particularisme des rôles des impôts directs locaux. Les dispositions du *b* de l'art. L. 104 LPF ont seulement pour effet de permettre à un contribuable redevable d'une imposition directe locale d'obtenir communication d'un extrait de rôle ou d'un certificat de non-inscription au rôle concernant un ou plusieurs autres contribuables, nommément désignés, assujettis à la même imposition et figurant sur le même rôle que le demandeur. Par suite, un contribuable ne peut donc obtenir la liste de l'ensemble des contribuables de la commune assujettis à diverses impositions locales, en se prévalant notamment de sa qualité de contribuable de la commune. • CE 12 nov. 2007, *Min. de l'Économie, des Finances et de l'Industrie c/ Mme Brunel,* n° 294262 : *BJCL 2008. 49, concl. Landais.*

6. Modalités de la communication : la voie postale. La commune ne peut refuser d'adresser à une personne qui en fait la demande, par voie postale à son domicile, les documents administratifs dont cette personne souhaite communication, dès lors que la commune a la possibilité d'exiger le paiement par avance des frais engagés à cet effet. Il appartient à la commune de faire préciser par le demandeur, si elle le juge nécessaire, le type d'envoi qu'il choisit, ainsi que de le renseigner sur la somme à payer. • CAA Bordeaux, 9 nov. 2004, *Cne d'Encourtiech,* n° 01BX01582 : *AJDA 2005. 341.* ♦ En l'espèce, la commune s'était bornée à proposer au demandeur de venir chercher en mairie les documents dont il avait souhaité la communication par voie postale : dès lors, la commune avait illégalement refusé de communiquer les documents sollicités, et le juge administratif a donc annulé ce refus. • Même arrêt. ♦ **Les photocopies.** BIBL. : Moreau, Une collectivité locale peut-elle librement fixer les tarifs de reproduction des documents administratifs ?, *JCP Adm. 2002, n° 1365.* ♦ Dès lors que le maire n'établit pas que l'appareil photocopieur dont disposent ses services ne permet pas de délivrer des photocopies de procès-verbaux de délibérations du conseil municipal, une personne est en droit d'obtenir la délivrance, à ses frais, de la copie des procès-verbaux en se prévalant des dispositions de l'art. 4 de la L. n° 78-753 du 17 juill. 1978. • TA Strasbourg, 28 juill. 1982, *Schneider c/ Cne de Teterchen : Lebon T. 550 et 623.* ♦ – V. aussi art. L. 2121-26. **Le lieu de mise à disposition.** Les budgets de la commune restent déposés à la mairie et, le cas échéant, à la mairie annexe où ils sont mis sur place à la disposition du public. Le public est avisé de la mise à disposition de ces documents par tout moyen de publicité au choix du maire. Il a été jugé que le maire peut choisir d'apporter cette information au public par voie d'affichage sur les panneaux habituellement utilisés à cet effet dans les locaux de la mairie, sans qu'il soit nécessaire de procéder à cet affichage à la porte de la mairie. • CAA Bordeaux, 8 janv. 2008, *Cne de Le Barp,* n° 05BX01139 : *BJCL 2008. 291, concl. Viard.* ♦ **La publication locale.** Le journal d'annonces légales ne constitue que l'un des supports possibles, les autorités locales conservant la faculté de recourir à toute autre publication garantissant la diffusion la plus large sur le territoire communal, y compris le bulletin municipal. * Rép. min. : *JO Sénat Q, 8 sept. 1994, p. 2219.* ♦ **Le support informatique.** Pour ce qui est des documents comptables, le juge administratif détermine si les caractéristiques du système et du logiciel informatique utilisé pour la tenue de la comptabilité permettent la production d'une copie, sur support informatique, des livres journaux, balances comptables, bilans et comptes de résultat des exercices comptables clos ou si une impossibilité technique fait obstacle à la communication d'une telle copie. • CE 6 oct. 2008, *M. Fromentin,* n° 289389 : *préc. note 2.* ♦ En l'espèce, après avoir ordonné une enquête contradictoire sur place, le Conseil d'État a estimé qu'il ne pouvait être sérieusement soutenu que le logiciel informatique ne permettait pas la communication, sur support informatique, dans les conditions fixées par la L. du 17 juill. 1978, des documents demandés par le requérant. • Même décision.

7. Recours. Saisine préalable. En cas de refus du maire de faire droit à la demande d'accès aux documents financiers, le demandeur doit saisir, avant tout recours juridictionnel, la commission d'accès aux documents administratifs : cette saisine est suspensive. • CE 19 févr. 1982, *Mme Commaret*, n° 24215 : *Lebon 78 ; Dr. adm. 1982, n° 119.* ♦ Si, à l'expiration d'un délai de 2 mois à compter de la saisine, aucun avis n'a été émis ou si cet avis est défavorable, le demandeur peut alors s'adresser au tribunal administratif. • CE 13 nov. 1992, *Cne de Louviers*, n° 111439 : *Lebon 987 ; Dr. adm. 1992, n° 507 ; ACL 1993. 277.* ♦ **Le contrôle du juge.** La juridiction administrative contrôle le caractère suffisant de la communication des informations par le maire. • CE 29 juin 1990, *Cne de Guitrancourt*, n° 68743 : *Lebon 608.* ♦ Lorsque la communication des documents s'avère insuffisante, il y a lieu, compte tenu de toutes les circonstances de l'affaire, de prononcer contre cette collectivité une astreinte, jusqu'à la date de communication de ces documents. • CE 29 févr. 2008, *M. Bayrou*, n° 299549 : *préc. note 4.*

Art. L. 2313-1-1 *(Abrogé par Ord. n° 2025-526 du 12 juin 2025, art. 1er, à compter de l'exercice budgétaire 2026) (Ord. n° 2005-1027 du 26 août 2005, art. 11)* ***Les comptes certifiés des organismes mentionnés au 4° de l'article L. 2313-1 sont transmis à la commune.***

Ils sont communiqués par la commune aux élus municipaux qui en font la demande, dans les conditions prévues à l'article L. 2121-13, ainsi qu'à toute personne intéressée, dans les conditions prévues à l'article L. 2121-26.

Sont transmis par la commune au représentant de l'État et au comptable de la commune à l'appui du compte administratif les comptes certifiés des organismes non dotés d'un comptable public et pour lesquels la commune :

1° Détient au moins 33 % du capital ;

2° Ou a garanti un emprunt ;

3° Ou a versé une subvention supérieure à 75 000 euros ou représentant plus de 50 % du produit figurant au compte de résultat de l'organisme et dépassant le seuil prévu par le troisième alinéa de l'article 10 de la loi n° 2000-321 du 12 avril 2000.

Art. L. 2313-2 **Les dispositions de l'article L. 2313-1 s'appliquent aux établissements publics administratifs des communes de 3 500 habitants et plus.**

Le lieu de mise à la disposition du public est le siège de l'établissement. – *[L. n° 92-125 du 6 févr. 1992, art. 15.]*

Nouvel art. L. 2313-2 *(Ord. n° 2025-526 du 12 juin 2025, art. 1er)* ***Pour l'application de l'article L. 1612-34 aux établissements publics administratifs des communes de 3 500 habitants et plus, le lieu de mise à la disposition du public est le siège de l'établissement.***

Le présent art. entre en vigueur à compter de l'exercice budgétaire 2026 (Ord. n° 2025-526 du 12 juin 2025, art. 12).

TITRE II DÉPENSES

BIBL. GÉN. ► BAUDOT et FICHOT, Guide de l'imputation des dépenses et des recettes communales, *Éditions Pédagofiche, coll. Les Essentiels, 2011.* – COTTEN, TROSA, *Rev. Trésor 2007. 466* (les enjeux de la maîtrise des dépenses publiques locales). – HUTEAU, *Éd. La lettre du cadre territorial, coll. L'Essentiel, 2003* (les subventions : aspects juridiques, comptables et fiscaux). – MÉNIGOZ, *Coll. terr. 2002, n° 15* (aides des collectivités locales aux entreprises). – SAOUDI, *Rev. Trésor 2007. 471* (typologie des dépenses locales : problématique et enjeux). – VENDÉ, *RFDA 2004. 1157* (la solidarité financière dans les relations entre les communes et leurs établissements publics de coopération intercommunale). – WAUQUIER, *Rev. Trésor 2002. 188* (le régime des prêts et avances remboursables consentis par les collectivités locales dans la mise en œuvre de leur politique d'intervention économique).

CHAPITRE I DÉPENSES OBLIGATOIRES

BIBL. GÉN. ► LANDBECK, *RGCT 2001. 868* (collectivités locales et dépenses obligatoires : une approche contentieuse).

Art. L. 2321-1 **Sont obligatoires pour la commune les dépenses mises à sa charge par la loi.** – *[C. communes, art. L. 221-1 issu de la L. du 5 avr. 1884, art. 136-20°, et de la L. locale du 6 juin 1895, art. 65, al. 2.]*

1. Inscription budgétaire. La commune doit inscrire à son budget les dépenses que la loi a déclaré obligatoires, et s'abstenir d'inscrire celles que la loi prohibe ou qui ne correspondent pas à un intérêt public communal. • CE 20 févr. 1980, *Préfet de Loire-Atlantique*, n° 17150 : *Lebon 95* • CE 17 oct. 1980, *Mme Braesh, David, Lebas*, n° 17395 : *Lebon 631 ; RD publ. 1981. 784 ; Dr. adm. 1980, n° 445* • CE 12 mars 1982, *Sté pour le développement touristique de Pralognan-la-Vanoise*, n° 17179 B : *Dr. adm. 1982, n° 168.*

2. Contrôles. Sur les contrôles exercés par les chambres régionales des comptes et le juge administratif, relatifs au caractère obligatoire des dépenses communales et à leur inscription au budget de la commune, V. art. L. 1612-15.

Art. L. 2321-2 **Les dépenses obligatoires comprennent notamment :**

1° L'entretien de l'hôtel de ville ou, si la commune n'en possède pas, la location d'une maison ou d'une salle pour en tenir lieu ;

2° Les frais de bureau et d'impression pour le service de la commune *(L. n° 2009-526 du 12 mai 2009, art. 97)* **« et les » frais de conservation des archives communales et du recueil des actes administratifs du département ;**

3° *(L. n° 2002-276 du 27 févr. 2002, art. 98-I)* **« Les indemnités de fonction prévues à l'article L. 2123-20, les cotisations au régime général de la sécurité sociale en application de l'article L. 2123-25-2, les cotisations aux régimes de retraites en application des articles** *(L. n° 2012-1404 du 17 déc. 2012, art. 18)* **« L. 2123-27 et L. 2123-28 », les cotisations au fonds institué par l'article L. 1621-2** *(L. n° 2024-247 du 21 mars 2024, art. 6)* **« , les frais nécessaires à la mise en œuvre des protections mentionnées aux articles L. 2123-34 et L. 2123-35 » ainsi que les frais de formation des élus mentionnés à l'article L. 2123-14 ; »**

4° La rémunération des agents communaux *(L. n° 2010-1330 du 9 nov. 2010, art. 25)* **« , les contributions et les cotisations sociales afférentes »** *(L. n° 2024-247 du 21 mars 2024, art. 6)* **« ainsi que les frais nécessaires à la mise en œuvre des protections mentionnées aux articles L. 134-1 à L. 134-12 du code général de la fonction publique » ;**

(L. n° 2007-209 du 19 févr. 2007, art. 71) **« 4°** ***bis*** **Dans les conditions prévues à l'article 88-1 de la loi n° 84-53 du 26 janvier 1984 portant dispositions statutaires relatives à la fonction publique territoriale, les dépenses afférentes aux prestations mentionnées à l'article 9 de la loi n° 83-634 du 13 juillet 1983 portant droits et obligations des fonctionnaires ; »**

5° La cotisation au budget du Centre national de la fonction publique territoriale ;

6° Les traitements et autres frais du personnel de la police municipale et rurale ;

7° Les dépenses de personnel et de matériel relatives au service d'incendie et de secours.

8° Les pensions à la charge de la commune lorsqu'elles ont été régulièrement liquidées et approuvées ;

9° Les dépenses dont elle a la charge en matière d'éducation nationale ;

(L. n° 2015-991 du 7 août 2015, art. 22) **« 10° Les dépenses d'entretien et de construction des ports maritimes de commerce et de pêche qui lui sont transférés ; »**

11° Abrogé par L. n° 99-641 du 27 juill. 1999, art. 13.

12° Les dépenses des services communaux de désinfection et des services communaux d'hygiène et de santé dans les conditions prévues par *(Ord. n° 2003-1212 du 18 déc. 2003, art. 3)* **« l'article L. 1422-1 du code de la santé publique »** *[V.* **CSP***]* **;**

13° Les frais de livrets de famille ;

14° La clôture des cimetières, leur entretien et leur translation dans les cas déterminés par le chapitre III du titre II du livre II de la présente partie ;

15° Les dépenses de prospections, traitements, travaux et contrôles nécessaires à l'action de lutte contre les moustiques conformément à l'article 1er de la loi n° 64-1246 du 16 décembre 1964 relative à la lutte contre les moustiques et à l'article 65 de la loi de finances pour 1975 (n° 74-1129 du 30 décembre 1974) ;

16° Les dépenses relatives au système d'assainissement collectif mentionnées au *(L. n° 2006-1772 du 30 déc. 2006, art. 54)* **« II » de l'article L. 2224-8 ;**

17° Les dépenses liées à la police de la salubrité visées à l'article L. 2213-30 ;

18° Les frais d'établissement et de conservation des plans d'alignement et de nivellement, sous la réserve prévue par *(Ord. n° 2015-1174 du 23 sept. 2015, art. 9)* **« les articles L. 132-5 et L. 132-15 » du code de l'urbanisme ;**

19° La part contributive de la commune aux dépenses de la rénovation du cadastre au cas d'exécution à la demande du conseil municipal ;

20° Les dépenses d'entretien des voies communales ;

21° Les dépenses d'entretien et de conservation en bon état d'ouvrages, mentionnées à l'article L. 151-40 du code rural et de la pêche maritime ;

22° Les dépenses résultant de l'entretien des biens autres que ceux mentionnés au 20°, transférés à la commune par application de l'article L. 318-2 du code de l'urbanisme ;

23° Les prélèvements et contributions établis par les lois sur les biens et revenus communaux ;

24° Les dépenses occasionnées par l'application de l'article L. 2122-34 ;

25° *Abrogé par L. n° 2015-991 du 7 août 2015, art. 44.*

26° Les dépenses résultant de l'application de *(Ord. n° 2004-178 du 20 févr. 2004, art. 4)* **« l'article L. 622-9 du code du patrimoine » ;**

27° Pour les communes ou les groupements de communes dont la population est égale ou supérieure à 3 500 habitants et pour leurs établissements publics, les dotations aux amortissements des immobilisations ;

28° *(Ord. n° 2005-1027 du 26 août 2005, art. 12)* **« Pour les communes de moins de 3 500 habitants et les groupements de communes dont la population est inférieure à 3 500 habitants et pour leurs établissements, les dotations aux amortissements des subventions d'équipement versées ;**

« 29° Les dotations aux provisions *(L. n° 2014-58 du 27 janv. 2014, art. 94)* **« , notamment pour risques liés à la souscription de produits financiers, » dont les modalités de constitution, d'ajustement et d'emploi sont déterminées par décret en Conseil d'État ; »**

30° Les intérêts de la dette et les dépenses de remboursement de la dette en capital ;

31° *(L. n° 2000-614 du 5 juill. 2000, art. 3)* **« Les dépenses occasionnées par l'application des dispositions des articles 2 et 3 de la loi n° 2000-614 du 5 juillet 2000 relative à l'accueil et à l'habitat des gens du voyage** *[V. ce texte ss. art. L. 2212-2]* **;**

« 32° L'acquittement des dettes exigibles ; »

(L. n° 2012-347 du 12 mars 2012, art. 56) **« 33° La contribution prévue à l'article 6 *quater* de la loi n° 83-634 du 13 juillet 1983 précitée ; »**

(L. n° 2016-1917 du 29 déc. 2016, art. 60) **« 34° La retenue à la source prévue au 1° du 2 de l'article 204 A du code général des impôts. »**

Sur les travaux prescrits ou exécutés par les départements, les communes, leurs groupements et les syndicats mixtes ainsi que par les concessionnaires de ces collectivités, V. C. rur., art. L. 151-36 à L. 151-40. — **C. rur.**

1. Une qualification conditionnée. Pour être inscrite au budget en qualité de dépense obligatoire, une dépense doit correspondre à une dette exigible, c'est-à-dire une dette échue, liquide, certaine, non sérieusement contestée dans son principe et son montant, et découlant de la loi, d'un contrat, d'un délit, d'un quasi-délit ou de toute autre source d'obligation. • CE 6 avr. 2007, *Synd. d'assainissement d'eau de la vallée de la Béthune*, n° 284544 : *Lebon 158.* ♦ En ce sens, la contribution d'une commune, de l'EPCI compétent, au budget d'un SDIS n'est pas le paiement du prix d'un service dont les communes seraient les usagers mais une charge qui leur incombe pour le bon fonctionnement d'un service public dont ils ont la responsabilité en vertu de la loi. • CE 30 juill. 2010, *Service dptal d'incendie et de secours de la Charente*, n° 309578 B • 5 juill. 2010, *Cne de Béziers*, n° 306254 B (concl. Cortot-Boucher) : *BJCL 10/10, p. 709.* ♦ S'agissant des SDIS, les contours de cette charge, sont, aux termes de l'art. L. 2321-2 : « 7° Les dépenses de personnel et de matériel relatives au service d'incendie et de secours » et non les dépenses de transport sanitaire des blessés engagées par le SDIS qui n'est pas fondé à facturer à une commune ces interventions. • CAA Bordeaux, 28 nov. 2023, n° 21BX01621. ♦ V. aussi en ce qui concerne des biens mis à disposition du SDIS et de la contribution communale au budget du SDIS. • CE 22 mai 2013, *Cté de cnes Val de Garonne*, n° 354992 B (concl. Daumas) : *BJCL 2013. 617.* ♦ Sont obligatoires pour la commune les dépenses exigibles et non contestées. • CE 11 mars 1887, *Cne de Marciac : Lebon 214, concl. Saint-Paul* • 6 juill. 1906, *Ville de Lyon : Lebon 606 ; Rev. sc. législ. fin. 1907. 26.* ♦ Le caractère non liquide d'une créance s'oppose à l'inscription au budget d'une commune. • CRC Limousin, 12 déc. 2013, *Cne d'Azay-le-Ferron*, n° 27. ♦ Le comptable de la commune doit refuser de payer des dépenses qui n'incombent pas à celle-ci, notamment parce qu'elles ne concernent pas des agents de cette personne publique : tel est le cas des frais de transport et de séjour payés à l'épouse d'un maire et à un journaliste. • CRC PACA, 29 oct. 1990, *Cne de Nice : Rev. Trésor 1992. 822* • 20 déc. 1991 : *ibid.* ♦ Toute personne réclamant à une collectivité publique le paiement d'une créance doit, même si elle soutient qu'elle correspond à une dépense qui, par sa nature, fait partie des dépenses obligatoires pour la collectivité à laquelle elle s'adresse, justifier d'un fondement ou d'un titre juridique de nature à établir son droit de créance. À défaut, la dette en cause ne peut être regardée comme exigible par cette personne. Ainsi, l'absence de convention signée entre la collectivité et le demandeur prive de son caractère exigible la créance invoquée par celui-ci. • CE 27 sept. 2010, *Cne de Maurepas,* n° 313392 : *BJCL 2010. 802.* ♦ L'exigibilité des dettes de la commune résulte du caractère exécutoire de l'acte par lequel la dette a été générée (convention, délibération, contrat, engagement unilatéral), mais il faut que la dépense obligatoire ne soit pas discutée sérieusement dans son montant ou son principe, ce qui amène la CRC à statuer sur le caractère admissible ou non de la contestation éventuelle, sous le contrôle du juge administratif. • CE 6 déc. 1989, *SA de crédit à l'industrie française CALIF,* n° 75991 B : *AJDA 1990. 484, note Moreau ; LPA 23 janv. 1991, note Llorens ; Dr. adm. 1990, n° 86 ; JCP 1990. IV. 56.* ♦ Ainsi, lorsqu'un établissement de crédit a informé la commune de la cession de créances qu'une société lui a consentie, mais qu'il n'a pas procédé à la notification régulière de cette cession au comptable public assignataire des dépenses de la commune, comme l'impose l'art. L. 189 C. marchés (devenu l'art. 272), cet établissement de crédit ne peut se prévaloir des dispositions de l'art. 5 de la L. du 2 janv. 1981, codifiées à l'art. L. 313-28 C. mon. fin., pour obtenir le paiement de la créance qu'il réclame. • CE 25 juin 2003, *Caisse centrale de crédit mutuel du Nord de la France,* n° 240679 : *Dr. adm. 2003, n° 168 ; AJDA 2003. 1729, concl. Le Chatelier ; JCP Adm. 2003, n° 1928, note Moreau ; Rev. Trésor 2003. 796 ; ACL 2004. 569.* ♦ En revanche, lorsqu'une entreprise a cédé à un établissement de crédit, dans le cadre de la procédure instituée par l'art. L. 313-23 C. mon. fin., une créance qu'elle détenait sur une commune pour des travaux réalisés au profit de cette ville, et bien que le marché pour l'exécution duquel avaient été effectués lesdits travaux était entaché de nullité, la cession de créance consentie par l'entreprise à cet établissement de crédit autorisait néanmoins celui-ci, substitué à l'entreprise dans les droits résultant de la créance cédée, à réclamer à la commune le remboursement des dépenses engagées et qui leur ont été utiles. • CE 7 avr. 2004, *Cne de Cabourg,* n° 239000 : *JCP Adm. 2004, n° 1461.* ♦ Par ailleurs, lorsqu'une collectivité est créancière d'une autre collectivité, elle n'est pas tenue, en raison de l'absence de voies d'exécution à l'encontre des personnes publiques, de faire précéder sa demande par l'émission d'un titre de recettes rendu exécutoire, ce qui lui permet de saisir le juge administratif en vue d'une demande tendant au recouvrement de sa créance. • CE 31 mai 2010, *Cté d'agglomération Vichy-Val d'Allier,* n° 329483 : *Lebon 173.* ♦ Les dépenses d'entretien des voies communales sont des dépenses obligatoires visées à l'art. L. 2321-2 et comprennent notamment celles visant à maintenir ou rétablir l'imperméabilité des chaussées, sans modification substantielle des tracés ou profils et de la portance. • CAA Marseille, 9 avr. 2015, n° 13MA03476. ♦ Un perré de quai constitue un accessoire de la voie communale même s'il n'a pas été construit par la commune et non une dépendance du domaine public fluvial et il appartient à la commune d'en assurer l'entretien. • CE 13 févr. 2015, *Voies navigables de France,* n° 370837. ♦ V. également • CE 24 févr. 2016, *Voies navigables de France,* n° 386948. ♦ En revanche, une commune n'est pas nécessairement propriétaire d'une passerelle piétonne surplombant les voies ferrées, alors même que depuis sa construction cette passerelle a permis la liaison entre deux quartiers de la commune. En l'espèce, il est établi que la passerelle a été « édifiée dans l'intérêt du service public ferroviaire ». Par conséquent, les moyens tirés de ce que la commune de Cholet en serait la propriétaire et devrait assumer la charge des frais d'entretien et de sécurisation de cet ouvrage doivent être écartés. • CAA Nantes, 14 mars 2025, n° 24NT01281. ♦ Les dépenses engagées par un maire pour l'organisation d'une cérémonie de fin de mandat de l'équipe municipale sortante, à l'issue des élections municipales, constituent des dépenses obligatoires pour la commune dès lors que les prestations demandées à chaque entreprise concernée ont régulièrement fait l'objet de bons de commande : ces bons de commande constituaient des actes exécutoires de plein droit dès leur notification aux entreprises concernées. • CAA Nantes, 6 mars 2008, *Ville de Blois,* n° 05NT01505 : *AJDA 2007. 2277 ; ibid. 2008. 300, note Mouzet.* ♦ Le cocontractant de l'administration, dont le contrat est entaché de nullité, est fondé à réclamer le remboursement de celles de ses dépenses qui ont été utiles à la collectivité envers laquelle il s'était engagé. Dans le cas où la nullité du contrat résulte d'une faute de l'administration, il peut en outre prétendre à la réparation du dommage imputable à cette faute et, le cas échéant, demander à ce titre le paiement du bénéfice dont il a été privé par la nullité du contrat, si toutefois le remboursement de ses dépenses utiles ne lui assure pas une rémunération supérieure à celle que l'exécution du contrat lui aurait procuré. • CE 21 mars 2007, *Cne de Boulogne-Billancourt,* n° 281796. ♦ Une commune commet une faute de nature à engager sa responsabilité en cas de retrait illégal de sa décision attributive de subvention, devenue définitive et créatrice de droits. Celle-ci qui a été condamnée à indemniser l'organisme subventionné non seulement pour le montant de sa subvention, mais également pour « la perte d'une chance sérieuse » de recevoir les participations de la région et du département, et pour les frais financiers que l'organisme a dû exposer, à défaut d'avoir perçu ces différentes subventions. • CAA Marseille, 28 juin 2004, *Sté cinéma G. Lamic SARL*, n° 00MA00317 : *AJDA 2004. 1783*. ♦ La collectivité d'origine d'un fonctionnaire muté dans une autre collectivité ou établissement public, lorsque la mutation intervient dans les trois années de sa titularisation, dispose, sous réserve des règles de prescription, d'une créance sur la collectivité ou l'établissement d'accueil dont l'assiette est constituée en principe par la rémunération perçue par l'agent pendant le temps de formation obligatoire et, le cas échéant, le coût de toute formation complémentaire suivie par l'agent au cours de ces trois années. • CE 9 mars 2012, *Cne de Mionnay*, n° 354114 : *Lebon 82*. ♦ Concernant les droits à la retraite par rente, un élu local détermine librement le montant de sa cotisation dans le respect du taux plafond. Cette double décision (constitution de la retraite et fixation du taux de cotisation) s'impose à la collectivité qui doit participer financièrement à égalité. Il s'agit d'une dépense obligatoire pour celle-ci. * Rép. min. : *JO Sénat Q, 19 juin 2014, p. 1443*. ♦ La liste établie à l'art. L. 2321-3 n'est certes pas exhaustive mais ne peut être interprétée de façon extensive ; ainsi les chemins ruraux ne relèvent-ils pas de la voirie communale et d'une obligation d'entretien de la part de la commune, sauf si postérieurement à leur incorporation dans la voirie rurale une commune aurait exécuté des travaux destinés à en assurer ou à en améliorer la viabilité et a ainsi accepté d'en assumer, en fait, l'entretien. • CE 24 mars 2014, *SCI Les Verdures*, n° 359554. ♦ L'usage par le maire de son pouvoir de police s'agissant de la circulation sur les chemins ruraux n'a pas pour objet de mettre à la charge d'une commune une obligation d'entretien. • CE 26 sept. 2012, *Garin*, n° 347068 B. ♦ Ainsi, en l'absence d'une procédure de reconnaissance ou de classement qui aurait intégré le chemin menant à sa propriété parmi les voies communales, un requérant ne peut prétendre à une mesure d'expertise de l'état de celui-ci, qui ne peut être regardée comme présentant un caractère utile, au sens de l'art. R. 532-1 COJ. • CAA Marseille, 11 sept. 2019, n° 19MA03216. ♦ ... Même s'il appartient à la commune s'agissant des voies rurales les ouvertes à la circulation publique de prendre toute mesure destinée à sauvegarder l'intégrité des chemins. * Rép. min. n° 20139 : *JO Sénat Q, 10 mai 2012, p. 1158*. ♦ Les dépenses d'entretien des voies communales n'incluent pas des travaux de reprofilage d'une voie afin que puisse être rétabli un accès à une grange d'un habitant de la commune dans l'hypothèse où préalablement, le particulier concerné « avait procédé à un affouillement du sol de 80 cm devant la grange et à l'intérieur de celle-ci, et ainsi abaissé le seuil de la nouvelle porte qu'il avait alors installée », alors même que le descriptif des travaux entrepris faisait apparaître un niveau du sol naturel identique avant et après la modification des ouvertures. Le maire, « en refusant d'inscrire au titre des dépenses obligatoires celles relatives aux travaux de reprofilage de la voie au droit de la propriété du requérant, n'a pas fait une inexacte application des dispositions du 20° de l'article L. 2321-2 du code général des collectivités territoriales ». • CAA Lyon, 16 déc. 2021, n° 20LY01107. ♦ De même, la responsabilité d'une commune ne peut être engagée en raison des dommages résultant des désordres affectant un mur dont la propriété a été attribuée par acte notarié aux requérants. Ce mur ne constitue pas un ouvrage public relevant du domaine public communal, « à supposer même qu'il constituerait également un mur de soutènement de la voie publique ». Le mur en litige ne constitue pas une dépendance de la voirie communale et la réparation de ces dommages ne relève pas des dépenses obligatoires de la commune au titre de l'art. L. 2321-2 CGCT. • CAA Nantes, 2 juin 2023, n° 22NT00538. ♦ Une commune devenue propriétaire d'une partie de la voirie d'un lotissement doit procéder à l'entretien de la chaussée et des accotements qui lui appartiennent. Néanmoins, il appartient à l'association syndicale des propriétaires du lotissement qui soutient que, face à la défaillance de la commune, elle a dû prendre en charge elle-même les frais d'entretien des voies du lotissement, d'en apporter les éléments qui le justifient « et ce alors même que la commune fait valoir avoir entretenu la voirie et ses annexes, dont les accotements, dans la limite de sa propriété », et fournit un bon de commande et une facture qui « retracent le paiement par la commune (...) à l'association syndicale de prestations d'entretien des accotements et des caniveaux. Par suite, l'absence de prise en charge de l'entretien de son domaine par la commune n'est pas établie ». • CAA Paris, 10 juill. 2025, n° 24PA02451. ♦ La commune n'a pas à couvrir les frais de déplacement du maire convoqué par un magistrat chargé de l'instruction d'une plainte en diffamation à son encontre. • CE 27 avr. 1988, *Cne de Pointe-à-Pitre*, n° 66932 B. ♦ Les frais exposés par un maire inculpé de faux en écritures publiques ne peuvent être regardés comme engagés dans l'intérêt de la commune et, dès lors, ne peuvent être pris en charge par celle-ci. • TA Orléans, 7 déc. 1989, *Fontaine : JCP 1990. IV. 249*. ♦ Le conseil municipal ne peut légalement mettre à la charge du budget communal les frais exposés pour la défense du maire faisant l'objet de poursuites pénales que si les faits commis par le maire ne sont pas détachables de l'exercice de ses fonctions. L'attribution d'une subvention n'est pas un droit pour une association et le refus d'attribution d'une subvention n'a pas à être motivé. Toutefois, un refus illégal, du fait de son motif, peut justifier l'indemnisation du préjudice causé à cette association. • TA Amiens, 13 oct. 2005, *Assoc. Féd. des œuvres laïques de l'Oise*, n° 0102706 : *AJDA 2006. 510*. ♦ Il résulte des dispositions des art. 2 et 13 de la loi du 9 déc. 1905 que, quel qu'en soit le montant, les personnes publiques ne peuvent engager d'autres dépenses que celles qui sont nécessaires à l'entretien et à la conservation des édifices du culte dont elles ont la propriété. Dès lors, quelle qu'en soit la modicité, en acceptant de prendre en charge la totalité de la dépense d'électricité des églises sans limiter cet engagement aux seules dépenses nécessitées par l'entretien et la conservation de l'immeuble, un conseil municipal a, implicitement mais nécessairement, pris en charge de façon illégale la part de la dépense afférente à l'exercice du culte. • CAA Nancy, 5 juin 2003, *Cne de Montaulin*, n° 99NC01589 : *AJDA 2003. 1431, note Rousselle*. ♦ En cas d'insuffisance des ressources des établissements publics du culte, les communes d'Alsace et de Moselle pourvoient aux frais de culte (CGCT, art. L. 2543-3-3°). * Rép. min. : *JO Sénat Q, 19 sept. 2013, p. 2723*.

2. Un questionnement spécifique : l'école. Il résulte des dispositions combinées des art. 14 et 15 de la loi du 30 oct. 1886 [abrogée et codifiée ss. art. L. 212-5 s. C. éduc.] et de l'art. 2 du décr. du 7 avr. 1887 que seul l'établissement des écoles primaires élémentaires publiques destinées à recevoir les élèves soumis à l'obligation scolaire, en application de l'art. 4 de la loi du 28 mars 1882 [abrogée et codifiée ss. art. L. 131-2 C. éduc.], donne lieu à une dépense obligatoire pour la commune. • CE 6 déc. 1993, *Cne de La Chapelle-Saint-Sauveur*, n° 92978 : *Lebon 548 ; Dr. adm. 1994, n° 34 ; Quot. jur. 24 mars 1994 ; ACL 1994. 195.* ♦ Aux termes de l'art. 4 de la loi du 31 déc. 1959 [abrogé et codifié ss. C. éduc., art. L. 442-5] sur les rapports entre l'État et les établissements d'enseignement privés, dans sa rédaction issue de la loi du 25 janv. 1985, la commune a l'obligation d'assurer, dans les mêmes conditions que pour les classes des écoles primaires publiques, les dépenses de fonctionnement matériel des classes du premier degré des établissements d'enseignement privés sous contrat d'association. • CE 12 févr. 1982, *Cne d'Aurillac*, n° 33212 : *Lebon 68 ; AJDA 1982. 469, note Gaudemet ; Dr. adm. 1982, n° 141* • 10 janv. 1986, *Cne de Charmes*, n° 58119 : *Lebon 427 ; Dr. adm. 1986, n° 102* • 31 janv. 1986, *École du Sacré-Cœur à Concarneau : Dr. adm. 1986, n° 161.* ♦ Le manquement à cette obligation est sanctionné par une indemnité au profit de l'établissement lésé. • CE 27 mai 1988, *École Jeanne-d'Arc à Plozevet : Dr. adm. 1988, n° 358* • CE, ass., 25 oct. 1991, *Synd. nat. de l'enseignement chrétien CFTC et a.*, n°s 68523, 68526, 68529, 68577, 68642, 68643 et 68803 : *Lebon 349 ; LPA 19 juin 1992 ; AJDA 1991. 918 ; Dr. adm. 1991, n° 474 ; D. 1992. 136*. ♦ Les dépenses liées aux transports des élèves lors d'activités scolaires, à la médecine scolaire, à la rémunération d'intervenants lors des séances d'activités physiques et sportives, ainsi qu'aux classes dites de découverte, sont engagées par la commune dans le cadre de la scolarité des élèves de l'enseignement public et revêtent, dès lors, le caractère de dépenses de fonctionnement au sens de l'art. L. 442-5 C. éduc. Elles doivent donc être incluses dans le calcul de la somme due par la commune à un établissement d'enseignement privé, au titre des dépenses de fonctionnement des classes sous contrat de cet établissement. • CAA Lyon, 30 déc. 2008, *Cne de Clermont-Ferrand c/ OGEC Fénelon*, n° 05LY01682 : *AJDA 2009. 559*. ♦ Cette solution a été confirmée par le Conseil d'État qui a estimé, dans la même affaire, que ces dépenses doivent être prises en compte pour le calcul de la participation communale, alors même qu'il ne s'agirait pas de dépenses obligatoires de la commune. • CE 12 oct. 2011, *Cne de Clermont-Ferrand*, n° 325846 : *AJDA 2011. 1983, note Grand ; ibid. 2012. 380, note Toulemonde ; AJCT 2012. 47, obs. Houser ; BJCL 2011. 854, concl. Cortot-Boucher.* ♦ De plus, le Conseil d'État a précisé qu'il incombe à la seule commune de calculer cette contribution par référence au coût moyen d'un élève d'une classe équivalente dans le secteur public. Dès lors, une fixation contractuelle du coût moyen par élève ou de la contribution ne saurait ni faire obstacle à leur détermination conformément aux lois et règlements applicables, ni être regardée comme constitutive d'une faute de nature à atténuer la responsabilité de la commune dans le préjudice causé à l'organisme de gestion de l'école privée, dans l'hypothèse où ces montants seraient sous-évalués en méconnaissance de ces dispositions. • Même décision. ♦ Lorsque la commune de résidence n'est pas pourvue d'école élémentaire publique, ou qu'elle ne dispose pas de structures d'accueil suffisantes ou adaptées pour permettre la scolarisation de tous les enfants soumis à l'obligation scolaire, les communes dans lesquelles il existe une capacité d'accueil sont dans l'obligation de les accueillir. La commune de résidence est alors tenue de participer aux charges financières des écoles de la commune d'accueil. La capacité d'accueil s'apprécie par rapport aux locaux et aux postes d'enseignement. Elle dépend des normes fixées dans le département par l'inspecteur d'académie. Une commune sans école doit être considérée comme n'ayant pas de capacité d'accueil. L'accord passé avec le maire d'une autre commune ne peut, à cet égard, être opposé aux parents qui souhaiteraient scolariser leurs enfants ailleurs. * Rép. min. : *JOAN Q, 31 oct. 1994, p. 5452*. V. également art. L. 2121-30. ♦ Le principe de la gratuité de l'enseignement primaire public, posé par l'art. 1er de la loi du 16 juin 1881 [principe repris ss. art. L. 914-3 (devenu art. L. 132-1 C. éduc.), s'applique aux écoles maternelles publiques en dépit du fait qu'elles accueillent des élèves non soumis à l'obligation scolaire. De plus, ce principe, auquel aucune autre disposition législative n'a apporté d'exception, s'oppose à ce qu'une contribution aux frais d'entretien et de fonctionnement de l'école soit demandée aux parents des élèves fréquentant une école maternelle publique, alors même qu'ils ne résideraient pas sur le territoire de la commune siège de l'école. • CE 10 janv. 1986, *Cne de Quingey*, n° 58908 : *Lebon 3 ; Dr. adm. 1986, n° 103 ; Quot. jur. 29 nov. 1986, note Plouvin.*

3. Sont ainsi des dépenses obligatoires pour la commune : les dépenses pédagogiques des écoles de 1er degré. • CE 14 janv. 2003, n° 368577. ♦ ... Parmi lesquelles figurent les dépenses dues en contrepartie de la photocopie d'œuvres protégées au titre des dépenses obligatoires, conformément aux dispositions de l'art. L. 212-5 C. éduc. * Rép. min. n° 061141 : *JO Sénat Q, 1er mai 2003, p. 1481 ; JCP Adm. 2003, n° 1469.* ♦ ... Les dépenses de fonctionnement (matériel) des classes sous contrat en ce qui concerne les classes maternelles ou enfantines, la commune siège de l'établissement, si elle a donné son accord à la conclusion du contrat, étant tenue de les assumer, pour les élèves domiciliés dans la commune, et dans les mêmes conditions que pour les classes maternelles ou enfantines publiques. Dès lors qu'il est constant que la commune n'a donné, ni lors de sa conclusion ni ultérieurement, son accord au contrat d'association signé par le préfet et l'établissement d'enseignement privé, en tant que ce contrat concerne la classe maternelle de ce dernier, les dépenses de fonctionnement de cette classe maternelle ne constituent pas une dépense obligatoire pour la commune. • CE 25 juin 1999, *Assoc. amicale de bienfaisance des écoles libres de Saint-Marc-sur-Mer*, n° 154589 : *AJDA 2000. 81, note Chouvel ; Rev. Trésor 2000. 142.* ♦ Il résulte des dispositions des art. L. 442-5 et R. 442-44 C. éduc. qu'une commune, siège d'un établissement d'enseignement privé sous contrat d'association avec l'État, est tenue de prendre en charge les dépenses de fonctionnement des classes élémentaires de celui-ci pour les élèves domiciliés dans la commune mais n'est tenue de supporter les dépenses de fonctionnement des classes maternelles et enfantines de ce même établissement que lorsqu'elle a donné son accord au contrat d'association concernant ces classes. • CE 16 juill. 2010, *Cne de Saint-Gilles*, n° 338930. ♦ La mise à la disposition des instituteurs qui font la demande d'un logement gratuit doit être convenable et faire l'objet d'une proposition individuelle et précise. • CE, sect., 20 janv. 1978, *Cne de Trèbes : Lebon 24 ; AJDA 1978. 314 et 337, obs. Dutheillet de la Mothe et Robineau* • CE 24 avr. 1981, *Cne de Lérouville : ACL 1982. 525* • CE 22 févr. 1995, *Cne de Glaire*, n° 119931. ♦ Le droit au logement ou à l'indemnité représentative est limité aux instituteurs enseignant dans les classes du 1er degré. • CE, sect., 26 oct. 1979, *Mme Guitton : Lebon 394 ; ACL 1980. 86.* ♦ Ce droit vaut également pour une institutrice ayant la spécialité de rééducatrice en psychomotricité dans une école. • CE 18 juin 1986, *Cne de Villiers-le-Bel*, n° 56140 B. ♦ Outre les dépenses mentionnées à l'art. L. 212-4 C. éduc. concernant les écoles publiques, sont des dépenses obligatoires : le logement des instituteurs ou l'indemnité représentative de celui-ci, l'entretien ou la location des bâtiments ou de leurs dépendances, l'acquisition et l'entretien du mobilier scolaire, le chauffage et l'éclairage des classes et la rémunération des personnels de service. * Rép. min. n° 01320 : *JO Sénat Q, 6 déc. 2012, p. 2830.* ♦ Les dépenses afférentes à l'entretien courant des locaux d'une classe du 1er degré d'un établissement d'enseignement privé sous contrat d'association, telles que celles relatives à la réfection des peintures et papiers peints, constituent des dépenses de fonctionnement matériel relevant de la commune. • CE 29 déc. 1995, *Cne de Saint-Samson-sur-Rance*, n° 49031 : *Dr. adm. 1996, n° 85 ; ACL 1996. 467.* ♦ Lorsqu'un service d'études en dehors du temps de présence obligatoire des élèves a été organisé à la demande d'une commune, il est obligatoire pour le directeur d'école primaire, et doit faire l'objet de la part de la commune d'une rémunération spéciale à raison de la surveillance générale de ce service. • TA Grenoble, 26 mars 1980, *Mme Patras c/ Cne de la Côte-Saint-André : Lebon T. 631 et 749.* ♦ Les charges de fonctionnement comportent l'entretien du matériel nécessaire à l'enseignement et à la direction de l'école. Les frais de maintenance d'un photocopieur ne peuvent être mis à la charge d'une association comme la coopérative scolaire. Les coopératives scolaires, en tant qu'associations de type L. 1901, autonomes ou en tant que membres des associations départementales de l'Office central de coopération à l'école, ont pour vocation d'améliorer la vie à l'école, mais elles ne peuvent se substituer aux collectivités publiques dans leurs obligations. * Rép. min. : *JOAN Q, 19 mai 2003, p. 3941 ; BJCL 2003. 533.* ♦ Il résulte des dispositions des lois des 30 oct. 1886 et 19 juill. 1889 que les enseignants qui exercent leurs fonctions dans les établissements scolaires du 1er degré ont le droit d'obtenir de la commune, soit le logement gratuit, soit, à défaut, une indemnité représentative. Ces dispositions ne font aucunement référence aux ressources des intéressés : dès lors, en entendant faire supporter par une institutrice, qui bénéficiait d'un logement de fonction à titre gratuit loué par la commune à un office public d'HLM, le supplément de loyer de solidarité exigé par l'office, en application de l'art. L. 441-3 CCH, après avoir constaté que les ressources de l'intéressée dépassaient le plafond de ressources en vigueur pour l'attribution dudit logement, le maire a commis une erreur de droit. • TA Versailles, 15 déc. 1998, *Cne de Noisy-Le-Roi : Rev. Trésor 2000. 313.* ♦ Le logement des instituteurs peut être remplacé par une indemnité représentative lorsque la commune n'est pas en mesure de mettre à leur disposition un logement convenable : cette indemnité représentative n'a qu'un caractère subsidiaire, et ce n'est que lorsqu'elle est dans l'impossibilité de fournir la prestation en nature que la commune peut se contenter de la prestation en espèces. • CE 10 juill. 1987, ♖ *Cne de Château-Garnier,* n° 64289 : *Lebon 255 ; Dr. adm. 1987, n° 499 ; AJDA 1987. 579, obs. Alibert et de Boisdeffre.* ♦ Il revient, en application des dispositions de l'art. L. 921-2 C. éduc., à la commune de proposer un logement convenable à un instituteur avant de lui refuser, si l'instituteur n'a pas donné suite à sa proposition, le bénéfice d'une indemnité représentative de logement : la charge de la preuve que la commune a proposé à l'instituteur un logement convenable incombe à celle-ci. • CE 14 nov. 2001, ♖ *Cne de Saint-Amans-de-Pellagal c/ Mme Pailhas,* n° 215226 : *Rev. Trésor 2002. 410.* ♦ Le droit à l'indemnité représentative est ouvert dès lors que le maire refuse d'attribuer, à la demande de l'instituteur, un logement vacant ou tout autre logement convenable. • CE 16 mars 1979, *Cne de Mireval : Lebon 752 ; ACL 1980. 86.* ♦ Le logement des instituteurs ou l'indemnité représentative de logement ne peuvent être mis à la charge que de la commune sur le territoire de laquelle se trouve l'école de rattachement du bénéficiaire. • CE 20 janv. 1992, ♖ *Ville de Caen,* nos 93979 et 94029 : *Lebon 28 ; Dr. adm. 1992, n° 119* • 18 mars 1992, ♖ *Ville de Bayeux,* nos 93934 et 94052 : *Lebon 662.* ♦ Tel est le cas en particulier du logement ou de l'indemnité dus aux instituteurs chargés de la formation pédagogique et des remplacements, qui ne peuvent être mis à la charge d'une commune autre que celle sur le territoire de laquelle se situent l'école ou les écoles auxquelles le bénéficiaire reste attaché. • CE, ass., 7 juill. 1989, ♖ *Mme Cale,* n° 106902 : *Lebon 160 ; AJDA 1989. 606, chron. Honorat et Baptiste, concl. Laroque.* ♦ Si l'art. 6 du Décr. du 2 mai 1983 a pour objet de limiter à un seul logement ou à une seule indemnité l'avantage dont peuvent bénéficier deux instituteurs mariés ayant leur résidence administrative dans la même commune, cette disposition ne peut être légalement opposée à des instituteurs mariés qui, dans le cadre d'une procédure de divorce, ont été autorisés par le juge délégué aux affaires matrimoniales à résider séparément : à compter de cette autorisation, et alors même que les intéressés ne seraient pas encore divorcés, chacun des enseignants est en droit, à la suite du changement intervenu dans sa situation familiale, de prétendre à l'attribution d'un logement ou, à défaut, d'une indemnité représentative de logement. • CE, sect., 6 oct. 1995, ♖ *Ville de Marseille c/ M. Martin,* n° 111091 : *Dr. adm. 1995, n° 681 ; ACL 1996. 471.* ♦ De même, un ménage d'instituteurs peut cumuler le bénéfice d'un logement dans une commune et d'une indemnité représentative dans une autre. • CE 7 oct. 1983, ♖ *Lichtle,* n° 29743 : *Lebon 402 ; AJDA 1984. 39.* ♦ Le droit à l'indemnité est, comme le droit au logement, la contrepartie des sujétions propres à l'exercice des fonctions d'instituteur : un instituteur, suspendu puis mis à la retraite d'office, n'exerce plus effectivement ses fonctions et ne peut donc demander que lui soit versée l'indemnité représentative correspondant à la période considérée, même si ces mesures disciplinaires ont été prises irrégulièrement et annulées par le juge administratif. • CE, sect., 1er oct. 1982, *Mme Bontemps : ACL 1983. 433.* ♦ En sens inverse, le droit à l'indemnité est acquis à l'instituteur qui supplée pendant une année scolaire l'instituteur titulaire qui n'exerce pas ses fonctions. • CE 6 juill. 1979, *Ville de Châlons-sur-Marne : Lebon T. 752 ; ACL 1980. 86* • 31 oct. 1980, *Ville d'Angers : ACL 1981. 374.* ♦ Ce droit à l'indemnité représentative vaut également pour un instituteur à mi-temps. • CE 4 nov. 1987, ♖ *Cne de Sainte-Foy-lès-Lyon,* n° 66420 B.

4. Écoles à fréquentation intercommunale. L'art. L. 212-8 C. éduc. institue un mécanisme de répartition des charges de fonctionnement des écoles accueillant des enfants de plusieurs communes. Le principe posé par la loi est que cette répartition se fait par accord entre les communes et ce n'est qu'à défaut d'accord que le préfet peut être amené à fixer le montant de la contribution. Toutefois, une commune n'est tenue de participer financièrement aux charges supportées par la commune d'accueil que si la capacité d'accueil de ses établissements scolaires ne permet pas la scolarisation des enfants concernés. Dans le cas contraire, cette participation financière n'est obligatoire que si le maire de la commune de résidence a donné son accord à la scolarisation hors de sa commune ou dans un certain nombre de cas dérogatoires, définis par la loi et le Décr. n° 86-425 du 12 mars 1986 modifié, destinés à prendre en compte certaines situations familiales. * Rép. min. n° 26880 : *JOAN Q, 29 déc. 2003 ; Rev. Trésor 2004. 325 ; BJCL 2004. 140* * Rép. min. n° 02079 : *JO Sénat Q, 2 mai 2013, p. 1439.* ♦ Le fait qu'une commune A ne demande aucune participation financière à une commune B, pour la scolarisation d'enfants issus de la commune B dans la commune A, ne dispense pas légalement la commune A d'une participation financière aux charges afférentes à la scolarisation d'enfants issus de cette commune dans la commune B, si celle-ci le demande. Par ailleurs, ainsi que le précise la circ. du 25 août 1989 relative à la répartition entre les communes des charges de fonctionnement des écoles publiques accueillant des enfants de plusieurs communes, lorsqu'un enfant a fait l'objet d'une décision d'affectation dans une classe spécialisée par la commission de circonscription compétente, cette décision s'impose à la commune de résidence, laquelle est tenue de participer financièrement. * Rép. min. n° 02079. ♦ Pour le calcul de la contribution de la commune de résidence, il est tenu compte des ressources de cette commune, du nombre d'élèves de cette commune scolarisés dans la commune d'accueil et du coût moyen par élève calculé sur la base des dépenses de l'ensemble des écoles publiques de la commune d'accueil. Les dépenses à prendre en compte à ce titre sont les charges de fonctionnement, à l'exclusion de celles relatives aux activités périscolaires. * Rép. min. n° 02079. ♦ Les dépenses mentionnées par les dispositions de l'art. L. 212-8 C. éduc. sont les dépenses effectivement supportées par la commune d'accueil pour assurer le fonctionnement de ses écoles, même si elles ne revêtent pas le caractère de dépenses obligatoires, et dès lors toutefois qu'elles ne résultent pas de décisions illégales. • CE 7 avr. 2004, *Cne de Port-d'Envaux et a.*, n° 250402 : *AJDA 2004. 1196, concl. Goulard ; RFDA 2004. 632 ; JCP Adm. 2004, n° 1423 ; BJCL 2006. 407, concl. Goulard ; Coll. terr. 2004, n° 194 ; Rev. Trésor 2004. 777 ; ACL 2005. 344.* ♦ Lorsque la commune dans laquelle un enfant est scolarisé pour des motifs tirés de contraintes relatives aux obligations professionnelles de ses parents et celle où cet enfant a sa résidence ne parviennent pas à un accord sur la participation de la seconde aux frais de scolarisation de l'enfant dans la première, le préfet peut fixer cette participation et doit, le cas échéant, inscrire d'office la dépense correspondante au budget de la commune de résidence. • CE 14 janv. 1998, *SIVOM d'Arthennes et Taux, Droizy, Lannoy et Parcy-Tigny*, n° 170105 : *ACL 1999. 320.* ♦ Dans l'hypothèse où le préfet serait également amené à mandater d'office cette dépense, relative aux frais de scolarisation des enfants d'une commune au profit de la commune d'accueil, cet arrêté de mandatement d'office n'entre dans aucune des catégories d'actes qui doivent obligatoirement être motivés en application de la L. du 1er juill. 1979. Il ne résulte, par ailleurs, d'aucune autre disposition législative ou réglementaire qu'il doit être motivé. • TA Amiens, 24 nov. 2005, *Cne de Dampleux*, n° 0101158 : *AJDA 2006. 563*. ♦ V. sur ce point, art. L. 1612-16. ♦ Lorsque la commune de résidence refuse de verser à la commune d'accueil la participation aux charges de fonctionnement des écoles publiques, la créance dont la commune d'accueil est titulaire sur la commune de résidence se prescrit au terme d'un délai de 4 ans à partir du premier jour de l'année suivant celle au cours de laquelle les droits ont été acquis, conformément aux dispositions de l'art. 1er de la L. n° 68-1250 du 31 déc. 1968 relative à la prescription des créances sur l'État, les départements, les communes et les établissements publics. • CAA Bordeaux, 20 nov. 2007, *Cne de Brie-sous-Matha*, n° 05BX00103 : *JCP Adm. 2008, n° 2012-3, obs. Hoffmann.* ♦ Cependant, aux termes de l'art. 2 de cette même loi, le cours de cette prescription peut être interrompu, même si le titulaire de la créance est une collectivité publique, par une demande de paiement adressée à toute autorité administrative ou par une communication écrite émanant d'une administration intéressée, à la condition que cette demande de paiement ou cette communication ait trait au fait générateur, à l'existence, au montant ou au paiement de la créance. • Même arrêt. ♦ Ni les dispositions de l'art. L. 212-8 C. éduc., applicables aux écoles accueillant un enseignement bilingue dans les conditions prévues par l'arrêté du 12 mai 2003, ni aucun autre texte n'autorisent le maire d'une commune à subordonner l'inscription, dans les classes bilingues de l'école maternelle ou primaire, d'élèves domiciliés dans une autre commune au versement par la commune de résidence de ces élèves d'une contribution financière. • CAA Nancy, 1er déc. 2005, *Cne de Rosheim*, n° 05NC00416 : *AJDA 2006. 566*.

5. *Caisse des écoles.* BIBL. Chaumet-Riffaud, La caisse des écoles, *Éd. Papyrus, 2000.* ♦ Les caisses des écoles, instituées par la loi du 10 avr. 1867, ont été rendues obligatoires dans chaque commune par la loi du 28 mars 1882. Elles ont le statut d'établissement public communal, et sont, à ce titre, soumises au contrôle budgétaire prévu aux art. L. 1612-1 s. CGCT. * Rép. min. n° 26643 : *JO Sénat Q, 22 mars 2001 ; Rev. Trésor 2001. 380.*

6. *Pour autant, un certain nombre de dépenses liées à l'école ne peuvent être imposées à la collectivité.* La création d'une cantine scolaire n'est pas obligatoire. • CE 31 mai 1985, *Assoc. d'éducation populaire de l'école Notre-Dame-d'Arc-les-Gray*, n° 55925 : *Lebon 167.* ♦ Dans la mesure où aucune disposition n'impose une telle participation des communes aux dépenses de fonctionnement et d'investissement des lycées, une commune est en droit de refuser une contribution demandée par la région, et en aucun cas l'aire de recrutement des élèves ne peut être subordonnée à sa participation financière. * Rép. min. : *JOAN Q, 8 oct. 1990, p. 4738.* ♦ Les fournitures scolaires individuelles. • CRC Midi-Pyrénées, 18 oct. 2001, *Cne de Muret : Rec. C. comptes 254.* ♦ Une commune de résidence peut être tenue de participer financièrement à la scolarisation d'enfants résidant sur son territoire, lorsque leur inscription dans une autre commune est justifiée par l'inscription d'un frère ou d'une sœur dans un établissement scolaire privé de cette commune. • CAA Bordeaux, 8 mars 2011, *Cne de La Vernelle*, n° 10BX02112 : *AJDA 2011. 1400*. ♦ Les communes ne sont pas tenues d'attribuer un logement de fonction aux instituteurs mis à la disposition des établissements spécialisés pour enfants handicapés régis par l'art. 5-I-2° de la L. du 30 juin 1975 [abrogé et codifié ss. C. éduc., art. L. 351-1-2°]. • CE 21 déc. 1994, *Cne d'Aurillac*, n° 124303 : *Quinzaine jur. 20 févr. 1995.* ♦ Les communes demeurent libres de participer aux dépenses des lycées. Si une commune ou un groupement de communes souhaitent se voir confier au lieu et place de la région des responsabilités en matière d'investissement et, conjointement ou séparément, celle du fonctionnement d'un lycée, les conditions financières en sont fixées par une convention. En cas de désaccord, dans le cadre de la préparation de cette convention, sur le montant des ressources que la région doit verser à la commune ou au groupement, le Décr. n° 287 du

12 août 1985 prévoit les conditions de calcul de la contribution de la région. * Rép. min. : *JO Sénat Q, 4 juill. 1991, p. 1372.* ♦ La commune n'a à supporter les dépenses de fonctionnement des classes du 1er degré des établissement d'enseignement privés que lorsqu'elle a donné son accord au contrat d'association concernant ces classes. • CE 31 mai 1985, *Ville de Moissac,* n° 42659 : *Lebon 168 ; AJDA 1985. 450* • 19 juin 1985, *Cne de Saintes,* nos 43062 et 43063 : *Lebon 191 ; Dr. adm. 1985, n° 417* • 11 oct. 1985, *Cne de Revel : Dr. adm. 1985, n° 551* • CAA Nantes, 18 déc. 1990, *Assoc. de gestion de l'institution Saint-Dominique : Lebon 497 ; Dr. adm. 1991, n° 128.* ♦ Une commune qui, lors de la conclusion d'un contrat d'association renouvelable par tacite reconduction, avait donné son accord pour une durée initiale de 6 ans et qui, avant le terme du contrat, a manifesté son intention de ne pas renouveler cet accord, se trouve déliée de l'obligation de prendre en charge les dépenses de fonctionnement matériel des classes du premier degré des établissements d'enseignement privés concernés. • CE, sect., 22 mars 1996, *Assoc. de gestion des écoles Saint-Martin, Jeanne-d'Arc, Marguerite-Marie et du Sacré-Cœur,* n° 110303. ♦ Tout comme le droit au logement, l'indemnité représentative ne s'étend pas aux dépenses d'eau, de chauffage et d'électricité du bénéficiaire. • CE 30 sept. 1987, *Mme Lucas,* n° 47809 : *Lebon 299.* ♦ La participation financière de la commune de résidence aux frais de fonctionnement supportés par la commune d'accueil se limite aux dépenses liées à la scolarisation de l'enfant dans la commune d'accueil et non à celles liées à l'accueil périscolaire assuré par la commune d'accueil. * Rép. min. n° 01504 : *JO Sénat Q, 11 juill. 2013, p. 2063.* ♦ Le point de départ du délai de prescription quadriennale opposé par l'État à une commune demandant le versement de la dotation spéciale pour le logement des instituteurs est la date de versement effectif par la commune à l'instituteur de l'indemnité représentative de logement. • CAA Lyon, 29 déc. 1998, *Cne de Saint-Jean-de-Losne,* n° 97LY21582 : *RFDA 1999. 447.* ♦ Sur la dotation spéciale pour le logement des instituteurs, V. art. L. 2334-26 s. V. aussi notes ss. art. L. 1612-15 sur la notion de dépense obligatoire et ss. art. L. 2311-1 sur les règles d'imputation budgétaire des dépenses.

Art. L. 2321-3 **Un décret en Conseil d'État définit les modalités d'application des 27°, 28° et 29° de l'article L. 2321-2 ; il définit notamment les immobilisations qui sont assujetties à l'obligation d'amortissement.** – *[C. communes, art. L. 221-2, al. 37.]*

Les dispositions des 27°, 28° et 29° de l'article L. 2321-2 entreront en vigueur à compter de l'exercice 1997 pour les immobilisations acquises à compter du 1er janvier 1996 et pour les garanties d'emprunts accordées à compter de la même date. – *[L. n° 94-504 du 22 juin 1994, art. 11-I.]*

V. art. R. 2321-3.

Art. L. 2321-4 **Jusqu'au 31 décembre 1999, la part des dépenses assumées par les collectivités ou leurs groupements pour la construction des collèges et de leurs annexes d'enseignement sportif est répartie entre les communes et leurs groupements.**

À défaut d'accord entre ces collectivités ou de constitution d'un syndicat intercommunal, un décret fixe les règles selon lesquelles ces dépenses doivent être réparties entre elles.

Pour cette répartition, il est tenu compte notamment des ressources des communes et des groupements intéressés et de leur population scolarisée fréquentant les établissements en cause. – *[C. communes, art. L. 221-4 issu de la L. n° 70-1297 du 31 déc. 1970, art. 33.]*

V. art. D. 2321-8 à D. 2321-16.

Art. L. 2321-5 *(L. n° 2015-991 du 7 août 2015, art. 85)* **« Les communes dont les habitants représentent, au titre d'une année, plus de 1 % des parturientes ou plus de 1 % des personnes décédées dans un établissement public de santé comportant une maternité et situé sur le territoire d'une autre commune comptant moins de 10 000 habitants contribuent financièrement aux dépenses exposées par cette autre commune pour la tenue de l'état civil et l'exercice des actes de police des funérailles si le rapport entre le nombre des naissances constatées dans cet établissement et la population de la commune d'implantation dépasse 30 %. »**

La contribution de chaque commune est fixée en appliquant aux dépenses visées au premier alinéa la proportion qui est due aux habitants qui ont leur domicile sur son territoire dans le nombre total d'actes d'état civil ou, selon le cas, de police des funérailles constaté dans la commune d'implantation.

La contribution est due chaque année au titre des dépenses constatées l'année précédente.

À défaut d'accord entre les communes concernées *(L. n° 2015-991 du 7 août 2015, art. 85)* **« sur leurs contributions respectives ou de création d'un service commun chargé de l'exercice de ces compétences », la contribution de chaque commune est fixée par le représentant de l'État dans le département du siège de l'établissement public de santé.**

CHAPITRE II DÉPENSES IMPRÉVUES

Art. L. 2322-1 *(Abrogé par Ord. n° 2025-526 du 12 juin 2025, art. 1er, à compter de l'exercice budgétaire 2026)* ***Le conseil municipal peut porter au budget tant en section d'investissement qu'en section de fonctionnement un crédit pour dépenses imprévues. Pour chacune des deux sections du budget, ce crédit ne peut être supérieur à 7,5 p. 100 des crédits correspondant aux dépenses réelles prévisionnelles de la section.***

Les dépenses inscrites à la section d'investissement en application de l'alinéa précédent ne peuvent être financées par l'emprunt. — *[C. communes, art. L. 221-6.]*

Art. L. 2322-2 *(Abrogé par Ord. n° 2025-526 du 12 juin 2025, art. 1er, à compter de l'exercice budgétaire 2026)* ***Le crédit pour dépenses imprévues est employé par le maire.***

À la première séance qui suit l'ordonnancement de chaque dépense, le maire rend compte au conseil municipal, avec pièces justificatives à l'appui, de l'emploi de ce crédit. Ces pièces demeurent annexées à la délibération.

Ce crédit ne peut être employé que pour faire face à des dépenses en vue desquelles aucune dotation n'est inscrite au budget. — *[C. communes, art. L. 221-7.]*

TITRE III RECETTES

BIBL. GÉN. ▶ ARÉKIAN, *RGCT 2005, n° 33. 141* (la loi organique du 29 juill. 2004 relative à l'autonomie financière des collectivités territoriales) ; *Rev. Trésor 2005. 161* (l'autonomie financière des collectivités territoriales au regard de la loi organique n° 2004-758 du 29 juill. 2004, prise en application de l'art. 72-2 de la Constitution). – BORDELEAU (sous la dir. de), Les finances locales, moteur du développement, *Riveneuve, 2013*. – BOUVIER, Impôts directs locaux, *J.-Cl. Coll. terr., fasc. 840* ; Impôts indirects et droits d'enregistrement, *ibid., fasc. 842* ; Autonomie fiscale et libre administration des collectivités locales, *RFFP 2003, n° 81, p. 27* ; *JCP Adm. 2004, n° 1615* (de l'autonomie financière des collectivités territoriales). – CABANNES, *AJCT 2011. 125* (la péréquation horizontale des recettes fiscales locales). – CLÉREMBAUX, Vade-mecum de la fiscalité communale : comment optimiser le levier fiscal, *coll. Dossier d'experts, Territorial, 2011* ; Les recettes des communes : nature, calcul et recouvrement, *coll. Dossier d'experts, Territorial, 2013*. – DARNANVILLE, Autonomie financière et fiscale des collectivités locales, *AJDA 2002. 670*. – DARELLIS, *RGFP 2011. 232* (l'optimisation des ressources des collectivités territoriales). – DURIF, Les recettes annexes des communes, *coll. Dossier d'experts, Territorial, 2013*. – DUSSART, *RFFP 2007, n° 100* (brèves réflexions sur la mise en œuvre de la loi organique relative à l'autonomie financière des collectivités territoriales). – EISINGER, *RFFP 2014, n° 126, 117* (l'essor de la fiscalité locale affectée : demain, la fin de l'impôt général local ?). – FLEURANT-ANGBA et GAUCHER, Les observatoires fiscaux à maturité, *RFFP 2012, n° 117, p. 199*. – FOURCADE, Quelle réforme des finances locales ?, *RFFP 2003, n° 81, p. 21*. – GALLAND, Autonomie financière des collectivités locales, *RFFP 2003, n° 81, p. 73*. – GANDREAU, *RGCT, janv.-févr. 2003. 578* (quelle autonomie de ressources pour les collectivités territoriales ?). – GUILLET, *RGCT, janv.-févr. 2005. 45* (l'avenir de l'autonomie financière des collectivités territoriales après la loi organique du 29 juill. 2004) ; *RRJ 2005. 1601* (l'avenir de l'autonomie financière des collectivités territoriales après la loi organique du 29 juill. 2004). – HERTZOG, *AJDA 2004. 2003* (la loi organique relative à l'autonomie financière des collectivités teritoriales : précisions et complications). – JOLY, KLOPFER et LAURENT, Mémento guide des ressources des collectivités locales, *Maxima, 2012*. – LASCOMBE et VANDENDRIESSCHE, *RFDA 2005. 417* (l'autonomie financière des collectivités territoriales encore en chantier). – LIOGIER, *Rev. Trésor 2003. 116* (la fiscalité directe locale en France). – MONDOU, *RFDA 2005. 419* (l'autonomie financière des collectivités territoriales ou une réforme en « trompe-l'œil »). – ORSONI, L'évolution des ressources fiscales locales, *RFFP 2003, n° 81, p. 159*. – PELLAS, La fiscalité du patrimoine culturel, *LGDJ, 2003*. – PILONE, *Rev. Trésor 2005. 513* (l'autonomie financière des collectivités locales et le juge constitutionnel). – PISSALOUX, *Rev. Trésor 2004. 674* (l'autonomie financière des collectivités locales : clarification et renforcement). – RAYMOND, Autonomie financière des collectivités locales et Conseil constitutionnel, *RFFP 2003, n° 81, p. 43*. – STECKEL, *AJDA 2004. 2316* (le pouvoir fiscal local, objet nouveau du droit constitutionnel) ; *RFD const. 2005, n° 61, p. 19* (le pouvoir fiscal local en trompe-l'œil). – TOULEMONT, La contribution économique territoriale, *Éditions Formation Entreprise, 2010*. – VALLETOUX, *RFFP 2007, n° 100* (décentralisation : la fiscalité locale, enfin ?) ; *Rev. Trésor 2007. 982* (fiscalité et finances locales : une nouvelle donne est possible). – WOLF, *Gestion et fin. publ. 2013. 70* (réformer une fiscalité locale à bout de souffle).

CHAPITRE I CATÉGORIES DE RECETTES

BIBL. ▶ DOUAT et BADIN, Classification des ressources publiques, *J.-Cl. Adm., fasc. 114.*

SECTION 1 Recettes de la section de fonctionnement

BIBL. ▶ BOUVIER, Impôts directs locaux, *J.-Cl. Coll. terr., fasc. 840.* – GINTRAND, Services publics locaux, *J.-Cl. Adm., fasc. 126.* – PERRET, Fiscalité locale directe, *J.-Cl. Adm., fasc. 127-20.*

Art. L. 2331-1 Les recettes fiscales de la section de fonctionnement comprennent :

***a)* Le produit des impôts et des taxes dont l'assiette est établie et le recouvrement a lieu dans les formes prévues au code général des impôts, à savoir :**

1° Le produit de la redevance communale des mines ;

2° Abrogé par Ord. n° 2003-1212 du 18 déc. 2003, art. 3.

3° Le produit de l'impôt sur les spectacles, jeux et divertissements, ainsi que des majorations de l'impôt sur les spectacles, jeux et divertissements ;

4° Le produit de la taxe additionnelle aux droits d'enregistrement ou à la taxe de publicité foncière sur les mutations à titre onéreux ;

5° Le produit de la portion accordée aux communes dans certains des impôts et droits perçus pour le compte de l'État conformément au code général des impôts, notamment dans la taxe de protection sanitaire et d'organisation du marché des viandes ;

6° Le produit de l'imposition forfaitaire sur les pylônes électriques.

***b)* Le produit des taxes dont la perception est autorisée par des lois dans l'intérêt des communes, en particulier :**

1° La part revenant à la commune du prélèvement progressif opéré par l'État sur le produit des jeux dans les casinos ;

2° Abrogé par Ord. n° 2003-1212 du 18 déc. 2003, art. 3.

3° Jusqu'au 31 décembre 1995, le produit de la taxe d'usage des abattoirs publics.

1. Lien CGCT-CGI. Si le CGCT organise l'ensemble des recettes des collectivités locales, les recettes fiscales de ces dernières relèvent tout autant du CGI s'agissant de leur assiette et de leur recouvrement, tout en notant que le recouvrement de certaines recettes fiscales appartient à la Direction générale des douanes et droits indirects à l'instar de l'impôt sur les spectacles ; l'art. L. 2331-1 CGCT relatif aux recettes fiscales de la section de fonctionnement doit être lu en relation avec l'art. L. 2331-3 du même code, le premier définissant certaines recettes spécifiquement communales, l'autre les recettes fiscales « possibles » de cette section. Ces recettes fiscales (impôts de nature générale et usuellement obligatoires ou taxes plus ponctuelles) évoluent régulièrement, le législateur étant amené à faire disparaître progressivement dans un souci de simplification fiscale mais aussi de réduction des coûts administratifs des taxes à faible rendement (V. CPO, Fiscalité locale et entreprises, mai 2014). L'art. L. 2331-1 peut ainsi se révéler quelque peu résiduel.

2. Recettes au régime différencié. Les quelques prélèvements « fiscaux » encore mentionnés à l'art. L. 2331-1 relèvent de régimes juridiques particulièrement différenciés, plusieurs d'entre eux n'étant qu'une fraction de recette d'une imposition revenant à d'autres collectivités ou à l'État ou encore d'une recette « fiscale » partiellement substituée par un transfert financier de l'État comme la redevance communale des mines et sur lesquels les communes ne disposent pas nécessairement de la liberté de vote des taux. Ces dispositifs doivent en outre être reliés aux diverses réformes ayant une incidence sur les recettes des collectivités, comme la réforme initiée par l'Ord. 2011-91 du 20 janv. 2011 portant codification de la partie législative du code minier ou encore celle sur l'assiette de l'impôt sur les spectacles en regard notamment de la TVA, applicable à compter du 1er janv. 2015 aux droits d'entrée des rencontres sportives (taux réduit), et qui échappent ainsi à cet impôt, la taxe sur les appareils automatiques ayant été supprimée par la loi de finances pour 2015. Cet impôt ne doit ainsi plus concerner que les cercles et maisons de jeux d'où son évolution nominative en impôt sur les cercles et maisons de jeux. Le Conseil d'État a considéré que l'exonération de TVA, prévue par l'art. 261 CGI, en ce qui concerne l'organisation de jeux de hasard ou d'argent soumis à l'impôt sur les spectacles, jeux et divertissements, s'applique à l'ensemble des recettes perçues par un cercle ou une maison de jeux en contrepartie de l'organisation de jeux de hasard et d'argent. • CE 10 mai 1999, *Assoc. du Cercle Eldo*, n° 176468 : *RJF 1999, n° 1110.* ♦ V. art. 1379 CGI relatif aux impôts directs et taxes assimilées revenant aux communes, 1519 CGI sur la redevance communale des mines ; 1519 A CGI sur l'imposition forfaitaire sur les pylônes électriques ; 1584 CGI relatif à la taxe additionnelle aux droits d'enregistrement ou à la taxe de publicité foncière sur les mutations à titre onéreux.

Art. L. 2331-2 Les recettes non fiscales de la section de fonctionnement comprennent :

1° Les revenus de tous les biens dont les habitants n'ont pas la jouissance en nature ;

2° Les cotisations imposées annuellement sur les ayants droit aux fruits qui se perçoivent en nature ;

3° Les attributions imputées sur le versement représentatif de l'impôt sur les spectacles, afférent aux réunions sportives, aux cercles et maisons de jeux ainsi qu'aux appareils automatiques installés dans les lieux publics ;

4° Le produit des terrains communaux affectés aux inhumations et la part revenant aux communes dans le prix des concessions des cimetières ;

5° Le produit des concessions d'eau et de l'enlèvement des boues et immondices de la voie publique et autres concessions autorisées pour services communaux ;

6° Le produit des régies municipales et de la participation des communes dans des sociétés ;

7° Le produit des redevances dues en raison de l'occupation du domaine public communal par les ouvrages des entreprises concédées ou munies de permission de voirie pour les distributions d'électricité et de gaz et pour les *(Ord. n° 2010-418 du 27 avr. 2010, art. 4)* « transports de gaz naturel, d'hydrocarbures et de produits chimiques », le produit des redevances annuelles sur les stockages souterrains d'hydrocarbures liquides et liquéfiés ou de gaz et une fraction du produit de la redevance proportionnelle à laquelle sont assujettis les concessionnaires de chutes hydroélectriques en application de l'article 9 de la loi du 16 octobre 1919 relative à l'utilisation de l'énergie hydroélectrique ;

8° Le produit des expéditions des actes administratifs ;

9° Le produit du fonds de péréquation départemental *(Ord. n° 2014-1335 du 6 nov. 2014, art. 6)* « ou métropolitain » prévu à l'article 1595 *bis* du code général des impôts, alimenté par la taxe additionnelle aux droits d'enregistrement ou à la taxe de publicité foncière exigible sur les mutations à titre onéreux ;

10° Généralement, le produit des contributions et droits dont la perception est autorisée par les lois dans l'intérêt des communes ;

11° Les attributions de répartition de la dotation globale de fonctionnement ainsi que, le cas échéant, de la dotation générale de décentralisation, le produit des subventions de fonctionnement et des versements résultant des mécanismes de péréquation et les autres concours financiers apportés par l'État au fonctionnement des communes ;

12° Toutes les autres recettes annuelles et permanentes.

BIBL. ▶ Bardon, *Dr. adm. 2003, n° 56* (tarifs des services publics locaux : contraintes du droit communautaire). – Blacher, *RFFP 2000, n° 72* (le contrôle par le juge administratif de la tarification des services publics). – Bourdin, Les finances des services publics de l'eau et de l'assainissement, *Economica, 2006, coll. Collectivités territoriales.* – Cassin, *AJDA 2005. 411* (les usagers publics de services publics industriels et commerciaux sont-ils des acheteurs publics ?). – Chomentowski, Tarification des services publics locaux, *J.-Cl. Coll. terr., fasc. 2210.* – Koubi, *JCP Adm. 2003, n° 1556* (la décomposition de la notion de gratuité en droit administratif français). – Koubi et Guglielmi, La gratuité, une question de droit ?, *L'Harmattan, 2003.* – Long, La tarification des services publics locaux, *LGDJ, coll. Systèmes, 2001 ;* La tarification des services publics locaux, *BJCL 2004. 74 ;* Le financement des services publics locaux, *LGDJ, 2010.* – Poli et Terrien, Services publics industriels et commerciaux et tarification sociale, *BJCL 2009. 226.*

1. L'art. L. 2331-2 CGCT énumère les catégories de recettes non fiscales de la section de fonctionnement des communes ; les subventions que les départements pourraient attribuer à celles-ci aux fins de concourir au financement de cette section ou d'en assurer l'équilibre ne figurent pas au nombre de ces recettes. • CE 27 oct. 2008, *Dpt de la Haute-Corse*, n° 292396 : *Dr. adm. 2009, n° 3 ; AJDA 2009. 159, note Verpeaux ; BJCL 2009. 113, concl. Glaser ; RLCT 2008, n° 1168, note Glaser.* ♦ Il en va de même du report de l'excédent de la section de fonctionnement qui ne revêt pas, par nature, un caractère récurrent et ne peut, dès lors, être regardé comme une recette non fiscale de la section de fonctionnement. • CE 25 juin 2018, *Sté Auchan France*, n° 414056 : *Lebon ; AJDA 2018. 1304*.

I. REDEVANCES POUR SERVICES RENDUS

2. Autorisations. Les communes peuvent les établir même en l'absence de loi ou règlement les y autorisant formellement. • CE 30 juin 1979, *Ville de Granville : Lebon 441.* ♦ Elles doivent respecter trois conditions : elles ne peuvent être mises à la charge que des usagers, n'avoir pour but que de couvrir les frais d'établissements ou d'entretien d'un ouvrage public, ou les charges d'un service public et elles doivent avoir pour contrepartie directe des prestations fournies par le service ou l'utilisation de l'ouvrage. • CE 21 nov. 1958, *Synd. nat. des transporteurs aériens : Lebon 578 ; D. 1959. 476, concl. Chardeau* • CE 27 juill. 1984, *Cne de La Teste-de-Buch c/ M. Udare*, n° 34860 : *Lebon 282 ; AJDA 1984. 565, concl. Racine ; ACL 1985. 189.* ♦ Il faut en ce sens qu'un service soit effectivement rendu : une commune peut instituer, sous forme d'une redevance pour service rendu, une contribution à la charge des entreprises qui bénéficient des travaux publics nécessaires, eu égard aux exigences de la salubrité publique, à la poursuite de leur exploitation. • CE 27 juill. 1984, *Cne de La Teste-de-Buch c/ M. Udare*, n° 34860 : *préc.* ♦ Une commune qui a installé un réseau câblé dans un lotissement peut percevoir une redevance sur les habitants du lotissement pour l'entretien de ce réseau, cette redevance constituant la contrepartie des dépenses engagées par la commune pour le bon fonctionnement d'un ouvrage public dont les habitants sont bénéficiaires. • CE 10 nov. 1993, *Cne de Mirebeau-sur-Bèze*, n° 103852 : *Lebon 314 ; Dr. adm. 1993, n° 557 ; JCP 1994. IV. 123, obs. Rouault ; RFDA 1994. 186.* ♦ Une commune peut instituer une redevance mise à la charge des exploitants de terrains de camping qui apportent eux-mêmes leurs ordures à la décharge. Une telle redevance trouve sa base légale, non dans les dispositions relatives à la redevance d'enlèvement des ordures ménagères, mais dans la faculté que les communes et groupements de communes ont d'établir des redevances à la charge des usagers, en vue de couvrir les frais d'établissements et d'entretien d'un ouvrage public, et qui ont leur contrepartie dans l'utilisation de l'ouvrage. • CE 28 juill. 2000, *SARL d'exploitation des Éts Bailly*, n° 198577 : *RJF 2000, n° 1378.*

3. Compétence pour fixer la redevance. Aux termes de l'art. L. 2121-29 CGCT, il n'appartient qu'au conseil municipal d'établir le tarif d'un service public communal, et, lorsqu'il a fait l'objet d'une DSP, la détermination du prix du service ou du montant de la redevance ne peut être laissée à la discrétion du concessionnaire : dès lors, en se bornant à fixer des prix de base, constituant un plafond en-deçà duquel le concessionnaire peut librement fixer des tarifs applicables à certains usagers sous réserve du respect du principe d'égalité, le conseil municipal méconnaît l'étendue de sa compétence. • CAA Lyon, 20 mai 1999, *SA Comalait Industries*, n° 95LY00795 : *AJDA 1999. 874 ; ibid. 945 ; Rev. Trésor 2000. 229.* ♦ Sur la possibilité pour le conseil municipal de déléguer au maire le pouvoir de fixer les tarifs des redevances pour services rendus, V. art. L. 2122-22-2°. ♦ Lorsqu'il est saisi sur ce point, le juge administratif ne contrôle, d'office, que l'existence de la délibération du conseil municipal portant délégation de cette compétence au maire mais pas sa légalité. • CE 25 févr. 1998, *Cne de Colombes*, n° 157347 : *ACL 1999. 320.*

4. Absence de contrepartie directe. Une commune ne peut mettre une contribution aux dépenses d'entretien des espaces verts, à la charge des copropriétaires d'un immeuble, qui ne sont pas propriétaires des espaces verts et parkings au titre desquels cette contribution leur est demandée, et qui n'y disposent pas d'un droit d'usage spécifique : elle n'est pas la contrepartie directe d'un service rendu. • CE 10 mars 2006, *Cne de Montclar*, n° 276541 : *AJDA 2006. 894 ; BJCL 2006. 434, concl. Séners ; RJF 2006, n° 801.* ♦ ... Ni mettre à la charge de l'ensemble des copropriétaires d'un immeuble une redevance annuelle pour la tonte, le fanage, le déneigement, le sablage et le balayage de leurs espaces privatifs, qu'elle a accepté d'assurer à la demande d'une majorité seulement d'entre eux : en effet, en imposant ainsi à des propriétaires qui ne l'ont pas consenti une redevance pour l'entretien de leur propriété, la commune a commis une erreur de droit. • CAA Lyon, 30 sept. 2004, *M. Daubin*, n° 99LY00107 : *AJDA 2005. 52* . ♦ Le prélèvement, présenté par la commune comme la contrepartie de l'entretien d'un golf et de l'obligation de tenir celui-ci ouvert tout l'été, ne constitue pas la contrepartie directe d'un service rendu aux propriétaires et copropriétaires des immeubles bâtis de la commune, perçue à l'occasion de l'utilisation effective de ce service. Dès lors son versement ne confère aucun droit d'accès spécifique au golf. Un tel versement obligatoire n'est pas au nombre de ceux susceptibles d'être exigés de ces propriétaires et copropriétaires en application du C. urb. ni d'aucun autre texte. Ainsi, la commune ne pouvait instituer un tel prélèvement. • CE 27 juill. 2005, *Sté La Foncière du golf*, n° 268715. ♦ La création ou l'extension de réseaux communaux d'adduction d'eau n'est pas, eu égard notamment au caractère d'équipements publics d'intérêt général de ces réseaux, une prestation pouvant donner lieu à l'institution d'une redevance pour services rendus perçue, à la date à laquelle cette création ou cette extension est réalisée, sur les propriétaires des immeubles dont elle permet la desserte. • CE 24 mai 1991, *Carrère*, n°s 89675 et 89676 : *Lebon 202 ; Dr. adm. 1991, n° 325 ; JCP 1991. IV. 360 ; D. 1991. IR 177 ; RFDA 1991. 683 ; AJDA 1991. 740, obs. Le Mire* . ♦ Une commune ne peut décider de mettre à la charge des propriétaires de terrains viticoles une participation destinée à financer les dépenses non subventionnées d'investissement pour la protection hydraulique du village, rendues nécessaires par les fréquentes inondations et coulées de boue facilitées par le développement des cultures viticoles sur les coteaux environnants : faute de pouvoir être regardée comme la contrepartie d'un service rendu dans le seul intérêt des propriétaires appelés à la supporter, cette participation ne présente pas le caractère d'une redevance. • CE 17 janv. 1996, *Cne d'Hermonville*, n° 143136 : *RJF 1996, n° 397.*

5. Montant de la redevance. La redevance exigée ne doit servir réellement qu'à financer le service public pour lequel elle a été instaurée : une augmentation des tarifs de service de distribution de l'eau fut annulée au motif que le produit de cette augmentation était partiellement affecté au financement des équipements, notamment culturels ou sportifs, de la commune. • CE 30 sept. 1996, *Sté stéphanoise des eaux, Ville de Saint-Étienne,* nos 156176 et 156509 : *Lebon 355.* ♦ Ainsi, le délégataire du service de l'assainissement de la commune ne peut tenir compte, dans la facturation de ses prestations aux usagers, des dépenses engagées pour la construction d'une éventuelle station d'épuration. • Civ. 1re, 10 févr. 1998, n° 96-15.935 : *D. 1998. 422, obs. Seiller*. ♦ Méconnaissent le principe d'équivalence entre le tarif et les charges du service public à caractère industriel et commercial les dispositions d'une convention liant une commune à une société d'exploitation du gaz et de l'électricité et l'éclairage public, et prévoyant que cette dernière prenait en charge gratuitement l'énergie consommée par le réseau d'éclairage public ainsi que les amortissements correspondant aux travaux de gros entretien, au renouvellement et à l'extension du réseau d'éclairage. En effet, une telle prise en charge gratuite a nécessairement une incidence sur les tarifs des abonnés dès lors qu'elle les prive de tarifs moins élevés. • CE 31 juill. 2009, *Ville de Grenoble c/ Sté Gaz Électricité de Grenoble,* n° 296964 : *AJDA 2009. 1522*. ♦ Par ailleurs, un syndicat de communes a seul compétence pour instituer des redevances correspondant aux services qu'il assure : par suite, il n'appartient pas à une commune membre d'un syndicat, auquel ses membres ont confié l'entretien de leur réseau hydrographique, de financer la contribution obligatoire dont elle est redevable à son égard par le moyen d'une redevance ne correspondant pas, dans ce domaine, à des services assurés par elle-même. • CE 8 juill. 1998, *Cne de Bressey-sur-Tille,* nos 151261, 151262 et 151263 : *RJF 1998, n° 1228 ; ACL 1999. 316.* ♦ Étant la contrepartie d'un service rendu, elle ne peut être perçue avant que l'organisme chargé de rendre le service ait commencé à fonctionner. • CE 20 mars 1968, *Ville de Saint-Lô : Lebon T. 852 et 878.* ♦ ... Et ce même si la collectivité publique a engagé des dépenses pour la mise en œuvre du service. • CE 6 mars 1970, *Augé : Lebon 163.* ♦ Le juge administratif exerce un ensemble de contrôles tenant en particulier à l'adéquation entre la redevance et le service rendu et au respect du principe d'égalité entre les usagers ; il contrôle ainsi l'adéquation du montant de la redevance au coût de revient du service rendu : celle-ci doit se caractériser par l'équivalence de son montant avec la valeur de la prestation fournie. • CE 21 nov. 1958, *Synd. nat. des transporteurs aériens : Lebon 578 ; D. 1959. 476, concl. Chardeau* • 24 avr. 1964, *d'Argila : RD publ. 1965. 127* • CE 4 juin 1986, *Assoc. des propriétaires de terrains pour les loisirs en Oléron,* n° 44988 B • 2 avr. 1997, *Cne de Montgeron,* n° 124883 : *CJEG 1998. 433, note Lachaume ; Dr. adm. 1997, n° 233 ; Mon. TP 19 sept. 1997. 61 ; Quinzaine jur. 1998, n° 125 ; ACL 1998. 235.* ♦ Pour apprécier le coût réel du service public, le juge tient compte des dépenses liées à l'entretien ou à l'amélioration du service. • CE 8 juill. 1996, *Merie,* n° 121520 : *Lebon 27.* ♦ Il résulte du principe de proportionnalité qu'une redevance pour service rendu ne peut faire l'objet d'exonérations ou de réductions qui seraient sans lien avec le service rendu. • CE 17 déc. 1982, *Préfet de la Charente-Maritime,* n° 23293 : *Lebon 427.* ♦ Le redevable doit justifier que la redevance réclamée est excessive au regard de sa consommation personnelle. • Com. 9 oct. 2001, n° 98-17.271 : *Coll. terr. 2002, n° 21.* ♦ La déclaration d'illégalité d'une délibération fixant le montant d'une redevance pour service rendu n'a pour effet ni de faire disparaître rétroactivement cette délibération de l'ordonnancement juridique, ni de faire revivre la délibération précédemment applicable. Les redevances pour service rendu qui constituent la rémunération de prestations fournies aux usagers n'ont pas pour effet de décharger les usagers ayant contesté les montants des redevances mises à leur charge de toute obligation de payer une redevance en contrepartie du service dont ils ont effectivement bénéficié. • CE 28 avr. 2014, *M. Anchling, et a. c/ Synd. intercommunal des eaux de Domnon-lès-Dieuze,* n° 357090 : *AJCT 2014. 510 ; AJDA 2014. 1264, note Traore ; JCP Adm. 27 oct. 2014. 2293.*

6. Différences de situations et de tarifs. La fixation de tarifs différents, applicables pour un même service rendu à diverses catégories d'usagers d'un service ou d'un ouvrage public, implique soit qu'il existe entre les usagers des différences de situation appréciables, soit qu'une nécessité d'intérêt général en rapport avec les conditions d'exploitation du service ou de l'ouvrage commande cette mesure, à moins qu'elle ne soit la conséquence nécessaire d'une loi. • CE 10 mai 1974, *Denoyez et Chorques : Lebon 274 ; AJDA 1974. 298, chron. Franc et Boyon ; RD publ. 1974. 467, note Waline ; Rev. adm. 1974. 440, note Moderne ; D. 1975. 393, note Tedeschi* • 28 déc. 1992, *Cne de Romainville,* n° 86304 : *Lebon 665.* ♦ Ainsi, s'agissant du service de distribution d'eau, les propriétaires d'une piscine privée constituent une catégorie d'usagers particuliers, en raison de leurs besoins d'alimentation en eau différents de ceux des autres usagers : dès lors, est légale l'application d'un tarif spécial devant le service de distribution d'eau. • CE 14 janv. 1991, *Bachelet,* n° 73746 : *Lebon 13.* ♦ En revanche, concernant l'accès à un pont, l'ensemble des utilisateurs de véhicules immatriculés dans le département ne sont pas placés dans une situation telle qu'elle justifie qu'un traitement particulier leur soit accordé : en l'espèce, le conseil général avait accordé, par délibération, la gratuité d'un pont aux véhicules immatriculés dans le département. • TA Poitiers, 7 mai 1996, *Dpt de Charente-Maritime :*

RFDA 1996. 988, note Lachaume. ♦ En effet, compte tenu de la situation géographique de l'ouvrage, les personnes domiciliées dans le département sont loin de se trouver dans une situation identique à l'égard de l'ouvrage. • Même jugement. ♦ De même, concernant l'accès au service des remontées mécaniques, le seul fait que les résidents permanents sont contribuables à titre principal dans la commune n'est pas constitutif d'une différence de situation justifiant une exception au principe d'égalité qui régit l'accès au service public. Si la commune fait valoir que ses habitants sont en contact avec les clients de la station de sports d'hiver et contribuent à la qualité de l'accueil qui leur est réservé et à l'essor commercial de la station, ces motifs ne répondent pas à une nécessité de nature à justifier une discrimination dans les tarifs des forfaits : dès lors, les discriminations ainsi opérées notamment entre les résidents permanents de la commune et les autres usagers du service de remontées mécaniques sont contraires au principe d'égalité entre les usagers d'un service public. • CAA Lyon, 13 avr. 2000, *Cne de Saint-Sorlin-d'Arves : AJDA 2000. 849, concl. Bourrachot ; RGCT 2001. 826, note Fiorentino ; RFDA 2002. 352, note Pongérard*. ♦ Ainsi est illégale une délibération décidant d'exonérer d'une redevance les personnes âgées de plus de 70 ans. • CE 27 févr. 1998, *Cne de Sassenay*, n° 160932 : *ACL 1999. 315*. ♦ La seule qualité de contribuable local n'est pas constitutive, au regard du régime d'exploitation des remontées mécaniques, normalement financées par les redevances des usagers, d'une différence de situation justifiant qu'il soit dérogé au principe d'égalité d'accès à ce service. • CAA Bordeaux, 13 nov. 2007, *Régie des sports d'hiver de Luz-Ardiden*, n° 06BX01607 : *AJDA 2008. 374*. ♦ La CJCE a jugé que des avantages tarifaires pour l'accès aux musées, monuments, galeries, fouilles archéologiques, parcs et jardins classés monuments publics, accordés par les collectivités aux seuls résidents sur le territoire desdites collectivités gérant l'installation culturelle, sont discriminatoires dès lors qu'ils excluent les touristes ressortissants d'autres États membres ou les non-résidents qui satisfont aux mêmes conditions d'âge. • CJCE 16 janv. 2003, *Commission c/ Rép. italienne*, n° C-388/01 : *Dr. adm. 2003, n° 56, note Bardon ; RGCT 2004. 821, note Zins.*

II. REDEVANCES POUR OCCUPATION DU DOMAINE PUBLIC

7. Compétence. Ces redevances sont librement fixées par l'autorité délibérante, laquelle peut notamment s'inspirer du barème national établi par la DGFiP, purement indicatif. Les organes délibérants ont toujours la faculté de déléguer le soin de fixer le montant des redevances domaniales, soit au maire, dans les limites déterminées par le conseil municipal, conformément à l'art. L. 2122-22 CGCT, soit aux commissions permanentes du conseil général ou régional, conformément aux art. L. 3211-1 et L. 4221-5 du même code. * Rép. min. n° 2478 : *JOAN Q, 23 janv. 2003, p. 380 ; JCP Adm. 2003, n° 1115.*

8. Motifs de création. Est entachée de détournement de pouvoir la décision d'une commune instituant une telle redevance dans un but étranger à l'intérêt public communal. En l'espèce, il ressortait des pièces du dossier que la commune avait institué une redevance de 1 000 € par boîte aux lettres installée par La Poste sur son domaine public communal, pour inciter celle-ci à maintenir les heures d'ouverture du bureau de poste de la commune à 18 heures hebdomadaires au lieu des 12 h envisagées. Cette décision ayant pour but l'intérêt des usagers du service postal, elle avait été édictée en vue d'un intérêt étranger à celui pour duquel elle pouvait être adoptée. • TA Dijon, 20 févr. 2013, *La Poste c/ Cne de La Chapelle-Saint-André*, n° 1200832 : *AJDA 2013. 1487*. ♦ Méconnaît l'art. L. 2125-3 CGPPP un conseil municipal qui a institué un droit annuel d'occupation du sous-sol des dépendances du domaine public communal dès lors que la redevance litigieuse a été instituée aux seules fins de compenser, dans les charges de la commune, la diminution de la durée de vie des voies et trottoirs résultant de leur fragilisation par les travaux répétés d'entretien et de réparation des réseaux souterrains d'eau et d'assainissement et par les fuites d'effluents. En effet, en se bornant pour ce faire à fixer un montant uniforme de cette redevance, le conseil municipal n'a pas tenu compte des avantages de toute nature procurés aux titulaires des autorisations d'occupation du sous-sol communal. • CAA Lyon, 13 déc. 2012, *M. A. c/ Cne de Grenoble*, n° 12LY01167 : *JCP Adm. 2013, n° 2165, concl. Vinet.*

9. Montants. Les écarts entre une redevance et des loyers exigés pour l'occupation du domaine privé doivent être justifiés par les caractéristiques propres aux locaux. • Civ. 1re, 13 mai 2014, n° 12-16.784 : *AJDA. 2014. 1008*. ♦ Le maire ne peut modifier les conditions pécuniaires de ces autorisations qu'en raison de faits nouveaux ou portés à sa connaissance après la délivrance de cette autorisation. • CE 12 oct. 1994, *Visconti*, n° 123672 : *Lebon 442 ; Quinzaine jur. 1995. 46.* ♦ Il résulte des art. L. 2125-1 et L. 2125-3 CGPPP que l'occupation privative du domaine public, même sans titre, donne lieu au paiement d'une redevance par l'occupant. En l'espèce, les véhicules d'une société d'autocars utilisaient les quais de la gare routière de la commune sans droit ni titre d'occupation. • CAA Marseille, 10 janv. 2011, *Sté Autocars GRV*, n° 08MA05219 : *AJDA 2011. 680, concl. Deliancourt*. ♦ Les redevances pour occupation privative d'une dépendance domaniale doivent être calculées en tenant compte des avantages de toute nature qu'elle procure à son bénéficiaire et, le cas échéant, à titre indicatif, de sa valeur locative. • CAA Lyon, 12 juill. 2007,

Ville de Lyon, n° 06LY02105 : *AJDA 2007. 2312, note Besle*. ♦ Les communes sont ainsi fondées à recouvrer, au titre des occupations privatives de leur domaine public, des redevances calculées en tenant compte des avantages de toute nature procurés au concessionnaire ou au permissionnaire de voirie. Dès lors, en se fondant sur ce que le montant des redevances réclamées n'était pas excessif compte tenu de l'avantage que le requérant était susceptible de tirer de l'occupation du domaine public, sans rechercher si ce montant aurait été supérieur à la valeur locative d'une propriété privée comparable à cette dépendance, le juge administratif ne commet pas d'erreur de droit. • CE 11 oct. 2004, *M. Prouvoyeur*, n° 254236 : *Coll. terr. 2004, n° 243, note Moreau ; BJCL 2005. 29, concl. Olléon*. ♦ La délibération, qui fixe le montant d'une redevance pour occupation du domaine public sur la base d'une superficie ne correspondant pas à celle prévue par l'autorisation d'occupation, repose sur un motif entaché d'inexactitude matérielle et, dès lors, est entachée d'excès de pouvoir. • CAA Nancy, 6 mars 2003, *M. Delvaux*, n° 98NC00783 : *JCP Adm. 2003, n° 1483, note Moreau*. ♦ V. Melleray, La délicate fixation du montant de la redevance due pour l'occupation privative du domaine public, *AJDA 2013. 545*. ♦ De même, lorsque le plan annexé à l'autorisation d'occupation du domaine public, délivrée par le maire, comporte les dimensions exactes de la surface totale des installations enfouies dans le sous-sol de l'emprise d'une voie publique, et que l'autorisation ne mentionne aucune autre superficie, cette autorisation doit être regardée comme portant sur la superficie totale précisée par le plan et non sur une surface incluant les espaces séparant les installations. Dès lors, la délibération fixant le montant de la redevance d'occupation du domaine public sur la base d'une superficie incluant les espaces séparant les installations, repose sur un motif entaché d'inexactitude matérielle. • CAA Nancy, 30 sept. 2004, *M. Jean Delvaux*, n° 01NC01197 : *AJDA 2004. 2236*. ♦ En raison tant des dispositions de l'art. L. 2213-6 CGCT que de l'avantage particulier procuré à leurs bénéficiaires par les occupations privatives du domaine public des collectivités, ces occupations doivent être réputées soumises à un principe général de droit de non-gratuité. Toutefois, ce principe est lui-même sujet à exception en fonction de l'intérêt général apprécié par chaque collectivité concernée, sous le contrôle du juge. • CAA Marseille, 6 déc. 2004, *Cne de Nice*, n° 00MA01740 : *AJDA 2005. 832, note Deliancourt*.

10. Situations particulières. Une commune est fondée à recouvrer, au titre de l'occupation privative de son domaine public par les gens du voyage, une redevance calculée en tenant compte des avantages de toute nature procurés à ces occupants par cette occupation illicite. Une comparaison avec le coût d'une journée dans une aire d'accueil ne peut être utilement invoquée, en raison du trouble de jouissance qu'occasionne l'occupation privative illicite du domaine public. • TA Bordeaux, 25 juill. 2012, *Assoc. La vie du voyage et M. C. c/ Cne de Bordeaux*, n° 1003860 : *AJCT 2012. 633, obs. Bonnefont*. ♦ Une commune est fondée à réclamer à l'occupant sans titre de son domaine public, au titre de la période d'occupation irrégulière, une indemnité compensant les revenus qu'elle aurait pu percevoir d'un occupant régulier pendant cette période. À cette fin, elle doit rechercher le montant des redevances qui auraient été appliquées si l'occupant avait été placé dans une situation régulière, soit par référence à un tarif existant, lequel doit tenir compte des avantages de toute nature procurés par l'occupation du domaine public, soit à défaut de tarif applicable, par référence au revenu, tenant compte des mêmes avantages, qu'aurait pu produire l'occupation régulière de la partie concernée du domaine public communal. • CE 16 mai 2011, *Cne de Moulins*, n° 317675 : *Dr. adm. 2011, n° 56, concl. Legras ; ibid, n° 68, note Melleray ; AJDA 2011. 1848, note Ach ; AJCT 2011. 527, obs. Dutrieux ; BJCL 2011. 531, concl. Legras, note Janicot*. ♦ Il n'y a pas lieu de rechercher si la redevance ainsi réclamée est proportionnée aux avantages que l'occupation du domaine public procure à l'occupant irrégulier. • Même décision. ♦ Il résulte des art. L. 2122-1, L. 2125-1 et L. 2125-3 CGPPP que la redevance d'occupation ou d'utilisation du domaine public correspond à la rémunération du droit d'occupation ou d'utilisation privative de la dépendance concernée dudit domaine, droit qui est accordé, par la personne publique propriétaire ou gestionnaire, par la délivrance d'une autorisation expresse à cet effet. En outre, une personne publique est fondée, le cas échéant, à réclamer à l'occupant ou à l'utilisateur irrégulier de son domaine public, c'est-à-dire dépourvu de titre bien que soumis à autorisation, le versement d'une indemnité compensant les revenus qu'elle aurait pu percevoir d'un occupant régulier au titre de la période d'occupation ou d'utilisation privative irrégulière. En revanche, l'utilisation d'une dépendance du domaine public d'une personne publique dans les limites ne dépassant pas le droit d'usage qui appartient à tous ne nécessite la délivrance d'aucune autorisation et ne donne pas lieu à assujettissement au paiement d'une redevance au titre de cette utilisation. • CAA Marseille, 26 juin 2012, *M. Chiappinelli et a., Mme Lagrange*, n° 11MA01675 : *Dr. adm. 2012, n° 82, note Melleray ; AJDA 2012. 2109, note Deliancourt ; AJCT 2012. 503, obs. Tambou ; RFDA 2012. 902, concl. Deliancourt ; BJCL 2012. 595 ; Droit de la Voirie 2013. 44*. ♦ En matière d'occupation du sous-sol du domaine public non routier, les art. R. 20-51 et R. 20-52 CPCE fixent un montant annuel maximum des redevances d'occupation de ce domaine. Pour ce qui est des installations de câbles de communication électronique dans le réseau d'assainissement d'une commune détenant une position dominante sur le marché de l'accès à ces infrastructures, V. • CAA Paris, 14 janv. 2010, *Sté Viatel Opérations*, n° 08PA004830 : *AJDA 2010. 862.* ♦ Cette décision du Conseil d'État nuance sa jurisprudence antérieure selon laquelle la redevance imposée à un occupant du domaine public doit être calculée non seulement en fonction de la valeur locative d'une propriété privée comparable à la dépendance du domaine public pour laquelle la permission est délivrée mais aussi en fonction de l'avantage spécifique procuré par cette jouissance privative du domaine public. • CE 21 mars 2003, *Synd. intercom. de la périphérie de Paris pour l'électricité et les réseaux (SIPPEREC)*, n° 189191 : *Dr. adm. 2003, n° 127 ; JCP Adm. 2003, n° 1484, note Moreau ; ACL 2004. 564.*

11. Redevance ou taxe. La juridiction administrative contrôle l'existence de la prestation de services offerte par la collectivité publique en échange de la redevance : si le prélèvement n'est la contrepartie d'aucune prestation servie par le bénéficiaire au redevable, il n'a pas le caractère d'une redevance pour service rendu, mais celui d'une imposition. • CE 28 juin 1968, *Benet : Lebon 404 ; Gaz. Pal. 1968. 2. 360* • 6 mars 1970, *Sieur Augé : Lebon 163.* ♦ Dès lors, une telle imposition n'est légale que si elle a été autorisée par une loi. • CE 10 déc. 1969, *Cne de Nerville-la-Forêt : Lebon 564 ; Dr. adm. 1970, n° 6.* ♦ De manière générale, en matière de tarification des services publics municipaux non obligatoires, le juge vérifie *in concreto* que le montant du tarif le plus élevé demandé à l'usager n'excède pas le coût moyen du service rendu. • CE 5 oct. 1984, *Commissaire de la République de l'Ariège*, n° 47875 : *Lebon 315* • 2 déc. 1987, *Cne de Romainville*, n° 71028 : *Lebon 628 ; RFDA 1988. 416* • 14 janv. 1991, *M. Bachelet*, n° 73746 : *CJEG 1991. 164, concl. Stirn ; RFDA 1993. 689*. ♦ Ne peut être considérée comme une redevance une taxe ayant pour but de financer des équipements publics rendus nécessaires par le développement de la commune : une telle taxe ne peut être instituée en l'absence d'une disposition législative ou réglementaire l'autorisant. • CE 25 janv. 1978, *Imbert : RD publ. 1978. 1456, note Drago.* ♦ Constitue une taxe qui ne peut être instituée que par une loi, et non une redevance, le montant des frais de contrôle de l'État mis à la charge des exploitants des services de transports publics d'intérêt local : ce contrôle, n'étant pas exercé dans le seul intérêt de ces exploitants, a pour objet essentiel l'intérêt général de la protection de l'hygiène et de la sécurité des usagers et de l'environnement. • CE 6 mars 1989, *Union des transporteurs en commun de voyageurs des Bouches-du-Rhône et Synd. nat. des téléphériques et téléskis de France*, n°s 34014 et 34738 : *Lebon 441 ; Dr. adm. 1989, n° 222.* ♦ Le versement dû par l'usager perd le caractère de redevance pour devenir une taxe fiscale lorsque ce versement n'est plus proportionné au coût réel du service rendu aux usagers. • CE 16 nov. 1963, *Synd. intercommunal d'électricité de la Nièvre : Lebon 612* • 8 mai 1968, *Ville de Saint-Lô : RD publ. 1968. 1104* • 17 nov. 1978, *Sté Éts Geismann : Lebon 447 ; RD publ. 1979. 941.* ♦ De même, une charge financière qui présente un caractère forfaitaire ne constitue pas une redevance pour service rendu. • CE 1er juill. 1985, *Cne de Rohrwiller*, n° 50236 : *Lebon 215 ; LPA 11 oct. 1985, concl. Fouquet* • 24 mai 1986, *EDF-GDF c/ Ville de Valence : Dr. adm. 1986, n° 325.*

12. Champ d'exclusions. Les radars automatiques de contrôle de vitesse constituent, compte tenu de leur objet même, des équipements intégrés aux infrastructures routières au sens des art. L. 117-1 et R. 111-1 C. voirie rout. Ces équipements, qui concourent à l'exécution du service public de la sécurité routière, ne peuvent être regardés comme occupant ou utilisant le domaine public routier au sens de l'art. L. 2125-1 CGPPP : il suit de là que leur installation sur le domaine public routier ne peut légalement donner lieu à l'institution d'une redevance d'occupation domaniale. • CE 31 oct. 2007, *Min. de l'Intérieur, de l'Outre-mer et des Collectivités territoriales c/ Dpt de l'Essonne*, n°s 306338 et 307861 : *Dr. adm. 2007, n° 166 ; ibid. 2008, n° 3, note Melleray ; AJDA 2008. 882, note Bon ; RLCT 2008. 875, note Deau* • 31 oct. 2007, *Dpt de l'Aude*, n° 307797 : *Dr. adm. 2007, n° 166* • 31 oct. 2007, *Dpt de l'Ariège*, n° 308716 : *Dr. adm. 2007, n° 166.* ♦ Les dispositions des art. L. 28 et 29 C. dom. Ét (devenus art. L. 2122-1 s. CGPPP) font obstacle à la délivrance, par les communes, d'autorisations de voirie à titre gratuit sur les dépendances du domaine public maritime, qui demeure national même si sa gestion est concédée aux communes littorales, en faveur des organisateurs de manifestations autres qu'à but non lucratif et à caractère caritatif, social ou humanitaire. Dès lors, sont irrégulières les décisions du maire et du conseil municipal d'une commune, en tant qu'elles ont mis à la disposition gratuite d'un organisateur privé, en vue de l'organisation d'une manifestation sportive, une partie de la plage relevant du domaine public maritime. • CAA Marseille, 6 déc. 2004, *Cne de Nice*, n° 00MA01740 : *AJDA 2005. 832, note Deliancourt*. ♦ Les communes ne disposent d'aucun droit ni titre pour percevoir des redevances relatives à l'occupation du domaine de l'État. • CAA Marseille, 6 déc. 2004, *M. Robert Marin*, n° 01MA01231 : *AJDA 2005. 398*. ♦ Une commune ne peut légalement mettre une contribution aux dépenses d'entretien des espaces verts, à la charge des copropriétaires d'un immeuble, qui ne sont pas propriétaires des espaces verts et parkings au titre desquels cette contribution leur est demandée, et qui n'y disposent pas d'un droit d'usage spécifique : une telle contribution n'est pas la contrepartie directe d'un service rendu. • CE 10 mars 2006, *Cne de Montclar*, n° 276541 : *AJDA 2006. 894 ; BJCL, 2006. 434, concl. Séners ; RJF 2006, n° 801.*

13. Contentieux. Le débiteur d'une redevance pour occupation du domaine public n'est pas tenu de saisir le comptable chargé de son recouvrement, préalablement à la saisine du juge, pour contester cette créance non fiscale d'une collectivité. • CAA Marseille, 13 nov. 2001, *Sté Paloma,* nº 98MA01249 : *Ann. Voirie 2003, nº 73, Pan. II.* ♦ La délibération du conseil municipal décidant de mettre à la charge d'un redevable une redevance pour occupation du domaine public et la décision du maire fixant le montant de cette redevance ont pour effet de déterminer le montant d'un loyer, et donc le niveau des recettes perçues par la commune : ces actes ayant une incidence directe sur le budget communal, un requérant est recevable à en demander l'annulation en sa qualité de contribuable. • CAA Lyon, 12 juill. 2007, *Ville de Lyon,* nº 06LY02105 : *AJDA 2007. 2312, note Besle.* ♦ La compétence juridictionnelle pour connaître des litiges concernant les redevances pour services rendus est déterminée par la nature et le mode de gestion du service considéré. • CE 20 mars 1968, *Ville de Saint-Lô c/ Bardot : Lebon T. 852.* ♦ Les litiges opposant un SPIC à ses usagers relèvent de la compétence du juge judiciaire. Si, par exception, le juge administratif est compétent pour connaître des conclusions, même lorsqu'elles sont présentées par un usager, tendant à l'annulation pour excès de pouvoir des mesures relatives à l'organisation d'un tel service, comme les tarifs ou les règles de priorité dans l'usage des installations, il n'en va pas de même lorsque le litige tend à la réparation du préjudice né de l'application individuelle à un usager de ces tarifs ou de ces règles. Est, à cet égard, sans incidence la circonstance que l'action en responsabilité engagée par l'usager se fonde ou non sur l'illégalité fautive des mesures d'organisation du service dont il lui est fait application. • CE 3 oct. 2003, *M. Peyron,* nº 242967 : *Dr. adm. 2003, nº 72 ; RFDA 2003. 1256 ; BJCL 2003. 854, concl. Séners ; Coll. terr. 2003, nº 237, note Moreau ; ACL 2004. 546.* ♦ Le juge administratif n'est pas compétent pour connaître du litige soulevé par un usager du SPIC de remontées mécaniques, qui tend à la réparation du préjudice né de l'application de tarifs ou de règles de priorité qu'il estime illégaux. ♦ Le contentieux de la redevance pour l'enlèvement des ordures ménagères, qui est un SPIC lorsqu'il est financé par cette redevance, relève de la compétence des juridictions judiciaires. • T. confl. 23 nov. 1992, *Fontaine c/ SMICTOM du Nord de l'arrondissement de Redon : D. 1993. IR 15.* ♦ V. art. L. 2333-76 s. ♦ De manière générale, le contentieux des redevances perçues par les communes, à l'occasion des SPIC qu'elles exploitent, relève de la compétence judiciaire : par exemple, le contentieux relatif à la redevance de consommation d'eau. • T. confl. 28 juin 1976, *Burlat : Lebon 701 ; AJDA 1976. 570, note Moderne* • CE 18 mars 1988, *Ville de Poggio-Mezzana c/ MM. Piazza et Santolini : Dr. adm. 1988, nº 220.* ♦ Tel est le cas également du contentieux relatif à la redevance d'assainissement. • CE 13 mars 1998, *Mme Vindevogel,* nº 190751. ♦ La commune peut recevoir des dommages-intérêts à la suite d'actions en responsabilité qu'elle est amenée à engager. Elle ne peut renoncer soit directement, soit indirectement par une clause contractuelle, à exercer toute action en responsabilité à l'égard de toute personne physique ou morale qu'elle rémunère sous quelque forme que ce soit. • CE 2 oct. 1987, *Synd. intercommunal du bassin d'Arcachon : Gaz. Pal. 1988. 2. Pan. dr. adm. 109.* ♦ V. art. L. 2131-10.

14. Concessions de cimetières. Il résulte de l'art. L. 2223-15 CGCT que le titulaire d'une concession funéraire temporaire, trentenaire ou cinquantenaire, bénéficie, à la date d'expiration de la période pour laquelle le terrain a été précédemment concédé, d'un droit au renouvellement de sa concession et que, s'il dispose d'un délai de 2 ans pour exercer ce droit en formulant une demande en ce sens et en acquittant la redevance capitalisée payable par avance au titre de la nouvelle période, celle-ci court dans tous les cas à compter de la date d'échéance de la précédente concession, qui est celle à laquelle s'opère le renouvellement : dès lors, le montant de la redevance due est celui applicable à cette date. • CE 21 mai 2007, *M. Pujol,* nº 281615 : *BJCL 2007. 477, concl. Glaser.*

15. Produit des régies municipales. Un établissement thermal ne peut légalement instituer, en sus des tarifs conventionnels payés par la sécurité sociale, un forfait de gestion des dossiers des curistes réclamé directement aux patients. • TA Clermont-Ferrand, 7 févr. 2007, *Mme Jallat,* nº 0501423 : *AJDA 2007. 1252.*

16. Transport d'hydrocarbures. Les canalisations souterraines installées sur le domaine public des communes pour le transport d'hydrocarbures donnent lieu à la perception de redevances : en cas de litige sur le montant de la redevance, la décision définitive est prise par le préfet en ce qui concerne les communes. • CE 8 juin 1977, *Sté des transports pétroliers par pipe-lines : RD publ. 1978. 1162.*

17. Contribution aux dépenses d'entretien d'un golf. Le prélèvement, présenté par la commune comme la contrepartie à l'entretien d'un golf et à l'obligation de le tenir ouvert tout l'été, ne constitue pas la contrepartie directe d'un service rendu aux propriétaires et copropriétaires des immeubles bâtis de la commune, perçue à l'occasion de l'utilisation effective de ce service. Dès lors, son versement ne confère aucun droit d'accès spécifique au golf. Un tel versement obligatoire n'est pas au nombre de ceux susceptibles d'être exigés de ces propriétaires et copropriétaires en application des dispositions du C. urb. ni d'aucun autre texte. Ainsi, la commune ne pouvait légalement instituer un tel prélèvement, qui doit, par suite, être déclaré illégal. • CE 27 juill. 2005, *Sté La Foncière du golf,* nº 268715 : *AJDA 2005. 2305, concl. Olléon ; RJF 2006, nº 801.*

18. Financement des travaux sur les chemins ruraux. Aux termes de l'art. L. 167 C. rur., lorsque, antérieurement à son incorporation dans la voirie rurale, un chemin a été créé ou entretenu par une association foncière, une association syndicale autorisée, ou lorsque le chemin est créé en application de l'art. L. 121-7 C. rur., les travaux et l'entretien sont financés au moyen d'une taxe répartie à raison de l'intérêt de chaque propriété aux travaux : dès lors, en ne répartissant pas la taxe afférente au financement des travaux de réorganisation, d'entretien et de gestion des chemins ruraux, à raison de l'intérêt de chaque propriétaire aux travaux, un conseil municipal méconnaît les dispositions de l'art. L. 167-1 C. rur. • CE 16 mai 2008, *Min. de l'Agriculture et de la Pêche c/ GAEC des Basses Huignes et a.*, n° 284005.

19. Cantines scolaires. La commune peut faire payer un tarif plus élevé aux parents qui sont domiciliés en dehors de son territoire. • TA Rennes, 1er déc. 1983, *Assoc. des parents d'élèves de l'école publique de Mordelles : Lebon 575.* ♦ Dès lors que le tarif fixé pour les élèves domiciliés hors de la commune n'excède pas le prix de revient des repas, un conseil municipal peut, sans méconnaître le principe d'égalité devant les charges publiques, faire bénéficier les seuls élèves domiciliés de la commune de la prise en charge partielle du prix des repas par le budget communal. • CE, sect., 5 oct. 1984, *COREP de l'Ariège*, n° 47875 : *Lebon 315, concl. Delon ; AJDA 1984. 675, chron. Hubac et Schoettl.* ♦ Les tarifs de la restauration scolaire sont fixés par le conseil municipal même si une caisse des écoles s'est vu confier la gestion du service et, en ce qui concerne la ville de Paris, que le maire d'arrondissement assure la présidence de la caisse des écoles créée dans son arrondissement. • CE 11 juin 2014, *Legaret*, n° 359931 : *AJDA 2014. 1231*. ♦ La commune peut faire varier la tarification en fonction du caractère public ou privé de l'établissement fréquenté par les élèves. • CE 5 juill. 1985, *Ville d'Albi*, n° 44706 : *Lebon 220.* ♦ ... Accorder la gratuité des cantines scolaires aux enfants de grévistes. En prenant en faveur de certains enfants usagers des cantines scolaires de la commune, qui se trouvaient dans une situation particulière, une telle mesure, le conseil municipal ne saurait être regardé comme ayant porté une atteinte illégale au principe de l'égalité des citoyens. • CE 11 oct. 1989, *Cne de Port-Saint-Louis-du-Rhône*, n° 89628 : *Lebon 184.* ♦ ... Fixer un barème des tarifs des cantines scolaires variant en fonction des ressources des familles, dès lors que les tarifs les plus élevés demeurent inférieurs au coût de fonctionnement de ces services. • CE 22 janv. 1993, *Meyet*, n° 55475 : *LPA 12 juill. 1993, note Cliquennois* • 10 févr. 1993, *Ville de La Rochelle c/ Lacroix*, n° 95863 : *LPA 1993, p. 20, note Cliquennois* • 18 mars 1994, *Mme Dejonckeere et a.*, n° 140870 : *Lebon 762 ; LPA 4 nov. 1994, note Haïm.* ♦ De même, pour la prise en compte des charges de chaque foyer dans la tarification des cantines scolaires, s'il est constant que les locataires de logements non meublés supportent des charges d'ameublement et d'entretien d'appareils que ne supportent pas ceux de logements meublés, une caisse des écoles a introduit une distinction manifestement disproportionnée au regard de l'objectif poursuivi, en ne retenant que le quart des dépenses de logement supportées par les locataires de logements non meublés pour le calcul de leurs charges. • TA Paris, 11 juin 2003, *Mme Corinne Puillandre*, n° 0117038 : *Dr. adm. 2003, n° 70 ; AJDA 2003. 2223*. ♦ Eu égard au système retenu pour l'approvisionnement de certaines cantines scolaires, qui implique la préparation des repas 48 h à l'avance, les parents qui ne réservent pas à l'avance les repas de leurs enfants à la cantine font peser sur le service une sujétion particulière, qui justifie qu'un tarif plus élevé que le tarif ordinaire leur soit appliqué : dès lors, l'institution de tarifs différents pour les repas dits « permanents » et pour ceux dits « imprévus » ne contrevient pas au principe d'égalité des usagers devant le service public. • CE 9 mars 1998, *Ville de Marignane et Sté gén. de restauration*, n° 158334 : *ACL 1999. 318.* ♦ Le tarif des repas dits « imprévus » ne saurait, toutefois, en vertu de l'art. 1er du Décr. n° 87-654 du 11 août 1987, excéder le tarif en vigueur d'un pourcentage supérieur au double du taux moyen de variation annuel déterminé par arrêté du ministre de l'Économie et des Finances. • Même décision. ♦ Un conseil municipal peut, sans méconnaître le principe d'égalité entre les usagers du service public, fixer un barème des tarifs des crèches communales variant en fonction des ressources des familles, dès lors que les tarifs les plus élevés demeurent inférieurs au coût de fonctionnement de ces services. • CE 20 janv. 1989, *CCAS de La Rochelle*, n° 89691 : *Lebon 8.*

20. Crèche municipale et conservatoires municipaux de musique. Service facultatif pour assurer le bon fonctionnement et la continuité de ce service public, le conseil municipal peut, sans créer de discrimination entre les familles placées dans une même situation, imposer un taux de fréquentation minimum de la crèche et préciser, dans le règlement intérieur, que dans le cas où le nombre de jours de fréquentation est inférieur au nombre de jours d'engagement, la différence sera facturée à la famille, dès lors que l'application de cette dernière règle n'aboutit pas à faire payer aux usagers une participation financière d'un montant supérieur au prix de revient du service fourni. • CAA Bordeaux, 18 mars 2003, *Cne de Lavaur*, n° 98BX02088 : *BJCL, 2003. 666, concl. Rey.* ♦ Le conseil municipal a pu légalement prévoir, dans le règlement intérieur de la crèche municipale, que, pour les familles ne résidant pas dans la commune, une majoration serait appliquée sur le prix de la journée, fixée par décision du conseil municipal : en effet, il existe, entre les personnes résidant de manière permanente dans la commune et celles qui n'y résident pas, une différence de situation de nature à justifier l'application de tarifs différents. • Même arrêt. ♦ En revanche, la délibération municipale exigeant la justification de la régularité du séjour des parents de nationalité étrangère, pour pouvoir bénéficier d'une exonération de paiement ou d'une réduction de tarif pour la restauration d'enfants scolarisés, ne repose sur aucune nécessité d'intérêt général et n'est pas la conséquence d'une différence de situation au regard des charges occasionnées par l'alimentation des enfants : dès lors, il y a un doute sérieux sur la légalité de cette délibération, justifiant un référé-suspension. • TA Marseille, 21 janv. 2002, *M. Sow,* n° 017590 : *AJDA 2002. 362*. ♦ Pour ce qui est des conservatoires municipaux de musique, la commune peut établir des tarifs différents entre les usagers habitant la commune et ceux résidant dans les communes avoisinantes. • CE 31 mai 1985, *Cne de La Ciotat,* n° 55911. ♦ Eu égard à l'intérêt général qui s'attache à ce qu'un conservatoire de musique, qui constitue un service public administratif, puisse être fréquenté par les élèves qui le souhaitent, sans distinction selon leurs possibilités financières, un conseil municipal peut, sans méconnaître le principe d'égalité entre les usagers du service public, fixer des droits d'inscription différents selon les ressources des familles, dès lors notamment que les droits les plus élevés restent inférieurs au coût par élève du fonctionnement de l'école. • CE, sect., 29 déc. 1997, *Cnes de Nanterre et de Gennevilliers (2e esp.),* n° 157500 : *RFDA 1998. 539, concl. Stahl ; RD publ. 1998. 899, note Borgetto ; LPA 18 mai 1998, note Alloiteau ; AJDA 1998. 102, chron. Girardot et Raynaud ; Quinzaine jur. 1998, n° 130 ; Quot. jur. 1998, n° 19, note Pélissier ; Dr. adm. 1998, n° 41 ; ACL 1998. 243.* ♦ Compte tenu de l'intérêt général qui s'attache à ce qu'une école de musique, établissement public administratif communal, puisse être accessible au plus grand nombre possible d'enfants, un conseil municipal peut, sans méconnaître le principe d'égalité des usagers du service public, fixer les droits d'inscription selon une modulation tarifaire dégressive prenant en compte le nombre d'enfants à inscrire par famille et le nombre de disciplines choisies et, par ailleurs, instaurer un tarif plus élevé pour les adultes tout en leur permettant de bénéficier d'un forfait famille dans le cas où leurs enfants seraient inscrits à l'école. • CAA Paris, 5 nov. 1998, *Cne de Le Mée-sur-Seine,* n° 97PA00327 : *RFDA 1999. 866.* ♦ Toutefois, la commune ne peut appliquer aux usagers des tarifs différents en fonction de leur année d'accès au service public. • CE 20 mars 1987, *Cne de La Ciotat : Dr. adm. 1987, n° 276* • 2 déc. 1987, *Cne de Romainville,* n° 71028 : *Lebon 628 ; RFDA 1988. 414, concl. Massot ; AJDA 1988. 359, note Prétot.*

21. Stationnement sur la voirie publique. Il est admis qu'il existe, entre les résidents et les autres usagers, une différence de situation de nature à justifier que des tarifs de stationnement réduits leur soient offerts. • Crim. 16 juin 1993, n° 92-82.573 : *JCP 1994. II. 22303, note Lavialle* • CE 4 mai 1994, *Ville de Toulon,* n° 143992 : *Lebon 222 ; Gaz. cnes 19 sept. 1994. 72, concl. Fratacci* • 28 févr. 1996, *Assoc. Le Vésinet sans parcmètre,* n° 150682 : *Mon. TP 17 mai 1996. 64.* ♦ Ainsi, une commune ne commet pas d'illégalité en réservant un tarif préférentiel de stationnement dans le centre-ville aux personnes y ayant leur domicile, et en fixant un tarif moins avantageux pour les autres résidents de la commune, alors même que ceux-ci exercent leur activité professionnelle dans le centre-ville. • CE 30 nov. 2005, *Mme Bloch-Lévy,* n° 283981 : *BJCL 2006. 26, concl. Séners.* ♦ En revanche, une commune qui exploite un parc de stationnement payant situé hors de la voie publique ne peut fixer des tarifs différents selon que les usagers du parc résident ou non dans la commune. • CE 12 juill. 1995, *Cne de Maintenon,* n° 147947 : *Lebon 305 ; Dr. adm. 1995, n° 570 ; RFDA 1995. 1053 ; D. 1995. 245*. ♦ En tout état de cause, la délibération fixant les tarifs d'un parc de stationnement payant situé hors de la voie publique est illégale si les tarifs applicables aux usagers résidant hors de la commune excèdent le prix de revient du service fourni. • CE 2 avr. 1997, *Cne de Montgeron,* n° 124883 : *Dr. adm. 1997, n° 233 ; Mon. TP 19 sept. 1997. 61 ; Quinzaine jur. 1998, n° 125 ; CJEG 1998. 433, note Lachaume ; ACL 1998. 235.*

22. Service public des transports urbains. Un conseil municipal avait accordé le bénéfice de la gratuité des transports urbains, pour une période de 24 mois, aux personnes à la recherche d'un emploi, domiciliées dans la commune, non soumises à l'impôt sur le revenu, inscrites à l'ANPE, prises en charge par les ASSEDIC, ou âgées de moins de 25 ans à la recherche d'un premier emploi en fin de scolarité ou ayant été agents de la fonction publique ayant travaillé à temps complet ou partiel pendant 6 mois. En prévoyant que parmi les personnes de plus de 25 ans à la recherche d'un emploi, et n'ayant pas été agents de la fonction publique, seules pouvaient prétendre, à l'avantage ainsi accordé, celles prises en charge par les ASSEDIC, et, en excluant ainsi les demandeurs d'emploi ne bénéficiant pas de cette prise en charge et remplissant par ailleurs l'ensemble des autres conditions, le conseil municipal a, sans qu'une raison d'intérêt général soit établie ni même invoquée, établi une discrimination irrégulière entre demandeurs d'emploi se trouvant dans une situation identique au regard du montant limité de leurs ressources et du besoin de se déplacer pour rechercher un emploi. • CAA Lyon, 27 juin 2002, *M. Daniel Brindel,* n° 97LY01972 : *AJDA 2002. 1409, note Brondel ; JCP Adm. 2002, n° 1353, note Quillien.* ♦ En revanche, les dispositions de la loi du 13 déc. 2000, qui laissent aux autorités organisatrices de transport urbain de voyageurs le choix des moyens pour assurer l'objectif de caractère social qu'elles poursuivent, n'imposent pas à ces autorités de prévoir que la réduction tarifaire, à laquelle donne droit le titre devant être institué en vertu de cette loi, s'applique à toutes les formules tarifaires proposées aux usagers et notamment à celles qui comportent déjà une réduction par rapport au tarif plein applicable. • CE 6 févr. 2004, *Assoc. « La raison du plus faible »*, n° 255111 : *AJDA 2004. 1096, note Rihal ; JCP Adm. 2004, n° 1458, note Groud ; ACL 2005. 349.* ♦ Toutefois, eu égard à l'importance que représente, dans l'usage des transports en Île-de-France, le coupon mensuel de la « carte orange », notamment pour les salariés, et à la contribution que peut apporter à l'objectif de caractère social mentionné ci-dessus un accès abordable à ce titre de transport pour les personnes bénéficiant de faibles revenus, le Syndicat des transports parisiens a commis une erreur manifeste d'appréciation en excluant ce coupon des réductions tarifaires mises en œuvre en application des dispositions législatives précitées. • Même décision. ♦ De même, eu égard à la sociologie de la population concernée, à l'importance que représentent, dans l'usage des transports sur le territoire de la communauté urbaine concernée, les tickets vendus à l'unité, notamment pour les personnes les plus démunies, et à la contribution que peut apporter à l'objectif de caractère social un accès abordable à ce type de titre de transport pour les personnes en situation précaire, la communauté urbaine a commis une erreur manifeste d'appréciation en excluant tout ticket vendu à l'unité de la réduction tarifaire mise en œuvre en application des dispositions de la loi du 13 déc. 2000. • CAA Marseille, 21 janv. 2010, *Cté urbaine Marseille Provence Métropole*, n°s 09MA00040 et 09MA01969 : *BJCL n° 2/2010, concl. Paix et obs. Poujade.* ♦ Par ailleurs, il résulte de l'art. 123 de la L. du 13 déc. 2000 que doivent bénéficier de titres permettant l'accès au transport avec une réduction d'au moins 50 %, quel que soit leur lieu de résidence, les personnes dont les ressources sont égales ou inférieures au plafond fixé pour l'obtention de la couverture maladie universelle complémentaire et non les personnes remplissant toutes les conditions requises et bénéficiant effectivement de cette couverture sociale après en avoir fait la demande. • Même arrêt.

23. Transports scolaires. Les élèves qui fréquentent un établissement d'enseignement situé hors du secteur de ramassage scolaire dont ils dépendent ne se trouvent pas dans la même situation que ceux qui fréquentent un établissement situé dans ce secteur. Dès lors, l'exclusion des élèves situés hors du secteur du ramassage scolaire du bénéfice d'un tarif préférentiel n'est pas illégale. • CE 19 juin 1992, *Dpt du Puy-de-Dôme c/ Bouchon*, n° 108367. ♦ De même, une collectivité peut légalement décider de faire bénéficier d'une carte de transport gratuit les élèves de l'enseignement public inscrits dans un établissement situé dans le secteur scolaire dont relève leur domicile, ainsi que ceux fréquentant un établissement privé dans la mesure où ils sont inscrits dans l'établissement le plus proche de leur secteur scolaire, et refuser cette carte de transport gratuit aux élèves, scolarisés dans l'enseignement public, ayant obtenu une dérogation pour s'inscrire dans un établissement situé en dehors de leur secteur. • CAA Nancy, 27 mai 2004, *Dpt des Ardennes*, n° 01NC00304 : *AJDA 2004. 1671 ; Coll. terr. 2004, n° 150, note Moreau.* ♦ Eu égard aux modalités d'affectation des élèves dans l'enseignement public et dans l'enseignement privé, une collectivité publique peut légalement distinguer la situation des élèves de l'enseignement public et ceux de l'enseignement privé : ainsi, les élèves qui fréquentent un établissement d'enseignement public situé hors du secteur de ramassage scolaire dont dépend leur domicile ne se trouvent pas, à l'égard du service public des transports scolaires, dans la même situation que les élèves qui fréquentent un établissement privé. • Même arrêt.

24. Mise à disposition d'équipements sportifs. La redevance d'occupation d'une dépendance du domaine public doit être établie en considération des avantages de toute nature qu'en retire le bénéficiaire. Pour apprécier la valeur de ces avantages, il y a lieu de prendre en compte non seulement l'utilisation effective qu'en fait celui-ci, mais aussi l'indisponibilité du domaine qui tient au fait qu'il peut l'occuper prioritairement sans préavis. La prise en charge, par la collectivité, de frais inhérents à l'utilisation privative du domaine, qui devraient normalement être pris en charge par son occupant, figure aussi au nombre de ces avantages. • TA Lyon, 10 mars 2005, *M. Lavaurs*, n° 0303726 : *AJDA 2005. 1474, note Lagarde ; BJCL 2005. 310, concl. Durand.* ♦ Les avantages tirés de l'occupation d'un complexe sportif s'apprécient notamment au regard des recettes tirées de son utilisation telles que la vente des places et des produits dérivés aux spectateurs, la location des emplacements publicitaires et des charges que la collectivité publique supporte, les amortissements, l'entretien et la maintenance calculés au prorata de l'utilisation d'un tel équipement. • CAA Lyon, 12 juill. 2007, *Ville de Lyon*, n° 06LY02105 : *AJDA 2007. 2312, note Besle.* ♦ Le montant de la redevance pour occupation d'un stade n'est pas établi en considération des avantages de toute nature procurés au bénéficiaire, lorsque le mode de calcul de cette redevance ne tient compte que des recettes de billetterie, et non des autres ressources tirées de son utilisation. En l'espèce, il n'était ni établi ni allégué que les ressources issues d'autres postes que la billetterie seraient si minimes que leur absence de prise en compte serait sans incidence sur la légalité de la redevance. • CAA Lyon, 28 févr. 2013, *Cté d'agglomération Grenoble Alpes Métropole*, n° 12LY00820 : *AJDA 2013. 1373.*

25. BIBL. Chavrier, La tarification des services publics selon le lieu de résidence face au droit communautaire, *BJCL 2008. 474*. – Conseil d'État, Redevances pour service rendu et pour occupation du domaine public, coll. Études du Conseil d'État, *Doc. fr. 2002*. – Dufau, La notion de redevance, *Dr. adm. 2000, n°s 9 et 12*. – Groud, Tarifs sociaux dans les transports urbains : les nouvelles règles de la loi SRU contrôlées par le juge, *JCP Adm. 2004, n° 1458*. – Jeannard, Redevances pour service rendu et compétences juridictionnelles, *RFFP 2012. 81*. – Michel, Le juge et les redevances pour service rendu, quoi de neuf ?, *RFFP 2012. 71*. – Moysan, Redevances pour service rendu et droit de l'Union européenne, *RFFP 2012. 27*. – Pongérard, Égalité et différenciations tarifaires visant à privilégier les « gens du pays » ?, *RFDA 2002. 352*. – Untermaier, Que reste-t-il de la distinction des redevances pour service rendu et des redevances pour occupation du domaine public ?, *AJDA 2010. 1062*.

Art. L. 2331-3 Les recettes fiscales de la section de fonctionnement peuvent comprendre :

***a)* Le produit des impôts et taxes dont l'assiette et le recouvrement ont lieu dans les formes prévues au code général des impôts, à savoir :**

1° Le produit de la taxe foncière sur les propriétés bâties, de la taxe foncière sur les propriétés non bâties, de la taxe d'habitation *(L. n° 2019-1479 du 28 déc. 2019, art. 16)* **« sur les résidences secondaires** *(Abrogé par L. n° 2025-127 du 14 févr. 2025, art. 110)* ***« et autres locaux meublés non affectés à l'habitation principale »*, »** *(L. n° 2010-1657 du 29 déc. 2010, art. 108)* **« de la cotisation foncière des entreprises et de l'imposition forfaitaire sur les entreprises de réseaux » ;**

2° Le produit de la taxe d'enlèvement des ordures ménagères ;

(L. n° 2022-1726 du 30 déc. 2022, art. 55) **« 3° La fraction du produit net de la taxe sur la valeur ajoutée perçue en application des A à C du XXIV de l'article 55 de la loi n° 2022-1726 du 30 décembre 2022 de finances pour 2023 ; »**

4° Le produit de la *(L. n° 2018-1317 du 28 déc. 2018, art. 199)* **« contribution » sur les eaux minérales ;**

5° Le produit de la taxe sur les jeux de boules et de quilles comportant des dispositifs électromécaniques ;

(L. n° 2009-1673 du 30 déc. 2009, art. 77) **« 6° Le produit de la taxe sur les surfaces commerciales ; »**

(L. n° 2014-58 du 27 janv. 2014, art. 56) **« 7° Le produit des taxes prévues aux articles 1528, 1529, 1530 et 1530 *bis* du code général des impôts. »**

***b)* Les recettes suivantes :**

(L. n° 2020-1721 du 29 déc. 2020, art. 54) **« 1° La part communale prévue au I de l'article L. 2333-2 ; »**

2° Le produit de la taxe sur la publicité frappant les affiches, réclames et enseignes lumineuses, de la taxe sur les véhicules publicitaires et de la taxe sur *(Ord. n° 2023-1210 du 20 déc. 2023, art. 17)* **« la publicité extérieure mentionnée à l'article L. 454-40 du code des impositions sur les biens et services ; »**

3° Dans les communes visées à l'article L. 2333-26, le produit de la taxe de séjour ou de la taxe de séjour forfaitaire ;

4° Le produit de la taxe sur les remontées mécaniques ;

5° Le produit du prélèvement progressif sur le produit des jeux dans les casinos ;

6° Le produit des droits de place perçus dans les halles, foires et marchés d'après les tarifs dûment établis ;

7° Le versement destiné aux transports en commun ;

(L. n° 2010-1657 du 29 déc. 2010, art. 21) **« 8° Le reversement du Fonds national de garantie individuelle des ressources ; »**

(L. n° 2025-127 du 14 févr. 2025, art. 18, en vigueur le 1er janv. 2026) **« 9° Le produit du tarif d'accompagnement de la taxe sur les installations nucléaires de base relevant du secteur énergétique et assimilées prévu au *b* du 2° de l'article L. 322-50 du code des impositions sur les biens et services, dans les conditions prévues à l'article L. 542-11-1 du code de l'environnement ;**

« 10° Le produit du tarif de stockage de la taxe sur les installations nucléaires de base concourant à la gestion des substances radioactives prévu au 2° de l'article L. 433-9 du code des impositions sur les biens et services, dans les conditions prévues à l'article L. 542-10-2 du code de l'environnement. »

ENCYCL. COLL. LOC. *Ressources locales : taxe d'habitation, 7830,* par Steckel-Assouère ; *Ressources locales : imposition forfaitaire sur les entreprises de réseaux, 7850,* par Cabannes ; *Ressources locales : contribution économique territoriale, 7870,* par Houser.

BIBL. ▸ Bouvier, Impôts directs locaux, *J.-Cl. Coll. terr., fasc. 2500.*

1. Taxes foncières, taxe d'habitation et contribution économique territoriale. Sur la taxe foncière sur les propriétés bâties, V. CGI, art. 1380 à 1391. ♦ Sur la taxe foncière sur les propriétés non bâties, V. CGI, art. 1393 à 1398. ♦ Sur la taxe d'habitation, V. CGI, art. 1407 à 1414. ♦ Sur la contribution économique territoriale, V. CGI, art. 1447 à 1479. ♦ Les éléments relatifs aux bases d'imposition des impôts locaux, fournis chaque année par l'administration fiscale aux conseils municipaux en vue de faciliter le vote, par ceux-ci, du taux de chacune des taxes directes locales constituent une simple indication des prévisions du service d'assiette, n'impliquant de sa part aucune décision, et les conseils municipaux ne sont pas tenus, s'ils estiment erronées ces prévisions, de les adopter. • CE 24 juill. 2009, *Cne de Coupvray,* n° 308516 : *RJF 2009, n° 947.* ♦ Ainsi, la communication, pour information, de ces éléments, ne comporte pas la notification de décisions susceptibles de faire grief aux communes et que celles-ci, par suite, auraient intérêt à contester par la voie du recours pour excès de pouvoir. • Même décision. ♦ Les erreurs commises par l'administration fiscale lors de l'exécution d'opérations qui se rattachent aux procédures d'établissement ou de recouvrement de l'impôt ne sont, en principe, susceptibles, en raison de la difficulté que présente généralement la mise en œuvre de ces procédures, d'engager la responsabilité de l'État que si elles constituent une faute lourde, y compris lorsqu'une telle erreur, portant sur la détermination des bases d'imposition des impôts locaux, serait susceptible d'affecter les ressources fiscales d'une collectivité locale. Il n'en va différemment que lorsque l'appréciation de la situation du contribuable ne comporte pas de difficulté particulière. • CE 24 juill. 2009, *Cne de Coupvray,* n° 308517 : *préc.* ♦ Le Conseil d'État semble toutefois avoir abandonné l'exigence d'une faute lourde, en considérant qu'une faute commise par l'administration lors de l'exécution d'opérations se rattachant aux procédures d'établissement et de recouvrement de l'impôt est de nature à engager la responsabilité de l'État à l'égard d'une collectivité territoriale ou de toute autre personne publique si elle leur a directement causé un préjudice. Un tel préjudice peut être constitué des conséquences matérielles des décisions prises par l'administration, et notamment du fait de ne pas avoir perçu des impôts ou taxes qui auraient dû être mis en recouvrement. • CE 16 nov. 2011, *Cne de Cherbourg-Octeville,* n° 344621 : *AJDA 2011. 2261.* ♦ Le Conseil d'État a confirmé cette jurisprudence en réaffirmant dans un considérant de principe qu'une faute commise par l'administration lors de l'exécution d'opérations se rattachant aux procédures d'établissement ou de recouvrement de l'impôt est de nature à engager la responsabilité de l'État à l'égard d'une commune si elle lui a directement causé un préjudice. • CE 24 avr. 2012, *Cne de Valdoie,* n° 337802 : *AJCT 2012. 446, obs. Clémence ; JCP Adm 2012, n° 2305, note Erstein.* ♦ Aux termes de l'art. 1636 B *sexies* CGI, seul le conseil municipal a compétence pour voter chaque année, par une délibération distincte de celle approuvant le budget prévisionnel, les taux des impositions directes à percevoir au profit de cette collectivité territoriale : dès lors, lorsque les taux des impositions directes n'ont pas fait l'objet de délibérations du conseil municipal, les actes par lesquels le maire a communiqué à l'administration fiscale les taux de l'année précédente constituent des décisions prises en méconnaissance des attributions du conseil municipal, et sont au nombre des actes faisant grief que tout contribuable de la commune a intérêt et, par suite, qualité à déférer au juge de la légalité. • CE 3 déc. 1999, *Phelouzat : RJF 2000, n° 57 ; Coll. terr. 2000, n° 48.* ♦ Par ailleurs, si les contribuables assujettis aux impositions directes perçues au profit des collectivités locales peuvent en demander la décharge ou la réduction en se prévalant des vices de la procédure d'adoption des délibérations qui en ont fixé le taux pour l'année concernée, ou de l'illégalité de ces délibérations au regard des dispositions des art. 1639 A, 1636 B *sexies* et 1636 B *septies* CGI, ils ne peuvent en revanche utilement invoquer, aux mêmes fins, le fait que les délibérations distinctes pour lesquelles l'assemblée de la collectivité locale concernée a adopté, par la même année, son budget, auraient méconnu les règles de calendrier, de procédure ou de fond régissant l'adoption, en recettes et en dépenses, de celui-ci. • CE 18 mai 1998, *SA Carrefour,* n° 148710 : *RJF 1998, n° 809 ; ACL 1999. 295.* ♦ Le moyen tiré de la méconnaissance du principe d'égalité devant l'impôt est inopérant à l'appui d'une contestation de la légalité des délibérations par lesquelles un conseil municipal vote les taux de la taxe d'habitation, des taxes foncières et de la taxe professionnelle dès lors que bien qu'élevés et en forte augmentation par rapport à ceux des années précédentes, ces taux n'excèdent pas les limites fixées par les dispositions de l'art. 1636 B *septies* CGI, qui plafonnent les taux en fonction de moyennes départementales et nationales. • CE 9 avr. 1999, *Plissonneau-Duquesne et a. : RJF 1999, n° 725 ; ACL 2000. 380.* ♦ En application de l'art. 1639 A CGI, la notification aux services fiscaux des décisions des collectivités locales relatives soit aux taux, soit aux produits des impositions directes perçues à leur profit, doit être faite avant le 31 mars de chaque année, ou avant le 15 avril pour l'année où intervient le renouvellement des organes délibérants, sauf absence de communication avant le 15 mars à l'organe délibérant d'informations indispensables à l'établissement de son budget, auquel cas l'assemblée délibérante dispose de quinze jours à compter de cette communication pour effectuer ladite notification et, à défaut, les impositions peuvent être recouvrées selon les décisions de l'année précédente : ainsi, une communauté de communes qui n'a reçu communication des informations indispensables à l'établissement de son budget que le 25 mars, et qui, dès lors, a fait connaître aux services fiscaux le 7 avril le taux de la taxe professionnelle, n'a pas méconnu les dispositions précitées de l'art. 1639 A CGI, qui lui permettaient de procéder à cette notification dans un délai de 15 jours à compter du 25 mars. • CE 10 mars 2003, *Cté de cnes de Haute-Provence,* n° 226662 : *JCP Adm. 2003, n° 1441, note Taillefait ; RJF 2003, n° 718 ; BJCL 2003, concl. Vallée ; ACL 2004. 530.*

2. Taxe d'enlèvement des ordures ménagères. **BIBL.** Billet, *JCP Adm. 2005, n° 1097* (la réforme du financement du service d'élimination des déchets ménagers et assimilés (loi de finances rectificative pour 2004 et loi de finances pour 2005) ; *ibid., n° 1317* (zonage et lissage : variations estivales sur la taxe d'enlèvement des ordures ménagères). ♦ Cette taxe est établie et perçue par l'administration des contributions directes d'après le revenu net servant de base à la taxe foncière, mais elle peut être remplacée par une redevance calculée en fonction de l'importance du service rendu : la taxe ou la redevance ne peut être instituée par la commune si elle est perçue par un groupement de communes chargé du service, V. CGI, art. 1520 à 1526. ♦ Les dispositions de l'art. 109 de la loi du 28 déc. 2001 ont pour objet de permettre, avant le 15 oct. d'une année, à un EPCI à fiscalité propre d'instituer et de percevoir pour son propre compte la TEOM ou la REOM, dès lors qu'antérieurement au 1er juill. de la même année le syndicat mixte, auquel il a adhéré et qui est compétent pour la collecte, le transport et le traitement des déchets ménagers, n'a pris aucune décision relative soit à la taxe soit à la redevance. Elles prévoient également que, lorsque le syndicat mixte décide postérieurement à la délibération d'un tel EPCI d'instituer la taxe ou la redevance, la délibération prise par le syndicat ne s'applique pas sur le territoire de cet EPCI, sauf si ce dernier rapporte sa délibération. Si ces dispositions dérogatoires peuvent également être invoquées par un EPCI à fiscalité propre lorsque, postérieurement au 1er juill. mais avant le 15 oct. de la même année et antérieurement à sa délibération, un syndicat mixte a décidé par délibération de renoncer pour l'avenir à la redevance instituée avant le 1er juill., elles ne sauraient recevoir application dans le cas où, après le 1er juill. mais avant le 15 oct., ce syndicat mixte décide de substituer la taxe à la redevance instituée antérieurement au 1er juill. Dans ce cas, sa délibération prend effet au 1er janv. de l'année suivante. Sauf si le syndicat mixte est, avant le 15 oct., ensuite revenu sur ce choix et a renoncé à l'application de la taxe ou de la redevance sur l'ensemble du périmètre syndical, l'EPCI ne peut alors légalement prendre ultérieurement une délibération pour instituer la taxe et la percevoir pour son propre compte sur son territoire. Il lui est seulement loisible de prendre une délibération avant le 15 oct. de la même année pour percevoir la taxe en lieu et place du syndicat mixte. • CE 13 janv. 2010, *M. Romang,* n° 325547 : *AJDA 2010. 71, obs. Pastor ; BJCL 2010. 121, concl. Escaut, obs. Degoffe.* ♦ Le produit de la TEOM et, par voie de conséquence, son taux, ne doivent pas être manifestement disproportionnés par rapport au montant des dépenses exposées par la commune pour assurer l'enlèvement et le traitement des ordures ménagères et non couvertes par des recettes non fiscales, tel qu'il peut être estimé à la date du vote de la délibération fixant ce taux. La TEOM n'a pas pour objet de financer l'élimination des déchets non ménagers, alors même que la redevance spéciale mentionnée à l'art. L. 2333-78 CGCT n'aurait pas été instituée. • CE 31 mars 2014, *Min. délégué chargé du budget c/ Sté Auchan France,* n° 368111 : *D. actu. 8 avr. 2014, obs. Pastor.* ♦ Aux termes de l'art. 1520 CGI, la taxe d'enlèvement des ordures ménagères est supprimée dans les communes où est instituée la redevance d'enlèvement des ordures ménagères prévue par l'art. L. 2333-76 : cette disposition ne crée pas l'obligation, pour les communes qui décident de supprimer la redevance d'enlèvement des ordures ménagères, d'instaurer une taxe d'enlèvement des ordures ménagères. • CE 8 janv. 1997, *Sté Verrerie Cristallerie d'Arques,* n° 151795 : *DF 1997, n° 10, comm. 267 et 270 ; ACL 1998. 266.* ♦ Dès lors, est légale la délibération par laquelle un conseil municipal décide de supprimer une telle redevance sans la remplacer par une taxe d'enlèvement des ordures ménagères. • Même décision. ♦ Le choix entre la redevance ou la taxe d'enlèvement des ordures ménagères doit porter sur la totalité du territoire communal : est illégale une délibération du conseil municipal divisant le territoire communal en deux zones, l'une où s'applique la taxe d'enlèvement des ordures ménagères, l'autre où s'applique la redevance. • TA Grenoble, 24 sept. 1996, *Copropriété de l'ensemble immobilier Le Kalinka : JCP 1997. IV. 2184 ; RJF 1998, n° 636.* ♦ Un EPCI peut instituer des zones de perception de la taxe d'enlèvement des ordures ménagères, sur lesquelles il vote des taux différents en vue de proportionner le montant de la taxe à l'importance du service rendu, apprécié en fonction des conditions de réalisation du service et de son coût. L'art. 1609 *quater* CGI l'autorise dans ce cas à faire application du dispositif lui permettant, pour une période qui ne peut excéder dix ans, de voter des taux différents à l'intérieur de chacune de ces zones et de retenir, pendant l'application de ce dispositif, des taux fixés au niveau de chaque commune de la zone concernée, afin de limiter les hausses de cotisations liées à l'harmonisation du mode de financement du service. • CE 7 sept. 2009, ♙ *Min. du Budget, des comptes publics et de la fonction publique c/ Grindel*, n° 325918 : *BJCL 2009. 632, concl. Olléon, obs. Geffray ; RJF 2009, n° 1176 ; RLCT 2009, n° 1443, note Joubert.* • CE 31 mai 2010, ♙ *Min. du Budget, des Comptes publics et de la Fonction publique c/ M. Poupel*, n° 326914 : *BJCL 2010. 638.* ♦ Par ailleurs, l'exonération de la taxe foncière n'entraîne pas celle de la taxe d'enlèvement des ordures ménagères. • CE 2 juill. 2008, *Mme Besseyrias*, n° 304448. ♦ Il résulte du régime spécifique prévu par les dispositions de l'art. 1639 A CGI que, pour être applicables l'année suivante, les délibérations accordant une exonération de taxe d'enlèvement des ordures ménagères doivent être prises avant le 1er juillet. Les délibérations ayant un tel objet ont le caractère de décisions individuelles. Si elles sont prises après cette date mais prévoient qu'elles sont applicables l'année suivante, elles ne peuvent être regardées comme ayant créé des droits au profit des bénéficiaires de l'exonération de taxe d'enlèvement des ordures ménagères qu'elle mentionne. • CE 31 août 2009, ♙ *SA Le Sigma*, n° 300483 : *BJCL 2009. 627, concl. Olléon, obs. Geffray ; RJF 2009, n° 948 ; JCP Adm. 2010, n° 2011, note Lamulle.* ♦ Aux termes de l'art. 1521 CGI, la taxe d'enlèvement des ordures ménagères porte sur toutes les propriétés soumises à la taxe foncière sur les propriétés bâties ou qui en sont temporairement exonérées, mais sont exonérés les locaux situés dans la partie de la commune où ne fonctionne pas le service d'enlèvement des ordures. Pour apprécier cette condition, il faut considérer la distance entre le point de passage de la benne, qui ramasse les ordures ménagères, de l'entrée de la propriété, ainsi que d'autres paramètres (dénivellation, localisation). Sur ce point, la jurisprudence a progressivement précisé les cas où s'applique cette exonération et ceux où elle ne s'applique pas. * Rép. min. n° 30368 : *JO Sénat Q, 15 mars 2001 ; Rev. Trésor 2001. 386.* ♦ Ainsi, est passible de la taxe d'enlèvement des ordures ménagères un immeuble situé dans une impasse où ne pénètrent pas les véhicules du service de nettoiement, mais distant de 200 mètres environ du point de passage le plus proche desdits véhicules. • CE 24 mai 1963, *Dufour*, n° 59-268. ♦ De même, est passible de la taxe d'enlèvement des ordures ménagères une propriété dont l'entrée donne sur une voie aisément praticable où circule le véhicule du service de collecte des ordures ménagères, alors même que ce véhicule s'arrête à 215 mètres du portail de la propriété. • CAA Lyon, 27 déc. 2002, *Meyer*, n° 99LY1781 : *RJF 2003, n° 930.* ♦ De même, ne sont pas susceptibles d'être exonérées de la taxe d'enlèvement des ordures ménagères, les propriétés situées respectivement à 288 et 410 m du conteneur implanté à l'intersection du chemin sur lequel circulent les véhicules du service de collecte, et du chemin d'accès des riverains à leurs propriétés. En effet, si les véhicules du service de collecte ne peuvent atteindre les dites propriétés, faute d'aire de retournement suffisante, le chemin qui constitue le seul accès des riverains, et qu'ils empruntent nécessairement, leur permet d'accéder au conteneur destiné à recevoir les ordures ménagères : dans ces circonstances, lesdites propriétés ne peuvent être regardées comme situées dans une partie de la commune où ne fonctionne pas le service d'enlèvement des ordures. • CAA Marseille, 8 mars 1999, *Gambini : RJF 1999, n° 1311.* ♦ Il résulte des dispositions des art. 1520 et 1521 CGI que, pour apprécier si une copropriété doit ou non être regardée comme desservie par le service d'enlèvement des ordures, la distance à retenir est celle qui sépare l'entrée de la copropriété du plus proche point de passage du service ou, le cas échéant, du centre de réception désigné par l'autorité compétente : dès lors, la propriété faisant partie d'un lotissement en copropriété lui-même desservi sous la forme de trois points de ramassage, et alors même que cette propriété était éloignée des points de collecte, ne pouvait bénéficier de l'exonération de taxe d'enlèvement des ordures ménagères, prévue par l'art. 1521. • CE 30 mars 2007, ♙ *M. Langlais*, n° 276701 : *BJCL 2007. 494, concl. Olléon ; RJF, n° 2007, 771.* ♦ Toutefois, il a été jugé qu'une maison qui fait partie d'un lotissement desservi par des rues incorporées au domaine public communal doit être regardée, pour l'application des dispositions de l'art. 1521 CGI, comme située dans une partie de la commune où ne fonctionne pas le service d'enlèvement des ordures ménagères, dès lors qu'elle est distante d'environ 1 700 mètres du point de passage du service, situé à l'entrée du lotissement. • TA Montpellier, 25 sept. 2008, *Paoli*, n° 05-3723 : *RJF 2009, n° 604.* ♦ S'il apparaît que les exonérations de la taxe d'enlèvement des ordures ménagères pour motif d'éloignement doivent, en principe, être accordées par référence à la distance de deux cents mètres retenue par la jurisprudence du Conseil d'État, les cas particuliers peuvent toujours faire l'objet de mesures spécifiques sous le contrôle du juge de l'impôt : ainsi en est-il notamment du caractère praticable ou non du chemin public d'accès à l'entrée de la propriété. Ces principes permettent ainsi d'adapter les règles en vigueur aux situations réelles. Il appartient alors aux collectivités territoriales et à leurs établissements publics de coopération intercommunale d'assurer le meilleur service aux usagers, par exemple par l'installation de conteneurs à une distance maximale de deux cents mètres de l'entrée de la propriété bâtie concernée et d'éviter ainsi le développement du contentieux. * Rép. min. : *JO Sénat Q, 30 janv. 2003, p. 349 ; BJCL 2003. 229.* ♦ En tout état de cause, le point de savoir si un immeuble donné est considéré comme situé ou non dans le périmètre où se trouve effectivement assuré le service de collecte est une question de fait qui ne peut être appréciée qu'après examen des circonstances propres à chaque cas. Par ailleurs, les circonstances que le propriétaire n'utiliserait pas en fait ledit service, et que la desserte de sa propriété aurait été incidemment omise lors des tournées de ramassage, ne sont pas de nature à justifier son exemption de la taxe. * Rép. min. n° 303608 : *JO Sénat Q, 15 mars 2001 ; Rev. Trésor 2001. 386.* ♦ Quoi qu'il en soit, des locaux, dès lors qu'ils sont situés dans le périmètre géographique desservi par le service d'enlèvement des ordures ménagères, sont assujettis à la taxe d'enlèvement des ordures ménagères, sans pouvoir bénéficier de l'exonération prévue au II de l'art. 1521 CGI en faveur des locaux situés dans la partie de la commune où ne fonctionne pas le service d'enlèvement des ordures, alors même que la capacité d'enlèvement du service est insuffisante pour satisfaire les besoins des locaux assujettis. • CE 21 oct. 2005, *SCA Euro-Disney,* n° 279879 : *RJF 2006, n° 105.* ♦ Aux termes des dispositions combinées des art. 1400-II et 1521-I CGI, le titulaire d'un bail à construction, redevable légal de la taxe d'enlèvement des ordures ménagères, ne peut, pour s'en exonérer, invoquer utilement les dispositions à portée générale de l'art. 1523 CGI, mettant en principe cette taxe à la charge des propriétaires redevables de la taxe foncière. • CAA Nancy, 13 juin 2002, *SA Wietrich,* n°s 01-331 et 01-472 : *RJF 2002, n° 1131.* ♦ Doivent être regardés comme usines, au sens de l'art. 1521 CGI prévoyant leur exonération de la taxe d'enlèvement des ordures ménagères, tous les établissements dont l'activité nécessite d'importants moyens techniques, non seulement lorsque cette activité consiste dans la fabrication ou la transformation de biens corporels mobiliers, mais aussi lorsque le rôle des installations techniques, matériels et outillages mis en œuvre, fût-ce pour les besoins d'une autre activité, est prépondérant. • CE 25 févr. 2011, *Coudouneau,* n° 306172 : *AJCT 2011. 248, obs. Clémence ; RJF 2011, n° 661.* ♦ Les installations d'un concessionnaire automobile, consistant en un hall d'exposition des véhicules mis en vente, un atelier de réparation et de transformation d'automobiles et une station-service, ne constituent ni une usine, au sens de l'art. 1521-II CGI, ni un établissement industriel : dès lors, ces installations sont imposables à la taxe d'enlèvement des ordures ménagères. • Même décision. ♦ De même, des locaux utilisés à 85 % pour entreposer des produits d'épicerie vendus par internet n'ont pas un caractère industriel, le rôle des installations techniques, matériels et outillages mis en œuvre ne pouvant être regardé comme prépondérant pour l'activité exercée. Dès lors, ces locaux ne peuvent bénéficier de l'exonération de la taxe d'enlèvement des ordures ménagères, prévue par l'art. 1521-II CGI. • TA Montreuil, 21 févr. 2012, *SCI Immobilière Pantin Bobigny,* n° 0904107 : *RJF 2012, n° 883.* ♦ De même, un local vacant, qui a été vidé de tout moyen technique industriel, est disponible pour une activité autre qu'industrielle, telle que le stockage. Dès lors, ce local ne peut bénéficier de l'exonération de la taxe d'enlèvement des ordures ménagères en faveur des usines. • Même jugement. ♦ Aux termes de l'art. 1524 CGI, en cas de vacance d'un immeuble d'une durée supérieure à trois mois, il peut être accordé décharge ou réduction de la taxe d'enlèvement des ordures ménagères, sur réclamation dans les conditions prévues, en pareil cas, en matière de taxe foncière : ainsi, lorsque la vacance est la conséquence de la fixation, par le bailleur, de critères de conditions de ressources minimales, elle ne constitue pas une vacance indépendante de la volonté du contribuable au sens des dispositions de l'art. 1389 CGI, et, par suite, l'administration peut, à bon droit, lui refuser le bénéfice du dégrèvement sollicité, dès lors qu'il avait lui-même fixé un critère de sélection des candidats à la location, sous forme de conditions de ressources minimales, pour l'accès aux logements de l'ensemble immobilier dont il est propriétaire. • CE 1er déc. 1999, *Sté immobilière Basse-Seine,* n° 189656 : *ACL 2000. 400.* ♦ De même, dès lors qu'un office public d'habitations à loyer modéré n'établit pas avoir pris des mesures destinées à réduire le taux de vacance de son parc immobilier locatif ou s'être trouvé, du fait de circonstances particulières, dans l'impossibilité de les mettre en œuvre, le dégrèvement de la taxe d'enlèvement des ordures ménagères, prévu par les dispositions de l'art. 1524 CGI, pour vacance de logements locatifs, ne peut lui être accordé : en effet, ni son statut, ni la mission de service public qu'il assure, ne font obstacle à ce qu'un office public d'habitations à loyer modéré prenne les mesures appropriées en vue d'adapter son parc immobilier aux besoins de la population locale et un déséquilibre du marché locatif ne peut, sauf circonstances particulières, être regardé comme indépendant de la volonté du contribuable. • CE 9 avr. 2004, *OPHLM du Tarn,* n° 240857 : *AJDA 2004. 1556 ; ACL 2005. 351.* ♦ De même, le bénéfice du dégrèvement, prévu par l'art. 1524 CGI, de la taxe d'enlèvement des ordures ménagères est subordonné à une utilisation effective et personnelle du bien, antérieure à l'inexploitation alléguée : par suite, un immeuble à usage industriel ou commercial donné en location par une société, dont l'objet est la location de locaux, ne saurait être regardé comme utilisé par la société bailleresse elle-même, et ainsi cette société ne saurait prétendre au bénéfice du dégrèvement pour le local en litige, dès lors qu'il est constant qu'elle l'avait, antérieurement à la vacance alléguée, donné en location. • CE 2 oct. 2006, *Min. de l'Économie, des Finances et de l'Industrie c/ SCI Sebimo,* n° 270954 : *RJF 2006, n° 1555.* ♦ Le redevable de la taxe d'enlèvement des ordures ménagères ne peut faire l'objet d'un dégrèvement lorsque l'immeuble dont il est propriétaire fait l'objet d'une location, et ce refus de dégrèvement ne constitue pas une discrimination injustifiée au sens de l'art. 14 de la convention européenne de sauvegarde des droits de l'homme et des libertés fondamentales. • CE

28 déc. 2007, *SCI Sebimo*, n° 299811. ♦ Les dispositions de l'art. 1523 CGI n'ont ni pour objet ni pour effet de rendre automatique la répercussion sur le locataire du montant de la taxe d'enlèvement des ordures ménagères. Dès lors, il n'existe pas une obligation légale pour les locataires de rembourser aux propriétaires le montant de cette taxe. • CE 8 oct. 2010, *Sté HLM pour tous*, n° 018690 : *JCP Adm. 2010, n° 2375, note Guigue ; RJF 2011, n° 115.* ♦ La taxe d'enlèvement des ordures ménagères instaurée par les communes en application de l'art. 1520 CGI, à la différence de la redevance prévue par l'art. L. 2333-76 CGCT, a le caractère d'une imposition, et non d'une redevance pour service rendu. • CAA Marseille, 8 mars 1999, *Gambini : préc.* ♦ La taxe d'enlèvement des ordures ménagères, même si elle se rattache, sur un certain nombre de points, aux règles établies en matière de taxe foncière sur les propriétés bâties, n'en constitue pas moins un impôt distinct : dès lors, le contribuable qui conteste la valeur locative attribuée à ses locaux en matière de taxe foncière sur les propriétés bâties n'est pas recevable à demander, pour la première fois en appel, à bénéficier d'une exonération de la taxe d'enlèvement des ordures ménagères. • CAA Lyon, 16 févr. 2000, *SCI La Courpillière : RJF 2000, n° 1377.* ♦ La circonstance que la taxe d'enlèvement des ordures ménagères ait les mêmes bases que la taxe foncière sur les propriétés bâties ne dispense pas le contribuable d'adresser à l'administration des réclamations distinctes pour chacune de ces deux impositions : dès lors, la réclamation portant sur la taxe foncière ne vaut pas réclamation pour la taxe d'enlèvement des ordures ménagères. • CE 9 nov. 2011, ♔ *SEITA*, n° 326059 : *RJF 2012, n° 139.* ♦ Si, lorsqu'une imposition est assise sur la base d'éléments qui doivent être déclarés par le redevable, l'administration ne peut établir, à la charge de celui-ci, des droits excédant le montant de ceux qui résulteraient des éléments qu'il a déclarés qu'après l'avoir mis à même de présenter ses observations, toutefois, il n'en va pas de même, en matière de taxe d'enlèvement des ordures ménagères, imposition dont la détermination est effectuée à partir des mêmes éléments que ceux servant de base à la détermination de la taxe foncière sur les propriétés bâties, lorsque l'administration procède, en application des dispositions des art. 1521 et 1522 CGI, à la mise en recouvrement, fût-ce par voie de rôles supplémentaires, d'une imposition primitive, sans remettre en cause aucun élément qu'il incomberait au redevable de déclarer, ni tirer les conséquences en matière de taxe d'enlèvement des ordures ménagères d'un redressement des bases de la taxe foncière sur les propriétés bâties qu'elle aurait effectué en application des dispositions de l'art. 1508 de ce code, en cas de défaut ou d'inexactitude des déclarations prévues aux art. 1406 et 1502 du même code. • CE 31 août 2009, ♔ *SA Le Sigma*, n° 300483 : *préc.* ♦ Les avis d'imposition à la taxe foncière, sur lesquels figurent les montants des cotisations de taxe d'enlèvement des ordures ménagères réclamés, comportent, au verso, les mentions de ce que la réclamation, obligatoirement formée auprès du centre des impôts avant la saisine éventuelle du tribunal administratif, doit être présentée avant le 31 déc. de l'année qui suit celle de la mise en recouvrement de l'imposition. Ainsi, les voies et délais de recours étant mentionnés sur les avis d'imposition, les réclamations relatives à la taxe d'enlèvement des ordures ménagères doivent, en application des dispositions de l'art. R. 196-2 LPF, être formées auprès de l'administration dans ces délais. • CE 7 mai 2010, *Min. du Budget, des Comptes publics et de la Fonction publique c/ SARL Induloc*, n° 314234. ♦ Sur la redevance d'enlèvement des ordures ménagères, V. art. L. 2333-76 s.

3. Taxe de balayage. La taxe de balayage, perçue au profit des communes assurant le balayage des rues à la place des riverains, est établie par l'administration municipale, recouvrée comme en matière de contributions directes et son taux est fixé par une délibération du conseil municipal suivant un tarif au mètre carré et au mètre linéaire : cette taxe, dont le contentieux relève de la juridiction administrative, est récupérée de plein droit par le propriétaire sur son locataire, V. CGI, art. 1379, 1528, 1641. ♦ La valeur des propriétés n'entre pas en compte dans l'établissement de la taxe de balayage, et tout propriétaire riverain y est assujetti même si sa propriété n'est pas bâtie. • CE 23 févr. 1987, ♔ *SCI du 64, rue Crozatier, Paris*, n° 56885 B : *RJF 1987, n° 413 ; DF 1987, n° 22, comm. 1074, concl. Fouquet.* ♦ L'annexe II de l'art. 317 CGI précise que le balayage de la superficie des voies livrées à la circulation publique donnant lieu à la perception de la taxe est celui qui incombe aux propriétaires riverains, chacun au droit de sa façade, sur une largeur égale à la moitié desdites voies sans pouvoir, toutefois, excéder six mètres. La notion de propriétaire s'apprécie selon l'immeuble concerné, en propriété individuelle ou collective, et non pas en fonction du seul critère de résidence en rez-de-chaussée. * Rép. min. n° 32991 : *JOAN Q, 6 mars 2000, p. 1486 ; Coll. terr. 2000, n° 135 ; Ann. voirie 2000. 10.*

4. Surtaxe sur les eaux minérales. Le conseil municipal d'une commune peut instituer une surtaxe sur les eaux minérales extraites des sources dont le forage se situe sur le territoire de la commune. Si une source ne se trouve pas sur le territoire de la commune, il est constant que cette dernière ne peut percevoir, sur le fondement de l'art. 1582 CGI, une surtaxe sur les eaux prélevées dans cette source. Ni la circonstance que cette source fasse partie d'un même bassin hydrominéral, ni celle selon laquelle la commune possède un établissement thermal ne peuvent justifier l'assujettissement du volume d'eau extrait de cette source à la surtaxe sur les eaux minérales, par cette commune. Par suite, cette commune, en invoquant la perte de ressources financières auxquelles elle ne pouvait légalement prétendre, ne justifie pas d'un intérêt lui donnant qualité pour agir contre la délibération d'une commune voisine, instituant cette surtaxe pour cette source se trouvant sur son territoire. • CAA Nancy, 14 mars 2011, *Cne de Vittel*, n° 10NC00261 : *AJCT 2011. 360, obs. Cabannes*. ♦ Sur le taux maximum de la surtaxe par litre ou fraction de litre que les communes, sur les territoires desquelles sont situées des sources d'eaux minérales, peuvent percevoir, V. CGI, art. 1582, 1697.

5. Taxe sur les jeux de boules et de quilles. Cette taxe a été abrogée par la loi n° 99-1172 du 30 déc. 1999, art. 30-A-4°.

6. Taxe sur les surfaces commerciales. Cette taxe présente le caractère d'un « impôt local » au sens du 4° de l'art. R. 811-1 CJA. • CE, sect. avis cont., 2 juin 2017, *Sté Privilège Automobiles*, n° 405595 : *Lebon ; AJDA 2017. 1141, note de Montecler*.

7. Taxe communale sur la consommation finale d'électricité. Sur les modalités relatives à l'assiette, à la liquidation et au recouvrement de cette taxe, V. art. L. 2333-2 s.

8. Taxe sur la publicité extérieure. Sur les modalités relatives à l'assiette, à la liquidation et au recouvrement de la taxe sur la publicité extérieure, qui a remplacé les précédentes taxes sur la publicité, V. art. L. 2333-6 s.

9. Taxe de séjour. Sur les modalités relatives à l'assiette, à la liquidation et au recouvrement de la taxe de séjour ou de la taxe de séjour forfaitaire, V. art. L. 2333-26 s.

10. Taxe sur les remontées mécaniques. Sur les modalités relatives à l'assiette, à la liquidation et au recouvrement de la taxe sur les entreprises exploitant des engins de remontées mécaniques, V. art. L. 2333-49 s.

11. Produits des jeux dans les casinos. Sur le produit du prélèvement progressif opéré par les communes sur le produit des jeux dans les casinos, V. art. L. 2333-54 s.

12. Droits de place dans les halles, foires et marchés. Le produit des droits de place perçus dans les halles, foires et marchés présente le caractère d'une recette fiscale de la commune. Aux termes du second alinéa de l'art. L. 2224-18 CGCT, le régime des droits de place et de stationnement sur les halles et les marchés est défini conformément aux dispositions d'un cahier des charges ou d'un règlement établi par l'autorité municipale après consultation des organisations professionnelles intéressées. Aux termes de l'art. L. 2121-29 CGCT, le conseil municipal règle par ses délibérations les affaires de la commune. Il résulte de ces dispositions que seul le conseil municipal est compétent pour arrêter des modalités de révision de droits de nature fiscale tels que les droits de place perçus dans les halles, foires et marchés. Ces modalités de révision ne peuvent résulter des stipulations impératives d'un contrat passé par la commune. • CE 19 janv. 2011, *M. Auguste*, n° 337870 : *AJCT 2011. 191, obs. Cabannes ; BJCL 2011. 354, concl. Dacosta*. ♦ En l'espèce, les stipulations, qui fixaient de manière impérative les modalités de révision des tarifs prévus au contrat, ne pouvaient qu'être déclarées illégales en tant qu'elles s'appliquaient aux droits de place et aux droits de stationnement ou de déchargement des véhicules qui constituent l'accessoire des droits de place, dès lors que la définition de ces droits relevait de la seule compétence du conseil municipal, sans que la commune puisse s'engager par contrat en cette matière. • Même décision. ♦ V. dans le même sens, • CE 17 oct. 2016, *Cne de Villeneuve-le-Roi*, n° 398131 : *Lebon ; AJDA 2017. 231, note Clamour ; AJCT 2017. 158, obs. Jacquemoire*. ♦ Le tarif des droits de place perçus dans les halles, foires et marchés, qui est fixé par le conseil municipal, doit être uniforme, variant seulement en fonction de la profondeur de l'emplacement occupé, du métrage linéaire des façades ou de la valeur commerciale de l'emplacement : il peut cependant être établi sur d'autres bases et, par exemple, dans le cas d'une pêcherie municipale, le conseil municipal peut déterminer l'assiette de ces droits en proportion de la valeur des enchères ou du montant des ventes de poisson, et non pas en raison de l'occupation des places à la pêcherie municipale. • CE 27 févr. 1962, *Sté industrielle de pêche : Lebon T. 911 ; AJDA 1962. 499 ; Dr. adm. 1962, n° 78*. ♦ Le recouvrement des droits de place peut être effectué en régie, par voie d'affermage ou de concession. • CE 15 mai 1953, *Cne de Nogent-sur-Marne : Lebon 235 ; AJDA 1954. 56*. ♦ Les droits de place, bien qu'ils soient perçus à l'occasion d'un service rendu, n'en constituent pas moins une recette fiscale. • CE 6 avr. 1951, *Synd. des marchands ambulants d'Eure-et-Loir : Lebon 177* • 22 nov. 1985, *Ville de La Courneuve*, n° 60459 : *Lebon 333 ; AJDA 1986. 117, obs. Richer ; Dr. adm. 1986, n° 15 ; ACL 1986* • Civ. 1re, 14 nov. 2006, *Cne de Bondy c/ Bruno Auguste et Jean-Paul Auguste*, n° 04-20.009 : *BJCL, 2007, 62, obs. Janicot*. ♦ La nature fiscale des droits de place fait obstacle à ce que la commune soit, à raison de ceux-ci, assujettie à l'impôt sur les sociétés et par conséquent à l'imposition forfaitaire annuelle. • CAA Bordeaux, 16 févr. 2010, *Cne de Soumoulou*, n° 08BX01470 : *AJDA 2010. 1102 et 1471, chron. Vié ; BJCL 2010. 299, concl. Vié*. ♦ En l'espèce, la commune organisait chaque dimanche matin des ventes de voitures d'occasion entre particuliers, en mettant un emplacement à la disposition des personnes désireuses d'exposer leur véhicule dans une enceinte fermée aménagée sur la place publique, moyennant un droit d'entrée. Le stationnement de chaque véhicule présenté à la vente donnait lieu à la perception directe par le régisseur municipal d'un droit de place, de même nature que ceux perçus dans les halles, foires et marchés, dont le tarif unique était fixé par le conseil municipal. Comme le prévoit l'art. L. 2331-3 CGCT, ce droit de place, bien qu'il soit perçu à l'occasion d'un service rendu, revêtait le caractère non d'une recette commerciale, mais d'une recette fiscale affectée à la section de fonctionnement du budget communal. • Même arrêt. ♦ Les produits des droits de place constituent des recettes entrant par leur nature dans la catégorie des taxes assimilées aux contributions indirectes : il n'appartient, par suite, qu'à la juridiction judiciaire de connaître des oppositions formées contre les états exécutoires émis pour leur recouvrement. • CE 26 mars 1990, *SA Comptoir lyonnais des viandes*, n° 72481 B : *D. 1991. 141*. ♦ En cas d'occupation sans titre d'emplacements dans les halles, foires et marchés, la commune est fondée à réclamer à l'occupant, tenu de réparer le dommage causé au gestionnaire du domaine par cette occupation irrégulière, une indemnité calculée par référence aux tarifs applicables ou, en leur absence, au revenu tenant compte des avantages de toute nature qu'aurait pu produire l'occupation régulière de la dépendance en cause : la juridiction judiciaire est compétente pour connaître des litiges relatifs aux états exécutoires ou à la contestation de l'obligation de payer résultant des commandements de payer émis à l'encontre de l'occupant sans titre de tels emplacements pour avoir paiement de cette indemnité. • CE 24 juin 2013, *SARL Eldorado c/ Cne d'Alès*, n° 348207 : *AJCT 2013. 585, obs. Giacuzzo ; Dr. adm 2013, n° 73, note Eveillard ; JCP Adm. 2013, n° 2295, note Langelier ; RJF 2013, n° 987*. ♦ De plus, en vertu de l'art. L. 199 du livre des procédures fiscales, les décisions rendues par l'administration sur les réclamations contentieuses en matière de contributions indirectes et de taxes assimilées à ces contributions, et qui ne donnent pas entièrement satisfaction aux intéressés, ne peuvent être portées que devant le TGI : par suite, les droits de place entrant par leur nature dans la catégorie des taxes assimilées aux contributions indirectes, le juge administratif est incompétent pour connaître d'un recours de plein contentieux dirigé contre ces droits perçus auprès des commerçants non sédentaires exerçant leurs activités sur les marchés. • CAA Paris, 22 janv. 1998, *Assoc. des commerçants non sédentaires de Corbeil-Essonnes : RJF 1998, n° 744*. ♦ En effet, s'il est de principe, selon le décret-loi du 17 juin 1938, que les litiges relatifs aux contrats comportant occupation du domaine public passés par les collectivités publiques relèvent de la compétence des juridictions administratives, l'art. 136 du décret du 17 mai 1809, relatif aux octrois municipaux et applicable aux droits de place perçus dans les halles et marchés, attribue spécialement compétence aux tribunaux judiciaires pour statuer sur toutes les contestations qui pourraient s'élever entre les communes et les fermiers de ces taxes indirectes, sauf renvoi préjudiciel à la juridiction administrative sur le sens et la légalité des clauses contestées des baux. • T. confl. 23 avr. 2007, *Cne de Cabourg*, n° 3567 : *AJDA 2007. 1711, note Distel*. ♦ En l'espèce, le requérant avait saisi, à bon droit, le tribunal de grande instance d'une demande tendant à l'indemnisation du préjudice qu'il estimait avoir subi du fait de la méconnaissance, par la commune, de la clause de variation des tarifs des droits de place, prévue par la convention lui confiant la perception des droits de place dans les halles et marchés de cette commune. • Même décision. ♦ Le contentieux des droits de place est judiciaire, sauf renvoi préjudiciel devant le juge administratif sur le sens des clauses contestées du contrat. • T. confl. 10 avr. 1995, *Préfet des Hauts-de-Seine c/ TGI de Nanterre : Lebon 494 ; JCP 1995. IV. 1698 ; RFDA 1996. 149 ; Quot. jur. 1995, n° 86 ; Dr. adm. 1995, n° 418*. ♦ En effet, lorsque le litige porte sur le sens et la portée d'une clause contractuelle d'indexation, qui permet aux parties de réactualiser des tarifs dont la fixation incombe à la commune, la légalité de cette clause suscite dès lors une difficulté sérieuse qui échappe à la compétence de la juridiction judiciaire, à qui il appartient de renvoyer les parties à faire trancher par la juridiction administrative la question préjudicielle dont dépend la solution du litige, et, en ce cas, de surseoir à statuer. • Civ. 1re, 14 nov. 2006, *Cne de Bondy c/ Bruno Auguste et Jean-Paul Auguste*, n° 04-20.009 : *préc.* ♦ Le juge judiciaire reste compétent pour connaître d'une demande indemnitaire formée contre la commune par le fermier après l'annulation du contrat, alors même que cette demande ne peut plus être formée sur un fondement contractuel. • T. confl. 19 mai 2014, *Cne de Raincy*, n° 3938 : *AJDA 2014. 1062, note Pastor ; Rev. CMP 2014, n° 200, note Pietri*. ♦ Sur le régime des droits de place dans les halles, foires et marchés, V. art. L. 2224-18 s.

13. Versement destiné aux transports en commun. Sur les modalités relatives à l'assiette, à la liquidation et au recouvrement de ce versement, V. art. L. 2333-64 s.

14. Reversement du Fonds national de garantie individuelle des ressources. Sur ce point, V. L. n° 2010-1657 du 29 déc. 2010, art. 108-XXI-B-9° (art. L. 2331-3, 8°).

15. Taxes sur les convois, les inhumations et les crémations. Sur les modalités relatives à l'assiette, à la liquidation et au recouvrement de ce versement, V. art. L. 2223-22.

Art. L. 2331-4 Les recettes non fiscales de la section de fonctionnement peuvent comprendre :

1° Le produit de la redevance d'enlèvement des ordures ménagères sur les terrains de camping, de la redevance spéciale ou de la redevance pour enlèvement des ordures, déchets et résidus ;

(L. nº 2014-58 du 27 janv. 2014, art. 63) **« 2° Le produit de la redevance de stationnement prévu à l'article L. 2333-87 ; »**

3° Le produit des péages communaux, des droits de pesage, mesurage et jaugeage ;

4° *(L. nº 2009-526 du 12 mai 2009, art. 113)* **« Le produit de la redevance d'usage des abattoirs publics prévue par l'article L. 2333-1 ; »**

5° Le produit des taxes d'affouage, de pâturage et de tourbage ;

6° Abrogé par L. nº 2014-1654 du 29 déc. 2014, art. 20.

7° Le produit de la contribution spéciale imposée aux entrepreneurs ou propriétaires en cas de dégradation de la voie publique ;

8° Le produit des permis de stationnement et de location sur la voie publique, sur les rivières, ports et quais fluviaux et autres lieux publics ;

9° Le produit des droits de port perçus conformément aux dispositions du livre II du code des ports maritimes relatif aux droits de port et de navigation ;

10° Le produit des droits de voirie et autres droits légalement établis ;

11° *(L. nº 2006-437 du 14 avr. 2006, art. 33)* **« Le produit de la redevance pour l'accès aux sites nordiques dédiés au ski de fond et aux loisirs de neige autres que le ski alpin » ;**

(Ord. nº 2005-1027 du 26 août 2005, art. 13) **« 12° Les dons et legs en espèces hormis ceux visés au 6° de l'article L. 2331-8 ;**

« 13° Les subventions et les contributions des tiers aux dépenses de fonctionnement ;

« 14° Le produit correspondant à la reprise des subventions d'équipement reçues ; »

(L. nº 2006-1771 du 30 déc. 2006, art. 163) **« 15° Le remboursement des frais engagés à l'occasion d'opérations de secours consécutives à la pratique de toute activité sportive ou de loisirs. Cette participation, que les communes peuvent exiger sans préjudice des dispositions applicables aux activités réglementées, aux intéressés ou à leurs ayants droit, peut porter sur tout ou partie des dépenses et s'effectue dans les conditions déterminées par les communes.**

« Les communes sont tenues d'informer le public des conditions d'application du premier alinéa du présent 15° sur leur territoire, par un affichage approprié en mairie et, le cas échéant, dans tous les lieux où sont apposées les consignes relatives à la sécurité ; »

(L. nº 2010-1657 du 29 déc. 2010, art. 108) **« 16° La dotation de compensation de la réforme de la taxe professionnelle ; »**

(L. nº 2015-1786 du 29 déc. 2015, art. 114) **« 17° Le produit de la neutralisation des dotations aux amortissements des subventions d'équipement versées. »**

BIBL. ► PEYRAUD, *RGCT mars-avr. 2003. 640* (redevances d'occupation du domaine public : réflexions sur le pouvoir de qualification du juge).

1. Redevance d'enlèvement des ordures ménagères. Sur les modalités relatives à l'assiette, à la liquidation et au recouvrement de la redevance d'enlèvement des ordures ménagères sur les terrains de camping, de la redevance spéciale et de la redevance pour enlèvement des ordures, déchets et résidus, V. art. L. 2333-76 s.

2. Droits de péage. Les communes peuvent être autorisées à percevoir des droits de péage à l'occasion de l'utilisation des tunnels, des tranchées couvertes, des bacs et passages d'eau établis sur les fleuves et rivières : l'institution d'une redevance sur un ouvrage d'art compris dans le domaine public routier communal est décidée par délibération du conseil municipal ou de l'assemblée délibérante du groupement de communes, et elle est autorisée par décret en Conseil d'État, V. C. voirie rout., art. L. 153-5. – **CGPPP.** ♦ Est dépourvue de base légale la décision par laquelle un maire a institué un véritable droit de péage sur la circulation des véhicules, en subordonnant l'accès d'une route départementale à une autorisation spéciale délivrée contre le paiement d'un droit de stationnement, à l'occasion de l'arrivée d'une étape du Tour de France. • CE 22 févr. 1991, *Cne de Bagnères-de-Luchon c/ Loquet*, nº 90381 : *Lebon 63*. ♦ Les droits de péage sont des redevances pour services rendus, et non des taxes. • CE 13 mai 1977, *Sté Cie financière et industrielle des autoroutes et a. : Lebon 219.* ♦ Le versement d'un droit de péage ne fait naître aucune relation contractuelle entre le service public gestionnaire de l'ouvrage et les usagers : il en résulte que les litiges, qui peuvent naître entre les usagers d'un pont, dont la construction, l'entretien et la gestion ont été concédés par une collectivité publique à une société d'économie mixte, et celle-ci quant à la légalité des péages, à leur montant ou aux décisions refusant de restituer des péages qui auraient été indûment perçus, relèvent de la compétence de la juridiction administrative. • CE 2 oct. 1985, *Jeissou*, nº 23254 B : *JCP 1986. IV. 84 ; Gaz. Pal. 1986. Pan. dr. adm. 239.*

3. Droit de pesage, mesurage et jaugeage. Les conseils municipaux sont compétents pour instituer des bureaux de pesage, de mesurage et de jaugeage publics, où chacun peut faire peser et jauger ses marchandises moyennant le paiement d'un droit fixé par ces conseils : les droits de pesage constituent une taxe dont le produit ne fait l'objet d'aucune affectation spéciale, et n'est pas nécessairement proportionné à l'importance des prestations fournies ou aux frais d'établissement et d'entretien du bureau de poids public. • CE 1er avr. 1960, *Guanter : Lebon 249.* ♦ V. art. L. 2224-23.

4. Taxes d'affouage, de pâturage et de tourbage. La taxe d'affouage correspond au droit de participer à la distribution des produits des forêts domaniales sous la forme de bois de chauffage ou de bois de construction : toutefois, la taxe peut être totalement supprimée par l'affectation, au paiement des frais de la coupe, du produit de la vente d'une partie des arbres de futaie. • CE 9 avr. 1875, *Ménétrier, Maire et a. : Lebon 297.* ♦ Le conseil municipal, compte tenu des dépenses devant être couvertes par la taxe, arrête, par délibération, le montant de la taxe d'affouage due par les affouagistes : l'établissement de la taxe s'effectue comme en matière de contributions directes, au moyen d'un rôle nominatif qui est la liste des ayants droit établie par le conseil municipal, et tout habitant, inscrit d'office au rôle de la taxe, peut obtenir décharge de cette contribution dès lors qu'il n'a pas participé à l'affouage. • CE 19 juill. 1901, *Lafarge : Lebon 662.* ♦ En sens inverse, le juge administratif, qui est compétent en matière d'inscription au rôle d'affouage, peut ordonner l'inscription d'un affouagiste sur la liste affouagère. • CE 27 juill. 1910, *Cne de Montigny-aux-Amognes : Lebon 634.* ♦ Est illégale la délibération par laquelle un conseil municipal a exclu une personne du rôle d'affouage au motif qu'elle ne résidait pas dans la commune pendant toute l'année, sept jours sur sept. • TA Montpellier, 31 mars 1987, *M. Bringer c/ Cne de Servières,* n° 87071. ♦ Sur l'affouage, V. C. for., art. L. 243-1 ss. art. L. 2241-7 (avec des annotations jurisprudentielles).

5. La taxe de pâturage, dont le montant est fixé par le conseil municipal par tête de bétail, est supportée par les habitants faisant paître leur bétail sur les terrains communaux, à partir d'un rôle dressé chaque année par le conseil municipal : dans le cas où le règlement de pâturage n'impose pas aux propriétaires de bestiaux de faire une déclaration préalable pour conduire leurs troupeaux dans les pâturages communaux, ces propriétaires sont passibles de la taxe par le seul fait qu'ils ont mené paître leurs troupeaux. • CE 23 janv. 1903, *Cne de Gervières : Lebon 45.* ♦ De même, lorsqu'une déclaration préalable est exigée par le règlement de pâturage, et que le propriétaire s'est abstenu d'y procéder, la commune peut exiger le paiement de la taxe. • CE 30 mars 1906, *Gilloux : Lebon 276* • CE 6 mars 1907, *Cesarini : Lebon 222.*

6. Taxes de pavage et de trottoirs. Sur les modalités relatives à l'assiette, à la liquidation et au recouvrement de la taxe de trottoirs, V. art. L. 2333-58 s. ♦ La taxe de pavage a été abrogée par l'art. 24 de la L. n° 2012-354 du 14 mars 2012.

7. Contribution spéciale aux dépenses de voirie. BIBL. Deliancourt, les contributions spéciales exigées par les communes et les départements en cas de détériorations anormales de la voirie routière, *BJCL 2009. 506.* – Lafargue, Les contributions spéciales exigées en cas de détériorations anormales de la voirie, *Droit de la Voirie 2013. 141.* ♦ Les communes peuvent percevoir des contributions spéciales sur les usagers qui dégradent la voie publique, mais la légalité de ces contributions est liée à plusieurs conditions : d'une part, la voie communale doit être entretenue en état de viabilité, c'est-à-dire être utilisable par des véhicules de dimension moyenne, et, d'autre part, la dégradation, qui doit provenir du véhicule (vitesse, poids, chargement...), doit présenter un caractère anormal, c'est-à-dire justifier des dépenses de réparation plus importantes que celles correspondant à un entretien ordinaire. • TA Bordeaux, 26 nov. 1987, *Cne d'Aubiac : Lebon T. 628.* ♦ Ces contributions spéciales peuvent être dues par des personnes privées ou par des personnes publiques. • CE 16 juin 1950, *Ville de Belfort : Lebon 378.* ♦ Les véhicules des personnes redevables doivent avoir matériellement emprunté les voies endommagées. • CE 10 juin 1977, *Sté O. Pron et fils : RD publ. 1978. 1163.* ♦ Ces véhicules doivent être directement responsables des dégradations. • CE 19 févr. 1982, *Épx Prinson,* n° 14428 : *Lebon 77* ♦ Le montant de ces contributions spéciales doit être proportionné à la charge des travaux de réparation des détériorations. • CE 2 déc. 1977, *Sté Houlbracq : RD publ. 1978. 1163.* ♦ Si la quotité de la contribution spéciale, notifiée par le maire, est contestée par le redevable, la fixation du montant de la contribution spéciale est arrêtée par le tribunal administratif, après expertise. • CE 3 mai 1974, *Sté de travaux industriels pour l'électricité « Trindel » : Lebon 260* • CE 16 nov. 1979, *Perrot : Lebon 419* • CE 6 déc. 1985, *Cne de Saint-Étienne-de-Chigny : Dr. adm. 1986, n° 80.* ♦ Il résulte des dispositions de l'art. L. 141-9 C. voirie rout. que les communes qui entendent imposer à des entrepreneurs des contributions spéciales pour dégradations ou détériorations anormales de la voirie communale sont tenues de rechercher, au préalable, un accord amiable avec les intéressés. Cette prescription devant être conciliée avec le principe du règlement annuel de ces contributions posé par les mêmes dispositions, sont, par suite, recevables devant les tribunaux administratifs les demandes de règlement présentées avant la fin de l'année civile suivant celle de l'échec définitif de la tentative d'accord amiable. • CE 6 juin 2008, *Office national de la chasse et de la faune sauvage,* n° 299415. ♦ L'attribution de compétence au juge judiciaire, qui résulte de l'art. L. 116-1 C. voirie rout., ne concerne que les cas dans lesquels une contravention à la police de la conservation du domaine public routier est constituée, que cette contravention ait été poursuivie ou non : dès lors, lorsque des commandements de payer ont été émis pour le paiement de sommes dues au titre de travaux de réfection de la voie publique, pour avoir réparation de dommages causés à la voirie communale à l'occasion de travaux exécutés par une entreprise, sans qu'aucune contravention à la police de la conservation du domaine ait été constituée, l'action introduite par cette entreprise pour contester ces commandements ne se rattache pas au contentieux de la répression des infractions à la police de la conservation du domaine public routier, et, par conséquent, le litige relève de la compétence de la juridiction administrative. • T. confl. 24 avr. 2006, *Sté Bouygues Bâtiment c/ Ville de Paris*, n° 3493. ♦ Sur la contribution spéciale imposée aux entrepreneurs ou propriétaires en cas de dégradation de la voie publique, V. C. voirie rout., art. L. 141-9.

8. Droits de port. Constituent des redevances et non des taxes les sommes demandées à des usagers en vue de couvrir les charges d'un service public déterminé ou les frais d'établissement ou d'entretien d'un ouvrage public, et qui trouvent leur contrepartie directe dans des prestations fournies par le service ou dans l'utilisation de l'ouvrage : dès lors, les droits de port, qui peuvent être perçus dans les ports maritimes au profit des communes, et auxquels sont soumis les navires de commerce, de pêche, de plaisance ou de sport (taxe de séjour dans les ports, taxes de stationnement, taxe sur les marchandises et redevances d'équipement dont le montant est intégralement affecté au financement des dépenses portuaires) ont le caractère de redevances lorsque ces droits trouvent leur contrepartie dans l'utilisation de l'ouvrage public et dans les prestations qui sont fournies à cette occasion, et la fixation des règles concernant leur institution et leur aménagement relève donc de la compétence réglementaire. • Cons. const. 6 oct. 1976, n° 76-92 DC : *JO 9 oct. 1976 ; RD publ. 1977. 464, note Favoreu et Philip.* ♦ La commune dispose d'une base légale pour réclamer aux redevables, à raison de leur occupation des installations du port au droit des quais dont ils sont propriétaires et où chacun d'eux dispose d'une autorisation d'amarrage et de stationnement d'un bateau, une redevance pour occupation du domaine public, dès lors que les installations portuaires de cette commune appartiennent au domaine public maritime et lui ont été transférées par arrêté préfectoral en application des dispositions de la loi n° 83-8 du 7 janv. 1983 et de la loi n° 83-663 du 22 juill. 1983. • CE 29 nov. 2002, *Cne du Barcarès c/ M. Attal et a.*, n°s 219244 et 219245 : *Dr. adm. 2003, n° 36 ; RJF 2003, n° 246 ; RFDA 2003. 173 ; Coll. terr. 2003, n° 76, note Erstein ; BJCL, 2003, 176, concl. Collin, obs. B.P. ; RGCT mars-avr. 2003. 640, note Peyraud ; ACL 2003. 361.* ♦ Cette redevance est due alors même que les redevables n'utiliseraient pas effectivement l'autorisation de stationnement dont ils sont titulaires. • Même décision. ♦ De plus, la redevance en cause étant due non pour service rendu, mais pour occupation du domaine public, les requérants ne peuvent utilement soutenir qu'elle ne trouve pas sa contrepartie dans la fourniture de services effectifs autres que celui que leur procure ladite autorisation. • Même décision. ♦ Par ailleurs, en n'assujettissant pas à la redevance les usagers du plan d'eau qui ne sont pas propriétaires d'une portion de quai ou d'une autorisation d'amarrage, la commune ne méconnaît pas le principe d'égalité. • Même décision. ♦ Enfin, une telle redevance domaniale n'ayant pas le caractère d'une imposition, les requérants ne peuvent, en tout état de cause, soutenir qu'ils subissent une double imposition dès lors qu'ils acquittent déjà la taxe foncière et la taxe d'habitation à raison des immeubles dont ils sont propriétaires sur le port de ladite commune, ni invoquer le principe d'égalité devant l'impôt. • Même décision. ♦ Sur le problème de la compatibilité des droits de port avec le principe de la libre prestation des services de transports maritimes entre États membres de la CEE, et entre États membres et pays tiers, V. • CJCE 5 oct. 1994, *Commission c/ France : RJF 1995, n° 123.* ♦ Sur les droits de port, V. C. ports mar., art. L. 211-1 s. devenu C. transp., art. L. 5321-1. ♦ Sur le produit de la taxe sur les passagers, V. art. L. 2331-3.

9. Droits de voirie. BIBL. Du Marais, *LPA 30 sept. 1994.* ♦ Une commune peut instituer des droits de voirie afférents non seulement aux ouvrages empiétant sur le domaine public, sans lui être incorporés, mais également aux dispositifs qui, installés à titre provisoire ou non, ne font pas partie des immeubles sur lesquels ils sont établis et ne peuvent, par suite, être réputés constituer des constructions. • CAA Marseille, 24 nov. 2003, *Ville de Marseille*, n° 99MA01749 : *Ann. voirie 2004, n° 84, Pan. II.* ♦ Est légale la décision de la commune mettant à la charge d'un plaignant une somme pour compenser son occupation du domaine public communal par une buse garnie de fleurs, dès lors que le montant du paiement du droit de voirie correspondant a été fixé conformément à la délibération du conseil municipal et au prorata de la surface occupée. • TA Nancy, 13 mars 2001, *Cne de Lérouville*, n° 991539 : *Ann. voirie 2001, n° 60, Pan. II.* ♦ Les façades, baies et balcons échappent aux droits de voirie, les deux premières n'empiétant pas sur la voie publique et, en admettant que les balcons forment saillie sur celle-ci, ils ne sauraient être regardés comme constituant un stationnement, un dépôt temporaire ou une location sur la voie publique : dès lors, il n'existe aucun fondement légal pour l'imposition de tels équipements. • CE 5 mai 1993, *Cne de Montrouge c/ Sté pour la construction en accession et location*

(SOCAL), n° 86666 : *Lebon 660* ; *JCP 1993. IV. 1596* ; *LPA 30 sept. 1994, concl. Du Marais* ; *RJF 1994, n° 927* ; *ACL 1994. 236.* ♦ En revanche, les droits annuels acquittés par une société, à raison d'enseignes lumineuses installées sur un immeuble, constituent des droits de voirie, dès lors qu'il n'est pas contesté que les enseignes installées par cette société forment saillie sur la voie publique. • CAA Douai, 27 mars 2002, *Cne de Lille*, n^os^ S98DA02387 et S98DA02388 : *Ann. Voirie 2002, n° 71, Pan. III.* ♦ L'art. 1er (7°) de la loi du 13 août 1926, en vertu duquel toute commune peut établir une taxe sur les balcons et les constructions en saillie, doit être regardé comme abrogé par l'art. 1er de l'ordonnance du 7 janv. 1959, entrée en vigueur avec effet au 1er janv. 1974. • Même décision. ♦ De même, une commune ne peut soumettre à une taxe les propriétaires de passages privés, d'immeubles dotés de portes cochères et d'entrées pour véhicules, en contrepartie de l'interdiction de stationnement des véhicules sur la voie publique devant ces passages, portes ou entrées. • CAA Paris, 29 sept. 1995, *Cne de Nouméa : Lebon T. 689.* ♦ De même, une commune ne peut décider, par délibération, d'assujettir chaque distributeur automatique de billets placé en bordure du domaine public communal, et accessible directement depuis le domaine public, à une redevance de droits de voirie. En effet, il est constant que ces distributeurs ne sont pas placés sur le domaine public, et que, si ceux-ci ne peuvent remplir leur fonction que grâce à l'arrêt momentané des usagers sur le domaine public communal, ces seuls et brefs stationnements des usagers des distributeurs ne peuvent fonder l'institution d'un droit de voirie à raison de chacun de ces distributeurs. • TA Grenoble, 15 déc. 2009, *Sté lyonnaise de banque, Banque populaire des Alpes*, n° 0703737 : *AJDA 2010. 682, note Vallez* ; *JCP Adm 2010, n° 2057, note Yolka.* ♦ Les droits de voirie, réclamés par une commune, ayant comme fondement légal les dispositions de l'art. L. 2331-4 relatif aux recettes non fiscales de la section de fonctionnement du budget communal, ne sauraient être assimilés à des contributions indirectes, mais se rattachent à des actes et opérations de la puissance publique relevant, à ce titre, de la compétence de la juridiction administrative : celle-ci est donc compétente pour connaître de la demande d'une société de construction tendant à obtenir le remboursement des sommes payées au titre des droits de voirie à la commune. • CE 5 mai 1993, *Cne de Montrouge*, n° 86666 : *préc.* • Com. 1er déc. 1998, *Sté Cofinda : RJF 1999, n° 269* • Com. 1er déc. 1998, *Soc. immob. marseillaise (SIM) : RJF 1999, n° 269.*

10. Redevance d'accès aux pistes de ski de fond balisées. Sur les modalités relatives à l'assiette, à la liquidation et au recouvrement de la redevance pour l'accès aux pistes de ski de fond balisées et régulièrement damées, et aux installations collectives destinées à favoriser la pratique du ski de fond, V. art. L. 2333-81 s.

11. Remboursement des frais de secours. **BIBL.** Delhoste, *RGCT 2002. 353* (le remboursement des frais de secours) ; *RFDA 2003. 274* (la réforme du remboursement des frais de secours). ♦ Les remboursements des frais de secours, engagés par les communes à l'occasion d'accidents consécutifs à la pratique d'activités sportives, au nombre desquelles figure le ski, peuvent être légalement fixés selon un mode forfaitaire. • TA Clermont-Ferrand, 12 mars 1991, *Sauvagnat : JCP 1991. IV. 394.*

SECTION 2 **Recettes de la section d'investissement**

BIBL. ► Auby, *Dr. adm. 2011, n° 23* (une réforme de simplification de la fiscalité de l'urbanisme). – Billet, *JCP Adm. 2012, n° 2067* (fiscalité de l'aménagement : mise en œuvre de la taxe d'aménagement et du versement pour sous-densité). – Goujon, Taxe d'aménagement et versement de sous-densité, *Moniteur, 2012, coll. Guides juridiques.* – Houser, *AJCT 2011. 179* (le versement de sous-densité). – Jégouzo et Lebreton, *AJDA 2011. 209* (la réforme de la fiscalité de l'urbanisme). – Strebler, *AJCT 2011. 174* (la taxe d'aménagement : vers une « fiscalisation » du financement des équipements publics) ; *BJCL 2011. 161* (la réforme de la fiscalité de l'urbanisme : au-delà d'un apparent toilettage fiscal, une nouvelle approche du financement des équipements publics) ; *ibid. 230* (la réforme de la fiscalité de l'urbanisme : au-delà d'un apparent toilettage fiscal, une nouvelle approche du financement des équipements publics (suite) ; *AJCT 2012. 614* (la nouvelle participation au financement de l'assainissement collectif). – Vidal, *AJDA 2012. 2000* (réforme de la fiscalité de l'aménagement et taxation des aires de stationnement). – Viviano, *Gestion et fin. publ. 2013. 74* (la taxe d'aménagement prend des quartiers de surface).

Art. L. 2331-5 **Les recettes fiscales de la section d'investissement comprennent :**

(L. n° 2010-1658 du 29 déc. 2010, art. 28) **« 1° Le produit de la part communale de la taxe d'aménagement, prévue à** *(Ord. n° 2022-883 du 14 juin 2022, art. 7)* **« l'article 1635 *quater* A du code général des impôts ».**

2° Le montant des contributions aux dépenses d'équipements publics mentionnées au 4° de l'article L. 332-6 » du code de l'urbanisme.

3° Abrogé par L. n° 2009-526 du 12 mai 2009, art. 113.

1. Produit de la part communale de la taxe d'aménagement. Sur la taxe d'aménagement, V. art. L. 331-1 C. urb.

2. Versement pour sous-densité. Sur ce versement, V. art. L. 331-36 et L. 331-38 C. urb.

Art. L. 2331-6 Les recettes non fiscales de la section d'investissement comprennent :

1° Le produit du relèvement du tarif des amendes relatives à la circulation routière ;

2° Pour les communes et les établissements publics de coopération intercommunale dont la population est égale ou supérieure à 3 500 habitants et pour leurs établissements publics, les amortissements des immobilisations ;

3° Abrogé par Ord. n° 2005-1027 du 26 août 2005, art. 14.

4° Le produit des subventions d'investissement et d'équipement ;

5° Les attributions du Fonds de compensation pour la taxe sur la valeur ajoutée ;

6° Abrogé par L. n° 2010-1658 du 29 déc. 2010, art. 28.

7° Le montant des contributions aux dépenses d'équipements publics prévues au 2° de l'article L. 332-6-1 du code de l'urbanisme ;

8° Les attributions de la dotation *(L. n° 2010-1657 du 29 déc. 2010, art. 179)* « d'équipement des territoires ruraux ».

I. AMENDES RELATIVES À LA CIRCULATION ROUTIÈRE

1. Sur le produit du relèvement du tarif des amendes relatives à la circulation routière, V. art. L. 2334-24 s. et L. 4414-4. ♦ Sur les modalités de répartition du concours de l'État, au titre du produit des amendes de police relatives à la circulation routière, V. art. R. 2334-10 à R. 2334-12.

II. AMORTISSEMENTS DES IMMOBILISATIONS

2. Sur l'application de la disposition relative aux amortissements des immobilisations pour les communes et les établissements publics de coopération intercommunale dont la population est égale ou supérieure à 3 500 habitants et pour leurs établissements publics, V. art. L. 2331-9.

III. SUBVENTIONS D'INVESTISSEMENT ET D'ÉQUIPEMENT

3. Sur le produit de ces subventions, V. art. L. 2335-5 s.

IV. ATTRIBUTIONS DU FONDS DE COMPENSATION POUR LA TVA

4. Sur les attributions du Fonds de compensation pour la taxe sur la valeur ajoutée.

V. CONTRIBUTIONS AUX DÉPENSES D'ÉQUIPEMENTS PUBLICS

5. Les dispositions de l'art. L. 332-6 C. urb. (V. **C. urb.**) fixent de façon limitative les contributions qui peuvent être mises à la charge des constructeurs à l'occasion de la délivrance du permis de construire. Dès lors, il en résulte qu'aucune autre participation ne peut leur être demandée. Cette règle s'applique alors même que l'autorité administrative au profit de laquelle une telle participation serait versée ne serait pas celle qui délivre le permis de construire. Eu égard au caractère d'ordre public des dispositions de l'art. L. 332-6 C. urb., toute stipulation contractuelle qui y dérogerait serait entachée de nullité. • CE, sect., 4 févr. 2000, *EPAD : Dr. adm. 2000, n° 77 ; RJF 2000, n° 495.* ♦ Ainsi, les autorisations délivrées en application du code de l'urbanisme étant des actes unilatéraux de l'administration, qui ne peuvent être assortis d'autres participations financières que celles prévues par la législation de l'urbanisme, une commune ne peut mettre en œuvre des sanctions financières à l'égard de propriétaires de studios, ni en se fondant sur les conventions conclues par elle avec les SCI constructrices de l'ensemble immobilier, ni en se référant à de prétendues obligations que les propriétaires auraient contractées à son profit en procédant à l'acquisition de ceux-ci. • CE 20 oct. 2004, *Ville de Biarritz c/ Assoc. Victoria Surf Paris et a.*, n° 224204 : *ACL 2005. 361* • 20 oct. 2004, *Ville de Biarritz c/ Mme Tamba*, n° 224203 : *ACL 2005. 361.* ♦ Dès lors, les titres de recettes notifiés et les commandements de payer délivrés sont dépourvus de base légale. • Mêmes décisions. ♦ Concernant le remboursement des sommes indûment perçues au titre de telles participations illégales, il n'y a lieu de fixer le point de départ des intérêts au jour du paiement de ces participations (et non à celui de la réclamation) que lorsqu'il y a eu mauvaise foi de la part de la collectivité qui a reçu les sommes dont il est demandé répétition : par suite, en l'absence de mauvaise foi de la collectivité, il y a lieu de fixer le point de départ des intérêts à compter de la date à laquelle a été demandée la répétition des sommes indûment perçues. • Mêmes décisions. ♦ De même, la contribution prévue par convention entre une société d'aménagement et une commune, en contrepartie du raccordement d'un terrain à lotir au réseau public d'assainissement, ne correspond à aucun des cas mentionnés à l'art. L. 332-6 C. urb. : eu égard au lien existant entre l'extension du réseau public d'assainissement et l'octroi à la société d'aménagement des autorisations de lotir et de construire demandées par elle dans le cadre de la réalisation de son projet immobilier, cette contribution prévue par la convention doit être regardée comme interdite par les dispositions de l'art. L. 332-6, et la convention prévoyant cette offre de concours est, par conséquent, entachée de nullité. • CE 10 oct. 2007, *Cne de Biot*, n° 268205 : *Dr. adm. 2007, n° 163 ; AJDA 2008. 889, note Poujade*. ♦ En l'espèce, la société d'aménagement et la commune avaient conclu une convention par laquelle la commune s'engageait à réaliser les travaux d'extension du réseau public d'assainissement jusqu'à l'entrée de la parcelle acquise par la société et à accorder à celle-ci les autorisations d'urbanisme que nécessitait la réalisation de ses projets. La société d'aménagement s'était, en contrepartie, engagée à verser au budget de la commune un fonds de concours. • Même décision. ♦ De même, la création d'une voie de desserte, soumise à ce titre à contribution forfaitaire, ne peut en conséquence donner lieu à contribution spécifique de la part du bénéficiaire, même en présence d'un engagement de sa part. • CAA Bordeaux, 17 nov. 2002, *Cne de Saint-Palais*, n° 98BX01569 : *RFDA 2003. 1249*. ♦ De même, la convention qui a pour objet et pour effet d'imposer à un lotisseur une participation aux travaux d'extension du réseau d'électricité, alors que cette obligation entrant dans le champ d'application des dispositions de l'art. L. 332-6 C. urb. n'a pas été imposée lors de la délivrance de l'autorisation de lotir et n'aurait légalement pu l'être, est entachée de nullité. • CAA Lyon, 9 nov. 2010, *ERDF*, n° 09LY02688 : *AJDA 2011. 295*. ♦ V. aussi, à propos de la participation demandée par une commune pour la réalisation de travaux d'éclairage, de réfection de voies et de pose de trottoirs qui avaient le caractère d'équipements publics, • CE 31 janv. 2001, *Cne de Frénouville*, n° 195599 : *ACL 2002. 514*. ♦ V. aussi, à propos de la contribution demandée par une commune pour la réalisation des équipements publics rendus nécessaires par la création d'un lotissement, sous la forme de l'exécution de travaux, d'apport de terrain ou de participations financières, • CE 16 févr. 2005, *Cne de Brétigny-sur-Orge*, n° 258512 : *AJDA 2005. 1311*. ♦ En admettant même que la voirie du lotissement dont la commune a assuré la réfection ait conservé un caractère privé, aucune disposition législative n'autorisait la commune à imposer aux propriétaires de ce lotissement une participation aux travaux de réfection de la voirie de celui-ci, à défaut pour ceux-ci d'y avoir consenti. • CE 7 mars 2005, *Mme Delorme*, n° 261091 : *ACL 2006. 395*.

6. Participation spécifique pour la réalisation d'équipements publics exceptionnels. V. art. L. 332-8 C. urb. ♦ Les communes sont en droit d'exiger une participation spécifique lors de l'édifice de constructions nécessitant la réalisation d'équipements publics exceptionnels (installations à caractère industriel, agricole, commercial ou artisanal) : cette participation est calculée sur la base du coût des équipements publics que nécessite une telle implantation (par ex. la construction d'une voirie de desserte d'une grande surface commerciale). ♦ La somme, qui peut ainsi être mise à la charge du lotisseur, doit être regardée non comme une imposition, mais comme une participation que la loi, dans les limites qu'elle définit, autorise une collectivité territoriale à percevoir sur le bénéficiaire de l'autorisation de lotir, à raison des équipements publics dont la réalisation est rendue nécessaire par le lotissement autorisé, et dont le montant doit être fixé en fonction de l'importance des constructions à réaliser, telles qu'elles sont déterminées par le projet ayant fait l'objet de l'autorisation de lotir. Le titulaire de celle-ci peut obtenir la décharge partielle ou totale de cette participation, s'il justifie qu'il n'a pas été en mesure de donner suite à ladite autorisation. En ce cas, il y a lieu de tenir compte des dépenses résultant, pour la collectivité, des décisions qu'elle a déjà prises au titre des équipements rendus nécessaires par le lotissement. • CE 6 mars 2006, *SNC Le Triangle*, n° 266346 : *Coll. terr. 2006, n° 97, note Erstein ; JCP Adm. 2006, n° 1236, note Billet ; RJF 2006, n° 540*. ♦ L'aménagement d'un carrefour giratoire constitue un équipement public exceptionnel, au sens de l'art. L. 332-8 C. urb. • CE 21 mars 2008, *SCI Bergerac La Cavaille Nord*, n° 300046. ♦ Ne constitue pas une construction nécessitant la réalisation d'équipements publics exceptionnels l'édification d'un grand garage. • CE 18 févr. 1976, *Ville de Rambouillet : Lebon 105 ; JCP 1976. II. 18303, note Bouyssou*. ♦ Lorsqu'il constate que la décision contestée devant lui aurait pu être prise, en vertu du même pouvoir d'appréciation, sur le fondement d'un autre texte que celui dont la méconnaissance est invoquée, le juge de l'excès de pouvoir peut substituer ce fondement à celui qui a servi de base légale à la décision attaquée, sous réserve que l'intéressé ait disposé des garanties dont est assortie l'application du texte sur le fondement duquel la décision aurait dû être prononcée. En l'espèce, la décision attaquée, qui imposait à une société de verser à la commune une participation financière pour la réalisation des travaux de viabilité et d'équipements propres à la construction autorisée, trouvait son fondement légal dans les dispositions de l'art. L. 332-15 C. urb. Dès lors, ces dispositions pouvaient, à la demande de la commune, être substituées à celles de l'art. L. 332-8 du même code qui concernent la réalisation d'équipements publics exceptionnels nécessitée par la construction envisagée. • CE 7 juill. 2010, *EARL des Noëls*, n° 311477. ♦ En effet, en premier lieu, la délivrance du permis de construire était subordonnée au versement de participations financières ; en deuxième lieu, cette substitution de base légale n'avait pour effet de priver l'intéressé d'aucune garantie ; et, en troisième lieu, l'administration disposait du même pouvoir d'appréciation pour appliquer l'une ou l'autre de ces deux dispositions. • Même décision.

Art. L. 2331-7 *Abrogé par L. n° 98-546 du 2 juill. 1998, art. 53.*

Art. L. 2331-8 Les recettes non fiscales de la section d'investissement peuvent comprendre notamment :

1° Le produit des cessions d'immobilisations dans les conditions fixées par décret ;

2° Le résultat disponible de la section de fonctionnement ;

3° Le produit des emprunts ;

4° Le produit des fonds de concours ;

5° Le produit des cessions des immobilisations financières ;

(Ord. n° 2005-1027 du 26 août 2005, art. 15) « 6° Les dons et legs en nature et les dons et legs en espèces affectés à l'achat d'une immobilisation financière ou physique ; »

7° Pour les communes ou les établissements publics de coopération intercommunale dont la population est inférieure à 3 500 habitants et pour leurs établissements publics, les amortissements ;

(Ord. n° 2005-1027 du 26 août 2005, art. 15) « 8° Le cas échéant, les recettes des provisions, dans les conditions prévues par décret en Conseil d'État ; »

(L. n° 2014-872 du 4 août 2014, art. 2) « 9° Le produit de la contribution locale temporaire mentionnée à l'article L. 2124-1 du code des transports. »

1. Résultat disponible de la section de fonctionnement. Sur les modalités d'affectation du résultat disponible de la section de fonctionnement, V. art. L. 2311-5.

2. Produit des emprunts. Sur les modalités de recours à l'emprunt, V. art. L. 2337-3. ♦ V. également art. L. 1611-3.

3. Produit des fonds de concours. BIBL. Message, *RFFP 1989, n° 26, p. 253* (la procédure des fonds de concours). – Philippot, *JCP Adm. 2003, n° 1739* (du bon usage du fonds de concours intercommunal). ♦ En principe, l'offre de concours repose sur un contrat par lequel une personne privée ou publique s'engage à fournir une prestation en argent ou en nature à une collectivité publique en vue de la réalisation d'un travail public ou de l'organisation d'un service public : toutefois, le juge administratif déduit l'existence du contrat d'offre de concours des délibérations du conseil municipal et des correspondances de l'intéressé, sans attacher d'incidence au fait que l'accord des volontés des parties n'a pas été matérialisé dans un document contractuel. • CE 25 nov. 1992, *M. Paulet : Dr. adm. 1993, n° 36 ; ACL 1993. 277.* ♦ Un état exécutoire peut être émis à l'encontre de l'auteur d'une offre de concours. • Même arrêt.

4. Donations avec charges. Sur le régime des dons et legs aux communes, V. art. L. 2242-1 s. ♦ Lorsqu'une collectivité publique territoriale a accepté un don ou un legs conditionné, elle engage sa responsabilité si elle renonce au don ou legs au motif que les conditions sont irréalisables. • CAA Marseille, 28 juin 2004, *Ville de Nice*, n° 02MA00231 : *AJDA 2004. 2065, note Pontier*. ♦ Sur le système de révision des conditions et charges grevant une donation, V. art. 900-2 à 900-8 C. civ. applicables aux personnes morales de droit public (V. ces art. ss. art. L. 2242-1). ♦ La demande en révision des charges est conditionnée par un changement de circonstances rendant l'exécution soit extrêmement difficile, soit sérieusement dommageable, et elle doit être formée devant le tribunal civil contre les héritiers (à défaut, contre le ministère public) : est illégale la délibération d'un conseil municipal décidant la vente d'un terrain en modifiant les charges d'un legs. • CE 19 févr. 1990, *Cne d'Éguilles*, n°s 73923 et 82498 : *Lebon 42 ; D. 1992. IR 231 ; JCP 1990. II. 21535, note Boulanger ; RFDA 1990. 291 ; Rev. adm. 1990, n° 254, note Ruiz-Fabri ; Mémorial des percepteurs et receveurs des communes 1990, p. 130.*

Art. L. 2331-9 Les dispositions *(Ord. n° 2005-1027 du 26 août 2005, art. 16)* « du 2° » de l'article L. 2331-6 et celles *(Ord. n° 2005-1027 du 26 août 2005, art. 16)* « du 7° » de l'article L. 2331-8 entreront en vigueur à compter de l'exercice 1997 pour les immobilisations acquises à compter du 1er janvier 1996.

Pour les exercices antérieurs à l'exercice 1997, continuent à s'appliquer les dispositions des articles L. 231-9 et L. 231-12 du code des communes dans leur rédaction antérieure à l'entrée en vigueur de la loi n° 94-504 du 22 juin 1994 portant dispositions budgétaires et comptables relatives aux collectivités locales.

Art. L. 2331-10 Les recettes d'investissement prévues aux 1° et 2° de l'article L. 2331-5, aux 1° et 6° de l'article L. 2331-6 et au 9° de l'article L. 2331-8 peuvent être utilisées au financement des dotations aux *(Ord. n° 2005-1027 du 26 août 2005, art. 17)* « amortissements prévus aux 27° et 28° » de l'article L. 2321-2.

SECTION 3 Répartition et recouvrement de certaines taxes

Art. L. 2331-11 Les taxes particulières dues par les habitants ou propriétaires en vertu des lois et usages locaux sont réparties par délibération du conseil municipal.

Ces taxes sont recouvrées comme en matière d'impôts directs. — *[C. communes, art. L. 231-13 issu de la L. du 5 avr. 1884, art. 140.]*

Art. L. 2331-12 *(Ord. nº 2021-1843 du 22 déc. 2021, art. 5)* Les conditions dans lesquelles le produit de la taxe sur le transport maritime de passagers à destination d'espaces naturels protégés mentionnée à l'article L. 423-47 du code des impositions sur les biens et services est réparti entre les communes sur le territoire desquelles est situé un espace naturel sont déterminées par l'article L. 321-12 du code de l'environnement.

CHAPITRE II CONTRIBUTIONS ET TAXES PRÉVUES PAR LE CODE GÉNÉRAL DES IMPÔTS

Art. L. 2332-1 Les taxes mentionnées au 1º du *a* de l'article L. 2331-3 sont, pour les forêts et les bois de l'État, acquittées dans la même proportion que pour les propriétés privées. — *[C. communes, art. L. 232-2 issu de la L. du 5 avr. 1884, art. 144.]*

Exonération. Lorsque la convention par laquelle l'État a confié la gestion forestière d'un terrain militaire boisé à l'Office national des forêt (ONF) stipule que les produits de l'exploitation de ce terrain seront vendus par l'ONF pour son propre compte, et qu'elle ne prévoit aucune redevance au profit de l'État, le produit des ventes de bois réalisées par l'ONF constitue une ressource du budget de l'office et non du budget de l'État : ni les dispositions du code forestier en vertu desquelles l'ONF est un établissement public de l'État dont les excédents de gestion peuvent faire l'objet d'un prélèvement au profit du budget général de l'État, ni le fait que l'ONF exploite de manière rationnelle et programmée les boisements de ce terrain militaire ne permettent dès lors de regarder ce dernier comme productif de revenus pour l'État, qui est, par suite, exonéré, pour ce terrain, de la taxe foncière sur les propriétés non bâties, en vertu des dispositions de l'art. 1394 CGI. • CE 12 mai 1997, *Cne de Mont-lès-Neufchâteau*, nº 172318.

Art. L. 2332-2 *(L. nº 2013-1279 du 29 déc. 2013, art. 45)* « I. — » Les taxes et impositions perçues par voie de rôle, pour le compte des communes et des établissements publics locaux, sont attribuées mensuellement, à raison d'un douzième de leur montant total, tel qu'il est prévu au budget de l'année en cours, le premier versement étant effectué avant le 31 janvier.

Lorsque le montant à attribuer ne peut être déterminé comme indiqué ci-dessus, les attributions mensuelles sont faites dans la limite du douzième du montant des taxes et impositions mises en recouvrement au titre de l'année précédente ou, à défaut, du montant des taxes et impositions prévues au budget de l'année précédente ; la régularisation est effectuée dès que le montant des taxes et impositions prévues au budget de l'année en cours est connu.

Au cours de l'année, un ou plusieurs douzièmes peuvent être versés en anticipation sur le rythme normal si les fonds disponibles de la commune ou de l'établissement public se trouvent momentanément insuffisants. Les attributions complémentaires sont autorisées par arrêté du préfet sur la proposition du *(Ord. nº 2010-420 du 27 avr. 2010, art. 109)* « directeur départemental des finances publiques ».

Les attributions ne peuvent avoir pour effet de porter les versements effectués pendant l'année civile à un montant supérieur aux taxes et impositions de l'exercice.

(L. nº 2010-1657 du 29 déc. 2010, art. 108) « Le présent article est applicable à la taxe sur les surfaces commerciales prévue à l'article 3 de la loi nº 72-657 du 13 juillet 1972 instituant des mesures en faveur de certaines catégories de commerçants et artisans âgés. »

Les taxes ou portions de taxes attribuées à un fonds commun sont exclues des régimes d'attribution visés au présent article.

II. — Abrogé par L. n° 2022-1726 du 30 déc. 2022, art. 55.

BIBL. ▶ LAUZE, *RFFP 1990, n° 32* (compte d'avances sur impositions locales). – PERREAULT, *RFFP 1995, n° 50* (compte d'avances sur impositions locales). – REYNAUD, *J.-Cl. Coll. terr., fasc. 2220 et 2221* (trésorerie).

Recours. L'unique moyen de la commune, tiré de ce que les dispositions de l'art. L. 2333-2 feraient obstacle à ce que le montant cumulé des attributions mensuelles de taxes soit inférieur à celui résultant des prévisions budgétaires, calculé à partir de l'évaluation prévisionnelle notifiée par le service des impôts, n'est pas de nature à créer un doute sérieux quant la légalité de la décision de réduction des dernières attributions mensuelles prévues par cet article : dès lors, la demande de suspension de cette décision, adressée au juge des référés, doit donc être rejetée. • CE 15 avr. 2005, *Min. de l'Économie, des Finances et de l'Industrie c/ Cne de Clamart*, n° 274855 : *AJDA 2005. 1363 ; JCP Adm. 2005, n° 1318, concl. Séners ; ACL 2006. 397.* ♦ En l'espèce, le conseil municipal de la commune avait voté son budget primitif au mois de janvier, puis, après avoir reçu du service des impôts la notification, prévue par l'art. D. 1612-1 CGCT, du montant prévisionnel des bases des impôts locaux, avait voté le 31 mars, soit dans le délai imposé par l'art. L. 1639 A CGI, les taux de ces impôts au titre de l'année en cours, et les attributions mensuelles de taxes au bénéfice de la commune pour les neuf premiers mois de l'année avaient été calculées à partir de ces éléments ; cependant, par suite d'une erreur commise par excès dans l'évaluation du montant prévisionnel des bases notifiées, le montant des rôles effectivement homologués, résultant de l'application des taux votés aux bases corrigées, a été sensiblement inférieur à celui qui était primitivement escompté, ce qui a conduit le trésorier payeur général à réduire les trois dernières attributions mensuelles, afin que, comme l'exigent les dispositions de l'art. L. 2332-2 CGCT, le montant cumulé des attributions de l'année n'excède pas celui des rôles effectivement homologués. • Même décision.

CHAPITRE III TAXES, REDEVANCES OU VERSEMENTS NON PRÉVUS PAR LE CODE GÉNÉRAL DES IMPÔTS

SECTION 1 Redevance d'usage des abattoirs publics *(L. n° 2009-526 du 12 mai 2009, art. 113).*

Art. L. 2333-1 *(L. n° 2009-526 du 12 mai 2009, art. 113)* Une redevance est due par les usagers des abattoirs publics. Elle est instituée par délibération de l'assemblée délibérante de la collectivité territoriale ou du groupement de collectivités territoriales propriétaire de l'abattoir.

En cas de délégation du service, le tarif de la redevance peut comporter, outre une part, fixée par la convention de délégation, revenant au délégataire au titre des charges du service qu'il assure, une part revenant à l'autorité délégante, destinée à couvrir les dépenses qui demeurent à sa charge.

La redevance est recouvrée par la collectivité territoriale ou le groupement de collectivités territoriales propriétaire de l'abattoir ou, par délégation de l'assemblée délibérante, par le délégataire du service.

SECTION 2 Part communale d'accise sur l'électricité *(L. n° 2025-127 du 14 févr. 2025, art. 20, en vigueur le 1er août 2025).*

(L. n° 2020-1721 du 29 déc. 2020, art. 54)

Art. L. 2333-2 I. — Il est institué au profit des communes ou, selon le cas, des établissements publics de coopération intercommunale ou des départements qui leur sont substitués au titre de leur compétence d'autorité organisatrice de la distribution publique d'électricité mentionnée à l'article L. 2224-31, une part communale *(L. n° 2025-127 du 14 févr. 2025, art. 20)* « d'accise sur l'électricité mentionnée à l'article L. 312-1 du code des impositions sur les biens et services ».

II. — Au titre de l'année 2023, le montant de la part communale perçue par les communes, les établissements publics de coopération intercommunale ou les dépar-

tements est égal au produit de la taxe communale sur la consommation finale d'électricité mentionnée au présent article, dans sa rédaction en vigueur au 31 décembre 2021, perçue au titre de l'année 2022, augmenté de 1,5 % ou de 1 % pour les syndicats mentionnés à l'article L. 5212-24, ainsi que de l'évolution, entre 2020 et 2021, de l'indice des prix à la consommation hors tabac. Pour les collectivités qui n'appliquaient pas le coefficient multiplicateur unique maximum, ce montant est multiplié par le rapport entre ce coefficient et le coefficient appliqué en 2022.

À compter de 2024, le montant de la part communale est égal au montant perçu au titre de l'année précédente majoré de l'évolution, entre cette même année et *(L. nº 2025-127 du 14 févr. 2025, art. 75)* **« la pénultième » année, de l'indice des prix à la consommation hors tabac et multiplié par le rapport entre les deux termes suivants :**

1º La quantité d'électricité fournie sur le territoire, selon le cas, de la commune, de l'établissement public de coopération intercommunale, du département ou de la métropole de Lyon, au titre de la pénultième année ;

2º La quantité d'électricité fournie sur le territoire, selon le cas, de la commune, de l'établissement public de coopération intercommunale, du département ou de la métropole de Lyon, au titre de l'antépénultième année. Les modalités d'application du présent article, notamment les conditions dans lesquelles sont constatées les quantités d'électricité fournies à l'échelle des territoires mentionnés aux 1º et 2º, sont précisées par décret.

III. — Le montant de la part communale attribuée à une commune nouvelle au titre de la première année au cours de laquelle sa création prend fiscalement effet est égal à la somme des parts communales qui auraient été attribuées, au titre de cette même année, aux communes préexistantes.

IV. — En cas de fusion d'établissements publics de coopération intercommunale, la part communale attribuée au nouvel établissement public de coopération intercommunale au titre de la première année au cours de laquelle sa création prend fiscalement effet est égale à la somme des parts qui auraient été attribuées, au titre de cette même année, aux établissements publics de coopération intercommunale préexistants.

V. — En cas d'adhésion ou de retrait individuel d'un membre d'un établissement public de coopération intercommunale, la quantité d'électricité fournie ou consommée mentionnée aux 1º et 2º du II est, selon le cas, augmentée ou diminuée de celle constatée sur le territoire de ce membre.

Il résulte des dispositions de l'art. L. 2333-2 que le montant de la part communale de l'accise sur l'électricité au titre de l'année 2023 est fonction du produit de la taxe communale sur la consommation finale d'électricité perçue au titre de l'année 2022. À compter de 2024, le montant de cette part est fonction du montant de la part perçu l'année précédente. Le CE précise la possibilité de contester le mécanisme de calcul prévu pour l'année 2023. La contestation aurait pu être présentée dans le délai du recours contentieux à l'encontre du III de l'art. 4 du Décr. du 4 févr. 2022 qui dispose : « lorsqu'une commune devient, en lieu et place d'un établissement public de coopération intercommunale, l'affectataire légal de la part communale de l'accise sur d'électricité, le montant qui lui est affecté est déterminé, en 2023, à partir du produit de la taxe perçue par l'établissement public de coopération intercommunale au prorata des quantités d'électricité fournies sur le territoire de la commune ». En effet, ces dispositions « avaient pour seul objet de déterminer le montant des parts communales de l'accise sur l'électricité attribuées au titre de l'année 2023 aux communes devenues, en lieu et place d'un établissement public de coopération intercommunale, affectataires de ces parts ». Ainsi, à compter de 2024, le montant de la part communale est fonction du montant de la part perçu l'année précédente les dispositions en litige ont cessé d'être applicables. « Dans ces conditions, si des conclusions tendant à leur annulation, présentées dans le délai de recours contentieux, eussent revêtu un caractère utile, celles qui tendent à l'annulation du refus de les abroger et à leur abrogation, enregistrées le 19 avril 2024, étaient dès cette date dépourvues d'objet et sont par, suite, irrecevables. » • CE 2 avr. 2025, nº 493610.

SECTION 2 *[ANCIENNE]* Taxe communale sur la consommation finale d'électricité

(L. n° 2010-1488 du 7 déc. 2010, art. 23)

BIBL. ▶ FLEURY, Taxes locales sur la consommation finale d'électricité : mode d'emploi, *JCP Adm. 2012, n° 2148*. – HOUSER, La réforme des taxes sur l'électricité et les collectivités territoriales, *BJCL 2010. 814*.

▶ Guide pratique – Taxes locales sur la consommation finale d'électricité (en annexe de la note d'information du 4 avr. 2018, NOR : INTB1804155N).

Ancien art. L. 2333-2 ***Il est institué, au profit des communes ou, selon le cas, au profit des établissements publics de coopération intercommunale ou des départements qui leur sont substitués au titre de leur compétence d'autorité organisatrice de la distribution publique d'électricité visée à l'article L. 2224-31*** *(L. n° 2020-1721 du 29 déc. 2020, art. 54)* ***« une majoration de*** *(Ord. n° 2021-1843 du 22 déc. 2021, art. 5)* ***« l'accise sur les énergies mentionnée à l'article L. 312-1 du code des impositions sur les biens et services et perçue sur l'électricité », dénommée "taxe communale sur la consommation finale d'électricité", dont le montant est fixé dans les conditions prévues à l'article L. 2333-4 du présent code. »***

Compétence juridictionnelle. « Les tribunaux de l'ordre judiciaire sont seuls compétents pour connaître de toutes les contestations concernant l'assiette et le recouvrement de la TCFE et de la TDCFE, ces taxes revêtant le caractère de contributions indirectes. Toutefois, la juridiction administrative est seule compétente pour connaître des actions indemnitaires introduites par les personnes qui supportent financièrement ces taxes, lorsqu'elles entendent rechercher la responsabilité pour faute de l'État ou de toute autre personne publique du fait de son activité normative, qu'elle soit législative ou réglementaire. » En conséquence, les contestations d'une société, portant sur la TDCFE, fondées sur la méconnaissance des principes posées par la Dir. 2008/118/CE du 16 déc. 2008 relative au régime général d'accise, constitutive d'une faute de nature à engager la responsabilité de l'État à son égard, relèvent de la juridiction administrative. Par suite, en jugeant que les conclusions de la requérante tendant à la condamnation de l'État à l'indemniser des préjudices subis relevaient de la compétence de la juridiction judiciaire, alors qu'était en cause la responsabilité de l'État du fait de son activité législative, le président de la 7e ch. du TA de Versailles a commis une erreur de droit. ● CE 21 juill. 2022, n° 454784.

Ancien art. L. 2333-3 ***La taxe mentionnée à l'article L. 2333-2 s'applique dans les mêmes conditions que celles mentionnées à l'article L. 3333-2*** *(L. n° 2020-1721 du 29 déc. 2020, art. 54)* ***« , dans sa rédaction en vigueur au 31 décembre 2021 ».***

Ancien art. L. 2333-4 *(L. n° 2020-1721 du 29 déc. 2020, art. 54)* ***« Au titre de l'année 2021, le conseil municipal fixe, avant le 1er octobre 2020, le tarif de la majoration prévue à l'article L. 2333-2 en appliquant aux montants mentionnés à l'article L. 3333-3*** *(L. n° 2020-1721 du 29 déc. 2020, art. 54)* ***« , dans sa rédaction en vigueur au 31 décembre 2021, » un coefficient multiplicateur unique choisi parmi les valeurs suivantes : 4 ; 6 ; 8 ; 8,5.***

« Au titre de l'année 2022, le conseil municipal fixe, avant le 1er juillet 2021, le tarif de la majoration prévue à l'article L. 2333-2 en appliquant aux montants mentionnés à l'article L. 3333-3, un coefficient multiplicateur unique choisi parmi les valeurs suivantes : 6 ; 8 ; 8,5.

« Si une commune n'a pas délibéré pour instaurer un coefficient multiplicateur, ou si elle a précédemment adopté un coefficient multiplicateur inférieur aux valeurs minimales prévues aux deux premiers alinéas du présent article, le coefficient multiplicateur appliqué sur son territoire est 4 au titre de 2021 et 6 au titre de 2022.

« Le maire transmet la délibération au comptable public assignataire de la commune au plus tard quinze jours après la date limite prévue pour son adoption.

« Sous réserve des dispositions du troisième alinéa, » *(L. n° 2010-1488 du 7 déc. 2010, art. 23)* ***la décision ainsi communiquée demeure applicable tant qu'elle n'est pas rapportée ou modifiée par une nouvelle décision.***

En cas de changement du tarif de la taxe au cours d'une période de facturation, les quantités d'électricité concernées sont réparties en fonction des tarifs proportionnellement au nombre de jours de chaque période.

(L. n° 2015-1786 du 29 déc. 2015, art. 53) ***« En cas de création de commune nouvelle réalisée dans les conditions prévues à la section 1 du chapitre III du titre I du livre I de la présente partie, les dispositions relatives à la taxe et à la perception de son produit qui étaient en vigueur sur le territoire de chaque commune préexistante sont maintenues au titre de l'année au cours de laquelle la création de la commune prend fiscalement effet.***

« Les délibérations prises en application du présent article et de l'article L. 5212-24 par les communes préexistant à la commune nouvelle sont rapportées au 31 décembre de l'année au cours de laquelle la création de la commune prend fiscalement effet. »

(L. n° 2019-1479 du 28 déc. 2019, art. 216) « Les tarifs, après application du coefficient multiplicateur, sont édités dans les conditions prévues au 5 de l'article L. 3333-3. »

(L. n° 2020-1721 du 29 déc. 2020, art. 54) « L'administration fiscale édite les tarifs, après application du coefficient multiplicateur, avant le 1er octobre de l'année qui précède leur entrée en vigueur, sous forme de données téléchargeables dans un format standard sur un espace dédié du site internet de son département ministériel.

« Une nouvelle édition des tarifs, après application du coefficient multiplicateur et prenant en compte les éventuelles anomalies constatées, est effectuée avant le 1er décembre de l'année qui précède leur entrée en vigueur. Les tarifs ainsi publiés sont opposables à l'administration dans les conditions prévues à l'article L. 80 A du livre des procédures fiscales. »

Ancien art. L. 2333-5 *Les redevables de la taxe sont tenus d'adresser aux comptables publics assignataires des communes la déclaration mentionnée au premier alinéa de l'article L. 3333-3-1 dans un délai de deux mois suivant le trimestre concerné, accompagnée du paiement de la taxe, selon les mêmes modalités, périodicité et délai que ceux prévus audit article.*

(L. n° 2019-1479 du 28 déc. 2019, art. 216) « Les conditions dans lesquelles les redevables remplissent leurs obligations font l'objet d'une information de l'administration fiscale dans les conditions prévues à l'article L. 3333-3-1. »

Les redevables sont également tenus d'adresser aux maires des communes une copie de la déclaration mentionnée au premier alinéa dans un délai de deux mois suivant le trimestre concerné.

Les redevables prélèvent à leur profit, pour les frais de déclaration et de versement, (L. n° 2019-1479 du 28 déc. 2019, art. 216) « 1,5 » % du montant de la taxe qu'ils versent aux communes.

La taxe est contrôlée et sanctionnée par les agents habilités par le maire dans les mêmes conditions que celles prévues à l'article L. 3333-3-2.

Le droit de reprise de la commune, les réclamations relatives à l'assiette et au recouvrement de la taxe ainsi que les contestations relatives aux poursuites s'effectuent dans les mêmes conditions que celles prévues à l'article L. 3333-3-3.

Le maire informe le président du conseil départemental des contrôles effectués, des rectifications du montant de la taxe ou de la taxation d'office opérées. Sur la base des informations transmises, le président du conseil départemental procède au recouvrement de la taxe affectée au département en application de l'article L. 3333-2.

Une personne qui a fait l'objet d'une vérification de la taxe exigible au titre de ses livraisons ou de sa consommation dans les conditions prévues au présent article par les agents habilités par le maire et qui a acquitté la taxe due ne peut, pour les mêmes opérations, faire l'objet d'une nouvelle vérification de la part d'agents habilités par une autorité locale en application des articles L. 3333-3-2 ou L. 5212-24-2.

Lorsque l'électricité est livrée à des points de livraison situés dans plusieurs communes et fait l'objet d'une facturation globale, le produit de la taxe est réparti entre les collectivités au prorata de la consommation afférente à chaque point de livraison.

SECTION 3 Taxe locale sur la publicité extérieure

(L. n° 2008-776 du 4 août 2008, art. 171)

La présente section 3 a remplacé, à compter du 1er janv. 2009, les sections 3, 4 et 5 du présent chapitre.

Dans sa Décis. n° 2013-351 QPC du 25 oct. 2013, le Conseil constitutionnel déclare contraires à la Constitution les art. L. 2333-6 à L. 2333-14 ainsi que les paragraphes A et D de l'art. L. 2333-16 du présent code, dans leur rédaction issue de l'art. 171 de la L. n° 2008-776 du 4 août 2008 de modernisation de l'économie. Ces dispositions ayant été modifiées ultérieurement par l'art. 75 de la L. n° 2011-1978 du 28 déc. 2011 de finances rectificative pour 2011, la censure concerne uniquement les contribuables qui se sont acquittés de la taxe pour les années 2009, 2010 et 2011. La déclaration d'inconstitutionnalité, qui prend effet à compter de la publication de la Décis. préc., soit le 25 oct. 2013, ne peut être invoquée qu'à l'encontre des impositions contestées avant cette date.

BIBL. ▶ Bonfils, Retour sur la taxe locale de la publicité extérieure et des enseignes après de récentes précisions jurisprudentielles, *Droit de la voirie 2013. 27.* – Rouquet, Réforme de la publicité extérieure : une concrétisation très échelonnée du Grenelle 2, *AJCT 2012. 252*.

Art. L. 2333-6 *(Ord. n° 2023-1210 du 20 déc. 2023, art. 17)* **« La taxe sur la publicité extérieure mentionnée à l'article L. 454-39 du code des impositions sur les biens et**

services est instituée par le conseil municipal de la commune et affectée à cette dernière, sous réserve des dispositions du présent article. »

(L. n° 2011-1978 du 28 déc. 2011, art. 75) « Un établissement de coopération intercommunale à fiscalité propre compétent en matière de voirie, de zone d'aménagement concerté ou de zone d'activités économiques d'intérêt communautaire peut décider d'instituer, en lieu et place de tout ou partie de ses communes membres, la taxe locale sur la publicité extérieure, avant le 1er juillet de l'année précédant celle de l'imposition. Cette décision est prise après délibérations concordantes de l'organe délibérant de l'établissement public de coopération intercommunale compétent et des conseils municipaux des communes membres se prononçant dans les conditions de majorité requises pour la création de l'établissement public de coopération intercommunale et définies au II de l'article L. 5211-5 et après chaque renouvellement de l'organe délibérant de l'établissement public de coopération intercommunale. L'établissement public de coopération intercommunale se substitue alors aux communes membres pour l'ensemble des délibérations prévues par la présente section.

« Sauf délibérations concordantes de l'organe délibérant de l'établissement public de coopération intercommunale et des conseils municipaux des communes membres prises dans les conditions prévues au deuxième alinéa, les transferts de taxe locale sur la publicité extérieure réalisés sur tout ou partie du territoire d'une commune antérieurement au 1er janvier 2012 continuent de s'appliquer. »

(Ord. n° 2014-1335 du 6 nov. 2014, art. 8) « La métropole de Lyon peut décider d'instituer, en lieu et place de tout ou partie des communes situées dans son périmètre, la taxe locale sur la publicité extérieure, avant le 1er juillet de l'année précédant celle de l'imposition. Cette décision est prise après délibérations concordantes du conseil de la métropole de Lyon et des conseils municipaux des communes intéressées se prononçant dans les conditions de majorité définies au II de l'article L. 5211-5 et après chaque renouvellement de l'organe délibérant de la métropole. La métropole de Lyon se substitue alors aux communes qui ont donné leur accord pour l'ensemble des délibérations prévues par la présente section.

« Dès lors que la commune, l'établissement public de coopération intercommunale à fiscalité propre ou la métropole de Lyon lève la taxe sur un support publicitaire ou une préenseigne, il ne peut être perçu, au titre du même support ou de la même préenseigne, un droit de voirie ou une redevance d'occupation du domaine public. »

Les modalités de mise en œuvre de la présente section sont précisées, en tant que de besoin, par un décret en Conseil d'État.

Sur l'inconstitutionnalité des dispositions issues de l'art. 171 de la L. n° 2008-776 du 4 août 2008, V. note ss. la présente section 3.

SOUS-SECTION 1 *[ABROGÉE]* Assiette de la taxe locale sur la publicité extérieure

(Abrogée par Ord. n° 2023-1210 du 20 déc. 2023, art. 17)

Art. L. 2333-7 *Cette taxe frappe les (L. n° 2011-1978 du 28 déc. 2011, art. 75) « supports publicitaires fixes suivants définis à l'article L. 581-3 du code de l'environnement, visibles de toute voie ouverte à la circulation publique, au sens de l'article R. 581-1 du même code, à l'exception de ceux situés à l'intérieur d'un local au sens de l'article L. 581-2 dudit code : »*

— les dispositifs publicitaires (L. n° 2011-1978 du 28 déc. 2011, art. 75) « au sens du 1° de l'article L. 581-3 du code de l'environnement » ;

— les enseignes ;

— les préenseignes, y compris celles visées par les deuxième et troisième alinéas de l'article L. 581-19 du code de l'environnement.

Elle est assise sur la superficie exploitée, hors encadrement, du (L. n° 2011-1978 du 28 déc. 2011, art. 75) « support ».

Sont exonérés :

— les (L. n° 2011-1978 du 28 déc. 2011, art. 75) « supports » exclusivement dédiés à l'affichage de publicités à visée non commerciale ou concernant des spectacles ;

(L. n° 2011-1978 du 28 déc. 2011, art. 75) « — les supports ou parties de supports prescrits par une disposition légale ou réglementaire ou imposés par une convention signée avec l'État ;

« — les supports relatifs à la localisation de professions réglementées ;

« — les supports exclusivement destinés à la signalisation directionnelle apposés sur un immeuble ou installés sur un terrain et relatifs à une activité qui s'y exerce ou à un service qui y est proposé ;

« — les supports ou parties de supports dédiés aux horaires ou aux moyens de paiement de l'activité, ou à ses tarifs, dès lors, dans ce dernier cas, que la superficie cumulée des supports ou parties de supports concernés est inférieure ou égale à un mètre carré. »

— (Ord. nº 2014-1335 du 6 nov. 2014, art. 8) ***« sauf délibération contraire de l'organe délibérant de la commune, de l'établissement public de coopération intercommunale à fiscalité propre ou de la métropole de Lyon », les enseignes*** (L. nº 2011-1978 du 28 déc. 2011, art. 75) ***« apposées sur un immeuble ou installées sur un terrain, dépendances comprises, et relatives à une activité qui s'y exerce », si la somme de leurs superficies est*** (L. nº 2011-1978 du 28 déc. 2011, art. 75) ***« inférieure ou égale » à 7 mètres carrés.***

Sur l'inconstitutionnalité des dispositions issues de l'art. 171 de la L. nº 2008-776 du 4 août 2008, V. note ss. la présente section 3.

Art. L. 2333-8 (Ord. nº 2014-1335 du 6 nov. 2014, art. 8) ***« Les communes, les établissements publics de coopération intercommunale à fiscalité propre et la métropole de Lyon » peuvent, par délibération prise avant le 1er juillet de l'année précédant celle de l'imposition et portant sur une ou plusieurs de ces catégories, exonérer*** (L. nº 2011-1978 du 28 déc. 2011, art. 75) ***« totalement » ou faire bénéficier d'une réfaction de 50 % :***

— les enseignes, autres que celles scellées au sol, si la somme de leurs superficies est (L. nº 2011-1978 du 28 déc. 2011, art. 75) ***« inférieure ou égale » à 12 mètres carrés ;***

— les préenseignes (L. nº 2011-1978 du 28 déc. 2011, art. 75) ***« supérieures à » 1,5 mètre carré ;***

— les préenseignes (L. nº 2011-1978 du 28 déc. 2011, art. 75) ***« inférieures ou égales à » 1,5 mètre carré ;***

— les dispositifs (L. nº 2011-1978 du 28 déc. 2011, art. 75) ***« publicitaires » dépendant des concessions municipales d'affichage ;***

— les dispositifs (L. nº 2011-1978 du 28 déc. 2011, art. 75) ***« publicitaires » apposés sur des éléments de mobilier urbain*** (L. nº 2011-1978 du 28 déc. 2011, art. 47) ***« ou de kiosque à journaux ».***

Les enseignes dont la somme des superficies est supérieure à 12 mètres carrés et (L. nº 2011-1978 du 28 déc. 2011, art. 75) ***« inférieure ou égale » à 20 mètres carrés peuvent faire l'objet d'une réfaction de 50 %.***

Dans le cas des dispositifs (L. nº 2011-1978 du 28 déc. 2011, art. 75) ***« publicitaires » apposés sur des éléments de mobilier urbain*** (L. nº 2011-1978 du 28 déc. 2011, art. 47) ***« ou de kiosque à journaux » ou dépendant des concessions municipales d'affichage, l'instauration ou la suppression de l'exonération ou de la réfaction s'applique aux seuls contrats ou conventions dont l'appel d'offres ou la mise en concurrence a été lancé postérieurement à la délibération relative à cette instauration ou à cette suppression.***

Sur l'inconstitutionnalité des dispositions issues de l'art. 171 de la L. nº 2008-776 du 4 août 2008, V. note ss. la présente section 3.

SOUS-SECTION 2 *[ABROGÉE]* Tarifs de la taxe locale sur la publicité extérieure

(Abrogée par Ord. nº 2023-1210 du 20 déc. 2023, art. 17)

Art. L. 2333-9 ***A. — Sous réserve des dispositions de l'article L. 2333-10, les tarifs maximaux visés au B sont applicables.***

B. — Sous réserve des dispositions des articles L. 2333-12 et L. 2333-16, ces tarifs maximaux sont, à compter du 1er janvier 2009, par mètre carré et par an :

1º Pour les dispositifs publicitaires et les préenseignes dont l'affichage se fait au moyen d'un procédé non (L. nº 2011-1978 du 28 déc. 2011, art. 75) ***« numérique :***

« 15 € dans les communes ou les établissements publics de coopération intercommunale dont la population est inférieure à 50 000 habitants ;

« 20 € dans les communes ou les établissements publics de coopération intercommunale dont la population est supérieure ou égale à 50 000 habitants et inférieure à 200 000 habitants ; »

(Ord. n° 2014-1335 du 6 nov. 2014, art. 8) ***« 30 € dans les communes, les établissements publics de coopération intercommunale à fiscalité propre dont la population est supérieure ou égale à 200 000 habitants ainsi que la métropole de Lyon ; »***

2° Pour les dispositifs publicitaires et les préenseignes dont l'affichage se fait au moyen d'un procédé numérique, de trois fois le tarif prévu au 1°, le cas échéant majoré ou minoré selon les articles L. 2333-10 et L. 2333-16.

(Abrogé par L. n° 2011-1978 du 28 déc. 2011, art. 75) ***« Pour les établissements publics de coopération intercommunale percevant la taxe en application du deuxième alinéa de l'article L. 2333-6, le tarif prévu au 1° est de 15 € dans ceux de moins de 50 000 habitants, 20 € dans ceux dont la population est comprise entre 50 000 habitants et moins de 200 000 habitants et 30 € dans ceux de 200 000 habitants et plus. »*** — *L'art. 75 de la L. n° 2011-1978 du 28 déc. 2011 abroge le 3ᵉ al. du B du présent art, dans sa rédaction antérieure à la L. préc. Il s'agit d'une erreur du législateur qui impliquerait la suppression du procédé numérique d'affichage évoqué dans le 2° du B du présent art. Or il résulte des travaux parlementaires que le législateur procède à un simple toilettage du régime de la taxe locale sur la publicité extérieure et non à des modifications substantielles. La seule modification de fond concerne les conditions de perception de cette taxe par les communes et les EPCI à propos de l'affichage au moyen d'un procédé non numérique, qui constitue le 1° du présent art. et induit donc l'abrogation du quatrième al. et non du troisième.*

Ces tarifs maximaux sont doublés pour (L. n° 2011-1978 du 28 déc. 2011, art. 75) ***« les supports dont la superficie est supérieure à 50 mètres carrés.***

« 3° Pour les enseignes, le tarif maximal est égal à celui prévu pour les dispositifs publicitaires et les préenseignes dont l'affichage se fait au moyen d'un procédé non numérique, le cas échéant majoré selon l'article L. 2333-10, lorsque la superficie est inférieure ou égale à 12 mètres carrés. Ce tarif maximal est multiplié par deux lorsque la superficie est supérieure à 12 mètres carrés et inférieure ou égale à 50 mètres carrés et par quatre lorsque la superficie est supérieure à 50 mètres carrés. Pour l'application du présent 3°, la superficie prise en compte est la somme des superficies des enseignes apposées sur un immeuble ou installées sur un terrain, dépendances comprises, et relatives à une activité qui s'y exerce. »

C. — La taxation se fait par face.

Lorsqu'un (L. n° 2011-1978 du 28 déc. 2011, art. 75) ***« support » dont l'affichage se fait au moyen d'un procédé non numérique est susceptible de montrer plusieurs affiches de façon successive, ces tarifs sont multipliés par le nombre d'affiches effectivement contenues dans le*** (L. n° 2011-1978 du 28 déc. 2011, art. 75) ***« support ».*** (L. n° 2011-1978 du 28 déc. 2011, art. 47) ***« Toutefois,*** (Ord. n° 2014-1335 du 6 nov. 2014, art. 8) ***« lorsqu'une commune, un établissement public de coopération intercommunale à fiscalité propre ou la métropole de Lyon » n'adopte pas l'exonération ou la réfaction prévues à l'article L. 2333-8 pour les dispositifs apposés sur des éléments de kiosque à journaux, la taxation par face est maintenue, indépendamment du nombre d'affiches effectivement contenues dans ces dispositifs. »***

Sur l'inconstitutionnalité des dispositions issues de l'art. 171 de la L. n° 2008-776 du 4 août 2008, V. note ss. la présente section 3.

Art. L. 2333-10 (Ord. n° 2014-1335 du 6 nov. 2014, art. 8) ***« La commune, l'établissement public de coopération intercommunale à fiscalité propre ou la métropole de Lyon » peut, par une délibération prise avant le 1ᵉʳ juillet de l'année précédant celle de l'imposition :***

— fixer tout ou partie des tarifs prévus par l'article L. 2333-9 à des niveaux inférieurs aux tarifs maximaux ;

— dans le cas des communes (L. n° 2011-1978 du 28 déc. 2011, art. 75) ***« dont la population est inférieure à 50 000 habitants appartenant à un établissement public de coopération intercommunale dont la population est supérieure ou égale à 50 000 habitants, fixer les tarifs prévus par le 1° du B de l'article L. 2333-9 à un niveau inférieur ou égal à 20 € par mètre carré ; »***

— dans le cas des communes (L. n° 2011-1978 du 28 déc. 2011, art. 75) ***« dont la population est supérieure ou égale à 50 000 habitants*** (Ord. n° 2014-1335 du 6 nov. 2014, art. 8) ***« appartenant à un établissement public de coopération intercommunale à fiscalité propre dont la population est supérieure ou égale à 200 000 habitants ou à la métropole de Lyon », fixer les tarifs prévus par le 1° du B de l'article L. 2333-9 à un niveau inférieur ou égal à 30 € par mètre carré. »***

Sur l'inconstitutionnalité des dispositions issues de l'art. 171 de la L. n° 2008-776 du 4 août 2008, V. note ss. la présente section 3.

Art. L. 2333-11 ***À l'expiration de la période transitoire prévue par le C de l'article L. 2333-16, l'augmentation** (L. n° 2011-1978 du 28 déc. 2011, art. 75) **« du tarif de base » par mètre carré d'un** (L. n° 2011-1978 du 28 déc. 2011, art. 75) **« support » est limitée à 5 € par rapport à l'année précédente.***

Sur l'inconstitutionnalité des dispositions issues de l'art. 171 de la L. n° 2008-776 du 4 août 2008, V. note ss. la présente section 3.

Art. L. 2333-12 ***À l'expiration de la période transitoire prévue par le C de l'article L. 2333-16, les tarifs maximaux et les tarifs appliqués sont relevés, chaque année, dans une proportion égale au taux de croissance de l'indice des prix à la consommation hors tabac de la pénultième année. Toutefois, lorsque les tarifs ainsi obtenus sont des nombres avec deux chiffres après la virgule, ils sont arrondis au dixième d'euro, les fractions d'euro inférieures à 0,05 € étant négligées et celles égales ou supérieures à 0,05 € étant comptées pour 0,1 €.***

Sur l'inconstitutionnalité des dispositions issues de l'art. 171 de la L. n° 2008-776 du 4 août 2008, V. note ss. la présente section 3.

SOUS-SECTION 3 **Recouvrement de la taxe locale sur la publicité extérieure** *(Ord. n° 2023-1210 du 20 déc. 2023, art. 17)*

Art. L. 2333-13 *(Abrogé par Ord. n° 2023-1210 du 20 déc. 2023, art. 17)* ***Lorsque le** (L. n° 2011-1978 du 28 déc. 2011, art. 75) **« support » est créé après le 1er janvier, la taxe est due à compter du premier jour du mois suivant celui de la création du** (L. n° 2011-1978 du 28 déc. 2011, art. 75) **« support ». Lorsque le** (L. n° 2011-1978 du 28 déc. 2011, art. 75) **« support » est supprimé en cours d'année, la taxe n'est pas due pour les mois restant à courir à compter de la suppression du** (L. n° 2011-1978 du 28 déc. 2011, art. 75) **« support ».***

Sur l'inconstitutionnalité des dispositions issues de l'art. 171 de la L. n° 2008-776 du 4 août 2008, V. note ss. la présente section 3.

Art. L. 2333-14 *(L. n° 2011-1978 du 28 déc. 2011, art. 75)* **À défaut de** *(L. n° 2012-1510 du 29 déc. 2012, art. 37)* **« transmission de déclaration par » l'exploitant** *(Ord. n° 2023-1210 du 20 déc. 2023, art. 17)* **« en application de l'article L. 454-71 du code des impositions sur les biens et services »,** *(Ord. n° 2014-1335 du 6 nov. 2014, art. 8)* **« la commune, l'établissement public de coopération intercommunale à fiscalité propre ou la métropole de Lyon » peut procéder à une taxation d'office.** *(L. n° 2012-1510 du 29 déc. 2012, art. 37)* **« Cette procédure est fixée par décret en Conseil d'État.**

« Lorsque ces déclarations ont pour effet de réduire le montant de la taxe réellement due, *(Ord. n° 2014-1335 du 6 nov. 2014, art. 8)* **« la commune, l'établissement public de coopération intercommunale à fiscalité propre ou la métropole de Lyon » peut établir une imposition complémentaire à l'issue d'une procédure de rehaussement contradictoire. Cette procédure est fixée par décret en Conseil d'État. »**

Le recouvrement de la taxe est opéré à compter du 1er septembre de l'année d'imposition *(L. n° 2021-1900 du 30 déc. 2021, art. 100)* **« sur la base des déclarations intervenues au plus tard le 30 juin de la même année ».**

Sur l'inconstitutionnalité des dispositions issues de l'art. 171 de la L. n° 2008-776 du 4 août 2008, V. note ss. la présente section 3.

SOUS-SECTION 4 **Sanctions applicables**

Art. L. 2333-15 *(L. n° 2011-1978 du 28 déc. 2011, art. 75) (L. n° 2012-1510 du 29 déc. 2012, art. 37)* **« À » défaut de déclaration des supports publicitaires dans les délais fixés** *(Ord. n° 2023-1210 du 20 déc. 2023, art. 17)* **« en application de l'article L. 454-71 du code des impositions sur les biens et services » ou lorsque ces déclarations ont pour effet de réduire le montant de la taxe réellement due, le redevable est puni d'une amende** *(L. n° 2012-1510 du 29 déc. 2012, art. 37)* **« dont le taux est fixé par décret en Conseil d'État ». Cette procédure ainsi que le taux de l'amende sont fixés par décret en Conseil d'État.**

Le tribunal de police peut en outre condamner le contrevenant au paiement du quintuple des droits dont la commune ou l'établissement de coopération intercommunale à fiscalité propre a été privé.

Le montant des amendes et des condamnations prononcées en vertu du deuxième alinéa du présent article est affecté *(Ord. nº 2014-1335 du 6 nov. 2014, art. 8)* « à la commune, à l'établissement public de coopération intercommunale à fiscalité propre ou à la métropole de Lyon » cité à l'article L. 2333-6.

(Ord. nº 2014-1335 du 6 nov. 2014, art. 8) « Les communes, les établissements publics de coopération intercommunale à fiscalité propre et la métropole de Lyon » sont admis à recourir aux agents de la force publique pour assurer le contrôle de la taxe et pour constater les contraventions.

SOUS-SECTION 5 *[ABROGÉE]* **Dispositions transitoires**

(Abrogée par Ord. nº 2023-1210 du 20 déc. 2023, art. 17)

Art. L. 2333-16 *A. — Pour les communes percevant en 2008 la taxe prévue par l'article L. 2333-6 ou celle prévue par l'article L. 2333-21, dans leur rédaction antérieure au 1er janvier 2009, cette taxe est remplacée, à compter du 1er janvier 2009, par celle prévue par l'article L. 2333-6.*

B. — Pour chaque commune, est déterminé un tarif de référence.

1. Ce tarif de référence est égal :

a) À 35 € par mètre carré pour les communes de plus de 100 000 habitants percevant en 2008 la taxe sur la publicité extérieure frappant les affiches, réclames et enseignes lumineuses, prévue par l'article L. 2333-6 dans sa rédaction antérieure au 1er janvier 2009 ;

b) À 15 € par mètre carré pour les autres communes.

2. Par dérogation au 1, les communes percevant en 2008 la taxe prévue par l'article L. 2333-6 ou celle prévue par l'article L. 2333-21, dans leur rédaction antérieure au 1er janvier 2009, peuvent procéder au calcul de leur tarif de référence. Ce tarif est alors égal au rapport entre :

— d'une part, le produit de référence résultant de l'application des tarifs en vigueur en 2008 aux dispositifs publicitaires et aux préenseignes présents sur le territoire de la commune au 1er octobre 2008. Si la commune applique en 2008 la taxe sur la publicité extérieure frappant les affiches, réclames et enseignes lumineuses, prévue par l'article L. 2333-6 dans sa rédaction antérieure au 1er janvier 2009, ce produit de référence est calculé, pour les dispositifs relevant des première et deuxième catégories de cette taxe, en retenant l'hypothèse d'un taux de rotation des affiches de 44 par an ;

— d'autre part, la superficie totale de ces dispositifs publicitaires au 1er octobre 2008, majorée, le cas échéant, conformément au C de l'article L. 2333-9.

Les données nécessaires à ce calcul doivent être déclarées par l'exploitant du dispositif au plus tard le 1er décembre 2008.

Les communes faisant application du présent 2 déterminent le tarif applicable en 2009 sur la base d'une estimation de leur tarif de référence. La régularisation éventuelle auprès des contribuables est réalisée en 2010, lors du paiement de la taxe.

C. — À compter du 1er janvier 2009, dans chaque commune, pour les (L. nº 2011-1978 du 28 déc. 2011, art. 75) *« supports publicitaires autres que ceux apposés sur les éléments de mobilier urbain, les tarifs maximaux prévus au B de l'article L. 2333-9 évoluent progressivement du tarif de référence prévu au B du présent article vers les montants prévus au B de l'article L. 2333-9. »*

De 2009 à 2013, cette évolution s'effectue dans la limite d'une augmentation ou d'une diminution égale à un cinquième de l'écart entre le tarif de référence prévu par le B du présent article et (L. nº 2011-1978 du 28 déc. 2011, art. 75) *« les tarifs prévus au » B de l'article L. 2333-9.*

D. — Les (L. nº 2011-1978 du 28 déc. 2011, art. 75) *« supports » publicitaires apposés sur des éléments de mobilier urbain et mis à la disposition d'une collectivité territoriale avant le 1er janvier 2009, ou dans le cadre d'un appel d'offres lancé avant le 1er octobre 2008, ainsi que les* (L. nº 2011-1978 du 28 déc. 2011, art. 75) *« supports » dépendant, au 1er janvier 2009, d'une concession municipale d'affichage, sont soumis aux dispositions suivantes :*

— les (L. nº 2011-1978 du 28 déc. 2011, art. 75) *« supports » soumis en 2008 à la taxe sur la publicité extérieure frappant les affiches, réclames et enseignes lumineuses, prévue par*

l'article L. 2333-6 dans sa rédaction antérieure au 1er janvier 2009, sont imposés au même tarif que celui appliqué en 2008 et, le cas échéant, aux mêmes droits de voirie, jusqu'à l'échéance du contrat ou de la convention ;

— les autres (L. n° 2011-1978 du 28 déc. 2011, art. 75) *« supports » ne sont pas imposés, jusqu'à l'échéance du contrat ou de la convention.*

Sur l'inconstitutionnalité des dispositions issues de l'art. 171 de la L. n° 2008-776 du 4 août 2008, V. note ss. la présente section 3.

Assiette. À l'exception de la possibilité de fixation d'un tarif inférieur, prévue par l'art. L. 2333-10 auquel il renvoie, l'art. L. 2333-9 A énonce que les tarifs maximaux visés au B sont applicables, sans opérer de distinction entre les dispositifs publicitaires. La réserve relative aux dispositions transitoires de l'art. L. 2333-16, instituée par le 1er al. de ce B, est applicable à tous les dispositifs énumérés par ce dernier, donc aux enseignes. Il résulte de l'art. L. 2333-16 que seules les communes qui ne percevaient aucune taxe de publicité en 2008 pouvaient instituer la nouvelle taxe locale sur la publicité extérieure au tarif maximal, sans disposition transitoire, dès le 1er janv. 2009. Ayant constaté que la commune imposait déjà la publicité en 2008, le tribunal en a exactement déduit que celle-ci devait appliquer le tarif de référence progressif, prévu par ledit art. L. 2333-16, pendant la période transitoire du 1er janv. 2009 au 31 déc. 2013. • Com. 4 oct. 2011, *Cne de Sélestat c/ Sté Kiloutou*, n° 10-23.614 : *AJDA 2011. 2254*.

SECTION 6 Taxes particulières aux stations

La section 6 suit la section 3 qui a remplacé, à compter du 1er janv. 2009, les anciennes sections 3, 4 et 5 du présent chapitre.

SOUS-SECTION 1 Taxe de séjour et taxe de séjour forfaitaire

(L. n° 2014-1654 du 29 déc. 2014, art. 67)

V. art. R. 2333-43 s.

BIBL. ▶ BERNARD-GELABERT, Les taxes de séjour, *Berger-Levrault, 1995.*

§ 1 Dispositions générales

Art. L. 2333-26 I. — Sous réserve de l'article L. 5211-21, une taxe de séjour ou une taxe de séjour forfaitaire peut être instituée par délibération *(L. n° 2016-1918 du 29 déc. 2016, art. 86)* « prise par le conseil municipal avant le *(L. n° 2020-1721 du 29 déc. 2020, art. 123)* « 1er juillet » de l'année pour être applicable à compter de l'année suivante » :

1° Des communes touristiques et des stations classées de tourisme relevant de la section 2 du chapitre III du titre III du livre I du code du tourisme ;

2° Des communes littorales, au sens de l'article L. 321-2 du code de l'environnement ;

3° Des communes de montagne, au sens de la loi n° 85-30 du 9 janvier 1985 relative au développement et à la protection de la montagne ;

4° Des communes qui réalisent des actions de promotion en faveur du tourisme ainsi que de celles qui réalisent des actions de protection et de gestion de leurs espaces naturels ;

5° Ou des communes qui ont adopté la délibération contraire mentionnée au I de l'article L. 5211-21 du présent code.

II. — La délibération adoptée par le conseil municipal des communes mentionnées au I du présent article précise s'il est fait application soit de la taxe de séjour prévue aux paragraphes 2 et 3 de la présente sous-section, soit de la taxe de séjour forfaitaire prévue aux paragraphes 4 et 5.

La délibération est adoptée avant le début de la période de la perception de la taxe de séjour ou de la taxe de séjour forfaitaire.

(L. n° 2019-1479 du 28 déc. 2019, art. 112) « Les hébergements en attente de classement ou sans classement, à l'exception des catégories d'hébergements mentionnées

dans le tableau du troisième alinéa de l'article L. 2333-30 et du I de l'article L. 2333-41, sont soumis au régime d'imposition prévu aux paragraphes 2 et 3 de la présente sous-section. »

III. — Le conseil municipal ne peut appliquer qu'un seul des deux régimes d'imposition prévus au II à chaque nature d'hébergement à titre onéreux proposées *[proposée]* **dans la commune.**

Le conseil municipal ne peut pas exempter une nature ou une catégorie d'hébergement à titre onéreux du régime d'imposition déterminé en application du même II.

Lorsque les redevables ont déjà versé le montant de la taxe de séjour forfaitaire due au titre d'une période de perception incluant une date postérieure au 1er janv. 2020 avant l'entrée en vigueur de la L. n° 2019-1479 du 28 déc. 2019, le présent art. s'applique pour la période de perception suivante (L. préc., art. 112-II).

Sur les dérogations apportées à cet art., V. L. n° 2020-935 du 30 juill. 2020, art. 47, ci-dessous.

Saisi d'une QPC sur la conformité des dispositions de l'art. L. 2333-26 à la Const., le Cons. const. a jugé que cet art. ne portait pas atteinte au principe d'égalité, dès lors que la différence de traitement issue de ces dispositions « est fondée sur une différence de situation et est en rapport direct avec l'objet de la loi qui est de permettre aux communes de choisir le régime d'imposition le plus adapté en vue d'assurer, pour chaque nature d'hébergement et au regard des circonstances locales, le recouvrement de la taxe de séjour. Par ailleurs, ces dispositions n'instituent, par elles-mêmes, aucune différence de traitement entre les personnes hébergées ». • Cons. const. 8 févr. 2024, n° 2023-1078 QPC : *AJDA 2024. 293*.

Loi n° 2020-935 du 30 juillet 2020,

De finances rectificative pour 2020.

Art. 47 I. — Par dérogation aux articles L. 2333-26, L. 2333-28 et L. 5211-21 du code général des collectivités territoriales, les communes et les établissements publics de coopération intercommunale ayant institué une taxe de séjour ou une taxe de séjour forfaitaire applicable au titre de l'année 2020 peuvent, par une délibération prise au plus tard le 31 juillet 2020, en exonérer totalement les redevables au titre de cette même année pour les périodes et dans les conditions prévues au présent article. Lorsqu'elle est décidée, l'exonération s'applique également, le cas échéant, aux taxes additionnelles prévues aux articles L. 3333-1 et L. 2531-17 du code général des collectivités territoriales.

II. — L'exonération s'applique aux redevables de la taxe de séjour forfaitaire pour les sommes dues pour l'ensemble de l'année 2020.

Les sommes déjà acquittées au titre de la taxe de séjour forfaitaire au titre de l'année 2020 font l'objet d'une restitution, sur présentation par le redevable d'une demande en ce sens à la commune ou à l'établissement public de coopération intercommunale. Les montants à restituer comprennent, le cas échéant, les taxes additionnelles prévues aux articles L. 3333-1 et L. 2531-17 du code général des collectivités territoriales dès lors que celles-ci ont été acquittées par le redevable.

Lorsqu'ils sont situés sur le territoire d'une commune ou d'un établissement public de coopération intercommunale ayant adopté la délibération prévue au I du présent article, les logeurs, les hôteliers, les propriétaires et les intermédiaires mentionnés à l'article L. 2333-40 du code général des collectivités territoriales sont dispensés de la déclaration prévue à l'article L. 2333-43 du même code au titre de l'année 2020.

III. — L'exonération s'applique à l'ensemble des redevables de la taxe de séjour pour les nuitées effectuées entre le 6 juillet 2020 et le 31 décembre 2020.

Le cas échéant, les montants de taxe de séjour acquittés pour une nuitée postérieure à la date du 6 juillet 2020 font l'objet d'une restitution sur présentation d'une demande en ce sens par le redevable au professionnel préposé à la collecte de la taxe de séjour. Les montants à restituer comprennent, le cas échéant, les taxes additionnelles prévues aux articles L. 3333-1 et L. 2531-17 du code général des collectivités territoriales dès lors que celles-ci ont été acquittées par le redevable.

Le cas échéant, les montants de taxe de séjour acquittés pour une nuitée postérieure au 6 juillet 2020 et non restitués au redevable par le professionnel préposé à la collecte de la taxe de séjour au 30 juin 2021 font l'objet d'un reversement à la commune ou à l'établissement public de coopération intercommunale. Les montants à reverser comprennent, le cas échéant, les taxes additionnelles prévues aux mêmes articles L. 3333-1 et L. 2531-17 dès lors que celles-ci ont été acquittées par le redevable.

IV. — Pour l'application des II et III du présent article, la délibération prise en application du I s'applique à toutes les natures ou catégories d'hébergements à titre onéreux proposés sur le territoire concerné.

La délibération est transmise au service de fiscalité directe locale de la direction départementale des finances publiques de rattachement de la commune ou de l'établissement public de coopération intercommunale au plus tard le 3 août 2020.

Nonobstant toute disposition contraire, l'administration publie les informations relatives aux délibérations prises par les communes et les établissements publics de coopération intercommunale relatives à la taxe de séjour due au titre de 2020 avant le 31 août 2020, au regard des délibérations qui lui auront été transmises à cette date.

V. — Le présent article s'applique aux délibérations mentionnées au I prises à compter du 10 juin 2020.

VI. — Le présent article s'applique à la Ville de Paris et à la métropole de Lyon.

Art. L. 2333-27 **I. — Sous réserve de l'application de l'article L. 133-7 du code du tourisme, le produit de la taxe de séjour ou de la taxe de séjour forfaitaire est affecté aux dépenses destinées à favoriser la fréquentation touristique de la commune.**

II. — Dans les communes qui ont institué la taxe de séjour ou la taxe de séjour forfaitaire au titre des actions de protection et de gestion de leurs espaces naturels, le produit de la taxe peut être affecté, sous réserve du même article L. 133-7, aux dépenses destinées à favoriser la protection et la gestion de leurs espaces naturels à des fins touristiques. Lorsque ces communes sont situées, dans leur intégralité ou en partie, sur le territoire d'un parc national ou d'un parc naturel régional géré par un établissement public administratif, le produit de la taxe peut être reversé par la commune ou l'établissement public de coopération intercommunale à l'organisme gestionnaire du parc, dans le cadre d'une convention.

III. — Lorsqu'un établissement public de coopération intercommunale doté d'une compétence en matière de développement économique comprend au moins une commune de montagne mentionnée au 3° du I de l'article L. 2333-26, l'ensemble des communes membres peuvent reverser à cet établissement public tout ou partie de la taxe qu'elles perçoivent.

Art. L. 2333-28 **La période de perception de la taxe de séjour et de la taxe de séjour forfaitaire est fixée par la délibération prévue à l'article L. 2333-26.**

§ 2 Assiette, tarif et exonération de la taxe de séjour

Art. L. 2333-29 **La taxe de séjour est établie sur les personnes qui ne sont pas domiciliées dans la commune.**

Art. L. 2333-30 **Le tarif de la taxe de séjour est fixé, pour chaque nature et pour chaque catégorie d'hébergement, par personne et par nuitée de séjour.**

(L. n° 2015-1785 du 29 déc. 2015, art. 90) **« Ce tarif est arrêté par délibération du conseil municipal prise avant le** *(L. n° 2020-1721 du 29 déc. 2020, art. 123)* **« 1er juillet » de l'année pour être applicable** *(L. n° 2016-1918 du 29 déc. 2016, art. 86)* **« à compter de » l'année suivante. La délibération fixe, le cas échéant, les dates de début et de fin des périodes de perception au sein de l'année. Le tarif de la taxe de séjour est arrêté conformément au barème suivant : »** — *Tableau mod. par L. n° 2017-1775 du 28 déc. 2017, art. 44, et par L. n° 2019-1479 du 28 déc. 2019, art. 113.*

(En euros)

Catégories d'hébergements	Tarif plancher	Tarif plafond
Palaces	0,70	4,00
Hôtels de tourisme 5 étoiles, résidences de tourisme 5 étoiles, meublés de tourisme 5 étoiles	0,70	3,00
Hôtels de tourisme 4 étoiles, résidences de tourisme 4 étoiles, meublés de tourisme 4 étoiles	0,70	2,30
Hôtels de tourisme 3 étoiles, résidences de tourisme 3 étoiles, meublés de tourisme 3 étoiles	0,50	1,50
Hôtels de tourisme 2 étoiles, résidences de tourisme 2 étoiles, meublés de tourisme 2 étoiles, villages de vacances 4 et 5 étoiles	0,30	0,90
Hôtels de tourisme 1 étoile, résidences de tourisme 1 étoile, meublés de tourisme 1 étoile, villages de vacances 1, 2 et 3 étoiles, chambres d'hôtes, auberges collectives	0,20	0,80
Terrains de camping et terrains de caravanage classés en 3, 4 et 5 étoiles et tout autre terrain d'hébergement de plein air de caractéristiques équivalentes, emplacements dans des aires de camping-cars et des parcs de stationnement touristiques par tranche de 24 heures.	0,20	0,60
Terrains de camping et terrains de caravanage classés en 1 et 2 étoiles et tout autre terrain d'hébergement de plein air de caractéristiques équivalentes, ports de plaisance	0,20	

(L. n° 2015-1785 du 29 déc. 2015, art. 90) « Le tarif retenu par la commune pour une des catégories d'hébergement ne peut excéder le tarif retenu pour une catégorie supérieure de même nature. »

Les limites de tarif mentionnées au tableau du troisième alinéa sont, à compter de l'année suivant celle au titre de laquelle elles s'appliquent pour la première fois, revalorisées *(L. n° 2025-127 du 14 févr. 2025, art. 101)* « au 1er janvier de chaque année en fonction de l'évolution annuelle de l'indice des prix à la consommation de l'ensemble des ménages en France sur l'ensemble hors tabac. Cette variation est appréciée entre la troisième et la deuxième années précédant celle de la révision. » Lorsque les limites tarifaires ainsi obtenues sont exprimées par des nombres avec plus d'un chiffre après la virgule, elles sont arrondies au dixième d'euro, les fractions d'euro inférieures à 0,05 € étant négligées et celles égales ou supérieures à 0,05 € étant comptées pour 0,1 €.

(L. n° 2016-1918 du 29 déc. 2016, art. 86) « Lorsqu'en raison de cette revalorisation, le tarif adopté par une collectivité ne correspond plus à l'une des valeurs mentionnées dans le tableau constituant le troisième alinéa, le tarif applicable au titre de l'année de revalorisation du barème est celui mentionné au même tableau dont la valeur est immédiatement inférieure ou immédiatement supérieure à celle qui résulte de cette délibération. »

(L. n° 2017-1775 du 28 déc. 2017, art. 44) « Pour tous les hébergements en attente de classement ou sans classement*[,]* à l'exception des catégories d'hébergements mentionnées dans le tableau du troisième alinéa du présent article, le tarif applicable par personne et par nuitée est compris entre 1 % et 5 % du coût par personne de la nuitée dans la limite du tarif le plus élevé adopté par la collectivité.

Un décret en Conseil d'État détermine *(L. n° 2015-1785 du 29 déc. 2015, art. 90)* « le contenu et fixe la date de publication des » informations qui doivent être tenues à la disposition des personnes chargées de la collecte de la taxe, afin de permettre à ces dernières de déterminer le tarif applicable sur le territoire des communes et des établissements publics de coopération intercommunale ayant institué la taxe de séjour.

À compter du 1er janv. 2020, le tarif applicable aux auberges collectives est celui adopté par la collectivité territoriale pour la catégorie des hôtels de tourisme 1 étoile, résidences de tourisme 1 étoile, meublés de tourisme 1 étoile, villages de vacances 1, 2 et 3 étoiles et chambres d'hôtes (L. n° 2019-1479 du 28 déc. 2019, art. 113).

Art. L. 2333-31 Sont exemptés de la taxe de séjour :

1° Les personnes mineures ;

2° Les titulaires d'un contrat de travail saisonnier employés dans la commune ;

3° Les personnes bénéficiant d'un hébergement d'urgence ou d'un relogement temporaire ;

4° Les personnes qui occupent des locaux dont le loyer est inférieur à un montant que le conseil municipal détermine.

Art. L. 2333-32 *Abrogé par L. n° 2017-1775 du 28 déc. 2017, art. 44.*

§ 3 Recouvrement, contrôle, sanctions et contentieux de la taxe de séjour

Art. L. 2333-33 La taxe de séjour est perçue sur les assujettis définis à l'article L. 2333-29 par les logeurs, les hôteliers, les propriétaires *(L. n° 2017-1775 du 28 déc. 2017, art. 45)* « , les autres intermédiaires lorsque ces personnes reçoivent le montant des loyers qui leur sont dus et les professionnels qui, par voie électronique, assurent un service de réservation ou de location ou de mise en relation en vue de la location et qui sont intermédiaires de paiement pour le compte de loueurs non professionnels. »

La taxe est perçue avant le départ des assujettis alors même que, du consentement du logeur, de l'hôtelier, du propriétaire ou du principal locataire, le paiement du loyer est différé.

Art. L. 2333-34 I. — Les logeurs, les hôteliers, les propriétaires ou les intermédiaires mentionnés à l'article L. 2333-33 versent, aux dates fixées par délibération du conseil municipal, sous leur responsabilité, au comptable public assignataire de la commune le montant de la taxe calculé en application des articles L. 2333-29 à L. 2333-31. *(L. n° 2018-1317 du 28 déc. 2018, art. 162)* « Les professionnels qui, par voie électronique, assurent un service de réservation ou de location ou de mise en relation en vue de la location d'hébergements et qui sont intermédiaires de paiement pour le compte de loueurs non professionnels versent *(L. n° 2019-1479 du 28 déc. 2019, art. 114)* « deux fois par an, au plus tard le 30 juin et le 31 décembre » sous leur responsabilité, au comptable public assignataire de la commune le montant de la taxe de séjour calculé en application des mêmes articles L. 2333-29 à L. 2333-31 et le montant de la taxe additionnelle calculé en application de l'article L. 3333-1. » *(L. n° 2019-1479 du 28 déc. 2019, art. 114)* « Les versements effectués au 30 juin comprennent, le cas échéant, le solde dû au titre de l'année antérieure. »

II. — Les professionnels qui, par voie électronique, assurent un service de réservation ou de location ou de mise en relation en vue de la location d'hébergements pour le compte *(L. n° 2017-1775 du 28 déc. 2017, art. 45)* « de loueurs professionnels ou pour le compte de loueurs non professionnels s'ils ne sont pas intermédiaires de paiement » peuvent, sous réserve d'avoir été habilités à cet effet par ces derniers, être préposés à la collecte de la taxe *(L. n° 2016-1918 du 29 déc. 2016, art. 86)* « de séjour et de la taxe additionnelle prévue à l'article L. 3333-1 » et à l'exécution des formalités déclaratives correspondantes. Ils versent, *(L. n° 2019-1479 du 28 déc. 2019, art. 114)* « deux fois par an, au plus tard le 30 juin et le 31 décembre », au comptable public assignataire de la commune le montant de la taxe *(L. n° 2016-1918 du 29 déc. 2016, art. 86 ;*

L. n° 2018-1317 du 28 déc. 2018, art. 162) « de séjour, calculé en application des articles L. 2333-29 à L. 2333-31, et le montant de la taxe additionnelle, calculé en application de l'article L. 3333-1 ». *(L. n° 2019-1479 du 28 déc. 2019, art. 114)* « Les versements effectués au 30 juin comprennent, le cas échéant, le solde dû au titre de l'année antérieure. »

Lorsqu'ils ne sont pas à même d'établir qu'ils bénéficient d'une des exemptions prévues aux 2° à 4° de l'article L. 2333-31, les assujettis acquittent à titre provisionnel le montant de la taxe *(L. n° 2016-1918 du 29 déc. 2016, art. 86)* « de séjour et de la taxe additionnelle prévue à l'article L. 3333-1 » aux professionnels mentionnés au premier alinéa du présent II. Ils peuvent en obtenir la restitution, sur présentation d'une demande en ce sens à la commune ayant perçu la cotisation indue. Il en est de même lorsqu'ils ont acquitté un montant de taxe *(L. n° 2016-1918 du 29 déc. 2016, art. 86)* « de séjour et de la taxe additionnelle prévue à l'article L. 3333-1 » supérieur à celui qui est dû au titre de la période de perception. La demande de dégrèvement doit être présentée dans un délai de quatre ans à partir du premier jour de l'année suivant celle au cours de laquelle la taxe *(L. n° 2016-1918 du 29 déc. 2016, art. 86)* « de séjour et de la taxe additionnelle prévue à l'article L. 3333-1 » a *[ont]* été acquittée *[acquittées]*.

Les conditions d'application du présent II sont précisées par décret en Conseil d'État.

(L. n° 2018-1317 du 28 déc. 2018, art. 162) « III. — Les logeurs, les hôteliers, les propriétaires, les intermédiaires et les professionnels mentionnés aux I et II sont tenus de faire une déclaration à la collectivité territoriale ayant institué la taxe de séjour lorsqu'ils reversent le produit de la taxe collectée. Sur cette déclaration figurent, pour chaque hébergement loué sur le territoire de la collectivité territoriale concernée et pour chaque perception effectuée, *(L. n° 2019-1479 du 28 déc. 2019, art. 114)* « la date à laquelle débute le séjour », la date de la perception, l'adresse de l'hébergement, le nombre de personnes ayant séjourné, le nombre de nuitées constatées, le prix de chaque nuitée réalisée lorsque l'hébergement n'est pas classé, le montant de la taxe perçue ainsi que, le cas échéant, le numéro d'enregistrement de l'hébergement prévu à l'article L. 324-1-1 du code du tourisme et les motifs d'exonération de la taxe. »

Le versement est de la responsabilité des personnes habilitées à collecter la taxe et ne peut se faire à la suite d'un titre exécutoire émis par la Commune : « Considérant qu'il résulte de ces dispositions que la taxe litigieuse doit faire l'objet d'un versement spontané auprès du comptable public communal de la part des personnes habilitées à la collecter, ce versement ne pouvant ensuite faire l'objet que d'un contrôle *a posteriori* de la part de la commune ; qu'en retenant que "les logeurs et intermédiaires devront, sous leur responsabilité, reverser à la commune, par voie de titre exécutoire émis par la commune, les produits de la taxe de séjour collectée au cours de l'année n auprès des clients (....)" la délibération attaquée, alors même qu'elle a ensuite prévu que les intéressés devront utiliser "un bordereau de versement type dont le modèle leur sera transmis", a entendu instaurer un dispositif de titre exécutoire non prévu par les dispositions précitées au stade du versement spontané des personnes qui, comme la société requérante, sont habilitées à collecter la taxe litigieuse ; que la société requérante est dès lors fondée à soutenir que cette délibération est, dans cette mesure, entachée d'illégalité ». • CAA Paris, 11 déc. 2018, n° 17PA03036.

Art. L. 2333-34-1 *(L. n° 2018-1317 du 28 déc. 2018, art. 162)* I. — Le défaut de production dans le délai prescrit de la déclaration prévue au III de l'article L. 2333-34 entraîne l'application d'une amende pouvant aller jusqu'à 12 500 € sans être inférieure à 750 €. Les omissions ou inexactitudes constatées dans la même déclaration entraînent l'application d'une amende de 150 € par omission ou inexactitude, sans que le total des amendes applicables par déclaration puisse être supérieur à 12 500 €.

II. — Le fait, pour les logeurs, les hôteliers, les propriétaires, les intermédiaires et les professionnels mentionnés à l'article L. 2333-34, de ne pas avoir perçu la taxe de séjour sur un assujetti entraîne l'application d'une amende pouvant aller jusqu'à 2 500 € sans être inférieure à 750 €.

III. — Le fait, pour les logeurs, les hôteliers, les propriétaires, les intermédiaires et les professionnels mentionnés à l'article L. 2333-34, de ne pas avoir reversé le montant de la taxe de séjour due dans les conditions et délais prescrits au même article L. 2333-34 entraîne l'application d'une amende pouvant aller jusqu'à 2 500 € sans être inférieure à 750 €.

IV. — Les amendes prévues aux I, II et III du présent article sont prononcées par le président du *(Ord. nº 2019-964 du 18 sept. 2019, art. 35)* « tribunal judiciaire », statuant en la forme des référés, sur demande de la commune ayant institué la taxe de séjour. Le produit des amendes est versé à la commune. Le *(Ord. nº 2019-964 du 18 sept. 2019, art. 35)* « tribunal judiciaire » compétent est celui dans le ressort duquel est située la commune.

En l'absence de collecte et de versement de la taxe de séjour de l'année 2021 par une société et du fait des omissions et inexactitudes constatées dans la déclaration pour le recouvrement de la taxe de séjour adressée pour l'année 2021 en contrariété avec les termes de l'art. L. 2333-34-1 qui portent sur « 5 066 séjours », le tribunal judiciaire condamne ladite société à une amende civile de 30 000 € nonobstant son règlement avec les intérêts de retard de la taxe de séjour due. • TJ La Rochelle, 16 juin 2023, nº 23/00062.

Art. L. 2333-35 **En cas de départ furtif d'un assujetti, la responsabilité des logeurs, des hôteliers, des propriétaires et des intermédiaires mentionnés à l'article L. 2333-33 ne peut être dégagée que s'ils ont avisé le maire sous huit jours et déposé entre ses mains une demande en exonération adressée au *(Ord. nº 2019-964 du 18 sept. 2019, art. 35)* « juge du tribunal judiciaire ». Les professionnels mentionnés *(L. nº 2018-1317 du 28 déc. 2018, art. 162)* « aux I et II » de l'article L. 2333-34 peuvent présenter une demande en exonération dans les mêmes conditions de forme dans les deux mois suivant la facturation du séjour, lorsqu'ils justifient n'avoir pu obtenir le paiement de la taxe par l'assujetti.**

Le maire transmet cette demande dans les vingt-quatre heures au juge du *(Ord. nº 2019-964 du 18 sept. 2019, art. 35)* « tribunal judiciaire », qui statue sans frais.

À défaut de signalement dans les conditions prévues aux deux premiers alinéas du présent article, la taxe est due par les logeurs, les hôteliers, les propriétaires *(L. nº 2018-1317 du 28 déc. 2018, art. 162)* « , les intermédiaires et les professionnels mentionnés aux I et II de l'article L. 2333-34 ».

Art. L. 2333-36 **Le montant des cotisations acquittées est contrôlé par la commune. Le maire et les agents commissionnés par lui peuvent procéder à la vérification des déclarations produites par les logeurs, les hôteliers, les propriétaires et les intermédiaires mentionnés à l'article L. 2333-33.**

À cette fin, ils peuvent demander à toute personne mentionnée au premier alinéa du présent article la communication des pièces comptables s'y rapportant.

Art. L. 2333-37 **Les réclamations sont instruites par les services de la commune bénéficiaire de la taxe. Tout redevable qui conteste le montant de la taxe qui lui est notifié acquitte à titre provisionnel le montant de la taxe contesté, sauf à en obtenir le dégrèvement après qu'il a été statué sur sa réclamation par le maire. Le maire dispose d'un délai de trente jours à compter de la notification de la réclamation formée par le redevable pour lui adresser une réponse motivée, de manière à lui permettre de formuler ses observations.**

Les conditions d'application du présent article sont précisées par décret en Conseil d'État.

Art. L. 2333-38 **En cas de défaut de déclaration, d'absence ou de retard de paiement de la taxe collectée, le maire adresse aux logeurs, aux hôteliers, aux propriétaires *(L. nº 2018-1317 du 28 déc. 2018, art. 162)* « , aux intermédiaires et aux professionnels mentionnés aux I et II de l'article L. 2333-34 » une mise en demeure par lettre recommandée avec demande d'avis de réception.**

Faute de régularisation dans le délai de trente jours suivant la notification de cette mise en demeure, un avis de taxation d'office motivé est communiqué au déclarant défaillant trente jours au moins avant la mise en recouvrement de l'imposition. Tout retard dans le versement du produit de la taxe donne lieu à l'application d'un intérêt égal à *(L. nº 2018-1317 du 28 déc. 2018, art. 162)* « 0,20 % » par mois de retard.

Les conditions d'application du présent article sont précisées par décret en Conseil d'État.

Art. L. 2333-39 **Les contentieux relatifs à la taxe de séjour sont présentés et jugés comme en matière de droits d'enregistrement, de taxe de publicité foncière, de droits**

de timbre, de contributions indirectes et de taxes assimilées à ces droits ou contributions.

§ 4 Assiette et tarif de la taxe de séjour forfaitaire

Art. L. 2333-40 La taxe de séjour forfaitaire est due par les logeurs, les hôteliers et les propriétaires qui hébergent les personnes mentionnées à l'article L. 2333-29 à titre onéreux ainsi que par les autres intermédiaires lorsque ces personnes reçoivent le montant des loyers qui leur sont dus.

Art. L. 2333-41 I. – Le tarif de la taxe de séjour forfaitaire est fixé, pour chaque nature et pour chaque catégorie d'hébergement, par unité de capacité d'accueil et par nuitée.

(L. nº 2015-1785 du 29 déc. 2015, art. 90) « Ce tarif est arrêté par délibération du conseil municipal prise avant le *(L. nº 2020-1721 du 29 déc. 2020, art. 123)* « 1er juillet » de l'année pour être applicable *(L. nº 2016-1918 du 29 déc. 2016, art. 86)* « à compter de » l'année suivante. La délibération fixe, le cas échéant, les dates de début et de fin des périodes de perception au sein de l'année. Le tarif de la taxe de séjour forfaitaire est arrêté conformément au barème suivant : » – *Tableau mod. par L. nº 2017-1775 du 28 déc. 2017, art. 44, et par L. nº 2019-1479 du 28 déc. 2019, art. 113.*

(En euros)

Catégories d'hébergements	Tarif plancher	Tarif plafond
Palaces	0,70	4,00
Hôtels de tourisme 5 étoiles, résidences de tourisme 5 étoiles, meublés de tourisme 5 étoiles	0,70	3,00
Hôtels de tourisme 4 étoiles, résidences de tourisme 4 étoiles, meublés de tourisme 4 étoiles	0,70	2,30
Hôtels de tourisme 3 étoiles, résidences de tourisme 3 étoiles, meublés de tourisme 3 étoiles	0,50	1,50
Hôtels de tourisme 2 étoiles, résidences de tourisme 2 étoiles, meublés de tourisme 2 étoiles, villages de vacances 4 et 5 étoiles	0,30	0,90
Hôtels de tourisme 1 étoile, résidences de tourisme 1 étoile, meublés de tourisme 1 étoile, villages de vacances 1, 2 et 3 étoiles, chambres d'hôtes, auberges collectives	0,20	0,80
Terrains de camping et terrains de caravanage classés en 3, 4 et 5 étoiles et tout autre terrain d'hébergement de plein air de caractéristiques équivalentes, emplacements dans des aires de camping-cars et des parcs de stationnement touristiques par tranche de 24 heures	0,20	0,60
Terrains de camping et terrains de caravanage classés en 1 et 2 étoiles et tout autre terrain d'hébergement de plein air de caractéristiques équivalentes, ports de plaisance	0,20	

(L. nº 2015-1785 du 29 déc. 2015, art. 90) « Le tarif retenu par la commune pour une des catégories d'hébergement ne peut excéder le tarif retenu pour une catégorie supérieure de même nature. »

Les limites de tarif mentionnées au tableau du troisième alinéa sont, à compter de l'année suivant celle au titre de laquelle elles s'appliquent pour la première fois, revalorisées *(L. n° 2025-127 du 14 févr. 2025, art. 101)* « au 1er janvier de chaque année en fonction de l'évolution annuelle de l'indice des prix à la consommation de l'ensemble des ménages en France sur l'ensemble hors tabac. Cette variation est appréciée entre la troisième et la deuxième années précédant celle de la révision. » Lorsque les limites tarifaires ainsi obtenues sont exprimées par des nombres avec plus d'un chiffre après la virgule, elles sont arrondies au dixième d'euro, les fractions d'euro inférieures à 0,05 € étant négligées et celles égales ou supérieures à 0,05 € étant comptées pour 0,1 €.

(L. n° 2016-1918 du 29 déc. 2016, art. 86) « Lorsqu'en raison de cette revalorisation, le tarif adopté par une collectivité ne correspond plus à l'une des valeurs mentionnées dans le tableau constituant le troisième alinéa, le tarif applicable au titre de l'année de revalorisation du barème est celui mentionné au même tableau et dont la valeur est immédiatement inférieure ou immédiatement supérieure à celle qui résulte de cette délibération. »

Un décret en Conseil d'État détermine *(L. n° 2015-1785 du 29 déc. 2015, art. 90)* « le contenu et fixe la date de publication des » informations qui doivent être tenues à la disposition des redevables, afin de permettre à ces derniers de déterminer le tarif de la taxe de séjour forfaitaire applicable sur le territoire des communes et des établissements publics de coopération intercommunale ayant institué la taxe de séjour forfaitaire.

II. — La taxe de séjour forfaitaire est assise sur la capacité d'accueil de l'hébergement donnant lieu au versement de la taxe et le nombre de nuitées comprises à la fois dans la période d'ouverture de l'hébergement ou de l'établissement imposable et dans la période de perception de la taxe mentionnée à l'article L. 2333-28.

Le montant de la taxe due par chaque redevable est égal au produit des éléments suivants :

1° Le nombre d'unités de capacité d'accueil de la structure d'hébergement ou de l'établissement donnant lieu au versement de la taxe ;

2° Le tarif de la taxe fixé par le conseil municipal en application du I ;

3° Le nombre de nuitées comprises à la fois dans la période d'ouverture ou de mise en location de l'hébergement ou de l'établissement imposable et dans la période de perception de la taxe.

III. — Pour l'application du II, le nombre d'unités de capacité d'accueil de la structure d'hébergement ou de l'établissement donnant lieu au versement de la taxe correspond au nombre de personnes que celui-ci est susceptible d'héberger. Ce nombre d'unités fait l'objet, selon les modalités délibérées par le conseil municipal, d'un abattement en fonction de la durée de la période d'ouverture de l'établissement, dont le taux est compris entre 10 et *(L. n° 2020-1721 du 29 déc. 2020, art. 122)* « 80 % ».

Lorsque l'établissement donnant lieu à versement de la taxe fait l'objet d'un classement, le nombre de personnes prévu au premier alinéa du présent III correspond à celui prévu par l'arrêté de classement.

Lorsque l'arrêté de classement fait référence à des lits, chaque lit est compté comme une unité de capacité d'accueil.

Lorsque l'arrêté de classement fait référence à des emplacements d'installations de camping, de caravanage ou d'hébergements légers, le nombre d'unités de capacité d'accueil de chaque établissement d'hébergement de plein air est égal au triple du nombre des emplacements mentionnés par l'arrêté de classement.

Saisi d'une QPC sur la conformité des dispositions de l'art. L. 2333-41 à la Const., le Cons. const. a jugé que cet art. ne portait pas atteinte au principe d'égalité pour trois raisons. D'une part, la possibilité pour les communes de se baser sur la capacité d'accueil plutôt que sur la fréquentation réelle pour établir leur imposition réelle autorisée par la loi, « est fondé[e] sur un critère objectif et rationnel en lien avec l'objectif poursuivi ». Ensuite, « en retenant comme critère de la capacité contributive de l'exploitant d'une structure d'hébergement, outre les nuitées, les unités de capacité d'accueil de cet hébergement, les dispositions contestées n'ont pas pour effet d'assujettir le contribuable à une imposition dont l'assiette inclurait une capacité contributive dont il ne disposerait pas ». Enfin, « selon le paragraphe III de l'article L. 2333-41 du code général des collectivités territoriales, le nombre d'unités de capacité d'accueil de la structure d'hébergement donnant lieu au versement de la taxe de séjour forfaitaire fait l'objet d'un abattement en fonction de la durée de la période d'ouverture de l'établissement ». • Cons. const. 8 févr. 2024, n° 2023-1078 QPC : *AJDA 2024. 293*.

Art. L. 2333-42 *Abrogé par L. n° 2017-1775 du 28 déc. 2017, art. 44.*

§ 5 Recouvrement, contrôle, sanctions et contentieux de la taxe de séjour forfaitaire

Art. L. 2333-43 I. — Les logeurs, les hôteliers, les propriétaires et les intermédiaires mentionnés à l'article L. 2333-40 sont tenus de faire une déclaration à la mairie au plus tard un mois avant chaque période de perception. Sur cette déclaration figurent :

1° La nature de l'hébergement ;

2° La période d'ouverture ou de mise en location ;

3° La capacité d'accueil de l'établissement, déterminée en nombre d'unités conformément à l'article L. 2333-41 ;

(L. n° 2018-1317 du 28 déc. 2018, art. 162) « 4° L'adresse de l'hébergement ;

« 5° Le montant de la taxe due ;

« 6° Le cas échéant, le numéro d'enregistrement de l'hébergement prévu à l'article L. 324-1-1 du code du tourisme. »

II. — Les logeurs, les hôteliers, les propriétaires et les intermédiaires mentionnés à l'article L. 2333-40 versent, aux dates fixées par délibération du conseil municipal, sous leur responsabilité, au comptable public assignataire de la commune le montant de la taxe calculé en application de l'article L. 2333-41.

Art. L. 2333-43-1 *(L. n° 2018-1317 du 28 déc. 2018, art. 162)* I. — Le défaut de production dans le délai prescrit de la déclaration prévue au I de l'article L. 2333-43 entraîne l'application d'une amende pouvant aller jusqu'à 12 500 € sans être inférieure à 750 €. Les omissions ou inexactitudes constatées dans la même déclaration entraînent l'application d'une amende de 150 € par omission ou inexactitude, sans que le total des amendes applicables par déclaration puisse être supérieur à 12 500 €.

II. — Le fait, pour les logeurs, les hôteliers, les propriétaires et les intermédiaires mentionnés à l'article L. 2333-40 de ne pas avoir acquitté le montant de la taxe de séjour forfaitaire due dans les conditions et délais prescrits au II de l'article L. 2333-43 entraîne l'application d'une amende pouvant aller jusqu'à 2 500 € sans être inférieure à 750 €.

III. — Les amendes prévues aux I et II du présent article sont prononcées par le président du *(Ord. n° 2019-964 du 18 sept. 2019, art. 35)* « tribunal judiciaire », statuant en la forme des référés, sur demande de la commune ayant institué la taxe de séjour forfaitaire. Le produit des amendes est versé à la commune. Le *(Ord. n° 2019-964 du 18 sept. 2019, art. 35)* « tribunal judiciaire » compétent est celui dans le ressort duquel est située la commune.

Art. L. 2333-44 Le montant des taxes acquittées est contrôlé par la commune. Le maire et les agents commissionnés par lui peuvent procéder à la vérification des déclarations produites par les logeurs, les hôteliers, les propriétaires et les autres intermédiaires chargés de la perception de la taxe.

À cette fin, il peut demander à toute personne responsable de la perception de la taxe la communication des pièces comptables s'y rapportant.

Art. L. 2333-45 Les réclamations sont instruites par les services de la commune bénéficiaire de la taxe. Tout redevable qui conteste le montant de la taxe qui lui est notifié acquitte à titre provisionnel le montant de la taxe contesté, sauf à en obtenir le dégrèvement après qu'il a été statué sur sa réclamation par le maire. Le maire dispose d'un délai de trente jours à compter de la notification de la réclamation formée par le redevable pour lui adresser une réponse motivée, de manière à lui permettre de formuler ses observations.

Les conditions d'application du présent article sont précisées par décret en Conseil d'État.

Art. L. 2333-46 En cas de défaut de déclaration, d'absence ou de retard de paiement de la taxe de séjour forfaitaire, le maire adresse aux logeurs, aux hôteliers, aux propriétaires et aux intermédiaires mentionnés à l'article L. 2333-40 une mise en demeure par lettre recommandée avec demande d'avis de réception.

Faute de régularisation dans le délai de trente jours suivant la notification de cette mise en demeure, un avis de taxation d'office motivé est communiqué au redevable trente jours au moins avant la mise en recouvrement de l'imposition. Tout retard dans le versement du produit de la taxe donne lieu à l'application d'un intérêt égal à *(L. n° 2018-1317 du 28 déc. 2018, art. 162)* « 0,20 % » par mois de retard.

Les conditions d'application du présent article sont précisées par décret en Conseil d'État.

Art. L. 2333-47 Les contentieux relatifs à la taxe de séjour forfaitaire sont présentés et jugés comme en matière de droits d'enregistrement, de taxe de publicité foncière, de droits de timbre, de contributions indirectes et de taxes assimilées à ces droits ou contributions.

SOUS-SECTION 2 *[ABROGÉE]* Taxe communale sur les entreprises spécialement intéressées à la prospérité de la station

(Abrogée par L. n° 2001-1275 du 28 déc. 2001, art. 107)

SOUS-SECTION 3 Taxe communale sur les entreprises exploitant des engins de remontées mécaniques

BIBL. ► FIORENTINO, Remontées mécaniques, territoire et tarification du service public, *RGCT 2001. 826.*

Art. L. 2333-49 Les entreprises exploitant des engins de remontée mécanique peuvent être assujetties en zone de montagne à une taxe communale portant sur les recettes brutes provenant de la vente des titres de transport et dont le produit est versé au budget communal.

Le montant de la taxe est inclus dans le prix du titre de transport et perçu sur l'usager.

L'assiette de la taxe ne comprend ni le montant de celle-ci, ni celui de la taxe départementale prévue à l'article L. 3333-4.

Elle est recouvrée par la commune comme en matière de taxe sur le chiffre d'affaires dans les conditions fixées par décret en Conseil d'État. – *[L. n° 85-30 du 9 janv. 1985, art. 85.]*

1. Champ d'application. Les entreprises exploitant des engins de remontée mécanique peuvent, en vertu de l'art. L. 2333-49 CGCT, être assujetties en zone de montagne à une taxe communale portant sur les recettes brutes provenant de la vente de titres de transport et dont le produit est versé au budget communal. Cette taxe communale s'applique aux remontées mécaniques situées en zone de montagne même si elles ne desservent pas de domaine skiable. La circonstance que l'art. R. 2333-73 CGCT fasse référence, en ce qui concerne la répartition entre communes, en cas de désaccord, à un partage de cette taxe en fonction des domaines skiables est à cet égard sans incidence. • CE 11 mars 2011, *Synd. mixte pour la valorisation touristique du Pic du Midi,* n° 337428 B : *AJCT 2011. 250, obs. Coronat ; RJF 2011, n° 761.* ♦ Par suite, cette taxe s'applique aux recettes perçues sur l'exploitation d'un téléphérique, dès lors que la zone desservie est incluse dans une zone de montagne. • Même décision.

2. Liquidation. Le calcul de la taxe doit porter sur les recettes liées à la seule exploitation des remontées mécaniques. Ainsi, un syndicat mixte qui a pour objet d'assurer non seulement l'exploitation du téléphérique desservant un site mais aussi la gestion de l'ensemble des activités offertes au public sur le site et qui a entrepris de faire réaliser un audit par un cabinet d'experts-comptables afin d'évaluer précisément, dans le coût des billets vendus aux usagers du site, « la part des recettes brutes générées par les remontées mécaniques proprement dites et celle issues de l'ensemble des autres prestations fournies au public » est fondé à considérer qu'une commune établissant le calcul de la liquidation de la taxe sur l'ensemble de ses recettes s'est fondée sur une base de liquidation erronée. • CAA Bordeaux, 24 juin 2019, n° 17BX01693.

3. Compétence. L'exploitation des remontées mécaniques constituant un service public à caractère industriel et commercial, les tribunaux judiciaires sont seuls compétents pour connaître des litiges entre ce service et les usagers. • T. confl. 29 oct. 1990, *Moyal,* n° 2625.

Art. L. 2333-50 La taxe communale est instituée par délibération du conseil municipal qui en fixe le taux dans la limite de 3 p. 100 des recettes brutes provenant de la vente des titres de transport. – *[L. n° 85-30 du 9 janv. 1985, art. 86, al. 1er.]*

Art. L. 2333-51 Si l'exploitation des remontées mécaniques s'étend sur plusieurs communes ou plusieurs départements, la répartition de l'assiette de la taxe visée à l'article L. 2333-49 entre lesdites communes ou lesdits départements est fixée, à défaut d'accord entre eux, par le représentant de l'État dans des conditions fixées par décret en Conseil d'État. – *[L. n° 85-30 du 9 janv. 1985, art. 87, al. 1er.]*

Art. L. 2333-52 Les communes ou les établissements publics de coopération intercommunale qui percevaient à la date du 31 décembre 1983 la taxe spéciale *(L. n° 2001-1275 du 28 déc. 2001, art. 107)* « portant sur les recettes brutes provenant de la vente des titres de transport par les entreprises exploitant des engins de remontées mécaniques » sur la base d'un taux supérieur à 3 p. 100 se voient attribuer par le département, lorsque celui-ci perçoit la taxe visée à l'article L. 3333-4, une dotation égale à la différence entre le produit de la taxe au taux de 3 p. 100 et celui de la taxe au taux antérieurement fixé. Toutefois, il n'en est ainsi que si les communes concernées appliquent le taux de 3 p. 100 pour la taxe créée par l'article L. 2333-49. Cette dotation est versée trimestriellement.

Lorsque les communes ou les établissements publics de coopération intercommunale, qui percevaient, à la date du 31 décembre 1983, la taxe spéciale visée *(L. n° 2001-1275 du 28 déc. 2001, art. 107)* « au premier alinéa » au taux de 5 p. 100, appliquent au taux de 3 p. 100 la taxe créée par l'article L. 2333-49, le département peut, s'il a lui-même voté la même taxe au taux de 2 p. 100, plutôt que de verser la dotation prévue à l'alinéa précédent, subroger le groupement de communes ou la commune pour percevoir ladite taxe qui lui revient de droit.

Lorsque le département ne perçoit pas la taxe ci-dessus, ces communes ou établissements publics de coopération intercommunale peuvent percevoir la taxe au taux qu'ils avaient fixé pour la taxe spéciale *(L. n° 2001-1275 du 28 déc. 2001, art. 107)* « visée au premier alinéa » au titre de l'exercice budgétaire 1983. – *[L. n° 85-30 du 9 janv. 1985, art. 88.]*

Art. L. 2333-53 Le produit annuel de la taxe communale est affecté, sous réserve des dispositions prévues au premier alinéa de l'article L. 2333-52 :

1° À des interventions favorisant le développement agricole *(L. n° 2005-157 du 23 févr. 2005, art. 183)* « et forestier » en montagne ;

2° Aux dépenses d'équipement, de services, de promotion et de formation induites par le développement du tourisme en montagne et les besoins des divers types de clientèle ainsi qu'à l'amélioration des accès ferroviaires et routiers ;

3° Aux dépenses de développement d'un tourisme d'initiative locale en montagne et des activités qui y contribuent ;

4° À des charges engagées par les clubs locaux de ski pour la formation technique de leurs jeunes adhérents ;

5° Au financement d'actions de prévention des accidents en montagne conduites par des organismes compétents en la matière, et notamment par les sociétés de secours en montagne ;

(L. n° 2005-157 du 23 févr. 2005, art. 183 ; Ord. n° 2012-92 du 26 janv. 2012) « 6° Aux dépenses d'équipement et de mise en valeur touristique des espaces forestiers présentant l'une des garanties de gestion durable mentionnées aux articles L. 124-1 à L. 124-4 du code forestier ;

« 7° Aux travaux de protection contre l'érosion naturelle des sols, la prévention des avalanches ou la défense des forêts contre les incendies qui incombent à la commune en application du 5° de l'article L. 2212-2. »

SOUS-SECTION 4 **Prélèvements sur le produit des jeux dans les casinos** *(L. n° 2008-1443 du 30 déc. 2008, art. 129).*

Art. L. 2333-54 *(L. n° 2004-809 du 13 août 2004, art. 7)* « Dans les communes qui réalisent des actions de promotion en faveur du tourisme, le conseil municipal peut instituer un prélèvement sur le produit brut des jeux dans les casinos. »

Le taux maximum des prélèvements opérés par les communes sur le produit brut des jeux dans les casinos régis par *(L. n° 2014-1655 du 29 déc. 2014, art. 39)* **« les articles L. 321-1 et suivants du code de la sécurité intérieure » en vertu des clauses des cahiers des charges de ces établissements ne doit, en aucun cas, dépasser 15 p. 100.**

(L. n° 2014-1655 du 29 déc. 2014, art. 39) **« Ces prélèvements s'appliquent à la somme totale des éléments constitutifs du produit brut des jeux mentionnés à l'article L. 2333-55-1, diminuée de 25 % et, le cas échéant, de l'abattement supplémentaire mentionné au I de l'article 34 de la loi de finances rectificative pour 1995 (n° 95-1347 du 30 décembre 1995). »**

(L. n° 2010-476 du 12 mai 2010, art. 55) **« Lorsque le taux du prélèvement communal ajouté au taux du prélèvement de l'État sur la somme des éléments constitutifs du produit brut des jeux mentionnés aux 1°, 2° et 3° de l'article L. 2333-55-1 dépasse** *(L. n° 2014-1655 du 29 déc. 2014, art. 39)* **« 83,5 % », le taux du prélèvement de l'État est réduit de telle façon que le total des deux prélèvements soit de** *(L. n° 2014-1655 du 29 déc. 2014, art. 39)* **« 83,5 % ».**

« Lorsque le taux du prélèvement communal ajouté au taux du prélèvement de l'État sur la somme des éléments constitutifs du produit brut des jeux mentionnés aux 4° et 5° de l'article L. 2333-55-1 dépasse *(L. n° 2014-1655 du 29 déc. 2014, art. 39)* **« 83,5 % », le taux du prélèvement de l'État est réduit de telle façon que le total des deux prélèvements soit de** *(L. n° 2014-1655 du 29 déc. 2014, art. 39)* **« 83,5 % ». »**

(L. n° 2004-809 du 13 août 2004, art. 7) **« Les communes peuvent, par convention, reverser tout ou partie du prélèvement au groupement de communes** *(Ord. n° 2014-1335 du 6 nov. 2014, art. 10)* **« , à une métropole, à la métropole de Lyon » ou au syndicat mixte dont elles sont membres lorsqu'il réalise des actions de promotion en faveur du tourisme. »**

1. Constitutionnalité. La question de la conformité à l'art. 14 DDH, et à l'art. 34 Const., des dispositions des art. L. 2333-54 et L. 2333-56 CGCT, en tant qu'elles instituent des prélèvements sur le produit brut des jeux sans déterminer les règles applicables à la définition de l'assiette, au taux et aux modalités de recouvrement de ces impositions de toute nature, ne présente pas un caractère sérieux. Dès lors, il n'y a pas lieu de renvoyer au Conseil constitutionnel la question prioritaire de constitutionnalité invoquée. • CE 16 juill. 2010, *Sté de brasseries et casinos « Les Flots bleus »*, n° 339292. ♦ À la date de la réclamation (23 déc. 2008), il ne résultait ni des dispositions législatives en vigueur ni de la jurisprudence que les prélèvements sur le produit brut des jeux relevaient de la catégorie des impositions de toutes natures au sens de l'art. 34 Const. ; les prélèvements relevaient des recettes non fiscales et n'ont été rattachés à la catégorie des recettes fiscales de l'État que par les dispositions de la loi de finances pour 2009 promulguée le 27 déc. 2008 ; la définition de l'assiette de ces prélèvements n'a été insérée au CGCT que par l'art. 129 de la loi de finances rectificative pour 2008 promulguée le 30 déc. 2008. • CE 23 janv. 2015, *Sté Casino de Vichy « Les 4 Chemins »*, n° 362580 : *AJDA 2015. 137*. ♦ Les dispositions du § 3 de l'art. 27 de la L. du 22 juill. 2009, qui valident les prélèvements spécifiques aux jeux des casinos exploités en application de la L. du 15 juin 1907 relative aux casinos, dus au titre d'une période antérieure au 1er nov. 2009, sont conformes à la Constitution. • Cons. const. 14 oct. 2010, *Sté Plombinoise de Casino*, n° 2010-53 QPC : *Constitutions 2011. 97, note Barilari ; RJF 2011, n° 81.*

2. Droit de créance. Le droit de propriété de la commune sur la partie des sommes représentant le montant des impositions et prélèvements dus n'existe qu'à compter du moment où, ayant vérifié et certifié exact le carnet d'avances en fin de séance, le directeur de l'établissement de jeu est constitué comptable desdites sommes : dès lors, avant cet instant, la commune ne dispose que d'un droit de créance, rendant irrecevable de sa part une constitution de partie civile sur le seul fondement du vol commis au préjudice de l'établissement de jeu. • Crim. 6 juill. 1982, *Agent judiciaire du Trésor public et Ville de Dieppe : Bull. crim., n° 182 ; ACL 1983. 441.*

3. Le délégataire et ses contributions. Les communes dotées d'un casino peuvent instituer un prélèvement dont le taux ne peut dépasser 15% du produit brut des jeux. Toutefois, les dispositions de l'art. L. 2333-54 CGCT ne font pas obstacle à ce qu'une convention d'occupation du domaine public prévoie le versement d'une redevance par le cocontractant en contrepartie des avantages que lui procurent l'occupation du domaine, et qui excèdent le seul produit des jeux. • CE 19 mars 2012, *SA Groupe Partouche*, n° 341562 : *AJDA 2012. 573*. ♦ V. aussi, Brenet, « La délégation unilatérale du service public », *AJDA 2013. 1435.* ♦ Une convention de délégation de service public prévoie la participation du délégataire au financement de manifestations artistiques communales, lesquelles concourent au développement culturel local et sont susceptibles de favoriser les différentes activités du délégataire. Il en va ainsi, alors même que cette participation, qui ne constitue pas un prélèvement sur le produit brut des jeux, prendrait en compte ce produit dans son mode de calcul et serait ainsi susceptible de porter à plus de 15 % de cette assiette le montant total des sommes dont le délégataire serait redevable à l'égard de la commune.

• CE 17 juin 2015, *Cie pour le développement du tourisme hyérois CDTH*, n° 379380 : *AJDA 2015. 1243*.

Art. L. 2333-55 Il est reversé à chaque commune, siège d'un casino régi par *(L. n° 2014-1655 du 29 déc. 2014, art. 39)* « les articles L. 321-1 et suivants du code de la sécurité intérieure », *(L. n° 2016-1917 du 29 déc. 2016, art. 90)* « ou à chaque établissement public lorsqu'il est délégant de la délégation de service public du casino, » 10 p. 100 du prélèvement opéré par l'État sur le produit brut des jeux réalisé par l'établissement.

Le montant de ce versement ne peut toutefois avoir pour effet d'accroître de plus de 5 p. 100 le montant des *(L. n° 2004-1484 du 30 déc. 2004, art. 97)* « recettes réelles de fonctionnement » de la commune *(L. n° 2016-1917 du 29 déc. 2016, art. 90)* « ou de l'établissement public délégant de la délégation de service public du casino » *(L. n° 2004-1484 du 30 déc. 2004, art. 97)* « , ce plafond étant porté à 10 % pour les *(L. n° 2019-809 du 1er août 2019, art. 4)* « communes mentionnées au V de l'article L. 5210-1-1 du présent code ou pour les » communes membres d'un établissement public de coopération intercommunale faisant application des dispositions de l'article 1609 *nonies* C du code général des impôts et dont le potentiel financier par habitant est inférieur au potentiel financier moyen par habitant de l'ensemble des communes appartenant au même groupe démographique ».

Art. L. 2333-55-1 *(L. n° 2008-1443 du 30 déc. 2008, art. 129)* Les prélèvements opérés par l'État, les communes, les établissements publics de coopération intercommunale *(Ord. n° 2014-1335 du 6 nov. 2014, art. 10)* « , la métropole de Lyon » et les organismes sociaux sur les jeux exploités par les casinos sont effectués sur le produit brut des jeux.

Le produit brut des jeux est constitué :

1° Pour les jeux de contrepartie exploités sous forme non électronique, par la différence entre le montant cumulé de l'avance initiale et des avances complémentaires éventuelles et le montant de l'encaisse constaté en fin de partie ;

2° Pour les jeux de contrepartie exploités sous forme électronique, par la différence entre, d'une part, le montant de la comptée afférente à chaque poste de jeu et, d'autre part, le montant cumulé des avances éventuellement faites et des tickets représentatifs des crédits des joueurs émis par chaque poste de jeu. Dans le cas d'un appareil équipé d'un système informatique permettant la dématérialisation du paiement scriptural, le produit brut des jeux est constitué par la différence entre, d'une part, le montant des achats de crédits et de la comptée éventuelle et, d'autre part, les gains payés par chaque poste de jeu ;

3° Pour les jeux de cercle exploités sous forme électronique ou non, par le montant intégral de la cagnotte, correspondant aux retenues opérées à tous les jeux de cercle par le casino. Pour chaque jeu de cercle, la retenue opérée par le casino est fixée par voie réglementaire. Elle ne peut excéder 5 % d'une assiette constituée, selon le type de jeu, par les mises des joueurs, leurs gains, ou les sommes engagées par eux pour participer au jeu ;

4° Pour les jeux pratiqués avec des appareils définis à l'article *(Ord. n° 2019-1015 du 2 oct. 2019, art. 26)* « L. 324-4 » du code de la sécurité intérieure », qui procurent un gain en numéraire, dits "machines à sous", par le produit d'un coefficient de 85 % appliqué au montant de la comptée afférente à l'appareil, diminué des avances faites, des tickets émis par la machine, des gains payés par la caisse spéciale et du montant des gains non réclamés ;

5° Pour les appareils connectés entre eux, dans le cadre d'un jackpot progressif mis en place entre plusieurs établissements, le produit brut des jeux est constitué par le produit d'un coefficient de 85 % appliqué au montant de la comptée visée au 4° également diminuée :

a) Dans le casino où le jackpot progressif a été gagné, du montant initial du jackpot progressif et du montant des incréments réalisés par chaque appareil ;

b) Dans les autres casinos, du seul montant des incréments réalisés par chaque appareil.

Toutefois, le casino qui se retire du système de jackpot progressif multisites avant que la combinaison gagnante ne soit sortie déduit de son produit brut des jeux, à la fin du mois de son retrait, le montant des incréments constatés au cours de la période pendant laquelle il a participé au jackpot progressif multisites.

Le produit brut des jeux du casino est également diminué, le cas échéant, du montant des incréments issus de l'arrêt d'un jackpot progressif multisites versé aux orphelins et non réaffecté à un nouveau jackpot progressif multisites à la clôture de l'exercice.

Dans le cas où la différence mentionnée aux 1° et 2° est négative, la perte subie vient en déduction des bénéfices des jours suivants.

(L. n° 2014-1655 du 29 déc. 2014, art. 39) « Pour le calcul du prélèvement mentionné à l'article L. 2333-56, il est appliqué à la somme des éléments constitutifs du produit brut des jeux résultant de l'exploitation des formes non électroniques des jeux de contrepartie et des jeux de cercle mentionnés aux 1° à 3° du présent article un coefficient de 93,5 %. »

Il résultait du Décr. du 22 déc. 1959 (art. 18) en vigueur que les sommes représentant le montant des prélèvements en cause sont la propriété, non des exploitants des casinos, mais de l'État et des autres bénéficiaires de ces prélèvements, dès leur entrée dans la « cagnotte » du casino pour les jeux de cercle et dès leur inscription sur les carnets de prélèvement pour les jeux de contrepartie et les « machines à sous » ; les exploitants des casinos ne sont, s'agissant des sommes correspondant à ces prélèvements, que dépositaires de fonds publics pour le compte de collectivités publiques. La société requérante ne peut dès lors revendiquer la propriété d'un « bien » auquel il aurait été porté atteinte, au sens de l'art. 1er du protocole additionnel à la convention européenne de sauvegarde des droits de l'homme et des libertés fondamentales ; pas d'inconventionnalité du paragraphe III de l'art. 27 de la L. du 22 juill. 2009. • CAA Nantes, 9 avr. 2015, *SA Casino de Coutainville*, n° 12NT00535.

Art. L. 2333-55-2 *(L. n° 2009-888 du 22 juill. 2009, art. 27)* Les prélèvements opérés au profit de l'État, des communes, des établissements publics de coopération intercommunale *(Ord. n° 2014-1335 du 6 nov. 2014, art. 10)* « , de la métropole de Lyon » et des organismes sociaux et spécifiques aux jeux des casinos exploités en application *(L. n° 2014-1655 du 29 déc. 2014, art. 39)* « des articles L. 321-1 et suivants du code de la sécurité intérieure » sont liquidés et payés mensuellement auprès d'un comptable public.

Les prélèvements sont soldés par saison des jeux qui court du 1er novembre au 31 octobre de l'année suivante. Aucune compensation n'est admise entre le montant des prélèvements dû au titre d'une saison des jeux en cours et celui dont le casino est redevable pour une saison des jeux antérieure.

Les prélèvements sont recouvrés et contrôlés selon les mêmes procédures et sous les mêmes sanctions, garanties, sûretés et privilèges que les taxes sur le chiffre d'affaires. Les réclamations sont présentées, instruites et jugées selon les règles applicables à ces mêmes taxes.

Un décret fixe les conditions d'application du présent article.

Art. L. 2333-55-3 *(L. n° 2014-1655 du 29 déc. 2014, art. 39)* I. — Les casinos régis par les articles L. 321-1 et suivants du code de la sécurité intérieure, *(Ord. n° 2019-700 du 3 juill. 2019, art. 5)* « détenant un récépissé de déclaration d'entrepreneur de spectacles vivants valant licence », peuvent bénéficier d'un crédit d'impôt au titre des manifestations artistiques de qualité qu'ils ont directement organisées ou ont contractuellement fait organiser à leur nom et pour leur compte durant la saison des jeux définie à l'article L. 2333-55-2.

II. — Les manifestations artistiques de qualité mentionnées au I du présent article répondent aux conditions cumulatives suivantes :

1° Elles relèvent du secteur du spectacle vivant ou enregistré et des arts graphiques, plastiques ou photographiques ;

2° Elles sont organisées sur le territoire de la commune siège du casino ou de l'établissement public de coopération intercommunale bénéficiant du reversement, en tout ou partie, du prélèvement mentionné à l'article L. 2333-54 ;

3° Elles répondent à au moins trois des quatre objectifs suivants :

a) Contribuer à la promotion et à la diffusion de spectacles ou d'œuvres accessibles au public le plus large et le plus diversifié ;

b) Mettre en œuvre une programmation de manifestations réalisées avec le concours d'artistes du spectacle, au sens des articles L. 7121-1 et suivants du code du travail, et percevant une rémunération ou avec le concours d'artistes auteurs d'arts graphiques, plastiques ou photographiques, au sens des articles L. 382-1 et suivants du code de la sécurité sociale ;

c) Accorder une place significative aux créations, commandes d'œuvres, nouvelles productions, coproductions ou coréalisations ;

d) Disposer d'une notoriété internationale ou nationale.

Le bénéfice du crédit d'impôt est subordonné à la décision préalable de l'autorité compétente de l'État, qui atteste du respect de la condition mentionnée au 1° et apprécie les critères mentionnés au 3° du présent II au moyen d'un barème de points dont le contenu est fixé par le décret prévu au VIII.

III. – Le crédit d'impôt mentionné au I est égal à 77 % de la différence entre les dépenses mentionnées au IV supportées par le casino et les recettes mentionnées au V encaissées par celui-ci.

Il est plafonné à 4 % du produit brut des jeux, défini à l'article L. 2333-55-1, de la saison des jeux au cours de laquelle les manifestations artistiques de qualité se sont déroulées.

IV. – Sont prises en compte dans le calcul du crédit d'impôt les dépenses suivantes :

A. – Les dépenses des personnels recrutés exclusivement dans le cadre de la manifestation en cause et afférentes aux artistes mentionnés à l'article L. 7121-2 du code du travail et à l'article L. 212-1 du code de la propriété intellectuelle et aux ouvriers et techniciens relevant des professions du spectacle vivant et occupant un des emplois définis par l'accord relatif à l'application pour ces professions du régime d'assurance chômage prévu à l'article L. 5422-20 du code du travail.

Elles comprennent :

1° Les salaires ;

2° Les charges sociales afférentes aux salaires dès lors qu'elles constituent des cotisations sociales obligatoires ;

3° Les frais de déplacement, d'hébergement et de restauration de ces personnels ;

B. – Les dépenses des personnels du casino autres que ceux mentionnés au A et relevant des emplois suivants : régie lumière et son, assistant opérateur, opérateur, animateur et présentateur de spectacle, musicien, artiste, ouvreur, aide-accessoiriste, accessoiriste, régisseur, directeur artistique et agent en charge de la sécurité et de la sécurité incendie.

Elles comprennent :

1° Les salaires ;

2° Les charges sociales afférentes aux salaires, dès lors qu'elles constituent des cotisations sociales obligatoires ;

3° Les avantages en nature et primes accordés à ces personnels.

Ces dépenses sont retenues pour leur montant réel par spectacle, dans la limite d'un plafond déterminé à partir d'un nombre maximal d'heures, fixé par le décret prévu au VIII, pour chacun des emplois et en fonction du tarif horaire fixé par la convention collective nationale des casinos ;

C. – Pour les seuls exploitants de salles de spectacles, les autres dépenses de fonctionnement exposées dans le cadre de l'organisation de la manifestation en cause. Elles sont retenues :

1° Pour les salles de spectacles dont la jauge en configuration assise est supérieure ou égale à mille places, à hauteur du montant des dépenses mentionnées aux A et B multiplié par un taux, exprimé en pourcentage et arrondi à la première décimale, égal au nombre de manifestations éligibles multiplié par un coefficient de 0,4 ;

2° Pour les salles de spectacles dont la jauge en configuration assise est inférieure à mille places, à hauteur du montant des dépenses mentionnées aux A et B multiplié par un taux, exprimé en pourcentage et arrondi à la première décimale, égal au nombre de manifestations éligibles multiplié par un coefficient de 0,2 ;

D. — Les dépenses liées à l'exploitation de la manifestation :

1° Les dépenses d'acquisition du droit de représentation ou d'exploitation du spectacle ainsi que les dépenses de déplacement, d'hébergement et de restauration des artistes et techniciens qui y sont attachées ;

2° Les dépenses d'hébergement et de restauration des membres du jury, des artistes, des journalistes, des photographes et des critiques d'art participant aux galas d'ouverture et de clôture de festivals de cinéma et de vernissages d'exposition. Les dépenses d'hébergement sont comprises dans l'assiette du crédit d'impôt, dans la limite de 200 € par nuitée ;

3° Les dépenses de prestations de création artistique ;

4° Les dépenses de location de lieux loués spécifiquement pour l'organisation de la manifestation ;

5° Les dépenses de matériels ou de prestations de services relatives spécifiquement à la représentation de la manifestation, soit celles afférentes aux costumes, à la coiffure et au maquillage des artistes, aux accessoires de scène, aux décors, aux sons et lumière, à la machinerie, à l'accueil du public et à la sécurité de la manifestation ;

6° Les dépenses de publicité, dès lors que leur objet principal est de promouvoir la manifestation éligible au crédit d'impôt ;

7° Les dépenses d'électricité et de chauffage, déterminées au regard de la superficie de la salle de spectacle et du nombre de jours durant lesquels s'y sont déroulées la ou les manifestations en cause ;

E. — Les dépenses engagées par la société mère mentionnée à l'article 223 A du code général des impôts, sous réserve qu'elles respectent les conditions fixées par le décret prévu au VIII du présent article.

Les dépenses prévues aux A à E ne doivent ni avoir été ni être comprises dans la base de calcul d'un crédit ou d'une réduction d'impôt sur le revenu ou d'impôt sur les sociétés.

V. — Sont prises en compte dans le calcul du crédit d'impôt les recettes suivantes :

1° Les recettes de billetterie ;

2° Les recettes de vente de programmes ou de produits dérivés liés à la manifestation ;

3° Les subventions publiques non remboursables versées au casino par l'État ou les collectivités territoriales et directement affectées aux dépenses mentionnées au IV ;

4° Les subventions privées ;

5° Les recettes de mécénat et de sponsoring.

VI. — Le montant du crédit d'impôt est imputé sur les prélèvements mentionnés aux articles L. 2333-54 et L. 2333-56, dus au titre de la saison des jeux échue au cours de laquelle se sont déroulées les manifestations artistiques de qualité.

VII. — Le montant du crédit d'impôt donne lieu à un remboursement dont la demande est présentée, instruite et jugée selon les règles applicables aux taxes sur le chiffre d'affaires.

VIII. — Un décret en Conseil d'État précise les conditions d'application du présent article, notamment les obligations déclaratives. — *V. art. R. 2333-82-4.*

IX. — Le crédit d'impôt est supporté par :

1° Le budget de l'État, à hauteur du rapport entre le montant du prélèvement mentionné à l'article L. 2333-56 affecté à l'État et la somme des prélèvements mentionnés aux articles L. 2333-54 et L. 2333-56 recouvrés au titre de la saison des jeux sur laquelle s'impute le crédit d'impôt ;

2° La collectivité bénéficiaire des prélèvements mentionnés aux mêmes articles L. 2333-54 et L. 2333-56, à hauteur du solde.

Les demandes de licence et de renouvellement de licence, déposées avant la date d'entrée en vigueur de l'Ord. n° 2019-700 du 3 juill. 2019, demeurent régies par les dispositions du C. trav. relatives à la licence d'entrepreneur de spectacles vivants dans leur rédaction antérieure à ladite ordonnance (Ord. préc., art. 6).

Un casino qui délègue l'organisation d'une manifestation à un tiers doit pouvoir, dans la convention conclue, précisément établir ses dépenses et ses recettes dans le cadre de l'organisation de cette manifestation pour prétendre au crédit d'impôt au titre des « manifestations artistiques de qualité » mentionnées au I de l'art. L. 2333-55-3. Ainsi, « l'art. R. 2333-82-4 précise que lorsque le casino délègue en tout ou partie l'organisation de la manifestation à un tiers, la convention conclue avec ce dernier doit déterminer notamment les dépenses et les recettes exposées par le tiers dans le cadre de l'organisation de la manifestation qui sont portées par ce dernier à la charge et au bénéfice du casino. Or, les conventions tripartites ne comportent aucune mention des dépenses et des recettes exposées par le tiers dans le cadre de l'organisation de la manifestation, et portées par ce dernier à la charge et au bénéfice du casino. Par suite, la SAS société du casino de Saint-Amand-les-Eaux ne peut davantage être regardée comme ayant délégué à un tiers l'organisation des spectacles. Dès lors, le moyen tiré de ce que les dépenses en cause étaient éligibles au crédit d'impôt pour manifestations artistiques de qualité prévu au I de l'art. L. 2333-55-3 doit être écarté ». • CAA Douai, 20 avr. 2023, n° 21DA02774.

Art. L. 2333-56 *(L. n° 2014-1655 du 29 déc. 2014, art. 39)* **Il est institué un prélèvement progressif assis sur le produit des jeux des casinos régis par les articles L. 321-1 et suivants du code de la sécurité intérieure.**

L'assiette de ce prélèvement est déterminée selon les modalités suivantes :

1° Le produit brut des jeux, défini à l'article L. 2333-55-1 du présent code, est diminué d'un abattement de 25 % et, le cas échéant, de l'abattement supplémentaire mentionné au I de l'article 34 de la loi de finances rectificative pour 1995 (n° 95-1347 du 30 décembre 1995) ;

2° Le produit net des jeux ainsi obtenu est réparti au prorata, d'une part, de la somme des éléments constitutifs du produit des jeux mentionnés aux 1° à 3° de l'article L. 2333-55-1, après application du coefficient mentionné au dernier alinéa du même article, et, d'autre part, de la somme des éléments constitutifs du produit des jeux mentionnés aux 4° et 5° dudit article L. 2333-55-1.

Le taux du prélèvement progressif applicable à chacune des parts ainsi déterminées est fixé par décret, dans les limites minimale et maximale de 6 % et de 83,5 %.

Art. L. 2333-57 *(Abrogé par L. n° 2025-199 du 28 févr. 2025, art. 32, à compter du 1er juill. 2025 et applicable aux contributions et aux prélèvements dus à compter de la même date) (L. n° 2016-1918 du 29 déc. 2016, art. 97) I. à III. — Abrogés par L. n° 2020-1721 du 29 déc. 2020, art. 64.*

IV. — Les produits des jeux réalisés dans les casinos régis par l'article L. 321-3 du code de la sécurité intérieure, sauf lorsqu'ils sont immatriculés à Wallis-et-Futuna, sont soumis aux prélèvements prévus au III de l'article L. 136-7-1 du code de la sécurité sociale ainsi qu'au III de l'article 18 et à l'article 19 de l'ordonnance n° 96-50 du 24 janvier 1996 relative au remboursement de la dette sociale.

V. — Les prélèvements mentionnés** (L. n° 2020-1721 du 29 déc. 2020, art. 64) « au » **IV sont liquidés et soldés selon les modalités prévues à l'article L. 2333-55-2 du présent code.

Ces prélèvements sont recouvrés et contrôlés selon les mêmes procédures et sous les mêmes sanctions, garanties, sûretés et privilèges que les taxes sur le chiffre d'affaires.

Les réclamations sont présentées, instruites et jugées selon les règles applicables à ces mêmes taxes.

SECTION 7 *[ABROGÉE]* **Taxes de trottoirs et de pavage**

(Abrogée par L. n° 2014-1654 du 29 déc. 2014, art. 20)

BIBL. GÉN. ▶ SINGER, *AJDA 1966. 530* (contribution des riverains aux dépenses relatives au pavage des rues et aux trottoirs).

SOUS-SECTION 1 *[ABROGÉE]* **Taxe de trottoirs**

Art. L. 2333-58 ***Lorsque l'établissement des trottoirs des rues et places figurant sur les plans d'alignement a été reconnu d'utilité publique, la dépense de construction est répartie entre les communes et les propriétaires riverains, dans la proportion et après accomplissement des formalités déterminées par les articles de la présente sous-section.***

1. Assiette. Les propriétaires des terrains non bâtis sont assujettis à la contribution tout autant que les propriétaires des terrains bâtis. • CE 23 juill. 1909, *Ollagnier : Lebon 734.* ♦ Mais seuls les propriétaires riverains de la voie publique sont concernés. • CE 12 mars 1898, *Ville de Besançon c/ Vichet : Lebon 230.*

2. En cas de démembrement de la propriété, la charge de la taxe pèse sur le nu-propriétaire, et non sur l'usufruitier. • CE 19 janv. 1906, *Delpeut : Lebon 46.*

3. Lorsque la société propriétaire des bâtiments d'une usine, le long desquels un trottoir a été construit, a été déclarée en règlement judiciaire, la collectivité locale, qui n'a pu obtenir le règlement de sa créance, peut transférer sur le propriétaire du terrain d'assiette de l'usine la charge de la contribution aux frais d'établissement du trottoir : ce propriétaire du terrain a la qualité de propriétaire riverain au sens de l'art. L. 2333-58 CGCT. • CE 28 oct. 2002, *Cté urb. de Strasbourg*, n° 214901 : *Dr. adm. 2002, n° 75 ; Coll. terr. 2002, n° 278, note Erstein ; BJCL 2003. 51, concl. Vallée ; Ann. voirie 2003, n° 73, p. 9, concl. Vallée ; RJF 2003, n° 123 ; RGCT 2003. 652, note Lefeuvre ; ACL 2003. 358.*

4. Affectation. La taxe de trottoirs ne peut couvrir que les frais de premier établissement, et non les dépenses de reconstruction de trottoirs rendues nécessaires par un défaut d'entretien. • CE 23 mai 1938, *Mohier : Lebon 447.*

5. L'obligation pesant sur les propriétaires, quant aux frais de premier établissement des trottoirs, ne s'étend pas à la fourniture des gargouilles. • CE 20 juin 1891, *Triboulet : Lebon 473.* ♦ De même, elle ne s'étend pas à la mise en œuvre de revers pavés non garnis de bordures en pierre de taille. • CE 2 févr. 1889, *Ville de Paris c/ Languellier : Lebon 148.* ♦ Il en va de même d'une surlargeur de trottoir nécessitée par des motifs esthétiques. • CE 15 nov. 1889, *Moranvillé : Lebon 1031.* ♦ Elle ne s'étend pas non plus aux banquettes de terre, même bordées de grès. • CE 26 mars 1904, *Langoit : Lebon 306* • CE 23 juill. 1909, *Ollagnier : Lebon 734.*

Art. L. 2333-59 ***La délibération du conseil municipal qui provoque la déclaration d'utilité publique désigne en même temps les rues et places où les trottoirs seront établis, arrête le devis des travaux, selon les matériaux entre lesquels les propriétaires sont autorisés à faire un choix, et répartit la dépense entre la commune et les propriétaires.***

La portion de la dépense à la charge de la commune ne peut être inférieure à la moitié de la dépense totale.

Il est procédé à une enquête de commodo et incommodo.

Formalités. Les formalités prévues par l'art. L. 2333-59 pour la construction des trottoirs (enquête, déclaration d'utilité publique, établissement d'un devis soumis aux propriétaires riverains) sont exigées à peine de nullité de la décision qui a institué la taxe : dès lors qu'une commune n'a pas respecté ces formalités avant de mettre à la charge des propriétaires intéressés la part des frais de construction de trottoirs leur incombant, la taxe de trottoirs est illégale. • CE 29 mai 1911, *Cne de Loudun : Lebon 654* • CE 17 juin 1959, *Dame Cuny et a. : Lebon 369 ; AJDA 1959. 236.* ♦ Il en va ainsi lorsque le devis des travaux n'a pas été préalablement soumis aux propriétaires concernés. • CAA Nancy, 30 sept. 1999, *Cté urb. de Strasbourg*, n° 96NC00121. ♦ Il en va de même lorsque les propriétaires n'ont pas été mis à même de contribuer au choix des matériaux utilisés pour la construction du trottoir, en fonction, notamment, de leur prix : si cette formalité substantielle n'a pas été accomplie, l'intéressé doit être déchargé de la participation qui lui est réclamée à raison de la construction d'un trottoir le long de son terrain. • CE 28 oct. 2002, *Cté urb. de Strasbourg*, n° 214901 : *Dr. adm. 2002, n° 75 ; Coll. terr. 2002, n° 278, note Erstein ; BJCL 2003. 51, concl. Vallée ; Ann. voirie 2003, n° 73, p. 9, concl. Vallée ; RJF 2003, n° 123 ; RGCT 2003. 652, note Lefeuvre ; ACL 2003. 358.*

Art. L. 2333-60 ***La portion de la dépense à la charge des propriétaires est recouvrée comme en matière d'impôts directs.***

1. Nature de la taxe. La contribution dite « taxe de trottoirs », qui est classée parmi les recettes non fiscales de la section de fonctionnement, doit être regardée non comme une imposition mais comme une participation que la loi, dans les limites qu'elle définit, autorise la commune à percevoir sur le propriétaire riverain d'une voie publique, à raison du coût de création d'un trottoir le long de sa propriété. • CE 28 oct. 2002, *Cté urb. de Strasbourg*, n° 214901 : *Dr. adm. 2002, n° 75 ; Coll. terr. 2002, n° 278, note Erstein ; BJCL 2003. 51, concl. Vallée ; Ann. Voirie 2003, n° 73, p. 9, concl. vallée ; RJF 2003, n° 123 ; RGCT 2003. 652, note Lefeuvre ; ACL 2003. 358.*

2. Recouvrement. Si l'art. L. 2333-60 CGCT prévoit que le recouvrement de cette participation s'effectue comme en matière d'impôts directs, ces dispositions ont pour seul objet d'étendre à son recouvrement les modalités d'exercice des voies d'exécution prévues pour les impôts directs : ainsi, aucune disposition n'impose au redevable de présenter une réclamation préalable à l'administration avant de contester devant le juge administratif le bien-fondé de la contribution aux dépenses de construction d'un trottoir. • CE 28 oct. 2002, *Cté urb. de Strasbourg*, n° 214901 : *préc. note 1.* ♦ V. également art. L. 2331-11.

3. Recours. La contribution dite « taxe de trottoirs » est destinée au financement de travaux publics. Or, aux termes de l'art. R. 421-1 CJA, le délai de deux mois du recours contentieux ne s'applique pas aux demandes présentées en matière de travaux publics, même si ces demandes sont dirigées contre une décision administrative notifiée au demandeur. Selon le Conseil d'État, constituent de telles demandes celles qui sont dirigées contre les actes tendant à percevoir tout ou partie des sommes nécessaires au financement de travaux publics, lorsque ces demandes ne sont pas régies par des dispositions spéciales. Dès lors, le délai de deux mois ne s'applique pas aux demandes relatives à la taxe de trottoirs. • CE 28 oct. 2002, *Cté urb. de Strasbourg,* n° 214901 : *préc. note 1.*

Art. L. 2333-61 ***Il n'est pas dérogé aux usages locaux en vertu desquels les frais de construction des trottoirs sont, soit en totalité, soit dans une proportion supérieure à la moitié de la dépense totale, à la charge des propriétaires riverains.***

Preuve. En cas de contestation, la preuve de ces usages, qui doivent être antérieurs à la loi du 11 frimaire an VII, incombe à la commune. • CE 19 avr. 1902, *Duport c/ Cne d'Asnières : Lebon 299* • 8 févr. 1924, *Raymondi c/ Ville de Nice : Lebon 149.*

SOUS-SECTION 2 *[ABROGÉE]* **Taxe de pavage**

(Abrogée par L. n° 2012-354 du 14 mars 2012, art. 24)

Art. L. 2333-62 et L. 2333-63 *Abrogés par L. n° 2012-354 du 14 mars 2012, art. 24.*

SECTION 8 **Versement destiné au financement des services de mobilité** *(L. n° 2019-1428 du 24 déc. 2019, art. 13).*

V. art. D. 2333-84 s.

BIBL. GÉN. ▶ THÉROND-VANTOL, Taxe versement transport : exonération ou remboursement des employeurs ?, *RLCT 2009, n° 1358.*

Art. L. 2333-64 *(L. n° 2014-891 du 8 août 2014, art. 17)* **« I. — » En dehors de la région d'Île-de-France, les personnes physiques ou morales, publiques ou privées** *(L. n° 2014-1655 du 29 déc. 2014, art. 86)* **« , à l'exception des fondations et associations reconnues d'utilité publique à but non lucratif dont l'activité est de caractère social »** *(L. n° 2020-1721 du 29 déc. 2020, art. 125)* **« et des associations intermédiaires », peuvent être assujetties à un versement destiné au financement des** *(L. n° 2019-1428 du 24 déc. 2019, art. 13)* **« services de mobilité » lorsqu'elles emploient** *(L. n° 2015-1785 du 29 déc. 2015, art. 15)* **« au moins onze » salariés :**

1° Dans une commune ou une communauté urbaine dont la population est supérieure à *(L. n° 2000-1208 du 13 déc. 2000, art. 112)* **« 10 000 habitants »** *(L. n° 2010-788 du 12 juill. 2010, art. 55)* **« ou, dans les deux cas, lorsque la population est inférieure à 10 000 habitants et que le territoire comprend une ou plusieurs communes classées communes touristiques au sens de l'article L. 133-11 du code du tourisme » ;**

2° *(Ord. n° 2014-1335 du 6 nov. 2014, art. 11)* **« Dans » le ressort d'un établissement public de coopération intercommunale compétent pour l'organisation** *(L. n° 2015-991 du 7 août 2015, art. 18)* **« de la mobilité », lorsque la population de l'ensemble des communes membres de l'établissement atteint le seuil indiqué ;**

(Ord. n° 2014-1335 du 6 nov. 2014, art. 11) **« 3° Dans le ressort d'une métropole ou de la métropole de Lyon, sous réserve des dispositions prévues à l'article L. 5722-7-1. »**

(Ord. n° 2005-892 du 2 août 2005, art. 2) ***« Les dispositions du cinquième alinéa de l'article L. 620-10 du code du travail s'appliquent au calcul de l'effectif mentionné au présent article. »*** *— Ord. annulée par CE 6 juill. 2007, n° 283892.*

(L. n° 2019-486 du 22 mai 2019, art. 11) **« Pour l'application du présent I, l'effectif salarié employé dans chacune des zones où est institué le versement** *(L. n° 2019-1428 du 24 déc. 2019, art. 13)* **« destiné au financement des services de mobilité » et le franchissement du seuil de onze salariés sont décomptés selon les modalités prévues à l'article L. 130-1 du code de la sécurité sociale. »**

Le dernier al. du I, dans sa rédaction antérieure à la L. n° 2019-486 du 22 mai 2019, continue à s'appliquer aux entreprises bénéficiaires de ces dispositions au 31 déc. 2019 (L. préc., art. 11-XII).

1. Assiette. À la suite d'un contrôle, l'URSSAF avait réintégré, dans l'assiette de calcul du versement destiné aux transports en commun, la rémunération des directeurs régionaux d'une société. Il a été jugé que, sauf réunion au siège de l'entreprise, les directeurs régionaux d'une société se rendent chaque jour dans l'un des établissements de leur secteur et changent de lieu de travail chaque jour de la semaine, et que, si ces établissements sont majoritairement situés dans le périmètre d'une zone où le versement de transport a été institué, ils se trouvent toutefois dans des zones de transport différentes. Dès lors, leurs conditions spécifiques de travail ne permettent pas de déterminer un lieu où s'exerce leur activité principale. Par suite, ces salariés ne peuvent être inclus dans l'effectif de la société pour le calcul du versement de transport, et le redressement doit être annulé. • Civ., 25 avr. 2007, *Sté Buffalo Grill*, n° 06-14.715 : *AJDA 2007. 1495*. ♦ En raison de son activité de nature sociale, l'Association ouvrière des compagnons du devoir du Tour de France, est exonérée du versement destiné aux transports en commun. • Soc. 29 févr. 1996, *Synd. mixte des transports en commun de l'agglomération toulousaine : D. 1996. IR 87*.

2. Recours. La question de savoir si un employeur est ou non au nombre de ceux que ces dispositions ont entendu excepter de l'obligation de versement, ainsi que la question de la restitution des sommes à un employeur qui s'estime assujetti à tort au versement de transport dont il s'est néanmoins acquitté, relèvent de la compétence des juridictions judiciaires. • T. confl. 2 mai 1988, *SA Transports Besseyre et fils : Lebon 487* • T. confl. 27 juin 1988, *SIVOM de l'agglomération boulonnaise : Lebon 491* • T. confl. 1er mars 1993, *Comité haut-rhinois d'action sociale en faveur des travailleurs migrants (COTRAMI) : Lebon 392 ; Dr. adm. 1993, n° 161 ; ACL 1994. 234.* ♦ Un délai de deux mois pris par l'ACOSS pour achever d'instruire un dossier et adresser une lettre circulaire à l'ensemble des redevables du versement situés dans le nouveau périmètre de transports urbains ne saurait être regardé comme excédant en l'espèce une durée raisonnable eu égard aux caractéristiques du dossier en cause. • CAA Versailles, 19 mars 2015, *Synd. mixte de gestion et d'exploitation des transports urbains (SMGETU)*, n° 13VE02825.

Art. L. 2333-65 *(Ord. n° 2018-474 du 12 juin 2018, art. 8)* **L'assiette du versement** *(L. n° 2019-1428 du 24 déc. 2019, art. 13)* **« destiné au financement des services de mobilité » est constituée des revenus d'activité tels qu'ils sont pris en compte pour la détermination de l'assiette des cotisations d'assurance maladie mises à la charge des employeurs et affectées au financement des régimes de base de l'assurance maladie. Le versement est recouvré dans les mêmes conditions et sous les mêmes garanties que lesdites cotisations.**

1. Assiette. L'art. L. 2333-65 CGCT assujettissant au versement destiné aux transports en commun les personnes assimilées aux salariés au sens de la législation de sécurité sociale, et les titulaires de mandats locaux étant affiliés au régime général de la sécurité sociale, par application de l'art. L. 381-32 CSS, la commune est redevable du versement destiné aux transports en commun, sur les sommes versées à son maire : dès lors, les indemnités versées aux élus locaux sont assujetties au versement transport. • Civ. 2e, 6 déc. 2006, n° 05-13.617 : *AJDA 2007. 213*.

2. Recours. Le contentieux de l'assiette du versement destiné aux transports en commun relève de la compétence du juge judiciaire. • CE 27 mai 1988, *Centre régional d'Alsace pour l'enfance et l'adolescence inadaptées*, n° 80892 B : *LPA 16 déc. 1988, concl. Fouquet* • CE 31 janv. 1990, *District urbain du pays de Montbéliard*, n° 84898 : *Lebon 563 ; AJDA 1990. 492, note Broussole*. ♦ Sur la population à prendre en compte pour un syndicat de communes, V. • CE 15 mai 1995, *SA Withehall*, n° 107182 : *Dr. adm. 1995, n° 412, obs. Maugüé.*

Art. L. 2333-66 *(L. n° 2019-1428 du 24 déc. 2019, art. 13)* **Le versement destiné au financement des services de mobilité est institué par délibération du conseil municipal ou de l'organe compétent de l'établissement public qui organise au moins un des services mentionnés au 1° du I de l'article L. 1231-1-1 du code des transports. La délibération** *(L. n° 2025-127 du 14 févr. 2025, art. 118)* **« qui institue le versement ou en modifie le taux » énumère les services de mobilité, mis en place ou prévus, qui justifient le taux du versement.**

1. Modalités. Aucune disposition législative ou réglementaire, ni aucun principe général du droit, n'impose à la collectivité publique de procéder à des études préalables et d'adopter successivement par deux délibérations distinctes, d'une part, le principe de ce versement et, d'autre part, son taux. • CE 13 juill. 2007, *Sté Antona SA et a.*, n° 272048 : *RJF 2007, n° 1355 ; RLCT 2008. 75, concl. Glaser.*

2. Motivation de la délibération. Les dispositions de l'art. L. 2333-66 n'imposent pas que la délibération par laquelle un conseil municipal décide d'instituer le versement destiné au financement des transports en commun mentionné à l'art. L. 2333-64 du même code soit motivée. Un tel acte, qui revêt un caractère réglementaire, n'entre par ailleurs dans aucune des catégories de mesures qui doivent être motivées en application de la L. du 11 juill. 1979 relative à la motivation des actes administratifs et à l'amélioration des relations entre l'administration et le public. De plus, aucune disposition légale ou réglementaire n'impose au conseil municipal ou à l'organe compétent de l'établissement public de coopération intercommunal qui se prononce sur l'institution du versement transports de se fonder sur un programme précis d'investissement dans les transports publics. • CE 26 nov. 2010, *Sté Arm groupe HMY et a.*, n° 318923.

3. Recours. Le versement destiné au financement des transports en commun, dont le régime de recouvrement, de contentieux et de pénalités suit, en vertu de l'art. L. 2333-69, les règles applicables aux régimes de sécurité sociale, constitue un impôt : par suite, les juridictions judiciaires qui connaissent des litiges individuels relatifs à l'assujettissement d'un employeur au versement, ainsi qu'à l'assiette et au recouvrement de ce prélèvement, sont également compétentes pour apprécier, par voie d'exception, la légalité de la délibération par laquelle une collectivité institue le versement ou en fixe le taux. • T. confl. 7 déc. 1998, *District urbain de l'agglomération rennaise c/ Sté des Automobiles Citroën*, n° 03123 : *Lebon 550* ; *RJF 1999, n° 358.* ♦ En revanche, la juridiction administrative est compétente pour connaître, par voie d'action, de la légalité de la délibération par laquelle une collectivité fixe le taux du versement destiné au financement des transports en commun. • CE 21 oct. 1991, *Cté urb. de Strasbourg*, n° 113940 : *Lebon 341* ; *Gaz. Pal. 1992. 1. 53 ; Dr. adm. 1991, n° 464* • 4 juill. 2001, *Sté des Automobiles Citroën*, n° 212336 : *Rev. Trésor 2001. 737 ; ACL 2002. 511.* ♦ V. en ce sens, note 2 ss. art. L. 2333-67. ♦ Il appartient au juge de l'excès de pouvoir, saisi d'un moyen en ce sens, de contrôler que la délibération par laquelle l'autorité compétente décide d'instituer un versement destiné au financement des transports en commun et en fixe le taux n'est pas entachée d'une erreur manifeste d'appréciation. • CE 13 juill. 2007, *Sté Antona SA et a.*, n° 272048 : *préc. note 1.* ♦ En l'espèce, le programme d'investissement sur la base duquel avait été décidée l'institution du versement comportait, en particulier, le financement d'un « pôle multimodal » destiné à aménager une zone d'échange entre différents types de transports en commun. Les recettes attendues du versement au taux de 1,5 % étaient inférieures notamment aux dépenses de fonctionnement des transports publics urbains, ce qui justifiait le versement d'une subvention d'équilibre. Ainsi, la délibération attaquée n'était entachée d'aucune erreur manifeste d'appréciation. • Même décision.

Loi n° 99-586 du 12 juillet 1999,

Relative au renforcement et à la simplification de la coopération intercommunale.

Art. 74-1 *(L. n° 2000-1352 du 30 déc. 2000, art. 125)* La communauté d'agglomération est substituée dans les délibérations des communes membres, établissements publics de coopération intercommunale ou syndicats mixtes comprenant des communes membres, instituant un versement destiné aux transports en commun en application des dispositions de l'article L. 2333-66 du code général des collectivités territoriales.

Jusqu'à la date à laquelle le conseil de la communauté d'agglomération aura délibéré sur l'institution d'un versement destiné aux transports en commun et dans un délai ne pouvant excéder six mois à compter de l'arrêté de création ou de transformation, la communauté d'agglomération perçoit le produit du versement sur le territoire des communes où un tel versement avait été antérieurement institué. Le taux applicable sur le territoire de chacune des communes est celui qui avait été adopté par le conseil municipal ou l'organe délibérant de l'établissement public compétent.

Art. L. 2333-67 **Le taux de versement est fixé ou modifié par délibération du conseil municipal** *(Ord. n° 2014-1335 du 6 nov. 2014, art. 11)* **« , du conseil de la métropole de Lyon » ou de l'organisme compétent de l'établissement public** *(L. n° 2019-1428 du 24 déc. 2019, art. 13)* **« qui est l'autorité organisatrice de la mobilité au sens de l'article L. 1231-1 du code des transports » dans la limite de :**

– 0,55 % des salaires définis à l'article L. 2333-65 *(L. n° 2019-1428 du 24 déc. 2019, art. 13)* **« du présent code » lorsque la population de la commune ou de l'établissement public est comprise entre** *(L. n° 2000-1208 du 13 déc. 2000, art. 112)* **« 10 000 » et 100 000 habitants ;**

(L. n° 2010-1658 du 29 déc. 2010, art. 33) **« – 0,85 % des salaires définis à l'article L. 2333-65 lorsque la population de la commune ou de l'établissement public est comprise entre 50 000 et 100 000 habitants et que l'autorité organisatrice** *(L. n° 2015-991 du 7 août 2015, art. 18)* **« de la mobilité » a décidé de réaliser une infrastructure de transport collectif en site propre. Si les travaux correspondants n'ont pas commencé dans un délai maximal de cinq ans à compter de la date de majoration du taux du**

versement *(L. n° 2019-1428 du 24 déc. 2019, art. 13)* « destiné au financement des mobilités », le taux applicable à compter de la sixième année est ramené à 0,55 % au plus ; »

— 1 % des salaires définis à l'article L. 2333-65 lorsque la population de la commune ou de l'établissement public est supérieure à 100 000 habitants ;

(L. n° 2003-1311 du 30 déc. 2003, art. 132) « — 1,75 % des salaires définis à l'article L. 2333-65 lorsque la population de la commune ou de l'établissement public de coopération est supérieure à 100 000 habitants et que l'autorité organisatrice *(L. n° 2015-991 du 7 août 2015, art. 18)* « de la mobilité » a décidé de réaliser une infrastructure de transport collectif en mode routier ou guidé. Si les travaux correspondants n'ont pas été commencés dans un délai maximum de cinq ans à compter de la date de majoration du taux du versement *(L. n° 2019-1428 du 24 déc. 2019, art. 13)* « destiné au financement des mobilités », le taux applicable à compter de la sixième année est ramené à 1 % au plus. Toutefois, ce délai court à compter du 1er janvier 2004 pour les collectivités locales dont les délibérations fixant un taux supérieur à 1 % ont été prises antérieurement à cette date. »

Toutefois, les communautés de communes et *(L. n° 99-586 du 12 juill. 1999)* « communautés d'agglomération » ont la faculté de majorer de 0,05 p. 100 les taux maxima mentionnés aux alinéas précédents.

(Ord. n° 2014-1335 du 6 nov. 2014, art. 11) « Cette faculté est également ouverte :

« — aux communautés urbaines ;

« — aux métropoles ;

« — aux autorités organisatrices *(L. n° 2015-991 du 7 août 2015, art. 18)* « de la mobilité » auxquelles ont adhéré une communauté de communes, une communauté d'agglomération, une communauté urbaine ; et

« — à *(Ord. n° 2021-408 du 8 avr. 2021, art. 3)* « l'autorité organisatrice des mobilités des territoires lyonnais ».

(L. n° 2010-788 du 12 juill. 2010, art. 55) « Dans les territoires comprenant une ou plusieurs communes classées communes touristiques au sens de l'article L. 133-11 du code du tourisme, le taux applicable peut être majoré de 0,2 %. »

(L. n° 2011-1977 du 28 déc. 2011, art. 93) « Dans les communes et les établissements publics compétents pour l'organisation *(L. n° 2015-991 du 7 août 2015, art. 18)* « de la mobilité » dont la population est inférieure à 10 000 habitants et dont le territoire comprend une ou plusieurs communes classées communes touristiques au sens de l'article L. 133-11 du code du tourisme, le taux du versement est fixé dans la limite de 0,55 % des salaires définis à l'article L. 2333-65 du présent code. »

(L. n° 2003-1311 du 30 déc. 2003, art. 132) « En cas d'extension du périmètre d'un établissement public de coopération intercommunale doté de fiscalité propre ou d'un syndicat mixte auquel a adhéré un établissement public de coopération intercommunale doté de fiscalité propre, le taux de versement destiné au financement des *(L. n° 2019-1428 du 24 déc. 2019, art. 13)* « services de mobilité » applicable sur le territoire des communes incluses peut être réduit *(L. n° 2016-1918 du 29 déc. 2016, art. 75)* « ou porté à zéro » par décision de l'organe délibérant de l'établissement public ou du syndicat mixte, pour une durée maximale de *(L. n° 2016-1918 du 29 déc. 2016, art. 75)* « douze » ans à compter de cette inclusion, par rapport au taux applicable sur le territoire des autres communes, lorsque le versement *(L. n° 2019-1428 du 24 déc. 2019, art. 13)* « destiné au financement des mobilités » n'était pas institué sur le territoire de communes nouvellement incluses ou l'était à un taux inférieur. » *(L. n° 2016-1918 du 29 déc. 2016, art. 75)* « Le taux adopté pour ces communes et établissements publics de coopération intercommunale ne peut être inférieur au taux qui leur était applicable l'année précédant la modification de périmètre. Ces dispositions sont applicables lors de la fusion d'établissements publics de coopération intercommunale à fiscalité propre. »

(L. n° 2003-1311 du 30 déc. 2003, art. 132) « Les dispositions de l'alinéa précédent s'appliquent aux communes incluses dans *(L. n° 2015-991 du 7 août 2015, art. 18)* « le ressort territorial d'une autorité organisatrice de la mobilité » résultant soit de la création d'un établissement public de coopération intercommunale doté de fiscalité propre compétent en matière *(L. n° 2015-991 du 7 août 2015, art. 18)* « de mobilité » *(L. n° 2016-1918 du 29 déc. 2016, art. 75)* « , soit de la fusion d'établissements publics de

coopération intercommunale à fiscalité propre », soit du transfert de la compétence en matière d'organisation *(L. n° 2015-991 du 7 août 2015, art. 18)* **« de** *[la]* **mobilité » à un établissement public de coopération intercommunale doté de fiscalité propre dont elles sont membres. »** *(Ord. n° 2021-408 du 8 avr. 2021, art. 3)* **« Elles s'appliquent également à l'autorité organisatrice des mobilités des territoires lyonnais, à sa création comme en cas d'adhésion d'un nouveau membre. »**

(L. n° 2012-387 du 22 mars 2012, art. 33) **« Toute modification de taux entre en vigueur au 1er janvier ou au 1er juillet de chaque année ; la délibération fixant le nouveau taux est transmise par l'autorité organisatrice** *(L. n° 2015-991 du 7 août 2015, art. 18)* **« de la mobilité » aux organismes de recouvrement avant, respectivement, le 1er novembre ou le 1er mai de chaque année. Les organismes de recouvrement communiquent le nouveau taux aux assujettis au plus tard un mois après ces dernières dates. »**

1. Fixation du taux. Aucune disposition législative ou réglementaire, ni aucun principe général du droit, n'impose à la collectivité publique de procéder à des études préalables et d'adopter successivement par deux délibérations distinctes, d'une part, le principe de ce versement et, d'autre part, son taux. • CE 13 juill. 2007, *Sté Antona SA et a.*, n° 272048 : *RJF 2007, n° 1355 ; RLCT 2008. 75, concl. Glaser.* ♦ Concernant la fixation du taux du versement destiné au financement des transports en commun, aucun principe n'oblige le conseil municipal à prévoir un taux progressif. • CE 26 nov. 2010, *Sté Arm groupe HMY et a.*, n° 318923. ♦ En l'espèce, le conseil municipal s'était borné, en adoptant la délibération litigieuse conformément aux dispositions du code général des collectivités territoriales, à fixer le taux de ce versement, dans la limite du taux maximal fixé par le législateur pour les communes dont la population est comprise entre 10 000 et 100 000 habitants, à 0,55 % des salaires payés par les assujettis. Dès lors, la délibération litigieuse ne pouvait être regardée comme étant entachée d'une erreur manifeste d'appréciation. • Même décision. ♦ En revanche, crée un doute sérieux sur la légalité de la délibération, par laquelle le conseil d'une communauté d'agglomération a fixé à 1,5% le taux du versement destiné au financement des transports en commun, le moyen tiré de ce que la communauté d'agglomération n'avait, préalablement à cette délibération, pris aucune décision de réaliser une infrastructure de transport collectif, en méconnaissance de l'art. L. 2333-67 CGCT. • CE 29 nov. 2002, *Cté d'agglomération Saint-Étienne Métropole*, n° 244727 : *JCP Adm. 2003, n° 1068, note Moreau ; ACL 2003. 371.* ♦ Le paiement de la taxe, que cette délibération instituait, était de nature à porter atteinte de manière grave et immédiate à la situation de cinq entreprises, ce qui justifiait que soit prononcée la suspension de la délibération concernée, par le juge des référés. • Même décision.

2. Recours. Le recours exercé à l'encontre de la décision fixant le taux du versement destiné aux transports en commun relève de la compétence du juge administratif. • CE 21 oct. 1991, *Cté urb. de Strasbourg*, n° 113940 : *Lebon 341 ; Gaz. Pal. 1992. 1. 53 ; Dr. adm. 1991, n° 464.* ♦ Ainsi la demande tendant à l'annulation pour excès de pouvoir de la délibération, de nature réglementaire, par laquelle le conseil d'une communauté urbaine a fixé le taux du versement de transport, relève de la compétence de la juridiction administrative, une telle demande ne soulevant pas un litige individuel relatif à l'assiette ou au recouvrement du versement. • CE 23 avr. 1997, *Cté urb. de Strasbourg*, n° 153539 : *RFDA 1997. 661 ; Rev. Trésor 1997. 564 ; ACL 1998. 267.*

Art. L. 2333-68 **Sous réserve des dispositions** *(Ord. n° 2014-1335 du 6 nov. 2014, art. 11)* **« des articles L. 2333-70 et L. 5722-7-1 », le versement est affecté au financement des dépenses d'investissement et de fonctionnement des transports publics urbains** *(L. n° 2015-991 du 7 août 2015, art. 18)* **« et non urbains exécutés dans le ressort territorial de l'autorité organisatrice de la mobilité et organisés par cette autorité » et des autres services de transports publics qui, sans être effectués entièrement** *(L. n° 2015-991 du 7 août 2015, art. 18)* **« dans le ressort territorial de l'autorité organisatrice de la mobilité », concourent à la desserte** *(L. n° 2019-1428 du 24 déc. 2019, art. 13)* **« du territoire » dans le cadre d'un contrat passé avec l'autorité responsable de l'organisation** *(L. n° 2015-991 du 7 août 2015, art. 18)* **« de la mobilité ».** *(L. n° 2000-1208 du 13 déc. 2000, art. 105)* **« Le versement est également affecté** *(L. n° 2014-58 du 27 janv. 2014, art. 51)* **« au financement des dépenses d'investissement et de fonctionnement de toute action relevant des compétences des autorités organisatrices de la mobilité au sens des articles** *(L. n° 2019-1428 du 24 déc. 2019, art. 13)* **« L. 1231-1 et L. 1231-1-1 » du code des transports ». »**

Affectation. L'affectation du versement destiné aux transports en commun est contrôlée par le juge administratif. • CE 7 juin 1985, *Ville d'Amiens*, n° 33184 B : *Gaz. Pal. 1985. Pan. dr. adm. 409.* ♦ Ainsi, le juge administratif a contrôlé que l'institution de ce versement au taux majoré de 1,50 % avait bien pour objet de financer les dépenses d'investissement et de fonctionnement des transports publics mentionnés à l'art. L. 2333-68 CGCT, et que, par suite, la délibération instituant ce versement n'était pas fondée sur l'unique motif tiré de la nécessité d'uniformiser le régime de ce versement en étendant au territoire de l'ensemble de la communauté d'agglomération concernée le taux antérieurement en vigueur sur le territoire de certaines communes, avant l'institution de cette communauté d'agglomération, sans égard à la politique de transport à mettre en œuvre et à son financement auquel le versement doit contribuer. • CE 13 juill. 2007, *Sté Antona SA et a.*, n° 272048 : *RJF 2007, n° 1355 ; RLCT 2008. 75, concl. Glaser.* ♦ De même, si le requérant soutient que l'imposition litigieuse avait pour objet de financer des déficits antérieurs, le détournement de pouvoir qu'il allègue n'est en tout état de cause pas établi, dès lors qu'il ressort de la partie du budget primitif de la collectivité publique, relative au budget annexe du service des transports urbains, que cette imposition est affectée au financement des dépenses de fonctionnement des transports publics urbains conformément aux dispositions de l'art. L. 2333-68 CGCT. • Même décision. ♦ De même, ni l'art. 7-III de la loi n° 82-1153 du 30 déc. 1982 ni le décret n° 84-617 du 17 juill. 1984, pris pour l'application de son art. 14, n'interdisent le financement des études préparatoires nécessaires à un grand projet d'infrastructure par le versement de transport. • Soc. 11 juill. 2002, *Sté armoricaine d'industrie*, n° 2615 F-D : *JCP Adm. 2002, n° 1111.* ♦ Par contre, est illégale l'affectation du produit de ce versement au financement de travaux de voirie près d'une gare routière, destinés à améliorer la circulation générale dans cette zone : ces travaux ne présentent pas le caractère d'investissements spécifiques aux transports collectifs. • CE 7 juin 1985, *Ville d'Amiens*, n° 33184 B : *Gaz. Pal. 1985. Pan. dr. adm. 409.*

Art. L. 2333-69 *(L. n° 2014-1655 du 29 déc. 2014, art. 81)* « I. — » Les employeurs mentionnés à l'article L. 2333-64 sont tenus de procéder au versement prévu audit article auprès des organismes ou services chargés du recouvrement des cotisations de sécurité sociale et des allocations familiales suivant les règles de recouvrement, de contentieux et les pénalités applicables aux divers régimes de sécurité sociale.

Les organismes ou services précités précomptent sur les sommes recouvrées une retenue pour frais de recouvrement.

(L. n° 2014-1655 du 29 déc. 2014, art. 81) « II. — L'État déduit du montant du versement prévu à l'article L. 2333-64 une quote-part déterminée au prorata des effectifs des militaires en activité dont l'administration assure le logement permanent sur les lieux de travail ou effectue à titre gratuit le transport collectif. »

Recours. Le contentieux du recouvrement du versement de transport relève de la compétence des tribunaux judiciaires. • CE 27 mai 1988, *Centre régional d'Alsace pour l'enfance et l'adolescence inadaptées*, n° 80892 B : *LPA 16 déc. 1988, concl. Fouquet* • CE 31 janv. 1990, *District urbain du pays de Montbéliard*, n° 84898 : *Lebon 563 ; AJDA 1990. 492, note Broussole.*

Art. L. 2333-70 *[I. —]* Le produit de la taxe est versé au budget de la commune *(L. n° 2014-1654 du 29 déc. 2014, art. 68)* « ou de l'établissement public » qui rembourse les versements effectués :

1° Aux employeurs qui justifient avoir assuré le logement permanent sur les lieux de travail ou effectué intégralement et à titre gratuit le transport collectif de tous leurs salariés, ou de certains d'entre eux au prorata des effectifs transportés ou logés par rapport à l'effectif total ;

2° Aux employeurs, pour les salariés employés à l'intérieur des périmètres d'urbanisation des villes nouvelles ou de certaines zones d'activité industrielle ou commerciale, prévues aux documents d'urbanisation, lorsque ces périmètres ou ces zones sont désignés par la délibération mentionnée à l'article L. 2333-66.

(Ord. n° 2014-1335 du 6 nov. 2014, art. 11) « Les dispositions du présent I s'appliquent à la métropole de Lyon, sous réserve des dispositions de l'article L. 5722-7-1. »

(L. n° 2009-1674 du 30 déc. 2009, art. 118) « II. — L'Agence centrale des organismes de sécurité sociale ou l'organisme de recouvrement transmet annuellement aux communes *(L. n° 2014-1654 du 29 déc. 2014, art. 68)* « ou établissements publics territorialement compétents » qui en font la demande les données et informations recueillies

lors du recouvrement du versement *(L. n° 2019-1428 du 24 déc. 2019, art. 13)* **« destiné au financement des services de mobilité » contribuant à en établir le montant.**

« Les informations transmises *(L. n° 2014-1654 du 29 déc. 2014, art. 68)* **« aux communes ou aux établissements publics » sont couvertes par le secret professionnel. »**

(Ord. n° 2014-1335 du 6 nov. 2014, art. 11) **« Les dispositions du présent II s'appliquent également à la métropole de Lyon, sous réserve des dispositions de l'article L. 5722-7-1. »**

(L. n° 2009-1674 du 30 déc. 2009, art. 118) **« Les modalités d'application du présent II sont déterminées par un décret en Conseil d'État. »**

1. Constitutionnalité. Le I de l'art. L. 2333-70 porte-t-il atteinte à la Constitution faute d'avoir précisé les conditions dans lesquelles l'organe compétent peut déterminer les zones à l'intérieur desquelles les employeurs bénéficient du remboursement du versement transport ? Sur renvoi du Conseil d'État (• CE 28 déc. 2016, *Sté SNF,* n° 403900), le Conseil constitutionnel a jugé d'une part que « la différence de traitement qui résulte des dispositions du 1° du paragraphe I de l'article L. 2333-70 est fondée sur la différence de situation existant entre, d'une part, les employeurs qui organisent le logement de leurs salariés sur le lieu de travail ou qui prennent en charge intégralement et à titre gratuit leur transport collectif et, d'autre part, ceux qui ne supportent aucune de ces charges. En instituant cette différence de traitement, le législateur s'est fondé sur des critères objectifs et rationnels, en rapport direct avec l'objet des dispositions contestées, qui est de tenir compte du fait que certains salariés n'ont pas à utiliser les transports publics collectifs, grâce à la politique conduite par leurs employeurs. Par suite, les griefs tirés de la méconnaissance des principes d'égalité devant la loi et devant les charges publiques doivent être écartés ». D'autre part, s'agissant du grief tiré de l'incompétence négative, les Sages ont rappelé que « la méconnaissance par le législateur de sa compétence dans la détermination de l'assiette d'une imposition perçue au profit des collectivités territoriales ou leurs groupements, lorsqu'elle leur permet de fixer cette assiette contribuable par contribuable, affecte par elle-même le principe d'égalité devant les charges publiques ». En appliquant cette solution de principe, le Conseil constitutionnel a jugé que « d'une part, les zones dans lesquelles les communes ou leurs groupements peuvent, en application du 2°, accorder le remboursement du versement destiné aux transports, correspondent soit aux périmètres d'urbanisation des villes nouvelles arrêtés par le préfet, soit aux zones d'activité industrielle ou commerciale définies dans les documents d'urbanisme en fonction des choix d'aménagement des communes ou de leurs groupements. D'autre part, les communes ou leurs groupements ne peuvent, au sein d'un périmètre ou d'une zone, discriminer entre les employeurs répondant aux mêmes conditions légales. Les dispositions contestées n'ont ainsi ni pour objet ni pour effet de permettre aux communes ou à leurs groupements de fixer l'assiette de l'impôt contribuable par contribuable. Par suite, le grief tiré de l'incompétence négative du législateur doit être écarté ». En conséquence, les dispositions du I de l'art. L. 2333-70 « qui ne méconnaissent aucun autre droit ou liberté que la Constitution garantit » ont été déclarées conformes à la Constitution. • Cons. const. 30 mars 2017, *Sté SNF,* n° 2016-622 QPC : *AJDA 2017. 716 ; D. 2017. 764.*

2. Remboursement. Sur les modalités de remboursement des versements, par la commune ou l'établissement public, aux employeurs qui justifient avoir assuré le logement permanent sur les lieux de travail ou effectué intégralement le transport collectif de tous leurs salariés ou de certains d'entre eux, au prorata des effectifs transportés ou logés par rapport à l'effectif total, V. • CE 8 août 1990, *Synd. intercommunal des transports de l'agglomération mulhousienne (SITRAM),* n° 80893 : *Lebon 246.*

3. Recours. Le litige, qui a trait à la restitution à un employeur, s'estimant assujetti à tort, du versement dont il s'est néanmoins acquitté et qui, ne contestant pas avoir été assujetti à bon droit, soutient qu'il entre dans une des catégories d'employeurs énumérés au 1° et au 2° de l'art. L. 2333-70 et a ainsi le droit de se voir rembourser le versement effectué, ressortit à la compétence des juridictions judiciaires et plus particulièrement des juridictions du contentieux de la sécurité sociale. • T. confl. 20 janv. 2003, *Sté Norwich Union,* n° 3329 : *ACL 2004. 566.*

Art. L. 2333-71 **La commune** *(L. n° 2014-1654 du 29 déc. 2014, art. 68)* **« ou l'établissement public répartit » le solde, sous déduction d'une retenue pour frais de remboursement, en fonction des utilisations définies à l'article L. 2333-68.**

(Ord. n° 2014-1335 du 6 nov. 2014, art. 11) **« Les dispositions du présent article s'appliquent à la métropole de Lyon, sous réserve des dispositions de l'article L. 5722-7-1. »**

Art. L. 2333-72 **Les contestations en matière de remboursement sont portées devant la juridiction administrative.** — *[C. communes, art. L. 233-66 issu de la L. n° 73-640 du 11 juill. 1973, art. 5-II, al. 2.]*

Sur la compétence de la juridiction administrative, V. • CE 27 mai 1983, *Cté urbaine de Lille*, n° 23240 : *Lebon 217* • T. confl. 1er mars 1993, *Comité haut-rhinois d'action sociale en faveur des travailleurs migrants (COTRAMI) : Lebon 392 ; Dr. adm. 1993, n° 161 ; ACL 1994. 234.*

Art. L. 2333-73 **Les demandes de remboursement du versement** *(L. n° 2019-1428 du 24 déc. 2019, art. 13)* **« destiné au financement des services de mobilité » se prescrivent par deux ans à compter de la date à laquelle ce versement a été acquitté.**

Art. L. 2333-74 **La commune ou l'établissement public** *(L. n° 2014-1654 du 29 déc. 2014, art. 68)* **« est habilité » à effectuer tout contrôle nécessaire à l'application** *(L. n° 2014-1655 du 29 déc. 2014, art. 81)* **« du I de l'article L. 2333-69 et des articles L. 2333-70 et L. 2333-71. »**

(Ord. n° 2014-1335 du 6 nov. 2014, art. 11) **« La métropole de Lyon ou, le cas échéant,** *(Ord. n° 2021-408 du 8 avr. 2021, art. 3)* **« l'autorité organisatrice des mobilités des territoires lyonnais » est également habilitée à exercer, dans son périmètre, des contrôles de même nature. »**

Contrôle. Si la commune ou l'établissement public est habilité à effectuer tout contrôle relatif au recouvrement, au remboursement et à la répartition du versement de transport, il n'est pas habilité, en revanche, à effectuer les contrôles relatifs à l'assiette de ce versement, ceux-ci étant confiés, en vertu des art. L. 243-7 et L. 243-8 CSS, aux inspecteurs des affaires sanitaires et sociales ou, sous certaines conditions, à des agents des organismes de sécurité sociale. • CE 28 oct. 1994, *Synd. intercommunal des transports en commun de l'agglomération toulonnaise : Lebon 472 ; ACL 1995, n° 109 ; Dr. adm. 1995, n° 24 ; JCP 1995. IV. 45.*

Art. L. 2333-75 **Des décrets fixent, en tant que de besoin, les modalités d'application des articles L. 2333-64 à L. 2333-74 pour les adapter aux règles propres des divers régimes de sécurité sociale.** – *[C. communes, art. L. 233-69 issu de la L. n° 73-640 du 11 juill. 1973, art. 7.]*

V. art. D. 2333-87 s.

SECTION 9 Redevance pour l'enlèvement des déchets, ordures et résidus, redevance d'enlèvement des ordures ménagères sur les terrains de camping et redevance spéciale

Sur le service public d'élimination des déchets, V. art. L. 2224-13 s.

BIBL. GÉN. ▶ BILLET, *JCP Adm. 2005, n° 1097* (la réforme du financement du service d'élimination des déchets ménagers et assimilés (loi de finances rectificative pour 2004 et loi de finances pour 2005). – BRANELLEC, *AJCT 2011. 222* (le financement du service public d'élimination des déchets). – DONATI et EGLIE-RICHTERS, *JCP Adm. 2009, n° 2276* (la mise en œuvre d'une redevance d'enlèvement des ordures ménagères dite « incitative » dans la loi du 3 août 2009 dite « loi Grenelle 1 »).

Art. L. 2333-76 *(L. n° 99-586 du 12 juill. 1999)* **« Les communes, les établissements publics de coopération intercommunale et les syndicats mixtes qui bénéficient de la compétence prévue à l'article L. 2224-13 peuvent instituer une redevance d'enlèvement des ordures ménagères calculée en fonction du service rendu dès lors qu'ils assurent au moins la collecte des déchets des ménages. Lorsque les communes assurent au moins la collecte et ont transféré le reste de la compétence d'élimination à un établissement public de coopération intercommunale à fiscalité propre, elles pourront, par délibérations concordantes avec ce dernier, établir un reversement partiel du produit de la redevance d'enlèvement des ordures ménagères au profit de ce dernier. »**

(L. n° 2013-1278 du 29 déc. 2013, art. 80) **« L'établissement public de coopération intercommunale issu de la fusion en application de l'article L. 5211-41-3 ou le syndicat mixte issu de la fusion en application de l'article L. 5711-2 doit prendre la délibération afférente à la redevance d'enlèvement des ordures ménagères avant le 1er mars de** *(L. n° 2023-1322 du 29 déc. 2023, art. 150)* **« l' » année qui suit celle de la fusion.**

« À défaut de délibération, le régime applicable en matière de redevance d'enlèvement des ordures ménagères sur le territoire des établissements publics de coopération intercommunale ou des syndicats mixtes ayant fait l'objet de la fusion ou sur le territoire des communes incluses dans le périmètre de l'établissement public issu de la fusion est maintenu *(L. n° 2023-1322 du 29 déc. 2023, art. 150)* **« jusqu'à une nouvelle**

délibération. » Pour l'application de ces dispositions, l'établissement public de coopération intercommunale ou le syndicat mixte issu de la fusion perçoit la redevance en lieu et place des établissements publics de coopération intercommunale ou des syndicats mixtes ayant fait l'objet de la fusion.

« Les deuxième et troisième alinéas sont également applicables en cas de rattachement d'une commune à un établissement public de coopération intercommunale à fiscalité propre ou en cas d'adhésion d'une commune ou d'un établissement public de coopération intercommunale à fiscalité propre à un syndicat mixte. »

(L. n° 2001-1275 du 28 déc. 2001, art. 109) « Par dérogation aux dispositions précédentes, les établissements publics de coopération intercommunale à fiscalité propre disposant de l'ensemble de la compétence prévue à l'article L. 2224-13 et qui adhèrent, pour l'ensemble de cette compétence, à un syndicat mixte peuvent décider :

« — soit d'instituer et de percevoir la redevance pour leur propre compte, en fixant eux-mêmes les modalités de tarification, dans le cas où le syndicat mixte ne l'aurait pas instituée avant le 1er juillet d'une année pour être applicable à compter de l'année suivante ; lorsque le syndicat mixte décide postérieurement d'instituer la redevance ou la taxe prévue à l'article 1520 du code général des impôts, la délibération prise par le syndicat ne s'applique pas sur le territoire de l'établissement public de coopération intercommunale sauf si ce dernier rapporte sa délibération ;

« — soit de percevoir la redevance en lieu et place du syndicat mixte qui l'aurait instituée sur l'ensemble du périmètre syndical. »

(L. n° 2016-1500 du 8 nov. 2016, art. 10) « En cas de création de commune nouvelle, à défaut de délibération prise avant le 1er mars de l'année qui suit celle de la création dans les conditions prévues au I de l'article L. 2113-5-1, le régime applicable en matière de redevance d'enlèvement des ordures ménagères sur le territoire des communes participant à la création de la commune nouvelle est maintenu pour une durée qui ne peut excéder cinq ans à compter de l'année de sa création. »

(L. n° 2004-1485 du 30 déc. 2004, art. 66) « Par dérogation aux dispositions du premier alinéa du présent article, les communes qui adhèrent, pour l'ensemble de la compétence prévue à l'article L. 2224-13, à un syndicat mixte peuvent décider d'instituer et de percevoir la redevance pour leur propre compte, en fixant elles-mêmes les modalités de tarification, dans le cas où le syndicat mixte ne l'aurait pas instituée avant le 1er juillet d'une année pour être applicable à compter de l'année suivante ; lorsque le syndicat mixte décide postérieurement d'instituer la redevance ou la taxe prévue à l'article 1520 du code général des impôts, la délibération prise par le syndicat ne s'applique pas sur le territoire de la commune, sauf si cette dernière rapporte sa délibération. »

La redevance est instituée par l'assemblée délibérante de la collectivité locale ou de l'établissement public qui en fixe le tarif.

(L. n° 2004-1485 du 30 déc. 2004, art. 67) « Ce tarif peut, en raison des caractéristiques de l'habitat, inclure une part fixe qui n'excède pas les coûts non proportionnels. *(L. n° 2019-1479 du 28 déc. 2019, art. 210)* « Cette part fixe peut également inclure les coûts correspondants à un nombre minimal de levées ou à un volume minimal de déchets ménagers et assimilés.

« Ce tarif peut prévoir, pour les résidences constituées en habitat vertical ou pavillonnaire, une redevance globale calculée en fonction du nombre de résidents ou de la masse des déchets produits exprimée en volume ou en poids. La personne morale ou physique chargée de la gestion de la résidence est alors considérée comme l'usager du service public et procède à la répartition de la redevance globale entre les foyers. »

Elle est recouvrée par cette collectivité, cet établissement ou, par délégation de l'assemblée délibérante, par le concessionnaire du service.

(L. n° 2016-1918 du 29 déc. 2016, art. 77) « Par exception à l'article L. 2333-79, lorsque les communes transfèrent la collecte des déchets des ménages à une communauté d'agglomération issue d'un syndicat d'agglomération nouvelle qui assurait antérieurement le reste de la compétence prévue à l'article L. 2224-13, cette communauté d'agglomération peut instituer, selon le cas, la redevance d'enlèvement des ordures ménagères et la taxe d'enlèvement des ordures ménagères sur le territoire des communes où elles étaient en vigueur préalablement au transfert de compétence. »

1. *Régime juridique.* Il résulte des dispositions des art. L. 2333-76 à L. 2333-79 CGCT que les communes ou les établissements publics de coopération intercommunale qui assurent l'enlèvement des ordures ménagères, et qui entendent gérer ce service comme une activité industrielle ou commerciale, peuvent substituer une redevance en fonction du service rendu à la taxe d'enlèvement des ordures ménagères. • CE 27 oct. 2008, *Cté de cnes de La Tinée c/ M. Kofman,* n° 294914 : *RJF 2009, n° 95* • 27 oct. 2008, *Cté de cnes de La Tinée c/ M. Baracco,* n° 294915 : *RJF 2009, n° 95.* ♦ Le régime juridique applicable à la taxe d'enlèvement des ordures ménagères, qui prévoit expressément que les locaux situés dans la partie de la commune où ne fonctionne pas le service d'enlèvement des ordures sont exonérés de la taxe, n'est pas applicable à la redevance d'enlèvement des ordures ménagères. • Com. 3 oct. 2006, *Martelli,* n° 1095 F-PB : *RJF 2007, n° 109.* ♦ Sur la taxe d'enlèvement des ordures ménagères, V. ss. art. L. 2331-3, note 2. ♦ Les dispositions transitoires de l'art. L. 2333-76 ont permis à une nouvelle communauté de communes de continuer à percevoir les redevances selon les modalités anciennement en vigueur dans chaque structure. • CAA Nancy, 23 juill. 2015, *Cté de cnes du Pays de Saintois,* n°s 15NC00213 et 15NC00214. ♦ Le principe selon lequel les délibérations fixant le tarif de la redevance d'enlèvement des ordures ménagères n'ont pas de portée rétroactive [V. • CE 27 sept. 2010, n°s 311003 et 339270 • CE 6 mai 2011, n° 339270] s'applique « en l'absence de disposition législative l'y autorisant, et réserve faite des cas dans lesquels l'intervention rétroactive d'une délibération est nécessaire à titre de régularisation pour remédier à une illégalité et mettre à la charge des usagers une obligation de payer en contrepartie du service dont ils ont bénéficié ». En conséquence, « si une délibération de l'organe délibérant d'une collectivité territoriale ou d'un groupement de collectivités territoriales modifie les tarifs de la redevance d'enlèvement des ordures ménagères en prévoyant une date d'entrée en vigueur rétroactive, cette délibération est entachée d'illégalité, mais seulement dans la mesure où la délibération a pour objet d'augmenter le montant de la redevance pour une période antérieure à la date de son entrée en vigueur ». • CE 11 juill. 2019, n° 422577 B : *AJDA 2019. 1480.*

2. *Champ d'application.* L'enlèvement s'entend du ramassage et de l'élimination, et l'art. L. 2333-76 ne s'applique pas si l'intéressé effectue le transport de ses ordures par ses propres moyens. • CE 28 juin 1996, *SARL d'exploitation des Éts Bailly,* n° 141561 B : *RJF 1996, n° 1105.* ♦ Cette solution du Conseil d'État a été reprise par la Cour de cassation, qui estime que l'enlèvement des ordures ménagères, au sens de l'art. L. 2333-76 CGCT, s'entend de leur collecte et de leur élimination, et non de cette seule élimination. • Com. 3 oct. 2006, *Martelli,* n° 1095 F-PB : *préc. note 1.*

3. *Dispense.* Il résulte des dispositions de l'art. 2 de la loi du 15 juill. 1975, codifié à l'art. L. 541-2 C. envir., que toute personne qui produit ou détient des déchets est tenue d'en assurer ou d'en faire assurer l'élimination conformément aux dispositions de cette loi dans des conditions propres à éviter leurs effets nocifs pour l'homme et son environnement : dès lors, la destruction des ordures ménagères, par les particuliers, ne leur est pas interdite. • Com. 3 oct. 2006, *Martelli,* n° 1095 F-PB : *préc. note 1.* ♦ La dispense de redevance suppose que l'intéressé assure personnellement l'évacuation et l'élimination de ses ordures conformément à la loi du 15 juill. 1975 relative à l'élimination des déchets. • Com. 9 nov. 1993 : *RJF 1994, n° 49.* ♦ Pour être dispensé de la redevance, il ne suffit pas que le redevable assure personnellement l'évacuation et l'élimination de ses déchets, et qu'il n'ait pas recours au service de ramassage des ordures ménagères. Encore faut-il que cette évacuation et cette élimination soient faites dans des conditions conformes aux dispositions de l'art. L. 541-2 C. envir. • Civ. 3e, 26 sept. 2012, n° 11-20.393 : *AJCT 2013. 99, obs. Dreveau ; JCP Adm. 2012, n° 2335, note Billet.* ♦ Il appartient au redevable de la redevance d'apporter la preuve qu'il n'utilise pas les services rendus par la commune. • Com. 26 févr. 2002, *Cne de Breurey-lès-Faverney c/ Mme Hervo,* n° 488 FS-P : *AJDA 2002. 922, note Petit ; Coll. terr. 2002, n° 142, note Erstein.*

4. *Affectation.* La redevance ne peut légalement être instituée qu'au profit de la commune ou de l'établissement public qui assure effectivement ce service. • CE 18 oct. 1993, *Cne de Senots c/ Fernand,* n° 126038 : *Lebon 661 ; RJF 1993, n° 1564.*

5. *Redevables de la redevance.* Il résulte des termes de l'art. L. 2333-76 que, à la différence de la taxe d'enlèvement des ordures ménagères qui porte, en application de l'art. 1521 CGI, sur les propriétés soumises à la taxe foncière sur les propriétés bâties, les redevables de la redevance d'enlèvement des ordures ménagères sont les usagers du service. • CE 24 mai 2006, *Cne de Larnage,* n° 283070 : *BJCL 2006, 500, concl. Glaser ; RJF 2006, n° 1127.* ♦ Les collectivités, qui perçoivent cette redevance, disposent d'une certaine latitude pour en définir les redevables et pour définir le calcul de son montant, selon, notamment, le nombre de personnes vivant au foyer, le nombre ou le volume de sacs distribués, le poids des déchets embarqués s'ils sont pesés. • Même décision. ♦ En l'espèce, la délibération du conseil municipal visait exclusivement les différentes catégories de personnes résidant dans la commune et non les immeubles d'habitation dont elles étaient propriétaires ou occupantes, et le conseil avait entendu faire dépendre le montant de la redevance due par foyer de résident, non du nombre d'immeubles dont dispose celui-ci mais de la composition de ce foyer, sous réserve, pour les foyers de résidents secondaires, d'un montant forfaitaire correspondant à trois parts, quelle que soit l'importance de la famille : dès lors, cette délibération devait être interprétée comme autorisant la perception d'une seule redevance d'enlèvement des ordures ménagères par foyer de résidant secondaire quel que soit le nombre d'immeubles dont dispose ce foyer pour sa résidence personnelle dans la commune. • Même décision. ♦ Lorsque la redevance s'applique à des campings particuliers non exploités, le mode de calcul de la redevance de base « pour trois installations » implique que la redevance est due pour les terrains susceptibles d'accueillir jusqu'à trois installations, quelle que soit leur durée effective d'utilisation. • CE 4 juin 1986, *Assoc. des propriétaires des terrains pour les loisirs en Oléron et SIVOM d'Oléron*, n° 44998 : *Lebon 431* ; *RJF 1986, n° 785* • 11 mai 1988, *Synd. intercommunal à vocation multiple de l'île d'Oléron : RJF 1988, n° 887.*

6. Si, seule est débitrice de la redevance d'enlèvement des ordures ménagères la personne qui utilise le service de ramassage et donc le locataire du logement desservi, plutôt que son propriétaire non occupant, les textes d'ordre public spécifiques aux HLM (décret n° 82-955 du 9 nov. 1982), dans la mesure où ils incluent expressément cette redevance dans les charges récupérables par le bailleur, ce qui implique qu'elle peut-être payée par le propriétaire, permettent que son paiement soit réclamé à ce dernier. • Com. 4 juill. 2006, *Sté HLM du Massif Central Domocentre*, n° 863 F-PB : *RJF 2006, n° 1639.*

7. Tarif. Il résulte des dispositions des art. L. 2333-76 et L. 5211-10 CGCT que l'organe délibérant d'un établissement public de coopération intercommunale ne peut pas déléguer au bureau de cet établissement la compétence que lui a attribuée le législateur de fixer le tarif de la redevance d'enlèvement des ordures ménagères. Dès lors, comme en l'espèce, la délibération prise par le conseil communautaire d'une communauté de communes, qui donne délégation à son bureau pour fixer les différents tarifs des taxes et redevances, dont celui de la redevance d'enlèvement des ordures ménagères, est illégale. • CE 26 nov. 2010, *Cté de cnes du Pays de Ribeauvillé*, n° 322040. ♦ La redevance doit être proportionnelle au service rendu, le juge procédant à un contrôle de l'erreur manifeste d'appréciation. • CE 11 mai 1988, *Synd. intercommunal à vocation multiple de l'île d'Oléron : préc. note 2* • CE 8 juill. 1991, *Cne de l'Écaille*, n° 77622 B. ♦ Ainsi, est illégale la délibération fixant les tarifs de la redevance d'ordures ménagères sans prendre en compte la fréquence du ramassage, alors que celle-ci varie selon les usagers appartenant à une même catégorie. • TA Pau, 28 déc. 2001, *Chevassus à l'Antoine*, n° 98-567 : *RJF 2002, n° 727.* ♦ De même, est illégale la délibération qui établit un tarif unique de redevance d'ordures ménagères sur tout le territoire d'une communauté, après l'intégration de sept nouvelles communes, alors même que les prestations proposées aux habitants ne sont pas les mêmes dans toutes les communes. • CAA Douai, 29 mars 2016, *Cté de cnes du Val de l'Ailette et a.*, n° 15DA01013.

8. Seraient irrégulières les délibérations prenant pour critère le montant des impôts locaux. • CE 8 juill. 1991, *Cne de l'Écaille*, n° 77622 : *préc. note 7.* ♦ ... La qualité d'habitant. • Com. 4 juin 1991 : *D. 1991. 457, concl. Jéol*. ♦ ... Ou établies par concertation avec d'autres communes. • CAA Bordeaux, 6 mai 1993, *Cne de Corneilla-de-Conflent*, n° 92BX00214.

9. Il résulte des dispositions de l'art. L. 2333-76 CGCT qu'une communauté de communes ne peut fixer le tarif de la redevance d'enlèvement des ordures ménagères qu'en fonction de l'importance du service rendu par ce service public industriel et commercial à chaque catégorie d'usagers. • CE 25 juin 2003, *Cté de cnes Chartreuse-Guiers*, n° 240411 : *AJDA 2003. 2111* ; *RFDA 2003. 833* ; *BJCL 2003. 768* ; *JCP Adm. 2003, n° 1875, note Moreau* ; *RJF 2003, n° 1187* ; *Dr. adm. 2004, n° 16* ; *Rev. Trésor 2004. 219* ; *CJEG 2004. 43, concl. Collin* ; *ACL 2004. 561.* ♦ En l'espèce, le conseil d'une communauté de communes avait décidé d'exonérer du paiement de cette redevance, tant en ce qui concerne la collecte que le traitement des ordures ménagères, tous les usagers de la catégorie 5, laquelle recouvre les artisans du bâtiment, les commerces ambulants, les métiers du bois et de l'art, les taxis et les ambulances, les activités à domicile et les agriculteurs disposant de moins de dix unités de gros bétail. Dès lors que la communauté de communes n'apporte aucune justification de ce que ces usagers ne produiraient aucun déchet ménager, ni que les déchets éventuellement produits par eux ne seraient pas assimilables à des ordures ménagères ni, enfin, que les bénéficiaires de l'exonération n'utiliseraient pas la déchetterie du service intercommunal des ordures ménagères, l'exonération de cette catégorie d'usagers méconnaît le principe posé par les dispositions de l'art. L. 2333-76 CGCT. De plus, eu égard à la proportion que représentent les usagers bénéficiant de cette mesure d'exonération, cette dernière a pour effet de majorer le tarif appliqué aux autres catégories d'usagers. Ainsi, l'ensemble de la délibération litigieuse a méconnu la portée de ces dispositions. • Même décision. ♦ De même, une communauté de communes avait fixé le montant de base de la redevance d'enlèvement des ordures ménagères et créé une catégorie « Hôtels, Bars, sans restauration » à laquelle était affecté un coefficient de 1, ainsi qu'une catégorie « Hôtels-restaurants, restaurants, pizzerias, crêperies, snacks » pour laquelle la redevance était calculée selon la capacité d'accueil (nombre de places de restauration déclarées) multipliée par un coefficient égal à 1/20e de la redevance de base. Dès lors, la quantité d'ordures ménagères produite par une activité de restauration étant directement dépendante de la capacité d'accueil de l'établissement, référence au demeurant plus favorable que la prise en compte du nombre de repas servis, il ne pouvait être soutenu que ce critère ne correspondait pas à l'importance du service rendu. • CE 25 juin 2003, *Mme Martinet*, n° 240898 : *BJCL 2003. 768 ; JCP Adm. 2003, n° 1874, note Moreau ; ACL 2004. 562.* ♦ Au demeurant, il ne ressortait pas des pièces du dossier que le tarif de la redevance réclamé excédait manifestement celui que justifiait l'importance du service d'enlèvement des ordures ménagères dont l'hôtel-restaurant bénéficiait. • Même décision. ♦ Par ailleurs, la fixation de tarifs différents applicables à diverses catégories d'usagers d'un même service public implique, à moins qu'elle ne soit la conséquence nécessaire d'une loi, qu'elle soit justifiée soit par des différences objectives de situation entre ces usagers, soit par une nécessité d'intérêt général en rapport avec les conditions d'exploitation du service. En l'espèce, les catégories d'usagers prévues par la délibération litigieuse étaient, eu égard au volume d'ordures ménagères qu'elles produisaient respectivement, dans une situation différente au regard du service en cause. • Même décision. ♦ Par suite, la délibération litigieuse n'a pas méconnu le principe d'égalité entre usagers du service public en fixant un tarif différent pour ces catégories et en regroupant, dans une même catégorie tarifaire, les hôtels-restaurants et les restaurants, dès lors que la quantité d'ordures ménagères produite par ces deux activités n'est pas sensiblement différente. • Même décision. ♦ De même, en soumettant les entreprises à un tarif de redevance spécifique et en fixant, en ce qui les concerne, différents niveaux de redevance correspondant à des volumes hebdomadaires d'ordures ménagères, un conseil municipal n'a pas méconnu le principe d'égalité, ni entaché sa délibération d'une erreur manifeste d'appréciation. • CE 1er avr. 2005, *Cne de Flesselles*, n° 257269 : *AJDA 2005. 1413 ; BJCL 2005. 324, concl. Verclytte ; Coll. terr. 2005, n° 186 ; ACL 2006. 398.* ♦ De même, compte tenu des différences existant entre les secteurs de montagne et de littoral, au regard des kilomètres parcourus et du nombre de ménages desservis par secteur, il est possible d'établir un tarif différent par secteur. • CAA Marseille, 12 janv. 2009, *Cté de cnes de l'Alta Rocca*, n° 08MA02497 : *JCP Adm. 2010, n° 2168, note Billet.* ♦ Au demeurant, la délibération fixant le tarif de la redevance n'a pas à être motivée, et ce tarif peut augmenter substantiellement, en raison de l'intégration de la commune dans un EPCI. • Même arrêt. ♦ À l'inverse, une société est fondée à demander la décharge des cotisations de taxe d'enlèvement des ordures ménagères auxquelles elle a été assujettie si elle apporte des éléments de nature à établir l'illégalité de la délibération fixant les taux de la taxe en litige par le caractère manifestement disproportionné de ce taux par rapport au montant des dépenses exposées par une communauté urbaine pour assurer l'enlèvement et le traitement des ordures ménagères et non couvertes par des recettes fiscales. Le TA devait, dans cette hypothèse, rechercher, au besoin en demandant par jugement avant dire droit à la communauté urbaine de produire ses observations sur ces éléments, si le produit de la taxe et, par voie de conséquence, son taux, étaient manifestement disproportionnés. • CE 9 nov. 2016, *Sté Auchan France*, n° 387602. ♦ V. également • CE 22 juill. 2016, *Sté Auchan France*, n° 388077. ♦ Le TA doit, s'il estime les calculs non probants, mesurer au besoin au moyen d'un supplément d'instruction, quelle était la part des coûts du service relatifs aux déchets non ménagers, pour procéder à la comparaison « entre le produit de la taxe et le coût de collecte et de traitement des seuls déchets ménagers, après déduction des recettes non fiscales affectées à ces opérations ». • CE 17 oct. 2018, n° 420581. ♦ Pour apprécier le caractère non manifestement disproportionné du taux de la taxe d'enlèvement des ordures ménagères, le TA ne peut pas « déduire du montant des dépenses exposées par le service de collecte et de traitement des déchets (...) » le montant des dépenses afférentes à la collecte et au traitement des déchets non ménagers sans inclure, « le produit attendu de la redevance spéciale dans les recettes non fiscales devant être déduites du montant des dépenses exposées pour la collecte et le traitement des déchets ménagers comme des déchets non ménagers ». De même, le TA ne peut pas inclure dans le montant total des dépenses du service de collecte et de traitement des ordures ménagères les dotations aux amortissements des immobilisations dont le montant « nécessitait, au besoin par un supplément d'instruction, un retraitement afin d'identifier la part afférente aux immobilisations affectées au service de collecte des déchets ». • CE 7 nov. 2023, n° 466957.

10. Par exception au principe selon lequel la charge de la redevance doit incomber à l'usager qui bénéficie au quotidien de la prestation fournie, l'art. L. 2333-76 CGCT a prévu la faculté pour la collectivité de prévoir une redevance globale à la charge de la personne chargée de la gestion d'une résidence constituée en habitat vertical ou pavillonnaire, puisqu'elle est alors considérée comme l'usager du service public. Aucun texte ne définissant ce qu'il faut entendre par résidence constituée en habitat vertical ou pavillonnaire, il revient au juge de définir le seuil à partir duquel un immeuble ou un groupe d'immeubles, au sens commun du terme, constituent un habitat vertical ou pavillonnaire. Par « zone pavillonnaire », il faut entendre un ensemble de maisons d'habitation appartenant à la même personne morale ou physique et regroupées dans un même espace géographique. Par « habitat vertical », il faut entendre un immeuble, au sens commun du terme, comportant nécessairement plusieurs étages et dont le nombre de logements est suffisamment important pour le distinguer d'une simple maison d'habitation, laquelle peut également comporter un ou plusieurs logements ou étages. Il est manifeste que le législateur a entendu viser les immeubles comportant de nombreux logements exploités par les loueurs professionnels qui ne dépendent pas, en matière de redevance de collecte des ordures ménagères, du régime spécifique imposé aux sociétés d'HLM. L'INSEE a retenu le seuil de dix logements par immeuble comme étant caractéristique d'un habitat vertical. Si ces éléments demeurent effectivement indicatifs et n'ont pas valeur normative, il n'en demeure pas moins qu'ils peuvent être considérés comme pertinents dans le silence des textes. • TI Rochefort-sur-Mer, 29 janv. 2009, *M. Feuillet c/ Cté d'agglomération du Pays rochefortais : RGFP 2010. 340, note Durmarque.*

11. Régularité du titre de perception. La circulaire du 18 juin 1998, relative au recouvrement des recettes des collectivités territoriales et établissements publics locaux et à la forme et au contenu des titres de recettes, impose notamment la mention, dans le titre exécutoire, de la référence aux textes sur lesquels est fondée l'existence de la créance. Il en résulte que, dès lors que le titre contesté se borne à renvoyer à un tarif, non détaillé, fixé en fonction de la nature des locaux par une délibération de la collectivité territoriale, non annexée, le redevable n'a pas été mis en mesure de connaître les bases de la liquidation. • Com. 14 févr. 2012, n° 11-13.887 : *RJF 2012, n° 663.*

12. Recours. Il résulte des art. L. 2333-76 et L. 2333-79 CGCT que les communes, leurs groupements ou les établissements publics locaux qui assurent l'enlèvement des ordures, déchets et résidus, peuvent instituer une redevance calculée en fonction de l'importance du service rendu dont la création entraîne la suppression de la taxe d'enlèvement des ordures ménagères. Ainsi, en substituant une rémunération directe du service par l'usager à une recette de caractère fiscal, le législateur a entendu permettre à ces collectivités publiques de gérer ce service comme une activité industrielle ou commerciale. Par suite, il n'appartient qu'à la juridiction judiciaire de connaître des litiges relatifs au paiement des redevances qui sont réclamées aux usagers du service. • T. confl. 16 oct. 2006, *SA Camping Les Grosses Pierres c/ Cté de cnes de l'île d'Oléron*, n° 3533 • 16 oct. 2006, *SARL Oléron Loisirs c/ Cté de cnes de l'île d'Oléron*, n° 3534 • 12 févr. 2007, *M. Bernier c/ Cté de cnes du Pays thénezéen*, n° 3526 • 12 févr. 2007, *M. Bonnin c/ Cté de cnes du Pays thénezéen*, n° 3527 • 19 mars 2007, *Mme Opezzo c/ SIVOM du Bas-Verdon*, n° 3565. • 12 oct. 2015, *Cté de cnes de la vallée du Lot et du vignoble (CCVLV)*, n° 4024 : *Lebon ; AJDA 2015. 1952.* ♦ La seule circonstance que soit posée, à l'occasion d'un tel litige, la question de la légalité de l'acte réglementaire, par lequel l'organe délibérant de la collectivité publique a fixé le tarif de la redevance, n'a pas pour effet de donner au juge administratif plénitude de compétence pour connaître de ce litige. En présence d'une difficulté sérieuse, constitutive d'une question préjudicielle dont la résolution est nécessaire au jugement du fond, il appartient seulement au juge judiciaire saisi de surseoir à statuer jusqu'à ce que le juge administratif ait tranché la question préjudicielle ainsi soulevée, et de se prononcer ensuite sur l'ensemble des conclusions dont il est saisi. • Mêmes décisions. ♦ Toutefois, le juge judiciaire n'est pas compétent pour apprécier le respect du principe d'égalité des usagers. • TA Besançon, 13 févr. 2003, *Cne de Fresse*, n° 145/03 : *Coll. terr. 2003, n° 153.* ♦ En effet, si les tribunaux judiciaires sont compétents pour statuer sur un litige opposant un service public industriel et commercial à ses usagers, l'appréciation du bien-fondé de la demande des propriétaires d'une résidence secondaire, tendant à contester le montant de la redevance d'enlèvement des ordures ménagères au motif qu'il ne pouvait être exigé d'eux une somme égale à celle réclamée aux résidents permanents, nécessitait l'appréciation de la légalité de l'acte administratif réglementaire instituant la redevance litigieuse. • Civ. 1re, 14 déc. 2004, *Cté de cnes de l'île d'Oléron c/ Épx Brousier*, n° 03-10.058 : *AJDA 2005. 452 ; JCP Adm. 2005, n° 1066, note Renard-Payen.*

13. Le litige, qui oppose un usager à une communauté de communes, chargée de la collecte et du traitement des ordures ménagères, pour le paiement de la redevance relative aux ordures ménagères, concerne les relations entre ce service public industriel et commercial et l'un de ses usagers, nonobstant le fait que les ordures ménagères de cet usager sont collectées par la commune de son domicile, dans la mesure où ces ordures sont ensuite déposées en un lieu où elles sont enlevées par la société qui se charge de leur traitement pour le compte de la communauté de communes. Dès lors, ce litige relève de la compétence des tribunaux judiciaires. • T. confl. 16 oct. 2006, *M. Hernandez c/ Cté de cnes du Pays de Phalsbourg*, n° 3528.

14. Malgré le caractère forfaitaire du montant de la redevance réclamée aux « foyers éloignés », lesquels doivent assurer eux-mêmes le transport de leurs déchets ménagers depuis leurs résidences jusqu'à des containers, avant que les déchets ainsi collectés dans ces containers mis à la disposition des usagers ne soient acheminés par camion jusqu'à une station de transit puis à l'usine d'incinération, la redevance instituée par une communauté de communes, dont ne sont redevables que les usagers du service et qui comporte les éléments de proportionnalité du tarif à acquitter à la valeur du service rendu, ne saurait être regardée comme une taxe : dès lors, le litige qui oppose le redevable à la communauté de communes, au sujet du paiement de sa redevance, concerne les relations entre un usager et un service public industriel ou commercial, et relève de la compétence des tribunaux judiciaires. • CE 27 oct. 2008, *Cté de cnes de La Tinée c/ M. Kofman*, n° 294914 : *préc. note 1* • 27 oct. 2008, *Cté de cnes de La Tinée c/ M. Baracco*, n° 294915 : *préc. note 1*.

15. Le juge judiciaire, saisi de la contestation relative au paiement d'une redevance d'enlèvement des ordures ménagères instituée par une commune, n'est pas compétent pour apprécier la légalité de l'acte de nature réglementaire ayant institué cette redevance. • Com. 26 févr. 2002, *Cne de Breurey-lès-Faverneycl Mme Hervo*, n° 99-12.844. ♦ Il appartient au juge judiciaire de statuer sur les recours contre les décisions individuelles fixant le montant de la redevance. • CE, sect. avis cont., 10 avr. 1992, *Sté Hofmiller*, n° 132539 : *Lebon 159* ; *RFDA 1994. 161, concl. Arrighi de Casanova* ; *DF 1992. 1308, concl.* ; *AJDA 1992. 697, note Prétot* ; *Gaz. Pal. 1992. 2. 474, note Lachaume* • CE 23 nov. 1992, *Brousier* : *RJF 1993, n° 13* • CAA Bordeaux, 25 févr. 1993, *Lev*, n° 90BX00992 • CAA Nancy, 15 juin 1995, *Mlle Chay*, n° 94 NG 01148. ♦ Le juge (en l'espèce, un tribunal de grande instance et une cour d'appel) dénature les conclusions du litige en retenant que les justiciables demandaient la rectification du tarif de la redevance d'enlèvement des ordures ménagères et une nouvelle fixation de celui-ci, alors que les intéressés ne contestaient pas en tant que telle la validité des délibérations de l'établissement public considéré ayant déterminé le tarif de la redevance, mais que, dans leurs conclusions d'appel, ils faisaient valoir que les redevances qui leur étaient réclamées ne correspondaient pas au service qui leur était rendu. • Com. 25 févr. 2003, *Sarrieu*, n° 356-F-D : *RJF 2003, n° 789*. ♦ Lorsque les usagers du service d'enlèvement des ordures ménagères se bornent à faire valoir que la redevance réclamée ne correspondait pas au service rendu, en raison de l'inexécution par le service des obligations qui avaient motivé son augmentation, ces usagers ne contestent pas, en tant que telle, la validité des délibérations, de sorte que, sans se livrer à une appréciation de la légalité de ces décisions administratives, le juge judiciaire est compétent pour connaître de ce litige. • Civ. 1re, 14 déc. 2005, *SICTOM du Rasimier*, n° 04-20.309 : *AJDA 2006. 215* ; *JCP Adm. 2006, n° 1164, note Billet*. ♦ La redevance prévue par l'art. L. 2333-76 est calculée en fonction de l'importance du service rendu : dès lors, le juge (en l'espèce, le tribunal d'instance) ne pouvait donc rejeter la demande de réévaluation de la redevance sans rechercher si elle avait été calculée en fonction du service rendu. • Com. 3 oct. 2006, *Martelli*, n° 1095 F-PB : *préc. note 1*.

16. Dans l'instance en validité d'une saisie-arrêt pratiquée pour obtenir le paiement de la redevance, lorsque la collectivité demande le paiement d'une somme inférieure au seuil en dessous duquel les jugements du tribunal d'instance sont rendus en dernier ressort, l'appel contre le jugement est irrecevable. • Com. 27 juin 1995 : *RJF 1995, n° 1135*.

17. Le juge (en l'espèce, un tribunal d'instance) saisi d'une action en répétition de l'indu relative à la redevance d'enlèvement des ordures ménagères, dirigée contre le comptable du Trésor, n'a pas à ordonner la mise en cause du maire de la commune dès lors qu'aucune critique, concernant le bien-fondé du titre de recette émis par celui-ci, n'est formulée et qu'aucune opposition à exécution du titre de perception n'est engagée. • Com. 11 févr. 2003, *Lornet*, n° 252-F-D : *RJF 2003, n° 790*.

Art. L. 2333-76-1 *(Ord. n° 2020-920 du 29 juill. 2020, art. 15)* **« Un établissement public de coopération intercommunale ou un syndicat mixte exerçant la compétence de traitement des déchets au sens du présent code peut définir, avec ses collectivités membres, des clauses contractuelles visant à instaurer un système incitatif au bénéfice des collectivités qui promeuvent la prévention des déchets et intensifient la collecte sélective. » La mise en place d'un tel dispositif se fait sans préjudice de la mise en place d'une tarification incitative touchant directement les citoyens.**

Art. L. 2333-77 **Les communes ou établissements publics qui assurent l'enlèvement des ordures ménagères en provenance des terrains de camping ou aménagés pour le stationnement des caravanes peuvent assujettir les exploitants de ces terrains à une redevance calculée en fonction du nombre des places disponibles sur ces terrains.** – *[C. communes, art. L. 233-77 issu de la L. n° 73-1150 du 27 déc. 1973, art. 62-II.]*

1. Champ d'application. Les campings particuliers relèvent de l'art. L. 2333-76 et non de l'art. L. 2333-77 qui ne concerne que les campings exploités. • CE 11 mai 1988, *Synd. intercommunal à vocation multiple de l'Île d'Oléron* : *RJF 1988, n° 887*.

2. Tarif. Les communes ou établissements publics qui assurent l'enlèvement des ordures ménagères ne sont pas tenues d'assujettir les exploitants des terrains de camping à une redevance calculée en fonction du nombre de places disponibles, conformément aux dispositions de l'art. L. 2333-77 CGCT. Elles doivent, lorsqu'elles fixent des tarifs différents applicables à diverses catégories d'usagers d'un même service, veiller à ce qu'ils soient justifiés par des différences objectives de situation entre ces usagers et soient calculés en fonction du service rendu. • CAA Bordeaux,

30 juin 2009, *Cté de cnes de Vienne et Moulière*, n° 08BX01199 : *JCP Adm 2010, n° 2169, note Billet.* ♦ En l'espèce, la commune intéressée était la seule des communes membres de la communauté de communes à disposer d'un terrain de camping. Il est constant que cette activité spécifique générait des contraintes particulières en matière de collecte des déchets ménagers. Dès lors, en ne rattachant pas cette activité soit à la catégorie des établissements spécifiques soit à celle des activités professionnelles et en la traitant comme celles des autres services municipaux dans la catégorie des communes membres de la communauté, la communauté de communes a méconnu le principe d'égalité entre usagers du service public. • Même arrêt. ♦ Un tarif fixé par référence à un chiffre global arrêté forfaitairement pour l'unique terrain de camping existant sur le territoire de la commune – puis divisé par le nombre d'emplacements figurant sur ce terrain sans évaluation précise de la quantité réelle d'ordures ménagères enlevées et traitées – n'est pas proportionnel au coût du service rendu. • CE 29 juill. 1998, *Sté financière et immobilière de l'Étang de Berre et de la Méditerranée : RJF 1998, n° 1227.* ♦ La proportionnalité de la redevance au service rendu est placée sous contrôle du juge ; tarif illégalement déterminé à partir du besoin de financement résiduel du service, alimenté par ailleurs par la taxe d'enlèvement des ordures ménagères. • CE 19 juin 1991, *Cne de Piriac-sur-Mer*, n° 93889 B : *RJF 1991, n° 1102.* ♦ ... Tarif illégalement établi après concertation avec d'autres communes, • CAA Bordeaux, 30 juin 1994, *Semerniakoff*, n° 92BX01174. ♦ ... À l'inverse, tarif légalement établi s'il est proportionnel au coût du service en se fondant notamment sur la durée moyenne d'occupation des emplacements. • CE 30 mars 2018, n° 404752.

Art. L. 2333-78 *(L. n° 2015-1786 du 29 déc. 2015, art. 57)* **Les communes, les établissements publics de coopération intercommunale et les syndicats mixtes peuvent instituer une redevance spéciale afin de financer la collecte et le traitement des déchets mentionnés à l'article L. 2224-14.**

Ils sont tenus de l'instituer lorsqu'ils n'ont institué ni la redevance prévue à l'article L. 2333-76 du présent code ni la taxe d'enlèvement des ordures ménagères prévue à l'article 1520 du code général des impôts.

Ils ne peuvent l'instituer s'ils ont institué la redevance prévue à l'article L. 2333-76. Par exception, les syndicats mixtes qui ont institué cette redevance peuvent instituer la redevance spéciale prévue au présent article sur un périmètre limité à celui de leurs communes et établissements publics de coopération intercommunale à fiscalité propre membres qui, en application, respectivement, du II de l'article 1520 et du *a* du 2 du VI de l'article 1379-0 *bis* du code général des impôts, ont institué et perçoivent pour leur propre compte la taxe d'enlèvement des ordures ménagères.

La redevance spéciale prévue au présent article se substitue, pour les déchets concernés, à celle prévue à l'article L. 2333-77.

Elle est calculée en fonction de l'importance du service rendu, notamment de la quantité des déchets gérés. Elle peut toutefois être fixée de manière forfaitaire pour la gestion de petites quantités de déchets.

1. Identification. Toutes les recettes non fiscales des collectivités n'ont pas le caractère de redevance spéciale. Ainsi, le CE précise que, « pour calculer le montant des dépenses exposées pour la collecte et le traitement des déchets ménagers et non ménagers permettant d'apprécier la proportionnalité du taux de taxe d'enlèvement des ordures ménagères fixé par l'établissement public territorial POLD, la magistrate désignée a pris en compte, au titre des recettes non fiscales relatives aux opérations de collecte et de traitement de ces déchets, le montant d'une recette non fiscale de la section de financement du budget de ce dernier qui, ainsi qu'il apparaissait explicitement dans les pièces du dossier relatives à l'élaboration du budget primitif, s'intitulait redevance pour "enlèvement des DIC [déchets industriels et commerciaux]" et n'avait donc pas la nature d'une redevance spéciale au sens de l'article L. 2333-78 du code général des collectivités territoriales et se rattachait à des opérations de collecte et de traitement de déchets ne relevant pas du champ de l'article L. 2224-14 du même code. » • CE 8 nov. 2024, n° 490556.

2. Publicité. La délibération par laquelle le comité syndical du syndicat intercommunal pour le traitement et la collecte des ordures ménagères a institué la redevance spéciale en vue de l'élimination des déchets des artisans et commerçants a une portée réglementaire et devait être transmise pour affichage à l'ensemble des communes membres du syndicat, y compris les communes membres d'une communauté de communes membre du syndicat ; cette obligation n'ayant pas été satisfaite, cette délibération instituant la redevance spéciale prévue à l'art. L. 2333-78 CGCT n'était pas exécutoire à la date à laquelle la délibération fixant les tarifs est intervenue, et dès lors cette dernière délibération était dépourvue de base légale. • CAA Bordeaux, 14 nov. 2006, n° 04BX01156 : *AJDA 2007. 102.*

3. Perception et recouvrement. Il résulte de la combinaison des art. L. 2333-76, L. 2333-78 et L. 2224-14 CGCT que l'exploitation et la gestion du service industriel et commercial de collecte et d'évacuation des ordures ménagères, ainsi que la perception et le recouvrement de la redevance spéciale correspondante, prévue par l'art. L. 2333-78 CGCT, ne peuvent être opérés qu'en régie directe ou sous forme d'une délégation de service public et ne peuvent faire l'objet d'un marché ou d'un avenant à un marché. • CAA Paris, 20 avr. 2005, *Sté CTSP Brie c/ Cne de Melun*, n° 00PA010 : *AJDA 2005. 1646*. ♦ En l'espèce, une commune avait passé avec une société un marché pour la collecte et l'évacuation des ordures ménagères et des objets encombrants et autorisé la signature d'un avenant confiant à cette société la collecte et l'évacuation des déchets non ménagers assimilables aux ordures ménagères et le recouvrement de la redevance spéciale prévue par l'art. L. 2333-78 CGCT : cet avenant modifiait les conditions de la rémunération de la société en prévoyant la déduction, de la rémunération prévue par le marché initial, d'une somme correspondant à l'estimation faite du produit de ladite redevance. • Même arrêt.

4. Tarif. Il résulte de la combinaison des art. L. 2333-76, L. 2333-78 et L. 2224-14 CGCT que la redevance spéciale instituée en lieu et place de la redevance prévue à l'art. L. 2333-76 doit être calculée en fonction du service rendu et notamment de la quantité des déchets éliminés. Le tarif de cette redevance ne peut donc pas être unique et forfaitaire s'il n'est pas établi qu'il ne s'agit pas de l'élimination de petites quantités de déchets susceptible de permettre l'établissement d'une redevance forfaitaire en vertu de la dernière phr. du 1er al. de l'art. L. 2333-78. • CE 17 mars 2016, *Cté d'agglomération du pays de Saint-Malo*, n° 387546 : *Lebon ; AJDA 2016. 575*. ♦ L'institution de la redevance spéciale n'implique pas nécessairement que son produit finance la totalité des dépenses de collecte et de traitement des déchets non ménagers, « la taxe d'enlèvement des ordures ménagères pouvant également pourvoir au financement de ces dépenses pour leur part non couverte par cette redevance ou d'autres recettes non fiscales ». • CE 29 nov. 2021, n° 454684 B : *AJDA 2021. 2371*.

5. Recours. Il résulte des dispositions des art. L. 2333-76 à L. 2333-79 CGCT que le législateur a entendu permettre aux communes et aux établissements publics de coopération intercommunale qui assurent l'enlèvement des ordures, déchets et résidus, en substituant une rémunération directe du service par l'usager à la recette de caractère fiscal que constitue la taxe d'enlèvement des ordures ménagères, de gérer ce service comme une activité industrielle et commerciale. Dès lors, en raison de la nature juridique d'un service ainsi géré, les litiges qui surviennent entre ce service et un usager relèvent du droit privé et donc de la compétence des tribunaux judiciaires. • T. confl. 23 juin 2003, *Clinique de la Pointe Rouge*, n° 3367 : *RJF 2003, n° 1284 ; BJCL 2003. 700 ; ACL 2004. 563.* ♦ En l'espèce, une clinique avait confié au service de nettoiement de la ville l'enlèvement de certains de ses déchets, et elle acquittait en contrepartie la redevance spéciale prévue par l'art. L. 2333-78 CGCT. Le litige, qui opposait la clinique au service à la suite du refus de celui-ci de continuer à assurer l'enlèvement des déchets relatifs aux protections pour adultes incontinents, concerne les relations entre ce service public industriel et commercial et l'un de ses usagers, et relèvent dès lors de la compétence des tribunaux judiciaires. • Même décision. ♦ La seule circonstance que soit posée, à l'occasion d'un tel litige, la question de la légalité de l'acte réglementaire, par lequel l'organe délibérant de la collectivité publique a fixé le tarif de la redevance, n'a pas pour effet de donner au juge administratif plénitude de compétence pour connaître de ce litige. En présence d'une difficulté sérieuse, constitutive d'une question préjudicielle dont la résolution est nécessaire au jugement du fond, il appartient seulement au juge judiciaire saisi, de surseoir à statuer jusqu'à ce que le juge administratif ait tranché la question préjudicielle ainsi soulevée, et de se prononcer ensuite sur l'ensemble des conclusions dont il est saisi. • T. confl. 16 oct. 2006, *SA Camping Les Grosses Pierres c/ Cté de cnes de l'île d'Oléron*, n° 3533 • 16 oct. 2006, *SARL Oléron Loisirs c/ Cté de cnes de l'île d'Oléron*, n° 3534. • 12 oct. 2015, *Cté de cnes de la vallée du Lot et du vignoble (CCVLV)*, n° C4024 : *Lebon ; AJDA 2015. 1952*.

Art. L. 2333-79 **L'institution de la redevance mentionnée à l'article L. 2333-76 entraîne la suppression de la taxe d'enlèvement des ordures ménagères et de la redevance prévue à l'article L. 2333-77.**

Cette suppression prend effet :

— à compter du 1er janvier de l'année où est intervenue la décision si cette décision est antérieure au 1er mars ;

— à compter du 1er janvier de l'année suivante, dans les autres cas. — *[C. communes, art. L. 233-79 issu de la L. n° 74-1129 du 30 déc. 1974, art. 14-II, al. 3.]*

Modification du régime juridique applicable. Le régime juridique applicable à la taxe d'enlèvement des ordures ménagères, qui prévoit expressément que les locaux situés dans la partie de la commune où ne fonctionne pas le service d'enlèvement des ordures sont exonérés de la taxe, n'est pas applicable à la redevance d'enlèvement des ordures ménagères. • Com. 3 oct. 2006, *Martelli*, n° 1095 F-PB : *RJF 2007, n° 109*.

Art. L. 2333-80 En cas d'institution, par les communes ou les établissements publics concernés, de la redevance mentionnée à l'article L. 2333-77, la taxe d'enlèvement des ordures ménagères n'est applicable ni aux terrains de camping ou aménagés pour le stationnement des caravanes ni aux installations à usage collectif implantées sur ces terrains. — *[C. communes, art. L. 233-76 issu de la L. nº 73-1150 du 27 déc. 1973, art. 62-I.]*

SECTION 10 **Redevance d'accès aux sites nordiques aménagés pour les loisirs de neige non motorisés** *(L. nº 2006-437 du 14 avr. 2006, art. 33).*

BIBL. ▶ Yolka, *AJDA 2006. 1065* (racket à neige).

Art. L. 2333-81 *(L. nº 2006-437 du 14 avr. 2006, art. 33)* « Une redevance pour l'accès aux installations et aux services collectifs d'un site nordique dédié à la pratique du ski de fond et aux loisirs de neige non motorisés autres que le ski alpin et destinés à favoriser la pratique de ces activités peut être instituée par délibération du conseil municipal de la commune dont le territoire supporte un tel site, ou de l'établissement de coopération intercommunale compétent, dès lors que le site comporte un ou plusieurs itinéraires balisés et des équipements d'accueil ainsi que, le cas échéant, d'autres aménagements spécifiques, et qu'il fait l'objet d'une maintenance régulière, notamment d'un damage adapté des itinéraires. Chaque année, une délibération fixe le montant de la redevance et les conditions de sa perception. »

Dans le cas d'installations s'étendant sur plusieurs communes, le montant et les conditions de perception de la redevance sont fixés sur délibérations conjointes des conseils municipaux concernés.

(L. nº 2006-437 du 14 avr. 2006, art. 33) « L'accès libre et gratuit au milieu naturel est maintenu sur tout site nordique comportant des itinéraires de ski de fond ou de loisirs de neige non motorisés soumis à redevance d'accès, dans le respect des droits des propriétaires, des règlements de police en vigueur ainsi que des aménagements et du damage des itinéraires. »

Art. L. 2333-82 Le produit de la redevance instituée par l'article L. 2333-81 est affecté à l'entretien et à l'extension des pistes ainsi qu'aux opérations tendant à assurer le développement et la promotion du ski de fond *(L. nº 2006-437 du 14 avr. 2006, art. 33)* « et des loisirs de neige non motorisés pratiqués sur le site nordique ».

Art. L. 2333-83 L'association départementale, interdépartementale ou régionale créée *(Ord. nº 2004-1391 du 20 déc. 2004, art. 4)* « en application des articles L. 342-27 à L. 342-29 du code du tourisme » peut percevoir, pour le compte et à la demande des communes concernées, la redevance prévue à l'article L. 2333-81.

SECTION 11 **Redevances dues pour le transport et la distribution de l'électricité et du gaz et le transport d'hydrocarbures et de produits chimiques par canalisation** *(Ord. nº 2010-418 du 27 avr. 2010, art. 4).*

BIBL. ▶ Facon, *RLCT 2007, nº 746* (des vertus des redevances d'occupation du domaine public réglementées : mode d'emploi du décret sur la RODP gaz enfin publié). – Seidelin Hansen, *Ann. Voirie 2002. 86* (redevances d'occupations domaniales : les pouvoirs des collectivités).

Art. L. 2333-84 Le régime des redevances dues aux communes *(L. nº 2022-217 du 21 févr. 2022, art. 6)* « , aux établissements publics de coopération intercommunale ou aux syndicats mixtes » en raison de l'occupation de leur domaine public par les ouvrages de transport et de distribution d'électricité et de gaz et par les lignes ou canalisations particulières d'énergie électrique et de gaz est fixé par décret en Conseil d'État sous réserve des dispositions des premier et deuxième alinéas de l'article unique de la loi nº 53-661 du 1er août 1953 fixant le régime des redevances dues pour l'occupation du domaine public par les ouvrages de transport et de distribution d'électricité et de gaz, par les lignes ou canalisations particulières d'énergie électrique et de gaz.

(L. nº 2022-217 du 21 févr. 2022, art. 6) « Le régime des redevances dues aux communes, aux établissements publics de coopération intercommunale ou aux syndicats mixtes pour l'occupation provisoire de leur domaine public par les chantiers de travaux est fixé par délibération du conseil municipal, du conseil communautaire ou du comité syndical, dans les conditions et dans le respect d'un plafond fixés par décret en Conseil d'État. »

(Ord. n° 2010-418 du 27 avr. 2010, art. 4) **« Les tarifs des redevances dues aux communes en raison de l'occupation de leur domaine public par des canalisations destinées au transport d'hydrocarbures ou de produits chimiques sont arrêtés par délibération de la commune après consultation de l'exploitant de l'ouvrage. Pour les ouvrages déclarés d'utilité publique ou d'intérêt général, les montants ne peuvent dépasser ceux fixés par décret en Conseil d'État. Les canalisations de transport appartenant à l'État et construites pour les besoins de la défense nationale sont exonérées de la redevance d'occupation du domaine public. »**

(L. n° 2003-1311 du 30 déc. 2003, art. 113) **« Les règles et procédures applicables en cas de désaccord sont fixées par décret en Conseil d'État. »**

V. art. R. 2333-105 s. pour l'électricité et R. 2333-114 s. pour le gaz.

1. Tarif. Toute occupation du domaine public est en principe subordonnée à la délivrance d'une autorisation et au paiement d'une redevance. Si l'art. 10 de la loi du 15 juin 1906, dont les dispositions ont été reprises à l'art. L. 433-3 C. énergie, et l'art. L. 113-3 C. voirie rout. ont eu pour objet de conférer à titre permanent aux entreprises concessionnaires du réseau de distribution et de transport de gaz le droit d'occuper sans autorisation les voies publiques afin d'y réaliser leur mission de service public, notamment y effectuer tous les travaux nécessaires à l'établissement et à l'entretien des ouvrages, ces dispositions n'instaurent pas une dérogation au principe du paiement d'une redevance pour l'occupation du domaine public. En l'absence de dispositions contraires, il appartient à l'autorité chargée de la gestion du domaine public en cause d'octroyer les permissions d'occupation et de fixer les conditions auxquelles elle entend subordonner leur délivrance et, à ce titre, de déterminer le tarif des redevances en tenant compte des avantages de toute nature que le permissionnaire est susceptible de retirer de l'occupation du domaine public. En renvoyant à un décret en Conseil d'État la fixation du régime des redevances dues aux communes, les dispositions de l'art. L. 2333-84 CGCT ont seulement eu pour objet de permettre au pouvoir réglementaire d'encadrer la détermination du tarif des redevances et les modalités de leur recouvrement par les communes, mais n'ont pas entendu réserver au décret le soin de fixer lui-même ce tarif. Par suite, l'absence de disposition réglementaire fixant le régime de la redevance due aux communes, à raison de l'occupation provisoire de leur domaine public par les chantiers de travaux, ne faisait pas obstacle à ce que la commune détermine le montant de la redevance lui étant due à ce titre. • CAA Marseille, 4 déc. 2012, *Cne de Montpellier c/ GRDF*, n° 10MA03206 : *BJCL 2012. 826, concl. Deliancourt, obs. Poujade.*

2. Recours. Les services de distribution d'électricité et de gaz présentent, eu égard à leur objet et aux conditions de leur fonctionnement, le caractère de services publics à caractère industriel et commercial : dès lors les recours relatifs aux redevances dues pour le transport et la distribution de l'électricité et du gaz relèvent de la compétence des tribunaux judiciaires. • T. confl. 22 juin 1992, *Berger : Lebon 840 ; Dr. adm. 1991, n° 444.*

Art. L. 2333-85 *(L. n° 2000-108 du 10 févr. 2000, art. 52)* **À compter de l'exercice 2000, les redevances visées à l'article L. 2333-84 sont payables annuellement et d'avance.**

Art. L. 2333-86 **Les redevances visées à l'article L. 2333-84 sont soumises à la prescription quinquennale qui commence à courir à compter de la date à laquelle elles sont devenues exigibles.**

La prescription quadriennale instituée par la loi n° 68-1250 du 31 décembre 1968 relative à la prescription des créances sur l'État, les départements, les communes et les établissements publics, est seule applicable à l'action en restitution des redevances. – *[C. communes, art. L. 374-4, al. 2 et 3, et L. 375-7, al. 2 et 3, issus de la L. n° 53-661 du 1er août 1953, art. unique.]*

Une commune ne peut réclamer la perception de la taxe sur la consommation finale d'électricité si un syndicat intercommunal exerçant la compétence d'autorité organisatrice de la distribution publique d'électricité la perçoit à sa place conformément aux dispositions de l'art. L. 5212-24. En effet, « la perception de la taxe communale sur la consommation finale d'électricité par un syndicat intercommunal exerçant la compétence d'autorité organisatrice de la distribution publique d'électricité, à la place de communes qui en sont membres, est obligatoire lorsque la population de la commune est inférieure ou égale à 2 000 habitants ou bien lorsque la taxe était perçue par le syndicat intercommunal au 31 déc. 2010, dans ce dernier cas indépendamment de l'évolution démographique de la commune en cause ». En l'espèce, le syndicat percevait, à la date du 31 déc. 2010, la taxe sur la consommation finale d'électricité sur le territoire et à la place de la commune, sans que cette perception, au titre de l'année civile 2010, ait été contestée par la commune dans le délai du recours contentieux. • CE 10 mars 2022, n° 441089.

SECTION 12 **Redevance de stationnement des véhicules sur voirie** *(L. n° 2014-58 du 27 janv. 2014, art. 63).*

SOUS-SECTION 1 **Redevance de stationnement** *(Ord. n° 2015-401 du 9 avr. 2015, art. 4 et 7).*

Art. L. 2333-87 *(L. n° 2014-58 du 27 janv. 2014, art. 63) (Ord. n° 2015-401 du 9 avr. 2015, art. 1er)* « I. — » Sans préjudice de l'application des articles L. 2213-2 et L. 2512-14, le conseil municipal ou l'organe délibérant de l'établissement public de coopération intercommunale ou du syndicat mixte compétent pour l'organisation *(L. n° 2015-991 du 7 août 2015, art. 18)* « de la mobilité au sens du titre III du livre II de la première partie du code des transports », lorsqu'il y est autorisé par ses statuts ou par une délibération prise dans les conditions de majorité prévues au II de l'article L. 5211-5, peut instituer une redevance de stationnement, compatible avec les dispositions du *(L. n° 2019-1428 du 24 déc. 2019, art. 16)* « plan de mobilité », s'il existe. Dans le cas où le domaine public concerné relève d'une autre collectivité, l'avis de cette dernière est requis. Si elle ne s'est pas prononcée dans un délai d'un mois à compter de sa saisine, cet avis est réputé favorable.

(L. n° 2019-1428 du 24 déc. 2019, art. 38) « En Île-de-France, dans les conditions énoncées au premier alinéa du présent I, les établissements publics de coopération intercommunale à fiscalité propre et les établissements publics territoriaux peuvent également instituer une redevance de stationnement, après accord de l'établissement public défini à l'article L. 1241-1 du code des transports et s'ils y sont autorisés par leurs statuts ou par une délibération prise dans les conditions de majorité prévues au II de l'article L. 5211-5 du présent code. »

La délibération institutive établit :

1° Le barème tarifaire de paiement immédiat de la redevance, applicable lorsque la redevance correspondant à la totalité de la période de stationnement est réglée par le conducteur du véhicule dès le début du stationnement ;

2° Le tarif du forfait de post-stationnement, applicable lorsque la redevance correspondant à la totalité de la période de stationnement n'est pas réglée dès le début du stationnement ou est insuffisamment réglée. Son montant ne peut être supérieur au montant de la redevance due pour la durée maximale de stationnement prévue, hors dispositifs d'abonnement, par le barème tarifaire de paiement immédiat en vigueur dans la zone considérée.

Le barème tarifaire de paiement immédiat est établi en vue de favoriser la fluidité de la circulation, la rotation du stationnement des véhicules sur voirie et l'utilisation des moyens de transport collectif ou respectueux de l'environnement *(L. n° 2019-1428 du 24 déc. 2019, art. 37)* « , en prenant en compte un objectif d'équité sociale ». Il tient compte de l'ensemble des coûts nécessaires à la collecte du produit de la redevance de stationnement.

Le barème tarifaire peut être modulé en fonction de la durée du stationnement, de la surface occupée par le véhicule ou de son impact sur la pollution atmosphérique. Il peut prévoir une tranche gratuite pour une durée déterminée ainsi qu'une tarification spécifique pour certaines catégories d'usagers, dont les résidents *(L. n° 2021-1104 du 22 août 2021, art. 115)* « , et pour les véhicules bénéficiant d'un signe distinctif de covoiturage créé en application des articles L. 1231-15 ou L. 1241-1 du code des transports ». *(L. n° 2019-1428 du 24 déc. 2019, art. 37)* « Il peut être réduit en fonction du niveau du revenu des usagers, de leur statut ou du nombre de personnes vivant au sein de leur foyer, en vue de favoriser l'égalité d'accès à la mobilité des personnes en situation de vulnérabilité économique ou sociale. »

(Ord. n° 2015-401 du 9 avr. 2015, art. 1er) « II. — » Le montant du forfait de post-stationnement dû, déduction faite, le cas échéant, du montant de la redevance de stationnement réglée dès le début du stationnement, est notifié par un avis de paiement délivré soit par son apposition sur le véhicule concerné par un agent assermenté de la commune, de l'établissement public de coopération intercommunale, du syndicat mixte ou du tiers contractant désigné pour exercer cette mission, soit par envoi postal au domicile du titulaire du certificat d'immatriculation du véhicule concerné effectué par un établissement public spécialisé de l'État *(Ord. n° 2015-401 du 9 avr. 2015, art. 1er)*

« , soit transmis sous une forme dématérialisée par ce même établissement public aux personnes titulaires de certificats d'immatriculation ayant conclu avec lui une convention à cet effet. La notification est également réputée faite lorsque le titulaire du certificat d'immatriculation, averti par tout moyen, a pris connaissance de l'avis de paiement sous une forme dématérialisée au moyen d'un dispositif mis en place par la commune, l'établissement public de coopération intercommunale, le syndicat mixte ou le tiers contractant.

« Lorsque l'avis de paiement du forfait de post-stationnement est apposé sur le véhicule ou transmis par l'établissement public spécialisé sous une forme dématérialisée, le titulaire du certificat d'immatriculation est réputé en avoir reçu notification le jour même. Dans le dernier cas mentionné au premier alinéa du présent II, la notification est réputée reçue à la date à laquelle le titulaire du certificat d'immatriculation a pris connaissance de l'avis de paiement.

« Lorsque cet avis de paiement est notifié par voie postale, la notification est réputée avoir été reçue par le titulaire du certificat d'immatriculation cinq jours francs à compter du jour de l'envoi. L'établissement public de l'État mentionné au premier alinéa du présent II justifie par tout moyen de l'envoi à l'adresse connue du titulaire du certificat d'immatriculation du véhicule. »

Les mentions portées sur l'avis de paiement du forfait de post-stationnement par l'agent assermenté font foi jusqu'à preuve contraire. *(Ord. n° 2015-401 du 9 avr. 2015, art. 1er)* « Les mentions prévues par les articles L. 111-2 et L. 212-1 du code des relations entre le public et l'administration sont remplacées par la désignation non nominative de l'agent ayant délivré l'avis et les coordonnées de l'entité dont celui-ci relève.

« III. — » Le produit des forfaits de post-stationnement finance les opérations destinées à améliorer les transports en commun ou respectueux de l'environnement et la circulation. Si la commune, l'établissement public de coopération intercommunale ou le syndicat mixte qui a institué la redevance de stationnement est compétent en matière de voirie, une partie de ce produit peut être utilisée pour financer des opérations de voirie.

(L. n° 2015-991 du 7 août 2015, art. 73) « Hors Île-de-France, les recettes issues des forfaits de post-stationnement sont perçues par la commune, l'établissement public de coopération intercommunale ou le syndicat mixte ayant institué la redevance. Celui-ci les reverse à la commune, à l'établissement public de coopération intercommunale ou au syndicat mixte compétent pour la réalisation des opérations mentionnées au premier alinéa du présent III, déduction faite des coûts de mise en œuvre des forfaits de post-stationnement. Un décret précise les modalités de reversement, en fonction des conditions d'organisation locale du stationnement payant sur voirie. »

Dans le cas particulier de la métropole de Lyon, les communes situées sur son territoire reversent le produit des forfaits de post-stationnement à la métropole de Lyon, déduction faite des coûts relatifs à la mise en œuvre de ces forfaits.

(Ord. n° 2015-401 du 9 avr. 2015, art. 1er) « IV. — Le forfait de post-stationnement doit être réglé en totalité dans les trois mois suivant la notification de l'avis de paiement prévu au II du présent article.

« À défaut, le forfait de post-stationnement est considéré impayé et fait l'objet d'une majoration dont le produit est affecté à l'État. Le forfait de post-stationnement impayé et la majoration sont dus par l'ensemble des titulaires du certificat d'immatriculation du véhicule, solidairement responsables du paiement.

« En vue du recouvrement du forfait de post-stationnement impayé et de la majoration, un titre exécutoire est émis, le cas échéant, sous une forme électronique, par un ordonnateur désigné par l'autorité administrative. Ce titre mentionne le montant du forfait de post-stationnement impayé et la majoration.

« Un titre d'annulation est émis par ce même ordonnateur lorsque, pour un motif autre qu'un paiement, tout ou partie du forfait de post-stationnement impayé n'est plus dû.

« Un décret en Conseil d'État détermine le montant et les modalités de la majoration du forfait de post-stationnement mentionnée au deuxième alinéa. Il précise les modalités d'émission du titre exécutoire et l'autorité chargée de désigner l'ordonnateur mentionnés au troisième alinéa et les modalités d'émission du titre d'annulation mentionné au quatrième alinéa ainsi que les informations transmises à l'ordonnateur par l'entité ayant délivré l'avis de paiement du forfait de post-stationnement pour permettre l'établissement du titre exécutoire et les modalités de cette transmission.

« V. — La perception et le recouvrement du forfait de post-stationnement impayé et de sa majoration sont régis par les dispositions de l'article L. 2323-7-1 du code général de la propriété des personnes publiques.

« Le produit de la redevance de stationnement et du forfait de post-stationnement, acquitté spontanément ou après émission d'un titre exécutoire, est reversé au comptable public assignataire de la commune, de l'établissement public de coopération intercommunale ou du syndicat mixte ayant institué la redevance. Les modalités d'application de ce reversement, notamment en cas de modification de la collectivité bénéficiaire, sont précisées par arrêté du ministre chargé du budget.

« VI. — Les litiges relatifs aux actes pris en application du présent article sont régis par l'article L. 2331-1 du code général de la propriété des personnes publiques.

« Les recours contentieux visant à contester l'avis de paiement du montant du forfait de post-stationnement dû font l'objet d'un recours administratif préalable obligatoire auprès de la commune, de l'établissement public de coopération intercommunale, du syndicat mixte ou du tiers contractant dont relève l'agent assermenté ayant établi ledit avis. Par dérogation aux dispositions des articles L. 112-3 et L. 112-6 du code des relations entre le public et l'administration, l'avis de réception postale ou électronique adressé au demandeur par le représentant de l'entité chargée de statuer sur le recours administratif tient lieu de l'accusé de réception prévu par ces dispositions. Le délai à l'issue duquel le silence gardé sur le recours administratif préalable vaut décision de rejet court à compter de la date de réception du recours indiquée sur l'avis postal ou électronique. L'avis de paiement du forfait de post-stationnement mentionne cette dérogation, le délai au terme duquel est susceptible de naître une décision implicite de rejet à la suite de l'exercice du recours administratif préalable et ses conséquences contentieuses. »

(L. n° 2019-222 du 23 mars 2019, art. 40) « Si la décision rendue à l'issue du recours administratif est notifiée par voie postale, sa notification intervient dans les conditions prévues au troisième alinéa du II. »

(Ord. n° 2015-401 du 9 avr. 2015, art. 1er) « La décision rendue à l'issue du recours administratif préalable contre l'avis de paiement du forfait de post-stationnement peut faire l'objet d'un recours devant *(Décr. n° 2024-733 du 5 juill. 2024, art. 13)* « le tribunal » du stationnement payant. Le titre exécutoire émis en cas d'impayé peut également faire l'objet d'un recours devant *(Décr. n° 2024-733 du 5 juill. 2024, art. 13)* « ce tribunal ». Il se substitue alors à l'avis de paiement du forfait de post-stationnement impayé.

« VII. — Lorsque les mentions du certificat d'immatriculation permettent l'identification d'un locataire, celui-ci est substitué au titulaire dudit certificat dans la mise en œuvre des dispositions prévues aux II et IV du présent article. Lorsque, à la suite de la cession d'un véhicule, le système enregistrant les informations mentionnées à l'article L. 330-1 du code de la route mentionne un acquéreur qui n'est pas le titulaire du certificat d'immatriculation du véhicule, l'acquéreur est substitué au titulaire dudit certificat dans la mise en œuvre des dispositions prévues aux II et IV du présent article.

« VIII. — » Les modalités d'application du présent article, et notamment les conditions d'information des conducteurs sur le barème tarifaire et le forfait mentionnés aux 1° et 2°, les mentions devant figurer sur l'avis de paiement *(Ord. n° 2015-401 du 9 avr. 2015, art. 1er)* « en plus de celles précédemment indiquées » et les modalités de sa délivrance, les modalités permettant d'attester du paiement *(Ord. n° 2015-401 du 9 avr. 2015, art. 1er)* « spontané » de la redevance de stationnement due, ainsi que les obligations incombant au tiers contractant de la commune, de l'établissement public de coopération intercommunale ou du syndicat mixte, et à ses agents au titre de la collecte de la redevance de stationnement, sont déterminées par décret en Conseil d'État. Ce décret précise également les éléments devant figurer dans un rapport annuel établi par la personne chargée de statuer sur les recours administratifs préalables obligatoires, en vue de son examen par l'assemblée délibérante, qui en prend acte.

1. Caractéristiques de la redevance de stationnement. Les modalités d'établissement de la redevance de stationnement définies par l'art. L. 2333-87 ne portent pas atteinte au principe d'égalité devant la loi. Le législateur, en cherchant à favoriser l'accès à la mobilité des plus vulnérables, et en prévoyant que les personnes qui stationnent leur véhicule sur la voie publique pourraient se voir appliquer un tarif établi en fonction du niveau de leurs revenus, a établi une différence de traitement justifiée par une différence objective de situation en rapport direct avec l'objet de la loi. De plus, « en permettant que les tarifs soient réduits en fonction du revenu des usagers, de leur statut, ce qui doit être entendu comme renvoyant au bénéfice de certaines allocations ou aides, et du nombre de personnes composant leur foyer, le législateur a retenu des critères objectifs et rationnels en rapport avec l'objet de la loi, dont il ne résulte aucune rupture caractérisée de l'égalité devant les charges publiques ». Le législateur n'a pas méconnu sa compétence en désignant les autorités compétentes pour instituer cette redevance dans le cadre de l'art. L. 2333-87, celle-ci n'ayant pas la nature d'une imposition dont seul le législateur serait compétent, en vertu de l'art. 34 Const., pour déterminer l'assiette, le taux et les modalités de recouvrement. En conséquence, le Conseil d'État juge que la question soulevée relative à l'inconstitutionnalité présumée des dispositions du I de l'art. L. 2333-87, qui n'est pas nouvelle, ne présente pas un caractère sérieux. Il n'y a dès lors pas lieu de la renvoyer au Cons. const. • CE 12 déc. 2023, n° 488319. ♦ Il résulte des dispositions de l'art. L. 2333-87 « qu'il est loisible aux autorités compétentes d'exempter de la redevance de stationnement certaines catégories d'usagers, au nombre desquelles figurent les services de police et de gendarmerie pour le stationnement de leurs véhicules de service, lesquels bénéficient par ailleurs, eu égard aux nécessités inhérentes à l'exercice de leurs missions et nonobstant toute disposition contraire, de la gratuité du stationnement lorsqu'ils interviennent dans le cadre de l'exercice de leurs missions opérationnelles ». Ainsi, « la magistrate désignée par la présidente de la commission du contentieux de stationnement payant a commis une erreur de droit en rejetant la requête du ministre de l'intérieur et des outre-mer, qui soutenait que le véhicule en cause assurait une mission de police lorsqu'il avait fait l'objet d'un forfait de post-stationnement, au motif qu'à défaut d'une autorisation d'occupation du domaine public à titre gratuit délivrée sur le fondement de l'article L. 2125-1 du code général de la propriété des personnes publiques, aucun texte ni aucun principe n'était susceptible de lui assurer une exemption de la redevance de stationnement ». • CE 4 déc. 2024, n° 466771 B : *AJDA 2024. 2294*. ♦ Les modalités d'application de l'art. L. 2333-87, « et notamment les conditions d'information des conducteurs sur le barème tarifaire et le forfait mentionnés aux 1° et 2°, les mentions devant figurer sur l'avis de paiement en plus de celles précédemment indiquées et les modalités de sa délivrance, les modalités permettant d'attester du paiement spontané de la redevance de stationnement due, ainsi que les obligations incombant au tiers contractant de la commune, de l'établissement public de coopération intercommunale ou du syndicat mixte, et à ses agents au titre de la collecte de la redevance de stationnement », ont été fixées par le Décr. n° 2015-557 du 20 mai 2015 qui a introduit dans le chapitre III du titre III du livre III de la 2e partie de la partie réglementaire du CGCT les art. R. 2333-120-1 à R. 2333-120-17-4 qui composent une section 12, intitulée « Redevance de stationnement des véhicules sur voirie ». La procédure mise en œuvre ne porte pas atteinte aux droits de la défense, ne méconnaît pas le principe constitutionnel qui interdirait de déléguer à une personne privée l'exercice d'une mission de souveraineté, ni les art. 6 et 13 Conv. EDH. • CE 30 sept. 2019, n° 421427. ♦ Lors de la cession d'un véhicule, le vendeur peut rester redevable de la redevance de stationnement en cas de négligence de sa part. Ainsi, il a été jugé qu'« aux termes du VII de l'article L. 2333-87 du code général des collectivités territoriales : "(...) Lorsque, à la suite de la cession d'un véhicule, le système enregistrant les informations mentionnées à l'article L. 330-1 du code de la route mentionne un acquéreur qui n'est pas le titulaire du certificat d'immatriculation du véhicule, l'acquéreur est substitué au titulaire dudit certificat dans la mise en œuvre des dispositions prévues aux II et IV du présent article". Ces dispositions n'ont pour effet de mettre le paiement du forfait de post-stationnement à la charge du vendeur du véhicule que dans deux hypothèses : soit lorsque l'avis de paiement est émis dans un délai de quinze jours suivant la vente du véhicule, qui est celui dont dispose le vendeur pour accomplir son obligation de déclaration, et qu'aucune déclaration de vente n'est effectuée par lui dans ce délai ; soit lorsque l'avis de paiement est émis après ce délai de quinze jours et que le vendeur n'a, à la date d'émission de cet avis, toujours pas déclaré la vente de son véhicule. Dans ces conditions, en ne rendant le vendeur débiteur des avis de paiement émis pour le stationnement du véhicule qu'il a vendu que dans les seuls cas où il a négligé d'en signaler la vente, le législateur n'a, en tout état de cause, pas porté une atteinte excessive à son droit de propriété, garanti par les art. 2 et 17 de la Déclaration des droits de l'homme et du citoyen du 26 août 1789 ». • CE 28 déc. 2022, n° 463203. ♦ Néanmoins, dans cette hypothèse, le Conseil d'État a, dans un second temps, limité les délais pendant lesquels l'ancien propriétaire reste redevable de la redevance de stationnement. En effet, en cas de cession du véhicule à un particulier, « l'acquéreur est le débiteur du forfait de post-stationnement, dès lors que le vendeur a cédé son véhicule avant l'émission de l'avis de paiement et a procédé à la déclaration prévue par l'article R. 322-4 du code de la route avant cette date ou, en tout état de cause, dans le délai de quinze jours prévu à cet article ». Plus encore en cas de cession à un professionnel, c'est ce dernier qui doit procéder à la déclaration d'achat prévue à l'art. R. 322-4 C. route ; en conséquence, ce dernier est le seul redevable des forfaits de post-stationnement émis après la date de la cession, « laquelle peut être établie par tout moyen qu'il ait ou non procédé à la déclaration d'achat ». • CE 19 juill. 2023, n° 473260 B : *AJDA 2023. 1425* ; *AJCT 2023. 694, obs. Rouault*. ♦ Dans ce sens, le Conseil d'État juge que l'ancien propriétaire d'un véhicule cédé à un particulier puis revendu par ce dernier à un professionnel de l'automobile ne peut être regardé comme redevable des forfaits de post-stationnement concernant ce même véhicule et établis postérieurement à la date de vente à ce professionnel. • CE 19 juin 2025, n° 474390. ♦ L'art. L. 2333-87 permet aux maires d'établir des tarifs par zone, pouvant être modulés en fonction de la durée du stationnement, et adaptés en fonction des catégories d'usagers. Les avocats ne constituent pas une catégorie d'usagers pour lesquels l'usage d'un véhicule dans Paris est une nécessité justifiant le bénéfice d'un tarif de stationnement préférentiel. • CAA Paris, 5 juill. 2018, n° 16PA03922. ♦ De même, une commune n'est pas fondée à fixer un tarif en fonction du quotient familial des ménages et ainsi opérer une différence de traitement entre les résidents selon leur revenu imposable. « Au regard de l'objet de la délibération, qui est de favoriser le stationnement en ouvrage et de diminuer le stationnement en voirie, les résidents qui stationnent leur véhicule sur la voie publique ne sont pas placés dans une situation différente, les uns par rapport aux autres, selon le niveau de leur revenu ». Aucune raison d'intérêt général ne justifie en l'espèce cette différence de traitement opérée entre une même catégorie d'usagers de la voirie publique. • CAA Lyon, 4 avr. 2019, n° 17LY01397.

2. Contestations du forfait de post-stationnement. « Le forfait de post-stationnement, qui ne vise pas à réprimer un manquement du titulaire du certificat d'immatriculation à une obligation légale ou contractuelle, ne revêt pas le caractère d'une sanction » ; en conséquence, il ne peut être soutenu que « les dispositions de l'article L. 2333-87 du code général des collectivités territoriales méconnaissent les stipulations du paragraphe 3 de l'article 6 de la Convention européenne de sauvegarde des droits de l'homme et des libertés fondamentales, qui ne sont applicables qu'aux accusations en matière pénale au sens du paragraphe 1 du même article ». • CE 10 oct. 2022, n° 443526. ♦ Conséquence de l'inconstitutionnalité de l'obligation de paiement préalable au recours contentieux : « Par sa décision n° 2020-855 QPC du 9 septembre 2020, le Conseil constitutionnel a déclaré contraire à la Constitution l'article L. 2333-87-5 du code général des collectivités territoriales, dans sa rédaction résultant de l'ordonnance du 9 avril 2015 relative à la gestion, au recouvrement et à la contestation du forfait de post-stationnement aux termes duquel : "La recevabilité du recours contentieux contre la décision rendue à l'issue du recours administratif préalable obligatoire et contre le titre exécutoire émis est subordonnée au paiement préalable du montant de l'avis de paiement du forfait de post-stationnement et de la majoration prévue au IV de l'article L. 2333-87 si un titre exécutoire a été émis". Cette déclaration d'inconstitutionnalité, qui a pris effet à la date de sa publication, le 9 septembre 2020, est applicable, ainsi que le précise le point 11 de la décision du Conseil constitutionnel, à toutes les affaires non jugées définitivement à cette date ». En conséquence, une ordonnance antérieure à la décision du Cons. const. doit être annulée en ce qu'elle se fonde sur le dispositif déclaré inconstitutionnel. • CE 15 juill. 2022, n° 447028 • 29 sept. 2022, n° 445438. ♦ En revanche, l'abrogation de l'obligation de paiement préalable est sans incidence sur l'obligation de production, à l'appui d'une requête adressée à la commission du contentieux du stationnement payant, de l'avis de paiement du forfait de post-stationnement contesté, même si le paiement effectif n'a pas eu lieu. • CE 9 févr. 2023, n° 451256. ♦ Distinction entre contestation de l'illégalité du titre exécutoire et de l'obligation de payer : « Le redevable qui saisit la commission du contentieux du stationnement payant d'une requête contre un titre exécutoire n'est pas recevable à exciper de l'illégalité de l'avis de paiement du forfait de post-stationnement auquel ce titre exécutoire s'est substitué, ces mêmes dispositions ne font pas obstacle à ce que l'intéressé conteste, dans le cadre d'un litige dirigé contre le titre exécutoire, l'obligation de payer la somme réclamée par l'administration ». • CE 5 juill. 2022, n° 445212. ♦ Une automobiliste qui acquitte sa redevance de stationnement quelques minutes après l'établissement d'un forfait post-stationnement à son encontre en ayant pris le soin au préalable d'informer « les agents verbalisateurs (...) que, handicapée par le port de béquilles, elle allait s'acquitter de cette formalité » et qui produit le ticket de stationnement payant correspondant à l'heure et au lieu concernés alors même que la commune n'a ni établi ni allégué que le ticket correspondant au paiement de la redevance résulterait d'une fraude est fondée à obtenir décharge de payer le forfait de post-stationnement établi à cette occasion. • CE 27 avr. 2023, n° 465822. ♦ Un requérant qui conteste l'établissement de forfaits de post-stationnement mis à sa charge peut être fondé à obtenir une décharge de payer, lorsque ceux-ci ont été établis grâce à des procédés de géolocalisation sans que des éléments de preuve suffisants les accompagnent. En effet, le Conseil d'État rappelle que les mentions portées sur les avis de paiement de forfait de post-stationnement peuvent désormais être fondées sur l'exploitation de données émanant de dispositifs de géolocalisation. Dans ce cas, l'agent assermenté est tenu de vérifier, avant l'émission de cet avis, l'exactitude des données relevées par le système de géolocalisation par satellite du véhicule contrôlé ainsi que, lorsqu'il intervient à distance, les photographies prises lors du constat. Dans ce cas précis, lorsque la mention relative à la localisation précise du véhicule portée par l'agent assermenté résulte de l'usage d'un dispositif de géolocalisation, elle est susceptible d'être affectée d'un risque d'erreur. En l'absence de photographies horodatées permettant d'identifier le véhicule dans son environnement ou si les photographies ne permettent pas de se prononcer sur la localisation du véhicule au moment du constat, il appartient aux autorités de faire droit à tout recours assorti d'une argumentation suffisamment étayée, notamment en cas de stationnement du véhicule en limite de zone tarifaire. Ainsi, saisie d'allégations étayées contestant la mention relative à la localisation du véhicule portée par l'agent assermenté sur la base d'un dispositif de géolocalisation et, par suite, de l'insuffisance du paiement de la redevance au tarif de stationnement applicable, et en l'absence de production par l'administration en défense d'éléments de preuve, notamment photographiques, de nature à confirmer l'exactitude de ces mentions, il appartenait à la commission du contentieux du stationnement payant de se prononcer au regard de l'ensemble des éléments dont elle était saisie. Il suit de là qu'en rejetant les requêtes de Mme A. au motif qu'en application du II de l'art. L. 2333-87 il appartient à la personne qui conteste les mentions portées sur l'avis de paiement de forfait de post-stationnement d'apporter tous les éléments de nature à en démontrer le caractère erroné et que l'intéressée n'apportait aucun commencement de preuve à l'appui de ses allégations, la commission du contentieux du stationnement payant a commis une erreur de droit qui justifie, sans qu'il soit besoin de se prononcer sur les autres moyens des pourvois, l'annulation des décisions attaquées. • CE 18 nov. 2024, n° 472912 : *AJDA 2024. 2142*. ♦ En revanche, un requérant contestant le forfait post-stationnement sur le fondement que le véhicule lui appartenant était utilisé par une tierce personne titulaire d'une carte ouvrant droit à la gratuité du stationnement pour les personnes handicapées, à qui il l'avait prêté, sans apporter « d'éléments suffisants pour établir que son véhicule était, aux dates des faits, effectivement utilisé pour les besoins d'une personne bénéficiaire du droit à la gratuité du stationnement » n'est pas fondé à contester l'obligation de payer les forfaits mis à sa charge et à demander, pour ce motif, l'annulation des titres exécutoires contestés. • CE 30 avr. 2024, n° 473813. ♦ Une commune n'a pas intérêt à agir contre une ordonnance qu'elle attaque en tant qu'elle prononce une décharge relative à la majoration du forfait. Cette majoration est en effet affectée à l'État. En l'espèce, une commune avait mis à la charge d'une automobiliste un forfait de post-stationnement d'un montant de 15 euros. L'Agence nationale de traitement informatisé des infractions (ANTAI) avait émis à son encontre un titre exécutoire en vue du recouvrement de cette somme, assortie d'une majoration de 50 euros. L'automobiliste, qui s'était acquittée du forfait de post-stationnement, a demandé à la Commission du contentieux du stationnement payant (CCSP) d'annuler ce titre exécutoire en tant seulement qu'il mettait une majoration à sa charge. Le magistrat désigné par le président de la CCSP a fait droit à sa demande et, par ordonnance, a enjoint à la commune d'informer l'ANTAI de l'annulation partielle du titre exécutoire. La commune qui demandait l'annulation de cette ordonnance a donc vu son pourvoi rejeté par le Conseil d'État. • CE 30 déc. 2021, n° 438038.

SOUS-SECTION 2 **Tribunal du stationnement payant** *(Décr. n° 2024-733 du 5 juill. 2024, art. 13).*

§ 1 **Missions et organisation du tribunal du stationnement payant** *(Décr. n° 2024-733 du 5 juill. 2024, art. 13).*

Art. L. 2333-87-1 *(Ord. n° 2015-45 du 23 janv. 2015) (Décr. n° 2024-733 du 5 juill. 2024, art. 13)* **« Le tribunal du stationnement payant est présidé » par un magistrat des tribunaux administratifs et cours administratives d'appel, nommé par décret.**

Art. L. 2333-87-2 *(Ord. n° 2015-45 du 23 janv. 2015) (Décr. n° 2024-733 du 5 juill. 2024, art. 13)* **« Le tribunal » du stationnement payant statue sur les recours formés contre les décisions individuelles relatives aux forfaits de post-stationnement.**

La décision par laquelle l'administration refuse de faire droit à une demande préalablement formée devant elle tendant à la réparation du préjudice subi à raison de l'édiction de l'avis de paiement du forfait de post-stationnement relève de la compétence de la commission du contentieux de stationnement ainsi que les conclusions tendant à la réparation de ce préjudice. La décision par laquelle l'administration refuse de faire droit à une demande préalablement formée devant elle tendant à la réparation du préjudice subi à raison de l'édiction de l'avis de paiement du forfait de post-stationnement et, le cas échéant, du titre exécutoire émis, doit être regardée comme une décision individuelle relative au forfait de post-stationnement au sens des dispositions citées au point 2 de l'art. L. 2333-87-2 CGCT. Il en résulte que des conclusions tendant à la réparation de ce préjudice, qui ne sont recevables qu'après intervention d'une telle décision, relèvent de la compétence de la commission du contentieux du stationnement payant. • CE 20 févr. 2019, n° 422499 B : *AJDA 2019. 433*.

Art. L. 2333-87-3 *(Ord. n° 2015-45 du 23 janv. 2015) (Décr. n° 2024-733 du 5 juill. 2024, art. 13)* **« Le tribunal » du stationnement payant se compose d'un président et de magistrats des tribunaux administratifs et des cours administratives d'appel en activité ou honoraires.** *(Décr. n° 2024-733 du 5 juill. 2024, art. 13)* **« Il » peut également comprendre des magistrats de l'ordre judiciaire en activité ou honoraires.**

(L. n° 2019-222 du 23 mars 2019, art. 40) **« Les magistrats** *(Décr. n° 2024-733 du 5 juill. 2024, art. 13)* **« du tribunal » se répartissent entre membres permanents et non permanents. »**

Art. L. 2333-87-4 *(Ord. n° 2015-45 du 23 janv. 2015)* **Les décisions** *(Décr. n° 2024-733 du 5 juill. 2024, art. 13)* **« du tribunal » du stationnement payant sont rendues par le président** *(Décr. n° 2024-733 du 5 juill. 2024, art. 13)* **« du tribunal » ou par un magistrat désigné par lui qui statue seul. Le président** *(Décr. n° 2024-733 du 5 juill. 2024, art. 13)* **« du tribunal » ou le magistrat désigné par lui peut, lorsque la question posée le justifie, décider d'inscrire l'affaire au rôle d'une formation collégiale.**

§ 2 Recours devant le tribunal du stationnement payant *(Décr. n° 2024-733 du 5 juill. 2024, art. 13).*

Art. L. 2333-87-5 *Abrogé par Cons. const. n° 2020-855 QPC du 9 sept. 2020.*

Art. L. 2333-87-6 *(Ord. n° 2015-401 du 9 avr. 2015, art. 3)* **Au cours de l'instruction les échanges entre, d'une part, la juridiction et, d'autre part, la commune, l'établissement public de coopération intercommunale ou le syndicat mixte peuvent avoir lieu par voie électronique dans des conditions définies par voie réglementaire.**

Art. L. 2333-87-7 *(Ord. n° 2015-401 du 9 avr. 2015, art. 3)* **Ne peuvent être invoqués devant** *(Décr. n° 2024-733 du 5 juill. 2024, art. 13)* **« le tribunal » du contentieux du stationnement payant les moyens tirés de :**

1° L'illégalité pour vice de forme ou de procédure de la délibération instituant, sur le fondement de l'article L. 2333-87, une redevance de stationnement ;

2° L'illégalité de l'acte par lequel, le cas échéant, la collecte de la redevance de stationnement a été déléguée par la collectivité à un tiers.

Art. L. 2333-87-8 *(Ord. n° 2015-401 du 9 avr. 2015, art. 3)* **La juridiction condamne la partie perdante à payer à l'autre partie la somme qu'elle détermine, au titre des frais exposés et non compris dans les dépens.** *(L. n° 2021-1729 du 22 déc. 2021, art. 48)* **« Les parties peuvent produire les justificatifs des sommes qu'elles demandent et » le juge tient compte de l'équité ou de la situation économique de la partie condamnée. Il peut, même d'office, pour des raisons tirées des mêmes considérations, dire qu'il n'y a pas lieu à cette condamnation.**

Art. L. 2333-87-8-1 *(L. n° 2019-222 du 23 mars 2019, art. 40)* **Lorsque sa décision implique nécessairement que la collectivité territoriale, l'établissement public de coopération intercommunale ou le syndicat mixte concerné prenne une mesure d'exécution,** *(Décr. n° 2024-733 du 5 juill. 2024, art. 13)* **« le tribunal » du stationnement payant peut, même d'office, prononcer à son encontre une injonction, assortie, le cas échéant, d'une astreinte.**

Art. L. 2333-87-9 *(Ord. n° 2015-401 du 9 avr. 2015, art. 3)* **Avant de statuer sur une requête soulevant une question de droit nouvelle, présentant une difficulté sérieuse et se posant dans de nombreux litiges,** *(Décr. n° 2024-733 du 5 juill. 2024, art. 13)* **« le tribunal » du stationnement payant peut, par une décision qui n'est susceptible d'aucun recours, transmettre le dossier de l'affaire au Conseil d'État, qui examine dans un délai de trois mois la question soulevée. Il est sursis à toute décision au fond jusqu'à un avis du Conseil d'État ou, à défaut, jusqu'à l'expiration de ce délai.**

1. Saisi par la commission du contentieux du stationnement payant en application des dispositions de l'art. L. 2333-87-9, le CE estime qu'aux termes du VII de l'art. L. 2333-87 CGCT et de l'art. L. 330-1 C. route, « le débiteur du forfait de post-stationnement et de sa majoration éventuelle est la personne titulaire du certificat d'immatriculation du véhicule à la date d'émission de l'avis de paiement de ce forfait. Toutefois, lorsque le véhicule a été cédé, son acquéreur est le débiteur du forfait de post-stationnement, dès lors que le vendeur a cédé son véhicule avant l'émission de l'avis de paiement et a procédé à la déclaration prévue par l'art. R. 322-4 C. route avant cette date ou, en tout état de cause, dans le délai de quinze jours prévu à cet art. ». De plus, « lorsqu'un véhicule a été cédé à un professionnel de l'automobile, l'ancien propriétaire du véhicule doit, d'une part, s'acquitter des formalités déclaratives prévues par les dispositions du I et du II de l'art. R. 322-4 C. route, soit directement par voie électronique, soit en mandatant un professionnel de l'automobile habilité par le ministre de l'Intérieur, tandis que le professionnel de l'automobile ayant fait l'acquisition du véhicule doit, d'autre part, effectuer une déclaration d'achat au ministre de l'Intérieur dans les quinze jours suivant l'achat du véhicule, soit directement par voie électronique, soit par l'intermédiaire d'un professionnel de l'automobile habilité par le ministre de l'Intérieur, en application des dispositions du III du même art. ». Cependant, « lorsque le véhicule est cédé à un professionnel de l'automobile, ce dernier doit être regardé, qu'il ait procédé ou non à la déclaration d'achat prévue par les dispositions du III de l'art. R. 322-4 C. route, comme seul redevable des forfaits de post-stationnement émis après la date de la cession, laquelle peut être établie par tout moyen ». • CE, avis, 19 juill. 2023, n° 473260 A : *AJDA 2023. 1425*.

2. Le Conseil d'État reconnaît la possibilité pour un mandataire du redevable légal du forfait post-stationnement de contester celui-ci, en lieu et place du redevable légal : « si le redevable légal du forfait de post-stationnement, qui est (...) le titulaire du certificat d'immatriculation du véhicule concerné, son codébiteur ou un locataire ou acquéreur dans les cas prévus à l'article L. 2333-87 du code général des collectivités territoriales, est seul recevable à former un recours administratif contre l'avis de paiement du forfait de post-stationnement mis à sa charge ou à introduire une requête contre la décision de rejet de ce recours devant la commission du contentieux du stationnement payant, il lui est toutefois loisible, ainsi que le prévoient les dispositions de l'article R. 2333-120-13 du code général des collectivités territoriales, d'habiliter toute personne à former ce recours ou, en cas de rejet, à introduire une requête devant la commission du contentieux du stationnement payant en son nom et pour son compte, dans le délai qui lui est opposable, une telle habilitation justifiant de la qualité de la personne qui en bénéficie pour agir en justice pouvant également être délivrée aux fins de la contestation d'un titre exécutoire émis pour le recouvrement de l'avis de paiement d'un forfait de post-stationnement. Ce mandat peut notamment résulter d'une clause insérée à cet effet dans un contrat de location d'un véhicule ou dans un contrat prévoyant la mise à disposition d'un véhicule par un employeur à son salarié. La production de ce mandat n'est pas prescrite à la date d'introduction de la requête à peine d'irrecevabilité de celle-ci. Enfin, la circonstance qu'un recours administratif préalable obligatoire contre un forfait de post-stationnement aurait été introduit par le redevable légal sans avoir recours à un mandataire ne fait pas obstacle à ce qu'il y soit fait recours pour saisir la commission du contentieux du stationnement payant ». • CE, avis, 12 juin 2024, n° 491026 B : *AJDA 2024. 1249*.

Art. L. 2333-87-10 *(Ord. n° 2015-401 du 9 avr. 2015, art. 3)* **Les dispositions de l'article 10 de la loi n° 91-647 du 10 juillet 1991 relative à l'aide juridique ne sont pas applicables aux recours présentés devant** *(Décr. n° 2024-733 du 5 juill. 2024, art. 13)* **« le tribunal » du stationnement payant.**

Art. L. 2333-87-11 *(Ord. n° 2015-401 du 9 avr. 2015, art. 3)* **Les modalités d'application de la présente sous-section sont fixées par décret en Conseil d'État.**

SECTION 13 *[ABROGÉE]* Taxe sur les activités commerciales non salariées à durée saisonnière

(Abrogée par L. n° 2019-1479 du 28 déc. 2019, art. 21)
(L. n° 2000-1352 du 30 déc. 2000, art. 71)

BIBL. GÉN. ▶ SCHIELE et SAGNARD, *JCP Adm. 2005, n° 1254* (la taxe communale sur les activités non salariées à durée saisonnière).

Art. L. 2333-88 ***Toute commune peut, par délibération du conseil municipal, instituer une taxe sur les activités commerciales non salariées à durée saisonnière. La taxe est due par l'exploitant de l'emplacement ou du véhicule où s'exerce l'activité concernée. Les redevables de***

la taxe professionnelle au titre d'une activité dans la commune ne sont pas assujettis au paiement de la taxe pour cette même activité.

Art. L. 2333-89 *La taxe est assise sur la surface du local ou de l'emplacement où l'activité est exercée. Si elle est exercée exclusivement dans un véhicule, la taxe est assise sur le double de la surface du véhicule. Elle est due par jour d'activité.*

Égalité devant l'impôt. En déterminant comme assiette de la taxe la surface du local ou de l'emplacement où l'activité commerciale à durée saisonnière est exercée, ou, si l'activité est exclusivement exercée dans un véhicule, le double de la surface de celui-ci, et en fixant un tarif qui, par jour d'activité, ne peut être inférieur à cinq francs par mètre carré, ni excéder soixante francs par mètre carré, le législateur a fondé son appréciation sur des critères objectifs et rationnels en fonction du but qu'il s'est fixé. En effet, en soumettant à une taxe sur les activités commerciales à durée saisonnière les commerçants non redevables de la taxe professionnelle au titre d'une activité dans la commune, le législateur a entendu remédier à une situation jugée par lui inéquitable. En faisant varier le montant de la taxe en proportion de la superficie du local, de l'emplacement ou du véhicule dans les limites précédemment indiquées et en tenant compte de la durée d'activité dans la commune, il n'a pas porté atteinte au principe de l'égalité devant l'impôt. • Cons. const. 28 déc. 2000 : *RJF 2001, n° 349.*

Art. L. 2333-90 et L. 2333-91 *Abrogés par L. n° 2019-1479 du 28 déc. 2019, art. 21.*

SECTION 14 **Taxe sur les déchets réceptionnés dans une installation de stockage de déchets ménagers et assimilés ou un incinérateur de déchets ménagers** *(L. n° 2006-1666 du 21 déc. 2006, art. 73).*

Art. L. 2333-92 *(L. n° 2005-1719 du 30 déc. 2005, art. 90)* **Toute commune peut, par délibération du conseil municipal, établir une taxe sur les déchets réceptionnés dans** *(L. n° 2006-1666 du 21 déc. 2006, art. 73)* **« une installation de stockage de déchets ménagers et assimilés, soumise à la taxe générale sur les activités polluantes visée à l'article 266 *sexies* du code des douanes, ou d'incinération de déchets ménagers, installée sur son territoire et non exclusivement utilisée pour les déchets produits par l'exploitant. » La taxe est due par l'exploitant de l'installation au 1er janvier de l'année d'imposition.**

(L. n° 2008-1425 du 27 déc. 2008, art. 108) **« Peuvent établir la taxe mentionnée au premier alinéa les communes sur le territoire desquelles l'installation ou l'extension d'un centre de traitement des déchets ménagers ou assimilés est postérieure au 1er janvier 2006 ou résulte d'une autorisation préfectorale obtenue antérieurement au 1er juillet 2002 ainsi que celles qui ont bénéficié, avant le 1er juillet 2002, d'une aide versée par l'Agence de l'environnement et de la maîtrise de l'énergie en faveur d'une telle installation ou extension en application des articles 22-1 et 22-3 de la loi n° 75-633 du 15 juillet 1975 relative à l'élimination des déchets et à la récupération des matériaux. »**

En cas d'installation située sur le territoire de plusieurs communes, leurs conseils municipaux, par délibérations concordantes, instituent la taxe et déterminent les modalités de répartition de son produit. Le montant total de la taxe acquittée par l'exploitant est plafonné à *(L. n° 2025-127 du 14 févr. 2025, art. 117)* **« 2 euros » la tonne entrant dans l'installation.**

1. Compétence juridictionnelle. La taxe sur les déchets réceptionnés dans une installation de stockage ou d'incinération de déchets ménagers et assimilés prévue à l'art. L. 2333-92 CGCT constitue, du fait de son affectation aux communes, un impôt local au sens du 4° de l'art. R. 811-1 CJA, sans qu'aient d'incidence à cet égard les dispositions du V de l'art. L. 2333-95 qui prévoient que le recouvrement de la taxe est assuré par la commune selon les procédures, sûretés, garanties et sanctions applicables aux taxes sur le chiffre d'affaires. Le tribunal administratif statue donc en premier et dernier ressort sur les litiges relatifs à cette taxe. • CE 29 nov. 2017, n° 409248.

2. Champ d'application. L'instauration d'une taxe sur les déchets réceptionnés est facultative. Ainsi des communes limitrophes ne sont pas fondées à soutenir qu'une commune a commis une faute en n'instaurant pas cette taxe sur son territoire et en ne prévoyant pas, jusqu'à l'instauration de cette taxe, de répartition à leur profit d'une partie de son produit comme le prévoit l'art. 2333-96. • CAA Douai, 7 févr. 2023, n° 22DA00063. ♦ L'art. L. 2333-92 CGCT précise que la taxe sur les déchets réceptionnés vise notamment à permettre aux communes qui acceptent la création sur leur territoire de nouvelles installations de stockage de déchets ménagers et assimilés ou d'incinération de déchets ménagers, ou l'extension des capacités de traitement des installations existantes, d'instaurer une taxe en vue de compenser les dépenses et nuisances liées à la création ou à l'extension de ces installations. Par suite, en l'absence d'extension de l'activité du centre de traitement des ordures ménagères ou assimilés exploité pour l'incinération des résidus urbains de l'agglomération, le conseil municipal de la commune concernée ne pouvait légalement instituer, sur le fondement de l'art. L. 2333-92 CGCT, une taxe sur les déchets réceptionnés dans cette installation. • CAA Nantes, 15 déc. 2009, *Cne de Colombelles,* n° 09NT00372 : *AJDA 2010. 751*. ♦ En l'espèce, si le centre de traitement des déchets avait fait l'objet de travaux de mise aux normes de son dispositif de traitement des fumées et des effluents, il était constant que la capacité de traitement de cette installation n'avait pas augmenté. • Même arrêt.

3. Effets possibles. L'instauration d'une taxe sur les déchets réceptionnés par une commune disposant d'un centre de valorisation énergétique destiné à traiter certains types de déchets ménagers entraîne la diminution de la dotation de solidarité communautaire spécifique destinée à prendre en compte les nuisances générées par la présence de ce centre sur le territoire de la commune. La réduction du montant de l'aide que constitue cette dotation communautaire spéciale, adoptée à titre purement gracieux, à « due concurrence » des recettes générées par la taxe prévue à l'art. 2333-92 CGCT, est légale. • CAA Douai, 9 avr. 2019, *Cne d'Halluin,* n° 16DA01649.

Art. L. 2333-93 *(L. n° 2005-1719 du 30 déc. 2005, art. 90)* **La taxe est assise sur le tonnage de déchets réceptionnés dans l'installation.**

Art. L. 2333-94 *(L. n° 2005-1719 du 30 déc. 2005, art. 90)* **Une délibération du conseil municipal, prise avant le 15 octobre de l'année précédant celle de l'imposition, fixe le tarif de la taxe, plafonné à** *(L. n° 2025-127 du 14 févr. 2025, art. 117)* **« 2 euros » la tonne entrant dans l'installation.**

Art. L. 2333-95 *(L. n° 2005-1719 du 30 déc. 2005, art. 90)* **I. — La taxe est établie et recouvrée par les soins de l'administration communale sur la base d'une déclaration annuelle souscrite par le redevable.**

II. — Les redevables mentionnés liquident et acquittent la taxe due au titre d'une année civile sur une déclaration annuelle. Cette déclaration est transmise à la commune qui l'a instaurée au plus tard le 10 avril de l'année qui suit celle au cours de laquelle le fait générateur est intervenu. Elle est accompagnée du paiement de la taxe due.

III. — La déclaration visée au I est contrôlée par les agents de la commune. À cette fin, les exploitants des installations soumises à la taxe tiennent à la disposition de ces agents les documents relatifs aux quantités de déchets admises dans l'installation. Les insuffisances constatées et les sanctions y afférentes sont notifiées à l'exploitant qui dispose d'un délai de trente jours pour présenter ses observations. Après examen des observations éventuelles, la commune émet, s'il y a lieu, un titre exécutoire comprenant les droits complémentaires maintenus assortis des pénalités prévues à l'article 1729 du code général des impôts.

IV. — À défaut de déclaration dans les délais prescrits, il est procédé à la taxation d'office sur la base de la capacité de réception de l'installation pour la période correspondante. L'exploitant peut toutefois, dans les trente jours de la notification du titre exécutoire, déposer une déclaration qui se substitue, s'agissant des droits, à ce titre, sous réserve d'un contrôle ultérieur dans les conditions prévues au II. Dans ce cas, il est émis un nouveau titre exécutoire comprenant les droits dus assortis des pénalités prévues à l'article 1728 du code général des impôts.

V. — Le droit de répétition de la taxe de la commune s'exerce jusqu'à la fin de la troisième année qui suit celle au titre de laquelle la taxe est due.

Le recouvrement de la taxe est assuré par la commune selon les procédures, sûretés, garanties et sanctions applicables aux taxes sur le chiffre d'affaires.

Le contentieux afférent à la taxe est suivi par la commune. Les réclamations sont présentées, instruites et jugées comme en matière de taxes sur le chiffre d'affaires.

Art. L. 2333-96 *(L. n° 2005-1719 du 30 déc. 2005, art. 90)* **Si l'installation visée à l'article L. 2333-92 est située à moins de 500 mètres du territoire d'une ou plusieurs communes limitrophes de celle qui établit la taxe** *(L. n° 2010-1657 du 29 déc. 2010, art. 116)* **« , la délibération prévue à l'article L. 2333-94 doit prévoir la répartition du produit. La commune sur le territoire de laquelle est située l'installation ne peut per-**

cevoir moins de 50 % du produit. Lorsque l'installation est située sur le territoire de plusieurs communes, celles-ci ne peuvent percevoir, ensemble, moins de 50 % du produit. Les communes limitrophes situées à moins de 500 mètres de l'installation ne peuvent percevoir moins de 10 % du produit de la taxe ».

SECTION 15 Taxe de balayage

(L. n° 2018-1317 du 28 déc. 2018, art. 191)

Art. L. 2333-97 I. – Les communes peuvent, sur délibération du conseil municipal, instituer une taxe de balayage, dont le produit ne peut excéder les dépenses occasionnées par le balayage de la superficie des voies livrées à la circulation publique, telles que constatées dans le dernier compte administratif de la commune.

La taxe est due par les propriétaires riverains, au 1er janvier de l'année d'imposition, des voies livrées à la circulation publique. Lorsque l'immeuble riverain est régi par la loi n° 65-557 du 10 juillet 1965 fixant le statut de la copropriété des immeubles bâtis, la taxe est due par le syndicat des copropriétaires au 1er janvier de l'année d'imposition. Elle est assise sur la surface desdites voies, au droit de la façade de chaque propriété, sur une largeur égale à celle de la moitié desdites voies dans la limite de six mètres.

Le tarif de la taxe est fixé par le conseil municipal. Des tarifs différents peuvent être fixés selon la largeur de la voie.

La taxe est établie par l'administration municipale. Les modalités de réclamations, de recours contentieux et de recouvrement sont effectuées selon les modalités prévues à l'article L. 1617-5 du présent code.

II. – Afin de fixer le tarif de la taxe, l'autorité compétente de l'État communique, avant le 1er février de l'année précédant celle de l'imposition, aux communes qui en font la demande, les informations cadastrales nécessaires au calcul des impositions.

III. – La délibération instituant la taxe de balayage et celle fixant le tarif sont prises par le conseil municipal avant le 1er octobre pour être applicables l'année suivante.

Cette délibération mentionne la superficie imposable au tarif fixé.

Le tarif est arrêté par le représentant de l'État dans le département après vérification du respect du plafond mentionné au I.

IV. – Les métropoles, les communautés urbaines, les communautés d'agglomération et les communautés de communes sont substituées à leurs communes membres pour l'application des dispositions relatives à la taxe de balayage lorsqu'elles assurent le balayage de la superficie des voies livrées à la circulation publique.

V. – Les conditions d'application et de recouvrement de cette taxe sont fixées par décret.

VI. – Pour les communes ayant institué la taxe de balayage et la taxe prévue à l'article 1520 du code général des impôts, les dépenses mentionnées au I peuvent être additionnées aux dépenses mentionnées au I de l'article 1520 du code général des impôts, dans la mesure où ces dépenses ne sont pas déjà couvertes par le produit de la taxe de balayage.

Les dépenses occasionnées par le balayage de la superficie des voies livrées à la circulation publique, mentionnées au I, comprennent :

1° Les dépenses réelles de fonctionnement ;

2° Les dépenses d'ordre de fonctionnement au titre des dotations aux amortissements des immobilisations lorsque, pour un investissement, la taxe n'a pas pourvu aux dépenses réelles d'investissement correspondantes, au titre de la même année ou d'une année antérieure ;

3° Les dépenses réelles d'investissement lorsque, pour un investissement, la taxe n'a pas pourvu aux dépenses d'ordre de fonctionnement constituées des dotations aux amortissements des immobilisations correspondantes, au titre de la même année ou d'une année antérieure.

À compter de l'exercice budgétaire 2026, au 1er al. du I du présent art., les mots : « compte administratif » sont remplacés par les mots : « compte financier unique » (Ord. n° 2025-526 du 12 juin 2025, art. 1er et 12).

CHAPITRE IV DOTATIONS ET AUTRES RECETTES RÉPARTIES PAR LE COMITÉ DES FINANCES LOCALES

Sur la dotation communale d'insularité, V. ci-dessous L. n° 2016-1917 du 29 déc. 2016, art. 145.

ENCYCL. COLL. LOC. *Ressources locales : dotation globale de fonctionnement des communes, 7960,* par OLIVA ; *Ressources locales : redevances, 8110,* par ALBERT.

BIBL. GÉN. ▶ LEVOYET, *JCP Adm. 2003, n° 1990* (la réforme des relations financières État-collectivités territoriales). – OLIVA, *BJCL 2013. 501* (la responsabilité de l'État en matière de transferts aux collectivités territoriales). – PHILOT et CABURET, Dotations de l'État aux collectivités locales, *Berger-Levrault, 2006.*

Loi n° 2016-1917 du 29 décembre 2016,

De finances pour 2017.

Art. 145 Il est institué, à compter de 2017, une dotation communale d'insularité à destination des communes de métropole situées sur une île, non reliée au continent par une infrastructure routière, qui est composée d'une seule commune ou d'un seul établissement public de coopération intercommunale.

La répartition de la dotation entre les communes est effectuée au prorata de la population, telle que définie à l'article L. 2334-2 du code général des collectivités territoriales, recensée au 31 décembre de l'année précédant la répartition.

SECTION 1 Dotation globale de fonctionnement

V. art. R. 2334-1 s.

SOUS-SECTION 1 Dispositions générales

Art. L. 2334-1 Une dotation globale de fonctionnement est instituée en faveur des communes et de certains de leurs groupements. Elle se compose d'une dotation forfaitaire et d'une dotation d'aménagement.

(L. n° 2003-1311 du 30 déc. 2003, art. 50) « Le montant de la dotation globale de fonctionnement mentionnée au premier alinéa est égal à la différence entre le montant de la dotation prévue à l'article *(L. n° 2013-1278 du 29 déc. 2013, art. 132)* « L. 1613-1 » et le montant des dotations prévues aux articles L. 3334-1 et L. 4332-4. »

En 2024, une part de la dotation globale de fonctionnement revenant aux communes et à certains de leurs groupements mentionnée au présent art. est affectée, à hauteur de 2,5 millions d'euros, au fonds d'aide pour le relogement d'urgence prévu à l'art. L. 2335-15 (L. n° 2023-1322 du 29 déc. 2023, art. 240).

Art. L. 2334-2 La population à prendre en compte pour l'application de la présente section est celle qui résulte des recensements généraux ou complémentaires, majorée chaque année des accroissements de population dans des conditions définies par décret en Conseil d'État.

(L. n° 2000-614 du 5 juill. 2000, art. 7) « Cette population est la population totale majorée, sauf disposition particulière, d'un habitant par résidence secondaire et d'un habitant par place de caravane située sur une aire d'accueil des gens du voyage satisfaisant aux conditions de la convention de l'article L. 851-1 du code de la sécurité sociale et aux normes techniques en vigueur, fixées par un décret en Conseil d'État. La majoration de population est portée à deux habitants par place de caravane pour les communes éligibles l'année précédente à la dotation de solidarité urbaine et de cohésion sociale prévue à l'article L. 2334-15 ou à la première fraction de la dotation de solidarité rurale prévue à l'article L. 2334-21. »

(L. n° 2025-127 du 14 févr. 2025, art. 178) « Cette population est également majorée de 0,5 habitant supplémentaire par logement faisant l'objet d'une opération de requalification de copropriétés dégradées déclarée d'intérêt national selon les modalités définies à l'article L. 741-2 du code de la construction et de l'habitation. »

Art. L. 2334-3 Pour l'application des articles L. 2334-5, *(L. n° 2011-1977 du 28 déc. 2011, art. 139)* « L. 2334-7, » *(L. n° 2003-1311 du 30 déc. 2003, art. 52)* « L. 2334-14-1 et L. 2334-20 à L. 2334-23 », les communes sont classées par groupes démographiques déterminés en fonction de l'importance de leur population. Les groupes démographiques sont définis ainsi qu'il suit :

– communes de 0 à 499 habitants ;
– communes de 500 à 999 habitants ;
– communes de 1 000 à 1999 habitants ;
– communes de 2 000 à 3 499 habitants ;
– communes de 3 500 à 4 999 habitants ;
– communes de 5 000 à 7 499 habitants ;
– communes de 7 500 à 9 999 habitants ;
– communes de 10 000 à 14 999 habitants ;
– communes de 15 000 à 19 999 habitants ;
– communes de 20 000 à 34 999 habitants ;
– communes de 35 000 à 49 999 habitants ;
– communes de 50 000 à 74 999 habitants ;
– communes de 75 000 à 99 999 habitants ;
– communes de 100 000 à 199 999 habitants ;
– communes de 200 000 habitants et plus.

Art. L. 2334-4 *(L. n° 2011-1977 du 28 déc. 2011, art. 140)* I. – Le potentiel fiscal d'une commune est déterminé en additionnant les montants suivants :

1° Le produit déterminé par l'application aux bases communales d'imposition de taxe d'habitation *(L. n° 2020-1721 du 29 déc. 2020, art. 252)* « sur les résidences secondaires *(Abrogé par L. n° 2025-127 du 14 févr. 2025, art. 110)* « *et autres locaux meublés non affectés à l'habitation principale* » » et de taxe foncière sur les propriétés non bâties du taux moyen national d'imposition de chacune de ces taxes ;

(L. n° 2020-1721 du 29 déc. 2020, art. 252) « 1° *bis* Le produit déterminé par l'application aux bases communales d'imposition de taxe foncière sur les propriétés bâties de la somme des taux de taxe foncière sur les propriétés bâties communal et départemental appliqués sur le territoire de la commune en 2020 multipliée par le coefficient correcteur mentionné au B du IV de l'article 16 de la loi n° 2019-1479 du 28 décembre 2019 de finances pour 2020 ;

« 1° *ter* Le produit déterminé par l'application aux bases communales d'imposition de taxe foncière sur les propriétés bâties de la différence entre le taux moyen national d'imposition de cette taxe et la somme des taux de taxe foncière sur les propriétés bâties communal et départemental appliqués sur le territoire de la commune en 2020 ; »

2° La somme :

a) Du produit déterminé par l'application aux bases communales d'imposition de cotisation foncière des entreprises du taux moyen national d'imposition de cette taxe. *(L. n° 2012-1509 du 29 déc. 2012, art. 111)* « Cette disposition ne s'applique pas aux communes appartenant à un groupement faisant application de l'article 1609 *nonies* C du code général des impôts. Pour les communes appartenant à un groupement faisant application de l'article 1609 *quinquies* C du même code, seules les bases communales situées en dehors de la zone d'activité économique sont prises en compte pour l'application de la présente disposition ; »

b) Et des produits communaux et intercommunaux perçus au titre de la taxe additionnelle à la taxe foncière sur les propriétés non bâties et des impositions forfaitaires sur les entreprises de réseaux prévus à l'article 1379 du code général des impôts ainsi que de la taxe sur les surfaces commerciales prévue au 6° de l'article L. 2331-3 du présent code, dont les recettes ont été établies sur le territoire de la commune, sous réserve des dispositions du II du présent article ;

3° La somme des montants positifs ou négatifs résultant de l'application des 1.1 et 2.1 de l'article 78 de la loi n° 2009-1673 du 30 décembre 2009 de finances pour 2010 *(L. n° 2021-1900 du 30 déc. 2021, art. 194)* « , y compris les montants prévus au VIII du même 2.1, » perçus ou supportés l'année précédente par la commune ainsi que, pour les communes membres d'un groupement à fiscalité propre, une fraction des montants perçus ou supportés à ce titre par le groupement *(L. n° 2021-1900 du 30 déc. 2021, art. 194)* « et du montant perçu par le groupement l'année précédente au titre du prélèvement sur les recettes de l'État prévu au III de l'article 29 de la loi n° 2020-1721 du 29 décembre 2020 de finances pour 2021, » calculée au prorata de la population au 1er janvier de l'année de répartition. Pour les communes créées en application de l'article L. 2113-2, les montants retenus la première année correspondent à la somme des montants perçus ou supportés par les communes préexistantes l'année précédente ;

(L. n° 2012-1509 du 29 déc. 2012, art. 111) « 4° La somme des produits perçus par la commune au titre de la *(L. n° 2018-1317 du 28 déc. 2018, art. 199)* « contribution » sur les eaux minérales prévue à l'article 1582 du code général des impôts, *(L. n° 2021-1900 du 30 déc. 2021, art. 194)* « de la majoration prévue à l'article 1407 *ter* du même code, de l'imposition forfaitaire prévue à l'article 1519 A dudit code et de la taxe additionnelle à la taxe sur les installations nucléaires de base prévue au VI de l'article 43 de la loi de finances pour 2000 (n° 99-1172 du 30 décembre 1999) », des prélèvements sur le produit brut des jeux *(L. n° 2014-1655 du 29 déc. 2014, art. 39)* « mentionnés aux articles L. 2333-54 et L. 2333-55 » du présent code, ainsi que, pour les communes membres d'un établissement public de coopération intercommunale à fiscalité propre se substituant aux communes pour la perception de tout ou partie *(L. n° 2014-1655 du 29 déc. 2014, art. 39)* « du produit du prélèvement sur le produit brut des jeux des casinos *(L. n° 2021-1900 du 30 déc. 2021, art. 194)* « précédemment mentionné », une fraction de ce produit » calculée au prorata de la population au 1er janvier de l'année de répartition ; »

(L. n° 2021-1900 du 30 déc. 2021, art. 194) « 4° *bis* La somme des produits, constatés dans le compte de gestion afférent au pénultième exercice, perçus par la commune au titre de la redevance des mines *(Ord. n° 2023-1210 du 20 déc. 2023, art. 17)* « mentionnée » à l'article 1519 du code général des impôts et de la taxe locale sur la publicité extérieure prévue à l'article L. 2333-6 du présent code ;

« 4° *ter* La somme, divisée par trois, des produits perçus par la commune au titre de la taxe additionnelle aux droits d'enregistrement ou à la taxe de publicité foncière exigibles sur les mutations à titre onéreux prévue à l'article 1584 du code général des impôts et au titre du fonds de péréquation prévu à l'article 1595 *bis* du même code au cours de la pénultième année et des deux années précédentes ;

« 4° *quater* Une fraction, pour les communes membres d'un établissement public de coopération intercommunale à fiscalité propre, du produit net de la taxe sur la valeur ajoutée prévue au B du V de l'article 16 de la loi n° 2019-1479 du 28 décembre 2019 de finances pour 2020 perçu par le groupement l'année précédente, calculée au prorata de la population au 1er janvier de l'année de répartition ; »

(L. n° 2023-1322 du 29 déc. 2023, art. 240) « 4° *quinquies* Du produit perçu l'année précédente par la commune au titre de la fraction du produit net de la taxe sur la valeur ajoutée perçue en application des A à C du XXIV de l'article 55 de la loi n° 2022-1726 du 30 décembre 2022 de finances pour 2023 et, pour les communes membres d'un établissement public de coopération intercommunale à fiscalité propre, d'une fraction de ce même produit perçu par le groupement, calculée au prorata de la population au 1er janvier de l'année de répartition ; »

5° Le montant perçu *(L. n° 2015-1785 du 29 déc. 2015, art. 151)* « en 2014 » au titre de la part de la dotation forfaitaire définie au 3° *(L. n° 2012-1509 du 29 déc. 2012, art. 111)* « du I » de l'article L. 2334-7 du présent code *(L. n° 2015-1785 du 29 déc. 2015, art. 151)* « et indexé, à compter de 2014, sur le taux d'évolution de la dotation forfaitaire de chaque commune l'année précédant la répartition », hors le montant correspondant à la compensation prévue au 2° *bis* du II de l'article 1648 B du code général des impôts dans sa rédaction antérieure à la loi de finances pour 2004 (n° 2003-1311 du 30 décembre 2003) ;

(L. n° 2020-1721 du 29 déc. 2020, art. 252) « 6° Le montant perçu *(L. n° 2021-1900 du 30 déc. 2021, art. 194)* « par la commune » l'année précédente au titre du prélèvement sur les recettes de l'État prévu au III de l'article 29 de la loi n° 2020-1721 du 29 décembre 2020 de finances pour 2021. La part du prélèvement compensant la

perte de recettes de taxe foncière sur les propriétés bâties résultant des dispositions du 1° du I du même article 29 prise en compte est multipliée par le coefficient mentionné au B du IV de l'article 16 de la loi n° 2019-1479 du 28 décembre 2019 précitée ; »

(L. n° 2025-127 du 14 févr. 2025, art. 178) « 7° Le montant dû l'année précédente à la commune par l'établissement public de coopération intercommunale dont elle est membre en application de l'article L. 5211-32 du présent code. »

Les bases retenues sont les bases brutes de la dernière année dont les résultats sont connus servant à l'assiette des impositions communales. Les taux moyens nationaux retenus sont ceux constatés lors de la dernière année dont les résultats sont connus. Toutefois, pour les communes membres *(L. n° 2021-1900 du 30 déc. 2021, art. 194)* « d'un groupement » faisant application des dispositions de l'article 1609 *nonies* C du même code, un taux moyen national d'imposition spécifique à la taxe d'habitation *(L. n° 2020-1721 du 29 déc. 2020, art. 252)* « sur les résidences secondaires *(Abrogé par L. n° 2025-127 du 14 févr. 2025, art. 110)* *« et autres locaux meublés non affectés à l'habitation principale »* » est calculé pour l'application du 1° du présent I en fonction du produit perçu par ces seules communes. Les ressources et produits retenus sont *(L. n° 2021-1900 du 30 déc. 2021, art. 194)* « , sauf mention contraire, » ceux bruts de la dernière année dont les résultats sont connus. *(L. n° 2021-1900 du 30 déc. 2021, art. 194)* « Pour les communes membres de la métropole de Lyon, le taux départemental d'imposition à la taxe foncière sur les propriétés bâties s'entend du taux de taxe foncière sur les propriétés bâties adopté en 2014 par le département du Rhône. »

II. — 1. Le potentiel fiscal d'une commune membre d'un groupement à fiscalité propre faisant application du régime fiscal défini aux articles 1609 *nonies* C ou 1609 *quinquies* C du code général des impôts est majoré de l'attribution de compensation perçue par la commune l'année précédente *(L. n° 2022-1726 du 30 déc. 2022, art. 195)* « et constatée au 15 février de l'année de répartition ».

2. Pour les communes membres d'un tel groupement, le potentiel fiscal est majoré de la différence, répartie entre elles au prorata de leur population, entre :

a) La somme des montants suivants :

— le produit perçu par le groupement au titre des impositions forfaitaires sur les entreprises de réseaux, de la taxe additionnelle à la taxe foncière sur les propriétés non bâties et de la taxe sur les surfaces commerciales ;

— le produit déterminé par l'application aux bases intercommunales d'imposition de cotisation foncière des entreprises du taux moyen national d'imposition à cette taxe ;

— le produit déterminé par l'application aux bases intercommunales d'imposition de taxe d'habitation *(L. n° 2020-1721 du 29 déc. 2020, art. 252)* « sur les résidences secondaires *(Abrogé par L. n° 2025-127 du 14 févr. 2025, art. 110)* *« et autres locaux meublés non affectés à l'habitation principale »* » du groupement appliquant l'article 1609 *nonies* C du même code du taux moyen national à cette taxe ;

— le montant perçu par le groupement l'année précédente au titre de la part de la dotation de compensation prévue à l'article L. 5211-28-1 du présent code, hors le montant correspondant à la compensation prévue au 2 *bis* du II de l'article 1648 B du code général des impôts dans sa rédaction antérieure à la loi de finances pour 2004 précitée ;

b) La somme des attributions de compensation mentionnées au 1 de l'ensemble des communes membres du groupement.

3. Pour le calcul de la différence mentionnée au 2, les bases retenues sont les bases brutes de la dernière année dont les résultats sont connus servant à l'assiette des impositions intercommunales. *(L. n° 2021-1900 du 30 déc. 2021, art. 194)* « En cas d'absence de bases d'imposition intercommunales sur le territoire d'une commune, sont prises en compte les bases d'imposition communales. » Le taux moyen national de cotisation foncière des entreprises est celui prévu au I. Pour les groupements faisant application du régime fiscal défini à l'article 1609 *nonies* C du code général des impôts, le taux moyen national à la taxe d'habitation *(L. n° 2020-1721 du 29 déc. 2020, art. 252)* « sur les résidences secondaires *(Abrogé par L. n° 2025-127 du 14 févr. 2025, art. 110)* *« et autres locaux meublés non affectés à l'habitation principale »* » retenu est celui constaté lors de la dernière année dont les résultats sont connus et calculé à partir des produits perçus par ces seuls groupements. Les produits retenus sont les

produits bruts de la dernière année dont les résultats sont connus. Pour les communes membres d'un groupement faisant application de l'article 1609 *quinquies* C du même code, les produits retenus au *a* du 2 du présent article s'entendent uniquement de ceux relatifs à sa zone d'activité économique, les autres produits étant pris en compte conformément au I.

4. Les attributions de compensation mentionnées aux 1 et 2 du présent II sont celles définies au V de l'article 1609 *nonies* C du code général des impôts, ainsi qu'aux 3 et 4 du III de l'article 1609 *quinquies* C du même code.

5. Les 1 et 2 du présent II ne s'appliquent pas aux communes auxquelles il est fait pour la première année application, par le groupement dont elles sont membres, de l'article 1609 *nonies* C et du II de l'article 1609 *quinquies* C du code général des impôts.

IV. — Le potentiel financier d'une commune est égal à son potentiel fiscal majoré du montant perçu par la commune l'année précédente au titre de la dotation forfaitaire définie à l'article L. 2334-7 du présent code hors la part mentionnée au 3° *(L. n° 2012-1509 du 29 déc. 2012, art. 111)* « du I » du même article *(L. n° 2015-1785 du 29 déc. 2015, art. 151)* « perçue en 2014 et indexée, à compter de 2014, sur le taux d'évolution de la dotation forfaitaire de chaque commune l'année précédant la répartition ». *(L. n° 2025-127 du 14 févr. 2025, art. 178)* « Il est également majoré du montant perçu par la commune l'année précédente au titre de la dotation en faveur des communes nouvelles prévue à l'article L. 2113-22-1. » Il est minoré, le cas échéant, *(Abrogé par L. n° 2025-127 du 14 févr. 2025, art. 178)* « *(L. n° 2015-1785 du 29 déc. 2015, art. 151)* « *du prélèvement sur le produit des impôts directs locaux mentionné à la seconde phrase du troisième alinéa du III de l'article L. 2334-7 subi* » *l'année précédente ainsi que* » *(L. n° 2014-1654 du 29 déc. 2014, art. 107)* « de la minoration mentionnée à l'article L. 2334-7-3 au titre de l'année précédente ».

L'indicateur de ressources élargi d'une commune est égal à son potentiel financier majoré des montants perçus l'année précédente au titre de la dotation de solidarité urbaine et de cohésion sociale ou de la dotation de solidarité rurale et de la dotation nationale de péréquation prévues à l'article L. 2334-13 du présent code. Il est augmenté, le cas échéant, des versements reçus des fonds départementaux *(Ord. n° 2014-1335 du 6 nov. 2014, art. 35)* « ou métropolitains » en application du II de l'article 1648 A du code général des impôts.

V. — Le potentiel fiscal par habitant, le potentiel financier par habitant et l'indicateur de ressources élargi par habitant sont égaux, respectivement, au potentiel fiscal, au potentiel financier et à l'indicateur de ressources élargi de la commune divisés par le nombre d'habitants constituant la population de cette commune, telle que définie à l'article L. 2334-2.

(L. n° 2016-1917 du 29 déc. 2016, art. 139) « VI. — Par dérogation, pour l'application du présent article, le potentiel financier des communes membres de la Métropole du Grand Paris est calculé selon les modalités définies à l'article L. 5219-8 du présent code. »

À compter du 1er janv. 2026, au 4° du I, les mots : « et de la taxe additionnelle à la taxe sur les installations nucléaires de base prévue au VI de l'article 43 de la loi de finances pour 2000 (n° 99-1172 du 30 décembre 1999) » sont remplacés par les mots : « , du tarif de stockage de la taxe sur les installations nucléaires de base concourant à la gestion des substances radioactives mentionnée à l'article L. 433-1 du code des impositions sur les biens et services » (L. n° 2025-127 du 14 févr. 2025, art. 18).

Sur les modalités de calcul des fractions de correction prévues à l'art. 252 de la L. n° 2020-1721 du 29 déc. 2020 de finances pour 2021, V. Décr. n° 2022-1008 du 15 juill. 2022, art. 3.

À compter de l'exercice budgétaire 2026, au 4° bis du I du présent art., les mots : « compte de gestion » sont remplacés par les mots : « compte financier unique » (Ord. n° 2025-526 du 12 juin 2025, art. 1er et 12).

Art. L. 2334-5 *(L. n° 2021-1900 du 30 déc. 2021, art. 194)* **L'effort fiscal de chaque commune est égal au rapport entre :**

1° Le produit perçu par la commune l'année précédente au titre de la taxe foncière sur les propriétés non bâties, de la taxe d'habitation sur les résidences secondaires *(Abrogé par L. n° 2025-127 du 14 févr. 2025, art. 110)* « ***et autres locaux meublés non***

affectés à l'habitation principale » et de la taxe foncière sur les propriétés bâties, hors les compensations mentionnées au *c* du 1° et au *b* du 2° du C du IV de l'article 16 de la loi n° 2019-1479 de finances pour 2020 ;

2° La somme :

a) Du produit déterminé par l'application aux bases communales de taxe d'habitation sur les résidences secondaires *(Abrogé par L. n° 2025-127 du 14 févr. 2025, art. 110)* « *et autres locaux meublés non affectés à l'habitation principale* » et aux bases communales de taxe foncière sur les propriétés non bâties du taux moyen national communal d'imposition de chacune de ces taxes ;

b) Du produit déterminé par l'application aux bases communales d'imposition de taxe foncière sur les propriétés bâties de la somme des taux communal et départemental de taxe foncière sur les propriétés bâties appliqués sur le territoire de la commune en 2020, multipliée par le coefficient correcteur mentionné au B du même IV ;

c) Du produit déterminé par l'application aux bases communales d'imposition de taxe foncière sur les propriétés bâties de la différence entre le taux moyen national communal d'imposition de cette taxe et la somme des taux communal et départemental de taxe foncière sur les propriétés bâties appliqués sur le territoire de la commune en 2020.

Le taux moyen pondéré d'une commune est égal au rapport entre la somme des produits des trois taxes directes locales calculés conformément au 1° du présent article et la somme des bases nettes d'imposition communale de taxe foncière et de taxe d'habitation.

Pour les communes pour lesquelles l'augmentation du taux moyen pondéré est supérieure à l'augmentation du taux moyen pondéré pour l'ensemble des communes appartenant au même groupe démographique, cette dernière augmentation est prise en compte pour le calcul du produit des taxes mentionné au même 1°.

Pour les communes pour lesquelles le taux moyen pondéré est inférieur à celui de l'année précédente, c'est ce dernier taux qui est pris en compte pour la détermination du produit des taxes mentionné audit 1°.

Les bases retenues sont les bases brutes de la dernière année dont les résultats sont connus servant à l'assiette des impositions communales. Les taux moyens nationaux retenus sont ceux constatés lors de la dernière année dont les résultats sont connus. Les ressources et produits retenus sont ceux de la dernière année dont les résultats sont connus. Pour les communes membres de la métropole de Lyon, le taux départemental d'imposition à la taxe foncière sur les propriétés bâties s'entend du taux de taxe foncière sur les propriétés bâties adopté en 2014 par le département du Rhône.

Art. L. 2334-6 *(L. n° 2023-1322 du 29 déc. 2023, art. 240)* En cas de division de communes, les indicateurs financiers prévus aux articles L. 2334-4 et L. 2334-5 applicables aux communes issues de la division sont ceux calculés pour l'ancienne commune l'année précédant la division, répartis entre elles au prorata de leur population.

Les autres critères utilisés pour la répartition des dotations mentionnées à la sous-section 3 de la présente section *(L. n° 2025-127 du 14 févr. 2025, art. 178)* « et aux articles L. 2335-1, L. 2335-16 et L. 2335-17 et des fonds mentionnés aux articles L. 2336-1 et L. 2531-12, » entre les communes issues de la division d'une commune sont ceux retenus pour l'ancienne commune l'année précédant la division, répartis entre elles au prorata de leur population.

Les deux premiers alinéas du présent article sont applicables tant qu'il n'existe pas de données disponibles relatives au périmètre des nouvelles communes dans les conditions légales et réglementaires prévues pour la prise en compte de chacune de ces données.

Le présent article est également applicable aux divisions de communes résultant de l'annulation juridictionnelle d'une décision de fusion de communes.

Les modalités d'application du présent article sont précisées par décret en Conseil d'État.

SOUS-SECTION 2 Dotation forfaitaire

Art. L. 2334-7 *(L. nº 2012-1509 du 29 déc. 2012, art. 111)* « I. – » *(L. nº 2004-1484 du 30 déc. 2004, art. 47 ; L. nº 2011-1977 du 28 déc. 2011, art. 139)* « À compter de 2005, la dotation forfaitaire comprend :

« 1° Une dotation de base destinée à tenir compte des charges liées à l'importance de sa population.

« À compter de 2011, cette dotation de base est égale pour chaque commune au produit de sa population par un montant de 64,46 € par habitant à 128,93 € par habitant en fonction croissante de la population de la commune, dans des conditions définies par décret en Conseil d'État ; »

(L. nº 2004-1484 du 30 déc. 2004, art. 47) « 2° Une dotation proportionnelle à la superficie, égale à *(L. nº 2010-1657 du 29 déc. 2010, art. 177)* « 3,22 € » par hectare *(L. nº 2011-1977 du 28 déc. 2011, art. 139)* « à compter de 2011 » et à *(L. nº 2010-1657 du 29 déc. 2010, art. 177)* « 5,37 € » par hectare dans les communes situées en zone de montagne. À compter de 2005, le montant de cette dotation perçu par les communes de Guyane ne peut excéder le triple du montant qu'elles perçoivent au titre de la dotation de base ;

« 3° Les montants correspondant aux montants antérieurement perçus au titre du I du D de l'article 44 de la loi de finances pour 1999 (nº 98-1266 du 30 décembre 1998) et du 2° *bis* du II de l'article 1648 B du code général des impôts dans sa rédaction antérieure à la loi de finances pour 2004 (nº 2003-1311 du 30 décembre 2003). En 2005, ces montants sont indexés pour les communes qui en bénéficient selon un taux de 1 %. *(L. nº 2010-1657 du 29 déc. 2010, art. 177)* « En 2011, ces montants sont identiques à ceux perçus au titre de 2010, après minoration, le cas échéant, en application du 1.2.4.2 de l'article 77 de la loi nº 2009-1673 du 30 décembre 2009 de finances pour 2010 et majoration, le cas échéant, en application du II du 6 du même article. »

(L. nº 2011-1977 du 28 déc. 2011, art. 139) « À compter de 2012, ces mêmes montants peuvent être diminués selon un pourcentage identique pour l'ensemble des communes, dans les conditions prévues à l'article L. 2334-7-1. »

(L. nº 2004-1484 du 30 déc. 2004, art. 47) « Lorsqu'une commune cesse, à compter de 2005, d'appartenir à un groupement de communes faisant application des dispositions de l'article 1609 *nonies* C du code général des impôts, la commune perçoit au titre du présent 3° une part des montants perçus par le groupement au titre de la dotation de compensation prévue à l'article L. 5211-28-1 du présent code. Cette part est calculée en fonction du montant des bases de taxe professionnelle des communes qui adhèrent ou quittent ce groupement ayant servi au calcul de la compensation prévue au I du D de l'article 44 de la loi de finances pour 1999 précitée. Cette part est minorée, le cas échéant, en fonction de la part du prélèvement subi par le groupement en application du premier alinéa du III de l'article 29 de la loi de finances pour 2003 (nº 2002-1575 du 30 décembre 2002) qui a été calculée à partir des bases de taxe professionnelle de France Télécom de cette commune. » *(L. nº 2009-1673 du 30 déc. 2009, art. 77)* « Cette part est minorée, le cas échéant, en fonction de la part du prélèvement subi par le groupement en application du 1. 2. 4. 2 de l'article 77 de la loi nº 2009-1673 du 30 décembre 2009 de finances pour 2010, qui a été calculée à partir du produit de la taxe sur les surfaces commerciales de cette commune » ;

« 4° Une garantie. Cette garantie est versée en 2005, le cas échéant, lorsque le montant prévu au *a* ci-dessous est supérieur aux montants mentionnés au *b*. Elle est égale en 2005 à la différence entre :

« *a*. Le montant de dotation forfaitaire perçue en 2004 et indexée selon un taux de 1 % hors montants des compensations mentionnées au 3° ;

« *b*. Et la somme de la dotation de base et de la dotation proportionnelle à la superficie calculées en application des 1° et 2°. »

(L. nº 2011-1977 du 28 déc. 2011, art. 139) « À compter de 2012, les communes dont le potentiel fiscal par habitant est inférieur à *(L. nº 2012-1509 du 29 déc. 2012, art. 111)* « 0,75 » fois le potentiel fiscal moyen par habitant constaté pour l'ensemble des communes bénéficient d'une attribution au titre de la garantie égale à celle perçue l'année précédente. Pour les communes dont le potentiel fiscal par habitant est supé-

rieur ou égal à *(L. n° 2012-1509 du 29 déc. 2012, art. 111)* « 0,75 » fois le potentiel fiscal moyen par habitant constaté pour l'ensemble des communes, ce montant est diminué, dans les conditions prévues à l'article L. 2334-7-1, en proportion de leur population et de l'écart relatif entre le potentiel fiscal par habitant de la commune et *(L. n° 2013-1278 du 29 déc. 2013, art. 132)* « 0,75 fois » le potentiel fiscal moyen par habitant constaté pour l'ensemble des communes. Cette minoration ne peut être supérieure à 6 % de la garantie perçue l'année précédente. Le potentiel fiscal pris en compte pour l'application du présent alinéa est celui calculé l'année précédente en application de l'article L. 2334-4. » *(L. n° 2012-1509 du 29 déc. 2012, art. 111)* « La population prise en compte pour la détermination du potentiel fiscal par habitant est corrigée par un coefficient logarithmique dont la valeur varie de 1 à 2 en fonction croissante de la population de la commune tel que défini pour l'application du 1° du présent I ;

« 5° Une dotation en faveur des communes des parcs nationaux et des parcs naturels marins. Cette dotation comprend une première fraction dont le montant est réparti entre les communes dont le territoire est en tout ou partie compris dans le cœur d'un parc national mentionné à l'article L. 331-1 du code de l'environnement. L'attribution individuelle est déterminée en fonction de la superficie de chaque commune comprise dans le cœur de parc, cette superficie étant doublée pour le calcul de la dotation lorsqu'elle dépasse les 5 000 kilomètres carrés. Cette dotation comprend une deuxième fraction dont le montant est réparti entre les communes insulaires de métropole dont le territoire est situé au sein d'un parc naturel marin mentionné à l'article L. 334-3 du même code. Cette dotation comprend une troisième fraction dont le montant est réparti par parts égales entre les autres communes insulaires dont le territoire est situé au sein d'un parc naturel marin mentionné au même article L. 334-3. Le montant de la première fraction est fixé à 3,2 millions d'euros et celui de chacune des deux autres fractions à 150 000 €.

« II. – Le taux de croissance de la dotation forfaitaire est égal au taux d'évolution de la somme des composantes de cette dotation par rapport à la somme des montants versés l'année précédente en application du I, hors les montants prévus au 3° du même I. À compter de 2011, pour le calcul de ce taux de référence, il n'est pas tenu compte de l'évolution de la dotation forfaitaire liée aux variations de la population telle que définie par l'article L. 2334-2 ni des évolutions liées aux éventuelles minorations des composantes de la dotation forfaitaire prévues aux 3° et 4° du I du présent article. »

(L. n° 96-241 du 26 mars 1996) La dotation forfaitaire comprend également les sommes reçues en 1993 au titre de la dotation supplémentaire aux communes et groupements touristiques ou thermaux et de la dotation particulière aux communes touristiques ainsi qu'au titre de la dotation particulière au profit des villes assumant des charges de centralité, en application des articles L. 234-13 et L. 234-14 du code des communes dans leur rédaction antérieure à la loi n° 93-1436 du 31 décembre 1993 précitée.

Les groupements de communes qui percevaient au lieu et place des communes constituant le groupement les dotations prévues à l'article L. 234-13 du code des communes, dans sa rédaction antérieure à la loi n° 93-1436 du 31 décembre 1993 précitée, continuent à les percevoir. Pour 1994, le montant de ces dotations est égal à la somme reçue en 1993.

(L. n° 2003-1311 du 30 déc. 2003, art. 50) « À compter de 2004, la dotation forfaitaire à prendre en compte au titre de 2003 est majorée pour chaque commune du montant dû au titre de 2003 en application du I du D de l'article 44 de la loi de finances pour 1999 (n° 98-1266 du 30 décembre 1998) et du 2° *bis* du II de l'article 1648 B du code général des impôts dans sa rédaction antérieure à la loi de finances pour 2004 (n° 2003-1311 du 30 décembre 2003). Pour les communes qui, en 2003, ont subi un prélèvement sur leur fiscalité en application, soit du III de l'article L. 2334-7-2, soit du 2 du III de l'article 29 de la loi de finances pour 2003 (n° 2002-1575 du 30 décembre 2002), la dotation forfaitaire à prendre en compte pour l'application des dispositions précédentes est égale au montant effectivement reçu en 2003 au titre de la dotation forfaitaire et du I du D de l'article 44 de la loi de finances pour

1999 précitée, minoré du montant prélevé en 2003 sur la fiscalité. Si le montant prélevé en 2003 sur la fiscalité excède le montant perçu en 2003 au titre de la dotation forfaitaire et du I du D de l'article 44 de la loi de finances pour 1999 précitée, la différence est prélevée sur le produit des impôts directs locaux de la commune et évolue chaque année comme la dotation forfaitaire. Pour les communes membres d'un établissement public de coopération intercommunale soumis pour la première fois à compter de 2004 aux dispositions de l'article 1609 *nonies* C du code général des impôts, les crédits correspondant à la compensation antérieurement perçue en application du I du D de l'article 44 de la loi de finances pour 1999 précitée sont versés à l'établissement en lieu et place des communes. À cet effet, l'ensemble des crédits correspondant à la compensation antérieurement perçue en application du I du D de l'article 44 de la loi de finances pour 1999 précitée sont identifiés au sein de la dotation forfaitaire. »

(L. n° 2014-1654 du 29 déc. 2014, art. 107) « III. – *(L. n° 2015-1785 du 29 déc. 2015, art. 151)* « À compter de » 2015, la dotation forfaitaire de chaque commune est égale au montant perçu l'année précédente au titre de cette dotation. Pour chaque commune, cette dotation est majorée ou minorée du produit de la différence entre sa population constatée au titre de l'année de répartition et celle constatée au titre de l'année précédant la répartition par un montant compris entre 64,46 € et 128,93 € par habitant en fonction croissante de la population de la commune, dans des conditions définies par décret en Conseil d'État. *(L. n° 2018-1317 du 28 déc. 2018, art. 250)* « La population de la commune prise en compte au titre de 2019 est celle définie à l'article L. 2334-2 du présent code majorée de 0,5 habitant supplémentaire par résidence secondaire pour les communes dont la population est inférieure à 3 500 habitants, dont le potentiel fiscal par habitant est inférieur au potentiel fiscal moyen par habitant des communes appartenant à la même strate démographique et dont la part de la majoration au titre des résidences secondaires dans la population avant application de la présente disposition est supérieure à 30 %. Les années suivantes, cette majoration supplémentaire s'applique à la fois à la population prise en compte au titre de l'année précédente et à la population prise en compte au titre de l'année de répartition. Le potentiel fiscal pris en compte pour l'application du présent alinéa est celui calculé l'année précédente en application de l'article L. 2334-4. »

« *(L. n° 2015-1785 du 29 déc. 2015, art. 151)* « En 2015, » la dotation forfaitaire à prendre en compte pour l'application du premier alinéa du présent III est égale au montant perçu en 2014 au titre de cette dotation en application des I et II du présent article, diminué du montant de la minoration prévu à l'article L. 2334-7-3 pour 2014 calculé sans tenir compte des recettes exceptionnelles constatées dans les derniers comptes de gestion disponibles au 1er janvier 2014.

« *(L. n° 2015-1785 du 29 déc. 2015, art. 151)* « En 2015, » pour les communes qui, en 2014, ont subi un prélèvement sur leur fiscalité en application soit du dernier alinéa du II du présent article, soit du III de l'article L. 2334-7-2, soit de l'article L. 2334-7-3, soit du 2 du III de l'article 29 de la loi de finances pour 2003 (n° 2002-1575 du 30 décembre 2002), la dotation forfaitaire à prendre en compte pour l'application des dispositions précédentes est égale au montant effectivement reçu en 2014 au titre de la dotation forfaitaire, minoré du montant prélevé en 2014 sur la fiscalité.

« Pour les communes membres d'un établissement public de coopération intercommunale soumis pour la première fois aux dispositions de l'article 1609 *nonies* C du code général des impôts, *(L. n° 2015-1785 du 29 déc. 2015, art. 151)* « , le montant de la dotation forfaitaire perçue l'année précédente est minoré d'un montant égal aux crédits perçus en 2014 en application du I du D de l'article 44 de la loi de finances pour 1999 précitée et indexé sur le taux d'évolution de la dotation forfaitaire de chaque commune l'année précédant la répartition. Ces crédits sont versés à l'établissement, en lieu et place des communes, et le montant de la diminution à opérer en application du 1.2.4.2 de l'article 77 de la loi n° 2009-1673 du 30 décembre 2009 de finances pour 2010 est supporté par l'établissement, en lieu et place des communes, en application de l'article L. 5211-28-1 du présent code. Lorsqu'une commune cesse d'appartenir à un groupement de communes faisant application des dispositions de l'article 1609 *nonies* C du code général des impôts, le montant de la dotation forfaitaire perçue l'année précédente est majoré d'une part du montant perçu par le groupement au titre de la dotation de compensation prévue à l'article L. 5211-28-1 du présent code. Cette part est calculée en fonction du montant des bases de taxe professionnelle des communes de ce groupement ayant servi au calcul de la compensation prévue au I du D de l'article 44 de la loi de finances pour 1999 précitée. Cette part est minorée, le cas échéant, en fonction de la part du prélèvement subi par le groupement en application du 1.2.4.2 de l'article 77 de la loi n° 2009-1673 du 30 décembre 2009 de finances pour 2010, qui a été calculée à partir du produit de la taxe sur les surfaces commerciales de cette commune. » *(L. n° 2023-1322 du 29 déc. 2023, art. 240)* « À compter de 2024, pour l'application du présent article, le troisième alinéa de l'article L. 5211-28-1 du présent code s'applique à l'ensemble des communes appartenant à un établissement public de coopération intercommunale à fiscalité propre. »

« À compter de 2015, les communes dont le potentiel fiscal par habitant est inférieur à *(L. n° 2021-1900 du 30 déc. 2021, art. 194)* « 0,85 » fois le potentiel fiscal moyen par habitant constaté pour l'ensemble des communes bénéficient d'une attribution au titre de la dotation forfaitaire égale à celle calculée en application du présent III. Pour les communes dont le potentiel fiscal par habitant est supérieur ou égal à *(L. n° 2021-1900 du 30 déc. 2021, art. 194)* « 0,85 » fois le potentiel fiscal moyen par habitant constaté pour l'ensemble des communes, le montant calculé en application du premier alinéa du présent III est diminué, dans les conditions prévues à l'article L. 2334-7-1, en proportion de leur population et de l'écart relatif entre le potentiel fiscal par habitant de la commune et *(L. n° 2021-1900 du 30 déc. 2021, art. 194)* « 0,85 » fois le potentiel fiscal moyen par habitant constaté pour l'ensemble des communes. *(L. n° 2016-1917 du 29 déc. 2016, art. 138)* « Cette minoration ne peut être supérieure à 1 % des recettes réelles de fonctionnement de leur budget principal, minorées des atténuations de produits, des recettes exceptionnelles et du produit des mises à disposition de personnels facturées dans le cadre d'une mutualisation de services entre l'établissement public de coopération intercommunale à fiscalité propre et ses communes membres, telles que constatées au 1er janvier de l'année de répartition dans les derniers comptes de gestion disponibles. *(L. n° 2018-1317 du 28 déc. 2018, art. 250)* « Pour les communes membres de la métropole du Grand Paris, les recettes réelles de fonctionnement sont en outre diminuées d'un montant correspondant à la dotation individuelle versée au fonds de compensation des charges territoriales en application du H du XV de l'article 59 de la loi n° 2015-991 du 7 août 2015 portant nouvelle organisation territoriale de la République *[V. ss. art. L. 5219-5]*, telle que constatée au 1er janvier de l'année de répartition dans les derniers comptes de gestion disponibles. » Cette minoration ne peut excéder le montant de la dotation forfaitaire calculée en application du présent III. » *(L. n° 2015-1785 du 29 déc. 2015, art. 151)* « Pour les communes concernées l'année de répartition par les dispositions de l'avant-dernier alinéa du présent III, la dotation forfaitaire prise en compte pour l'application de cette minoration est la dotation forfaitaire perçue l'année précédente après application du même alinéa. » Le potentiel fiscal pris en compte pour l'application du présent alinéa est celui calculé l'année précédente en application de l'article L. 2334-4. La population prise en compte pour la détermination du potentiel fiscal par habitant est corrigée par un coefficient logarithmique dont la valeur varie de 1 à 2 en fonction croissante de la population de la commune, défini pour l'application du présent III. »

Éléments de calcul de la dotation. Saisi d'une question prioritaire de constitutionnalité concernant les dispositions du 1° de l'art. L. 2334-7, qui sont issues de l'art. 47 de la loi du 30 déc. 2004 de finances pour 2005 et que le Conseil constitutionnel, dans l'art. 3 de sa décision n° 2004-511 DC du 29 déc. 2004, a déclaré conformes à la Constitution, le Conseil d'État a estimé que la circonstance que, depuis lors, le législateur n'est intervenu que pour actualiser les montants en valeur absolue, exprimés en euros, entre lesquels varie le montant par habitant alloué aux communes selon leur population au titre de la dotation de base, sans modifier le rapport de un à deux entre les valeurs inférieure et supérieure, ni le principe d'une variation selon une « fonction croissante » entre ces valeurs, ne peut être tenue pour un changement de circonstances de droit affectant la portée des dispositions déclarées conformes à la Constitution au sens des dispositions de l'art. 23-4 de l'Ord. du 7 nov. 1958 portant loi organique sur le Conseil constitutionnel. Par suite, le Conseil d'État a estimé qu'il n'y avait pas lieu de renvoyer au Conseil constitutionnel la question prioritaire de constitutionnalité invoquée. • CE 17 sept. 2013, *Cne de Frépillon*, n° 370023 : *AJDA 2013. 2291* ; *BJCL 2013. 709.* ♦ Les montants réclamés par une métropole au titre de la provision doivent être calculés pour chaque année de la période litigieuse et, en application des dispositions de l'art. L. 2334-7, à partir du montant auquel elle avait été fixée pour l'année précédente, majorée de l'indexation prévue pour l'année considérée. • CAA Lyon, 21 juill. 2015, *Min. de l'Intérieur*, n° 15LY00419. ♦ Une commune qui allègue l'existence d'une recette exceptionnelle devant être exclue du montant de sa contribution au redressement des finances publiques selon les dispositions de l'art. L. 2334-7 ne peut s'en prévaloir si cette recette a été inscrite dans ses comptes comme un « produit de gestion courante ». • CAA Bordeaux, 8 juin 2016, n° 15BX04069. ♦ Le législateur peut fixer une contribution pour l'ensemble des communes qui représente 1,87 % de leurs recettes de fonctionnement. La réduction qui en découle pour la dotation forfaitaire, voire sa suppression, « n'est pas d'une ampleur telle qu'elle entraverait la libre administration des communes ou qu'elle serait susceptible de porter atteinte à leur autonomie financière ». En conséquence, le Conseil d'État refuse de transmettre au Conseil constitutionnel une question prioritaire de constitutionnalité qui soulevait, notamment sur ce motif, l'inconstitutionnalité des dispositions de l'art. L. 2334-7 CGCT. • CE 27 sept. 2017, *Cne de Salaise-sur-Sanne*, n° 411954 : *AJDA 2018. 82*.

Art. L. 2334-7-1 *(L. n° 2023-1322 du 29 déc. 2023, art. 240)* **I. — Afin de financer, le cas échéant, l'accroissement de la dotation forfaitaire mentionnée au premier alinéa du III de l'article L. 2334-7 et de la dotation d'aménagement des communes mentionnée au quatrième alinéa de l'article L. 2334-13 ainsi que les majorations des dotations communales mentionnées au dernier alinéa du même article L. 2334-13, le comité des finances locales, d'une part, fixe pour chaque exercice le montant global de la minoration appliquée à la dotation forfaitaire des communes en application du dernier alinéa du III de l'article L. 2334-7 et, d'autre part, détermine un taux de minoration appliqué aux montants perçus par les établissements publics de coopération intercommunale en application du deuxième alinéa de l'article L. 5211-28-1.**

II. — En cas d'insuffisance du solde de la dotation d'aménagement, l'accroissement de la dotation d'intercommunalité prévue à l'article L. 5211-28 est financée par une minoration des montants perçus par les établissements publics de coopération intercommunale en application du deuxième alinéa de l'article L. 5211-28-1.

III. — La variation annuelle du montant des prélèvements opérés sur la dotation globale de fonctionnement au titre des régularisations intervenues l'année précédente ainsi qu'en application des articles L. 1211-5, L. 1212-3 et L. 1613-5 et du IV de l'article L. 2113-20 est financée dans les conditions prévues au I du présent article.

IV. — En cas d'insuffisance des mesures mentionnées aux I à III, le montant global de la minoration prévue au dernier alinéa du III de l'article L. 2334-7 et, le cas échéant, le pourcentage de minoration prévu au deuxième alinéa de l'article L. 5211-28-1 sont relevés à due concurrence.

Art. L. 2334-7-2 *(L. n° 99-641 du 27 juill. 1999, art. 13)* **I. — La dotation forfaitaire visée à l'article L. 2334-7 est diminuée, à compter de 2000, d'un montant égal à la participation de la commune aux dépenses d'aide sociale du département au titre de 1999 et revalorisé comme la dotation globale de fonctionnement mise en répartition.**

Un abattement est appliqué à la diminution de la dotation forfaitaire telle que définie à l'alinéa précédent pour les communes éligibles à la dotation de solidarité urbaine et de cohésion sociale et à la dotation de solidarité rurale en 1999 dont l'écart entre la contribution par habitant au titre de 1999 et la moyenne par habitant des contributions communales de l'ensemble des départements, à l'exception de Paris, est supérieur à 30 %.

L'abattement prévu au deuxième alinéa est calculé à partir :

1° De l'écart, sous réserve qu'il soit positif, entre la contribution de la commune par habitant au titre de 1999 et la moyenne par habitant des contributions communales du département ;

2° De l'écart entre la contribution de la commune par habitant au titre de 1999 et la moyenne par habitant des contributions communales de l'ensemble des départements, à l'exception de Paris.

Cet abattement est égal à la somme des produits de 10 % des écarts définis aux 1° et 2° par la population de la commune en 1999.

II. – Pour le calcul, en 2000, de la diminution de la dotation forfaitaire prévue au premier alinéa du I, la participation de la commune aux dépenses d'aide sociale du département au titre de 1999 et appelée au cours de cet exercice est fixée, avant le 30 octobre 1999, par arrêté du préfet pris après avis du président du conseil départemental.

Un ajustement de la diminution de la dotation forfaitaire est opéré en 2001 sur la base d'un arrêté du préfet pris après avis du président du conseil départemental fixant, avant le 30 octobre 2000, le montant définitif de la participation de la commune aux dépenses d'aide sociale du département au titre de 1999. L'abattement visé au deuxième alinéa du I est appliqué à la diminution de la dotation forfaitaire opérée sur la base de ce montant.

Pour la mise en œuvre des deux précédents alinéas, le président du conseil départemental transmet au préfet, avant le 30 septembre 1999, le montant de la participation appelée pour chaque commune au titre de 1999 et, avant le 30 septembre 2000, le montant définitif de cette participation.

III. – Dans le cas où la participation de la commune visée au premier alinéa du I est supérieure à la dotation forfaitaire, la différence est prélevée sur le produit des impôts directs locaux visés aux 1°, 2°, 3° et 4° du I de l'article 1379 du code général des impôts. Pour les communes membres d'un établissement public de coopération intercommunale soumis aux dispositions de l'article 1609 *nonies* C du code général des impôts et dont le produit des impôts défini ci-dessus est insuffisant, le complément est prélevé sur le montant de l'attribution de compensation versée par le groupement à la commune.

À compter de 2001, le montant du prélèvement visé à l'alinéa précédent évolue comme la dotation forfaitaire. *(L. n° 2003-1311 du 30 déc. 2003, art. 50)* « À compter de 2004, le montant du prélèvement est calculé conformément aux dispositions *(L. n° 2004-1484 du 30 déc. 2004, art. 47)* « du dernier » alinéa de l'article L. 2334-7. »

Il est créé, à compter de 2000, un fonds qui dispose en ressources du prélèvement défini au premier alinéa du III. Les ressources de ce fonds *(L. n° 2003-1311 du 30 déc. 2003, art. 49)* « viennent abonder la dotation globale de fonctionnement de l'année ».

Les sommes affectées à ce fonds ne sont pas prises en compte dans le montant de la dotation globale de fonctionnement pour l'application des I et II de l'article 57 de la loi de finances pour 1999 (n° 98-1266 du 30 décembre 1998).

IV. – Pour l'application du I du présent article, la population de la commune à prendre en compte est *(Ord. n° 2003-1212 du 18 déc. 2003, art. 3)* « la population totale obtenue par addition de la population municipale et de la population comptée à part. »

Les pertes de ressources résultant de l'extension aux communes bénéficiaires de la dotation de solidarité rurale de l'abattement institué par le 2e al. de l'art. L. 2334-7-2 sont compensées par l'augmentation à due concurrence de la dotation globale de fonctionnement des départements. Cette augmentation est elle-même compensée par l'augmentation à due concurrence des droits mentionnés aux art. 575 et 575 A CGI (L. n° 99-641 du 27 juill. 1999, art. 13).

Question prioritaire de constitutionnalité. Ne présente pas un caractère sérieux le moyen tiré de ce que les dispositions des I et II de l'art. L. 2334-7-2 CGCT seraient contraires à la libre administration des collectivités territoriales et à leur autonomie financière, garanties respectivement par les art. 72 et 72-2 de la Constitution, en ce qu'elles ne prévoient pas que la somme venant en diminution de la dotation forfaitaire des communes à compter de 2000 est égale au montant net de la participation des communes aux dépenses d'aide sociale du département, après le remboursement, décidé le cas échéant par les départements, de la part due au titre du mécanisme d'écrêtement prévu, dès lors que, d'une part, ces dispositions législatives ne diminuent pas le montant ou la part des ressources propres des communes et que, d'autre part, elles portent sur des sommes représentant une proportion très limitée du montant des dotations de l'État et, plus encore, des recettes des budgets de fonctionnement des communes. Par suite, il n'y a pas lieu de renvoyer au Conseil constitutionnel la question prioritaire de constitutionnalité invoquée par la commune requérante. • CE 19 juill. 2011, *Cne de Chambéry,* n° 331350 : *BJCL 2011. 720.*

Art. L. 2334-7-3 *(L. n° 2013-1278 du 29 déc. 2013, art. 132) (L. n° 2014-1654 du 29 déc. 2014, art. 107)* « En » 2014, le montant de la dotation forfaitaire des com-

munes de métropole et des communes des départements d'outre-mer, à l'exception de celles du Département de Mayotte, est minoré d'un montant de 588 millions d'euros. *(L. n° 2014-1654 du 29 déc. 2014, art. 107)* **« En 2015, cette dotation est minorée de 1 450 millions d'euros. »** *(L. n° 2015-1785 du 29 déc. 2015, art. 151)* **« En 2016, cette dotation est minorée de 1 450 millions d'euros. »** *(L. n° 2016-1917 du 29 déc. 2016, art. 138)* **« En 2017, cette dotation est minorée de 725 millions d'euros. » Cette minoration est répartie entre les communes au prorata des recettes réelles de fonctionnement de leur budget principal, minorées des atténuations de produits** *(L. n° 2014-1654 du 29 déc. 2014, art. 107)* **« , des recettes exceptionnelles » et du produit des mises à disposition de personnel facturées dans le cadre de mutualisation de services entre l'établissement public de coopération intercommunale à fiscalité propre et ses communes membres, telles que constatées au 1er janvier** *(L. n° 2014-1654 du 29 déc. 2014, art. 107)* **« de l'année de répartition » dans les derniers comptes de gestion disponibles.** *(L. n° 2015-1785 du 29 déc. 2015, art. 152)* **« Toutefois, pour le calcul de la minoration de la dotation forfaitaire** *(L. n° 2016-1917 du 29 déc. 2016, art. 138)* **« à compter de 2016 », le montant des recettes réelles de fonctionnement du budget principal des communes des départements d'outre-mer est minoré du produit perçu au titre l'octroi de mer en application de l'article 47 de la loi n° 2004-639 du 2 juillet 2004 relative à l'octroi de mer. » Si, pour une commune, la minoration excède le montant perçu au titre de la dotation forfaitaire, la différence est prélevée sur les compensations mentionnées au III de l'article 37 de la loi n° 2013-1278 du 29 décembre 2013 de finances pour 2014 ou, à défaut, sur les douzièmes prévus à l'article L. 2332-2 et au II de l'article 46 de la loi n° 2005-1719 du 30 décembre 2005 de finances pour 2006 de la commune.** *(L. n° 2016-1917 du 29 déc. 2016, art. 138)* **« Si, pour une commune, ce prélèvement était déjà opéré en 2016, il s'ajoute à cette différence. »**

(L. n° 2017-1837 du 30 déc. 2017, art. 159) **« À compter de 2018, le prélèvement opéré en 2017 en application du premier alinéa est reconduit chaque année. »**

À compter d'une date fixée par Décr. et au plus tard le 1er janv. 2026, à la 1re phr. du 1er al. de cet art., le mot : « Département » est remplacé par le mot : « Département-Région » (L. n° 2025-797 du 11 août 2025, art. 48).

La minoration de la dotation forfaitaire des communes de métropole et des départements d'outre-mer à l'exception de celles du Département de Mayotte précisée par l'art. L. 2334-7-3 ne constitue pas une imposition nouvelle, prend en considération l'ensemble des recettes de fonctionnement des communes concernées et ne porte pas atteinte au principe d'égalité devant la loi ou devant l'impôt. En conséquence, la commune n'est pas fondée à demander l'annulation du 1° de l'art. 1er du décret du 19 mai 2014 fixant les modalités d'applications de l'art. L. 2334-7-3. • CE 12 févr. 2016, *Cne de Saint-Bon-Tarentaise,* n° 382645. ♦ De même la question prioritaire de constitutionnalité relative à la conformité aux droits et libertés garantis par la Constitution des dispositions de l'art. L. 2334-7-3 n'est pas nouvelle et ne présente pas un caractère sérieux, les dispositions de l'art. L. 2334-7-3 définissant « l'année au titre de laquelle sont prises en compte les données financières pour répartir la minoration de la dotation forfaitaire ». En conséquence, le Conseil d'État refuse de transmettre au Conseil constitutionnel la question soulevée. • CE 27 sept. 2017, *Cne de Salaise-sur-Sanne,* n° 411954 : *AJDA 2018. 82*. ♦ Sur le fond, les dépenses exceptionnelles, lesquelles sont exclues pour le calcul de la minoration, ne doivent pas être entendues comme comprenant les recettes de gestion courante de la section de fonctionnement du budget général d'une commune qui proviennent du reversement d'un excédent de gestion provenant d'un budget annexe. Ainsi, le reversement d'un excédent de fonctionnement d'un budget annexe comptabilisée à un compte de produits de gestion courante de la section de fonctionnement du budget de la commune (« qui n'est pas au nombre de ceux énumérés à l'art. R. 2334-3-2 CGCT dont les montants viennent en minoration des produits comptabilisés dans les comptes de produits, pour aboutir à la détermination des recettes réelles de fonctionnement dont il est tenu compte pour la détermination de la minoration prévue à l'art. L. 2334-7-3 de ce code ») a bien le caractère d'une recette réelle. • CAA Toulouse, 6 juill. 2023, n° 20TL23927.

Art. L. 2334-8 **La dotation forfaitaire fait l'objet de versements mensuels.** — *[C. communes, art. L. 234-16, al. 1er.]*

Art. L. 2334-9 *(L. n° 2008-1425 du 27 déc. 2008, art. 167)* **En 2009, lorsque la population d'une commune définie au deuxième alinéa de l'article L. 2334-2, authentifiée**

au 1er janvier 2009, est inférieure de 10 % ou plus à celle de 2008, la dotation de base prévue au 1° *(L. n° 2012-1509 du 29 déc. 2012, art. 111)* « du I » de l'article L. 2334-7 revenant à cette commune est majorée d'un montant égal à 50 % de la différence entre le montant de la dotation de base qu'elle a perçue en 2008 et le montant de la dotation qu'elle devrait percevoir en 2009.

Art. L. 2334-10 *(L. n° 2004-1484 du 30 déc. 2004, art. 47)* En cas de modification des limites territoriales de communes entraînant des variations de population, les dotations *(L. n° 2014-1654 du 29 déc. 2014, art. 107)* « forfaitaires » revenant à chacune de ces communes sont calculées, conformément à l'article L. 2334-7, en prenant en compte les nouvelles populations.

Art. L. 2334-11 *Abrogé par L. n° 2014-1654 du 29 déc. 2014, art. 107.*

Art. L. 2334-12 *(L. n° 2014-1654 du 29 déc. 2014, art. 107)* En cas de division de communes, la dotation forfaitaire de l'ancienne commune calculée en application du III de l'article L. 2334-7 *(L. n° 2025-127 du 14 févr. 2025, art. 178)* « et les recettes réelles de fonctionnement utilisées pour calculer la minoration mentionnée au dernier alinéa du même III sont réparties » entre chaque nouvelle commune au prorata de la population.

(L. n° 2023-1322 du 29 déc. 2023, art. 240) « Le présent article est également applicable aux divisions de communes résultant de l'annulation juridictionnelle d'une décision de fusion de communes. »

SOUS-SECTION 3 Dotation d'aménagement

Art. L. 2334-13 Il est institué une dotation d'aménagement qui regroupe une dotation au bénéfice des groupements de communes, *(L. n° 2003-1311 du 30 déc. 2003, art. 52)* « une dotation nationale de péréquation, » une dotation de solidarité urbaine et de cohésion sociale *(L. n° 2019-1479 du 28 déc. 2019, art. 250)* « , une dotation de solidarité rurale et une dotation de compétences intercommunales ».

(L. n° 2010-1563 du 16 déc. 2010, art. 24) « Le montant de la dotation d'aménagement est égal à la différence entre l'ensemble des ressources affectées à la dotation globale de fonctionnement des communes et l'ensemble formé par la dotation forfaitaire prévue à l'article L. 2334-7 et la dotation forfaitaire des communes nouvelles prévue à l'article L. 2113-20. »

(L. n° 2023-1322 du 29 déc. 2023, art. 240) « Au sein de la dotation d'aménagement, la dotation d'aménagement des communes est constituée de la dotation de solidarité urbaine et de cohésion sociale, de la dotation de solidarité rurale et de la dotation nationale de péréquation. La dotation d'aménagement des communes augmente de 290 millions d'euros en *(L. n° 2025-127 du 14 févr. 2025, art. 178)* « 2025 » par rapport à son montant en *(L. n° 2025-127 du 14 févr. 2025, art. 178)* « 2024 », avant application des minorations prévues à l'article L. 2334-7-1. Le montant mis en répartition au titre de la dotation nationale de péréquation est au moins égal à celui mis en répartition l'année précédente. La variation annuelle du solde de la dotation d'aménagement des communes est répartie par le comité des finances locales entre la dotation nationale de péréquation, la dotation de solidarité urbaine et de cohésion sociale et la dotation de solidarité rurale ainsi qu'entre les différentes parts ou fractions de ces dotations quand elles existent. En *(L. n° 2025-127 du 14 févr. 2025, art. 178)* « 2025 », l'augmentation de la dotation d'aménagement des communes est affectée pour 140 millions d'euros à la dotation de solidarité urbaine et de cohésion sociale et pour 150 millions d'euros à la dotation de solidarité rurale. *(L. n° 2025-127 du 14 févr. 2025, art. 178)* « Une quote-part de la dotation d'aménagement des communes est affectée aux communes d'outre-mer dans les conditions définies à l'article L. 2334-23-1. »

« Après prélèvement de la dotation d'aménagement des communes mentionnée au présent article, de la dotation de compensation mentionnée à l'article L. 5211-28-1, de la dotation de compétences intercommunales et des dotations mentionnées à l'article L. 5211-24, le solde de la dotation d'aménagement est attribué à la dotation d'intercommunalité mentionnée aux articles L. 5211-28 et L. 5842-8.

« Le comité des finances locales peut majorer le montant de la dotation de solidarité urbaine et de cohésion sociale, de la dotation de solidarité rurale, de la dotation natio-

nale de péréquation et de la dotation d'intercommunalité en compensant les majorations correspondantes dans les conditions prévues aux I et III de l'article L. 2334-7-1. »

Répartition de la dotation d'intercommunalité. Pour contester la décision du comité des finances locales fixant au niveau national le montant de la dotation d'intercommunalité et répartissant celle-ci entre les différentes catégories de groupements de communes, une communauté de communes soutenait que le montant des sommes attribuées pour l'ensemble du territoire par cette décision pour la dotation globale de fonctionnement des groupements de communes et pour sa répartition entre les différents types de groupement a eu pour effet de la priver d'une partie de la dotation globale de fonctionnement à laquelle elle avait légalement droit : outre le fait qu'elle n'apportait aucun élément de nature à établir que le faible montant de la dotation globale de fonctionnement, qui lui a été attribué pour l'année en cause, était dû au montant des dotations fixées au niveau national par le comité des finances locales, elle n'était pas fondée à invoquer, en tout état de cause, une prétendue atteinte au « processus de sécurité juridique ». • CE 26 févr. 2003, *Cté de cnes de la région de La Villedieu-du-Clain,* n° 228317 : *Coll. terr. 2003, n° 97, note Moreau ; BJCL 2003. 301, concl. Goulard, obs. B. P. ; ACL 2004. 576.* ♦ Les autres moyens invoqués et tirés notamment de ce que la communauté de communes aurait perçu une dotation inférieure à 80 % de la dotation de l'année précédente avant écrêtement, s'ils seraient opérants à l'encontre de la décision du préfet, sont en revanche insusceptibles d'être utilement invoqués à l'encontre de la décision du comité des finances locales. • Même décision.

Art. L. 2334-14 La *(L. n° 2003-1311 du 30 déc. 2003, art. 52)* **« dotation nationale de péréquation » et la dotation de solidarité rurale font l'objet d'un versement annuel avant la fin du troisième trimestre de l'exercice au titre duquel elles sont versées.**

(L. n° 2016-1917 du 29 déc. 2016, art. 138) **« La dotation de solidarité urbaine et de cohésion sociale** *(L. n° 2019-1479 du 28 déc. 2019, art. 250)* **« ainsi que la quote-part de la dotation d'aménagement destinée aux communes d'outre-mer font » l'objet de versements mensuels. »**

§ 1 Dotation nationale de péréquation

(L. n° 2003-1311 du 30 déc. 2003, art. 52)

Art. L. 2334-14-1 **I. — La dotation nationale de péréquation comprend une part principale et une majoration.**

(Abrogé par L. n° 2025-127 du 14 févr. 2025, art. 178) ***« II. — Cette dotation est répartie entre les communes dans les conditions précisées aux III, IV, V et VI, après prélèvement des sommes nécessaires à la quote-part destinée aux communes des départements d'outre-mer*** *(L. n° 2004-1484 du 30 déc. 2004, art. 47)* ***« , de la Nouvelle-Calédonie, de la Polynésie française, de la collectivité territoriale de Saint-Pierre-et-Miquelon, des circonscriptions territoriales de Wallis-et-Futuna » et du Département de Mayotte.*** *(L. n° 2008-1425 du 27 déc. 2008, art. 174)* ***« Cette quote-part est calculée en appliquant au montant de la dotation nationale de péréquation le ratio démographique mentionné au quatrième alinéa de l'article L. 2334-13. » Elle est répartie dans des conditions fixées par décret en Conseil d'État. »***

III. — *(L. n° 2021-1900 du 30 déc. 2021, art. 194)* **« Sont éligibles à » la part principale de la dotation les communes de métropole qui remplissent les deux conditions suivantes :**

1° *(L. n° 2004-1484 du 30 déc. 2004, art. 47)* **« Le potentiel financier par habitant est inférieur au potentiel financier moyen par habitant majoré de 5 % de l'ensemble des communes appartenant au même groupe démographique ; »**

2° L'effort fiscal est supérieur à l'effort fiscal moyen des communes appartenant au même groupe démographique.

Par dérogation aux premier à troisième alinéas, il n'est pas tenu compte de la seconde condition pour les communes dont le taux d'imposition à la *(L. n° 2011-1977 du 28 déc. 2011, art. 141)* **« cotisation foncière des entreprises » est égal au plafond prévu aux IV et V de l'article 1636 B *septies* du code général des impôts. Par dérogation aux dispositions précédentes, les communes de 10 000 habitants au moins dont le potentiel** *(L. n° 2004-1484 du 30 déc. 2004, art. 47)* **« financier est inférieur de 15 % au potentiel financier » moyen par habitant de l'ensemble des communes appartenant au même groupe démographique et dont l'effort fiscal est supérieur à** *(L. n° 2007-1822 du 24 déc. 2007, art. 112)* **« 85 % » de l'effort fiscal moyen des communes appartenant**

au même groupe démographique *(L. n° 2021-1900 du 30 déc. 2021, art. 194)* **« sont éligibles à » la dotation dans les conditions prévues au IV.**

Les communes qui remplissent la première condition mais pas la seconde, sans que leur effort fiscal soit inférieur à *(L. n° 2007-1822 du 24 déc. 2007, art. 112)* **« 85 % » de l'effort fiscal moyen des communes appartenant au même groupe démographique,** *(L. n° 2021-1900 du 30 déc. 2021, art. 194)* **« sont éligibles à » une attribution dans les conditions définies au IV.**

III bis. — Abrogé par L. n° 2012-1509 du 29 déc. 2012, art. 111.

IV. — La part principale de la dotation est répartie dans les conditions suivantes :

L'attribution par habitant revenant à chaque commune de métropole éligible est déterminée en proportion de l'écart relatif entre le *(L. n° 2004-1484 du 30 déc. 2004, art. 47)* **« potentiel financier » moyen par habitant de l'ensemble des communes appartenant au même groupe démographique et le** *(L. n° 2004-1484 du 30 déc. 2004, art. 47)* **« potentiel financier » par habitant de la commune.**

Toutefois, les communes éligibles à la part principale de la dotation en application du cinquième alinéa du III bénéficient d'une attribution réduite de moitié.

Lorsqu'une attribution revenant à une commune diminue de plus de moitié par rapport à celle de l'année précédente, cette commune perçoit, à titre de garantie non renouvelable, une attribution égale à la moitié de celle qu'elle a perçue l'année précédente.

Lorsqu'une commune cesse d'être éligible à la part principale de la dotation, cette commune perçoit, à titre de garantie non renouvelable, une attribution égale à la moitié de celle qu'elle a perçue l'année précédente.

L'attribution revenant à une commune ne peut en aucun cas prendre en compte les montants attribués l'année précédente au titre des garanties mentionnées aux quatrième et cinquième alinéas du présent IV.

(L. n° 2021-1900 du 30 déc. 2021, art. 194) **« Lorsqu'une commune ne dispose d'aucune ressource au titre de la taxe d'habitation sur les résidences secondaires** *(Abrogé par L. n° 2025-127 du 14 févr. 2025, art. 110)* ***« et les autres locaux meublés non affectés à l'habitation principale »*****, des taxes foncières sur les propriétés bâties et non bâties et de la taxe additionnelle à la taxe foncière sur les propriétés non bâties, elle est réputée éligible à la part principale et l'attribution par habitant revenant à la commune est égale à huit fois l'attribution moyenne nationale par habitant. » Cette attribution est portée à douze fois l'attribution nationale moyenne par habitant lorsque les communes concernées sont membres d'un établissement public de coopération intercommunale à fiscalité propre.**

Le montant total des attributions revenant en métropole aux communes éligibles comptant 200 000 habitants et plus est égal au produit de leur population par le montant moyen de l'attribution par habitant perçue l'année précédente par ces communes.

V. — La majoration de la dotation nationale de péréquation est répartie entre les communes éligibles comptant moins de 200 000 habitants en proportion de leur population et de l'écart relatif entre le *(L. n° 2004-1484 du 30 déc. 2004, art. 47 ; L. n° 2011-1977 du 28 déc. 2011, art. 141)* **« potentiel fiscal » moyen par habitant, calculé à partir** *(L. n° 2011-1977 du 28 déc. 2011, art. 141)* **« des seuls produits mentionnés** *(L. n° 2025-127 du 14 févr. 2025, art. 178)* **« aux 2° et 4°** ***quinquies*** **» du I de l'article L. 2334-4 »** *(L. n° 2021-1900 du 30 déc. 2021, art. 194)* **« et des montants perçus par la commune et le groupement l'année précédente au titre du prélèvement sur les recettes de l'État prévu au III de l'article 29 de la loi n° 2020-1721 du 29 décembre 2020 de finances pour 2021, pour sa part compensant la perte de recettes de cotisation foncière des entreprises résultant du A du I du même article 29 », de l'ensemble des communes appartenant au même groupe démographique et le** *(L. n° 2004-1484 du 30 déc. 2004, art. 47 ; L. n° 2011-1977 du 28 déc. 2011, art. 141)* **« potentiel fiscal » par habitant de la commune, calculé à partir** *(L. n° 2011-1977 du 28 déc. 2011, art. 141)* **« des »** *(L. n° 2021-1900 du 30 déc. 2021, art. 194)* **« mêmes produits et montants ».**

Seules sont éligibles les communes dont le *(L. n° 2004-1484 du 30 déc. 2004, art. 47 ; L. n° 2011-1977 du 28 déc. 2011, art. 141)* **« potentiel fiscal » par habitant est inférieur** *(L. n° 2004-1484 du 30 déc. 2004, art. 47)* **« de 15 % » au** *(L. n° 2004-1484 du 30 déc.*

2004, art. 47 ; L. n° 2011-1977 du 28 déc. 2011, art. 141) « potentiel fiscal » par habitant du même groupe démographique.

(L. n° 2023-1322 du 29 déc. 2023, art. 240) « Lorsqu'une commune cesse d'être éligible à cette majoration, cette commune perçoit, à titre de garantie non renouvelable, une attribution égale à la moitié de celle qu'elle a perçue l'année précédente. »

(L. n° 2011-1977 du 28 déc. 2011, art. 141) « VI. — À compter de 2012, l'attribution au titre de la part principale ou de la part majoration de la dotation nationale de péréquation revenant à une commune éligible ne peut être ni inférieure à 90 %, ni supérieure à 120 % du montant perçu l'année précédente.

« Lorsqu'une commune cesse d'être éligible en 2012 à la part principale ou à la part majoration de la dotation nationale de péréquation, elle perçoit, à titre de garantie, une attribution égale à 90 % en 2012, 75 % en 2013 et 50 % en 2014 du montant perçu en 2011 au titre de la part de dotation à laquelle elle n'a plus droit. »

VII. — Aucune attribution calculée en application des paragraphes précédents n'est versée si son montant est inférieur ou égal à 300 €.

VIII. — Les modalités d'application du présent article sont fixées par décret en Conseil d'État. À défaut, le décret n° 85-260 du 22 février 1985 relatif aux modalités de répartition des ressources du fonds national de péréquation de la taxe professionnelle et du fonds national de péréquation et le décret n° 85-1314 du 11 décembre 1985 relatif aux modalités de répartition des ressources du fonds national de péréquation de la taxe professionnelle et du Fonds national de péréquation dans les départements d'outre-mer s'appliquent, en ce qui concerne le présent article.

Les communes nouvelles sont éligibles aux dotations de péréquation communale dans les conditions de droit commun fixées notamment par l'art. L. 2334-14-1 CGCT. Elles sont en principe soumises au dispositif d'encadrement de l'évolution de la dotation nationale de péréquation d'une année à l'autre prévu par le VI de cet article. Toutefois, d'une part, ce dispositif ne peut trouver à s'appliquer aux communes nouvelles l'année de leur création, dès lors que celles-ci n'ont pu, en tant que telles, percevoir de dotation de péréquation l'année précédente et, d'autre part, ce dispositif ne saurait avoir pour effet de priver les communes nouvelles de la garantie du maintien des dotations au cours des trois années suivant leur création prévue par l'art. L. 2113-22 CGCT. • CE 5 avr. 2019, *Cne de Tinchebray-Bocage*, n° 412701 B : *AJDA 2019. 785*.

§ 2 Dotation de solidarité urbaine et de cohésion sociale

BIBL. ▶ DAUPHIN, La loi de finances pour 2009 : une occasion manquée de réforme de la dotation de solidarité urbaine, *AJDA 2009. 866*.

Art. L. 2334-15 La dotation de solidarité urbaine et de cohésion sociale a pour objet de contribuer à l'amélioration des conditions de vie dans les communes urbaines confrontées à une insuffisance de leurs ressources et supportant des charges élevées. — *[C. communes, art. L. 234-12-I.]*

Art. L. 2334-16 Bénéficient de la dotation prévue à l'article L. 2334-15 :

(L. n° 96-241 du 26 mars 1996) « 1° *(L. n° 2016-1917 du 29 déc. 2016, art. 138)* « Les deux premiers tiers » des communes de 10 000 habitants et plus, classées, chaque année, en fonction d'un indice synthétique de ressources et de charges défini à l'article L. 2334-17 ;

« 2° Le premier dixième des communes dont la population est comprise entre 5 000 et 9 999 habitants, classées, chaque année, en fonction d'un indice synthétique de ressources et de charges défini à l'article L. 2334-18. »

(L. n° 2016-1917 du 29 déc. 2016, art. 138) « Toutefois, ne peuvent être éligibles les communes dont le potentiel financier par habitant est supérieur à deux fois et demi *[demie]* le potentiel financier moyen par habitant des communes de même groupe démographique défini aux 1° et 2°. »

(L. n° 2021-1900 du 30 déc. 2021, art. 194) « Pour l'application du présent paragraphe, les communes mentionnées au I de l'article L. 2334-22-2 ne sont pas considérées comme des communes de 10 000 habitants et plus. »

Art. L. 2334-17 *(L. n° 96-241 du 26 mars 1996)* L'indice synthétique de ressources et de charges mentionné à l'article L. 2334-16 pour les communes de 10 000 habitants et plus est constitué :

1° Du rapport entre le *(L. n° 2004-1484 du 30 déc. 2004, art. 47)* **« potentiel financier » par habitant des communes de 10 000 habitants et plus et le** *(L. n° 2004-1484 du 30 déc. 2004, art. 47)* **« potentiel financier » par habitant de la commune, tel que défini à l'article L. 2334-4 ;**

2° Du rapport entre la proportion de logements sociaux dans le total des logements de la commune et la proportion de logements sociaux dans le total des logements des communes de 10 000 habitants et plus ;

3° Du rapport entre la proportion du total des bénéficiaires d'aides au logement, y compris leur conjoint et les personnes à charge vivant habituellement dans leur foyer, dans le nombre total de logements de la commune et cette même proportion constatée dans l'ensemble des communes de 10 000 habitants et plus ;

4° Du rapport entre le revenu moyen par habitant des communes de 10 000 habitants et plus et le revenu par habitant de la commune, *(L. n° 99-1126 du 28 déc. 1999, art. 1er)* **« calculé en prenant en compte la population définie au premier alinéa de l'article L. 2334-2. »**

(L. n° 2025-127 du 14 févr. 2025, art. 178) **« Les logements sociaux retenus pour l'application du présent article sont les logements locatifs recensés dans le répertoire des logements locatifs sociaux et de leurs occupants prévu à l'article L. 411-10 du code de la construction et de l'habitation. Sont également considérés comme des logements sociaux, pour l'application du présent article, les logements faisant l'objet d'une opération de requalification de copropriétés dégradées déclarée d'intérêt national selon les modalités définies à l'article L. 741-2 du code de la construction et de l'habitation. »**

Les aides au logement retenues pour l'application du présent article sont, dans des conditions définies par décret en Conseil d'État, les prestations prévues *(Ord. n° 2019-770 du 17 juill. 2019, art. 6)* **« à l'article L. 821-1 du code de la construction et de l'habitation ».**

Le revenu pris en considération pour l'application du 4° est le dernier revenu *(L. n° 2023-1322 du 29 déc. 2023, art. 240)* **« fiscal de référence » connu.**

L'indice synthétique de ressources et de charges est obtenu par addition des rapports visés aux 1°, 2°, 3° et 4°, en pondérant le premier par *(L. n° 2016-1917 du 29 déc. 2016, art. 138)* **« 30 % », le deuxième par 15 p. 100, le troisième par 30 p. 100 et le quatrième par** *(L. n° 2016-1917 du 29 déc. 2016, art. 138)* **« 25 % ». Toutefois, chacun des pourcentages de pondération peut être majoré ou minoré pour l'ensemble des communes bénéficiaires d'au plus cinq points dans des conditions fixées par un décret en Conseil d'État.**

Les communes sont classées en fonction de la valeur décroissante de leur indice synthétique.

V. art. R. 2334-4 et R. 2334-5.

Sur les logements sociaux, V. également CCH, art. L. 301-2 et R. 302-1 s. — ***CCH.***

La question de la conformité à la Const. de l'art. L. 2334-17 est transmise au CE. En effet, selon la CAA de Paris, le critère constituant l'indice synthétique de ressources et de charges prévu par le 2° de l'art. L. 2334-17 est relatif au rapport entre la proportion de logements sociaux dans le total des logements de la commune et celle dans le total des logements des communes de 10 000 habitants et plus. Si la prise en compte des logements sociaux permet objectivement d'appréhender les revenus des habitants d'une commune, l'énumération de ces logements par le 6e al. de l'art. L. 2334-17, en ce qu'elle en retient une définition limitée aux seuls logements détenus par des bailleurs publics sans aucune justification rationnelle et objective à cette limitation, pose une question qui n'est pas dépourvue de caractère sérieux. • CAA Paris, 4 oct. 2024, n° 23PA01361. ♦ Le CE ne reprend pas ce raisonnement en estimant d'une part que les critères utilisés pour déterminer l'indice synthétique sont objectifs et rationnels au regard de l'objet de la dotation de solidarité urbaine, ce qui le conduit à considérer que le grief tiré de la méconnaissance du principe d'égalité énoncé à l'art. 13 DDH est dépourvu de caractère sérieux, et d'autre part que « le grief tiré de la méconnaissance du principe de libre administration des collectivités territoriales n'est pas assorti des précisions permettant d'en apprécier le caractère sérieux ». Il en conclu « que la question soulevée, qui n'est pas nouvelle, ne présente pas un caractère sérieux. Il n'y a pas lieu, par suite, de renvoyer au Conseil constitutionnel la question prioritaire de constitutionnalité invoquée ». • CE, QPC, 30 déc. 2024, n° 498261.

Art. L. 2334-18 *(L. n° 96-241 du 26 mars 1996)* Les dispositions de l'article L. 2334-17 s'appliquent pour le calcul de l'indice synthétique de ressources et de charges des communes de 5 000 à 9 999 habitants, sous réserve de la substitution des moyennes nationales constatées pour ces communes à celles constatées pour les communes de 10 000 habitants et plus.

Les communes sont classées en fonction de la valeur décroissante de leur indice synthétique.

Art. L. 2334-18-1 *Abrogé par L. n° 2015-1785 du 29 déc. 2015, art. 151.*

Art. L. 2334-18-2 *(L. n° 2005-32 du 18 janv. 2005, art. 135)* La dotation revenant à chaque commune éligible est égale au produit de sa population par la valeur de l'indice qui lui est attribué. Ce produit est pondéré par l'effort fiscal dans la limite de 1,3 et par un coefficient variant uniformément de *(L. n° 2016-1917 du 29 déc. 2016, art. 138)* « 4 » à 0,5 dans l'ordre croissant du rang de classement des communes éligibles.

Pour la détermination de la dotation revenant aux communes éligibles, s'appliquent au produit défini au premier alinéa deux coefficients multiplicateurs supplémentaires, l'un égal à un, augmenté du rapport entre le double de la population *(L. n° 2014-1654 du 29 déc. 2014, art. 107)* « des zones urbaines sensibles et, à compter de *(L. n° 2015-1785 du 29 déc. 2015, art. 151)* « 2017 », » des *(L. n° 2014-173 du 21 févr. 2014, art. 26)* « quartiers prioritaires de la politique de la ville » et la population totale de la commune, et l'autre égal à un, augmenté du rapport entre la population des zones franches urbaines et la population totale de la commune. *(L. n° 2014-1654 du 29 déc. 2014, art. 107)* « En *(L. n° 2015-1785 du 29 déc. 2015, art. 151)* « 2016 », la population des zones urbaines sensibles et la population des zones franches urbaines-territoires entrepreneurs prises en compte sont authentifiées à l'issue du dernier recensement de population dans les zones existant au 1er janvier *(L. n° 2015-1785 du 29 déc. 2015, art. 151)* « 2014 ». »

L'accroissement de la dotation de chaque commune ne peut excéder 4 millions d'euros par an.

(L. n° 2010-1657 du 29 déc. 2010, art. 178) « À compter de *(L. n° 2016-1917 du 29 déc. 2016, art. 138)* « 2017 », les communes éligibles au titre de l'article L. 2334-16 perçoivent une dotation égale à celle perçue l'année précédente, majorée de l'augmentation prévue à l'article L. 2334-18-4. Les communes qui n'étaient pas éligibles à la dotation l'année précédant l'année de versement bénéficient d'une attribution calculée en application du présent article. » *(L. n° 2023-1322 du 29 déc. 2023, art. 240)* « Par dérogation, les communes nouvelles regroupant au moins une commune éligible à la dotation l'année précédant la fusion sont considérées comme ayant été éligibles l'année précédant la fusion et le montant perçu l'année précédant la création de la commune nouvelle correspond à la somme des attributions perçues par les anciennes communes éligibles. »

Art. L. 2334-18-3 *(L. n° 96-241 du 26 mars 1996)* Lorsqu'une commune cesse d'être éligible à la dotation, elle perçoit, à titre de garantie non renouvelable, une attribution égale à la moitié de celle qu'elle a perçue l'année précédente.

(L. n° 2015-1785 du 29 déc. 2015, art. 155) « Lorsqu'une commune cesse d'être éligible à la dotation à la suite d'une baisse de sa population en deçà du seuil minimal fixé au 2° de l'article L. 2334-16, elle perçoit, à titre de garantie pour les neuf exercices suivants, une attribution calculée en multipliant le montant de dotation perçu la dernière année où la commune était éligible par un coefficient égal à 90 % la première année et diminuant ensuite d'un dixième chaque année. »

(L. n° 2002-1575 du 30 déc. 2002, art. 53) « En outre, lorsque, à compter de 2000, une commune, dont l'établissement public de coopération intercommunale dont elle est membre a opté deux ans auparavant pour l'application du régime fiscal prévu à l'article 1609 *nonies* C du code général des impôts, cesse d'être éligible à la dotation du fait de l'application *(L. n° 2012-1509 du 29 déc. 2012, art. 111)* « des 1 et 2 du II » de l'article L. 2334-4, elle perçoit, pendant cinq ans, une attribution calculée en multipliant le montant de dotation perçu la dernière année où la commune était éligible par un coefficient égal à 90 % la première année et diminuant ensuite d'un dixième chaque année. »

(L. nº 2016-1917 du 29 déc. 2016, art. 138) « À titre dérogatoire, lorsqu'une commune cesse d'être éligible en 2017 à la dotation de solidarité urbaine et de cohésion sociale, elle perçoit, à titre de garantie, une dotation égale à 90 % en 2017, 75 % en 2018 et 50 % en 2019 du montant perçu en 2016. »

Les sommes nécessaires sont prélevées sur les crédits affectés par le comité des finances locales à la dotation de solidarité urbaine et de cohésion sociale.

Art. L. 2334-18-4 *(L. nº 2008-1425 du 27 déc. 2008, art. 171)* L'augmentation de la dotation, après répartition des attributions calculées en application des articles L. 2334-16 à *(L. nº 2016-1917 du 29 déc. 2016, art. 138)* « L. 2334-18-3 », est répartie entre les deux catégories démographiques au prorata de leur population dans le total des communes bénéficiaires.

(L. nº 2016-1917 du 29 déc. 2016, art. 138) « La part d'augmentation est répartie entre les communes bénéficiaires dans les conditions prévues aux deux premiers alinéas de l'article L. 2334-18-2. Les communes qui n'étaient pas éligibles à la dotation l'année précédant la répartition ne bénéficient pas de cette part. »

Art. L. 2334-19 *Abrogé par L. nº 2007-1822 du 24 déc. 2007, art. 139.*

§ 3 Dotation de solidarité rurale

Art. L. 2334-20 La dotation de solidarité rurale est attribuée aux communes de moins de 10 000 habitants et à certains chefs-lieux d'arrondissement de moins de 20 000 habitants pour tenir compte, d'une part, des charges qu'ils supportent pour contribuer au maintien de la vie sociale en milieu rural, d'autre part, de l'insuffisance de leurs ressources fiscales.

Cette dotation comporte *(L. nº 2010-1657 du 29 déc. 2010, art. 178)* « trois » fractions. *(L. nº 2010-1657 du 29 déc. 2010, art. 178)* « La variation annuelle de la dotation de solidarité rurale est répartie par le comité des finances locales entre ces trois fractions. » *(L. nº 2022-1726 du 30 déc. 2022, art. 195)* « En *(L. nº 2025-127 du 14 févr. 2025, art. 178)* « 2025 », la part de cette variation allouée à la deuxième fraction de la dotation prévue à l'article L. 2334-22 ne peut être inférieure à 60 % du total. »

Art. L. 2334-21 La première fraction de la dotation de solidarité rurale est attribuée aux communes dont la population représente au moins 15 p. 100 de la population du canton *(L. nº 2014-1654 du 29 déc. 2014, art. 107)* « , aux communes sièges des bureaux centralisateurs, ainsi qu'aux communes chefs-lieux de canton au 1er janvier 2014 » ;

Ne peuvent être éligibles les communes :

1° Situées dans une *(L. nº 2022-1726 du 30 déc. 2022, art. 195)* « unité urbaine » :

a) Représentant au moins 10 p. 100 de la population du département ou comptant plus de 250 000 habitants ;

b) Comptant une commune soit de plus de 100 000 habitants, soit chef-lieu de département ;

2° Situées dans un canton dont la commune chef-lieu compte plus de 10 000 habitants *(L. nº 2017-1837 du 30 déc. 2017, art. 159)* « , à l'exception des communes sièges des bureaux centralisateurs » ;

3° Abrogé par L. nº 2006-1771 du 30 déc. 2006, art. 157.

4° Dont le *(L. nº 2004-1484 du 30 déc. 2004, art. 47)* « potentiel financier » par habitant est supérieur au double du *(L. nº 2004-1484 du 30 déc. 2004, art. 47)* « potentiel financier » moyen par habitant des communes de moins de 10 000 habitants.

(L. nº 2014-1654 du 29 déc. 2014, art. 107) « Pour l'application du présent article, les limites territoriales des cantons sont appréciées au 1er janvier 2014. »

Bénéficient également de cette fraction les chefs-lieux d'arrondissement *(L. nº 2016-1917 du 29 déc. 2016, art. 138)* « au 31 décembre 2014 », dont la population est comprise entre 10 000 et 20 000 habitants, qui n'entrent pas dans les cas prévus aux 1° et 4° ci-dessus.

L'attribution revenant à chaque commune est déterminée en fonction :

a) De la population prise en compte dans la limite de 10 000 habitants ;

b) De l'écart entre le *(L. nº 2004-1484 du 30 déc. 2004, art. 47)* « potentiel financier » moyen par habitant des communes de moins de 10 000 habitants et le *(L.*

nº 2004-1484 du 30 déc. 2004, art. 47) « potentiel financier » par habitant de la commune ;

c) De l'effort fiscal pris en compte dans la limite de 1,2 ;

(L. nº 2025-127 du 14 févr. 2025, art. 178) « *d)* D'un coefficient multiplicateur égal à 1,3 pour les communes dont le territoire ou une partie du territoire est situé dans des zones France ruralités revitalisation mentionnées aux II et III de l'article 44 *quindecies* A du code général des impôts et les communes qui bénéficient des effets du classement en zone France ruralités revitalisation pour l'ensemble ou une partie de leur territoire en application du IV de l'article 99 de la loi nº 2025-127 du 14 février 2025 de finances pour 2025. »

Lorsqu'une commune cesse de remplir les conditions requises pour bénéficier de cette fraction de la dotation de solidarité rurale, cette commune perçoit, à titre de garantie non renouvelable, une attribution égale à la moitié de celle qu'elle a perçue l'année précédente. *(L. nº 2017-1837 du 30 déc. 2017, art. 159)* « Par dérogation, les communes ayant cessé d'être éligibles en 2017 à la suite du plafonnement de leur population en application des cinq derniers alinéas du présent article perçoivent en 2018 une garantie de sortie égale à celle perçue en 2017. »

(L. nº 2011-1977 du 28 déc. 2011, art. 141) « Lorsqu'une commune cesse d'être éligible en 2012 à cette fraction de la dotation de solidarité rurale, elle perçoit, à titre de garantie, une attribution égale à 90 % en 2012, 75 % en 2013 et 50 % en 2014 du montant perçu en 2011.

« À compter de 2012, l'attribution d'une commune éligible ne peut être ni inférieure à 90 % ni supérieure à 120 % du montant perçu l'année précédente *(L. nº 2022-1726 du 30 déc. 2022, art. 195)* « et les unités urbaines sont celles définies par l'Institut national de la statistique et des études économiques *(L. nº 2025-127 du 14 févr. 2025, art. 178)* « et publiées sur le site internet de cet institut » au 1er janvier de l'année de répartition ». »

(L. nº 2016-1917 du 29 déc. 2016, art. 138) « La population prise en compte est celle définie à l'article L. 2334-2 :

« – plafonnée à 500 habitants pour les communes dont la population issue du dernier recensement est inférieure à 100 habitants ;

« – plafonnée à 1 000 habitants pour les communes dont la population issue du dernier recensement est comprise entre 100 et 499 habitants ;

« – plafonnée à 2 250 habitants pour les communes dont la population issue du dernier recensement est comprise entre 500 et 1 499 habitants.

« Ce plafond s'applique uniquement à la population de la commune concernée et n'intervient pas dans le calcul du potentiel financier par habitant. »

Conditions de versement. Il résulte des dispositions des art. L. 2334-1, L. 2334-13, L. 2334-20 et L. 2334-21 CGCT qu'il appartient au préfet, pour déterminer si une commune est éligible à la première fraction de la dotation de solidarité rurale, de vérifier que celle-ci n'est pas située dans une agglomération répondant aux critères mentionnés à l'art. L. 2334-21 CGCT. S'il doit, à cette fin, se référer à la notion d'« unité urbaine », telle qu'elle est définie par l'INSEE, son appréciation ne saurait toutefois reposer uniquement sur le constat du rattachement par l'INSEE de cette commune à une unité urbaine, lequel est d'ailleurs dépourvu de toute portée juridique et insusceptible de faire l'objet d'un recours pour excès de pouvoir. • CE 20 mars 2013, *Cne de Cysoing*, nº 352570 : *AJCT 2013. 422, obs. Houser ; BJCL 2013. 360, concl. Cortot-Boucher, obs. Cabannes* • CE 24 févr. 2017, *Min. de l'Intérieur*, nº 396809 : *Lebon ; AJCT 2017. 394, obs. Houser*.

Art. L. 2334-22 La *(L. nº 2017-1837 du 30 déc. 2017, art. 159)* « deuxième » fraction de la dotation de solidarité rurale est attribuée aux communes dont le *(L. nº 2004-1484 du 30 déc. 2004, art. 47)* « potentiel financier » par habitant, tel qu'il est défini à l'article L. 2334-4, est inférieur au double du *(L. nº 2004-1484 du 30 déc. 2004, art. 47)* « potentiel financier » moyen par habitant des communes appartenant au même groupe démographique.

Cette fraction est répartie :

1º Pour 30 p. 100 de son montant, en fonction de la population pondérée par l'écart entre le *(L. nº 2004-1484 du 30 déc. 2004, art. 47)* « potentiel financier » par habitant de la commune et le *(L. nº 2004-1484 du 30 déc. 2004, art. 47)* « potentiel financier » moyen par habitant des communes appartenant au même groupe démographique ainsi que par l'effort fiscal plafonné à 1,2 ;

2° Pour 30 p. 100 de son montant, proportionnellement à la longueur de la voirie *(Abrogé par L. nº 2025-127 du 14 févr. 2025, art. 178)* « ***classée dans le domaine public communal*** » ; pour les communes situées en zone de montagne *(L. nº 2011-1977 du 28 déc. 2011, art. 141)* « ou pour les communes insulaires », la longueur de la voirie est doublée. *(L. nº 2025-127 du 14 févr. 2025, art. 178)* « Un décret en Conseil d'État définit les types de voies prises en compte parmi celles recensées par l'Institut national de l'information géographique et forestière au 1er janvier de l'année de répartition. » *(L. nº 2011-1977 du 28 déc. 2011, art. 141)* « Pour l'application du présent article, une commune insulaire s'entend d'une commune de métropole située sur une île qui, n'étant pas reliée au continent par une infrastructure routière, comprend une seule commune ou un seul établissement public de coopération intercommunale ; »

3° Pour 30 p. 100 de son montant, proportionnellement *(L. nº 2004-1484 du 30 déc. 2004, art. 47)* « au nombre d'enfants de trois à seize ans domiciliés dans la commune, établi lors du dernier recensement » ;

4° Pour 10 p. 100 de son montant au maximum, en fonction de l'écart entre le *(L. nº 2004-1484 du 30 déc. 2004, art. 47)* « potentiel financier » par hectare de la commune et le *(L. nº 2004-1484 du 30 déc. 2004, art. 47)* « potentiel financier » moyen par hectare des communes de moins de 10 000 habitants.

Toutefois, sous réserve des dispositions du 4° ci-dessus, chacun des pourcentages de pondération peut être majoré ou minoré pour l'ensemble des communes bénéficiaires d'au plus cinq points dans des conditions fixées par décret en Conseil d'État, après avis du comité des finances locales.

(L. nº 2021-1900 du 30 déc. 2021, art. 194) « Lorsqu'une commune ne dispose d'aucune ressource au titre de la taxe d'habitation sur les résidences secondaires *(Abrogé par L. nº 2025-127 du 14 févr. 2025, art. 110)* « ***et les autres locaux meublés non affectés à l'habitation principale*** », des taxes foncières sur les propriétés bâties et non bâties et de la taxe additionnelle à la taxe foncière sur les propriétés non bâties, l'effort fiscal pris en compte pour l'application du présent article et de l'article L. 2334-22-1 est l'effort fiscal moyen des communes appartenant au même groupe démographique. »

(L. nº 2025-127 du 14 févr. 2025, art. 178) « Les communes dont le territoire ou une partie du territoire est situé dans des zones France ruralités revitalisation mentionnées aux II et III de l'article 44 *quindecies* A du code général des impôts et les communes qui bénéficient des effets du classement en zone France ruralités revitalisation pour l'ensemble ou une partie de leur territoire en application du IV de l'article 99 de la loi nº 2025-127 du 14 février 2025 de finances pour 2025 bénéficient d'un coefficient multiplicateur égal à 1,2. »

(L. nº 2011-1977 du 28 déc. 2011, art. 141) « À compter de 2012, l'attribution au titre de cette fraction d'une commune éligible ne peut être ni inférieure à 90 % ni supérieure à 120 % du montant perçu l'année précédente. »

Art. L. 2334-22-1 *(L. nº 2010-1657 du 29 déc. 2010, art. 178)* La troisième fraction de la dotation de solidarité rurale est attribuée aux dix mille premières communes de moins de 10 000 habitants *(L. nº 2021-1900 du 30 déc. 2021, art. 194)* « ou mentionnées au I de l'article L. 2334-22-2 », parmi celles éligibles au moins à l'une des deux premières fractions de la dotation de solidarité rurale, classées *(L. nº 2012-1509 du 29 déc. 2012, art. 111)* « en fonction décroissante d'un indice synthétique.

« Cet indice synthétique est fonction :

« *a)* Du rapport entre le potentiel financier par habitant moyen des communes appartenant au même groupe démographique et le potentiel financier par habitant de la commune ;

(L. nº 2023-1322 du 29 déc. 2023, art. 240) « ***b)*** Du rapport entre la moyenne sur trois ans du revenu par habitant moyen des communes appartenant au même groupe démographique et la moyenne sur trois ans du revenu par habitant de la commune. Les revenus pris en considération sont les trois derniers revenus fiscaux de référence connus. » La population prise en compte est celle issue du dernier recensement de population. *(L. nº 2025-127 du 14 févr. 2025, art. 178)* « Si le revenu fiscal de réfé-

rence de la commune n'est pas disponible pour l'une ou plusieurs des trois dernières années, la moyenne sur trois ans du revenu par habitant de la commune est remplacée par la moyenne sur trois ans du revenu par habitant moyen des communes appartenant au même groupe démographique. »

« L'indice synthétique est obtenu par addition des rapports définis aux *a* et *b* en pondérant le premier par 70 % et le deuxième par 30 %. »

Le montant attribué à ces communes au titre de cette fraction est calculé dans les conditions prévues à l'article L. 2334-22 *(L. n° 2025-127 du 14 févr. 2025, art. 178)* « , à l'exception du coefficient multiplicateur mentionné à l'avant-dernier alinéa du même article L. 2334-22 ».

(L. n° 2022-1726 du 30 déc. 2022, art. 195) « À compter de 2023, l'attribution au titre de cette fraction d'une commune éligible ne peut être ni inférieure à 90 % ni supérieure à 120 % du montant perçu l'année précédente. »

(L. n° 2018-1317 du 28 déc. 2018, art. 252) « Lorsqu'une commune cesse de remplir les conditions requises pour bénéficier de cette fraction de la dotation de solidarité rurale, cette commune perçoit, à titre de garantie non renouvelable, une attribution égale à la moitié de celle qu'elle a perçue l'année précédente.

« Les sommes nécessaires sont prélevées sur la fraction mentionnée au premier alinéa du présent article. »

Les communes ayant cessé de remplir en 2018 les conditions requises pour bénéficier de la fraction de la dotation de solidarité rurale mentionnée à l'art. L. 2334-22-1 CGCT, et qui ne remplissent pas non plus ces conditions en 2019, perçoivent en 2019, à titre de garantie non renouvelable, une attribution égale à la moitié de celle qu'elles ont perçue en 2017 (L. n° 2018-1317 du 28 déc. 2018, art. 252).

Art. L. 2334-22-2 *(L. n° 2021-1900 du 30 déc. 2021, art. 194)* I. — Par dérogation, peuvent être éligibles aux trois fractions de la dotation de solidarité rurale les communes nouvelles mentionnées à l'article L. 2113-1 créées après la promulgation de la loi n° 2010-1563 du 16 décembre 2010 de réforme des collectivités territoriales qui comptent 10 000 habitants ou plus et qui remplissent les conditions cumulatives suivantes :

1° Aucune des communes anciennes ne comptait, l'année précédant la fusion, 10 000 habitants ou plus ;

2° Elles sont caractérisées comme peu denses ou très peu denses, au sens de l'Institut national de la statistique et des études économiques et selon les données disponibles sur le site internet de cet institut au 1er janvier de l'année de répartition. Dans le cas où cette donnée n'est pas disponible à l'échelle d'une commune nouvelle, cette dernière est considérée comme peu dense ou très peu dense si l'ensemble des anciennes communes sont, dans les mêmes conditions, considérées comme peu denses ou très peu denses.

II. — Les communes mentionnées au I du présent article peuvent être éligibles aux trois fractions de la dotation de solidarité rurale et bénéficier de celles-ci dans les conditions prévues aux articles L. 2334-20 à L. 2334-22-1, sous réserve des dispositions suivantes :

1° Le 2° de l'article L. 2334-21 ne leur est pas applicable si elles sont, dans les conditions prévues au dix-septième alinéa du même article, considérées comme des chefs-lieux de canton ;

2° Pour l'application des articles L. 2334-22 et L. 2334-22-1, le potentiel financier par habitant et le revenu par habitant de ces communes sont comparés aux valeurs des communes de 7 500 à 9 999 habitants ;

3° Pour l'application du 1° de l'article L. 2334-22 et de l'article R. 2334-9, la population de la commune nouvelle est prise en compte dans la limite de 10 000 habitants.

(L. n° 2023-1322 du 29 déc. 2023, art. 240) « III. — Une commune nouvelle remplissant les conditions cumulatives énoncées au I du présent article n'est pas éligible à la dotation de solidarité urbaine et de cohésion sociale lorsqu'aucune commune ancienne ne bénéficiait de cette dotation l'année précédant la création de la commune nouvelle. »

Art. L. 2334-23 Un décret en Conseil d'État fixe les modalités d'application *(L. n° 2021-1900 du 30 déc. 2021, art. 194)* « du présent paragraphe ».

V. art. R. 2334-6 à R. 2334-9.

§ 4 Dotation d'aménagement et dotation de péréquation des communes d'outre-mer

(L. n° 2019-1479 du 28 déc. 2019, art. 250)

Art. L. 2334-23-1 I. — À compter de 2020, la quote-part de la dotation d'aménagement mentionnée au troisième alinéa de l'article L. 2334-13 et destinée aux communes des départements d'outre-mer, de la Nouvelle-Calédonie, de la Polynésie française, de la collectivité territoriale de Saint-Pierre-et-Miquelon et aux circonscriptions territoriales de Wallis-et-Futuna comprend une dotation d'aménagement des communes d'outre-mer et, s'agissant des communes des départements d'outre-mer, une dotation de péréquation.

Cette quote-part est calculée en appliquant à la somme des montants de la dotation nationale de péréquation, de la dotation de solidarité rurale et de la dotation de solidarité urbaine et de cohésion sociale le rapport existant, d'après le dernier recensement de population, entre la population des communes d'outre-mer et la population de l'ensemble des communes. Ce rapport est majoré de *(L. n° 2022-1726 du 30 déc. 2022, art. 195)* « 63 % *(L. n° 2023-1322 du 29 déc. 2023, art. 240)* « à compter de » 2023 ».

II. — La dotation d'aménagement des communes d'outre-mer comprend :

1° Une enveloppe destinée aux communes des départements d'outre-mer, égale à compter de *(L. n° 2022-1726 du 30 déc. 2022, art. 195)* « 2023 à 65 % » du montant des deux sous-enveloppes versées en 2019 à ces communes en application du quatrième alinéa de l'article L. 2334-13 dans sa rédaction antérieure à la loi n° 2019-1479 du 28 décembre 2019 de finances pour 2020. Ces deux sous-enveloppes sont réparties entre les départements d'outre-mer au prorata de leur population, telle que définie à l'article L. 2334-2, puis entre les communes dans les conditions fixées par décret en Conseil d'État. La quote-part revenant aux communes de Guyane est majorée de 1 500 000 €, répartis entre les communes ayant bénéficié l'année précédente de la fraction de la redevance communale des mines prévue au quatrième alinéa de l'article 312 de l'annexe 2 au code général des impôts, et répartie entre elles proportionnellement à leur population ;

2° Une enveloppe destinée aux communes de la Nouvelle-Calédonie, de la Polynésie française, de la collectivité territoriale de Saint-Pierre-et-Miquelon et aux circonscriptions territoriales de Wallis-et-Futuna calculée en appliquant à la somme des montants de la dotation nationale de péréquation, de la dotation de solidarité rurale et de la dotation de solidarité urbaine et de cohésion sociale le rapport, majoré de 35 %, existant, d'après le dernier recensement de population, entre la population de ces communes et circonscriptions et la population de l'ensemble des communes et circonscriptions. Cette enveloppe est ventilée en deux sous-enveloppes : une sous-enveloppe correspondant à l'application de ce ratio démographique à la dotation de solidarité urbaine et de cohésion sociale et à la dotation de solidarité rurale, et une sous-enveloppe correspondant à l'application de ce ratio démographique à la dotation nationale de péréquation. Elles sont réparties dans les conditions fixées par décret en Conseil d'État. La quote-part revenant aux communes de Saint-Pierre-et-Miquelon est majorée pour la commune de Saint-Pierre de 527 000 € et pour celle de Miquelon-Langlade de 110 000 €.

III. — La dotation de péréquation des communes des départements d'outre-mer correspond à la différence entre la quote-part mentionnée au I et la dotation d'aménagement versée aux communes d'outre-mer en application du II.

Art. L. 2334-23-2 Chaque commune des départements d'outre-mer perçoit une attribution au titre de la dotation de péréquation mentionnée au III de l'article L. 2334-23-1 calculée en fonction de sa population, multipliée par un indice synthétique composé :

1° Du rapport entre le potentiel financier par habitant de l'ensemble des communes des départements d'outre-mer et le potentiel financier par habitant de la commune. Le potentiel financier pris en compte comprend les montants perçus au titre de l'octroi de mer constatés dans le compte de gestion afférent au pénultième exercice ;

2° Du rapport entre le revenu par habitant moyen de l'ensemble des communes des départements d'outre-mer et le revenu par habitant de la commune ;

3° Du rapport entre la proportion du nombre de bénéficiaires du revenu de solidarité active mentionné à l'article L. 262-1 du code de l'action sociale et des familles dans la population de la commune, et cette même proportion constatée pour l'ensemble des communes des départements d'outre-mer ;

4° Du rapport entre la proportion du total des bénéficiaires d'aides au logement, y compris leur conjoint et les personnes à charge vivant habituellement dans leur foyer, dans le nombre total de logements de la commune et cette même proportion constatée dans l'ensemble des communes des départements d'outre-mer ;

5° Du rapport entre la proportion d'enfants de trois ans à seize ans domiciliés dans la commune dans la population de la commune et cette même proportion constatée pour l'ensemble des communes des départements d'outre-mer.

L'indice synthétique est obtenu par addition des rapports définis aux 1° à 5° du présent article, en divisant le rapport mentionné au 1° par deux.

L'indice synthétique est multiplié par 1,5 pour les communes de plus de 10 000 habitants qui sont chefs-lieux de département ou d'arrondissement.

À compter de 2020, la somme des attributions par habitant perçues par une commune d'un département d'outre-mer au titre de la dotation d'aménagement des communes d'outre-mer et de la dotation de péréquation ne peut être inférieure au montant par habitant perçu en 2019 au titre de la dotation d'aménagement des communes d'outre-mer. Le cas échéant, l'ajustement est opéré au sein de la dotation de péréquation.

Les modalités d'application du présent article sont précisées par décret en Conseil d'État.

À compter de l'exercice budgétaire 2026, à la 2de phrase du 1° du présent art., les mots : « compte de gestion » sont remplacés par les mots : « compte financier unique » (Ord. n° 2025-526 du 12 juin 2025, art. 1er et 12).

SECTION 2 **Répartition du produit des amendes relatives à la circulation routière**

Art. L. 2334-24 *(L. n° 2010-1657 du 29 déc. 2010, art. 62)* « Le produit des amendes de police relatives à la circulation routière destiné aux collectivités territoriales visé au *b* du 2° du B du I de l'article 49 de la loi n° 2005-1719 du 30 décembre 2005 de finances pour 2006 est réparti par le comité des finances locales en vue de financer des opérations destinées à améliorer les transports en commun et la circulation.

« La population à prendre en compte pour l'application du présent article est celle définie à l'article L. 2334-2. »

(L. n° 2007-1822 du 24 déc. 2007, art. 36) « En 2008, ce produit fait l'objet d'un prélèvement de 30 millions d'euros, au profit du fonds instauré par le V de l'article 36 de la loi n° 2007-1822 du 24 décembre 2007 de finances pour 2008. »

(L. n° 2008-1425 du 27 déc. 2008, art. 44) « En 2009, le produit prélevé sur les recettes de l'État est minoré de 100 millions d'euros. »

Art. L. 2334-25 Le comité des finances locales répartit les recettes définies à l'article précédent entre les communes et les établissements publics qui remplissent les conditions fixées par un décret en Conseil d'État.

Ce décret fixe les modalités de répartition de ces recettes ainsi que les travaux qui peuvent être financés sur leur produit. – *[C. communes, art. L. 234-23.]*

V. art. R. 2334-10 à R. 2334-12.

Art. L. 2334-25-1 *(L. n° 2016-1918 du 29 déc. 2016, art. 78)* Les pertes nettes de recettes résultant des I à V de l'article 63 de la loi n° 2014-58 du 27 janvier 2014 de modernisation de l'action publique territoriale et d'affirmation des métropoles *[V. ss. art. L. 2333-87]* sont compensées pour l'État et pour les collectivités territoriales de moins de 10 000 habitants définies au 2° de l'article R. 2334-10.

À compter du 1er janvier 2019, les sommes allouées en application du second alinéa de l'article R. 2334-11 sont, pour chaque département, au moins égales à la moyenne des sommes allouées au titre des trois derniers exercices. Pour les départements d'Île-de-France, des prélèvements fixés respectivement à 50 % et 25 % des sommes calculées conformément à l'article R. 2334-10 en 2018 sont opérés au bénéfice *(L. n° 2019-1428 du 24 déc. 2019, art. 8)* « d'Île-de-France Mobilités » et de la région d'Île-de-France. Si, pour un département, la minoration excède le montant perçu au titre du second alinéa de l'article R. 2334-11, la différence est prélevée sur le produit des amendes mentionnées au *a* du 1° du B du I de l'article 49 de la loi n° 2005-1719 du 30 décembre 2005 précitée *[V. ss. art. L. 2334-24]*.

À compter du 1er janvier 2019, pour les communes et les groupements de la région d'Île-de-France mentionnés au 1° de l'article R. 2334-10, des prélèvements fixés respectivement à 50 % et 25 % des sommes calculées conformément au même article R. 2334-10 en 2018 sont opérés au bénéfice *(L. n° 2019-1428 du 24 déc. 2019, art. 8)* « d'Île-de-France Mobilités » et de la région d'Île-de-France. Si, pour une commune ou un groupement, la minoration excède le montant perçu au titre du premier alinéa de l'article R. 2334-11, la différence est prélevée sur les douzièmes prévus à l'article L. 2332-2.

SECTION 3 Dotation spéciale pour le logement des instituteurs

Art. L. 2334-26 À compter de l'exercice 1986, les communes reçoivent une dotation spéciale, prélevée sur les recettes de l'État, au titre des charges qu'elles supportent pour le logement des instituteurs.

Cette dotation évolue, chaque année, comme la dotation globale de fonctionnement. *(L. n° 2011-1977 du 28 déc. 2011, art. 30)* « À compter de 2011, cette évolution ne s'applique pas. » *(L. n° 2002-276 du 27 févr. 2002, art. 61)* « Le Comité des finances locales peut majorer cette dotation de tout ou partie du reliquat comptable afférent au dernier exercice connu. »

Cette dotation est répartie par le comité des finances locales proportionnellement au nombre des instituteurs, exerçant dans les écoles publiques, qui sont logés par chaque commune ou qui reçoivent d'elle une indemnité de logement.

Elle est diminuée chaque année par la loi de finances initiale du montant de la dotation versée au titre du logement des instituteurs dont les emplois sont transformés en emplois de professeurs des écoles.

(L. n° 2008-1443 du 30 déc. 2008, art. 5) « Le comité des finances locales procède à un nouveau calcul de cette diminution du montant inscrit en loi de finances initiale, au plus tard le 31 juillet de l'année suivant la répartition, en fonction du taux de variation entre l'effectif réel du corps des instituteurs recensé au 1er octobre de l'année précédant celle au titre de laquelle la dotation a été répartie et celui de l'antépénultième année. L'écart éventuel entre la dotation inscrite en loi de finances et le montant ainsi calculé est prioritairement financé par mobilisation du reliquat comptable net global constaté au terme de la répartition de la dotation spéciale pour le logement des instituteurs au titre de l'année considérée. »

1. Critères d'attribution. La dotation spéciale pour le logement des instituteurs ne peut être attribuée qu'aux communes sur le territoire desquelles se situent l'école ou les écoles où exercent les instituteurs dont le logement entraîne les charges que cette dotation a pour objet de compenser : par suite, ne peut prétendre au bénéfice de la dotation spéciale une commune qui, alors qu'aucune école n'est ouverte sur son territoire et qu'elle n'est donc pas tenue d'assurer le logement d'un instituteur, héberge une institutrice exerçant ses fonctions dans une autre commune. • CE 14 juin 1996, *Cne du Puiset*, n° 095919.

2. Prescription. Le point de départ du délai de prescription quadriennale opposé par l'État à une commune demandant le versement de la dotation spéciale pour le logement des instituteurs est la date de versement effectif par la commune à l'instituteur de l'indemnité représentative de logement. • CAA Lyon, 29 déc. 1998, *Cne de Saint-Jean-de-Losne*, n° 97-21582 : *RFDA 1999. 447*.

Art. L. 2334-27 La dotation spéciale pour le logement des instituteurs prévue à l'article L. 2334-26 est divisée en deux parts :

– la première part est versée aux communes pour compenser les charges afférentes aux logements effectivement occupés par des instituteurs ayant droit au logement ;

– la seconde part est destinée à verser l'indemnité communale prévue par *(Ord. n° 2003-1212 du 18 déc. 2003, art. 3)* « l'article L. 921-2 du code de l'éducation ».

Art. L. 2334-28 Chaque année, le comité des finances locales :

— fait procéder au recensement des instituteurs bénéficiant d'un logement mis à leur disposition par la commune ou de l'indemnité communale en tenant lieu ;

— fixe le montant unitaire de la dotation spéciale en divisant le montant total de cette dotation par le nombre total d'instituteurs recensés ;

— fixe le montant de la première et de la seconde part de la dotation spéciale proportionnellement au nombre d'instituteurs logés et au nombre d'instituteurs indemnisés tels qu'ils ont été recensés. — *[L. n° 88-1149 du 23 déc. 1988, art. 85-II.]*

Art. L. 2334-29 Les communes perçoivent directement les sommes leur revenant au titre de la première part de la dotation spéciale.

Les sommes afférentes à la seconde part sont attribuées *(L. n° 2002-276 du 27 févr. 2002, art. 61)* « , sous réserve des dispositions de l'alinéa suivant, » au Centre national de la fonction publique territoriale qui verse, au nom de la commune, dans les conditions fixées par décret en Conseil d'État et sans que cela n'entraîne de charges pour cet établissement, l'indemnité communale aux instituteurs ayants droit, sur la base du montant fixé pour chaque commune par le représentant de l'État dans le département et dans la limite du montant unitaire fixé sur le plan national à l'article L. 2334-28.

(L. n° 2002-276 du 27 févr. 2002, art. 61) « À compter de 2003, la dotation versée au Centre national de la fonction publique territoriale est minorée du montant du reliquat comptable de la dotation spéciale pour le logement des instituteurs du pénultième exercice. »

Art. L. 2334-30 Lorsque le montant de l'indemnité communale est supérieur au montant unitaire de la dotation spéciale tel qu'il a été fixé par le comité des finances locales, la commune verse directement la différence à l'instituteur concerné.

Aucune somme n'est reversée directement aux communes au titre des opérations visées au second alinéa de l'article L. 2334-29. — *[L. n° 88-1149 du 23 déc. 1988, art. 85.]*

Art. L. 2334-31 Les dispositions des articles L. 2334-27 à L. 2334-30 sont applicables à compter du 1er janvier 1990. — *[L. n° 88-1149 du 23 déc. 1988, art. 85.]*

SECTION 4 **Dotation d'équipement des territoires ruraux** *(L. n° 2010-1657 du 29 déc. 2010, art. 179).*

Art. L. 2334-32 *(L. n° 2010-1657 du 29 déc. 2010, art. 179)* Il est institué une dotation budgétaire, intitulée dotation d'équipement des territoires ruraux, en faveur des établissements publics de coopération intercommunale à fiscalité propre et des communes répondant aux critères indiqués à l'article L. 2334-33.

Art. L. 2334-33 *(L. n° 2010-1657 du 29 déc. 2010, art. 179)* Peuvent bénéficier de la dotation d'équipement des territoires ruraux :

(L. n° 2015-1785 du 29 déc. 2015, art. 161) « 1° À compter de *(L. n° 2016-1917 du 29 déc. 2016, art. 141)* « 2017 », peuvent bénéficier de la dotation d'équipement des territoires ruraux :

« *a)* Les établissements publics de coopération intercommunale à fiscalité propre dans les départements de métropole qui ne forment pas un ensemble de plus de *(L. n° 2016-1917 du 29 déc. 2016, art. 141)* « 75 000 » habitants d'un seul tenant et sans enclave autour d'une ou de plusieurs communes centre de plus de *(L. n° 2016-1917 du 29 déc. 2016, art. 141)* « 20 000 » habitants *(L. n° 2018-1317 du 28 déc. 2018, art. 260)* « et dont la densité de population est supérieure ou égale à 150 habitants au kilomètre carré », en prenant en compte la population issue du dernier recensement ;

« *b)* Les établissements publics de coopération intercommunale à fiscalité propre dans les départements d'outre-mer et le Département de Mayotte qui ne forment pas un ensemble de plus de 150 000 habitants d'un seul tenant et sans enclave autour d'une ou de plusieurs communes centres de plus de 85 000 habitants *(L. n° 2018-1317 du 28 déc. 2018, art. 260)* « et dont la densité de population est supérieure ou égale à 150 habitants au kilomètre carré », en prenant en compte la population issue du dernier recensement. »

(L. n° 2012-1509 du 29 déc. 2012, art. 111) « 1° *bis* Les établissements publics de coopération intercommunale éligibles en 2010 à la dotation globale d'équipement des

communes ou à la dotation de développement rural ainsi que les syndicats mixtes créés en application de l'article L. 5711-1 et les syndicats de communes créés en application de l'article L. 5212-1 dont la population n'excède pas 60 000 habitants ; »

2° Les communes :

a) Dont la population n'excède pas 2 000 habitants dans les départements de métropole et 3 500 habitants dans les départements d'outre-mer ;

b) Dont la population est supérieure à 2 000 habitants dans les départements de métropole et 3 500 habitants dans les départements d'outre-mer et n'excède pas 20 000 habitants dans les départements de métropole et 35 000 habitants dans les départements d'outre-mer et dont le potentiel financier par habitant est inférieur à 1,3 fois le potentiel financier moyen par habitant de l'ensemble des communes dont la population est supérieure à 2 000 habitants et n'excède pas 20 000 habitants ;

c) Les communes de Saint-Pierre-et-Miquelon bénéficient de la dotation ;

(L. n° 2011-1977 du 28 déc. 2011, art. 141) « *d)* Les communes nouvelles issues de la transformation d'établissements publics de coopération intercommunale éligibles à la dotation d'équipement des territoires ruraux l'année précédant leur transformation *(L. n° 2012-1509 du 29 déc. 2012, art. 111)* « ou issues de la fusion de communes dont l'une d'entre elles était éligible à cette dotation l'année précédant leur fusion » sont réputées remplir, pendant les trois premiers exercices à compter de leur création, les conditions de population mentionnées aux *a* et *b*. »

(L. n° 2018-1317 du 28 déc. 2018, art. 259) « Par dérogation, lorsque la subvention s'inscrit dans le cadre d'un contrat signé entre une commune ou un groupement éligible et le représentant de l'État, les maîtres d'ouvrage désignés par le contrat peuvent être bénéficiaires de la subvention. »

(L. n° 2012-1509 du 29 déc. 2012, art. 111) « Pour l'application du présent article, sauf mention contraire, la population à prendre en compte est celle définie à l'article L. 2334-2. »

À compter d'une date fixée par Décr. et au plus tard le 1er janv. 2026, au b du 1° de cet art., le mot : « Département » est remplacé par le mot : « Département-Région » (L. n° 2025-797 du 11 août 2025, art. 48).

Répartition. Sur la constitutionnalité de la répartition de la dotation globale d'équipement entre les communes et leurs groupements, V. • Cons. const. 28 déc. 1995, n° 95-369 DC : *Rec. Cons. const. 257 ; JO 31 déc., p. 19099 ; LPA 1996, n° 32, chron. Mathieu et Verpeaux ; JCP 1996. II. 22636, note Nguyen Van Tuong ; JCP 1996. I. 3933, chron. Mathieu et Verpeaux ; AJDA 1996. 369, chron. Schrameck ; RFD const. 1996 n° 25, p. 119, chron. Philip ; RD publ. 1997. 62, chron. Rousseau.*

Art. L. 2334-34 *(L. n° 2010-1657 du 29 déc. 2010, art. 179)* Les circonscriptions territoriales de Wallis-et-Futuna, les communes ainsi que leurs groupements des collectivités d'outre-mer *(L. n° 2015-1785 du 29 déc. 2015, art. 161)* « et de Nouvelle-Calédonie » bénéficient d'une quote-part de la dotation d'équipement des territoires ruraux dont le montant est calculé par application au montant total de cette dotation du rapport, majoré de 33 %, existant entre la population de chacune des collectivités et groupements intéressés et la population nationale, telle qu'elle résulte du dernier recensement de population. Le montant de cette quote-part évolue au moins comme la masse totale de la dotation d'équipement des territoires ruraux mise en répartition.

Sur la fraction de la dotation d'équipement des territoires ruraux allouée aux circonscriptions territoriales de Wallis-et-Futuna, V. ci-dessous Décr. n° 2011-514 du 10 mai 2011, art. 3.

Décret n° 2011-514 du 10 mai 2011,

Relatif aux dotations de l'État aux collectivités territoriales et à la péréquation des ressources fiscales des départements.

Art. 3 *(Décr. n° 2020-98 du 5 févr. 2020, art. 3)* La fraction de la dotation d'équipement des territoires ruraux allouée aux circonscriptions territoriales de Wallis-et-Futuna est calculée par application au montant de la quote-part mentionnée à l'article L. 2334-34 du rapport existant entre la population de l'ensemble des circonscriptions territoriales de Wallis-et-Futuna et la population de l'ensemble des communes ou circonscriptions territoriales de Polynésie française, des îles Wallis-et-Futuna et de Nouvelle-Calédonie.

La population prise en compte est celle définie à l'article L. 2334-2 du code général des collectivités territoriales.

Les crédits sont délégués au représentant de l'État, qui les attribue aux circonscriptions territoriales, après avis des chefs de circonscription, sous forme de subventions en vue de la réalisation de projets dans les conditions prévues aux articles R. 2334-19 à R. 2334-29 du code général des collectivités territoriales.

Art. L. 2334-35 *(L. nº 2010-1657 du 29 déc. 2010, art. 179)* Après constitution de la quote-part au profit des circonscriptions territoriales de Wallis-et-Futuna, des communes ainsi que des groupements de communes des collectivités d'outre-mer *(L. nº 2015-1785 du 29 déc. 2015, art. 161)* « et de Nouvelle-Calédonie » mentionnée à l'article L. 2334-34, les crédits de la dotation d'équipement des territoires ruraux sont répartis entre les départements :

1º Pour *(L. nº 2016-1917 du 29 déc. 2016, art. 141)* « 50 % » du montant total de la dotation :

a) À raison de 50 % en fonction de la population regroupée des *(L. nº 2020-1721 du 29 déc. 2020, art. 253)* « communes caractérisées comme peu denses ou très peu denses, au sens de l'Institut national de la statistique et des études économiques, au 1er janvier de l'année précédant l'année au titre de laquelle la répartition est effectuée, situées dans les établissements publics de coopération intercommunale à fiscalité propre répondant aux critères d'éligibilité indiqués au 1º de l'article L. 2334-33 et qui ont leur siège dans le département » ;

b) À raison de 50 % en fonction du rapport, pour chaque établissement public de coopération intercommunale à fiscalité propre éligible, entre le potentiel fiscal moyen par habitant des établissements publics de coopération intercommunale à fiscalité propre de sa catégorie et son potentiel fiscal moyen par habitant ;

2º Pour *(L. nº 2016-1917 du 29 déc. 2016, art. 141)* « 50 % » du montant total de la dotation :

a) À raison de 50 % répartis entre les départements, en proportion du rapport entre la densité moyenne de population de l'ensemble des départements et la densité de population du département, le rapport pris en compte étant plafonné à 10 ;

b) À raison de 50 % en fonction du rapport, pour chaque commune *(L. nº 2011-900 du 29 juill. 2011, art. 32)* « répondant aux critères d'éligibilité indiqués aux *a* et *b* du 2º de l'article L. 2334-33 », entre le potentiel financier moyen par habitant de l'ensemble des communes appartenant au même groupe démographique et son potentiel financier moyen par habitant.

La population à prendre en compte pour l'application du présent article est celle définie à l'article L. 2334-2.

Les données servant à la détermination des collectivités éligibles à la dotation d'équipement des territoires ruraux ainsi qu'à la répartition des crédits de cette dotation sont relatives à la dernière année précédant l'année de répartition.

(L. nº 2020-1721 du 29 déc. 2020, art. 253) « Le montant de l'enveloppe calculée selon les critères définis aux 1º et 2º du présent article doit être au moins égal à 97 % ou, s'agissant des départements d'outre-mer et de Saint-Pierre-et-Miquelon, au moins égal à 100 %, et au plus égal à 103 % du montant de l'enveloppe calculée au profit du département l'année précédente. »

Art. L. 2334-35-1 *Abrogé par L. nº 2010-1657 du 29 déc. 2010, art. 179.*

Art. L. 2334-36 *(L. nº 2010-1657 du 29 déc. 2010, art. 179)* Les crédits de la dotation visée à l'article L. 2334-32 sont attribués par le représentant de l'État dans le département aux bénéficiaires mentionnés à l'article L. 2334-33, sous forme de subventions en vue de la réalisation d'investissements, ainsi que de projets dans le domaine économique, social, environnemental *(L. nº 2015-1785 du 29 déc. 2015, art. 159)* « , sportif » et touristique ou favorisant le développement ou le maintien des services publics en milieu rural. La subvention ne doit pas avoir pour effet de faire prendre en charge tout ou partie des dépenses de fonctionnement courant regroupant principalement les frais de rémunération des personnels, les dépenses d'entretien et de fourniture et les frais de fonctionnement divers correspondant aux compétences de la collectivité, hormis celles accordées au titre d'une aide initiale et non renouvelable lors de la réalisation d'une opération. *(L. n° 2016-1917 du 29 déc. 2016, art. 141)* « En cas d'extension ou de fusion d'établissements publics à fiscalité propre, le nouvel établissement public de coopération intercommunale à fiscalité propre constitué au 1er janvier de l'année de répartition peut bénéficier de la subvention s'il est issu d'au moins un établissement public de coopération intercommunale à fiscalité propre bénéficiaire dans les conditions prévues au même article L. 2334-33. »

(L. n° 2022-1726 du 30 déc. 2022, art. 198) « Le représentant de l'État dans le département tient compte du caractère écologique des projets pour la fixation des taux de subvention. »

(L. n° 2018-1317 du 28 déc. 2018, art. 259) « Le premier alinéa du présent article est applicable aux subventions attribuées aux maîtres d'ouvrage désignés dans un contrat en application de l'avant-dernier alinéa de l'article L. 2334-33. »

(L. n° 2021-1900 du 30 déc. 2021, art. 192) « Ces subventions doivent être notifiées, pour au moins 80% du montant des crédits répartis au profit du département pour l'exercice en cours, au cours du premier semestre de l'année civile. »

(L. n° 2018-1317 du 28 déc. 2018, art. 259) « Avant le *(L. n° 2021-1900 du 30 déc. 2021, art. 192)* « 31 juillet » de l'exercice en cours, la liste des opérations ayant bénéficié d'une subvention ainsi que le montant des projets et celui de la subvention attribuée par l'État sont publiés sur le site internet officiel de l'État dans le département *(L. n° 2021-1900 du 30 déc. 2021, art. 195)* « , dans un format ouvert et aisément réutilisable ». Si cette liste est modifiée ou complétée entre cette publication et la fin de l'exercice, une liste rectificative ou complémentaire est publiée selon les mêmes modalités.

Art. L. 2334-37 *(L. n° 2010-1657 du 29 déc. 2010, art. 179)* Dans chaque département, il est institué auprès du représentant de l'État une commission composée :

1° Des représentants des maires des communes dont la population n'excède pas 20 000 habitants dans les départements de métropole et 35 000 habitants dans les départements d'outre-mer ;

2° Des représentants des présidents des établissements publics de coopération intercommunale à fiscalité propre dont la population n'excède pas 60 000 habitants *(L. n° 2015-1785 du 29 déc. 2015, art. 161)* « dans les départements de métropole et 150 000 habitants dans les départements d'outre-mer et le Département de Mayotte » ;

(L. n° 2016-1917 du 29 déc. 2016, art. 141) « 3° De l'ensemble des députés et sénateurs élus dans le département lorsque celui-ci compte moins de cinq parlementaires. *(L. n° 2017-262 du 1er mars 2017, art. 2)* « À compter du 1er janvier 2018, » lorsque le département compte cinq parlementaires ou plus, deux députés et deux sénateurs sont désignés, respectivement, par l'Assemblée nationale et par le Sénat. »

Pour *(L. n° 2016-1917 du 29 déc. 2016, art. 141)* « les catégories mentionnées aux 1° et 2° », les membres de la commission sont désignés par l'association des maires du département.

Si, dans le département, il n'existe pas d'association de maires ou s'il en existe plusieurs, les membres de la commission sont élus à la représentation proportionnelle au plus fort reste par deux collèges regroupant respectivement les maires ou les présidents d'établissements publics de coopération intercommunale appartenant à chacune des deux catégories mentionnées aux 1° et 2°.

Les représentants des présidents des établissements publics de coopération intercommunale à fiscalité propre visés au 2° doivent détenir la majorité des sièges au sein *(L. n° 2017-262 du 1er mars 2017, art. 2)* « des catégories mentionnées aux 1° et 2° ».

À chacune de ses réunions, la commission désigne un bureau de séance. Le secrétariat de la commission est assuré par les services du représentant de l'État dans le département. *(L. n° 2017-1339 du 15 sept. 2017, art. 34)* « Le représentant de l'État dans le département communique aux membres de la commission, cinq jours francs avant toute réunion, une note explicative de synthèse sur les affaires inscrites à l'ordre du jour. Cette note est communiquée dans les mêmes délais aux parlementaires élus dans le département. »

Le mandat des membres de la commission *(L. n° 2017-262 du 1er mars 2017, art. 2)* « cités aux mêmes 1° et 2° » expire à chaque renouvellement général des conseils municipaux. *(L. n° 2017-262 du 1er mars 2017, art. 2)* « Le mandat des députés et le mandat des sénateurs expirent, respectivement, à chaque renouvellement général de l'Assemblée nationale et à chaque renouvellement partiel du Sénat. »

La commission fixe chaque année les catégories d'opérations prioritaires et, dans des limites fixées par décret en Conseil d'État, les taux minimaux et maximaux de subvention applicables à chacune d'elles.

Le représentant de l'État dans le département arrête chaque année, suivant les catégories et dans les limites fixées par la commission, la liste des opérations à subventionner ainsi que le montant de la subvention de l'État qui leur est attribuée. Il porte à la connaissance de la commission la liste des opérations qu'il a retenues *(L. n° 2023-1322 du 29 déc. 2023, art. 245)* « ainsi que la liste des opérations faisant l'objet, au titre de la dotation d'équipement des territoires ruraux, d'une demande de subvention dont le dossier a été déclaré complet et recevable ». La commission est saisie pour avis des projets dont la subvention au titre de la dotation d'équipement des territoires ruraux porte sur un montant supérieur à *(L. n° 2017-1837 du 30 déc. 2017, art. 158)* « 100 000 € ».

La commission n'est pas instituée dans la collectivité territoriale de Saint-Pierre-et-Miquelon.

Sont réputées avoir été régulièrement composées au regard du 3° du présent art., dans ses rédactions successives, les commissions qui se sont réunies avant l'entrée en vigueur de la L. n° 2017-262 du 1er mars 2017 (L. préc., art. 2-II).

À compter d'une date fixée par Décr. et au plus tard le 1er janv. 2026, au 2° de cet art., le mot : « Département » est remplacé par le mot : « Département-Région » (L. n° 2025-797 du 11 août 2025, art. 48).

Art. L. 2334-38 *(L. n° 2010-1657 du 29 déc. 2010, art. 179)* Les investissements pour lesquels les communes et leurs groupements à fiscalité propre sont susceptibles de recevoir des subventions de l'État dont la liste est fixée par voie réglementaire ne peuvent être subventionnés au titre de la dotation d'équipement des territoires ruraux.

Art. L. 2334-39 *(L. n° 2010-1657 du 29 déc. 2010, art. 179)* Un décret en Conseil d'État fixe les modalités d'application de la présente section.

SECTION 5 **Dotation politique de la ville** *(L. n° 2014-1654 du 29 déc. 2014, art. 107).*

(L. n° 2008-1425 du 27 déc. 2008, art. 172)

Art. L. 2334-40 *(L. n° 2016-1917 du 29 déc. 2016, art. 141)* Il est institué une dotation budgétaire intitulée dotation politique de la ville.

I. — Sont éligibles à la dotation politique de la ville :

Les communes des départements d'outre-mer et des collectivités territoriales de Martinique et de Guyane dans les conditions définies à l'article L. 2334-41 ;

(L. n° 2018-1317 du 28 déc. 2018, art. 259) « Les communes de métropole qui remplissent les trois conditions suivantes : »

(L. n° 2017-1837 du 30 déc. 2017, art. 164) « 1° La commune était éligible à la dotation de solidarité urbaine et de cohésion sociale prévue à l'article L. 2334-15 *(L. n° 2018-1317 du 28 déc. 2018, art. 259)* « au moins une fois au cours des trois derniers exercices » et était classée, en ce qui concerne les communes de 10 000 habitants et plus, *(L. n° 2018-1317 du 28 déc. 2018, art. 259)* « au moins une fois » parmi les deux cent cinquante premières en application du 1° de l'article L. 2334-16 ; »

(L. n° 2018-1317 du 28 déc. 2018, art. 259) « 2° La commune présente une proportion de population située dans un quartier prioritaire de la politique de la ville égale ou supérieure à *(L. n° 2022-1726 du 30 déc. 2022, art. 195)* « 16 % » de la population totale de la commune au sens du premier alinéa de l'article L. 2334-2. » *(L. n° 2022-1726 du 30 déc. 2022, art. 195)* « La population totale prise en compte pour le calcul de ce ratio est celle relative à l'année de référence retenue pour la population située dans un quartier prioritaire de la politique de la ville ; »

3° La commune est citée dans la liste des quartiers qui présentent les dysfonctionnements urbains les plus importants prise en application du II de l'article 9-1 de la loi n° 2003-710 du 1er août 2003 d'orientation et de programmation pour la ville et la rénovation urbaine *(L. n° 2018-1317 du 28 déc. 2018, art. 259)* « , constatée au 1er janvier de l'année de répartition, » ou il *(L. n° 2022-1726 du 30 déc. 2022, art. 195)* « existait le 1er janvier 2021 » sur le territoire communal au moins une convention pluriannuelle conclue avec l'Agence nationale pour la rénovation urbaine, telle que visée à l'article 10 de la même loi.

(L. n° 2018-1317 du 28 déc. 2018, art. 259) « Les communes de métropole éligibles sont classées en fonction d'un indice synthétique de ressources et de charges calculé à partir du potentiel financier par habitant, du revenu par habitant et de la proportion de bénéficiaires d'aides au logement dans le nombre total des logements de la commune. »

II. — Les crédits de la dotation politique de la ville sont ainsi répartis entre les départements :

1° Dans un premier temps, une première enveloppe à destination des communes d'outre-mer est répartie entre les départements d'outre-mer et les collectivités territoriales de Martinique et de Guyane dans les conditions définies à l'article L. 2334-41 ;

2° Dans un second temps, une seconde enveloppe à destination des communes de métropole est répartie entre les départements de métropole selon les modalités suivantes :

a) Pour trois quarts, en fonction des attributions des communes éligibles de chaque département, classées selon l'indice synthétique de ressources et de charges prévu au *(L. n° 2018-1317 du 28 déc. 2018, art. 259)* « dernier » alinéa du I ;

b) Pour un quart, en fonction des attributions des communes éligibles de chaque département comprises dans la première moitié du classement mentionné au *(L. n° 2018-1317 du 28 déc. 2018, art. 259)* « dernier » alinéa du I.

Lorsqu'une commune cesse d'être éligible à la dotation en 2017, l'enveloppe départementale est majorée pendant les quatre exercices suivants d'un montant égal à 90% de l'attribution calculée en 2016 la première année et diminuant ensuite d'un dixième chaque année. Les sommes nécessaires sont prélevées sur le montant de la dotation avant application du 2° du présent II.

Pour l'application du présent article, sauf mention contraire, les données sont appréciées au 1er janvier de l'année précédant celle au titre de laquelle est répartie la dotation politique de la ville et la population à prendre en compte est celle définie à l'article L. 2334-2.

III. — Le représentant de l'État dans le département attribue les crédits de l'enveloppe départementale afin de financer les actions prévues par les contrats de ville définis à l'article 6 de la loi n° 2014-173 du 21 février 2014 de programmation pour la ville et la cohésion urbaine. Par dérogation au I, le représentant de l'État dans le département peut accorder une subvention aux projets des communes ayant cessé d'être éligibles à la dotation en 2017 pendant les quatre exercices suivants.

(L. n° 2021-1900 du 30 déc. 2021, art. 192) « Les subventions doivent être notifiées, pour au moins 80% du montant des crédits répartis au profit du département pour l'exercice en cours, au cours du premier semestre de l'année civile.

« Avant le 31 juillet de l'exercice en cours, la liste des opérations ayant bénéficié d'une subvention ainsi que le montant des projets et celui de la subvention attribuée par l'État sont publiés sur le site internet officiel de l'État dans le département. Si cette liste est modifiée ou complétée entre cette publication et la fin de l'exercice, une liste rectificative ou complémentaire est publiée selon les mêmes modalités avant le 30 janvier de l'exercice suivant. »

Lorsque la compétence en matière de politique de la ville a été transférée par une commune éligible à un établissement public de coopération intercommunale, celui-ci peut bénéficier, sur décision du représentant de l'État dans le département, de la dotation politique de la ville pour le compte de cette commune.

Les modalités d'application du présent article sont fixées par décret en Conseil d'État.

Art. L. 2334-41 *(L. n° 2009-594 du 27 mai 2009, art. 75)* Les communes des départements d'outre-mer perçoivent une quote-part de la dotation *(L. n° 2014-1654 du 29 déc. 2014, art. 107)* « politique de la ville » prévue à l'article *(L. n° 2011-1977 du 28 déc. 2011, art. 141)* « L. 2334-40 ». Cette quote-part est calculée en appliquant *(L.*

nº 2016-1917 du 29 déc. 2016, art. 141) « au » montant total de la dotation *(L. nº 2014-1654 du 29 déc. 2014, art. 107)* « politique de la ville » le rapport, majoré de 33 %, existant, d'après le dernier recensement, entre la population totale des communes des départements d'outre-mer et la population totale des communes des départements de métropole et d'outre-mer.

(L. nº 2011-1977 du 28 déc. 2011, art. 141) « Ce critère est apprécié en fonction des données connues au 1er janvier de l'année précédant la répartition ».

Sont éligibles à cette quote-part les communes des départements d'outre-mer de plus de 5 000 habitants sur le territoire desquelles il existe au moins une convention pluriannuelle conclue avec l'Agence nationale pour la rénovation urbaine, telle que visée à l'article 10 de la loi nº 2003-710 du 1er août 2003 d'orientation et de programmation pour la ville et la rénovation urbaine, au 1er janvier *(L. nº 2023-1322 du 29 déc. 2023, art. 246)* « 2021 ». *(L. nº 2016-1917 du 29 déc. 2016, art. 141)* « Sont également éligibles les communes des départements d'outre-mer et des collectivités territoriales de Martinique et de Guyane citées dans la liste des quartiers qui présentent les dysfonctionnements urbains les plus importants prise en application du II de l'article 9-1 de la loi nº 2003-710 du 1er août 2003 d'orientation et de programmation pour la ville et la rénovation urbaine. »

La quote-part est répartie entre les départements d'outre-mer au prorata de la population des communes éligibles de leur territoire. L'enveloppe de chaque département est *(L. nº 2016-1917 du 29 déc. 2016, art. 141)* « majorée, le cas échéant, du montant calculé en application du quinzième alinéa de l'article L. 2334-40 et » plafonnée à 1 000 000 € par commune éligible.

L'utilisation de ces crédits se fait dans les conditions prévues au *(L. nº 2016-1917 du 29 déc. 2016, art. 141)* « III » de l'article *(L. nº 2010-1657 du 29 déc. 2010, art. 178)* « L. 2334-40 ».

La population à prendre en compte pour l'application *(L. nº 2012-1509 du 29 déc. 2012, art. 111)* « des troisième et quatrième » alinéas du présent article est celle définie à l'article L. 2334-2.

SECTION 6 Dotation de soutien à l'investissement local

(L. nº 2017-1837 du 30 déc. 2017, art. 157)

Art. L. 2334-42 Il est institué une dotation budgétaire de soutien à l'investissement local en faveur des communes et des établissements publics de coopération intercommunale à fiscalité propre en métropole et dans les collectivités régies par l'article 73 de la Constitution.

A. — La dotation de soutien à l'investissement local est destinée au soutien de projets de :

1º Rénovation thermique, transition énergétique, développement des énergies renouvelables ;

2º Mise aux normes et de sécurisation des équipements publics ;

3º Développement d'infrastructures en faveur de la mobilité ou de la construction de logements ;

4º Développement du numérique et de la téléphonie mobile ;

5º Création, transformation et rénovation des bâtiments scolaires ;

6º Réalisation d'hébergements et d'équipements publics rendus nécessaires par l'accroissement du nombre d'habitants.

Elle est également destinée à financer la réalisation d'opérations visant au développement des territoires ruraux inscrites dans un contrat signé entre, d'une part, le représentant de l'État et, d'autre part, l'établissement public de coopération intercommunale à fiscalité propre ou le pôle d'équilibre territorial et rural mentionné à l'article L. 5741-1. Ces opérations peuvent concerner des actions destinées à favoriser l'accessibilité des services et des soins, à développer l'attractivité, à stimuler l'activité des bourgs-centres, à développer le numérique et la téléphonie mobile et à renforcer la mobilité, la transition écologique et la cohésion sociale.

B. — La dotation de soutien à l'investissement local est répartie à 65% en fonction de la population des régions et du Département de Mayotte, appréciée au 1er janvier *(L. nº 2018-1317 du 28 déc. 2018, art. 259)* « de l'année précédente » et telle que définie à l'article L. 4332-4-1 pour les régions et à l'article L. 3334-2 pour le département de Mayotte, et à 35% en fonction de la population des communes situées dans une unité urbaine de moins de 50 000 habitants appréciée au 1er janvier *(L. n° 2018-1317 du 28 déc. 2018, art. 259)* « de l'année précédente ». Pour les communes, la population à prendre en compte est celle définie à l'article L. 2334-2 et les unités urbaines sont celles qui figurent sur la liste publiée par l'Institut national de la statistique et des études économiques.

C. — Les communes, les établissements publics de coopération intercommunale à fiscalité propre et les pôles d'équilibre territoriaux et ruraux peuvent bénéficier de cette dotation. Par dérogation, lorsque la subvention s'inscrit dans le cadre d'un contrat signé avec le représentant de l'État, les maîtres d'ouvrage désignés par le contrat peuvent être bénéficiaires de la subvention.

Ces subventions sont attribuées par le représentant de l'État dans la région ou dans la collectivité régie par l'article 73 de la Constitution. *(L. n° 2018-1317 du 28 déc. 2018, art. 259)* « Le représentant de l'État dans le département présente chaque année à la commission prévue à l'article L. 2334-37 les orientations que le représentant de l'État dans la région prévoit de mettre en œuvre en ce qui concerne la dotation pour l'exercice en cours. »

(L. n° 2022-217 du 21 févr. 2022, art. 155) « Sans préjudice des autres délégations de signature qu'il peut accorder, le représentant de l'État dans la région peut donner délégation au représentant de l'État dans le département pour signer les décisions d'attribution des subventions. »

(L. n° 2022-1726 du 30 déc. 2022, art. 198) « Le représentant de l'État dans la région tient compte du caractère écologique des projets pour la fixation des taux de subvention. »

(L. n° 2021-1900 du 30 déc. 2021, art. 192) « Ces subventions doivent être notifiées, pour au moins 80% du montant des crédits répartis au profit de la région ou de la collectivité régie par l'article 73 de la Constitution pour l'exercice en cours, au cours du premier semestre de l'année civile. »

Le représentant de l'État dans la région ou dans la collectivité régie par l'article 73 de la Constitution communique aux membres de la commission prévue à l'article L. 2334-37 du code général des collectivités territoriales, dans un délai d'un mois à compter de sa décision, la liste des projets subventionnés dans le ressort de leur département ou de leur collectivité régie par l'article 73 de la Constitution. Cette liste est communiquée dans les mêmes délais aux membres du Parlement élus dans ce département ou cette collectivité régie par l'article 73. *(L. n° 2018-1317 du 28 déc. 2018, art. 259)* « Le représentant de l'État dans le département transmet aux membres de la commission prévue à l'article L. 2334-37 ainsi qu'aux membres du Parlement élus dans ce département un rapport faisant le bilan de la dotation pour chaque exercice. Il présente ce rapport à la commission prévue au même article L. 2334-37. »

Avant le *(L. n° 2021-1900 du 30 déc. 2021, art. 192)* « 31 juillet » de l'exercice en cours, la liste des opérations ayant bénéficié d'une subvention ainsi que le montant des projets et celui de la subvention attribuée par l'État sont publiés sur le site internet officiel de l'État dans la région *(L. n° 2021-1900 du 30 déc. 2021, art. 195)* « , dans un format ouvert et aisément réutilisable ». Si cette liste est modifiée ou complétée entre cette publication et la fin de l'exercice, une liste rectificative ou complémentaire est publiée selon les mêmes modalités avant le 30 janvier de l'exercice suivant.

D. — Les attributions sont inscrites à la section d'investissement du budget des bénéficiaires. Par dérogation, lorsque la subvention s'inscrit dans le cadre d'un contrat signé avec le représentant de l'État, les crédits attribués au titre de cette dotation peuvent financer des dépenses de fonctionnement de modernisation et d'études préalables, et être inscrits en section de fonctionnement de leur budget, dans la limite de 10% du montant total attribué au bénéficiaire de la dotation. Dans ce cas, la subvention n'est pas reconductible.

E. — Le refus d'attribution de subventions au titre de cette dotation ne peut être fondé sur le cumul, le cas échéant, de cette dotation avec d'autres dotations ou subventions, dans le respect des règles d'attribution de ces dernières et de l'article L. 1111-10, sur le faible nombre d'habitants des collectivités territoriales et de leurs

groupements mentionnés au premier alinéa du présent article ou sur le faible montant de l'opération envisagée.

À compter d'une date fixée par Décr. et au plus tard le 1er janv. 2026, à la 1re phr. du B cet art., les 2 occurrences du mot : « Département » sont remplacées par le mot : « Département-Région » (L. no 2025-797 du 11 août 2025, art. 48).

CHAPITRE V DOTATIONS, SUBVENTIONS ET FONDS DIVERS

SECTION 1 Dotation particulière relative aux conditions d'exercice des mandats locaux

Art. L. 2335-1 *(L. no 2022-1726 du 30 déc. 2022, art. 110)* **« I. — » Pour leur assurer les moyens adaptés à la mise en œuvre des dispositions du chapitre III du titre II du livre I de la présente partie et contribuer à la démocratisation des mandats locaux, les** *(L. no 2023-1322 du 29 déc. 2023, art. 247)* **« communes de moins de 1 000 habitants »** *(L. no 2025-127 du 14 févr. 2025, art. 178)* **« en métropole et les communes de moins de 5 000 habitants en outre-mer » reçoivent une dotation particulière prélevée sur les recettes de l'État et déterminée chaque année en fonction de la population totale de ces communes.**

(L. no 2023-1322 du 29 déc. 2023, art. 247) **« Le montant de cette dotation inclut deux majorations, d'une part, au titre de la compensation mentionnée au second alinéa de l'article L. 2123-18-2 et, d'autre part, au titre des compensations mentionnées au troisième alinéa de l'article L. 2123-34 et** *(L. no 2024-247 du 21 mars 2024, art. 7)* **« à l'avant-dernier » alinéa de l'article L. 2123-35.**

« II. — Par dérogation au I du présent article :

« 1° Les trois compensations mentionnées au second alinéa du même I sont attribuées aux communes de moins de 3 500 habitants ;

« 2° Les compensations mentionnées au troisième alinéa de l'article L. 2123-34 et *(L. no 2024-247 du 21 mars 2024, art. 7)* **« à l'avant-dernier » alinéa de l'article L. 2123-35 sont attribuées aux communes comprenant entre 3 500 et 9 999 habitants.**

« Ces compensations sont attribuées en fonction de la population de ces communes, selon un barème fixé par décret. »

« III. — » *(L. no 2018-1317 du 28 déc. 2018, art. 250)* **« Les attributions individuelles au titre de cette dotation peuvent être constatées par arrêté du ministre chargé des collectivités territoriales publié au *Journal officiel*. Cette publication vaut notification aux collectivités territoriales. »**

Un décret en Conseil d'État fixe les modalités d'application du présent article.

La dotation est une compensation de la charge liée à l'exercice d'une mission confiée aux maires en tant qu'agents de l'État, elle n'implique en conséquence aucune obligation de majoration de celle-ci pour tenir compte des modalités d'exercice de cette mission. • CE 24 févr. 2020 no 425034 B : *AJDA 2020. 430*.

SECTION 2 Subventions de fonctionnement sans affectation spéciale

V. art. D. 2335-3 et R. 2335-4.

Art. L. 2335-2 **Sous réserve des dispositions de l'article L. 1524-4, des subventions exceptionnelles peuvent être attribuées par arrêté ministériel à des communes dans lesquelles des circonstances anormales entraînent des difficultés financières particulières.**

(L. no 2021-1900 du 30 déc. 2021, art. 194) **« Ces subventions peuvent également être attribuées par le représentant de l'État dans le département aux communes pour lesquelles des circonstances anormales affectent les conditions de gestion des forêts soumises à l'article L. 211-1 du code forestier et entraînent des difficultés financières particulières. »**

Critères d'attribution. Des subventions exceptionnelles peuvent être attribuées par arrêté ministériel à des communes dans lesquelles des circonstances anormales entraînent des difficultés financières particulières. Le versement de ces subventions n'est possible qu'au terme d'une procédure de contrôle budgétaire consécutive à un déficit du budget ou du compte administratif, lorsqu'il apparaît que la commune n'est pas en mesure de rétablir l'équilibre de ses comptes par ses propres moyens, malgré, notamment, un effort fiscal porté au maximum. Ces dispositions ne s'appliquent qu'aux communes : les établissements publics de coopération intercommunale se trouvent donc exclus de cette mesure. * Rép. min. : *JO Sénat Q, 23 janv. 2003 ; La lettre du cadre territorial 2003, n° 249, 58.* ♦ Ces subventions exceptionnelles sont destinées à permettre le règlement des dépenses ordinaires lorsque, en raison d'événements particuliers, le fonctionnement normal des services municipaux se trouve compromis malgré une gestion rigoureuse et un effort fiscal porté au maximum des facultés contributives des habitants : le montant de la subvention est toujours fixé au vu du compte administratif en fonction du déficit réel constaté à la clôture de l'exercice. V. * Rép. min. n° 25889, *JO Sénat Q, 24 mai 1978.* ♦ Si, aux termes de l'art. L. 2335-2 CGCT, l'État peut attribuer des subventions exceptionnelles « à des communes dans lesquelles des circonstances anormales entraînent des difficultés financières particulières », aucune disposition spéciale ne prévoit une intervention comparable des départements. • CE 27 oct. 2008, *Dpt de Haute-Corse*, n° 292396 : *Dr. adm. 2009, n° 3 ; AJDA 2009. 159, note Verpeaux ; BJCL 2009. 113, concl. Glaser ; RLCT 2008. n° 1168, note Glaser.* ♦ En l'espèce, un conseil général avait, par délibération, décidé de financer la section de fonctionnement de communes, situées dans la circonscription départementale, dont la situation financière était difficile, au moyen de subventions non affectées ou attribuées en vue d'assurer l'équilibre de cette section du budget. • Même décision. ♦ Sur les subventions du département aux communes, V. art. L. 3321-1.

Art. L. 2335-2-1 *(L. n° 2008-1425 du 27 déc. 2008, art. 173)* **Il est institué un fonds de soutien aux communes touchées par le redéploiement territorial des armées.** *(L. n° 2012-1509 du 29 déc. 2012, art. 110)* **« Les communes de Polynésie française et de Nouvelle-Calédonie sont éligibles à ce fonds. »**

La répartition des crédits du fonds tient compte de l'évolution des ressources des communes concernées par le plan de redéploiement territorial des armées. Elle est fixée par arrêté conjoint du ministre de l'Intérieur et du ministre chargé du budget.

Par dérogation aux articles L. 2224-1 et L. 2224-2, les subventions accordées au titre du fonds peuvent être reversées, en tout ou partie, aux services publics communaux à caractère industriel ou commercial afin de compenser les effets sur leur exploitation du redéploiement territorial des armées.

Art. L. 2335-3 **Lorsque les exonérations de taxe foncière sur les propriétés bâties, prévues aux articles 1384** *(L. n° 99-1173 du 30 déc. 1999 ; L. n° 2001-1276 du 28 déc. 2001, art. 46 ; L. n° 2013-1278 du 29 déc. 2013, art. 73)* **« , 1384-0 A, 1384 A, 1384 C et 1384 D du code général des impôts », entraînent pour les communes une perte de recettes substantielle, ces collectivités ont droit à une compensation par l'État dans les conditions fixées par décret en Conseil d'État.**

(L. n° 2005-32 du 18 janv. 2005, art. 92) **« Toutefois, les pertes de recettes pour les communes résultant de l'allongement de quinze à vingt-cinq ans des exonérations de taxe foncière sur les propriétés bâties prévues aux articles 1384 A »** *(L. n° 2006-872 du 13 juill. 2006, art. 73 ; L. n° 2008-1425 du 27 déc. 2008, art. 48)* **« , 1384 C et 1384 D du code général des impôts sont compensées en appliquant au titre de 2009 au montant de ces pertes un taux correspondant à l'écart entre le montant total versé en 2008 au titre de l'ensemble des compensations mentionnées aux I à X de l'article 48 de la loi n° 2008-1425 du 27 décembre 2008 de finances pour 2009 et le montant total de ces mêmes compensations prévu à cette fin pour 2009 par le XI de ce même article ».**

(L. n° 2006-872 du 13 juill. 2006, art. 23) **« Pour les logements locatifs sociaux bénéficiant d'une décision d'octroi de subvention ou de prêt aidé entre le 1er décembre 2005 et le 31 décembre** *(L. n° 2022-1726 du 30 déc. 2022, art. 65)* **« 2026 », à l'exception des** *(L. n° 2009-1673 du 30 déc. 2009, art. 48)* **« constructions neuves financées » au moyen de prêts visés à la sous-section 3 de la section 1 du chapitre unique du titre III du livre III du code de la construction et de l'habitation, les pertes de recettes pour les communes résultant de l'exonération de taxe foncière sur les propriétés bâties pendant quinze ou vingt ans prévue par les articles 1384 A et 1384 C du code général des impôts sont compensées par un prélèvement sur les recettes de l'État. Dans ce cas, la compensation versée à chaque commune est égale, chaque année, au montant de la perte de recettes »** *(L. n° 2008-1425 du 27 déc. 2008, art. 48)* **« multiplié à compter de 2009 par un taux de minoration. Au titre de 2009, ce taux de minoration correspond à l'écart entre le montant total versé en 2008 au titre de**

l'ensemble des compensations mentionnées aux I à X de l'article 48 de la loi n° 2008-1425 du 27 décembre 2008 de finances pour 2009 et le montant total de ces mêmes compensations prévu à cette fin pour 2009 par le XI de ce même article. » *(L. n° 2009-1673 du 30 déc. 2009, art. 47)* « Au titre de 2010, la compensation calculée selon les dispositions qui précèdent et à laquelle est appliqué le taux d'évolution fixé au titre de 2009 est minorée par application d'un taux correspondant à l'écart entre le montant total à verser en 2009 au titre de l'ensemble des compensations mentionnées aux I à VIII de l'article 47 de la loi n° 2009-1673 du 30 décembre 2009 de finances pour 2010 et le montant total de ces mêmes compensations prévu à cette fin pour 2010 par le IX de ce même article. »

(L. n° 2010-1657 du 29 déc. 2010, art. 51) « Au titre de 2011, les compensations calculées en application du présent article et auxquelles sont appliqués le taux d'évolution fixé au titre de 2009 et le taux d'évolution fixé au titre de 2010 sont minorées par application du taux défini au IV de l'article 51 de la loi n° 2010-1657 du 29 décembre 2010 de finances pour 2011. »

(L. n° 2011-1977 du 28 déc. 2011, art. 33) « Au titre de 2012, les mêmes compensations, auxquelles sont appliqués les taux d'évolution fixés au titre de 2009, 2010 et 2011, sont minorées par application du taux prévu pour 2012 au III de l'article 33 de la loi n° 2011-1977 du 28 décembre 2011 de finances pour 2012. »

(L. n° 2012-1509 du 29 déc. 2012, art. 31) « Au titre de 2013, les mêmes compensations, auxquelles sont appliqués les taux d'évolution fixés au titre de 2009, 2010, 2011 et 2012, sont minorées par application du taux prévu pour 2013 au IV de l'article 31 de la loi n° 2012-1509 du 29 décembre 2012 de finances pour 2013. »

(L. n° 2013-1278 du 29 déc. 2013, art. 37) « Au titre de 2014, les mêmes compensations, auxquelles sont appliqués les taux d'évolution fixés au titre de 2009, 2010, 2011, 2012 et 2013, sont minorées par application du taux prévu pour 2014 au IV de l'article 37 de la loi n° 2013-1278 du 29 décembre 2013 de finances pour 2014. »

(L. n° 2014-1654 du 29 déc. 2014, art. 23) « Au titre de 2015, les mêmes compensations, auxquelles sont appliqués les taux d'évolution fixés depuis 2009, sont minorées par application du taux prévu pour 2015 au III de l'article 23 de la loi n° 2014-1654 du 29 décembre 2014 de finances pour 2015. »

(L. n° 2015-1785 du 29 déc. 2015, art. 33) « Au titre de 2016, les mêmes compensations, auxquelles sont appliqués les taux d'évolution fixés depuis 2009, sont minorées par application du taux prévu pour 2016 au III de l'article 33 de la loi n° 2015-1785 du 29 décembre 2015 de finances pour 2016. »

(L. n° 2016-1917 du 29 déc. 2016, art. 33) « Au titre de 2017, les mêmes compensations, auxquelles sont appliqués les taux d'évolution fixés depuis 2009, sont minorées par application du taux prévu pour 2017 au X de l'article 33 de la loi n° 2016-1917 du 29 décembre 2016 de finances pour 2017. »

À compter de 2022, les taux d'évolution fixés depuis 2009 et jusqu'à 2017 sont appliqués aux mêmes compensations.

Art. L. 2335-4 Pendant la période au cours de laquelle s'appliquent les dispositions tendant à faciliter l'intégration fiscale progressive des communes fusionnées, l'État accorde une aide financière à la nouvelle commune.

Le montant de cette aide est déterminé, au titre de chaque commune préexistante ouvrant droit à l'application de l'intégration fiscale progressive, sur la base de la différence entre le taux net de chacune des impositions directes locales mentionnées à l'article 1er de la loi n° 80-10 du 10 janvier 1980 portant aménagement de la fiscalité directe locale, appliqué dans ladite commune au cours de l'année précédant la fusion, et, s'il est supérieur, le taux net moyen correspondant de chacune des contributions directes susvisées qui aurait été appliqué par la nouvelle commune sur l'ensemble de son territoire au cours de la même année pour obtenir un produit égal au total des produits des mêmes contributions mis en recouvrement par l'ensemble des communes fusionnées.

(L. n° 2004-809 du 13 août 2004, art. 157) « Au cours de la première année, l'aide de l'État est égale aux douze treizièmes du produit de cette différence par les bases nettes correspondantes de la commune préexistante considérée. Au cours des onze

années suivantes, elle est réduite chaque année d'un treizième et supprimée à partir de la treizième année. »

Au cours d'une année quelconque de cette période de *(L. n° 2004-809 du 13 août 2004, art. 157)* **« douze » ans, l'État n'accorde aucune aide si le montant de cette aide, au titre d'une commune préexistante, est inférieur à 0,15 € par habitant de ladite commune.**

Champ d'application. L'art. 1638 *bis* CGI ouvre en faveur des communes, qui adhèrent à une communauté ou à un syndicat d'aménagement, la faculté, réservée à l'origine aux communes fusionnées, de procéder à une intégration progressive de leur fiscalité : cet article n'a ni pour objet, ni pour effet, de rendre applicables aux communes qu'il vise l'art. L. 2335-4 qui prévoit une aide financière de l'État aux communes fusionnées. • CE 29 janv. 1992, *Cne de Trappes,* n° 83691. ♦ V. art. 1638 CGI. ♦ Une commune ne peut se fonder sur le défaut d'information de l'impossibilité de percevoir le bénéfice de l'aide prévue à l'art. L. 2335-4 CGCT pour arguer d'un préjudice étant donné que l'aide financière ne constituait pas le seul motif ayant déterminé le choix de procéder à un rapprochement, quelle qu'en fût la forme juridique, avec une autre commune et qu'il n'est pas établi qu'elle aurait renoncé au processus de rapprochement pour cette seule raison. • CAA Douai, 22 oct. 2019, n° 17DA01392.

SECTION 3 Subventions d'investissement

SOUS-SECTION 1 Régime des subventions accordées par l'État

Art. L. 2335-5 Les subventions pour travaux sont accordées par l'État ou par des établissements publics relevant de l'État, quelle que soit la nature des crédits sur lesquels ces subventions sont imputées et des ressources qui leur sont affectées, dans les conditions définies par décret en Conseil d'État. – *[C. communes, art. L. 235-8 issu du Décr. du 21 avr. 1939, art. 7.]*

1. Modalités d'attribution. Sauf dérogation prévue par les textes, la décision attributive de subventions doit être préalable au commencement d'exécution de l'opération à subventionner : ainsi lorsqu'une lettre est venue informer la commune de la prise en compte de son projet au stade de la programmation d'une aide financière, mais n'a indiqué nullement qu'une décision d'octroi de subvention a été prise, le préfet peut à bon droit refuser de verser la subvention au motif que les travaux ont été entrepris préalablement à la notification de la décision attributive de subvention. • TA Orléans, 3 mai 1988, *Maire d'Olivet : Rev. jur. Centre-Ouest, janv. 1989. 85, note Lachaume.* ♦ De même, l'État peut décider de ne pas verser le montant, initialement prévu, de la subvention destinée au financement de la reconstruction d'un groupe scolaire, lorsqu'il résulte des courriers du préfet que ce dernier avait exprimé des réserves. • CE 14 janv. 2008, *Cne d'Étampes,* n° 306410.

2. Modalités de retrait. La décision par laquelle le préfet accorde une subvention crée des droits, et ne peut être rapportée que pour illégalité et dans les délais du recours contentieux. • CE 24 oct. 1956, *Sieur Rivolier : Lebon 382* • CE 30 mars 1979, *Secrétaire d'État aux Universités et Université de Bordeaux II : Lebon 141.* ♦ Le retrait illégal d'un arrêté attribuant une subvention constitue une faute de service, et l'État doit réparation du préjudice résultant de cette faute. • CE 10 juill. 1957, *Cne de Larrazet : Lebon 460.*

3. Responsabilité de l'État. La responsabilité de l'État à l'égard des communes peut être engagée lorsque des promesses de subventions ne sont pas suivies d'effet : les incitations à agir et les revirements de position de la puissance publique, à l'égard de la demande de subvention, constituent en effet une faute de service. • CE 5 avr. 1974, *Cne d'Onnaing : Lebon 217 ; AJDA 1974. 607 ; JCP 1976. II. 18347.*

SOUS-SECTION 2 *[ABROGÉE]* Majorations de subventions accordées aux communes fusionnées

(Abrogée par L. n° 2019-1479 du 28 déc. 2019, art. 250)

Art. L. 2335-6 à L. 2335-8 *Abrogés par L. n° 2019-1479 du 28 déc. 2019, art. 250.*

SECTION 4 *[ABROGÉE]* Subventions d'investissement pour l'adduction d'eau et l'assainissement *(L. n° 2003-1311 du 30 déc. 2003, art. 38).*

(Abrogée par L. n° 2006-1772 du 30 déc. 2006, art. 101)

V. art. R. 2335-8 s.

Art. L. 2335-9 et L. 2335-10 *Abrogés par L. n° 2006-1772 du 30 déc. 2006, art. 101.*

Art. L. 2335-11 *Abrogé par L. n° 2004-1485 du 30 déc. 2004, art. 121.*

Art. L. 2335-12 à L. 2335-14 *Abrogés par L. n° 2006-1772 du 30 déc. 2006, art. 101.*

SECTION 5 Subventions au titre du fonds d'aide pour le relogement d'urgence

(L. n° 2005-1719 du 30 déc. 2005, art. 39)

Art. L. 2335-15 Il est institué de 2006 à *(L. n° 2020-1721 du 29 déc. 2020, art. 254)* « 2025 » un fonds d'aide pour le relogement d'urgence.

(L. n° 2019-1479 du 28 déc. 2019, art. 251) « Ce fonds est destiné à apporter une aide financière aux communes, aux établissements publics locaux compétents ou aux groupements d'intérêt public compétents, afin d'assurer *(Abrogé par Décr. n° 2024-943 du 14 oct. 2024)* ***« durant une période maximale de six mois »*** l'hébergement d'urgence ou le relogement temporaire de personnes occupant des locaux qui présentent un danger pour leur santé ou leur sécurité et qui ont fait l'objet soit d'une ordonnance d'expulsion, soit d'un ordre d'évacuation.

« Une aide financière peut également leur être attribuée pour mettre les locaux hors d'état d'être utilisables. »

Les dispositions ci-dessus ne font pas obstacle aux obligations de remboursement auxquelles sont tenus les propriétaires en application de dispositions législatives spécifiques.

(L. n° 2019-1479 du 28 déc. 2019, art. 251) « Un décret fixe les modalités d'application du présent article. »

Les mots « durant une période maximale de six mois » figurant au 2e al. ont un caractère réglementaire (Cons. const. 30 avr. 2024, n° 2024-307 L).

SECTION 6 Dotation relative à l'enregistrement des demandes et à la remise des titres sécurisés

(L. n° 2008-1425 du 27 déc. 2008, art. 136)

Art. L. 2335-16 Il est institué une dotation annuelle de fonctionnement en faveur des communes équipées d'une ou plusieurs stations d'enregistrement des demandes de passeports *(L. n° 2023-1322 du 29 déc. 2023, art. 244)* « , de cartes nationales d'identité électroniques et de mise à disposition d'un moyen d'identification électronique défini au paragraphe 2 de l'article 3 du règlement (UE) n° 910/2014 du Parlement européen et du Conseil du 23 juillet 2014 sur l'identification électronique et les services de confiance pour les transactions électroniques au sein du marché intérieur et abrogeant la directive 1999/93/CE » appelée "dotation pour les titres sécurisés".

(L. n° 2023-1322 du 29 déc. 2023, art. 244) « À compter de 2024, cette dotation est répartie entre les communes en fonction du nombre de stations d'enregistrement des demandes de passeports et de cartes nationales d'identité électroniques en fonctionnement dans la commune au 1er janvier de l'année en cours, du nombre de demandes enregistrées au cours de l'année précédente, du nombre de mises à disposition d'un moyen d'identification électronique mentionné au premier alinéa du présent article et de l'inscription de ces stations à un module dématérialisé et interopérable de prise de rendez-vous. »

(L. n° 2018-1317 du 28 déc. 2018, art. 250) « Les attributions individuelles au titre de cette dotation peuvent être constatées par arrêté du ministre chargé des collectivités territoriales publié au *Journal officiel*. Cette publication vaut notification aux collectivités territoriales. » *(L. n° 2022-1726 du 30 déc. 2022, art. 201)* « Les modalités d'application du présent article sont fixées par décret. »

Sur la majoration exceptionnelle de la dotation pour les titres sécurisés, V. ci-dessous L. n° 2023-1114 du 30 nov. 2023, art. 11.

Loi nº 2023-1114 du 30 novembre 2023,
De finances de fin de gestion pour 2023.

Art. 11 I. — Une majoration exceptionnelle de la dotation pour les titres sécurisés prévue à l'article L. 2335-16 du code général des collectivités territoriales est attribuée aux communes en 2023, dans les conditions fixées aux II à IV du présent article.

II. — Un montant de 50 000 € est attribué à chaque commune ayant accueilli au moins cinq stations d'enregistrement des demandes de passeports et de cartes nationales d'identité électroniques installées, à titre provisoire, en 2023 pendant une durée minimale de quatre mois sans interruption. Ce montant est porté à 150 000 € lorsque la commune a accueilli au moins dix stations.

Lorsque la durée d'installation temporaire des stations atteint six mois sans interruption en 2023, les montants mentionnés au premier alinéa du présent II sont portés à 75 000 € pour l'accueil d'au moins cinq stations et à 225 000 € pour l'accueil d'au moins dix stations.

III. — Un montant de 4 000 € est attribué aux communes pour chaque station d'enregistrement en fonctionnement au 1er janvier 2023 lorsque le nombre de demandes de passeports et de cartes nationales d'identité électroniques enregistrées sur le territoire de la commune entre le 1er mai 2023 et le 2 juillet 2023 est supérieur de plus de 20 % au nombre de demandes constaté entre le 2 janvier 2023 et le 26 février 2023.

IV. — Sans préjudice du troisième alinéa de l'article L. 2335-16 du code général des collectivités territoriales, un montant de 1 000 € est attribué aux communes pour chaque station inscrite, au 1er juillet 2023, à un module dématérialisé et interopérable de prise de rendez-vous.

V. — A. — En 2023, la majoration prévue au troisième alinéa de l'article L. 2335-16 du code général des collectivités territoriales est attribuée aux communes pour chaque station inscrite au 1er juillet 2023 à un module dématérialisé et interopérable de prise de rendez-vous et en fonctionnement à la même date.

[...]

SECTION 7 **Dotation de soutien aux communes pour les aménités rurales**

(L. nº 2023-1322 du 29 déc. 2023, art. 243)

Art. L. 2335-17 I. – À compter de 2024, il est institué une dotation budgétaire de fonctionnement dénommée dotation de soutien aux communes pour les aménités rurales.

Cette dotation est attribuée aux communes rurales dont une partie significative du territoire comprend une aire protégée ou jouxte une aire marine protégée. La liste des catégories d'aires protégées prises en compte pour l'attribution de la dotation est fixée par décret en Conseil d'État. Pour les communes dont une partie significative du territoire comprend une aire protégée, la dotation est répartie entre les communes éligibles en fonction de leur population, d'une part, et de la superficie de leur territoire couverte par cette aire protégée, d'autre part. Dans les communes dont le territoire jouxte une aire marine protégée, la dotation est répartie entre les communes éligibles en fonction de leur population.

II. – Pour l'application du présent article :

1° En métropole, les communes rurales sont les communes caractérisées comme rurales, au sens de l'Institut national de la statistique et des études économiques et selon les données disponibles au 1er janvier de l'année de répartition. Dans les départements et les régions d'outre-mer, sont considérées comme rurales les communes de moins de 10 000 habitants ;

2° Les aires protégées s'entendent au sens de l'article L. 110-4 du code de l'environnement.

III. – Les modalités d'application du présent article sont fixées par un décret en Conseil d'État. Celui-ci précise :

1° Les conditions d'éligibilité des communes à la dotation ;

2° Les modalités de prise en compte des aires protégées ou des aires marines protégées ;

3° Les modalités de calcul des attributions.

IV. – Les communes qui étaient éligibles à la dotation de soutien aux communes pour la protection de la biodiversité et pour la valorisation des aménités rurales prévue au présent article, dans sa rédaction antérieure à la loi n° 2023-1322 du 29 décembre 2023 de finances pour 2024, et qui sont éligibles à la dotation de soutien aux communes pour les aménités rurales mentionnée au I du présent article bénéficient d'une dotation dont le montant ne peut être inférieur au montant perçu en 2023.

CHAPITRE VI PÉRÉQUATION DES RESSOURCES

(L. n° 2011-1977 du 28 déc. 2011, art. 144-I-B)

BIBL. GÉN. ▶ DEBARGE et HUET, Esquisse d'une péréquation horizontale, *JCP Adm. 2013, n° 2192*. – HASTINGS-MARCHADIER, La péréquation financière horizontale et la Constitution, *AJDA 2013. 2294*.

Art. L. 2336-1 I. – À compter de 2012, il est créé, à destination des communes et établissements publics de coopération intercommunale à fiscalité propre, un Fonds national de péréquation des ressources intercommunales et communales.

II. – 1. Les ressources de ce fonds national de péréquation en 2012, 2013, 2014 et 2015 sont fixées, respectivement, à 150, 360, 570 et 780 millions d'euros. *(L. n° 2015-1785 du 29 déc. 2015, art. 162)* « En 2016 *(L. n° 2016-1917 du 29 déc. 2016, art. 143)* « et en 2017 », les ressources du fonds sont fixées à 1 milliard d'euros. » *(L. n° 2017-1837 du 30 déc. 2017, art. 163)* « À compter de 2018, les ressources du fonds sont fixées à 1 milliard d'euros » *(L. n° 2025-127 du 14 févr. 2025, art. 186)* « , avant abondement dans les conditions définies au VII de l'article 186 de la loi n° 2025-127 du 14 février 2025 de finances pour 2025. »

(Abrogé par L. n° 2025-127 du 14 févr. 2025, art. 186) « 2. Les ressources fiscales mentionnées au 1 correspondent, pour les communes, à celles mentionnées au 1° du a de l'article L. 2331-3 et, pour les établissements publics de coopération intercommunale dotés d'une fiscalité propre, à celles définies au premier alinéa du 1° de l'article L. 5214-23 s'agissant des communautés de communes, au 1° de l'article L. 5215-32 s'agissant des communautés urbaines et des métropoles et au premier alinéa du 1° de l'article L. 5216-8 s'agissant des communautés d'agglomération.

« Les ressources retenues sont les ressources brutes de la dernière année dont les résultats sont connus. »

III. – Pour la mise en œuvre de ce fonds national de péréquation, un ensemble intercommunal est constitué d'un établissement public de coopération intercommunale à fiscalité propre et de ses communes membres au 1er janvier de l'année de répartition des ressources dudit fonds.

COMMENTAIRE

V. dans le supplément en ligne.

Constitutionnalité. Les art. L. 2336-1, L. 2336-2 et L. 2336-3 CGCT ne portent pas atteinte aux droits et libertés garantis par la Constitution. Dès lors, il n'y a pas besoin de renvoyer au Conseil constitutionnel la question prioritaire de constitutionnalité invoquée par un requérant. • CE 21 sept. 2012, *Cne de Vitry-sur-Seine*, n° 360602 : *RJF 2012, n° 1151*.

Art. L. 2336-2 *(L. n° 2011-1977 du 28 déc. 2011, art. 144)* I. – À compter de 2012, le potentiel fiscal agrégé d'un ensemble intercommunal est déterminé en additionnant les montants suivants :

1° Le produit déterminé par l'application aux bases d'imposition communales de la taxe d'habitation *(L. n° 2020-1721 du 29 déc. 2020, art. 252)* « sur les résidences secondaires *(Abrogé par L. n° 2025-127 du 14 févr. 2025, art. 110) « et autres locaux meublés non affectés à l'habitation principale »* » et de la taxe foncière sur les propriétés non bâties du taux moyen national d'imposition à chacune de ces taxes ;

(L. n° 2020-1721 du 29 déc. 2020, art. 252) « 1° *bis* Le produit déterminé par l'application aux bases communales d'imposition de taxe foncière sur les propriétés bâties de la somme des taux de taxe foncière sur les propriétés bâties communal et départemental appliqués sur le territoire de la commune en 2020 multipliée par le coefficient cor-

recteur mentionné au B du IV de l'article 16 de la loi n° 2019-1479 du 28 décembre 2019 de finances pour 2020 ;

1° *ter* Le produit déterminé par l'application aux bases communales d'imposition de taxe foncière sur les propriétés bâties de la différence entre le taux moyen national d'imposition de cette taxe et la somme des taux de taxe foncière sur les propriétés bâties communal et départemental appliqués sur le territoire de la commune en 2020 ;

« 1° quater Abrogé par L. n° 2021-1900 du 30 déc. 2021, art. 194.

2° La somme :

a) Du produit déterminé par l'application aux bases d'imposition communales de cotisation foncière des entreprises du taux moyen national d'imposition à cette taxe ;

b) Et des produits des impositions forfaitaires sur les entreprises de réseaux, de la taxe additionnelle à la taxe foncière sur les propriétés non bâties prévus aux articles 1379 et 1379-0 *bis* du code général des impôts, ainsi que de la taxe sur les surfaces commerciales prévue au 6° de l'article L. 2331-3 du présent code perçus par le groupement et ses communes membres ;

3° La somme des montants positifs ou négatifs résultant de l'application des 1.1 et 2.1 de l'article 78 de la loi n° 2009-1673 du 30 décembre 2009 de finances pour 2010 *(L. n° 2021-1900 du 30 déc. 2021, art. 194)* « , y compris les montants prévus au VIII du même 2.1, » perçus ou supportés par le groupement et ses communes membres l'année précédente ;

4° La somme des produits perçus par le groupement et ses communes membres au titre *(L. n° 2014-1655 du 29 déc. 2014, art. 39)* « des prélèvements sur le produit brut des jeux mentionnés » aux articles L. 2333-54 à *(L. n° 2012-1509 du 29 déc. 2012, art. 112)* « L. 2333-56 » du présent code, *(L. n° 2021-1900 du 30 déc. 2021, art. 194)* « et des produits perçus par les communes au titre de la contribution sur les eaux minérales prévue à l'article 1582 du code général des impôts, de la majoration prévue à l'article 1407 *ter* du même code, de l'imposition forfaitaire prévue à l'article 1519 A dudit code et de la taxe additionnelle à la taxe sur les installations nucléaires de base prévue au VI de l'article 43 de la loi de finances pour 2000 (n° 99-1172 du 30 décembre 1999) ;

« 4° *bis* La somme des produits, constatés dans le compte de gestion afférent à l'avant-dernier exercice, perçus par les communes membres au titre de la redevance des mines *(Ord. n° 2023-1210 du 20 déc. 2023, art. 17)* « mentionnée » à l'article 1519 du code général des impôts et de la taxe locale sur la publicité extérieure prévue à l'article L. 2333-6 du présent code ;

« 4° *ter* La somme, divisée par trois, des produits perçus par les communes membres au titre de la taxe additionnelle aux droits d'enregistrement ou à la taxe de publicité foncière exigibles sur les mutations à titre onéreux prévue à l'article 1584 du code général des impôts et au titre du fonds de péréquation prévu à l'article 1595 *bis* du même code au cours de la pénultième année et des deux années précédentes ; »

5° Les montants perçus l'année précédente par les communes appartenant au groupement au titre de leur part de la dotation forfaitaire définie au 3° *(L. n° 2012-1509 du 29 déc. 2012, art. 112)* « du I » de l'article L. 2334-7 du présent code *(L. n° 2015-1785 du 29 déc. 2015, art. 162)* « et indexée, à compter de 2014, sur le taux d'évolution de la dotation forfaitaire de la commune l'année précédant la répartition », hors le montant correspondant à la compensation prévue au 2° *bis* du II de l'article 1648 B du code général des impôts, dans sa rédaction antérieure à la loi de finances pour 2004 *(L. n° 2003-1311 du 30 déc. 2003)*, et par le groupement au titre de la dotation de compensation prévue à l'article L. 5211-28-1 du présent code, hors le montant correspondant à la compensation prévue au 2° *bis* du II de l'article 1648 B du code général des impôts, dans sa rédaction antérieure à la loi de finances pour 2004 précitée ;

(L. n° 2020-1721 du 29 déc. 2020, art. 252) « 6° La fraction du produit net de la taxe sur la valeur ajoutée prévue au B du V de l'article 16 de la loi n° 2019-1479 du 28 décembre 2019 de finances pour 2020 perçue par le groupement l'année précédente ;

« 7° La somme des produits perçus par le groupement et ses communes membres l'année précédente au titre du prélèvement sur les recettes de l'État prévu au III de l'article 29 de la loi n° 2020-1721 du 29 décembre 2020 de finances pour 2021. La part du prélèvement compensant la perte de recettes de taxe foncière sur les propriétés bâties résultant des dispositions du 1° du I du même article 29 prise en compte est, pour chaque commune, multipliée par le coefficient mentionné au B du IV de l'article 16 de la loi n° 2019-1479 du 28 décembre 2019 de finances pour 2020 ; »

(L. n° 2023-1322 du 29 déc. 2023, art. 240) « 8° La somme des produits perçus par le groupement et ses communes membres l'année précédente au titre de la fraction du produit net de la taxe sur la valeur ajoutée perçue en application des A à C du XXIV de l'article 55 de la loi n° 2022-1726 du 30 décembre 2022 de finances pour 2023. »

Les bases retenues sont les bases brutes de la dernière année dont les résultats sont connus servant à l'assiette des impositions communales. Les produits retenus sont les produits bruts de la dernière année dont les résultats sont connus. Les taux moyens nationaux retenus sont ceux constatés lors de la dernière année dont les résultats sont connus. *(L. n° 2021-1900 du 30 déc. 2021, art. 194)* « Pour les communes membres de la métropole de Lyon, le taux départemental d'imposition à la taxe foncière sur les propriétés bâties s'entend du taux de taxe foncière sur les propriétés bâties adopté en 2014 par le département du Rhône. »

Le potentiel financier agrégé d'un ensemble intercommunal est égal à son potentiel fiscal agrégé, majoré de la somme des dotations forfaitaires définies à l'article L. 2334-7 du présent code perçues par les communes membres l'année précédente, hors la part mentionnée au 3° *(L. n° 2012-1509 du 29 déc. 2012, art. 112)* « du I » du même article L. 2334-7 *(L. n° 2015-1785 du 29 déc. 2015, art. 162)* « et indexée à compter de 2014 sur le taux d'évolution de la dotation forfaitaire de la commune l'année précédant la répartition ». *(L. n° 2025-127 du 14 févr. 2025, art. 178)* « Il est également majoré du montant perçu par les communes membres l'année précédente au titre de la dotation en faveur des communes nouvelles prévue à l'article L. 2113-22-1. » Il est minoré, le cas échéant, *(Abrogé par L. n° 2025-127 du 14 févr. 2025, art. 178)* « *(L. n° 2015-1785 du 29 déc. 2015, art. 162)* *« du prélèvement sur le produit des impôts directs locaux mentionné à la seconde phrase du troisième alinéa du III de l'article L. 2334-7 réalisé » l'année précédente sur le groupement et ses communes membres ainsi que »* *(L. n° 2014-1654 du 29 déc. 2014, art. 107)* « des minorations mentionnées *(L. n° 2021-1900 du 30 déc. 2021, art. 194)* « à l'article L. 2334-7-3 ».

Le potentiel fiscal et le potentiel financier des communes n'appartenant à aucun établissement public de coopération intercommunale à fiscalité propre sont calculés selon les modalités définies à l'article L. 2334-4.

II. — Pour les ensembles intercommunaux et les communes n'appartenant à aucun groupement à fiscalité propre de la région d'Île-de-France, le potentiel financier agrégé ou le potentiel financier est minoré ou majoré, respectivement, de la somme des montants prélevés ou perçus l'année précédente par les communes en application des articles L. 2531-13 et L. 2531-14.

III. — Le potentiel financier agrégé par habitant d'un ensemble intercommunal et le potentiel financier par habitant d'une commune n'appartenant à aucun groupement à fiscalité propre sont égaux, respectivement, au potentiel financier agrégé de l'ensemble intercommunal et au potentiel financier de la commune calculés selon les modalités de l'article L. 2334-4, divisés par le nombre d'habitants constituant la population de cet ensemble ou de la commune, corrigé par un coefficient logarithmique dont la valeur varie de 1 à 2 en fonction de la population de l'ensemble ou de la commune dans des conditions fixées par décret en Conseil d'État.

IV. — Le potentiel financier agrégé moyen par habitant est égal à la somme des potentiels financiers agrégés des ensembles intercommunaux et des potentiels financiers des communes n'appartenant à aucun groupement à fiscalité propre rapportée à la somme des populations des ensembles intercommunaux et des communes n'appartenant à aucun groupement à fiscalité propre, corrigées par les coefficients définis au III.

V. — L'effort fiscal d'un ensemble intercommunal est déterminé par le rapport entre : *(L. n° 2021-1900 du 30 déc. 2021, art. 194)* « 1° D'une part, la somme des produits des impôts définis au 1° de l'article L. 2334-5, perçus par l'établissement public de coopération intercommunale à fiscalité propre et ses communes membres ; »

2° D'autre part, la part du potentiel fiscal agrégé *(L. n° 2021-1900 du 30 déc. 2021, art. 194)* « mentionnée aux 1° à 1° *ter* » du I du présent article.

(L. n° 2021-1900 du 30 déc. 2021, art. 194) « Les bases et les produits pris en compte le sont dans les conditions prévues au quinzième alinéa du I. »

L'effort fiscal d'une commune n'appartenant à aucun établissement public de coopération intercommunale à fiscalité propre est calculé dans les conditions prévues aux *(L. n° 2020-1721 du 29 déc. 2020, art. 252)f « six » premiers alinéas de l'article L. 2334-5.*

VI. — L'effort fiscal moyen est égal à la somme des produits des impôts tels que définis *(L. n° 2021-1900 du 30 déc. 2021, art. 194)* « au 1° de l'article L. 2334-5 », perçus par les ensembles intercommunaux et les communes n'appartenant à aucun établissement public de coopération intercommunale à fiscalité propre, rapportée à la somme des montants pris en compte au dénominateur du calcul de leur effort fiscal.

(L. n° 2023-1322 du 29 déc. 2023, art. 241) « VII. — En cas de division d'une commune n'appartenant à aucun groupement à fiscalité propre, les indicateurs financiers prévus au présent article applicables aux communes n'appartenant à aucun groupement à fiscalité propre issues de la division sont ceux calculés pour l'ancienne commune l'année précédant la division, répartis entre elles au prorata de leur population.

« Les autres critères utilisés pour la répartition du fonds applicables aux communes n'appartenant à aucun groupement à fiscalité propre issues de la division d'une commune n'appartenant à aucun groupement à fiscalité propre sont ceux retenus pour l'ancienne commune l'année précédant la division, répartis entre elles au prorata de leur population.

« En cas de division d'un établissement public de coopération intercommunale à fiscalité propre, les indicateurs financiers prévus au présent article applicables aux ensembles intercommunaux issus de la division sont ceux calculés pour l'ancien ensemble intercommunal l'année précédant la division, répartis entre eux au prorata de leur population.

« Les autres critères utilisés pour la répartition du fonds applicables aux ensembles intercommunaux issus de la division d'un établissement public de coopération intercommunale à fiscalité propre sont ceux retenus pour l'ancien ensemble intercommunal l'année précédant la division, répartis entre eux au prorata de leur population.

« Les quatre premiers alinéas du présent VII sont applicables tant qu'il n'existe pas de données relatives au périmètre des nouvelles communes ou des nouveaux établissements publics de coopération intercommunale à fiscalité propre disponibles dans les conditions légales et réglementaires prévues pour la prise en compte de chacune de ces données. »

À compter de l'exercice budgétaire 2026, au 4° bis du I du présent art., les mots : « compte de gestion » sont remplacés par les mots : « compte financier unique » (Ord. n° 2025-526 du 12 juin 2025, art. 1er et 12).

Art. L. 2336-3 I. — *(L. n° 2025-127 du 14 févr. 2025, art. 186)* « Avant abondement dans les conditions définies au VII de l'article 186 de la loi n° 2025-127 du 14 février 2025 de finances pour 2025, » le Fonds national de péréquation des ressources intercommunales et communales est alimenté par un prélèvement sur les ressources fiscales des ensembles intercommunaux et des communes n'appartenant à aucun groupement à fiscalité propre de métropole et des départements d'outre-mer à l'exception du Département de Mayotte, selon les modalités suivantes :

1° Sont contributeurs au fonds :

a) Les ensembles intercommunaux dont le potentiel financier agrégé par habitant, tel que défini à l'article L. 2336-2, est supérieur à 90 % du potentiel financier agrégé moyen par habitant ;

b) Les communes n'appartenant à aucun groupement à fiscalité propre dont le potentiel financier par habitant *(L. n° 2012-1510 du 29 déc. 2012, art. 37)* « , à l'exception des communes situées dans les îles maritimes mono-communales non tenues d'intégrer un schéma départemental de coopération intercommunale au titre du V de l'article L. 5210-1-1 », tel que défini au même article L. 2336-2, est supérieur à 90 % du potentiel financier agrégé moyen par habitant ;

2° Le prélèvement calculé afin d'atteindre chaque année le montant prévu au II de l'article L. 2336-1 est réparti entre les ensembles intercommunaux et les communes n'appartenant à aucun groupement à fiscalité propre mentionnés au 1° du présent I en fonction *(L. n° 2012-1509 du 29 déc. 2012, art. 112)* « d'un indice synthétique de ressources et de charges multiplié par la population de l'ensemble intercommunal ou de la commune. Pour chaque ensemble intercommunal ou commune isolée, cet indice est fonction :

« *a)* De l'écart relatif entre le potentiel financier agrégé par habitant de l'ensemble intercommunal ou le potentiel financier par habitant de la commune isolée, d'une part, et 90 % du potentiel financier agrégé moyen par habitant, d'autre part ;

« *b)* De l'écart relatif entre le revenu par habitant de l'ensemble intercommunal ou le revenu par habitant de la commune isolée, d'une part, et le revenu par habitant moyen, d'autre part. Le revenu pris en compte est le dernier revenu fiscal de référence connu. La population prise en compte est celle issue du dernier recensement.

« L'indice synthétique de ressources et de charges est obtenu par addition des rapports définis aux *a* et *b* du présent 2° en pondérant le premier par *(L. n° 2013-1278 du 29 déc. 2013, art. 134)* « 75 % » et le second par *(L. n° 2013-1278 du 29 déc. 2013, art. 134)* « 25 % » ; »

3° La somme des prélèvements opérés en application du 2° du présent I et de ceux supportés par les communes en application de l'article L. 2531-13 au titre de l'année précédente ne peut excéder, pour chaque ensemble intercommunal ou chaque commune mentionnés au 1° du présent I, *(L. n° 2018-1317 du 28 déc. 2018, art. 253)* « 14 % » du produit qu'ils ont perçu au titre des ressources mentionnées aux 1° à *(L. n° 2025-127 du 14 févr. 2025, art. 183)* « 8° » du I de l'article L. 2336-2 ;

(L. n° 2012-1509 du 29 déc. 2012, art. 112) « II. — Le prélèvement calculé pour chaque ensemble intercommunal conformément aux 2° et 3° du I est réparti entre l'établissement public de coopération intercommunale à fiscalité propre et ses communes membres en fonction du coefficient d'intégration fiscale défini au III de l'article *(L. n° 2018-1317 du 28 déc. 2018, art. 250)* « L. 5211-29 », puis entre les communes membres en fonction du potentiel financier par habitant de ces communes, *(L. n° 2025-127 du 14 févr. 2025, art. 183)* « défini à » l'article L. 2334-4, et de leur population.

« Par dérogation, le prélèvement peut être réparti selon les modalités suivantes :

« 1° Soit, par délibération de l'établissement public de coopération intercommunale prise *(L. n° 2015-1785 du 29 déc. 2015, art. 162)* « dans un délai de deux mois à compter de sa notification », à la majorité des deux tiers, entre l'établissement public de coopération intercommunale à fiscalité propre et ses communes membres *(L. n° 2015-1785 du 29 déc. 2015, art. 162)* « , librement, sans pouvoir avoir pour effet de s'écarter de plus de 30 % de la répartition calculée en application du premier alinéa du présent II », puis entre les communes membres en fonction de leur population, de l'écart entre le revenu par habitant de ces communes et le revenu moyen par habitant de l'établissement public de coopération intercommunale et du potentiel fiscal ou financier par habitant de ces communes au regard du potentiel fiscal ou financier communal moyen par habitant sur le territoire de l'établissement public de coopération intercommunale ainsi que, à titre complémentaire, d'autres critères de ressources ou de charges qui peuvent être choisis par le conseil de l'établissement public de coopération intercommunale. Ces modalités ne peuvent avoir pour effet de majorer de plus de *(L. n° 2014-1654 du 29 déc. 2014, art. 108)* « 30% » la contribution d'une commune membre par rapport à celle calculée en application du premier alinéa du présent II » ;

(L. n° 2015-1785 du 29 déc. 2015, art. 162) « 2° Soit par délibération de l'organe délibérant de l'établissement public de coopération intercommunale à fiscalité propre statuant à l'unanimité, prise dans un délai de deux mois à compter de la notification par le représentant de l'État dans le département, ou par délibération de l'organe délibérant de l'établissement public de coopération intercommunale à fiscalité propre statuant à la majorité des deux tiers des suffrages exprimés, prise dans un délai de deux mois à compter de sa notification et approuvée par les conseils municipaux des communes membres. Les conseils municipaux disposent d'un délai de deux mois à compter

de la notification de la délibération de l'organe délibérant pour se prononcer. À défaut de délibération dans ce délai, ils sont réputés l'avoir approuvée. »

(L. nº 2012-1509 du 29 déc. 2012, art. 112) **« Le prélèvement dû par les communes membres d'un établissement public de coopération intercommunale à fiscalité propre est minoré à due concurrence des montants prélevés l'année précédente en application des II et III de l'article L. 2531-13. Les montants correspondant à ces minorations sont acquittés par l'établissement public de coopération intercommunale à fiscalité propre auquel appartiennent ces communes.**

(L. nº 2023-1322 du 29 déc. 2023, art. 241) **« II *bis*. — Sans préjudice du II du présent article, les délibérations mentionnées aux 1° et 2° du même II produisent leurs effets tant qu'elles ne sont pas rapportées ou modifiées.**

« Elles cessent de produire leurs effets lorsque l'organe délibérant de l'établissement public de coopération intercommunale à fiscalité propre ou le conseil municipal d'au moins une de ses communes membres adopte une délibération demandant à ce qu'elles soient rapportées ou modifiées, dans un délai de deux mois à compter de la notification par le représentant de l'État dans le département du prélèvement mentionné au premier alinéa dudit II.

« Elles cessent également de produire leurs effets en cas de différence, pour un établissement public de coopération intercommunale à fiscalité propre, entre le périmètre constaté au 1er janvier de l'année de répartition et celui existant au 1er janvier de l'année précédente.

« Pour l'application du présent II *bis*, le prélèvement calculé pour chaque ensemble intercommunal conformément aux 2° et 3° du I est réparti entre l'établissement public de coopération intercommunale à fiscalité propre et ses communes membres au 1er janvier de l'année de répartition de la manière suivante :

« 1° En calculant la part du prélèvement de l'année précédente afférente à l'établissement public de coopération intercommunale à fiscalité propre et à ses communes membres, par répartition du montant du prélèvement de l'ensemble intercommunal l'année précédente au prorata du prélèvement de l'établissement public de coopération intercommunale à fiscalité propre et de chacune de ses communes membres dans le total du prélèvement de l'ensemble intercommunal l'année précédente ;

« 2° Puis en multipliant les parts, calculées conformément au 1° du présent II *bis*, de l'établissement public de coopération intercommunale à fiscalité propre et de chacune de ses communes membres par le montant du prélèvement de l'ensemble intercommunal calculé l'année de répartition conformément aux 2° et 3° du I. »

« III. — *(L. nº 2015-1785 du 29 déc. 2015, art. 162)* **« Les deux cent cinquante premières communes classées l'année précédente en application du 1° de l'article L. 2334-16 et les trente premières communes classées en fonction du 2° du même article L. 2334-16 sont exemptées de ce prélèvement. Il en est de même pour les deux mille cinq cents premières communes classées en fonction de l'indice synthétique prévu à l'article L. 2334-22-1. » Pour les communes membres d'un établissement public de coopération intercommunale à fiscalité propre, les montants correspondants sont acquittés par ce dernier.**

« IV. — Le prélèvement individuel calculé pour chaque commune et chaque établissement public de coopération intercommunale est effectué sur les douzièmes, prévus à l'article L. 2332-2 et au II de l'article 46 de la loi nº 2005-1719 du 30 décembre 2005 de finances pour 2006, de la collectivité concernée. »

Sous réserve des décisions de justice passées en force de chose jugée, les actes pris en 2024 en application du présent art. sont validés en tant que leur légalité serait contestée pour un motif tiré de l'illégalité de la prise en compte, au nombre des ressources mentionnées au 3° du I du même art., de la ressource mentionnée au 8° du I de l'art. L. 2336-2 (L. nº 2025-127 du 14 févr. 2025, art. 183).

À compter d'une date fixée par Décr. et au plus tard le 1er janv. 2026, au 1er al. du I de cet art., le mot : « Département » est remplacé par le mot : « Département-Région » (L. nº 2025-797 du 11 août 2025, art. 48).

Les art. L. 2336-3 et L. 2336-5 CGCT permettent de répartir librement, sous conditions de majorité et dans le respect des plafonds, le FPIC entre l'EPCI et les communes, puis entre les communes, sur la base de critères déterminés localement, et sans limitation par rapport aux montants initiaux. En

2016, 26 % des ensembles intercommunaux ont eu recours à ces modalités de répartitions libres pour le prélèvement et 25 % pour le reversement. En 2017, ce sont 26 % des territoires qui ont eu recours à une répartition libre pour le prélèvement et 26 % pour le reversement. Ces possibilités seront maintenues pour 2018 et les exercices suivants. Cependant, conformément à l'avis exprimé par le Conseil d'État, le 12 juill. 2016 (• CE, avis, 12 juill. 2016, n° 391635 : *JCP Adm. 2016, Actu. 805*), il apparaît difficile d'ouvrir plus largement la faculté de déroger à la répartition de droit commun aux ensembles intercommunaux sans exiger, par ailleurs, l'unanimité de l'organe délibérant de l'EPCI. * Rép. min. n° 1104 : *JOAN 27 févr. 2018, p. 1706.*

Art. L. 2336-4 I. — Il est prélevé sur les ressources du Fonds national de péréquation des ressources intercommunales et communales une quote-part destinée aux communes et établissements publics de coopération intercommunale à fiscalité propre des départements d'outre-mer, de la Nouvelle-Calédonie, de la Polynésie française, de la collectivité territoriale de Saint-Pierre-et-Miquelon et des circonscriptions territoriales de Wallis-et-Futuna. Cette quote-part est calculée en appliquant au montant des ressources du Fonds national de péréquation des ressources intercommunales et communales le rapport, majoré de 33 %, existant d'après le dernier recensement de population entre la population des départements d'outre-mer, de la Nouvelle-Calédonie, de la Polynésie française, de la collectivité territoriale de Saint-Pierre-et-Miquelon et des circonscriptions territoriales de Wallis-et-Futuna et celle des communes de métropole et des départements d'outre-mer, de la Nouvelle-Calédonie, de la Polynésie française, de la collectivité territoriale de Saint-Pierre-et-Miquelon et des circonscriptions territoriales de Wallis-et-Futuna. Cette quote-part est répartie en deux enveloppes destinées, d'une part, à l'ensemble des départements d'outre-mer à l'exception *(L. n° 2025-797 du 11 août 2025, art. 48)* « du Département-Région » de Mayotte et, d'autre part, à la Nouvelle-Calédonie, la Polynésie française, la collectivité territoriale de Saint-Pierre-et-Miquelon, les circonscriptions territoriales de Wallis-et-Futuna et au *(L. n° 2025-797 du 11 août 2025, art. 48)* « Département-Région » de Mayotte, calculées proportionnellement à la population issue du dernier recensement de population.

II. — L'enveloppe revenant aux communes et établissements publics de coopération intercommunale des départements d'outre-mer, à l'exception *(L. n° 2025-797 du 11 août 2025, art. 48)* « du Département-Région » de Mayotte, est répartie dans les conditions prévues à l'article L. 2336-5.

Pour l'application de ce même article L. 2336-5, un potentiel financier agrégé de référence et un revenu par habitant de référence sont calculés pour l'ensemble des ensembles intercommunaux et des communes n'appartenant à aucun groupement à fiscalité propre des départements d'outre-mer, à l'exception *(L. n° 2025-797 du 11 août 2025, art. 48)* « du Département-Région » de Mayotte.

Les dispositions issues de la L. n° 2025-797 du 11 août 2025 entrent en vigueur à une date fixée par décret et au plus tard le 1er janv. 2026 (L. préc., art. 48).

Art. L. 2336-5 I. — Après prélèvement d'un montant égal aux régularisations effectuées l'année précédente et de la quote-part prévue à l'article L. 2336-4, les ressources du Fonds national de péréquation des ressources intercommunales et communales sont réparties entre les communes et les établissements publics à fiscalité propre de métropole selon les modalités suivantes :

1° Bénéficient d'une attribution au titre du fonds :

a) 60 % des ensembles intercommunaux classés en fonction décroissante d'un indice synthétique de ressources et de charges ;

b) Les communes n'appartenant à aucun *(L. n° 2012-1509 du 29 déc. 2012, art. 112)* « établissement public de coopération intercommunale » à fiscalité propre dont l'indice synthétique de ressources et de charges est supérieur à l'indice médian calculé pour les ensembles intercommunaux et les communes n'appartenant à aucun *(L. n° 2012-1509 du 29 déc. 2012, art. 112)* « établissement public de coopération intercommunale » à fiscalité propre ;

2° Pour chaque ensemble intercommunal et chaque commune n'appartenant à aucun *(L. n° 2012-1509 du 29 déc. 2012, art. 112)* « établissement public de coopération intercommunale » à fiscalité propre, l'indice synthétique de ressources et de charges mentionné au 1° du présent I est fonction :

a) Du rapport entre le potentiel financier agrégé moyen par habitant et le potentiel financier agrégé par habitant de l'ensemble intercommunal ou le potentiel financier par habitant de la commune n'appartenant à aucun *(L. n° 2012-1509 du 29 déc. 2012, art. 112)* « établissement public de coopération intercommunale » à fiscalité propre définis au même article L. 2336-2 ;

b) Du rapport entre le revenu moyen par habitant des collectivités de métropole et le revenu par habitant de l'ensemble intercommunal ou de la commune n'appartenant à aucun *(L. n° 2012-1509 du 29 déc. 2012, art. 112)* « établissement public de coopération intercommunale » à fiscalité propre ;

c) Et du rapport entre l'effort fiscal de l'ensemble intercommunal ou de la commune n'appartenant à aucun établissement public de coopération intercommunale à fiscalité propre et l'effort fiscal moyen.

Le revenu pris en compte est le dernier revenu fiscal de référence connu. La population prise en compte est celle issue du dernier recensement de population.

L'indice synthétique de ressources et de charges est obtenu par addition des rapports définis aux *a*, *b* et *c* en pondérant le premier par 20 %, le deuxième par 60 % et le troisième par 20 % ;

3° L'attribution revenant à chaque ensemble intercommunal et chaque commune n'appartenant à aucun *(L. n° 2012-1509 du 29 déc. 2012, art. 112)* « établissement public de coopération intercommunale » à fiscalité propre mentionnés au 1° du présent I est calculée en fonction du produit de sa population, telle que définie à l'article L. 2334-2, par son indice synthétique défini au 2° du présent I ;

4° *Abrogé par L. n° 2012-1509 du 29 déc. 2012, art. 112.*

(L. n° 2012-1509 du 29 déc. 2012, art. 112) « II. — L'attribution revenant à chaque ensemble intercommunal est répartie entre l'établissement public de coopération intercommunale à fiscalité propre et ses communes membres en fonction du coefficient d'intégration fiscale défini au III de l'article *(L. n° 2018-1317 du 28 déc. 2018, art. 250)* « L. 5211-29 », puis entre les communes membres *(L. n° 2016-1917 du 29 déc. 2016, art. 143)* « , à l'exception de celles dont le potentiel financier par habitant est supérieur à deux fois le potentiel financier moyen par habitant des communes de l'ensemble intercommunal, » en fonction de l'insuffisance du potentiel financier par habitant de ces communes, *(L. n° 2025-127 du 14 févr. 2025, art. 183)* « défini à » l'article L. 2334-4, et de leur population.

« Par dérogation, l'attribution peut être répartie selon les modalités suivantes :

« 1° Soit, par délibération de l'établissement public de coopération intercommunale à fiscalité propre prise *(L. n° 2015-1785 du 29 déc. 2015, art. 162)* « dans un délai de deux mois à compter de sa notification », à la majorité des deux tiers, entre l'établissement public de coopération intercommunale à fiscalité propre et ses communes membres *(L. n° 2015-1785 du 29 déc. 2015, art. 162)* « , librement, sans pouvoir avoir pour effet de s'écarter de plus de 30 % de la répartition calculée en application du premier alinéa du présent II », puis entre les communes membres en fonction de leur population, de l'écart entre le revenu par habitant de ces communes et le revenu moyen par habitant de l'établissement public de coopération intercommunale à fiscalité propre et de l'insuffisance de potentiel fiscal ou financier par habitant de ces communes au regard du potentiel fiscal ou financier communal moyen par habitant sur le territoire de l'établissement public de coopération intercommunale à fiscalité propre ainsi que, à titre complémentaire, d'autres critères de ressources ou de charges qui peuvent être choisis par le conseil de l'établissement public de coopération intercommunale à fiscalité propre. Ces modalités ne peuvent avoir pour effet de minorer de plus de *(L. n° 2014-1654 du 29 déc. 2014, art. 108)* « 30% » l'attribution d'une commune membre par rapport à celle calculée en application du premier alinéa du présent II ; »

(L. n° 2015-1785 du 29 déc. 2015, art. 162) « 2° Soit par délibération de l'organe délibérant de l'établissement public de coopération intercommunale à fiscalité propre statuant à l'unanimité, prise dans un délai de deux mois à compter de la notification par le représentant de l'État dans le département, ou par délibération de l'organe délibérant de l'établissement public de coopération intercommunale à fiscalité propre statuant à la majorité des deux tiers des suffrages exprimés, prise dans un délai de deux mois à compter de sa notification et approuvée par les conseils municipaux des communes membres. Les conseils municipaux disposent d'un délai de deux mois à compter

de la notification de la délibération de l'organe délibérant pour se prononcer. À défaut de délibération dans ce délai, ils sont réputés l'avoir approuvée. »

(L. n° 2023-1322 du 29 déc. 2023, art. 241) « II *bis*. – Sans préjudice du II, les délibérations mentionnées aux 1° et 2° du même II produisent leurs effets tant qu'elles ne sont pas rapportées ou modifiées.

« Elles cessent de produire leurs effets lorsque l'organe délibérant de l'établissement public de coopération intercommunale à fiscalité propre ou le conseil municipal d'au moins une de ses communes membres adopte une délibération demandant à ce qu'elles soient rapportées ou modifiées, dans un délai de deux mois à compter de la notification par le représentant de l'État dans le département de l'attribution mentionnée au premier alinéa dudit II.

« Elles cessent également de produire leurs effets en cas de différence, pour un établissement public de coopération intercommunale à fiscalité propre, entre le périmètre constaté au 1er janvier de l'année de répartition et celui existant au 1er janvier de l'année précédente.

« Pour l'application du présent II *bis*, l'attribution calculée pour chaque ensemble intercommunal conformément au 3° du I est répartie entre l'établissement public de coopération intercommunale à fiscalité propre et ses communes membres au 1er janvier de l'année de répartition de la manière suivante :

« 1° En calculant la part de l'attribution de l'année précédente afférente à l'établissement public de coopération intercommunale à fiscalité propre et à ses communes membres, par répartition du montant de l'attribution de l'ensemble intercommunal l'année précédente au prorata de l'attribution de l'établissement public de coopération intercommunale à fiscalité propre et de chacune de ses communes membres dans le total de l'attribution de l'ensemble intercommunal l'année précédente ;

« 2° Puis en multipliant les parts, calculées conformément au 1° du présent II *bis*, de l'établissement public de coopération intercommunale à fiscalité propre et de chacune de ses communes membres par le montant de l'attribution de l'ensemble intercommunal calculé l'année de répartition conformément au 3° du I. »

III. – Abrogé par L. n° 2012-1509 du 29 déc. 2012, art. 112.

Art. L. 2336-6 *(L. n° 2022-1726 du 30 déc. 2022, art. 195)* « À compter de 2023, les ensembles intercommunaux et les communes n'appartenant à aucun établissement public de coopération intercommunale à fiscalité propre qui cessent d'être éligibles au reversement des ressources du Fonds national de péréquation des ressources intercommunales et communales perçoivent, durant les quatre années suivant leur dernière année d'éligibilité, une attribution respectivement égale à 90 %, 70 %, 50 % puis 25 % du reversement perçu l'année précédant la perte d'éligibilité. Pour déterminer la perte d'éligibilité et le montant de la garantie d'un ensemble intercommunal, une quote-part communale de l'attribution hors garantie perçue par l'ensemble intercommunal au périmètre de l'année précédant celle au titre de laquelle il a perdu l'éligibilité est calculée en fonction de l'insuffisance du potentiel financier par habitant des communes *(L. n° 2025-127 du 14 févr. 2025, art. 183)* « défini à » l'article L. 2334-4 et de leur population définie à l'article L. 2334-2. » *(L. n° 2016-1917 du 29 déc. 2016, art. 143)* « Ces quotes-parts communales sont agrégées au niveau de l'ensemble intercommunal selon le périmètre de l'année de répartition. Pour calculer la garantie, le taux correspondant à l'année de répartition est appliqué à ce montant agrégé. » Les sommes nécessaires sont prélevées sur les ressources du fonds avant application du I de l'article L. 2336-5.

(L. n° 2012-1509 du 29 déc. 2012, art. 112) « Pour les ensembles intercommunaux, cette attribution est répartie entre l'établissement public de coopération intercommunale à fiscalité propre et ses communes membres dans les conditions prévues au II du même article L. 2336-5. »

Art. L. 2336-7 Sauf mention contraire, la population à prendre en compte pour l'application des articles L. 2336-1 à L. 2336-6 est celle définie à l'article L. 2334-2.

Art. L. 2336-8 *(L. n° 2023-1322 du 29 déc. 2023, art. 241)* Les modalités d'application du présent chapitre sont précisées par décret en Conseil d'État.

CHAPITRE VII AVANCES ET EMPRUNTS

ENCYCL. COLL. LOC. *La trésorerie locale, 7232,* par SAÏDJ.

BIBL. GÉN. ▶ DUSSART, La trésorerie locale en régime LOLF, *RFFP, 2009, n° 107, p. 79.* – GOUSSEAU, Emprunts, *J.-Cl. Coll. terr., fasc. 850.* – LEVOYER, Emprunts locaux, *J.-Cl. Adm., fasc. 127-50.* – RENAUD, Trésorerie, *J.-Cl. Coll. terr., fasc. 2220 et 2221.*

SECTION 1 Avances

BIBL. GÉN. ▶ DUPLOUY, Redressement financier des communes ou collectivités en difficulté, *Rev. Trésor 2002. 270.*

Art. L. 2337-1 **Le ministre chargé de l'économie et des finances peut, en dehors de dispositions législatives spéciales, consentir aux communes, en cas d'insuffisance momentanée de la trésorerie de ces dernières, des avances imputables sur les ressources du Trésor dans la limite d'un montant maximum fixé chaque année par la loi de finances.**

Un décret en Conseil d'État détermine les conditions et les limites dans lesquelles ces avances peuvent être consenties. – *[C. communes, art. L. 236-1 issu de la L. du 16 avr. 1930, art. 131 ; C. communes, art. L. 236-2 issu de la L. n° 46-2921 du 23 déc. 1946.]*

Art. L. 2337-2 **Le ministre chargé de l'économie et des finances est autorisé à accorder des avances aux communes et aux établissements publics communaux qui décident de contracter un emprunt à moyen ou long terme.**

Les avances sont remboursées sur le produit de l'emprunt à réaliser et portent intérêt au taux de cet emprunt. – *[C. communes, art. L. 236-3.]*

SECTION 2 Recours à l'emprunt

BIBL. GÉN. ▶ AZI, *Dr. adm. 2011, n° 22* (la mise en œuvre de la titrisation des créances publiques : du droit public au marché financier). – BOUDET, L'emprunt des collectivités locales et la gestion de trésorerie, *Puits fleuri, 2013.* – DREYFUS, *AJCT 2012. 67* (financement des collectivités locales). – DUPLOUY, Redressement financier des communes ou collectivités en difficulté, *Rev. Trésor 2002. 270.* – ECKERT, *AJDA 2011. 1712* (emprunts « toxiques » des collectivités territoriales : quelles conséquences en tirer ?). – FLEURY, *JCP Adm. 2011, n° 2106* (le contrôle des produits structurés par les chambres régionales des comptes : entre rappels à l'ordre et pédagogie). – FRUCHARD, Après les emprunts toxiques : comprendre les contrats de prêts aux collectivités locales, *Territorial, 2013, coll. Dossier d'experts.* – GOUSSEAU, *J.-Cl. Coll. terr., fasc. 850.* – HOORENS, Investissement et désendettement : un paradoxe pour le secteur public local ?, *RFFP 2003, n° 81, p. 173.* – HUET, *BJCL 2012. 86* (financement des collectivités locales : Bâle III ou la fin du crédit facile) ; *ibid. 2012. 718* (emprunts toxiques et dépenses obligatoires). – KLOPFER, *J.-Cl. Coll. terr., fasc. 2110 et 2111* (endettement) ; Gestion financière des collectivités locales, *Éd. du Moniteur, 2010* ; La renégociation de la dette des collectivités locales, *Rev. Trésor 2004. 587.* – LASSERRE CAPDEVILLE, *AJCT 2012. 73* (crédits consentis aux collectivités locales : quelle action contre les banques ?). – LEVIONNOIS, *BJCL 2010. 246* (les conditions de recours à l'emprunt par les collectivités locales doivent-elles être mieux encadrées ?). – LINDITCH, *JCP Adm. 2005, n° 1240* (emprunts des collectivités locales : quoi de neuf après le décret du 27 mai 2005 ?). – MATTRET, *J.-Cl. Coll. terr., fasc. 2112* (dette globale d'une collectivité territoriale : évaluation, enregistrement budgétaire et comptable). – MOIROUX et PENTECOSTE, *JCP Adm. 2012, n° 2142* (programme EMTN et collectivités territoriales : quelles spécificités ?). – MONTMAUR, *AJCT 2012. 68* (le rôle des agences de notation dans l'évaluation des collectivités territoriales). – MORAUD, *AJCT 2012. 64* (l'endettement du secteur local). – SÉBIRE et TENAILLEAU, *Dr. adm. 2011, n° 6* (l'émission d'obligations par les collectivités territoriales). – TAILLEFAIT, Les emprunts communaux, *Éditions du Moniteur, 2003.* – TERRIEN, *JCP Adm. 2007, n° 2049* (les évolutions de la notation financière des collectivités territoriales). – TULARD et EGLIE-RICHTERS, *AJCT 2012. 76* (comment sécuriser le contrat de prêt ?). – VASSEUR et DA PALMA, *JCP Adm. 2013, n° 2007* (les recours contre les emprunts « toxiques »).

Art. L. 2337-3 **Les communes peuvent recourir à l'emprunt sous réserve des dispositions** *(Ord. n° 2017-970 du 10 mai 2017, art. 23)* **« de l'article »** *(L. n° 2013-672 du 26 juill. 2013, art. 32)* **« L. 1611-3-1 ».**

1. Contrats d'emprunt. **BIBL.** Boulay, *AJDA 2004. 1292* (les contrats financiers doivent-ils être soumis au code des marchés publics ?). ♦ Les contrats d'emprunt des collectivités locales sont des conventions de droit privé, et relèvent donc de la compétence du juge judiciaire : la clause selon laquelle la collectivité locale s'engage à recourir en cas de besoin à toute imposition nécessaire au paiement des annuités ne constitue pas une clause exorbitante du droit commun. • CE 6 déc. 1989, *Caisse fédérale de Crédit mutuel d'Île-de-France c/ Cne de Torcy*, n° 74140 : *Lebon 520* ; *LPA 4 juill. 1990* • 6 déc. 1989, *SA de crédit à l'industrie française CALIF*, n° 75991 B : *AJDA 1990. 484, obs. Moreau* ; *LPA 4 juill. 1990, note Llorens ; Gaz. cnes 4 mai 1990, note Richer.* ♦ Les clauses exorbitantes du droit commun conférant au contrat un caractère administratif sont les clauses qui diffèrent par leur nature de celles qui peuvent être stipulées dans un contrat analogue de droit privé ; or la clause prévoyant le recours éventuel à l'impôt est sans influence sur les rapports contractuels entre les parties et n'a pas pour objet de conférer à l'une d'elles un avantage de nature différente de celui résultant de toute garantie ou sûreté de droit privé qu'un prêteur est en droit d'exiger en raison de son efficacité. • Civ. 1re, 18 févr. 1992, *Cie La Mondiale c/ Ville de Roubaix : LPA 17 avr. 1992, note Poujade.* ♦ Le contrat, par lequel une personne publique s'est engagée à avancer à la commune, au fur et à mesure de leur arrivée à échéance et moyennant intérêt, le montant des annuités que cette commune devait rembourser à un organisme financier au titre des emprunts qu'elle avait contractés pour la construction d'un équipement public, ne fait naître entre ses parties que des rapports de droit privé et n'a pas le caractère d'un contrat administratif. • CE 1er mars 2000, *Cne de Morestel et Synd. collège de Morestel*, n° 192790 : *Coll. terr. 2000, n° 153.* ♦ En effet, ce contrat ne constitue pas un accessoire aux marchés publics de travaux passés pour la construction de cet équipement. S'il contribue à la construction d'équipements publics par la commune, il a un objet exclusivement financier, détachable des opérations de construction desdits équipements. Il n'a pas pour objet l'exécution d'une mission de service public incombant à l'une ou l'autre de ses parties, et il ne comporte aucune clause exorbitante de droit commun. • Même arrêt.

2. Nullité de l'emprunt. En l'absence de délibération du conseil municipal autorisant le maire à souscrire un emprunt, il n'appartient qu'au juge du contrat, et non au conseil municipal, d'apprécier les conséquences de l'inexistence de cette délibération sur les engagements découlant pour la commune de l'emprunt souscrit en son nom. • CE 29 déc. 1997, *Cne de Hautmont*, n° 139317. ♦ Dès lors, est illégale la délibération par laquelle le conseil municipal décide unilatéralement de suspendre le remboursement des annuités de cet emprunt et de constater la nullité de celui-ci. • Même décision. ♦ Sur les pouvoirs du maire en matière de souscription des emprunts, V. art. L. 2122-22-3°.

3. Modification du contrat d'emprunt. Le contrat de prêt conclu entre une commune et un établissement bancaire, qui ne fait pas participer cet établissement à l'exécution du service public et ne comporte aucune clause exorbitante du droit commun, a le caractère d'un contrat de droit privé dont le contentieux d'annulation relève exclusivement de la compétence du juge judiciaire. Toutefois, le juge administratif est seul compétent pour connaître d'un déféré préfectoral dirigé contre les délibérations des conseils municipaux dont l'objet est l'autorisation, la passation ou la modification de tels contrats de droit privé. Par suite, le juge administratif est compétent pour connaître du déféré préfectoral dirigé contre la délibération d'un conseil municipal, par laquelle celui-ci a décidé de modifier unilatéralement les conditions de remboursement de son emprunt, s'agissant d'un acte administratif détachable des relations de droit privé nouées entre la commune et l'établissement bancaire. • CAA Lyon, 25 sept. 2012, *Min. de l'Intérieur, de l'Outre-mer, des Collectivités territoriales et de l'Immigration c/ Cne d'Unieux*, n° 12LY00455 : *BJCL 2012. 777, concl. Schmerber, obs. Martin.* ♦ Il n'appartient qu'au juge du contrat de déterminer les engagements découlant pour la commune d'un emprunt souscrit en son nom par le maire, ainsi que d'apprécier les conséquences sur ces engagements des conditions dans lesquelles l'emprunt a été souscrit et de l'évolution de la situation financière de la commune. Dès lors, le conseil municipal n'est pas compétent pour décider unilatéralement de modifier le contrat de prêt. • Même arrêt.

4. Détermination du taux de l'emprunt. Une collectivité territoriale ayant une pratique ancienne et soutenue de gestion de son endettement au moyen d'emprunts structurés, dotée d'un organe possédant les compétences techniques requises en la matière, est mal fondée à soutenir qu'elle n'a pas, en souscrivant un emprunt structuré, mesuré le caractère spéculatif des taux qui lui ont été proposés. En revanche, l'art. L. 313-4 C. mon. fin. exige que le taux effectif global (TEG) soit mentionné dans tout écrit constatant un contrat de prêt. Or tel n'était pas le cas en l'espèce. Dès lors, le taux légal doit être substitué au taux contractuel depuis la conclusion du contrat de prêt. • TGI Nanterre, 8 févr. 2013, *Dpt de la Seine-Saint-Denis c/ Sté Dexia Crédit Local*, n° 11/03778 : *Dr. adm 2013, n° 41, note Boujeka ; BJCL 2013. 125 ; AJCT 2013. 195, obs. Dreyfus et Mokthar* ; *AJDA 2013. 784, étude Poncet* ; *D. 2013. 2420, obs. Martin et Synvet* ; *AJDI 2013. 219, obs. Wertenschlag et Poindron* ; *RTD. com. 2013. 565, obs. Legeais*. ♦ Le Conseil constitutionnel censure les paragraphes II et III de l'art. 92 de la loi de finances pour 2014 validant les emprunts souscrits par les collectivités territoriales ne mentionnant pas le TEG ou prévoyant un mauvais calcul de celui-ci, cette disposition revêtant « une portée très large » • Cons. const. 29 déc. 2013,

Loi de finances pour 2014, n° 2013-685 DC : *AJCT 2014. 6, obs. Houser ; ibid. 68, interview Dreyfus et Mokthar ; ibid. 107, obs. Lasserre Capdeville ; JCP Adm. 2014, n° 2025, note Vasseur et Da Palma.* ♦ Dans l'attente d'une validation législative des emprunts structurés, confirmation de la solution du TGI de Nanterre : annulation de la clause de stipulation d'intérêt figurant dans l'avenant au contrat de prêt en l'absence de mention du taux effectif global, auquel est substitué le taux d'intérêt légal. • TGI Paris, 25 mars 2014, *Dpt de la Seine-Saint-Denis c/ Depfa Bank PLC*, n° 11/04698 : *D. actu. 31 mars 2014, obs. de Montecler ; AJCT 2014. 323, obs. Lasserre Capdeville*. ♦ Dans le même sens : • TGI Nanterre, 7 mars 2014, *Cne de Saint-Maur-des-Fossés c/ Dexia*, n° 12/06737 : *RDBF 2014, n° 92, obs. Martin.*

5. Règlement des annuités d'emprunt. La procédure de contrôle budgétaire et la nature de dépense obligatoire de l'annuité d'emprunt donnent des garanties au prêteur pour le règlement des annuités d'emprunt dues, le préfet pouvant se substituer au maire défaillant et inscrire ou mandater d'office la dépense. • CRC PACA, 10 août 1988, *Cne de B. : AJDA 1988. 643.* ♦ V. également art. L. 1612-15, L. 1612-16, L. 2321-2 et L. 2321-3.

6. Devoirs de conseil et de mise en garde. Se fondant sur les art. 1135 et 1147 C. civ., la commune soutenait que l'établissement bancaire prêteur avait manqué à ses obligations de conseil et de mise en garde en l'incitant à contracter des emprunts à des taux prohibitifs, dont les montants étaient hors de proportion avec les capacités financières de la commune et dont la destination était contraire aux règles de la comptabilité publique qui interdisent aux collectivités territoriales de financer les charges de fonctionnement par l'emprunt et de souscrire un emprunt pour rembourser les intérêts d'un emprunt précédent. Toutefois, considérant que la commune ne produisait pas les contrats à l'occasion desquels l'établissement bancaire aurait violé les règles comptables susvisées, qu'il n'était pas permis de savoir si les fonds des emprunts souscrits n'avaient pas été affectés à l'insu de l'établissement bancaire à des dépenses de fonctionnement, et que le surendettement de la commune avait été longtemps masqué par une pratique insincère de l'équilibre des budgets exécutés, ces irrégularités comptables ne pouvaient être imputées à l'établissement bancaire et, dans ces conditions, il n'était pas établi que celui-ci ait commis une quelconque faute. • TGI Metz, 6 mai 2010, *Cne de Terville c/ Caisse d'épargne*, n° I.2110/07 : *JCP Adm. 2010, n° 2177, note Huet et Goujon.*

7. Contestation sérieuse de la dette. L'assignation par une commune, devant le tribunal de grande instance, de la banque Dexia Crédit local pour que soit prononcée la nullité d'un contrat de prêt, en raison de divers manquements de l'organisme de crédit à ses obligations professionnelles, constitue une contestation sérieuse de la dépense correspondant aux intérêts de l'emprunt contracté. En conséquence, il n'y a pas lieu de mettre en demeure la collectivité territoriale d'inscrire ladite dépense à son budget. En effet, lorsqu'une chambre régionale des comptes est saisie d'une demande d'inscription d'office, au budget d'une collectivité territoriale, d'une somme correspondant à une dette qui fait l'objet, de la part de la collectivité, d'une contestation sérieuse dans son principe ou dans son montant, elle ne peut que rejeter cette demande, sans qu'il y ait lieu pour elle de s'interroger sur le bien-fondé de la contestation. • CRC Rhône-Alpes, 31 mai 2012, *Cne de Sassenage*, n° 2012-115 : *BJCL 2012. 718, chron. Huet.* ♦ Par contre, les échéances d'un contrat de prêt contracté par une collectivité territoriale ne font pas l'objet d'une contestation sérieuse, et constituent donc des dépenses obligatoires, dès lors que la collectivité territoriale n'a pas saisi le juge du contrat pour déterminer les engagements découlant de l'emprunt souscrit en son nom et apprécier les conséquences, sur ces engagements, des conditions dans lesquelles l'emprunt a été souscrit, mais s'est bornée à procéder unilatéralement, par son organe délibérant, à la modification du contrat de prêt en substituant le taux d'intérêt légal au taux d'intérêt stipulé au contrat. • CRC Auvergne, 24 janv. 2013, *Cne de Vienne : avis n° 2013-009*, • 26 mars 2013, *Cté d'agglomération de Vichy Val d'Allier*, avis n° 2013-0056 : *BJCL 2013. 272, obs. Cabannes.* ♦ V. art. L. 1612-15, *supra*.

8. Prêts départementaux. Les départements peuvent accorder des prêts aux communes, dans le cadre de leur aide financière à des investissements communaux présentant un intérêt départemental, à condition que le prêt soit rémunéré et ne soit pas lui-même alimenté par un emprunt : tel est le cas, par exemple, d'un prêt accordé par un conseil général à une commune pour la construction d'une maison de santé pour personnes âgées. • CE, sect., 20 mai 1980, *Cne d'Evaux-les-Bains*, n° 17583 : *Lebon 239 ; AJDA 1981. 157, concl. Labetoulle.* ♦ Toutefois, la décision d'offrir à une catégorie déterminée de collectivités locales la possibilité de se voir accorder des prêts avec intérêts doit être regardée comme ayant institué, et même en l'absence d'intention spéculative, un système lui permettant de se livrer à titre habituel, eu égard au nombre des collectivités susceptibles d'en bénéficier, à des opérations de crédit, contrairement à l'interdiction posée par la loi du 24 janv. 1984 [n° 84-46, relative à l'activité et au contrôle des établissements de crédit.] • CE 30 nov. 1994, *Préfet de la Meuse*, n° 145198 : *Lebon 518*.

TITRE IV COMPTABILITÉ

ENCYCL. COLL. LOC. *Exécution du budget communal, 7110 s. ; Techniques financières locales, 7160 s.,* par Albert et Saïdj.

BIBL. GÉN. ▶ Adams, Boyer et Laurent, La comptabilité communale, *LGDJ, coll. Systèmes, 2001.* – Barilari, *AJDA 2005. 696* (réforme de la gestion publique et responsabilité des acteurs). – Bidart et Moraud, M 14, la nouvelle comptabilité des communes, *Berger-Levrault, coll. Administration locale, 2010.* – Bouinot, Larpin et Thévenot, L'analyse financière en M 14, *Economica, 2000.* – Brenner, *Gestion et fin. publ. 2013. 155* (le cadre juridique actualisé de la gestion publique locale). – Brolles et Straub, Budget des communes et des EPCI. Gestion et comptabilité, *Berger-Levrault, 2013.* – Castaing, Gestion financière des groupements intercommunaux, *J.-Cl. Coll. terr., fasc. 2061.* – Crucis, *J.-Cl. Coll. terr., fasc. 140.* – Froment-Meurice et Groper, *AJDA 2005. 714* (la responsabilité des acteurs de la gestion publique en matière budgétaire, financière et comptable : l'heure du bilan). – Girardi, *BJCL 2013. 2* (la refonte du règlement général sur la comptabilité publique : incidences pour les collectivités locales). – Guyon, *La lettre du cadre territorial 2003, n° 251. 28* (ordonnateurs et comptables : de nouvelles relations). – Iannuci, Comptabilité locale et L.O.L.F., *Gestion et Finances publiques 2009. 39.* – Khrouz et Potvin, Les outils d'analyse de la comptabilité communale, *Éditions de l'Université de Bruxelles, 2010.* – Magnet, Éléments de comptabilité publique, *LGDJ, coll. Systèmes, 2001.* – Mattret, Gestion comptable, *J.-Cl. Coll. terr., fasc. 2042 ;* Résultats budgétaires et comptables en M14, *ibid., fasc. 2044 s. ;* La nouvelle comptabilité publique, *LGDJ, coll. Systèmes, 2010.* – Reynaud, Trésorerie, *J.-Cl. Coll. terr., fasc. 2220 et 2221.* – Rougeaux, Principes généraux de comptabilité publique, *J.-Cl. Adm., fasc. 113.* – Saint-Sernain (de), *Rev. Trésor 2003. 267* (intercommunalité et opérations comptables spécifiques).

CHAPITRE I PUBLICITÉ DES COMPTES DE LA COMMUNE

ENCYCL. COLL. LOC. *Budgets : élaboration et vote, 7040,* par Albert.

Art. L. 2341-1 *(Abrogé par Ord. n° 2025-526 du 12 juin 2025, art. 1er, à compter de l'exercice budgétaire 2026)* ***Les comptes de la commune sont déposés à la mairie.***

Ils sont rendus publics dans les conditions prévues à l'article L. 2313-1. – *[C. communes, art. L. 241-1 issu de la L. du 5 avr. 1884, art. 160.]*

CHAPITRE II ENGAGEMENT DES DÉPENSES

Art. L. 2342-1 *(Abrogé par Ord. n° 2025-526 du 12 juin 2025, art. 1er, à compter de l'exercice budgétaire 2026)* ***Le maire peut seul émettre des mandats.*** – *[C. communes, art. L. 241-3.]*

V. art. R. 2342-1 s.

BIBL. ▶ Auberger, *RFFP 2004, n° 88, 11* (la décision budgétaire au niveau communal). – Biquard, Halbique, Nafa et Le bour, Réussir la dématérialisation des procédures financières : retour d'expérience, *Territorial, coll. Dossier d'experts, 2013.* – Cantéro, *BJCL 2004. 390* (la dématérialisation des actes des collectivités locales : réalité ou vœu pieux ?). – Castaing, *J.-Cl. Coll. terr., fasc. 2045* (pièces justificatives des paiements locaux). – Chabanol, *RFFP 2004, n° 85, 51* (les chambres régionales des comptes, un autre juge de la légalité ?). – Conan, La non-obligation de dépenser, *LGDJ, 2004, coll. Bibliothèque de science financière.* – Didriche, *AJCT 2013. 336* (la lutte contre les retards de paiement dans les contrats de commande publique). – Duprat, *RFFP 2007, n° 100, p. 313* (les transformations de la fonction d'ordonnateur). – Durif, La dématérialisation des échanges : avec le représentant de l'État et le comptable public, *coll. Dossier d'experts, Territorial, 2012.* – Gastinel, *J.-Cl. Adm., fasc. 1270* (cour de discipline budgétaire et financière). – Groper, Responsabilité des gestionnaires publics devant le juge financier, *Dalloz, 2010.* – Thébault, L'ordonnateur en droit public financier, *LGDJ, 2007, coll. Bibliothèque de finances publiques et fiscalité.* – Wauquier, *Rev. Trésor 2003. 201* (aspects juridiques et comptables du paiement indu) ; *ibid. 749* (les pièces justificatives de dépenses dans la comptabilité publique des collectivités territoriales).

1. Compétence exclusive. L'ordonnancement des dépenses de la commune est de la compétence exclusive du maire, sauf délégation à un adjoint ou suppléant pour empêchement : le conseil municipal ne peut donc prescrire au maire de différer le mandatement d'une dépense. • TA Bordeaux, 18 juin 1985, *École privée Sainte-Marie c/ Cne de Saint-André-de-Cubzac : Lebon T. 518 ; Gaz. Pal. 1986. 1. Pan. dr. adm. 168.*

2. Mandatement d'office. Sur la procédure de mandatement d'office des dépenses obligatoires par le représentant de l'État, en cas de carence du maire, V. art. L. 1612-16. ♦ Sur la procédure de mandatement d'office des dépenses résultant d'une décision de justice, V. art. L. 1612-17.

3. Liquidation. Sous réserve de dispositions législatives ou réglementaires contraires et hors le cas où il est satisfait à une demande du bénéficiaire, l'administration ne peut retirer une décision individuelle explicite créatrice de droits, si elle est illégale, que dans le délai de quatre mois suivant la prise de décision. Une décision administrative, accordant un avantage financier, crée des droits au profit de son bénéficiaire alors même que l'administration avait l'obligation de retirer cet avantage. En revanche, n'ont pas cet effet les mesures qui se bornent à procéder à la liquidation de la créance née d'une décision prise antérieurement. • CE 6 nov. 2002, *Mme Soulier*, n° 223041 : *AJDA 2002. 1434, chron. Donnat et Casas ; Dr. adm. 2003, n° 13, chron. Perdu ; RFDA 2003. 170 ; ACL 2003. 387.* ♦ En l'espèce, l'arrêté du maire avait pour objet, conformément à la demande présentée par l'intéressé, d'accorder à celui-ci le bénéfice d'une nouvelle bonification indiciaire : cet arrêté n'est pas une simple mesure de liquidation d'une créance résultant d'une décision antérieure, et constitue une décision créatrice de droits qui ne pouvait donc être retirée à tout moment. • Même décision. ♦ Ces règles ne font pas obstacle à la possibilité, pour l'administration, de demander à tout moment, sous réserve des prescriptions éventuelles, le reversement des sommes attribuées par suite d'une erreur dans la procédure de liquidation ou de paiement, ou d'un retard dans l'exécution d'une décision de l'ordonnateur. • CE, avis, 3 mai 2004, *Guy X.*, n° 262074 : *RGCT 2005. 73.*

4. Compensation. Le maire peut régler une dette par compensation avec une créance, à condition que celle-ci soit liquide, exigible et non litigieuse. • CE 19 déc. 1973, *Cne d'Arcangues c/ Sarrosquy : Lebon 731.* ♦ Il faut aussi que la dette et la créance de la commune aient la même nature juridique. • CE 22 juin 1987, *Ville de Rambouillet c/ Van de Maele*, nos 69759 B et 69796 B : *Dr. adm. 1987, n° 449.* ♦ La procédure de liquidation judiciaire, dont fait l'objet une société, fait obstacle à ce qu'il soit fait droit aux conclusions présentées par une commune, tendant à la compensation entre la somme qu'elle est condamnée à verser à cette société et la créance qu'elle détient sur celle-ci : en effet, en vertu de l'art. L. 622-9 C. com., le jugement qui ouvre ou prononce la liquidation judiciaire emporte de plein droit, à partir de sa date, dessaisissement pour le débiteur de l'administration et de la disposition de ses biens. • CAA Paris, 14 nov. 2002, *Sté Rouget-de-Lisle et Cne de Vitry-sur-Seine*, nos 99PA03266, 99PA03278 et 01PA01656 : *RFDA 2003. 393*. ♦ Sur les pouvoirs du comptable en matière de compensation d'une créance et d'une dette d'une collectivité publique, V. art. L. 2343-1. ♦ Sur les pouvoirs de contrôle du juge administratif en matière de compensation d'une créance et d'une dette d'une collectivité publique, V. art. L. 1617-5. ♦ Sur la distinction entre compensation et refus de paiement, V. art. L. 1617-3.

5. Intérêts moratoires. **BIBL.** Mignot, *Rev. Trésor 2003. 185* (le délai global de paiement). ♦ Les retards injustifiés apportés dans l'ordonnancement des dépenses donnent lieu au versement d'intérêts moratoires au profit des créanciers : ces intérêts courent, en principe, à compter de la date de la réclamation formulée par l'intéressé, mais, pour les créances afférentes aux travaux publics, la réclamation préalable n'étant pas obligatoire, les intérêts courent à compter de l'acte introductif d'instance. • CE 23 oct. 1957, *Contal : Lebon 549.* ♦ Ces intérêts moratoires peuvent être capitalisés. • CE 15 févr. 1961, *EDF : Lebon 128.*

6. Les dispositions de l'art. 67 de la loi du 8 août 1994 interdisent de façon absolue toute renonciation aux intérêts moratoires dus en raison de retards dans le règlement des marchés publics, que cette renonciation intervienne lors de la passation du marché ou postérieurement : ainsi, notamment, toute délibération de l'organe délibérant de la personne publique responsable du marché qui autoriserait une transaction avec le titulaire du marché ou ses sous-traitants par laquelle ceux-ci renonceraient à tout ou partie des intérêts qui leur seraient dus serait illégale, quel que soit le moment où elle interviendrait. • CE 17 oct. 2003, *Min. de l'Intérieur, de la Sécurité intérieure et des Libertés locales*, n° 249822 : *AJDA 2003. 2267, note Dreyfus*.

7. Les créanciers peuvent aussi demander des dommages-intérêts compensatoires, si le retard leur a causé un préjudice distinct. • CE 9 nov. 1949, *Marquis c/ Ville de Nanterre : Lebon 667* • CE 2 mai 1962, *Caucheteux et Desmonts : Lebon 291 ; RD publ. 1963. 279, note Waline.* ♦ Ces intérêts compensatoires peuvent également être capitalisés. • CE 19 mai 1950, *Cie d'exploitation automobile : Lebon 304.*

8. Sur la procédure particulière de mandatement des intérêts moratoires en matière de commandes publiques, V. art. L. 1612-18.

9. Prescription quadriennale. **BIBL.** Dieu, *RFDA 2007. 835* (l'interruption de la prescription des dettes des collectivités publiques : une évolution favorable aux créanciers). – Wauquier, *Rev. Trésor 2005. 284* (la prescription quadriennale des créances détenues sur l'Administration : conditions de mise en œuvre devant le juge administratif). Les créances contre la commune s'éteignent par l'effet de la prescription quadriennale, instituée par la loi n° 68-1250 du 31 déc. 1968 : le maire doit donc refuser de procéder à l'ordonnancement si la déchéance est encourue, et celle-ci peut être opposée même à l'État. • CE 30 mars 1962, *Ville de Bordeaux : Lebon 235.* ♦ Même si le maire n'a pas opposé la prescription quadriennale, le comptable doit refuser de payer dès lors que le mandat n'est pas accompagné d'une délibération par laquelle la personne publique locale indique clairement qu'elle renonce à opposer cette prescription. • CRC PACA, 10 janv. 2001, *Assoc. synd. de l'endiguement de la rive droite du Var à Gattières,* n° 2000-1078 : *RFDA 2001. 1117*. ♦ Aucune exigence constitutionnelle n'impose que les créances sur les personnes publiques soient soumises aux mêmes règles que les créances civiles. En instituant un régime particulier applicable aux créances contre certaines personnes publiques, le législateur pouvait prévoir des causes de suspension de la prescription différentes de celles applicables aux relations entre personnes privées. • Cons. const. 18 juin 2012, *M. Boualem M.,* n° 2012-256 QPC : *AJDA 2012. 1191, note Brondel*.

10. Il n'appartient qu'au maire de la commune d'opposer au nom de celle-ci la prescription quadriennale à l'encontre d'un créancier de la commune, sauf empêchement du premier magistrat municipal. • CE 24 juin 1949, *Dame Legrand : Lebon 309* • CE 7 oct. 1966, *Ville de Lagny : Lebon 528 ; Dr. adm. 1966, n° 326* • CE 22 déc. 1971, *Cne de Mane : Dr. adm. 1972, n° 10* • CE 27 févr. 1981, *Cne de Chonville-Malaumond,* n°s 13906 et 14001 : *Lebon 116 ; RD publ. 1982. 237.* ♦ Par conséquent, les conclusions à fin de déchéance formulées dans le mémoire présenté par la commune, au cours d'une instance, ne peuvent être assimilées à une décision opposant la prescription quadriennale, et sont, par suite, inopérantes dès lors qu'elles n'ont pas été signées par le maire mais seulement par l'avocat de la commune. • CE 15 juill. 1959, *Veuve Sébille : RPDA 1959, n° 2, 295* • CE 7 oct. 1966, *Ville de Bressuire : Lebon 529 ; Dr. adm. 1966, n° 237* • CE 8 déc. 1971, *Cne de Chandon-Morante : Dr. adm. 1972, n° 11* • CE 22 déc. 1971, *Cne de Mane : préc.* • CE 16 janv. 1987, *Cne de Levens c/ Mme Pech : Dr. adm. 1987, n° 76* • CE 9 déc. 1988, *Servans : Dr. adm. 1989, n° 15* • TA Amiens, 14 nov. 1995, *Sté Burton Steel : Quot. jur. 24 sept. 1996.* ♦ Il en a été jugé différemment par le juge judiciaire qui estime qu'aucune disposition de la L. du 31 déc. 1968 ne comporte l'exigence de production d'une décision expresse et spéciale de l'autorité ayant la qualité d'ordonnateur principal de la personne de droit public débitrice, l'avocat constitué par la commune agissant en la personne de son maire ayant le pouvoir de la représenter en première instance pour les actes de procédure et d'opposer toute fin de non-recevoir. Il s'ensuit que l'avocat de la commune peut légalement invoquer le moyen tiré de la prescription de la créance. • Civ. 3e, 19 janv. 2011, *Mme Canjamale,* n° 09-17.032 : *AJDA 2011. 637*. ♦ La prescription quadriennale n'est opposée de manière valable que par une décision expresse. • TA Clermont-Ferrand, 9 juin 1954, *SARL Guyot et cie c/ Cne de Murol : RPDA 1954, n° 312.* ♦ Elle peut être opposée à tout moment tant que la créance n'a pas été payée en totalité. • CE 24 nov. 1971, *ONIC : Lebon T. 980.* ♦ Toutefois, la prescription doit être régulièrement opposée avant tout jugement au fond. • CE 29 juill. 1983, *Ville de Toulouse,* n° 23828 : *Lebon 312 ; AJDA 1984. 41.*

11. La prescription quadriennale peut être interrompue par toute demande de paiement ou toute réclamation écrite adressée par un créancier à l'autorité administrative. • CE 11 oct. 1978, *Cne de Saint-Germain-au-Mont-d'Or : Lebon 357* • CE 4 juill. 1980, *Sté Forrer et Cie,* n° 03433 : *Lebon 307* . ♦ Le maire est donc fondé à opposer l'exception de prescription quadriennale à une personne blessée par l'effondrement d'un mur appartenant à la commune, dès lors que l'intéressée s'est contentée d'interroger téléphoniquement l'assureur de la commune sur les suites données à un courrier de son avocat concernant l'indemnisation de son préjudice personnel. Cette demande n'a pas été adressée à une administration, et n'a pu interrompre la prescription quadriennale. • CAA Paris, 23 oct. 2001, *Mme Troudart,* n° 98PA 03411. ♦ De même, le maire est fondé à opposer l'exception de prescription quadriennale à une société, qui s'est bornée à faire état de son intention de réclamer le remboursement de ses pertes d'exploitation et les frais exposés par elle pour l'entretien et le remplacement du matériel affecté au stationnement sur la commune. En effet, cette société ne saurait être regardée comme ayant, par ladite lettre, présenté une véritable demande à la commune, ni même comme ayant réitéré ses précédentes demandes ou sollicité le versement des sommes que la commune avait accepté de payer. • CAA Marseille, 26 juin 2003, *Cie générale de stationnement c/ Ville de Toulon,* n° 99MA01920 : *AJDA 2003. 2040, note Dreyfus ; JCP Adm. 2003, n° 2096.* ♦ La prescription quadriennale peut également être interrompue par tout recours formé devant une juridiction, relatif au fait générateur, à l'existence, au montant ou au paiement de la créance, quel que soit l'auteur du recours et même si la juridiction saisie est incompétente pour en connaître. • CE 20 oct. 1976, *Caisse des écoles d'Alfortville : Lebon T. 823 ; AJDA 1977. 370.* ♦ Ainsi, l'action directe engagée devant le juge civil par un requérant à l'encontre d'une société privée, chargée en l'espèce de tirer un feu d'artifice, pour obtenir réparation du préjudice subi par sa propriété, si elle n'a pas mis en cause la commune, constitue un recours devant une juridiction de nature à interrompre la prescription quadriennale dès lors qu'il se rapportait au fait générateur, à l'existence, au montant et au paiement de la créance susceptible d'être mise à la charge de la commune, en cas de faute que celle-ci aurait pu éventuellement elle-même commettre. • CAA Marseille, 3 nov. 2011, *M. Carre,* n° 10MA01286 : *AJDA 2012. 231*. ♦ De même, une plainte avec constitution de partie civile, effectuée dans le cadre d'une instruction pénale, interrompt le cours de la prescription quadriennale dès lors qu'elle porte sur le fait générateur, l'existence, le montant ou le paiement d'une créance sur une collectivité publique. • CE 27 oct. 2006, *Dpt du Morbihan*, n° 246931 : *AJDA 2006. 2389, chron. Landais et Lénica*. ♦ Tel est le cas d'une plainte avec constitution de partie civile, déposée par une société, contre le maire d'une commune pour avoir procuré ou tenté de procurer à autrui un avantage injustifié dans le cadre d'une procédure d'attribution d'un marché relatif à la mise en place d'une signalétique. En l'espèce, le maire avait procuré un avantage injustifié à une autre société en permettant à elle seule de modifier son offre postérieurement à l'ouverture des plis par la commission d'appel d'offres, à l'insu de la société requérante, et sans que les autres candidats bénéficient du même avantage. Cette action dirigée contre le maire devait être regardée comme portant sur le fait générateur de la créance que la société, qui s'estimait irrégulièrement évincée de ce marché public, était susceptible de détenir sur une collectivité publique et a donc interrompu le cours de la prescription quadriennale contre la commune, bien que, d'une part, qu'elle n'ait pas été expressément dirigée contre cette dernière et, d'autre part, elle n'ait pas tendu directement à obtenir réparation d'un préjudice. • CAA Lyon, 7 juill. 2011, *Sté Urbalpes*, n° 10LY00108 : *AJDA 2011. 2087*. ♦ Mais une plainte pénale non assortie d'une constitution de partie civile ne peut être regardée comme ayant trait au fait générateur, à l'existence ou au montant de la créance, et ne constitue donc pas un acte interruptif du délai de la prescription quadriennale. • TA Cergy-Pontoise, 8 déc. 2011, *M. Raphanel*, n° 1000777 : *AJDA 2012. 712, concl. Housset*. ♦ De même, le délai de la prescription quadriennale est interrompu par la requête tendant à la nomination d'un expert pour déterminer le préjudice subi, ce délai recommençant à courir à compter de la notification du rapport d'expertise. • TA Amiens, 14 nov. 1995, *District urbain de Saint-Quentin : Quot. jur. 1996, n° 77*. ♦ Toutefois, l'interruption du délai de la prescription quadriennale est subordonnée, en cas de recours juridictionnel, à la mise en cause de la collectivité publique : ainsi des conclusions tendant à ce qu'une collectivité publique soit appelée en déclaration de jugement commun devant le juge judiciaire ont pour effet de mettre en cause cette collectivité publique, et ont pour conséquence d'interrompre le cours de la prescription quadriennale. • CE, sect., 26 janv. 1996, *CPAM du Havre : ACL 1997. 443*. ♦ S'il ressort des pièces du dossier que l'instance contentieuse engagée par le créancier était étrangère au litige l'opposant à la collectivité publique, le moyen tiré de ce que la prescription quadriennale avait été interrompue par cette instance ne peut, en tout état de cause, être accueilli. • CE 19 mai 2004, *M. et Mme Bouillard*, n° 247211 : *ACL 2005. 346*. ♦ Ainsi, à propos d'un préjudice subi, par les requérants, du fait du débordement d'un bassin de rétention d'eau à la suite d'un violent orage, l'action engagée par ceux-ci, devant le tribunal de grande instance et uniquement dirigée contre le propriétaire du terrain situé en amont et l'exploitant de ce terrain, qui ne mettait pas en cause une collectivité publique, n'a pu, par suite, interrompre le cours du délai de prescription. • CAA Nantes, 29 avr. 2004, *Cne de Ranville*, n° 01NT01705 : *AJDA 2004. 2470*. ♦ Dans la même affaire, ni l'appel en garantie, formé devant le tribunal de grande instance par le propriétaire du terrain, dirigé à l'encontre de la commune, ni la saisine du juge des référés administratifs par ce même propriétaire et tendant à ce que l'expertise ordonnée par le président du tribunal de grande instance soit étendue à la commune n'ont pu interrompre le délai de la prescription à l'égard des requérants, dès lors que le fait générateur de la créance dont se prévalent ces derniers est distinct de celui dont le propriétaire du terrain se prévaut. • Même arrêt. ♦ Toute émission, même partielle, de moyens de règlement a aussi pour effet d'interrompre la prescription quadriennale. • TA Caen, 8 nov. 1977, *Mohy : Lebon 633* • CE 29 avr. 1983, *Gelade*, n° 30969. ♦ L'établissement de rapports d'expertise, à la demande conjointe du maire de la commune et du créancier de celle-ci, ainsi qu'à l'initiative de l'assureur de la commune, ayant donné lieu à des rapports, a pu légitimement laisser croire au créancier que ses intérêts étaient sauvegardés tant que l'étude de son problème se poursuivait en accord avec la commune : dès lors, l'administration communale doit être regardée comme ayant été de nature à suspendre le cours du délai de prescription. • CAA Douai, 6 avr. 2000, *Cne de Vénizel : AJDA 2000. 954*. ♦ Enfin, la prescription peut être interrompue par toute communication écrite d'une administration intéressée, dès lors que cette communication a trait au fait générateur, à l'existence, au montant ou au paiement de la créance. • CE 12 avr. 1972, *Benasse : Lebon 259, concl. Braibant ; AJDA 1973. 35* • CE 14 févr. 1973, *Cne de Pastricciola : Lebon 132*. ♦ Ainsi, le courrier adressé, par les services de la collectivité territoriale, à l'expert désigné par le juge commissaire à la liquidation d'une entreprise, en tant qu'il subordonnait le paiement des factures de cette entreprise à l'issue de la procédure pénale visant le dirigeant de l'entreprise, avait trait à la créance et aux modalités de son paiement : dès lors, cette communication de l'administration interrompait le délai de prescription, de telle sorte que la créance de l'entreprise n'était pas prescrite. • CE 21 nov. 2007, *Dpt des Yvelines*, n° 294470. ♦ Les demandes de paiement, présentées par le créancier de la commune postérieurement à la date à laquelle la prescription a été acquise, n'ont pas pour effet d'interrompre cette prescription. • CAA Bordeaux, 23 juill. 2002, *Sté Azuara*, n° 98BX01061. ♦ Il a été jugé que l'amnésie, dont se prévaut le créancier de la commune, à la supposer même établie, ne saurait valoir ni interruption d'une prescription ni être assimilée à un cas de force majeure : par suite, ce créancier n'est pas fondé à soutenir que le rejet de sa demande de levée de prescription serait irrégulier. • TA Rennes, 4 nov. 2004, *M. René Breton,* n° 004178 et 0011798 : *AJDA 2005. 286*.

12. Le point de départ du délai de la déchéance quadriennale court à partir du premier jour de l'année suivant celle au cours de laquelle les droits ont été acquis, ce qui peut porter le délai de quatre ans et un jour à cinq ans moins un jour. • CE 11 janv. 1978, *Veuve Audin : Lebon 8 ; AJDA 1978. 331 ; Gaz. Pal. 1978. 294, concl. Genevois.* ♦ Lorsque la collectivité publique n'a établi le décompte général d'un marché de maîtrise d'œuvre qu'après l'expiration du délai de prescription, cette circonstance n'est pas de nature à reporter le point de départ de ce délai : en effet, la prescription de la créance initiale était déjà acquise lors de l'établissement du décompte général et définitif. • CE 11 févr. 2005, *M. Desnoes,* n° 249211 : *ACL 2006. 413.* ♦ Dès lors, si l'établissement de ce décompte est susceptible d'avoir fait naître une nouvelle créance sur l'administration, il n'a pu avoir pour effet de faire revivre la créance initiale. • Même décision. ♦ En l'espèce, l'architecte, à qui avait été confié la maîtrise d'œuvre de travaux, ayant adressé à la collectivité publique ses notes d'honoraires et un projet de décompte final valant demande de paiement du solde des honoraires dus en exécution du marché, les droits au paiement de ses honoraires, qu'il revendiquait, étaient acquis dès cette date : l'architecte étant en mesure, à cette date, de déterminer avec précision le montant de la créance dont il se prévalait et d'adresser, comme il l'a fait, un projet détaillé de décompte à la personne responsable du marché, et s'agissant d'une créance résultant d'un marché de maîtrise d'œuvre comportant une rémunération forfaitaire, le délai de prescription avait commencé à courir alors même que le décompte général du marché n'avait pas été établi et signé par la responsable du marché, et que le montant de la créance résultant de ce décompte différait de celui figurant dans l'estimation initiale de l'architecte. • Même décision. ♦ En cas d'emprise irrégulière, le délai de la prescription quadriennale court à compter de la date à laquelle l'emprise irrégulière est intervenue, et non à compter de la date à laquelle les requérants ont assigné la commune pour voir ordonner la cessation de l'emprise irrégulière et ont sollicité l'allocation de dommages-intérêts. • Civ. 3e, 7 nov. 2001, *Pedemonte : Dr. adm. 2002, n° 11.*

13. La juridiction administrative est seule compétente pour statuer sur les contestations relatives à la prescription quadriennale, même si les tribunaux judiciaires sont compétents sur le fond du litige. • T. confl. 21 janv. 1985, *Préfet de la région de Lorraine et de la Moselle : Lebon 399, concl. Latournerie ; AJDA 1985. 228, note Richer.* ♦ Lorsque, dans le cadre d'un litige indemnitaire, l'administration oppose à la créance objet de ce litige la prescription prévue par les dispositions de la loi du 31 déc. 1968, le créancier qui entend contester le bien-fondé de la prescription doit le faire devant le juge saisi de ce même litige. Dans cette hypothèse, le créancier n'est par conséquent pas recevable à demander au juge de l'excès de pouvoir l'annulation de la décision opposant la prescription quadriennale à la créance dont il se prévaut. • CE 15 nov. 2012, *Cne de Cavalaire-sur-Mer,* n° 355755 : *AJDA 2013. 356, note Hoffmann ; Dr. adm. 2013, n° 5, note Éveillard.* ♦ En l'espèce, le créancier avait saisi le tribunal administratif d'une demande d'annulation de la décision du maire opposant la prescription quadriennale à ses demandes indemnitaires, alors que la prescription avait déjà été opposée à l'intéressé par la commune dans le cadre du recours de plein contentieux de ce dernier tendant à la condamnation de la commune à lui payer cette indemnité. Dès lors, ce créancier n'était pas recevable à exercer un recours pour excès de pouvoir contre la décision du maire. • Même décision. ♦ S'il appartient au juge de cassation de vérifier que les juges du fond ont exactement qualifié les faits constitutifs du fait générateur d'une créance, en revanche, sauf dénaturation, l'appréciation des circonstances susceptibles de permettre à un créancier d'être légitimement regardé comme ignorant l'existence de sa créance, et donc susceptibles d'empêcher la prescription quadriennale de courir, ne peut être discutée en cassation. • CE 19 mai 2004, *M. et Mme Bouillard,* n° 247211 : *préc. note 11.*

14. Validité. Un maire ne pouvant légalement mandater une dépense que sur un crédit régulièrement ouvert, l'annulation du budget entraîne par voie de conséquence l'illégalité des mandatements effectués en exécution de ce budget. • CE 8 juill. 1998, *Section de Cne d'Antilly,* n° 157028 : *ACL 1999. 332.*

15. Effets. Le délit de prise illégale d'intérêts se prescrit à compter du dernier acte administratif accompli par l'agent public, par lequel il prend ou reçoit un intérêt dans une opération dont il a l'administration ou la surveillance : constitue un tel acte, le mandatement par lequel le maire ordonne le paiement du prix d'une vente dans laquelle il a pris un intérêt illégal. • Crim., 10 avr. 2002, *François M.,* n° 01-84-286 : *BJCL 2002. 240, concl. Marin.*

16. Juge compétent. Il résulte des dispositions de l'art. 2 de la loi n° 82-594 du 10 juill. 1982 relative aux chambres régionales des comptes (CJF, art. L. 231-5) que celles-ci n'ont pas juridiction sur les ordonnateurs, sauf sur ceux qu'elles ont déclarés comptables de fait : les chambres régionales des comptes n'ont donc pas compétence pour se prononcer, en dehors du jugement d'un compte, sur la validité des mandats émis par les ordonnateurs, ces mandats constituant des actes administratifs dont la légalité ne peut être contestée que devant le juge administratif de droit commun. • CE 2 déc. 1983, *Jean-Marie Brice*, n° 51721 : *Lebon 471 ; Dr. adm. 1983, n° 461.* ♦ Ainsi, les litiges relatifs au paiement direct au sous-traitant, par le maître de l'ouvrage, du prix des travaux concernant l'exécution d'un marché public, relèvent de la compétence administrative. • T. confl. 2 juin 2008, *Sté Aravis-Enrobage c/ Cne de Cusy et Entreprise Grosjean*, n° 3642. ♦ En revanche, l'action engagée par le sous-traitant, à l'encontre de l'entreprise qui sous-traite, ne peut avoir d'autre fondement que le contrat de sous-traitance : alors même qu'il est relatif à l'exécution de travaux publics, ce contrat, conclu entre deux personnes privées, présente le caractère d'un contrat de droit privé, et il s'ensuit qu'il n'appartient qu'à la juridiction judiciaire de connaître de ce litige. • Même décision.

17. Responsabilité. BIBL. Poujade, *AJDA 2005. 703* (la responsabilité des ordonnateurs en droit public financier : état des lieux). ♦ À l'occasion d'irrégularités commises dans la gestion de la commune, le maire peut être déclaré pécuniairement responsable envers celle-ci, sauf s'il apparaît que les crédits irrégulièrement engagés l'ont été dans l'intérêt de la commune ou que celle-ci n'a subi aucun préjudice. • CE 6 juin 1975, *Cne d'Arcis-le-Ponsart : Lebon 340 ; RD publ. 1975. 1775* • CE 10 nov. 1989, *Moutardier*, n° 75422 : *Lebon 229 ; Dr. adm. 1990, n° 17.* ♦ L'irrégularité d'une dépense publique, résultant de l'absence d'ouverture préalable d'un crédit correspondant, peut être couverte par une ratification rétroactive de la dépense par l'autorité délibérante. • CE 2 mars 1973, *Massé : Lebon 184 ; AJDA 1974. 97, note Magnet.*

18. Communication au public. Les mandatements émis par le maire présentent le caractère de documents administratifs communicables en vertu des art. 1er et 2 de la loi du 17 juill. 1978. • CE 21 déc. 2007, *M. Prévot*, n° 276272. ♦ En l'espèce, le requérant avait demandé, par courrier, à la collectivité territoriale la communication des mandatements émis au cours des douze derniers mois précédant sa demande, mais la collectivité territoriale n'avait mis à la disposition de l'intéressé que des documents retraçant la liste des fournisseurs, accompagnée de la somme globale des mandatements pour chaque fournisseur. Les documents communiqués à l'intéressé ne pouvaient donc être regardés comme ceux qui avaient été demandés, dès lors qu'ils ne lui permettaient pas de connaître les caractéristiques propres à chaque mandatement. Par suite, le requérant était fondé à demander l'annulation de la décision implicite par laquelle la collectivité territoriale avait refusé de lui communiquer les documents demandés, différents de ceux qui lui avaient déjà été communiqués. • Même décision. ♦ V. art. L. 2313-1.

Art. L. 2342-2 *(Abrogé par Ord. n° 2025-526 du 12 juin 2025, art. 1er, à compter de l'exercice budgétaire 2026)* ***Le maire tient la comptabilité de l'engagement des dépenses dans les conditions fixées par arrêté conjoint du ministre de l'Intérieur et du ministre chargé du budget pris après consultation du comité des finances locales.*** – *[C. communes, art. L. 241-3 bis.]*

V. art. D. 2342-5 s.

Sur la comptabilité de l'engagement des dépenses des communes, des départements, des régions et de leurs établissements publics, V. ci-dessous Arr. du 26 avr. 1996.

Arrêté du 26 avril 1996,

Relatif à la comptabilité de l'engagement des dépenses des communes, des départements, des régions et de leurs établissements publics pris pour l'application des articles L. 2342-2, L. 3341-1 et L. 4341-1 du code général des collectivités territoriales.

Art. 1er L'engagement juridique est l'acte par lequel la collectivité ou l'établissement public crée ou constate à son encontre une obligation de laquelle résultera une charge. Il doit rester dans les limites des autorisations budgétaires. Le contrôle de la disponibilité des crédits est opéré lors de l'engagement comptable, qui est préalable ou concomitant à l'engagement juridique.

Art. 2 La comptabilité des dépenses engagées concerne l'ensemble des crédits votés de l'exercice ; elle est tenue au minimum au niveau de vote des crédits budgétaires déterminé par l'assemblée délibérante.

Lors de la liquidation de la dépense, il est procédé au contrôle du montant de l'engagement initial ; si celui-ci s'avère insuffisant, il y a lieu de prendre un engagement complémentaire permettant le paiement de la dépense dans la limite des crédits budgétaires ouverts ; s'il est supérieur à la dépense liquidée, il est réduit à due concurrence.

Art. 3 Les engagements relatifs aux obligations constatées à l'encontre de la collectivité au 1er janvier de l'exercice pour tout ou partie de l'année, et dont le montant peut faire l'objet d'une estimation à cette date, donnent lieu à un engagement provisionnel. Sont notamment concernées par le présent article les dépenses résultant des contrats, marchés et conventions en cours au 1er janvier, prévoyant des paiements dont le montant est chiffré ou estimé, ainsi que la rémunération du personnel en place. Ces contrats incluent les contrats de prêts.

Les contrats, marchés ou conventions conclus postérieurement au 1er janvier, les recrutements de personnel opérés en cours d'exercice, ainsi que toutes les opérations nouvelles, donnent lieu à un engagement spécifique et, s'il y a lieu, provisionnel, et sont comptabilisés dans les conditions prévues à l'article 1er.

Art. 4 Au 31 décembre de chaque exercice, il est établi un état des dépenses engagées non mandatées, après annulation des engagements devenus sans objet, qui donne lieu à un engagement provisionnel au 1er janvier de l'année suivante.

L'état des dépenses engagées non mandatées est joint au compte administratif de l'exercice concerné.

Art. 5 Dans le cadre des procédures prévues par les articles L. 1612-2, L. 1612-5, L. 1612-9, L. 1612-14, L. 1612-15, L. 1612-16 et L. 1612-18 du code général des collectivités territoriales, les autorités chargées du contrôle budgétaire peuvent demander aux collectivités territoriales la production d'états des dépenses engagées arrêtés en cours d'exercice.

Art. L. 2342-3 *(Abrogé par Ord. n° 2022-408 du 23 mars 2022, art. 17) (L. n° 2001-1248 du 21 déc. 2001, art. 46)* ***Le maire déclaré comptable de fait par un jugement du juge des comptes statuant définitivement est suspendu de sa qualité d'ordonnateur jusqu'à ce qu'il ait reçu quitus de sa gestion. Dans ce cas, le conseil municipal délibère afin de confier à un adjoint les attributions mentionnées aux articles L. 2342-1 et L. 2342-2. Cette fonction prend fin dès lors que le maire a reçu quitus de sa gestion.***

1. **BIBL.** Bousquet et Wels, Maniement de fonds publics, délégataires de service d'eau et gestion de fait, *JCP Adm. 2010, n° 2139.* – Bredin et Michaut, Actualité de la gestion de fait des deniers des collectivités locales, *BJCL 2008. 406.* – Castaing, Vers une nouvelle orientation des relations ordonnateur-comptable dans le secteur public local ?, *JCP Adm. 2004, n° 1409.* – Descheemaeker, Gestion de fait, *J.-Cl. Adm., fasc. 1265.* – Froment-Meurice et Groper, La responsabilité des acteurs de la gestion publique en matière budgétaire, financière et comptable : l'heure du bilan, *AJDA 2005. 714*. – Lamarque et Miller, La loi n° 2001-1248 du 21 déc. 2001, *AJDA 2002. 740*. – Larue, La jurisprudence récente du Conseil d'État en matière de gestion de fait sonne-t-elle le glas de cette procédure ?, *RGCT 2001. 853* ; La réforme des chambres régionales des comptes, *RGCT 2002. 32.* – Le Gall, Contrôle de gestion et gestion de fait, *Rev. Trésor 2002. 259.* – Levallois, L'évolution du contrôle financier des administrations locales, *RFFP 2002. 111.* – Magnet, Les gestions de fait, *LGDJ, coll. Systèmes, 2001.* – Mbouhou, Les gestions de fait à coloration pénale, *AJDA 2003. 1478*. – Michaut, La gestion de fait dans le secteur public local : tendances récentes de la jurisprudence, *BJCL 2011. 74.* – Poujade, La responsabilité des ordonnateurs en droit public financier : état des lieux, *AJDA 2005. 703*. – Surrel, Le jugement des comptes des comptables de fait à l'épreuve des exigences de la Convention européenne des droits de l'Homme, *RFDA 2002. 105*. – Thévenon, La procédure de gestion de fait est-elle contraire aux exigences du délai raisonnable de l'article 6 de la CEDH ?, *BJCL 2007. 246.*

I. DÉFINITION DE LA GESTION DE FAIT

2. Les opérations de recettes comme les opérations de dépenses sont soumises au principe de la séparation de l'ordonnateur et du comptable : il en résulte que les actes par lesquels le maire ou le conseil municipal empiète sur la compétence du comptable de la commune sont entachés de nullité ou constitutifs d'une gestion de fait. • CE 22 févr. 1984, *Sté SIPAV*, n° 33896 : *Lebon 77 ; Dr. adm. 1984, n° 92.* ♦ Sur l'incompatibilité des fonctions de maire et d'agent des administrations financières, V. art. L. 2122-5. ♦ Aucune disposition législative ne prévoit une telle incompatibilité pour les fonctions de conseiller municipal. • CE 27 févr. 1998, *Synd. nat. du Trésor-CGT*, n° 170783 : *ACL 1999. 399.*

3. Ingérence dans le recouvrement des recettes. Le 1er al. du XI de l'art. 60 de la loi de finances du 23 févr. 1963, qui définit la gestion de fait en recettes, n'a pour objet de définir ni un délit ou une peine, ni une sanction. Par suite, la question tirée de ce que ces dispositions méconnaîtraient le principe de légalité des délits et des peines garanti par l'art. 8 de la DDHC ne présente pas un caractère sérieux. • CE 8 oct. 2012, *Fondation des œuvres sociales de l'air*, n° 360838 : *BJCL 2012. 839, concl. Von Coester et obs. Girardi.* ♦ Le maire ou son mandataire ne peut régulièrement s'immiscer dans le maniement des fonds de la commune en percevant, à la place du comptable, soit directement, soit par personnes interposées, différents produits : de telles opérations sont constitutives de gestion de fait.

• C. comptes, 20 juin 1952, *Rousseau, maire, et Thuret, adjoint au maire de la Cne de Bouafle : Rec. C. comptes 45.* ♦ Ainsi, le maire ne peut encaisser les participations financières des commerçants aux frais d'illumination des rues. • C. comptes, 16 mai 1957, *Klein et Ehm : Rec. C. comptes 43.* ♦ L'encaissement, sans titre légal, du produit de dons, quêtes, souscriptions ou collectes par le maire, pour le compte de la commune, est constitutif de gestion de fait. • C. comptes, 4 juin 1964, *Florentin, maire d'Houdreville : Rec. C. comptes 72.* ♦ En effet, l'ingérence dans le recouvrement des recettes publiques intéresse aussi les libéralités faites aux communes. • C. comptes, 9 déc. 1937, *Chaupin, maire de Notre-Dame-de-Vaulx : Rec. C. comptes 23* • 16 déc. 1937, *Chaupin, maire de Notre-Dame-de-Vaulx : ibid.* ♦ En application des art. L. 2221-5 et R. 2221-24 CGCT, les comptes de la régie doivent être tenus par un comptable public, qu'il s'agisse d'un comptable du Trésor ou d'un comptable spécial. Dans l'attente de la résolution des difficultés touchant à la nomination d'un receveur spécial, il appartient au comptable de la commune d'encaisser les produits d'un service de la commune. Dès lors que ces produits sont encaissés par d'autres personnes que le comptable patent, sur des comptes bancaires, les responsables de la régie manient des deniers communaux et ne peuvent se prévaloir d'un titre régulier pour détenir et manier des deniers publics : ils doivent donc être déclarés comptables de fait des deniers de la commune. • CRC Rhône-Alpes, 26 juin 2002, *Régie de la Cité de l'eau,* n° 2002-181 : *Rev. Trésor 2003. 289.*

4. Extraction irrégulière de fonds. Il y a gestion de fait dès lors que des fonds sont extraits irrégulièrement de la caisse publique par l'émission de mandats fictifs, c'est-à-dire lorsque les énonciations portées sur les mandats et les factures ne correspondent pas à la réalité du service fait, à la date de ce service ou à l'identité du créancier. • C. comptes, 22 mars 1962, *Brunel, ancien maire de la Cne d'Herblay et Cts : Rec. C. comptes 8* • 29 mai 1969, *Cne de Gendertheim : Rev. adm. 1969. 132* • 18 déc. 1974, *Cne de Saint-Pierre de La Réunion : Rev. adm. 1974. 171* • 23 déc. 1974, *Cne de Saint-Pierre de La Réunion : ibid.* • CRC Picardie, 12 mai 1987, *Sieur L., maire de la Cne d'A. : Rev. Trésor 1988. 381* • CRC PACA, 10 sept. 1991, *Ville de Nice : Rev. Trésor 1991. 734.* ♦ Ni les condamnations pénales qui auraient pu être infligées ni le fait que le conseil municipal aurait donné son accord à une telle manipulation ne sont des circonstances de nature à écarter la procédure de gestion de fait. • C. comptes, 12 déc. 1969, *Sieur Darrac : Rec. C. comptes 149.*

5. Application. Constitue un cas de gestion de fait la surfacturation d'un marché de façon à utiliser une partie du financement, prévu pour une opération, à d'autres fins que celle-ci : en l'espèce, ont été déclarés comptables de fait, d'une part le maire et un adjoint, et d'autre part l'entreprise attributaire du marché et un artisan ayant participé à la réalisation des travaux. • CRC Midi-Pyrénées, 25 juin 2002, *Cne de La Magistère,* n° 2002-0204 : *Rev. Trésor 2003. 139.* ♦ Constitue une extraction irrégulière de fonds publics le paiement d'une personne recrutée par une personne publique et dont la rémunération ne correspond à aucun service fait (emploi fictif). • CRC Île-de-France, 15 nov. 1999, *Dpt de l'Essonne,* n° 99-1278. ♦ En effet, doit être considéré comme irrégulièrement extrait de la caisse publique le montant d'une dépense ne correspondant à aucun service fait ou correspondant à un service autre que celui qui est allégué. • CRC Île-de-France, 8 nov. 2005, *Ville de Paris et a.,* n° 1210 : *AJDA 2006. 969, chron. Miller.* ♦ En l'espèce, il n'apparaissait pas que l'intéressé ait eu, au bénéfice de la commune, une activité à temps plein justifiant, en contrepartie, le paiement de son salaire par cette collectivité. Si la présence de l'intéressé à l'hôtel de ville au cours de deux réunions hebdomadaires et sa participation à la rédaction de discours du maire sont établies, ces seules tâches sont manifestement insuffisantes pour caractériser un service fait. Dans le même temps, il était établi que l'activité de l'intéressé au sein d'un parti politique était trop absorbante pour être compatible avec l'exercice à temps plein d'un travail au bénéfice de la commune. Il était ainsi démontré le caractère fictif des mandats de paiement afférents à la rémunération de l'intéressé. Par voie de conséquence, l'extraction irrégulière de deniers de la caisse de la commune, constitutive d'une gestion de fait, était ainsi constituée. • Même jugement. ♦ De même, l'extraction irrégulière de fonds des caisses publiques peut résulter de subventions de fonctionnement fallacieuses, c'est-à-dire du versement de subventions à un organisme dépourvu de personnalité morale ou pour un objet différent de celui annoncé, ou à charge pour cet organisme d'acquitter des factures et dépenses incombant normalement à la collectivité, voire d'assurer la mission de payer des sommes que la commune ne pourrait légalement verser (cas de primes aux agents de la collectivité et aux conseillers municipaux). • C. comptes, 24 févr. 1966, *Demange, comptable de fait de la Cne de Bourg-Bruche : Rec. C. comptes 53* • 20 mars 1980, *Weille, comptable de fait de la Cne de Nancy : Rev. adm. 1980. 211* • 12 juill. 1984, *Cne de Dôle : Rec. C. comptes 309* • CRC Île-de-France, 12 févr. 1988, *Sieur M., maire de la Cne de B. : AJDA 1990. 116.* ♦ Ainsi les subventions fallacieuses versées par la commune à une association, employées sur décision du maire à l'allocation de primes et d'indemnités à des adjoints et à des conseillers municipaux, rendent le maire comptable de fait des deniers de la commune. • CRC Pays de la Loire, 9 janv. 1992, *Sieur A., maire de La Roche-sur-Yon, et président de l'Assoc. yonnaise pour la formation civique : Rev. Trésor 1994. 204, obs. Ludwig* • 15 juin 1993, *Sieur A., maire de La Roche-sur-*

Yon, et président de l'Assoc. yonnaise pour la formation civique : ibid. • 10 nov. 1993, *Sieur A., maire de La Roche-sur-Yon, et président de l'Assoc. yonnaise pour la formation civique : ibid.* ♦ De même, le remboursement de frais de déplacement, par l'intermédiaire d'une association, est constitutif d'une gestion de fait. • CRC Rhône-Alpes, 20 avr. 2000, *Cne d'Huez-en-Oisans*, n° 2000-70. ♦ Le remboursement de taxes locales aux contribuables de la commune, par le versement d'une subvention de fonctionnement à une association, est constitutif d'une gestion de fait, s'agissant de fonds qui ont été irrégulièrement extraits de la caisse de la collectivité et qui sont demeurés des deniers publics de la commune. • CRC Champagne-Ardenne, 12 avr. 2007, *Cne de Chooz*, n° J2007-0051 : *Rev. Trésor 2007. 1023 ; RFDA 2008. 795.* ♦ De manière générale, une association qui est la simple émanation d'une collectivité en ce sens qu'elle est présidée par des élus locaux ou des fonctionnaires locaux, et qu'elle ne dispose vis-à-vis de cette collectivité d'aucune autonomie ni décisionnelle ni financière, se trouve dans une situation de dépendance totale envers cette collectivité, dont elle n'est que l'instrument, et cette situation est constitutive d'une gestion de fait des deniers de cette collectivité. • CRC PACA, 4 mai 2000, *Assoc. Toulon-Communication*, n° 2000-0252. ♦ Constitue aussi un cas de gestion de fait la prise en charge par une commune des loyers et des charges afférentes d'un logement de fonction, dès lors que l'agent communal bénéficiaire, qui percevait le loyer versé par la commune, était propriétaire de ce logement : un tel dispositif a eu pour objet et pour effet d'accorder, par l'intermédiaire d'une agence immobilière, un avantage financier équivalant à un complément de traitement à hauteur du loyer mensuel, complément de rémunération auquel l'intéressé ne pouvait prétendre. • CRC Île-de-France, 28 avr. 2000, *Cne d'Élancourt*, n° 00-0844.

6. *Détention irrégulière de fonds.* La gestion de fait peut également correspondre à une détention provisoire, temporaire, par le maire de deniers publics ou de deniers privés réglementés. • C. comptes, 28 juin 1956, *Laporterie : Rec. C. comptes 35.* ♦ En effet, la simple détention de fonds publics par une personne non habilitée suffit à constituer la gestion de fait. • C. comptes, 25 oct. 1961, *Lecrecq : Rec. C. comptes 71* • CE 11 déc. 1968, ⚖ *Bonnevialle et Valentin*, n° 64242 : *Lebon 632.*

II. PROCÉDURE MISE EN ŒUVRE

7. *Absence de caractère de sanction.* La procédure de gestion de fait a pour objet de rétablir les formes comptables en assujettissant le comptable de fait aux mêmes obligations qu'un comptable de droit, et en l'obligeant à rendre un compte des opérations de recettes et de dépenses qui ne sont pas retracées dans le compte du comptable de droit ; son compte fera l'objet d'un jugement comme celui d'un comptable de droit, et sa responsabilité personnelle et pécuniaire sera mise en cause (débet) si des opérations ne sont pas appuyées par des justifications suffisantes. La déclaration de gestion de fait n'est ni une sanction disciplinaire, ni une décision de nature pénale. • CE 12 déc. 1969, ⚖ *Darrac*, n° 65987 : *Lebon 578, concl. Braibant.* ♦ En conséquence, l'amnistie en matière disciplinaire ou pénale est sans effet sur les procédures de gestion de fait à leurs différents stades (déclaration, débet, amende). • C. comptes, 28 mars 1973, *Duguet : Rec. C. comptes 42* • 7 oct. 1982, *Gsell et Klein, Cne de Benfeld : Rec. C. comptes 223.*

8. *Non-lieu à gestion de fait.* Si l'objet premier de la gestion de fait est le rétablissement des formes budgétaire et comptable, le juge des comptes s'est reconnu le droit de prononcer un non-lieu à déclaration de gestion de fait lorsqu'il estime que la procédure ne présenterait pas d'intérêt : le défaut d'intérêt pratique suppose que le maniement ou la détention irréguliers ont cessé, que les opérations irrégulières sont connues dans leur détail, et qu'elles ne paraissent pas mériter une sanction. • CRC PACA, 28 oct. 1999, *Dpt du Var*, n° 99-0917. ♦ Ainsi, il y a déclaration de non-lieu à gestion de fait dès lors qu'il y a eu reversement intégral des sommes, encaissées par une association, dans la caisse du comptable public et que la délibération autorisant la perception des sommes par cette association a été retirée. • CRC Rhône-Alpes, 6 sept. 2001, *Cne de Cluses*, n° 2001-214 : *Rev. Trésor 2003. 288* • CRC Rhône-Alpes, 12 juin 2002, *Cne de Chassieu : Rev. Trésor 2003. 452.* ♦ De même, il y a déclaration de non-lieu à gestion de fait dès lors que les opérations irrégulières en cause (en l'espèce encaissement de droits perçus pour la délivrance de photocopies) ont cessé et que les fonds ont été reversés dans la caisse du régisseur. • CRC Nord-Pas-de-Calais, 5 juill. 2001, *Cne de Marchiennes*, n° 2001-0441 : *Rev. Trésor 2002. 606.* ♦ Il en va de même dès lors que le principal instigateur de la gestion de fait est décédé. • CRC PACA, 26 sept. 2002, *Cne de Gignac-la-Nerthe*, n° 2002-0612 : *Rev. Trésor 2003. 290.* ♦ Le non-lieu à gestion de fait pour défaut d'intérêt pratique peut aussi résulter de l'absence d'éléments pouvant conduire le juge des comptes à engager la responsabilité des comptables de fait en raison de la reconnaissance, précédemment prononcée pour des faits similaires, de l'utilité publique des dépenses, par le conseil municipal de la collectivité concernée. • CRC PACA, 4 mai 2000, *Assoc. Toulon-Communication*, n° 2000-0252.

9. *Ouverture de la procédure.* Une procédure de gestion de fait peut être ouverte à l'occasion d'un contrôle d'une juridiction financière, qui se saisit d'office des opérations constitutives de gestion de fait : il n'appartient pas à une juridiction administrative d'ordonner que des personnes soient renvoyées devant la CRC pour des faits constitutifs de gestion de fait. • CE 11 mai 1987,

Divier, n° 62459 : *Lebon 167.* ♦ L'action en déclaration de gestion de fait de deniers communaux, en raison du versement de subventions à une association, peut être entreprise à la suite du contrôle des comptes de la commune, sans qu'il soit nécessaire de contrôler au préalable les comptes de l'association. • C. comptes, 7 avr. 1999, *Cne de Gourbeyre : RFFP 2000. 197.* ♦ En vertu de l'art. 60-XI de la L. du 23 févr. 1963, toute personne qui reçoit ou manie directement ou indirectement des fonds irrégulièrement extraits de la caisse publique doit en rendre compte au juge financier, nonobstant les poursuites qui pourraient être engagées devant les juridictions répressives. • C. comptes, 14 oct. 2003, *Gestion de fait des deniers de la Cne de Levallois-Perret,* n° 37176 : *AJDA 2004. 1232, chron. Groper.* ♦ Toutefois, il résulte d'une jurisprudence constante que les constatations de fait que le juge pénal a retenues, qui sont le support nécessaire de sa décision, s'imposent au juge des comptes. • Même arrêt.

10. Preuves et prescriptions. Il appartient à la personne ou à l'autorité qui a saisi le juge, voire au juge lui-même, d'administrer la preuve que les éléments de la gestion de fait sont bien réunis. • C. comptes, 29 avr. 1993, *Cne de Grenoble : Rec. C. comptes 20 ; Rev. Trésor 1993. 540 ; D. 1993. 534, note Magnet.* ♦ Ainsi, une commune demanderesse en déclaration de gestion occulte, à l'encontre d'un ancien maire, doit faire la preuve du caractère fictif des mandats critiqués ou de l'inexécution des services. • C. comptes, 17 févr. 1890, *Cne de Vellemoz : Rec. C. comptes 5.* ♦ À défaut d'aveu, de commencement de preuve par écrit, de preuves ou au moins de présomptions graves, précises et concordantes, il n'y a pas lieu à déclaration de gestion de fait. • C. comptes, 17 mai 1904, *Cne de Baccarat : Rec. C. comptes 18* • 4 mai 1995, *Devaux, CCAS de Murviel-lès-Béziers : Rec. C. comptes 35* • 5 juill. 2002, *Dpt de l'Oise : Rev. Trésor 2003. 537* • 17 oct. 2002, *Dpt de l'Oise : ibid.* ♦ L'action en déclaration de gestion de fait est prescrite pour les actes constitutifs de gestion de fait commis plus de dix ans avant la date à laquelle la juridiction financière en est saisie ou s'en saisit d'office, V. art. L. 131-2 et L. 231-3 CJF.

11. Régularisation de la gestion de fait. La régularisation d'une gestion de fait de deniers publics peut se faire par reprise par un comptable patent, dans ses comptes, de l'ensemble des recettes et des dépenses effectuées irrégulièrement, mais aussi par reversement dans la caisse publique de la totalité des sommes extraites irrégulièrement, avant que n'intervienne la déclaration définitive de la gestion de fait. • CE 23 févr. 2000, *Assoc. conseillers régionaux Provence-Alpes-Côte d'Azur,* n° 192852 : *Dr. adm. 2000, n° 163 ; RFDA 2000. 1117 ; Rev. Trésor 2000. 459.* ♦ En effet, le reversement de la totalité des sommes extraites irrégulièrement, alors même qu'elles avaient été utilisées, intervenu après le jugement de déclaration provisoire de gestion de fait, mais avant la déclaration définitive, ôte tout objet à celle-ci. • C. comptes, 2 oct. 1997, *Région Provence-Alpes-Côte d'Azur : Rev. Trésor 1998. 28, note Ludwig.*

12. Reconnaissance de l'utilité publique des dépenses d'une gestion de fait. Une fois que le comptable de fait a produit au juge financier le compte des opérations irrégulières qu'il a effectuées, l'autorité budgétaire (le conseil municipal pour la commune) accepte ou refuse de reconnaître l'utilité publique des dépenses qui y sont retracées. Si elle accepte, le juge examine alors les pièces justificatives produites et alloue ou non lesdites dépenses. Si elle refuse, le juge, sauf dans quelques cas peu nombreux, ne peut allouer les dépenses et ce, quelles que soient les justifications produites. La somme due par le comptable de fait (débet) est alors égale aux dépenses, mais la CRC doit vérifier la régularité des montants tant en recettes qu'en dépenses retenus dans le compte de la gestion de fait, préalablement à la fixation de celui-ci. • C. comptes, 25 mai 2000, *Hériou, Cne de Saint-Aubin : Dr. adm. 2000, n° 213.* ♦ Par ailleurs, la reconnaissance de l'utilité publique des dépenses est sans incidence sur la possibilité pour le juge des comptes de prononcer une amende pour gestion de fait, celle-ci ayant pour objet de sanctionner l'immixtion du comptable de fait dans les fonctions de comptable public. • CE 27 juill. 2005, *M. Balkany,* n° 261819 : *AJDA 2005. 2016, concl. Guyomar ; RFDA 2005. 1080 ; Rev. Trésor 2006. 38 ; BJCL 2006. 117, concl. Guyomar, obs. Thévenon ; ACL 2006. 414.* ♦ Très exceptionnellement, le juge des comptes peut passer outre l'absence de reconnaissance de l'utilité publique lorsque les dépenses ont un caractère obligatoire ou lorsqu'elles ont été la condition de l'encaissement des recettes admises et en sont inséparables. • C. comptes, 27 nov. 2000, *Centre dptal de documentation pédagogique du Tarn : RFFP 2001. 209* • 7 déc. 2000, *Centre dptal de documentation pédagogique du Tarn : ibid.* ♦ Les dépenses de fleurissement de la commune, engagées par l'ancien maire pour favoriser le développement touristique de celle-ci, n'étaient pas obligatoires et ne conditionnaient pas les recettes : dès lors, le juge des comptes ne pouvait passer outre le refus du conseil municipal de reconnaître l'utilité publique de ces dépenses. • C. comptes, 6 déc. 2001, *Cne de Saint-Aubin : Rev. Trésor 2003. 214.* ♦ Le juge des comptes est incompétent pour se prononcer sur la légalité de la délibération du conseil municipal refusant de reconnaître l'utilité publique d'une gestion de fait. • C. comptes, 18 mai 1896, *Vandier, Cne d'Augié : Rec. C. comptes 54* • 30 juin 1994, *Cne de Fenouillet, Assoc. Comité de coordination du centre culturel de Fenouillet : Rev. Trésor 1994. 763.* ♦ V. art. L. 1612-19-1. ♦ La délibération par laquelle l'autorité budgétaire (en l'espèce, le conseil d'administration d'un CCAS) approuve l'utilité publique des dépenses à raison desquelles un élu a été déclaré comptable de fait s'analyse comme une décision créatrice de droits au profit de cet élu. Par suite, la délibération en cause ne peut être rapportée que pour illégalité et dans le délai du recours contentieux. • CAA Marseille, 15 févr. 2000, *M. Rinaldi*, n° 97MA00847 : *RFDA 2002. 832, obs. Orsoni.*

III. PERSONNES POUVANT ÊTRE MISES EN CAUSE

13. Toute personne qui s'est immiscée sans titre dans les fonctions de comptable public doit rendre compte de sa gestion devant la juridiction financière. Sont déclarées gestionnaires de fait non seulement les personnes qui ont manié directement les deniers publics mais encore celles qui ont organisé les irrégularités ou les ont couvertes de leur autorité. Il peut notamment en aller ainsi du supérieur hiérarchique ou de toute personne qui aurait eu la possibilité d'y mettre un terme, mais s'en serait abstenu. Toutefois, cette qualité ne s'étend pas aux personnes qui, même si elles ont participé activement aux opérations à l'occasion desquelles une gestion de fait a été constatée, n'avaient pas autorité statutaire pour faire cesser les irrégularités. • C. comptes, 18 mars 2010, *Cne de Mahina*, n° 57140 : *AJDA 2010. 1254, chron. Groper et Michaut*. ♦ La qualification de comptable de fait n'est pas nécessairement liée à un maniement direct des deniers publics ou des deniers privés réglementés : sont considérées également comme gestionnaires de fait les personnes qui font manier les deniers indirectement par leurs préposés ou les mettent entre les mains de personnes sans qualité pour les détenir, constituant ainsi des caisses noires. • C. comptes, 29 mars 1928, *Delaroue, maire de Melun et a. : Rec. C. comptes 20.* ♦ Ainsi, la personne qui a donné l'ordre d'agir, ou qui a couvert de son autorité ces agissements, peut être qualifiée de comptable de fait : cependant, pour que l'intéressé puisse être déclaré comptable de fait, il faut qu'il soit investi de l'autorité hiérarchique suffisante pour être à même d'empêcher les irrégularités ou, tout au moins, être en situation de les faire cesser. • C. comptes, 12 mars 1998, *ancien maire de la Cne de Levallois-Perret : Rev. Trésor 1998. 424.* ♦ De même, la Cour des comptes estime qu'un maire a nécessairement connu et toléré les agissements d'une association subventionnée par la commune qui versait des primes au personnel communal, dès lors que le secrétaire général de ladite commune et son adjoint étaient respectivement président et trésorier de l'association. • C. comptes, 30 mars 2000, *Assoc. du comité social en faveur du personnel communal de la ville de Villers-lès-Nancy : Rev. Trésor 2001. 33 ; RFFP 2001. 206.* ♦ Plusieurs personnes peuvent être déclarées solidairement comptables de fait. Au stade de la déclaration de gestion de fait, il appartient au juge des comptes de déterminer si chacune des personnes mises en cause a participé de façon suffisamment déterminante aux opérations irrégulières pour être déclarée comptable de fait. Lorsque plusieurs personnes ont participé de façon indifférenciée et suffisamment déterminante aux opérations irrégulières, le juge des comptes les déclare solidairement comptables de fait. • CE 25 juin 2014, *M. A., Cne de Saint-André*, n° 356725.

IV. SANCTIONS

14. Amendes. Initialement, n'étaient condamnés à une amende que les comptables de fait récalcitrants. • C. comptes, 13 août 1940, *Morin, maire de Ry : Rec. C. comptes 35* • 18 nov. 1941, *Chevalier, ancien maire de Birmandreis : Rec. C. comptes 3.* ♦ ... Et ceux qui avaient extrait de manière irrégulière des fonds de la caisse publique par l'intermédiaire de mandats fictifs. • C. comptes, 30 juin 1938, *Pieplus, ancien maire de Bénouville : Rec. C. comptes 25* • 1er juill. 1938, *Bernard, ancien maire d'Eygalayes : Rec. C. comptes 21.* ♦ La condamnation à l'amende du comptable de fait qui s'est immiscé dans les fonctions de comptable public est devenue la règle, le montant de l'amende variant en fonction de l'importance et de la durée des opérations irrégulières, mais la finalité d'intérêt général de l'opération irrégulière constitue une circonstance atténuante (achat de vaccins ayant contribué à préserver les troupeaux de la localité, menacés d'épidémie). • C. comptes, 30 nov. 1972, *Charre, ancien maire des Estables : Rev. adm. 1973. 156.* ♦ De même, le fait que le comptable de fait ait produit un compte accompagné d'une reconnaissance partielle de l'utilité publique des dépenses, et qu'il ait reversé le reliquat de sa gestion, y compris le montant des dépenses non reconnues d'utilité publique, conduit le juge à ne pas prononcer d'amende. • CRC Île-de-France, 27 sept. 2001, *Assoc. Carrières Promotion*, n° 01-0956J. ♦ L'intervention de la reconnaissance d'utilité publique des dépenses de la gestion de fait n'interdit pas au juge de prononcer une amende. • C. comptes, 27 mars 2003, *Cne et CCAS de Digne-les-Bains : Rev. Trésor 2004. 202.* ♦ En effet, celle-ci est sans effet sur la possibilité pour le juge des comptes de prononcer une amende pour gestion de fait, qui a pour objet de sanctionner l'immixtion du comptable de fait dans les fonctions de comptable public. • CE 27 juill. 2005, *M. Balkany*, n° 261819 : *préc. note 12.* ♦ L'amende pour gestion de fait n'a pas pour but de réparer un préjudice moral causé à l'organisme public dont les deniers ont été irrégulièrement maniés, mais de réprimer l'atteinte au principe fondamental de séparation des ordonnateurs et des comptables constituée par l'immixtion des premiers dans les fonctions des seconds : le montant de l'amende n'est donc fixé qu'en fonction de l'importance des sommes maniées et de la durée des opérations irrégulières. • C. comptes, 28 mai 1997, *Assoc. Toulon Communication : La lettre du cadre territorial, Dossiers d'experts,*

1999. 106. ♦ L'amende pour ingérence dans les opérations comptables constitue une sanction spécifique, et a un caractère personnel. • C. comptes, 26 nov. 1981, *Klein et Gsell, Cne de Benfeld : Rev. adm. 1982. 210.* ♦ La solidarité instituée entre coauteurs d'une gestion de fait au titre d'une même ligne de compte trouve son fondement dans l'indivisibilité des opérations irrégulières qui forment un tout. Cette indivisibilité a pour corollaire que les contributions respectives au maniement irrégulier des deniers publics des différentes personnes constituées solidairement en débet au titre de cette ligne de compte sont nécessairement indifférenciées, sans que soient établies de distinctions entre les différents cogestionnaires. Il appartient au juge financier de préciser dans les motifs et le dispositif de son jugement que la quote-part de chacun d'entre eux résulte nécessairement, de ce fait, d'un partage par parts viriles du montant du débet. • CE 21 mars 2011, *Mme Richard-Dubarry, M. Beausoleil,* n° 318825 : *AJDA 2011. 1037, note Lascombe et Vandendriessche.* ♦ La solidarité des comptables de fait n'interdit pas au juge de prendre en considération l'attitude de chaque comptable de fait dans le calcul du montant de l'amende et de prononcer des condamnations pour des montants différents. • CRC Rhône-Alpes, 18 févr. 2003, *Assoc. pour le développement touristique de Megève,* n° 2003-1 : *Rev. Trésor 2003. 780.* ♦ L'amende pour gestion de fait, ayant un caractère personnel, s'éteint, comme en matière pénale, avec le décès du comptable. • CRC PACA, 26 sept. 2002, *Cne de Gignac-la-Nerthe,* n° 2002-0612 : *préc. note 8.* ♦ Dès lors qu'un agent public a fait l'objet d'une mesure de suspension temporaire, fondée sur sa qualité de comptable de fait, la Cour considère que l'amende doit être minorée. • C. comptes, 22 janv. 2001, *Centre dptal de documentation pédagogique du Tarn à Albi,* n° 28063 : *RFDA 2002. 608.* ♦ De même, eu égard, d'une part, aux reversements effectués par l'intéressé, et, d'autre part, aux sanctions pénales infligées à celui-ci (peine d'emprisonnement prononcée avec sursis et amende), le juge financier peut estimer qu'il y a non-lieu à condamnation à l'amende pour gestion de fait. • CRC Île-de-France, 6 juin 2005, *Dpt de l'Essonne,* n° 465 : *AJDA 2006. 971, chron. Miller.*

15. Suspension de la qualité d'ordonnateur. Les art. 45 à 48 de la L. n° 2001-1248 du 21 déc. 2001 relative aux CRC et à la Cour des comptes ont supprimé l'inéligibilité des comptables de fait. Désormais, le maire reconnu comptable de fait est suspendu de sa qualité d'ordonnateur jusqu'à ce qu'il ait reçu quitus de sa gestion. Il est remplacé dans ses attributions par un adjoint, V. art. L. 2342-3. ♦ Pour les établissements de coopération intercommunale, V. art. L. 5211-9-1. ♦ Ce dispositif de la loi du 21 déc. 2001 est temporaire dans la mesure où l'ordonnateur est automatiquement rétabli dès l'obtention du quitus ; il est limité dans son champ d'application puisqu'il ne concerne que la fonction d'ordonnateur et qu'il n'a pas pour effet de paralyser la collectivité dès lors qu'un autre élu exerce les fonctions d'ordonnateur ; enfin, il ne s'applique à un élu ordonnateur local que s'il a été déclaré comptable de fait de la collectivité en cause. • C. comptes, 27 mars 2003, *Dpt des Bouches-du-Rhône,* n° 35870 : *Rev. Trésor 2003. 704.*

V. RECOURS

16. Action exercée par un contribuable. Eu égard aux règles de procédure applicables au jugement, par la CRC, des personnes déclarées comptables de fait, lesquelles ne comportent pas d'intervention de la commune, l'action envisagée sur ce point par le contribuable d'une commune ne présente pas pour celle-ci une chance sérieuse de succès au sens de l'art. L. 2132-5 : annulation de la décision du TA en tant qu'elle autorise ce contribuable à porter plainte, avec constitution de partie civile, au nom de la commune, pour gestion de fait de deniers publics. • CE 14 janv. 1998, *Cne de Hem,* n° 186453 : *ACL 1999. 313.* ♦ Sur l'exercice par un contribuable des actions appartenant à la commune, V. art. L. 2132-5.

17. Appel devant la Cour des comptes. La voie de l'appel est ouverte non seulement aux comptables, mais également aux représentants légaux des collectivités ou établissements publics, leurs parties adverses. Le commissaire du Gouvernement près la CRC est aussi admis à utiliser la voie de l'appel. • C. comptes, 28 sept. 2000, *Cne de Quimper : RFFP 2001. 211* • 26 oct. 2000, *Cne de Carhaix-Plouguer : ibid.* ♦ Les dispositions de l'art. L. 131-2 CJF imposent à la Cour des comptes, dans le cadre de la procédure de gestion de fait, de mettre le requérant à même d'exercer la faculté d'être entendu avant l'adoption, par celle-ci, de l'arrêt le constituant en débet envers la commune : à cet effet, la Cour doit soit avertir le requérant de la date de la séance à laquelle son recours sera examiné, soit l'inviter à l'avance à lui faire connaître s'il a l'intention de présenter des explications verbales pour que en cas de réponse affirmative de sa part elle l'avertisse ultérieurement à la date de la séance. • CE 27 juill. 2001, *M. Balkany,* n° 230038. ♦ Le délai d'appel est de 2 mois à compter de la notification du jugement. • C. comptes, 23 juin 1999, *Caisse de crédit municipal de Nice : RFFP 2000. 200.* ♦ Il résulte de l'art. R. 131-41 CJF que la Cour des comptes peut ordonner, à la requête motivée d'un appelant, le sursis à exécution d'une décision attaquée en appel, lorsque son exécution impliquerait pour le requérant un préjudice grave et difficilement réparable. • C. comptes, 1er févr. 2011, *Gestion de fait de la Cne de Hénin-Beaumont,* n° 60028 : *AJDA 2011. 1314, chron. Groper et Michaux.* ♦ La seule cause de sursis, admise par la jurisprudence en ce domaine, est que le dommage qui serait causé par l'exécution du jugement entrepris ne puisse être réparé en cas de succès de l'appel : or une déclaration de gestion de fait, qui n'entraîne dans l'immédiat que l'obligation de rendre compte, ne cause pas de préjudice irréparable. • C. comptes, 25 nov. 1999, *Dpt de l'Essonne : RFFP 2000. 200.* ♦ Lorsqu'une déclaration de gestion de fait a été prononcée à la charge de plusieurs parties conjointement et solidairement, le sursis consenti à l'une profite nécessairement aux autres, même non appelantes. • Mêmes arrêts. ♦ Il appartient au juge des comptes de déterminer si chacune des personnes mises en cause a participé de façon suffisamment déterminante aux opérations irrégulières pour être déclarée comptable de fait : lorsque plusieurs personnes ont participé de façon indifférenciée et suffisamment déterminante aux opérations irrégulières, le juge des comptes les déclare solidairement comptables de fait. • CE 25 juin 2014, *M. D.*, n° 356725. ♦ Pour arrêter la ligne de compte de la gestion de fait et déclarer l'intéressé débiteur en sa qualité de comptable de fait des deniers de la commune, la Cour des comptes, saisie en appel par l'intéressé, ne s'est pas fondée sur des faits autres que ceux qui avaient été relevés par le jugement de la CRC dont il est constant que l'intéressé a reçu notification et qu'il a, par suite, été mis à même de discuter. Dans ces conditions, la Cour, en s'abstenant de donner communication au requérant du dossier afin de lui permettre de présenter, le cas échéant, ses observations, n'a pas méconnu le caractère contradictoire de la procédure. • CE 16 juin 1999, *Trucy*, n°s 190248 et 190249 : *ACL 2000. 395.* ♦ Le juge d'appel doit soulever d'office tout moyen, dès lors qu'il considère que le juge de première instance n'a pas fixé régulièrement la ligne de compte d'une gestion de fait. • C. comptes, 25 mai 2000, *Cne de Saint-Aubin : Rev. Trésor 2001. 36.* ♦ Il résulte de l'art. L. 111-1, al. 2, CJF que la Cour des comptes ne peut s'abstenir de statuer sur un appel formé devant elle et priver ainsi les justiciables du droit qui leur est donné par la loi de faire appel des jugements des CRC. Dans le cas où elle estime ne pas pouvoir se prononcer régulièrement sur un appel parce que les faits en cause ont été évoqués dans son rapport public, il lui appartient de transmettre l'affaire au Conseil d'État afin que celui-ci, dans le cadre de ses pouvoirs généraux de régulation de l'ordre juridictionnel administratif, donne à cette transmission les suites qui conviennent et, le cas échéant, se prononce lui-même sur les conclusions d'appel qui avaient été présentées à la Cour. • CE 17 oct. 2003, *M. Dugoin*, n°s 237290, 237291 et 237292 : *Dr. adm. 2003, n° 242 ; AJDA 2003. 2031 ; RFDA 2003. 1271.*

18. Cassation devant le Conseil d'État. L'art. R. 143-3 CJF pose le principe selon lequel le délai imparti pour se pourvoir en cassation devant le Conseil d'État, contre un arrêt de la Cour des comptes, est de 2 mois à compter de la notification de cet arrêt. • CE 22 oct. 2003, *Min. de l'Économie c/ Dpt de la Haute-Savoie*, n° 251860 : *Rev. Trésor 2004. 395 ; ACL 2004. 600.*

19. Recours devant la CEDH. **BIBL.** Bertucci, Les juridictions financières et l'article 6-1 de la Convention européenne des droits de l'homme, *RFFP 2004. 99.* – de Cacqueray, La juridiction des comptes et les exigences du droit à un procès équitable : bilan jurisprudentiel et législatif, *RFDA 2003. 725* . ♦ Le juge des comptes, lorsqu'il prononce la gestion de fait puis fixe la ligne de compte de cette gestion de fait et met le comptable en débet, tranche, à chaque étape de cette procédure, des contestations portant sur des droits et obligations de caractère civil : par suite, les stipulations de l'art. 6, § 1, Conv. EDH sont applicables à l'ensemble de la procédure. • CE 30 déc. 2003, *M. Beausoleil, Mme Richard*, n°s 251120 et 251233 : *AJDA 2004. 1301, note Rolin ; RFDA 2004. 212 ; ibid. 365, concl. Guyomar ; ibid. 371, note Coutant ; BJCL 2004. 265, concl. Guyomar ; Rev. Trésor 2004. 307, chron. Lascombe et Vandendriessche ; ACL 2005. 378* • 27 juill. 2005, *M. Weygand, M. Bernardini*, n° 263302 : *Rev. Trésor 2006. 37 ; BJCL 2006. 117, concl. Guyomar, obs. Thévenon ; ACL 2006. 416* • 27 juill. 2005, *M. Balkany*, n° 261819 : *préc. note 12.* ♦ Les principes d'impartialité et de respect des droits de la défense font obstacle à ce qu'une décision juridictionnelle prononçant la gestion de fait soit régulièrement rendue par la Cour des comptes alors que celle-ci a précédemment évoqué l'affaire dans un rapport public en relevant l'irrégularité des faits. • CE, ass., 23 févr. 2000, *Sté Labor Metal et a.*, n° 195715 : *AJDA 2000. 404 ; RFDA 2000. 435, concl. Seban ; Rev. Trésor 2000. 682 ; Rev. adm. 2001, n° 319, p. 30.*

CHAPITRE III COMPTABILITÉ DU COMPTABLE

Art. L. 2343-1 *(L. n° 2018-1317 du 28 déc. 2018, art. 201)* « Sous réserve des dispositions de l'article 201 de la loi n° 2018-1317 du 28 décembre 2018 de finances pour 2019, » le comptable de la commune est chargé seul et sous sa responsabilité d'exécuter les recettes et les dépenses, de poursuivre la rentrée de tous les revenus de la commune et de toutes les sommes qui lui sont dues, ainsi que d'acquitter les dépenses ordonnancées par le maire jusqu'à concurrence des crédits régulièrement accordés.

Tous les rôles de taxe, de sous-répartition et de prestations locales sont remis à ce comptable.

Nouvel art. L. 2343-1 *(Ord. n° 2025-526 du 12 juin 2025, art. 1er) « Les dispositions de l'article L. 1612-39 s'appliquent, pour le comptable de la commune, sous réserve des dispositions de l'article 201 de la loi n° 2018-1317 du 28 décembre 2018 de finances pour 2019. »*

Tous les rôles de taxe, de sous-répartition et de prestations locales sont remis à ce comptable.

Le présent art. entre en vigueur à compter de l'exercice budgétaire 2026 (Ord. n° 2025-526 du 12 juin 2025, art. 12).

BIBL. ► ARGENTIERI, *RGCT 2007, n° 41, 223* (le payeur nouveau s'est installé...). – CANTÉRO, *BJCL, 2004. 390* (la dématérialisation des actes des collectivités locales : réalité ou vœu pieux ?). – CARTIER, *Coll. terr. 2005, n° 1, 7* (la dématérialisation de la chaîne comptable du secteur local : une révolution silencieuse). – CASTAING, *J.-Cl. Coll. terr., fasc. 2045* (pièces justificatives des paiements locaux) ; *JCP Adm. 2004, n° 1409* (vers une nouvelle orientation des relations ordonnateur-comptable dans le secteur public local ?). – DESCHEEMAEKER, *J.-Cl. Adm., fasc. 1265* (gestion de fait). – DURIF, La dématérialisation des échanges : avec le représentant de l'État et le comptable public, *coll. Dossier d'experts, Territorial, 2012*. – JEANNARD, *RFFP 2012, n° 119, p. 103* (la comptabilité publique locale. Quelles transformations ? Quels enjeux ?). – LAMARQUE et MILLER, *AJDA 2004. 2323* (les chambres régionales des comptes et l'appréciation du comportement fautif du comptable) ; *AJDA 2004. 767* (l'impact des technologies de l'information sur les contrôles des juridictions financières). – LANDE, *Rev. Trésor 2003. 106* (le système d'information des communes permet-il de mesurer le risque financier ?). – MARIEL, *RFFP 2004, n° 88, p. 99* (l'appui du Trésor public à la prise de décision budgétaire des collectivités locales). – MARIEL et THÉBAULT, *RFFP 2003, n° 81, p. 267* (le Trésor public au service des collectivités locales). – MILLER, *AJDA 2005. 2059* (les chambres régionales des comptes et le silence : essai sur la « jurisprudence négative » des chambres régionales des comptes). – PIETTE-COUDOL, *JCP Adm. 2007. 2226* (la dématérialisation à l'œuvre dans la comptabilité publique). – POULY, *J.-Cl. Adm., fasc. 1240* (contrôle des comptes des comptables publics). – TAILLEFAIT, *J.-Cl. Adm., fasc. 114-10* (recouvrement des créances publiques ordinaires). – TERRIEN, *BJCL 2007. 384* (l'apport du décret du 25 mars 2007 établissant la liste des pièces justificatives des paiements des communes, des départements, des régions et des établissements publics locaux).

PLAN DES ANNOTATIONS

I. RECOUVREMENT DES RECETTES

1. BIBL. Dreyfus, *AJDA 2008. 787* (les conditions de validité des conventions de mandat conclues en matière de recettes et de dépenses publiques des collectivités territoriales). – Moreau, *AJDA 2007. 1513* (le régime des recettes dans les contrats publics).

2. *Compétence exclusive.* Le comptable de la commune est chargé, sous sa responsabilité, de poursuivre la rentrée de tous les revenus, et dès lors les actes par lesquels le maire ou le conseil municipal empiète sur les compétences du comptable sont entachés de nullité : en particulier, aucune disposition législative ou réglementaire ne donne compétence au conseil municipal pour se prononcer sur l'acceptation des sommes versées au titre de la taxe locale d'équipement. • CE 22 févr. 1984, *Sté SIPAV*, n° 33896 : *Lebon 77* ; *Dr. adm. 1984, n° 92.* ♦ De même, seul le comptable de la commune, et, non l'ordonnateur, a le pouvoir de déclarer les créances de la collectivité dans le cadre de la procédure de liquidation judiciaire d'une société commerciale. • Com. 29 avr. 2003, *SCI L'Orée du Bois : Dr. adm. 2003, n° 153 ; AJDA 2003. 1021 ; JCP Adm. 2003, n° 1575 ; BJCL 2003. 510.* ♦ En effet, s'il appartient à l'ordonnateur de liquider les créances, seul le comptable de la commune, qui tient de la loi le pouvoir de poursuivre la rentrée de tous les revenus de la commune et de toutes les sommes qui lui sont dues, peut les déclarer au passif du débiteur. • Même arrêt. ♦ V. également • Com. 12 juin 2001, *Sté informatique Midi-Pyrénées industrie*, n° 98-17.691 : *Bull. com. 2001, IV, n° 116, p. 107 ; D. 2001, AJ p. 2199, obs. Lienhard*. ♦ V. également, • Com. 23 oct. 2007, *Trésorier de Mirecourt c/ SNC Jerebitz*, n° 06-19.069 : *BJCL 2008. 47, obs. Janicot.* ♦ Dans cette dernière affaire, le représentant des créanciers de la société, faisant l'objet d'une procédure de liquidation judiciaire, avait contesté le montant d'une taxe déclarée par le trésorier de la commune au passif de la procédure collective, au motif qu'elle devait être compensée avec une créance détenue par ladite société sur la commune, et il en avait avisé par courrier le trésorier : il a été jugé que, ce dernier n'ayant pas répondu à ce courrier dans le délai légal, de sorte que toute contestation de la proposition du représentant des créanciers lui était interdite, la créance du trésorier devait être admise, en l'état de ces constatations, à concurrence de la proposition faite par le représentant des créanciers. • Même arrêt. ♦ Peu importait, dans cette affaire, le courrier en réponse de la mairie, dès lors que seul le trésorier, qui avait procédé à la déclaration de créance, avait qualité pour faire connaître ses explications. • Même arrêt. ♦ Sur la compensation des créances et des dettes dans le cadre d'une procédure de liquidation judiciaire, V. *infra.* ♦ Dans le cadre de contrats passés avec une mairie par une association ayant déployé une activité de prospection et de contractualisation conduisant à l'organisation de manifestations utilisant une salle polyvalente, la compétence du comptable porte seulement sur les sommes reçues par la mairie en application des contrats passés avec l'association qui ont le caractère de recettes publiques, au même titre que celles perçues par la mairie du fait de sa propre activité de gestion de la même salle. En revanche, les recettes perçues par l'association en contrepartie de son activité propre de location de la salle polyvalente ne peuvent être qualifiées de recettes publiques. • CE 26 juin 2019, n° 417386 A : *AJDA 2019. 1365 ; JA 2019, n° 608, p. 3, édito. B. Clavagnier ; ibid., n° 608, p. 11, obs. Rudi Fievet.*

3. *Absence de délégation.* Le principe de l'exclusivité de compétence du comptable public pour procéder au recouvrement des recettes et au paiement des dépenses publiques doit être regardé comme un principe général des finances publiques, applicable à l'ensemble des collectivités territoriales et de leurs établissements publics : les collectivités territoriales ne peuvent donc confier le recouvrement de leurs recettes à leurs cocontractants, à moins que le législateur ne les y ait autorisées. • CE, avis, 13 févr. 2007 : *AJDA 2008. 787* . ♦ V., sur ce point, la circulaire de la direction générale des collectivités locales, du 8 févr. 2008, NOR : INT/B/08/00027/C. ♦ Ainsi, sauf dans les cas où la loi autorise l'intervention d'un mandataire, les collectivités territoriales et leurs établissements publics ne peuvent décider par convention de faire exécuter une partie de leurs recettes par un tiers autre que le comptable public, lequel dispose d'une compétence exclusive pour procéder au recouvrement des recettes publiques. • CE 6 nov. 2009, *Sté Prest'action,* n° 297877 : *Dr. adm. 2010, n° 5, note Melleray ; AJDA 2009. 2095 et 2401, note Lascombe et Vandendriessche ; BJCL 2009. 788, concl. Boulouis et obs. Degoffe ; RGFP 2010. 132, chron. Lascombe et Vandendriessche ; RJEP 2010, n° 1, concl. Boulouis.*

4. *Régisseurs de recettes.* Lorsqu'une régie de recettes a été régulièrement instituée, celle-ci ne constitue qu'une sorte de prolongement de la caisse municipale et, dès lors, toute somme dûment versée par un redevable entre les mains du régisseur est réputée entrée dans la caisse de la commune et si, avant d'avoir été reversée à la recette municipale, elle est détournée par le régisseur ou dérobée par un tiers, sa disparition se traduit par un déficit dans la caisse même du receveur. • C. comptes, 30 oct. 1952, *Lévêque, receveur municipal de La Roche-Posay : Rec. C. comptes 62* • C. comptes, 23 janv. 1969, *Cne de Nancy : Rev. adm. 1969. 131* • 15 févr. 1980, *Maurice, receveur municipal de Fort-de-France : Rec. C. comptes 60.* ♦ L'attribution ou le retrait d'une régie de recettes constitue une modalité comptable d'organisation intérieure du service, qui n'entraîne aucun avantage et qui ne peut, par suite, être déférée au juge de l'excès de pouvoir. • CE 26 avr. 1989, *M. Paillot,* n° 79258 B : *Mémorial des percepteurs et receveurs des communes, déc. 1989. 266.* ♦ Sur l'organisation et le fonctionnement des régies de recettes, V. art. R. 1617-1 s.

5. *Modes de recouvrement.* Sur le caractère exécutoire des titres de recettes, V. art. L. 1617-5. ♦ Sur les poursuites engagées par le comptable pour procéder au recouvrement des créances de la commune, V. art. L. 1617-5. ♦ Sur la procédure de contestation des poursuites engagées par le comptable, V. art. L. 1617-5.

6. *Compensation.* Il appartient à un comptable public d'opérér, le cas échéant, une compensation entre les sommes dues à un agent et le montant des sommes dues par cet agent et dont le recouvrement est poursuivi : cette compensation, ayant lieu de plein droit, peut être opposée par le comptable sans qu'il soit besoin que l'autorité administrative compétente ait rendu exécutoire l'ordre de reversement ou ait autorisé les poursuites. • CE 12 mars 1999, *Min. délégué au budget,* n°s 182411 et 183083 : *ACL 2000. 397.* ♦ Ainsi la Cour des comptes peut, sans erreur de droit, et alors même que le maire de la commune avait refusé d'autoriser les actes de poursuite, constituer en débet le comptable de la commune à raison des sommes correspondant à des trop-perçus sur les traitements de certains agents de la commune. • Même décision. ♦ En effet, aux termes de l'art. 1289 C. civ., lorsque deux personnes se trouvent débitrices l'une envers l'autre, il s'opère entre elles une compensation qui éteint les deux dettes. Aux termes de l'art. 1290 du même code, la compensation s'opère de plein droit par la seule force de la loi, même à l'insu des débiteurs. Les deux dettes s'éteignent réciproquement, à l'instant où elles se trouvent exister à la fois, jusqu'à concurrence de leurs qualités respectives. Ainsi, comme en l'espèce, le comptable du Trésor public chargé des comptes de la commune a pu procéder à la compensation entre, d'une part, la créance contractuelle non contestée détenue par une société sur la commune et, d'autre part, la créance que la commune détenait sur cette société, résultant de la mise en œuvre par la commune de pénalités contractuelles. La créance de la commune sur ladite société était effectivement liquide, exigible et certaine à la date à laquelle il a été régulièrement procédé à son paiement par voie de compensation. • CAA Douai, 8 mars 2011, *Cne de Hem*, n° 10DA00456 : *RGFP 2011. 403, concl. Minne.* ♦ En revanche, une dette fiscale, résultant par exemple de la taxe locale d'équipement, ne peut être compensée avec une dette de la commune provenant du versement par l'intéressé à la commune d'une somme indue au titre de sa participation financière aux dépenses d'équipement public : en effet, la compensation ne peut être opérée ni par application des dispositions du code général des impôts et du livre des procédures fiscales, la dette de la commune ne présentant pas un caractère fiscal, ni sur le fondement du droit général de compensation, en raison de la nature juridique différente de la dette et de la créance de la commune. • CE 22 juin 1987, *Ville de Rambouillet c/ Van de Maele*, n°s 69759 B et 69796 B : *Dr. adm. 1987, n° 449.* ♦ De même, la procédure de liquidation judiciaire, dont fait l'objet une société, fait obstacle à ce qu'il soit fait droit aux conclusions présentées par une commune, tendant à la compensation entre la somme qu'elle est condamnée à verser à cette société et la créance qu'elle détient sur celle-ci : en effet, en vertu de l'art. L. 622-9 C. com., le jugement qui ouvre ou prononce la liquidation judiciaire emporte de plein droit, à partir de sa date, dessaisissement pour le débiteur de l'administration et de la disposition de ses biens. • CAA Paris, 14 nov. 2002, *Sté Rouget de Lisle et Cne de Vitry-sur-Seine*, n°s 99PA03266, 99PA03278 et 01PA01656 : *RFDA 2003. 393*.

7. Modalités de règlement par le débiteur. La décision par laquelle un comptable public accorde des délais de paiement à un débiteur présente le caractère d'une décision administrative susceptible d'un recours pour excès de pouvoir devant le juge administratif. Un tel recours ne présente à juger ni du bien-fondé de la créance, ni de la régularité en la forme des actes de poursuite. La décision modifiant les modalités de règlement ou dénonçant un échéancier de paiement présente également la nature d'un acte administratif susceptible de recours, détachable de la procédure de recouvrement. L'accord donné par le comptable public aux modalités de paiement convenues avec le débiteur ne donne pas naissance à une convention passée entre eux, mais s'analyse en une décision unilatérale consentie par le comptable public. Par suite, le comptable peut dénoncer l'accord qu'il avait donné à l'échéancier de paiement et y mettre fin unilatéralement. • CAA Douai, 10 avr. 2012, *M. A.*, n° 10DA01394 : *AJDA 2012. 1422* ; *JCP Adm. 2012, n° 2336, note Vila.*

II. PAIEMENT DES DÉPENSES

8. BIBL. Wauquier, *Rev. Trésor 2003. 201* (aspects juridiques et comptables du paiement indu) ; *Rev. Trésor 2005. 284* (la prescription quadriennale des créances détenues sur l'Administration : conditions de mise en œuvre devant le juge administratif).

9. Régies d'avances. Les comptables sont responsables des actes des régisseurs d'avances dès lors qu'ils acceptent de prendre à leur compte les justifications de l'emploi de l'avance. • C. comptes, 3 juill. 1942, *Mari et Roullet : Rec. C. comptes 66* • 27 mai 1948, *Gontier, Cnes de Cosne-d'Allier et Sauvagny : Rec. C. comptes 48.* ♦ En revanche, les régies irrégulières ne sont pas considérées comme des prolongements de la caisse publique : la responsabilité du comptable n'est engagée que si, connaissant leur existence, celui-ci a omis d'en demander la régularisation. • C. comptes, 13 mars 1942, *Legrand et Cts, Cne de Neuilly-sur-Seine : Rec. C. comptes 50* • 16 déc. 1943, *Sadargues, Cne de Biarritz : Rec. C. comptes 27.* ♦ Sur l'organisation et le fonctionnement des régies d'avances, V. art. R. 1617-1 s.

10. Contrôles. Sur les contrôles auxquels doit obligatoirement procéder le comptable de la commune avant de procéder au paiement d'une dépense, et sur les pièces justificatives qu'il doit exiger, V. art. L. 1617-2.

11. Suspension de paiement. Sur la possibilité pour le comptable de suspendre le paiement d'un mandat du maire, par décision motivée, en vue d'une régularisation lorsque les irrégularités sont légères et consistent en une insuffisance de pièces justificatives ou ne sont que des irrégularités de forme susceptibles de rectifications immédiates, V. art. L. 1617-3.

12. Ordre de paiement. Sur la possibilité pour le maire d'adresser un ordre de réquisition au comptable, lorsque celui-ci décide de suspendre le paiement d'une dépense, V. art. L. 1617-3.

13. Intérêts moratoires. BIBL. Mignot, *Rev. Trésor 2003. 185* (le délai global de paiement). ♦ Le retard ou le refus injustifié du comptable dans les opérations de paiement des dépenses engagent sa responsabilité, et donnent lieu au versement d'intérêts moratoires au profit des créanciers, V. art. L. 2342-1.

III. RESPONSABILITÉ DU COMPTABLE

14. BIBL. Bassères, *Rev. Trésor 2006. 174* (l'avenir du régime de responsabilité personnelle et pécuniaire). – Calmette, *RFFP 2004, n° 88, 159* (le juge des comptes, juge des comportements personnels). – Girardi et Renouard, *AJDA 2012. 536* (évolutions de la responsabilité personnelle et pécuniaire des comptables publics). – Lascombe et Vandendriessche, *RFDA 2007. 442* (la modernisation de la responsabilité des comptables publics). – Maucour-Isabelle, *RFDA 2006. 393* (la modernisation de la responsabilité des ordonnateurs et des comptables publics à l'entrée dans la nouvelle ère budgétaire et comptable). – Mesmin, *Rev. Trésor 2003. 592* (les sanctions applicables à la présentation de comptes de collectivités publiques insincères). – Thévenon, *BJCL 2007. 2* (la loi de finances rectificative pour 2006 et la réforme du régime de responsabilité personnelle et pécuniaire des comptables publics).

15. Jugement des comptes. Si, dans l'exercice de sa fonction juridictionnelle, le juge des comptes doit s'abstenir de toute appréciation du comportement personnel des comptables intéressés et ne peut fonder ses décisions que sur les éléments matériels des comptes, il lui appartient, à ce titre, de se prononcer sur le point de savoir si un comptable public s'est livré aux différents contrôles qu'il lui appartient d'assurer et notamment, s'agissant du recouvrement d'une créance qu'il avait prise en charge, s'il a exercé dans des délais appropriés toutes diligences requises pour ce recouvrement, lesquelles diligences ne peuvent être dissociées du jugement des comptes. • CE, ass., 27 oct. 2000, *Desvigne : Dr. adm. 2001, n° 66, note Crucis ; Coll. terr. 2001, n° 5 ; RFDA 2001. 737, concl. Seban ; ACL 2001. 459.*

16. Règles de prescription. En matière de jugement des comptes des comptables publics, l'art. 125 de la loi n° 2004-1485 du 30 déc. 2004, modifiant le V de l'art. 60 de la loi du 23 févr. 1963, a instauré une prescription de six ans en remplacement de la prescription décennale issue de l'art. 86 de la loi n° 2001-1276 du 28 déc. 2001 : le premier acte de la mise en jeu de la responsabilité du comptable public ne peut donc intervenir au-delà du 31 décembre de la sixième année suivant celle au cours de laquelle le comptable avait produit ses comptes. • C. comptes, 6 déc. 2006, *Cne de Propriano,* n° 48287 : *AJDA 2007. 1351, chron. Groper et Michaut*.

17. Mise en débet. En matière de recettes, le comptable de la commune est responsable personnellement et pécuniairement des créances de la commune dont il a la charge : à défaut de diligences suffisantes de sa part, il est tenu de verser sur ses deniers personnels les sommes non recouvrées. • C. comptes, 28 avr. 1983, *Débet du receveur municipal de Bagnolet : Rev. adm. 1984. 218.*

18. De même, en matière de dépenses, un paiement fait indûment par un receveur municipal, en violation d'un texte formel, engage la responsabilité du comptable. • C. comptes, 30 mars 1980, *Receveur de la Cne de Pontoise : Rev. adm. 1981. 278.* ♦ En effet, en vertu de l'art. 60-IV de la loi du 23 févr. 1963, la responsabilité personnelle et pécuniaire des comptables publics prévue à l'art. 60-I de la même loi se trouve engagée dès lors notamment qu'une dépense a été irrégulièrement payée. Selon l'art. 60-VI, le comptable public dont la responsabilité pécuniaire est ainsi engagée ou mise en jeu a l'obligation de verser immédiatement de ses deniers personnels une somme égale à la dépense payée à tort. S'il n'a pas versé cette somme, il peut être, selon l'art. 60-VII, constitué en débet par arrêt du juge des comptes. • CE 28 juill. 2004, *Min. d'État, Min. de l'Économie, des Finances et de l'Industrie c/ M. Daviau,* n° 244405 : *AJDA 2004. 2413 ; BJCL 2004. 643, concl. Guyomar ; ACL 2005. 370.*

A. FAITS GÉNÉRATEURS DE LA RESPONSABILITÉ

1° RESPONSABILITÉ À RAISON DES RECETTES

19. Surveillance de la mise en recouvrement. Les comptables sont tenus de veiller à la mise en recouvrement des recettes publiques dans la limite des éléments dont ils disposent : dès lors que le comptable a connaissance de l'existence d'une créance, il est tenu de s'assurer de sa mise en recouvrement en effectuant à cet effet des démarches écrites, suffisantes et répétées auprès de l'ordonnateur. • C. comptes, 7 juill. 1944, *Mouné, Cne de Bagnères-de-Luchon : Rec. C. comptes 65* • CRC Bretagne, 17 mars 1988, *Siliec, SIVOM de Pont-l'Abbé : Rec. C. comptes 155.* ♦ Lorsque aucune absence de diligence du Trésor public ne peut être retenue, la responsabilité de l'État ne saurait être engagée à raison du non-recouvrement des sommes concernées. • CAA Versailles, 17 mars 2005, *Cne de Taverny,* n° 02VE4096 : *AJDA 2005. 1636, concl. Pélissier*.

20. Le comptable est déchargé de toute responsabilité s'il est en mesure de démontrer qu'en raison de circonstances ayant mis obstacle à son information, il n'avait pas eu, en réalité, connaissance de la créance. • C. comptes, 21 sept. 1989, *Karn, comptable de la Cne de Fontenay-le-Fleury : Rec. C. comptes 147.* ♦ Le comptable est également déchargé de toute responsabilité si, ayant connaissance de la créance, ses démarches auprès de l'ordonnateur en vue de provoquer la mise en recouvrement, bien qu'écrites, suffisantes et répétées, ont été vaines. • CRC Basse-Normandie, 12 oct. 1988, *Delbecque, OPHLM de la Cté urbaine de Cherbourg : Rec. C. comptes 181.*

21. En revanche, le comptable, qui étant informé de l'existence de la créance est resté dans l'inaction, supporte la responsabilité du non-recouvrement : la juridiction financière le constitue alors en débet des sommes non recouvrées. • C. comptes, 26 mai 1976, *Torchet, Cne de Maisons-Alfort : Rec. C. comptes 34.*

22. Contrôle sur les recettes. Le comptable doit s'assurer que la perception de la recette a été autorisée par l'autorité compétente dans les formes requises. • C. comptes, 14 oct. 1971, *Cazenave et Mazerolles, Service dptal de protection contre l'incendie de Meurthe-et-Moselle : Rev. adm. 1972. 150.* ♦ Toutefois, il ne lui appartient pas d'apprécier le bien-fondé d'un ordre de recette régulièrement émis. • C. comptes, 24 janv. 1979, *Hippo-*

lyte : Rec. C. comptes 7. ♦ Sur le délit de concussion, prévu par l'art. 432-10 C. pén., V. art. L. 1617-5.

23. Le contrôle des annulations ou réductions de recettes ne porte pas sur le fond puisqu'il s'agit de remises gracieuses relevant de l'opportunité et non du jugement des comptes, mais sur la forme (existence d'une délibération de l'instance compétente pour accorder des réductions ou des annulations gracieuses, respect par l'ordonnateur des limites de l'habilitation qu'il a reçue de l'instance délibérante) : si ces formes ne sont pas respectées et si le comptable passe outre, sa responsabilité est engagée. • CRC Languedoc-Roussillon, 30 oct. 1990, *SIVOM de Conflent : Rec. C. comptes 132.*

24. Recouvrement par le comptable. Dès la prise en charge du titre de recettes, le comptable en avise le débiteur et l'invite à se libérer de sa dette : il est seul compétent pour accorder des délais de paiement, moyennant des garanties qu'il détermine à ses risques et périls. • C. comptes, 21 févr. 1980, *Lhote, receveur principal des impôts à Toulon-La-Seyne : Rec. C. comptes 241.* ♦ La simple constatation du défaut de recouvrement d'une recette engage la responsabilité pécuniaire du comptable qui l'avait prise en charge, et c'est au comptable de dégager sa responsabilité en apportant la preuve que ses diligences ont été adéquates, complètes et rapides. • C. comptes, 27 févr. 1964, *Dupis, receveur municipal d'Igny-le-Jard : Rec. C. comptes 91* • 19 mars 1964, *Dupis, receveur municipal d'Igny-le-Jard : ibid.* ♦ En effet, les diligences du comptable doivent être regardées comme insuffisantes lorsqu'il peut être établi qu'à défaut d'avoir été adéquates, complètes et rapides, les possibilités de recouvrement ont été, de ce fait, compromises. • C. comptes, 24 juin 2004, *Cne de Tende*, n° 39760 : *AJDA 2004. 2445, chron. Groper.* ♦ Il doit en outre être capable de présenter à chaque instant la situation détaillée et nominative des débiteurs. • C. comptes, 22 mai 1990, *Durand, Borne et Bourcy : Rec. C. comptes 47.*

25. Le comptable doit justifier de diligences adéquates, c'est-à-dire adaptées à la nature de la créance et aux circonstances de la cause : il a été fait grief à un comptable de n'avoir pas eu recours aux diverses procédures administratives ou voies d'exécution prévues pour assurer le recouvrement d'une recette. • C. comptes, 14 mars 1963, *Hôpital de Wissembourg : Rec. C. comptes 84.* ♦ De même, il a été fait grief à un comptable de n'avoir pas sollicité de l'ordonnateur la délivrance d'états exécutoires. • C. comptes, 18 oct. 1989, *Laval : Rec. C. comptes 87.* ♦ Il a également été fait grief à un receveur-percepteur d'une commune de n'avoir pas demandé à l'ordonnateur la liquidation et l'ordre de recettes afférents à des intérêts prévus par un contrat de vente assorti d'une clause de paiement différé. • C. comptes, 26 mai 1988, *Cne de Cernay : Rec. C. comptes 76.* ♦ De même, en cas de retard dans l'exécution d'un marché, le comptable doit appliquer les pénalités sauf à présenter, conformément aux dispositions contractuelles, les ordres de service établis par le maître d'œuvre, constatant les raisons de ces retards (intempéries et problèmes techniques) ou la décision motivée de l'autorité compétente prononçant l'exonération ou la réduction desdites pénalités. • CRC Languedoc-Roussillon, 24 août 2000, *Cne de Marguerittes*, n° 2000-0538. ♦ Même si les retards constatés dans les travaux ne sont pas imputables aux sociétés titulaires, mais ont pu être motivés par une demande de la commune de ne pas accélérer les travaux compte tenu de ses difficultés financières, les pénalités doivent être appliquées faute d'avoir une décision claire prononçant l'exonération sous la forme d'un certificat administratif : en l'espèce, une simple délibération indiquant la volonté du conseil municipal de ne pas appliquer les pénalités ne suffit pas, d'autant qu'elle est postérieure au jugement provisoire et que la régularité des paiements s'apprécie à la date du règlement. • CRC Rhône-Alpes, 12 avr. 2000, *Cne de la Chapelle-en-Vercors*, n° 2000-54 • 1er mars 2000, *Cne de Dieulefit*, n° 2000-43. ♦ En revanche, la responsabilité du comptable ne saurait être engagée dès lors que l'ordonnateur avait décidé, de façon nette, de ne pas mettre en recouvrement une taxe dont le montant était inférieur à un seuil. • C. comptes, 25 janv. 1989, *Sieur L., comptable de la Cne de P. : Mémorial des percepteurs et receveurs des communes, sept. 1989. 193.*

26. Le comptable doit justifier de diligences complètes, c'est-à-dire de l'utilisation effective de tous les moyens légaux de recouvrement dont il pouvait disposer : il a ainsi été reproché à un receveur municipal de n'avoir pas veillé à l'application des dispositions des art. 1200 à 1216 C. civ. aux termes desquels chacun des débiteurs solidaires peut être contraint pour la totalité sans pouvoir opposer le bénéfice de la division de la dette. • C. comptes, 21 sept. 1967, *Cne de Montereau : Rec. C. comptes 117.* ♦ De même, le comptable n'a pas à préjuger l'insolvabilité des débiteurs de la commune et alléguer à sa décharge que des poursuites auraient été, en l'espèce, inutiles. • C. comptes, 28 nov. 1963, *Winninger, Cne de Saverne : Rec. C. comptes 88.*

27. Le comptable doit justifier de diligences rapides, c'est-à-dire propres à prévenir la disparition ou l'insolvabilité du redevable, la prescription de la créance ou la péremption des garanties. • C. comptes, 27 oct. 1977, *Torchet, Cne de Maisons-Alfort : Rec. C. comptes 36* • CRC Île-de-France, 30 juin 1987, *Dame F., Sieurs P. et B., comptables successifs de la Cne de D.. : Rev. Trésor 1988. 131.* ♦ Tel n'est pas le cas lorsque des délais excessifs ont été apportés à l'accomplissement des diligences. • CRC Basse-Normandie, 12 oct. 1988 : *Rec. C. comptes 181.* ♦ ... Lorsque des retards ont conduit à la prescription des créances. • C. comptes, 31 janv. 1991, *Receveur-percepteur de Senlis :*

Rec. C. comptes 10. ♦ ... En l'absence des démarches nécessaires à la conservation du privilège dont les créances étaient assorties. • C. comptes, 28 juin 1985, *Gay et Petit : Rec. C. comptes 97.*

28. Le comptable qui ne fait pas de réserves lors de son entrée en fonction peut être mis en débet pour une créance non recouvrée. • CRC Franche-Comté, 29 sept. 1987, *Sieurs C. et J., comptables de la Cne de L. et S. : Rev. Trésor 1990. 141.* ♦ En effet, le comptable entrant assume seul la responsabilité des opérations de recouvrement prises en charge sans qu'aient été formulées des réserves. • CE, ass., 23 juin 1989, *Min. du Budget c/ Vèque et a.*, n° 67442 : *Lebon 151 ; RFDA 1990. 100 ; AJDA 1989. 482 ; Rev. Trésor 1989. 519.* ♦ Toutefois, le juge des comptes ne peut sanctionner la responsabilité d'un comptable pour défaut de diligences si la forclusion avait rendu la créance irrécouvrable avant sa prise de fonctions. • C. comptes, 7 avr. 1999, *Cne de Saint-Denis : RFFP 2000. 188.* ♦ En revanche, le départ en retraite du comptable ne peut dégager sa responsabilité pour les créances devenues irrécouvrables sous sa gestion. • C. comptes, 23 sept. 1999, *Synd. intercommunal de Villefranche-sur-Mer : RFFP 2000. 188.*

2° RESPONSABILITÉ À RAISON DES DÉPENSES

29. BIBL. Wauquier, *Rev. Trésor 2003. 201* (aspects juridiques et comptables du paiement indu).

30. *Paiement irrégulier.* Les règlements effectués par le comptable ne doivent pas excéder le montant dû : les sommes trop payées entraînent sa responsabilité à concurrence du règlement irrégulier. • CRC PACA, 23 mars 1988, *Dame B., comptable de la Cne de F. : AJDA 1988. 643.* • CRC Bretagne, 23 mars 1989, *Sieur T., comptable de la Cne de T. : AJDA 1989. 679.*

31. L'impossibilité pour le comptable de recouvrer un versement excédentaire peut résulter de la réalisation d'une prescription. • CRC Aquitaine, 24 sept. 1987, *Sieur L., comptable de la Cne de B. : Rev. Trésor 1990. 388, chron. Ludwig.* ♦ Elle peut également résulter de la mise en liquidation judiciaire de l'organisme concerné. • CRC Basse-Normandie, 10 mars 1986, *Sieur R., comptable de la Cne de B. : Rev. Trésor 1989. 444, chron. Ludwig.*

32. Lorsqu'une dépense a été irrégulièrement payée, l'émission d'un ordre de reversement ne suffit pas à exonérer le comptable de sa responsabilité, qui ne peut être dégagée que par la preuve du reversement effectif. • C. comptes, 23 févr. 1999, *Cne de Fontaine-Saint-Martin : RFFP 2000. 192.*

33. *Contrôles.* Sur les contrôles que le comptable doit effectuer préalablement au paiement des dépenses, V. notes ss. art. L. 1617-2.

3° RESPONSABILITÉ À RAISON DU MANIEMENT DES FONDS

34. *Inexactitude matérielle.* L'exécution des opérations de trésorerie engage la responsabilité des comptables à raison de l'inexactitude matérielle des mouvements de fonds et des comptes de disponibilités ; • CE 20 juin 1919, *Cts Brincat : Lebon 535 ; S. 1924. 3. 43* • C. comptes, 8 avr. 1943, *École normale d'instituteurs de Poitiers : Rec. C. comptes 79.* ♦ La responsabilité du comptable sera engagée en cas de différence en moins entre le reliquat que présentent les écritures et celui qui existe effectivement en caisse, en portefeuille ou dans les magasins ou locaux lors de l'inventaire annuel. • C. comptes, 13 déc. 1949, *Cne de Champigny-sur-Marne : Rec. C. comptes 57.* ♦ Cette différence peut résulter de la fraude du comptable (détournement). • C. comptes, 8 févr. 1990, *Berrieix : Rec. C. comptes 27.* ♦ ... D'une faute non frauduleuse (perte). • C. comptes, 28 nov. 1963, *Cne de Saverne : Rec. C. comptes 88.* ♦ ... D'une cause étrangère telle que le vol. • C. comptes, 25 mai 1989, *Cheylan et Cettour : Rec. C. comptes 48* • 17 mai 1990, *Cheylan et Cettour : ibid.*

35. *Moyens de preuve.* Les pièces conservées et les écritures tenues par les comptables sont les moyens de preuve de la réalité des opérations financières : en cas de perte des justifications ou de désordre dans la comptabilité, la responsabilité du comptable se trouve donc nécessairement engagée car toute opération dont il ne peut établir la bonne exécution est présumée omise ou irrégulière et, partant, mise à sa charge, en particulier lorsqu'il y a une différence en moins au préjudice de la caisse publique. • CRC Languedoc-Roussillon, 2 oct. 1990, *Sannier, comptable du Synd. intercommunal du canal de Bohère-Prades : Rec. C. comptes 130.* ♦ Mais le juge des comptes ne sanctionne pas les différences en plus. • C. comptes, 29 sept. 1988, *Monclère : Rev. adm. 1988. 252.*

36. *Réserves.* En cas de mutation de comptables au cours des exercices en jugement, le juge des comptes détermine le ou les comptables responsables de la différence en moins constatée : il se fonde sur l'existence ou l'absence de réserves formulées dans les six mois de sa prise de fonction par le comptable entrant. • C. comptes, 9 nov. 1989, *Mme Nonjarret, receveur de la Cne de Nanteuil-les-Meaux : Rec. C. comptes 160.* ♦ Ces réserves doivent être précises et motivées. • C. comptes, 17 déc. 1987, *Henry : Rev. adm. 1987. 247.*

37. Le comptable mis en cause est celui auquel incombait réglementairement la charge de la preuve de la concordance entre le solde porté au compte financier et l'état nominatif des créances ou des restes à recouvrer. • C. comptes, 23 mars 1989, *Wullus et Dubois, comptables de l'OPHLM de Roubaix : Rec. C. comptes 38 ; Rev. adm. 1989.*

254. ♦ Si la différence en moins s'est accrue pendant la gestion du successeur, la responsabilité de ce dernier sera engagée à due concurrence. • C. comptes, 27 sept. 1988, *Rabanin : Rec. C. comptes 101 ; Rev. adm. 1988. 252.*

B. ÉTABLISSEMENT DE LA RESPONSABILITÉ

1° PRÉSOMPTION LÉGALE DE RESPONSABILITÉ

38. Étendue. La présomption légale de responsabilité des comptables est établie par la loi du 23 févr. 1963 qui dispose qu'elle se trouve engagée dès lors qu'une recette n'a pas été recouvrée, qu'une dépense a été irrégulièrement payée ou que, par la faute du comptable, l'organisme public intéressé a dû indemniser un autre organisme public ou un tiers : ainsi la preuve de la faute personnelle du comptable n'est pas nécessaire pour établir sa responsabilité, et c'est à lui d'apporter la preuve de l'exécution régulière de sa gestion, ce qu'il fait en produisant les pièces justificatives prévues par les nomenclatures arrêtées par le ministre des Finances ou les pièces réclamées par le juge des comptes dans le cas des opérations non prévues dans les nomenclatures. • C. comptes, 16 janv. 1906, *Nicolle : Rec. C. comptes 5* • 23 janv. 1906, *Nicolle : ibid.* ♦ Le comptable doit toutefois rejeter les paiements appuyés sur des justifications même conformes aux nomenclatures mais qui attestent faussement un service fait. • CE 12 juill. 1907, *Min. des Finances : Lebon 663, concl. Romieu.*

39. Limite. Un comptable ne peut pas être mis en débet pour avoir procédé à un paiement sur la base d'une pièce reconnue ultérieurement comme fausse par le juge pénal. • C. comptes, 27 mai 2004, *Cne d'Estevelles,* n° 39708 : *AJDA 2004. 2438, chron. Groper.* ♦ De même, un comptable, qui se prévaut à juste titre de la complexité et de l'opacité d'une clause d'un cahier des clauses administratives particulières, pour justifier un paiement, n'engage pas sa responsabilité. • C. comptes, 6 déc. 2001, *Cne de Béthune,* n° 31398 : *Rev. Trésor 2003. 216.*

2° EXONÉRATION DE RESPONSABILITÉ

40. Admission en non-valeur. Les comptables qui n'ont pu recouvrer les recettes dont ils étaient chargés, mais qui établissent que le défaut de recouvrement résulte de causes indépendantes de leur diligence, peuvent obtenir que ces recettes soient admises, par décision administrative, en non-valeur. • C. comptes, 24 sept. 1991, *Éts de la réunion de Rugles : Rec. C. comptes 85.* ♦ Toutefois, les délibérations des conseils municipaux prononçant l'admission en non-valeur de titres de recettes sont de simples mesures d'ordre budgétaire et comptable qui ne peuvent influer sur la responsabilité encourue par le receveur municipal devant la juridiction financière. • C. comptes, 27 févr. 1964, *Dupis, receveur municipal d'Igny-le-Jard : Rec. C. comptes 91.* • 8 févr. 1979, *Trévalinet, Cne de Lille : Rev. adm. 1981. 199.* ♦ Ainsi le juge financier peut mettre à la charge du comptable des créances admises en non-valeur. • C. comptes, 6 mai 1999, *Cne de Cormelles-le-Royal : RFFP 2000, n° 71, p. 188.* ♦ En sens inverse, le refus du conseil municipal d'admettre en non-valeur ne peut empêcher le juge des comptes de libérer le comptable dont les diligences ont été suffisantes. • C. comptes, 15 janv. 1879, *Cne de Quineville : Rec. C. comptes 2* • C. comptes, 28 juill. 1896, *Cne de Saint-Aubin : Rec. C. comptes 58.* ♦ Une délibération d'un conseil municipal admettant une créance en non-valeur pour insolvabilité du débiteur constitue une mesure d'ordre purement budgétaire et comptable entre l'ordonnateur et le trésorier municipal et n'éteint pas la créance dont il s'agit. Un tel acte n'a ainsi ni pour objet ni pour effet d'exonérer le débiteur de sa dette, et ne saurait faire obstacle au recouvrement ultérieur de la créance si le débiteur s'avérait de nouveau solvable dans le délai de prescription, et ne porte dès lors pas atteinte aux finances communales. Par suite, des contribuables communaux n'ont pas, en cette qualité, un intérêt suffisant leur permettant de demander l'annulation pour excès de pouvoir d'un tel acte. • TA Clermont-Ferrand, 15 avr. 2010, *Mme Vinatie, M. Binet,* n° 0900441 : *AJDA 2010. 1667 ; JCP Adm. 2010, n° 2263, concl. Chacot.*

41. Réquisition de paiement. La réquisition du comptable par l'ordonnateur lorsqu'elle est reconnue régulière par le juge des comptes, exonère le comptable de sa responsabilité pécuniaire personnelle, mais elle ne couvre le comptable que sur les points qu'elle vise expressément : le comptable qui a déféré à une réquisition de paiement, mais a négligé d'opposer une ou plusieurs irrégularités, est personnellement et pécuniairement responsable du paiement à raison des irrégularités non opposées et non couvertes par l'ordre de réquisition. • C. comptes, 17 oct. 1916, *Masselot : Rec. C. comptes 29* • CRC Champagne-Ardenne, 4 juin 1990, *Pénin, comptable de la Cne de Witry-les-Reims : Rec. C. comptes 121.* ♦ Sur la procédure de la réquisition de paiement, V. art. L. 1617-3.

42. Décharge de responsabilité. Les comptables dont la responsabilité pécuniaire se trouve engagée peuvent, en cas de force majeure, obtenir décharge totale ou partielle de cette responsabilité : la force majeure doit être entendue comme un événement extérieur, imprévisible et irrésistible. • CE 13 juill. 1968, *Éts Serfati : RD publ. 1969. 123, note Waline.* ♦ Lorsque le ministre des Finances a accordé une décharge de responsabilité au comptable constitué débiteur par le juge des comptes, celui-ci décharge le comptable de sa gestion et le déclare quitte. • C. comptes, 8 nov. 1999, *TPG du Morbihan : RFFP 2000. 194.*

C. VOIES DE RECOURS

43. Jugement des comptes. La Cour des comptes, lorsqu'elle juge les comptes des comptables publics, ne statue pas en matière pénale et ne tranche pas de contestations portant sur des droits et obligations de caractère civil. Dès lors, les stipulations de l'art. 6, § 1, de la Convention européenne de sauvegarde des droits de l'homme et des libertés fondamentales, selon lesquelles toute personne a droit à ce que sa cause soit entendue publiquement par un tribunal qui décidera soit des contestations sur ses droits et obligations de caractère civil, soit du bien-fondé de toute accusation en matière pénale dirigée contre elle, ne sont pas applicables à la procédure correspondante. • CE, ass., 27 oct. 2000, *Desvigne : préc. note 15.* ♦ En l'espèce, le requisitoire, par lequel le Procureur général près la Cour des comptes s'est borné à transmettre l'appel interjeté par l'agent comptable d'une régie municipale contre le jugement de la chambre régionale des comptes, n'avait pas été communiqué au requérant, et la cour avait rendu son arrêt, qui se prononce sur une comptabilité patente et ne prononce pas d'amende, sans l'audition de la requérante, conformément aux art. L. 131-2 et L. 131-13 CJF. • Même arrêt. ♦ Aucun délai n'est imparti au juge des comptes pour remplir son office. • C. comptes, 25 mai 2000, *SYVOM de La Foa : Rev. Trésor 2001. 36.*

44. Appel. Le pourvoi en appel devant la Cour des comptes doit être formé dans un délai de deux mois, sous peine d'irrecevabilité. • C. comptes, 19 déc. 1988, *Sieur B., comptable de la Cne de M. : Rev. Trésor 1989. 431, chron. Ludwig.* ♦ La collectivité locale, ou comme en l'espèce l'établissement public local, qui est partie à l'instance en reddition des comptes et dont les arguments tendent à mettre en jeu la responsabilité du comptable est recevable à faire appel d'un jugement de la chambre régionale des comptes qui a déchargé le comptable de sa gestion. • C. comptes, 12 sept. 2002, *OPHLM du Dpt de l'Hérault,* n° 33474 : *BJCL 2003. 290, obs. Vachia.* ♦ De même, la collectivité locale peut faire appel d'un jugement de débet, en principe favorable à celle-ci. • C. comptes, 31 mai 2001, *Région Languedoc-Roussillon : RGCT 2001. 941, note Chauvin.* ♦ En l'espèce, la collectivité locale faisait valoir, dans sa requête, que les reproches faits au comptable portaient exclusivement sur la nature des pièces justificatives que celui-ci, de l'avis de la chambre régionale des comptes, devait exiger de l'ordonnateur : dès lors, elle avait donc, dans le cas d'espèce, un intérêt à agir. • Même arrêt. ♦ Le maire de la commune peut faire appel du jugement de la chambre régionale des comptes mettant le comptable en débet à raison du paiement de dépenses irrégulièrement imputées. • C. comptes, 29 nov. 2001, *Cne d'Aubagne : BJCL 200. 115, concl. Gisserot, obs. J.-Ph. V.* ♦ La Cour des comptes, qui est compétente, en vertu de l'art. L. 111-1 du code des juridictions financières, pour juger les comptes des comptables publics, ne peut légalement fonder les décisions qu'elle rend dans l'exercice de sa fonction juridictionnelle que sur les éléments matériels des comptes soumis à son contrôle, à l'exclusion notamment de toute appréciation du comportement personnel des comptables intéressés. • CE, ass., 23 juin 1989, *Min. du Budget c/ Vègne,* n° 67442 : *Lebon 151 ; RFDA 1990. 101, concl. Frydman ; AJDA 1989. 437.* ♦ Par suite, la Cour des comptes ayant relevé l'existence de désordres affectant la comptabilité du poste pendant la période au cours de laquelle il en avait la responsabilité, notamment l'absence d'états des restes à recouvrer et de pièces justificatives, le comptable intéressé ne peut utilement, pour échapper à la mise en œuvre des dispositions de l'art. 60 de la loi du 23 févr. 1963, soutenir que ces irrégularités ne résultent pas de son comportement. • CE 17 nov. 1999, *M. Lalut,* n° 184005 : *Coll. terr. 2000, n° 36 ; Rev. Trésor 2000. 392 ; ACL 2000. 398.* ♦ Sur la possibilité pour le juge des comptes de se prononcer sur le point de savoir si le comptable public s'est livré aux différents contrôles qu'il lui appartient d'assurer, V. art. L. 1617-2.

45. Recours en révision. Le comptable peut demander à la chambre régionale des comptes la révision d'un jugement définitif rendu sur ses comptes, en produisant des justifications des sommes recouvrées depuis ledit jugement. • CRC Pays de la Loire, 17 nov. 1987, *Sieur M., comptable de la Cne de B. : Rev. Trésor 1988. 216.* ♦ Les pièces produites à l'appui d'un recours en révision à la demande d'un comptable doivent présenter la double caractéristique d'exister antérieurement à l'arrêt en cause, et de ne pas avoir été produites par le comptable lors de la première instance par suite d'impossibilité tenant à des circonstances de force majeure. • C. comptes, 18 mars 1992, *Lycée technique Kastler à Denain : Rev. Trésor 1992. 566.* ♦ Tel n'est pas le cas pour le comptable en cause de n'avoir pas été informé par son successeur, auquel il avait donné procuration, que les créances litigieuses avaient été recouvrées. • C. comptes, 2 déc. 1999, *TPG de la Martinique : Rev. Trésor 2001. 202.* ♦ Le juge des comptes peut procéder à la révision d'un arrêt définitif, pour cause d'erreur, omission, faux ou double emploi, d'office ou sur réquisition du procureur : dans ce cas, le juge des comptes n'exige pas la constatation de l'existence d'une circonstance de force majeure. • C. comptes, 19 oct. 1989, *Billebault, comptable du SCA de la ville d'Évry : Rev. Trésor 1991. 307.* ♦ La procédure de requête en révision, organisée par l'art. L. 243-2 CJF, n'est pas ouverte aux ordonnateurs. • CRC Guadeloupe, 23 oct. 2000, *Cne de Gourbeyre,* n° 2000-971-297. ♦ La procédure en révision d'office ne saurait en aucun cas déboucher sur une aggravation de la situation du comptable. • CRC Languedoc-Roussillon, 14 nov. 2000, *Cne de Marguerittes,* n° 2000-0779. ♦ Le recours en révision et l'appel ne peuvent s'exercer ensemble : le recours en révision ne peut être présenté qu'à l'issue du délai d'appel. • C. comptes, 26 mai 1988 : *Mémorial des percepteurs et receveurs des communes, juin-juill. 1989. 143.*

46. Recours contre l'État. La responsabilité de l'État peut être éventuellement engagée envers la commune à raison de l'insuffisance du contrôle des finances communales. • CE 27 déc. 1948, *Cne de Champigny-sur-Marne : Lebon 493 ; D. 1949. 408, concl. Guionin ; S. 1949. 3. 83 ; JCP 1949. IV. 59 ; Gaz. Pal. 1949. 1. 45* • 15 juill. 1960, *Ville de Biarritz : Lebon 483 ; RPDA 1960, n° 298* • 12 févr. 1964, *Ville de Bretagne : RD publ. 1964. 725.*

Art. L. 2343-2 *(Abrogé par Ord. n° 2025-526 du 12 juin 2025, art. 1er, à compter de l'exercice budgétaire 2026)* ***Les formes de la comptabilité communale sont déterminées par décret en Conseil d'État.*** *— [C. communes, art. L. 241-6 issu de la L. du 14 sept. 1941, art. 8.]*

V. art. D. 2343-1 s.

LIVRE IV INTÉRÊTS PROPRES À CERTAINES CATÉGORIES D'HABITANTS

TITRE I SECTION DE COMMUNE

V. art. D. 2411-3 s.

BIBL. GÉN. ▶ MARILLIA, *RFDA 2013. 775* (la section de commune « modernisée » ? Commentaire de la loi n° 2013-428 du 27 mai 2013 modernisant le régime des sections de communes). – RAMBAUD, *Dr. Adm. 2014. Étude 8* (de la réforme à la remise en cause des sections de communes ? – À propos de la loi n° 2013-428 du 27 mai 2013 modernisant le régime des sections de commune).

CHAPITRE I DISPOSITIONS GÉNÉRALES

Art. L. 2411-1 *(L. n° 2013-428 du 27 mai 2013, art. 1er)* **« I. — » Constitue une section de commune toute partie d'une commune possédant à titre permanent et exclusif des biens ou des droits distincts de ceux de la commune.**

(L. n° 2013-428 du 27 mai 2013, art. 1er) **« La section de commune est une personne morale de droit public.**

« Sont membres de la section de commune les habitants ayant leur domicile réel et fixe sur son territoire.

« II. — Aucune section de commune ne peut être constituée à compter de la promulgation de la loi n° 2013-428 du 27 mai 2013 modernisant le régime des sections de commune. »

BIBL. ▶ Absence de qualité du maire pour agir au nom de la section de commune, Civ. 1re 8 mars 2005, *AJDA 2005. 909*. – AUCOC, Des sections de commune, *Impr. adm. Paris, 1858.* – BOUZELY, La modification du régime des sections de commune, *Journal spécial des soc. 3 avr. 1990, p. 1.* – COMBREXELLE, section de commune, la collectivité responsable en cas d'absence de répartition des fruits de l'affouage, *RD rur. 1986. 8.* – GIRAUDEL, À propos de l'arrêt de la Cour de cassation, Civ. 3e du 7 mai 2002, droit rural, jouissance de pâturages et application du statut des baux ruraux, *AJDI 2002. 867*. – GRIMONPREZ ET GILARDEAU, À propos de deux arrêts de la Cour de cassation, Civ. 3e du 7 mai 2002 et du 19 juin 2002, bail rural, champ d'application du statut du fermage, biens sectionaux, location par adjudication, continuité et répétition de l'opération, *RD rur. 2002. 393* ; À propos de deux arrêts de la Cour de cassation, Civ. 3e du 7 mai 2002 et du 19 juin 2002, bail rural, les locations de biens sectionaux par voie d'adjudication n'échappent pas au statut du fermage, *JCP N 2002. 1668.* – LEMOINE, La section de commune : une histoire ancienne, *JCP Adm. 2013, n° 2177.* – LEYLAVERGNE, La démocratie infraterritoriale : l'exemple des sections de commune, *RD rur. 2000. 139.* – MOREAU, À propos de l'arrêt du Conseil d'État du 30 juillet 2003, commune de Paulhac, répartition des biens, déféré-suspension, *Coll. terr. 2004, n° 11, comm. n° 216, p. 25* ; À propos de l'arrêt du Conseil d'État du 28 avril 2003, Fed. nat. des ayants droit de section de commune, commission syndicale, non-constitution, *Coll. terr. 2003, n° 7, comm. n° 152, p. 31.* – OURLIAC, Les baux ruraux, *RD rur. 1985. 392.* – PEIGNOT, À propos de l'arrêt de la Cour de cassation, Civ. 3e du 7 mai 2002, sur l'application du statut des baux ruraux à une parcelle appartenant à une section de commune, *Rev. fermages 2002, n° 829, p. 421.* – PÉRINET-MARQUET, Droit des biens en indivision, *JCP N 1998. 1645* ; Droit des biens, *JCP 1998. I. 117.* – SCHOETTL, Décision du Conseil constitutionnel du 20 mai 1998 : loi organique relative à l'exercice par les citoyens de l'Union européenne résidant en France du droit de vote et d'éligibilité aux élections municipales, *AJDA 1998. 485*. – TUOT, À propos de l'arrêt de la cour administrative d'appel de Lyon du 13 mai 2002, commune de Coltines et ministre de l'Intérieur c/ Delrieu, les droits du sectionnaire, *AJDA 2003. 2203*.

PLAN DES ANNOTATIONS

I. EXISTENCE DE LA SECTION

A. CRITÈRES CIVILS

1o EXISTENCE D'UN PATRIMOINE

a. Principe

1. Une section de commune n'est pas créée par décision de l'autorité publique, mais existe dès qu'est constatée l'existence d'un patrimoine collectif appartenant aux habitants d'une fraction (section) de la commune. • CE 1er oct. 1986, *Cne de la Saulsotte c/ Assoc. des affouagistes de la Saulsotte,* no 59522.

2. L'autorité administrative ne doit pas préjuger de la décision juridictionnelle à intervenir sur la question de propriété d'un bien, et ne peut prendre aucune décision de création de la section, ni prescrire aucune mesure liée à son existence, comme l'ouverture d'un compte spécial au profit de la section dans le budget communal, même s'il s'agit de simples mesures conservatoires, tant que la question de propriété n'a pas été tranchée par le juge judiciaire. • CE 3 janv. 1934, *Cne de Grayan-l'Hôpital : Lebon 7.*

3. L'art. L. 151-2 C. communes (L. 2411-1 CGCT) a pour objet et pour effet, non pas de priver les sections de communes de leurs droits de propriété, mais de déterminer, conformément à l'intérêt général, les modalités de la gestion de leurs biens et droits ; par suite, ne peuvent être évoquées les stipulations du premier protocole additionnel à la convention de sauvegarde des droits de l'homme et des libertés fondamentales signé à Rome le 4 nov. 1950. • CE 3 oct. 1997, *Section de Cne d'Antilly,* no 167898.

4. Les membres de la section ne sont pas titulaires d'un droit de propriété sur les biens ou droits de la section ; ils peuvent bénéficier d'une indemnité fixée, à défaut d'accord amiable, comme en matière d'expropriation ; par suite, en ce qui concerne les membres de la section, le transfert des biens d'une section de commune ne peut être regardé comme portant atteinte au droit de propriété. • CE 1er juin 2011, *M. Philippe A c/ Préfet du Jura,* no 344791 : *AJDA 2011. 2351, note Verpeaux* ♦ Les membres de la section ne sont pas titulaires d'un droit de propriété sur les biens ou droits de la section, qui est une personne publique titulaire elle-même de ce droit, mais d'un droit de jouissance ; toutefois, le droit de jouissance peut être regardé comme un droit patrimonial protégé par les stipulations du premier protocole additionnel à la Convention européenne de sauvegarde des droits de l'homme et des libertés fondamentales. • CE 22 juill. 2011, *Cne de Saint-Martin d'Arrossa,* no 330481.

b. Titres

1. Catégories de titres

5. Généralités, acte d'amodiation. La preuve apportée par les habitants de la section de la nature et de l'étendue de leurs droits peut être faite de la même manière que pour un propriétaire privé, et donc notamment par la production d'un titre de propriété : acte de donation, testament, jugement de tribunal reconnaissant les droits ; en l'espèce, hameau d'une commune justifiant d'un acte d'amodiation de 1426 dont l'existence avait été confirmée par arrêt du Sénat de Savoie avant son rattachement à la France et par un arrêt de la cour d'appel de Chambéry. • CE 12 nov. 1979, *Challende : Lebon 432.*

6. Testament. Les habitants d'un hameau ou d'un quartier peuvent saisir directement les tribunaux judiciaires pour contester l'interprétation donnée au contenu d'un testament qui leur donnerait, selon eux, des droits propres sur un bien immobilier, à l'exclusion des autres habitants de la commune. • Angers, 16 déc. 1842, *Cne de Bouchemaine : DP 1843. 2. 59.*

7. Décision judiciaire. Une section qui obtient une décision judiciaire la déclarant seule propriétaire d'un bien à l'exclusion de la commune ne peut revendiquer le bénéfice de son exploitation que pour la période de 30 ans ayant précédé la demande en justice ; au-delà de cette même période, la prescription trentenaire est applicable. • CE 1er mars 1940, *Section de Mont-Quaix : Lebon 831.*

2. Primauté du titre ancien sur le code

8. Reconnaissance de la primauté des anciens droits. Si l'art. L. 2411-6 CGCT donne à la commission syndicale une compétence d'exception, celle-ci peut devenir de principe si le juge administratif en décide ainsi sur la base de titres anciens (en l'espèce, ordonnance royale du 3 juin 1838) qui maintiennent la survivance de structures administratives propres ; par suite, les dispositions du code des communes relatives à la section ne doivent pas recevoir application. • TA Pau, 24 janv. 1978, *Cne d'Huart-Cize : inédit.*

9. Quand, par un acte de 1426, la communauté religieuse des Chartreux a amodié à perpétuité les terres avoisinant l'abbaye, en faveur des « hommes présents, pour eux leurs hoirs légitimes et naturels, descendants d'eux en ligne directe », que cette indivision a été confirmée par un arrêt du Sénat de Savoie de 1781, année au cours de laquelle les indivisaires ont adopté un « règlement des indivis du Vallon » prévoyant l'institution de procureurs et d'un conseil d'administration des indivis ; que l'actuel hameau du Vallon possède en vertu des actes précités, à titre permanent et exclusif des biens et des droits distincts de ceux de la commune, il suit de là que l'indivision est une section de commune (nonobstant son mode de désignation et son organisation). Par suite, elle peut être représentée tant en première instance qu'en appel par son « procureur » agissant en vertu d'une décision du conseil d'administration des indivis, et non par le président d'une commission syndicale ainsi que le prévoit pourtant le CGCT. • CE 28 nov. 1979, *Challende : Lebon 432.*

10. Conséquence : reconnaissance des dénominations anciennes. A qualité pour agir un « chef de section ». • TA Lyon, 24 oct. 1980, *Section des communaux de Forest,* n° 23706. ♦ Est recevable la requête introduite par un « répartiteur » institué pour l'exécution d'un titre royal de 1440, reconnaissant des droits aux habitants d'un hameau. • TGI Clermont-Ferrand, 25 févr. 1982, *Tarrit,* n° 2402. ♦ Est irrecevable une action introduite par un « syndic des ayants droit des sectionaux », faute pour l'intéressé de produire un titre lui donnant capacité à agir au nom de la section. • TA Clermont-Ferrand, 15 mai 1986, *Bourgne,* n° 8699.

c. Possession

11. Définition. La possession ne doit pas être entendue au sens restrictif des art. 2228 s. C. civ., mais comme un véritable droit de propriété, plein et entier, au profit de la section, sans limitation dans le temps, et à l'exclusion des autres habitants de la commune. Ce caractère exclusif n'empêche pas la section de pouvoir être propriétaire en indivision de droits et de biens. • CE 14 nov. 1934, *Murzi : Lebon 1048.*

12. Preuve. La preuve de la possession permanente et exclusive par les habitants de la section, de la nature et de l'étendue de leurs droits, peut être faite comme s'il s'agit d'un propriétaire privé : en produisant le titre de propriété (acte de donation, testament, jugement de tribunal reconnaissant leurs droits) ou en justifiant de la possession « publique paisible, continue et non équivoque » qui a pu conduire à la prescription acquisitive. • Civ. 20 nov. 1900 : *S. 1902. 1. 75.*

13. Possession sur autrui (usage). Le patrimoine de la section peut être représenté par des droits de jouissance qui s'exercent sur des biens appartenant à la section ou même à des particuliers. Pour un droit d'usage forestier exercé sur un bois privé, V. • TGI Clermont-Ferrand, 25 févr. 1982, *Tarrit,* n° 2402. ♦ Les habitants d'un hameau ou d'un quartier peuvent saisir directement les tribunaux judiciaires afin de revendiquer un droit d'usage appartenant aux habitants d'un village. • Civ. 18 févr. 1891 : *DP 1891. 1. 481.*

d. Patrimoine indivis

1. Généralités

14. La section peut être propriétaire en indivision de droits et de biens. • CE 14 nov. 1934, *Murzy : Lebon 1048.*

15. En cas d'indivision entre sections, chaque section copropriétaire doit donner, par l'intermédiaire de ses organes légaux, son accord pour les actes relatifs à ses biens, à l'exception de ceux ayant pour but de sauvegarder ses propres droits ; chacune d'elles doit, lorsque cette formalité est nécessaire, être entendue par les commissions de remembrement. • TA Clermont-Ferrand, 3 oct. 1978, *Bony,* n° 6707.

2. Hameau possédant des droits indivis attribués pour partie à deux communes

16. Un arrêt de cour d'appel attribuant à une commune une partie des biens indivis entre deux autres communes, en raison du rattachement à celle-ci d'un hameau, ne fait pas naître au profit des habitants de ce hameau des droits justifiant son érection en section de commune. • CE 2 juill. 1980, *Canavaggio et assoc. de défense des intérêts matériels et moraux des habitants et propriétaires du hameau de Bisiano*, n° 13650 B : *Dr. adm. 1980, n° 292.*

3. Existence de droits indivis au profit de certains habitants d'un hameau

17. La qualification donnée par les titres créant des droits au profit des habitants n'est pas décisive : c'est ainsi que le terme d'« indivis » utilisé pour des biens sectionaux ne fait pas obstacle à ce que la qualité de section de commune soit reconnue à un hameau. • CE 28 nov. 1979, *Challende : Lebon 432.*

2° EXISTENCE D'UNE VOLONTÉ POPULAIRE

18. Les habitants d'une section, d'un hameau ou d'un quartier ne peuvent de leur propre initiative créer une section : s'ils achètent en commun des biens, même en déclarant agir au nom de cette communauté, ils en deviennent propriétaires indivis mais aucune section n'existe de ce fait. *Contra* : • TI Saint-Malo, 28 juin 1950 : *D. 1950. 662.* ♦ La cour d'appel qui rappelle que la section a seule la personnalité juridique, et non ses habitants répond par là même au moyen selon lequel une section n'existe pas. • Civ. 1re, 22 avr. 1997, *Section de Mazayes Haute et a. c/ section de Coheix et a.*, n° 95-14.455.

B. CRITÈRE ADMINISTRATIF

19. Une commune ne peut s'opposer à la création d'une section dont les habitants ont apporté la preuve de leurs droits, pour le seul motif que leur hameau n'aurait jamais été antérieurement érigé en section par un acte administratif. • Bourges, 19 déc. 1838, *Cne de Nancay : inédit.*

20. Le représentant de l'État excède ses pouvoirs lorsqu'il rejette une demande des habitants d'une portion de commune tendant à la nomination d'une commission syndicale en vue de revendiquer, contre la commune, la propriété de certains biens, en fondant son refus sur le motif que l'agglomération en cause ne constituerait pas une section pouvant prétendre à la propriété des biens revendiqués ; il se fait ainsi juge d'une question réservée à l'autorité judiciaire. • CE 2 avr. 1909, *Fourcade et a. : Lebon 380.* ♦ V. aussi • CE 3 janv. 1934, *Cne de Grayan-l'Hôpital : Lebon 7.*

C. CHARGE DE LA PREUVE

21. Preuve établie a contrario de la carence du maire. Quand, pour l'élection d'une commission syndicale, une requérante rapporte que des habitants et des propriétaires fonciers auraient été appelés à voter alors qu'ils n'étaient pas concernés par le projet dont la commission syndicale aurait été chargée, et qu'à l'inverse, des habitants ou propriétaires concernés par ce projet auraient été omis ; que le préfet expose qu'il existe traditionnellement dans la commune deux sections indépendantes et non une section commune à deux hameaux ; qu'à la suite d'une première mesure d'instruction ordonnée par le Conseil d'État, le maire a fait connaître que ne figurait en mairie ni au cadastre aucun acte permettant d'établir les limites de cette section ; qu'à une seconde mesure d'instruction lui demandant de « faire connaître sur quelles bases ont été établies les limites de la section de commune (...) et, à défaut d'actes, sur quels fondements (usages, droits de propriété, etc.) les limites ont été établies », le maire n'a fait aucune réponse, alors qu'il lui était loisible de fournir au moins un plan indiquant l'emplacement des parcelles intéressées et celui du domicile ou des propriétés des personnes appelées à voter, les allégations circonstanciées de la requérante sur l'existence des deux sections (et conséquemment les irrégularités de vote) doivent être tenues pour établies. • CE 24 juin 1992, *Mlle Josette Bertrand*, n° 65260.

D. DATE DE CONSTITUTION

22. La date de la création de la section est celle où les conditions de cette création ont été réunies et non celle où la décision est intervenue. Il est de jurisprudence constante que les décisions recognitives ont par leur nature un effet rétroactif puisqu'elles se bornent à constater un état de droit ou de fait préexistant. • T. confl. 17 mai 1949, *Tarboriech : Lebon 595.*

II. NATURE JURIDIQUE DE LA SECTION

A. PERSONNE PUBLIQUE (INNOMMÉE)

23. La section de commune est une « personne publique ». • TA Lyon, 24 janv. 1985 : *RD rur. 1985. 168.* ♦ La section de commune peut être considérée comme une personne morale de droit public « innomée » (sol. impl.). • CE 25 mai 1988, *Cne de Saint-Saturnin c/ M. Chabrier*, n° 84473 B. ♦ La section est une personne publique titulaire du droit de propriété. • CE 22 juill. 2011, *Cne de Saint-Martin-d'Arrossa*, n° 330481.

B. ÉTABLISSEMENT PUBLIC

24. On doit considérer que la section de commune est un établissement public. • Civ. 3e, 24 févr. 1976, *Teilhol : Bull. civ. III, n° 82* (à l'occasion de l'application du statut du fermage). – V. aussi : • TA Clermont-Ferrand, 14 juin 1984, *Commissaire de la République du Cantal c/ Section de La Rochelle*, n° 84.632. ♦ *Contra* : la section de commune n'est pas un établissement public, car celui-ci n'est qu'une « personne morale créée pour la gestion d'un service public ». V. concl. Romieu sur • CE 22 mai 1903, *Caisse des écoles : Lebon 396.*

III. DÉLIMITATION DU TERRITOIRE DE LA SECTION

A. MÉTHODES DE DÉLIMITATION

1° CRITÈRES

a. Actes

25. Les limites territoriales de la section ne dépendent pas d'un critère géographique ou économique mais de l'acte constitutif de la section. • CE 9 juill. 1931, *Gendre : Lebon 752.* ♦ *Contra* : dans des cas exceptionnels, le juge peut appliquer des critères géographiques, en principe rejetés par la jurisprudence du Conseil d'État. V. en ce sens : • TA Clermont-Ferrand, 5 mars 1991, *Boucard*, n° 90-885.

26. Pour trancher les questions de fait des limites sectionales, le juge se fonde en premier lieu sur les titres existants, comme un acte de notoriété dressé par un juge de paix. • CE 18 janv. 1851, *Pacros : Lebon 38.* ♦ ... Ou un terrier d'une baronnie datant de 1724. • CE 15 mai 1957, *Tarnat : AJDA 1957. 307.*

b. Références cadastrales

27. Le juge doit écarter toute référence à la section cadastrale du même nom. • CE 21 mars 1891, *Él. de Balléville : Lebon 255.*

28. Les opérations administratives d'actualisation du cadastre ne peuvent conduire à des mutations de biens de section, ou à leur disparition. Dès lors, lorsqu'un recours est exercé, que l'Administration des services fiscaux admet que « les mutations attaquées doivent être regardées comme irrégulières en l'absence de toute modification dûment établie de la situation juridique de ces biens antérieurement à l'intervention du cadastre » et qu'elle rectifie les documents cadastraux, le tribunal peut prononcer le non-lieu à statuer. • TA Clermont-Ferrand, 15 déc. 1981, *Cne d'Égliseneuve d'Entraigues*, n° 9130.

29. Les énonciations cadastrales non appuyées d'un acte juridique public ou privé, sont à elles seules jugées insuffisantes pour justifier des limites d'une section. • CE 1er août 1914, *Bogros : Lebon 983.* – Dans le même sens : • CE 7 nov. 1928, *Épx Brette : Lebon 1135.*

2° EXPERTISE

30. Pour déterminer les limites de la section, le juge peut, si l'instruction a montré que les Archives départementales détenaient des pièces utiles à la solution du litige, désigner comme expert le directeur de ce service. • TA Clermont-Ferrand, 5 déc. 1980, *Goy : nos 8169 et 8170.*

B. COMPÉTENCE JURIDICTIONNELLE

31. À défaut de précisions suffisantes dans les actes constitutifs, la délimitation de la section devient une question de fait qui, dans le cas où un litige survient, est tranchée par les juridictions administratives seules compétentes pour fixer les limites de la section. • CE 18 janv. 1851, *Pacros : Lebon 38.* – V. aussi • CE 20 juill. 1927, *Maury et Moreau : Lebon 807.* – V. encore • CE 7 nov. 1928, *Brette : Lebon 1135.*

32. Les tribunaux judiciaires sont seuls qualifiés pour trancher les questions de propriété de la section sur les biens qu'elle revendique. • CE 3 janv. 1934, *Cne de Grayan-l'Hôpital : Lebon 7.* – V. aussi • CE 1er mars 1940, *Section de Mont-Quaix : Lebon 83.*

IV. MUTATIONS DE STATUT

A. RATTACHEMENT D'UNE SECTION À UNE COMMUNE

1° CONSULTATION DE LA COMMISSION SYNDICALE

33. *Électeurs.* Seuls les électeurs inscrits sur la liste électorale et domiciliés dans la section dont le rattachement est envisagé peuvent prendre part au vote pour l'élection de la commission syndicale. • CE 24 juill. 1931, *Él. de la commission syndicale de Laxou : Lebon 841.*

34. *Avis conditionnel.* Si la commission syndicale donne un avis favorable au rattachement sous certaines conditions (par exemple délimitation de la circonscription, répartition du passif), la non-réalisation de ces conditions équivaut à un avis défavorable. • CE 20 déc. 1929, *Él. de la commission syndicale du Ponthoux : Lebon 1141.*

35. *Délais.* Quand six années séparent un premier avis d'une décision de rattachement à une autre commune intervenue après l'annulation d'une précédente décision, l'augmentation de la population dans cet intervalle impose la consultation d'une nouvelle commission syndicale ; en effet, la décision à intervenir doit être prise dans un délai raisonnable. • CE 20 déc. 1929, *Él. de la commission syndicale du Ponthoux : Lebon 1141 (a contrario).*

2° CONSÉQUENCES DU RATTACHEMENT

36. *Principe de conservation des droits.* Au titre des art. R. 112-27 et R. 112-29 C. communes, le patrimoine ne relevant pas du domaine public, possédé par la collectivité qui disparaît ou qui change de commune de rattachement, ne fait pas l'objet d'une appropriation par la collectivité annexante, mais reste la propriété des habitants qui le possédaient antérieurement. Une section est alors créée pour conserver à ces derniers l'usage et la jouissance de ces biens. Il y aura autant de sections que de communes possédant de tels biens, la commune de rattachement devenant elle-même une section de la nouvelle collectivité. • CE 3 avr. 1968, *Papin : Lebon 230.* – V. aussi • CE 21 nov. 1968, *Assoc. dite « Union pour la défense des libertés démocratiques » d'Hauteville-Gondon : Lebon 578 ; Dr. adm. 1968, n° 392.*

37. Principe (suite) et affouage. Le rattachement d'une section à une autre commune que celle d'origine n'a aucune incidence sur l'étendue des droits de propriété des habitants de la section. • Orléans, 7 juin 1831, *Cne d'Huismes : DP 1851. 2. 163.* ♦ Quand une section est rattachée à une commune, et que chacune de ces communautés possédait des biens et des droits qui lui étaient spécifiques à la date du rattachement, celui-ci n'a pas eu pour effet de faire perdre aux habitants la jouissance de droits distincts qu'ils détenaient à titre permanent et exclusif ; au nombre de ces droits figure l'affouage dont peuvent bénéficier les habitants tant de la section que de la commune sur les bois communaux qui leur sont propres ; par suite, un ayant droit de la section domicilié sur le territoire de la section a droit à l'affouage sur le bois de cette section, et ne peut se prévaloir de sa qualité d'habitant de la commune pour prétendre à l'affouage sur le bois de cette commune. • CE 28 déc. 1992, *Cne d'Argilly c/ M. Martinigol : n°s 118872 et 121454.*

B. TRANSFORMATION D'UNE SECTION EN COMMUNE

1° ENQUÊTE

38. L'autorité compétente a l'obligation de prescrire l'enquête si la demande lui en a été formulée par le tiers des habitants de la section ; elle a la faculté de l'ordonner si cette mesure est demandée par un nombre d'électeurs inférieur. • CE 7 août 1911, *Cabrol : Lebon 968.* ♦ Dans le même sens : • CE 8 mars 1912, *Cne de Saint-Rémy-sur-Durole : Lebon 822.*

39. Aucune disposition législative ou réglementaire n'interdit de désigner comme commissaire-enquêteur un membre du conseil municipal de la commune considérée comme la plus intéressée par le projet de l'érection de la section en commune distincte. • CE 21 oct. 1953, *Sieur Leduc et a. : Lebon 446 ; AJDA 1954. 30.*

2° AVIS DE LA COMMISSION SYNDICALE

40. L'avis formulé par la commission syndicale pour le rattachement n'a pas à être obligatoirement suivi. • CE 14 nov. 1956, *Ville d'Annœullin et Dame Lohez : AJDA 1957. 32.*

3° COMPÉTENCE DES TRIBUNAUX

41. La juridiction administrative est compétente pour juger des contestations intervenant entre deux communes qui constituaient autrefois deux sections d'une même commune relatives à la répartition de l'actif et du passif du patrimoine de l'ancienne commune. • CE 5 juill. 1918, *Cne de Sathonay-Village : Lebon 663.*

4° ACTES SUSCEPTIBLES DE RECOURS CONTENTIEUX

42. La décision prescrivant l'enquête publique prévue à l'art. R. 112-19 C. communes relativement au projet d'érection d'une section en commune distincte n'est pas une décision faisant grief. Tout au plus, les irrégularités éventuelles entachant l'enquête peuvent être invoquées à l'appui d'un recours dirigé contre l'un des actes administratifs intervenus à la suite de l'enquête. • CE 31 oct. 1913, *Chavegrand et a. : Lebon 1040.*

43. La décision prise par l'autorité compétente de former une commission syndicale préalablement à l'érection d'une section en commune est une décision faisant grief. • CE 24 févr. 1911, *Watine-Lotthé : Lebon 228.*

V. CIRCULAIRE RELATIVE À L'ENTRÉE EN VIGUEUR DE LA LOI N° 2004-809 DU 13 AOÛT 2004 RELATIVE AUX LIBERTÉS ET RESPONSABILITÉS LOCALES, EN SES DÉVELOPPEMENTS RELATIFS AUX SECTIONS DE COMMUNE

44. Principe de recours contre les circulaires et instructions. L'interprétation que par voie, notamment, de circulaires ou d'instructions, l'autorité administrative donne des lois et règlements qu'elle a pour mission de mettre en œuvre n'est pas susceptible d'être déférée au juge de l'excès de pouvoir lorsque, étant dénuée de caractère impératif, elle ne saurait, quel qu'en soit le bien-fondé, faire grief ; en revanche, les dispositions impératives à caractère général d'une circulaire ou d'une instruction doivent être regardées comme faisant grief, tout comme le refus de les abroger. • CE 26 mai 2008, *M. Bernard A. et Féd. des ayants droit de section de Cne,* n° 278975.

45. Article 128 de la loi. Les dispositions de la circulaire relative à l'entrée en vigueur de la loi n° 2004-809 du 13 août 2004 relative aux libertés et responsabilités locales, en ses développements relatifs aux sections de commune, qui se bornent à attirer l'attention de ses destinataires sur le contenu de l'art. 128 de la loi n'édictent pas de règles impératives et ne sauraient être regardées comme faisant grief (cet art. rappelle que la loi assouplit les conditions de transfert à la commune des biens, droits et obligations des sections de communes fixées par l'art. L. 2411-12 CGCT et rappelle les cas dans lesquels le préfet peut prononcer le transfert des biens à la commune). • CE 26 mai 2008, *M. Bernard A. et Féd. des ayants droit de section de Cne,* n° 278975 : *préc. note 44.*

46. Articles 126 et 127 de la loi. Motivation du refus de retrait. Le refus de retirer les dispositions de la circulaire concernant les art. 126 et 127 de la loi du 13 août 2004 n'entre dans aucune des catégories d'actes que les dispositions de l'art. 1er de la loi du 11 juill. 1979 relative à la motivation des actes administratifs et à l'amélioration des relations entre l'administration et le public soumettent à l'obligation de motivation. • CE 26 mai 2008, *M. Bernard A. et Féd. des ayants droit de section de Cne*, n° 278975 : *préc. note 44.*

47. Articles 126 et 127 de la loi. Loi du 12 avr. 2000 relative aux droits des citoyens. La méconnaissance des dispositions de l'art. 19 de la L. n° 2000-321 du 12 avr. 2000, faisant obligation à l'autorité administrative d'accuser réception des demandes qui lui sont adressées, est sans incidence sur la légalité de la décision rejetant la demande de retrait des dispositions de la circulaire concernant les art. 126 et 127 de la loi du 13 août 2004. • CE 26 mai 2008, *M. Bernard A. et Féd. des ayants droit de section de Cne*, n° 278975 : *préc. note 44.*

48. Articles 126 et 127 de la loi. Absence de création de règles nouvelles. Les dispositions de la circulaire du 10 sept. 2004 relatives aux sections de commune, qui se bornent à préciser à leurs destinataires l'interprétation qu'il convient de faire des dispositions des art. 126 et 127 de la loi du 13 août 2004, à la lecture notamment des travaux parlementaires, ainsi que les conséquences qu'il y a lieu d'en tirer, n'ont ni pour objet ni pour effet d'édicter des règles nouvelles ; par suite, ces dispositions n'ont pas été prises par une autorité incompétente. • CE 26 mai 2008, *M. Bernard A. et Féd. des ayants droit de section de Cne*, n° 278975 : *préc. note 44.*

49. Articles 126 et 127 de la loi. Déclaration des droits de l'homme de 1789 et loi du 13 août 2004. On ne peut utilement se prévaloir devant le juge administratif des dispositions de l'art. 17 DDH, dès lors que la circulaire litigieuse est intervenue conformément aux dispositions de la loi du 13 août 2004. • CE 26 mai 2008, *M. Bernard A. et Féd. des ayants droit de section de Cne*, n° 278975 : *préc. note 44.*

50. Articles 126 et 127 de la loi. Déclaration des droits de l'homme de 1948. On ne peut utilement se prévaloir des dispositions de l'art. 17 de la déclaration universelle des droits de l'homme et du citoyen du 10 déc. 1948, la seule publication faite au JO du 9 févr. 1949 du texte de cette déclaration ne permettant pas de ranger cette dernière au nombre des engagements internationaux qui, ayant été ratifiés et publiés, ont une autorité supérieure à celle de la loi en vertu de l'art. 55 Const. • CE 26 mai 2008, *M. Bernard A. et Féd. des ayants droit de section de Cne*, n° 278975 : *préc. note 44.*

51. Articles 126 et 127 de la loi. Article 1er du premier protocole additionnel à la Convention de sauvegarde des droits de l'homme. Les dispositions de la circulaire relatives aux art. 126 et 127 de la loi du 13 août 2004, qui réitèrent ces deux articles, ont pour objet et pour effet, non pas de priver les sections de leurs droits de propriété, mais de déterminer, conformément à l'intérêt général, les modalités de la gestion des biens et droits des sections, dans des cas limitativement prévus de dysfonctionnements dans l'administration des sections ; par suite, on ne peut se prévaloir utilement des stipulations de l'art. 1er du premier protocole additionnel à la Convention de sauvegarde des droits de l'homme et des libertés fondamentales selon lesquelles : Toute personne physique ou morale a droit au respect de ses biens. Nul ne peut être privé de sa propriété que pour cause d'utilité publique et dans les conditions prévues par la loi et les principes généraux du droit international. • CE 26 mai 2008, *M. Bernard A. et Féd. des ayants droit de section de Cne*, n° 278975 : *préc. note 44.*

Art. L. 2411-2 *(L. n° 2013-428 du 27 mai 2013, art. 2)* **La gestion des biens et droits de la section est assurée par le conseil municipal et par le maire.**

Lorsqu'elle est constituée en application de l'article L. 2411-3, la commission syndicale et son président exercent les fonctions de gestion prévues au I de l'article L. 2411-6, aux articles L. 2411-8 et L. 2411-10, au II de l'article L. 2411-14, ainsi qu'aux articles L. 2411-18 et L. 2412-1 et sont consultés dans les cas prévus au II de l'article L. 2411-6 et aux articles L. 2411-7, L. 2411-11, L. 2411-12-2, L. 2411-15 et L. 2411-18.

I. COMPÉTENCE DU CONSEIL MUNICIPAL

1. Domaine de compétence. Le conseil municipal peut décider : d'assécher une mare ou un marécage à moins que cet assèchement n'entraîne un changement d'usage qui serait alors de la compétence de la commission syndicale (CGCT, art. L. 2411-6, 3°). • CE 28 janv. 1976, *Margot : Dr. adm. 1976, n° 76.* ♦ ... De vendre des coupes de bois en consultant la commission syndicale sur l'emploi des sommes en provenant (CGCT, art. L. 2411-7, al. 1er), soit qu'il s'agisse de les verser à la caisse communale, soit de les répartir entre les habitants ou de demander à l'Office national des forêts l'autorisation d'exploiter un bois (Anc. C. for., art. L. 145-1). • CE 24 juin 1936, *Péjaire : Lebon 688.* ♦ ... D'adjuger le droit de chasse sur les propriétés sectionales. • TA Dijon, 11 déc. 1984, *Rousset*, n° 9885. ♦ ... De fixer les modalités de répartition de l'affouage sectional. • CE 1er oct. 1986, *Cne de la Saulsotte c/ Assoc. des affouagistes de la Saulsotte*, n° 59522. ♦ ... De modifier les conditions générales d'attribution des droits de chasse et de pêche sur les biens de la section, en portant notamment à 12 ans la durée des baux. • CE 22 mars 1999, *Section de Cne d'Antilly,* n° 146134. ♦ Il résulte des dispositions combinées des art. L. 2411-17 et L. 2411-2 que dès lors que la convention présentée par l'office national des forêts se borne à fixer les conditions de rémunération de l'office pour ses missions d'ingénierie et de travaux, elle n'est pas une décision relative à l'emploi des revenus en espèces des biens de la section autres que ceux dont les fruits sont perçus en nature ; par suite, le conseil municipal de la commune est seul compétent pour décider l'approbation de ladite convention, sans que la commission syndicale doive être appelée à donner son avis. • CE 3 oct. 1997, *Section de Cne d'Antilly,* n° 156191.

2. Le maire ne peut interdire l'utilisation des terrains communaux et sectionaux pour la pratique de la pêche dans un étang afin de prévenir les dommages causés aux propriétés communales et sectionales par les pêcheurs, si cette mesure excède celles qui peuvent être nécessaires pour assurer la sécurité, la salubrité et la tranquillité publiques. • CE 27 avr. 1979, *Cne de Saint-Germain-près-Herment : Lebon 653.* ♦ À l'occasion du renouvellement de baux, un conseil municipal ne peut doubler le prix de la location exigée d'ayants droit d'une section de commune, dès lors qu'un jugement du tribunal paritaire des baux ruraux a constaté que la consistance des fonds ruraux est restée inchangée (V. art. L. 411-50 C. rur.). • CE 20 oct. 1999, *M. Chapelle et a.,* n° 133804.

3. Délégation de compétence. Dans les matières où le conseil municipal a compétence pour la gestion des biens de la section, une « commission communale d'attribution » des lots ne peut avoir qu'une simple existence de fait et doit faire ratifier son choix par le conseil municipal ; quand cette commission prend des « décisions » au lieu et place du conseil, une telle « décision » encourt alors l'annulation. • TA Lille, 3 nov. 1965, *Sieur Bretesieux c/ Cne de Biache,* n° 6050.

4. Possibilité de consulter. Les autorités administratives compétentes pour prendre une décision peuvent s'entourer d'avis qu'elles ne sont pas tenues de solliciter, dès lors que ces autorités ne se considèrent pas liées par ces avis et qu'elles n'abdiquent pas ainsi une fraction de leurs compétences. • CE 6 mars 1957, *Revalison : Lebon 147.* ♦ Mais une irrégularité commise dans la consultation d'un organisme, même dénué d'existence légale, entache la légalité de la décision intervenue ultérieurement. • CE, ass., 22 juin 1963, *Albert : Lebon 585.*

5. Atteinte au droit de propriété des art. L. 2411-2 et L. 2411-10 CGCT : absence de caractère sérieux. Si une section soutient que les art. L. 2411-2 et L. 2411-10 CGCT portent atteinte au droit de propriété garanti par les art. 2 et 17 DDH, les dispositions de ces articles, en tant qu'elles donnent compétence aux autorités municipales des communes de rattachement pour décider de certains usages des biens de leurs sections, n'ont ni pour objet ni pour effet d'autoriser une quelconque dépossession. Dès lors, ces dispositions n'entrent pas dans le champ d'application de la garantie instituée à l'art. 17 DDH ; par ailleurs, elles sont justifiées par le motif d'intérêt général d'une organisation rationnelle de la gestion des biens et n'entraînent aucune atteinte au droit de propriété de la section qui en dénaturerait le sens ou la portée et, dès lors, ne méconnaissent pas la garantie instituée par l'art. 2 DDH. Par suite, la question soulevée, qui n'est pas nouvelle, ne présente pas un caractère sérieux. • CE 27 oct. 2010, *Section du Bourg de Ménoire,* n° 342718.

II. APPRÉCIATION DES DÉLIBÉRATIONS D'UN CONSEIL MUNICIPAL

6. Le juge judiciaire est compétent pour reconnaître qu'un bail a été passé : point n'est besoin d'un contrat de bail, dès lors que la volonté de location ne fait pas de doute ; celle-ci peut résulter notamment d'une délibération municipale publiée et non contestée devant une juridiction, qui constitue alors « un titre régulier de locataire ». • Riom, 3 mars 1993, *Jonas St Pierre,* n° 228-93.

III. RESPONSABILITÉ DE LA COMMUNE

A. ILLÉGALITÉ DES ACTES ADMINISTRATIFS

7. Principe. Si le conseil municipal ou le maire se substitue à la commission syndicale ou à son président dans un domaine où ceux-ci ont compétence légale, leur délibération ou arrêté est entaché d'une illégalité qui peut être soulevée même d'office par le tribunal administratif. • TA Clermont-Ferrand, 13 juill. 1982, *Samper,* n° 9920.

8. Limites. La requête d'un ayant droit, évincé de la jouissance de parcelles dépendant des biens de la section dont avaient bénéficié précédemment des membres de sa famille, visant à ce que le juge procède à l'examen des procédures, méthodes, positions prises par le maire sur la gestion des biens de ladite section, ne peut être considérée comme dirigée contre une décision administrative ; par suite, elle est irrecevable. • CE 7 oct. 1988, *M. Georges Perrin,* n° 90419. ♦ Un conseil municipal peut autoriser le maire à signer un marché de travaux sur une voie publique située dans le territoire d'une section même si, à la date de la délibération attaquée, cette section est réunie à une autre au sein de la même commune, et même si à cette date une procédure devant déboucher sur la scission était déjà très avancée ; la circonstance que la majorité des conseillers municipaux qui ont voté la délibération attaquée habitent dans la section où les travaux sont engagés ne peut être regardée comme constituant une rupture d'égalité entre les habitants de la commune de nature à entacher d'illégalité ladite délibération. • CE 28 mars 1990, *M. Thevenet et a.,* n° 77537.

B. RÉPARATION DU PRÉJUDICE

9. *Ayants droit.* Les ayants droit qui subissent un dommage du fait de la gestion des biens de la section peuvent en demander réparation à l'encontre de la commune. • CE 24 juin 1936, *Péjaire : Lebon 688.* – V. aussi • CE 6 juin 1952, *Cne de Grémilly : Lebon 684 ; RD publ. 1953. 746.* – V. aussi, pour une illégalité commise par un maire dans le partage en jouissance de biens sectionaux • CE 27 mai 1987, *Chabrier,* n° 83870.

10. *Section.* La section peut obtenir réparation du préjudice qu'elle a subi du fait de la commune (utilisation par la commune du prix de vente de biens sectionaux dans un intérêt autre que l'intérêt exclusif des habitants de la section). • CE 28 févr. 1902, *Section du Puy : Lebon 146.*

IV. COMPÉTENCE DES JURIDICTIONS ADMINISTRATIVES

11. *Domaine de compétence. Juridictions administratives.* Le contentieux des délibérations du conseil municipal est toujours du ressort de la juridiction administrative, même s'il s'agit d'une délibération mettant fin au bail d'un droit de chasse dans des bois communaux, quel que soit le caractère, administratif ou privé, de ce bail. • T. confl. 4 nov. 1991, *Ginter,* n° 2655 : *Dr. adm. 1992, n° 130.*

12. *Juridictions judiciaires.* La délibération par laquelle un conseil municipal autorise le maire à conclure avec une société un contrat de location de terrains faisant partie du domaine privé d'une section de commune ne met en œuvre aucune prérogative de puissance publique distincte de l'exercice par un particulier de son droit de propriété, n'est pas détachable de la gestion de ce domaine privé et relève, en conséquence de la compétence des seuls tribunaux judiciaires. • CE 30 déc. 1998, *Assoc. pour la protection du site de la zone industrielle de Dommartin-les-Remiremont,* n° 160313.

13. *Motif d'annulation.* Le droit de propriété reconnu aux sections de communes par le code des communes s'exerce dans le cadre de la répartition des compétences, prévue par le même code, entre le conseil municipal de la commune et la commission syndicale de la section de commune ; par suite, le juge peut annuler les délibérations de la section concernant la durée des baux de chasse et de pêche pour un motif tiré de l'incompétence de la commission syndicale, sans porter atteinte au droit de propriété au sens de l'art. 1er du protocole additionnel à la convention européenne des droits de l'homme. • CE 22 mars 1999, *Section de Cne d'Antilly,* n° 146134.

Art. L. 2411-3 **La commission syndicale comprend** *(L. n° 2013-428 du 27 mai 2013, art. 3)* **« le maire de la commune ainsi que » des membres élus dont le nombre, qui s'élève à 4, 6, 8 ou 10, est fixé par l'arrêté du représentant de l'État dans le département convoquant les électeurs.**

Les membres de la commission syndicale, choisis parmi les *(L. n° 2013-428 du 27 mai 2013, art. 3)* **« membres de la section », sont élus selon** *(L. n° 2013-428 du 27 mai 2013, art. 3)* **« les règles prévues aux chapitres I et II du titre IV du livre I du code électoral », sous réserve de l'application des dispositions du troisième alinéa du présent article et de celles de l'article L. 2411-5. Après chaque renouvellement général des conseils municipaux, lorsque** *(L. n° 2004-809 du 13 août 2004, art. 126)* **« la moitié » des électeurs de la section ou le conseil municipal lui adressent à cette fin une demande dans les six mois suivant l'installation du conseil municipal, le représentant de l'État dans le département convoque les électeurs de la section dans les trois mois suivant la réception de la demande.**

Les membres de la commission syndicale sont élus pour une durée égale à celle du conseil municipal. Toutefois, le mandat de la commission syndicale expire lors de l'installation de la commission syndicale suivant le renouvellement général des conseils municipaux. Si, à la suite de ce renouvellement général, la commission syndicale n'est pas constituée en application du deuxième alinéa du présent article et de l'article L. 2411-5, le mandat expire à la date fixée par le représentant de l'État dans le département dans l'acte par lequel il constate que les conditions de sa constitution ne sont pas réunies.

(L. n° 2013-428 du 27 mai 2013, art. 3) **« Sont électeurs, lorsqu'ils sont inscrits sur les listes électorales de la commune, les membres de la section. »**

Les maires des communes sur le territoire desquelles la section possède des biens peuvent assister aux séances de la commission syndicale. Ils sont informés par le président de la commission syndicale des dates et de l'objet des séances de la commission syndicale.

Le président est élu en son sein par la commission syndicale.

PLAN DES ANNOTATIONS

I. COMPÉTENCE DU JUGE DE L'ÉLECTION

1. Hors le cas de manœuvre de nature à altérer la sincérité du scrutin, le juge de l'élection n'est pas compétent pour apprécier la légalité des opérations d'établissement de la liste électorale pour l'élection de la commission syndicale. • CE 6 déc. 1991, ☎ *M. Daniel Loberot*, n° 90641.

II. ASSIMILATION AUX ÉLECTIONS MUNICIPALES

A. PRINCIPE

2. Les élections des membres des commissions syndicales sont assimilées aux élections municipales, « sauf si des circonstances particulières s'y opposent ». • CE 8 janv. 1954, *Él. à la commission syndicale de Juan-les-Pins : Lebon 15.* ♦ Le contentieux de l'élection des membres de la commission syndicale obéit aux mêmes règles que celui des conseillers municipaux. • CE 30 mai 1973, *Él. à une commission syndicale dans la Cne de Grandrange : Lebon T. 988.*

3. Le déroulement matériel des opérations de vote pour l'élection de la commission syndicale est identique à celui des élections municipales. Il en va ainsi pour les commissions de propagande électorale qui doivent être constituées dans les communes de plus de 2 500 habitants. • CE 8 janv. 1954, *Él. à la commission syndicale de Juan-les-Pins : préc. note 2.* ♦ De même pour les heures d'ouverture et de fermeture du scrutin. • CE 16 nov. 1928, *Él. à la commission syndicale de Morgat : Lebon 1180.* ♦ De même pour les règles de quorum pour être élu au premier tour : majorité absolue des suffrages exprimés et nombre de suffrages égal au quart des électeurs inscrits (le chiffre à retenir étant celui de la section de commune et non de la commune entière). • CE 24 juill. 1931, *Él. de la commission syndicale de Laxou : Lebon 841.* ♦ Même solution pour le bureau de vote, qui est présidé par le maire, les adjoints, les conseillers municipaux ou les électeurs de la section désignés par le maire ; les conditions prévues par le code électoral sont nécessaires mais suffisantes, le domicile du maire, situé dans ou hors de la section, n'ayant aucune incidence sur l'application des textes. • CE 28 févr. 1913, *Él. de Montmorency : Lebon 283.* – V. aussi • CE 31 juill. 1926, *Él. à la commission syndicale de Bonchamp-lès-Laval : Lebon 830.*

B. EXCEPTIONS

4. Le principe d'assimilation sus-évoqué ne s'applique que sous la réserve que ces règles ne soient pas incompatibles avec les conditions dans lesquelles sont désignés les membres des commissions syndicales. • CE 8 déc. 1978, *Dame Lauby : Lebon 497 ; Dr. adm. 1979, n° 11.*

5. Eu égard tant à l'objet en vue duquel a été constituée une commission syndicale qu'à l'effectif réduit des membres qui la composent et qui sont au nombre de trois, les dispositions du code électoral relatives au nombre des conseillers municipaux qui ne résident pas dans la commune ne sont pas applicables. • CE 8 déc. 1978, ☎ *Dame Lauby*, n° 05.136 : *Dr. adm. 1979, n° 11.*

6. L'exercice de fonctions publiques étant l'une des libertés publiques qui ne peut être restreinte que par un texte, les causes d'incompatibilité prévues par le code électoral et auxquelles le code des communes ne renvoie pas ne sont pas applicables aux mandats sectionaux. • CE, avis, 20 mai 1952 : *BLD 1952. 833.* – V. aussi : Circ. du min. intérieur du 25 juin 1952 *(eod. loc.)* ♦ Par suite, un membre du conseil municipal d'une commune peut faire partie d'une commission syndicale d'une section située sur le territoire d'une autre commune, réunie en vue de délibérer sur le projet de rattachement de cette section à la commune. • CE 3 mai 1961, *Cne de Saint-Rogatien : Lebon 283.*

7. Interdiction de cumul de deux mandats électoraux (non). Dès lors qu'une même personne peut être électrice dans deux sections, et en raison de la gestion patrimoniale dévolues à la commission syndicale, l'interdiction faite par l'art. L. 238 C. élect. à une même personne d'appartenir à plusieurs conseils municipaux ne s'applique pas à l'élection des membres de la commission syndicale d'une section de commune (V. art. L. 2411-3, al. 2 et 4 du CGCT). • CE 7 mai 2003, *Cne de Chamalières-sur-Loire*, n° 243822.

III. QUALITÉ D'ÉLECTEUR

A. PERSONNALITÉ PHYSIQUE

8. La qualité d'électeur ne peut appartenir qu'à une personne physique (séance nov. 1984 : *JOAN CR, 28 nov. 1984, p. 6389).*

B. HABITATION

9. Le critère de l'habitation auquel se réfère le code n'est assorti d'aucune condition de durée ou de permanence. • CE 27 mai 1977, *Min. de l'Intérieur c/ Cne de Vignes : Lebon 728 ; Dr. adm. 1977, n° 215.*

10. Est éligible à la commission syndicale la personne qui a un domicile réel et fixe sur le territoire de celle-ci et est inscrite sur la liste électorale de la commune de rattachement ; il importe peu qu'elle ne soit pas propriétaire de biens fonciers sis sur le territoire de cette section. • CAA Lyon, 20 févr. 1998, *Mme Fetu*, n° 96LY00859.

C. PROPRIÉTAIRE FONCIER

11. Les seules conditions exigées du propriétaire foncier sont de réunir les autres conditions générales auxquelles les électeurs doivent satisfaire (nationalité, âge, état mental), cette qualité de propriétaire foncier étant appréciée au regard des dispositions de l'art. 544 C. civ. • CE, avis, 20 mai 1952 : *BLD 1952. 833* – V. aussi Circ. du min. intérieur du 25 juin 1952 : *ibid.* ♦ La propriété foncière doit porter sur un bien immobilier situé dans la section ; sont inscrits à ce titre les propriétaires indivis, les époux en communauté, les cohéritiers, les nus-propriétaires, mais sont exclus les usufruitiers et les personnes morales. • TA Dijon, 20 août 1986, *Martinigol : inédit.*

D. INSCRIPTIONS SUR LES LISTES ÉLECTORALES

12. Contrairement aux dispositions antérieures à la loi du 9 janv. 1985, les propriétaires de biens fonciers sis sur le territoire d'une section de commune ne peuvent participer à l'élection des membres de la commission syndicale que s'ils sont inscrits sur la liste électorale de la commune ; par suite, l'arrêté préfectoral qui, pour organiser les opérations électorales en vue de la désignation des membres de la commission syndicale, a convoqué comme électeurs les propriétaires fonciers de la section qui n'étaient pas inscrits sur la liste électorale de la commune est irrégulier et entraîne l'annulation des élections. • CE 24 nov. 1989, *M. Ballet et Cne de la Bourboule*, n°s 84323 et 84408.

IV. RÔLE DES ÉLECTEURS

A. ÉTABLISSEMENT ET PUBLICATION

13. Établissement. La liste des électeurs est établie par le préfet avec le concours du sous-préfet s'il y a lieu ; mais pour procéder à la rédaction de la liste des électeurs sectionaux, le maire doit, de son propre chef, déterminer les personnes qui remplissent les conditions requises par le code des communes (CGCT) et le code électoral pour pouvoir voter et cela « compte tenu des indications portées sur la liste électorale de la commune ». • CE 11 févr. 1976, *Dame Bruggeman : Lebon 90.* ♦ Il n'y a pas lieu de subordonner cette inscription à une demande présentée par l'électeur puisqu'il ne s'agit que d'une liste de fait. • TA Toulouse, 11 juill. 1977, *Anne et a. : inédit.*

14. Publication. La liste des électeurs est publiée 15 jours (14 jours francs) avant l'élection, sauf circonstances particulières. • CE 11 févr. 1976, *Dame Bruggeman : préc. note 13.*

15. La publication de la liste dispense d'adresser à chaque électeur une convocation individuelle, dès lors que cette publication a été faite dans des conditions régulières. • TA Toulouse, 11 juill. 1977, *Anne et a. : inédit.*

B. FORCE JURIDIQUE

16. Toute personne remplissant les conditions requises pour participer à l'élection peut voter, même si elle n'est pas portée sur la liste. • CE 16 nov. 1928, *Él. syndicales de Morgat : Lebon 1180.*

17. La liste des électeurs a valeur indicative, elle est une « liste de fait ». • CE 23 mars 1903, *Él. de Saint-Paul-en-Jarez : Lebon 121.*

C. CONTESTATION DU RÔLE

18. La liste ne saurait être déférée au juge, mais elle peut être contestée lors du recours contre l'élection elle-même. • CE 13 juill. 1967, *Bovilliers : Lebon 312.*

V. CONVOCATION DES ÉLECTEURS

19. Pour l'élection des membres de la commission syndicale, l'art. L. 247 C. élect. relatif à la convocation des électeurs s'applique. • CE 21 nov. 1969, *Caura : inédit.*

20. Les élections ne peuvent intervenir qu'après un délai minimum de 15 jours après la publication de la liste électorale. • CE 11 févr. 1976, *Dame*

Bruggeman : préc. note 13. ♦ Le jour de l'élection *(dies ad quem)* ne doit pas être compris dans la supputation de ce délai, mais le jour de la publication de l'arrêté *(dies a quo)* doit l'être. • CE 21 nov. 1969, *Caura : inédit.* ♦ L'inobservation de ce délai est une irrégularité de nature à entraîner l'annulation des élections. • CE 22 mars 1889, *Monteaux : inédit.* ♦ Il peut être dérogé à ce principe de l'irrégularité substantielle si des circonstances particulières le justifient. • CE 11 févr. 1976, *Dame Bruggeman : préc. note 13.* ♦ L'irrégularité ne dessaisit pas l'autorité. • TA Lyon, 21 juin 1983, *Brunel : inédit.*

21. Le délai de six mois institué par l'art. L. 2411-3, al. 2, CGCT est impératif et imposé à peine d'irrecevabilité de la demande. • TA Clermont-Ferrand, 10 nov. 1994, *Pélissier,* n° 921642.

VI. SCRUTIN

22. Le régime de scrutin (qui autorise les candidatures isolées et les listes incomplètes) des communes de moins de 2 500 habitants s'applique « pour l'élection des commissions syndicales dans ces communes, quelle que soit la population de la section en cause ». • CE 8 janv. 1954, *Él. de la commission syndicale de Juan-les-Pins : Lebon 151.*

23. Le scrutin majoritaire plurinominal à deux tours étant applicable, nul n'est élu s'il n'a recueilli au premier tour la majorité absolue des suffrages exprimés et un nombre de suffrage égal au quart des électeurs inscrits dans la section. • CE 24 juill. 1931, *Él. de la commission syndicale de Laxou : Lebon 841.*

VII. PROPAGANDE ÉLECTORALE

24. Si l'art. L. 50 C. élect. interdit à tout agent de l'autorité publique ou municipale de distribuer des bulletins de vote, professions de foi et circulaires des candidats, la distribution par le maire de la commune, qui n'était pas candidat, d'un tract faisant connaître ses préférences pendant la campagne électorale ne constitue ni une violation de l'article précité, ni une manœuvre de nature à altérer la sincérité du scrutin pour l'élection de la commission syndicale. • CE 6 déc. 1991, *M. Daniel Loberot,* n° 90641.

VIII. INÉLIGIBILITÉS ET INCOMPATIBILITÉS

25. Il n'y a pas d'incompatibilité entre les mandats de membre du conseil municipal et de membre de la commission syndicale. • CE 3 mai 1961, *Cne de Saint-Rogatien : Lebon 283.*

26. Inéligibilités, station de ski, directeur permanent (oui), salarié saisonnier (non). La qualité de salarié de la régie municipale gérant la station de ski de la commune ne suffit pas à rendre inéligible en vertu de l'art. L. 231 C. élect., dès lors que, d'une part, cette commune compte moins de mille habitants et que, d'autre part, l'activité en cause a un caractère saisonnier ; mais la qualité de directeur salarié de la régie municipale ne revêt pas, en revanche, un caractère saisonnier, alors même que son titulaire a démissionné de son emploi postérieurement à l'élection. Par suite, en vertu de l'art. L. 231 C. élect., il était inéligible au conseil municipal de la commune et, par voie de conséquence, en vertu de l'art. L. 2411-3 CGCT, inéligible à la commission syndicale de la section. • CE 9 juin 2004, *Mme Denise X. c/ Cne de Puyvalador, section de Rieutort,* n° 251887 (recours en rectification d'erreur matérielle, sur la base de l'art. L. 833-1 CJA, • CE 11 févr. 2005, *M. Guy B. Z.Y., Cne de Puyvalador, section de Rieutord,* n° 270947 fond du droit inchangé).

IX. CONTENTIEUX DES ÉLECTIONS

A. ASSIMILATION AU CONTENTIEUX DES ÉLECTIONS MUNICIPALES

27. Le contentieux des élections de la commission syndicale est gouverné par les règles du contentieux des élections municipales, sauf circonstances particulières. • CE 19 déc. 1973, *Él. de la commission syndicale de la Cne de Grangrange : Lebon T. 216.*

B. REQUÉRANTS

28. Peuvent présenter un recours dans les cinq jours (outre le représentant de l'État), tout électeur et tout éligible, ainsi que les propriétaires fonciers électeurs dans la commune. • CE 19 déc. 1973, *Él. de la commission syndicale de Lagarrigue Labro de la Cne de Malbo : Lebon 922.*

29. Est irrecevable une protestation émanant d'habitants de la commune qui n'étaient pas candidats lors de l'élection, dont le domicile est en dehors de la section, ou qui n'y ont pas la qualité de propriétaire foncier, ou qui émanerait du maire, non électeur ni candidat, agissant en sa qualité de président du bureau de vote. • CE 8 juill. 1881, *Breuil : inédit.*

C. DÉLAIS DE RECOURS

30. La réclamation en matière de contentieux électoral des commissions syndicales doit être formée dans les 5 jours de l'élection. • CE 15 janv. 1886, *Section de Saint-Symphorien : Lebon 24.*

D. RECOURS SANS OBJET

31. Le recours est sans objet si aucun élu n'a été proclamé à l'issue du scrutin contesté dès lors que le réclamant ne soutient pas qu'il devait être proclamé élu et ne conclut pas à la proclamation d'un autre candidat. • TA Clermont-Ferrand, 6 févr. 1981, *Engelvin et a.,* n° 9436.

E. DÉLAI DE JUGEMENT

32. En application du code électoral, le tribunal administratif doit statuer dans un délai de 2 mois, faute de quoi il est dessaisi au profit du Conseil d'État. • CE 18 mai 1966, *Él. à la commission syndicale de la section de Cne de La Mollier à Riom-ès-Montagnes : Lebon 338.*

F. VICES

33. Vices non substantiels. N'entraînent pas l'annulation des opérations électorales les irrégularités commises au cours de ces opérations et qui ont été sans influence sur le résultat du scrutin (admissions d'électeurs de la commune non domiciliés dans la section). • CE 18 juin 1898, *Él. à la commission syndicale de Bodilis-les-Pins : Lebon 22.* ♦ De même pour les irrégularités commises postérieurement à l'élection et n'ayant pas eu le caractère d'une manœuvre de nature à porter atteinte à la nécessité du scrutin (bulletin de vote incinéré et détourné). • CE 4 juill. 1913, *Él. de Saint-Martin : Lebon 796.* ♦ La distribution gratuite de matériaux à certains habitants qui ne correspond à aucune procédure régulière et qui constitue une manœuvre susceptible, compte tenu de l'écart de voix séparant les candidats non élus de ceux qui ont été proclamés élus, d'influer sur les résultats du scrutin, conduit à l'annulation des élections. • CE 23 févr. 1990, *Él. mun. d'Atuona (Polynésie française),* n° 107796.

34. Est régulier le bulletin de vote confectionné par les services municipaux comportant une inexactitude quant au prénom du candidat, dès lors que cette erreur a donné lieu à une rectification manuscrite, qu'à l'issue de cette rectification tous les bulletins étaient identiques, et qu'aucune confusion n'était possible avec un autre candidat, et alors même que ladite rectification a été opérée par le premier adjoint au maire de la commune de rattachement et non par le président de la commission syndicale de la section de commune. • CAA Lyon, 20 févr. 1998, *Mme Fetu : préc. note 10.* ♦ Est sans influence sur la régularité des opérations électorales relatives à la commission syndicale le fait que l'arrêté préfectoral n'a pas été affiché dans le hameau où réside la candidate, et qu'il aurait été par ailleurs apposé sur un bâtiment appartenant à un habitant de la commune qui ne détenait aucun droit sur les biens de la section, dès lors qu'il a fait l'objet d'un affichage en mairie. • Même arrêt.

35. Vices substantiels. Conduisent à l'annulation des élections les irrégularités constitutives de manœuvres ayant altéré les résultats du scrutin comme le fait de commencer les opérations de vote une demi-heure avant l'heure fixée par l'arrêté de convocation. • CE 16 nov. 1928, *Él. à la commission syndicale de Morgat : Lebon 1180.* ♦ Jugé de même pour l'usage d'une urne ... sans fond ni fermeture. • Même arrêt. ♦ Dans le même sens, pour l'omission de la liste électorale d'une partie des électeurs comprise dans le périmètre de la section, V. • CE 17 juin 1904, *Él. du Val-d'Ajol : Lebon 476.* – V. aussi, pour l'omission des propriétaires fonciers de la section • CE 15 janv. 1886, *Section de Saint-Symphorien : Lebon 24.* – V. aussi • CE 5 janv. 1906, *Él. syndicales de Passy : Lebon 7.* ♦ V. aussi, pour l'interdiction faite aux électeurs non inscrits sur la liste électorale de voter. • TA Toulouse, 11 juill. 1977, *Anne et a. : inédit.* ♦ V. aussi, pour la désignation par le préfet d'un délégué spécial pour présider le bureau, alors que le maire en fonction n'était pas empêché et n'avait pas refusé de présider le bureau. • CE 31 juill. 1926, *Él. à la commission syndicale de Bonchamp-les-Laval : Lebon 830.* ♦ De même pour la composition irrégulière d'un bureau de vote comprenant un seul assesseur. • TA Clermont-Ferrand, 12 janv. 1973, *Él. de la section d'Allanche : inédit.* ♦ V. aussi, pour un bureau de vote ayant fonctionné dans des conditions d'irrégularité révélant une manœuvre, • CE 19 déc. 1973, *Él. de la commission syndicale de la Cne de Grangrange : Lebon T. 216.* ♦ Dans le même sens pour une liste d'électeurs comprenant d'une part des électeurs irrégulièrement inscrits et qui ont participé au vote, et d'autre part ne comprenant pas d'autres électeurs en situation inverse. • CE 24 juin 1992, *Mlle Josette Bertrand,* n° 65260.

36. Influence du quota de votes irréguliers sur l'existence d'un vice substantiel. Quand six personnes figuraient sur la liste électorale de la commune et avaient la qualité de propriétaires de biens fonciers sis sur le territoire de la section, leur omission sur la liste des électeurs appelés à participer à l'élection de la commission syndicale de la section est sans influence sur le résultat de l'élection contestée, eu égard à l'écart de 27 voix constaté séparant les candidats proclamés élus des autres candidats. • CE 6 déc. 1991, *M. Daniel Loberot,* n° 90641.

Art. L.O. 2411-3-1 *(L. org. n° 98-404 du 25 mai 1998, art. 12)* **Lorsqu'ils sont inscrits sur la liste électorale complémentaire de la commune établie en application de l'article L.O. 227-2 du code électoral, les ressortissants d'un État membre de l'Union européenne autre que la France participent à l'élection de l'organe délibérant d'une section de commune dans les mêmes conditions que les électeurs français.**

Art. L. 2411-4 Pour l'exercice de ses attributions, la commission syndicale se réunit sur convocation de son président.

Le président est tenu de convoquer, dans un délai d'un mois, la commission à la demande :

1° De la moitié de ses membres ;

2° Du maire de la commune de rattachement ;

3° D'un des maires des communes sur le territoire desquelles la section possède des biens ;

4° Du représentant de l'État dans le département ;

5° De la moitié des *(L. n° 2013-428 du 27 mai 2013, art. 1er)* « membres » de la section.

Elle ne délibère ou ne donne un avis que sur l'objet déterminé par la convocation ou la demande.

Lorsque la commission syndicale, dans un délai de *(L. n° 2013-428 du 27 mai 2013, art. 1er)* « deux mois suivant sa saisine », n'a pas délibéré ou n'a pas émis d'avis sur l'objet qui lui est soumis, le conseil municipal délibère sur la suite à donner, sous réserve des dispositions des articles L. 2411-6, L. 2411-7 et L. 2411-15. – *[C. communes, art. L. 151-4.]*

I. ASSIMILATION AUX RÈGLES APPLICABLES AU CONSEIL MUNICIPAL

1. Les réunions de la commission obéissent aux règles de fonctionnement du conseil municipal lorsqu'elles ne sont pas incompatibles avec celles posées par la loi. • CE 12 oct. 1956, *Sieur Beaune : AJDA 1956. 478.*

II. DÉLAI DE CONVOCATION

2. Si le président de la commission syndicale est tenu, dans le délai d'un mois, de réunir la commission lorsque la demande lui en est faite, ce délai n'est pas imposé à peine de nullité. • TA Lyon, 21 juin 1983, *Brunel : inédit.*

III. MEMBRES AYANT UN INTÉRÊT À L'ORDRE DU JOUR

3. Les membres de la commission personnellement intéressés à l'ordre du jour ne peuvent participer aux délibérations de la commission syndicale. • CE 12 oct. 1956, *Sieur Beaune : préc. note 1.*

IV. RÉGIME ANTÉRIEUR

4. L'arrêté du représentant de l'État dans le département qui décide la réunion de la commission syndicale (chargée de se prononcer sur la gestion de biens indivis entre plusieurs communes) a un caractère réglementaire. • CE 13 juin 1969, *Cne de Clefcy : Lebon 308 ; AJDA 1969. 436 ; RD publ. 1970. 206.*

V. LIEUX DE RÉUNION

5. La commission syndicale d'une section de commune se réunit à la mairie du chef-lieu de sa commune de rattachement. • CE 8 juill. 1998, *Section de Cne d'Antilly,* n° 146125. ♦ Faute d'avoir pu obtenir du maire la mise à sa disposition d'une salle à la mairie, la commission syndicale peut régulièrement se réunir en un autre lieu. • Même arrêt.

6. Le fait que la délibération de la commission syndicale n'ait pas été adoptée dans les locaux de la mairie est sans influence sur la recevabilité de la demande dont cette section a saisi le tribunal administratif. • CE 12 mai 1997, *Section de Cne d'Antilly,* n° 147251 B.

7. La délibération par laquelle le conseil municipal fixe à la section un délai de huit jours pour la réservation de la salle du bâtiment communal utilisée pour les réunions de la commission syndicale de la section est illégale au regard des art. R. 151-6 et R. 151-10, C. communes. • CE 12 mai 1997, *Section de Cne d'Antilly,* n° 147251 : *préc. note 6.*

Art. L. 2411-5 *(L. n° 2013-428 du 27 mai 2013, art. 4)* « La commission syndicale n'est pas constituée et ses prérogatives sont exercées par le conseil municipal, sous réserve de l'article L. 2411-16, lorsque :

« 1° Le nombre des électeurs appelés à désigner ses membres est inférieur à vingt ;

« 2° La moitié au moins des électeurs n'a pas répondu à deux convocations successives du représentant de l'État dans le département faites à un intervalle de deux mois ;

« 3° Les revenus ou produits annuels des biens de la section sont inférieurs à 2 000 € de revenu cadastral, à l'exclusion de tout revenu réel. Ce montant peut être révisé par décret. »

Dans le cas où une commune est devenue, à la suite de sa réunion à une autre commune, une section de commune, le conseil consultatif ou la commission consultative, visés aux articles L. 2113-17 et L. 2113-23, *(L. n° 2013-428 du 27 mai 2013, art. 4)* « dans leur rédaction antérieure à la loi n° 2010-1563 du 16 décembre 2010 de réforme des collectivités territoriales, ou le conseil de la commune déléguée prévu à l'article L. 2113-12 constituent, avec le maire de la commune, la commission syndicale ».

I. PREMIER ALINÉA

A. CARACTÈRE LIMITATIF DES TROIS CAS DE COMPÉTENCE DU CONSEIL MUNICIPAL

1. La compétence du conseil municipal ne s'exerce que dans le cas où la commission syndicale n'a pas été constituée pour l'un des trois motifs prévus par l'art. L. 2411-5, mais pas si la commission n'a pas été constituée pour défaut de demande (V. art. L. 2411-3). • CE 12 avr. 1995, *Levais*, n° 140304.

B. DEUXIÈME CAS : INTERVALLE ENTRE LES CONVOCATIONS

2. Pour l'application de l'art. L. 2411-5 CGCT, il y a lieu de respecter le principe des deux tours de scrutin prévus par le code électoral, séparés non par 8 jours mais par 2 mois. • TA Clermont-Ferrand, 7 févr. 1989, *Trugon*, n° 88957. ♦ ... À moins que la moitié des électeurs n'ait voté au premier tour, circonstance qui permet l'application du délai de 8 jours. • TA Clermont-Ferrand, 23 nov. 1990, *Perret*, n° 90950.

C. TROISIÈME CAS : MONTANT MINIMAL ANNUEL MOYEN

3. Pour la détermination du montant minimal annuel de l'art. R. 151-1 C. communes, il y a lieu de tenir compte du revenu cadastral des biens possédés par la section à titre indivis, pour la part de la section. • TA Clermont-Ferrand, avis, 10 janv. 1996, n° 95-11 : *inédit*.

4. Actualisation du seuil. Les dispositions du décret prévu à l'art. L. 2411-5 étant codifiées au 1er al. de l'art. D. 2411-1 du même code, celui-ci dispose que le montant minimal annuel moyen de revenus ou produits des biens de la section en dessous duquel la commission syndicale n'est pas constituée en application de l'art. L. 2411-5 est fixé à 2 164 F de revenu cadastral. Le montant ainsi fixé est actualisé dans le mois qui suit le renouvellement général des conseils municipaux et selon les mêmes proportions que celles résultant de l'évolution moyenne des revenus cadastraux au plan national. L'actualisation est constatée par arrêté conjoint du ministre chargé de l'économie et des finances et du ministre de l'Intérieur. Quand un arrêté relève le chiffre précité de 20 F, il ne peut être annulé aux seuls motifs que la non-constitution de la commission syndicale, lorsque les revenus ou produits des biens de la section sont inférieurs au montant minimal annuel moyen fixé à l'arrêté du 4 avr. 2001, porte atteinte au droit de propriété, au principe de libre administration des collectivités, au droit à des élections libres, à la protection des minorités nationales, au principe de séparation des pouvoirs, au droit à un procès équitable ainsi qu'au libre accès à la justice ; en effet, de tels motifs sont dirigés non pas contre l'arrêté, mais sont contraires aux art. L. 2411-5 et D. 2411-1. • CE 28 avr. 2003, *Féd. nat. des ayants droit de section de Cne*, n° 235111.

5. Seuil fixé d'après le revenu cadastral. L'art. L. 2411-5 CGCT renvoie au décret le soin de prévoir les conditions de fixation du montant minimal annuel moyen de revenus ou produits des biens de la section en dessous duquel la commission syndicale n'est pas constituée. En fixant ce montant par référence au revenu cadastral, qui constitue une valeur de référence raisonnable eu égard à la consistance des biens détenus et des revenus perçus par les sections de commune, le pouvoir réglementaire n'a pas méconnu ces dispositions. • CE 25 oct. 2010, *Féd. nat. des ayants droit de section de Cne et Féd. des ayants droit de section de Cne de la Haute-Loire, M. et Mme A et a.*, n° 318809.

6. Base législative du pouvoir réglementaire de fixation du seuil. C'est en vertu de la loi que le titulaire du pouvoir réglementaire fixe le seuil de constitution de la commission syndicale. Par suite, le moyen tiré de ce que l'art. D. 2411-5 et l'arrêté litigieux méconnaîtraient le droit de propriété et le principe de libre administration des collectivités territoriales dès lors que l'administration, qui fixe également les revenus cadastraux des biens, serait à la fois juge et partie ne peut qu'être écarté. • CE 25 oct. 2010, *Féd. nat. des ayants droit de section de Cne et Féd. des ayants droit de section de Cne de la Haute-Loire, M. et Mme A et a.*, n° 318809 : *préc. note 5.*

7. Mesures réglementaires d'application, délai. Le non-respect du délai imparti par un texte pour prendre ses mesures réglementaires d'application n'entache d'illégalité ces dernières que si ce délai est prescrit à peine de nullité ; tel n'est pas le cas du délai mentionné au premier alinéa de l'art. D. 2411-5 CGCT. Par suite, les requérants ne sont pas fondés à soutenir que l'arrêté attaqué serait irrégulier faute d'être intervenu avant l'expiration de ce délai. • CE 25 oct. 2010, *Féd. nat. des ayants droit de section de Cne et la Féd. des ayants droit de section de Cne de la Haute Loire, M. et Mme A et a.*, n° 318809 : *préc. note 5.*

II. DEUXIÈME ALINÉA

8. Une commune possédant un patrimoine collectif appartenant aux habitants, et rattachée à une autre commune, devient « nécessairement » une section de commune. • CE 20 nov. 1968, *Union pour la défense des libertés démocratiques d'Hauteville-Gondon : Lebon 578 ; Dr. adm. 1968, n° 392.*

9. Si l'ancienne commune mère faisait partie d'un syndicat de communes, la nouvelle commune fait d'office partie de ce syndicat et doit désigner ses représentants au sein des organismes de gestion. • CE 10 déc. 1937, *Cne de la Croix : Lebon 1018.*

10. Quand une commune disparaît, l'attribution des droits d'usage et d'affouage des habitants de la commune à la commune de rattachement se fait, dans tous les cas, en pleine propriété, sans préjudice du versement d'indemnités aux anciens habitants par le décret prononçant la suppression de la commune. • CE 15 oct. 1965, *Gardet : Lebon 517.*

Art. L. 2411-6 *(L. nº 2013-428 du 27 mai 2013, art. 5)* **« I. — » Sous réserve des dispositions de l'article L. 2411-15, la commission syndicale délibère sur les objets suivants :**

1º Contrats passés avec la commune de rattachement ou une autre section de cette commune ;

2º Vente, échange et location pour neuf ans ou plus de biens de la section *(L. nº 2013-428 du 27 mai 2013, art. 5)* **« autres que la vente prévue au 1º du II » ;**

3º Changement d'usage de ces biens ;

4º Transaction et actions judiciaires ;

5º Acceptation de libéralités ;

(L. nº 2013-428 du 27 mai 2013, art. 5) **« 6º Partage de biens en indivision ; »**

7º Constitution d'une union de sections ;

8º Désignation de délégués représentant la section de commune.

Les actes nécessaires à l'exécution de ces délibérations sont passés par le président de la commission syndicale.

(L. nº 2013-428 du 27 mai 2013, art. 5) **« II. — Le conseil municipal est compétent pour délibérer sur les objets suivants :**

« 1º Vente de biens de la section ayant pour objectif la réalisation d'un investissement nécessaire à l'exécution d'un service public, à l'implantation d'un lotissement ou à l'exécution d'une opération d'intérêt public ;

« 2º Location de biens de la section consentie pour une durée inférieure à neuf ans ;

« 3º Adhésion de la section à une association syndicale ou à une autre structure de regroupement foncier ou de gestion forestière.

« Lorsque la commission syndicale est constituée, elle est consultée sur le projet de délibération du conseil municipal et dispose d'un délai de deux mois pour rendre un avis. À défaut de délibération de la commission dans ce délai, l'avis est réputé favorable.

« Les actes nécessaires à l'exécution de ces délibérations sont pris par le maire. »

I. COMPÉTENCE DE LA COMMISSION

A. GÉNÉRALITÉS

1. Une commission syndicale peut se prononcer sur l'occupation temporaire d'un terrain par une entreprise alors qu'elle n'a été élue que pour étudier un projet de vente de ce terrain à cette dernière. • CE 13 oct. 1967, *Préfet de la Corrèze : Lebon 370 ; RD publ. 1968. 212.*

2. Le partage des biens sectionaux, qui s'analyse en réalité comme une vente, relève de la compétence délibérative de la commission syndicale. • TA Clermont-Ferrand, 3 juill. 1981, *Allegre et a.,* nº 7249. ♦ Même solution pour la renonciation, par la section, à la réattribution d'une parcelle apportée au remembrement et qui, en application du code rural, aurait dû légalement lui revenir. • CE 21 avr. 1982, *Madame Bas : Lebon 150.* ♦ Même solution pour le lotissement d'une parcelle appartenant à une section. • TA Clermont-Ferrand, 5 mars 1982, *Bonnefoy,* nº 421.

3. Un jugement peut dénier à une section de commune le droit d'acquérir un terrain sans porter atteinte aux droits qu'elle possède sur des biens lui appartenant, ni méconnaître la Constitution et les stipulations de la Convention européenne des droits de l'homme et des libertés fondamentales et de ses protocoles additionnels, qui protègent le droit de propriété. • CE 12 déc. 1997, *Section de Cne d'Antilly,* nº 168202.

4. *Travaux portant sur le réseau d'eau potable.* Une section de commune, constituée en vue de représenter et, en certains cas, de gérer les biens et droits distincts d'une partie de la commune ne saurait avoir pour vocation de représenter les intérêts des habitants de la section autres que ceux mentionnés aux art. L. 151-6 et L. 151-7 C. communes [recodifiés ss. CGCT, art. L. 2411-6 et L. 2411-7] ; les travaux d'entretien et la gestion du réseau d'eau potable desservant les habitants d'une section de commune ne relèvent d'aucune des matières énumérées par lesdites dispositions. • CE 7 oct. 1998, *Section de Cne de Mont-Quaix,* nºˢ 140179 et 140181.

5. *Association syndicale autorisée.* La distribution d'eau potable (au profit des habitants d'une section) constitue un service public qui n'est pas au nombre des objets en vue desquels peut être constituée une association syndicale autorisée, laquelle, en vertu de l'art. 1er de la loi du 21 juin 1865, a pour vocation de réaliser et d'entretenir des ouvrages présentant un intérêt collectif pour des propriétaires ; par suite, le préfet pouvait mettre fin à l'autorisation accordée à l'association dont l'objet était illégal. • CE 7 oct. 1998,

Section de Cne de Mont-Quaix, n°s 140179 et 140181. ♦ Puisque la distribution d'eau potable constitue un service public que la commune a la faculté d'organiser, un arrêté préfectoral peut légalement prévoir le transfert au budget de la commune de l'actif et du passif de l'association syndicale, à charge pour la commune d'utiliser exclusivement l'actif aux travaux et à l'entretien du réseau d'eau alimentant la section. • Même arrêt.

B. CONTENU DES DÉLIBÉRATIONS

6. La commission syndicale seule habilitée à décider de la vente doit, dans sa délibération, préciser aussi bien les éléments qui permettront d'identifier sans ambiguïté le bien vendu que ceux qui permettront d'en déterminer le prix, si celui-ci n'est pas clairement indiqué ; est illégale la décision d'une commission qui n'avait pas épuisé sa compétence en la matière. • TA Clermont-Ferrand, 14 nov. 1980, *Villedieu-Jallat,* n° 8430.

C. CONTRATS DE VENTE OU DE LOCATION

7. Contrats de plus de neuf ans. La commission syndicale a compétence à l'égard de tout contrat de plus de 9 ans, quelle qu'en soit la dénomination. • TA Dijon, 19 juin 1990, *Antilly,* n° 9713347. ♦ Elle doit donner son accord à la destruction d'un immeuble sectional menaçant ruine. • TA Clermont-Ferrand, 30 mars 1990, *Schmitt,* n° 87439.

8. Contrats de vente. Le contrat par lequel le conseil municipal cède le droit d'extraire des matériaux de parcelles sectionales moyennant un prix proportionné à l'importance de l'extraction, ne peut être regardé, nonobstant tout intitulé contraire, comme un bail, mais constitue une convention de vente desdits matériaux ; par suite, la commission syndicale de la section est seule compétente pour délibérer de la passation d'un tel contrat. • CE 28 oct. 1988, *Cne du Malzieu-Forrain c/ Section de la Chazette,* n° 63550.

9. Si le projet de convention présenté par l'office national des forêts, qui a été approuvé par le conseil municipal, ne comporte pas de limitation de durée, il a pour objet de fixer les conditions de rémunération de l'office pour ses missions d'ingénierie et de travaux forestiers, et ne constitue pas, par suite, un contrat de location de biens, mais un marché de services ; ainsi, les dispositions de l'art. L. 2411-6 n'imposent pas que la convention passée avec l'office soit soumise à la délibération de la commission syndicale. • CE 3 oct. 1997, *Section de Cne d'Antilly,* n° 156191.

10. Mise à disposition. Des biens appartenant à une section peuvent être mis à la disposition d'une propriétaire afin que celle-ci les adjoigne à sa propriété à des fins de location par bail rural. Il n'y a en cela aucune violation des art. L. 2411-1, L. 2412-2, L. 2411-6 et L. 2410 CGCT. • Civ. 3e, 13 déc. 2000, *Michelle Babut c/ Aimée Tournadre, épouse Delbos,* n° 98-21.285.

11. Cessation d'activité. Reprise par héritier. Compétence administrative. Quand un ayant-droit de section cesse d'exploiter le bien qui lui est attribué en jouissance, que son héritier en demande l'attribution, requête rejetée par le conseil municipal qui décide de concéder le droit d'exploiter les biens en cause à des personnes déjà attributaires d'autres lots, la contestation afférente est relative au partage des biens communaux et relève de la compétence de la juridiction administrative. • T. confl. 28 avr. 2003, *Cne de Jabrun,* n° C3345.

D. CHANGEMENT D'USAGE

12. Boisement. Le boisement d'une section ne peut être assimilé à un acte de disposition, car, ni juridiquement ni matériellement, la section ne perd la libre disposition de son bien ; la décision relève donc du conseil municipal. Cependant la décision de boisement impliquant un « changement d'usage » nécessite une décision de la commission syndicale au sens de l'art. L. 2411-6, 3°. • CE 12 avr. 1995, *Levais,* n° 140304 (sol. impl.). ♦ V. aussi • CE 8 juill. 1998, *Section de Cne d'Antilly,* n° 157029.

13. Classement en zone de POS. Ne constitue pas un changement d'usage au sens de l'art. L. 2411-6 CGCT le classement d'une parcelle appartenant à une section de cette commune et jusqu'alors affectée à un usage agricole, dans la zone NA du POS, du moment que le règlement prévoit que ladite zone « ne peut être urbanisée qu'à l'occasion soit de la modification du POS, soit de la création d'une ZAC » ; par suite, la circonstance que la commission syndicale n'a pas été appelée à délibérer sur le classement en zone NA de ladite parcelle est sans influence sur la légalité de l'approbation du POS. • CE 25 sept. 1992, *Marcheix et a.,* n° 94879.

E. AFFOUAGE

14. En ce qui concerne le principe et les modalités de répartition de l'affouage, c'est le conseil municipal, et non la commission syndicale, qui doit prendre toutes les décisions utiles (Anc. C. for., art. L. 145-2 ; V. cet art. ss. L. 2241-7, désormais L. 243-2). Il en est ainsi des demandes de délivrance de coupe. • CE 24 juin 1936, *Péjaire : Lebon 688.* ♦ ... Et des affectations à la caisse du receveur municipal, ainsi que du choix du mode de partage. • CE 1er oct. 1986, *Cne de la Saulsotte c/ Assoc. des affouagistes de la Saulsotte,* n° 59522.

15. La délibération par laquelle le conseil municipal décide de vendre une partie des fonds de la coupe affouagère de la forêt appartenant à la section de commune n'ayant pas pour objet d'opérer un changement d'usage de biens de la section ne méconnaît pas l'art. L. 2411-6. • CE 9 juill. 1997, *Section de Cne d'Antilly*, n° 140715.

F. CARACTÈRE EXÉCUTOIRE DES DÉCISIONS

16. Dans les matières où la commission syndicale détient une compétence décisionnelle, la décision qu'elle prend est exécutoire de plein droit ; il n'y a pas lieu de saisir le conseil municipal pour entériner cette décision. Une délibération même confirmative, du conseil municipal, serait entachée d'incompétence et ne pourrait qu'être annulée. • TA Clermont-Ferrand, 14 nov. 1980, *Villedieu-Jallat*, n° 8430.

II. COMPÉTENCE DU PRÉSIDENT

17. Le président de la commission syndicale peut sans autorisation de la commission introduire une instance en référé. • CE 28 nov. 1980, *Ville de Paris c/ Éts Roth*, n° 17732 : *Lebon 446, concl. Costa ; AJDA 1981. 95 et 86, chron. Feffer et Pinault ; Dr. adm. 1981, n° 27.*

Art. L. 2411-7 **La commission syndicale est appelée à donner son avis sur les modalités de jouissance des biens de la section dont les fruits sont perçus en nature** *(L. n° 2013-428 du 27 mai 2013, art. 6)* **« déterminées par le conseil municipal ».**

Elle est consultée sur la mise en valeur des marais et terres incultes ou manifestement sous-exploitées appartenant à la section dans les conditions prévues par les articles L. 125-1 à L. 125-7 du code rural et de la pêche maritime.

Elle est appelée à donner son avis, d'une manière générale, sur toutes les matières où sa consultation est prévue par les lois et règlements en vigueur.

En cas de désaccord entre le conseil municipal et la commission syndicale ou si celle-ci ne s'est pas prononcée sur les objets visés au premier alinéa du présent article dans un délai de *(L. n° 2013-428 du 27 mai 2013, art. 6)* **« deux mois à compter de sa saisine », il est statué par arrêté motivé du représentant de l'État dans le département.**

I. BIENS DONT LES FRUITS SONT PERÇUS EN NATURE

1. La notion de « modalités de jouissance des biens de la section dont les fruits sont perçus en nature » s'applique notamment lorsque ces biens font l'objet d'une opération d'aménagement comportant une mise à la disposition des habitants des parcelles améliorées ; elle ne s'applique pas à une simple amélioration n'impliquant aucune modification dans la manière dont sont gérés les biens et par exemple à la suppression décidée par un conseil municipal d'une mare et d'un marécage provoqués par l'obstruction d'un cours d'eau traversant un terrain sectional. • CE 28 janv. 1976, *Sieur Margot*, n° 97928 : *Dr. adm. 1976, n° 76.*

2. Le maire qui réglemente la circulation sur une sommière privée et empêche le débardage des bois d'affouage pendant la période qu'il détermine, affecte par là même les modalités de jouissance des biens perçus en nature de la section de commune ; par suite, le maire était, en tout état de cause tenu de consulter la commission syndicale de la section sur ce projet de réglementation. • CE 8 juill. 1998, *Section de Cne d'Antilly*, n° 157239.

II. PARTS DE MARAIS

A. AYANTS DROIT

3. Les aînés recueillent seuls la part de marais, celle-ci étant indivisible, à condition qu'ils remplissent les conditions d'aptitude au moment de l'ouverture de la succession, et de domicile notamment. • TA Lille, 30 nov. 1966, *Delaby*, n° 6560.

B. MODE D'ACQUISITION

4. La part de marais peut s'acquérir par usucapion, c'est-à-dire par possession publique, paisible, continue et non équivoque pendant 10 ou 30 ans selon que le possesseur a ou non juste titre et bonne foi. • Cons. préf. Pas-de-Calais, 13 mars 1836, *Cne de Pelves : inédit.*

C. COMPÉTENCE DU CONSEIL MUNICIPAL

5. Sectionale ou communale, la gestion des parts de marais relève de la compétence du seul conseil municipal. • TA Lille, 3 nov. 1965, *Bretenieux : inédit.*

D. CONTENTIEUX

6. Les litiges relatifs à l'occupation des terrains (dépendant du domaine privé) objets des parts de marais relèvent de la compétence des tribunaux judiciaires. • CE 18 avr. 1902, *Sté Fromagère de Champdor : Lebon 276.* – V. aussi • TA Lille, 15 oct. 1974, *Cne de Biache-Saint-Vaast*, n° 3855.

III. REMEMBREMENT

7. La commission syndicale n'a pas à être obligatoirement consultée à l'occasion des opérations de remembrement, que ce soit au moment de la publication du projet ou en cas de modification de ses attributions sur réclamation d'un tiers ; c'est au maire qu'il appartient en principe soit de former une réclamation au nom de la section, soit de la représenter devant les commissions de remembrement. • CE 1er janv. 1978, *Min. de l'Agriculture c/ Cne de Vodable : Lebon 480.*

IV. COMPÉTENCE DU CONSEIL MUNICIPAL

8. « Considérant que, si, en application des dispositions précitées du C. communes (CGCT, art. L. 2411-2 et L. 2411-7), la commission syndicale d'une section de commune peut être appelée à donner son avis sur les modalités de jouissance des biens sectionaux, seul le conseil municipal est investi, en la matière, d'un pouvoir de décision » ; par suite, la décision par laquelle la commission syndicale de la section de commune a homologué le tirage au sort des lots de terres de la section attribués aux exploitants agricoles de la commune a été prise par une autorité incompétente. • CE 9 mai 1994, ♁ *Section de Born*, n° 94041. ♦ Une délibération du conseil municipal qui a approuvé le cahier des charges des biens sectionaux, en précisant que ledit conseil « n'entendait pas se prononcer sur les exclusives ni sur les droits des divers groupes d'usagers habituels », ne peut être regardée comme approuvant la décision de la commission syndicale ; par suite, cette décision ne peut être regardée comme émanant du conseil municipal en application de l'art. L. 151-2 C. communes (CGCT, art. L. 2411-2). • Même arrêt.

V. DOMAINE FORESTIER

9. La délibération par laquelle le conseil municipal décide de vendre une partie des fonds de la coupe affouagère de la forêt appartenant à la section de commune, ne porte pas sur l'un des objets définis par l'art. L. 2411-7 et peut donc être adoptée sans consultation préalable de la commission syndicale de la section. • CE 9 juill. 1997, ♁ *Section de Cne d'Antilly*, n° 140715. ♦ Il résulte de l'art. L. 2411-7 CGCT que la décision de procéder à des travaux de reboisement dans la forêt de la section et d'inscrire la dépense à la section d'investissement du budget de la section dont les recettes étaient prélevées sur la section de fonctionnement, ne peut être prise sans l'avis préalable de la commission syndicale. • Même arrêt.

Art. L. 2411-8 La commission syndicale décide des actions à intenter ou à soutenir au nom de la section.

Le président de la commission syndicale, en vertu de la délibération de cette dernière, représente la section en justice.

Il peut, sans autorisation préalable de la commission syndicale, faire tous actes conservatoires ou interruptifs de déchéance.

Tout contribuable inscrit au rôle de la commune a le droit d'exercer, tant en demande qu'en défense, les actions qu'il croit appartenir à la section dans laquelle il est *(L. n° 2013-428 du 27 mai 2013, art. 4)* « membre, dès lors qu'il ne dispose pas d'un intérêt à agir en son nom propre ».

Le contribuable qui souhaite exercer l'action doit, au préalable, en saisir le président de la commission syndicale. Celle-ci dispose d'un délai de deux mois, sauf risque de forclusion, pour délibérer sur le mérite de l'action.

En cas de désaccord ou de risque de forclusion ou si la commission syndicale ne s'est pas prononcée dans le délai visé ci-dessus ou n'a pas été constituée, le représentant de l'État dans le département peut autoriser le contribuable à exercer l'action.

Si le contribuable a été autorisé à exercer l'action, la section est mise en cause et la décision qui intervient a effet à son égard.

Si la commune est partie à l'action, l'article L. 2411-9 est applicable.

Lorsqu'un jugement est intervenu, le contribuable ne peut se pourvoir en appel ou en cassation qu'en vertu d'une nouvelle autorisation.

(L. n° 2013-428 du 27 mai 2013, art. 4) « Si la commission syndicale n'est pas constituée, le maire peut être habilité par le conseil municipal à représenter la section en justice, sauf si les intérêts de la commune se trouvent en opposition avec ceux de la section. Dans ce dernier cas, une commission syndicale spéciale est désignée par le représentant de l'État dans le département uniquement pour exercer l'action en justice contre la commune. Cette commission est dissoute lorsque le jugement est définitif. Les conditions de désignation de cette commission et ses modalités de fonctionnement sont fixées par décret en Conseil d'État. – *V. art. R. 2411-11 à R. 2411-13.*

« Dans le cas où le maire de la commune est personnellement intéressé à l'affaire, le représentant de l'État dans le département peut autoriser un autre membre du conseil municipal à exercer l'action en justice. »

I. OBJET DU RECOURS

1. Les habitants de la section peuvent exercer un recours pour excès de pouvoir contre tout acte d'une autorité administrative (maire, représentant de l'État dans le département...) intéressant la section, et notamment à l'encontre d'un arrêté d'occupation temporaire d'un bien de section. • CE 13 oct. 1967, *Préfet de la Corrèze et min. de l'Intérieur c/ Cts Madelmont : Lebon 370.*

2. Présente un intérêt suffisant pour la section, l'action engagée par des membres de la section tendant à revendiquer, au nom de la section la propriété d'une parcelle comprenant la place du hameau, qui serait en partie occupée à titre privatif par l'ancien maire, nonobstant la circonstance qu'elle serait engagée aux frais et risques non des demanderesses, mais de la section, dont les biens ne sont pas gérés par une commission syndicale, en l'absence de constitution d'une telle commission. • CAA Lyon, 20 mars 1997, *Min. de l'Intérieur c/ M. Chalard et a.*, n° 94LY01319.

II. QUALITÉ DES PARTIES

A. SECTION

3. Une section de commune est recevable à attaquer un arrêté autorisant l'occupation temporaire d'un terrain dont elle est propriétaire. • CE 13 oct. 1967, *Préfet de la Corrèze et min. de l'Intérieur c/ Cts Madelmont : Lebon 370 ; RD publ. 1968. 212.*

4. L'autorité administrative ne peut s'opposer à ce qu'une section de commune entreprenne de faire reconnaître les droits qu'elle estime posséder, l'existence même de la section serait-elle douteuse. • CE 2 avr. 1909, *Fourcade.* – V. aussi • CE 29 oct. 1926, *Cne de Grayon : Lebon 908.*

B. PROPRIÉTAIRE HABITANT AGISSANT INDIVIDUELLEMENT OU COLLECTIVEMENT

5. Recours individuel ou par association. Les recours pour excès de pouvoir déposés par les habitants de la section contre les actes d'une autorité administrative concernant la section peuvent s'exercer soit individuellement, soit par l'intermédiaire d'une association regroupant les habitants intéressés. • CE 2 juill. 1980, *Canavaggio et Assoc. de défense des intérêts matériels et moraux des habitants et propriétaires du hameau de Bisinao*, n° 13650 : *Dr. adm. août-sept. 1980, n° 292.*

6. Recours en tant que copropriétaire. Est également irrecevable la demande introduite par l'ensemble des copropriétaires de la section, agissant ès qualités. • T. civ. Saint-Malo, 28 juin 1950, *Poutard : Gaz. Pal. 1951. 1. Somm. 301.*

7. Autorisation préalable. Dans les domaines où la commune est compétente, en raison du mandat exclusif conféré au maire, une demande en justice introduite par un propriétaire, habitant de la section, qui n'aurait pas été spécialement autorisé à cet effet par le tribunal administratif, est irrecevable. • CE 3 mars 1911, *Tranchet : Lebon 406.* ♦ Quand les requérants demandent au nom de la section de commune l'annulation des délibérations du conseil municipal décidant l'adjudication des bois communaux aux enchères publiques pour les chasseurs de la commune ; qu'en dépit de la demande qui leur en a été faite par le secrétariat du contentieux du Conseil d'État, les requérants n'ont produit ni délibération de la commission syndicale, ni autorisation du représentant de l'État dans le département comme le prescrit l'art. L. 2411-8 CGCT, leur requête est irrecevable. • CE 10 févr. 1989, *MM. Champdaveine et Roussot*, n° 66742. ♦ Le préfet ne peut refuser à des habitants de la section l'autorisation d'agir en revendication de propriété au nom de la section, dès lors que l'action envisagée ne pouvait être regardée comme dépourvue de chance de succès (en l'espèce, le juge judiciaire a reconnu que la parcelle revendiquée constituait un bien communal, et qu'une partie au moins appartenait à la section). • CAA Lyon, 20 mars 1997, *Min. de l'Intérieur c/ M. Chalard et a. : préc. note 2.* ♦ Lorsqu'en première instance, en l'absence de constitution de la commission, les actes de procédure ont été notifiés au maire, un habitant de la section ne peut faire appel, même s'il y a été autorisé par le préfet, dès lors qu'il n'avait pas demandé à exercer en première instance l'action de la section • Cass. 23 févr. 2000, *Tinet c/ Sté des Autoroutes du Sud de la France (ASF), Cne de Bourg Lastic et section de Cne de Préchonnet*, n° 98-70.213.

8. Plein contentieux. Les contestations des décisions de l'autorité administrative compétente qui examine une demande présentée par un contribuable sur le fondement de l'art. L. 2411-8 relèvent du contentieux de pleine juridiction ; par suite, la demande des requérants, dirigée contre la décision par laquelle le préfet leur a refusé l'autorisation d'exercer diverses actions en justice au nom de la section est une demande de plein contentieux ; dès lors, le recours formé par le ministre de l'Intérieur contre le jugement du tribunal qui annule partiellement la décision préfectorale doit être renvoyé à la CAA. • CE 10 juin 1994, *Min. de l'Intérieur c/ Mlle Chalard et a.*, n° 109358.

C. OPPOSITION D'INTÉRÊTS

9. Quand la section ne plaide que par certains habitants, les limites apportées par la loi à la compétence du maire quand il y a opposition d'intérêts entre la commune et les sections ne jouent pas ; le maire doit alors représenter la section. • Civ. 16 févr. 1841, *Section de Givrette : DP 1841. 1. 118.*

III. COMPÉTENCE DU PRÉSIDENT

A. DURÉE DU MANDAT

10. Le président suit l'action contentieuse au nom de la section même après l'expiration de la durée pour laquelle la commission avait été élue et « tant qu'une nouvelle commission syndicale n'a pas été réunie », si l'objet de cette nouvelle commission est absolument identique. En l'espèce, le président restait en fonctions car, chargé de poursuivre une action, son mandat n'avait pu être rendu caduc par l'élection du président d'une autre commission qui n'était chargé, lui, que de rechercher un accord sur le même litige. • CE 13 oct. 1967, *Préfet de la Corrèze : Lebon 370 ; RD publ. 1968. 212.*

B. DÉCÈS DU PRÉSIDENT

11. Le décès du président représentant la section entraîne la suspension de l'instance engagée par ou contre une section de commune, cette dernière se trouvant ainsi privée de tout représentant légal (il y a lieu, dans ces conditions, de procéder à la désignation d'un nouveau président avant de poursuivre l'instance). • Civ. 24 août 1853, *Section de Montruffet : DP 1853. 1. 271.*

IV. COMPÉTENCE DES JURIDICTIONS

A. DOMAINE

1° CONTENTIEUX ADMINISTRATIF

12. Les tribunaux administratifs sont compétents par application des lois des 4 juill. 1743 et 9 ventôse An XII, pour tout ce qui concerne les difficultés nées du partage en jouissance, relatives au mode de jouissance. • CE 8 mai 1912, *Aufrère : Lebon 535.* – V. aussi • CE 23 janv. 1935, *Bouillien : Lebon 861.* ♦ Dans le même sens pour le mode de partage. • CE 1er févr. 1907, *Saint-Beauzille : Lebon 104.* ♦ Dans le même sens pour le mode de partage ou de jouissance, • CAA Lyon, 13 mai 2002, *Section de Cne d'Antilly,* n° 97LY20412. ♦ Pour l'appréciation de la légalité du règlement, V. • CE 3 juin 1910, *Monglond, Depoux et a. : Lebon 431.* ♦ Pour l'indemnisation de l'ayant droit irrégulièrement écarté d'un partage en jouissance et à qui il n'est plus possible d'attribuer un lot, V. • CE 1er mars 1933, *Cne de Brion : Lebon 251.* ♦ Pour l'appréciation de la légalité de la délibération ayant autorisé la passation d'un titre de droit privé, V. • CE 2 oct. 1968, *Ausseil,* n° 64000 B.

13. Le litige par lequel des ayants droit d'une section demandent l'attribution d'une parcelle des biens sectionaux sur le fondement des art. L. 145-2 et L. 145-3 C. for. [ancien] alors que la commune fait valoir que ces biens ayant fait l'objet d'un arrêté préfectoral autorisant le changement d'usage et le boisement des parcelles, les demandeurs ne peuvent plus prétendre à une exploitation personnelle par pacage mais à des droits d'affouage lorsque la forêt sera arrivée à maturité, relève de la compétence de la juridiction administrative. • T. confl. 4 mars 2002, *M. et Mme Chanson c/ Cne de Védrines-Saint-Loup,* n° 3270.

14. Les actes administratifs relatifs aux biens sectionaux peuvent être déférés par le maire, le président de la commission syndicale, dûment autorisés, ou un simple particulier, dans les conditions définies par la loi, devant la juridiction administrative. Pour un arrêté préfectoral autorisant l'occupation temporaire d'un bien sectional, V. • CE 13 oct. 1967, *Préfet de la Corrèze : Lebon 370 ; RD publ. 1968. 212.* ♦ De même en ce qui concerne les décisions de donner à bail des immeubles du domaine privé. • CE 20 juill. 1975, *Rousselot : Lebon 540.*

2° CONTENTIEUX JUDICIAIRE

a. Principe

15. Les décisions relatives à la gestion des biens du domaine privé relèvent de la compétence des tribunaux judiciaires dès lors que la collectivité en cause s'est comportée pour cette gestion comme un simple particulier et que, en conséquence, la décision « ne met en œuvre aucune prérogative de puissance publique distincte de l'exercice par un particulier de son droit de propriété ». • T. confl. 24 oct. 1994, *Duperray : Lebon 606.*

16. La gestion d'un bien du domaine privé d'une collectivité publique ne constitue pas un service public. • CE 28 nov. 1975, *Office national des Forêts c/ Abamonte : Lebon 602 ; D. 1976. 355, note J.-M. Auby ; AJDA 1976. 148, note Julien-Laferrière ; RD publ. 1976. 1051, note Waline ; JCP 1976. II. 18467, note Boivin.*

b. Applications

1. Contrats de vente

17. Sont de la compétence des juridictions judiciaires les litiges portant sur les actes de vente de biens sectionaux. • TA Clermont-Ferrand, 22 mai 1981, *Cne de Saint-Martin-des-Olmes,* n° 9462. ♦ Il n'en irait autrement que si le contrat de vente ou de location pouvait se voir reconnaître la qualité de contrat administratif, soit comme étant relatif à l'exécution d'un service public, soit comme contenant une clause exorbitante du droit commun. • TA Pau, 21 mars 1978, *Baylaucq,* n° 2906.

2. Contrats de location

18. Sont de la compétence des juridictions judiciaires les litiges portant sur les actes de location, baux emphytéotiques, actes de rétrocession d'un terrain sectional acquis par une SAFER. • TA Clermont-Ferrand, 24 mai 1984, *Moulin : inédit.* ♦ V. aussi, pour l'expulsion d'un locataire sur bien sectional que seuls ces tribunaux peuvent ordonner, • TA Lille, 15 oct. 1974, *Cne de Biache-Saint-Vaast,* n° 3855. ♦ V. encore, pour l'appréciation de la portée d'un titre de droit privé (bail emphytéotique datant de 1406), • CE 10 avr. 1964, *Cne de Sagne et Goudoulet : Lebon 205.*

19. La décision par laquelle le maire retire à un particulier la jouissance d'un chalet sur fonds sectionaux échappe à la compétence administrative, les tribunaux judiciaires étant par principe compétents puisque les biens sectionaux relèvent du domaine privé de la collectivité. • CE 18 avr. 1902, *Soc. Fromagère de Champdor : Lebon 276.*

20. Si, au titre de l'art. L. 411-50 C. rur., « sauf conventions contraires, les clauses et conditions du nouveau bail sont celles du précédent », l'appréciation de la légalité d'une délibération par laquelle le conseil municipal a renouvelé les baux en augmentant la redevance des ayants droit suppose l'examen de questions qui échoient au juge judiciaire (les nouveaux baux portent-ils sur les mêmes fonds ; les nouveaux fonds loués ont-ils une superficie supérieure ; les nouveaux fonds ont-ils fait l'objet de travaux d'aménagement ?). • CE 27 févr. 1995, *Chapelle*, n° 133804 : *Lebon 107*.

21. La délibération par laquelle un conseil municipal décide de fermer une partie d'un terrain appartenant à une section pour le réserver au pacage d'animaux n'appartenant pas aux ayants droit de cette section concerne une dépendance du domaine privé communal non affecté à l'usage du public et par là même est un acte de droit privé, dont il n'appartient pas à la juridiction administrative de connaître ; toutefois l'appel formé doit être porté devant le juge d'appel de droit commun au sein de l'ordre juridictionnel administratif. • CE 12 déc. 1997, *M. Pélissier*, n° 164664.

3. Travaux

22. Sont de la compétence du juge judiciaire les travaux exécutés par ou pour la section n'ayant pas le caractère de travaux publics, en l'espèce ceux concernant une route forestière ayant pour but exclusif de desservir une forêt sectionale. • T. confl. 8 févr. 1965, *Henri Martin c/ Sauvadet et a. : Lebon 811* (sol. *a contrario*).

B. POUVOIRS DU JUGE

23. Lorsque des habitants d'une section de commune, mécontents d'une vente d'un bien sectional, ont demandé l'annulation non pas de la décision de la commission syndicale, mais de la délibération du conseil municipal qui approuvait cette vente, le juge administratif estime recevable un tel recours, en considérant qu'il était dirigé en fait contre la seule décision réellement prise, la délibération de la commission. • TA Clermont-Ferrand, 14 nov. 1980, *Villedieu-Jallat*, n° 8430.

V. PROCÉDURE CONTENTIEUSE

24. Droits de timbre. Une section qui ne demande pas le bénéfice du II de l'art. 44-1 de la loi n° 87-1127 du 31 déc. 1987 sur l'exonération du droit de timbre sur les requêtes enregistrées auprès des TA, des CAA et du Conseil d'État, et qui n'a pas acquitté ce droit n'est pas recevable à intenter un recours contre le jugement du TA annulant sa délibération sur les conditions d'attribution du droit de chasse. • CE 19 mai 1995, *Section de Cne d'Antilly*, n° 154956.

25. Délai de recours. Si la décision par laquelle la commission syndicale de la section homologue le tirage au sort des lots de terres de la section n'a fait l'objet d'aucune publication, le délai de recours contentieux ne peut courir à l'encontre des ayants droit. La demande déposée par eux ne peut en outre être considérée comme tardive en raison de la seule circonstance qu'ils avaient pu avoir connaissance de la décision non publiée à l'occasion de procédures engagées par eux devant le juge judiciaire ou du fait de l'injonction qui leur a été faite de ne plus faire paître leurs bêtes sur ces terres. • CE 9 mai 1994, *Section de Born*, n° 94041. ♦ La circonstance que les requérants ne se soient pas pourvus contre la décision de la commission définissant le cahier des charges des ayants droit de la section ne les prive pas du droit de contester la décision ultérieure par laquelle la commission homologue le tirage au sort des lots de terres de la section attribués aux exploitants agricoles de la commune dont ils ont intérêt à demander l'annulation. • Même arrêt.

26. Ministère d'avocat. Est sans influence sur la régularité du jugement qui annule la délibération de la commission syndicale décidant l'acquisition d'un terrain, le fait que la section se serait trouvée dans l'impossibilité, faute de moyens financiers suffisants pour recourir aux services d'un avocat, d'assumer correctement sa défense dans l'instance qui l'a opposée au préfet. • CE 12 déc. 1997, *Section de Cne d'Antilly*, n° 168202.

27. Déni de justice. Le grief de déni de justice n'existe pas dès lors que la cour d'appel a, pour ordonner le partage de terres sectionales, tranché le litige à l'aide d'une autre motivation que celle du requérant suivant lequel « le régime juridique des terres en question pendant plus de quatre siècles est une énigme ». • Civ. 1re, 22 avr. 1997, *Section de Mazayes Haute et a. c/ section de Coheix et a.*, n° 95-14.455.

Art. L. 2411-9 **Lorsqu'un conseil municipal se trouve réduit à moins du tiers de ses membres, par suite de l'abstention, prescrite par l'article L. 2131-11, des conseillers municipaux qui sont intéressés à la jouissance des biens et droits revendiqués par une section,** *(L. n° 2013-428 du 27 mai 2013, art. 7)* **« les conseillers tenus à l'abstention sont remplacés par un nombre égal de citoyens tirés au sort par le représentant de l'État dans le département parmi les personnes inscrites sur les listes électorales de la commune, à l'exception des membres de la section ».**

Art. L. 2411-10 **Les membres de la section ont, dans les conditions résultant soit des décisions des autorités municipales, soit des usages locaux, la jouissance de ceux des**

biens de la section dont les fruits sont perçus en nature *(L. n° 2013-428 du 27 mai 2013, art. 8)* « , à l'exclusion de tout revenu en espèces ».

(L. n° 2013-428 du 27 mai 2013, art. 20) « Les terres à vocation agricole ou pastorale propriétés de la section sont attribuées par bail rural ou par convention pluriannuelle d'exploitation agricole ou de pâturage conclue dans les conditions prévues à l'article L. 481-1 du code rural et de la pêche maritime ou par convention de mise à disposition d'une société d'aménagement foncier et d'établissement rural : »

(L. n° 2014-1170 du 13 oct. 2014, art. 26) « 1° Au profit des exploitants agricoles ayant leur domicile réel et fixe, un bâtiment d'exploitation et le siège de leur exploitation sur le territoire de la section et exploitant des biens agricoles sur celui-ci ; et, si l'autorité compétente en décide, au profit d'exploitants agricoles ayant un bâtiment d'exploitation hébergeant, pendant la période hivernale, leurs animaux sur le territoire de la section conformément au règlement d'attribution et exploitant des biens agricoles sur ledit territoire ; »

« 2° À défaut, au profit des exploitants agricoles utilisant des biens agricoles sur le territoire de la section et ayant un domicile réel et fixe sur le territoire de la commune ;

« 3° À titre subsidiaire, au profit des exploitants agricoles utilisant des biens agricoles sur le territoire de la section ;

« 4° Lorsque cela est possible, au profit de l'installation d'exploitations nouvelles.

« Si l'exploitation est mise en valeur sous forme de société civile à objet agricole, les biens de section sont attribués soit à chacun des associés exploitants, dès lors qu'ils remplissent les conditions définies par l'autorité compétente, soit à la société elle-même. »

(L. n° 99-574 du 9 juill. 1999, art. 118) « Pour toutes les catégories précitées, les exploitants devront remplir les conditions prévues par les articles L. 331-2 à L. 331-5 du code rural et de la pêche maritime » *(L. n° 2005-157 du 23 févr. 2005, art. 204)* « et celles prévues par le règlement d'attribution défini par » *(L. n° 2013-428 du 27 mai 2013, art. 20)* « le conseil municipal.

« Le fait de ne plus remplir les conditions retenues par l'autorité compétente au moment de l'attribution entraîne la résiliation du bail rural ou de la convention pluriannuelle d'exploitation agricole ou de pâturage, notifiée par lettre recommandée avec demande d'avis de réception, avec application d'un préavis minimal de six mois. »

(L. n° 99-574 du 9 juill. 1999, art. 118) « L'ensemble de ces dispositions, qui concerne les usages agricoles et pastoraux des biens de section, ne fait pas obstacle au maintien, pour les *(L. n° 2013-428 du 27 mai 2013, art. 8)* « membres de la section » non agriculteurs, des droits et usages traditionnels tels que l'affouage, la cueillette *(L. n° 2013-428 du 27 mai 2013, art. 8)* « ou la chasse ». »

Les revenus en espèces ne peuvent être employés que dans l'intérêt de la section. Ils sont affectés prioritairement à la mise en valeur et à l'entretien des biens de la section ainsi qu'aux équipements reconnus nécessaires à cette fin par la commission syndicale.

PLAN DES ANNOTATIONS

I. PREMIER ALINÉA

A. DÉCISION DE L'AUTORITÉ MUNICIPALE

1° COMPÉTENCE DU CONSEIL MUNICIPAL

1. Sauf lois contraires, il appartient au conseil municipal de décider des modalités de jouissance des biens sectionaux, compte tenu de la nécessité de consulter la commission syndicale ou d'appliquer les usages locaux. • CE 21 nov. 1962, *Faure : Lebon 623.*

2. Affouage. C'est le conseil municipal et non la commission syndicale qui doit demander la délivrance de la coupe affouagère, décider de l'affectation de son produit à la caisse du receveur municipal, ou choisir le mode de partage. • CE 24 juin 1936, *Péjaire : Lebon 688.*

2° CARACTÈRES DE LA DÉCISION RÉGLEMENTANT LA JOUISSANCE

a. Décision réglementaire/individuelle

3. Les modalités de jouissance sont précisées par une délibération à caractère réglementaire dans la mesure où elle édicte des mesures de portée générale et impersonnelle, applicables à une catégorie d'administrés. En revanche, la délibération fixant la redevance par hectare exigée des ayants droit est une décision individuelle. Par suite, le défaut de notification ne faisant pas courir les délais de recours contentieux, la requête est recevable. • CE 27 févr. 1995, *Chapelle*, n° 133804 : *Lebon 107.*

b. Durée

4. Le règlement de jouissance reste en vigueur tant qu'il n'a pas été remplacé par un autre, et peut à l'expiration de sa durée être tacitement reconduit si le conseil municipal continue à faire le partage suivant les mêmes modalités que par le passé. • CE 31 mai 1913, *Dame Carles : Lebon 603.*

c. Décision de retrait de jouissance

5. Si le conseil municipal a prévu que la jouissance était réservée à certaines personnes répondant à des conditions particulières, la perte de ces conditions autorise le retrait du lot qui aurait été initialement accordé (en l'espèce, propriétaire cessant de remplir la condition d'habitation). • CE 29 nov. 1901, *Cne de Le Malzieu Ville : Lebon 834.*

B. USAGE LOCAL

6. L'usage est « une pratique habituellement suivie dans un milieu donné en vertu d'une règle non exprimée s'imposant comme une règle de droit ». • Civ. 12 févr. 1861 : *DP 1861. 1. 120.*

7. Les usages locaux peuvent guider la répartition des revenus des biens sectionaux autres que l'affouage. • CE 9 janv. 1935, *Faure : Lebon T. 1335.*

8. Le conseil municipal peut élaborer un règlement de jouissance des biens communaux ou sectionaux qui peut modifier les usages anciens, sous réserve de respecter les droits acquis antérieurement, en l'espèce la jouissance à la propriété d'une maison sur le territoire de la section. • CE 5 juin 1912, *Dame Hugonnet : Lebon 629.* – V. aussi • CE 25 févr. 1932, *Porte : Lebon 232.*

C. JOUISSANCE EN NATURE

1° DÉFINITION DES AYANTS DROIT

9. Pour une application de l'art. L. 2411-10 donnant au conseil municipal compétence pour définir les ayants droit de la jouissance en nature, V. • CE 3 mars 1905, *Épx Aumeunier c/ Cne de Fromental : Lebon 221, concl. Romieu.*

2° JOUISSANCE COLLECTIVE

10. Pour les droits des résidents secondaires en matière de jouissance collective en nature, V. • CE 31 mai 1989, *Mazaurin*, n° 82234 : *Lebon 137 ; LPA 1989, n° 118, concl. Guillaume.*

3° JOUISSANCE INDIVIDUELLE

11. La jouissance individuelle en nature « suppose nécessairement une exploitation personnelle par les ayants droit ». • Riom, 12 avr. 1994, *Boivin*, n° 153893.

4° AFFOUAGE SECTIONAL

12. Au cas où le conseil municipal n'a pris aucune décision pour réglementer la jouissance en nature des biens sectionaux et où, à défaut, les usages locaux ne permettent pas de déterminer ces règles, les dispositions des art. L. 145-2 et L. 145-3 C. for. [ancien] désormais art. L. 243-2 et L. 243-3 [V. ces art. ss. art. L. 2241-7] sont applicables. • CE 3 mars 1905, *Épx Aumeunier : Lebon 221, concl. Romieu.*

13. Le conseil municipal a compétence exclusive pour la fixation des modalités de répartition de l'affouage sectional. • CE 1er oct. 1986, *Cne de la Saulsotte c/ Assoc. des affouagistes de la Saulsotte*, n° 59522.

5° REDEVANCE DE JOUISSANCE

14. La liberté dont jouit le conseil municipal pour réglementer l'usage des biens sectionaux n'est limitée que par le « bloc de légalité », c'est-à-dire la loi, les règlements légalement faits, les principes généraux du droit et la jurisprudence, qui ne s'oppose pas à ce que le conseil municipal exige le paiement d'une redevance en contrepartie de l'usage exercé. • CE 27 févr. 1995, *Chapelle*, n° 133804 : *Lebon 107.*

6° CONTENTIEUX DE LA JOUISSANCE

a. Contentieux administratif

15. Les tribunaux administratifs sont compétents pour tout ce qui concerne les difficultés nées du partage, qu'il s'agisse d'un partage en jouissance ou en pleine propriété. Tel est le cas des contestations relatives au mode de jouissance. • CE 8 mai 1912, *Aufrère c/ Cne de Vigoux : Lebon 535*. – V. aussi • CE 23 janv. 1935, *Bouillien : Lebon 86*. ♦ ... À la détermination des ayants droit. • CE 3 mars 1905, *Épx Aumeunier c/ Cne de Fromental : Lebon 221, concl. Romieu*. ♦ ... Au mode de partage. • CE 1er févr. 1907, *Cne de Saint-Beauzille : Lebon 104*. ♦ ... À l'indemnisation de l'ayant droit irrégulièrement écarté d'un partage en jouissance et auquel il n'est plus possible d'attribuer un lot. • CE 1er mars 1933, *Cne de Brion : Lebon 251*.

b. Contentieux judiciaire

16. Les tribunaux judiciaires sont compétents pour l'appréciation de la portée d'un titre de droit privé (en l'espèce bail emphytéotique datant de 1406). • CE 10 avr. 1964, *Cne de Sagnes-et-Goudoulet : Lebon 208*. ♦ Mais la légalité de la délibération ayant autorisé la passation d'un titre de droit privé reste de la compétence administrative. • CE 20 oct. 1968, *Ausseil : Lebon T. 879*.

17. Sont de la compétence des juridictions judiciaires les litiges concernant les travaux exécutés par ou pour la section n'ayant pas le caractère de travaux publics (en l'espèce route forestière ayant pour but exclusif de desservir une forêt sectionale). • T. confl. 8 févr. 1965, *Henri Martin c/ Sauvadet et a. : Lebon 811 ; AJDA 1965. 418, obs. P.L.*

18. Les contestations entre copropriétaires indivis, y compris entre sections copropriétaires, sont de la compétence des tribunaux judiciaires. • TA Clermont-Ferrand, 9 nov. 1995, *Commission syndicale de Coheix*, n° 92-1280.

II. DEUXIÈME ALINÉA

19. Est légale l'exigence pour la jouissance de terres agricoles de la qualité d'exploitant agricole. • TA Clermont-Ferrand, 14 nov. 1980, *Villedieu-Jallat*, n° 8430 (sol. implicite). ♦ ... De la qualité d'exploitant agricole à titre principal. • TA Clermont-Ferrand, 8 nov. 1984, *Delbert*, n° 84-831. ♦ ... D'exploitant agricole de terres exploitées sur la section. • TA Clermont-Ferrand, 20 nov. 1984, *Goy*, n° 84-194. ♦ ... D'une condition de résidence de 9 mois. • TA Clermont-Ferrand, 18 juin 1982, *Vaissade*, n° 8121. ♦ ... La qualité de résident principal, puisque c'est ainsi que doit être entendue la condition de domicile réel et fixe. • CE 7 mars 2012, *M. Joseph A c/ Cne de Trélans*, n° 334899. ♦ ... De la qualité d'exploitant agricole jointe à celle de possesseur d'un domicile réel et fixe, au sens du C. for., dans la section. • TA Clermont-Ferrand, 15 nov. 1984, *Chabrier*, n° 83-870. ♦ ... De la qualité de propriétaire de « bêtes hivernées » de la section. • TA Clermont-Ferrand, 6 juin 1985, *Rispal*, n° 84-885. ♦ ... De la qualité de domicile réel et fixe ainsi que du siège de l'exploitation agricole sur le territoire de l'une des sections propriétaires des parcelles dont la requérante demande l'attribution • CE 8 févr. 2012, *Mme Marie-Josèphe A c/ Cne de Roffiac*, n° 330120.

20. Est illégale la condition exigée des exploitants agricoles de posséder, en propriété ou fermage, au moins trois hectares sur la section, cette condition établissant une discrimination entre petits et moyens propriétaires et entre propriétaires et locataires. • TA Clermont-Ferrand, 14 nov. 1980, *Villedieu-Jallat*, n° 8430. ♦ ... Celle de posséder une résidence principale pour le ramassage des champignons. • CE 31 mai 1989, *Mazaurin*, n° 82234 : *Lebon 137 ; LPA 1989, n° 118, concl. Guillaume*. ♦ ... La limitation à une seule part pour l'ensemble des membres d'un GAEC. • TA Clermont-Ferrand, 5 mars 1991, *Parly : inédit*. ♦ ... Le fait de réserver le droit de chasse aux habitants de la commune ou aux personnes qui y sont nées. • CE 14 sept. 1994, *Cne d'Escoutoux*, n° 114910 : *Lebon 413*. ♦ Sont illégaux le fait d'exiger une domiciliation dans la commune pour avoir la qualité d'ayant droit des terres à vocation agricole ou pastorale. • TA Clermont-Ferrand, 10 nov. 1994, *Coston*, n° 921620. ♦ ... Le fait d'exiger que la totalité des terres d'un exploitant agricole soit sur le territoire de la section. • TA Clermont-Ferrand, 22 déc. 1994, *Touzery : inédit*. ♦ ... La prétention de la commune selon laquelle il n'existait plus aucun lot vacant à la date de la demande de la requérante, dès lors que, d'une part, les conventions conclues par le maire avec les exploitants agricoles ayant bénéficié de l'attribution de biens sectionaux ont été signées postérieurement aux demandes présentées par la requérante, et que d'autre part ces conventions stipulaient que les preneurs s'engageaient à accepter à tout moment les modifications susceptibles d'y être apportées en raison de l'arrivée d'un nouvel exploitant remplissant les conditions pour se voir attribuer une partie de ces biens. • CE 8 févr. 2012, *Mme Marie-Josèphe A. c/ Cne de Roffiac*, n° 330120.

21. Bâtiment d'exploitation hivernal. La cour a pu juger que le requérant n'établissait pas par la production d'un constat d'huissier qu'il disposait d'un bâtiment d'exploitation hébergeant pendant la période hivernale ses animaux sur la section. • CE 7 mars 2012, *M. Joseph A c/ Cne de Trélans*, n° 334899.

22. Procédure en appel, puis en CE. Le requérant n'a pas soutenu devant la cour (et par suite ne peut le faire en cassation) que, dans l'hypothèse où il ne serait pas regardé comme un ayant droit prioritaire, il avait droit à l'attribution de terres en sa qualité d'exploitant de biens agricoles sur la section, au titre de l'attribution subsidiaire prévue par les dispositions précitées de l'article L. 2411-10 du code général des collectivités territoriales, et que le refus qui lui aurait été opposé d'une telle attribution serait fondé sur un motif illégal ou entaché d'une erreur manifeste d'appréciation. • CE 7 mars 2012, *M. Joseph A c/ Cne de Trélans,* n° 334899.

23. Ordre de priorité du partage, influence sur la légalité du partage. Le moyen d'après lequel les ayants droit d'une section et d'une indivision communale soutiennent que l'ordre des priorités pour la répartition des biens communaux, institué par l'art. L. 2411-10 CGCT, a été méconnu, n'est pas propre à créer un doute sérieux quant à la légalité des délibérations par lesquelles la commune a réparti les biens de ces sections entre leurs ayants droit. • CE 30 juill. 2003, *Cne de Paulhac,* n° 254904.

24. Partage en jouissance, compétence administrative. L'action par laquelle les exploitants des biens de la section contestent le nouveau partage de la jouissance de ces biens décidé par le conseil municipal relève de la compétence de la juridiction administrative en vertu des dispositions combinées des lois des 10 juin 1793 et 9 ventôse an XII et du décret du 21 sept. 1805 additionnel à cette dernière loi. • T. confl. 23 juin 2003, *Cne de Jabrun,* n° C3361.

25. Mise à disposition de la SAFER puis rétrocession. Ni les dispositions de l'art. L. 142-6 C. rur. ni les conditions contractuelles convenues avec la SAFER ne donnent à celle-ci la qualité de mandataire du propriétaire ; elles lui confèrent, en revanche, celle de preneur des immeubles en cause, à charge pour cet organisme de procéder à leur sous-location, par des baux qui ne relèvent pas, sauf pour leur prix, des dispositions du titre I du livre IV du code rural relatif au statut du fermage et du métayage ; ainsi, en estimant qu'au regard des dispositions de l'art. L. 2411-10 CGCT, qui ne prévoient qu'une location directe aux exploitants sous forme de bail rural ou de convention pluriannuelle d'exploitation, le régime d'allotissement retenu par la commune était de nature à faire naître un doute sérieux sur la légalité de la décision par laquelle le conseil municipal a contracté avec la SAFER, le juge des référés du TA n'a pas commis d'erreur de droit. • CE 15 mars 2006, *Cne de Trélans,* n° 283476 : *AJDA 2006. 1004*.

26. Exploitant agricole. EARL, attribution de terres. Une EARL, dotée d'une personnalité morale distincte de celle de ses associés exploitants, constitue un exploitant agricole, auquel peuvent être attribuées des terres à vocation agricole ou pastorale propriétés d'une section de commune en application de l'art. L. 2411-10 CGCT. Une EARL à finalité agricole attributaire de terres au titre de cette exploitation. Le respect des critères d'attribution des terres doit alors être apprécié au regard de la situation de la seule EARL, dont le siège doit être regardé comme le domicile réel et fixe au sens de la disposition précitée. La demande d'attribution de terres peut être présentée par la personne habilitée à représenter l'EARL ; en particulier, lorsque l'EARL est constituée par un associé unique, celui-ci peut présenter la demande au nom de l'EARL unipersonnelle. Lorsqu'un associé exploitant d'une EARL conserve une activité agricole en dehors du périmètre de l'EARL, en qualité d'exploitant agricole à titre individuel, il peut demander à ce titre l'attribution de terres en application de la disposition précitée. Les critères d'attribution sont alors appréciés au regard de sa situation personnelle et de celle de son exploitation individuelle. Quand une demande d'attribution de terres est présentée par une personne physique, sans qu'il soit précisé si celle-ci agit en tant qu'exploitant individuel ou en tant qu'associé unique d'une EARL, il appartient à la section puis, le cas échéant, au juge, de rechercher, compte tenu notamment du siège de l'exploitation mentionné, si la demande doit être regardée comme présentée au nom de l'exploitation individuelle ou au nom de l'EARL. Si la demande est présentée au nom de l'EARL, il appartient à la section puis, le cas échéant, au juge, de requalifier en ce sens la demande. Par ailleurs, si un exploitant agricole individuel, qui a obtenu l'attribution de terres dont une section est propriétaire, par bail rural ou par convention pluriannuelle de pâturage, devient ultérieurement l'associé d'une EARL, il peut mettre ces terres à la disposition de cette dernière conformément aux dispositions de l'art. L. 411-37 C. rur., ou lui en faire apport conformément aux dispositions de l'art. L. 411-38 du même code. • CE, avis, 15 juin 2011, n° 345540 : *RFDA 2011. 859.*

27. Référé. La condition d'urgence pour le référé de l'art. L. 521-1 CJA est remplie dès lors qu'une personne exploitait des terres sur la section en cause, et que la délibération du conseil municipal prévoyant le recours à la SAFER a pour effet de faire obstacle à l'exploitation de ces terres par l'intéressé. • CE 15 mars 2006, *Cne de Trélans,* n° 283476 : *préc. note 25.*

III. TROISIÈME ALINÉA

A. NATURE DES REVENUS EN ESPÈCES

28. Les revenus en espèces visés par l'art. L. 2411-10, al. 3, peuvent être de toute nature, et notamment consister en produits des coupes de bois ordinaires ou extraordinaires, et aussi en produits issus des droits de chasse. • CE 10 déc. 1909, *Section de Vaux c/ Cne de Saisy : Lebon 961.* ♦ La fixation de dépenses correspondant à l'exécution de travaux d'aménagement forestiers ne peut être regardée comme un emploi de revenus en espèces des biens de la section. • CE 8 juill. 1998, *Section de Cne d'Antilly,* n° 157029. ♦ Les revenus d'une section de commune ne peuvent pas en principe être reversés aux ayants droit, excepté s'il s'agit du produit de la vente de l'affouage. Il résulte de l'art. L. 145-3 C. for. [désormais L. 243-3] que lorsque les bois soumis à l'affouage appartiennent à une section de commune, « le produit de la vente de tout ou partie de l'affouage doit être, soit versé à la caisse communale, pour être employé dans l'intérêt exclusif de la section, soit partagé entre les membres de celle-ci ». • CE 17 mars 2014, *Cne de Vèze*, n° 353089 : *AJDA 2014. 653, note de Montecler*.

29. Pas plus que les habitants d'une section ne peuvent se partager gratuitement les biens sectionaux, ils ne peuvent se répartir entre eux le produit d'une indemnité d'expropriation. • CE 3 juin 1910, *Monglond, Depoux et a. : Lebon 431.*

B. UTILISATION DANS L'INTÉRÊT EXCLUSIF DE LA SECTION

30. Les sommes produites par les biens sectionaux doivent être affectées à des dépenses effectuées dans l'intérêt exclusif des habitants de la section. • CE 21 juill. 1907, *Section de Savigna : Lebon 728.* ♦ Dans le même sens, • CE 10 déc. 1909, *Section de Vaux c/ Cne de Saisy : Lebon 961.* ♦ Ont été considérées comme engagées dans l'intérêt exclusif des habitants de la section les dépenses concernant l'aménagement d'une mare et d'un chemin qui ne servaient qu'aux sectionnaires, mais non celles nécessitées par la réparation de l'église et la reconstitution de son mobilier. • CE 10 déc. 1909, *Section de Vaux c/ Cne de Saisy : Lebon 961.* ♦ S'il s'agit de dépenses n'ayant que partiellement profité aux habitants de la section, le juge définit dans quelle proportion celles-ci peuvent être considérées comme faites dans l'intérêt exclusif des sectionnaires. • TA Clermont-Ferrand, 4 févr. 1983, *Prothac*, n° 7688.

31. Méconnaît les dispositions de l'art. L. 2411-10 (al. 1 et 3) un conseil municipal qui décide de mettre en vente des bois et chablis appartenant à une section de commune pour financer des travaux qui, s'ils devaient être effectués sur le territoire de la section, ne constituaient qu'une partie du programme général d'assainissement prévu pour l'ensemble de la commune et financé sur le budget communal ; il affecte ainsi le produit de la vente des biens de la section à des réalisations qui n'ont pas pour objet l'intérêt exclusif de ses membres. • CE 26 juill. 1991, *Section de Cne de Ruxurieux-les-Cours-le-Champ-d'Evraux*, n° 87506.

32. Les fonds sectionaux ne peuvent être utilisés pour rembourser des annuités de prêts contractés par la commune pour une route communale, cette dépense étant considérée comme n'étant pas engagée dans l'intérêt exclusif des membres de la section. • CE 14 avr. 1995, *Domier et a.*, n° 125869.

C. RÉPARATION DU PRÉJUDICE

1° MODALITÉS DE RÉPARATION

33. Une section peut obtenir restitution des sommes provenant des biens dont elle est propriétaire et qui auraient dû lui revenir. • CE 10 déc. 1909, *Section de Vaux c/ Cne de Saisy : Lebon 961.* ♦ *Contra* : le juge ne peut ordonner la restitution des sommes litigieuses mais il peut indemniser la section du prélèvement illégal effectué par la commune sur les sommes qui lui revenaient, et pour cela, évaluer le préjudice réel subi par cette collectivité, compte tenu éventuellement de la prescription trentenaire. • CE 1er mars 1940, *Section de Mont-Quaix : Lebon 83.* ♦ Si l'arrêté définitif des budgets et des comptes retraçant l'opération illégale interdit que la section puisse obtenir la restitution des sommes litigieuses, cette circonstance ne fait pas obstacle à ce que la commune indemnise la section de la totalité du préjudice subi par cette dernière du fait de l'emploi illégal des sommes en cause. La section doit justifier de son préjudice ou du moins donner des éléments de nature à indiquer la réalité de celui-ci, faute de quoi le juge considérera que la requête n'est pas fondée. • CE 28 févr. 1902, *Section du Puy : Lebon 146.* – V. aussi • CE 10 déc. 1909, *Section de Vaux c/ Cne de Saisy : Lebon 961* • TA Clermont-Ferrand, 9 nov. 1995, *Commission syndicale de la section de Coheix*, n° 93-813.

2° PARTICULIER AYANT GAIN DE CAUSE

34. Quand une commune ou une section est condamnée par un tribunal au paiement d'une charge, les rôles établis pour le recouvrement des impositions rendues nécessaires pour acquitter cette charge ne doivent pas comprendre le particulier ou les habitants de la section qui ont obtenu gain de cause ; si tel n'est pas le cas, les intéressés peuvent obtenir décharge des cotes qui les auraient imposés à tort. • CE 30 avr. 1870, *Bourguenod.*

35. Si le particulier qui a obtenu gain de cause quitte la commune et vend ses biens, l'acquéreur ne profite pas de la faveur fiscale dont ses acquisitions bénéficiaient du seul fait de la personnalité de son vendeur. • CE 27 déc. 1886, *Cne de Gardie.* ♦ Dans le même sens : • CE 29 juill. 1881, *Maire de Maxou c/ Section de Saint-Pierre-la-Feuille.*

D. DÉPEUPLEMENT DE LA SECTION

36. Principes. Conservation des droits de la section. Le dépeuplement de la section n'implique pas que son patrimoine soit transféré en pleine propriété à la commune : « Le conseil municipal, lequel a, d'après l'art. 61 de la loi du 5 avr. 1884, compétence pour administrer les biens de la section, conserve ses attributions après le dépeuplement de la section sous réserve d'éviter toute mesure qui compromettrait l'exercice des droits de ladite section en cas de retour de ses habitants ; que, aussi longtemps qu'il n'y a pas d'habitants dans la section, il peut modifier le mode d'usage et de jouissance des biens de la section, notamment en attribuant le droit d'usage à tous les habitants de la commune ou en louant les biens et en affectant le produit du loyer aux besoins généraux de la commune, ou même en vendant les biens, si cette opération s'avère nécessaire, à la condition d'en effectuer le remploi ; par suite, en attendant qu'intervienne une disposition législative ... il est impossible d'admettre l'attribution de la forêt de X, en toute propriété, à la commune de Y ; toutefois, il appartient au conseil municipal de cette dernière commune d'en assurer l'administration, sous réserve de ne point porter atteinte aux droits éventuels des habitants de la section au cas où ils reviendraient ». • CE, avis, 10 juin 1947 : *inédit.*

37. Principes. « Il n'apparaît pas que la personne propriétaire des biens immobiliers constituant les hameaux érigés en sections de communes et ultérieurement privés de population devienne propriétaire des biens sectionaux : c'est la section de commune, en effet, qui est investie de cette qualité en tant que personne morale, et non ses habitants pris individuellement. L'absence de population dans la section ne peut se traduire, dans ce domaine, que par la reprise par la commune mère, de l'exercice de ses droits de garde sur les biens sectionaux, jusqu'au moment de la reconstitution de la section. Pour les raisons exposées, l'État ne saurait s'approprier ces biens » (Question écrite n° 10076 : *JOAN Q, 5 août 1961).*

38. Repeuplement. La commune ne peut, dans le cas où la section a été dépeuplée puis vient à être habitée de nouveau, invoquer à son profit la prescription ni pour refuser d'employer les revenus des biens dans l'intérêt des habitants, ni pour se prétendre désormais propriétaire des biens sectionaux ; en effet, sa possession est équivoque, puisqu'elle est restée gestionnaire des biens de la section, ne s'est comportée que comme administrateur légal des biens de la section, mais à aucun moment n'a pu agir en véritable propriétaire. • Cass. 31 déc. 1924 : *S. 1924. 1. 344.*

Art. L. 2411-11 **Le transfert à la commune de tout ou partie des biens, droits et obligations d'une section est prononcé par le représentant de l'État dans le département sur demande conjointe du conseil municipal et de la commission syndicale se prononçant à la majorité** *(L. n° 2004-809 du 13 août 2004, art. 126)* **« de ses membres » ou, si la commission syndicale n'a pas été constituée, sur demande conjointe du conseil municipal et** *(L. n° 2004-809 du 13 août 2004, art. 126)* **« de la moitié des »** *(L. n° 2013-428 du 27 mai 2013, art. 1er)* **« membres » de la section.**

Dans le délai de deux mois à compter de l'arrêté de transfert, le représentant de l'État dans le département porte ce transfert à la connaissance du public *(L. n° 2013-428 du 27 mai 2013, art. 1er)* **« et notifie l'arrêté de transfert à la commission syndicale lorsqu'elle est constituée, ainsi qu'au maire de la commune à fin d'affichage en mairie pendant une durée de deux mois ».**

Les *(L. n° 2013-428 du 27 mai 2013, art. 1er)* **« membres de la section » qui en font la demande reçoivent une indemnité, à la charge de la commune, dont le calcul tient compte** *(L. n° 2013-428 du 27 mai 2013, art. 1er)* **« des avantages effectivement recueillis en nature pendant les dix dernières années » précédant la décision de transfert et des frais de remise en état des biens transférés.**

Cette demande est déposée dans l'année qui suit la décision de transfert. À défaut d'accord entre les parties, il est statué comme en matière d'expropriation pour cause d'utilité publique.

V. art. D. 2411-3 s.

Transfert des biens à une commune ; conformité à la Convention européenne des droits de l'homme. Le transfert des biens d'une section de communes à une commune a pour effet d'entraîner les biens, droits et obligations transférés dans le domaine privé communal, dépossédant ainsi les sectionnaires des droits qu'ils détenaient. Cette dépossession, telle qu'organisée par les dispositions de l'art. L. 2411-11 CGCT, ne méconnaît pas l'article premier du protocole additionnel à la Convention européenne des droits de l'homme. • CAA Nantes, 27 mars 2007, n° 05NT005121 : *AJDA 2007. 1457*.

Art. L. 2411-12 **Lorsque, en raison du défaut de réponse des électeurs, constaté dans les conditions prévues au** *(L. n° 2013-428 du 27 mai 2013, art. 9)* **« 2° » de l'article L. 2411-5 ou en raison de l'absence d'électeurs, la commission syndicale n'a pas été constituée à la suite de deux renouvellements généraux consécutifs des conseils municipaux, le transfert à la commune des biens** *(L. n° 2013-428 du 27 mai 2013, art. 9)* **« , droits » et obligations de la section peut être prononcé par arrêté du représentant de l'État dans le département sur avis favorable du conseil municipal et après l'enquête publique** *(Ord. n° 2015-1341 du 23 oct. 2015, art. 5)* **« conduite dans les conditions prévues par le code des relations entre le public et l'administration ».**

Dans le délai de deux mois à compter de l'arrêté de transfert, le représentant de l'État dans le département porte à la connaissance du public le transfert des biens de la section *(L. nº 2013-428 du 27 mai 2013, art. 9)* « et notifie l'arrêté de transfert au maire de la commune à fin d'affichage en mairie pendant une durée de deux mois.

« Les membres de la section peuvent prétendre à une indemnité dans les conditions prévues à l'article L. 2411-11. »

Art. L. 2411-12-1 *(L. nº 2004-809 du 13 août 2004, art. 12)* Le transfert à la commune des biens, droits et obligations d'une section de communes est prononcé par le représentant de l'État dans le département sur demande du conseil municipal dans l'un des cas suivants :

— lorsque depuis plus de *(L. nº 2013-428 du 27 mai 2013, art. 10)* « trois » années consécutives, les impôts ont été payés sur le budget communal ou admis en non-valeur ;

— lorsque les électeurs n'ont pas demandé la création d'une commission syndicale alors que les conditions pour une telle création, telles qu'elles sont définies aux articles L. 2411-3 et L. 2411-5, sont réunies ;

— lorsque moins *(L. nº 2013-428 du 27 mai 2013, art. 10)* « de la moitié » des électeurs a voté lors d'une consultation ;

(L. nº 2013-428 du 27 mai 2013, art. 10) « — lorsqu'il n'existe plus de membres de la section de commune.

« Dans le délai de deux mois à compter de l'arrêté de transfert, le représentant de l'État dans le département porte à la connaissance du public le transfert des biens de la section et notifie l'arrêté de transfert à la commission syndicale lorsqu'elle est constituée, ainsi qu'au maire de la commune à fin d'affichage en mairie pendant une durée de deux mois. »

1. Droits de l'homme et libertés fondamentales. Les dispositions de l'art. L. 2411-12-1 qui permettent au préfet de prononcer à la demande du conseil municipal le transfert des biens appartenant à une section de commune au profit de la commune, lorsque les habitants de la section manifestent peu ou pas d'intérêt pour le fonctionnement de celle-ci, sans prévoir de procédure d'indemnisation, sont incompatibles avec l'art. 1er du premier protocole additionnel à la Conv. EDH. • CAA Bordeaux, 2 juin 2009, *M. Mongaboure,* nº 08BX00816 : *AJDA 2009. 1659, concl. Viard* • CAA Lyon, 24 nov. 2009, *Féd. des ayants droit des sections de cnes de Haute-Loire,* nº 07LY02310 : *JCP Adm. 2010, nº 8, comm. 2076, note Moreau ; AJDA 2010. 559, note Yolka.*

2. Indemnisation d'un ayant droit de la section en raison du transfert de propriété. L'art. L. 2411-12-1 CGCT ne permet le transfert à la commune des biens, droits et obligations d'une section de commune, prononcé par le représentant de l'État dans le département sur demande du conseil municipal, que dans trois cas qui correspondent à des situations dans lesquelles les ayants droit de la section ont manifestement cessé de porter intérêt à son fonctionnement et à la gestion de ses biens ; le législateur a ainsi entendu permettre, pour un motif d'intérêt général, le transfert à titre gratuit à la commune des biens, droits et obligations de la section afin de mettre un terme soit au blocage de ce transfert en raison de l'abstention d'au moins deux tiers des électeurs, soit au dysfonctionnement administratif ou financier de la section. Cet article ne fait pas obstacle à ce qu'un ayant droit de la section prétende à une indemnisation de la perte de son droit de jouissance dans le cas exceptionnel où le transfert de propriété de la section à la commune des biens ou droits dont la première est titulaire entraînerait pour cet ayant droit une charge spéciale et exorbitante, hors de proportion avec l'objectif d'intérêt général poursuivi. Par suite, commet une erreur de droit la CAA qui juge que l'absence de toute procédure d'indemnisation prévue par l'art. L. 2411-12-1 CGCT rompait le juste équilibre devant être ménagé entre les exigences de l'intérêt général et la sauvegarde du droit au respect des biens, et que les dispositions de cet article étaient, dès lors, incompatibles avec les stipulations de l'article 1er du premier protocole additionnel à la Convention européenne de sauvegarde des droits de l'homme et des libertés fondamentales, sans rechercher si ces dispositions excluaient toute indemnisation dans le cas exceptionnel où le transfert de propriété de la section à la commune des biens ou droits dont la première est titulaire entraînerait pour des membres de la section une charge spéciale et exorbitante, hors de proportion avec l'objectif d'intérêt général poursuivi. • CE 22 juill. 2011, *Cne de Saint-Martin d'Arrossa,* nº 330481.

Art. L. 2411-12-2 *(L. nº 2013-428 du 27 mai 2013, art. 11)* Le transfert à la commune de tout ou partie des biens, droits et obligations d'une section peut être prononcé par le représentant de l'État dans le département, à la demande du conseil municipal afin de mettre en œuvre un objectif d'intérêt général.

Lorsqu'elle est constituée, la commission syndicale est consultée sur la délibération du conseil municipal et dispose d'un délai de deux mois à compter de sa saisine pour rendre un avis au conseil municipal. Lorsque la commission syndicale n'a pas été constituée, la délibération du conseil municipal est publiée *(L. nº 2019-486 du 22 mai 2019, art. 3)* « sur un support » habilité à recevoir des annonces légales diffusé dans le département et affichée en mairie pendant une durée de deux mois durant laquelle les membres de la section peuvent présenter leurs observations.

Lorsque le transfert porte sur des biens à vocation agricole ou pastorale, la chambre d'agriculture est informée de la demande et peut émettre un avis au conseil municipal sur l'utilisation prévue par la commune des biens à transférer.

Dans le délai de deux mois à compter de l'arrêté de transfert, le représentant de l'État dans le département porte ce transfert à la connaissance du public et notifie l'arrêté de transfert à la commission syndicale lorsqu'elle est constituée, ainsi qu'au maire de la commune à fin d'affichage en mairie pendant une durée de deux mois.

Les membres de la section peuvent prétendre à une indemnité dans les conditions prévues à l'article L. 2411-11.

Art. L. 2411-12-3 *(L. nº 2013-428 du 27 mai 2013, art. 12)* Lorsque la commune souhaite aliéner un bien transféré d'une section de commune en application des articles L. 2411-11 à L. 2411-12-2 dans un délai de cinq ans à compter de la date de publication de l'arrêté de transfert, la délibération du conseil municipal présentant les caractéristiques du bien à aliéner est affichée en mairie pendant une durée de deux mois.

Art. L. 2411-13 Au terme d'un délai de cinq ans à compter de la fusion prononcée par l'arrêté prévu à l'article L. 2113-5 *(L. nº 2010-1563 du 16 déc. 2010, art. 24)* « dans sa rédaction antérieure à la loi nº 2010-1563 du 16 décembre 2010 de réforme des collectivités territoriales ou de la création d'une commune nouvelle prononcée par l'arrêté prévu à l'article L. 2113-3 », les biens et droits des sections de commune créées consécutivement à la fusion de deux ou plusieurs communes ou au rattachement d'une partie du territoire d'une commune à une autre commune peuvent être transférés en tout ou partie, en tant que de besoin, à la commune par arrêté du représentant de l'État dans le département pris après enquête publique *(L. nº 2010-788 du 12 juill. 2010, art. 242; Ord. nº 2015-1341 du 23 oct. 2015, art. 5)* « réalisée conformément au code des relations entre le public et l'administration » à la demande du conseil municipal.

Art. L. 2411-14 *(L. nº 2013-428 du 27 mai 2013, art. 13)* I. — Les biens de la section ne peuvent donner lieu à partage entre ses membres.

II. — Lorsque plusieurs sections de commune disposent d'un bien indivis ou lorsqu'une commune dispose d'un bien indivis avec une ou plusieurs sections, un indivisaire peut demander qu'il soit mis fin à l'indivision en ce qui le concerne, par notification de sa décision aux autres sections ou communes intéressées.

Une commission commune, présidée par un délégué nommé par le représentant de l'État dans le département et composée d'un délégué de chaque section ou commune concernée élabore, dans un délai d'un an, un projet de définition du lot ou de la compensation à attribuer à la section ou à la commune. Les frais d'expertise sont à la charge de la section ou de la commune demanderesse.

La section ou la commune reçoit, par priorité, un lot situé sur son territoire. Elle peut réclamer, moyennant une compensation en argent ou en nature, l'attribution d'un lot dont la valeur excède la part qui lui revient lorsque, pour sa bonne gestion, ce bien ne doit pas être morcelé ou lorsqu'il est nécessaire à la politique d'équipement ou d'urbanisation de la commune.

Si une section ou une commune décide de mettre fin à l'indivision, aucun acte modifiant la valeur du bien et de ce qui y est attaché ne peut intervenir durant le délai qui s'écoule entre la demande de fin de l'indivision et l'attribution du lot constitué.

En l'absence de notification d'un projet dans le délai d'un an prévu au deuxième alinéa du présent II ou en cas de désaccord persistant après l'expiration d'un délai d'un an à compter de la date où la section ou la commune a été informée du projet établi par la commission commune, le juge de l'expropriation, saisi par l'une des sections ou

des communes intéressées, se prononce sur l'attribution du lot ou sur la valeur de la compensation.

I. INTERDICTION DES PARTAGES À TITRE GRATUIT

1. En application de la loi du 9 ventôse An XII, les partages en pleine propriété à titre gratuit sont interdits, qu'il s'agisse de biens des communes ou des sections. • CE 3 juin 1910, *Monglond, Dejoux et a. : Lebon 431.*

II. PARTAGES À TITRE ONÉREUX

A. LÉGALITÉ

2. Le partage en pleine propriété à titre onéreux est autorisé. • CE 4 août 1864, *Bellinet : Lebon 723* • CE 28 févr. 1912, *Baget c/ Cne de Celoux : Lebon 267* • CE 9 janv. 1935, *Faure : Lebon T. 1335.*

B. AUTORISATION PRÉFECTORALE

3. Est nécessaire l'autorisation préalable motivée du représentant de l'État dans le département pour les partages à titre onéreux des biens sectionaux autres que les bois. • TA Clermont-Ferrand, 27 juin 1985, *Terisse : inédit.*

C. COMPÉTENCE DÉCISIONNELLE EN MATIÈRE DE PARTAGE

4. La détermination des ayants droit au partage relève de la compétence du conseil municipal. • CE 20 févr. 1935, *Malpelas : Lebon 215.* ♦ *Contra* : la compétence pour décider du partage en pleine propriété revient à l'autorité qui fixe la liste des ayants droit, c'est-à-dire à la commission syndicale. • TA Clermont-Ferrand, 14 févr. 1985, *Agay : inédit.*

5. Le partage en pleine propriété à titre onéreux est assimilable à une vente des biens de la section relevant de la compétence de la commission ; mais l'autorité compétente pour déterminer la liste des ayants droit est le conseil municipal ; celui-ci, cependant, ne peut légalement établir une telle liste tant que la commission syndicale ne s'est pas prononcée sur le principe même du partage. • TA Clermont-Ferrand, 21 janv. 1983, *Goy,* n° 614.

D. CRITÈRES DU PARTAGE

6. L'autorité compétente pour déterminer les ayants droit peut fixer les critères lui permettant d'effectuer ce choix. • CE 3 mars 1905, *Épx Aumeunier c/ Cne de Fromental : Lebon 221, concl. Romieu.* – V. aussi • CE 20 févr. 1935, *Malpelas : Lebon 215.*

7. Pour déterminer les ayants droit au partage à titre onéreux, le conseil municipal peut écarter expressément l'application du code forestier et se référer aux seuls « usages anciens » de la commune, lesquels prévoyaient le partage entre les propriétaires ayant feu vif et distinct sans exiger qu'ils aient en même temps la possession d'une exploitation agricole. • CE 20 févr. 1935, *Malpelas : Lebon 215.*

E. PARTAGE EN CAS D'INDIVISION ENTRE SECTIONS

8. Le partage peut avoir lieu entre sections, lorsque celles-ci sont copropriétaires indivises d'un même bien, par application des dispositions du code civil relatives à l'indivision : « Attendu qu'il n'est pas fourni à la cour un texte légal prescrivant que, par exception à l'art. 815 C. civ., les indivisions des sections seraient perpétuelles ». • Riom, 9 mars 1995, *Sections Mazayes Basse et a.,* n° 2572-95.

9. Application de l'action en partage du code civil. C'est à bon droit que la cour d'appel a rappelé le principe posé par l'art. 815 C. civ., selon lequel nul n'est contraint de demeurer dans l'indivision, l'art. L. 2411-14 CGCT n'interdisant que le partage des biens entre les habitants d'une même section de commune, mais non celui de terres indivises entre plusieurs sections. • Civ. 1re, 22 avr. 1997, *Section de Mazayes Haute et a. c/ section de Coheix et a.,* n° 95-14.455.

10. Interdiction de partage des biens de la même section. Dès lors que la matrice cadastrale fait apparaître que les six sections de communes figuraient comme propriétaires indivis, c'est en vertu des art. L. 2411-14 s. CGCT que l'arrêt attaqué peut ordonner le partage, celui-ci n'étant prohibé qu'à l'égard des biens situés à l'intérieur d'une même section. • Civ. 1re, 22 avr. 1997, *Section de Mazayes Haute,* n° 94-14.455 : *préc. note 9.*

11. Action en partage fondée sur une présomption de propriété tirée du cadastre. Dès lors que les terrains litigieux étaient cadastrés, ce qui établissait une présomption de propriété en faveur des sections concernées, et que celles-ci se trouvaient dotées de la personnalité juridique, la juridiction du second degré peut en déduire que l'action en partage d'une section de commune était fondée. • Civ. 1re, 22 avr. 1997, *Section de Mazayes Haute,* n° 94-14.455 : *préc. note 9.*

F. PARTAGE DES FORÊTS AFFOUAGÈRES

12. « À défaut d'un règlement légal sur le partage de jouissance des biens communaux, une vente de ces biens à laquelle peuvent seuls participer les ayants droit à la jouissance de ces biens doit s'effectuer conformément aux règles de l'affouage. » • CE 3 mars 1905, *Aumenier c/ Cne de Fromental : Lebon 221, concl. Romieu.* ♦ Sur l'affouage, V. C. for., art. L. 243-1 s., ss. art. L. 2241-7.

G. CONTENTIEUX DU PARTAGE

13. Si la juridiction administrative est incompétente pour statuer sur l'opération de vente elle-même, elle est compétente pour se prononcer sur les conditions d'aptitude auxquelles le conseil municipal (ou la commission syndicale) ont subordonné la vente. • CE 2 déc. 1904, *Section de Chambourtière : Lebon 760.* ♦ Dans le même sens, en se fondant sur les lois des 10 juill. 1793 et 9 ventôse An XII, • CE 10 avr. 1964, *Cne de Sagnes-et-Goudoulet : Lebon 205.*

14. Les litiges en matière de partage de biens sectionaux indivis entre plusieurs sections doivent être portés devant les tribunaux de l'ordre judiciaire. • CE 13 févr. 1903, *Sieurs Mage et Grandillon : Lebon 120.*

Art. L. 2411-15 *(L. nº 2013-428 du 27 mai 2013, art. 14)* **« Lorsque la commission syndicale est constituée et sous réserve des dispositions du II de l'article L. 2411-6, » le changement d'usage ou la vente de tout ou partie des biens de la section est décidé sur proposition du conseil municipal ou de la commission syndicale par un vote concordant du conseil municipal statuant à la majorité absolue des suffrages exprimés et de la commission syndicale, qui se prononce à** *(L. nº 2004-809 du 13 août 2004, art. 126)* **« la majorité de ses membres ».**

(L. nº 2013-428 du 27 mai 2013, art. 14) **« En l'absence d'accord ou de vote du conseil municipal ou de la commission syndicale dans un délai de six mois à compter de la transmission de la proposition, le représentant de l'État dans le département statue, par arrêté motivé, sur le changement d'usage ou la vente. »**

1. Pour l'application de l'art. L. 2411-15, constitue un changement d'usage l'ouverture d'une carrière sur un terrain en nature de pâture. • TA Dijon, 19 déc. 1989, *Chevassieux,* nº 88-296. ♦ ... L'institution d'une jouissance individuelle substituée à une jouissance collective. • TA Clermont-Ferrand, 10 nov. 1994, *Pétissier,* nº 93-825. ♦ ... Une opération de boisement. • CE 3 mars 1905, *Aumenier c/ Cne de Fromental : Lebon 221, concl. Romieu.*

2. Quand une disposition légale prévoit que la commission syndicale doit donner son accord, celle-ci peut le subordonner à des conditions dont elle a le libre choix pourvu qu'elles ne soient contraires ni à la loi, ni aux bonnes mœurs. Si la condition est illégale et a été la cause « impulsive et déterminante » de cet accord, celui-ci est nul. Il en est ainsi notamment pour la mise en valeur des biens sectionaux si les biens ont été vendus à une SAFER sous condition de rétrocession à tels ou tels bénéficiaires ; l'examen de la légalité de cette clause conditionne la validité de la cession. • TA Clermont-Ferrand, 14 nov. 1980, *Villedieu-Jallat,* nº 8430.

3. Si la juridiction administrative est incompétente pour statuer sur l'opération de vente elle-même, elle est compétente pour se prononcer sur les conditions d'aptitude auxquelles la commission syndicale a subordonné la vente, conformément aux lois des 10 juin 1793 et 9 ventôse An XII. • CE 2 déc. 1904, *Section de Chambourtière : Lebon 760.* – V. aussi • CE 3 mars 1905, *Aumenier c/ Cne de Fromental : Lebon 221, concl. Romieu* • CE 10 avr. 1964, *Cne de Sagnes-et-Goudoulet : Lebon 208.*

4. La délibération de la commission syndicale qui a pour objet d'approuver la convention conclue avec une société relative à l'ouverture d'une carrière, et la promesse de contrat de fortage conclue avec la même société fixant les conditions d'exploitation liées à la convention précitée, emportent changement d'usage des terrains concernés de la section et la vente des matériaux contenus dans le sol ; dès lors la commission doit la soumettre au conseil municipal. • CE 3 oct. 1997, *Section de Cne d'Antilly,* nº 167898.

Art. L. 2411-16 *(L. nº 2013-428 du 27 mai 2013, art. 14)* **« Lorsque » la commission syndicale n'est pas constituée, le changement d'usage ou la vente de tout ou partie des biens de la section est décidé par le conseil municipal statuant à la majorité absolue des suffrages exprimés, après accord** *(L. nº 2004-809 du 13 août 2004, art. 126),* **« de la majorité » des électeurs de la section convoqués par le** *(L. nº 2013-428 du 27 mai 2013, art. 14)* **« maire dans les six mois de la transmission de la délibération du conseil municipal.**

« En l'absence d'accord de la majorité des électeurs de la section, le représentant de l'État dans le département statue, par arrêté motivé, sur le changement d'usage ou la vente. »

V. art. D. 2411-3 s.

1. V. notes ss. art. L. 2411-15.

2. Premier alinéa. Si l'acte administratif qui a décidé de la vente peut être déféré au juge administratif, son opportunité ne peut être contestée devant cette juridiction. • CE 8 févr. 1933, *Hairaye : Lebon 164.*

3. La délibération par laquelle un conseil municipal se borne à confirmer l'accord précédemment donné à la vente d'un terrain sectional et à demander au préfet de statuer, ne constitue pas une décision faisant grief susceptible d'être attaquée par la voie du recours pour excès de pouvoir. • CE 9 juill. 1997, *Cts Romeas : nºs 156793, 156807 et 156808.*

Art. L. 2411-17 *(L. nº 2013-428 du 27 mai 2013, art. 15)* « I. – Le produit de la vente de biens de la section ne peut être employé que dans l'intérêt de la section.

« II. – » En cas de vente de la totalité des biens de la section, le produit de la vente est versé à la commune.

(L. nº 2013-428 du 27 mai 2013, art. 15) « Les membres de la section peuvent prétendre à une indemnité dans les conditions prévues à l'article L. 2411-11. »

Le total des indemnités ne peut être supérieur au produit de la vente.

Constitue une erreur manifeste d'appréciation sanctionnée par le juge la vente à un prix déraisonnablement bas (vente d'une parcelle constructible au prix des terrains en friche). • TA Clermont-Ferrand, 30 janv. 1986, *Aubijoux*, nº 86-136. ♦ V., pour la délibération d'un conseil municipal décidant de procéder à l'aliénation des biens d'une section de commune, • CE 7 nov. 1928, *Épx Brette : Lebon 1135*. – Et, de manière plus générale, • CE 17 oct. 1980, *Sieur Gaillard*, nº 23226 : *Lebon 378*.

Art. L. 2411-17-1 *Abrogé par L. nº 2013-428 du 27 mai 2013, art. 17.*

Art. L. 2411-18 Une union est créée entre les sections d'une même commune, sous réserve que leur commission syndicale ait été constituée, à la demande du conseil municipal ou d'une ou plusieurs sections, par délibérations concordantes des commissions syndicales, qui fixent les modalités de gestion des biens et d'attribution des revenus.

L'union de sections, personne morale de droit public, est administrée par un comité regroupant le maire de la commune ainsi que deux représentants élus de chaque commission syndicale. Le comité élit son président en son sein.

Le comité se substitue aux commissions syndicales dans les domaines prévus aux articles L. 2411-6 et L. 2411-7, à l'exception des ventes, échanges, acceptations de libéralités et signatures de contrats entre sections de la commune.

La suppression d'une union de sections est réalisée dans les mêmes formes que sa création.

Une section de commune peut se retirer d'une union de sections dans les conditions prévues *(L. nº 99-586 du 12 juill. 1999)* « à l'article L. 5211-19 » pour le retrait d'une commune d'un syndicat de communes.

Art. L. 2411-19 Des décrets fixent, en tant que de besoin, les modalités d'application du présent chapitre.

V. art. D. 2411-3 s.

CHAPITRE II **DISPOSITIONS FINANCIÈRES**

Art. L. 2412-1 *(L. nº 2013-428 du 27 mai 2013, art. 16)* « I. – » Le budget de la section, qui constitue un budget annexe de la commune, est établi en équilibre réel en section de fonctionnement et en section d'investissement.

(L. nº 2013-428 du 27 mai 2013, art. 16) « Le projet de budget est élaboré par la commission syndicale et soumis pour adoption au conseil municipal. Le conseil municipal peut adopter des modifications au projet présenté ; avant leur adoption définitive, celles-ci sont soumises pour avis à la commission syndicale. À défaut de délibération de la commission syndicale dans un délai d'un mois, l'avis est réputé favorable. »

Toutefois, lorsque la commission syndicale n'est pas constituée, il n'est pas établi de budget annexe de la section à partir de l'exercice budgétaire suivant. Les soldes apparaissant à la fin de l'exercice au budget annexe de la section sont repris l'année suivante dans le budget de la commune.

Le conseil municipal établit alors un état spécial annexé au budget de la commune, dans lequel sont retracées les dépenses et les recettes de la section.

(L. nº 2013-428 du 27 mai 2013, art. 16) « II. – Les revenus en espèces des biens de la section et, le cas échéant, le produit de la vente de ceux-ci figurent dans le budget annexe ou l'état spécial annexé relatif à la section. »

Sont obligatoires pour la section de commune les dépenses mises à sa charge par la loi et celles résultant de l'exécution des aménagements approuvés en application de l'article *(L. nº 2013-428 du 27 mai 2013, art. 16)* « L. 212-1 » du code forestier *[V. cet art. au **C. rur.**]*.

(*L. nº 2013-428 du 27 mai 2013, art. 16*) « III. – » La commission syndicale peut, de sa propre initiative ou sur demande de la moitié des électeurs de la section formulée dans les conditions prévues par un décret en Conseil d'État, demander au maire de rendre compte de l'exécution du budget annexe de la section et de l'application des règles prescrites à l'article L. 2411-10.

Si la commission syndicale n'a pas été constituée, cette demande est formulée par la moitié des électeurs de la section dans les conditions prévues par le décret visé à l'alinéa précédent.

À la suite de cet examen, la commission syndicale ou la moitié des électeurs peuvent saisir de leur réclamation le conseil municipal et le représentant de l'État dans le département. En cas de désaccord entre, d'une part, le conseil municipal et, d'autre part, la commission syndicale ou la moitié des électeurs, il est statué par arrêté motivé du représentant de l'État dans le département.

Les procédures de contrôle prévues pour le budget de la commune au chapitre II du titre unique du livre VI de la première partie s'appliquent au budget annexe de la section et à l'état spécial visé ci-dessus.

(*L. nº 2013-428 du 27 mai 2013, art. 16*) « IV. – » Des décrets fixent, en tant que de besoin, les modalités d'application du présent article.

V. art. D. 2411-5 s.

BIBL. ▸ GUILLOU, Modernisation du droit des sections de commune, *AJCT 2013. 264*.

1. Budget sous contrôle communal. La section, établissement public, est soumise aux règles de la comptabilité publique. Ses fonds sont obligatoirement déposés au Trésor. Le maire est ordonnateur de la section, le receveur municipal de la commune étant le comptable public et les fonds de la section restant des fonds publics. • C. comptes, 26 juill. 1938, *Sieur Lombard : inédit* • 4 nov. 1953, *Blaise : inédit.* ♦ L'intervention du préfet et de la CRC ne fait pas obstacle à l'exercice du contrôle de légalité normal du tribunal administratif, lequel peut être saisi aux fins d'annulation de toute décision ou délibération budgétaire relative aux finances sectionales, ainsi que du refus de paiement opposé par un comptable à un mandat émis par le maire. • CE 5 févr. 1971, *Min. de l'Économie c/ Balme : Lebon 105, concl. Grévisse ; AJDA 1971. 173 et 154, chron. Labetoulle et Cabanes ; Dr. adm. 1971, nº 70.* ♦ En l'absence de budget annexe de la section de commune, il appartient au préfet de département de mettre en œuvre la procédure de contrôle prévue, non par l'art. 8 [CGCT, art. L. 1612-5], mais par l'art. 7 de la L. du 2 mars 1982 [CGCT, art. L. 1612-2], c'est-à-dire de régler et de rendre exécutoire ce budget, sur la base des propositions préalablement formulées, sur sa demande, par la CRC, ce qui fait obstacle à l'adoption par le conseil municipal de toute délibération concernant le budget annexe de la section. • CE 14 janv. 1998, *Section de Cne d'Antilly,* nº 160657.

2. Conditions de fonctionnement. Si la section de commune est libre d'inscrire à son budget les dépenses nécessaires à son fonctionnement, et notamment, celles qui lui permettent d'assurer sa défense dans les instances auxquelles elle est partie, elle ne tient d'aucun texte législatif ou réglementaire relatifs aux sections de commune le droit de rembourser au président de la commission syndicale des frais exposés dans l'exercice de ses fonctions ; en particulier, aucun texte n'a prévu l'application aux sections de commune des dispositions de l'art. L. 123-2 C. communes, autorisant le remboursement des frais que nécessite l'exécution de mandats spéciaux par les maires, leurs adjoints et les conseillers municipaux ; par suite, la commission syndicale n'a pu légalement décider de rembourser à son président tous les frais de mission et de représentation engagés par celui-ci. • CE 3 juin 1998, *Section de Cne d'Antilly,* nº 160663. ♦ Le refus du maire opposé à une demande de rendre compte de l'exécution du budget annexe doit entraîner la saisine du préfet : il s'agit d'un recours préalable indispensable à la saisine ultérieure du TA. • TA Clermont-Ferrand, 9 nov. 1995, *Section de Cne de Coheix,* nº 93-500. ♦ En ne relevant pas d'office que les fautes commises par le conseil municipal en prenant des délibérations entachées d'illégalité ayant pour objet la gestion des sections de commune n'étaient pas susceptibles d'engager la responsabilité de la commune, la Cour a commis une erreur de droit. • CE 26 déc. 2013, nº 357045.

Art. L. 2412-2 (*L. nº 2013-428 du 27 mai 2013, art. 17*) Par dérogation aux dispositions du dernier alinéa de l'article L. 2411-10, lorsque les besoins de la section sont satisfaits, le conseil municipal peut, par délibération motivée, financer la réalisation de travaux d'investissement ou d'opérations d'entretien relevant de la compétence de la commune au bénéfice non exclusif de la section de commune par une contribution du budget de la section.

TITRE II BIENS IMMOBILIERS SOUMIS À UN DROIT DE JOUISSANCE EXCLUSIF

BIBL. GÉN. ▶ BOURRACHOT, Arrêt de la cour administrative d'appel de Lyon du 4 octobre 1999, contentieux du droit de chasse sur les biens communaux, *AJDA 2000. 16*.

1. En vertu des lois des 10 juin 1973 et 9 ventôse an XII, les contestations qui peuvent s'élever au sujet du mode de partage ou de jouissance des biens communaux relèvent du plein contentieux. • CE 6 avr. 1998, *Cne des Bessons c/ M. Mourgues,* n° 164886.

2. Quand en Corse un particulier est autorisé par le tribunal administratif à exercer au lieu et place de la commune une action tendant à revendiquer, pour le compte de la commune, une parcelle de terrain sur laquelle une construction privée avait été édifiée ; que le conseil municipal, opposé à tout procès, adopte, à l'intention des habitants de la commune, une « mise au point de la municipalité » qui proclame que l'une des préoccupations essentielles de l'équipe municipale est la défense des intérêts et des biens communaux (loi des 16-24 août 1790 et décret du 16 fructidor an III), que le particulier précité est animé par des intérêts personnels, qu'en conclusion les auteurs du document établissent une distinction entre deux catégories de citoyens, selon leurs origines et l'ancienneté de l'implantation de leur famille en Corse, pour laisser entendre que certaines qualités humaines seraient en rapport avec ces origines et leur ancienneté ; que le maire affiche lui-même cette mise au point en divers lieux de la commune, il est jugé que : « la faute ainsi commise par (le maire), qui n'était animé par aucun intérêt personnel, l'a été dans l'exercice de sa fonction (...) et avec les moyens du service de la commune ; (...) quelle que soit sa gravité, ne saurait être regardée comme une faute personnelle détachable du service ; (...) par suite, la juridiction administrative est seule compétente pour statuer sur l'action engagée par (le particulier) aux fins d'obtenir réparation du préjudice qu'il prétend avoir subi du fait des agissements (du maire) ». • T. confl. 12 févr. 2001, *Préfet de Corse, Préfet de la Corse-du-Sud c/ M. Albert,* n° 3232.

3. Novation de pâturage en affouage. Compétence des juridictions administratives. Il résulte des dispositions combinées des lois du 10 juin 1793 et 9 ventôse an XII, et du décret du 21 sept. 1805 additionnel à cette dernière loi, que la juridiction administrative est seule compétente pour connaître des contestations qui peuvent s'élever en matière de partage et de jouissance des biens communaux ; en l'espèce, relève des juridictions administratives le litige dans lequel un arrêté préfectoral a autorisé le changement d'usage et le boisement des parcelles d'une section de commune sur lesquelles les ayants droit exerçaient le pâturage, ceux-ci, par une sorte de novation, détenant à l'avenir des droits d'affouage lorsque la forêt sera arrivée à maturité. • T. confl. 4 mars 2002, *M. et Mme Chanson c/ Cne de Védrines-Saint-Loup,* n° 02-03270.

CHAPITRE UNIQUE

Art. L. 2421-1 Il peut être mis fin, à tout moment, quelle que soit son origine, au régime juridique auquel sont soumis certains terrains communaux sur lesquels certains habitants sont titulaires de droits de jouissance exclusifs, dérogatoires au droit commun.

Lorsque les droits de jouissance n'avaient qu'un caractère viager, ils ont pris fin à la date du 4 janvier 1967. – *[C. communes, art. L. 311-13 issu de la L. n° 67-6 du 3 janv. 1967, art. 1er, al. 1er et 2.]*

1. Pour les droits de jouissance exclusifs sur les biens communaux, V. l'étude particulière ss. l'art. 542 C. civ. (particulièrement notes 97 s.), ss. art. L. 2241-1.

2. La loi n° 67-7 du 3 janv. 1967 a une portée générale, qui s'étend à l'ensemble des « droits de jouissance exclusifs ». • TI Provins, 18 sept. 1975, *Boudignat et a. c/ Benoit et a. et Cne de Villers-sur-Seine : inédit.*

Art. L. 2421-2 À l'effet de procéder au recensement de parcelles des terrains mentionnés à l'article L. 2421-1, le maire de la commune établit, pour chacune de ces parcelles, un état :

1° Indiquant sa désignation cadastrale, sa superficie exacte, les nom, prénoms et domicile du titulaire actuel du droit de jouissance et la date à laquelle ce droit a été acquis ;

2° Précisant si ce droit a été acquis à titre purement viager ou s'il est transmissible par voie héréditaire ou par voie de cession ;

3° Mentionnant les droits réels et les locations éventuellement créés ou consentis par les intéressés ou par leurs auteurs. – *[C. communes, art. L. 311-14 issu de la L. du n° 67-6 du 3 janv. 1967, art. 2.]*

Art. L. 2421-3 Cet état, arrêté et visé par le maire, est ensuite soumis à l'examen du conseil municipal.

Lorsqu'il n'est pas mis fin de plein droit en application du second alinéa de l'article L. 2421-1 au régime juridique défini à cet article, le conseil municipal décide s'il y est mis fin. – *[C. communes, art. L. 311-15, al. 1er et 2, issu de la L. no 67-6 du 3 janv. 1967, art. 3, al. 1er.]*

Art. L. 2421-4 L'état est publié et affiché pendant deux mois au moins.

Il est notifié aux titulaires des droits de jouissance mentionnés à l'article L. 2421-2 ainsi qu'aux personnes qui louent ou qui, de bonne foi, occupent ou exploitent les parcelles sur lesquelles s'exercent ces droits.

Pendant la durée de l'affichage, tout intéressé peut formuler par écrit des observations ou réclamations, sur lesquelles il est statué par le conseil municipal.

Un nouvel état est établi en tenant compte des décisions du conseil municipal sur les réclamations éventuelles. Il a, à la date de son affichage, un caractère définitif et ne peut être contesté que devant les juridictions compétentes. – *[C. communes, art. L. 311-16 issu de la L. no 67-6 du 3 janv. 1967, art. 3, al. 3 à 5.]*

V. art. R. 2421-1.

Art. L. 2421-5 Les droits de jouissance transmissibles par voie héréditaire ou par voie de cession sont éteints à la date de l'affichage de l'état prévu au dernier alinéa de l'article L. 2421-4, sauf si, à cette date, leur titulaire avait fait effectuer à ses frais des constructions, ou exploitait la parcelle sur laquelle portait le droit éteint, ou la faisait exploiter par son conjoint ou par un de ses descendants.

Les titulaires de droits de jouissance qui sont éteints, soit en application du présent article, soit en application du second alinéa de l'article L. 2421-1, ont droit à une indemnité.

En outre, les titulaires d'un droit de jouissance viager qui exploitent personnellement ont le droit de recueillir les fruits et récoltes de l'année culturale en cours. – *[C. communes, art. L. 311-17 issu de la L. no 67-6 du 3 janv. 1967, art. 4.]*

1. Les droits issus des partages opérés par les règlements légaux de l'Ancien Régime, entre habitants d'une même communauté, à titres viager (anciennes châtellenies de Lille, Douai, Orchie) ou héréditaire (généralités d'Auch et de Pau, « Trois Évêchés », Bourgogne, Artois), sont assimilés à un usufruit. • TI Provins, 18 sept. 1975, *Boudignat et a. c/ Benoit et a. et Cne de Villers-sur-Seine : inédit.*

2. Lorsque la commune a procédé à une redistribution des terres les évinçant, ces usufruitiers ne peuvent exercer l'action en réintégrande – même si leur possession matérielle a été paisible et publique – pour trouble résultant d'actes de violence portant atteinte à leur possession. • Paris, 2 juin 1975, *Million, Benoit : Gaz. Pal. 1977. 2. 546.*

Art. L. 2421-6 Après l'affichage prévu au dernier alinéa de l'article L. 2421-4, le conseil municipal, à moins qu'il ne décide de faire application des dispositions de l'article L. 2421-9, adresse une mise en demeure aux titulaires du droit de jouissance, lorsque ce droit n'est pas éteint par application de l'article L. 2421-5, et à ceux qui, même non titulaires du droit de jouissance ou titulaires d'un droit de jouissance éteint en application du second alinéa de l'article L. 2421-1, ont, de bonne foi, effectué à leurs frais des constructions.

Cette mise en demeure enjoint aux intéressés soit d'acquérir les parcelles, moyennant indemnité à la commune, soit de conclure avec celle-ci une location conformément aux dispositions en vigueur en matière de domaine privé.

Les conditions de cette location sont déterminées, à défaut d'accord amiable, par le *(Ord. no 2019-964 du 18 sept. 2019, art. 35)* « tribunal judiciaire », sans préjudice, lorsque l'intéressé était titulaire du droit de jouissance, de l'indemnité due en contrepartie de ce droit, qui se trouve éteint à la date de conclusion de la location.

V. art. R. 2421-2.

Art. L. 2421-7 Si la commune ne leur a adressé aucune mise en demeure dans les deux mois suivant l'affichage, les personnes mentionnées à l'article L. 2421-6 peuvent la mettre en demeure d'opter entre l'une des solutions prévues à cet article. – *[C. communes, art. L. 311-19 issu de la L. n° 67-6 du 3 janv. 1967, art. 5, al. 2.]*

V. art. R. 2421-2.

Art. L. 2421-8 Les personnes mentionnées à l'article L. 2421-6 peuvent, en outre, renoncer purement et simplement à leurs droits.

Elles sont réputées y avoir renoncé en cas de refus d'acquérir ou de louer ou, à défaut de réponse, dans les deux mois de la mise en demeure qui leur a été faite.

Les constructions effectuées par les personnes qui ont renoncé à leurs droits sont attribuées sans indemnité à la commune. Celle-ci est toutefois redevable envers les titulaires du droit de jouissance de l'indemnité allouée en contrepartie de ce droit. – *[C. communes, art. L. 311-20 issu de la L. n° 67-6 du 3 janv. 1967, art. 5, al. 3.]*

Art. L. 2421-9 Après l'affichage prévu au dernier alinéa de l'article L. 2421-4 et au cas où les parcelles doivent être affectées à des fins d'intérêt général, le conseil municipal peut également décider de mettre fin au droit de jouissance sur tout ou partie de ces parcelles, moyennant indemnité, si elles y demeuraient soumises et de procéder au rachat, moyennant indemnité, des constructions qui y ont été édifiées.

Cette décision est notifiée aux intéressés. – *[C. communes, art. L. 311-21 issu de la L. n° 67-6 du 3 janv. 1967, art. 5, al. 4.]*

V. art. R. 2421-2.

Art. L. 2421-10 Dans les cas prévus aux articles L. 2421-8 et L. 2421-9, les personnes intéressées quittent les lieux dans l'année qui suit la date à laquelle elles ont reçu la notification de la mise en demeure prévue à l'article L. 2421-6 ou, si elles ont renoncé à leurs droits, dans l'année qui suit la date de cette renonciation.

Lorsqu'il s'agit de parcelles cultivées, l'exploitant a le droit de recueillir les fruits et récoltes de l'année culturale en cours. – *[C. communes, art. L. 311-22 issu de la L. n° 67-6 du 3 janv. 1967, art. 5, al. 5.]*

Art. L. 2421-11 Les options prévues aux articles L. 2421-6 à L. 2421-8 appartiennent aux héritiers du titulaire du droit de jouissance, si celui-ci décède après la mise en demeure.

En cas de désaccord entre eux, la commune peut exiger que la parcelle devienne son entière propriété ; l'indemnité est alors versée à la succession. – *[C. communes, art. L. 311-23 issu de la L. n° 67-6 du 3 janv. 1967, art. 6.]*

Art. L. 2421-12 Les dispositions des articles L. 2421-5 à L. 2421-10 bénéficient à toutes les personnes qui ont acquis, à titre onéreux ou à titre gratuit, un droit de jouissance mentionné à l'article L. 2421-1, à moins que la régularité de leur acquisition eu égard aux dispositions législatives ou réglementaires ou aux usages en vigueur n'ait fait l'objet, antérieurement au 5 janvier 1967, d'une contestation devant les juridictions compétentes. – *[C. communes, art. L. 311-24 issu de la L. n° 67-6 du 3 janv. 1967, art. 7.]*

Art. L. 2421-13 Nonobstant toutes dispositions législatives ou réglementaires ainsi que toutes stipulations contractuelles, l'extinction des droits de jouissance mentionnés à l'article L. 2421-1 met fin, sans préjudice des droits éventuels à indemnité des intéressés, à toute location ainsi qu'à tout droit d'occupation ou de maintien dans les lieux de quelque nature que ce soit, s'exerçant soit sur les parcelles grevées d'un tel droit de jouissance, soit sur les constructions édifiées sur ces parcelles.

Toutefois, l'exploitant a le droit de recueillir les fruits et récoltes de l'année en cours. – *[C. communes, art. L. 311-25.]*

Art. L. 2421-14 À défaut d'accord amiable, les indemnités pouvant être dues en application des articles L. 2421-5, L. 2421-6, L. 2421-8, L. 2421-9, L. 2421-11 et L. 2421-13 sont fixées comme en matière d'expropriation pour cause d'utilité publique.

Elles couvrent le préjudice matériel direct et certain subi par les intéressés.

Les droits de préférence attachés aux droits réels, grevant éventuellement les droits de jouissance supprimés, sont reportés sur l'indemnité fixée soit à l'amiable, soit par la juridiction compétente en matière d'expropriation. – *[C. communes, art. L. 311-26 issu de la L. n° 67-6 du 3 janv. 1967, art. 9, al. 1er.]*

L'indemnité pour extinction de droits de jouissance exclusifs, dérogatoires au droit commun, lorsqu'elle est prévue, est fixée, à défaut d'accord amiable, comme en matière d'expropriation pour cause d'utilité publique. Par suite, un litige sur ce point porté devant le tribunal administratif ne peut qu'être rejeté comme porté devant une juridiction incompétente pour en connaître. • TA Lille, 3 févr. 1977, *Gossart*, n° 2394.

Art. L. 2421-15 S'il s'agissait d'un droit de jouissance viager, l'indemnité prévue à l'article L. 2421-14 peut consister en une rente viagère calculée en fonction de la rentabilité foncière normale de la parcelle sur laquelle portait le droit de jouissance supprimé.

Toutefois, si l'ancien titulaire acquiert, en application de l'article L. 2421-6, la parcelle sur laquelle portait son droit de jouissance, cette rente est convertible en un capital, dont le montant vient en déduction des sommes qu'il doit à la commune en raison de cette acquisition. – *[C. communes, art. L. 311-27 issu de la L. n° 67-6 du 3 janv. 1967, art. 9, al. 2.]*

Art. L. 2421-16 Dans tous les cas où la commune consent une location à une personne qui, à la date du 4 janvier 1967, occupait ou exploitait le bien considéré, cette personne n'a droit à aucune indemnité autre que celle qui est afférente à l'extinction du droit de jouissance, si elle en était titulaire, sans préjudice de la compensation totale ou partielle de cette indemnité avec le prix de la location.

Si l'intéressé a déjà perçu une indemnité autre que celle qui est afférente à l'extinction du droit de jouissance, il la restitue préalablement à la conclusion de la location. – *[C. communes, art. L. 311-28 issu de la L. n° 67-6 du 3 janv. 1967, art. 9, al. 3.]*

Art. L. 2421-17 Lorsqu'il y a litige sur le fond du droit ou sur la qualité des réclamants, et toutes les fois qu'il s'élève des difficultés étrangères à la fixation du montant de l'indemnité, celle-ci est déterminée indépendamment de ces litiges et difficultés, sur lesquels les parties sont renvoyées à se pourvoir devant les juridictions compétentes.

Le montant de l'indemnité est déposé à la Caisse des dépôts et consignations jusqu'à ce qu'il soit définitivement statué sur ces litiges et difficultés. – *[C. communes, art. L. 311-29 issu de la L. n° 67-6 du 3 janv. 1967, art. 9, al. 4.]*

I. TITRE ANCIEN

1. Les usages anciens ont été souvent codifiés. Certaines parties du territoire français étant jadis placées sous l'autorité d'autres royaumes, il convient pour déterminer les droits actuels de se référer à des recueils étrangers. Ainsi l'art. 72 des « usages de Barcelone » s'impose dans les Pyrénées-Orientales, « ancien comté du Roussillon, relevant jadis du royaume catalan ». • Montpellier, 17 oct. 1966 : *inédit.* ♦ Ce recueil d'usages est aussi dénommé « Constitutions de Catalogne ». • Civ. 6 nov. 1828 : *DP 1828. 1. 426.* ♦ En se référant à ce texte, la Haute Juridiction peut estimer que : « suivant les termes de l'ancienne coutume du Roussillon, les droits d'usage réservés aux communautés sur les biens et vacants étaient attribués non seulement aux habitants des territoires de la seigneurie, mais encore aux terres-tenants, c'est-à-dire aux propriétaires riverains ». • Civ. 3 mai 1876.

2. Des édits royaux, arrêts du conseil, lettres patentes s'appliquant à certaines provinces, ont réglementé le mode de jouissance des biens communaux en prescrivant leur partage et en conférant aux bénéficiaires de ces partages des droits réels, exclusifs et dérogatoires au droit commun de la propriété communale. Ces actes sont parfois reconnus par la jurisprudence : « Considérant (...) que si les art. 17 et 18 de la loi du 18 juill. 1837 donnent aux conseils municipaux (...) le droit de régler le mode de jouissance et la répartition des pâturages et fruits communaux autres que les bois, ainsi que les conditions à imposer aux parties prenantes, cette disposition ne s'applique qu'à la jouissance indivise ou à la répartition des fruits, mais ne confère point à ces conseils, non plus qu'aux préfets, le droit de changer un mode de jouissance individuel et héréditaire de fonds communaux établi par un ancien partage, approuvé par l'autorité royale ». • CE 26 avr. 1844, *Cne de Cheminot, sect. de Longeville et Hagnon et cts : Lebon 245.*

II. PREUVE DE L'USAGE

3. L'usage doit être prouvé par celui qui l'invoque. Il n'existe pas de possibilité de pourvoi en cassation en cas de fausse appréciation de l'usage. • Soc. 9 avr. 1948, *Bourguignon c/ Chaumette.* – V. aussi • Soc. 13 nov. 1948, *Vimont c/ Mondolini.*

III. MODIFICATION DE L'USAGE ET BAUX RURAUX

4. Les commissions consultatives départementales des baux ruraux en matière d'usages (Ord. 17 oct. 1945) ont un pouvoir réglementaire pour établir les contrats types (C. rur., art. L. 411-4) qui leur permet de donner valeur réglementaire à certains usages locaux ; dans ce cas, « les pouvoirs ainsi conférés à cette commission impliquent nécessairement la possibilité de modifier les usages locaux en matière de baux ruraux, sans qu'il soit nécessaire de soumettre (...) ces modifications à l'approbation du conseil général ». • CE 10 juin 1953, *Sieur Gervais : Lebon 274.*

IV. USAGE ET LOI

5. L'usage peut prévaloir sur les dispositions législatives : dans un litige opposant les habitants d'un hameau à sa commune de rattachement en Savoie, ceux-ci se prévalaient d'une concession faite en 1426 par les Chartreux, consacrée en 1781 par un acte du Sénat de Savoie. Ce hameau formait une institution originale, dite des « indivis du Vallon », représentée par un « procureur ». Après la cour d'appel de Chambéry, le Conseil d'État considéra que cette indivision constituait, en dépit de sa désignation et de son organisation, une section de commune valablement représentée par son « procureur ». • CE 28 nov. 1979, *Challendre : Lebon 432.*

Art. L. 2421-18 **À l'exception de ceux dont la pleine propriété est attribuée à des particuliers, et qui sont désormais régis par les dispositions du droit commun, les terrains sur lesquels, pour quelque cause que ce soit, a pris fin le droit de jouissance dont ils étaient grevés à la date du 3 janvier 1967 sont notamment régis par les dispositions du présent code et les dispositions relatives au domaine privé des communes.**

En cas d'aliénation de ces biens et à des fins de construction, il est fait application *(Ord. n° 2014-1345 du 6 nov. 2014, art. 5)* **« des articles L. 411-1 à L. 411-7 et des articles L. 422-1 et L. 422-2 du code de l'expropriation pour cause d'utilité publique ».**

Il n'est pas dérogé à la possibilité d'exproprier ces biens conformément aux dispositions du code de l'expropriation pour cause d'utilité publique.

Art. L. 2421-19 **À dater du 4 janvier 1967 et jusqu'à l'application effective des articles L. 2421-5 à L. 2421-10, tout droit de jouissance qui devient vacant dans les conditions prévues par les textes et usages actuellement en vigueur fait, de plein droit, retour au domaine privé de la commune, qui ne peut plus les attribuer conformément à ces textes et usages.**

Lorsque, avant la même date, un droit de jouissance a été converti en une rente, celle-ci reste acquise à son bénéficiaire, mais fait retour à la commune au décès de celui-ci et ne peut plus être attribuée à un autre bénéficiaire. – *[C. communes, art. L. 311-31 issu de la L. n° 67-6 du 3 janv. 1967, art. 11.]*

Art. L. 2421-20 **Les dispositions législatives et les usages qui régissaient les terrains cessent définitivement d'avoir effet à l'égard de ceux de ces terrains sur lesquels le droit de jouissance est éteint en application des dispositions du présent chapitre, ainsi qu'à l'égard de ceux qui sont acquis par des particuliers en application de l'article L. 2421-6.**

Il en est de même à l'égard des terrains antérieurement soumis au régime mentionné à l'article L. 2421-1 et qui ont été vendus ou échangés par les communes avant le 4 janvier 1967. Ces ventes ou échanges sont rétroactivement validés. – *[C. communes, art. L. 311-33 issu de la L. n° 67-6 du 3 janv. 1967, art. 13.]*

LIVRE V DISPOSITIONS PARTICULIÈRES

TITRE I PARIS, MARSEILLE ET LYON

CHAPITRE I DISPOSITIONS COMMUNES

SECTION 1 Organisation

Art. L. 2511-1 *(Ord. nº 2018-74 du 8 févr. 2018, art. 1er)* « La Ville de Paris et les communes de Marseille et Lyon » sont soumises aux règles applicables aux communes, sous réserve des dispositions du présent titre et des autres dispositions législatives qui leur sont propres.

Il résulte de la division de Paris, Marseille et Lyon en arrondissements dotés de conseils élus que ces villes disposent d'un statut particulier et forment une catégorie particulière de collectivités territoriales. • Cons. const. 28 déc. 1982, nº 82-149 : *Rec. Cons. const. 76 ; Rev. adm. 1984. 123, note Prétot ; RD publ. 1983. 375, note Favoreu.*

Art. L. 2511-1-1 *(L. nº 2002-276 du 27 févr. 2002, art. 20)* Les dispositions des articles L. 2122-2-1, L. 2122-18-1 et L. 2144-2 ne sont pas applicables *(Ord. nº 2018-74 du 8 févr. 2018, art. 1er)* « à la Ville de Paris et aux communes de Marseille et Lyon. »

Art. L. 2511-2 *(Ord. nº 2018-74 du 8 févr. 2018, art. 1er)* Les affaires de la Ville de Paris sont réglées par le conseil de Paris et celles des communes de Marseille et Lyon par un conseil municipal. Pour certaines attributions limitativement définies au présent chapitre, les affaires de ces trois collectivités territoriales sont réglées par des conseils d'arrondissement.

Les délibérations du conseil de Paris sont préparées et exécutées par le maire de Paris, celles des conseils municipaux de Marseille et Lyon par le maire de la commune et celles de chaque conseil d'arrondissement par le maire d'arrondissement.

SOUS-SECTION 1 Le conseil d'arrondissement

Art. L. 2511-3 *(Ord. nº 2018-74 du 8 févr. 2018, art. 1er)* « La Ville de Paris et les communes de Marseille et Lyon » sont respectivement divisées en vingt, seize et neuf arrondissements municipaux.

Les limites de ces arrondissements telles qu'elles sont fixées au 1er janvier 1983, date de publication de la loi nº 82-1169 du 31 décembre 1982 relative à l'organisation administrative de Paris, Marseille, Lyon et des établissements publics de coopération intercommunale, ne peuvent être modifiées que par décret en Conseil d'État, pris après avis conforme du conseil municipal *(Ord. nº 2018-74 du 8 févr. 2018, art. 1er)* « ou du conseil de Paris ».

BIBL. GÉN. ▶ Verpeaux, Les arrondissements parisiens, entre décentralisation et déconcentration, *AJDA 2009. 1365*.

Un découpage cantonal n'a pas à respecter les limites des arrondissements municipaux. • CE, ass., 21 janv. 2004, *Guinde et Dpt des Bouches-du-Rhône*, nº 255375 : *Lebon ; AJDA 2004. 451, concl. Boissard ; RFDA 2004. 506, note Touvet*.

Art. L. 2511-4 Dans chaque arrondissement ou groupe d'arrondissements fixés conformément aux tableaux figurant aux articles L. 2511-5 à L. 2511-7, il est créé un conseil d'arrondissement. Le conseil d'arrondissement se réunit à la mairie d'arrondissement ou à l'une des mairies situées dans le groupe d'arrondissements.

Lorsqu'un conseil d'arrondissement est créé pour un groupe d'arrondissements, il exerce, pour les arrondissements du groupe, les attributions dévolues, par le présent chapitre, au conseil d'arrondissement. Les dispositions du présent chapitre relatives à l'arrondissement sont applicables au groupe d'arrondissements. – *[L. nº 82-1169 du 31 déc. 1982, art. 3.]*

Art. L. 2511-5 Ressort territorial des conseils d'arrondissement de Paris : – *Tableau mod. par L. nº 2017-257 du 28 févr. 2017, art. 21.*

DÉSIGNATION DES SECTEURS	ARRONDISSEMENTS
1er secteur	1er, 2e, 3e et 4e
5e secteur	5e
6e secteur	6e
7e secteur	7e
8e secteur	8e
9e secteur	9e
10e secteur	10e
11e secteur	11e
12e secteur	12e
13e secteur	13e
14e secteur	14e
15e secteur	15e
16e secteur	16e
17e secteur	17e
18e secteur	18e
19e secteur	19e
20e secteur	20e

Art. L. 2511-6 **Ressort territorial des conseils d'arrondissement de Marseille :** – *[L. nº 82-1169 du 31 déc. 1982, art. 3.]*

DÉSIGNATION DES SECTEURS	ARRONDISSEMENTS
1er secteur	1er et 7e
2e secteur	2e et 3e
3e secteur	4e et 5e
4e secteur	6e et 8e
5e secteur	9e et 10e
6e secteur	11e et 12e
7e secteur	13e et 14e
8e secteur	15e et 16e

Art. L. 2511-7 **Ressort territorial des conseils d'arrondissement de Lyon :** – *[L. nº 82-1169 du 31 déc. 1982, art. 3.]*

1	1er arrondissement
2	2e arrondissement
3	3e arrondissement
4	4e arrondissement
5	5e arrondissement
6	6e arrondissement
7	7e arrondissement
8	8e arrondissement
9	9e arrondissement

Art. L. 2511-8 **Le conseil d'arrondissement est composé des conseillers municipaux** *(Ord. n° 2018-74 du 8 févr. 2018, art. 1er)* **« ou conseillers de Paris » et des conseillers d'arrondissement élus dans l'arrondissement ou le groupe d'arrondissements, dans les conditions prévues par le code électoral.**

Le nombre des conseillers d'arrondissement est le double de celui des conseillers municipaux *(Ord. n° 2018-74 du 8 févr. 2018, art. 1er)* **« ou conseillers de Paris », sans toutefois pouvoir être inférieur à dix ni supérieur à quarante.**

A été jugé qu'aucune disposition du code électoral n'imposait aux conseillers d'arrondissement et aux conseillers de Paris de résider dans l'arrondissement où ils étaient élus. • CE 9 mars 1990, *Charzat, Él. mun. du 20e arrondiss. de Paris*, n° 109135 : *RD publ. 1991. 574.*

Nouvel art. L. 2511-8 *(L. n° 2025-795 du 11 août 2025, art. 4 et 5)* ***Le conseil d'arrondissement est composé des conseillers d'arrondissement élus dans l'arrondissement ou le groupe d'arrondissements, dans les conditions prévues par le code électoral.***

Le présent art. entre en vigueur à compter du 1er renouvellement général des conseils municipaux qui suit la promulgation de la L. n° 2025-795 du 11 août 2025. Dans un délai de 6 mois à compter de ladite promulgation, le Gouvernement remet au Parlement un rapport qui évalue la possibilité de transférer des compétences de la mairie centrale aux mairies d'arrondissement à Paris, à Lyon et à Marseille (L. préc., art. 6 et 7).

Art. L. 2511-9 **Les dispositions des articles L. 2121-4 et L. 2121-5 sont applicables aux conseillers d'arrondissement.**

En cas de démission d'un conseiller d'arrondissement, le maire d'arrondissement en informe le maire de la commune *(Ord. n° 2018-74 du 8 févr. 2018, art. 1er)* **« ou le maire de Paris » dès réception de la démission.**

Art. L. 2511-10 **Sous réserve des dispositions du présent chapitre, les règles relatives aux délibérations et au fonctionnement des conseils municipaux ainsi que les règles qui s'imposent aux conseils municipaux dans l'exercice de leurs compétences s'appliquent aux conseils d'arrondissement pour l'exercice de leurs attributions définies au présent chapitre.** – *[L. n° 82-1169 du 31 déc. 1982, art. 18, al. 1er.]*

V. art. L. 2121-7 s.

1. Les réunions des assemblées délibérantes y compris d'arrondissement sont publiques. Un conseil d'arrondissement n'a pu légalement interdire l'entrée d'une de ses séances aux personnes désireuses d'y assister alors qu'aucun motif de sécurité ou d'ordre public n'était établi. • CE 2 oct. 1992, *Malberg*, n° 93858 B : *D. 1992. IR 248.* ♦ Et le maire d'arrondissement est seul compétent pour fixer l'ordre du jour du conseil d'arrondissement. • TA Paris, 20 déc. 1996, *Maire de Paris : Lebon T. 766.*

2. La délibération par laquelle un conseil d'arrondissement approuve la réalisation d'un jardin public au sein d'une ZAC est un acte faisant grief susceptible de faire l'objet d'un recours pour excès de pouvoir. • CE 9 mai 1990, *Comité de défense de l'Îlot Gros Boulain Villiers c/ Ville de Paris*, n° 94704 B.

3. La possibilité de diffuser des bulletins d'information a été reconnue au conseil d'arrondissement. • CAA Lyon, 23 déc. 1999, *Ville de Lyon*, n° 97LY03017 B.

Art. L. 2511-10-1 *(L. n° 2002-276 du 27 févr. 2002, art. 20)* **I. – Les dispositions de l'article L. 2121-22-1 ne sont pas applicables au conseil d'arrondissement.**

II. – Les dispositions de l'article L. 2143-1 sont applicables au conseil d'arrondissement, sous réserve des dispositions ci-après.

Sur proposition des conseils d'arrondissement, le conseil municipal *(Ord. n° 2018-74 du 8 févr. 2018, art. 1er)* **« ou le conseil de Paris » fixe le périmètre des quartiers. Les conseils d'arrondissement créent pour chaque quartier un conseil de quartier.**

Art. L. 2511-11 **Le conseil d'arrondissement peut être réuni à la demande du maire de la commune** *(Ord. n° 2018-74 du 8 févr. 2018, art. 1er)* **« ou du maire de Paris ». Le maire de la commune** *(Ord. n° 2018-74 du 8 févr. 2018, art. 1er)* **« ou le maire de Paris » est entendu, à sa demande, par le conseil d'arrondissement.**

Art. L. 2511-12 **Le conseil d'arrondissement peut adresser des questions écrites au maire de la commune** *(Ord. n° 2018-74 du 8 févr. 2018, art. 1er)* **« ou au maire de Paris » sur toute affaire intéressant l'arrondissement. En l'absence de réponse écrite dans un délai de** *(L. n° 2002-276 du 27 févr. 2002, art. 25)* **« quarante-cinq jours », la**

question est inscrite de droit à l'ordre du jour de la séance du conseil municipal *(Ord. n° 2018-74 du 8 févr. 2018, art. 1er)* « ou du conseil de Paris » qui suit l'expiration de ce délai. Le conseil municipal *(Ord. n° 2018-74 du 8 févr. 2018, art. 1er)* « ou le conseil de Paris » fixe les conditions de publicité des questions et des réponses.

À la demande du conseil d'arrondissement, le conseil municipal *(Ord. n° 2018-74 du 8 févr. 2018, art. 1er)* « ou le conseil de Paris » débat de toute affaire intéressant l'arrondissement. Les questions soumises à débat sont adressées au maire de la commune *(Ord. n° 2018-74 du 8 févr. 2018, art. 1er)* « ou au maire de Paris » huit jours au moins avant la séance du conseil municipal *(Ord. n° 2018-74 du 8 févr. 2018, art. 1er)* « ou du conseil de Paris ».

Le temps consacré par le conseil municipal *(Ord. n° 2018-74 du 8 févr. 2018, art. 1er)* « ou le conseil de Paris » aux questions posées par les conseils d'arrondissement en application des deux alinéas précédents ne peut excéder deux heures par séance.

En l'absence d'inscription à l'ordre du jour d'une question orale dans un délai de trois mois à compter de l'envoi de la proposition, la question est inscrite de droit à l'ordre du jour de la séance du conseil municipal *(Ord. n° 2018-74 du 8 févr. 2018, art. 1er)* « ou du conseil de Paris » qui suit l'expiration du délai.

Le conseil d'arrondissement peut émettre des vœux sur tous les objets intéressant l'arrondissement.

Le conseil d'arrondissement peut dans son règlement intérieur prévoir qu'un débat peut être instauré après la séance entre les membres du conseil et le public sur des affaires intéressant l'arrondissement. Ce débat ne peut donner lieu à prise de décision. • TA Paris, 20 déc. 1996, *Maire de Paris : Lebon T. 766.* ♦ En revanche, il ne peut prévoir la consultation des électeurs sur les décisions que les autorités sont appelées à prendre. • Même jugement.

Art. L. 2511-13 Le conseil d'arrondissement est saisi pour avis des rapports de présentation et des projets de délibération concernant les affaires dont l'exécution est prévue, en tout ou partie, dans les limites de l'arrondissement, préalablement à leur examen par le conseil municipal *(Ord. n° 2018-74 du 8 févr. 2018, art. 1er)* « ou par le conseil de Paris » et sous réserve des règles particulières à l'élaboration du budget de la commune fixées par la section 2 du présent chapitre.

Le conseil d'arrondissement émet son avis dans le délai fixé par le maire de la commune *(Ord. n° 2018-74 du 8 févr. 2018, art. 1er)* « ou par le maire de Paris ». Sauf urgence dûment constatée par le conseil municipal *(Ord. n° 2018-74 du 8 févr. 2018, art. 1er)* « ou par le conseil de Paris », ce délai ne peut être inférieur à quinze jours, à compter de la saisine du conseil d'arrondissement. À défaut d'avis émis dans ce délai, le conseil municipal *(Ord. n° 2018-74 du 8 févr. 2018, art. 1er)* « ou le conseil de Paris » délibère.

Le conseil d'arrondissement se fait communiquer les pièces relatives aux affaires qui lui sont soumises. L'avis du conseil d'arrondissement ou, à défaut, le document prouvant qu'il a été saisi dans les délais, est joint au projet de délibération et est annexé à la délibération du conseil municipal *(Ord. n° 2018-74 du 8 févr. 2018, art. 1er)* « ou du conseil de Paris ».

Art. L. 2511-14 Le conseil municipal *(Ord. n° 2018-74 du 8 févr. 2018, art. 1er)* « ou le conseil de Paris » consulte, dans les délais prévus à l'article L. 2511-13, le conseil d'arrondissement sur le montant des subventions que le conseil municipal *(Ord. n° 2018-74 du 8 févr. 2018, art. 1er)* « ou le conseil de Paris » se propose d'attribuer aux associations dont l'activité s'exerce dans le seul arrondissement, ou au profit des seuls habitants de l'arrondissement, quel que soit le siège de ces associations. L'avis du conseil d'arrondissement ne peut avoir pour effet de majorer le montant global des crédits consacrés par le budget communal aux associations visées ci-dessus. À défaut d'avis émis dans les délais fixés, le conseil municipal *(Ord. n° 2018-74 du 8 févr. 2018, art. 1er)* « ou le conseil de Paris » délibère.

Art. L. 2511-15 *(L. n° 2002-276 du 27 févr. 2002, art. 26)* « Le conseil d'arrondissement est consulté par le maire de la commune *(Ord. n° 2018-74 du 8 févr. 2018, art. 1er)* « ou le maire de Paris », dans des conditions fixées par décret en Conseil d'État, avant toute délibération du conseil municipal *(Ord. n° 2018-74 du 8 févr. 2018, art. 1er)* « ou du conseil de Paris » portant sur l'établissement, la révision ou la modification du plan local d'urbanisme lorsque le périmètre du projet de plan ou le projet de modification ou de révision concerne, en tout ou partie, le ressort territorial de l'arrondissement.

« Le conseil d'arrondissement peut également proposer au conseil municipal *(Ord. n° 2018-74 du 8 févr. 2018, art. 1er)* « ou au conseil de Paris » la modification de la partie du plan concernant l'arrondissement. »

Le conseil d'arrondissement est consulté dans les mêmes conditions avant toute délibération du conseil municipal *(Ord. n° 2018-74 du 8 févr. 2018, art. 1er)* « ou du conseil de Paris » portant sur un projet d'opération d'aménagement dont la réalisation est prévue, en tout ou partie, dans les limites de l'arrondissement.

Les mêmes dispositions sont applicables à la suppression ou au rétablissement du droit de préemption urbain, ainsi qu'à la délibération prévue *(L. n° 2014-366 du 24 mars 2014, art. 149)* « à l'avant-dernier » alinéa de l'article L. 211-4 du code de l'urbanisme, lorsqu'ils concernent le ressort territorial de l'arrondissement.

Les avis émis en vertu du présent article sont joints au dossier de l'opération en cause et, le cas échéant, au dossier soumis à enquête publique ou mis à la disposition du public.

La consultation du conseil d'arrondissement, lorsqu'elle est requise avant la délibération du conseil municipal, ne doit précéder l'enquête publique que dans les seules hypothèses où une telle enquête doit elle-même être précédée d'une délibération du conseil municipal. Il n'en est ainsi que lorsque, comme en matière d'élaboration ou de révision des plans d'urbanisme, le projet soumis à enquête doit être arrêté par le conseil municipal, en application des art. L. 123-6 à L. 123-13 C. urb. • CAA Paris, 8 nov. 2007, *Ville de Paris c/ Galy-Dejean,* n° 06PA01321 : *Lebon.* ♦ Tel n'est pas le cas en l'espèce où la modification contestée, relevant d'une initiative du maire de Paris, n'avait pas à faire l'objet d'une délibération du conseil municipal avant d'être soumise à l'enquête publique. Les premiers juges ont estimé à tort que le dossier de modification du PLU soumis à l'enquête publique était irrégulièrement composé, en l'absence de l'avis du conseil du 15e arrondissement, recueilli entre la fin de l'enquête publique et l'intervention de la délibération litigieuse. • Même arrêt.

Art. L. 2511-16 *(L. n° 2002-276 du 27 févr. 2002, art. 27)* « Le conseil d'arrondissement délibère sur l'implantation et le programme d'aménagement des équipements de proximité, définis comme les équipements à vocation éducative, sociale, culturelle, sportive et d'information de la vie locale *(L. n° 2017-257 du 28 févr. 2017, art. 17)* « ainsi que les espaces verts dont la superficie est inférieure à un hectare » qui ne concernent pas l'ensemble des habitants de la commune *(Ord. n° 2018-74 du 8 févr. 2018, art. 1er)* « ou de la Ville de Paris » ou les habitants de plusieurs arrondissements, ou qui n'ont pas une vocation nationale. La réalisation des équipements est subordonnée à une décision du conseil municipal *(Ord. n° 2018-74 du 8 févr. 2018, art. 1er)* « ou du conseil de Paris » prise dans les conditions prévues à l'article L. 2511-36. »

Le conseil d'arrondissement gère les équipements *(L. n° 2002-276 du 27 févr. 2002, art. 27)* « de proximité », sous réserve des dispositions de l'article L. 2511-21. *(L. n° 2017-257 du 28 févr. 2017, art. 12)* « À cet effet, il approuve les contrats d'occupation du domaine public portant sur ces équipements, à l'exclusion des équipements scolaires. » Lorsque ces équipements sont réalisés dans le cadre d'une opération d'aménagement prévue au *(L. n° 2002-276 du 27 févr. 2002, art. 27)* « troisième » alinéa de l'article L. 2511-15, leur gestion relève de la compétence du conseil d'arrondissement après leur achèvement.

Toutefois, les équipements dont la gestion a été confiée à des tiers avant le 5 octobre 1982 demeurent de la compétence du conseil municipal *(Ord. n° 2018-74 du 8 févr. 2018, art. 1er)* « ou du conseil de Paris », pour la durée de la convention passée avec le gestionnaire ainsi qu'en cas de renouvellement de celle-ci par le conseil municipal *(Ord. n° 2018-74 du 8 févr. 2018, art. 1er)* « ou le conseil de Paris ». En outre, certains équipements relevant de l'une des catégories mentionnées au premier alinéa peuvent, en raison de leur nature ou de leurs modalités de gestion, demeurer de la compétence du conseil municipal *(Ord. n° 2018-74 du 8 févr. 2018, art. 1er)* « ou du conseil de Paris », lorsqu'il en est décidé ainsi par arrêté du représentant de l'État dans le département, pris après avis du président du tribunal administratif.

Le conseil d'arrondissement supporte les dépenses de fonctionnement, à l'exclusion des dépenses de personnel et des frais financiers, relatives à la gestion des équipements transférés en application des alinéas précédents, ainsi que celles relatives aux locaux administratifs, aux biens mobiliers et aux matériels mis à sa disposition pour l'exercice de ses attributions.

(L. n° 2002-276 du 27 févr. 2002, art. 27) « Le conseil d'arrondissement supporte par ailleurs les dépenses d'investissement afférentes aux équipements visés ci-dessus pour lesquelles les marchés de travaux *(L. n° 2017-257 du 28 févr. 2017, art. 18)* « et de fournitures » correspondants peuvent être passés sans formalités préalables en raison de leur montant, ainsi que celles nécessitées par les travaux d'urgence au titre de ces mêmes équipements dans la limite, dans un cas comme dans l'autre, des crédits ouverts dans l'état spécial en application de l'article L. 2511-36-1.

« Par délibération-cadre annuelle du conseil municipal *(Ord. n° 2018-74 du 8 févr. 2018, art. 1er)* « ou du conseil de Paris », et dans les cas et conditions qu'il détermine, le conseil d'arrondissement peut également être autorisé à effectuer, dans la limite des crédits ouverts dans l'état spécial en application de l'article L. 2511-36-1, des dépenses d'investissement afférentes à des équipements autres que ceux visés ci-dessus et pour lesquelles les marchés de travaux correspondants peuvent être passés sans formalités préalables en raison de leur montant. »

1. Le conseil d'arrondissement peut contester l'arrêté du préfet de Paris, désignant certains équipements visés par l'art. L. 2511-16 comme relevant de la compétence du conseil de Paris. • TA Paris, 25 avr. 1997, *Conseil du Xe arrondissement de Paris : Lebon T. 718.*

2. Ne rentre pas dans la compétence des conseils d'arrondissement la gestion des cimetières. • CAA Paris, 25 mai 2004, ☎ *Ville de Paris,* n° 00PA02844. ♦ En revanche la gestion d'un centre d'animation offrant des activités culturelles, sportives, artistiques et éducatives rentre dans la compétence des conseils d'arrondissement. • CAA Paris, 25 mai 2004, ☎ *Maire du XIXe arrondissement,* n° 00PA03016. ♦ ... De même pour l'entretien des espaces verts des équipements scolaires et sportifs. • CAA Paris, 25 mai 2004, ☎ *Ville de Paris,* n° 00PA02845.

Art. L. 2511-17 Le conseil municipal *(Ord. n° 2018-74 du 8 févr. 2018, art. 1er)* « ou le conseil de Paris » peut, en outre, déléguer au conseil d'arrondissement, avec l'accord de celui-ci, la gestion de tout équipement ou service de la commune *(Ord. n° 2018-74 du 8 févr. 2018, art. 1er)* « ou de la Ville de Paris ». Ces délégations prennent fin de plein droit au prochain renouvellement du conseil municipal *(Ord. n° 2018-74 du 8 févr. 2018, art. 1er)* « ou du conseil de Paris ». Lorsqu'une telle délégation a été faite à un conseil d'arrondissement, cette délégation est accordée de droit aux autres conseils d'arrondissement qui le demandent.

Art. L. 2511-18 *(L. n° 2002-276 du 27 févr. 2002, art. 28)* « L'inventaire des équipements de proximité est fixé par délibérations concordantes du conseil municipal *(Ord. n° 2018-74 du 8 févr. 2018, art. 1er)* « ou du conseil de Paris » et du conseil d'arrondissement, et, le cas échéant, modifié dans les mêmes formes. »

(L. n° 2002-276 du 27 févr. 2002, art. 28) « En cas de désaccord entre le conseil municipal *(Ord. n° 2018-74 du 8 févr. 2018, art. 1er)* « ou le conseil de Paris » et le conseil d'arrondissement sur l'inscription à l'inventaire d'un équipement de proximité mentionné à l'article L. 2511-16, le conseil municipal *(Ord. n° 2018-74 du 8 févr. 2018, art. 1er)* « ou le conseil de Paris » délibère. »

Art. L. 2511-19 Le conseil d'arrondissement procède, en son sein, à la désignation des représentants de la commune *(Ord. n° 2018-74 du 8 févr. 2018, art. 1er)* « ou de la Ville de Paris » dans les organismes dont le champ d'action est limité à l'arrondissement et dans lesquels la commune *(Ord. n° 2018-74 du 8 févr. 2018, art. 1er)* « ou la Ville de Paris » doit être représentée en vertu des dispositions applicables à ces organismes.

V. pour les modalités d'application de cet article, *Rép. min. n° 14576, JOAN Q, 20 oct. 2003, p. 8036.*

Art. L. 2511-20 Les logements dont l'attribution relève de la commune *(Ord. n° 2018-74 du 8 févr. 2018, art. 1er)* « ou de la Ville de Paris » et qui sont situés dans l'arrondissement sont attribués pour moitié par le maire d'arrondissement et pour moitié par le maire de la commune *(Ord. n° 2018-74 du 8 févr. 2018, art. 1er)* « ou par le maire de Paris ».

(L. nº 2017-86 du 27 janv. 2017, art. 73) « Après avis des conseils d'arrondissement, le conseil municipal *(Ord. nº 2018-74 du 8 févr. 2018, art. 1er)* « ou le conseil de Paris » peut fixer une liste de relogements prioritaires donnant lieu à l'attribution de logements par le maire de la commune *(Ord. nº 2018-74 du 8 févr. 2018, art. 1er)* « ou par le maire de Paris ». Sont prioritaires les relogements rendus nécessaires en cas de péril, de sinistre ou de catastrophe, par l'exécution d'une opération de résorption de l'habitat insalubre, de rénovation, de réhabilitation ou de démolition ou par l'exécution de toute opération à caractère culturel ou par les mutations proposées par les bailleurs sociaux au sein du parc social.

« Les logements soustraits par délibération du conseil municipal *(Ord. nº 2018-74 du 8 févr. 2018, art. 1er)* « ou du conseil de Paris » à l'application de la règle fixée au premier alinéa ne peuvent pas porter, dans chaque arrondissement, sur plus de 50 % des logements dont l'attribution relève de la commune *(Ord. nº 2018-74 du 8 févr. 2018, art. 1er)* « ou de la Ville de Paris ». »

Les logements dont l'attribution relève de la commune *(Ord. nº 2018-74 du 8 févr. 2018, art. 1er)* « ou de la Ville de Paris » et qui sont situés hors du territoire communal *(Ord. nº 2018-74 du 8 févr. 2018, art. 1er)* « ou de la Ville de Paris » sont attribués par une commission municipale comprenant, en nombre égal, des représentants des maires d'arrondissement et des représentants du maire de la commune *(Ord. nº 2018-74 du 8 févr. 2018, art. 1er)* « ou du maire de Paris », désignés parmi les conseillers élus.

Les *(L. nº 2017-86 du 27 janv. 2017, art. 73)* « quatre premiers alinéas » sont, en outre, applicables aux décisions ou propositions d'attribution qui incombent à la commune *(Ord. nº 2018-74 du 8 févr. 2018, art. 1er)* « ou à la Ville de Paris » pour les logements qui lui sont réservés par convention.

Un décret en Conseil d'État fixe les conditions d'application du présent article.

Le Conseil d'État a précisé que si le texte prévoit un partage égal entre le maire de la commune et le maire d'arrondissement, le législateur n'a accordé aucune dérogation s'agissant de relogements d'urgence ou du relogement d'agents titulaires. • CE 20 nov. 1989, *Ville de Paris*, nº 69995 : *Lebon 230* ; *RFDA 1990. 134* ; *Dr. adm. 1990, nº 19.*

Art. L. 2511-21 *(L. nº 2002-276 du 27 févr. 2002, art. 30)* Une commission mixte composée d'un nombre égal de représentants du maire d'arrondissement et du maire de la commune *(Ord. nº 2018-74 du 8 févr. 2018, art. 1er)* « ou du maire de Paris », désignés parmi les conseillers élus, définit les conditions générales d'admission et d'utilisation des équipements mentionnés aux articles L. 2511-16 et L. 2511-17. *(L. nº 2004-809 du 13 août 2004, art. 92)* « La commission mixte siège à la mairie d'arrondissement. En cas de partage des voix, le maire d'arrondissement a voix prépondérante. »

Art. L. 2511-22 *(L. nº 2002-276 du 27 févr. 2002, art. 31)* « Pour l'exercice des compétences du conseil d'arrondissement, le conseil municipal *(Ord. nº 2018-74 du 8 févr. 2018, art. 1er)* « ou le conseil de Paris » donne délégation, dans les cas et conditions qu'il détermine, au conseil d'arrondissement pour préparer, passer, exécuter et régler les marchés de travaux, fournitures et services qui peuvent être passés sans formalités préalables en raison de leur montant. » Lorsque cette délégation est accordée à un arrondissement, elle est donnée, de ce fait, à l'ensemble des arrondissements.

Ces actes sont soumis aux mêmes règles que les actes de même nature décidés par le conseil municipal *(Ord. nº 2018-74 du 8 févr. 2018, art. 1er)* « ou le conseil de Paris ». Ils sont passés par le maire d'arrondissement. Le montant des prestations s'apprécie dans le cadre de chaque arrondissement ou groupe d'arrondissements.

Pour l'application des dispositions du présent article, le maire d'arrondissement peut recevoir délégation du conseil d'arrondissement dans les conditions fixées à l'article L. 2122-22.

Sauf en cas de méconnaissance des dispositions du présent chapitre ou de la réglementation applicable aux actes mentionnés ci-dessus, le conseil municipal *(Ord. nº 2018-74 du 8 févr. 2018, art. 1er)* « ou le conseil de Paris » ne peut mettre fin à la délégation que pour l'ensemble des conseils d'arrondissement.

Ces délégations prennent fin de plein droit lors du prochain renouvellement du conseil municipal *(Ord. n° 2018-74 du 8 févr. 2018, art. 1er)* « ou du conseil de Paris ».

(L. n° 2017-257 du 28 févr. 2017, art. 13) « Pour la conclusion des contrats mentionnés à la deuxième phrase du deuxième alinéa de l'article L. 2511-16 d'une durée n'excédant pas douze ans, le maire d'arrondissement peut recevoir délégation du conseil d'arrondissement dans les conditions fixées à l'article L. 2122-22.

« Le maire rend compte au moins annuellement au conseil d'arrondissement des conditions d'utilisation des équipements faisant l'objet des contrats, ainsi que des bénéficiaires des contrats pour chaque équipement.

« Ces données sont rendues publiques et librement accessibles à tout citoyen. »

Art. L. 2511-23 Les articles L. 2131-1 à L. 2131-6 et L. 2131-8 sont applicables, sous réserve des dispositions ci-après, aux délibérations des conseils d'arrondissement, à l'exclusion de celles prises en application de la section 2 du présent chapitre et des avis émis par ces conseils.

Les délibérations des conseils d'arrondissement sont adressées au maire de la commune *(Ord. n° 2018-74 du 8 févr. 2018, art. 1er)* « ou au maire de Paris ». Celui-ci les transmet au représentant de l'État dans le département dans la quinzaine qui suit leur réception et informe dans les quarante-huit heures le maire d'arrondissement de cette transmission.

Dans le même délai de quinze jours, le maire de la commune *(Ord. n° 2018-74 du 8 févr. 2018, art. 1er)* « ou le maire de Paris », s'il ne transmet pas au représentant de l'État dans le département la délibération du conseil d'arrondissement, demande à ce dernier une seconde lecture. Cette demande doit être motivée. Le maire de la commune *(Ord. n° 2018-74 du 8 févr. 2018, art. 1er)* « ou le maire de Paris » transmet au représentant de l'État dans le département la nouvelle délibération du conseil d'arrondissement dans la quinzaine suivant sa réception et informe dans les quarante-huit heures le maire d'arrondissement de cette transmission.

Lorsque le maire d'arrondissement n'a pas été informé dans les délais prescrits de la transmission de la délibération, il peut adresser celle-ci directement au représentant de l'État dans le département.

Sans préjudice du recours dont dispose le représentant de l'État dans le département, le maire de la commune *(Ord. n° 2018-74 du 8 févr. 2018, art. 1er)* « ou le maire de Paris » peut déférer au tribunal administratif une délibération ayant donné lieu à une seconde lecture en application du troisième alinéa, dans un délai de deux mois à compter de la date à laquelle il a reçu cette délibération. *(L. n° 2000-597 du 30 juin 2000, art. 16)* « Si ce recours est assorti d'une demande de suspension et si l'un des moyens invoqués à son appui paraît, en l'état de l'instruction, propre à créer un doute sérieux quant à la légalité de la délibération attaquée, le président du tribunal administratif ou un magistrat délégué par lui prononce la suspension dans les quarante-huit heures. La décision relative à la suspension est susceptible d'appel devant le Conseil d'État dans la quinzaine de sa notification. » En ce cas, le président de la section du contentieux du Conseil d'État ou un conseiller d'État délégué à cet effet statue dans un délai de quarante-huit heures.

Art. L. 2511-24 Les associations participent à la vie municipale.

Dans chaque arrondissement est créé un comité d'initiative et de consultation d'arrondissement. Celui-ci réunit les représentants des associations locales ou membres de fédérations ou confédérations nationales qui en font la demande et qui exercent leur activité dans l'arrondissement.

Au cours d'une séance par trimestre au moins, les représentants de ces associations participent, s'ils le sollicitent, aux débats du conseil d'arrondissement, avec voix consultative. Ils y exposent toute question intéressant leur domaine d'activité dans l'arrondissement et peuvent faire toute proposition à cet égard.

Le conseil d'arrondissement en délibère en leur présence.

À cette fin, les associations doivent notifier, au préalable, au maire de l'arrondissement le ou les sujets sur lesquels elles souhaitent débattre.

Le calendrier des débats avec les associations susmentionnées est défini par le conseil d'arrondissement en liaison avec le comité d'initiative et de consultation d'arrondissement. Le conseil d'arrondissement met à la disposition du comité d'initiative et de

consultation d'arrondissement toute information nécessaire à la préparation de ces débats. – *[L. nº 82-1169 du 31 déc. 1982, art. 16.]*

SOUS-SECTION 2 **Le maire d'arrondissement**

Art. L. 2511-25 **Le conseil d'arrondissement est présidé par le maire d'arrondissement. Le maire d'arrondissement est élu au sein du conseil d'arrondissement. Les fonctions de maire de la commune** *(Ord. nº 2018-74 du 8 févr. 2018, art. 1er)* **« ou de maire de Paris » et de maire d'arrondissement sont incompatibles.**

L'élection du maire d'arrondissement qui suit le renouvellement général du conseil municipal *(Ord. nº 2018-74 du 8 févr. 2018, art. 1er)* **« ou du conseil de Paris » a lieu huit jours après celle du maire de la commune** *(Ord. nº 2018-74 du 8 févr. 2018, art. 1er)* **« ou du maire de Paris ». Le conseil d'arrondissement est, à cette occasion, exceptionnellement convoqué par le maire de la commune** *(Ord. nº 2018-74 du 8 févr. 2018, art. 1er)* **« ou le maire de Paris ».**

Le conseil d'arrondissement désigne également en son sein *(Abrogé par L. nº 2025-795 du 11 août 2025, art. 5)* **« , *parmi les conseillers municipaux*** *(Ord. nº 2018-74 du 8 févr. 2018, art. 1er)* ***« ou les conseillers de Paris » et les conseillers d'arrondissement, »*** **un ou plusieurs adjoints. Le nombre de ceux-ci ne peut excéder 30 p. 100 du nombre total des membres du conseil d'arrondissement sans pouvoir toutefois être inférieur à quatre.** – *Les dispositions de la L. nº 2025-795 du 11 août 2025 s'appliquent à compter du premier renouvellement général des conseils municipaux qui suit la promulgation de ladite loi (L. préc., art. 6).*

Sous réserve des dispositions des alinéas précédents, sont applicables au maire d'arrondissement et à ses adjoints les dispositions des articles L. 2122-4 à *(L. nº 2007-128 du 31 janv. 2007)* **« L. 2122-7-2 », des premier et deuxième alinéas de l'article L. 2122-8, des premier et troisième alinéas de l'article L. 2122-10, des articles L. 2122-12, L. 2122-15, L. 2122-16,** *(L. nº 2017-257 du 28 févr. 2017, art. 19)* **« des deuxième et dernier alinéas » de l'article L. 2122-18** *(L. nº 2002-276 du 27 févr. 2002, art. 63)* **« , de l'article L. 3122-3 »** *(L. nº 2003-327 du 11 avr. 2003, art. 16)* **« et de l'article L. 4133-3 ». En cas d'application de l'article L. 2122-15, le représentant de l'État dans le département informe le maire de la commune** *(Ord. nº 2018-74 du 8 févr. 2018, art. 1er)* **« ou le maire de Paris » de la démission du maire d'arrondissement ou de ses adjoints.**

L'élection du maire d'arrondissement et de ses adjoints peut être arguée de nullité dans les conditions, formes et délais prescrits pour les réclamations contre les élections du conseil municipal. Lorsque l'élection est annulée ou que, pour toute autre cause, le maire d'arrondissement ou ses adjoints ont cessé leurs fonctions, le conseil d'arrondissement est convoqué pour procéder au remplacement dans le délai de quinzaine.

V. note ss. art. L. 2122-7.

BIBL. ▶ MALIGNER, Les réformes relatives aux élections municipales, *AJDA 2014. 265*. – VERPEAUX, Les nouvelles élections locales sont arrivées, *RFDA 2013. 1161*.

Art. L. 2511-25-1 *(L. nº 2002-276 du 27 févr. 2002, art. 20)* **Dans les conseils d'arrondissement, la limite fixée à l'article L. 2511-25 peut donner lieu à dépassement en vue de la création de postes d'adjoints chargés principalement d'un ou plusieurs quartiers, sans toutefois que leur nombre puisse excéder 10 % de l'effectif légal du conseil d'arrondissement.**

L'adjoint chargé de quartier connaît de toute question intéressant à titre principal le quartier. Il veille à l'information des habitants et favorise leur participation à la vie du quartier.

Art. L. 2511-26 **Le maire d'arrondissement et ses adjoints sont chargés, dans l'arrondissement, des attributions relevant du maire de la commune** *(Ord. nº 2018-74 du 8 févr. 2018, art. 1er)* **« ou du maire de Paris » en matière d'état civil, d'affaires scolaires liées au respect de l'obligation scolaire ainsi qu'en application des dispositions du code du service national.**

Le maire d'arrondissement et ses adjoints sont officiers d'état civil dans l'arrondissement. Toutefois, le maire de la commune *(Ord. nº 2018-74 du 8 févr. 2018, art. 1er)*

« ou le maire de Paris » et ses adjoints peuvent exercer leurs fonctions d'officier d'état civil sur l'ensemble du territoire de la commune *(Ord. n° 2018-74 du 8 févr. 2018, art. 1er)* « ou de la Ville de Paris ».

Le maire de la commune *(Ord. n° 2018-74 du 8 févr. 2018, art. 1er)* « ou le maire de Paris » peut, en outre, déléguer au maire d'arrondissement certaines de ses attributions en matière d'élections, à l'exception de celles relatives à *(L. n° 2016-1048 du 1er août 2016, art. 11)* « l'inscription sur les listes électorales et à la radiation de ces listes, en application des articles L. 18 et L. 31 ». Lorsqu'une telle délégation a été accordée à un maire d'arrondissement, cette délégation est accordée de droit aux autres maires d'arrondissement sur leur demande.

Art. L. 2511-26-1 *(L. n° 2025-795 du 11 août 2025, art. 5)* Le maire d'arrondissement peut assister au conseil de Paris ou au conseil municipal, même s'il n'en est pas membre.

À sa demande, il est entendu sur les affaires relatives à l'arrondissement.

Il peut être remplacé à cette fin par l'un de ses adjoints ou, à défaut d'adjoint, par un membre du conseil d'arrondissement désigné par ce dernier.

Le présent art. entre en vigueur à compter du 1er renouvellement général des conseils municipaux qui suit la promulgation de la L. n° 2025-795 du 11 août 2025. Dans un délai de 6 mois à compter de ladite promulgation, le Gouvernement remet au Parlement un rapport qui évalue la possibilité de transférer des compétences de la mairie centrale aux mairies d'arrondissement à Paris, à Lyon et à Marseille (L. préc., art. 6 et 7).

Art. L. 2511-27 Le maire de la commune *(Ord. n° 2018-74 du 8 févr. 2018, art. 1er)* « ou le maire de Paris » peut donner sous sa surveillance et sa responsabilité, par arrêté, délégation de signature au *(L. n° 2000-321 du 12 avr. 2000)* « directeur général des services » de la mairie *(Ord. n° 2018-74 du 8 févr. 2018, art. 1er)* « ou de la Ville de Paris » et aux responsables de services communaux.

Le maire d'arrondissement peut, dans les mêmes conditions, donner délégation de signature au *(L. n° 2000-321 du 12 avr. 2000)* « directeur général des services » de la mairie d'arrondissement.

(L. n° 2017-257 du 28 févr. 2017, art. 14) « Le maire d'arrondissement peut également, dans les mêmes conditions, donner délégation de signature au directeur général adjoint des services de la mairie d'arrondissement. »

1. A été jugé que la délégation de signature du maire au secrétaire général de la mairie et aux responsables des services communaux peut porter sur les attributions qu'il exerce au nom de l'État ou au titre de son mandat municipal. • CE 18 janv. 1991, *Sté Multypromotion c/ Ville de Paris*, n° 104197 : *Lebon 16*.

2. Contrairement aux autres maires, les maires de Paris, Lyon, Marseille peuvent donner délégation de signature à leur directeur de cabinet considéré comme responsable de services communaux. • CE 16 sept. 2005, *Ville de Paris*, n° 280202.

Art. L. 2511-28 Le maire d'arrondissement peut donner délégation dans les conditions prévues par le premier alinéa de l'article L. 2122-18 et l'article L. 2122-20.

Dans les cas prévus par l'article L. 2122-17, le maire d'arrondissement est remplacé par un de ses adjoints *(Abrogé par L. n° 2025-795 du 11 août 2025, art. 5)* ***« membres du conseil municipal** (Ord. n° 2018-74 du 8 févr. 2018, art. 1er)* ***« ou du conseil de Paris » ou, à défaut, par un autre adjoint »*** ou, à défaut d'adjoint, par tout autre membre du conseil d'arrondissement désigné par le conseil d'arrondissement.

Les dispositions de la L. n° 2025-795 du 11 août 2025 s'appliquent à compter du premier renouvellement général des conseils municipaux qui suit la promulgation de ladite loi (L. préc., art. 6).

Art. L. 2511-29 Dans les arrondissements où est créée une caisse des écoles, le maire d'arrondissement préside cet organisme. Les représentants de la commune *(Ord. n° 2018-74 du 8 févr. 2018, art. 1er)* « ou de la Ville de Paris » dans cet organisme sont désignés par le maire d'arrondissement parmi les membres du conseil d'arrondissement.

Le conseil de Paris siégeant en qualité de conseil municipal est seul compétent pour déterminer les tarifs de la restauration scolaire dans les écoles maternelles, les écoles élémentaires et les lycées municipaux de la ville de Paris. • CE 11 juin 2014, n° 359931 : *Lebon ; AJDA 2014. 2137, note Long ; BJCL 2014. 707, concl. de Barmon, obs. Poujade.*

Art. L. 2511-30 Le maire d'arrondissement émet un avis sur toute autorisation d'utilisation du sol dans l'arrondissement délivrée par le maire de la commune *(Ord. n° 2018-74 du 8 févr. 2018, art. 1er)* « ou le maire de Paris » et au nom de celle-ci en application des dispositions du code de l'urbanisme ainsi que sur toute permission de voirie sur le domaine public dans l'arrondissement délivrée par le maire de la commune *(Ord. n° 2018-74 du 8 févr. 2018, art. 1er)* « ou le maire de Paris » en application du présent code.

(L. n° 2017-257 du 28 févr. 2017, art. 15) « Le maire d'arrondissement émet un avis sur toute autorisation d'étalage et de terrasse dans l'arrondissement délivrée par le maire de la commune *(Ord. n° 2018-74 du 8 févr. 2018, art. 1er)* « ou le maire de Paris » en application du présent code. »

(L. n° 2002-276 du 27 févr. 2002, art. 24) « Le maire d'arrondissement donne son avis sur tout projet d'acquisition ou d'aliénation d'immeubles ou de droits immobiliers réalisées par la commune *(Ord. n° 2018-74 du 8 févr. 2018, art. 1er)* « ou par la Ville de Paris » dans l'arrondissement, ainsi que sur tout changement d'affectation d'un immeuble communal *(Ord. n° 2018-74 du 8 févr. 2018, art. 1er)* « ou de la Ville de Paris » situé dans l'arrondissement. Il est informé des déclarations d'intention d'aliéner présentées en application du code de l'urbanisme pour des immeubles situés dans l'arrondissement. Le maire de la commune *(Ord. n° 2018-74 du 8 févr. 2018, art. 1er)* « ou le maire de Paris » informe, chaque mois, le maire d'arrondissement de la suite réservée à ces déclarations d'intention d'aliéner.

« Le maire d'arrondissement est consulté pour avis sur les projets de transformation d'immeubles en bureaux ou en locaux d'habitation. »

Art. L. 2511-31 Le maire de la commune *(Ord. n° 2018-74 du 8 févr. 2018, art. 1er)* « ou le maire de Paris » informe le maire d'arrondissement des conditions générales de réalisation des projets d'équipement dont l'exécution est prévue, en tout ou partie, dans les limites de l'arrondissement. Le maire d'arrondissement est informé chaque semestre de l'état des admissions dans les établissements mentionnés au premier alinéa de l'article L. 2511-21.

Le maire d'arrondissement communique ces informations à la plus proche séance du conseil d'arrondissement.

Il est également conforme à l'esprit de la loi de permettre aux maires d'arrondissement d'informer leurs concitoyens par un journal d'arrondissement. • TA Lyon, 20 oct. 1997, *Ville de Lyon c/ Maire du 1er arrondissement : AJDA 1998. 426, concl. Verley-Cheynet ⊘, note Noury ⊘ ; Quinzaine jur. 9 févr. 1998, p. 13 ; Gaz. cnes 30 mars 1998, n° 13, p. 44.* ♦ Confirmation par • CAA Lyon, 23 déc. 1999, *Ville de Lyon*, n° 97-30.17.

Art. L. 2511-32 Les actes du maire d'arrondissement agissant comme autorité de l'État sont soumis aux mêmes règles que les actes du maire agissant en la même qualité.

Les actes du maire d'arrondissement agissant au nom de la commune sont soumis aux mêmes règles que les actes du maire de la commune agissant en la même qualité. Toutefois, lorsque ces actes doivent être transmis au représentant de l'État dans le département en vertu des dispositions des articles L. 2131-1 à L. 2131-5, les dispositions de l'article L. 2511-23 sont applicables. – *[L. n° 82-1169 du 31 déc. 1982, art. 24.]*

Art. L. 2511-32-1 *(L. n° 2025-795 du 11 août 2025, art. 8)* À Paris, Lyon et Marseille, une instance de coordination avec les arrondissements, dénommée "conférence des maires", présidée par le maire de la ville et comprenant les maires d'arrondissement, peut débattre de tout sujet d'intérêt municipal. Elle se réunit au moins une fois par an, à l'initiative du maire de la ville ou à la demande de la moitié des maires d'arrondissement, sur un ordre du jour déterminé.

Les modalités de fonctionnement de la conférence des maires sont déterminées par le règlement intérieur du conseil municipal ou, à Paris, par le règlement intérieur du conseil de Paris.

SOUS-SECTION 3 Conditions d'exercice des mandats de maires, d'adjoints au maire, de conseillers municipaux et d'arrondissement

Art. L. 2511-33 Les articles L. 2123-1 à L. 2123-3, L. 2123-5, L. 2123-7, L. 2123-8, *(L. n° 2015-366 du 31 mars 2015, art. 8)* « L. 2123-9, » L. 2123-12 à L. 2123-15, *(L. n° 2002-276 du 27 févr. 2002, art. 96)* « le II et le III de l'article L. 2123-20, le II de l'article L. 2123-24, *(L. n° 2004-809 du 13 août 2004, art. 198)* « le III de l'article L. 2123-24-1, » les articles L. 2123-25 à L. 2123-29, L. 2123-31 à » *(L. n° 2017-257 du 28 févr. 2017, art. 20)* « L. 2123-35 » et le 3° de l'article L. 2321-2 sont applicables aux maires, adjoints au maire et membres d'un conseil d'arrondissement *(Ord. n° 2018-74 du 8 févr. 2018, art. 1er)* « de la Ville de Paris ou » des communes de Marseille et Lyon.

(L. n° 2002-276 du 27 févr. 2002, art. 96) « Pour l'application du II de l'article L. 2123-2, la durée du crédit d'heures forfaitaire et trimestrielle, fixée par référence à la durée hebdomadaire légale du travail, est égale :

« – pour les maires d'arrondissement à trois fois cette durée ;

« – pour les adjoints au maire d'arrondissement à une fois et demie cette durée ;

« – pour les conseillers d'arrondissement à 30 % de cette durée. »

Art. L. 2511-34 Les indemnités votées par les conseils municipaux de Marseille et de Lyon pour l'exercice effectif des fonctions d'adjoint au maire et de membre de délégation spéciale faisant fonction d'adjoint sont au maximum égales à *(L. n° 2002-276 du 27 févr. 2002, art. 96)* « 72,5 % du terme de référence mentionné au I de l'article L. 2123-20 ».

Les indemnités votées par les conseils municipaux de Marseille et de Lyon pour l'exercice effectif des fonctions de conseiller municipal sont au maximum égales à *(L. n° 2002-276 du 27 févr. 2002, art. 96)* « 34,5 % du terme de référence mentionné au I de l'article L. 2123-20 ».

Art. L. 2511-34-1 *(L. n° 2017-257 du 28 févr. 2017, art. 5)* Les indemnités votées par le conseil de Paris pour l'exercice effectif des fonctions de maire et de président de la délégation spéciale sont au maximum égales à 192,5 % du terme de référence mentionné au I de l'article L. 2123-20.

Les indemnités votées par le conseil de Paris pour l'exercice effectif des fonctions d'adjoint au maire et de membre de la délégation spéciale sont au maximum égales à 128,5 % du terme de référence mentionné au même I.

Les indemnités votées par le conseil de Paris pour l'exercice effectif des fonctions de conseiller de Paris sont au maximum égales à 90,5 % du terme de référence mentionné audit I.

Art. L. 2511-34-2 *(L. n° 2017-257 du 28 févr. 2017, art. 5)* Dans des conditions fixées par leur règlement intérieur, le montant des indemnités que le conseil de Paris ou les conseils municipaux de Marseille et de Lyon allouent à leurs membres est modulé en fonction de leur participation effective aux séances plénières. La réduction éventuelle de ce montant ne peut dépasser, pour chacun des membres, la moitié de l'indemnité pouvant lui être allouée en application du présent article.

Art. L. 2511-35 L'indemnité de fonction des *(L. n° 2015-366 du 31 mars 2015, art. 1er)* « maires » d'arrondissement *(L. n° 2017-257 du 28 févr. 2017, art. 5)* « de Marseille et Lyon » est au maximum égale à l'indemnité de fonction maximale prévue pour les adjoints au maire de la commune. L'indemnité de fonction des adjoints au maire d'arrondissement de Marseille et Lyon qui ne sont pas conseillers municipaux est au maximum égale à celle prévue pour les conseillers municipaux de la commune.

Art. L. 2511-35-1 *(L. n° 2017-257 du 28 févr. 2017, art. 5)* L'indemnité de fonction des conseillers de Paris investis des fonctions de maire d'arrondissement de Paris est au maximum égale à 128,5 % du terme de référence mentionné au I de l'article L. 2123-20.

L'indemnité de fonction des maires d'arrondissement de Paris qui ne sont pas conseillers de Paris est au maximum égale à 72,5 % du terme de référence mentionné au même I.

L'indemnité de fonction des adjoints au maire d'arrondissement de Paris qui ne sont pas conseillers de Paris est au maximum égale à 34,5 % du terme de référence mentionné audit I.

SECTION 2 Dispositions financières

Art. L. 2511-36 Le conseil municipal *(Ord. nº 2018-74 du 8 févr. 2018, art. 1er)* « ou le conseil de Paris » vote les dépenses d'investissement, après consultation d'une commission dénommée "conférence de programmation des équipements" composée du maire de la commune *(Ord. nº 2018-74 du 8 févr. 2018, art. 1er)* « ou du maire de Paris » et des maires d'arrondissement.

Une annexe du budget et une annexe du compte de la commune *(Ord. nº 2018-74 du 8 févr. 2018, art. 1er)* « ou de la Ville de Paris » décrivent, par arrondissement, les dépenses d'investissement de la commune *(Ord. nº 2018-74 du 8 févr. 2018, art. 1er)* « ou de la Ville de Paris ».

Art. L. 2511-36-1 *(L. nº 2002-276 du 27 févr. 2002, art. 32)* Il est ouvert à l'état spécial de chaque arrondissement prévu à l'article L. 2511-37 une section d'investissement pour les dépenses d'investissement visées aux cinquième et sixième alinéas de l'article L. 2511-16.

Les recettes d'investissement de cette section sont constituées d'une dotation d'investissement composée exclusivement de crédits de paiement votés par le conseil municipal *(Ord. nº 2018-74 du 8 févr. 2018, art. 1er)* « ou par le conseil de Paris ».

Le montant total des dépenses et des recettes d'investissement figurant à l'état spécial est inscrit dans le budget de la commune *(Ord. nº 2018-74 du 8 févr. 2018, art. 1er)* « ou de la Ville de Paris ».

Art. L. 2511-37 Le montant total des dépenses et des recettes de fonctionnement de chaque conseil d'arrondissement est inscrit dans le budget de la commune *(Ord. nº 2018-74 du 8 févr. 2018, art. 1er)* « ou de la Ville de Paris ».

Les dépenses et les recettes de fonctionnement de chaque conseil d'arrondissement sont détaillées dans un document dénommé "état spécial d'arrondissement". Les états spéciaux d'arrondissement sont annexés au budget de la commune *(Ord. nº 2018-74 du 8 févr. 2018, art. 1er)* « ou de la Ville de Paris ».

Art. L. 2511-38 *(L. nº 2002-276 du 27 févr. 2002, art. 33)* Les recettes de fonctionnement dont dispose le conseil d'arrondissement sont constituées d'une dotation de gestion locale et d'une dotation d'animation locale.

La dotation de gestion locale est attribuée pour l'exercice des attributions prévues aux articles L. 2511-11 à L. 2511-21, L. 2511-24, L. 2511-26 et L. 2511-28 à L. 2511-31.

La dotation d'animation locale finance notamment les dépenses liées à l'information des habitants de l'arrondissement, à la démocratie et à la vie locales, en particulier aux activités culturelles, et aux interventions motivées par des travaux d'urgence présentant le caractère de dépenses de fonctionnement et liés à la gestion des équipements visés aux articles L. 2511-16 et L. 2511-17.

Le montant des sommes destinées aux dotations de gestion et d'animation locales des arrondissements est fixé par le conseil municipal *(Ord. nº 2018-74 du 8 févr. 2018, art. 1er)* « ou par le conseil de Paris ». Ces sommes sont réparties dans les conditions prévues aux articles L. 2511-39, L. 2511-39-1 et L. 2511-40. Elles constituent des dépenses obligatoires pour la commune *(Ord. nº 2018-74 du 8 févr. 2018, art. 1er)* « ou pour la Ville de Paris ».

Art. L. 2511-39 À défaut d'accord entre le conseil municipal *(Ord. nº 2018-74 du 8 févr. 2018, art. 1er)* « ou le conseil de Paris » et les conseils d'arrondissement sur les modalités de calcul des dotations *(L. nº 2002-276 du 27 févr. 2002, art. 33)* « de gestion locale » des arrondissements, la répartition des sommes destinées à ces dotations est effectuée entre les arrondissements dans les conditions fixées ci-après.

La dotation *(L. nº 2002-276 du 27 févr. 2002, art. 33)* « de gestion locale » des arrondissements comprend deux parts.

Les sommes affectées par le conseil municipal *(Ord. nº 2018-74 du 8 févr. 2018, art. 1er)* « ou par le conseil de Paris » au titre de la première part pour l'ensemble des arrondissements ne peuvent être inférieures à 80 p. 100 du montant total des dotations *(L. n° 2002-276 du 27 févr. 2002, art. 33)* « de gestion locale » des arrondissements. Ces sommes sont réparties la première année en fonction de l'importance relative des dépenses de fonctionnement, à l'exclusion des dépenses de personnel et des frais financiers, effectuées par la commune *(Ord. n° 2018-74 du 8 févr. 2018, art. 1er)* « ou par la Ville de Paris » dans chacun des arrondissements, au cours des trois derniers exercices budgétaires, au titre des équipements et services qui relèveront des attributions des conseils d'arrondissement en application des dispositions du présent chapitre. L'évaluation de ces dépenses est faite de façon contradictoire par la commission prévue par l'article L. 2511-36 ; en cas de désaccord du maire de la commune *(Ord. n° 2018-74 du 8 févr. 2018, art. 1er)* « , du maire de Paris » ou du maire d'arrondissement sur les propositions de la commission, le conseil municipal *(Ord. n° 2018-74 du 8 févr. 2018, art. 1er)* « ou le conseil de Paris » se prononce. Pour les années ultérieures, la part de chaque arrondissement est modifiée pour tenir compte des changements intervenus dans la liste des équipements ou services relevant des attributions de l'arrondissement. Le conseil municipal *(Ord. n° 2018-74 du 8 févr. 2018, art. 1er)* « ou le conseil de Paris » évalue la charge correspondant aux nouveaux équipements et services par référence à la charge des équipements ou services comparables existant dans la commune *(Ord. n° 2018-74 du 8 févr. 2018, art. 1er)* « ou dans la Ville de Paris » ; en l'absence de référence ou en cas de désaccord du maire d'arrondissement, cette évaluation est déterminée par le conseil municipal *(Ord. n° 2018-74 du 8 févr. 2018, art. 1er)* « ou par le conseil de Paris » sur proposition de la commission prévue à l'article L. 2511-36.

Les sommes affectées par le conseil municipal *(Ord. n° 2018-74 du 8 févr. 2018, art. 1er)* « ou par le conseil de Paris » au titre de la seconde part sont réparties entre les arrondissements en tenant compte des caractéristiques propres des arrondissements et, notamment, de la composition socio-professionnelle de leur population.

Un décret en Conseil d'État fixe les modalités d'application du présent article et précise notamment la proportion minimale qui revient à chaque arrondissement au titre des sommes affectées par le conseil municipal *(Ord. n° 2018-74 du 8 févr. 2018, art. 1er)* « ou par le conseil de Paris » pour l'ensemble des arrondissements à la seconde part.

Art. L. 2511-39-1 *(L. n° 2002-276 du 27 févr. 2002, art. 33)* Le montant de la dotation d'animation locale mentionnée à l'article L. 2511-38 est calculé et réparti entre les arrondissements par le conseil municipal *(Ord. n° 2018-74 du 8 févr. 2018, art. 1er)* « ou par le conseil de Paris » lors de l'examen du budget en application de critères qu'il détermine, en tenant compte notamment de la population de chaque arrondissement.

Art. L. 2511-40 Le conseil municipal *(Ord. n° 2018-74 du 8 févr. 2018, art. 1er)* « ou le conseil de Paris » arrête chaque année, en application des dispositions *(L. n° 2002-276 du 27 févr. 2002, art. 33)* « des articles L. 2511-36-1, L. 2511-39 et L. 2511-39-1 » les modalités de répartition des sommes destinées aux dotations des arrondissements et délibère sur le montant total des crédits qu'il se propose d'inscrire à ce titre au budget de la commune *(Ord. n° 2018-74 du 8 févr. 2018, art. 1er)* « ou de la Ville de Paris » pour l'exercice suivant.

(L. n° 2002-276 du 27 févr. 2002, art. 33) « Le montant des dotations » qu'il est envisagé d'attribuer sur cette base à chaque arrondissement est notifié, avant le 1er novembre, au maire d'arrondissement par le maire de la commune *(Ord. n° 2018-74 du 8 févr. 2018, art. 1er)* « ou par le maire de Paris ».

Art. L. 2511-41 Le maire d'arrondissement adresse au maire de la commune *(Ord. n° 2018-74 du 8 févr. 2018, art. 1er)* « ou au maire de Paris », dans le mois qui suit la notification prévue à l'article L. 2511-40, l'état spécial de l'arrondissement adopté en équilibre réel. L'état spécial est voté par chapitre et par article.

L'état spécial de chaque arrondissement est soumis au conseil municipal *(Ord. n° 2018-74 du 8 févr. 2018, art. 1er)* « ou au conseil de Paris » en même temps que le projet de budget de la commune *(Ord. n° 2018-74 du 8 févr. 2018, art. 1er)* « ou de la Ville de Paris ».

Le conseil municipal *(Ord. n° 2018-74 du 8 févr. 2018, art. 1er)* « ou le conseil de Paris » demande au conseil d'arrondissement de réexaminer l'état spécial lorsque le montant total des crédits destinés aux dotations des arrondissements, fixé par le conseil municipal *(Ord. n° 2018-74 du 8 févr. 2018, art. 1er)* « ou par le conseil de Paris » lors de l'examen du budget de la commune *(Ord. n° 2018-74 du 8 févr. 2018, art. 1er)* « ou de la Ville de Paris », est différent de celui envisagé initialement dans les conditions prévues à l'article L. 2511-40, lorsque le conseil municipal *(Ord. n° 2018-74 du 8 févr. 2018, art. 1er)* « ou le conseil de Paris » estime que l'état spécial n'a pas été adopté en équilibre réel ou ne comporte pas toutes les dépenses obligatoires qui doivent y figurer, ou lorsque le conseil municipal *(Ord. n° 2018-74 du 8 févr. 2018, art. 1er)* « ou le conseil de Paris » estime que les dépenses prévues pour un équipement ou un service dont la gestion a été confiée au conseil d'arrondissement sont manifestement insuffisantes pour assurer le fonctionnement de cet équipement ou de ce service.

Lorsqu'une seconde délibération est demandée à un ou plusieurs conseils d'arrondissement en application des alinéas précédents, le budget de la commune *(Ord. n° 2018-74 du 8 févr. 2018, art. 1er)* « ou de la Ville de Paris » est adopté sans le ou les états spéciaux des arrondissements concernés. En ce cas, le ou les conseils d'arrondissement sont appelés à modifier en conséquence les états spéciaux dans un délai de quinze jours à compter de la réception de la demande de réexamen. À l'issue de ce délai, le conseil municipal *(Ord. n° 2018-74 du 8 févr. 2018, art. 1er)* « ou le conseil de Paris » arrête le ou les états spéciaux qui ne comportent pas les modifications rendues nécessaires par la délibération du conseil municipal *(Ord. n° 2018-74 du 8 févr. 2018, art. 1er)* « ou du conseil de Paris » demandant le réexamen de l'état spécial ; le ou les états spéciaux, ainsi arrêtés le cas échéant, sont alors annexés au budget de la commune *(Ord. n° 2018-74 du 8 févr. 2018, art. 1er)* « ou de la Ville de Paris » et deviennent exécutoires à la même date que la délibération du conseil municipal *(Ord. n° 2018-74 du 8 févr. 2018, art. 1er)* « ou du conseil de Paris » qui les a adoptés ou arrêtés.

Lorsqu'il n'est pas fait application des dispositions des deux alinéas précédents, les états spéciaux des arrondissements sont annexés au budget de la commune *(Ord. n° 2018-74 du 8 févr. 2018, art. 1er)* « ou de la Ville de Paris » et deviennent exécutoires à la même date que celui-ci.

Les procédures de contrôle prévues pour le budget de la commune *(Ord. n° 2018-74 du 8 févr. 2018, art. 1er)* « ou de la Ville de Paris » au titre I du livre III de la présente partie s'appliquent également aux états spéciaux des arrondissements, y compris lorsque ceux-ci ne deviennent pas exécutoires en même temps que le budget de la commune *(Ord. n° 2018-74 du 8 févr. 2018, art. 1er)* « ou de la Ville de Paris » en vertu des dispositions qui précèdent.

Art. L. 2511-42 Lorsque le maire d'arrondissement n'a pas adressé au maire de la commune *(Ord. n° 2018-74 du 8 févr. 2018, art. 1er)* « ou au maire de Paris » l'état spécial dans le mois qui suit la notification mentionnée à l'article L. 2511-40, cet état est arrêté par le conseil municipal *(Ord. n° 2018-74 du 8 févr. 2018, art. 1er)* « ou par le conseil de Paris ».

Art. L. 2511-43 Le maire d'arrondissement engage et ordonnance les dépenses inscrites à l'état spécial lorsque celui-ci est devenu exécutoire, selon les règles applicables aux dépenses ordonnancées par le maire de la commune *(Ord. n° 2018-74 du 8 févr. 2018, art. 1er)* « ou par le maire de Paris ».

À défaut de mandatement d'une dépense obligatoire prévue au budget par le maire d'arrondissement, le maire de la commune *(Ord. n° 2018-74 du 8 févr. 2018, art. 1er)* « ou le maire de Paris » le met en demeure d'y procéder.

À défaut de mandatement dans le mois qui suit, le maire de la commune *(Ord. n° 2018-74 du 8 févr. 2018, art. 1er)* « ou le maire de Paris » y procède d'office.

Le maire d'arrondissement peut effectuer des virements d'article à article à l'intérieur du même chapitre dans la limite du cinquième de la dotation initiale du chapitre de l'état spécial. Au-delà, le virement fait l'objet d'une décision conjointe du maire de la commune *(Ord. n° 2018-74 du 8 févr. 2018, art. 1er)* « ou du maire de Paris » et du maire d'arrondissement.

Le comptable de la commune *(Ord. n° 2018-74 du 8 févr. 2018, art. 1er)* « ou de la Ville de Paris » est chargé d'exécuter les opérations de dépenses prévues à l'état spécial de l'arrondissement.

Art. L. 2511-44 Jusqu'à ce que l'état spécial soit devenu exécutoire, le maire d'arrondissement peut, chaque mois, engager et ordonnancer *(L. n° 2002-276 du 27 févr. 2002, art. 34)* « les dépenses de fonctionnement » dans la limite du douzième de celles inscrites à l'état spécial de l'année précédente.

(L. n° 2002-276 du 27 févr. 2002, art. 34) « En outre, jusqu'à ce que l'état spécial soit devenu exécutoire, le maire d'arrondissement peut, sur autorisation du conseil municipal *(Ord. n° 2018-74 du 8 févr. 2018, art. 1er)* « ou du conseil de Paris », engager et mandater les dépenses d'investissement dans la limite du quart des crédits ouverts à l'état spécial de l'année précédente. »

Art. L. 2511-45 Lors de l'examen du budget supplémentaire de la commune *(Ord. n° 2018-74 du 8 févr. 2018, art. 1er)* « ou de la Ville de Paris », les dotations des arrondissements peuvent être modifiées par le conseil municipal *(Ord. n° 2018-74 du 8 févr. 2018, art. 1er)* « ou par le conseil de Paris », après avis d'une commission composée du maire de la commune *(Ord. n° 2018-74 du 8 févr. 2018, art. 1er)* « ou du maire de Paris » et des maires d'arrondissement.

(L. n° 2002-276 du 27 févr. 2002, art. 33) « Ces modifications peuvent être destinées à couvrir des dépenses qui ne peuvent être satisfaites par les dotations initiales de l'arrondissement. »

Lorsque *(L. n° 2002-276 du 27 févr. 2002, art. 33)* « les dotations sont modifiées » en application de l'alinéa précédent, le budget supplémentaire de la commune *(Ord. n° 2018-74 du 8 févr. 2018, art. 1er)* « ou de la Ville de Paris » est adopté sans l'état spécial de l'arrondissement concerné. En ce cas, le conseil d'arrondissement est appelé à délibérer dans un délai de quinze jours à compter de la notification du nouveau montant de la dotation sur les modifications à apporter à l'état spécial. À l'issue de ce délai, le conseil municipal *(Ord. n° 2018-74 du 8 févr. 2018, art. 1er)* « ou le conseil de Paris » arrête l'état spécial si celui-ci ne comporte pas les modifications rendues nécessaires par l'application des alinéas précédents ; l'état spécial, ainsi arrêté le cas échéant, est alors annexé au budget de la commune *(Ord. n° 2018-74 du 8 févr. 2018, art. 1er)* « ou de la Ville de Paris » et devient exécutoire à la même date que la délibération du conseil municipal *(Ord. n° 2018-74 du 8 févr. 2018, art. 1er)* « ou du conseil de Paris » qui l'a adopté ou arrêté.

Le solde d'exécution de l'état spécial visé à l'article L. 2511-41 est reporté de plein droit.

Le conseil municipal *(Ord. n° 2018-74 du 8 févr. 2018, art. 1er)* « ou le conseil de Paris » se prononce sur le compte de la commune *(Ord. n° 2018-74 du 8 févr. 2018, art. 1er)* « ou de la Ville de Paris » après avis de chacun des conseils d'arrondissement sur l'exécution de l'état spécial le concernant.

CHAPITRE II **DISPOSITIONS SPÉCIFIQUES À LA VILLE DE PARIS** *(L. n° 2017-257 du 28 févr. 2017, art. 1er)*.

V. art. R. 2512-1 s.

SECTION 1 **Organisation**

Art. L. 2512-1 *(L. n° 2017-257 du 28 févr. 2017, art. 1er)* Il est créé une collectivité à statut particulier, au sens de l'article 72 de la Constitution, dénommée "Ville de Paris", en lieu et place de la commune de Paris et du département de Paris.

Sous réserve du présent chapitre, la Ville de Paris s'administre librement dans les conditions fixées par les dispositions de la présente partie et de la législation relative à la commune et, à titre subsidiaire, par les dispositions non contraires de la troisième partie et de la législation relative au département. Elle exerce de plein droit sur son territoire les compétences attribuées par la loi à la commune et au département, sous réserve des chapitres I et II du présent titre.

Les affaires de la Ville de Paris sont réglées par les délibérations d'une assemblée dénommée "conseil de Paris", dont le président, dénommé "maire de Paris", est l'organe exécutif de la Ville de Paris.

Pour l'application du présent article :
1° Les références à la commune de Paris et au département de Paris sont remplacées par la référence à la Ville de Paris ;
2° Les références à la commune et au département sont remplacées par la référence à la Ville de Paris ;
3° Les références au conseil municipal et au conseil départemental sont remplacées par la référence au conseil de Paris ;
4° La référence au président du conseil départemental est remplacée par la référence au maire de Paris.

Sur la Ville de Paris, V. ci-dessous L. n° 2017-257 du 28 févr. 2017, art. 6 s.

1. Le Conseil d'État a tiré de cette possibilité d'avoir successivement (et non à la fois) la qualité de conseil municipal ou de conseil général la conclusion que le conseil de Paris n'était pas un conseil municipal ni un conseil général mais une « assemblée délibérante d'une nature particulière ». • CE 14 mars 1980, *Él. au conseil de Paris,* n° 14359 : *Lebon 150 ; AJDA 1980. 531, note Goyard ; D. 1980. IR 306, obs. Delvolvé.*

2. En conséquence, le Conseil d'État a jugé que l'art. 208 C. élect. interdisant d'être membre de plusieurs conseils généraux ne concernait pas les membres du conseil de Paris. • CE 14 mars 1980, *Él. au conseil de Paris,* n° 14359 : *préc. note 1.*

3. A été également précisé que les conditions dans lesquelles ont été élus les conseillers de Paris ne peuvent être mises en cause à l'occasion de recours contre les élections sénatoriales. • Cons. const. 23 mai 1991, n° 91-1140 : *JO 26 mai 1991 ; Dr. adm. 1991. 332.*

Loi n° 2017-257 du 28 février 2017,

Relative au statut de Paris et à l'aménagement métropolitain.

Art. 6 Les agents de la commune et du département de Paris relèvent de plein droit de la Ville de Paris, à la date de sa création, dans les conditions de statut et d'emploi qui sont les leurs.

………………………………………………………………………………………

Art. 8 I. — À l'exception du présent article, les dispositions du présent chapitre entrent en vigueur le 1er janvier 2019.

II. — En vue de la création de la Ville de Paris, le Gouvernement est autorisé, dans les conditions fixées par l'article 38 de la Constitution, dans un délai de douze mois à compter de la promulgation de la présente loi, à prendre par ordonnances les mesures relevant du domaine de la loi :

1° Tendant à adapter, en vue de la création de la Ville de Paris, les modalités d'organisation, de fonctionnement et de financement de celle-ci ainsi que de tout établissement ou organisme institué par la loi ;

2° Propres à adapter les références au département et à la commune dans toutes les dispositions législatives en vigueur susceptibles d'être applicables à la Ville de Paris ;

3° Permettant de préciser et d'adapter les règles budgétaires, financières, fiscales, comptables et celles relatives aux concours financiers de l'État applicables à la Ville de Paris.

Le projet de loi portant ratification de chaque ordonnance est déposé devant le Parlement au plus tard le dernier jour du troisième mois suivant la publication de chaque ordonnance.

Art. 9 Le maire de Paris, ses adjoints et les autres conseillers de Paris ainsi que les maires d'arrondissement, leurs adjoints et les conseillers d'arrondissement en fonction à la date de la création de la Ville de Paris sont maintenus dans leurs mandats et leurs fonctions jusqu'au prochain renouvellement général des conseils municipaux.

Les représentants désignés par la commune de Paris et le département de Paris dans des organismes extérieurs y représentent la Ville de Paris à compter de sa création et jusqu'au prochain renouvellement général des conseils municipaux.

Art. 10 La Ville de Paris est substituée à la commune de Paris et au département de Paris dans l'ensemble de leurs droits et obligations, dans toutes les délibérations et tous les actes qui relevaient de leur compétence, ainsi que dans toutes les procédures administratives et juridictionnelles en cours à la date de sa création.

Dans les mêmes conditions, la Ville de Paris est substituée à la commune de Paris et au département de Paris dans tous les contrats en cours à la date de sa création. Les contrats sont exécutés dans les conditions antérieures jusqu'à leur échéance, sauf accord contraire des parties. Les cocontractants sont informés de la substitution de personne morale. Cette substitution de personne morale n'entraîne aucun droit à résiliation ou à indemnisation pour le cocontractant.

Les transferts de biens sont réalisés à titre gratuit.

Les transferts de biens, droits et obligations ne donnent lieu ni au versement de la contribution prévue à l'article 879 du code général des impôts, ni à la perception d'impôts, de droits ou de taxes de quelque nature que ce soit.

À compter de sa date de création, la Ville de Paris est substituée à la commune de Paris et au département de Paris au sein de tous les établissements publics dont l'une de ces collectivités territoriales était membre à cette date. Cette substitution ne modifie pas la qualité et le régime juridique applicables à ces établissements publics.

Art. 11 Pour les opérations budgétaires et comptables consécutives à la création de la Ville de Paris, l'ordonnateur et le comptable public mettent en œuvre les procédures qui leur incombent respectivement sans qu'il soit fait application des règles relatives à la création d'une nouvelle personnalité morale. Les comptes du département de Paris sont clôturés et repris dans ceux de la commune de Paris. Ces derniers deviennent les comptes de la Ville de Paris.

Pour l'exercice 2019, l'article L. 1612-1 du code général des collectivités territoriales est applicable à la Ville de Paris, sur la base du cumul des montants inscrits aux budgets de l'année précédente de la commune de Paris et du département de Paris auxquels elle succède et des autorisations de programme et d'engagement votées par ces collectivités territoriales au cours des exercices antérieurs.

Le conseil de Paris arrête les derniers comptes administratifs de la commune de Paris et du département de Paris dans les conditions prévues à l'article L. 1612-12 du même code.

Art. L. 2512-2 *(L. nº 2017-257 du 28 févr. 2017, art. 2)* **Les dispositions applicables au fonctionnement des conseils municipaux sont applicables au conseil de Paris, sous réserve des chapitres I et II du présent titre.**

1. En ce qui concerne la publication des délibérations du conseil de Paris, le juge a précisé que le décret du 13 juin 1939 (art. 12, al. 2) disposant que « les délibérations du Conseil de Paris sont à peine de nullité publiées dans le Bulletin Municipal Officiel ou son annexe dans les deux mois qui suivent la date de la séance où elles auront été prises » n'a été abrogé par aucun des textes ultérieurs relatifs à la ville de Paris. • CE 25 oct. 1968, *Bertrand et a. : Lebon 526* • TA Paris, 19 mars 1986, *Lévy : Lebon 308.*

2. En outre, le Conseil d'État a relevé, conformément à sa jurisprudence relative aux conseils municipaux, que ressort à la compétence exclusive du conseil de Paris la décision de confier les missions assurées par un service public local à une entreprise privée. A donc été sanctionnée pour incompétence la décision du maire de supprimer le service de l'imprimerie municipale et du « routage presse » pour en confier les tâches à des entreprises privées. • CE, sect., 6 janv. 1995, *Ville de Paris,* nº 93428 : *Lebon 3 ; ACL 1996, nº 31 ; JCP 1995. IV. 105, note Rouault.*

Art. L. 2512-3 **Le conseil de Paris est composé de 163 membres.** – *[L. nº 82-1169 du 31 déc. 1982, art. 44, al. 1er.]*

Art. L. 2512-4 **Pour la dissolution du conseil de Paris, il est fait application des dispositions des articles L. 3121-5 et L. 3121-6 relatives à la dissolution du conseil départemental.**

Cette dissolution entraîne de plein droit la dissolution des conseils d'arrondissement. – *[L. nº 82-1169 du 31 déc. 1982, art. 40.]*

Art. L. 2512-5 *(L. nº 2017-257 du 28 févr. 2017, art. 3)* **Le conseil de Paris établit son règlement intérieur, qui détermine notamment les conditions dans lesquelles les conseillers de Paris posent des questions orales au maire de Paris et au préfet de police.**

Art. L. 2512-6 **Le conseil de Paris et les conseils d'arrondissement sont réunis à la demande du préfet de police pour délibérer des affaires relevant de la compétence de celui-ci.** – *[C. communes, art. L. 184-16.]*

Art. L. 2512-7 Le préfet de police est chargé, dans le domaine de sa compétence, de l'exécution des délibérations du conseil de Paris et, le cas échéant, des conseils d'arrondissement. – *[C. communes, art. L. 184-14.]*

Le préfet de police, ou son représentant, a entrée au conseil de Paris et aux conseils d'arrondissement.

Il est entendu quand il le demande et assiste aux délibérations relatives aux affaires relevant de sa compétence, excepté lorsqu'il s'agit de l'apurement de ses comptes. – *[C. communes, art. L. 184-15.]*

Art. L. 2512-8 *Abrogé par Ord. nº 2018-74 du 8 févr. 2018, art. 2.*

Art. L. 2512-9 *(L. nº 2017-257 du 28 févr. 2017, art. 38)* « La Ville de Paris et ses établissements publics » peuvent conclure des conventions par lesquelles l'une des parties s'engage à mettre à la disposition de l'autre ses services et moyens afin de lui faciliter l'exercice de ses compétences. La partie bénéficiaire de la mise à disposition rembourse à l'autre partie la valeur des prestations reçues.

(L. nº 2017-257 du 28 févr. 2017, art. 38) « La Ville de Paris et ses établissements publics » peuvent se doter de services communs chargés de l'exercice de missions fonctionnelles, dans les conditions prévues à l'article L. 5211-4-2. »

Art. L. 2512-9-1 *(L. nº 2017-257 du 28 févr. 2017, art. 38)* Le transfert de compétences entre *(L. nº 2017-257 du 28 févr. 2017, art. 38)* « la Ville de Paris et ses établissements publics » entraîne le transfert du service ou de la partie de service chargé de sa mise en œuvre.

Les fonctionnaires et les agents contractuels des administrations parisiennes qui exercent en totalité leurs fonctions dans un service ou une partie de service transféré en application du premier alinéa sont transférés de plein droit en conservant les conditions de statut et d'emploi qui sont les leurs.

Le transfert peut être proposé aux fonctionnaires et aux agents contractuels des administrations parisiennes exerçant pour partie seulement dans un service ou une partie de service transféré. En cas de refus, ils sont, de plein droit et sans limitation de durée, mis à disposition, à titre individuel et pour la partie de leurs fonctions relevant du service ou de la partie de service transféré, du maire ou du président de l'établissement public. Ils sont placés, pour l'exercice de cette partie de leurs fonctions, sous son autorité fonctionnelle. Les modalités de cette mise à disposition sont réglées par une convention conclue entre *(L. nº 2017-257 du 28 févr. 2017, art. 38)* « la Ville de Paris » et l'établissement public concerné.

Les agents transférés en application du présent article conservent, s'ils y ont intérêt, le bénéfice du régime indemnitaire qui leur était applicable.

Art. L. 2512-10 *Abrogé par L. nº 2017-257 du 28 févr. 2017, art. 38.*

Art. L. 2512-11 Pour développer le rayonnement international de la capitale, *(L. nº 2017-257 du 28 févr. 2017, art. 38)* « la Ville de Paris » peut conclure toute convention avec des personnes étrangères de droit public, à l'exception des États, ou de droit privé, donner sa garantie en matière d'emprunts ou accorder des subventions à ces mêmes personnes dans les conditions et limites prévues par le titre I du livre V de la première partie, le titre V du livre II de la deuxième partie et par le chapitre I du titre III du livre II de la troisième partie.

Art. L. 2512-12 Le préfet de Paris et le préfet de police sont, dans le cadre de leurs attributions respectives, les représentants de l'État sur le territoire de *(L. nº 2017-257 du 28 févr. 2017, art. 38)* « la Ville de Paris ».

SECTION 2 **Attributions**

SOUS-SECTION 1 **Police**

Art. L. 2512-13 *(L. nº 2017-257 du 28 févr. 2017, art. 25)* « I. – » Dans *(L. nº 2017-257 du 28 févr. 2017, art. 38)* « la Ville de Paris », le préfet de police exerce les pouvoirs et attributions qui lui sont conférés par l'arrêté des consuls du 12 messidor an VIII qui détermine les fonctions du préfet de police à Paris et par les textes qui l'ont modifié ainsi que par les articles L. 2512-7, L. 2512-14 et L. 2512-17.

(L. n° 2017-257 du 28 févr. 2017, art. 25) « II. — Toutefois, le maire de Paris est chargé de la police municipale en matière :

« 1° De salubrité sur la voie publique ;

« 2° De salubrité des bâtiments à usage principal d'habitation et bâtiments à usage partiel ou total d'hébergement en application des articles L. 2212-2 et L. 2212-4 du présent code et des articles L. 1311-1 et L. 1311-2 du code de la santé publique, sous réserve des dispositions prévues *(Ord. n° 2020-71 du 29 janv. 2020, art. 4)* « au dernier alinéa du I de l'article L. 184-1 et au IV de l'article L. 143-3 du code de la construction et de l'habitation ».

« Lorsque ces immeubles menacent ruine, il exerce les pouvoirs de police définis aux *(Ord. n° 2020-71 du 29 janv. 2020, art. 4)* « articles L. 126-7 à L. 126-10, L. 142-3 et L. 511-7 » du même code et à l'article L. 2213-24 du présent code et prescrit les mesures de sûreté exigées par les circonstances, en cas de danger grave ou imminent menaçant ces immeubles ;

« 3° De bruits de voisinage ;

« 4° De police des funérailles et des lieux de sépulture en application des articles L. 2213-7 à L. 2213-10 du présent code ainsi que de la police mentionnée au second alinéa du 2° du présent II en ce qui concerne les monuments funéraires menaçant ruine ;

« 5° De maintien du bon ordre dans les foires et marchés ;

« 6° De police des baignades en application de l'article L. 2213-23 du présent code ;

« 7° De police de la conservation dans les dépendances domaniales incorporées au domaine public de *(L. n° 2017-257 du 28 févr. 2017, art. 38)* « la Ville de Paris » dans les conditions définies au 3° de l'article L. 2215-1 et aux articles L. 3221-4 et L. 3221-5 du présent code ;

« 8° De défense extérieure contre l'incendie en application de l'article L. 2213-32 du présent code.

« III. — Pour l'application du présent article, le préfet de police exerce, à Paris, le contrôle administratif et le pouvoir de substitution conféré au représentant de l'État dans le département par le présent code et par les articles *(Ord. n° 2020-71 du 29 janv. 2020, art. 4)* « L. 126-36 » et L. 511-7 du code de la construction et de l'habitation. »

(L. n° 2019-1461 du 27 déc. 2019, art. 53) « IV. — Les pouvoirs dévolus au maire par l'article L. 2212-2-1 sont exercés à Paris par le préfet de police et le maire de Paris, dans la limite de leurs attributions respectives. »

V. art. R. 2512-5 à R. 2512-15 et R. 2512-30 à R. 2512-36.

BIBL. ▸ Fontaine, La répartition des pouvoirs de police à Paris, *LPA 7 févr. 1990.* – Luchaire, Le maire, la police et le garde, *RGCT 2002. 111.* – Prétot, La compétence du préfet de police, *Rev. adm. 1980. 569* ; La modification du régime administratif et financier de Paris (loi n° 86-1308 du 31 déc. 1986), *Administration 1987, n° 137, p. 128.* – Renaudie, La préfecture de police, *LGDJ, 2008* ; La police dans l'agglomération de Paris : vers une nouvelle répartition des compétences ?, *AJDA 2009. 1354* ✎.

1. Il appartient au préfet de police de réglementer en cas de nécessité, dans l'intérêt du bon ordre, de la tranquillité et de la sécurité publique, dans les voies et zones réservées aux piétons, les activités musicales et les attractions de toute nature mais il ne peut édicter une mesure d'interdiction générale et absolue de toutes ces activités et attractions applicable, sous la seule réserve de dérogations trop limitatives, à la presque totalité des voies et zones dont il s'agit. • CE 4 mai 1984, *Préfet de police c/ Guez,* n° 49153 : *Lebon 164* ✎ ; *AJDA 1984. 393, concl. Dutheillet de Lamothe.*

2. Il incombe au préfet de police de prendre les mesures appropriées pour empêcher les bruits excessifs de nature à troubler le repos et la tranquillité des habitants. Si les spectacles organisés dans un établissement sont la source de bruits qui troublent la tranquillité des voisins, ces troubles ne sont pas tels que le préfet de police, qui avait fait dresser plusieurs procès-verbaux et mis l'exploitant en demeure de faire exécuter des travaux d'insonorisation qui ont été effectués et qui ont réduit l'intensité des nuisances, ait été tenu de faire usage de ses pouvoirs de police pour en prononcer la fermeture. • CE 12 mars 1986, *Préfet de police de Paris c/ Metzler et a.,* n° 52101 : *Lebon 70* ✎ ; *D. 1986. 422, note Terneyre.*

3. Lorsque des agents de police appréhendent une personne qui, en état d'ébriété, a eu une altercation avec une autre personne sur la voie publique, cette opération relève des pouvoirs de police municipale conférés au préfet de police de Paris en vue de la liberté et de la sûreté de la voie publique, de telle sorte que les conclusions présentées contre le préfet de police, qui doivent être regardées comme mettant en cause la responsabilité de la ville de Paris, sont bien dirigées. • CE 10 déc. 1986, *Robert,* n° 38021 B : *D. 1987. Somm. 340, obs. Moderne et Bon.* ♦ L'art. L. 2512-13, qui confère au préfet de police des compétences en matière de police municipale, n'a pas pour effet de substituer la responsabilité de l'État à celle de la ville de Paris dans le cas où celle-ci se trouve engagée du fait des dommages causés par l'exercice de ces compétences. En revanche, la faute que le préfet de police aurait commise en s'abstenant d'exercer son pouvoir de substitution au maire en cas de défaillance de ce dernier dans l'exercice de ses missions de police municipale engage la responsabilité de l'État. • TA Paris, 24 mai 2016, *Assoc. La Vie Dejean,* n° 1425988 : *AJDA 2016. 2001, note Duranthon ; AJCT 2016. 520, obs. Yazi-Roman.*

4. Alors même que cela n'a pas suffi à supprimer toute activité de racolage, aucune faute lourde ne peut être relevée à l'encontre des services de police dépendant de la préfecture de police de Paris dans l'exercice de leur mission tendant à réprimer les atteintes à la tranquillité publique dès lors que ces derniers ont procédé à un grand nombre d'interpellations dans une rue et aux abords d'un immeuble où il y avait de multiples prostituées et proxénètes. • CE 8 avr. 1987, *Mme Virmaux,* n° 49442 : *Lebon 140 ; LPA 14 oct. 1987, concl. Fornacciari ; D. 1988. Somm. 61, obs. Moderne et Bon.*

5. Le préfet de police exerce la police des édifices menaçant ruine et les mesures qu'il prend à ce titre engagent, même sans faute, la responsabilité de la ville de Paris. • CE 13 févr. 1991, *Préfet de police,* n° 62649.

6. Les pouvoirs conférés aux maires par l'art. L. 131-9 C. communes (art. L. 2213-26) sont exercés, dans la ville de Paris, par le préfet de police qui peut ainsi enjoindre à un propriétaire de remettre en état un conduit de fumée. • CE 20 mai 1994, *Préfet de police de Paris,* n° 115128.

7. Les pouvoirs du maire de Paris en matière de permis de stationnement s'étendent à l'ensemble du domaine public de la ville de Paris sous réserve des compétences réservées au préfet de police par l'arrêté des consuls du 12 messidor an VIII, les textes qui l'ont modifié et les art. L. 184-13 à L. 184-15 et L. 394-3 C. communes (art. L. 2512-14, L. 2512-7 et L. 2512-17). L'arrêté du maire de Paris réglementant le « carré aux artistes » de la place du Tertre en y délimitant des emplacements réservés aux artistes qui auront obtenu l'autorisation d'y exercer leur profession moyennant le paiement d'une redevance annuelle est un règlement relatif à l'occupation du domaine public communal alors même qu'il aurait été pris en tenant compte d'impératifs d'ordre et de sécurité publics. Par conséquent, n'empiétant pas sur les attributions réservées au préfet de police, il n'est pas entaché d'incompétence. • CE 11 févr. 1998, *Ville de Paris c/ Assoc. pour la défense des droits des artistes peintres sur la place du Tertre : Lebon 46 ; AJDA 1998. 523, concl. Bachelier ; LPA 2 févr. 1999, note Colin.* • 15 mars 2017, n° 391901 B : *AJDA 2017. 1152.* ♦ Il appartient au maire de Paris, dans l'exercice de ses pouvoirs de gestion du domaine public, de réglementer les conditions de l'utilisation privative de ce domaine, et notamment de subordonner une telle utilisation à la délivrance préalable d'une autorisation dont il doit alors déterminer les conditions d'obtention. Aucune disposition législative ou réglementaire n'oblige le maire à consulter le conseil de Paris préalablement à l'adoption de cet arrêté. • TA Paris, 8 févr. 2024, *Assoc Réseau Vivre Paris !,* n° 2126512/4-1 : *AJDA 2024. 1031, concl. Grandillon.*

8. La partie des quais de la Seine où exercent les bouquinistes ne relevant pas du domaine fluvial, est compétent pour édicter le règlement des bouquinistes, non l'autorité chargée de délivrer les permis de stationnement sur le domaine public fluvial mais le maire de Paris chargé, sous réserve de l'avis du préfet de police, de tout permis de stationnement accordé aux petits marchands, de toute permission et concession d'emplacement sur la voie publique. • CE 6 nov. 1998, *Assoc. amicale des bouquinistes des quais de Paris,* n° 171317 B.

9. Si le préfet de police tient des art. L. 2512-3 et L. 2512-4 ainsi que de l'arrêté des consuls du 12 messidor an VIII des compétences de police générale, il ne tient pas de ces textes le pouvoir de subordonner la mise en place d'enseignes publicitaires sur les taxis à la délivrance d'une autorisation préalable. • CE 14 mars 2001, *Sté Rouge Petrus Le Média Taxi et Min. de l'Intérieur : nos 196199 et 196203.*

10. Lorsqu'ils prennent des mesures en matière de police des malades mentaux, le préfet de police et les commissaires de police placés sous son autorité agissent en matière de police municipale. C'est dans ce cadre qu'a été créée et que fonctionne à Paris l'infirmerie psychiatrique de la préfecture de police. Une mesure de conduite à cette infirmerie constitue une mesure d'hospitalisation sans consentement au sens de l'art. L. 3211-3 CSP de telle sorte que toute personne concernée doit être informée, dès son admission, de son droit de prendre conseil d'un avocat de son choix. • CE 20 nov. 2009, *Préfet de police,* n° 313598 : *Lebon ; RDSS 2010. 160, note Renaudie ; AJ pénal 2010. 197, obs. Péchillon.*

Art. L. 2512-13-1 *(Ord. n° 2012-351 du 12 mars 2012, art. 7)* **Le préfet de police et le maire de Paris animent la politique de prévention de la délinquance et en coordonnent la mise en œuvre à Paris dans les conditions prévues à la section 3 du chapitre II du titre III du livre I du code de la sécurité intérieure** *[V. infra]*.

Code de la sécurité intérieure

(Ord. n° 2012-351 du 12 mars 2012)

SECTION 3. *Dispositions particulières à Paris et à la métropole du Grand Paris (L. n° 2014-58 du 27 janv. 2014, art. 12).*

Art. L. 132-11 Sous réserve des pouvoirs de l'autorité judiciaire et dans le cadre de leurs compétences respectives, le préfet de police et le maire de Paris animent la politique de prévention de la délinquance et en coordonnent la mise en œuvre à Paris.

Ils président le conseil local de sécurité et de prévention de la délinquance. – *[CGCT, art. L. 2512-13-1.]*

Art. L. 132-12 Sous réserve des dispositions du code de procédure pénale relatives à l'exercice de la mission de police judiciaire, le préfet de police associe le maire de Paris à la définition des actions de lutte contre l'insécurité et l'informe régulièrement des résultats obtenus.

Les modalités de l'association et de l'information du maire mentionnées au premier alinéa peuvent être définies par des conventions que le maire signe avec l'État.

Les actions de prévention de la délinquance conduites par le département de Paris, la commune de Paris et leurs établissements publics ne doivent pas être incompatibles avec le plan de prévention de la délinquance arrêté conjointement par le préfet de Paris et le préfet de police. – *[CGCT, art. L. 2512-15.]*

Art. L. 132-12-1 *(L. n° 2015-991 du 7 août 2015, art. 59)* Les établissements publics territoriaux créés en application de l'article L. 5219-2 du code général des collectivités territoriales exercent leur compétence en matière d'animation et de coordination des dispositifs de prévention de la délinquance dans les conditions prévues aux articles L. 132-13 et L. 132-14 du présent code *[V. ss.* ***CGCT****, art. L. 5211-59].*

Art. L. 2512-14 *(L. n° 2017-257 du 28 févr. 2017, art. 25)* **I. – Le maire de Paris exerce les pouvoirs conférés au maire par la section 1 du chapitre III du titre I du livre II de la présente partie, sous réserve des II à VII du présent article.**

II. – Sur certains sites, voies ou portions de voies fixés par arrêté du préfet de police après avis du maire de Paris, le préfet de police réglemente de manière permanente les conditions de circulation ou de stationnement ou en réserve l'accès à certaines catégories d'usagers ou de véhicules pour des motifs liés à la sécurité des personnes et des biens ou pour assurer la protection du siège des institutions de la République et des représentations diplomatiques.

Des dispositions de même nature et à caractère temporaire peuvent être arrêtées par le préfet de police pour assurer la sécurité des personnes faisant l'objet de mesures de protection particulières par les autorités publiques ou, après avis du maire de Paris, pour des motifs d'ordre public, en cas de manifestation de voie publique à caractère revendicatif ainsi qu'en cas de manifestation à caractère festif, sportif ou culturel, si la manifestation est itinérante ou si elle se déroule dans le périmètre défini au premier alinéa du présent II.

III. – Sur les axes essentiels à la sécurité à Paris et au bon fonctionnement des pouvoirs publics, le maire de Paris exerce la police de la circulation et du stationnement dans le respect des prescriptions prises par le préfet de police pour les aménagements de voirie projetés par *(L. n° 2017-257 du 28 févr. 2017, art. 38)* **« la Ville de Paris ». Ces prescriptions visent à garantir la fluidité de la circulation des véhicules de sécurité et de secours. La liste de ces axes est fixée par décret.** – *V. Décr. n° 2017-1175 du 18 juill. 2017.*

IV. – Sur les axes dont l'utilisation concourt à la sécurité des personnes et des biens à Paris en situation de crise ou d'urgence, le maire de Paris exerce, en tenant compte des motifs qui ont présidé à l'élaboration de la liste de ces axes, la police de la circulation et du stationnement, après avis du préfet de police. La liste de ces axes est fixée par arrêté du préfet de police, pris après avis du maire de Paris.

V. — Pour l'application du présent article, le contrôle administratif et le pouvoir de substitution conférés au représentant de l'État dans le département sont exercés, au nom de l'État, par le préfet de police.

VI. — Les pouvoirs conférés par le code de la route au préfet sont exercés, à Paris, par le préfet de police.

VII. — L'exécution du présent article est assurée par les fonctionnaires de la police nationale ou, le cas échéant, en matière de circulation ou de stationnement, par des agents de *(L. n° 2017-257 du 28 févr. 2017, art. 38)* **« la Ville de Paris » placés sous l'autorité du préfet de police ou du maire de Paris selon leurs attributions respectives.**

Jurisprudence rendue sous le régime antérieur à la L. du 28 févr. 2017.

1. Ces dispositions, qui confèrent au préfet de police de Paris des compétences de police municipale comprenant notamment la réglementation de la circulation, n'ont pas pour effet de substituer la responsabilité de l'État à celle de la ville de Paris dans le cas où celle-ci se trouve engagée du fait des dommages causés par l'exercice desdites compétences. • CE 10 mars 1993, *Préfet de police de Paris et de Geoffre*, n°s 87255 et 87256. ♦ V. aussi • CE 17 oct. 2011, *Ville de Paris*, n° 340291.

2. Ces dispositions n'attribuent pas au préfet de police de compétence pour délivrer, à l'intérieur de ces périmètres, les permis individuels de stationnement prévus à l'art. L. 2213-6. • CE 15 mars 2017, *Préfet de police agissant au nom de la ville de Paris*, n° 391901 : *Lebon ; AJDA 2017. 1152*.

Art. L. 2512-14-1 et L. 2512-14-2 *Abrogés par Ord. n° 2012-351 du 12 mars 2012, art. 19. — V. désormais CSI, art. L. 332-1, L. 333-1, L. 334-1 et L. 334-2, ss. art. L. 2215-6 et L. 2215-7 [abrogés].*

Art. L. 2512-15 *Abrogé par Ord. n° 2012-351 du 12 mars 2012, art. 19. — V. désormais CSI, art. L. 132-12, ss. art. L. 2512-13-1.*

Art. L. 2512-16 *(Ord. n° 2012-351 du 12 mars 2012, art. 7)* **Les missions des agents de la ville de Paris chargés d'un service de police et des agents de surveillance de Paris, et les conditions dans lesquelles ils les accomplissent, sont définies par les dispositions du titre III du livre V du code de la sécurité intérieure** *[V. infra]*.

Code de la sécurité intérieure

(Ord. n° 2012-351 du 12 mars 2012)

TITRE III. DISPOSITIONS PARTICULIÈRES APPLICABLES À PARIS

CHAPITRE I. *AGENTS DE LA VILLE DE PARIS CHARGÉS D'UN SERVICE DE POLICE*

Art. L. 531-1 Les agents de la ville de Paris chargés d'un service de police, agréés par le procureur de la République et assermentés, sont autorisés à constater par procès-verbal les contraventions aux arrêtés de police du maire de Paris pris en application de l'article L. 2512-13 du code général des collectivités territoriales ainsi que celles relatives aux permis de stationnement sur la voie publique, dans les conditions et selon les modalités fixées par décret en Conseil d'État. Ils constatent également par procès-verbal les contraventions mentionnées au livre VI du code pénal dont la liste est fixée par décret en Conseil d'État, dès lors qu'elles ne nécessitent pas de leur part d'actes d'enquête et à l'exclusion de celles réprimant des atteintes à l'intégrité des personnes.

En outre, ces agents sont habilités à relever l'identité des contrevenants ayant commis les infractions visées au premier alinéa, dans les conditions prévues à l'article 78-6 du code de procédure pénale.

L'article L. 1312-1 du code de la santé publique est applicable aux inspecteurs de salubrité de la ville de Paris.

Affectés sur décision du maire à la sécurité d'une manifestation sportive, récréative ou culturelle mentionnée à l'article L. 613-3, ils peuvent procéder à l'inspection visuelle des bagages et, avec le consentement de leur propriétaire, à leur fouille. — *[CGCT, art. L. 2512-16 ; L. n° 83-629 du 12 juill. 1983, art. 3-2 ecqc les agents de la ville de Paris.]*

CHAPITRE II. *CONTRÔLEURS DE LA PRÉFECTURE DE POLICE ET AGENTS DE SURVEILLANCE DE PARIS (L. nº 2017-257 du 28 févr. 2017, art. 28).*

Art. L. 532-1 *(L. nº 2017-257 du 28 févr. 2017, art. 28)* « Les contrôleurs de la préfecture de police exerçant leurs fonctions dans la spécialité voie publique et les agents de surveillance de Paris » peuvent constater par procès-verbal les contraventions aux arrêtés de police du préfet de police et du maire de Paris relatifs au bon ordre, à la tranquillité, à la sécurité et à la salubrité sur la voie publique ainsi que les contraventions mentionnées au livre VI du code pénal dont la liste est fixée par décret en Conseil d'État, dès lors qu'elles ne nécessitent pas de leur part d'actes d'enquête et à l'exclusion de celles réprimant des atteintes à l'intégrité des personnes.

(L. nº 2015-991 du 7 août 2015, art. 78) « Ils sont habilités à établir l'avis de paiement prévu à l'article L. 2333-87 du code général des collectivités territoriales. »

Les dispositions *(L. nº 2015-991 du 7 août 2015, art. 78)* « du premier alinéa » ne sont pas applicables aux interdictions de manifestation sur la voie publique. – *[CGCT, art. L. 2512-16-1.]*

Art. L. 2512-16-1 *Abrogé par Ord. nº 2012-351 du 12 mars 2012, art. 19. – V. désormais CSI, art. L. 532-1, ss. art. L. 2512-16.*

SOUS-SECTION 2 **Secours et défense contre l'incendie**

Art. L. 2512-17 Le préfet de police est chargé du secours et de la défense contre l'incendie.

Il conserve les pouvoirs qu'il exerce en vertu de la loi spéciale de la matière.

(L. nº 2021-1520 du 25 nov. 2021, art. 4) « À ce titre, la brigade de sapeurs-pompiers de Paris est le service d'incendie et de secours territorialement compétent chargé des missions mentionnées à l'article L. 1424-2.

« Placée pour emploi sous l'autorité du préfet de police de Paris, les missions et l'organisation de la brigade de sapeurs-pompiers de Paris sont fixées par décret en Conseil d'État. »

V. art. R. 2512-16 à D. 2512-21.

La responsabilité de la ville de Paris peut être recherchée à raison des fautes qu'auraient commises les services de lutte contre l'incendie de la préfecture de police. • CE 26 juill. 1985, *SA Sommer-Allibert*, nº 33372 B : *LPA 21 juill. 1986, obs. Moderne.*

Art. L. 2512-18 Les recettes et les dépenses de la brigade de sapeurs-pompiers de Paris sont inscrites au budget spécial de la préfecture de police. – *[C. communes, art. L. 394-4 issu de la L. nº 64-707 du 10 juill. 1964, art. 40, al. 1er.]*

Art. L. 2512-19 L'État participe aux dépenses de fonctionnement de la brigade des sapeurs-pompiers de Paris, y compris les dépenses d'entretien, de réparation et de loyer de casernement.

Dans la double limite des dotations inscrites au budget de l'État et des paiements effectués par la préfecture de police au cours de l'exercice considéré, la participation de l'État est égale à 25 p. 100 des dépenses suivantes inscrites au budget spécial de la préfecture de police :

1º Rémunération des militaires de la brigade des sapeurs-pompiers de Paris, y compris l'alimentation des militaires pendant la durée légale du service ;

2º Frais d'habillement, de déplacement, de transport et de mission concernant les personnels prévus à l'alinéa précédent ;

3º Dépenses du service d'instruction et de santé ;

4º Entretien, réparation, acquisition et installation du matériel de lutte contre l'incendie, du matériel de transport et du matériel de transmission. – *[C. communes, art. L. 394-5.]*

SOUS-SECTION 3 **Dispositions financières**

V. art. R. 2512-22 s.

Art. L. 2512-20 *(L. nº 2017-257 du 28 févr. 2017, art. 4)* Sous réserve de la présente sous-section, la Ville de Paris est soumise au livre III des deuxième et troisième parties.

La Ville de Paris est également soumise aux articles L. 5217-10-1 à L. 5217-10-15 et L. 5217-12-2 à L. 5217-12-5 ainsi qu'à la liste des dépenses obligatoires des communes et des départements mentionnées aux articles L. 2321-2 et L. 3321-1.

À compter de l'exercice budgétaire 2026, au présent art., les mots : « aux articles L. 5217-10-1 à L. 5217-10-15 et L. 5217-12-2 à L. 5217-12-5 ainsi qu'à » sont remplacés par les mots : « aux dispositions de la section 2 du chapitre II du titre I du livre VI de la première partie, sous réserve de la section 6 du chapitre VII du titre I du livre II de la cinquième partie. La Ville de Paris est soumise à » (Ord. n° 2025-526 du 12 juin 2025, art. 1er et 12).

Art. L. 2512-21 *Abrogé par Ord. n° 2005-1027 du 26 août 2005, art. 26.*

Art. L. 2512-22 **Les dépenses et les recettes de la préfecture de police font l'objet d'un budget spécial.** – *[C. communes, art. L. 264-7 issu de la L. n° 75-1331 du 31 déc. 1975, art. 18.]*

Art. L. 2512-23 **Les dépenses et recettes du budget spécial de la préfecture de police sont ordonnancées par le préfet de police.** – *[C. communes, art. L. 264-9 issu de la L. n° 75-1331 du 31 déc. 1975, art. 21.]*

Art. L. 2512-24 **À la clôture de l'exercice, le préfet de police présente au conseil de Paris un compte administratif.** – *[C. communes, art. L. 264-10 issu de la L. n° 75-1331 du 31 déc. 1975, art. 22.]*

À compter de l'exercice budgétaire 2026, au présent art., les mots : « un compte administratif » sont remplacés par les mots : « un compte financier unique » (Ord. n° 2025-526 du 12 juin 2025, art. 1er et 12).

Art. L. 2512-25 **Les recettes et les dépenses, y compris les dépenses d'investissement des services de la préfecture de police dont l'activité est liée, à titre principal, à l'exercice de la police active, sont inscrites au budget de l'État et font l'objet chaque année d'une annexe à la loi de finances.**

Les recettes et les dépenses des services d'intérêt local de la préfecture de police sont inscrites, conformément aux dispositions d'un décret en Conseil d'État, au budget de la commune de Paris.

Ce décret détermine, en ce qui concerne la commune de Paris, les services qui donnent lieu à contribution obligatoire des trois départements des Hauts-de-Seine, de la Seine-Saint-Denis et du Val-de-Marne et proportionnelle à la dernière valeur connue du potentiel fiscal. – *[L. n° 64-707 du 10 juill. 1964, art. 38.]*

V. art. R. 2512-27 s.

Le montant des participations dues par un département au titre de la participation aux budgets des services communs de la préfecture de police de Paris est fixé par arrêté préfectoral. Le principe et le mode de calcul du montant de la participation litigieuse proportionnelle à la dernière valeur connue du potentiel fiscal du département sont inscrits dans les dispositions de l'art. L. 2512-25 CGCT. Un département ne peut donc utilement soutenir devant le juge administratif que le mode de calcul appliqué méconnaîtrait le principe d'égalité devant les charges publiques, serait à tort déconnecté de l'appréciation du service effectivement rendu au département par la préfecture de police de Paris et mettrait à sa charge des sommes hors de proportion avec son potentiel fiscal. • CAA Versailles, 19 janv. 2017, *Dpt de la Seine-Saint-Denis*, n° 16VE00199.

Art. L. 2512-26 *(L. n° 2015-991 du 7 août 2015, art. 59)* **Pour l'exercice des compétences prévues au 1° du I et au IV de l'article L. 5219-5, les dépenses et les recettes de fonctionnement et d'investissement sont retracées et individualisées dans un document intitulé "état spécial territorial".**

L'état spécial territorial est annexé aux documents budgétaires de la commune de Paris. Dans le cadre de l'adoption de ces derniers, il fait l'objet d'un débat particulier au sein du conseil de Paris.

Art. L. 2512-27 *(Ord. n° 2018-75 du 8 févr. 2018, art. 6)* **Conformément au tableau du second alinéa de l'article L. 2511-5 et au tableau n° 2 annexé au code électoral et en application de l'article L. 2511-37, l'état spécial du premier secteur est constitué des états spéciaux des 1er, 2e, 3e et 4e arrondissements.**

Art. L. 2512-28 *(L. n° 2020-1721 du 29 déc. 2020, art. 252)* « I. — » Pour l'application des articles L. 2334-7, L. 2531-13 *(L. n° 2019-1479 du 28 déc. 2019, art. 250)* « , L. 3334-3 » et L. 3335-4, la part des recettes réelles de fonctionnement et des dépenses réelles de fonctionnement prises en compte pour la Ville de Paris sont définies par décret en Conseil d'État.

(L. n° 2019-1479 du 28 déc. 2019, art. 250) « Pour l'application des articles L. 2334-4, L. 2334-5, L. 2336-2, L. 3334-6 et L. 3335-2 ainsi que de l'article L. 5211-29, la part des produits de la taxe foncière sur les propriétés bâties prise en compte pour la Ville de Paris est définie par décret en Conseil d'État. »

(L. n° 2020-1721 du 29 déc. 2020, art. 252) « II. — Pour l'application de l'article L. 2334-4 en ce qui concerne les produits perçus par la Ville de Paris :

« 1° Le 1° *bis* est ainsi rédigé :

« "1° *bis* La fraction du produit net de la taxe sur la valeur ajoutée prévue au D du V de l'article 16 de la loi n° 2019-1479 du 28 décembre 2019 de finances pour 2020 perçue par *(L. n° 2021-1900 du 30 déc. 2021, art. 194)* « la Ville de Paris » l'année précédente ;"

« 2° Le 1° *ter* est ainsi rédigé :

« "1° *ter* Le produit *(L. n° 2021-1900 du 30 déc. 2021, art. 194)* « , multiplié par 56,68%, » déterminé par l'application aux bases communales d'imposition de taxe foncière sur les propriétés bâties du taux moyen national communal d'imposition à cette taxe ;". »

(L. n° 2021-1900 du 30 déc. 2021, art. 194) « III. — Pour l'application de l'article L. 2334-5 en ce qui concerne la Ville de Paris, les *b* et *c* du 2° sont remplacés par un alinéa ainsi rédigé :

« "*b)* Le produit, multiplié par 54,5%, déterminé par l'application aux bases communales d'imposition de taxe foncière sur les propriétés bâties du taux moyen national communal d'imposition à cette taxe."

« IV. — Pour l'application de l'article L. 3334-6 en ce qui concerne les produits perçus par la Ville de Paris, le 1° est ainsi rédigé :

« "1° Le produit, multiplié par 43,32%, déterminé par l'application aux bases communales d'imposition de taxe foncière sur les propriétés bâties du taux moyen national communal d'imposition à cette taxe ;". »

V. — Abrogé par L. n° 2021-1900 du 30 déc. 2021, art. 194.

SOUS-SECTION 4 **Titres d'identité et de voyage**

(L. n° 2017-257 du 28 févr. 2017, art. 26)

Art. L. 2512-29 Les services placés sous l'autorité du maire de Paris assurent, conformément à l'article L. 1611-2-1, la réception et la saisie des demandes de cartes nationales d'identité et de passeports ainsi que la remise aux intéressés de ces titres. — *[Anc. art. L. 2512-27.]*

CHAPITRE III **DISPOSITIONS SPÉCIFIQUES AUX COMMUNES DE MARSEILLE ET DE LYON**

SECTION 1 **Organisation**

Art. L. 2513-1 Le conseil municipal de Marseille est composé de 101 membres.

Le conseil municipal de Lyon est composé de 73 membres. — *[L. n° 82-1169 du 31 déc. 1982, art. 44, al. 2 et 3.]*

À compter du 1er renouvellement général des conseils municipaux qui suit la promulgation de la L. n° 2025-795 du 11 août 2025, au 1er al. du présent art., le nombre : « 101 » est remplacé par le nombre : « 111 » (L. préc., art. 3 et 6).

Art. L. 2513-2 La dissolution du conseil municipal de Marseille ou de Lyon entraîne de plein droit la dissolution des conseils d'arrondissement de la commune concernée. – *[L. nº 82-1169 du 31 déc. 1982, art. 43.]*

SECTION 2 Attributions

Art. L. 2513-3 *(L. nº 2004-811 du 13 août 2004, art. 23)* I – Le bataillon de marins-pompiers de Marseille est *(L. nº 2021-1520 du 25 nov. 2021, art. 4)* « le service d'incendie et de secours » chargé, sous la direction et d'après les ordres du maire, des *(L. nº 2021-1520 du 25 nov. 2021, art. 4)* « missions mentionnées à l'article L. 1424-2 » sur le territoire de la commune et dans les ports de Marseille.

II. – Il assure *(L. nº 2021-1520 du 25 nov. 2021, art. 4)* « les mêmes missions », sous la direction de l'autorité de police compétente, dans les bassins et les installations du *(L. nº 2021-1520 du 25 nov. 2021, art. 4)* « grand port maritime » de Marseille situés hors de la commune de Marseille ainsi que dans l'emprise de l'aérodrome de Marseille-Provence. Les modalités de prise en charge financière de *(L. nº 2021-1520 du 25 nov. 2021, art. 4)* « ces missions » font l'objet d'un accord entre les parties concernées. *(L. nº 2013-1279 du 29 déc. 2013, art. 82)* « Ces missions sont réalisées en coordination avec le service départemental d'incendie et de secours des Bouches-du-Rhône. »

III. – Il peut, sur demande d'administrations ou d'organismes publics ou privés et après accord de ses autorités de tutelle, détacher à titre temporaire ou permanent une partie de ses effectifs et, le cas échéant, de ses matériels pour assurer les missions de prévention et de protection des personnes et des biens incombant à ces administrations ou organismes.

Une convention passée entre ses autorités de tutelle et l'administration ou l'organisme demandeur précise l'étendue des missions qui sont confiées au bataillon de marins-pompiers de Marseille et détermine les moyens qui lui sont consacrés.

IV. – Une délibération du conseil municipal de la commune de Marseille fixe la tarification des personnels et des matériels mis à disposition en application des II et III.

V. – Un décret en Conseil d'État fixe les missions et l'organisation du bataillon de marins-pompiers de Marseille.

V. art. L. 1424-49, II.

Bien qu'elle revête un caractère préventif, entre dans le champ de la mission attribuée au bataillon des marins-pompiers de Marseille par l'art. 3 du décret du 29 juill. 1939 (art. L. 2513-3) l'installation d'un stand à la foire destiné à faire connaître au public les nouveaux équipements de sécurité utilisés dans la lutte contre les incendies et à l'initier à certaines opérations de sauvetage. En conséquence, c'est la ville de Marseille qui est responsable des dommages subis par un visiteur blessé à l'occasion d'une démonstration. • CE 27 janv. 1984, *Ville de Marseille c/ Ausias*, nº 38280.

SECTION 3 Dispositions financières

Art. L. 2513-4 Les soldes et allocations diverses perçues par les officiers, les officiers-mariniers, quartiers-maîtres et marins appartenant au bataillon des marins-pompiers et aux services qui lui sont adjoints sont déterminées par les règlements applicables aux divers corps de la marine militaire.

Il peut leur être alloué un supplément pour risques dont le montant et les conditions d'attribution sont déterminés par arrêté du maire dans les limites fixées par décret. – *[C. communes, art. L. 395-4 issu du Décr. du 29 juill. 1939, art. 7, al. 1er.]*

V. art. R. 2513-5.

Art. L. 2513-5 Les dépenses du bataillon de marins-pompiers et des services y compris la solde et les allocations diverses, le logement et le casernement sont à la charge de la commune de Marseille.

(L. nº 2004-811 du 13 août 2004, art. 65) « Viennent en atténuation de ces dépenses :

« – les remboursements des personnels et matériels mis à disposition en application des II et III de l'article L. 2513-3 ;

« – les dotations étatiques de droit commun à l'investissement et au fonctionnement prévues par les dispositions législatives et réglementaires en vigueur au profit des services départementaux *(L. n° 2021-1520 du 25 nov. 2021, art. 8)* « et territoriaux » d'incendie et de secours ;

« – la participation de la *(L. n° 2015-991 du 7 août 2015, art. 49)* « métropole d'Aix-Marseille-Provence » ; »

(L. n° 2014-58 du 27 janv. 2014, art. 40) « – la participation du conseil départemental des Bouches-du-Rhône. »

(L. n° 2004-811 du 13 août 2004, art. 65) « La commune de Marseille peut en outre recevoir, au titre des missions d'intérêt général effectuées par le bataillon de marins-pompiers de Marseille, des subventions, des fonds de concours, des dotations et des participations de l'Union européenne, de l'État, des collectivités territoriales et des établissements publics. »

Art. L. 2513-6 *(L. n° 2015-991 du 7 août 2015, art. 49)* La participation *(L. n° 2021-1520 du 25 nov. 2021, art. 4)* « de la métropole d'Aix-Marseille-Provence » mentionnée à l'article L. 2513-5 est égale, au prorata du nombre d'habitants desservis, à la différence entre la contribution appelée en 2015 par le service départemental d'incendie et de secours des Bouches-du-Rhône, au titre des communes qui composaient la communauté urbaine Marseille Provence Métropole au 31 décembre de la même année, et le total des contributions exigibles de ces communes l'année précédant leur intégration à la communauté urbaine.

Art. L. 2513-7 *(L. n° 2013-1279 du 29 déc. 2013, art. 82)* I. – Le montant de la participation financière du département des Bouches-du-Rhône mentionnée à l'article L. 2513-5 est déterminé, chaque année, par convention conclue entre le département des Bouches-du-Rhône et la ville de Marseille.

À compter de l'année 2014, le montant de cette participation ne peut être inférieur à l'écart, s'il est positif, entre les ressources affectées au département des Bouches-du-Rhône, en application du I de l'article 53 de *[la]* loi n° 2004-1484 du 30 décembre 2004 de finances pour 2005, et la réfaction opérée, en application du troisième alinéa de l'article L. 3334-7-1 du présent code, au titre de l'année précédente.

En 2014, 2015, 2016, 2017 et 2018, si le montant prévu au deuxième alinéa du présent I est inférieur, respectivement, à 2, à 3,6, à 5,2, à 6,8 et à 8,4 millions d'euros, le département complète ce versement à hauteur de la différence.

À compter de 2019, le montant de la participation financière du département des Bouches-du-Rhône s'établit à 10 millions d'euros.

II. – À défaut de convention conclue entre les deux parties avant le 15 avril de l'année, le montant de la participation financière du département des Bouches-du-Rhône est déterminé dans les conditions prévues aux trois derniers alinéas du I.

III. – Le président du conseil départemental des Bouches-du-Rhône et le maire de Marseille présentent chaque année à leur assemblée délibérante respective un rapport sur le développement des mutualisations entre le service départemental d'incendie et de secours des Bouches-du-Rhône et le bataillon des marins-pompiers de Marseille.

TITRE II COMMUNES DES DÉPARTEMENTS DES HAUTS-DE-SEINE, DE LA SEINE-SAINT-DENIS ET DU VAL-DE-MARNE

CHAPITRE I ATTRIBUTIONS

SECTION 1 Police

Art. L. 2521-1 Dans les départements des Hauts-de-Seine, de la Seine-Saint-Denis et du Val-de-Marne, le représentant de l'État dans le département a la charge de la police de la voie publique sur les routes à grande circulation y compris en ce qui concerne la liberté et la sûreté, en plus des attributions de police exercées dans les communes où la police est étatisée conformément aux articles L. 2214-3 et L. 2214-4. – *[C. communes, art. L. 183-1 et L. 183-2, al. 2.]*

Si l'al. 2 de l'art. L. 2212-1 donne au maire pour mission de réprimer les atteintes à la tranquillité publique telles que les attroupements et les bruits, les dispositions de l'art. L. 2521-1 confient l'exercice de ladite mission aux services de l'État dans les communes des Hauts-de-Seine, de la Seine-Saint-Denis et du Val-de-Marne dans les mêmes conditions que celles en vigueur dans les communes où la police est étatisée. Dès lors, il revenait au seul préfet du Val-de-Marne de prendre une mesure de police tendant à l'interdiction de manifester aux abords de l'hôtel de ville d'une commune et le maire de cette dernière était par conséquent incompétent pour ce faire. • CAA Paris, 10 mai 2010, *Cne d'Alfortville*, n° 08PA00991 : *BJCL 2010. 598, concl. Dely et obs. Poujade.*

Art. L. 2521-2 **Dans les communes des départements des Hauts-de-Seine, de la Seine-Saint-Denis et du Val-de-Marne, les maires restent chargés, sous la surveillance du représentant de l'État dans le département et sans préjudice des attributions, tant générales que spéciales, qui leur sont conférées par les lois, de tout ce qui concerne la voirie communale, la liberté et la sûreté de la voie publique, l'établissement, l'entretien et la conservation des édifices communaux, cimetières, promenades, places, rues et voies publiques ne dépendant pas des voiries nationale et départementale, l'éclairage, le balayage, les arrosages, la solidité et la salubrité des constructions privées, les secours aux noyés, la fixation des mercuriales, l'établissement et la réparation des fontaines, aqueducs, pompes et égouts, les adjudications, marchés et baux.** – *[C. communes, art. L. 183-2, al. 1er.]*

V. art. R. 2521-1.

1. Si les maires des communes concernées restent chargés, sous la surveillance de l'autorité préfectorale, de tout ce qui concerne la liberté et la sûreté de la voie publique, il n'appartient qu'à cette dernière de prendre, pour l'ensemble des communes du département ou pour plusieurs d'entre elles, les mesures nécessaires dans l'intérêt de la liberté et de la sécurité de la circulation sur les voies publiques. • CE 15 déc. 1961, *Chiaretta : Lebon 709 ; Rev. adm. 1962. 44, concl. Braibant ; D. 1962. 473, note Vergnaud ; AJDA 1962. 21, chron. Galabert et Gentot ; Dpt et cnes 1962. 145, note Hourticq.*

2. Le refus d'un gardien de la paix chargé de surveiller la circulation de relever l'identité d'un témoin d'un accident est lié à une mission qui n'est pas au nombre des missions transférées à l'État par les dispositions des art. 110 et 111 C. adm. comm. (art. L. 2521-2) de telle sorte qu'une action en réparation du préjudice causé par ce refus et dirigée contre l'État est mal dirigée. • CE 30 juin 1967, *Dame Vve Huguet : Lebon 291.*

SECTION 2 **Secours et défense contre l'incendie**

Art. L. 2521-3 **Le préfet de police de Paris est chargé du secours et de la défense contre l'incendie dans les départements des Hauts-de-Seine, de la Seine-Saint-Denis et du Val-de-Marne.**

(L. n° 2021-1520 du 25 nov. 2021, art. 4) **« À ce titre, la brigade de sapeurs-pompiers de Paris est le service d'incendie et de secours territorialement compétent chargé des missions mentionnées à l'article L. 1424-2.**

« La brigade de sapeurs-pompiers de Paris assure les mêmes missions sur les parties des emprises de l'aérodrome de Paris-Charles de Gaulle situées dans les départements du Val-d'Oise et de Seine-et-Marne, sur les parties des emprises de l'aérodrome du Bourget situées dans le département du Val-d'Oise et sur les parties des emprises de l'aérodrome de Paris-Orly situées dans le département de l'Essonne, mentionnées à l'article L. 122-2 du code de la sécurité intérieure. »

(L. n° 2004-811 du 13 août 2004, art. 22) **« Le préfet de police peut déléguer ses compétences aux représentants de l'État dans les départements des Hauts-de-Seine, de la Seine-Saint-Denis et du Val-de-Marne dans le domaine du secours et de la défense contre l'incendie.**

« Dans chacun des départements des Hauts-de-Seine, de la Seine-Saint-Denis et du Val-de-Marne, la prévention des risques relève de la compétence du maire et du représentant de l'État dans le département agissant dans le cadre de leurs pouvoirs respectifs de police. »

V. art. L. 1424-49, I, et R. 2521-2.

Si l'entretien d'une bouche d'incendie incombe à la brigade des sapeurs-pompiers de Paris placée sous l'autorité du préfet de police chargé du secours et de la défense contre l'incendie, ce dernier doit être regardé comme agissant en cette qualité au nom et pour le compte de la commune en vertu des pouvoirs normalement dévolus aux maires de telle sorte que la commune sur le territoire de laquelle est implantée la bouche d'incendie n'est pas fondée à être garantie par une autre collectivité publique des condamnations mises à sa charge du fait d'un défaut d'entretien. • CE 7 nov. 1984, *Cne de Saint-Ouen c/ Sté AGF et a.*, n° 39441. ♦ Comp. art. L. 2216-2. ♦ Lorsqu'il assure, dans une commune du département des Hauts-de-Seine, de la Seine-Saint-Denis ou du Val-de-Marne, les missions qui lui sont attribuées par ces dispositions, le préfet de police y exerce des missions de police municipale prévues par les dispositions de l'article L. 2212-2 CGCT. La responsabilité de l'État peut, par suite, être recherchée pour les fautes éventuellement commises dans l'exercice de ces missions dans les conditions fixées par l'art. L. 2216-2 du même code. • CE 5 févr. 2020, *Cne de Courbevoie*, n° 423972 B : *AJDA 2020. 328* ; *AJCT 2020. 435, obs. O. Didriche, concl. Barrois de Sarigny, BJCL 2020. 217*.

CHAPITRE II **DISPOSITIONS FINANCIÈRES**

BIBL. GÉN. ▶ IMBERT, Recettes de la section d'investissement, *J.-Cl. Adm., fasc. 127-40.*

SECTION 1 **Dotation globale d'équipement**

Art. L. 2522-1 La commission prévue à l'article *(L. n° 2010-1657 du 29 déc. 2010, art. 179)* « L. 2334-37 » n'est pas instituée dans les départements des Hauts-de-Seine, de la Seine-Saint-Denis et du Val-de-Marne.

SECTION 2 **Brigade des sapeurs-pompiers de Paris**

BIBL. ▶ CHAPUISAT, *AJDA 1983. 309.* – NEEL, *J.-Cl. Coll. terr., fasc. 834.* – TERRAZZONI, *Vie cnale et dptale, févr. 1986.*

Art. L. 2522-2 Les communes des départements des Hauts-de-Seine, de la Seine-Saint-Denis et du Val-de-Marne participent aux dépenses de la brigade des sapeurs-pompiers de Paris, y compris les dépenses d'investissement afférentes au casernement.

Après déduction des recettes diverses, la répartition de ces dépenses est calculée de manière telle que les charges respectives de la commune de Paris et des communes considérées soient proportionnelles aux chiffres de la population de chacune de ces communes. – *[C. communes, art. L. 393-3.]*

V. art. D. 2522-1.

Le décret n° 89-561 du 11 août 1989 relatif au paiement des contributions dues au titre du financement de la brigade des sapeurs-pompiers de Paris [codifié ss. CGCT, art. D. 2522-1] est légal. • CE 11 déc. 1991, *Dpt du Val-de-Marne et dpt de la Seine-Saint-Denis*, n° 110949 : *Lebon 425* ; *AJDA 1992. 307, obs. Prétot*.

TITRE III **COMMUNES DE LA RÉGION D'ÎLE-DE-FRANCE**

BIBL. GÉN. ▶ FLECHER-BOURJOL, Budget communal, *J.-Cl. Coll. terr., fasc. 140.* – IMBERT, Région Île-de-France, *J.-Cl. Adm., fasc. 123.*

CHAPITRE UNIQUE **DISPOSITIONS FINANCIÈRES**

Art. L. 2531-1 Les dispositions du livre VI de la première partie et celles du livre III de la présente partie, à l'exception des articles L. 2333-64 à L. 2333-75, sont applicables aux communes de la région d'Île-de-France sous réserve des dispositions du présent chapitre. – *[C. communes, art. L. 263-1.]*

V. art. R. 2531-1.

SECTION 1 **Versement destiné au financement des services de mobilité** *(L. n° 2019-1428 du 24 déc. 2019, art. 13).*

V. art. D. 2531-2 s.

BIBL. GÉN. ▶ Conseil des Impôts, Xe Rapport relatif à la fiscalité locale, 1989, t. 2. – BOUVIER, Impôts indirects et droits d'enregistrement, *J.-Cl. Coll. terr., fasc. 842.* – IMBERT, Budget communal : section d'investissement, *J.-Cl. Adm., fasc. 127-40.*

Art. L. 2531-2 *(L. n° 2014-891 du 8 août 2014, art. 17)* « I. — » Dans la région d'Île-de-France, les personnes physiques ou morales, publiques ou privées *(L. n° 2014-1655 du 29 déc. 2014, art. 86)* « , à l'exception des fondations et associations reconnues

d'utilité publique à but non lucratif dont l'activité est de caractère social » *(L. n° 2020-1721 du 29 déc. 2020, art. 125)* **« et des associations intermédiaires » sont assujetties à un versement** *(L. n° 2019-1428 du 24 déc. 2019, art. 13)* **« destiné au financement des services de mobilité » lorsqu'elles emploient** *(L. n° 2015-1785 du 29 déc. 2015, art. 15)* **« au moins onze » salariés.**

(Ord. n° 2005-892 du 2 août 2005, art. 2 et 6, en vigueur jusqu'au 31 déc. 2007) ***« Les dispositions du cinquième alinéa de l'article L. 620-10 du code du travail s'appliquent au calcul de l'effectif mentionné au présent article. »*** — *Ord. annulée par CE 6 juill. 2007, n° 283892.*

(L. n° 2019-486 du 22 mai 2019, art. 11) **« Pour l'application du présent I, l'effectif salarié employé dans chacune des zones où est institué le versement de transport et le franchissement du seuil de onze salariés sont décomptés selon les modalités prévues à l'article L. 130-1 du code de la sécurité sociale. »**

Sur l'institution d'un prélèvement sur recettes de l'État destiné à compenser les pertes de recettes résultant de la réduction du champ des employeurs assujettis au versement transport, V. note ss. art. L. 2333-64.

Compétence juridictionnelle. La question de savoir si un employeur est ou non au nombre de ceux que ces dispositions ont entendu excepter de l'obligation de versement, ainsi que la question de la restitution des sommes à un employeur qui s'estime assujetti à tort au versement de transport dont il s'est néanmoins acquitté, relèvent de la compétence des juridictions judiciaires. • T. confl. 27 juin 1988, *SIVOM de l'agglomération boulonnaise : Lebon 491* • T. confl. 1er mars 1993, *Comité haut-rhinois d'action sociale en faveur des travailleurs migrants (COTRAMI) : Lebon 392 ; Dr. adm. 1993, n° 161 ; ACL 1994. 234.*

Art. L. 2531-3 *(Ord. n° 2018-474 du 12 juin 2018, art. 8)* **L'assiette du versement** *(L. n° 2019-1428 du 24 déc. 2019, art. 13)* **« destiné au financement des services de mobilité » est constituée des revenus d'activité tels qu'ils sont pris en compte pour la détermination de l'assiette des cotisations d'assurance maladie mises à la charge des employeurs et affectées au financement des régimes de base de l'assurance maladie. Le versement est recouvré dans les mêmes conditions et sous les mêmes garanties que lesdites cotisations.**

Compétence juridictionnelle. Le contentieux de l'assiette du versement de transport relève de la compétence judiciaire. • CE 27 mai 1988, *Centre régional d'Alsace pour l'enfance et l'adolescence inadaptées*, n° 80892 B : *LPA 16 déc. 1988, concl. Fouquet* • CE 31 janv. 1990, *District urbain du pays de Montbéliard*, n° 84898 : *Lebon 563 ; AJDA 1990. 492, note Broussole.*

Art. L. 2531-4 *(L. n° 2003-1311 du 30 déc. 2003, art. 132) (L. n° 2004-809 du 13 août 2004, art. 39)* **« Le taux de versement exprimé en pourcentage des salaires définis à l'article L. 2531-3 est fixé par** *(L. n° 2019-1428 du 24 déc. 2019, art. 8)* **« Île-de-France Mobilités » dans les limites : »**

1° De « *(L. n° 2023-1322 du 29 déc. 2023, art. 139)* **« 3,20 % » à Paris et dans** *(L. n° 2023-1322 du 29 déc. 2023, art. 139)* **« les départements des Hauts-de-Seine, de la Seine-Saint-Denis et du Val-de-Marne ; »**

(L. n° 2010-1658 du 29 déc. 2010, art. 32) **« 2° De** *(L. n° 2016-1917 du 29 déc. 2016, art. 91)* **« 2,01 % » dans les communes, autres que Paris et les communes** *(L. n° 2016-1917 du 29 déc. 2016, art. 91)* **« des départements des Hauts-de-Seine, de la Seine-Saint-Denis et du Val-de-Marne », dont la liste est arrêtée par décret en Conseil d'État pris après avis** *(L. n° 2019-1428 du 24 déc. 2019, art. 8)* **« d'Île-de-France Mobilités », en tenant compte notamment du périmètre de l'unité urbaine de Paris telle que définie par l'Institut national de la statistique et des études économiques ;** — *V. art. R. 2531-6.*

« 3° De *(L. n° 2016-1917 du 29 déc. 2016, art. 91)* **« 1,6 % » dans les autres communes de la région d'Île-de-France. »**

(L. n° 2012-387 du 22 mars 2012, art. 33) **« Toute modification de taux entre en vigueur au 1er janvier ou au 1er juillet de chaque année ; la délibération fixant le nouveau taux est transmise par** *(L. n° 2019-1428 du 24 déc. 2019, art. 8)* **« Île-de-France Mobilités » aux organismes de recouvrement avant, respectivement, le 1er novembre ou le 1er mai de chaque année. Les organismes de recouvrement communiquent le nouveau taux aux assujettis au plus tard un mois après ces dernières dates. »**

(L. n° 2023-1322 du 29 déc. 2023, art. 139) « Par dérogation à l'avant-dernier alinéa du présent article, les taux du versement destiné au financement des services de mobilité applicables en 2024 sont fixés par délibération du conseil d'administration d'Île-de-France Mobilités lors de sa séance suivant la publication de la loi n° 2023-1322 du 29 décembre 2023 de finances pour 2024, avec prise d'effet le premier jour du deuxième mois qui suit cette délibération. »

Compétence juridictionnelle. Le recours exercé à l'encontre de la décision fixant le taux du versement de transport relève de la compétence du juge administratif. • CE 21 oct. 1991, *Cté urbaine de Strasbourg*, n° 113940 : *Lebon 341 ; Gaz. Pal. 1992. 1. 53 ; Dr. adm. 1991, n° 464.*

Art. L. 2531-5 *(L. n° 98-546 du 2 juill. 1998, art. 53)* Sous réserve des dispositions de l'article L. 2531-7, le versement est affecté au financement des dépenses d'investissement et de fonctionnement des transports publics réguliers de personnes effectués dans la région des transports parisiens.

(L. n° 2019-1428 du 24 déc. 2019, art. 8) « Île-de-France Mobilités » *(L. n° 2000-1208 du 13 déc. 2000, art. 119)* « peut également contribuer sur les ressources provenant de ce versement au financement :

« — de mesures prises en application de la politique tarifaire *(L. n° 2019-1428 du 24 déc. 2019, art. 13)* « applicable aux services mentionnés au 1° du I de l'article L. 1241-1 du code des transports » ;

(L. n° 2014-58 du 27 janv. 2014, art. 19) « — des dépenses d'investissement et de fonctionnement de toute action relevant de l'organisation de la mobilité *(L. n° 2019-1428 du 24 déc. 2019, art. 13)* « au sens du même article L. 1241-1 » ; »

« — à titre accessoire et dans le cadre de conventions passées entre le syndicat et les gestionnaires, de dépenses d'exploitation d'ouvrages et d'équipements affectés au transport et mentionnés par le *(L. n° 2019-1428 du 24 déc. 2019, art. 16)* « plan de mobilité », tels que des gares routières, des parcs relais et des centres d'échanges correspondant à différents modes de transport ; »

(L. n° 2004-809 du 13 août 2004, art. 39) « — des opérations visant à favoriser l'usage combiné des transports en commun et » *(L. n° 2019-1428 du 24 déc. 2019, art. 13)* « du vélo ». »

Compétence juridictionnelle. L'affectation du versement de transport est contrôlée par le juge administratif. • CE 7 juin 1985, *Ville d'Amiens*, n° 33184 B : *Gaz. Pal. 1985. Pan. dr. adm. 409.*

Art. L. 2531-6 I. — *(L. n° 2014-1655 du 29 déc. 2014, art. 81)* « A. — » Les employeurs visés à l'article L. 2531-2 sont tenus de procéder au versement prévu audit article auprès des organismes ou services chargés du recouvrement des cotisations de sécurité sociale et des allocations familiales, suivant les règles de recouvrement, de contentieux et de pénalités applicables aux divers régimes de sécurité sociale.

Le produit est versé *(L. n° 2019-1428 du 24 déc. 2019, art. 8)* « à Île-de-France Mobilités ».

Les versements effectués sont remboursés par ledit syndicat :

1° Aux employeurs qui justifient avoir assuré le logement permanent sur les lieux de travail ou effectué intégralement le transport collectif de tous leurs salariés ou de certains d'entre eux et qui, de ce fait, sont exemptés du paiement de la prime spéciale uniforme mensuelle de transport ; ce remboursement est fait au prorata des effectifs transportés ou logés par rapport à l'effectif total. *(L. n° 2000-1352 du 30 déc. 2000, art. 124)* « Ce remboursement est maintenu aux employeurs concernés, pour la période restant à courir après abrogation du périmètre d'urbanisation dans les conditions de l'article L. 5341-2 ; »

2° Aux employeurs, pour les salariés employés à l'intérieur des périmètres d'urbanisation des villes nouvelles, lorsque ces employeurs y sont établis depuis moins de cinq ans. Pour les entreprises installées à l'intérieur des périmètres d'urbanisation des villes nouvelles depuis plus de cinq ans et à compter de 1995, le remboursement est réduit chaque année d'un cinquième et est supprimé à partir de la cinquième année.

(L. n° 2014-1655 du 29 déc. 2014, art. 81) « B. — L'État déduit du montant du versement prévu à l'article L. 2531-2 une quote-part déterminée au prorata des effectifs

des militaires en activité dont l'administration assure le logement permanent sur les lieux de travail ou effectue à titre gratuit le transport collectif. »

(L. n° 2009-1674 du 30 déc. 2009, art. 118) **« II. — L'Agence centrale des organismes de sécurité sociale ou l'organisme de recouvrement transmet annuellement** *(L. n° 2019-1428 du 24 déc. 2019, art. 8)* **« à Île-de-France Mobilités », à sa demande, les données et informations relatives au versement** *(L. n° 2019-1428 du 24 déc. 2019, art. 13)* **« destiné au financement des services de mobilité » contribuant à en établir le montant.**

« Les informations transmises *(L. n° 2019-1428 du 24 déc. 2019, art. 8)* **« à Île-de-France Mobilités » sont couvertes par le secret professionnel.**

« Les modalités d'application du présent II sont déterminées par un décret en Conseil d'État. »

1. Remboursement. Dès lors qu'il est constant que les agents concernés sont logés sur l'emprise immobilière appartenant à l'employeur, et située à proximité immédiate de leur lieu de travail, cet employeur doit être regardé, en dépit des circonstances qu'il n'a pas signé de bail avec eux, comme assurant le logement permanent de ses agents sur leurs lieux de travail au sens du 1° de l'art. L. 2531-6, et remplit ainsi les conditions pour bénéficier du remboursement intégral du versement de transport acquitté à raison de ses agents logés dans l'enceinte de cette emprise immobilière. • CAA Paris, 17 juin 2009, *Synd. des transports d'Île-de-France*, n° 08PA04752 : *AJDA 2009. 2022*. ♦ En l'espèce, afin de procéder à la rénovation et à l'extension des bâtiments destinés au logement des agents à proximité de leur lieu de travail, l'employeur avait conclu avec une société anonyme d'habitations à loyer modéré, d'une part, un bail emphytéotique par lequel il avait confié à cette dernière la réhabilitation des bâtiments existants et mis à sa disposition des terrains en vue de la construction de logements et, d'autre part, une convention lui accordant un droit de réservation sur l'intégralité de ces logements sociaux au bénéfice de son personnel en application des art. L. 441-1 et R. 441-5 CCH. • Même arrêt. ♦ Sur les modalités de remboursement par le SITRAM aux employeurs qui justifient avoir assuré le logement permanent sur les lieux de travail ou effectué intégralement le transport collectif de tous leurs salariés ou de certains d'entre eux, au prorata des effectifs transportés ou logés par rapport à l'effectif total, V. • CE 8 août 1990, *Synd. intercommunal des transports de l'agglomération mulhousienne (SITRAM)*, n° 80893 : *Lebon 246*. ♦ S'agissant du remboursement des transports, les dispositions de l'art. L. 2531-6 « impliquent que le remboursement n'est dû qu'aux employeurs qui assurent le transport de leurs salariés par un mode de transport collectif autre que les transports publics réguliers auxquels est affecté le versement de transport ». En conséquence, le Syndicat des transports d'Île-de-France n'est pas tenu de rembourser la SNCF qui a assuré le transport à titre gratuit de ses personnels étant donné que les salariés au titre desquels la SNCF a demandé le remboursement utilisaient non pas des transports affectés à leur usage exclusif mais les transports en commun assurés par la SNCF elle-même. • CE 20 mars 2017, *Synd. des transports d'Île-de-France (STIF)*, n° 398892 : *Lebon ; AJDA 2017. 1154*.

2. Compétence juridictionnelle. Le contentieux du recouvrement du versement de transport relève de la compétence judiciaire. • CE 27 mai 1988, *Centre régional d'Alsace pour l'enfance et l'adolescence inadaptées*, n° 80892 B : *LPA 16 déc. 1988, concl. Fouquet* • CE 31 janv. 1990, *District urbain du pays de Montbéliard*, n° 84898 : *Lebon 563 ; AJDA 1990. 492, note Broussole*.

Art. L. 2531-7 **Après déduction d'une retenue pour frais de recouvrement et de remboursement fixée par arrêté interministériel, ledit syndicat répartit le solde en fonction des affectations définies à l'article L. 2531-5.** — *[C. communes, art. L. 263-9.] — V. Arr. du 23 juill. 2014, reproduit ss. art. D. 2333-83.*

Art. L. 2531-8 **Les contestations en matière de remboursement sont portées devant la juridiction administrative.** — *[C. communes, art. L. 263-10 issu de la L. n° 71-559 du 12 juill. 1971, art. 4-2, al. 3.]*

Sur la compétence de la juridiction administrative, V. par analogie : • CE 27 mai 1983, *Cté urbaine de Lille*, n° 23240 : *Lebon 217* • T. confl. 1er mars 1993, *Comité haut-rhinois d'action sociale en faveur des travailleurs migrants (COTRAMI) : Lebon 392 ; Dr. adm. 1993, n° 161 ; ACL 1994. 234.*

Art. L. 2531-9 **Les demandes de remboursement du versement** *(L. n° 2019-1428 du 24 déc. 2019, art. 13)* **« destiné au financement des services de mobilité » se prescrivent par deux ans à compter de la date à laquelle le versement a été acquitté.**

Art. L. 2531-10 Le Syndicat des transports parisiens est habilité à effectuer tout contrôle nécessaire à l'application *(L. nº 2014-1655 du 29 déc. 2014, art. 81)* « du A » *(L. nº 2009-1674 du 30 déc. 2009, art. 118)* « du I de l'article L. 2531-6 et de l'article » L. 2531-7.

Contrôles. Si le syndicat des transports parisiens est habilité à effectuer tout contrôle relatif au recouvrement, au remboursement et à la répartition du versement de transport, il n'est pas habilité à effectuer les contrôles relatifs à l'assiette de ce versement, ceux-ci étant confiés, en vertu des art. L. 243-7 et L. 243-8 CSS, aux inspecteurs des affaires sanitaires et sociales ou, sous certaines conditions, à des agents des organismes de sécurité sociale. V. par analogie : • CE 28 oct. 1994, *Synd. intercnal des transports en commun de l'agglomération toulonnaise,* nº 111166 : *Lebon 472 ; ACL 1995, nº 109.*

Art. L. 2531-11 Des décrets fixent, en tant que de besoin, les modalités d'application de la présente section et notamment celles nécessaires pour adapter les dispositions qui précèdent aux règles propres aux divers régimes de sécurité sociale. — *[L. nº 71-559 du 12 juill. 1971, art. 6.]*

V. art. D. 2531-2 s.

SECTION 2 Fonds de solidarité des communes de la région d'Île-de-France

Art. L. 2531-12 À compter du 1er janvier 1991, le fonds de solidarité des communes de la région d'Île-de-France contribue à l'amélioration des conditions de vie dans les communes urbaines d'Île-de-France supportant des charges particulières au regard des besoins sociaux de leur population sans disposer de ressources fiscales suffisantes.

La répartition des crédits du fonds de solidarité des communes de la région d'Île-de-France est soumise à l'avis d'un comité d'élus de la région, rendu sur proposition du ministre chargé de la ville et du ministre chargé des collectivités territoriales.

Le comité comprend :

1° Le président du conseil régional d'Île-de-France ;

2° Les présidents des conseils départementaux de la région d'Île-de-France ;

3° Le maire de Paris ;

4° Trois présidents d'établissement public de coopération intercommunale élus par le collège des présidents d'établissement public de coopération intercommunale de la région d'Île-de-France à la représentation proportionnelle au plus fort reste ;

5° Treize maires élus par le collège des maires de la région d'Île-de-France à la représentation proportionnelle au plus fort reste.

Ce comité élit en son sein son président.

Les membres du comité sont renouvelés au terme du mandat ou de la fonction au titre duquel ils ont été désignés.

Un décret en Conseil d'État définit les conditions d'application du présent article.

Art. L. 2531-13 *(L. nº 2011-1977 du 28 déc. 2011, art. 145) (L. nº 2016-1917 du 29 déc. 2016, art. 144)* « I. — À compter du 1er janvier *(L. nº 2017-1837 du 30 déc. 2017, art. 163)* « 2018 », les ressources du fonds de solidarité des communes de la région d'Île-de-France sont fixées à *(L. nº 2019-1479 du 28 déc. 2019, art. 254)* « 350 millions d'euros ». »

II. — Le fonds de solidarité des communes de la région d'Île-de-France est alimenté par des prélèvements sur les ressources des communes de la région d'Île-de-France selon les modalités suivantes :

1° Sont contributrices au fonds les communes de la région d'Île-de-France dont le potentiel financier par habitant est supérieur au potentiel financier moyen par habitant des communes de la région d'Île-de-France. Ce dernier est égal à la somme des potentiels financiers des communes de la région d'Île-de-France rapportée à la population de l'ensemble de ces communes ;

(L. nº 2013-1278 du 29 déc. 2013, art. 134) « 2° Le prélèvement, calculé afin d'atteindre chaque année le montant fixé au I du présent article, est réparti entre les communes contributrices en fonction du produit d'un indice synthétique porté au carré, multiplié par la population de la commune. Cet indice synthétique est fonction :

« *a)* De l'écart relatif entre le potentiel financier par habitant de la commune et le potentiel financier moyen par habitant des communes de la région d'Île-de-France ;

« *b)* De l'écart relatif entre le revenu par habitant de la commune et la moitié du revenu moyen par habitant des communes de la région d'Île-de-France. Pour déterminer le revenu par habitant, la population prise en compte est celle définie au premier alinéa de l'article L. 2334-2.

« L'indice synthétique de prélèvement est obtenu par addition des montants obtenus au *a* et au *b*, en pondérant le premier par 80 % et le second par 20 %.

« 3° Ce prélèvement respecte les conditions suivantes : »

a) Le prélèvement au titre du fonds de solidarité des communes de la région d'Île-de-France ne peut excéder *(L. nº 2013-1278 du 29 déc. 2013, art. 134)* « 11 % » des dépenses réelles de fonctionnement de la commune *(L. nº 2017-1837 du 30 déc. 2017, art. 163)* « majorées des atténuations de produits et minorées des contributions au fonds de compensation des charges territoriales pour les communes membres de la métropole du Grand Paris. Ces dépenses sont constatées au 1er janvier de l'année de répartition dans les derniers comptes de gestion disponibles » ;

(L. nº 2014-1654 du 29 déc. 2014, art. 113) « *b)* En cas de progression des ressources du fonds, le montant supplémentaire prélevé sur chaque commune ne peut excéder 50 % de la hausse des ressources du fonds ; »

c) Le prélèvement sur les communes qui contribuent au fonds pour la première fois fait l'objet d'un abattement de 50 % ;

(L. nº 2012-354 du 14 mars 2012, art. 25) « *d)* En 2012, lorsqu'une commune fait l'objet d'un prélèvement en application du présent article et bénéficie d'une attribution en application de l'article L. 2531-14, le montant du prélèvement ne peut excéder celui de l'attribution. » *(L. nº 2012-1509 du 29 déc. 2012, art. 112)* « Le prélèvement des communes ayant bénéficié de ces dispositions fait l'objet d'un abattement de 50 % en 2013 et de 25 % en 2014 ;

« *e)* Le prélèvement dû par les communes de la région d'Île-de-France classées parmi les cent cinquante premières communes classées l'année précédente en application du 1° de l'article *(L. nº 2016-1917 du 29 déc. 2016, art. 144)* « L. 2334-16 » est annulé » ;

(L. nº 2013-1278 du 29 déc. 2013, art. 134) « *f)* Pour les communes dont le prélèvement calculé conformément au présent II augmente de plus de 25 % par rapport à celui opéré au titre de l'exercice précédent, la différence entre le prélèvement ainsi calculé et 125 % du prélèvement opéré au titre de l'année précédente est divisée par deux. »

III. — Le prélèvement est effectué sur les douzièmes prévus à l'article L. 2332-2 et au II de l'article 46 de la loi nº 2005-1719 du 30 décembre 2005 de finances pour 2006 de la commune concernée.

COMMENTAIRE

V. dans le supplément en ligne.

1. Principe de libre administration. Le principe de la libre administration des collectivités territoriales ne signifie pas que le législateur est tenu de laisser à chaque collectivité la possibilité de déterminer seule le montant de ses impôts locaux : le législateur peut ainsi, à titre exceptionnel, décider que le produit d'un impôt communal pourra, en partie, être attribué à une autre collectivité territoriale. • Cons. const. 6 mai 1991, nº 91-291 DC : *JO 11 mai 1991 ; Dr. adm. 1991, nº 278.*

2. Principe d'égalité. Le principe d'égalité ne s'opposant ni à ce que le législateur règle de façon différente des situations différentes, ni à ce qu'il déroge à l'égalité pour des raisons d'intérêt général, la création d'un mécanisme de solidarité financière intercommunale propre à la région d'Île-de-France n'est pas contraire au principe d'égalité : en effet, cette région présente en ce qui concerne la situation des communes urbaines, au regard des besoins sociaux de leur population, des traits spécifiques en raison de la masse de sa population, de l'importance globale de ses ressources, de la présence de la capitale, et la répartition des emplois entre le centre et la périphérie entraîne généralement une distribution très inégale du potentiel fiscal des communes à population équivalente, d'où les importants écarts dans les niveaux d'équipement et de service que les communes sont en mesure d'offrir à leurs habitants. • Cons. const. 6 mai 1991, nº 91-291 DC : *préc. note 1.* ♦ Toutefois, s'agissant du *b* du 2° de l'art. L. 2531-13, « s'il était loisible au législateur de prévoir, à titre transitoire, dans le cadre de la mise en œuvre des nouvelles règles de plafonnement des contributions des communes, un dispositif spécifique réservé aux seules communes contributrices en 2009, il ne pouvait, compte tenu de l'objet de ce fonds, laisser subsister de façon pérenne une telle différence de traitement sans porter une atteinte caractérisée à l'égalité devant les charges publiques entre les communes contributrices au fonds » ; il résulte de cette analyse une déclaration d'inconstitutionnalité mais sans effet rétroactif s'agissant des prélèvements déjà opérés au titre des années 2012, 2013, 2014. • Cons. const. 6 juin 2014, *Cne de Guyancourt,* n° 2014-397 QPC : *AJDA 2014. 1182* ; *D. 2014. 1279*. ♦ En revanche, le Conseil d'État refuse le renvoi d'une question prioritaire de constitutionnalité par laquelle une commune soutenait que le *b* du 2° du II de l'art. L. 2531-13 méconnaissait le principe d'égalité devant la loi garanti par l'art. 6 DDH, le principe d'égalité devant les charges publiques garanti par l'art. 13 de cette même Déclaration et le principe de libre administration des collectivités territoriales. En effet, par la Décis. n° 2013-685 DC du 29 déc. 2013, « le Conseil constitutionnel a, dans ses motifs et son dispositif, déclaré l'art. 134 de la loi du 29 décembre 2013, qui a inséré dans le II de l'art. L. 2531-13 CGCT le 2° mentionné au pt 2, conforme à la Constitution. Aucun changement de circonstances survenu depuis cette décision n'est de nature à justifier que la conformité de cette disposition à la Constitution soit à nouveau examinée par le Conseil constitutionnel ». • CE 29 mai 2019, n° 428554.

Art. L. 2531-14 *(L. n° 2011-1977 du 28 déc. 2011, art. 145)* **I. — Les ressources du fonds de solidarité des communes de la région d'Île-de-France sont réparties entre les communes de cette région de plus de 5 000 habitants dont la valeur de l'indice synthétique de ressources et de charges mentionné au II est supérieure à la médiane.**

(L. n° 2022-1726 du 30 déc. 2022, art. 197) **« Le fonds est versé mensuellement pour les communes bénéficiaires. »**

II. — L'indice synthétique de ressources et de charges est constitué à partir des rapports suivants :

1° Rapport entre le potentiel financier moyen par habitant des communes de la région d'Île-de-France et le potentiel financier par habitant de la commune défini à l'article L. 2334-4 ;

2° Rapport entre le revenu moyen par habitant des communes de la région d'Île-de-France et le revenu par habitant de la commune. Le revenu pris en compte est le dernier revenu fiscal de référence connu ;

3° Rapport entre la proportion de logements sociaux, tels qu'ils sont définis à l'article L. 2334-17, dans le total des logements de la commune et la proportion de logements sociaux dans le total des logements des communes de 5 000 habitants et plus de la région d'Île-de-France.

L'indice synthétique de ressources et de charges est obtenu par addition des rapports visés aux 1°, 2° et 3°, en pondérant le premier à hauteur de 50 %, le deuxième à hauteur de 25 % et le troisième à hauteur de 25 %.

III. — L'attribution revenant à chaque commune éligible est calculée en fonction du produit de sa population par son indice synthétique défini au II. Ce produit est pondéré par un coefficient variant uniformément de 4 à 0,5, dans l'ordre croissant du rang de classement des communes éligibles.

IV. — Une commune bénéficiaire d'un reversement du fonds de solidarité des communes de la région d'Île-de-France conformément au II ne peut percevoir une attribution inférieure à *(L. n° 2012-1509 du 29 déc. 2012, art. 112)* **« 90 % de l'attribution perçue au titre de l'exercice 2011 ».**

V. — Les communes qui cessent d'être éligibles au reversement des ressources du fonds de solidarité des communes de la région d'Île-de-France perçoivent la première année au titre de laquelle elles ont cessé d'être éligibles, à titre de garantie non renouvelable, une attribution égale à la moitié de celle perçue l'année précédente. Les sommes nécessaires sont prélevées sur les ressources du fonds avant application du I.

VI. — La population à prendre en compte pour l'application du présent article, à l'exception du 2° du II du présent article, est celle définie à l'article L. 2334-2. Pour l'application de ce même 2°, la population à prendre en compte est celle qui résulte du recensement.

Art. L. 2531-15 **Le Gouvernement présente chaque année au comité institué à l'article L. 2531-12 un rapport sur l'exécution des dispositions de la présente section. Ce rapport retrace les actions de développement social urbain entreprises au cours de l'exercice précédent par les communes bénéficiaires d'attributions au titre du fonds de solidarité prévu audit article.** — *[C. communes, art. L. 263-16.]*

Art. L. 2531-16 **Le maire d'une commune ayant bénéficié, au titre de l'exercice précédent, d'une attribution du fonds de solidarité des communes de la région d'Île-de-**

France prévu à l'article L. 2531-12 présente au conseil municipal, avant la fin du deuxième trimestre qui suit la clôture de cet exercice, un rapport qui présente les actions entreprises afin de contribuer à l'amélioration des conditions de vie et les conditions de leur financement. – *[L. n° 91-429 du 13 mai 1991, art. 15.]*

SECTION 3 Taxe additionnelle régionale à la taxe de séjour

(L. n° 2018-1317 du 28 déc. 2018, art. 163)

Art. L. 2531-17 Il est institué une taxe additionnelle de 15 % à la taxe de séjour ou à la taxe de séjour forfaitaire perçue dans la région d'Île-de-France par les communes mentionnées à l'article L. 2333-26 ainsi que par les établissements publics de coopération intercommunale mentionnés aux 1° à 3° du I de l'article L. 5211-21.

Cette taxe additionnelle est établie et recouvrée selon les mêmes modalités que la taxe à laquelle elle s'ajoute. Lorsque son produit est perçu par une commune ou par un établissement public de coopération intercommunale à fiscalité propre, les montants correspondants sont reversés à la fin de la période de perception à l'établissement public "*(L. n° 2023-1269 du 27 déc. 2023, art. 4)* « Société des grands projets »".

Art. L. 2531-18 *(L. n° 2023-1322 du 29 déc. 2023, art. 140)* Il est institué une taxe additionnelle de 200 % à la taxe de séjour ou à la taxe de séjour forfaitaire perçue dans la région d'Île-de-France par les communes mentionnées à l'article L. 2333-26 ainsi que par les établissements publics de coopération intercommunale mentionnés aux 1° à 3° du I de l'article L. 5211-21.

Cette taxe additionnelle est établie et recouvrée selon les mêmes modalités que la taxe à laquelle elle s'ajoute. Lorsque son produit est perçu par une commune ou par un établissement public de coopération intercommunale à fiscalité propre, les montants correspondants sont reversés à la fin de la période de perception à l'établissement public Île-de-France Mobilités.

TITRE IV COMMUNES DES DÉPARTEMENTS DE LA MOSELLE, DU BAS-RHIN ET DU HAUT-RHIN

V. ndlr ss. art. L. 2541-1.

CHAPITRE I ORGANISATION

SECTION 1 Dispositions générales

BIBL. GÉN. ▶ Abi Rached, Un nouveau principe fondamental reconnu par les lois de la République : la particularité du droit applicable en Alsace-Moselle, *JCP Adm. 2011, n° 2319*. – Courtejaire, Vers la collectivité territoriale d'Alsace : pour ou contre ?, *JCP Adm. 2013, n° 2093*. – Institut du droit local alsacien-mosellan, État, région et droits locaux, *Publication de l'IDL, Economica, 1997*. – Jennequin, Le contrôle du droit local alsacien-mosellan au regard des droits et libertés constitutionnellement garantis, *ADJA 2012. 331*. – Martin, La réorganisation de l'administration territoriale en Alsace au risque de la démocratie, *AJDA. 2013 1073*. – Peljak, La fin du droit local d'Alsace-Moselle ?, *AJDA 2011. 2211*. – Portelli, Le droit des cultes d'Alsace-Moselle et la Constitution, *JCP Adm. 2013, n° 2109*. – Vallens (dir.), Le guide du droit local, *Economica, 1997*. – Verpeaux, L'Alsace ou la force des institutions, *JCP Adm. 2013. Actu 362*. – Waline, Leçons d'un référendum alsacien, *AJDA 2013. 1409* – Woehrling, Droit communal d'Alsace-Moselle, *J.-Cl. Alsace-Moselle, fasc. 220* ; La décision du Conseil constitutionnel sur le droit local alsacien-mosellan : consécration ou restriction ?, *RFDA 2012. 131* ; Le droit local alsacien-mosellan des cultes après les récentes décisions du Conseil constitutionnel, *RD publ. 2013. 532*.

Art. L. 2541-1 Les dispositions de la première partie sont applicables aux communes des départements de la Moselle, du Bas-Rhin et du Haut-Rhin.

Les dispositions des titres I et II du livre I de la présente partie sont applicables aux communes des départements de la Moselle, du Bas-Rhin et du Haut-Rhin à l'exception de celles des articles L. 2121-1, L. 2121-9, L. 2121-10, L. 2121-11, L. 2121-15, du second alinéa de l'article L. 2121-17, de l'article L. 2121-22, des premier, deuxième et quatrième alinéas de l'article L. 2121-29, de l'article L. 2121-31, des 1° à 8° de l'article L. 2122-21 et des articles L. 2122-24, L. 2122-27, L. 2122-28 et L. 2122-34. – *[C. communes, art. L. 181-1 et L. 391-1.]*

Depuis le 1er janv. 2021, les départements du Bas-Rhin et du Haut-Rhin sont regroupés sous le nom de « Collectivité européenne d'Alsace » (L. n° 2019-816 du 2 août 2019, art. 1er).

1. Le régime électoral des conseils municipaux suit le droit commun sous réserve de quelques particularités : éligibilité des ministres des cultes en régime concordataire. • TA Alsace-Lorraine, 18 déc. 1945, *Él. mun. d'Illzach : Rev. jur. Alsace-Lorraine 1947, p. 30* • CE 24 nov. 1965, *Él. mun. de Créhange : Lebon 852.* ♦ Inéligibilité d'un « teneur de taureaux municipaux » considéré comme entrepreneur de services municipaux : • CE 11 mars 1936, *Él. de Niederschaeffolsheim : Lebon 311.* ♦ Éligibilité d'un employé municipal à la retraite pensionné par la mairie. • TA Strasbourg, 27 juill. 1983, *Kiffer : Rev. jur. Est 1984, p. 41.*

2. Avant les réformes introduites par la loi de décentralisation du 2 mars 1982, l'ancienne disposition du code des communes prévoyant qu'il pouvait être demandé au préfet à toute époque de prononcer la nullité de droit d'une délibération du conseil municipal ne s'appliquait pas dans les départements du Bas-Rhin, du Haut-Rhin et de la Moselle. • CE 28 mars 1984, *Mmes Piard et Schell,* n° 31591. ♦ Le délai du recours formé contre une délibération devait être calculé par application du décret du 11 janv. 1965. • Même arrêt.

3. Les dispositions de l'art. L. 1423-4 (ancien art. L. 342-1 C. communes) selon lesquelles les musées appartenant aux communes sont soumis aux dispositions de l'ordonnance n° 45-1546 du 11 juill. 1945 ne s'appliquent pas dans les départements de la Moselle, du Bas-Rhin et du Haut-Rhin. • CE 8 juin 1994, *Assoc. générale des conservateurs des collections publiques de France,* n° 116419. ♦ Le maire peut donc légalement nommer dans un emploi comportant l'exercice des fonctions de conservateur un agent choisi en dehors du corps des conservateurs de musée. • Même arrêt.

SECTION 2 **Le conseil municipal**

SOUS-SECTION 1 **Fonctionnement**

Art. L. 2541-2 **Le maire convoque le conseil municipal aussi souvent que les affaires l'exigent.**

Le maire est tenu de le convoquer chaque fois qu'il en est requis par une demande écrite indiquant les motifs et le but de la convocation et signée par un tiers des membres du conseil municipal.

La convocation indique les questions à l'ordre du jour ; elle est faite trois jours au moins avant la séance et, en cas d'urgence, la veille.

Le conseil municipal, à l'ouverture de la séance, décide s'il y avait urgence. — *[C. communes, art. L. 181-4 issu de L. locale 6 juin 1895, art. 47, al. 1er et 2.]*

1. Une convocation ne comportant aucune indication de l'ordre du jour n'est pas régulière. • CE 27 mars 1991, *Cne d'Amneville c/ M. Lopparelli,* n° 76036.

2. La convocation doit indiquer les questions à l'ordre du jour en liaison avec leur importance. • CE 29 sept. 1982, *Mlle Richert,* nos 17176 B, 17177 B.

3. La mention « questions diverses » ne suffirait pas s'il s'agit d'examiner un plan d'occupation des sols. • CE 29 sept. 1982, *Mlle Richert,* nos 17176, 17177 : *préc. note 2.* ♦ ... Ou la suppression d'emplois municipaux. • CE 7 déc. 1983, *Stradella,* n° 39399 B • CE 7 déc. 1983, *Cne de Russ,* n° 20004. ♦ ... Ou l'octroi d'indemnité de fonctions aux adjoints. • TA Strasbourg, 16 févr. 1982, *François c/ Cne de Farschviller,* n° 685/80. ♦ ... Ou la création d'un lotissement communal. • TA Strasbourg, 29 mars 1990, *Rosenfelder c/ Ville de Rombas,* n° 89.732.

4. Le délai de trois jours n'est applicable qu'aux communes de moins de 3 500 habitants. • TA Strasbourg, 22 juin 1989, *Gerhardt c/ Cne de Voyer,* n° 89.790 (l'art. L. 2121-12, qui prévoit un délai de cinq jours francs pour les communes de plus de 3 500 habitants, est applicable en Alsace-Moselle).

5. Il s'agit d'un délai franc. • TA Strasbourg, 22 juin 1989, *Gerhardt c/ Cne de Voyer,* n° 897.90. ♦ V. aussi : • CE 3 juin 1983, *Vincent,* n° 31680 : *Lebon 227 ; AJDA 1983. 479, note Chapuisat ; Dr. adm. 1983, n° 284.*

6. Les règles relatives à la convocation du conseil municipal, dans les hypothèses de convocation normale ou de convocation d'urgence, s'appliquent aux convocations des conseils syndicaux (à propos d'une délibération portant suppression d'emplois et annulation de crédits). • CE 7 déc. 1983, *Stradella,* n° 39399 : *préc. note 3.*

Art. L. 2541-3 **Le conseil municipal peut également décider qu'il tient régulièrement séance à certains jours déterminés ; mais, en ce cas, les questions à discuter et à décider sont également, sauf en cas d'urgence, communiquées trois jours au moins avant la séance.** — *[C. communes, art. L. 181-5 issu de L. locale 6 juin 1895, art. 47, al. 3.]*

V. art. L. 2121-7 (applicable en Alsace-Moselle).

Art. L. 2541-4 Il est fait exception à la règle du premier alinéa de l'article L. 2121-17 :

1° Lorsque, convoqués une seconde fois pour délibérer sur le même objet, le nombre des conseillers présents n'est pas, cette fois encore, supérieur à la moitié. La seconde convocation ou communication des questions à l'ordre du jour rappelle expressément cette disposition ;

2° Lorsque le conseil municipal est empêché de délibérer valablement par le fait que la moitié ou plus de la moitié des conseillers municipaux sont intéressés personnellement ou comme mandataires dans les affaires qui sont discutées ou décidées. – *[C. communes, art. L. 181-6 issu de L. locale 6 juin 1895, art. 49, al. 2.]*

Art. L. 2541-5 *(L. n° 2015-991 du 7 août 2015, art. 123)* « Dans les communes de 3 500 habitants et plus, le conseil municipal établit son règlement intérieur dans les six mois qui suivent son installation. Le règlement intérieur précédemment adopté continue à s'appliquer jusqu'à l'établissement du nouveau règlement. »

Le règlement intérieur peut être déféré devant le tribunal administratif.

1. À la différence de l'art. L. 2121-8, toutes les communes d'Alsace-Moselle doivent adopter un règlement intérieur.

2. Les règles de publicité des débats s'appliquent en Alsace-Moselle. • TA Strasbourg, 29 juill. 1982, *Schneider c/ Cne de Téterchen : Lebon T. 549.*

3. La non-désignation d'un secrétaire de séance n'affecte pas la régularité des délibérations. • TA Strasbourg, 9 févr. 1978, *Jierry c/ Cne de Lobsann*, n° 139.74.

4. La délibération par laquelle un conseil municipal adopte ou modifie son règlement intérieur constitue un acte administratif susceptible de faire l'objet d'un recours pour excès de pouvoir ; le moyen tiré de ce que le règlement intérieur du conseil municipal reprend des dispositions législatives est inopérant. • CE, sect., 10 févr. 1995, *Riehl*, n° 129168 : *Lebon 66 ; RFDA 1995. 343, concl. Savoie ; AJDA 1995. 370, chron. Touvet et Stahl ; LPA 12 juill. 1995, note Verdier.*

Art. L. 2541-6 Lors de chacune de ses séances, le conseil municipal désigne son secrétaire. – *[C. communes, art. L. 181-11 issu de L. locale 6 juin 1895, art. 51, al. 1er.]*

1. La non-désignation d'un secrétaire de séance n'entache pas la légalité des décisions prises par le conseil municipal. • TA Strasbourg, 9 févr. 1978, *Jierry c/ Cne de Lobsann*, n° 139.74.

2. Le conseil municipal ne peut désigner une personne pour assurer de façon permanente le secrétariat des séances du conseil municipal. • CE, sect., 10 févr. 1995, *Riehl*, n° 129168 : *Lebon 66 ; RFDA 1995. 343, concl. Savoie ; AJDA 1995. 370, chron. Touvet et Stahl ; LPA 12 juill. 1995, note Verdier.*

Art. L. 2541-7 Le maire peut prescrire que les agents de la commune assistent aux séances. – *[C. communes, art. L. 181-12 issu de L. locale 6 juin 1895, art. 50, al. 1er.]*

Art. L. 2541-8 En vue d'une discussion préparatoire de certaines affaires de sa compétence et de la préparation de ses décisions, le conseil municipal peut élire des commissions spéciales.

Le maire les préside. Il peut déléguer à cet effet un adjoint ou un membre du conseil municipal.

Les résolutions y sont prises à la majorité des voix ; en cas de partage, la voix du président est prépondérante. – *[C. communes, art. L. 181-14 issu de L. locale 6 juin 1895, art. 60.]*

1. L'art. L. 2541-8 ne prévoit pas l'obligation de respecter la représentation proportionnelle dans la composition des commissions (communes de plus de 3 500 habitants ; V. art. L. 2121-22, al. 3). • TA Strasbourg, 10 juill. 2014, n° 1403110 : *BJCL 2014. 713, concl. Haudier ; obs. Poujade.*

2. Cette obligation est, en revanche, établie par le code des marchés publics pour les commissions d'appel d'offres ou d'adjudication (art. 282 et 299 C. marchés) et l'art. 249 du même code rend ces règles applicables en Alsace-Moselle.

3. Il appartient au conseil municipal de se prononcer sur l'exclusion et le remplacement des membres des commissions. * Rép. min. : *JOAN Q, 9 juill. 1990.*

SOUS-SECTION 2 Les membres du conseil municipal

Art. L. 2541-9 Tout conseiller municipal qui, sans excuse suffisante, a manqué trois séances successives du conseil, ou qui a troublé l'ordre à plusieurs reprises sans tenir

compte des avertissements du président, peut, par décision de l'assemblée, être exclu du conseil municipal pour un temps déterminé ou pour toute la durée de son mandat. – *[C. communes, art. L. 181-15 issu de L. locale 6 juin 1895, art. 62, al. 1er.]*

1. L'appréciation des motifs de l'exclusion est faite sous le contrôle du juge administratif. • CE 7 oct. 1981, *Él. mun. de Bourg-Brusch*, n° 24710. ♦ Annulation d'une délibération, la suspension d'un élu étant jugée disproportionnée par rapport aux faits reprochés. • TA Strasbourg, 3 déc. 2004, n° 0402198 : *AJDA 2005. 725, concl. Collier*.

2. Le conseil municipal n'exerce pas une compétence liée. • CE 7 oct. 1981, *Él. mun. de Bourg-Brusch : préc. note 1.*

3. Le conseil municipal doit motiver son appréciation. • TA Strasbourg, 13 mars 1963 : *Rev. jur. Alsace-Lorraine 1963, p. 1481.*

4. Le maire doit apporter la preuve qu'une convocation régulière a été adressée à l'intéressé. • TA Strasbourg, 22 déc. 1983, *Mme Barde c/ Cne de Preuschdorf : Rev. jur. Est 1984, p. 105.*

Art. L. 2541-10 Tout membre du conseil municipal qui, sans excuse, a manqué cinq séances consécutives cesse d'être membre du conseil municipal. Le fait qu'un membre a manqué sans excuse cinq séances consécutives est constaté par une mention sur le registre destiné à recevoir les procès-verbaux du conseil municipal. – *[C. communes, art. L. 181-16 issu de L. locale 6 juin 1895, art. 62, al. 2.]*

1. La preuve des absences répétées incombe à l'autorité communale. • TA Strasbourg, 22 déc. 1983, *Mme Barde c/ Cne de Preuschdorf : Rev. jur. Est 1984, p. 105.*

2. Encore faut-il que les absences soient dûment constatées. • TA Strasbourg, 20 déc. 1961, *Schaller c/ Cne de Staffelfelden : Rev. jur. Alsace-Lorraine 1963, p. 62.* ♦ Une procuration ne peut constituer une excuse valable d'absence au sens de l'art. L. 2541-10. • CAA Nancy, 22 juin 2006, *Klein, Farrauto*, n° 04NC00260 : *AJDA 2006. 1803*.

3. Si la constatation des absences n'est pas effectuée sur le registre municipal, l'intéressé peut continuer à donner des procurations. • TA Strasbourg, 19 avr. 1990, *Schmitt et a. c/ Cne de Cutting*, n° 88.1091. ♦ Dans le même sens, • CAA Nancy, 22 juin 2006 *Klein, Farrauto*, n° 04NC00260 : *préc. note 2.*

Art. L. 2541-11 L'opposition contre la décision du conseil municipal visée à l'article L. 2541-9 ainsi que contre la constatation visée à l'article L. 2541-10 est portée devant le tribunal administratif dans les dix jours de la date à laquelle la décision attaquée a été prise ou la constatation consignée au procès-verbal.

L'opposition ne peut être formée que par les conseillers municipaux directement intéressés.

Elle est jugée par la voie de la pleine juridiction.

Le jugement du tribunal administratif est définitif, sous réserve du recours en cassation. – *[C. communes, art. L. 181-17 issu de L. locale 6 juin 1895, art. 62, al. 3, et art. 70, dern. al.]*

1. Le délai de 10 jours présente un caractère impératif. • CE 27 oct. 1933, *Cne de Walweistroff : Lebon 961.*

2. Mais il n'est opposable à l'intéressé que s'il a été mentionné dans la notification de la décision attaquée ou de la constatation opérée au procès-verbal. • TA Strasbourg, 20 déc. 1961, *Schaller c/ Maire de Staffelfelden : Rev. jur. Alsace-Lorraine 1963, p. 62.*

3. Un sursis à exécution a été reconnu possible contre la constatation de l'absence sur le registre municipal. • TA Strasbourg, 7 avr. 1987, *Damarin et a.*, n° 87.69.

4. Le jugement du tribunal administratif est en principe définitif sauf recours en cassation auprès du Conseil d'État. • CE 10 mars 1978, *Guignard*, n° 2103. ♦ Mais cette interprétation semble aujourd'hui abandonnée et le Conseil d'État a tendance à se prononcer comme juge d'appel. • CE 22 mars 1978, *Min. de l'Intérieur c/ Boulkroune*, n° 3704 • CE 29 juill. 1983, *Cts Barbier*, n° 15488.

SOUS-SECTION 3 **Attributions**

Art. L. 2541-12 Le conseil municipal délibère notamment sur les objets suivants :

1° La création et la suppression d'emplois communaux permanents de l'administration communale ;

2° L'allocation de pensions de retraite aux employés municipaux relevant de caisses de retraite communales ;

3° La création de services, d'organismes et d'établissements communaux ;

4° L'acquisition, l'aliénation et le nantissement de biens communaux, la constitution et la suppression de droits immobiliers, l'assurance des bâtiments communaux contre l'incendie, les conditions de baux à ferme ou à loyer, ainsi que le partage des biens que la commune possède par indivis avec d'autres propriétaires ;

5° Les emprunts ;

6° Les projets de constructions ou de reconstructions, ainsi que de grosses réparations et de démolitions ;

7° L'ouverture et la modification des voies communales et places publiques, ainsi que leurs plans d'alignement ;

8° L'acceptation des dons et legs ;

9° Les actes de renonciation et des libéralités des communes ;

10° L'allocation de subventions à des fins d'intérêt général et de bienfaisance ;

11° La radiation d'inscriptions hypothécaires prises au profit de la commune et le désistement des formalités de la purge des hypothèques ;

12° L'exercice du droit de vaine pâture et de parcours ;

13° Les engagements en garantie ;

14° Les transactions.

Le conseil municipal délibère, en outre, sur les questions que les lois et règlements renvoient à son examen. — *[C. communes, art. L. 181-18 issu de L. locale 6 juin 1895, art. 56, al. 1er.]*

(L. n° 2001-602 du 9 juill. 2001, art. 63) **« Dans les communes appartenant à une agglomération de plus de 100 000 habitants, le conseil municipal délibère sur les conditions d'exercice du droit de chasse sur les terrains soumis à une forte fréquentation du public. »**

1. La création et la suppression d'emplois communaux ne peuvent figurer au titre des questions diverses dans les convocations adressées par le maire aux conseillers municipaux. • CE 7 déc. 1983, *Stradella*, n° 39399 B.

2. Le simple fait que des conseils municipaux tiennent des réunions conjointes pour traiter de problèmes communs ne signifie pas qu'ils délibèrent sur ces problèmes dans des conditions de nature à engager leurs communes respectives. • CE 10 oct. 1990, *Cne de Sanry-sur-Nied*, n° 74942 : *Lebon 613*.

3. Dès lors qu'un terrain, bien qu'ouvert au public, ne fait pas l'objet d'un entretien tel qu'il puisse être considéré comme un aménagement spécial à cet effet, il conserve la qualité de dépendance du domaine privé communal. • CE 20 mars 1991, *Confédération du cadre de vie de Longeville-lès-Metz*, n° 91990.

4. Aucun texte n'oblige alors le conseil municipal à procéder à la location par voie d'adjudication d'un bien privé. • CE 20 mars 1991, *Confédération du cadre de vie de Longeville-lès-Metz*, n° 91990 : *préc. note 3.*

5. Le conseil municipal n'est pas tenu de se conformer aux avis qu'il sollicite en dehors d'une disposition légale l'y contraignant. • CE 20 mars 1991, *Confédération du cadre de vie de Longeville-lès-Metz*, n° 91990 : *préc. note 3.*

6. Sur la compétence du conseil municipal en matière de chasse, V. • CE 12 nov. 1982, *Min. de l'Environnement et du Cadre de vie c/ Muller-Kumhle et a. : Lebon 422.*

Art. L. 2541-13 **Le conseil municipal vérifie les comptes du dernier exercice et, s'il en décide ainsi, en présence du receveur municipal.**

Il constate si les mandats de dépenses ordonnancés par le maire sont réguliers et si les titres de recettes sont complets.

Le maire peut assister à la délibération du conseil municipal, mais est tenu de se retirer avant le vote.

Le receveur municipal n'assiste pas au vote. — *[C. communes, art. L. 181-19 issu de L. locale 6 juin 1895, art. 68, al. 2 et 3.]*

1. Il appartient au requérant d'établir que les comptes produits par le maire comportaient, en ce qui concerne les dépenses litigieuses, des irrégularités qui eussent été de nature à justifier un refus d'approbation. • CE 3 avr. 1987, *Herrmann*, n° 71200.

2. Le requérant ne peut utilement se prévaloir de l'illégalité des décisions du maire qui sont à l'origine des dépenses constatées. • CE 3 avr. 1987, *Herrmann*, n° 71200 : *préc. note 1.*

3. La circonstance que le comptable aurait effectué des paiements sans être en possession des pièces justificatives nécessaires n'affecte pas la légalité de la délibération approuvant les comptes. • CE 3 avr. 1987, *Herrmann*, n° 71200 : *préc. note 1.*

Art. L. 2541-14 Le conseil municipal est appelé à donner son avis sur les questions qui, à cet effet, lui sont renvoyées par la loi ou par le représentant de l'État dans le département.

Il donne obligatoirement son avis :

1° Sur la délimitation des circonscriptions des cultes reconnus, en tant que ces circonscriptions intéressent le territoire de la commune ou une partie de ce territoire ;

2° Sur les projets de budget, ainsi que sur les comptes des établissements publics subventionnés sur les fonds communaux ou administrés avec la garantie de la commune ;

3° Sur les autorisations d'emprunter, d'acquérir, d'échanger ou d'aliéner des immeubles, de plaider en justice ou de transiger, demandées par des fabriques d'églises et autres administrations cultuelles. – *[C. communes, art. L. 181-20.]*

1. La modification des limites territoriales des paroisses ne suit pas nécessairement celle qui résulte de la fusion des communes : elle doit faire l'objet d'une procédure diligentée par l'évêque, avec consultation du conseil municipal. * Rép. min. : *JOAN Q, 1er juin.*

2. La modification est prononcée par décret du Premier ministre sur avis du préfet. * Rép. min. : *préc.*

Art. L. 2541-15 Le conseil municipal a le droit de s'assurer de l'exécution de ses décisions.

Il peut, à cet effet, exiger que le maire lui soumette les pièces et les comptes. – *[C. communes, art. L. 181-21 issu de L. locale 6 juin 1895, art. 61.]*

Art. L. 2541-16 Le conseil municipal a le droit d'adresser au représentant de l'État dans le département des vœux sur les questions intéressant la commune ou certaines parties de la commune ainsi que des réclamations sur l'administration de la commune. – *[C. communes, art. L. 181-22.]*

L'art. L. 2541-16 ne permet pas de faire la critique de l'action des pouvoirs publics de l'État. • TA Strasbourg, 19 nov. 1981, *Préfet du Haut-Rhin c/ Cne de Willer-sur-Thur,* n° 1314-1980.

SOUS-SECTION 4 Régime des délibérations

Art. L. 2541-17 Le maire, les adjoints et les membres du conseil municipal ne peuvent prendre part aux délibérations et décisions relatives aux affaires dans lesquelles ils sont intéressés personnellement ou comme mandataires. – *[C. communes, art. L. 181-26, al. 1er issu de L. locale 6 juin 1895, art. 50, al. 3.]*

1. La notion de conseiller intéressé est la même en droit local et en droit général. • TA Strasbourg, 9 févr. 1978, *Jierry c/ Cne de Lobsann,* n° 139.74 • TA Strasbourg, 8 juill. 1982, *Lorchleiter,* n° 179/79.

2. La formalité prescrite par l'art. L. 2121-23 selon laquelle les délibérations doivent être signées par les membres du conseil municipal présents à la séance n'est pas prescrite à peine de nullité. • CE 10 juin 1992, *Assoc. indépendante pour un réseau de circulation libre,* n° 128246.

3. Son omission ne saurait affecter la déclaration d'utilité publique prononcée par l'assemblée délibérante. • CE 10 juin 1992, *Assoc. indépendante pour un réseau de circulation libre,* n° 128246 : *préc. note 2.*

4. Le fait que le président et le vice-président du conseil d'une communauté urbaine soient respectivement président de la Société d'aménagement et d'équipement de la région de Strasbourg et de la Compagnie des transports strasbourgeois en vertu de mandats des collectivités publiques n'est pas de nature à les faire regarder comme intéressés au sens de l'art. L. 2541-17. • CE 10 juin 1992, *Assoc. indépendante pour un réseau de circulation libre,* n° 128246 : *préc. note 2.*

5. La circonstance qu'un conseiller municipal possédait en nue-propriété une parcelle voisine de celle du requérant n'est pas de nature à le faire regarder comme personnellement intéressé à une délibération établissant une servitude sur la propriété du requérant en vue de la mise en place d'une canalisation d'assainissement – quand bien même il serait susceptible de se raccorder à la canalisation projetée. • CE 19 déc. 1994, *Baro,* n° 116260.

Art. L. 2541-18 L'opposition contre une décision du conseil municipal à raison de la participation du maire, d'un adjoint ou de membres du conseil municipal à une délibération sur des affaires dans lesquelles ils sont intéressés personnellement ou comme mandataires est portée devant le tribunal administratif dans les dix jours de la date à

laquelle la décision attaquée a été prise. Elle peut être formée par tout électeur municipal de la commune ainsi que par le représentant de l'État dans le département.

Elle est jugée par la voie de la pleine juridiction.

Le jugement du tribunal administratif est définitif, sous réserve du recours en cassation. – *[C. communes, art. L. 181-26, al. 2 et 3, et art. L. 181-27 issus de L. locale 6 juin 1895, art. 50, al. 3, et art. 70, al. 1er et 2 ; C. communes, art. L. 181-28 et L. 181-29.]*

1. La requête dirigée contre un jugement rejetant une demande d'annulation d'une délibération du conseil municipal qui donnait à bail des pâturages communaux doit être regardée comme tendant à l'annulation de ce jugement par voie de cassation. • CE, sect., 4 nov. 1988, *Mme Schott,* n° 58881 : *Lebon 394 ; LPA 27 févr. 1989, concl. Fornacciari ; AJDA 1989. 189, obs. Prétot.* ♦ Si ladite requête concerne une déclaration ayant un caractère purement confirmatif, le délai de recours contentieux n'est pas rouvert au profit de l'intéressé. • Même arrêt.

2. Le délai d'opposition de dix jours contre une décision d'un conseil municipal à laquelle aurait participé un élu intéressé, est applicable à tout type de délibération, notamment celle approuvant un document d'urbanisme, sa modification ou sa révision. * Rép. min. n° 63563 : *JOAN Q, 24 déc. 2001, p. 7452.* ♦ Ce délai court à compter du moment où l'acte contesté a été porté à la connaissance du requérant, c'est-à-dire soit dès la décision s'il est présent au moment où celle-ci est prise par le conseil municipal, soit à la date de l'affichage de ladite décision. * Même Rép. min. ♦ L'opposition ainsi formée n'est pas un recours pour excès de pouvoir mais un recours de pleine juridiction. * Même Rép. min. ♦ Cependant et sous réserve de l'application du juge administratif, dans le cadre d'un recours qui serait introduit au-delà de dix jours, l'illégalité de la délibération pourrait toujours être invoquée par toute personne y ayant intérêt, en se fondant sur la participation d'un conseiller intéressé et dans le délai de droit commun de deux mois. * Même Rép. min.

3. L'existence de la voie de l'opposition ouverte par cet article ne fait pas obstacle à ce que toute personne y ayant intérêt forme un recours pour excès de pouvoir fondé sur la violation de l'art. L. 2131-11. Les deux recours sont applicables cumulativement. • CE, sect., 1er juill. 2005, *M. Hermann, Mme Scheers,* n° 255720 : *BJCL 2005. 549, concl. Seners, obs. X. ; JCP Adm. 2005. 1326, chron. Glaser et Seners ; RD publ. 2006. 1087, art. Staub.* ♦ Il en va ainsi même lorsque le recours pour excès de pouvoir émane d'un électeur de la commune qui aurait pu faire opposition. • Même arrêt. ♦ Le jugement de première instance, rendu sur des conclusions à fin d'annulation, est susceptible d'appel, dans son intégralité. • Même arrêt. ♦ V. aussi note 6 ss. art. L. 2541-22.

SECTION 3 Le maire

Art. L. 2541-19 **Le maire administre les affaires communales pour autant que l'intervention du conseil municipal n'est pas requise.**

Il prépare les délibérations du conseil municipal.

Il est seul chargé de leur exécution. – *[C. communes, art. L. 181-34.]*

1. En ne sollicitant pas un conseil municipal de prendre une délibération se prononçant, en vertu des dispositions légales, sur le principe de la participation de la commune au financement des travaux de réparation d'un édifice du culte, un maire ne méconnaît pas nécessairement l'art. L. 2541-19 et ne commet donc pas de faute de nature à engager la responsabilité de la commune. • CE 10 oct. 1990, *Cne de Sanry-sur-Nied,* n° 74942 : *Lebon 613 .*

2. La théorie de la gestion d'affaires ne peut suppléer à l'absence de délibérations régulières du conseil municipal. • CE 10 oct. 1990, *Cne de Sanry-sur-Nied,* n° 74942 : *préc. note 1.*

Art. L. 2541-20 **Le maire exerce les attributions relevant de l'administration de l'État qui lui sont confiées par la loi ou les règlements ainsi que celles qui lui sont renvoyées par les décisions du représentant de l'État dans le département.**

Comme organe de l'administration de l'État, le maire n'est responsable que vis-à-vis des autorités de l'État. – *[C. communes, art. L. 181-36.]*

1. Les maires sont habilités par la loi n° 82-213 du 2 mars 1982, art. 98-IV (CGCT, art. L. 1311-6) à recevoir et à authentifier en vue de leur publication au livre foncier les actes concernant les droits réels immobiliers ainsi que les baux passés en la forme administrative par la collectivité locale.

2. Cette faculté leur est propre et ne peut être déléguée. • Colmar, 9 mai 1990 : *Rev. jur. Est 1990, n° 3, p. 109.*

3. Elle ne peut concerner d'autres actes tels que des donations. * Rép. min. : *JOAN Q, 25 mai 1992.*

Art. L. 2541-21 **Tous les ans, le maire présente au conseil municipal un rapport sur la marche et les résultats de l'ensemble de l'administration pendant l'année écoulée.**

Sur la demande du conseil municipal, ce rapport est publié. – *[C. communes, art. L. 181-35 issu de L. locale 6 juin 1895, art. 20.]*

SECTION 4 Régime juridique des actes pris par les autorités communales et actions contentieuses

Art. L. 2541-22 Les dispositions du titre III du livre I de la présente partie relatives au régime juridique des actes pris par les autorités communales sont applicables aux communes des départements de la Moselle, du Bas-Rhin et du Haut-Rhin à l'exception de celles de l'article L. 2131-10. – *[L. n° 82-213 du 2 mars 1982, art. 17, al. 1er.]*

Les dispositions relatives au rétablissement de l'équilibre budgétaire ne sont applicables ni aux communes de plus de 25 000 habitants, ni aux communes mentionnées aux 1° et 2° de l'article L. 2543-2. – *[L. n° 82-213 du 2 mars 1982, art. 17, al. 3.]*

1. Les budgets des communes de plus de 25 000 habitants sont exécutoires dès leur adoption, avant même leur transmission au préfet ou en l'absence de transmission. • CE, sect., 28 juill. 1989, *Ville de Metz*, n° 74950 : *Lebon 171 ; AJDA 1989. 403 et 793, obs. Dufau et concl. de Guillenchmidt ; Rev. jur. Est 1989, n° 4, p. 13, concl. de Guillenchmidt, note Bartmann.*

2. Il existe une obligation générale de transmission au représentant de l'État des actes des communes des départements de la Moselle, du Bas-Rhin et du Haut-Rhin, énumérés à l'art. L. 2131-2, même si certains de ces actes sont immédiatement exécutoires en vertu de l'art. L. 2541-23. * Rép. min. : *JOAN 10 janv. 2000 ; Rev. Trésor 2000. 301.*

3. Les dispositions applicables aux communes de plus de 25 000 habitants le sont également aux groupements de communes s'ils comprennent une commune de plus de 25 000 habitants. * Rép. min. : *JOAN Q, 20 nov. 1989.*

4. Antérieurement à la loi du 2 mars 1982, il appartenait au préfet d'inviter le maire à appeler l'attention du conseil municipal sur les délibérations entachées d'excès de pouvoir ou prises en violation de la loi, et à saisir éventuellement l'autorité de surveillance. • CE 1er juin 1984, *Cne de Beremange-Erzange*, n° 45504.

5. Avant les lois de décentralisation de 1982, le préfet pouvait se substituer au maire ou réformer certains de ses actes, dans les conditions prévues par la loi ; les autres actes de police du maire pouvaient être annulés pour illégalité. • CE 19 juin 1931, *Ville de Sarreguemines : Lebon 697.*

6. Ces dispositions qui résultent de la codification opérée par la loi n° 96-142 du 21 févr. 1996 entraînent l'application en Alsace-Lorraine de l'art. L. 2131-11 cumulativement avec la procédure de droit local prévue à l'art. L. 2541-18. • CE, sect., 1er juill. 2005, *M. Hermann, Mme Scheers*, n° 255720 : *BJCL 2005. 549, concl. Seners, obs. X. ; JCP Adm. 2005. 1326, chron. Glaser et Seners ; RD publ. 2006. 1087, note Staub.*

Art. L. 2541-23 Demeurent exécutoires de plein droit les actes des communes des départements de la Moselle, du Bas-Rhin et du Haut-Rhin qui l'étaient au 3 mars 1982, date de publication de la loi n° 82-213 du 2 mars 1982 relative aux droits et libertés des communes, des départements et des régions, en vertu de dispositions particulières applicables dans ces départements. – *[L. n° 82-213 du 2 mars 1982, art. 17, al. 2.]*

Depuis le 1er janv. 2021, les départements du Bas-Rhin et du Haut-Rhin sont regroupés sous le nom de « Collectivité européenne d'Alsace » (L. n° 2019-816 du 2 août 2019, art. 1er).

1. Figurent au nombre des actes exécutoires de plein droit, en application de l'art. L. 2541-23, les décisions d'un maire portant promotion et détachement d'un fonctionnaire territorial. • TA Strasbourg, 16 juill. 1996, *Préfet de la Moselle c/ Ville de Creutzwald*, n° 911510.

2. En revanche, les délibérations d'un conseil municipal d'Alsace-Moselle relatives aux indemnités des élus, et sous réserve de l'appréciation souveraine du juge, font partie des délibérations soumises au droit commun en matière d'exécution. Ces délibérations sont donc applicables à compter de leur publication et de leur transmission au représentant de l'État dans le département. * Rép. min. n° 34897 : *JO Sénat Q, 7 mars 2002, p. 722.*

Art. L. 2541-24 Le conseil municipal délibère sur les actions judiciaires, sous réserve des dispositions de l'article L. 2541-25. – *[C. communes, art. L. 391-13 issu de L. locale 6 juin 1895, art. 56, al. 1er (15°).]*

Art. L. 2541-25 Le maire, en cas d'urgence, peut, sans l'autorisation préalable du conseil municipal, intenter les actions possessoires et y défendre ainsi qu'accomplir

tout acte juridique nécessaire pour conserver les droits de la commune ou pour éviter les conséquences résultant de l'expiration des délais.

Il en rend compte au conseil municipal lors de sa plus prochaine séance. – *[C. communes, art. L. 391-14 issu de L. locale 6 juin 1895, art. 19, al. 1er.]*

Le maire d'une commune du Bas-Rhin, du Haut-Rhin ou de la Moselle peut, hors les cas d'urgence, sans autorisation préalable du conseil municipal, faire tous actes conservatoires ou interruptifs de déchéances. * Rép. min. n° 37820 : *JOAN Q, 31 juill. 2000, p. 4558 ; Rev. Trésor 2000. 710.*

CHAPITRE II ADMINISTRATION ET SERVICES COMMUNAUX

SECTION 1 Police

COMMENTAIRE

V. dans le supplément en ligne.

Art. L. 2542-1 *(L. n° 2007-297 du 5 mars 2007, art. 80)* **Les dispositions du titre I du livre II de la présente partie sont applicables aux communes des départements de la Moselle, du Bas-Rhin et du Haut-Rhin, à l'exception de celles des articles L. 2212-1, L. 2212-2, L. 2212-3, L. 2212-4, L. 2213-6, L. 2213-7, L. 2213-8, L. 2213-9, L. 2213-21, L. 2213-26, L. 2213-27, L. 2214-3, L. 2214-4, L. 2215-1 et L. 2215-4.**

I. POUVOIRS DE POLICE DU MAIRE

1. Les pouvoirs de police dont disposent les maires d'Alsace-Moselle ne doivent pas porter une atteinte abusive aux libertés individuelles. • CE 6 févr. 1963, *Assoc. Le Club du Soleil de Thionville : Lebon 73.*

2. Les pouvoirs de police des maires ne peuvent être exercés que pour réaliser les objectifs fixés par la loi. • CE 10 juill. 1935, *Grosmann : Lebon 849.*

3. L'art. L. 2215-1 (ancien art. L. 131-13 C. communes) n'est pas applicable en Alsace-Moselle. • CE, avis, 24 juill. 1951 (et le préfet ne peut invoquer l'art. L. 181-23 ancien C. communes, abrogé par l'art. 17-II de la loi du 2 mars 1982, pour se substituer au maire défaillant).

4. Le maire a longtemps été considéré comme agent de l'État dans l'exercice de ses pouvoirs de police ; mais le Conseil d'État estime qu'il engage la ville dans ses activités de police municipale. Dépens mis à la charge de la ville. • CE 2 avr. 1954, *Pétronelli : Lebon 208.* ♦ Responsabilité de la commune pour illégalité fautive de la décision prise par l'autorité municipale. • CE 15 juill. 1957, *Ville de Strasbourg : Lebon 487.*

II. POUVOIRS DE POLICE DU REPRÉSENTANT DE L'ÉTAT

5. Les dispositions de l'art. L. 2215-1 CGCT, qui définissent les pouvoirs de police du maire et du représentant de l'État dans les départements, ne sont pas applicables dans les départements de la Moselle, du Bas-Rhin et du Haut-Rhin. Toutefois, le représentant de l'État dans l'un de ces départements est compétent pour prendre, en vertu des pouvoirs de police générale dont il dispose sur le fondement du I de l'art. 34 de la L. du 2 mars 1982 relative aux droits et libertés des communes, des départements et des régions et de l'art. 11 du Décr. du 29 avr. 2004 relatif aux pouvoirs des préfets, les mesures qu'il estime nécessaires pour faire respecter l'ordre, la sûreté, la sécurité et la salubrité publiques et qui, eu égard à leur nature et à leur objet, doivent être prises à une échelle qui excède le territoire d'une seule commune. • CE 21 févr. 2018, *Min. de l'Intérieur,* n° 390601 : *AJCT 2018. 341, obs. Mauzy.*

Art. L. 2542-2 Le maire dirige la police locale.

Il lui appartient de prendre des arrêtés locaux de police en se conformant aux lois existantes. – *[C. communes, art. L. 181-38.]*

1. S'il appartient au maire de réglementer en vertu de ses pouvoirs de police (ou d'interdire, le cas échéant) les soldes périodiques ou saisonniers, il ne peut légalement, en dehors de considérations de cette nature, fixer lui-même les périodes de soldes. • CE 17 mars 1989, *Sté Bouchara Frères c/ Ville de Strasbourg,* n° 65080 B.

2. Le préfet reste compétent pour prendre les mesures de police dont le champ d'application excède le territoire d'une commune. * Rép. min. : *JOAN Q, 5 août 1991.* ♦ À propos de la réglementation par le préfet du commerce du lait à Strasbourg et dans deux communes limitrophes. • CE 6 mars 1925, *Lapp, Bilger et Meyer : Lebon 1107.*

3. La répartition des compétences de police entre le maire et le préfet dans les communes à police étatisée a donné lieu à quelques difficultés contentieuses : en matière de police des spectacles. • CE, sect., 25 mai 1955, *Sté Mayol-Cinéma : Lebon 181.* ♦ ... En matière de lutte contre le bruit. • Crim. 19 juin 1968 : *D. 1968. 549.*

Art. L. 2542-3 **Les fonctions propres au maire sont de faire jouir les habitants des avantages d'une bonne police, notamment de la propreté, de la salubrité, de la sûreté et de la tranquillité dans les rues, lieux et édifices publics.**

Il appartient également au maire de veiller à la tranquillité, à la salubrité et à la sécurité des campagnes. – *[C. communes, art. L. 181-39.]*

1. Sur l'interprétation de l'art. L. 2542-3 et l'étendue des pouvoirs du maire pour assurer la sûreté et la commodité du passage dans les rues V. * Rép. min. : *JOAN Q, 1er juin 1987.*

2. Le maire dispose globalement des prérogatives attribuées par le régime général en ce qui concerne les voies ouvertes à la circulation, qu'elles soient privées ou publiques. * Rép. min. : *JOAN Q, 1er nov. 1991.* ♦ V. aussi, pour la réglementation des sons de cloche, • CAA Nancy, 5 déc. 2011, *Épx Leclercq c/ Cne de Sainte-Ruffine,* n° 10NC01532 : *AJDA 2012. 813, chron. Wiernasz.*

3. Sur la répartition des compétences entre le préfet et le maire dans les villes à police étatisée (tranquillité publique : compétence du préfet pour réduire la gêne causée par les aboiements des chiens), V. • Crim. 19 juin 1968 : *D. 1968. 549.*

Art. L. 2542-4 **Sans préjudice des attributions du représentant de l'État dans le département en vertu du 9° de l'article 2 de la section 3 du décret du 22 décembre 1789, les objets de police confiés à la vigilance et à l'autorité du maire sont ceux déterminés aux 1°, 3°, 4°** *(L. n° 2014-1545 du 20 déc. 2014, art. 11)* **« , 6° et 7° » de l'article L. 2212-2.**

Le maire a également le soin :

1° De réprimer les délits contre la tranquillité publique, tels que les rixes et disputes accompagnées d'ameutement dans les rues, le tumulte excité dans les lieux d'assemblée publique, les bruits, y compris les bruits de voisinage, et attroupements nocturnes qui troublent le repos des citoyens ;

2° De prévenir par des précautions convenables, et celui de faire cesser, par la distribution des secours nécessaires, les accidents et les fléaux calamiteux, tels que les incendies, les épidémies, les épizooties, en provoquant aussi, dans ces deux derniers cas, l'intervention de l'administration supérieure.

1. L'art. L. 2542-4 confie à la vigilance et à l'autorité du maire les mêmes objets de police que ceux prévus aux dispositions de l'art. L. 2212-2 au titre du régime général. * Rép. min. : *JOAN Q, 1er juin 1987.*

2. Le maire d'une commune d'Alsace-Moselle est compétent pour ordonner le recul d'une clôture sur un chemin rural au titre de la commodité et de la sûreté du passage. * Rép. min. : *préc. note 1.* ♦ ... Ou interdire l'accès du chemin à certains types de véhicule. • CE 20 avr. 1977, *Prinson : Lebon 176.*

3. Le pouvoir de police conféré par l'art. L. 2542-4 englobe la mission de prévenir les inondations. • TA Strasbourg, 12 janv. 1988, *Weber,* n° 85.547. ♦ ... Ou les incendies. • TA Strasbourg, 9 févr. 1988, *Caisse primaire d'assurance-maladie de Hagueneau,* n° 84.2124.

4. Le maire peut ordonner la démolition d'un ponceau dont l'existence menace un riverain d'inondation. • TA Strasbourg, 15 oct. 1991, *Cézard c/ Cne de Pettoncourt,* n° 89/1651.

5. Il appartient au maire de réglementer le commerce ambulant lorsqu'une telle activité est exercée par des commerçants résidant sur le territoire et la commune ou qui y possèdent un établissement. • CE 28 mars 1979, *Ville de Strasbourg : Lebon 632* • CE, sect., 25 janv. 1980, *Gadiaga,* nos 14260 à 14265 : *Lebon 44, concl. Rougevin-Baville ; AJDA 1980. 283, chron. Robineau et Feffer ; D. 1980. 270, note Peiser ; Rev. adm. 1980. 609, note Bienvenu et Rials.*

6. En application de l'art. 105 b, al. 2, du code local des professions, le maire peut être compétent pour accorder des dérogations à l'obligation de fermeture dominicale des magasins, sauf dans les villes de Strasbourg, Metz et Mulhouse ; il agit alors comme autorité de police municipale. • TA Strasbourg, 29 mars 1990, *Ville de Thann : Rev. jur. Est 1990, n° 3, p. 152.* ♦ L'inauguration d'un magasin ne justifierait pas l'intervention du maire. • TA Strasbourg, 20 déc. 1990, *Groupement commercial et a. c/ Cne de Morschwiller : Rev. jur. Est 1991, n° 2, p. 5.*

7. En vertu de l'art. 96 du code local des professions, le maire détient un pouvoir de surveillance des « corporations » dans les grandes communes ou assimilées, sous réserve d'un recours au préfet, préalable obligatoire à un contrôle juridictionnel. • TA Strasbourg, 14 nov. 1985, *Buescher : Rev. jur. Est 1986, n° 2, p. 69.* ♦ Les corporations sont considérées comme des établissements publics eu égard à leur statut, à leurs prérogatives et aux modalités de leur contrôle. • TA Strasbourg, 18 oct. 1988, *Dorsmann : Rev. jur. Est 1989, n° 1, p. 45.*

8. BIBL. Sur les « corporations » et leur rôle en matière d'artisanat local : Bourgun, Les corporations dans le droit local d'Alsace-Lorraine, *Éd. Chambre de métiers d'Alsace, 1994.*

Art. L. 2542-5 Le mode le plus convenable pour le transport des corps est réglé suivant les localités par le maire. – *[C. communes, art. L. 181-41.]*

Art. L. 2542-6 Le maire doit au moins une fois l'an inspecter ou faire inspecter les foyers et cheminées de tous bâtiments éloignés de moins de 200 mètres des habitations, après que le jour de l'inspection a été rendu public au moins une semaine à l'avance.

Après l'inspection, le nettoyage, la réparation ou la démolition des foyers et cheminées qui ne répondent pas aux prescriptions légales peuvent être ordonnés. – *[C. communes, art. L. 181-43 issu de L. locale 9 juill. 1888, art. 50, al. 2.]*

1. La loi locale du 7 nov. 1910 concernant la police des constructions est toujours en vigueur. • CE 2 mars 1984, *Épx Merhling et a.*, n° 13022 : *Lebon 91* • TA Strasbourg, 12 avr. 1988, *Papandréou et a. : Droit et Ville 1988, n° 26, p. 273, concl. Heers.* ♦ V. aussi : • TA Strasbourg, 9 avr. 1981, *Assoc. de défense des intérêts de la Robertsau*, n° 2042.79 • CE 10 juill. 1995, *Agence immobilière Stahl et Ville de Strasbourg : Lebon 296*.

2. Le maire peut agir dans l'intérêt de l'esthétique des constructions locales. * Rép. min. : *JOAN Q, 14 nov. 1988.*

3. Sur la combinaison, parfois difficile, du règlement local de construction et des dispositions du plan d'occupation des sols, V. • TA Strasbourg, 12 avr. 1988, *Papandréou et a. : préc. note 1* • CE 10 juill. 1995, *Agence immobilière Stahl et Ville de Strasbourg : préc. note 1.*

4. Sur les rapports entre le règlement local de construction et le règlement général d'urbanisme, V. • TA Strasbourg, 23 févr. 1992, *Cne de Rhodes*, n° 90.1537.

5. Le maire agit dans ce contexte en tant qu'autorité communale. • CE 15 juill. 1957, *Ville de Strasbourg : Lebon 487.* ♦ Ses pouvoirs sont considérés comme très larges. • CE 22 juill. 1936, *Sté strasbourgeoise des bois : Lebon 818.*

6. Le règlement local de construction ne peut être regardé comme l'équivalent d'un plan d'occupation des sols. • TA Strasbourg, 12 avr. 1988, *Papandréou et a. : préc. note 1* • TA Strasbourg, 12 avr. 1988, *Kahry et a.*, n° 89.1497. ♦ ... Ni comme un document tenant lieu de POS. • Même jugement.

7. En cas de contrariété entre le règlement local et les dispositions du code de l'urbanisme, les règles locales sont regardées comme applicables. • TA Strasbourg, 5 août 1988, *Brante*, n° 88.1123.

8. Sur l'étendue des pouvoirs de dérogation du maire et le contrôle applicable, V. • TA Strasbourg, 22 déc. 1988, *Sté Luck et fils c/ Ville de Strasbourg*, n° 87.57 • TA Strasbourg, 25 mai 1989, *Assoc. Zona c/ Ville de Strasbourg*, n° 89.303.

Art. L. 2542-7 Le maire peut prescrire :

1° De clore ou de combler les carrières, argilières, sablonnières, ballastières, marnières, fosses à chaux, glaisières, puits de mine, trous de fouille ou trous provenant du déracinement des souches ;

2° De marquer par des signes visibles, pour en empêcher l'approche, les trous faits dans la glace aux endroits indiqués par l'autorité. – *[C. communes, art. L. 181-44 issu de L. locale 9 juill. 1888, art. 32.]*

Art. L. 2542-8 Le maire peut prendre des arrêtés :

1° Lorsqu'il s'agit d'ordonner les précautions locales sur les objets confiés à sa vigilance et à son autorité par les 1°, 3° et 4° de l'article L. 2212-2, par les deuxième, troisième et quatrième alinéas de l'article L. 2542-4 et par l'article L. 2542-5 ;

2° Lorsqu'il s'agit de publier de nouveau les lois et règlements de police ou de rappeler les citoyens à leur observation. – *[C. communes, art. L. 181-45.]*

1. Le maire agit comme autorité de police municipale au nom de la commune. • CE, sect., 2 avr. 1954, *Pétronelli : Lebon 288.*

2. La responsabilité de la commune peut être recherchée pour exercice illégal du pouvoir de police. • CE 15 juill. 1957, *Ville de Strasbourg : Lebon 487.*

Art. L. 2542-9 *(Ord. n° 2012-351 du 12 mars 2012, art. 7)* Les conditions dans lesquelles les gardes champêtres peuvent être recrutés sont définies par les dispositions du chapitre III du titre II du livre V du code de la sécurité intérieure. – *V. CSI, art. L. 523-1 et L. 523-2, ss. art. L. 2213-17.*

Art. L. 2542-10 Dans les communes où a été instituée la police d'État, le maire reste investi des pouvoirs de police conférés aux administrations municipales par l'article L. 2542-2 pour tout ce qui intéresse les matières visées aux 1°, 2° pour tout ce qui concerne les bruits de voisinage, 4°, 6° *(L. n° 2014-1545 du 20 déc. 2014, art. 11)* « et 7° » de l'article L. 2212-2 ainsi que :

1° Le mode de transport des personnes décédées, les inhumations et exhumations, le maintien du bon ordre et de la décence dans les cimetières ;

2° Le soin de prévenir, par des précautions convenables, et celui de faire cesser, par la distribution des secours nécessaires, les accidents et les fléaux calamiteux, tels que les incendies, les inondations, les maladies épidémiques ou contagieuses, les épizooties, en provoquant, s'il y a lieu, l'intervention du représentant de l'État dans le département.

Le maire est, en outre, chargé du maintien du bon ordre dans les foires, marchés, réjouissances et cérémonies publiques, spectacles, jeux, cafés, églises et autres lieux publics. — *[C. communes, art. L. 181-47.]*

1. La liste des matières figurant au 1° de l'art. 2212-2 n'a pas un caractère limitatif. • CE 21 oct. 1984, *Diabate,* n° 24815.

2. Le maire est compétent pour remédier aux inconvénients que peut comporter l'exercice d'un commerce ambulant sur la voie publique. • CE 21 oct. 1984, *Diabate,* n° 24815 : *préc. note 1.* ♦ Et éventuellement pour interdire l'exercice de telles activités dans un périmètre déterminé. • Même arrêt.

3. Sur la répartition des compétences de police entre le préfet et le maire dans les communes à police étatisée : compétence du maire en matière de police de spectacles. • CE 25 mars 1955, *Sté Mayol-Cinéma : Lebon 181.* ♦ Compétence du préfet pour réduire la gêne causée par les aboiements des chiens. • Crim. 19 juin 1968 : *D. 1968. 549.*

Art. L. 2542-11 Lorsque le ministre d'un culte, sous quelque prétexte que ce soit, refuse son ministère pour l'inhumation d'un corps, le maire, soit d'office, soit sur la réquisition de la famille, commet un autre ministre du même culte pour remplir ces fonctions.

Dans tous les cas, le maire est chargé de faire porter, présenter, déposer et inhumer le corps. — *[C. communes, art. L. 391-28 issu de Décr. 23 prairial an XII, art. 19.]*

Art. L. 2542-12 Dans les communes où on professe plusieurs cultes, chaque culte a un lieu d'inhumation particulier.

Lorsqu'il n'y a qu'un seul cimetière, on le partage par des murs, haies ou fossés, en autant de parties qu'il y a de cultes différents, avec une entrée particulière pour chacune, et en proportionnant cet espace au nombre d'habitants de chaque culte. — *[C. communes, art. L. 391-26 issu de Décr. 23 prairial an XII, art. 15.]*

1. Le maire peut prononcer « l'inter-confessionnalité » d'un cimetière. • TA Strasbourg, 2 oct. 1956 : *cité in J.-Cl. Alsace-Moselle, fasc. 222, n° 65.*

2. Sur les cimetières communs à plusieurs communes, V. * Rép. min. : *JOAN Q, 7 juill. 1986.*

Art. L. 2542-13 Les autorités locales sont spécialement chargées de maintenir l'exécution des lois et règlements qui prohibent les exhumations non autorisées et d'empêcher qu'il ne se commette dans les lieux de sépulture aucun désordre, ou qu'on s'y permette aucun acte contraire au respect dû à la mémoire des morts. — *[C. communes, art. L. 391-27 issu de Décr. 23 prairial an XII, art. 17.]*

1. Le maire ne peut s'opposer à la sonnerie des cloches pour des raisons étrangères à l'ordre public. • T. corr. Metz, 21 oct. 1952 : *Rev. jur. Alsace-Lorraine 1953, p. 113.*

2. Mais pour les besoins de la police locale, il peut adresser des ordres ou procéder à des réquisitions en vertu de ses pouvoirs propres. * Rép. min. : *JOAN Q, 10 déc. 1990.*

SECTION 2 Opérations funéraires

Les dispositions des art. de la présente section ne sont applicables qu'à titre provisoire, V. art. L. 2542-25.

Les dispositions du droit général des opérations funéraires écartées en Alsace-Moselle concernent le service des pompes funèbres, les chambres funéraires et les crématoriums.

BIBL. GÉN. ▸ Messner, Le financement des églises ; le système des cultes reconnus, *Strasbourg, Cerdic-Publications, 1984* ; Régime des cultes, *J.-Cl. Alsace-Moselle, fasc. 230, n°s 83 s.* – Woehrling, Droit communal d'Alsace-Moselle ; matières particulières, *J.-Cl. Alsace-Moselle, fasc. 222, n°s 37 s.* ; Matières régies par le droit public alsacien-mosellan, *J.-Cl. Alsace-Moselle, fasc. 210, n° 47.*

Art. L. 2542-14 **Les dispositions du chapitre III du titre II du livre II de la présente partie sont applicables aux communes des départements de la Moselle, du Bas-Rhin et du Haut-Rhin à l'exception de celles des articles L. 2223-19 à L. 2223-30, L. 2223-38 et L. 2223-40.** – *[C. communes, art. L. 391-1.]*

Depuis le 1er janv. 2021, les départements du Bas-Rhin et du Haut-Rhin sont regroupés sous le nom de « Collectivité européenne d'Alsace » (L. no 2019-816 du 2 août 2019, art. 1er).

Art. L. 2542-15 **Les fabriques des églises et les consistoires jouissent seuls du droit de fournir les voitures, tentures, ornements, et de faire généralement toutes les fournitures quelconques nécessaires pour les enterrements et pour la décence ou la pompe des funérailles.**

Les fabriques et consistoires peuvent faire exercer ou affermer ce droit, avec l'approbation des autorités civiles sous la surveillance desquelles ils sont placés. – *[C. communes, art. L. 391-16 issu de Décr. 23 prairial an XII, art. 22.]*

Sur la réforme du régime des consistoires de l'Église réformée et de l'Église de la Confession d'Augsbourg, V. Décr. no 87-569 du 17 juill. 1987.

Sur la réforme du régime des fabriques, V. Décr. du 18 mars 1992.

Sur la réforme des conseils presbytéraux des cultes protestants, V. Décr. no 92-278 du 24 mars 1992 modifiant le décret du 26 mars 1852.

1. Le monopole des pompes funèbres a été attribué aux fabriques catholiques et aux consistoires protestants par le décret du 23 prairial (art. 22), toujours en vigueur. • CE 10 déc. 1969, *Fabrique de la paroisse de Hettange-Grande : Lebon T. 740.*

2. Les prestations englobent le service « extérieur » et le service « intérieur » des pompes funèbres (décr. 23 prairial an XII). V. art. L. 2223-29.

3. Sur les modalités de la concession. • CE 10 déc. 1969, *Fabrique de la paroisse de Hettange-Grande : préc. note 1.*

4. Les fabriques et consistoires ne peuvent devenir « entrepreneurs d'un service extérieur », V. art. L. 2223-28.

Art. L. 2542-16 **Il est expressément défendu à toutes autres personnes quelles que soient leurs fonctions d'exercer le droit mentionné à l'article L. 2542-15.** – *[C. communes, art. L. 391-17 issu de Décr. 23 prairial an XII, art. 24.]*

1. Sur le renforcement du monopole après la loi no 86-29 du 9 janv. 1986 portant dispositions diverses concernant les collectivités locales. • TI Thionville, 30 juill. 1986 : *cité in J.-Cl. Alsace-Moselle, Droit communal d'Alsace-Moselle, no 38.*

2. Le service peut être concédé aux enchères publiques dans les communes « populeuses » ; dans ce cas, le cahier des charges est proposé par le conseil municipal. • CE 10 déc. 1969, *Fabrique de la paroisse de Hettange-Grande : Lebon T. 740.*

3. Sur les implications de la loi no 86-29 du 9 janv. 1986, art. 31-I, V. * Rép. min. : *JOAN Q, 23 mai 1990.*

Art. L. 2542-17 **Les frais à payer par les successions des personnes décédées, pour les billets d'enterrement, le prix des tentures, les bières et le transport des corps, sont fixés par un tarif proposé par les administrations municipales.** – *[C. communes, art. L. 391-18.]*

1. Sur l'interprétation de ce texte, V. * Rép. min. : *JOAN Q, 15 oct. 1990.*

2. Les droits prévus pour le dépôt et l'incinération des corps ne sont pas susceptibles d'être réclamés, les dispositions de l'art. L. 2223-38 n'ayant pas été étendues à l'Alsace-Moselle. * Rép. min. : *JOAN Q, 10 juin 1991.*

Art. L. 2542-18 **Dans les villages et autres lieux où le droit mentionné à l'article L. 2542-15 ne peut être exercé par les fabriques, les autorités locales y pourvoient.** – *[C. communes, art. L. 391-19.]*

1. Les fabriques et consistoires peuvent abandonner leur monopole au profit de la commune ou des familles (décr. 23 prairial an XII, art. 22). • CE 3 mai 1974, *Flesch : Lebon 259.*

2. En cas d'abandon du monopole au profit de la commune, le droit général des concessions s'applique. • CE 3 mai 1974, *Flesch : préc.*

Art. L. 2542-19 **Dans les communes où il n'existe pas d'entreprise et de marché pour les sépultures, le mode du transport des corps est réglé par le représentant de l'État dans le département et les conseils municipaux.**

Le transport des corps des indigents est fait décemment et gratuitement. – *[C. communes, art. L. 391-20.]*

Le service attribué aux fabriques est gratuit pour les indigents : V. art. L. 2223-27.

Art. L. 2542-20 Dans les communes populeuses, où l'éloignement des cimetières rend le transport coûteux, et où il est fait avec des voitures, les autorités municipales, de concert avec les fabriques, font adjuger aux enchères publiques l'entreprise de ce transport, des travaux nécessaires à l'inhumation et de l'entretien des cimetières. – *[C. communes, art. L. 391-21 issu de Décr. 18 mai 1806, art. 10.]*

1. Le conseil municipal doit en principe proposer le cahier des charges de la concession. • CE 10 déc. 1969, *Fabrique de la paroisse d'Hettange-Grande : Lebon T. 740.*

2. Sur la notion de commune « populeuse », V. * Rép. min. : *JOAN Q, 15 oct. 1990.*

Art. L. 2542-21 Le transport des corps est assujetti à une redevance fixe.

Les familles qui voudront quelque pompe traitent avec l'entrepreneur suivant un tarif qui est établi à cet effet.

Les règlements et marchés qui fixent cette redevance et le tarif sont délibérés par le conseil municipal. – *[C. communes, art. L. 391-22.]*

Sur la redevance de l'art. L. 2542-21, V. * Rép. min. : *JOAN Q, 10 juin 1991.*

Art. L. 2542-22 Il est interdit, dans ces règlements et marchés, d'exiger aucun supplément de redevance pour les présentations et les stations à l'église, toute personne ayant également le droit d'y être présentée. – *[C. communes, art. L. 391-23 issu de Décr. 18 mai 1806, art. 12.]*

V. art. L. 2223-34.

Art. L. 2542-23 Les fournitures mentionnées à l'article L. 2542-21, dans les villes où les fabriques ne les fournissent pas elles-mêmes, sont données soit en régie intéressée, soit en entreprise à un seul régisseur ou entrepreneur.

Le cahier des charges est proposé par le conseil municipal d'après l'avis de l'évêque. – *[C. communes, art. L. 391-24.]*

Art. L. 2542-24 Les adjudications sont faites selon le mode établi par les lois et règlements pour les travaux communaux. – *[C. communes, art. L. 391-25 issu de Décr. 18 mai 1806, art. 15, al. 1er.]*

Sur les adjudications du service. • CE 10 déc. 1969, *Fabrique de la paroisse d'Hettange-Grande : Lebon T. 740.*

Art. L. 2542-25 Les dispositions de la présente section seront abrogées à l'expiration d'un délai de cinq ans à compter du 9 janvier 1993, date de publication de la loi n° 93-23 du 8 janvier 1993 modifiant le titre VI du livre III du code des communes et relative à la législation dans le domaine funéraire. – *[L. n° 93-23 du 8 janv. 1993, art. 27.]*

SECTION 3 Biens de la commune

BIBL. GÉN. ▶ Woehrling, Droit communal d'Alsace-Moselle, Matières particulières, *J.-Cl. Alsace-Moselle, fasc. 222, nos 9 s.* – Kientzi, Le régime des biens communaux en Alsace et en Lorraine, *Éd. Leroux, Paris 1947.*

Art. L. 2542-26 Les dispositions du titre IV du livre II de la présente partie sont applicables aux communes des départements de la Moselle, du Bas-Rhin et du Haut-Rhin à l'exception de celles *(Ord. n° 2006-460 du 21 avr. 2006, art. 3)* « du premier alinéa de l'article L. 2241-1, des articles L. 2241-6, » L. 2241-7, L. 2242-1, L. 2242-2 et des premier et troisième alinéas de l'article L. 2242-4.

Toutefois, les dispositions du premier alinéa de l'article L. 2241-5 sont applicables seulement aux bureaux d'aide sociale. – *[C. communes, art. L. 391-1.]*

Depuis le 1er janv. 2021, les départements du Bas-Rhin et du Haut-Rhin sont regroupés sous le nom de « Collectivité européenne d'Alsace » (L. n° 2019-816 du 2 août 2019, art. 1er).

Art. L. 2542-27 Par dérogation aux dispositions de l'article L. 2223-17, à titre exceptionnel, lorsqu'une concession trentenaire, cinquantenaire, centenaire ou perpétuelle, accordée avant le 11 novembre 1918 à des personnes qui possèdent à la date du 22 janvier 1949 la nationalité allemande et ont quitté le territoire français, a cessé d'être entretenue, le maire peut constater cet état d'abandon par procès-verbal porté à la connaissance du public dans les conditions fixées par le décret en Conseil d'État prévu à l'article L. 2223-18.

Lorsque, dans les six mois qui suivent cette publicité, il ne se présente aucun ayant droit du concessionnaire, le maire a la faculté de prononcer, par arrêté et sur avis conforme du conseil municipal, la reprise par la commune des terrains affectés à ces concessions. – *[C. communes, art. L. 391-29 issu de la L. nº 49-92 du 22 janv. 1949, art. 2.]*

V. art. R. 2542-1.

SECTION 4 Interventions en matière économique et sociale

Art. L. 2542-28 Les sociétés d'économie mixte existant dans les départements de la Moselle, du Bas-Rhin et du Haut-Rhin et créées en application de la loi locale du 6 juin 1895 sur l'organisation municipale en Alsace-Lorraine peuvent déroger aux dispositions de l'article L. 1522-1 concernant la participation majoritaire des collectivités territoriales au capital et la forme de société anonyme. – *[L. nº 83-597 du 7 juill. 1983, art. 13.]*

Depuis le 1er janv. 2021, les départements du Bas-Rhin et du Haut-Rhin sont regroupés sous le nom de « Collectivité européenne d'Alsace » (L. nº 2019-816 du 2 août 2019, art. 1er).

BIBL. ▶ BONHERT, Le régime local des sociétés d'économie mixte en Alsace-Moselle, *Rev. jur. Est 1985, nº 3, p. 3.*

1. La loi du 7 juill. 1983 relative aux sociétés d'économie mixte locales (codifiée ss. CGCT, art. L. 1521-1 s.) n'a pas remis en cause le régime local des sociétés d'économie mixte. • TA Strasbourg, 23 févr. 1992, *Préfet de la Moselle c/ Cne d'Amnéville*, nº 923075.

2. Ces sociétés obéissent donc en principe à la loi locale du 6 juin 1985. • TA Strasbourg, 23 févr. 1992, *Préfet de la Moselle c/ Cne d'Amnéville : préc.*

Art. L. 2542-29 Les dispositions des articles L. 2253-2 à L. 2253-6 s'appliquent aux sociétés anonymes créées à partir du 7 décembre 1969 avec la participation des communes. – *[C. communes, art. L. 391-31 issu de la L. nº 69-1092 du 6 déc. 1969, art. 3, al. 2.]*

Art. L. 2542-30 Lorsque, dans une société anonyme créée antérieurement au 7 décembre 1969, une commune a la qualité de membre ou de président du conseil d'administration, de membre du directoire, de membre ou de président du conseil de surveillance, la responsabilité civile résultant de l'exercice du mandat des représentants de la commune incombe à la commune et non à ces représentants. – *[C. communes, art. L. 391-32 issu de la L. nº 69-1092 du 6 déc. 1969, art. 3, al. 2.]*

CHAPITRE III DISPOSITIONS FINANCIÈRES

V. art. R. 2543-1 s.

SECTION 1 Dispositions générales

Art. L. 2543-1 Les dispositions du livre VI de la première partie, à l'exception de celles des articles L. 1612-12 et L. 1612-14, et celles des articles contenus dans le livre III de la présente partie, à l'exception des dispositions des 1°, 2°, 6°, 14° et 18° de l'article L. 2321-2, de l'article L. 2322-2, du 4° de l'article L. 2331-2, du 6° du *b* de l'article L. 2331-3, des 3° et 8° de l'article L. 2331-4, des articles L. 2341-1, L. 2342-1 et L. 2343-1, sont applicables aux communes des départements de la Moselle, du Bas-Rhin et du Haut-Rhin. – *[C. communes, art. L. 261-1.]*

Depuis le 1er janv. 2021, les départements du Bas-Rhin et du Haut-Rhin sont regroupés sous le nom de « Collectivité européenne d'Alsace » (L. n° 2019-816 du 2 août 2019, art. 1er).

SECTION 2 **Budget**

Art. L. 2543-2 **Les budgets des communes de 25 000 habitants et au-dessus et des communes assimilées sont exécutoires de plein droit dès leur adoption par le conseil municipal.** — *[C. communes, art. L. 181-31 issu de la L. n° 70-1297 du 31 déc. 1970, art. 15.]*

Les dispositions du premier alinéa sont applicables :

1° Dans les chefs-lieux d'arrondissement lorsque leur conseil municipal décide de se placer sous ce régime ;

2° Dans les communes qui, par décret pris sur la demande de leur conseil municipal et après avis du conseil départemental, ont été autorisées à se placer sous ce régime. — *[C. communes, art. L. 181-3 issu de L. locale 6 juin 1895, art. 1er.]*

Les dispositions de l'art. L. 181-31 C. communes, devenu l'art. L. 2543-2, al. 1er, sont restées applicables après les lois de décentralisation du 2 mars et du 22 juill. 1982. • CE 28 juill. 1989, *Ville de Metz*, n° 74950 : *Lebon 171 ; AJDA 1989. 793, concl. de Guillenchmidt ; Rev. jur. Est 1989, n° 4, p. 13, note Bartmann.* ♦ Mais la transmission au préfet des délibérations du conseil municipal en vue du contrôle de leur légalité est prévue par l'art. L. 2131-1, applicable dans les départements d'Alsace-Moselle, ainsi que la saisine éventuelle de la chambre régionale des comptes (CGCT, art. L. 1612-5) en cas de déséquilibre réel du budget. • CE 28 juill. 1989, *Ville de Metz*, n° 74950 : *préc.* ♦ Le maire est donc tenu de transmettre au préfet la délibération adoptant le budget primitif de la ville. • Même arrêt. ♦ Le refus de transmission est entaché d'excès de pouvoir. • Même arrêt.

SECTION 3 **Dépenses**

Art. L. 2543-3 **Sont inscrites au budget communal les dépenses nécessaires pour remplir les obligations imposées par la loi aux communes.**

Sont obligatoires :

1° Les frais matériels de l'administration communale ;

2° Les indemnités de logement dues aux ministres des cultes reconnus en vertu respectivement des dispositions du décret du 30 décembre 1809 concernant les fabriques des églises et de l'ordonnance du 7 août 1842 relative à l'indemnité de logement des ministres des cultes protestant et israélite, lorsqu'il n'existe pas de bâtiments affectés à leur logement ;

3° En cas d'insuffisance des revenus des fabriques, des conseils presbytéraux et des consistoires, justifiée par leurs comptes et budgets, les frais des cultes dont les ministres sont salariés par l'État ;

4° Les frais de la police locale, en tant qu'ils ne sont pas payés par l'État ;

5° Les frais de création et d'entretien des cimetières communaux ;

6° Les frais d'entretien des bâtiments communaux affectés à un service public ;

7° Les frais d'abonnement aux feuilles officielles ;

8° Les frais d'établissement, dans les communes de plus de 2 000 habitants, du plan d'alignement ;

9° Les dépenses résultant de l'application de la loi locale du 30 mai 1908 sur le domicile de secours. — *[C. communes, art. L. 261-4.]*

1. Des charges particulières. Sur l'application de la loi locale du 30 mai 1908 relative au domicile de secours, et la combinaison de ce texte avec la L. n° 88-1088 du 1er déc. 1988 sur le revenu minimum d'insertion, V. * Rép. min. : *JOAN Q, 2 oct. 1989.* ♦ Sur la compétence du juge administratif (pour statuer sur les litiges nés des refus de secours opposés aux indigents), V. • TA Strasbourg, 17 mars 1988, *Pinault*, n° 85.36. ♦ Sur les problèmes posés par l'indemnité éventuellement due aux instituteurs pour compenser l'absence de logement communal, V. L. locale du 11 déc. 1909, art. 4. Compétence du conseil municipal pour fixer le montant de l'indemnité. • TA Strasbourg, 21 mai 1987, *Fiebig c/ Cne de Schweighouse*, n° 84.2060 • 21 août 1987, *Lafredo c/ Cne de Rurange-lès-Thionville*, n° 84.1466 • 20 janv. 1989, *Morin c/ Cne de Kedange-sur-Canner*, n° 85.158 • 27 avr. 1989, *Dorn-Braesch c/ Cne de Durningen*, n° 85.360 • 2 août 1989, *Salm c/ Cne de Bousbach*, n° 88.1070 • 5 sept. 1989, *Beck c/ Cne de Froeschwiller*, n° 88.1189. – V. aussi : * Rép. min. : *JOAN Q, 4 mai 1987* * Rép. min. : *JOAN Q, 13 juill. 1987.* ♦ Les presbytères appartenant aux communes constituent des ouvrages publics et des dépendances du domaine public communal. • TA Strasbourg, 28 août 1987, *Codet c/ Cne de Vatimont*, n° 841707. ♦ ... Ainsi que leurs dépendances, tels que les jardins qui les entourent. • Même jugement. ♦ Les primes d'assurances, qui constituent une charge de la propriété, incombent éventuellement à l'institution propriétaire. • CE 20 juin 1930, *Cne de Coin-lès-Cuvry en Moselle : Lebon 634.* ♦ En cas d'utilisation d'un même édifice cultuel par les habitants de plusieurs communes, il y a lieu de procéder à une répartition des frais d'entretien et de réparation. • TA Strasbourg, 21 nov. 1985, *Cne de Bazoncourt : Rev. jur. Est 1986, n° 2, p. 71 ; Gaz. Pal. 1986. 2. Somm. 302.* ♦ Dans l'hypothèse où une paroisse englobe plusieurs communes, le conseil municipal de chaque commune est appelé à délibérer sur le principe de sa participation aux travaux et aux dépenses. • CE 10 oct. 1990, *Cne de Sanry-sur-Nied,* n° 74942 B. ♦ En l'absence de délibération formelle, la commune ne serait pas engagée. • Même arrêt. * Rép. min. : *JOAN Q, 5 juill. 1991.* ♦ Les communes concernées ne peuvent prétendre participer aux frais d'entretien ou de réparation des seuls édifices cultuels situés sur leur territoire. * Rép. min. : *JOAN Q, 18 juin 1990.*

2. La question spécifique des dépenses du conseil de fabrique et les dépenses cultuelles. Les « chapelles de secours » sont des lieux de prière mais ne relèvent pas de l'organisation nécessaire des cultes. • TA Strasbourg, 9 févr. 1988, *Conseil de fabrique de Bazancourt-Sanry-sur-Nied,* n° 85/941. ♦ Leurs frais d'entretien ou de réparation n'incombent donc pas à titre obligatoire aux communes. • Même jugement. ♦ ... Même en cas d'insuffisance des ressources des fabriques. * Rép. min. : *JOAN Q, 5 févr. 1990* * Rép. min. : *JOAN Q, 5 juill. 1990.* ♦ La commune n'intervient pour attribuer une indemnité de logement aux ministres des cultes reconnus qu'en cas d'insuffisance des revenus des fabriques ou des conseils presbytéraux ou des consistoires israélites, le cas échéant. • CE 12 nov. 1926 : *Rev. jur. Alsace-Lorraine 1927, p. 10.* ♦ Il n'y a pas lieu de distinguer selon que les dépenses envisagées correspondent à l'entretien, aux réparations ou aux réfections des bâtiments communaux affectés au service public des cultes. * Rép. min. : *JOAN Q, 12 juin 1989.* ♦ ... Ni entre les travaux intérieurs et les travaux extérieurs des églises. * Rép. min. : *JOAN Q, 19 juin 1989* • CE 11 mars 1938, *Dame vve Hoffmann : Lebon 262.* ♦ En principe, il n'est pas possible d'inscrire d'office au budget d'une commune la dette d'une fabrique paroissiale à la suite d'un accident survenu au cours d'une cérémonie religieuse. Dans tous les cas, la fabrique, à qui incombe en premier lieu cette charge... (financement de travaux) a vocation à participer aux dépenses pour les travaux réalisés sur l'église paroissiale, nonobstant la décision de la commune d'assurer à titre volontaire le financement principal desdits travaux. * Rép. min. n° 05047 : *JO Sénat Q, 13 mars 2014, p. 708.* ♦ Pour le culte israélite, les communes appelées à intervenir sont celles qui composent la circonscription rabbinique. * Rép. min. : *JOAN Q, 11 juin 1990.*

3. Commune, conseil de fabrique et FCTVA. Les dépenses engagées par une commune en Alsace-Moselle, sur un édifice cultuel dont elle n'est pas propriétaire, sont éligibles au FCTVA mais uniquement lorsqu'elles constituent une charge obligatoire pour celle-ci, comme en cas d'insuffisance des ressources du conseil de fabrique. Si, par ailleurs, le conseil de fabrique participe financièrement aux travaux la somme doit être déduite de l'assiette des dépenses éligibles au fonds. En revanche, si elle réalise des dépenses sur un édifice cultuel dont elle est propriétaire, elle peut bénéficier des attributions du FCTVA pour l'ensemble des dépenses engagées, sans déduction d'une éventuelle participation du conseil de fabrique. * Rép. min. n° 11736 : *JO Sénat Q, 31 juill. 2014, p. 1831.*

SECTION 4 **Recettes**

Art. L. 2543-4 Le conseil municipal peut voter des impôts pour couvrir les dépenses nécessitées par les besoins courants et les obligations de la commune.

Ces impôts peuvent être :

1° Des impositions additionnelles aux impôts mentionnés au 1° du *a* de l'article L. 2331-3 ;

2° Des impôts de consommation conformément aux lois existantes.

Le mode de perception fait l'objet de règlements fiscaux. — *[C. communes, art. L. 261-7 issu de L. locale 6 juin 1895, art. 66, al. 1er et 2.]*

Les dispositions de l'art. L. 2543-4-1° n'autorisent pas les communes d'Alsace-Moselle à créer de nouvelles taxes (raccordement au réseau d'assainissement). • CE 9 nov. 1977, *Cne de Sierentz : Lebon T. 820.* ♦ Un recours direct devant le juge administratif contre la délibération instituant de telles taxes était possible (avant même les lois de décentralisation de 1982). • Même arrêt.

Art. L. 2543-5 Les recettes du budget de la commune comprennent le produit de la location de la chasse dans les conditions fixées par la loi locale du 7 février 1881 sur l'exercice du droit de chasse. — *[C. communes, art. L. 261-9.]*

BIBL. ▶ De Malafosse, Le droit de la chasse en Alsace-Moselle, *RFDA 1990. 1011*. – Spach et Sonnenmoser, Les chasses communales et les districts spéciaux de chasse dans les départements du Rhin et de la Moselle, *Éd. Istra, Strasbourg, 1984* ; La police de la chasse et les dégâts de gibier dans les départements du Rhin et de la Moselle, *Éd. Istra, Strasbourg, 1985.*

1. Conditions d'intervention de la commune. Les communes agissent, en matière d'adjudication de la chasse, en tant que mandataires des propriétaires fonciers. • T. confl. 20 janv. 1986, *Arquier : Lebon 297 ; D. 1986. IR 350, obs. Llorens ; Rev. jur. Est 1986, n° 2, p. 35, concl. Latournerie.* ♦ La compétence contentieuse appartient donc aux tribunaux judiciaires. • Même arrêt. – V. aussi : • CE 30 oct. 1991, *Préfet de la Moselle c/ Cne de Wittring*, n° 95483 : *Lebon 358* • 30 oct. 1991, *Assoc. « Amicale des chasseurs du Brouch »*, n° 97023 : *Lebon 359* • 4 oct. 1991, *Préfet du Haut-Rhin c/ Cne de Sigolsheim*, n° 65925 • 30 oct. 1991, *Chambre d'agriculture du Haut-Rhin*, n° 96812 • 3 oct. 1986, *Cne de Plaine-de-Walsch*, n° 38427. ♦ Les procès-verbaux de l'assemblée des propriétaires chargée de délibérer sur l'utilisation du produit de la chasse ne sont pas des documents administratifs au titre de la loi du 17 juill. 1978 sur l'accès aux documents administratifs. • TA Strasbourg, 4 oct. 1988, *Conrad*, n° 88.1044. ♦ Il appartient à la commune de veiller à la réunion de l'assemblée des propriétaires chargée de se prononcer sur l'attribution des produits de la chasse, sous le contrôle du juge judiciaire. • T. confl. 28 avr. 1980, *Cne de Rimbach c/ SCI de La Haute Bers : Rev. jur. Alsace-Lorraine 1990, p. 125, concl. Baudouin.* ♦ Lorsque le produit de la chasse n'est pas laissé aux communes, il peut être réparti entre les locataires de chasse en fonction des surfaces de chasse attribuées, mais il faut une décision expresse en ce sens. • Colmar, 15 déc. 1964 : *Rev. jur. Alsace-Lorraine 1965, p. 20.*

2. Compétence judiciaire. Celle-ci s'étend à l'ensemble des actes d'organisation de la chasse, même s'il s'agit de délibérations de conseils municipaux refusant de procéder à l'adjudication. • TA Strasbourg, 8 févr. 1988, *COREP du Haut-Rhin c/ Cne de Michelbach*, n° 871983 • Colmar, 29 févr. 1988, n° 267268. ♦ V. aussi : * Rép. min. : *JOAN Q, 21 mars 1988.* ♦ ... Aux litiges relatifs aux réservations de chasse. • TA Strasbourg, 7 juin 1988, *Dchand*, n° 88.341. ♦ ... Aux décisions d'exclure les terrains clôturés des adjudications. • TA Strasbourg, 9 juin 1988, *Mezi*, n° 88.1233. ♦ ... Aux actions en responsabilité dirigées contre les communes pour faute commise dans l'exercice de leur mandat légal. • TA Strasbourg, 16 mai 1986, *Kuntzmann*, n° 84.1500.

Art. L. 2543-6 *(Abrogé par L. n° 2014-1655 du 29 déc. 2014, art. 44)* ***Les communes dans lesquelles s'appliquent les dispositions des lois locales du 21 mai 1879 portant des restrictions à la liberté de construire dans les nouveaux quartiers de la ville de Strasbourg et du 6 janvier 1892 portant des restrictions à la liberté de construire perçoivent la participation des propriétaires riverains aux frais du premier établissement de la voie.*** – *[C. communes, art. L. 261-10.]*

BIBL. ▶ Garon et Spach, Le statut alsacien-lorrain de la taxe des riverains, *Les Affiches-Moniteur d'Alsace-Lorraine 1984, nos 92 s. ; ibid. 1985, nos 4 s.* – Woehrling, Le régime local de la taxe des riverains, *Rev. adm. Est de la France, 1976, p. 76.*

Art. L. 2543-7 *Abrogé par L. n° 2014-1655 du 29 déc. 2014, art. 44.*

SECTION 5 Comptabilité

Art. L. 2543-8 **Avant la délibération du budget, les comptes du dernier exercice sont présentés au conseil municipal.**

Le conseil municipal vérifie les comptes sous la présidence d'un de ses membres qu'il nomme à cet effet. – *[C. communes, art. L. 261-12 issu de L. locale 6 juin 1895, art. 68, al. 1er et 2.]*

Les dispositions de l'art. L. 2543-8 sont respectées dès lors que le compte administratif du précédent exercice est présenté au conseil municipal avant le vote du budget supplémentaire. • TA Strasbourg, 21 juin 1988, *Salermo et a. : Rev. jur. Alsace-Lorraine 1989, n° 1, p. 8.* ♦ La notion de budget doit être comprise comme incluant le budget primitif et les décisions modificatives. • Même jugement.

Art. L. 2543-9 **Le maire délivre les titres de recettes et les mandats de dépenses.** – *[C. communes, art. L. 261-13 issu de L. locale 6 juin 1895, art. 17, al. 2.]*

Un maire peut ainsi délivrer un titre de recettes à l'encontre d'un ancien maire de la commune au regard des obligations quasi délictuelles de celui-ci découlant de l'utilisation de fonds publics à des fins privées opérée à l'encontre de la commune à l'occasion de la cérémonie annuelle de son anniversaire organisée entre 1988 et 1998. • CAA Nancy, 19 mai 2016, n° 15NC01255.

Art. L. 2543-10 Les recettes communales sont, en cas de besoin, recouvrées par voie administrative, d'après les dispositions relatives au recouvrement des deniers publics.

Les oppositions contre les créances de la commune susceptibles d'être portées devant les tribunaux judiciaires sont introduites par voie d'action.

La commune peut défendre à l'action sans autorisation du représentant de l'État dans le département. – *[C. communes, art. L. 261-14.]*

CHAPITRE IV INTÉRÊTS PROPRES À CERTAINES CATÉGORIES D'HABITANTS

SECTION 1 Dispositions générales

Art. L. 2544-1 Les dispositions du titre I et du titre II du livre IV de la présente partie sont applicables aux communes des départements de la Moselle, du Bas-Rhin et du Haut-Rhin, à l'exception des articles L. 2411-1 à L. 2411-14 et de l'article L. 2412-1 *[relatifs aux sections de commune.]* – *[C. communes, art. L. 181-1.]*

Depuis le 1er janv. 2021, les départements du Bas-Rhin et du Haut-Rhin sont regroupés sous le nom de « Collectivité européenne d'Alsace » (L. n° 2019-816 du 2 août 2019, art. 1er).

SECTION 2 Section de commune possédant un patrimoine séparé

V. art. L. 2411-1 s.

ENCYCL. COLL. LOC. *Commune : sections de communes, 170,* par F.-P. Bénoit, refonte par J. Bénoit.

BIBL. ► Beyssac et Marillia, La section de commune, *Berger-Levrault, 1994.* – Woehrling, Droit communal d'Alsace-Moselle, Matières particulières, *J.-Cl. Alsace-Moselle, fasc. 222, nos 19 s.*

Art. L. 2544-2 Les dispositions de la présente section sont applicables à l'administration des biens appartenant exclusivement à une section de commune. – *[C. communes, art. L. 181-48 issu de L. locale 7 juill. 1897, art. 1er.]*

Art. L. 2544-3 Le maire et le conseil municipal ont compétence pour administrer le patrimoine de la section de commune pour en disposer.

Art. L. 2544-4 Les délibérations du conseil municipal relatives à une section de commune ne sont exécutoires qu'après approbation du représentant de l'État dans le département, lorsqu'elles ont pour objet :

1° La perception des impôts mentionnés au 1° du *a* de l'article L. 2331-3 frappant exclusivement la section ;

2° La modification des règles applicables à la jouissance des biens de la section.

Art. L. 2544-5 Avant toute décision du représentant de l'État dans le département sur les délibérations du conseil municipal relatives aux objets désignés à l'article L. 2544-4, ou à l'aliénation ou au nantissement de biens immobiliers ou de titres appartenant à la section, il peut être institué une commission locale pour donner son avis sur les intérêts particuliers de la section.

L'institution d'une commission locale est obligatoire quand *(L. n° 2013-428 du 27 mai 2013, art. 22)* « la moitié des électeurs » de la section la réclame.

Art. L. 2544-6 La commission locale est instituée par le représentant de l'État dans le département.

Celle-ci détermine, dans la décision institutive, le nombre des membres de la commission et *(L. n° 2013-428 du 27 mai 2013, art. 22)* « tire au sort ses membres parmi les électeurs de la section ».

La commission nomme en son sein son président.

Art. L. 2544-7 Lorsqu'une section de commune est amenée à agir comme demanderesse ou défenderesse contre la commune dont elle fait partie ou contre une autre section de la même commune soit devant les tribunaux judiciaires, soit devant la juridiction administrative, il est institué conformément aux dispositions des articles L. 2544-5 et L. 2544-6 une commission locale qui en délibère.

Le président de la commission locale mène le procès. – *[C. communes, art. L. 181-53 issu de L. locale 7 juill. 1897, art. 5, al. 1er et 2.]*

Art. L. 2544-8 Les membres du conseil municipal qui sont intéressés à la jouissance des biens et droits revendiqués par la section n'ont pas le droit de prendre part aux délibérations du conseil municipal relatives au litige.

Si, par application de cette disposition, le nombre des membres du conseil municipal ayant le droit de prendre part à la délibération est réduit *(L. nº 2013-428 du 27 mai 2013, art. 22)* « à moins du tiers de ses membres », les conseillers tenus à l'abstention sont remplacés par un nombre égal d'habitants *(L. nº 2013-428 du 27 mai 2013, art. 22)* « tirés au sort par le représentant de l'État dans le département parmi les personnes inscrites sur les listes électorales de la commune » et n'appartenant pas à la section.

Art. L. 2544-9 *Abrogé par L. nº 2013-428 du 27 mai 2013, art. 22.*

SECTION 3 Biens communaux et établissements communaux

Art. L. 2544-10 Le conseil municipal règle le mode d'administration des biens communaux sous réserve des dispositions suivantes :

1º En ce qui concerne les forêts communales relevant du régime forestier, il s'en tient aux dispositions légales ;

2º Le partage des biens communaux est interdit. — *[C. communes, art. L. 391-2 issu de L. locale 6 juin 1895, art. 53, al. 1er, 2 et 4.]*

1. L'ensemble des principes du code forestier s'applique aux forêts communales. • T. com. Metz, 17 févr. 1956 : *Rev. jur. Alsace-Lorraine 1956, p. 269.*

2. Les collectivités locales peuvent procéder elles-mêmes à la vente de bois non façonnés et de produits accessoires. * Rép. min. : *JO Sénat Q, 31 oct. 1985.*

3. La responsabilité de la commune peut être engagée pour mauvais fonctionnement des bureaux d'adjudication de coupes. • TA Strasbourg, 12 juill. 1979, *Sté Hartzer*, nº 1142.72.

4. Les agents de coupe sont des agents privés communaux, bien que gérés par l'Office national des Forêts. * Rép. min. : *JOAN Q, 23 juin 1986.* ♦ Ils ne peuvent être affiliés aux ASSEDIC * Même réponse.

Art. L. 2544-11 Le conseil municipal règle, sans préjudice des droits privés fondés sur un titre spécial :

1º Le mode et les conditions d'usage des institutions et établissements publics de la commune ;

2º Le mode de jouissance des biens communaux, ainsi que l'emploi et la répartition de leurs produits, y compris des forêts communales, et les conditions imposées pour cette jouissance et cette répartition, en observant les dispositions des articles L. 2544-12 à L. 2544-16. — *[C. communes, art. L. 391-3 issu de L. locale 6 juin 1895, art. 54, al. 1er, 2 et 3.]*

1. Sur la compétence du juge administratif pour connaître des délibérations des conseils municipaux relatives au mode de jouissance des biens communaux. • TA Alsace-Lorraine, 21 nov. 1934, *Boehm : Rev. jur. Alsace-Lorraine 1935, p. 387.*

2. Il convient de respecter le principe d'égalité entre des habitants de la commune, ce qui exclut les mesures discriminatoires : exclusion des habitants n'utilisant pas le service communal d'enlèvement des ordures ménagères. • TA Strasbourg, 4 oct. 1988, *Vve Rudy c/ Cne de Westhoffen*, nº 57.1149. ♦ ... Condition d'âge illégale. • CE 11 janv. 1935, *Horl : Rev. jur. Alsace-Lorraine 1935, p. 133.* ♦ ... Accès réservé aux personnes mariées. • CE 11 janv. 1935, *Doriath : Rev. jur. Alsace-Lorraine 1935, p. 134.* ♦ ... Attribution de lots aux descendants en ligne directe. • CE 5 juin 1957, *Schaeffer : Lebon 374.*

3. Le conseil municipal ne peut légalement instituer une nouvelle taxe pour l'utilisation de biens communaux. • TA Strasbourg, 4 oct. 1988, *Vve Rudy c/ Cne de Westhoffen*, nº 57.1149.

4. L'admission d'un nouveau bénéficiaire n'est possible que s'il y a vacance d'un lot, lorsqu'il y a attribution de lots séparés ; en principe, l'ordre d'ancienneté d'inscription doit être respecté. • CE 29 oct. 1935, *Cne de Niederhergheim : Rev. jur. Alsace-Lorraine 1936, p. 120.*

5. Le droit à jouissance du lot est réservé aux personnes qui entretiennent un foyer. • TA Alsace-Lorraine, 13 févr. 1946, *Hermann*, nº 419.46. ♦ Même si ces personnes ne peuvent remplir cette condition pour des raisons indépendantes de leur volonté. • Même jugement.

Art. L. 2544-12 La jouissance des biens communaux ne peut être concédée qu'à titre révocable. — *[C. communes, art. L. 391-4 issu de L. locale 6 juin 1895, art. 54, al. 4.]*

1. Le juge administratif est compétent pour connaître des litiges relatifs à la jouissance de biens communaux (L. 10 juin 1783, L. 9 ventôse an XII).

2. Sur le délai de recours contre les délibérations des conseils municipaux, V. L. 6 juin 1895, art. 70-3. • TA Alsace-Lorraine, 21 nov. 1934, *Boehm : Rev. jur. Alsace-Lorraine 1935, p. 397.*

Art. L. 2544-13 **Lorsque, d'après un ancien usage, les biens communaux sont concédés par lots séparés et distincts et que le nombre des ayants droit est plus considérable que celui des lots, l'admission d'un nouveau bénéficiaire ne peut avoir lieu que lorsqu'un lot est devenu vacant.**

Si plusieurs ayants droit se présentent en cas de vacance, l'usage décide lequel d'entre eux est admis à la jouissance du lot vacant.

À défaut d'usage, le sort décide. – *[C. communes, art. L. 391-5 issu de L. locale 6 juin 1895, art. 54, al. 5.]*

1. L'ordre d'ancienneté d'inscription des réclamants doit être respecté. • CE 29 oct. 1935, *Cne de Niederhergheim : Rev. jur. Alsace-Lorraine 1936, p. 120.*

2. Le nouveau bénéficiaire ne dispose pas du droit de choisir son lot. • CE 29 oct. 1935, *Cne de Niederhergheim : préc. note 1.*

Art. L. 2544-14 **À défaut de droits privés fondés sur un titre spécial, tous les habitants de la commune ont des droits égaux à l'usage des institutions et établissements publics de la commune, conformément aux règlements édictés à cet effet, ainsi qu'à la jouissance des biens communaux.**

Sont exclus de la jouissance des biens communaux les militaires faisant partie de l'effectif du temps de paix, à l'exception des fonctionnaires militaires, les personnes qui ne possèdent pas la nationalité française et celles qui, au début de l'année où les produits sont distribués, ne possèdent pas dans la commune depuis au moins trois ans un ménage propre avec feu séparé. – *[C. communes, art. L. 391-6 issu de L. locale 6 juin 1895, art. 54, al. 7.]*

1. L'exclusion d'habitants de la commune au motif qu'ils n'utiliseraient pas le service municipal d'enlèvement des ordures ménagères serait illégale. • TA Strasbourg, 4 oct. 1988, *Vve Rudy c/ Cne de Westhoffen*, n° 57.1149.

2. Aucune condition d'âge ne peut être imposée. • CE 11 janv. 1935, *Horl : Rev. jur. Alsace-Lorraine 1935, p. 133.*

3. La jouissance des biens communaux n'est pas réservée aux personnes mariées. • CE 11 janv. 1935, *Doriath : Rev. jur. Alsace-Lorraine 1935, p. 134.*

4. L'attribution de lots ne peut être réservée aux descendants en ligne directe. • CE 5 juin 1957, *Schaeffer : Lebon 374.*

Art. L. 2544-15 **L'admission des ayants droit ne peut être soumise à aucune taxe.** – *[C. communes, art. L. 391-7 issu de L. locale 6 juin 1895, art. 54, al. 8.]*

1. En excluant de la distribution de bois d'affouage les habitants qui n'utilisent pas le service communal d'enlèvement des ordures ménagères, un conseil municipal institue une nouvelle taxe. • TA Strasbourg, 4 oct. 1988, *Vve Rudy c/ Cne de Westhoffen*, n° 57.1149.

2. Cette taxe constitue une discrimination illégale. • TA Strasbourg, 4 oct. 1988, *Vve Rudy c/ Cne de Westhoffen : préc. note 1.*

Art. L. 2544-16 **Les oppositions contre les arrêtés du maire ou les décisions du conseil municipal concernant l'usage des institutions et établissements publics de la commune ou la jouissance des biens communaux sont, en tant qu'il ne s'agit pas de prétentions de droit privé fondées sur un titre spécial, jugées par la voie de la procédure de plein contentieux.** – *[C. communes, art. L. 391-8 issu de L. locale 6 juin 1895, art. 54, al. 9.]*

SECTION 4 Adjudications publiques en matière de biens communaux

Art. L. 2544-17 **Pour les ventes publiques aux enchères, le maire est assisté de deux conseillers municipaux et avertit le receveur municipal.**

Le maire peut même ordonner que le receveur municipal soit présent.

Art. L. 2544-18 **Les réclamations relatives aux opérations qui précèdent l'adjudication ou à l'adjudication elle-même sont, au plus tard le jour de l'adjudication, adressées au maire soit par écrit, soit par déclaration orale prise en procès-verbal.**

Les réclamations sont jugées par le maire et les deux conseillers municipaux assistants, à la majorité des voix.

Un recours contre leur décision est ouvert à l'intéressé dans les trois jours de sa notification.

Le recours est jugé par le conseil municipal. – *[C. communes, art. L. 391-12 issu de L. locale 6 juin 1895, art. 21, al. 2.]*

TITRE V COMMUNES DES DÉPARTEMENTS DE LA HAUTE-CORSE ET DE LA CORSE-DU-SUD

CHAPITRE UNIQUE

Art. L. 2551-1 *Abrogé par L. nº 2021-1900 du 30 déc. 2021, art. 194.*

TITRE VI COMMUNES DES DÉPARTEMENTS D'OUTRE-MER

V. art. R. 2561-1 s.

ENCYCL. COLL. LOC. *Outre-mer : régime communal dans les DOM, 1910,* par J.-C. DOUENCE.

BIBL. GÉN. ▶ V. Bibl. ss. Quatrième partie, Liv. IV, Titre III, Les régions d'outre-mer.

CHAPITRE I ORGANISATION

Art. L. 2561-1 *(L. nº 2000-1207 du 13 déc. 2000, art. 59)* **Ne sont pas applicables aux communes des départements de Guadeloupe, de Guyane, de Martinique et de La Réunion les dispositions des chapitres III et IV du titre I du livre I de la présente partie ainsi que celles de l'article L. 2123-21.**

CHAPITRE II ATTRIBUTIONS

Art. L. 2562-1 *Abrogé par L. nº 2000-1207 du 13 déc. 2000, art. 59.*

CHAPITRE III DISPOSITIONS FINANCIÈRES

SECTION 1 Dispositions applicables aux communes des départements de Guadeloupe, de Guyane, de Martinique et de La Réunion

Art. L. 2563-1 Est applicable aux communes des départements d'outre-mer le livre III de la présente partie à l'exception du huitième alinéa (7°) de l'article L. 2331-2, du dixième alinéa (9°) de l'article L. 2331-8 *(L. nº 2019-1479 du 28 déc. 2019, art. 250)* **« et des articles L. 2333-58 à L. 2333-63 ».**

Ne sont pas applicables aux communes des départements d'outre-mer les dispositions concernant les redevances d'occupation du domaine public dues par les entreprises d'électricité, de gaz, d'hydrocarbures et d'hydroélectricité (art. L. 2331-2, 7°), les surtaxes locales sur les voies ferrées (art. L. 2331-8-9°), les taxes de trottoirs et de pavage (art. L. 2333-58 s.) et les majorations de subventions accordées aux communes fusionnées (art. L. 2335-6 s.).

En revanche, l'art. L. 2335-1 instituant une dotation particulière relative aux conditions d'exercice des mandats locaux dans les petites communes rurales s'applique de plein droit dans les départements d'outre-mer mais il fait l'objet d'une mesure réglementaire d'adaptation insérée dans l'art. R. 2563-6.

Art. L. 2563-1-1 *(Ord. nº 2021-1843 du 22 déc. 2021, art. 5)* **Le produit de la majoration en outre-mer de la taxe sur le transport aérien de passagers prévue à l'article L. 422-30 du code des impositions sur les biens et services perçue sur les embarquements réalisés dans la région est affecté au budget des communes littorales érigées en stations classées de tourisme au sens de l'article L. 133-13 du code du tourisme, à hauteur de la fraction non affectée à la région en application du 6° du *a* de l'article L. 4331-2.**

Cette fraction est répartie au prorata des populations des communes concernées.

Art. L. 2563-2 Le montant total de la dotation forfaitaire attribuée aux communes des départements et territoires d'outre-mer et du Département de Mayotte et de la collectivité territoriale de Saint-Pierre-et-Miquelon est majoré en 1994 d'une somme

de 4 573 470,52 € *[30 millions de francs]*, prélevée sur la dotation d'aménagement instituée par l'article L. 2334-13.

La répartition de cette majoration entre les communes concernées est fixée par décret en Conseil d'État. — *[L. n° 93-1436 du 31 déc. 1993, art. 26.]*

Art. L. 2563-2-1 *(L. n° 2000-1207 du 13 déc. 2000, art. 54)* Le montant total de la dotation forfaitaire des communes des départements d'outre-mer est majoré en 2001 d'une somme de 40 millions de francs, prélevée sur la dotation d'aménagement instituée à l'article L. 2334-13.

Cette majoration est répartie entre les départements d'outre-mer proportionnellement à la population telle qu'elle est définie à l'article L. 2334-2. Elle est ensuite répartie entre les communes à l'intérieur de chacun de ses départements, sauf pour la Guyane, au prorata de leur population ainsi définie. La répartition entre les communes de Guyane se fait à concurrence de 75 % au prorata de la population ainsi définie et à concurrence de 25 % à parts égales entre elles.

Art. L. 2563-2-2 *(L. n° 2003-660 du 21 juill. 2003, art. 48)* Dans toutes les communes où une opération de premier numérotage est réalisée, la moitié du coût de l'opération, si celle-ci est terminée avant le 31 décembre 2008, fait l'objet d'une compensation financière sous la forme d'une dotation exceptionnelle versée par l'État.

Art. L. 2563-3 *et* L. 2563-4 *Abrogés par L. n° 2016-1917 du 29 déc. 2016, art. 138.*

Art. L. 2563-5 Dans les départements d'outre-mer, les communes et les établissements publics de coopération intercommunale bénéficient de la dotation globale d'équipement dans les conditions fixées par l'article L. 2334-33. — *[L. n° 83-8 du 7 janv. 1983, art. 103.]*

Art. L. 2563-6 Dans les départements d'outre-mer, les seuils de populationsmentionnés aux 1° et 2° de l'article L. 2334-35 sont fixés à 35 000 habitants. — *[L. n° 83-8 du 7 janv. 1983, art. 103-4, al. 4.]*

Art. L. 2563-7 *(L. n° 2017-256 du 28 févr. 2017, art. 11)* Le rapport sur les orientations budgétaires mentionné à l'article L. 2312-1 présente un état d'avancement des mesures prévues par le plan de convergence couvrant le territoire de la commune.

CHAPITRE IV DISPOSITIONS APPLICABLES AUX COMMUNES DE MAYOTTE

(Ord. n° 2011-1708 du 1er déc. 2011, art. 1er)

SECTION 1 Dispositions générales

Art. L. 2564-1 Les dispositions des livres I à IV de la présente partie sont applicables à Mayotte dans les conditions et sous les réserves prévues au présent chapitre.

Art. L. 2564-2 Pour l'application à Mayotte de ces dispositions :

1° La référence au département, au département d'outre-mer, à la région ou à la région d'outre-mer est remplacée par la référence au Département de Mayotte ;

2° La référence au conseil régional ou aux conseils départementaux est remplacée par la référence au conseil départemental ;

3° La référence à la valeur horaire du salaire minimum de croissance est remplacée par la référence au taux horaire du salaire minimum interprofessionnel garanti en vigueur à Mayotte.

Nouvel art. L. 2564-2 ***Pour l'application à Mayotte de ces dispositions :***

1° La référence au département, au département d'outre-mer, à la région ou à la région d'outre-mer est remplacée par la référence au** (L. n° 2025-797 du 11 août 2025, art. 48) **« Département-Région » de Mayotte ;

2° La référence au conseil régional ou aux conseils départementaux est remplacée par la référence** (L. n° 2025-797 du 11 août 2025, art. 48) **« à l'assemblée de Mayotte » ;

3° La référence à la valeur horaire du salaire minimum de croissance est remplacée par la référence au taux horaire du salaire minimum interprofessionnel garanti en vigueur à Mayotte.

Le présent art. entre en vigueur à une date fixée par décret et au plus tard le 1er janv. 2026 (L. no 2025-797 du 11 août 2025, art. 48).

SECTION 2 Organisation de la commune

SOUS-SECTION 1 Nom et territoire de la commune

Art. L. 2564-3 Les chapitres III et IV du titre I du livre I de la présente partie ne sont pas applicables à Mayotte.

SOUS-SECTION 2 Organes de la commune

Art. L. 2564-4 *à* L. 2565-7 *Abrogés par Ord. no 2017-1491 du 25 oct. 2017, art. 19 et 34.*

Art. L. 2564-8 L'article L. 2123-21 n'est pas applicable à Mayotte.

Art. L. 2564-9 L'article L. 2121-32 est applicable à Mayotte à compter du 1er janvier 2014.

SECTION 3 Administration et services communaux

SOUS-SECTION 1 Police

Art. L. 2564-10 Pour l'application à Mayotte de l'article L. 2213-10, il est ajouté un alinéa ainsi rédigé :

"Le maire peut prescrire des aménagements particuliers pour les terrains qui appartiennent à une personne publique autre que la commune ou à une personne privée et sont utilisés comme lieux de sépulture."

SOUS-SECTION 2 Services communaux

§ 1 Opérations funéraires

Art. L. 2564-11 Pour l'application à Mayotte de l'article L. 2223-20, la première phrase du premier alinéa est remplacée par la phrase suivante : "Le règlement des pompes funèbres applicable à Mayotte est établi par arrêté du représentant de l'État à Mayotte, après avis de l'association des maires de Mayotte."

Art. L. 2564-12 Pour l'application à Mayotte de l'article L. 2223-21, la référence au règlement national des pompes funèbres est remplacée par la référence au règlement des pompes funèbres applicable à Mayotte.

Art. L. 2564-13 Pour l'application à Mayotte de l'article L. 2223-23, le huitième alinéa est ainsi rédigé :

"Sont seules valables à Mayotte les habilitations délivrées par le représentant de l'État dans ce département. Ces habilitations ne sont valables qu'à Mayotte."

Art. L. 2564-14 Pour l'application à Mayotte du deuxième alinéa de l'article L. 2223-28, après les mots : "sous la surveillance du maire", sont ajoutés les mots : "sous réserve que les opérations funéraires puissent s'effectuer dans de bonnes conditions de décence, d'hygiène et de sécurité".

Art. L. 2564-15 Pour l'application à Mayotte du troisième alinéa de l'article L. 2223-40, les mots : "après une enquête publique réalisée conformément au chapitre III du titre II du livre I du code de l'environnement" sont remplacés par les mots : "après accomplissement de la formalité prévue au premier alinéa de l'article L. 651-3 du code de l'environnement".

§ 2 Eau et assainissement

Art. L. 2564-16 Pour l'application à Mayotte du troisième alinéa de l'article L. 2224-7-1, la référence à l'année 2013 est remplacée par la référence à l'année 2015.

Art. L. 2564-17 Pour l'application à Mayotte de l'article L. 2224-8 :

1° Au deuxième alinéa du I, la référence à l'année 2013 est remplacée par la référence à l'année 2015 ;

2° Au cinquième alinéa du III, la date du 31 décembre 2012 est remplacée par la date du 31 décembre 2018.

Art. L. 2564-18 Pour l'application à Mayotte du premier alinéa de l'article L. 2224-10, les mots : "après une enquête publique réalisée conformément au chapitre III du titre II du livre I du code de l'environnement" sont remplacés par les mots : "après accomplissement de la formalité prévue au premier alinéa de l'article L. 651-3 du code de l'environnement".

SECTION 4 Finances communales

SOUS-SECTION 1 Budgets et comptes

Art. L. 2564-19 *(L. nº 2017-256 du 28 févr. 2017, art. 11)* Le rapport sur les orientations budgétaires mentionné à l'article L. 2312-1 présente un état d'avancement des mesures prévues par le plan de convergence couvrant le territoire de la commune.

Art. L. 2564-19-1 *(L. nº 2014-173 du 21 févr. 2014, art. 11-I-4°)* « Le vingtième » alinéa de l'article L. 2313-1 est applicable à Mayotte à compter du 1er janvier 2014.

SOUS-SECTION 2 Dépenses

Art. L. 2564-20 Le 7° de l'article L. 2321-2 est applicable à Mayotte à compter du 1er janvier 2014.

SOUS-SECTION 3 Recettes

§ 1 Catégories de recettes

Art. L. 2564-21 I. — Les articles L. 2331-1 à L. 2331-4 sont applicables à Mayotte à compter du 1er janvier 2014.

II. — Jusqu'au 31 décembre 2013, les recettes de la section de fonctionnement du budget des communes de Mayotte comprennent :

1° Le produit des impositions de toute nature affectées à la commune ;

2° Le produit des contributions et droits dont la perception est autorisée par les lois dans l'intérêt des communes ;

3° Les revenus de tous les biens dont les habitants n'ont pas la jouissance en nature ;

4° Les attributions imputées annuellement sur les ayants droit aux fruits qui se perçoivent en nature ;

5° Le produit des concessions d'eau et de l'enlèvement des boues et immondices de la voie publique et autres concessions autorisées pour services communaux ;

6° Le produit des expéditions des actes administratifs ;

7° Les attributions de la dotation globale de fonctionnement et du fonds intercommunal de péréquation, le produit des subventions de fonctionnement et des versements résultant des mécanismes de péréquation et les autres concours financiers apportés par l'État au fonctionnement des communes ;

8° Toutes les autres recettes annuelles et permanentes.

Art. L. 2564-22 I. — Les articles L. 2331-5 à L. 2331-10 sont applicables à Mayotte à compter du 1er janvier 2014.

II. — Jusqu'au 31 décembre 2013, les recettes de la section d'investissement du budget des communes de Mayotte comprennent :

1° Le montant des contributions aux dépenses d'équipements publics prévues par le code de l'urbanisme applicable à Mayotte ;

2° Le produit des subventions d'investissement et d'équipement ;

3° Les attributions de la répartition du fonds intercommunal de péréquation ;

4° Le montant de la participation instituée dans les secteurs d'aménagement en vertu des dispositions du code de l'urbanisme applicable à Mayotte ;

5° Les attributions de la dotation d'équipement des territoires ruraux ;
6° Le produit des cessions d'immobilisations dans les conditions fixées par décret ;
7° Le résultat disponible de la section de fonctionnement ;
8° Le produit des emprunts ;
9° Le produit des fonds de concours ;
10° Le produit des cessions des immobilisations financières ;
11° Pour les communes et les établissements publics de coopération intercommunale dont la population est égale ou supérieure à 3 500 habitants et pour leurs établissements publics, les amortissements des immobilisations ;
12° Pour les communes et les établissements publics de coopération intercommunale dont la population est égale ou supérieure à 3 500 habitants et pour leurs établissements publics, les provisions.

Art. L. 2564-23 Jusqu'au 31 décembre 2013, pour l'application à Mayotte du quatrième alinéa de l'article L. 2311-5, les mots : "Entre la date limite de mandatement fixée au troisième alinéa de l'article L. 1612-11 et la date limite de vote des taux des impositions locales prévue à l'article 1639 A du code général des impôts" sont remplacés par les mots : "Avant le 31 mars".

§ 2 Contributions et taxes

Art. L. 2564-24 Sont applicables à Mayotte à compter du 1er janvier 2014 :
1° Le chapitre II du titre III du livre III de la présente partie ;
2° Les sections 7, 8, 11, 14 et 15 du chapitre III du même titre ;
(Ord. n° 2021-1843 du 22 déc. 2021, art. 5) « 3° L'article L. 2563-1-1. »

§ 3 Dotations et subventions

Art. L. 2564-25 Sont applicables à Mayotte à compter du 1er janvier 2014 :
1° Les articles L. 2334-4 à L. 2334-6 ;
2° La section 2 du chapitre IV du titre III du livre III de la présente partie.

Art. L. 2564-26 Jusqu'au 31 décembre 2013, par dérogation à l'article L. 2334-29, le montant de la dotation spéciale pour le logement des instituteurs de Mayotte est calculé en multipliant le nombre d'instituteurs concernés de Mayotte par le montant unitaire de la dotation spéciale. Il est imputé sur la première part de la dotation spéciale et est attribué au Département.

Art. L. 2564-27 *(Ord. n° 2011-1708 du 1er déc. 2011, art. 1er)* Les communes de Mayotte perçoivent une dotation spéciale de construction et d'équipement des établissements scolaires.

Le montant de cette dotation est fixé à *(L. n° 2013-1278 du 29 déc. 2013, art. 136)* « 10 531 615 € pour l'année 2014 ». La dotation est indexée *(L. n° 2013-1278 du 29 déc. 2013, art. 136)* « les années suivantes » sur le taux d'évolution du nombre d'élèves scolarisés dans les écoles préélémentaires et élémentaires constaté entre l'antépénultième année et l'avant-dernière année précédant l'année de son versement.

(L. n° 2013-1278 du 29 déc. 2013, art. 136) « Les crédits de la dotation sont attribués chaque année par le représentant de l'État aux communes, aux établissements publics de coopération intercommunale ou à toute personne morale de droit public exerçant la compétence relative à la construction et à la rénovation des établissements scolaires, sous forme de subventions, en vue de la réalisation d'investissements individualisés relatifs à la construction ou à la rénovation d'établissements scolaires.

« La subvention ne doit pas avoir pour effet de faire prendre en charge par l'État tout ou partie des dépenses de fonctionnement courant des établissements scolaires, telles que les frais de rémunération des personnels, les dépenses d'entretien et de fournitures et les frais de fonctionnement divers correspondant aux compétences de la collectivité.

« Ces subventions doivent être notifiées en totalité au cours du premier trimestre de l'année civile.

« Un décret fixe les modalités d'application du présent article. »

Art. L. 2564-28 Dans toutes les communes de Mayotte où une opération de premier numérotage est réalisée, la moitié du coût de l'opération, si celle-ci est terminée avant le 31 décembre *(L. nº 2017-256 du 28 févr. 2017, art. 143)* « 2018 », fait l'objet d'une compensation financière sous la forme d'une dotation exceptionnelle versée par l'État.

V. art. D. 2564-24 s.

Art. L. 2564-29 L'article L. 2335-3 est applicable à Mayotte à compter du 1er janvier 2014.

CHAPITRE V DISPOSITIONS PARTICULIÈRES APPLICABLES AUX COMMUNES DE SAINT-MARTIN ET DE SAINT-BARTHÉLEMY

(L. nº 2000-1207 du 13 déc. 2000, art. 53)

Art. L. 2565-1 *(L. nº 2000-1207 du 13 déc. 2000, art. 57)* « Dans les communes de Saint-Martin et de Saint-Barthélemy » (Guadeloupe), le tarif de la taxe de séjour visée à l'article L. 2333-26 est fixé à 5 % du prix perçu au titre de chaque nuitée de séjour quelles que soient la nature et la catégorie d'hébergement.

TITRE VII COMMUNES DES COLLECTIVITÉS D'OUTRE-MER

(Ord. nº 2007-1434 du 5 oct. 2007, art. 2).

(Ord. nº 2002-1450 du 12 déc. 2002, art. 6)

CHAPITRE I COMMUNES DE SAINT-PIERRE-ET-MIQUELON *(Ord. nº 2007-1434 du 5 oct. 2007, art. 2).*

SECTION UNIQUE Dispositions applicables aux communes de Saint-Pierre-et-Miquelon *(Ord. nº 2007-1434 du 5 oct. 2007, art. 2).*

Art. L. 2571-1 La présente partie du code est applicable aux communes de l'archipel de Saint-Pierre-et-Miquelon. Pour cette application il y a lieu de lire :

1° "Collectivité territoriale" au lieu de : "département" ;

2° "Conseil départemental" au lieu de : "conseil régional".

Art. L. 2571-2 Les articles L. 2113-1 à *(L. nº 2010-1563 du 16 déc. 2010, art. 24)* « L. 2113-22 et les articles *(L. nº 2011-156 du 7 févr. 2011, art. 1er)* « L. 2224-12-3-1, » L. 2224-12-4 et L. 2224-12-5 » *(Ord. nº 2014-1090 du 26 sept. 2014, art. 17)* « ainsi que les troisième, quatrième, cinquième et sixième alinéas de l'article L. 2143-3 » ne sont pas applicables aux communes de l'archipel de Saint-Pierre-et-Miquelon.

Art. L. 2571-3 *Abrogé par L. nº 2016-1917 du 29 déc. 2016, art. 138.*

CHAPITRE III COMMUNES DE LA POLYNÉSIE FRANÇAISE

(Ord. nº 2007-1434 du 5 oct. 2007, art. 2)

SECTION 1 Dispositions générales

Art. L. 2573-1 Pour l'application des dispositions de la deuxième partie aux communes de la Polynésie française et sauf lorsqu'il en est disposé autrement :

1° La référence au département ou à la région est remplacée par la référence à la Polynésie française ;

2° Les mots : "représentant de l'État dans le département" et le mot : "préfet" sont remplacés par les mots : "haut-commissaire de la République en Polynésie française" ;

3° Les montants en euros sont remplacés par des montants équivalents en monnaie locale compte tenu de la contre-valeur de l'euro dans cette monnaie ;

4° La référence au salaire minimum de croissance est remplacée par la référence au salaire minimum garanti en Polynésie française ;

5° Les mots : "chambre régionale des comptes" sont remplacés par les mots "chambre territoriale des comptes" ;

6° Les mots : "décret en Conseil d'État" sont remplacés par le mot : "décret", sauf à l'article L. 2111-1.

SECTION 2 Organisation de la commune

SOUS-SECTION 1 Nom et territoire de la commune

Art. L. 2573-2 I. – L'article L. 2111-1, le premier alinéa de l'article L. 2112-1, les articles L. 2112-2 à L. 2112-5-1 et les articles L. 2112-7 à L. 2112-12 sont applicables aux communes de la Polynésie française sous réserve des adaptations prévues aux II, III et IV.

II. – Pour l'application de l'article L. 2111-1, les mots : "du conseil départemental" sont remplacés par les mots : "de l'assemblée de la Polynésie française".

III. – Pour l'application du premier alinéa de l'article L. 2112-1, après les mots : "dans le département", la fin de la phrase est supprimée.

IV. – Pour l'application de l'article L. 2112-5 :

1° Au premier alinéa, les mots : "sous réserve des dispositions des articles L. 3112-1 et L. 3112-2 concernant les limites des départements," sont supprimés ;

2° Au premier alinéa, après les mots : "limites territoriales des communes" sont insérés les mots : "et des communes associées" ;

3° Le deuxième alinéa est remplacé par les trois alinéas suivants :

Conformément au 4° de l'article 97 la loi organique n° 2004-192 du 27 février 2004 portant statut d'autonomie de la Polynésie française : "le conseil des ministres de la Polynésie française est consulté sur la création et la suppression des communes et de leurs groupements, les modifications des limites territoriales des communes, des communes associées et des groupements de communes et le transfert du chef-lieu des communes et des communes associées".

Conformément à l'article 134 de la même loi organique : "l'assemblée de la Polynésie française est consultée sur les créations et suppressions de communes de la Polynésie française. Elle est également consultée, en cas de désaccord du conseil des ministres de la Polynésie française ou des conseils municipaux intéressés, sur la modification des limites territoriales des communes et des communes associées et le transfert de leur chef-lieu".

Lorsque l'assemblée de la Polynésie française a été consultée sur la modification des limites territoriales des communes et des communes associées et le transfert de leur chef-lieu, la décision est prise par le ministre chargé de l'outre-mer.

Art. L. 2573-3 I. – Les articles L. 2113-1 à L. 2113-19, les articles L. 2113-21 à L. 2113-25 et le second alinéa de l'article L. 2113-26 *(L. n° 2015-292 du 16 mars 2015, art. 16)* « , dans leur rédaction antérieure à la loi n° 2010-1563 du 16 décembre 2010 de réforme des collectivités territoriales, » sont applicables aux communes de la Polynésie française sous réserve des adaptations prévues aux II, III, *(L. n° 2016-1658 du 5 déc. 2016, art. 3)* « IV, V et VI ».

II. – Pour l'application de l'article L. 2113-3, après les mots : "est prononcée par arrêté du représentant de l'État dans le département" sont insérés les mots : ", après avis de l'assemblée et du conseil des ministres de la Polynésie française, conformément aux articles 97 et 134 de la loi organique n° 2004-192 du 27 février 2004 portant statut d'autonomie de la Polynésie française,".

III. – Pour l'application de l'article L. 2113-12, les mots : "le premier alinéa de l'article L. 2113-19," sont supprimés.

IV. – Pour l'application de l'article L. 2113-13, le 3° est supprimé.

V. – Pour l'application de l'article L. 2113-16, après le mot : "peut" sont insérés les mots : ", après consultation du conseil des ministres de la Polynésie française, conformément à l'article 97 de la loi organique n° 2004-192 du 27 février 2004 portant statut d'autonomie de la Polynésie française ou le ministre chargé de l'outre-mer, après avis de l'assemblée de la Polynésie française, conformément à l'article 134 de la même loi organique, en cas de désaccord entre le conseil municipal et le conseil des ministres,".

(L. n° 2016-1658 du 5 déc. 2016, art. 3) « VI. – Pour l'application de l'article L. 2113-22, le deuxième alinéa est remplacé par deux alinéas ainsi rédigés :

« "Après ce renouvellement ou en cas de vacance, pour quelque cause que ce soit, du siège de maire délégué, le maire délégué est désigné par le conseil municipal parmi les conseillers élus sur la liste ayant recueilli le plus de suffrages dans la section correspondante ou, à défaut de candidature d'un des conseillers municipaux élus sur la liste arrivée en tête dans la section, parmi les conseillers élus sur les autres listes de la section correspondante, ou, à défaut, parmi les autres membres du conseil.

« "Le maire délégué est élu par le conseil municipal parmi ses membres, dans les conditions fixées à l'article L. 2122-7." »

Art. L. 2573-4 Les articles L. 2114-1 à L. 2114-3 sont applicables aux communes de la Polynésie française, sous réserve de l'insertion, à l'article L. 2114-1, après les mots : "décret en Conseil d'État", des mots : "après avis de l'assemblée de la Polynésie française et du conseil des ministres de la Polynésie française, conformément aux articles 97 et 134 de la loi organique n° 2004-192 du 27 février 2004 portant statut d'autonomie de la Polynésie française,".

SOUS-SECTION 2 Organes de la commune

§ 1 Le conseil municipal

Art. L. 2573-5 *(Ord. n° 2020-1256 du 14 oct. 2020, art. 4)* « I. — Les dispositions du chapitre I du titre II du livre I de la deuxième partie mentionnées dans la colonne de gauche du tableau ci-après sont applicables en Polynésie française dans leur rédaction indiquée dans la colonne de droite du même tableau, sous réserve des adaptations prévues du II au X. » — *Tableau mod. par Ord. n° 2021-1310 du 7 oct. 2021 et par Ord. n° 2022-1521 du 7 déc. 2022, art. 11.*

DISPOSITIONS APPLICABLES	DANS LEUR RÉDACTION RÉSULTANT DE
L. 2121-1	la loi n° 2019-1461 du 27 décembre 2019
L. 2121-2	la loi n° 2013-403 du 17 mai 2013
L. 2121-2-1	la loi n° 2019-1461 du 27 décembre 2019
L. 2121-3 à L. 2121-6	la loi n° 96-142 du 21 février 1996
L. 2121-7	la loi n° 2015-366 du 31 mars 2015
L. 2121-8 et L. 2121-9	la loi n° 2015-991 du 7 août 2015
L. 2121-10	la loi n° 2015-991 du 7 août 2015
L. 2121-11 à L. 2121-13	la loi n° 96-142 du 21 février 1996
L. 2121-13-1	la loi n° 2004-809 du 13 août 2004
L. 2121-14	la loi n° 96-142 du 21 février 1996
L. 2121-15	l'ordonnance n° 2021-1310 du 7 octobre 2021
L. 2121-16 à L. 2121-18	la loi n° 96-142 du 21 février 1996
L. 2121-19	la loi n° 2019-1461 du 27 décembre 2019
L. 2121-20	la loi n° 96-142 du 21 février 1996
L. 2121-21	l'ordonnance n° 2021-1310 du 7 octobre 2021
L. 2121-22	la loi n° 2013-403 du 17 mai 2013
L. 2121-22-1	la loi n° 2022-217 du 21 février 2022
L. 2121-23 à L. 2121-25	l'ordonnance n° 2021-1310 du 7 octobre 2021

DISPOSITIONS APPLICABLES	DANS LEUR RÉDACTION RÉSULTANT DE
L. 2121-26	l'ordonnance n° 2021-1310 du 7 octobre 2021
L. 2121-27	la loi n° 96-142 du 21 février 1996
L. 2121-27-1	la loi n° 2015-991 du 7 août 2015
L. 2121-29	la loi n° 96-142 du 21 février 1996
L. 2121-30	la loi n° 2022-217 du 21 février 2022
L. 2121-30-1	la loi n° 2016-1547 du 18 novembre 2016
L. 2121-31	la loi n° 96-142 du 21 février 1996
L. 2121-33	la loi n° 96-142 du 21 février 1996
L. 2121-35 à L. 2121-38	la loi n° 96-142 du 21 février 1996
L. 2121-39	l'ordonnance n° 2009-1530 du 10 décembre 2009
L. 2121-40	la loi n° 2004-809 du 13 août 2004
L. 2121-41	la loi n° 2019-1461 du 27 décembre 2019

(L. n° 2019-1461 du 27 déc. 2019, art. 38) « I *bis*. – Pour l'application de l'article L. 2121-2-1 dans les communes composées de communes associées, le conseil municipal n'est pas réputé complet si l'une des communes associées n'y est pas représentée. »

II. – Pour l'application de l'article L. 2121-3, les références aux articles L. 1 à L. 118-3, L. 225 à L. 270 et L. 273 du code électoral sont remplacées par les références aux articles L. 437 et L. 438 de ce code.

III. – Pour l'application de l'article L. 2121-6, au premier alinéa, après les mots : "*Journal officiel*" sont ajoutés les mots : "de la République française" et la phrase : "Le décret est publié pour information au *Journal officiel* de la Polynésie française".

IV. – Pour l'application de l'article L. 2121-7 :

1° Le premier alinéa est complété par les mots : "et au moins deux fois par an dans les communes comprenant des communes associées situées dans plusieurs îles" ;

2° Le *(L. n° 2015-366 du 31 mars 2015, art. 19)* « deuxième » alinéa est complété par la phrase :

"Dans les communes comprenant des communes associées situées dans plusieurs îles, la première réunion se tient de plein droit au plus tôt le premier vendredi et au plus tard le troisième dimanche suivant le tour de scrutin à l'issue duquel le conseil a été élu au complet." ;

(L. n° 2015-366 du 31 mars 2015, art. 19) « 3° À la fin de la seconde phrase du troisième alinéa, la référence : "du chapitre III du présent titre" est remplacée par les mots : "des dispositions rendues applicables aux communes de la Polynésie française par les articles L. 2573-7 à L. 2573-10". »

V. – Après le deuxième alinéa de l'article L. 2121-11 et après le troisième alinéa de l'article L. 2121-12 est inséré l'alinéa ainsi rédigé :

"Dans les communes comprenant des communes associées situées dans plusieurs îles, le délai de convocation est fixé à *(Ord. n° 2010-1180 du 7 oct. 2010, art. 2)* « huit jours » francs. En cas d'urgence, le délai peut être abrégé par le maire, sans pouvoir toutefois être inférieur à *(Ord. n° 2010-1180 du 7 oct. 2010, art. 2)* « trois jours » francs. Dans ces communes, les convocations peuvent se faire par tout moyen de télécommunication."

(L. n° 2016-1658 du 5 déc. 2016, art. 4) « VI. – L'article L. 2121-17, dans sa rédaction applicable localement, est complété par un alinéa ainsi rédigé :

« "Lorsque, dans les communes comprenant des communes associées situées dans plusieurs îles, le déplacement d'une partie des membres du conseil municipal est, en l'absence de liaison directe aérienne ou maritime, rendu matériellement difficile ou implique la location de moyens aériens ou maritimes entraînant un coût manifestement disproportionné pour les finances communales, le maire peut décider que la réunion du conseil municipal se tienne par téléconférence, dans les conditions fixées par décret en Conseil d'État. Le quorum est alors apprécié en fonction de la présence des conseillers municipaux dans les différents lieux de réunion. Les votes ne peuvent avoir lieu qu'au scrutin public. La réunion du conseil municipal ne peut se tenir en plusieurs lieux pour l'élection du maire et de ses adjoints, pour l'adoption du budget primitif, pour l'élection des délégués aux établissements publics de coopération intercommunale et pour l'application des articles L.O. 1112-1, L. 2112-1, L. 2121-33 et L. 2221-10 du présent code." » – *V. art. R. 2573-6-1 s.*

VII. – Pour son application aux communes de Polynésie française, le troisième alinéa de l'article L. 2121-18 est complété par la phrase suivante :

"Lorsque, en application des dispositions de l'article L. 2121-17, le conseil municipal se tient simultanément en plusieurs lieux, les délibérations dans chacun de ces lieux sont retransmises dans tous les autres."

VIII. – Pour l'application de l'article L. 2121-24 :

1° Les mots : "du titre I du livre V de la première partie et des articles L. 2251-1 à L. 2251-4" sont remplacés par les mots : "des articles L. 1861-1 à L. 1862-1 et L. 2573-35".

2° Abrogé par Ord. n° 2021-1310 du 7 oct. 2021, art. 20.

(Ord. n° 2022-1521 du 7 déc. 2022, art. 11) « IX. – À l'article L. 2121-30, les mots : "après avis du représentant de l'État dans le département" sont remplacés par les mots : "après avis du conseil des ministres de la Polynésie française". »

(Ord. n° 2020-1256 du 14 oct. 2020, art. 4) « X. – L'article L. 2121-41 est complété par la phrase suivante : "Cette présentation peut être effectuée par audioconférence ou visioconférence." »

§ 2 Le maire et les adjoints

Art. L. 2573-6 *(Ord. n° 2020-1256 du 14 oct. 2020, art. 5)* « I. – Les dispositions du chapitre II du titre II du livre I de la deuxième partie mentionnées dans la colonne de gauche du tableau ci-après sont applicables en Polynésie française dans leur rédaction indiquée dans la colonne de droite du même tableau, sous réserve des adaptations prévues du II au VI. » – *Tableau mod. par Ord. n° 2021-1310 du 7 oct. 2021, art. 21, et par Ord. n° 2022-1521 du 7 déc. 2022, art. 11.*

DISPOSITIONS APPLICABLES	DANS LEUR RÉDACTION RÉSULTANT DE
L. 2122-1 et L. 2122-2	la loi n° 96-142 du 21 février 1996
L. 2122-2-1	la loi n° 2002-276 du 27 février 2002
L. 2122-3	la loi n° 96-142 du 21 février 1996
L. 2122-4	l'ordonnance n° 2009-1530 du 10 décembre 2009
Premier et deuxième alinéas de l'article L. 2122-5	l'ordonnance n° 2010-420 du 27 avril 2010
L. 2122-5-2	la loi n° 2018-607 du 13 juillet 2018
L. 2122-6	la loi n° 2004-809 du 13 août 2004

DISPOSITIONS APPLICABLES	DANS LEUR RÉDACTION RÉSULTANT DE
L. 2122-7	la loi nº 2007-128 du 31 janvier 2007
L. 2122-7-1 à L. 2122-8	la loi nº 2019-1461 du 27 décembre 2019
L. 2122-9	l'ordonnance nº 2021-1310 du 7 octobre 2021
L. 2122-10	la loi nº 2019-1461 du 27 décembre 2019
L. 2122-11 à L. 2122-13	la loi nº 96-142 du 21 février 1996
L. 2122-14	l'ordonnance nº 2009-1530 du 10 décembre 2009
L. 2122-15 à L. 2122-17	la loi nº 96-142 du 21 février 1996
L. 2122-18	la loi nº 2019-1461 du 27 décembre 2019
L. 2122-18-1	la loi nº 2002-276 du 27 février 2002
L. 2122-19	la loi nº 2009-526 du 12 mai 2009
L. 2122-20	la loi nº 96-142 du 21 février 1996
L. 2122-21	l'ordonnance nº 2003-1212 du 18 décembre 2003
L. 2122-21-1	la loi nº 2015-991 du 7 août 2015
L. 2122-22, à l'exception de ses 13°, 18°, 19°, 21°, 22°, 23°, 25°, 28° et 29°	la loi nº 2022-217 du 21 février 2022
L. 2122-23	la loi nº 2004-809 du 13 août 2004
L. 2122-24 à L. 2122-28	la loi nº 96-142 du 21 février 1996
L. 2122-29	l'ordonnance nº 2021-1310 du 7 octobre 2021
L. 2122-30 à L. 2122-34	la loi nº 96-142 du 21 février 1996
L. 2122-34-1	la loi nº 2019-1461 du 27 décembre 2019
L. 2122-35	la loi nº 2004-809 du 13 août 2004

II. – Pour l'application de l'article L. 2122-5 :

1° Au premier alinéa, les mots : "qui, dans leur département de résidence administrative," sont remplacés par les mots : "de la Polynésie française qui" ;

2° Au deuxième alinéa, les mots : "du département où ils sont affectés" sont remplacés par les mots : "de la Polynésie française" et le mot : "départementaux" est supprimé.

III. – Pour l'application de l'article L. 2122-21 :

1° Au 6°, les mots : "les lois et règlements" sont remplacés par les mots : "dispositions applicables localement" ;

2° Au 9°, les mots : ", dans les conditions fixées à l'article L. 427-5 du code de l'environnement," sont supprimés.

IV. – Pour l'application de l'article L. 2122-22 :

(L. nº 2016-1658 du 5 déc. 2016, art. 5) « 1° Le 4° est ainsi rédigé :

« "4° De prendre toute décision concernant la préparation, la passation, l'exécution et le règlement des marchés publics tels que définis par la réglementation applicable localement ainsi que toute décision concernant leurs avenants, lorsque les crédits sont inscrits au budget ;" »

2° Au 12°, les mots : ", dans les limites de l'estimation des services fiscaux (domaines)," sont supprimés ;

3° Au 15°, les mots après : "les droits de préemption" sont remplacés par les mots : "définis par les dispositions applicables localement".

V. — Les dispositions du deuxième alinéa de l'article L. 2122-29 sont applicables au 1er janvier 2012.

(Ord. nº 2020-1256 du 14 oct. 2020, art. 5) « VI. — Pour l'application de l'article L. 2122-34-1, les mots : "du département" sont supprimés. »

§ 3 Conditions d'exercice des mandats municipaux

Art. L. 2573-7 *(Ord. nº 2020-1256 du 14 oct. 2020, art. 6)* « I. — Les dispositions des sections 1 à 3 du chapitre III du titre II du livre I de la deuxième partie mentionnées dans la colonne de gauche du tableau ci-après sont applicables en Polynésie française, dans leur rédaction indiquée dans la colonne de droite du même tableau, sous réserve des adaptations prévues du II au XVIII. — *Tableau mod. par L. nº 2022-217 du 21 févr. 2022, art. 119 et 220, mod. par L. nº 2023-1322 du 29 déc. 2023, art. 247.*

DISPOSITIONS APPLICABLES	DANS LEUR RÉDACTION RÉSULTANT DE
L. 2123-1	la loi nº 2022-217 du 21 février 2022 relative à la différenciation, la décentralisation, la déconcentration et portant diverses mesures de simplification de l'action publique locale
L. 2123-1-1 et L. 2123-2	la loi nº 2019-1461 du 27 décembre 2019
L. 2123-3, L. 2123-5 et L. 2123-6 a L. 2123-8	la loi nº 2002-276 du 27 février 2002
L. 2123-9	la loi nº 2019-1461 du 27 décembre 2019
L. 2123-10 et L. 2123-11	la loi nº 2002-276 du 27 février 2002
L. 2123-11-1	la loi nº 2019-1461 du 27 décembre 2019
L. 2123-11-2	la loi nº 2015-366 du 31 mars 2015
L. 2123-12 et L. 2123-12-1	la loi nº 2021-771 du 17 juin 2021 ratifiant les ordonnances nº 2021-45 du 20 janvier 2021 et nº 2021-71 du 27 janvier 2021 portant réforme de la formation des élus locaux
L. 2123-13	la loi nº 2002-276 du 27 février 2002
L. 2123-14 et L. 2123-14-1	l'ordonnance nº 2021-45 du 20 janvier 2021 portant réforme de la formation des élus locaux
L. 2123-15	la loi nº 96-142 du 21 février 1996
L. 2123-16	l'ordonnance nº 2021-45 du 20 janvier 2021 portant réforme de la formation des élus locaux
L. 2123-17	la loi nº 96-142 du 21 février 1996
L. 2123-18	la loi nº 2019-1461 du 27 décembre 2019
L. 2123-18-1	la loi nº 2002-276 du 27 février 2002

DISPOSITIONS APPLICABLES	DANS LEUR RÉDACTION RÉSULTANT DE
L. 2123-18-1-1	la loi n° 2013-907 du 11 octobre 2013
L. 2123-18-2	la loi n° 2022-1726 du 30 décembre 2022
L. 2123-18-3	la loi n° 2002-276 du 27 février 2002
L. 2123-18-4	la loi n° 2019-1461 du 27 décembre 2019
L. 2123-19	la loi n° 2002-276 du 27 février 2002
L. 2123-20	la loi n° 2022-217 du 21 février 2022 relative à la différenciation, la décentralisation, la déconcentration et portant diverses mesures de simplification de l'action publique locale
L. 2123-20-1	la loi n° 2015-366 du 31 mars 2015
L. 2123-21	la loi n° 2002-276 du 27 février 2002
L. 2123-23 et L. 2123-24	la loi n° 2019-1461 du 27 décembre 2019
L. 2123-24-1	la loi n° 2015-366 du 31 mars 2015
L. 2123-24-1-1	la loi n° 2019-1461 du 27 décembre 2019

« I *bis*. — Pour l'application de l'article L. 2123-1, les mots : "mentionné à l'article L. 6315-1 du code du travail" sont remplacés par les mots : "prévu par la réglementation localement applicable." »

II. — Pour l'application de l'article L. 2123-2, les mots : "la durée hebdomadaire légale du travail" sont remplacés par les mots : "la durée hebdomadaire maximum du travail fixée par la réglementation applicable en Polynésie française".

III. — Pour l'application de l'article L. 2123-5, les références : "L. 2123-2 et L. 2123-4" sont remplacés par les références : "et L. 2123-2" et les mots : "la durée légale du travail pour une année civile" sont remplacés par les mots : "la durée annuelle maximum du travail fixée par la réglementation applicable en Polynésie française".

IV. — Pour l'application de l'article L. 2123-6, les références : ", L. 2123-2 à L. 2123-5" sont remplacées par les références : "L. 2123-2, L. 2123-3 et L. 2123-5" et les mots : "les limites dans lesquelles les conseils municipaux peuvent voter les majorations prévues à l'article L. 2123-4 ainsi que" sont supprimés.

V. — Pour l'application de l'article L. 2123-7, les références au premier et au deuxième alinéas : ", L. 2123-2 et L. 2123-4" sont remplacées par les références : "et L. 2123-2".

(L. n° 2015-366 du 31 mars 2015, art. 18) « VI. — Pour l'application de l'article L. 2123-9 :

« 1° Après les mots : "s'ils sont salariés,", la fin du premier alinéa est ainsi rédigée : "d'une suspension de leur contrat de travail jusqu'à l'expiration de leur mandat." ;

« 2° Au deuxième alinéa, les mots : "prévu à l'article L. 3142-61 du même code" sont supprimés ;

« 3° Le troisième alinéa est supprimé ;

4° *Abrogé par L. n° 2019-1461 du 27 déc. 2019, art. 86.*

VII. — Pour l'application de l'article L. 2123-10, après le mot : "publique" sont insérés les mots : "ou par l'ordonnance n° 2005-10 du 4 janvier 2005 portant statut général des fonctionnaires des communes et des groupements de communes de la Polynésie française ainsi que leurs établissements publics administratifs".

(L. n° 2015-366 du 31 mars 2015, art. 18) « VII *bis*. — Pour l'application de l'article L. 2123-11-1, les mots : "dans les conditions fixées par la sixième partie du code du travail" et le second alinéa sont supprimés. »

VIII. — Pour l'application de l'article L. 2123-11-2 :

1° Les mots : "être inscrit à l'institution mentionnée à *(Ord. n° 2009-1530 du 10 déc. 2009)* « l'article L. 5312-1 du code du travail » conformément aux dispositions de *(Ord. n° 2009-1530 du 10 déc. 2009)* « l'article L. 5411-1 du même code »" sont remplacés par les mots : "être considéré comme demandeur d'emploi en Polynésie française selon la réglementation applicable localement" ;

2° Les références : "L. 2123-23, L. 2123-24 et L. 2511-34" sont remplacées par les références : "L. 2123-23 et L. 2123-24".

(Ord. n° 2021-45 du 20 janv. 2021, art. 16 et 19) « VIII *bis*. — Pour l'application de l'article L. 2123-12-1 :

« 1° Les mots : "comptabilisé en euros" sont remplacés par les mots : "comptabilisés en francs CFP" ;

« 2° Les mots : "son compte personnel d'activité mentionné à l'article L. 5151-1 du code du travail et à l'article 22 *ter* de la loi n° 83-634 du 13 juillet 1983 portant droits et obligations des fonctionnaires" sont remplacés par les mots : "son compte personnel d'activité mentionné à l'article 22 *ter* de la loi n° 83-634 du 13 juillet 1983 portant droits et obligations des fonctionnaires". »

IX. — Pour l'application de l'article L. 2123-13, les références aux articles L. 2123-1, L. 2123-2 et L. 2123-4 sont remplacées par la référence aux articles L. 2123-1 et L. 2123-2.

(L. n° 2015-366 du 31 mars 2015, art. 18) « IX *bis*. — Pour l'application de la première phrase du troisième alinéa de l'article L. 2123-14, les mots : "et, le cas échéant, L. 2123-22" sont supprimés. »

X. — *Abrogé par Ord. n° 2021-45 du 20 janv. 2021, art. 16.*

(Ord. n° 2020-1256 du 14 oct. 2020, art. 6) « XI. — Pour l'application de l'article L. 2123-18 :

« 1° Au deuxième alinéa, les mots : "du montant des indemnités journalières allouées à cet effet aux fonctionnaires de l'État" sont remplacés par les mots : "d'un montant fixé par arrêté du haut-commissaire par référence à celui des indemnités journalières allouées à cet effet aux fonctionnaires des corps de l'État pour l'administration de la Polynésie française" ;

« 2° Au quatrième alinéa, les mots : "salaire minimum de croissance" sont remplacés par les mots : "salaire minimum garanti".

« XI *bis*. — Pour l'application de l'article L. 2123-18-2, les mots : "salaire minimum de croissance" sont remplacés par les mots : "salaire minimum garanti". »

XII. — Pour l'application de l'article L. 2123-18-4, le premier alinéa est remplacé par les dispositions suivantes :

"Le conseil municipal peut accorder par délibération, dans les conditions fixées par décret, une aide financière aux maires *(L. n° 2019-1461 du 27 déc. 2019, art. 91)* « et aux adjoints au maire » qui ont engagé des frais de garde d'enfants ou d'assistance aux personnes âgées, handicapées ou à celles qui ont besoin d'une aide personnelle à leur domicile ou d'une aide à la mobilité. Cette aide ne peut être versée que sur présentation de justificatifs des dépenses engagées."

XIII. — Pour l'application du I de l'article L. 2123-20, après les mots : "sont fixées", la fin de la phrase est ainsi rédigée : "par arrêté du haut-commissaire par référence aux indices des traitements des fonctionnaires des corps de l'État pour l'administration de la Polynésie française".

(L. n° 2016-1658 du 5 déc. 2016, art. 6) « XIV. — Pour l'application de l'article L. 2123-21 :

« 1° Le premier alinéa est remplacé par trois alinéas ainsi rédigés :

« "Le maire délégué mentionné à l'article L. 2113-13 perçoit l'indemnité correspondant à l'exercice effectif des fonctions de maire, fixée conformément aux articles L. 2123-20 et L. 2123-23 en fonction de la population de la commune associée. Par dérogation au dernier alinéa du même article L. 2123-23, le conseil municipal peut, par délibération, fixer pour le maire délégué qui en fait la demande, une indemnité de fonction inférieure au barème fixé audit article L. 2123-23.

« "Cependant, s'il bénéficie d'une délégation en application du second alinéa de l'article L. 2113-15, et si l'indemnité correspondant à la fonction d'adjoint de la commune est supérieure à celle correspondant à la fonction de maire délégué, le conseil municipal peut voter une indemnité différente qui ne peut être inférieure à celle prévue au premier alinéa du présent article, fixée au barème maximal de l'indemnité de fonction d'adjoint de la commune.

« "Si l'application de ces dispositions conduit à l'allocation d'une indemnité supérieure à celle correspondant à l'exercice effectif des fonctions de maire délégué, fixée conformément aux articles L. 2123-20 et L. 2123-23 en fonction de la population de la commune associée, l'enveloppe maximale des indemnités susceptibles d'être allouées au maire et aux adjoints de la commune en application du II de l'article L. 2123-24 est minorée d'un montant égal au différentiel constaté entre les deux indemnités." ;

« 2° Le second alinéa est supprimé. »

XV. – Pour l'application du premier alinéa de l'article L. 2123-23, les mots : "le barème suivant et le tableau qui suit" sont remplacés par les mots : "un barème fixé par arrêté du haut-commissaire, en fonction de la population de la commune".

(L. n° 2015-366 du 31 mars 2015, art. 18) « Pour l'application du dernier alinéa du même article, le mot : "ci-dessus" est supprimé. »

XVI. – Pour l'application de l'article L. 2123-24 :

1° Au I, les mots : "le barème suivant" et le tableau qui suit sont remplacés par les mots : "un barème fixé par arrêté du haut-commissaire, en fonction de la population de la commune" ;

2° Au III, les mots : ", éventuellement majorée comme le prévoit l'article L. 2123-22" sont supprimés ;

3° Au IV, les mots : "des articles L. 2123-22 et L. 2123-23" sont remplacés par les mots : "de l'article L. 2123-23".

XVII. – Pour l'application de l'article L. 2123-24-1 :

1° Le I est supprimé ;

2° Au II, après les mots : "cette indemnité", sont insérés les mots : ", fixée par le haut-commissaire," ;

3° Au IV, les mots : ", éventuellement majorée comme le prévoit l'article L. 2123-22" sont supprimés ;

4° Au V, les mots : "des articles L. 2123-22 et L. 2123-23" sont remplacés par les mots : "de l'article L. 2123-23".

(Ord. n° 2020-1256 du 14 oct. 2020, art. 6) « XVIII. – Pour l'application de l'article L. 2123-24-1-1, les mots : "en euros" sont remplacés *[par]* les mots : "en francs CFP". »

Art. L. 2573-8 I. – Les articles L. 2123-25, L. 2123-28 et L. 2123-29 sont applicables aux communes de la Polynésie française sous réserve des adaptations prévues aux II et IV.

II. – Pour l'application du premier alinéa de l'article L. 2123-25-2, les mots : "au régime général de la sécurité sociale" sont remplacés par les mots : "à un régime de sécurité sociale établi en Polynésie française".

III. – Abrogé par L. n° 2012-1404 du 17 déc. 2012, art. 18.

IV. – Pour l'application de l'article L. 2123-29, les mots : "des articles *(L. n° 2012-1404 du 17 déc. 2012, art. 18)* « L. 2123-27 et L. 2123-28 »" sont remplacés par les mots : "de l'article L. 2123-28".

Art. L. 2573-9 I. – Les articles L. 2123-31 à L. 2123-33 sont applicables aux communes de la Polynésie française sous réserve des adaptations prévues au II.

II. – Pour l'application de l'article L. 2123-32, les mots : "en matière d'assurance maladie" sont remplacés par les mots : "par le régime local d'assurance maladie".

Art. L. 2573-10 *(L. n° 2023-1322 du 29 déc. 2023, art. 247)* Les dispositions de la section 6 du chapitre III du titre II du livre I de la deuxième partie mentionnées dans la première colonne du tableau du second alinéa sont applicables aux communes de Polynésie française, dans leur rédaction mentionnée dans la seconde colonne du même tableau : *– Tableau mod. par L. n° 2024-247 du 21 mars 2024, art. 9.*

DISPOSITIONS APPLICABLES	DANS LEUR RÉDACTION RÉSULTANT DE
L. 2123-34	La loi n° 2024-247 du 21 mars 2024 renforçant la sécurité et la protection des maires et des élus locaux
L. 2123-35	La loi n° 2024-247 du 21 mars 2024 renforçant la sécurité et la protection des maires et des élus locaux

§ 4 Dispositions applicables en période de mobilisation générale et en temps de guerre

Art. L. 2573-11 Les articles L. 2124-1 à L. 2124-7 sont applicables aux communes de la Polynésie française.

SOUS-SECTION 3 Actes des autorités communales et actions contentieuses

Art. L. 2573-12 *(Ord. n° 2021-1310 du 7 oct. 2021, art. 22)* I. — Les dispositions du chapitre I du titre III du livre I de la deuxième partie mentionnées dans la colonne de gauche du tableau ci-après sont applicables en Polynésie française dans leur rédaction indiquée dans la colonne de droite du même tableau sous réserve des adaptations prévues aux II et III. — *Tableau mod. par Ord. n° 2022-1521 du 7 déc. 2022, art. 13.*

DISPOSITIONS APPLICABLES	DANS LEUR RÉDACTION RÉSULTANT DE
L. 2131-1	l'ordonnance n° 2021-1310 du 7 octobre 2021
L. 2131-2	l'ordonnance n° 2021-1310 du 7 octobre 2021
L. 2131-3	l'ordonnance n° 2021-1310 du 7 octobre 2021
L. 2131-4 et L. 2131-5	la loi n° 96-142 du 21 février 1996
L. 2131-6	la loi n° 2000-597 du 30 juin 2000
L. 2131-7	la loi n° 2004-809 du 13 août 2004
L. 2131-8 à L. 2131-10	la loi n° 96-142 du 21 février 1996
L. 2131-11	la loi n° 2022-217 du 21 février 2022
L. 2131-12	la loi n° 96-142 du 21 février 1996

II. — Pour l'application de l'article L. 2131-1 :

1° Les mots : "dans l'arrondissement" sont remplacés deux fois par les mots : "dans la subdivision administrative" ;

2° Le 6e alinéa du IV n'est pas applicable aux communes associées franchissant le seuil de 3 500 habitants.

III. — Pour l'application de l'article L. 2131-2 :

1° Au premier alinéa du I et au deuxième alinéa du II, les mots : "dans l'arrondissement" sont remplacés par les mots : "dans la subdivision administrative" ;

2° Au *b* du 1° du I, les mots : "aux centres de gestion" sont remplacés par les mots : "au centre de gestion" ;

3° Le 4° du I de l'article L. 2131-2 est ainsi rédigé :

"4° Les marchés et les accords-cadres d'un montant supérieur au seuil des procédures formalisées défini par la réglementation applicable localement, les marchés de partenariat, les conventions relatives aux emprunts ainsi que les contrats de concession, dont les délégations de service public, et les concessions d'aménagement ;"

4° Pour l'application du 5° du I, les mots : "des 1° et 2° de l'article 3 de la loi n° 84-53 du 26 janvier 1984 portant dispositions statutaires relatives à la fonction publique territoriale" sont remplacés par les mots : "de l'article 8 de l'ordonnance n° 2005-10 du 4 janvier 2005 portant statut général des fonctionnaires des communes et des groupements de communes de la Polynésie française ainsi que de leurs établissements publics administratifs" ;

5° Au 6° du I, les mots : "aux articles L. 422-2-1 et L. 422-3 du code de l'urbanisme" sont remplacés par les mots : "à l'article 50 de la loi organique n° 2004-192 du 27 février 2004 portant statut d'autonomie de la Polynésie française" ;

6° Au premier alinéa du II, la phrase : "Pour les communes de plus de 50 000 habitants, cette transmission est réalisée selon ces modalités" est supprimée.

(Ord. n° 2022-1521 du 7 déc. 2022, art. 13) « IV. — Pour l'application de l'article L. 2131-11, les mots : "collectivités territoriales" sont remplacés par les mots : "communes". »

Sur les spécificités pour les communes de Polynésie française, V. ci-dessous Ord. n° 2007-1434 du 5 oct. 2007, art. 8.

Ordonnance n° 2007-1434 du 5 octobre 2007,

Portant extension des première, deuxième et cinquième parties du code général des collectivités territoriales aux communes de la Polynésie française, à leurs groupements et à leurs établissements publics.

Art. 8 Jusqu'à la date d'entrée en vigueur de l'article L. 2573-12 du code général des collectivités territoriales telle qu'elle résulte des dispositions du III de l'article 7, les actes des communes de Polynésie française, de leurs groupements et de leurs établissements publics sont soumis aux dispositions du présent article.

I. — Les délibérations des conseils municipaux, y compris celles qui sont relatives au budget, sont exécutoires de plein droit trente jours après le dépôt auprès du haut-commissaire de la République, sous réserve des dispositions des II et IV ci-après. Le haut-commissaire peut soit d'office, soit à la demande du maire, abréger ce délai.

L'expédition de toute délibération est adressée dans la quinzaine par le maire au haut-commissaire, qui en délivre récépissé. Faute de délivrance, le point de départ du délai de trente jours est fixé au jour de l'envoi de la délibération.

II. — Sont nulles de plein droit :

a) Les délibérations d'un conseil municipal portant sur un objet étranger à ses attributions ou prises hors de sa réunion légale ;

b) Les délibérations prises en violation d'une loi ou d'un règlement d'administration publique.

La nullité de droit est déclarée par arrêté motivé du haut-commissaire. Elle peut être prononcée par le haut-commissaire et proposée ou opposée par les parties intéressées, à toute époque.

III. — Si un citoyen croit être personnellement lésé par un acte du conseil municipal, il peut en demander l'annulation au haut-commissaire, qui statue après vérification des faits.

Sont annulables les délibérations auxquelles ont pris part les membres du conseil intéressés à l'affaire qui en a fait l'objet, soit en leur nom personnel, soit comme mandataire.

L'annulation est prononcée par arrêté motivé du haut-commissaire.

Elle peut être provoquée d'office par le chef de subdivision administrative ou le haut-commissaire dans un délai d'un mois à partir du dépôt du procès-verbal de la délibération.

Elle peut aussi être demandée par toute personne intéressée et par tout contribuable de la commune.

IV. — *(Abrogé par Cons. const. n° 2010-107 QPC du 17 mars 2011) « Les arrêtés pris par le maire sont soumis aux mêmes règles de publicité, de contrôle et d'approbation que celles qui sont applicables aux délibérations des conseils municipaux portant sur les mêmes matières. Ils sont déclarés nuls de droit dans les conditions prévues au II du présent article.*

« Ils sont immédiatement adressés à l'autorité supérieure.

« Le haut-commissaire peut les annuler ou en suspendre l'exécution. »

À l'exception des arrêtés du maire relatifs à la police de la circulation, ceux de ces arrêtés portant règlement permanent ne sont exécutoires qu'un mois après la remise de l'ampliation à l'autorité supérieure, qui peut, en cas d'urgence, en autoriser l'exécution immédiate.

Les arrêtés du maire ne sont exécutoires qu'après avoir été portés à la connaissance des intéressés, par voie de publication ou d'affiches, toutes les fois qu'ils contiennent des dispositions générales et, dans les autres cas, par voie de notification individuelle.

Les arrêtés, actes de publication et de notification sont inscrits par ordre de date.

(Ord. nº 2010-1180 du 7 oct. 2010, art. 3) « V. — Les procès-verbaux des adjudications faites pour le compte des communes, de leurs groupements ou des établissements communaux, ainsi que les marchés passés par écrit par ces mêmes collectivités, sont approuvés par le haut-commissaire.

« Lorsque le haut-commissaire, après le dépôt des procès-verbaux d'adjudication et des marchés passés par écrit, n'a pas fait connaître sa décision dans le délai de trente jours, ces actes sont considérés comme approuvés. »

Communes de Polynésie française. L'art. 8, § II, de l'Ord. du 5 oct. 2007 maintient provisoirement pour les délibérations du conseil municipal le régime de contrôle administratif (nullité de droit prononcée par arrêté motivé du haut-commissaire) applicable avant l'entrée en vigueur de la L. du 2 mars 1982 ; ce régime n'est maintenu que si les communes n'ont pas demandé à être soumises par anticipation au régime général de contrôle de légalité ; il prend fin le 31 déc. 2011. Dans ces conditions, les dispositions contestées ne sont pas contraires à la libre administration des collectivités territoriales. • Cons. const. 17 mars 2011, *Synd. mixte chargé de la gestion du contrat urbain de cohésion sociale de l'agglomération de Papeete*, nº 2010-107 QPC : *JO 18 mars* ; *AJDA 2011. 592*. ♦ Ces dispositions, en tant qu'elles sont rendues applicables aux arrêtés du maire, autorisent le haut-commissaire à déclarer, à toute époque, nuls de droit les arrêtés du maire ; par la généralité des pouvoirs de contrôle ainsi conférés au représentant de l'État sur les actes du maire, quelles que soient leur nature et leur portée, elles privent de garanties suffisantes l'exercice de la libre administration des communes de Polynésie française et sont contraires à la Constitution. • Même décision. ♦ Cette déclaration d'inconstitutionnalité a pour conséquence de rendre opposables au représentant de l'État les voies et délais de droit commun applicables en matière de contentieux administratifs pour les arrêtés du maire autres que ceux pour lesquels un pouvoir de substitution est prévu par la loi. • Même décision.

Art. L. 2573-13 Les articles L. 2132-1 à L. 2132-7 sont applicables aux communes de la Polynésie française.

SOUS-SECTION 4 Information et participation des habitants

§ 1 Dispositions générales

Art. L. 2573-14 L'article L. 2141-1 est applicable aux communes de la Polynésie française.

§ 2 Participation des habitants à la vie locale

Art. L. 2573-15 *(Ord. nº 2008-859 du 28 août 2008)* I. — Les articles L. 2143-1, L. 2143-2 et L. 2143-3 sont applicables aux communes de la Polynésie française, sous réserve des adaptations prévues au II.

II. — Pour l'application de l'article L. 2143-3 :

1º Les mots : "5 000 habitants" sont remplacés par les mots : "10 000 habitants" ;

2º Au troisième alinéa, les mots : "au président du conseil départemental, au conseil départemental consultatif des personnes handicapées" sont remplacés par les mots : "au président de la Polynésie française" ;

(Ord. nº 2010-1180 du 7 oct. 2010, art. 2) « 3º Au sixième alinéa, les mots : "de transports ou" sont supprimés et les mots : "de la voirie, des espaces publics et des transports" sont remplacés par les mots : "de la voirie et des espaces publics". »

§ 3 Services de proximité

Art. L. 2573-16 Les articles L. 2144-1 et L. 2144-3 sont applicables aux communes de la Polynésie française.

SECTION 3 Administration et services communaux

SOUS-SECTION 1 Police

§ 1 Dispositions générales

Art. L. 2573-17 *Abrogé par Ord. nº 2013-519 du 20 juin 2013, art. 7.*

§ 2 Police municipale

Art. L. 2573-18 *(Ord. nº 2020-1256 du 14 oct. 2020, art. 7)* « I. — Les dispositions du chapitre II du titre I du livre II de la deuxième partie mentionnées dans la colonne de gauche du tableau ci-après sont applicables en Polynésie française, dans leur rédaction indiquée dans la colonne de droite du même tableau, sous réserve des adaptations prévues aux II et III. » — *Tableau issu de l'Ord. nº 2020-1256 du 14 oct. 2021, art. 7.*

DISPOSITIONS APPLICABLES	DANS LEUR RÉDACTION RÉSULTANT DE
L. 2212-1	la loi nº 96-142 du 21 février 1996
L. 2212-2	la loi nº 2014-1545 du 20 décembre 2014
L. 2212-2-1	la loi nº 2019-1461 du 27 décembre 2019
L. 2212-2-2	la loi nº 2019-1461 du 27 décembre 2019
L. 2212-3	la loi nº 96-142 du 21 février 1996
L. 2212-4	la loi nº 96-142 du 21 février 1996

II. — L'article L. 2212-2 est complété par la phrase suivante :
"Un arrêté du haut-commissaire détermine les conditions dans lesquelles les services de police nationale et de la gendarmerie nationale appliquent les réquisitions du maire."

(Ord. nº 2020-1256 du 14 oct. 2020, art. 7) « III. — Pour l'application de l'article L. 2212-2-1 :

« 1º Les mots : "500 euros" sont remplacés par les mots : "60 000 francs CFP" ;

« 2º Les mots : "l'article L. 3332-13 du code de la santé publique" sont remplacés par les mots : "la réglementation applicable localement". »

§ 3 Pouvoirs de police portant sur des objets particuliers

Art. L. 2573-19 *(Ord. nº 2020-1256 du 14 oct. 2020, art. 8)* « I. — Les dispositions du chapitre III du titre I du livre II de la deuxième partie mentionnées dans la colonne de gauche du tableau ci-après sont applicables en Polynésie française, dans leur rédaction indiquée dans la colonne de droite du même tableau, sous réserve des adaptations prévues du II au IX. » — *Tableau issu de l'Ord. nº 2020-1256 du 14 oct. 2021, art. 8, mod. par. Ord. nº 2022-1521 du 7 déc. 2022, art. 14.*

DISPOSITIONS APPLICABLES	DANS LEUR RÉDACTION RÉSULTANT DE
L. 2213-1	la loi nº 96-142 du 21 février 1996
L. 2213-2 et L. 2213-3	la loi nº 2019-1428 du 24 décembre 2019
L. 2213-4 et L. 2213-5	la loi nº 96-142 du 21 février 1996
L. 2213-6	la loi nº 2006-1772 du 30 décembre 2006

DISPOSITIONS APPLICABLES	DANS LEUR RÉDACTION RÉSULTANT DE
L. 2213-6-1	la loi n° 2009-526 du 12 mai 2009
L. 2213-7 à L. 2213-14	la loi n° 96-142 du 21 février 1996
L. 2213-15	la loi n° 2011-525 du 17 mai 2011
L. 2213-16	la loi n° 96-142 du 21 février 1996
L. 2213-23	la loi n° 2006-1772 du 30 décembre 2006
L. 2213-24	la loi n° 96-142 du 21 février 1996
L. 2213-25	la loi n° 2022-217 du 21 février 2022
L. 2213-26 et L. 2213-27	la loi n° 96-142 du 21 février 1996
L. 2213-28	la loi n° 2022-217 du 21 février 2022
L. 2213-29, L. 2213-30 à l'exception de son deuxième alinéa et L. 2213-31 à l'exception de ses deux derniers alinéas	la loi n° 96-142 du 21 février 1996
L. 2213-34	la loi n° 2019-1461 du 27 décembre 2019

II. — Pour son application aux communes de Polynésie française, l'article L. 2213-1 est ainsi rédigé :

Art. L. 2213-1 Le maire exerce la police de la circulation sur les routes situées dans la commune, dans le cadre de la réglementation édictée par la Polynésie française en matière de circulation routière.

III. — Pour l'application de l'article L. 2213-2, le 3° est ainsi rédigé :

"3° Réserver sur la voie publique ou dans tout autre lieu de stationnement ouvert au public des emplacements de stationnement aménagés aux véhicules utilisés par des personnes atteintes d'un handicap, tel que défini par les dispositions en vigueur localement *(L. n° 2019-1428 du 24 déc. 2019, art. 35)* « , aux véhicules bénéficiant d'un label "auto-partage", aux véhicules bénéficiant d'un signe distinctif de covoiturage ou aux véhicules à très faibles émissions au sens de l'article L. 318-1 du code de la route »."

IV. — Pour l'application de l'article L. 2213-5, après le mot : "dangereuse", la fin de la phrase est remplacée par les mots : ", telles que définies par la réglementation applicable localement".

(L. n° 2019-1461 du 27 déc. 2019, art. 114) « IV *bis*. — Pour l'application de l'article L. 2213-6, la seconde phrase est supprimée. »

V. — Pour l'application de l'article L. 2213-14, après les mots : "dans les autres communes", sont insérés les mots : "ou dans les communes dotées d'un régime de police d'État si une convention entre l'État et la commune a été signée à cette fin,".

VI. — Pour l'application du troisième alinéa de l'article L. 2213-18 :

1° Après le mot : "contraventions", les mots : "aux dispositions du code de la route" sont remplacées par les mots : "aux dispositions applicables localement en matière de circulation et de sécurité routière" ;

2° Après les mots : "aux épreuves de dépistage", la fin de la phrase est remplacée par les mots : "de l'imprégnation alcoolique, dans les conditions fixées par la réglementation applicable en Polynésie française".

VII. – Pour l'application de l'article L. 2213-23, il est ajouté un cinquième alinéa ainsi rédigé :

"Toutefois, le haut-commissaire peut, par un arrêté motivé, sur demande du maire, dispenser celui-ci de tout ou partie des obligations de réglementation, de délimitation et d'information mises à sa charge par les dispositions du présent article, lorsque la situation géographique de la commune ou les circonstances rendent le respect de ces obligations impossible ou inutile."

VIII. – Pour l'application de l'article L. 2213-24, la référence aux articles L. 511-1 à L. 511-4 du code la construction et de l'habitation est remplacée par la référence aux articles L. 511-1 à L. 511-6 de ce code. Ces articles sont rendus applicables aux communes de Polynésie française dans les conditions fixées à l'article L. 2573-20.

IX. – Pour l'application de l'article L. 2213-28, les mots : "aux instructions ministérielles" sont remplacés par les mots : "à la réglementation applicable localement".

Art. L. 2573-20 I. – *(L. nº 2018-1021 du 23 nov. 2018, art. 194-)* « Dans leur rédaction résultant de la loi nº 2018-1021 du 23 novembre 2018 portant évolution du logement, de l'aménagement et du numérique, » les articles L. 511-1 à L. 511-5 et l'article L. 511-6, à l'exception du V, du code de la construction et de l'habitation sont applicables aux communes de Polynésie française sous réserve des adaptations prévues aux II, III, IV et V.

II. – Pour l'application de l'article L. 511-1-1 :

1° Au deuxième alinéa, les mots : "ou, à Paris, Marseille et Lyon, de l'arrondissement" sont supprimés ;

2° Le troisième alinéa est supprimé ;

3° Au quatrième alinéa, les mots : "ou au livre foncier" sont supprimés.

III. – Pour l'application de l'article L. 511-2 :

1° Au *(L. nº 2014-366 du 24 mars 2014, art. 79)* « troisième » alinéa du I, la phrase : "Les dispositions des articles L. 521-1 à L. 521-4 sont alors applicables" est supprimée ;

2° Au *(L. nº 2014-366 du 24 mars 2014, art. 79)* « quatrième » alinéa du I, les mots : "en application de l'article L. 521-3-1" sont supprimés ;

3° Au deuxième alinéa du III, les mots : "ou au livre foncier" sont supprimés ;

(L. nº 2018-1021 du 23 nov. 2018, art. 194) « 4° Le deuxième alinéa du I et le IV sont supprimés. »

IV. – Pour l'application de l'article L. 511-4, les mots : "comme en matière de contributions directes" sont remplacés par les mots : "dans les conditions fixées par la réglementation applicable localement en matière de contributions directes".

V. – Pour l'application de l'article L. 511-5 :

1° Au premier alinéa, les mots : "dans les conditions prévues aux articles L. 521-1 à L. 521-3" sont supprimés ;

2° Le deuxième alinéa est supprimé.

§ 4 Dispositions applicables dans les communes où la police est étatisée

Art. L. 2573-21 Les articles L. 2214-1 à L. 2214-4 sont applicables aux communes de la Polynésie française.

§ 5 Pouvoirs du représentant de l'État

Art. L. 2573-22 I. – Les articles L. 2215-1 à L. 2215-8 sont applicables aux communes de la Polynésie française sous réserve des adaptations prévues au II.

II. – Pour l'application de l'article L. 2215-8, après les mots : "de ses attributions", la fin de l'alinéa est ainsi rédigé : "des services compétents en matière vétérinaire ou hydrologique relevant de la Polynésie française, dans les conditions prévues à l'article 34 de la loi organique du 27 février 2004 portant statut d'autonomie de la Polynésie française. Une convention entre l'État et la Polynésie française définit les modalités de cette mise à disposition".

§ 6 Responsabilité

Art. L. 2573-23 Les articles L. 2216-1 *(Ord. nº 2012-351 du 12 mars 2012, art. 7)* « et L. 2216-2 » sont applicables aux communes de la Polynésie française.

SOUS-SECTION 2 Services communaux

§ 1 Régies municipales

Art. L. 2573-24 I. — Les articles L. 2221-1 à L. 2221-7 et L. 2221-9 à L. 2221-20 sont applicables aux communes de la Polynésie française sous réserve des adaptations prévues aux II et III.

II. — Pour l'application de l'article L. 2221-1, à la fin du deuxième alinéa, sont ajoutés les mots : "conclus selon la réglementation applicable localement".

III. — Pour l'application de l'article L. 2221-5-1, après les mots : "sur un compte ouvert", le membre de phrase est remplacé par les mots : "dans un des établissements de crédit dont la liste est fixée par décret".

§ 2 Cimetières et opérations funéraires

Art. L. 2573-25 *(Ord. nº 2022-1521 du 7 déc. 2022, art. 15)* « I. — Les dispositions du chapitre III du titre II du livre II de la deuxième partie mentionnées dans la colonne de gauche du tableau ci-après sont applicables en Polynésie française, dans leur rédaction indiquée dans la colonne de droite du même tableau, sous réserve des adaptations prévues du II au VI. » — *Tableau issu de l'Ord. nº 2022-1521 du 7 déc. 2022, art. 15.*

DISPOSITIONS APPLICABLES	DANS LEUR RÉDACTION RÉSULTANT DE :
L. 2223-1	la loi nº 2016-1658 du 5 décembre 2016
L. 2223-2	la loi nº 96-142 du 21 février 1996
Le 4° de l'article L. 2223-3	la loi nº 2016-1048 du 1er août 2016
L. 2223-4, à l'exception du premier alinéa	la loi nº 2011-525 du 17 mai 2011
L. 2223-5 à L. 2223-10	la loi nº 96-142 du 21 février 1996
L. 2223-11	l'ordonnance nº 2009-1530 du 10 décembre 2009
L. 2223-2	la loi nº 96-142 du 21 février 1996
L. 2223-12-1	la loi nº 2008-1350 du 19 décembre 2008
L. 2223-13	l'ordonnance nº 2005-855 du 28 juillet 2005
L. 2223-14	la loi nº 96-142 du 21 février 1996
L. 2223-15	la loi nº 2022-217 du 21 février 2022
L. 2223-16	la loi nº 96-42 du 21 février 1996
L. 2223-17	la loi nº 2022-217 du 21 février 2022
L. 2223-18 et L. 2223-19	l'ordonnance nº 2005-855 du 28 juillet 2005
L. 2223-40	la loi nº 2010-788 du 12 juillet 2010
L. 2223-42 (dernier alinéa)	la loi nº 2011-267 du 14 mars 2011

(L. nº 2016-1658 du 5 déc. 2016, art. 8) « II. – Pour son application, l'article L. 2223-1 est ainsi rédigé :

Art. L. 2223-1 Chaque commune ou chaque établissement public de coopération intercommunale compétent en matière de cimetières dispose d'au moins un cimetière comprenant un terrain consacré à l'inhumation des morts. Les communes de 20 000 habitants et plus et les établissements publics de coopération intercommunale de 20 000 habitants et plus compétents en matière de cimetières disposent d'au moins un site cinéraire destiné à l'accueil des cendres des personnes décédées dont le corps a donné lieu à crémation.

La création, l'agrandissement et la translation d'un cimetière sont décidés par le conseil municipal. Toutefois, dans les communes urbaines et à l'intérieur des périmètres d'agglomération, la création, l'agrandissement et la translation d'un cimetière à moins de 35 mètres des habitations sont autorisés par arrêté du haut-commissaire de la République.

Un arrêté du haut-commissaire de la République fixe les conditions d'application du présent article.

Les communes disposent d'un délai courant jusqu'au 31 décembre 2020 pour mettre en œuvre le présent article.

III. – Pour son application, *(L. nº 2019-1461 du 27 déc. 2019, art. 115)* « le dernier alinéa de » l'article L. 2223-19 est ainsi rédigé :

Le service des pompes funèbres peut être exercé par les communes, directement ou par voie de gestion déléguée. Les communes ou leurs délégataires ne bénéficient d'aucun droit d'exclusivité pour l'exercice de cette mission.

IV. – Pour l'application des articles L. 2223-1 à L. 2223-19, la référence à un décret en Conseil d'État est remplacée par la référence à un arrêté du haut-commissaire de la République.

(L. nº 2019-1461 du 27 déc. 2019, art. 115) « V. – Pour son application, le dernier alinéa de l'article L. 2223-40 est ainsi rédigé :

« "Toute création ou extension de crématorium ne peut avoir lieu sans l'autorisation du haut-commissaire de la République, accordée conformément aux dispositions du code de l'environnement applicable localement et après avis des services de la Polynésie française compétents en matière d'environnement et de risques sanitaires." »

§ 3 Services publics industriels et commerciaux

SOUS-§ 1 Dispositions générales

Art. L. 2573-26 I. – Les articles L. 2224-1, L. 2224-2, L. 2224-4 à L. 2224-6 sont applicables aux communes de la Polynésie française sous réserve des dispositions prévues aux II à VI.

II. – Pour l'application de l'article L. 2224-1, après les mots : "affermés ou concédés par les communes" sont insérés les mots : "conformément aux dispositions applicables localement".

III. – Pour l'application du huitième alinéa de l'article L. 2224-2 :

1° Les mots : "3 000 habitants" sont remplacés deux fois par les mots : "10 000 habitants" ;

2° Les mots : "et d'assainissement" sont remplacés par les mots : ", d'assainissement, de traitement des déchets et d'électricité".

IV. – Pour l'application de l'article L. 2224-4, après les mots : "affermés ou concédés" sont insérés les mots : "conformément aux dispositions applicables localement".

V. – Pour l'application du troisième alinéa de l'article L. 2224-5, les mots : "dans les conditions prévues à l'article L. 1411-13" sont remplacés par les mots : "sur place à la mairie et, le cas échéant, à la mairie annexe, dans les quinze jours qui suivent cet avis, par voie d'affiche apposée".

VI. – Pour l'application de l'article L. 2224-6, les mots : "si les deux services sont soumis aux mêmes règles d'assujettissement à la taxe sur la valeur ajoutée et" sont supprimés.

SOUS-§ 2 Eau et assainissement

Art. L. 2573-27 *(L. n° 2015-991 du 7 août 2015, art. 92)* **Les communes doivent assurer le service de la distribution d'eau potable et le service de l'assainissement au plus tard le 31 décembre 2024. Les communes présentent un plan prévisionnel d'équipement et de mise à niveau relatif aux services de distribution d'eau potable et d'assainissement au plus tard le 31 décembre 2019.**

Art. L. 2573-28 *(Ord. n° 2020-1256 du 14 oct. 2020, art. 9)* **« I. — Les dispositions du chapitre IV du titre II du livre II de la deuxième partie mentionnées dans la colonne de gauche du tableau ci-après sont applicables en Polynésie française, dans leur rédaction indiquée dans la colonne de droite du même tableau, sous réserve des adaptations prévues du II au V. »** — *Tableau issu de l'Ord. n° 2020-1256 du 14 oct. 2021, art. 9.*

DISPOSITIONS APPLICABLES	DANS LEUR RÉDACTION RÉSULTANT DE
L. 2224-7, L. 2224-7-1 et L. 2224-8 (I et II)	la loi n° 2006-1772 du 30 décembre 2006
L. 2224-11 à L. 2224-11-2	la loi n° 2006-1772 du 30 décembre 2006
Premier alinéa de l'article L. 2224-12	la loi n° 2006-1772 du 30 décembre 2006
L. 2224-12-1-1	la loi n° 2019-1461 du 27 décembre 2019
Premier alinéa de l'article L. 2224-12-2 et premier alinéa de l'article L. 2224-12-3	la loi n° 2006-1772 du 30 décembre 2006

II. — Pour l'application de l'article L. 2224-7-1 :

1° La première phrase est complétée par les mots : "conformément au 6° du I de l'article 43 de la loi organique n° 2004-192 du 27 février 2004 portant statut d'autonomie de la Polynésie française" ;

2° La dernière phrase est supprimée.

III. — Pour l'application de l'article L. 2224-8 :

1° Au I, après les mots : "des eaux usées" sont insérés les mots : "conformément au 9° du I de l'article 43 de la loi organique n° 2004-192 du 27 février 2004 portant statut d'autonomie de la Polynésie française" ;

2° Au II, les mots : "visés à l'article L. 1331-4 du code de la santé publique" sont remplacés par les mots : "nécessaires pour amener les eaux usées à la partie publique du branchement" ;

3° Au III, la date du 31 décembre 2012 est remplacée par la date du 31 décembre 2020.

IV. — Pour l'application du premier alinéa de l'article L. 2224-12, les mots : ", après avis de la commission consultative des services publics locaux," sont supprimés.

(Ord. n° 2020-1256 du 14 oct. 2020, art. 9) **« IV *bis*. — Pour l'application du premier alinéa de l'article L. 2224-12-1-1 :**

« 1° Au premier alinéa, les mots : ", tel que prévu par l'article L. 210-1 du code de l'environnement" sont supprimés ;

« 2° Au deuxième alinéa, les mots : ", y compris les dépenses liées à l'attribution d'une subvention au fonds de solidarité pour le logement prévue à l'article L. 2224-12-3-1. Un versement peut être réalisé à ce titre aux centres communaux ou intercommunaux d'action sociale." sont supprimés ;

« 3° Le dernier alinéa est supprimé. »

V. — Pour l'application du premier alinéa de l'article L. 2224-12-2, les mots : "et aux sommes prévues par les articles L. 1331-1 à L. 1331-10 du code de la santé publique" sont supprimés.

Art. L. 2573-29 Il est institué au profit des communes de Polynésie française, ou de leurs établissements publics ou des concessionnaires de services publics qui entreprennent des travaux d'établissement de canalisations d'eau potable ou d'évacuation d'eaux usées ou pluviales, une servitude leur conférant le droit d'établir à demeure des canalisations souterraines dans les terrains privés non bâtis, excepté les cours et jardins attenant aux habitations.

L'établissement de cette servitude ouvre droit à indemnité.

Un décret fixe les modalités d'application du présent article afin notamment que les conditions d'exercice de la servitude soient rationnelles et les moins dommageables à l'utilisation présente et future des terrains.

SOUS-§ 3 Ordures ménagères et autres déchets

Art. L. 2573-30 I. — Les deux premiers alinéas de l'article L. 2224-13, l'article L. 2224-14, le premier alinéa de l'article L. 2224-15 et le premier alinéa de l'article L. 2224-16 sont applicables aux communes de la Polynésie française sous réserve des adaptations prévues aux II, III et IV.

II. — Au premier alinéa de l'article L. 2224-13, les mots : ", éventuellement en liaison avec les départements et les régions," sont supprimés.

III. — Pour l'application du premier alinéa de l'article L. 2224-15, les mots : *(Ord. n° 2010-1579 du 17 déc. 2010, art. 24)* « "dans le cadre des plans de prévention et de gestion des déchets prévus à la sous-section 1 de la section 3 du chapitre I du titre IV du livre V du code de l'environnement" » sont remplacés par les mots : "dans le cadre de la réglementation applicable localement".

IV. — L'ensemble des prestations prévues au présent paragraphe doit être assuré au plus tard le 31 décembre *(L. n° 2015-991 du 7 août 2015, art. 93)* « 2024. Les communes présentent un plan prévisionnel d'équipement et de mise à niveau relatif au service de la collecte et du traitement des déchets au plus tard le 31 décembre 2019. »

SOUS-§ 4 Halles, marchés et poids publics

Art. L. 2573-31 I. — Les articles L. 2224-18 à L. 2224-20 et l'article L. 2224-23 sont applicables aux communes de la Polynésie française sous réserve des adaptations prévues au II.

II. — Pour l'application de l'article L. 2224-20, les mots : "nationale classée comme route à grande circulation" sont remplacés par les mots : "à grande circulation, sauf si la réglementation applicable localement le permet".

§ 4 Action sociale

Art. L. 2573-32 Les communes et leurs groupements peuvent créer des établissements publics, dénommés centres communaux et centres intercommunaux d'action sociale, pour intervenir en matière d'action sociale, dans le respect de la réglementation applicable localement. Le haut-commissaire fixe par arrêté les règles de fonctionnement de ces établissements.

SOUS-SECTION 3 **Biens de la commune**

§ 1 Dispositions générales

Art. L. 2573-33 *(Ord. n° 2009-1530 du 10 déc. 2009)* « Les articles L. 2241-1, L. 2241-3, L. 2241-4 », le premier alinéa de l'article L. 2241-5 et l'article L. 2241-6 sont applicables aux communes de la Polynésie française.

§ 2 Dons et legs

Art. L. 2573-34 Les articles L. 2242-1 à L. 2242-4 sont applicables aux communes de la Polynésie française.

SOUS-SECTION 4 Interventions en matière économique et sociale

§ 1 Aides économiques

Art. L. 2573-35 I. – Les articles L. 2251-2 à L. 2251-3-1 sont applicables aux communes de la Polynésie française à compter du 1er janvier 2012 sous réserve des adaptations prévues aux II et III.

II. – Pour l'application de l'article L. 2251-2, les mots : "le titre I du livre V de la première partie" sont remplacés par les mots : "les articles L. 1861-1 à L. 1861-2".

III. – Pour l'application de l'article L. 2251-3-1, après le mot : "représentatives" sont insérés les mots : "en Polynésie française" et les mots : "décret en Conseil d'État" sont remplacés par les mots : "arrêté du haut-commissaire de la République".

§ 2 Garanties d'emprunts

Art. L. 2573-36 I. – L'article L. 2252-1, à l'exception de son cinquième alinéa, l'article L. 2252-2, à l'exception du 3°, et les articles L. 2252-4 et L. 2252-5 sont applicables aux communes de la Polynésie française à compter du renouvellement des conseils municipaux en 2008 et sous réserve des adaptations prévues aux II et III.

II. – Pour l'application du quatrième alinéa de l'article L. 2252-1, les mots : "collectivités territoriales" sont remplacés par le mot : "communes".

III. – Pour l'application de l'article L. 2252-2 :

1° Au 1°, les mots : "les organismes d'habitations à loyer modéré" sont remplacés par les mots : "des organismes de logement social, dont la liste est arrêtée par le haut-commissaire de la République" ;

2° Au 2°, le membre de phrase après les mots : "de logements" est remplacé par les mots : "bénéficiant de concours de l'État ou de la Polynésie française".

§ 3 Participation au capital des sociétés

Art. L. 2573-37 I. – Les articles L. 2253-1 à L. 2253-7 sont applicables aux communes de la Polynésie française à compter du renouvellement des conseils municipaux en 2008 et sous réserve des adaptations prévues aux II et III.

II. – Pour l'application de l'article L. 2253-2, après les mots : "L. 1521-1 et L. 1522-1" sont ajoutés les mots : "ainsi que par l'article L. 1862-2 et par l'article 2 de la loi n° 46-860 du 30 avril 1946 tendant à l'établissement, au financement et à l'exécution de plans d'équipement et de développement des territoires relevant du ministère de la France d'outre-mer".

III. – Pour l'application de l'article L. 2253-7, les mots : "régie par les dispositions du livre II du code de commerce et" sont supprimés.

SECTION 4 Finances communales

SOUS-SECTION 1 Budgets et comptes

§ 1 Dispositions générales

Art. L. 2573-38 I. – Les articles L. 2311-1 à L. 2311-7 sont applicables aux communes de la Polynésie française sous réserve des adaptations prévues au II.

(L. n° 2021-1031 du 4 août 2021, art. 5) « L'article L. 2311-1-1 est applicable aux communes de la Polynésie française dans sa rédaction résultant de la loi de programmation n° 2021-1031 du 4 août 2021 relative au développement solidaire et à la lutte contre les inégalités mondiales. »

II. – Pour l'application de l'article L. 2311-5, les mots : "la date limite de vote des taux des impositions locales prévue à l'article 1639 A du code général des impôts" sont remplacés par les mots : "le 31 mars".

§ 2 Adoption du budget

Art. L. 2573-39 Les articles L. 2312-1 et L. 2312-2 et, à compter de l'exercice 2009, l'article L. 2312-3 sont applicables aux communes de la Polynésie française.

(L. nº 2017-256 du 28 févr. 2017, art. 11) « Le rapport sur les orientations budgétaires mentionné à l'article L. 2312-1 présente un état d'avancement des mesures prévues par le plan de convergence couvrant le territoire de la commune. »

§ 3 Publicité des budgets et des comptes

Art. L. 2573-40 I. – Les articles L. 2313-1 à L. 2313-2 sont applicables aux communes de la Polynésie française sous réserve des adaptations prévues au II.

II. – Pour l'application de l'article L. 2313-1 :

1º Le 8º est supprimé ;

2º Les mots : "conformément aux articles 1520, 1609 *bis*, 1609 *quater*, 1609 *quinquies* C, 1609 *nonies* A *ter*, 1609 *nonies* B et 1609 *nonies* D du code général des impôts" sont remplacés par les mots : "prévue par la réglementation applicable localement".

SOUS-SECTION 2 **Dépenses**

§ 1 Dépenses obligatoires

Art. L. 2573-41 I. – Les articles L. 2321-1 à L. 2321-3 sont applicables aux communes de la Polynésie française sous réserve des adaptations prévues aux II et III.

II. – Pour l'application de l'article L. 2321-2 :

1º *(L. nº 2009-526 du 12 mai 2009, art. 97)* « Au 2º, les mots : "recueil des actes administratifs du département" sont remplacés par les mots : "*Journal officiel* de la Polynésie française" ; »

2º Au 3º, les mots : "au régime général de sécurité sociale en application de l'article L. 213-25-2, les cotisations aux régimes de retraites" sont remplacés par le mot : "versées" ;

3º Au 5º, les mots : "Centre national de la fonction publique territoriale" sont remplacés par les mots : "centre de gestion et de formation créé par l'article 30 de l'ordonnance nº 2005-10 du 4 janvier 2005 portant statut général des fonctionnaires des communes et des groupements de communes de la Polynésie française" ;

4º Au 18º, les mots : ", sous la réserve prévue par *(Ord. nº 2015-1174 du 23 sept. 2015, art. 9)* « les articles L. 132-5 et L. 132-15 » du code de l'urbanisme" sont supprimés ;

5º Les 4º *bis*, 12º, 15º, 21º, 22º, 25º, 26º et 31º sont supprimés.

III. – Pour l'application de l'article L. 2321-3, les dates : "1997" et "1er janvier 1996" sont remplacées respectivement par les dates : "2009" et "1er janvier 2008".

§ 2 Dépenses imprévues

Art. L. 2573-42 Les articles L. 2322-1 et L. 2322-2 sont applicables aux communes de la Polynésie française.

SOUS-SECTION 3 **Recettes**

§ 1 Catégories de recettes

SOUS-§ 1 Recettes de la section de fonctionnement

(L. nº 2007-1720 du 7 déc. 2007, art. 6)

Art. L. 2573-43 I. – Les articles L. 2331-1 à L. 2331-4 sont applicables aux communes de la Polynésie française sous réserve des adaptations prévues aux II, III, IV et V.

II. – Pour son application aux communes de la Polynésie française, l'article L. 2331-1 est ainsi rédigé :

Art. L. 2331-1 Les recettes fiscales de la section de fonctionnement comprennent le produit des impôts et taxes dont l'assiette est établie et le recouvrement a lieu dans les conditions prévues à l'article 53 de la loi organique nº 2004-192 du 27 février 2004 portant statut d'autonomie de la Polynésie française.

III. – Pour l'application de l'article L. 2331-2 :

1° Le 3° est supprimé ;

2° Au 7°, les mots après : "domaine public communal" sont supprimés ;

3° Le 9° est ainsi rédigé :

"9° Les produits de la répartition du fonds intercommunal de péréquation mentionné à l'article L. 2573-51 ;"

4° Au 10°, les mots : "par les lois", sont remplacés par les mots : "par les dispositions applicables localement" ;

5° Au 11°, les mots : "ainsi que, le cas échéant, de la dotation globale de décentralisation", et : "et des versements résultant des mécanismes de péréquation et" sont supprimés ;

IV. – Pour son application aux communes de la Polynésie française, l'article L. 2331-3 est ainsi rédigé :

Art. L. 2331-3 Les recettes de la section de fonctionnement peuvent comprendre :

1° Les concours financiers apportés par la Polynésie française en application des dispositions du II de l'article 43 et des articles 54 et 55 de la loi organique n° 2004-192 du 27 février 2004 portant statut d'autonomie de la Polynésie française ;

2° Les produits des taxes sur les services rendus.

V. – Pour l'application de l'article L. 2331-4 :

1° Les dispositions des 1° à 11° sont remplacées par les dispositions suivantes : "1° Les produits des redevances pour services rendus" ;

2° Les 12°, 13°, 14° et 15° deviennent respectivement : 2°, 3°, 4° et 5°.

SOUS-§ 2 Recettes de la section d'investissement

(L. n° 2007-1720 du 7 déc. 2007, art. 6)

Art. L. 2573-44 I. – Les articles L. 2331-5 à L. 2331-8, le premier alinéa de l'article L. 2331-9 et l'article L. 2331-10 sont applicables aux communes de la Polynésie française sous réserve des adaptations prévues du II au VI.

II. – Pour son application en Polynésie française, l'article L. 2331-5 est ainsi rédigé :

Art. L. 2331-5 Les recettes fiscales de la section d'investissement comprennent le montant des contributions aux dépenses d'équipements publics prévues par les dispositions applicables localement.

III. – Pour l'application de l'article L. 2331-6 :

1° Les 1°, 5°, 6° et 7° sont supprimés ;

2° Le 2°, le 4° et le 8° deviennent respectivement 1°, 2° et 3° ;

3° Il est ajouté un 4° ainsi rédigé :

"4° Les produits de la répartition du fonds intercommunal de péréquation prévu à l'article L. 2573-51 ;"

IV. – Pour l'application de l'article L. 2331-8, le 9° est supprimé.

V. – Pour l'application du premier alinéa de l'article L. 2331-9, la référence : "2°" est remplacée par la référence : "1°" et les dates : "1997" et : "1er janvier 1996" respectivement par les dates : "2009" et "1er janvier 2008".

VI. – Pour l'application de l'article L. 2331-10 :

1° Les références : "aux 1° et 2° de" sont remplacées par le mot : "à", les références : "aux 1° et 6°" sont remplacées par les références : "aux 2°, 3° et 4°", la référence : "au 9°" est remplacée par les références : "aux 4°et 6°" ;

2° Il est ajouté un deuxième alinéa ainsi rédigé :

"Lorsque les dépenses prévues aux 27°, 28° et 29° de l'article L. 2321-2 entraînent une augmentation des dépenses de fonctionnement de plus de 0,75 % du produit des recettes réelles de fonctionnement figurant au budget de l'exercice précédent, la dépense excédant ce seuil peut faire l'objet d'un étalement."

SOUS-§ 3 Répartition et recouvrement de certaines taxes

(L. n° 2007-1720 du 7 déc. 2007, art. 6)

Art. L. 2573-45 I. – L'article L. 2331-11 est applicable aux communes de la Polynésie française sous réserve des dispositions prévues aux II et III.

II. – Pour l'application du premier alinéa, les mots : "des lois et usages locaux" sont remplacés par les mots : "de dispositions applicables localement".

III. – Pour l'application du deuxième alinéa, les mots : "comme en matière d'impôts directs" sont remplacés par les mots : "conformément à la réglementation instituée par la Polynésie française".

§ 2 Taxes, redevances et versements communaux

SOUS-§ 1 Redevance pour l'enlèvement des déchets, ordures et résidus, redevance d'enlèvement des ordures ménagères sur les terrains de camping et redevance spéciale *(L. nº 2007-1720 du 7 déc. 2007, art. 6).*

Art. L. 2573-46 **I. – Les articles L. 2333-76 à L. 2333-78, à l'exception de** *(L. nº 2013-1278 du 29 déc. 2013, art. 80)* **« ses deuxième à quatrième alinéas », sont applicables aux communes de la Polynésie française sous réserve des dispositions prévues aux II et III.**

II. – Pour l'application des *(L. nº 2014-1655 du 29 déc. 2014, art. 34 ; L. nº 2016-1500 du 8 nov. 2016, art. 10)* **« sixième et neuvième » alinéas de l'article L. 2333-76, les mots : "ou la taxe prévue à l'article 1520 du code général des impôts" sont supprimés.**

III. – Pour l'application de l'article L. 2333-78 :

1° La date du : "1er janvier 1993" est remplacée par celle du : "1er janvier 2009".

2° Les mots : ", en application respectivement du II de l'article 1520 et du *a* de l'article 1609 *nonies* A *ter* du code général des impôts," sont supprimés.

SOUS-§ 2 Redevance d'occupation du domaine public *(L. nº 2007-1720 du 7 déc. 2007, art. 6).*

Art. L. 2573-47 **Le conseil municipal détermine les tarifs des redevances dues à la commune en raison de l'occupation du domaine public communal par les ouvrages des entreprises concédées ou munies de permissions de voirie.**

Art. L. 2573-48 **Le conseil municipal détermine les tarifs des redevances dues à la commune en raison de l'occupation du domaine public communal par les ouvrages de transport et de distribution d'électricité et de gaz et par les lignes ou canalisations particulières d'énergie électrique et de gaz, dans le respect de la réglementation applicable localement.**

Art. L. 2573-49 **Le conseil municipal détermine les tarifs des redevances dues à la commune en raison de l'occupation du domaine public communal par les canalisations destinées au transport d'hydrocarbures liquides ou liquéfiés sous pression, dans le respect de la réglementation applicable localement.**

SOUS-§ 3 Stationnement payant à durée limitée sur voirie *(L. nº 2007-1720 du 7 déc. 2007, art. 6).*

Art. L. 2573-50 *(L. nº 2019-1461 du 27 déc. 2019, art. 114)* **Pour son application en Polynésie française, l'article L. 2333-87 est ainsi rédigé :**

Art. L. 2333-87 Sans préjudice de l'application de l'article L. 2213-2, le conseil municipal ou l'organe délibérant de l'établissement public de coopération intercommunale ou du syndicat mixte compétent pour l'organisation des transports, lorsqu'il y est autorisé par ses statuts, peut établir sur des voies qu'il détermine une redevance de stationnement. Dans le cas où le domaine public concerné relève d'une autre collectivité, l'avis conforme de cette dernière est requis hors agglomération.

La délibération établit les tarifs applicables à chaque zone de stationnement payant.

Le tarif peut être modulé en fonction de la durée du stationnement. Il peut prévoir également une tranche gratuite pour une durée déterminée. L'acte instituant la redevance peut prévoir une tarification spécifique pour certaines catégories d'usagers et notamment les résidents.

§ 3 Fonds intercommunal de péréquation, dotations et autres recettes réparties par le comité des finances locales

SOUS-§ 1 Fonds intercommunal de péréquation

Art. L. 2573-51 Les communes perçoivent des ressources du fonds intercommunal de péréquation dans les conditions prévues par l'article 52 de la loi organique n° 2004-192 du 27 février 2004 portant statut d'autonomie de la Polynésie française.

SOUS-§ 2 Dotation globale de fonctionnement

Art. L. 2573-52 I. – Les articles L. 2334-1 *(L. n° 2008-1443 du 30 déc. 2008, art. 105)* « et » L. 2334-2, l'article L. 2334-7, à l'exception du deuxième alinéa du 3°, du dernier alinéa du 4° et du 5° *(L. n° 2012-1509 du 29 déc. 2012, art. 111)* « du I », les articles L. 2334-8 et L. 2334-10 à L. 2334-12, les *(L. n° 2019-1479 du 28 déc. 2019, art. 250)* « trois » premiers alinéas de l'article L. 2334-13 et les I et II de l'article L. 2334-14-1 sont applicables aux communes de la Polynésie française sous réserve des adaptations prévues aux II et III.

II. – Pour l'application de l'article L. 2334-2, le deuxième alinéa est rédigé comme suit :

"Cette population est la population totale majorée, sauf disposition contraire, d'un habitant par résidence secondaire."

III. – Pour l'application des *(L. n° 2008-1425 du 27 déc. 2008, art. 174)* « quatrième et cinquième » alinéas de l'article L. 2334-13, la quote-part destinée aux communes de Polynésie française est calculée en appliquant à la quote-part destinée aux communes d'outre-mer, laquelle a été déterminée par l'application du rapport existant, à la date du dernier recensement général, entre la population des communes d'outre-mer majorée de *(L. n° 2016-1917 du 29 déc. 2016, art. 138)* « 35 % » et la population française, le rapport existant, à la même date, entre la population de la Polynésie française et celle des communes d'outre-mer.

SOUS-§ 3 Dotation spéciale pour le logement des instituteurs

Art. L. 2573-53 I. – Les articles L. 2334-26 à L. 2334-30 sont applicables aux communes de Polynésie française sous réserve des adaptations prévues aux II et III.

II. – Pour l'application de l'article L. 2334-27, au troisième alinéa, les mots : "l'indemnité communale prévue par l'article L. 921-2 du code de l'éducation" sont remplacés par les mots : "une indemnité aux instituteurs non logés, dont les conditions d'attribution sont fixées par décret".

III. – Pour l'application de l'article L. 2334-29 :

1° Le deuxième alinéa est ainsi rédigé :

"Sur les sommes afférentes à la seconde part, le haut-commissaire verse une indemnité communale aux instituteurs non logés."

2° Au troisième alinéa, les mots : "Centre national de la fonction publique territoriale" sont remplacés par les mots : "haut-commissaire".

SOUS-§ 4 Dotation d'équipement des territoires ruraux *(L. n° 2010-1657 du 29 déc. 2010, art. 179)*.

Art. L. 2573-54 Les articles L. 2334-32 *(L. n° 2010-1657 du 29 déc. 2010, art. 179)* « , L. 2334-33 et L. 2334-38 » sont applicables aux communes de la Polynésie française.

SOUS-§ 5 Dotation territoriale pour l'investissement des communes

(L. n° 2010-1657 du 29 déc. 2010, art. 168)

Art. L. 2573-54-1 Il est institué une dotation territoriale pour l'investissement au profit des communes de la Polynésie française.

Cette dotation est affectée au financement des projets des communes et de leurs établissements en matière de traitement des déchets, d'adduction d'eau, d'assainissement des eaux usées, d'adaptation ou d'atténuation face aux effets du changement climatique et des projets de constructions scolaires pré-élémentaires et élémentaires. Elle est perçue directement par le fonds intercommunal de péréquation mentionné à l'article L. 2573-51.

(L. nº 2015-1785 du 29 déc. 2015, art. 149) « Son montant est fixé par la loi de finances. »

Un décret en Conseil d'État précise les modalités d'application du présent article.

§ 4 Dotations, subventions et fonds divers

Art. L. 2573-55 *(L. nº 2023-1322 du 29 déc. 2023, art. 244)* Les dispositions du chapitre V du titre III du livre III de la deuxième partie mentionnées dans la première colonne du tableau du second alinéa sont applicables aux communes de Polynésie française, dans leur rédaction mentionnée dans la seconde colonne du même tableau :
— Tableau mod. par L. nº 2025-127 du 14 févr. 2025, art. 178.

DISPOSITIONS APPLICABLES	DANS LEUR RÉDACTION RÉSULTANT DE
L. 2335-1	La loi n° 2025-127 du 14 février 2025 de finances pour 2025
L. 2335-2	La loi n° 96-142 du 21 février 1996
L. 2335-2-1	La loi n° 2012-1509 du 29 décembre 2012
L. 2335-16	La loi n° 2023-1322 du 29 décembre 2023 de finances pour 2024

§ 5 Avances et emprunts

Art. L. 2573-56 *(L. nº 2011-1977 du 28 déc. 2011, art. 144)* « Le chapitre VII du titre III du livre III de la deuxième partie est applicable » aux communes de la Polynésie française.

SOUS-SECTION 4 Comptabilité

Art. L. 2573-57 I. — Les articles L. 2341-1, L. 2342-1 à L. 2342-3, L. 2343-1 et L. 2343-2 sont applicables aux communes de la Polynésie française sous réserve des adaptations prévues au II.

II. — Pour l'application de l'article L. 2342-2, les mots : "de l'intérieur" sont remplacés par les mots : "chargé de l'outre-mer".

SECTION 5 Intérêts propres à certaines catégories d'habitants

Art. L. 2573-58 I. — Les articles L. 2411-1 à L. 2411-3 et L. 2411-4 à L. 2411-19 et *(L. nº 2013-428 du 27 mai 2013, art. 23)* « les articles L. 2412-1 et L. 2412-2 » sont applicables aux communes de la Polynésie française sous réserve des adaptations prévues du II au VI.

II. — Pour l'application de l'article L. 2411-5, les références aux articles L. 2113-17 et L. 2113-23 sont remplacées par la référence à l'article L. 2113-23.

III. — Pour l'application de l'article L. 2411-7, les mots : "par les articles L. 125-1 à L. 125-7 du code rural et de la pêche maritime" sont remplacés par les mots : "par la réglementation applicable localement".

IV. — Pour l'application de l'article L. 2411-10, les mots : "à l'article L. 481-1 du code rural et de la pêche maritime" et les mots : "par les articles L. 331-2 à L. 331-5 du code rural et de la pêche maritime" sont remplacés deux fois par les mots : "par la réglementation applicable localement".

V. — Abrogé par L. nº 2013-428 du 27 mai 2013, art. 23.

VI. — Pour l'application de l'article L. 2412-1, les mots : "et celles résultant de l'exécution des engagements approuvés en application des articles L. 212-1, L. 212-2 et L. 212-4 du code forestier" sont supprimés.

TITRE VIII COMMUNES DE LA MÉTROPOLE DE LYON

(L. n° 2014-58 du 27 janv. 2014, art. 27)

CHAPITRE UNIQUE

Art. L. 2581-1 **Les communes situées sur le territoire de la métropole de Lyon fixé à l'article L. 3611-1 sont soumises aux règles applicables aux autres communes, sous réserve des dispositions législatives qui leur sont propres, notamment celles de l'article L. 3641-1.**

TROISIÈME PARTIE LE DÉPARTEMENT

COMMENTAIRE

V. dans le supplément en ligne.

LIVRE I ORGANISATION DU DÉPARTEMENT

TITRE I NOM ET TERRITOIRE DU DÉPARTEMENT

ENCYCL. COLL. LOC. *Département : organisation générale, 1610 s.,* par DANTONEL-COR et PEISER.

COMMENTAIRE

V. dans le supplément en ligne.

CHAPITRE I NOM

Art. L. 3111-1 Le changement de nom d'un département est décidé par décret en Conseil d'État sur la demande du conseil départemental. – *[Ord. n° 45-2604 du 2 nov. 1945, art. 1er, al. 1er.]*

Compétence du Conseil d'État en premier et dernier ressort pour le recours dirigé contre le décret de changement de nom. • CE 30 oct. 1970, *Sieur Perret : Lebon T. 1046.*

CHAPITRE II LIMITES TERRITORIALES ET CHEF-LIEU

Art. L. 3112-1 Les limites territoriales des départements sont modifiées par la loi après consultation des conseils départementaux intéressés, le Conseil d'État entendu. Toutefois, lorsque les conseils départementaux sont d'accord sur les modifications envisagées, celles-ci sont décidées par décret en Conseil d'État. – *[Ord. n° 45-2604 du 2 nov. 1945, art. 1er, al. 3.]*

1. Le juge administratif adopte une méthode empirique pour la délimitation des frontières imprécises entre départements. • T. confl. 10 févr. 1904, *Blein c/ État : Lebon 97 ; DP 1905. 3. 62* • CE 26 juill. 1947, *George c/ Naudin : Lebon 355.*

2. Compétence du juge administratif pour les litiges relatifs à la délimitation. • CE 26 juill. 1947, *George c/ Naudin : préc. note 1.* ♦ Et question préjudicielle pour le juge judiciaire. • T. confl. 10 févr. 1904, *Blein : préc. note 1.*

Art. L. 3112-2 Le transfert du chef-lieu d'un département est décidé par décret en Conseil d'État, après consultation du conseil départemental des conseils municipaux de la commune siège du chef-lieu et de celle où le transfert du chef-lieu est envisagé. – *[Ord. n° 45-2604 du 2 nov. 1945, art. 1er, al. 2.]*

La décision de transfert constitue un acte non réglementaire sur lequel le juge exerce un contrôle minimum en refusant d'apprécier l'opportunité du transfert. • CE, ass., 26 nov. 1976, *Soldani : Lebon 508 ; AJDA 1977. 26 et 33, chron. Nauwelaers et Fabius, concl. Latournerie.*

CHAPITRE III SUBDIVISIONS DU DÉPARTEMENT

Art. L. 3113-1 *(L. n° 2004-809 du 13 août 2004, art. 135)* « Les créations et suppressions d'arrondissements sont décidées par décret après consultation du conseil départemental. Les modifications des limites territoriales des arrondissements sont décidées par le représentant de l'État dans la région, après consultation du conseil départemental. »

Le transfert du chef-lieu d'un arrondissement est décidé par décret, après consultation du conseil départemental et des conseils municipaux de la commune siège du chef-lieu et de celle où le transfert du chef-lieu est envisagé.

BIBL. ▶ AVRIL, L'arrondissement devant la réforme administrative, *Berger-Levrault, coll. Administration nouvelle, Paris, 1970.*

I. LIMITES TERRITORIALES D'ARRONDISSEMENT

1. L'absence de contreseing du garde des Sceaux, qui n'est pas un ministre intéressé au sens de la procédure de contreseing, n'entache pas la légalité du décret modifiant les limites territoriales de l'arrondissement même lorsque cela a pour conséquence la modification des ressorts des tribunaux d'instance et des tribunaux de grande instance. • CE, sect., 23 mai 1958, *Michaux : Lebon 296.*

2. A été jugé qu'une commune ne peut être divisée en plusieurs arrondissements. • CE, ass., 18 nov. 1977, *Cne de Fontenay-sous-Bois : Lebon 448 ; AJDA 1978. 209, chron. Nauwelaers et Dutheillet de Lamothe ; RD publ. 1978. 526, concl. Franc.*

II. MODIFICATION DES LIMITES TERRITORIALES ENTRAÎNANT UNE MODIFICATION DU DÉCOUPAGE DES CANTONS

3. Sur présentation d'une étude d'impact et de la consultation des communes intéressées, prévue par la Circ. du ministre de l'Intérieur du 25 nov. 2004 relative à la déconcentration de la modification des limites d'arrondissement, l'avis du conseil départemental est suffisamment éclairé. • CAA Marseille, 4 oct. 2021, n° 19MA04860. ♦ L'avis unique du conseil général suffit lorsque la création d'arrondissement s'accompagne d'un remodelage des cantons. • CE, ass., 6 mai 1966, *Guilain : Lebon 305.* ♦ Cependant il a été jugé que l'assemblée départementale doit avoir disposé du temps et des informations nécessaires. • CE 27 juin 1986, *Lise, Valcin,* n° 66485 B • CE 28 janv. 1987, *Tanguy et Guillou,* n° 66485 : *Lebon 18 ; RFDA 1987. 333.*

4. En outre, le juge a reconnu que le ministre de l'Intérieur a la possibilité de consulter certains conseils municipaux. • CE 12 juill. 1978, *Cne de Sarcelles : Lebon 309* • CE 27 juin 1986, *Lise, Valcin,* n° 66485 : *préc. note 3.*

III. TRANSFERT DU CHEF-LIEU

5. Le juge refuse de contrôler l'opportunité des titres respectifs des villes en compétition. • CE, sect., 18 oct. 1968, *Ville de Sceaux : Lebon 496 ; AJDA 1969. 24, chron. Dewost et Denoix de Saint-Marc ; Dr. adm. 1968. 328 ; Vie cnale et dptale 1968. 318* • CE, ass., 26 nov. 1976, *Soldani : Lebon 508 ; AJDA 1977. 26 et 33, chron. Nauwelaers et Fabius, concl. Latournerie.*

6. Obligation de consulter les conseils municipaux lorsqu'il y a conjointement création d'un nouvel arrondissement et transfert de chef-lieu. • CE, sect., 18 oct. 1968, *Ville de Sceaux : préc. note 5.*

Art. L. 3113-2 *(L. n° 2013-403 du 17 mai 2013, art. 46)* **« I. — » Les modifications des limites territoriales des cantons, les créations et suppressions de cantons sont décidés** *[décidées]* **par décret en Conseil d'État après consultation du conseil départemental** *(L. n° 2013-403 du 17 mai 2013, art. 46)* **« qui se prononce dans un délai de six semaines à compter de sa saisine. À l'expiration de ce délai, son avis est réputé rendu ».**

(L. n° 2013-403 du 17 mai 2013, art. 46) **« II. — La qualité de chef-lieu de canton est maintenue aux communes qui la perdent dans le cadre d'une modification des limites territoriales des cantons, prévue au I, jusqu'au prochain renouvellement général des conseils départementaux.**

« III. — La modification des limites territoriales des cantons effectuée en application du I est conforme aux règles suivantes :

« *a)* Le territoire de chaque canton est défini sur des bases essentiellement démographiques ;

« *b)* Le territoire de chaque canton est continu ;

« *c)* Est entièrement comprise dans le même canton toute commune de moins de 3 500 habitants ;

« IV. — Il n'est apporté aux règles énoncées au III que des exceptions de portée limitée, spécialement justifiées, au cas par cas, par des considérations géographiques *[Dispositions déclarées non conformes à la Constitution par la décision du Conseil constitutionnel n° 2013-667 DC du 16 mai 2013]* **; ou par d'autres impératifs d'intérêt général. »**

BIBL. ▸ Deffigier, De quelques difficultés de délimitation des cantons. À propos d'arrêts récents du Conseil d'État, *JCP Adm. 2014, n° 2299.*

I. LIMITES TERRITORIALES DE CANTONS

1. Avis. L'avis du conseil général est obligatoire lorsque le département existe antérieurement à la création de nouveaux cantons. • CE, sect., 18 oct. 1968, *Ville de Sceaux : Lebon 496 ; AJDA 1969. 37, chron. Dewost et Denoix de Saint-Marc.* ♦ Le gouvernement n'est pas lié par l'avis du conseil général. • CE 28 janv. 1987, *Tanguy et Guillou,* n° 66485 : *Lebon 18.* ♦ En revanche, la consultation des conseils municipaux est facultative. • CE 27 juin 1986, *Lise, Valcin,* n° 66485 B. – V. aussi

• CE, ass., 13 nov. 1998, *Amalric, Le Déaut, Cne de Saint-Louis et Dpt de La Réunion, Cne d'Armoy et a. (4 décisions) : Lebon 395 ; RD publ. 1999. 1515, note Geslot ; RGCT 1999. 115, comm. Roux ; RFDA 1999. 818, concl. Touvet, note Weisse-Marchal*.

2. Pouvoir d'appréciation du gouvernement. Il a été jugé qu'une même commune peut être divisée en plusieurs cantons. • CE, ass., 18 nov. 1977, *Cne de Fontenay-sous-Bois : Lebon 448 ; AJDA 1978. 209, chron. Nauwelaers et Dutheillet de Lamothe ; RD publ. 1978. 526, concl. Franc* • CE 29 janv. 1992, *Roussel et Adam*, n° 125189 : *Lebon 44 ; AJDA 1992. 160, obs. Maugüé et Schwartz*. ♦ Le découpage n'a pas à respecter les limites des arrondissements municipaux. • CE, ass., 21 janv. 2004, *Guinde et Dpt des Bouches-du-Rhône*, n° 255375 : *AJDA 2004. 451, note Boissard ; Coll. terr. 2004, n° 7, note Touvet*. ♦ Aucun texte ni principe n'impose au Premier ministre de prévoir que les limites des cantons coïncident avec celles des arrondissements ou des circonscriptions législatives. • CE 21 mai 2014, n° 376166 : *AJCT 2014. 494, obs. Yazi-Roman*.

3. Date du remodelage et mandats en cours. Le juge précise qu'il est impossible de découper les cantons moins d'un an avant l'échéance normale de renouvellement des conseillers généraux. • CE 18 déc. 1991, *Berthelot*, n° 125338 B : *RFDA 1992. 848, concl. Dutreil*. ♦ La disparition ou la fusion d'un canton doit être retardée jusqu'au moment du renouvellement triennal pour respecter le mandat du conseiller général élu. • CE 5 mai 1976, *Min. de l'Intérieur c/ Corlay et Bittoun et Lerat : Lebon 239 ; D. 1977. 231, note Peiser ; RD publ. 1976. 521, concl. Guillaume ; AJDA 1976. 312, chron. Nauwelaers et Fabius*. • CE, ass., 28 janv. 1987, *Tanguy et Guillou*, n° 66485 : *préc. note 1*. ♦ Le juge a également précisé que la fusion de deux cantons en un canton unique ne peut mettre fin avant son terme normal au mandat du conseiller général élu. • CE 23 oct. 1985, *Cne d'Allos*, n° 65948 : *Lebon 298*.

4. Division du canton et droit d'option. Lorsqu'il y a division d'un canton en deux ou en plusieurs, le conseiller général élu a un droit d'option. • CE 20 janv. 1988, *Dell'Agnola*, n° 76817 B. ♦ Cependant à défaut de dispositions précises, le préfet peut, sous le contrôle du juge, déterminer ceux des nouveaux cantons qui continuent d'être représentés par des conseillers dont le mandat n'est pas expiré et ceux pour lesquels il y a lieu de pourvoir à la désignation de nouveaux conseillers. • CE, ass., 5 mai 1976, *Min. de l'Intérieur c/ Corlay et Bittoun et Lerat : préc. note 3*.

5. Accroissement des disparités. Le remodelage des cantons est illégal s'il a pour objet ou pour effet d'accroître les disparités qui existaient auparavant entre les cantons les plus peuplés et ceux les moins peuplés du département considéré. • CE 12 juill. 1978, *Cne de Sarcelles : Lebon 309*. ♦ Il y a atteinte au principe constitutionnel d'égalité des citoyens devant le suffrage lorsque le remodelage a pour conséquence d'augmenter les disparités d'ordre démographique existantes. • CE, ass., 13 nov. 1998, *Amalric et a.*, n° 187364 : *préc. note 1*.

6. Écarts de population. Pour le reste, le gouvernement s'est vu reconnaître par le juge un large pouvoir d'appréciation même s'il y a des écarts de population. • CE 29 janv. 1992, *Roussel et Adam*, n° 125189 : *préc. note 2*. ♦ Il ne saurait être déduit de l'art. L. 3113-2 CGCT que la population d'un canton ne devrait pas s'écarter de plus de 20 % de la population moyenne du département. • CE 15 oct. 2014, *M. C. B.*, n° 379972 : *Lebon ; AJDA 2014. 2034*. ♦ Est justifié le regroupement de deux cantons ayant pour effet de réduire les disparités existant dans cette partie de département entre les cantons les moins peuplés et ceux les plus peuplés. • CE 13 déc. 1991, *Dpt du Loir-et-Cher*, n° 125161 : *Lebon 442 ; LPA 1992 n° 2, chron. Célérier et concl. Lamy ; AJDA 1992. 160, chron. Maugüé et Schwartz ; RD publ. 1991. 235, concl. Lamy*. ♦ Les modifications sont légales si elles n'ont pas pour effet d'accroître les disparités existant dans le département même si elles ont entraîné une augmentation de la population de certains cantons qui était déjà supérieure à la moyenne départementale. • Même arrêt. ♦ Est justifiée la réduction de l'écart démographique départemental recherché par le rattachement partiel d'un canton à un autre malgré l'accroissement des disparités qui en résulte entre les cantons d'une même commune. • CE 23 oct. 1985, *Rinaldi*, n° 667754. ♦ *Idem* pour l'accroissement de la disparité entre les effectifs des électeurs inscrits si cela n'a pas pour effet l'accroissement de celle entre l'ensemble des habitants résidant dans chaque canton. • CE 28 janv. 1987, *Tanguy et Guillou*, n° 66485 : *préc. note 3*.

7. Impératif d'intérêt général. Le territoire de chaque canton est défini sur des bases essentiellement démographiques mais le Conseil d'État précise que la délimitation des circonscriptions cantonales peut cependant tenir compte d'autres impératifs d'intérêt général. Il appartient ainsi au gouvernement de retenir les chiffres de population les plus récents auxquels il est susceptible de se référer en tenant compte de la date des prochaines échéances électorales ainsi que des exigences d'une bonne administration, au nombre desquelles figure notamment le respect des contraintes et délais de consultation inhérents au processus d'élaboration et d'adoption des nouvelles délimitations. • CE 26 mai 2014, *Assoc. de soutien pour l'exercice des responsabilités dptales et locales*, n° 376548 B : *AJDA 2014. 1066, note Pastor*.

8. Nature juridique de la décision de redécoupage. Le découpage des cantons est un acte non réglementaire non créateur de droits qui ne peut être mis en cause après l'expiration du délai contentieux et l'autorité administrative n'est tenue, lorsque cela lui est demandé, d'en prononcer l'abrogation que s'il est devenu illégal à la suite d'un changement dans les circonstances de fait ou de droit postérieur à son édiction. • CE, sect., 30 nov. 1990, *Assoc. Les Verts*, n° 103889 : *Lebon 339* ; *AJDA 1991. 155, chron. Honorat et Schwartz*. ♦ Le refus du gouvernement de procéder au remodelage constitue une violation du principe d'égalité des citoyens devant le suffrage. • CE 6 janv. 1999, *Lavaurs*, n° 178608 : *Lebon 1* ; *AJDA 1999. 443, concl. Daussun*. ♦ Ce refus peut donner lieu à injonction du juge administratif de prendre un décret de remodelage postérieurement au renouvellement des conseils généraux. • CE, ass., 21 janv. 2004, *Boulanger*, n° 254645 : *AJDA 2004. 451, concl. Boissard* ; *Coll. terr. 2004, n° 6, note Touvet*.

II. LE TRANSFERT DU CHEF-LIEU DE CANTON

9. Le juge a précisé que l'avis du conseil général n'est pas obligatoire lorsque cette assemblée adopte une attitude dilatoire en ajournant l'émission de cet avis. • CE 1er mars 1957, *Cne de Port-Louis : Lebon 134*.

10. Refus du juge de contrôler l'opportunité du choix effectué. • CE 18 déc. 1991, *Cne de Vergèze*, n° 125318 B : *ACL 1992. 181*.

CHAPITRE IV REGROUPEMENT DE DÉPARTEMENTS

(L. n° 2010-1563 du 16 déc. 2010, art. 26)

Art. L. 3114-1 **I. — Plusieurs départements formant, dans la même région, un territoire d'un seul tenant peuvent, par délibérations concordantes de leurs conseils départementaux** *(L. n° 2015-29 du 16 janv. 2015, art. 3)* **« , adoptées à la majorité des trois cinquièmes des suffrages exprimés », demander à être regroupés en un seul département. L'avis du comité de massif compétent est requis dès lors que l'un des départements intéressés comprend des territoires de montagne au sens de l'article 3 de la loi n° 85-30 du 9 janvier 1985 relative au développement et à la protection de la montagne. Son avis est réputé favorable s'il ne s'est pas prononcé à l'expiration d'un délai de quatre mois suivant la notification par le représentant de l'État des délibérations des conseils départementaux intéressés.**

Par dérogation aux articles L. 3121-9 et L. 3121-10, la demande de regroupement de départements prévue au premier alinéa est inscrite à l'ordre du jour du conseil départemental à l'initiative d'au moins 10 % de ses membres.

II. — Abrogé par L. n° 2015-29 du 16 janv. 2015, art. 3.

III. — Le regroupement est décidé par décret en Conseil d'État.

TITRE II ORGANES DU DÉPARTEMENT

CHAPITRE I LE CONSEIL DÉPARTEMENTAL

ENCYCL. COLL. LOC. *Département : élection et statut des conseillers départementaux, 1630 ; Département : fonctionnement du conseil, 1640,* par DANTONEL-COR.

SECTION 1 Dispositions générales

Art. L. 3121-1 **Il y a dans chaque département un conseil départemental** *(L. n° 2013-403 du 17 mai 2013, art. 2)* **« qui représente la population et les territoires qui le composent ».**

Sur le rôle des conseils départementaux en cas de dissolution ou d'empêchement illégaux de l'Assemblée nationale, V. L. du 15 févr. 1872.

SECTION 2 Composition

COMMENTAIRE

V. dans le supplément en ligne.

Art. L. 3121-2 **La composition des conseils départementaux et la durée du mandat des conseillers sont régies par les dispositions des articles L. 191 et L. 192 du code électoral.** — *[L. n° 96-142 du 21 févr. 1996.]*

SECTION 3 Démission et dissolution

Art. L. 3121-3 Lorsqu'un conseiller départemental donne sa démission, il l'adresse au président du conseil départemental, qui en donne immédiatement avis au représentant de l'État dans le département. – *[L. du 10 août 1871, art. 20.]*

1. À partir du moment où une démission volontaire devient définitive, un recours dirigé contre l'élection du conseiller général concerné devient sans objet. • CE 15 juin 1894, *Épx D'Arreau : Lebon 408*. – V. aussi • CE, sect., 10 mai 1991, *Leonetti, Él. cantonales de Marseille*, n° 104698 : *Lebon 174 ; RFDA 1991. 527*.

2. V. par analogie annotations ss. art. L. 2121-4 (démission d'un membre du conseil municipal).

Art. L. 3121-4 Tout membre d'un conseil départemental qui, sans excuse valable, a refusé de remplir une des fonctions qui lui sont dévolues par les lois est déclaré démissionnaire par le tribunal administratif. – *[L. du 7 juin 1873, art. 1er.]*

Le refus résulte soit d'une déclaration expresse adressée à qui de droit ou rendue publique par son auteur, soit de l'abstention persistante après avertissement de l'autorité chargée de la convocation. – *[L. du 7 juin 1873, art. 2.]*

Le membre ainsi démissionnaire ne peut être réélu avant le délai d'un an. – *[L. du 7 juin 1873, art. 3.]*

1. Le conseiller général ayant manqué à une session ordinaire sans excuse légitime ne peut être sanctionné sur la base d'un refus de remplir ses fonctions. * Rép. min. n° 39375 : *JOAN Q, 1er avr. 1991, p. 1337.*

2. V. par analogie notes ss. art. L. 2121-5, notamment pour la notion de « fonctions dévolues par la loi ».

3. Doit être inscrite à l'ordre du jour la demande du président du conseil général invitant le conseil à se prononcer sur une démission d'office. • CE 19 juin 1998, *Dpt des Bouches-du-Rhône et Bernardini*, n° 191314 B : *Gaz. Pal. 1999. 1. Pan. dr. adm. 67.*

4. Seul le préfet peut saisir le TA de la demande de déclaration de démission d'office. • CAA Bordeaux, 31 janv. 2006, *Germain Serbin*, n° 02BX00790 : *BJCL 2006. 251, concl. Péano.*

Art. L. 3121-5 Lorsque le fonctionnement d'un conseil départemental se révèle impossible, le gouvernement peut en prononcer la dissolution par décret motivé pris en conseil des ministres ; il en informe le Parlement dans le délai le plus bref.

La dissolution ne peut jamais être prononcée par voie de mesure générale. – *[L. n° 82-213 du 2 mars 1982, art. 43, al. 1er et 2.]*

1. V. par analogie notes ss. art. L. 2121-6.

2. Dès la publication du décret de dissolution, le conseil général ne peut se réunir et par là même ne peut autoriser le président à intenter en son nom un recours pour excès de pouvoir sauf si l'autorisation a été adoptée antérieurement. • CE 29 juin 1962, *Conseil général de la Guadeloupe : Lebon 431.*

Art. L. 3121-6 En cas de dissolution du conseil départemental, de démission de tous ses membres en exercice ou d'annulation devenue définitive de l'élection de tous ses membres, le président est chargé de l'expédition des affaires courantes. Ses décisions ne sont exécutoires qu'avec l'accord du représentant de l'État dans le département. Il est procédé à la réélection du conseil départemental dans un délai de deux mois. L'assemblée se réunit de plein droit le second vendredi qui suit le premier tour de scrutin.

Le représentant de l'État dans le département convoque chaque conseiller départemental élu pour la première réunion, dont il fixe l'heure et le lieu. – *[L. n° 82-213 du 2 mars 1982, art. 43, al. 3 et 4.]*

SECTION 4 Fonctionnement

SOUS-SECTION 1 Siège et règlement intérieur

COMMENTAIRE

V. dans le supplément en ligne.

Art. L. 3121-7 Le conseil départemental a son siège à l'hôtel du département. – *[L. n° 82-213 du 2 mars 1982, art. 35, al. 1er.]*

Art. L. 3121-8 *(L. n° 2015-991 du 7 août 2015, art. 123)* **« Le conseil départemental établit son règlement intérieur dans les trois mois qui suivent son renouvellement. Le règlement intérieur précédemment adopté continue à s'appliquer jusqu'à l'établissement du nouveau règlement. »** *(L. n° 2015-991 du 7 août 2015, art. 31)* **« Le règlement intérieur détermine les droits des groupes d'élus régulièrement constitués et les droits spécifiques des groupes minoritaires ou s'étant déclaré** *[déclarés]* **d'opposition. » Le règlement intérieur peut être déféré devant le tribunal administratif.**

BIBL. ▶ DELON-DESMOULIN, Le contrôle du juge administratif sur les règlements intérieurs des assemblées délibérantes locales, *RD publ. 1996. 843.*

1. Le règlement intérieur constitue un acte administratif susceptible d'être déféré au TA. • CE 10 févr. 1995, *Riehl*, n° 129168 A : *AJDA 1995. 414 ; ibid. 370, chron. L. Touvet et J.-H. Stahl ; RFDA 1995. 343, concl. H. Savoie*. • CE 10 févr. 1995, *Cne de Coudekerque-Branche*, n° 147378 A : *AJDA 1995. 414 ; ibid. 370, chron. L. Touvet et J.-H. Stahl ; RFDA 1995. 343, concl. H. Savoie*. – V. annotations ss. art. L. 2121-8 pour une commune.

2. Est contraire au respect du droit d'amendement et donc illégale, la disposition du règlement intérieur d'un conseil général qui impose que les amendements soient d'abord déposés en commission. • CAA Paris, 12 févr. 1998, *Tavernier*, n° 96PA01170 A : *AJDA 1998. 724, concl. Lambert*.

3. Le règlement intérieur est librement adopté dans le respect du principe de libre administration auquel les dispositions du CGCT ne peuvent porter atteinte. • Cons. const. 14 janv. 1999, n° 98-407 DC : *AJDA 1999. 149, note J.-E. Schoettl ; D. 2000. 194, obs. R. Ghevontian ; RFDA 2000. 109, étude L. Baghestani-Perrey et M. Verpeaux*. ♦ C'est le règlement intérieur qui précise le mode de fonctionnement de la commission permanente. • CE, sect., 18 déc. 1996, *Région Centre*, n° 151790 A. ♦ *Idem* pour le mode de scrutin de la représentation du conseil départemental dans les organismes extérieurs. • CAA Douai, 11 juill. 2000, *Descaves*, n° 96DA02191 A : *AJDA 2000. 952 ; ibid. 887, chron. L. Benoit, J. Berthoud, E. Coënt-Bochard, J.-F. Millet, P. Rousselle, V. Haïm, J.-L. Rey, O. Yeznikian, L.-D. Laugier et G. Mulsant*. ♦ *Idem* pour le régime indemnitaire des élus en fonction de leur absentéisme. • CAA Douai, 14 févr. 2007, n° 06DA00108 B : *AJDA 2007. 678, chron. P. Le Garzic ; ibid. 1150*.

SOUS-SECTION 2 **Réunion**

COMMENTAIRE

V. dans le supplément en ligne.

Art. L. 3121-9 Le conseil départemental se réunit à l'initiative de son président, au moins une fois par trimestre, dans un lieu du département choisi par la commission permanente.

Pour les années où a lieu le renouvellement *(L. n° 2013-403 du 17 mai 2013, art. 19)* **« général » des conseils départementaux, la première réunion se tient de plein droit le second** *(L. n° 2003-327 du 11 avr. 2003, art. 12)* **« jeudi » qui suit le premier tour de scrutin.**

(L. n° 2015-366 du 31 mars 2015, art. 2) **« Lors de la première réunion du conseil départemental, immédiatement après l'élection du président, des vice-présidents et des autres membres de la commission permanente, le président donne lecture de la charte de l'élu local prévue à l'article L. 1111-1-1. Le président remet aux conseillers départementaux une copie de la charte de l'élu local et du chapitre III du présent titre. »**

Art. L. 3121-9-1 *(L. n° 2022-217 du 21 févr. 2022, art. 170)* **Le président peut décider que la réunion du conseil départemental se tient en plusieurs lieux, par visioconférence.**

Lorsque la réunion du conseil départemental se tient par visioconférence, le quorum est apprécié en fonction de la présence des conseillers départementaux dans les différents lieux par visioconférence.

Les votes ne peuvent avoir lieu qu'au scrutin public. En cas d'adoption d'une demande de vote secret, le président reporte le point de l'ordre du jour à une séance ultérieure, qui ne peut se tenir par visioconférence. Le scrutin public peut être organisé soit par appel nominal, soit par scrutin électronique, dans des conditions garantissant sa sincérité. En cas de partage des voix, la voix du président est prépondérante. Le président proclame le résultat du vote, qui est reproduit au procès-verbal avec le nom des votants.

La réunion du conseil départemental ne peut se tenir en plusieurs lieux par visioconférence pour l'élection du président et de la commission permanente, ni pour l'adoption du budget primitif, ni pour l'application des articles L. 3121-22 et L. 3121-23. Le conseil départemental se réunit en un seul et même lieu au moins une fois par semestre.

Lorsque la réunion du conseil départemental se tient entièrement ou partiellement par visioconférence, elle est diffusée en direct à l'attention du public sur le site internet du conseil départemental. Lorsque des lieux sont mis à disposition par le conseil départemental pour la tenue d'une de ses réunions par visioconférence, chacun d'entre eux est accessible au public.

Lorsque la réunion du conseil départemental se tient entièrement ou partiellement par visioconférence, il en est fait mention dans la convocation adressée par le président.

Le règlement intérieur fixe les modalités pratiques de déroulement des réunions en plusieurs lieux par visioconférence.

Art. L. 3121-10 **Le conseil départemental est également réuni à la demande :**

— de la commission permanente ;

— ou du tiers des membres du conseil départemental sur un ordre du jour déterminé, pour une durée qui ne peut excéder deux jours. Un même conseiller départemental ne peut présenter plus d'une demande de réunion par semestre.

En cas de circonstances exceptionnelles, les conseils départementaux peuvent être réunis par décret. — *[L. n° 82-213 du 2 mars 1982, art. 37.]*

Lorsque la réunion est demandée par le tiers des membres du conseil général, l'assemblée commet un excès de pouvoir si elle délibère sur un autre objet que celui en vue duquel la réunion a été demandée. De plus l'irrégularité de cette délibération n'est pas couverte par une autre délibération prise au cours de la session suivante alors que la délibération illégale n'a pas été rapportée et bien que la nouvelle soit légale. • CE 5 avr. 1889, *de la Borderie : Lebon 463.*

SOUS-SECTION 3 **Séances**

BIBL. ▶ RETOURNARD, Les séances du conseil général, *Dpt et cnes 1967. 261.*

COMMENTAIRE

V. dans le supplément en ligne.

Art. L. 3121-11 **Les séances du conseil départemental sont publiques.**

Néanmoins, sur la demande de cinq membres ou du président, le conseil départemental peut décider, sans débat, à la majorité absolue des membres présents ou représentés, qu'il se réunit à huis clos.

Sans préjudice des pouvoirs que le président du conseil départemental tient de l'article L. 3121-12, ces séances peuvent être retransmises par les moyens de communication audiovisuelle. — *[L. n° 82-213 du 2 mars 1982, art. 40.]*

1. La publicité des séances du conseil général est traditionnelle. En prévoyant la réunion à huis clos à la majorité absolue des membres présents ou représentés, le législateur résout les difficultés soulevées par le juge. • CE 21 mai 1982, *Dpt de la Guadeloupe*, n° 23398 : *Lebon 183*. ♦ Aucun principe de valeur législative n'impose la publicité des séances de la commission permanente. • CE, sect., 18 déc. 1996, *Région Centre*, n° 151790 : *Dr. adm. 1997, n° 41 ; Lebon 495 ; RD publ. 1998. 1205, note Merley.*

2. V. par analogie notes ss. art. L. 2121-18.

Art. L. 3121-12 **Le président a seul la police de l'assemblée.**

Il peut faire expulser de l'auditoire ou arrêter tout individu qui trouble l'ordre.

En cas de crime ou de délit, il en dresse procès-verbal, et le procureur de la République en est immédiatement saisi. — *[L. du 10 août 1871, art. 29.]*

1. Si des impératifs de sécurité et d'ordre public permettent au président du conseil général de limiter l'accès à la salle du conseil général, il ne peut sans méconnaître le principe de publicité des séances, en réserver l'entrée aux seules personnes munies de cartes d'invitation distribuées par lui ou par les conseillers généraux. • CE 23 nov. 1979, *Parti de Libération coloniale de la Guyane française : Lebon 441.* – V. aussi, • CE 21 mai 1982, *Dpt de la Guadeloupe*, n° 23398 : *Lebon 183 ; Dr. adm. 1982, n° 222.*

2. Dans un avis ancien, le Conseil d'État a précisé qu'aucun texte ne conférait au président du conseil général le droit de réquisition directe de la force publique. Il doit demander cette intervention au préfet et ensuite il peut donner des ordres aux agents requis dans la limite de sa mission. • CE, avis, 3 déc. 1874 : *BOMI p. 179.*

3. Si les troubles sont extérieurs à la salle de séance, c'est au préfet ou au maire que revient le maintien de l'ordre, V. Circ. du Min. Int. n° 20, févr. 1873 : *cité au Collectivités locales, Dalloz, fasc. 1643-15, n° 107.*

4. V. par analogie notes ss. art. L. 2121-16.

Art. L. 3121-13 **Le procès-verbal de chaque séance, rédigé par un des secrétaires, est arrêté au commencement de la séance suivante, et signé par le président et le secrétaire.**

(Ord. n° 2021-1310 du 7 oct. 2021, art. 8) **« Il contient la date et l'heure de la séance, les noms du président, des membres du conseil départemental présents ou représentés et du ou des secrétaires de séance, le quorum, l'ordre du jour de la séance, les délibérations adoptées et les rapports au vu desquels elles ont été adoptées, les demandes de scrutin particulier, le résultat des scrutins précisant, s'agissant des scrutins publics, le nom des votants et le sens de leur vote, et la teneur des discussions au cours de la séance.**

« Dans la semaine qui suit la séance au cours de laquelle il a été arrêté, le procès-verbal est publié sous forme électronique de manière permanente et gratuite sur le site internet du département et un exemplaire sur papier est mis à la disposition du public.

« L'exemplaire original du procès-verbal, qu'il soit établi sur papier ou sur support numérique, est conservé dans des conditions propres à en assurer la pérennité. »

1. V. annotations ss. art. L. 2121-21.

2. Le « dispositif » des délibérations du conseil général et de la commission permanente prises sur délégation doit être publié dans un recueil des actes administratifs du département. Il doit y être également mentionné la date de la séance et éventuellement les visas qui permettent d'en connaître les fondements. * Rép. min. n° 3472 : *JO Sénat Q, 23 déc. 1993, p. 2482.*

SOUS-SECTION 4 **Délibérations**

COMMENTAIRE

V. dans le supplément en ligne.

Art. L. 3121-14 **Le conseil départemental ne peut délibérer si la majorité absolue de ses membres en exercice n'est présente.**

Toutefois si, au jour fixé par la convocation, le conseil départemental ne se réunit pas en nombre suffisant pour délibérer, la réunion se tient de plein droit trois jours plus tard et les délibérations sont alors valables quel que soit le nombre des présents.

Sous réserve des dispositions des articles L. 3122-1 et L. 3122-5, les délibérations du conseil départemental sont prises à la majorité des suffrages exprimés. — *[L. n° 82-213 du 2 mars 1982, art. 41.]*

1. La règle du quorum est appréciée à l'ouverture de la séance. • CE, ass., 11 déc. 1987, *Le Vern c/ Fossé et a.*, n° 77054 : *Lebon 415 ; AJDA 1988. 162, chron. Azibert et de Boisdeffre ; LPA 1988, n° 10, note Chouvel.*

2. V. par analogie notes ss. art. L. 2121-17.

Art. L. 3121-14-1 *(L. n° 2009-526 du 12 mai 2009, art. 86)* **La commission permanente ne peut délibérer si la majorité absolue de ses membres en exercice n'est présente ou représentée.**

Les deuxième et dernier alinéas de l'article L. 3121-14 sont applicables à la commission permanente.

Art. L. 3121-15 **Les votes sont recueillis au scrutin public toutes les fois que le sixième des membres présents le demande. En cas de partage, la voix du président est prépondérante.**

(L. n° 2009-526 du 12 mai 2009, art. 86) **« Néanmoins, les votes sur les nominations ont toujours lieu au scrutin secret dans les cas où la loi ou le règlement le prévoit expressément. Dans les autres cas, le conseil départemental peut décider à l'unanimité de ne pas procéder au scrutin secret aux nominations. »**

(L. n° 2011-525 du 17 mai 2011, art. 76) **« Si une seule candidature a été déposée pour chaque poste à pourvoir au sein des commissions départementales ou dans les organismes extérieurs, ou si une seule liste a été présentée après appel de candidatures, les nominations prennent effet immédiatement, dans l'ordre de la liste le cas échéant, et il en est donné lecture par le président du conseil départemental. »**

1. La règle du secret régissant les votes sur les nominations a été rappelée par le Conseil d'État dans un arrêt concernant l'élection du président et des membres du bureau d'un conseil général. Cependant la violation de cette disposition n'entraîne l'annulation du scrutin que si, compte tenu de l'écart des voix, elle a pu avoir une incidence sur le résultat. • CE 12 mai 1989, *Joly*, n° 100209 : *Lebon 126*. ♦ L'obligation du recours au scrutin secret pour les nominations vaut pour la commission permanente. • CE 24 mars 1997, *Broutin*, n° 150455 : *Lebon 108*. ♦ La demande du sixième des membres de recours au scrutin public est une règle impérative à laquelle le conseil général ne peut déroger. • CE 16 juill. 1875, *Billot, Latrade et a. : Lebon 687.*

2. V. par analogie notes ss. art. L. 2121-21.

Art. L. 3121-16 **Un conseiller départemental empêché d'assister à une réunion peut donner délégation de vote, pour cette réunion, à un autre membre de l'assemblée départementale.**

Un conseiller départemental ne peut recevoir qu'une seule délégation. – *[L. n° 82-213 du 2 mars 1982, art. 44.]*

1. Il a été jugé que si le délégant assiste néanmoins à la séance, aucune disposition législative ou réglementaire ne lui fait obligation de voter personnellement. • CE 16 janv. 1987, *Amsellem*, n° 77055 : *Lebon 6* ; *AJDA 1987. 421, note Moreau.*

2. V. par analogie notes ss. art. L. 2121-20.

Art. L. 3121-17 *(Ord. n° 2005-650 du 6 juin 2005, art. 11)* **« Toute personne a le droit de demander communication des délibérations et procès-verbaux des séances publiques du conseil départemental, des délibérations de la commission permanente, des budgets et des comptes du département ainsi que des arrêtés du président.**

« Chacun peut les publier sous sa responsabilité.

« La communication des documents mentionnés au deuxième alinéa, qui peut être obtenue aussi bien du président du conseil départemental que des services déconcentrés de l'État, intervient dans les conditions prévues par l'article L. 311-9 du code des relations entre le public et l'administration.

« Les dispositions du présent article s'appliquent aux établissements publics administratifs des départements. »

SOUS-SECTION 5 Information

COMMENTAIRE

V. dans le supplément en ligne.

Art. L. 3121-18 **Tout membre du conseil départemental a le droit, dans le cadre de sa fonction, d'être informé des affaires du département qui font l'objet d'une délibération.** – *[L. du 10 août 1871, art. 23.]*

1. Le droit à l'information est entendu de façon large. Il concerne aussi les membres de la commission permanente. • CAA Nancy, 27 janv. 2005, *Région Lorraine*, n° 99NC02529.

2. La présentation d'un rapport de quatre pages de la vice-présidente du conseil départemental chargée des fonctions de rapporteur du projet de délibération, comportant une présentation des éléments de contexte (démographie départementale générale et démographie départementale scolaire), de la méthode de projection démographique et d'observation de l'équilibre social, du référentiel permettant de déterminer les capacités d'accueil des établissements, de la situation particulière de ces établissements, des mesures d'accompagnement de la décision de leur fermeture (personnel technique départemental, desserte en transports et sécurisation des abords du collège Maupas, devenir du site du collège du Val de Vire), ainsi que d'une synthèse des avis consultatifs recueillis emporte une information suffisante des membres du conseil départemental. • CAA Nantes, 3 juin 2025, n° 24NT01166.

3. V. par analogie notes ss. art. L. 2121-13.

Art. L. 3121-18-1 *(L. n° 2004-809 du 13 août 2004, art. 124)* **Le conseil départemental assure la diffusion de l'information auprès de ses membres élus par les moyens matériels qu'il juge les plus appropriés.**

Afin de permettre l'échange d'informations sur les affaires relevant de ses compétences, le conseil départemental peut, dans les conditions définies par son assemblée délibérante, mettre à disposition de ses membres élus, à titre individuel, les moyens informatiques et de télécommunications nécessaires.

Art. L. 3121-19 **Douze jours au moins avant la réunion du conseil départemental, le président adresse aux conseillers départementaux un rapport** *(L. n° 2004-809 du 13 août 2004, art. 125)* **« , sous quelque forme que ce soit, » sur chacune des affaires qui doivent leur être soumises.**

(L. n° 2009-526 du 12 mai 2009, art. 86) **« Les rapports peuvent être mis à la disposition des conseillers qui le souhaitent par voie électronique de manière sécurisée ; cette mise à disposition fait l'objet d'un avis adressé à chacun de ces conseillers dans les conditions prévues au premier alinéa.**

« Sans préjudice des dispositions de l'article L. 3121-18, en cas d'urgence, le délai prévu au premier alinéa peut être abrégé par le président sans pouvoir être toutefois inférieur à un jour franc.

« Le président rend compte dès l'ouverture de la séance du conseil départemental, qui se prononce sur l'urgence et peut décider le renvoi de la discussion, pour tout ou partie, à l'ordre du jour d'une séance ultérieure. »

1. Les rapports de présentation adressés aux conseillers généraux précisant le type de procédure de passation de marchés publics envisagée, la nature du marché, le volume du marché et les bénéficiaires des prestations objet du marché satisfont aux obligations de l'art. L. 3121-19 CGCT. Faute de définition particulière donnée par les dispositions de l'art. L. 3121-19, le rapport qu'il incombe au président de l'assemblée d'adresser préalablement à la séance s'entend, selon le sens commun, de tout écrit exposant l'objet et la finalité d'un projet. Ces formalités sont satisfaites. • CAA Lyon, 15 janv. 2020, *Suez Eau France*, n° 18LY04153 • CE 28 janv. 2013, *Dpt du Rhône*, n° 356670 : *Lebon ; AJDA 2013. 1174, note Martin ; AJCT 2013. 300, obs. Royer*. ♦ La distribution du rapport aux seuls membres d'une commission méconnaît le principe d'information de tous les conseillers généraux. Le juge a estimé que l'assemblée a été ainsi privée des éléments d'information et de réflexion qui lui étaient nécessaires même si la décision a été acquise à une forte majorité. • CE 31 mars 1989, *Gaignault*, n° 68853 : *Lebon 108 ; AJDA 1989. 541, concl. Lévis ; JCP 1990. II. 21457, note Chouvel.* ♦ V. aussi • CAA Marseille, 4 janv. 2006, *Dpt Bouches-du-Rhône*, n° 04MA00793.

2. La méconnaissance du délai entache d'illégalité la délibération en raison de l'ampleur de cette méconnaissance. • CE 31 mars 1989, *Gaignault*, n° 68853 : *préc. note 1.*

3. Si le 3e al. de l'art. L. 3121-19 CGCT fait obligation au président de demander à l'assemblée de se prononcer sur l'urgence dès l'ouverture de la séance, ce ne peut être que dans la mesure où l'intégralité de l'ordre du jour en relève. Rien ne s'oppose, en revanche, à ce que cette question soit soumise préalablement à l'examen des seuls points pour lesquels l'examen d'urgence a été demandé. • CAA Lyon, 15 janv. 2020, *Suez Eau France*, n° 18LY04153.

4. V. par analogie notes ss. art. L. 2121-12.

Art. L. 3121-19-1 *(L. n° 2015-991 du 7 août 2015, art. 131)* **Les rapports sur chacune des affaires qui doivent être soumises à la commission permanente sont transmis huit jours au moins avant sa réunion, dans les conditions prévues à l'article L. 3121-19.**

Art. L. 3121-20 **Les conseillers départementaux ont le droit d'exposer en séance du conseil départemental des questions orales ayant trait aux affaires du département. Le règlement intérieur en fixe la fréquence ainsi que les conditions de présentation et d'examen.** – *[L. du 10 août 1871, art. 33.]*

V. par analogie notes ss. art. L. 2121-19.

Art. L. 3121-21 **Chaque année, le président rend compte au conseil départemental, par un rapport spécial, de la situation du département, de l'activité et du financement des différents services du département et des organismes qui dépendent de celui-ci. Le rapport précise également l'état d'exécution des délibérations du conseil départemental et la situation financière du département.**

Ce rapport spécial donne lieu à un débat. – *[L. n° 82-213 du 2 mars 1982, art. 42-II.]*

SOUS-SECTION 6 **Commissions – Représentation au sein d'organismes extérieurs**

Art. L. 3121-22 Après l'élection de sa commission permanente dans les conditions prévues à l'article L. 3122-5, le conseil départemental peut former ses commissions et procéder à la désignation de ses membres ou de ses délégués pour siéger au sein d'organismes extérieurs et déléguer l'exercice d'une partie de ses attributions à la commission permanente conformément aux dispositions de l'article L. 3211-2.

(L. nº 2004-809 du 13 août 2004, art. 129) « De même, le conseil départemental peut déléguer à son président l'exercice de certaines de ses attributions en vertu des articles L. 3211-2 *(L. nº 2015-991 du 7 août 2015, art. 118)* « , L. 3221-10-1 », L. 3221-11 » *(L. nº 2006-872 du 13 juill. 2006, art. 67)* « , L. 3221-12 et L. 3221-12-1 ».

En ce cas, et par dérogation aux dispositions de l'article L. 3121-19, les rapports sur les affaires soumises aux conseillers départementaux peuvent leur être communiqués en cours de réunion ; une suspension de séance est de droit.

V. note 2 ss. art. L. 4132-22.

Art. L. 3121-22-1 *(L. nº 2002-276 du 27 févr. 2002, art. 8)* Le conseil départemental, lorsqu'un cinquième de ses membres le demande, délibère de la création d'une mission d'information et d'évaluation, chargée de recueillir des éléments d'information sur une question d'intérêt départemental ou de procéder à l'évaluation d'un service public départemental. Un même conseiller départemental ne peut s'associer à une telle demande plus d'une fois par an.

Aucune mission ne peut être créée à partir du 1er janvier de l'année civile qui précède l'année du renouvellement *(L. nº 2013-403 du 17 mai 2013, art. 19)* « général » des conseils départementaux.

Le règlement intérieur fixe les règles de présentation et d'examen de la demande de constitution de la mission, ses modalités de fonctionnement, les modalités de sa composition dans le respect du principe de la représentation proportionnelle, la durée de la mission, qui ne peut excéder six mois à compter de la date de la délibération qui l'a créée, ainsi que les conditions dans lesquelles elle remet son rapport aux membres du conseil départemental.

Art. L. 3121-23 Le conseil départemental procède à la désignation de ses membres ou de ses délégués pour siéger au sein d'organismes extérieurs dans les cas et conditions prévus par les dispositions régissant ces organismes. La fixation par les dispositions précitées de la durée des fonctions assignées à ces membres ou délégués ne fait pas obstacle à ce qu'il puisse être procédé à tout moment, et pour le reste de cette durée, à leur remplacement par une nouvelle désignation opérée dans les mêmes formes. – *[L. nº 82-213 du 2 mars 1982, art. 24, al. 4.]*

SOUS-SECTION 7 **Fonctionnement des groupes d'élus**

Art. L. 3121-24 Dans les conseils départementaux, le fonctionnement des groupes d'élus peut faire l'objet de délibérations sans que puissent être modifiées, à cette occasion, les décisions relatives au régime indemnitaire des élus.

Dans ces mêmes conseils départementaux, les groupes d'élus se constituent par la remise au président du conseil départemental d'une déclaration, signée de leurs membres, accompagnée de la liste de ceux-ci et de leur représentant. *(L. nº 2015-991 du 7 août 2015, art. 31)* « Ils peuvent se déclarer d'opposition. Sont considérés comme groupes minoritaires ceux qui ne se sont pas déclarés d'opposition, à l'exception de celui dont l'effectif est le plus élevé. »

Dans les conditions qu'il définit, le conseil départemental peut affecter aux groupes d'élus, pour leur usage propre ou pour un usage commun, un local administratif, du matériel de bureau et prendre en charge leurs frais de documentation, de courrier et de télécommunications.

Le président du conseil départemental peut, dans les conditions fixées par le conseil départemental et sur proposition des représentants de chaque groupe, affecter aux groupes d'élus une ou plusieurs personnes. Le conseil départemental ouvre au budget du département, sur un chapitre spécialement créé à cet effet, les crédits nécessaires à

ces dépenses, sans qu'ils puissent excéder *(L. n° 2002-276 du 27 févr. 2002, art. 15)* **« 30 % » du montant total des indemnités versées chaque année aux membres du conseil départemental** *(L. n° 2022-217 du 21 févr. 2022, art. 171)* **« , charges sociales incluses ».**

Le président du conseil départemental est l'ordonnateur des dépenses susmentionnées.

(L. n° 99-586 du 12 juill. 1999) **« L'élu responsable de chaque groupe d'élus décide des conditions et des modalités d'exécution du service confié que ces collaborateurs accomplissent auprès de ces groupes au sein de l'organe délibérant. »**

1. Les emplois de collaborateurs de groupes d'élus, qui contribuent au bon fonctionnement des assemblées délibérantes, répondent à un besoin permanent des collectivités. Par suite, ces emplois peuvent être occupés par des agents contractuels en contrat à durée déterminée (CDD) ou en contrat à durée indéterminée (CDI). Dès lors, la décision de mettre fin à ces fonctions avant le terme prévu par le contrat s'analyse comme un licenciement. • CE 6 nov. 2013, *Dpt du Haut-Rhin,* n° 366309 : *Lebon ; AJDA 2013. 2230 ; AJFP 2014. 174*

2. V. notes ss. art. L. 4132-23.

Art. L. 3121-24-1 *(L. n° 2002-276 du 27 févr. 2002, art. 9)* **Lorsque le département diffuse, sous quelque forme que ce soit, un bulletin d'information générale sur les réalisations et la gestion du conseil départemental, un espace est réservé à l'expression des groupes d'élus. Les modalités d'application de cette disposition sont définies par le règlement intérieur.**

SOUS-SECTION 8 Relations avec le représentant de l'État

COMMENTAIRE

V. dans le supplément en ligne.

Art. L. 3121-25 Par accord du président du conseil départemental et du représentant de l'État dans le département, celui-ci est entendu par le conseil départemental.

En outre, sur demande du Premier ministre, le représentant de l'État dans le département est entendu par le conseil départemental. — *[L. n° 82-213 du 2 mars 1982, art. 36.]*

Art. L. 3121-25-1 *(L. n° 2004-809 du 13 août 2004, art. 134)* **Sur sa demande, le président du conseil départemental reçoit du représentant de l'État dans le département les informations nécessaires à l'exercice de ses attributions.**

Sur sa demande, le représentant de l'État dans le département reçoit du président du conseil départemental les informations nécessaires à l'exercice de ses attributions.

Art. L. 3121-26 Chaque année, le représentant de l'État dans le département informe le conseil départemental, par un rapport spécial, de l'activité des services de l'État dans le département.

Ce rapport spécial donne lieu, éventuellement, à un débat en présence du représentant de l'État. — *[L. n° 82-213 du 2 mars 1982, art. 42.]*

CHAPITRE II LE PRÉSIDENT, LA COMMISSION PERMANENTE ET LE BUREAU DU CONSEIL DÉPARTEMENTAL

ENCYCL. COLL. LOC. *Département : exécutif départemental, 1680,* par DANTONEL-COR.

SECTION 1 Le président

COMMENTAIRE

V. dans le supplément en ligne.

SOUS-SECTION 1 Désignation

Art. L. 3122-1 Le conseil départemental élit son président lors de la réunion de droit qui suit chaque renouvellement *(L. n° 2013-403 du 17 mai 2013, art. 19)* **« général ».**

Pour cette élection, il est présidé par son doyen d'âge, le plus jeune membre faisant fonction de secrétaire.

Le conseil départemental ne peut dans ce cas délibérer que si les deux tiers de ses membres sont présents. Si cette condition n'est pas remplie, la réunion se tient de plein droit trois jours plus tard. La réunion peut alors avoir lieu sans condition de quorum.

Le président est élu à la majorité absolue des membres du conseil départemental pour une durée de *(L. n° 2013-403 du 17 mai 2013, art. 19)* **« six » ans. Si cette élection n'est pas acquise après les deux premiers tours de scrutin, il est procédé à un troisième tour de scrutin et l'élection a lieu à la majorité relative des membres du conseil départemental. En cas d'égalité des voix, l'élection est acquise au bénéfice de l'âge.**

BIBL. ▶ Courtejaire et Verpeaux, L'élection des présidents des assemblées locales et le quorum, *AJDA 2004. 954*.

1. Dès lors que le quorum des deux tiers était respecté lorsque le doyen d'âge a pris la présidence pour faire procéder à l'élection du président du conseil, le retrait de plus d'un tiers des membres de l'assemblée n'entache pas la régularité de l'élection. • CE, ass., 11 déc. 1987, *Él. du président du Conseil régional de Haute-Normandie, Le Vern c/ Fossé*, n° 77054 : *Lebon 415 ; AJDA 1988. 144 et 162, chron. Azibert et de Boisdeffre.*

2. Il n'est pas nécessaire d'être candidat à la présidence pour être élu, ni d'avoir recueilli des suffrages aux deux premiers tours pour être élu au troisième. • CE 28 sept. 1983, *Bierge*, n° 44178 : *Lebon 387 ; Dr. adm. 1983, n° 413.*

3. La participation à l'élection du président et des vice-présidents de membres du conseil général, dont l'élection est contestée, est valide, car ils restent en fonction jusqu'à l'éventuelle annulation de leur élection. • CE 28 janv. 1987, *Baloup c/ Grévoul et a.*, n° 72946 B : *Gaz. Pal. 1987. 2. Pan. dr. adm. 502.*

SOUS-SECTION 2 **Remplacement**

Art. L. 3122-2 En cas de vacance du siège de président pour quelque cause que ce soit, les fonctions de président sont provisoirement exercées par un vice-président, dans l'ordre des nominations et, à défaut, par un conseiller départemental désigné par le conseil. Il est procédé au renouvellement de la commission permanente, dans le délai d'un mois, selon les modalités prévues à l'article L. 3122-5.

Toutefois, avant ce renouvellement, il est procédé aux élections qui peuvent être nécessaires pour compléter le conseil départemental. Si, après les élections complémentaires, de nouvelles vacances se produisent, le conseil départemental procède néanmoins à l'élection de la commission permanente.

En cas de démission du président et de tous les vice-présidents, le conseil départemental est convoqué par le doyen d'âge, soit pour procéder à la désignation du conseiller départemental prévu au premier alinéa, soit pour procéder au renouvellement de la commission permanente.

1. En cas de vacance du siège de président, c'est toute la commission permanente qui doit être renouvelée, dans le délai d'un mois. • TA Montpellier, 3 avr. 1982, *Gache : Lebon 482.*

2. Dans le silence des textes, la continuité du service public exige que le président absent ou empêché soit provisoirement remplacé, dans la plénitude de ses fonctions, par un vice-président dans l'ordre des nominations et à défaut par un conseiller désigné par le conseil. • TA Saint-Denis de La Réunion, 14 déc. 1994, *Préfet de La Réunion c/ Président du conseil général : JCP 1995. IV. 1773 ; RFDA 1995. 1101, concl. Vivens.*

SOUS-SECTION 3 **Incompatibilités**

Art. L. 3122-3 *(L. n° 2000-295 du 5 avr. 2000, art. 14)* **Les fonctions de président de conseil départemental sont incompatibles avec l'exercice d'une des fonctions électives suivantes : président d'un conseil régional, maire.**

Les fonctions de président de conseil départemental sont également incompatibles avec celles de membre de la Commission européenne, membre du directoire de la Banque centrale européenne ou membre du Conseil de la politique monétaire de la Banque de France.

[Dispositions déclarées non conformes à la Constitution par décision du Conseil constitutionnel n° 2000-426 DC du 30 mars 2000.]

Tout président de conseil départemental exerçant une fonction le plaçant dans une situation d'incompatibilité prévue par les *(L. n° 2003-327 du 11 avr. 2003, art. 16)* **« deux » alinéas précédents cesse de ce fait même d'exercer ses fonctions de président de conseil départemental. En cas de contestation, l'incompatibilité prend effet à compter de la date à laquelle la décision juridictionnelle confirmant l'élection devient définitive.**

SECTION 2 La commission permanente

COMMENTAIRE

V. dans le supplément en ligne.

Art. L. 3122-4 Le conseil départemental élit les membres de la commission permanente.

(L. n° 2002-276 du 27 févr. 2002, art. 45) **« La commission permanente est composée du président du conseil départemental, de quatre à quinze vice-présidents, sous réserve que le nombre de ceux-ci ne soit pas supérieur à 30 % de l'effectif du conseil, et éventuellement d'un ou plusieurs autres membres. »**

Art. L. 3122-5 *(L. n° 2013-403 du 17 mai 2013, art. 20)* **Aussitôt après l'élection du président et sous sa présidence, le conseil départemental fixe le nombre des vice-présidents et des autres membres de la commission permanente.**

Les membres de la commission permanente autres que le président sont élus au scrutin de liste. Chaque conseiller départemental peut présenter une liste de candidats, qui doit être composée alternativement d'un candidat de chaque sexe.

Les listes sont déposées auprès du président dans l'heure qui suit la décision du conseil départemental relative à la composition de la commission permanente. Si, à l'expiration de ce délai, une seule liste a été déposée, les différents sièges de la commission permanente sont alors pourvus immédiatement dans l'ordre de la liste et il en est donné lecture par le président.

Dans le cas contraire, le conseil départemental procède d'abord à l'élection de la commission permanente, à la représentation proportionnelle à la plus forte moyenne, sans panachage ni vote préférentiel. Les sièges sont attribués aux candidats dans l'ordre de présentation sur chaque liste. Si plusieurs listes ont la même moyenne pour l'attribution du dernier siège, celui-ci revient à la liste qui a obtenu le plus grand nombre de suffrages. En cas d'égalité de suffrages, le siège est attribué au plus âgé des candidats susceptibles d'être proclamés élus. Si le nombre de candidats figurant sur une liste est inférieur au nombre de sièges qui lui reviennent, le ou les sièges non pourvus sont attribués à la ou aux plus fortes moyennes suivantes.

Après la répartition des sièges de la commission permanente, le conseil départemental procède à l'élection des vice-présidents au scrutin de liste à la majorité absolue, sans panachage ni vote préférentiel. Sur chacune des listes, l'écart entre le nombre des candidats de chaque sexe ne peut être supérieur à un. Si, après deux tours de scrutin, aucune liste n'a obtenu la majorité absolue, il est procédé à un troisième tour de scrutin et l'élection a lieu à la majorité relative. En cas d'égalité de suffrages, les candidats de la liste ayant la moyenne d'âge la plus élevée sont élus.

Les membres de la commission permanente autres que le président sont nommés pour la même durée que le président.

1. Irrégularité de l'élection des membres de la commission permanente pour inobservation de la règle du secret du vote, les conseillers ayant ostensiblement pris un seul bulletin et mis publiquement ce bulletin dans l'urne. • CE 12 mai 1989, *Joly*, n° 100209 : *Lebon 126 ; AJDA 1989. 464, note Gérard ; LPA 24 juill. 1989, note Chouvel ; ACL 1988. 161.* ♦ Un membre de la commission permanente irrégulièrement élu doit en être considéré comme régulièrement investi tant que son élection n'a pas été annulée. • CE, ass., 2 déc. 1983, *Charbonnel*, n° 43541 : *Lebon 474, concl. Roux ; AJDA 1984. 76 et 105, chron. Lasserre et Delarue ; JCP 1985. II. 20455, note Chaminade ; RD publ. 1985. 827, note de Soto.*

2. L'annulation de l'élection au conseil général entraîne la nullité de l'élection comme vice-président. • CE 28 janv. 1987, *M. Baloup c/ M. Grevoul et a.*, n° 72946 B.

Art. L. 3122-6 *(L. nº 2013-403 du 17 mai 2013, art. 21)* **En cas de vacance de siège de membre de la commission permanente autre que le président, le conseil départemental peut décider de compléter la commission permanente. La ou les vacances sont alors pourvues selon la procédure prévue aux deuxième et troisième alinéas de l'article L. 3122-5. À défaut d'accord sur une liste unique, il est procédé au renouvellement intégral des membres de la commission permanente autres que le président dans les conditions prévues aux quatrième et avant-dernier alinéas du même article L. 3122-5.**

Art. L. 3122-6-1 *(Ord. nº 2009-1530 du 10 déc. 2009)* **L'élection des membres de la commission permanente peut être contestée dans les conditions, formes et délais prescrits pour les contestations de l'élection des conseillers départementaux.**

Art. L. 3122-6-2 *(L. nº 2022-217 du 21 févr. 2022, art. 170)* **Le président peut décider que la réunion de la commission permanente se tient en plusieurs lieux, par visioconférence.**

Lorsque la réunion de la commission permanente se tient par visioconférence, le quorum est apprécié en fonction de la présence des membres de la commission permanente dans les différents lieux par visioconférence.

La commission permanente se réunit en un seul et même lieu au moins une fois par semestre.

Lorsque la réunion de la commission permanente se tient entièrement ou partiellement par visioconférence, il en est fait mention dans la convocation.

Art. L. 3122-7 **Les pouvoirs de la commission permanente expirent à l'ouverture de la première réunion du conseil départemental prévue par les dispositions du** *(L. nº 2015-366 du 31 mars 2015, art. 2)* **« deuxième » alinéa de l'article L. 3121-9.**

SECTION 3 Le bureau

COMMENTAIRE

V. dans le supplément en ligne.

Art. L. 3122-8 **Le président et les membres de la commission permanente ayant reçu délégation en application de l'article L. 3221-3 forment le bureau.** – *[L. nº 82-213 du 2 mars 1982, art. 38, al. 14.]*

1. Lorsque le bureau agit dans le cadre d'une délégation que lui a accordée le conseil général, il ne saurait ensuite déléguer au président du conseil général un pouvoir qu'il devait exercer lui-même. • CE 22 nov. 1985, *COREP du Maine-et-Loire*, nº 55903.

2. Le conseil général ne peut déléguer une partie de ses compétences qu'au bureau. Une délégation faite à une agence départementale portant sur ses attributions en matière économique et notamment celle de la répartition des aides aux projets de développement et aux entreprises en difficulté est à ce titre illégale. • TA Amiens, 1er déc. 1987, *Braine et Vantomme : AJDA 1988. 394, note Némery.* ♦ Il en est de même pour le pouvoir de création d'emploi nouveaux et d'en définir les caractères essentiels. • CE 3 avr. 1998, *Dpt de la Vendée*, nº 133422 B.

CHAPITRE III CONDITIONS D'EXERCICE DES MANDATS DÉPARTEMENTAUX

Sur les conditions d'exercice des mandats départementaux dans le cadre de la transparence de la vie publique et la prévention des conflits d'intérêts, V. C. élect., vº Transparence de la vie politique. — ***C. élect.***

ENCYCL. COLL. LOC. *Le statut général des élus locaux, 12030 s.*, par J. Benoit.

BIBL. GÉN. ▶ Bourdon et Becet, Les conditions d'exercice des mandats locaux, *RFDA 1992. 957.* – Cerf, Le statut de l'élu, *Assoc. des maires de France 1995.* – Dietsch, À propos de la loi du 3 févr. 1992 relative aux conditions d'exercice des mandats locaux, *LPA 7 août 1992.* – Scanvic, Le « statut » de l'élu local, *Dalloz 1994.* – Soublelet, Les nouvelles conditions d'exercice des mandats locaux, *Rev. adm. 1992. 156.*

SECTION 1 Garanties accordées aux titulaires de mandats départementaux

COMMENTAIRE

V. dans le supplément en ligne.

SOUS-SECTION 1 Garanties accordées dans l'exercice du mandat

Art. L. 3123-1 L'employeur est tenu de laisser à tout salarié de son entreprise membre d'un conseil départemental le temps nécessaire pour se rendre et participer :

1° Aux séances plénières de ce conseil ;

2° Aux réunions des commissions dont il est membre et instituées par une délibération du conseil départemental ;

3° Aux réunions des assemblées délibérantes et des bureaux des organismes où il a été désigné pour représenter le département ;

(L. n° 2022-217 du 21 févr. 2022, art. 220) « 4° Aux réunions des assemblées, des bureaux et des commissions spécialisées des organismes nationaux où il a été désigné ou élu pour représenter des collectivités territoriales ou des établissements publics en relevant. »

Selon des modalités fixées par un décret en Conseil d'État, l'élu doit informer l'employeur de la date de la séance ou de la réunion dès qu'il en a connaissance.

L'employeur n'est pas tenu de payer comme temps de travail le temps passé par l'élu aux séances et réunions précitées.

(L. n° 2019-1461 du 27 déc. 2019, art. 90) « Au début de son mandat de conseiller départemental, le salarié bénéficie, à sa demande, d'un entretien individuel avec son employeur portant sur les modalités pratiques d'exercice de son mandat au regard de son emploi. Cet entretien ne se substitue pas à l'entretien professionnel mentionné à l'article L. 6315-1 du code du travail.

« L'employeur et le salarié membre du conseil départemental peuvent s'accorder sur les mesures à mettre en œuvre pour faciliter la conciliation entre la vie professionnelle et les fonctions électives du salarié et, le cas échéant, sur les conditions de rémunération des temps d'absence consacrés à l'exercice de ces fonctions. »

V. par analogie notes ss. art. L. 2123-1.

Art. L. 3123-1-1 *(L. n° 2019-1461 du 27 déc. 2019, art. 89)* Sous réserve de la compatibilité de son poste de travail, le conseiller départemental est réputé relever de la catégorie de personnes qui disposent, le cas échéant, de l'accès le plus favorable au télétravail dans l'exercice de leur emploi.

Art. L. 3123-2 Indépendamment des autorisations d'absence dont ils bénéficient dans les conditions prévues à l'article L. 3123-1, les présidents et les membres des conseils départementaux ont droit à un crédit d'heures leur permettant de disposer du temps nécessaire à l'administration du département ou de l'organisme auprès duquel ils le représentent et à la préparation des réunions des instances où ils siègent.

Ce crédit d'heures, forfaitaire et trimestriel, est égal :

(L. n° 2002-276 du 27 févr. 2002, art. 66) « 1° Pour le président et chaque vice-président de conseil départemental, à l'équivalent de quatre fois la durée hebdomadaire légale du travail ;

« 2° Pour les conseillers départementaux, à l'équivalent de trois fois la durée hebdomadaire légale du travail. »

Les heures non utilisées pendant un trimestre ne sont pas reportables.

En cas de travail à temps partiel, ce crédit d'heures est réduit proportionnellement à la réduction du temps de travail prévue pour l'emploi considéré.

L'employeur est tenu d'accorder aux élus concernés, sur demande de ceux-ci, l'autorisation d'utiliser le crédit d'heures prévu au présent article. Ce temps d'absence n'est pas payé par l'employeur.

Refus légal de l'employeur de rémunérer le temps d'absence même si une telle pratique rémunérait ce crédit d'heures. V. par exemple pour un professeur : • TA Besançon, 5 févr. 1998, *Bourgeois*, n° 961000 : *AJDA 1998. 529, note Mallol*.

Art. L. 3123-3 Le temps d'absence utilisé en application des articles L. 3123-1 et L. 3123-2 ne peut dépasser la moitié de la durée légale du travail pour une année civile. – *[L. du 10 août 1871, art. 4.]*

Art. L. 3123-4 Des décrets en Conseil d'État fixent les modalités d'application des articles L. 3123-2 et L. 3123-3. – *[L. du 10 août 1871, art. 9.]*

SOUS-SECTION 2 Garanties accordées dans l'exercice d'une activité professionnelle

Art. L. 3123-5 Le temps d'absence prévu aux articles L. 3123-1 et L. 3123-2 est assimilé à une durée de travail effective pour la détermination de la durée des congés payés ainsi qu'au regard de tous les droits découlant de l'ancienneté.

Aucune modification de la durée et des horaires de travail prévus par le contrat de travail ne peut, en outre, être effectuée en raison des absences intervenues en application des dispositions prévues aux articles L. 3123-1 et L. 3123-2 sans l'accord de l'élu concerné.

Art. L. 3123-6 Aucun licenciement ni déclassement professionnel, aucune sanction disciplinaire ne peuvent être prononcés en raison des absences résultant de l'application des dispositions des articles L. 3123-1 et L. 3123-2 sous peine de nullité et de dommages et intérêts au profit de l'élu.

La réintégration ou le reclassement dans l'emploi est de droit. – *[L. du 10 août 1871, art. 6.]*

V. par analogie notes ss. art. L. 2123-8.

Art. L. 3123-7 Le président ou les vice-présidents ayant délégation de l'exécutif du conseil départemental qui, pour l'exercice de leur mandat, ont cessé d'exercer leur activité professionnelle bénéficient, s'ils sont salariés, des dispositions *(Ord. n° 2009-1530 du 10 déc. 2009 ; L. n° 2016-1088 du 8 août 2016, art. 9)* « des articles L. 3142-83 à L. 3142-87 du code du travail » relatives aux droits des salariés élus membres de l'Assemblée nationale et du Sénat.

(L. n° 2015-366 du 31 mars 2015, art. 8) « Le droit à réintégration prévu à l'article *(L. n° 2016-1088 du 8 août 2016, art. 9)* « L. 3142-84 » du même code est maintenu aux élus mentionnés au premier alinéa du présent article jusqu'à l'expiration de deux mandats consécutifs.

« L'application de l'article *(L. n° 2016-1088 du 8 août 2016, art. 9)* « L. 3142-85 » du code du travail prend effet à compter du deuxième renouvellement du mandat.

V. par analogie notes ss. art. L. 2123-9.

Art. L. 3123-8 Les fonctionnaires régis par les titres I à IV du statut général de la fonction publique sont placés, sur leur demande, en position de détachement pour exercer l'un des mandats mentionnés à l'article L. 3123-7. – *[L. du 10 août 1871, art. 7, al. 3.]*

SOUS-SECTION 3 Garanties accordées à l'issue du mandat *(L. n° 2002-276 du 27 févr. 2002, art. 68)*.

Art. L. 3123-9 À la fin de leur mandat, les élus visés à l'article L. 3123-7 bénéficient à leur demande d'un stage de remise à niveau organisé dans l'entreprise, compte tenu notamment de l'évolution de leur poste de travail ou de celle des techniques utilisées. – *[L. du 10 août 1871, art. 7, al. 2.]*

Art. L. 3123-9-1 *(L. n° 2002-276 du 27 févr. 2002, art. 68)* À la fin de son mandat, tout président de conseil départemental ou tout vice-président ayant reçu délégation de celui-ci qui, pour l'exercice de son mandat, a cessé son activité professionnelle salariée a droit sur sa demande à une formation professionnelle et à un bilan de compétences dans les conditions fixées par *(Ord. n° 2009-1530 du 10 déc. 2009)* « la sixième partie du code du travail ».

Lorsque l'intéressé demande à bénéficier du congé de formation prévu par *(Ord. n° 2009-1530 du 10 déc. 2009)* « les articles L. 6322-1 à L. 6322-3 du même code », ainsi que du congé de bilan de compétences prévu par *(Ord. n° 2009-1530 du 10 déc.*

2009) « l'article L. 6322-42 du même code », le temps passé au titre du mandat local est assimilé aux durées d'activité exigées pour l'accès à ces congés.

Art. L. 3123-9-2 *(L. n° 2002-276 du 27 févr. 2002, art. 69 ; L. n° 2004-809 du 13 août 2004, art. 196)* « À l'occasion du renouvellement général du conseil départemental », tout président de conseil départemental ou tout vice-président ayant reçu délégation de celui-ci qui, pour l'exercice de son mandat, avait cessé d'exercer son activité professionnelle perçoit, sur sa demande, une allocation différentielle de fin de mandat s'il se trouve dans l'une des situations suivantes :

– être inscrit à l'institution mentionnée à *(Ord. n° 2009-1530 du 10 déc. 2009)* « l'article L. 5312-1 du code du travail » conformément aux dispositions de *(Ord. n° 2009-1530 du 10 déc. 2009)* « l'article L. 5411-1 du même code » ;

– avoir repris une activité professionnelle lui procurant des revenus inférieurs aux indemnités de fonction qu'il percevait au titre de sa dernière fonction élective.

Le montant mensuel de l'allocation est au plus égal à 80 % de la différence entre le montant de l'indemnité brute mensuelle que l'intéressé percevait pour l'exercice de ses fonctions, dans la limite des taux maximaux fixés à l'article L. 3123-17, et l'ensemble des ressources qu'il perçoit à l'issue du mandat.

L'allocation est versée pendant une période *(L. n° 2015-366 du 31 mars 2015, art. 12)* « d'un an » au plus. Elle n'est pas cumulable avec celles prévues par les articles L. 2123-11-2 et L. 4135-9-2. *(L. n° 2015-366 du 31 mars 2015, art. 12)* « À compter du septième mois suivant le début du versement de l'allocation, le taux mentionné au quatrième alinéa est au plus égal à 40 %. »

Le financement de cette allocation est assuré dans les conditions prévues par l'article L. 1621-2.

Les modalités d'application du présent article sont déterminées par décret en Conseil d'État.

SECTION 2 Droit à la formation

BIBL. ▶ BOURDON, La formation des élus locaux, *RFDA 1992. 959*. – MAISL, La formation des élus locaux, *ACL 1983. 585*. – POUYET, La formation des élus locaux, *ACL 1981. 565 ; ibid. 1982. 713 ; ibid. 1984. 505.*

Art. L. 3123-10 Les membres du conseil départemental ont droit à une formation adaptée à leurs fonctions. *(L. n° 2015-366 du 31 mars 2015, art. 17)* « Une formation est obligatoirement organisée au cours de la première année de mandat pour les élus ayant reçu une délégation. » – *[L. du 10 août 1871, art. 10.]*

(L. n° 2002-276 du 27 févr. 2002, art. 73) « Dans les trois mois suivant son renouvellement, le conseil départemental délibère sur l'exercice du droit à la formation de ses membres. Il détermine les orientations et les crédits ouverts à ce titre. »

(Ord. n° 2021-45 du 20 janv. 2021, art. 2) « Le conseil départemental peut également délibérer sur sa participation au financement de formations dont peuvent bénéficier ses élus à leur initiative au titre de leur droit individuel à la formation mentionnée à l'article L. 3123-10-1. Cette délibération détermine notamment le champ des formations ouvrant droit à cette participation, qui doivent correspondre aux orientations déterminées en application de l'alinéa précédent. La délibération peut limiter cette participation à un montant maximal par formation ainsi qu'à un nombre maximal de formations par élu et par mandat. La part des frais pédagogiques de la formation financée par le fonds du droit individuel à la formation des élus locaux prévu à l'article L. 1621-3 ne peut être inférieure à un taux fixé par décret. »

(L. n° 2002-276 du 27 févr. 2002, art. 73) « Un tableau récapitulant les actions de formation des élus financées par le département est annexé au compte administratif. Il donne lieu à un débat annuel sur la formation des membres du conseil départemental. »

À compter de l'exercice budgétaire 2026, au 4e al. du présent art., les mots : « compte administratif » sont remplacés par les mots : « compte financier unique » (Ord. n° 2025-526 du 12 juin 2025, art. 1er et 12).

Art. L. 3123-10-1 *(L. n° 2015-366 du 31 mars 2015, art. 15)* Les membres du conseil départemental bénéficient chaque année d'un droit individuel à la formation *(Ord.*

n° 2021-45 du 20 janv. 2021, art. 6) « comptabilisé en euros » *(L. n° 2021-771 du 17 juin 2021, art. 3)* « , cumulable sur toute la durée du mandat dans la limite d'un plafond » *(L. n° 2021-771 du 17 juin 2021, art. 6)* « et dont le montant annuel est arrêté pour une période de trois ans » *(L. n° 2016-341 du 23 mars 2016, art. 1er)* « . Il est financé par une cotisation obligatoire dont le taux ne peut être inférieur à 1 %, prélevée sur les indemnités de fonction perçues par les membres du conseil » *(L. n° 2016-1918 du 29 déc. 2016, art. 140)* « dans les conditions prévues à l'article L. 1621-3 ».

La mise en œuvre du droit individuel à la formation relève de l'initiative de chacun des élus et peut concerner des formations sans lien avec l'exercice du mandat. Ces formations peuvent notamment contribuer à l'acquisition des compétences nécessaires à la réinsertion professionnelle à l'issue du mandat *(Ord. n° 2021-45 du 20 janv. 2021, art. 6)* « lorsque l'élu n'a pas liquidé ses droits à pension au titre de son activité professionnelle. »

(L. n° 2021-771 du 17 juin 2021, art. 4) « Pour assurer le financement d'une formation, le droit individuel à la formation peut être complété, à la demande de son titulaire, par des abondements en droits complémentaires qui peuvent être financés par les collectivités territoriales selon les modalités définies aux articles L. 2123-12, L. 3123-10, L. 4135-10, L. 7125-12 et L. 7227-12. » *(Ord. n° 2021-45 du 20 janv. 2021, art. 6)* « Lorsqu'une formation contribue à sa réinsertion professionnelle, l'élu peut contribuer à son financement en mobilisant son compte personnel d'activité mentionné à l'article L. 5151-1 du code du travail et à l'article 22 *ter* de la loi n° 83-634 du 13 juillet 1983 portant droits et obligations des fonctionnaires, lorsqu'il dispose de droits monétisables. Il peut également contribuer à son financement par un apport personnel augmentant les sommes engagées au titre de son droit individuel à la formation. » *(L. n° 2021-771 du 17 juin 2021, art. 4)* « Ces abondements complémentaires n'entrent pas en compte dans les modes de calcul du montant du droit individuel à la formation des élus définis au premier alinéa du présent article. »

(Ord. n° 2021-45 du 20 janv. 2021, art. 6) « Un décret en Conseil d'État détermine les modalités de calcul, de plafonnement ainsi que de mise en œuvre du droit individuel à la formation. »

Art. L. 3123-11 *(L. n° 2002-276 du 27 févr. 2002, art. 74)* Indépendamment des autorisations d'absence et du crédit d'heures prévus aux articles L. 3123-1 et L. 3123-2, les membres du conseil départemental qui ont la qualité de salarié ont droit à un congé de formation. Ce congé est fixé à dix-huit jours par élu pour la durée du mandat et quel que soit le nombre de mandats qu'il détient. Ce congé est renouvelable en cas de réélection.

Les modalités d'application du présent article sont fixées par décret en Conseil d'État.

Art. L. 3123-12 *(L. n° 2002-276 du 27 févr. 2002, art. 75)* Les frais de déplacement, de séjour et d'enseignement donnent droit à remboursement.

Les pertes de revenu subies par l'élu du fait de l'exercice de son droit à la formation prévu par la présente section sont compensées par le département dans la limite de dix-huit jours par élu pour la durée du mandat et d'une fois et demie la valeur horaire du salaire minimum de croissance par heure.

(L. n° 2015-366 du 31 mars 2015, art. 16) « Le montant prévisionnel des dépenses de formation *(Ord. n° 2021-45 du 20 janv. 2021, art. 2)* « au titre de l'article L. 3123-10 » ne peut être inférieur à 2 % du montant total des indemnités de fonction qui peuvent être allouées aux membres du conseil départemental en application des articles L. 3123-16 et L. 3123-17. Le montant réel *(Ord. n° 2021-45 du 20 janv. 2021, art. 2)* « de ces dépenses » de formation ne peut excéder 20 % du même montant. Les crédits relatifs aux dépenses de formation qui n'ont pas été consommés à la clôture de l'exercice au titre duquel ils ont été inscrits sont affectés en totalité au budget de l'exercice suivant. Ils ne peuvent être reportés au-delà de l'année au cours de laquelle intervient le renouvellement de l'assemblée délibérante. »

Un décret en Conseil d'État fixe les modalités d'application de ces dispositions.

Art. L. 3123-13 Les dispositions des articles L. 3123-10 à L. 3123-12 ne sont pas applicables aux voyages d'études des conseils départementaux. Les délibérations rela-

tives à ces voyages précisent leur objet, qui doit avoir un lien direct avec l'intérêt du département, ainsi que leur coût prévisionnel. – *[L. du 10 août 1871, art. 13.]*

Art. L. 3123-14 Les dispositions de la présente section ne s'appliquent que si l'organisme qui dispense la formation a fait l'objet d'un agrément délivré par le ministre *(Ord. nº 2021-45 du 20 janv. 2021, art. 17)* **« chargé des collectivités territoriales » dans les conditions fixées à l'article « L. 1221-3 ».**

SECTION 3 Indemnités des titulaires de mandats départementaux

COMMENTAIRE

V. dans le supplément en ligne.

Art. L. 3123-15 Les membres du conseil départemental reçoivent pour l'exercice effectif de leurs fonctions une indemnité fixée par référence au montant du traitement correspondant à l'indice brut terminal de l'échelle indiciaire de la fonction publique. – *[L. du 10 août 1871, art. 14-I.]*

1. Le principe de la gratuité du mandat demeure. Le conseil général ne peut accorder une rémunération forfaitaire et personnelle qui présente le caractère d'un véritable traitement. • CE 4 mai 1934, *Synd. des contribuables d'Aix-en-Provence : Lebon 528 ; DP 1934. 3. 55 ; S. 1934. 3. 114.* ♦ C'est ainsi qu'a été déclarée illégale une délibération du conseil général accordant à son président une indemnité journalière à l'effet de se tenir en permanence à la préfecture pour l'exercice de ses fonctions : Circ. du min. nº 292, 30 sept. 1954, *BOMI 1954. 4.*

2. V. également par analogie notes ss. art. L. 2123-17.

Art. L. 3123-15-1 *(L. nº 2002-276 du 27 févr. 2002, art. 78)* **Lorsque le conseil départemental est renouvelé, la délibération fixant les indemnités de ses membres en application de la présente section intervient dans les trois mois suivant son installation.**

Toute délibération du conseil départemental concernant les indemnités de fonction d'un ou de plusieurs de ses membres est accompagnée d'un tableau annexe récapitulant l'ensemble des indemnités allouées aux membres du conseil départemental.

Art. L. 3123-16 Les indemnités maximales votées par les conseils départementaux pour l'exercice effectif des fonctions de conseiller départemental sont déterminées en appliquant au terme de référence mentionné à l'article L. 3123-15 le barème suivant :

POPULATION DÉPARTEMENTALE (habitants)	TAUX MAXIMAL (en %)
Moins de 250 000	40
De 250 000 à moins de 500 000	50
De 500 000 à moins de 1 million	60
De 1 million à moins de 1,25 million	65
1,25 million et plus	70

(L. nº 2015-366 du 31 mars 2015, art. 4) **« Dans des conditions fixées par le règlement intérieur, le montant des indemnités que le conseil départemental alloue à ses membres est modulé en fonction de leur participation effective aux séances plénières et aux réunions des commissions dont ils sont membres. La réduction éventuelle de ce montant ne peut dépasser, pour chacun des membres, la moitié de l'indemnité pouvant lui être allouée en application du présent article. »**

Art. L. 3123-17 L'indemnité de fonction votée par le conseil départemental pour l'exercice effectif des fonctions de président de conseil départemental est au maximum égale au terme de référence mentionné à l'article L. 3123-15, *(L. nº 2002-276 du 27 févr. 2002, art. 83)* **« majoré de 45 % ».** *(L. nº 2017-1837 du 30 déc. 2017, art. 100)* **« Elle peut être majorée de 40 %, à condition que ne soit pas dépassé le montant total des indemnités maximales susceptibles d'être allouées aux membres du conseil départemental hors prise en compte de ladite majoration. »**

L'indemnité de fonction de chacun des vice-présidents ayant délégation de l'exécutif du conseil départemental est, dans les mêmes conditions, au maximum égale à l'indemnité maximale de conseiller majorée de 40 p. 100.

L'indemnité de fonction de chacun des membres de la commission permanente du conseil départemental autres que le président et les vice-présidents ayant délégation de l'exécutif est, dans les mêmes conditions, au maximum égale à l'indemnité maximale de conseiller majorée de 10 p. 100.

(L. n° 2002-276 du 27 févr. 2002, art. 83) « Les indemnités de fonction majorées en application des deux alinéas précédents peuvent être réduites dans les conditions fixées par *(L. n° 2017-257 du 28 févr. 2017, art. 5)* « le dernier » alinéa de l'article L. 3123-16. »

Art. L. 3123-18 Le conseiller départemental titulaire d'autres mandats électoraux ou qui siège à ce titre au conseil d'administration d'un établissement public local, du centre national de la fonction publique territoriale, au conseil d'administration ou au conseil de surveillance d'une société ou qui préside une société ne peut percevoir, pour l'ensemble de ses fonctions, un montant total de rémunérations et d'indemnités de fonction supérieur à une fois et demie le montant de l'indemnité parlementaire telle qu'elle est définie à l'article 1er de l'ordonnance n° 58-1210 du 13 décembre 1958 portant loi organique relative à l'indemnité des membres du Parlement. Ce plafond s'entend déduction faite des cotisations sociales obligatoires.

(L. n° 99-1126 du 28 déc. 1999, art. 6) « Lorsqu'en application des dispositions de l'alinéa précédent, le montant total de rémunération et d'indemnité de fonction d'un conseiller départemental fait l'objet d'un écrêtement, » *(L. n° 2013-403 du 17 mai 2013, art. 36)* « la part écrêtée est reversée au budget de la personne publique au sein de laquelle le conseiller départemental exerce le plus récemment un mandat ou une fonction ».

Aucun texte ne prévoit d'indemnité pour les conseillers généraux siégeant dans une institution interdépartementale. • CE 4 avr. 1997, *Préfet d'Ille-et-Vilaine,* n° 153042 B : *Dr. adm. 1997, n° 198, note J.H.S.*

Art. L. 3123-19 *(L. n° 2002-276 du 27 févr. 2002, art. 85)* Les membres du conseil départemental peuvent recevoir une indemnité de déplacement et le remboursement des frais de séjour qu'ils ont engagés pour prendre part aux réunions du conseil départemental, des commissions et des instances dont ils font partie ès qualités.

Les membres du conseil départemental en situation de handicap peuvent également bénéficier du remboursement des frais spécifiques de déplacement, d'accompagnement et d'aide technique qu'ils ont engagés et qui sont liés à l'exercice de leur mandat.

(L. n° 2015-366 du 31 mars 2015, art. 10) « Les membres du conseil départemental peuvent bénéficier d'un remboursement par le département, sur présentation d'un état de frais et après délibération du conseil départemental, des frais de garde d'enfants ou d'assistance aux personnes âgées, aux personnes handicapées ou à celles qui ont besoin d'une aide personnelle à leur domicile qu'ils ont engagés en raison de leur participation aux réunions mentionnées à l'article L. 3123-1. Ce remboursement ne peut excéder, par heure, le montant horaire du salaire minimum de croissance. »

Ils ont, en outre, droit au remboursement des frais supplémentaires de transport et de séjour pouvant résulter de l'exercice des mandats spéciaux dont ils sont chargés par le conseil départemental.

Les autres dépenses liées à l'exercice d'un mandat spécial peuvent leur être remboursées par le département sur présentation d'un état de frais et après délibération du conseil départemental. S'agissant des frais de garde d'enfants ou d'assistance aux personnes âgées, handicapées ou à celles qui ont besoin d'une aide personnelle à leur domicile, le remboursement ne peut excéder, par heure, le montant horaire du salaire minimum de croissance.

Les modalités d'application du présent article sont fixées par décret.

1. L'indemnité de déplacement et le remboursement des frais supplémentaires occasionnés par l'exercice de mandats spéciaux sont versées dans les conditions prévues à l'art. R. 3123-20 CGCT. • CE 29 déc. 1995, *Assemblée des présidents de conseils généraux,* n° 142391 B : *Dr. adm. 1996, n° 62, note L.T.* ♦ Ne saurait suffire pour le remboursement des frais l'imprécision des termes « mission générale de délégués à l'agriculture ». • CE 11 janv. 2006, *Dpt des Bouches-du-Rhône,* n° 265325 B : *Dr. adm. 2006. 92, note E. G. ; BJCL 2006. 177, concl. Glaser.*

2. Droit au remboursement des frais d'hébergement pour un président de conseil général sans mandat spécial de l'assemblée lorsque ce déplacement est lié à sa qualité de président. • CAA Paris, 26 janv. 1995, *Legros : Lebon 505*.

Art. L. 3123-19-1 *(L. nº 2002-276 du 27 févr. 2002, art. 87)* **Lorsque les présidents des conseils départementaux et les vice-présidents ayant reçu délégation de ceux-ci utilisent le** *(L. nº 2005-841 du 26 juill. 2005, art. 12)* **« chèque emploi-service universel prévu par »** *(Ord. nº 2009-1530 du 10 déc. 2009)* **« l'article L. 1271-1 du code du travail » pour assurer la rémunération des salariés** *(L. nº 2005-841 du 26 juill. 2005, art. 12)* **« ou des associations ou entreprises agréées » chargés soit de la garde des enfants, soit de l'assistance aux personnes âgées, handicapées ou à celles qui ont besoin d'une aide personnelle à leur domicile** *(L. nº 2005-841 du 26 juill. 2005, art. 12)* **« ou d'une aide à la mobilité dans l'environnement de proximité favorisant leur maintien à domicile » en application** *(Ord. nº 2009-1530 du 10 déc. 2009)* **« des articles L. 7231-1 et L. 7232-1 du même code », le conseil départemental peut accorder par délibération une aide financière en faveur des élus concernés, dans des conditions fixées par décret.**

Le bénéfice du présent article ne peut se cumuler avec celui *(L. nº 2015-366 du 31 mars 2015, art. 10)* **« de l'avant-dernier » alinéa de l'article L. 3123-19.**

Art. L. 3123-19-2 *(L. nº 2002-276 du 27 févr. 2002, art. 86)* **Lorsque la résidence personnelle du président du conseil départemental se situe en dehors de l'agglomération comprenant la commune chef-lieu du département et que le domaine du département comprend un logement de fonction, le conseil départemental peut fixer par délibération les modalités selon lesquelles ce logement lui est affecté.**

Lorsque le domaine du département ne comporte pas un tel logement, le conseil départemental peut, par délibération, décider d'attribuer au président une indemnité de séjour, dans la limite des indemnités journalières allouées à cet effet aux fonctionnaires de l'État, en raison des frais qu'il a engagés pour être présent au chef-lieu du département pour assurer la gestion des affaires départementales.

Art. L. 3123-19-2-1 *(L. nº 2019-1461 du 27 déc. 2019, art. 93)* **Chaque année, les départements établissent un état présentant l'ensemble des indemnités de toute nature, libellées en euros, dont bénéficient les élus siégeant au conseil départemental, au titre de tout mandat et de toutes fonctions exercés en leur sein et au sein de tout syndicat au sens des livres VII et VIII de la cinquième partie ou de toute société mentionnée au livre V de la première partie ou filiale d'une de ces sociétés. Cet état est communiqué chaque année aux conseillers départementaux avant l'examen du budget du département.**

Art. L. 3123-19-3 *(L. nº 2013-907 du 11 oct. 2013, art. 34)* **Selon des conditions fixées par une délibération annuelle, le conseil départemental peut mettre un véhicule à disposition de ses membres ou des agents du département lorsque l'exercice de leurs mandats ou de leurs fonctions le justifie.**

Tout autre avantage en nature fait l'objet d'une délibération nominative, qui en précise les modalités d'usage.

SECTION 4 Protection sociale

Les maires et adjoints bénéficient des dispositions prévues aux art. L. 3123-20 à L. 3123-24 CGCT (Ord. nº 2002-411 du 27 mars 2002, art. 26).

SOUS-SECTION 1 Sécurité sociale

Art. L. 3123-20 *(L. nº 2002-276 du 27 févr. 2002, art. 89)* **Le temps d'absence prévu aux articles L. 3123-1 et L. 3123-2 est assimilé à une durée de travail effective pour la détermination du droit aux prestations sociales.**

Art. L. 3123-20-1 *(L. nº 2002-276 du 27 févr. 2002, art. 90)* **Lorsqu'un élu qui perçoit une indemnité de fonction et qui n'a pas interrompu toute activité professionnelle ne peut exercer effectivement ses fonctions en cas de maladie, maternité, paternité ou accident, le montant de l'indemnité de fonction qui lui est versée est au plus égal à la**

différence entre l'indemnité qui lui était allouée antérieurement et les indemnités journalières versées par son régime de protection sociale.

Les conditions d'application du présent article sont fixées par décret.

Art. L. 3123-20-2 *(L. n° 2012-1404 du 17 déc. 2012, art. 18)* « Les membres du conseil départemental sont affiliés au régime général de sécurité sociale dans les conditions définies à l'article L. 382-31 du code de la sécurité sociale. »

(L. n° 2002-276 du 27 févr. 2002, art. 91) « Les cotisations des départements et celles de l'élu sont calculées sur le montant des indemnités effectivement perçues par ce dernier en application des dispositions du présent code.

« Un décret fixe les conditions d'application du présent article. »

SOUS-SECTION 2 Retraite

Art. L. 3123-21 *Abrogé par L. n° 2012-1404 du 17 déc. 2012, art. 18.*

Art. L. 3123-22 Les membres du conseil départemental peuvent constituer une retraite par rente à la gestion de laquelle doivent participer les élus affiliés.

La constitution de la retraite par rente incombe pour moitié à l'élu et pour moitié au département.

Un décret en Conseil d'État fixe le plafond des taux de cotisation.

Art. L. 3123-23 Les membres du conseil départemental sont affiliés au régime complémentaire de retraite institué au profit des agents non titulaires des collectivités publiques.

Les pensions versées en exécution du présent article sont cumulables sans limitation avec toutes autres pensions ou retraites. — *[L. du 10 août 1871, art. 18.]*

V. par analogie notes ss. art. L. 2123-28.

Art. L. 3123-24 Les cotisations des départements et celles de leurs élus sont calculées sur le montant des indemnités effectivement perçues par ces derniers en application des dispositions du présent chapitre ou de tout autre texte régissant l'indemnisation de leurs fonctions.

Les cotisations des élus ont un caractère personnel et obligatoire. — *[L. du 10 août 1871, art. 19, al. 1er et 3.]*

V. par analogie note ss. art. L. 2123-29.

Art. L. 3123-25 Les pensions de retraite déjà liquidées et les droits acquis avant le 30 mars 1992 des élus départementaux continuent d'être honorés par les institutions et organismes auprès desquels ils ont été constitués ou auprès desquels ils ont été transférés. Les charges correspondantes sont notamment couvertes, le cas échéant, par une subvention d'équilibre versée par les collectivités concernées.

Les élus mentionnés à l'alinéa précédent, en fonction ou ayant acquis des droits à une pension de retraite avant le 30 mars 1992, peuvent continuer à cotiser à ces institutions et organismes.

Le département au sein duquel l'élu exerce son mandat contribue dans la limite prévue à l'article L. 3123-22. — *[L. n° 92-108 du 3 févr. 1992, art. 32.]*

SECTION 5 Responsabilité du département en cas d'accident

Art. L. 3123-26 Les départements sont responsables, dans les conditions prévues par l'article L. 2123-31, des accidents subis par les *(L. n° 2002-276 du 27 févr. 2002, art. 93)* « membres » de conseils départementaux à l'occasion de l'exercice de leur fonction.

V. par analogie notes ss. art. L. 2123-31.

Art. L. 3123-27 Lorsque les élus locaux mentionnés à l'article L. 3123-26 sont victimes d'un accident survenu dans l'exercice de leurs fonctions, les collectivités publiques concernées versent directement aux praticiens, pharmaciens, auxiliaires médicaux, fournisseurs ainsi qu'aux établissements le montant des prestations afférentes à cet

accident calculé selon les tarifs appliqués en matière d'assurance maladie. – *[L. n° 92-108 du 3 févr. 1992, art. 44.]*

V. par analogie note ss. art. L. 2123-32.

SECTION 6 **Responsabilité et protection des élus** *(L. n° 2002-276 du 27 févr. 2002, art. 101).*

(L. n° 96-393 du 13 mai 1996)

COMMENTAIRE

V. dans le supplément en ligne.

Art. L. 3123-28 *(L. n° 2000-647 du 10 juill. 2000, art. 11)* **« Sous réserve des dispositions du quatrième alinéa de l'article 121-3 du code pénal, le président du conseil départemental ou un conseiller départemental le suppléant ou ayant reçu une délégation ne peut être condamné sur le fondement du troisième alinéa de ce même article pour des faits » non intentionnels commis dans l'exercice de ses fonctions que s'il est établi qu'il n'a pas accompli les diligences normales compte tenu de ses compétences, du pouvoir et des moyens dont il disposait ainsi que des difficultés propres aux missions que la loi lui confie.**

(L. n° 2000-647 du 10 juill. 2000, art. 11) **« Le département est tenu d'accorder sa protection au président du conseil départemental, au conseiller départemental le suppléant ou ayant reçu une délégation ou à l'un de ces élus ayant cessé ses fonctions lorsque celui-ci fait l'objet de poursuites pénales à l'occasion de faits qui n'ont pas le caractère de faute détachable de l'exercice de ses fonctions. »**

V. par analogie notes ss. art. L. 2123-34.

Art. L. 3123-29 *(L. n° 2002-276 du 27 févr. 2002, art. 101)* **Le président du conseil départemental, les vice-présidents ou les conseillers départementaux ayant reçu délégation bénéficient, à l'occasion de leurs fonctions, d'une protection organisée par le département conformément aux règles fixées par le code pénal, les lois spéciales et le présent code.**

(L. n° 2024-247 du 21 mars 2024, art. 5) **« Le département accorde sa protection au président du conseil départemental, aux vice-présidents, aux conseillers départementaux ayant reçu délégation ou à l'un de ces élus ayant cessé ses fonctions lorsqu'ils sont victimes de violences, de menaces ou d'outrages à l'occasion ou du fait de leurs fonctions. Il répare, le cas échéant, l'intégralité du préjudice qui en a résulté.**

« L'élu adresse une demande de protection au président du conseil départemental, ce dernier adressant sa propre demande à tout élu le suppléant ou ayant reçu délégation. Il en est accusé réception. L'élu bénéficie de la protection du département à l'expiration d'un délai de cinq jours francs à compter de la réception de sa demande par le département s'il a été procédé, dans ce délai, à la transmission de la demande au représentant de l'État dans le département ou à son délégué dans l'arrondissement, selon les modalités prévues au II de l'article L. 3131-2, ainsi qu'à l'information des membres du conseil départemental. Cette information est portée à l'ordre du jour de la séance suivante du conseil départemental. À défaut de respect de ce délai, l'élu bénéficie de la protection fonctionnelle à compter de la date d'accomplissement de ces obligations de transmission et d'information.

« Le conseil départemental peut retirer ou abroger la décision de protection accordée à l'élu par une délibération motivée prise dans un délai de quatre mois à compter de la date à laquelle l'élu bénéficie de la protection du département, dans les conditions prévues aux articles L. 242-1 à L. 242-5 du code des relations entre le public et l'administration.

« Par dérogation aux articles L. 3121-9 et L. 3121-10 du présent code, à la demande d'un ou de plusieurs de ses membres, le président est tenu de convoquer le conseil départemental dans ce même délai. La convocation est accompagnée d'une note de synthèse. »

Le département est subrogé aux droits de la victime pour obtenir des auteurs de ces infractions la restitution des sommes versées à l'élu intéressé. Il dispose en outre aux

mêmes fins d'une action directe qu'il peut exercer, au besoin par voie de constitution de partie civile, devant la juridiction pénale.

La seule qualité de conseiller départemental ne permet pas de prétendre au bénéfice de la protection fonctionnelle organisée et assurée par la collectivité en vertu des art. L. 3123-28 et L. 3123-29. • CAA Nancy, 23 févr. 2021, n° 19NC00851.

SECTION 7 Honorariat des conseillers départementaux

(L. n° 2002-276 du 27 févr. 2002, art. 71)

Art. L. 3123-30 **L'honorariat est conféré par le représentant de l'État dans le département aux anciens conseillers départementaux qui ont exercé leurs fonctions électives pendant dix-huit ans au moins.**

L'honorariat ne peut être refusé ou retiré par le représentant de l'État que si l'intéressé a fait l'objet d'une condamnation entraînant l'inéligibilité.

L'honorariat n'est assorti d'aucun avantage financier imputable sur le budget du département.

TITRE III RÉGIME JURIDIQUE DES ACTES PRIS PAR LES AUTORITÉS DÉPARTEMENTALES

CHAPITRE I PUBLICITÉ ET ENTRÉE EN VIGUEUR

Ndlr : les dispositions relatives aux actes des autorités départementales reproduisent substantiellement celles qui régissent les actes des autorités communales. Elles sont analysées ss. les art. L. 2131-1 s.

Art. L. 3131-1 *(Ord. n° 2021-1310 du 7 oct. 2021, art. 11)* **I. — Les actes pris par les autorités départementales sont exécutoires de plein droit dès qu'il ont été portés à la connaissance des intéressés dans les conditions prévues au présent article et, pour les actes mentionnés à l'article L. 3131-2, qu'il a été procédé à la transmission au représentant de l'État dans le département prévue par cet article.**

Le président du conseil départemental peut, sous sa responsabilité, certifier le caractère exécutoire d'un acte.

II. — Les décisions individuelles prises par les autorités départementales sont notifiées aux personnes qui en font l'objet.

III. — Les actes réglementaires et les décisions ne présentant ni un caractère réglementaire, ni un caractère individuel font l'objet d'une publication sous forme électronique, dans des conditions fixées par décret en Conseil d'État, de nature à garantir leur authenticité et à assurer leur mise à disposition du public de manière permanente et gratuite.

IV. — En cas d'urgence, un acte devant, en vertu des dispositions du III, faire l'objet d'une publication par voie électronique entre en vigueur dès qu'il a été procédé à son affichage et, s'il est soumis aux dispositions de l'article L. 3131-2, à sa transmission au représentant de l'État dans le département.

Il est néanmoins procédé dans les meilleurs délais à la publication normalement requise, qui peut seule faire courir le délai de recours contentieux.

V. — Lorsqu'une personne demande à obtenir sur papier un acte publié sous forme électronique, le président du conseil départemental le lui communique. Il n'est pas tenu de donner suite aux demandes abusives, en particulier par leur nombre ou par leur caractère répétitif ou systématique.

1. S'il résulte des dispositions de l'art. L. 3131-1 CGCT que la formalité de publicité qui conditionne l'entrée en vigueur d'un acte réglementaire pris par une autorité départementale peut être soit la publication, soit l'affichage, l'affichage d'un tel acte à l'hôtel du département ne suffit pas à faire courir le délai de recours contentieux contre cet acte. Sont en revanche de nature à faire courir ce délai soit la publication de l'acte au recueil des actes administratifs du département, dans les conditions prévues aux art. L. 3131-3 et R. 3131-1 du même code, soit sa publication, en complément de l'affichage à l'hôtel du département, dans son intégralité sous forme électronique sur le site internet du département, dans des conditions garantissant sa fiabilité et sa date de publication. • CE 3 déc. 2018, n° 409667 A : *AJDA 2018. 2367*.

2. À l'exception de la disposition prévoyant la transmission des actes au délégué dans l'arrondissement du représentant de l'État (le sous-préfet), l'art. L. 3131-1 est identique à l'art. L. 2131-1. V. notes ss. ce dernier.

Art. L. 3131-2 *(Ord. n° 2021-1310 du 7 oct. 2021, art. 11)* « **I. – Sont transmis au représentant de l'État dans le département, dans les conditions prévues au II : »**

1° Les délibérations du conseil départemental ou les décisions prises par délégation du conseil départemental en application de l'article L. 3211-2 ; *(Ord. n° 2009-1401 du 17 nov. 2009)* « **à l'exception :**

« *a)* **Des délibérations relatives aux tarifs des droits de voirie et de stationnement, au classement, au déclassement, à l'établissement des plans d'alignement et de nivellement, à l'ouverture, au redressement et à l'élargissement des voies départementales ;**

« *b)* **Des délibérations relatives aux taux de promotion pour l'avancement de grade des fonctionnaires, à l'affiliation ou à la désaffiliation aux centres de gestion ainsi qu'aux conventions portant sur les missions supplémentaires à caractère facultatif confiées aux centres de gestion. »**

2° Les décisions réglementaires et individuelles prises par le président du conseil départemental dans l'exercice de son pouvoir de police en application de l'article L. 3221-4 *(L. n° 2004-809 du 13 août 2004, art. 140)* « **, à l'exclusion de celles relatives à la circulation et au stationnement » ;**

3° Les actes à caractère réglementaire pris par les autorités départementales dans tous les autres domaines qui relèvent de leur compétence en application de la loi ;

(Ord. n° 2018-1074 du 26 nov. 2018, art. 6) « **4° Les conventions relatives aux emprunts, les marchés et les accords-cadres d'un montant au moins égal à un seuil défini par décret, les marchés de partenariat ainsi que les contrats de concession, dont les délégations de service public, et les concessions d'aménagement ; »**

5° *(L. n° 2004-809 du 13 août 2004, art. 140)* « **Les décisions individuelles relatives à la nomination, au recrutement, y compris le contrat d'engagement, et au licenciement des agents non titulaires, à l'exception de celles prises** *(L. n° 2012-347 du 12 mars 2012, art. 42)* « **pour faire face à un besoin lié à un accroissement temporaire ou saisonnier d'activité, en application des 1° et 2° » de l'article 3 de la loi n° 84-53 du 26 janvier 1984 portant dispositions statutaires relatives à la fonction publique territoriale ; »**

6° Les ordres de réquisitions du comptable pris par le président du conseil départemental ;

7° Les décisions relevant de l'exercice de prérogatives de puissance publique, prises par les sociétés d'économie mixte locales pour le compte d'un département ou d'une institution interdépartementale.

(Ord. n° 2021-1310 du 7 oct. 2021, art. 11) « **II. – La transmission prévue au I s'effectue par voie électronique, selon des modalités fixées par décret en Conseil d'État. La transmission des décisions individuelles intervient dans un délai de quinze jours à compter de leur signature.**

« **La preuve de la réception des actes par le représentant de l'État dans le département peut être apportée par tout moyen. L'accusé de réception, qui est immédiatement délivré, peut être utilisé à cet effet mais n'est pas une condition du caractère exécutoire des actes. »**

La liste des actes soumis à l'obligation de transmission est la même que celle de l'art. L. 2131-2, à l'exception du 6° de ce dernier relatif au permis de construire et autres autorisations d'utilisation du sol, qui ne relèvent que des compétences communales. – V. notes ss. art. L. 2131-2.

Art. L. 3131-3 *Abrogé par Ord. n° 2021-1310 du 7 oct. 2021, art. 10.*

Art. L. 3131-4 *(Ord. n° 2021-1310 du 7 oct. 2021, art. 11)* **Le représentant de l'État peut, à tout moment, demander communication des actes pris au nom du département qui ne sont pas mentionnés à l'article L. 3131-2.**

Il ne peut les déférer au tribunal administratif, dans un délai de deux mois à compter de leur communication, que si sa demande a été présentée dans le délai de deux mois à compter de la date à laquelle les actes sont devenus exécutoires.

V. notes ss. art. L. 2131-3.

Art. L. 3131-5 Les actes pris par les autorités départementales au nom de l'État ainsi que les actes relevant du droit privé ne sont pas soumis aux dispositions du présent titre et demeurent régis par les dispositions qui leur sont propres. — *[L. nº 82-213 du 2 mars 1982, art. 45.]*

V. notes ss. art. L. 2131-4.

Art. L. 3131-6 Les dispositions de l'article L. 1411-9 sont applicables aux marchés passés par les départements et les établissements publics départementaux. — *[L. nº 82-213 du 2 mars 1982, art. 45-V.]*

CHAPITRE II **CONTRÔLE DE LÉGALITÉ**

Ndlr : les dispositions relatives au contrôle de légalité des actes du département sont rigoureusement identiques à celles qui régissent le contrôle de légalité des actes de la commune, à l'exception des art. L. 2131-9 et L. 2131-11 que l'on ne retrouve pas en ce qui concerne le département. Elles sont analysées ss. les art. L. 2131-6 s.

Art. L. 3132-1 Le représentant de l'État dans le département défère au tribunal administratif les actes mentionnés à l'article L. 3131-2 qu'il estime contraires à la légalité dans les deux mois suivant leur transmission.

Lorsque le représentant de l'État dans le département défère un acte au tribunal administratif, il en informe sans délai l'autorité départementale et lui communique toutes précisions sur les illégalités invoquées à l'encontre de l'acte concerné.

Sur demande du président du conseil départemental, le représentant de l'État dans le département l'informe de son intention de ne pas déférer au tribunal administratif un acte des autorités départementales qui lui a été transmis en application des articles L. 3131-1 à L. 3131-6.

(L. nº 2000-597 du 30 juin 2000, art. 16) « Le représentant de l'État peut assortir son recours d'une demande de suspension. Il est fait droit à cette demande si l'un des moyens invoqués paraît, en l'état de l'instruction, propre à créer un doute sérieux quant à la légalité de l'acte attaqué. Il est statué dans un délai d'un mois.

« Jusqu'à ce que le président du tribunal administratif ou le magistrat délégué par lui ait statué, la demande de suspension en matière d'urbanisme, de marchés et de délégation de service public formulée par le représentant de l'État dans les dix jours à compter de la réception de l'acte entraîne la suspension de celui-ci. Au terme d'un délai d'un mois à compter de la réception, si le juge des référés n'a pas statué, l'acte redevient exécutoire.

« Lorsque l'acte attaqué est de nature à compromettre l'exercice d'une liberté publique ou individuelle, *(L. nº 2021-1109 du 24 août 2021, art. 5)* « ou à porter gravement atteinte aux principes de laïcité et de neutralité des services publics, » le président du tribunal administratif ou le magistrat délégué à cet effet en prononce la suspension dans les quarante-huit heures. La décision relative à la suspension est susceptible d'appel devant le Conseil d'État dans la quinzaine de la notification. En ce cas, le président de la section du contentieux du Conseil d'État ou un conseiller d'État délégué à cet effet statue dans un délai de quarante-huit heures.

« L'appel des jugements du tribunal administratif ainsi que des décisions relatives aux demandes de suspension prévues aux alinéas précédents, rendus sur recours du représentant de l'État, est présenté par celui-ci. »

1. Qu'après que le ministre de l'Intérieur avait formellement refusé de signer le projet d'arrêté détachant M. A. sur l'emploi fonctionnel de directeur du SDIS du Gard, le président du conseil d'administration du SDIS a signé seul cet arrêté. L'illégalité entachant cette décision, par laquelle le président du conseil d'administration du SDIS a délibérément empiété sur les compétences de l'État telles que prévues par les dispositions citées au point 3, est de nature à la faire regarder comme inexistante, et donc insusceptible de créer des droits, imposant à son auteur d'en prononcer le retrait, à tout moment, s'il est demandé, et imposant au juge d'en relever, au besoin d'office, l'inexistence. • CE 24 juin 2025, nº 500605 : *AJDA 2025. 1212*.

2. Si un requérant n'est pas recevable à attaquer par la voie du recours pour excès de pouvoir un acte préparatoire, telle une délibération à caractère préparatoire d'une collectivité territoriale, c'est sous réserve des cas où il en est disposé autrement par la loi. Tel est le cas lorsque, sur le fondement de l'art. L. 3132-1 CGCT, le représentant de l'État dans le département ou dans la région défère au juge administratif les actes des collectivités territoriales qu'il estime contraires à la légalité, contre lesquels il peut utilement soulever des moyens tenant tant à leur légalité externe qu'à leur légalité interne. • CE 15 juin 2018, n° 411630 B : *AJCT 2018. 511, obs. Jacquemoire ; RDSS 2018. 706, note Rihal ; JA 2018, n° 583, p. 3, édito Clavagnier ; ibid., n° 583, p. 9, obs. Castel.*

3. V. notes ss. art. L. 2131-6.

Art. L. 3132-1-1 *(Ord. n° 2020-1304 du 28 oct. 2020, art. 6)* Le représentant de l'État dans le département du Bas-Rhin est chargé du contrôle de légalité, dans les conditions prévues à l'article L. 3132-1, des actes émanant de la Collectivité européenne d'Alsace.

Art. L. 3132-2 Le Gouvernement soumet *(L. n° 2004-809 du 13 août 2004, art. 141)* « tous les trois ans », avant le 1er juin, au Parlement, un rapport sur le contrôle *a posteriori* exercé à l'égard des actes des départements par les représentants de l'État dans les départements.

Art. L. 3132-3 Sans préjudice du recours direct dont elle dispose, si une personne physique ou morale est lésée par un acte mentionné aux articles L. 3131-2 et L. 3131-4, elle peut, dans le délai de deux mois à compter de la date à laquelle l'acte est devenu exécutoire, demander au représentant de l'État dans le département de mettre en œuvre la procédure prévue à l'article L. 3132-1.

Pour les actes mentionnés à l'article L. 3131-2, cette demande ne peut avoir pour effet de prolonger le délai de recours contentieux dont dispose le représentant de l'État en application de l'article L. 3132-1.

Lorsque la demande concerne un acte mentionné à l'article L. 3131-4, le représentant de l'État peut déférer l'acte en cause au tribunal administratif dans les deux mois suivant sa saisine par la personne physique ou morale lésée. — *[L. n° 82-213 du 2 mars 1982, art. 47.]*

V. notes ss. art. L. 2131-8.

Art. L. 3132-4 Sont illégales les décisions et délibérations par lesquelles les départements et leurs groupements renoncent soit directement, soit par une clause contractuelle, à exercer toute action en responsabilité à l'égard de toute personne physique ou morale qu'ils rémunèrent sous quelque forme que ce soit. — *[L. n° 72-1147 du 23 déc. 1972, art. 16, al. 1er.]*

V. note ss. art. L. 2131-10.

CHAPITRE III EXERCICE PAR UN CONTRIBUABLE DES ACTIONS APPARTENANT AU DÉPARTEMENT

(L. n° 2000-321 du 12 avr. 2000)

Ndlr : la L. du 12 avr. 2000 étend au département le régime applicable à la commune. Ce dernier est analysé ss. les art. L. 2132-5 s.

Art. L. 3133-1 Tout contribuable inscrit au rôle du département a le droit d'exercer, tant en demande qu'en défense, à ses frais et risques, avec l'autorisation du tribunal administratif, les actions qu'il croit appartenir au département et que celui-ci, préalablement appelé à en délibérer, a refusé ou négligé d'exercer.

Le contribuable adresse au tribunal administratif un mémoire.

(L. n° 2000-629 du 7 juill. 2000, art. 4) « Le président du conseil départemental soumet ce mémoire au conseil départemental lors de la plus proche réunion tenue en application des articles L. 3121-9 et L. 3121-10. »

Lorsqu'un jugement est intervenu, le contribuable ne peut se pourvoir en appel ou en cassation qu'en vertu d'une nouvelle autorisation.

V. art. R. 3133-1 à R. 3133-4.

Statuant pour la première fois sur une demande relative à un département, le Conseil d'État confirme le refus du TA, l'action envisagée ne présente pas un intérêt suffisant. • CE 30 déc. 2002, *M. Guénais et a.*, n° 245739.

TITRE IV RELATIONS ENTRE LE DÉPARTEMENT ET LES SERVICES DE L'ÉTAT

CHAPITRE I SERVICES DE L'ÉTAT MIS À DISPOSITION

BIBL. ▶ Un aspect inconnu de la décentralisation : la décentralisation verticale, *Cahiers CNFPT, mars 1994, nº 40, p. 5 s.* (divers auteurs). – A. et C. Coudevylle, L'organisation des services aux échelons régional et départemental, *in* Moderne (dir.), La nouvelle décentralisation, *Sirey 1983, p. 355 s.*

Art. L. 3141-1 **Pour la préparation et l'exécution des délibérations du conseil départemental, son président peut disposer, en tant que de besoin, de services déconcentrés de l'État. Le président du conseil départemental adresse directement aux chefs de service toutes instructions nécessaires pour l'exécution des tâches qu'il confie auxdits services. Il contrôle l'exécution de ces tâches.**

Il peut, sous sa surveillance et sa responsabilité, donner délégation de signature aux chefs desdits services pour l'exécution des missions qu'il leur confie en application de l'alinéa précédent.

Un décret en Conseil d'État fixe les conditions et les modalités de la mise à disposition de ces services. — *[L. nº 82-213 du 2 mars 1982, art. 27.]*

Sur les institutions départementales, V. ci-dessous L. nº 82-213 du 2 mars 1982, art. 262 s.

Sur la mise à la disposition du président du conseil départemental des services déconcentrés de l'État dans le département, V. ci-dessous Décr. nº 82-332 du 13 avr. 1982.

1. Le décret d'application de l'art. L. 3141-1 prévoit que le préfet et le président du conseil général signent une convention annuelle prévoyant les actions que les services de l'État doivent mener pour le compte du département (art. 4, al. 1er). À défaut de convention, la mise à disposition peut se faire par arrêté préfectoral (art. 4, al. 2).

2. Ces conventions ne doivent pas être confondues avec celles de l'art. 26, non codifié, de la loi du 2 mars 1982 (conventions conclues entre le préfet et le président du conseil général et approuvées par le ministre de l'Intérieur, constatant la liste des services placés provisoirement sous l'autorité du président du conseil général). Sur des litiges ayant trait à ces dernières conventions, V. • CE, sect., 31 mai 1989, *Dpt de la Moselle*, nos 57000 et 60384 : *Lebon 105* ; *RFDA 1989. 466, concl. Fornacciari* ; *RD publ. 1989. 1171, note Llorens* ; *AJDA 1989. 339, chron. Honorat et Baptiste* • CE 25 mai 1992, *Dpt de l'Hérault*, nº 91326 B : *AJDA 1992. 480, chron. Maugüé et Schwartz*.

Loi nº 82-213 du 2 mars 1982,

Relative aux droits et libertés des communes, des départements et des régions.

CHAPITRE I (DU TITRE II). *DES INSTITUTIONS DÉPARTEMENTALES*

....

Art. 26 Les services ou parties de services de la préfecture nécessaires à la préparation et à l'exécution des délibérations du conseil départemental ainsi qu'à l'exercice des pouvoirs et responsabilités dévolus à l'exécutif du département sont placés, du fait du transfert de l'exécutif départemental résultant de l'article précédent, sous l'autorité du président du conseil départemental.

Dans chaque département et jusqu'à l'entrée en vigueur de la loi prévue à l'article 1er de la présente loi et relative à la répartition des compétences entre les communes, les départements, les régions et l'État, une convention conclue entre le représentant de l'État dans le département et le président du conseil départemental, et approuvée par arrêté du ministre de l'Intérieur, constate la liste des services ainsi placés sous l'autorité du président du conseil départemental.

Cette convention adapte à la situation particulière de chaque département les dispositions d'une convention type approuvée par décret. À défaut de convention passée dans le délai de trois mois après la publication de la présente loi, cette liste est établie par décret en Conseil d'État. — *V. Décr. nº 82-243 du 15 mars 1982 portant approbation de la convention type.*

....

Art. 28 I. — Les agents de l'État affectés, pour l'application de la convention mentionnée à l'article 26, à l'exécution de tâches départementales sont mis à la disposition du président du conseil départemental et sont placés, pour l'exercice de leurs fonctions, sous l'autorité de celui-ci. — *V. ci-dessous Décr. n° 82-332 du 13 avr. 1982.*

Les agents du département affectés, pour l'application de la convention mentionnée à l'article 26, à l'exécution de tâches de l'État sont mis à la disposition du représentant de l'État dans le département et sont placés, pour l'exercice de leurs fonctions, sous l'autorité de celui-ci.

II. — Les personnels des services mentionnés aux articles 26 et 27 restent régis par les statuts qui leur sont applicables lors de l'entrée en vigueur de la présente loi.

En outre, et jusqu'à la date d'entrée en vigueur de la loi fixant le statut du personnel départemental, tout engagement d'un fonctionnaire départemental s'effectue selon les modalités de recrutement, de rémunération et de déroulement de carrière qui étaient appliquées par le département à la date du 15 juillet 1981, pour des emplois équivalents lorsque de tels emplois existaient. Dans le cas contraire, ces modalités doivent être fixées par référence à celles applicables aux emplois de l'État équivalents.

....

Art. 30 Jusqu'à l'entrée en vigueur de la loi prévue à l'article 1er de la présente loi, relative à la répartition des ressources entre l'État, les communes, les départements et les régions, restent à la charge de l'État les prestations de toute nature qu'il fournit actuellement au fonctionnement des services transférés à la collectivité départementale par la présente loi ou mis à la disposition de cette collectivité en tant que de besoin, ainsi qu'aux agents de ces services. Dans les mêmes conditions, restent à la charge des départements les prestations de toute nature, y compris celles relatives à l'entretien et l'acquisition des matériels, qu'ils fournissent actuellement au fonctionnement de l'administration préfectorale et des services déconcentrés de l'État ainsi qu'à leurs agents.

(L. n° 83-8 du 7 janv. 1983) « Lorsque ces participations entraînent l'inscription de crédits au budget de l'État, titres III et IV, et à la section de fonctionnement du budget du département, le montant de ceux-ci doit être, pour la première année, au moins égal à la moyenne des crédits engagés sur les budgets des trois dernières années, à l'exclusion de toutes dépenses engagées à titre exceptionnel. Pour les années ultérieures, la progression annuelle de ces crédits ne peut être inférieure au taux de progression de la dotation globale de fonctionnement des départements.

« Pour l'application du premier alinéa du présent article, les biens de l'État affectés, à la date d'entrée en vigueur de la présente loi, au fonctionnement des services des départements et les biens des départements affectés, à la même date, au fonctionnement des services de l'État conservent leur affectation, sauf accord contraire du représentant de l'État et du président du conseil départemental. »

V. ci-dessous Décr. n° 82-332 du 13 avr. 1982.

Décret n° 82-332 du 13 avril 1982,

Relatif à la mise à la disposition du président du conseil départemental des services déconcentrés de l'État dans le département.

Art. 1er Les services déconcentrés des administrations civiles de l'État dans le département sont, en application de l'article 27 de la loi du 2 mars 1982 susvisée, mis en tant que de besoin à la disposition du président du conseil départemental pour la préparation et l'exécution des délibérations du conseil départemental.

Cette mise à disposition est de droit dans la limite des compétences dévolues au département. À la demande du président du conseil départemental, le représentant de l'État dans le département désigne les services ainsi mis à sa disposition.

Toutefois, les services déconcentrés des administrations civiles de l'État exerçant les attributions relatives au contenu et à l'organisation de l'action éducatrice ainsi qu'à la gestion des personnels et des établissements qui y concourent, aux actions d'inspection de la législation du travail, au paiement des dépenses publiques, à l'assiette et au recouvrement des impôts et des recettes publiques, ainsi qu'aux évaluations domaniales et à la fixation des conditions financières des opérations de gestion ou d'aliénation des biens de l'État et aux modalités d'établissement des statistiques ne peuvent être mis à la disposition du président du conseil départemental pour l'accomplissement de missions relevant de ces attributions.

Art. 2 Conformément aux dispositions de l'article 30 de la loi du 2 mars 1982 précitée, les services déconcentrés de l'État continuent de fonctionner dans les mêmes conditions qu'avant l'entrée en vigueur de ladite loi. Restent à la charge de l'État et du département, chacun pour ce qui les concerne, les traitements des agents, les dépenses d'entretien et les prestations de toute nature qu'ils accordaient pour le fonctionnement des services déconcentrés de l'État dans le département.

Art. 3 Conformément aux dispositions du II de l'article 28 de la loi du 2 mars 1982 précitée, les personnels des services déconcentrés de l'État mis à la disposition du président du conseil départemental restent régis par les statuts qui leur étaient applicables avant l'entrée en vigueur de ladite loi.

Art. 4 Chaque année, le représentant de l'État dans le département et le président du conseil départemental déterminent, par convention, les actions que les services déconcentrés de l'État devront mener pour le compte du département, ainsi que les modalités de leur exécution. Il est tenu compte des missions que ces services doivent assurer pour l'État.

(Décr. n° 88-300 du 28 mars 1988) « Lorsque avant le 31 mars de chaque année une convention n'a pu être conclue, le préfet détermine par arrêté les actions pour lesquelles les services déconcentrés de l'État sont mis à disposition ainsi que les modalités d'exécution de cette mesure. »

(Décr. n° 84-80 du 31 janv. 1984) « Lorsqu'en cours d'année il apparaît que le programme d'activités d'un service extérieur de l'État ne peut être exécuté dans les conditions prévues à la convention ou à l'arrêté mentionnés ci-dessus ou lorsque des besoins nouveaux sont exprimés, les aménagements nécessaires sont décidés par un avenant à ladite convention ou par modification dudit arrêté. »

(Décr. n° 88-300 du 28 mars 1988) « Toutefois, en l'absence de mesures réorganisant les services ou de demandes expressément formulées par le préfet ou le président du conseil départemental, la convention ou l'arrêté préfectoral est, par dérogation aux dispositions des alinéas précédents, réputé reconduit pour l'année suivante. »

Art. 5 Les chefs des services déconcentrés de l'État dans le département fournissent au président du conseil départemental tous les rapports, informations, statistiques, études et documents qui lui sont nécessaires pour la préparation et l'exécution des délibérations du conseil départemental et l'informent des conditions d'exécution de ces délibérations.

(Décr. n° 84-80 du 31 janv. 1984) « Conformément aux dispositions de l'article 27 de la loi du 2 mars 1982 susvisée, le président du conseil départemental adresse directement aux chefs des services déconcentrés de l'État mis à disposition toutes instructions pour la préparation et l'exécution des délibérations du conseil départemental. Il en contrôle l'exécution. »

Art. 6 Les chefs de service intéressés rendent compte au représentant de l'État dans le département de l'exécution des tâches qui leur sont confiées par le président du conseil départemental.

Art. 7 *Abrogé par Décr. n° 88-300 du 28 mars 1988.*

Art. 8 Les dispositions du présent décret ne font pas obstacle à ce que les services déconcentrés de l'État continuent d'apporter leurs concours aux communes, établissements publics communaux et intercommunaux dans les conditions fixées par les lois et règlements en vigueur.

Art. 9 Les dispositions du présent décret ne s'appliquent pas aux organismes ou missions à caractère juridictionnel, aux organismes chargés d'une mission de contrôle des comptes ainsi qu'aux services relevant du garde des sceaux, ministre de la Justice.

Art. 10 *(Décr. n° 88-300 du 28 mars 1988)* Les dispositions du présent décret cessent d'être applicables à l'expiration du délai prévu par le premier alinéa de l'article 8 de la loi n° 83-8 du 7 janvier 1983 modifiée *[V. ce texte, App., v° Répartition de compétences entre l'État et les collectivités territoriales, .]*.

V. Circ. du 2 juin 1982.

CHAPITRE II COORDINATION ENTRE LES SERVICES DE L'ÉTAT ET LES SERVICES DU DÉPARTEMENT

Art. L. 3142-1 **La coordination entre l'action des services départementaux et celle des services de l'État dans le département est assurée conjointement par le président du conseil départemental et le représentant de l'État dans le département.**

V. art. D. 3142-1 s. — V. aussi, pour les départements d'outre-mer, art. D. 3441-1 s.

CHAPITRE III RESPONSABILITÉ

Art. L. 3143-1 **Le département voit sa responsabilité supprimée ou atténuée lorsqu'une autorité relevant de l'État s'est substituée, dans des hypothèses ou selon des modalités non prévues par la loi, au président du conseil départemental pour mettre en œuvre des mesures de police.** — *[L. n° 83-8 du 7 janv. 1983, art. 16.]*

LIVRE II ADMINISTRATION ET SERVICES DÉPARTEMENTAUX

TITRE I COMPÉTENCES DU CONSEIL DÉPARTEMENTAL

CHAPITRE I DISPOSITIONS GÉNÉRALES

COMMENTAIRE

V. dans le supplément en ligne.

Art. L. 3211-1 *(L. n° 2014-58 du 27 janv. 2014, art. 1er)* **Le conseil départemental règle par ses délibérations les affaires du département** *(L. n° 2015-991 du 7 août 2015, art. 94)* **« dans les domaines de compétences que la loi lui attribue.**

« Il est compétent pour mettre en œuvre toute aide ou action relative à la prévention ou à la prise en charge des situations de fragilité, au développement social, à l'accueil des jeunes enfants et à l'autonomie des personnes. Il est également compétent pour faciliter l'accès aux droits et aux services des publics dont il a la charge. »

Il a compétence pour promouvoir les solidarités *(L. n° 2022-217 du 21 févr. 2022, art. 128)* **« , la cohésion territoriale et l'accès aux soins de proximité » sur le territoire départemental, dans le respect de l'intégrité, de l'autonomie et des attributions des régions et des communes.**

(L. n° 2022-217 du 21 févr. 2022, art. 128 et 134) **« Il contribue à la politique de sécurité sanitaire dans les conditions prévues à l'article L. 201-10-1 du code rural et de la pêche maritime.**

« Le président du conseil départemental est compétent pour coordonner le développement de l'habitat inclusif défini à l'article L. 281-1 du code de l'action sociale et des familles, notamment en présidant la conférence prévue à l'article L. 233-3-1 du même code, et l'adaptation des logements au vieillissement de la population. »

V. Instr. du Gouvernement du 22 déc. 2015 (NOR : RDFB1520836N) relative aux incidences de la suppression de la clause de compétence générale des départements et des régions sur l'exercice des compétences des collectivités territoriales.

BIBL. ▶ DEFIX, La spécialisation des compétences du département, *JCP Adm. 2015, n° 2275.* – FERREIRA, La loi NOTRe : l'enchevêtrement des compétences : suite et... fin ?, *AJCT 2016. 79.* – MARCOU, La réforme territoriale : ambition et défaut de perspective, *RFDA 2010. 357.* – VERPEAUX, La fin des départements. Chronique d'une mort annoncée, *in Mél. en l'honneur du professeur Henri Oberdorff, LGDJ, 2015.*

I. COMPÉTENCE DU CONSEIL DÉPARTEMENTAL POUR GÉRER LES AFFAIRES DU DÉPARTEMENT

1. V. par analogie notes ss. art. L. 2121-29. Les compétences s'expriment essentiellement dans l'action sociale et la santé (art. L. 3214-1 s.), l'enseignement, l'environnement, la gestion du domaine (art. L. 3213-1), l'action culturelle, la planification, les interventions d'ordre économique (art. L. 3231-1 s.), le transport à titre résiduel et dans certains domaines d'administration communale. Le conseil départemental est l'autorité chef de file pour certaines de ses actions (V. art. L. 1111-9). ♦ Le 3e al. de l'art. 72 Const. n'implique pas, par lui-même, que les collectivités territoriales doivent pouvoir intervenir dans les domaines pour lesquels aucune autre personne publique ne dispose d'une compétence attribuée par la loi. Compte tenu de l'étendue des attributions dévolues aux départements par les dispositions législatives en vigueur, qu'il s'agisse de compétences exclusives, de compétences partagées avec d'autres catégories de collectivités territoriales ou de compétences susceptibles d'être déléguées par d'autres collectivités territoriales, les dispositions contestées ne privent pas les départements d'attributions effectives. • Cons. const. 16 sept. 2016, *Assemblée des dpts de France*, n° 2016-565 QPC : *AJCT 2016. 579, obs. J.-D. Dreyfus ; AJDA 2016. 2438, note Faure ; Constitutions 2016. 677, chron. Duranthon.*

A. L'INTÉRÊT DÉPARTEMENTAL

2. L'attribution d'une subvention à une organisation syndicale dépend de l'intérêt public qui en découle à la condition que la mission d'intérêt public soit définie préalablement à l'attribution de la subvention. • CAA Versailles, 1er oct. 2009, *Dpt de Seine-Saint-Denis*, n° 08VE02589.

3. En faisant imprimer et distribuer, aux frais du département, un document de propagande électorale appelant à voter « non » lors du référendum portant sur la ratification du traité de l'Union européenne, le président du conseil général a pris une décision ne relevant pas d'un intérêt départemental. • CE 25 avr. 1994, *Président du conseil général du Territoire de Belfort*, n° 145874 : *Lebon 190*.

4. Ne présentent également pas un intérêt départemental une subvention au profit de la restauration du village de Colombey-les-deux-Églises, situé en Haute-Marne. • CE 16 juin 1997, *Dpt de l'Oise*, n° 170069 : *Lebon 236* ; *Dr. adm. 1997, n° 313, note L.T.* ; *RFDA 1997. 948, concl. Touvet*. ♦ ... Ni une aide à Madagascar et au Burkina Faso. • TA Poitiers, 18 nov. 2004, *Charbonneau* : *AJDA 2005. 486, note Gounin*. ♦ ... Ni une subvention destinée à financer une statue du pape Jean-Paul II surmontée d'une croix qui par ses dimensions présente un caractère ostentatoire. • TA Rennes, 10 déc. 2009, *M. Le Beherec, M. Le Guennec*, n° 0701701 : *BJCL 2010. 8, concl. Maréchal.* ♦ ... Ni la subvention destinée à financer une manifestation de portée nationale. • CE 6 mai 1996, *Dpt de l'Aude*, n° 162903 B. ♦ En revanche, présentent un intérêt départemental la subvention à une association ayant pour objet de lutter contre un projet de l'État (une autoroute). • CAA Paris, 23 mai 2001, *Dpt de Seine-Saint-Denis*, n° 00PA0051 : *Dr. adm. 2002, n° 20, note V.H.* ♦ ... Ou l'octroi de subventions à un film en contrepartie d'actions ayant pour objet d'assurer la promotion du département. • CAA Bordeaux, 21 déc. 2004, *Dpt de la Charente, Sté Arena films*, n° 01BX01353. ♦ ... Ou la participation d'un conseiller général à la finale mondiale de labour en raison de la présence de professionnels de l'agriculture. • CE 11 janv. 2006, *Dpt des Bouches-du-Rhône*, n° 265325.

5. Pour assurer la protection des intérêts départementaux, le conseil général est seul compétent pour exercer une action en justice et notamment pour se constituer partie civile. En revanche le président du conseil général peut donner délégation de signature à un agent pour déposer plainte en ses lieu et place. * Rép. min. n° 48533 : *JOAN Q, 6 janv. 1992.* ♦ ... Ou à la commission permanente. • CE 16 oct. 1996, *Dpt de la Loire*, n° 146936 B.

6. Si le législateur a donné compétence aux départements pour organiser et gérer les services de la protection maternelle et infantile, il doit être regardé comme ayant réservé à l'État le soin de fixer les normes minimales d'activité de ces services et notamment celles relatives à leur encadrement et les exigences de qualification des personnes qu'ils emploient. • CE 1er avr. 1996, *Dpt de la Loire*, n° 141958 : *Lebon 110* ; *Dr. adm. 1996, n° 251, obs. Schwartz.*

7. Aucun principe ni aucun texte ne fait obstacle à ce qu'un département se porte candidat à l'attribution d'un contrat de commande publique pour répondre aux besoins d'un autre département dès lors que sa candidature répond à un intérêt public local en constituant « le prolongement d'une mission de service public dont la collectivité a la charge, dans le but notamment d'amortir des équipements, de valoriser les moyens dont dispose le service ou d'assurer son équilibre financier ». En outre, elle ne doit pas compromettre l'exercice de la mission de service public ni fausser les conditions de la concurrence. • CE 30 déc. 2014, *Sté Armor SNC*, n° 355563 : *Lebon avec les concl.* ; *AJDA 2015. 449, chron. Lessi et Dutheillet de Lamothe* ; *AJCT 2015. 158, obs. Royer* ; *RFDA 2015. 57, concl. Dacosta* ; *RTD com. 2015. 245, chron. Orsoni*.

8. Le conseil général doit préalablement habiliter le président à signer un contrat relatif à l'édition d'une publication, même si ledit contrat n'a pas pour effet d'engager les finances départementales. • CE 29 juill. 1994, *Sté Offres*, n° 110216.

9. Le conseil général est seul compétent en ce qui concerne les créations d'emplois et de services ainsi que pour l'ouverture des crédits correspondants. Le bureau ne peut donc pas recevoir délégation du président du conseil général pour déterminer l'effectif réglementaire, créer et pourvoir les emplois. • CE 17 oct. 1990, *Préfet, COREP de la Guadeloupe*, n° 67719 : *Lebon 283*. ♦ ... Ni déléguer à la commission permanente la fixation du taux des impositions locales. • TA Bastia, 3 oct. 1996, *Stefani* : *LPA 15 nov. 1996, concl. Chiaverini.* ♦ ... Ou celle des indemnités de fonction. • TA Lyon, 18 mai 1993, *Préfet de la région Rhône-Alpes*, n° 9205469. ♦ En revanche, le président effectue seul tous les actes de gestion du personnel. • Cons. const. 19 janv. 1984, n° 83-163 DC : *AJDA 1984. 257.*

10. En accordant des aides aux communes dont le taux est modulé selon leur mode de gestion du service, le conseil général ne viole ni le principe de prohibition de la tutelle ni le principe d'égalité. • CE, ass., 12 déc. 2003, *Dpt des Landes*, n° 236442 A : *AJDA 2004. 195, chron. Donnat et Casas* ; *JCP Adm. 2004. 1021, note Taillefait* ; *Coll. terr. 2004. 39, note Moreau* ; *RFDA 2004. 518, concl. Séners et note Douence* ; *BJCL 2004. 9. 7, concl. Séners et obs. B.P.* ♦ En revanche il y a atteinte au principe de libre administration lors de l'octroi d'une aide subordonnés à l'obligation de recourir à des prestations privées. • CAA Versailles, 9 mars 2006, *Dpt des Yvelines*, n° 03VE02793 B : *Coll. terr. 2006, comm. 122, note Pélissier.*

11. En ce qui concerne le service départemental d'incendie, si le président du conseil général est compétent pour fixer la contribution unique due par un district, le conseil général est compétent pour fixer la cotisation individuelle de chacune des communes membres. • CE 24 janv. 1994, *Préfet de l'Hérault*, n° 124308 A : *AJDA 1994. 243* ; *ibid. 187, chron. Maugüé et Touvet*. ♦ ... Mais il ne peut fixer le statut du corps des sapeurs-pompiers forestiers professionnels. • CE

8 janv. 1992, *Dpt de la Gironde c/ Franzon*, n° 83204 A.

12. De même, le conseil général ne peut diligenter un audit sur la gestion, les finances et le fonctionnement d'une maison de retraite relevant d'un centre hospitalier. • CAA Douai, 30 mars 2000, *CH de Château-Thierry*, n° 96DA01270 B.

B. LES COMPÉTENCES DÉPARTEMENTALES

13. La gestion de l'eau relevant des attributions des communes et EPCI, le département ne peut prendre d'initiatives en ce domaine qu'à des fins de solidarité et dans le respect des attributions des communes ou des intercommunalités. • CAA Lyon, 20 juin 2024, n° 22LY00401.

14. Un département qui ne se prévaut pas d'un risque d'atteinte à un espace naturel sensible au sens de l'art. L. 113-8 C. urb., à son patrimoine ou à sa politique en matière de tourisme, n'a pas, en l'absence de compétence générale des départements en matière de protection de l'environnement, intérêt à agir contre une autorisation environnementale. • CAA Bordeaux, 31 mai 2022, n° 19BX04905 : *AJDA 2022. 1614, chron. Gueguein* ; *AJCT 2022. 465, obs. Bonnefont* .

15. Conformément aux dispositions de l'art. L. 1511-3 CGCT, les aides dont l'octroi peut être dévolu au département par délégation d'un EPCI ne peuvent revêtir que la forme d'une aide à l'immobilier d'entreprise. En adoptant un dispositif d'aide à certaines entreprises affectées par la crise sanitaire qui n'a pas le caractère d'une aide à l'immobilier d'entreprise et dont l'octroi n'est en outre pas restreint aux compétences dévolues au département par la loi en matière d'aides économiques, la commission permanente d'un conseil départemental excède son champ de compétence et intervient hors de ses domaines d'attribution même en considération de circonstances exceptionnelles. • TA Limoges, 23 sept. 2021, *Préfet de la Haute-Vienne*, n° 2001015 : *AJDA 2022. 131* .

16. Aux termes de l'art. L. 1115-1 CGCT qui permet la coopération décentralisée, un département peut accorder un concours financier à SOS Méditerranée alors que la subvention est sans lien avec les compétences qui lui sont dévolues en vertu des art. L. 3211-1 CGCT. • TA Montpellier, 19 oct. 2021, n° 2003886 : *AJDA 2022. 441* ; *AJCT 2022. 103, obs. Didriche* .

17. La mission visant à renforcer l'attractivité et le développement économique d'un territoire, notamment par l'octroi d'aides aux entreprises, relève de la seule compétence des régions. • TA Strasbourg, 6 juill. 2018, *Préfet du Bas-Rhin*, n° 1701918.

18. Il résulte de l'art. L. 213-2 C. éduc., dans sa rédaction antérieure à la L. n° 2004-809 du 13 août 2004, et des art. 1er et 2 du Décr. n° 85-934 du 4 sept. 1985 que, avant l'intervention de cette loi, le service de restauration dans les collèges constituait une compétence de l'État et revêtait un caractère facultatif. Dès lors, il résulte de l'art. L. 213-6 C. éduc. et de ses art. L. 213-2 et L. 421-23, dans leur rédaction issue de la loi du 13 août 2004, que le législateur a entendu transférer de l'État au département, dans la mesure où l'État l'assurait, la charge du service de restauration dans les collèges, et organiser les modalités, le cas échéant, de cette prise en charge, qui a été assortie du transfert des moyens et, en vertu de l'art. L. 213-2-1 C. éduc., tel que modifié par la loi du 13 août 2004, de la gestion des agents concernés. En revanche, il ne résulte pas de la loi, éclairée par les travaux parlementaires ayant conduit à l'adoption de l'art. 82 de la loi du 13 août 2004, que le législateur ait entendu, à cette occasion, transformer ce service public administratif, jusqu'alors facultatif, en service public administratif obligatoire. • CE 24 juin 2019, *Dpt d'Indre-et-Loire*, n° 409659 A : *AJDA 2019. 1309, obs. Pastor* .

19. Il résulte de l'art. L. 3211-1 CGCT qu'une demande de prorogation d'un acte déclarant d'utilité publique une opération poursuivie par un département ne peut émaner que d'une délibération du conseil général. • CE 11 avr. 2018, n° 409648 A : *AJCT 2018. 452, obs. Maurel* ; *AJDA 2018. 1173, concl. Domino* ; *RDI 2018. 438, obs. Hostiou* .

20. Une délibération d'un conseil départemental ayant pour objet, en vertu de la compétence conférée aux départements par l'art. L. 213-1 C. éduc., de modifier la localisation des collèges du département en supprimant celle d'une commune et d'établir, en conséquence, les nouveaux secteurs de recrutement de l'ensemble des collèges sur le territoire d'une communauté d'agglomération, revêt le caractère d'un acte faisant grief, susceptible de faire l'objet d'un recours pour excès de pouvoir. Elle ne constitue pas une simple mesure préparatoire de la décision de fermeture du collège prise par le préfet. • CE 18 juill. 2018, n° 420043 B : *AJCT 2018. 629, obs. Devidas* .

21. En ce qui concerne l'enseignement, s'agissant des collèges privés sous contrat, le département est habilité à leur accorder des aides au fonctionnement, à l'exclusion de toute subvention d'investissement. • CE, ass., 6 avr. 1990, *Dpt d'Ille-et-Vilaine*, n° 81713 : *Lebon 91* ; *RFDA 1990. 598, concl. Frydman* ; *AJDA 1990. 562, chron. Honorat et Baptiste* ; *D. 1990. 377, note Briard* ; *Quot. jur. 1990, n° 96, note Prélot* ; *JCP 1990. I. 3473, note Aschwoith* (V. notes ss. art. L. 3321-1). ♦ En revanche si le conseil général désigne un établissement de référence pour certains élèves, il est tenu de leur appliquer un traitement égal quelle que soit leur origine géographique. • TA Dijon, 14 juin 1994, *De Saint-Seine : Lebon T. 929* ; *Juris-Data n° 046487.*

22. Le conseil général est seul compétent pour décider de la création et de la suppression des services publics ainsi que pour en définir les missions. Le président du conseil général ne saurait donc transférer l'un d'eux à une entreprise privée. • CE, sect., 6 janv. 1995, *Synd. nat. personnels technique, administratif et de service de l'Équipement CGT,* n° 91224 : *Lebon 5 ; JCP 1995. IV. 94, note Rouault.* ♦ De même pour la transformation d'une régie autonome, dotée de la personnalité morale et de l'autonomie financière, en une régie directe. • CE 28 oct. 1994, *Rocher,* n° 103709.

23. Le CE a estimé que correspond aux besoins de la population et présente un intérêt public local manifeste la création par un département d'un service social de téléassistance à des personnes âgées et handicapées concurrent d'activités exercées par des personnes privées. • CE 3 mars 2010, *Dpt. de la Corrèze,* n° 306911 : *AJDA 2010. 957, concl. Boulouis.*

24. En ce qui concerne la répartition de compétences entre le conseil général et le conseil d'administration d'une régie, le CE précise que si ce dernier est compétent pour délibérer sur les questions concernant le fonctionnement de la régie, le conseil général est seul compétent pour fixer les tarifs des péages. • CE 28 juill. 1989, *Comité d'action et de défense des intérêts oléronais et a.,* n°s 80447 et 80483.

25. Un conseil général peut, sans méconnaître le principe d'égalité entre usagers du service public, réserver ses subventions aux élèves qui fréquentent un établissement d'enseignement situé dans son secteur de ramassage scolaire. • CE 4 mai 1998, *Dpt de la Côte-d'Or,* n° 160752 B.

26. Le conseil départemental peut accorder des aides ou prendre des participations au sein d'entreprises et d'organismes divers (V. art. L. 3231-1 s.). Il ne peut transférer ses compétences à une structure de droit privé (V. notes ss. art. L. 3231-1 s. et L. 1511-1), et il ne peut octroyer que les aides prévues par les textes. En créant un fonds de prêt aux collectivités locales, le conseil général institue un système lui permettant de se livrer à titre habituel à des opérations de crédit et viole ainsi la loi bancaire. • CE 30 nov. 1994, *Préfet de la Meuse,* n° 145198 : *Lebon 518.* ♦ De même pour une avance de trésorerie d'un département à une SEML, V. notes ss. art. L. 1523-2.

27. D'une manière générale, cette aide doit avoir pour objet la création ou l'extension d'activités économiques. • CE 26 juin 1996, *Dpt de l'Yonne,* n° 161283 B. ♦ Cependant le caractère complémentaire des aides directes octroyées par le département ne s'applique pas aux aides à l'équipement rural. • CE 11 juill. 1991, *Préfet, COREP Dpt de la Haute-Saône,* n° 70256 : *Lebon 284 ; AJDA 1991. 822, obs. Denis.* ♦ V. notes ss. art. L. 1511-1 s.

II. ATTRIBUTIONS CONSULTATIVES DU CONSEIL DÉPARTEMENTAL

28. Lorsque l'avis du conseil général est requis par les textes, l'organe doit le consulter. Cependant cette obligation peut ne pas être respectée lorsque la consultation du conseil général est impossible. • CE 18 oct. 1968, *Ville de Sceaux : Lebon 496 ; AJDA 1968. 37, note Dewost et Denoix de Saint-Marc.*

29. En ce qui concerne l'émission de vœux adressés aux autorités municipales leur demandant de se prononcer sur l'interdiction des OGM, le CE estime qu'un département peut manifester par des vœux, prises de position ou déclarations d'intention son opposition à la culture des OGM. Il estime que des délibérations peuvent porter sur des objets à caractère politique ou relevant de la compétence d'autres personnes publiques dès lors qu'ils présentent un intérêt départemental. • CE 30 déc. 2009, *Dpt du Gers,* n° 308514 : *AJDA 2010. 15 et 734, note Verpeaux ; JCP Adm. 2010. 49, note C.A.D. ; RLCT 2010, n° 56, p. 25, note Glaser ; BJCL 2010. 28, concl. Geffray.*

30. Le juge estime que la procédure de consultation est régulière lorsque l'avis a été sollicité et que le conseil général par une attitude dilatoire ne s'est pas prononcé. • CE 1er mars 1957, *Cne de Port-Louis : Lebon 134.*

31. Lorsqu'il est demandé un avis conforme, le préfet ne peut en principe revenir sur la décision prise sans obtenir à nouveau l'avis du conseil général. • CE 3 juill. 1885, *Tournoux : Lebon 640.*

Art. L. 3211-1-1 *(L. n° 2022-217 du 21 févr. 2022, art. 149)* **I. — Le département élabore un schéma départemental de la solidarité territoriale sur son territoire.**

Ce schéma définit, pour une durée de six ans, un programme d'actions destinées à permettre, dans les domaines de compétence du département, un développement équilibré du territoire départemental afin de faciliter l'accès aux services et équipements de proximité.

II. — Un projet de schéma est élaboré par le président du conseil départemental. Il est soumis pour avis au conseil régional ainsi qu'aux organes délibérants des communes et des établissements publics de coopération intercommunale à fiscalité propre situés sur le territoire départemental, qui disposent d'un délai de deux mois pour se prononcer. S'il n'a pas été rendu à l'expiration de ce délai, l'avis est réputé favorable. Au vu de ces avis, le schéma est adopté par le conseil départemental.

Il est mis en œuvre, le cas échéant, par convention.

III. — Le schéma peut être révisé sur proposition du conseil départemental ou de son président.

Dans les six mois suivant le renouvellement général des conseils départementaux, le président du conseil départemental présente à celui-ci un bilan de la mise en œuvre du schéma. Le conseil départemental peut décider le maintien en vigueur du schéma départemental de la solidarité territoriale ou sa révision partielle ou totale.

La procédure prévue au II est applicable à la révision du schéma.

Art. L. 3211-2 Le conseil départemental peut déléguer une partie de ses attributions à la commission permanente, à l'exception de celles visées aux articles L. 3312-1 et L. 1612-12 à L. 1612-15. *(L. n° 2019-1461 du 27 déc. 2019, art. 84)* « Il peut modifier en cours de mandat la liste des compétences ainsi déléguées. »

(Ord. n° 2005-1027 du 26 août 2005, art. 18) « Dans les limites qu'il aura fixées, le conseil départemental peut également déléguer à son président le pouvoir :

« 1° De procéder à la réalisation des emprunts destinés au financement des investissements prévus par le budget, et aux opérations financières utiles à la gestion des emprunts, y compris les opérations de couverture des risques de taux et de change, et de passer à cet effet les actes nécessaires ;

« 2° De réaliser des lignes de trésorerie sur la base d'un montant maximum autorisé par le conseil départemental ;

« 3° De prendre les décisions mentionnées au III de l'article L. 1618-2 et au *a* de l'article L. 2221-5-1, sous réserve des dispositions du *c* de ce même article ; »

(L. n° 2009-526 du 12 mai 2009, art. 83) « 4° D'arrêter et modifier l'affectation des propriétés de la collectivité utilisées par ses services publics ;

« 5° De fixer, dans les limites déterminées par l'assemblée délibérante, les tarifs des droits de voirie, de dépôt temporaire sur les voies et autres lieux publics et, d'une manière générale, des droits prévus au profit de la collectivité qui n'ont pas un caractère fiscal ;

« 6° De décider de la conclusion et de la révision du louage de choses pour une durée n'excédant pas douze ans ;

« 7° D'accepter les indemnités de sinistre afférentes aux contrats d'assurance ;

« 8° De créer *(L. n° 2015-991 du 7 août 2015, art. 126)* « , modifier ou supprimer » les régies comptables nécessaires au fonctionnement des services de la collectivité ;

« 9° D'accepter les dons et legs qui ne sont grevés ni de conditions ni de charges, sans préjudice des dispositions de l'article L. 3221-10 qui lui permettent de le faire à titre conservatoire, quelles que soient les conditions et charges ;

« 10° De décider l'aliénation de gré à gré de biens mobiliers jusqu'à 4 600 € ;

« 11° Sans préjudice des dispositions de l'article L. 3213-2, de fixer, dans les limites de l'estimation des services fiscaux (domaines), le montant des offres de la collectivité à notifier aux expropriés et de répondre à leurs demandes ;

« 12° De fixer les reprises d'alignement en application d'un document d'urbanisme ;

« 13° D'attribuer ou de retirer les bourses entretenues sur les fonds départementaux ;

« 14° De prendre les décisions mentionnées aux articles L. 523-4 et L. 523-5 du code du patrimoine relatives à la réalisation de diagnostics d'archéologie préventive prescrits pour les opérations d'aménagement ou de travaux sur le territoire du département *(L. n° 2022-217 du 21 févr. 2022, art. 177)* « et de conclure la convention prévue à l'article L. 523-7 du même code » ; »

(L. n° 2011-525 du 17 mai 2011, art. 79) « 15° D'autoriser, au nom du département, le renouvellement de l'adhésion aux associations dont il est membre ; »

(L. n° 2015-991 du 7 août 2015, art. 127) « 16° De demander à l'État ou à d'autres collectivités territoriales, dans les conditions fixées par le conseil départemental, l'attribution de subventions » ;

(L. n° 2017-86 du 27 janv. 2017, art. 85) « 17° De procéder, dans les limites fixées par le conseil départemental, au dépôt des demandes d'autorisations d'urbanisme relatives à la démolition, à la transformation ou à l'édification des biens du département ; »

(L. n° 2022-217 du 21 févr. 2022, art. 173) « 18° D'admettre en non-valeur les titres de recettes, ou certaines catégories d'entre eux, présentés par le comptable public, chacun de ces titres correspondant à une créance irrécouvrable d'un montant inférieur à un seuil fixé par délibération du conseil départemental, qui ne peut être

supérieur à un seuil fixé par décret. Ce même décret précise les modalités suivant lesquelles le président rend compte au conseil départemental de l'exercice de cette délégation ;

« 19° D'autoriser les mandats spéciaux que les membres du conseil départemental peuvent être amenés à exercer dans le cadre de leurs fonctions, ainsi que le remboursement des frais afférents prévus aux quatrième et avant-dernier alinéas de l'article L. 3123-19 du présent code. »

(Ord. n° 2005-1027 du 26 août 2005, art. 18) **« Le président informe le conseil des actes pris dans le cadre de ces délégations. »**

(L. n° 2014-58 du 27 janv. 2014, art. 92) **« Les délégations consenties en application du 1° du présent article prennent fin dès l'ouverture de la campagne électorale pour le renouvellement du conseil départemental. »**

1. Il résulte des dispositions du VI de l'art. 15 de la L. du 7 août 2015 qu'à compter du 1er janv. 2017, ou du 1er sept. 2017 s'agissant des lignes de transport scolaire, la région a été substituée au département dans l'exercice de l'ensemble des compétences relatives aux transports non urbains réguliers. Cette substitution s'étend dès lors aux droits et aux obligations nés de contrats conclus par un département antérieurement au transfert de ces compétences qui, bien qu'arrivés à échéance à la date du transfert, donneraient lieu pour leur règlement à une action engagée devant le juge administratif. • CAA Lyon, 18 juill. 2024, n° 23LY01035 : *AJCT 2025. 64, note Le Chatelier*.

2. Les limites de la délégation peuvent être appréciées sur la base de la jurisprudence se rapportant à l'application de la L. de 1871. Le CE a estimé que la délégation faite par le conseil général à la commission pouvait porter non seulement sur une affaire déterminée mais également sur une catégorie d'affaires de même nature. • CE 9 mai 1958, *Cts Frette : Lebon 267.* ♦ V. aussi, • CE 22 avr. 1970, *Cnes de Saint-Barthélemy et a. : Lebon 270.*

3. En ce qui concerne l'étendue des délégations du conseil général à la commission permanente, le CE estime que le conseil général ne méconnaît pas sa compétence en lui déléguant l'ensemble de ses attributions à l'exception de celles visées aux art. L. 3312-1 et L. 1612-12 à L. 1612-15. • CE 2 mars 2010, *Réseau Ferré de France*, n° 325255 : *RLCT 2010, n° 57, p. 54 ; BJCL 2010. 262, concl. Bourgeois-Machureau.*

4. La durée de la délégation ne peut dépasser la date à laquelle il est procédé au renouvellement de la commission permanente. • CE 9 mai 1958, *Cts Frette : préc. note 2.*

5. Le juge contrôle également le respect des limites des délégations consenties à la commission. C'est ainsi qu'il a été jugé que la délégation consentie au bureau pour décider de la modification de la situation administrative d'un agent ne permet pas au bureau de décider une transformation ou une création d'emploi. • CE 17 oct. 1990, *COREP de la Guadeloupe*, n° 67719 : *Lebon 283.* ♦ En revanche le conseil général compétent pour approuver les marchés peut déléguer cette compétence à la commission et autoriser le président à les signer. • CE 17 oct. 1990, *Préfet, COREP de la Guadeloupe*, n° 67719 : *préc.* ♦ De même pour les actions en justice et l'habilitation du président à agir en justice. • CE 16 oct. 1996, *Dpt de la Loire*, n° 146936 B. ♦ ... Et pour la désignation de représentants du conseil régional dans les organismes extérieurs à la commission permanente. • CE 24 mars 1997, *Broutin*, nos 150455 et 163168 : *Lebon 108*.

6. En outre le juge interprète strictement les limites fixées par les textes. C'est ainsi que la compétence en matière de création d'emplois est une compétence de nature budgétaire et ne peut de ce fait être déléguée. • CE, sect., 17 oct. 1990, *Préfet, COREP de la Guadeloupe*, n° 67719 : *préc. note 5.* ♦ V. aussi • CE 3 avr. 1998, *Dpt de la Vendée*, n° 133422 B. ♦ Il en est de même pour le vote des taux des quatre impôts directs. • TA Bastia, 3 oct. 1996, *Stefani : LPA 1996, n° 138, concl. Chiaverini.* ♦ ... Ou pour la fixation des indemnités de fonction. • TA Lyon, 18 mai 1993, *Préfet de la région Rhône-Alpes*, n° 9205469.

7. Le conseil général ne peut pas non plus déléguer à la commission permanente des compétences qui ne lui appartiennent pas et notamment des compétences propres au président du conseil général. • CE, sect., 17 oct. 1990, *Préfet, COREP de la Guadeloupe*, n° 67719 : *préc. note 5.*

8. En outre le juge a précisé que le conseil général ne peut déléguer qu'à la commission certaines de ses compétences. C'est ainsi qu'a été sanctionnée une délégation à une association. • TA Amiens, 1er déc. 1987, *Brame et Vatomme : Lebon T. 721 ; AJDA 1988. 394, note Némery.* ♦ ... Ou au président du conseil général. • TA Basse-Terre, 31 janv. 1984, *COREP de la Guadeloupe c/ Conseil général : inédit.* ♦ De même, le bureau ne peut pas subdéléguer au président du conseil général. • CE 22 nov. 1985, *COREP du dpt du Maine-et-Loire*, n° 55903 : *Dr. adm. 1986, n° 25.*

9. Mais le conseil général est compétent pour définir les conditions de publicité des séances de la commission permanente. • CE, ass., 18 déc. 1996, *Région Centre : Lebon 495 ; RD publ. 1998. 1205, note Merlay ; RFDA 1997. 496, concl. Stahl ; D. 1997. IR 39* (pour un conseil régional).

Art. L. 3211-3 *(L. nº 2022-217 du 21 févr. 2022, art. 2)* **Un conseil départemental ou, par délibérations concordantes, plusieurs conseils départementaux peuvent présenter des propositions tendant à modifier ou à adapter des dispositions législatives ou réglementaires, en vigueur ou en cours d'élaboration, concernant les compétences, l'organisation et le fonctionnement d'un, de plusieurs ou de l'ensemble des départements. Ces propositions peuvent porter sur la différenciation, mentionnée à l'article L. 1111-3-1, des règles relatives à l'attribution et à l'exercice des compétences applicables aux départements, afin de tenir compte des différences de situations.**

Les propositions adoptées par les conseils départementaux en application du premier alinéa du présent article sont transmises par les présidents de conseil départemental au Premier ministre, au représentant de l'État dans les départements concernés et, lorsqu'elles portent sur des dispositions législatives, aux présidents de l'Assemblée nationale et du Sénat.

Le Premier ministre accuse réception des propositions qui lui sont transmises. Un rapport annuel indique les suites qui ont été données à ces propositions. Ce rapport est rendu public.

CHAPITRE II BUDGET, CONTRIBUTIONS ET EMPRUNTS

SECTION 1 Budget et contributions

Art. L. 3212-1 **Le conseil départemental vote le budget du département dans les conditions prévues** *(Ord. nº 2009-1530 du 10 déc. 2009)* **« aux articles L. 3312-1 à L. 3312-7 ».**

Il vote les taux des impositions et taxes dont la perception est autorisée par les lois au profit du département.

Art. L. 3212-2 **Le conseil départemental répartit chaque année les contributions directes, conformément aux règles établies par les lois.**

Avant d'effectuer cette répartition, il statue sur les demandes en réduction de contingent délibérées par les conseils compétents. – *[L. du 10 août 1871, art. 37.]*

Le conseil départemental se prononce définitivement sur les demandes en réduction de contingent formées par les communes et préalablement soumises au conseil compétent. – *[L. du 10 août 1871, art. 38.]*

Art. L. 3212-3 **Le conseil départemental statue sur les offres faites par les communes, les associations ou les particuliers pour concourir à des dépenses quelconques d'intérêt départemental.** – *[L. du 10 août 1871, art. 46 (10º).]*

SECTION 2 Emprunts

Art. L. 3212-4 **Le conseil départemental décide :**

1º Des emprunts du département ;

2º Des garanties d'emprunt dans les conditions prévues aux articles L. 3231-4 et L. 3231-5. – *[L. du 10 août 1871, art. 46 (25º a et b et 29º) et 40, al. 2.]*

CHAPITRE III GESTION DU PATRIMOINE

SECTION 1 Domaine

V. notes ss. art. L. 1311-1 s. (régime général des biens des collectivités territoriales) et accessoirement ss. art. L. 2241-1 s. (dispositions générales applicables aux biens de la commune).

Art. L. 3213-1 **Le conseil départemental statue sur les objets suivants :**

1º Acquisition, aliénation et échange des propriétés départementales mobilières ou immobilières ;

2º Mode de gestion des propriétés départementales ;

3º Baux de biens donnés ou pris à ferme ou à loyer, quelle qu'en soit la durée ;

4º Changement de destination des propriétés et des édifices départementaux ;

5º Assurances des bâtiments départementaux. – *[L. du 10 août 1871, art. 46 (1º à 4º et 14º).]*

1. Concession de l'exploitation de chutes d'eau sur canal. Dès lors qu'un décret impérial de 1866 et divers actes subséquents autorisent un département à gérer librement, sous réserve du respect de la police des eaux et de la satisfaction des besoins d'irrigation, les eaux d'un canal, le département peut concéder à une société le droit d'exploiter des chutes d'eau sur ce canal pour l'alimentation d'une usine hydroélectrique. • CE 26 mars 1997, *SARL Tanneries de Navarre,* n° 132938.

2. Location du domaine privé, compétence juridictionnelle. Le contrat de location qui lie un fonctionnaire de l'État et le département est relatif à l'occupation d'un bien qui fait partie du domaine privé départemental et ne comporte aucune clause exorbitante du droit commun ; les décisions d'augmentation de loyer constituent des actes de gestion du domaine privé ; par suite, l'action par laquelle ce fonctionnaire conteste le bien-fondé des créances que le département invoque à son égard à la suite d'augmentations successives de loyers relève des juridictions judiciaires. • T. confl. 13 janv. 1997, *M. Grasset c/ Dpt de la Martinique,* n° 2979.

3. Domaine public. Expulsion. Doit être expulsée une société qui occupe des locaux à usage de restaurant sur le domaine public aéroportuaire dès lors que : – la convention qui la liait avec la communauté de communes a été résiliée ; – le département a succédé à la communauté et a créé une régie dotée de la personnalité morale et de l'autonomie financière en vue d'exploiter les activités relatives au service public industriel et commercial, et que dès lors le maintien sur les lieux de la société entrave l'accomplissement par cette régie des missions qui lui ont été confiées. • CE 26 nov. 2003, *Dpt des Hautes-Alpes,* n° 258113.

4. Domaine privé, expulsion, réserve naturelle volontaire. Une réserve naturelle volontaire, relevant du domaine privé d'une commune et du département, peut être scindée en deux parties : une première qui pourrait relever du domaine public en raison des aménagements spéciaux (construction d'un centre pour y accueillir des activités pédagogiques, scientifiques et culturelles destinées aux élèves des établissements scolaires puis le grand public), et une seconde qui, à défaut, reste en nature de domanialité privée. Par suite, dès lors que l'activité d'un manadier se déroule en domaine privé, le juge des référés du TA peut se déclarer incompétent. La circonstance que le manadier serait lié par un contrat administratif avec l'établissement gestionnaire est indifférente dès lors que le litige concerne une expulsion domaniale et non un contrat. • CE 8 juin 2005, *Synd. mixte pour la protection et la gestion de la Camargue gardoise,* n° 265227.

5. Espaces naturels sensibles. Absence de domanialité privée des biens à rétrocéder. Dans le cadre du droit de préemption départemental dans les espaces naturels sensibles (art. L. 213-14 et L. 142-7 C. urb.), les biens préemptés par le département et non payés à leur ancien propriétaire, et qui font de la part de celui-ci l'objet d'une demande en rétrocession, ne font pas partie du domaine privé du département, mais sont des biens privés. Par suite, le recours contre le refus du conseil général de rétrocéder n'est pas un recours en excès de pouvoir, et le litige ne relève pas de la juridiction administrative. • CE 7 janv. 2013, *M. Roche, Dpt du Gard,* n° 358781 : *RDI 2013. 176, obs. Soler-Couteaux*.

6. Atteinte au droit de propriété du département par une association syndicale de travaux. La libre disposition de ses biens par un propriétaire, qu'il s'agisse de biens meubles ou immeubles, est au nombre des libertés de l'art. L. 521-2 CJA ; par suite, si pour apprécier le degré de gravité que peut revêtir une atteinte à cette liberté, il y a lieu de prendre en compte les limites de portée générale qui ont été introduites par le législateur pour permettre certaines interventions jugées nécessaires de la puissance publique comme c'est le cas des travaux réalisés par les associations syndicales de propriétaires autorisées ou constituées d'office, ces établissements publics n'en doivent pas moins, dans l'exercice des prérogatives de puissance publique, qui leur ont été conférées, se conformer au principe de légalité ; à cet égard, si la réalisation par de telles associations syndicales de travaux, au besoin contre la volonté de certains des propriétaires intéressés, n'est pas constitutive d'une atteinte au droit de propriété, il n'en est ainsi que si sont respectées les règles propres aux associations syndicales ainsi que les législations qui leur sont applicables. En l'espèce, en ne se conformant pas aux dispositions statutaires la régissant, spécialement dans ses relations avec le département de l'Isère pris en sa qualité de propriétaire membre de l'établissement public, une association a porté une atteinte grave et manifestement illégale à une liberté fondamentale. • CE 14 juin 2006, *Assoc. Syndicale du Canal de la Gervonde c/ Dpt de l'Isère,* n° 294060.

7. Actions. Les actions (valeurs mobilières) du département relèvent de son domaine privé. • TA Paris, 21 oct. 2011, *Sté Autoroutes Paris-Rhin-Rhône, Sté Eiffarie,* n° 1105713 : *AJDA 2012. 208, note Rohan et Leonetti*.

8. Cession à particulier. Action d'une commune, échange d'office. Une parcelle cédée par le département à un particulier ne peut faire l'objet de la part d'une commune ni de travaux ni d'échange d'office sans que soit ainsi portée une atteinte grave et manifestement illégale au droit de propriété. • CE 23 janv. 2013, *Cne de Chirongui,* n° 365262 : *D. actu. 1er févr. 2013, obs. de Montecler.*

Art. L. 3213-2 **Toute cession d'immeubles ou de droits réels immobiliers par un département donne lieu à délibération motivée du conseil départemental portant sur les conditions de la vente et ses caractéristiques essentielles. Le conseil départemental délibère au vu de l'avis** *(Ord. n° 2006-460 du 21 avr. 2006, art. 3)* **« de l'autorité compétente de l'État ». Cet avis est réputé donné à l'issue d'un délai d'un mois à compter de la saisine de** *(L. n° 2009-526 du 12 mai 2009, art. 121)* **« cette autorité ».**

Le bilan des acquisitions et cessions opérées sur le territoire d'un département par celui-ci ou par une personne publique ou privée agissant dans le cadre d'une convention avec ce département donne lieu chaque année à une délibération du conseil départemental. *(Abrogé par Ord. n° 2025-526 du 12 juin 2025, art. 1er, à compter de l'exercice budgétaire 2026)* ***« Ce bilan est annexé au compte administratif du département. »***

Sur la cession d'immeubles ou de droits réels immobiliers, V. ci-dessous L. n° 82-213 du 2 mars 1982, art. 45-1.

La consultation prévue par les dispositions de l'art. L. 3213-2 ne présente pas le caractère d'une garantie et la circonstance que l'avis ait été émis par un service incompétent de l'administration des domaines n'a eu aucune incidence sur le sens des délibérations attaquées de sorte que le moyen tiré de l'irrégularité de la procédure en raison de l'incompétence de la direction nationale des interventions domaniales doit être écarté. • CAA Paris, 8 juill. 2021, n° 20PA04255.

Loi n° 82-213 du 2 mars 1982,

Relative aux droits et libertés des communes, des départements et des régions.

Art. 45-1 *(L. n° 95-127 du 8 févr. 1995, art. 11 ; L. n° 96-142 du 21 févr. 1996, art. 5)* Toute cession d'immeubles ou de droits réels immobiliers envisagée par l'un des établissements visés à l'article L. 324-1 du code de l'urbanisme donne lieu à délibération motivée de l'organe délibérant portant sur les conditions de la vente et ses caractéristiques essentielles. La délibération est prise au vu de l'avis *(Ord. n° 2006-460 du 21 avr. 2006, art. 3)* « de l'autorité compétente de l'État ». Cet avis est réputé donné à l'issue d'un délai d'un mois à compter de la saisine de ce service. Lorsque cette opération est envisagée dans le cadre d'une convention avec un département, copie de cette délibération est transmise au département concerné dans les deux mois suivant son adoption.

Art. L. 3213-2-1 *(Ord. n° 2006-460 du 21 avr. 2006, art. 3)* **Lorsque les départements, leurs groupements et leurs établissements publics procèdent à des acquisitions immobilières à l'amiable suivant les règles du droit civil, ou lorsque l'acquisition a lieu sur licitation, le notaire rédacteur de l'acte procède s'il y a lieu, sous sa responsabilité, à la purge de tous privilèges et hypothèques.**

Les fonds qui lui sont remis sont alors considérés comme reçus en raison de ses fonctions.

SECTION 2 **Voirie**

Art. L. 3213-3 **Le conseil départemental délibère sur les questions relatives à la voirie départementale dans les conditions prévues par les dispositions des articles L. 131-1 à L. 131-8 du code de la voirie routière.** — *[L. du 10 août 1871, art. 46 (6° à 8°).]*

V. notes 289 s. ss. art. L. 2241-1 (voirie communale).

V. C. voirie rout., art. L. 131-1 s. et R. 131-1 s. (voirie départementale).*

Sur la liste des autoroutes, des routes ou des portions de voies non concédées relevant du domaine routier national dont la propriété peut être transférée par l'État dans le domaine public routier de certaines collectivités territoriales, V. ci-dessous L. n° 2022-217 du 21 févr. 2022, art. 38 et 40.

I. DÉPENDANCES DU DOMAINE ROUTIER DÉPARTEMENTAL

1. Nature du domaine routier départemental. La liaison routière qui consiste en une route à deux fois une voie sans échangeur, comportant des créneaux de dépassement et dont la création a pour finalité de diminuer le caractère accidentogène de la RN 134 en réduisant le trafic qu'elle supporte, de créer une voie de communication rapide et fiable permettant d'améliorer la desserte du bassin de vie d'Oloron-Sainte-Marie et de favoriser son développement économique, tout en désengorgeant l'agglomération paloise, est une portion de voirie départementale. Ainsi, compte tenu de ses caractéristiques et de l'intérêt qu'elle présente pour le département des Pyrénées-Atlantiques, celui-ci a pu à bon droit la regarder comme d'intérêt local. À cet égard, est sans incidence la circonstance que le Décr. du 5 déc. 2005 ait classé « la liaison Pau-Oloron en projet » dans le réseau routier national, dès lors qu'il ne peut être interprété que comme prenant en compte, à la date de sa signature, le projet de liaison autoroutière alors à l'étude, et qu'il ne prévoit son classement qu'à compter de sa mise en service. Par suite, le moyen tiré de ce que la délibération attaquée du 30 juin 2011 aurait été prise par une autorité incompétente doit être écarté. • CAA Bordeaux, 21 févr. 2019, *Assoc. Collectif pour les déplacements en Béarn*, n° 17BX00618.

2. Chemins vicinaux de grande communication. Les routes départementales sont celles qui ont été classées comme telles par une délibération régulière du conseil général ; à ce titre les chemins vicinaux de grande communication faisaient partie du domaine public des communes jusqu'au 1er janv. 1939, date à laquelle ils ont été transformés en chemins départementaux faisant partie du domaine public des voies départementales, par les dispositions des art. 21 du décret-loi du 14 juin 1938 et 1er du décret du 25 oct. 1938. Toutefois ces décrets n'ont eu ni pour objet ni pour effet de transférer au département la propriété des terrains situés en bordure de la voie qui, faute d'y être incorporés ou d'en être l'accessoire nécessaire, en constituaient de simples excédents, appartenant au domaine privé des communes. • CE 12 févr. 1986, *Cne de Limbrassac*, n° 50282 B : *Dr. adm. 1986, n° 256.*

3. Sentier. Dès lors que le conseil général, par une délibération de 1867, a décidé qu'un chemin serait classé au nombre des chemins vicinaux d'intérêt commun ; que ce chemin devait suivre, sur la plus grande partie de sa longueur et notamment à l'endroit concerné par le litige, le tracé de chemins vicinaux ordinaires existants à la date de la délibération ; la cour n'a pas commis d'erreur de droit ni entaché son arrêt d'erreur de qualification juridique en estimant que le chemin s'était trouvé classé dans la voirie départementale par l'effet de l'art. 1er du Décr. du 25 oct. 1938, lequel a incorporé les chemins vicinaux d'intérêt commun dans la voirie départementale à compter du 1er janv. 1939, et que la circonstance qu'il n'ait jamais été construit dans la partie très réduite de son tracé entre la limite de deux communes et s'y présente par endroit sous l'aspect d'un sentier piétonnier ne pouvait le faire regarder comme ayant cessé de constituer une dépendance du domaine public départemental. Par suite, la commission départementale d'aménagement foncier ne peut prendre les mesures de l'art. 6-1 C. rur. en l'absence d'une délibération du conseil général. • CE 5 janv. 2005, *Mme Odile A., Commission dptale d'aménagement foncier de la Drôme*, n° 223849.

4. Mur accessoire de voirie. Le juge administratif est compétent pour statuer sur l'appartenance du mur litigieux au domaine public du département, sans qu'il y ait lieu pour le CE, en l'absence de titre privé de propriété dont l'examen soulèverait une difficulté sérieuse, de subordonner la reconnaissance de cette appartenance au jugement, par l'autorité judiciaire, de la question de la propriété de ce mur (en l'espèce, terrain à forte pente, mur nécessaire à la sécurité de la circulation et appartenant au département alors même qu'il n'aurait pas été construit par ce dernier). • CE 23 janv. 2012, *Dpt des Alpes-Maritimes*, n° 334360 B : *AJDA 2012. 124, note Grand ; ibid. 2175, note Foulquier .*

5. Radars en bordure de route. Les radars automatisés fixes implantés par l'État en bordure des routes départementales ne portent pas occupation du domaine public routier du département. Par suite, ils ne peuvent être l'objet d'une redevance domaniale. • CE 31 oct. 2007, *Min. de l'Intérieur c/ Dpt de l'Essonne*, n° 306338 A : *AJDA 2008. 882, note Bon ; ibid. 2007. 2111 ; RFDA 2007. 1306.*

6. Décret portant transfert des routes nationales. Le Décr. du 5 déc. 2005 relatif à la consistance du réseau routier national, et portant transfert de compétences, est légal. • CE 23 mai 2007, *Dpt des Landes et a.*, n° 288378 B : *AJDA 2007. 1646, concl. Da Silva ; JCP Adm. 2007, comm. 2168* • 7 août 2007, *Dpt de la Haute-Garonne*, n° 289860 B.

7. Transfert de routes nationales aux départements et violation de la Constitution. Le III de l'art. 121 de la L. n° 2004-809 du 13 août 2004 a prévu le transfert de routes nationales aux départements et le transfert concomitant, s'agissant des crédits d'investissement, des ressources équivalentes (...) à celles qui étaient consacrées aux dépenses d'entretien préventif et curatif, de réhabilitation, d'exploitation et d'aménagements liés à la sécurité routière et à la prise en compte des risques naturels. Il était soutenu que ces dispositions portaient atteinte, notamment au 4e al. de l'art. 72-2 Const. ainsi qu'au principe de libre administration des collectivités, faute en particulier de prendre en compte les crédits nécessaires au développement et à la modernisation du réseau et ceux provenant des fonds de concours. Cette question est jugée non sérieuse. D'une part, le respect des droits et libertés allégués imposait, conformément à la jurisprudence du Cons. const., de prendre en compte, pour le calcul de la compensation financière, les ressources, en fonctionnement et en investissement, correspondant aux charges liées à la gestion du domaine routier existant à la date du transfert – et non de compenser les charges résultant d'un éventuel développement de ce domaine dans le futur. D'autre part, les dépenses dont l'État doit assurer la compensation financière sont celles qu'il consacrait lui-même à l'exercice de cette compétence. Ainsi, les fonds de concours, qui proviennent de personnes autres que l'État, n'avaient pas à être inclus dans le calcul de la compensation. • CE 29 oct. 2010, *Dpt de la Haute-Garonne*, n° 342072 B : *AJDA 2010. 2081* ; *RFDA 2010. 1257, chron. Roblot-Troizier et Rambaud*.

8. *Transfert unilatéral et non contradictoire.* S'agissant des sections de route nationale qui sont transférées au département, il ne résulte d'aucune disposition législative ni d'aucun principe général du droit que cette délimitation aurait dû être établie sur un mode contradictoire. • CE 7 août 2007, *Dpt de la Haute-Garonne*, n° 290587.

II. POLICE DE LA CONSERVATION

9. *Effondrement d'un talus en surplomb. Obligation de prise en charge partielle par le département.* Quand un chemin départemental est fermé à la circulation publique à la suite d'un effondrement en provenance du talus le surplombant ; que la commune a mis en œuvre des travaux provisoires par l'installation d'une fosse en contrebas du talus et l'édification d'un remblai sur la chaussée, ce dispositif étant destiné à retenir les éventuels éboulements de blocs de pierre ; qu'elle demande au département de prendre en charge la réalisation de travaux tendant à renforcer ce dispositif ; qu'elle se heurte à un refus de celui-ci, le juge des référés peut suspendre ce refus en relevant que l'ouvrage à réaliser sur le chemin constituait une dépendance du domaine public routier départemental, après avoir distingué ces travaux sollicités par la commune des travaux de purge qui devaient être entrepris séparément sur le talus en surplomb de ce chemin. • CE 5 janv. 2005, *Dpt des Alpes-Maritimes*, n° 266638.

10. L'art. L. 3221-4 CGCT limite les pouvoirs de gestion du président du conseil général au seul domaine départemental, ce qui exclut que de tels pouvoirs puissent s'exercer sur des parcelles appartenant à des personnes privées. • CE 26 janv. 2005, *Dpt des Alpes-Maritimes*, n° 269051 : *AJDA 2005. 1006, concl. Collin*.

III. REDRESSEMENT, ÉLARGISSEMENT D'UNE VOIE EXISTANTE ET PERMISSIONS DE VOIRIE

11. *Classement implicite.* La délibération du conseil général décidant le redressement ou l'élargissement d'une voie existante vaut classement implicite dans la voirie départementale des parcelles non bâties, incorporées à l'emprise de la voie. • CE 5 janv. 1966, *Épx Matrat : Lebon 2*.

12. *Arrêtés d'alignement successifs. Absence de droits acquis.* Le président du conseil général n'a pas commis d'illégalité en constatant, même en l'absence de faits nouveaux, une limite différente de celle constatée par son arrêté précédent ; par conséquent, le nouvel arrêté dont il n'est ni établi ni allégué que les constitutions auxquelles il procède ne correspondent pas aux limites réelles de la voie publique n'est entaché d'aucune erreur d'appréciation ; il pouvait constater une limite d'alignement au-delà de la demande du propriétaire de la parcelle. • CE 10 janv. 2007, *M. Bruno A c/ Président du conseil général du Pas-de-Calais*, n° 283384.

13. *Date d'exécution.* La délibération du conseil général décidant le redressement ou l'élargissement d'une voie existante ne prend effet que du jour de l'incorporation effective des parcelles à la route départementale. • CE 20 avr. 1960, *Lechassant : AJDA 1960. 323*.

14. *Procédure.* Le transfert de propriété est constaté par un acte passé devant notaire ou en la forme administrative ; il est soumis aux formalités de la publicité foncière et de la conservation du cadastre. L'affectation à l'usage du public, consécutive au transfert de propriété, est constatée d'office par le service du centre des impôts fonciers. V. Circ. n° IV 37, 4 févr. 1963, ministère des Finances.

15. *Terrains bâtis ou attenants à une habitation et clos de murs.* Quand l'élargissement ou le redressement d'une route départementale implique de procéder à l'acquisition de terrains bâtis ou attenants à une habitation et clos de murs, le recours à la procédure d'expropriation est nécessaire. • CE 20 juin 1958, *Jurine : Lebon 369*.

16. *Permissions de voirie dans une agglomération sur le domaine départemental.* Même à l'intérieur d'une agglomération, les permissions de voirie sur le domaine public départemental n'entrent pas dans le champ d'application de l'art. L. 2213-1 CGCT et relèvent, en vertu de l'art. L. 3221-4 du même code, de la seule compétence du président du conseil général. • CE 15 nov. 2006, *Dpt de Meurthe-et-Moselle*, n° 265453 B : *AJDA 2006. 2209*.

IV. RESPONSABILITÉ

A. RESPONSABILITÉ POUR DÉFAUT D'ENTRETIEN NORMAL

17. *Défaut d'entretien normal. Verglas sur courbe.* Révèle un défaut d'entretien normal de la voirie départementale : la présence à 13 h d'une plaque de verglas de 35 m de long située dans une courbe de la voie exposée à l'ombre et au vent, même si le service de météorologie avait signalé des gelées nocturnes et des chutes de pluie et de neige. • CAA Nancy, 2 oct. 1997, *Cne de Liévin, Dpt du Pas-de-Calais* : n°s 94NC01621 et 94NC01635. ♦ ... ***Verglas dans bois.*** La présence sur la chaussée d'une très importante formation de verglas localisée sur une portion de route traversant un bois et le défaut de signalisation de ce risque, alors qu'il n'est pas contesté que ce phénomène, lié à la configuration des lieux, s'était déjà produit à cet endroit où il a causé plusieurs accidents graves. • CAA Nancy, 19 mars 1998, *Dpt de Meurthe-et-Moselle : n*[os] *94NC01529 et 96NC01660.* ♦ ... ***Hautes herbes.*** La présence de hautes herbes qui dissimulent des panneaux de présignalisation de « stop » et d'agglomération précédant un carrefour. • CAA Nantes, 30 déc. 1997, *M. Cyril Sourd*, n° 95NT01147. ♦ ... ***Humidité et précédents.*** Le fait que par temps de pluie la chaussée, qui ne présente aucune rugosité, est rendue glissante à raison de l'humidité, que plusieurs accidents s'étaient produits au même endroit dans des conditions analogues alors qu'aucun panneau ne signalait que cette portion de chaussée était dangereuse. • CAA Bordeaux, 1er déc. 1997, *M. Malzac*, n° 95BX01037. ♦ ... ***Gravillons non signalés.*** La présence non signalée, sur la chaussée, d'un amas de gravillons résultant de travaux de réfection effectués par un syndicat départemental, qui engage la responsabilité du syndicat pour moitié seulement puisqu'une faute d'imprudence (vitesse excessive) est imputable à la victime. • CAA Bordeaux, 2 févr. 1998, *M. et M*[me] *Pierre Fardeau, Assurances générales de France*, n° 95BX01812. ♦ ... ***Gravillons signalés trop à l'avance.*** Dès lors que la présence de gravillons sur la chaussée de la route départementale empruntée par l'accidentée n'était signalée que par un panneau de type AK 22, situé à une distance de 2,5 km avant le lieu de l'accident, une telle signalisation était, en raison de son trop grand éloignement du danger, insuffisante pour prévenir les risques encourus. • CE 5 oct. 2005, *Cie Groupama sud*, n° 252317 B : *AJDA 2005. 2367*.

18. Entretien normal. Dévers normal en route de campagne. N'est pas constitutif d'un défaut d'entretien de l'ouvrage public : l'existence « d'un dévers très accentué » de la chaussée dans le virage situé à proximité du lieu où la voiture a quitté la route, dès lors que ladite déformation n'excédait pas par sa nature et ses caractéristiques celles que les usagers d'une route de campagne doivent normalement s'attendre à rencontrer ni n'imposait la mise en place d'une signalisation particulière. • CAA Bordeaux, 4 nov. 1997, *M. Gisquet et Union des Assurances de Paris*, n° 95BX01318. ♦ ... ***Collision avec un cerf en dehors d'une voie de passage habituel.*** L'absence de pose d'un panneau de type A 15 b sur la route départementale à proximité du lieu de l'accident provoqué par une collision entre un cerf et une voiture, dès lors qu'il ne s'agissait pas d'une zone de passage habituel de cerfs. Par ailleurs, la responsabilité de l'État à raison du risque créé par la présence de gros gibiers vivant en liberté dans la forêt domaniale échoit aux juridictions judiciaires. • CAA Paris, 11 mars 1997, *SA Decroix dite BTP c/ État et Dpt des Yvelines*, n° 95PA03572. ♦ ... ***Virage dangereux mais bien connu de la victime.*** Le département n'est pas responsable de l'accident mortel arrivé à un conducteur sur une route départementale, bien qu'il n'apporte pas la preuve de l'entretien normal de l'ouvrage public par défaut de signalisation d'un virage, dès lors que la victime empruntait régulièrement cet itinéraire pour se rendre à son travail et que les lieux n'imposaient pas l'installation d'une protection de façon continue. • CE 2 mars 2001, *M*[me] *Oury c/ Dpt de l'Isère*, n° 208294. ♦ ... ***Marquage glissant mais règles de l'art respectées, signalisation dans un virage.*** S'il est soutenu par la victime que la chute dont elle a été victime alors qu'elle circulait à bicyclette sur la route départementale aurait été provoquée par la peinture glissante d'un marquage au sol réalisé par la société concessionnaire, cette société établit avoir procédé à ce marquage selon les règles de l'art avec des produits homologués conformes à la réglementation existante. • CE 17 juin 2005, *M. X. c/ Dpt de l'Isère et Cne de Corenc*, n° 258471.

19. Engagement de la commune à garantir le département pour les travaux d'entretien. Dès lors qu'une commune s'est engagée, dans une délibération de son conseil municipal, à entretenir ultérieurement à ses frais les ouvrages qui auront été réalisés sur la voirie départementale et à garantir le département contre toute réclamation éventuelle des propriétaires riverains du fait de l'exécution des travaux, cet engagement ne pouvait s'étendre qu'aux travaux d'entretien à l'exclusion des travaux d'aménagement ; par suite, il convient de limiter la garantie accordée au département en cas de réclamation des riverains aux seuls travaux d'entretien et en en excluant les travaux d'aménagement relatifs à l'évacuation des eaux, exécutés sans maîtrise d'ouvrage du département. • CE 11 mai 2005, *Dpt du Puy-de-Dôme c/ Cne de Chappes*, n° 254142.

B. AUTRES RESPONSABILITÉS

20. Division d'une exploitation privée. Quand, à la suite d'une expropriation au profit d'un département, la construction d'une route divise en deux parties un domaine privé, le litige relatif au préjudice lié à la dangerosité du franchissement de la voie nouvelle et aux conséquences qui s'ensuivraient sur les conditions même de l'exploitation est accessoire à l'expropriation des terrains servant d'assise à la route et relève en conséquence de la juridiction judiciaire. • T. confl. 25 mai 1998, *M. Lefèvre*, n° 3100.

21. Suppression d'aisance de voirie. La responsabilité du département peut être recherchée par un riverain de la voie publique pour suppression d'aisance de voirie, dès lors que la responsabilité de cette collectivité est recherchée pour privation d'accès à une parcelle, non pas pour l'implantation d'une rocade, mais en raison du refus opposé par le département à la demande d'accès à un chemin départemental déplacé. • CE 29 nov. 2000, *Dpt du Tarn-et-Garonne c/ M. et*

Mme Westphal, n° 197026. ♦ Sauf dispositions législatives contraires, la qualité de riverain d'une voie publique confère à celui-ci le droit d'accéder à cette voie ; ce droit est au nombre des aisances de voirie dont la suppression donne lieu à réparation au profit de la personne qui en est privée. • CE 19 janv. 2001, *Dpt du Tarn-et-Garonne : préc.* ♦ La responsabilité du département peut être recherchée par un riverain de la voie publique départementale en raison du préjudice allégué, dès lors qu'il s'agit comme en l'espèce de la privation d'accès à une propriété privée à travers un délaissé de voirie départementale en relation avec le déplacement d'un chemin départemental. • Même arrêt.

22. Dommages causés par un ruissellement en provenance de la voirie. Dès lors que les importants désordres qui affectent une maison trouvent leur origine dans l'accumulation, dans le terrain d'assiette de la construction constitué d'argiles compressibles sous l'effet de l'eau, des eaux de ruissellement de la route départementale, renvoyées au pied de la maison par un caniveau construit lors de travaux de chaussée, l'imputabilité du dommage à l'ouvrage public que constitue la route départementale ne se heurte à aucune contestation. • CE 18 juill. 2006, *Mme Anne-Marie A. c/ Dpt des Pyrénées-Atlantiques*, n° 283474 A : *AJDA 2006. 1471* ; *ibid. 1839, chron. Landais et Lenica* ; *RFDA 2007. 314, concl. Chauvaux*.

V. POLICES SPÉCIALES

23. Législation des sites. Parking départemental, égalité avec parking privé. Quand, au titre de la L. du 2 mai 1930 sur la protection des sites, un décret prononce le classement d'un parking privé nécessaire à la cohérence de la protection qu'il a eu pour objet d'instituer, il doit faire de même pour un parc de stationnement du domaine public départemental dès lors que ce dernier ne se distingue en rien du parking privé au regard de l'objet de la législation sur les sites. • CE, sect., 13 juill. 2007, *M. Yves A. et M. Rémy A.*, n° 290963 A : *AJDA 2007. 1882, concl. Aguila*.

Loi n° 2022-217 du 21 février 2022,

Relative à la différenciation, la décentralisation, la déconcentration et portant diverses mesures de simplification de l'action publique locale.

Art. 38 I. — Après concertation avec les collectivités territoriales concernées, un décret fixe la liste des autoroutes, des routes ou des portions de voies non concédées relevant du domaine routier national dont la propriété peut être transférée par l'État dans le domaine public routier des départements, compétents en matière de voirie en application de l'article L. 3213-3 du code général des collectivités territoriales, de la métropole de Lyon et des métropoles. Ces mêmes autoroutes, routes ou portions de voies non concédées peuvent également être mises à la disposition des régions, à titre expérimental, dans les conditions définies à l'article 40 de la présente loi.

Sur demande des départements, de la métropole de Lyon ou des métropoles concernés, le représentant de l'État dans le département leur communique les informations dont il dispose relatives à l'état des autoroutes, des routes ou des portions de voies énumérées dans la liste fixée par le décret mentionné au premier alinéa du présent I.

Dans un délai de six mois à compter de la publication de ce décret, les départements, les métropoles et, le cas échéant, la métropole de Lyon délibèrent sur les autoroutes, sur les routes ou sur les portions de voies énumérées dans le décret qu'ils souhaitent se voir transférer et transmettent leur demande au représentant de l'État dans la région. Dans le même délai, les régions délibèrent sur les autoroutes, sur les routes ou sur les portions de voies énumérées dans le décret dont elles souhaitent demander la mise à disposition et transmettent leur demande au représentant de l'État dans la région.

A l'expiration du délai mentionné au troisième alinéa du présent I, si plusieurs demandes de transfert ou de mise à disposition ont été présentées pour une même autoroute, une même route ou une même portion de voie, le représentant de l'État dans la région organise une concertation, d'une durée qu'il fixe et qui ne peut être supérieure à deux mois, avec les collectivités territoriales ou groupements concernés, sur la base de scénarios élaborés par les services de l'État, afin de répartir entre eux les autoroutes, les routes ou les portions de voies qui font l'objet de demandes concurrentes. À l'issue de la concertation, les départements, les métropoles et, le cas échéant, la métropole de Lyon délibèrent, dans un délai d'un mois, sur les autoroutes, sur les routes ou sur les portions de voies énumérées dans le décret mentionné au premier alinéa du présent I qu'ils souhaitent se voir transférer et transmettent leur demande au représentant de l'État dans la région. Dans le même délai, les régions délibèrent sur les autoroutes, sur les routes ou sur les portions de voies énumérées dans ce décret dont elles souhaitent demander la mise à disposition et transmettent leur demande au représentant de l'État dans la région.

Le ministre chargé des transports dispose d'un délai de trois mois à compter de l'expiration du délai mentionné au troisième alinéa pour notifier aux départements, aux régions, à la métropole de Lyon et aux métropoles concernés la décision déterminant les autoroutes, les routes et les portions de voies qui sont transférées ou mises à disposition, au regard notamment de la cohérence des itinéraires, de la cohérence des moyens d'exploitation et de maintenance, des conditions de l'exploitation desdites autoroutes, routes et portions de voies et de l'expertise technique des collectivités territoriales et de leurs groupements.

Le transfert des autoroutes, des routes et des portions de voies, avec leurs accessoires et dépendances, est constaté par arrêté du représentant de l'État dans le département dans un délai de quatre mois à compter de la notification de la décision mentionnée au cinquième alinéa. L'arrêté emporte transfert des servitudes, droits et obligations correspondants ainsi que le classement des routes transférées dans la voirie du département, de la métropole de Lyon ou de la métropole. Ce transfert prend effet le 1er janvier de l'année suivante ou le 1er janvier de la seconde année suivante si l'arrêté est pris après le 31 juillet.

Le transfert des autoroutes, des routes et des portions de voies est sans incidence sur le statut de route expresse, de route à grande circulation, d'autoroute ou de route d'importance européenne. Après le transfert, le changement de statut s'opère dans les conditions prévues par le code de la voirie routière, à l'exception des autoroutes, pour lesquelles il est prononcé par décret, après avis de la collectivité territoriale ou de la métropole qui en est propriétaire.

La propriété des biens meubles et immeubles de l'État utilisés, à la date du transfert, pour l'aménagement, l'entretien, l'exploitation ou la gestion des autoroutes, des routes et des portions de voies transférées est cédée aux départements, à la métropole de Lyon et aux métropoles concernés, avec les servitudes, droits et obligations correspondants, lorsqu'ils sont exclusivement destinés à cet usage. La cession prend effet à la date du transfert des autoroutes, des routes ou des portions de voies concernées. Elle est constatée par arrêté du représentant de l'État dans le département après concertation avec le département, la métropole de Lyon ou la métropole concerné.

L'utilisation des biens susceptibles de servir à la fois à des autoroutes, à des routes et à des portions de voies transférées et non transférées est régie par une convention conclue entre l'État et la collectivité territoriale ou la métropole concernée.

L'utilisation des biens susceptibles de servir à des autoroutes, à des routes et à des portions de voies transférées à plusieurs collectivités territoriales ou métropoles en application du présent I est régie par une convention conclue entre ces collectivités ou métropoles. La convention détermine à quelle collectivité territoriale ou métropole la propriété des biens est transférée et les conditions de ce transfert. Elle précise, le cas échéant, les conditions dans lesquelles le propriétaire met à la disposition des autres collectivités territoriales ou métropoles les biens nécessaires au fonctionnement des services chargés des autoroutes, des routes et des portions de voies transférées. En l'absence de convention conclue à la date de prise d'effet du transfert des autoroutes, des routes et des portions de voies, la propriété des biens est cédée de plein droit à la collectivité territoriale qui se voit transférer le nombre le plus élevé de kilomètres de voies. La cession est constatée par arrêté du représentant de l'État dans le département. Les autres collectivités territoriales sont indemnisées par la collectivité territoriale à laquelle la propriété est cédée, au prorata du nombre de kilomètres de voies qui leur est transféré, en fonction de la valeur vénale des biens considérés.

Les terrains acquis par l'État en vue de l'aménagement des autoroutes, des routes et des portions de voies transférées sont cédés aux collectivités territoriales et métropoles concernées. La cession prend effet à la date du transfert. Elle est constatée par arrêté du représentant de l'État dans le département.

Les transferts et cessions prévus au présent I sont réalisés à titre gratuit et ne donnent lieu au paiement d'aucun droit, ni d'aucune indemnité ou taxe ni de la contribution prévue à l'article 879 du code général des impôts.

II. — Sous réserve des dispositions du code général des collectivités territoriales et du code de la route relatives aux pouvoirs de police de la circulation du représentant de l'État et du maire, le pouvoir de police de la circulation sur les voies transférées est exercé, selon les cas, par le président du conseil départemental, par le président du conseil de la métropole de Lyon ou par le président du conseil de la métropole, à l'exception des autoroutes ainsi que des routes et des portions de voies assurant la continuité du réseau autoroutier dont la liste est définie par décret, sur lesquelles ce pouvoir est exercé par le représentant de l'État.

III. — Les projets de modification substantielle des caractéristiques techniques des autoroutes, des routes et des portions de voies dont la liste est fixée par le décret mentionné au II ainsi que des passages supérieurs en surplomb desdites autoroutes, routes et portions de voies sont soumis pour avis au représentant de l'État. Celui-ci s'assure que ces modifications ne compromettent ni la capacité de l'autoroute, de la route ou de la portion de voie à garantir la continuité des itinéraires routiers d'intérêt national et européen, la circulation des transports exceptionnels, des convois et des transports militaires et la desserte économique du territoire national, ni le respect des règles de l'art. Les modalités d'application du présent III sont fixées par voie réglementaire.

IV. — Pour l'application du I dans la collectivité territoriale de Guyane :

1° La référence au département est remplacée par la référence à la collectivité territoriale de Guyane ;

2° La référence au représentant de l'État dans le département est remplacée par la référence au représentant de l'État dans la collectivité territoriale.

V. — Pour l'application du II dans la collectivité territoriale de Guyane, la référence au président du conseil départemental est remplacée par la référence au président de l'assemblée de Guyane.

VI. — Pour l'application du I à Mayotte, la référence au département est remplacée par la référence au département de Mayotte.

....

Art. 40 I. — À titre expérimental et pour une durée de huit ans à compter de la promulgation de la présente loi, il peut être mis à la disposition des régions volontaires des autoroutes, des routes et des portions de voies non concédées relevant du domaine public routier national situées sur leur territoire.

Le conseil régional est compétent pour aménager, entretenir et exploiter les autoroutes, les routes et les portions de voies mises à la disposition de la région dans le cadre de l'expérimentation. *(L. n° 2024-250 du 22 mars 2024, art. unique)* « Sur le domaine public routier mis à la disposition des régions, le président du conseil régional exerce les attributions prévues à l'article L. 4231-4 du code général des collectivités territoriales. »

La liste des autoroutes, des routes et des portions de voies non concédées relevant du domaine public routier national qui peuvent être mises à la disposition des régions est celle fixée par le décret mentionné au premier alinéa du I de l'article 38 *(L. n° 2024-250 du 22 mars 2024, art. unique)* « de la présente loi ».

Sur demande des régions concernées, le représentant de l'État dans la région leur communique les informations dont il dispose relatives à l'état des autoroutes, des routes ou des portions de voies énumérées dans la liste fixée par le décret mentionné au même premier alinéa.

Les conditions dans lesquelles les régions peuvent demander la mise à disposition d'autoroutes, de routes ou de portions de voies ainsi que celles dans lesquelles le ministre chargé des transports détermine les autoroutes, les routes ou les portions de voies mises à la disposition des régions, le cas échéant, après l'organisation par le représentant de l'État dans la région d'une concertation avec les collectivités territoriales et groupements concernés, sont définies aux troisième à cinquième alinéas du même I.

La demande est transmise par le représentant de l'État dans la région, pour information, aux départements, à la métropole de Lyon et aux métropoles concernés.

Une convention est conclue entre l'État et la région dans un délai de *(L. n° 2024-250 du 22 mars 2024, art. unique)* « seize » mois à compter de la notification de la décision mentionnée au cinquième alinéa dudit I. Elle fixe la date à partir de laquelle les autoroutes, les routes et les portions de voies, avec leurs dépendances et accessoires, les biens servant exclusivement à l'aménagement, à la gestion, à l'entretien et à l'exploitation de ces mêmes autoroutes, routes et portions de voies ainsi que les terrains acquis par l'État en vue de leur aménagement sont mis à la disposition de la région. Elle prévoit que la région est substituée à l'État pour les servitudes, droits et obligations correspondants. Elle précise également, le cas échéant, les conditions d'utilisation des biens meubles et immeubles susceptibles de servir à la fois à des autoroutes, à des routes et à des portions de voies mises à la disposition des régions dans le cadre de l'expérimentation et à des autoroutes, à des routes et à des portions de voies du domaine public routier national non concédé dont l'aménagement, l'entretien et l'exploitation relèvent de la compétence de l'État.

L'utilisation des biens susceptibles de servir à la fois à des autoroutes, à des routes et à des portions de voies mises à la disposition de la région à titre expérimental et à des autoroutes, à des routes et à des portions de voies transférées à plusieurs collectivités territoriales ou groupements en application de l'article 38 est régie par une convention conclue entre les personnes publiques concernées. Cette convention précise, le cas échéant, les conditions dans lesquelles le propriétaire met à la disposition de la région les biens nécessaires au fonctionnement des services chargés des autoroutes, des routes et des portions de voies mises à sa disposition.

La remise des biens prévue au présent article est réalisée à titre gratuit et ne donne lieu au paiement d'aucun droit, ni d'aucune indemnité ou taxe, ni de la contribution prévue à l'article 879 du code général des impôts.

La mise à disposition des autoroutes, des routes et des portions de voies est sans incidence sur le statut de route expresse, de route à grande circulation, d'autoroute ou de route d'importance européenne.

Les projets de modification substantielle des caractéristiques techniques des autoroutes, des routes et des portions de voies dont la liste est fixée par le décret mentionné au IV du présent article ainsi que des passages supérieurs en surplomb desdites autoroutes, routes et portions de voies sont soumis pour avis au représentant de l'État dans la région. Celui-ci s'assure que ces modifications ne compromettent ni la capacité de l'autoroute, de la route ou de la portion de voie à garantir la continuité des itinéraires routiers d'intérêt national et européen, la circulation des transports exceptionnels, des convois et des transports militaires et la desserte économique du territoire national, ni le respect des règles de l'art. Les modalités d'application du présent alinéa sont fixées par voie réglementaire.

II. — La compensation des charges de fonctionnement et d'investissement liées à l'expérimentation s'opère dans les conditions fixées au I de l'article 150.

La maîtrise d'ouvrage de l'ensemble des opérations routières sur le réseau routier national inscrites dans les contrats conclus entre l'État et la région en vigueur à la date de l'expérimentation est exercée par la région pendant la durée de l'expérimentation.

Une convention conclue entre l'État et la région participant à l'expérimentation définit les modalités de transfert des crédits correspondant au transfert de charges.

Cette convention prévoit également le versement à la région, pendant la durée de l'expérimentation, d'une soulte correspondant aux montants des financements restant dus par l'État pour l'exécution des contrats mentionnés au deuxième alinéa du présent II. Elle est versée par fractions annuelles, conformément à un calendrier prévu par la convention. Le montant de ces fractions est égal à la moyenne annuelle des financements restant dus à la date du transfert de la maîtrise d'ouvrage sur la durée de ces contrats. Cette soulte est affectée exclusivement au financement des opérations prévues dans la convention. La convention prévoit les modalités de reversement à l'État de l'éventuelle fraction non consommée de la soulte au terme de l'expérimentation.

III. — À compter du début de l'expérimentation, les services ou les parties de services relevant de l'État qui participent à l'exercice des compétences en matière d'aménagement, de gestion, d'entretien ou d'exploitation des autoroutes, des routes et des portions de voies relevant de la voirie nationale mises à la disposition des régions en application du présent article sont également mis à leur disposition à titre gratuit pour la même durée.

La convention conclue entre l'État et la région détermine la liste des services ou des parties de services mis à disposition, après consultation des comités sociaux concernés.

(L. nº 2024-250 du 22 mars 2024, art. unique) « Dans le cadre de l'expérimentation prévue au présent article, le président du conseil régional peut, pour l'exercice de ses attributions propres ou de celles qu'il a reçues par délégation du conseil régional, par arrêté, donner délégation de signature, sous sa surveillance et sous sa responsabilité, aux chefs des services ou des parties de services mis à disposition ainsi qu'aux agents de l'État qui exercent au sein de ces services des fonctions de responsabilité au niveau territorial ou fonctionnel.

« Dans le cadre de l'expérimentation prévue au présent article, lorsque le président du conseil régional délègue une partie de ses fonctions aux vice-présidents ou à d'autres membres du conseil régional en application de l'article L. 4231-3 du code général des collectivités territoriales, le délégataire peut, sauf disposition contraire dans l'arrêté de délégation de fonction, subdéléguer la signature des actes relatifs à la fonction déléguée aux chefs des services ou des parties de services mis à disposition ainsi qu'aux agents de l'État qui exercent au sein de ces services des fonctions de responsabilité au niveau territorial ou fonctionnel.

« Les délégataires et subdélégataires peuvent, sauf disposition contraire dans l'acte de délégation ou de subdélégation, subdéléguer leur signature aux agents de l'État qui exercent au sein de leur service des fonctions de responsabilité au niveau territorial ou fonctionnel. »

IV. — Pendant la durée de l'expérimentation, sur les routes relevant du domaine public routier national mises à la disposition de la région, le pouvoir de police de la circulation est exercé par le président du conseil régional, sous réserve des dispositions du code général des collectivités territoriales et du code de la route relatives au pouvoir de police de la circulation du représentant de l'État et du maire. Lorsque les routes mises à la disposition de la région sont des autoroutes, des routes ou des portions de voies assurant la continuité du réseau autoroutier dont la liste est définie par décret, le pouvoir de police de la circulation est exercé par le représentant de l'État.

Le président du conseil régional peut fixer, pour les sections de routes hors agglomération relevant de sa compétence et ne comportant pas au moins deux voies affectées à un même sens de circulation, une vitesse maximale autorisée supérieure de 10 kilomètres à l'heure à celle prévue par le code de la route. Cette décision prend la forme d'un arrêté motivé, pris après avis de la commission départementale de la sécurité routière, sur la base d'une étude d'accidentalité portant sur chacune des sections de routes concernées.

Le représentant de l'État peut, en cas de carence du président du conseil régional et après une mise en demeure restée sans effet, exercer les attributions dévolues au président du conseil régional en matière de police en application du premier alinéa du présent IV.

Pendant la durée de l'expérimentation, sur les routes relevant du domaine public routier national mises à la disposition de la région, le pouvoir de police de la conservation est exercé par le président du conseil régional.

Dans les conditions fixées au chapitre VI du titre I du livre I du code de la voirie routière et sans préjudice de la compétence des agents mentionnés à l'article L. 116-2 du même code, les agents de la région commissionnés par le président du conseil régional et assermentés à cet effet sont habilités à constater les infractions à la police de la conservation du domaine public routier commises sur les routes relevant du domaine public routier national mises à la disposition de la région et sur les routes départementales dont la gestion est transférée à la région en application du V du présent article ainsi qu'à établir les procès-verbaux concernant ces infractions. Un arrêté conjoint du ministre de la justice et des ministres chargés de la voirie routière nationale et des collectivités territoriales détermine les conditions d'assermentation des agents de la région.

V. — Pendant la durée de l'expérimentation, les départements peuvent transférer à la région la gestion d'une route départementale identifiée comme étant d'intérêt régional dans le schéma régional d'aménagement, de développement durable et d'égalité des territoires, afin de lui permettre de l'aménager, de la gérer, de l'entretenir et de l'exploiter.

Une convention conclue entre le département et la région détermine les modalités et la durée de ce transfert.

Dans le cadre de ce transfert, les pouvoirs de police de la circulation et de la conservation sont exercés par le président du conseil régional selon les modalités définies aux articles L. 3221-4 à L. 3221-5 du code général des collectivités territoriales.

VI. — Pendant la durée de l'expérimentation, la région bénéficiant de la mise à disposition peut transférer à un département qui en fait la demande la gestion d'une route mise à sa disposition à titre expérimental et située sur le territoire du département concerné, afin de permettre à ce département de l'aménager, de la gérer, de l'entretenir et de l'exploiter.

Une convention conclue entre le département et la région, après avis du représentant de l'État dans la région, détermine la durée et les modalités d'exercice de ce transfert.

Dans le cadre de ce transfert, les pouvoirs de police de la circulation et de la conservation sont exercés par le président du conseil départemental, selon les modalités définies aux articles L. 3221-4 à L. 3221-5 du code général des collectivités territoriales.

Dans les conditions fixées au chapitre VI du titre I du livre I du code de la voirie routière et sans préjudice de la compétence des agents mentionnés à l'article L. 116-2 du même code, les agents du département commissionnés par le président du conseil départemental et assermentés à cet effet sont habilités à constater les infractions à la police de la conservation du domaine public routier commises sur les routes dont la gestion est transférée au département ou à la métropole de Lyon en application du présent VI et à établir les procès-verbaux concernant ces infractions.

VII. — Une démarche d'évaluation des résultats de l'expérimentation est engagée conjointement par l'État et chacune des régions concernées, au plus tard six mois avant la fin de l'expérimentation, afin d'apprécier l'opportunité du transfert définitif aux régions de ces autoroutes, de ces routes et de ces portions de voies non concédées relevant du domaine public routier national de l'État. Dans le cadre de cette évaluation, il est organisé un débat sur l'expérimentation au sein des assemblées délibérantes des collectivités territoriales concernées. Au plus tard trois mois avant le terme de l'expérimentation, son bilan est rendu public. Il est transmis pour information au Conseil supérieur de la fonction publique territoriale, au Conseil supérieur de la fonction publique de l'État ainsi qu'aux comités sociaux compétents.

À la moitié de la durée fixée pour l'expérimentation, il est organisé un débat sur celle-ci au sein du conseil régional. Le Gouvernement transmet au Parlement un rapport présentant les régions participant à l'expérimentation ainsi qu'une évaluation intermédiaire de l'expérimentation.

Art. L. 3213-4 **Le conseil départemental décide de l'établissement et de l'entretien des bacs, passages d'eau et ouvrages d'art sur les routes départementales ; il fixe les tarifs de péage dans les limites prévues à l'article L. 153-4 du code de la voirie routière.** – *[L. du 10 août 1871, art. 46 (13°).]*

I. PONTS

1. Péages acquittés par les usagers d'un pont. Ils ont le caractère de redevances pour service rendu. • CE 2 oct. 1985, *Jean Jeissou,* n° 23254 : *Lebon 544 ; AJDA 1986. 38, concl. Jeanneney ; Gaz. Pal. 1985. 2. 661.* ♦ Ces redevances sont versées à un service public présentant le caractère d'un service public administratif. • CE 2 oct. 1985, *Jean Jeissou,* n° 23254 : *préc.*

2. Relations avec les usagers. Le versement des redevances acquittées par les usagers d'un pont ne fait naître aucune relation contractuelle entre le service public gestionnaire de l'ouvrage et les usagers. • CE 2 oct. 1985, *Jean Jeissou,* n° 23254 : *préc. note 1.*

3. Indépendance du montant du péage par rapport à l'amortissement des charges. Il ne résulte pas des dispositions de l'art. 6 de la L. du 12 juill. 1979 que les péages doivent être maintenus au niveau qu'ils avaient atteint à la date d'entrée en vigueur de ladite loi ; les dispositions précitées autorisent expressément la régie exploitant les ouvrages d'art, bacs, et passages d'eau du département à faire masse, pendant 15 ans, de l'ensemble de ses recettes. De ce fait, le moyen tiré de ce que, les charges financières afférentes à la construction du pont d'Oléron étant amorties, le péage doit être supprimé ne peut qu'être rejeté. • CE 28 juill. 1989, *Comité d'action et de défense des intérêts oléronais,* n°s 80447 et 80483 : *RFDA 1990. 433* .

4. Pont routier départemental sur le domaine fluvial. Superposition de gestion de fait. Le « principe de neutralité financière » n'impose pas d'opérer, pour les opérations de rétablissement de communications, une distinction entre, d'une part, la chaussée d'un pont, qui serait au nombre des éléments constitutifs de la voie dont elle relie les parties séparées, et, d'autre part, la structure de ce pont, qui serait une dépendance du domaine dans l'intérêt duquel elle a été édifiée ; le département ne peut donc utilement invoquer l'existence prétendue d'une superposition de gestion de fait par deux personnes publiques différentes d'un ouvrage affecté au seul domaine public routier départemental (en l'espèce, pont enjambant le domaine public fluvial et traversé par la voirie départementale). • CE 26 sept. 2001, *Dpt de la Somme,* n° 219338.

5. Appartenance à la voirie départementale. Quand une route départementale est sectionnée par un canal qui appartient au domaine public fluvial, qu'un pont est construit à cet endroit et qu'il est financé par l'État, qui en assure par ailleurs l'entretien et la surveillance, et que ce pont ne fait l'objet d'aucune convention de remise au département et qu'à la suite d'un affaissement de la chaussée les contrôles opérés par les services de l'État ont mis en évidence le mauvais état de conservation du pont et l'urgence qui s'attachait à le réparer, alors, faute d'accord entre l'État et le département sur les modalités de répartition des frais, le département qui a commandé l'exécution des travaux nécessaires pour rendre le pont conforme à sa destination doit seul en supporter le coût d'entretien au titre de l'art. L. 131-2 du code de la voirie routière. En effet, les ponts sont au nombre des éléments constitutifs des voies dont ils relient les parties séparées de façon à assurer la continuité du passage ; les circonstances que la construction du pont résulte de la décision de l'État de percer une voie fluviale nouvelle, et qu'elle a été adaptée au gabarit de la navigation sur cette voie, ne sauraient avoir pour effet de faire regarder ce pont comme incorporé au domaine public fluvial ; par suite, le pont a été construit pour rétablir la continuité de la voie de circulation routière sur la route départementale et constitue un ouvrage de la voirie départementale. • CE 26 sept. 2001, *Dpt de la Somme,* n° 219338.

6. Police de la conservation. En cas de risques en raison d'incertitudes affectant la qualité mécanique des bétons et la capacité portante d'un pont, l'interdiction de la circulation de tout véhicule d'un poids total en charge supérieure à 19 tonnes sauf transports scolaires sur ce pont, par les présidents de deux conseils généraux, alors même qu'aucun incident n'avait été constaté avant son édiction, constitue une mesure restreignant la circulation afin de garantir la conservation de l'ouvrage et la sécurité de ses usagers. Il ne ressort pas qu'une simple mesure de circulation alternée, y compris pour les véhicules de plus de 19 tonnes, aurait été suffisante. Absence d'atteinte excessive à la liberté de circulation (art. L. 3221-4 CGCT et art. R. 131-2 C. voirie rout. Le président du conseil général peut interdire d'une manière temporaire ou permanente l'usage de tout ou partie du réseau des routes départementales aux catégories de véhicules dont les caractéristiques sont incompatibles avec la constitution de ces routes, et notamment avec la résistance et la largeur de la chaussée et des ouvrages d'art. • CE 22 oct. 2003, *Sté Les Sablières de La Perche c/ Conseils généraux de l'Allier et du Cher*, n° 242195.

II. BACS

7. Discriminations tarifaires. Tant au regard de la nature du service rendu que de son coût financier, les usagers des bacs de l'île de Ré se trouvent, vis-à-vis du service public assuré par la régie départementale des passages d'eau, dans une situation différente de celle des usagers du pont d'Oléron ; dès lors, le préfet avait pu, sans méconnaître le principe d'égalité entre les usagers du service public, prévoir pour les usagers résidant dans l'île de Ré des tarifs différents de ceux qui sont pratiqués pour les autres îles du département. • CE 10 déc. 1982, *Synd. intercommunal à vocation multiple de l'île de Ré : D. 1983. Somm. 239, note Delvolvé.*

SECTION 3 **Transactions**

Art. L. 3213-5 Le conseil départemental statue sur les transactions concernant les droits du département. — *[L. du 10 août 1871, art. 46 (16°).]*

SECTION 4 **Dons et legs**

Art. L. 3213-6 *(L. n° 2009-526 du 12 mai 2009, art. 83)* **Sous réserve des dispositions de l'article L. 3211-2, le conseil départemental statue sur l'acceptation des dons et legs faits au département.**

V. accessoirement art. L. 2242-1 (dons et legs au bénéfice de la commune).

Art. L. 3213-7 *Abrogé par Ord. n° 2010-177 du 23 févr. 2010, art. 27.*

CHAPITRE IV **ACTION SOCIALE**

BIBL. ▸ DONIER, *RFDA 2016. 474* (les départements et les compétences sociales).

Art. L. 3214-1 Le conseil départemental adopte le règlement départemental d'aide sociale définissant les règles selon lesquelles sont accordées les prestations d'aide sociale relevant du département.

(Ord. n° 2012-351 du 12 mars 2012, art. 7) **« Le conseil départemental concourt aux actions de prévention de la délinquance dans les conditions prévues à l'article L. 132-15 du code de la sécurité intérieure** *[V. infra]*. **»**

Sur les actions de prévention de la délinquance, V. ci-dessous CSI, art. L. 132-15.

1. Lorsqu'il édicte des règles définissant les conditions d'attribution et le montant des prestations d'aide sociale qui, telles que l'allocation compensatrice des personnes handicapées, font l'objet de prescriptions définies par des lois et des décrets, le conseil général ne peut édicter que des dispositions comportant des conditions ou des montants plus favorables que ceux définis par ces lois et décrets. • CE 4 nov. 1994, *Dpt de la Dordogne*, n° 100354 : *Lebon 486 ; D. 1994. IR 259 ; RFDA 1995. 207 ; ACL 1995, n° 48.*

2. Si le législateur a donné compétence aux départements pour organiser et gérer les services de protection maternelle et infantile dont il a défini les principales missions, il doit être regardé comme ayant réservé à l'État, en vertu des dispositions de l'art. 72 Const., le soin de fixer les normes minimales d'activité de ces services, celles relatives à leur encadrement et les exigences de qualification des personnes qu'ils emploient ; dès lors le Premier ministre, qui exerce le pouvoir réglementaire (art. 21 Const.), était compétent pour fixer par décret les règles à établir « par voie réglementaire » en vertu des dispositions du CSP. • CE 1er avr. 1996, *Dpt de la Loire*, n° 141958 : *Lebon 109 ; Dr. adm. 1996, n° 251, obs. Schwartz ; ACL 1997, n° 36.*

Code de la sécurité intérieure

(Ord. n° 2012-351 du 12 mars 2012)

Art. L. 132-15 Le conseil départemental concourt aux actions de prévention de la délinquance dans le cadre de l'exercice de ses compétences d'action sociale. Il statue sur l'organisation et le financement des services et des actions sanitaires et sociaux qui relèvent de sa compétence, notamment des actions qui concourent à la politique de prévention de la délinquance. Pour la mise en œuvre des actions de prévention de la délinquance dans les communes définies au deuxième alinéa de l'article L. 132-4 ou les établissements publics de coopération intercommunale définis à l'article L. 132-13, une convention entre la commune ou l'établissement public de coopération intercommunale intéressé et le département détermine les territoires prioritaires, les moyens communaux et départementaux engagés et leur mode de coordination, l'organisation du suivi et de l'évaluation des actions mises en œuvre.

Art. L. 3214-2 *(L. n° 2009-526 du 12 mai 2009, art. 83)* **« Le conseil départemental, sauf s'il a délégué sa compétence au président, en application de l'article L. 3211-2, attribue et retire les bourses entretenues sur les fonds départementaux, sur l'avis motivé : »**

1° *(L. n° 2019-791 du 26 juill. 2019, art. 32)* **« Du chef d'établissement » et du conseil d'administration, pour** *(L. n° 2019-791 du 26 juill. 2019, art. 32)* **« les établissements publics d'enseignement » ;**

2° Du responsable d'établissement, pour les établissements d'enseignement privé.

L'autorité compétente peut prononcer le retrait dans les cas d'urgence ; elle en donne avis immédiatement au président du conseil départemental et en fait connaître les motifs.

Les élèves des établissements d'enseignement privé peuvent prétendre, comme ceux des établissements d'enseignement public, au bénéfice de bourses allouées par le conseil général. • CE 6 mars 1985, *Dpt du Pas-de-Calais c/ Mme Guche,* n° 49082. ♦ Une discrimination fondée sur le caractère public ou privé de l'établissement scolaire fréquenté est donc entachée d'erreur de droit. • CE 10 août 1988, *Dpt du Pas-de-Calais c/ Mme Évrard,* n° 74575.

CHAPITRE V **TRAVAUX**

Art. L. 3215-1 Le conseil départemental statue sur les projets, plans et devis des travaux à exécuter sur les fonds départementaux et désigne les services auxquels ces travaux seront confiés.

Il décide des concessions à des associations, à des entreprises ou à des particuliers de travaux d'intérêt départemental. – *[L. du 10 août 1871, art. 46 (9°) et (11°).]*

Art. L. 3215-2 Le conseil départemental statue :

1° Sur la part contributive du département aux dépenses qui intéressent à la fois le département et les communes ;

2° Sur la part contributive à imposer au département dans les travaux exécutés par l'État qui intéressent le département ;

3° Sur les difficultés élevées relativement à la répartition de la dépense des travaux qui intéressent plusieurs communes du département. – *[L. du 10 août 1871, art. 46 (22°, 23° et 27°).]*

CHAPITRE VI *[ABROGÉ]* **ÉLECTIONS**

(Abrogé par L. n° 2004-809 du 13 août 2004, art. 136)

Art. L. 3216-1 *Abrogé par L. n° 2004-809 du 13 août 2004, art. 136.*

TITRE II **COMPÉTENCES DU PRÉSIDENT DU CONSEIL DÉPARTEMENTAL**

CHAPITRE UNIQUE

Art. L. 3221-1 Le président du conseil départemental est l'organe exécutif du département.

Il prépare et exécute les délibérations du conseil départemental. – *[L. n° 82-213 du 2 mars 1982, art. 25, al. 1er et 2.]*

Art. L. 3221-2 Le président du conseil départemental est l'ordonnateur des dépenses du département et prescrit l'exécution des recettes départementales, sous réserve des dispositions particulières du code général des impôts relatives au recouvrement des recettes fiscales des collectivités locales.

(L. n° 98-1267 du 30 déc. 1998, art. 47) **« Il impute en section d'investissement les dépenses d'équipement afférentes à des biens meubles ne figurant pas sur les listes et**

d'une valeur inférieure à un seuil fixés par arrêté des ministres en charge des finances et des collectivités locales, sur délibérations expresses de l'assemblée. »

Compétence exclusive. Il résulte des dispositions de l'art. L. 3221-2 que la commission permanente du conseil général excède sa compétence en autorisant le président dudit conseil général à émettre un titre de recettes pour le recouvrement d'une créance. • CAA Nantes, 17 févr. 2006, *Dpt de la Vendée*, n° 03NT00745 : *RFDA 2006. 850* ; *AJDA 2006. 1404*. ♦ En l'espèce, par la délibération contestée, la commission permanente du conseil général ne s'était pas bornée à donner son avis au président du conseil général sur l'opportunité d'émettre des titres de recettes, mais avait autorisé ce dernier à émettre ces titres de recettes. Ce faisant, et alors même que la délibération ainsi prise l'avait été sur rapport conforme du président du conseil général, la commission permanente a excédé sa compétence et les titres de recettes ont donc été annulés. • Même jugement. ♦ Par ailleurs, le département ne pouvait utilement se prévaloir de la délibération par laquelle le conseil général avait accordé à la commission permanente une délégation « pour la détermination des bases de liquidation des titres de recettes », cette délibération étant également intervenue en méconnaissance des dispositions de l'art. L. 3221-2 précitées. • Même jugement.

Art. L. 3221-3 *(L. n° 2002-276 du 27 févr. 2002, art. 12)* **« Le président du conseil départemental est seul chargé de l'administration. Il peut déléguer par arrêté, sous sa surveillance et sa responsabilité, l'exercice d'une partie de ses fonctions aux vice-présidents. Il peut également déléguer une partie de ses fonctions, dans les mêmes conditions, à des membres du conseil départemental en l'absence ou en cas d'empêchement des vice-présidents ou dès lors que ceux-ci sont tous titulaires d'une délégation. » Ces délégations subsistent tant qu'elles ne sont pas rapportées.**

(Ord. n° 2009-1530 du 10 déc. 2009) **« Le membre du conseil départemental qui a cessé ses fonctions de président du conseil départemental en application des articles L. 2122-4 ou L. 4133-3 ne peut recevoir de délégation jusqu'au terme de son mandat de conseiller départemental ou jusqu'à la cessation de la fonction l'ayant placé en situation d'incompatibilité. »**

(L. org. n° 2014-125 du 14 févr. 2014, art. 9) **« Les membres du conseil départemental exerçant un mandat de député, de sénateur ou de représentant au Parlement européen ne peuvent recevoir ou conserver de délégation. »**

Le président du conseil départemental est le chef des services du département. Il peut, sous sa surveillance et sa responsabilité, donner délégation de signature en toute matière aux responsables desdits services.

1. Attributions du président. Le président du conseil départemental est compétent pour prendre l'acte, purement recognitif, par lequel sont délimités les cours d'eau domaniaux appartenant au département. • CE 29 juin 2020, n° 426945 B : *AJDA 2020. 1326*. ♦ Le conseil général est compétent pour créer ou supprimer les services publics, en fixer les règles générales d'organisation, mais le président est compétent pour prendre les mesures relatives à l'organisation interne des services et à la gestion des agents. • CE, sect., 6 janv. 1995, *Synd. national des personnels de l'Équipement CGT*, n° 91224 A : *JCP 1995. IV. 769, obs. Rouault.* ♦ V. par. ex. le retrait d'agrément d'une assistante maternelle. • CAA Douai, 27 janv. 2005, *X. c/ Dpt du Nord*, n° 03DA00204. ♦ ... Ou fixer librement les horaires de travail des agents y compris pour les besoins du service, des horaires incluant les samedis, dimanches et jours fériés. • CE 2 oct. 2009, *Dpt de la Seine-Saint-Denis*, n° 312900.

2. Délégations aux vice-présidents. La signature d'une décision par un vice-président n'ayant pas reçu délégation du président du conseil général émane d'une autorité incompétente. • CE 6 sept. 1993, *Organisme de gestion de l'école Sainte-Agnès de Volvic*, n° 95490 B. ♦ Dans le silence des textes, la continuité du service public exige que le président du conseil général ou régional, en cas d'absence ou d'empêchement, soit provisoirement remplacé dans la plénitude de ses fonctions par un vice-président dans l'ordre des nominations ou à défaut par un conseiller désigné par le conseil général ou régional. • TA Saint-Denis de La Réunion, 14 déc. 1994, *Préfet de La Réunion c/ Président du conseil régional : RFDA 1995. 1101, concl. Vivens*.

3. Délégation de fonctions aux chefs des services du département. Illégalité. Si le président du conseil général peut déléguer une partie de ses fonctions en matière de police à un vice-président ou à d'autres membres du conseil général, il ne peut le faire au bénéfice des responsables des services du département. • TA Grenoble, 7 juill. 2000, *Sté Sols conforts*, n° 973999 B.

4. Délégation de signature. Elle ne peut être consentie aux chefs des parties de services de l'État mis à disposition du département (en l'espèce chefs des subdivisions de la DDE). • CE 11 mars 1998, *Préfet des Pyrénées-Orientales*, n° 169308 : *Lebon 73*. ♦ Cependant la délégation de signature peut leur être octroyée pour la préparation et l'exécution des délibérations du conseil général sous peine d'illégalité de l'arrêté de délégation portant sur d'autres objets. • CE 30 avr. 1997, *Dpt de l'Isère,* n° 146607 B. ♦ Le président du conseil général peut aussi déléguer sa signature à des agents du département qui, sans avoir la qualité de directeur ou de chef de service dans l'administration départementale, exercent des fonctions de responsabilité au niveau territorial ou fonctionnel, en matière de protection maternelle et infantile. • CE 17 avr. 2008, *Dpt des Hauts-de-Seine,* n° 285404.

Art. L. 3221-3-1 *Abrogé par Ord. n° 2022-408 du 23 mars 2022, art. 17.*

Art. L. 3221-4 Le président du conseil départemental gère le domaine du département. À ce titre, il exerce les pouvoirs de police afférents à cette gestion, notamment en ce qui concerne la circulation sur ce domaine, sous réserve des attributions dévolues aux maires par le présent code et au représentant de l'État dans le département ainsi que du pouvoir de substitution du représentant de l'État dans le département prévu à l'article L. 3221-5. – *[L. n° 82-213 du 2 mars 1982, art. 25, al. 5.]*

1. Seul le président du conseil général est compétent pour se prononcer sur la demande d'une association foncière tendant à ce qu'elle soit autorisée à exécuter les travaux de franchissement d'un chemin départemental par un autre chemin. • CE 15 janv. 1988, *Assoc. foncière de Semoutiers et Raoult,* n° 76946 : *AJDA 1988. 406, obs. Prétot.*

2. Le président du conseil général agissant au titre des pouvoirs de police de la conservation du domaine public peut interdire la circulation aux véhicules lourds afin de sauvegarder l'état de la chaussée et de préserver ainsi la sécurité des usagers, alors même que cette mesure de police a pour conséquence de limiter les coûts prévisibles de réfection de ces chaussées. • CE 20 oct. 1995, *Dpt des Alpes-de-Haute-Provence : Quot. jur. 8 févr. 1996, n° 12.* ♦ Il apprécie seul l'opportunité de la création d'un carrefour sur une route départementale permettant l'accès direct d'un chemin rural. • CAA Nantes, 14 févr. 2006, *Dpt du Loir-et-Cher,* n° 04NT01028.

3. Le maire et le préfet dans le département sont seuls compétents pour décider et mettre en œuvre le déclenchement préventif d'une avalanche destiné à assurer la sécurité de la circulation sur la voirie routière départementale, le président du conseil général n'étant pas compétent pour intervenir en la matière car le point d'application d'une telle intervention se situe au-delà des limites du domaine départemental dont il assure la gestion. • CE, sect. intérieur avis, 23 juill. 1996, n° 359284 : *Rapport public 1996, p. 302.*

4. Le président du conseil général ne tient d'aucune disposition législative le pouvoir de fermer les locaux des collèges pour des raisons de sécurité. • CE 6 févr. 1998, *Mme Vadant et Assoc. des parents d'élèves du collège public et des écoles de Saint-Aubin,* n° 163421 B.

5. Le président du conseil général ne tient d'aucun texte, ni des responsabilités qui s'attachent à la gestion de son domaine public, l'obligation d'effectuer, pour son propre compte et à ses frais, sur la parcelle d'une propriété privée, des travaux de purge incombant normalement pour la sécurité des tiers à ce propriétaire. • CE 29 nov. 2004, *Dpt des Alpes-maritimes,* n° 269051 : *AJDA 2005. 1006, concl. Collin.* ♦ Il en est de même pour l'exercice de son pouvoir de police sur des parcelles appartenant à des personnes privées. • CE 29 nov. 2004, *Dpt des Alpes-Maritimes,* n° 269051 : *AJDA 2005. 1006, concl. Collin.*

6. Même à l'intérieur d'une agglomération, les permissions de voirie sur le domaine public départemental n'entrent pas dans le champ d'application de l'art. L. 2213-1 et relèvent, en vertu de l'art. L. 3221-4, de la seule compétence du président du conseil général. • CAA Bordeaux, 7 mars 2019, n° 17BX00843 : *AJCT 2019. 359, obs. Didriche* • CE 15 nov. 2006, *Dpt de Meurthe-et-Moselle,* n° 265453 B.

7. Le président du conseil départemental ne peut voir sa responsabilité engagée s'agissant de la mise en place de dispositifs de sécurité sur les routes et voies départementales à l'intérieur de l'agglomération d'une commune. Les dommages résultant de la mise en œuvre ou de l'absence de mise en œuvre des pouvoirs de police du maire sont assimilables à un défaut d'entretien normal de la voie publique et entraînent, le cas échéant, la responsabilité de la seule commune. • CAA Lyon, 20 mai 2022, n° 20LY02689 • CAA Bordeaux, 18 déc. 2020, n° 19BX03269 : *AJCT 2021. 152, obs. Didriche.* ♦ Il résulte de l'art. L. 3221-4 CGCT que le département, en tant que propriétaire du domaine, est seul compétent pour opérer tous travaux d'aménagement ou d'entretien de son domaine routier, y compris à l'intérieur des agglomérations, dès lors que ces travaux ne privent pas de leur portée les compétences détenues par le maire au titre de ses pouvoirs de police de la circulation. Il en résulte que le maire d'une commune est seul compétent, dans le cadre de ses pouvoirs de police de la circulation, pour décider de la mise en place de dispositifs de ralentissement sur les routes départementales à l'intérieur de l'agglomération et sur le territoire de sa commune, dès lors que ces dispositifs n'ont ni pour objet ni pour effet de modifier l'assiette de la route départementale. Les dommages résultant de la mise en œuvre ou de l'absence de mise en œuvre de ces pouvoirs de police entraînent, le cas échéant, la responsabilité de la seule commune. • CAA Lyon, 11 févr. 2021, n° 20LY00724 : *AJCT 2021. 267, obs. Didriche.*

8. Si les dispositions d'un règlement de voirie peuvent rappeler les obligations légales pesant sur les intervenants sur le domaine public routier, ainsi que les principes jurisprudentiels qui se rapportent à la mise en jeu de leur responsabilité, elles ne peuvent être regardées comme constituant un simple rappel du régime juridique de responsabilité qui leur est applicable de sorte que ses dispositions ne peuvent occulter les causes exonératoires dont peuvent se prévaloir les intervenants à des travaux publics, ainsi que les appels en garantie qu'ils peuvent présenter à l'encontre de personnes publiques ou privées, en vue d'être couverts partiellement ou totalement des condamnations prononcées à leur encontre. • CAA Toulouse, 4 avr. 2023, n° 21TL04861.

9. Il résulte de cette disposition que le département, en tant que propriétaire du domaine, est seul compétent pour opérer tous travaux d'aménagement ou d'entretien de son domaine routier, y compris à l'intérieur des agglomérations, dès lors que ces travaux ne privent pas de leur portée les compétences détenues par le maire au titre de ses pouvoirs de police de la circulation. Il résulte de ces mêmes dispositions que le maire d'une commune est seul compétent, dans le cadre de ses pouvoirs de police de la circulation, pour décider de la mise en place de dispositifs de sécurité sur les routes départementales à l'intérieur de l'agglomération et sur le territoire de sa commune, dès lors que ces dispositifs n'ont ni pour objet, ni pour effet, de modifier l'assiette de la route départementale. Les dommages résultant de la mise en œuvre ou de l'absence de mise en œuvre de ces pouvoirs de police entraînent, le cas échéant, la responsabilité de la seule commune. • CAA Toulouse, 24 juin 2025, n° 23TL01705.

Art. L. 3221-4-1 *(L. n° 2019-1428 du 24 déc. 2019, art. 36)* **Le président du conseil départemental ou, lorsqu'il est l'autorité détentrice du pouvoir de police de la circulation, le maire ou le président de l'établissement public de coopération intercommunale peut fixer, pour les sections de routes hors agglomération relevant de sa compétence et ne comportant pas au moins deux voies affectées à un même sens de circulation, une vitesse maximale autorisée supérieure de 10 km/h à celle prévue par le code de la route. Cette décision prend la forme d'un arrêté motivé, pris après avis de la commission départementale de la sécurité routière, sur la base d'une étude d'accidentalité portant sur chacune des sections de route concernées.**

Aucun des éléments, énoncés de manière générale et à l'identique pour chaque arrêté, ne permettant de comprendre les raisons précises ayant rendu possible, au regard notamment de l'accidentalité, le relèvement de la vitesse maximale autorisée sur chacune des sections de route concernées, ceux-ci doivent être annulés pour un motif d'insuffisante motivation. • TA Montpellier, 5 avr. 2022, n° 2004418 : *AJDA 2022. 1598* ; *AJCT 2022. 463, obs. Didriche* .

Art. L. 3221-5 **Le représentant de l'État dans le département peut, dans le cas où il n'y aurait pas été pourvu par le président du conseil départemental, et après une mise en demeure restée sans résultat, exercer les attributions dévolues au président du conseil départemental en matière de police en vertu des dispositions de l'article L. 3221-4.** — *[L. n° 82-213 du 2 mars 1982, art. 34-III, al. 2.]*

Art. L. 3221-6 *Abrogé par Ord. n° 2005-898 du 2 août 2005, art. 2.*

Art. L. 3221-7 **Le président du conseil départemental procède à la désignation des membres du conseil départemental pour siéger au sein d'organismes extérieurs dans les cas et conditions prévus par les dispositions régissant ces organismes. La fixation par les dispositions précitées de la durée des fonctions assignées à ces membres ne fait pas obstacle à ce qu'il puisse être procédé à tout moment, et pour le reste de cette durée, à leur remplacement par une nouvelle désignation opérée dans les mêmes formes.** — *[L. n° 82-213 du 2 mars 1982, art. 31, al. 3.]*

Art. L. 3221-8 **Le président du conseil départemental procède à la nomination des gardes champêtres dans le cas et les conditions prévus à l'article** *(Ord. n° 2012-351 du 12 mars 2012, art. 7)* **« L. 522-2 du code de la sécurité intérieure ».**

Art. L. 3221-9 **Le président du conseil départemental exerce en matière d'action sociale les compétences qui lui sont dévolues par** *(Ord. n° 2003-1212 du 18 déc. 2003, art. 4)* **« le code de l'action sociale et des familles ».**

(L. n° 2011-267 du 14 mars 2011, art. 46) **« En vue d'exercer la compétence définie par l'article L. 222-4-1 du même code, le président du conseil départemental est informé par le procureur de la République des mesures alternatives aux poursuites et des jugements devenus définitifs lorsque ces décisions concernent des infractions commises par des mineurs résidant sur le territoire du département. »**

1. Le président du conseil général ne peut substituer son appréciation à celle portée par la COTOREP sur la nécessité d'une allocation compensatrice au profit des adultes handicapés. • CE 10 nov. 1999, *Dpt du Rhône*, nº 200057 : *Lebon 347*. ♦ V. aussi • CE 15 févr. 2002, *Labrousse*, nº 221410 B.

2. Le président peut déléguer sa signature à des agents pour signer le retrait d'agrément d'assistante maternelle. • CE 29 juin 2005, *Dpt des Hauts-de-Seine c/ Mme N'Diaye*, nº 26686 B : *BJCL 2005. 515, concl. Séners.* ♦ ... Et notamment à tout responsable des services de protection maternelle et infantile. • CAA Paris, 22 mars 2006, *Dpt des Hauts-de-Seine*, nº 03PA03307.

3. Il incombe au service de l'aide sociale à l'enfance, notamment, de prendre en charge les mineurs qui lui sont confiés par le juge des enfants ou le procureur de la République et, en cas d'urgence et si leurs représentants légaux sont dans l'impossibilité de donner leur accord, d'assurer le recueil provisoire des mineurs dont la santé, la sécurité ou la moralité sont en danger. À cette fin, il appartient au président du conseil départemental, comme à tout chef de service, de prendre les mesures nécessaires au bon fonctionnement du service de l'aide sociale à l'enfance placé sous son autorité, et, à cet effet, d'organiser les moyens nécessaires à l'accueil et à l'hébergement de ces mineurs et de déterminer les conditions de leur prise en charge au regard notamment d'un risque sanitaire avéré, le cas échéant en coopération avec les autorités sanitaires compétentes. En revanche, il ne saurait subordonner l'accueil de certains mineurs par le service de l'aide sociale à l'enfance du département à une prise en charge préalable par d'autres autorités. • CE 3 déc. 2018, nº 409667 A : *AJDA 2018. 2367*.

Art. L. 3221-10 Le président du conseil départemental peut faire tous actes conservatoires et interruptifs de déchéance.

Il peut toujours, à titre conservatoire, accepter les dons et legs. La décision du conseil départemental, qui intervient ensuite en application de l'article L. 3213-6, a effet du jour de cette acceptation.

1. Les actions du département devant les juridictions sont intentées par le président sur autorisation accordée par délibération du conseil général, une nouvelle autorisation étant nécessaire pour un appel. • CE 26 nov. 1955, *Préfet du Vaucluse et Mlle Delmas : Lebon T. 33.* ♦ ... Ou sur décision de la commission permanente par délégation du conseil général. • CE 16 oct. 1996, *Dpt de la Loire*, nº 146936 B.

2. L'avis conforme de la commission permanente est obligatoire pour un mémoire en défense présenté au nom du conseil général par son président. • CE 7 août 2008, *MP*, nº 288407 : *AJDA 2008. 1572, note de Montecler*.

Art. L. 3221-10-1 *(L. nº 2009-526 du 12 mai 2009, art. 82)* **Le président du conseil départemental intente les actions au nom du département en vertu de la décision du conseil départemental et il peut, sur l'avis conforme de la commission permanente, défendre à toute action intentée contre le département.**

Il peut, par délégation du conseil départemental, être chargé pour la durée de son mandat d'intenter au nom du département les actions en justice ou de défendre le département dans les actions intentées contre lui, dans les cas définis par le conseil départemental. Il rend compte à la plus proche réunion du conseil départemental de l'exercice de cette compétence.

1. La requête devant le juge administratif qui mentionne la délibération du conseil général ayant pour objet d'autoriser son président à ester en justice, ne saurait ne comporter que la date de la délibération sans son objet ni son contenu, sous peine d'irrecevabilité. • CE 3 nov. 2014, *Dpt de la Seine-Maritime*, nº 372980 B : *AJDA 2015. 81*.

2. La délibération, conforme aux dispositions du CGCT qui autorisent le conseil départemental à donner délégation générale pour intenter ou défendre au nom du département, exonère le conseil départemental de confirmer cette décision par une délégation propre à chaque litige. • CAA Bordeaux, 31 mai 2023, nº 21BX01876.

Art. L. 3221-11 *(L. nº 2007-1787 du 20 déc. 2007, art. 13)* **Le président, par délégation du conseil départemental, peut être chargé, pour la durée de son mandat, de prendre toute décision concernant la préparation, la passation, l'exécution et le règlement des marchés et des accords-cadres, ainsi que toute décision concernant leurs avenants, lorsque les crédits sont inscrits au budget.**

Le président du conseil départemental rend compte à la plus proche réunion utile du conseil départemental de l'exercice de cette compétence et en informe la commission permanente.

Art. L. 3221-11-1 *(L. nº 2009-179 du 17 févr. 2009, art. 10)* **Lorsqu'il n'est pas fait application de l'article L. 3221-11, la délibération du conseil départemental ou de la commission permanente chargeant le président du conseil départemental de souscrire un marché** *(L. nº 2015-991 du 7 août 2015, art. 125)* **« ou un accord-cadre » déterminé peut être prise avant l'engagement de la procédure de passation de ce marché** *(L. nº 2015-991 du 7 août 2015, art. 125)* **« ou de cet accord-cadre ». Elle comporte alors obligatoirement la définition de l'étendue du besoin à satisfaire et le montant prévisionnel du marché** *(L. nº 2015-991 du 7 août 2015, art. 125)* **« ou de l'accord-cadre ».**

Est un acte nul et de nul effet l'arrêté du président du conseil général non fondé sur une délibération de la commission permanente l'autorisant à signer une convention, délibération non insérée dans le recueil des actes administratifs du département ni sur les documents de préparation à la séance. • CAA Bordeaux, 21 oct. 2008, *Dpt de la Vienne*, nº 07BX00812.

Art. L. 3221-12 *(L. nº 2003-590 du 2 juill. 2003, art. 73)* **Le président du conseil départemental peut, par délégation du conseil départemental, être chargé d'exercer, au nom du département,** *(L. nº 2014-366 du 24 mars 2014, art. 154)* **« les droits de préemption dont celui-ci est titulaire ou délégataire en application du code de l'urbanisme ». Il peut également déléguer l'exercice de ce droit à l'occasion de l'aliénation d'un bien, dans les conditions que fixe le conseil départemental.** *(L. nº 2014-366 du 24 mars 2014, art. 154)* **« Il rend compte à la plus proche réunion utile du conseil départemental de l'exercice de cette compétence. »**

Art. L. 3221-12-1 *(L. nº 2006-872 du 13 juill. 2006, art. 66)* **Le président du conseil départemental peut, par délégation du conseil départemental, être chargé de prendre toute décision relative au fonds de solidarité pour le logement, notamment en matière d'aides, de prêts, de remises de dettes et d'abandons de créances. Il rend compte à la plus proche réunion utile du conseil départemental de l'exercice de cette compétence.**

Art. L. 3221-13 *(L. nº 2004-809 du 13 août 2004, art. 195)* **Sauf disposition contraire dans la délibération portant délégation, le président peut subdéléguer les attributions confiées par le conseil départemental dans les conditions prévues par l'article L. 3221-3.**

TITRE III INTERVENTIONS ET AIDES DU DÉPARTEMENT

CHAPITRE I INTERVENTIONS EN MATIÈRE ÉCONOMIQUE ET SOCIALE

Ndlr : les dispositions suivantes sont propres aux départements. Elles complètent les dispositions communes à toutes les collectivités territoriales qui figurent en première partie du code (art. L. 1511-1 s.).

V. Instr. du Gouvernement du 22 déc. 2015 (NOR : INTB1531125J) relative à la nouvelle répartition des compétences en matière d'interventions économiques des collectivités territoriales et de leurs groupements issue de l'application de la L. nº 2015-991 du 7 août 2015 portant nouvelle organisation territoriale de la République (NOTRe), celle du 3 nov. 2016 (NOR : ARCC1632028J) relative aux conséquences de la nouvelle répartition des compétences en matière de développement économique sur les interventions des conseils départementaux et celle du 26 janv. 2017 (NOR : ARCC1702552J) relative à l'exercice du contrôle de légalité sur les actions des collectivités territoriales en matière de développement économique et d'aides aux entreprises.

SECTION 1 Aides économiques *(L. nº 2004-809 du 13 août 2004, art. 1er).*

Art. L. 3231-1 **L'État a la responsabilité de la conduite de la politique économique et sociale ainsi que de la défense de l'emploi.**

Néanmoins, sous réserve du respect de la liberté du commerce et de l'industrie *(L. nº 2015-991 du 7 août 2015, art. 3)* **« et du principe d'égalité des citoyens devant la loi », le département peut intervenir en matière économique et sociale dans les conditions prévues** *(L. nº 2015-991 du 7 août 2015, art. 3)* **« au présent chapitre et à l'article » L. 3232-4.**

1. V. note ss. art. L. 2251-1.

2. Le département peut octroyer des aides à l'investissement des communes et de leurs groupements et contribuer au financement des projets dont ces derniers sont maîtres d'ouvrage. Cependant, la contribution du département ne peut avoir pour effet d'apporter indirectement une aide à une entreprise. Toutefois, lorsque l'initiative privée est défaillante ou absente, le département peut contribuer au financement des opérations d'investissement en faveur des entreprises de services marchands nécessaires aux besoins de la population en milieu rural, dont la maîtrise d'ouvrage est assurée par des communes ou des EPCI à fiscalité propre, et à la demande de ceux-ci. • CE 12 mai 2017, *Assemblée des dpts de France*, nos 397364 et 397366 : *AJDA 2017. 1020, note Poupeau*.

Art. L. 3231-2 *(Abrogé par L. no 2015-991 du 7 août 2015, art. 3)* ***Lorsque l'intervention du département a pour objet de favoriser le développement économique, il peut accorder des aides*** *(Abrogé par L. no 2004-809 du 13 août 2004, art. 1er)* ***« directes et indirectes » dans les conditions prévues par le titre I du livre V de la première partie.*** *— [L. no 82-213 du 2 mars 1982, art. 48.]*

V. notes ss. art. L. 1511-1 s.

Art. L. 3231-3 *(L. no 2019-1461 du 27 déc. 2019, art. 71)* **Le représentant de l'État dans le département peut autoriser par arrêté le département à accorder, par dérogation aux articles L. 1511-2 et L. 1511-3, des aides aux entreprises dont au moins un établissement se situe dans une commune du département définie par un arrêté portant reconnaissance de l'état de catastrophe naturelle et dont l'activité est affectée en raison des dommages importants subis par son outil de production.**

Cette aide a pour objet de permettre aux entreprises de remettre en état leurs locaux et moyens de production, de reconstituer un stock, d'indemniser une perte de revenu afin de redémarrer leur activité. Elle ne peut concerner que les dommages dont l'indemnisation relève du chapitre V du titre II du livre I du code des assurances.

L'intervention du département tient compte des autres dispositifs d'aides et d'indemnisation et s'inscrit dans un régime cadre exempté applicable en matière de catastrophe naturelle.

Le président du conseil départemental informe le président du conseil régional des aides attribuées sur le fondement du présent article.

Ancien art. L. 3231-3 *(Abrogé par L. no 2015-991 du 7 août 2015, art. 3)* ***Lorsque la protection des intérêts économiques et sociaux de la population départementale l'exige, le département peut accorder des aides*** *(Abrogé par L. no 2004-809 du 13 août 2004, art. 1er)* ***« directes et indirectes » à des entreprises en difficulté pour la mise en œuvre de mesures de redressement prévues par une convention passée avec celles-ci. Le département peut passer des conventions avec d'autres départements ou régions concernés et disposant de moyens adaptés à la conduite de ces actions, notamment au plan financier.***

Les mesures visées à l'article L. 3231-2 et à l'alinéa précédent doivent faire l'objet d'un avis préalable du conseil municipal de la commune où est située l'entreprise concernée.

Les mêmes règles s'appliquent lorsque l'intervention a pour but d'assurer le maintien des services nécessaires à la satisfaction des besoins de la population en milieu rural et que l'initiative privée est défaillante ou absente.

1. Si les collectivités territoriales n'ont pas vocation à être régies par les dispositions des art. L. 341-2 et L. 341-3 C. consom., un acte de cautionnement conclu entre une personne physique et une collectivité territoriale se trouve néanmoins soumis aux principes dont s'inspirent ces art., dont il résulte que toute personne physique souscrivant un engagement de caution, le cas échéant solidaire, doit avoir appréhendé la nature, la portée et les conséquences de son engagement. • CE 25 mai 2018, no 406332 B : *D. 2018. 1884, obs. Crocq ; AJ contrat 2018. 391, obs. Houtcieff*.

2. La subvention accordée par un département à une association de vétérinaires pour des actions de stérilisation des animaux domestiques en situation d'errance, ou appartenant à des propriétaires sans ressources, et dont il ressort des statuts que celle-ci regroupe des vétérinaires intervenant dans un secteur concurrentiel, doit être regardée comme constituant une aide au développement économique définie par les art. L. 1511-1 s. CGCT. • CAA Marseille, 20 oct. 2008, *Dpt du Var, Assoc. Vétérinaires pour tous*, no 07MA001422 : *BJCL 2009. 98, concl. Paix.* ♦ Il en est de même, à propos de la création d'un comité d'expansion, sous la forme associative, par un département qui a cessé de lui verser une subvention, entraînant la cessation de paiement, l'ouverture d'une procédure de redressement judiciaire par le TGI et la liquidation de l'association. Le Tribunal des conflits, saisi de cette affaire, a jugé que la responsabilité du département, en raison de fautes commises par lui dans la gestion du comité, ne saurait être recherchée dans le cadre d'une action en comblement de passif engagée devant le juge judiciaire, mais relevait de la compétence de la juridiction administrative en application des règles de la responsabilité des personnes publiques. • T. confl. 15 nov. 1999, *Comité d'expansion de la Dordogne c/ Dpt de la Dordogne : AJDA 992 et 1042, note Fombeur et Guyomar ; D. 2000. AJ 11, obs. Lienhard.* ♦ En l'espèce, le comité d'expansion ne disposait pas d'une autonomie réelle à l'égard de la collectivité, en raison des conditions de sa création, de son objet, de son financement et de l'influence des représentants du département en son sein. Ainsi, le département assurait de manière continue la direction effective du comité. De fait, la gestion du comité d'expansion s'était caractérisée par une absence de prévision annuelle des dépenses, ainsi que par une absence de contrôle réel du bien-fondé et du montant de ces dépenses, auxquelles le département pourvoyait, au coup par coup, par un recrutement d'agents sans rapport avec les besoins réels de l'organisme et à des conditions parfois excessivement favorables, par le recours à des avances de trésorerie coûteuses auprès d'organismes de crédit dans l'attente du versement des subventions départementales. Après lui avoir versé des subventions importantes, le département avait cessé brutalement de pourvoir à ses dépenses. Ces agissements étaient constitutifs de fautes de nature à engager la responsabilité du département, et l'attitude des créanciers du comité d'expansion ne révélait aucune imprudence de nature à atténuer cette responsabilité. • CE 5 déc. 2005, *Dpt de la Dordogne*, n° 259748 : *Dr. adm. 2006. n° 35 ; AJDA 2006. 656, note Brenet ; BJCL 2006. 138, concl. Glaser ; Coll. terr. 2006, n° 22, note Moreau ; RGCT 2005. 395, concl. Glaser ; CJEG 2006. 173, concl. Glaser ; ACL 2006. 411.*

Art. L. 3231-3-1 *(L. n° 2002-73 du 17 janv. 2002, art. 216)* **Les départements peuvent attribuer des subventions de fonctionnement aux structures locales des organisations syndicales représentatives dans des conditions fixées par décret en Conseil d'État. Les organisations ainsi subventionnées sont tenues de présenter au conseil départemental un rapport détaillant l'utilisation de la subvention.**

Le législateur autorise un département (ou une région) à accorder des subventions aux structures départementales ou régionales des organisations syndicales qui, en vertu des textes qui leur sont applicables, doivent être regardées comme représentatives au niveau national, au niveau local ou encore dans une branche d'activité ou au sein d'une profession, dès lors que ces subventions ont pour objet de contribuer au financement du fonctionnement courant des organisations syndicales ou d'une ou de plusieurs activités particulières qui en relèvent. • CE 16 févr. 2011, *Dpt de la Seine-Saint-Denis*, n° 334779 : *Dr. adm. 2011, n° 4 ; AJDA 2011. 734, note Guillaumont ; AJCT 2011. 233, obs. Le Chatelier ; JCP Adm. 2011, n° 2174, note Markus.* ♦ En contrariété avec • TA Paris, 10 juill. 2008, *Mme Le Pen*, n° 0702352 : *BJCL 2008. 743, concl. Villalba.* ♦ Il a entendu exiger que les syndicats subventionnés aient une activité régionale (ou départementale) réelle. Il n'a pas exigé que la subvention soit affectée à une dépense déterminée ou qu'elle se rattache à un intérêt public défini, au préalable, par la collectivité, ce qui serait d'ailleurs contraire à la liberté syndicale. Ainsi, dès lors que les structures régionales ou départementales des syndicats ont une activité réelle, elles doivent être regardées comme remplissant une mission d'intérêt général sur le plan régional (ou départemental) au sens de l'art. R. 4253-4 CGCT. Les structures locales des syndicats, bénéficiaires de subventions, ne sont pas tenues de disposer de statuts et de la personnalité morale. • TA Paris, 10 juill. 2008, *Mme Le Pen*, n° 0702352 : *préc.* ♦ Dans le choix de telles organisations syndicales, la collectivité dispose d'un large pouvoir d'appréciation, sous le contrôle du juge administratif. • Même jugement. ♦ Enfin, le défaut d'établissement du rapport d'utilisation des subventions, accordées pour l'année précédente, n'entache pas d'illégalité la délibération d'attribution d'une nouvelle subvention. • Même jugement. ♦ Un département ou une région ne saurait toutefois accorder des subventions pour des motifs politiques ou pour apporter un soutien à l'une des parties dans un conflit collectif du travail, ni traiter inégalement des structures locales également éligibles à son aide. • CE 16 févr. 2011, *Dpt de la Seine-Saint-Denis*, n° 334779 : *préc.* ♦ En l'espèce, la subvention litigieuse avait été accordée pour l'organisation du congrès annuel de la section départementale d'une organisation syndicale nationale. Eu égard à son objet, qui relevait du fonctionnement courant d'un syndicat, elle constituait une subvention de fonctionnement au sens des mêmes dispositions du CGCT. Ainsi, elle était de celles que les départements peuvent attribuer en vertu de l'art. L. 3231-3-1 CGCT. • Même décision.

SECTION 2 Garanties d'emprunts

Art. L. 3231-4 *(L. n° 2015-991 du 7 août 2015, art. 3)* **« Un département ne peut accorder une garantie d'emprunt ou son cautionnement à une personne de droit privé mentionnée à l'avant-dernier alinéa du présent article ou au 1° du I de l'article L. 3231-4-1 ou réalisant une opération mentionnée aux I et II du même article L. 3231-4-1 que dans les conditions fixées au présent article. »**

(L. nº 96-314 du 12 avr. 1996, art. 20) « Le montant total des annuités, déjà garanties ou cautionnées à échoir au cours de l'exercice, d'emprunts contractés par toute personne de droit privé ou de droit public », majoré du montant de la première annuité entière du nouveau concours garanti, et du montant des annuités de la dette départementale ne peut excéder un pourcentage, défini par décret, des recettes réelles de la section de fonctionnement du budget départemental ; le montant des provisions spécifiques constituées par le département pour couvrir les garanties et cautions accordées, affecté d'un coefficient multiplicateur fixé par décret, vient en déduction du montant total défini au présent alinéa.

Le montant des annuités garanties ou cautionnées au profit d'un même débiteur, exigibles au titre d'un exercice, ne doit pas dépasser un pourcentage, défini par décret, du montant total des annuités susceptibles d'être garanties ou cautionnées en application de l'alinéa précédent.

La quotité garantie par une ou plusieurs collectivités territoriales sur un même emprunt ne peut excéder un pourcentage fixé par décret.

Les dispositions de l'alinéa précédent ne sont pas applicables aux garanties d'emprunts ou cautionnements accordés par un département aux organismes d'intérêt général visés aux articles 200 et 238 *bis* du code général des impôts *(L. nº 2022-217 du 21 févr. 2022, art. 109)* « ou aux organismes agréés organismes de foncier solidaire en vue de réaliser leur objet principal mentionné à l'article L. 329-1 du code de l'urbanisme ».

Aucune stipulation ne peut faire obstacle à ce que la mise en jeu des garanties ou cautions accordées par un département porte, au choix de celui-ci, soit sur la totalité du concours, soit sur les annuités déterminées par l'échéancier contractuel.

V. notes ss. art. L. 2252-1.

Art. L. 3231-4-1 *(L. nº 96-314 du 12 avr. 1996, art. 20) (Ord. nº 2013-1185 du 19 déc. 2013, art. 2)* « I. — » Les dispositions des deuxième, troisième et quatrième alinéas de l'article L. 3231-4 ne sont pas applicables aux garanties d'emprunts ou aux cautionnements accordés par un département :

1º Pour les opérations de construction, d'acquisition ou d'amélioration de logements réalisés par les organismes d'habitations à loyer modéré ou les sociétés d'économie mixte ;

2º Pour les opérations de construction, d'acquisition ou d'amélioration de logements bénéficiant d'une subvention de l'État ou réalisées avec le bénéfice de prêts aidés par l'État ou adossés en tout ou partie à des ressources défiscalisées ;

3º En application du plan départemental prévu à l'article 2 de la loi nº 90-449 du 31 mai 1990 visant à la mise en œuvre du droit au logement ;

(L. nº 2015-991 du 7 août 2015, art. 99) « 4º Pour les opérations prévues à l'article L. 312-3-1 du code de la construction et de l'habitation. »

(Ord. nº 2013-1185 du 19 déc. 2013, art. 2) « II. — Les dispositions du quatrième alinéa de l'article L. 3231-4 ne sont pas applicables aux garanties d'emprunts accordées par un département pour des opérations d'aménagement réalisées dans les conditions définies par les articles L. 300-4 à L. 300-5-2 du code de l'urbanisme, à la double condition que ces opérations :

« — concernent principalement la construction de logements ;

« — soient situées dans des communes appartenant à une zone d'urbanisation continue de plus de 50 000 habitants telle que définie à l'article 232 du code général des impôts ou dans des communes de plus de 15 000 habitants en forte croissance démographique identifiées en application des dispositions du *(L. nº 2017-86 du 27 janv. 2017, art. 97)* « dernier alinéa du II » de l'article L. 302-5 du code de la construction et de l'habitation. »

Art. L. 3231-5 *(L. nº 2021-1109 du 24 août 2021, art. 70)* Les départements peuvent garantir les emprunts contractés pour financer la construction, par des associations cultuelles ou, dans les départements du Bas-Rhin, du Haut-Rhin et de la Moselle, par des établissements publics du culte ou par des associations inscrites de droit local à objet cultuel, d'édifices répondant à des besoins collectifs de caractère religieux.

Le département informe le représentant de l'État dans le département de son intention d'accorder une telle garantie au moins trois mois avant que celle-ci soit accordée.

V. note ss. art. L. 2252-4.

SECTION 3 Participation au capital de sociétés

Art. L. 3231-6 Sont exclues, sauf autorisation prévue par décret en Conseil d'État, toutes participations dans le capital d'une société commerciale et de tout autre organisme à but lucratif n'ayant pas pour objet d'exploiter les services départementaux ou des activités d'intérêt général dans les conditions analogues à celles prévues, pour les communes, par l'article L. 2253-2. *(L. nº 2015-992 du 17 août 2015, art. 109)* « Par dérogation au présent article, un département peut, par délibération de son organe délibérant, détenir des actions d'une société anonyme ou d'une société par actions simplifiée dont l'objet social est la production d'énergies renouvelables *(L. nº 2021-1104 du 22 août 2021, art. 88)* « ou d'hydrogène renouvelable ou bas-carbone définis à l'article L. 811-1 du code de l'énergie, » par des installations situées sur son territoire ou sur des territoires » *(L. nº 2019-1147 du 8 nov. 2019, art. 42)* « limitrophes ». *(L. nº 2019-1147 du 8 nov. 2019, art. 42)* « L'acquisition de ces actions peut être réalisée au travers de la prise de participations au capital de sociétés commerciales ayant pour seul objet de détenir les actions des sociétés mentionnées à la deuxième phrase du présent article. Le département peut consentir aux sociétés de production d'énergie renouvelable *(L. nº 2021-1104 du 22 août 2021, art. 88)* « ou d'hydrogène renouvelable ou bas-carbone définis à l'article L. 811-1 du code de l'énergie, » auxquelles il participe directement des avances en compte courant aux prix du marché et dans les conditions prévues à l'article L. 1522-5. » *(L. nº 2020-1525 du 7 déc. 2020, art. 52)* « Par dérogation aux conditions prévues au même article L. 1522-5, la durée des avances en compte courant peut être portée par le département à sept ans, renouvelable une fois, lorsque l'énergie produite par les installations de production bénéficie du soutien prévu aux articles L. 311-12, L. 314-1, L. 314-18, L. 446-2, L. 446-5, L. 446-14 ou L. 446-15 du code de l'énergie. » *(L. nº 2022-217 du 21 févr. 2022, art. 36)* « Dans ce dernier cas, par dérogation aux conditions prévues à l'article L. 1522-5 du présent code, l'avance peut être accordée si le montant de la totalité des avances consenties par le département à toutes les sociétés dont il est actionnaire n'excède pas, avec cette nouvelle avance, 15 % des recettes réelles de la section de fonctionnement du budget du département. Les avances consenties postérieurement par le département à toutes les sociétés dont il est actionnaire ne peuvent avoir pour effet de porter leur montant total au-delà du seuil de 15 %. »

V. notes ss. art. L. 2253-1.

Art. L. 3231-7 *Abrogé par L. nº 2015-991 du 7 août 2015, art. 3.*

Art. L. 3231-8 Lorsque, dans une société anonyme, un département a la qualité de membre ou de président du conseil d'administration, de membre du directoire, de membre ou de président du conseil de surveillance, la responsabilité civile résultant de l'exercice du mandat des représentants du département incombe au département et non à ces représentants. — *[L. nº 69-1092 du 6 déc. 1969, art. 2.]*

CHAPITRE II AIDES À OBJET SPÉCIFIQUE

SECTION 1 Aide à l'équipement rural

Art. L. 3232-1 Le département établit un programme d'aide à l'équipement rural au vu, notamment, des propositions qui lui sont adressées par les communes.

En aucun cas ce programme ne peut avoir pour effet de permettre aux départements d'attribuer un prêt, une subvention ou une aide dans des conditions proscrites par les dispositions de l'article L. 1111-5.

Lors de l'élaboration de son programme d'aide, le département prend en compte les priorités définies par les communes, ou le cas échéant par les chartes intercommunales. — *[L. nº 83-8 du 7 janv. 1983, art. 31.]*

1. Les aides accordées dans le cadre des dispositions de l'art. 31 de la loi du 7 janv. 1983 (CGCT, art. L. 3232-1) n'ont pas à intervenir en complément d'aides régionales ni à respecter les règles fixées notamment par le décret du 22 sept. 1982 pris pour l'application de la loi du 2 mars 1982. • CE 11 juill. 1991, *Préfet de Haute-Saône*, n° 70256 : *Lebon 284 ; AJDA 1991. 822, note Devès ; JCP 1992. II. 21822, note Chouvel.*

2. Il semble acquis qu'une aide particulière à l'équipement rural est licite quand bien même le département n'a pas élaboré un programme général d'aide. • CE 11 juill. 1991, *Préfet de la Haute-Saône*, n° 70256 : *préc. note 1.*

3. En revanche, faute de s'être placé sous le régime de l'aide à l'équipement rural, un département ne peut allouer d'aides directes à l'hébergement rural qu'en complément d'aides régionales ou après avoir conclu une convention avec la région. • TA Dijon, 1er déc. 2005, *Préfet de Saône-et-Loire : AJDA 2006. 1218, note Poujade.*

Art. L. 3232-1-1 *(L. n° 2006-1772 du 30 déc. 2006, art. 73)* **Pour des raisons de solidarité et d'aménagement du territoire, le département met à la disposition des communes ou des établissements publics de coopération intercommunale qui ne bénéficient pas des moyens suffisants pour l'exercice de leurs compétences dans le domaine de l'assainissement, de la protection de la ressource en eau, de la restauration et de l'entretien des milieux aquatiques** *(L. n° 2017-1838 du 30 déc. 2017, art. 8)* **« , de la prévention des inondations »** *(L. n° 2015-991 du 7 août 2015, art. 94)* **« , de la voirie,** *(L. n° 2019-1428 du 24 déc. 2019, art. 15)* **« de la mobilité, » de l'aménagement et de l'habitat » une assistance technique dans des conditions déterminées par convention.**

Le département peut déléguer ces missions d'assistance technique à un syndicat mixte constitué en application de l'article L. 5721-2 dont il est membre.

Dans les départements d'outre-mer, cette mise à disposition est exercée *(L. n° 2015-991 du 7 août 2015, art. 94)* **« , dans les domaines de l'assainissement, de la protection de la ressource en eau, de la restauration et de l'entretien des milieux aquatiques** *(L. n° 2017-1838 du 30 déc. 2017, art. 8)* **« et de la prévention des inondations », » par les offices de l'eau prévus à l'article L. 213-13 du code de l'environnement.**

En Corse, *(L. n° 2015-991 du 7 août 2015, art. 94)* **« les missions d'assistance technique prévues au premier alinéa du présent article » peuvent être exercées par la collectivité de Corse ou par l'un de ses établissements publics.**

Un décret en Conseil d'État précise les modalités d'application du présent article, notamment les critères de détermination des communes et des établissements visés au premier alinéa et les conditions de rémunération de cette mise à disposition. *(L. n° 2016-1888 du 28 déc. 2016, art. 24)* **« Les critères précités tiennent compte des contraintes spécifiques des communes et établissements mentionnés au même premier alinéa situés en zone de montagne. »**

Art. L. 3232-1-2 *(L. n° 2015-991 du 7 août 2015, art. 94)* **Par dérogation à l'article L. 1511-2, le département peut, par convention avec la région et en complément de celle-ci, participer, par des subventions, au financement d'aides accordées par la région en faveur** *(L. n° 2019-1461 du 27 déc. 2019, art. 71)* **« de comités départementaux, interdépartementaux ou régionaux des pêches maritimes et des élevages marins au sens des articles L. 912-1 et suivants du code rural et de la pêche maritime, de comités régionaux de la conchyliculture au sens des articles L. 912-6 et suivants du même code, d'organisations de producteurs au sens des articles L. 551-1 et suivants dudit code et d'entreprises exerçant une activité de production, de commercialisation et de transformation de produits agricoles, de produits de la forêt ou de produits de la pêche et de l'aquaculture ».**

Ces aides s'inscrivent dans un programme de développement rural et régional *(L. n° 2019-1461 du 27 déc. 2019, art. 71)* **« ou dans le cadre d'un programme opérationnel de mise en œuvre des fonds européens liés à la pêche et aux affaires maritimes » ou dans un régime d'aides existant au sens du droit européen, notifié ou exempté de notification.**

En indiquant, en annexe de l'instruction du gouvernement du 22 déc. 2015, que « le département ne peut pas recevoir délégation de la région en matière d'aides aux entreprises », tout en précisant que cette impossibilité de délégation qu'ils constatent est sans préjudice des compétences des départements en matière d'aides au titre de la solidarité territoriale, d'aides aux filières agricoles, forestières et halieutiques, d'aide à l'équipement rural et d'aides à l'immobilier d'entreprise, les ministres auteurs de l'instruction n'ont pas méconnu l'art. L. 1111-8 CGCT. • CE 12 mai 2017, *Assemblée des dpts de France*, nos 397364 et 397366 : *AJDA 2017. 1020, note Poupeau.*

SECTION 2 Électrification

(L. n° 2004-1485 du 30 déc. 2004, art. 121)

Art. L. 3232-2 Les aides financières *(L. n° 2011-1978 du 28 déc. 2011, art. 7)* « mentionnées au *(L. n° 2013-312 du 15 avr. 2013, art. 7 ; L. n° 2015-992 du 17 août 2015, art. 201)* « septième » alinéa de l'article L. 2224-31 » sont réparties par département.

(L. n° 2011-1978 du 28 déc. 2011, art. 7) « Le département règle, sur la base des propositions présentées par les collectivités, la répartition de ces aides entre les autorités organisatrices d'un réseau public de distribution d'électricité assurant la maîtrise d'ouvrage des travaux d'électrification rurale et pouvant à ce titre en bénéficier. »

Quand, dans un département, existe un établissement public de coopération constitué dans le domaine de l'électricité et réunissant tous les maîtres d'ouvrage pouvant bénéficier *(L. n° 2011-1978 du 28 déc. 2011, art. 7)* « de ces aides », la répartition est réglée par cet établissement public.

Art. L. 3232-3 *Abrogé par L. n° 2004-1485 du 30 déc. 2004, art. 121.*

SECTION 3 Aides aux entreprises de spectacle cinématographique

Art. L. 3232-4 Le département peut, après avis du conseil municipal de la commune où est située l'entreprise concernée, attribuer des subventions à des entreprises existantes ayant pour objet l'exploitation de salles de spectacle cinématographique dans des conditions fixées par décret en Conseil d'État. Ces subventions ne peuvent être attribuées qu'aux établissements qui, quel que soit le nombre de leurs salles, réalisent en moyenne hebdomadaire moins de *(L. n° 2002-276 du 27 févr. 2002, art. 110)* « 7 500 entrées ou qui font l'objet d'un classement art et essai dans des conditions fixées par décret ».

(L. n° 2022-217 du 21 févr. 2022, art. 148) « Des subventions peuvent également être attribuées à ces mêmes entreprises pour la création d'un nouvel établissement répondant aux critères mentionnés au premier alinéa. Les conditions d'attribution de ces subventions sont fixées par décret en Conseil d'État. »

Ces aides ne peuvent bénéficier aux entreprises spécialisées dans la projection de films visés à l'article 279 *bis* du code général des impôts.

Ces aides sont attribuées conformément aux stipulations d'une convention conclue entre l'exploitant et le département.

V. * Rép. min. n° 72922 : *JOAN Q, 6 mai 2002, p. 2356.*

SECTION 4 Défense des forêts contre l'incendie

(L. n° 2016-340 du 22 mars 2016)

Art. L. 3232-5 Les départements peuvent financer ou mettre en œuvre des actions d'aménagement, d'équipement et de surveillance des forêts afin, d'une part, de prévenir les incendies et, le cas échéant, de faciliter les opérations de lutte et, d'autre part, de reconstituer les forêts. Ces actions s'inscrivent, le cas échéant, dans le cadre du plan défini à l'article L. 133-2 du code forestier.

CHAPITRE III DISPOSITIONS DIVERSES

Art. L. 3233-1 *(Abrogé par L. n° 2015-991 du 7 août 2015, art. 94)* ***Le département apporte aux communes qui le demandent son soutien à l'exercice de leurs compétences.***

1. **BIBL.** Guillaumont, Les subventions entre collectivités territoriales, *AJDA 2009. 1804*.

2. Financement de la section de fonctionnement. Les dispositions de l'art. L. 3233-1 CGCT, en vertu desquelles le département apporte aux communes qui le demandent son soutien à l'exercice de leurs compétences, ont seulement pour objet de permettre au département, notamment par la mise à disposition de moyens techniques ou en personnel, de faciliter l'exercice par les communes de leurs compétences. Elles ne sauraient être interprétées comme fondant, en droit, le financement par le département de la section de fonctionnement des communes de son ressort au moyen de subventions non affectées à l'exercice d'une compétence donnée ou attribuée en vue d'assurer l'équilibre de cette section du budget. ♦ Le conseil général ne peut, par délibération, décider de mettre en œuvre un dispositif d'aide aux communes et groupements de communes de moins de 5 000 habitants pour le financement de l'assistance à maîtrise d'ouvrage et de la conduite d'opérations, prévoyant l'attribution d'une subvention de 80 % du coût des prestations réalisées par des bureaux d'études, l'annexe à la délibération considérée précisant expressément que les prestations effectuées par les services déconcentrés de l'État ne pouvaient être subventionnées. • CAA Versailles, 9 mars 2006, *Dpt des Yvelines*, n° 03VE02793 : *Coll. terr. 2006, n° 122, note Pélissier.* ♦ Un département ne peut créer un « fonds de prêt » offrant aux communes – qui bénéficient d'une subvention départementale – des subventions en capital remboursables par annuités et porteuses d'intérêts : il s'agit, en effet, de la mise en place d'un système permettant de se livrer à titre habituel à des opérations de crédit, ce que lui interdit la loi bancaire n° 84-46 du 24 janv. 1984. • CE 30 nov. 1994, *Préfet de la Meuse*, n° 145198 : *Lebon 518.*

3. Avances remboursables aux communes. L'octroi d'avances aux communes qui en font la demande, de manière non discriminatoire et sans que le département exerce un contrôle sur l'utilisation des fonds, opérée par la commune ou l'établissement récipiendaire après inscription régulière des sommes allouées à son budget, n'a pas pour effet d'établir une forme de tutelle du département sur la collectivité concernée, en violation de l'art. 1111-4-2° CGCT. • CAA Marseille, 30 mai 2000, *Préfet des Alpes-de-Haute-Provence*, n° 98MA00393 : *Coll. terr. 2001, n° 35* • 3 avr. 2001, *Préfet des Alpes-de-Haute-Provence*, n° 00MA00369 : *Coll. terr. 2001, n° 297.* ♦ Toutefois, ces fonds, dégagés en fin d'exercice après exécution du budget départemental, correspondent à des disponibilités qui excèdent les besoins immédiats du département, et sont soumis à la règle de dépôt au Trésor. Dès lors, en accordant directement aux communes qui en font la demande les aides litigieuses à partir de ces fonds disponibles, sans transiter par le dépôt des sommes en cause, sur le compte unique du Trésor ouvert aux collectivités, et sans justifier, ni même soutenir avoir obtenu une autorisation ministérielle dérogatoire, le département a enfreint la légalité. • Mêmes arrêts.

TITRE IV GESTION DES SERVICES PUBLICS

CHAPITRE UNIQUE

Art. L. 3241-1 *(L. n° 2003-132 du 19 févr. 2003, art. 9)* **Les dispositions relatives au contrôle de légalité et au contrôle budgétaire des actes des établissements publics départementaux et des services départementaux** *(L. n° 2021-1520 du 25 nov. 2021, art. 8)* **« et territoriaux » d'incendie et de secours sont celles fixées par le chapitre II du titre III du livre I de la troisième partie et par le chapitre II du titre I du livre VI de la première partie.**

Les dispositions relatives aux finances des services départementaux *(L. n° 2021-1520 du 25 nov. 2021, art. 8)* **« et territoriaux » d'incendie et de secours sont celles fixées :**

1° Par les titres I et II du livre III de la troisième partie *(Ord. n° 2009-1530 du 10 déc. 2009)* **« à l'exception du premier alinéa de l'article L. 3312-2 », du 2°, du 3° et du 7° au 16° de l'article L. 3321-1 et de l'article L. 3321-2 ;**

2° Par les chapitres II et V du titre III du livre III de la troisième partie, à l'exception de l'article L. 3332-1, du 2° au 6° et du 10° de l'article L. 3332-2 et des 4° et 10° de l'article L. 3332-3 ;

3° Par le titre IV du livre III de la troisième partie.

Nouvel art. L. 3241-1 *(L. n° 2003-132 du 19 févr. 2003, art. 9)* ***Les dispositions relatives au contrôle de légalité et au contrôle budgétaire des actes des établissements publics départementaux et des services départementaux*** *(L. n° 2021-1520 du 25 nov. 2021, art. 8)* ***« et territoriaux » d'incendie et de secours sont celles fixées par*** *(Ord. n° 2025-526 du 12 juin 2025, art. 1er)* ***« la section 1 du » chapitre II du titre III du livre I de la troisième partie et par le chapitre II du titre I du livre VI de la première partie.***

Les dispositions relatives aux finances des services départementaux *(L. n° 2021-1520 du 25 nov. 2021, art. 8)* ***« et territoriaux » d'incendie et de secours sont celles fixées :***

(Ord. n° 2025-526 du 12 juin 2025, art. 1er) ***« 1° Par la section 2 du chapitre II du titre I du livre VI de la première partie, sous réserve des dispositions des titres I et II du livre III de la troisième partie qui leur sont propres ; »***

2° Par les chapitres II et V du titre III du livre III de la troisième partie, à l'exception de l'article L. 3332-1, du 2° au 6° et du 10° de l'article L. 3332-2 et des 4° et 10° de l'article L. 3332-3 ;

3° Par le titre IV du livre III de la troisième partie.

Le présent art. entre en vigueur à compter de l'exercice budgétaire 2026 (Ord. n° 2025-526 du 12 juin 2025, art. 12).

1. Qu'après que le ministre de l'Intérieur avait formellement refusé de signer le projet d'arrêté détachant M. A. sur l'emploi fonctionnel de directeur du SDIS du Gard, le président du conseil d'administration du SDIS a signé seul cet arrêté. L'illégalité entachant cette décision, par laquelle le président du conseil d'administration du SDIS a délibérément empiété sur les compétences de l'État telles que prévues par les dispositions citées au point 3, est de nature à la faire regarder comme inexistante, et donc insusceptible de créer des droits, imposant à son auteur d'en prononcer le retrait, à tout moment, s'il est demandé, et imposant au juge d'en relever, au besoin d'office, l'inexistence. • CE 24 juin 2025, n° 500605 : *AJDA 2025. 1212*.

2. V. notes ss. art. L. 1612-1 s.

Art. L. 3241-2 **Dans les contrats portant concession de service public, les départements, ainsi que les établissements publics départementaux, ne peuvent pas insérer de clauses par lesquelles le concessionnaire prend à sa charge l'exécution de travaux étrangers à l'objet de la concession.** — *[Décr. du 30 oct. 1935, art. 1er.]*

Art. L. 3241-3 **Les contrats de travaux publics conclus par les collectivités mentionnées au précédent article ne devront pas contenir de clauses portant affermage d'une recette publique.** — *[Décr. du 30 oct. 1935, art. 2.]*

Art. L. 3241-4 **Les budgets des services publics à caractère industriel ou commercial exploités en régie, affermés ou concédés, doivent être équilibrés en recettes et en dépenses.** — *[Décr. 30 juill. 1937, art. 1er, al. 1er.]*

Le principe de l'équilibre financier s'applique aux départements comme aux communes (V. notes ss. art. L. 2224-1). Toutefois, les assouplissements du principe figurant à l'art. L. 2224-2, issu de la loi du 5 janv. 1988, n'ont pas été codifiés à l'égard des départements, car la loi modifiait le code des communes et non le décret du 30 juill. 1937.

Art. L. 3241-5 **Il est interdit aux départements de prendre en charge dans leur budget propre au titre des services publics mentionnés à l'article L. 3241-4 des dépenses autres que celles résultant de traités ou cahiers des charges dûment approuvés.** — *[Décr. 30 juill. 1937, art. 1er, al. 2.]*

Les délibérations ou décisions des conseils départementaux qui comportent augmentation des dépenses desdits services publics ne peuvent être mises en application lorsqu'elles ne sont pas accompagnées de vote de recettes correspondantes. — *[Décr. 30 juill. 1937, art. 2, al. 1er.]*

Les art. L. 3241-4 et L. 3241-5 CGCT prohibent, hormis les cas qu'ils prévoient, tout concours budgétaire apporté à un SPIC par le département auquel ce service est rattaché. Entre dans le champ de ces dispositions le concours financier apporté sous la forme d'une prise en charge de la moitié des dépenses de construction du centre d'exploitation que ce service a décidé de créer. • CAA Bordeaux, ord., 31 oct. 2002, *Préfet de l'Ariège*, n° 02-2127 : *BJCL 2003. 108.*

Art. L. 3241-6 **Lorsqu'un établissement public exerce son activité sur plusieurs départements, la composition du conseil d'administration est adaptée de manière à assurer une représentation équitable des élus de tous ces départements.** — *[L. n° 95-115 du 4 févr. 1995, art. 84.]*

LIVRE III FINANCES DU DÉPARTEMENT

ENCYCL. COLL. LOC. *Ressources locales : finances départementales, 7730,* par ORSONI.

BIBL. GÉN. ▶ CIAUDO, *AJDA 2013. 294* (le contentieux de l'indu de revenu de solidarité active). – CLERC et DONIER, *AJDA 2013. 278* (la récupération par les départements des aides versées aux personnes âgées). – DONIER et ALBERT, *AJDA 2013. 272* (la solidarité à la charge des départements). – GILLES, *AJDA 2011. 1842* (le département financeur). – HOUSER, *AJDA 2013. 288* (les défis du financement de la dépendance par les départements). – LEVOYER, *JCP Adm. 2003, n° 1329* (les nouvelles règles budgétaires et comptables applicables aux départements). – MULLER, *AJDA 2013. 282* (le contentieux de la récupération de l'aide sociale des départements). – VACHIA, *BJCL 2003. 314* (la réforme des règles budgétaires et comptables applicables aux départements).

▶ V. aussi les ouvrages généraux sur les finances locales cités dans la Bibl. gén., **Finances communales**.

TITRE I BUDGETS ET COMPTES

CHAPITRE I DISPOSITIONS GÉNÉRALES

Art. L. 3311-1 *(Abrogé par Ord. n° 2025-526 du 12 juin 2025, art. 1er, à compter de l'exercice budgétaire 2026) (Ord. n° 2005-1027 du 26 août 2005, art. 19)* ***« Le budget du département est l'acte par lequel sont prévues et autorisées les recettes et les dépenses annuelles du département. »***

(L. n° 2003-132 du 19 févr. 2003, art. 1er) ***Le budget du département est établi en section de fonctionnement et section d'investissement, tant en recettes qu'en dépenses. Certaines interventions, activités ou services, sont individualisés au sein de budgets annexes.***

Le budget du département est divisé en chapitres et articles.

Un décret fixe les conditions d'application du présent article.

Art. L. 3311-2 *(L. n° 2010-788 du 12 juill. 2010, art. 255)* **Préalablement aux débats sur le projet de budget, le président du conseil départemental présente un rapport sur la situation en matière de développement durable intéressant le fonctionnement de la collectivité, les politiques qu'elle mène sur son territoire et les orientations et programmes de nature à améliorer cette situation** *(L. n° 2021-1031 du 4 août 2021, art. 5)* **« et à contribuer à l'atteinte des objectifs de développement durable inscrits au programme de développement durable à l'horizon 2030, adopté le 25 septembre 2015 par l'Assemblée générale des Nations unies ». Le contenu de ce rapport et, si nécessaire, les modalités de son élaboration sont fixés par décret.**

(L. n° 2021-1104 du 22 août 2021, art. 180) **« Ce rapport précise le programme d'actions mis en place pour assurer la réduction de la consommation d'énergie des bâtiments ou des parties de bâtiment à usage tertiaire dont la collectivité territoriale est propriétaire, dans un objectif de respect des obligations prévues à l'article L. 174-1 du code de la construction et de l'habitation. »**

Nouvel art. L. 3311-2 *(Ord. n° 2025-526 du 12 juin 2025, art. 1er)* ***« Le rapport prévu à l'article L. 1612-23 »*** *(L. n° 2021-1104 du 22 août 2021, art. 180)* ***« précise le programme d'actions mis en place pour assurer la réduction de la consommation d'énergie des bâtiments ou des parties de bâtiment à usage tertiaire dont la collectivité territoriale est propriétaire, dans un objectif de respect des obligations prévues à l'article L. 174-1 du code de la construction et de l'habitation. »***

Le présent art. entre en vigueur à compter de l'exercice budgétaire 2026 (Ord. n° 2025-526 du 12 juin 2025, art. 12).

Art. L. 3311-3 *(Abrogé par Ord. n° 2025-526 du 12 juin 2025, art. 1er, à compter de l'exercice budgétaire 2026) (L. n° 2014-873 du 4 août 2014, art. 61)* ***Préalablement aux débats sur le projet de budget, le président du conseil départemental présente un rapport sur la situation en matière d'égalité entre les femmes et les hommes intéressant le fonctionnement du département, les politiques qu'il mène sur son territoire et les orientations et programmes de nature à améliorer cette situation. Le contenu de ce rapport et les modalités de son élaboration sont fixés par décret.*** *– V. art. D. 3311-9.*

CHAPITRE II ADOPTION DU BUDGET ET RÈGLEMENT DES COMPTES

Art. L. 3312-1 *(Abrogé par Ord. n° 2025-526 du 12 juin 2025, art. 1er, à compter de l'exercice budgétaire 2026) (L. n° 2015-991 du 7 août 2015, art. 107)* ***« Dans un délai de deux mois précédant l'examen du budget, le président du conseil départemental présente au conseil départemental un rapport sur les orientations budgétaires de l'exercice, les engagements pluriannuels envisagés, la structure et l'évolution des dépenses et des effectifs ainsi que sur la structure et la gestion de la dette. Ce rapport précise notamment l'évolution prévisionnelle et l'exécution des dépenses de personnel, des rémunérations, des avantages en nature et du temps de travail. Il fait l'objet d'une transmission au représentant de l'État dans le département, d'une publication et d'un débat au conseil départemental, dont il est pris acte par une délibération spécifique. Le contenu du rapport et les modalités de sa publication sont fixés par décret. »*** *— V. art. D. 3312-12.*

Le projet de budget du département est préparé et présenté par le président du conseil départemental qui est tenu de le communiquer aux membres du conseil départemental avec les rapports correspondants, douze jours au moins avant l'ouverture de la première réunion consacrée à l'examen dudit budget.

(L. n° 2003-132 du 19 févr. 2003, art. 1er) ***« Le budget primitif, le budget supplémentaire et les décisions modificatives sont votés par le conseil départemental. »***

Dans un délai de 2 mois précédant l'examen du budget, un débat a lieu au conseil général sur les orientations budgétaires. La délibération par laquelle le conseil général, sans arrêter ni voter le budget du département, se limite à débattre des options essentielles et à fixer de façon approximative et provisoire les dotations principales et les conditions de l'équilibre du budget n'a pas, en revanche, à être précédée de ce débat. • TA Nice, 11 juill. 1984, *Charvet : Lebon T. 615.* ♦ Les conseillers généraux ont le droit d'être informés sur les affaires qui font l'objet d'une délibération ; cependant si les actes administratifs doivent être pris selon les formes et conformément aux procédures prévues, un vice affectant le déroulement d'une procédure administrative préalable, obligatoire ou facultative, n'est de nature à entacher d'illégalité une décision que s'il ressort des pièces du dossier qu'il a été susceptible d'exercer une influence sur le sens de celle-ci ou qu'il a privé les intéressés d'une garantie. Tel est le cas d'une absence de toute information relative à la compensation de la taxe professionnelle, alors même que le président du conseil général était en mesure de communiquer aux élus dès leur réception les informations brutes délivrées par les services de l'État. • CAA Marseille, 4 juill. 2013, *Dpt du Vaucluse,* n° 11MA00687.

Art. L. 3312-2 *(L. n° 2003-132 du 19 févr. 2003, art. 1er)* **Le budget du département est voté soit par nature, soit par fonction. Si le budget est voté par nature, il comporte, en outre, une présentation croisée par fonction ; s'il est voté par fonction, il comporte une présentation croisée par nature. La nomenclature par nature et la nomenclature par fonction sont fixées par arrêté conjoint du ministre chargé des collectivités locales et du ministre chargé du budget.**

Les documents budgétaires sont présentés, selon les modalités de vote retenues par le conseil départemental, conformément aux modèles fixés par arrêté conjoint du ministre chargé des collectivités locales et du ministre chargé du budget.

(Ord. n° 2009-1530 du 10 déc. 2009) **« Un décret en Conseil d'État fixe les conditions d'application du présent article. »**

Nouvel art. L. 3312-2 *(L. n° 2003-132 du 19 févr. 2003, art. 1er) (Ord. n° 2025-526 du 12 juin 2025, art. 1er)* ***« Pour l'application de l'article L. 1612-27, le budget des services départementaux d'incendie et de secours est voté par nature. Il peut présenter une présentation croisée par fonction. »***

(Ord. n° 2009-1530 du 10 déc. 2009) ***« Un décret en Conseil d'État fixe les conditions d'application du présent article. »***

Le présent art. entre en vigueur à compter de l'exercice budgétaire 2026 (Ord. n° 2025-526 du 12 juin 2025, art. 12).

Art. L. 3312-3 *(Abrogé par Ord. n° 2025-526 du 12 juin 2025, art. 1er, à compter de l'exercice budgétaire 2026) (L. n° 2003-132 du 19 févr. 2003, art. 1er)* ***Les crédits sont votés par chapitre et, si le conseil départemental en décide ainsi, par article.***

Dans ces deux cas, le conseil départemental peut cependant spécifier que certains crédits sont spécialisés par article.

En cas de vote par article, le président du conseil départemental peut effectuer, par décision expresse, des virements d'article à article à l'intérieur du même chapitre à l'exclusion des articles dont les crédits sont spécialisés.

Art. L. 3312-4 (*Abrogé par Ord. nº 2025-526 du 12 juin 2025, art. 1er, à compter de l'exercice budgétaire 2026*) (*L. nº 2003-132 du 19 févr. 2003, art. 2*) ***I. — Les dotations budgétaires affectées aux dépenses d'investissement peuvent comprendre des autorisations de programme et des crédits de paiement.***

Les autorisations de programme constituent la limite supérieure des dépenses qui peuvent être engagées pour l'exécution des investissements. Elles demeurent valables, sans limitation de durée, jusqu'à ce qu'il soit procédé à leur annulation. Elles peuvent être révisées.

Les crédits de paiement constituent la limite supérieure des dépenses pouvant être mandatées pendant l'année pour la couverture des engagements contractés dans le cadre des autorisations de programme correspondantes.

L'équilibre budgétaire de la section d'investissement s'apprécie en tenant compte des seuls crédits de paiement.

II. — Si le conseil départemental le décide, les dotations affectées aux dépenses de fonctionnement comprennent des autorisations d'engagement et des crédits de paiement.

La faculté prévue au premier alinéa du présent II est réservée aux seules dépenses résultant de conventions, de délibérations ou de décisions au titre desquelles le département s'engage, au-delà d'un exercice budgétaire, dans le cadre de l'exercice de ses compétences, à verser une subvention, une participation ou une rémunération à un tiers à l'exclusion des frais de personnel.

Les autorisations d'engagement constituent la limite supérieure des dépenses qui peuvent être engagées pour le financement des dépenses visées à l'alinéa précédent. Elles demeurent valables sans limitation de durée jusqu'à ce qu'il soit procédé à leur annulation. Elles peuvent être révisées.

Les crédits de paiement constituent la limite supérieure des dépenses pouvant être mandatées pendant l'année pour la couverture des engagements contractés dans le cadre des autorisations d'engagement correspondantes.

L'équilibre budgétaire de la section de fonctionnement s'apprécie en tenant compte des seuls crédits de paiement.

III. — (*Ord. nº 2005-1027 du 26 août 2005, art. 21*) ***« Les modalités de gestion des autorisations de programme, des autorisations d'engagement et des crédits de paiement y afférents sont précisées dans le règlement budgétaire et financier du département.***

« La situation des autorisations d'engagement et de programme, ainsi que des crédits de paiement y afférents donne lieu à un état joint aux documents budgétaires. »

BIBL. ▶ GALLAND, *RFFP 2003, nº 84, p. 245* (l'autorisation donnée aux départements et régions d'étendre la gestion pluriannuelle des crédits budgétaires aux dépenses de fonctionnement). – PORTAL, La programmation des équipements publics locaux, *LGDJ, 2003, coll. Politiques locales.*

Recours. La délibération par laquelle l'assemblée délibérante d'une collectivité territoriale décide d'inscrire à son budget un crédit de paiement, qui n'a pas les mêmes effets juridiques que celle par laquelle elle inscrit des autorisations de programme, a le caractère de décision faisant grief. La circonstance qu'une telle décision budgétaire soit prise en exécution d'une délibération décidant d'accorder une subvention dans le cadre d'une autorisation de programme et à la suite d'une convention de financement signée entre le bénéficiaire de la subvention et la collectivité territoriale n'est pas de nature à la rendre insusceptible de recours. • CE 18 juin 2008, *Synd. gén. de l'éducation nationale CFDT du Bas-Rhin*, nº 289848 : *Dr. adm. 2008, nº 117 ; BJCL 2008. 508, concl. Séners ; RLCT 2008, nº 1075, note Glaser.*

Art. L. 3312-5 (*Abrogé par Ord. nº 2025-526 du 12 juin 2025, art. 1er, à compter de l'exercice budgétaire 2026*) (*L. nº 2003-132 du 19 févr. 2003, art. 3*) ***« Le président du conseil départemental présente annuellement le compte administratif au conseil départemental, qui en débat sous la présidence de l'un de ses membres.***

« Dans ce cas, le président du conseil départemental peut, même s'il n'est plus en fonction, assister à la discussion. Il doit se retirer au moment du vote. »

(*L. nº 2010-1563 du 16 déc. 2010, art. 78*) ***« Un état récapitulatif des subventions attribuées au profit de chaque commune au cours de l'exercice est annexé au compte administratif*** *du département. Il précise, pour chaque commune, la liste et l'objet des subventions, leur montant total et le rapport entre ce montant et la population de la commune. »*

(L. nº 2003-132 du 19 févr. 2003, art. 3) *« Le compte administratif est adopté par le conseil départemental.*

« Préalablement, le conseil départemental arrête le compte de gestion de l'exercice clos. »

Art. L. 3312-6 (Abrogé par Ord. nº 2025-526 du 12 juin 2025, art. 1er, à compter de l'exercice budgétaire 2026) (L. nº 2003-132 du 19 févr. 2003, art. 4) *Le résultat excédentaire de la section de fonctionnement dégagé au titre de l'exercice clos, cumulé avec le résultat antérieur reporté, est affecté en totalité dès la plus proche décision budgétaire suivant le vote du compte administratif et, en tout état de cause, avant la clôture de l'exercice suivant. La délibération d'affectation prise par le conseil départemental est produite à l'appui de la décision budgétaire de reprise de ce résultat.*

Le résultat déficitaire de la section de fonctionnement, le besoin de financement ou l'excédent de la section d'investissement sont repris en totalité dès la plus proche décision budgétaire suivant le vote du compte administratif et, en tout état de cause, avant la fin de l'exercice.

Entre la date limite de mandatement fixée au dernier alinéa de l'article L. 1612-11 et la date limite de vote des taux des impositions locales prévue à l'article 1639 A du code général des impôts, le conseil départemental peut, au titre de l'exercice clos et avant l'adoption de son compte administratif, reporter de manière anticipée au budget le résultat de la section de fonctionnement, le besoin de financement de la section d'investissement, ou le cas échéant l'excédent de la section d'investissement, ainsi que la prévision d'affectation.

Si le compte administratif fait apparaître une différence avec les montants reportés par anticipation, le conseil départemental procède à leur régularisation et à la reprise du résultat dans la plus proche décision budgétaire suivant le vote du compte administratif et, en tout état de cause, avant la fin de l'exercice.

Un décret en Conseil d'État fixe les conditions d'application du présent article.

Art. L. 3312-7 (Abrogé par Ord. nº 2025-526 du 12 juin 2025, art. 1er, à compter de l'exercice budgétaire 2026) (Ord. nº 2005-1027 du 26 août 2005, art. 22) *Les dispositions des articles L. 2311-6 et L. 2311-7 sont applicables aux départements.*

CHAPITRE III PUBLICITÉ DES BUDGETS ET DES COMPTES

Art. L. 3313-1 Les budgets et les comptes du département définitivement réglés sont rendus publics par la voie de l'impression.

Les dispositions (Ord. nº 2009-1530 du 10 déc. 2009) « des articles L. 2313-1 et L. 2313-1-1 » sont applicables aux départements. Le lieu de mise à disposition du public est l'hôtel du département. Ces documents peuvent également être mis à la disposition du public dans chaque canton, dans un lieu public.

(L. nº 2015-991 du 7 août 2015, art. 107) « Une présentation brève et synthétique retraçant les informations financières essentielles est jointe au budget primitif et au compte administratif afin de permettre aux citoyens d'en saisir les enjeux.

« La présentation prévue au troisième alinéa du présent article ainsi que le rapport adressé au conseil départemental à l'occasion du débat sur les orientations budgétaires de l'exercice prévu à l'article L. 3312-1, le rapport annexé au budget primitif et le rapport annexé au compte administratif, conformément à l'article L. 3121-19, sont mis en ligne sur le site internet du département, lorsqu'il existe, après l'adoption par le conseil départemental des délibérations auxquelles ils se rapportent et dans des conditions prévues par décret en Conseil d'État. »

Nouvel art. L. 3313-1 (Ord. nº 2025-526 du 12 juin 2025, art. 1er) *Pour l'application de l'article L. 1612-34, le lieu de mise à disposition des budgets pour les départements est l'hôtel du département. Ces documents peuvent également être mis à la disposition du public dans chaque canton, dans un lieu public.*

Le présent art. entre en vigueur à compter de l'exercice budgétaire 2026 (Ord. nº 2025-526 du 12 juin 2025, art. 12).

TITRE II DÉPENSES

CHAPITRE I DÉPENSES OBLIGATOIRES

Art. L. 3321-1 **Sont obligatoires pour le département :**

1° Les dépenses relatives au fonctionnement des organes délibérants et à l'entretien de l'hôtel du département ;

2° *(L. n° 2002-276 du 27 févr. 2002, art. 98)* **« Les dépenses relatives aux indemnités de fonction prévues aux articles L. 3123-15 à L. 3123-18 et aux frais de formation des élus visés à l'article L. 3123-12 ainsi que les cotisations au fonds institué par l'article L. 1621-2** *(L. n° 2024-247 du 21 mars 2024, art. 6)* **« et les frais nécessaires à la mise en œuvre des protections mentionnées aux articles L. 3123-28 et L. 3123-29 » ;**

« 3° Les cotisations au régime général de la sécurité sociale en application de l'article L. 3123-20-2 et les cotisations aux régimes de retraites des élus en application des articles *(L. n° 2012-1404 du 17 déc. 2012, art. 18)* **« L. 3123-22 » à L. 3123-24 ; »**

4° La cotisation au Centre national de la fonction publique territoriale ;

5° La rémunération des agents départementaux *(L. n° 2010-1330 du 9 nov. 2010, art. 25)* **« , les contributions et les cotisations sociales afférentes »** *(L. n° 2024-247 du 21 mars 2024, art. 6)* **« ainsi que les frais nécessaires à la mise en œuvre des protections mentionnées aux articles L. 134-1 à L. 134-12 du code général de la fonction publique » ;**

(L. n° 2007-209 du 19 févr. 2007, art. 71) **« 5°** ***bis*** **Dans les conditions prévues à l'article 88-1 de la loi n° 84-53 du 26 janvier 1984 portant dispositions statutaires relatives à la fonction publique territoriale, les dépenses afférentes aux prestations mentionnées à l'article 9 de la loi n° 83-634 du 13 juillet 1983 portant droits et obligations des fonctionnaires ; »**

6° Les intérêts de la dette ;

7° Les dépenses de fonctionnement des collèges ;

8° La participation du département aux dépenses de fonctionnement des *(L. n° 2019-791 du 26 juill. 2019, art. 44)* **« instituts nationaux supérieurs » du professorat et de l'éducation » ;**

9° Abrogé par L. n° 2015-991 du 7 août 2015, art. 15.

10° Les dépenses relatives à l'action sociale, à la santé et à l'insertion mises à la charge du département ;

(L. n° 2001-647 du 20 juill. 2001) **« 10°** ***bis*** **Les dépenses relatives à l'allocation personnalisée d'autonomie ; »**

11° Les frais du service départemental des épizooties ;

12° La participation au service départemental *(L. n° 2021-1520 du 25 nov. 2021, art. 8)* **« ou territorial » d'incendie et de secours ;**

13° Les dépenses résultant de l'entretien des biens transférés au département par application des dispositions de l'article L. 318-2 du code de l'urbanisme ;

14° Les dépenses de construction et grosses réparations des collèges ;

15° Les dépenses d'entretien et construction des ports maritimes de commerce et de pêche ;

16° Les dépenses d'entretien et construction de la voirie départementale ;

17° Les dépenses de remboursement de la dette en capital ;

18° Les dettes exigibles ;

(L. n° 2003-132 du 19 févr. 2003, art. 5) **« 19° Les dotations aux amortissements ;**

« 20° Les dotations aux provisions *(L. n° 2014-58 du 27 janv. 2014, art. 94)* **« , notamment pour risques liés à la souscription de produits financiers » ;**

« 21° La reprise des subventions d'équipement reçues ; »

(L. n° 2012-347 du 12 mars 2012, art. 56) **« 22° La contribution prévue à l'article 6** ***quater*** **de la loi n° 83-634 du 13 juillet 1983 précitée ; »**

(L. n° 2016-1917 du 29 déc. 2016, art. 60) **« 23° La retenue à la source prévue au 1° du 2 de l'article 204 A du code général des impôts. »**

(L. n° 2003-132 du 19 févr. 2003, art. 5) **« Un décret détermine les modalités d'application des dispositions des 19°, 20° et 21°. »**

I. PORTÉE DE LA QUALIFICATION DE DÉPENSES OBLIGATOIRES DU DÉPARTEMENT

1. En matière routière. Le conseil général, même s'il a en charge les dépenses relatives aux routes départementales, peut conclure avec le propriétaire ou l'exploitant d'une voie franchie par un pont appartenant à la voirie départementale une convention mettant à la charge de celui-ci tout ou partie des frais d'entretien de cet ouvrage. Dans ce cas, il peut sans doute réclamer une indemnité réparant le préjudice que lui a causé l'inexécution fautive du contrat par l'autre partie ; néanmoins, il demeure tenu d'assurer l'entretien normal du pont. • CE 23 juill. 2012, *Dpt de la Marne*, n° 341932 B : *AJDA 2012. 1481 ; ibid. 2008, note Finon ; AJCT 2012. 635, obs. Coronat* • CE 31 oct. 2014, *Dpt de la Marne*, n° 370718. ♦ Le département peut également conclure avec l'exploitant d'une installation classée dont l'activité présentera de graves dangers pour la sécurité publique une convention mettant à la charge de celui-ci tout ou partie des frais de construction ou d'aménagement d'une route départementale afin de prévenir ces dangers. • CAA Nantes, 11 mai 2020, n° 17NT00084.

2. En matière sociale. Si l'art. 192 CASF [devenu art. L. 122-1] pose en principe que les dépenses sont à la charge du département dans lequel les bénéficiaires ont leur domicile de secours, la prise en charge des dépenses d'aide médicale obéit aux règles spécifiques de l'art. 190-1 ajouté à ce code par la L. n° 92-722 du 29 juill. 1992. Le 1er al. prévoit que les dépenses d'aide médicale sont supportées par le département où réside l'intéressé au moment de son admission à l'aide médicale ou par l'État pour les personnes dépourvues de résidence stable et ayant fait élection de domicile auprès d'un organisme agréé. En cas d'admission dans un établissement de santé ou dans un établissement médico-social, les dépenses sont prises en charge par le département où l'intéressé résidait avant cette admission ou, s'il était dépourvu de résidence stable lors de cette admission, par l'État. Le fait qu'un bénéficiaire de l'aide médicale, dépourvu de résidence stable, ait séjourné à plusieurs reprises dans un établissement sanitaire et social n'est pas de nature à lui faire acquérir cette résidence stable au sens de l'art. 190-1 du CASF. • CE 27 mars 2000, *Dpt de la Drôme*, n° 189401 B. ♦ Pour l'application de l'art. 192 CASF [devenu art. L. 122-1], tel que modifié par la loi du 6 janv. 1986, selon lequel les dépenses d'aide sociale sont à la charge du département dans lequel les bénéficiaires ont leur domicile de secours, et pour l'application de l'art. 193 du même code [devenu art. L. 122-2], selon lequel le domicile de secours s'acquiert par une résidence habituelle de 3 mois sauf pour les personnes admises dans des établissement sanitaires ou sociaux, qui conservent le domicile de secours qu'elles avaient acquis avant leur entrée dans l'établissement, par « établissements sociaux », il faut entendre ceux désignés à l'art. 3 de la loi du 30 juin 1975 relative aux institutions sociales et médico-sociales. • CE 9 févr. 1996, *Dpt de Saône-et-Loire*, n° 118817 B. ♦ Seuls l'admission dans un établissement autorisé sur le fondement de la L. n° 75-535 du 30 juin 1975 ou le placement auprès d'une personne ou d'une association ayant obtenu l'agrément administratif requis par celle du 10 juill. 1989 restent sans effet sur le domicile de secours antérieurement acquis par le bénéficiaire de l'aide sociale. • CE 14 juin 1999, *Dpt de Seine-et-Marne*, n° 196198 B : *Dr. adm. 1999, n° 212.* ♦ Ainsi, pour l'application de l'art. 193 C. fam. [devenu CASF, art. L. 122-2], l'admission dans un centre d'aide par le travail, alors que la personne est hébergée chez un parent, ne peut être regardée comme une admission dans un établissement sanitaire ou social faisant obstacle à l'acquisition d'un domicile de secours par une résidence habituelle de 3 mois dans le département. • CE 25 mars 1998, *Dpt de la Côte-d'Or*, n° 179246 A : *ACL 1999. 327.* ♦ Il résulte des dispositions de l'art. 144 C. fam. que les commissions d'aide sociale, qui ont compétence pour fixer dans quelle mesure les frais de placement des personnes âgées dans les maisons de retraite sont pris en charge par les collectivités publiques, ont compétence pour fixer au préalable le montant de la participation aux dépenses laissées à la charge du bénéficiaire de l'aide sociale et de ses débiteurs alimentaires. En revanche, il n'appartient qu'à l'autorité judiciaire d'assigner à chacune des personnes tenues à l'obligation alimentaire le montant de leur participation à ces dépenses. Ainsi, en procédant à l'évaluation du montant de la participation globale des débiteurs alimentaires, aux fins de fixer la part des dépenses devant être prise en charge par le département, la commission centrale d'aide sociale ne méconnaît pas sa compétence. • CE 28 juill. 1999, *Mme Karstens et Mme Mouyssac*, n° 196872 B : *ACL 2000. 406.* ♦ En vertu des dispositions de l'art. L. 232-12 CASF, l'allocation personnalisée d'autonomie est servie aux personnes sans résidence stable par le département où elles sont domiciliées. Il résulte des dispositions de l'art. L. 122-2 du même code que le séjour, même prolongé, dans un établissement sanitaire et social n'est pas de nature à faire acquérir aux personnes concernées un domicile stable. Par suite, la circonstance que des bénéficiaires de l'allocation personnalisée d'autonomie, qui étaient à l'origine sans résidence stable, aient séjourné de manière prolongée, stable et régulière dans un établissement sanitaire et social, telle une maison de retraite, n'implique pas que les frais occasionnés par le service de cette allocation doivent être supportés par le département dans lequel est situé cet établissement. • CE 27 juill. 2005, *Dpt du Val-d'Oise*, n° 266115 A : *AJDA 2006. 53, note Rihal ; BJCL 2006. 17, concl. Devys ; ACL 2006. 405.* ♦ La prestation de compensation de handicap constitue une extension de compétences pour les départements. • Cons. const. 30 juin 2011, *Dpt des l'Hérault et Côtes-d'Armor,* n° 144 QPC. ♦ Lorsque le bénéficiaire d'une aide sociale, nonobstant son déménagement dans un autre département, a continué à la percevoir de son département d'origine, cette dépense ne constitue pas une dépense obligatoire pour le département du nouveau domicile, dans la mesure où aucun texte ne prévoit que doit être mise à la charge du département du nouveau domicile l'obligation de rembourser les aides indûment versées dans ce cas. Le département d'origine peut seulement exercer une action en répétition de l'indu à l'encontre du bénéficiaire. • CRC Nord-Pas-de-Calais, 21 oct. 2005, Avis de contrôle budgétaire : *Rec. C. comptes 2005. 235.*

3. En matière d'enseignement. En vertu de l'art. 14 de la loi du 22 juill. 1983 modifiée, sont obligatoires pour les départements, au sens de l'art. 52 de la loi du 2 mars 1982 [CGCT, art. L. 1612-15], les dépenses de fonctionnement des collèges, et notamment celles qui correspondent à la mise à la disposition des élèves de ces établissements des installations sportives nécessaires à l'éducation physique et sportive. • CE 3 sept. 1997, *Ville de Montpellier,* n° 154486 : *ACL 1998. 272.* ♦ Dès lors, le préfet peut, dans les conditions prévues à l'art. 11 de la loi du 2 mars 1982 [CGCT, art. L. 1612-15], procéder à l'inscription d'office de ces dépenses au budget des collèges et, par conséquent, au budget du département dont ils dépendent. • Même décision. ♦ Toutefois, le conseil d'administration d'un collège ne peut légalement autoriser la passation d'une convention qui aurait pour effet de mettre à la charge de l'établissement des dépenses non prévues à son budget et excédant la limite des ressources dont il dispose, principalement constituées par le montant des participations arrêté par le département. • Même décision. ♦ Dès lors, sont illégales les délibérations du conseil d'administration de collège autorisant la signature, par les principaux de ces collèges, d'une convention régissant la mise à disposition d'installations sportives par une municipalité, dont l'application devait entraîner des dépenses qui n'avaient pas été prévues en compte dans les orientations budgétaires définies par le département, lequel n'avait donné aucun accord à la majoration correspondante de sa participation aux dépenses de fonctionnement de ces collèges. • Même décision. ♦ Par ailleurs, si le département, collectivité de rattachement des collèges, a la charge de la construction et de la reconstruction, ainsi que de l'extension, des grosses réparations, de l'équipement et du fonctionnement de ces établissements, il ne peut légalement se substituer à ceux-ci sans l'accord préalable de leurs organes compétents, pour décider de passer un marché relatif à la fourniture de combustible, ou engager une procédure de consultation collective ayant le même objet. • CE 2 juin 1995, *Sté Cofreth,* n° 132280 : *AJDA 1995. 752, note Richer ; D. 1996. 146, note Terneyre.*

4. Enseignement privé. Il résulte des dispositions des art. L. 442-5 et L. 442-9 C. éduc. que le département doit prendre en charge les dépenses de fonctionnement des classes des collèges privés, placés sous le régime du contrat d'association, pour un montant déterminé par le quotient des dépenses de fonctionnement matériel des collèges publics par le nombre d'élèves de ces derniers. • CE 11 févr. 2005, *Organisme de gestion du Cours du Sacré-Cœur et a.,* n° 259290 : *ACL 2006. 406.* ♦ Pour déterminer le nombre d'élèves scolarisés dans les collèges publics du département, il n'est pas utile, pour le juge, d'ordonner une expertise, dans la mesure où une telle mission aurait pour objet de réunir des informations dont les associations requérantes pourraient avoir communication par d'autres moyens. • Même décision. ♦ En revanche, pour déterminer le montant et l'objet des dépenses exposées chaque année par le département dans l'intérêt des collèges publics, le juge peut confier cette mission à un expert ; cette mission n'est relative ni à la qualification juridique des faits ni aux conséquences juridiques à tirer de constatations de fait. • Même décision. ♦ En effet, la réunion d'informations chiffrées sur le montant et l'objet des dépenses départementales susceptibles d'être regardées comme prises en charge dans l'intérêt des collèges publics n'implique nullement que le juge se départisse de la compétence, qui n'appartient qu'à lui seul, d'apprécier d'abord le caractère éclairant du rapport d'expertise puis de qualifier juridiquement ces dépenses, afin de déterminer celles d'entre elles qui doivent être regardées comme des dépenses de fonctionnement matériel afférentes à l'externat des établissements d'enseignement publics et entrent, à ce titre, dans l'assiette de calcul de la dotation du département aux collèges privés. • Même décision. ♦ Toutefois, le législateur n'a pas entendu que les dépenses d'investissement immobilier, correspondant notamment au coût des emprunts contractés pour cet objet, soient prises en compte dans le calcul de la contribution forfaitaire due au titre des dispositions de l'art. L. 442-9 C. éduc. L'expertise sollicitée n'était, dès lors, pas utile en tant qu'elle portait sur ces dépenses. • Même décision. ♦ Enfin, dans les circonstances de l'espèce et alors même que pouvaient ultérieurement trouver à s'appliquer les dispositions de l'art. L. 442-11 C. éduc. relatives à l'obligation de saisir une commission de concertation pour les litiges relatifs à l'exécution d'un contrat d'association, le juge a donné mission à l'expert de concilier les parties, si faire se peut, à l'issue des opérations d'expertise. • Même décision. ♦ Il résulte des dispositions des art. L. 442-5 et L. 442-9 C. éduc. que les départements sont tenus de financer les dépenses de fonctionnement des classes des collèges de l'enseignement privé sous contrat d'association implantés sur leur territoire. Cette notion de dépenses de fonctionnement ne recouvre pas la notion comptable de dépenses de fonctionnement. Le calcul de la contribution due à ce titre par les départements s'opère par référence au coût moyen d'un élève externe d'une classe équivalente dans les collèges de l'enseignement public, lequel doit prendre en compte les dépenses effectivement supportées par les départements pour assurer le fonctionnement matériel de l'externat de ces derniers. • CAA Marseille, 23 nov. 2013, *Dpt de l'Hérault*, n° 08MA05019 : *AJDA 2013. 1006, note Toulemonde*. ♦ Indépendamment de la nomenclature comptable applicable aux départements, constituent des dépenses de fonctionnement matériel à intégrer dans le forfait d'externat celles se rapportant au renouvellement de l'équipement matériel. En revanche, les dépenses de premier équipement, qui se rattachent de façon indissociable à une opération d'investissement telle que les opérations de construction, de rénovation et de réhabilitation des collèges, représentent des dépenses d'investissement qui doivent être exclues du forfait départemental d'externat. • Même arrêt.

5. Orientation scolaire. La contribution d'une collectivité au financement d'un centre public d'information et d'orientation répond à une fin d'intérêt général. L'art. L. 313-4 C. éduc. impose qu'un centre soit créé dans chaque département. En dehors de cette exigence légale, un ou plusieurs centres supplémentaires peuvent être créés par l'État à la demande d'une collectivité. Si cette collectivité demande à ne plus assumer la charge correspondant à l'entretien d'un centre supplémentaire dont l'État n'a pas décidé la transformation en service d'État, l'art. L. 313-5 C. éduc. a pour conséquence nécessaire d'obliger la collectivité et l'État à organiser sa fermeture. • Cons. const. 13 juill. 2011, *Dpt de la Haute-Savoie*, n° 2011-149 QPC : *AJDA 2011. 1467, note Grand*.

6. Transports scolaires. Le département, qui a la responsabilité de l'organisation et du fonctionnement des transports scolaires (art. 29 loi du 22 juill. 1983 complétant L. n° 83-8 du 7 janv. 1983) n'a pas compétence pour fixer le montant de la part des dépenses de transport scolaire, laissées à la charge des familles, que les communes peuvent décider de prendre en charge. • CE 14 janv. 1998, *Cne de Domme*, n° 163251 : *ACL 1999. 328*. ♦ Le conseil général ne méconnaît pas le principe d'égalité des usagers devant le service public en organisant des circuits de transports scolaires auxquels les élèves scolarisés dans un établissement du secteur de leur domicile accèdent gratuitement et un régime d'indemnisation forfaitaire en faveur des élèves qui fréquentent un établissement situé hors de ce secteur, ni en distinguant, pour le calcul de ce remboursement forfaitaire, entre les élèves orientés vers une filière d'enseignement n'existant pas dans l'établissement de leur secteur, pour lesquels le forfait est calculé sur la base du trajet du domicile à l'établissement fréquenté, et les autres élèves ne fréquentant pas l'établissement de leur secteur, pour lesquels le forfait est calculé sur la base du trajet du domicile à l'établissement du secteur. • 4 mai 1998, *Dpt de la Côte-d'Or*, n° 160752 : *ACL 1999. 328* • 19 juin 1992, *Dpt du Puy-de-Dôme*, n° 108367 : *Lebon 237 ; Dr. adm. 1992, n° 328*. ♦ Le Conseil d'État juge que les élèves qui fréquentent un établissement d'enseignement, public ou privé, situé hors du secteur de ramassage scolaire correspondant au secteur de l'enseignement public dont ils dépendent ne se trouvent pas, à l'égard du service public de transport scolaire, dans la même situation que les élèves qui fréquentent un établissement situé à l'intérieur de ce secteur. Il juge aussi que les élèves qui sont contraints de fréquenter un établissement d'enseignement public situé hors du secteur du ramassage scolaire correspondant au secteur scolaire dont ils relèvent, notamment pour les motifs tirés de l'absence de certaines filières, de certaines formations ou de certains enseignements dans leur établissement de rattachement, ne sont pas, au regard du service public du transport scolaire, dans une situation différente de ceux qui fréquentent un établissement d'enseignement privé situé en dehors du secteur de ramassage scolaire correspondant au secteur de l'enseignement public dont ils relèvent, en raison de l'absence d'établissement privé à l'intérieur de ce secteur. Par suite, est illégale la décision refusant l'attribution d'une carte de transport scolaire gratuit à un élève fréquentant un établissement d'enseignement public en dehors du secteur du ramassage scolaire correspondant au secteur scolaire dont dépend son domicile, afin de suivre un enseignement de langue non dispensé dans l'établissement public de son secteur scolaire, alors que les élèves domiciliés dans la même commune et scolarisés dans un établissement privé situé en dehors du secteur de ramassage scolaire bénéficient de la gratuité du transport scolaire. En effet, cette différence de traitement ne trouve sa justification ni dans une différence de situation objective entre les deux catégories d'usagers, ni dans aucun motif d'intérêt général en rapport avec l'objet du service public du transport scolaire. • CE 4 mai 2011, *Épx Sanchez*, n° 322901 : *AJDA 2011. 1704 ; BJCL 2011. 497, concl. Geffray.*

II. DIMENSION FINANCIÈRE

7. Compensations financières. Lorsqu'il transfère aux collectivités des compétences auparavant exercées par l'État, le législateur est tenu de leur attribuer des ressources correspondant aux charges constatées à la date du transfert. Ne sont cependant visées que les compétences qui présentent un caractère obligatoire. Dans cette hypothèse, il ne lui est fait obligation que d'accompagner ces créations ou extensions de compétences de ressources dont il lui appartient d'apprécier le niveau. • Cons. const. 30 juin 2011, *Dpts de* *la Seine Saint-Denis et a.*, n° 142/145 QPC. ♦ Cette exigence constitutionnelle n'impose pas au législateur d'affecter une ressource particulière au financement d'un transfert, d'une création ou d'une extension de compétences, ni de maintenir dans le temps une telle affectation. • Cons. const. 30 juin 2011, *Dpts de l'Hérault et des Côtes-d'Armor*, n° 144 QPC. ♦ Lorsqu'un périmètre de transports urbains est créé ou étendu, le département est tenu de verser à l'autorité compétente pour l'organisation des transports urbains, devenue compétente en lieu et place du département, pour l'organisation et le fonctionnement des transports scolaires à l'intérieur du périmètre créé ou sur le territoire des communes incluses dans le périmètre étendu, une compensation financière au titre des charges transférées. A défaut d'accord, le préfet règle le différend et il lui appartient de prévoir la compensation des charges transférées, en se fondant sur le montant des dépenses exposées par le département, au titre de la compétence transférée, au cours de l'année scolaire précédant la prise en charge effective de la compétence par l'autorité organisatrice des transports urbains et en tenant compte, d'une part, des charges que le département continue de supporter pour la desserte du périmètre de transports urbains au titre de sa compétence en matière de transports scolaires interurbains, et d'autre part, des économies qui découlent, à service constant et indépendamment de tout choix de gestion, de l'exercice de la compétence transférée par l'autorité organisatrice des transports urbains. • CE 12 oct. 2011, *Cté d'agglomération du pays de Saint-Malo*, n° 347782 : *AJCT 2012. 99, obs. Houser ; Dr. adm. 2012, n° 2, note Vaiter-Romain ; JCP Adm. 2012, n° 2008, note Pauliat.*

8. Rémunérations. Constitue une dépense obligatoire pour le département la somme correspondant à la rémunération des heures supplémentaires des personnels administratifs de permanence des services de cabinet et du secrétariat général et des chauffeurs affectés au service de l'État, mais placés sous l'autorité du président du conseil général et dont le traitement est pris en charge par le budget du département en vertu d'une convention conclue, en application de l'art. 26 de la loi du 2 mars 1982, entre le préfet et le président du conseil général. • CE 29 déc. 2000, *Dpt de la Moselle*, n° 76871 : *ACL 2001. 457.*

9. Dettes exigibles. Aux termes de l'art. L. 123-4 C. rur., le paiement d'une soulte en espèces est autorisé lorsqu'il y a lieu d'indemniser le propriétaire du terrain des plus-values transitoires qui s'y trouvent incorporées et qui sont définies par la Commission nationale d'aménagement foncier. La dépense engagée par le département au titre du remembrement de la commune comprend, dans la limite de 1 %, les soultes ainsi définies. La Commission nationale d'aménagement foncier est donc compétente, en application des dispositions de cet art., pour accorder au propriétaire, au titre de la plus-value transitoire qui se trouvait incorporée dans la parcelle concernée, une soulte en espèces destinée à être incluse dans la dépense engagée au titre des opérations d'aménagement foncier. Dès lors, la commission nationale peut légalement prescrire que la soulte qu'elle accorde au propriétaire sera payée par le département, sans préjudice de la possibilité pour celui-ci d'en demander le remboursement au maître de l'ouvrage. • CE 10 déc. 2001, *Dpt de l'Aisne*, n° 181482 : *ACL 2002. 526 ; Coll. terr. 2002, n° 98, note Erstein.*

10. Enrichissement sans cause. Un requérant est fondé à demander à être indemnisé, sur le fondement de l'enrichissement sans cause procuré à la collectivité publique, des dépenses qu'il a consenties, en dehors de ses obligations contractuelles, auprès des bénéficiaires d'un service d'aide sociale. • CE 20 juin 2007, *Conseil général du Val-d'Oise*, n° 282030. ♦ En l'espèce, par le contrat qu'elle avait conclu avec le conseil général, une société s'était engagée à assurer, jusqu'à une date déterminée, le service de télé-assistance auprès des personnes qui restaient raccordées provisoirement à son centre de veille. Après cette date, la société avait continué à assurer, à la demande de la collectivité, les prestations de télé-assistance auprès des personnes qui ne bénéficiaient pas encore d'un raccordement au système géré par une autre société, titulaire du nouveau marché. Dès lors, ces prestations, exécutées postérieurement à la date fixée par le contrat, ne pouvaient être regardées comme résultant d'obligations contractuelles, et le conseil général a donc été condamné à indemniser la société à hauteur des dépenses utilement engagées, par celle-ci, à son profit. • Même décision.

11. Groupes d'élus. Sur les aides que le conseil général peut accorder aux groupes d'élus pour leur fonctionnement, V. art. L. 3121-24.

Nouvel art. L. 3321-1 (*Ord. n° 2025-526 du 12 juin 2025, art. 1er*) *« I. — » Sont obligatoires pour le département :*

1° Les dépenses relatives au fonctionnement des organes délibérants et à l'entretien de l'hôtel du département ;

2° (L. n° 2002-276 du 27 févr. 2002, art. 98) « Les dépenses relatives aux indemnités de fonction prévues aux articles L. 3123-15 à L. 3123-18 et aux frais de formation des élus visés à l'article L. 3123-12 ainsi que les cotisations au fonds institué par l'article L. 1621-2 (L. n° 2024-247 du 21 mars 2024, art. 6) « et les frais nécessaires à la mise en œuvre des protections mentionnées aux articles L. 3123-28 et L. 3123-29 » ;

« 3° Les cotisations au régime général de la sécurité sociale en application de l'article L. 3123-20-2 et les cotisations aux régimes de retraites des élus en application des articles (L. n° 2012-1404 du 17 déc. 2012, art. 18) *« L. 3123-22 » à L. 3123-24 ; »*

4° La cotisation au Centre national de la fonction publique territoriale ;

5° La rémunération des agents départementaux (L. n° 2010-1330 du 9 nov. 2010, art. 25) *« , les contributions et les cotisations sociales afférentes »* (L. n° 2024-247 du 21 mars 2024, art. 6) *« ainsi que les frais nécessaires à la mise en œuvre des protections mentionnées aux articles L. 134-1 à L. 134-12 du code général de la fonction publique » ;*

(L. n° 2007-209 du 19 févr. 2007, art. 71) *« 5° bis Dans les conditions prévues à l'article 88-1 de la loi n° 84-53 du 26 janvier 1984 portant dispositions statutaires relatives à la fonction publique territoriale, les dépenses afférentes aux prestations mentionnées à l'article 9 de la loi n° 83-634 du 13 juillet 1983 portant droits et obligations des fonctionnaires ; »*

6° Les intérêts de la dette ;

7° Les dépenses de fonctionnement des collèges ;

8° La participation du département aux dépenses de fonctionnement des (L. n° 2019-791 du 26 juill. 2019, art. 44) *« instituts nationaux supérieurs » du professorat et de l'éducation » ;*

9° Abrogé par L. n° 2015-991 du 7 août 2015, art. 15.

10° Les dépenses relatives à l'action sociale, à la santé et à l'insertion mises à la charge du département ;

(L. n° 2001-647 du 20 juill. 2001) *« 10° bis Les dépenses relatives à l'allocation personnalisée d'autonomie ; »*

11° Les frais du service départemental des épizooties ;

12° La participation au service départemental (L. n° 2021-1520 du 25 nov. 2021, art. 8) *« ou territorial » d'incendie et de secours ;*

13° Les dépenses résultant de l'entretien des biens transférés au département par application des dispositions de l'article L. 318-2 du code de l'urbanisme ;

14° Les dépenses de construction et grosses réparations des collèges ;

15° Les dépenses d'entretien et construction des ports maritimes de commerce et de pêche ;

16° Les dépenses d'entretien et construction de la voirie départementale ;

17° Les dépenses de remboursement de la dette en capital ;

18° Les dettes exigibles ;

(L. n° 2003-132 du 19 févr. 2003, art. 5) *« 19° Les dotations aux amortissements ;*

« 20° Les dotations aux provisions (L. n° 2014-58 du 27 janv. 2014, art. 94) *« , notamment pour risques liés à la souscription de produits financiers » ;*

« 21° La reprise des subventions d'équipement reçues ; »

(L. n° 2012-347 du 12 mars 2012, art. 56) *« 22° La contribution prévue à l'article 6 quater de la loi n° 83-634 du 13 juillet 1983 précitée ; »*

(L. n° 2016-1917 du 29 déc. 2016, art. 60) *« 23° La retenue à la source prévue au 1° du 2 de l'article 204 A du code général des impôts. »*

(L. n° 2003-132 du 19 févr. 2003, art. 5) *« Un décret détermine les modalités d'application des dispositions des 19°, 20° et 21°. »*

(Ord. n° 2025-526 du 12 juin 2025, art. 1er) *« II. — Les dispositions du présent article s'appliquent aux services d'incendie et de secours, à l'exception des 2°, 3°, 7° et 16°. »*

Le présent art. entre en vigueur à compter de l'exercice budgétaire 2026 (Ord. n° 2025-526 du 12 juin 2025, art. 12).

Art. L. 3321-2 (L. n° 2001-647 du 20 juill. 2001, art. 14) **Les dépenses relatives** (L. n° 2003-132 du 19 févr. 2003, art. 6 ; L. n° 2008-1425 du 27 déc. 2008, art. 176) **« au revenu minimum d'insertion, au revenu de solidarité active et » à l'allocation personnalisée d'autonomie sont retracées dans un chapitre individualisé du budget du département.**

CHAPITRE II **DÉPENSES IMPRÉVUES**

Art. L. 3322-1 (Abrogé par Ord. n° 2025-526 du 12 juin 2025, art. 1er, à compter de l'exercice budgétaire 2026) *Les dispositions des articles L. 2322-1 et L. 2322-2 s'appliquent aux départements. — [L. du 10 août 1871, art. 63, al. 2.]*

TITRE III **RECETTES**

BIBL. GÉN. ▶ BOUVIER, Impôts directs locaux, *J.-Cl. Coll. terr., fasc. 2500* ; Impôts indirects, *ibid., fasc. 127-25.*

CHAPITRE I DISPOSITIONS GÉNÉRALES

Art. L. 3331-1 *Abrogé par L. n° 2003-132 du 19 févr. 2003, art. 4.*

CHAPITRE II CATÉGORIES DE RECETTES

BIBL. GÉN. ▸ ALBERTINI, *J.-Cl. Adm., fasc. 121* (recettes départementales). – CRUCIS, *J.-Cl. Coll. terr., fasc. 261* (budget départemental). – KOTT, Classification des ressources publiques, *J.-Cl. Adm., fasc. 114.*

SECTION 1 Recettes de la section de fonctionnement

BIBL. GÉN. ▸ BOUVIER, Impôts directs locaux, *J.-Cl. Coll. terr., fasc. 840.*

Art. L. 3332-1 **Les recettes fiscales de la section de fonctionnement comprennent :**

a) **Le produit des impôts et taxes dont l'assiette est établie et le recouvrement a lieu dans les formes prévues par le code général des impôts** *(L. n° 2010-1658 du 29 déc. 2010, art. 28)* **« et le code de l'urbanisme », à savoir :**

1° L'imposition forfaitaire sur les entreprises de réseaux » ;

2° La redevance des mines ;

3° La taxe départementale de publicité foncière et le droit départemental d'enregistrement ;

4° La taxe départementale additionnelle à certains droits d'enregistrement ;

5° *Abrogé par Ord. n° 2021-1843 du 22 déc. 2021, art. 5.*

6° La *(L. n° 2018-1317 du 28 déc. 2018, art. 199)* **« contribution » sur les eaux minérales ;**

(L. n° 99-1126 du 28 déc. 1999 ; L. n° 2010-1658 du 29 déc. 2010, art. 28) **« 7° Le produit de la part départementale de la taxe d'aménagement destinée au financement des dépenses des conseils d'architecture, d'urbanisme et de l'environnement, prévue à l'article »** *(Ord. n° 2022-883 du 14 juin 2022, art. 7)* **« 1635 *quater* A du code général des impôts » ;**

(L. n° 2010-1657 du 29 déc. 2010, art. 108) **« 8° Le reversement du Fonds national de garantie individuelle des ressources » ;**

(L. n° 2019-1479 du 28 déc. 2019, art. 16) **« 9° La fraction de taxe sur la valeur ajoutée prévue aux A à E du V de l'article 16 de la loi n° 2019-1479 du 28 décembre 2019 de finances pour 2020 ; »**

(L. n° 2022-1726 du 30 déc. 2022, art. 55) **« 10° La fraction du produit net de la taxe sur la valeur ajoutée perçue en application des A et B du XXV de l'article 55 de la loi n° 2022-1726 du 30 décembre 2022 de finances pour 2023 ; »**

b) **Le produit des autres contributions et taxes prévues par la législation en vigueur, en particulier :**

1° La taxe additionnelle départementale à la taxe de séjour ;

(Ord. n° 2021-1843 du 22 déc. 2021, art. 5) **« 2° S'agissant du produit de l'accise sur les énergies mentionnée à l'article L. 312-1 du code des impositions sur les biens et services :**

« – pour la taxe perçue sur les gazoles et les essences en métropole, les fractions déterminées dans les conditions prévues au IX de l'article 60 de la loi n° 2018-1479 du 28 décembre 2019 de finances pour 2020 et mentionnées respectivement au I de l'article 59 de la loi n° 2003-1311 du 30 décembre 2003 de finances pour 2004 et à l'article 51 de la loi n° 2008-1425 du 27 décembre 2008 de finances pour 2009 ;

« – la part départementale de l'accise sur l'électricité prévue au I de l'article L. 3333-2 ; »

3° La taxe départementale sur les remontées mécaniques des zones de montagne ;

(L. n° 99-1126 du 28 déc. 1999 ; L. n° 2010-1658 du 29 déc. 2010, art. 28) **« 4° La part départementale de la taxe d'aménagement destinée au financement des espaces naturels sensibles, prévue à l'article** *(Ord. n° 2022-883 du 14 juin 2022, art. 7)* **« 1635 *quater* A du code général des impôts » ; »**

(Ord. n° 2021-1843 du 22 déc. 2021, art. 5) **« 5° Dans les conditions précisées à l'article L. 3443-3-1, la fraction de l'accise sur les tabacs mentionnée à l'article L. 314-1 du code des impositions sur les biens et services perçue en outre-mer ; »**

(L. n° 2003-132 du 19 févr. 2003, art. 7) « 6° L'octroi de mer perçu par le département de la Guyane en application de *(L. n° 2004-639 du 2 juill. 2004, art. 53)* « la loi n° 2004-639 du 2 juillet 2004 relative à l'octroi de mer » ; »

(Ord. n° 2021-1843 du 22 déc. 2021, art. 5) « 7° Dans les conditions précisées par les articles L. 4434-2 à L. 4434-4, le produit de l'accise sur les énergies mentionnée à l'article L. 312-1 du code des impositions sur les biens et services perçue sur les gazoles et essences en outre-mer » ;

(Ord. n° 2023-661 du 26 juill. 2023, art. 3) « 8° La taxe sur l'utilisation par les poids lourds de certaines voies du domaine public routier du département mentionnée à l'article L. 421-186 du code des impositions sur les biens et services ainsi que la majoration et les frais prévus aux articles L. 3333-18 ou L. 3333-19 du présent code ; »

(L. n° 2025-127 du 14 févr. 2025, art. 18, en vigueur le 1er janv. 2026) « 9° Le produit du tarif d'accompagnement de la taxe sur les installations nucléaires de base relevant du secteur énergétique et assimilées prévu au *b* du 2° de l'article L. 322-50 du code des impositions sur les biens et services, dans les conditions prévues à l'article L. 542-11-1 du code de l'environnement ;

« 10° Le produit du tarif de stockage de la taxe sur les installations nucléaires de base concourant à la gestion des substances radioactives prévu au 2° de l'article L. 433-9 du code des impositions sur les biens et services, dans les conditions prévues à l'article L. 542-10-2 du code de l'environnement. »

Cet art. est applicable à la métropole de Lyon. V. *241*. Le Chatelier, La métropole de Lyon, *AJCT 2014*.

Art. L. 3332-1-1 *(L. n° 2013-1279 du 29 déc. 2013, art. 45)* « I. — » Les taxes et impositions perçues par voie de rôle pour le compte des départements sont attribuées mensuellement, à raison d'un douzième de leur montant total, tel qu'il est prévu au budget de l'année en cours, le premier versement étant effectué avant le 31 janvier.

Lorsque le montant à attribuer ne peut être déterminé comme indiqué ci-dessus, les attributions mensuelles sont faites dans la limite du douzième du montant des taxes et impositions mises en recouvrement au titre de l'année précédente ou, à défaut, du montant des taxes et impositions prévues au budget de l'année précédente ; la régularisation est effectuée dès que le montant des taxes et impositions prévues au budget de l'année en cours est connu.

Au cours de l'année, un ou plusieurs douzièmes peuvent être versés en anticipation sur le rythme normal si les fonds disponibles du département se trouvent momentanément insuffisants. Les attributions complémentaires sont autorisées par arrêté du ministre du budget, sur la proposition du préfet et après avis du *(Ord. n° 2010-420 du 27 avr. 2010, art. 109)* « directeur départemental des finances publiques ».

Les attributions ne peuvent avoir pour effet de porter les versements effectués pendant l'année civile à un montant supérieur aux taxes et impositions de l'exercice.

Les taxes ou portions de taxes attribuées à un fonds commun sont exclues des régimes d'attribution visés au présent article.

II. — Abrogé par L. n° 2022-1726 du 30 déc. 2022, art. 55.

« III. — La part du produit de la taxe intérieure de consommation sur les produits énergétiques affectée à chaque département est versée mensuellement à raison d'un douzième du montant du droit à compensation de chaque département, dans les conditions prévues aux 1° et 2° du II de l'article 46 de la loi n° 2005-1719 du 30 décembre 2005 de finances pour 2006. »

Les dispositions issues de la L. n° 2022-1726 du 30 déc. 2022 s'appliquent à la CVAE versée aux communes, aux EPCI et aux départements à compter du 1er janv. 2023 (L. préc., art. 55).

Art. L. 3332-2 Les recettes non fiscales de la section de fonctionnement se composent *(L. n° 2003-132 du 19 févr. 2003, art. 7)* « notamment » :

1° Du revenu et du produit des propriétés départementales ;

2° Du produit des expéditions d'anciennes pièces ou d'actes déposés aux archives ;

3° Du produit du droit de péage des bacs et passages d'eau sur les routes et chemins à la charge du département, des autres droits de péage et de tous autres droits concédés au département par des lois ;

4° Des attributions de la répartition de la dotation globale de fonctionnement ainsi que, le cas échéant, de la dotation générale de décentralisation et du produit des subventions de fonctionnement et des versements résultant des mécanismes de péréquation et des autres concours financiers apportés par l'État au fonctionnement des départements ;

5° Des ressources éventuelles du service des chemins de fer d'intérêt local, des tramways départementaux et des voitures automobiles ;

6° Des subventions de l'État et des contributions des communes et des tiers *(L. n° 2003-132 du 19 févr. 2003, art. 7)* « aux dépenses de fonctionnement » ;

7° Des remboursements d'avances effectués sur les ressources de la section de fonctionnement ;

(L. n° 2003-132 du 19 févr. 2003, art. 7) « 8° Du produit de la neutralisation des dotations aux amortissements ;

« 9° De la reprise des subventions d'équipement reçues ;

« 10° » *(L. n° 2004-626 du 30 juin 2004, art. 15)* « Des produits versés par la Caisse nationale de solidarité pour l'autonomie » *(L. n° 2005-102 du 11 févr. 2005, art. 55)* « mentionnée à l'article » *(Ord. n° 2021-1554 du 1er déc. 2022, art. 4)* « L. 223-5 du code de la sécurité sociale » ;

(L. n° 2003-132 du 19 févr. 2003, art. 7) « 11° Des dons et legs en espèces hormis ceux visés au 7° de l'article L. 3332-3 » ;

(L. n° 2010-1657 du 29 déc. 2010, art. 108) « 12° La dotation de compensation de la réforme de la taxe professionnelle. »

1. Revenus et produits des propriétés départementales. BIBL. Fages, *BJCL 2007. 630* (la légalité des redevances-radars instaurées par certains départements à l'encontre de l'État). – Lavialle, *JCP Adm. 2007. 2229* (l'installation par l'État de radars sur le domaine public des collectivités territoriales). ♦ Les radars automatiques de contrôle de vitesse constituent, compte tenu de leur objet même, des équipements intégrés aux infrastructures routières au sens des dispositions des art. L. 117-1 et R. 111-1 C. voirie rout., et, dès lors, ces équipements, qui concourent à l'exécution du service public de la sécurité routière, ne peuvent être regardés comme occupant ou utilisant le domaine public routier au sens de l'art. L. 2125-1 CGPPP : il suit de là que l'installation de ces radars automatiques sur le domaine public routier ne peut légalement donner lieu à l'institution d'une redevance d'occupation domaniale. • CE 31 oct. 2007, *Min. de l'Intérieur, de l'Outremer et des Collectivités territoriales c/ Dpt de l'Essonne*, n° 306338 : *Dr. adm. 2007, n° 166 ; ibid. 2008, n° 3, note Melleray ; AJDA 2008. 882, note Bon ; RLCT 2008. 875, note Deau* • 31 oct. 2007, *Dpt de l'Aude*, n° 307797 : *Dr. adm. 2007, n° 166 ;* • 31 oct. 2007, *Dpt de l'Ariège*, n° 307797 : *Dr. adm. 2007, n° 166.*

2. Droits de péage. Aux termes de l'art. L. 153-1 C. voirie rout., l'usage des ouvrages d'art est en principe gratuit. Toutefois, il peut être institué, à titre exceptionnel et temporaire, lorsque l'utilité, les dimensions et le coût d'un ouvrage d'art à comprendre dans la voirie nationale, départementale ou communale ainsi que le service rendu aux usagers le justifient, une redevance pour son usage. ♦ En l'espèce, l'ancien pont à travée levante ne correspondait plus aux besoins de la circulation des usagers, particulièrement en période estivale : dès lors, le département a pu, sans méconnaître les prescriptions de l'art. L. 153-1 précité, substituer un pont à péage à l'ancien pont gratuit. • CAA Bordeaux, 28 avr. 1997, *Dpt de la Charente-Maritime : RFDA 1997. 941, note Lachaume*. ♦ Dans la même espèce, les redevances perçues sur ce pont étaient affectées à la couverture de la charge de remboursement des emprunts contractés par le département, conformément à l'art. L. 153-3 C. voirie rout., et le département prenait ainsi à sa charge le déficit d'exploitation du service : par suite, la circonstance qu'une minorité d'usagers devait acquitter le péage n'établit pas que la délibération, en prévoyant la gratuité pour les usagers dont le véhicule est immatriculé dans le département, soit entachée d'une erreur manifeste d'appréciation. • Même arrêt. ♦ Les dispositions de l'art. L. 153-3 C. voirie rout., relatives à la perception de redevances sur les ouvrages d'art à comprendre dans la voirie départementale, ne font pas obstacle, lorsque postérieurement à la construction de l'ouvrage public le juge annule la décision autorisant la passation du contrat de concession, à ce qu'une redevance soit instituée pour payer le coût des emprunts réalisés pour rembourser le coût de la construction supporté par le concessionnaire. • CE 28 juill. 2000, *Tête et Assoc. du « Collectif pour la gratuité contre le racket » : RFDA 2001. 121, concl. Savoie*. ♦ Aux termes de l'art. L. 153-4 C. voirie rout., l'acte administratif instituant une redevance sur un ouvrage d'art reliant des routes départementales peut prévoir des tarifs différents ou la gratuité selon les diverses catégories d'usagers pour tenir compte, soit d'une nécessité d'intérêt général en rapport avec les conditions d'exploitation de l'ouvrage d'art, soit de la situation particulière de certains usagers, et, notamment, de ceux qui ont leur domicile ou leur lieu de travail dans le ou les départements concernés. ♦ Il résulte des termes mêmes de cet article que les usagers ayant leur domicile dans le département concerné constituent une catégorie qui, du fait de leur situation particulière, vis-à-vis de l'ouvrage d'art à péage, peuvent légalement bénéficier d'un tarif privilégié, allant jusqu'à la gratuité : dès lors, le département pouvait accorder la gratuité à l'ensemble des usagers ayant leur véhicule immatriculé dans le département, qu'ils aient ou non la qualité de riverains de l'ouvrage public. • CAA Bordeaux, 28 avr. 1997, *Dpt de la Charente-Maritime : préc.* ♦ Les départements peuvent instituer, par délibération du conseil général, à la demande des communes ou groupements de communes compétents, une taxe départementale de passage versée par les passagers empruntant un ouvrage d'art reliant une île au continent, et perçue par l'exploitant de l'ouvrage pour être reversée au département (C. voirie rout., art. L. 173-3). ♦ Aux termes de l'art. L. 173-3 C. voirie rout., le montant de ce droit de passage, fixé par véhicule, est indépendant du nombre de passagers présents à bord de chaque véhicule, et le conseil général peut fixer des tarifs différents selon le type de véhicule : cette différenciation ne peut être regardée comme aboutissant à transformer le droit départemental de passage en une redevance pour service rendu. • CE 10 juin 1998, *Assoc. pour la protection de l'environnement et le développement de l'Île d'Oléron : RJF1998, n° 1055 ; Annales de la voirie 1998, n° 42, p. 8.*

3. Dotations, subventions, versements et autres concours financiers. Sur les attributions résultant de la répartition de la dotation globale de fonctionnement, V. art. L. 3334-1 s. ♦ Sur les attributions résultant, le cas échéant, de la dotation générale de décentralisation, V. art. L. 1614-4. ♦ Les charges financières résultant, pour chaque département, des transferts de compétences font l'objet d'une attribution par l'État de ressources d'un montant équivalent, les bases de calcul de la dotation générale de décentralisation relative à la collectivité étant fixées en se référant aux dépenses retracées par son compte administratif, et ce alors même que ce compte n'aurait pas retracé, à la suite de retards dans leur imputation comptable, certaines dépenses exposées au titre de l'année considérée. • CE 21 oct. 1994, *Dpt de Meurthe-et-Moselle*, n° 119383 : *Lebon 928 ; ACL 1995. 297.* ♦ Sur les versements résultant des mécanismes de péréquation, V. art. L. 3334-4. ♦ Sur les autres concours financiers, V. art. L. 3334-16.

Art. L. 3332-2-1 *(L. n° 2009-1673 du 30 déc. 2009, art. 77) (L. n° 2013-1203 du 23 déc. 2013, art. 19)* **« I. — Les départements perçoivent une part du produit de la taxe spéciale sur les conventions d'assurance mentionnée aux articles 991 à 1004 du code général des impôts, selon les modalités définies** *(L. n° 2018-1317 du 28 déc. 2018, art. 125)* **« à » l'article 1001 du même code. »**

Le département reçoit un produit de la taxe mentionnée au premier alinéa du présent I correspondant à l'application du taux de cette taxe à un pourcentage de l'assiette nationale de cette même taxe, calculé conformément au III.

II. — A. — Pour chaque département, est calculée la différence entre les deux termes suivants :

1° La somme définie au 1° du 1 du II du 1.2 de l'article 78 de la loi n° 2009-1673 du 30 décembre 2009 de finances pour 2010 ;

2° La somme définie au 2° du 1 du II du 1.2 de l'article 78 de la loi n° 2009-1673 du 30 décembre 2009 de finances pour 2010, le quatrième alinéa de ce 2° relatif à la taxe sur les conventions d'assurance n'étant pas pris en compte.

B. — La différence ainsi obtenue est rapportée à la somme mentionnée au 1° du A.

C. — Pour chaque département, lorsque le rapport calculé conformément au B est supérieur à 10 %, le pourcentage de l'assiette de la taxe, mentionné au I, est égal à la différence calculée conformément au A, rapportée à la somme des différences calculées conformément au même A, des départements pour lesquels le rapport prévu au B est supérieur à 10 %.

Ce pourcentage est nul lorsque le rapport calculé conformément au même B est inférieur ou égal à 10 %.

III. — Ces pourcentages sont fixés comme suit : *— Tableau issu de la L. n° 2013-1279 du 29 déc. 2013, art. 45, mod. par L. n° 2014-1655 du 29 déc. 2014, art. 7.*

DÉPARTEMENT	POURCENTAGE
Ain	0,875 1
Aisne	0,703 4
Allier	0,966 9
Alpes-de-Haute-Provence	0,322 3
Hautes-Alpes	0,239 3
Alpes-Maritimes	1,346 1
Ardèche	0,852 0
Ardennes	0,618 4
Ariège	0,424 1
Aube	0,452 5
Aude	0,923 4
Aveyron	0,601 7
Bouches-du-Rhône	3,408 2
Calvados	0,000 0
Cantal	0,343 9
Charente	0,889 9
Charente-Maritime	0,715 8
Cher	0,491 7
Corrèze	0,530 5
Côte-d'Or	0,340 4
Côtes-d'Armor	1,356 8
Creuse	0,273 7
Dordogne	0,705 9
Doubs	1,240 8
Drôme	1,266 5
Eure	0,539 5
Eure-et-Loir	0,582 4
Finistère	1,548 1
Corse-du-Sud	0,601 4

DÉPARTEMENT	POURCENTAGE
Haute-Corse	0,444 6
Gard	1,602 6
Haute-Garonne	2,190 0
Gers	0,522 3
Gironde	1,962 9
Hérault	1,873 4
Ille-et-Vilaine	1,895 8
Indre	0,321 2
Indre-et-Loire	0,425 5
Isère	3,203 0
Jura	0,606 1
Landes	0,897 4
Loir-et-Cher	0,444 3
Loire	1,726 9
Haute-Loire	0,549 8
Loire-Atlantique	1,684 3
Loiret	0,000 0
Lot	0,351 0
Lot-et-Garonne	0,635 9
Lozère	0,083 0
Maine-et-Loire	0,475 6
Manche	1,027 3
Marne	0,000 0
Haute-Marne	0,332 3
Mayenne	0,563 7
Meurthe-et-Moselle	1,700 2
Meuse	0,423 6
Morbihan	1,026 4
Moselle	1,368 4

DÉPARTEMENT	POURCENTAGE
Nièvre	0,698 1
Nord	5,056 4
Oise	1,497 3
Orne	0,375 2
Pas-de-Calais	3,779 9
Puy-de-Dôme	0,927 0
Pyrénées-Atlantiques	1,121 4
Hautes-Pyrénées	0,694 4
Pyrénées-Orientales	1,151 7
Bas-Rhin	1,986 1
Haut-Rhin	1,961 5
Rhône	0,000 0
Haute-Saône	0,406 9
Saône-et-Loire	1,005 9
Sarthe	1,030 2
Savoie	0,922 6
Haute-Savoie	1,208 6
Paris	0,000 0
Seine-Maritime	2,106 8
Seine-et-Marne	1,620 1
Yvelines	0,000 0
Deux-Sèvres	0,571 5
Somme	1,478 6
Tarn	0,908 9
Tarn-et-Garonne	0,554 4
Var	1,423 6
Vaucluse	1,373 6
Vendée	1,518 6
Vienne	0,513 1

DÉPARTEMENT	POURCENTAGE
Haute-Vienne	0,687 7
Vosges	1,295 4
Yonne	0,574 7
Territoire de Belfort	0,269 3
Essonne	2,370 2
Hauts-de-Seine	0,000 0
Seine-Saint-Denis	3,368 2
Val-de-Marne	1,863 4
Val-d'Oise	1,014 6
Guadeloupe	0,558 5
Martinique	0,232 0
Guyane	0,375 6
La Réunion	0,000 0
Mayotte	0,000 0

SECTION 2 Recettes de la section d'investissement

Art. L. 3332-3 *(L. nº 2003-132 du 19 févr. 2003, art. 7)* **Les recettes de la section d'investissement se composent notamment :**

1º Du produit des emprunts ;

2º Abrogé par L. nº 2010-1658 du 29 déc. 2010, art. 28.

3º De la dotation *(L. nº 2019-1479 du 28 déc. 2019, art. 259)* **« de soutien à l'investissement des départements » ;**

4º De la dotation départementale d'équipement des collèges ;

5º Des versements au titre du Fonds de compensation pour la taxe sur la valeur ajoutée ;

6º Des subventions de l'État et des contributions des communes et des tiers aux dépenses d'investissement ;

7º Des dons et legs en nature et des dons et legs en espèces affectés à l'achat d'une immobilisation financière ou physique ;

8º Du produit des cessions d'immobilisations, selon des modalités fixées par décret ;

9º Du remboursement des capitaux exigibles et des rentes rachetées ;

10º Abrogé par L. nº 2014-872 du 4 août 2014, art. 2.

11º Des amortissements ;

12º Du virement prévisionnel de la section de fonctionnement et du produit de l'affectation du résultat de fonctionnement conformément à l'article L. 3312-6.

CHAPITRE III CONTRIBUTIONS ET TAXES AUTRES QUE CELLES PRÉVUES PAR LE CODE GÉNÉRAL DES IMPÔTS

SECTION 1 Taxe additionnelle départementale à la taxe de séjour

Art. L. 3333-1 **Le conseil départemental peut instituer une taxe additionnelle de 10 p. 100 à la taxe de séjour ou à la taxe de séjour forfaitaire perçue dans le départe-**

ment par les communes visées à l'article L. 2333-26 ainsi que par les établissements publics de coopération intercommunale *(L. n° 2014-1654 du 29 déc. 2014, art. 67)* « mentionnés aux 1° à 3° du I » de l'article *(L. n° 99-586 du 12 juill. 1999)* « L. 5211-21 » *(L. n° 2016-1918 du 29 déc. 2016, art. 86)* « , par décision de l'organe délibérant prise dans les conditions prévues à l'article L. 2333-26 ».

(Ord. n° 2014-1335 du 6 nov. 2014, art. 9) « La métropole de Lyon peut instituer une taxe additionnelle de 10 % à la taxe de séjour ou à la taxe de séjour forfaitaire perçue dans le périmètre défini à l'article L. 3611-1. »

Cette taxe additionnelle est établie et recouvrée selon les mêmes modalités que la taxe à laquelle elle s'ajoute. *(Ord. n° 2014-1335 du 6 nov. 2014, art. 9)* « Lorsque son produit est perçu par une commune ou par un établissement public de coopération intercommunale à fiscalité propre, les montants correspondants sont reversés à la fin de la période de perception au bénéficiaire final de la taxe additionnelle. »

Le produit de cette taxe est affecté aux dépenses destinées à promouvoir le développement touristique du département *(Ord. n° 2014-1335 du 6 nov. 2014, art. 9)* « ou de la métropole de Lyon ».

SECTION 2 **Part départementale de l'accise sur l'électricité**

(L. n° 2020-1721 du 29 déc. 2020, art. 54, mod. par Ord. n° 2021-1843 du 22 déc. 2021, art. 5)

Art. L. 3333-2 I. — Il est institué, au profit des départements et de la métropole de Lyon, une part départementale de *(Ord. n° 2021-1843 du 22 déc. 2021, art. 5)* « l'accise sur les énergies mentionnée à l'article L. 312-1 du code des impositions sur les biens et services et perçue sur l'électricité ».

II. — Au titre de l'année 2022, le montant de la part départementale perçue par les départements et la métropole de Lyon est égal au produit de la taxe départementale sur la consommation finale d'électricité mentionnée au présent article, dans sa rédaction en vigueur au 31 décembre 2020, perçue au titre de l'année 2021, augmenté de 1,5 % ainsi que de l'évolution, entre 2019 et 2020, de l'indice des prix à la consommation hors tabac. Pour les départements qui n'appliquaient pas le coefficient multiplicateur unique maximum, ce montant est multiplié par le rapport entre ce coefficient et le coefficient appliqué en 2021.

À compter de 2023, le montant de la part départementale est égal au montant perçu au titre de l'année précédente majoré de l'inflation annuelle constatée au cours de cette même année et multiplié par le rapport entre les deux termes suivants :

1° La quantité d'électricité fournie sur le territoire du département ou de la métropole de Lyon, au titre de la pénultième année ;

2° La quantité d'électricité fournie sur le territoire du département ou de la métropole de Lyon, au titre de l'antépénultième année.

III. — Les modalités d'application du présent article, notamment les conditions dans lesquelles sont constatées les quantités d'électricité fournies à l'échelle des territoires mentionnés aux 1° et 2° du II, sont précisées par décret.

Compétence juridictionnelle. « Les tribunaux de l'ordre judiciaire sont seuls compétents pour connaître de toutes les contestations concernant l'assiette et le recouvrement de la TCFE et de la TDCFE, ces taxes revêtant le caractère de contributions indirectes. Toutefois, la juridiction administrative est seule compétente pour connaître des actions indemnitaires introduites par les personnes qui supportent financièrement ces taxes, lorsqu'elles entendent rechercher la responsabilité pour faute de l'État ou de toute autre personne publique du fait de son activité normative, qu'elle soit législative ou réglementaire. » En conséquence, les contestations d'une société, portant sur la TDCFE, fondées sur la méconnaissance des principes posées par la Dir. 2008/118/CE du 16 déc. 2008 relative au régime général d'accise, constitutive d'une faute de nature à engager la responsabilité de l'État à son égard, relèvent de la juridiction administrative. Par suite, en jugeant que les conclusions de la requérante tendant à la condamnation de l'État à l'indemniser des préjudices subis relevaient de la compétence de la juridiction judiciaire, alors qu'était en cause la responsabilité de l'État du fait de son activité législative, le président de la 7e ch. du TA de Versailles a commis une erreur de droit. • CE 21 juill. 2022, n° 454784.

SECTION 3 Taxe départementale sur les entreprises exploitant des engins de remontée mécanique

Art. L. 3333-4 Les entreprises exploitant des engins de remontée mécanique peuvent être assujetties en zone de montagne à une taxe départementale portant sur les recettes brutes provenant de la vente des titres de transport et dont le produit est versé au budget départemental.

Le montant de la taxe départementale est inclus dans le prix du titre de transport et perçu sur l'usager.

L'assiette de la taxe départementale ne comprend ni le montant de celle-ci, ni celui de la taxe communale prévue à l'article L. 2333-49.

La taxe départementale est recouvrée par le département comme en matière de taxe sur le chiffre d'affaires dans les conditions fixées par décret en Conseil d'État. – *[L. n° 85-30 du 9 janv. 1985, art. 85.]*

Compétence. L'exploitation des remontées mécaniques constituant un service public à caractère industriel et commercial, les tribunaux judiciaires sont seuls compétents pour connaître des litiges entre ce service et les usagers. • T. confl. 29 oct. 1990, *Moyal*, n° 2625.

Art. L. 3333-5 La taxe départementale est instituée par délibération du conseil départemental qui en fixe le taux dans la limite de 2 p. 100 des recettes brutes provenant de la vente des titres de transport. – *[L. n° 85-30 du 9 janv. 1985, art. 86, al. 2.]*

Art. L. 3333-6 Si l'exploitation des remontées mécaniques s'étend sur plusieurs communes ou plusieurs départements, la répartition de l'assiette de la taxe visée à l'article L. 3333-4 est fixée, à défaut d'accord entre eux, par le représentant de l'État dans des conditions fixées par décret en Conseil d'État. – *[L. n° 85-30 du 9 janv. 1985, art. 87, al. 1er.]*

Art. L. 3333-7 Le produit annuel de la taxe départementale est affecté, sous réserve des dispositions prévues au premier alinéa de l'article L. 2333-52 :

1° À des interventions favorisant le développement agricole en montagne ;

2° Aux dépenses d'équipement, de services, de promotion et de formation induites par le développement du tourisme en montagne et les besoins des divers types de clientèle ainsi qu'à l'amélioration des accès ferroviaires et routiers ;

3° Aux dépenses de développement d'un tourisme d'initiative locale en montagne et des activités qui y contribuent ;

4° À des charges engagées par les clubs locaux de ski pour la formation technique de leurs jeunes adhérents ;

5° Au financement d'actions de prévention des accidents en montagne conduites par des organismes compétents en la matière, et notamment par les sociétés de secours en montagne. – *[L. n° 85-30 du 9 janv. 1985, art. 89.]*

SECTION 4 Redevances dues pour le transport et la distribution de l'électricité et du gaz et le transport d'hydrocarbures et de produits chimiques par canalisation *(Ord. n° 2010-418 du 27 avr. 2010, art. 4).*

(L. n° 2003-8 du 3 janv. 2003, art. 61)

Art. L. 3333-8 Le régime des redevances dues aux départements en raison de l'occupation de leur domaine public par les ouvrages de transport et de distribution d'électricité et de gaz et par les lignes ou canalisations particulières d'énergie électrique et de gaz, ainsi que pour les occupations provisoires de leur domaine public par les chantiers de travaux, est fixé par décret en Conseil d'État sous réserve des dispositions des premier et deuxième alinéas de l'article unique de la loi n° 53-661 du 1er août 1953 fixant le régime des redevances dues pour l'occupation du domaine public par les ouvrages de transport et de distribution d'électricité et de gaz, par les lignes ou canalisations particulières d'énergie électrique et de gaz.

(Ord. n° 2010-418 du 27 avr. 2010, art. 4) « Les tarifs des redevances dues aux départements en raison de l'occupation de leur domaine public par des canalisations destinées au transport d'hydrocarbures ou de produits chimiques sont arrêtés par délibération du département après consultation de l'exploitant de l'ouvrage. Pour les

ouvrages déclarés d'utilité publique ou d'intérêt général, les montants ne peuvent dépasser ceux fixés par décret en Conseil d'État. Les canalisations de transport appartenant à l'État et construites pour les besoins de la défense nationale sont exonérées de la redevance d'occupation du domaine public. Les règles et procédures applicables en cas de désaccord sont fixées par décret en Conseil d'État. »

Art. L. 3333-9 Les redevances visées à l'article L. 3333-8 sont payables annuellement et d'avance.

Art. L. 3333-10 Les redevances visées à l'article L. 3333-8 sont soumises à la prescription quinquennale qui commence à courir à compter de la date à laquelle elles sont devenues exigibles.

La prescription quadriennale instituée par la loi n° 68-1250 du 31 décembre 1968 relative à la prescription des créances sur l'État, les départements, les communes et les établissements publics *[V. ce texte au **CJF**, App.,]* est seule applicable à l'action en restitution des redevances.

SECTION 5 Taxe sur l'utilisation par les poids lourds de certaines voies du domaine public routier du département

(Ord. n° 2023-661 du 26 juill. 2023, art. 3)

Art. L. 3333-11 Dans les conditions définies à la section 6 du chapitre I du titre II du livre IV du code des impositions sur les biens et services, le conseil départemental peut instituer une taxe sur l'utilisation par les poids lourds de tout ou partie des routes *(L. n° 2023-1322 du 29 déc. 2023, art. 98)* « de son domaine public routier » répondant aux critères mentionnés, selon les départements concernés, au *a* ou au *c* du 2° de l'article L. 421-193 du même code.

Les dispositions du chapitre XI du titre I du code de la voirie routière sont applicables en cas d'institution de la taxe.

SOUS-SECTION 1 Relations entre le département et ses prestataires

§ 1 Délégations de compétence

Art. L. 3333-12 Pour la mise en œuvre de la taxe mentionnée à l'article L. 3333-11, le département est autorisé, dans le respect des conditions définies par le présent paragraphe, à confier à un ou plusieurs prestataires extérieurs tout ou partie des missions suivantes :

1° Le financement, la conception, la réalisation, l'exploitation, l'entretien et la maintenance des dispositifs techniques nécessaires à la mise en œuvre de la taxe, y compris concernant le traitement automatisé des données, la réception et la gestion des déclarations et des paiements, ainsi que la mise à disposition des équipements électroniques embarqués ;

2° La collecte de l'ensemble des informations nécessaires à l'établissement de la taxe ;

3° La constatation de la taxe dans les conditions prévues à la sous-section 6 de la section 6 du chapitre I du titre II du livre IV du code des impositions sur les biens et services ;

4° La communication des avis de paiement *(L. n° 2023-1322 du 29 déc. 2023, art. 98)* « prévus à l'article L. 3333-18, qui sont adressés au prestataire mentionné à l'article L. 421-246 du code des impositions sur les biens et services, ainsi que la notification de la majoration mentionnée à l'article L. 3333-19 du présent code » ;

5° L'encaissement des sommes dues, le département restant seul compétent pour l'engagement des procédures de recouvrement forcé ;

6° La notification de l'avis de rappel prévu à l'article L. 3333-21 ;

7° L'instruction des réclamations prévues à l'article L. 3333-26 ;

8° Le financement, la conception, la réalisation, l'exploitation, l'entretien et la maintenance des appareils de contrôle automatique permettant de détecter les poids lourds en infraction au regard des dispositions régissant la taxe mentionnée à l'article L. 3333-11 ;

9° La constatation des irrégularités détectées par les appareils de contrôle automatique mentionnés au 8° ainsi que la notification aux redevables concernés, aux personnes tenues solidairement au paiement ou, le cas échéant, au prestataire mentionné à l'article L. 421-246 du code des impositions sur les biens et services, de la taxation d'office prévue à l'article L. 3333-22 du présent code ;

10° L'encaissement des sommes acquittées à la suite des procédures mentionnées aux 6° et 9°, y compris les frais et majorations prévus aux articles L. 3333-18 ou L. 3333-19.

Pour l'exercice de ces missions, les références au département dans les dispositions qui régissent la taxe s'entendent des références au prestataire auquel ces missions sont confiées.

Art. L. 3333-13 Les prestataires assurent les missions énumérées à l'article L. 3333-12 sous le contrôle du département.

Ce contrôle comporte des investigations dans les locaux des prestataires pour s'assurer notamment de la fiabilité du dispositif technique et des traitements mis en œuvre dans l'exercice des missions.

Art. L. 3333-14 Les personnels des prestataires amenés à intervenir dans le cadre des missions mentionnées aux 3°, 4°, 5°, 6°, 7°, 9° et 10° de l'article L. 3333-12 sont agréés par le représentant de l'État dans le département.

Les personnes amenées à intervenir dans le cadre des missions mentionnées au 9° de l'article L. 3333-12 sont également assermentées dans les conditions fixées par l'article L. 130-7 du code de la route.

Les personnels sont tenus à l'obligation du secret professionnel définie aux articles 226-13 et 226-14 du code pénal.

Dans leurs relations avec les redevables ou leurs représentants, ces personnes indiquent agir pour le compte du département.

Art. L. 3333-15 Pour l'exercice des missions mentionnées aux 5° et 10° de l'article L. 3333-12, le département donne à ses prestataires mandat pour encaisser la taxe en son nom et pour son compte.

Ces prestataires sont seuls responsables de la collecte de la taxe vis-à-vis du département.

L'exercice de ce mandat s'effectue dans les conditions et selon les dispositions comptables et financières mentionnées à l'article L. 1611-7-1. Les prestataires versent au comptable du département, par virement, le dixième jour du mois suivant la *(L. n° 2023-1322 du 29 déc. 2023, art. 98)* « constatation de la taxe », l'intégralité des montants recouvrés, accompagnés des données ayant permis cette *(L. n° 2023-1322 du 29 déc. 2023, art. 98)* « constatation de la taxe ».

Lorsque la notification de l'avis de rappel ou de la taxation d'office n'a pas été suivie de paiement ou de contestation dans un délai de trente jours, les prestataires transmettent au comptable du département les éléments permettant de mettre en œuvre les procédures de recouvrement forcé mentionnées à l'article L. 1617-5.

Art. L. 3333-16 Les opérations financières liées à la collecte de la taxe pour le compte du département font l'objet d'une comptabilité distincte.

Les sommes correspondantes sont versées sur un compte ouvert auprès de la Banque de France, dédié au produit de la taxe, et qui ne peut être débité qu'au titre du versement de ce produit au comptable du département.

§ 2 Relation avec les prestataires du service européen de télépeage

Art. L. 3333-17 Le département conclut avec tout prestataire du service européen de télépéage qui en fait la demande une convention définissant les conditions dans lesquelles le prestataire propose, pour l'acquittement de la taxe, un service de télépéage régi par la section 1 du chapitre X du titre I du code de la voirie routière.

Le département peut établir un contrat type.

SOUS-SECTION 2 Recouvrement

§ 1 Majorations et frais administratifs

Art. L. 3333-18 Tout retard de paiement ou paiement incomplet à la suite de l'envoi d'un avis de paiement par le département fait l'objet :

1° D'une majoration :

a) De 30 € si la somme exigible au titre de ce paiement est inférieure ou égale à 300 € ;

b) De 10 % du montant non acquitté de la taxe si la somme exigible au titre de ce paiement est supérieure à 300 € ;

2° De frais administratifs déterminés par une délibération du conseil départemental dans la limite de 100 € et proportionnés aux coûts de gestion induits par l'établissement et l'envoi de l'avis de rappel prévu à l'article L. 3333-21.

Le présent article n'est pas applicable lorsqu'une contestation assortie d'une demande de sursis de paiement a été adressée au département avant l'échéance de paiement. *(L. nº 2023-1322 du 29 déc. 2023, art. 98)* « Le présent article n'est pas non plus applicable en cas de mise en œuvre de l'article L. 421-256 du code des impositions sur les biens et services. »

Art. L. 3333-19 *(L. nº 2023-1322 du 29 déc. 2023, art. 98)* En cas de mise en œuvre de l'article L. 421-256 du code des impositions sur les biens et services, l'acompte unique prévu à l'article L. 421-260 du même code fait l'objet d'une majoration de 30 € dans les cas suivants :

1° En cas d'absence de paiement ;

2° Lorsque le montant de l'acompte unique payé dans le délai minimal préalable mentionné à l'article L. 421-256 dudit code s'avère insuffisant au regard de l'utilisation effective du réseau mentionné à l'article L. 421-193 du même code ou des caractéristiques du poids lourd indiquées dans la déclaration mentionnée à l'article L. 421-256 du même code ;

3° Lorsque le dépôt de la déclaration ou le paiement de l'acompte est effectué après le délai minimal préalable mentionné au 2° du présent article, que le montant de l'acompte acquitté soit insuffisant ou non.

Le paiement de cette majoration éteint l'action publique lorsqu'il intervient dans un délai déterminé par délibération du conseil départemental, qui ne peut être supérieur à deux mois à compter de sa notification, dont les modalités sont déterminées par délibération du conseil départemental.

Art. L. 3333-20 La solidarité de paiement prévue à l'article L. 421-261 du code des impositions sur les biens et services s'étend aux majorations et frais administratifs prévus aux articles L. 3333-18 et L. 3333-19 du présent code.

Art. L. 3333-21 Dans les cas mentionnés aux articles L. 3333-18 et L. 3333-19, le département adresse un avis de rappel avant la notification du titre exécutoire.

Cet avis mentionne la majoration et les frais prévus par ces articles.

§ 2 Taxation d'office

Art. L. 3333-22 Lorsque la personne tenue au paiement de la taxe est dans l'incapacité de présenter les éléments et documents susceptibles de justifier de la régularité de la situation de ses véhicules taxables auprès des agents compétents, ou lorsque la constatation d'une irrégularité a été effectuée au moyen d'un appareil de contrôle automatique *(L. nº 2023-1322 du 29 déc. 2023, art. 98)* « , dont les constatations font foi jusqu'à preuve du contraire », le département peut procéder à une taxation d'office dans les conditions prévues par la présente sous-section.

Art. L. 3333-23 Le montant de la taxation d'office est calculé comme suit :

1° Lorsqu'il ne peut être justifié des éléments nécessaires à la détermination de la base d'imposition, cette dernière est présumée égale à une distance forfaitaire fixée par délibération du conseil départemental dans la limite de la distance maximale susceptible d'être parcourue sur le réseau mentionné à l'article L. 421-193 du code des impositions sur les biens et services ;

2° Lorsqu'il ne peut être justifié des éléments nécessaires à la détermination du tarif, il est fait application du niveau de tarif le plus élevé mentionné à l'article L. 421-250 du même code.

Art. L. 3333-24 Un décret en Conseil d'État précise les modalités de notification du montant de la taxation d'office au redevable ou à la personne tenue solidairement au paiement.

Il fixe également les conditions dans lesquelles il est renoncé :

1° Au recours à la distance forfaitaire mentionnée au 1° de l'article L. 3333-23, lorsqu'il est apporté la preuve de la distance réellement parcourue ;

2° Au recours au tarif le plus élevé mentionné au 2° du même article, lorsque des éléments justifient l'application d'un tarif différent.

Art. L. 3333-25 L'établissement et la notification de la taxation d'office peuvent être assortis de frais de dossier dans des conditions déterminées par une délibération du conseil départemental. Ces frais sont proportionnés aux coûts induits par la mise en œuvre de la taxation d'office.

§ 3 Réclamations

Art. L. 3333-26 Les réclamations relatives à la taxe sont instruites par le département dans des conditions fixées par décret en Conseil d'État.

SOUS-SECTION 3 Contrôle et sanctions pénales

§ 1 Personnes habilitées à réaliser les contrôles

Art. L. 3333-27 Sans préjudice de la compétence générale des officiers et des agents de police judiciaire, ont compétence pour constater par procès-verbal les contraventions et délits prévus par les dispositions du paragraphe 3 de la présente sous-section :

1° Les agents du département assermentés dans les conditions fixées par l'article L. 130-7 du code de la route et agréés par le procureur de la République ;

2° Les agents des douanes et des droits indirects et les fonctionnaires ou agents de l'État assermentés dans les conditions prévues à l'article L. 130-7 du code de la route, chargés du contrôle des transports terrestres et placés sous l'autorité du ministre chargé de la voirie routière.

Art. L. 3333-28 La constatation des contraventions et délits mentionnés au premier alinéa de l'article L. 3333-27 est faite par procès-verbal établi selon des modalités déterminées par arrêté conjoint du ministre chargé de la voirie routière et du ministre de la justice. Cette constatation fait foi jusqu'à preuve du contraire.

Ces contraventions et délits peuvent être également constatés au moyen *(L. n° 2023-1322 du 29 déc. 2023, art. 98)* « d'un appareil de contrôle automatique mentionné à l'article L. 3333-22. Ces constatations peuvent faire l'objet d'un procès-verbal revêtu d'une signature manuelle numérisée. »

Art. L. 3333-29 Lorsque l'infraction est constatée par des agents de la police nationale, des douanes, de la police aux frontières, de la gendarmerie nationale ou du contrôle des transports terrestres, ces derniers en informent les services compétents du département.

§ 2 Obligations des personnes contrôlées et prérogatives des personnes habilitées

Art. L. 3333-30 Les propriétaires, utilisateurs ou conducteurs de poids lourds taxables mentionnés aux articles L. 421-244 et L. 421-261 du code des impositions sur les biens et services présentent, à première réquisition, aux agents mentionnés aux 1° et 2° de l'article L. 3333-27 du présent code tous les éléments et documents susceptibles de justifier de la régularité de la situation de ces véhicules au regard de la taxe.

En cas de refus de présenter ces éléments et documents, les agents mentionnés au 2° du même article L. 3333-27 sont habilités à les rechercher dans le véhicule, à l'exception des parties de ce dernier destinées à un usage d'habitation.

Ces agents peuvent immobiliser le véhicule pour les besoins de l'application du présent article et, le cas échéant, constater les infractions prévues par la présente sous-section.

§ 3 Infractions pénales

Art. L. 3333-30-1 *(L. nº 2023-1322 du 29 déc. 2023, art. 98)* **Le redevable de la taxe, au sens de l'article L. 421-244 du code des impositions sur les biens et services, est responsable pénalement des infractions prévues au présent paragraphe.**

Art. L. 3333-31 *(L. nº 2023-1322 du 29 déc. 2023, art. 98)* **Le fait pour tout redevable de ne pas s'acquitter intégralement de la taxe mentionnée à l'article L. 421-186 du code des impositions sur les biens et services ou, dans le cas prévu à l'article L. 421-260 du même code, d'un acompte suffisant est puni de l'amende prévue pour les contraventions de la cinquième classe.**

Le fait pour tout redevable de ne pas s'acquitter de la taxe ou de l'acompte mentionnés au premier alinéa du présent article de manière habituelle est puni d'une amende de 7 500 €.

Est regardé comme contrevenant de manière habituelle à ces dispositions, le redevable qui a fait l'objet, sur une période inférieure ou égale à douze mois, de plus de cinq contraventions prévues au même premier alinéa.

Sur les dispositions applicables à certaines infractions au CGCT, V. C. pr. pén., art. 529-12, infra.

Code de procédure pénale

Art. 529-12 *(L. nº 2023-1322 du 29 déc. 2023, art. 98)* Lorsque l'avis d'amende forfaitaire concernant l'infraction mentionnée à l'article L. 3333-31 du code général des collectivités territoriales a été adressé aux personnes mentionnées à l'article L. 421-244 du code des impositions sur les biens et services, la requête en exonération prévue à l'article 529-2 du présent code ou la réclamation prévue à l'article 530 n'est recevable que si elle est adressée par lettre recommandée avec demande d'avis de réception, en utilisant le formulaire joint à l'avis d'amende forfaitaire, et si elle est accompagnée :

1º Soit de l'un des documents suivants :

a) Le récépissé du dépôt de plainte pour vol ou destruction du véhicule ou pour le délit d'usurpation de plaque d'immatriculation prévu à l'article L. 317-4-1 du code de la route ou une copie de la déclaration de destruction de véhicule établie conformément au même code ;

b) La copie du contrat de location du véhicule ou du contrat de crédit-bail qui établit que la personne ayant reçu l'avis d'amende forfaitaire n'est pas redevable de la taxe, au sens de l'article L. 421-244 du code des impositions sur les biens et services ;

c) La copie de la déclaration de cession du véhicule et de son accusé d'enregistrement dans le système d'immatriculation des véhicules le cas échéant ;

2º Soit d'un document démontrant le paiement de la taxe ou de l'acompte ainsi que, le cas échéant, de la majoration prévue à l'article L. 3333-19 du code général des collectivités territoriales, dans le délai prévu par la délibération prise par la collectivité territoriale ;

3º Soit d'un document démontrant qu'a été acquittée une consignation préalable d'un montant égal à celui de l'amende forfaitaire dans le cas prévu au premier alinéa de l'article 529-2 du présent code ou à celui de l'amende forfaitaire majorée dans le cas prévu au deuxième alinéa de l'article 530 ; cette consignation n'est pas assimilable au paiement de l'amende forfaitaire.

L'officier du ministère public vérifie si les conditions de recevabilité de la requête ou de la réclamation prévues au présent article sont remplies.

Les requêtes et réclamations prévues au présent article peuvent également être adressées de façon dématérialisée dans les conditions prévues à l'article 529-10 ainsi que par les textes pris pour son application.

Art. L. 3333-32 **Sont passibles d'une amende de 7 500 € les infractions suivantes :**

1º L'équipement de télépéage mentionné aux articles L. 421-253 et L. 421-254 du code des impositions sur les biens et services a fait l'objet d'une manipulation visant à éluder le paiement de la taxe ;

2° Les documents de bord nécessaires pour déterminer la catégorie fiscale du poids lourd ou les classes de poids lourds à partir desquelles ces catégories sont définies ont été falsifiés.

La récidive des infractions prévues au présent article est passible d'une amende de 15 000 €.

CHAPITRE IV CONCOURS FINANCIERS DE L'ÉTAT

BIBL. GÉN. ▶ CRUCIS, *J.-Cl. Coll. terr., fasc. 340.* – LEVOYET, *JCP Adm. 2003, n° 1990* (la réforme des relations financières État-collectivités territoriales). – PHILOT et CABURET, Dotations de l'État aux collectivités locales, *Berger-Levrault, 2006.*

SECTION 1 Dotation globale de fonctionnement

SOUS-SECTION 1 Dispositions générales

Art. L. 3334-1 *(L. n° 2003-1311 du 30 déc. 2003, art. 49)* **« Les départements reçoivent une dotation forfaitaire, une dotation de péréquation et** *(L. n° 2017-1837 du 30 déc. 2017, art. 159)* **« une dotation de compensation ». » L'ensemble de ces sommes évolue comme la dotation globale de fonctionnement mise en répartition.**

(L. n° 2023-1322 du 29 déc. 2023, art. 240) **« À compter de 2024 »** *(L. n° 2015-1785 du 29 déc. 2015, art. 151)* **« , le montant de la dotation globale de fonctionnement des départements est égal à celui réparti** *(L. n° 2023-1322 du 29 déc. 2023, art. 240)* **« l'année précédente ». En** *(L. n° 2025-127 du 14 févr. 2025, art. 178)* **« 2025 », ce montant est minoré du montant correspondant aux réductions de dotation à prévoir en** *(L. n° 2025-127 du 14 févr. 2025, art. 178)* **« 2025 » en application de l'article 199-1 de la loi n° 2004-809 du 13 août 2004 relative aux libertés et responsabilités locales.** *(L. n° 2016-1917 du 29 déc. 2016, art. 138)* **« En 2017, ce montant est également minoré d'un montant de 32 millions d'euros. Cette minoration porte sur la dotation de compensation prévue à l'article L. 3334-7-1, conformément au dernier alinéa du même article L. 3334-7-1. »** *(L. n° 2018-1317 du 28 déc. 2018, art. 250)* **« En 2019, le montant de la dotation globale de fonctionnement des départements est minoré du montant correspondant à la réduction de dotation à prévoir en application du IX de l'article 81 de la loi n° 2018-1317 du 28 décembre 2018 de finances pour 2019. »** *(L. n° 2019-1479 du 28 déc. 2019, art. 250)* **« En 2020, le montant de la dotation globale de fonctionnement des départements est minoré des montants correspondants aux réductions de dotation à prévoir en application de la dernière phase du dernier alinéa du IX de l'article 81 de la loi n° 2018-1317 du 28 décembre 2018 de finances pour 2019 et du IX de l'article 77 de la loi n° 2019-1479 du 28 décembre 2019 de finances pour 2020. »** *(L. n° 2020-1721 du 29 déc. 2020, art. 252)* **« En 2021, le montant de la dotation globale de fonctionnement des départements est minoré des montants correspondant aux réductions de dotation à prévoir en application du IX du même article 77. À compter de 2021, la dotation de compensation des départements prévue à l'article L. 3334-7-1 du présent code est minorée en application de l'article 57 de la loi n° 2019-1446 du 24 décembre 2019 de financement de la sécurité sociale pour 2020. Si le montant de la dotation de compensation est insuffisant, la différence est prélevée sur les douzièmes prévus à l'article L. 3332-1-1 du présent code. »** *(L. n° 2021-1900 du 30 déc. 2021, art. 194)* **« En 2022, le montant de la dotation globale de fonctionnement est majoré du montant correspondant aux majorations de dotation à prévoir en application du IX de l'article 77 de la loi n° 2019-1479 du 28 décembre 2019 de finances pour 2020 et minoré du montant correspondant aux réductions de dotation à prévoir en application du VII de l'article 43 de la loi n° 2021-1900 du 30 décembre 2021 de finances pour 2022. »**

Pour l'application des art. L. 3334-1 à L. 3334-7-1 CGCT, à compter de 2018, les montants de la dotation forfaitaire, de la dotation de péréquation et de la dotation de compensation perçus en 2017 par la collectivité de Corse ainsi que les bases, recettes et produits fiscaux des exercices précédant la fusion et relatifs à la collectivité de Corse, correspondent, respectivement, à la somme des montants, bases, recettes et produits relatifs aux départements de la Haute-Corse et de la Corse-du-Sud (L. n° 2017-1837 du 30 déc. 2017, art. 159, mod. par L. n° 2018-1317 du 28 déc. 2018, art. 250).

Art. L. 3334-2 *(L. n° 2011-1977 du 28 déc. 2011, art. 138)* **La population à prendre en compte pour l'application de la présente section est la population municipale du département telle qu'elle résulte du recensement de la population.**

Cette population est majorée d'un habitant par résidence secondaire.

SOUS-SECTION 2 **Dotation forfaitaire**

Art. L. 3334-3 *(L. n° 2010-1657 du 29 déc. 2010, art. 177)* **Chaque département reçoit une dotation forfaitaire.**

(L. n° 2014-1654 du 29 déc. 2014, art. 107) **« I. – À compter de 2015, la dotation forfaitaire de chaque département est égale au montant perçu l'année précédente au titre de cette dotation. Pour chaque département, à l'exception du département de Paris, cette dotation est majorée ou minorée du produit de la différence entre sa population constatée au titre de l'année de répartition et celle constatée au titre de l'année précédant la répartition par un montant de 74,02 € par habitant.**

« II. – Cette dotation forfaitaire » *(L. n° 2011-1977 du 28 déc. 2011, art. 138)* **« est minorée d'un montant fixé par le comité des finances locales afin** *(L. n° 2014-1654 du 29 déc. 2014, art. 107)* **« de financer l'accroissement de la dotation forfaitaire mentionnée au deuxième alinéa » et** *(L. n° 2012-1509 du 29 déc. 2012, art. 111)* **« , le cas échéant, l'accroissement », de la dotation prévue à l'article L. 3334-4** *(L. n° 2021-1900 du 30 déc. 2021, art. 194)* **« ainsi que les majorations prévues au dernier alinéa des articles L. 3334-6-1 et L. 3334-7 ». Cette minoration est effectuée dans les conditions suivantes : »**

(L. n° 2012-1509 du 29 déc. 2012, art. 111) **« 1° Les départements dont le potentiel financier par habitant est inférieur à 0,95 fois le potentiel financier moyen par habitant constaté au niveau national bénéficient d'une attribution au titre** *(L. n° 2014-1654 du 29 déc. 2014, art. 107)* **« de leur dotation forfaitaire, calculée en application du I ; »**

« 2° *(L. n° 2014-1654 du 29 déc. 2014, art. 107)* **« La dotation forfaitaire » des départements dont le potentiel financier par habitant est supérieur ou égal à 0,95 fois le potentiel financier moyen par habitant constaté au niveau national est minorée en proportion de leur population et du rapport entre le potentiel financier par habitant du département et le potentiel financier moyen par habitant constaté au niveau national. »** *(L. n° 2018-1317 du 28 déc. 2018, art. 250)* **« Pour chaque département concerné, cette minoration ne peut être supérieure à 1 % des recettes réelles de fonctionnement de son budget principal, constatées dans le compte de gestion afférent au pénultième exercice. La minoration ne peut excéder le montant de la dotation forfaitaire calculée pour le département en application du I. Pour** *(L. n° 2019-1479 du 28 déc. 2019, art. 250)* **« la collectivité de Corse, » la métropole de Lyon, la collectivité territoriale de Guyane et la collectivité territoriale de Martinique, ces recettes sont affectées, respectivement, d'un coefficient de** *(L. n° 2019-1479 du 28 déc. 2019, art. 250)* **« 43,44 %, » 55,45 %, 79,82 % et 81,58 %.**

« III. – En 2019, le montant de la dotation forfaitaire du Département de Mayotte est minoré en application du IX de l'article 81 de la loi n° 2018-1317 du 28 décembre 2018 de finances pour 2019. » *(L. n° 2019-1479 du 28 déc. 2019, art. 250)* **« En 2020, le montant de la dotation forfaitaire du Département de Mayotte est minoré en application de la dernière phrase du dernier alinéa du même IX.**

« Par dérogation aux I et II, le montant de la dotation forfaitaire du département de La Réunion calculé en 2020 est nul. »

(L. n° 2021-1900 du 30 déc. 2021, art. 194) **« Par dérogation aux I et II, le montant de la dotation forfaitaire des départements expérimentant la recentralisation du revenu de solidarité active mentionné à l'article L. 262-2 du code de l'action sociale et des familles calculé en 2022 est minoré, le cas échéant, des réductions de dotation à prévoir en application de l'article 43 de la loi n° 2021-1900 du 30 décembre 2021 de finances pour 2022. »**

À compter de l'exercice budgétaire 2026, au 2° du II du présent art., les mots : « compte de gestion » sont remplacés par les mots : « compte financier unique » (Ord. n° 2025-526 du 12 juin 2025, art. 1er et 12).

À compter d'une date fixée par Décr. et au plus tard le 1er janv. 2026, au 1er al. du III de cet art., les 2 occurrences du mot : « Département » sont remplacées par le mot : « Département-Région » (L. n° 2025-797 du 11 août 2025, art. 48).

SOUS-SECTION 3 **Dotation de péréquation**

Art. L. 3334-4 *(L. nº 2004-1484 du 30 déc. 2004, art. 49)* La dotation globale de fonctionnement des départements comprend une dotation de péréquation constituée de la dotation de péréquation urbaine prévue à l'article L. 3334-6-1 et de la dotation de fonctionnement minimale prévue à l'article L. 3334-7.

À compter de 2005, l'augmentation annuelle du solde de la dotation globale de fonctionnement des départements après prélèvement de la dotation forfaitaire prévue à l'article L. 3334-3 et de la dotation de compensation prévue à l'article L. 3334-7-1 est répartie par le comité des finances locales entre la dotation de péréquation urbaine et la dotation de fonctionnement minimale, sous réserve en 2005 des dispositions du quatrième alinéa de l'article L. 3334-7. *(L. nº 2011-1977 du 28 déc. 2011, art. 138)* « Dans les conditions prévues *(L. nº 2013-1278 du 29 déc. 2013, art. 132)* « à » l'article L. 3334-3, le comité des finances locales peut majorer les montants consacrés à l'augmentation de la dotation de péréquation urbaine et de la dotation de fonctionnement minimale d'un montant ne pouvant excéder 5 % des ressources affectées l'année précédente au titre de chacune des deux dotations. »

Pour l'application du précédent alinéa en 2005, la masse à laquelle s'applique le choix du comité des finances locales est constituée, pour la dotation de péréquation urbaine, du total de la dotation de péréquation perçu en 2004 par les départements urbains, tels que définis à l'article L. 3334-6-1, et, pour la dotation de fonctionnement minimale, du total des montants de la dotation de péréquation et de la dotation de fonctionnement minimale perçu en 2004 par les départements mentionnés à l'article L. 3334-7.

(L. nº 2008-1425 du 27 déc. 2008, art. 175) « Les départements d'outre-mer, le Département de Mayotte, la collectivité territoriale de Saint-Pierre-et-Miquelon et la collectivité de Saint-Martin bénéficient d'une quote-part de la dotation de péréquation, constituée d'une quote-part de la dotation de péréquation urbaine et d'une quote-part de la dotation de fonctionnement minimale.

« À compter de 2009, la quote-part de la dotation de péréquation urbaine versée à chaque département ou collectivité d'outre-mer est au moins égale à celle perçue l'année précédente. De même, la quote-part de la dotation de fonctionnement minimale destinée à chaque département ou collectivité d'outre-mer, qui en remplit les conditions, est au moins égale à celle perçue l'année précédente. »

(L. nº 2011-1977 du 28 déc. 2011, art. 138) « Lorsqu'un département remplit pour la première année les conditions démographiques prévues au premier alinéa de l'article L. 3334-6-1 pour être considéré comme urbain, le montant total de la dotation de péréquation urbaine est majoré du montant qu'il a perçu l'année précédente au titre de la dotation de fonctionnement minimale, le montant total de celle-ci étant diminué à due concurrence. La dotation de péréquation urbaine perçue par ce département ne peut être inférieure au montant de dotation de fonctionnement minimale perçu l'année précédente.

« La première année où un département ne remplit plus les conditions prévues au même premier alinéa de l'article L. 3334-6-1, le montant total de la dotation de péréquation urbaine est minoré du montant qu'il a perçu l'année précédente à ce titre, la dotation de fonctionnement minimale étant majorée à due concurrence. La dotation de fonctionnement minimale perçue par ce département ne peut être inférieure au montant de dotation de péréquation urbaine perçu l'année précédente. »

(L. nº 2019-1479 du 28 déc. 2019, art. 250) « En *(L. nº 2025-127 du 14 févr. 2025, art. 178)* « 2025 », le montant de la dotation de péréquation mentionnée au premier alinéa du présent article, avant accroissement éventuel par le comité des finances locales, est majoré de 10 millions d'euros, financés par la minoration mentionnée au II de l'article L. 3334-3. »

À compter d'une date fixée par Décr. et au plus tard le 1er janv. 2026, au 4e al. de cet art., les mots : « le Département » sont remplacés par les mots : « le Département-Région » (L. nº 2025-797 du 11 août 2025, art. 48).

Art. L. 3334-5 *Abrogé par L. n° 2006-1771 du 30 déc. 2006, art. 161.*

Art. L. 3334-6 *(L. n° 2011-1977 du 28 déc. 2011, art. 138)* **Le potentiel fiscal d'un département est déterminé en additionnant les montants suivants :**

(L. n° 2023-1322 du 29 déc. 2023, art. 240) **« 1° La fraction du produit net de la taxe sur la valeur ajoutée prévue au C du V de l'article 16 de la loi n° 2019-1479 du 28 décembre 2019 de finances pour 2020 perçue par le département l'année précédente multipliée par un indice synthétique. Cet indice synthétique est égal à la somme de trois rapports pondérés chacun par un tiers :**

« *a)* Le rapport entre le revenu par habitant du département et le revenu moyen par habitant de l'ensemble des départements, calculé en prenant en compte la population définie au premier alinéa de l'article L. 3334-2 du présent code ;

« *b)* Le rapport entre la fraction du produit net de la taxe sur la valeur ajoutée mentionnée au 2° du présent article rapportée à la population du département et la somme de ces produits pour l'ensemble des départements rapportée à la population de l'ensemble des départements ;

« *c)* Le rapport entre la moyenne mentionnée au 4° rapportée à la population du département et la somme de ces moyennes pour l'ensemble des départements rapportée à la population de l'ensemble des départements ; »

2° La somme *(L. n° 2023-1322 du 29 déc. 2023, art. 240)* **« de la fraction du produit net de la taxe sur la valeur ajoutée perçue en application des A et B du XXV de l'article 55 de la loi n° 2022-1726 du 30 décembre 2022 de finances pour 2023 » et des impositions forfaitaires sur les entreprises de réseaux prévus à l'article 1586 du code général des impôts ;**

3° La somme des montants positifs ou négatifs résultant de l'application des 1.2 et 2.2 de l'article 78 de la loi n° 2009-1673 du 30 décembre 2009 de finances pour 2010 perçus ou supportés l'année précédente par le département ;

4° La somme de la moyenne des produits perçus par le département pour les cinq derniers exercices connus au titre des impositions prévues à l'article 1594 A du code général des impôts et des produits perçus l'année précédente par le département au titre de l'imposition prévue aux 2° et 6° de l'article 1001 du code général des impôts. En 2012, le produit pris en compte au titre de cette dernière imposition est celui perçu par l'État en 2010 ;

(L. n° 2015-1785 du 29 déc. 2015, art. 151) **« 5° Le montant perçu en 2014 au titre de la compensation prévue au I du D de l'article 44 de la loi de finances pour 1999 (n° 98-1266 du 30 décembre 1998) et indexé selon le taux d'évolution de la dotation forfaitaire du département l'année précédant la répartition. »**

Les bases et les produits retenus sont ceux bruts de la dernière année dont les résultats sont connus servant à l'assiette des impositions départementales. Le taux moyen national d'imposition retenu est celui constaté lors de la dernière année dont les résultats sont connus.

Le potentiel financier d'un département est égal à son potentiel fiscal majoré des montants perçus l'année précédente au titre de la dotation de compensation prévue à l'article L. 3334-7-1 et de la dotation forfaitaire prévue à l'article L. 3334-3, hors les montants antérieurement perçus au titre de la compensation prévue au I du D de l'article 44 de la loi de finances pour 1999 précitée.

Le potentiel fiscal par habitant et le potentiel financier par habitant sont égaux, respectivement, au potentiel fiscal et au potentiel financier du département divisés par le nombre d'habitants constituant la population de ce département, telle que définie à l'article L. 3334-2.

De 2024 à 2026, le potentiel fiscal des départements prévu à l'art. L. 3334-6 est majoré ou minoré d'une fraction de correction visant à égaliser les variations de cet indicateur liées au a du 3° du III de l'art. 240 de la L. n° 2023-1322 du 29 déc. 2023. Cette fraction de correction est déterminée dans des conditions prévues par Décr. en Conseil d'État. Cette fraction de correction est pondérée par un coefficient égal à 1 en 2024, à deux tiers en 2025 et à un tiers en 2026 (L. préc., art. 240-X).

Art. L. 3334-6-1 *(L. n° 2004-1484 du 30 déc. 2004, art. 49)* **Sont considérés comme départements urbains pour l'application du présent article les départements dont la densité de population est supérieure à 100 habitants par kilomètre carré et dont le**

taux d'urbanisation est supérieur à 65 %. Le taux d'urbanisation *(L. n° 2021-1900 du 30 déc. 2021, art. 194)* « est déterminé à partir de la grille de densité établie par l'Institut national de la statistique et des études économiques ».

Les départements urbains dont le potentiel financier par habitant est inférieur ou égal *(L. n° 2008-1425 du 27 déc. 2008, art. 167)* « à 1,5 fois le » potentiel financier moyen par habitant des départements urbains *(L. n° 2011-1977 du 28 déc. 2011, art. 138)* « et dont le revenu par habitant est inférieur à 1,4 fois le revenu moyen par habitant des départements urbains » bénéficient d'une dotation de péréquation urbaine.

Il est calculé pour chaque département éligible un indice synthétique de ressources et de charges des départements urbains éligibles en tenant compte :

1° Du rapport entre le potentiel financier par habitant de l'ensemble des départements urbains et le potentiel financier par habitant du département, tel que défini à l'article *(L. n° 2006-1771 du 30 déc. 2006, art. 161)* « L. 3334-6 » ;

2° Du rapport entre la proportion du total des bénéficiaires d'aides au logement, tels que définis à l'article L. 2334-17, dans le nombre total de logements du département et cette même proportion constatée dans l'ensemble des départements urbains ;

3° Du rapport entre la proportion du total des bénéficiaires du *(L. n° 2010-1657 du 29 déc. 2010, art. 181 ; L. n° 2015-994 du 17 août 2015, art. 59)* « revenu de solidarité active mentionné à l'article L. 262-1 du code de l'action sociale et des familles » dans le département et cette même proportion constatée dans l'ensemble des départements urbains, calculé en prenant en compte la population définie *(L. n° 2011-1977 du 28 déc. 2011, art. 138)* « au premier alinéa de l'article L. 3334-2 » ;

4° Du rapport entre le revenu moyen par habitant de l'ensemble des départements urbains et le revenu par habitant du département, calculé en prenant en compte la population définie *(L. n° 2011-1977 du 28 déc. 2011, art. 138)* « au premier alinéa de l'article L. 3334-2 ». Le revenu pris en considération est le dernier revenu imposable connu.

Les départements sont classés en fonction de la valeur décroissante de leur indice synthétique, selon des modalités définies par décret en Conseil d'État et tenant compte des montants visés aux 1°, 2°, 3° et 4°. L'attribution revenant à chaque département urbain éligible est déterminée en fonction de sa population et de son indice synthétique.

La dotation revenant aux départements urbains qui cessent de remplir les conditions d'éligibilité est égale, la première année, aux deux tiers de la dotation perçue l'année précédente et, la deuxième année, au tiers de cette même dotation. Les sommes nécessaires sont prélevées sur les montants affectés par le comité des finances locales à la dotation de péréquation urbaine. Pour l'application de cette disposition en 2005 et 2006, sont pris en compte les montants perçus en 2004 au titre de la dotation de péréquation prévue à l'article L. 3334-4 dans sa rédaction antérieure à la loi de finances pour 2005 (n° 2004-1484 du 30 décembre 2004). *(L. n° 2007-1822 du 24 déc. 2007, art. 113)* « Cette disposition ne s'applique pas aux départements qui cessent de remplir les conditions démographiques prévues au premier alinéa et qui bénéficient la même année d'une attribution au titre de la dotation de fonctionnement minimale. »

À compter de 2005, les départements urbains éligibles ne peuvent percevoir, au titre de la dotation de péréquation urbaine, une attribution par habitant supérieure à 120 % de la dotation perçue l'année précédente. Pour l'application de cette disposition en 2005, sont pris en compte les montants perçus en 2004 au titre de la dotation de péréquation prévue à l'article L. 3334-4 dans sa rédaction antérieure à la loi de finances pour 2005 précitée.

Les disponibilités dégagées par la mise en œuvre *(L. n° 2008-1425 du 27 déc. 2008, art. 167)* « du précédent alinéa » sont réparties à l'ensemble des départements hors ceux subissant un écrêtement en application de *(L. n° 2008-1425 du 27 déc. 2008, art. 167)* « cet alinéa ».

Pour 2005, lorsque l'attribution revenant à un département diminue par rapport à celle perçue en 2004 au titre de la dotation de péréquation prévue à l'article L. 3334-4 dans sa rédaction antérieure à la loi de finances pour 2005 précitée, ce département reçoit, à titre de garantie non renouvelable, une attribution égale au montant de dotation de péréquation perçu en 2004. Les sommes nécessaires sont prélevées sur les crédits affectés à la dotation de péréquation urbaine.

(L. n° 2011-1977 du 28 déc. 2011, art. 138) « À compter de 2012, les départements éligibles ne peuvent percevoir une dotation de péréquation urbaine inférieure au montant de la dotation de péréquation urbaine perçu l'année précédente. » *(L. n° 2021-1900 du 30 déc. 2021, art. 194)* « Si la somme mise en répartition au profit des départements de métropole au titre de la dotation de péréquation urbaine est insuffisante pour financer les garanties prévues à la seconde phrase du sixième alinéa de l'article L. 3334-4 et à la première phrase du présent alinéa, la somme précitée est majorée d'une somme permettant le financement de ces garanties. Cette majoration est financée dans les conditions prévues au II de l'article L. 3334-3. »

Art. L. 3334-7 *(L. n° 2004-1484 du 30 déc. 2004, art. 49)* « La dotation de fonctionnement minimale est attribuée aux départements ne répondant pas aux conditions démographiques mentionnées au premier alinéa de l'article L. 3334-6-1.

« Ne peuvent être éligibles les départements dont le potentiel financier par habitant est supérieur au double du potentiel financier moyen par habitant des départements déterminés en application du premier alinéa. »

Un décret en Conseil d'État fixe les modalités de répartition de la dotation entre les départements en tenant compte, notamment, de leur *(L. n° 2004-1484 du 30 déc. 2004, art. 49)* « potentiel financier » et de la longueur de leur voirie.

(L. n° 2004-1484 du 30 déc. 2004, art. 49) « Pour 2005, les départements éligibles ne peuvent percevoir une dotation de fonctionnement minimale inférieure à 106 % ou supérieure à 130 % au montant perçu l'année précédente. Pour 2005, le montant à prendre en compte correspond au montant de dotation de péréquation perçu en 2004 par chaque département, majoré le cas échéant de la dotation de fonctionnement minimale perçue en 2004.

« À compter de 2006, les départements éligibles ne peuvent percevoir une dotation de fonctionnement minimale inférieure à celle perçue l'année précédente ou supérieure à 130 % du montant perçu cette même année. » *(L. n° 2006-1666 du 21 déc. 2006, art. 126)* « Par dérogation, en 2007, les départements éligibles ne peuvent percevoir une dotation de fonctionnement minimale inférieure au montant perçu l'année précédente indexé selon le taux de progression de l'ensemble des ressources de la dotation globale de fonctionnement. »

La dotation revenant aux départements qui cessent de remplir les conditions pour bénéficier de la dotation de fonctionnement minimale est égale, la première année, aux deux tiers de la dotation perçue l'année précédente, et la deuxième année, au tiers de cette même dotation. *(L. n° 2007-1822 du 24 déc. 2007, art. 113)* « Cette disposition ne s'applique pas aux départements qui cessent de remplir, à compter de 2008, les conditions démographiques prévues au premier alinéa et qui bénéficient la même année d'une attribution au titre de la dotation de péréquation urbaine. »

(L. n° 2021-1900 du 30 déc. 2021, art. 194) « Si la somme mise en répartition au profit des départements de métropole au titre de la dotation de fonctionnement minimale est insuffisante pour financer les garanties prévues à la seconde phrase de l'avant-dernier alinéa de l'article L. 3334-4 et au cinquième alinéa du présent article, la somme précitée est majorée d'un montant permettant le financement de ces garanties. Cette majoration est financée dans les conditions prévues au II de l'article L. 3334-3. »

SOUS-SECTION 4 **Dotations de compensation** *(L. n° 2006-1771 du 30 déc. 2006, art. 161)*.

Art. L. 3334-7-1 *(L. n° 2003-1311 du 30 déc. 2003, art. 49)* Il est créé au sein de la dotation globale de fonctionnement des départements une dotation de compensation dont le montant est égal en 2004, pour chaque département, au montant dû au titre de 2003 en application de l'article L. 3334-7-1 dans sa rédaction antérieure à la loi de finances pour 2004 (n° 2003-1311 du 30 décembre 2003), augmenté de 95 % du montant de la dotation générale de décentralisation due au département au titre de 2003, hors la fraction de cette dotation correspondant à des compensations fiscales et aux concours particuliers prévus aux articles L. 1614-8 et L. 1614-4, revalorisé en fonction du taux de croissance de la dotation globale de fonctionnement mise en répartition en 2004. À compter de 2005, cette dotation évolue chaque année *(L. n° 2008-1425 du 27 déc. 2008, art. 167)* « selon un taux fixé par le comité des finances locales au plus égal au taux d'évolution de la dotation globale de fonctionnement mise en répartition ».

(L. n° 2004-1484 du 30 déc. 2004, art. 53) « Pour 2005, la dotation de compensation calculée en application de l'alinéa précédent est diminuée de la somme des réfactions opérées en application de l'alinéa suivant. La répartition de cette réfaction entre les départements est calculée dans les conditions suivantes :

« – la dotation de compensation des départements et, si nécessaire, la part du produit de la taxe sur les conventions d'assurances mentionnée au I font l'objet d'une réfaction d'un montant de 900 millions d'euros, répartie entre les départements en fonction du rapport entre le nombre de véhicules terrestres à moteur immatriculés dans chaque département au 31 décembre 2003 et le nombre total de véhicules terrestres à moteur immatriculés sur le territoire national à cette même date. Dans le cas où le montant de la réfaction ainsi calculé est supérieur à la dotation de compensation perçue par un département en 2004 et indexée selon le taux mentionné au présent article, la différence est prélevée sur le produit de la taxe spéciale sur les conventions d'assurance attribué en application du I de l'article 53 de la loi de finances pour 2005 (n° 2004-1484 du 30 décembre 2004). À compter de 2006, ce prélèvement évolue chaque année selon le taux d'indexation de la dotation globale de fonctionnement mise en répartition ;

« – la dotation de compensation des départements fait l'objet d'un abondement d'un montant de 20 millions d'euros, réparti entre les départements en fonction du rapport entre le nombre de sapeurs-pompiers volontaires présents au sein du corps départemental de chaque département au 31 décembre 2003 et le nombre total de sapeurs-pompiers volontaires présents dans les corps départementaux au niveau national à cette même date.

« À compter de 2006, ces montants évoluent comme la dotation globale de fonctionnement mise en répartition. »

(L. n° 2005-1719 du 30 déc. 2005, art. 38) « En 2006, la dotation de compensation calculée en application des alinéas précédents est en premier lieu majorée pour chaque département d'un montant égal au montant perçu en 2004 en application des troisième et cinquième alinéas de l'article L. 3334-11 dans sa rédaction antérieure à la loi n° 2005-1719 du 30 décembre 2005 de finances pour 2006, indexé selon les taux d'évolution de la formation brute de capital fixe des administrations publiques tels qu'ils sont estimés dans le rapport économique, social et financier joint aux projets de loi de finances pour 2005 et 2006.

« En 2006, cette dotation est, en deuxième lieu, majorée pour chaque département d'un montant correspondant au produit de la moyenne de ses dépenses réelles d'investissement ayant été subventionnées au titre de 2002, 2003 et 2004 en application du deuxième alinéa de l'article L. 3334-11, dans sa rédaction antérieure à la loi n° 2005-1719 du 30 décembre 2005, par son taux réel de subvention au titre de 2004 minoré de 2 points. À compter de 2007, cette majoration de la dotation de compensation de chaque département est calculée en prenant un taux réel de subvention au titre de 2004 minoré de 1,22 point. Ce montant est indexé selon les taux d'évolution de la formation brute de capital fixe des administrations publiques tels qu'ils sont estimés dans le rapport économique, social et financier joint aux projets de loi de finances pour 2005 et pour 2006. Le taux réel de subvention mentionné ci-dessus est égal au montant des subventions perçues au titre de l'exercice 2004 en application des deuxième, septième et dernier alinéas de l'article L. 3334-11, dans sa rédaction antérieure à la loi n° 2005-1719 du 30 décembre 2005 précitée, rapportées au volume des investissements ayant donné lieu à subvention pour ce même exercice au titre du deuxième alinéa de cet article.

« En 2006, cette dotation fait en troisième lieu l'objet d'un abondement d'un montant de 15 millions d'euros, réparti entre chaque département au prorata de la moyenne du montant des attributions perçues en 2002, 2003 et 2004 par le service départemental d'incendie et de secours de ce département au titre de la première part de la dotation globale d'équipement, prévue au premier alinéa de l'article L. 3334-11 dans sa rédaction antérieure à la loi n° 2005-1719 du 30 décembre 2005 précitée. Cet abondement contribue à la participation des départements au financement des services départementaux d'incendie et de secours.

« En 2006, cette dotation fait en quatrième lieu l'objet d'un abondement d'un montant de 12 millions d'euros, réparti entre les départements selon les modalités prévues au quatrième alinéa.

« À partir de 2007, la dotation de compensation à prendre en compte au titre de 2006 intègre les majorations prévues aux quatre alinéas précédents. »

(L. n° 2006-1666 du 21 déc. 2006, art. 28) « En 2007, la dotation de compensation des départements fait l'objet d'un abondement supplémentaire de 12 millions d'euros réparti entre les départements en fonction du rapport entre le nombre de sapeurs-pompiers volontaires au sein du corps départemental de chaque département au 31 décembre 2003 et le nombre de sapeurs-pompiers volontaires présents dans les corps départementaux au niveau national à cette même date. »

(L. n° 2010-1657 du 29 déc. 2010, art. 177 ; L. n° 2011-1977 du 28 déc. 2011, art. 138) « À compter de 2011, le montant de la dotation de compensation est égal, pour chaque département, au montant perçu en 2010. »

(L. n° 2016-1917 du 29 déc. 2016, art. 138) « En 2017, la dotation de compensation des départements fait l'objet d'une réfaction d'un montant de 32 millions d'euros correspondant à la somme des abondements prévus aux quatrième et neuvième alinéas du présent article. Cette réfaction est répartie entre les départements selon les modalités prévues au quatrième alinéa. En cas d'insuffisance de la dotation de compensation, le montant de la réfaction est prélevé sur la dotation forfaitaire prévue à l'article L. 3334-3. »

(L. n° 2019-1479 du 28 déc. 2019, art. 250) « À compter de 2020, le montant de la dotation de compensation du département de La Réunion est minoré dans les conditions prévues au de l'article de la loi n° 2019-1479 du 28 décembre 2019 de finances pour 2020. »

(L. n° 2021-1900 du 30 déc. 2021, art. 194) « À compter de 2022, le montant de la dotation de compensation des départements expérimentant la recentralisation du revenu de solidarité active mentionné à l'article L. 262-2 du code de l'action sociale et des familles est minoré dans les conditions prévues à l'article 43 de la loi n° 2021-1900 du 30 décembre 2021 de finances pour 2022. »

À compter de 2015, ainsi qu'il est prévu à l'art. 47 de la L. n° 2014-1554 du 22 déc. 2014 de financement de la sécurité sociale pour 2015, la dotation de compensation des départements, prévue au présent art., est réduite d'un montant équivalent à celui mentionné au IV du même art. 47. Toutefois, pour le département de Paris et le département des Alpes-Maritimes, ce montant est prélevé sur les douzièmes prévus à l'art. L. 3332-1-1 (L. n° 2014-1654 du 29 déc. 2014, art. 107-II).

Art. L. 3334-7-2 *Abrogé par L. n° 2008-1443 du 30 déc. 2008, art. 116.*

SOUS-SECTION 5 Solidarité financière entre les départements

Art. L. 3334-8 *Abrogé par L. n° 2003-1311 du 30 déc. 2003, art. 49.*

SOUS-SECTION 6 Garantie d'évolution

Art. L. 3334-9 *Abrogé par L. n° 2003-1311 du 30 déc. 2003, art. 49.*

SECTION 2 Dotation de soutien à l'investissement des départements

(L. n° 2019-1479 du 28 déc. 2019, art. 259).

V. art. R. 3334-4 s.

Art. L. 3334-10 *(L. n° 2018-1317 du 28 déc. 2018, art. 259)* Il est institué une dotation de soutien à l'investissement des départements, répartie au profit des départements et des collectivités territoriales de Saint-Pierre-et-Miquelon, de Saint-Martin et de Saint-Barthélemy.

(L. n° 2021-1900 du 30 déc. 2021, art. 191) I. – Cette dotation est attribuée, sous forme de subventions, par le représentant de l'État dans la région ou la collectivité régie par l'article 73 de la Constitution, dans un objectif de cohésion des territoires. Elle est répartie sous la forme d'enveloppes régionales et constituée de la somme de deux fractions :

« 1° À hauteur de 77% du montant de la dotation après prélèvement des quotes-parts prévues au I *bis*, la première fraction est calculée : »

a) À hauteur de 40 %, en fonction de la population des communes situées dans une unité urbaine de moins de 50 000 habitants ou n'appartenant pas à une unité urbaine ;

b) À hauteur de 35 %, en fonction de la longueur de voirie classée dans le domaine public départemental, la longueur de voirie située en zone de montagne étant affectée d'un coefficient multiplicateur de 2 ;

c) À hauteur de 25 %, en fonction du nombre d'enfants de 11 à 15 ans domiciliés dans les communes de la région.

Le montant des enveloppes ainsi calculées ne peut être inférieur à 1 500 000 € ni supérieur à 20 000 000 €.

Pour l'application du présent 1° :

– la population des communes est celle définie à l'article L. 2334-2 ;

– le nombre d'enfants est celui établi lors du dernier recensement ;

– les unités urbaines sont celles qui figurent sur la liste publiée par l'Institut national de la statistique et des études économiques ;

(L. n° 2021-1900 du 30 déc. 2021, art. 191) « – la longueur de voirie prise en compte est appréciée au 1er janvier de la pénultième année ; »

(L. n° 2021-1900 du 30 déc. 2021, art. 191) « 2° À hauteur de 23% du montant de la dotation après prélèvement des quotes-parts prévues au I *bis*, la seconde fraction est constituée de la somme, au niveau régional, de parts départementales.

« Une part est calculée pour chaque département, sous réserve que son potentiel fiscal par habitant ne soit pas supérieur au double du potentiel fiscal moyen par habitant de l'ensemble des départements et que son potentiel fiscal par kilomètre carré ne soit pas supérieur au double du potentiel fiscal moyen par kilomètre carré de l'ensemble des départements. Pour chacun de ces départements, la part calculée est égale au produit :

« *a)* Du rapport entre le potentiel fiscal moyen par habitant de l'ensemble des départements et son potentiel fiscal par habitant, ce rapport ne pouvant excéder 2 ;

« *b)* Et du rapport entre le potentiel fiscal moyen par kilomètre carré de l'ensemble des départements et son potentiel fiscal par kilomètre carré, sans que ce rapport puisse excéder 10.

« I *bis.* – Pour les collectivités de Saint-Martin, de Saint-Pierre-et-Miquelon et de Saint-Barthélemy, les subventions au titre de cette dotation sont attribuées par le représentant de l'État dans ces collectivités, dans un objectif de cohésion des territoires.

« Ces collectivités bénéficient d'une quote-part égale, pour chacune d'elles, au produit du montant total de la dotation par le rapport, majoré de 10%, entre la population de chacune de ces collectivités et la population nationale, sans que l'enveloppe ainsi calculée puisse être inférieure à 95% du montant attribué l'année précédente. »

(L. n° 2022-1726 du 30 déc. 2022, art. 199) « I *ter.* – Le représentant de l'État dans le département présente chaque année à la commission prévue à l'article L. 2334-37 les orientations que le représentant de l'État dans la région prévoit de mettre en œuvre en ce qui concerne la dotation pour l'exercice en cours.

« I *quater.* – Le représentant de l'État dans la région ou dans la collectivité régie par l'article 73 de la Constitution communique aux membres de la commission prévue à l'article L. 2334-37 du présent code, dans un délai d'un mois à compter de sa décision, la liste des projets subventionnés dans le ressort de leur département ou de leur collectivité régie par l'article 73 de la Constitution. Cette liste est communiquée dans les mêmes délais aux membres du Parlement élus dans ce département ou cette collectivité régie par le même article 73. Le représentant de l'État dans le département transmet aux membres de la commission prévue à l'article L. 2334-37 du présent code ainsi qu'aux membres du Parlement élus dans ce département un rapport faisant le bilan de la dotation pour chaque exercice. Il présente ce rapport à la commission prévue au même article L. 2334-37. »

II. – Les attributions au titre de la dotation de soutien à l'investissement des départements sont inscrites à la section d'investissement du budget des bénéficiaires.

(L. n° 2021-1900 du 30 déc. 2021, art. 192) « Les subventions doivent être notifiées, pour au moins 80% du montant des crédits répartis au profit de la région pour l'exercice en cours, au cours du premier semestre de l'année civile.

« Avant le 31 juillet de l'exercice en cours, la liste des opérations ayant bénéficié d'une subvention ainsi que le montant des projets et celui de la subvention attribuée par l'État sont publiés sur le site internet officiel de l'État dans la région. Si cette liste est modifiée ou complétée entre cette publication et la fin de l'exercice, une liste rectificative ou complémentaire est publiée selon les mêmes modalités avant le 30 janvier de l'exercice suivant. »

Pour l'application du présent article, sauf mention contraire, les données sont appréciées au 1er janvier de l'année précédant celle au titre de laquelle est répartie la dotation.

Les modalités d'application du présent article sont prévues par décret en Conseil d'État.

En 2019, le montant mis en répartition au titre de la dotation de soutien à l'investissement des départements prévue au présent art. est minoré des crédits nécessaires au paiement des restes à charge des exercices antérieurs de la dotation globale d'équipement prévue au même art., dans sa rédaction antérieure à la L. n° 2018-1317 du 28 déc. 2018 (L. préc., art. 259).

Art. L. 3334-11 *(Abrogé par L. n° 2018-1317 du 28 déc. 2018, art. 259)* ***La dotation est inscrite à la section d'investissement du budget du département.***

(Abrogé par L. n° 2005-1719 du 30 déc. 2005, art. 38) ***« Le département utilise librement le montant des crédits qu'il reçoit au titre de la première part de la dotation globale d'équipement. »***

Les attributions *(Abrogé par L. n° 2005-1719 du 30 déc. 2005, art. 38)* ***« reçues au titre de la seconde part » sont utilisées par le département soit pour réaliser des travaux d'équipement rural et d'aménagement foncier, soit pour subventionner les différents maîtres d'ouvrage qui réalisent des opérations de même nature.***

Le département doit fonder ses décisions sur des règles générales, dans le cadre des lois et règlements, et tient compte des priorités définies par les différents maîtres d'ouvrage.

Ces règles ne peuvent, en aucun cas, constituer des incitations à des fusions de communes.

La circonstance que le bénéficiaire de l'aide, décidée par le département, exerce une activité de nature industrielle et commerciale ne fait pas, par elle-même, obstacle à ce qu'il bénéficie d'une subvention d'équipement et d'une avance remboursable accordée sur le fondement de l'art. L. 3334-11 CGCT. • CE 17 mars 2010, *Synd. ind. des carriers de La Réunion, Sté de concassage et de préfabrication de La Réunion*, n° 307716.

Art. L. 3334-12 *Abrogé par L. n° 2018-1317 du 28 déc. 2018, art. 259.*

Art. L. 3334-15 *Abrogé par L. n° 2005-1719 du 30 déc. 2005, art. 38.*

SECTION 3 Dotation départementale d'équipement des collèges

V. art. R. 3334-16 s.

Art. L. 3334-16 *(L. n° 2007-1822 du 24 déc. 2007, art. 41)* **En 2008, le montant de la dotation départementale d'équipement des collèges est fixé à 328 666 225 €.**

Le montant alloué en 2008 à chaque département exerçant les compétences définies à l'article L. 213-2 du code de l'éducation est obtenu en appliquant un coefficient au montant total de la dotation départementale d'équipement des collèges fixé pour cette même année. Ce coefficient est calculé pour chaque département sur la base du rapport entre la moyenne actualisée des crédits de paiement qui lui ont été versés de 1998 à 2007 et la moyenne actualisée des crédits de paiement versés par l'État à l'ensemble des départements au titre de la dotation départementale d'équipement des collèges au cours de ces mêmes années.

(L. n° 2008-1425 du 27 déc. 2008, art. 44 ; L. n° 2010-1657 du 29 déc. 2010, art. 49 ; L. n° 2011-1977 du 28 déc. 2011, art. 30) **« À compter de 2009, le montant alloué à chaque département est égal à celui de 2008. »**

La dotation départementale d'équipement des collèges est versée aux départements en une seule fois au cours du troisième trimestre de l'année en cours.

La dotation est inscrite au budget de chaque département, qui l'affecte à la reconstruction, aux grosses réparations, à l'équipement et, si ces opérations figurent sur la liste établie en application de l'article L. 211-2 du code de l'éducation, à l'extension et la construction des collèges.

Art. L. 3334-16-1 *(L. n° 2004-809 du 13 août 2004, art. 121)* **Le montant des crédits consacrés par l'État au fonctionnement et à l'équipement des collèges à sections binationales ou internationales et du collège de Font-Romeu est intégré dans la dotation générale de décentralisation des départements auxquels ils sont transférés, dans les conditions prévues aux articles L. 1614-1 à L. 1614-3.**

SECTION 3 *BIS* Fonds de mobilisation départementale pour l'insertion

(L. n° 2005-1719 du 30 déc. 2005, art. 37)

Art. L. 3334-16-2 **Il est institué un fonds de mobilisation départementale pour l'insertion sous la forme d'un prélèvement sur les recettes de l'État et dont bénéficient les départements,** *(L. n° 2012-1509 du 29 déc. 2012, art. 32 ; L. n° 2018-1317 du 28 déc. 2018, art. 81)* **« la collectivité territoriale de Martinique, et les collectivités de Saint-Barthélemy, de Saint-Martin et de Saint-Pierre-et-Miquelon ». Il est doté** *(L. n° 2006-1771 du 30 déc. 2006, art. 14)* **« , de 500 millions d'euros par an ».**

(L. n° 2019-1479 du 28 déc. 2019, art. 77) **« À compter du 1er janvier 2019, la collectivité territoriale de Guyane et le Département de Mayotte et, à compter du 1er janvier 2020, le département de La Réunion, ne sont plus éligibles au fonds mentionné au premier alinéa. Le montant du fonds est diminué du montant total des crédits attribués au titre de ce fonds en 2018 à la collectivité territoriale de Guyane et au Département de Mayotte et en 2019 au département de La Réunion. »** *(L. n° 2021-1900 du 30 déc. 2021, art. 43)* **« Les départements participant, en application de l'article 43 de la loi n° 2021-1900 du 30 décembre 2021 de finances pour 2022, à l'expérimentation relative à la recentralisation du revenu de solidarité mentionné à l'article L. 262-2 du code de l'action sociale et des familles ne sont plus éligibles au fonds mentionné au premier alinéa du présent article à compter du 1er janvier 2022 ou du 1er janvier de l'année du transfert expérimental, pendant la durée de l'expérimentation. Le montant du fonds est diminué du montant total des crédits attribués aux départements au titre de ce fonds l'année précédant le transfert expérimental. »**

(L. n° 2006-1771 du 30 déc. 2006, art. 14) **« I. — Ce fonds est constitué de trois parts :**

« 1° Une première part *(L. n° 2012-1509 du 29 déc. 2012, art. 32)* **« de 40 % » au titre de la compensation.**

« 2° Une deuxième part *(L. n° 2012-1509 du 29 déc. 2012, art. 32)* **« de 30 % » au titre de la péréquation.**

« 3° Une troisième part *(L. n° 2012-1509 du 29 déc. 2012, art. 32)* **« de 30 % » au titre de l'insertion.**

« II. — Les crédits de la première part sont répartis entre les départements *(L. n° 2012-1509 du 29 déc. 2012, art. 32 ; L. n° 2018-1317 du 28 déc. 2018, art. 81)* **« [,] la collectivité territoriale de Martinique et les collectivités de Saint-Barthélemy, de Saint-Martin et de Saint-Pierre-et-Miquelon » pour lesquels un écart positif est constaté entre la dépense exposée par le département** *(L. n° 2012-1509 du 29 déc. 2012, art. 32)* **« ou la collectivité » au titre de l'année qui précède l'année au titre de laquelle le versement est opéré et le droit à compensation résultant pour ce département** *(L. n° 2012-1509 du 29 déc. 2012, art. 32)* **« ou cette collectivité des transferts et création »** *(L. n° 2011-1977 du 28 déc. 2011, art. 32)* **« de compétences »** *(L. n° 2009-1673 du 30 déc. 2009, art. 46)* **« résultant de la loi n° 2003-1200 du 18 décembre 2003 portant décentralisation en matière de revenu minimum d'insertion et créant un revenu minimum d'activité** *(L. n° 2011-1977 du 28 déc. 2011, art. 32)* **« , » de la loi n° 2008-1249 du 1er décembre 2008 généralisant le revenu de solidarité active et réformant les politiques d' »** *(L. n° 2011-1977 du 28 déc. 2011, art. 32 ; L. n° 2018-1317 du 28 déc. 2018, art. 81)* **« insertion et de l'ordonnance n° 2010-686 du 24 juin 2010 portant extension et adaptation dans les départements d'outre-mer, à Saint-Barthélemy, Saint-Martin et Saint-Pierre-et-Miquelon de la loi n° 2008-1249 du 1er décembre 2008 généralisant le revenu de solidarité active et réformant les politiques d'insertion », au prorata du rapport entre l'écart positif constaté pour chaque**

département *(L. n° 2012-1509 du 29 déc. 2012, art. 32)* « ou collectivité » et la somme de ces écarts positifs.

« III. – » *(L. n° 2017-256 du 28 févr. 2017, art. 44 ; L. n° 2018-1317 du 28 déc. 2018, art. 81)* « Les crédits de la deuxième part sont répartis dans les conditions précisées par le présent III entre les départements de métropole après prélèvement des sommes nécessaires à la quote-part destinée *(L. n° 2019-1479 du 28 déc. 2019, art. 77)* « au département de Guadeloupe », à la collectivité territoriale de Martinique et aux collectivités de Saint-Barthélemy, de Saint-Martin et de Saint-Pierre-et-Miquelon. »

(L. n° 2012-1509 du 29 déc. 2012, art. 32) « Cette quote-part est calculée en appliquant au montant total de la deuxième part le rapport entre le nombre de bénéficiaires *(L. n° 2015-994 du 17 août 2015, art. 59)* « du revenu de solidarité active mentionné à l'article L. 262-1 » du code de l'action sociale et des familles, applicable au foyer dans les *(L. n° 2018-1317 du 28 déc. 2018, art. 81)* « départements de Guadeloupe et de La Réunion, la collectivité territoriale de Martinique », à Saint-Barthélemy, à Saint-Martin et à Saint-Pierre-et-Miquelon et le nombre total de bénéficiaires, constaté au 31 décembre de l'année qui précède l'année au titre de laquelle le versement est opéré. Les crédits de cette quote-part sont répartis entre *(L. n° 2018-1317 du 28 déc. 2018, art. 81)* « *(L. n° 2019-1479 du 28 déc. 2019, art. 77)* « le département de Guadeloupe », la collectivité territoriale de Martinique » et les collectivités de Saint-Barthélemy, de Saint-Martin et de Saint-Pierre-et-Miquelon pour lesquels un écart positif est constaté entre la dépense exposée par le département ou la collectivité au titre de l'année qui précède l'année au titre de laquelle le versement est opéré et le droit à compensation résultant pour ce département ou cette collectivité des transferts et création de compétences résultant de la loi n° 2003-1200 du 18 décembre *(L. n° 2018-1317 du 28 déc. 2018, art. 81)* « 2003 et de » la loi n° 2008-1249 du 1er décembre 2008 *(L. n° 2017-256 du 28 févr. 2017, art. 44)* « , » de l'ordonnance n° 2010-686 du 24 juin 2010 précitées, au prorata du rapport entre l'écart positif constaté pour chaque département ou collectivité et la somme de ces écarts positifs. »

(L. n° 2006-1771 du 30 déc. 2006, art. 14) « Le solde de la deuxième part est réparti entre les départements de métropole au prorata du rapport entre l'écart positif constaté entre la dépense exposée par chaque département au titre de l'année qui précède l'année au titre de laquelle le versement est opéré et le droit à compensation résultant pour ce département *(L. n° 2011-1977 du 28 déc. 2011, art. 32)* « des transferts de compétences » *(L. n° 2009-1673 du 30 déc. 2009, art. 46)* « résultant de la loi n° 2003-1200 du 18 décembre 2003 *(L. n° 2011-1977 du 28 déc. 2011, art. 32)* « et » de la loi n° 2008-1249 du 1er décembre 2008 » *(L. n° 2011-1977 du 28 déc. 2011, art. 32)* « précitées », multiplié par un indice synthétique de ressources et de charges, d'une part, et la somme de ces écarts positifs pondérés par cet indice, d'autre part.

« L'indice synthétique de ressources et de charges mentionné à l'alinéa précédent est constitué par la somme de :

« 1° 25 % du rapport constaté l'année qui précède l'année au titre de laquelle le versement est opéré entre le potentiel financier par habitant de l'ensemble des départements de métropole et le potentiel financier par habitant du département tel que défini à l'article L. 3334-6 ;

« 2° 75 % du rapport entre la proportion du nombre total des *(L. n° 2009-1673 du 30 déc. 2009, art. 46 ; L. n° 2015-994 du 17 août 2015, art. 59)* « bénéficiaires du revenu de solidarité active mentionné à l'article L. 262-1 du code de l'action sociale et des familles » dans le département, dans la population définie *(L. n° 2008-1443 du 30 déc. 2008, art. 105)* « à » l'article L. 3334-2, et cette même proportion constatée pour l'ensemble des départements de métropole. » *(L. n° 2012-1509 du 29 déc. 2012, art. 32)* « Le nombre total de bénéficiaires est constaté par le ministre chargé de l'action sociale au 31 décembre de l'année qui précède l'année au titre de laquelle le versement est opéré. »

(L. n° 2009-1673 du 30 déc. 2009, art. 46) « IV. – Les crédits de la troisième part sont répartis entre les départements dans les conditions précisées par le présent IV, après prélèvement des sommes nécessaires à la quote-part destinée *(L. n° 2019-1479 du 28 déc. 2019, art. 77)* « au département de Guadeloupe » *(L. n° 2017-256 du 28 févr.*

2017, art. 44 ; L. n° 2018-1317 du 28 déc. 2018, art. 81) « , à la collectivité territoriale de Martinique et aux collectivités de Saint-Barthélemy, de Saint-Martin et de Saint-Pierre-et-Miquelon ». »

(L. n° 2012-1509 du 29 déc. 2012, art. 32) « Le montant de cette quote-part est égal au montant cumulé des crédits attribués au titre de la répartition de la troisième part *(L. n° 2019-1479 du 28 déc. 2019, art. 77)* « au département de Guadeloupe » *(L. n° 2017-256 du 28 févr. 2017, art. 44 ; L. n° 2018-1317 du 28 déc. 2018, art. 81)* « à la collectivité territoriale de Martinique ainsi qu'à chacune des collectivités de Saint-Barthélemy, de Saint-Martin et de Saint-Pierre-et-Miquelon » l'année qui précède l'année au titre de laquelle le versement est opéré. »

(L. n° 2016-1917 du 29 déc. 2016, art. 89) « La quote-part destinée aux *(L. n° 2017-256 du 28 févr. 2017, art. 44 ; L. n° 2018-1317 du 28 déc. 2018, art. 81)* « départements de Guadeloupe et de La Réunion, à la collectivité territoriale de Martinique et aux collectivités de Saint-Barthélemy, de Saint-Martin et de Saint-Pierre-et-Miquelon » et le solde de la troisième part destiné aux départements de métropole sont chacun répartis entre trois enveloppes conformément au tableau suivant :

ANNÉE	2017	2018	2019	2020	2021	2022	2023 et années suivantes
Enveloppe attribuée au titre du revenu de solidarité active	35 %	35 %	35 %	35 %	35 %	35 %	35 %
Enveloppe attribuée au titre des contrats de travail aidés	55 %	45 %	35 %	25 %	15 %	5 %	0 %
Enveloppe attribuée au titre des contrats de travail aidés cofinancés par les départements	10 %	20 %	30 %	40 %	50 %	60 %	65 %

« 1. La quote-part destinée *(L. n° 2019-1479 du 28 déc. 2019, art. 77) (L. n° 2017-256 du 28 févr. 2017, art. 44 ; L. n° 2018-1317 du 28 déc. 2018, art. 81)* « « au département de Guadeloupe », à la collectivité territoriale de Martinique et aux collectivités de Saint-Barthélemy, de Saint-Martin et de Saint-Pierre-et-Miquelon » est répartie selon les critères suivants :

« *a)* L'enveloppe attribuée au titre du revenu de solidarité active mentionné à l'article L. 262-1 du code de l'action sociale et des familles est répartie entre les *(L. n° 2017-256 du 28 févr. 2017, art. 44 ; L. n° 2018-1317 du 28 déc. 2018, art. 81)* « départements de Guadeloupe et de La Réunion, la collectivité territoriale de Martinique et les collectivités de Saint-Barthélemy, de Saint-Martin et de Saint-Pierre-et-Miquelon » au prorata du rapport constaté l'année qui précède l'année au titre de laquelle le versement est opéré entre le montant de dépenses d'allocation au titre du revenu de solidarité active dans le département et le montant de dépenses d'allocation au titre du revenu de solidarité active de l'ensemble des départements *(L. n° 2017-256 du 28 févr. 2017, art. 44 ; L. n° 2018-1317 du 28 déc. 2018, art. 81)* « mentionnés à l'article L. 3441-1, de la collectivité territoriale de Martinique et des collectivités de Saint-Barthélemy, de Saint-Martin et de Saint-Pierre-et-Miquelon » ;

« *b)* L'enveloppe attribuée au titre des contrats de travail aidés est répartie entre les *(L. n° 2017-256 du 28 févr. 2017, art. 44 ; L. n° 2018-1317 du 28 déc. 2018, art. 81)* « départements de Guadeloupe et de La Réunion, la collectivité territoriale de Martinique et les collectivités de Saint-Barthélemy, de Saint-Martin et de Saint-Pierre-et-Miquelon » au prorata du rapport entre la moyenne, constatée *(L. n° 2017-256 du 28 févr. 2017, art. 44 ; L. n° 2018-1317 du 28 déc. 2018, art. 81)* « dans *(L. n° 2019-1479 du 28 déc. 2019, art. 77)* « le département de Guadeloupe » ainsi que dans la collectivité territoriale de Martinique et dans chacune des collectivités de Saint-Barthélemy, de Saint-Martin et de Saint-Pierre-et-Miquelon » à la fin des quatre trimestres de l'année qui précède l'année au titre de laquelle le versement est opéré, du nombre total des contrats à durée déterminée mentionnés aux articles L. 5132-5, L. 5132-11-1 et L. 5132-15-1 du code du travail, des contrats d'accompagnement dans l'emploi mentionnés à l'article L. 5134-20 du même code, des contrats initiative-emploi mentionnés à l'article L. 5134-65 dudit code et des emplois d'avenir mentionnés à l'article L. 5134-112 du même code, conclus en faveur de bénéficiaires du revenu de solidarité active mentionné à l'article L. 262-1 du code de l'action sociale et des familles applicable au foyer et la moyenne du nombre total de ces contrats constatée à ces mêmes dates pour l'ensemble des *(L. nº 2017-256 du 28 févr. 2017, art. 44 ; L. nº 2018-1317 du 28 déc. 2018, art. 81)* « départements de Guadeloupe et de La Réunion, de la collectivité territoriale de Martinique et des collectivités de Saint-Barthélemy, de Saint-Martin et de Saint-Pierre-et-Miquelon ». Les nombres de contrats sont constatés par le ministre chargé du travail ;

(L. nº 2018-1317 du 28 déc. 2018, art. 81) « *c)* L'enveloppe attribuée au titre des contrats de travail aidés mentionnés aux articles L. 5132-5, L. 5132-11-1, L. 5132-15-1, L. 5134-20, L. 5134-65, L. 5134-112 du code du travail, cofinancés par les départements, est répartie entre *(L. nº 2019-1479 du 28 déc. 2019, art. 77)* « le département de Guadeloupe », la collectivité territoriale de Martinique et les collectivités de Saint-Barthélemy, de Saint-Martin et de Saint-Pierre-et-Miquelon selon des modalités fixées par décret. »

« 2. Le solde de la troisième part destiné aux départements de métropole est réparti selon les critères suivants :

« *a)* L'enveloppe attribuée au titre du revenu de solidarité active mentionné à l'article L. 262-1 du code de l'action sociale et des familles est répartie entre les départements de métropole au prorata du rapport, constaté l'année qui précède l'année au titre de laquelle le versement est opéré, entre le montant de dépenses d'allocation au titre du revenu de solidarité active dans le département et le montant de dépenses d'allocation au titre du revenu de solidarité active de l'ensemble des départements de métropole ;

« *b)* L'enveloppe attribuée au titre des contrats de travail aidés est répartie entre les départements de métropole proportionnellement au rapport entre la moyenne, constatée dans chaque département de métropole à la fin des quatre trimestres de l'année qui précède l'année au titre de laquelle le versement est opéré, du nombre des contrats à durée déterminée mentionnés aux articles L. 5132-5, L. 5132-11-1 et L. 5132-15-1 du code du travail, des contrats d'accompagnement dans l'emploi mentionnés à l'article L. 5134-20 du même code, des contrats initiative-emploi mentionnés à l'article L. 5134-65 dudit code et des emplois d'avenir mentionnés à l'article L. 5134-112 du même code, conclus en faveur de bénéficiaires du revenu de solidarité active mentionné à l'article L. 262-1 du code de l'action sociale et des familles applicable au foyer et la moyenne du nombre total de ces contrats constatée à ces mêmes dates pour l'ensemble des départements de métropole. Les nombres de contrats sont constatés par le ministre chargé du travail ; »

(L. nº 2018-1317 du 28 déc. 2018, art. 81) « *c)* L'enveloppe attribuée au titre des contrats de travail aidés mentionnés aux articles L. 5132-5, L. 5132-11-1, L. 5132-15-1, L. 5134-20, L. 5134-65, L. 5134-112 du code du travail, cofinancés par les départements, est répartie entre les départements de métropole selon des modalités fixées par décret. »

(L. nº 2012-1509 du 29 déc. 2012, art. 32) « V. — Lorsqu'il est constaté un écart positif entre la somme de la dotation calculée dans les conditions prévues aux II à IV et de la compensation résultant, pour le département ou la collectivité, des transferts et création de compétences résultant de la loi nº 2003-1200 du 18 décembre 2003, de la loi nº 2008-1249 du 1er décembre 2008 et de l'ordonnance nº 2010-686 du 24 juin 2010 précitées, et la dépense exposée par le département ou la collectivité au titre de l'année qui précède l'année au titre de laquelle le versement est opéré, il est procédé à un écrêtement du montant de la dotation.

« À cette fin, le montant de la dotation calculée dans les conditions prévues aux II à IV est diminué du montant de l'écart positif défini au premier alinéa du présent V, dans la limite du montant de la dotation.

« Peuvent bénéficier des sommes ainsi prélevées les départements ou collectivités pour lesquels est constaté un écart négatif entre, d'une part, la somme de la dotation

calculée dans les conditions prévues aux II à IV et de la compensation résultant des transferts et création de compétences résultant de la loi n° 2003-1200 du 18 décembre 2003, de la loi n° 2008-1249 du 1er décembre 2008 et de l'ordonnance n° 2010-686 du 24 juin 2010 précitées, et, d'autre part, la dépense exposée au titre de l'année qui précède l'année au titre de laquelle le versement est opéré.

« Les sommes prélevées sont réparties entre les départements et collectivités éligibles au prorata du rapport entre l'écart négatif mentionné à l'avant-dernier alinéa et la somme de ces mêmes écarts pour l'ensemble des départements et collectivités. »

(L. n° 2011-1977 du 28 déc. 2011, art. 32) **« VI. — Il est procédé aux éventuelles régularisations à réaliser sur le montant d'une ou plusieurs des parts prévues aux II à IV, attribué à un ou plusieurs départements** *(L. n° 2012-1509 du 29 déc. 2012, art. 32)* **« ou collectivités » au titre d'un précédent exercice, lorsque les données prises en compte pour répartir les crédits de cet exercice sont ultérieurement rectifiées, notamment en application d'une décision juridictionnelle passée en force de chose jugée.**

« Les sommes nécessaires aux régularisations sont prélevées sur les crédits de l'exercice en cours affectés aux parts auxquelles se rapportent ces régularisations, avant leur répartition entre les départements *(L. n° 2012-1509 du 29 déc. 2012, art. 32)* **« et collectivités » bénéficiaires. »**

À compter d'une date fixée par Décr. et au plus tard le 1er janv. 2026, aux 1re et 2e phr. du 2e al. cet art., la 1re occurrence du mot : « Département » est remplacée par le mot : « Département-Région » (L. n° 2025-797 du 11 août 2025, art. 48).

Les stipulations de la Charte européenne de l'autonomie locale ne garantissent pas aux collectivités locales un droit à une compensation spécifique des charges liées à l'exercice de chacune de leurs compétences. Le département de la Seine-Saint-Denis ne saurait utilement faire valoir que l'art. L. 3334-16-2 serait contraire au principe de libre administration des collectivités garanti par la Const. dès lors qu'un tel moyen ne peut être soulevé que dans le cadre d'une question prioritaire de constitutionnalité présentée par mémoire distinct. • CAA Versailles, 19 mars 2015, *Dpt de la Seine-Saint-Denis,* n° 12VE03882.

SECTION 3 *TER* Dispositif de compensation péréquée

(L. n° 2018-1317 du 28 déc. 2018, art. 81)

Art. L. 3334-16-3 **I. — Les produits nets des prélèvements résultant de l'application du *a* du A du I et du II de l'article 1641 du code général des impôts à la taxe foncière sur les propriétés bâties sont affectés aux départements au titre de la compensation des revalorisations exceptionnelles du montant forfaitaire du revenu de solidarité active selon les modalités définies aux II et III du présent article.**

(L. n° 2019-1479 du 28 déc. 2019, art. 77) **« À compter du 1er janvier 2019, la collectivité territoriale de Guyane et, à compter du 1er janvier 2020, le département de la Réunion ne bénéficient plus de ce dispositif. »** *(L. n° 2021-1900 du 30 déc. 2021, art. 43)* **« Les départements participant, en application de l'article 43 de la loi n° 2021-1900 du 30 décembre 2021 de finances pour 2022, à l'expérimentation relative à la recentralisation du revenu de solidarité mentionné à l'article L. 262-2 du code de l'action sociale et des familles ne bénéficient plus de ce dispositif à compter du 1er janvier 2022 ou du 1er janvier de l'année du transfert expérimental, pour la durée de l'expérimentation. »**

II. — Les produits mentionnés au I sont répartis entre les départements dans les conditions suivantes :

1° Le montant total réparti entre les départements au titre d'une année correspond au montant des produits nets mentionnés au I perçus l'année précédant celle du versement ;

2° Ce montant est réparti :

***a)* Pour 70 %, en fonction du solde constaté pour chaque département entre, d'une part, les dépenses exposées par le département, au cours de l'avant-dernière année, au titre du revenu de solidarité active en vertu de l'article L. 262-24 du code de l'action sociale et des familles, de l'allocation personnalisée pour l'autonomie mentionnée à l'article L. 232-1 du même code et de la prestation de compensation mentionnée à l'article L. 245-1 dudit code et, d'autre part, les montants de compensation dus au département au titre du revenu de solidarité active au cours de l'année de répartition**

en application de l'article 59 de la loi de finances pour 2004 (n° 2003-1311 du 30 décembre 2003) et de l'article 51 de la loi n° 2008-1425 du 27 décembre 2008 de finances pour 2009, ainsi que les montants de compensation versés au département, au cours de l'année précédente, au titre de l'article L. 3334-16-2 du présent code et, au cours de l'avant-dernière année, au titre de l'allocation personnalisée pour l'autonomie en application des articles L. 14-10-5 et L. 14-10-6 du code de l'action sociale et des familles et de la prestation de compensation en application des articles L. 14-10-5 et L. 14-10-7 du même code, rapporté à la somme des soldes ainsi constatés pour l'ensemble des départements. Pour la collectivité territoriale de Guyane, le solde retenu est celui constaté au 31 décembre 2018 ; *(L. n° 2019-1479 du 28 déc. 2019, art. 77)* « Pour le département de La Réunion, le solde retenu est celui constaté au 31 décembre 2019. » *(L. n° 2021-1900 du 30 déc. 2021, art. 43)* « Pour les départements participant, en application de l'article 43 de la loi n° 2021-1900 du 30 décembre 2021 de finances pour 2022, à l'expérimentation relative à la recentralisation du revenu de solidarité mentionné à l'article L. 262-2 du code de l'action sociale et des familles sur leur territoire, le solde retenu est celui constaté au 31 décembre de l'année précédant le transfert expérimental ; »

b) Pour 30 %, en fonction d'un indice synthétique de ressources et de charges qui est fonction des rapports :

— entre le revenu moyen par habitant de l'ensemble des départements et le revenu par habitant du département, le revenu pris en compte étant le dernier revenu fiscal de référence connu ;

— entre la proportion de bénéficiaires de l'allocation personnalisée pour l'autonomie prévue à l'article L. 232-1 du code de l'action sociale et des familles dans la population du département et cette même proportion dans l'ensemble des départements, les effectifs pris en compte étant ceux constatés au 31 décembre de l'avant-dernière année par le ministre chargé des affaires sociales ;

— entre la proportion de bénéficiaires du revenu de solidarité active prévu à l'article L. 262-24 du même code dans la population du département et cette même proportion dans l'ensemble des départements, les effectifs pris en compte étant ceux constatés au 31 décembre de l'avant-dernière année par le ministre chargé des affaires sociales ;

— entre la proportion de bénéficiaires de la prestation de compensation prévue à l'article L. 245-1 dudit code et de l'allocation compensatrice prévue au même article L. 245-1, dans sa rédaction antérieure à la loi n° 2005-102 du 11 février 2005 pour l'égalité des droits et des chances, la participation et la citoyenneté des personnes handicapées, dans la population du département et cette même proportion dans l'ensemble des départements, les effectifs pris en compte étant ceux constatés au 31 décembre de l'avant-dernière année recensés par la Caisse nationale de solidarité pour l'autonomie.

L'indice synthétique est obtenu par addition des rapports définis aux deuxième à cinquième alinéas du présent *b*, après pondération de chacun par, respectivement, 30 %, 30 %, 20 % et 20 %.

L'attribution du montant cumulé des deux parts revenant à chaque département est déterminée après pondération par le rapport entre le revenu moyen par habitant de l'ensemble des départements et le revenu par habitant du département.

La population à prendre en compte est celle définie au premier alinéa de l'article L. 3334-2 du présent code ;

3° Pour les années 2018 à 2020, la collectivité de Corse perçoit une attribution au moins égale à la somme des attributions versées en 2017 aux départements de la Haute-Corse et de la Corse-du-Sud. Cette somme est appréciée en pourcentage du montant total des ressources mentionnées au 1°. Le cas échéant, un complément de garantie est prélevé sur ces ressources avant application du 2°.

Sur les ressources attribuées aux départements, V. ci-dessous L. n° 2019-1479 du 28 déc. 2019, art. 196.

Loi n° 2019-1479 du 28 décembre 2019,

De finances pour 2020.

Art. 196 I. — Les ressources attribuées aux départements en application du dispositif de compensation péréquée et du fonds de solidarité en faveur des départements prévus, respectivement, aux articles L. 3334-16-3 et L. 3335-3 du code général des collectivités territoriales ainsi que les recettes résultant du relèvement, au-delà de 3,8 %, du taux de la taxe de publicité foncière ou du droit d'enregistrement intervenu en application du second alinéa de l'article 1594 D du code général des impôts assurent, pour chaque département, la compensation des dépenses exposées au titre des revalorisations exceptionnelles du montant forfaitaire de l'allocation prévue aux articles L. 262-2 et L. 262-3 du code de l'action sociale et des familles, résultant des décrets n° 2013-793 du 30 août 2013, n° 2014-1127 du 3 octobre 2014, n° 2015-1231 du 6 octobre 2015, n° 2016-1276 du 29 septembre 2016 et n° 2017-739 du 4 mai 2017 portant revalorisation du montant forfaitaire du revenu de solidarité active.

[...]

III. — Les ressources issues, du 1er janvier 2014 au 31 décembre 2019, du dispositif de compensation péréquée et du fonds de solidarité en faveur des départements mentionnés au I, ainsi que celles que les départements pouvaient tirer du relèvement, au-delà de 3,8 %, du taux de la taxe de publicité foncière ou du droit d'enregistrement, ont eu pour objet la compensation des dépenses qu'ils ont exposées, du 1er septembre 2013 au 31 août 2019, en application des revalorisations exceptionnelles du montant forfaitaire de l'allocation prévue aux articles L. 262-2 et L. 262-3 du code de l'action sociale et des familles, résultant des décrets mentionnés au I du présent article.

SECTION 4 Subventions de fonctionnement sans affectation spéciale

(L. n° 2005-32 du 18 janv. 2005, art. 92)

Art. L. 3334-17 *Abrogé par L. n° 2019-1479 du 28 déc. 2019, art. 16.*

CHAPITRE V PÉRÉQUATION DES RECETTES FISCALES

(L. n° 2010-1657 du 29 déc. 2010, art. 124)

BIBL. GÉN. ▶ CABANNES, *AJCT 2011. 125* (la péréquation horizontale des recettes fiscales locales). – HASTINGS-MARCHADIER, *RFFP 2014, n° 126, p. 131* (les mécanismes de péréquation financière horizontale au regard de la jurisprudence constitutionnelle et administrative).

Art. L. 3335-1 *Abrogé par L. n° 2022-1726 du 30 déc. 2022, art. 55.*

Art. L. 3335-2 *(L. n° 2019-1479 du 28 déc. 2019, art. 255)* **I. – À compter de 2020, il est créé un fonds national de péréquation des droits de mutation à titre onéreux perçus par les départements en application des articles 1594 A et 1595 du code général des impôts.**

Le fonds est alimenté par deux prélèvements effectués sur les douzièmes prévus à l'article L. 3332-1-1 du présent code, selon les modalités prévues aux II et III du présent article *(L. n° 2025-127 du 14 févr. 2025, art. 186)* **« , ainsi que par l'abondement déterminé dans les conditions prévues au VII de l'article 186 de la loi n° 2025-127 du 14 février 2025 de finances pour 2025 ». Il est réparti entre ses bénéficiaires selon les dispositions des IV à VII.**

Lorsque le montant total annuel des deux prélèvements est supérieur à 1,6 milliard d'euros, le comité des finances locales peut décider de mettre en réserve, dans un fonds de garantie départemental des corrections conjoncturelles, tout ou partie du montant excédant ce niveau. Sur décision de ce comité, tout ou partie des sommes ainsi mises en réserve vient abonder les ressources mises en répartition au titre des années suivantes. Les montants mis en réserve en application du I de l'article L. 3335-2 dans sa rédaction antérieure à la loi n° 2019-1479 du 28 décembre 2019 de finances pour 2020 sont reversés sur ce fonds.

II. – Le premier prélèvement est égal à 0,34 % du montant de l'assiette de la taxe de publicité foncière et des droits d'enregistrement perçus par chaque département l'année précédant celle de la répartition, en application des articles 682 et 683 du code géné-

ral des impôts. Par dérogation, pour le Département de Mayotte, le prélèvement est égal à 0,1 % du montant de l'assiette précitée.

III. – Sont contributeurs au second prélèvement, dont le montant total s'élève à 750 millions d'euros, les départements dont le montant par habitant de l'assiette définie au II du présent article est supérieur à 0,75 fois le montant moyen par habitant de la même assiette pour l'ensemble des départements.

La fraction du montant par habitant de l'assiette excédant 0,75 fois le montant moyen par habitant de l'assiette pour l'ensemble des départements fait l'objet d'un prélèvement en trois tranches ainsi calculé :

1° Un prélèvement de 225 millions d'euros est réalisé de manière proportionnelle sur la fraction du montant par habitant de l'assiette de chaque département supérieure à 0,75 fois et inférieure ou égale à une fois le montant par habitant de l'assiette pour l'ensemble des départements, multipliée par la population du département ;

2° Les départements dont le montant par habitant de l'assiette est supérieur à une fois le montant par habitant de l'assiette pour l'ensemble des départements acquittent un prélèvement additionnel de 375 millions d'euros, réalisé de manière proportionnelle sur la fraction du montant par habitant de l'assiette du département supérieure à une fois et inférieure ou égale à deux fois le montant par habitant de l'assiette pour l'ensemble des départements, multipliée par la population du département ;

3° Les départements dont le montant par habitant de l'assiette est supérieur à deux fois le montant par habitant de l'assiette pour l'ensemble des départements acquittent un prélèvement additionnel de 150 millions d'euros, réalisé de manière proportionnelle sur la fraction du montant par habitant de l'assiette du département supérieure à deux fois le montant par habitant de l'assiette pour l'ensemble des départements, multipliée par la population du département.

Pour chaque département, le montant prélevé au titre du second prélèvement ne peut excéder *(L. n° 2023-1322 du 29 déc. 2023, art. 240)* « 15 % » du produit des droits de mutation à titre onéreux perçu par le département l'année précédant celle de la répartition en application des articles 1594 A et 1595 du code général des impôts.

IV. – Après prélèvement d'un montant égal aux régularisations effectuées l'année précédente, les ressources du fonds sont réparties, chaque année, en trois enveloppes. La première enveloppe est égale à 250 millions d'euros. Les deuxième et troisième enveloppes sont égales, respectivement, à 52 % et 48 % du solde.

V. – La première enveloppe est répartie entre les départements en deux fractions :

1° La première fraction, dont le montant représente 60 % de l'enveloppe, bénéficie aux départements dont le potentiel financier net par kilomètre carré est inférieur à 50 % du potentiel financier net moyen par kilomètre carré de l'ensemble des départements, et dont le nombre d'habitants par kilomètre carré est inférieur à 70.

(L. n° 2023-1322 du 29 déc. 2023, art. 240) « Cette fraction est répartie entre les départements éligibles en fonction d'un indice synthétique plafonné à 1,3 et constitué :

« *a)* Du rapport entre le potentiel financier net moyen par habitant de l'ensemble des départements et le potentiel financier net par habitant du département. Ce rapport est pondéré d'un tiers ;

« *b)* Du rapport entre le revenu moyen par habitant de l'ensemble des départements et le revenu par habitant du département. Ce rapport est pondéré de deux tiers ; »

2° La seconde fraction, dont le montant représente 40 % de l'enveloppe, bénéficie aux départements répondant aux critères cumulatifs suivants :

a) Le produit par habitant des droits de mutation à titre onéreux perçus par le département l'année précédant celle de la répartition en application des articles 1594 A et 1595 du code général des impôts est inférieur à 90 % du produit moyen de ces mêmes droits par habitant pour l'ensemble des départements ;

b) Un revenu par habitant inférieur au revenu moyen par habitant de l'ensemble des départements ;

c) Un taux de pauvreté supérieur ou égal à 15 %.

Cette fraction est répartie entre les départements éligibles en fonction d'un indice synthétique constitué du rapport entre le potentiel financier net moyen par habitant de l'ensemble des départements et le potentiel financier net par habitant du département et du rapport entre le revenu moyen par habitant de l'ensemble des départements et le revenu par habitant du département. L'indice synthétique est obtenu par addition de ces deux rapports, en pondérant chacun d'eux par 50 %. Pour l'application du présent alinéa, l'indice est pondéré par la population.

Pour l'application du présent V, le potentiel financier net utilisé est le potentiel financier minoré des prélèvements et majoré des reversements au titre des deuxième et troisième enveloppes du fonds ainsi que *(L. n° 2023-1322 du 29 déc. 2023, art. 240)* « du fonds prévu à l'article » L. 3335-4. En 2020, le potentiel financier net utilisé est le potentiel financier minoré des prélèvements et majoré des reversements effectués en 2019 au titre des fonds prévus aux articles L. 3335-1, L. 3335-2, L. 3335-3 et L. 3335-4 dans leur rédaction antérieure à la loi n° 2019-1479 du 28 décembre 2019 de finances pour 2020.

VI. — Sont éligibles à la deuxième enveloppe les départements dont le potentiel financier par habitant est inférieur au potentiel financier moyen par habitant de l'ensemble des départements ou dont le revenu par habitant est inférieur au revenu moyen par habitant de l'ensemble des départements. Par dérogation, les départements d'outre-mer sont éligibles de droit à cette répartition.

La deuxième enveloppe est répartie, le cas échéant après prélèvement d'un montant correspondant à la garantie prévue au dernier alinéa du présent VI, entre les départements éligibles :

1° Pour 30 % au prorata du rapport entre le revenu moyen par habitant de l'ensemble des départements et le revenu par habitant du département, multiplié par la population du département ;

2° Pour 40 % au prorata du rapport entre le potentiel financier par habitant de l'ensemble des départements et le potentiel financier par habitant du département, multiplié par la population du département ;

3° Pour 30 % au prorata du rapport entre le montant par habitant des droits de mutation à titre onéreux perçus l'année précédant celle de la répartition par l'ensemble des départements en application des articles 1594 A et 1595 du code général des impôts et le montant par habitant de ces mêmes droits perçu l'année précédant celle de la répartition par le département.

Les départements qui cessent d'être éligibles à cette enveloppe perçoivent, à titre de garantie pour les trois exercices suivants, une attribution égale, respectivement, à 75 %, 50 % et 25 % du montant perçu l'année précédant celle au titre de laquelle ils ont perdu l'éligibilité.

VII. — La troisième enveloppe est répartie entre les départements selon les modalités suivantes :

1° Pour chaque département, il est calculé le solde entre :

a) Les dépenses exposées par le département, au cours de la pénultième année, au titre du revenu de solidarité active, en application de l'article L. 262-24 du code de l'action sociale et des familles, de l'allocation personnalisée pour l'autonomie mentionnée à l'article L. 232-1 du même code et de la prestation de compensation mentionnée à l'article L. 245-1 dudit code ;

b) La somme des montants de compensation dus au département au titre du revenu de solidarité active, au cours de l'année de répartition, en application de l'article 59 de la loi de finances pour 2004 (n° 2003-1311 du 30 décembre 2003) et de l'article 51 de la loi n° 2008-1425 du 27 décembre 2008 de finances pour 2009, des montants de compensation versés au département, au cours de l'année précédente, au titre de l'article L. 3334-16-2 du présent code, au cours de l'avant-dernière année, au titre de l'allocation personnalisée pour l'autonomie en application des articles L. 14-10-5 et L. 14-10-6 du code de l'action sociale et des familles et au titre de la prestation de compensation en application des articles L. 14-10-5 et L. 14-10-7 du même code ainsi que de l'attribution versée au département en application de l'article L. 3334-16-3 du présent code.

Pour les départements dont la compétence d'attribution et de financement du revenu de solidarité active a été transférée à l'État, le solde est calculé en prenant en compte :

— les dépenses de revenu de solidarité active exposées par les départements au cours de l'avant-dernière année précédant le transfert de la compétence à l'État, telles que comptabilisées dans les comptes de gestion et retraitées des indus ;

— les montants de compensation dus au département au titre du revenu de solidarité active, en application de l'article 59 de la loi de finances pour 2004 (n° 2003-1311 du 30 décembre 2003) et de l'article 51 de la loi n° 2008-1425 du 27 décembre 2008 de finances pour 2009, au cours de l'année précédant le transfert de la compétence à l'État ;

– les montants de compensation versés au département en application des articles L. 3334-16-2 et L. 3334-16-3 du présent code, au cours de l'année précédant le transfert de la compétence à l'État ;

2° L'enveloppe est répartie en deux fractions :

a) La première fraction, dont le montant représente 30 % des ressources de l'enveloppe, bénéficie aux départements dont le potentiel fiscal par habitant est inférieur au potentiel fiscal moyen par habitant de l'ensemble des départements ou dont le revenu par habitant est inférieur à 1,2 fois le revenu moyen par habitant de l'ensemble des départements. Cette fraction est répartie entre les départements éligibles en fonction du rapport, porté au carré, entre le solde par habitant du département et le solde par habitant constaté pour tous les départements ;

b) La seconde fraction, dont le montant représente 70 % de l'enveloppe, bénéficie à la première moitié des départements classés en fonction décroissante de leur solde par habitant et éligibles à la fraction prévue au a du présent 2°. Cette fraction est répartie entre les départements éligibles en fonction de la population et de l'écart relatif entre le solde par habitant et le solde par habitant médian ;

3° Les départements dont le montant par habitant des droits de mutation à titre onéreux perçu l'année précédant la répartition en application des articles 1594 A et 1595 du code général des impôts est supérieur à 1,4 fois le montant par habitant de l'ensemble des départements ne peuvent pas bénéficier d'une attribution au titre de l'enveloppe. L'attribution au titre de l'enveloppe des départements éligibles à la première fraction ou à la seconde fraction et dont le montant par habitant des droits de mutation à titre onéreux est supérieur à 1,1 fois le montant moyen par habitant des droits perçus par l'ensemble des départements fait l'objet d'un abattement de 50 % ;

4° Pour l'application du présent VII, le potentiel fiscal utilisé est majoré ou, le cas échéant, minoré d'une fraction de correction égale pour chaque département à la différence entre les deux termes suivants :

a) La somme du produit déterminé par l'application aux bases départementales de taxe foncière sur les propriétés bâties, de taxe foncière sur les propriétés non bâties et de taxe d'habitation du taux moyen national d'imposition de chacune de ces taxes au titre de l'année 2010 et du produit déterminé par l'application aux bases départementales de taxe professionnelle du taux moyen national d'imposition de cette taxe au titre de l'année 2009 ;

b) La somme du produit déterminé par l'application aux bases départementales de taxe foncière sur les propriétés bâties du taux moyen national de cette taxe au titre de l'année 2011, des produits perçus en 2011 par le département au titre de la cotisation sur la valeur ajoutée des entreprises et des impositions forfaitaires sur les entreprises de réseaux prévus à l'article 1586 du code général des impôts et des produits perçus en 2011 par le département au titre de l'imposition prévue aux 2° et 6° de l'article 1001 du même code et des montants positifs ou négatifs résultant de l'application des 1.2 et 2.2 de l'article 78 de la loi n° 2009-1673 du 30 décembre 2009 de finances pour 2010 perçus ou supportés par le département en 2011.

VIII. – Un décret en Conseil d'État précise les modalités d'application du présent article.

De 2024 à 2026, par dérogation au 1° du V de l'art. L. 3335-2 : 1° Le rapport prévu au b du même 1° est pondéré par cinq douzièmes en 2024, par six douzièmes en 2025 et par sept douzièmes en 2026 ; 2° L'indice synthétique est également constitué du rapport entre le taux d'imposition de taxe foncière sur les propriétés bâties du département et le taux moyen national d'imposition de taxe foncière sur les propriétés bâties pour l'ensemble des départements. Ce rapport est pondéré par trois douzièmes en 2024, par deux douzièmes en 2025 et par un douzième en 2026. Le taux d'imposition de taxe foncière sur les propriétés bâties pris en compte est celui de 2020 (L. n° 2023-1322 du 29 déc. 2023, art. 240).

À compter d'une date fixée par Décr. et au plus tard le 1er janv. 2026, à la 2e phr. du II de cet art., le mot : « Département » est remplacé par le mot : « Département-Région » (L. n° 2025-797 du 11 août 2025, art. 48).

Art. L. 3335-3 *Abrogé par L. n° 2019-1479 du 28 déc. 2019, art. 255.*

Art. L. 3335-4 *(L. n° 2013-1278 du 29 déc. 2013, art. 135)* I. — Il est instauré un fonds de solidarité pour les départements de la région d'Île-de-France. Les ressources du fonds sont fixées à 60 millions d'euros.

II. — Pour chaque département de la région d'Île-de-France, est calculé, chaque année, un indice synthétique de ressources et de charges à partir des rapports suivants :

1° Rapport entre le potentiel financier moyen par habitant des départements de la région d'Île-de-France et le potentiel financier par habitant du département défini à l'article L. 3334-6. La population prise en compte est celle définie à l'article L. 3334-2 ;

2° Rapport entre le revenu moyen par habitant des départements de la région d'Île-de-France et le revenu par habitant du département. Le revenu pris en compte est le dernier revenu fiscal de référence connu ;

3° Rapport entre la proportion du total des bénéficiaires du revenu de solidarité active *(L. n° 2015-994 du 17 août 2015, art. 59)* « mentionné à l'article L. 262-1 du code de l'action sociale et des familles » dans la population totale du département, et cette même proportion constatée pour l'ensemble des départements d'Île-de-France ;

4° Rapport entre la proportion du total des bénéficiaires d'aides au logement, tels que définis à l'article L. 2334-17, dans le nombre total de logements du département et cette même proportion constatée pour l'ensemble des départements d'Île-de-France.

L'indice synthétique de ressources et de charges est obtenu par addition des rapports mentionnés aux 1°, 2°, 3° et 4°, en pondérant le premier à hauteur de 50 %, le deuxième à hauteur de 25 %, le troisième à hauteur de 15 % et le quatrième à hauteur de 10 %. Il est calculé un indice médian pour les départements de la région d'Île-de-France.

III. — Le fonds est alimenté par des prélèvements sur les ressources des départements de la région d'Île-de-France, selon les modalités suivantes :

1° Sont contributeurs au fonds les départements de la région d'Île-de-France dont l'indice synthétique de ressources et de charges défini au II est inférieur à 95 % de l'indice médian ;

2° Le prélèvement, calculé afin d'atteindre chaque année le montant fixé au I du présent article, est réparti entre les départements contributeurs en fonction de l'écart relatif entre 95 % de l'indice médian et l'indice du département contributeur, multiplié par la population du département telle que définie à l'article L. 3334-2. Ce prélèvement respecte les conditions suivantes :

a) Le prélèvement ne peut excéder, pour chaque département, la moitié des ressources du fonds de solidarité pour les départements de la région d'Île-de-France ;

b) La somme des prélèvements opérés en application du présent III et de *(L. n° 2023-1322 du 29 déc. 2023, art. 240)* « celui supporté par les départements de la région d'Île-de-France en application de l'article » L. 3335-2 au titre de l'année précédente ne peut excéder, pour chaque département, *(L. n° 2020-1721 du 29 déc. 2020, art. 252)* « 15,5 % » des recettes réelles de fonctionnement du département constatées dans le compte de gestion afférent au pénultième exercice ;

3° Le prélèvement est effectué sur les douzièmes prévus à l'article L. 3332-1-1.

IV. — Après prélèvement d'un montant égal aux régularisations effectuées l'année précédente, les ressources du fonds sont réparties entre les départements de la région d'Île-de-France selon les modalités suivantes :

1° Bénéficient d'une attribution au titre du fonds les départements de la région d'Île-de-France dont l'indice synthétique de ressources et de charges défini au II est supérieur à 95 % de l'indice médian ;

2° L'attribution revenant à chacun des départements de la région d'Île-de-France éligibles est calculée en fonction de l'écart relatif entre l'indice du département bénéficiaire et 95 % de l'indice médian, multiplié par la population du département telle que définie à l'article L. 3334-2 ;

3° Les versements sont effectués mensuellement à compter de la date de notification.

V. — Pour l'application du présent article, sauf mention contraire, la population à prendre en compte est celle définie au premier alinéa de l'article L. 3334-2.

VI. — Un décret en Conseil d'État fixe les modalités d'application du présent article.

À compter de l'exercice budgétaire 2026, au b du 2° du III du présent art., les mots : « compte de gestion » sont remplacés par les mots : « compte financier unique » (Ord. n° 2025-526 du 12 juin 2025, art. 1er et 12).

CHAPITRE VI AVANCES ET EMPRUNTS

Art. L. 3336-1 *(L. n° 2011-1977 du 28 déc. 2011, art. 144)* **« Le chapitre VII du titre III du livre III de la deuxième partie est applicable » au département.**

Contrats d'emprunt. La convention souscrite par un département auprès de la Caisse des dépôts et consignations, et relative à un emprunt destiné à financer une intervention économique envisagée par le département dans le cadre juridique prévu par l'art. 4 de la loi du 7 janv. 1982, intervient entre deux personnes publiques : eu égard à la qualité des personnes contractantes et à son objet, cette convention relève du droit public et présente un caractère administratif. • CAA Marseille, 27 oct. 1998, *Dpt de l'Aude*, n° 96MA10748 : *RFDA 1999. 1099, obs. Chérot.* ♦ En l'espèce, le conseil général du département concerné avait décidé d'acheter, à une société d'économie mixte locale, une créance détenue par cette société sur une commune et de souscrire à cet effet un emprunt à hauteur de la même somme auprès de la Caisse des dépôts et consignations : ladite créance correspondait aux dépenses effectuées par la société d'économie mixte pour l'exécution d'un mandat que lui avait confié la commune en vue de la réalisation d'un jardin aquatique, et que cette commune ne lui avait pas remboursées. • Même arrêt.

TITRE IV COMPTABILITÉ

BIBL. GÉN. ▸ LEVOYER, *Rev. Trésor 2003. 361* (les nouvelles dispositions comptables applicables aux départements). – MATTRET, *J.-Cl. Coll. terr., fasc. 2000* (gestion comptable). – ROUGEAUX, Principes généraux de comptabilité publique, *J.-Cl. Adm., fasc. 113.* – VACHIA, *BJCL 2003. 314* (la réforme des règles budgétaires et comptables applicables aux départements).

CHAPITRE I ENGAGEMENT DES DÉPENSES

V. art. R. 3341-1 s.

Art. L. 3341-1 *(Abrogé par Ord. n° 2025-526 du 12 juin 2025, art. 1er, à compter de l'exercice budgétaire 2026)* ***Le président du conseil départemental tient la comptabilité de l'engagement des dépenses dans les conditions fixées par arrêté conjoint du ministre de l'Intérieur et du ministre chargé du budget pris après consultation du comité des finances locales.*** *– [L. n° 82-213 du 2 mars 1982, art. 50-2.]*

CHAPITRE II COMPTABLE DU DÉPARTEMENT

V. art. D. 3342-1 s.

Art. L. 3342-1 *(L. n° 2003-132 du 19 févr. 2003, art. 8) (L. n° 2018-1317 du 28 déc. 2018, art. 201)* **« Sous réserve des dispositions de l'article 201 de la loi n° 2018-1317 du 28 décembre 2018 de finances pour 2019, » le comptable du département est seul chargé d'exécuter, sous réserve des contrôles qui lui incombent, le recouvrement des recettes ainsi que le paiement des dépenses de la collectivité dans la limite des crédits régulièrement ouverts par le conseil départemental.**

Nouvel art. L. 3342-1 *(Ord. n° 2025-526 du 12 juin 2025, art. 1er)* ***Les dispositions de l'article L. 1612-39 s'appliquent, pour le comptable du département, sous réserve des dispositions de l'article 201 de la loi n° 2018-1317 du 28 décembre 2018 de finances pour 2019.***

Le présent art. entre en vigueur à compter de l'exercice budgétaire 2026 (Ord. n° 2025-526 du 12 juin 2025, art. 12).

Art. L. 3342-2 *Abrogé par L. n° 2003-132 du 19 févr. 2003, art. 8.*

LIVRE IV DISPOSITIONS PARTICULIÈRES À CERTAINS DÉPARTEMENTS

TITRE I DÉPARTEMENT DE PARIS

CHAPITRE I *[ABROGÉ]* DISPOSITIONS GÉNÉRALES

(Abrogé par L. nº 2017-257 du 28 févr. 2017, art. 7)

Art. L. 3411-1 *Outre la commune de Paris, le territoire de la ville de Paris recouvre une seconde collectivité territoriale, le département de Paris.*

Les affaires de ces deux collectivités sont réglées par les délibérations d'une même assemblée, dénommée "conseil de Paris", présidée par le maire de Paris. — *[L. nº 82-1169 du 31 déc. 1982, art. 38, al. 1er et 2.]*

Les membres du conseil de Paris ont un statut spécial et les dispositions électorales propres aux conseillers généraux ne sont pas transposables. • CE 29 juill. 2002, *Él. mun. de Paris (12e secteur)*, nº 239803 : *Coll. terr. 2002, nº 276.*

Art. L. 3411-2 *Abrogé par L. nº 2017-257 du 28 févr. 2017, art. 7.*

CHAPITRE II *[ABROGÉ]* ORGANISATION

(Abrogé par L. nº 2017-257 du 28 févr. 2017, art. 7)

Art. L. 3412-1 et L. 3412-2 *Abrogés par L. nº 2017-257 du 28 févr. 2017, art. 7.*

CHAPITRE III DISPOSITIONS FINANCIÈRES

Art. L. 3413-1 *Abrogé par L. nº 2020-1721 du 29 déc. 2020, art. 252.*

Art. L. 3413-2 *(L. nº 99-641 du 27 juill. 1999, art. 13)* Les dispositions *(L. nº 2003-1311 du 30 déc. 2003, art. 49)* « de l'article L. 2334-7-2 » ne sont pas applicables à Paris. Le Conseil de Paris fixe les conditions financières de la suppression de la participation de la commune aux dépenses d'aide sociale et de santé du département.

TITRE II DÉPARTEMENTS DES HAUTS-DE-SEINE, DE LA SEINE-SAINT-DENIS ET DU VAL-DE-MARNE

CHAPITRE UNIQUE

Art. L. 3421-1 Les dispositions de l'article L. 2512-25 sont applicables aux départements des Hauts-de-Seine, de la Seine-Saint-Denis et du Val-de-Marne. — *[L. nº 64-707 du 10 juill. 1964, art. 38.]*

Art. L. 3421-2 Les départements des Hauts-de-Seine, de la Seine-Saint-Denis et du Val-de-Marne participent, au prorata de leur population, au financement de la brigade des sapeurs-pompiers de Paris, à hauteur de 45 p. 100 s'agissant des dépenses de fonctionnement, et de 37,5 p. 100 s'agissant des dépenses d'investissement afférentes au casernement. — *[C. communes, art. L. 393-2, al. 2.]*

V. note ss. art. L. 2522-2.

Art. L. 3421-3 *(L. nº 2017-257 du 28 févr. 2017, art. 55)* Dans les conditions prévues au livre III du code de l'urbanisme, le département des Hauts-de-Seine participe au financement des missions de réalisation, de renouvellement, de rénovation, d'entretien et de gestion des ouvrages et espaces publics, et de promotion ainsi que de gestion des services d'intérêt général situés dans le quartier d'affaires de La Défense.

TITRE III COLLECTIVITÉ EUROPÉENNE D'ALSACE

(L. n° 2019-816 du 2 août 2019, art. 2)

CHAPITRE UNIQUE

Art. L. 3431-1 Sans préjudice des articles L. 1111-8, L. 1111-9 et L. 1111-9-1, et dans le respect des engagements internationaux de la France, la Collectivité européenne d'Alsace est chargée d'organiser sur son territoire, en qualité de chef de file, les modalités de l'action commune des collectivités territoriales et de leurs établissements publics en matière de coopération transfrontalière.

À ce titre, la Collectivité européenne d'Alsace élabore un schéma alsacien de coopération transfrontalière. Elle associe notamment à son élaboration l'État, la région Grand Est, l'eurométropole de Strasbourg et les autres collectivités territoriales concernées ainsi que leurs groupements et les groupements créés en application des articles L. 1115-4-1 et L. 1115-4-2.

Ce schéma comporte un volet opérationnel sur des projets structurants. Il comporte également un volet relatif aux déplacements transfrontaliers qui présente notamment les liaisons routières, fluviales et ferroviaires pour lesquelles la Collectivité européenne d'Alsace est associée à l'élaboration des projets d'infrastructures transfrontalières ainsi qu'un volet relatif aux coopérations transfrontalières en matière sanitaire, établi en cohérence avec le projet régional de santé.

Art. L. 3431-2 Le schéma alsacien de coopération transfrontalière est défini en cohérence avec le volet transfrontalier du schéma régional de développement économique, d'innovation et d'internationalisation. Le schéma de coopération transfrontalière de l'eurométropole de Strasbourg mentionné au deuxième alinéa du VIII de l'article L. 5217-2 est défini en cohérence avec le schéma alsacien de coopération transfrontalière.

Art. L. 3431-3 I. — La Collectivité européenne d'Alsace est chargée d'organiser les modalités de mise en œuvre du schéma alsacien de coopération transfrontalière, dans le respect des compétences des autres collectivités territoriales et de leurs groupements. À ce titre, le volet opérationnel du schéma alsacien de coopération transfrontalière définit de la manière suivante ses modalités de mise en œuvre :

1° Il énumère les projets qu'il propose de réaliser ;

2° Il identifie, pour chaque projet, la collectivité territoriale ou le groupement chargé de sa réalisation, les compétences concernées des collectivités territoriales et groupements et, si besoin, prévoit les conventions de délégation de compétences qu'il leur est proposé de conclure.

II. — Pour la mise en œuvre du volet opérationnel, lorsque celle-ci nécessite de recourir à la délégation de compétences :

1° Chaque projet fait l'objet d'une convention de délégation de compétences distincte ;

2° Chaque convention définit précisément les compétences ou parties de compétence déléguées nécessaires à la réalisation du projet ;

3° Chaque convention définit librement sa durée en fonction de celle du projet concerné ainsi que ses modalités de résiliation par ses signataires ;

4° Dans le cadre de la convention mentionnée au 1° du présent II, et sans préjudice de l'article L. 1511-2, un établissement public de coopération intercommunale à fiscalité propre peut déléguer à la Collectivité européenne d'Alsace tout ou partie de ses compétences concourant à l'objectif d'insertion par l'activité économique, dans le cadre du développement d'activités de proximité, en cohérence avec les interventions des autres collectivités compétentes, notamment la région.

Sous réserve du présent II, ces conventions sont soumises à l'article L. 1111-8, lorsqu'elles sont conclues entre collectivités territoriales ou entre la Collectivité européenne d'Alsace et un établissement public de coopération intercommunale à fiscalité propre, et à l'article L. 1111-8-1, lorsqu'elles sont conclues entre une collectivité territoriale et l'État.

Art. L. 3431-4 La Collectivité européenne d'Alsace peut proposer sur son territoire, tout au long de la scolarité, un enseignement facultatif de langue et culture régionales selon des modalités définies par la convention mentionnée à l'article L. 312-10 du code de l'éducation, en complément des heures d'enseignement dispensées par le ministère de l'éducation nationale.

La Collectivité européenne d'Alsace peut recruter par contrat des intervenants bilingues pour assurer cet enseignement.

La Collectivité européenne d'Alsace crée un comité stratégique de l'enseignement de la langue allemande en Alsace, dans sa forme standard et ses variantes dialectales, qui réunit le rectorat et les collectivités territoriales concernées et dont les missions principales sont de définir une stratégie de promotion de l'allemand dans sa forme standard et ses variantes dialectales, d'évaluer son enseignement et de favoriser l'interaction avec les politiques publiques culturelles et relatives à la jeunesse.

Art. L. 3431-5 L'État peut confier par délégation à la Collectivité européenne d'Alsace la gestion de tout ou partie des actions relevant du Fonds social européen, dans les conditions définies à l'article L. 1111-8-1.

Art. L. 3431-6 I. — La Collectivité européenne d'Alsace peut créer un conseil de développement.

Le conseil de développement est consulté sur le projet de schéma alsacien de coopération transfrontalière mentionné à l'article L. 3431-1. Il peut être consulté par le président du conseil départemental sur tout autre projet d'acte. Il contribue à l'évaluation et au suivi des politiques publiques de la Collectivité européenne d'Alsace.

II. — La composition du conseil de développement, les conditions de nomination de ses membres ainsi que la date de son installation sont déterminées par délibération du conseil départemental.

Ses membres ne sont pas rémunérés.

Le conseil de développement comprend des représentants des milieux économiques, sociaux, culturels, éducatifs, scientifiques, environnementaux et associatifs du territoire de la Collectivité européenne d'Alsace.

Lorsqu'un organisme est appelé à désigner plus d'un membre du conseil, il procède à ces désignations de telle sorte que l'écart entre le nombre des hommes désignés, d'une part, et le nombre des femmes désignées, d'autre part, ne soit pas supérieur à un. La même règle s'applique, le cas échéant, à la désignation de personnalités qualifiées.

Les conseillers départementaux ne peuvent être membres du conseil de développement.

III. — Le conseil de développement établit son règlement intérieur.

IV. — Le conseil de développement établit un rapport annuel d'activité, qui est examiné et débattu chaque année par le conseil départemental de la Collectivité européenne d'Alsace.

V. — La Collectivité européenne d'Alsace veille aux conditions du bon exercice des missions du conseil de développement.

Art. L. 3431-7 *(L. nº 2019-816 du 2 août 2019, art. 4)* Sans préjudice de l'article L. 1511-2, la Collectivité européenne d'Alsace est compétente pour promouvoir l'attractivité touristique de son territoire en France et à l'étranger.

Sur les différentes dispositions relatives aux compétences de la Collectivité européenne d'Alsace, V. L. nº 2019-816 du 2 août 2019, art. 5 à 13 🏛.

Sur les mesures institutionnelles relatives à la création de la Collectivité européenne d'Alsace, V. Ord. nº 2020-1304 du 28 oct. 2020, art. 3 à 13 🏛.

Sur les mesures complétant et précisant les règles budgétaires, financières, fiscales et comptables applicables à la Collectivité européenne d'Alsace, V. Ord. nº 2020-1305 du 28 oct. 2020, art. 2 à 9 🏛.

Art. L. 3431-8 *(Ord. nº 2020-1305 du 28 oct. 2020, art. 1er)* Sauf délibération contraire de son conseil départemental, la Collectivité européenne d'Alsace est soumise au cadre budgétaire et comptable défini aux articles L. 5217-10-1 à L. 5217-10-15 et L. 5217-12-2 à L. 5217-12-5. Les dispositions du livre III de la troisième partie sont applicables à ce département, pour autant qu'elles n'y sont pas contraires.

Nouvel art. L. 3431-8 *(Ord. nº 2020-1305 du 28 oct. 2020, art. 1er) (Ord. nº 2025-526 du 12 juin 2025, art. 1er)* ***« La Collectivité européenne d'Alsace est soumise au cadre budgétaire et comptable défini à la section 2 du chapitre II du titre I du livre VI de la première partie du pré-***

sent code ». Les dispositions du livre III de la troisième partie sont applicables à ce département, pour autant qu'elles n'y sont pas contraires.

Le présent art. entre en vigueur à compter de l'exercice budgétaire 2026 (Ord. n° 2025-526 du 12 juin 2025, art. 12).

TITRE IV DÉPARTEMENTS D'OUTRE-MER

ENCYCL. COLL. LOC. *Outre-mer : régime départemental dans les DOM, 1915*, par J.-C. DOUENCE.
BIBL. GÉN. ▶ V. Bibl. ss. Quatrième partie, Liv. IV, Titre III, Les régions d'outre-mer.

CHAPITRE I DISPOSITIONS GÉNÉRALES

Art. L. 3441-1 Les départements de Guadeloupe, *(L. n° 2010-1487 du 7 déc. 2010, art. 3)* **« de Mayotte » et de La Réunion exercent les compétences que les lois, dans leurs dispositions non contraires à celles du présent titre, attribuent à l'ensemble des départements.**

Sur le développement économique, l'aménagement du territoire, l'emploi dans les départements d'outre-mer et les questions d'orientation économique et sociale pour l'outre-mer, V. ci-dessous L. n° 2000-1207 du 13 déc. 2000, art. 1er.

À compter d'une date fixée par Décr. et au plus tard le 1er janv. 2026, au sein du présent art., les mots : « , de Mayotte et de La Réunion » sont remplacés par les mots : « et de La Réunion et le Département-Région de Mayotte » (L. n° 2025-797 du 11 août 2025, art. 48).

1. Il résulte de l'art. 73 Const. [V. **C. const.**] que le statut des DOM doit être le même que celui des départements métropolitains sous la seule réserve de mesures d'adaptation aux caractéristiques et aux contraintes particulières de ces collectivités (nouvelle rédaction). La loi peut prévoir des mesures d'adaptation susceptibles de se traduire par un aménagement limité des compétences des régions et des DOM par rapport aux autres régions et départements sans pour autant méconnaître le principe d'égalité. • Cons. const. 20 juill. 1984, n° 84-174 DC : *Rec. Cons. const. 48 ; AJDA 1984. 619, note Ferstenbert ; RD publ. 1986. 395, note Favoreu.* ♦ Sont contraires à la Constitution les dispositions de la L. du 2 août 1984 transférant du département à la région certaines compétences en matière de transports intérieurs et d'habitat. • Même décision. ♦ ... Y sont conformes les dispositions de la même loi transférant du département à la région les compétences en matière de cultures marines qui restent départementales selon le droit commun. • Même décision. ♦ V. art. L. 4433-16.

2. Les dispositions de la L. du 2 août 1984, qui transfèrent aux conseils régionaux des attributions antérieurement dévolues aux DOM, n'ont pas pour effet de créer un régime différent entre ces derniers et les départements métropolitains, les attributions correspondantes n'existant pas en métropole. • Même décision.

3. En application du droit commun, la délibération du conseil général de La Réunion décidant d'organiser une consultation de la population sur le projet de réforme régionale est annulée, en première instance, pour incompétence et atteinte aux principes de l'unité et de la souveraineté nationale. • TA Saint-Denis de La Réunion, 2 août 1982, *M. Hubert Delisle : JCP 1983. II. 19994, note Miclo.* ♦ En appel, le recours est jugé irrecevable, la délibération étant dépourvue d'effets juridiques directs. • CE 3 déc. 1986, *Conseil général de La Réunion*, n° 46589 : *ACL 1987. 217.*

4. Les dispositions de l'art. L. 3142-1, relatives à la conférence départementale d'harmonisation des investissements, s'appliquent de plein droit dans les DOM mais elles y font l'objet de mesures réglementaires d'adaptation codifiées aux art. D. 3441-1 et D. 3441-2.

5. Le Décr. n° 60-406 du 26 avr. 1960, relatif à l'adaptation du régime législatif et de l'organisation administrative des DOM, directement fondé sur l'art. 73 Const. n'est ni abrogé, ni codifié. Il accorde aux conseils généraux d'outre-mer une compétence d'avis et une compétence de proposition en matière d'adaptation du régime des DOM à leur situation particulière. Pour le contentieux. V. not., • CE 1er mars 1974, *Cozette et a. : Lebon 159 ; Rev. adm. 1974. 342, concl. Dondoux.* ♦ Une seule annulation a été prononcée pour défaut de consultation du conseil général. • CE 8 juin 1979, *SA des planteurs de canne associés et COSURMA : Lebon 268 ; RD publ. 1980. 241.* ♦ Il est devenu sans intérêt depuis l'art. 44-1 de la L. n° 2000-1207 du 13 déc. 2000, codifié aux art. L. 3444-1 à L. 3444-5.

6. Sur l'art. 1er, non codifié, de la L. n° 2000-1207 du 13 déc. 2000 d'orientation pour l'outre-mer, le Cons. const. apporte des précisions. Les DOM sont des collectivités territoriales qui font partie intégrante de la République ; dès lors la référence faite par le législateur au « pacte qui unit l'outre-mer à la République » est contraire à la Const. • Cons. const. 7 déc. 2000, n° 2000-435 DC : *JO 14 déc., p. 19830 ; AJDA 2001. 102, note Schoettl.* ♦ Le statut des DOM doit être le même que celui des départements métropolitains sous la seule réserve des mesures d'adaptation aux caractéristiques et aux contraintes particulières de ces collectivités ; ces adaptations ne sauraient avoir pour effet de les doter d'une « organisation particulière », réservée aux seuls territoires d'outre-mer. • Même décision. ♦ La possibilité reconnue par la loi aux DOM « de disposer à l'avenir d'une organisation institutionnelle qui leur soit propre » ne peut être entendue que dans les limites fixées par l'art. 73 Const. • Même décision. ♦ V. aussi note ss. art. L. 5915-3.

Loi n° 2000-1207 du 13 décembre 2000,

D'orientation pour l'outre-mer (JO 14 déc.).

Art. 1er Le développement économique, l'aménagement du territoire et l'emploi dans les départements d'outre-mer constituent, en raison de leur situation économique et sociale structurelle reconnue notamment par l'article 299, paragraphe 2, du traité instituant la Communauté européenne, des priorités pour la nation.

Ces priorités sont mises en œuvre par la présente loi qui vise également à promouvoir le développement durable de ces départements, à valoriser leurs atouts régionaux, à compenser leurs retards d'équipement, à assurer l'égalité sociale et l'accès de tous à l'éducation, la formation et la culture ainsi que l'égalité entre les hommes et les femmes. Elles impliquent l'accroissement des responsabilités locales ainsi que le renforcement de la décentralisation et de la coopération régionale.

[Dispositions déclarées non conformes à la Constitution par Décis. du Conseil constitutionnel n° 2000-435 DC du 7 déc. 2000.]

Art. L. 3441-2 *(L. n° 2016-1657 du 5 déc. 2016, art. 2)* **Le conseil départemental de chaque département d'outre-mer peut adresser au Gouvernement des propositions en vue de la conclusion d'engagements internationaux concernant la coopération régionale entre la République française et, selon son environnement géographique, les États ou territoires de la Caraïbe, les États ou territoires du continent américain voisins de la Caraïbe, les États ou territoires de l'océan Indien ou les États ou territoires des continents voisins de l'océan Indien ou en vue de la conclusion d'accords avec des organismes régionaux des aires correspondantes, y compris des organismes régionaux dépendant des institutions des Nations unies.**

BIBL. ▶ Chicot, La compétence internationale des collectivités territoriales françaises. L'action extérieure des départements-régions des Antilles et de la Guyane, *L'Harmattan, 2005, 361.* – Goesel-Le Bihan, Départements et régions d'outre-mer et accords internationaux, *RFD const. 2006. 311.* – Gohin, L'action internationale de l'État outre-mer, *AJDA 2001. 438*.

Art. L. 3441-3 *(L. n° 2000-1207 du 13 déc. 2000, art. 42)* **Dans les domaines de compétence de l'État, les autorités de la République peuvent délivrer pouvoir au président du conseil départemental des départements d'outre-mer pour négocier et signer des accords avec un ou plusieurs États ou territoires situés, selon le cas, dans la Caraïbe ou** *(L. n° 2016-1657 du 5 déc. 2016, art. 3)* **« sur le continent américain voisin de la Caraïbe, dans la zone de l'océan Indien ou sur les continents voisins » de l'océan Indien, ou avec des organismes régionaux des aires correspondantes, y compris des organismes régionaux dépendant des institutions spécialisées des Nations unies.**

Dans le cas où il n'est pas fait application des dispositions de l'alinéa ci-dessus, le président du conseil départemental ou son représentant peut être associé, ou participer au sein de la délégation française, aux négociations d'accords de même nature.

Le président du conseil départemental peut être chargé par les autorités de la République de les représenter au sein d'organismes régionaux relevant des catégories mentionnées au premier alinéa du présent article. Les autorités de la République le munissent des instructions et pouvoirs nécessaires.

Le législateur a pu, sans porter atteinte ni à l'exercice de la souveraineté nationale, ni aux prérogatives réservées à l'État par le 3e al. de l'art. 72 Const., autoriser les présidents des conseils généraux ou régionaux à négocier et signer des accords dans les domaines de compétence de l'État, dès lors que, pour ce faire, le président du conseil général ou régional doit avoir expressément reçu des autorités de la République les pouvoirs appropriés et que ces accords demeurent soumis aux procédures prévues par les art. 52 et 53 Const. • Cons. const. 7 déc. 2000, n° 2000-435 DC : *JO*

14 déc., p. 19831 ; AJDA 2001. 102, note Schoettl. ♦ Lorsqu'ils négocient ou signent les accords en cause, les présidents des conseils généraux ou régionaux agissent comme représentants de l'État et au nom de la République française. Ils doivent, dans l'exécution de leur mandat, mettre en œuvre les instructions qui leur sont données par les autorités compétentes de la République. Ces mêmes autorités restent libres de délivrer pouvoir à d'autres plénipotentiaires ou de ne délivrer pouvoir aux présidents des conseils généraux ou régionaux que pour l'une seulement des phases de négociation et de signature ; elles peuvent retirer à tout moment les pouvoirs ainsi confiés. Dans ces conditions, l'art. L. 3441-3 est conforme à la Const. • Même décision.

Art. L. 3441-4 *(L. n° 2000-1207 du 13 déc. 2000, art. 42)* **Dans les domaines de compétence du département, les conseils départementaux des départements d'outre-mer peuvent, par délibération, demander aux autorités de la République d'autoriser leur président à négocier, dans le respect des engagements internationaux de la République, des accords avec un ou plusieurs États, territoires ou organismes régionaux définis à l'article L. 3441-3.**

Lorsque cette autorisation est accordée, les autorités de la République sont, à leur demande, représentées à la négociation.

À l'issue de la négociation, le projet d'accord est soumis à la délibération du conseil départemental pour acceptation. Les autorités de la République peuvent ensuite donner, sous réserve du respect des engagements internationaux de celle-ci, pouvoir au président du conseil départemental aux fins de signature de l'accord.

Les autorités compétentes de la République ont un pouvoir discrétionnaire d'appréciation et de décision quant à la mise en œuvre de cet art. Les précisions énoncées sur la portée de l'art. L. 3441-3 sont applicables aux présentes dispositions. En particulier, lorsqu'ils négocient et signent les accords, les présidents des conseils généraux ou régionaux agissent comme représentants de l'État. En outre, le 2e al. doit être entendu comme reconnaissant aux autorités de la République la faculté de participer à la négociation à tout moment. • Cons. const. 7 déc. 2000, n° 2000-435 DC : *JO 14 déc., p. 19831 ; AJDA 2001. 102, note Schoettl*. ♦ La décision des autorités compétentes de la République de signer un accord international ne saurait être soumise à une quelconque autorisation préalable. En conséquence, la référence à l'« acceptation » du conseil général ou régional doit s'entendre comme ne visant qu'une consultation pour avis. Quel que soit le sens de la délibération, les autorités de la République conservent toute liberté pour donner pouvoir, aux fins de signature de l'accord, à la personne de leur choix, y compris aux présidents des conseils généraux ou régionaux. • Même décision.

Art. L. 3441-4-1 *(L. n° 2016-1657 du 5 déc. 2016, art. 13)* **Dans les domaines de compétence du département d'outre-mer, le président du conseil départemental peut, pour la durée de l'exercice de ses fonctions, élaborer un programme-cadre de coopération régionale précisant la nature, l'objet et la portée des engagements internationaux qu'il se propose de négocier, dans le respect des engagements internationaux de la République, avec un ou plusieurs États, territoires ou organismes régionaux mentionnés à l'article L. 3441-2.**

Le président du conseil départemental soumet ce programme-cadre à la délibération du conseil départemental, qui peut alors demander, dans la même délibération, aux autorités de la République d'autoriser son président à négocier les accords prévus dans ce programme-cadre.

Lorsque cette autorisation est expressément accordée, le président du conseil départemental peut engager les négociations prévues dans le programme-cadre. Il en informe les autorités de la République qui, à leur demande, sont représentées à la négociation.

Le président du conseil départemental soumet toute modification de son programme-cadre à la délibération du conseil départemental. Ces modifications sont approuvées par les autorités de la République, dans les mêmes conditions que la procédure initiale.

À l'issue de la négociation, le projet d'accord est soumis à la délibération du conseil départemental pour acceptation. Les autorités de la République peuvent ensuite donner, sous réserve du respect des engagements internationaux de celle-ci, pouvoir au président du conseil départemental aux fins de signature de l'accord.

Art. L. 3441-5 *(L. n° 2000-1207 du 13 déc. 2000, art. 42)* **Les accords internationaux portant à la fois sur des domaines de compétence de l'État et sur des domaines de compétence du département sont, dans les cas où il n'est pas fait application du premier alinéa** *(L. n° 2016-1657 du 5 déc. 2016, art. 14)* **« des articles L. 3441-3 et**

L. 3441-4-1 », négociés et signés par les autorités de la République. À sa demande, le président du conseil départemental ou son représentant participe, au sein de la délégation française, à la négociation de ces accords *[Dispositions déclarées non conformes à la Constitution par Décis. du Conseil constitutionnel n° 2000-435 DC du 7 déc. 2000.]*

Les présidents des conseils départementaux d'outre-mer, ou leurs représentants, participent, au sein de la délégation française, à leur demande, aux négociations avec l'Union européenne *(L. n° 2010-1487 du 7 déc. 2010, art. 3)* **« intéressant leur département ».**

Les présidents des conseils départementaux d'outre-mer peuvent demander à l'État de prendre l'initiative de négociations avec l'Union européenne en vue d'obtenir des mesures spécifiques utiles au développement de leur territoire.

En prévoyant que les présidents des conseils généraux ou régionaux participeraient à leur demande à la signature d'accords signés directement par les autorités de la République, le législateur a méconnu les exigences constitutionnelles : cette signature est une attribution propre des autorités compétentes de la République, à laquelle les présidents des assemblées délibérantes des collectivités concernées ne sauraient prendre part à leur seule initiative. • Cons. const. 7 déc. 2000, n° 2000-435 DC : *JO 14 déc., p. 19831 ; AJDA 2001. 102, note Schoettl.*

Art. L. 3441-6 *(L. n° 2000-1207 du 13 déc. 2000, art. 42)* **Les conseils départementaux des départements d'outre-mer peuvent saisir le Gouvernement de toute proposition tendant à l'adhésion de la France aux organismes régionaux mentionnés au premier alinéa de l'article L. 3441-3.**

Comp. art. L. 4433-4-5.

Art. L. 3441-7 *(L. n° 2000-1207 du 13 déc. 2000, art. 42)* **Les conseils départementaux des départements d'outre-mer peuvent recourir aux sociétés d'économie mixte locales et aux sociétés d'économie mixte régies par la loi n° 46-860 du 30 avril 1946 précitée, pour la mise en œuvre des actions engagées dans le cadre des compétences qui leur sont dévolues en matière de coopération régionale.**

V. art. L. 4433-4-8.

Art. L. 3441-8 *(L. n° 2004-811 du 13 août 2004, art. 87)* **Dans les départements d'outre-mer, le représentant de l'État dans le département exerce les attributions confiées au préfet de zone de défense par le I de l'article L. 1424-36-1.**

Les dispositions des II et III de l'article L. 1424-36-1 ne sont pas applicables dans les départements d'outre-mer.

Art. L. 3441-9 *(L. n° 2004-811 du 13 août 2004, art. 87)* **Pour leur application à La Réunion, les articles L. 1424-51 à L. 1424-58 font l'objet des adaptations suivantes :**

Sur proposition du conseil d'administration du service d'incendie et de secours de La Réunion et du conseil départemental de Mayotte, il peut être créé un établissement public d'incendie et de secours de la zone de défense sud de l'océan Indien. Cette création fait l'objet d'un arrêté du préfet de la collectivité où l'établissement a son siège pris après avis du préfet de l'autre collectivité.

Le conseil d'administration de l'établissement public d'incendie et de secours est composé :

1° Du président du conseil d'administration du service d'incendie et de secours de La Réunion ;

2° Du président du conseil départemental de Mayotte ;

3° D'un nombre égal de membres du conseil d'administration du service d'incendie et de secours de La Réunion et du conseil départemental de Mayotte.

Le président du conseil d'administration est élu en son sein par le conseil d'administration pour la durée de son mandat, selon le cas, d'administrateur du service départemental d'incendie et de secours de La Réunion ou de conseiller départemental du Département de Mayotte.

Le représentant de l'État dans la collectivité où l'établissement public a son siège assiste de plein droit aux séances du conseil d'administration.

Les ressources de l'établissement comprennent, outre celles prévues à l'article L. 1424-55, les cotisations du Département de Mayotte.

Les modalités d'application du présent article sont déterminées par décret en Conseil d'État.

Nouvel art. L. 3441-9 *(L. nº 2004-811 du 13 août 2004, art. 87)* ***Pour leur application à La Réunion, les articles L. 1424-51 à L. 1424-58 font l'objet des adaptations suivantes :***

Sur proposition du conseil d'administration du service d'incendie et de secours de La Réunion et** (L. nº 2025-797 du 11 août 2025, art. 48)* ***« de l'assemblée » de Mayotte, il peut être créé un établissement public d'incendie et de secours de la zone de défense sud de l'océan Indien. Cette création fait l'objet d'un arrêté du préfet de la collectivité où l'établissement a son siège pris après avis du préfet de l'autre collectivité.

Le conseil d'administration de l'établissement public d'incendie et de secours est composé :

1º Du président du conseil d'administration du service d'incendie et de secours de La Réunion ;

2º Du président** (L. nº 2025-797 du 11 août 2025, art. 48)* ***« de l'assemblée » de Mayotte ;

3º D'un nombre égal de membres du conseil d'administration du service d'incendie et de secours de La Réunion et** (L. nº 2025-797 du 11 août 2025, art. 48)* ***« de l'assemblée » de Mayotte.

Le président du conseil d'administration est élu en son sein par le conseil d'administration pour la durée de son mandat, selon le cas, d'administrateur du service départemental d'incendie et de secours de La Réunion ou de conseiller** (L. nº 2025-797 du 11 août 2025, art. 48)* ***« à l'assemblée » de Mayotte.

Le représentant de l'État dans la collectivité où l'établissement public a son siège assiste de plein droit aux séances du conseil d'administration.

Les ressources de l'établissement comprennent, outre celles prévues à l'article L. 1424-55, les cotisations** (L. nº 2025-797 du 11 août 2025, art. 48)* ***« du Département-Région » de Mayotte.

Les modalités d'application du présent article sont déterminées par décret en Conseil d'État.

Le présent art. entre en vigueur à une date fixée par décret et au plus tard le 1er janv. 2026 (L. nº 2025-797 du 11 août 2025, art. 48).

CHAPITRE II ORGANISATION

Art. L. 3442-1 Les conseils départementaux de Guadeloupe *(Abrogé par L. nº 2025-797 du 11 août 2025, art. 48) « , de Mayotte »* **et de La Réunion peuvent consulter pour avis le conseil économique, social et environnemental régional et le conseil de la culture, de l'éducation et de l'environnement, mentionnés à l'article L. 4432-9 sur toute question entrant dans les compétences de leur département.**

Les dispositions issues de la L. nº 2025-797 du 11 août 2025 entrent en vigueur à une date fixée par décret et au plus tard le 1er janv. 2026 (L. préc., art. 48).

En confiant la gestion des départements d'outre-mer à une assemblée qui, contrairement au conseil général des départements métropolitains en l'état actuel de la législation, n'assure pas la représentation des composantes territoriales du département, la loi portant adaptation de la L. du 2 mars 1982 confère à cette assemblée une nature différente de celle des conseils généraux ; ainsi ces dispositions vont au-delà des mesures d'adaptation que l'art. 73 Const. autorise en ce qui concerne l'organisation des DOM. • Cons. const. 2 déc. 1982, nº 82-147 DC : *Rec. Cons. const. 70 ; Rev. adm. 1982. 620, note Étien ; AJDA 1983. 120, note Luchaire ; RD publ. 1983. 377, chron. Favoreu ; JCP 1983. II. 20099, note Franck ; RFAP juill.-sept. 1984, p. 24, comm. Fortier.* ♦ La L. du 31 déc. 1982, adoptée après la déclaration de non-conformité à la Const. précitée et non déférée au Cons. const., ne prévoit qu'une seule mesure d'adaptation du régime départemental codifiée au présent art.

CHAPITRE III DISPOSITIONS FINANCIÈRES

Art. L. 3443-1 La quote-part de la dotation de péréquation des départements mentionnée à l'article L. 3334-4 perçue par les départements d'outre-mer est déterminée par application au montant total de la dotation de péréquation du double du rapport, majoré de 10 p. 100, entre la population des départements d'outre-mer, telle qu'elle résulte du dernier recensement général, et la population nationale totale *(L. nº 2008-1425 du 27 déc. 2008, art. 175)* **« , sous réserve des dispositions du cinquième alinéa de l'article L. 3334-4 ».**

Art. L. 3443-2 *(L. nº 2007-1822 du 24 déc. 2007, art. 41)* **La dotation départementale d'équipement des collèges allouée à chaque département d'outre-mer est calculée dans les conditions prévues par l'article L. 3334-16.**

(L. nº 2007-1824 du 25 déc. 2007, art. 104) **« La dotation départementale d'équipement des collèges du département de la Guadeloupe, calculée dans les conditions défi-**

nies à l'article L. 3334-16, est abattue à compter de 2008 d'un montant de *(L. n° 2008-1443 du 30 déc. 2008, art. 6)* « 2 350 099 € » se décomposant comme suit :

« 1° Un premier abattement s'élevant à *(L. n° 2008-1443 du 30 déc. 2008, art. 6)* « 350 896 € » destiné au financement de la dotation globale de construction et d'équipement scolaire allouée à la collectivité d'outre-mer de Saint-Barthélemy en application de l'article L. 6264-5 ;

« 2° Et un deuxième abattement s'élevant à *(L. n° 2008-1443 du 30 déc. 2008, art. 6)* « 1 999 203 € » destiné au financement de la dotation globale de construction et d'équipement scolaire allouée à la collectivité d'outre-mer de Saint-Martin en application de l'article L. 6364-5. »

Art. L. 3443-3 *(L. n° 2017-256 du 28 févr. 2017, art. 11)* Le rapport sur les orientations budgétaires mentionné à l'article L. 3312-1 présente un état d'avancement des mesures prévues par le plan de convergence couvrant le territoire du département.

Art. L. 3443-3-1 *(Ord. n° 2021-1843 du 22 déc. 2021, art. 5)* La fraction de l'accise sur les tabacs mentionnée à l'article L. 314-1 du code des impositions sur les biens et services perçue en outre-mer est allouée au département de mise à la consommation.

Toutefois, les transferts entre la Martinique et la Guadeloupe donnent lieu, dans un délai de six mois, à un versement de l'accise au profit du département de destination prélevé sur la fraction perçue dans le département de mise à la consommation.

La fraction affectée à La Réunion est réduite de 22,57 % au bénéfice de l'État.

CHAPITRE IV ATTRIBUTIONS

(L. n° 2000-1207 du 13 déc. 2000, art. 44)

Art. L. 3444-1 Les conseils départementaux des départements d'outre-mer sont consultés sur les projets de loi, d'ordonnance ou de décret comportant des dispositions d'adaptation du régime législatif et de l'organisation administrative de ces départements.

L'avis des conseils départementaux est réputé acquis en l'absence de notification au représentant de l'État d'un avis exprès dans un délai d'un mois à compter de la saisine. Ce délai est réduit à quinze jours en cas d'urgence sur demande du représentant de l'État.

Art. L. 3444-2 Les conseils départementaux des départements d'outre-mer peuvent présenter des propositions de modification des dispositions législatives ou réglementaires en vigueur, ainsi que toutes propositions législatives ou réglementaires concernant le développement économique, social et culturel de ces départements. *(L. n° 2022-217 du 21 févr. 2022, art. 2)* « Ces propositions peuvent porter sur la différenciation, mentionnée à l'article L. 1111-3-1, des règles relatives à l'attribution et à l'exercice des compétences applicables à ces départements, afin de tenir compte des différences de situations.

« Les propositions adoptées par les conseils départementaux en application du premier alinéa du présent article sont transmises par les présidents de conseil départemental au Premier ministre, au représentant de l'État dans les départements concernés et, lorsqu'elles portent sur des dispositions législatives, aux présidents de l'Assemblée nationale et du Sénat.

« Le Premier ministre accuse réception des propositions qui lui sont transmises. Un rapport annuel indique les suites qui ont été données à ces propositions. Ce rapport est rendu public. »

Ils peuvent également faire au Premier ministre toutes remarques ou suggestions concernant le fonctionnement des services publics de l'État dans le département.

Le législateur ne saurait, sans excéder la limite de ses pouvoirs, enjoindre au Premier ministre de donner une réponse aux propositions émanant d'organes délibérants de collectivités territoriales, même si le Premier ministre fixe lui-même le délai de réponse. • Cons. const. 7 déc. 2000, n° 2000-435 DC : *JO 14 déc., p. 19831 ; AJDA 2001. 102, note Schoettl*.

Art. L. 3444-3 Les conseils départementaux des départements d'outre-mer sont consultés par les soins du ministre chargé des départements d'outre-mer sur les propositions d'actes *(L. n° 2010-1487 du 7 déc. 2010, art. 3)* « de l'Union européenne » qui concernent leur département. Les dispositions du *(L. n° 2010-1487 du 7 déc. 2010, art. 3)* « second » alinéa de l'article L. 3444-1 sont applicables.

Les conseils départementaux peuvent adresser au Gouvernement des propositions pour l'application *(L. n° 2010-1487 du 7 déc. 2010, art. 3)* « des traités sur l'Union européenne et sur le fonctionnement de l'Union européenne. »

Art. L. 3444-4 *Abrogé par L. n° 2004-669 du 9 juill. 2004, art. 117.*

Art. L. 3444-5 Les conseils départementaux d'outre-mer sont consultés sur les projets d'attribution ou de renouvellement des concessions portuaires et aéroportuaires concernant ces départements.

Art. L. 3444-6 *(L. n° 2000-1207 du 13 déc. 2000, art. 52)* Dans les départements d'outre-mer, le conseil départemental est saisi pour avis, avant le 31 décembre de chaque année, des orientations générales de la programmation des aides de l'État au logement pour l'année suivante.

Ces orientations générales portent sur la répartition des aides par dispositif, d'une part, et la répartition des aides par bassin d'habitat, d'autre part.

Le conseil régional peut être saisi pour avis sur ces orientations par le représentant de l'État dans le département. Dans le cas où il est saisi, le conseil régional doit rendre son avis au plus tard le 31 décembre de chaque année.

La présidence du conseil départemental de l'habitat est assurée par le président du conseil départemental.

CHAPITRE V CONDITIONS D'APPLICATION AUX DÉPARTEMENTS D'OUTRE-MER DES DEUXIÈME ET TROISIÈME ALINÉAS DE L'ARTICLE 73 DE LA CONSTITUTION

(L. org. n° 2007-223 du 21 févr. 2007)

SECTION 1 Adaptation des lois et règlements par les départements d'outre-mer

Art. L.O. 3445-1 Dans les conditions et sous les réserves prévues au présent chapitre, les conseils départementaux de la Guadeloupe *(Abrogé par L. org. n° 2025-793 du 11 août 2025, art. 1er)* *(L. org. n° 2010-1486 du 7 déc. 2010, art. 1er)* « *, de Mayotte* » et de La Réunion peuvent être habilités à adapter sur le territoire de leur département les lois et règlements, dans les matières où s'exercent leurs compétences.

Les dispositions issues de la L. org. n° 2025-793 du 11 août 2025 entrent en vigueur à une date fixée par décret et au plus tard le 1er janv. 2026 (L. préc., art. 5).

Art. L.O. 3445-2 I. — La demande d'habilitation tendant à adapter une disposition législative ou réglementaire est adoptée par délibération motivée du conseil départemental.

Cette délibération mentionne les dispositions législatives ou réglementaires en cause ou, lorsque la demande porte sur l'adaptation d'une disposition réglementaire non encore publiée et nécessaire à l'application d'une disposition législative, la disposition législative en cause.

Elle expose les caractéristiques et contraintes particulières justifiant la demande d'habilitation et précise la nature et la finalité des dispositions que le conseil départemental envisage de prendre.

La demande d'habilitation ne peut porter sur l'une des matières mentionnées au quatrième alinéa de l'article 73 de la Constitution, ni intervenir lorsque sont en cause les conditions essentielles d'exercice d'une liberté publique ou d'un droit constitutionnellement garanti.

II. — La demande d'habilitation devient caduque :

1° Le dernier jour du mois qui précède celui du renouvellement des conseils départementaux ;

2° Le jour de la dissolution du conseil départemental qui l'a adoptée ;

3° Le jour de la vacance de l'ensemble des sièges du conseil départemental en dehors du cas prévu au 2°.

Art. L.O. 3445-3 Le conseil économique, social et environnemental régional et le conseil de la culture, de l'éducation et de l'environnement sont consultés sur tout projet de demande d'habilitation visée à l'article L.O. 3445-2 qui porte sur une matière qui relève de leur compétence respective en application de la section 2 du chapitre III du titre III du livre IV de la quatrième partie. Leur avis est réputé donné à l'expiration d'un délai d'un mois à compter de leur saisine.

Art. L.O. 3445-4 *(L. org. n° 2011-883 du 27 juill. 2011, art. 2)* La délibération prévue à l'article L.O. 3445-2 est transmise au Premier ministre ainsi qu'au représentant de l'État dans le département.

Lorsqu'elle porte sur l'adaptation d'une disposition législative, elle est transmise à l'Assemblée nationale et au Sénat par le Premier ministre, assortie le cas échéant de ses observations.

Elle est publiée au *Journal officiel* dans le mois suivant l'expiration du délai de recours prévu à l'article L.O. 3445-5 ou la date à laquelle la délibération devient exécutoire en application de ce même article. Elle entre en vigueur le lendemain de sa publication.

Art. L.O. 3445-5 Les recours dirigés contre cette délibération sont portés devant le Conseil d'État.

Le représentant de l'État dans le département peut, dans le mois qui suit *(L. org. n° 2011-883 du 27 juill. 2011, art. 2)* « sa réception de la transmission prévue au premier alinéa de » l'article L.O. 3445-4, déférer la délibération au Conseil d'État. Ce recours en suspend l'exécution jusqu'à ce que le Conseil d'État ait rendu sa décision. Si celle-ci n'est pas intervenue dans un délai de trois mois suivant sa saisine, la délibération redevient exécutoire.

Art. L.O. 3445-6 *(L. org. n° 2011-883 du 27 juill. 2011, art. 2)* L'habilitation est accordée par la loi lorsque la demande porte sur l'adaptation d'une disposition législative. Dans ce cas, elle vaut également habilitation à prendre les dispositions réglementaires d'application.

Elle est accordée par décret en Conseil d'État lorsque la demande ne porte que sur l'adaptation d'une disposition réglementaire.

Elle est accordée pour une durée ne pouvant aller au-delà du renouvellement du conseil départemental.

Art. L.O. 3445-6-1 *(L. org. n° 2011-883 du 27 juill. 2011, art. 2)* Si la loi ou le décret en Conseil d'État mentionnés aux deux premiers alinéas de l'article L.O. 3445-6 le prévoient, lorsque l'habilitation a été accordée jusqu'au renouvellement du conseil départemental, elle peut être prorogée de droit, une seule fois, pour une durée ne pouvant aller au-delà du prochain renouvellement par délibération motivée du conseil départemental adoptée dans les six mois suivant son renouvellement.

La délibération prévue au premier alinéa du présent article est transmise au Premier ministre ainsi qu'au représentant de l'État dans le département. L'article L.O. 3445-5 est applicable à cette délibération. Elle est publiée au *Journal officiel* dans le mois suivant l'expiration du délai de recours prévu au même article L.O. 3445-5 ou la date à laquelle la délibération devient exécutoire en application dudit article. Elle entre en vigueur le lendemain de sa publication.

Art. L.O. 3445-7 Les délibérations prises en application de l'habilitation sont adoptées à la majorité absolue des membres composant le conseil départemental. Elles précisent les dispositions législatives ou réglementaires auxquelles elles dérogent.

(L. org. n° 2011-883 du 27 juill. 2011, art. 2) « Les délibérations prévues au premier alinéa sont transmises au Premier ministre ainsi qu'au représentant de l'État dans le département.

« Elles sont publiées au *Journal officiel* dans le mois suivant leur transmission au Premier ministre. Elles entrent en vigueur le lendemain de leur publication. »

Les recours dirigés contre ces délibérations sont portés devant le Conseil d'État. Le représentant de l'État dans le département peut les déférer au Conseil d'État dans les conditions et avec les effets prévus à l'article L.O. 3445-5.

Art. L.O. 3445-8 Les dispositions de nature législative d'une délibération prise sur le fondement de l'habilitation prévue à l'article L.O. 3445-6 ne peuvent être modifiées par une loi que si celle-ci le prévoit expressément.

De même, les dispositions de nature réglementaire prises sur le fondement de cette habilitation ne peuvent être modifiées par un règlement que si ce dernier le prévoit expressément.

SECTION 2 **Fixation par les départements d'outre-mer des règles applicables sur leur territoire dans un nombre limité de matières relevant du domaine de la loi ou du règlement** *(L. org. nº 2010-1486 du 7 déc. 2010, art. 1er).*

Art. L.O. 3445-9 Dans les conditions et sous les réserves prévues au présent chapitre, les conseils départementaux de la Guadeloupe *(L. org. nº 2010-1486 du 7 déc. 2010, art. 1er)* « et de Mayotte » peuvent être habilités à fixer les règles applicables sur le territoire de leur département dans un nombre limité de matières pouvant relever du domaine de la loi *(L. org. nº 2010-1486 du 7 déc. 2010, art. 1er)* « ou du règlement », sous réserve des dispositions des quatrième et sixième alinéas de l'article 73 de la Constitution.

Nouvel art. L.O. 3445-9 *Dans les conditions et sous les réserves prévues au présent chapitre,* (L. org. nº 2025-793 du 11 août 2025, art. 1er) *« le conseil départemental de la Guadeloupe peut être habilité » à fixer les règles applicables sur le territoire* (L. org. nº 2025-793 du 11 août 2025, art. 1er) *« du » département dans un nombre limité de matières pouvant relever du domaine de la loi* (L. org. nº 2010-1486 du 7 déc. 2010, art. 1er) *« ou du règlement », sous réserve des dispositions des quatrième et sixième alinéas de l'article 73 de la Constitution.*

Le présent art. entre en vigueur à une date fixée par décret et au plus tard le 1er janv. 2026 (L. org. nº 2025-793 du 11 août 2025, art. 5).

Art. L.O. 3445-10 La demande d'habilitation tendant à fixer une règle applicable sur le territoire du département est adoptée par délibération motivée du conseil départemental prise à la majorité absolue de ses membres.

Cette délibération mentionne la matière susceptible de faire l'objet de l'habilitation prévue à l'article L.O. 3445-9.

Elle expose les spécificités locales justifiant la demande d'habilitation et précise la nature et la finalité des dispositions que le conseil départemental envisage de prendre.

La demande d'habilitation devient caduque dans les cas prévus au II de l'article L.O. 3445-2.

Art. L.O. 3445-11 Les articles L.O. 3445-3 à L.O. 3445-8 sont applicables à la présente section.

SECTION 3 **Dispositions communes**

Art. L.O. 3445-12 Les demandes d'habilitation mentionnées au présent chapitre ne peuvent être soumises au référendum local ou à la consultation des électeurs prévus au chapitre II du titre unique du livre I de la première partie.

Les délibérations prises sur le fondement de l'habilitation mentionnée au présent chapitre ne peuvent être soumises au référendum local.

CHAPITRE VI *[ABROGÉ]* **DÉPARTEMENT DE MAYOTTE**

(Abrogé par L. org. nº 2010-1486 du 7 déc. 2010, art. 1er)

(L. org. nº 2009-969 du 3 août 2009, art. 63)

Art. L.O. 3446-1 *Abrogé par L. org. nº 2010-1486 du 7 déc. 2010, art. 1er.*

TITRE V **DISPOSITIONS COMMUNES AUX DÉPARTEMENTS DE PARIS, DES HAUTS-DE-SEINE, DE LA SEINE-SAINT-DENIS ET DU VAL-DE-MARNE**

(L. nº 2006-1772 du 30 déc. 2006, art. 63)

CHAPITRE UNIQUE

(L. nº 2006-1772 du 30 déc. 2006, art. 63)

Art. L. 3451-1 Les départements de Paris, des Hauts-de-Seine, de la Seine-Saint-Denis et du Val-de-Marne, ainsi que l'institution interdépartementale qu'ils ont créée entre eux assurent l'assainissement collectif des eaux usées, qui comprend leur collecte et leur transport, lorsque les communes, leurs établissements publics de coopération ou leurs syndicats mixtes n'y pourvoient pas, leur épuration et l'élimination des boues produites. Ils peuvent assurer également, dans les mêmes circonstances, la collecte, le transport, le stockage et le traitement des eaux pluviales.

Art. L. 3451-2 Les départements ainsi que l'institution interdépartementale visés à l'article L. 3451-1 peuvent assurer tout ou partie de l'assainissement collectif et de la gestion des eaux pluviales des communes situées sur le territoire des départements de l'Essonne, de Seine-et-Marne, du Val-d'Oise et des Yvelines, dans les conditions fixées par convention avec les communes, les établissements publics de coopération intercommunale ou les syndicats mixtes concernés.

Art. L. 3451-3 Les dispositions prévues pour les communes par la section 2 du chapitre IV du titre II du livre II de la deuxième partie sont applicables aux départements de Paris, des Hauts-de-Seine, de la Seine-Saint-Denis et du Val-de-Marne, ainsi qu'à l'institution interdépartementale qu'ils ont créée entre eux pour l'exercice des compétences visées aux articles L. 3451-1 et L. 3451-2.

LIVRE V *[ABROGÉ]* DISPOSITIONS APPLICABLES AU DÉPARTEMENT DE MAYOTTE

(Abrogé par L. n° 2025-797 du 11 août 2025, art. 48)
(L. n° 2010-1487 du 7 déc. 2010, art. 4)

Le présent livre est abrogé à compter d'une date fixée par décret et au plus tard le 1er janv. 2026 (L. n° 2025-797 du 11 août 2025, art. 48).

ENCYCL. COLL. LOC. *Outre-mer : Mayotte, 1970,* par Faberon.

BIBL. GÉN. ▸ Bonnelle (dir.), Réflexions sur l'avenir institutionnel de Mayotte. Rapport au Secrétaire d'État à l'outre-mer, *Doc. fr. 1999.* – Sermet et Coudray (dir.), Mayotte dans la République, *Montchrestien, 2004. 717.* – Thiéllay, La loi du 11 juillet 2001, un nouveau départ pour Mayotte dans la République, *AJDA 2002. 106* .

▸ Sur la loi du 9 mai 2000, organisant une consultation de la population de Mayotte : V. Cons. const. 4 mai 2000, n° 2000-428 DC : *JO 10 mai 2000, p. 6976 ; AJDA 2000. 561, notes Schoettl et Faberon ; LPA oct. 2000, n° 207, note Verpeaux ; RD publ. 2000. 883, note Le Pourhiet ; RD publ. 2000. 907, étude Lemaire ; RFDA 2000. 737, note Gohin ; RFDA 2000. 746, étude Douence et Faure ; Rev. jur. et pol. Indépendance et coopération, 2000. 243, note Luchaire.*

TITRE I *[ABROGÉ]* DISPOSITIONS GÉNÉRALES

CHAPITRE UNIQUE *[ABROGÉ]*

Art. L.O. 3511-1 *(Abrogé par L. org. n° 2025-793 du 11 août 2025, art. 1er, à compter d'une date fixée par Décr. et au plus tard le 1er janv. 2026) (L. org. n° 2010-1486 du 7 déc. 2010, art. 1er)* ***À compter de la première réunion suivant le renouvellement de son assemblée délibérante en 2011, le Département de Mayotte est érigée*** *[érigé]* ***en une collectivité régie par l'article 73 de la Constitution, qui prend le nom de "Département de Mayotte" et exerce les compétences dévolues aux départements d'outre-mer et aux régions d'outre-mer.***

Art. L. 3511-2 ***Pour l'application à Mayotte de la troisième partie du présent code :***
1° La référence au département ou au département d'outre-mer est remplacée par la référence au Département de Mayotte ;
2° La référence au conseil régional est remplacée par la référence au conseil départemental ;
3° La référence au conseil économique, social et environnemental régional est remplacée par la référence au conseil économique, social et environnemental.

Art. L.O. 3511-3 *(Abrogé par L. org. n° 2025-793 du 11 août 2025, art. 1er, à compter d'une date fixée par Décr. et au plus tard le 1er janv. 2026) (L. org. n° 2010-1486 du 7 déc. 2010, art. 1er)* ***Pour l'application à Mayotte du chapitre V du titre IV du livre IV de la troisième partie, la référence au département est remplacée par la référence au Département de Mayotte.***

Art. L. 3511-4 ***Les articles L. 3334-16, L. 3334-16-1, L. 3334-16-2 et L. 3443-2 ne sont pas applicables à Mayotte.***

TITRE II *[ABROGÉ]* ORGANISATION DU DÉPARTEMENT DE MAYOTTE

CHAPITRE I *[ABROGÉ]* NOM ET TERRITOIRE DE LA COLLECTIVITÉ

Art. L. 3521-1 ***Le Département de Mayotte comprend la Grande-Terre, la Petite-Terre ainsi que les autres îles et îlots situés dans le récif les entourant.***
Il fait partie de la République et ne peut cesser d'y appartenir sans le consentement de sa population.

CHAPITRE II *[ABROGÉ]* ORGANES DE LA COLLECTIVITÉ

Art. L. 3522-1 *Abrogé par Ord. n° 2017-1491 du 25 oct. 2017, art. 34.*

CHAPITRE III *[ABROGÉ]* RÉGIME JURIDIQUE DES ACTES PRIS PAR LES AUTORITÉS DE LA COLLECTIVITÉ

Art. L. 3523-1 *Les décisions prises par le Département de Mayotte en application de l'article L. 4433-15-1 du présent code et des articles 68-21 et 68-22 du code minier sont soumises aux dispositions de l'article L. 3131-1.*

TITRE III *[ABROGÉ]* ADMINISTRATION ET SERVICES DE LA COLLECTIVITÉ

Le présent titre est abrogé à compter d'une date fixée par décret et au plus tard le 1er janv. 2026 (L. no 2025-797 du 11 août 2025, art. 48).

CHAPITRE UNIQUE *[ABROGÉ]*

Art. L. 3531-1 *Pour l'application à Mayotte de l'article L. 3221-3, les références : "des articles L. 2122-4 ou L. 4133-3" sont remplacées par la référence : "de l'article L. 2122-4".*

TITRE IV *[ABROGÉ]* FINANCES DE LA COLLECTIVITÉ

Le présent titre est abrogé à compter d'une date fixée par décret et au plus tard le 1er janv. 2026 (L. no 2025-797 du 11 août 2025, art. 48).

CHAPITRE I *[ABROGÉ]* BUDGETS ET COMPTES

Art. L. 3541-1 (*Ord. no 2025-526 du 12 juin 2025, art. 1er*) *Pour l'application de l'article L. 1612-34, le lieu de mise à disposition des budgets pour le département de Mayotte est l'hôtel du département. Ces documents peuvent également être mis à la disposition du public dans chaque canton, dans un lieu public.*

Le Département de Mayotte ne joint pas à son budget primitif et [à] son compte financier unique la présentation brève et synthétique retraçant les informations financières essentielles de la collectivité territoriale mentionnée au premier alinéa du IV de l'article L. 1612-35.

Les documents budgétaires du département de Mayotte sont assortis en annexe de la présentation de l'évolution des dépenses consacrées à la formation professionnelle des jeunes, en distinguant notamment les données financières relatives à l'apprentissage, à l'enseignement professionnel sous statut scolaire et aux formations continues en alternance mentionnée à la première phrase de l'article L. 4313-2.

Le rapport sur les orientations budgétaires mentionné à l'article L. 1612-26 présente un état d'avancement des mesures prévues par le plan de convergence couvrant le territoire du Département de Mayotte.

Le présent art. entre en vigueur à compter de l'exercice budgétaire 2026 (Ord. no 2025-526 du 12 juin 2025, art. 12). L'art. 48 de la L. no 2025-797 du 11 août 2025 semble abroger ce nouvel art. au moment de son entrée en vigueur.

Ancien art. L. 3541-1 *L'article L. 3313-1 n'est pas applicable au Département de Mayotte.*

Le budget et le compte administratif arrêtés du Département de Mayotte restent déposés à l'hôtel du Département où ils sont mis sur place à la disposition du public dans les quinze jours qui suivent leur adoption ou éventuellement leur notification après règlement par le représentant de l'État. Ces documents peuvent également être mis à la disposition du public dans chaque canton, dans un lieu public.

Le public est avisé de la mise à disposition de ces documents par tout moyen de publicité au choix du président du conseil départemental.

L'article L. 4313-2, à l'exception de la seconde phrase du 9o, et l'article L. 4313-3 sont applicables au Département de Mayotte.

(L. no 2017-256 du 28 févr. 2017, art. 11) « Le rapport sur les orientations budgétaires mentionné à l'article L. 3312-1 présente un état d'avancement des mesures prévues par le plan de convergence couvrant le territoire du Département de Mayotte. »

CHAPITRE II *[ABROGÉ]* DÉPENSES

Art. L. 3542-1 *Ne sont pas obligatoires pour le Département de Mayotte les dépenses mentionnées aux 7o, 8o, 10o bis, 11o et 14o de l'article L. 3321-1.*

Les cotisations au régime général de la sécurité sociale en application de l'article L. 3123-20-2 s'entendent des cotisations obligatoires pour l'employeur au titre du régime de sécurité sociale applicable à Mayotte.

Sont également obligatoires pour le Département de Mayotte :

1° Les dépenses dont il a la charge en matière de transports et d'apprentissage à la date de la première réunion suivant le renouvellement du conseil départemental de Mayotte en 2011 ;

2° Toute dépense liée à l'exercice d'une compétence transférée par l'État à compter de la même date ;

(L. nº 2015-991 du 7 août 2015, art. 15) *« 3° Les dépenses liées à l'organisation des transports scolaires ; »*

(L. nº 2015-991 du 7 août 2015, art. 22) *« 4° Les dépenses d'entretien et de construction des ports maritimes de commerce et de pêche qui lui sont transférés. »*

CHAPITRE III *[ABROGÉ]* ~~RECETTES~~

Art. L. 3543-1 *Pour leur application à Mayotte, les articles L. 3332-1, L. 3332-2 et L. 3332-3 sont ainsi rédigés :*

Art. L. 3332-1 Les recettes fiscales de la section de fonctionnement comprennent le produit des impositions de toute nature affectées au Département ou instituées par lui.

Art. L. 3332-2 Les recettes non fiscales de la section de fonctionnement comprennent notamment :

1° Le revenu et le produit des propriétés du Département ;

2° Le produit de l'exploitation des services et des régies du Département ;

3° Le produit du droit de péage des bacs et passages d'eau sur les routes et chemins à la charge du Département, des autres droits de péage et de tous les autres droits concédés au Département par des lois ;

4° Les dotations de l'État ;

5° Les subventions de l'État et les contributions des communes, de leurs groupements et des tiers aux dépenses de fonctionnement ;

6° Les autres ressources provenant de l'État, de l'Union européenne et d'autres collectivités ;

7° Le produit des amendes ;

8° Les remboursements d'avances effectués sur les ressources de la section de fonctionnement ;

9° Le produit de la neutralisation des dotations aux amortissements ;

10° La reprise des subventions d'équipement reçues ;

11° Les dons et legs en espèces hormis ceux visés au 7° de l'article L. 3332-3.

Art. L. 3332-3 Les recettes de la section d'investissement comprennent notamment :

1° Le produit des emprunts ;

2° La dotation (L. nº 2019-1479 du 28 déc. 2019, art. 259) *« de soutien à l'investissement des départements » ;*

3° Les versements au titre du Fonds de compensation pour la taxe sur la valeur ajoutée ;

4° Les subventions de l'État et les contributions des communes, de leurs groupements et des tiers aux dépenses d'investissement ;

5° Le produit des cessions d'immobilisations ;

6° Le remboursement des prêts consentis par le Département ;

7° Les dons et legs en nature et les dons et legs en espèces affectés à l'achat d'une immobilisation financière ou physique ;

8° Les amortissements ;

9° Le virement prévisionnel de la section de fonctionnement et le produit de l'affectation du résultat de fonctionnement conformément à l'article L. 3312-6.

Art. L. 3543-2 (L. nº 2010-1487 du 7 déc. 2010, art. 4) *Les articles L. 3332-1-1, L. 3332-2-1* (L. nº 2019-1479 du 28 déc. 2019, art. 16) *« et L. 3333-1 à L. 3333-10 » sont applicables à Mayotte à compter du 1er janvier 2014.*

LIVRE VI **MÉTROPOLE DE LYON**

(L. n° 2014-58 du 27 janv. 2014, art. 26)

BIBL. GÉN. ► HAVARD, La métropole collectivité territoriale de Lyon : évolution ou révolution ?, *AJDA 2017. 510* ✎. – LE CHATELIER, La métropole de Lyon, *AJCT 2014. 241* ✎.

Loi n° 2014-58 du 27 janvier 2014,

De modernisation de l'action publique territoriale et d'affirmation des métropoles.

Art. 39 En vue de la création de la métropole de Lyon, le Gouvernement est autorisé, dans les conditions prévues à l'article 38 de la Constitution et dans les douze mois suivant la promulgation de la présente loi, à prendre par ordonnance les mesures de nature législative :

1° Tendant à adapter le territoire d'intervention et les modalités d'organisation, de fonctionnement et de financement par les collectivités concernées de tout établissement ou organisme institué par la loi en conséquence de la création de la métropole de Lyon ;

2° Complétant l'article L. 212-8 du code du patrimoine pour déterminer l'organisation, le fonctionnement et le financement du service départemental d'archives du Rhône ;

3° Précisant les modalités d'élection des conseillers métropolitains à compter du prochain renouvellement général des conseils municipaux suivant la création de la métropole de Lyon. Cette ordonnance définit notamment les dispositions spéciales de composition du conseil de la métropole qui comprend de 150 à 180 conseillers élus, conformément aux articles L. 260 et L. 262 du code électoral, dans des circonscriptions dont le territoire est continu et défini sur des bases essentiellement démographiques, toute commune de moins de 3 500 habitants étant entièrement comprise dans la même circonscription ;

4° Propres à adapter les références au département, aux établissements publics de coopération intercommunale ou aux communautés urbaines dans toutes les dispositions législatives en vigueur susceptibles d'être applicables à la métropole de Lyon ;

5° Précisant le territoire d'intervention de l'État et l'organisation de ses services déconcentrés, du fait de la création de la métropole de Lyon ;

6° Propres à préciser et compléter les règles budgétaires, financières, fiscales, comptables et relatives aux concours financiers de l'État applicables à cette collectivité et aux communes situées sur son territoire.

En matière fiscale, cette ordonnance définit notamment les modalités de répartition du produit de certaines impositions départementales. Elle détermine également les modalités de partage de la dotation pour transferts de compensation d'exonération de fiscalité directe locale, des allocations de compensation des mesures d'allégement des droits d'enregistrement ainsi que la fraction de la dotation de compensation de la réforme de la taxe professionnelle et de la garantie individuelle de ressources versées au profit du département du Rhône. Elle adapte enfin les dispositions de la section 1 du chapitre I du titre V de la deuxième partie du livre I du code général des impôts, pour tenir compte du statut particulier de la métropole de Lyon et de la disparition, pour les communes situées sur son territoire, de la communauté urbaine de Lyon.

En matière de concours financiers, cette ordonnance définit notamment les modalités de partage de la dotation de compensation prévue à l'article L. 3334-7-1 du code général des collectivités territoriales entre la métropole de Lyon et le département du Rhône, les modalités d'application des articles L. 3335-1 et L. 3335-2 du même code à la métropole de Lyon et au département du Rhône, les modalités de calcul du potentiel fiscal et financier de la métropole de Lyon en application de l'article L. 3334-6 dudit code ainsi que les modalités selon lesquelles les articles L. 3334-10 à L. 3334-12 du même code s'appliquent à la métropole de Lyon.

Cette ordonnance détermine enfin les modalités de calcul de la dotation globale de compensation métropolitaine prévue à l'article L. 3663-6 dudit code.

Le projet de loi portant ratification de cette ordonnance est déposé devant le Parlement au plus tard le dernier jour du troisième mois suivant la publication de cette ordonnance.

Concernant les 1°, 2°, 4° et 5°, V. Ord. n° 2014-1543 du 19 déc. 2014 portant diverses mesures relatives à la création de la métropole de Lyon (ratifiée par L. n° 2015-382 du 3 avr. 2015, art. 1er) et le Rapp. au président de la République relatif à celle-ci.

Concernant le 3°, V. Ord. n° 2014-1539 du 19 déc. 2014 relative à l'élection des conseillers métropolitains de Lyon, mod. par L. n° 2015-816 du 6 juill. 2015, et le Rapp. au président de la République relatif à celle-ci.

Concernant le 6°, V. Ord. n° 2014-1335 du 6 nov. 2014 relative à l'adaptation et à l'entrée en vigueur de certaines dispositions du CGCT, du CGI et d'autres dispositions législatives applicables à la métropole de Lyon (ratifiée par L. n° 2015-381 du 3 avr. 2015, art. 1er) et le Rapp. au président de la République relatif à celle-ci.

TITRE I DISPOSITIONS GÉNÉRALES

CHAPITRE UNIQUE

Art. L. 3611-1 Il est créé une collectivité à statut particulier, au sens de l'article 72 de la Constitution, dénommée "métropole de Lyon", en lieu et place de la communauté urbaine de Lyon et, dans les limites territoriales précédemment reconnues à celle-ci, du département du Rhône.

La métropole de Lyon est substituée à la communauté urbaine de Lyon, aux communes situées sur son territoire et au département du Rhône dans toutes les procédures administratives et juridictionnelles en cours à la date de sa création, ainsi que dans l'ensemble de leurs droits et obligations, et dans toutes les délibérations et tous les actes qui relèvent de sa compétence.

Dans les mêmes conditions, la métropole de Lyon est substituée à la communauté urbaine de Lyon, aux communes situées sur son territoire et au département du Rhône dans tous les contrats en cours à la date de sa création. Les contrats sont exécutés dans les conditions antérieures jusqu'à leur échéance, sauf accord contraire des parties. Les cocontractants sont informés de la substitution de personne morale par le conseil de la métropole. La substitution de personne morale aux contrats antérieurement conclus n'entraîne aucun droit à résiliation ou à indemnisation pour le cocontractant (Ord. n° 2014-1543 du 19 déc. 2014, art. 4, mod. par L. n° 2015-382 du 3 avr. 2015, art. 1er).

Art. L. 3611-2 La métropole de Lyon forme un espace de solidarité pour élaborer et conduire un projet d'aménagement et de développement économique, écologique, éducatif, sportif, culturel et social de son territoire, afin d'en améliorer la compétitivité et la cohésion.

Elle assure les conditions de son développement économique, social et environnemental au moyen des infrastructures, réseaux et équipements structurants métropolitains.

Art. L. 3611-3 *(Ord. n° 2014-1543 du 19 déc. 2014, art. 3)* **La métropole de Lyon s'administre librement dans les conditions fixées par le présent livre et par les dispositions non contraires de la première partie du présent code, des titres II, III et IV du livre I et des livres II et III de sa troisième partie, et de la législation en vigueur relative au département.**

Pour l'application à la métropole de Lyon des dispositions de l'alinéa précédent :

1° La référence au département est remplacée par la référence à la métropole de Lyon ;

2° La référence au conseil départemental est remplacée par la référence au conseil de la métropole ;

3° La référence au président du conseil départemental est remplacée par la référence au président du conseil de la métropole.

Art. L. 3611-4 *(Ord. n° 2014-1543 du 19 déc. 2014, art. 3)* **Pour l'exercice de ses compétences, la métropole de Lyon dispose des mêmes droits et est soumise aux mêmes obligations que les établissements publics de coopération intercommunale à fiscalité propre.**

Pour l'exercice de ses compétences, le président du conseil de la métropole dispose des mêmes droits et est soumis aux mêmes obligations que les présidents d'établissements publics de coopération intercommunale à fiscalité propre.

En outre, sauf disposition contraire, la métropole de Lyon et son président disposent respectivement des prérogatives attribuées directement par la loi aux établissements publics de coopération intercommunale à fiscalité propre et aux présidents de ces établissements.

La métropole de Lyon est éligible aux mêmes aides, subventions et dispositifs de soutien que les établissements publics de coopération intercommunale à fiscalité propre.

Art. L. 3611-5 *(Ord. nº 2014-1543 du 19 déc. 2014, art. 3)* Les groupements de collectivités territoriales et les syndicats mixtes prévus à l'article L. 5721-2 dont la métropole de Lyon est membre disposent des mêmes droits et sont soumis aux mêmes obligations que les groupements de collectivités et les syndicats mixtes composés en tout ou partie d'établissements publics de coopération intercommunale à fiscalité propre ou de départements.

Ils sont également éligibles aux mêmes aides, subventions et dispositifs de soutien que les groupements de collectivités et les syndicats mixtes composés en tout ou partie d'établissements publics de coopération intercommunale à fiscalité propre ou de départements.

Art. L. 3611-6 *(Ord. nº 2014-1543 du 19 déc. 2014, art. 22)* La métropole de Lyon est représentée dans l'ensemble des établissements publics, instances, commissions et organismes dans lesquels les départements sont représentés de droit, le cas échéant après adaptation des règles régissant leur composition, leur fonctionnement et leur financement.

Au titre des compétences qu'elle exerce, la métropole de Lyon est représentée dans l'ensemble des établissements publics, instances, commissions et organismes dans lesquels les communes et les établissements publics de coopération intercommunale à fiscalité propre sont représentés de droit, le cas échéant après adaptation des règles régissant leur composition, leur fonctionnement et leur financement.

Les conseillers de la métropole de Lyon peuvent représenter le collège des départements ou celui des établissements publics de coopération intercommunale dans les instances où les représentants des collectivités territoriales ou de leurs groupements siègent.

Art. L. 3611-7 *(Ord. nº 2014-1543 du 19 déc. 2014, art. 29)* Dans la circonscription départementale du Rhône et sauf disposition contraire, les établissements publics, les établissements d'utilité publique, les ordres professionnels et les associations dont l'existence est prévue par la loi ou le règlement à l'échelle du département sont compétents sur l'ensemble du territoire du département du Rhône et de la métropole de Lyon.

TITRE II LIMITES TERRITORIALES ET CHEF-LIEU

CHAPITRE UNIQUE

Art. L. 3621-1 Les limites territoriales de la métropole de Lyon fixées à l'article L. 3611-1 sont modifiées par la loi, après consultation du conseil de la métropole, des conseils municipaux des communes intéressées et du conseil départemental intéressé, le Conseil d'État entendu. Toutefois, lorsque le conseil de la métropole, les conseils municipaux des communes intéressées et le conseil départemental ont approuvé par délibération les modifications envisagées, ces limites territoriales sont modifiées par décret en Conseil d'État.

Art. L. 3621-2 *Abrogé par Ord. nº 2014-1543 du 19 déc. 2014, art. 2.*

Art. L. 3621-3 Le chef-lieu du département du Rhône est fixé par décret en Conseil d'État, après consultation du conseil départemental du Rhône et du conseil municipal de la commune intéressée. L'article L. 3112-2 est applicable au transfert de ce chef-lieu.

Art. L. 3621-4 Par dérogation à l'article L. 3121-9, le conseil départemental du Rhône peut se réunir dans *(Ord. nº 2014-1543 du 19 déc. 2014, art. 2)* « la commune où siège le conseil » de la métropole de Lyon.

TITRE III ORGANISATION

CHAPITRE I LE CONSEIL DE LA MÉTROPOLE

Art. L. 3631-1 Les conseillers métropolitains sont élus au suffrage universel direct, dans les conditions prévues par le code électoral.

Art. L. 3631-2 *(Ord. nº 2014-1543 du 19 déc. 2014, art. 2)* « Le conseil de la métropole siège à Lyon. » Toutefois, il peut se réunir dans tout autre lieu de la métropole.

Art. L. 3631-3 Sans préjudice des articles L. 3121-9 et L. 3121-10, le conseil de la métropole se réunit de plein droit le premier jeudi qui suit son élection.

Art. L. 3631-4 Le président du conseil de la métropole est élu au scrutin secret, à la majorité absolue des membres du conseil de la métropole. Si cette élection n'est pas acquise après les deux premiers tours de scrutin, il est procédé à un troisième tour et l'élection a lieu à la majorité relative. En cas d'égalité de suffrages, l'élection est acquise au bénéfice de l'âge.

Art. L. 3631-5 Le conseil de la métropole élit les membres de la commission permanente. La commission permanente est composée du président et d'un ou plusieurs vice-présidents du conseil de la métropole ainsi que, le cas échéant, d'un ou plusieurs conseillers métropolitains.

Le nombre de vice-présidents est librement déterminé par le conseil de la métropole, sans que ce nombre puisse excéder vingt-cinq vice-présidents et 30 % de l'effectif du conseil de la métropole.

(L. nº 2019-1461 du 27 déc. 2019, art. 4) « Les articles L. 3122-5 à L. 3122-7 sont applicables à la commission permanente de la métropole de Lyon. »

Art. L. 3631-6 Le conseil de la métropole peut déléguer une partie de ses attributions à la commission permanente, à l'exception de celles mentionnées aux articles L. 3312-1 à L. 3312-3 et L. 1612-12 à L. 1612-15.

Art. L. 3631-7 Les votes ont lieu au scrutin public à la demande du sixième des membres présents. Le résultat des scrutins publics, énonçant les noms des votants et indiquant le sens de leur vote, est reproduit au procès-verbal. En cas de partage égal des voix, la voix du président du conseil de la métropole est prépondérante.

Il est voté au scrutin secret :

1º Lorsque le tiers des membres présents le demande ;

2º Lorsqu'il est procédé à une nomination.

Le conseil de la métropole peut toutefois décider, à l'unanimité, de ne pas procéder au scrutin secret aux nominations, sauf disposition législative ou réglementaire prévoyant expressément ce mode de scrutin.

Art. L. 3631-8 Les fonctions de président du conseil de la métropole sont incompatibles avec l'exercice de la fonction de président d'un conseil régional ou de celle de président d'un conseil départemental.

Les fonctions de président du conseil de la métropole sont également incompatibles avec celles de membre de la Commission européenne, de membre du directoire de la Banque centrale européenne ou de membre du Conseil de la politique monétaire de la Banque de France.

Si le président du conseil de la métropole de Lyon exerce une fonction le plaçant dans une situation d'incompatibilité prévue aux deux premiers alinéas, il cesse, de ce fait, d'exercer ses fonctions de président du conseil de la métropole de Lyon, au plus tard à la date à laquelle l'élection ou la nomination qui le place dans une situation d'incompatibilité devient définitive. En cas de contestation de cette élection ou de cette nomination, l'incompatibilité prend effet à compter de la date à laquelle la décision juridictionnelle confirmant l'élection ou la nomination devient définitive.

CHAPITRE II CONDITIONS D'EXERCICE DES MANDATS MÉTROPOLITAINS

Art. L. 3632-1 Les conseillers métropolitains reçoivent pour l'exercice effectif de leurs fonctions une indemnité fixée par référence au montant du traitement correspondant à l'indice brut terminal de l'échelle indiciaire de la fonction publique.

Art. L. 3632-2 Le conseil de la métropole fixe par délibération, dans les trois mois qui suivent sa première installation, les indemnités de ses membres.

Lorsque le conseil de la métropole est renouvelé, la délibération fixant les indemnités de ses membres intervient dans les trois mois suivant son installation.

Toute délibération du conseil de la métropole portant sur les indemnités de fonction d'un ou de plusieurs de ses membres est accompagnée d'un tableau annexe récapitulant l'ensemble des indemnités attribuées aux conseillers métropolitains.

Art. L. 3632-3 Les indemnités maximales votées par le conseil de la métropole pour l'exercice effectif du mandat de conseiller métropolitain sont déterminées en appliquant au terme de référence mentionné à l'article L. 3632-1 le taux maximal de 70 %.

Le conseil de la métropole peut, dans des conditions fixées par son règlement intérieur, réduire le montant des indemnités qu'il alloue à ses membres en fonction de leur participation aux séances plénières, aux réunions des commissions dont ils sont membres et aux réunions des organismes dans lesquels ils représentent la métropole, sans que cette réduction puisse dépasser, pour chacun d'entre eux, la moitié de l'indemnité maximale pouvant lui être attribuée en application du présent article.

Art. L. 3632-4 L'indemnité de fonction votée par le conseil de la métropole pour l'exercice effectif des fonctions de président du conseil de la métropole est au maximum égale au terme de référence mentionné à l'article L. 3632-1, majoré de 45 %. *(L. n° 2017-1837 du 30 déc. 2017, art. 100)* « Elle peut être majorée de 40 %, à condition que ne soit pas dépassé le montant total des indemnités maximales susceptibles d'être allouées aux membres du conseil métropolitain hors prise en compte de ladite majoration. »

L'indemnité de fonction de chacun des vice-présidents ayant délégation de l'exécutif du conseil de la métropole est, dans les mêmes conditions, au maximum égale à l'indemnité maximale de conseiller métropolitain, majorée de 40 %.

L'indemnité de fonction de chacun des membres de la commission permanente du conseil de la métropole, autres que le président et les vice-présidents ayant délégation de l'exécutif, est, dans les mêmes conditions, au maximum égale à l'indemnité maximale de conseiller métropolitain, majorée de 10 %.

Les indemnités de fonction majorées en application des deux premiers alinéas du présent article peuvent être réduites dans les conditions fixées au second alinéa de l'article L. 3632-3.

CHAPITRE III MODALITÉS PARTICULIÈRES D'INTERVENTION

SECTION 1 Les conférences territoriales des maires

Art. L. 3633-1 Des conférences territoriales des maires sont instituées sur le territoire de la métropole de Lyon. Le périmètre de ces conférences est déterminé par délibération du conseil de la métropole. Les conférences territoriales des maires peuvent être consultées lors de l'élaboration et de la mise en œuvre de politiques de la métropole. Leur avis est communiqué au conseil de la métropole.

Lors de sa première réunion, chaque conférence territoriale des maires élit en son sein un président et un vice-président, qui supplée le président en cas d'empêchement. Chaque conférence territoriale des maires se réunit au moins une fois par an à l'initiative de son président ou à la demande de la moitié de ses membres, sur un ordre du jour déterminé. Les modalités de fonctionnement des conférences territoriales des maires sont déterminées par le règlement intérieur du conseil de la métropole.

SECTION 2 La conférence métropolitaine des maires *(L. nº 2022-217 du 21 févr. 2022, art. 16)*.

Art. L. 3633-2 *(L. nº 2019-1461 du 27 déc. 2019, art. 2)* Il est créé une instance de coordination entre la métropole de Lyon et les communes situées sur son territoire, dénommée "conférence métropolitaine *(L. nº 2022-217 du 21 févr. 2022, art. 16)* « des maires »", au sein de laquelle il peut être débattu de tous sujets d'intérêt métropolitain ou relatifs à l'harmonisation de l'action de ces collectivités.

Préalablement à leur adoption par le conseil de la métropole, la conférence métropolitaine *(L. nº 2022-217 du 21 févr. 2022, art. 16)* « des maires » est saisie, pour avis, des actes suivants :

– le plan local d'urbanisme et de l'habitat ;
– le plan climat-air-énergie territorial ;
– le programme local d'action pour le logement et l'hébergement des personnes défavorisées ;
– le programme local de prévention des déchets ménagers et assimilés ;
– le schéma métropolitain des enseignements artistiques ;
– les schémas d'organisation sociale et médico-sociale.

La conférence métropolitaine *(L. nº 2022-217 du 21 févr. 2022, art. 16)* « des maires » est également amenée à rendre un avis, préalablement à celui rendu par le conseil de la métropole, sur le projet de schéma de cohérence territoriale et sur le projet de plan de déplacements urbains.

Les projets de délibérations du budget primitif de la métropole de Lyon et ceux ayant trait aux dotations financières aux communes situées sur son territoire sont présentés pour information à la conférence métropolitaine *(L. nº 2022-217 du 21 févr. 2022, art. 16)* « des maires » préalablement à leur adoption par le conseil de la métropole.

(L. nº 2022-217 du 21 févr. 2022, art. 16) « La conférence métropolitaine des maires peut demander, à la majorité simple des maires représentant la moitié de la population totale des communes situées sur le territoire de la métropole de Lyon, à ce que soit inscrite à l'ordre du jour du conseil de la métropole toute affaire intéressant la métropole, y compris pour l'inviter à délibérer dans un sens déterminé. Cette demande est adressée au président du conseil de la métropole quatorze jours au moins avant la réunion du conseil de la métropole. »

Cette instance est présidée de droit par le président du conseil de la métropole et comprend les maires des communes. Elle se réunit au moins quatre fois par an, à l'initiative du président du conseil de la métropole ou dans la limite de deux réunions par an, à la demande d'un tiers des maires, sur un ordre du jour déterminé.

Les avis de la conférence métropolitaine *(L. nº 2022-217 du 21 févr. 2022, art. 16)* « des maires » sont adoptés à la majorité simple des maires représentant la moitié de la population totale des communes situées sur le territoire de la métropole de Lyon.

Les modalités de fonctionnement de la conférence métropolitaine *(L. nº 2022-217 du 21 févr. 2022, art. 16)* « des maires » sont déterminées par le règlement intérieur du conseil de la métropole.

Art. L. 3633-3 La conférence métropolitaine *(L. nº 2022-217 du 21 févr. 2022, art. 16)* « des maires » élabore, dans les *(L. nº 2019-1461 du 27 déc. 2019, art. 3)* « neuf » mois qui suivent chaque renouvellement général des conseils municipaux, un projet de pacte de cohérence métropolitain entre la métropole et les communes situées sur son territoire. Ce projet propose une stratégie de délégation de compétences de la métropole de Lyon aux communes situées sur son territoire, dans les conditions définies à l'article L. 1111-8. Dans les mêmes conditions, celui-ci propose une stratégie de délégation de certaines compétences des communes à la métropole de Lyon.

La conférence métropolitaine *(L. nº 2022-217 du 21 févr. 2022, art. 16)* « des maires » adopte le projet de pacte de cohérence métropolitain à la majorité simple des maires représentant la moitié de la population totale des communes situées sur le territoire de la métropole de Lyon.

Le pacte de cohérence métropolitain est arrêté par délibération du conseil de la métropole de Lyon, après consultation des conseils municipaux des communes situées sur son territoire.

SECTION 3 Création et gestion territorialisée de services et d'équipements

Art. L. 3633-4 La métropole de Lyon peut déléguer, par convention, la création ou la gestion de certains équipements ou services relevant de ses compétences à une ou plusieurs communes situées sur son territoire, à un ou plusieurs établissements publics ou à toute autre collectivité territoriale. Dans les mêmes conditions, ces collectivités et ces établissements publics peuvent déléguer à la métropole de Lyon la création ou la gestion de certains équipements ou services relevant de leurs compétences.

La convention fixe les modalités financières et patrimoniales d'exercice des actions et missions déléguées. Elle peut prévoir les modalités de mise à disposition de tout ou partie des services des collectivités et établissements intéressés.

SECTION 4 Relations entre la métropole de Lyon et les communes situées sur son territoire

(L. n° 2019-1461 du 27 déc. 2019, art. 10)

Art. L. 3633-5 La métropole de Lyon peut envoyer aux conseillers municipaux des communes situées sur son territoire une copie de la convocation adressée aux conseillers métropolitains avant chaque réunion du conseil de la métropole de Lyon, accompagnée, le cas échéant, du rapport sur chacune des affaires devant être soumises aux conseillers métropolitains.

Les envois mentionnés au premier alinéa sont réalisés de manière dématérialisée par la métropole de Lyon.

TITRE IV COMPÉTENCES

CHAPITRE I COMPÉTENCES DE LA MÉTROPOLE DE LYON

Art. L. 3641-1 I. – La métropole de Lyon exerce de plein droit, en lieu et place des communes situées sur son territoire, les compétences suivantes :

1° En matière de développement et d'aménagement économique, social et culturel :

a) Création, aménagement, entretien et gestion de zones d'activité industrielle, commerciale, tertiaire, artisanale, touristique, portuaire ou aéroportuaire ;

b) Actions de développement économique, dont la participation au capital des sociétés mentionnées au 8° de l'article L. 4211-1, et actions contribuant à la promotion et au rayonnement du territoire et de ses activités, ainsi que *(L. n° 2015-991 du 7 août 2015, art. 3)* « soutien et participation au pilotage des pôles de compétitivité situés sur son territoire » ;

c) Programme de soutien et d'aides aux établissements d'enseignement supérieur et de recherche et aux programmes de recherche, en prenant en compte le schéma régional de l'enseignement supérieur, de la recherche et de l'innovation ;

d) Construction, aménagement, entretien et fonctionnement d'équipements culturels, socio-culturels, socio-éducatifs et sportifs métropolitains ;

e) Promotion du tourisme, dont la création d'offices de tourisme *(L. n° 2019-1461 du 27 déc. 2019, art. 16)* « , sans préjudice de l'animation touristique qui est une compétence partagée, au sens de l'article L. 1111-4, avec les communes de la métropole » ;

2° En matière d'aménagement de l'espace métropolitain :

a) Schéma de cohérence territoriale et schéma de secteur ; plan local d'urbanisme et documents d'urbanisme en tenant lieu ; définition, création et réalisation d'opérations d'aménagement ; actions de valorisation du patrimoine naturel et paysager ; constitution de réserves foncières ;

b) Organisation de la mobilité au sens des articles L. 1231-1, L. 1231-8 et L. 1231-14 à L. 1231-16 du code des transports ; création, aménagement et entretien de la voirie du domaine public routier de la métropole de Lyon ; signalisation ; parcs et aires de stationnement, *(Ord. n° 2021-408 du 8 avr. 2021, art. 3)* « plan local de mobilité » ; abris de voyageurs ;

c) Participation à la gouvernance et à l'aménagement des gares situées sur le territoire métropolitain ;

d) Établissement, exploitation, acquisition et mise à disposition d'infrastructures et de réseaux de télécommunications, conformément à l'article L. 1425-1 du présent code ;

3° En matière de politique locale de l'habitat :

a) Programme local de l'habitat ;

b) Politique du logement ; aides financières au logement social ; actions en faveur du logement social ; actions en faveur du logement des personnes défavorisées ;

c) Amélioration du parc immobilier bâti, réhabilitation et résorption de l'habitat insalubre ;

d) *(L. n° 2018-957 du 7 nov. 2018, art. 1er)* « Création, » aménagement, entretien et gestion des aires d'accueil des gens du voyage *(L. n° 2017-86 du 27 janv. 2017, art. 148)* « et des terrains familiaux locatifs définis aux 1° à 3° du II de l'article 1er de la loi n° 2000-614 du 5 juillet 2000 relative à l'accueil et à l'habitat des gens du voyage » ;

(L. n° 2014-173 du 21 févr. 2014, art. 11) « 4° En matière de politique de la ville :

« *a)* Élaboration du diagnostic du territoire et définition des orientations du contrat de ville ;

« *b)* Animation et coordination des dispositifs contractuels de développement urbain, de développement local et d'insertion économique et sociale ainsi que des dispositifs locaux de prévention de la délinquance ;

« *c)* Programmes d'actions définis dans le contrat de ville ; »

5° En matière de gestion des services d'intérêt collectif :

a) Assainissement et eau ;

b) Création, gestion, extension et translation des cimetières et sites cinéraires métropolitains, ainsi que création, gestion et extension des crématoriums métropolitains ;

c) Abattoirs, abattoirs marchés et marchés d'intérêt national ;

d) Services d'incendie et de secours, dans les conditions fixées au chapitre IV du titre II du livre IV de la première partie du présent code ;

e) Service public de défense extérieure contre l'incendie ;

6° En matière de protection et de mise en valeur de l'environnement et de politique du cadre de vie :

a) Gestion des déchets ménagers et assimilés ;

b) Lutte contre la pollution de l'air ;

c) Lutte contre les nuisances sonores ;

d) Soutien aux actions de maîtrise de la demande d'énergie ;

e) Élaboration et adoption du plan *(L. n° 2015-992 du 17 août 2015, art. 188)* « climat-air-énergie » territorial en application de l'article L. 229-26 du code de l'environnement, en cohérence avec les objectifs nationaux en matière de réduction des émissions de gaz à effet de serre, d'efficacité énergétique et de production d'énergie renouvelable ;

f) Concession de la distribution publique d'électricité et de gaz ;

g) Création, aménagement, entretien et gestion de réseaux de chaleur ou de froid urbains ;

h) Création et entretien des infrastructures de charge nécessaires à l'usage des véhicules électriques ou hybrides rechargeables ;

i) Gestion des milieux aquatiques et prévention des inondations, dans les conditions prévues à l'article L. 211-7 du code de l'environnement ;

j) Création et gestion de services de désinfection et de services d'hygiène et de santé.

II. — Le conseil de la métropole de Lyon approuve à la majorité simple des suffrages exprimés le plan local d'urbanisme.

Publicité extérieure. La métropole de Lyon est compétente pour l'élaboration du règlement local de publicité (V. aussi note 5 ss. art. L. 5211-17). * Rép. min. n° 20835 : *JO Sénat, 2 mars 2017, p. 879.*

Art. L. 3641-2 La métropole de Lyon exerce de plein droit les compétences que les lois, dans leurs dispositions non contraires au présent titre, attribuent au département.

Art. L. 3641-3 La métropole de Lyon peut déléguer aux communes situées sur son territoire, par convention, la gestion de certaines de ses compétences.

Art. L. 3641-4 I. — La région Rhône-Alpes peut déléguer à la métropole de Lyon certaines de ses compétences, dans les conditions prévues à l'article L. 1111-8.

II. — Par convention passée avec la région Rhône-Alpes, à la demande de celle-ci ou de la métropole de Lyon, cette dernière exerce à l'intérieur de son territoire, en lieu et place de la région, les compétences définies au 2° de l'article L. 4221-1-1.

La convention est signée dans un délai de dix-huit mois à compter de la réception de la demande.

La convention précise l'étendue et les conditions financières du transfert de compétences et, après avis des comités *(L. n° 2019-828 du 6 août 2019, art. 4)* « sociaux territoriaux » compétents, les conditions dans lesquelles tout ou partie des services régionaux correspondants sont transférés à la métropole. Elle constate la liste des services ou parties de service qui sont, pour l'exercice de ses missions, mis à la disposition de la métropole et fixe la date de transfert définitif. Ces services ou parties de service sont placés sous l'autorité du président du conseil de la métropole.

Toutefois, la convention peut prévoir que des services ou parties de service concernés par un transfert de compétences demeurent des services régionaux et sont mis à disposition de la métropole de Lyon pour l'exercice de ses compétences.

Art. L. 3641-5 *(L. n° 2022-217 du 21 févr. 2022, art. 90)* L'État peut déléguer, par convention, à la métropole de Lyon certaines de ses compétences, dans les conditions prévues à l'article L. 301-5-1 du code de la construction et de l'habitation.

Art. L. 3641-6 La métropole de Lyon est associée de plein droit à l'élaboration, à la révision et à la modification des schémas et documents de planification en matière d'aménagement, de développement économique et d'innovation, de transports et d'environnement, d'enseignement supérieur et de recherche, dont la liste est fixée par décret en Conseil d'État et qui relèvent de la compétence de l'État, d'une collectivité territoriale ou de leurs établissements publics, lorsque ces schémas et documents ont une incidence ou un impact sur son territoire.

La métropole de Lyon est associée de plein droit à l'élaboration du contrat de plan État-région, qui comporte un volet spécifique à son territoire.

Art. L. 3641-7 L'État peut transférer à la métropole de Lyon, sur sa demande, la propriété, l'aménagement, l'entretien et la gestion de grands équipements et infrastructures, le cas échéant situés en dehors de son périmètre, après avis du conseil départemental territorialement compétent. Ces transferts sont réalisés à titre gratuit et ne donnent lieu au paiement d'aucune indemnité ou taxe ni d'aucuns droit, salaire ou honoraires.

Le transfert est autorisé par décret. Une convention conclue entre l'État et la métropole bénéficiaire précise les modalités du transfert.

Art. L. 3641-8 La métropole de Lyon est substituée de plein droit, pour les compétences prévues aux articles L. 3641-1 et L. 3641-2, au syndicat de communes ou au syndicat mixte dont le périmètre est identique au sien ou totalement inclus dans le sien. L'ensemble des biens, droits et obligations nécessaires à l'exercice de ces compétences est transféré à la métropole, qui est substituée de plein droit au syndicat dans toutes les délibérations et les actes de ce dernier relatifs à ces compétences. Les personnels nécessaires à l'exercice de ces compétences sont réputés relever de la métropole de Lyon, dans les conditions de statut et d'emploi de cette dernière.

La métropole de Lyon est substituée, pour les compétences prévues à l'article L. 3641-1, au sein du syndicat de communes ou du syndicat mixte dont le périmètre est partiellement inclus dans le sien, aux communes situées sur le territoire de la métropole et à leurs établissements publics pour la partie de leur périmètre incluse dans le sien, membres de ce syndicat. Les attributions du syndicat, qui devient syndicat mixte au sens de l'article L. 5721-2, et le périmètre dans lequel il exerce ses compétences ne sont pas modifiés.

Les statuts des syndicats concernés existant à la date de promulgation de la loi n° 2014-58 du 27 janvier 2014 de modernisation de l'action publique territoriale et d'affirmation des métropoles sont mis en conformité avec le deuxième alinéa du présent article dans un délai de six mois à compter de la création de la métropole.

La métropole de Lyon est substituée à la communauté urbaine de Lyon au sein du pôle métropolitain, des syndicats mixtes ou de tout établissement public dont elle est membre.

(Ord. n° 2014-1543 du 19 déc. 2014, art. 5) « La métropole de Lyon et le département du Rhône sont membres de droit des syndicats mixtes auxquels appartient le département du Rhône au 31 décembre 2014 lorsque ces syndicats sont compétents sur leur territoire respectif. Ils sont également membres de droit des syndicats mixtes qui assurent la gestion d'équipements portuaires ou aéroportuaires. »

Art. L. 3641-9 L'article L. 2143-3 est applicable à la métropole de Lyon. Pour son application :

1° La référence aux établissements publics de coopération intercommunale ou groupements est remplacée par la référence à la métropole de Lyon ;

2° La référence aux communes membres de l'établissement est remplacée par la référence aux communes situées sur le territoire de la métropole de Lyon ;

3° La référence à la commission intercommunale pour l'accessibilité aux personnes handicapées est remplacée par la référence à la commission métropolitaine pour l'accessibilité aux personnes handicapées.

CHAPITRE II ATTRIBUTIONS DU CONSEIL DE LA MÉTROPOLE ET DE SON PRÉSIDENT

Art. L. 3642-1 Le conseil de la métropole règle par ses délibérations les affaires de la métropole de Lyon.

Art. L. 3642-2 I. — 1. Sans préjudice de l'article L. 2212-2 du présent code et par dérogation à l'article L. 1311-2 et au deuxième alinéa de l'article L. 1331-1 du code de la santé publique, le président du conseil de la métropole exerce les attributions lui permettant de réglementer en matière d'assainissement.

Par dérogation à l'article L. 1331-10 du même code, le président du conseil de la métropole de Lyon arrête ou retire les autorisations de déversement d'effluents non domestiques.

Les infractions aux règlements d'assainissement peuvent être recherchées et constatées par des agents des services de désinfection et des services d'hygiène et de santé de la métropole de Lyon habilités et assermentés dans les conditions fixées par décret en Conseil d'État.

(Ord. n° 2014-1335 du 6 nov. 2014, art. 19) « Le président de la métropole de Lyon est compétent pour demander le paiement, après mise en demeure, des sommes dues par les propriétaires en vertu des articles L. 1331-2, L. 1331-3 et L. 1331-6 à L. 1331-9 du code de la santé publique. »

2. Sans préjudice de l'article L. 2212-2 et par dérogation à l'article L. 2224-16 du présent code, le président du conseil de la métropole exerce les attributions lui permettant de réglementer la collecte des déchets ménagers. Les infractions au règlement de collecte des déchets ménagers peuvent être recherchées et constatées par des agents des services de désinfection et des services d'hygiène et de santé de la métropole de Lyon habilités et assermentés dans les conditions fixées par décret en Conseil d'État.

3. Par dérogation à l'article 9 de la loi n° 2000-614 du 5 juillet 2000 relative à l'accueil et à l'habitat des gens du voyage, le président du conseil de la métropole exerce les attributions relatives au stationnement des résidences mobiles des gens du voyage.

4. Le président du conseil de la métropole exerce les attributions mentionnées à l'article L. 211-11 du code de la sécurité intérieure pour assurer la sécurité des manifestations culturelles et sportives organisées dans les établissements de la métropole.

5. Sans préjudice de l'article L. 2212-2 du présent code, le président du conseil de la métropole exerce les prérogatives relatives à la police de la circulation définies aux articles L. 2213-1 *(L. n° 2019-1428 du 24 déc. 2019, art. 51)* « , L. 2213-1-1 » *(Ord. n° 2014-1543 du 19 déc. 2014, art. 8)* « *[,]* L. 2213-2 », L. 2213-3, L. 2213-4, L. 2213-5 et L. 2213-6-1 sur l'ensemble des voies de communication à l'intérieur des agglomérations, sous réserve des pouvoirs dévolus au représentant de l'État dans *(Ord. n° 2014-1543 du 19 déc. 2014, art. 2)* « le département » sur les routes à grande circulation. À l'extérieur des agglomérations, le président du conseil de la métropole exerce également la police de la circulation sur les voies du domaine public routier des communes et de la métropole, sous réserve des pouvoirs dévolus au représentant de

l'État dans *(Ord. nº 2014-1543 du 19 déc. 2014, art. 2)* « le département » sur les routes à grande circulation.

Les maires des communes situées sur le territoire de la métropole exercent les prérogatives relatives à la police du stationnement définies aux articles L. 2213-2, L. 2213-3, L. 2213-3-1 et L. 2213-6 sur l'ensemble des voies de communication à l'intérieur des agglomérations et sur les voies du domaine public routier des communes et de la métropole à l'extérieur des agglomérations.

Les maires des communes situées sur le territoire de la métropole transmettent pour avis au président du conseil de la métropole leurs projets d'actes réglementaires en matière de stationnement. Cet avis est réputé rendu en l'absence de réponse du président du conseil de la métropole dans un délai de quinze jours francs à compter de la réception de la demande d'avis.

6. Le président du conseil de la métropole exerce la police de la conservation sur les voies du domaine public routier de la métropole de Lyon.

7. Sans préjudice de l'article L. 2212-2 et par dérogation à l'article L. 2213-33, le président du conseil de la métropole délivre aux exploitants de taxi les autorisations de stationnement sur la voie publique. L'autorisation de stationnement peut être limitée à une ou plusieurs communes situées sur le territoire de la métropole.

8. Sans préjudice de l'article L. 2212-2 et par dérogation à l'article L. 2213-32, le président du conseil de la métropole exerce les attributions lui permettant de réglementer la défense extérieure contre l'incendie.

(L. nº 2014-366 du 24 mars 2014, art. 75) « 9. Sans préjudice de l'article L. 2212-2, le président du conseil de la métropole exerce les attributions mentionnées *(Ord. nº 2020-1144 du 16 sept. 2020, art. 6)* « à l'article *(Ord. nº 2020-71 du 29 janv. 2020, art. 8)* « L. 184-1 » et aux 1º à 3º de l'article L. 511-2 » du code de la construction et de l'habitation. »

(L. nº 2021-1104 du 22 août 2021, art. 17) « 10. Par dérogation au premier alinéa de l'article L. 581-3-1 du code de l'environnement, le président du conseil de la métropole exerce les attributions en matière de police de la publicité. »

II. — Lorsque le président du conseil de la métropole prend un arrêté de police dans les matières prévues au I du présent article, il le transmet pour information aux maires des communes intéressées dans les meilleurs délais.

III. — Les agents de police municipale recrutés en application des II et III de l'article L. 3642-3 *(Ord. nº 2014-1543 du 19 déc. 2014, art. 8)* « ou de l'article *(L. nº 2015-382 du 3 avr. 2015, art. 2)* « L. 511-2 » du code de la sécurité intérieure », les agents de police municipale mis à disposition de la métropole de Lyon par les communes situées sur son territoire et les agents de la métropole de Lyon habilités et assermentés dans des conditions fixées par décret en Conseil d'État peuvent assurer, sous l'autorité du président du conseil de la métropole, l'exécution des décisions prises en vertu du I du présent article.

IV. — Le représentant de l'État dans *(Ord. nº 2014-1543 du 19 déc. 2014, art. 2)* « le département » peut, dans le cas où il n'y aurait pas été pourvu par le président du conseil de la métropole, et après une mise en demeure de ce dernier restée sans résultat, exercer les attributions du président du conseil de la métropole *(Ord. nº 2014-1543 du 19 déc. 2014, art. 8)* « prévues au I » *(L. nº 2021-1104 du 22 août 2021, art. 17)* « , à l'exception des attributions prévues au 10 du I ».

Art. L. 3642-3 I. — Pour l'application des articles L. 511-5, L. 512-4, L. 512-5, L. 512-6 et L. 513-1 du code de la sécurité intérieure à la métropole de Lyon :

1º La référence à l'établissement public de coopération intercommunale est remplacée par la référence à la métropole de Lyon ;

2º La référence au président de l'établissement public de coopération intercommunale est remplacée par la référence au président du conseil de la métropole ;

3º La référence à la convention intercommunale de coordination est remplacée par la référence à la convention métropolitaine de coordination.

II. — À la demande des maires de plusieurs communes de la métropole, la métropole de Lyon peut recruter, après délibération des deux tiers au moins des conseils municipaux des communes intéressées représentant plus de la moitié de la population totale de celles-ci ou de la moitié au moins des conseils municipaux des communes représentant les deux tiers de la population totale de celles-ci, un ou plusieurs agents de police municipale, en vue de les mettre à disposition de l'ensemble de ces communes. Leur nomination en qualité de fonctionnaires stagiaires ne fait pas obstacle à leur mise à disposition.

Les agents de police municipale ainsi recrutés exercent, sur le territoire de chaque commune où ils sont affectés, les compétences mentionnées à l'article L. 511-1 du code de la sécurité intérieure, sans préjudice des compétences de police judiciaire qui leur sont dévolues par le code de procédure pénale et par les lois pénales spéciales. Pendant l'exercice de leurs fonctions sur le territoire d'une commune, ils sont placés sous l'autorité du maire de cette commune.

III. — Les agents de police municipale recrutés par la métropole de Lyon sont nommés par le président du conseil de la métropole, agréés par le représentant de l'État dans *(Ord. n° 2014-1543 du 19 déc. 2014, art. 2)* « le département » et par le procureur de la République, puis assermentés dans les conditions prévues à l'article L. 511-2 du même code.

L'agrément peut être retiré ou suspendu par le représentant de l'État dans *(Ord. n° 2014-1543 du 19 déc. 2014, art. 2)* « le département » ou par le procureur de la République après consultation du président du conseil de la métropole. Toutefois, en cas d'urgence, l'agrément peut être suspendu par le procureur de la République sans qu'il soit procédé à cette consultation.

Art. L. 3642-4 La métropole de Lyon peut décider, sous réserve de l'accord de la commune d'implantation, autorité publique compétente au sens de l'article L. 251-2 du code de la sécurité intérieure, d'acquérir, d'installer et d'entretenir des dispositifs de vidéoprotection aux fins de prévention de la délinquance. Elle peut mettre à disposition des communes intéressées du personnel pour visionner les images.

Art. L. 3642-5 Le président du conseil de la métropole de Lyon anime et coordonne, sous réserve du pouvoir de police des maires des communes, les actions qui concourent à l'exercice de la compétence relative aux dispositifs locaux de prévention de la délinquance et d'accès au droit. Sauf opposition d'une ou plusieurs communes représentant au moins la moitié de la population totale de la métropole, le président du conseil de la métropole préside un conseil métropolitain de sécurité et de prévention de la délinquance.

Les faits et informations à caractère confidentiel échangés dans le cadre des groupes de travail constitués au sein de ce conseil ne peuvent être communiqués à des tiers.

TITRE V BIENS ET PERSONNELS

Art. L. 3651-1 Les biens et droits, à caractère mobilier ou immobilier, situés sur le territoire de la métropole de Lyon et utilisés pour l'exercice des compétences mentionnées aux articles L. 3641-1 et L. 3641-2 *(Ord. n° 2014-1543 du 19 déc. 2014, art. 15)* « ainsi que pour l'exercice des attributions mentionnées au 9 du I de l'article L. 3642-2 » sont mis de plein droit à la disposition de la métropole par les communes situées sur son territoire et par le département du Rhône.

En application de l'article L. 1321-4, les biens et droits mentionnés au premier alinéa du présent article sont transférés en pleine propriété dans le patrimoine de la métropole de Lyon, au plus tard un an après la date de la première réunion du conseil de la métropole.

Les biens et droits appartenant à la communauté urbaine de Lyon sont transférés à la métropole de Lyon en pleine propriété de plein droit. Lorsque les biens étaient mis par les communes à la disposition de cet établissement public en application des articles L. 1321-1 et L. 1321-2, le transfert de propriété est réalisé entre les communes intéressées et la métropole de Lyon.

À défaut d'accord amiable, un décret en Conseil d'État, pris après avis d'une commission dont la composition est fixée par arrêté du ministre de l'Intérieur et qui comprend des maires des communes situées sur son territoire, le président du conseil de la métropole et le président du conseil départemental du Rhône, procède au transfert définitif de propriété.

Les transferts sont réalisés à titre gratuit et ne donnent lieu au paiement d'aucune indemnité ou taxe ni d'aucuns droit, salaire ou honoraires *(Ord. n° 2014-1335 du*

6 nov. 2014, art. 6) « **, notamment de la contribution prévue à l'article 879 du code général des impôts ».**

La métropole de Lyon est substituée de plein droit, pour l'exercice de ses compétences, aux communes, au département du Rhône et à la communauté urbaine de Lyon dans l'ensemble des droits et obligations attachés aux biens mis à disposition et transférés à la métropole en application des quatre premiers alinéas.

Les contrats sont exécutés dans les conditions antérieures jusqu'à leur terme, sauf accord contraire des parties. Les cocontractants sont informés de la substitution de personne morale par le conseil de la métropole. La substitution de personne morale aux contrats en cours n'entraîne aucun droit à résiliation ou à indemnisation pour le cocontractant.

Sur la mise à la disposition de plein droit de la métropole de Lyon, par le département du Rhône, des biens et droits, V. ci-dessous Ord. n° 2014-1543 du 19 déc. 2014, art. 13.

Ordonnance n° 2014-1543 du 19 décembre 2014,

Portant diverses mesures relatives à la création de la métropole de Lyon.

Art. 13 La mise à la disposition de plein droit de la métropole de Lyon, par le département du Rhône, des biens et droits mentionnés au premier alinéa de l'article L. 3651-1 du code général des collectivités territoriales est constatée par un procès-verbal établi contradictoirement entre les représentants des deux collectivités.

Le procès-verbal mentionné à l'alinéa précédent précise, en ce qui concerne les biens et droits à caractère immobilier, l'adresse, les éventuelles références cadastrales, la description sommaire, la situation juridique, la surface réelle ou estimée et l'affectation de ceux-ci. Tous les documents et informations en possession du département du Rhône et utiles à la gestion et à l'exploitation des biens par la métropole de Lyon sont remis par le département du Rhône à cette dernière.

Les transferts de propriété à intervenir entre le département du Rhône et la métropole de Lyon en application du deuxième alinéa de l'article L. 3651-1 du code général des collectivités territoriales sont constatés :

1° En ce qui concerne les biens et droits à caractère mobilier, par une convention conclue entre le département du Rhône et la métropole de Lyon, sans qu'il y ait lieu de faire réaliser des contrôles techniques ou diagnostics préalables ;

2° En ce qui concerne les biens et droits à caractère immobilier, par une convention immobilière conclue entre le département du Rhône et la métropole de Lyon.

Au vu de la convention immobilière mentionnée à l'alinéa précédent, les services de la publicité foncière territorialement compétents procèdent aux mises à jour du fichier immobilier.

Pour les besoins de ces mises à jour, la convention est établie en autant d'exemplaires originaux que de services de la publicité foncière appelés à intervenir et comporte :

1° La désignation précise des parties et de leurs représentants, avec le cas échéant une copie des délégations de pouvoirs ou de signature en vertu desquelles les signataires agissent ;

2° Une mention rappelant qu'en application de l'article L. 3651-1 du code général des collectivités territoriales les biens et droits immobiliers en cause, mis de plein droit à la disposition de la métropole de Lyon par le département du Rhône au jour de la création de cette dernière, sont transférés à titre gratuit, dans l'état où ils se trouvent, et que la métropole de Lyon a parfaitement connaissance tant de cet état que des droits et obligations qui s'y rattachent ;

3° Pour chaque bien ou droit immobilier dont la propriété est ainsi transférée, une fiche individuelle mentionnant son adresse, ses éventuelles références cadastrales, sa description sommaire, le cas échéant les numéros de lots de copropriété, le rappel de sa situation juridique, sa surface réelle ou estimée, son affectation et, si le département du Rhône détient les informations correspondantes, l'identité du service de la publicité foncière ayant publié l'acte l'envoyant en propriété, accompagnée des références et de la date de la publicité correspondante.

Les fiches individuelles mentionnées à l'alinéa précédent sont annexées à la convention et regroupées entre elles en fonction des ressorts des services de la publicité foncière.

Art. L. 3651-2 *(Ord. n° 2014-1543 du 19 déc. 2014, art. 9)* Les routes classées dans le domaine public routier de la communauté urbaine de Lyon et dans le domaine public routier du département du Rhône situées sur le territoire de la métropole de Lyon, ainsi que leurs dépendances et accessoires, sont transférées en pleine propriété à la métropole de Lyon au jour de sa création. Il en est de même des infrastructures routières *(L. n° 2015-382 du 3 avr. 2015, art. 3)* « situées sur son territoire » en cours de réalisation par la communauté urbaine de Lyon et le département du Rhône à la date de ce transfert.

Ces transferts s'effectuent à titre gratuit et ne donnent lieu ni à versement de la contribution prévue à l'article 879 du code général des impôts ni à perception d'impôts, de droits ou de taxes de quelque nature que ce soit.

Ils emportent transfert à la métropole de Lyon des servitudes, droits et obligations correspondants, ainsi que le classement des routes transférées dans la voirie métropolitaine. Le statut éventuel de route express ou de route à grande circulation des routes transférées est conservé.

Les terrains acquis par la communauté urbaine de Lyon et le département du Rhône en vue de l'aménagement des routes transférées sont cédés à la métropole de Lyon.

Le transfert emporte de plein droit mise à jour des documents d'urbanisme affectés par le transfert.

Le président du conseil de la communauté urbaine de Lyon et le président du conseil départemental du Rhône communiquent au représentant de l'État dans la région et au président du conseil de la métropole de Lyon toutes les informations dont ils disposent sur leur domaine public routier.

Art. L. 3651-3 I. — L'ensemble des personnels de la communauté urbaine de Lyon relèvent *[relève]* de plein droit de la métropole de Lyon, dans les conditions de statut et d'emploi qui sont les leurs. Les agents conservent, s'ils y ont intérêt, le bénéfice du régime indemnitaire qui leur était applicable ainsi que, à titre individuel, les avantages acquis en application du troisième alinéa de l'article 111 de la loi n° 84-53 du 26 janvier 1984 portant dispositions statutaires relatives à la fonction publique territoriale.

(L. n° 2015-991 du 7 août 2015, art. 117) « Le I *bis* de l'article L. 5111-7 est applicable. »

II. — Les services ou parties de service des communes qui participent à l'exercice des compétences mentionnées à l'article L. 3641-1 *(Ord. n° 2014-1543 du 19 déc. 2014, art. 15)* « et attributions mentionnées au 9 du I de l'article L. 3642-2 » sont transférés à la métropole de Lyon, dans les conditions prévues à l'article L. 5211-4-1. Pour l'application de ce même article, l'autorité territoriale est le président du conseil de la métropole.

(L. n° 2015-991 du 7 août 2015, art. 117) « Le I *bis* de l'article L. 5111-7 est applicable. »

III. — Les services ou parties de service du département qui participent à l'exercice des compétences mentionnées à l'article L. 3641-2 sont transférés à la métropole de Lyon dans les conditions définies ci-après.

La date et les modalités de ce transfert font l'objet d'une convention entre le département et la métropole, prise après avis du comité *(L. n° 2019-828 du 6 août 2019, art. 4)* « social territorial » compétent pour le département et pour la métropole. Toutefois, dans le cadre d'une bonne organisation des services, cette convention peut prévoir que le département conserve tout ou partie du service concerné par le transfert de compétences, à raison du caractère partiel de ce dernier.

À défaut de convention passée avant le 1er avril 2015, le représentant de l'État dans le département propose, dans le délai d'un mois, un projet de convention au président du conseil départemental et au président du conseil de la métropole. Ils disposent d'un délai d'un mois pour signer le projet de convention qui leur est soumis. À défaut de signature du projet proposé par le représentant de l'État, la date et les modalités du transfert sont établies par arrêté du ministre chargé des collectivités territoriales.

Dans l'attente du transfert définitif des services ou parties de service et à compter du 1er janvier 2015, le président du conseil de la métropole donne ses instructions aux chefs des services du département chargé des compétences transférées.

À la date d'entrée en vigueur des transferts définitifs des services ou parties de service auxquels ils sont affectés, les agents non titulaires de droit public du département exerçant leurs fonctions dans un service ou une partie de service transféré à la métropole deviennent des agents non titulaires de la métropole et les fonctionnaires territoriaux exerçant leurs fonctions dans un service ou une partie de service transféré à la métropole sont affectés de plein droit à la métropole.

Les agents conservent, s'ils y ont intérêt, le bénéfice du régime indemnitaire qui leur était applicable ainsi que, à titre individuel, les avantages acquis en application du troisième alinéa de l'article 111 de la loi n° 84-53 du 26 janvier 1984 précitée. Les agents non titulaires conservent, à titre individuel, le bénéfice des stipulations de leur contrat. Les services antérieurement accomplis en qualité d'agent non titulaire du département sont assimilés à des services accomplis dans la métropole.

(L. n° 2015-991 du 7 août 2015, art. 117) « En matière de protection sociale complémentaire, les agents conservent, s'ils y ont intérêt, le bénéfice des participations qui leur étaient applicables au titre d'un label prévu à l'article 88-2 de la loi n° 84-53 du 26 janvier 1984 précitée. »

Les fonctionnaires de l'État *(Ord. n° 2014-1543 du 19 déc. 2014, art. 19)* « et hospitaliers » détachés à la date du transfert auprès du département et affectés dans un service ou une partie de service transféré à la métropole de Lyon sont placés en position de détachement auprès de la métropole de Lyon pour la durée de leur détachement restant à courir.

IV. — Les services ou parties de service de l'État qui participent à l'exercice des compétences mentionnées à l'article L. 3641-5 sont mis à disposition de la métropole par la convention prévue au même article.

V. — Les services ou parties de service de l'État qui participent à l'exercice des compétences mentionnées à l'article L. 3641-7 sont transférés à la métropole de Lyon, dans les conditions prévues aux articles 80 à 88 de la loi n° 2014-58 du 27 janvier 2014 de modernisation de l'action publique territoriale et d'affirmation des métropoles. Pour l'application de ces mêmes articles, l'autorité territoriale est le président du conseil de la métropole.

Sur l'organisation par la métropole de Lyon des élections pour la désignation des représentants du personnel aux commissions administratives paritaires et au comité technique, V. L. n° 2014-58 du 27 janv. 2014, art. 36.

Art. L. 3651-4 Dans un souci de bonne organisation des services, les dispositifs prévus au III de l'article L. 5211-4-1 et à l'article L. 5211-4-2 sont applicables entre la métropole de Lyon et les communes situées sur son territoire.

TITRE VI DISPOSITIONS FINANCIÈRES ET COMPTABLES

CHAPITRE I BUDGETS ET COMPTES

(Ord. n° 2014-1335 du 6 nov. 2014, art. 37)

Art. L. 3661-1 *(Abrogé par Ord. n° 2025-526 du 12 juin 2025, art. 1er, à compter de l'exercice budgétaire 2026)* ***Le budget de la métropole de Lyon est l'acte par lequel sont prévues et autorisées les recettes et les dépenses annuelles de la collectivité. Le budget voté doit être équilibré en dépenses et en recettes.***

Le budget de la métropole de Lyon est établi en section de fonctionnement et en section d'investissement, tant en recettes qu'en dépenses. Certaines interventions, activités ou services sont individualisés au sein de budgets annexes.

Le budget de métropole de Lyon est divisé en chapitres et articles.

Un décret fixe les conditions d'application du présent article.

Art. L. 3661-2 *(Abrogé par Ord. n° 2025-526 du 12 juin 2025, art. 1er, à compter de l'exercice budgétaire 2026)* ***Préalablement aux débats sur le projet de budget, le président du conseil de la métropole de Lyon présente un rapport sur la situation en matière de développement durable intéressant le fonctionnement de la métropole de Lyon, les politiques qu'elle mène sur son territoire et les orientations et programmes de nature à améliorer cette situation*** *(L. n° 2021-1031 du 4 août 2021, art. 5)* ***« et à contribuer à l'atteinte des objectifs de développement durable inscrits au programme de développement durable à l'horizon 2030,***

adopté le 25 septembre 2015 par l'Assemblée générale des Nations unies ». Le contenu de ce rapport et, si nécessaire, les modalités de son élaboration sont fixés par décret.

Art. L. 3661-3 *(Abrogé par Ord. n° 2025-526 du 12 juin 2025, art. 1er, à compter de l'exercice budgétaire 2026)* ***L'attribution des subventions donne lieu à une délibération distincte du vote du budget. Toutefois, pour les subventions dont l'attribution n'est pas assortie de conditions d'octroi, le conseil de la métropole de Lyon peut décider :***

1° D'individualiser au budget les crédits par bénéficiaire ; ou

2° D'établir, dans un état annexé au budget, une liste de bénéficiaires avec, pour chacun d'eux, l'objet et le montant de la subvention. L'individualisation des crédits ou la liste établie conformément au 2° vaut décision d'attribution des subventions en cause.

Art. L. 3661-4 *(Abrogé par Ord. n° 2025-526 du 12 juin 2025, art. 1er, à compter de l'exercice budgétaire 2026)* ***La métropole de Lyon est soumise aux dispositions de l'article L. 3312-1, hormis pour la présentation des orientations budgétaires qui intervient dans un délai de dix semaines.***

Le projet de budget de la collectivité est préparé et présenté par le président du conseil de la métropole de Lyon qui est tenu de le communiquer aux membres du conseil de la métropole de Lyon avec les rapports correspondants, douze jours au moins avant l'ouverture de la première réunion consacrée à l'examen dudit budget.

Le budget primitif, le budget supplémentaire et les décisions modificatives sont votés par le conseil de la métropole de Lyon.

Art. L. 3661-5 *(Abrogé par Ord. n° 2025-526 du 12 juin 2025, art. 1er, à compter de l'exercice budgétaire 2026)* ***Le budget de la métropole est voté soit par nature, soit par fonction. Si le budget est voté par nature, il comporte, en outre, une présentation croisée par fonction ; s'il est voté par fonction, il comporte une présentation croisée par nature. La nomenclature par nature et la nomenclature par fonction sont fixées par arrêté conjoint du ministre chargé des collectivités territoriales et du ministre chargé du budget.***

Les documents budgétaires sont présentés conformément aux modèles fixés par arrêté conjoint du ministre chargé des collectivités territoriales et du ministre chargé du budget.

Un décret fixe les conditions d'application du présent article.

Art. L. 3661-6 *(Abrogé par Ord. n° 2025-526 du 12 juin 2025, art. 1er, à compter de l'exercice budgétaire 2026)* ***Les crédits sont votés par chapitre et, si le conseil de la métropole de Lyon en décide ainsi, par article. Dans ces deux cas, le conseil de la métropole de Lyon peut cependant spécifier que certains crédits sont spécialisés par article.***

En cas de vote par article, le président du conseil de la métropole de Lyon peut effectuer, par décision expresse, des virements d'article à article à l'intérieur du même chapitre, à l'exclusion des articles dont les crédits sont spécialisés.

Dans la limite de 7,5 % des dépenses réelles de chacune des sections, fixée à l'occasion du vote du budget, le conseil de la métropole de Lyon peut déléguer à son président la possibilité de procéder à des mouvements de crédits de chapitre à chapitre, à l'exclusion des crédits relatifs aux dépenses de personnel. Dans ce cas, le président du conseil de la métropole de Lyon informe l'assemblée délibérante de ces mouvements de crédits lors de sa plus proche séance.

Art. L. 3661-7 *(Abrogé par Ord. n° 2025-526 du 12 juin 2025, art. 1er, à compter de l'exercice budgétaire 2026)* ***I. — Si le conseil de la métropole de Lyon le décide, les dotations affectées aux dépenses d'investissement comprennent des autorisations de programme et des crédits de paiement.***

Les autorisations de programme constituent la limite supérieure des dépenses qui peuvent être engagées pour l'exécution des investissements. Elles demeurent valables, sans limitation de durée, jusqu'à ce qu'il soit procédé à leur annulation. Elles peuvent être révisées.

Les crédits de paiement constituent la limite supérieure des dépenses pouvant être ordonnancées ou payées pendant l'année pour la couverture des engagements contractés dans le cadre des autorisations de programme correspondantes.

L'équilibre budgétaire de la section d'investissement s'apprécie en tenant compte des seuls crédits de paiement.

II. — Si le conseil de la métropole de Lyon le décide, les dotations affectées aux dépenses de fonctionnement comprennent des autorisations d'engagement et des crédits de paiement.

La faculté prévue au premier alinéa du présent II est réservée aux seules dépenses résultant de conventions, de délibérations ou de décisions au titre desquelles la collectivité s'engage,

au-delà d'un exercice budgétaire, dans le cadre de l'exercice de ses compétences, à verser une subvention, une participation ou une rémunération à un tiers à l'exclusion des frais de personnel.

Les autorisations d'engagement constituent la limite supérieure des dépenses qui peuvent être engagées pour le financement des dépenses visées à l'alinéa précédent. Elles demeurent valables sans limitation de durée jusqu'à ce qu'il soit procédé à leur annulation. Elles peuvent être révisées.

Les crédits de paiement constituent la limite supérieure des dépenses pouvant être mandatées pendant l'année pour la couverture des engagements contractés dans le cadre des autorisations d'engagement correspondantes.

L'équilibre budgétaire de la section de fonctionnement s'apprécie en tenant compte des seuls crédits de paiement.

À l'occasion du vote du compte administratif, le président du conseil de la métropole de Lyon présente un bilan de la gestion pluriannuelle. La situation des autorisations d'engagement et de programme ainsi que des crédits de paiement y afférents donne lieu à un état joint au compte administratif.

Un décret fixe les conditions d'application du présent article.

Art. L. 3661-8 (Abrogé par Ord. n° 2025-526 du 12 juin 2025, art. 1er, à compter de l'exercice budgétaire 2026) *Avant le vote de la première délibération budgétaire qui suit son renouvellement, le conseil de la métropole de Lyon établit son règlement budgétaire et financier.*

Le règlement budgétaire et financier de la collectivité précise notamment :

1° Les modalités de gestion des autorisations de programme, des autorisations d'engagement et des crédits de paiement y afférents, et notamment les règles relatives à la caducité et à l'annulation des autorisations de programme et des autorisations d'engagement ;

2° Les modalités d'information du conseil de la métropole de Lyon sur la gestion des engagements pluriannuels au cours de l'exercice.

Il peut aussi préciser les modalités de report des crédits de paiement afférents à une autorisation de programme, dans les cas et conditions fixés par arrêté conjoint du ministre chargé des collectivités territoriales et du ministre chargé du budget.

Art. L. 3661-9 (Abrogé par Ord. n° 2025-526 du 12 juin 2025, art. 1er, à compter de l'exercice budgétaire 2026) *Lorsque la section d'investissement ou la section de fonctionnement du budget comporte soit des autorisations de programme et des crédits de paiement, soit des autorisations d'engagement et des crédits de paiement, le président du conseil de la métropole de Lyon peut, jusqu'à l'adoption du budget ou jusqu'à son règlement en cas de non-adoption du budget, liquider et mandater les dépenses d'investissement et les dépenses de fonctionnement correspondant aux autorisations ouvertes au cours des exercices antérieurs, dans la limite d'un montant de crédits de paiement par chapitre égal au tiers des autorisations ouvertes au cours de l'exercice précédent. Les crédits correspondants sont inscrits au budget lors de son adoption ou de son règlement. Le comptable est en droit de payer les mandats émis dans ces conditions.*

Art. L. 3661-10 (Abrogé par Ord. n° 2025-526 du 12 juin 2025, art. 1er, à compter de l'exercice budgétaire 2026) *Le président du conseil de la métropole de Lyon présente annuellement le compte administratif au conseil de la métropole de Lyon, qui en débat sous la présidence de l'un de ses membres.*

Le président du conseil de la métropole peut, même s'il n'est plus en fonctions, assister à la discussion. Il doit se retirer au moment du vote.

Le compte administratif est adopté par le conseil de la métropole.

Préalablement, le conseil de la métropole arrête le compte de gestion de l'exercice clos.

Art. L. 3661-11 (Abrogé par Ord. n° 2025-526 du 12 juin 2025, art. 1er, à compter de l'exercice budgétaire 2026) *Le résultat excédentaire de la section de fonctionnement dégagé au titre de l'exercice clos, cumulé avec le résultat antérieur reporté, est affecté en totalité dès la plus proche décision budgétaire suivant le vote du compte administratif et, en tout état de cause, avant la clôture de l'exercice suivant. La délibération d'affectation prise par la collectivité est produite à l'appui de la décision budgétaire de reprise de ce résultat.*

Le résultat déficitaire de la section de fonctionnement, le besoin de financement ou l'excédent de la section d'investissement sont repris en totalité dès la plus proche décision budgétaire suivant le vote du compte administratif et, en tout état de cause, avant la fin de l'exercice.

Entre la date limite de mandatement fixée au dernier alinéa de l'article L. 1612-11 et la date limite de vote des taux des impositions locales prévue à l'article 1639 A du code général des impôts, le conseil de la métropole de Lyon peut, au titre de l'exercice clos et avant l'adoption de son compte administratif, reporter de manière anticipée au budget le résultat de la section de fonctionnement, le besoin de financement de la section d'investissement ou, le cas échéant, l'excédent de la section d'investissement ainsi que la prévision d'affectation.

Si le compte administratif fait apparaître une différence avec les montants reportés par anticipation, le conseil de la métropole de Lyon procède à leur régularisation et à la reprise du résultat dans la plus proche décision budgétaire suivant le vote du compte administratif et, en tout état de cause, avant la fin de l'exercice.

Un décret fixe les conditions d'application du présent article.

Art. L. 3661-12 *(Abrogé par Ord. n° 2025-526 du 12 juin 2025, art. 1er, à compter de l'exercice budgétaire 2026)* ***Lorsque la section d'investissement du budget présente un excédent après reprise des résultats, la collectivité peut transférer cet excédent à la section de fonctionnement dans les cas et conditions définis par décret.***

Art. L. 3661-13 *(Abrogé par Ord. n° 2025-526 du 12 juin 2025, art. 1er, à compter de l'exercice budgétaire 2026)* ***Un état récapitulatif des subventions attribuées au profit de chaque commune au cours de l'exercice est annexé au compte administratif de la collectivité. Il précise, pour chaque commune, la liste et l'objet des subventions, leur montant total et le rapport entre ce montant et la population de la commune.***

Art. L. 3661-14 Pour l'application de l'article L. 3313-1, le lieu de mise à disposition du public est le siège de la collectivité. Ces documents peuvent également être mis à disposition du public dans les mairies des communes situées sur le territoire de la métropole.

À compter de l'exercice budgétaire 2026, au présent art., les mots : « L. 3313-1 » sont remplacés par les mots : « L. 1612-34 » (Ord. n° 2025-526 du 12 juin 2025, art. 1er et 12).

Art. L. 3661-15 Les documents budgétaires sont assortis en annexe, notamment :

1° De données synthétiques sur la situation financière de la collectivité ;

2° De la liste des concours attribués par la collectivité sous forme de prestations en nature ou de subventions. Ce document est joint au seul compte administratif ;

3° De la présentation agrégée des résultats afférents au dernier exercice connu du budget principal et des budgets annexes de la collectivité. Ce document est joint au seul compte administratif ;

4° De la liste des organismes pour lesquels la collectivité :

a) Détient une part du capital ;

b) A garanti un emprunt ;

c) A versé une subvention supérieure à 75 000 € ou représentant plus de 50 % du produit figurant au compte de résultat de l'organisme.

La liste indique le nom, la raison sociale et la nature juridique de l'organisme ainsi que la nature et le montant de l'engagement financier de la collectivité ;

5° D'un tableau retraçant l'encours des emprunts garantis par la collectivité ainsi que l'échéancier de leur amortissement ;

6° De la liste des délégataires de service public ;

7° D'une annexe retraçant l'ensemble des engagements financiers de la collectivité résultant des *(Ord. n° 2018-1074 du 26 nov. 2018, art. 6)* « marchés de partenariat » prévus à l'article L. 1414-1 ;

8° D'une annexe retraçant la dette liée à la part investissements des *(Ord. n° 2018-1074 du 26 nov. 2018, art. 6)* « marchés de partenariat » ;

9° De l'état de variation du patrimoine prévu à l'article L. 3213-2 ;

10° Des autres états portant sur la situation patrimoniale et financière de la collectivité ainsi que sur ses différents engagements.

Lorsqu'une décision modificative ou le budget supplémentaire a pour effet de modifier le contenu de l'une des annexes, celle-ci doit être à nouveau produite pour le vote de la décision modificative ou du budget supplémentaire.

En cas de signature d'un contrat de ville défini à l'article 6 de la loi n° 2014-173 du 21 février 2014 de programmation pour la ville et la cohésion urbaine, la métropole de Lyon présente annuellement un état, annexé à son budget, retraçant les recettes et les dépenses correspondant aux engagements pris dans le cadre de ces contrats. Y figurent l'ensemble des actions conduites et des moyens apportés par les différentes parties au contrat, notamment les régions, en distinguant les moyens qui relèvent de la politique de la ville de ceux qui relèvent du droit commun.

Les documents mentionnés au 1° font l'objet d'une insertion dans une ou plusieurs publications locales dont la diffusion totale couvre l'ensemble du territoire de la métropole de Lyon.

Un décret fixe les conditions d'application du présent article.

Nouvel art. L. 3661-15 *(Ord. n° 2014-1335 du 6 nov. 2014, art. 37) (Ord. n° 2025-526 du 12 juin 2025, art. 1er) « Pour l'application de l'article L. 1612-35, en » cas de signature d'un contrat de ville défini à l'article 6 de la loi n° 2014-173 du 21 février 2014 de programmation pour la ville et la cohésion urbaine, la métropole de Lyon présente annuellement un état, annexé à son budget, retraçant les recettes et les dépenses correspondant aux engagements pris dans le cadre de ces contrats. Y figurent l'ensemble des actions conduites et des moyens apportés par les différentes parties au contrat, notamment les régions, en distinguant les moyens qui relèvent de la politique de la ville de ceux qui relèvent du droit commun.*

Les documents mentionnés au 1° (Ord. n° 2025-526 du 12 juin 2025, art. 1er) « du I de l'article L. 1612-35 » font l'objet d'une insertion dans une ou plusieurs publications locales dont la diffusion totale couvre l'ensemble du territoire de la métropole de Lyon.

Le présent art. entre en vigueur à compter de l'exercice budgétaire 2026 (Ord. n° 2025-526 du 12 juin 2025, art. 12).

Art. L. 3661-16 *(Abrogé par Ord. n° 2025-526 du 12 juin 2025, art. 1er, à compter de l'exercice budgétaire 2026) Les comptes certifiés des organismes mentionnés au 4° de l'article L. 3661-15 sont transmis à la collectivité.*

Ils sont communiqués par la collectivité aux élus du conseil de la métropole de Lyon qui en font la demande, dans les conditions prévues à l'article L. 3121-18, ainsi qu'à toute personne intéressée, dans les conditions prévues à l'article L. 3121-17.

Sont transmis par la collectivité au représentant de l'État et au comptable de la collectivité à l'appui du compte administratif les comptes certifiés des organismes non dotés d'un comptable public et pour lesquels la collectivité :

1° Détient au moins 33 % du capital ; ou

2° A garanti un emprunt ; ou

3° A versé une subvention supérieure à 75 000 € ou représentant plus de 50 % du produit figurant au compte de résultat de l'organisme et dépassant le seuil prévu par le (L. n° 2016-1321 du 7 oct. 2016, art. 18) « quatrième » alinéa de l'article 10 de la loi n° 2000-321 du 12 avril 2000 relative aux droits des citoyens dans leurs relations avec les administrations.

CHAPITRE II RECETTES

SECTION 1 Recettes fiscales et redevances

Art. L. 3662-1 *(L. n° 2014-58 du 27 janv. 2014, art. 26)* Les ressources de la métropole de Lyon comprennent :

1° Les ressources mentionnées au chapitre III du titre III du livre III de la deuxième partie, dès lors qu'elles peuvent être instituées au profit des établissements publics de coopération intercommunale ;

2° Les ressources mentionnées aux articles L. 3332-1, L. 3332-2, L. 3332-2-1, L. 3333-1, L. 3333-2 et L. 3333-8 perçues sur le territoire fixé à l'article L. 3611-1 ;

(Ord. n° 2014-1335 du 6 nov. 2014, art. 18) « 3° Les ressources mentionnées aux articles L. 5215-32 à L. 5215-35 ; pour l'application de l'article L. 5215-32, la métropole de Lyon perçoit, au titre de la compétence d'autorité organisatrice de la distribution publique d'électricité mentionnée à l'article L. 2224-31, sous réserve que cette compétence ne soit pas déjà exercée par une autorité mentionnée à l'article L. 5212-

24, la *(L. n° 2020-1721 du 29 déc. 2020, art. 54)* « part communale prévue au I de l'article L. 2333-2 » dans les conditions prévues aux articles L. 2333-2 à L. 2333-5 en lieu et place de toutes les communes situées dans son périmètre. La métropole de Lyon peut reverser à une commune une fraction de la « fraction de la part perçue au titre du » territoire de celle-ci, par délibérations concordantes prises dans les conditions prévues au premier alinéa du I de l'article 1639 A *bis* du code général des impôts ; »

4° Abrogé par L. n° 2020-1721 du 29 déc. 2020, art. 155.

(Ord. n° 2014-1335 du 6 nov. 2014, art. 18) « 5° La taxe prévue au 1.2.4 de l'article 77 de la loi n° 2009-1673 du 30 décembre 2009 de finances pour 2010 ;

« 6° Le cas échéant, le versement calculé dans les conditions prévues au 2.1 de l'article 78 de la loi n° 2009-1673 du 30 décembre 2009 de finances pour 2010 en lieu et place de la communauté urbaine dans le périmètre de la métropole de Lyon ;

« 7° Le cas échéant, le versement calculé dans les conditions prévues au 2.2 de l'article 78 de la loi n° 2009-1673 du 30 décembre 2009 de finances pour 2010 en lieu et place du département du Rhône dans le périmètre de la métropole de Lyon. »

Art. L. 3662-2 *(Ord. n° 2014-1335 du 6 nov. 2014, art. 18)* I. — Les taxes et impositions perçues par voie de rôle, pour le compte de la métropole de Lyon, sont attribuées mensuellement, à raison d'un douzième de leur montant total, tel qu'il est prévu au budget de l'année en cours, le premier versement étant effectué avant le 31 janvier.

Lorsque le montant à attribuer ne peut être déterminé comme indiqué ci-dessus, les attributions mensuelles sont faites dans la limite du douzième du montant des taxes et impositions mises en recouvrement au titre de l'année précédente ou, à défaut, du montant des taxes et impositions prévues au budget de l'année précédente ; la régularisation est effectuée dès que le montant des taxes et impositions prévues au budget de l'année en cours est connu.

Au cours de l'année, un ou plusieurs douzièmes peuvent être versés par anticipation, si les fonds disponibles de la métropole de Lyon se trouvent momentanément insuffisants. Les attributions complémentaires sont autorisées par arrêté du préfet sur la proposition du directeur régional des finances publiques.

Les attributions ne peuvent avoir pour effet de porter les versements effectués pendant l'année civile à un montant supérieur aux taxes et impositions de l'exercice.

Le présent I est applicable à la taxe sur les surfaces commerciales prévue à l'article 3 de la loi n° 72-657 du 13 juillet 1972 instituant des mesures en faveur de certaines catégories de commerçants et artisans âgés.

Les taxes ou portions de taxes attribuées à un fonds commun sont exclues des régimes d'attribution visés au présent I.

II. — Abrogé par L. n° 2022-1726 du 30 déc. 2022, art. 55.

III. — La part du produit de la taxe intérieure de consommation sur les produits énergétiques affectée à la métropole de Lyon est versée mensuellement à raison d'un douzième du droit à compensation dans les conditions prévues aux 1° et 2° du II de l'article 46 de la loi n° 2005-1719 du 30 décembre 2005 de finances pour 2006.

Les dispositions issues de la L. n° 2022-1726 du 30 déc. 2022 s'appliquent à la CVAE versée aux communes, aux EPCI et aux départements à compter du 1er janv. 2023 (L. préc., art. 55).

Art. L. 3662-3 I. — Un protocole financier général est établi entre la communauté urbaine de Lyon et le département du Rhône. Il précise les conditions de répartition, entre les cocontractants, de l'actif et du passif préexistants du département du Rhône, les formules d'amortissement des investissements, la valorisation des engagements hors bilan transférés et les procédures comptables de transfert de l'actif et du passif consécutives à la création de la métropole de Lyon.

II. — Le protocole prévu au I est établi au plus tard le 31 décembre 2014 par la commission locale chargée de l'évaluation des charges et des ressources transférées du département du Rhône définie à l'article L. 3663-3.

III. — À défaut de conclusion du protocole financier à la date prévue au II, les conditions de répartition, entre les cocontractants, de l'actif et du passif préexistants du département du Rhône, les formules d'amortissement des investissements, la valorisation des engagements hors bilan transférés et les procédures comptables de transfert de l'actif et du passif consécutives à la création de la métropole de Lyon sont fixées par arrêté du représentant de l'État dans la région. Cet arrêté est pris dans un délai de trois mois suivant la date prévue au même II.

SECTION 2 Concours financiers de l'État

Art. L. 3662-4 I. – La métropole de Lyon bénéficie :

1° D'une attribution au titre de la dotation globale de fonctionnement des établissements publics de coopération intercommunale, calculée selon les modalités prévues *(L. n° 2018-1317 du 28 déc. 2018, art. 250)* « aux articles L. 5211-28 et L. 5211-28-1 » ;

2° D'une dotation forfaitaire au titre de la dotation globale de fonctionnement des départements. La dotation forfaitaire est composée d'une dotation de base selon les modalités définies au troisième alinéa de l'article L. 3334-3 et, le cas échéant, d'une garantie perçue, en application du même article L. 3334-3, par le département du Rhône avant la création de la métropole de Lyon. Le montant de cette garantie est réparti entre la métropole de Lyon et le département du Rhône au prorata de la population de chacune de ces collectivités. Le montant de la garantie perçu par le département du Rhône et la métropole de Lyon évolue selon les modalités définies audit article L. 3334-3 ;

(Ord. n° 2014-1335 du 6 nov. 2014, art. 32) « 3° D'une dotation de compensation en application de l'article L. 3334-7-1. Le montant de cette dotation de compensation perçu par le département du Rhône avant la création de la métropole de Lyon est réparti entre la métropole de Lyon et le département du Rhône au prorata de la population telle que définie à l'article L. 3334-2. Le montant de la dotation de compensation de la métropole de Lyon et du département du Rhône évolue conformément aux modalités définies à l'article L. 3334-7-1 ; »

4° Le cas échéant, d'une dotation de péréquation, en application des articles L. 3334-4 et L. 3334-6 à L. 3334-7.

(Ord. n° 2014-1335 du 6 nov. 2014, art. 32) « En 2015, les quatre derniers alinéas de l'article L. 3334-6-1 ne sont pas applicables au département du Rhône et à la métropole de Lyon ; »

5° Du produit des amendes de police relatives à la circulation routière destiné aux collectivités territoriales, mentionné au *b* du 2° du B du I de l'article 49 de la loi n° 2005-1719 du 30 décembre 2005 de finances pour 2006.

II. – Abrogé par L. n° 2018-1317 du 28 déc. 2018, art. 259.

Art. L. 3662-5 La métropole de Lyon bénéficie des ressources mentionnées à l'article L. 3332-3.

SECTION 3 Péréquation des ressources fiscales

Art. L. 3662-6 Les articles L. 2336-1 à L. 2336-7 s'appliquent à la métropole de Lyon.

Art. L. 3662-7 *(Ord. n° 2014-1335 du 6 nov. 2014, art. 36)* Les articles L. 3335-1 et L. 3335-2 s'appliquent à la métropole de Lyon.

En 2015, en 2016 et en 2017, pour l'application de l'article L. 3335-2 au département du Rhône et à la métropole de Lyon, les droits de mutation à titre onéreux perçus par le département du Rhône en 2012, en 2013 et en 2014 sont affectés à hauteur de 19,2 % au département du Rhône et de 80,8 % à la métropole de Lyon.

Art. L. 3662-8 *(Ord. n° 2014-1335 du 6 nov. 2014, art. 34)* « Le potentiel financier calculé conformément à l'article L. 3334-6 » tant pour la métropole de Lyon que pour le département du Rhône *(L. n° 2015-381 du 3 avr. 2015, art. 2)* « tient » compte du montant de la dotation de compensation métropolitaine définie à l'article L. 3663-7. Un décret en Conseil d'État fixe les modalités d'application de la présente section.

SECTION 4 Recettes de la section d'investissement

(Ord. n° 2014-1335 du 6 nov. 2014, art. 37)

Art. L. 3662-9 Outre celles prévues à l'article L. 3332-3, les recettes de la section d'investissement de la métropole de Lyon peuvent comprendre, le cas échéant, les recettes des provisions dans les conditions prévues par décret.

SECTION 5 Avances et emprunts

(Ord. nº 2014-1335 du 6 nov. 2014, art. 37)

Art. L. 3662-10 Le chapitre VII du titre III du livre III de la deuxième partie est applicable à la métropole de Lyon.

CHAPITRE III TRANSFERTS DE CHARGES ET PRODUITS ENTRE LE DÉPARTEMENT DU RHÔNE ET LA MÉTROPOLE DE LYON

Art. L. 3663-1 Tout accroissement net de charges résultant des transferts de compétences effectués entre le département du Rhône et la métropole de Lyon conformément à l'article L. 3641-2 est accompagné du transfert concomitant à la métropole de Lyon des ressources nécessaires à l'exercice normal de ces compétences. Ces ressources assurent, à la date du transfert, la compensation intégrale des charges nettes transférées.

Art. L. 3663-2 Les charges correspondant à l'exercice des compétences transférées font l'objet d'une évaluation préalable au transfert desdites compétences.

Art. L. 3663-3 La commission locale chargée de l'évaluation des charges et des ressources transférées du département du Rhône, créée par l'article 38 de la loi nº 2014-58 du 27 janvier 2014 de modernisation de l'action publique territoriale et d'affirmation des métropoles *[V. infra]*, est consultée sur les modalités de compensation des charges correspondant aux compétences transférées du département.

Elle procède, en tant que de besoin, à l'évaluation de la répartition entre la métropole de Lyon et le département du Rhône des charges et produits figurant dans les comptes administratifs du département du Rhône, afin de déterminer, conformément à l'article L. 3663-6, le montant de la dotation de compensation métropolitaine.

La commission locale chargée de l'évaluation des charges et des ressources transférées du département du Rhône procède, avec l'appui des services et opérateurs de l'État, à l'évaluation de la répartition territoriale des recettes réelles de fonctionnement perçues par le département au cours de l'exercice précédant la création de la métropole de Lyon.

Sur la création d'une commission locale d'évaluation des charges et des ressources, V. ci-dessous L. nº 2014-58 du 27 janv. 2014, art. 38.

Loi nº 2014-58 du 27 janvier 2014,

De modernisation de l'action publique territoriale et d'affirmation des métropoles.

Art. 38 Dans la perspective de la création de la métropole de Lyon, est instituée une commission locale chargée de l'évaluation des charges et des ressources transférées du département du Rhône.

Cette commission est composée de quatre représentants du conseil de la communauté urbaine de Lyon et de quatre représentants du conseil départemental. À compter de la création de la métropole de Lyon, les quatre représentants du conseil de la communauté urbaine de Lyon sont remplacés par quatre représentants du conseil de la métropole de Lyon.

La commission est présidée par le président de la chambre régionale des comptes territorialement compétente. En cas d'absence ou d'empêchement, il est remplacé par un magistrat relevant de la même chambre, qu'il a au préalable désigné.

Le représentant de l'État dans le département ou son représentant peut, en fonction de l'ordre du jour, assister aux réunions de la commission, dont il est tenu informé.

La première réunion de la commission locale chargée de l'évaluation des charges et des ressources transférées du département du Rhône intervient au plus tard dans le délai de deux mois suivant l'installation du conseil de la communauté urbaine de Lyon résultant du renouvellement général des conseils municipaux suivant la promulgation de la présente loi.

La commission ne peut valablement délibérer que si le nombre des membres présents est au moins égal à la moitié du nombre des membres appelés à délibérer. Si ce nombre n'est pas atteint, une nouvelle convocation est adressée aux membres de la commission. La commission peut alors délibérer quel que soit le nombre de membres présents.

> La commission peut faire appel, pour l'exercice de sa mission, à des experts. Elle peut notamment solliciter, par l'intermédiaire du représentant de l'État dans le département, les services de l'État ou la Caisse nationale de solidarité pour l'autonomie pour la production de simulations nécessaires à l'évaluation des charges et ressources transférées.
> Elle rend ses conclusions au plus tard dans l'année qui suit celle de la création de la métropole de Lyon.
> En cas de partage égal des voix, celle du président est prépondérante.

Art. L. 3663-4 Les charges transférées sont équivalentes aux dépenses réalisées préalablement à la création de la métropole de Lyon, sur le territoire de cette dernière, par le département du Rhône. Ces charges peuvent être diminuées du montant des éventuelles réductions brutes de charges ou des augmentations de ressources entraînées par les transferts. Elles peuvent être augmentées de la valorisation des engagements hors bilan transférés par le département à la métropole de Lyon.

Les périodes de référence comme les modalités d'évaluation et de répartition territoriale des dépenses réalisées par le département et figurant dans les comptes administratifs avant le transfert de chaque compétence sont déterminées à la majorité des deux tiers des membres de la commission mentionnée à l'article L. 3663-3.

À défaut d'accord des membres de la commission, le droit à compensation des charges d'investissement transférées est égal à la moyenne des dépenses, hors taxes et amortissement du capital de la dette, nettes des fonds européens et des fonds de concours perçus par le département, figurant dans les comptes administratifs du département, relatives au territoire de la métropole de Lyon et constatées sur les cinq exercices précédant la date de création de la métropole. S'y ajoute la couverture de l'annuité en capital de la dette transférée par le département du Rhône à la métropole de Lyon.

À défaut d'accord des membres de la commission, le droit à compensation des charges de fonctionnement transférées est égal à la moyenne des dépenses actualisées figurant dans les comptes administratifs du département, relatives au territoire de la métropole de Lyon et constatées sur les trois exercices précédant la date de création de la métropole. Les dépenses prises en compte pour la détermination du droit à compensation sont actualisées au taux annuel moyen de croissance de ces dépenses constaté sur les trois exercices concernés.

Art. L. 3663-5 Le montant des dépenses résultant des accroissements et diminutions de charges est constaté pour chaque compétence transférée par un arrêté conjoint des ministres chargés des collectivités territoriales et du budget, après avis de la commission mentionnée à l'article L. 3663-3.

Art. L. 3663-6 La commission locale chargée de l'évaluation des charges et des ressources transférées du département du Rhône calcule le taux d'épargne nette théorique métropolitain qui résulterait du transfert, par le département du Rhône, des recettes réelles de fonctionnement rattachées au territoire de la métropole de Lyon et des charges réelles, estimées dans les conditions fixées à l'article L. 3663-4. De la même façon, elle procède au calcul du taux d'épargne nette théorique départemental qui résulterait de la perception des recettes réelles de fonctionnement rattachées au territoire du nouveau département du Rhône et des charges réelles qu'il continuera d'assumer, estimées selon les mêmes modalités que celles retenues pour la métropole en application du même article L. 3663-4.

Au sens du présent article, le taux d'épargne nette correspond à l'excédent des recettes réelles de fonctionnement sur les charges réelles de fonctionnement, net de l'amortissement en capital de la dette, rapporté aux recettes réelles de fonctionnement.

La commission locale chargée de l'évaluation des charges et des ressources transférées du département du Rhône estime, enfin, le montant de la dotation de compensation métropolitaine propre à corriger les effets de la répartition territoriale des produits antérieurement perçus par le département du Rhône, de façon à garantir, à la date de la création de la métropole de Lyon, l'égalité des deux taux d'épargne théoriques susmentionnés.

Art. L. 3663-7 Un arrêté conjoint des ministres chargés des collectivités territoriales et du budget fixe, après un avis motivé de la commission mentionnée à l'article

L. 3663-3 adopté à la majorité de ses membres, le montant de la dotation de compensation métropolitaine.

Si cette dotation de compensation métropolitaine doit être versée au profit du département du Rhône, elle constitue alors une dépense obligatoire de la métropole de Lyon, que cette dernière finance sur ses recettes de fonctionnement.

Si cette dotation de compensation métropolitaine doit être versée au profit de la métropole de Lyon, elle constitue alors une dépense obligatoire du département du Rhône, que ce dernier finance sur ses recettes de fonctionnement.

Art. L. 3663-8 La commission locale chargée de l'évaluation des charges et des ressources transférées du département du Rhône élabore, dans le délai de dix-huit mois qui suit la création de la métropole de Lyon, un rapport permettant d'analyser et de justifier les écarts entre ses prévisions de territorialisation des recettes et des charges et les résultats concrets notamment retracés au premier compte administratif de chacune des deux nouvelles collectivités.

Elle peut, à cette occasion, par un avis motivé adopté à la majorité de ses membres, proposer de corriger le montant de la dotation de compensation métropolitaine.

Ce rapport est transmis aux ministres chargés des collectivités territoriales et du budget.

Art. L. 3663-9 *(Ord. n° 2014-1335 du 6 nov. 2014, art. 33)* I. — Pour l'application de l'article L. 2334-4 aux communes de la métropole de Lyon :

1° *Abrogé par L. n° 2023-1322 du 29 déc. 2023, art. 240.*

2° Le produit intercommunal des impositions forfaitaires sur les entreprises de réseau pris en compte correspond au produit perçu par la métropole de Lyon affecté d'un coefficient de 78,29 %.

II. — Pour l'application du *b* du 2° du I de l'article L. 2336-2, *(L. n° 2023-1322 du 29 déc. 2023, art. 240)* « et des *a* et *b* du 1° du II » de l'article *(L. n° 2018-1317 du 28 déc. 2018, art. 250)* « L. 5211-29 » à la métropole de Lyon :

1° *Abrogé par L. n° 2023-1322 du 29 déc. 2023, art. 240.*

2° Le produit des impositions forfaitaires sur les entreprises de réseau pris en compte correspond au produit perçu par la métropole de Lyon affecté d'un coefficient de 78,29 %.

III. — Pour l'application de l'article L. 3334-6 à la métropole de Lyon :

1° En 2015, pour le calcul du potentiel fiscal de la métropole de Lyon :

Les bases départementales de taxe foncière sur les propriétés bâties prises en compte correspondent aux bases départementales présentes sur le territoire des communes faisant partie de la métropole de Lyon.

Le produit départemental perçu au titre des impositions forfaitaires de réseau pris en compte *(L. n° 2023-1322 du 29 déc. 2023, art. 240)* « correspond » aux produits départementaux perçus sur le territoire des communes faisant partie de la métropole de Lyon.

La somme des montants positifs ou négatifs résultant de l'application des 1.2 et 2.2 de l'article 78 de la loi n° 2009-1673 du 30 décembre 2009 de finances pour 2010 pris en compte correspond au produit perçu ou supporté par le département du Rhône en 2014 affecté d'un coefficient de 58,42 %.

Les produits perçus par le département pour les exercices antérieurs à la création de la métropole de Lyon au titre des impositions prévues à l'article 1594 A du code général des impôts pris en compte correspondent aux produits perçus au titre de ces exercices par le département du Rhône affectés d'un coefficient de 80,8 %.

Les produits perçus l'année précédente par le département au titre de l'imposition prévue aux 2° et 6° de l'article 1001 du code général des impôts pris en compte correspondent à ceux perçus par le département du Rhône en 2014 affectés d'un coefficient correspondant au rapport entre la population au 1er janvier 2015 de la métropole de Lyon telle que définie à l'article L. 3334-2 et la somme des populations de la métropole de Lyon et du département du Rhône.

Le montant perçu l'année précédente au titre de la part de la dotation forfaitaire prévue à l'article L. 3334-3 correspondant à la compensation prévue au I du D de l'article 44 de la loi de finances pour 1999 (n° 98-1266 du 30 décembre 1998) pris en compte correspond au montant perçu par le département du Rhône en 2014 affecté d'un coefficient correspondant au rapport entre la population au 1er janvier 2015 de la métropole de Lyon telle que définie à l'article L. 3334-2 et la somme des populations de la métropole de Lyon et du département du Rhône.

Les montants perçus l'année précédente au titre de la dotation de compensation prévue à l'article L. 3334-7-1 et de la dotation forfaitaire prévue à l'article L. 3334-3, hors les montants antérieurement perçus au titre de la compensation prévue au I du D de l'article 44 de la loi de finances pour 1999 mentionnée ci-dessus pris en compte correspondent aux montants perçus par le département du Rhône en 2014 affectés d'un coefficient correspondant au rapport entre la population au 1er janvier 2015 de la métropole de Lyon telle que définie à l'article L. 3334-2 et la somme des populations de la métropole de Lyon et du département du Rhône ;

2° *Abrogé par L. n° 2023-1322 du 29 déc. 2023, art. 240.*

3° À compter de 2016, le produit départemental perçu au titre des impositions forfaitaires sur les entreprises de réseau pris en compte correspond au produit perçu par la métropole de Lyon affecté d'un coefficient de 21,71 % ;

4° À compter de 2016, les produits perçus par le département pour les exercices antérieurs à la création de la métropole de Lyon au titre des impositions prévues à l'article 1594 A du code général des impôts correspondent à 80,8 % des produits perçus au titre de ces exercices par le département du Rhône.

IV. — Pour l'application de l'article L. 3334-6 au département du Rhône :

1° En 2015, pour le calcul du potentiel fiscal du département du Rhône :

— les bases départementales de taxe foncière sur les propriétés bâties prises en compte correspondent aux bases départementales présentes sur le territoire des communes faisant partie du département du Rhône au 1er janvier 2015 ;

— le produit départemental perçu au titre de la cotisation sur la valeur ajoutée des entreprises et le produit départemental perçu au titre des impositions forfaitaires de réseau pris en compte correspondent aux produits départementaux perçus sur le territoire des communes faisant partie du département du Rhône au 1er janvier 2015 ;

— la somme des montants positifs ou négatifs résultant de l'application des 1.2 et 2.2 de l'article 78 de la loi de finances pour 2010 mentionnée ci-dessus correspond au produit perçu ou supporté par le département du Rhône en 2014 affecté d'un coefficient de 41,58 % ;

— les produits perçus par le département pour les cinq derniers exercices connus au titre des impositions prévues à l'article 1594 A du code général des impôts correspondent aux produits perçus au titre de ces exercices par le département du *[Rhône]* affectés d'un coefficient de 19,2 % ;

— les produits perçus l'année précédente par le département au titre de l'imposition prévue aux 2° et 6° de l'article 1001 du code général des impôts est celui perçu par le département du Rhône affecté d'un coefficient correspondant au rapport entre la population au 1er janvier 2015 du département du Rhône telle que définie à l'article L. 3334-2 et la somme des populations de la métropole de Lyon et du département du Rhône ;

— le montant perçu l'année précédente au titre de la part de la dotation forfaitaire prévue à l'article L. 3334-3 correspondant à la compensation prévue au I du D de l'article 44 de la loi de finances pour 1999 mentionnée ci-dessus correspond au montant perçu par le département du Rhône en 2014 affecté d'un coefficient correspondant au rapport entre la population au 1er janvier 2015 du département du Rhône telle que définie à l'article L. 3334-2 et la somme des populations de la métropole de Lyon et du département du Rhône ;

— les montants perçus l'année précédente au titre de la dotation de compensation prévue à l'article L. 3334-7-1 et de la dotation forfaitaire prévue à l'article L. 3334-3, hors les montants antérieurement perçus au titre de la compensation prévue au I du D de l'article 44 de la loi de finances pour 1999 mentionnée ci-dessus correspondent aux montants perçus par le département du Rhône en 2014 affectés d'un coefficient correspondant au rapport entre la population au 1er janvier 2015 du département du Rhône telle que définie à l'article L. 3334-2 et la somme des populations de la métropole de Lyon et du département du Rhône ;

2° À compter de 2016, les produits perçus par le département pour les exercices antérieurs à la création de la métropole de Lyon au titre des impositions prévues à l'article 1594 A du code général des impôts correspondent à 19,2 % des produits perçus au titre de ces exercices par le département du Rhône.

CHAPITRE IV DÉPENSES

(Ord. nº 2014-1335 du 6 nov. 2014, art. 37)

Art. L. 3664-1 Sont obligatoires pour la métropole de Lyon :

1° Les dépenses relatives au fonctionnement des organes délibérants et à l'entretien de l'hôtel de la métropole ;

2° Les dépenses relatives aux indemnités de fonction prévues aux articles L. 3632-1 à L. 3632-4 et aux frais de formation des élus visés à l'article L. 3123-12 ainsi que les cotisations au fonds institué par l'article L. 1621-2 ;

3° Les cotisations au régime général de la sécurité sociale en application de l'article L. 3123-20-2 et les cotisations aux régimes de retraites des élus en application des articles L. 3123-22 à L. 3123-24 ;

4° La cotisation au Centre national de la fonction publique territoriale ;

5° La rémunération des agents métropolitains, les contributions et les cotisations sociales afférentes ;

6° Dans les conditions prévues à l'article 88-1 de la loi nº 84-53 du 26 janvier 1984 portant dispositions statutaires relatives à la fonction publique territoriale, les dépenses afférentes aux prestations mentionnées à l'article 9 de la loi nº 83-634 du 13 juillet 1983 portant droits et obligations des fonctionnaires ;

7° Les intérêts de la dette ;

8° Les dépenses de fonctionnement des collèges ;

9° La participation de la métropole aux dépenses de fonctionnement des *(L. nº 2019-791 du 26 juill. 2019, art. 44)* « instituts nationaux supérieurs » du professorat et de l'éducation ;

10° Les dépenses liées à l'organisation des transports scolaires ;

11° Les dépenses relatives à l'action sociale, à la santé et à l'insertion mises à la charge de la métropole ;

12° Les dépenses relatives à l'allocation personnalisée d'autonomie ;

13° Les frais du service départemental des épizooties ;

14° La participation au service départemental-métropolitain d'incendie et de secours ;

15° Les dépenses résultant de l'entretien des biens transférés à la métropole par application des dispositions de l'article L. 318-2 du code de l'urbanisme ;

16° Les dépenses de construction et grosses réparations des collèges ;

17° Les dépenses d'entretien et construction de la voirie métropolitaine ;

18° Les dépenses de remboursement de la dette en capital ;

19° Les dettes exigibles ;

20° Les dotations aux amortissements ;

21° Les dotations aux provisions, notamment pour risques liés à la souscription de produits financiers ;

22° La reprise des subventions d'équipement reçues ;

23° La contribution prévue à l'article 6 *quater* de la loi nº 83-634 du 13 juillet 1983 précitée ;

24° Les dépenses relatives au système d'assainissement collectif mentionnées au II de l'article L. 2224-8 ;

25° Les dépenses des services métropolitains de désinfection et des services métropolitains d'hygiène et de santé dans les conditions prévues par l'article L. 1422-1 du code de la santé publique ;

26° La clôture des cimetières, leur entretien et leur translation dans les cas déterminés par le chapitre III du titre II du livre II de la deuxième partie ;

27° Les dépenses occasionnées par l'application des dispositions des articles 2 et 3 de la loi nº 2000-614 du 5 juillet 2000 relative à l'accueil et à l'habitat des gens du voyage ;

28° Les dépenses résultant de l'application de l'article L. 622-9 du code du patrimoine ;

29° Les dépenses résultant du versement de la dotation de compensation métropolitaine prévue aux articles L. 3663-6 et L. 3663-7, si ce versement lui incombe ;

(L. n° 2016-1917 du 29 déc. 2016, art. 60, mod. par. Ord. n° 2017-1390 du 22 sept. 2017, art. 1er) « 30° La retenue à la source prévue au 1° du 2 de l'article 204 A du code général des impôts. »

Un décret détermine les modalités d'application des dispositions des 20°, 21° et 22°.

Art. L. 3664-2 Les dépenses relatives au revenu de solidarité active et à l'allocation personnalisée d'autonomie sont retracées dans un chapitre individualisé du budget de la collectivité.

Art. L. 3664-3 *(Abrogé par Ord. n° 2025-526 du 12 juin 2025, art. 1er, à compter de l'exercice budgétaire 2026)* ***Lors du vote du budget ou d'une décision modificative, le conseil de la métropole de Lyon peut voter des autorisations de programme et des autorisations d'engagement de dépenses imprévues respectivement en section d'investissement et en section de fonctionnement. Pour chacune des deux sections, leur montant ne peut être supérieur à 2 % des dépenses réelles de la section.***

L'absence d'engagement d'une autorisation de programme ou d'une autorisation d'engagement de dépenses imprévues, constatée à la fin de l'exercice, entraîne la caducité de l'autorisation.

Les autorisations de programme et les autorisations d'engagement de dépenses imprévues sont affectées dans les conditions prévues par décret.

CHAPITRE V COMPTABILITÉ

(Ord. n° 2014-1335 du 6 nov. 2014, art. 37)

Art. L. 3665-1 Le président du conseil de la métropole de Lyon tient la comptabilité de l'engagement des dépenses dans les conditions fixées par arrêté conjoint du ministre de l'intérieur et du ministre chargé du budget pris après consultation du comité des finances locales.

Art. L. 3665-2 Le comptable de la collectivité est seul chargé d'exécuter, sous réserve des contrôles qui lui incombent, le recouvrement des recettes ainsi que le paiement des dépenses de la collectivité dans la limite des crédits régulièrement ouverts par le conseil de la métropole de Lyon.

QUATRIÈME PARTIE LA RÉGION

COMMENTAIRE

V. dans le supplément en ligne.

LIVRE I ORGANISATION DE LA RÉGION

COMMENTAIRE

V. dans le supplément en ligne.

TITRE I CRÉATION

CHAPITRE UNIQUE

BIBL. GÉN. ▸ MERCIAL et SAINT-OUEN, *RD publ. 1987. 1297* (sur la notion juridique de région). – PASQUIER, Les régions dans la réforme territoriale : vers un fédéralisme à la française ?, *AJCT 2016. 71* ; Le pouvoir régional. Mobilisations, décentralisation et gouvernance en France, *Paris, Presses de Sciences-Po, 2012*. – PAULIAT, La loi NOTRe : pourquoi faire ?, *JCP Adm. 2015, nº 2264*. – VERPEAUX, Les nouvelles régions sont constitutionnelles, *JCP Adm. 2015, nº 2074*.

Art. L. 4111-1 *(L. nº 2015-29 du 16 janv. 2015, art. 1er)* **« I. — » Les régions sont des collectivités territoriales.**

(L. nº 2015-29 du 16 janv. 2015, art. 1er) **« II. – Sans préjudice des dispositions applicables aux régions d'outre-mer et à la collectivité de Corse, les régions sont constituées des régions suivantes, dans leurs limites territoriales en vigueur au 31 décembre 2015 :**

« – Alsace, Champagne-Ardenne et Lorraine ;
« – Aquitaine, Limousin et Poitou-Charentes ;
« – Auvergne et Rhône-Alpes ;
« – Bourgogne et Franche-Comté ;
« – Bretagne ;
« – Centre ;
« – Île-de-France ;
« – Languedoc-Roussillon et Midi-Pyrénées ;
« – Nord – Pas-de-Calais et Picardie ;
« – Basse-Normandie et Haute-Normandie ;
« – Pays de la Loire ;
« – Provence-Alpes-Côte d'Azur. »

Sur les règles de fixation des nom et chef-lieu provisoires et définitifs des nouvelles régions constituées par regroupement de plusieurs régions en application du présent art., V. L. nº 2015-29 du 16 janv. 2015, art. 2, infra.

Sur la fixation du chef-lieu provisoire de la région Aquitaine-Limousin-Poitou-Charentes, V. ci-dessous Décr. nº 2015-940 du 31 juill. 2015.

Sur la fixation du chef-lieu provisoire de la région Auvergne-Rhône-Alpes, V. ci-dessous Décr. nº 2015-941 du 31 juill. 2015.

Sur la fixation du chef-lieu provisoire de la région Bourgogne-Franche-Comté, V. ci-dessous Décr. nº 2015-942 du 31 juill. 2015.

Sur la fixation du chef-lieu provisoire de la région Languedoc-Roussillon-Midi-Pyrénées, V. ci-dessous Décr. nº 2015-943 du 31 juill. 2015.

Sur la fixation du chef-lieu provisoire de la région Normandie, V. ci-dessous Décr. nº 2015-944 du 31 juill. 2015.

Sur la fixation du chef-lieu provisoire de la région Nord-Pas-de-Calais-Picardie, V. ci-dessous Décr. nº 2015-945 du 31 juill. 2015.

Sur la fixation du nom de la région Grand Est, V. ci-dessous Décr. nº 2016-1262 du 28 sept 2016.

Sur la fixation du nom et du chef-lieu de la région Normandie, V. ci-dessous Décr. nº 2016-1263 du 28 sept. 2016.

Sur la fixation du nom et du chef-lieu de la région Occitanie, V. ci-dessous Décr. n° 2016-1264 du 28 sept. 2016.

Sur la fixation du nom et du chef-lieu de la région Hauts-de-France, V. ci-dessous Décr. n° 2016-1265 du 28 sept. 2016.

Sur la fixation du nom et du chef-lieu de la région Auvergne-Rhône-Alpes, V. ci-dessous Décr. n° 2016-1266 du 28 sept. 2016.

Sur la fixation du nom et du chef-lieu de la région Nouvelle-Aquitaine, V. ci-dessous Décr. n° 2016-1267 du 28 sept. 2016.

Sur la fixation du nom et du chef-lieu de la région Bourgogne-Franche-Comté, V. ci-dessous Décr. n° 2016-1268 du 28 sept. 2016.

Sur les règles, plans et schémas régionaux ou interrégionaux, sur les avis des commissions administratives et du représentant de l'État dans la région et sur le président du conseil régional, V. ci-dessous L. n° 2015-991 du 7 août 2015, art. 136.

Loi n° 2015-29 du 16 janvier 2015,

Relative à la délimitation des régions, aux élections régionales et départementales et modifiant le calendrier électoral.

Art. 2 I. — Lorsqu'une région mentionnée à l'article 1er *[V. CGCT, art. L. 4111-1]* est constituée par regroupement de plusieurs régions :

1° Son nom provisoire est constitué de la juxtaposition, dans l'ordre alphabétique, des noms des régions regroupées, à l'exception de la région constituée du regroupement de la Basse-Normandie et de la Haute-Normandie, qui est dénommée "Normandie" ;

2° Son chef-lieu provisoire est fixé par décret pris avant le 31 décembre 2015, après avis du conseil municipal de la commune envisagée comme siège du chef-lieu et des conseils régionaux intéressés. L'avis de chaque conseil régional est rendu après consultation du conseil économique, social et environnemental régional et après concertation avec les représentants des collectivités territoriales, des organismes consulaires et des organisations professionnelles représentatives. Ces avis sont réputés favorables s'ils n'ont pas été émis dans un délai de trois mois à compter de la transmission du projet de décret par le Gouvernement ; *— V. Décr. nos 2015-940 à 2015-945 du 31 juill. 2015, infra.*

3° Son nom et son chef-lieu définitifs sont fixés par décret en Conseil d'État pris avant le 1er octobre 2016, après avis du conseil régional de la région constituée en application de l'article 1er *[V. CGCT, art. L. 4111-1]* rendu dans les conditions prévues au II du présent article ; *— V. Décr. nos 2016-1262 à 2016-1268 du 28 sept. 2016, infra.*

4° Par dérogation aux 2° et 3° du présent I, Strasbourg est le chef-lieu de sa région ;

II. — Dans les régions constituées par regroupement de plusieurs régions, le conseil régional élu au mois de décembre 2015 se réunit provisoirement au chef-lieu de la région.

Pour l'application du 3° du I du présent article et par dérogation aux articles L. 4132-5 et L. 4132-8 du code général des collectivités territoriales, le conseil régional adopte, avant le 1er juillet 2016, une résolution unique comportant :

1° L'avis au Gouvernement relatif à la fixation du nom définitif de la région ;

2° L'avis au Gouvernement relatif à la fixation du chef-lieu définitif de la région ;

3° L'emplacement de l'hôtel de la région ;

4° Les règles de détermination des lieux de réunion du conseil régional et de ses commissions ;

5° Les règles de détermination des lieux de réunion du conseil économique, social et environnemental régional et de ses sections ;

6° Le programme de gestion des implantations immobilières du conseil régional.

Cette résolution ne peut prévoir qu'une même unité urbaine regroupe le chef-lieu proposé, l'hôtel de la région et le lieu de la majorité des réunions du conseil régional que si elle est adoptée à la majorité des trois cinquièmes des membres du conseil régional. À défaut de résolution unique adoptée, les avis prévus aux 1° et 2° du présent II sont réputés favorables et les délibérations fixant l'emplacement de l'hôtel de la région et les lieux de réunion du conseil régional ne peuvent prévoir qu'ils sont situés dans la même aire urbaine que le chef-lieu.

Les règles fixées aux 3° à 6° sont applicables pendant le premier mandat suivant le renouvellement des conseils régionaux après la promulgation de la présente loi. Elles peuvent être modifiées pendant ce mandat par une résolution adoptée dans les mêmes formes.

[...]

V. — À compter de la publication de la présente loi, la région Centre est dénommée "Centre-Val de Loire".

Dans l'ensemble des dispositions législatives en vigueur, les références à la région Centre sont remplacées par les références à la région Centre-Val de Loire.

Décret nº 2015-940 du 31 juillet 2015,

Portant fixation du chef-lieu provisoire de la région Aquitaine-Limousin-Poitou-Charentes.

Art. 1er Le chef-lieu provisoire de la région Aquitaine-Limousin-Poitou-Charentes est fixé à Bordeaux.

Art. 2 Les dispositions du présent décret entrent en vigueur le 1er janvier 2016.

Décret nº 2015-941 du 31 juillet 2015,

Portant fixation du chef-lieu provisoire de la région Auvergne-Rhône-Alpes.

Art. 1er Le chef-lieu provisoire de la région Auvergne-Rhône-Alpes est fixé à Lyon.

Art. 2 Les dispositions du présent décret entrent en vigueur le 1er janvier 2016.

Décret nº 2015-942 du 31 juillet 2015,

Portant fixation du chef-lieu provisoire de la région Bourgogne-Franche-Comté.

Art. 1er Le chef-lieu provisoire de la région Bourgogne-Franche-Comté est fixé à Dijon.

Art. 2 Les dispositions du présent décret entrent en vigueur le 1er janvier 2016.

Décret nº 2015-943 du 31 juillet 2015,

Portant fixation du chef-lieu provisoire de la région Languedoc-Roussillon-Midi-Pyrénées.

Art. 1er Le chef-lieu provisoire de la région Languedoc-Roussillon-Midi-Pyrénées est fixé à Toulouse.

Art. 2 Les dispositions du présent décret entrent en vigueur le 1er janvier 2016.

Décret nº 2015-944 du 31 juillet 2015,

Portant fixation du chef-lieu provisoire de la région Normandie.

Art. 1er Le chef-lieu provisoire de la région Normandie est fixé à Rouen.

Art. 2 Les dispositions du présent décret entrent en vigueur le 1er janvier 2016.

Décret nº 2015-945 du 31 juillet 2015,

Portant fixation du chef-lieu provisoire de la région Nord-Pas-de-Calais-Picardie.

Art. 1er Le chef-lieu provisoire de la région Nord-Pas-de-Calais-Picardie est fixé à Lille.

Art. 2 Les dispositions du présent décret entrent en vigueur le 1er janvier 2016.

Décret nº 2016-1262 du 28 septembre 2016,

Portant fixation du nom de la région Grand Est.

Art. 1er La région issue du regroupement des régions Alsace, Champagne-Ardenne et Lorraine est dénommée "Grand Est".

Décret nº 2016-1263 du 28 septembre 2016,

Portant fixation du nom et du chef-lieu de la région Normandie.

Art. 1er La région issue du regroupement des régions Basse-Normandie et Haute-Normandie est dénommée "Normandie".

Art. 2 Le chef-lieu de la région Normandie est fixé à Rouen.

Décret nº 2016-1264 du 28 septembre 2016,

Portant fixation du nom et du chef-lieu de la région Occitanie.

Art. 1er La région issue du regroupement des régions Languedoc-Roussillon et Midi-Pyrénées est dénommée "Occitanie".

Art. 2 Le chef-lieu de la région Occitanie est fixé à Toulouse.

Décret nº 2016-1265 du 28 septembre 2016,

Portant fixation du nom et du chef-lieu de la région Hauts-de-France.

Art. 1er La région issue du regroupement des régions Nord-Pas-de-Calais et Picardie est dénommée "Hauts-de-France".

Art. 2 Le chef-lieu de la région Hauts-de-France est fixé à Lille.

Décret nº 2016-1266 du 28 septembre 2016,

Portant fixation du nom et du chef-lieu de la région Auvergne-Rhône-Alpes.

Art. 1er La région issue du regroupement des régions Auvergne et Rhône-Alpes est dénommée "Auvergne-Rhône-Alpes".

Art. 2 Le chef-lieu de la région Auvergne-Rhône-Alpes est fixé à Lyon.

Décret nº 2016-1267 du 28 septembre 2016,

Portant fixation du nom et du chef-lieu de la région Nouvelle-Aquitaine.

Art. 1er La région issue du regroupement des régions Aquitaine, Limousin et Poitou-Charentes est dénommée "Nouvelle-Aquitaine".

Art. 2 Le chef-lieu de la région Nouvelle-Aquitaine est fixé à Bordeaux.

Décret nº 2016-1268 du 28 septembre 2016,

Portant fixation du nom et du chef-lieu de la région Bourgogne-Franche-Comté.

Art. 1er La région issue du regroupement des régions Bourgogne et Franche-Comté est dénommée "Bourgogne-Franche-Comté".

Art. 2 Le chef-lieu de la région Bourgogne-Franche-Comté est fixé à Dijon.

Loi nº 2015-991 du 7 août 2015,

Portant nouvelle organisation territoriale de la République.

Art. 136 I. — Sauf dispositions contraires, les règles, plans et schémas régionaux ou interrégionaux en vigueur à la date de création des nouvelles régions constituées en application de la loi nº 2015-29 du 16 janvier 2015 relative à la délimitation des régions, aux élections régionales et départementales et modifiant le calendrier électoral demeurent applicables, dans le ressort géographique pour lequel ils ont été adoptés, jusqu'à leur remplacement par des actes ou documents correspondant au ressort des nouvelles régions. Ce remplacement a lieu au plus tard à la date prévue pour la révision de ces actes ou documents ou, en l'absence d'une telle échéance, dans le délai de trois ans à compter de la promulgation de la présente loi.

Sauf dispositions contraires, les plans et schémas régionaux ou interrégionaux en cours d'élaboration à la date de création des nouvelles régions sont assimilés à ceux mentionnés au premier alinéa, sous réserve qu'ils soient approuvés avant le 30 juin 2016. À défaut, ils sont élaborés ou révisés à l'échelle des nouvelles régions, selon les modalités qui leur sont applicables.

II. — Les avis des commissions administratives placées auprès du président du conseil régional ou du représentant de l'État dans la région rendus avant le 1er janvier 2016 sont réputés avoir été rendus par les commissions correspondant aux nouvelles délimitations régionales. Toutefois, une consultation des nouvelles instances régionales est requise lorsque plusieurs avis rendus à l'échelle des anciennes régions ne sont pas compatibles ou lorsque l'objet de la consultation implique la prise en considération du nouveau périmètre régional.

III. — Le président du conseil régional de l'ancienne région sur le territoire de laquelle est situé le chef-lieu provisoire de la région issue d'un regroupement en application de la loi nº 2015-29 du 16 janvier 2015 précitée adresse à chacun des conseillers régionaux par tout moyen, y compris électronique, la convocation et l'ordre du jour pour la réunion du conseil régional fixée à la date mentionnée au *a* du 3º du II de l'article 10 de la même loi.

IV. — Dans les conditions prévues à l'article 38 de la Constitution, le Gouvernement est autorisé à modifier par voie d'ordonnances, dans un délai de huit mois à compter de la promulgation de la présente loi, les dispositions relevant du domaine de la loi faisant référence à la région afin :

1º Le cas échéant, d'adapter le territoire d'intervention et les modalités d'organisation, de fonctionnement et de financement de tout établissement ou organisme institué par la loi ayant un périmètre d'intervention régional ;

2º De préciser les conditions de mobilité des magistrats et les règles d'affectation des présidents des chambres régionales des comptes ;

3º De préciser les conditions de réattribution des procédures par la Cour des comptes à la juridiction compétente.

V. — Un projet de loi de ratification des ordonnances prévues au IV est déposé devant le Parlement dans un délai de trois mois à compter de leur publication.

Art. L. 4111-2 Les régions peuvent passer des conventions avec l'État, ou avec d'autres collectivités territoriales ou leurs groupements, pour mener avec eux des actions de leur compétence. — *[L. nº 82-213 du 2 mars 1982, art. 59, al. 5.]*

Art. L. 4111-3 La création et l'organisation des régions en métropole et outre-mer ne portent atteinte ni à l'unité de la République ni à l'intégrité du territoire. — *[L. nº 82-213 du 2 mars 1982, art. 59, al. 6.]*

TITRE II NOM ET TERRITOIRE DE LA RÉGION

CHAPITRE I NOM

Art. L. 4121-1 Le nom d'une région est modifié par *(L. nº 2015-29 du 16 janv. 2015, art. 2)* **« décret en Conseil d'État » après consultation du conseil régional et des conseils départementaux intéressés.**

La modification du nom d'une région peut être demandée par le conseil régional et les conseils départementaux intéressés. – *[L. n° 72-619 du 5 juill. 1972, art. 2, al. 1er et 2.]*

La fixation du nom d'une collectivité territoriale n'a ni pour objet ni pour effet de modifier ses compétences ou ses ressources et ne saurait affecter les conditions dans lesquelles elle s'administre. Ne présentent pas de caractère sérieux les moyens selon lesquels le législateur aurait méconnu sa compétence en prévoyant que les noms définitifs des régions constituées par regroupement de plusieurs régions sont fixés par décret en Conseil d'État pris après avis des conseils régionaux dans des conditions portant atteinte aux principes constitutionnels de libre administration des collectivités territoriales et d'égalité devant la loi. • CE 28 déc. 2016, *Assoc. citoyenne Pour Occitanie Pays Catalan*, n° 403928. ♦ Constitue une modification du nom l'ajout du terme Septimanie en sous-titre de la Région Languedoc-Roussillon. • TA Montpellier, 8 janv. 2008, *Assoc. Trait d'union Languedoc-Roussillon et M. Becque*, n° 0505646 : *AJDA 2008. 753, concl. de Monte*.

CHAPITRE II LIMITES TERRITORIALES ET CHEF-LIEU

SECTION 1 Limites territoriales

Art. L. 4122-1 **Les limites territoriales des régions sont modifiées par la loi après consultation des conseils régionaux et des conseils départementaux intéressés.**

La modification des limites territoriales des régions peut être demandée par les conseils régionaux et les conseils départementaux intéressés.

Toutefois, lorsqu'un décret en Conseil d'État modifie les limites territoriales de départements limitrophes n'appartenant pas à la même région, et qu'un avis favorable a été émis par les conseils départementaux et par les conseils régionaux, ce décret entraîne la modification des limites de la région. – *[L. n° 72-619 du 5 juill. 1972, art. 2, al. 1er à 3.]*

1. Le juge précise que la modification des limites territoriales est laissée à l'appréciation discrétionnaire du gouvernement. • CE 9 nov. 1984, *Assoc. Bretagne Europe*, n° 50763 A : *JCP 1985. II. 20501, note C.S. ; D. 1986. 318, note Verpeaux* • CE 4 déc. 1974, *Dpt de l'Eure : Lebon T. 1140*.

2. Si, en vertu de l'art. 55 Const., le juge devant lequel un acte administratif est contesté au motif que les dispositions législatives dont il fait application sont contraires à une norme juridique contenue dans un traité ou un accord régulièrement introduit dans l'ordre juridique interne est habilité à écarter l'application de celle-ci, il ne peut être utilement saisi d'un moyen tiré de ce que la procédure d'adoption de la loi n'aurait pas été conforme aux stipulations d'un tel traité ou accord. Ainsi le moyen tiré de ce que la L. n° 2015-29 du 16 janv. 2015 fixant la nouvelle délimitation des régions aurait été adoptée en méconnaissance des stipulations de l'art. 5 de la Charte européenne de l'autonomie locale imposant la consultation préalable des collectivités locales ne peut qu'être écarté. • CE 27 oct. 2015, *M. I., C., G.*, n° 393026 A : *AJDA 2015. 2374, chron. Dutheillet de Lamothe et Odinet ; Constitutions 2015. 540, chron. Sermier*.

Art. L. 4122-1-1 *Abrogé par L. n° 2015-29 du 16 janv. 2015, art. 3.*

SECTION 2 Chef-lieu

Art. L. 4122-2 **Le transfert du chef-lieu d'une région est décidé par décret en Conseil d'État après consultation du conseil régional et des conseils départementaux ainsi que des conseils municipaux de la ville siège du chef-lieu et de celle où le transfert du chef-lieu est envisagé.** – *[L. n° 72-619 du 5 juill. 1972, art. 2, al. 7.]*

BIBL. ▶ Benchendikh, Détermination des capitales régionales : une occasion manquée, *AJCT 2016. 61*.

CHAPITRE III REGROUPEMENT DE RÉGIONS

Art. L. 4123-1 *Abrogé par L. n° 2015-29 du 16 janv. 2015, art. 3.*

CHAPITRE IV FUSION D'UNE RÉGION ET DES DÉPARTEMENTS QUI LA COMPOSENT

(L. n° 2010-1563 du 16 déc. 2010, art. 29)

Art. L. 4124-1 **I. – Une région** *(L. n° 2015-29 du 16 janv. 2015, art. 3)* **« métropolitaine » et les départements qui la composent peuvent, par délibérations concordantes**

de leurs assemblées délibérantes *(L. nº 2015-29 du 16 janv. 2015, art. 3)* « , adoptées à la majorité des trois cinquièmes des suffrages exprimés », demander à fusionner en une unique collectivité territoriale exerçant leurs compétences respectives. *(L. nº 2014-58 du 27 janv. 2014, art. 8)* « La demande de modification est inscrite à l'ordre du jour du conseil départemental, par dérogation aux articles L. 3121-9 et L. 3121-10, et du conseil régional, par dérogation aux articles L. 4132-8 et L. 4132-9, à l'initiative d'au moins *(L. nº 2022-217 du 21 févr. 2022, art. 13)* « 5 % » de leurs membres. »

Lorsque le territoire concerné comprend des zones de montagne délimitées conformément à l'article 3 de la loi nº 85-30 du 9 janvier 1985 précitée, les comités de massif concernés sont consultés sur le projet de fusion. Leur avis est réputé favorable s'ils ne se sont pas prononcés à l'expiration d'un délai de quatre mois suivant la notification, par le représentant de l'État dans la région, des délibérations du conseil régional et des conseils départementaux intéressés.

II. — Abrogé par L. nº 2015-29 du 16 janv. 2015, art. 3.

III. — La fusion de la région et des départements qui la composent en une unique collectivité territoriale est décidée par la loi, qui détermine son organisation et les conditions de son administration.

TITRE III ORGANES DE LA RÉGION

CHAPITRE I DISPOSITIONS GÉNÉRALES

Art. L. 4131-1 Les régions sont administrées par un conseil régional élu au suffrage universel direct. — *[L. nº 82-213 du 2 mars 1982, art. 59, al. 1er.]*

BIBL. ▸ FLEURY, Le conseiller territorial : le nouvel artisan du couple région-département, *JCP Adm. 2011. 2014.* – PHILIP-GAY, Le conseiller territorial, *AJCT 2011. 54* .

Art. L. 4131-2 Le conseil régional par ses délibérations *(L. nº 2010-1563 du 16 déc. 2010, art. 7)* « et celles de sa commission permanente », le président du conseil régional par l'instruction des affaires et l'exécution des délibérations, le conseil économique, social et environnemental régional par ses avis concourent à l'administration de la région.

Art. L. 4131-3 Nul ne peut être à la fois membre du conseil régional et du conseil économique, social et environnemental régional. — *[L. nº 72-619 du 5 juill. 1972, art. 5.]*

CHAPITRE II LE CONSEIL RÉGIONAL

BIBL. ▸ PASTOREL, Les conseillers régionaux, *Gualino, 1998.* – VERPEAUX, La loi portant nouvelle organisation territoriale de la République devant le Conseil constitutionnel : une nouvelle illustration de la parabole du moustique et du chameau, *JCP Adm. 2015, nº 2265.*

SECTION 1 Composition

COMMENTAIRE

V. dans le supplément en ligne .

Art. L. 4132-1 La composition des conseils régionaux et la durée du mandat des conseillers *(Ord. nº 2009-1530 du 10 déc. 2009)* « sont soumises aux dispositions des articles L. 336 et L. 337 du code électoral ».

SECTION 2 Démission et dissolution

Art. L. 4132-2 Lorsqu'un conseiller régional donne sa démission, il l'adresse au président du conseil régional qui en donne immédiatement avis au représentant de l'État dans la région. — *[L. nº 72-619 du 5 juill. 1972, art. 11 ; L. 10 août 1871, art. 20.]*

V. par analogie notes ss. art. L. 2121-4.

Art. L. 4132-2-1 *(L. nº 98-135 du 7 mars 1998)* Tout membre d'un conseil régional qui, sans excuse valable, a refusé de remplir une des fonctions qui lui sont dévolues par les lois est déclaré démissionnaire par le Conseil d'État. Le refus résulte soit d'une déclaration expresse adressée à qui de droit ou rendue publique par son auteur, soit de l'abstention persistante après avertissement de l'autorité chargée de la convocation.

Le membre ainsi démissionnaire ne peut être réélu avant le délai d'un an.

1. V. par analogie notes ss. art. L. 2121-5.

2. On ne peut plus contester l'irrégularité de la décision prononçant la démission d'office d'un conseiller régional lorsque le conseil régional a été renouvelé. • CE 23 juin 2004, *Fayard*, nº 256785 A : *AJDA 2004. 1779* ; *BJCL 2004. 585, concl. Glaser* ; *Dr. adm. 2004, nº 145, note E.G.*

Art. L. 4132-3 Lorsque le fonctionnement d'un conseil régional se révèle impossible, le gouvernement peut en prononcer la dissolution par décret motivé pris en conseil des ministres ; il en informe le Parlement dans le délai le plus bref.

La dissolution ne peut jamais être prononcée par voie de mesure générale. — *[L. nº 72-619 du 5 juill. 1972, art. 11 ; L. nº 82-213 du 2 mars 1982, art. 43, al. 1er et 2.]*

Art. L. 4132-4 En cas de dissolution du conseil régional, de démission de tous ses membres en exercice ou d'annulation devenue définitive de l'élection de tous ses membres, le président est chargé de l'expédition des affaires courantes. Ses décisions ne sont exécutoires qu'avec l'accord du représentant de l'État dans la région. Il est procédé à la réélection du conseil régional dans un délai de deux mois. L'assemblée se réunit de plein droit le premier vendredi qui suit son élection.

Le représentant de l'État dans la région convoque chaque conseiller régional élu pour la première réunion, dont il fixe l'heure et le lieu. — *[L. nº 72-619 du 5 juill. 1972, art. 11 ; L. nº 82-213 du 2 mars 1982, art. 43, al. 3 et 4 ; L. nº 86-16 du 6 janv. 1986, art. 30.]*

SECTION 3 Fonctionnement

BIBL. GÉN. ▶ BARDON, La réforme du fonctionnement des conseils régionaux, *Dr. adm. 1998. Chron. 8.*

SOUS-SECTION 1 Siège et règlement intérieur

Art. L. 4132-5 Le conseil régional a son siège à l'hôtel de la région.

(L. nº 2015-29 du 16 janv. 2015, art. 2) « L'emplacement de l'hôtel de la région sur le territoire régional est déterminé par le conseil régional. »

Art. L. 4132-6 *(L. nº 2015-991 du 7 août 2015, art. 123)* « Le conseil régional établit son règlement intérieur dans les trois mois qui suivent son renouvellement. Le règlement intérieur précédemment adopté continue à s'appliquer jusqu'à l'établissement du nouveau règlement. » *(L. nº 2015-991 du 7 août 2015, art. 31)* « Le règlement intérieur détermine les droits des groupes d'élus régulièrement constitués et les droits spécifiques des groupes minoritaires ou s'étant déclaré *[déclarés]* d'opposition. » *(L. nº 2015-991 du 7 août 2015, art. 31)* « Il » peut être déféré devant le tribunal administratif.

V. par analogie notes ss. art. L. 2121-8.

SOUS-SECTION 2 Réunions

Art. L. 4132-7 La première réunion du conseil régional se tient de plein droit le premier vendredi qui suit son élection.

(L. nº 2015-366 du 31 mars 2015, art. 2) « Lors de la première réunion du conseil régional, immédiatement après l'élection du président, des vice-présidents et des autres membres de la commission permanente, le président donne lecture de la charte de l'élu local prévue à l'article L. 1111-1-1. Le président remet aux conseillers régionaux une copie de la charte de l'élu local et du chapitre V du présent titre. »

Art. L. 4132-8 Le conseil régional se réunit à l'initiative de son président, au moins une fois par trimestre, dans un lieu de la région choisi par la commission permanente. — *[L. nº 72-619 du 5 juill. 1972, art. 11 ; L. nº 82-213 du 2 mars 1982, art. 35, al. 2.]*

Art. L. 4132-9 Le conseil régional est également réuni à la demande :

1º De la commission permanente ;

2° Ou du tiers de ses membres sur un ordre du jour déterminé, pour une durée qui ne peut excéder deux jours. Un même conseiller régional ne peut présenter plus d'une demande de réunion par semestre.

En cas de circonstances exceptionnelles, les conseils régionaux peuvent être réunis par décret. — *[L. n° 72-619 du 5 juill. 1972, art. 11 ; L. n° 82-213 du 2 mars 1982, art. 37.]*

Art. L. 4132-9-1 *(L. n° 2022-217 du 21 févr. 2022, art. 170)* Le président peut décider que la réunion du conseil régional se tient en plusieurs lieux, par visioconférence.

Lorsque la réunion du conseil régional se tient par visioconférence, le quorum est apprécié en fonction de la présence des conseillers régionaux dans les différents lieux par visioconférence.

Les votes ne peuvent avoir lieu qu'au scrutin public. En cas d'adoption d'une demande de vote secret, le président reporte le point de l'ordre du jour à une séance ultérieure, qui ne peut se tenir par visioconférence. Le scrutin public peut être organisé soit par appel nominal, soit par scrutin électronique, dans des conditions garantissant sa sincérité. En cas de partage des voix, la voix du président est prépondérante. Le président proclame le résultat du vote, qui est reproduit au procès-verbal avec le nom des votants.

La réunion du conseil régional ne peut se tenir en plusieurs lieux par visioconférence pour l'élection du président et de la commission permanente, ni pour l'adoption du budget primitif, ni pour l'application des articles L. 4132-21 et L. 4132-22. Le conseil régional se réunit en un seul et même lieu au moins une fois par semestre.

Lorsque la réunion du conseil régional se tient entièrement ou partiellement par visioconférence, elle est diffusée en direct à l'attention du public sur le site internet du conseil régional. Lorsque des lieux sont mis à disposition par le conseil régional pour la tenue d'une de ses réunions par visioconférence, chacun d'entre eux est accessible au public.

Lorsque la réunion du conseil régional se tient entièrement ou partiellement par visioconférence, il en est fait mention dans la convocation adressée en application de l'article L. 4132-8.

Le règlement intérieur fixe les modalités pratiques de déroulement des réunions en plusieurs lieux par visioconférence.

Visioconférence. Quelle que soit l'importance des délibérations mises à l'ordre du jour, le président du conseil régional peut décider sans porter d'atteinte grave et manifestement illégale à la liberté fondamentale de réunion des partis politiques régulièrement constitués que la réunion de l'assemblée délibérante se tiendra entièrement ou partiellement par visioconférence, sans autres conditions que celles de la diffuser en direct à l'attention du public sur le site internet du conseil régional et de respecter les modalités fixées par le règlement intérieur. • TA Lyon, 19 oct. 2022, n° 2207765.

SOUS-SECTION 3 Séances

Art. L. 4132-10 Les séances du conseil régional sont publiques.

Néanmoins, sur la demande de cinq membres ou du président, le conseil régional peut décider, sans débat, à la majorité absolue des membres présents ou représentés, qu'il se réunit à huis clos.

Sans préjudice des pouvoirs que le président du conseil régional tient de l'article L. 4132-11, ces séances peuvent être retransmises par les moyens de communication audiovisuelle. — *[L. n° 72-619 du 5 juill. 1972, art. 11 ; L. n° 82-213 du 2 mars 1982, art. 40.]*

Le Conseil d'État a estimé que le caractère public d'une séance, en l'espèce celle au cours de laquelle a été élu le président du conseil régional, était respecté dans la mesure où il était établi que la presse assistait à la séance et qu'au surplus les débats étaient retransmis par un circuit intérieur de télévision dans une salle voisine où se tenait le public. • CE 16 janv. 1987, *Él. du président du conseil régional de Picardie, Ansallem*, n° 77055 A : *AJDA 1987. 421, note Moreau.* ♦ En revanche le principe de publicité des séances n'est pas applicable à celles de la commission permanente. • CE, ass., 18 déc. 1996, *Région Centre* n° 151790 A : *RD publ. 1998. 1205, note Merlay ; RFDA 1997. 496, concl. Stahl ; D. 1997. IR 39 ; RD publ. 1998. 1205, note Merley.*

Art. L. 4132-11 Le président a seul la police de l'assemblée.

Il peut faire expulser de l'auditoire ou arrêter tout individu qui trouble l'ordre.

En cas de crime ou de délit, il en dresse procès-verbal, et le procureur de la République en est immédiatement saisi. – *[L. nº 72-619 du 5 juill. 1972, art. 11 ; L. du 10 août 1871, art. 29.]*

V. par analogie notes ss. art. L. 2121-16.

Art. L. 4132-12 Le procès-verbal de chaque séance, rédigé par un des secrétaires, est arrêté au commencement de la séance suivante, et signé par le président et le secrétaire.

(Ord. nº 2021-1310 du 7 oct. 2021, art. 12) « Il contient la date et l'heure de la séance, les noms du président, des membres du conseil régional présents ou représentés et du ou des secrétaires de séance, le quorum, l'ordre du jour de la séance, les délibérations adoptées et les rapports au vu desquels elles ont été adoptées, les demandes de scrutin particulier, le résultat des scrutins précisant, s'agissant des scrutins publics, le nom des votants et le sens de leur vote, et la teneur des discussions au cours de la séance.

« Dans la semaine qui suit la séance au cours de laquelle il a été arrêté, le procès-verbal est publié sous forme électronique de manière permanente et gratuite sur le site internet de la région et un exemplaire sur papier est mis à la disposition du public.

« L'exemplaire original du procès-verbal, qu'il soit établi sur papier ou sur support numérique, est conservé dans des conditions propres à en assurer la pérennité. »

V. par analogie notes 22 s. ss. art. L. 2121-21.

Ancien art. L. 4132-12 *Le procès-verbal de chaque séance, rédigé par un des secrétaires, est arrêté au commencement de la séance suivante, et signé par le président et le secrétaire.*

Il contient les rapports, les noms des membres qui ont pris part à la discussion et l'analyse de leurs opinions. – [L. nº 72-619 du 5 juill. 1972, art. 11 ; L. 10 août 1871, art. 32, al. 1er et 2.]

SOUS-SECTION 4 Délibérations

Art. L. 4132-13 Le conseil régional ne peut délibérer si la majorité absolue de ses membres en exercice n'est présente.

Toutefois, si le conseil régional ne se réunit pas, au jour fixé par la convocation, en nombre suffisant pour délibérer, la réunion se tient de plein droit trois jours plus tard et les délibérations sont alors valables quel que soit le nombre des présents.

Sous réserve des dispositions des articles L. 4133-1, L. 4133-5 *(Ord. nº 2009-1530 du 10 déc. 2009)* « et L. 4133-6 », les délibérations du conseil régional sont prises à la majorité des suffrages exprimés.

V. par analogie notes ss. art. L. 2121-17.

Art. L. 4132-13-1 *(L. nº 2009-526 du 12 mai 2009, art. 86)* La commission permanente ne peut délibérer si la majorité absolue de ses membres en exercice n'est présente ou représentée.

Les deuxième et dernier alinéas de l'article L. 4132-13 sont applicables à la commission permanente.

Art. L. 4132-14 Les votes sont recueillis au scrutin public toutes les fois que le sixième des membres présents le demande. En cas de partage, la voix du président est prépondérante.

(L. nº 2009-526 du 12 mai 2009, art. 86) « Néanmoins, les votes sur les nominations ont toujours lieu au scrutin secret dans les cas où la loi ou le règlement le prévoit expressément. Dans les autres cas, le conseil régional peut décider à l'unanimité de ne pas procéder au scrutin secret aux nominations. »

(L. nº 2011-525 du 17 mai 2011, art. 76) « Si une seule candidature a été déposée pour chaque poste à pourvoir au sein des commissions régionales ou dans les organismes extérieurs, ou si une seule liste a été présentée après appel de candidatures, les nominations prennent effet immédiatement, dans l'ordre de la liste le cas échéant, et il en est donné lecture par le président du conseil régional. »

1. Application par le juge de la règle du vote secret pour les nominations. • CE 12 mai 1989, 🏛 *Joly*, nº 100209 A : *AJDA 1989. 464, note Gérard ; LPA 24 juill. 1989, nº 88, note Chouvel ; D. 1989. IR*

192 ; Dr. adm. 1989. 361 ; RFDA 1989. 558. – V. aussi • CE 13 nov. 1992, *Fabius*, n° 135866 B : *Dr. adm. 1992. 543* • CE 24 mars 1997, *Broutin*, n° 150455 A : pour la désignation par la commission permanente des représentants du conseil régional dans des organismes extérieurs.

2. V. par analogie notes ss. art. L. 2121-21.

Art. L. 4132-15 **Un conseiller régional empêché d'assister à une réunion peut donner délégation de vote, pour cette réunion, à un autre membre de l'assemblée régionale.**

Un conseiller régional ne peut recevoir qu'une seule délégation. – *[L. n° 72-619 du 5 juill. 1972, art. 11 ; L. n° 82-213 du 2 mars 1982, art. 44.]*

V. par analogie notes ss. art. L. 2121-20.

Art. L. 4132-16 *(Ord. n° 2005-650 du 6 juin 2005, art. 11)* **« Toute personne a le droit de demander communication des délibérations et procès-verbaux des séances publiques du conseil régional, des délibérations de la commission permanente, des budgets et des comptes de la région ainsi que des arrêtés du président.**

« Chacun peut les publier sous sa responsabilité.

« La communication des documents mentionnés au deuxième alinéa, qui peut être obtenue aussi bien du président du conseil régional que des services déconcentrés de l'État, intervient dans les conditions prévues par l'article L. 311-9 du code des relations entre le public et l'administration.

« Les dispositions du présent article s'appliquent aux établissements publics administratifs des régions. »

SOUS-SECTION 5 **Information**

Art. L. 4132-17 **Tout membre du conseil régional a le droit, dans le cadre de sa fonction, d'être informé des affaires de la région qui font l'objet d'une délibération.** – *[L. n° 72-619 du 5 juill. 1972, art. 11 ; L. 10 août 1871, art. 23.]*

1. V. par analogie notes ss. art. L. 2121-13.

2. Les membres du conseil régional disposent du droit d'être informés de tout ce qui touche aux affaires de la région qui leur sont soumises dans des conditions leur permettant de remplir normalement leur mandat. Cela implique nécessairement que chacun de ces membres puisse, préalablement aux séances du conseil régional, avoir connaissance des questions portées à son ordre du jour pour faire l'objet d'une décision, qu'elles soient ou non soumises à un vote. Dès lors que l'ordre du jour ne mentionnait pas la décision de pourvoir la vacance d'un siège de membre de la commission permanente et qu'aucun rapport n'a été adressé aux conseillers régionaux sur cette affaire, la décision de pourvoir la vacance constatée au sein de la commission est intervenue en méconnaissance des dispositions des art. L. 4132-17 et L. 4132-18 CGCT. • CE 23 mai 2011, *Mme BE. A.*, n° 340973 B : *AJDA 2011. 1116*.

3. Le droit à l'information est entendu de façon large. Il concerne notamment les membres de la commission permanente. • TA Dijon, 1er juill. 1999, *Cordier c/ Région de Bourgogne*, n° 987305 : *AJDA 2000. 349, note Verpeaux*. ♦ V. aussi • CAA Nancy, 27 janv. 2005, *Région Lorraine*, n° 99NC02529.

Art. L. 4132-17-1 *(L. n° 2004-809 du 13 août 2004, art. 124)* **Le conseil régional assure la diffusion de l'information auprès de ses membres élus par les moyens matériels qu'il juge les plus appropriés.**

Afin de permettre l'échange d'informations sur les affaires relevant de ses compétences, le conseil régional peut, dans les conditions définies par son assemblée délibérante, mettre à disposition de ses membres élus, à titre individuel, les moyens informatiques et de télécommunications nécessaires.

Art. L. 4132-18 **Douze jours au moins avant la réunion du conseil régional, le président adresse aux conseillers régionaux un rapport** *(L. n° 2004-809 du 13 août 2004, art. 125)* **« , sous quelque forme que ce soit, » sur chacune des affaires qui doivent leur être soumises.**

Les projets sur lesquels le conseil économique, social et environnemental régional est obligatoirement et préalablement consulté sont adressés simultanément *(L. n° 2004-809 du 13 août 2004, art. 125)* **« , sous quelque forme que ce soit, » aux membres du conseil régional.**

(L. n° 2009-526 du 12 mai 2009, art. 86) **« Les rapports et projets visés aux deux alinéas précédents peuvent être mis à la disposition des conseillers qui le souhaitent par**

voie électronique de manière sécurisée ; cette mise à disposition fait l'objet d'un avis adressé à chacun de ces conseillers dans les conditions prévues au premier alinéa.

« Sans préjudice des dispositions de l'article L. 4132-17, en cas d'urgence, le délai prévu au premier alinéa peut être abrégé par le président sans pouvoir être toutefois inférieur à un jour franc.

« Le président rend compte dès l'ouverture de la séance du conseil régional, qui se prononce sur l'urgence et peut décider le renvoi de la discussion, pour tout ou partie, à l'ordre du jour d'une séance ultérieure. »

1. Application par le juge du respect du délai de 12 jours pour adresser aux conseillers régionaux un rapport sur chaque affaire. • TA Poitiers, 7 oct. 1987, *Fromonteil et a. : Quot. jur. 21 mai 1988, p. 4.*

2. V. par analogie notes ss. art. L. 2121-11.

Art. L. 4132-18-1 *(L. n° 2015-991 du 7 août 2015, art. 131)* Les rapports sur chacune des affaires qui doivent être soumises à la commission permanente sont transmis huit jours au moins avant sa réunion, dans les conditions prévues à l'article L. 4132-18.

Art. L. 4132-19 Chaque année le président rend compte au conseil régional, par un rapport spécial, de la situation de la région, de l'état d'exécution du plan régional, ainsi que de l'activité et du financement des différents services de la région et des organismes qui dépendent de celle-ci. Le rapport précise l'état d'exécution des délibérations du conseil régional et de la situation financière de la région. – *[L. n° 72-619 du 5 juill. 1972, art. 16-1-II.]*

Art. L. 4132-20 Les conseillers régionaux ont le droit d'exposer en séance du conseil régional des questions orales ayant trait aux affaires de la région. Le règlement intérieur en fixe la fréquence ainsi que les conditions de présentation et d'examen. – *[L. n° 72-619 du 5 juill. 1972, art. 11 ; L. 10 août 1871, art. 33.]*

SOUS-SECTION 6 Commissions – Représentation au sein d'organismes extérieurs

Art. L. 4132-21 Après l'élection de sa commission permanente, dans les conditions prévues à l'article L. 4133-5, le conseil régional peut former ses commissions et procéder à la désignation de ses membres ou de ses délégués pour siéger au sein d'organismes extérieurs et déléguer une partie de ses attributions à la commission permanente conformément aux dispositions de l'article L. 4221-5.

(L. n° 2004-809 du 13 août 2004, art. 129) « De même, le conseil régional peut déléguer à son président l'exercice de certaines de ses attributions en vertu des articles L. 4221-5 *(L. n° 2015-991 du 7 août 2015, art. 118)* « , L. 4231-7-1 » et L. 4231-8. »

En ce cas et par dérogation aux dispositions de l'article L. 4132-18, les rapports sur les affaires soumises aux conseillers régionaux peuvent leur être communiqués en cours de réunion ; une suspension de séance est de droit.

Art. L. 4132-21-1 *(L. n° 2002-276 du 27 févr. 2002, art. 8)* Le conseil régional, lorsqu'un cinquième de ses membres le demande, délibère de la création d'une mission d'information et d'évaluation, chargée de recueillir des éléments d'information sur une question d'intérêt régional ou de procéder à l'évaluation d'un service public régional. Un même conseiller régional ne peut s'associer à une telle demande plus d'une fois par an.

Aucune mission ne peut être créée à partir du 1er janvier de l'année civile qui précède l'année du renouvellement des conseils régionaux.

Le règlement intérieur fixe les règles de présentation et d'examen de la demande de constitution de la mission, ses modalités de fonctionnement, les modalités de sa composition dans le respect du principe de la représentation proportionnelle, la durée de la mission, qui ne peut excéder six mois à compter de la date de la délibération qui l'a créée, ainsi que les conditions dans lesquelles elle remet son rapport aux membres du conseil régional.

Art. L. 4132-22 Le conseil régional procède à la désignation de ses membres ou de délégués pour siéger au sein d'organismes extérieurs dans les cas et conditions prévus

par les dispositions régissant ces organismes. La fixation par les dispositions précitées de la durée des fonctions assignées à ces membres ou délégués ne fait pas obstacle à ce qu'il puisse être procédé à tout moment, et pour le reste de cette durée, à leur remplacement par une nouvelle désignation opérée dans les mêmes formes. – *[L. nº 72-619 du 5 juill. 1972, art. 11 ; L. nº 82-213 du 2 mars 1982, art. 24, al. 4.]*

1. Le Conseil d'État a jugé que la désignation par un conseil régional de ses délégués dans des institutions de la région ne relève pas en premier et dernier ressort du Conseil d'État (compétent pour les élections au conseil régional) mais du tribunal administratif compétent pour connaître en premier ressort du contentieux des délibérations des assemblées locales. • CE 30 mai 1994, *Bouin et de Perier,* nº 138877 A. ♦ Et il n'y a pas discrimination illégale à désigner par des votes distincts les représentants au sein d'organismes sans lien avec la jeunesse et les représentants dans les organismes ayant un lien avec la jeunesse. • CAA Douai, 11 juill. 2000, *Descaves,* nº 96DA02191.

2. Le juge administratif a précisé que le conseil régional pouvait déléguer à la commission permanente le pouvoir de désigner les délégués de l'assemblée au sein des organismes extérieurs. • CE 24 mars 1997, *Broutin,* nºs 150455 A et 163168 A.

3. ... Et s'impose la représentation proportionnelle des groupes d'élus au sein d'organismes extérieurs. L'appartenance politique d'un groupe ne permet pas de l'exclure d'un comité de pilotage et de suivi d'un contrat de plan État/Région. • TA Marseille, 2 nov. 2005, *Macary,* nº 0100631 : *BJCL 2006. 323, concl. Fédou.*

SOUS-SECTION 7 **Fonctionnement des groupes d'élus**

Art. L. 4132-23 **Dans les conseils régionaux, le fonctionnement des groupes d'élus peut faire l'objet de délibérations sans que puissent être modifiées, à cette occasion, les décisions relatives au régime indemnitaire des élus.**

Dans ces mêmes conseils régionaux, les groupes d'élus se constituent par la remise au président du conseil régional d'une déclaration, signée de leurs membres, accompagnée de la liste de ceux-ci et de leur représentant. *(L. nº 2015-991 du 7 août 2015, art. 31)* **« Ils peuvent se déclarer d'opposition. Sont considérés comme groupes minoritaires ceux qui ne se sont pas déclarés d'opposition, à l'exception de celui dont l'effectif est le plus élevé. »**

Dans les conditions qu'il définit, le conseil régional peut affecter aux groupes d'élus, pour leur usage propre ou pour un usage commun, un local administratif, du matériel de bureau et prendre en charge leurs frais de documentation, de courrier et de télécommunications.

Le président du conseil régional peut, dans les conditions fixées par le conseil régional et sur proposition des représentants de chaque groupe, affecter aux groupes d'élus une ou plusieurs personnes. Le conseil régional ouvre au budget de la région, sur un chapitre spécialement créé à cet effet, les crédits nécessaires à ces dépenses, sans qu'ils puissent excéder *(L. nº 2002-276 du 27 févr. 2002, art. 15)* **« 30 % » du montant total des indemnités versées chaque année aux membres du conseil régional** *(L. nº 2022-217 du 21 févr. 2022, art. 171)* **« , charges sociales incluses ».**

Le président du conseil régional est l'ordonnateur des dépenses susmentionnées.

(L. nº 99-586 du 12 juill. 1999) **« L'élu responsable de chaque groupe d'élus décide des conditions et des modalités d'exécution du service confié que ces collaborateurs accomplissent auprès de ces groupes au sein de l'organe délibérant. »**

1. Les groupes politiques au conseil régional n'ont pas de personnalité juridique et ne peuvent donc ester en justice. • TA Clermont-Ferrand, 23 févr. 1988, *Chaubard : LPA 18 mai 1988, p. 8, note Chauvel.*

2. Les aides accordées par le conseil régional aux groupes d'élus peuvent être constituées de moyens en personnel et en matériels. Dès lors, les subventions destinées au financement des moyens nécessaires au fonctionnement des groupes d'élus sont illégales. • CE 2 févr. 1996, *Région Alsace,* nº 154586 B : *Dr. adm. 1996. 200.* ♦ V. aussi • CAA Marseille, 13 déc. 2004, *Assoc. de gestion du groupe Front national du conseil régional PACA,* nº 00MA01278 : *BJCL 2005. 92, concl. Louis.*

3. Les règlements intérieurs des conseils régionaux peuvent prévoir que les groupes d'élus comprennent un effectif minimum. • TA Paris, 26 mars 1999, *Mame,* nº 9808831/4 : *Dr. adm. 1999, nº 126.* ♦ V. aussi • CAA Marseille, 6 juill. 2004, *X. c/ Région PACA,* nº 00MA01374.

Art. L. 4132-23-1 *(L. nº 2002-276 du 27 févr. 2002, art. 9)* **Lorsque la région diffuse, sous quelque forme que ce soit, un bulletin d'information générale sur les réalisations**

et la gestion du conseil régional, un espace est réservé à l'expression des groupes d'élus. Les modalités d'application de cette disposition sont définies par le règlement intérieur.

SOUS-SECTION 8 Relations avec le représentant de l'État

Art. L. 4132-24 Le représentant de l'État dans la région a la charge des intérêts nationaux, du respect des lois et, dans les conditions fixées par le présent code, du contrôle administratif.

Dans les conditions fixées par le présent code, il veille à l'exercice régulier de leurs compétences par les autorités régionales. – *[L. nº 72-619 du 5 juill. 1972, art. 21-1, al. 6 et 7.]*

Art. L. 4132-25 Le représentant de l'État dans la région est seul habilité à s'exprimer au nom de l'État devant le conseil régional. – *[L. nº 72-619 du 5 juill. 1972, art. 21-1, al. 5.]*

Par accord du président du conseil régional et du représentant de l'État dans la région, celui-ci est entendu par le conseil régional.

En outre, sur demande du Premier ministre, le représentant de l'État dans la région est entendu par le conseil régional. – *[L. nº 72-619 du 5 juill. 1972, art. 11 ; L. nº 82-213 du 2 mars 1982, art. 36.]*

Art. L. 4132-26 Sur sa demande, le président du conseil régional reçoit du représentant de l'État dans la région les informations nécessaires à l'exercice de ses attributions.

Sur sa demande, le représentant de l'État dans la région reçoit du président du conseil régional les informations nécessaires à l'exercice de ses attributions. – *[L. nº 72-619 du 5 juill. 1972, art. 21-1, al. 8 et 9.]*

Art. L. 4132-27 Chaque année, le représentant de l'État dans la région informe le conseil régional, par un rapport spécial, de l'activité des services de l'État dans la région.

Ce rapport spécial donne lieu éventuellement à un débat en présence du représentant de l'État. – *[L. nº 72-619 du 5 juill. 1972, art. 16-1-III.]*

CHAPITRE III LE PRÉSIDENT, LA COMMISSION PERMANENTE ET LE BUREAU DU CONSEIL RÉGIONAL

SECTION 1 Le président

BIBL. GÉN. ▶ DIETSCH, À propos du nouveau mode d'élection des présidents de conseils régionaux, *LPA 21 août 1998, nº 100.*

SOUS-SECTION 1 Désignation

Art. L. 4133-1 Le conseil régional élit son président lors de la réunion de droit qui suit chaque renouvellement. – *[L. nº 72-619 du 5 juill. 1972, art. 11 ; L. nº 82-213 du 2 mars 1982, art. 24, al. 1er.]*

Pour cette élection, il est présidé par son doyen d'âge, le plus jeune membre faisant fonction de secrétaire. *(L. nº 98-135 du 7 mars 1998)* « Cette élection ne donne lieu à aucun débat. »

Le conseil régional ne peut dans ce cas délibérer que si les deux tiers de ses membres sont présents. Si cette condition n'est pas remplie, la réunion se tient de plein droit trois jours plus tard. La réunion peut alors avoir lieu sans condition de quorum.

Le président est élu à la majorité absolue des membres du conseil régional pour une durée de six ans. Si cette élection n'est pas acquise après les deux premiers tours de scrutin, il est procédé à un troisième tour de scrutin et l'élection a lieu à la majorité relative des membres du conseil régional. En cas d'égalité des voix, l'élection est acquise au bénéfice de l'âge.

(L. nº 98-135 du 7 mars 1998) « Nul ne peut être élu président s'il n'a, préalablement à chaque tour de scrutin, remis aux membres du conseil régional, par l'intermédiaire du doyen d'âge, une déclaration écrite présentant les grandes orientations politiques, économiques et sociales de son action pour la durée de son mandat. »

BIBL. ▶ Courtejaire et Verpeaux, L'élection des présidents des assemblées locales et le quorum, *AJDA 2004. 954*.

1. Le quorum des deux tiers n'est exigé qu'au début de la séance consacrée à l'élection du président. • CE, ass., 11 déc. 1987, *Él. du président du conseil régional de Haute-Normandie, Le Vern c/ Fossé et a. : Lebon 415 ; AJDA 1988. 162 et 144, chron. Azibert et de Boisdeffre ; LPA 1988, n° 10, note Chouvel.* ♦ Le secret du vote doit être assuré : notamment les conseillers ne doivent pas publiquement prendre un seul bulletin et le mettre dans l'enveloppe. • CE 12 mai 1989, *Joly*, n° 100209 A : *AJDA 1989. 464, note Gérard ; LPA 1989, n° 88, p. 10, note Chouvel.*

2. En l'absence de textes, le Conseil d'État s'est déclaré compétent pour connaître de l'élection du président du conseil régional. • CE 16 janv. 1987, *Él. du président du conseil régional de Picardie*, n° 77055 A.

3. Le juge évalue l'incidence de l'irrégularité commise sur les résultats du scrutin et n'annule celui-ci que si elle était de nature à en modifier le résultat, par exemple en cas de très faible majorité. • CE 13 nov. 1992, *Fabius*, n° 135866 B : *JCP 1993. IV. 61, obs. Rouault ; LPA 1993, n° 36, p. 19, note Chouvel.* ♦ Est irrégulière comme ayant influé sur le résultat du scrutin l'élection au second tour qui a été précédée, à la demande du président de séance, d'un bref débat entre tous les candidats. • CE, sect., 9 déc. 1998, *Él. du président du conseil régional de Rhône-Alpes*, n° 195352 A : *AJDA 1999. 135, chron. Raynaud et Fombeur ; RFDA 1999. 595, concl. Arrighi de Casanova ; ibid. 2000. 126, note Robbe*.

4. Un candidat peut se présenter au 3ᵉ tour de scrutin sans avoir fait acte de candidature aux tours précédents à la condition d'avoir déposé la déclaration prévue par l'art. L. 4133-1. • CE, sect., 25 nov. 1998, *Él. du président et des membres de la commission permanente du conseil régional de Bourgogne*, n° 195660 A : *AJDA 1999. 255, note Poujade ; D. 1999. 357, note Piastra ; RFDA 2000. 126, note Robbe ; Dr. adm. 1999. chron. 3, concl. Maugüé.*

5. Le délai de contestation de l'élection du président et des vice-présidents du conseil régional ainsi que des membres de la commission permanente est celui de l'art. L. 361 C. élect., soit 10 jours suivant la proclamation des résultats. • CE 7 déc. 1998, *Él. des vice-présidents du conseil régional de Provence-Alpes-Côte d'Azur*, n° 197286 A.

SOUS-SECTION 2 Remplacement

Art. L. 4133-2 **En cas de vacance du siège de président pour quelque cause que ce soit, les fonctions de président sont provisoirement exercées par un vice-président, dans l'ordre des nominations et, à défaut, par un conseiller régional désigné par le conseil. Il est procédé au renouvellement de la commission permanente, dans le délai d'un mois, selon les modalités prévues à l'article L. 4133-5.**

En cas de démission du président et de tous les vice-présidents, le conseil régional est convoqué par le doyen d'âge, soit pour procéder à la désignation du conseiller régional prévu à l'alinéa précédent, soit pour procéder au renouvellement de la commission permanente. — *[L. n° 72-619 du 5 juill. 1972, art. 11 ; L. n° 82-213 du 2 mars 1982, art. 33, al. 1ᵉʳ et 3.]*

Un nouveau président de conseil régional ne peut être élu après la démission de son prédécesseur sans que soit renouvelée la commission permanente : solution transposée des départements. • TA Montpellier, 3 avr. 1982, *Gache : Lebon 482.*

SOUS-SECTION 3 Incompatibilités

Art. L. 4133-3 *(L. n° 2000-295 du 5 avr. 2000, art. 16)* **Les fonctions de président de conseil régional sont incompatibles avec l'exercice d'une des fonctions électives suivantes : président d'un conseil départemental, maire** *(L. n° 2014-58 du 27 janv. 2014, art. 26)* **« , le président du conseil de la métropole de Lyon ».**

Les fonctions de président de conseil régional sont également incompatibles avec celles de membre de la Commission européenne, membre du directoire de la Banque centrale européenne ou membre du conseil de la politique monétaire de la Banque de France.

[Dispositions déclarées non conformes à la Constitution par décision du Conseil constitutionnel n° 2000-426 DC du 30 mars 2000.]

Tout président de conseil régional exerçant une fonction le plaçant dans une situation d'incompatibilité prévue par les *(L. n° 2003-327 du 11 avr. 2003, art. 16)* **« deux » alinéas précédents cesse de ce fait même d'exercer ses fonctions de président de conseil**

régional. En cas de contestation, l'incompatibilité prend effet à compter de la date à laquelle la décision juridictionnelle confirmant l'élection devient définitive.

SECTION 2 La commission permanente

Art. L. 4133-4 Le conseil régional élit les membres de la commission permanente.

La commission permanente est composée du président du conseil régional, de quatre à quinze vice-présidents *(L. n° 2010-1563 du 16 déc. 2010, art. 7)* « et éventuellement d'un ou plusieurs autres membres, sous réserve que le nombre total de ses membres ne soit pas supérieur au tiers de l'effectif du conseil régional. »

1. En l'absence de textes, le Conseil d'État s'est reconnu compétent pour connaître de l'élection des membres de la commission permanente. • CE 16 janv. 1987, *Él. du président du conseil régional de Picardie*, n° 77055 A.

2. La commission permanente peut réunir autant de membres que le conseil régional. • CE 15 déc. 2010, *Gollnisch c/ Région Rhône-Alpes*, n° 338425 B : *AJDA 2010. 2456* ; *AJCT 2011. 96* ; *BJCL 2011. 321, concl. Vialettes.*

Art. L. 4133-5 *(L. n° 2007-128 du 31 janv. 2007)* Aussitôt après l'élection du président et sous sa présidence, le conseil régional fixe le nombre des vice-présidents et des autres membres de la commission permanente.

Les membres de la commission permanente autres que le président sont élus au scrutin de liste. Chaque conseiller régional ou chaque groupe de conseillers peut présenter une liste de candidats. Chaque liste est composée alternativement d'un candidat de chaque sexe. Un groupe de conseillers qui ne dispose pas de membres de chaque sexe en nombre suffisant peut compléter sa liste par des candidats de même sexe.

Les listes sont déposées auprès du président dans l'heure qui suit la décision du conseil régional relative à la composition de la commission permanente. Si, à l'expiration de ce délai, une seule liste a été déposée, les différents postes de la commission permanente sont alors pourvus immédiatement dans l'ordre de la liste, et il en est donné lecture par le président.

Dans le cas contraire, le conseil régional procède d'abord à l'élection de la commission permanente, qui se déroule à la représentation proportionnelle à la plus forte moyenne, sans panachage ni vote préférentiel, entre les listes mentionnées au deuxième alinéa. Les sièges sont attribués aux candidats dans l'ordre de présentation sur chaque liste. Si plusieurs listes ont la même moyenne pour l'attribution du dernier siège, celui-ci revient à la liste qui a obtenu le plus grand nombre de suffrages. En cas d'égalité de suffrages, le siège est attribué au plus âgé des candidats susceptibles d'être proclamés élus. Si le nombre de candidats figurant sur une liste est inférieur au nombre de sièges qui lui reviennent, le ou les sièges non pourvus sont attribués à la ou aux plus fortes moyennes suivantes.

Après la répartition des sièges de la commission permanente, le conseil régional procède à l'élection des vice-présidents au scrutin de liste à la majorité absolue, sans panachage ni vote préférentiel. Sur chacune des listes, l'écart entre le nombre des candidats de chaque sexe ne peut être supérieur à un. Si, après deux tours de scrutin, aucune liste n'a obtenu la majorité absolue, il est procédé à un troisième tour de scrutin et l'élection a lieu à la majorité relative. En cas d'égalité de suffrages, les candidats de la liste ayant la moyenne d'âge la plus élevée sont élus.

Les membres de la commission permanente autres que le président sont nommés pour la même durée que le président.

1. V. notes ss. art. L. 3122-5.

2. Le législateur a entendu qu'il soit procédé sans discontinuité à l'élection du président du conseil régional et à la désignation des membres de la commission permanente. Le juge a estimé que les suspensions de séance doivent être les plus brèves possibles et a sanctionné les suspensions et reports de séance en l'absence de motifs impérieux. • CE, sect., 9 déc. 1998, *Él. des vice-présidents du conseil régional de Rhône-Alpes*, n° 195713 A : *RFDA 1999. 595, concl. Arrighi de Casanova* ; *RFDA 2000. 126, note Robbe* ; *Gaz. Pal. 2000. 1. 24, note Piastra ; Dr. adm. 1999, n° 34.* ♦ V. aussi • CE 28 juill. 1999, *Él. des vice-présidents du conseil régional de Rhône-Alpes*, n° 203551 B.

Art. L. 4133-6 *(L. n° 2007-128 du 31 janv. 2007)* En cas de vacance de siège de membre de la commission permanente autre que le président, le conseil régional peut décider de compléter la commission permanente. La ou les vacances sont alors pourvues selon la procédure prévue aux deuxième et troisième alinéas de l'article L. 4133-5. À défaut d'accord, il est procédé au renouvellement intégral des membres de la commission permanente autres que le président dans les conditions prévues aux quatrième et cinquième alinéas de l'article L. 4133-5.

Art. L. 4133-6-1 *(L. n° 2010-1563 du 16 déc. 2010, art. 7)* Le conseil régional fixe, par une délibération adoptée dans un délai de trois mois à compter de son renouvellement, la liste des compétences dont l'exercice est, sous son contrôle, délégué à sa commission permanente. *(L. n° 2019-1461 du 27 déc. 2019, art. 84)* « Il peut modifier en cours de mandat la liste des compétences ainsi déléguées. »

Art. L. 4133-6-2 *(L. n° 2022-217 du 21 févr. 2022, art. 170)* Le président peut décider que la réunion de la commission permanente se tient en plusieurs lieux, par visioconférence.

Lorsque la réunion de la commission permanente se tient par visioconférence, le quorum est apprécié en fonction de la présence des membres de la commission permanente dans les différents lieux par visioconférence.

La commission permanente se réunit en un seul et même lieu au moins une fois par semestre.

Lorsque la réunion de la commission permanente se tient entièrement ou partiellement par visioconférence, il en est fait mention dans la convocation.

Art. L. 4133-7 Les pouvoirs de la commission permanente expirent à l'ouverture de la première réunion du conseil régional prévue par les dispositions de l'article L. 4132-7. – *[L. n° 72-619 du 5 juill. 1972, art. 11 ; L. n° 82-213 du 2 mars 1982, art. 35, al. 4.]*

SECTION 3 Le bureau

Art. L. 4133-8 *(L. n° 99-36 du 19 janv. 1999, art. 25)* Le bureau est formé du président, des vice-présidents et, le cas échéant, des membres de la commission permanente ayant reçu délégation en application de l'article L. 4231-3.

V. par analogie notes ss. art. L. 3122-8.

SECTION 4 Contentieux de l'élection

(Ord. n° 2009-1530 du 10 déc. 2009)

Art. L. 4133-9 L'élection des membres de la commission permanente peut être contestée dans les conditions, formes et délais prescrits pour les contestations de l'élection des conseillers régionaux.

CHAPITRE IV LE CONSEIL ÉCONOMIQUE, SOCIAL ET ENVIRONNEMENTAL RÉGIONAL *(L. n° 2010-788 du 12 juill. 2010, art. 250).*

BIBL. GÉN. ▸ DRAGO, *Rev. adm. 1998. 82* (évolution de la fonction consultative régionale). – FRAYSSINET, *NED 1986, n° 4807.*

SECTION 1 Dispositions générales

Art. L. 4134-1 Le conseil économique, social et environnemental régional est, auprès du conseil régional et du président du conseil régional, une assemblée consultative.

(L. n° 2015-991 du 7 août 2015, art. 32) « Il a pour *(L. n° 2022-217 du 21 févr. 2022, art. 230)* « missions » d'informer le conseil régional sur les enjeux et conséquences économiques, sociaux et environnementaux des politiques régionales, de participer aux consultations organisées à l'échelle régionale, *(L. n° 2022-217 du 21 févr. 2022, art. 230)* « de conduire des études de prospective territoriale régionale » ainsi que de contribuer à des évaluations et à un suivi des politiques publiques régionales. »

Le Conseil d'État a considéré qu'émanait d'un organisme dépourvu de tout pouvoir de décision la décision prise par le bureau du Conseil économique et social de confier à une société la réalisation d'un film consacré à l'économie bretonne. • CE 23 mai 1986, ⚖ *Éts public régional de Bretagne c/ Sté Ouest-Audio-Visuel*, n° 45640 B : *AJDA 1986. 650, obs. Moreau ; D. 1986. IR 421.*

SECTION 2 Composition

V. art. R. 4134-1 s.

Art. L. 4134-2 La composition des conseils économiques, sociaux et environnementaux régionaux, les conditions de nomination de leurs membres ainsi que la date de leur installation dans leur nouvelle composition sont fixées par un décret en Conseil d'État.

(L. n° 2010-788 du 12 juill. 2010, art. 250) « Les conseils économiques, sociaux et environnementaux régionaux comprennent des représentants d'associations et fondations agissant dans le domaine de la protection de l'environnement et des personnalités qualifiées, choisies en raison de leur compétence en matière d'environnement et de développement durable. *(L. n° 2022-217 du 21 févr. 2022, art. 231)* « Ils comprennent également des représentants d'associations de jeunesse et d'éducation populaire agréées par le ministre chargé de la jeunesse, âgés de moins de vingt-sept ans au jour de leur nomination. » Un décret fixe leur nombre *(L. n° 2017-86 du 27 janv. 2017, art. 56)* « respectif ». »

(L. n° 2014-873 du 4 août 2014, art. 71) « Lorsqu'un organisme est appelé à désigner plus d'un membre du conseil, il procède à ces désignations de telle sorte que l'écart entre le nombre des hommes désignés, d'une part, et des femmes désignées, d'autre part, ne soit pas supérieur à un. La même règle s'applique à la désignation des personnalités qualifiées. »

SECTION 3 Fonctionnement

V. art. R. 4134-8 s.

SOUS-SECTION 1 Sections du conseil économique, social et environnemental régional

Art. L. 4134-3 *(L. n° 2002-276 du 27 févr. 2002, art. 17)* « Les conseils économiques, sociaux et environnementaux régionaux peuvent comprendre des sections dans des conditions fixées par un décret en Conseil d'État. Ces sections émettent des avis. »

Le conseil économique, social et environnemental régional se prononce sur tous les avis et rapports établis par les sections avant leur transmission à l'autorité compétente. Ces avis et rapports sont communiqués au conseil régional.

SOUS-SECTION 2 Règlement intérieur

Art. L. 4134-4 Le conseil économique, social et environnemental régional établit son règlement intérieur. — *[L. n° 72-619 du 5 juill. 1972, art. 15, al. 3.]*

SOUS-SECTION 3 Moyens de fonctionnement

Art. L. 4134-5 Le conseil régional met à la disposition du conseil économique, social et environnemental régional les moyens de fonctionnement nécessaires. Ces moyens doivent permettre notamment d'assurer le secrétariat des séances du conseil et de celles de ses sections et commissions. Le conseil régional met également les services régionaux ou une partie de ceux-ci à la disposition du conseil économique, social et environnemental régional à titre permanent ou temporaire, notamment pour lui permettre de réaliser des études sur tout projet à caractère économique, social ou culturel de sa compétence. — *[L. n° 72-619 du 5 juill. 1972, art. 15, al. 4.]*

SECTION 4 Garanties et indemnités accordées aux membres du conseil économique, social et environnemental régional

Art. L. 4134-6 L'article L. 4135-1, *(L. n° 2002-276 du 27 févr. 2002, art. 17)* « les premier et *(L. n° 2015-366 du 31 mars 2015, art. 10)* « dernier » alinéas de l'article L. 4135-19 » et l'article L. 4135-26 sont applicables au président et aux membres du conseil économique, social et environnemental régional.

(L. nº 2002-276 du 27 févr. 2002, art. 17) « Les membres des sections autres que les membres du conseil économique, social et environnemental régional peuvent être remboursés, selon des modalités fixées par décret, des frais de déplacement qu'ils engagent pour participer aux réunions de ces sections.

« L'article L. 4135-26 leur est applicable. »

Art. L. 4134-7 *(L. nº 2002-276 du 27 févr. 2002, art. 17)* « Les membres du conseil économique, social et environnemental régional perçoivent pour l'exercice effectif de leurs fonctions une indemnité fixée par le conseil régional dans la limite d'un plafond mensuel déterminé par référence aux indemnités maximales prévues pour les membres du conseil régional par les articles L. 4135-16 et L. 4135-17. Cette indemnité est modulée en fonction de la présence des membres aux réunions du conseil ou de ses formations et de leur participation à ses travaux.

« Un décret en Conseil d'État définit les modalités d'application de l'alinéa précédent. »

Ils ont, en outre, droit au remboursement des frais supplémentaires pouvant résulter de l'exercice des mandats spéciaux dont ils sont chargés par leur conseil, dans les conditions prévues au *(L. nº 2015-366 du 31 mars 2015, art. 10)* « dernier » alinéa de l'article L. 4135-19.

Art. L. 4134-7-1 *(L. nº 2002-276 du 27 févr. 2002, art. 17)* Indépendamment des autorisations d'absence dont ils bénéficient en application de l'article L. 4134-6, le président et les membres du conseil économique, social et environnemental régional ont droit à un crédit d'heures leur permettant de disposer du temps nécessaire à la préparation des réunions du conseil et des commissions dont ils font partie.

Ce crédit d'heures, forfaitaire et trimestriel, est fixé par référence à la durée hebdomadaire légale du travail.

Il est égal :

1º À l'équivalent de deux fois cette durée pour le président ;

2º À l'équivalent de 60 % de cette durée pour les membres du conseil.

En cas de travail à temps partiel, le crédit d'heures est réduit à due proportion.

Les heures non utilisées pendant un trimestre ne sont pas reportables.

L'employeur est tenu d'accorder aux membres du conseil, sur leur demande, l'autorisation d'utiliser le crédit d'heures prévu par le présent article. Ce temps d'absence n'est pas payé par l'employeur.

Le temps d'absence utilisé en application de l'article L. 4134-6 et du présent article ne peut dépasser la moitié de la durée légale du travail pour une année civile. Il est assimilé à une durée de travail effective pour la détermination de la durée des congés payés et du droit aux prestations sociales ainsi qu'au regard de tous les droits découlant de l'ancienneté.

Art. L. 4134-7-2 *(L. nº 2002-276 du 27 févr. 2002, art. 17)* Le président et les membres du conseil économique, social et environnemental régional ont droit à une formation adaptée à leurs fonctions. Le conseil régional met à la disposition du conseil économique, social et environnemental régional les moyens nécessaires à la prise en charge de leurs frais de déplacement, de séjour et d'enseignement, au titre des moyens de fonctionnement prévus par l'article L. 4134-5.

Les modalités d'application du présent article sont fixées par décret.

CHAPITRE V CONDITIONS D'EXERCICE DES MANDATS RÉGIONAUX

Sur les conditions d'exercice des mandats régionaux dans le cadre de la transparence de la vie publique et la prévention des conflits d'intérêts, V. C. élect., vº Transparence de la vie politique. — ***C. élect.***

BIBL. GÉN. ▶ Chouvel, Le statut des membres des assemblées régionales, *Quot. jur. 21 févr. 1987* ; Le régime indemnitaire des membres des assemblées régionales, *ibid. 20 oct. 1988.* – Jégouzo, L'amorce d'un statut de l'élu local, *AJDA 1992. 427*.

SECTION 1 Garanties accordées aux titulaires de mandats régionaux

SOUS-SECTION 1 Garanties accordées dans l'exercice du mandat

Art. L. 4135-1 L'employeur est tenu de laisser à tout salarié de son entreprise membre d'un conseil régional le temps nécessaire pour se rendre et participer :

1° Aux séances plénières de ce conseil ;

2° Aux réunions des commissions dont il est membre et instituées par une délibération du conseil régional ;

3° Aux réunions des assemblées délibérantes et des bureaux des organismes où il a été désigné pour représenter la région ;

(L. n° 2022-217 du 21 févr. 2022, art. 220) « 4° Aux réunions des assemblées, des bureaux et des commissions spécialisées des organismes nationaux où il a été désigné ou élu pour représenter des collectivités territoriales ou des établissements publics en relevant. »

Selon des modalités fixées par un décret en Conseil d'État, l'élu doit informer l'employeur de la date de la séance ou de la réunion dès qu'il en a connaissance.

L'employeur n'est pas tenu de payer comme temps de travail le temps passé par l'élu aux séances et réunions précitées.

(L. n° 2019-1461 du 27 déc. 2019, art. 90) « Au début de son mandat de conseiller régional, le salarié bénéficie, à sa demande, d'un entretien individuel avec son employeur portant sur les modalités pratiques d'exercice de son mandat au regard de son emploi. Cet entretien ne se substitue pas à l'entretien professionnel mentionné à l'article L. 6315-1 du code du travail.

« L'employeur et le salarié membre du conseil régional peuvent s'accorder sur les mesures à mettre en œuvre pour faciliter la conciliation entre la vie professionnelle et les fonctions électives du salarié et, le cas échéant, sur les conditions de rémunération des temps d'absence consacrés à l'exercice de ces fonctions. »

V. par analogie notes ss. art. L. 2123-1.

Art. L. 4135-1-1 *(L. n° 2019-1461 du 27 déc. 2019, art. 89)* Sous réserve de la compatibilité de son poste de travail, le conseiller régional est réputé relever de la catégorie de personnes qui disposent, le cas échéant, de l'accès le plus favorable au télétravail dans l'exercice de leur emploi.

Art. L. 4135-2 Indépendamment des autorisations d'absence dont ils bénéficient dans les conditions prévues à l'article L. 4135-1, les présidents et les membres des conseils régionaux ont droit à un crédit d'heures leur permettant de disposer du temps nécessaire à l'administration de la région ou de l'organisme auprès duquel ils la représentent et à la préparation des réunions des instances où ils siègent.

Ce crédit d'heures, forfaitaire et trimestriel, est égal :

1° Pour le président et chaque vice-président du conseil régional à l'équivalent de *(L. n° 2002-276 du 27 févr. 2002, art. 66)* « quatre fois » la durée hebdomadaire légale du travail ;

2° Pour les conseillers régionaux, à l'équivalent *(L. n° 2002-276 du 27 févr. 2002, art. 66)* « de trois fois » la durée hebdomadaire légale du travail.

Les heures non utilisées pendant un trimestre ne sont pas reportables.

En cas de travail à temps partiel, ce crédit d'heures est réduit proportionnellement à la réduction du temps de travail prévue pour l'emploi considéré.

L'employeur est tenu d'accorder aux élus concernés, sur demande de ceux-ci, l'autorisation d'utiliser le crédit d'heures prévu au présent article. Ce temps d'absence n'est pas payé par l'employeur.

V. par analogie note ss. art. L. 3123-2.

Art. L. 4135-3 Le temps d'absence utilisé en application des articles L. 4135-1 et L. 4135-2 ne peut dépasser la moitié de la durée légale du travail pour une année civile. – *[L. n° 72-619 du 5 juill. 1972, art. 11 ; L. 10 août 1871, art. 4.]*

Art. L. 4135-4 Des décrets en Conseil d'État fixent, en tant que de besoin, les modalités d'application des articles L. 4135-2 et L. 4135-3. – *[L. n° 72-619 du 5 juill. 1972, art. 11 ; L. 10 août 1871, art. 9.]*

SOUS-SECTION 2 Garanties accordées dans l'exercice d'une activité professionnelle

Art. L. 4135-5 Le temps d'absence prévu aux articles L. 4135-1 et L. 4135-2 est assimilé à une durée de travail effective pour la détermination de la durée des congés payés ainsi qu'au regard de tous les droits découlant de l'ancienneté.

Aucune modification de la durée et des horaires de travail prévus par le contrat de travail ne peut, en outre, être effectuée en raison des absences intervenues en application des dispositions prévues aux articles L. 4135-1 et L. 4135-2 sans l'accord de l'élu concerné.

Art. L. 4135-6 Aucun licenciement ni déclassement professionnel, aucune sanction disciplinaire ne peuvent être prononcés en raison des absences résultant de l'application des dispositions des articles L. 4135-1 et L. 4135-2 sous peine de nullité et de dommages et intérêts au profit de l'élu.

La réintégration ou le reclassement dans l'emploi est de droit. – *[L. n° 72-619 du 5 juill. 1972, art. 11 ; L. 10 août 1871, art. 6.]*

V. par analogie notes ss. art. L. 2123-8.

Art. L. 4135-7 Le président ou les vice-présidents ayant délégation de l'exécutif du conseil régional qui, pour l'exercice de leur mandat, ont cessé d'exercer leur activité professionnelle bénéficient, s'ils sont salariés, des dispositions *(Ord. n° 2009-1530 du 10 déc. 2009 ; L. n° 2016-1088 du 8 août 2016, art. 9)* « des articles L. 3142-83 à L. 3142-87 du code du travail » relatives aux droits des salariés élus membres de l'Assemblée nationale et du Sénat *[V. ces art. ss. art. L. 2123-9.]*

(L. n° 2015-366 du 31 mars 2015, art. 8) « Le droit à réintégration prévu à l'article *(L. n° 2016-1088 du 8 août 2016, art. 9)* « L. 3142-84 » du même code est maintenu aux élus mentionnés au premier alinéa du présent article jusqu'à l'expiration de deux mandats consécutifs.

« L'application de l'article *(L. n° 2016-1088 du 8 août 2016, art. 9)* « L. 3142-85 » du code du travail prend effet à compter du deuxième renouvellement du mandat.

Art. L. 4135-8 Les fonctionnaires régis par les titres I à IV du statut général de la fonction publique sont placés, sur leur demande, en position de détachement pour exercer l'un des mandats mentionnés à l'article L. 4135-7. – *[L. n° 72-619 du 5 juill. 1972, art. 11 ; L. 10 août 1871, art. 7, al. 3.]*

SOUS-SECTION 3 Garanties accordées à l'issue du mandat *(L. n° 2002-276 du 27 févr. 2002, art. 68).*

Art. L. 4135-9 À la fin de leur mandat, les élus visés à l'article L. 4135-7 bénéficient à leur demande d'un stage de remise à niveau organisé dans l'entreprise, compte tenu notamment de l'évolution de leur poste de travail ou de celle des techniques utilisées. – *[L. n° 72-619 du 5 juill. 1972, art. 11 ; L. 10 août 1871, art. 7, al. 2.]*

Art. L. 4135-9-1 *(L. n° 2002-276 du 27 févr. 2002, art. 68)* À la fin de son mandat, tout président de conseil régional ou tout vice-président ayant reçu délégation de celui-ci qui, pour l'exercice de son mandat, a cessé son activité professionnelle salariée a droit sur sa demande à une formation professionnelle et à un bilan de compétences dans les conditions fixées par *(Ord. n° 2009-1530 du 10 déc. 2009)* « la sixième partie du code du travail. »

Lorsque l'intéressé demande à bénéficier du congé de formation prévu par *(Ord. n° 2009-1530 du 10 déc. 2009)* « les articles L. 6322-1 à L. 6322-3 du même code », ainsi que du congé de bilan de compétences prévu par *(Ord. n° 2009-1530 du 10 déc. 2009)* « l'article L. 6322-42 du même code », le temps passé au titre du mandat local est assimilé aux durées d'activité exigées pour l'accès à ces congés.

Art. L. 4135-9-2 *(L. n° 2002-276 du 27 févr. 2002, art. 69 ; L. n° 2004-809 du 13 août 2004, art. 196)* « À l'occasion du renouvellement général des membres du conseil régional », tout *(Ord. n° 2003-1212 du 18 déc. 2003, art. 5)* « président du conseil régional » ou tout vice-président ayant reçu délégation de celui-ci qui, pour l'exercice de son mandat, avait cessé d'exercer son activité professionnelle perçoit, sur sa demande, une allocation différentielle de fin de mandat s'il se trouve dans l'une des situations suivantes :

– être inscrit à l'institution mentionnée à *(Ord. n° 2009-1530 du 10 déc. 2009)* « l'article L. 5312-1 du code du travail » conformément aux dispositions de *(Ord. n° 2009-1530 du 10 déc. 2009)* « l'article L. 5411-1 du même code » ;

– avoir repris une activité professionnelle lui procurant des revenus inférieurs aux indemnités de fonction qu'il percevait au titre de sa dernière fonction élective.

Le montant mensuel de l'allocation est au plus égal à 80 % de la différence entre le montant de l'indemnité brute mensuelle que l'intéressé percevait pour l'exercice de ses fonctions, dans la limite des taux maximaux fixés à l'article L. 4135-17, et l'ensemble des ressources qu'il perçoit à l'issue du mandat.

L'allocation est versée pendant une période *(L. n° 2015-366 du 31 mars 2015, art. 12)* « d'un an » au plus. Elle n'est pas cumulable avec celles prévues par les articles L. 2123-11-2 et L. 3123-9-2. *(L. n° 2015-366 du 31 mars 2015, art. 12)* « À compter du septième mois suivant le début du versement de l'allocation, le taux mentionné au quatrième alinéa est au plus égal à 40 %. »

Le financement de cette allocation est assuré dans les conditions prévues par l'article L. 1621-2.

Les modalités d'application du présent article sont déterminées par décret en Conseil d'État.

SECTION 2 **Droit à la formation**

Art. L. 4135-10 Les membres du conseil régional ont droit à une formation adaptée à leurs fonctions. *(L. n° 2015-366 du 31 mars 2015, art. 17)* « Une formation est obligatoirement organisée au cours de la première année de mandat pour les élus ayant reçu une délégation. »

(L. n° 2002-276 du 27 févr. 2002, art. 73) « Dans les trois mois suivant son renouvellement, le conseil régional délibère sur l'exercice du droit à la formation de ses membres. Il détermine les orientations et les crédits ouverts à ce titre. »

(Ord. n° 2021-45 du 20 janv. 2022, art. 3) « Le conseil régional peut également délibérer sur sa participation au financement de formations dont peuvent bénéficier ses élus à leur initiative au titre de leur droit individuel à la formation mentionnée à l'article L. 4135-10-1. Cette délibération détermine notamment le champ des formations ouvrant droit à cette participation, qui doivent correspondre aux orientations déterminées en application de l'alinéa précédent. La délibération peut limiter cette participation à un montant maximal par formation ainsi qu'à un nombre maximal de formations par élu et par mandat. La part des frais pédagogiques de la formation financée par le fonds du droit individuel à la formation des élus locaux prévu à l'article L. 1621-3 ne peut être inférieure à un taux fixé par décret. »

(L. n° 2002-276 du 27 févr. 2002, art. 73) « Un tableau récapitulant les actions de formation des élus financées par la région est annexé au compte administratif. Il donne lieu à un débat annuel sur la formation des membres du conseil régional. »

À compter de l'exercice budgétaire 2026, au 4e al. du présent art., les mots : « compte administratif » sont remplacés par les mots : « compte financier unique » (Ord. n° 2025-526 du 12 juin 2025, art. 1er et 12).

Art. L. 4135-10-1 *(L. n° 2015-366 du 31 mars 2015, art. 15)* Les membres du conseil régional bénéficient chaque année d'un droit individuel à la formation *(Ord. n° 2021-45 du 20 janv. 2021, art. 6)* « comptabilisé en euros » *(L. n° 2021-771 du 17 juin 2021, art. 3)* « , cumulable sur toute la durée du mandat dans la limite d'un plafond » *(L. n° 2021-771 du 17 juin 2021, art. 6)* « et dont le montant annuel est arrêté pour une période de trois ans ». *(L. n° 2016-341 du 23 mars 2016, art. 1er)* « Il est financé par une cotisation obligatoire dont le taux ne peut être inférieur à 1 %, prélevée sur les indemnités de fonction perçues par les membres du conseil » *(L. n° 2016-1918 du 29 déc. 2016, art. 140)* « dans les conditions prévues à l'article L. 1621-3 ».

La mise en œuvre du droit individuel à la formation relève de l'initiative de chacun des élus et peut concerner des formations sans lien avec l'exercice du mandat. Ces formations peuvent notamment contribuer à l'acquisition des compétences nécessaires à la réinsertion professionnelle à l'issue du mandat *(Ord. n° 2021-45 du 20 janv. 2021, art. 6)* « lorsque l'élu n'a pas liquidé ses droits à pension au titre de son activité professionnelle. »

(L. n° 2021-771 du 17 juin 2021, art. 4) « Pour assurer le financement d'une formation, le droit individuel à la formation peut être complété, à la demande de son titulaire, par des abondements en droits complémentaires qui peuvent être financés par les collectivités territoriales selon les modalités définies aux articles L. 2123-12, L. 3123-10, L. 4135-10, L. 7125-12 et L. 7227-12. » *(Ord. n° 2021-45 du 20 janv. 2021, art. 6)* « Lorsqu'une formation contribue à sa réinsertion professionnelle, l'élu peut contribuer à son financement en mobilisant son compte personnel d'activité mentionné à l'article L. 5151-1 du code du travail et à l'article 22 *ter* de la loi n° 83-634 du 13 juillet 1983 portant droits et obligations des fonctionnaires, lorsqu'il dispose de droits monétisables. Il peut également contribuer à son financement par un apport personnel augmentant les sommes engagées au titre de son droit individuel à la formation. » *(L. n° 2021-771 du 17 juin 2021, art. 4)* « Ces abondements complémentaires n'entrent pas en compte dans les modes de calcul du montant du droit individuel à la formation des élus définis au premier alinéa du présent article. »

(Ord. n° 2021-45 du 20 janv. 2021, art. 6) « Un décret en Conseil d'État détermine les modalités de calcul, de plafonnement ainsi que de mise en œuvre du droit individuel à la formation. »

Art. L. 4135-11 *(L. n° 2002-276 du 27 févr. 2002, art. 74)* Indépendamment des autorisations d'absence et du crédit d'heures prévus aux articles L. 4135-1 et L. 4135-2, les membres du conseil régional qui ont la qualité de salarié ont droit à un congé de formation. Ce congé est fixé à dix-huit jours par élu pour la durée du mandat et quel que soit le nombre de mandats qu'il détient. Ce congé est renouvelable en cas de réélection.

Les modalités d'application du présent article sont fixées par décret en Conseil d'État.

Art. L. 4135-12 *(L. n° 2002-276 du 27 févr. 2002, art. 75)* Les frais de déplacement, de séjour et d'enseignement donnent droit à remboursement.

Les pertes de revenu subies par l'élu du fait de l'exercice de son droit à la formation prévu par la présente section sont compensées par la région dans la limite de dix-huit jours par élu pour la durée du mandat et d'une fois et demie la valeur horaire du salaire minimum de croissance par heure.

(L. n° 2015-366 du 31 mars 2015, art. 16) « Le montant prévisionnel des dépenses de formation *(Ord. n° 2021-45 du 20 janv. 2021, art. 3)* « au titre de l'article L. 4135-10 » ne peut être inférieur à 2 % du montant total des indemnités de fonction qui peuvent être allouées aux membres du conseil régional en application des articles L. 4135-16 et L. 4135-17. Le montant réel *(Ord. n° 2021-45 du 20 janv. 2021, art. 3)* « de ces dépenses » de formation ne peut excéder 20 % du même montant. Les crédits relatifs aux dépenses de formation qui n'ont pas été consommés à la clôture de l'exercice au titre duquel ils ont été inscrits sont affectés en totalité au budget de l'exercice suivant. Ils ne peuvent être reportés au-delà de l'année au cours de laquelle intervient le renouvellement de l'assemblée délibérante. »

Un décret en Conseil d'État fixe les modalités d'application de ces dispositions.

Art. L. 4135-13 Les dispositions des articles L. 4135-10 à L. 4135-12 ne sont pas applicables aux voyages d'études des conseils régionaux. Les délibérations relatives à ces voyages précisent leur objet, qui doit avoir un lien direct avec l'intérêt de la région, ainsi que leur coût prévisionnel. – *[L. n° 72-619 du 5 juill. 1972, art. 11 ; L. 10 août 1871, art. 13.]*

Art. L. 4135-14 Les dispositions de la présente section ne s'appliquent que si l'organisme qui dispense la formation a fait l'objet d'un agrément délivré par le ministre *(Ord. n° 2021-45 du 20 janv. 2021, art. 17)* « chargé des collectivités territoriales » dans les conditions fixées à l'article « L. 1221-3 ».

SECTION 3 Indemnités des titulaires de mandats régionaux

BIBL. ▸ LE GARZIC, La réduction des indemnités des conseillers régionaux en cas d'absentéisme, *AJDA 2007. 678*.

COMMENTAIRE

V. dans le supplément en ligne.

Art. L. 4135-15 **Les membres du conseil régional reçoivent pour l'exercice effectif de leurs fonctions une indemnité fixée par référence au montant du traitement correspondant à l'indice brut terminal de l'échelle indiciaire de la fonction publique.** – *[L. n° 72-619 du 5 juill. 1972, art. 11-1, al. 1er ; L. 10 août 1871, art. 14-I.]*

Le juge a estimé que l'allocation d'une indemnité fixe mensuelle de secrétariat aux conseillers régionaux est illégale. • TA Toulouse, 29 mars 1991, *Préfet de Haute-Garonne : LPA 25 mars 1992, p. 15, note Chauvel.*

Art. L. 4135-15-1 *(L. n° 2002-276 du 27 févr. 2002, art. 78)* **Lorsque le conseil régional est renouvelé, la délibération fixant les indemnités de ses membres en application de la présente section intervient dans les trois mois suivant son installation.**

Toute délibération du conseil régional concernant les indemnités de fonction d'un ou de plusieurs de ses membres est accompagnée d'un tableau annexe récapitulant l'ensemble des indemnités allouées aux membres du conseil régional.

Art. L. 4135-16 **Les indemnités maximales votées par les conseils régionaux pour l'exercice effectif des fonctions de conseiller régional sont déterminées en appliquant au terme de référence mentionné à l'article L. 4135-15 le barème suivant :** – *[L. n° 72-619 du 5 juill. 1972, art. 11-1, al. 2.]*

POPULATION RÉGIONALE (habitants)	TAUX MAXIMAL (en %)
Moins de 1 million	40
De 1 million à moins de 2 millions	50
De 2 millions à moins de 3 millions	60
3 millions et plus	70

(L. n° 2015-366 du 31 mars 2015, art. 4) **« Dans des conditions fixées par le règlement intérieur, le montant des indemnités que le conseil régional alloue à ses membres est modulé en fonction de leur participation effective aux séances plénières et aux réunions des commissions dont ils sont membres. La réduction éventuelle de ce montant ne peut dépasser, pour chacun des membres, la moitié de l'indemnité pouvant lui être allouée en application du présent article. »**

La commission permanente peut retenir comme critère de modulation de la rémunération, la participation aux seules séances plénières et réunions des commissions sans tenir compte de la participation aux réunions des organismes dans lesquels les conseillers représentent la région. • CE 19 nov. 2008, *A. c/ Région Picardie*, n° 304814 B : *AJDA 2008. 2204*.

Art. L. 4135-17 **L'indemnité de fonction votée par le conseil régional pour l'exercice effectif des fonctions de président de conseil régional est au maximum égale au terme de référence mentionné à l'article L. 4135-15** *(L. n° 2002-276 du 27 févr. 2002, art. 83)* **« majoré de 45 % ».** *(L. n° 2017-1837 du 30 déc. 2017, art. 100)* **« Elle peut être majorée de 40 %, à condition que ne soit pas dépassé le montant total des indemnités maximales susceptibles d'être allouées aux membres du conseil régional hors prise en compte de ladite majoration. »**

L'indemnité de fonction de chacun des vice-présidents ayant délégation de l'exécutif du conseil régional est, dans les mêmes conditions, au maximum égale à l'indemnité maximale de conseiller majorée de 40 p. 100.

L'indemnité de fonction de chacun des membres de la commission permanente du conseil régional autres que le président et les vice-présidents ayant délégation de l'exé-

cutif est, dans les mêmes conditions, au maximum égale à l'indemnité maximale de conseiller majorée de 10 p. 100.

(L. n° 2002-276 du 27 févr. 2002, art. 83) « Les indemnités de fonction majorées en application des deux alinéas précédents peuvent être réduites dans les conditions fixées par le dernier alinéa de l'article L. 4135-16. »

Art. L. 4135-18 Le conseiller régional titulaire d'autres mandats électoraux ou qui siège à ce titre au conseil d'administration d'un établissement public local, du centre national de la fonction publique territoriale, au conseil d'administration ou au conseil de surveillance d'une société ou qui préside une société ne peut percevoir, pour l'ensemble de ses fonctions, un montant total de rémunérations et d'indemnités de fonction supérieur à une fois et demie le montant de l'indemnité parlementaire telle qu'elle est définie à l'article premier de l'ordonnance n° 58-1210 du 13 décembre 1958 portant loi organique relative à l'indemnité des membres du Parlement. Ce plafond s'entend déduction faite des cotisations sociales obligatoires.

(L. n° 99-1126 du 28 déc. 1999, art. 6) « Lorsqu'en application des dispositions de l'alinéa précédent, le montant total de rémunération et d'indemnité de fonction d'un conseiller régional fait l'objet d'un écrêtement, » *(L. n° 2013-403 du 17 mai 2013, art. 36)* « la part écrêtée est reversée au budget de la personne publique au sein de laquelle le conseiller régional exerce le plus récemment un mandat ou une fonction ».

Art. L. 4135-19 *(L. n° 2002-276 du 27 févr. 2002, art. 85)* Les membres du conseil régional peuvent recevoir une indemnité de déplacement et le remboursement des frais de séjour qu'ils ont engagés pour prendre part aux réunions du conseil régional, des commissions et des instances dont ils font partie ès qualités.

Les membres du conseil régional en situation de handicap peuvent également bénéficier du remboursement des frais spécifiques de déplacement, d'accompagnement et d'aide technique qu'ils ont engagés et qui sont liés à l'exercice de leur mandat.

(L. n° 2015-366 du 31 mars 2015, art. 10) « Les membres du conseil régional peuvent bénéficier d'un remboursement par la région, sur présentation d'un état de frais et après délibération du conseil régional, des frais de garde d'enfants ou d'assistance aux personnes âgées, aux personnes handicapées ou à celles qui ont besoin d'une aide personnelle à leur domicile qu'ils ont engagés en raison de leur participation aux réunions mentionnées à l'article L. 4135-1. Ce remboursement ne peut excéder, par heure, le montant horaire du salaire minimum de croissance. »

Ils ont, en outre, droit au remboursement des frais supplémentaires de transport et de séjour pouvant résulter de l'exercice des mandats spéciaux dont ils sont chargés par le conseil régional.

Les autres dépenses liées à l'exercice d'un mandat spécial peuvent leur être remboursées par la région sur présentation d'un état de frais et après délibération du conseil régional. S'agissant des frais de garde d'enfants ou d'assistance aux personnes âgées, handicapées ou à celles qui ont besoin d'une aide personnelle à leur domicile, le remboursement ne peut excéder, par heure, le montant horaire du salaire minimum de croissance.

Les modalités d'application du présent article sont fixées par décret.

Art. L. 4135-19-1 *(L. n° 2002-276 du 27 févr. 2002, art. 87)* Lorsque les présidents des conseils régionaux et les vice-présidents ayant reçu délégation de ceux-ci utilisent le *(L. n° 2005-841 du 26 juill. 2005, art. 12)* « chèque emploi-service universel prévu par » *(Ord. n° 2009-1530 du 10 déc. 2009)* « l'article L. 1271-1 du code du travail » pour assurer la rémunération des salariés *(L. n° 2005-841 du 26 juill. 2005, art. 12)* « ou des associations ou entreprises agréées » chargés soit de la garde des enfants, soit de l'assistance aux personnes âgées, handicapées ou à celles qui ont besoin d'une aide personnelle à leur domicile *(L. n° 2005-841 du 26 juill. 2005, art. 12)* « ou d'une aide à la mobilité dans l'environnement de proximité favorisant leur maintien à domicile » en application *(Ord. n° 2009-1530 du 10 déc. 2009)* « des articles L. 7231-1 et L. 7232-1 du même code », le conseil régional peut accorder par délibération une aide financière en faveur des élus concernés, dans des conditions fixées par décret.

Le bénéfice du présent article ne peut se cumuler avec celui *(L. n° 2015-366 du 31 mars 2015, art. 10)* « de l'avant-dernier » alinéa de l'article L. 4135-19.

Art. L. 4135-19-2 *(L. nº 2002-276 du 27 févr. 2002, art. 86)* Lorsque la résidence personnelle du président du conseil régional se situe en dehors de l'agglomération comprenant la commune chef-lieu de la région et que le domaine de la région comprend un logement de fonction, le conseil régional peut fixer par délibération les modalités selon lesquelles ce logement lui est affecté.

Lorsque le domaine de la région ne comporte pas un tel logement, le conseil régional peut, par délibération, décider d'attribuer au président une indemnité de séjour, dans la limite des indemnités journalières allouées à cet effet aux fonctionnaires de l'État, en raison des frais qu'il a engagés pour être présent au chef-lieu de la région pour assurer la gestion des affaires de la région.

Le logement de fonction doit être compris dans le domaine de la région ; d'où illégalité du bail d'un logement auprès d'une personne privée. • CAA Lyon, 10 juill. 2003, *Millon,* nº 02LY00975.

Art. L. 4135-19-2-1 *(L. nº 2019-1461 du 27 déc. 2019, art. 93)* Chaque année, les régions établissent un état présentant l'ensemble des indemnités de toute nature, libellées en euros, dont bénéficient les élus siégeant au conseil régional, au titre de tout mandat et de toutes fonctions exercés en leur sein et au sein de tout syndicat au sens des livres VII et VIII de la cinquième partie ou de toute société mentionnée au livre V de la première partie ou filiale d'une de ces sociétés. Cet état est communiqué chaque année aux conseillers régionaux avant l'examen du budget de la région.

Art. L. 4135-19-3 *(L. nº 2013-907 du 11 oct. 2013, art. 34)* Selon des conditions fixées par une délibération annuelle, le conseil régional peut mettre un véhicule à disposition de ses membres ou des agents de la région lorsque l'exercice de leurs mandats ou de leurs fonctions le justifie.

Tout autre avantage en nature fait l'objet d'une délibération nominative, qui en précise les modalités d'usage.

SECTION 4 **Protection sociale**

SOUS-SECTION 1 **Sécurité sociale**

Art. L. 4135-20 *(L. nº 2002-276 du 27 févr. 2002, art. 89)* Le temps d'absence prévu aux articles L. 4135-1 et L. 4135-2 est assimilé à une durée de travail effective pour la détermination du droit aux prestations sociales.

Art. L. 4135-20-1 *(L. nº 2002-276 du 27 févr. 2002, art. 90)* Lorsqu'un élu qui perçoit une indemnité de fonction et qui n'a pas interrompu toute activité professionnelle ne peut exercer effectivement ses fonctions en cas de maladie, maternité, paternité ou accident, le montant de l'indemnité de fonction qui lui est versée est au plus égal à la différence entre l'indemnité qui lui était allouée antérieurement et les indemnités journalières versées par son régime de protection sociale.

Les conditions d'application du présent article sont fixées par décret.

Art. L. 4135-20-2 *(L. nº 2012-1404 du 17 déc. 2012, art. 18)* « Les membres du conseil régional sont affiliés au régime général de sécurité sociale dans les conditions définies à l'article L. 382-31 du code de la sécurité sociale. »

(L. nº 2002-276 du 27 févr. 2002, art. 91) « Les cotisations des régions et celles de l'élu sont calculées sur le montant des indemnités effectivement perçues par ce dernier en application des dispositions du présent code.

« Un décret fixe les conditions d'application du présent article. »

SOUS-SECTION 2 **Retraite**

Art. L. 4135-21 *Abrogé par L. nº 2012-1404 du 17 déc. 2012, art. 18.*

Art. L. 4135-22 Les membres du conseil régional peuvent constituer une retraite par rente à la gestion de laquelle doivent participer les élus affiliés.

La constitution de la retraite par rente incombe pour moitié à l'élu et pour moitié à la région.

Un décret en Conseil d'État fixe le plafond des taux de cotisation.

Art. L. 4135-23 Les membres du conseil régional sont affiliés au régime complémentaire de retraite institué au profit des agents non titulaires des collectivités publiques.

Les pensions versées en exécution du présent article sont cumulables sans limitation avec toutes autres pensions ou retraites. — *[L. n° 72-619 du 5 juill. 1972, art. 11 ; L. 10 août 1871, art. 18.]*

Art. L. 4135-24 Pour l'application des articles *(L. n° 2012-1404 du 17 déc. 2012, art. 18)* « L. 4135-22 » à L. 4135-23, les cotisations des régions et celles de leurs élus sont calculées sur le montant des indemnités effectivement perçues par ces derniers en application des dispositions de la section 3 du présent chapitre ou de tout autre texte régissant l'indemnisation de leurs fonctions.

Les cotisations des élus ont un caractère personnel et obligatoire.

Art. L. 4135-25 Les pensions de retraite déjà liquidées et les droits acquis avant le 30 mars 1992 des élus régionaux continuent d'être honorés par les institutions et organismes auprès desquels ils ont été constitués ou auprès desquels ils ont été transférés. Les charges correspondantes sont notamment couvertes, le cas échéant, par une subvention d'équilibre versée par les collectivités concernées.

Les élus mentionnés à l'alinéa précédent, en fonction ou ayant acquis des droits à une pension de retraite avant le 30 mars 1992, peuvent continuer à cotiser à ces institutions et organismes.

La collectivité au sein de laquelle l'élu exerce son mandat contribue dans la limite prévue à l'article L. 4135-22. — *[L. n° 92-108 du 3 févr. 1992, art. 32.]*

SECTION 5 **Responsabilité de la région en cas d'accident**

Art. L. 4135-26 Les régions sont responsables, dans les conditions prévues par l'article L. 2123-31, des accidents subis par les *(L. n° 2002-276 du 27 févr. 2002, art. 93)* « membres » de conseils régionaux à l'occasion de l'exercice de leur fonction.

V. par analogie notes ss. art. L. 2123-31.

Art. L. 4135-27 Lorsque les élus locaux mentionnés à l'article L. 4135-26 sont victimes d'un accident survenu dans l'exercice de leurs fonctions, les collectivités publiques concernées versent directement aux praticiens, pharmaciens, auxiliaires médicaux, fournisseurs ainsi qu'aux établissements le montant des prestations afférentes à cet accident calculé selon les tarifs appliqués en matière d'assurance maladie. — *[L. n° 92-108 du 3 févr. 1992, art. 44.]*

V. par analogie note ss. art. L. 2123-32.

SECTION 6 **Responsabilité et protection des élus** *(L. n° 2002-276 du 27 févr. 2002, art. 101).*

(L. n° 96-393 du 13 mai 1996)

Art. L. 4135-28 *(L. n° 2000-647 du 10 juill. 2000, art. 12)* « Sous réserve des dispositions du quatrième alinéa de l'article 121-3 du code pénal, le président du conseil régional ou un conseiller régional le suppléant ou ayant reçu une délégation ne peut être condamné sur le fondement du troisième alinéa de ce même article pour des faits » non intentionnels commis dans l'exercice de ses fonctions que s'il est établi qu'il n'a pas accompli les diligences normales compte tenu de ses compétences, du pouvoir et des moyens dont il disposait ainsi que des difficultés propres aux missions que la loi lui confie.

(L. n° 2000-647 du 10 juill. 2000, art. 12) « La région est tenue d'accorder sa protection au président du conseil régional, au conseiller régional le suppléant ou ayant reçu une délégation ou à l'un de ces élus ayant cessé ses fonctions lorsque celui-ci fait l'objet de poursuites pénales à l'occasion de faits qui n'ont pas le caractère de faute détachable de l'exercice de ses fonctions. »

V. par analogie notes ss. art. L. 2123-34.

Art. L. 4135-29 *(L. n° 2002-276 du 27 févr. 2002, art. 101)* Le président du conseil régional, les vice-présidents ou les conseillers régionaux ayant reçu délégation bénéficient, à l'occasion de leurs fonctions, d'une protection organisée par la région conformément aux règles fixées par le code pénal, les lois spéciales et le présent code.

(L. nº 2024-247 du 21 mars 2024, art. 5) « La région accorde sa protection au président du conseil régional, aux vice-présidents, aux conseillers régionaux ayant reçu délégation ou à l'un de ces élus ayant cessé ses fonctions lorsqu'ils sont victimes de violences, de menaces ou d'outrages à l'occasion ou du fait de leurs fonctions. Elle répare, le cas échéant, l'intégralité du préjudice qui en a résulté.

« L'élu adresse une demande de protection au président du conseil régional, ce dernier adressant sa propre demande à tout élu le suppléant ou ayant reçu délégation. Il en est accusé réception. L'élu bénéficie de la protection de la région à l'expiration d'un délai de cinq jours francs à compter de la réception de sa demande par la région s'il a été procédé, dans ce délai, à la transmission de la demande au représentant de l'État dans la région, selon les modalités prévues au II de l'article L. 4141-2, ainsi qu'à l'information des membres du conseil régional. Cette information est portée à l'ordre du jour de la séance suivante du conseil régional. À défaut de respect de ce délai, l'élu bénéficie de la protection fonctionnelle à compter de la date d'accomplissement de ces obligations de transmission et d'information.

« Le conseil régional peut retirer ou abroger la décision de protection accordée à l'élu par une délibération motivée prise dans un délai de quatre mois à compter de la date à laquelle l'élu bénéficie de la protection de la région, dans les conditions prévues aux articles L. 242-1 à L. 242-5 du code des relations entre le public et l'administration.

« Par dérogation aux articles L. 4132-8 et L. 4132-9 du présent code, à la demande d'un ou de plusieurs de ses membres, le président est tenu de convoquer le conseil régional dans ce même délai. La convocation est accompagnée d'une note de synthèse. »

La région est subrogée aux droits de la victime pour obtenir des auteurs de ces infractions la restitution des sommes versées à l'élu intéressé. Elle dispose en outre aux mêmes fins d'une action directe qu'elle peut exercer, au besoin par voie de constitution de partie civile, devant la juridiction pénale.

SECTION 7 Honorariat des anciens conseillers régionaux

(L. nº 2002-276 du 27 févr. 2002, art. L. 71)

Art. L. 4135-30 L'honorariat est conféré par le représentant de l'État dans la région aux anciens conseillers régionaux qui ont exercé leurs fonctions électives pendant quinze ans au moins.

L'honorariat ne peut être refusé ou retiré par le représentant de l'État que si l'intéressé a fait l'objet d'une condamnation entraînant l'inéligibilité.

L'honorariat n'est assorti d'aucun avantage financier imputable sur le budget de la région.

TITRE IV RÉGIME JURIDIQUE DES ACTES PRIS PAR LES AUTORITÉS RÉGIONALES

CHAPITRE I PUBLICITÉ ET ENTRÉE EN VIGUEUR

Ndlr : les dispositions relatives aux actes des autorités régionales reproduisent substantiellement celles qui régissent les actes des autorités communales. Elles sont analysées sous les articles correspondants de la deuxième partie consacrée à la commune.

Art. L. 4141-1 *(Ord. nº 2021-1310 du 7 oct. 2021, art. 15)* I. — Les actes pris par les autorités régionales sont exécutoires de plein droit dès qu'il*[s]* ont été portés à la connaissance des intéressés dans les conditions prévues au présent article et, pour les actes mentionnés à l'article L. 4141-2, qu'il a été procédé à la transmission au représentant de l'État dans la région prévue par cet article.

Le président du conseil régional peut, sous sa responsabilité, certifier le caractère exécutoire d'un acte.

II. — Les décisions individuelles prises par les autorités régionales sont notifiées aux personnes qui en font l'objet.

III. — Les actes réglementaires et les décisions ne présentant ni un caractère réglementaire, ni un caractère individuel font l'objet d'une publication sous forme électronique, dans des conditions fixées par décret en Conseil d'État, de nature à garantir leur authenticité et à assurer leur mise à disposition du public de manière permanente et gratuite.

IV. — En cas d'urgence, un acte devant, en vertu des dispositions du III, faire l'objet d'une publication par voie électronique entre en vigueur dès qu'il a été procédé à son affichage et, s'il est soumis aux dispositions de l'article L. 4141-2, à sa transmission au représentant de l'État dans la région.

Il est néanmoins procédé dans les meilleurs délais à la publication normalement requise, qui peut seule faire courir le délai de recours contentieux.

V. — Lorsqu'une personne demande à obtenir sur papier un acte publié sous forme électronique, le président du conseil régional le lui communique. Il n'est pas tenu de donner suite aux demandes abusives, en particulier par leur nombre ou par leur caractère répétitif ou systématique.

Ancien art. L. 4141-1 *Les actes pris par les autorités régionales sont exécutoires de plein droit dès qu'il a été procédé à leur publication* (L. nº 2002-276 du 27 févr. 2002, art. 6) *« ou affichage » ou à leur notification aux intéressés ainsi qu'à leur transmission au représentant de l'État dans la région.* (L. nº 2004-809 du 13 août 2004, art. 138) *« Pour les décisions individuelles, cette transmission intervient dans un délai de quinze jours à compter de leur signature. »*

(L. nº 2015-991 du 7 août 2015, art. 128) *« Cette transmission s'effectue par voie électronique, selon des modalités fixées par décret en Conseil d'État, au plus tard dans un délai de cinq ans à compter de la promulgation de la loi nº 2015-991 du 7 août 2015 portant nouvelle organisation territoriale de la République. »*

« Le président du conseil régional peut certifier, sous » sa responsabilité, le caractère exécutoire de ces actes.

La preuve de la réception des actes par le représentant de l'État dans la région peut être apportée par tous moyens. L'accusé de réception, qui est immédiatement délivré, peut être utilisé à cet effet mais n'est pas une condition du caractère exécutoire des actes. — [L. nº 72-619 du 5 juill. 1972, art. 7-I.]

(L. nº 2015-991 du 7 août 2015, art. 128) *« La publication des actes mentionnés au premier alinéa est assurée sur papier. Elle peut également être assurée, le même jour, sous forme électronique, dans des conditions, fixées par un décret en Conseil d'État, de nature à garantir leur authenticité. Dans ce dernier cas, la formalité d'affichage des actes a lieu, par extraits, à l'hôtel de la région et un exemplaire sur papier des actes est mis à la disposition du public. La version électronique est mise à la disposition du public de manière permanente et gratuite. »*

BIBL. ▶ JANICOT, *RFDA 2016. 664* (le pouvoir normatif des régions).

V. notes ss. art. L. 2131-1. À l'exception de la disposition qui prévoit la transmission des actes au préfet dans la région, l'ancien art. L. 4141-1 est identique à l'art. L. 2131-1.

Art. L. 4141-2 (Ord. nº 2021-1310 du 7 oct. 2021, art. 15) « I. — Sont transmis au représentant de l'État dans la région, dans les conditions prévues au II : »

1º Les délibérations du conseil régional ou les décisions prises par la commission permanente par délégation du conseil régional*[,]* (Ord. nº 2009-1401 du 17 nov. 2009) « à l'exception des délibérations relatives aux taux de promotion pour l'avancement de grade des fonctionnaires, à l'affiliation ou à la désaffiliation aux centres de gestion ainsi qu'aux conventions portant sur les missions supplémentaires à caractère facultatif confiées aux centres de gestion » ;

2º Les actes à caractère réglementaire pris par les autorités régionales dans les domaines qui relèvent de leur compétence en application de la loi ;

(Ord. nº 2018-1074 du 26 nov. 2018, art. 6) « 3º Les conventions relatives aux emprunts, les marchés et les accords-cadres d'un montant au moins égal à un seuil défini par décret, les marchés de partenariat ainsi que les contrats de concession, dont les délégations de service public, et les concessions d'aménagement ; »

(L. nº 2004-809 du 13 août 2004, art. 140) « 4º Les décisions individuelles relatives à la nomination, au recrutement, y compris le contrat d'engagement, et au licenciement des agents non titulaires, à l'exception de celles prises (L. nº 2012-347 du 12 mars 2012, art. 42) « pour faire face à un besoin lié à un accroissement temporaire ou saisonnier d'activité, en application des 1º et 2º » de l'article 3 de la loi nº 84-53 du

26 janvier 1984 portant dispositions statuaires relatives à la fonction publique territoriale ; »

5° Les ordres de réquisition du comptable pris par le président du conseil régional ;

6° Les décisions relevant de l'exercice de prérogatives de puissance publique, prises par des sociétés d'économie mixte locales pour le compte d'une région ou d'un établissement public de coopération interrégionale ;

7° Abrogé par Ord. n° 2009-1530 du 10 déc. 2009.

(L. n° 2000-1207 du 13 déc. 2000, art. 47) **« 8° Les décisions prises par les régions d'outre-mer en application des** *(Ord. n° 2011-91 du 20 janv. 2011, art. 8)* **« articles** *(Ord. n° 2022-537 du 13 avr. 2022, art. 13)* **« L. 611-16 et L. 611-17 » du code minier » ;**

« 9° Les décisions prises par les régions d'outre-mer en application de l'article L. 4433-15-1. »

(Ord. n° 2021-1310 du 7 oct. 2021, art. 15) **« II. – La transmission prévue au I s'effectue par voie électronique, selon des modalités fixées par décret en Conseil d'État. La transmission des décisions individuelles intervient dans un délai de quinze jours à compter de leur signature.**

« La preuve de la réception des actes par le représentant de l'État dans la région peut être apportée par tout moyen. L'accusé de réception, qui est immédiatement délivré, peut être utilisé à cet effet mais n'est pas une condition du caractère exécutoire des actes. »

Ancien art. L. 4141-2 *Sont soumis aux dispositions de l'article L. 4141-1 les actes suivants :*

1° Les délibérations du conseil régional ou les décisions prises par la commission permanente par délégation du conseil régional[,] (Ord. n° 2009-1401 du 17 nov. 2009) « à l'exception des délibérations relatives aux taux de promotion pour l'avancement de grade des fonctionnaires, à l'affiliation ou à la désaffiliation aux centres de gestion ainsi qu'aux conventions portant sur les missions supplémentaires à caractère facultatif confiées aux centres de gestion » ;

2° Les actes à caractère réglementaire pris par les autorités régionales dans les domaines qui relèvent de leur compétence en application de la loi ;

(Ord. n° 2018-1074 du 26 nov. 2018, art. 6) « 3° Les conventions relatives aux emprunts, les marchés et les accords-cadres d'un montant au moins égal à un seuil défini par décret, les marchés de partenariat ainsi que les contrats de concession, dont les délégations de service public, et les concessions d'aménagement ; »

(L. n° 2004-809 du 13 août 2004, art. 140) « 4° Les décisions individuelles relatives à la nomination, au recrutement, y compris le contrat d'engagement, et au licenciement des agents non titulaires, à l'exception de celles prises (L. n° 2012-347 du 12 mars 2012, art. 42) « pour faire face à un besoin lié à un accroissement temporaire ou saisonnier d'activité, en application des 1° et 2° » de l'article 3 de la loi n° 84-53 du 26 janvier 1984 portant dispositions statuaires relatives à la fonction publique territoriale ; »

5° Les ordres de réquisition du comptable pris par le président du conseil régional ;

6° Les décisions relevant de l'exercice de prérogatives de puissance publique, prises par des sociétés d'économie mixte locales pour le compte d'une région ou d'un établissement public de coopération interrégionale ;

7° Abrogé par Ord. n° 2009-1530 du 10 déc. 2009.

(L. n° 2000-1207 du 13 déc. 2000, art. 47) « 8° Les décisions prises par les régions d'outre-mer en application des (Ord. n° 2011-91 du 20 janv. 2011, art. 8) « articles (Ord. n° 2022-537 du 13 avr. 2022, art. 13) « L. 611-16 et L. 611-17 » du code minier » ;

« 9° Les décisions prises par les régions d'outre-mer en application de l'article L. 4433-15-1. » – [L. n° 72-619 du 5 juill. 1972, art. 7-II.]

Art. L. 4141-3 *Abrogé par Ord. n° 2021-1310 du 7 oct. 2021, art. 14.*

Art. L. 4141-4 *(Ord. n° 2021-1310 du 7 oct. 2021, art. 15)* **Le représentant de l'État peut, à tout moment, demander communication des actes pris au nom de la région qui ne sont pas mentionnés à l'article L. 4141-2.**

Il ne peut les déférer au tribunal administratif, dans un délai de deux mois à compter de leur communication, que si sa demande a été présentée dans le délai de deux mois à compter de la date à laquelle les actes sont devenus exécutoires.

Art. L. 4141-5 Les actes pris par les autorités régionales au nom de l'État ainsi que les actes relevant du droit privé ne sont pas soumis aux dispositions du présent titre et demeurent régis par les dispositions qui leur sont propres. — *[L. nº 72-619 du 5 juill. 1972, art. 7-IV.]*

V. notes ss. art. L. 2131-4.

Art. L. 4141-6 Les dispositions de l'article L. 1411-9 sont applicables aux marchés passés par les régions et les établissements publics régionaux. — *[L. nº 72-619 du 5 juill. 1972, art. 7-VIII.]*

CHAPITRE II CONTRÔLE DE LÉGALITÉ

Les dispositions relatives au contrôle de légalité des actes de la région sont rigoureusement identiques à celles qui régissent le contrôle de légalité des actes du département et de la commune, à l'exception des articles L. 2131-9 et L. 2131-11 qui ne concernent que les communes. Elles sont analysées sous les articles correspondants de la deuxième partie consacrée à la commune.

Art. L. 4142-1 Le représentant de l'État dans la région défère au tribunal administratif les actes mentionnés à l'article L. 4141-2 qu'il estime contraires à la légalité dans les deux mois suivant leur transmission.

Lorsque le représentant de l'État dans la région défère un acte au tribunal administratif, il en informe sans délai l'autorité régionale et lui communique toutes précisions sur les illégalités invoquées à l'encontre de l'acte concerné. Sur demande du président du conseil régional, le représentant de l'État dans la région l'informe de son intention de ne pas déférer au tribunal administratif un acte des autorités régionales qui lui a été transmis en application des articles L. 4141-1 et L. 4141-2.

(L. nº 2000-597 du 30 juin 2000, art. 16) « Le représentant de l'État peut assortir son recours d'une demande de suspension. Il est fait droit à cette demande si l'un des moyens invoqués paraît, en l'état de l'instruction, propre à créer un doute sérieux quant à la légalité de l'acte attaqué. Il est statué dans un délai d'un mois.

« Jusqu'à ce que le président du tribunal administratif ou le magistrat délégué par lui ait statué, la demande de suspension en matière d'urbanisme, de marchés et de délégation de service public formulée par le représentant de l'État dans les dix jours à compter de la réception de l'acte entraîne la suspension de celui-ci. Au terme d'un délai d'un mois à compter de la réception, si le juge des référés n'a pas statué, l'acte redevient exécutoire.

« Lorsque l'acte attaqué est de nature à compromettre l'exercice d'une liberté publique ou individuelle, *(L. nº 2021-1109 du 24 août 2021, art. 5)* « ou à porter gravement atteinte aux principes de laïcité et de neutralité des services publics, » le président du tribunal administratif ou le magistrat délégué à cet effet en prononce la suspension dans les quarante-huit heures. La décision relative à la suspension est susceptible d'appel devant le Conseil d'État dans la quinzaine de la notification. En ce cas, le président de la section du contentieux du Conseil d'État ou un conseiller d'État délégué à cet effet statue dans un délai de quarante-huit heures.

« L'appel des jugements du tribunal administratif ainsi que des décisions relatives aux demandes de suspension prévues aux alinéas précédents, rendus sur recours du représentant de l'État, est présenté par celui-ci. »

V. notes ss. art. L. 2131-6.

Art. L. 4142-2 Le Gouvernement soumet *(L. nº 2004-809 du 13 août 2004, art. 141)* « tous les trois ans », avant le 1er juin, au Parlement, un rapport sur le contrôle *a posteriori* exercé à l'égard des actes des régions par les représentants de l'État dans les régions.

Art. L. 4142-3 Sans préjudice du recours direct dont elle dispose, si une personne physique ou morale est lésée par un acte mentionné aux articles L. 4141-2 et L. 4141-4, elle peut, dans le délai de deux mois à compter de la date à laquelle l'acte est devenu exécutoire, demander au représentant de l'État dans la région, de mettre en œuvre la procédure prévue à l'article L. 4142-1.

Pour les actes mentionnés à l'article L. 4141-2, cette demande ne peut avoir pour effet de prolonger le délai de recours contentieux dont dispose le représentant de l'État en application de l'article L. 4142-1.

Lorsque la demande concerne un acte mentionné à l'article L. 4141-4, le représentant de l'État peut déférer l'acte en cause au tribunal administratif dans les deux mois suivant sa saisine par la personne physique ou morale lésée. – *[L. n° 72-619 du 5 juill. 1972, art. 7-VI.]*

V. notes ss. art. L. 2131-8.

Art. L. 4142-4 Sont illégales les décisions et délibérations par lesquelles les régions renoncent soit directement, soit par une clause contractuelle, à exercer toute action en responsabilité à l'égard de toute personne physique ou morale qu'elles rémunèrent sous quelque forme que ce soit. – *[L. n° 72-1147 du 23 déc. 1972, art. 16, al. 1er.]*

V. note ss. art. L. 2131-10.

CHAPITRE III EXERCICE PAR UN CONTRIBUABLE DES ACTIONS APPARTENANT À LA RÉGION

(L. n° 2000-321 du 12 avr. 2000)

La L. du 12 avr. 2000 étend à la région le régime applicable à la commune. Ce dernier est analysé ss. les art. L. 2132-5 s.

Art. L. 4143-1 Tout contribuable inscrit au rôle de la région a le droit d'exercer, tant en demande qu'en défense, à ses frais et risques, avec l'autorisation du tribunal administratif, les actions qu'il croit appartenir à la région et que celle-ci, préalablement appelée à en délibérer, a refusé ou négligé d'exercer.

Le contribuable adresse au tribunal administratif un mémoire.

(L. n° 2000-629 du 7 juill. 2000, art. 4) « Le président du conseil régional soumet ce mémoire au conseil régional lors de la plus proche réunion en application des articles L. 4132-8 et L. 4132-9. »

Lorsqu'un jugement est intervenu, le contribuable ne peut se pourvoir en appel ou en cassation qu'en vertu d'une nouvelle autorisation.

V. art. R. 4143-1 à R. 4143-4.

TITRE V RELATIONS ENTRE LA RÉGION ET LES SERVICES DE L'ÉTAT

CHAPITRE I SERVICES DE L'ÉTAT MIS À DISPOSITION

Art. L. 4151-1 Pour la préparation et l'exécution des délibérations du conseil régional, son président peut disposer, en tant que de besoin, de services déconcentrés de l'État. Le président du conseil régional adresse directement aux chefs de service toutes instructions nécessaires pour l'exécution des tâches qu'il leur confie. Il contrôle l'exécution de ces tâches.

Il peut, sous sa surveillance et sa responsabilité, donner délégation de signature aux chefs desdits services pour l'exécution des missions qu'il leur confie en application de l'alinéa précédent.

Un décret en Conseil d'État fixe les modalités de la mise à disposition de ces services. – *[L. n° 72-619 du 5 juill. 1972, art. 16-2.]*

Sur les services placés sous l'autorité du président du conseil régional, V. ci-dessous L. n° 72-619 du 5 juill. 1972, art. 16 s.

Sur la mise à la disposition du président du conseil régional de services déconcentrés de l'État dans la région, V. ci-dessous Décr. n° 82-331 du 13 avr. 1982.

Loi n° 72-619 du 5 juillet 1972,

Portant création et organisation des régions.

Art. 16 *(L. n° 86-16 du 6 janv. 1986)* Les services ou parties de services de la mission régionale nécessaires à la préparation et à l'exécution des délibérations du conseil régional ainsi qu'à l'exercice des pouvoirs et responsabilités dévolus à l'exécutif de la région sont placés, du fait du transfert de l'exécutif régional résultant du présent article, sous l'autorité du président du conseil régional.

Dans chaque région, une convention conclue entre le représentant de l'État dans la région et le président du conseil régional, et approuvée par arrêté du ministre de l'Intérieur, constate la liste des services ainsi placés sous l'autorité du président du conseil régional. Cette convention adapte à la situation particulière de chaque région les dispositions d'une convention type approuvée par décret. À défaut de convention passée dans le délai de trois mois après la publication de la loi n° 82-213 du 2 mars 1982 relative aux droits et libertés des communes, des départements et des régions, cette liste est établie par décret en Conseil d'État. — *V. Décr. n° 82-242 du 15 mars 1982 portant approbation de la convention type.*

Art. 16-1 *et* 16-2 *Abrogés par L. n° 96-142 du 21 févr. 1996, art. 12.*

Art. 16-3 *(L. n° 82-213 du 2 mars 1982)* I. — Les agents de l'État et les agents départementaux affectés, pour l'application de la convention mentionnée à l'article 73 de la loi n° 82-213 du 2 mars 1982 *[modifiant l'art. 16 de la L. n° 72-619 du 5 juill. 1972]* relative aux droits et libertés des communes, des départements et des régions, à l'exécution de tâches régionales sont mis à la disposition du président du conseil régional et sont placés, pour l'exercice de leurs fonctions, sous l'autorité de celui-ci.

Les agents de la région et les agents départementaux affectés, pour l'application de la convention mentionnée à l'article 73 de la loi n° 82-213 du 2 mars 1982 précitée, à l'exécution de tâches de l'État, sont mis à la disposition du représentant de l'État dans la région et sont placés, pour l'exercice de leurs fonctions, sous l'autorité de celui-ci.

II. — Les personnels des services mentionnés aux articles 73 et 74 *[CGCT, art. L. 4151-1]* de la loi n° 82-213 du 2 mars 1982 précitée, restent régis par les statuts qui leur sont applicables lors de la publication de ladite loi.

En outre, et jusqu'à la date d'entrée en vigueur d'une loi fixant le statut du personnel régional, tout engagement d'un fonctionnaire régional s'effectue selon les modalités de recrutement, de rémunération et de déroulement de carrière qui étaient appliquées par le département dans lequel se trouve le chef-lieu de la région à la date du 15 juillet 1981, pour des emplois équivalents lorsque de tels emplois existaient. Dans le cas contraire, ces modalités doivent être fixées par référence aux emplois de l'État équivalents.

Art. 16-4 *Abrogé par L. n° 96-142 du 21 févr. 1996, art. 12.*

Art. 16-5 *(L. n° 82-213 du 2 mars 1982)* Jusqu'à l'entrée en vigueur de la loi prévue à l'article 1er de la loi n° 82-213 du 2 mars 1982 relative aux droits et libertés des communes, des départements et des régions, et portant répartition des ressources entre les communes, les départements, les régions et l'État, restent à la charge de l'État les prestations de toute nature qu'il fournit actuellement au fonctionnement des services transférés à la collectivité régionale par ladite loi ou mis à la disposition de cette collectivité en tant que de besoin ainsi qu'aux agents de ces services. Dans les mêmes conditions, restent à la charge des départements et des régions les prestations de toute nature, y compris celles relatives à l'entretien et l'acquisition de matériels, qu'ils fournissent actuellement au fonctionnement de l'administration préfectorale et des services déconcentrés de l'État dans les régions ainsi qu'à leurs agents.

(L. n° 83-8 du 7 janv. 1983) « Lorsque ces participations entraînent l'inscription de crédits au budget de l'État, titres III et IV, et à la section de fonctionnement du budget du département et de la région, le montant de ceux-ci doit être, pour la première année, au moins égal à la moyenne des crédits engagés sur les budgets des trois dernières années, à l'exclusion de toutes dépenses engagées à titre exceptionnel. Pour les années ultérieures, la progression annuelle de ces crédits ne peut être inférieure au taux de progression de la dotation globale de fonctionnement des départements.

« Pour l'application du premier alinéa du présent article, les biens de l'État affectés à la date d'entrée en vigueur de la loi n° 82-213 du 2 mars 1982 au fonctionnement des services des régions et les biens des régions affectés à la même date au fonctionnement des services de l'État conservent leur affectation, sauf accord contraire du représentant de l'État et du président du conseil régional. »

Décret nº 82-331 du 13 avril 1982,

Relatif à la mise à la disposition du président du conseil régional de services déconcentrés de l'État dans la région.

Art. 1er Les services déconcentrés des administrations civiles de l'État dont l'action s'étend sur plusieurs départements de la région ainsi que, le cas échéant, les services départementaux de ces administrations sont, en application de l'article 74 de la loi du 2 mars 1982 susvisée *[CGCT, art. L. 4151-1]*, mis, en tant que de besoin, à la disposition du président du conseil régional pour la préparation et l'exécution des délibérations du conseil régional.

Cette mise à disposition est de droit dans la limite des compétences dévolues à la région. À la demande du président du conseil régional, le représentant de l'État dans la région désigne les services dont l'action s'étend sur plusieurs départements de la région ainsi mis à sa disposition. Pour les services départementaux, cette désignation est effectuée par le représentant de l'État dans le département saisi à cet effet par le représentant de l'État dans la région.

Toutefois, les services déconcentrés des administrations civiles de l'État exerçant les attributions relatives au contenu et à l'organisation de l'action éducatrice ainsi qu'à la gestion des personnels et des établissements qui y concourent, aux actions d'inspection de la législation du travail, au paiement des dépenses publiques, à l'assiette et au recouvrement des impôts et des recettes publiques ainsi qu'aux évaluations domaniales et à la fixation des conditions financières des opérations de gestion ou d'aliénation des biens de l'État et aux modalités d'établissement des statistiques ne peuvent être mis à la disposition du président du conseil régional pour l'accomplissement de missions relevant de ces attributions.

Art. 2 Conformément aux dispositions de l'article 77 *[introduisant l'art. 16-5 de la L. nº 72-619 du 5 juill. 1972]* de la loi du 2 mars 1982 précitée, les services déconcentrés de l'État dans la région continuent de fonctionner dans les mêmes conditions qu'avant l'entrée en vigueur de ladite loi. Restent à la charge de l'État, de la région et des départements, chacun pour ce qui le concerne, les traitements des agents, les dépenses d'entretien et les prestations de toute nature qu'ils accordaient pour le fonctionnement des services déconcentrés de l'État dans la région.

Art. 3 Conformément aux dispositions de l'article 75 *[introduisant l'art. 16-3 de la L. nº 72-619 du 5 juill. 1972]* de la loi du 2 mars 1982 précitée, les personnels des services déconcentrés mis à la disposition du président du conseil régional restent régis par les statuts qui leur étaient applicables avant l'entrée en vigueur de ladite loi.

Art. 4 Chaque année, le représentant de l'État dans la région et le président du conseil régional déterminent, par convention, les actions que les services déconcentrés de l'État devront mener pour le compte de la région ainsi que les modalités de leur exécution. Il est tenu compte des missions que ces services doivent assurer pour l'État.

Lorsque ces actions nécessitent l'intervention des services départementaux de l'État, le représentant de l'État dans la région s'assure, au préalable, auprès du représentant de l'État dans les départements intéressés qu'elles pourront être exécutées par ces services.

(Décr. nº 88-301 du 28 mars 1988) « Lorsque avant le 31 mars de chaque année une convention n'a pu être conclue, le préfet de région détermine par arrêté les actions pour lesquelles les services déconcentrés de l'État sont mis à disposition ainsi que les modalités d'exécution de cette mesure. »

(Décr. nº 84-79 du 31 janv. 1984) « Lorsqu'en cours d'année il apparaît que le programme d'activités d'un service extérieur de l'État ne peut être exécuté dans les conditions prévues à la convention ou à l'arrêté mentionnés ci-dessus ou lorsque des besoins nouveaux sont exprimés, les aménagements nécessaires sont décidés par un avenant à ladite convention ou par modification dudit arrêté. »

(Décr. nº 88-301 du 28 mars 1988) « Toutefois, en l'absence de mesures réorganisant les services ou de demandes expressément formulées par le représentant de l'État dans la région ou le président du conseil régional, la convention ou l'arrêté préfectoral est, par dérogation aux dispositions des alinéas précédents, réputé reconduit pour l'année suivante. »

Art. 5 Les chefs des services déconcentrés de l'État dans la région fournissent au président du conseil régional tous les rapports, études, documents, informations et statistiques qui lui sont nécessaires pour la préparation et l'exécution des délibérations du conseil régional. Ils l'informent des conditions d'exécution de ces délibérations.

(Décr. nº 84-79 du 31 janv. 1984) « Conformément aux dispositions de l'article 74 de la loi du 2 mars 1982 susvisée, le président du conseil régional adresse directement aux chefs des services déconcentrés de l'État mis à disposition toutes instructions pour la préparation et l'exécution des délibérations du conseil régional. Il en contrôle l'exécution. »

Art. 6 Les chefs de service intéressés rendent compte au représentant de l'État dans la région ou, dans le cas d'un service à caractère départemental, au représentant de l'État dans le département intéressé, de l'exécution des tâches qui leur sont confiées par le président du conseil régional.

Art. 7 *Abrogé par Décr. nº 88-301 du 28 mars 1988.*

Art. 8 Les dispositions du présent décret ne s'appliquent pas aux organismes ou missions à caractère juridictionnel, aux organismes chargés d'une mission de contrôle des comptes ainsi qu'aux services relevant du garde des sceaux, ministre de la Justice.

Art. 9 *(Décr. nº 88-301 du 28 mars 1988)* Les dispositions du présent décret cessent d'être applicables à l'expiration du délai prévu par le premier alinéa de l'article 8 de la loi nº 83-8 du 7 janvier 1983 modifiée *[six ans à compter de la publication de la L. nº 84-53 du 26 janv. 1984 portant dispositions statutaires relatives à la fonction publique territoriale].*

CHAPITRE II **COORDINATION**

Art. L. 4152-1 **La coordination entre l'action des services régionaux et celle des services de l'État dans la région est assurée conjointement par le président du conseil régional et le représentant de l'État dans la région.**

En outre, une conférence d'harmonisation des investissements se réunit au moins deux fois par an pour échanger des informations sur les programmes d'investissement de l'État, de la région et des départements. Participent à ces réunions le président du conseil régional, le représentant de l'État dans la région, les présidents de conseils départementaux et les représentants de l'État dans les départements. L'ordre du jour des réunions est fixé conjointement par les membres de la conférence. – *[L. nº 72-619 du 5 juill. 1972, art. 16-4.]*

LIVRE II ATTRIBUTIONS DE LA RÉGION

BIBL. GÉN. ▶ DOUENCE, La région, collectivité à vocation générale ou spécialisée ?, *RFDA 1986. 539.* – MOREAU, L'intérêt régional direct dans la jurisprudence administrative et dans la pratique gouvernementale officielle de 1972 à 1982, *Mél. Péquignot, t. II, p. 505.*

COMMENTAIRE

V. dans le supplément en ligne.

TITRE I DISPOSITIONS GÉNÉRALES

CHAPITRE UNIQUE

BIBL. GÉN. ▶ CHARITÉ, La participation directe des régions au capital des sociétés privées : les contours d'une faculté nouvelle, *JCP Adm. 2016, nº 2243.* – GOUNIN, Le cadre juridique de l'action extérieure des collectivités locales, *AJDA 2005. 1713*.

Art. L. 4211-1 **La région a pour mission, dans le respect des attributions des départements et des communes et, le cas échéant, en collaboration avec ces collectivités et avec l'État, de contribuer au développement économique, social et culturel de la région par :**

1° Toutes études intéressant le développement régional ;

2° Toutes propositions tendant à coordonner et à rationaliser les choix des investissements à réaliser par les collectivités publiques ;

3° La participation volontaire au financement d'équipements collectifs présentant un intérêt régional direct ;

4° La réalisation d'équipements collectifs présentant un intérêt régional direct, avec l'accord et pour le compte de collectivités locales, de groupements de collectivités locales, d'autres établissements publics ou de l'État ;

(L. nº 2015-991 du 7 août 2015, art. 19) **« 4°** ***bis*** **Le financement des voies et des axes routiers qui, par leurs caractéristiques, constituent des itinéraires d'intérêt régional et sont identifiés par le schéma régional d'aménagement, de développement durable et d'égalité des territoires prévu aux articles L. 4251-1 et suivants ; »**

(L. nº 2022-217 du 21 févr. 2022, art. 41) **« 4°** ***ter*** **L'exercice, en accord avec l'État, dans les conditions prévues à l'article L. 121-5 du code de la voirie routière, de la maîtrise d'ouvrage d'une opération d'aménagement d'une voie du domaine public routier national non concédé, si cette voie constitue un itinéraire d'intérêt régional identifié par le schéma régional d'aménagement, de développement durable et d'égalité des territoires ; »**

5° Toute participation à des dépenses de fonctionnement liées à des opérations d'intérêt régional direct ;

(L. nº 2015-991 du 7 août 2015, art. 3) **« 6° Toutes interventions économiques dans les conditions prévues au présent article, au chapitre unique du titre I du livre V de la première partie, à l'article L. 3232-4 et aux chapitres I** ***bis*** **et III du titre V du livre II de la quatrième partie ; »**

7° L'attribution pour le compte de l'État d'aides financières que celui-ci accorde aux investissements des entreprises concourant au développement régional et à l'emploi dans des conditions prévues par décret ;

(L. nº 2015-991 du 7 août 2015, art. 3) **« 8° La participation au capital des sociétés de capital-investissement, des sociétés de financement interrégionales ou propres à chaque région, existantes ou à créer, ainsi que des sociétés d'économie mixte et des sociétés ayant pour objet l'accélération du transfert de technologies.**

« Sous réserve des articles L. 3641-1 et L. 5217-2, les communes et leurs groupements ne peuvent intervenir qu'en complément de la région et dans le cadre d'une convention signée avec celle-ci ;

« 8° ***bis*** **La participation au capital de sociétés commerciales autres que celles mentionnées au 8°, pour la mise en œuvre du schéma régional de développement économique, d'innovation et d'internationalisation prévu à l'article L. 4251-13 et dans les limites prévues par décret en Conseil d'État. Ce décret précise également les conditions dans lesquelles est saisie la Commission des participations et des transferts men-**

tionnée à l'article 25 de l'ordonnance n° 2014-948 du 20 août 2014 relative à la gouvernance et aux opérations sur le capital des sociétés à participation publique ; »

(L. n° 2022-217 du 21 févr. 2022, art. 176) « 9° La souscription de parts dans un fonds de capital investissement à vocation régionale ou interrégionale. »

(L. n° 2015-991 du 7 août 2015, art. 3) « Les communes, leurs groupements et la métropole de Lyon peuvent intervenir en complément de la région dans le cadre d'une convention signée avec celle-ci. »

(L. n° 2002-276 du 27 févr. 2002, art. 102) « Le montant total *(L. n° 2015-991 du 7 août 2015, art. 3)* « des souscriptions sur fonds publics versées par les collectivités territoriales et leurs groupements » ne peut excéder 50 % du montant total du fonds. *(L. n° 2015-991 du 7 août 2015, art. 3)* « Cette limite peut être dépassée pour un fonds à vocation interrégionale ou lorsqu'il est procédé à un appel à manifestation d'intérêt pour inciter des investisseurs privés à souscrire des parts du fonds. »

« La région passe avec la société gestionnaire du fonds une convention déterminant notamment l'objet, le montant et le fonctionnement du fonds ainsi que les conditions de restitution des *(L. n° 2015-991 du 7 août 2015, art. 3)* « souscriptions » versées en cas de modification ou de cessation d'activité de ce fonds ;

(L. n° 2015-991 du 7 août 2015, art. 3) « Les communes, leurs groupements et la métropole de Lyon intervenant pour compléter la souscription régionale sont également signataires de cette convention ; »

(L. n° 2002-276 du 27 févr. 2002, art. 102) « 10° La participation, par le versement de dotations, à la constitution d'un fonds de garantie auprès d'un établissement de crédit *(Ord. n° 2013-544 du 27 juin 2013, art. 9)* « ou d'une société de financement » ayant pour objet exclusif de garantir des concours financiers accordés à des entreprises.

« La région passe avec la société gestionnaire du fonds de garantie une convention déterminant notamment l'objet, le montant et le fonctionnement du fonds *(L. n° 2022-217 du 21 févr. 2022, art. 176)* « , qui comprend les opérations de paiement et d'encaissement », les modalités d'information du conseil régional par la société ainsi que les conditions de restitution des dotations versées en cas de modification ou de cessation d'activité de ce fonds ; »

(L. n° 2003-721 du 1er août 2003, art. 26) « 11° Le financement ou l'aide à la mise en œuvre des fonds d'investissement de proximité définis à l'article *(L. n° 2022-217 du 21 févr. 2022, art. 176)* « L. 214-31 » du code monétaire et financier par convention avec la société de gestion du fonds qui détermine les objectifs économiques du fonds, lesquels figurent dans le règlement du fonds.

« Dans le cadre de cette convention, des départements, des communes ou leurs groupements pourront participer financièrement à la mise en œuvre du fonds.

« Les collectivités territoriales et leurs groupements ne peuvent pas détenir des parts ou actions d'une société de gestion d'un fonds d'investissement de proximité » ;

(L. n° 2015-991 du 7 août 2015, art. 3) « 12° Le versement de dotations pour la constitution *(L. n° 2022-217 du 21 févr. 2022, art. 176)* « d'instruments financiers » prévus à l'article 37 du règlement (CE) n° 1303/2013 du Parlement européen et du Conseil, du 17 décembre 2013, portant dispositions communes relatives au Fonds européen de développement régional, au Fonds social européen, au Fonds de cohésion, au Fonds européen agricole pour le développement rural et au Fonds européen pour les affaires maritimes et la pêche, portant dispositions générales applicables au Fonds européen de développement régional, au Fonds social européen, au Fonds de cohésion et au Fonds européen pour les affaires maritimes et la pêche, et abrogeant le règlement (CE) n° 1083/2006 du Conseil, à l'organisme gestionnaire sélectionné selon les modalités prévues à l'article 38 de ce même règlement, pour la mise en œuvre d'opérations d'ingénierie financière à vocation régionale.

(L. n° 2022-217 du 21 févr. 2022, art. 176) « La région conclut, avec l'organisme gestionnaire de l'instrument financier et avec l'autorité de gestion du programme opérationnel régional des fonds structurels, une convention déterminant notamment l'objet, le montant et le fonctionnement de l'instrument, qui peut comprendre les opérations de paiement et d'encaissement ainsi que les conditions de restitution des dotations versées en cas de modification ou de cessation d'activité de l'instrument ; »

(L. n° 2015-991 du 7 août 2015, art. 1er) « 13° La coordination, au moyen d'une plateforme de services numériques qu'elle anime, de l'acquisition et de la mise à jour

des données géographiques de référence nécessaires à la description détaillée de son territoire ainsi qu'à l'observation et à l'évaluation de ses politiques territoriales, données dont elle favorise l'accès et la réutilisation ; »

(L. nº 2015-992 du 17 août 2015, art. 109) **« 14º La détention d'actions d'une société anonyme ou d'une société par actions simplifiée dont l'objet social est la production d'énergies renouvelables** *(L. nº 2021-1104 du 22 août 2021, art. 88)* **« ou d'hydrogène renouvelable ou bas-carbone définis à l'article L. 811-1 du code de l'énergie » par des installations situées sur leur territoire ».** *(L. nº 2019-1147 du 8 nov. 2019, art. 42)* **« L'acquisition de ces actions peut être réalisée au travers de la prise de participations au capital de sociétés commerciales ayant pour seul objet de détenir les actions des sociétés mentionnées à la première phrase du présent 14º. La région peut consentir aux sociétés de production d'énergie renouvelables** *(L. nº 2021-1104 du 22 août 2021, art. 88)* **« ou d'hydrogène renouvelable ou bas-carbone définis à l'article L. 811-1 du code de l'énergie » auxquelles elle participe directement des avances en compte courant aux prix du marché et dans les conditions prévues à l'article L. 1522-5** *(L. nº 2021-1104 du 22 août 2021, art. 88)* **« du présent code ». »** *(L. nº 2020-1525 du 7 déc. 2020, art. 52)* **« Par dérogation aux conditions prévues au même article L. 1522-5, la durée des avances en compte courant peut être portée par la région à sept ans, renouvelable une fois, lorsque l'énergie produite par les installations de production bénéficie du soutien prévu aux articles L. 311-12, L. 314-1, L. 314-18, L. 446-2, L. 446-5, L. 446-14 ou L. 446-15 du code de l'énergie ; »**

(L. nº 2019-1147 du 8 nov. 2019, art. 42) **« 14º bis »** *(L. nº 2015-991 du 7 août 2015, art. 3)* **« Le soutien et la participation au pilotage des pôles de compétitivité situés sur son territoire ;**

« 15º L'attribution d'aides à des actions collectives au bénéfice de plusieurs entreprises, lorsque ces actions s'inscrivent dans le cadre du schéma régional de développement économique, d'innovation et d'internationalisation » ;

(L. nº 2020-105 du 10 févr. 2020, art. 109) **« 16º La coordination et l'animation des actions conduites par les différents acteurs en matière d'économie circulaire, notamment en matière d'écologie industrielle et territoriale. »**

Sur l'organisation régionale des transports collectifs, V. C. transp., art. L. 2121-3 s. — ***C. transp.***

Les conventions en cours à la date de publication de la L. nº 2022-217 du 21 févr. 2022, conclues sur le fondement du présent art. et concernées par les 1º et 2º du I de l'art. 176 de ladite loi, sont rendues conformes à l'art. 176 au plus tard lors de leur renouvellement (L. préc., art. 176-II).

Sur les sociétés d'investissement régional et les régions actionnaires, V. ci-dessous L. nº 2000-1208 du 13 déc. 2000, art. 89.

1. Il résulte des dispositions du VI de l'art. 15 de la L. du 7 août 2015 qu'à compter du 1er janv. 2017, ou du 1er sept. 2017 s'agissant des lignes de transport scolaire, la région a été substituée au département dans l'exercice de l'ensemble des compétences relatives aux transports non urbains réguliers. Cette substitution s'étend dès lors aux droits et aux obligations nés de contrats conclus par un département antérieurement au transfert de ces compétences qui, bien qu'arrivés à échéance à la date du transfert, donneraient lieu pour leur règlement à une action engagée devant le juge administratif. • CAA Lyon, 18 juill. 2024, nº 23LY01035 : *AJCT 2025. 64, note Le Chatelier*.

2. La mission visant à renforcer l'attractivité et le développement économique d'un territoire, notamment par l'octroi d'aides aux entreprises, relève de la seule compétence des régions. • TA Strasbourg, 6 juill. 2018, nº 1701918.

3. La participation de la région Aquitaine au financement de l'extension et de l'aménagement de la salle de sports et du marché de la Moutète (subvention accordée à la commune d'Orthez) présente un intérêt régional direct et entre dans le champ d'application du 4º des dispositions relatives à la compétence de la région (art. L. 4211-1). • CE 21 sept. 1992, *Lassus*, nº 106549.

4. Pour les interventions dans le domaine économique, V. art. L. 1511-1 s.

5. Présentent un intérêt régional les actions ayant pour objet, dans le but d'assurer la promotion de la région, de mettre en œuvre les voies et moyens tels que le nom, le logo et l'embauche d'un navigateur et de son trimaran. • T. confl. 22 janv. 2001, *Préfet de Seine-Maritime c/ Sté Multicom et Conseil régional de Haute-Normandie*, nº 3238 A : *Coll. terr. 2001, nº 114, note Moreau.*

Loi n° 2000-1208 du 13 décembre 2000,

Relative à la solidarité et au renouvellement urbains.

Art. 89 I. — Les sociétés d'investissement régional revêtent la forme de société anonyme régie par le livre II du code de commerce.

Une ou plusieurs régions peuvent participer au capital de sociétés d'investissement régional en association avec une ou plusieurs personnes morales de droit public ou privé pour assurer tout ou partie du financement d'opérations de restructuration, d'aménagement et de développement de sites urbains en difficulté.

La région peut également verser des subventions aux sociétés d'investissement régional même si elle ne participe pas au capital de ces sociétés. Dans ce cadre, la région passe une convention avec la société d'investissement régional déterminant notamment l'affectation et le montant de la subvention ainsi que les conditions et les modalités de restitution des subventions versées notamment en cas de modification de l'objet social ou de cessation d'activité de la société d'investissement régional.

II. — Les sociétés d'investissement régional interviennent pour :

1° Permettre la mise en œuvre d'actions foncières nécessaires à la mise en œuvre des opérations visées au I ;

2° Accompagner l'amélioration et le renouvellement de l'immobilier de logements des quartiers anciens ou de logement social, des copropriétés dégradées et favoriser, au titre de la diversité urbaine, la création de logements neufs ;

3° Favoriser l'investissement en immobilier d'entreprise et accompagner la restructuration de surfaces commerciales existantes, en complément notamment des actions conduites par l'Établissement public national d'aménagement et de restructuration des espaces commerciaux et artisanaux, ou la réalisation d'opérations d'immobilier commercial neuf.

Sous réserve des dispositions du I, les sociétés d'investissement régional interviennent par la prise de participation dans le capital de sociétés réalisant des opérations de renouvellement urbain et par l'octroi de garanties sur prêts ou la dotation de fonds de garantie en fonds propres ou quasi fonds propres notamment par la prise de participation dans le capital de sociétés ou l'attribution de prêts participatifs.

Elles peuvent par ailleurs, dans les conditions prévues par la loi n° 84-46 du 24 janvier 1984 relative à l'activité et au contrôle des établissements de crédit *[abrogée et codifiée ss.* ***C. mon. fin.****]*, intervenir par l'octroi de prêts et la mise en place de crédit-bail immobilier.

III. — Chaque région actionnaire a droit au moins à un représentant au conseil d'administration ou au conseil de surveillance, désigné en son sein par l'assemblée délibérante.

Un tiers au moins de son capital et des voix dans les organes délibérants est détenu par une région ou, conjointement, par plusieurs régions.

Les organes délibérants de la ou des régions actionnaires se prononcent sur le rapport écrit qui leur est soumis au moins une fois par an par leur représentant au conseil d'administration ou au conseil de surveillance.

TITRE II COMPÉTENCES DU CONSEIL RÉGIONAL

CHAPITRE UNIQUE DISPOSITIONS GÉNÉRALES

Art. L. 4221-1 *(L. n° 2014-58 du 27 janv. 2014, art. 1er)* **« Le conseil régional règle par ses délibérations les affaires de la région** *(L. n° 2015-991 du 7 août 2015, art. 1er)* **« dans les domaines de compétences que la loi lui attribue ». »**

(L. n° 2014-58 du 27 janv. 2014, art. 1er) **« Il a compétence pour promouvoir le développement économique, social, sanitaire, culturel et scientifique de la région** *(L. n° 2015-991 du 7 août 2015, art. 1er)* **« , le soutien à l'accès au logement et à l'amélioration de l'habitat, le soutien à la politique de la ville et à la rénovation urbaine et le soutien aux politiques d'éducation » et l'aménagement** *(L. n° 2015-991 du 7 août 2015, art. 1er)* **« et l'égalité de ses territoires », ainsi que pour assurer la préservation de son identité et la promotion des langues régionales, dans le respect de l'intégrité, de l'autonomie et des attributions des départements et des communes. »**

Il peut engager des actions complémentaires de celles de l'État, des autres collectivités territoriales et des établissements publics situés dans la région, dans les domaines

et les conditions fixés par les lois déterminant la répartition des compétences entre l'État, les communes, les départements et les régions.

(L. n° 2015-991 du 7 août 2015, art. 1er) **« Un conseil régional ou, par délibérations concordantes, plusieurs conseils régionaux peuvent présenter des propositions tendant à modifier ou à adapter des dispositions législatives ou réglementaires, en vigueur ou en cours d'élaboration, concernant les compétences, l'organisation et le fonctionnement d'une, de plusieurs ou de l'ensemble des régions.** *(L. n° 2022-217 du 21 févr. 2022, art. 2)* **« Ces propositions peuvent porter sur la différenciation, mentionnée à l'article L. 1111-3-1, des règles relatives à l'attribution et à l'exercice des compétences applicables à ces régions, afin de tenir compte des différences de situations. »**

« Les propositions adoptées par les conseils régionaux en application du quatrième alinéa du présent article sont transmises par les présidents de conseil régional au Premier ministre » *(L. n° 2022-217 du 21 févr. 2022, art. 2)* **« , au représentant de l'État dans les régions concernées et, lorsqu'elles portent sur des dispositions législatives, aux présidents de l'Assemblée nationale et du Sénat.**

« Le Premier ministre accuse réception des propositions qui lui sont transmises. Un rapport annuel indique les suites qui ont été données à ces propositions. Ce rapport est rendu public. »

V. Instr. du Gouvernement du 22 déc. 2015 (NOR : RDFB1520836N) relative aux incidences de la suppression de la clause de compétence générale des départements et des régions sur l'exercice des compétences des collectivités territoriales.

1. La clause de compétence générale qui prévalait pour définir les attributions du conseil régional a été abrogée par la loi portant sur la nouvelle organisation territoriale de la République du 7 août 2015. La région de la Réunion ne tient ni de ces dispositions ni d'aucune des dispositions du CGCT définissant ses attributions le pouvoir d'instaurer de manière autonome une aide finançant une partie des frais de passage aérien. Par suite, la délibération prolongeant un dispositif d'aide à la continuité territoriale, est entachée d'incompétence. • CAA Bordeaux, 4 juill. 2023, n° 21BX04209. ♦ La région, en confiant à une société, par l'octroi d'une subvention globale et forfaitaire, la gestion effective de l'attribution de fonds régionaux destinés à promouvoir le développement culturel régional par le cofinancement de films long-métrages, renonce illégalement à exercer sa compétence. • CAA Lyon, 25 févr. 2020, n° 18LY00103. ♦ Compte tenu de sa disparition par la loi de 2015, les solutions suivantes ne sont plus assurées : un conseil régional pouvait subordonner l'aide personnalisée aux sportifs de haut niveau à la condition qu'ils demeurent licenciés dans un club de la région. • CAA Douai, 19 juin 2002, *V. Nourtier*, n° 99DA20007 : *JCP Coll. terr. 2002, n° 1188.* ♦ De même un conseil régional pouvait conclure une convention avec une collectivité du Bénin afin de mettre en œuvre un programme de développement local permettant, avec l'aide de l'État, à des partenaires locaux de la région de mobiliser à cette fin leur savoir-faire en matière de développement local. • CAA Douai, 13 mai 2004, *X. c/ Région Picardie*, n° 02DA00929. ♦ Il en est de même pour l'octroi d'une subvention destinée à développer des projets de production d'électricité dans des pays émergents à une association qui a son siège en Île-de-France et qui s'engage à concourir à la promotion en Île-de-France des politiques d'énergie propre. • CAA Paris, 1er déc. 2009, *Région Île-de-France*, n° 08PA04754 B : *AJDA 2010. 329, note Gounin*.

2. Aucune disposition législative ne donne compétence à une région pour créer, sous le nom de « régie régionale », un établissement public chargé de la gestion et de l'exploitation d'une partie de son patrimoine. • CAA Nancy, 16 avr. 1998, *Région Nord-Pas-de-Calais*, n° 95NC01673 B.

Art. L. 4221-1-1 *(L. n° 2014-58 du 27 janv. 2014, art. 47)* **Le conseil régional peut, à son initiative ou saisi d'une demande en ce sens du conseil d'une métropole, transférer à celle-ci, dans les limites de son territoire, les compétences suivantes :**

1° La compétence en matière de construction, de reconstruction, d'aménagement, d'entretien et de fonctionnement des lycées. À ce titre, la métropole assure l'accueil, la restauration, l'hébergement ainsi que l'entretien général et technique, à l'exception des missions d'encadrement et de surveillance des élèves, dans les lycées dont elle a la charge ;

2° Les compétences exercées par la région en matière de développement économique en application des articles L. 4211-1 et L. 4253-1 à L. 4253-3, ou une partie d'entre elles.

Art. L. 4221-2 Le conseil régional vote le budget de la région dans les conditions et suivant les modalités prévues par *(Ord. n° 2009-1530 du 10 déc. 2009)* « les articles L. 4311-1 et L. 4311-2 ».

Art. L. 4221-3 Le conseil régional délibère en vue d'émettre des avis sur les problèmes de développement et d'aménagement de la région au sujet desquels il est obligatoirement consulté.

Conformément à la loi n° 82-653 du 29 juillet 1982 portant réforme de la planification, il concourt à l'élaboration et à l'exécution du plan de la nation et il élabore et approuve le plan de la région. Il concourt, dans le cadre de ses compétences, à l'aménagement du territoire.

Il propose aux collectivités territoriales de la région toutes mesures tendant à favoriser la coordination des investissements publics locaux dans la région. – *[L. n° 72-619 du 5 juill. 1972, art. 8.]*

Sur le plan de la région, V. art. L. 4251-1 s.

1. Le juge administratif a une conception restrictive de la notion de « problèmes de développement ou d'aménagement de la région ». C'est ainsi que la construction d'une autoroute n'a pas le caractère d'un problème d'aménagement au sens des dispositions de l'art. L. 4221-3. • CE 6 juill. 1992, *Assoc. pour la protection et la mise en valeur des sites des bords de la Loire*, n° 123405 B : *Dr. adm. 1992. 439.* ♦ De même, la consultation n'a pas été jugée obligatoire pour le transfert du chef-lieu d'un département. • CE 26 nov. 1976, *Soldani et a. : Lebon 508 ; AJDA 1977. 33, concl. Latournerie.*

2. Lorsqu'il s'agit d'opérations d'intérêt national et non régional, le juge considère que les conseils régionaux n'ont pas à être consultés. Il en est ainsi pour un projet de DUP portant sur la construction de la ligne de chemin de fer à grande vitesse entre Paris et Lyon. • CE 21 janv. 1977, *Péron-Magnan et a. : Lebon 30.* ♦ ... Ou pour un projet de DUP des travaux d'aménagement de la liaison fluviale à grand gabarit Saône-Rhin. • CE 13 févr. 1981, *Assoc. pour la protection de l'eau et des ressources naturelles du bassin inférieur du Doubs et a.*, n°s 14148, 14170, 14171 et 14172 A. ♦ ... Ou pour un projet de DUP de déviation de la Saône. • CE 18 déc. 1989, *Cne de Replonges*, n° 84694. ♦ ... Ou pour un projet de DUP des travaux de construction d'une centrale nucléaire. • CE 20 juin 1984, *Féd. fr. des stés de protection de la nature*, n° 24528 B. ♦ La consultation du conseil régional n'est pas obligatoire pour le projet de DUP portant sur des travaux de transformation d'un circuit automobile. • CE 30 mars 1981, *Min. de l'Intérieur c/ Ducros*, n° 13081 A.

Art. L. 4221-4 Toute cession d'immeubles ou de droits réels immobiliers par une région donne lieu à délibération motivée du conseil régional portant sur les conditions de la vente et ses caractéristiques essentielles. Le conseil régional délibère au vu de l'avis *(Ord. n° 2006-460 du 21 avr. 2006, art. 3)* « de l'autorité compétente de l'État ». Cet avis est réputé donné à l'issue d'un délai d'un mois à compter de la saisine de *(L. n° 2009-526 du 12 mai 2009, art. 121)* « cette autorité ».

(Ord. n° 2009-1400 du 17 nov. 2009) « Les acquisitions et cessions opérées par une région ou par une personne publique ou privée agissant dans le cadre d'une convention avec cette région donnent lieu chaque année à un état de variation du patrimoine *(Abrogé par Ord. n° 2025-526 du 12 juin 2025, art. 1er, à compter de l'exercice budgétaire 2026)* « , annexé au compte administratif de la région ».

Sur la cession d'immeubles et de droits réels immobiliers, V. ci-dessous L. n° 72-619 du 5 juill. 1972, art. 7-1.

Loi n° 72-619 du 5 juillet 1972,

Portant création et organisation des régions.

Art. 7-1 *(L. n° 95-127 du 8 févr. 1995, art. 11 ; L. n° 96-142 du 21 févr. 1996, art. 5)* Toute cession d'immeubles ou droits réels immobiliers envisagée par l'un des établissements visés à l'article L. 324-1 du code de l'urbanisme donne lieu à délibération motivée de l'organe délibérant portant sur les conditions de la vente et ses caractéristiques essentielles. La délibération est prise au vu de l'avis *(Ord. n° 2006-460 du 21 avr. 2006, art. 3)* « de l'autorité compétente de l'État ». Cet avis est réputé donné à l'issue d'un délai d'un mois à compter de la saisine de ce service. Lorsque cette opération est envisagée dans le cadre d'une convention avec une région, copie de cette délibération est transmise à la région concernée dans les deux mois suivant son adoption.

Art. L. 4221-4-1 *(Ord. n° 2006-460 du 21 avr. 2006, art. 3)* Lorsque les régions, leurs groupements et leurs établissements publics procèdent à des acquisitions immobilières à l'amiable suivant les règles du droit civil, ou lorsque l'acquisition a lieu sur licitation, le notaire rédacteur de l'acte procède s'il y a lieu, sous sa responsabilité, à la purge de tous privilèges et hypothèques.

Les fonds qui lui sont remis sont alors considérés comme reçus en raison de ses fonctions.

Art. L. 4221-5 Le conseil régional peut déléguer une partie de ses attributions à sa commission permanente, à l'exception de celles relatives au vote du budget, à l'approbation du compte administratif et aux mesures de même nature que celles visées à l'article L. 1612-15.

(Ord. n° 2005-1027 du 26 août 2005, art. 24) « Dans les limites qu'il aura fixées, le conseil régional peut également déléguer à son président le pouvoir :

« 1° De procéder à la réalisation des emprunts destinés au financement des investissements prévus par le budget, et aux opérations financières utiles à la gestion des emprunts, y compris les opérations de couverture des risques de taux et de change, et de passer à cet effet les actes nécessaires ;

« 2° De réaliser des lignes de trésorerie sur la base d'un montant maximum autorisé par le conseil régional ;

« 3° De prendre les décisions mentionnées au III de l'article L. 1618-2 et au *a* de l'article L. 2221-5-1, sous réserve des dispositions du *c* de ce même article ; »

(L. n° 2009-526 du 12 mai 2009, art. 83) « 4° D'arrêter et modifier l'affectation des propriétés de la collectivité utilisées par ses services publics ;

« 5° De décider de la conclusion et de la révision du louage de choses pour une durée n'excédant pas douze ans ;

« 6° D'accepter les indemnités de sinistre afférentes aux contrats d'assurance ;

« 7° De créer *(L. n° 2015-991 du 7 août 2015, art. 126)* « , modifier ou supprimer » les régies comptables nécessaires au fonctionnement des services de la collectivité ;

« 8° D'accepter les dons et legs qui ne sont grevés ni de conditions ni de charges, sans préjudice des dispositions de l'article L. 4231-7 qui lui permettent de le faire à titre conservatoire, quelles que soient les conditions et charges ;

« 9° De décider l'aliénation de gré à gré de biens mobiliers jusqu'à 4 600 € ;

« 10° Sans préjudice des dispositions de l'article L. 4221-4, de fixer, dans les limites de l'estimation des services fiscaux (domaines), le montant des offres de la collectivité à notifier aux expropriés et de répondre à leurs demandes ; »

(L. n° 2009-526 du 12 mai 2009, art. 100) « 11° De prendre les décisions mentionnées aux articles L. 523-4 et L. 523-5 du code du patrimoine relatives à la réalisation de diagnostics d'archéologie préventive prescrits pour les opérations d'aménagement ou de travaux sur le territoire de la région *(L. n° 2022-217 du 21 févr. 2022, art. 177)* « et de conclure la convention prévue à l'article L. 523-7 du même code » ; »

(L. n° 2011-525 du 17 mai 2011, art. 79) « 12° D'autoriser, au nom de la région, le renouvellement de l'adhésion aux associations dont elle est membre ; »

(L. n° 2024-364 du 22 avr. 2024, art. 39) « 13° De prendre, le cas échéant après avis du comité régional de programmation ou du comité de suivi, toutes les décisions et tous les actes de mise en œuvre des fonds européens dont la région est l'autorité de gestion ou l'organisme intermédiaire ou, dans le cadre du Fonds européen agricole pour le développement rural, l'autorité de gestion régionale ainsi que des contreparties nationales associées ; »

(L. n° 2015-991 du 7 août 2015, art. 127) « 14° De demander à l'État ou à d'autres collectivités territoriales, dans les conditions fixées par le conseil régional, l'attribution de subventions » ;

(L. n° 2017-86 du 27 janv. 2017, art. 85) « 15° De procéder, dans les limites fixées par le conseil régional, au dépôt des demandes d'autorisations d'urbanisme relatives à la démolition, à la transformation ou à l'édification des biens de la région ; »

(L. n° 2022-217 du 21 févr. 2022, art. 173) **« 16° D'admettre en non-valeur les titres de recettes, ou certaines catégories d'entre eux, présentés par le comptable public, chacun de ces titres correspondant à une créance irrécouvrable d'un montant inférieur à un seuil fixé par délibération du conseil régional, qui ne peut être supérieur à un seuil fixé par décret. Ce même décret précise les modalités suivant lesquelles le président rend compte au conseil régional de l'exercice de cette délégation ;**

« 17° D'autoriser les mandats spéciaux que les membres du conseil régional peuvent être amenés à exercer dans le cadre de leurs fonctions, ainsi que le remboursement des frais afférents prévus aux quatrième et avant-dernier alinéas de l'article L. 4135-19 du présent code. »

(Ord. n° 2005-1027 du 26 août 2005, art. 24) **« Le président informe le conseil des actes pris dans le cadre de ces délégations. »**

(L. n° 2014-58 du 27 janv. 2014, art. 92) **« Les délégations consenties en application du 1° du présent article prennent fin dès l'ouverture de la campagne électorale pour le renouvellement du conseil régional. »**

À compter de l'exercice budgétaire 2026, au 1er al. du présent art., les mots : « compte administratif » sont remplacés par les mots : « compte financier unique » (Ord. n° 2025-526 du 12 juin 2025, art. 1er et 12).

1. La règle de publicité des séances des conseils régionaux posée par le législateur n'a pas été étendue par celui-ci aux délibérations de la commission permanente ; aucun principe de valeur législative n'impose non plus une telle publicité : le conseil régional peut légalement décider, par son règlement intérieur, que les séances de sa commission permanente ne seront pas publiques. • CE, ass., 18 déc. 1996, *Région Centre*, n° 151790 A : *RDF adm. 1997. 496, concl. Stahl.*

2. Il a été jugé que si le conseil régional peut déléguer certaines de ses attributions à la commission permanente, celle-ci ne peut, à son tour, subdéléguer les mêmes compétences au président du conseil régional. • TA Rouen, 19 mars 1991, *Préfet de la région de Haute-Normandie, préfet de Seine-Maritime c/ Région de Haute-Normandie : Lebon T. 1177 ; Dr. adm. 1991. 303.* ♦ Peut être délégué à la commission permanente le pouvoir de désigner les délégués de l'assemblée au sein des organismes extérieurs. • CE 24 mars 1997, *Broutin*, nos 150455 et 163168 A.

3. Le juge administratif a sanctionné un bureau qui excède la délégation donnée par le conseil régional. • TA Orléans, 5 juill. 1990, *Vrain*, n° 89246.

Art. L. 4221-6 *(L. n° 2009-526 du 12 mai 2009, art. 83)* **Sous réserve des dispositions de l'article L. 4221-5, le conseil régional statue sur l'acceptation des dons et legs faits à la région.**

TITRE III COMPÉTENCES DU PRÉSIDENT DU CONSEIL RÉGIONAL

CHAPITRE UNIQUE

Art. L. 4231-1 Le président du conseil régional est l'organe exécutif de la région.

Il prépare et exécute les délibérations du conseil régional. — *[L. n° 72-619 du 5 juill. 1972, art. 11 ; L. n° 82-213 du 2 mars 1982, art. 25, al. 1er et 2.]*

1. Le président ne peut recevoir de délégation du conseil régional. • CE 17 mars 1993, *Conseil régional de Bourgogne*, n° 95686 B : *Dr. adm. 1993, n° 246.* ♦ Le conseil régional (donc par délégation, la commission permanente) est compétent pour attribuer ou refuser la prime régionale à la création d'entreprise bien que cette compétence ait été conférée par décret au président. • CE 14 oct. 1996, *Sté d'études et de recherches de produits*, n° 133867 B.

2. Le président dispose de plein droit, au titre de son pouvoir d'exécution des délibérations, du pouvoir de signer les actes d'exécution d'un marché. • CE 2 févr. 2004, *Sté SOCAE Atlantique*, n° 241997 B.

Art. L. 4231-2 Le président du conseil régional est l'ordonnateur des dépenses de la région et prescrit l'exécution des recettes régionales, sous réserve des dispositions particulières du code général des impôts relatives au recouvrement des recettes fiscales des collectivités locales.

(L. n° 98-1267 du 30 déc. 1998, art. 47) **« Il impute en section d'investissement les dépenses d'équipement afférentes à des biens meubles ne figurant pas sur les listes et**

d'une valeur inférieure à un seuil fixé par arrêté des ministres en charge des finances et des collectivités locales, sur délibérations expresses de l'assemblée. »

Art. L. 4231-2-1 *Abrogé par Ord. nº 2022-408 du 23 mars 2022, art. 17.*

Art. L. 4231-3 Le président du conseil régional est seul chargé de l'administration. Il peut déléguer par arrêté, sous sa surveillance et sa responsabilité, l'exercice d'une partie de ses fonctions aux vice-présidents et, en l'absence ou en cas d'empêchement de ces derniers, *(L. nº 2002-276 du 27 févr. 2002, art. 13)* **« ou dès lors que ceux-ci sont tous titulaires d'une délégation, à d'autres membres du conseil régional ». Ces délégations subsistent tant qu'elles ne sont pas rapportées.**

(Ord. nº 2009-1530 du 10 déc. 2009) **« Le membre du conseil régional qui a cessé ses fonctions de président du conseil régional en application des articles L. 2122-4 ou L. 3221-3 ne peut recevoir de délégation jusqu'au terme de son mandat de conseiller régional ou jusqu'à la cessation de la fonction l'ayant placé en situation d'incompatibilité. »**

(L. org. nº 2014-125 du 14 févr. 2014, art. 9) **« Les membres du conseil régional exerçant un mandat de député, de sénateur ou de représentant au Parlement européen ne peuvent recevoir ou conserver de délégation. »**

(L. nº 2000-295 du 5 avr. 2000, art. 17) **« Le président du conseil régional est » le chef des services de la région. Il peut, sous sa surveillance et sa responsabilité, donner délégation de signature en toute matière aux responsables desdits services.**

1. Le président n'est pas compétent pour prendre une décision à caractère statutaire relative au personnel de la région. • CE 9 déc. 1987, *Barral et a.*, nº 83537 B. ♦ Le président est compétent pour l'envoi en mission d'agents de la région, le conseil régional (ou, sur sa délégation, la commission permanente) l'est pour l'envoi en mission de conseillers régionaux. • CE 20 mai 1994, *Gérante*, nº 65065 A.

2. Remplacement. Dans le silence des textes, la continuité du service public exige que le président du conseil régional soit, en cas d'absence ou d'empêchement, provisoirement remplacé dans la plénitude de ses fonctions par un vice-président, dans l'ordre des nominations, ou à défaut par un conseiller désigné par le conseil. • TA Saint-Denis de La Réunion, 14 déc. 1994, *Préfet de La Réunion RFDA 1995. 1101, concl. Vivens*.

3. Délégations. Il résulte de l'ensemble de ces dispositions qu'en cas d'atteinte au domaine public d'un port maritime relevant d'une région, il incombe au président du conseil régional de notifier au contrevenant la copie du procès-verbal constatant les faits puis d'adresser l'acte de notification au juge des contraventions de grande voirie. Si l'art. L. 5337-3-1 C. transp. prévoit que ce président peut, pour ce faire, déléguer sa signature à un vice-président, cette disposition ne fait pas obstacle à ce que le président du conseil régional puisse, en application de l'art. L. 4231-3 CGCT, également déléguer sa signature à cette fin au responsable d'un des services de la région. • CE 16 févr. 2024, *Région Occitanie*, nº 475220 B : *AJDA 2024. 358*. ♦ Le président peut déléguer sa signature aux chefs des services ou parties de service de l'État placés sous son autorité seulement pour la préparation et l'exécution des délibérations de l'assemblée. • CE 21 mars 2007, *Région des Pays de la Loire*, nº 278327 : *Dr. adm. 2007. 133, note Glaser.* ♦ Le président ne peut déléguer sa signature que par écrit : une délégation verbale ou tacite est illégale. • CE, ass., 13 mai 1949, *Couvrat : Lebon 216.* ♦ Il n'est pas tenu de respecter un ordre dans l'attribution de délégations aux vice-présidents : il choisit librement le délégataire. • CE 5 déc. 1962, *Sieur Pollard : Lebon 657.* ♦ Il peut mettre fin à une délégation au motif que son titulaire a manifesté, lors du vote du budget, son désaccord avec la politique de l'exécutif. • TA Marseille, 20 févr. 1955, *Sieur Gay : Lebon 758.* – V. notes ss. art. L. 2122-18. ♦ ... Mais la délégation est impossible avant l'élection des vice-présidents. • TA Lyon, 9 juin 1998, *Tête : Lebon T. 785*.

Art. L. 4231-4 Le président du conseil régional gère le domaine de la région. – *[L. nº 72-619 du 5 juill. 1972, art. 11 ; L. nº 82-213 du 2 mars 1982, art. 25, al. 5.]*

1. Il résulte de cette disposition qu'en cas d'atteinte au domaine public d'un port maritime relevant d'une région, il incombe au président du conseil régional de notifier au contrevenant la copie du procès-verbal constatant les faits puis d'adresser l'acte de notification au juge des contraventions de grande voirie. Si l'art. L. 5337-3-1 C. transp. prévoit que ce président peut, pour ce faire, déléguer sa signature à un vice-président, cette disposition ne fait pas obstacle à ce que le président du conseil régional puisse, en application de l'art. L. 4231-3 CGCT, également déléguer sa signature à cette fin au responsable d'un des services de la région. • CAA Toulouse, 17 juin 2025, nº 24TL00408.

2. Le président du conseil régional a une compétence exclusive en matière de gestion du patrimoine régional, sous réserve de délégation de signature. Le conseil régional ne peut en l'absence de toute disposition législative instituer une régie régionale dotée de la personnalité morale et de l'autonomie financière chargée d'assurer la gestion et l'exploitation d'une partie du patrimoine. • CAA Nancy, 16 avr. 1998, *Région Nord-Pas-de-Calais,* n° 95NC01673 B : *Gaz. Pal. 1999. 1. Pan. dr. adm. 72.* ♦ ... Ou pour délivrer les autorisations d'occupation temporaire du domaine public aéroportuaire régional. • CAA Nancy, 13 janv. 2005, *Région Lorraine,* n° 03NC00989.

Art. L. 4231-5 **Le président du conseil régional procède à la désignation des membres du conseil régional pour siéger au sein d'organismes extérieurs dans les cas et conditions prévus par les dispositions régissant ces organismes. La fixation par les dispositions précitées de la durée des fonctions assignées à ces membres ne fait pas obstacle à ce qu'il puisse être procédé à tout moment, et pour le reste de cette durée, à leur remplacement par une nouvelle désignation opérée dans les mêmes formes.** – *[L. nº 72-619 du 5 juill. 1972, art. 11 ; L. nº 82-213 du 2 mars 1982, art. 31, al. 3.]*

Art. L. 4231-6 **Le président du conseil régional procède à la nomination des gardes champêtres dans le cas et les conditions prévues à l'article** *(Ord. nº 2012-351 du 12 mars 2012, art. 7)* **« L. 522-2 du code de la sécurité intérieure** *[V. cet art. ss. art. L. 2213-17]* **».**

Art. L. 4231-7 **Le président du conseil régional peut faire tous actes conservatoires et interruptifs de déchéance.**

Art. L. 4231-7-1 *(L. nº 2009-526 du 12 mai 2009, art. 82)* **Le président du conseil régional intente les actions au nom de la région en vertu de la décision du conseil régional et il peut, sur l'avis conforme de la commission permanente, défendre à toute action intentée contre la région.**

Il peut, par délégation du conseil régional, être chargé pour la durée de son mandat d'intenter au nom de la région les actions en justice ou de défendre la région dans les actions intentées contre elle, dans les cas définis par le conseil régional. Il rend compte à la plus proche réunion du conseil régional de l'exercice de cette compétence.

1. En vertu de l'al. 2 de l'art. L. 4231-7-1, le président du conseil régional peut, par délégation de cet organe délibérant, être chargé pour la durée de son mandat d'intenter au nom de la région les actions en justice ou de défendre la région dans les actions intentées contre elle, dans les cas définis par le conseil régional, et rend compte à la plus proche réunion du conseil régional de l'exercice de cette compétence. Une telle délégation, qui habilite ainsi le président de région à décider d'agir en justice au nom de celle-ci, dispense l'exécutif, pour une instance donnée, de recueillir l'accord préalable de la commission permanente prévu à l'al. 1er de cet art. • CAA Marseille, 13 juin 2023, n° 21MA02869.

2. Compte tenu notamment de ses compétences en matière de développement touristique et eu égard à la nature et à l'objet d'un litige concernant des sites et monuments d'intérêt majeur au plan régional, une région présente un intérêt suffisant à intervenir au soutien d'un recours contre une autorisation environnementale délivrée à une société pour une installation d'éoliennes dans la région. • CE 12 juill. 2024, n° 464958 B : *AJCT 2025. 59, note Untermaier ; AJDA 2024. 1469.*

Art. L. 4231-8 *(L. nº 2007-1787 du 20 déc. 2007, art. 13)* **Le président, par délégation du conseil régional, peut être chargé, pour la durée de son mandat, de prendre toute décision concernant la préparation, la passation, l'exécution et le règlement des marchés et des accords-cadres, ainsi que toute décision concernant leurs avenants, lorsque les crédits sont inscrits au budget.**

Le président du conseil régional rend compte à la plus proche réunion utile du conseil régional de l'exercice de cette compétence et en informe la commission permanente.

Art. L. 4231-8-1 *(L. nº 2009-179 du 17 févr. 2009, art. 10)* **Lorsqu'il n'est pas fait application de l'article L. 4231-8, la délibération du conseil régional ou de la commission permanente chargeant le président du conseil régional de souscrire un marché** *(L. nº 2015-991 du 7 août 2015, art. 125)* **« ou un accord-cadre » déterminé peut être prise avant l'engagement de la procédure de passation de ce marché** *(L. nº 2015-991 du 7 août 2015, art. 125)* **« ou de cet accord-cadre ». Elle comporte alors obligatoirement la définition de l'étendue du besoin à satisfaire et le montant prévisionnel du marché** *(L. nº 2015-991 du 7 août 2015, art. 125)* **« ou de l'accord-cadre ».**

Art. L. 4231-8-2 *(L. n° 2014-366 du 24 mars 2014, art. 154)* **Le président du conseil régional peut, par délégation du conseil régional, être chargé d'exercer, au nom de la région, les droits de préemption dont elle est titulaire ou délégataire en application du code de l'urbanisme. Il rend compte à la plus proche réunion utile du conseil régional de l'exercice de cette compétence.**

Art. L. 4231-9 *(L. n° 2004-809 du 13 août 2004, art. 195)* **Sauf disposition contraire dans la délibération portant délégation, le président peut subdéléguer les attributions confiées par le conseil régional dans les conditions prévues par l'article L. 4231-3.**

TITRE IV COMPÉTENCES DU CONSEIL ÉCONOMIQUE, SOCIAL ET ENVIRONNEMENTAL RÉGIONAL

CHAPITRE UNIQUE

COMMENTAIRE

V. dans le supplément en ligne.

Art. L. 4241-1 **Préalablement à leur examen par le conseil régional, le conseil économique, social et environnemental régional est obligatoirement saisi pour avis des documents relatifs :**

1° À la préparation et à l'exécution dans la région du plan de la nation ;

2° *(Ord. n° 2016-1028 du 27 juill. 2016, art. 30)* **« À » tout document de planification et aux schémas directeurs qui intéressent la région ;**

3° Aux différents documents budgétaires de la région, pour se prononcer sur leurs orientations générales ;

4° Aux orientations générales dans les domaines sur lesquels le conseil régional est appelé à délibérer en application des lois reconnaissant une compétence aux régions, ainsi qu'aux schémas et aux programmes prévus par ces lois et au bilan des actions menées dans ces domaines ;

(L. n° 2010-788 du 12 juill. 2010, art. 250) **« 5° Aux orientations générales dans le domaine de l'environnement. »**

À l'initiative du président du conseil régional, il peut être saisi de demandes d'avis et d'études sur tout projet à caractère économique, social ou culturel *(L. n° 2010-788 du 12 juill. 2010, art. 250)* **« ou intéressant l'environnement dans la région ».**

Il peut, en outre, émettre des avis sur toute question entrant dans les compétences de la région.

Il n'y a pas lieu à nouvelle consultation lorsque le conseil régional a amendé ultérieurement le projet de façon plus ample qu'initialement prévu. • CE 4 juill. 1997, *Région Rhône-Alpes,* n° 161380 A : *ACL 1998, n° 13 ; RFDA 1997. 1092 ; Rev. Trésor 1998. 63.*

Art. L. 4241-2 **Le président du conseil régional notifie au président du conseil économique, social et environnemental régional les demandes d'avis et d'études prévues à l'article L. 4241-1. Les conditions de la notification des demandes d'avis et d'études ainsi que celles de la convocation du conseil économique, social et environnemental régional sont fixées par décret en Conseil d'État. Chaque fois qu'il l'estime utile, le conseil économique, social et environnemental régional peut charger son rapporteur d'exposer l'avis qu'il a rendu devant la commission compétente du conseil régional. Celle-ci est tenue de l'entendre.** – *[L. n° 72-619 du 5 juill. 1972, art. 14, al. 9.]*

TITRE V ATTRIBUTIONS DE LA RÉGION EN MATIÈRE D'AMÉNAGEMENT ET DE DÉVELOPPEMENT ÉCONOMIQUE *(L. n° 2015-991 du 7 août 2015, art. 10).*

Les dispositions issues du I de l'art. 10 de la L. n° 2015-991 du 7 août 2015 sont entrées en vigueur à la date de la publication de l'Ord. prévue au III de l'art. 13 de cette même loi, reproduit ci-dessous ss. le chapitre I (L. préc., art. 10-VII). L'Ord. n° 2016-1028 du 27 juill. 2016 a été publiée au JO du 28 juill. 2016.

V. Instr. du Gouvernement du 22 déc. 2015 (NOR : INTB1531125J) relative à la nouvelle répartition des compétences en matière d'interventions économiques des collectivités territoriales et de leurs groupements issue de l'application de la L. n° 2015-991 du 7 août 2015 portant nouvelle organisation territoriale de la République (NOTRe), celle du 3 nov. 2016 (NOR : ARCC1632028J) relative aux conséquences de la nouvelle répartition des compétences en matière de développement économique sur les interventions des conseils départementaux et celle du 26 janv. 2017 (NOR : ARCC1702552J) relative à l'exercice du contrôle de légalité sur les actions des collectivités territoriales en matière de développement économique et d'aides aux entreprises.

BIBL. ▶ Idoux, *RFDA 2016. 467* (les régions et le développement économique).

CHAPITRE I LE SCHÉMA RÉGIONAL D'AMÉNAGEMENT, DE DÉVELOPPEMENT DURABLE ET D'ÉGALITÉ DES TERRITOIRES

(L. n° 2015-991 du 7 août 2015, art. 10)

Sur l'entrée en vigueur du présent chapitre, V. note ss. le présent titre V.

Sur les procédures d'élaboration et de révision du schéma régional d'aménagement et de développement du territoire, sur l'élaboration et la révision des schémas régionaux, V. ci-dessous L. n° 2015-991 du 7 août 2015, art. 13.

COMMENTAIRE

V. dans le supplément en ligne.

Loi n° 2015-991 du 7 août 2015,

Portant nouvelle organisation territoriale de la République.

Art. 13 I. — Les procédures d'élaboration et de révision d'un schéma régional d'aménagement et de développement du territoire engagées avant la publication de la présente loi demeurent régies par l'article 34 de la loi n° 83-8 du 7 janvier 1983 relative à la répartition des compétences entre les communes, les départements, les régions et l'État *[V. App., v° Répartition de compétences entre l'État et les collectivités territoriales.]*, dans sa rédaction antérieure à la présente loi.

II. — Les schémas régionaux d'aménagement et de développement du territoire dont l'élaboration ou la révision a été engagée ou qui ont été approuvés avant la promulgation de la présente loi restent régis par l'article 34 de la loi n° 83-8 du 7 janvier 1983 précitée, dans sa rédaction antérieure à la présente loi, jusqu'à la date fixée pour leur expiration ou leur abrogation par le conseil régional ou jusqu'à la publication de l'arrêté approuvant un schéma régional d'aménagement, de développement durable et d'égalité des territoires en application du chapitre I du titre V du livre II de la quatrième partie du code général des collectivités territoriales, dans sa rédaction résultant de la présente loi.

III. — Le Gouvernement est autorisé, dans les conditions prévues à l'article 38 de la Constitution et dans les douze mois suivant la promulgation de la présente loi, à prendre par ordonnance les mesures de nature législative propres à procéder aux coordinations rendues nécessaires par l'absorption au sein du schéma régional d'aménagement, de développement durable et d'égalité des territoires du schéma régional d'aménagement et de développement du territoire prévu à l'article 34 de la loi n° 83-8 du 7 janvier 1983 précitée, du schéma régional des infrastructures et des transports prévu à l'article L. 1213-1 du code des transports, du schéma régional de l'intermodalité prévu à l'article L. 1213-3-1 du même code, du schéma régional du climat, de l'air et de l'énergie prévu à l'article L. 222-1 du code de l'environnement et du plan régional de prévention des déchets prévu à l'article L. 541-13 du même code. — *V. Ord. n° 2016-1028 du 27 juill. 2016.*

L'ordonnance procède également aux coordinations permettant l'évolution des schémas sectoriels et notamment du schéma régional de cohérence écologique prévu à l'article L. 371-3 dudit code, rendues nécessaires par leur absorption dans le schéma régional d'aménagement, de développement durable et d'égalité des territoires.

Le projet de loi de ratification de cette ordonnance est déposé devant le Parlement au plus tard le dernier jour du troisième mois suivant la publication de cette ordonnance.

Les schémas régionaux sectoriels mentionnés au présent art. dont l'élaboration ou la révision a été engagée, qui ont été approuvés à la date de publication de l'Ord. n° 2016-1028 du 27 juill. 2016 ou qui doivent l'être dans un délai de trois années à compter de cette date, restent régis par les dispositions qui leur sont applicables, dans leur rédaction antérieure à la publication de ladite ordonnance, jusqu'à la publication de l'arrêté approuvant un schéma régional d'aménagement, de développement durable et d'égalité des territoires en application du chapitre I du titre V du livre II de la quatrième partie du CGCT. Toutefois, les procédures d'élaboration ou de révision de ces schémas engagées à la date de publication de l'ordonnance préc. ne pourront être poursuivies au-delà du délai de trois années à compter de cette date et aucun schéma ne pourra, passé ce délai, faire l'objet d'une procédure de modification ou de révision. Ces dispositions ne sont pas applicables aux plans régionaux de prévention et de gestion des déchets qui sont régis par le I de l'art. 64 de la L. n° 2018-727 du 10 août 2018 pour un État au service d'une société de confiance (Ord. préc., art. 34, mod. par L. n° 2018-727 du 10 août 2018, art. 64).

Art. L. 4251-1 La région, à l'exception de la région d'Île-de-France, des régions d'outre-mer et des collectivités territoriales à statut particulier exerçant les compétences d'une région, élabore un schéma régional d'aménagement, de développement durable et d'égalité des territoires.

Ce schéma fixe les objectifs de moyen et long termes sur le territoire de la région en matière d'équilibre et d'égalité des territoires, d'implantation des différentes infrastructures d'intérêt régional, de désenclavement des territoires ruraux, d'habitat, de gestion économe de l'espace, *(L. n° 2021-1104 du 22 août 2021, art. 194)* « de lutte contre l'artificialisation des sols, » d'intermodalité *(L. n° 2019-1428 du 24 déc. 2019, art. 16)* « et de développement des transports de personnes et de marchandises », *(L. n° 2023-973 du 23 oct. 2023, art. 1er)* « de développement logistique et industriel, notamment en matière de localisation préférentielle, » de maîtrise et de valorisation de l'énergie, de lutte contre le changement climatique, *(L. n° 2021-1104 du 22 août 2021, art. 83)* « de développement de l'exploitation des énergies renouvelables et de récupération, » de pollution de l'air, de protection et de restauration de la biodiversité, de prévention et de gestion des déchets. *(L. n° 2022-1158 du 16 août 2022, art. 27)* « Sont inclus des objectifs relatifs aux installations de production de biogaz. » *(L. n° 2021-1104 du 22 août 2021, art. 194)* « En matière de lutte contre l'artificialisation des sols, *(L. n° 2022-1158 du 16 août 2022, art. 27)* « les objectifs fixés » sont traduits par une trajectoire permettant d'aboutir à l'absence de toute artificialisation nette des sols ainsi que, par tranches de dix années, par un objectif de réduction du rythme de l'artificialisation. Cet objectif est décliné entre les différentes parties du territoire régional. »

(L. n° 2022-217 du 21 févr. 2022, art. 37) « Le schéma définit la stratégie régionale en matière aéroportuaire, qui n'est applicable qu'aux aérodromes ouverts à la circulation aérienne publique autres que ceux mentionnés aux articles L. 6321-1, L. 6323-2 et L. 6324-1 du code des transports. »

Le schéma identifie les voies et les axes routiers qui, par leurs caractéristiques, constituent des itinéraires d'intérêt régional. Ces itinéraires sont pris en compte par le département, dans le cadre de ses interventions, pour garantir la cohérence et l'efficacité du réseau routier ainsi que la sécurité des usagers.

(L. n° 2023-175 du 10 mars 2023, art. 54) « Le schéma peut fixer des objectifs relatifs aux installations agrivoltaïques définies à l'article L. 314-36 du code de l'énergie. »

Le schéma peut fixer des objectifs dans tout autre domaine contribuant à l'aménagement du territoire lorsque la région détient, en application de la loi, une compétence exclusive de planification, de programmation ou d'orientation et que le conseil régional décide de l'exercer dans le cadre de ce schéma, par délibération prévue à l'article L. 4251-4. Dans ce cas, le schéma tient lieu de document sectoriel de planification, de programmation ou d'orientation. Pour les domaines dans lesquels la loi institue un document sectoriel auquel le schéma se substitue, ce dernier reprend les éléments essentiels du contenu de ces documents.

(Ord. n° 2016-1028 du 27 juill. 2016, art. 27) « Les objectifs sont déterminés dans le respect des principes mentionnés à l'article L. 101-2 du code de l'urbanisme et dans l'ambition d'une plus grande égalité des territoires. Ils peuvent préciser, pour les territoires mentionnés à l'article L. 121-1 du même code, les modalités de conciliation des objectifs de protection de l'environnement, du patrimoine et des paysages.

« Une carte synthétique indicative illustre les objectifs du schéma. » *(L. n° 2023-175 du 10 mars 2023, art. 15)* « Cette carte peut notamment identifier les zones d'accélération définies en application de l'article L. 141-5-3 du code de l'énergie. »

Des règles générales sont énoncées par la région pour contribuer à atteindre les objectifs mentionnés *(L. nº 2021-1104 du 22 août 2021, art. 219)* « au présent article », sans méconnaître les compétences de l'État et des autres collectivités territoriales.

Ces règles générales peuvent varier entre les différentes grandes parties du territoire régional. Sauf dans le cadre d'une convention conclue en application de l'article L. 4251-8, elles ne peuvent avoir pour conséquence directe, pour les autres collectivités territoriales et les établissements publics de coopération intercommunale à fiscalité propre, la création ou l'aggravation d'une charge d'investissement ou d'une charge de fonctionnement récurrente.

Elles sont regroupées dans un fascicule du schéma régional qui comprend des chapitres thématiques. Le fascicule indique les modalités de suivi de l'application des règles générales et de l'évaluation de leurs incidences.

Il résulte des termes de l'art. L. 4251-1 qu'il revient au SRADDET d'identifier des objectifs, lesquels sont déclinés dans des règles générales, regroupées dans le fascicule du schéma. Il résulte aussi que le législateur a permis que ces objectifs soient déclinés dans les règles du fascicule, autorisant en conséquence le pouvoir réglementaire à prévoir que les objectifs fixés se traduisent par des règles s'imposant aux documents locaux d'urbanisme par un rapport de compatibilité en application des art. L. 131-1 et L. 131-6 C. urb. Par suite, en prévoyant que le fascicule du SRADDET comporte des règles territorialisées permettant d'assurer la déclinaison des objectifs de gestion économe de l'espace et de lutte contre l'artificialisation des sols entre les différentes parties du territoire régional avec une cible d'artificialisation nette des sols au moins par tranches de dix années, le pouvoir réglementaire n'a pas méconnu les termes de la loi. • CE 4 oct. 2023, nº 465343 : *AJDA 2023. 1742* ; *JA 2023, nº 687, p. 9, obs. X. Delpech*.

Art. L. 4251-2 Les objectifs et les règles générales du schéma régional d'aménagement, de développement durable et d'égalité des territoires :

1° Respectent les règles générales d'aménagement et d'urbanisme à caractère obligatoire prévues au livre I du code de l'urbanisme ainsi que les servitudes d'utilité publique affectant l'utilisation des sols ;

2° Sont compatibles avec :

a) Les objectifs de qualité et de quantité des eaux définis par les schémas directeurs d'aménagement et de gestion des eaux en application de l'article L. 212-1 du code de l'environnement ;

b) Les objectifs et les *(L. nº 2025-391 du 30 avr. 2025, art. 36)* « dispositions » des plans de gestion des risques d'inondation prévus à l'article L. 566-7 du même code ;

(Ord. nº 2020-920 du 29 juill. 2020, art. 9) « *c)* Les mesures du plan national de prévention des déchets qui visent à prévenir et à réduire l'incidence de certains produits en plastique sur l'environnement, en particulier le milieu aquatique, et sur la santé humaine » ;

(L. nº 2021-1104 du 22 août 2021, art. 83) « *d)* Les objectifs de développement des énergies renouvelables et de récupération, exprimés par filière dans la programmation pluriannuelle de l'énergie, mentionnés à l'article L. 141-3 du code de l'énergie et les objectifs régionaux mentionnés à l'article L. 141-5-1 du même code ; »

3° Prennent en compte :

a) Les projets d'intérêt général et les opérations d'intérêt national répondant aux conditions fixées aux articles *(Ord. nº 2016-1028 du 27 juill. 2016, art. 28)* « L. 102-1 et L. 102-12 » du code de l'urbanisme ;

b) Les orientations fondamentales d'une gestion équilibrée et durable de la ressource en eau définies à l'article L. 211-1 du code de l'environnement ;

c) Les projets de localisation des grands équipements, des infrastructures et des activités économiques importantes en termes d'investissement et d'emploi ;

d) Les orientations de protection, de mise en valeur et de développement durable de la charte d'un parc national et la carte des vocations correspondante ;

e) Le schéma interrégional d'aménagement et de développement de massif dans chacune des régions comprenant des zones de montagne, au sens de l'article 3 de la loi nº 85-30 du 9 janvier 1985 relative au développement et à la protection de la montagne ;

(Ord. nº 2016-1028 du 27 juill. 2016, art. 5) « *f)* La stratégie nationale de développement à faible intensité de carbone, dénommée : "stratégie bas-carbone", prévue par l'article L. 222-1-B du code de l'environnement ;

« *g)* Les orientations nationales pour la préservation et la remise en bon état des continuités écologiques définies par le document-cadre prévu à l'article L. 371-2 du même code. »

Art. L. 4251-3 Les schémas de cohérence territoriale et, à défaut, les plans locaux d'urbanisme, les cartes communales ou les documents en tenant lieu, ainsi que les *(L. nº 2019-1428 du 24 déc. 2019, art. 16)* « plans de mobilité », les *(Ord. nº 2016-1028 du 27 juill. 2016, art. 12)* « plans climat-air-énergie territoriaux » et les chartes des parcs naturels régionaux :

1° Prennent en compte les objectifs du schéma régional d'aménagement, de développement durable et d'égalité des territoires ;

2° Sont compatibles avec les règles générales du fascicule de ce schéma, pour celles de leurs dispositions auxquelles ces règles sont opposables.

Lorsque les documents mentionnés au premier alinéa sont antérieurs à l'approbation du schéma régional d'aménagement, de développement durable et d'égalité des territoires, ils prennent en compte les objectifs du schéma et sont mis en compatibilité avec les règles générales du fascicule lors de la première révision qui suit l'approbation du schéma.

Art. L. 4251-4 Les modalités d'élaboration du schéma régional d'aménagement, de développement durable et d'égalité des territoires sont prévues par délibération du conseil régional à l'issue d'un débat au sein de la conférence territoriale de l'action publique.

Cette délibération détermine notamment les domaines contribuant à l'aménagement du territoire, en dehors des domaines énumérés au deuxième alinéa de l'article L. 4251-1, dans lesquels le schéma peut fixer des objectifs en application du *(L. nº 2022-217 du 21 févr. 2022, art. 37)* « sixième » alinéa du même article L. 4251-1.

Elle fixe le calendrier prévisionnel d'élaboration et les modalités d'association des acteurs ainsi que la liste des personnes morales associées sur les différents volets du schéma régional.

Préalablement à son élaboration, le conseil régional débat sur les objectifs du schéma.

Art. L. 4251-5 I. — Sont associés à l'élaboration du projet de schéma :

1° Le représentant de l'État dans la région ;

2° Les conseils départementaux des départements de la région, sur les aspects relatifs à la voirie *(L. nº 2023-973 du 23 oct. 2023, art. 1er)* « , à l'infrastructure numérique et au développement industriel » ;

3° Les métropoles mentionnées au titre I du livre II de la cinquième partie ;

4° Les établissements publics mentionnés à l'article *(Ord. nº 2016-1028 du 27 juill. 2016, art. 29)* « L. 143-16 » du code de l'urbanisme ;

5° Les collectivités territoriales à statut particulier situées sur le territoire de la région ;

6° Les établissements publics de coopération intercommunale à fiscalité propre compétents en matière de plan local d'urbanisme mentionnés au premier alinéa de l'article *(Ord. nº 2016-1028 du 27 juill. 2016, art. 29)* « L. 153-8 du code de l'urbanisme » ;

(L. nº 2017-86 du 27 janv. 2017, art. 60) « 6° *bis* La population. Le conseil régional initie et organise la concertation publique ; »

(Ord. nº 2016-1028 du 27 juill. 2016, art. 1er, 13, 21 et 29) « 7° Les autorités compétentes pour l'organisation de la mobilité qui ont élaboré un plan de *(L. nº 2019-1428 du 24 déc. 2019, art. 16)* « mobilité » institué par l'article L. 1214-1 du code des transports ;

« 8° Un comité composé de représentants des collectivités territoriales et de leurs groupements compétents en matière de collecte et de traitement de déchets, d'organismes publics et d'organisations professionnelles concernés, d'éco-organismes et d'associations agréées de protection de l'environnement ;

« 9° Le comité régional en charge de la biodiversité prévu par l'article L. 371-3 du code de l'environnement ;

« 10° Le cas échéant, les comités de massif prévus à l'article 3 de la loi n° 85-30 du 9 janvier 1985 relative au développement et à la protection de la montagne. »

Les personnes publiques mentionnées aux 3° à 6° du présent I formulent des propositions relatives aux règles générales du projet de schéma.

II. — Peuvent être associés :

1° Les établissements publics de coopération intercommunale à fiscalité propre qui ne sont pas situés dans le périmètre d'un établissement public mentionné à l'article *(Ord. n° 2016-1028 du 27 juill. 2016, art. 29)* « L. 143-16 » du code de l'urbanisme ;

2° Le conseil économique, social et environnemental régional ainsi que les chambres d'agriculture, les chambres de commerce et d'industrie et les chambres de métiers et de l'artisanat ;

(Ord. n° 2016-1028 du 27 juill. 2016, art. 13) « III. — Le conseil régional peut consulter le conseil régional des régions limitrophes et tout autre organisme ou personne sur tout ou partie du projet de schéma. »

(Ord. n° 2016-1028 du 27 juill. 2016, art. 29) « IV. — » Le représentant de l'État dans la région porte à la connaissance de la région toutes les informations nécessaires, dans les conditions prévues à l'article *(Ord. n° 2016-1028 du 27 juill. 2016, art. 29)* « L. 132-2 du code de l'urbanisme ».

(L. n° 2019-1147 du 8 nov. 2019, art. 11) « Pour la définition des objectifs énergétiques et environnementaux, ces informations peuvent prendre en compte les avis du Haut Conseil pour le climat. »

Art. L. 4251-6 I. — Le projet de schéma est arrêté par le conseil régional. Il est soumis pour avis :

1° Aux personnes et organismes prévus aux 3° à 6° du I de l'article L. 4251-5 *(Ord. n° 2016-1028 du 27 juill. 2016, art. 30)* « ainsi qu'au conseil économique, social et environnemental régional » ;

2° À l'autorité environnementale ;

3° À la conférence territoriale de l'action publique.

L'avis est réputé favorable s'il n'a pas été rendu dans un délai de trois mois à compter de la transmission du projet de schéma.

II. — Le projet de schéma est soumis à enquête publique par le président du conseil régional, dans les conditions prévues au chapitre III du titre II du livre I du code de l'environnement.

Après l'enquête publique, le schéma est éventuellement modifié pour tenir compte des avis recueillis, des observations du public et des conclusions de la commission d'enquête.

Art. L. 4251-7 Le schéma régional d'aménagement, de développement durable et d'égalité des territoires est adopté par délibération du conseil régional dans les trois années qui suivent le renouvellement général des conseils régionaux.

Il est approuvé par arrêté du représentant de l'État dans la région. Ce dernier s'assure du respect, par le conseil régional, de la procédure d'élaboration prévue au présent chapitre, de la prise en compte des informations prévues à l'article L. 4251-5 et de sa conformité aux lois et règlements en vigueur et aux intérêts nationaux.

Lorsqu'il n'approuve pas le schéma, en raison de sa non-conformité, en tout ou partie, aux lois et règlements en vigueur ou aux intérêts nationaux, le représentant de l'État dans la région le notifie au conseil régional par une décision motivée, qui précise les modifications à apporter au schéma. Le conseil régional dispose d'un délai de trois mois à compter de la notification pour prendre en compte les modifications demandées.

À la date de publication de l'arrêté approuvant le schéma régional d'aménagement, de développement durable et d'égalité des territoires, l'autorité compétente pour adopter l'un des documents de planification, de programmation ou d'orientation auxquels le schéma se substitue en prononce l'abrogation.

Art. L. 4251-8 *(Ord. n° 2016-1028 du 27 juill. 2016, art. 31)* « I. — » Pour la mise en œuvre du schéma, la région peut conclure une convention avec un ou plusieurs établissements publics de coopération intercommunale à fiscalité propre, un pôle d'équilibre territorial et rural ou une collectivité à statut particulier.

Cette convention précise les conditions d'application du schéma au territoire concerné.

(Ord. n° 2016-1028 du 27 juill. 2016, art. 31) « II. — La région communique au représentant de l'État, à sa demande, toutes les informations relatives à la mise en œuvre du schéma qui lui sont nécessaires pour réaliser les analyses, bilans, évaluations, notifications, rapports et autres documents prévus par des dispositions nationales ou communautaires ainsi que par des conventions internationales. »

Art. L. 4251-9 I. — Lorsque les modifications *(L. n° 2021-1104 du 22 août 2021, art. 83)* « ont pour objet l'intégration de nouvelles obligations directement imposées par la loi ou » n'ont pas pour effet de porter atteinte à son économie générale, le schéma régional d'aménagement, de développement durable et d'égalité des territoires peut être modifié sur proposition du président du conseil régional.

Les modifications envisagées sont soumises pour avis aux personnes et aux organismes prévus aux articles L. 4251-5 et L. 4251-6, qui se prononcent dans les conditions prévues aux mêmes articles.

Le projet de modification et les avis précités sont mis à la disposition du public par voie électronique pendant au moins deux mois. Un bilan de cette mise à disposition est présenté au conseil régional.

Les modifications sont adoptées par le conseil régional. Le schéma ainsi modifié est transmis par le président du conseil régional au représentant de l'État dans la région pour approbation, dans les conditions prévues à l'article L. 4251-7.

(Ord. n° 2016-1028 du 27 juill. 2016, art. 32) « II. — Le schéma régional d'aménagement, de développement durable et d'égalité des territoires peut être adapté dans les conditions définies aux articles L. 300-6 et L. 300-6-1 du code de l'urbanisme. » *(L. n° 2023-973 du 23 oct. 2023, art. 19)* « Il peut être mis en compatibilité dans les conditions définies à l'article L. 300-6-2 du même code. »

III. — Le schéma régional d'aménagement, de développement durable et d'égalité des territoires peut être révisé selon les modalités prévues pour son élaboration aux articles L. 4251-4 à L. 4251-6 du présent code.

Art. L. 4251-10 Dans les six mois suivant le renouvellement général des conseils régionaux, le président du conseil régional présente au conseil régional un bilan de la mise en œuvre du schéma. Celui-ci délibère et peut décider le maintien en vigueur du schéma régional d'aménagement, de développement durable et d'égalité des territoires, sa modification, sa révision partielle ou totale ou son abrogation. *(Ord. n° 2016-1028 du 27 juill. 2016, art. 14)* « La décision d'abrogation prend effet à la date de publication de l'arrêté approuvant le nouveau schéma élaboré dans les conditions prévues au présent chapitre. »

Art. L. 4251-11 Un décret en Conseil d'État détermine les modalités d'application du présent chapitre. — *V. art. R. 4251-1 s.*

CHAPITRE I *BIS* LE SCHÉMA RÉGIONAL DE DÉVELOPPEMENT ÉCONOMIQUE, D'INNOVATION ET D'INTERNATIONALISATION

(L. n° 2015-991 du 7 août 2015, art. 2)

Art. L. 4251-12 La région est la collectivité territoriale responsable, sur son territoire, de la définition des orientations en matière de développement économique.

Art. L. 4251-13 La région élabore un schéma régional de développement économique, d'innovation et d'internationalisation.

Ce schéma définit les orientations en matière d'aides aux entreprises, de soutien à l'internationalisation et d'aides à l'investissement immobilier et à l'innovation des entreprises, ainsi que les orientations relatives à l'attractivité du territoire régional. Il définit les orientations en matière de développement de l'économie sociale et solidaire, en s'appuyant notamment sur les propositions formulées au cours des conférences régionales de l'économie sociale et solidaire. *(L. n° 2020-105 du 10 févr. 2020, art. 109)* « Il définit également les orientations en matière de développement de l'économie circulaire, notamment en matière d'écologie industrielle et territoriale. »

Le schéma organise, sur le territoire régional, la complémentarité des actions menées par la région en matière d'aides aux entreprises avec les actions menées par les collectivités territoriales et leurs groupements, en application des articles L. 1511-3, L. 1511-7 et L. 1511-8, du titre V du livre II de la deuxième partie et du titre III du livre II de la troisième partie.

Les orientations du schéma favorisent un développement économique innovant, durable et équilibré du territoire de la région ainsi que le maintien des activités économiques exercées en son sein.

Le schéma fixe les actions menées par la région en matière d'égalité professionnelle entre les femmes et les hommes.

(L. nº 2021-1104 du 22 août 2021, art. 42) « Le schéma identifie les secteurs et bassins d'emploi impactés par la transition écologique et détermine des objectifs de soutien à la reconversion professionnelle. »

Le schéma peut contenir un volet transfrontalier élaboré en concertation avec les collectivités territoriales des États limitrophes.

Le schéma peut contenir un volet sur les orientations en matière d'aides au développement des activités agricoles, artisanales, industrielles, pastorales et forestières.

Sur les relations entre la région et les chambres de métiers et de l'artisanat de région, V. C. artisanat, art. L. 321-1 s., infra.

Code de l'artisanat

TITRE II (DU LIVRE III). CHAMBRES DE MÉTIERS ET DE L'ARTISANAT DE RÉGION

(Ord. nº 2023-208 du 28 mars 2023, art. 6)

CHAPITRE I. *ORGANISATION ET ATTRIBUTIONS*

Art. L. 321-1 Les chambres de métiers et de l'artisanat de région assurent la représentation des métiers et de l'artisanat au plan régional. Elles sont, auprès des pouvoirs publics, les organes représentatifs des intérêts généraux de l'artisanat de leur circonscription.

Leur action est complémentaire de celle de la région et compatible avec le schéma régional de développement économique, d'innovation et d'internationalisation mentionné à l'article L. 4251-13 du code général des collectivités territoriales. Cette compatibilité est assurée par les conventions entre les régions et les chambres de métiers et de l'artisanat de niveau régional prévues à l'article L. 4251-18 du même code.

Les autres compétences des chambres de métiers et de l'artisanat, notamment celles relatives à la reconnaissance de la qualité d'artisan et aux qualifications professionnelles, sont fixées par décret en Conseil d'État.

Art. L. 321-2 Les chambres de métiers et de l'artisanat contribuent au développement économique du territoire. Pour la réalisation d'équipements commerciaux ou artisanaux, elles peuvent se voir déléguer le droit de préemption urbain et être titulaires ou délégataires du droit de préemption institué dans les zones d'aménagement différé.

Elles peuvent également recevoir délégation de l'État, des collectivités territoriales et de leurs établissements publics pour créer ou gérer tout équipement ou service qui intéresse l'exercice de leurs missions.

Art. L. 4251-14 Le projet de schéma est élaboré par la région en concertation avec les métropoles, la métropole de Lyon et les établissements publics de coopération intercommunale à fiscalité propre.

Il fait l'objet d'une présentation et d'une discussion au sein de la conférence territoriale de l'action publique mentionnée à l'article L. 1111-9-1, avec les chambres consulaires et avec la chambre régionale de l'économie sociale et solidaire. Il est communiqué pour information aux régions limitrophes.

Le conseil régional peut consulter tout organisme ou personne en vue de l'élaboration du projet de schéma.

Le schéma est adopté par le conseil régional dans l'année qui suit le renouvellement général des conseils régionaux.

Art. L. 4251-15 Les orientations du schéma régional de développement économique, d'innovation et d'internationalisation applicables sur le territoire d'une métropole mentionnée au chapitre VII du titre I du livre II de la cinquième partie, de la métropole d'Aix-Marseille-Provence ou de la métropole de Lyon sont élaborées et adoptées conjointement par le conseil de la métropole concerné et le conseil régional. À défaut d'accord, la métropole élabore un document d'orientations stratégiques qui prend en compte le schéma régional. Ce document tient lieu, pour la métropole, d'orientations au sens du deuxième alinéa de l'article L. 4251-13. Il n'autorise pas la métropole à définir des aides ou ses propres régimes d'aides, au sens de l'article L. 1511-2. Ce document est adressé à la région dans les six mois qui suivent l'adoption du schéma régional.

Art. L. 4251-16 Le schéma régional et, le cas échéant, le document d'orientations stratégiques mentionné à l'article L. 4251-15 sont approuvés par arrêté du représentant de l'État dans la région.

Ce dernier s'assure du respect, par le conseil régional et, le cas échéant, par le conseil de la métropole, de la procédure d'élaboration prévue au présent chapitre et de la préservation des intérêts nationaux.

S'il n'approuve pas le schéma, le représentant de l'État dans la région le notifie au conseil régional par une décision motivée, qui précise les modifications à apporter au schéma. Le conseil régional dispose d'un délai de trois mois à compter de la notification pour prendre en compte les modifications demandées.

S'il n'approuve pas le document d'orientations stratégiques, le représentant de l'État dans la région le notifie au conseil de la métropole par une décision motivée, qui précise les modifications à apporter au document. Le conseil de la métropole dispose d'un délai de trois mois à compter de la notification pour prendre en compte les modifications demandées.

Art. L. 4251-17 Les actes des collectivités territoriales et de leurs groupements en matière d'aides aux entreprises doivent être compatibles avec le schéma régional de développement économique, d'innovation et d'internationalisation. Les actes des métropoles, de la métropole d'Aix-Marseille-Provence et de la métropole de Lyon en matière d'aides aux entreprises doivent être compatibles avec le schéma ou, à défaut d'accord entre la métropole et la région, avec le document d'orientations stratégiques mentionné à l'article L. 4251-15.

Par dérogation au premier alinéa du présent article, les actes de la métropole mentionnés au chapitre IX du titre I du livre II de la cinquième partie du présent code prennent en compte le schéma régional.

Art. L. 4251-18 La mise en œuvre du schéma régional de développement économique, d'innovation et d'internationalisation peut faire l'objet de conventions entre la région et un ou plusieurs établissements publics de coopération intercommunale à fiscalité propre compétents.

(L. n° 2019-486 du 22 mai 2019, art. 53) « La mise en œuvre du schéma régional de développement économique, d'innovation et d'internationalisation fait l'objet de conventions, d'une part, entre la région et la chambre de commerce et d'industrie de région compétente *(L. n° 2025-640 du 15 juill. 2025, art. 1er)* « ou, en Corse, l'établissement public du commerce et de l'industrie de Corse » et, d'autre part, entre la région et la chambre de métiers et de l'artisanat de niveau régional compétente. »

À compter du 1er janv. 2026, l'établissement public du commerce et de l'industrie de Corse est créé en lieu et place de la CCI de Corse. Les biens, les droits et les obligations de la CCI de Corse sont transférés à l'établissement public. Ce transfert est réalisé à titre gratuit et ne donne lieu au paiement d'aucun impôt, droit ou taxe, ni d'aucune contribution, ni d'aucuns frais perçus au profit du Trésor (L. n° 2025-640 du 15 juill. 2025, art. 4).

Art. L. 4251-19 Le schéma régional de développement économique, d'innovation et d'internationalisation peut être révisé, partiellement ou totalement, selon les modalités prévues pour son élaboration aux articles L. 4251-13 à L. 4251-16.

Art. L. 4251-20 Dans les six mois suivant le renouvellement général des conseils régionaux, le conseil régional peut délibérer sur le maintien en vigueur du schéma régional de développement économique, d'innovation et d'internationalisation.

CHAPITRE II RECHERCHE ET DÉVELOPPEMENT TECHNOLOGIQUE

Art. L. 4252-1 Dans le cadre de la planification régionalisée et des plans de localisation des établissements, la région définit et développe des pôles technologiques régionaux. Elle détermine des programmes pluriannuels d'intérêt régional.

La région est associée à l'élaboration de la politique nationale de la recherche et de la technologie ; elle participe à sa mise en œuvre.

Elle veille en particulier à la diffusion et au développement des nouvelles technologies, de la formation et de l'information scientifiques et techniques, à l'amélioration des technologies existantes, au décloisonnement de la recherche et à son intégration dans le développement économique, social et culturel de la région. – *[L. nº 82-610 du 15 juill. 1982, art. 11.]*

Sur la création de pôles de compétitivité, V. L. nº 2004-1484 du 30 déc. 2004, art. 24-I, infra.

Loi nº 2004-1484 du 30 décembre 2004,

De finances pour 2005.

Art. 24 I. — 1. *a)* Les pôles de compétitivité sont constitués par le regroupement sur un même territoire d'entreprises, d'établissements d'enseignement supérieur et d'organismes de recherche publics ou privés qui ont vocation à travailler en synergie pour mettre en œuvre des projets de développement économique pour l'innovation.

b) La désignation des pôles de compétitivité est effectuée par un comité interministériel, après avis d'un groupe de personnalités qualifiées, sur la base des critères suivants :

— les moyens de recherche et de développement susceptibles d'être mobilisés dans le ou les domaines d'activité retenus ;

— les perspectives économiques et d'innovation ;

— les perspectives et les modalités de coopération entre les entreprises, les organismes publics ou privés et les collectivités territoriales et leurs établissements publics de coopération intercommunale dotés d'une fiscalité propre.

La désignation d'un pôle de compétitivité peut être assortie de la désignation d'une zone de recherche et de développement regroupant l'essentiel des moyens de recherche et de développement. *(L. nº 2013-1279 du 29 déc. 2013, art. 29)* « Cette zone est définie par un arrêté du ministre chargé de l'industrie. »

Un décret en Conseil d'État fixe les modalités d'application de ces dispositions. – *V. Décr. nº 2005-765 du 8 juill. 2005.*

2. *a)* Les projets de recherche et de développement menés dans le cadre des pôles de compétitivité mentionnés au 1 associent plusieurs entreprises et au moins l'un des partenaires suivants : laboratoires publics ou privés, établissements d'enseignement supérieur, organismes concourant aux transferts de technologies. Ces projets sont susceptibles de développer l'activité des entreprises concernées ou de favoriser l'émergence de nouvelles entreprises innovantes.

Ces projets décrivent les travaux de recherche et de développement incombant à chacun des partenaires et précisent les moyens mobilisés pour la réalisation de ces travaux, ainsi que le pôle de compétitivité auquel ils se rattachent.

b) Les projets de recherche et de développement sont agréés par les services de l'État en fonction des critères suivants :

— nature de la recherche et du développement prévus ;

— modalités de coopération entre les entreprises et les organismes publics ou privés mentionnés au 1 ;

— complémentarité avec les activités économiques du pôle de compétitivité ;

— impact en termes de développement ou de maintien des implantations des entreprises ;

— réalité des débouchés économiques ;

— impact sur l'attractivité du territoire du pôle de compétitivité ;

— complémentarité avec d'autres pôles de compétitivité ;

— qualité de l'évaluation prévisionnelle des coûts ;

— viabilité économique et financière ;

— implication, notamment financière, des collectivités territoriales et de leurs établissements publics de coopération intercommunale dotés d'une fiscalité propre.

[…]

Art. L. 4252-2 Pour l'exécution des programmes pluriannuels d'intérêt régional visés à l'article L. 4252-1, la région peut passer des conventions pour des actions, de durée limitée, avec l'État, les organismes de recherche publics ou privés, les établissements d'enseignement supérieur, les établissements publics, les centres techniques, les entreprises. La région peut également engager un programme de recherche interrégional organisé par une convention la liant à une ou plusieurs autres régions. — *[L. n° 82-610 du 15 juill. 1982, art. 12.]*

Art. L. 4252-3 Chaque région se dote d'un comité consultatif régional de recherche et de développement technologique placé auprès du conseil régional.

Un décret en Conseil d'État détermine les groupes socioprofessionnels et les institutions dont la représentation devra être assurée au sein des comités consultatifs régionaux de recherche et de développement technologique, ainsi que les conditions dans lesquelles ces groupes et institutions sont appelés à proposer leurs candidats.

Ce comité est consulté sur toutes les questions concernant la recherche et le développement technologique.

Tout programme pluriannuel d'intérêt régional lui est obligatoirement soumis pour avis ainsi que la répartition des crédits publics de recherche ; il est informé de leur emploi. — *[L. n° 82-610 du 15 juill. 1982, art. 13.]*

CHAPITRE III INTERVENTIONS EN MATIÈRE ÉCONOMIQUE ET SOCIALE

Ndlr : les dispositions suivantes sont propres aux régions. Elles complètent les dispositions communes à toutes les collectivités territoriales qui figurent en première partie du code (art. L. 1511-1 s.).

SECTION 1 Garanties d'emprunts

Art. L. 4253-1 Une région ne peut accorder à une personne de droit privé une garantie d'emprunt ou son cautionnement que dans les conditions fixées au présent article.

(L. n° 96-314 du 12 avr. 1996, art. 20) « Le montant total des annuités, déjà garanties ou cautionnées à échoir au cours de l'exercice, d'emprunts contractés par toute personne de droit privé ou de droit public », majoré du montant de la première annuité entière du nouveau concours garanti, et du montant des annuités de la dette régionale, ne peut excéder un pourcentage, défini par décret, des recettes réelles de la section de fonctionnement du budget régional ; le montant des provisions spécifiques constituées par la région pour couvrir les garanties et cautions accordées, affecté d'un coefficient multiplicateur fixé par décret, vient en déduction du montant total défini au présent alinéa.

Le montant des annuités garanties ou cautionnées au profit d'un même débiteur, exigibles au titre d'un exercice, ne doit pas dépasser un pourcentage, défini par décret, du montant total des annuités susceptibles d'être garanties ou cautionnées en application de l'alinéa précédent.

La quotité garantie par une ou plusieurs collectivités territoriales sur un même emprunt ne peut excéder un pourcentage fixé par décret.

Les dispositions de l'alinéa précédent ne sont pas applicables aux garanties d'emprunts ou cautionnements accordés par une région aux organismes d'intérêt général visés aux articles 200 et 238 *bis* du code général des impôts *(L. n° 2022-217 du 21 févr. 2022, art. 109)* « ou aux organismes agréés organismes de foncier solidaire en vue de réaliser leur objet principal mentionné à l'article L. 329-1 du code de l'urbanisme ».

Aucune stipulation ne peut faire obstacle à ce que la mise en jeu des garanties ou cautions accordées par une région porte, au choix de celle-ci, soit sur la totalité du concours, soit sur les annuités déterminées par l'échéancier contractuel.

V. notes ss. art. L. 2252-1.

Art. L. 4253-2 *(Ord. n° 2013-1185 du 19 déc. 2013, art. 3)* « I. – » *(L. n° 96-314 du 12 avr. 1996, art. 20)* « Les dispositions des deuxième, troisième et quatrième alinéas de l'article L. 4253-1 ne sont pas applicables » aux garanties d'emprunts ou aux cautionnements accordés par une région :

1° Pour les opérations de construction, d'acquisition ou d'amélioration de logements réalisées par les organismes d'habitations à loyer modéré ou les sociétés d'économie mixte ;

2° Pour les opérations de construction, d'acquisition ou d'amélioration de logements bénéficiant d'une subvention de l'État ou réalisées avec le bénéfice de prêts aidés par l'État ou adossés en tout ou partie à des ressources défiscalisées ;

3° En application du plan départemental prévu à l'article 2 de la loi n° 90-449 du 31 mai 1990 visant à la mise en œuvre du droit au logement ;

(L. n° 2015-991 du 7 août 2015, art. 99) « 4° Pour les opérations prévues à l'article L. 312-3-1 du code de la construction et de l'habitation. »

(Ord. n° 2013-1185 du 19 déc. 2013, art. 3) « II. – Les dispositions du quatrième alinéa de l'article L. 4253-1 ne sont pas applicables aux garanties d'emprunts accordées par une région pour des opérations d'aménagement réalisées dans les conditions définies par les articles L. 300-4 à L. 300-5-2 du code de l'urbanisme, à la double condition que ces opérations :

« – concernent principalement la construction de logements ;

« – soient situées dans des communes appartenant à une zone d'urbanisation continue de plus de 50 000 habitants telle que définie à l'article 232 du code général des impôts ou dans des communes de plus de 15 000 habitants en forte croissance démographique identifiées en application des dispositions du *(L. n° 2017-86 du 27 janv. 2017, art. 97)* « dernier alinéa du II » de l'article L. 302-5 du code de la construction et de l'habitation. »

SECTION 2 Participation au capital de sociétés

COMMENTAIRE

V. dans le supplément en ligne.

Art. L. 4253-3 Une région peut, seule ou avec d'autres collectivités territoriales, participer au capital d'un établissement de crédit *(Ord. n° 2013-544 du 27 juin 2013, art. 9)* « ou d'une société de financement » revêtant la forme de société anonyme régie par *(Ord. n° 2003-1212 du 18 déc. 2003, art. 5)* « les dispositions du livre II du code de commerce » et ayant pour objet exclusif de garantir les concours financiers accordés à des personnes privées, et notamment à des entreprises nouvellement créées, dès lors qu'une ou plusieurs sociétés commerciales, dont au moins *(Ord. n° 2003-1212 du 18 déc. 2003, art. 5)* « un établissement de crédit *(Ord. n° 2013-544 du 27 juin 2013, art. 9)* « ou une société de financement » régi par les dispositions du chapitre I du titre I du livre V du code monétaire et financier », participent également au capital de cet établissement de crédit *(Ord. n° 2013-544 du 27 juin 2013, art. 9)* « ou de cette société de financement ».

La région peut participer par versement de subventions à la constitution de fonds de garantie auprès de l'établissement *(Ord. n° 2013-544 du 27 juin 2013, art. 9)* « ou de la société » mentionné à l'alinéa précédent *(L. n° 2019-486 du 22 mai 2019, art. 149)* « ou de la » *(Ord. n° 2020-739 du 17 juin 2020, art. 3)* « société anonyme Bpifrance ». La région passe avec l'établissement de crédit *(Ord. n° 2013-544 du 27 juin 2013, art. 9)* « ou la société de financement » *(L. n° 2019-486 du 22 mai 2019, art. 149)* « ou la *(Ord. n° 2020-739 du 17 juin 2020, art. 3)* « société anonyme Bpifrance », » une convention déterminant notamment l'objet, le montant et le fonctionnement du fonds de garantie ainsi que les conditions de restitution des subventions versées en cas de modification ou de cessation d'activité de ce fonds.

La participation des régions au conseil d'administration de *(L. n° 2019-486 du 22 mai 2019, art. 149)* « l'établissement ou de la société constituée sous forme de société anonyme mentionnés au premier alinéa du présent article » est réglée comme suit :

– dans le cas où une seule région est actionnaire de cette société anonyme, elle dispose d'un siège au conseil d'administration de cette société ;

– lorsque plusieurs régions sont actionnaires de cette société anonyme, le nombre de sièges dont elles disposent au conseil d'administration tient compte du capital détenu sans que ce nombre puisse être inférieur à un siège ni supérieur à six.

Un décret en Conseil d'État détermine la proportion maximale de capital de l'établissement de crédit *(Ord. nº 2013-544 du 27 juin 2013, art. 9)* **« ou de la société de financement » susceptible d'être détenue par les collectivités territoriales, ainsi que les modalités d'octroi des garanties, et notamment la quotité garantie par l'établissement** *(Ord. nº 2013-544 du 27 juin 2013, art. 9)* **« ou la société ».**

V. art. R. 1511-36 s.

BIBL. ▶ CHARITÉ, La participation des régions au capital de sociétés privées : une faculté nouvelle ?, *JCP Adm. 2016, nº 2004.*

Art. L. 4253-4 **Lorsque, dans une société anonyme, une région a la qualité de membre ou de président du conseil d'administration, de membre du directoire, de membre ou de président du conseil de surveillance, la responsabilité civile résultant de l'exercice du mandat des représentants de la région incombe à la région et non à ces représentants.** – *[L. nº 96-142 du 21 févr. 1996.]*

SECTION 3 **Aides économiques** *(L. nº 2004-809 du 13 août 2004, art. 1er).*

(L. nº 2002-73 du 17 janv. 2002, art. 216)

Art. L. 4253-5 **Les régions peuvent attribuer des subventions de fonctionnement aux structures locales des organisations syndicales représentatives dans des conditions fixées par décret en Conseil d'État. Les organisations ainsi subventionnées sont tenues de présenter au conseil régional un rapport détaillant l'utilisation de la subvention.**

V. note ss. art. L. 3231-3-1.

SECTION 4 *[ABROGÉE]* **Insertion professionnelle des jeunes**

(Abrogée par L. nº 2005-32 du 18 janv. 2005, art. 14)

Art. L. 4253-6 à L. 4253-10 *Abrogés par L. nº 2005-32 du 18 janv. 2005, art. 14.*

TITRE VI **GESTION DES SERVICES PUBLICS DE LA RÉGION**

CHAPITRE UNIQUE

Art. L. 4261-1 **Les règles de fonctionnement et de contrôle applicables aux régions s'appliquent aux établissements publics régionaux qui leur sont rattachés.** – *[L. nº 82-213 du 2 mars 1982, art. 60, al. 5.]*

LIVRE III FINANCES DE LA RÉGION

ENCYCL. COLL. LOC. *Ressources locales : finances régionales, 7740*, par ORSONI.

BIBL. GÉN. ▸ ADVIELLE et VAN HERZELE, *AJDA 2013. 569* (les chambres régionales et territoriales des comptes et la situation des régions). – CRUCIS, Budget des régions, *J.-Cl. Coll. terr., fasc. 285*. – MILLER et LEYAT, *AJDA 2010. 722* (les rapports d'observations définitives consacrés aux régions). – VAUZELLE, La région : nouvelles compétences, nouveaux financements, *RFFP 2003, n° 81, p. 91*.

▸ V. aussi les ouvrages généraux sur les finances locales cités dans la Bibl. gén., **Finances communales** (Deuxième partie, Liv. III).

TITRE I BUDGETS ET COMPTES

(Ord. n° 2009-1400 du 17 nov. 2009)

Art. L. 4310-1 *(L. n° 2010-788 du 12 juill. 2010, art. 255)* **Préalablement aux débats sur le projet de budget, le président du conseil régional présente un rapport sur la situation en matière de développement durable intéressant le fonctionnement de la collectivité, les politiques qu'elle mène sur son territoire et les orientations et programmes de nature à améliorer cette situation** *(L. n° 2021-1031 du 4 août 2021, art. 5)* **« et à contribuer à l'atteinte des objectifs de développement durable inscrits au programme de développement durable à l'horizon 2030, adopté le 25 septembre 2015 par l'Assemblée générale des Nations unies ». Le contenu de ce rapport et, si nécessaire, les modalités de son élaboration sont fixés par décret.**

(L. n° 2021-1104 du 22 août 2021, art. 180) **« Ce rapport précise le programme d'actions mis en place pour assurer la réduction de la consommation d'énergie des bâtiments ou des parties de bâtiment à usage tertiaire dont la collectivité territoriale est propriétaire, dans un objectif de respect des obligations prévues à l'article L. 174-1 du code de la construction et de l'habitation. »**

Nouvel art. L. 4310-1 *(Ord. n° 2025-526 du 12 juin 2025, art. 1er)* ***« Le rapport prévu à l'article L. 1612-23 »*** *(L. n° 2021-1104 du 22 août 2021, art. 180)* ***« précise le programme d'actions mis en place pour assurer la réduction de la consommation d'énergie des bâtiments ou des parties de bâtiment à usage tertiaire dont la collectivité territoriale est propriétaire, dans un objectif de respect des obligations prévues à l'article L. 174-1 du code de la construction et de l'habitation. »***

Le présent art. entre en vigueur à compter de l'exercice budgétaire 2026 (Ord. n° 2025-526 du 12 juin 2025, art. 12).

CHAPITRE I DISPOSITIONS GÉNÉRALES

(Ord. n° 2009-1400 du 17 nov. 2009)

Art. L. 4311-1 *(Abrogé par Ord. n° 2025-526 du 12 juin 2025, art. 1er, à compter de l'exercice budgétaire 2026)* ***Le budget de la région est l'acte par lequel sont prévues et autorisées les recettes et les dépenses annuelles de la région. Le budget voté doit être équilibré en dépenses et en recettes.***

Le budget de la région est établi en section de fonctionnement et en section d'investissement, tant en recettes qu'en dépenses. Certaines interventions, activités ou services sont individualisés au sein de budgets annexes.

Le budget de la région est divisé en chapitres et articles.

Art. L. 4311-1-1 *(Abrogé par Ord. n° 2025-526 du 12 juin 2025, art. 1er, à compter de l'exercice budgétaire 2026) (L. n° 2014-873 du 4 août 2014, art. 61)* ***Préalablement aux débats sur le projet de budget, le président du conseil régional présente un rapport sur la situation en matière d'égalité entre les femmes et les hommes intéressant le fonctionnement de la région, les politiques qu'elle mène sur son territoire et les orientations et programmes de nature à améliorer cette situation. Le contenu de ce rapport et les modalités de son élaboration sont fixés par décret.*** *– V. art. D. 4311-7.*

Art. L. 4311-2 *(Abrogé par Ord. n° 2025-526 du 12 juin 2025, art. 1er, à compter de l'exercice budgétaire 2026)* ***L'attribution des subventions donne lieu à une délibération distincte du vote du budget.***

Toutefois, pour les subventions dont l'attribution n'est pas assortie de conditions d'octroi, le conseil régional peut décider :

1° D'individualiser au budget les crédits par bénéficiaire ;

2° Ou d'établir, dans un état annexé au budget, une liste des bénéficiaires avec, pour chacun d'eux, l'objet et le montant de la subvention.

L'individualisation des crédits ou la liste établie conformément au 2° vaut décision d'attribution des subventions en cause.

CHAPITRE II ADOPTION DU BUDGET ET RÈGLEMENT DES COMPTES

(Ord. n° 2009-1400 du 17 nov. 2009)

Art. L. 4312-1 *(Abrogé par Ord. n° 2025-526 du 12 juin 2025, art. 1er, à compter de l'exercice budgétaire 2026) (L. n° 2015-991 du 7 août 2015, art. 107) « Dans un délai de dix semaines précédant l'examen du budget, le président du conseil régional présente au conseil régional un rapport sur les orientations budgétaires de l'exercice, les engagements pluriannuels envisagés, la structure et l'évolution des dépenses et des effectifs ainsi que sur la structure et la gestion de la dette. Ce rapport précise notamment l'évolution prévisionnelle et l'exécution des dépenses de personnel, des rémunérations, des avantages en nature et du temps de travail.*

« Il fait l'objet d'une transmission au représentant de l'État dans la région, d'une publication et d'un débat au conseil régional, dont il est pris acte par une délibération spécifique. Le contenu du rapport et les modalités de sa publication sont fixés par décret. » — V. art. D. 4312-10.

Le projet de budget de la région est préparé et présenté par le président du conseil régional qui le communique aux membres du conseil régional avec les rapports correspondants, douze jours au moins avant l'ouverture de la première réunion consacrée à l'examen dudit budget.

Art. L. 4312-2 *(Abrogé par Ord. n° 2025-526 du 12 juin 2025, art. 1er, à compter de l'exercice budgétaire 2026) Le budget de la région est voté soit par nature, soit par fonction. Si le budget est voté par nature, il comporte, en outre, une présentation croisée par fonction ; s'il est voté par fonction, il comporte une présentation croisée par nature. La nomenclature par nature et la nomenclature par fonction sont fixées par arrêté conjoint du ministre chargé des collectivités territoriales et du ministre chargé du budget.*

Les documents budgétaires sont présentés, selon les modalités de vote retenues par le conseil régional, conformément aux modèles fixés par arrêté conjoint du ministre chargé des collectivités territoriales et du ministre chargé du budget.

Un décret en Conseil d'État fixe les conditions d'application du présent article.

Art. L. 4312-3 *(Abrogé par Ord. n° 2025-526 du 12 juin 2025, art. 1er, à compter de l'exercice budgétaire 2026) Les crédits sont votés par chapitre et, si le conseil régional en décide ainsi, par article.*

Dans ces deux cas, le conseil régional peut cependant spécifier que certains crédits sont spécialisés par article.

En cas de vote par article, le président du conseil régional ne peut effectuer, par décision expresse, des virements d'article à article qu'à l'intérieur du même chapitre, à l'exclusion des articles dont les crédits sont spécialisés.

Dans la limite de 7,5 % des dépenses réelles de chacune des sections, fixée à l'occasion du vote du budget, le conseil régional peut déléguer à son président la possibilité de procéder à des mouvements de crédits de chapitre à chapitre, à l'exclusion des crédits relatifs aux dépenses de personnel. Dans ce cas, le président du conseil régional informe l'assemblée délibérante de ces mouvements de crédits lors de sa plus proche séance.

Art. L. 4312-4 *(Abrogé par Ord. n° 2025-526 du 12 juin 2025, art. 1er, à compter de l'exercice budgétaire 2026) I. — Si le conseil régional le décide, les dotations affectées aux dépenses d'investissement comprennent des autorisations de programme et des crédits de paiement.*

Les autorisations de programme constituent la limite supérieure des dépenses qui peuvent être engagées pour le financement des investissements. Elles demeurent valables sans limitation de durée jusqu'à ce qu'il soit procédé à leur annulation. Elles peuvent être révisées.

Les crédits de paiement constituent la limite supérieure des dépenses pouvant être ordonnancées ou payées pendant l'année pour la couverture des engagements contractés dans le cadre des autorisations de programme correspondantes.

L'équilibre budgétaire de la section d'investissement s'apprécie en tenant compte des seuls crédits de paiement.

II. — Si le conseil régional le décide, les dotations affectées aux dépenses de fonctionnement comprennent des autorisations d'engagement et des crédits de paiement.

La faculté prévue au premier alinéa du présent II est réservée aux seules dépenses résultant de conventions, de délibérations ou de décisions au titre desquelles la région s'engage, au-delà d'un exercice budgétaire, dans le cadre de l'exercice de ses compétences, à verser une subvention, une participation ou une rémunération à un tiers à l'exclusion des frais de personnel.

Les autorisations d'engagement constituent la limite supérieure des dépenses qui peuvent être engagées pour le financement des dépenses visées à l'alinéa précédent. Elles demeurent valables sans limitation de durée jusqu'à ce qu'il soit procédé à leur annulation. Elles peuvent être révisées.

Les crédits de paiement constituent la limite supérieure des dépenses pouvant être mandatées pendant l'année pour la couverture des engagements contractés dans le cadre des autorisations d'engagement correspondantes.

L'équilibre budgétaire de la section de fonctionnement s'apprécie en tenant compte des seuls crédits de paiement.

À l'occasion du vote du compte administratif, le président du conseil régional présente un bilan de la gestion pluriannuelle.

La situation des autorisations d'engagement et de programme, ainsi que des crédits de paiement y afférents, donne lieu à un état joint au compte administratif.

Un décret en Conseil d'État fixe les conditions d'application du présent article.

Art. L. 4312-5 (Abrogé par Ord. n° 2025-526 du 12 juin 2025, art. 1er, à compter de l'exercice budgétaire 2026) *Avant le vote de la première délibération budgétaire qui suit son renouvellement, le conseil régional établit son règlement budgétaire et financier.*

Le règlement budgétaire et financier de la région précise notamment :

1° Les modalités de gestion des autorisations de programme, des autorisations d'engagement et des crédits de paiement y afférents, et notamment les règles relatives à l'annulation des autorisations de programme et des autorisations d'engagement ;

2° Les modalités d'information du conseil régional sur la gestion des engagements pluriannuels au cours de l'exercice.

Il peut aussi préciser les modalités de report des crédits de paiement afférents à une autorisation de programme, dans les cas et conditions fixés par arrêté conjoint du ministre chargé des collectivités territoriales et du ministre chargé du budget.

Art. L. 4312-6 (Abrogé par Ord. n° 2025-526 du 12 juin 2025, art. 1er, à compter de l'exercice budgétaire 2026) *Lorsque la section d'investissement ou la section de fonctionnement du budget comporte soit des autorisations de programme et des crédits de paiement, soit des autorisations d'engagement et des crédits de paiement, le président du conseil régional peut, jusqu'à l'adoption du budget ou jusqu'à son règlement en cas de non-adoption du budget, liquider et mandater les dépenses d'investissement et les dépenses de fonctionnement correspondant aux autorisations ouvertes au cours des exercices antérieurs, dans la limite d'un montant de crédits de paiement par chapitre égal au tiers des autorisations ouvertes au cours de l'exercice précédent. Les crédits correspondants sont inscrits au budget lors de son adoption ou de son règlement. Le comptable est en droit de payer les mandats émis dans ces conditions.*

Art. L. 4312-7 (Abrogé par Ord. n° 2025-526 du 12 juin 2025, art. 1er, à compter de l'exercice budgétaire 2026) *Les crédits nécessaires au fonctionnement du conseil économique, social et environnemental régional et, le cas échéant, à la réalisation de ses études font l'objet d'une inscription distincte au budget de la région.*

Ils sont notifiés, chaque année, après le vote du budget, au président du conseil économique, social et environnemental régional par le président du conseil régional.

Art. L. 4312-8 (Abrogé par Ord. n° 2025-526 du 12 juin 2025, art. 1er, à compter de l'exercice budgétaire 2026) *Le président du conseil régional présente annuellement le compte administratif au conseil régional, qui en débat sous la présidence de l'un de ses membres.*

Le président du conseil régional peut, même s'il n'est plus en fonction, assister à la discussion. Il doit se retirer au moment du vote.

Le compte administratif est adopté par le conseil régional.

Préalablement, le conseil régional arrête le compte de gestion de l'exercice clos.

Art. L. 4312-9 *(Abrogé par Ord. n° 2025-526 du 12 juin 2025, art. 1er, à compter de l'exercice budgétaire 2026)* ***Le résultat excédentaire de la section de fonctionnement dégagé au titre de l'exercice clos, cumulé avec le résultat antérieur reporté, est affecté en totalité dès la plus proche décision budgétaire suivant le vote du compte administratif et, en tout état de cause, avant la clôture de l'exercice suivant. La délibération d'affectation prise par le conseil régional est produite à l'appui de la décision budgétaire de reprise de ce résultat.***

Le résultat déficitaire de la section de fonctionnement et le besoin de financement ou l'excédent de la section d'investissement sont repris en totalité dès la plus proche décision budgétaire suivant le vote du compte administratif et, en tout état de cause, avant la fin de l'exercice.

Entre la date limite de mandatement fixée au dernier alinéa de l'article L. 1612-11 et la date limite de vote des taux des impositions locales prévue à l'article 1639 A du code général des impôts, le conseil régional peut, au titre de l'exercice clos et avant l'adoption de son compte administratif, reporter de manière anticipée au budget le résultat de la section de fonctionnement, le besoin de financement de la section d'investissement, ou le cas échéant l'excédent de la section d'investissement, ainsi que la prévision d'affectation.

Si le compte administratif fait apparaître une différence avec les montants reportés par anticipation, le conseil régional procède à leur régularisation et à la reprise du résultat dans la plus proche décision budgétaire suivant le vote du compte administratif et, en tout état de cause, avant la fin de l'exercice.

Un décret en Conseil d'État fixe les conditions d'application du présent article.

Art. L. 4312-10 *(Abrogé par Ord. n° 2025-526 du 12 juin 2025, art. 1er, à compter de l'exercice budgétaire 2026)* ***Lorsque la section d'investissement du budget présente un excédent après reprise des résultats, le conseil régional peut transférer cet excédent à la section de fonctionnement dans les cas et conditions définis par décret.***

Art. L. 4312-11 *(Abrogé par Ord. n° 2025-526 du 12 juin 2025, art. 1er, à compter de l'exercice budgétaire 2026) (L. n° 2010-1563 du 16 déc. 2010, art. 78)* ***Un état récapitulatif des subventions attribuées au profit de chaque commune au cours de l'exercice est annexé au compte administratif de la région. Il précise, pour chaque commune, la liste et l'objet des subventions, leur montant total et le rapport entre ce montant et la population de la commune.***

CHAPITRE III PUBLICITÉ DES BUDGETS ET DES COMPTES

(Ord. n° 2009-1400 du 17 nov. 2009)

Art. L. 4313-1 Le budget et le compte administratif arrêtés sont rendus publics.

Le lieu de mise à disposition du public est l'hôtel de la région. Ces documents peuvent également être mis à la disposition du public dans chaque département, dans un lieu public.

(L. n° 2015-991 du 7 août 2015, art. 107) « Une présentation brève et synthétique retraçant les informations financières essentielles est jointe au budget primitif et au compte administratif afin de permettre aux citoyens d'en saisir les enjeux.

« La présentation prévue au troisième alinéa du présent article ainsi que le rapport adressé au conseil régional à l'occasion du débat sur les orientations budgétaires de l'exercice prévu à l'article L. 4312-1, le rapport annexé au budget primitif et le rapport annexé au compte administratif, conformément à l'article L. 4132-18, sont mis en ligne sur le site internet de la région, lorsqu'il existe, après l'adoption par le conseil régional des délibérations auxquelles ils se rapportent et dans des conditions prévues par décret en Conseil d'État. » — *V. art. R. 4313-5.*

Nouvel art. L. 4313-1 *(Ord. n° 2025-526 du 12 juin 2025, art. 1er) Pour l'application de l'article L. 1612-34, le lieu de mise à disposition des budgets pour les régions est l'hôtel de la région. Ces documents peuvent également être mis à la disposition du public dans chaque département, dans un lieu public.*

Le présent art. entre en vigueur à compter de l'exercice budgétaire 2026 (Ord. nº 2025-526 du 12 juin 2025, art. 12).

Art. L. 4313-2 Les documents budgétaires sont assortis en annexe, notamment :

1° De données synthétiques sur la situation financière de la région ;

2° De la liste des concours attribués par la région sous forme de prestations en nature ou de subventions. Ce document est joint au seul compte administratif ;

3° De la présentation agrégée des résultats afférents au dernier exercice connu du budget principal et des budgets annexes de la région. Ce document est joint au seul compte administratif ;

4° De la liste des organismes pour lesquels la région :

a) Détient une part du capital ;

b) A garanti un emprunt ;

c) A versé une subvention supérieure à 75 000 € ou représentant plus de 50 % du produit figurant au compte de résultat de l'organisme.

La liste indique le nom, la raison sociale et la nature juridique de l'organisme ainsi que la nature et le montant de l'engagement financier de la région ;

5° D'un tableau retraçant l'encours des emprunts garantis par la région ainsi que l'échéancier de leur amortissement ;

6° De la liste des délégataires de service public ;

7° D'une annexe retraçant l'ensemble des engagements financiers de la région résultant des *(Ord. nº 2018-1074 du 26 nov. 2018, art. 6)* « marchés de partenariat » prévus à l'article L. 1414-1 ;

8° D'une annexe retraçant la dette liée à la part investissements des *(Ord. nº 2018-1074 du 26 nov. 2018, art. 6)* « marchés de partenariat » ;

9° De la présentation de l'évolution des dépenses consacrées à la formation professionnelle des jeunes, en distinguant notamment les données financières relatives à l'apprentissage, à l'enseignement professionnel sous statut scolaire et aux formations continues en alternance. Cette annexe précise également l'utilisation des sommes versées au fonds régional de l'apprentissage et de la formation professionnelle continue en application de l'article L. 6241-9 du code du travail ;

10° De l'état relatif aux services ferroviaires régionaux des voyageurs ;

11° De l'état de variation du patrimoine prévu à l'article L. 4221-4 ;

12° Des autres états portant sur la situation patrimoniale et financière de la région ainsi que sur ses différents engagements.

Lorsqu'une décision modificative ou le budget supplémentaire a pour effet de modifier le contenu de l'une des annexes, celle-ci doit être à nouveau produite pour le vote de la décision modificative ou du budget supplémentaire.

Les documents visés au 1° font l'objet d'une insertion dans une ou plusieurs publications locales dont la diffusion totale couvre l'ensemble de la région.

Un décret en Conseil d'État fixe les conditions d'application du présent article.

Nouvel art. L. 4313-2 *(Ord. nº 2025-526 du 12 juin 2025, art. 1er) Pour l'application de l'article L. 1612-35, les documents budgétaires sont aussi assortis en annexe de la présentation de l'évolution des dépenses consacrées à la formation professionnelle des jeunes, en distinguant notamment les données financières relatives à l'apprentissage, à l'enseignement professionnel sous statut scolaire et aux formations continues en alternance. Cette annexe précise également l'utilisation des sommes versées au fonds régional de l'apprentissage et de la formation professionnelle continue en application de l'article L. 4332-1.*

Le présent art. entre en vigueur à compter de l'exercice budgétaire 2026 (Ord. nº 2025-526 du 12 juin 2025, art. 12).

Art. L. 4313-3 *(Abrogé par Ord. nº 2025-526 du 12 juin 2025, art. 1er, à compter de l'exercice budgétaire 2026) Les comptes certifiés des organismes mentionnés au 4° de l'article L. 4313-2 sont transmis à la région.*

Ils sont communiqués par la région aux élus régionaux qui en font la demande, dans les conditions prévues à l'article L. 4132-17, ainsi qu'à toute personne intéressée, dans les conditions prévues à l'article L. 4132-16.

Sont transmis par la région au représentant de l'État et au comptable de la région à l'appui du compte administratif les comptes certifiés des organismes non dotés d'un comptable public et pour lesquels la région :
1° Détient au moins 33 % du capital ;
2° Ou a garanti un emprunt ;
3° Ou a versé une subvention supérieure à 75 000 € ou représentant plus de 50 % du produit figurant au compte de résultat de l'organisme et dépassant le seuil prévu par le (L. n° 2016-1321 du 7 oct. 2016, art. 18) « quatrième » alinéa de l'article 10 de la loi n° 2000-321 du 12 avril 2000.

TITRE II DÉPENSES

CHAPITRE I DÉPENSES OBLIGATOIRES

Art. L. 4321-1 Sont obligatoires pour la région :
1° Les dépenses relatives au fonctionnement des organes délibérants et à l'entretien de l'hôtel de la région ;
2° *(L. n° 2002-276 du 27 févr. 2002, art. 98)* « Les dépenses relatives aux indemnités de fonction prévues aux articles L. 4135-15 à L. 4135-18 et aux frais de formation des élus visés à l'article L. 4135-12 ainsi que les cotisations des régions au fonds institué par l'article L. 1621-2 *(L. n° 2024-247 du 21 mars 2024, art. 6)* « et les frais nécessaires à la mise en œuvre des protections mentionnées aux articles L. 4135-28 et L. 4135-29 » ;
« 3° Les cotisations au régime général de la sécurité sociale en application de l'article L. 4135-20-2 et aux régimes de retraites des élus en application des articles *(L. n° 2012-1404 du 17 déc. 2012, art. 18)* « L. 4135-22 » à L. 4135-24 ; »
4° La cotisation au Centre national de la fonction publique territoriale ;
5° La rémunération des agents régionaux *(L. n° 2010-1330 du 9 nov. 2010, art. 25)* « , les contributions et les cotisations sociales afférentes » *(L. n° 2024-247 du 21 mars 2024, art. 6)* « ainsi que les frais nécessaires à la mise en œuvre des protections mentionnées aux articles L. 134-1 à L. 134-12 du code général de la fonction publique » ;
(L. n° 2007-209 du 19 févr. 2007, art. 71) « 5° *bis* Dans les conditions prévues à l'article 88-1 de la loi n° 84-53 du 26 janvier 1984 portant dispositions statutaires relatives à la fonction publique territoriale, les dépenses afférentes aux prestations mentionnées à l'article 9 de la loi n° 83-634 du 13 juillet 1983 portant droits et obligations des fonctionnaires ; »
6° Les intérêts de la dette et les dépenses de remboursement de la dette en capital ;
7° Les dépenses dont elle a la charge en matière d'éducation nationale ;
8° Les dépenses résultant de l'entretien des biens transférés à la région en application des dispositions de l'article L. 318-2 du code de l'urbanisme ;
9° Les dettes exigibles ;
(L. n° 2012-347 du 12 mars 2012, art. 56) « 10° La contribution prévue à l'article 6 *quater* de la loi n° 83-634 du 13 juillet 1983 précitée ; »
(L. n° 2014-58 du 27 janv. 2014, art. 94) « 11° Les dotations aux provisions, notamment pour risques liés à la souscription de produits financiers ; »
(L. n° 2015-991 du 7 août 2015, art. 15) « 12° Les dépenses liées à l'organisation des transports scolaires ; »
(L. n° 2015-991 du 7 août 2015, art. 22) « 13° Les dépenses d'entretien et de construction des ports maritimes de commerce et de pêche qui lui sont transférés ; »
(L. n° 2015-991 du 7 août 2015, art. 28) « 14° Les dépenses dont elle a la charge en matière de sport, de jeunesse et d'éducation populaire en application des articles L. 114-5 et L. 114-6 du code du sport ; »
(L. n° 2016-1917 du 29 déc. 2016, art. 60) « 15° La retenue à la source prévue au 1° du 2 de l'article 204 A du code général des impôts » ;
(Ord. n° 2019-552 du 3 juin 2019, art. 13) « 16° Les dépenses liées à l'organisation des services de transport ferroviaire de voyageurs d'intérêt régional. »

1. Notion et qualification. Les dépenses obligatoires sont celles que le conseil régional est tenu de voter sous peine d'une inscription d'office à son budget, c'est-à-dire les dépenses nécessaires à l'acquittement des dettes exigibles et celles pour lesquelles la loi l'a expressément décidé ; il s'agit aussi des dépenses correspondant aux compétences transférées dont le caractère non seulement prioritaire mais obligatoire a été reconnu par la juridiction administrative. • CE 10 janv. 1994, *Assoc. nat. des élus régionaux et a.*, n°s 138121, 138182 et 141441 A : *AJDA 1994. 244, chron. Maugüé et Touvet ; Dr. adm. 1994, n° 82 ; RFDA 1994. 387.* ♦ Tel est le cas des dépenses relatives aux équipements sportifs rattachés aux établissements d'enseignement relevant de la région. • Même arrêt. ♦ Toutefois, si les charges correspondant à la mise à disposition des élèves d'un lycée des installations sportives, nécessaires à l'enseignement de l'éducation physique et sportive, constituent des dépenses obligatoires pour la région, cette mise à disposition n'implique pas nécessairement que la région construise elle-même de telles installations, dès lors que cette collectivité est assurée que les lycéens pourront utiliser, dans des conditions compatibles avec les exigences pédagogiques, des installations sportives non intégrées appartenant à un tiers, dans le cadre d'une convention de mise à disposition passée avec le propriétaire par la région elle-même ou par l'établissement public local d'enseignement. • CAA Paris, 6 févr. 2001, *Synd. intercommunal du lycée d'Aubergenville*, n° 98PA00559 : *RFDA 2001. 930.* ♦ L'attribution d'une subvention n'est pas un droit pour une association et le refus d'attribution d'une subvention n'a pas à être motivé. Toutefois, il a été jugé qu'un refus illégal, du fait de son motif, pouvait justifier l'indemnisation du préjudice causé à cette association. • TA Amiens, 13 oct. 2005, *Assoc. Féd. des œuvres laïques de l'Oise*, n° 0102706 : *AJDA 2006. 510*. ♦ Un protocole social conclu au sein d'un comité technique paritaire d'une région ne relève pas de la compétence de ce comité qui n'est qu'une instance consultative et ne saurait donc suffire à conférer à ce protocole une portée juridique. Le syndicat ne peut se prévaloir du protocole pour demander la prise en charge de dépenses. • CAA Paris, 31 juill. 2014, *Synd. des personnels des dpts franciliens et de la région Île-de-France*, n° 13PA02446 : *BJCL 2014. 808, concl. Oriel.*

2. Intérêt régional. BIBL. Boyer, Le droit des relations extérieures des régions, *RGCT 2010. 23.*

♦ L'intérêt régional de la dépense tient à la portée attendue du projet : ainsi est légale l'attribution à une commune, par le conseil régional, d'une subvention destinée à financer l'extension de la capacité d'accueil d'une salle de sport, motivée par la nécessité d'accueillir un nombre croissant de spectateurs du fait de la notoriété de l'équipe locale de sports, et répondant dans de telles conditions à un intérêt public régional. • TA Bordeaux, 14 févr. 1989, *Cazalis et Lassus : Lebon T. 898.* ♦ En revanche, les aides régionales à l'exportation ne sauraient être regardées comme des aides d'intérêt régional, au sens de l'art. 4 de la loi du 7 janv. 1982, en l'absence d'une convention légalement conclue avec l'État par application des dispositions de cet art. • TA Strasbourg, 31 juill. 1985, *COREP de Lorraine : Lebon 757.* ♦ En matière économique, et notamment de prêts régionaux, il appartient au seul conseil régional de définir les actions d'intérêt régional qu'il convient d'aider et de mesurer l'engagement financier de la collectivité : une délibération du conseil régional ne peut légalement charger son président de consentir un prêt sans avoir préalablement fixé les conditions d'octroi de ce prêt. • CE 17 mars 1993, *Conseil régional de Bourgogne*, n° 95686 B. ♦ La délibération d'un conseil régional prévoyant le versement aux groupes d'élus d'une dotation mensuelle forfaitaire par élu, qui ne poursuit pas un but d'intérêt régional, est entachée d'illégalité ; dès lors, les versements mensuels effectués sont illégaux, sans qu'il y ait lieu d'examiner les emplois auxquels les ont affectés les groupes d'élus. • CAA Marseille, 13 déc. 2004, *Assoc. de gestion des comptes du secrétariat du groupe Front national du conseil régional PACA*, n° 00MA01278 : *BJCL 2005. 92, concl. Louis.* ♦ Ces versements procèdent, en l'espèce, de simples mesures de liquidation, qui n'ont pas fait naître de droits en faveur de l'association requérante : par suite, le président du conseil régional était tenu d'ordonner le reversement des dotations illégalement versées. • Même arrêt. ♦ V. art. L. 4132-23.

CHAPITRE II DÉPENSES IMPRÉVUES

Art. L. 4322-1 *(Abrogé par Ord. n° 2025-526 du 12 juin 2025, art. 1er, à compter de l'exercice budgétaire 2026) (Ord. n° 2009-1400 du 17 nov. 2009)* ***Lors du vote du budget ou d'une décision modificative, le conseil régional peut voter des autorisations de programme et des autorisations d'engagement de dépenses imprévues respectivement en section d'investissement et en section de fonctionnement. Pour chacune des deux sections, leur montant ne peut être supérieur à 2 % des dépenses réelles de la section.***

L'absence d'engagement d'une autorisation de programme ou d'une autorisation d'engagement de dépenses imprévues, constatée à la fin de l'exercice, entraîne la caducité de l'autorisation.

Les autorisations de programme et les autorisations d'engagement de dépenses imprévues sont affectées dans les conditions prévues par décret.

TITRE III RECETTES

CHAPITRE I DISPOSITIONS GÉNÉRALES

BIBL. GÉN. ▶ CRUCIS, Budget des régions, *J.-Cl. Coll. terr., fasc. 285.*

Art. L. 4331-1 *(Ord. n° 2009-1400 du 17 nov. 2009)* **Les recettes dont dispose la région sont inscrites en section de fonctionnement et en section d'investissement.**

Art. L. 4331-2 *(Ord. n° 2009-1400 du 17 nov. 2009)* **Les recettes de la section de fonctionnement comprennent notamment :**

a) Le produit des contributions et taxes prévues par le code général des impôts *(Ord. n° 2021-1843 du 22 déc. 2021, art. 5)* **« ou le code des impositions sur les biens et services » parmi lesquelles figurent :**

(L. n° 2010-1657 du 29 déc. 2010, art. 108) **« 1° L'imposition forfaitaire sur les entreprises de réseaux ; »**

(Ord. n° 2021-1843 du 22 déc. 2021, art. 5) **« 2° La taxe fixe sur l'immatriculation des véhicules prévue au 1° de l'article L. 421-30 du code des impositions sur les biens et services, à hauteur de 7 € par certificat délivré dans la région sur le territoire de laquelle la délivrance du certificat d'immatriculation est réputée intervenir en application des dispositions des articles L. 421-43 et 421-44 du même code ;**

« 3° La taxe régionale sur l'immatriculation des véhicules à moteur mentionnée au 2° de l'article L. 421-30 du code des impositions sur les biens et services, perçue au titre des certificats d'immatriculation dont la délivrance est réputée intervenir sur le territoire de la région, en application des dispositions des articles L. 421-43 et 421-44 du même code ;

« 4° S'agissant du produit de l'accise sur les énergies mentionnée à l'article L. 312-1 du code des impositions sur les biens et services et perçue sur les gazoles et essences en métropole, les fractions suivantes déterminées dans les conditions prévues au IX de l'article 60 de la loi n° 2018-1479 du 28 décembre 2019 de finances pour 2020 :

« – celle mentionnée au I de l'*(Ord. n° 2023-1210 du 20 déc. 2023, art. 17)* **« article 52 de la loi n° 2004-1484 du 30 décembre 2004 de finances pour 2005 », compte tenu de l'article 40 de la loi n° 2005-1719 du 30 décembre 2005 de finances pour 2006 ;**

« – celle mentionnée aux I et II de l'article 41 de la loi n° 2013-1278 du 29 décembre 2013 de finances pour 2014 ;

« – celle mentionnée à l'article 38 de la loi n° 2015-1785 du 29 décembre 2015 de finances pour 2016 ;

(L. n° 2025-127 du 14 févr. 2025, art. 20, en vigueur le 1er août 2025) **« – une fraction égale à 2,5 € par hectolitre pour les produits soumis au tarif normal relevant des catégories fiscales des gazoles et des essences et pour l'essence E10 ou, pour la Corse, égale au montant mentionné à l'article L. 4425-28-1 du présent code ; »**

« 5° Le produit de l'accise sur les énergies mentionnée à l'article L. 312-1 du code des impositions sur les biens et services perçue sur les gazoles et essences en outre-mer dans les conditions déterminées par les articles L. 4434-2 à L. 4434-4 ;

« 6° À hauteur de 70%, le produit de la majoration en outre-mer de la taxe sur le transport aérien de passagers prévue à l'article L. 422-30 du code des impositions sur les biens et services et perçue sur les embarquements réalisés dans la région ; »

7° La taxe relative à l'octroi de mer ;

8° Les droits assimilés au droit d'octroi de mer auxquels sont soumis les rhums et spiritueux ;

(L. n° 2010-1657 du 29 déc. 2010, art. 108) **« 9° Le reversement du Fonds national de garantie individuelle des ressources ; »**

(L. n° 2019-1479 du 28 déc. 2019, art. 16) **« 10° La fraction du produit net de la taxe sur la valeur ajoutée perçue en application du II de l'article 149 de la loi n° 2016-1917 du 29 décembre 2016 de finances pour 2017 ; »**

Les taxes ou droits assimilés aux 5°, 6°, 7° et 8° ne concernent que les régions d'outre-mer ;

(Ord. n° 2023-661 du 26 juill. 2023, art. 3) « 11° La fraction du produit net de la taxe sur la valeur ajoutée perçue en application des A à C du IV de l'article 8 de la loi n° 2020-1721 du 29 décembre 2020 de finances pour 2021 ;

« 12° La taxe sur l'utilisation par les poids lourds de certaines voies du domaine public routier mis à disposition de la région mentionnée à l'article L. 421-186 du code des impositions sur les biens et services ainsi que la majoration et les frais prévus aux articles L. 3333-18 et L. 3333-19 du présent code ; »

(L. n° 2025-127 du 14 févr. 2025, art. 18, en vigueur le 1er janv. 2026) « 13° Le produit du tarif de stockage de la taxe sur les installations nucléaires de base concourant à la gestion des substances radioactives prévu au 2° de l'article L. 433-9 du code des impositions sur les biens et services, dans les conditions prévues à l'article L. 542-10-2 du code de l'environnement ; »

b) Les dotations de l'État ;

c) Les subventions de l'État et les contributions des collectivités territoriales, de leurs groupements et des tiers aux dépenses de fonctionnement ;

d) Les autres ressources provenant de l'État, de la Communauté européenne et celles provenant d'autres collectivités ;

e) Le produit ou le revenu des biens appartenant à la région ;

f) Les recettes pour services rendus ;

g) Les dons et legs en espèces hormis ceux visés au *c* de l'article L. 4331-3 ;

(L. n° 2010-1657 du 29 déc. 2010, art. 108) « *h)* La dotation de compensation de la réforme de la taxe professionnelle ».

Art. L. 4331-2-1 *(L. n° 2005-1720 du 30 déc. 2005, art. 104) (L. n° 2013-1279 du 29 déc. 2013, art. 45)* « I. — » Les taxes et impositions perçues par voie de rôle pour le compte des régions sont attribuées mensuellement, à raison d'un douzième de leur montant total, tel qu'il est prévu au budget de l'année en cours, le premier versement étant effectué avant le 31 janvier.

Lorsque le montant à attribuer ne peut être déterminé comme indiqué ci-dessus, les attributions mensuelles sont faites dans la limite du douzième du montant des taxes et impositions mises en recouvrement au titre de l'année précédente ou, à défaut, du montant des taxes et impositions prévues au budget de l'année précédente ; la régularisation est effectuée dès que le montant des taxes et impositions prévues au budget de l'année en cours est connu.

Au cours de l'année, un ou plusieurs douzièmes peuvent être versés en anticipation sur le rythme normal si les fonds disponibles de la région se trouvent momentanément insuffisants. Les attributions complémentaires sont autorisées par arrêté du ministre du budget, sur la proposition du préfet et après avis du *(Ord. n° 2010-420 du 27 avr. 2010, art. 109)* « directeur départemental des finances publiques ».

Les attributions ne peuvent avoir pour effet de porter les versements effectués pendant l'année civile à un montant supérieur aux taxes et impositions de l'exercice.

Les taxes ou portions de taxes attribuées à un fonds commun sont exclues des régimes d'attribution visés au présent article.

II. — Abrogé par L. n° 2020-1721 du 29 déc. 2020, art. 8.

(L. n° 2013-1279 du 29 déc. 2013, art. 45) « III. — La part du produit de *(L. n° 2022-1157 du 16 août 2022, art. 9)* « l'accise sur les énergies mentionnée à l'article L. 312-1 du code des impositions sur les biens et services » affectée à chaque région et à la collectivité de Corse, en application du I de l'article 52 de la loi n° 2004-1484 du 30 décembre 2004 de finances pour 2005 et du I de l'article 40 de la loi n° 2005-1719 du 30 décembre 2005 de finances pour 2006, est versée mensuellement à raison d'un douzième de son droit à compensation. »

Art. L. 4331-3 *(Ord. n° 2009-1400 du 17 nov. 2009)* Les recettes de la section d'investissement comprennent notamment :

a) Les subventions de l'État et les contributions des collectivités territoriales, de leurs groupements et des tiers aux dépenses d'investissement ;

b) Le produit des emprunts contractés par la région ;

c) Les dons et legs en nature et les dons et legs en espèces affectés à l'achat d'une immobilisation financière ou physique ;

d) Le virement prévisionnel de la section de fonctionnement et du produit de l'affectation du résultat de fonctionnement conformément à l'article L. 4312-9 ;

e) Le remboursement des prêts consentis par la région ;

f) Le produit des cessions d'immobilisations, selon les modalités fixées par décret ;

g) Les versements au titre du Fonds de compensation pour la taxe sur la valeur ajoutée ;

(L. nº 2014-872 du 4 août 2014, art. 2) « *g bis)* Le produit de la contribution locale temporaire mentionnée à l'article L. 2124-1 du code des transports ; »

h) Pour les régions d'outre-mer :

1° Le produit des amendes des radars automatiques en application de l'article 41 de la loi nº 2007-1822 du 24 décembre 2007 de finances pour 2008 ;

2° Le fonds régional pour le développement et l'emploi en application de l'article 49 de la loi nº 2004-639 du 2 juillet 2004 relative à l'octroi de mer.

CHAPITRE II MODALITÉS PARTICULIÈRES DE FINANCEMENT

Sur le fonds de soutien exceptionnel du département de Mayotte et des collectivités territoriales de Corse, V. ci-dessous L. nº 2016-1917 du 29 déc. 2016, art. 149.

BIBL. GÉN. ▸ CRUCIS, Budget des régions, *J.-Cl. Coll. terr., fasc. 285.*

Loi nº 2016-1917 du 29 décembre 2016,

De finances pour 2017.

Art. 149 I. — Il est créé, en 2017, un fonds de soutien exceptionnel à destination des régions, du Département de Mayotte et des collectivités territoriales de Corse, de Martinique et de Guyane, destiné à renforcer les dépenses de ces collectivités consacrées au développement économique.

1. La répartition de ce fonds est opérée par application au montant des crédits ouverts d'un indice synthétique ainsi composé :

a) Pour 70 %, en fonction de la moyenne des dépenses exposées au titre du développement économique, entre 2013 et 2015, par les départements inscrits dans le ressort territorial de chacune des régions et de la collectivité de Corse, par le Département de Mayotte et par les départements auxquels ont notamment succédé les collectivités territoriales de Guyane et de Martinique.

Les dépenses prises en compte au titre du développement économique sont celles enregistrées, dans les comptes administratifs correspondants, au sein de la fonction "développement économique" telle que précisée par l'arrêté pris en application de l'article L. 3312-2 du code général des collectivités territoriales ;

b) Pour 15 %, en fonction des montants cumulés des bases pour 2015 de la cotisation foncière des entreprises et de la taxe foncière sur les propriétés bâties, respectivement mentionnées aux articles 1447 et 1380 du code général des impôts ;

c) Pour 15 %, en fonction des populations définies à l'article L. 3334-2 du code général des collectivités territoriales, recensées au 1er janvier 2015 dans le ressort territorial de chacune des collectivités territoriales citées au premier alinéa du présent I ou, pour Mayotte, à la date du dernier recensement authentifiant la population.

2. Une dotation maximale répartie en application du même 1 est notifiée à chaque collectivité en 2017. Le versement de cette dotation est opéré selon les modalités suivantes :

a) Un premier versement, réparti dans les conditions fixées au même 1, est effectué en 2017 à chaque collectivité territoriale ;

b) Le solde de cette dotation est versé aux collectivités dont l'autorité exécutive atteste d'une augmentation au 31 décembre 2017 des dépenses de la collectivité au titre du développement économique par rapport au montant de ces mêmes dépenses constaté dans le compte administratif 2016 tel qu'approuvé par l'assemblée délibérante. Le versement prévu au présent *b* est plafonné à un montant tel que la somme des versements au titre du a et du présent b n'excède pas l'augmentation constatée entre 2016 et 2017, retenue dans la limite de la dotation initialement notifiée.

Les dépenses prises en compte sont celles enregistrées, dans les comptes administratifs correspondants, au sein de la fonction "développement économique" telle que précisée par l'arrêté pris en application de l'article L. 4312-2 du code général des collectivités territoriales.

3. À l'exception des collectivités territoriales de Guyane et de Martinique et du Département de Mayotte, lorsque la progression des dépenses exposées au titre du développement économique, constatée dans le compte administratif 2017 approuvé par l'assemblée délibérante par rapport aux dépenses de même nature constatées dans le compte administratif 2016 est inférieure au montant versé en application du *b* du 2 du présent I, il est opéré en 2019 un prélèvement sur les douzièmes des régions prévus à l'article L. 4331-2-1 du code général des collectivités territoriales.

Ce prélèvement est égal à la différence entre le montant versé en application du *b* du 2 et la progression des dépenses mentionnée au premier alinéa du présent 3.

II. — À compter de 2018, une fraction du produit net de la taxe sur la valeur ajoutée, défini comme le produit brut budgétaire de l'année, déduction faite des remboursements et restitutions effectués pour l'année en cours par les comptables assignataires, est affectée aux régions, au Département de Mayotte et aux collectivités territoriales de Corse, de Martinique et de Guyane selon les modalités définies aux III à VIII du présent article.

III. — La fraction définie au II est établie en appliquant *(L. n° 2017-1837 du 30 déc. 2017, art. 41)* « au produit net défini au II » un taux défini par le ratio entre :

1° La somme :

a) De la dotation forfaitaire et de la dotation de péréquation notifiées en 2017 prévues aux articles L. 4332-4, L. 4332-7 et L. 4332-8 du code général des collectivités territoriales, dans leur rédaction en vigueur au 1er janvier 2017 ;

b) Du montant de la dotation générale de décentralisation notifié en 2017 à la collectivité de Corse en application des articles L. 1614-1 à L. 1614-4 du code général des collectivités territoriales *(L. n° 2017-1837 du 30 déc. 2017, art. 165, en vigueur le 1er janv. 2018)* « après déduction du montant du concours individualisé défini à l'article L. 4425-26 du même code » ;

(L. n° 2017-1837 du 30 déc. 2017, art. 41) « 2° Et le produit net de la taxe sur la valeur ajoutée encaissé en 2017. »

IV. — Le montant affecté en application du II est réparti annuellement entre chaque collectivité proportionnellement à la somme :

1° Pour les régions, le Département de Mayotte et les collectivités territoriales de Martinique et de Guyane, de la dotation forfaitaire et de la dotation de péréquation notifiées en 2017 à chaque région, au Département de Mayotte et aux collectivités territoriales de Martinique et de Guyane ;

2° Pour la collectivité de Corse, du montant de la dotation forfaitaire, de la dotation de péréquation et de la dotation générale de décentralisation notifiées en 2017 *(L. n° 2017-1837 du 30 déc. 2017, art. 165)* « après déduction du montant du concours individualisé défini à l'article L. 4425-26 du code général des collectivités territoriales ».

V. — Si, pour les régions, le Département de Mayotte et les collectivités territoriales de Guyane et de Martinique, le produit de la taxe sur la valeur ajoutée attribué pour une année donnée au titre des III, IV et VII représente un montant inférieur pour l'année considérée à la somme de la dotation forfaitaire et de la dotation de péréquation notifiées en 2017 prévues aux articles L. 4332-4, L. 4332-7 et L. 4332-8 du code général des collectivités territoriales, dans leur rédaction en vigueur au 1er janvier 2017, la différence fait l'objet d'une attribution à due concurrence d'une part du produit de la taxe sur la valeur ajoutée revenant à l'État.

VI. — Si, pour la collectivité de Corse, le produit de la taxe sur la valeur ajoutée attribué pour une année donnée au titre des III, IV et VII représente un montant inférieur pour l'année considérée à la somme de la dotation forfaitaire, de la dotation de péréquation et de la dotation générale de décentralisation notifiées en 2017 en application des articles L. 1614-1 à L. 1614-4, L. 4332-4, L. 4332-7 et L. 4332-8 du code général des collectivités territoriales *(L. n° 2017-1837 du 30 déc. 2017, art. 165)* « après déduction du montant du concours individualisé défini à l'article L. 4425-26 du même code », la différence fait l'objet d'une attribution à due concurrence d'une part du produit de la taxe sur la valeur ajoutée revenant à l'État.

VII. — *Abrogé par L. n° 2017-1837 du 30 déc. 2017, art. 41.*

VIII. — Le produit affecté à chaque collectivité fait l'objet de versements mensuels par douzièmes.

(L. n° 2025-127 du 14 févr. 2025, art. 109) « En 2025, le produit affecté à chaque collectivité est égal au montant qui leur a été versé, après régularisation, au titre de l'année 2024. »

IX. — *Mod. CGCT, art. L. 4332-4 à L. 4332-8.*

X. — Les conditions d'application du présent article sont fixées par décret en Conseil d'État.

SECTION 1 Fonds régional de la formation professionnelle continue

Sur les compétences de la région en matière d'apprentissage et de formation professionnelle des jeunes et des adultes, V. C. éduc., art. L. 214-12 s., R. 214-2 s. et R. 237-10 s. — ***C. éduc.***

Sur le rôle des régions en matière de formation et d'orientation professionnelles, V. C. trav., art. L. 6121-1 s. et D. 6121-11. — ***C. trav.***

Art. L. 4332-1 Les charges en matière de formation professionnelle sont compensées selon la procédure prévue aux articles L. 1614-1, L. 1614-2 et L. 1614-3. Il est créé dans chaque région un fonds régional de la formation professionnelle continue, qui est géré par le conseil régional.

Ce fonds est alimenté chaque année par :

1° Les crédits transférés par l'État au titre de la formation professionnelle continue. Ces crédits sont répartis notamment en fonction de la structure et du niveau de qualification de la population active, ainsi que de la capacité d'accueil de l'appareil de formation existant. Au sein de ces crédits, les sommes représentatives des rémunérations des stagiaires évoluent de façon à compenser intégralement les charges résultant de toute modification par l'État des normes fixées pour ces rémunérations. Un décret en Conseil d'État fixe les modalités d'application du présent alinéa ; *— V. art. R. 4332-1 s. et R. 4434-3.*

(L. n° 2004-1484 du 30 déc. 2004, art. 37) **« Les crédits mentionnés à l'alinéa précédent sont diminués en 2005, 2006 et à compter de 2007 d'un montant de respectivement 197,92 millions d'euros, 395,84 millions d'euros et 593,76 millions d'euros, en valeur 2005 et à indexer chaque année selon le taux d'évolution de la dotation globale de fonctionnement ; »**

2° Les crédits transférés par l'État dont le montant est égal aux versements au Trésor public effectués l'année précédente en application *(Ord. n° 2009-1530 du 10 déc. 2009)* **« des articles L. 6354-2 et L. 6331-28 du code du travail », et dont la répartition obéit aux mêmes critères que ceux mentionnés au 1° ci-dessus ;** *— V.* ***C. trav.***

3° Le cas échéant, les autres ressources susceptibles de lui être régulièrement attribuées ;

4° Les crédits votés à cet effet par le conseil régional ;

5° Abrogé par L. n° 2018-771 du 5 sept. 2018, art. 34.

(L. n° 2013-1278 du 29 déc. 2013, art. 41) **« 6° Le montant des ressources fiscales attribuées aux régions mentionnées** *(L. n° 2023-1322 du 29 déc. 2023, art. 133)* **« à l'article 41 » de la loi n° 2013-1278 du 29 décembre 2013 de finances pour 2014. »**

Les crédits prévus aux 1° et 2° du présent article ne sont pas inclus dans la dotation générale de décentralisation visée à l'article L. 1614-4.

Le montant total des crédits visés aux 1° et 2° du présent article évolue dans les conditions prévues à l'article L. 1614-1.

1. Budget annexe. Le budget régional doit regrouper toutes les dépenses et toutes les recettes de la région : aucune disposition de la loi du 7 janv. 1983 portant création du Fonds régional de l'apprentissage et de la formation professionnelle continue ne prévoit de dérogation à ce principe, et n'autorise notamment la création d'un budget annexe. • CE, sect., 10 juill. 1987, *Conseil régional d'Île-de-France,* n° 58874 A : *ACL 1988. 231.* ♦ Dès lors, est illégale la délibération d'un conseil régional en tant qu'elle établit sous la forme d'un budget annexe au budget régional le fonds régional de l'apprentissage et de la formation professionnelle continue : en effet, si les dispositions de l'art. 85 de la loi du 7 janv. 1983 (CGCT, art. L. 4332-1) prescrivent l'affectation au Fonds régional ainsi institué de ressources spécifiques déterminées, elles ne prévoient pas la création d'un budget annexe regroupant les recettes et les dépenses afférentes aux opérations menées par la région dans le domaine de la formation professionnelle. • Même arrêt.

2. Compétence juridictionnelle liée aux reversements. Les contributions versées au fonds régional de l'apprentissage de par leur affectation aux régions sont considérées comme des impôts locaux. En conséquence, le tribunal administratif est compétent en premier et dernier ressort pour connaître des contestations tendant à la décharge de la contribution au développement de l'apprentissage. La contribution au développement de l'apprentissage due au titre de l'année 2013 et la taxe d'apprentissage due au titre de l'année 2014 doivent être regardées, du fait de leur affectation principale aux régions, comme des impôts locaux au sens du 4° de l'art. R. 811-1 CJA. ♦ • CAA Paris, 18 mars 2022, n° 20PA02608.

Art. L. 4332-2 *Abrogé par L. n° 2004-809 du 13 août 2004, art. 8.*

SECTION 2 Dotation régionale d'équipement scolaire

Art. L. 4332-3 *(L. n° 2007-1822 du 24 déc. 2007, art. 41)* **En 2008, le montant de la dotation régionale d'équipement scolaire est fixé à 661 841 207 €.**

Le montant alloué en 2008 à chaque région exerçant les compétences définies à l'article L. 214-6 du code de l'éducation est obtenu en appliquant un coefficient au montant total de la dotation régionale d'équipement scolaire fixé pour cette même année. Ce coefficient est calculé pour chaque région sur la base du rapport entre le montant des crédits de paiement qui lui ont été versés en 2007 et le montant total des crédits de paiement versés par l'État à l'ensemble des régions au titre de la dotation régionale d'équipement scolaire en 2007.

(L. n° 2008-1425 du 27 déc. 2008, art. 44 ; L. n° 2010-1657 du 29 déc. 2010, art. 49 ; L. n° 2011-1977 du 28 déc. 2011, art. 30) **« À compter de 2009, le montant alloué à chaque région est égal à celui de 2008. »**

(L. n° 2015-1785 du 29 déc. 2015, art. 39) **« À compter du 1er janvier 2016, lorsqu'une région est constituée par regroupement de plusieurs régions, conformément à l'article 1er de la loi n° 2015-29 du 16 janvier 2015 relative à la délimitation des régions, aux élections régionales et départementales et modifiant le calendrier électoral, le montant de la dotation qui lui est versé correspond à la somme des montants versés aux régions auxquelles elle succède dans les conditions applicables avant le regroupement. »**

La dotation régionale d'équipement scolaire est versée aux régions en une seule fois au cours du troisième trimestre de l'année en cours.

La dotation est inscrite au budget de chaque région, qui l'affecte à la reconstruction, aux grosses réparations, à l'équipement et, si ces opérations figurent sur la liste établie en application de l'article L. 211-2 du code de l'éducation, à l'extension et à la construction des lycées, des établissements d'éducation spéciale, des écoles de formation maritime et aquacole et des établissements d'enseignement agricole visés à l'article L. 811-8 du code rural et de la pêche maritime.

Art. L. 4332-3-1 *(L. n° 2004-809 du 13 août 2004, art. 121)* **Le montant des crédits consacrés par l'État au fonctionnement et à l'équipement des lycées à sections binationales ou internationales, du lycée de Font-Romeu et des lycées agricoles dont la liste sera fixée par décret est intégré dans la dotation générale de décentralisation des régions auxquelles ils sont transférés, dans les conditions prévues aux articles L. 1614-1 à L. 1614-3.**

SECTION 3 Taxe additionnelle régionale à la taxe de séjour

(L. n° 2022-1726 du 30 déc. 2022, art. 76)

Art. L. 4332-4 **Est instituée une taxe additionnelle de 34 % à la taxe de séjour ou à la taxe de séjour forfaitaire perçue dans les départements des Bouches-du-Rhône, du Var et des Alpes-Maritimes par les communes mentionnées à l'article L. 2333-26 ainsi que par les établissements publics de coopération intercommunale mentionnés aux 1° à 3° du I de l'article L. 5211-21.**

Cette taxe additionnelle est établie et recouvrée selon les mêmes modalités que la taxe à laquelle elle s'ajoute. Lorsque son produit est perçu par une commune ou par un établissement public de coopération intercommunale à fiscalité propre, les montants correspondants sont reversés, à la fin de la période de perception, à l'établisse-

ment public local "Société de la Ligne Nouvelle Provence Côte d'Azur", créé à l'article 1er de l'ordonnance n° 2022-306 du 2 mars 2022 relative à la Société de la Ligne Nouvelle Provence Côte d'Azur, pour le financement de la mission définie au premier alinéa du II du même article 1er.

Art. L. 4332-5 Est instituée une taxe additionnelle de 34 % à la taxe de séjour ou à la taxe de séjour forfaitaire perçue dans les départements de la Gironde, des Landes, du Lot-et-Garonne, des Pyrénées-Atlantiques, de la Haute-Garonne, du Gers, des Hautes-Pyrénées, de l'Ariège, du Lot, du Tarn et du Tarn-et-Garonne par les communes mentionnées à l'article L. 2333-26 ainsi que par les établissements publics de coopération intercommunale mentionnés aux 1° à 3° du I de l'article L. 5211-21.

Cette taxe additionnelle est établie et recouvrée selon les mêmes modalités que la taxe à laquelle elle s'ajoute. Lorsque son produit est perçu par une commune ou par un établissement public de coopération intercommunale à fiscalité propre, les montants correspondants sont reversés, à la fin de la période de perception à l'établissement public local "Société du Grand Projet du Sud-Ouest", créé à l'article 1er de l'ordonnance n° 2022-307 du 2 mars 2022 relative à la Société du Grand Projet du Sud-Ouest, pour le financement de la mission définie au premier alinéa du II du même article 1er.

Art. L. 4332-6 Est instituée une taxe additionnelle de 34 % à la taxe de séjour ou à la taxe de séjour forfaitaire perçue dans les départements de l'Hérault, de l'Aude et des Pyrénées-Orientales par les communes mentionnées à l'article L. 2333-26 ainsi que par les établissements publics de coopération intercommunale mentionnés aux 1° à 3° du I de l'article L. 5211-21.

Cette taxe additionnelle est établie et recouvrée selon les mêmes modalités que la taxe à laquelle elle s'ajoute. Lorsque son produit est perçu par une commune ou par un établissement public de coopération intercommunale à fiscalité propre, les montants correspondants sont reversés, à la fin de la période de perception à l'établissement public local "Société de la Ligne Nouvelle Montpellier-Perpignan", créé à l'article 1er de l'ordonnance n° 2022-308 du 2 mars 2022 relative à la Société de la Ligne Nouvelle Montpellier-Perpignan, pour le financement de la mission définie au premier alinéa du II du même article 1er.

SECTION 3 *BIS* Taxe sur l'utilisation par les poids lourds de certaines voies du domaine public routier mises à disposition de la région

(Ord. n° 2023-661 du 26 juill. 2023, art. 3)

Art. L. 4332-7 Dans les conditions prévues à la section 6 du chapitre I du titre II du livre IV du code des impositions sur les biens et services, le conseil régional peut instituer une taxe sur l'utilisation par les poids lourds de tout ou partie des routes du domaine public routier national mis à la disposition de la région et répondant aux critères mentionnés au *b* du 2° de l'article L. 421-193 du même code.

Les dispositions du chapitre XI du titre I du code de la voirie routière sont applicables en cas d'institution de la taxe.

Art. L. 4332-8 Sont applicables à la gestion, au recouvrement, au contrôle et aux sanctions relatives à la taxe mentionnée à l'article L. 4332-7, les dispositions des sous-sections 1 à 3 de la section 5 du chapitre III du titre III du livre III de la troisième partie.

Pour l'application de ces dispositions à la région, la référence au département s'entend d'une référence à la région et la référence au conseil départemental s'entend d'une référence au conseil régional qui a institué la taxe.

Concernant les taxes sur l'utilisation par les poids lourds de certaines voies du domaine public routier, V. aussi C. voirie rout., art. L. 119-14 s., infra.

Code de la voirie routière

CHAPITRE XI [DU TITRE I DE LA PARTIE LÉGISLATIVE]. *TAXES SUR L'UTILISATION PAR LES POIDS LOURDS DE CERTAINES VOIES DU DOMAINE PUBLIC ROUTIER*

(Ord. nº 2023-661 du 26 juill. 2023, art. 4)

Art. L. 119-14 Pour l'application du présent chapitre, la taxe s'entend de la taxe sur l'utilisation par les poids lourds de certaines voies du domaine public routier des départements ou du domaine public routier national mis à disposition des régions mentionnée à l'article L. 421-186 du code des impositions sur les biens et services et dont les dispositions relatives à la gestion, au recouvrement, au contrôle et aux sanctions sont prévues par la section 5 du chapitre III du titre III du livre III de la troisième partie et par la section 3 *bis* du chapitre II du titre III du livre III de la quatrième partie du code général des collectivités territoriales.

SECTION 1. *Information du public et niveaux des tarifs*

Art. L. 119-15 La région ou le département qui institue la taxe rend publics et accessibles à tous les usagers, aux mêmes conditions, l'ensemble des tarifs applicables, leurs niveaux et leurs conditions d'application.

Art. L. 119-16 L'institution de la taxe donne lieu à la consultation préalable, par la région ou le département, des principales organisations professionnelles des entreprises de transport public routier selon la définition de l'article L. 1000-3 du code des transports, de celles qui organisent du transport routier pour leur propre compte et des donneurs d'ordre afin d'en évaluer l'impact financier.

Le compte rendu de cette consultation est rendu public.

Art. L. 119-17 La région ou le département qui a institué un ou plusieurs tarifs pour coûts externes mentionnés au 2º de l'article L. 421-201 du code des impositions sur les biens et services contrôle l'efficacité de ces tarifs sur la réduction des dommages environnementaux causés par le transport routier.

La région ou le département publie tous les deux ans les résultats de ces contrôles et, le cas échéant, adapte selon la même périodicité les niveaux de ces tarifs en fonction de l'évolution de l'offre et de la demande de transport.

Art. L. 119-18 Lorsqu'il est constaté que l'une des modulations du tarif d'infrastructure mentionnées aux articles L. 421-220 et L. 421-222 du code des impositions sur les biens et services a produit des recettes supplémentaires par rapport à celles qui auraient été collectées en leur absence, cette modulation est modifiée, au plus tard, le 1er janvier de la deuxième année qui suit celle au cours de laquelle le fait générateur de la taxe ayant produit les recettes supplémentaires est intervenu afin de réduire les recettes prévisibles à concurrence de ces recettes supplémentaires.

SECTION 2. *Relations entre les collectivités, l'État et la Commission européenne*

Art. L. 119-19 Préalablement à l'institution de la taxe, la région consulte l'ensemble des départements relevant de cette région ainsi que les régions et départements qui lui sont limitrophes.

Art. L. 119-20 La région ou le département communique à l'État en temps utile les éléments nécessaires à l'application des articles L. 119-21 à L. 119-25.

Art. L. 119-21 L'État notifie à la Commission européenne, au moins six mois avant l'institution ou la modification substantielle du tarif d'infrastructure mentionné au 2º de l'article L. 421-201 du code des impositions sur les biens et services, les éléments prévus au 1 de l'article 7 *nonies* de la directive 1999/62/CE du Parlement européen et du Conseil du 17 juin 1999 relative à la taxation des véhicules pour l'utilisation d'infrastructures routières.

Art. L. 119-22 L'État notifie à la Commission européenne l'institution de la modulation du tarif d'infrastructure mentionnée à l'article L. 421-222 du code des impositions sur les biens et services et lui communique les informations requises en application du dernier alinéa du 1 de l'article 7 *octies* de la directive 1999/62/CE du Parlement européen et du Conseil du 17 juin 1999 relative à la taxation des véhicules pour l'utilisation d'infrastructures routières.

Art. L. 119-23 L'État communique à la Commission européenne, avant l'institution ou la modification substantielle d'un ou plusieurs tarifs pour coûts externes mentionnés au 2° de l'article L. 421-201 du code des impositions sur les biens et services, les éléments requis en application du 3 de l'article 7 *nonies* de la directive 1999/62/CE du Parlement européen et du Conseil du 17 juin 1999 relative à la taxation des véhicules pour l'utilisation d'infrastructures routières.

Pour le tarif des émissions de dioxyde de carbone, cette information intervient au moins six mois avant son institution ou sa modification substantielle.

Art. L. 119-24 L'État notifie à la Commission européenne, conformément au dernier alinéa du 4 de l'article 7 de la directive 1999/62/CE du Parlement européen et du Conseil du 17 juin 1999 relative à la taxation des véhicules pour l'utilisation d'infrastructures routières, l'institution de l'exonération mentionnée à l'article L. 421-238 du code des impositions sur les biens et services.

Art. L. 119-25 L'État notifie à la Commission européenne, dans les conditions prévues au 2 de l'annexe III *bis* de la directive 1999/62/CE du Parlement européen et du Conseil du 17 juin 1999 relative à la taxation des véhicules pour l'utilisation d'infrastructures routières, le recours à la faculté d'appliquer des tarifs supérieurs aux valeurs de références mentionnées au second alinéa de l'article L. 421-239 ou de l'article L. 421-240 du même code.

SECTION 3 *TER* Versement destiné au financement des services de mobilité

(L. nº 2025-127 du 14 févr. 2025, art. 118)

Art. L. 4332-8-1 **Sur le territoire métropolitain, en dehors de la région d'Île-de-France, et sur le territoire de la collectivité de Corse, le versement destiné au financement des services de mobilité peut être institué par délibération du conseil régional ou de l'organe délibérant de la collectivité de Corse.**

La délibération qui institue le versement ou qui en augmente le taux énumère les services de mobilité, mis en place ou prévus, qui justifient le taux du versement.

Les conditions d'assujettissement, de recouvrement et de remboursement de ce versement sont identiques à celles prévues aux articles L. 2333-64 à L. 2333-75 au bénéfice de la région ou de la collectivité de Corse qui l'institue.

Le versement est affecté au financement des dépenses d'investissement et de fonctionnement de toute action relevant des compétences de la région ou de la collectivité de Corse en application de l'article L. 1231-3 du code des transports.

Le taux de versement est fixé ou modifié par délibération du conseil régional ou de la collectivité de Corse, dans la limite de 0,15 % des salaires définis à l'article L. 2333-65 du présent code.

Il s'applique sur l'ensemble du territoire de la région ou de la collectivité de Corse.

La région ou la collectivité de Corse peut, par décision motivée, réduire ou porter à zéro le taux du versement sur les périmètres des établissements publics de coopération intercommunale qui la composent, selon un critère qu'elle détermine à partir de la densité de la population, de l'offre de mobilité prévue ou mise en place, en particulier pour assurer le déploiement d'un service express régional métropolitain défini à l'article L. 1215-6 du code des transports, et du potentiel fiscal défini à l'article L. 2334-4 du présent code. La réduction du taux est en rapport avec l'écart constaté, en se fondant sur ce critère, entre les différents périmètres des établissements du ressort territorial de la région ou de la collectivité de Corse.

Une fraction correspondant à 10 % du versement est affectée aux autorités organisatrices de la mobilité mentionnées à l'article L. 1231-1 du code des transports sur le territoire de chaque communauté de communes. Cette fraction est répartie entre les autorités organisatrices de la mobilité au prorata de la population des communautés de communes dans lesquelles elles exercent leurs compétences, recensée par l'Institut national de la statistique et des études économiques au 1er janvier de l'année précédant celle au titre de laquelle la fraction est versée.

SECTION 4 Péréquation des recettes fiscales

(L. n° 2010-1657 du 29 déc. 2010, art. 124)

Art. L. 4332-9 *(L. n° 2021-1900 du 30 déc. 2021, art. 196)* **I. — Il est créé un fonds de solidarité régional destiné à renforcer la solidarité financière entre les régions et le département de Mayotte.**

En 2022, le montant total prélevé au titre de ce fonds est égal à 0,1% de la fraction de taxe sur la valeur ajoutée attribuée en 2021 aux collectivités mentionnées au premier alinéa du présent I en application du A du IV de l'article 8 de la loi n° 2020-1721 du 29 décembre 2020 de finances pour 2021. Les années suivantes, le montant total prélevé au titre du fonds est égal au montant prélevé l'année précédente, majoré d'un montant égal à 1,5% de la différence, si elle est positive, entre le montant de la fraction de taxe sur la valeur ajoutée attribuée aux collectivités mentionnées au premier alinéa du présent I en application de l'article 8 de la loi n° 2020-1721 du 29 décembre 2020 précitée l'année précédant la répartition et ce même montant attribué la pénultième année.

II. — Le fonds est alimenté par un prélèvement réparti entre les collectivités qui y sont éligibles, au prorata de la population de ces collectivités *(L. n° 2025-127 du 14 févr. 2025, art. 186)* **« , ainsi que par l'abondement déterminé dans les conditions prévues au VII de l'article 186 de la loi n° 2025-127 du 14 février 2025 de finances pour 2025 ». Les prélèvements sont effectués mensuellement, à compter de la date de notification, sur les douzièmes prévus à l'article L. 4331-2-1 du présent code.**

Les collectivités éligibles au prélèvement sont définies en fonction d'un indice de ressources. Pour chaque collectivité, cet indice est déterminé en additionnant les montants suivants :

1° Le produit perçu l'année précédente par la collectivité au titre de la fraction de taxe sur la valeur ajoutée attribuée en application du A du IV de l'article 8 de la loi n° 2020-1721 du 29 décembre 2020 précitée ;

2° Le montant résultant de l'application du 1.3 de l'article 78 de la loi n° 2009-1673 du 30 décembre 2009 de finances pour 2010 perçu l'année précédente par la collectivité ;

3° Le produit perçu l'année précédente par la collectivité au titre des impositions forfaitaires prévues aux articles 1599 *quater* A, 1599 *quater* A *bis*, 1599 *quater* B et 1519 HB du code général des impôts ;

4° Le produit perçu l'année précédente par la collectivité au titre des impositions prévues à l'article 1599 *quindecies* du même code.

Les collectivités pour lesquelles cet indice, rapporté au nombre d'habitants, est inférieur à 0,8 fois l'indice par habitant moyen constaté pour l'ensemble des collectivités mentionnées au premier alinéa du I du présent article ne sont pas éligibles à ce prélèvement.

III. — Sont éligibles au reversement des *(L. n° 2025-127 du 14 févr. 2025, art. 186)* **« ressources du fonds » les collectivités qui ne sont pas éligibles au prélèvement mentionné au** *(Abrogé par L. n° 2025-127 du 14 févr. 2025, art. 186)* ***« même »*** **II. Après prélèvement d'un montant correspondant aux régularisations effectuées l'année précédant la répartition,** *(L. n° 2025-127 du 14 févr. 2025, art. 186)* **« ces ressources » sont réparties entre les collectivités éligibles en tenant compte de la population, du revenu par habitant, du nombre de personnes âgées de quinze à dix-huit ans établi lors du dernier recensement et de la densité de population.**

IV. — Les modalités d'application du présent article sont précisées par décret en Conseil d'État.

À compter d'une date fixée par Décr. et au plus tard le 1er janv. 2026, au 1er al. du I de cet art., le mot : « Département » est remplacé par le mot : « Département-Région » (L. n° 2025-797 du 11 août 2025, art. 48).

Les dispositions de l'art. L. 4332-9 prévoient l'affectation aux régions, à compter du 1er janv. 2021, d'une fraction du produit national de la TVA, en remplaçant le fonds de péréquation des ressources régionales. Les critères définis par ces dispositions sont « objectifs et rationnels au regard de l'objectif d'intérêt général auquel répond le dispositif de péréquation ainsi institué, sans restreindre les ressources des collectivités contributrices au point d'entraver leur libre administration ». Ni le principe d'égalité devant la loi, ni le principe d'égalité devant les charges publiques, ni le principe de libre administration des collectivités territoriales n'imposent que le dispositif de péréquation tienne compte, « en sus des critères de ressources et de population ainsi retenus, des charges incombant aux collectivités concernées pour l'exercice des compétences obligatoires qui leur sont conférées par la loi ». La QPC soulevée à l'encontre de ces dispositions, qui n'est pas nouvelle, ne présente pas un caractère sérieux. De plus, les dispositions de l'art. L. 4332-9 ne sont pas incompatibles avec les stipulations des § 1 et 2 de l'art. 9 de la Charte européenne de l'autonomie locale « qui n'ont pas pour effet de garantir aux collectivités territoriales un droit à une compensation spécifique des charges liées à l'exercice de chacune de leurs compétences ». • CE 13 juill. 2023, n° 471743.

CHAPITRE III **AVANCES ET EMPRUNTS**

BIBL. GÉN. ▶ Crucis, Budget des régions, *J.-Cl. Coll. terr., fasc. 285*. – Klopfer, *J.-Cl. Coll. terr., fasc. 2700* (Gestion de dette et trésorerie).

Art. L. 4333-1 *(L. n° 2011-1977 du 28 déc. 2011, art. 144)* **« Le chapitre VII du titre III du livre III de la deuxième partie est applicable » à la région.**

TITRE IV **COMPTABILITÉ**

CHAPITRE I **ENGAGEMENT DES DÉPENSES** *(Ord. n° 2009-1400 du 17 nov. 2009).*

Art. L. 4341-1 *(Abrogé par Ord. n° 2025-526 du 12 juin 2025, art. 1er, à compter de l'exercice budgétaire 2026)* ***Le président du conseil régional tient la comptabilité de l'engagement des dépenses dans les conditions fixées par arrêté conjoint du ministre de l'Intérieur et du ministre chargé du budget pris après consultation du comité des finances locales.*** *– [L. n° 72-619 du 5 juill. 1972, art. 6-2.]*

V. Arr. du 26 avr. 1996, ss. art. L. 2342-2.

CHAPITRE II **COMPTABLE DE LA RÉGION**

(Ord. n° 2009-1400 du 17 nov. 2009)

Art. L. 4342-1 *(L. n° 2018-1317 du 28 déc. 2018, art. 201)* **« Sous réserve des dispositions de l'article 201 de la loi n° 2018-1317 du 28 décembre 2018 de finances pour 2019, » le comptable de la région est seul chargé d'exécuter, sous réserve des contrôles qui lui incombent, le recouvrement des recettes ainsi que le paiement des dépenses de la collectivité dans la limite des crédits régulièrement ouverts par le conseil régional.**

Nouvel art. L. 4342-1 *(Ord. n° 2025-526 du 12 juin 2025, art. 1er)* ***Les dispositions de l'article L. 1612-39 s'appliquent, pour le comptable de la région, sous réserve des dispositions de l'article 201 de la loi n° 2018-1317 du 28 décembre 2018 de finances pour 2019.***

Le présent art. entre en vigueur à compter de l'exercice budgétaire 2026 (Ord. n° 2025-526 du 12 juin 2025, art. 12).

LIVRE IV RÉGIONS À STATUT PARTICULIER ET COLLECTIVITÉ DE CORSE

TITRE I LA RÉGION D'ÎLE-DE-FRANCE

CHAPITRE I DISPOSITIONS GÉNÉRALES

Art. L. 4411-1 La région d'Île-de-France est soumise aux dispositions de la première partie et des livres I à III de la présente partie, sous réserve des dispositions du présent titre. – *[L. nº 82-213 du 2 mars 1982, art. 60, al. 1er.]*

CHAPITRE II ORGANES

Art. L. 4412-1 Les fonctions de président du conseil régional sont incompatibles avec celles de maire de Paris. – *[L. nº 76-394 du 6 mai 1976, art. 22.]*

CHAPITRE III ATTRIBUTIONS

SECTION 1 Équipements collectifs

Art. L. 4413-1 Pour les équipements collectifs présentant un intérêt régional direct, réalisés avec l'accord et pour le compte de collectivités locales, de leurs groupements ou d'autres établissements publics, la région d'Île-de-France peut procéder à des acquisitions immobilières en vue de la rétrocession des biens ainsi acquis à ces collectivités locales, à leurs groupements ou à des organismes désignés par les mêmes collectivités. En cas de refus des collectivités, groupements ou organismes sollicités de bénéficier de la rétrocession, la région conserve la propriété des biens ainsi acquis avec tous les droits y afférents.

Toutefois, pour l'exercice du droit de préemption dans les zones d'aménagement différé, la région est dispensée de recueillir préalablement l'avis des collectivités locales intéressées. – *[L. nº 76-394 du 6 mai 1976, art. 4.]*

SECTION 2 Espaces verts

Art. L. 4413-2 La région d'Île-de-France définit la politique régionale en matière d'espaces verts, de forêts et de promenades. Elle est obligatoirement consultée sur les programmes d'investissements correspondant à sa mise en œuvre. Elle peut également proposer d'autres programmes.

La région d'Île-de-France peut participer aux dépenses d'acquisition, d'équipement et d'entretien de ces espaces.

Une agence des espaces verts de la région d'Île-de-France, établissement public régional à caractère administratif, est créée. Elle est chargée de mettre en œuvre la politique régionale en matière d'espaces verts, de forêts et de promenades, et de coordonner en ces domaines les actions de la région avec celles de l'État et de ses établissements publics.

Le budget de l'agence reçoit les crédits votés par la région en faveur des espaces verts, forêts et promenades ainsi que les contributions de toute nature en provenance de l'État, des collectivités locales et des personnes publiques et privées. Le fonctionnement de l'agence est pris en charge par la région.

Un décret en Conseil d'État détermine les modalités d'organisation et de fonctionnement de cet établissement public. – *[L. nº 76-394 du 6 mai 1976, art. 5.]*

SECTION 3 Transports

Art. L. 4413-3 *(L. nº 2004-809 du 13 août 2004, art. 37)* La région d'Île-de-France définit la politique régionale des déplacements, dans le respect des orientations du schéma directeur de la région d'Île-de-France prévu par l'article *(Ord. nº 2015-1174 du 23 sept. 2015, art. 9)* « L. 123-1 » du code de l'urbanisme et du *(L. nº 2019-1428 du 24 déc. 2019, art. 16)* « plan de mobilité » prévu à l'article 28-3 de la loi nº 82-1153 du 30 décembre 1982 d'orientation des transports intérieurs *[V. désormais C. transp., art. L. 1214-1 s.]*.

La région d'Île-de-France arrête à cet effet, en association avec l'État et Île-de-France Mobilités, *(Ord. nº 2016-1028 du 27 juill. 2016, art. 4)* **« un document de planification régionale des infrastructures de transport satisfaisant aux conditions prévues par l'article L. 1213-1 du code des transports ».**

La région peut en outre participer au financement d'aménagements de sécurité sur les autoroutes non concédées et les routes d'Île-de-France.

CHAPITRE IV **DISPOSITIONS FINANCIÈRES**

BIBL. GÉN. ▶ IMBERT, Région Île-de-France, *J.-Cl. Adm., fasc. 123.*

SECTION 1 **Recettes fiscales**

Art. L. 4414-1 La région d'Île-de-France ne bénéficie pas des dispositions du 1º du *a* de l'article L. 4331-2. – *[L. nº 72-619 du 5 juill. 1972, art. 20 (1º g).]*

Art. L. 4414-2 *(Ord. nº 2009-1400 du 17 nov. 2009)* **La région d'Île-de-France bénéficie notamment** *(L. nº 2010-1657 du 29 déc. 2010, art. 108)* **« de la ressource suivante : »**

1º Abrogé par L. nº 2010-1657 du 29 déc. 2010, art. 108.

2º Le produit de la *(L. nº 2010-1658 du 29 déc. 2010, art. 28)* **« part régionale de la taxe d'aménagement prévue à l'article »** *(Ord. nº 2022-883 du 14 juin 2022, art. 7)* **« 1635 *quater* A du code général des impôts » imputé en section d'investissement.**

SECTION 2 **Autres ressources**

Art. L. 4414-3 La région d'Île-de-France bénéficie de l'attribution de la part du produit des redevances de construction de bureaux et de locaux industriels prévue *(Ord. nº 2009-1530 du 10 déc. 2009)* **« aux articles L. 520-1 à L. 520-11 du code de l'urbanisme ».**

BIBL. ▶ SCHWING, *AJDA 2006. 812* (et si l'interprétation de la notion de fait générateur de la redevance pour création de bureaux en Île-de-France était illégale ?).

I. CHAMP D'APPLICATION

1. Inclusion. La redevance pour construction de bureaux en Île-de-France, prévue par l'art. L. 520-1 C. urb., est applicable à toutes les constructions de locaux à usage de bureaux, sous réserve des exonérations prévues par certaines dispositions du code de l'urbanisme, alors même qu'il s'agirait, comme en l'espèce, de la reconstruction de surfaces qui étaient déjà à usage de bureaux. • CE 10 mars 1999, *SA GAN-VIE*, nºs 145648 B et 165531 B : *ACL 2000. 407.* ♦ Dans une telle hypothèse, la société redevable n'est pas fondée à soutenir qu'elle aurait dû être taxée sur le simple agrandissement de la surface de bureaux résultant de l'opération de reconstruction qu'elle a réalisée. • CE 8 mars 2002, *Sté COFIFAP*, nº 221465 B : *RJF 2002, nº 650 ; Coll. terr. 2002. nº 138, note Erstein ; ACL 2003. 379* • CE 23 oct. 2002, *Soc. Agence immobilière de la région parisienne*, nº 221468 • CE 23 oct. 2002, *Min. de l'Équipement c/ M. Elvinger*, nº 221469 : *ACL 2003. 384.* ♦ Par la généralité de leurs termes, les dispositions de l'art. L. 520-9 C. urb. sont applicables à toutes les constructions de locaux à usage de bureaux, ainsi qu'à toutes les conversions en bureaux de locaux précédemment affectés à un autre usage, sous la seule réserve des exonérations prévues par certaines dispositions du même code et alors même qu'il s'agirait, comme en l'espèce, d'une création de bureaux destinée à remplacer d'autres surfaces que les sociétés redevables avaient renoncé à affecter à cet usage dans l'immeuble dont elles ont abandonné la jouissance. • Mêmes décisions.

2. Exclusions. Selon l'art. L. 520-7 C. urb. : sont exclus du champ de la redevance les locaux affectés au service public et appartenant à l'État, aux collectivités et aux établissements publics ne présentant pas un caractère industriel et commercial. De plus, aux termes de l'art. L. 520-9 du même code, est assimilé à la construction de locaux à usage de bureaux ou de locaux de recherche le fait de transformer, en de tels locaux, des locaux précédemment affectés à un autre usage. Il en résulte que les sociétés redevables ne sont pas fondées à soutenir que l'installation de bureaux commerciaux, en lieu et place des bureaux administratifs occupés par un établissement public administratif, ne pouvait donner lieu à paiement de la redevance pour création de locaux à usage de bureaux. • CE 23 oct. 2002, *Min. de l'Équipement c/ Stés Copra et Total*, nº 221464 : *RJF 2003, nº 54 ; ACL 2003. 381.* ♦ Sont aussi exclus les bureaux utilisés par les membres des professions libérales et les offices ministériels : pour l'application de ces dispositions, les professions libérales qu'elles désignent doivent s'entendre de celles dont l'exercice est réglementé, que leurs membres exercent leur activité à titre individuel ou dans le cadre de groupements ou de sociétés. • CE 29 juin 2001, Sté AIG Europe, n° 210989 B : *RJF 2001, n° 1243.* ♦ En l'espèce, une société qui exerçait non seulement des activités d'avocat, d'expertise comptable et de commissariat aux comptes, mais aussi d'audit et de conseil en organisation et en gestion, ne regroupait pas seulement des membres de professions libérales au sens de ces dispositions. • Même arrêt. ♦ L'exonération prévue par les dispositions de l'art. L. 520-7 C. urb., concernant les bureaux utilisés par les membres des professions libérales et les offices ministériels, est applicable aux membres des professions libérales (en l'espèce, un médecin et un infirmier) qui exercent leur activité au sein d'une structure associative agréée. • CE 28 juill. 2011, *Pigeon*, n° 317372 B : *RJF 2011, n° 1158.* ♦ Toutefois, des locaux entièrement destinés à l'activité médicale d'un service de médecine du travail ne peuvent être regardés comme des locaux à usage de bureaux au sens et pour l'application de l'art. L. 520-1 C. urb. • Même décision. ♦ Sont également exclus de la redevance prévue par les dispositions de l'art. L. 520-1 C. urb. les locaux commerciaux, sans qu'y fasse obstacle la circonstance que lesdits locaux aient été qualifiés de bureaux dans la demande de permis de construire. • TA Melun, 29 avr. 2009, *Caisse de Crédit mutuel de Vincennes*, n° 05-7246 : *RJF 2010, n° 34.* ♦ En l'espèce, le permis de construire délivré avait pour objet la transformation de locaux pris à bail en vue de l'extension d'une agence bancaire, par la création, outre un espace associatif, de trois bureaux destinés à l'accueil de la clientèle en vue du placement de produits et services financiers, lesdits bureaux étant directement accessibles depuis l'espace d'accueil de la clientèle, d'une salle de réunion et d'un local technique, qui constituent l'accessoire nécessaire au service commercial offert par l'agence. • Même jugement. ♦ Ont pu être exclus de la redevance des bureaux destinés au service médical du travail interentreprises ayant pour objet exclusif la pratique de la médecine du travail et étant entièrement destinés à l'activité médicale de ce centre : ils ne peuvent être regardés comme des locaux à usage de bureaux au sens de l'art. L. 520-1 C. urb. ; décharge de la redevance. • CE 28 juill. 2011, n° 317372 B. ♦ Les compensations assortissant la délivrance des autorisations mentionnées à l'art. L. 631-7 du CCH, qui n'a ni le même objet ni, d'ailleurs, le même champ d'application que l'art. L. 520-1 C. urb., sont sans lien avec la redevance qui est due en cas de création de locaux à usage de bureaux dans la région d'Île-de-France : les contreparties mentionnées dans l'arrêté du préfet, et notamment la libération par la société redevable d'autres locaux à usage de bureaux dans un arrondissement voisin, ne sont donc pas de nature à affecter le montant de l'imposition due. • CE 23 oct. 2002, *Min. de l'Équipement c/ Stés Copra et Total*, n° 221464 : *préc.* ♦ V. aussi • CE 23 oct. 2002, *Min. de l'Équipement c/ Sté Cise, Miller, Benenatti et Cie fin. de la Plaine Monceau*, n° 221467 : *RJF 2003, n° 54* • CE 23 oct. 2002, *Min. de l'Équipement c/ Sté Sova*, n° 221466.

II. MISE EN ŒUVRE ET CONTESTATIONS

3. Délégation. La redevance pour création de locaux à usage de bureaux entre, pour l'application de l'art. R. 421-4 C. urb., dans la catégorie des impositions dont le permis de construire constitue le fait générateur. Dès lors, le préfet pouvait faire usage de la délégation de pouvoir prévue par l'art. R. 424-1 préc. et la décision du maire de Paris fixant le montant de l'imposition n'était donc pas entachée d'incompétence. • CE 8 mars 2002, *Sté COFIFAP*, n° 221465 B : *RJF 2002, n° 650 ; Coll. terr. 2002, n° 138, note Erstein ; ACL 2003. 379.*

4. Fixation du montant et liquidation. Aucune disposition de nature législative ou réglementaire n'impose à l'autorité administrative de différer jusqu'au début des travaux la fixation du montant de la redevance pour création de locaux à usage de bureau. Dès lors, le maire de Paris a pu fixer ce montant par une décision postérieure au fait générateur de cette imposition, constitué par la délivrance du permis de construire, sans avoir attendu le commencement des travaux. • CE 8 mars 2002, *Sté COFIFAP*, n° 221465 : *préc. note 3.* ♦ Aux termes de l'art. L. 520-4 C. urb., la décision liquidant le montant de la redevance est adressée au directeur départemental des services fiscaux, dans le délai de 3 mois à compter de la date du permis de construire : ce délai n'est pas prescrit à peine de nullité. • Même arrêt.

5. Dégrèvement. En vertu de l'art. L. 208 LPF, lorsqu'un dégrèvement d'impôt est prononcé par l'administration à la suite d'une réclamation tendant à la réparation d'une erreur commise dans l'assiette ou le calcul de l'impôt, les sommes remboursées au contribuable donnent lieu au paiement d'intérêts moratoires. Il en résulte que la restitution à la société requérante de la redevance pour création de bureaux en Île-de-France, qui est intervenue, conformément aux dispositions de l'art. L. 502-5 CCH, du fait de l'abandon par cette société de son programme de construction de bureaux, ne fait pas suite à une réclamation tendant à la réparation d'une erreur dans l'assiette ou le calcul de l'impôt et ne peut ouvrir droit au versement des intérêts moratoires prévus à l'art. L. 208 LPF. • CAA Paris, 28 mars 2000, *Sté SEMARELP*, n° 98PA04276 : *RFDA 2000. 696.*

6. Majoration. Celle-ci, s'agissant de la redevance pour création de locaux à usage de bureaux en Île-de-France à un taux double, applicable en vertu de l'art. R. 520-10 C. urb. en cas de réalisation de travaux avant la délivrance du permis de construire, présente le caractère d'une punition tendant à empêcher la réitération des agissements qu'elle vise et n'a pas pour objet la seule réparation pécuniaire d'un préjudice. Elle doit donc être regardée comme une sanction fiscale soumise aux dispositions de l'art. L. 80 LPF. • TA Paris, 15 févr. 2008, *Sté WPY*, n° 03-19744 : *RJF 2009, n° 37.* ♦ En édictant cette majoration, dont l'assiette est définie et le taux plafonné par la loi, l'art. L. 520-11 C. urb. ne méconnaît pas en lui-même le principe de nécessité des peines. En renvoyant au pouvoir réglementaire le soin de fixer le taux des majorations applicables, cet art. ne dispense pas ce dernier de respecter les exigences découlant de l'art. 8 de la Déclaration de 1789. • Cons. const. 30 mars 2012, *Sté Unibail Rodamco*, n° 2012-225 QPC : *AJDA 2012. 678, note Brondel ; RJEP 2012, n° 43, note Fraisse.*

7. Avis de mise en recouvrement. La circ. n° 86-12 du 31 janv. 1986 du ministre chargé de l'urbanisme, relative au régime de la redevance pour création de locaux à usage de bureaux en région d'Île-de-France, est invocable par le redevable de cet impôt sur le fondement de l'art. L. 80 LPF, qui permet aux contribuables de se prévaloir des énonciations contenues dans les notes ou instructions publiées. Or ladite circulaire range, parmi les faits générateurs de cet impôt, le procès-verbal constatant une infraction aux dispositions légales et prévoit qu'à peine de forclusion de l'action en recouvrement, l'avis de mise en recouvrement qui entraîne l'exigibilité de la redevance doit être délivré dans les 2 ans de la date du fait générateur. Une société est donc en droit d'opposer à l'administration cette circulaire pour obtenir la décharge de cette redevance, dès lors que celle-ci a émis l'avis de mise en recouvrement des droits en litige plus de 2 ans après la date d'établissement du procès-verbal dressé à son encontre. • CE 13 févr. 2013, *Sté Unibail Rodamco*, n° 350936 : *RJF 2013, n° 517.* ♦ En prévoyant que l'avis de mise en recouvrement doit être émis dans les 2 ans qui suivent la délivrance du permis de construire, le dépôt des déclarations qu'il mentionne ou, à défaut, le début des travaux, le législateur n'a pas entendu viser les cas dans lesquels des locaux à usage de bureaux ou des locaux de recherche sont construits ou des locaux précédemment affectés à un autre usage sont transformés en de tels locaux en méconnaissance des dispositions imposant l'obtention d'un permis de construire ou le dépôt d'une déclaration, mais seulement les cas dans lesquels aucun texte ne requiert l'obtention d'un tel permis ou le dépôt d'une telle déclaration. • CE 30 juill. 2010, *Sté Unibail Holding*, n° 312204 B : *AJCT 2011. 147, obs. Strebler ; RJF 2010, n° 1030.* ♦ Dans l'hypothèse d'une construction ou d'une transformation en infraction aux dispositions relatives au permis de construire ou aux déclarations exigibles, seule trouve à s'appliquer la prescription prévue par les dispositions de l'art. L. 186 LPF, qui court à compter de l'achèvement des travaux ou des aménagements exécutés sans autorisation ou sans déclaration en vue de la construction de locaux à usage de bureaux ou de locaux de recherche ou de la transformation en de tels locaux, fait générateur de l'imposition. • Même décision.

8. Contestation. Les redevances pour création de locaux à usage de bureaux constituent, par leur nature, des impositions. Elles ne peuvent donc faire l'objet d'un recours contentieux qu'au titre de la procédure fixée par les art. L. 190 et R. 190 s. LPF. • CE 17 déc. 2003, *Min. de l'Équipement c/ Mme Rado*, nos 237044 B et 237045 : *ACL 2004. 587* • CE 29 déc. 2004, *Min. de l'Équipement, des Transports, du Logement, du Tourisme et de la Mer c/ SA Foncière Paris-Neuilly*, n° 252436 • 29 déc. 2004, *Min. de l' Équipement, des transports, du logement, du tourisme et de la mer c/ SA Cise et a.*, n° 252437. ♦ Par suite, l'obligation d'une réclamation préalable, reprise par les dispositions de l'art. R. 772-2 CJA, leur est applicable. • Mêmes décisions. ♦ L'art. 6 de la Convention européenne de sauvegarde des droits de l'homme et des libertés fondamentales [V. ce texte au **C. pr. pén.**] ne peut être utilement invoqué devant le juge de l'impôt qui, en l'absence de contestation propre aux pénalités, ne statue pas en matière pénale et ne tranche pas des contestations sur des droits et obligations à caractère civil. • CE 8 mars 2002, *Sté COFIFAP : préc. note 1.* ♦ Le jugement d'ouverture d'une procédure collective à l'encontre d'une société n'a d'effet suspensif de prescription qu'à l'égard de cette seule société, et non de ses codébiteurs solidaires, à l'égard desquels le comptable public disposait d'un droit de poursuite individuelle pendant toute la durée de la procédure, bien que l'effet interruptif de la prescription de la déclaration de créances qui s'étend aux débiteurs solidaires ait produit ses effets jusqu'à l'extinction de l'instance. • CE 10 oct. 2014, *Sté CISE*, n° 364344 B. ♦ Sur la taxe annuelle, perçue au profit de l'État, sur les bureaux en Île-de-France, V.CGI, art. 231 *ter*.

Art. L. 4414-4 La région d'Île-de-France bénéficie de l'attribution de la part, fixée par décret en Conseil d'État, du produit du relèvement du tarif des amendes de police relatives à la circulation routière, conformément à l'article 96 de la loi de finances pour 1971 (n° 70-1199 du 21 décembre 1970). – *[L. n° 76-394 du 6 mai 1976, art. 28 (8°).]*

Art. L. 4414-5 *(L. n° 2018-1317 du 28 déc. 2018, art. 166)* **La région d'Île-de-France bénéficie de l'attribution d'une part de la taxe annuelle sur les surfaces de stationnement régie par l'article 1599 *quater* C du code général des impôts, dans la limite de 66 millions d'euros.**

Art. L. 4414-6 *Abrogé par L. n° 2007-1822 du 24 déc. 2007, art. 115.*

Art. L. 4414-7 *(L. n° 99-1172 du 30 déc. 1999)* **À compter du 1er janvier 2000, une fraction de la taxe annuelle sur les locaux à usage de bureaux, les locaux commerciaux et les locaux de stockage, régie par l'article 231 *ter* du code général des impôts, est affectée à la région d'Île-de-France. Cette fraction est fixée à 50 % dans la limite de 109 763 292,41 € en 2000, 128 057 174,48 € en 2001, 146 351 040 € en 2002, 164 644 920 € en 2003** *(L. n° 2016-1917 du 29 déc. 2016, art. 147)* **« , » 182 938 800 €** *(L. n° 2016-1917 du 29 déc. 2016, art. 147)* **« de 2004 à 2016 et 212 938 800 euros en 2017 » et les années suivantes.**

1. BIBL. Cloché-Dubois, Les projets immobiliers en 2012 à l'aune des dernières réformes de la fiscalité de l'aménagement, *RFDA 2012. 883*.

2. *Champ d'application.* Aux termes de l'art. 231 *ter* CGI, il est perçu, dans la région d'Île-de-France, une taxe annuelle sur les locaux à usage de bureaux. Aux termes du II de cet art., les locaux à usage de bureaux s'entendent des locaux commerciaux ou à usage professionnel, ainsi que des locaux utilisés par les administrations publiques à l'exception de ceux spécialement aménagés pour l'exercice d'une activité de caractère sanitaire, social, éducatif, sportif ou culturel. V. CGI, art. 231 *ter*. La seule circonstance que la réglementation du travail s'opposerait à ce que ces locaux situés en sous-sol puissent servir de bureaux ne saurait suffire à les exclure du champ de cette taxe, qui d'ailleurs s'applique aux salles de réunion privées de lumière naturelle. • CE 19 juin 2002, *Région d'Île-de-France*, n° 229669 B : *RJF 2002, n° 1112 ; Coll. terr. 2002, n° 202, note Erstein ; BJCL 2002. 297 ; ACL 2003. 385.* ♦ La nécessaire rénovation de locaux et leur vétusté affectant la compétitivité internationale de la région ne caractérisent pas un changement dans les conditions de fait au regard de l'objectif poursuivi par le législateur à travers la création de cette taxe qui est de préserver la capacité d'intervention de l'État en Île-de-France afin de corriger les déséquilibres de cette région en matière de logements sociaux, de transports collectifs et d'infrastructures de transport. • CE 5 mai 2014, *Sté Europe immobilière*, n° 362283. ♦ Il résulte aussi des dispositions de l'art. 231 *ter* CGI que les locaux utilisés par les associations ou organismes privés poursuivant ou non un but lucratif sont assimilés à des bureaux. Ainsi, un comité d'entreprise étant un organisme privé, les locaux mis à sa disposition doivent être assujettis à la taxe sur les bureaux. En effet, l'art. L. 2315-6 C. trav. faisant obligation à l'employeur de mettre à la disposition des délégués du personnel le local nécessaire pour leur permettre d'accomplir leur mission et, notamment, de se réunir, ces locaux font partie des dépendances indispensables à l'exercice de l'activité de l'entreprise. • CAA Paris, 15 avr. 2010, *Sté immobilière Wagram Étoile*, n° 08PA01889 : *RJF 2010. 911.* ♦ Aux termes de l'art. 231 *ter* CGI, les locaux sont taxables dès lors qu'ils sont destinés à l'usage de bureaux et n'ont pas changé de destination au 1er janv. de l'année d'imposition : la destination des lieux est un critère suffisant pour soumettre le local à la taxe sur les bureaux, et aucune disposition expresse ne prévoit l'exclusion ou l'exonération des bureaux qui ne sont pas effectivement utilisés. • CE 27 juin 2008, *Cie Foncière Parisienne*, n° 308195. ♦ Dès lors qu'à la date de la signature d'un contrat de prêt à usage, les locaux à usage de bureaux n'existaient pas, qu'aucune stipulation du contrat n'avait pour effet de rendre le prêteur propriétaire des immeubles édifiés par l'emprunteur dès leur construction, et que, par ailleurs, il ne résulte pas des dispositions de l'art. 555 C. civ. que le propriétaire d'un terrain objet d'un prêt à usage devient immédiatement, et avant la fin de ce prêt, propriétaire des constructions que l'emprunteur a élevées régulièrement sur ce terrain, le prêteur ne pouvait pas être considéré comme redevable de la taxe sur les locaux à usage de bureaux, en vertu de l'art. 231 *ter* CGI. • CAA Paris, 21 juin 2007, *Congrégation religieuse des Augustines de l'Hôtel-Dieu*, n° 05PA1954 : *RJF 2008, n° 48.*

3. *Exclusions.* Il résulte des dispositions du II de l'art. 231 *ter* CGI que, sont seuls exceptés du champ d'application de la taxe annuelle sur les locaux à usage de bureaux, les locaux exclusivement adaptés, de par leur conception même, à l'exercice d'une activité de la nature de celles qu'elles mentionnent, et que les locaux administratifs inclus dans un établissement d'enseignement ne présentent pas ce caractère. • CE 19 juin 2002, *Région d'Île-de-France*, n° 229669 : *préc. note 2.* ♦ Dès lors, doivent être mises à la charge de la région d'Île-de-France, les cotisations de taxe sur les locaux à usage de bureaux, auxquelles elle est assujettie à raison des locaux administratifs que comportent les bâtiments, dont elle est propriétaire, de plusieurs lycées situés dans le département de la Seine-et-Marne. • Même décision. ♦ Par ailleurs, aux termes du II de l'art. 231 *ter* CGI, pour ce qui est des locaux commerciaux ou à usage professionnel, sont également exceptés du champ d'application de la taxe annuelle sur les locaux à usage de bureaux, d'une part, les magasins, boutiques, ateliers, hangars, garages et locaux de stockage et, d'autre part, les locaux spécialement aménagés pour l'exercice d'une activité de caractère sanitaire, social, éducatif, sportif ou culturel. Dès lors, il résulte des termes de cet art. que ne font pas partie des locaux exclus du champ d'application de ladite taxe les surfaces des locaux à usage de bureaux correspondant à des vestiaires, sanitaires, salle de repos, infirmerie, et dégagements de ses locaux de bureaux, tous situés au premier étage, alors que le rez-de-chaussée est occupé par le magasin lui-même. L'administration les a donc inclus à bon droit dans la base d'imposition. • TA Cergy-Pontoise, 11 avr. 2002, *SA Financière Interball*, n° 99-34331 : *RJF 2002, n° 1253.* ♦ Les locaux d'une agence bancaire, dans lesquels des prestations de services de nature commerciale sont effectuées, sont imposables dans la catégorie des locaux commerciaux mentionnée à l'art. 231 *ter* III-2° CGI. Lorsque les locaux occupés par les conseillers financiers d'une agence bancaire, alors même qu'ils seraient séparés par des cloisons des autres zones de l'agence, sont utilisés pour la réalisation de prestations de services de nature commerciale auprès du public intéressé et que le local occupé par le directeur de l'agence est également utilisé à des fins de réception de la clientèle, l'ensemble de ces locaux entre ainsi dans la catégorie des locaux commerciaux. • CE 30 mars 2011, *Sté Crédit industriel et commercial*, n° 336765 : *RJF 2011, n° 709.* ♦ Toutefois, si la superficie de ces locaux est inférieure au seuil de 2 500 m², prévu par l'art. 231 préc., une société est fondée à demander la décharge de la taxe annuelle sur les locaux à usage de bureaux à laquelle elle a été assujettie, concernant les locaux inoccupés d'une ancienne clinique auparavant réservés à l'exploitation d'un cabinet de radiologie, d'un bloc opératoire et aux consultations ainsi que, pour une très petite superficie, au secrétariat médical, et qui comportaient des aménagements et des équipements spécifiques faisant obstacle à ce qu'ils soient utilisés à usage de bureaux : ces locaux étaient au nombre de ceux spécialement aménagés pour l'exercice d'activités à caractère sanitaire, et qui sont exonérés de la taxe sur les locaux à usage de bureaux par l'effet des dispositions du 2° du V de l'art. 231 *ter* CGI. • CAA Versailles, 27 mars 2007, *Sté Cliniques chirurgicales SA*, n° 05VE02132.

4. Contestations. Sur les recours relatifs aux taxes syndicales et aux impôts locaux autres que la contribution économique territoriale, le tribunal administratif statue en premier et dernier ressort. Mais la taxe annuelle sur les locaux à usage de bureaux, les locaux commerciaux et les locaux de stockage en Île-de-France, régie par l'art. 231 *ter* CGI, est perçue au profit de l'État. Elle ne saurait ainsi être regardée comme un impôt local au sens de l'art. R. 811-1 CJA. Dès lors, le Conseil d'État n'est pas compétent pour en connaître par la voie du recours en cassation, et il y a lieu d'attribuer à la cour administrative d'appel compétence pour statuer sur le jugement du tribunal administratif en tant qu'il s'est prononcé sur sa demande en décharge de la taxe annuelle sur les locaux à usage de bureaux, les locaux commerciaux et les locaux de stockage en Île-de-France. • CE 9 nov. 2005, *Sté Cliniques chirurgicales SA*, n° 275163 B : *ACL 2006. 412.*

SECTION 3 **Dispositions diverses**

Art. L. 4414-8 La part de l'État dans le financement des opérations réalisées par les collectivités locales ne peut être réduite du fait de la participation de la région d'Île-de-France. — *[L. n° 76-394 du 6 mai 1976, art. 32.]*

TITRE II LA COLLECTIVITÉ DE CORSE

BIBL. GÉN. ▶ BOUZELY, Le régime spécifique de la Corse, *Rev. adm. 1989. 159, n° 248.* – DOUENCE, La Corse, *RFDA 2016. 645*. – MICHALON, Région de Corse : maturité progressive des institutions, épilogue du statut particulier, *RFDA 1986. 580.* – ORSONI, Le régime fiscal de la Corse, *RFFP 1991, n° 33.* – TEDESCHI, Les rapports de la Corse et de l'Europe, *RD publ. 1993. 1193.*

▶ **Commentaires de la décision du Conseil constitutionnel n° 91-290 DC :** CARPENTIER, *LPA 10 juill. 1991.* – DEBBASCH, *D. 1991. 624*. – ÉTIEN, *Rev. adm. 1991. 234, n° 261.* – FAVOREU, *RFD const. n° 6, 1991. 305 ; ibid. n° 7, 1991.* – GENEVOIS, *RFDA 1991. 407*. – HOUTEER, *LPA 21 juin 1991 ; ibid. 5 juill. 1991.* – LUCHAIRE, *RD publ. 1991. 943.*

▶ **Commentaires du statut issu de la loi n° 91-428 du 13 mai 1991 :** FERRARI, *AJDA 1991. 701*. – LUCHAIRE, *RD publ. 1991. 943 ; RFD const. n° 7, 1991.* – MICHALON, *RFDA 1991. 720*. – OLIVESI, Motivations gouvernementales pour une réforme, *RFDA 1991. 706*. – OLIVESI et PASTOREL, Corse 1992, l'année de la mise en place du statut Joxe, *ACL, Litec 1993.* – PASTOREL, Les compétences de la collectivité territoriale de Corse, *RFDA 1991. 741*. – ROMI, Le nouveau statut de la Corse et la protection de l'environnement, *RFDA 1991. 751*. – TANGUY, La motion de défiance dans le statut de la Corse, *Rev. adm. 1992. 121.*

▶ **Commentaire de la décision du Conseil constitutionnel du 17 janvier 2002 et de la loi du 22 janvier 2002 :** FAURE, La décentralisation normative à l'épreuve du Conseil constitutionnel, *RFDA 2002. 469*. – FERRARI, La loi du 22 janvier 2002 relative à la Corse, *AJDA 2002. 86*. – PASTOREL, POLI ET ROMI, Le nouveau statut de la Corse (2° partie), *RFDA 2002. 685 (dossier)*. – SCHOETTL, Le Conseil constitutionnel et le statut de la Corse, *AJDA 2002. 100*. – VERPEAUX, Une décision inattendue ?, *RFDA 2002. 459* – VIOLA, Le Conseil constitutionnel et la langue corse, *RFDA 2002. 474*.

▶ **Commentaire sur le projet de 2003 :** ROMI, Que toutes les îles se ressemblent !, *AJDA 2003. 1340*.

CHAPITRE I DISPOSITIONS GÉNÉRALES

Art. L. 4421-1 *(L. nº 2015-991 du 7 août 2015, art. 30)* **La collectivité de Corse constitue, à compter du 1er janvier 2018, une collectivité à statut particulier au sens de l'article 72 de la Constitution, en lieu et place de la collectivité de Corse et des départements de Corse-du-Sud et de Haute-Corse. Elle s'administre librement, dans les conditions fixées au présent titre et par l'ensemble des autres dispositions législatives relatives aux départements et aux régions non contraires au présent titre.**

Pour l'application à la collectivité de Corse du premier alinéa du présent article :

1º Les références au département et à la région sont remplacées par la référence à la collectivité de Corse ;

2º Les références au conseil départemental et au conseil régional sont remplacées par la référence à l'Assemblée de Corse ;

3º Les références aux présidents du conseil départemental et du conseil régional sont remplacées par la référence au président du conseil exécutif de Corse ;

(Ord. nº 2016-1562 du 21 nov. 2016, art. 1er) **« 4º Les références à la collectivité territoriale de Corse sont remplacées par la référence à la collectivité de Corse. »**

Sur les personnels de la collectivité territoriale de Corse et son organisation, V. ci-dessous L. nº 2015-991 du 7 août 2015, art. 30-III s.

1. Le Conseil constitutionnel a déclaré l'art. 1er de la L. nº 91-428 du 13 mai 1991 non conforme à la Constitution car faisant référence au « peuple corse », alors que la Constitution ne connaît que le « peuple français ». Il a de même déclaré non conformes : l'art. 7, organisant une incompatibilité particulière aux élus de Corse entre les mandats de conseiller de l'Assemblée de Corse et de conseiller général ; certaines dispositions de l'art. 26 établissant une information privilégiée au profit des parlementaires corses et attribuant à l'Assemblée de Corse un pouvoir d'injonction au Gouvernement ; enfin deux dispositions de l'art. 78 empiétant sur le domaine des lois de finances. Mais il accepte comme conforme à l'art. 72 de la Constitution que la Corse soit dotée d'une organisation administrative spécifique, celle-ci respectant à la fois le principe de libre administration des collectivités territoriales et les prérogatives de l'État, et n'affectant pas de manière substantielle les attributions des deux départements. • Cons. const. 9 mai 1991, nº 91-290 DC : *JO 14 mai ; Rec. Cons. const. 50.* – Pour les commentaires de cette décision, V. la bibliographie générale citée ci-dessus.

2. En vertu de l'art. 72-1 de la Constitution, issu de la révision du 27 mars 2003, la L. nº 2003-486 du 10 juin 2003 organise une consultation des électeurs de Corse sur la modification institutionnelle de la Corse. Le 6 juill. 2003, les électeurs ont désapprouvé la réforme proposée par le Gouvernement, par 54967 « oui » (49 %) contre 57206 « non » (51 %). Le recours contre les résultats de la consultation a été rejeté : les irrégularités constatées ne sont pas susceptibles d'affecter le résultat, le « non » continuant de l'emporter. • CE, ass., 17 oct. 2003, *Consultation des électeurs de Corse,* nº 258487 A : *RFDA 2003. 1253 ; AJDA 2003. 2383, note Maligner ; ACL 2004, nº 5.*

Loi nº 2015-991 du 7 août 2015,

Portant nouvelle organisation territoriale de la République.

Art. 30 *[...]* III. — Les personnels de la collectivité territoriale de Corse instituée par la loi nº 91-428 du 13 mai 1991 portant statut de la collectivité territoriale de Corse et ceux des départements de Corse-du-Sud et de Haute-Corse relèvent de plein droit, au 1er janvier 2018, de la collectivité de Corse, dans les conditions de statut et d'emploi qui sont les leurs. Les articles L. 5111-7 et L. 5111-8 du code général des collectivités territoriales leur sont applicables.

IV. — La collectivité de Corse instituée par le présent article est substituée à la collectivité territoriale de Corse instituée par la loi nº 91-428 du 13 mai 1991 précitée et aux départements de Corse-du-Sud et de Haute-Corse dans toutes les procédures administratives et juridictionnelles en cours à la date de sa création, ainsi que dans toutes leurs délibérations et tous leurs actes.

Les contrats sont exécutés dans les conditions antérieures jusqu'à leur échéance, sauf accord contraire des parties. Les cocontractants sont informés de la substitution de personne morale par le président du conseil exécutif. La substitution de personne morale aux contrats antérieurement conclus n'entraîne aucun droit à résiliation ou à indemnisation pour le cocontractant.

V. — Par dérogation à l'article L. 192 du code électoral, le mandat des conseillers départementaux élus en mars 2015 expire le 31 décembre 2017.

VI. — Par dérogation à l'article L. 364 du même code, le mandat des membres de l'Assemblée de Corse élus en décembre 2015 expire le 31 décembre 2017.

VII. — En vue de la création de la collectivité de Corse au 1er janvier 2018, le Gouvernement est autorisé, dans les conditions prévues à l'article 38 de la Constitution et dans les dix-huit mois suivant la promulgation de la présente loi, à prendre par ordonnances les mesures relevant du domaine de la loi :

1° Précisant les modalités de fin de mandat des conseillers départementaux de Corse-du-Sud et de Haute-Corse élus en mars 2015, notamment la date à partir de laquelle il n'est plus procédé au remplacement des sièges vacants ;

2° Modifiant les références en droit électoral aux départements de Corse-du-Sud et de Haute-Corse ou aux membres de leurs assemblées délibérantes qui ne peuvent être maintenues ;

3° Adaptant les règles relatives à l'élection des sénateurs dans la collectivité de Corse, notamment la composition du collège électoral concourant à leur élection ;

4° Tendant à créer ou à adapter le territoire d'intervention et les modalités d'organisation, de fonctionnement et de financement par la collectivité de Corse de tout établissement ou organisme institué par la loi, en conséquence de la fusion de la collectivité territoriale de Corse et des deux conseils départementaux ;

5° Adaptant les références au département, à la région et à la collectivité territoriale de Corse dans toutes les dispositions législatives en vigueur susceptibles d'être applicables à la collectivité de Corse ;

6° Précisant le territoire d'intervention de l'État, l'organisation de ses services déconcentrés ainsi que les règles de compétences et d'organisation des juridictions ;

7° Précisant et complétant les règles budgétaires, financières, fiscales et comptables applicables à la collectivité de Corse ;

8° Précisant et complétant les règles relatives aux concours financiers de l'État et aux fonds nationaux de péréquation des recettes fiscales applicables à la collectivité de Corse ;

9° Précisant les modalités de transfert des fonctionnaires et agents non titulaires, y compris les personnels détachés sur des emplois fonctionnels.

Le projet de loi portant ratification de chaque ordonnance est déposé devant le Parlement au plus tard le dernier jour du troisième mois suivant la publication de cette ordonnance.

[...]

IX. — A. — Le I, à l'exception du *b* du 22°, et les II, III et IV du présent article entrent en vigueur au 1er janvier 2018.

[...]

C. — Pour l'exercice 2018, les articles L. 1612-1 et L. 4312-6 du code général des collectivités territoriales sont applicables à la collectivité de Corse, sur la base du cumul des montants inscrits aux budgets de l'année précédente de la région et des départements auxquels elle succède et des autorisations de programme et d'engagement votées au cours des exercices antérieurs des collectivités auxquelles elle succède.

Pour ce même exercice, la collectivité de Corse est compétente pour arrêter les comptes administratifs de la région et des départements fusionnés, dans les conditions prévues à l'article L. 1612-12 du même code.

Art. L. 4421-2 *(L. nº 2015-991 du 7 août 2015, art. 30)* **La collectivité de Corse est substituée à la collectivité territoriale de Corse instituée par la loi nº 91-428 du 13 mai 1991 portant statut de la collectivité territoriale de Corse et aux départements de Corse-du-Sud et de Haute-Corse dans tous leurs biens, droits et obligations ainsi que dans toutes les délibérations et actes pris par ces derniers.**

Le transfert de ces biens, droits et obligations est réalisé à titre gratuit et ne donne lieu à aucune indemnité ou perception de droits, impôts ou taxes, de quelque nature que ce soit, à aucun versement d'honoraires au profit des agents de l'État, ni à la contribution prévue à l'article 879 du code général des impôts.

Les avis des commissions administratives placées auprès du président de la collectivité territoriale de Corse et des présidents des conseils départementaux de Corse-du-Sud et de Haute-Corse rendus avant le 1er janv. 2018 sont réputés avoir été rendus par les commissions issues de la nouvelle collectivité territoriale. Toutefois, une consultation des nouvelles instances de la collectivité territoriale est requise lorsque plusieurs avis rendus à l'échelle des anciennes collectivités ne sont pas compatibles ou lorsque l'objet de la consultation implique la prise en considération du périmètre de la collectivité de Corse (Ord. n° 2016-1562 du 21 nov. 2016, art. 8 et 35, en vigueur le 1er janv. 2018).

Sur les dispositions relatives au personnel de la collectivité de Corse, V. L. n° 2015-991 du 7 août 2015, art. 30-III, reproduit ss. art. L. 4421-1, et Ord. n° 2016-1562 du 21 nov. 2016, art. 11 à 13.

Art. L. 4421-3 *(L. n° 2015-991 du 7 août 2015, art. 30)* **Une** *(Ord. n° 2016-1562 du 21 nov. 2016, art. 34)* **« chambre des territoires » est créée en Corse.** *(Ord. n° 2016-1562 du 21 nov. 2016, art. 34)* **« Elle est implantée à Bastia et y tient ses séances. »**

(L. n° 2022-217 du 21 févr. 2022, art. 9) **« Elle est composée :**

« 1° Du président du conseil exécutif de Corse, qui la préside ;

« 2° Du président de l'Assemblée de Corse ;

« 3° D'un représentant du comité de massif de Corse ;

« 4° D'un représentant du comité de bassin de Corse ;

« 5° De deux représentants élus par communauté de communes ;

« 6° De trois représentants élus, dont au moins deux maires, par communauté d'agglomération. »

Un décret précise les modalités d'élection ou de désignation des membres de cette *(Ord. n° 2016-1562 du 21 nov. 2016, art. 34)* **« chambre des territoires ».** *— V. art. D. 4422-30-2 s.*

Des personnes qualifiées peuvent y être entendues.

(Ord. n° 2016-1562 du 21 nov. 2016, art. 34) **« Elle se réunit sur un ordre du jour déterminé par le président du conseil exécutif de Corse pour échanger des informations, débattre de questions d'intérêt commun, coordonner l'exercice des compétences des collectivités territoriales, notamment en matière d'investissement, et promouvoir la prise en compte de la diversité des territoires dans la définition et la mise en œuvre des politiques publiques. »**

Elle se substitue à la conférence prévue à l'article L. 1111-9-1 du présent code. Ce même article L. 1111-9-1 lui reste applicable, à l'exception du II.

Art. L. 4421-4 *(L. n° 2002-92 du 22 janv. 2002, art. 23)* **Le conseil des sites de Corse exerce en Corse les attributions dévolues à la commission régionale du patrimoine** *(L. n° 2016-925 du 7 juill. 2016, art. 103)* **« et de l'architecture » prévue à** *(Ord. n° 2004-178 du 20 févr. 2004, art. 4 ; L. n° 2016-925 du 7 juill. 2016, art. 104)* **« l'article L. 611-2 du code du patrimoine », à la commission spécialisée des unités touristiques nouvelles prévue par l'article 7 de la loi n° 85-30 du 9 janvier 1985 relative au développement et à la protection de la montagne et à la** *(Ord. n° 2004-637 du 1er juill. 2004, art. 28)* **« commission départementale compétente en matière de nature, de paysages et de sites », perspectives et paysages prévue par l'article L. 341-16 du code de l'environnement.**

La composition du conseil des sites de Corse, qui comprend des membres nommés pour moitié par le représentant de l'État et pour moitié par le président du conseil exécutif, est fixée par décret en Conseil d'État.

Le conseil est coprésidé par le représentant de l'État et le président du conseil exécutif de Corse lorsqu'il siège en formation de commission régionale du patrimoine *(L. n° 2016-925 du 7 juill. 2016, art. 103)* **« et de l'architecture ».**

CHAPITRE II ORGANISATION

Art. L. 4422-1 **Les organes de la collectivité de Corse comprennent l'Assemblée de Corse et son président, le conseil exécutif de Corse et son président assistés du** *(Ord. n° 2016-1562 du 21 nov. 2016, art. 33)* **« conseil économique, social, environnemental et culturel de Corse ».**

SECTION 1 L'Assemblée de Corse

SOUS-SECTION 1 Composition

Art. L. 4422-2 **La composition de l'Assemblée de Corse et la durée des mandats des conseillers sont régies par les dispositions de l'article L. 364 du code électoral.** *— [L. n° 96-142 du 21 févr. 1996.]*

1. L'absence de présentation par un expert-comptable des comptes de campagne d'une des listes participant aux élections à l'Assemblée de Corse et la provenance inexpliquée d'une recette de 100 000 F conduisent le Conseil d'État à déclarer l'inéligibilité pour un an de la tête de cette liste. • CE, sect., 4 déc. 1992, *MM. Geromini, Biaggi, Musso et Commission nationale des comptes de campagne*, n° 136077 A : *RFDA 1993. 212 et 439, obs. Maligner ; AJDA 1993. 84 et 143, obs. Maugüé et Schwartz*.

2. Parité. L'art. L. 346 C. élect., relatif à l'élection des conseillers régionaux, issu de la L. n° 2003-327 du 11 avr. 2003, impose que les listes de candidats soient composées alternativement d'un candidat de chaque sexe. Ces dispositions n'ont pas été étendues à l'élection à l'Assemblée de Corse. Le Cons. const. a estimé qu'il ne pourrait mettre fin à cette rupture d'égalité qu'en censurant les nouvelles dispositions de l'art. L. 346 qui favorisent la parité. Une telle attitude méconnaîtrait la volonté du constituant de voir la loi favoriser la parité. • Cons. const. 3 avr. 2003, n° 2003-468 DC : *JO 12 avr. 2003, p. 6493 ; RFD const. 2003. 573, chron. Ghévontian.* ♦ Il a renvoyé à une prochaine loi relative à cette Assemblée pour mettre fin à cette inégalité (devenue L. n° 2003-1201 du 18 déc. 2003). • Même décision.

SOUS-SECTION 2 **Fonctionnement**

Art. L. 4422-3 L'Assemblée de Corse siège au chef-lieu de la collectivité de Corse. Toutefois, sur décision de sa commission permanente, elle peut se réunir en tout autre lieu de la Corse.

Elle se réunit de plein droit le premier jeudi qui suit son élection. — *[L. n° 91-428 du 13 mai 1991, art. 15.]*

Art. L. 4422-4 L'Assemblée de Corse tient chaque année, sur convocation de son président, deux sessions ordinaires d'une durée maximale de trois mois. La première s'ouvre le 1er février. La seconde s'ouvre le 1er septembre. Si ces dates correspondent à un jour férié, l'ouverture de la session a lieu le premier jour ouvrable qui suit. Les sessions sont ouvertes et closes par le président de l'Assemblée.

Des sessions extraordinaires sont organisées à l'initiative du président du conseil exécutif ou à la demande du tiers des conseillers à l'Assemblée, sur un ordre du jour déterminé fixé dans la convocation, pour une durée qui ne peut excéder deux jours. Un même conseiller à l'Assemblée ne peut présenter plus d'une demande de session extraordinaire par semestre.

En cas de circonstances exceptionnelles, l'Assemblée peut être réunie par décret.

En cas de vacance du siège du président du conseil exécutif de Corse, pour quelque cause que ce soit, le président de l'Assemblée de Corse convoque sans délai l'Assemblée et il est procédé à l'élection d'un nouveau conseil exécutif. — *[L. n° 91-428 du 13 mai 1991, art. 16.]*

Art. L. 4422-5 Les séances de l'Assemblée sont publiques, sauf si celle-ci en décide autrement à la majorité absolue des membres présents ou représentés. Les conditions de retransmission télévisée et radiodiffusée des débats sont déterminées par le règlement intérieur de l'Assemblée de Corse. — *[L. n° 91-428 du 13 mai 1991, art. 17.]*

Art. L. 4422-5-1 *(L. n° 2022-217 du 21 févr. 2022, art. 170)* Le président de l'Assemblée de Corse peut décider que la réunion de l'assemblée se tient en plusieurs lieux, par visioconférence.

Lorsque la réunion de l'Assemblée de Corse se tient par visioconférence, le quorum est apprécié en fonction de la présence des conseillers dans les différents lieux par visioconférence.

Les votes ne peuvent avoir lieu qu'au scrutin public. En cas d'adoption d'une demande de vote secret, le président reporte le point de l'ordre du jour à une séance ultérieure, qui ne peut se tenir par visioconférence. Le scrutin public peut être organisé soit par appel nominal, soit par scrutin électronique, dans des conditions garantissant sa sincérité. En cas de partage des voix, la voix du président est prépondérante. Le président proclame le résultat du vote, qui est reproduit au procès-verbal avec le nom des votants.

La réunion de l'Assemblée de Corse ne peut se tenir en plusieurs lieux par visioconférence pour l'élection du président et de la commission permanente, ni pour l'adoption du budget, du compte administratif, ni pour l'application des articles L. 4132-21 et L. 4132-22. L'Assemblée de Corse se réunit en un seul et même lieu au moins une fois par semestre.

Lorsque la réunion de l'Assemblée de Corse se tient entièrement ou partiellement par visioconférence, elle est diffusée en direct à l'attention du public sur le site internet de la collectivité de Corse. Lorsque des lieux sont mis à disposition par l'Assemblée de Corse pour la tenue d'une de ses réunions par visioconférence, chacun d'entre eux est accessible au public.

Lorsque la réunion de l'Assemblée de Corse se tient entièrement ou partiellement par visioconférence, il en est fait mention dans la convocation.

Le règlement intérieur fixe les modalités pratiques de déroulement des réunions en plusieurs lieux par visioconférence.

À compter de l'exercice budgétaire 2026, au 4e al. du présent art., les mots : « compte administratif » sont remplacés par les mots : « compte financier unique » (Ord. no 2025-526 du 12 juin 2025, art. 1er et 12).

Art. L. 4422-6 Est nulle toute délibération de l'Assemblée prise hors du temps des sessions ou hors du lieu des séances. – *[L. no 91-428 du 13 mai 1991, art. 18.]*

Art. L. 4422-7 L'Assemblée ne peut délibérer si la majorité absolue de ses membres en exercice n'est présente ou représentée.

Toutefois, si au jour fixé par la convocation le nombre des membres présents ou représentés est insuffisant pour délibérer, la réunion est renvoyée de plein droit au troisième jour suivant et les délibérations sont alors valables quel que soit le nombre des présents ou représentés.

Un conseiller à l'Assemblée empêché d'assister à une réunion peut donner délégation de vote pour cette réunion à un autre conseiller à l'Assemblée. Celui-ci ne peut recevoir qu'une seule délégation.

Les délibérations de l'Assemblée sont prises à la majorité des suffrages exprimés. – *[L. no 91-428 du 13 mai 1991, art. 19.]*

Art. L. 4422-8 Lors de sa première réunion, l'Assemblée, présidée par son doyen d'âge, les deux plus jeunes membres faisant fonction de secrétaires, élit en son sein au scrutin secret son président.

Par dérogation aux dispositions de l'article L. 4422-7, l'Assemblée ne peut délibérer que si les deux tiers de ses membres sont présents ou représentés. Si cette condition n'est pas remplie, la réunion se tient de plein droit trois jours plus tard. La réunion peut alors avoir lieu sans condition de quorum.

Le président est élu au scrutin secret à la majorité absolue des conseillers à l'Assemblée. Si cette élection n'est pas acquise après les deux premiers tours de scrutin, il est procédé à un troisième tour de scrutin et l'élection a lieu à la majorité relative. En cas d'égalité de voix, l'élection est acquise au bénéfice de l'âge.

Le président est élu pour la durée du mandat de l'Assemblée.

En cas de vacance du siège du président de l'Assemblée, pour quelque cause que ce soit, les fonctions de président sont provisoirement exercées par un des membres de la commission permanente choisi dans l'ordre de leur élection et il est procédé à une nouvelle élection du président et des autres membres de la commission permanente. – *[L. no 91-428 du 13 mai 1991, art. 20.]*

Art. L. 4422-9 Aussitôt après l'élection du président et sous sa présidence, l'Assemblée procède à l'élection des membres de la commission permanente sous la même condition de quorum que celle prévue à l'article L. 4422-8.

La commission permanente est présidée par le président de l'Assemblée qui en est membre de droit. Elle comprend en outre *(Ord. no 2016-1562 du 21 nov. 2016, art. 2)* « quatorze » conseillers à l'Assemblée *(L. no 2002-92 du 22 janv. 2002, art. 55)* « , dont deux vice-présidents ».

(L. no 2007-128 du 31 janv. 2007) « Les membres de la commission permanente autres que le président sont élus au scrutin de liste. Chaque conseiller à l'Assemblée ou groupe de conseillers peut présenter une liste de candidats. Chaque liste est composée alternativement d'un candidat de chaque sexe.

« Les listes sont déposées auprès du président dans l'heure qui suit l'élection de celui-ci. Si, à l'expiration de ce délai, une seule liste a été déposée, les nominations prennent alors effet immédiatement, dans l'ordre de la liste, et il en est donné lecture par le président.

« Dans le cas contraire, l'élection a lieu à la représentation proportionnelle à la plus forte moyenne, sans panachage ni vote préférentiel, entre les listes mentionnées au troisième alinéa. Les sièges sont attribués aux candidats dans l'ordre de présentation sur chaque liste. Si plusieurs listes ont la même moyenne pour l'attribution du dernier siège, celui-ci revient à la liste qui a obtenu le plus grand nombre de suffrages. En cas d'égalité de suffrages, le siège est attribué au plus âgé des candidats susceptibles d'être proclamés élus. Si le nombre de candidats figurant sur une liste est inférieur au nombre de sièges qui lui reviennent, le ou les sièges non pourvus sont attribués à la ou aux plus fortes moyennes suivantes.

« Après la répartition des sièges, l'Assemblée procède à l'élection des vice-présidents parmi les membres de la commission permanente, selon les règles prévues au cinquième alinéa de l'article L. 4133-5. »

En cas de vacance de siège de membre de la commission permanente autre que le président, la ou les vacances sont pourvues selon la procédure fixée par *(L. n° 2007-128 du 31 janv. 2007)* « les troisième et quatrième alinéas » ci-dessus.

À défaut, et si un seul siège est vacant, il est procédé à une nouvelle élection dans les mêmes conditions que pour l'élection du président. Si plusieurs sièges sont vacants, il est procédé à une nouvelle élection dans les conditions prévues aux *(Abrogé par L. n° 2007-128 du 31 janv. 2007)* « *quatrième,* » cinquième et sixième alinéas ci-dessus.

Les membres de la commission permanente sont élus pour un an à l'ouverture de la première session ordinaire. La commission permanente organise les travaux de l'Assemblée.

V. note ss. art. L. 4133-5.

1. Désignation des vice-présidents. Le président de l'Assemblée de Corse a violé les dispositions de l'art. L. 4422-9 pour la désignation des deux vice-présidents de l'Assemblée en procédant à l'élection d'un premier vice-président entre deux candidats puis, après avoir déclaré la procédure suivie « nulle et non avenue », en ayant fait un nouvel appel à candidature en vue de pourvoir simultanément, comme le prévoient les dispositions précitées, les deux postes de vice-présidents ; que deux candidats s'étant alors présentés, le Président les a déclarés, sans vote, nommés aux fonctions de vice-présidents, alors qu'il ressort du procès-verbal de la séance que, sur l'ensemble de la séance, trois candidats s'étaient déclarés et qu'il convenait dès lors de procéder à un vote pour l'élection des deux vice-présidents. • CE 3 nov. 1997, *Bianchi*, n° 187625 A : *D. 1997. IR 260*.

2. Annulation de l'élection d'une partie des membres de l'Assemblée. L'annulation pour fraude de l'élection d'une partie des membres de l'Assemblée de Corse n'entraîne pas l'annulation de l'élection du président et des membres du bureau (devenu « commission permanente ») de l'Assemblée par celle-ci : il s'agit en effet d'« opérations électorales distinctes », et les membres de l'Assemblée doivent être considérés comme « légalement investis de leur mandat tant que leur élection n'a pas été annulée. » • CE, sect., 16 janv. 1987, *Él. régionales de Corse*, n°s 76992, 77050 et 77065 A : *Rev. sc. adm. Méditerranée occidentale, 1987, n° 19-20, p. 9, obs. Olivesi et Romi.*

Art. L. 4422-9-1 *(Ord. n° 2009-1530 du 10 déc. 2009)* L'élection des membres de la commission permanente peut être contestée dans les conditions, formes et délais prescrits pour les contestations de l'élection des conseillers à l'assemblée de Corse.

Art. L. 4422-9-2 *(L. n° 2015-991 du 7 août 2015, art. 30)* Le président du conseil exécutif assiste de droit, sans voix délibérative, aux réunions de la commission permanente.

Art. L. 4422-9-3 *(L. n° 2022-217 du 21 févr. 2022, art. 170)* Le président de l'Assemblée de Corse peut décider que la réunion de la commission permanente se tient en plusieurs lieux, par visioconférence.

Lorsque la réunion de la commission permanente se tient par visioconférence, le quorum est apprécié en fonction de la présence des membres de la commission permanente dans les différents lieux par visioconférence.

La commission permanente se réunit en un seul et même lieu au moins une fois par semestre.

Lorsque la réunion de la commission permanente se tient entièrement ou partiellement par visioconférence, il en est fait mention dans la convocation.

Art. L. 4422-10 Le président a seul la police de l'Assemblée dans l'enceinte de celle-ci. Il peut faire expulser de la salle des séances toute personne qui trouble l'ordre.

Les dates et l'ordre du jour des séances sont arrêtés par le président après consultation des membres de la commission permanente.

(L. nº 2015-991 du 7 août 2015, art. 30) « Le président procède à l'inscription d'une question à l'ordre du jour dès lors qu'un tiers des conseillers à l'assemblée l'a demandé. »

Les procès-verbaux des séances sont signés par le président.

Art. L. 4422-11 et L. 4422-12 *Abrogés par Ord. nº 2016-1562 du 21 nov. 2016, art. 7.*

Art. L. 4422-13 L'Assemblée établit son règlement intérieur dans le mois qui suit son élection. Ce règlement fixe les modalités de son fonctionnement qui ne sont pas prévues au présent chapitre.

Le règlement intérieur peut être déféré au tribunal administratif.

Par dérogation aux dispositions de l'article L. 4422-7, le règlement intérieur est adopté par la majorité absolue des membres composant l'Assemblée. – *[L. nº 91-428 du 13 mai 1991, art. 24.]*

Art. L. 4422-14 Lorsque le fonctionnement normal de l'Assemblée se révèle impossible, le Gouvernement peut prononcer sa dissolution par décret motivé pris en conseil des ministres. Il en informe le Parlement dans le délai le plus bref possible.

Il est procédé à une nouvelle élection de l'Assemblée dans un délai de deux mois. L'Assemblée se réunit de plein droit le premier jeudi qui suit le scrutin. Les pouvoirs de l'Assemblée élue après une dissolution prennent fin à la date à laquelle devaient expirer les pouvoirs de l'Assemblée dissoute.

En cas de dissolution de l'Assemblée, le président du conseil exécutif expédie les affaires courantes de la collectivité territoriale. Ses décisions ne sont exécutoires qu'avec l'accord du représentant de l'État dans la collectivité de Corse. – *[L. nº 91-428 du 13 mai 1991, art. 27.]*

SOUS-SECTION 3 **Attributions** *(L. nº 2002-92 du 22 janv. 2002, art. 3).*

Art. L. 4422-15 *(L. nº 2002-92 du 22 janv. 2002, art. 1er)* L'assemblée règle par ses délibérations les affaires de la Corse. Elle contrôle le conseil exécutif.

L'assemblée vote le budget, arrête le compte administratif, adopte le plan d'aménagement et de développement durable de la Corse.

À compter de l'exercice budgétaire 2026, au 2e al. du présent art., les mots : « arrête le compte administratif » sont remplacés par les mots : « approuve le compte financier unique » (Ord. nº 025-526 du 12 juin 2025, art. 1er et 12).

Art. L. 4422-16 *(L. nº 2002-92 du 22 janv. 2002, art. 1er)* I. – De sa propre initiative ou à la demande du conseil exécutif, ou à celle du Premier ministre, l'Assemblée de Corse peut présenter des propositions tendant à modifier ou à adapter des dispositions réglementaires en vigueur ou en cours d'élaboration concernant les compétences, l'organisation et le fonctionnement de l'ensemble des collectivités territoriales de Corse, ainsi que toutes dispositions réglementaires concernant le développement économique, social et culturel de la Corse.

Les propositions adoptées par l'Assemblée de Corse en application de l'alinéa précédent sont adressées au président du conseil exécutif qui les transmet au Premier ministre et au représentant de l'État dans la collectivité de Corse.

II. – Le pouvoir réglementaire de la collectivité de Corse s'exerce dans le cadre des compétences qui lui sont dévolues par la loi.

Sans préjudice des dispositions qui précèdent, dans le respect de l'article 21 de la Constitution, et pour la mise en œuvre des compétences qui lui sont dévolues en vertu de la partie Législative du présent code, la collectivité de Corse peut demander à être habilitée par le législateur à fixer des règles adaptées aux spécificités de l'île, sauf lorsqu'est en cause l'exercice d'une liberté individuelle ou d'un droit fondamental.

La demande prévue à l'alinéa précédent est faite par délibération motivée de l'Assemblée de Corse, prise à l'initiative du conseil exécutif ou de l'Assemblée de Corse après rapport de ce conseil. Elle est transmise par le président du conseil exécutif au Premier ministre et au représentant de l'État dans la collectivité de Corse.

III. — De sa propre initiative ou à la demande du conseil exécutif, ou à celle du Premier ministre, l'Assemblée de Corse peut présenter des propositions tendant à modifier ou à adapter des dispositions législatives en vigueur ou en cours d'élaboration concernant les compétences, l'organisation et le fonctionnement de l'ensemble des collectivités territoriales de Corse, ainsi que toutes dispositions législatives concernant le développement économique, social et culturel de la Corse.

Les propositions adoptées par l'Assemblée de Corse en application de l'alinéa précédent sont adressées au président du conseil exécutif qui les transmet au Premier ministre *(L. n° 2022-217 du 21 févr. 2022, art. 2)* « , au représentant de l'État dans la collectivité territoriale de Corse et aux présidents de l'Assemblée nationale et du Sénat ».

[Dispositions déclarées non conformes à la Constitution par décision du Conseil constitutionnel n° 2001-454 DC du 17 janv. 2002.]

V. — L'Assemblée de Corse est consultée sur les projets et les propositions de loi ou de décret comportant des dispositions spécifiques à la Corse.

Elle dispose d'un délai d'un mois pour rendre son avis. Ce délai est réduit à quinze jours en cas d'urgence, sur demande du représentant de l'État dans la collectivité de Corse. Le délai expiré, l'avis est réputé avoir été donné.

Les avis adoptés par l'Assemblée de Corse en application du présent V sont adressés au président du conseil exécutif qui les transmet au Premier ministre et au représentant de l'État dans la collectivité de Corse. Les avis relatifs aux propositions de loi sont transmis par le président du conseil exécutif au Premier ministre ainsi qu'aux présidents de l'Assemblée nationale et du Sénat.

(L. n° 2022-217 du 21 févr. 2022, art. 2) « V *bis*. — Le Premier ministre accuse réception des propositions qui lui sont transmises sur le fondement du présent article. Un rapport annuel indique les suites qui ont été données à ces propositions. Ce rapport est rendu public. »

VI. — Par accord entre le président de l'Assemblée de Corse et le représentant de l'État, celui-ci est entendu par l'Assemblée sur les suites que le Gouvernement entend réserver aux propositions, demandes et avis mentionnés aux I à IV.

Cette communication peut donner lieu à un débat sans vote.

1. Vu les art. 21 et 72 de la Const., ces dispositions doivent être entendues comme rappelant que le pouvoir réglementaire dont dispose une collectivité territoriale dans le respect des lois et des règlements ne peut s'exercer en dehors du cadre des compétences qui lui sont dévolues par la loi ; elles n'ont ni pour objet ni pour effet de mettre en cause le pouvoir réglementaire d'exécution des lois de l'art. 21 de la Const. ; elles n'ont ni pour objet ni pour effet de mettre en cause le pouvoir réglementaire d'exécution des lois de l'art. 21 Const. ; elles laissent cependant aux collectivités un pouvoir d'application de certaines modalités d'application des lois. • Cons. const. 17 janv. 2002, n° 2001-454 DC (13° cons.) : *JO 23 janv. 2002, p. 1526.* ♦ Les dispositions du présent art. sont constitutionnelles car elles se bornent à préciser la procédure d'habilitation à définir les modalités d'application d'une loi au cas où il serait nécessaire d'adapter les dispositions réglementaires nationales aux spécificités de l'île et elles en précisent les conditions. • Même décision.

2. Si, aux termes du V de l'art. L. 4422-16, « L'Assemblée de Corse est consultée sur les projets et les propositions de loi ou de décret comportant des dispositions spécifiques à la Corse », le législateur n'a pas entendu rendre obligatoire la consultation de l'Assemblée de Corse sur tous les textes législatifs ou réglementaires dont le champ d'application territoriale couvre tout ou partie du territoire de la collectivité, mais seulement sur ceux d'entre eux qui, adaptés aux particularités de cette dernière ou ne concernant qu'elle, sont spécifiques à cette collectivité. Dès lors, le décret qui se borne à appliquer sur le territoire du dpt de la Corse-du-Sud les règles de délimitation des circonscriptions cantonales ne comporte aucune règle spécifique à la Corse qui aurait rendu nécessaire une consultation préalable de l'Assemblée de Corse. • CE, sect., 5 nov. 2014, *M. A. C.*, n° 378140 A : *AJDA 2014. 2419, chron. Lessi et Dutheillet de Lamothe*.

Art. L. 4422-17 *(L. n° 2002-92 du 22 janv. 2002, art. 1er et 3)* **Les propositions, demandes et avis adoptés par l'Assemblée de Corse en application des I à IV de l'article L. 4422-16 sont publiés au *Journal officiel* de la République française.**

SECTION 2 Le conseil exécutif et le président du conseil exécutif

SOUS-SECTION 1 Élection et composition

Art. L. 4422-18 Lors de la réunion prévue à l'article L. 4422-8 et après avoir élu sa commission permanente, l'Assemblée de Corse procède parmi ses membres à l'élection du conseil exécutif de Corse et de son président, dans les mêmes conditions de quorum et de majorité que celles prévues à l'article L. 4422-8.

Les conseillers exécutifs de Corse et le président du conseil exécutif sont élus au scrutin de liste avec dépôt de listes complètes comportant autant de noms que de sièges à pourvoir, sans adjonction ni suppression de nom et sans modification de l'ordre de présentation. *(L. n° 2007-128 du 31 janv. 2007)* « Sur chacune des listes, l'écart entre le nombre des candidats de chaque sexe ne peut être supérieur à un. »

Si aucune liste n'a recueilli au premier et au deuxième tour la majorité absolue des membres de l'Assemblée, il est procédé à un troisième tour. Dans ce dernier cas, la totalité des sièges est attribuée à la liste qui a obtenu le plus de suffrages. En cas d'égalité de suffrages entre les listes arrivées en tête, ces sièges sont attribués à la liste dont les candidats ont la moyenne d'âge la plus élevée.

Le président est le candidat figurant en tête de la liste élue.

(L. n° 2009-832 du 7 juill. 2009) « *(Ord. n° 2016-1562 du 21 nov. 2016, art. 3)* « L'exercice du » mandat de conseiller à l'Assemblée de Corse est incompatible avec la fonction de conseiller exécutif de Corse.

« Tout conseiller à l'Assemblée de Corse élu au conseil exécutif de Corse dispose d'un délai *(Ord. n° 2016-1562 du 21 nov. 2016, art. 3)* « de sept jours » à partir de la date à laquelle cette élection est devenue définitive pour *(L. n° 2015-991 du 7 août 2015, art. 30)* « opter entre *(Ord. n° 2016-1562 du 21 nov. 2016, art. 3)* « l'exercice de » son mandat de conseiller à l'Assemblée de Corse et sa fonction de conseiller exécutif ». Il fait connaître son option par écrit au représentant de l'État dans la collectivité de Corse, qui en informe le président de l'Assemblée de Corse.

« À défaut d'option dans le délai imparti, il est réputé *(L. n° 2015-991 du 7 août 2015, art. 30)* « avoir opté pour la fonction de conseiller exécutif ; cette situation » est constatée par arrêté du représentant de l'État dans la collectivité de Corse.

« Le régime des incompatibilités concernant les conseillers à l'Assemblée de Corse reste applicable au conseiller à l'Assemblée de Corse *(L. n° 2015-991 du 7 août 2015, art. 30)* « ayant opté pour » la fonction de conseiller exécutif. Il est remplacé au sein de l'assemblée dans les conditions prévues à l'article L. 380 du code électoral. »

(L. n° 2015-991 du 7 août 2015, art. 30) « Lorsqu'est adoptée une motion de défiance dans les conditions fixées à l'article L. 4422-31 *(Ord. n° 2016-1562 du 21 nov. 2016, art. 3)* « , lorsque » le président et les membres du conseil exécutif démissionnent collectivement, *(Ord. n° 2016-1562 du 21 nov. 2016, art. 3)* « lorsqu'un conseiller exécutif démissionne de ses fonctions à titre individuel avec l'accord du président du conseil exécutif, ou lorsque le président du conseil exécutif souhaite mettre fin aux fonctions d'un ou de plusieurs conseillers exécutifs, » ces derniers reprennent l'exercice de leur mandat de conseiller à l'Assemblée de Corse, au lieu et place des derniers candidats devenus conseillers à l'Assemblée de Corse sur les mêmes listes qu'eux, conformément à l'ordre de ces listes. Ceux-ci sont replacés en tête des candidats non élus de leurs listes respectives. » *(Ord. n° 2016-1562 du 21 nov. 2016, art. 3)* « Ces dispositions sont applicables à l'ensemble des conseillers exécutifs lorsque le siège de président est vacant pour quelque cause que ce soit. »

V. note ss. art. L. 4133-5.

Art. L. 4422-18-1 *(Ord. n° 2009-1530 du 10 déc. 2009)* L'élection des membres du conseil exécutif peut être contestée dans les conditions, formes et délais prescrits pour les contestations de l'élection des conseillers à l'assemblée de Corse.

Art. L. 4422-19 Le conseil exécutif est composé d'un président assisté de *(L. n° 2002-92 du 22 janv. 2002, art. 56 ; Ord. n° 2016-1562 du 21 nov. 2016, art. 4)* « dix conseillers » exécutifs.

(L. n° 2000-295 du 5 avr. 2000, art. 18) « Pour l'application de l'ensemble des dispositions instituant les incompatibilités entre certains mandats électoraux ou fonctions

électives, les fonctions de président du conseil exécutif de Corse sont assimilées à celles de président d'un conseil régional. »

Art. L. 4422-20 *(L. nº 2009-832 du 7 juill. 2009)* « En cas de décès ou de démission d'un ou de plusieurs conseillers exécutifs autres que le président, l'assemblée procède, sur proposition du président du conseil exécutif de Corse, à une nouvelle élection pour pourvoir le ou les sièges vacants dans le délai d'un mois. »

(L. nº 2007-128 du 31 janv. 2007) « Si un seul siège est vacant », l'élection a lieu selon les modalités et dans les conditions de quorum prévues pour l'élection du président de l'Assemblée de Corse.

(L. nº 2007-128 du 31 janv. 2007) « Si plusieurs sièges sont vacants, l'élection a lieu selon les modalités fixées aux premier, deuxième et troisième alinéas de l'article L. 4422-18. »

(Ord. nº 2016-1562 du 21 nov. 2016, art. 5) « Ces dispositions sont applicables lorsque le président du conseil exécutif met fin aux fonctions d'un ou de plusieurs conseillers exécutifs. »

V. note ss. art. L. 4133-5.

Art. L. 4422-21 En cas de vacance du siège de président du conseil exécutif de Corse pour quelque cause que ce soit, ses fonctions sont provisoirement exercées par un conseiller exécutif choisi dans l'ordre de son élection jusqu'à l'élection d'un nouveau conseil exécutif dans les conditions prévues à l'article L. 4422-4. – *[L. nº 91-428 du 13 mai 1991, art. 32.]*

SOUS-SECTION 2 Dispositions relatives aux membres du conseil exécutif

Art. L. 4422-22 *Abrogé par Ord. nº 2016-1562 du 21 nov. 2016, art. 7.*

Art. L. 4422-23 *(L. nº 2000-295 du 5 avr. 2000, art. 19)* Pour l'application de l'ensemble des dispositions instituant les incompatibilités entre certains mandats électoraux ou fonctions électives, les fonctions de membre du conseil exécutif de Corse sont assimilées au mandat de conseiller régional.

SOUS-SECTION 3 Attributions du conseil exécutif *(L. nº 2002-92 du 22 janv. 2002, art. 3).*

Art. L. 4422-24 Le conseil exécutif de Corse dirige l'action de la collectivité de Corse, dans les conditions et limites fixées par le présent titre, notamment dans les domaines du développement économique et social, de l'action éducative et culturelle et de l'aménagement de l'espace.

Il élabore, en concertation avec les collectivités locales de l'île, et met en œuvre le *(L. nº 2002-92 du 22 janv. 2002, art. 3)* « plan d'aménagement et de développement durable de Corse ».

SOUS-SECTION 4 Attributions du président du conseil exécutif *(L. nº 2002-92 du 22 janv. 2002, art. 3).*

Art. L. 4422-25 Le président du conseil exécutif prépare et exécute les délibérations de l'Assemblée.

Il est l'ordonnateur des dépenses et prescrit l'exécution des recettes de la collectivité de Corse, sous réserve des dispositions particulières du code général des impôts relatives au recouvrement des recettes fiscales des collectivités locales.

Il est le chef des services de la collectivité de Corse. Il gère les personnels de la collectivité dans les conditions prévues par l'article 16-3 de la loi nº 72-619 du 5 juillet 1972 portant création et organisation des régions *[V. cet art. ss. art. L. 4151-1]* et la loi nº 84-53 du 26 janvier 1984 portant dispositions statutaires relatives à la fonction publique territoriale *[V. cette loi au* **CGFP***]*. Il peut, sous sa surveillance et sa responsabilité, donner une délégation de signature aux responsables desdits services.

Il gère le patrimoine de la collectivité de Corse. À ce titre, il exerce les pouvoirs de police afférents à cette gestion.

Il délègue par arrêté, sous sa surveillance et sa responsabilité, l'exercice d'une partie de ses attributions aux conseillers exécutifs. Ces délégations subsistent tant qu'elles n'ont pas été rapportées. – *[L. nº 91-428 du 13 mai 1991, art. 33, al. 2 à 5.]*

(L. nº 2002-92 du 22 janv. 2002, art. 57) « En cas d'empêchement pour quelque cause que ce soit, le président du conseil exécutif de Corse est provisoirement remplacé par un conseiller exécutif dans l'ordre de la liste élue. »

Art. L. 4422-25-1 *Abrogé par Ord. nº 2022-408 du 23 mars 2022, art. 17.*

Art. L. 4422-26 Le président du conseil exécutif de Corse peut, par arrêté délibéré au sein du conseil exécutif, prendre toute mesure :

1º Tendant à préciser les modalités d'application des délibérations de l'Assemblée ;

2º Fixant les règles d'organisation et de fonctionnement des services de la collectivité de Corse ;

(L. nº 2002-92 du 22 janv. 2002, art. 44) « 3º Modifiant ou rapportant les actes des offices et de l'agence du tourisme de Corse dans les conditions prévues à l'article L. 4424-41. »

Art. L. 4422-27 Chaque année, le président du conseil exécutif rend compte à l'Assemblée, par un rapport spécial, de la situation de la collectivité territoriale, de l'activité et du financement de ses différents services et des organismes qui en dépendent ainsi que de l'état d'exécution du plan *(L. nº 2002-92 du 22 janv. 2002, art. 3)* « d'aménagement et de développement durable de Corse ». Le rapport précise également l'état d'exécution des délibérations de l'Assemblée et la situation financière de la collectivité territoriale. Le rapport est soumis pour avis au *(Ord. nº 2016-1562 du 21 nov. 2016, art. 33)* « conseil économique, social, environnemental et culturel de Corse », préalablement à son examen par l'Assemblée. Ce rapport donne lieu à un débat.

Art. L. 4422-28 Le président du conseil exécutif de Corse peut faire au Premier ministre toute suggestion ou remarque sur l'organisation et le fonctionnement des services publics de l'État dans la collectivité de Corse. Il en informe le représentant de l'État dans la collectivité de Corse. – *[L. nº 91-428 du 13 mai 1991, art. 35.]*

Art. L. 4422-29 *(L. nº 2022-217 du 21 févr. 2022, art. 22)* Le président du conseil exécutif représente la collectivité de Corse en justice et dans tous les actes de la vie civile. Il intente les actions au nom de la collectivité de Corse en vertu de la décision de l'Assemblée de Corse et il peut, sur l'avis conforme de la commission permanente, défendre à toute action intentée contre la collectivité. Il peut faire tous actes conservatoires et interruptifs de déchéance.

Il peut, par délégation de l'Assemblée de Corse, être chargé pour la durée de son mandat d'intenter, au nom de la collectivité de Corse, les actions en justice ou de défendre la collectivité dans les actions intentées contre elle, dans les cas définis par l'Assemblée de Corse. Il rend compte à la plus proche réunion de l'Assemblée de Corse de l'exercice de cette compétence.

SECTION 3 Rapports entre l'Assemblée et le conseil exécutif

Art. L. 4422-30 Le président et les conseillers exécutifs ont accès aux séances de l'Assemblée de Corse. Ils sont entendus, sur leur demande, sur les questions inscrites à l'ordre du jour. – *[L. nº 91-428 du 13 mai 1991, art. 37.]*

Art. L. 4422-31 L'Assemblée de Corse peut mettre en cause la responsabilité du conseil exécutif par le vote d'une motion de défiance.

La motion de défiance mentionne, d'une part, l'exposé des motifs pour lesquels elle est présentée et, d'autre part, la liste des noms des candidats *(Ord. nº 2016-1562 du 21 nov. 2016, art. 6)* « appelés à exercer les fonctions » de président et de conseillers exécutifs de Corse en cas d'adoption de la motion de défiance.

Il n'est délibéré sur cette motion que lorsqu'elle est signée du tiers des conseillers à l'Assemblée. Le vote ne peut avoir lieu que quarante-huit heures après le dépôt de la motion. Sont seuls recensés les votes favorables à la motion, qui n'est considérée comme adoptée que lorsqu'elle a recueilli le vote de la majorité absolue des membres composant l'Assemblée.

Lorsque la motion de défiance est adoptée, les candidats aux *(Ord. n° 2016-1562 du 21 nov. 2016, art. 6)* « fonctions » de président et de conseillers exécutifs entrent immédiatement en fonction.

(L. n° 2015-991 du 7 août 2015, art. 30) « Chaque conseiller à l'Assemblée de Corse ne peut signer, par année civile, plus d'une motion de défiance. »

Art. L. 4422-32 Douze jours au moins avant la réunion de l'Assemblée de Corse, le président du conseil exécutif de Corse transmet au président de l'Assemblée un rapport sur chacune des affaires qui doivent être examinées par l'Assemblée, ainsi que, le cas échéant, les projets de délibération correspondants.

L'ordre du jour de l'Assemblée comporte par priorité et dans l'ordre que le président du conseil exécutif a fixé les affaires désignées par celui-ci.

Les projets sur lesquels le *(Ord. n° 2016-1562 du 21 nov. 2016, art. 33)* « conseil économique, social, environnemental et culturel de Corse » est obligatoirement consulté sont adressés au président de l'Assemblée par le président du conseil exécutif assortis de l'avis de ce conseil.

Art. L. 4422-33 Les délibérations de l'Assemblée de Corse peuvent prévoir des mesures d'application arrêtées par le président du conseil exécutif dans les conditions fixées à l'article *(L. n° 2002-92 du 22 janv. 2002, art. 3)* « L. 4422-26 ».

SECTION 4 Le conseil économique, social, environnemental et culturel de Corse *(Ord. n° 2016-1562 du 21 nov. 2016, art. 33)*.

SOUS-SECTION 1 Organisation *(L. n° 2002-92 du 22 janv. 2002, art. 3)*.

Art. L. 4422-34 *(Ord. n° 2016-1562 du 21 nov. 2016, art. 33)* « I. — Le conseil exécutif et l'Assemblée de Corse sont assistés d'un conseil économique, social, environnemental et culturel de Corse.

« L'effectif du conseil ne peut être supérieur à celui de l'Assemblée de Corse. Il comprend trois sections :

« — la section du développement économique et social et de la prospective ;

« — la section de la culture, de la langue corse et de l'éducation ;

« — la section de l'environnement et du cadre de vie. »

(L. n° 2014-873 du 4 août 2014, art. 71) « Lorsqu'un organisme est appelé à désigner plus d'un membre du conseil, il procède à ces désignations de telle sorte que l'écart entre le nombre des hommes désignés, d'une part, et des femmes désignées, d'autre part, ne soit pas supérieur à un. La même règle s'applique à la désignation des personnalités qualifiées. »

Ce conseil établit son règlement intérieur. Celui-ci peut être déféré au tribunal administratif. Dans les conditions prévues par le règlement intérieur, le conseil élit en son sein, au scrutin secret, son président ainsi que les autres membres de son bureau.

Les conseillers exécutifs et les conseillers à l'Assemblée ne peuvent pas faire partie du conseil institué par le présent article.

(Ord. n° 2016-1562 du 21 nov. 2016, art. 33) « II. — Le président et les membres du bureau du conseil économique, social, environnemental et culturel de Corse décident des avis pouvant être rendus en section.

« Le président du conseil exécutif de Corse présente chaque année au conseil le bilan de l'action de la collectivité et l'informe de la suite donnée à ses avis. Sa déclaration est suivie d'un débat. »

Art. L. 4422-35 Sont applicables respectivement aux fonctions de membre et de président du *(Ord. n° 2016-1562 du 21 nov. 2016, art. 33)* « conseil économique, social, environnemental et culturel de Corse » les dispositions relatives aux mandats de membre et de président de conseil économique, social et environnemental régional telles qu'elles sont prévues aux articles L. 4134-6 *(L. n° 2002-276 du 27 févr. 2002, art. 17)* « à L. 4134-7-2 ».

(Ord. n° 2016-1562 du 21 nov. 2016, art. 7) « Pour l'application de l'article L. 4134-7, les mots : "les articles L. 4135-16 et L. 4135-17" sont remplacés par les mots : "l'article L. 4422-46". »

SOUS-SECTION 2 **Attributions** *(L. n° 2002-92 du 22 janv. 2002, art. 3).*

Art. L. 4422-36 *(Ord. n° 2016-1562 du 21 nov. 2016, art. 33)* Le conseil économique, social, environnemental et culturel de Corse est préalablement consulté par le président du conseil exécutif de Corse sur :

– le projet de plan d'aménagement et de développement durable de la Corse et les projets de révision de ce plan ;

– les projets de documents de planification de la collectivité de Corse ;

– les projets de délibérations définissant les politiques publiques ou portant schémas et programmes dans les domaines où les lois reconnaissent une compétence à la collectivité de Corse ;

– les projets de délibérations relatifs aux compétences en matière d'éducation, de culture et de langue corse ;

– les projets de documents budgétaires de la collectivité de Corse pour se prononcer sur leurs orientations générales.

Il donne, le cas échéant, son avis sur les résultats de leur mise en œuvre.

Art. L. 4422-37 *(Ord. n° 2016-1562 du 21 nov. 2016, art. 33)* À l'initiative du président du conseil exécutif, du président de l'Assemblée de Corse ou de l'Assemblée de Corse, le conseil économique, social, environnemental et culturel de Corse peut être saisi de demandes d'avis ou d'étude sur tout projet entrant dans les compétences de la collectivité de Corse en matière économique et sociale, intéressant l'avenir culturel de la Corse ou emportant des conséquences en matière d'éducation, d'environnement ou de cadre de vie.

Il peut, en outre, à son initiative, émettre des avis sur toute question entrant dans les compétences de la collectivité de Corse en matière économique, sociale, environnementale ou culturelle.

SECTION 5 **Le représentant de l'État**

Art. L. 4422-38 Le représentant de l'État dans la collectivité de Corse est nommé par décret en conseil des ministres. Il représente chacun des ministres et dirige les services de l'État dans les conditions fixées par l'article 21-1 de la loi n° 72-619 du 5 juillet 1972 portant création et organisation des régions.

Le représentant de l'État dans la collectivité de Corse a la charge des intérêts nationaux, du respect des lois et du contrôle administratif. S'il n'en est pas disposé autrement par le présent titre, il exerce les compétences dévolues au représentant de l'État dans les régions en tant que délégué du Gouvernement.

Dans les conditions prévues par les articles L. 4423-1 et *(Ord. n° 2016-1561 du 21 nov. 2016, art. 8)* « L. 4425-21 », il veille à l'exercice régulier de leurs compétences par les autorités de la collectivité de Corse.

Art. L. 4422-39 Sur leur demande, le président de l'Assemblée et le président du conseil exécutif reçoivent du représentant de l'État en Corse les informations nécessaires à l'exercice de leurs attributions.

Sur sa demande, le représentant de l'État dans la collectivité de Corse reçoit du président de l'Assemblée et du président du conseil exécutif les informations nécessaires à l'exercice de ses attributions. – *[L. n° 91-428 du 13 mai 1991, art. 47, al. 5 et 6.]*

Art. L. 4422-40 Le représentant de l'État dans la collectivité de Corse est seul habilité à s'exprimer au nom de l'État devant les organes de la collectivité de Corse.

Par accord du président de l'Assemblée et du représentant de l'État dans la collectivité de Corse, celui-ci est entendu par l'Assemblée.

En outre, sur demande du Premier ministre, le représentant de l'État dans la collectivité de Corse est entendu par l'Assemblée. – *[L. n° 91-428 du 13 mai 1991, art. 47, al. 2, 7 et 8.]*

Art. L. 4422-41 Chaque année, le représentant de l'État dans la collectivité de Corse informe l'Assemblée, par un rapport spécial, de l'activité des services de l'État dans la collectivité de Corse. Ce rapport donne lieu à un débat en présence du représentant de l'État. – *[L. n° 91-428 du 13 mai 1991, art. 48.]*

Art. L. 4422-42 Le représentant de l'État dans la collectivité de Corse exerce les contrôles prévus aux articles L. 4423-1 et *(Ord. nº 2016-1561 du 21 nov. 2016, art. 8)* « L. 4425-21 ».

SECTION 6 Services et biens de l'État mis à disposition de la collectivité de Corse

Art. L. 4422-43 Les services de l'État qui participent à l'exercice des compétences transférées à la collectivité de Corse sont, en tant que de besoin, mis à la disposition de la collectivité de Corse dans les conditions prévues à l'article L. 4151-1 et à l'article 16-3 de la loi nº 72-619 du 5 juillet 1972 portant création et organisation des régions *[V. cet art. ss. art. L. 4151-1.]*

Toutefois, les services ou parties de services chargés exclusivement de la mise en œuvre d'une compétence attribuée à la collectivité de Corse par le présent titre sont transférés à la collectivité de Corse dans des conditions fixées par décret en Conseil d'État.

Les fonctionnaires de l'État exerçant leurs fonctions dans les services ou parties de services visés au précédent alinéa peuvent opter pour le statut de fonctionnaire territorial dans un délai de deux ans à compter de la date d'entrée en vigueur des transferts de compétences prévus par la loi nº 91-428 du 13 mai 1991 portant statut de la collectivité territoriale de Corse, dans les conditions prévues aux II et III de l'article 123 de la loi nº 84-53 du 26 janvier 1984 portant dispositions statutaires relatives à la fonction publique territoriale.

Les dispositions du présent article sont applicables, en tant que de besoin, aux établissements publics créés par le présent titre. – *[L. nº 91-428 du 13 mai 1991, art. 81.]*

Art. L. 4422-44 Les transferts de compétences à la collectivité de Corse entraînent de plein droit la mise à la disposition de la collectivité de Corse des biens meubles et immeubles utilisés par l'État pour l'exercice de ces compétences. Cette mise à la disposition est constatée par un procès-verbal qui précise notamment la consistance, la situation juridique et l'état des biens remis.

Lorsque les biens remis sont la propriété de l'État, la remise a lieu à titre gratuit. La collectivité de Corse assume l'ensemble des obligations du propriétaire et possède tout pouvoir de gestion. Elle est substituée à l'État dans ses droits et obligations découlant des contrats et des marchés que celui-ci a pu conclure pour l'aménagement, l'entretien et la conservation des biens remis ainsi que pour le fonctionnement des services. Elle est également substituée à l'État dans les droits et obligations dérivant pour celui-ci, à l'égard de tiers, de l'octroi de concessions ou d'autorisations de toute nature sur tout ou partie des biens remis. *(L. nº 2010-1536 du 13 déc. 2010, art. 2)* « La collectivité de Corse peut confier aux établissements d'enseignement supérieur visés à l'article L. 4424-4 les droits et obligations du propriétaire sur le patrimoine immobilier, dont l'exercice de la maîtrise d'ouvrage de constructions universitaires. »

Lorsque les biens mis à la disposition de la collectivité de Corse étaient pris à bail par l'État, la collectivité de Corse succède à tous les droits et obligations de celui-ci. Elle est substituée à l'État dans les contrats de toute nature que celui-ci avait conclus pour l'aménagement, l'entretien et la conservation des biens ainsi que pour le fonctionnement des services.

En cas de désaffectation totale ou partielle des biens remis par l'État à la collectivité de Corse, l'État recouvre l'ensemble de ses droits et obligations sur les biens désaffectés.

Les dispositions du présent article sont applicables, en tant que de besoin, aux établissements publics mentionnés au présent titre.

Pour les services ou parties de services qui participent à l'exercice des compétences transférées par la L. nº 2002-92 du 22 janv. 2002 relative à la Corse, ils sont, selon le cas, mis à disposition ou transférés à la collectivité de Corse dans les conditions fixées aux deux premiers al. de l'art. L. 4422-43 et à l'art. L. 4422-44 CGCT (L. préc., art. 30). — Pour les transferts de personnels fonctionnaires ou non, V. L. nº 2002-92 du 22 janv. 2002, art. 31 à 35.

Sur les modalités de transfert des services ou parties de services participant à l'exercice des compétences transférées à la collectivité de Corse, V. Décr. nº 2002-823 du 3 mai 2002, art. 10.

SECTION 7 Biens de l'État transférés dans le patrimoine de la collectivité de Corse

(L. nº 2002-92 du 22 janv. 2002, art. 3)

Art. L. 4422-45 *(L. nº 2002-92 du 22 janv. 2002, art. 37)* I. — Les transferts de patrimoine entre l'État et la collectivité de Corse prévus au III de l'article L. 4424-7 et aux articles L. 4424-22, L. 4424-23, L. 4424-24 et L. 4424-25 du présent code ainsi qu'aux articles L. 211-2 et L. 223-3 du code forestier s'effectuent à titre gratuit, dans les conditions déterminées par la loi de finances, et selon les modalités prévues aux trois premiers alinéas de l'article L. 4422-44. Ces transferts sont exemptés de tous frais, *(L. nº 2005-1720 du 30 déc. 2005, art. 72)* « salaires, » droits ou taxes.

SECTION 8 Conditions d'exercice des mandats

(Ord. nº 2016-1562 du 21 nov. 2016, art. 7)

Art. L. 4422-46 Les dispositions du chapitre V du titre III du livre I de la quatrième partie du présent code sont applicables au président et aux membres de l'Assemblée de Corse, ainsi qu'au président et aux membres du conseil exécutif de Corse sous réserve des dispositions suivantes :

1º L'indemnité maximale pour l'exercice des fonctions de conseiller à l'Assemblée de Corse est déterminée en appliquant au terme de référence mentionné à l'article L. 4135-15 le taux de 60 % ;

2º Les fonctions de président et de membre du conseil exécutif sont assimilées, en ce qui concerne l'indemnité maximale pour l'exercice des fonctions, respectivement à celles de président du conseil régional et de vice-président ayant délégation de l'exécutif du conseil régional.

CHAPITRE III RÉGIME JURIDIQUE DES ACTES

Art. L. 4423-1 *(L. nº 2015-991 du 7 août 2015, art. 30)* « Les délibérations de l'Assemblée de Corse, les actes du président de l'Assemblée de Corse ainsi que les délibérations du conseil exécutif, les arrêtés du président du conseil exécutif délibérés au sein du conseil exécutif et les actes du président du conseil exécutif sont soumis au contrôle de légalité dans les conditions fixées au chapitre II du titre IV du livre I de la présente partie.

« Par dérogation au 1º de l'article L. 4141-2, ne sont pas soumises à l'obligation de transmission au représentant de l'État, prévue à l'article L. 4141-1, les délibérations prises par l'Assemblée de Corse ou, par délégation, les décisions prises par le président du conseil exécutif de Corse, relatives aux tarifs des droits de voirie et de stationnement, au classement, au déclassement, à l'établissement des plans d'alignement et de nivellement, à l'ouverture, au redressement et à l'élargissement des voies situées sur le territoire de la collectivité de Corse.

« Sans préjudice de l'article L. 4141-2, sont également soumises à l'obligation de transmission au représentant de l'État prévue à l'article L. 4141-1 les décisions réglementaires et individuelles prises par le président du conseil exécutif de Corse dans l'exercice de son pouvoir de police en application de l'article L. 3221-4, à l'exclusion de celles relatives à la circulation et au stationnement. »

(L. nº 2002-92 du 22 janv. 2002, art. 2) « Lorsque, en application des dispositions de l'article L. 4142-1, le représentant de l'État assortit un recours dirigé contre une délibération prise en application des dispositions du II *[Dispositions déclarées non conformes à la Constitution par décision du Conseil constitutionnel nº 2001-454 DC du 17 janv. 2002]* de l'article *(L. nº 2002-92 du 22 janv. 2002, art. 3)* « L. 4422-16 » d'une demande de suspension, cette délibération cesse d'avoir effet jusqu'à ce que le tribunal administratif ait statué sur cette demande. Si le tribunal administratif n'a pas statué dans un délai de deux mois suivant sa saisine, la délibération redevient exécutoire. »

V. art. L. 4141-1 s.

Les dispositions qui confient au préfet le pouvoir de faire appel d'un jugement rejetant son déféré n'ont ni pour objet ni pour effet de faire obstacle à l'application des règles précitées. • CE 29 déc. 2004, *Préfet de Corse*, nº 272078 B : *AJDA 2005. 952, note Hul*. ♦ Le tribunal administratif statue en premier et dernier ressort dans un litige relatif à l'avancement d'une attachée territoriale ; la requête d'appel introduite par le préfet devant la cour administrative d'appel a en réalité le caractère d'un pourvoi en cassation relevant de la compétence du Conseil d'État. • Même arrêt. ♦ Il y a donc lieu de surseoir à statuer pour mettre le ministre de l'Intérieur en mesure de s'approprier la requête dans le délai d'un mois. • Même arrêt.

CHAPITRE IV COMPÉTENCES *(L. n° 2002-92 du 22 janv. 2002, art. 3).*

Art. L. 4424-1-A *(Ord. n° 2016-1562 du 21 nov. 2016, art. 9)* **La collectivité de Corse exerce de plein droit les compétences que les lois, dans leurs dispositions non contraires au présent titre, attribuent aux départements et aux régions.**

SECTION 1 Identité culturelle : compétences de la collectivité de Corse en matière d'éducation et de culture

(L. n° 2002-92 du 22 janv. 2002, art. 3)

SOUS-SECTION 1 Éducation

Art. L. 4424-1 *(L. n° 2002-92 du 22 janv. 2002, art. 4)* **La collectivité de Corse établit et transmet au représentant de l'État, après consultation du** *(Ord. n° 2016-1562 du 21 nov. 2016, art. 33)* **« conseil économique, social, environnemental et culturel de Corse » et compte tenu des orientations fixées par le plan, le schéma prévisionnel des formations des collèges, des lycées, des établissements d'enseignement professionnel, des établissements d'enseignement artistique, des établissements d'éducation spéciale, des écoles de formation maritime et aquacole, des établissements d'enseignement agricole mentionnés à l'article L. 811-8 du code rural et de la pêche maritime et des centres d'information et d'orientation.**

Elle associe les représentants désignés par les établissements d'enseignement privé sous contrat à l'élaboration de ce schéma.

La collectivité de Corse établit, après accord de chacune des collectivités concernées par les projets situés sur leur territoire, le programme prévisionnel des investissements relatifs aux établissements cités au premier alinéa.

À ce titre, la collectivité de Corse définit la localisation des établissements, leur capacité d'accueil et le mode d'hébergement des élèves.

Chaque année, après avoir consulté le *(Ord. n° 2016-1562 du 21 nov. 2016, art. 33)* **« conseil économique, social, environnemental et culturel de Corse » et recueilli l'avis du représentant de l'État, la collectivité de Corse arrête la liste des opérations de construction ou d'extension des établissements précités. Cette liste est arrêtée compte tenu du programme prévisionnel des investissements** *(L. n° 2013-595 du 8 juill. 2013, art. 31)* **« et des engagements conclus dans le cadre du contrat de plan régional de développement des formations** *(L. n° 2014-288 du 5 mars 2014, art. 23)* **« et de l'orientation » professionnelles défini à l'article L. 214-13 du code de l'éducation, » et après accord de la commune d'implantation.** *(L. n° 2019-791 du 26 juill. 2019, art. 26)* **« Lorsque la construction ou la réhabilitation des établissements précités est décidée, la collectivité de Corse tient compte, pour le projet de construction ou de réhabilitation, des recommandations pour une école inclusive de l'Observatoire national de la sécurité et de l'accessibilité des établissements d'enseignement mentionné à l'article L. 239-2 du même code. »**

Chaque année, la collectivité de Corse arrête la structure pédagogique générale des établissements d'enseignement du second degré en tenant compte du schéma prévisionnel des formations.

À cette fin, après concertation avec le président du conseil exécutif de Corse, l'État fait connaître à l'Assemblée de Corse les moyens qu'il se propose d'attribuer à l'académie de Corse. La structure pédagogique devient définitive lorsqu'une convention portant sur les moyens attribués par l'État à l'académie de Corse et leurs modalités d'utilisation a été conclue entre le représentant de l'État et le président du conseil exécutif mandaté à cet effet.

La décision de l'Assemblée de Corse déterminant l'emplacement d'un nouveau collège constitue un élément de l'élaboration de la carte scolaire des établissements d'enseignement du second degré et doit donc faire l'objet d'une consultation du Conseil économique, social et culturel de Corse, même si celui-ci a déjà été consulté sur le principe de la reconstruction du collège. • CE 18 déc. 1991, *Région de Corse, Cne de Vescovato*, n° 90904.

Art. L. 4424-2 La collectivité de Corse finance, construit, équipe et entretient les collèges, les lycées, les établissements publics d'enseignement professionnel, les établissements d'enseignement artistique, les établissements d'éducation spéciale, ainsi que les lycées professionnels maritimes, les établissements d'enseignement agricole mentionnés à l'article L. 811-8 du code rural et de la pêche maritime et les centres d'information et d'orientation.

(L. n° 2007-209 du 19 févr. 2007, art. 59) « La collectivité de Corse assure l'accueil, la restauration, l'hébergement ainsi que l'entretien général et technique, à l'exception des missions d'encadrement et de surveillance des élèves, dans les établissements d'enseignement dont elle a la charge.

« Elle assure le recrutement, la gestion et la rémunération des personnels techniciens, ouvriers et de service exerçant leurs missions dans ces établissements. Ces personnels sont membres de la communauté éducative et concourent directement aux missions du service public de l'éducation nationale dans les conditions fixées par les articles L. 421-23 et L. 913-1 du code de l'éducation.

« Les deuxième et troisième alinéas du présent article sont applicables à partir du 1er janvier 2005.

« Les articles 104 à 111 de la loi n° 2004-809 du 13 août 2004 relative aux libertés et responsabilités locales s'appliquent au transfert de compétences prévu par les trois alinéas précédents. »

La collectivité de Corse peut confier la maîtrise d'ouvrage des travaux de construction, d'équipement et d'entretien des établissements relevant de sa compétence aux communes qui le demandent. Une convention détermine les modalités de cette délégation.

L'État assure aux collèges, lycées, établissements publics d'enseignement professionnel, d'éducation spéciale, ainsi qu'aux lycées professionnels maritimes, aux établissements d'enseignement agricole mentionnés à l'article L. 811-8 du code rural et de la pêche maritime et aux centres d'information et d'orientation, les moyens financiers directement liés à leur activité pédagogique.

(L. n° 2009-526 du 12 mai 2009, art. 97) « Les biens immobiliers des établissements mentionnés au premier alinéa appartenant à l'État à la date d'entrée en vigueur de la loi n° 2004-809 du 13 août 2004 relative aux libertés et responsabilités locales sont transférés à la collectivité de Corse en pleine propriété à titre gratuit. Ce transfert ne donne lieu au versement d'aucun droit, taxe, *(Ord. n° 2010-638 du 10 juin 2010, art. 9)* « contribution prévue à l'article 879 du code général des impôts » ou honoraires.

« Les biens immobiliers des établissements mentionnés au premier alinéa appartenant à une commune ou un groupement de communes peuvent être transférés en pleine propriété à la collectivité de Corse, à titre gratuit et sous réserve de l'accord des parties. Lorsque la collectivité de Corse effectue sur ces biens des travaux de construction, de reconstruction ou d'extension, ce transfert est de droit, à sa demande, et ne donne lieu au versement d'aucun droit, taxe, *(Ord. n° 2010-638 du 10 juin 2010, art. 9)* « contribution prévue à l'article 879 du code général des impôts » ou honoraires. »

Art. L. 4424-3 Dans le cadre de la politique nationale de l'enseignement supérieur, le président du conseil exécutif présente à l'Assemblée de Corse les propositions relatives *(L. n° 2002-92 du 22 janv. 2002, art. 5)* « à l'enseignement supérieur et de la recherche », après avis de l'université de Corse.

Sur cette base, l'Assemblée de Corse établit, en fonction des priorités qu'elle détermine en matière de développement culturel, économique et social et après consultation du *(Ord. n° 2016-1562 du 21 nov. 2016, art. 33)* « conseil économique, social, environnemental et culturel de Corse », la carte *(L. n° 2002-92 du 22 janv. 2002, art. 5)* « de l'enseignement supérieur et de la recherche ». Cette carte devient définitive lorsqu'elle a fait l'objet d'une convention entre la collectivité de Corse, l'État et l'université de Corse.

(L. n° 2002-92 du 22 janv. 2002, art. 5) « La collectivité de Corse peut, par délibération de l'Assemblée, organiser ses propres actions complémentaires d'enseignement supérieur et de recherche, sans préjudice des compétences de l'État en matière d'homologation des titres et diplômes. Elle passe, à cette fin, des conventions avec des établissements d'enseignement supérieur ou des organismes de recherche. »

V. note ss. art. L. 4424-1.

Art. L. 4424-4 *(L. n° 2002-92 du 22 janv. 2002, art. 6)* La collectivité de Corse finance, construit, équipe et entretient les établissements d'enseignement supérieur figurant à la carte prévue à l'article L. 4424-3. L'État assure à ces établissements les moyens financiers directement liés à leurs activités pédagogiques et de recherche.

Art. L. 4424-5 Sur proposition du conseil exécutif, qui recueille l'avis du *(Ord. n° 2016-1562 du 21 nov. 2016, art. 33)* « conseil économique, social, environnemental et culturel de Corse », l'Assemblée détermine les activités éducatives complémentaires que la collectivité de Corse organise.

(L. n° 2002-92 du 22 janv. 2002, art. 7) « L'Assemblée adopte, dans les mêmes conditions, un plan de développement de l'enseignement de la langue et de la culture corses, dont les modalités d'application font l'objet d'une convention conclue entre la collectivité de Corse et l'État.

« Cette convention prévoit les mesures d'accompagnement nécessaires, et notamment celles relatives à la formation initiale et à la formation continue des enseignants. »

SOUS-SECTION 2 **Culture et communication** *(L. n° 2002-92 du 22 janv. 2002, art. 3).*

Art. L. 4424-6 La collectivité de Corse, après consultation du *(Ord. n° 2016-1562 du 21 nov. 2016, art. 33)* « conseil économique, social, environnemental et culturel de Corse », conclut avec les sociétés publiques du secteur audiovisuel qui ont des établissements en Corse des conventions particulières en vue de promouvoir la réalisation de programmes de télévision et de radiodiffusion ayant pour objet le développement de la langue et de la culture corses et destinés à être diffusés sur le territoire de la Corse.

Elle pourra également, avec l'aide de l'État, favoriser des initiatives et promouvoir des actions *(L. n° 2002-92 du 22 janv. 2002, art. 8)* « dans les domaines de la culture et de la communication » avec toutes personnes publiques ou privées ressortissantes des États membres de *(L. n° 2002-92 du 22 janv. 2002, art. 8)* « l'Union européenne » et de son environnement méditerranéen *(L. n° 2002-92 du 22 janv. 2002, art. 8)* « dans le cadre de la coopération décentralisée ».

Art. L. 4424-6-1 *Abrogé par L. n° 2004-575 du 21 juin 2004, art. 50.*

Art. L. 4424-7 *(L. n° 2002-92 du 22 janv. 2002, art. 9)* I. — La collectivité de Corse définit et met en œuvre la politique culturelle en Corse en concertation avec les communes, et après consultation du *(Ord. n° 2016-1562 du 21 nov. 2016, art. 33)* « conseil économique, social, environnemental et culturel de Corse ».

En concertation avec la collectivité de Corse, l'État peut accompagner des actions, qui, par leur intérêt ou leur dimension, relèvent de la politique nationale en matière culturelle. La collectivité de Corse peut être chargée par convention de leur mise en œuvre ou de leur accompagnement.

Dans les domaines où la législation en vigueur le prévoit, le contrôle scientifique et technique est assuré par l'État.

La collectivité de Corse assure un rôle de liaison, de conseil et d'assistance aux collectivités locales en matière culturelle.

II. — Dans le respect des dispositions *(Ord. n° 2004-178 du 20 févr. 2004, art. 4)* « du livre VI du code du patrimoine », la collectivité de Corse conduit les études et définit les actions qu'elle entend mener en matière de patrimoine protégé et de travaux de conservation et de mise en valeur des monuments historiques, à l'exception de ceux qui demeurent propriété de l'État.

Elle peut, en outre, proposer à l'État les mesures de protection des monuments historiques.

En matière d'archéologie, et dans le respect des dispositions *(Ord. n° 2004-178 du 20 févr. 2004, art. 4)* « du livre V du code du patrimoine », elle assure la conservation et la mise en valeur des sites archéologiques, et fournit à l'État les éléments nécessaires à l'établissement de la carte archéologique nationale. Elle est consultée par celui-ci sur le programme des fouilles menées sur son territoire dans les conditions définies par *(Ord. n° 2004-178 du 20 févr. 2004, art. 4)* « la section 1 du chapitre I du titre III du livre V du code du patrimoine ».

Elle définit les actions qu'elle entend mener en matière :
— d'inventaire du patrimoine ;
— de recherches ethnologiques ;
— de création, de gestion et de développement des musées ;
— d'aide au livre et à la lecture publique, dans le respect des compétences communales ;
— de soutien à la création, de diffusion artistique et culturelle et de sensibilisation à l'enseignement artistique.

III. — À l'exception des immeubles occupés par des services de l'État ou par les organismes placés sous sa tutelle, la propriété des monuments historiques classés ou inscrits appartenant à l'État à la date de la promulgation de la loi n° 2002-92 du 22 janvier 2002 relative à la Corse, situés sur le territoire de la collectivité de Corse, ainsi que celle des objets mobiliers qu'ils renferment et qui appartiennent à l'État, sont transférées à cette collectivité.

La propriété des sites archéologiques et des objets mobiliers qui en sont issus et qui appartiennent à l'État est transférée à la collectivité de Corse.

La liste des immeubles et sites ainsi transférés est fixée par décret en Conseil d'État.

Ces dispositions ne transfèrent à la collectivité territoriale de Corse que des compétences limitées, dans des matières ne relevant pas du domaine de la loi ; elles en définissent précisément le champ d'application, les modalités d'exercice et les organes responsables dans le respect de l'art. 34 de la Constitution. Ces compétences devront être mises en œuvre dans le respect des règles et principes de valeur constitutionnelle ainsi que dans celui des lois et règlements auxquels il n'est pas explicitement dérogé par la volonté du législateur. • Cons. const. 17 janv. 2002, n° 2001-454 DC (considérant 29). ♦ Ces dispositions ne peuvent être regardées comme portant atteinte à l'indivisibilité de la République, à l'intégrité du territoire ou à la souveraineté nationale ; elles ne touchent pas aux principes fondamentaux de la libre administration des collectivités locales ni aux matières réservées à la loi ; en particulier, aucune ne méconnaît les compétences propres des communes et des départements ou n'établit de tutelle d'une collectivité territoriale sur une autre. • Même décision. ♦ Eu égard aux caractéristiques géographiques et économiques de la Corse, à son statut particulier au sein de la République et au fait qu'aucune de ces compétences n'intéresse les conditions essentielles de mise en œuvre des libertés publiques, les différences de traitement qui résulteraient de ces dispositions entre les personnes résidant en Corse et celles résidant dans le reste du territoire national ne seraient pas constitutives d'une atteinte au principe d'égalité. • Même décision.

SOUS-SECTION 3 **Sport et éducation populaire**

(L. n° 2002-92 du 22 janv. 2002, art. 3)

Art. L. 4424-8 *(L. n° 2002-92 du 22 janv. 2002, art. 11)* I. — La collectivité de Corse est compétente pour conduire les actions en matière de promotion des activités physiques et sportives, d'éducation populaire et d'information de la jeunesse. L'État mène les actions relevant de la politique nationale. Il peut passer avec la collectivité de Corse une convention permettant d'assurer, en tant que de besoin, la coordination des actions qu'ils conduisent. L'État peut également dans cette convention charger la collectivité de Corse de la mise en œuvre de certaines de ses actions.

II. — La collectivité de Corse est attributaire des subventions de fonctionnement *(L. n° 2005-1719 du 30 déc. 2005, art. 53)* « de l' *(L. n° 2019-812 du 1er août 2019, art. 3)* « Agence nationale » du sport » destinées aux groupements sportifs locaux et réparties régionalement dans le cadre des orientations définies *(L. n° 2005-1719 du 30 déc. 2005, art. 53)* « par les instances » *(L. n° 2019-812 du 1er août 2019, art. 3)* « de l'agence ».

Elles sont affectées par délibération de l'Assemblée de Corse sur proposition du conseil exécutif et après consultation du représentant de l'État et d'une commission territoriale pour le développement du sport en Corse dont la composition est fixée par délibération de l'Assemblée de Corse et qui comprend, pour la moitié de ses membres, des représentants du comité régional olympique et sportif.

SECTION 2 Aménagement et développement durable

(L. n° 2002-92 du 22 janv. 2002, art. 3)

SOUS-SECTION 1 Plan d'aménagement et de développement durable

Art. L. 4424-9 *(L. n° 2011-1749 du 5 déc. 2011, art. 1er)* I. — La collectivité de Corse élabore le plan d'aménagement et de développement durable de Corse.

Le plan définit une stratégie de développement durable du territoire en fixant les objectifs de la préservation de l'environnement de l'île et de son développement économique, social, culturel et touristique, qui garantit l'équilibre territorial et respecte les principes énoncés *(Ord. n° 2015-1174 du 23 sept. 2015, art. 9)* « à l'article L. 101-2 » du code de l'urbanisme.

Il fixe les orientations fondamentales en matière de protection et de mise en valeur du territoire, de développement agricole, rural et forestier, de pêche et d'aquaculture, d'habitat, de *(L. n° 2019-1428 du 24 déc. 2019, art. 16)* « transport de personnes et de marchandises, de logistique » *(L. n° 2014-58 du 27 janv. 2014, art. 6)* « , d'intermodalité », d'infrastructures et de réseaux de communication et de développement touristique.

(L. n° 2021-1104 du 22 août 2021, art. 194) « Il fixe une trajectoire permettant d'aboutir à l'absence de toute artificialisation nette des sols ainsi que, par tranches de dix années, un objectif de réduction du rythme de l'artificialisation. » *(L. n° 2023-630 du 20 juill. 2023, art. 1er)* « Cet objectif est décliné entre les différentes parties du territoire de la Corse. »

Il définit les principes de l'aménagement de l'espace qui en résultent et il détermine notamment les espaces naturels, agricoles et forestiers ainsi que les sites et paysages à protéger ou à préserver, l'implantation des grandes infrastructures de transport et des grands équipements, la localisation préférentielle ou les principes de localisation des extensions urbaines, des activités industrielles, artisanales, commerciales, agricoles, forestières, touristiques, culturelles et sportives.

La destination générale des différentes parties du territoire de l'île fait l'objet d'une carte, dont l'échelle est déterminée par délibération de l'Assemblée de Corse dans le respect de la libre administration des communes et du principe de non-tutelle d'une collectivité sur une autre, et que précisent, le cas échéant, les documents cartographiques prévus à l'article L. 4424-10 et au II de l'article L. 4424-11.

Le plan d'aménagement et de développement durable comporte les informations prévues *(Ord. n° 2015-1174 du 23 sept. 2015, art. 9)* « aux articles L. 104-4 et L. 104-5 » du code de l'urbanisme.

Il prévoit des critères, indicateurs et modalités permettant à la collectivité de suivre l'application de ses dispositions et leurs incidences.

II. — Le plan d'aménagement et de développement durable de Corse prend en compte les projets d'intérêt général et les opérations d'intérêt national répondant aux conditions fixées *(Ord. n° 2015-1174 du 23 sept. 2015, art. 9)* « aux articles L. 102-1 et L. 102-12 » du code de l'urbanisme et comporte, le cas échéant, les dispositions nécessaires à leur réalisation.

Le plan d'aménagement et de développement durable de Corse prend en compte les risques naturels, sanitaires et technologiques. Il doit être compatible avec les objectifs et les *(L. n° 2025-391 du 30 avr. 2025, art. 36)* « dispositions » des plans de gestion des risques d'inondation prévus à l'article L. 566-7 du code de l'environnement, lorsqu'ils existent *(Abrogé par L. n° 2025-391 du 30 avr. 2025, art. 36)* « *, ainsi qu'avec les dispositions définies aux 1° et 3° de ce même article* ».

III. — Les schémas de cohérence territoriale et, en l'absence de schéma de cohérence territoriale, les plans locaux d'urbanisme, les schémas de secteur, les cartes communales ou les documents en tenant lieu doivent être compatibles avec le plan d'aménagement et de développement durable de Corse, notamment dans la délimitation à laquelle ils procèdent des zones situées sur leur territoire et dans l'affectation qu'ils décident de leur donner, compte tenu respectivement de la localisation indiquée par la

carte de destination générale des différentes parties du territoire de l'île et de la vocation qui leur est assignée par le plan.

L'assemblée de Corse doit veiller, sous le contrôle du juge administratif, à la préservation d'un rapport de compatibilité entre les documents d'urbanisme et le plan d'aménagement et de développement durable de Corse. Ni le principe de libre administration des collectivités territoriales, ni le principe d'interdiction de toute tutelle d'une collectivité territoriale sur une autre ne sont méconnus par ces dispositions. • Cons. const. 25 nov. 2016, *Cne de Coti-Chiavari*, n° 2016-597 QPC : *RDI 2017. 36, obs. Soler-Couteaux*. ♦ V. note ss. art. L. 4424-7.

Art. L. 4424-10 *(L. n° 2011-1749 du 5 déc. 2011, art. 3)* **I. — Le plan d'aménagement et de développement durable de Corse vaut schéma régional de cohérence écologique au sens de l'article L. 371-3 du code de l'environnement.**

À ce titre :

1° Il recense les espaces protégés au titre du livre III et du titre I du livre IV du même code, identifie les espaces naturels importants pour la préservation de la biodiversité et définit des espaces naturels ou semi-naturels et des formations végétales linéaires ou ponctuelles qui permettent de les relier en constituant des continuités écologiques ;

2° Il recense les cours d'eau, parties de cours d'eau, canaux, ou plans d'eau, figurant sur les listes établies en application des articles L. 211-14 et L. 214-17 du même code, identifie tout ou partie des zones humides dont la préservation ou la remise en bon état contribue à la réalisation des objectifs de qualité et de quantité des eaux fixés par les schémas directeurs d'aménagement et de gestion des eaux en application du IV de l'article L. 212-1 dudit code, notamment les zones humides mentionnées à l'article L. 211-3 dudit code et définit les cours d'eau, parties de cours d'eau, canaux et zones humides importants pour la préservation de la biodiversité qui n'ont pas été ainsi recensés ou identifiés.

Il prend en compte les orientations nationales pour la préservation et la remise en bon état des continuités écologiques mentionnées à l'article L. 371-2 du même code.

(Ord. n° 2016-1028 du 27 juill. 2016, art. 4) **« II. — Le plan d'aménagement et de développement durable de Corse met en œuvre les objectifs de la planification régionale des infrastructures de transport au sens de l'article L. 1213-1 du code des transports et la coordination ainsi que les objectifs d'aménagement prévus par la planification régionale de l'intermodalité, au sens de l'article L. 1213-3 du même code. À ce titre, il satisfait pour tout ou partie aux conditions prévues par ces articles et par les dispositions réglementaires prises pour leur application. » Les dispositions du plan relatives aux services collectifs de transport s'imposent aux plans départementaux des transports.**

III. — Le plan d'aménagement et de développement durable de Corse vaut, pour les secteurs qu'il détermine, schéma de mise en valeur de la mer au sens de l'article 57 de la loi n° 83-8 du 7 janvier 1983 relative à la répartition de compétences entre les communes, les départements, les régions et l'État *[V. App.]*. **À ce titre, il définit pour lesdits secteurs les orientations, vocations, principes, mesures et sujétions particulières prévus à ce même article. Les schémas de cohérence territoriale ne peuvent alors inclure ces secteurs dans le chapitre individualisé valant schéma de mise en valeur de la mer que, le cas échéant, ils comportent.**

IV. — Les dispositions prévues aux I à III du présent article sont regroupées dans des chapitres individualisés au sein du plan et sont, le cas échéant, assorties de documents cartographiques. Lorsque ces documents cartographiques ont une portée normative, leur objet et leur échelle sont déterminés par délibération de l'Assemblée de Corse.

Si le plan d'aménagement et de développement durable de Corse est approuvé moins de deux ans après la première publication des orientations nationales pour la préservation et la remise en bon état des continuités écologiques mentionnées à l'art. L. 371-2 C. envir., il peut l'être sans chapitre valant schéma régional de cohérence écologique. Il est modifié ou révisé dans un délai de cinq ans à compter de son approbation pour que ce chapitre y soit inséré (L. n° 2011-1749 du 5 déc. 2011, art. 6).

Art. L. 4424-11 *(L. n° 2011-1749 du 5 déc. 2011, art. 4)* **I. — Le plan d'aménagement et de développement durable de Corse peut préciser les modalités d'application, adaptées aux particularités géographiques locales,** *(Ord. n° 2015-1174 du 23 sept. 2015,* *art. 9)* « du chapitre I du titre II du livre I du code de l'urbanisme sur les zones littorales et du chapitre II du titre II du livre I du même code sur les zones de montagne ».

Les dispositions du plan qui précisent ces modalités sont applicables aux personnes et opérations qui sont mentionnées, respectivement, *(Ord. n° 2015-1174 du 23 sept. 2015, art. 9)* « aux articles L. 121-3 et L. 122-2 » dudit code.

II. — Le plan d'aménagement et de développement durable de Corse peut, compte tenu du caractère stratégique au regard des enjeux de préservation ou de développement présentés par certains espaces géographiques limités, définir leur périmètre, fixer leur vocation et comporter des dispositions relatives à l'occupation du sol propres auxdits espaces, assorties, le cas échéant, de documents cartographiques dont l'objet et l'échelle sont déterminés par délibération de l'Assemblée de Corse.

En l'absence de schéma de cohérence territoriale, de plan local d'urbanisme, de schéma de secteur, de carte communale ou de document en tenant lieu, les dispositions du plan relatives à ces espaces sont opposables aux tiers dans le cadre des procédures de déclaration et de demande d'autorisation prévues au code de l'urbanisme.

(L. n° 2024-1039 du 19 nov. 2024, art. 5) « III. — Dans les communes qui ne sont pas couvertes par un plan local d'urbanisme, lorsque la taxe annuelle sur les logements vacants mentionnée à l'article 232 du code général des impôts est applicable ou lorsque les résidences secondaires représentent plus de 20 % du nombre total d'immeubles à usage d'habitation, le plan d'aménagement et de développement durable de Corse peut délimiter, dans les zones urbaines ou à urbaniser, des secteurs dans lesquels toutes les constructions nouvelles de logements sont à usage exclusif de résidence principale, au sens de l'article 2 de la loi n° 89-462 du 6 juillet 1989 tendant à améliorer les rapports locatifs et portant modification de la loi n° 86-1290 du 23 décembre 1986, dans les conditions prévues pour le règlement d'urbanisme à l'article L. 151-14-1 du code de l'urbanisme. »

Art. L. 4424-12 *(L. n° 2011-1749 du 5 déc. 2011, art. 2)* I. — Le plan d'aménagement et de développement durable peut, par une délibération particulière et motivée de l'Assemblée de Corse, fixer, *(Ord. n° 2015-1174 du 23 sept. 2015, art. 9)* « pour l'application de l'article L. 121-23 » du code de l'urbanisme, une liste complémentaire à la liste des espaces terrestres et marins, sites et paysages remarquables ou caractéristiques du patrimoine naturel et culturel du littoral et des milieux nécessaires au maintien des équilibres biologiques à préserver. Cette délibération tient lieu du décret prévu au premier alinéa du même article L. 146-6. Elle définit également leur localisation.

II. — Le plan d'aménagement et de développement durable peut également, par une délibération particulière et motivée de l'Assemblée de Corse, déterminer, en tenant compte de la fréquentation touristique de certains sites et de la préservation de l'environnement, *(Ord. n° 2015-1174 du 23 sept. 2015, art. 9)* « les espaces situés dans la bande littorale définie à l'article L. 121-16 du code de l'urbanisme dans lesquels peuvent être autorisés, indépendamment des dérogations prévues à l'article *(L. n° 2016-816 du 20 juin 2016, art. 93)* « L. 121-17 » du même code » et dans les conditions que le plan précise, des aménagements légers et des constructions non permanentes destinés à l'accueil du public, à l'exclusion de toute forme d'hébergement, dans le respect des paysages et des caractéristiques propres à ces sites.

La réalisation de ces aménagements et constructions est soumise à l'enquête publique *(L. n° 2010-788 du 12 juill. 2010, art. 240)* « réalisée conformément au chapitre III du titre II du livre I du code de l'environnement ». Une enquête publique unique portant sur l'ensemble des aménagements et constructions prévus peut être organisée dès lors que le dossier d'enquête précise les conditions d'aménagement et de gestion de l'ensemble des espaces en cause.

(L. n° 2018-1021 du 23 nov. 2018, art. 45) « II *bis*. — Dans les communes soumises simultanément aux chapitres I et II du titre II du livre I du code de l'urbanisme, l'article L. 121-8 du même code ne s'applique pas dans les secteurs, situés en dehors des espaces proches du rivage, déterminés par le plan d'aménagement et de développement durable de Corse et délimités par le plan local d'urbanisme. La détermination de ces secteurs est soumise à l'accord du représentant de l'État dans le département après avis du conseil des sites de Corse. »

III. – Un rapport d'évaluation annuel portant sur la mise en œuvre des dispositions prévues par le présent article et précisant leur impact réel sur l'environnement et le développement durable est établi par la collectivité de Corse et adressé au Premier ministre, qui le transmet au Parlement.

Art. L. 4424-13 *(L. nº 2011-1749 du 5 déc. 2011, art. 5)* I. – Le projet de plan d'aménagement et de développement durable de Corse est élaboré par le conseil exécutif.

La stratégie et les orientations envisagées, notamment en application de l'article L. 4424-11, font l'objet d'un débat, préalable à cette élaboration, au sein de l'Assemblée de Corse.

Sont associés à l'élaboration du projet de plan le représentant de l'État dans la collectivité de Corse, les communes ou leurs groupements à fiscalité propre, ainsi que les établissements publics mentionnés à l'article *(Ord. nº 2015-1174 du 23 sept. 2015, art. 9)* « L. 143-16 » du code de l'urbanisme, les chambres d'agriculture, *(L. nº 2025-640 du 15 juill. 2025, art. 1er)* « l'établissement public du commerce et de l'industrie de Corse, » les chambres de métiers et le centre régional de la propriété forestière. Des organisations professionnelles peuvent également être associées, dans les mêmes conditions, à son élaboration. L'Assemblée de Corse peut décider de consulter toute autre organisation sur le projet de plan.

Si un organisme mentionné à l'article L. 411-2 du code de la construction et de l'habitation en fait la demande, le président de l'Assemblée de Corse lui notifie le projet de plan afin de recueillir son avis. Cet avis est réputé favorable s'il n'a pas été rendu par écrit dans un délai de deux mois.

Le représentant de l'État porte à la connaissance du conseil exécutif les projets d'intérêt général et les opérations d'intérêt national répondant aux conditions fixées aux articles *(Ord. nº 2015-1174 du 23 sept. 2015, art. 9)* « L. 102-1 et L. 102-12 » du code de l'urbanisme, ainsi que les plans de prévention des risques.

Le projet de plan arrêté par le conseil exécutif et, le cas échéant, les projets de délibérations prévues à l'article L. 4424-12 du présent code sont soumis pour avis à l'autorité de l'État compétente en matière d'environnement, au *(Ord. nº 2016-1562 du 21 nov. 2016, art. 33)* « conseil économique, social, environnemental et culturel de Corse » ainsi qu'au conseil des sites de Corse. Ces avis sont réputés émis et, en ce qui concerne les conseils, favorables s'ils n'ont pas été rendus dans un délai de trois mois. Éventuellement modifiés pour tenir compte des avis recueillis, ces projets sont délibérés par l'Assemblée de Corse puis, assortis desdits avis, soumis à enquête publique par le président du conseil exécutif dans les conditions prévues au chapitre III du titre II du livre I du code de l'environnement.

Après l'enquête publique, le plan d'aménagement et de développement durable, éventuellement modifié pour tenir compte des résultats de l'enquête publique, est à nouveau délibéré par l'Assemblée de Corse. Les dispositions du plan prises en application de l'article L. 4424-12 du présent code font l'objet de délibérations particulières et motivées de l'Assemblée de Corse.

II. – Des délibérations de l'Assemblée de Corse précisent la procédure d'élaboration prévue au présent article.

À compter du 1er janv. 2026, l'établissement public du commerce et de l'industrie de Corse est créé en lieu et place de la CCI de Corse. Les biens, les droits et les obligations de la CCI de Corse sont transférés à l'établissement public. Ce transfert est réalisé à titre gratuit et ne donne lieu au paiement d'aucun impôt, droit ou taxe, ni d'aucune contribution, ni d'aucuns frais perçus au profit du Trésor (L. nº 2025-640 du 15 juill. 2025, art. 4).

Art. L. 4424-14 *(L. nº 2011-1749 du 5 déc. 2011, art. 5)* I. – Le plan d'aménagement et de développement durable de Corse peut être modifié, sur proposition du conseil exécutif, lorsque les changements envisagés n'ont pas pour effet de porter atteinte à son économie générale. *(Ord. nº 2015-1174 du 23 sept. 2015, art. 9)* « L'article L. 104-3 » du code de l'urbanisme est applicable.

Les modifications envisagées sont soumises pour avis aux personnes publiques, organismes et organisations dont l'association est prévue à l'article L. 4424-13 du présent code. Leur avis est réputé favorable s'il n'est pas intervenu dans un délai de trois mois.

Après enquête publique, les modifications sont approuvées par l'Assemblée de Corse.

II. – À l'expiration d'un délai de six ans à compter de la date d'approbation du plan d'aménagement et de développement durable, le conseil exécutif procède à une analyse globale des résultats de son application notamment du point de vue de l'environnement.

Cette analyse est soumise à l'avis du *(Ord. nº 2016-1562 du 21 nov. 2016, art. 33)* « conseil économique, social, environnemental et culturel de Corse », communiquée au public et transmise à l'Assemblée de Corse. L'assemblée délibère sur le maintien en vigueur du plan d'aménagement et de développement durable de Corse, sur sa modification, ou sur sa révision, complète ou partielle.

Le plan d'aménagement et de développement durable est révisé selon les modalités prévues pour son élaboration à l'article L. 4424-13.

III. — Des délibérations de l'Assemblée de Corse précisent les procédures de modification et de révision prévues au présent article.

Art. L. 4424-15 *(L. nº 2002-92 du 22 janv. 2002, art. 12)* Le représentant de l'État dans la collectivité de Corse peut demander à la collectivité de Corse la modification du plan d'aménagement et de développement durable afin de permettre la réalisation d'un projet d'intérêt général ou d'une opération d'intérêt national répondant aux conditions fixées en application *(Ord. nº 2015-1174 du 23 sept. 2015, art. 9)* « des articles L. 102-1 et L. 102-12 » du code de l'urbanisme.

Si, dans un délai de six mois à compter de cette demande adressée au président du conseil exécutif, la procédure de modification n'a pas abouti, il y est procédé par décret en Conseil d'État. En cas d'urgence, il peut être procédé à la modification sans délai par décret en conseil des ministres.

Art. L. 4424-15-1 *(Ord. nº 2013-888 du 3 oct. 2013, art. 2)* Le plan d'aménagement et de développement durable peut être mis en compatibilité en application de l'article L. 300-6-1 du code de l'urbanisme. *(L. nº 2023-973 du 23 oct. 2023, art. 19)* « Il peut également être mis en compatibilité dans les conditions définies à l'article L. 300-6-2 du même code. »

Les dispositions proposées pour assurer la mise en compatibilité du plan font l'objet d'un examen conjoint de l'État, de la collectivité de Corse et des personnes publiques associées mentionnées à l'article L. 4424-13.

Le projet de mise en compatibilité est soumis à une enquête publique réalisée conformément au chapitre III du titre II du livre I du code de l'environnement.

À l'issue de l'enquête publique, la mise en compatibilité du plan éventuellement modifié pour tenir compte des avis qui ont été joints au dossier et du résultat de l'enquête est approuvée par l'Assemblée de Corse.

Si la décision de mise en compatibilité prévue à l'alinéa précédent n'est pas intervenue dans le délai de deux mois à compter de la réception par l'Assemblée de Corse l'avis du commissaire enquêteur ou de la commission d'enquête, la mise en compatibilité est approuvée par décret en Conseil d'État.

Sur les projets d'intérêt national majeur, V. ci-dessous C. urb., art. L. 300-6-2.

Code de l'urbanisme

Art. L. 300-6-2 *(L. nº 2023-973 du 23 oct. 2023, art. 19)* I. — Un projet industriel qui revêt, eu égard à son objet et à son envergure, notamment en termes d'investissement et d'emploi, une importance particulière pour la transition écologique ou la souveraineté nationale, peut être qualifié par décret de projet d'intérêt national majeur.

II. — La procédure de mise en compatibilité prévue aux IV à XII ne peut être engagée qu'après accord du maire de la commune dans laquelle le projet industriel pourrait être implanté, ou du président de l'établissement public de coopération intercommunale mentionné au 1º de l'article L. 153-8 concerné lorsqu'un plan local d'urbanisme intercommunal est applicable sur le territoire de celle-ci, et du président de la région correspondante lorsque son document de planification doit être mis en compatibilité. L'autorité compétente de l'État les sollicite en leur transmettant les données essentielles du projet industriel ainsi que, lorsqu'une mise en compatibilité est requise, les données essentielles des modifications de leur document de planification ou d'urbanisme nécessaires à la réalisation du projet et les motifs de ces modifications. Leur accord est réputé donné s'il n'est pas émis dans un délai d'un mois à compter de cette transmission. En cas de réponse contradictoire entre la commune ou l'établissement public de coopération intercommunale et la région, il est fait droit à la décision de la commune ou de l'établissement public de coopération intercommunale.

III. — Chaque région peut signaler au ministre chargé de l'industrie les projets qui lui semblent susceptibles d'être reconnus d'intérêt national majeur, après avoir recueilli, si la localisation du projet est déjà connue, l'avis des communes et des établissements publics de coopération intercommunale sur le territoire desquels ces projets pourraient être implantés.

Le ministre chargé de l'industrie l'informe, dans un délai de trois mois, des projets retenus, dont la qualification de projets d'intérêt national majeur est faite par décret dans les trois mois, et des motivations qui ont conduit à ne pas retenir les autres projets.

IV. — Lorsqu'un schéma régional d'aménagement, de développement durable et d'égalité des territoires, le schéma directeur de la région d'Île-de-France, le plan d'aménagement et de développement durable de Corse, un schéma d'aménagement régional, un schéma de cohérence territoriale, un plan local d'urbanisme ou une carte communale doit être modifié ou révisé pour permettre la réalisation d'un projet industriel qualifié de projet d'intérêt national majeur, il peut être fait application de la procédure prévue aux V à XII du présent article.

V. — Lorsque l'autorité administrative compétente de l'État considère que l'un des documents mentionnés au III ne permet pas la réalisation d'un projet d'intérêt national majeur pour la transition écologique ou la souveraineté nationale, elle transmet à la collectivité territoriale ou la personne publique compétente pour adopter ce document un dossier qui indique ou rappelle la nécessité de la mise en compatibilité et ses motifs et qui précise les modifications qu'elle estime nécessaires pour y parvenir.

L'autorité administrative compétente de l'État engage sans délai la procédure de mise en compatibilité du document en cause.

VI. — L'évaluation environnementale du projet de mise en compatibilité est effectuée dans les conditions prévues pour les mises en compatibilité engagées en application du second alinéa des articles L. 143-42 ou L. 153-51.

Le porteur du projet procède à l'analyse des incidences notables sur l'environnement du projet de mise en compatibilité et transmet le dossier nécessaire à l'évaluation environnementale à l'autorité administrative compétente de l'État, qui le transmet ensuite à l'autorité environnementale.

L'avis de l'autorité environnementale ou sa décision de ne pas soumettre le projet à une évaluation environnementale est transmis à la collectivité territoriale ou à la personne publique compétente pour adopter le document qui fait l'objet de la procédure de mise en compatibilité.

VII. — Le projet de mise en compatibilité fait l'objet d'un examen conjoint par l'État, par la collectivité territoriale ou la personne publique compétente pour adopter le document et par les personnes publiques mentionnées aux articles L. 132-7 à L. 132-9 du présent code et, selon le cas, par les personnes publiques mentionnées aux articles L. 4251-5, L. 4251-6, L. 4424-13 et L. 4433-10 du code général des collectivités territoriales et aux articles L. 123-7 et L. 123-9 du présent code.

VIII.— Le projet de mise en compatibilité est soumis à la procédure de participation du public prévue à l'article L. 123-19 du code de l'environnement.

IX. — À l'issue de la procédure de participation du public, l'autorité administrative compétente de l'État en présente le bilan devant l'organe délibérant de la collectivité territoriale ou de la personne publique compétente pour adopter le document. L'organe délibérant rend un avis sur le projet de mise en compatibilité. Cet avis est réputé favorable s'il n'est pas émis dans le délai d'un mois.

X. — Le projet de mise en compatibilité est adopté par décret.

XI. — Le document dont la mise en compatibilité est requise pour permettre la réalisation d'un projet d'intérêt national majeur pour la transition écologique ou la souveraineté nationale ne peut faire l'objet d'une modification ou d'une révision portant sur les dispositions faisant l'objet de cette mise en compatibilité entre la date de la mise à la disposition du public et la date d'entrée en vigueur du décret procédant à la mise en compatibilité prévu au X du présent article.

XII. — Lorsque le projet d'intérêt national majeur est suffisamment précis à la date de la décision d'engagement de la procédure de mise en compatibilité mentionnée aux V à X, les pièces nécessaires à la délivrance des autorisations requises pour sa réalisation peuvent être transmises, dès cette date, à l'autorité compétente pour délivrer ces autorisations, en vue de leur instruction.

SOUS-SECTION 2 **Transports et gestion des infrastructures**

§ 1 **Transports**

Art. L. 4424-16 *(L. n° 2015-991 du 7 août 2015, art. 30)* **La collectivité de Corse est chargée de l'organisation des liaisons interdépartementales prévues par les dispositions**

relatives aux services collectifs de transport du plan d'aménagement et de développement durable.

Art. L. 4424-17 La collectivité de Corse est substituée à l'État dans les droits et obligations de celui-ci concernant l'exploitation des transports ferroviaires. Elle reçoit de l'État un concours budgétaire d'un montant équivalent aux charges assumées par l'État au titre de l'exploitation des transports ferroviaires en application des dispositions conventionnelles en vigueur au 13 mai 1991, date de promulgation de la loi n° 91-428 portant statut de la collectivité territoriale de Corse. — *[L. n° 91-428 du 13 mai 1991, art. 72.]*

Art. L. 4424-18 La collectivité de Corse définit, sur la base du principe de continuité territoriale destiné à atténuer les contraintes de l'insularité et dans les conditions de l'article *(Ord. n° 2016-1561 du 21 nov. 2016, art. 8)* « L. 4425-26 », les modalités d'organisation des transports maritimes et aériens entre l'île et toute destination de la France continentale, en particulier en matière de desserte et de tarifs.

Art. L. 4424-19 *(L. n° 2002-92 du 22 janv. 2002, art. 14)* Des obligations de service public sont imposées par la collectivité de Corse sur certaines liaisons aériennes ou maritimes pour assurer le principe de continuité territoriale. Ces obligations ont pour objet, dans le cadre adapté à chaque mode de transport, de fournir des services passagers ou fret suffisants en termes de continuité, régularité, fréquence, qualité et prix et, le cas échéant, de capacité, pour atténuer les contraintes liées à l'insularité et faciliter ainsi le développement économique de l'île, l'aménagement équilibré du territoire insulaire et le développement des échanges économiques et humains entre l'île et la France continentale.

Lorsque la collectivité de Corse décide de soumettre des liaisons de desserte aérienne à des obligations de service public, elle peut, dans le respect des procédures de publicité applicables, désigner pour l'exploitation de ces liaisons des compagnies aériennes titulaires d'une licence d'exploitation de transporteur aérien délivrée par un État membre de l'Union européenne ou partie à l'Espace économique européen.

Lorsque la collectivité de Corse décide de soumettre des liaisons de desserte maritime à des obligations de service public, elle peut, dans le respect des procédures de publicité et de mise en concurrence applicables, désigner pour l'exploitation de ces liaisons des compagnies maritimes dont la flotte est immatriculée dans un État membre de l'Union européenne ou partie à l'Espace économique européen et battant pavillon de cet État membre ou partie, sous réserve que les navires de cette flotte remplissent toutes les conditions fixées par cet État membre ou partie pour être admis au cabotage.

Pour les liaisons de dessertes aériennes ou maritimes, la collectivité de Corse peut également établir un régime d'aides individuelles à caractère social pour certaines catégories de passagers.

Art. L. 4424-20 Sous la forme d'un établissement public de la collectivité de Corse à caractère industriel et commercial, l'office des transports de la Corse, sur lequel la collectivité exerce son pouvoir de tutelle, a les missions ci-après définies.

(L. n° 2002-92 du 22 janv. 2002, art. 14) « En prenant en considération les priorités de développement économique définies par la collectivité de Corse, l'office des transports de la Corse conclut avec les compagnies désignées pour l'exploitation des liaisons mentionnées à l'article L. 4424-19 des conventions de délégation de service public qui définissent les tarifs, les conditions d'exécution et la qualité du service ainsi que les modalités de contrôle. »

L'office répartit *(L. n° 2016-1917 du 29 déc. 2016, art. 142 ; Ord. n° 2016-1561 du 21 nov. 2016, art. 8)* « la partie des crédits mentionnés à l'article L. 4425-26 destinée à la mise en œuvre des articles L. 4424-18 et L. 4424-19 » entre les deux modes de transports aérien et maritime, sous réserve que cette répartition reste compatible avec les engagements contractés dans le cadre des conventions conclues avec les concessionnaires et qu'elle n'affecte pas, par elle-même, l'équilibre financier de ces compagnies.

L'office assure la mise en œuvre de toute autre mission qui pourrait lui être confiée par la collectivité de Corse dans la limite de ses compétences. *(L. n° 2016-1917 du 29 déc. 2016, art. 142)* « Il peut, par convention signée avec la collectivité de Corse, assurer pour son compte la gestion de tout ou partie des reliquats de crédits de la dotation de continuité territoriale mentionnés à l'article L. 4425-4. »

L'office est présidé par un conseiller exécutif désigné par le président du conseil exécutif.

Le représentant de l'État dans la collectivité de Corse assiste de plein droit aux réunions du conseil d'administration et est destinataire de ses délibérations.

La gestion de l'office est assurée par un directeur nommé sur proposition du président de l'office par arrêté délibéré en conseil exécutif.

Le conseil d'administration de l'office est composé de représentants des organisations socioprofessionnelles et, à titre majoritaire, de représentants élus de l'Assemblée de Corse.

L'office des transports de la Corse est substitué à l'office des transports de la région de Corse, institué par l'article 20 *(L. n° 2002-92 du 22 janv. 2002, art. 14)* « de la loi n° 82-659 du 30 juillet 1982 portant statut particulier de la région de Corse : compétences », dans ses droits et obligations pour l'exécution des concessions en cours au 2 avril 1992, date de la première réunion de l'Assemblée de Corse ayant suivi son renouvellement résultant de la loi n° 91-428 du 13 mai 1991 portant statut de la collectivité territoriale de Corse.

(L. n° 2002-92 du 22 janv. 2002, art. 45) « L'office des transports de la Corse cesse d'exister lorsque la collectivité de Corse reprend l'exercice de ses missions. »

Art. L. 4424-21 La collectivité de Corse assure la construction, l'aménagement, l'entretien et la gestion de la voirie classée en route nationale.

La voirie classée en route nationale est transférée dans le patrimoine de la collectivité territoriale.

(L. n° 2002-92 du 22 janv. 2002, art. 14) « Sur le territoire de la Corse, par dérogation à l'article L. 110-3 du code de la route, la liste des routes à grande circulation est fixée par délibération de l'Assemblée de Corse. »

§ 2 Gestion des infrastructures

Art. L. 4424-22 Par dérogation *(L. n° 2004-809 du 13 août 2004, art. 30)* « à l'article 9 » de la loi n° 83-663 du 22 juillet 1983 complétant la loi n° 83-8 du 7 janvier 1983 relative à la répartition de compétences entre les communes, les départements, les régions et l'État *[V. App., v° Répartition de compétences entre l'État et les collectivités territoriales,* 🏛*]*, la collectivité de Corse est compétente pour créer, aménager, entretenir, gérer les ports maritimes de commerce et de pêche et, le cas échéant, pour en étendre le périmètre.

Les biens, appartenant à l'État, des ports d'Ajaccio et de Bastia sont transférés dans le patrimoine de la collectivité de Corse. La collectivité territoriale met gratuitement à la disposition de l'État les installations et aménagements qui sont nécessaires au fonctionnement des services chargés de la police portuaire et de la sécurité. Une convention entre l'État et la collectivité territoriale organise les modalités de mise en œuvre de ces transferts et prévoit notamment les mesures nécessaires au fonctionnement des services chargés de la police et de la sécurité.

Par dérogation à l'article L. 1311-1 du présent code, les dispositions des articles L. 34-1 à L. 34-7 du code du domaine de l'État *[devenus* **CGPPP**, *art. L. 2122-6 à L. 2122-13]* sont applicables sur le domaine public des ports d'Ajaccio et de Bastia transféré à la collectivité de Corse. Les autorisations, décisions et agréments mentionnés aux articles L. 34-1 à L. 34-4 du même code sont pris ou accordés, après consultation du représentant de l'État, par le président du conseil exécutif. Ils peuvent également être pris ou accordés par le concessionnaire, après consultation du représentant de l'État, lorsque les termes de la concession le prévoient expressément. Un décret en Conseil d'État précise, en tant que de besoin, les conditions d'application du présent alinéa.

Art. L. 4424-23 La collectivité de Corse est compétente, dans les conditions prévues au code de l'aviation civile, pour créer, aménager, entretenir, gérer des aérodromes et, le cas échéant, pour en étendre le périmètre.

Les biens des aérodromes d'Ajaccio, de Bastia, de Calvi et de Figari, appartenant à l'État, sont transférés dans le patrimoine de la collectivité de Corse, à l'exception des emprises et installations réservées à l'État pour les besoins de la défense nationale et des installations réservées à l'État pour les besoins de la sécurité de la circulation aérienne et de la sécurité civile. La collectivité territoriale met gratuitement à la disposition de l'État les installations et aménagements qui sont nécessaires au fonctionnement des services chargés de la police et de la sécurité. Une convention entre la collectivité territoriale et l'État organise, dans les conditions prévues à l'article L. 221-1 du code de l'aviation civile *[devenu **C. transp.**, art. L. 6321-3]*, les modalités de mise en œuvre de ces transferts, et prévoit notamment les mesures nécessaires au fonctionnement des services chargés de la police et de la sécurité.

Art. L. 4424-24 Le réseau ferré de Corse est transféré dans le patrimoine de la collectivité de Corse qui en assure l'aménagement, l'entretien, la gestion et, le cas échéant, l'extension.

Art. L. 4424-25 Les biens de l'État mis à la disposition de l'office d'équipement hydraulique de Corse mentionné à l'article L. 112-12 du code rural et de la pêche maritime sont transférés dans le patrimoine de la collectivité de Corse qui en assure l'aménagement, l'entretien, la gestion et, le cas échéant, l'extension.

SOUS-SECTION 3 **Logement**

Art. L. 4424-26 La collectivité de Corse définit dans le cadre du *(L. n° 2002-92 du 22 janv. 2002, art. 16)* « plan d'aménagement et de développement durable » ses priorités en matière d'habitat, notamment, au vu des propositions qui lui sont adressées par les communes.

L'Assemblée de Corse, sur proposition du conseil exécutif, arrête la répartition, entre les programmes d'accession à la propriété, de construction de logements locatifs neufs et d'amélioration de l'habitat existant, des aides attribuées par l'État sous forme de bonifications d'intérêts ou de subventions.

La part de l'ensemble des aides visées à l'alinéa précédent attribuée, chaque année, à la collectivité de Corse ne peut être inférieure à la part moyenne de l'ensemble des aides de l'État reçues à ce même titre par la région de Corse au cours des années 1987, 1988 et 1989.

L'Assemblée de Corse, sur proposition du conseil exécutif, peut, en outre, accorder des subventions, des prêts, des bonifications d'intérêts et des garanties d'emprunt.

SOUS-SECTION 4 **Foncier**

(L. n° 2014-366 du 24 mars 2014, art. 148)

Art. L. 4424-26-1 Sous la forme d'un établissement public de la collectivité de Corse à caractère industriel et commercial, l'office foncier de la Corse, sur lequel la collectivité exerce son pouvoir de tutelle, a les missions ci-après définies.

Cet établissement met en place les stratégies foncières afin de mobiliser du foncier et de favoriser le développement durable et la lutte contre l'étalement urbain. Ces stratégies contribuent à la réalisation de logements, notamment de logements sociaux, en tenant compte des priorités définies par les programmes locaux de l'habitat et la politique régionale du foncier et de l'habitat de la collectivité de Corse. L'office peut contribuer au développement des activités économiques, à la politique de protection contre les risques technologiques et naturels ainsi que, à titre subsidiaire, à la préservation des espaces naturels et agricoles, en coopération avec la société d'aménagement foncier et d'établissement rural et les autres organismes chargés de la préservation de ces espaces dans le cadre de conventions.

Art. L. 4424-26-2 Pour la mise en œuvre des missions prévues au second alinéa de l'article L. 4424-26-1, l'office est compétent pour réaliser, pour le compte de la collectivité de Corse ou de toute personne publique, toutes acquisitions foncières ou immobilières en vue de la constitution de réserves foncières en application des articles L. 221-1 et L. 221-2 du code de l'urbanisme ou de la réalisation d'actions ou d'opérations d'aménagement au sens de l'article L. 300-1 du même code. Il est, en outre, compétent pour réaliser ou faire réaliser toutes les actions de nature à faciliter l'utilisation et l'aménagement ultérieur, au sens du même article, des biens fonciers ou immobiliers acquis.

Les biens acquis par l'établissement ont vocation à être cédés ou à faire l'objet d'un bail.

Les acquisitions et cessions foncières et immobilières réalisées par l'établissement pour le compte de la collectivité de Corse ou d'une autre personne publique sont soumises aux dispositions relatives à la transparence des opérations immobilières de ces collectivités.

L'office peut exercer, pour la réalisation de ses missions et par délégation de leurs titulaires, les droits de préemption et de priorités définis, dans les cas et conditions prévus par le code de l'urbanisme ainsi qu'au 9° de l'article L. 143-2 du code rural et de la pêche maritime*[,]* et agir par voie d'expropriation.

L'action de l'office pour le compte des personnes publiques autres que la collectivité de Corse s'inscrit dans le cadre de conventions.

Art. L. 4424-26-3 Pour la mise en œuvre des missions prévues au premier alinéa de l'article L. 4424-26-2, l'office élabore un programme pluriannuel d'interventions qui :

– définit ses actions, leurs modalités et les moyens mis en œuvre ;

– précise les conditions de cession du foncier, propres à garantir un usage conforme aux missions de l'établissement.

Le programme pluriannuel d'intervention tient compte des priorités énoncées dans les documents d'urbanisme et notamment le plan d'aménagement et de développement durables de la Corse ainsi que des objectifs de réalisation de logements précisés par les programmes locaux de l'habitat. Il est approuvé par le conseil d'administration qui procède à sa révision dans un délai de cinq ans. Il est transmis au représentant de l'État.

Art. L. 4424-26-4 L'office, dont les statuts sont adoptés par l'Assemblée de Corse, est administré par un conseil d'administration présidé par un conseiller exécutif désigné par le président du conseil exécutif. Son conseil d'administration est composé à titre majoritaire de représentants élus de l'Assemblée de Corse. Il est en outre composé de membres représentants d'autres collectivités territoriales et des établissements publics de coopération intercommunale à fiscalité propre.

Les statuts peuvent prévoir la participation d'autres personnes aux réunions du conseil d'administration.

Les statuts fixent notamment le nombre et les modalités de désignation des membres du conseil d'administration.

Les actes et délibérations de l'établissement public sont soumis au contrôle de légalité prévu par les articles L. 2131-1 à L. 2131-11 du présent code.

Le directeur général, nommé sur proposition du président de l'établissement par arrêté délibéré en conseil exécutif, est chargé de l'administration de l'établissement.

Art. L. 4424-26-5 Les recettes de l'office comprennent notamment :

1° Le produit de la taxe spéciale d'équipement arrêtée dans les conditions prévues à l'article 1607 *bis* du code général des impôts ;

2° Les contributions, notamment les dotations, subventions, avances, fonds de concours ou participations, garanties financières qui lui sont accordées par l'Union européenne, l'État, les collectivités territoriales et les sociétés nationales, établissements publics ainsi que toutes autres personnes morales publiques ou privées intéressées ;

3° Le produit des emprunts ;

4° Les rémunérations de ses prestations de services et les remboursements d'avances et de préfinancements divers consentis par l'office ;

5° Les produits de la vente des biens et droits mobiliers et immobiliers ;

6° Les revenus nets de ses biens meubles et immeubles ;

7° Le produit des dons et legs ;

8° Les subventions obtenues en lieu et place des collectivités territoriales, établissements publics et sociétés intéressés en exécution des conventions passées avec ceux-ci.

SECTION 3 Développement économique

SOUS-SECTION 1 Interventions économiques

Art. L. 4424-27 Le régime des aides de la collectivité territoriale en faveur du développement économique, prévu par le titre I du livre V de la première partie, est déterminé par la collectivité territoriale par délibération de l'Assemblée de Corse.

Le président du conseil exécutif met en œuvre ces délibérations dans les conditions prévues à l'article L. 4422-26.

V. note ss. art. L. 4424-7.

Art. L. 4424-28 La collectivité de Corse peut participer, par versement de dotations, à la constitution d'un fonds d'investissement auprès d'une société de capital-investissement ayant pour objet d'apporter des fonds propres à des entreprises.

Le montant total des dotations versées par la collectivité territoriale ne peut pas excéder 50 % du montant total du fonds.

La collectivité de Corse passe avec la société gestionnaire du fonds une convention déterminant notamment, l'objet, le montant et le fonctionnement du fonds d'investissement, les modalités d'information de la collectivité territoriale par la société ainsi que les conditions de restitution des dotations versées en cas de modification ou de cessation d'activité de ce fonds.

Art. L. 4424-28-1 La collectivité de Corse peut participer, par versement de dotations, à la constitution d'un fonds de garantie auprès d'un établissement de crédit *(Ord. nº 2013-544 du 27 juin 2013, art. 9)* « ou d'une société de financement » ayant pour objet exclusif de garantir des concours financiers accordés à des entreprises.

La collectivité de Corse passe avec la société gestionnaire du fonds une convention déterminant notamment, l'objet, le montant et le fonctionnement du fonds de garantie, les modalités d'information de la collectivité territoriale par la société ainsi que les conditions de restitution des dotations versées en cas de modification ou de cessation d'activité de ce fonds.

Art. L. 4424-29 La collectivité de Corse peut, lorsque son intervention a pour objet de favoriser le développement économique local, accorder des aides à la création ou au développement des entreprises, en sus de celles mentionnées au titre I du livre V de la première partie.

La nature, la forme et les modalités d'attribution des aides sont fixées par délibération de l'Assemblée de Corse.

Chaque année, le président du conseil exécutif de Corse rend compte à l'Assemblée, par un rapport spécial, du montant des aides accordées ainsi que de leur effet sur le développement économique local.

Art. L. 4424-30 Le comité de coordination pour le développement industriel de la Corse est composé par tiers de représentants de l'État, de représentants de l'Assemblée de Corse à la proportionnelle des groupes et de représentants des sociétés nationales. Il se réunit à la demande du Premier ministre ou de l'Assemblée de Corse.

Il anime et coordonne les actions des sociétés nationales en Corse afin de réaliser des projets industriels d'intérêt régional. – *[L. nº 91-428 du 13 mai 1991, art. 62.]*

SOUS-SECTION 2 Tourisme

Art. L. 4424-31 *(L. nº 2002-92 du 22 janv. 2002, art. 18)* « La collectivité de Corse détermine et met en œuvre, dans le cadre du plan d'aménagement et de développement durable, les orientations du développement touristique de l'île.

« Elle définit, met en œuvre et évalue la politique du tourisme de la Corse et les actions de promotion qu'elle entend mener. Elle assure le recueil, le traitement et la diffusion des données relatives à l'activité touristique en Corse.

« Elle coordonne les initiatives publiques et privées dans les domaines du développement, de la promotion et de l'information touristiques en Corse. »

(L. nº 2006-437 du 14 avr. 2006, art. 17) « Par dérogation aux articles L. 131-3, L. 131-4 et L. 131-6 à L. 131-10 du code du tourisme, une institution spécialisée est

chargée, dans le cadre des orientations définies par la collectivité de Corse, de la coordination de l'ensemble des actions de développement du tourisme en Corse. Cette institution assure notamment la promotion touristique de l'île et met en œuvre la politique d'aide à la modernisation et au développement des structures d'accueil et d'hébergement. »

(L. n° 2002-92 du 22 janv. 2002, art. 18 et 45) « Cette institution spécialisée, sur laquelle la collectivité de Corse exerce un pouvoir de tutelle, est présidée par un conseiller exécutif désigné par le président du conseil exécutif. Son conseil d'administration est composé à titre majoritaire de représentants élus de l'Assemblée de Corse.

« L'institution spécialisée cesse d'exister lorsque la collectivité de Corse reprend l'exercice de ses missions. »

1. V. note ss. art. L. 4424-7.

2. Eu égard, d'une part, au rôle et à l'importance des missions attribuées par le législateur à l'institution spécialisée chargée de la coordination de l'ensemble des actions de développement du tourisme en Corse dans le cadre des orientations définies par la collectivité territoriale de Corse, et, d'autre part, aux responsabilités qui incombent au directeur général de ladite institution, agissant en qualité de collaborateur direct du président de l'agence, lequel président est de par la loi un conseiller exécutif désigné par le président du conseil exécutif de la collectivité territoriale de Corse, le fait pour le directeur de l'agence de ne plus disposer de la part du président de la confiance nécessaire au bon accomplissement de sa tâche constitue un motif de nature à justifier légalement son licenciement, alors même que ledit emploi ne serait pas un emploi relevant des emplois fonctionnels. • CAA Marseille, 17 oct. 2013, *M. C. D.*, n° 12MA03684 B : *AJFP 2014. 244*.

Art. L. 4424-32 *(L. n° 2006-437 du 14 avr. 2006, art. 7)* « I A. — La dénomination des communes touristiques mentionnées aux articles L. 133-11 et L. 134-3 du code du tourisme est accordée, par arrêté du président du conseil exécutif de Corse pris pour une durée de cinq ans, à la demande de la commune ou de l'établissement public de coopération intercommunale compétent en matière de tourisme et après consultation du conseil des sites et de la commission départementale compétente en matière d'environnement, de risques sanitaires et technologiques. »

(L. n° 2002-92 du 22 janv. 2002, art. 19) I. — Le classement des *(Ord. n° 2004-1391 du 20 déc. 2004, art. 4)* « stations mentionnées aux articles L. 133-13 et L. 134-3 » *(L. n° 2006-437 du 14 avr. 2006, art. 7)* « du même code » est prononcé par délibération de l'Assemblée de Corse à la demande de la commune ou de l'établissement public de coopération intercommunale compétent en matière de tourisme et après consultation *(Ord. n° 2004-637 du 1er juill. 2004, art. 23)* « de la commission départementale compétente en matière d'environnement, de risques sanitaires et technologiques » et du conseil des sites et après enquête publique *(L. n° 2010-788 du 12 juill. 2010, art. 240)* « réalisée conformément au chapitre III du titre II du livre I du code de l'environnement ». *(L. n° 2006-437 du 14 avr. 2006, art. 7)* « La durée de validité du classement est de douze ans. »

(L. n° 2019-1461 du 27 déc. 2019, art. 16) « Les communes touristiques érigées en stations classées de tourisme conservent la dénomination "commune touristique" pendant toute la durée de leur classement. »

II. — *(Ord. n° 2004-1391 du 20 déc. 2004, art. 4)* « Par dérogation au deuxième alinéa de l'article L. 121-1 du code du tourisme » portant répartition des compétences dans le domaine du tourisme, l'Assemblée de Corse détermine les règles de procédure relatives à l'instruction des demandes d'agrément ou de classement des équipements et organismes suivants :

a) Les hôtels et résidences de tourisme ;

b) Les terrains de campings aménagés ;

c) Les villages de vacances ;

d) Les villas, appartements et chambres meublés, qui sont loués à la semaine ;

e) Abrogé par L. n° 2009-888 du 22 juill. 2009, art. 2.

f) Abrogé par L. n° 2004-809 du 13 août 2004, art. 4.

g) Les *(Ord. n° 2004-1391 du 20 déc. 2004, art. 4)* « offices de tourisme au sens des articles L. 133-1 à L. 133-10 et L. 134-5 du code du tourisme ».

La décision de classement ou d'agrément de ces équipements ou organismes est prise par arrêté du président du conseil exécutif de Corse.

V. note ss. art. L. 4424-7.

SOUS-SECTION 3 **Agriculture et forêt**

Art. L. 4424-33 *(L. nº 2002-92 du 22 janv. 2002, art. 20)* « La collectivité de Corse détermine, dans le cadre du plan d'aménagement et de développement durable, les grandes orientations du développement agricole, rural et forestier, de la pêche et de l'aquaculture de l'île. Une convention passée entre l'État et la collectivité de Corse prévoit les conditions de mise en œuvre par la collectivité de Corse de ses orientations dans le domaine agricole. » À cette fin, elle dispose de l'office du développement agricole et rural de Corse et de l'office d'équipement hydraulique de Corse, établissements publics régis par les articles L. 112-11 à L. 112-15 du code rural et de la pêche maritime et sur lesquels la collectivité territoriale exerce son pouvoir de tutelle.

(L. nº 2002-92 du 22 janv. 2002, art. 20 et 45) « Une convention passée entre l'État et la collectivité de Corse prévoit les conditions de mise en œuvre en Corse de la politique forestière.

« L'office du développement agricole et rural de Corse et l'office d'équipement hydraulique de Corse cessent d'exister lorsque la collectivité de Corse reprend l'exercice de leurs missions. »

Art. L. 4424-33-1 *(L. nº 2014-1170 du 13 oct. 2014, art. 75)* Dans le cadre des compétences qui lui sont attribuées dans les domaines agricole et forestier par l'article L. 4424-33, la collectivité de Corse est compétente en matière de production et de multiplication de plants forestiers et autres végétaux.

Sur le transfert de compétences à la collectivité de Corse dans les domaines de production et de multiplication de plants forestiers et végétaux, V. ci-dessous L. nº 2014-1170 du 13 oct. 2014, art. 75.

Loi nº 2014-1170 du 13 octobre 2014,

D'avenir pour l'agriculture, l'alimentation et la forêt.

Art. 75 *[...]* II. — Le transfert à la collectivité de Corse de la compétence mentionnée à l'article L. 4424-33-1 du code général des collectivités territoriales entre en vigueur le 1er janvier 2015. Les charges résultant pour la collectivité de Corse de ce transfert sont compensées dans les conditions prévues à l'article L. 4425-2 du même code, après déduction des augmentations de ressources entraînées par le transfert.

III. — Les services ou les parties des services chargés de l'exercice de la compétence transférée à la collectivité de Corse dans les domaines de la production et de la multiplication de plants forestiers et autres végétaux, en application de l'article L. 4424-33-1 dudit code, sont transférés à la collectivité de Corse selon les modalités prévues au titre V de la loi nº 2004-809 du 13 août 2004 relative aux libertés et responsabilités locales, sous réserve du présent III.

Sont transférés à la collectivité de Corse les emplois pourvus au 31 décembre 2014.

À défaut de convention mentionnée au III de l'article 104 de la loi nº 2004-809 du 13 août 2004 précitée à l'issue d'un délai de trois mois à compter de l'entrée en vigueur de la présente loi, la liste des services ou parties de services mis à disposition est établie par arrêté conjoint des ministres chargés des collectivités territoriales, de l'agriculture, de l'agroalimentaire et de la forêt.

Par dérogation à l'article L. 4422-43 du code général des collectivités territoriales, les fonctionnaires de l'État affectés à l'exercice de cette compétence peuvent opter soit pour le statut de fonctionnaire territorial, soit pour le maintien du statut de fonctionnaire de l'État dans un délai d'un an à compter de la date de publication du décret en Conseil d'État fixant le transfert définitif des services du ministère de l'agriculture, de l'agroalimentaire et de la forêt.

Les fonctionnaires optant pour le statut de fonctionnaire territorial sont intégrés dans le cadre d'emplois équivalent de la fonction publique territoriale. Les fonctionnaires optant pour le maintien du statut de fonctionnaire de l'État sont détachés sans limitation de durée dans le cadre d'emplois équivalent dans la fonction publique territoriale. Les fonctionnaires qui n'ont pas fait connaître leur choix à l'expiration du délai d'option sont détachés d'office sans limitation de durée dans le cadre d'emplois équivalent.

Lorsque le droit d'option est exercé avant le 31 août d'une année, l'intégration ou le détachement de l'agent et le droit à compensation qui en résulte prennent effet à compter du 1er janvier de l'année suivante.

Lorsque le même droit d'option est exercé entre le 1er septembre et le 31 décembre d'une année, l'intégration ou le détachement de l'agent et le droit à compensation qui en résulte ne prennent effet qu'à compter du 1er janvier de la deuxième année suivant l'exercice de ce droit.

Lorsque le même droit d'option n'est pas exercé, le détachement de l'agent et le droit à compensation qui en résulte ne prennent effet qu'à compter du 1er janvier de l'année suivant le terme de la période d'exercice du droit d'option, lorsque celui-ci est compris entre le 1er janvier et le 31 août, ou du 1er janvier de la deuxième année suivant le terme de la période d'exercice du droit d'option, lorsque celui-ci est compris entre le 1er septembre et le 31 décembre.

Les modalités de mise en œuvre du transfert des services sont précisées par décret en Conseil d'État.

SOUS-SECTION 4 **Formation professionnelle, apprentissage et insertion professionnelle des jeunes** *(L. nº 2003-1311 du 30 déc. 2003, art. 138).*

Art. L. 4424-34 *(L. nº 2002-92 du 22 janv. 2002, art. 22)* **La collectivité de Corse assure la mise en œuvre des actions de formation professionnelle continue dans les conditions prévues pour les régions aux articles L. 214-12 à L. 214-16 du code de l'éducation.**

(L. nº 2009-1437 du 24 nov. 2009, art. 57) **« Elle élabore avec l'État et les collectivités territoriales concernées le contrat de plan régional de développement des formations** *(L. nº 2014-288 du 5 mars 2014, art. 23)* **« et de l'orientation » professionnelles.**

« Ce contrat de plan est signé par le président du conseil exécutif de Corse au nom de la collectivité territoriale après consultation du *(Ord. nº 2016-1562 du 21 nov. 2016, art. 33)* **« conseil économique, social, environnemental et culturel de Corse » et adoption par la collectivité territoriale, ainsi que par le représentant de l'État dans la collectivité de Corse au nom de l'État et, en ce qui concerne la formation initiale, par l'autorité académique. »**

À l'occasion de la mise en œuvre de ce *(L. nº 2009-1437 du 24 nov. 2009, art. 57)* **« contrat de » plan, la collectivité de Corse signe une convention, notamment avec** *(Ord. nº 2016-1519 du 10 nov. 2016, art. 7)* **« l'établissement mentionné à l'article L. 5315-1 du code du travail », dont elle arrête le programme des formations et le programme des opérations d'équipement pour la Corse.**

SECTION 4 **Environnement et services de proximité**

SOUS-SECTION 1 **Environnement**

Art. L. 4424-35 Dans le cadre de la politique nationale de l'environnement, la collectivité de Corse définit les actions qu'elle entend conduire pour la protection de l'environnement dans l'île et détermine ses priorités en matière de développement local.

(L. nº 2002-92 du 22 janv. 2002, art. 23) **« L'office de l'environnement de la Corse a pour mission, dans le cadre des orientations définies par la collectivité de Corse, d'assurer la mise en valeur, la gestion, l'animation et la promotion du patrimoine de la Corse. Il est soumis à la tutelle de la collectivité de Corse.**

« L'office est présidé par un conseiller exécutif désigné par le président du conseil exécutif. Sa gestion est assurée par un directeur nommé sur proposition du président de l'office par arrêté délibéré en conseil exécutif. Le conseil d'administration de l'office est composé à titre majoritaire de représentants élus de l'Assemblée de Corse. »

L'organisme chargé de la gestion du parc naturel régional, dans le cadre d'une convention passée avec l'office, contribue à mettre en œuvre les politiques définies par la collectivité territoriale. Les personnels des services du parc naturel régional restent régis par les statuts qui leur sont applicables le 2 avril 1992, date de l'entrée en

vigueur de la loi n° 91-428 du 13 mai 1991 portant statut de la collectivité territoriale de Corse.

Les conditions d'application de ces dispositions sont fixées par le président du conseil exécutif, dans les conditions définies à l'article *(L. n° 2002-92 du 22 janv. 2002, art. 3)* « L. 4422-26 » après avis de la commission interministérielle des parcs naturels régionaux.

Pour la mise en œuvre des actions que la collectivité de Corse définit en matière d'environnement, l'État lui attribue chaque année, dans la loi de finances et dans les conditions prévues à l'article *(Ord. n° 2016-1561 du 21 nov. 2016, art. 8)* « L. 4425-24 », une dotation globale. Cette dotation se substitue aux concours budgétaires attribués par l'État en Corse en application de la loi n° 82-659 du 30 juillet 1982 portant statut particulier de la région de Corse : compétences, au titre de la protection de l'environnement, à l'exception de ceux attribués précédemment aux communes et de ceux correspondant à la mise en œuvre d'interventions à l'échelle nationale.

(L. n° 2002-92 du 22 janv. 2002, art. 45) « L'office de l'environnement de la Corse cesse d'exister lorsque la collectivité de Corse reprend l'exercice de ses missions. »

SOUS-SECTION 2 **Eau et assainissement**

Art. L. 4424-36 *(L. n° 2002-92 du 22 janv. 2002, art. 26)* I. — La collectivité de Corse met en œuvre une gestion équilibrée des ressources en eau. La Corse constitue un bassin hydrographique au sens des articles L. 212-1 à L. 212-6 du code de l'environnement.

(L. n° 2004-338 du 21 avr. 2004, art. 8) « Le schéma directeur d'aménagement et de gestion des eaux prévu à l'article L. 212-1 du même code est élaboré à l'initiative de la collectivité de Corse ou, le cas échéant, du représentant de l'État, par le comité de bassin mentionné au II. » Le comité de bassin associe à l'élaboration du schéma le représentant de l'État, le *(Ord. n° 2016-1562 du 21 nov. 2016, art. 33)* « conseil économique, social, environnemental et culturel de Corse » et les chambres consulaires, qui lui communiquent toutes informations utiles relevant de leur compétence.

(Ord. n° 2016-1060 du 3 août 2016, art. 5) « Le comité de bassin organise la participation du public à l'élaboration du schéma directeur d'aménagement et de gestion des eaux conformément à la procédure prévue au II de l'article L. 212-2 du code de l'environnement. »

Le projet de schéma arrêté par le comité de bassin est soumis pour avis *(L. n° 2004-338 du 21 avr. 2004, art. 8)* « , au plus tard un an avant le délai fixé par la loi pour son approbation ou sa mise à jour, » au représentant de l'État, au *(Ord. n° 2016-1562 du 21 nov. 2016, art. 33)* « conseil économique, social, environnemental et culturel de Corse » et aux chambres consulaires. L'absence d'avis émis dans le délai de quatre mois à compter de la transmission du projet de schéma vaut avis favorable.

Le schéma directeur d'aménagement et de gestion des eaux est adopté par le comité de bassin et approuvé par l'Assemblée de Corse. Il est tenu à la disposition du public.

Le comité de bassin suit la mise en œuvre du schéma. Le schéma est *(L. n° 2004-338 du 21 avr. 2004, art. 8)* « mis à jour » tous les six ans selon les formes prévues pour son approbation.

La collectivité de Corse précise, par délibération de l'Assemblée de Corse, la procédure d'élaboration du schéma directeur.

(L. n° 2004-338 du 21 avr. 2004, art. 8) « En l'absence de transmission du projet de schéma directeur d'aménagement et de gestion des eaux dans le délai prévu au *(L. n° 2018-148 du 2 mars 2018, art. 5)* « quatrième alinéa du présent I », le représentant de l'État, après une mise en demeure restée infructueuse, se substitue au comité de bassin pour l'ensemble de ses obligations. Le projet arrêté par le représentant de l'État est approuvé par l'Assemblée de Corse. À défaut d'approbation par l'Assemblée de Corse dans un délai de quatre mois, il peut être mis en vigueur par décret en Conseil d'État. »

II. — Pour exercer les missions définies au I du présent article et *(L. n° 2006-1772 du 30 déc. 2006, art. 98)* « à l'article L. 213-8 du code de l'environnement », il est créé un comité de bassin de Corse composé :

1° De représentants de la collectivité de Corse et des communes ou de leurs groupements ;

2° De représentants des usagers et de personnalités compétentes ;

3° De membres désignés pour moitié par le représentant de l'État et pour moitié par la collectivité de Corse, notamment parmi les milieux socioprofessionnels.

Les membres des deux premières catégories détiennent au moins deux tiers du nombre total des sièges.

La collectivité de Corse fixe, par délibération de l'Assemblée de Corse, la composition et les règles de fonctionnement du comité de bassin de Corse.

III. — Dans chaque sous-bassin ou groupement de sous-bassins présentant des caractères de cohérence hydrographique, écologique et socio-économique, il peut être établi un schéma d'aménagement et de gestion des eaux prévu à l'article L. 212-3 du code de l'environnement. *(L. n° 2006-1772 du 30 déc. 2006, art. 80)* « Son périmètre et le délai dans lequel il doit être élaboré et révisé sont déterminés par le schéma directeur. » À défaut, *(L. n° 2006-1772 du 30 déc. 2006, art. 80)* « ils sont arrêtés » par la collectivité de Corse, après consultation ou sur proposition du représentant de l'État et des communes ou de leurs groupements concernés et après avis du comité de bassin. *(L. n° 2006-1772 du 30 déc. 2006, art. 80)* « Cet avis est réputé favorable s'il n'est pas intervenu dans un délai de quatre mois suivant la transmission du projet. »

Une commission locale de l'eau, créée par la collectivité de Corse, est chargée de l'élaboration, du suivi et de la révision du schéma. Elle est composée :

1° Pour 40 %, de représentants des collectivités territoriales, autres que la collectivité de Corse, ou de leurs groupements ;

2° Pour 20 %, de représentants de la collectivité de Corse ;

3° Pour 20 %, de représentants des usagers, des propriétaires riverains, des organisations professionnelles concernées et des associations de protection de l'environnement ;

4° Pour 20 %, de représentants de l'État et de ses établissements publics.

La collectivité de Corse fixe, par délibération de l'Assemblée de Corse, la composition et les règles de fonctionnement de la commission locale de l'eau.

(L. n° 2006-1772 du 30 déc. 2006, art. 80) « Le projet de schéma, éventuellement modifié pour tenir compte des avis recueillis, est soumis à enquête publique *(L. n° 2010-788 du 12 juill. 2010, art. 240)* « réalisée conformément au chapitre III du titre II du livre I du code de l'environnement ». À l'issue de l'enquête, le schéma, éventuellement modifié pour tenir compte des observations, est approuvé par l'Assemblée de Corse. Le schéma est tenu à la disposition du public.

« Si le schéma n'est pas élaboré dans le délai imparti, la collectivité de Corse élabore le projet et, après consultation de la commission locale de l'eau, met en œuvre la procédure prévue à l'alinéa précédent. »

(L. n° 2018-148 du 2 mars 2018, art. 5) « Le schéma d'aménagement et de gestion des eaux peut être modifié ou révisé par la collectivité territoriale de Corse, après avis ou sur proposition de la commission locale de l'eau ou du représentant de l'État.

« La procédure de modification est réservée aux cas mentionnés à la seconde phrase du premier alinéa de l'article L. 212-7 du code de l'environnement. Le projet de modification est soumis à la participation par voie électronique prévue à l'article L. 123-19 du même code. À l'issue de cette participation, le projet de schéma modifié est approuvé par l'Assemblée de Corse. Le schéma est tenu à la disposition du public.

« Le projet de révision est soumis à la participation par voie électronique prévue au même article L. 123-19. À l'issue de cette participation, le projet de schéma révisé est approuvé par l'Assemblée de Corse. Le schéma est tenu à la disposition du public. »

V. note ss. art. L. 4424-7.

Art. L. 4424-36-1 *(L. n° 2004-338 du 21 avr. 2004, art. 8)* Le représentant de l'État peut demander à la collectivité de Corse de faire procéder à la modification du schéma directeur d'aménagement et de gestion des eaux pour le rendre conforme aux dispositions des articles L. 212-1 et L. 212-2 du code de l'environnement.

Si, dans un délai de huit mois à compter de cette demande adressée au président de l'Assemblée de Corse, la procédure de modification n'a pas abouti, il soumet un projet de modification du schéma directeur d'aménagement et de gestion des eaux aux assemblées et organismes mentionnés au *(L. n° 2018-148 du 2 mars 2018, art. 5)* « quatrième alinéa » du I de l'article L. 4424-36, qui disposent d'un délai de quatre mois pour rendre un avis. Le projet arrêté par le représentant de l'État est approuvé par l'Assemblée de Corse. À défaut d'approbation par l'Assemblée de Corse dans un délai de quatre mois, il peut être mis en vigueur par décret en Conseil d'État.

Art. L. 4424-36-2 *(L. n° 2006-1772 du 30 déc. 2006, art. 57)* Les pouvoirs dévolus au représentant de l'État dans le département par l'article L. 2224-12-4 sont exercés par l'Assemblée de Corse.

SOUS-SECTION 3 Déchets

Art. L. 4424-37 *(L. n° 2015-991 du 7 août 2015, art. 8)* « Le plan régional de prévention et de gestion des déchets prévu à l'article L. 541-13 du code de l'environnement est élaboré », à l'initiative de la collectivité de Corse, par une commission composée de représentants de la collectivité de Corse, des communes et de leurs groupements compétents en matière de collecte ou de traitement des déchets, des services et organismes de l'État *(Ord. n° 2010-177 du 23 févr. 2010, art. 8)* « concernés, notamment l'agence régionale de santé », des chambres consulaires, des organisations professionnelles *(Ord. n° 2010-1579 du 17 déc. 2010, art. 24)* « concourant à la production et à la gestion des déchets » et des associations agréées de protection de l'environnement.

(L. n° 2020-105 du 10 févr. 2020, art. 123) « La collectivité de Corse assure la coordination et l'animation des actions conduites par les différents acteurs en matière d'économie circulaire, notamment en matière d'application des mesures du plan territorial, en lien avec les collectivités territoriales. »

(L. n° 2015-991 du 7 août 2015, art. 8) « Le projet de plan est », après avis des *(Ord. n° 2004-637 du 1er juill. 2004, art. 23)* « commissions départementales compétentes en matière d'environnement, de risques sanitaires et technologiques » et du *(Ord. n° 2016-1562 du 21 nov. 2016, art. 33)* « conseil économique, social, environnemental et culturel de Corse », soumis à enquête publique *(L. n° 2010-788 du 12 juill. 2010, art. 240)* « réalisée conformément au chapitre III du titre II du livre I du code de l'environnement » puis *(L. n° 2015-991 du 7 août 2015, art. 8)* « approuvé » par l'Assemblée de Corse.

V. note ss. art. L. 4424-7.

Art. L. 4424-38 Par dérogation au dernier alinéa de l'article L. 541-15 du code de l'environnement, les modalités et procédures d'élaboration, de publication *(L. n° 2015-991 du 7 août 2015, art. 8)* « , de suivi, d'évaluation et de révision du plan régional de prévention et de gestion des déchets prévu à l'article L. 541-13 du code de l'environnement » sont fixées par délibération de l'Assemblée de Corse.

SOUS-SECTION 4 Énergie

Art. L. 4424-39 Dans le respect des dispositions du plan de la nation, la collectivité de Corse :

1° Élabore et met en œuvre le programme de prospection, d'exploitation et de valorisation des ressources énergétiques locales de Corse, qui porte sur la géothermie, l'énergie solaire, l'énergie éolienne et de la mer, l'énergie tirée de la biomasse, l'énergie tirée de la valorisation et de la récupération des déchets, des réseaux de chaleur, l'énergie hydraulique des ouvrages dont la puissance est inférieure à 8 000 kilowatts et qui comporte également des mesures destinées à favoriser les économies d'énergie ;

(L. n° 2002-92 du 22 janv. 2002, art. 29) « 1° *bis* Est préalablement consultée sur tout projet d'implantation d'un ouvrage de production utilisant les ressources locales énergétiques mentionnées au 1°. Cette consultation prend la forme d'une délibération de l'Assemblée de Corse, sur proposition du conseil exécutif de Corse ; »

2° Participe à l'élaboration et à la mise en œuvre d'un plan tendant à couvrir les besoins et à diversifier les ressources énergétiques de l'île en concertation avec les établissements publics nationaux.

La délibération de l'Assemblée de Corse décidant le « gel » des équipements nouveaux d'une centrale thermique d'EDF et l'augmentation de la réserve de fuel à basse teneur en soufre de cette centrale sort du domaine des « ressources énergétiques locales », pour lesquelles la collectivité est compétente et outrepasse, s'agissant de ressources énergétiques classiques, sa simple compétence de « participation à l'élaboration et à la mise en œuvre d'un plan (...) en concertation avec les établissements publics nationaux ». • CE 11 juill. 1986, *Assemblée de Corse*, n° 50598 : *Rev. sc. adm. Méditerranée occidentale*, n° 18, 1987, *note Bourjol*. ♦ Pour la solution confirmant au fond l'incompétence manifeste, V. • TA Bastia, 26 mai 1987, *COREP de la région de Corse c/ Assemblée de Corse : inédit*.

SECTION 5 Des offices et de l'agence du tourisme en Corse

Art. L. 4424-40 La collectivité de Corse est substituée aux offices et à l'agence du tourisme à compter du 1er janvier 2003, sauf délibération contraire de l'Assemblée de Corse.

La collectivité de Corse peut également décider à tout moment, par délibération de l'Assemblée de Corse, d'exercer les missions confiées à un office ou à l'agence du tourisme. Cette délibération prend effet le 1er janvier de l'année suivante.

Lorsque la collectivité de Corse reprend l'exercice des missions confiées à un office ou à l'agence du tourisme en application de l'un des deux alinéas précédents, elle les exerce dans les conditions prévues aux articles L. 1412-1 ou L. 1412-2. Elle est substituée à l'office ou à l'agence du tourisme dans l'ensemble de ses droits et obligations. Cette substitution ne peut entraîner le paiement d'aucuns frais, droits ou taxes. Les contrats sont exécutés par la collectivité de Corse dans les conditions antérieures jusqu'à leur échéance, sauf accord contraire des parties. La substitution de personne morale n'entraîne aucun droit à résiliation ou à indemnisation pour le cocontractant de l'office ou de l'agence du tourisme.

Les personnels de l'office ou de l'agence du tourisme en fonction à la date de la substitution conservent, à titre individuel, le bénéfice des stipulations de leur contrat antérieur ainsi que de leur régime de retraite et, le cas échéant, de retraite complémentaire.

Les offices et l'agence sont dissous au terme de l'apurement définitif de leurs comptes.

V. note ss. art. L. 4424-7.

Art. L. 4424-41 Les conditions dans lesquelles la collectivité de Corse exerce son pouvoir de tutelle sur les offices et sur l'agence du tourisme sont définies par délibération de l'Assemblée de Corse. La collectivité peut modifier ou rapporter les actes de ces établissements lorsqu'ils sont contraires aux orientations qu'elle a fixées ou à ses décisions budgétaires.

SECTION 6 Commerce, industrie, services

(L. n° 2025-640 du 15 juill. 2025, art. 1er)

À compter du 1er janv. 2026, l'établissement public du commerce et de l'industrie de Corse est créé en lieu et place de la CCI de Corse. Les biens, les droits et les obligations de la CCI de Corse sont transférés à l'établissement public. Pour des précisions sur l'application de la présente section, V. L. n° 2025-640 du 15 juill. 2025, art. 4, ss. art. L. 4424-45.

Art. L. 4424-42 I. — Par dérogation à l'article L. 710-1 du code de commerce, l'établissement public du commerce et de l'industrie de Corse est un établissement public de la collectivité de Corse.

II. — L'établissement public exerce une fonction de représentation des intérêts de l'industrie, du commerce et des services auprès des pouvoirs publics ou des autorités locales étrangères.

Il exerce les missions suivantes :

1° Les missions d'intérêt général qui sont confiées aux établissements du réseau des chambres de commerce et d'industrie par les lois et les règlements ;

2° Les missions d'appui, d'accompagnement, de mise en relation et de conseil auprès des créateurs et des repreneurs d'entreprises et auprès des entreprises ;

3° Une mission d'appui et de conseil pour le développement international des entreprises et l'exportation de leur production, en partenariat avec l'agence mentionnée à l'article 50 de la loi n° 2003-721 du 1er août 2003 pour l'initiative économique ;

4° Une mission en faveur de la formation professionnelle initiale ou continue grâce, notamment, aux établissements publics et privés d'enseignement qu'il crée, gère ou finance ;

5° Une mission de création, de gestion et de maintien de la sûreté et de la sécurité d'équipements, en particulier portuaires et aéroportuaires ;

6° Les missions de nature concurrentielle qui lui ont été confiées par une personne publique ou qui s'avèrent directement utiles pour l'accomplissement de ses autres missions ;

7° Toute mission d'expertise, de consultation ou toute étude demandée par la collectivité de Corse et les communes de Corse ainsi que par leurs groupements et établissements publics sur une question relevant de l'industrie, du commerce, des services, du développement économique, de la formation professionnelle ou de l'aménagement du territoire, sans préjudice des travaux dont il pourrait prendre l'initiative ;

8° La délivrance de la carte mentionnée à l'article L. 123-29 du code de commerce ;

9° La délivrance de la carte professionnelle mentionnée à l'article 3 de la loi n° 70-9 du 2 janvier 1970 réglementant les conditions d'exercice des activités relatives à certaines opérations portant sur les immeubles et les fonds de commerce.

III. — Le conseil d'administration de l'établissement public est présidé par le président du conseil exécutif de la collectivité de Corse ou par un conseiller exécutif désigné par celui-ci.

La gestion de l'établissement public est assurée par un directeur nommé, sur proposition du président de l'établissement public, par arrêté délibéré en conseil exécutif.

Le conseil d'administration de l'établissement public comprend, outre son président :

1° Des représentants de l'Assemblée de Corse, élus par celle-ci en son sein, et des membres du conseil exécutif de Corse, désignés par celui-ci en son sein ;

2° Des représentants des professionnels, élus pour cinq ans dans les conditions fixées au chapitre III du titre I du livre VII du code de commerce pour les membres des chambres de commerce et d'industrie de région.

La part respective des membres du conseil d'administration mentionnés aux 1° et 2° du présent III est fixée par décret en Conseil d'État, ceux mentionnés au 1° étant majoritaires. Le nombre total de membres du conseil d'administration est fixé par délibération de l'Assemblée de Corse.

Des représentants du personnel de l'établissement public, désignés en son sein par le comité social et économique mentionné au II de l'article L. 4424-44, assistent au conseil d'administration avec voix consultative.

Pour l'application des articles L. 713-4, L. 713-5 et L. 713-17 du code de commerce, le mot : "préfet" est remplacé par les mots : "président du conseil exécutif".

Art. L. 4424-43 Les ressources de l'établissement public du commerce et de l'industrie de Corse sont assurées par :

1° Les produits des impositions de toutes natures qui lui sont affectés par la loi et toute autre ressource légale entrant dans sa spécialité ;

2° La vente ou la rémunération de ses activités ou des services qu'il gère ;

3° Les dividendes et autres produits des participations qu'il détient ;

4° Les subventions, dons et legs qui lui sont consentis.

L'établissement public tient une comptabilité analytique mise à la disposition de la collectivité de Corse afin de justifier que les ressources publiques ont été employées dans le respect des règles de concurrence nationales et européennes.

L'établissement public peut transiger et compromettre. Il est soumis, pour ses dettes, à la loi n° 68-1250 du 31 décembre 1968 relative à la prescription des créances sur l'État, les départements, les communes et les établissements publics.

L'établissement public peut, avec l'accord de la collectivité de Corse, participer à la création et au capital de sociétés civiles et de sociétés par actions dont l'objet social entre dans le champ de ses missions. Il peut participer dans les mêmes conditions à la création de groupements d'intérêt public ou privé ainsi qu'à toute personne morale de droit public.

Art. L. 4424-44 I. — L'établissement public du commerce et de l'industrie de Corse recrute son personnel dans les conditions prévues par le code du travail.

II. – Un comité social et économique est compétent et exerce ses prérogatives à l'égard de l'ensemble du personnel de l'établissement public du commerce et de l'industrie de Corse. Il est régi par le titre I du livre III de la deuxième partie du code du travail, sous réserve des dispositions du présent article et d'adaptations prévues par décret en Conseil d'État.

Des comités sociaux et économiques d'établissement sont également mis en place par décision du conseil d'administration au niveau de tout service ou groupe de services dont la nature ou l'importance le justifie.

III. – Le comité social et économique mentionné au premier alinéa du II du présent article est composé du directeur de l'établissement public ou de son représentant, qui le préside, et des représentants du personnel. Seuls les représentants du personnel sont appelés à prendre part aux votes lorsque le comité est consulté.

Les représentants du personnel siégeant au comité social et économique sont élus par le personnel de droit privé et les agents de droit public, qui constituent un corps électoral unique.

Art. L. 4424-45 Les modalités d'application de la présente section sont définies par décret en Conseil d'État.

Sur l'application de la présente section, V. ci-dessous L. n° 2025-640 du 15 juill. 2025, art. 4.

Loi n° 2025-640 du 15 juillet 2025,

Portant création de l'établissement public du commerce et de l'industrie de la collectivité de Corse.

Art. 4 I. — À compter du 1er janvier 2026, l'établissement public du commerce et de l'industrie de Corse est créé en lieu et place de la chambre de commerce et d'industrie de Corse.

Les biens, les droits et les obligations de la chambre de commerce et d'industrie de Corse sont transférés à l'établissement public. Ce transfert est réalisé à titre gratuit et ne donne lieu au paiement d'aucun impôt, droit ou taxe, ni d'aucune contribution, ni d'aucuns frais perçus au profit du Trésor.

II. — Le président du conseil d'administration de l'établissement public est désigné au plus tard le 1er janvier 2026.

L'Assemblée de Corse élit ses représentants au conseil d'administration de l'établissement public au plus tard à cette même date.

L'élection des représentants des professionnels au conseil d'administration de l'établissement public, mentionnés au III de l'article L. 4424-42 du code général des collectivités territoriales, est organisée au plus tard à l'expiration du mandat des membres élus lors du dernier renouvellement de la chambre de commerce et d'industrie de Corse.

Au plus tard le 31 décembre 2025, l'assemblée générale de la chambre de commerce et d'industrie de Corse désigne en son sein les vingt membres qui siégeront au conseil d'administration de l'établissement public du commerce et de l'industrie de Corse à compter du 1er janvier 2026 et jusqu'à l'élection des représentants mentionnés au troisième alinéa du présent II.

Lors de la désignation prévue à l'avant-dernier alinéa du présent II, un nombre de membres suppléants égal à celui des membres titulaires est désigné. Les membres suppléants n'ont de voix délibérative qu'en l'absence de leur titulaire.

III. — Le personnel de la chambre de commerce et d'industrie de Corse est transféré à l'établissement public du commerce et de l'industrie de Corse à la date de sa création.

Les salariés de droit privé conservent le bénéfice de leur contrat dans les conditions prévues à l'article L. 1224-1 du code du travail.

Les agents de droit public relevant du statut fixé en application de la loi n° 52-1311 du 10 décembre 1952 relative à l'établissement obligatoire d'un statut du personnel administratif des chambres d'agriculture, des chambres de commerce et des chambres de métiers peuvent opter soit pour le maintien de leurs conditions de statut et d'emploi antérieurs, soit pour un contrat régi par le code du travail. Dans ce cas, le contrat proposé reprend les éléments essentiels du statut dont l'agent relève, en particulier ceux qui concernent la rémunération.

IV. — Jusqu'à la constitution du comité social et économique de l'établissement public du commerce et de l'industrie de Corse, qui intervient au plus tard six mois après la promulgation de la présente loi, le comité social et économique central et les quatre comités sociaux et économiques d'établissement de la chambre de commerce et d'industrie de Corse ainsi que la commission paritaire régionale compétente sont maintenus en fonction et exercent les missions relatives respectivement aux salariés et aux agents publics, sous la présidence du représentant de l'établissement public du commerce et de l'industrie de Corse.

Les membres de ces instances représentatives du personnel poursuivent leur mandat jusqu'à la désignation des représentants du personnel issus des élections permettant la constitution du comité social et économique de l'établissement public du commerce et de l'industrie de Corse.

Le patrimoine du comité social et économique central et des comités sociaux et économiques d'établissement de la chambre de commerce et d'industrie de Corse est dévolu au comité social et économique de l'établissement public du commerce et de l'industrie de Corse.

V. — Les effets des conventions, des accords et des engagements unilatéraux applicables au sein de la chambre de commerce et d'industrie de Corse au 31 décembre 2025 sont prolongés jusqu'à l'entrée en vigueur des conventions, des accords ou des engagements unilatéraux qui leur sont substitués ou, à défaut, jusqu'au 31 décembre 2029.

VI. — Un décret en Conseil d'État précise les modalités d'application du présent article.

CHAPITRE V DISPOSITIONS FINANCIÈRES

(Ord. nº 2016-1561 du 21 nov. 2016, art. 8)

SECTION 1 Budgets et comptes

Art. L. 4425-1 Le budget de la collectivité de Corse est l'acte par lequel sont prévues et autorisées les recettes et les dépenses annuelles de la collectivité de Corse. Le budget voté doit être équilibré en dépenses et en recettes.

Le budget de la collectivité de Corse est établi en section de fonctionnement et en section d'investissement, tant en recettes qu'en dépenses. Certaines interventions, activités ou services sont individualisés au sein de budgets annexes.

Le budget de la collectivité de Corse est divisé en chapitres et articles.

Le projet de budget de la collectivité de Corse est arrêté en conseil exécutif par son président qui le transmet au président de l'Assemblée de Corse avant le 15 février.

Un décret fixe les conditions d'application du présent article.

Nouvel art. L. 4425-1 *(Ord. nº 2025-526 du 12 juin 2025, art. 1er)* ***« Pour l'application de l'article L. 1612-22, » le projet de budget de la collectivité de Corse est arrêté en conseil exécutif par son président qui le transmet au président de l'Assemblée de Corse avant le 15 février.***

Sur les dispositions transitoires en matière budgétaire et comptable de la collectivité de Corse, V. ci-dessus Ord. nº 2016-1561 du 21 nov. 2016, art. 19.

Le présent art. entre en vigueur à compter de l'exercice budgétaire 2026 (Ord. nº 2025-526 du 12 juin 2025, art. 12).

Ordonnance nº 2016-1561 du 21 novembre 2016,

Complétant et précisant les règles budgétaires, financières, fiscales et comptables applicables à la collectivité de Corse.

CHAPITRE II. *DISPOSITIONS TRANSITOIRES EN MATIÈRE BUDGÉTAIRE ET COMPTABLE*

Art. 19 I. — Pour l'exercice budgétaire 2018, par dérogation aux articles L. 1612-2 et L. 1612-3 du code général des collectivités territoriales, la date limite d'adoption du budget de la collectivité de Corse est fixée au 31 mai 2018. Le projet de budget est arrêté en conseil exécutif par son président qui le transmet au président de l'Assemblée de Corse avant le 30 avril 2018.

Avant l'adoption du budget de l'exercice 2018, par dérogation à l'article L. 1612-1 du même code et à l'article L. 4425-11 de ce code dans sa rédaction résultant de la présente ordonnance :

1º Le président du conseil exécutif de Corse est autorisé à engager, à liquider et à mandater les dépenses d'investissement et les dépenses de fonctionnement correspondant aux autorisations affectées au cours des exercices antérieurs au titre des départements de Corse-du-Sud et de Haute-Corse et de la collectivité de Corse et restant à mandater, dans la limite d'un montant de crédits de paiement par chapitre égal aux cinq douzièmes de ce volume d'autorisations ;

2° L'Assemblée de Corse peut, par délibération, modifier les autorisations de programme et les autorisations d'engagement antérieures ouvertes par les départements de Corse-du-Sud et de Haute-Corse et la collectivité de Corse ou reconduire les autorisations de programme et les autorisations d'engagement du dernier exercice budgétaire de ces collectivités, dans la limite de cinq douzièmes des autorisations de programme et des autorisations d'engagement votées l'année précédente. Le président du conseil exécutif de Corse peut les liquider et les mandater dans la limite d'un montant de crédits de paiement égal au montant de ces autorisations ouvertes. Les autorisations et crédits de paiement correspondants sont inscrits au budget de la collectivité de Corse lors de son adoption.

II. — Pour le dernier exercice budgétaire des départements de Corse-du-Sud, de Haute-Corse et de la collectivité de Corse avant leur fusion, les dispositions de l'article L. 1612-11 du même code relatives à la journée complémentaire ne sont pas applicables.

Art. L. 4425-2 *(Abrogé par Ord. n° 2025-526 du 12 juin 2025, art. 1er, à compter de l'exercice budgétaire 2026)* ***Préalablement aux débats sur le projet de budget, le président du conseil exécutif de Corse présente un rapport sur la situation en matière de développement durable intéressant le fonctionnement de la collectivité de Corse, les politiques qu'elle mène sur son territoire et les orientations et programmes de nature à améliorer cette situation*** *(L. n° 2021-1031 du 4 août 2021, art. 5)* ***« et à contribuer à l'atteinte des objectifs de développement durable inscrits au programme de développement durable à l'horizon 2030, adopté le 25 septembre 2015 par l'Assemblée générale des Nations unies ». Le contenu de ce rapport et, si nécessaire, les modalités de son élaboration sont fixés par décret.***

Art. L. 4425-3 *(Abrogé par Ord. n° 2025-526 du 12 juin 2025, art. 1er, à compter de l'exercice budgétaire 2026)* ***Préalablement aux débats sur le projet de budget, le président du conseil exécutif de Corse présente un rapport sur la situation en matière d'égalité entre les femmes et les hommes intéressant le fonctionnement de la collectivité de Corse, les politiques qu'elle mène sur son territoire et les orientations et programmes de nature à améliorer cette situation. Le contenu de ce rapport et les modalités de son élaboration sont fixés par décret.***

Art. L. 4425-4 *(Abrogé par Ord. n° 2025-526 du 12 juin 2025, art. 1er, à compter de l'exercice budgétaire 2026)* ***L'attribution des subventions donne lieu à une délibération distincte du vote du budget. Toutefois, pour les subventions dont l'attribution n'est pas assortie de conditions d'octroi, l'Assemblée de Corse peut décider :***

1° D'individualiser au budget les crédits par bénéficiaire ;

ou

2° D'établir, dans un état annexé au budget, une liste de bénéficiaires avec, pour chacun d'eux, l'objet et le montant de la subvention.

L'individualisation des crédits ou la liste établie conformément au 2° vaut décision d'attribution des subventions en cause.

Art. L. 4425-5 *(Abrogé par Ord. n° 2025-526 du 12 juin 2025, art. 1er, à compter de l'exercice budgétaire 2026)* ***Dans un délai de dix semaines précédant l'examen du budget, le président du conseil exécutif présente à l'Assemblée de Corse un rapport sur les orientations budgétaires de l'exercice, les engagements pluriannuels envisagés, la structure et l'évolution des dépenses et des effectifs ainsi que sur la structure et la gestion de la dette. Ce rapport précise notamment l'évolution prévisionnelle et l'exécution des dépenses de personnel, des rémunérations, des avantages en nature et du temps de travail.***

Ce rapport fait l'objet d'une transmission au représentant de l'État, d'une publication et d'un débat à l'Assemblée de Corse, dont il est pris acte par une délibération spécifique. Le contenu du rapport et les modalités de sa publication sont fixés par décret.

Art. L. 4425-6 *(Abrogé par Ord. n° 2025-526 du 12 juin 2025, art. 1er, à compter de l'exercice budgétaire 2026)* ***Le président de l'Assemblée de Corse transmet le projet de budget aux membres de l'Assemblée de Corse douze jours au moins avant l'ouverture de la première réunion consacrée à l'examen dudit budget.***

Art. L. 4425-7 (Abrogé par Ord. nº 2025-526 du 12 juin 2025, art. 1er, à compter de l'exercice budgétaire 2026) *Le budget de la collectivité de Corse est voté soit par nature, soit par fonction. Si le budget est voté par nature, il comporte, en outre, une présentation croisée par fonction ; s'il est voté par fonction, il comporte une présentation croisée par nature. La nomenclature par nature et la nomenclature par fonction sont fixées par arrêté conjoint du ministre chargé des collectivités territoriales et du ministre chargé du budget.*

Les documents budgétaires sont présentés conformément aux modèles fixés par arrêté conjoint du ministre chargé des collectivités territoriales et du ministre chargé du budget.

Un décret fixe les conditions d'application du présent article.

Art. L. 4425-8 (Abrogé par Ord. nº 2025-526 du 12 juin 2025, art. 1er, à compter de l'exercice budgétaire 2026) *Les crédits sont votés par chapitre et, si l'Assemblée de Corse en décide ainsi, par article. Dans ces deux cas, l'Assemblée de Corse peut cependant spécifier que certains crédits sont spécialisés par article.*

En cas de vote par article, le président du conseil exécutif de Corse peut effectuer, par décision expresse, des virements d'article à article à l'intérieur du même chapitre à l'exclusion des articles dont les crédits sont spécialisés.

Dans une limite fixée à l'occasion du vote du budget et ne pouvant dépasser 7,5 % des dépenses réelles de chacune des sections, l'Assemblée de Corse peut déléguer au président du conseil exécutif de Corse la possibilité de procéder à des mouvements de crédits de chapitre à chapitre, à l'exclusion des crédits relatifs aux dépenses de personnel. Dans ce cas, le président du conseil exécutif de Corse informe l'assemblée délibérante de ces mouvements de crédits lors de sa plus proche séance.

Art. L. 4425-9 (Abrogé par Ord. nº 2025-526 du 12 juin 2025, art. 1er, à compter de l'exercice budgétaire 2026) *I. — Si l'Assemblée de Corse le décide, les dotations affectées aux dépenses d'investissement comprennent des autorisations de programme et des crédits de paiement.*

Les autorisations de programme constituent la limite supérieure des dépenses qui peuvent être engagées pour l'exécution des investissements. Elles demeurent valables, sans limitation de durée, jusqu'à ce qu'il soit procédé à leur annulation. Elles peuvent être révisées.

Les crédits de paiement constituent la limite supérieure des dépenses pouvant être ordonnancées ou payées pendant l'année pour la couverture des engagements contractés dans le cadre des autorisations de programme correspondantes.

L'équilibre budgétaire de la section d'investissement s'apprécie en tenant compte des seuls crédits de paiement.

II. — Si l'Assemblée de Corse le décide, les dotations affectées aux dépenses de fonctionnement comprennent des autorisations d'engagement et des crédits de paiement.

La faculté prévue au premier alinéa du présent II est réservée aux seules dépenses résultant de conventions, de délibérations ou de décisions au titre desquelles la collectivité de Corse s'engage, au-delà d'un exercice budgétaire, dans le cadre de l'exercice de ses compétences, à verser une subvention, une participation ou une rémunération à un tiers à l'exclusion des frais de personnel.

Les autorisations d'engagement constituent la limite supérieure des dépenses qui peuvent être engagées pour le financement des dépenses mentionnées à l'alinéa précédent. Elles demeurent valables sans limitation de durée jusqu'à ce qu'il soit procédé à leur annulation. Elles peuvent être révisées.

Les crédits de paiement constituent la limite supérieure des dépenses pouvant être mandatées pendant l'année pour la couverture des engagements contractés dans le cadre des autorisations d'engagement correspondantes.

L'équilibre budgétaire de la section de fonctionnement s'apprécie en tenant compte des seuls crédits de paiement.

III. — À l'occasion du vote du compte administratif, le président du conseil exécutif de Corse présente un bilan de la gestion pluriannuelle. La situation des autorisations d'engagement et de programme ainsi que des crédits de paiement y afférents donne lieu à un état joint au compte administratif.

IV. — Un décret fixe les conditions d'application du présent article.

Art. L. 4425-10 *(Abrogé par Ord. n° 2025-526 du 12 juin 2025, art. 1er, à compter de l'exercice budgétaire 2026)* *Avant le vote de la première délibération budgétaire qui suit son renouvellement, l'Assemblée de Corse établit son règlement budgétaire et financier.*

Le règlement budgétaire et financier de la collectivité de Corse précise notamment :

1° Les modalités de gestion des autorisations de programme, des autorisations d'engagement et des crédits de paiement y afférents, et notamment les règles relatives à la caducité et à l'annulation des autorisations de programme et des autorisations d'engagement ;

2° Les modalités d'information de l'Assemblée de Corse sur la gestion des engagements pluriannuels au cours de l'exercice.

Il peut aussi préciser les modalités de report des crédits de paiement afférents à une autorisation de programme, dans les cas et conditions fixés par arrêté conjoint du ministre chargé des collectivités territoriales et du ministre chargé du budget.

Art. L. 4425-11 *(Abrogé par Ord. n° 2025-526 du 12 juin 2025, art. 1er, à compter de l'exercice budgétaire 2026)* *Lorsque la section d'investissement ou la section de fonctionnement du budget comporte soit des autorisations de programme et des crédits de paiement, soit des autorisations d'engagement et des crédits de paiement, le président du conseil exécutif de Corse peut, jusqu'à l'adoption du budget ou jusqu'à son règlement en cas de non-adoption du budget, liquider et mandater les dépenses d'investissement et les dépenses de fonctionnement correspondant aux autorisations ouvertes au cours des exercices antérieurs, dans la limite d'un montant de crédits de paiement par chapitre égal au tiers des autorisations ouvertes au cours de l'exercice précédent. Les crédits correspondants sont inscrits au budget lors de son adoption ou de son règlement. Le comptable est en droit de payer les mandats émis dans ces conditions.*

Art. L. 4425-12 Les crédits nécessaires au fonctionnement du conseil économique, social, environnemental et culturel de Corse et, le cas échéant, à la réalisation de ses études font l'objet d'une inscription distincte au budget de la collectivité de Corse.

Ils sont notifiés, chaque année, après le vote du budget, au président du conseil économique, social, environnemental et culturel de Corse par le président du conseil exécutif de Corse.

Art. L. 4425-13 *(Abrogé par Ord. n° 2025-526 du 12 juin 2025, art. 1er, à compter de l'exercice budgétaire 2026)* *Le président du conseil exécutif de Corse présente annuellement le compte administratif à l'Assemblée de Corse.*

Le président du conseil exécutif de Corse peut, même s'il n'est plus en fonctions, assister à la discussion. Il doit se retirer au moment du vote.

Le compte administratif est adopté par l'Assemblée de Corse.

Préalablement, l'Assemblée de Corse arrête le compte de gestion de l'exercice clos.

Art. L. 4425-14 *(Abrogé par Ord. n° 2025-526 du 12 juin 2025, art. 1er, à compter de l'exercice budgétaire 2026)* *Le résultat excédentaire de la section de fonctionnement dégagé au titre de l'exercice clos, cumulé avec le résultat antérieur reporté, est affecté en totalité dès la plus proche décision budgétaire suivant le vote du compte administratif et, en tout état de cause, avant la clôture de l'exercice suivant. La délibération d'affectation adoptée par la collectivité de Corse est produite à l'appui de la décision budgétaire de reprise de ce résultat.*

Le résultat déficitaire de la section de fonctionnement, le besoin de financement ou l'excédent de la section d'investissement sont repris en totalité dès la plus proche décision budgétaire suivant le vote du compte administratif et, en tout état de cause, avant la fin de l'exercice.

Entre la date limite de mandatement fixée au dernier alinéa de l'article L. 1612-11 et la date limite de vote des taux des impositions locales prévue à l'article 1639 A du code général des impôts, l'Assemblée de Corse peut, au titre de l'exercice clos et avant l'adoption du compte administratif, reporter de manière anticipée au budget le résultat de la section de fonctionnement, le besoin de financement de la section d'investissement ou, le cas échéant, l'excédent de la section d'investissement ainsi que la prévision d'affectation.

Si le compte administratif fait apparaître une différence avec les montants reportés par anticipation, l'Assemblée de Corse procède à leur régularisation et à la reprise du résultat dans la plus proche décision budgétaire suivant le vote du compte administratif et, en tout état de cause, avant la fin de l'exercice.

Un décret fixe les conditions d'application du présent article.

Art. L. 4425-15 *(Abrogé par Ord. nº 2025-526 du 12 juin 2025, art. 1er, à compter de l'exercice budgétaire 2026)* ***Lorsque la section d'investissement du budget présente un excédent après reprise des résultats, l'Assemblée de Corse peut transférer cet excédent à la section de fonctionnement dans les cas et conditions définis par décret.***

Art. L. 4425-16 *(Abrogé par Ord. nº 2025-526 du 12 juin 2025, art. 1er, à compter de l'exercice budgétaire 2026)* ***Un état récapitulatif des subventions attribuées au profit de chaque commune au cours de l'exercice est annexé au compte administratif de la collectivité de Corse. Il précise, pour chaque commune, la liste et l'objet des subventions, leur montant total et le rapport entre ce montant et la population de la commune.***

Art. L. 4425-17 Le budget et le compte administratif sont rendus publics.

Le lieu de mise à disposition du public est le siège de la collectivité de Corse.

Une présentation brève et synthétique retraçant les informations financières essentielles est jointe au budget primitif et au compte administratif afin de permettre aux citoyens d'en saisir les enjeux.

La présentation prévue au troisième alinéa du présent article ainsi que le rapport adressé à l'Assemblée de Corse à l'occasion du débat sur les orientations budgétaires de l'exercice prévu à l'article L. 4425-5, le rapport annexé au budget primitif et le rapport annexé au compte administratif, conformément à l'article L. 4132-18, sont mis en ligne sur le site internet de la collectivité, lorsqu'il existe, après l'adoption par l'Assemblée de Corse des délibérations auxquelles ils se rapportent et dans des conditions prévues par décret.

Nouvel art. L. 4425-17 *(Ord. nº 2025-526 du 12 juin 2025, art. 1er)* ***« Pour l'application de l'article L. 1612-34, le » lieu de mise à disposition du public est le siège de la collectivité de Corse.***

Le présent art. entre en vigueur à compter de l'exercice budgétaire 2026 (Ord. nº 2025-526 du 12 juin 2025, art. 12).

Art. L. 4425-18 Les documents budgétaires sont assortis en annexe, notamment :

1° De données synthétiques sur la situation financière de la collectivité de Corse et de ses établissements publics ;

2° De la liste des concours attribués par la collectivité de Corse sous forme de prestations en nature ou de subventions. Ce document est joint au seul compte administratif ;

3° De la présentation agrégée des résultats afférents au dernier exercice connu du budget principal et des budgets annexes de la collectivité de Corse. Ce document est joint au seul compte administratif ;

4° De la liste des organismes pour lesquels la collectivité de Corse :

a) Détient une part du capital ;

b) A garanti un emprunt ;

c) A versé une subvention supérieure à 75 000 € ou représentant plus de 50 % du produit figurant au compte de résultat de l'organisme.

La liste indique le nom, la raison sociale et la nature juridique de l'organisme ainsi que la nature et le montant de l'engagement financier de la collectivité de Corse ;

5° D'un tableau retraçant l'encours des emprunts garantis par la collectivité de Corse ainsi que l'échéancier de leur amortissement ;

6° De la liste des délégataires de service public ;

7° D'une annexe retraçant l'ensemble des engagements financiers de la collectivité de Corse résultant des *(Ord. nº 2018-1074 du 26 nov. 2018, art. 6)* « marchés de partenariat » prévus à l'article L. 1414-1 ;

8° D'une annexe retraçant la dette liée à la part investissements des *(Ord. nº 2018-1074 du 26 nov. 2018, art. 6)* « marchés de partenariat » ;

9° De la présentation de l'évolution des dépenses consacrées à la formation professionnelle des jeunes, en distinguant notamment les données financières relatives à l'apprentissage, à l'enseignement professionnel sous statut scolaire et aux formations continues en alternance. Cette annexe précise également l'utilisation des sommes versées au fonds régional de l'apprentissage et de la formation professionnelle continue en application de l'article L. 6241-9 du code du travail ;

10° De l'état relatif aux services ferroviaires des voyageurs ;

11° De l'état de variation du patrimoine prévu aux articles L. 3213-2 et L. 4221-4 ;

12° Des autres états portant sur la situation patrimoniale et financière de la collectivité de Corse ainsi que sur ses différents engagements.

Lorsqu'une décision modificative ou le budget supplémentaire a pour effet de modifier le contenu de l'une des annexes, celle-ci doit être à nouveau produite pour le vote de la décision modificative ou du budget supplémentaire.

En cas de signature d'un contrat de ville défini à l'article 6 de la loi n° 2014-173 du 21 février 2014 de programmation pour la ville et la cohésion urbaine, la collectivité de Corse présente annuellement un état, annexé à son budget, retraçant les recettes et les dépenses correspondant aux engagements pris dans le cadre de ces contrats. Y figurent l'ensemble des actions conduites et des moyens apportés par les différentes parties au contrat, en distinguant les moyens qui relèvent de la politique de la ville de ceux qui relèvent du droit commun.

Les documents mentionnés au 1° font l'objet d'une insertion dans une ou plusieurs publications locales dont la diffusion totale couvre l'ensemble du territoire de la collectivité de Corse.

Un décret fixe les conditions d'application du présent article.

Nouvel art. L. 4425-18 *(Ord. n° 2025-526 du 12 juin 2025, art. 1er) « Pour l'application de l'article L. 1612-35, les documents budgétaires de la collectivité de Corse sont assortis en annexe, également : »*

1° De données synthétiques sur la situation financière de ses établissements publics ;

(Ord. n° 2025-526 du 12 juin 2025, art. 1er) « 2° » De la présentation de l'évolution des dépenses consacrées à la formation professionnelle des jeunes, en distinguant notamment les données financières relatives à l'apprentissage, à l'enseignement professionnel sous statut scolaire et aux formations continues en alternance. Cette annexe précise également l'utilisation des sommes versées au fonds régional de l'apprentissage et de la formation professionnelle continue (Ord. n° 2025-526 du 12 juin 2025, art. 1er) « en application de l'article L. 4332-1 du présent code ».

En cas de signature d'un contrat de ville défini à l'article 6 de la loi n° 2014-173 du 21 février 2014 de programmation pour la ville et la cohésion urbaine, la collectivité de Corse présente annuellement un état, annexé à son budget, retraçant les recettes et les dépenses correspondant aux engagements pris dans le cadre de ces contrats. Y figurent l'ensemble des actions conduites et des moyens apportés par les différentes parties au contrat, en distinguant les moyens qui relèvent de la politique de la ville de ceux qui relèvent du droit commun.

Le présent art. entre en vigueur à compter de l'exercice budgétaire 2026 (Ord. n° 2025-526 du 12 juin 2025, art. 12).

Art. L. 4425-19 *(Abrogé par Ord. n° 2025-526 du 12 juin 2025, art. 1er, à compter de l'exercice budgétaire 2026) Les comptes certifiés des organismes mentionnés au 4° de l'article L. 4425-18 sont transmis à la collectivité de Corse.*

Ils sont communiqués par la collectivité de Corse aux élus de l'Assemblée de Corse qui en font la demande, dans les conditions prévues à l'article L. 4132-17, ainsi qu'à toute personne intéressée, dans les conditions prévues à l'article L. 4132-16.

Sont transmis par la collectivité de Corse au représentant de l'État et au comptable de la collectivité de Corse à l'appui du compte administratif les comptes certifiés des organismes non dotés d'un comptable public et pour lesquels la collectivité de Corse :

1° Détient au moins 33 % du capital ;

2° Ou a garanti un emprunt ;

3° Ou a versé une subvention supérieure à 75 000 € ou représentant plus de 50 % du produit figurant au compte de résultat de l'organisme et dépassant le seuil prévu par le quatrième alinéa de l'article 10 de la loi n° 2000-321 du 12 avril 2000 relative aux droits des citoyens dans leurs relations avec les administrations.

Art. L. 4425-20 La collectivité de Corse prend en charge le financement des services et des établissements publics qu'elle crée.

Art. L. 4425-21 La chambre régionale des comptes participe au contrôle des actes budgétaires de la collectivité de Corse et de ses établissements publics et assure le contrôle de leurs comptes, dans les conditions prévues au livre VI de la première partie.

Elle peut, en outre, procéder à des vérifications sur demande motivée soit du représentant de l'État dans la collectivité de Corse, soit du président du conseil exécutif.

Si le représentant de l'État dans la collectivité de Corse estime qu'une délibération du conseil d'administration d'un établissement public de la collectivité de Corse est de nature à augmenter gravement la charge financière ou le risque encouru par la collectivité de Corse, il saisit, dans le délai d'un mois suivant la date de réception, la chambre régionale des comptes, à charge pour lui d'en informer simultanément l'établissement public concerné et la collectivité de Corse. La saisine de la chambre régionale des comptes entraîne une seconde lecture par le conseil d'administration de la délibération contestée. La saisine n'a pas d'effet suspensif.

La chambre régionale des comptes dispose d'un délai d'un mois pour faire connaître son avis au représentant de l'État dans la collectivité de Corse, à l'établissement public et à la collectivité de Corse.

SECTION 2 **Recettes**

Art. L. 4425-22 *(L. n° 2015-991 du 7 août 2015, art. 30)* « I. — » La collectivité de Corse bénéficie des ressources fiscales suivantes :

(Ord. n° 2016-1561 du 21 nov. 2016, art. 3) « 1° Les impositions prévues à l'article 575 E *bis*, au I de l'article 1586 et à l'article 1599 *bis* du code général des impôts ; »

(Ord. n° 2021-1843 du 22 déc. 2021, art. 5) « 2° Le produit de la majoration en Corse de la taxe sur le transport aérien de passagers prévue à l'article L. 422-29 du code des impositions sur les biens et services. À cette fin, le comptable public verse les sommes recouvrées après déduction des frais d'assiette et de recouvrement mentionnés au VII de l'article 1647 du code général des impôts et, le cas échéant, des sommes indûment versées ;

« 3° Le produit de la taxe sur le transport maritime de passagers dans certains territoires côtiers mentionnée à l'article L. 423-57 du code des impositions sur les biens et services perçue sur les embarquements et débarquements réalisés en Corse ; »

4° *(L. n° 2002-92 du 22 janv. 2002, art. 40)* « La fraction prélevée sur le produit *(Ord. n° 2021-1843 du 22 déc. 2021, art. 5)* « de l'accise sur les énergies mentionnée à l'article L. 312-1 du code des impositions sur les biens et services et perçue sur les gazoles et essences en Corse » en application de l'article 5 de la loi n° 94-1131 du 27 décembre 1994 portant statut fiscal de la Corse *(L. n° 2019-1479 du 28 déc. 2019, art. 60)* « , calculée conformément au 3° du B du IX de l'article 60 de la loi n° 2019-1479 du 28 décembre 2019 de finances pour 2020 » ; »

(Ord. n° 2021-1843 du 22 déc. 2021, art. 5) « 4° *bis* La fraction de l'accise sur les tabacs mentionnée à l'article L. 314-1 du code des impositions sur les biens et services et perçue en Corse. Cette fraction est affectée à des travaux de mise en valeur de la Corse ;

« 5° Le produit de la taxe annuelle sur les engins maritimes à usage personnel mentionnée à l'article L. 423-4 du code des impositions sur les biens et services, pour la fraction perçue sur les engins relevant du tarif propre à la Corse prévu à l'article L. 423-21 du même code. » *(L. n° 2022-1157 du 16 août 2022, art. 9)* « À cette fin, le comptable public verse les sommes recouvrées, après déduction des frais d'assiette et de recouvrement mentionnés au VII de l'article 1647 du code général des impôts et, le cas échéant, des sommes indûment versées ; »

(L. n° 2017-1837 du 30 déc. 2017, art. 165) « 6° La fraction prélevée sur le produit net de la taxe sur la valeur ajoutée en application du II de l'article 149 de la loi n° 2016-1917 du 29 décembre 2016 de finances pour 2017. »

(Ord. n° 2016-1561 du 21 nov. 2016, art. 3) « La collectivité de Corse bénéficie également des ressources fiscales énumérées aux chapitres II et III du titre III du livre III de la troisième partie. »

La collectivité de Corse bénéficie également des ressources financières particulières dont disposait la région de Corse en vertu de la loi n° 82-659 du 30 juillet 1982 portant statut particulier de la région de Corse : compétences et de celles instituées par la loi n° 91-428 du 13 mai 1991 portant statut de la collectivité territoriale de Corse et la loi n° 94-1131 du 27 décembre 1994 portant statut fiscal de la Corse ;

(L. n° 2020-1721 du 29 déc. 2020, art. 8) « 7° La fraction du produit net de la taxe sur la valeur ajoutée perçue en application des A à C du IV de l'article 8 de la loi n° 2020-1721 du 29 décembre 2020 de finances pour 2021. »

(L. n° 2015-991 du 7 août 2015, art. 30) « II. — La collectivité de Corse bénéficie des dotations suivantes :

« 1° La dotation globale de fonctionnement des régions, dans les conditions définies aux articles L. 4332-4 à L. 4332-8 ;

« 2° La dotation globale de fonctionnement des départements définie aux articles L. 3334-1 à L. 3334-7-1 ; »

3° Abrogé par L. n° 2018-1317 du 28 déc. 2018, art. 259.

(L. n° 2015-991 du 7 août 2015, art. 30) « 4° Le produit des amendes de police relatives à la circulation routière destiné aux collectivités territoriales mentionné au *b* du 2° du B du I de l'article 49 de la loi n° 2005-1719 du 30 décembre 2005 de finances pour 2006.

« III. — Les articles L. 3335-1 à L. 3335-3 et l'article L. 4332-9 s'appliquent à la collectivité de Corse. »

Art. L. 4425-23 *(L. n° 2015-991 du 7 août 2015, art. 30)* I. — La collectivité de Corse bénéficie des produits de la taxe intérieure de consommation sur les produits énergétiques et de la taxe intérieure sur les conventions d'assurance dont disposaient la collectivité de Corse instituée par la loi n° 91-428 du 13 mai 1991 portant statut de la collectivité territoriale de Corse et les départements de la Corse-du-Sud et de la Haute-Corse, dans les conditions définies aux II et III de l'article 52 de la loi n° 2004-1484 du 30 décembre 2004 de finances pour 2005, à l'article 59 de la loi n° 2003-1311 du 30 décembre 2003 de finances pour 2004 et à l'article 51 de la loi n° 2008-1425 du 27 décembre 2008 de finances pour 2009.

II. — La collectivité de Corse bénéficie de la dotation générale de décentralisation dont disposaient les départements de la Corse-du-Sud et de la Haute-Corse, dans les conditions définies aux articles L. 1614-1 à L. 1614-4 du présent code, et est éligible au Fonds de compensation de la fiscalité transférée, dans les conditions définies au même article L. 1614-4.

III. — La collectivité de Corse est éligible, à compter du 1er janvier 2018, au concours particulier relatif aux bibliothèques municipales et aux bibliothèques départementales, dans les conditions définies à l'article L. 1614-10.

IV. — La collectivité de Corse est éligible, à compter du 1er janvier 2018, aux concours de la Caisse nationale de solidarité pour l'autonomie au titre de l'allocation personnalisée d'autonomie, de la prestation de compensation du handicap et pour l'installation ou le fonctionnement des maisons départementales des personnes handicapées, dans les conditions définies, respectivement, aux articles L. 14-10-6, L. 14-10-7 et L. 14-10-7-1 du code de l'action sociale et des familles.

V. — La collectivité de Corse est éligible, à compter du 1er janvier 2018, à la dotation issue de la répartition prévue *(L. n° 2018-1317 du 28 déc. 2018, art. 81)* « à l'article L. 3334-16-3 du présent code ».

VI. — La collectivité de Corse bénéficie de la dotation de continuité territoriale dont disposait la collectivité de Corse instituée par la loi n° 91-428 du 13 mai 1991 précitée, dans les conditions définies à l'article *(Ord. n° 2016-1561 du 21 nov. 2016, art. 8)* « L. 4425-26 » du présent code.

Art. L. 4425-24 Les charges financières résultant pour la collectivité de Corse des compétences transférées en application du présent titre font l'objet d'une attribution par l'État de ressources d'un montant équivalent.

Les ressources attribuées sont équivalentes aux dépenses effectuées à la date du transfert par l'État au titre des compétences transférées.

(L. n° 2002-92 du 22 janv. 2002, art. 36) « Pour l'évaluation de la compensation financière des charges d'investissement transférées en application notamment des articles L. 4424-4, L. 4424-7, L. 4424-22 et L. 4424-23 du présent code, ainsi que de l'article L. 722-17 du code de l'éducation, les ressources attribuées à la collectivité de Corse sont équivalentes à la moyenne actualisée des crédits précédemment ouverts au budget de l'État au titre des investissements exécutés ou subventionnés au cours des cinq années précédant le transfert de compétence.

« Toutefois :

« – pour l'évaluation de la compensation financière des charges transférées en application de l'article L. 4424-24, les ressources attribuées à la collectivité de Corse sont équivalentes à la moyenne actualisée des crédits précédemment consacrés par *(Ord. n° 2019-552 du 3 juin 2019, art. 25)* « SNCF Voyageurs » à la maintenance du réseau ferré de la Corse au cours des cinq années précédant le transfert de celui-ci ;

« – pour l'évaluation de la compensation financière des revenus, charges et obligations y afférentes transférés en application des articles L. 211-2 et L. 223-3 du code forestier *[V. **C. rur.**]*, les ressources attribuées à la collectivité de Corse sont déterminées par une convention passée entre l'État, la collectivité de Corse et l'Office national des forêts, et calculées sur la moyenne actualisée des crédits nécessaires pour assurer l'équilibre des comptes de l'Office national des forêts en Corse relatifs à la gestion des biens transférés au cours des dix dernières années précédant le transfert, déduction faite des dépenses restant à la charge de l'État et de l'Office national des forêts après le transfert. »

Leur montant est constaté par arrêté conjoint du ministre chargé de l'intérieur et du ministre chargé du budget, après avis d'une commission présidée par le président de la chambre régionale des comptes et comprenant, en nombre égal, des représentants de l'État et de la collectivité de Corse.

Les charges mentionnées au premier alinéa sont compensées par le transfert d'impôts d'État et par l'attribution de ressources budgétaires.

Ces ressources sont libres d'affectation et évoluent comme la dotation globale de fonctionnement. *(L. n° 2008-1425 du 27 déc. 2008, art. 43)* Cette évolution ne s'applique pas » *(L. n° 2011-1977 du 28 déc. 2011, art. 30)* « à compter de 2009 ».

Art. L. 4425-25 Les charges résultant pour la collectivité de Corse de l'exercice de ses compétences en matière de formation professionnelle continue sont compensées dans les conditions prévues par l'article L. 4332-1. – *[L. n° 91-428 du 13 mai 1991, art. 78.]*

Art. L. 4425-26 L'État verse à la collectivité de Corse un concours individualisé au sein de la dotation générale de décentralisation de la collectivité de Corse, intitulé : "dotation de continuité territoriale", dont le montant évolue comme la dotation globale de fonctionnement. *(L. n° 2008-1425 du 27 déc. 2008, art. 43)* « Cette évolution ne s'applique pas » *(L. n° 2011-1977 du 28 déc. 2011, art. 30)* « à compter de 2009 ».

Ce concours est *(L. n° 2016-1917 du 29 déc. 2016, art. 142)* « principalement » consacré à la mise en œuvre des dispositions des articles *(L. n° 2002-92 du 22 janv. 2002, art. 3)* « L. 4424-18 et L. 4424-19 ».

Le montant de la dotation de continuité territoriale est pour l'exercice 1991 celui de l'exercice précédent réévalué conformément à la variation, prévue dans la loi de finances, des prix du produit intérieur brut marchand.

Le montant de cette dotation est, le cas échéant, majoré des sommes versées par toute autre personne publique, et en particulier la Communauté européenne, afin de compenser tout préjudice résultant des restrictions apportées à la liberté de fixation des tarifs.

(L. n° 2002-92 du 22 janv. 2002, art. 38) « Les reliquats disponibles sont affectés *(L. n° 2016-1917 du 29 déc. 2016, art. 142)* « en priorité » à la réalisation d'équipements portuaires et aéroportuaires destinés au transport et à l'accueil de voyageurs et de marchandises *(L. n° 2016-1917 du 29 déc. 2016, art. 142)* « , puis à la rénovation ou à la réalisation d'infrastructures routières et ferroviaires » *(L. n° 2017-289 du 7 mars 2017, art. 4)* « ou à des opérations d'investissement s'inscrivant dans le cadre d'un projet global de développement du territoire de la Corse, notamment au titre des politiques publiques menées en faveur des territoires de l'intérieur et de montagne ».

Art. L. 4425-27 *(L. n° 2002-92 du 22 janv. 2002, art. 39)* La collectivité de Corse bénéficie, pour l'établissement ou la révision du plan d'aménagement et de développement durable mentionné à l'article L. 4424-9, du concours particulier de la dotation générale de décentralisation créé à l'article L. 1614-9. Elle peut également bénéficier de l'assistance des services déconcentrés de l'État dans les conditions prévues *(Ord. n° 2015-1174 du 23 sept. 2015, art. 9)* « à l'article L. 132-5 » du code de l'urbanisme.

Un décret en Conseil d'État fixe les conditions d'application du présent article.

Art. L. 4425-28 *(L. nº 2002-92 du 22 janv. 2002, art. 53)* I. – Pour aider la Corse à surmonter les handicaps naturels que constituent son relief et son insularité, et pour résorber son déficit en équipements et services collectifs, un programme exceptionnel d'investissements d'une durée de *(L. nº 2018-1021 du 23 nov. 2018, art. 234)* « dix-neuf » ans est mis en œuvre.

II. – Les modalités de mise en œuvre du programme exceptionnel d'investissements font l'objet d'une convention conclue entre l'État et la collectivité de Corse. La contribution de l'État au coût total du programme ne peut excéder 70 %.

Une convention-cadre portant sur la totalité de la durée du programme et une première convention d'application seront signées entre l'État et les maîtres d'ouvrages publics concernés dans un délai de trois mois à compter de la publication de la loi nº 2002-92 du 22 janvier 2002 relative à la Corse.

Il sera rendu compte au Parlement des conditions d'exécution dudit programme.

III. – Le programme exceptionnel d'investissements est établi en coordination avec les objectifs du contrat de plan État-région et ceux de la programmation des fonds structurels européens.

Art. L. 4425-28-1 *(L. nº 2025-127 du 14 févr. 2025, art. 20, en vigueur le 1er août 2025)* Sans préjudice du IV de l'article 2 et de l'article 5 de la loi nº 94-1131 du 27 décembre 1994 portant statut fiscal de la Corse, la fraction prévue au dernier alinéa du 4° du *a* de l'article L. 4331-2 du présent code est, en Corse, égale au montant suivant :

1° 1,15 € par hectolitre pour les produits soumis au tarif normal relevant de la catégorie fiscale des gazoles ;

2° 1,77 € par hectolitre pour les produits soumis au tarif normal relevant de la catégorie fiscale des essences.

SECTION 3 **Dépenses**

(Ord. nº 2016-1561 du 21 nov. 2016, art. 8)

Art. L. 4425-29 Les dépenses obligatoires de la collectivité de Corse comprennent :

1° Les dépenses relatives au fonctionnement des organes de la collectivité de Corse et à l'entretien de ses bâtiments administratifs ;

2° Les indemnités de fonction, les cotisations au régime général de la sécurité sociale, les cotisations aux régimes de retraites, les cotisations au fonds institué à l'article L. 1621-2 ainsi que les frais de formation des élus de l'Assemblée de Corse et du conseil exécutif de Corse ;

3° La rémunération des agents de la collectivité de Corse, les contributions et les cotisations sociales afférentes ;

4° La cotisation au Centre national de la fonction publique territoriale ;

5° Dans les conditions prévues à l'article 88-1 de la loi nº 84-53 du 26 janvier 1984 portant dispositions statutaires relatives à la fonction publique territoriale, les dépenses afférentes aux prestations mentionnées à l'article 9 de la loi nº 83-634 du 13 juillet 1983 portant droits et obligations des fonctionnaires ;

6° Les intérêts de la dette et les dépenses de remboursement de la dette en capital ;

7° Les dépenses de fonctionnement des collèges, des lycées et les autres dépenses de fonctionnement dont elle a la charge en matière d'éducation nationale ainsi que les dépenses de construction et grosses réparations des collèges et des lycées ;

8° La participation de la collectivité de Corse aux dépenses de fonctionnement des *(L. nº 2019-791 du 26 juill. 2019, art. 44)* « instituts nationaux supérieurs » du professorat et de l'éducation ;

9° Les dépenses liées à l'organisation des transports scolaires ;

10° Les dépenses relatives à l'action sociale, à la santé et à l'insertion mises à la charge de la collectivité de Corse ;

11° Les dépenses relatives à l'allocation personnalisée d'autonomie ;

12° Les frais du service des épizooties ;

13° La participation aux services d'incendie et de secours ;

14° Les dépenses résultant de l'entretien des biens transférés à la collectivité de Corse par application des dispositions de l'article L. 318-2 du code de l'urbanisme ;

15° Les dépenses d'entretien et construction des ports maritimes de commerce et de pêche ;
16° Les dépenses d'entretien et construction de la voirie de la collectivité de Corse ;
17° Les dettes exigibles ;
18° Les dotations aux amortissements ;
19° Les dotations aux provisions, notamment pour risques liés à la souscription de produits financiers ;
20° La reprise des subventions d'équipement reçues ;
21° La contribution prévue à l'article 6 *quater* de la loi n° 83-634 du 13 juillet 1983 mentionnée ci-dessus ;
22° Les dépenses dont elle a la charge en matière de sport, de jeunesse et d'éducation populaire en application des articles L. 114-5 et L. 114-6 du code du sport.
Un décret détermine les modalités d'application des dispositions des 18° à 20° du présent article.

Art. L. 4425-30 Les dépenses relatives au revenu de solidarité active et à l'allocation personnalisée d'autonomie sont retracées dans un chapitre individualisé du budget de la collectivité de Corse.

Art. L. 4425-31 (*Abrogé par Ord. n° 2025-526 du 12 juin 2025, art. 1er, à compter de l'exercice budgétaire 2026*) ***Lors du vote du budget ou d'une décision modificative, l'Assemblée de Corse peut voter des autorisations de programme et des autorisations d'engagement de dépenses imprévues respectivement en section d'investissement et en section de fonctionnement. Pour chacune des deux sections, leur montant ne peut être supérieur à 2 % des dépenses réelles de la section.***

L'absence d'engagement d'une autorisation de programme ou d'une autorisation d'engagement de dépenses imprévues, constatée à la fin de l'exercice, entraîne la caducité de l'autorisation.

Les autorisations de programme et les autorisations d'engagement de dépenses imprévues sont affectées dans les conditions prévues par décret.

SECTION 4 Comptabilité

(*Ord. n° 2016-1561 du 21 nov. 2016, art. 8*)

Art. L. 4425-32 Le président du conseil exécutif de Corse tient la comptabilité de l'engagement des dépenses dans les conditions fixées par arrêté conjoint du ministre de l'intérieur et du ministre chargé du budget.

Art. L. 4425-33 Le comptable de la collectivité de Corse est seul chargé d'exécuter, sous réserve des contrôles qui lui incombent, le recouvrement des recettes ainsi que le paiement des dépenses de la collectivité de Corse dans la limite des crédits régulièrement ouverts par l'Assemblée de Corse.

CHAPITRE VI DISPOSITIONS D'APPLICATION

Art. L. 4426-1 Des décrets en Conseil d'État fixent, en tant que de besoin, les modalités d'application du présent titre. – [*L. n° 96-142 du 21 févr. 1996.*]

V. art. R. 4422-1 s.

TITRE III LES RÉGIONS D'OUTRE-MER

ENCYCL. COLL. LOC. *Outre-mer : régime constitutionnel des collectivités régies par l'article 73, 1905*, par Jos ; *Outre-mer : régime régional dans les DOM, 1920*, par J.-C. Douence.

BIBL. GÉN. ▸ Ouvrages : Daniel (dir.), L'outre-mer à l'épreuve de la décentralisation : nouveaux cadres institutionnels et difficultés d'adaptation, *L'Harmattan, 2007*. – Faberon et Ziller, Droit des collectivités d'outre-mer, *LGDJ, 2007*. – Doumenge, L'outre-mer français, *A. Colin, 2000*. – Faberon et J.-F. Auby (dir.), L'évolution du statut des départements d'outre-mer, *PUAM, 1999*. – Faberon (dir.), La mer outre-mer, *L'Harmattan, 2001*. – Fortier (dir.), Questions sur l'administration des départements d'outre-mer : décentraliser outre-mer ?, *Economica, 1989*. – Gohin, Institutions administratives, *LGDJ, 1995, 2e éd.* – Jacquemart, La question départementale outre-mer, *PUF, 1983*. – Jos et Perrot (dir.), L'outre-mer et l'Europe communautaire. Quelle insertion pour quel développement ?, *Economica, 1990.* – Luchaire, Le statut constitutionnel de la France d'outre-mer, *Economica, 1992.* – Massot (dir.), Le Conseil d'État et l'évolution de l'outre-mer français du XVIIe siècle à 1962, *Dalloz 2007.* – Mélin-Soucramanien (dir.), L'outre-mer français, un modèle pour la République, *PUBX, 2009.* – Michalon, L'outre-mer français : évolution institutionnelle et affirmations identitaires, *L'Harmattan, 2009.* – Miclo, Le régime législatif des départements d'outre-mer et l'unité de la République, *Economica, 1992.* – Rubio, L'avenir des départements antillais (Thèse Aix-Marseille), *Doc. fr. 1999.* – Thiéllay, Droit des outre-mers, *Dalloz 2007.* – Ziller, Les DOM-TOM, *LGDJ, 1996, 2e éd.*

▸ **Articles :** Chevilley-Hiver, La solidarité financière en faveur des collectivités d'outre-mer, *RFDA 2000. 761*. – Custos, L'institution préfectorale dans les départements d'outre-mer au terme d'un demi-siècle d'existence, *RFDA 2000. 778*. – Douence, L'exécution des lois dans les départements d'outre-mer, *RFDA 1991. 345* ; Le statut constitutionnel des collectivités territoriales outre-mer, *RFDA 1992. 462*. – Éclassan, Le régime fiscal des DOM, *RFFP 1991, no 33, p. 39.* – Fortier, Gourdon, Nabajoth et Vitalien, La décentralisation outre-mer : le cas des Antilles françaises, *RD adm. publ. 1984, no 31, p. 23.* – F. Luchaire, La décentralisation dans les départements d'outre-mer, *AJDA 1983. 120* ; La réforme régionale dans les départements d'outre-mer, *Rev. Jur. Pol. Indépendance et Coopération, 1983. 587.* – Maestre et Miclo, L'article 73, *in* Conac et Luchaire (dir.), La Constitution de la République française, *Economica, 2e éd., 1987.* – Miclo, La décentralisation outre-mer, *in* Moderne (dir.), La nouvelle décentralisation, *Sirey, 1983, p. 413.* – *AJDA, no spécial outre-mer, 1992. 537, articles de F. Luchaire, Thésauros, Thérésine, Perrot, Jos, Castagnède et Vitalien.* – Omarjee, Le traité d'Amsterdam et l'avenir de la politique de différenciation en faveur des départements français d'outre-mer, *RTD eur. 1998. 515*.

▸ **Annuaires et périodiques :** Annuaire des collectivités locales, *GRAL(E), Litec.* – Annuaire des pays de l'Océan Indien, *CERSOI (Aix-Marseille).* – *J.-Cl. Coll. terr. et J.-Cl. Droit administratif, vis Départements d'outre-mer.* – Les cahiers de l'administration d'outre-mer, *CRPLC, Faculté de Droit et d'Économie de Martinique.*

▸ **Études postérieures à la loi du 13 décembre 2000 d'orientation pour l'outre-mer :** Bioy, Le droit de l'outre-mer à la recherche de ses catégories, *RRJ 2001. 1785.* – Custos, Le statut constitutionnel des départements d'outre-mer, *AJDA 2001. 731*. – ENA, Les outre-mers entre décentralisation, intégration européenne et mondialisation, *RFAP, janv.-mars 2002, no 101.* – Gohin, L'action internationale de l'État outre-mer, *AJDA 2001. 438*. – Institut de droit d'outre-mer (Montpellier), La loi d'orientation pour l'outre-mer du 13 décembre 2000, *PUAM 2002.* – Lise et Tamaya, Rapport au Premier ministre : Les départements d'outre-mer aujourd'hui : la voie de la responsabilité, *Doc. fr. 1999.*

▸ **Études relatives à la révision constitutionnelle du 28 mars 2003 :** Capitolin, La clarté et la loyauté d'une consultation préalable à l'évolution institutionnelle au sein de la République, *RFD const. 2005. 781.* – Faberon et a., L'outre-mer, *Pouvoirs no 113, 2005 (11 art., 180 p.).* – Faberon (dir.), L'outre-mer français. La nouvelle donne institutionnelle, *Doc. fr. 2004* (actes de colloque de Montpellier). – Faberon (dir.), Les collectivités françaises d'Amérique au carrefour des institutions, *Doc. fr. 2006* (actes du colloque de Cayenne). – Fraisse, La loi et l'outre-mer après la révision constitutionnelle, *AJDA 2004. 811*. – Gohin, La nouvelle décentralisation et la réforme de l'État en France, *AJDA 2003. 522* ; L'outre-mer dans la réforme constitutionnelle de la décentralisation, *RFDA 2003. 678* ; Institut de droit d'outre-mer (IDOM), L'outre-mer dans la révision constitutionnelle, Colloque Montpellier, nov. 2003. – Michalon (dir.), Entre assimilation et émancipation, l'outre-mer français dans l'impasse ?, *Rennes. Les Perséides, 2006.* – Mélin-Soucramanien, La différenciation du statut des départements d'outre-mer, *Mél. Pactet, Dalloz, 2003. 747.* – Oraison, Quelques réflexions générales sur l'article 73, *RFDA 2003. 684* ; Réflexions critiques sur le maintien du *statu quo* institutionnel à la Guadeloupe et en Martinique, *RFDA 2004. 42*. – Roux, L'évolution du régime statutaire des collectivités territoriales d'outre-mer *in* Gaudemet et Gohin (dir.), La République décentralisée, *LGDJ, 2004.* – Thiéllay, L'application des textes dans les outre-mers français, *AJDA 2003. 1032* ; Les outre-mers dans la réforme de la Constitution, *AJDA 2003. 564*. – Verpeaux, Référendum local, consultations locales et Constitution, *AJDA 2003. 540*.

▸ V. aussi Bibl. ss. art. L. 3441-2.

▸ **Études relatives à la révision constitutionnelle du 23 juillet 2008 :** Caille, L'outre-mer dans la révision constitutionnelle du 23 juillet 2008, *AJDA 2008. 1887*. – Tesoka, Le code général des propriétés des personnes publiques et les collectivités territoriales de l'outre-mer, *RLCP, juill. 2008, p. 69.*

CHAPITRE I DISPOSITIONS GÉNÉRALES

COMMENTAIRE

V. dans le supplément en ligne.

Art. L. 4431-1 **Les régions de Guadeloupe et de La Réunion constituent des collectivités territoriales. Elles sont soumises aux dispositions non contraires de la première partie et des livres I à III de la présente partie sous réserve des dispositions du présent titre.**

Les régions de Guadeloupe et de La Réunion exercent les compétences que les lois, dans leurs dispositions non contraires à celles du présent titre, attribuent à l'ensemble des régions et celles que définit le présent titre pour tenir compte des mesures d'adaptation rendues nécessaires par leur situation particulière.

1. La loi peut prévoir des mesures d'adaptation susceptibles de se traduire par un aménagement limité des compétences des régions et des départements d'outre-mer par rapport aux autres régions et départements sans méconnaître ni l'art. 73 de la Constitution, ni le principe d'égalité. • Cons. const. 25 juill. 1984, n° 84-174 DC : *Rec. Cons. const. 48 ; AJDA 1984. 619, note Ferstenbert ; RD publ. 1986. 395, note Favoreu.* ♦ V. aussi note 6 ss. art. L. 3441-1.

2. Les électeurs de la Guadeloupe et de la Martinique ont été consultés sur la création d'une collectivité unique se substituant au département et à la région, en vertu des art. 73, dernier al. et 72-4, second al., de la Constitution révisée par la loi constitutionnelle du 28 mars 2003. Les décrets du 29 oct. 2003 décidant de consulter les électeurs de Guadeloupe et du 4 nov. 2003 portant organisation de la consultation ont fait l'objet d'un recours pour excès de pouvoir qui a été rejeté. • CE 4 déc. 2003, *M. Feler*, n° 262009 A : *ACL 2004, n° 21 ; AJDA 2004. 594, note Verpeaux ; RFDA 2004. 549, note J.-P. Thiellay*. ♦ V. note ss. art. L. 5915-1. ♦ Il n'appartient pas au Conseil d'État d'apprécier l'opportunité de la décision du Président de la République d'organiser une consultation. Il lui revient en revanche de vérifier que le décret n'est pas entaché d'un vice pouvant affecter la régularité ou la sincérité de la consultation dont le résultat peut être contesté devant lui. • Même arrêt.

3. La région de La Réunion ne tient ni de ces dispositions ni d'aucune des dispositions du CGCT définissant ses attributions le pouvoir d'instaurer de manière autonome une aide finançant une partie des frais de passage aérien. Par suite, la délibération prolongeant un dispositif d'aide à la continuité territoriale est entachée d'incompétence. • CAA Bordeaux, 4 juill. 2023, n° 21BX04209.

CHAPITRE II ORGANES

SECTION 1 Le conseil régional

SOUS-SECTION 1 Composition

Art. L. 4432-1 *(L. n° 2011-884 du 27 juill. 2011, art. 1er)* **« Le conseil régional de Guadeloupe comprend » quarante et un membres.**

Le conseil régional de La Réunion comprend quarante-cinq membres.

SOUS-SECTION 2 Élection

Art. L. 4432-2 **La Guadeloupe et La Réunion forment chacune une circonscription électorale pour l'élection des membres des conseils régionaux.**

Art. L. 4432-3 *Abrogé par L. n° 99-36 du 19 janv. 1999, art. 13.*

SOUS-SECTION 3 Incompatibilités

Art. L. 4432-4 et L. 4432-5 *Abrogés par Ord. n° 2009-1530 du 10 déc. 2009.*

SOUS-SECTION 4 Indemnités

Art. L. 4432-6 **Les dispositions de l'article L. 3123-16 sont applicables aux fonctions de conseiller régional.** – *[L. n° 92-108 du 3 févr. 1992, art. 27.]*

Le barème des indemnités dont bénéficient les conseillers régionaux d'outre-mer est celui qui est applicable aux conseillers départementaux, en vertu de l'art. L. 3123-16, et non le régime de droit commun déterminé pour les conseillers régionaux par l'art. L. 4135-16.

SOUS-SECTION 5 Démission

Art. L. 4432-7 et L. 4432-8 *Abrogés par Ord. nº 2009-1530 du 10 déc. 2009.*

SECTION 2 Le conseil économique, social et environnemental régional et le conseil de la culture, de l'éducation et de l'environnement

SOUS-SECTION 1 Composition

Art. L. 4432-9 Les conseils régionaux de Guadeloupe *(Abrogé par L. nº 2025-797 du 11 août 2025, art. 48)* « *, de Mayotte* » et de La Réunion sont assistés d'un conseil économique, social et environnemental régional et d'un conseil de la culture, de l'éducation et de l'environnement.

(L. nº 2004-1343 du 9 déc. 2004, art. 93) « La composition des conseils économiques, sociaux et environnementaux régionaux et des conseils pour la culture, l'éducation et l'environnement, les conditions de nomination de leurs membres ainsi que la date de leur installation dans leur nouvelle composition sont fixées par un décret en Conseil d'État. »

(L. nº 2014-873 du 4 août 2014, art. 71) « Lorsqu'un organisme est appelé à désigner plus d'un membre d'un conseil, il procède à ces désignations de telle sorte que l'écart entre le nombre des hommes désignés, d'une part, et des femmes désignées, d'autre part, ne soit pas supérieur à un. La même règle s'applique à la désignation des personnalités qualifiées. »

Ne peuvent être membres de ces conseils les conseillers départementaux et les conseillers régionaux.

(L. nº 2002-276 du 27 févr. 2002, art. 17) « Les articles L. 4134-6 à L. 4134-7-2 sont applicables aux présidents et aux membres des conseils consultatifs. »

Les dispositions issues de la L. nº 2025-797 du 11 août 2025 entrent en vigueur à une date fixée par décret et au plus tard le 1er janv. 2026 (L. préc., art. 48).

SOUS-SECTION 2 Fonctionnement

Art. L. 4432-10 Les conseils établissent leur règlement intérieur. Ils élisent en leur sein, au scrutin secret, conformément aux dispositions de ce règlement, leur président et les membres de leur commission permanente.

Le conseil régional met à la disposition des conseils consultatifs les moyens de fonctionnement nécessaires. Ces moyens doivent permettre notamment d'assurer le secrétariat des séances des conseils. Le conseil régional met également les services régionaux ou une partie de ceux-ci à la disposition des conseils consultatifs à titre permanent ou temporaire, notamment pour leur permettre de réaliser des études sur tout projet de leur compétence.

Les crédits nécessaires au fonctionnement de chacun de ces conseils consultatifs et, le cas échéant, à la réalisation de ses études font l'objet d'une inscription distincte au budget de la région.

Ils sont notifiés chaque année, après le vote du budget, au président de ces conseils par le président du conseil régional. – *[L. nº 82-1171 du 31 déc. 1982, art. 4, al. 4 à 7.]*

V. art. R. 4434-1.

SECTION 3 Autres organismes

SOUS-SECTION 1 Le centre régional de promotion de la santé

Art. L. 4432-11 Il est créé, dans chaque région d'outre-mer, un centre régional de promotion de la santé dont la mission est de veiller à ce que les réformes du système de santé et de soins s'orientent vers les besoins spécifiques de la région.

Le centre régional de promotion de la santé est composé, d'une part, de professionnels de la santé, de représentants de la sécurité sociale et de l'administration, ainsi que des divers organismes impliqués dans le maintien et la promotion de la santé à l'échelon local, choisis selon une procédure et des modalités arrêtées par le conseil régional

et, d'autre part, pour moitié au moins, de conseillers régionaux. – *[L. n° 84-747 du 2 août 1984, art. 30.]*

En instituant un centre régional de la santé sans porter atteinte aux compétences exercées en cette matière par les conseils généraux, l'art. 30 de la loi du 2 août 1984 (CGCT, art. L. 4432-11) associe la région au département sans méconnaître les art. 72 et 73 de la Constitution. • Cons. const. 25 juill. 1984, n° 84-174 DC : *Rec. Cons. const. 48 ; AJDA 1984. 619, note Ferstenbert ; RD publ. 1986. 395, note Favoreu.*

SOUS-SECTION 2 Le conseil régional de l'habitat

Art. L. 4432-12 **Dans les régions de Guadeloupe** *(Abrogé par L. n° 2025-797 du 11 août 2025, art. 48)* **«** ***, de Mayotte*** **»et de La Réunion, il est institué un conseil régional de l'habitat composé, pour moitié au moins, de conseillers régionaux.**

Sa composition, ses modalités de fonctionnement et ses attributions sont précisées par décret en Conseil d'État.

Les dispositions issues de la L. n° 2025-797 du 11 août 2025 entrent en vigueur à une date fixée par décret et au plus tard le 1er janv. 2026 (L. préc., art. 48).

CHAPITRE III ATTRIBUTIONS

SECTION 1 Compétences du conseil régional

Art. L. 4433-1 *(L. n° 2014-58 du 27 janv. 2014, art. 1er)* **Le conseil régional règle par ses délibérations les affaires de la région** *(L. n° 2015-991 du 7 août 2015, art. 1er)* **« dans les domaines de compétences que la loi lui attribue ».**

Il a compétence pour promouvoir le développement économique, social, sanitaire, culturel et scientifique de la région *(L. n° 2015-991 du 7 août 2015, art. 1er)* **« , le soutien à l'accès au logement et à l'amélioration de l'habitat, le soutien à la politique de la ville et à la rénovation urbaine et le soutien aux politiques d'éducation » et l'aménagement de son territoire, ainsi que pour assurer la préservation de son identité et la promotion des langues régionales, dans le respect de l'intégrité, de l'autonomie et des attributions des départements et des communes.**

L'art. 1er de la L. du 31 déc. 1982 rend applicable aux régions d'outre-mer le régime régional de droit commun issu de la L. du 2 mars 1982 (al. 1er transitoire non codifié ; al. 2, codifié à l'art. L. 4433-1 et reproduisant les dispositions de l'art. L. 4221-1, al. 1er et 2). • CE 20 mai 1994, *Gérante*, n° 65065 A. ♦ Conformément au droit commun, il appartient au président du conseil régional et non au conseil régional lui-même de décider des missions et d'autoriser les déplacements de service des agents de la région. En revanche, le conseil régional a pu légalement déléguer à son bureau le pouvoir qui lui appartient d'envoyer ses membres en mission et le président, ordonnateur des dépenses de la région, a pu compétemment signer l'ordre de mission pris pour l'exécution de la décision du bureau. • Même arrêt.

Art. L. 4433-2 **Les conseils régionaux de Guadeloupe** *(Abrogé par L. n° 2025-797 du 11 août 2025, art. 48)* **«** ***, de Mayotte*** **» et de La Réunion peuvent créer des établissements publics dénommés agences, chargés d'assurer la réalisation des projets intéressant la région ainsi que le fonctionnement des services publics régionaux.**

Les dispositions issues de la L. n° 2025-797 du 11 août 2025 entrent en vigueur à une date fixée par décret et au plus tard le 1er janv. 2026 (L. préc., art. 48).

Art. L. 4433-3 **Chacun des conseils régionaux de Guadeloupe** *(Abrogé par L. n° 2025-797 du 11 août 2025, art. 48)* **«** ***, de Mayotte*** **» et de La Réunion peut, de sa propre initiative ou saisi par le Premier ministre ou par le ministre chargé des départements d'outre-mer, adresser à celui-ci des propositions de modification ou d'adaptation des dispositions législatives ou réglementaires en vigueur ou en cours d'élaboration ainsi que toutes propositions relatives aux conditions du développement économique, social et culturel de la région.** *(L. n° 2022-217 du 21 févr. 2022, art. 2)* **« Ces propositions peuvent porter sur la différenciation, mentionnée à l'article L. 1111-3-1, des règles relatives à l'attribution et à l'exercice des compétences applicables à ces régions, afin de tenir compte des différences de situations.**

« Les propositions adoptées par les conseils régionaux en application du premier alinéa du présent article sont transmises, par les présidents de conseil régional, au Premier ministre, au représentant de l'État dans les régions concernées et, lorsqu'elles portent sur des dispositions législatives, aux présidents de l'Assemblée nationale et du Sénat.

« Le Premier ministre accuse réception des propositions qui lui sont transmises. Un rapport annuel indique les suites qui ont été données à ces propositions. Ce rapport est rendu public. »

« Chacun des conseils régionaux mentionnés au même premier alinéa » peut également faire au Premier ministre toutes remarques ou suggestions concernant le fonctionnement des services publics de l'État dans la région.

Le Premier ministre accuse réception dans les quinze jours et fixe le délai dans lequel il apportera une réponse au fond.

Les dispositions issues de la L. n° 2025-797 du 11 août 2025 entrent en vigueur à une date fixée par décret et au plus tard le 1er janv. 2026 (L. préc., art. 48).

Art. L. 4433-3-1 *(L. n° 2000-1207 du 13 déc. 2000, art. 44)* Les conseils régionaux des régions d'outre-mer sont consultés sur les projets de loi, d'ordonnance ou de décret comportant des dispositions d'adaptation du régime législatif et de l'organisation administrative de ces régions.

L'avis des conseils régionaux est réputé acquis en l'absence de notification au représentant de l'État d'un avis exprès dans un délai d'un mois à compter de la saisine ; ce délai est réduit à quinze jours en cas d'urgence sur demande du représentant de l'État.

L'art. 44 de la L. n° 2000-1207 du 13 déc. 2000 attribue la même compétence consultative aux conseils départementaux en ce qui concerne les départements. — V. art. L. 3444-1.

Art. L. 4433-3-2 *(L. n° 2000-1207 du 13 déc. 2000, art. 44)* Les conseils régionaux des régions d'outre-mer sont consultés sur les propositions d'actes *(L. n° 2010-1487 du 7 déc. 2010, art. 5)* « de l'Union européenne » qui concernent leur région par les soins du ministre chargé de l'outre-mer. Les dispositions du *(L. n° 2010-1487 du 7 déc. 2010, art. 5)* « second » alinéa de l'article L. 4433-3-1 sont applicables.

Les conseils régionaux peuvent adresser au Gouvernement des propositions pour l'application *(L. n° 2010-1487 du 7 déc. 2010, art. 5)* « des traités sur l'Union européenne et sur le fonctionnement de l'Union européenne. »

L'art. 44 de la L. n° 2000-1207 du 13 déc. 2000 attribue la même compétence consultative aux conseils départementaux en ce qui concerne les départements. — V. art. L. 3444-3.

Art. L. 4433-3-3 *Abrogé par L. n° 2004-669 du 9 juill. 2004, art. 117.*

Art. L. 4433-3-4 *(L. n° 2000-1207 du 13 déc. 2000, art. 44)* Les conseils régionaux d'outre-mer sont consultés sur les projets d'attribution ou de renouvellement des concessions portuaires et aéroportuaires concernant ces régions.

L'art. 44 de la L. n° 2000-1207 du 13 déc. 2000 attribue la même compétence consultative aux conseils départementaux en ce qui concerne les départements. — V. art. L. 3444-5.

Art. L. 4433-4 *(L. n° 2011-884 du 27 juill. 2011, art. 1er)* « Le conseil régional de Guadeloupe peut être saisi » pour avis de tous projets d'accords concernant la coopération régionale en matière économique, sociale, technique, scientifique, culturelle, de sécurité civile ou d'environnement entre la République française et les États de la mer Caraïbe.

Le conseil régional de La Réunion *(L. n° 2010-1487 du 7 déc. 2010, art. 5 ; L. n° 2015-991 du 7 août 2015, art. 1er)* « et le conseil départemental de Mayotte sont saisis » dans les mêmes conditions des projets d'accords entre la République française et les États de l'océan Indien.

Ils se prononcent à la première réunion qui suit leur saisine.

À compter d'une date fixée par Décr. et au plus tard le 1er janv. 2026, au 2e al. de cet art., les mots : « et le conseil départemental de Mayotte sont saisis » sont remplacés par les mots : « est saisi » (L. n° 2025-797 du 11 août 2025, art. 48).

Art. L. 4433-4-1 *(L. n° 2016-1657 du 5 déc. 2016, art. 4)* Les conseils régionaux de Guadeloupe et de La Réunion peuvent adresser au Gouvernement des propositions en vue de la conclusion d'engagements internationaux concernant la coopération régionale entre la République française et, selon les cas, les États ou territoires de la Caraïbe, les États ou territoires du continent américain voisins de la Caraïbe, les États ou territoires de l'océan Indien ou les États ou territoires des continents voisins de l'océan Indien ou en vue de la conclusion d'accords avec des organismes régionaux des aires correspondantes, y compris des organismes régionaux dépendant des institutions des Nations unies.

Art. L. 4433-4-2 *(L. n° 2000-1207 du 13 déc. 2000, art. 43)* Dans les domaines de compétence de l'État, les autorités de la République peuvent délivrer pouvoir au président du conseil régional de Guadeloupe *(Abrogé par L. n° 2025-797 du 11 août 2025, art. 48)* « *, de Mayotte* » et de La Réunion pour négocier et signer des accords avec un ou plusieurs États ou territoires situés, selon *(L. n° 2016-1657 du 5 déc. 2016, art. 5)* « l'environnement géographique de chaque région, dans la Caraïbe ou dans la zone de l'océan Indien ou sur les continents voisins » de l'océan Indien, ou avec des organismes régionaux des aires correspondantes, y compris des organismes régionaux dépendant des institutions des Nations unies.

Dans le cas où il n'est pas fait application des dispositions de l'alinéa ci-dessus, le président du conseil régional ou son représentant peut être associé ou participer, au sein de la délégation française, aux négociations d'accords de même nature.

Le président du conseil régional peut être chargé par les autorités de la République de les représenter au sein des organismes régionaux relevant des catégories mentionnées au premier alinéa. Les autorités de la République le munissent des instructions et pouvoirs nécessaires.

Les dispositions issues de la L. n° 2025-797 du 11 août 2025 entrent en vigueur à une date fixée par décret et au plus tard le 1er janv. 2026 (L. préc., art. 48).

V. note ss. art. L. 3441-3.

Art. L. 4433-4-3 *(L. n° 2000-1207 du 13 déc. 2000, art. 43)* Dans les domaines de compétence de la région, les conseils régionaux de Guadeloupe *(Abrogé par L. n° 2025-797 du 11 août 2025, art. 48)* « *, de Mayotte* » et de La Réunion peuvent, par délibération, demander aux autorités de la République d'autoriser leur président à négocier, dans le respect des engagements internationaux de la République, des accords avec un ou plusieurs États, territoires ou organismes régionaux définis à l'article L. 4433-4-2.

Lorsque cette autorisation est accordée, les autorités de la République sont, à leur demande, représentées à la négociation.

À l'issue de la négociation, le projet d'accord est soumis à la délibération du conseil régional pour acceptation. Les autorités de la République peuvent ensuite donner, sous réserve du respect des engagements internationaux de celle-ci, pouvoir au président du conseil régional aux fins de signature de l'accord.

Les dispositions issues de la L. n° 2025-797 du 11 août 2025 entrent en vigueur à une date fixée par décret et au plus tard le 1er janv. 2026 (L. préc., art. 48).

V. note ss. art. L. 3441-4.

Art. L. 4433-4-3-1 *(L. n° 2016-1657 du 5 déc. 2016, art. 6)* Les régions de Guadeloupe *(Abrogé par L. n° 2025-797 du 11 août 2025, art. 48)* « *, de Mayotte* » ou de La Réunion peuvent adhérer, en qualité de membre ou de membre associé, à une banque régionale de développement ou à une institution de financement dont la France est membre régional, membre associé ou participante au capital. Sur proposition de son président, le conseil régional peut demander aux autorités de la République d'autoriser son président à négocier et à signer tout instrument tendant à cette adhésion et à la participation au capital de cette banque ou institution de financement, dans les conditions prévues à l'article L. 4433-4-3.

Les dispositions issues de la L. n° 2025-797 du 11 août 2025 entrent en vigueur à une date fixée par décret et au plus tard le 1er janv. 2026 (L. préc., art. 48).

Art. L. 4433-4-3-2 *(L. n° 2016-1657 du 5 déc. 2016, art. 15)* Dans les domaines de compétence des régions d'outre-mer, le président du conseil régional peut, pour la durée de l'exercice de ses fonctions, élaborer un programme-cadre de coopération régionale précisant la nature, l'objet et la portée des engagements internationaux qu'il se propose de négocier, dans le respect des engagements internationaux de la République, avec un ou plusieurs États, territoires ou organismes régionaux mentionnés à l'article L. 4433-4-1.

Le président du conseil régional soumet ce programme-cadre à la délibération du conseil régional, qui peut alors demander, dans la même délibération, aux autorités de la République d'autoriser son président à négocier les accords prévus dans ce programme-cadre.

Lorsque cette autorisation est expressément accordée, le président du conseil régional peut engager les négociations prévues dans le programme-cadre. Il en informe les autorités de la République qui, à leur demande, sont représentées à la négociation.

Le président du conseil régional soumet toute modification de son programme-cadre à la délibération du conseil régional. Ces modifications sont approuvées par les autorités de la République, dans les mêmes conditions que la procédure initiale.

À l'issue de la négociation, le projet d'accord est soumis à la délibération du conseil régional pour acceptation. Les autorités de la République peuvent ensuite donner, sous réserve du respect des engagements internationaux de celle-ci, pouvoir au président du conseil régional aux fins de signature de l'accord.

Art. L. 4433-4-4 *(L. n° 2000-1207 du 13 déc. 2000, art. 43)* Les accords internationaux portant à la fois sur des domaines de compétence de l'État et sur des domaines de compétence de la région sont, dans les cas où il n'est pas fait application du premier alinéa *(L. n° 2016-1657 du 5 déc. 2016, art. 16)* « des articles L. 4433-4-2 et L. 4433-4-3-2 », négociés et signés par les autorités de la République. À sa demande, le président du conseil régional ou son représentant participe, au sein de la délégation française, à la négociation de ces accords *[Dispositions déclarées non conformes à la Constitution par décision du Conseil constitutionnel n° 2000-435 DC du 7 déc. 2000]*.

Les présidents des conseils régionaux d'outre-mer, ou leurs représentants, participent, au sein de la délégation française, à leur demande, aux négociations avec l'Union européenne *(L. n° 2010-1487 du 7 déc. 2010, art. 5)* « intéressant leur région ».

Les présidents des conseils régionaux d'outre-mer peuvent demander à l'État de prendre l'initiative de négociations avec l'Union européenne en vue d'obtenir des mesures spécifiques utiles au développement de leur territoire.

V. note ss. art. L. 3441-5.

Art. L. 4433-4-5 *(L. n° 2000-1207 du 13 déc. 2000, art. 43)* Les régions de Guadeloupe *(Abrogé par L. n° 2025-797 du 11 août 2025, art. 48)* « *, de Mayotte* » et de La Réunion peuvent, avec l'accord des autorités de la République, être membres associés des organismes régionaux, mentionnés au premier alinéa de l'article L. 3441-3, ou observateurs auprès de ceux-ci.

Les conseils régionaux de ces régions peuvent saisir le Gouvernement de toutes propositions tendant à l'adhésion de la France à de tels organismes.

Comp. art. L. 3441-6.

Les dispositions issues de la L. n° 2025-797 du 11 août 2025 entrent en vigueur à une date fixée par décret et au plus tard le 1er janv. 2026 (L. préc., art. 48).

Art. L. 4433-4-5-1 *(L. n° 2011-884 du 27 juill. 2011, art. 1er)* Les régions de Guadeloupe et de La Réunion peuvent, dans les conditions déterminées par une convention avec l'État, désigner des agents publics de la collectivité territoriale chargés de la représenter au sein des missions diplomatiques de la France.

(L. n° 2016-1657 du 5 déc. 2016, art. 22) « Ces régions offrent aux agents publics mentionnés au premier alinéa un régime indemnitaire, des facilités de résidence et des remboursements de frais qui tiennent compte des conditions d'exercice de leurs fonctions. Les conditions d'application du présent alinéa sont précisées par décret en Conseil d'État. » — *V. art. R. 4433-37.*

Les agents mentionnés aux art. L. 4433-4-5-1, L. 4433-4-5-3, L. 7153-10 et L. 7253-10 CGCT, chargés de représenter leur collectivité au sein des missions diplomatiques de la France, peuvent être présentés aux autorités de l'État accréditaire aux fins d'obtention des privilèges et immunités reconnus par la convention de Vienne sur les relations diplomatiques en date du 18 avr. 1961 (L. n° 2016-1657 du 5 déc. 2016, art. 26).

Les personnels des collectivités territoriales mentionnées aux art. L. 4433-4-5-1, L. 4433-4-5-3, L. 7153-10 et L. 7253-10 CGCT chargés de les représenter au sein des missions diplomatiques de la France sont répartis entre les différents groupes d'indemnités de résidence à l'étranger prévus à l'art. 5 du Décr. n° 67-290 du 28 mars 1967 selon le tableau figurant en annexe de l'Arr. du 2 sept. 2025 pris en application de l'art. 5 du Décr. n° 2017-1060 du 10 mai 2017 relatif aux agents publics chargés de la représentation de certaines collectivités territoriales d'outre-mer au sein des missions diplomatiques de la France (Arr. préc., art. 1er).

Art. L. 4433-4-5-2 *(L. n° 2011-884 du 27 juill. 2011, art. 1er)* **Les régions de Guadeloupe et de La Réunion peuvent instituer une représentation, à caractère non diplomatique, auprès des institutions de l'Union européenne. Elles en informent le Gouvernement.**

Art. L. 4433-4-5-3 *(Abrogé par L. n° 2025-797 du 11 août 2025, art. 48, à compter au plus tard du 1er janv. 2026) (L. n° 2016-1657 du 5 déc. 2016, art. 23)* ***Le département de Mayotte peut, dans les conditions déterminées par une convention avec l'État, désigner des agents publics chargés de le représenter au sein des missions diplomatiques de la France.***

Il offre aux agents publics mentionnés au premier alinéa un régime indemnitaire, des facilités de résidence et des remboursements de frais qui tiennent compte des conditions d'exercice de leurs fonctions. Les conditions d'application du présent alinéa sont précisées par décret en Conseil d'État. *— V. art. R. 4433-37.*

Il peut instituer une représentation, à caractère non diplomatique, auprès des institutions de l'Union européenne. Il en informe le Gouvernement.

V. note ss. art. L. 4433-4-5-1.

Art. L. 4433-4-6 *(L. n° 2000-1207 du 13 déc. 2000, art. 43)* **Les fonds de coopération régionale institués respectivement pour la Guadeloupe** *(L. n° 2025-797 du 11 août 2025, art. 48)* **« et » pour La Réunion** *(Abrogé par L. n° 2025-797 du 11 août 2025, art. 48)* ***« et pour Mayotte »*** **sont alimentés par des crédits de l'État et » peuvent recevoir des dotations du département, de la région, de toute autre collectivité publique et de tout organisme public.**

(L. n° 2011-884 du 27 juill. 2011, art. 1er) **« En Guadeloupe** *(L. n° 2025-797 du 11 août 2025, art. 48)* **« et » à La Réunion** *(Abrogé par L. n° 2025-797 du 11 août 2025, art. 48)* ***« et à Mayotte »*****, le comité de gestion du fonds de coopération régionale, placé auprès du représentant de l'État et composé paritairement de représentants de l'État et de représentants du conseil régional et du conseil départemental, » arrête la liste des opérations éligibles au fonds de coopération régionale ainsi que le taux de subvention applicable à chacune d'elles.**

Un décret en Conseil d'État fixe les modalités d'application du présent article.

Les dispositions issues de la L. n° 2025-797 du 11 août 2025 entrent en vigueur à une date fixée par décret et au plus tard le 1er janv. 2026 (L. préc., art. 48).

Art. L. 4433-4-7 *(L. n° 2000-1207 du 13 déc. 2000, art. 43)* **I. — Il est institué une instance de concertation des politiques de coopération régionale dans la zone Antilles-Guyane.**

Cette instance est composée de représentants de l'État *(L. n° 2011-884 du 27 juill. 2011, art. 1er)* **« , du conseil départemental et du conseil régional de Guadeloupe, de l'assemblée de Guyane, de l'assemblée et du conseil exécutif de Martinique ».**

Elle se réunit au moins une fois par an en vue de coordonner les politiques menées par les *(L. n° 2011-884 du 27 juill. 2011, art. 1er)* **« collectivités régies par les articles 73 et 74 de la Constitution », d'une part, et l'État, d'autre part. Elle se charge également de diffuser l'information relative aux actions menées dans la zone.**

(L. n° 2001-616 du 11 juill. 2001, art. 72) **« II. — Il est institué une instance de concertation des politiques de coopération régionale dans la zone de l'océan Indien.**

« Cette instance est composée de représentants de l'État, de représentants des conseils général et régional de La Réunion et de représentants du conseil départemental de Mayotte.

« Elle se réunit au moins une fois par an en vue de coordonner les politiques menées par les *(L. n° 2011-884 du 27 juill. 2011, art. 1er)* **« collectivités régies par les arti-**

cles 73 et 74 de la Constitution », d'une part, et l'État, d'autre part. Elle se charge également de diffuser les informations relatives aux actions menées dans la zone.

« III. – Un décret en Conseil d'État fixe les modalités d'application du présent article. »

À compter d'une date fixée par Décr. et au plus tard le 1er janv. 2026, au 2e al. du II de cet art., les mots : « du conseil départemental » sont remplacés par les mots : « de l'assemblée » (L. n° 2025-797 du 11 août 2025, art. 48).

Art. L. 4433-4-8 *(L. n° 2000-1207 du 13 déc. 2000, art. 43)* **Les conseils régionaux d'outre-mer peuvent recourir aux sociétés d'économie mixte locales et aux sociétés d'économie mixte régies par la loi n° 46-860 du 30 avril 1946 précitée, pour la mise en œuvre des actions engagées dans le cadre des compétences qui leur sont dévolues en matière de coopération régionale.**

V. art. L. 3441-7.

Art. L. 4433-4-9 *(L. n° 2000-1207 du 13 déc. 2000, art. 58)* **Le contrat de plan conclu entre l'État et la région de la Guadeloupe est complété par un chapitre spécifique à la commune de Saint-Barthélemy et un chapitre spécifique à la commune de Saint-Martin.**

Art. L. 4433-4-10 *(L. n° 2000-1207 du 13 déc. 2000, art. 61)* **Dans chacune des régions de la Guadeloupe** *(Abrogé par L. n° 2025-797 du 11 août 2025, art. 48) « de Mayotte »* **et de La Réunion, il est créé une commission de suivi de l'utilisation des fonds européens.**

Coprésidée par le préfet, le président du conseil régional et le président du conseil départemental, cette commission est en outre composée des parlementaires de la région, d'un représentant du conseil économique, social et environnemental régional, d'un représentant du conseil de la culture, de l'éducation et de l'environnement, d'un représentant de l'association des maires, de représentants des chambres consulaires et de représentants des services techniques de l'État.

Cette commission établit un rapport semestriel sur la consommation des crédits.

Les dispositions issues de la L. n° 2025-797 du 11 août 2025 entrent en vigueur à une date fixée par décret et au plus tard le 1er janv. 2026 (L. préc., art. 48).

Art. L. 4433-4-11 *(L. n° 2015-992 du 17 août 2015, art. 211)* **Afin de s'assurer de leur cohérence avec la programmation pluriannuelle de l'énergie, le président du conseil régional de la Martinique dispose d'un pouvoir de mise en cohérence lui permettant de rassembler tous les textes régionaux de programmation concernant l'environnement ou l'énergie antérieurs à l'institution de la programmation pluriannuelle de l'énergie.**

SECTION 2 Compétences du conseil économique, social et environnemental régional et du conseil de la culture, de l'éducation et de l'environnement

SOUS-SECTION 1 Le conseil économique, social et environnemental régional

Art. L. 4433-5 Le conseil économique, social et environnemental régional est obligatoirement et préalablement consulté par le conseil régional sur la préparation du plan de développement économique, social et culturel de la région, sur la préparation et l'exécution du plan de la nation dans la région, sur la répartition et l'utilisation des crédits de l'État destinés aux investissements d'intérêt régional, ainsi que sur les orientations générales du projet de budget de la région.

Il donne son avis sur les résultats de leur mise en œuvre.

Il peut émettre un avis sur toute action ou projet de la région, en matière économique ou sociale, dont il est saisi par le président du conseil régional ou dont il décide de se saisir lui-même. – *[L. n° 82-1171 du 31 déc. 1982, art. 5.]*

SOUS-SECTION 2 Le conseil de la culture, de l'éducation et de l'environnement

Art. L. 4433-6 Le conseil de la culture, de l'éducation et de l'environnement est obligatoirement et préalablement consulté lors de la préparation du plan de développement et d'équipement de la région et de l'élaboration du projet de budget de la région en ce qui concerne l'éducation, la culture, la protection des sites, de la faune, de la flore et le tourisme.

Il donne son avis sur les résultats de leur mise en œuvre.

Il peut émettre un avis sur tout projet de la région dont il est saisi par le président du conseil régional ou dont il décide de se saisir lui-même, dans les domaines énumérés au premier alinéa du présent article. – *[L. n° 82-1171 du 31 déc. 1982, art. 6.]*

SECTION 3 Attributions des régions d'outre-mer en matière de développement économique et d'aménagement du territoire

SOUS-SECTION 1 Schéma d'aménagement régional

(Ord. n° 2019-1170 du 13 nov. 2019, art. 1er)

L'Ord. n° 2019-1170 du 13 nov. 2019 est entrée en vigueur le 1er mars 2020. Toutefois, elle ne s'applique pas aux procédures d'élaboration ou de révision de schémas d'aménagement régional en cours au 1er mars 2020 (Ord. préc., art. 7).

Art. L. 4433-7 Les régions de Guadeloupe et de La Réunion, les collectivités territoriales de Guyane et de Martinique et le Département de Mayotte élaborent un schéma d'aménagement régional qui fixe les orientations fondamentales à moyen terme en matière de développement durable, de mise en valeur du territoire et de protection de l'environnement, eu égard aux objectifs assignés à l'action des collectivités publiques en matière d'urbanisme par l'article L. 101-2 du code de l'urbanisme.

Il définit les principes de l'aménagement de l'espace qui en résultent et il détermine notamment la destination générale des différentes parties du territoire de la région, l'implantation des grands équipements d'infrastructures et de transport, ainsi que la localisation préférentielle des extensions urbaines, des activités économiques et commerciales, agricoles, forestières, touristiques et relatives aux énergies renouvelables.

Il fixe les objectifs de renouvellement urbain, de construction dans les zones déjà urbanisées, de maîtrise de l'étalement urbain et de lutte contre l'artificialisation des sols. *(L. n° 2021-1104 du 22 août 2021, art. 194)* « Il fixe une trajectoire permettant d'aboutir à l'absence de toute artificialisation nette des sols ainsi que, par tranche de dix années, un objectif de réduction du rythme de l'artificialisation. » *(L. n° 2023-630 du 20 juill. 2023, art. 5)* « Cette trajectoire tient compte des contraintes propres aux communes littorales, au sens de l'article L. 121-1 du code de l'urbanisme, soumises aux prescriptions particulières d'un schéma de mise en valeur de la mer, notamment en termes d'aménagement du territoire, de renouvellement urbain et d'insularité, de leurs besoins en terme de développement économique et de revitalisation des centres et des efforts déjà réalisés par ces communes. »

Il définit les principes permettant d'assurer la combinaison des différents modes de transport, la coordination des politiques de mobilité mises en place par les autorités organisatrices ainsi que les objectifs de désenclavement des territoires ruraux et de développement des transports. Il peut tenir lieu de planification régionale des infrastructures de transport au sens de l'article L. 1213-1 du code des transports et de planification régionale de l'intermodalité au sens de l'article L. 1213-3 du même code s'il poursuit les objectifs et satisfait aux conditions prévues par ces articles et par les dispositions réglementaires prises pour leur application.

La destination générale des différentes parties du territoire fait l'objet d'une carte, dont l'échelle est déterminée par voie réglementaire, carte que précisent, le cas échéant, les documents cartographiques prévus aux articles L. 4433-7-1 et L. 4433-7-2.

À compter d'une date fixée par Décr. et au plus tard le 1er janv. 2026, au 1er al. de cet art., le mot : « Département » est remplacé par le mot : « Département-Région » (L. n° 2025-797 du 11 août 2025, art. 48).

Art. L. 4433-7-1 Le schéma d'aménagement régional, pour la mise en œuvre de ses orientations en matière de protection et de restauration de la biodiversité, comporte notamment les développements suivants :

1° Il présente les continuités écologiques retenues pour constituer la trame verte et bleue du territoire et identifie les éléments qui la composent ;

2° Il définit les orientations et règles destinées à préserver et à remettre en bon état ces continuités et indique les principales mesures qui pourraient être prises à cet effet par d'autres collectivités, organismes ou personnes ;

3° Il comporte une carte des éléments de la trame verte et bleue régionale et une carte des objectifs de préservation ou de remise en bon état des continuités écologiques.

Art. L. 4433-7-2 Le schéma d'aménagement régional fixe les orientations fondamentales de l'aménagement, de la protection et de la mise en valeur du littoral.

Il tient lieu, pour les secteurs qu'il détermine, de schéma de mise en valeur de la mer au sens de l'article 57 de la loi n° 83-8 du 7 janvier 1983 relative à la répartition de compétences entre les communes, les départements, les régions et l'État.

À ce titre, il définit pour ces secteurs les orientations, vocations, principes, mesures et sujétions particulières prévus à ce même article et comporte des documents graphiques représentant les vocations, protections, aménagements et équipements prévus.

(L. n° 2021-1104 du 22 août 2021, art. 241) « Dans les communes incluses dans la liste établie en application de l'article L. 321-15 du code de l'environnement, il comprend les orientations permettant d'adapter les territoires au recul du trait de côte. Il peut identifier des secteurs visant à accueillir des installations et des constructions pour des projets de relocalisation qui se situent en dehors de la bande littorale définie à l'article L. 121-45 du code de l'urbanisme, des zones délimitées en application de l'article L. 121-22-2 du même code et des espaces remarquables du littoral. »

Le schéma d'aménagement régional ne peut inclure des secteurs couverts par le chapitre individualisé valant schéma de mise en valeur de la mer d'un schéma de cohérence territoriale.

Les schémas d'aménagement régional dont la procédure d'élaboration était en cours le 1er mars 2020 et qui étaient élaborés en application des art. L. 4433-7 à L. 4433-11 CGCT, dans leur rédaction antérieure à l'Ord. n° 2019-1170 du 13 nov. 2019 relative au régime juridique du schéma d'aménagement régional, sont soumis au présent art. dans sa rédaction résultant de la L. n° 2021-1104 du 22 août 2021 (L. préc., art. 241).

Art. L. 4433-7-3 Le schéma d'aménagement régional fixe la stratégie du territoire en matière d'adaptation au changement climatique et d'amélioration de la qualité de l'air.

À ce titre, il fixe, à son niveau :

1° Les orientations permettant d'atténuer le changement climatique et de s'y adapter conformément à l'engagement pris par la France à l'article L. 100-4 du code de l'énergie ;

2° Les orientations permettant de prévenir ou de réduire la pollution atmosphérique ou d'en atténuer les effets, pour atteindre les normes de qualité de l'air et l'objectif pluriannuel de diminution de la moyenne annuelle des concentrations journalières de particules atmosphériques mentionnés à l'article L. 221-1 du code de l'environnement.

La programmation pluriannuelle de l'énergie définie à l'article L. 141-5 du code de l'énergie tient lieu du volet énergie prévu par le 3° de l'article L. 222-1 du code de l'environnement.

Lorsqu'un schéma d'aménagement régional comportant les orientations prévues par l'art. L. 4433-7-3 issu de l'Ord. n° 2019-1170 du 13 nov. 2019 est approuvé, le schéma régional du climat, de l'air et de l'énergie applicable sur le territoire de la région ou de la collectivité concernée devient caduc, exception faite de son volet énergie qui figure dans la programmation pluriannuelle de l'énergie en application du II de l'art. L. 141-5 C. énergie (Ord. n° 2019-1170 du 13 nov. 2019, art. 8).

Art. L. 4433-7-4 Les parties du schéma d'aménagement régional prévues par les articles L. 4433-7-1 à L. 4433-7-3 font l'objet de chapitres individualisés. Les documents cartographiques qui y sont relatifs sont annexés au schéma.

Art. L. 4433-8 Le schéma d'aménagement régional respecte :

1° Les règles générales d'aménagement et d'urbanisme à caractère obligatoire prévues au titre I du livre I du code de l'urbanisme, les dispositions particulières au littoral prévues au chapitre I du titre II du même livre, les dispositions particulières aux zones de bruit des aérodromes prévues à l'article L. 112-3 du même code ainsi que les servitudes d'utilité publique affectant l'utilisation des sols ;

2° Les dispositions nécessaires à la mise en œuvre d'opérations d'intérêt national au sens de l'article L. 102-12 du code de l'urbanisme et des projets d'intérêt général relevant de l'État prévus par l'article L. 102-1 du même code ;

3° La législation en matière de protection des sites et des paysages ainsi qu'en matière de protection des monuments classés ou inscrits ;

4° Les principes de l'aménagement rural définis par l'article L. 111-2 du code rural et de la pêche maritime.

Art. L. 4433-8-1 Le schéma d'aménagement régional est compatible avec :

1° Les objectifs *(L. n° 2025-391 du 30 avr. 2025, art. 36)* « et les dispositions des » plans de gestion des risques d'inondation pris en application de l'article L. 566-7 du code de l'environnement *(Abrogé par L. n° 2025-391 du 30 avr. 2025, art. 36) «, ainsi qu'avec les orientations fondamentales et les dispositions de ces plans définies en application des 1° et 3° du même article »* ;

2° Les objectifs et dispositions du document stratégique de bassin maritime prévu par l'article L. 219-3 du code de l'environnement, en tant que le schéma d'aménagement régional tient lieu de schéma de mise en valeur de la mer.

Art. L. 4433-8-2 Le schéma d'aménagement régional prend en compte :

1° Les programmes de l'État, et, pour les harmoniser, ceux des collectivités territoriales et de leurs établissements et services publics ;

2° La stratégie nationale de développement à faible intensité de carbone, dénommée "stratégie bas-carbone", prévue par l'article L. 222-1 B du code de l'environnement ;

3° Le document stratégique de bassin maritime prévu par l'article L. 219-3 du code de l'environnement ;

4° Les orientations nationales pour la préservation et la remise en bon état des continuités écologiques prévues par l'article L. 371-2 du code de l'environnement, pour l'application de l'article L. 4433-7-1 ;

5° Le schéma départemental d'orientation minière en Guyane prévu par l'article L. 621-1 du code minier.

Art. L. 4433-9 Les schémas de cohérence territoriale et, en l'absence de schéma de cohérence territoriale, les plans locaux d'urbanisme, les documents en tenant lieu et les cartes communales ainsi que les chartes de parcs nationaux et les chartes des parcs naturels régionaux sont compatibles avec le schéma d'aménagement régional.

Les plans climat-air-énergie territoriaux sont compatibles avec les orientations fixées par le schéma d'aménagement régional en matière d'adaptation au changement climatique et d'amélioration de la qualité de l'air en application de l'article L. 4433-7-3.

Art. L. 4433-10 I. — Le schéma d'aménagement régional est élaboré à l'initiative et sous l'autorité de l'assemblée délibérante de la région, du département ou de la collectivité, selon une procédure conduite par le président de cette assemblée.

II. — Sont associés à l'élaboration du schéma d'aménagement régional :

1° Le représentant de l'État ;

2° Les établissements publics mentionnés à l'article L. 143-16 du code de l'urbanisme et les établissements publics de coopération intercommunale à fiscalité propre compétents en matière de plan local d'urbanisme mentionnés au 1° de l'article L. 153-8 du code de l'urbanisme ;

3° Les communes et, en Guadeloupe et à La Réunion, le département ;

4° Les établissements publics fonciers, les établissements publics d'aménagement et les établissements publics fonciers et d'aménagement ;

5° L'établissement public du parc national et le syndicat mixte du parc naturel régional ;

6° Le comité de l'eau et de la biodiversité prévu par l'article L. 213-13-1 du code de l'environnement ;

7° Les chambres d'agriculture, les chambres de commerce et d'industrie territoriales, les chambres de métiers ainsi que le Centre national de la propriété forestière.

Peuvent également être associées à leur demande les agences d'urbanisme prévues par l'article L. 132-6 du code de l'urbanisme ainsi que les organisations professionnelles et les associations agréées de protection de l'environnement.

Art. L. 4433-10-1 Le président de l'assemblée délibérante de la région, du département ou de la collectivité arrête le projet de schéma et le soumet pour avis :

1° Aux personnes publiques associées énumérées par le II de l'article L. 4433-10, ainsi que, le cas échéant, à l'Institut national de la qualité et de l'origine ;

2° À l'autorité environnementale ;

3° Aux conseils compétents en matière économique, sociale, environnementale, de culture et d'éducation.

Il soumet également le projet de schéma au représentant de l'État pour accord sur le chapitre individualisé tenant lieu de schéma de mise en valeur de la mer pour les secteurs déterminés par le document en application de l'article L. 4433-7-2.

Art. L. 4433-10-2 Le projet de schéma d'aménagement régional arrêté est, après que l'accord du représentant de l'État prévu par l'article L. 4433-10-1 a été recueilli, soumis à une enquête publique réalisée conformément au chapitre III du titre II du livre I du code de l'environnement, organisée par le président de l'assemblée délibérante de la région, du département ou de la collectivité.

Art. L. 4433-10-3 À l'issue de l'enquête publique, le schéma d'aménagement régional, éventuellement modifié pour tenir compte des avis formulés et du résultat de l'enquête, est adopté par l'assemblée délibérante de la région, du département ou de la collectivité.

Le projet ainsi adopté est transmis au ministre chargé de l'urbanisme et est approuvé par décret en Conseil d'État.

Lorsque l'illégalité de certaines orientations ou dispositions du schéma, ou l'atteinte qu'elles sont susceptibles de porter aux intérêts nationaux, fait obstacle à l'approbation de celui-ci, le ministre chargé de l'urbanisme, après la consultation du Conseil d'État, en informe l'assemblée délibérante afin qu'elle apporte à ces orientations ou dispositions les modifications nécessaires par une nouvelle délibération.

Art. L. 4433-10-4 Au plus tard à l'expiration d'un délai de dix ans à compter de la date d'approbation, l'assemblée délibérante de la région, du département ou de la collectivité procède à son évaluation, notamment du point de vue de l'environnement, et délibère sur son maintien en vigueur ou sur une mise en révision ou modification.

Art. L. 4433-10-5 Le schéma d'aménagement régional peut être adapté dans les hypothèses et conditions définies par l'article L. 300-6 du code de l'urbanisme. *(L. n° 2023-973 du 23 oct. 2023, art. 19)* « Il peut être mis en compatibilité dans les conditions définies à l'article L. 300-6-2 du même code. »

Art. L. 4433-10-6 Le schéma d'aménagement régional peut être mis en compatibilité dans les hypothèses et conditions définies par l'article L. 300-6-1 du code de l'urbanisme, sous réserve des dispositions suivantes.

Les dispositions proposées pour assurer la mise en compatibilité du schéma font l'objet d'un examen conjoint de l'État, de la région en Guadeloupe et à La Réunion, de la collectivité territoriale en Guyane et Martinique, du Département à Mayotte, et des personnes publiques associées mentionnées au II de l'article L. 4433-10.

Le projet de mise en compatibilité est soumis à une participation du public par voie électronique réalisée dans les conditions définies à l'article L. 123-19 du code de l'environnement. La synthèse des observations et propositions déposées par le public est publiée par le président de l'assemblée délibérante.

À l'issue de la consultation, l'assemblée délibérante de la région, du département ou de la collectivité délibère sur la synthèse et adopte la modification du schéma nécessaire à sa mise en compatibilité, éventuellement modifiée pour tenir compte des avis qui ont été joints au dossier et du résultat de la consultation.

Elle est ensuite approuvée par arrêté du représentant de l'État.

À compter d'une date fixée par Décr. et au plus tard le 1er janv. 2026, au 2e al. de cet art., les mots : « et Martinique, du Département à Mayotte » sont remplacés par les mots : « , en Martinique et à Mayotte » (L. n° 2025-797 du 11 août 2025, art. 48).

Art. L. 4433-10-7 Le schéma d'aménagement régional peut être mis en compatibilité pour la réalisation d'une opération déclarée d'utilité publique.

La déclaration d'utilité publique d'une opération qui n'est pas compatible avec les dispositions du schéma d'aménagement régional ne peut intervenir que si :

1° L'enquête publique, réalisée conformément au chapitre III du titre II du livre I du code de l'environnement, concernant cette opération a porté également sur la mise en compatibilité du schéma qui en est la conséquence ;

2° La déclaration d'utilité publique est prononcée après que les dispositions proposées pour assurer la mise en compatibilité du schéma ont fait l'objet d'un examen conjoint de l'État, de la région en Guadeloupe et à La Réunion, de la collectivité territoriale en Guyane et Martinique, du département à Mayotte, et des personnes publiques associées mentionnées au II de l'article L. 4433-10.

La déclaration d'utilité publique emporte approbation des nouvelles dispositions du schéma d'aménagement régional.

À compter d'une date fixée par Décr. et au plus tard le 1er janv. 2026, au 2° de cet art., le mot : « département » est remplacé par le mot : « Département-Région » (L. n° 2025-797 du 11 août 2025, art. 48).

Art. L. 4433-10-8 Le schéma d'aménagement régional est modifié à la demande du représentant de l'État pour assurer sa conformité avec des règles mentionnées à l'article L. 4433-8 ou sa compatibilité avec les objectifs, orientations et dispositions mentionnées à l'article L. 4433-8-1, intervenues postérieurement à l'approbation du schéma. L'assemblée délibérante de la région, du département ou de la collectivité procède aux modifications nécessaires dans un délai de six mois à compter de la demande adressée au président de l'assemblée délibérante. À défaut, il y est procédé par arrêté du représentant de l'État.

Art. L. 4433-10-9 Le schéma d'aménagement régional peut être modifié à l'initiative et sous la conduite du président de l'assemblée délibérante de la région, du département ou de la collectivité lorsque la modification envisagée ne porte pas atteinte à l'économie générale du schéma.

Le projet de modification, accompagné s'il y a lieu de l'évaluation ou de l'actualisation de l'évaluation environnementale ou d'une nouvelle évaluation environnementale en application de l'article L. 104-3 du code de l'urbanisme, est soumis pour avis aux personnes associées mentionnées au II de l'article L. 4433-10.

Si la modification porte sur le chapitre individualisé tenant lieu de schéma de mise en valeur de la mer, le projet est soumis pour accord au représentant de l'État.

Le projet de modification est soumis à participation du public par voie électronique réalisée dans les conditions définies à l'article L. 123-19 du code de l'environnement. La synthèse des observations et propositions déposées par le public est publiée par le président de l'assemblée délibérante.

À l'issue de la consultation, qui ne peut être d'une durée inférieure à trente jours, l'assemblée délibérante de la région, du département ou de la collectivité délibère sur la synthèse et adopte la modification du schéma, éventuellement modifiée pour tenir compte des avis qui ont été joints au dossier et du résultat de la consultation.

La modification est ensuite approuvée par arrêté du représentant de l'État.

Art. L. 4433-10-10 Lorsque l'état de la couverture numérique du territoire est susceptible de ne pas permettre la participation effective du public par voie électronique prévue par les articles L. 4433-10-6 et L. 4433-10-9, un exemplaire du dossier est consultable sur support papier à compter de l'ouverture de la mise à disposition dans des lieux et des conditions déterminés par le président de l'assemblée délibérante de la région, du département ou de la collectivité et portés à la connaissance du public conformément au deuxième alinéa du II de l'article L. 123-19 du code de l'environnement.

Le président de l'assemblée délibérante peut prévoir des modalités complémentaires de mise à disposition de ce dossier lorsqu'elles s'avèrent nécessaires.

Les observations sont enregistrées et conservées.

Art. L. 4433-10-11 Le schéma d'aménagement régional peut être révisé selon les modalités relatives à son élaboration, prévues aux articles L. 4433-10 à L. 4433-10-3.

Art. L. 4433-11 Les régions de Guadeloupe et de La Réunion, les collectivités territoriales de Guyane et de Martinique et le Département de Mayotte bénéficient, pour l'établissement du schéma d'aménagement régional, du concours particulier créé au sein de la dotation générale de décentralisation en application du premier alinéa de l'article L. 1614-4.

À compter d'une date fixée par Décr. et au plus tard le 1er janv. 2026, au sein du présent art., le mot : « Département » est remplacé par le mot : « Département-Région » (L. no 2025-797 du 11 août 2025, art. 48).

Art. L. 4433-11-1 Les conditions d'application de la présente sous-section sont déterminées par décret en Conseil d'État.

SOUS-SECTION 2 **Agriculture et forêt**

Art. L. 4433-12 Les régions de Guadeloupe, *(L. no 2010-1487 du 7 déc. 2010, art. 5)* « de Mayotte » et de La Réunion définissent, en liaison avec les collectivités publiques et les organisations professionnelles, leurs orientations en matière de développement de l'agriculture et de la forêt, notamment à l'occasion de l'élaboration du plan.

À cet effet, les chambres d'agriculture, les sociétés d'aménagement foncier et d'établissement rural, l'office national des forêts et toutes les autres personnes morales publiques ou privées investies par voie législative ou réglementaire d'une mission de développement agricole, forestier, rural ou d'aménagement foncier, font connaître aux conseils régionaux leurs programmes et leur adressent leurs comptes rendus d'activité annuels.

À compter d'une date fixée par Décr. et au plus tard le 1er janv. 2026, au 1er al. de cet art., les mots : « , de Mayotte et de la Réunion » sont remplacés par les mots : « et de La Réunion et le Département-Région de Mayotte » (L. no 2025-797 du 11 août 2025, art. 48).

Art. L. 4433-13 *Abrogé par L. no 2011-884 du 27 juill. 2011, art. 1er.*

SOUS-SECTION 3 **Formation professionnelle**

(L. no 2022-217 du 21 févr. 2022, art. 249)

Art. L. 4433-14 I. — Auprès de chaque région d'outre-mer, un établissement public industriel et commercial compétent en matière de formation professionnelle peut être créé.

L'établissement est créé par l'assemblée délibérante et placé sous la tutelle de la collectivité.

II. — Dans le cadre de la politique de formation professionnelle définie par la collectivité, l'établissement public contribue au bon accomplissement du service public régional de la formation professionnelle, à l'égal accès des femmes et des hommes à cette formation et à la promotion de la mixité des métiers. À ce titre, il met en œuvre, en cohérence avec les orientations du comité régional de l'emploi, de la formation et de l'orientation professionnelles, dans les cas où l'offre locale privée ne permet pas de répondre aux besoins du territoire :

1° Des actions de formation en vue du développement des compétences, de l'insertion professionnelle et du maintien ou du retour dans l'emploi, accompagnées si nécessaire de dispositifs d'hébergement ou de restauration ;

2° Toute autre action en matière d'orientation, de formation professionnelle et d'accès à la qualification, y compris des actions de communication ou d'information et la réalisation d'études.

En présence d'une offre locale privée permettant de répondre aux besoins du territoire, l'établissement public ne peut mettre en œuvre des actions de la nature de celles mentionnées aux 1° et 2° du présent II qu'au moyen de filiales créées dans les conditions mentionnées au VII.

III. — L'établissement public est administré par un conseil d'administration. Celui-ci est composé de telle sorte que l'écart entre le nombre des hommes désignés, d'une part, et le nombre des femmes désignées, d'autre part, ne soit pas supérieur à un.

IV. — L'établissement public est dirigé par un directeur général nommé par le président du conseil d'administration, sur proposition de ce conseil.

Sous l'autorité du conseil d'administration, le directeur général de l'établissement public assure la direction administrative et financière de l'établissement.

V. — Le conseil d'administration comprend :

1° Le président de l'assemblée délibérante ou son représentant, président de droit ;
2° Des conseillers de l'assemblée délibérante, désignés par celle-ci ;
3° Des personnalités qualifiées, choisies par l'assemblée délibérante en raison de leur compétence en matière économique, sociale, de formation ou d'éducation ;
4° Un représentant du personnel de l'établissement.

Le directeur général et toute personne dont la présence est jugée utile par le président assistent avec voix consultative au conseil d'administration.

VI. — Les ressources de l'établissement public sont constituées par des dotations de la collectivité, des redevances pour service rendu et le produit des ventes et des locations ainsi que par des emprunts, dons et legs et des recettes diverses.

Les dotations de la collectivité sont calculées pour compenser au plus la charge financière résultant des missions et sujétions de service public mentionnées aux trois premiers alinéas du II.

VII. — L'établissement public peut créer des filiales ou prendre des participations dans des sociétés, groupements ou organismes en vue de réaliser toute opération utile à ses missions.

Art. L. 4433-14-1 I. — Lorsqu'un établissement public créé sur le fondement de l'article L. 4433-14 succède à un établissement public administratif, l'ensemble des droits, biens et obligations de l'établissement public administratif peut être transféré à l'établissement public industriel et commercial, à la date de sa création, dans les conditions prévues par délibération de la collectivité qui les a créés.

Ce transfert est réalisé à titre gratuit et ne donne lieu au paiement d'aucun droit, taxe ou impôt de quelque nature que ce soit. Il ne donne pas non plus lieu au paiement de la contribution prévue à l'article 879 du code général des impôts.

II. — Par dérogation à l'article L. 1224-3-1 du code du travail, les agents non titulaires de droit public employés par l'établissement public administratif à la date de la délibération portant création du nouvel établissement peuvent opter, dans un délai de six mois à compter de cette même date, pour la conservation du bénéfice de leur contrat de droit public.

SOUS-SECTION 4 Mise en valeur des ressources de la mer

Art. L. 4433-15 *(Ord. n° 2019-1170 du 13 nov. 2019, art. 2 ; L. n° 2025-797 du 11 août 2025, art. 48)* « Les régions de Guadeloupe et de La Réunion, les collectivités territoriales de Guyane, de Martinique et *(Abrogé par L. n° 2025-797 du 11 août 2025, art. 48)* ***« le Département »*** de Mayotte sont saisies » pour avis de tout projet d'accord international portant sur l'exploration, l'exploitation, la conservation ou la gestion des ressources naturelles, biologiques et non biologiques, dans la zone économique exclusive de la République au large des côtes *(Ord. n° 2019-1170 du 13 nov. 2019, art. 2)* « du territoire concerné ».

En raison de sa situation géographique particulière, la région de La Réunion est tenue informée chaque année de l'élaboration et de la mise en œuvre des programmes de pêche hauturière par les armements opérant à partir des ports de La Réunion.

Les dispositions issues de la L. n° 2025-797 du 11 août 2025 entrent en vigueur à une date fixée par décret et au plus tard le 1er janv. 2026 (L. préc., art. 48).

Il résulte des dispositions de l'art. L. 4433-8 et de l'art. L. 4433-15 qu'un schéma d'aménagement régional qui constitue un document d'orientation en matière d'urbanisme, ne peut avoir pour objet et ne saurait avoir légalement pour effet d'imposer que l'aménagement de terrains appartenant à des propriétaires privés soit nécessairement confié à une collectivité publique. ♦ Illégalité d'un article du schéma pour atteinte illégale au droit de propriété. • CE 25 juin 2003, *Sté Usine du Marin,* n° 245518 B : *ACL 2004, n° 17.* ♦ V. aussi note ss. art. L. 4433-9.

Art. L. 4433-15-1 *(L. n° 2016-816 du 20 juin 2016, art. 82)* « Dans les régions de Guadeloupe et de La Réunion, les collectivités territoriales de Guyane et de Martinique, le Département de Mayotte, les compétences en matière de gestion et de conservation des ressources biologiques de la mer, dévolues à l'autorité administrative en application des articles 2, 3, 4 et 5 du décret du 9 janvier 1852 sur l'exercice de la pêche maritime, sont exercées par la collectivité territoriale, sous réserve des engage-

ments internationaux de la France, du respect de la compétence communautaire, et dans le cadre de la politique commune des pêches.

« L'État veille à favoriser la participation des régions de Guadeloupe et de La Réunion, des collectivités territoriales de Guyane et de Martinique, du Département de Mayotte, de la collectivité territoriale de Saint-Martin, de la collectivité territoriale de Saint-Barthélemy et de la collectivité territoriale de Saint-Pierre-et-Miquelon aux discussions relatives à la gestion et à l'évaluation des ressources halieutiques dans leur bassin océanique d'implantation au sein des organisations régionales et internationales compétentes, en y associant les organismes scientifiques compétents en matière halieutique, et les organismes professionnels en tant que de besoin. »

Des décrets en Conseil d'État, pris après avis des conseils régionaux, précisent les modalités de ces transferts de compétence.

Les services de l'État qui participent à l'exercice des compétences transférées aux régions en application du présent article sont, en tant que de besoin, mis à disposition des régions dans les conditions prévues à l'article L. 4151-1.

À compter d'une date fixée par Décr. et au plus tard le 1er janv. 2026, au 1er al. de cet art., les mots : « , le Département » sont remplacés par les mots : « et le Département-Région » et, au 2e al., le mot : « Département » est remplacé par le mot : « Département-Région » (L. n° 2025-797 du 11 août 2025, art. 48).

Art. L. 4433-16 **Dans les régions de Guadeloupe et de La Réunion, les aides accordées par l'État avant le 3 août 1984, date de publication de la loi n° 84-747 du 2 août 1984 relative aux compétences des régions de Guadeloupe, de Guyane, de Martinique et de La Réunion, aux entreprises de cultures marines et aux travaux d'aménagement destinés aux cultures marines sont financées et attribuées par la région qui dispose, à cet effet, des ressources prévues à l'article L. 1614-1 du présent code et à l'article 11 de la loi n° 83-663 du 22 juillet 1983 complétant la loi n° 83-8 du 7 janvier 1983 relative à la répartition de compétences entre les communes, les départements, les régions et l'État** *[V. App., .]*

Si la loi du 22 juill. 1983 attribue à la région la compétence relative au financement et à l'attribution des aides aux entreprises de cultures marines et au département celles relatives aux aides aux travaux d'aménagement destinés auxdites cultures, une telle répartition de compétences, de portée limitée, peut ne pas être identiquement transposable dans le cadre des départements d'outre-mer et faire l'objet de mesures d'adaptation, dès lors qu'elle ne porte pas atteinte au statut départemental. • Cons. const. 25 juill. 1984, n° 84-174 DC : *Rec. Cons. const. 48 ; AJDA 1984. 619, note Ferstenbert ; RD publ. 1986. 395, note Favoreu.*

SOUS-SECTION 5 Énergie, ressources minières et développement industriel

Art. L. 4433-17 **Les régions de Guadeloupe,** *(L. n° 2010-1487 du 7 déc. 2010, art. 5)* **« de Mayotte » et de La Réunion sont associées, par convention avec l'État et les établissements publics spécialisés, à l'élaboration et à la mise en œuvre de l'inventaire minier. Elles sont consultées par l'État sur les programmes de prospection et d'exploitation des ressources minières.**

(L. n° 2000-1207 du 13 déc. 2000, art. 48) **« Toutefois, l'inventaire minier en mer est élaboré et mis en œuvre par les régions.**

« Dans le respect des droits de souveraineté et de propriété de l'État sur son domaine public maritime, les régions de Guadeloupe, *(L. n° 2010-1487 du 7 déc. 2010, art. 5)* **« de Mayotte » et de La Réunion exercent les compétences définies aux** *(Ord. n° 2011-91 du 20 janv. 2011, art. 8)* **« articles** *(Ord. n° 2022-537 du 13 avr. 2022, art. 13)* **« L. 611-16 et L. 611-17 » du code minier ».**

« Les services de l'État qui participent à l'exercice des compétences transférées aux régions en application du présent article sont, en tant que de besoin, mis à disposition des régions dans les conditions prévues à l'article L. 4151-1 et à l'article 16-3 de la loi n° 72-619 du 5 juillet 1972 portant création et organisation des régions *[V. cet art., ss. art. L. 4151-1.]* **»**

Nouvel art. L. 4433-17 ***Les régions de Guadeloupe*** *(L. n° 2025-797 du 11 août 2025, art. 48)* ***« et de La Réunion et le Département-Région de Mayotte », sont*** *(L. n° 2025-797 du 11 août 2025, art. 48)* ***« associés », par convention avec l'État et les établissements publics spécialisés, à l'élaboration et à la mise en œuvre de l'inventaire minier.*** *(L. n° 2025-797 du 11 août 2025,* art. 48) *« Ils sont consultés » par l'État sur les programmes de prospection et d'exploitation des ressources minières.*

(L. n° 2000-1207 du 13 déc. 2000, art. 48) *« Toutefois, l'inventaire minier en mer est élaboré et mis en œuvre par les régions.*

« Dans le respect des droits de souveraineté et de propriété de l'État sur son domaine public maritime, les régions de Guadeloupe (L. n° 2025-797 du 11 août 2025, art. 48) *« et de La Réunion et le Département-Région de Mayotte » exercent les compétences définies aux* (Ord. n° 2011-91 du 20 janv. 2011, art. 8) *« articles* (Ord. n° 2022-537 du 13 avr. 2022, art. 13) *« L. 611-16 et L. 611-17 » du code minier ».*

« Les services de l'État qui participent à l'exercice des compétences transférées aux régions en application du présent article sont, en tant que de besoin, mis à disposition des régions dans les conditions prévues à l'article L. 4151-1 et à l'article 16-3 de la loi n° 72-619 du 5 juillet 1972 portant création et organisation des régions [V. cet art., ss. art. L. 4151-1.] *»*

Le présent art. entre en vigueur à une date fixée par décret et au plus tard le 1er janv. 2026 (L. n° 2025-797 du 11 août 2025, art. 48).

Art. L. 4433-18 *Abrogé par L. n° 2015-992 du 17 août 2015, art. 203.*

Art. L. 4433-19 **Les régions de Guadeloupe,** *(L. n° 2010-1487 du 7 déc. 2010, art. 5)* **« de Mayotte » et de La Réunion définissent les actions qu'elles entendent mener en matière de développement industriel, après avis du conseil économique, social et environnemental régional. Chaque région, pour ce qui la concerne, est informée, chaque année, d'une part, des projets des sociétés nationalisées en faveur du développement industriel et, d'autre part, de la répartition des aides de l'État à l'industrie.**

À compter d'une date fixée par Décr. et au plus tard le 1er janv. 2026, au sein du présent art., les mots : « , de Mayotte et de La Réunion » sont remplacés par les mots : « et de La Réunion et le Département-Région de Mayotte » et le mot : « elles » est remplacé par le mot : « ils » (L. n° 2025-797 du 11 août 2025, art. 48).

SOUS-SECTION 6 Transports

Art. L. 4433-20 **Les régions de Guadeloupe,** *(L. n° 2010-1487 du 7 déc. 2010, art. 5)* **« de Mayotte » et de La Réunion sont consultées sur les programmes d'exploitation et les modifications de tarifs soumis par les compagnies françaises à l'approbation de l'État pour les liaisons aériennes et maritimes desservant ces régions.**

Le représentant de l'État présente chaque année au conseil régional un rapport sur les conditions de la desserte aérienne et maritime de la région concernée. Le conseil régional formule des recommandations qui sont transmises au Premier ministre, dans les conditions prévues au premier alinéa de l'article L. 4433-3.

À compter d'une date fixée par Décr. et au plus tard le 1er janv. 2026, au 1er al. de cet art., les mots : « , de Mayotte et de La Réunion sont consultées » sont remplacés par les mots : « et de La Réunion et le Département-Région de Mayotte sont consultés » (L. n° 2025-797 du 11 août 2025, art. 48).

L'art. 15 de la L. n° 84-747 du 2 août 1984 transférait à la région toutes les compétences dévolues au département par la loi n° 82-1153 du 30 déc. 1982 d'orientation des transports intérieurs. Un tel dessaisissement dépasse les mesures d'adaptation nécessitées par la situation particulière des départements d'outre-mer et n'est donc pas conforme aux art. 72 et 73 de la Constitution. • Cons. const. 25 juill. 1984, n° 84-174 DC : *Rec. Cons. const. 48 ; AJDA 1984. 619, note Ferstenbert ; RD publ. 1986. 395, note Favoreu.*

Art. L. 4433-21 **Dans les conditions prévues par les articles L. 1521-1 et L. 1522-1, les régions de Guadeloupe,** *(L. n° 2010-1487 du 7 déc. 2010, art. 5)* **« de Mayotte » et de La Réunion pourront créer des sociétés d'économie mixte ayant pour objet le transport aérien ou maritime.**

À compter d'une date fixée par Décr. et au plus tard le 1er janv. 2026, au sein du présent art., les mots : « , de Mayotte et de La Réunion » sont remplacés par les mots : « et de La Réunion et le Département-Région de Mayotte » (L. n° 2025-797 du 11 août 2025, art. 48).

Art. L. 4433-21-1 *(L. n° 2003-660 du 21 juill. 2003, art. 50)* **Les régions d'outre-mer, en tant qu'autorités organisatrices des transports collectifs d'intérêt régional, sont com-**

pétentes pour créer et exploiter des infrastructures de service ferroviaire ou de transport guidé.

SOUS-SECTION 7 Logement

Art. L. 4433-22 **Les régions de Guadeloupe,** *(L. n° 2010-1487 du 7 déc. 2010, art. 5)* **« de Mayotte » et de La Réunion définissent les actions qu'elles entendent mener en matière d'habitat, après avis ou, le cas échéant, sur proposition des collectivités territoriales, du conseil économique, social et environnemental régional et du conseil de la culture, de l'éducation et de l'environnement.**

À compter d'une date fixée par Décr. et au plus tard le 1er janv. 2026, au sein du présent art., les mots : « , de Mayotte et de La Réunion » sont remplacés par les mots : « et de La Réunion et le Département-Région de Mayotte » et le mot : « elles » est remplacé par le mot : « ils » (L. n° 2025-797 du 11 août 2025, art. 48).

Art. L. 4433-23 **Les régions de Guadeloupe,** *(L. n° 2010-1487 du 7 déc. 2010, art. 5)* **« de Mayotte » et de La Réunion peuvent participer au capital des sociétés immobilières créées dans les régions d'outre-mer en application des dispositions du 2° de l'article 2 de la loi n° 46-860 du 30 avril 1946 tendant à l'établissement, au financement et à l'exécution de plans d'équipement et de développement des territoires relevant de la France d'outre-mer.**

À compter d'une date fixée par Décr. et au plus tard le 1er janv. 2026, au sein du présent art., les mots : « , de Mayotte et de La Réunion » sont remplacés par les mots : « et de La Réunion et le Département-Région de Mayotte » (L. n° 2025-797 du 11 août 2025, art. 48).

Art. L. 4433-24 **Dans les régions de Guadeloupe** *(Abrogé par L. n° 2025-797 du 11 août 2025, art. 48) « de Mayotte »* **et de La Réunion, la répartition des aides de l'État en faveur de l'habitat est arrêtée, après avis du conseil régional de l'habitat, par le représentant de l'État.**

(L. n° 2025-797 du 11 août 2025, art. 48) **« L'assemblée de Mayotte est saisie pour avis par le représentant de l'État à Mayotte, avant le 31 décembre de chaque année, des orientations générales de la programmation des aides de l'État en faveur de l'habitat pour l'année suivante, arrêtées après avis du conseil territorial de l'habitat.**

« Ces orientations générales portent sur la répartition des aides par dispositif, d'une part, et sur la répartition des aides par bassin d'habitat, d'autre part. »

Les dispositions issues de la L. n° 2025-797 du 11 août 2025 entrent en vigueur à une date fixée par décret et au plus tard le 1er janv. 2026 (L. préc., art. 48).

Si l'art. 34 de la L. du 2 août 1984 (CGCT, art. L. 4433-24) prescrit au préfet de recueillir l'avis du conseil régional de l'habitat, il n'abroge pas la disposition de l'art. 80 de la L. du 7 janv. 1983 et maintient l'avis obligatoire du conseil général sur la répartition des crédits affectés au département. Il n'est donc pas contraire à la Constitution. • Cons. const. 25 juill. 1984, n° 84-174 DC : *Rec. Cons. const. 48 ; AJDA 1984. 619, note Ferstenbert ; RD publ. 1986. 395, note Favoreu.*

SOUS-SECTION 8 Routes

Art. L. 4433-24-1 *(L. n° 2004-809 du 13 août 2004, art. 19)* **Dans les départements et régions d'outre-mer, le représentant de l'État dans la région organise une concertation avec le département et la région en vue de déterminer la collectivité bénéficiaire du transfert de l'ensemble des routes nationales.**

À l'issue de la concertation, qui ne peut excéder neuf mois à compter de l'entrée en vigueur de la loi n° 2004-809 du 13 août 2004 relative aux libertés et responsabilités locales, un décret désigne comme bénéficiaire du transfert le département ou la région, selon l'accord intervenu entre ces collectivités. À défaut d'accord, le décret désigne la région.

(L. n° 2007-224 du 21 févr. 2007, art. 5) **« En Guyane et par dérogation aux deux alinéas précédents, sont seules transférées au département les routes nationales 3 et 4. Par dérogation au troisième alinéa du III de l'article 18 de la loi n° 2004-809 du 13 août 2004 relative aux libertés et responsabilités locales, le constat du transfert de**

ces routes nationales par le représentant de l'État dans la région est applicable dès la publication de la décision préfectorale. »

Les dispositions, introduites par la L. nº 2004-809 du 13 août 2004, relatives au transfert de services et garanties individuelles des agents, ainsi que celles relatives à la compensation des transferts de compétences (V. art. L. 1211-4-1, L. 1614-1 s., L. 3334-16-1 et L. 4332-3-1) sont applicables au transfert réalisé en Martinique (L. préc., art. 19-IV).

Sur le domaine public routier transféré aux collectivités territoriales, V. C. voirie rout., art. L. 111-1, L. 121-1, L. 122-4, L. 122-4-2 et L. 153-1 s. ; L. nº 2004-809 du 13 août 2004, art. 18-III ; Décr. nº 2005-1500 du 5 déc. 2005.

V. également C. route, art. L. 110-3. — ***C. route.***

Art. L. 4433-24-1-1 *(L. nº 2003-660 du 21 juill. 2003, art. 51)* **À compter du transfert de la voirie nationale à une région d'outre-mer, le président du conseil régional gère le domaine transféré. À ce titre, il exerce les pouvoirs de police afférents à cette gestion, notamment en ce qui concerne la circulation sur ce domaine sous réserve des attributions dévolues par le présent code au maire et au préfet.**

Art. L. 4433-24-1-2 *(L. nº 2003-660 du 21 juill. 2003, art. 51)* **Le préfet peut, dans le cas où il n'y aurait pas été pourvu par le président du conseil régional et après une mise en demeure restée sans résultat, exercer les attributions dévolues au président du conseil régional en matière de police en vertu de l'article L. 4433-24-1-1.**

Art. L. 4433-24-2 *Abrogé par L. nº 2004-809 du 13 août 2004, art. 19.*

Art. L. 4433-24-3 *(L. nº 2000-1207 du 13 déc. 2000, art. 46)* **Un décret en Conseil d'État détermine les conditions d'application de la présente sous-section.**

SOUS-SECTION 9 **Économie circulaire**

(L. nº 2015-992 du 17 août 2015, art. 210)

Art. L. 4433-24-4 **Le conseil régional peut adopter un plan régional d'actions concernant l'économie circulaire. Il peut également décider de conduire des expérimentations locales portant sur l'interconnexion des différentes opérations de ramassage, de tri et de recyclage des déchets, que ce soit sous forme de produits dérivés ou d'énergie.**

SECTION 4 **Actions culturelles**

SOUS-SECTION 1 **Éducation et recherche**

Art. L. 4433-25 **Le conseil régional détermine, après avis du conseil de la culture, de l'éducation et de l'environnement, les activités éducatives et culturelles complémentaires relatives à la connaissance des langues et des cultures régionales, qui peuvent être organisées dans les établissements scolaires relevant de la compétence de la région.**

Ces activités, qui peuvent se dérouler pendant les heures d'ouverture des établissements concernés, sont facultatives et ne peuvent se substituer ni porter atteinte aux programmes d'enseignement et de formation définis par l'État.

Elles sont financées par la région. L'organisation et le fonctionnement de ces activités sont précisés par des conventions conclues entre la région, la collectivité gestionnaire de l'établissement, le responsable de l'établissement et, le cas échéant, l'association ou l'organisme prestataire de services.

Les autres activités éducatives, sportives et culturelles complémentaires peuvent être également organisées par la région et par les autres collectivités territoriales dans les conditions prévues à *(Ord. nº 2003-1212 du 18 déc. 2003, art. 5)* **« l'article L. 216-1 du code de l'éducation ».**

Art. L. 4433-26 **Les conseils régionaux établissent, le cas échéant, sur proposition des présidents de l'université des** *(L. nº 2015-737 du 25 juin 2015, art. 3)* **« Antilles, de l'université de la Guyane » et de l'université de La Réunion, en fonction des priorités qu'ils ont définies en matière de développement économique, social et culturel, des projets de programmes de formations supérieures et d'activités de recherche universitaire.**

La carte de ces formations et de ces activités est arrêtée par l'État, après avis des conseils régionaux.

SOUS-SECTION 2 Développement culturel

Art. L. 4433-27 Les régions de Guadeloupe, *(L. n° 2010-1487 du 7 déc. 2010, art. 5)* « de Mayotte » et de La Réunion définissent les actions qu'elles entendent mener en matière culturelle, après avis ou, le cas échéant, sur proposition des collectivités territoriales et du conseil de la culture, de l'éducation et de l'environnement.

À cette fin, le conseil régional élabore un programme culturel régional, notamment dans le domaine des langues régionales, de la littérature, des arts plastiques, musicaux et cinématographiques.

Chacune des régions concernées assure la mise en valeur et le développement du patrimoine spécifique de la région. La conservation du patrimoine sera définie et programmée dans le cadre *(L. n° 97-179 du 28 févr. 1997)* « des commissions régionales du patrimoine et des sites mis en place par *(Ord. n° 2004-178 du 20 févr. 2004, art. 4)* « l'article L. 612-1 du code du patrimoine », » et dont la composition, dans les régions d'outre-mer concernées, est définie par un décret en Conseil d'État.

À compter d'une date fixée par Décr. et au plus tard le 1er janv. 2026, au 1er al. de cet art., les mots : « , de Mayotte et de La Réunion » sont remplacés par les mots : « et de La Réunion et le Département-Région de Mayotte » et le mot : « elles » est remplacé par le mot : « ils » (L. n° 2025-797 du 11 août 2025, art. 48).

SOUS-SECTION 3 Communication audiovisuelle

Art. L. 4433-28 Le conseil régional de chacune des régions de Guadeloupe, *(L. n° 2010-1487 du 7 déc. 2010, art. 5)* « de Mayotte » et de la Réunion est tenu informé des conditions d'organisation et de fonctionnement du service public de la radiodiffusion sonore et de la télévision dans la région.

Le président du conseil d'administration *(L. n° 2000-719 du 1er août 2000, art. 16)* « de la société Réseau France Outre-mer » adresse, chaque année, au conseil régional un rapport concernant l'activité de sa société.

Rejet du recours contre le Décr. n° 92-280 du 27 mars 1992, pris en application de la loi de 1986 [L. n° 86-1067 du 30 sept. 1986 relative à la liberté de communication, V. ce texte au **C. communic.**], qui autorise la publicité télévisée dans le secteur de la distribution dans les départements d'outre-mer alors qu'il l'interdit en métropole : aucune précision n'est donnée à l'appui du moyen tiré d'une consultation irrégulière des conseils régionaux et la disposition contestée est justifiée par la spécificité du marché publicitaire en outre-mer et n'entraîne donc pas de discrimination illégale. • CE 29 juin 1994, *Assoc. de la presse de La Réunion et Quotidien de La Réunion*, n° 137882 B.

Nouvel art. L. 4433-28 *Le conseil régional de chacune des régions de Guadeloupe (L. n° 2025-797 du 11 août 2025, art. 48) « et de La Réunion et l'assemblée de Mayotte sont tenus informés » des conditions d'organisation et de fonctionnement du service public de la radiodiffusion sonore et de la télévision dans la région.*

Le président du conseil d'administration (L. n° 2000-719 du 1er août 2000, art. 16) « de la société Réseau France Outre-mer » adresse, chaque année, (L. n° 2025-797 du 11 août 2025, art. 48) « aux conseils régionaux de Guadeloupe et de La Réunion et à l'assemblée de Mayotte » un rapport concernant l'activité de sa société.

Le présent art. entre en vigueur à une date fixée par décret et au plus tard le 1er janv. 2026 (L. n° 2025-797 du 11 août 2025, art. 48).

Art. L. 4433-29 Le conseil de la culture, de l'éducation et de l'environnement établit à l'intention *(L. n° 2021-1382 du 25 oct. 2021, art. 33)* « de l'Autorité de régulation de la communication audiovisuelle et numérique » un rapport annuel, qui est présenté au conseil régional, relatif à l'état de la communication audiovisuelle dans la région.

Un décret en Conseil d'État précise notamment les conditions dans lesquelles ce comité est saisi pour avis par *(L. n° 2021-1382 du 25 oct. 2021, art. 33)* « l'Autorité de régulation de la communication audiovisuelle et numérique », par le représentant de l'État dans la région ou par le président du conseil régional.

Art. L. 4433-30 *(L. n° 2004-669 du 9 juill. 2004, art. 118)* Lorsque les demandes d'autorisation relatives à des services de radio et de télévision, soumises *(L. n° 2021-1382 du 25 oct. 2021, art. 33)* « à l'Autorité de régulation de la communication audiovisuelle et numérique » en vertu des articles 29, 30 ou 30-1 de la loi n° 86-1067 du 30 septembre 1986 relative à la liberté de communication *[V. au* ***C. communic.****]*, concernent une région d'outre-mer, *(L. n° 2021-1382 du 25 oct. 2021, art. 33)* « l'autorité » recueille au préalable l'avis du conseil régional intéressé. Cet avis est réputé rendu à défaut de réponse dans le délai de deux mois.

SOUS-SECTION 4 **Environnement** *(Ord. n° 2004-1391 du 20 déc. 2004, art. 6)*.

Art. L. 4433-31 Les régions de Guadeloupe, *(L. n° 2010-1487 du 7 déc. 2010, art. 5)* « de Mayotte » et de La Réunion définissent les actions qu'elles entendent mener en matière d'environnement et de cadre de vie, après avis ou, le cas échéant, sur proposition des collectivités territoriales et du conseil de la culture, de l'éducation et de l'environnement.

À compter d'une date fixée par Décr. et au plus tard le 1er janv. 2026, au sein du présent art., les mots : « , de Mayotte et de La Réunion » sont remplacés par les mots : « et de La Réunion et le Département-Région de Mayotte » et le mot : « elles » est remplacé par le mot : « ils » (L. n° 2025-797 du 11 août 2025, art. 48).

Art. L. 4433-32 *Abrogé par Ord. n° 2004-1391 du 20 déc. 2004, art. 6.*

CHAPITRE IV **DISPOSITIONS FINANCIÈRES ET FISCALES**

Art. L. 4434-1 *(Ord. n° 2021-1843 du 22 déc. 2021, art. 5)* Le produit de la majoration de l'accise sur les alcools en outre-mer prévue à l'article L. 313-30 du même code constitue une recette du budget de la région.

Art. L. 4434-2 *(Ord. n° 2021-1843 du 22 déc. 2021, art. 5)* « Le conseil régional fixe les tarifs de l'accise sur les énergies mentionnée à l'article L. 312-1 du code des impositions sur les biens et services et perçue sur les gazoles et essences en outre-mer, dans les conditions prévues à l'article L. 312-38 du même code. »

Le produit en est inscrit aux budgets de chacune des collectivités locales entre lesquelles il est réparti.

Art. L. 4434-3 La répartition est faite par le conseil régional dans les conditions indiquées ci-après :

A. — Une partie du produit de la taxe est affectée au budget de la région. Elle comprend :

1° Un montant égal à 10 p. 100 du produit total, destiné au financement d'opérations d'investissement d'intérêt régional ;

2° Une dotation destinée :

— *(L. n° 2004-809 du 13 août 2004, art. 19)* « à l'aménagement du réseau routier national et des pistes forestières, sans préjudice de l'affectation de crédits d'État à ces opérations. Lorsque le réseau national a été transféré au département, la dotation lui est affectée en complément des sommes mentionnées au B du présent article ; »

— au développement des transports publics de personnes.

Lorsque le budget d'une région fait l'objet des mesures de redressement mentionnées à l'article L. 1612-14, une fraction de cette dotation peut être affectée, sur décision du conseil régional, dans la limite de 50 p. 100, aux dépenses concourant au rétablissement de l'équilibre du budget.

B. — Une partie du produit de la taxe est affectée au budget du département. Elle comprend :

1° Les sommes nécessaires au remboursement des emprunts que celui-ci a souscrits pour le financement des travaux de voirie antérieurement au 3 août 1984, date de publication de la loi n° 84-747 du 2 août 1984 relative aux compétences des régions de Guadeloupe, de Guyane, de Martinique et de La Réunion ;

2° Une dotation consacrée :

— aux dépenses d'investissement afférentes à la voirie dont il a la charge ;

– *(L. n° 2004-809 du 13 août 2004, art. 19)* « **aux dépenses de fonctionnement des services chargés de la réalisation et de l'entretien des routes dans la région, sans préjudice des dépenses de fonctionnement assumées par d'autres collectivités ;** »

– aux infrastructures de transport et au développement des transports publics de personnes ;

(L. n° 2000-1207 du 13 déc. 2000, art. 21) « **– à des dépenses d'investissement d'intérêt départemental autres que les précédentes dans la limite de 10 % du montant de la dotation.** »

C. – Une partie du produit de la taxe est répartie entre les communes qui la consacrent :

– à la voirie dont elles ont la charge ;

– au développement des transports publics de personnes ;

(L. n° 2000-1207 du 13 déc. 2000, art. 21) « **– à des dépenses d'investissement d'intérêt communal autres que les précédentes dans la limite de 10 % du montant de la dotation.**

« **D. – Dans les départements de la Guadeloupe** *(L. n° 2005-1719 du 30 déc. 2005, art. 89)* « *(L. n° 2010-1487 du 7 déc. 2010, art. 6)* « **, de Mayotte** » **et de La Réunion** », **une partie du produit de la taxe est affectée au budget des communes de plus de 50 000 habitants et des établissements publics de coopération intercommunale lorsque la population de l'ensemble des communes membres de l'établissement dépasse 50 000 habitants, ayant mis en place un service public de transports urbains de personnes ou ayant approuvé un** *(L. n° 2019-1428 du 24 déc. 2019, art. 16)* « **plan de mobilité** ». **Elle est affectée au financement des dépenses d'investissement et de fonctionnement des transports publics urbains et des autres services de transports publics qui, sans être entièrement** *(L. n° 2015-991 du 7 août 2015, art. 18)* « **dans le ressort territorial de l'autorité organisatrice de la mobilité** », **concourent à la desserte de l'agglomération dans le cadre d'un contrat passé avec l'autorité responsable de l'organisation des transports urbains. Elle peut également être affectée aux aides à la modernisation de l'activité de transporteur public de personnes urbain.**

« **Son montant est égal à 3 % du produit total. Elle est répartie entre les communes et les établissements publics éligibles au prorata de leur population.** »

À compter d'une date fixée par Décr. et au plus tard le 1er janv. 2026, à la 1re phr. du 1er al. du D de cet art., les mots : « , de Mayotte et de La Réunion » sont remplacés par les mots : « et de La Réunion et dans le Département-Région de Mayotte » (L. n° 2025-797 du 11 août 2025, art. 48).

La décision par laquelle un conseil régional accorde à une collectivité territoriale ou à un groupement de collectivités le bénéfice du produit de la taxe spéciale de consommation en application du D de l'art. L. 4434-3 CGCT crée au profit de cette collectivité ou de ce groupement un droit au versement de la part du produit de cette taxe qui ne saurait toutefois excéder le prorata de la part de la population de cette collectivité ou de ce groupement dans l'ensemble de la population concernée. La Région Martinique devait en conséquence verser au prorata de la population le produit de la taxe spéciale de consommation à la communauté d'agglomération du centre de la Martinique (CACEM) et à la communauté d'agglomération de l'espace sud de la Martinique (CAESM) et non pas seulement à la première nommée. La demande de reversement du trop-perçu adressé à la CACEM doit respecter la prescription quadriennale. • CAA Bordeaux, 3 nov. 2016, *Région Martinique*, n° 14BX02468. ♦ Sur la prescription quadriennale, V. en outre • CAA Bordeaux, 29 sept. 2016, *Région Martinique*, n° 15BX00421.

Art. L. 4434-4 **Les parties définies au 2° du A, au 2° du B et au C de l'article L. 4434-3 et destinées respectivement à la région, au département et aux communes connaissent une progression au moins égale à celle de la dotation globale de fonctionnement du département ou, si la progression de la dotation globale de fonctionnement du département est plus forte que celle du produit de la taxe pour l'année considérée, à celle du produit de la taxe.**

Le reliquat de la taxe qui apparaîtrait après cette répartition fait l'objet d'une deuxième répartition entre la région, le département et les communes bénéficiaires, avant le 31 janvier de l'année suivante, au prorata de leurs parts principales respectives.

(L. n° 2000-1207 du 13 déc. 2000, art. 21) « **Dans les départements de la Guadeloupe** *(L. n° 2005-1719 du 30 déc. 2005, art. 89)* « *(L. n° 2010-1487 du 7 déc. 2010, art. 6)*

« , de Mayotte » et de La Réunion », la première année au cours de laquelle est affectée une part du produit de la taxe dans les conditions prévues par le D de l'article L. 4434-3, il n'est pas fait application des alinéas précédents. La répartition entre les parties définies au 2° du A, au 2° du B et au C de l'article L. 4434-3 se fait alors au prorata de leurs parts respectives de l'année précédente. »

À compter d'une date fixée par Décr. et au plus tard le 1er janv. 2026, à la 1re phr. du dernier al. de cet art., les mots : « , de Mayotte et de La Réunion » sont remplacés par les mots : « et de La Réunion et dans le Département-Région de Mayotte » (L. no 2025-797 du 11 août 2025, art. 48).

Art. L. 4434-5 L'État attribue annuellement à chacune des régions concernées une dotation globale pour le développement culturel qui est fixée par la loi de finances dans les conditions prévues aux articles L. 1614-1 et L. 1614-3.

Cette dotation se substitue aux crédits attribués à chacune des régions d'outre-mer au titre du développement culturel, à l'exception de ceux alloués aux départements et aux communes. – *[L. no 84-747 du 2 août 1984, art. 24.]*

Art. L. 4434-6 L'État attribue chaque année à chacune des régions une dotation globale pour l'environnement et la qualité de la vie qui est fixée par la loi de finances dans les conditions prévues aux articles L. 1614-1 et L. 1614-3.

Cette dotation se substitue aux concours budgétaires attribués par l'État à chacune des régions au titre de la protection de l'environnement, à l'exception de ceux attribués précédemment aux départements et communes et de ceux correspondant à la mise en œuvre d'interventions à l'échelle nationale. – *[L. no 84-747 du 2 août 1984, art. 36.]*

Art. L. 4434-7 *Abrogé par L. no 2007-1822 du 24 déc. 2007, art. 41.*

Art. L. 4434-8 *(L. no 2007-1822 du 24 déc. 2007, art. 41)* La dotation régionale d'équipement scolaire allouée à chaque région d'outre-mer est calculée dans les conditions prévues par l'article L. 4332-3.

(L. no 2007-1824 du 25 déc. 2007, art. 104) « La dotation régionale d'équipement scolaire de la région de la Guadeloupe, calculée dans les conditions définies à l'article L. 4332-3, est abattue à compter de 2008 d'un montant de *(L. no 2008-1443 du 30 déc. 2008, art. 6)* « 654 503 € » destiné au financement de la dotation globale de construction et d'équipement scolaire allouée à la collectivité d'outre-mer de Saint-Martin en application de l'article L. 6364-5. »

Art. L. 4434-9 *(L. no 2006-1666 du 21 déc. 2006, art. 28)* « La quote-part de la dotation de péréquation des régions mentionnée à l'article L. 4332-8 perçue par les régions d'outre-mer est déterminée par application au montant total de la dotation de péréquation du triple du rapport entre la population des régions d'outre-mer, telle qu'elle résulte du dernier recensement général, et la population de l'ensemble des régions et de la collectivité de Corse. » *(L. no 2011-1977 du 28 déc. 2011, art. 143)* « Le montant de cette quote-part ne peut toutefois progresser de plus de 2,5 % par rapport au montant de l'année précédente. »

Cette quote-part est répartie entre les régions d'outre-mer :

(L. no 2011-1977 du 28 déc. 2011, art. 143) « 1° Pour moitié, proportionnellement à l'écart relatif entre l'indicateur de ressources fiscales moyen par habitant de l'ensemble des régions et de la collectivité de Corse et l'indicateur de ressources fiscales par habitant de chaque collectivité, pondéré par sa population.

« En 2012, le montant de la dotation de péréquation de chaque région d'outre-mer est égal au montant perçu en 2011 ; »

2° Pour moitié, au prorata de leurs dépenses totales constatées dans le compte administratif afférent au pénultième exercice.

Art. L. 4434-10 *(L. no 2017-256 du 28 févr. 2017, art. 11)* Le rapport sur les orientations budgétaires mentionné à l'article L. 4312-1 présente un état d'avancement des mesures prévues par le plan de convergence couvrant le territoire de la région.

CHAPITRE V CONDITIONS D'APPLICATION AUX RÉGIONS D'OUTRE-MER DES DEUXIÈME ET TROISIÈME ALINÉAS DE L'ARTICLE 73 DE LA CONSTITUTION

(L. org. n° 2007-223 du 21 févr. 2007)

BIBL. ▶ BOYER, Sur quelques questions soulevées par l'habilitation des départements et régions d'outre-mer en matière législative, *RFDA 2009. 61*.

SECTION 1 Adaptation des lois et règlements par les régions d'outre-mer

Art. L.O. 4435-1 Dans les conditions et sous les réserves prévues au présent chapitre, les conseils régionaux de la Guadeloupe *(Abrogé par L. org. n° 2025-793 du 11 août 2025, art. 1er)* *(L. org. n° 2010-1486 du 7 déc. 2010, art. 1er)* « , *de Mayotte* » et de La Réunion peuvent être habilités à adapter sur le territoire de leur région les lois et règlements dans les matières où s'exercent leurs compétences.

Les dispositions issues de la L. org. n° 2025-793 du 11 août 2025 entrent en vigueur à une date fixée par décret et au plus tard le 1er janv. 2026 (L. préc., art. 5).

Art. L.O. 4435-2 I. — La demande d'habilitation tendant à adapter une disposition législative ou réglementaire est adoptée par délibération motivée du conseil régional.

Cette délibération mentionne les dispositions législatives ou réglementaires en cause ou, lorsque la demande porte sur l'adaptation d'une disposition réglementaire non encore publiée et nécessaire à l'application d'une disposition législative, la disposition législative en cause.

Elle expose les caractéristiques et contraintes particulières justifiant la demande d'habilitation et précise la finalité des mesures que le conseil régional envisage de prendre.

La demande d'habilitation ne peut porter sur une disposition législative ou réglementaire ressortissant à l'une des matières mentionnées au quatrième alinéa de l'article 73 de la Constitution.

II. — La demande d'habilitation devient caduque :

1° Le dernier jour du mois qui précède celui du renouvellement des conseils régionaux ;

2° Le jour de la dissolution ou de l'annulation de l'élection de l'ensemble des membres du conseil régional qui l'a adoptée ;

3° Le jour de la vacance de l'ensemble des sièges du conseil régional en dehors des cas prévus au 2°.

Sur le conseil régional de Guadeloupe et le conseil régional de la Martinique, V. ci-dessous L. n° 2011-884 du 27 juill. 2011, art. 17 et 18.

Loi n° 2011-884 du 27 juillet 2011,

Relative aux collectivités territoriales de Guyane et de Martinique.

Art. 17 Pour une durée de deux ans à compter de la promulgation de la présente loi, le conseil régional de la Guadeloupe est habilité, en application du troisième alinéa de l'article 73 de la Constitution et des articles L.O. 4435-2 à L.O. 4435-12 du code général des collectivités territoriales, à fixer les règles spécifiques à la Guadeloupe en matière de maîtrise de la demande d'énergie, de réglementation thermique pour la construction de bâtiments et de développement des énergies renouvelables, dans les limites prévues dans sa délibération n° CR/10-1369 du 17 décembre 2010 publiée au *Journal officiel* du 9 mars 2011.

En ce qui concerne le développement des énergies renouvelables, la puissance installée des nouvelles installations ainsi que la variation des prix de rachat autorisée dans la limite de plus ou moins 10 % font l'objet d'un avis préalable du ministre chargé de l'énergie dans un délai maximal de trois mois à compter de sa saisine par le conseil régional de Guadeloupe.

Art. 18 Pour une durée de deux ans à compter de la promulgation de la présente loi, le conseil régional de la Martinique est habilité, en application du troisième alinéa de l'article 73 de la Constitution et des articles L.O. 4435-2 à L.O. 4435-12 du code général des collectivités territoriales, à fixer des règles spécifiques à la Martinique en matière de maîtrise de la demande d'énergie, de réglementation thermique pour la construction de bâtiments et de développement des énergies renouvelables, dans les limites prévues dans sa délibération n° 11-287-1 du 15 mars 2011 publiée au *Journal officiel* du 24 avril 2011.

En ce qui concerne le développement des énergies renouvelables, la puissance installée des nouvelles installations ainsi que les conditions locales de rachat font l'objet d'un avis préalable du ministre chargé de l'énergie dans un délai maximal de trois mois à compter de sa saisine par le conseil régional de Martinique.

Art. L.O. 4435-3 Le conseil économique, social et environnemental régional et le conseil de la culture, de l'éducation et de l'environnement sont consultés sur tout projet de demande d'habilitation visée à l'article L.O. 4435-2 qui porte sur une matière qui relève de leur compétence respective en application de la section 2 du chapitre III du présent titre. Leur avis est réputé donné à l'expiration d'un délai d'un mois à compter de leur saisine.

Art. L.O. 4435-4 *(L. org. n° 2011-883 du 27 juill. 2011, art. 2)* La délibération prévue à l'article L.O. 4435-2 est transmise au Premier ministre ainsi qu'au représentant de l'État dans la région.

Lorsqu'elle porte sur l'adaptation d'une disposition législative, elle est transmise à l'Assemblée nationale et au Sénat par le Premier ministre, assortie le cas échéant de ses observations.

Elle est publiée au *Journal officiel* dans le mois suivant l'expiration du délai de recours prévu à l'article L.O. 4435-5 ou la date à laquelle la délibération devient exécutoire en application de ce même article. Elle entre en vigueur le lendemain de sa publication.

Art. L.O. 4435-5 Les recours dirigés contre cette délibération sont portés devant le Conseil d'État.

Le représentant de l'État dans la région peut, dans le mois qui suit *(L. org. n° 2011-883 du 27 juill. 2011, art. 2)* « sa réception de la transmission prévue au premier alinéa de » l'article L.O. 4435-4, déférer la délibération au Conseil d'État. Ce recours en suspend l'exécution jusqu'à ce que le Conseil d'État ait rendu sa décision. Si celle-ci n'est pas intervenue dans un délai de trois mois suivant sa saisine, la délibération redevient exécutoire.

Art. L.O. 4435-6 *(L. org. n° 2011-883 du 27 juill. 2011, art. 2)* L'habilitation est accordée par la loi lorsque la demande porte sur l'adaptation d'une disposition législative. Dans ce cas, elle vaut également habilitation à prendre les dispositions réglementaires d'application.

Elle est accordée par décret en Conseil d'État lorsque la demande ne porte que sur l'adaptation d'une disposition réglementaire.

Elle est accordée pour une durée ne pouvant aller au-delà du renouvellement du conseil régional.

Art. L.O. 4435-6-1 *(L. org. n° 2011-883 du 27 juill. 2011, art. 2)* Si la loi ou le décret en Conseil d'État mentionnés aux deux premiers alinéas de l'article L.O. 4435-6 le prévoient, lorsque l'habilitation a été accordée jusqu'au renouvellement du conseil régional, elle peut être prorogée de droit, une seule fois, pour une durée ne pouvant aller au-delà du prochain renouvellement par délibération motivée du conseil régional adoptée dans les six mois suivant son renouvellement.

La délibération prévue au premier alinéa du présent article est transmise au Premier ministre ainsi qu'au représentant de l'État dans la région. L'article L.O. 4435-5 est applicable à cette délibération. Elle est publiée au *Journal officiel* dans le mois suivant l'expiration du délai de recours prévu au même article L.O. 4435-5 ou la date à laquelle la délibération devient exécutoire en application dudit article. Elle entre en vigueur le lendemain de sa publication.

Art. L.O. 4435-7 Les délibérations prises en application de l'habilitation sont adoptées à la majorité absolue des membres composant le conseil régional. Elles précisent les dispositions législatives ou réglementaires auxquelles elles dérogent.

(L. org. n° 2011-883 du 27 juill. 2011, art. 2) « Les délibérations prévues au premier alinéa sont transmises au Premier ministre ainsi qu'au représentant de l'État dans la région.

« Elles sont publiées au *Journal officiel* dans le mois suivant leur transmission au Premier ministre. Elles entrent en vigueur le lendemain de leur publication. »

Les recours dirigés contre ces délibérations sont portés devant le Conseil d'État. Le représentant de l'État dans la région peut les déférer au Conseil d'État dans les conditions et avec les effets prévus à l'article L.O. 4435-5.

Art. L.O. 4435-8 Les dispositions de nature législative d'une délibération prise sur le fondement de l'habilitation prévue à l'article L.O. 4435-6 ne peuvent être modifiées par une loi que si celle-ci le prévoit expressément.

De même, les dispositions de nature réglementaire prises sur le fondement de cette habilitation ne peuvent être modifiées par un règlement que si ce dernier le prévoit expressément.

SECTION 2 Fixation par les régions d'outre-mer des règles applicables sur leur territoire dans un nombre limité de matières relevant du domaine de la loi ou du règlement *(L. org. nº 2010-1486 du 7 déc. 2010, art. 1er).*

Art. L.O. 4435-9 Dans les conditions et sous les réserves prévues au présent chapitre, les conseils régionaux de la Guadeloupe *(L. org. nº 2010-1486 du 7 déc. 2010, art. 1er)* « et de Mayotte » peuvent être habilités à fixer les règles applicables sur le territoire de leur région dans un nombre limité de matières pouvant relever du domaine de la loi *(L. org. nº 2010-1486 du 7 déc. 2010, art. 1er)* « ou du règlement », à l'exception de celles énumérées au quatrième alinéa de l'article 73 de la Constitution.

Si une délibération prise sur habilitation accordée à une région d'outre-mer sur le fondement de l'art. L.O. 4435-9 CGCT, pour fixer des règles applicables sur son territoire dans un nombre limité de matières relevant du domaine de la loi ou du règlement doit préciser, quand elle déroge à des dispositions législatives ou réglementaires, les textes auxquels elle déroge, le conseil régional n'est pas tenu, dans le cadre d'une telle habilitation, de déroger à des règles nationales et peut créer des règles nouvelles. • CE 30 déc. 2015, EDF, nº 374395 B : *AJDA 2016. 899, note P.-Y. Chicot*.

Nouvel art. L.O. 4435-9 ***Dans les conditions et sous les réserves prévues au présent chapitre,*** *(L. org. nº 2025-793 du 11 août 2025, art. 1er)* ***« le conseil régional de la Guadeloupe peut être habilité » à fixer les règles applicables sur le territoire de*** *(L. org. nº 2025-793 du 11 août 2025, art. 1er)* ***« la » région dans un nombre limité de matières pouvant relever du domaine de la loi*** *(L. org. nº 2010-1486 du 7 déc. 2010, art. 1er)* ***« ou du règlement », à l'exception de celles énumérées au quatrième alinéa de l'article 73 de la Constitution.***

Les dispositions issues de la L. org. nº 2025-793 du 11 août 2025 entrent en vigueur à une date fixée par décret et au plus tard le 1er janv. 2026 (L. préc., art. 5).

Art. L.O. 4435-10 La demande d'habilitation à fixer une règle applicable sur le territoire de la région est adoptée par délibération motivée du conseil régional prise à la majorité absolue de ses membres.

Cette délibération mentionne la matière susceptible de faire l'objet de l'habilitation prévue à l'article L.O. 4435-9.

Elle expose les spécificités locales justifiant la demande d'habilitation et précise la finalité des mesures que le conseil régional envisage de prendre.

La demande d'habilitation devient caduque dans les cas prévus au II de l'article L.O. 4435-2.

Art. L.O. 4435-11 Les articles L.O. 4435-3 à L.O. 4435-8 sont applicables à la présente section.

SECTION 3 Dispositions communes

Art. L.O. 4435-12 Les demandes d'habilitation mentionnées au présent chapitre ne peuvent être soumises au référendum local ou à la consultation des électeurs prévus au chapitre II du titre unique du livre I de la première partie.

Les délibérations prises sur le fondement de l'habilitation mentionnée au présent chapitre ne peuvent être soumises au référendum local.

V. L. nº 2011-884 du 27 juill. 2011, art. 17 et 18, ss. art. L.O. 4435-2.

CHAPITRE VI [ABROGÉ] DISPOSITIONS PARTICULIÈRES À LA GUYANE *(L. nº 2007-1720 du 7 déc. 2007, art. 6).*

(Abrogé par L. nº 2011-884 du 27 juill. 2011, art. 1er)
(L. nº 2007-224 du 21 févr. 2007, art. 2)

Art. L. 4436-1 à L. 4436-6 *Abrogés par L. nº 2011-884 du 27 juill. 2011, art. 1er.*

CHAPITRE VII *[ABROGÉ]* DISPOSITIONS PARTICULIÈRES À MAYOTTE

(Abrogé par L. nº 2025-797 du 11 août 2025, art. 48)
(L. nº 2010-1487 du 7 déc. 2010, art. 6)

Le présent Chap. est abrogé à compter d'une date fixée par décret et au plus tard le 1er janv. 2026 (L. nº 2025-797 du 11 août 2025, art. 48).

Art. L. 4437-1 ***Pour l'application à Mayotte de la quatrième partie du présent code :***

1º La référence à la région ou à la région d'outre-mer est remplacée par la référence au Département de Mayotte ;

2º La référence au conseil régional est remplacée par la référence au conseil départemental.

Art. L.O. 4437-2 *(Abrogé par L. org. nº 2025-793 du 11 août 2025, art. 1er, à compter au plus tard du 1er janv. 2026) (L. org. nº 2010-1486 du 7 déc. 2010, art. 1er)* ***Pour l'application à Mayotte du chapitre V du titre III, la référence à la région est remplacée par la référence au Département de Mayotte et la référence au conseil régional est remplacée par la référence au conseil départemental.***

Art. L. 4437-3 ***Ne sont pas applicables à Mayotte les dispositions suivantes de la quatrième partie du présent code :***

1º Le livre I ;

2º Au livre II :

a) L'article L. 4221-2 ;

b) Le titre III ;

3º Au livre III :

a) Les chapitres I et II du titre I ;

b) L'article L. 4313-1 et la seconde phrase du 9º de l'article L. 4313-2 ;

c) Le titre II ;

d) Les chapitres I et III du titre III, les sections 2, 3 et 4 du chapitre II du même titre, ainsi que le 2º de l'article L. 4332-1 ;

e) Le titre IV ;

4º Au livre IV :

a) Le chapitre I et la section 1 du chapitre II du titre III ;

b) Les articles L. 4433-24-1, L. 4434-8 et L. 4434-9.

Art. L. 4437-3-1 *(Ord. nº 2021-1843 du 22 déc. 2021, art. 5)* ***Les impositions mentionnées aux 2º à 6º du a de l'article L. 4331-2 sont affectées au Département de Mayotte dans les conditions que ces dispositions prévoient.***

Le *(L. nº 2022-1157 du 16 août 2022, art. 9)* ***« III » de l'article L. 4331-2-1 est applicable à Mayotte.***

Art. L. 4437-4 ***Le plan d'aménagement et de développement durable, élaboré sur le fondement des articles L.O. 6161-42 et L.O. 6161-43 dans leur rédaction en vigueur avant la publication de la loi organique nº 2010-1486 du 7 décembre 2010 relative au Département de Mayotte, et entré en vigueur le 22 juin 2009, est assimilé au schéma d'aménagement régional prévu aux articles L. 4433-7 à L. 4433-11.***

Il est révisé dans les conditions prévues à l'article L. 4433-10.

Art. L. 4437-5 ***Les articles L. 4434-1 à L. 4434-4 sont applicables à Mayotte à compter du 1er janvier 2014.***

CHAPITRE VIII DISPOSITIONS D'APPLICATION *(L. nº 2007-224 du 21 févr. 2007, art. 2 ; L. nº 2007-1720 du 7 déc. 2007, art. 6 ; L. nº 2010-1487 du 7 déc. 2010, art. 6).*

Art. L. 4438-1 *(L. nº 2010-1487 du 7 déc. 2010, art. 6)* Les modalités d'application du présent titre sont fixées par décret en Conseil d'État.

CINQUIÈME PARTIE LA COOPÉRATION LOCALE

LIVRE I DISPOSITIONS GÉNÉRALES

TITRE UNIQUE

CHAPITRE UNIQUE

COMMENTAIRE

V. dans le supplément en ligne.

Art. L. 5111-1 **Les collectivités territoriales peuvent s'associer pour l'exercice de leurs compétences en créant des organismes publics de coopération dans les formes et conditions prévues par la législation en vigueur.**

(L. n° 2010-1563 du 16 déc. 2010, art. 30) **« Forment la catégorie des groupements de collectivités territoriales les établissements publics de coopération intercommunale et les syndicats mixtes, mentionnés aux articles L. 5711-1 et L. 5721-8, les pôles métropolitains,** *(L. n° 2014-58 du 27 janv. 2014, art. 79)* **« les pôles d'équilibre territoriaux et ruraux, » les agences départementales, les institutions ou organismes interdépartementaux et les ententes interrégionales. »**

(L. n° 2010-1563 du 16 déc. 2010, art. 68) **« Des conventions qui ont pour objet la réalisation de prestations de services peuvent être conclues entre les départements,** *(L. n° 2019-1461 du 27 déc. 2019, art. 65)* **« la métropole de Lyon, » les régions, leurs établissements publics, leurs groupements et les syndicats mixtes. Des conventions ayant le même objet peuvent également être conclues entre des établissements publics de coopération intercommunale** *(L. n° 2019-1461 du 27 déc. 2019, art. 65)* **« , des établissements publics de coopération intercommunale et la métropole de Lyon »** *(L. n° 2015-991 du 7 août 2015, art. 72)* **« ou entre des communes ».** *(L. n° 2019-753 du 22 juill. 2019, art. 10)* **« Des conventions ayant le même objet peuvent également être conclues, afin de développer les synergies avec les territoires ruraux, entre une métropole ou une communauté urbaine, d'une part, et des établissements publics de coopération intercommunale ou des communes situés en dehors du territoire métropolitain ou de la communauté urbaine, d'autre part, dans le cadre de la mise en œuvre des contrats de cohésion territoriale mentionnés au II de l'article L. 1231-2. » Lorsque les prestations qu'elles réalisent** *(L. n° 2019-753 du 22 juill. 2019, art. 10)* **« en application du présent alinéa » portent sur des services non économiques d'intérêt général au sens du droit de l'Union européenne ou lorsque, portant sur d'autres missions d'intérêt public, les prestations sont appelées à s'effectuer dans les conditions prévues aux I et III de l'article L. 5111-1-1, ces conventions ne sont pas soumises aux règles prévues par le** *(Ord. n° 2018-1074 du 26 nov. 2018, art. 6)* **« code de la commande publique ». La participation au financement d'une prestation ne saurait, à elle seule, être assimilée à une coopération au sens du présent alinéa. »**

Sans préjudice du dernier al. de l'art. L. 5111-1 CGCT, peuvent être conclues entre les collectivités territoriales et leurs groupements des conventions ayant pour objet la réalisation de prestations de service liées au traitement de données à caractère personnel. Les collectivités territoriales et leurs groupements peuvent se doter d'un service unifié ayant pour objet d'assumer en commun les charges et obligations liées au traitement de données à caractère personnel (L. n° 2018-493 du 20 juin 2018, art. 31).

Sur la création d'un GIP, V. ci-dessous L. n° 2011-525 du 17 mai 2011, art. 98.

BIBL. ▸ AUBELLE, Mutualisations et action publique locale, *AJCT 2012. 396*. – BOTTINI, Les procédés de mutualisation au sein du bloc communal, *AJDA 2016. 138*. – DELON DESMOULIN, De la mutualisation des achats à la mutualisation des pratiques d'achat : quelles libertés pour les collectivités territoriales ?, *AJCT 2015. 260*. – DIDRICHE, Les mises en commun entre communes et EPCI facilitées par la loi NOTRe, *AJCT 2016. 153*. – DREYFUS, Mutualisation des services et mise en concurrence, *AJDA 2007. 1865*. – GLENARD, La mobilité des agents publics dans le droit de la coopération locale, *AJDA 2017. 1318*. – HABCHI, MEURANT, La mutualisation intercommunale des services : mythe ou réalité ?, *JCP Adm. 2020. 2067*. – LEFORT et BAIN-THOUVEREZ, La coopération intercommunale soustraite aux règles de concurrence, *AJDA 2013.*

23. – Meurant, Précisions sur les transferts domaniaux entre communes et EPCI, *JCP Adm. 2020. 2019*. – Sestier, La coopération contractuelle comme alternative à la coopération institutionnelle, *AJDA 2013. 857*.

1. *Régime des actes institutifs des organismes de coopération.* Les actes relatifs à l'institution des structures des organismes de coopération entre collectivités territoriales et à la répartition des compétences entre ces organismes et les collectivités qui en sont membres ne revêtent pas le caractère d'actes réglementaires. Par suite, l'arrêté par lequel le préfet constate la liste des équipements reconnus d'intérêt commun du syndicat d'agglomération nouvelle, qui a notamment pour effet de transférer au syndicat la gestion de ces équipements et des services qui y sont attachés, ne revêt pas un caractère réglementaire. • CE 1er juill. 2016, *Cne d'Émerainville*, n° 363047 : *Lebon ; AJDA 2016. 1859, chron. Dutheillet de Lamothe et Odinet ; AJCT 2017. 46, obs. Didriche ; RFDA 2017. 289, concl. Daumas*.

2. *Mutualisations et concurrence.* Suivant la CJCE, des autorités publiques peuvent assurer en commun un service public qui leur incombe en concluant un contrat de coopération ou de mutualisation qui n'entre pas dans le champ de la directive relative aux marchés publics de services. • CJCE 9 juin 2009, *Comm. CE c/ Rép. féd. d'Allemagne*, C-480/06 : *JCP Adm. 2009, n° 2158, note Proot*. ♦ Le droit de l'Union s'oppose à la conclusion d'un tel contrat s'il n'a pas pour objet d'assurer la mise en œuvre d'une mission de service public commune à ces entités. • CJUE, gr. ch., 19 déc. 2012, *Azienda Sanitaria Locale di Lecce, Università del Salento c/ l'Ordine degli Ingegneri della Provincia di Lecce*, C-159/11 : *D. 2013. 309, obs. Capitant*. ♦ Le Conseil d'État applique cette jurisprudence. • CE 3 févr. 2012, *Cne de Veyrier-du-Lac et Cté d'agglomération d'Annecy*, n° 353737. ♦ V. note ss. art. L. 5721-3. ♦ La candidature d'une collectivité ou d'un EPCI à un contrat de commande publique passé par une autre personne publique est légale, dans le respect du droit de la concurrence, si elle constitue le prolongement d'une mission de service public. • CE, ass., 30 déc. 2014, *Sté Armor SNC*, n° 355563 : *AJDA 2015. 449, chron. Lessi et Dutheillet de Lamothe*.

3. *Exception in house.* Une commune peut attribuer, sans appel à la concurrence, une concession de service public à une structure intercommunale. • CJCE 13 nov. 2008, *Coditel Brabant SA c/ Cne d'Uccle*, C-324/07 : *AJDA 2008. 2140, note Aït-El-Kadi*. ♦ Le Conseil d'État applique l'exclusion *in house* à la coopération entre des collectivités publiques qui créent ensemble un organisme en vue de leur fournir des prestations. • CE 4 mars 2009, *Synd. nat. des industries d'information de santé*, n° 300481 : *AJDA 2009. 412*.

4. *Société publique locale d'aménagement (SPLA).* Une collectivité peut concéder la réalisation d'opérations d'aménagement à une SPLA (C. urb., art. L. 327-1), sans mise en concurrence préalable, à la condition que cette collectivité, conjointement avec la ou les autres personnes publiques également actionnaires, exerce un contrôle analogue à celui qu'elle exerce sur ces propres services (*in house*). Cette condition n'est pas réalisée dans le cas d'une commune détenant 1, 076 % d'une SPLA, et non représentée à son conseil d'administration. • CE 6 nov. 2013, *Cne de Marsannay-la-Côte*, n° 365079 : *Lebon ; AJDA 2014. 60, note Clamour ; RDI 2014. 44, obs. Noguellou ; RTD eur. 2014. 952-27, obs. Muller.*

5. Un syndicat intercommunal ou mixte, qui est régi par le principe de spécialité, ne peut se voir transférer que des compétences, et ne saurait avoir comme seul objet l'exercice de fonctions supports au bénéfice de ses membres. La fourniture de matériels informatiques ne constitue pas une compétence, au sens du CGCT, mais s'analyse comme une mission fonctionnelle. Un syndicat intercommunal ou un syndicat mixte ne saurait avoir pour seul objet la mutualisation d'outils informatiques ou l'acquisition d'outils en vue de l'exercice par ses membres de leurs compétences respectives. Toutefois, un syndicat peut par voie de convention, dans le prolongement des compétences dont il est titulaire, mutualiser des fonctions supports avec ses communes membres, d'autres collectivités territoriales et établissements publics, sous réserve d'une habilitation statutaire, ou dans les conditions prévues par les art. L. 5111-1 et L. 5111-1-1 CGCT. * Rép. min. n° 01123 : *JO Sénat, 17 mai 2018, p. 2373*.

Loi n° 2011-525 du 17 mai 2011,

De simplification et d'amélioration de la qualité du droit.

Art. 98 Le groupement d'intérêt public est une personne morale de droit public dotée de l'autonomie administrative et financière. Il est constitué par convention approuvée par l'État soit entre plusieurs personnes morales de droit public, soit entre l'une ou plusieurs d'entre elles et une ou plusieurs personnes morales de droit privé.

Ces personnes y exercent ensemble des activités d'intérêt général à but non lucratif, en mettant en commun les moyens nécessaires à leur exercice.

Les collectivités territoriales et leurs groupements ne peuvent pas constituer entre eux des groupements d'intérêt public pour exercer ensemble des activités qui peuvent être confiées à l'un des organismes publics de coopération prévus à la cinquième partie du code général des collectivités territoriales *(L. n° 2014-58 du 27 janv. 2014, art. 89)* « , à l'exception des activités de gestion des programmes opérationnels interrégionaux mentionnées au 1° du I de l'article 78 de la loi n° 2014-58 du 27 janvier 2014 de modernisation de l'action publique territoriale et d'affirmation des métropoles *[V. ss. art. L. 1511-1-2]* ».

Lorsqu'il est fait usage de la possibilité prévue au 1° du I de l'art. 78 de la L. n° 2014-58 du 27 janv. 2014 [V. ss. art. L. 1511-1-2] de confier la gestion des programmes opérationnels interrégionaux à des groupements d'intérêt public, ces groupements se substituent aux collectivités territoriales pour la mise en œuvre des dispositions des art. 80 à 88 (relatives au transfert et à la mise à disposition des agents de l'État) de la présente loi. Les fonctionnaires de l'État affectés à un service ou une partie de service transféré à un groupement d'intérêt public en application du 1° du I de l'art. 78 ayant opté pour le statut de fonctionnaire territorial sont répartis entre les régions membres du groupement après accord entre elles et intégrés dans un cadre d'emplois de la fonction publique territoriale dans les conditions fixées au II de l'art. 83, par décision de l'autorité territoriale. Celle-ci procède à leur mise à disposition ou à leur détachement de plein droit auprès du groupement (L. préc., art. 89-II et III).

Art. L. 5111-1-1 *(L. n° 2010-1563 du 16 déc. 2010, art. 68)* **I. — Lorsqu'elles ont pour objet d'assurer l'exercice en commun d'une compétence reconnue par la loi ou transférée à leurs signataires, les conventions conclues entre les départements,** *(L. n° 2014-58 du 27 janv. 2014, art. 26)* **« la métropole de Lyon, » les régions, leurs établissements publics, leurs groupements** *(L. n° 2014-58 du 27 janv. 2014, art. 12)* **« , les communes appartenant à la métropole du Grand Paris » et les syndicats mixtes prévoient :**

— soit la mise à disposition du service et des équipements d'un des cocontractants à la convention au profit d'un autre de ces cocontractants ;

— soit le regroupement des services et équipements existants de chaque cocontractant à la convention au sein d'un service unifié relevant d'un seul de ces cocontractants.

Dans le cas mentionné au deuxième alinéa du présent I, la convention fixe les conditions de remboursement, par le bénéficiaire de la mise à disposition du service, des frais de fonctionnement lui incombant.

Dans le cas mentionné au troisième alinéa du présent I, la convention précise les modalités de remboursement des dépenses engagées par le service unifié pour le compte des cocontractants de la convention. Elle prévoit également, après avis des comités *(L. n° 2019-828 du 6 août 2019, art. 4)* **« sociaux territoriaux » compétents, les effets sur le personnel concerné.**

Le personnel du service mis à disposition ou du service unifié est placé sous l'autorité fonctionnelle de l'autorité administrative pour laquelle il exerce sa mission.

II. — Les conventions conclues entre des établissements publics de coopération intercommunale *(L. n° 2015-991 du 7 août 2015, art. 72)* **« ou entre communes membres d'un même établissement public de coopération intercommunale à fiscalité propre en vertu du dernier » alinéa de l'article L. 5111-1 obéissent aux conditions prévues au I du présent article.** *(L. n° 2015-991 du 7 août 2015, art. 72)* **« Par dérogation au premier alinéa du même I, lorsque ces conventions ont pour objet la mise en commun de l'instruction des décisions prises au nom de la commune ou de l'État par les maires des communes membres des établissements publics contractants, les communes concernées sont également parties à la convention. »**

III. — Les départements *(L. n° 2014-58 du 27 janv. 2014, art. 26)* **« , la métropole de Lyon, » et les régions, leurs établissements publics et les syndicats mixtes visés à l'article L. 5721-2 auxquels ils appartiennent peuvent, notamment par la création d'un syndicat mixte, se doter d'un service unifié ayant pour objet d'assurer en commun des services fonctionnels. Les services fonctionnels se définissent comme des services administratifs ou** *(L. n° 2019-828 du 6 août 2019, art. 4)* **« sociaux territoriaux » concourant à l'exercice des compétences des collectivités intéressées sans être directement rattachés à ces compétences.**

IV. — Les conditions d'application du présent article sont fixées par un décret en Conseil d'État.

COMMENTAIRE

V. dans le supplément en ligne.

Art. L. 5111-2 **Lorsqu'un groupement de collectivités territoriales exerce des attributions dans un domaine faisant l'objet d'un transfert de compétences, celui-ci s'opère au profit de cet organisme sur décision de l'organe délibérant.** — *[L. n° 83-8 du 7 janv. 1983, art. 6, al. 1er.]*

Art. L. 5111-3 **Lorsqu'un établissement public de coopération entre collectivités territoriales sans fiscalité propre se transforme en une autre catégorie d'établissement public de coopération entre collectivités territoriales, les règles de transformation applicables sont celles de la création d'un nouvel établissement public de coopération.**

(L. n° 99-586 du 12 juill. 1999) **« Lorsqu'un établissement public de coopération intercommunale à fiscalité propre se transforme en un autre établissement public de coopération à fiscalité propre, cette transformation n'entraîne pas l'application des règles relatives à la création d'une nouvelle personne morale. »**

Art. L. 5111-4 *(L. n° 2002-1 du 2 janv. 2002, art. 15)* **Les dispositions des chapitres II et III du titre V du livre II de la deuxième partie sont applicables aux groupements de collectivités territoriales et aux autres établissements publics locaux.**

(L. n° 2007-1787 du 20 déc. 2007, art. 14) **« Les établissements publics de coopération intercommunale peuvent faire application de l'article L. 2251-3** *(L. n° 2016-925 du 7 juill. 2016, art. 104)* **« et de l'article L. 2251-4 ». »**

Art. L.O. 5111-5 *(L. org. n° 2003-704 du 1er août 2003, art. 2)* **Les dispositions des articles L.O. 1113-1 à L.O. 1113-7 sont applicables aux établissements publics regroupant exclusivement des collectivités territoriales.**

Art. L. 5111-6 *(L. n° 2010-1563 du 16 déc. 2010, art. 44-I)* **La création d'un syndicat de communes visé à l'article L. 5212-1 ou d'un syndicat mixte visé à l'article L. 5711-1 ou à l'article L. 5721-1 ne peut être autorisée par le représentant de l'État dans le département que si elle est compatible avec le schéma départemental de coopération intercommunale mentionné à l'article L. 5210-1-1 ou avec les orientations en matière de rationalisation mentionnées au III du même article L. 5210-1-1.**

(L. n° 2012-281 du 29 févr. 2012, art. 4) **« Le présent article n'est pas applicable à la création d'un syndicat de communes ou d'un syndicat mixte compétent en matière de construction ou de fonctionnement d'école préélémentaire ou élémentaire, en matière d'accueil de la petite enfance** *(L. n° 2025-327 du 11 avr. 2025, art. 1er)* **« , en matière d'action sociale ou en matière d'eau potable ou d'assainissement ». »**

Art. L. 5111-7 *(Ord. n° 2021-1574 du 24 nov. 2021, art. 9)* **« I. — L'agent territorial qui change d'employeur en application d'une réorganisation prévue à la présente partie bénéficie des dispositions de l'article L. 714-9 du code général de la fonction publique. »**

(L. n° 2015-991 du 7 août 2015, art. 117) **« I *bis*. — S'agissant des agents mentionnés au I, le nouvel employeur est substitué de plein droit à l'ancien pour la convention de participation et, le cas échéant, le contrat de protection sociale complémentaire qui étaient conclus par ce dernier avec l'un des organismes mentionnés à l'article 88-2 de la loi n° 84-53 du 26 janvier 1984 précitée. La convention et, le cas échéant, le contrat sont exécutés dans les conditions antérieures jusqu'à leur échéance, sauf accord contraire entre le nouvel employeur, l'ancien employeur et l'organisme. Ceux-ci peuvent convenir d'une échéance de la convention et, le cas échéant, d'une échéance du contrat, antérieures à celles stipulées, dans le but d'harmoniser le régime des participations applicables aux agents. L'organisme est informé de la substitution de personne morale par le nouvel employeur. La substitution de personne morale à la convention et, le cas échéant, au contrat n'entraîne aucun droit à résiliation ou à indemnisation pour l'organisme.**

« Les agents conservent, s'ils y ont intérêt, le bénéfice des participations qui leur étaient applicables au titre d'un label prévu au même article 88-2. »

II. — Si des agents changent d'employeur par l'effet de la création d'un établissement public de coopération intercommunale à fiscalité propre ou d'une fusion d'établissements publics à fiscalité propre et si l'effectif de l'établissement d'accueil est d'au moins cinquante agents, l'employeur engage une négociation sur l'action sociale au sein du comité *(L. n° 2019-828 du 6 août 2019, art. 4)* « social territorial ». Il en est de même si le changement d'employeur résulte de la création d'un service unifié prévu à l'article L. 5111-1-1, d'un service mentionné au II de l'article L. 5211-4-1 ou d'un service commun prévu à l'article L. 5211-4-2 et si ce service compte au moins cinquante agents. Dans ce cas, la négociation se fait lors de la première constitution d'un service unifié ou d'un service commun entre les mêmes partenaires.

COMMENTAIRE

V. dans le supplément en ligne.

Le § I *bis* de l'art. L. 5111-7 permet aux agents transférés de ne pas perdre les avantages souscrits dans le cadre d'une convention de participation dont ils pouvaient bénéficier jusqu'à l'échéance de celle-ci, le nouvel employeur pouvant convenir avec le ou les organismes de protection sociale complémentaire (PSC) ayant contracté avec les anciennes collectivités de mettre un terme aux conventions avant leur échéance, de façon à permettre l'instauration d'un régime d'aide davantage homogène. Par ailleurs, les agents qui reçoivent une aide au titre d'un contrat ou règlement « labellisé » en conservent le bénéfice s'ils y ont intérêt. S'agissant des agents transférés qui ne s'étaient pas engagés jusqu'à présent dans une convention de participation des communes ou EPCI préexistants, ainsi que des agents recrutés directement au sein d'une commune nouvelle ou d'un EPCI fusionné, ils ne pourront ni adhérer à la convention de participation des anciennes collectivités, ni en conséquence bénéficier de l'aide financière du nouvel employeur, celui-ci n'étant « substitué de plein droit à l'ancien », aux termes du I *bis* que pour exécuter les conventions « dans les conditions antérieures », ce qui fige la situation à la date de création de la commune nouvelle ou de la fusion des EPCI. Dès lors, ce n'est que si la nouvelle collectivité choisit de conclure une convention de participation se substituant aux anciennes que ces agents pourront y adhérer. En l'absence de convention de participation, tout agent territorial peut souscrire un contrat de PSC auprès d'un organisme labellisé, l'employeur pouvant décider d'octroyer une participation financière aux personnels concernés. * Rép. min. n° 971 : *JOAN 28 nov. 2017, p. 5877.*

Art. L. 5111-8 *(Ord. n° 2021-1574 du 24 nov. 2021, art. 9)* **Le fonctionnaire dont l'emploi est supprimé à la suite d'une réorganisation prévue à la présente partie se soumet aux obligations de formation dans les conditions prévues à l'article L. 542-11 du code général de la fonction publique.**

LIVRE II LA COOPÉRATION INTERCOMMUNALE

ENCYCL. COLL. LOC. *Autres institutions de coopération, 1110 s.*, par J. Bénoit et Sempé.

BIBL. GÉN. ▶ **Ouvrages :** Albert, Briant (de) et Fialaire, L'intercommunalité et son coût, *L'Harmattan, 2008.* – Bernard-Douchez, Recherche sur la coopération entre personnes publiques, *Thèse Toulouse 1979.* – Bourjol, L'intercommunalité, réflexions sur quelques aspects juridiques, Solidarités locales, *LGDJ 1986.* – Bourjol (sous la dir. de), Intercommunalités et coopération intercommunale, *LGDJ 1993* ; Intercommunalité et Union européenne, *LGDJ 1994.* – Caillosse (sous la dir. de), Intercommunalité, invariance et mutation du modèle communal français, *PU Rennes 1994.* – Degoffe, Droit et pratique de l'intercommunalité, *Éd. Sorman, 2005.* – Houser, La nécessaire recentralisation de l'EPCI : la recherche d'une cohérence territoriale, *Thèse Université de Franche-Comté 2008.* – Madiot, Les fusions et regroupements de communes, *LGDJ 1973.* – Maillot, Intercommunalité et politique d'aménagement de l'espace, *Thèse Montpellier I, 1995.* – Steckel-Assouère (dir.), Regards croisés sur les mutations de l'intercommunalité, *L'Harmattan, coll. Grale, 2014.* – Intercommunalité, *dossier spécial, RGCT 2000. 3.* – Rapp. Conseil économique et social, 22 juin 2005, « Communes et intercommunalité en France ». – Cahiers de droit de l'intercommunalité, *suppl. n° 1/2008, JCP Adm. 2008. 15.* – Réforme territoriale, 1re partie : l'intercommunalité, *dossier spécial, AJCT janv. 2011.*

▶ **Articles :** Aubelle, L'interco doit cesser d'être une ambiguïté, *Gaz. cnes 12 janv. 2015, p. 114* ; Réflexions autour de la grammaire commune dont font usage l'Union européenne et l'intercommunalité, *RLCT 2014. 2802* ; La commune nouvelle, repenser l'intercommunalité ou comment revenir au principe de subsidiarité, *AJCT 2014. 520* ; L'intégration financière prend-elle le pas sur la construction institutionnelle de la coopération intercommunale ?, *AJCT 2011. 453*. – Aveline, Intercommunalité : la réforme continue, *AJCT 2014. 426*. – Balligand, Communes, intercommunalités : osons la réforme !, *Pouvoirs locaux 2007, n° 72, p. 33.* – Béhar, Après l'intercommunalité : l'intercommunautaire ?, *Pouvoirs locaux 2007, n° 73, p. 15.* – Bercis-Gaugain et Braconnier, Les différentes formes de coopération entre un EPCI à fiscalité propre et ses communes membres, *Rev. CMP, mars 2015, n° 3, p. 3.* – Boulay, L'objectif du périmètre intercommunal idéal est impossible à atteindre, *JCP Adm. 2014. Actu. 753.* – Briant (de), Le fédéralisme administratif : moyen ou fin de la réforme territoriale ?, *Pouvoirs locaux 2010, n° 84, p. 24.* – Brisson, L'intercommunalité aujourd'hui, ajustement ou enlisement, *Pouvoirs locaux 2022, n° 121, p. 73.* – Censil, Vers un nouvel élan pour la coopération intercommunale, *AJDA 2007. 1841*. – Chaboche, Les collectivités face à l'intercommunalité sportive, *Pouvoirs locaux, n° 49 II, 2001, p. 41.* – Chomentowski, L'intercommunalité sur un plateau, *Pouvoirs locaux 2007, n° 73, p. 11.* – Degoffe, L'intercommunalité fille de la décentralisation, *BJCL 2012. 271* ; Les nouvelles intercommunalités, *RFDA 2016. 481*. – Domingo, La loi de réforme des collectivités territoriales et l'intercommunalité, *JCP Adm. 2011, n° 2, p. 26.* – Douence (M.), La confortation du statu quo de la coopération intercommunale ou « beaucoup de bruit pour rien » ?, *RFDA 2020. 223*. – Duru, État des lieux de la coopération intercommunale, quinze ans après la loi ATR, *AJDA 2007. 1852*. – Dyens, Des intercommunalités (véritablement) renforcées ?, *AJCT 2015. 578*. – Facon, Intercommunalité associative, intercommunalité fédérative : pour une coexistence raisonnée, *RLCT 2005, n° 1, p. 40.* – Font, Réforme territoriale. Retour sur cinq ans de réforme de l'intercommunalité, *AJCT 2016. 68*. – Fort, Coopération intercommunale et principe de libre administration, *Dr. adm. 2003, n° 2, p. 12.* – Gardère, Intercommunalité et libre administration des communes : oui au mariage pour tous, non au mariage forcé !, *JCP Adm. 2014, n° 2206* ; Le volet intercommunal de la loi 3DS, *JCP Adm. 2022. 2102.* – Guignard, Commune et métropole, des relations à clarifier et à qualifier, *Pouvoirs locaux 2020, n° 115, p. 77.* – Hauser, Le volet intercommunal de la loi MAPAM : de nouvelles perspectives offertes aux acteurs locaux, *AJCT 2014. 2881.* – Heumel, Établissements publics de coopération intercommunale : la fin d'un modèle, *Intercommunalités, oct. 2004, n° 83.* – Lachaume, Des intercommunalités renforcées, *AJDA 2015. 1905*. – de Laubadère, Vicissitudes actuelles d'une distinction classique : établissement public et collectivité territoriale, *Mél. Couzinet 1974. 411.* – Leblong-Masclet, Coopérer : existe-t-il un modèle breton ?, *AJCT 2024. 675*. – Lerousseau, L'intercommunalité *in* La commune, l'État et le droit, *LGDJ 1990. 315.* – Levoyer, L'intercommunalité, levier de la transformation des finances locales ?, *RFFP févr. 2023, n° 161, p. 71.* – Long, Les liens financiers entre les communes et les intercommunalités : un référentiel à construire, *RFFP mai 2020, n° 150, p. 281.* – Luchaire, La nouvelle domanialité des collectivités territoriales et de leurs groupements, *Coll. terr. 2005, p. 7.* – Mathieu, Cent ans de coopération intercommunale, *LPA 1990.* – Moreau, L'intercommunalité dans la loi du 13 août 2004 relative aux libertés et responsabilités locales, *Coll. terr. 2004, n° 14, p. 6.* – Mozol, La distinction entre les collectivités territoriales et les EPCI à l'épreuve de la loi du 27 janv. 2014 : entre complexification et reconsolidation, *JCP Adm. 2014, n° 2201.* – Pariente, Les relations régions/métropoles, illustration des transformations en cours du droit des collectivités territoriales, *RFFP sept. 2018, n° 143, p. 65.* – PONCELET, Non, l'intercommunalité ne sonne pas le glas des communes !, *JCP Adm. 2006, n° 6, p. 199.* – PONTIER, Entre deux rives : une décennie d'intercommunalité, *JCP Adm. 2009, n° 29, p. 42* ; L'intercommunalité, hier, aujourd'hui et demain, *JCP Adm. 2010, n° 2240.* – PORTIER, Loi du 13 août 2004 : un bilan en demi-teinte pour l'intercommunalité, *AJDA 2005. 140* ; Essai de prospective intercommunale, *AJDA 2007. 1871* ; La coopération intercommunale dans la réforme des collectivités, *AJDA 2011. 80*. – REGOURD (C.), Collectivités territoriales – Le rapport Woerth : repenser l'intercommunalité au prisme de la décentralisation, *Dr. adm. 2024, n° 12, p. 14.* – REGOURD (S.), L'intercommunalité : au cœur d'une spécificité française, *in* Les collectivités locales en mutation, *Cahiers français n° 293, Doc fr., déc.1999.* – ROULAND, Intercommunalité : la transformation programmée d'un modèle, *Pouvoirs locaux 2007, n° 72, p. 23.* – ROZET, Communes, intercommunalités, quels devenirs ? *RLCT 2005, n° 5, p. 30.* – SAINT-SERNIN (de), Circulation des biens publics et intercommunalités, *Pouvoirs locaux 2020, n° 120, p. 99.* – SARRAZIN, L'intercommunalité : des enjeux différenciés pour les territoires, *in* « Prospective et décentralisation », *RGCT 2001. 1005.* – SEMPÉ, Question prioritaire de constitutionnalité et intercommunalité, *in* Mél. Pierre Bon, *2014.* – VERPEAUX, L'émergence d'un droit constitutionnel de l'intercommunalité. – À propos de quelques décisions QPC récentes intéressant l'intercommunalité, *JCP Adm. 2014, n° 2274.*

TITRE I ÉTABLISSEMENTS PUBLICS DE COOPÉRATION INTERCOMMUNALE

BIBL. GÉN. ▶ AUBELLE, L'intégration financière prend-elle le pas sur la construction institutionnelle de la coopération intercommunale ?, *AJCT 2011. 453*. – BRISSON, L'intercommunalité aujourd'hui, ajustement ou enlisement ?, *Pouvoirs locaux 2022, n° 121, p. 73.* – CÉBILE, Transition écologique et énergétique : la loi 3DS conforte l'action des intercommunalités, *JCP Adm. 2022. 2107.* – CHRISTIANNY, Les impacts de la loi du 12 mai 2009 sur l'intercommunalité, *JCP Adm. 2009, n° 2142* ; La convention territoriale globale à l'épreuve du droit de l'intercommunalité, *JCP Adm. 2023. 2224.* – COMBEAU, Intercommunalité, communes nouvelles et libre administration des collectivités territoriales, *AJDA 2017. 350*. – DAUCÉ, Libre administration des collectivités et rationalisation intercommunale, un équilibre à l'épreuve du contrôle constitutionnel, *JCP Adm. 2017. Actu. 165.* – DEGOFFE, Les nouvelles formes de regroupement intercommunal, *BJCL 2011. 31.* – DOUENCE, L'action extérieure des intercommunalités existe-t-elle ?, *Pouvoirs locaux 2022, n° 120, p. 40.* – DURU, État d'avancement du volet intercommunal de la réforme territoriale. Ou les trois actes d'une pièce maîtresse pour l'avenir de la décentralisation, *AJCT 2012. 401*. – LEBLONG-MASCLET, Coopérer : existe-t-il un modèle breton ?, *AJCT 2024. 675*. – LETANOUX, Quelle intercommunalité après la loi 3DS ?, *AJCT 2022. 244*. – LEVOYER, L'intercommunalité, levier de la transformation des finances locales ?, *RFPP, n° 161, févr. 2023, p. 71.* – MARCOU, Les métropoles ont-elles une chance ?, *JCP Adm. 2010, n° 2246.* – MOZOL, La distinction entre les collectivités territoriales et les EPCI à l'épreuve de la loi du 27 janv. 2014 : entre complexification et reconsolidation, *JCP Adm. 2014, n° 2201.* – REGAIRAZ, La démocratisation des établissements publics de coopération intercommunale à fiscalité propre, *AJCT 2021. 585*. – REGOURD, Le rapport Woerth : repenser l'intercommunalité au prisme de la décentralisation, *Dr. adm. 2024, n° 12, étude 14.* – REPORT, Les statuts d'un établissement public de coopération intercommunale ont-ils un caractère réglementaire ?, *Dr. adm. 2015, n° 1.* – ROUX, Les conseillers territoriaux et l'intercommunalité, *JCP Adm. 2010, n° 2243* ; Bilan et perspectives de l'intercommunalité, Circ. du min. dél. Collectivités territoriales du 21 déc. 2006, *JCP Adm., janv. 2007, n° 69* ; *AJDA 2007. 64*. – TREPPOZ-BRUANT, L'intercommunalité du XXIe siècle ou Le Prométhée moderne, *Dr. adm. 2020. 16.* – VERPEAUX, La rencontre de la commune nouvelle et de l'intercommunalité, *JCP Adm. 2017. Actu. 115.*

COMMENTAIRE

V. dans le supplément en ligne.

Art. L. 5210-1 Le progrès de la coopération intercommunale se fonde sur la libre volonté des communes d'élaborer des projets communs de développement au sein de périmètres de solidarité. — *[L. n° 92-125 du 6 févr. 1992, art. 66.]*

BIBL. ▶ BAILLY, Périmétrage des intercommunalités et rationalisation du discours étatique, *JCP Adm. 2011, n° 2134.* – FRIEDRICH, Suspension d'un acte préparatoire d'un EPCI : de l'articulation entre la jurisprudence Préfet de l'Eure et le déféré préfectoral, *JCP Adm. 2019. Actu. 272.* – HOUSER, L'incohérence de la réorganisation intercommunale crée des « situations d'urgence », *AJCT 2017. 465*. – JEBEILI, L'intercommunalité à la recherche du territoire pertinent, *JCP Adm. 2008, n° 2244.* – MULLER-QUOY, Le niveau intercommunal rationalisé, *JCP Adm. 2011, n° 2131.*

Art. L. 5210-1-1 A *(L. nº 2010-1563 du 16 déc. 2010, art. 30)* Forment la catégorie des établissements publics de coopération intercommunale les syndicats de communes, les communautés de communes, les communautés urbaines, les communautés d'agglomération et les métropoles.

Art. L. 5210-1-1 *(L. nº 2010-1563 du 16 déc. 2010, art. 35)* I. — Dans chaque département, il est établi, au vu d'une évaluation de la cohérence des périmètres et *(L. nº 2015-991 du 7 août 2015, art. 33)* « d'un état des lieux de la répartition des compétences des groupements existants et de leur exercice », un schéma départemental de coopération intercommunale prévoyant une couverture intégrale du territoire par des établissements publics de coopération intercommunale à fiscalité propre et la suppression des enclaves et discontinuités territoriales.

II. — Ce schéma prévoit également les modalités de rationalisation des périmètres des établissements publics de coopération intercommunale et des syndicats mixtes existants.

Il peut proposer la création, la transformation ou la fusion d'établissements publics de coopération intercommunale à fiscalité propre, ainsi que la modification de leurs périmètres.

Il peut également proposer la suppression, la transformation, ainsi que la fusion de syndicats de communes ou de syndicats mixtes.

Ces propositions sont reportées sur une carte annexée au schéma comprenant notamment les périmètres des établissements public *[publics]* de coopération intercommunale, des syndicats mixtes, des schémas de cohérence territoriale et des parcs naturels régionaux.

III. — Le schéma prend en compte les orientations suivantes :

(L. nº 2015-991 du 7 août 2015, art. 33) « 1° La constitution d'établissements publics de coopération intercommunale à fiscalité propre regroupant au moins 15 000 habitants ; toutefois, ce seuil est adapté, sans pouvoir être inférieur à 5 000 habitants pour les établissements publics de coopération intercommunale à fiscalité propre ainsi que pour les projets d'établissement public de coopération intercommunale à fiscalité propre :

« *a)* Dont la densité démographique est inférieure à la moitié de la densité nationale, au sein d'un département dont la densité démographique est inférieure à la densité nationale ; le seuil démographique applicable est alors déterminé en pondérant le nombre de 15 000 habitants par le rapport entre la densité démographique du département auquel appartiennent la majorité des communes du périmètre et la densité nationale ;

« *b)* Dont la densité démographique est inférieure à 30 % de la densité nationale ;

« *c)* Comprenant une moitié au moins de communes situées dans une zone de montagne délimitée en application de l'article 3 de la loi nº 85-30 du 9 janvier 1985 relative au développement et à la protection de la montagne ou regroupant toutes les communes composant un territoire insulaire ;

« *d)* Ou incluant la totalité d'un établissement public de coopération intercommunale à fiscalité propre de plus de 12 000 habitants issu d'une fusion intervenue entre le 1er janvier 2012 et la date de publication de la loi nº 2015-991 du 7 août 2015 portant nouvelle organisation territoriale de la République ;

« Pour l'application du présent 1°, la population à prendre en compte est la population municipale authentifiée par le plus récent décret publié en application de l'article 156 de la loi nº 2002-276 du 27 février 2002 relative à la démocratie de proximité, la densité nationale est déterminée en divisant la somme des populations municipales des départements de métropole et d'outre-mer et des collectivités territoriales exerçant les compétences départementales par la somme des superficies de ces mêmes départements et collectivités territoriales, et la densité démographique d'un département, d'un établissement public de coopération intercommunale à fiscalité propre ou d'un projet de périmètre d'établissement public de coopération intercommunale à fiscalité propre est déterminée en divisant la somme des populations municipales authentifiées des communes qui le composent par la somme des superficies de ces communes. »

2° *(L. nº 2015-991 du 7 août 2015, art. 33)* « La cohérence spatiale » des établissements publics de coopération intercommunale à fiscalité propre au regard notamment du périmètre des unités urbaines au sens de l'Institut national de la statistique et des études économiques, des bassins de vie et des schémas de cohérence territoriale ;

3° L'accroissement de la solidarité financière *(L. n° 2015-991 du 7 août 2015, art. 33)* « et de la solidarité territoriale » ;

(L. n° 2015-991 du 7 août 2015, art. 33) « 4° La réduction du nombre de syndicats de communes et de syndicats mixtes, en particulier par la suppression des doubles emplois entre des établissements publics de coopération intercommunale ou entre ceux-ci et des syndicats mixtes ; »

5° Le transfert des compétences exercées par les syndicats de communes ou les syndicats mixtes à un établissement public de coopération intercommunale à fiscalité propre *(L. n° 2015-991 du 7 août 2015, art. 33)* « ou à un autre syndicat exerçant les mêmes compétences conformément aux objectifs de rationalisation des périmètres des groupements existants et de renforcement de la solidarité territoriale » ;

6° La rationalisation des structures compétentes en matière d'aménagement de l'espace, de protection de l'environnement et de respect des principes du développement durable ;

(L. n° 2015-991 du 7 août 2015, art. 33) « 7° L'approfondissement de la coopération au sein des périmètres des pôles métropolitains et des pôles d'équilibre territoriaux et ruraux constitués en application des articles L. 5741-1 et L. 5741-4 ;

« 8° Les délibérations portant création de communes nouvelles. »

IV. — Un projet de schéma est élaboré par le représentant de l'État dans le département. Il est présenté à la commission départementale de la coopération intercommunale.

Il est adressé pour avis aux conseils municipaux des communes et aux organes délibérants des établissements publics de coopération intercommunale et des syndicats mixtes concernés par les propositions de modification de la situation existante en matière de coopération intercommunale. Ils se prononcent dans un délai de *(L. n° 2015-991 du 7 août 2015, art. 33)* « deux » mois à compter de la notification. À défaut de délibération dans ce délai, celle-ci est réputée favorable.

Lorsqu'une proposition intéresse des communes ou des établissements publics de coopération intercommunale ou des syndicats mixtes appartenant à des départements différents, le représentant de l'État dans le département saisit pour avis le représentant de l'État dans le ou les autres départements concernés, qui se prononce dans un délai de *(L. n° 2015-991 du 7 août 2015, art. 33)* « deux » mois après consultation de la commission départementale de la coopération intercommunale. À défaut d'avis rendu dans ce délai, l'avis est réputé favorable.

Le projet de schéma, ainsi que l'ensemble des avis mentionnés aux deux alinéas précédents, sont ensuite transmis pour avis à la commission départementale de la coopération intercommunale qui, à compter de cette transmission, dispose d'un délai de *(L. n° 2015-991 du 7 août 2015, art. 33)* « trois » mois pour se prononcer. À défaut de délibération dans ce délai, celle-ci est réputée favorable. Les propositions de modification du projet de schéma conformes aux I à III adoptées par la commission départementale de la coopération intercommunale à la majorité des deux tiers de ses membres sont intégrées dans le projet de schéma.

Le schéma est arrêté par décision du représentant de l'État dans le département et fait l'objet d'une insertion dans au moins une publication locale diffusée dans le département.

(L. n° 2019-1461 du 27 déc. 2019, art. 24) « Le schéma ainsi élaboré peut être révisé, selon la même procédure.

« IV *bis*. — La commission départementale de la coopération intercommunale peut, si la moitié de ses membres le demande, saisir le représentant de l'État d'une demande de révision du schéma. Elle est réunie à la demande de 20 % de ses membres.

« Le représentant de l'État se prononce dans un délai de deux mois sur la demande de révision du schéma. S'il en accepte le principe, il présente dans un délai de trois mois un projet de schéma auquel s'applique la procédure prévue au IV du présent article. »

V. — Sur le territoire des *(L. n° 2019-809 du 1er août 2019, art. 4)* « communes nouvelles issues de la fusion de toutes les communes membres d'un ou de plusieurs établissements publics de coopération intercommunale à fiscalité propre ainsi que dans

les » *(L. n° 2012-281 du 29 févr. 2012, art. 6)* « îles maritimes composées d'une seule commune, » les schémas départementaux de coopération intercommunale ne sont pas dans l'obligation de prévoir la couverture intégrale du territoire par des établissements publics de coopération intercommunale à fiscalité propre.

(L. n° 2012-281 du 29 févr. 2012, art. 6) « VI. — Par dérogation au principe de continuité du territoire et à la condition de respecter le 2° du III, une commune enclavée dans un département différent de celui auquel elle est administrativement rattachée peut appartenir à un établissement public de coopération intercommunale à fiscalité propre dont le siège est fixé dans son département de rattachement. »

(L. n° 2014-58 du 27 janv. 2014, art. 10) « VII. — Dans les départements de l'Essonne, de Seine-et-Marne, du Val-d'Oise et des Yvelines, les établissements publics de coopération intercommunale à fiscalité propre dont le siège se situe dans l'unité urbaine de Paris, telle que définie par l'Institut national de la statistique et des études économiques, regroupent plusieurs communes d'un seul tenant et sans enclave formant un ensemble d'au moins 200 000 habitants. Toutefois, il peut être dérogé à ce seuil démographique par le représentant de l'État dans le département pour tenir compte des caractéristiques de certains espaces, en prenant en compte des particularités de la géographie physique, le nombre de communes membres, la densité de population ou la superficie des établissements publics de coopération intercommunale à fiscalité propre concernés. »

Le schéma départemental de coopération intercommunale mentionné au présent art. est arrêté par le représentant de l'État dans le département avant le 31 déc. 2011 (L. n° 2010-1563 du 16 déc. 2010, art. 37).

Sur les modalités d'élaboration et de mise en œuvre du schéma régional de coopération intercommunale portant sur les départements de l'Essonne, de la Seine-et-Marne, du Val-d'Oise et des Yvelines, V. L. n° 2014-58 du 27 janv. 2014, art. 11, infra.

Sur les modalités de révision et de mise en œuvre des schémas départementaux de coopération intercommunale, V. L. n° 2015-991 du 7 août 2015, art. 33-II, 35 et 40, infra.

V. Instr. du Gouvernement du 27 août 2015 (NOR : RDFB1520588J) pour l'application des dispositions des art. 33, 35 et 40 de la L. n° 2015-991 du 7 août 2015 portant nouvelle organisation territoriale de la République relatifs à l'élaboration et à la mise en œuvre des nouveaux schémas départementaux de coopération intercommunale (SDCI).

BIBL. ▶ Aubelle, Une ambition dévoyée ou les perspectives quant aux usages à venir du SDCI, *AJCT 2012. 144*. – Dantonel-Cor, Rationalisation de la coopération intercommunale et contentieux des SDCI, *RLCT 2014. 2724*. – Dufau, Le schéma départemental de la coopération intercommunale n'est pas susceptible de recours pour excès de pouvoir, *JCP Adm. 2014, n° 2165*. – Josse, Schémas départementaux de coopération intercommunale : vers une tectonique de l'intercommunalité en France ?, *JCP Adm. 2011, n° 2301*. – Sempé, Question prioritaire de constitutionnalité et intercommunalité, in Mél. Pierre Bon, *Dalloz, juin 2014*. – Verpeaux, Réforme « Pélissard » de la loi de réforme des collectivités territoriales. En attendant la suite..., *JCP Adm. 2012, n° 2177*.

COMMENTAIRE

V. dans le supplément en ligne.

1. Procédure. Consultation. Dans le cadre d'une procédure de fusion de communes et d'EPCI, la décision relève exclusivement de la compétence du représentant de l'État et le conseil municipal n'est amené à se prononcer que pour avis. Il ne saurait donc organiser une consultation locale, sur le fondement de l'art. L. 1112-15 CGCT, en vue de connaître la position de la population s'agissant de l'accord qu'il doit donner sur l'arrêté préfectoral d'intégration de la commune. • TA Caen, 20 mars 2012, *Préfet du Calvados,* n°s 1200181 et 1200183 : *BJCL 2012. 429, concl. Rosay, note Poujade.* ♦ La commune concernée par un projet d'intégration à un EPCI doit être consultée sur le projet de périmètre. • TA Poitiers, 18 oct. 2017, n° 1601608 : *JurisData n° 2017-029646.* ♦ Les comités techniques (L. n° 84-53 du 26 janv. 1984, art. 33), qui doivent être saisis pour avis compte tenu de l'impact d'une fusion d'EPCI (art. L. 5211-41-3), n'ont pas à être consultés préalablement à l'édiction de l'arrêté de fusion. • TA Toulouse, 3 avr. 2018, *Cté de Cnes du Cordais et du Causse,* n° 1603373 : *JurisData n° 2018-013080.*

2. Urgence. Référé-suspension. Lorsqu'un arrêté préfectoral a pour objet de modifier la répartition des compétences entre une collectivité territoriale et un groupement de collectivités territoriales ou entre deux groupements de collectivités territoriales, la condition d'urgence à laquelle est subordonnée l'octroi d'une mesure de suspension doit être regardée, en principe et eu égard à la nature de cette décision, comme remplie. En particulier, la dissolution d'un EPCI crée, par elle-même, une situation d'urgence à l'égard de cet établissement. • CE 17 mars 2017, n° 404891 : *Lebon ; AJCT 2017. 465, obs. Houser*. ♦ La circonstance qu'un contrat ait été conclu par la communauté de communes avant que celle-ci ne fusionne, avec deux autres communautés de communes, au sein d'une autre communauté, et que, par suite, cette dernière soit tenue d'exécuter un contrat sur lequel elle ne s'est pas prononcée ne porte pas une atteinte grave et immédiate aux intérêts défendus par les membres du conseil communautaire de la nouvelle communauté. • CE 18 sept. 2017, n° 408894 : *AJCT 2018. 40, obs. Hul*.

3. Contentieux. SDCI. Il ne résulte pas de l'art. L. 5210-1-1 que la décision arrêtant le schéma de coopération intercommunale (SDCI) implique, par elle-même, la création, la modification ou la dissolution d'EPCI auxquels certaines communes seraient tenues d'adhérer. • CE 21 sept. 2012, *Cne de Poligny*, n° 360984 • 21 sept. 2012, *Cne de Couvrot*, n° 361632 : *AJDA 2013. 240, note Faure ; DGCT 2013. 1.* ♦ L'adoption du SDCI n'a en elle-même aucun effet sur l'existence ou le périmètre des EPCI. Le schéma présente donc le caractère d'un acte préparatoire et ne peut faire l'objet d'un recours pour excès de pouvoir. • TA Grenoble, 21 juin 2012, *Cne de Saint-Martin-de-Belleville et a.*, n°s 1200991, 1201002 et 1201186 : *JCP Adm. 2012, n° 2269, concl. Habchi.* • CAA Nancy, 7 nov. 2013, *Cté de cnes du Val-de-Meurthe, Cne de Golbey et a.*, n° 12NC01926 : *AJDA 2013. 2441, concl. Favret ; AJCT 2014. 60, obs. Bonnefont*. ♦ L'arrêté par lequel le préfet adopte le SDCI ne revêt pas un caractère réglementaire. • CE 21 oct. 2016, *Cté de cnes du Val-de-Drôme*, n° 390052 : *Lebon ; AJDA 2017. 532, note Éveillard ; AJCT 2017. 100, obs. Bonnefont*. ♦ L'arrêté portant création ou transformation d'EPCI, destiné à assurer la mise en œuvre du SDCI doit, comme le schéma lui-même, prendre en compte les orientations définies par le III de l'art. L. 5210-1-1. Par suite, alors même que le SDCI, qui ne constitue pas avec ces arrêtés une opération complexe, ne pourrait plus être contesté par la voie de l'exception, la méconnaissance de ces orientations peut être invoquée à l'appui d'une demande d'annulation pour excès de pouvoir des arrêtés. • CE 28 sept. 2017, *Cne de Villeneuve-le-Comte*, n° 407985 B : *AJCT 2018. 47, obs. Moreau*. ♦ La communauté d'agglomération n'a pas intérêt à agir pour former un recours pour excès de pouvoir contre l'arrêté préfectoral portant approbation du SDCI dès lors, qu'en lui-même, il ne porte pas une atteinte suffisamment spéciale, certaine et directe aux compétences propres de l'EPCI, dans la mesure où l'arrêté litigieux n'affecte ni ses ressources ni son périmètre. • TA Cergy-Pontoise, 10 janv. 2019, *Cté d'agglo de l'Aéroport du Bourget*, n° 1304275 : *JCP Adm. 2019. 2085.* ♦ L'art. L. 5210-1-1 n'exige pas que le SDCI contienne une évaluation et un état des lieux. • TA Montpellier, 7 nov. 2017, *Cté de Cnes Région Lézignanaise corbières et minervois*, n° 1602178 : *JurisData n° 2017-029644.* ♦ Le SDCI doit prendre en compte les « orientations » prévues à l'art. L. 5210-1-1, dont la « cohérence spatiale ». • TA Poitiers, 18 oct. 2017, n° 1601608 : *JurisData n° 2017-029646.* ♦ Le recours contre le seul arrêté de périmètre et non la décision de fusion est irrecevable en tant qu'acte préparatoire à la fusion. • TA Versailles, 22 mars 2018, *Cté de Cnes Maisons-Mesnil*, n° 1504977 : *JurisData, n° 2018-023868.*

4. Motivation fusion-extension. Est insuffisamment motivé l'arrêté se bornant à affirmer que la fusion-extension qu'il autorise respecte les objectifs de la L. du 27 janv. 2014 et les obligations et orientations définies à l'art. L. 5210-1-1. • TA Versailles, 19 avr. 2018, n°s 1601414 et 1601415. ♦ L'arrêté préfectoral prononçant la fusion de plusieurs EPCI, en l'absence d'accord des communes et sur avis simple de la CDCI, doit être motivé et préciser les circonstances de fait permettant de comprendre les raisons ayant conduit le préfet à prendre une telle décision. • TA Limoges, 12 juill. 2019, *Cté de Cnes du Pays Dunoy*, n° 1601509.

5. Unité urbaine. L'unité urbaine, telle que définie par l'INSEE, est une commune ou un ensemble de communes présentant une zone de bâti continu, c'est-à-dire sans coupure de plus de deux cents mètres entre deux constructions, les terrains servant à des « buts publics » ou à des « fins industrielles » ainsi que les cours d'eau traversés par des ponts n'étant pas pris en compte pour la détermination de la distance séparant les habitations. Cette notion permet de déterminer si une commune appartient à une agglomération de plus de 50 000 habitants au sens des art. L. 302-5 s. CCH. • CE 17 avr. 2013, *Cne de Juvignac*, n° 350071 B : *AJDA 2013. 822, note de Montecler ; BJCL 2013. 196, concl. Daumas.* ♦ Dispositif jugé conforme à la Constitution. • Cons. const., 26 avr. 2013, *Cne de Puyravault*, n° 2013-303 QPC : *AJDA 2013. 1386, note Fialaire ; AJCT 2013. 344, note Le Chatelier ; Constitutions 2013. 397, obs. Lutton*.

6. Seuil minimal de population. Le seuil minimal de population décidé par le législateur pour tout EPCI à fiscalité propre doit être interprété strictement. • CE 5 mai 2017, *Cté de cnes du Mont d'Or et des Deux Lacs*, n° 407309. ♦ Le préfet est tenu de refuser tout projet de regroupement intercommunal laissant subsister un EPCI à fiscalité propre dont la population n'atteindrait pas un seuil minimal de 15 000 habitants, abaissé à 5 000 habitants dans certaines circonstances, pour tout EPCI à fiscalité propre. • CE 17 mars 2017, *Min. de l'Intérieur*, n° 404891 B : *AJCT 2017. 465, obs. Houser ; JCP Adm. 2017, n° 2094, note Daumas.*

Loi n° 2014-58 du 27 janvier 2014,

De modernisation de l'action publique territoriale et d'affirmation des métropoles.

Art. 11 I. — Un projet de schéma régional de coopération intercommunale portant sur les départements de l'Essonne, de la Seine-et-Marne, du Val-d'Oise et des Yvelines est élaboré par le représentant de l'État dans la région d'Île-de-France, sur proposition des représentants de l'État dans ces départements.

Il est présenté, avant le 1er septembre 2014, à la commission régionale de la coopération intercommunale mentionnée au VII du présent article. Ce schéma répond aux obligations définies aux I, II, VI et VII de l'article L. 5210-1-1 du code général des collectivités territoriales et prend en compte les orientations définies au III du même article.

Le représentant de l'État dans la région d'Île-de-France adresse le projet de schéma pour avis aux conseils municipaux des communes et aux organes délibérants des établissements publics de coopération intercommunale à fiscalité propre concernés. Lorsqu'une proposition concerne des communes ou des établissements publics de coopération intercommunale à fiscalité propre appartenant à des départements autres que ceux mentionnés au premier alinéa du présent I, le représentant de l'État dans la région d'Île-de-France saisit le représentant de l'État dans le département intéressé, qui saisit pour avis la commission départementale de la coopération intercommunale.

Les avis mentionnés au troisième alinéa sont rendus dans un délai de trois mois à compter de l'envoi du projet de schéma. À défaut, l'avis est réputé favorable.

Le projet de schéma, ainsi que l'ensemble des avis mentionnés au troisième alinéa, sont transmis pour avis à la commission régionale de la coopération intercommunale par le représentant de l'État dans la région, laquelle, à compter de cette transmission, dispose d'un délai de *(L. n° 2015-29 du 16 janv. 2015, art. 11)* « cinq » mois pour se prononcer. À défaut de délibération dans ce délai, celle-ci est réputée favorable. Les propositions de modification du projet de schéma conformes aux I, II, VI et VII de l'article L. 5210-1-1 du code général des collectivités territoriales, adoptées par la commission régionale de la coopération intercommunale à la majorité des deux tiers de ses membres comprenant les deux tiers au moins des représentants de la ou des commissions départementales de la coopération intercommunale, désignés en application du VII du présent article, du ou des départements concernés par le projet, sont intégrées dans le projet de schéma.

Le schéma est arrêté avant le *(L. n° 2015-29 du 16 janv. 2015, art. 11)* « 31 mai » 2015 par le représentant de l'État dans la région d'Île-de-France et fait l'objet d'une insertion dans au moins une publication locale diffusée dans chacun des départements concernés.

II. — Dans les départements de l'Essonne, de la Seine-et-Marne, du Val-d'Oise et des Yvelines, la procédure de révision du schéma départemental de coopération intercommunale prévue au IV de l'article L. 5210-1-1 du code général des collectivités territoriales *(L. n° 2015-991 du 7 août 2015, art. 47)* « ne porte que sur les communes qui ne sont pas membres d'un établissement public de coopération intercommunale à fiscalité propre dont le siège est situé dans l'unité urbaine de Paris, définie par l'Institut national de la statistique et des études économiques ».

III. — Dès la publication du schéma régional de coopération intercommunale, les représentants de l'État dans les départements de l'Essonne, de Seine-et-Marne, du Val-d'Oise et des Yvelines définissent par arrêté, avant le *(L. n° 2015-991 du 7 août 2015, art. 47)* « 1er octobre 2015 », pour la mise en œuvre du schéma, tout projet de périmètre portant création d'un établissement public de coopération intercommunale à fiscalité propre.

Ils peuvent également définir un projet de périmètre ne figurant pas dans le schéma, après avis de la commission régionale de la coopération intercommunale, sous réserve du respect des obligations mentionnées aux I, II, VI et VII de l'article L. 5210-1-1 du code général des collectivités territoriales et de la prise en compte des orientations définies au III du même article.

Lorsqu'elle est saisie pour avis, en application du deuxième alinéa du présent III, la commission régionale de la coopération intercommunale dispose d'un délai *(L. n° 2015-29 du 16 janv. 2015, art. 11)* « d'un » mois à compter de sa saisine pour se prononcer. À défaut de délibération dans ce délai, l'avis est réputé favorable. L'arrêté intègre les propositions de modification du périmètre adoptées par la commission régionale dans les conditions de majorité prévues à l'avant-dernier alinéa du I du présent article.

L'arrêté de projet définit la catégorie d'établissement public de coopération intercommunale dont la création est envisagée, dresse la liste des communes intéressées et détermine le nom et le siège de l'établissement public de coopération intercommunale à fiscalité propre.

À compter de la notification de cet arrêté au maire de chaque commune intéressée, le conseil municipal dispose d'un délai *(L. n° 2015-29 du 16 janv. 2015, art. 11)* « d'un » mois pour se prononcer. À défaut de délibération dans ce délai, l'avis est réputé favorable.

La création de l'établissement public de coopération intercommunale à fiscalité propre est prononcée par arrêté des représentants de l'État dans les départements intéressés, après accord des conseils municipaux concernés. Cet accord doit être exprimé par la moitié au moins des conseils municipaux des communes intéressées, représentant la moitié au moins de la population totale de celles-ci, y compris le conseil municipal de la commune dont la population est la plus nombreuse si cette dernière représente au moins le tiers de la population totale.

À défaut d'accord des conseils municipaux et sous réserve de l'achèvement des procédures de consultation, les représentants de l'État dans les départements concernés peuvent, par décision motivée, après avis de la commission régionale de la coopération intercommunale, créer l'établissement public de coopération intercommunale à fiscalité propre. En vue de formuler son avis, la commission régionale entend tout maire d'une commune et tout président d'un établissement public de coopération intercommunale dont l'audition est de nature à éclairer ses délibérations ou qui en fait la demande. Les nouvelles propositions de modification du périmètre, adoptées par la commission régionale dans les conditions de majorité prévues à l'avant-dernier alinéa du I du présent article, sont intégrées au périmètre fixé par l'arrêté des représentants de l'État dans les départements concernés. La commission dispose d'un délai d'un mois à compter de sa saisine pour se prononcer. À défaut de délibération dans ce délai, l'avis est réputé favorable.

La création de l'établissement public de coopération intercommunale à fiscalité propre est prononcée par arrêté des représentants de l'État dans les départements intéressés avant le 31 décembre 2015.

L'arrêté de création de l'établissement public de coopération intercommunale à fiscalité propre emporte retrait des communes auxquelles le périmètre est étendu, des établissements publics de coopération intercommunale à fiscalité propre dont elles sont membres.

L'arrêté peut également porter, en cas d'accord des conseils municipaux des communes dans les conditions prévues au sixième alinéa du présent III, sur les compétences exercées par l'établissement public de coopération intercommunale à fiscalité propre, dans le respect des dispositions propres à sa catégorie.

À défaut d'accord sur les compétences, les communes membres de l'établissement public de coopération intercommunale à fiscalité propre disposent d'un délai de six mois à compter de sa création pour se doter des compétences requises, dans le respect des dispositions propres à sa catégorie. Si les communes ne se sont pas mises en conformité avec ces dispositions dans ce délai, le nouvel établissement public exerce l'intégralité des compétences prévues par lesdites dispositions.

IV. — Dès la publication du schéma régional de coopération intercommunale, les représentants de l'État dans les départements de l'Essonne, de Seine-et-Marne, du Val-d'Oise et des Yvelines proposent par arrêté, avant le *(L. n° 2015-991 du 7 août 2015, art. 47)* « 1er octobre 2015 », pour sa mise en œuvre, la modification du périmètre de tout établissement public de coopération intercommunale à fiscalité propre.

Ils peuvent également proposer une modification de périmètre ne figurant pas dans le schéma, sous réserve du respect des obligations mentionnées aux I, II, VI et VII de l'article L. 5210-1-1 du code général des collectivités territoriales et de la prise en compte des orientations définies au III du même article, après avis de la commission régionale de la coopération intercommunale.

Lorsqu'elle est saisie pour avis, en application du deuxième alinéa du présent IV, la commission régionale de la coopération intercommunale dispose d'un délai *(L. n° 2015-29 du 16 janv. 2015, art. 11)* « d'un » mois à compter de sa saisine pour se prononcer. À défaut de délibération dans ce délai, l'avis est réputé favorable. L'arrêté intègre les propositions de modification du périmètre adoptées par la commission régionale dans les conditions de majorité prévues à l'avant-dernier alinéa du I du présent article.

La modification de périmètre peut porter sur des communes appartenant ou non à un établissement public de coopération intercommunale à fiscalité propre. Un arrêté de projet de périmètre dresse la liste des communes intéressées.

Cet arrêté est notifié par le représentant de l'État dans le département au président de chaque établissement public de coopération intercommunale à fiscalité propre intéressé afin de recueillir l'avis de chaque organe délibérant et, concomitamment, au maire de chaque commune incluse dans le projet de périmètre afin de recueillir l'accord de chaque conseil municipal.

À compter de la notification de cet arrêté, les organes délibérants des établissements publics de coopération intercommunale à fiscalité propre et les conseils municipaux disposent d'un délai *(L. nº 2015-29 du 16 janv. 2015, art. 11)* « d'un » mois pour se prononcer. À défaut de délibération dans ce délai, l'avis est réputé favorable.

La modification de périmètre de l'établissement public de coopération intercommunale à fiscalité propre est prononcée par arrêté des représentants de l'État dans les départements concernés, après accord des conseils municipaux des communes incluses dans le projet de périmètre. Cet accord doit être exprimé par la moitié au moins des conseils municipaux des communes intéressées, représentant la moitié au moins de la population totale de celles-ci, y compris le conseil municipal de la commune dont la population est la plus nombreuse si cette dernière représente au moins le tiers de la population totale.

À défaut d'accord des communes et sous réserve de l'achèvement des procédures de consultation, les représentants de l'État dans les départements concernés peuvent, par décision motivée, après avis de la commission régionale de la coopération intercommunale, modifier le périmètre de l'établissement public de coopération intercommunale à fiscalité propre. En vue de formuler son avis, la commission régionale entend tout maire d'une commune et tout président d'un établissement public de coopération intercommunale dont l'audition est de nature à éclairer ses délibérations ou qui en fait la demande. Les nouvelles propositions de modification du périmètre adoptées par la commission régionale dans les conditions de majorité prévues à l'avant-dernier alinéa du I du présent article sont intégrées au périmètre fixé par l'arrêté des représentants de l'État dans les départements concernés. La commission dispose d'un délai d'un mois à compter de sa saisine pour se prononcer. À défaut de délibération dans ce délai, l'avis est réputé favorable.

La modification de périmètre de l'établissement public de coopération intercommunale à fiscalité propre est prononcée par arrêté des représentants de l'État dans les départements intéressés avant le 31 décembre 2015.

L'arrêté de modification de périmètre emporte retrait des communes auxquelles le périmètre est étendu des établissements publics de coopération intercommunale à fiscalité propre dont elles sont membres.

V. — Dès la publication du schéma régional de coopération intercommunale, les représentants de l'État dans les départements de l'Essonne, de Seine-et-Marne, du Val-d'Oise et des Yvelines proposent par arrêté, avant le *(L. nº 2015-991 du 7 août 2015, art. 47)* « 1er octobre 2015 », pour la mise en œuvre du schéma, la fusion d'établissements publics de coopération intercommunale, dont l'un au moins est à fiscalité propre.

Ils peuvent également proposer un projet de périmètre de fusion ne figurant pas dans le schéma, sous réserve du respect des obligations mentionnées aux I, II, VI et VII de l'article L. 5210-1-1 du code général des collectivités territoriales et de la prise en compte des orientations définies au III du même article, après avis de la commission régionale de la coopération intercommunale.

Lorsqu'elle est saisie pour avis, en application du deuxième alinéa du présent V, la commission régionale de la coopération intercommunale dispose d'un délai *(L. nº 2015-29 du 16 janv. 2015, art. 11)* « d'un » mois à compter de sa saisine pour se prononcer. À défaut de délibération dans ce délai, l'avis est réputé favorable. L'arrêté intègre les propositions de modification de périmètre adoptées par la commission régionale dans les conditions de majorité prévues à l'avant-dernier alinéa du I du présent article.

Un arrêté de projet de périmètre du nouvel établissement public de coopération intercommunale à fiscalité propre dresse la liste des établissements publics de coopération intercommunale appelés à fusionner. Le périmètre peut, en outre, comprendre des communes appartenant ou non à un autre établissement public de coopération intercommunale à fiscalité propre.

Cet arrêté est notifié par le représentant de l'État dans le département au président de chaque établissement public de coopération intercommunale à fiscalité propre intéressé afin de recueillir l'avis de chaque organe délibérant et, concomitamment, au maire de chaque commune incluse dans le projet de périmètre afin de recueillir l'accord de chaque conseil municipal.

À compter de la notification de l'arrêté de projet de périmètre, les organes délibérants des établissements publics de coopération intercommunale à fiscalité propre et les conseils municipaux disposent d'un délai *(L. n° 2015-29 du 16 janv. 2015, art. 11)* « d'un » mois pour se prononcer. À défaut de délibération dans ce délai, l'avis est réputé favorable.

La fusion des établissements publics de coopération intercommunale à fiscalité propre est prononcée par arrêté des représentants de l'État dans les départements intéressés, après accord des conseils municipaux des communes intéressées. Cet accord doit être exprimé par la moitié au moins des conseils municipaux concernés, représentant la moitié au moins de la population totale de celles-ci, y compris le conseil municipal de la commune dont la population est la plus nombreuse si cette dernière représente au moins le tiers de la population totale.

À défaut d'accord des conseils municipaux concernés et sous réserve de l'achèvement des procédures de consultation, les représentants de l'État dans les départements concernés peuvent, par décision motivée, après avis de la commission régionale de la coopération intercommunale, fusionner les établissements publics de coopération intercommunale à fiscalité propre. En vue de formuler son avis, la commission régionale entend tout maire d'une commune et tout président d'un établissement public de coopération intercommunale dont l'audition est de nature à éclairer ses délibérations ou qui en fait la demande. Les nouvelles propositions de modification du périmètre adoptées par la commission régionale dans les conditions de majorité prévues à l'avant-dernier alinéa du I du présent article sont intégrées au périmètre fixé par l'arrêté des représentants de l'État dans les départements concernés. La commission dispose d'un délai d'un mois à compter de sa saisine pour se prononcer. À défaut de délibération dans ce délai, l'avis est réputé favorable.

La fusion est prononcée par arrêté des représentants de l'État dans les départements intéressés avant le 31 décembre 2015.

L'arrêté de fusion emporte, le cas échéant, retrait des communes des établissements publics de coopération intercommunale à fiscalité propre dont elles sont membres et qui ne sont pas intégralement inclus dans le périmètre du nouvel établissement.

L'arrêté fixe le nom et le siège du nouvel établissement public de coopération intercommunale à fiscalité propre ainsi que ses compétences. Celui-ci exerce l'intégralité des compétences dont sont dotés les établissements publics de coopération intercommunale qui fusionnent, sur l'ensemble de son périmètre.

(L. n° 2015-991 du 7 août 2015, art. 47) « Les III et V de l'article L. 5211-41-3 du code général des collectivités territoriales sont applicables. Par dérogation au troisième alinéa du même III de l'article L. 5211-41-3, le délai de trois mois est porté à un an pour les compétences optionnelles prévues au II de l'article L. 5214-16 du même code pour les communautés de communes et au II de l'article L. 5216-5 dudit code pour les communautés d'agglomération.

« V *bis.* — Les agents mis à disposition d'un établissement public de coopération intercommunale, dans les conditions prévues à l'article L. 5211-4-1 du code général des collectivités territoriales, par une commune qui s'en retire, et qui participent à l'exercice d'une compétence transférée par cette commune à un autre établissement public de coopération intercommunale poursuivent leur mise à disposition auprès de cet autre établissement public.

« En cas de retrait de plusieurs communes d'un établissement public de coopération intercommunale, l'arrêté de modification du périmètre peut prévoir le principe de la répartition des agents de l'établissement public entre celui-ci et les établissements publics de coopération intercommunale que rejoignent ces communes. Ces agents relèvent de leur établissement public d'accueil dans les conditions de statut et d'emploi qui sont les leurs. Les modalités de cette répartition font l'objet d'une convention conclue, au plus tard un mois avant le retrait, entre le président de l'établissement public d'origine et les présidents des établissements publics d'accueil, après avis des comités techniques de chacun des établissements publics. À défaut d'accord dans le délai prévu au présent alinéa, le ou les représentants de l'État dans le ou les départements fixent les modalités de répartition par arrêté.

« En cas de dissolution d'un établissement public de coopération intercommunale, les agents de cet établissement public sont répartis entre les communes ou les établissements publics de coopération intercommunale reprenant les compétences exercées par l'établissement public de coopération intercommunale dissous. Ces agents relèvent de leur commune ou de leur établissement public d'accueil dans les conditions de statut et d'emploi qui sont les leurs. Les modalités de cette répartition font l'objet d'une convention conclue, au plus tard un mois avant la dissolution, entre le président de l'établissement public dissous et les maires et les présidents des établissements publics d'accueil, après avis des comités techniques de chacune des communes et de chacun des établissements publics. À défaut d'accord dans le délai prévu au présent alinéa, le ou les représentants de l'État dans le ou les départements fixent les modalités de répartition par arrêté.

« Les articles L. 5111-7 et L. 5111-8 du code général des collectivités territoriales sont applicables à ces agents. Les communes et les établissements publics de coopération intercommunale d'accueil supportent les charges financières correspondantes.

« Le II de l'article L. 5211-18 du même code est applicable. »

VI. — Si, avant la publication de l'arrêté portant création, extension ou fusion d'un établissement public de coopération intercommunale à fiscalité propre en application des III à V du présent article, le nombre et la répartition des sièges au sein de l'organe délibérant de l'établissement public n'ont pas été fixés, les conseils municipaux des communes intéressées disposent, à compter de la date de publication de l'arrêté, d'un délai de trois mois pour délibérer sur la composition de l'organe délibérant *(L. n° 2015-991 du 7 août 2015, art. 47)* « , sans que cette délibération puisse être prise après le 15 décembre 2015 ».

Le représentant de l'État dans la région constate la composition de l'organe délibérant de l'établissement public de coopération intercommunale à fiscalité propre fixée selon les modalités prévues au premier alinéa du présent VI. À défaut de délibération des conseils municipaux dans le délai *(L. n° 2015-991 du 7 août 2015, art. 47)* « prévu au même alinéa », la composition de l'organe délibérant est arrêtée par le représentant de l'État dans la région, selon les modalités prévues aux II et III de l'article L. 5211-6-1 du code général des collectivités territoriales.

VII. — La commission régionale de la coopération intercommunale mentionnée au présent article est présidée par le représentant de l'État dans la région d'Île-de-France et composée des représentants de l'État dans les départements de l'Essonne, de Seine-et-Marne, du Val-d'Oise et des Yvelines et des membres des commissions départementales de la coopération intercommunale des mêmes départements, réunies dans leur formation prévue au second alinéa de l'article L. 5211-45 du code général des collectivités territoriales. Siègent également au sein de la commission régionale de la coopération intercommunale, pour chacune de ces quatre commissions départementales de la coopération intercommunale, un représentant du conseil départemental, désigné parmi les membres mentionnés au 4° de l'article L. 5211-43 du même code, et un représentant du conseil régional, désigné parmi les membres mentionnés au 5° du même article L. 5211-43.

Loi n° 2015-991 du 7 août 2015,

Portant nouvelle organisation territoriale de la République.

Art. 33 *[...]* II. — À l'exception des départements de Paris, des Hauts-de-Seine, de Seine-Saint-Denis et du Val-de-Marne, les schémas départementaux de coopération intercommunale révisés selon les modalités prévues à l'article L. 5210-1-1 du code général des collectivités territoriales sont arrêtés avant le 31 mars 2016.

Les schémas des départements de l'Essonne, de Seine-et-Marne, du Val-d'Oise et des Yvelines ne portent que sur les communes qui ne sont pas membres d'un établissement public de coopération intercommunale à fiscalité propre dont le siège est situé dans l'unité urbaine de Paris définie par l'Institut national de la statistique et des études économiques.

……………………………………………………………………………………………

Art. 35 I. — Dès la publication du schéma départemental de coopération intercommunale prévu au II de l'article 33 de la présente loi et jusqu'au 15 juin 2016, le représentant de l'État dans le département définit par arrêté, pour la mise en œuvre du schéma, tout projet de périmètre d'un établissement public de coopération intercommunale à fiscalité propre.

Le représentant de l'État dans le département peut également définir un projet de périmètre ne figurant pas dans le schéma, dans les mêmes conditions et sous réserve du respect des objectifs mentionnés aux I et II de l'article L. 5210-1-1 du code général des collectivités territoriales et de la prise en compte des orientations définies au III du même article L. 5210-1-1, après avis de la commission départementale de la coopération intercommunale. La commission départementale dispose d'un délai d'un mois à compter de sa saisine pour se prononcer. À défaut de délibération dans ce délai, l'avis est réputé favorable. Le projet de périmètre intègre les propositions de modification du périmètre adoptées par la commission départementale dans les conditions de majorité prévues au quatrième alinéa du IV dudit article L. 5210-1-1.

L'arrêté portant projet de création définit la catégorie d'établissement public de coopération intercommunale dont la création est envisagée, dresse la liste des communes intéressées et détermine le siège de l'établissement public de coopération intercommunale.

Cet arrêté est notifié par le représentant de l'État dans le département au maire de chaque commune incluse dans le projet de périmètre afin de recueillir l'accord de chaque conseil municipal. À compter de la notification, le conseil municipal dispose d'un délai de soixante-quinze jours pour se prononcer. À défaut de délibération dans ce délai, l'avis est réputé favorable.

La création de l'établissement public de coopération intercommunale à fiscalité propre est prononcée par arrêté du ou des représentants de l'État dans le ou les départements intéressés, après accord des conseils municipaux des communes intéressées. Cet accord doit être exprimé par la moitié au moins des conseils municipaux des communes intéressées, représentant la moitié au moins de la population totale de celles-ci, y compris le conseil municipal de la commune dont la population est la plus nombreuse si cette dernière représente au moins le tiers de la population totale.

À défaut d'accord des communes et sous réserve de l'achèvement des procédures de consultation, le ou les représentants de l'État dans le ou les départements concernés peuvent créer l'établissement public de coopération intercommunale à fiscalité propre, par décision motivée, après avis favorable de la commission départementale de la coopération intercommunale lorsqu'il s'agit d'un projet ne figurant pas au schéma, ou avis simple lorsqu'il s'agit d'un projet figurant au schéma. Avant de rendre son avis, la commission départementale entend, de sa propre initiative ou à leur demande, les maires des communes intéressées et les présidents des établissements publics de coopération intercommunale à même d'éclairer ses délibérations. La commission départementale dispose d'un délai d'un mois à compter de sa saisine pour se prononcer. À défaut de délibération dans ce délai, l'avis est réputé favorable. L'arrêté de création intègre les propositions de modification du périmètre adoptées par la commission départementale dans les conditions de majorité prévues au quatrième alinéa du IV de l'article L. 5210-1-1 du code général des collectivités territoriales.

La création de l'établissement public de coopération intercommunale à fiscalité propre est prononcée par arrêté du ou des représentants de l'État dans le ou les départements intéressés, avant le 31 décembre 2016.

L'arrêté de création de l'établissement public de coopération intercommunale à fiscalité propre emporte retrait des communes intéressées des autres établissements publics de coopération intercommunale à fiscalité propre dont elles sont membres.

L'arrêté peut également porter, en cas d'accord des conseils municipaux des communes dans les conditions prévues au cinquième alinéa du présent I, sur les compétences exercées par l'établissement public de coopération intercommunale à fiscalité propre, dans le respect des dispositions propres à sa catégorie.

À défaut d'accord sur les compétences de l'établissement public de coopération intercommunale à fiscalité propre, les communes membres disposent d'un délai de six mois à compter de sa création pour se mettre en conformité, suivant la procédure définie à l'article L. 5211-17 du code général des collectivités territoriales, avec le II de l'article L. 5214-16 du même code en cas de création d'une communauté de communes, avec le II de l'article L. 5216-5 dudit code en cas de création d'une communauté d'agglomération et avec le I de l'article L. 5215-20 du même code en cas de création d'une communauté urbaine. Si les communes ne se sont pas mises en conformité avec ces dispositions dans ce délai, le nouvel établissement public exerce l'intégralité des compétences prévues par lesdites dispositions.

Le présent I n'est pas applicable à la création d'une métropole.

II. — Dès la publication du schéma départemental de coopération intercommunale prévu au II de l'article 33 de la présente loi et jusqu'au 15 juin 2016, le représentant de l'État dans le département définit par arrêté, pour la mise en œuvre du schéma, la modification du périmètre de tout établissement public de coopération intercommunale à fiscalité propre.

Le représentant de l'État dans le département peut également proposer une modification de périmètre ne figurant pas dans le schéma, dans les mêmes conditions et sous réserve du respect des objectifs mentionnés aux I et II de l'article L. 5210-1-1 du code général des collectivités territoriales et de la prise en compte des orientations définies au III du même article L. 5210-1-1, après avis de la commission départementale de la coopération intercommunale. La commission départementale dispose d'un délai d'un mois à compter de sa saisine pour se prononcer. À défaut de délibération dans ce délai, l'avis est réputé favorable. Le projet de périmètre intègre les propositions de modification du périmètre adoptées par la commission départementale dans les conditions de majorité prévues au quatrième alinéa du IV dudit article L. 5210-1-1.

L'arrêté portant projet de modification de périmètre dresse la liste des communes intéressées.

Cet arrêté est notifié par le représentant de l'État dans le département au président de chaque établissement public de coopération intercommunale à fiscalité propre intéressé afin de recueillir l'avis de son organe délibérant et, concomitamment, au maire de chaque commune incluse dans le projet de périmètre afin de recueillir l'accord de chaque conseil municipal. À compter de la notification, les organes délibérants des établissements publics de coopération intercommunale à fiscalité propre et les conseils municipaux disposent d'un délai de soixante-quinze jours pour se prononcer. À défaut de délibération dans ce délai, l'avis est réputé favorable.

La modification de périmètre de l'établissement public de coopération intercommunale à fiscalité propre est prononcée par arrêté du ou des représentants de l'État dans le ou les départements concernés après accord des conseils municipaux des communes incluses dans le projet de périmètre. Cet accord doit être exprimé par la moitié au moins des conseils municipaux des communes intéressées, représentant la moitié au moins de la population totale de celles-ci, y compris le conseil municipal de la commune dont la population est la plus nombreuse si cette dernière représente au moins le tiers de la population totale.

À défaut d'accord des communes et sous réserve de l'achèvement des procédures de consultation, le ou les représentants de l'État dans le ou les départements concernés peuvent modifier le périmètre de l'établissement public de coopération intercommunale à fiscalité propre, par décision motivée, après avis favorable de la commission départementale de la coopération intercommunale lorsqu'il s'agit d'un projet ne figurant pas au schéma, ou avis simple lorsqu'il s'agit d'un projet figurant au schéma. Avant de rendre son avis, la commission départementale entend, de sa propre initiative ou à leur demande, les maires des communes intéressées et les présidents des établissements publics de coopération intercommunale à même d'éclairer ses délibérations. La commission départementale dispose d'un délai d'un mois à compter de sa saisine pour se prononcer. À défaut de délibération dans ce délai, l'avis est réputé favorable. L'arrêté de modification intègre les propositions de modification du périmètre adoptées par la commission départementale dans les conditions de majorité prévues au quatrième alinéa du IV de l'article L. 5210-1-1 du code général des collectivités territoriales.

La modification de périmètre de l'établissement public de coopération intercommunale à fiscalité propre est prononcée par arrêté du ou des représentants de l'État dans le ou les départements intéressés, avant le 31 décembre 2016.

L'arrêté de modification du périmètre emporte retrait des communes intéressées des autres établissements publics de coopération intercommunale à fiscalité propre dont elles sont membres.

Le II de l'article L. 5211-18 du même code est applicable.

III. — Dès la publication du schéma départemental de coopération intercommunale prévu au II de l'article 33 de la présente loi et jusqu'au 15 juin 2016, le représentant de l'État dans le département définit par arrêté, pour la mise en œuvre du schéma, la fusion d'établissements publics de coopération intercommunale dont l'un au moins est à fiscalité propre.

Le représentant de l'État dans le département peut également proposer un périmètre de fusion ne figurant pas dans le schéma, dans les mêmes conditions et sous réserve de respecter les objectifs mentionnés aux I et II de l'article L. 5210-1-1 du code général des collectivités territoriales et de prendre en compte les orientations définies au III du même article L. 5210-1-1, après avis de la commission départementale de la coopération intercommunale. La commission départementale dispose d'un délai d'un mois à compter de sa saisine pour se prononcer. À défaut de délibération dans ce délai, l'avis est réputé favorable. Le projet de périmètre intègre les propositions de modification du périmètre adoptées par la commission départementale dans les conditions de majorité prévues au quatrième alinéa du IV dudit article L. 5210-1-1.

L'arrêté portant projet de fusion dresse la liste des établissements publics de coopération intercommunale appelés à fusionner, ainsi que des communes, appartenant ou non à un autre établissement public de coopération intercommunale à fiscalité propre, incluses dans le périmètre du nouvel établissement public.

Cet arrêté est notifié par le représentant de l'État dans le département aux présidents des établissements publics de coopération intercommunale à fiscalité propre intéressés afin de recueillir l'avis de l'organe délibérant et, concomitamment, au maire de chaque commune incluse dans le projet de périmètre afin de recueillir l'accord de chaque conseil municipal. À compter de la notification de l'arrêté de projet de périmètre, les organes délibérants des établissements publics de coopération intercommunale et les conseils municipaux disposent d'un délai de soixante-quinze jours pour se prononcer. À défaut de délibération dans ce délai, l'avis est réputé favorable.

La fusion est prononcée par arrêté du ou des représentants de l'État dans le ou les départements concernés après accord des conseils municipaux des communes incluses dans le projet de périmètre. L'accord des communes doit être exprimé par la moitié au moins des conseils municipaux des communes intéressées, représentant la moitié au moins de la population totale de celles-ci, y compris le conseil municipal de la commune dont la population est la plus nombreuse si cette dernière représente au moins le tiers de la population totale.

À défaut d'accord des communes et sous réserve de l'achèvement des procédures de consultation, le ou les représentants de l'État dans le ou les départements concernés peuvent fusionner des établissements publics de coopération intercommunale, par décision motivée, après avis favorable de la commission départementale de la coopération intercommunale lorsqu'il s'agit d'un projet ne figurant pas au schéma, ou avis simple lorsqu'il s'agit d'un projet figurant au schéma. Avant de rendre son avis, la commission départementale entend, de sa propre initiative ou à leur demande, les maires des communes intéressées et les présidents des établissements publics de coopération intercommunale à même d'éclairer ses délibérations. La commission départementale dispose d'un délai d'un mois à compter de sa saisine pour se prononcer. À défaut de délibération dans ce délai, l'avis est réputé favorable. L'arrêté de fusion intègre les propositions de modification du périmètre adoptées par la commission départementale dans les conditions de majorité prévues au quatrième alinéa du IV de l'article L. 5210-1-1 du code général des collectivités territoriales.

La fusion est prononcée par arrêté du ou des représentants de l'État dans le ou les départements intéressés, avant le 31 décembre 2016.

L'arrêté de fusion emporte, le cas échéant, retrait des communes des établissements publics de coopération intercommunale à fiscalité propre dont elles sont membres et qui ne sont pas intégralement inclus dans le périmètre.

L'arrêté de fusion fixe également le nom, le siège et les compétences du nouvel établissement public.

Les III et V de l'article L. 5211-41-3 du même code sont applicables. Par dérogation au troisième alinéa du même III, le délai de trois mois est porté à un an pour les compétences optionnelles prévues au II de l'article L. 5214-16 du même code pour les communautés de communes et au II de l'article L. 5216-5 dudit code pour les communautés d'agglomération.

IV. — Les agents mis à disposition d'un établissement public de coopération intercommunale, dans les conditions prévues à l'article L. 5211-4-1 du code général des collectivités territoriales, par une commune qui s'en retire, et qui participent à l'exercice d'une compétence transférée par cette commune à un autre établissement public de coopération intercommunale, poursuivent leur mise à disposition auprès de cet autre établissement public.

En cas de retrait de plusieurs communes d'un établissement public de coopération intercommunale, l'arrêté de modification du périmètre peut prévoir le principe de la répartition des agents de l'établissement public entre celui-ci et les établissements publics de coopération intercommunale que rejoignent ces communes. Ces agents relèvent de leur établissement public d'accueil dans les conditions de statut et d'emploi qui sont les leurs. Les modalités de cette répartition font l'objet d'une convention conclue, au plus tard un mois avant le retrait, entre le président de l'établissement public d'origine et les présidents des établissements publics d'accueil, après avis des comités techniques de chacun des établissements publics. À défaut d'accord dans le délai prévu au présent alinéa, le ou les représentants de l'État dans le ou les départements fixent les modalités de répartition par arrêté.

En cas de dissolution d'un établissement public de coopération intercommunale, les agents de cet établissement public sont répartis entre les communes ou les établissements publics de coopération intercommunale reprenant les compétences exercées par l'établissement public de coopération intercommunale dissous. Ces agents relèvent de leur commune ou de leur établissement public d'accueil dans les conditions de statut et d'emploi qui sont les leurs. Les modalités de cette répartition font l'objet d'une convention conclue, au plus tard un mois avant la dissolution, entre le président de l'établissement public dissous et les maires et les présidents des établissements publics d'accueil, après avis des comités techniques de chacune des communes et de chacun des établissements publics. À défaut d'accord dans le délai prévu au présent alinéa, le ou les représentants de l'État dans le ou les départements fixent les modalités de répartition par arrêté.

Les articles L. 5111-7 et L. 5111-8 du code général des collectivités territoriales sont applicables à ces agents. Les communes et les établissements publics de coopération intercommunale d'accueil supportent les charges financières correspondantes.

V. — Si, avant la publication de l'arrêté portant création, modification du périmètre ou fusion d'un établissement public de coopération intercommunale à fiscalité propre en application du présent article, le nombre et la répartition des sièges au sein de l'organe délibérant de l'établissement public n'ont pas été déterminés dans les conditions fixées à l'article L. 5211-6-1 du code général des collectivités territoriales, les conseils municipaux des communes intéressées disposent, à compter de la date de publication de l'arrêté, d'un délai de trois mois pour délibérer sur la composition de l'organe délibérant, sans que cette délibération puisse être prise après le 15 décembre 2016.

Le représentant de l'État dans le département constate la composition de l'organe délibérant de l'établissement public de coopération intercommunale à fiscalité propre fixée selon les modalités prévues au premier alinéa du présent V. À défaut de délibération des conseils municipaux dans le délai prévu au même premier alinéa, la composition de l'organe délibérant est arrêtée par le représentant de l'État dans le département, selon les modalités prévues aux II et III de l'article L. 5211-6-1 du même code.

Les conseillers communautaires sont désignés ou élus dans les conditions prévues au 1° de l'article L. 5211-6-2 dudit code.

[...]

....

Art. 40 I. — Dès la publication du schéma départemental de coopération intercommunale prévu au II de l'article 33 de la présente loi et jusqu'au 15 juin 2016, le représentant de l'État dans le département propose, pour la mise en œuvre du schéma, la dissolution de tout syndicat de communes ou syndicat mixte prévu à l'article L. 5711-1 du code général des collectivités territoriales.

Il peut également proposer une dissolution ne figurant pas dans le schéma, sous réserve des orientations définies aux 3° à 6° du III de l'article L. 5210-1-1 du même code, après avis de la commission départementale de la coopération intercommunale. La commission départementale dispose d'un délai d'un mois à compter de sa saisine pour se prononcer. À défaut de délibération dans ce délai, l'avis est réputé favorable. La proposition de dissolution intègre les propositions de modification adoptées par la commission départementale dans les conditions de majorité prévues au quatrième alinéa du IV du même article L. 5210-1-1.

Le représentant de l'État dans le département notifie son intention de dissoudre le syndicat au président de celui-ci afin de recueillir l'avis du comité syndical, ainsi qu'au maire ou au président de chacun des membres du syndicat afin de recueillir l'accord du conseil municipal ou de l'organe délibérant. À compter de la notification, le conseil municipal ou l'organe délibérant dispose d'un délai de soixante-quinze jours pour se prononcer. À défaut de délibération dans ce délai, l'avis est réputé favorable.

Le ou les représentants de l'État dans le ou les départements concernés prononcent par arrêté la fin d'exercice des compétences ou la dissolution du syndicat, après accord des organes délibérants des membres du syndicat. Cet accord doit être exprimé par la moitié au moins des organes délibérants des membres du syndicat, représentant la moitié au moins de la population totale de ceux-ci, y compris le conseil municipal de la commune dont la population est la plus nombreuse si cette dernière représente au moins le tiers de la population totale.

À défaut d'accord des membres du syndicat et sous réserve de l'achèvement de la procédure de consultation, le ou les représentants de l'État dans le ou les départements concernés peuvent mettre fin à l'exercice des compétences du syndicat ou prononcer sa dissolution, par décision motivée, après avis favorable de la commission départementale de la coopération intercommunale lorsqu'il s'agit d'un projet ne figurant pas au schéma, ou avis simple lorsqu'il s'agit d'un projet figurant au schéma. Avant de rendre son avis, la commission départementale entend, de sa propre initiative ou à leur demande, les maires des communes intéressées et les présidents des établissements publics de coopération intercommunale et des syndicats mixtes à même d'éclairer ses délibérations. La commission départementale dispose d'un délai d'un mois à compter de sa saisine pour se prononcer. À défaut de délibération dans ce délai, l'avis est réputé favorable. Le représentant de l'État dans le département se conforme aux propositions adoptées par la commission départementale dans les conditions de majorité prévues au quatrième alinéa du IV dudit article L. 5210-1-1.

La fin d'exercice des compétences ou la dissolution sont prononcées par arrêté du ou des représentants de l'État dans le ou les départements intéressés avant le 31 décembre 2016.

L'arrêté de fin d'exercice des compétences ou de dissolution détermine, dans le respect des articles L. 5211-25-1 et L. 5211-26 du code général des collectivités territoriales et sous la réserve des droits des tiers, les conditions dans lesquelles le syndicat est liquidé.

II. — Dès la publication du schéma départemental de coopération intercommunale prévu au II de l'article 33 de la présente loi et jusqu'au 15 juin 2016, le représentant de l'État dans le département propose, pour la mise en œuvre du schéma, la modification du périmètre de tout syndicat de communes ou syndicat mixte prévu à l'article L. 5711-1 du même code.

Il peut également proposer une modification de périmètre ne figurant pas dans le schéma, sous réserve des orientations définies aux 3° à 6° du III de l'article L. 5210-1-1 dudit code, après avis de la commission départementale de la coopération intercommunale. La commission départementale dispose d'un délai d'un mois à compter de sa saisine pour se prononcer. À défaut de délibération dans ce délai, l'avis est réputé favorable. Le projet de modification du périmètre intègre les propositions de modification adoptées par la commission départementale dans les conditions de majorité prévues au quatrième alinéa du IV du même article L. 5210-1-1.

Un arrêté de projet de périmètre dresse la liste des communes et établissements publics inclus dans le projet. Cet arrêté est notifié par le représentant de l'État dans le département au président du syndicat afin de recueillir l'avis du comité syndical, ainsi qu'au président de chaque établissement public concerné et, concomitamment, au maire de chaque commune incluse dans le périmètre afin de recueillir l'accord de l'organe délibérant ou du conseil municipal. À compter de la notification, le conseil municipal ou l'organe délibérant dispose d'un délai de soixante-quinze jours pour se prononcer. À défaut de délibération dans ce délai, l'avis est réputé favorable.

La modification du périmètre du syndicat est prononcée par arrêté du ou des représentants de l'État dans le ou les départements concernés, après accord des organes délibérants des membres du syndicat. Cet accord doit être exprimé par la moitié au moins des organes délibérants des membres du syndicat, représentant la moitié au moins de la population totale de ceux-ci, y compris le conseil municipal de la commune dont la population est la plus nombreuse si cette dernière représente au moins le tiers de la population totale.

À défaut d'accord des membres du syndicat et sous réserve de l'achèvement des procédures de consultation, le ou les représentants de l'État dans le ou les départements concernés peuvent modifier le périmètre du syndicat, par décision motivée, après avis favorable de la commission départementale de la coopération intercommunale lorsqu'il s'agit d'un projet ne figurant pas au schéma, ou avis simple lorsqu'il s'agit d'un projet figurant au schéma. Avant de rendre son avis, la commission départementale entend, de sa propre initiative ou à leur demande, les maires des communes intéressées et les présidents des établissements publics de coopération intercommunale et des syndicats mixtes à même d'éclairer ses délibérations. La commission départementale dispose d'un délai d'un mois à compter de sa saisine pour se prononcer. À défaut de délibération dans ce délai, l'avis est réputé favorable. L'arrêté portant modification du périmètre intègre les propositions de modification du périmètre adoptées par la commission départementale dans les conditions de majorité prévues au quatrième alinéa du IV de l'article L. 5210-1-1 du code général des collectivités territoriales.

La modification de périmètre est prononcée par arrêté du ou des représentants de l'État dans le ou les départements intéressés avant le 31 décembre 2016.

En cas d'extension de périmètre, l'arrêté fixe également le nombre de délégués représentant chaque commune ou chaque établissement public membre au sein du comité du syndicat. Ce nombre est déterminé par accord des organes délibérants des membres, dans les conditions de majorité mentionnées au quatrième alinéa du présent II ou, à défaut, fixé par le représentant de l'État dans le département, dans les conditions prévues au premier alinéa de l'article L. 5212-7 et à l'article L. 5212-8 du même code.

Le II de l'article L. 5211-18 dudit code est applicable aux extensions du périmètre d'un syndicat de communes ou d'un syndicat mixte. Le troisième alinéa de l'article L. 5211-19 du même code s'applique aux modifications de périmètre entraînant le retrait d'une commune membre.

III. — Dès la publication du schéma départemental de coopération intercommunale prévu au II de l'article 33 de la présente loi et jusqu'au 15 juin 2016, le représentant de l'État dans le département propose, pour la mise en œuvre du schéma, la fusion de syndicats de communes ou de syndicats mixtes prévus à l'article L. 5711-1 du même code.

Il peut également proposer une fusion ne figurant pas dans le schéma, sous réserve des orientations définies aux 3° à 6° du III de l'article L. 5210-1-1 dudit code, après avis de la commission départementale de la coopération intercommunale. La commission départementale dispose d'un délai d'un mois à compter de sa saisine pour se prononcer. À défaut de délibération dans ce délai, l'avis est réputé favorable. Le projet de fusion intègre les propositions de modification adoptées par la commission départementale dans les conditions de majorité prévues au quatrième alinéa du IV du même article L. 5210-1-1.

Un arrêté de projet de fusion dresse la liste des établissements publics intéressés. Il est notifié par le représentant de l'État dans le département au président de chacun des syndicats dont la fusion est envisagée, afin de recueillir l'avis du comité syndical. Il est concomitamment notifié au maire de chaque commune membre et, le cas échéant, au président de chaque établissement public membre des syndicats inclus dans le projet de fusion, afin de recueillir l'accord du conseil municipal ou de l'organe délibérant. À compter de la notification, le conseil municipal ou l'organe délibérant dispose d'un délai de soixante-quinze jours pour se prononcer. À défaut de délibération dans ce délai, l'avis est réputé favorable.

La fusion des syndicats est prononcée par arrêté du ou des représentants de l'État dans le ou les départements concernés, après accord des organes délibérants des membres des syndicats intéressés. Cet accord doit être exprimé par la moitié au moins des organes délibérants des membres de tous les syndicats inclus dans le projet de fusion, représentant la moitié au moins de la population totale de ceux-ci, y compris le conseil municipal de la commune dont la population est la plus nombreuse si cette dernière représente au moins le tiers de la population totale.

À défaut d'accord des membres des syndicats et sous réserve de l'achèvement des procédures de consultation, le ou les représentants de l'État dans le ou les départements concernés peuvent fusionner des syndicats, par décision motivée, après avis favorable de la commission départementale de la coopération intercommunale lorsqu'il s'agit d'un projet ne figurant pas au schéma, ou avis simple lorsqu'il s'agit d'un projet figurant au schéma. Avant de rendre son avis, la commission départementale entend, de sa propre initiative ou à leur demande, les maires des communes intéressées et les présidents des établissements publics de coopération intercommunale et des syndicats mixtes à même d'éclairer ses délibérations. La commission départementale dispose d'un délai d'un mois à compter de sa saisine pour se prononcer. À défaut de délibération dans ce délai, l'avis est réputé favorable. L'arrêté de fusion intègre les propositions de modification du périmètre adoptées par la commission départementale dans les conditions de majorité prévues au quatrième alinéa du IV de l'article L. 5210-1-1 du code général des collectivités territoriales.

La fusion est prononcée par arrêté du ou des représentants de l'État dans le ou les départements intéressés avant le 31 décembre 2016.

L'arrêté de fusion fixe également le nombre de délégués représentant chaque commune ou chaque établissement public membre au sein du comité du syndicat. Ce nombre est déterminé par accord des organes délibérants des membres, dans les conditions de majorité mentionnées au quatrième alinéa du présent III ou, à défaut, fixé par le représentant de l'État dans le département, dans les conditions prévues au premier alinéa de l'article L. 5212-7 et à l'article L. 5212-8 du même code.

Le nouveau syndicat exerce l'ensemble des compétences exercées par les syndicats fusionnés.

Les III et IV de l'article L. 5212-27 dudit code sont applicables.

IV. — Les agents mis à disposition d'un syndicat de communes ou d'un syndicat mixte prévu à l'article L. 5711-1 du code général des collectivités territoriales, dans les conditions prévues à l'article L. 5211-4-1 du même code, par une commune qui s'en retire, et qui participent à l'exercice d'une compétence transférée par cette commune à un autre établissement public de coopération intercommunale ou à un autre syndicat mixte poursuivent leur mise à disposition auprès de cet autre établissement public de coopération intercommunale ou syndicat mixte.

En cas de retrait de plusieurs communes d'un syndicat de communes ou d'un syndicat mixte, l'arrêté de modification du périmètre peut prévoir le principe de la répartition des agents du syndicat entre celui-ci et les établissements publics de coopération intercommunale et les syndicats mixtes que rejoignent ces communes. Ces agents relèvent de leur établissement public de coopération intercommunale ou de leur syndicat mixte d'accueil dans les conditions de statut et d'emploi qui sont les leurs. Les modalités de cette répartition font l'objet d'une convention conclue, au plus tard un mois avant le retrait, entre le président du syndicat d'origine et les présidents des établissements publics de coopération intercommunale et syndicats mixtes d'accueil, après avis des comités techniques de chacun des établissements publics de coopération intercommunale et syndicats mixtes. À défaut d'accord dans le délai prévu au présent alinéa, le ou les représentants de l'État dans le ou les départements fixent les modalités de répartition par arrêté.

En cas de dissolution d'un syndicat de communes ou d'un syndicat mixte, les agents de ce syndicat sont répartis entre les communes, les établissements publics de coopération intercommunale ou les syndicats mixtes reprenant les compétences exercées par le syndicat dissous. Ces agents relèvent de leur commune, de leur établissement public de coopération intercommunale ou de leur syndicat mixte d'accueil dans les conditions de statut et d'emploi qui sont les leurs. Les modalités de cette répartition font l'objet d'une convention conclue, au plus tard un mois avant la dissolution, entre le président du syndicat dissous et les maires et les présidents des établissements publics de coopération intercommunale et des syndicats mixtes d'accueil, après avis des comités techniques de chacune des communes et de chacun des établissements publics de coopération intercommunale et des syndicats mixtes. À défaut d'accord dans le délai prévu au présent alinéa, le ou les représentants de l'État dans le ou les départements fixent les modalités de répartition par arrêté.

Les articles L. 5111-7 et L. 5111-8 du code général des collectivités territoriales sont applicables à ces agents. Les communes, les établissements publics de coopération intercommunale et les syndicats mixtes d'accueil supportent les charges financières correspondantes.

[...]

Art. L. 5210-1-2 *(L. nº 2015-991 du 7 août 2015, art. 45)* **I. — Sans préjudice du V de l'article L. 5210-1-1, lorsque le représentant de l'État dans le département constate qu'une commune n'appartient à aucun établissement public de coopération intercommunale à fiscalité propre ou crée une enclave ou une discontinuité territoriale au sein du périmètre d'un tel établissement public, il définit, par arrêté, un projet de rattachement de cette commune à un établissement public de coopération intercommunale à fiscalité propre, en tenant compte du schéma départemental de coopération intercommunale.**

Ce projet est notifié au président de l'établissement public de coopération intercommunale à fiscalité propre, au maire de chaque commune membre de l'établissement public de coopération intercommunale à fiscalité propre et au maire de la commune concernée par le représentant de l'État dans le département lorsque les communes font partie du même département, ou par les représentants de l'État dans les départements concernés dans le cas contraire, afin de recueillir les avis de l'organe délibérant et des conseils municipaux. Ceux-ci disposent d'un délai de trois mois à compter de la notification pour formuler un avis sur cet arrêté. À défaut de délibération dans ce délai, l'avis est réputé favorable.

Lorsque la commune concernée est située dans une zone de montagne délimitée en application de l'article 3 de la loi nº 85-30 du 9 janvier 1985 relative au développement et à la protection de la montagne, le projet est également soumis au comité de massif prévu à l'article 7 de la même loi. Celui-ci dispose d'un délai de trois mois à compter de la notification pour formuler un avis sur cet arrêté. À défaut de délibération dans ce délai, l'avis est réputé favorable.

Le projet de rattachement, accompagné des avis des communes et de l'établissement public de coopération intercommunale à fiscalité propre ainsi que, le cas échéant, de l'avis du comité de massif, est notifié aux commissions départementales de la coopération intercommunale compétentes par les représentants de l'État dans les départements concernés. Lorsque le projet intéresse des communes appartenant à des départements différents, les commissions concernées se réunissent en formation interdépartementale. À défaut de délibération dans un délai d'un mois à compter de la notification, l'avis de la commission est réputé favorable.

Le ou les représentants de l'État dans le ou les départements mettent en œuvre le rattachement de la commune conformément à l'arrêté de projet, sauf si la commission départementale ou interdépartementale de la coopération intercommunale s'est prononcée, à la majorité des deux tiers de ses membres, en faveur d'un projet de rattachement à un autre établissement public de coopération intercommunale à fiscalité propre limitrophe de la commune concernée. Dans ce dernier cas, le ou les représentants de l'État mettent en œuvre le projet de rattachement proposé par la commission départementale ou interdépartementale de la coopération intercommunale.

L'arrêté du ou des représentants de l'État dans le ou les départements emporte, le cas échéant, retrait de la commune rattachée d'un autre établissement public de coopération intercommunale à fiscalité propre dont elle est membre.

II. – Lorsqu'il est fait application du I du présent article, les conseils municipaux des communes membres de l'établissement public de coopération intercommunale et de la commune concernée disposent d'un délai de trois mois à compter de la notification du projet de rattachement pour délibérer de la composition de l'organe délibérant de l'établissement public dont le périmètre serait ainsi étendu, dans les conditions prévues à l'article L. 5211-6-1.

Lorsque l'arrêté du ou des représentants de l'État dans le ou les départements met en œuvre le projet de rattachement notifié, il constate le nombre et la répartition des sièges de conseiller communautaire au sein de l'organe délibérant au vu des délibérations des conseils municipaux.

Lorsque l'arrêté du ou des représentants de l'État dans le ou les départements met en œuvre un projet de rattachement à un autre établissement public de coopération intercommunale proposé par la commission départementale ou interdépartementale de la coopération intercommunale, les conseils municipaux des communes membres de l'établissement public dont le périmètre est étendu disposent d'un délai d'un mois à compter de la notification de cet arrêté pour délibérer de la composition de l'organe délibérant de l'établissement public, dans les conditions prévues au même article L. 5211-6-1.

Les conseillers communautaires sont désignés ou élus dans les conditions prévues au 1° de l'article L. 5211-6-2.

Art. L. 5210-2 *(L. nº 99-586 du 12 juill. 1999)* Une commune ne peut appartenir à plus d'un établissement public de coopération intercommunale à fiscalité propre.

Art. L. 5210-3 *(L. nº 99-586 du 12 juill. 1999)* Le conseil départemental et le conseil régional intéressés peuvent, à la demande de l'un ou de l'autre, être associés par un établissement public de coopération intercommunale à l'élaboration de tout projet de développement et d'aménagement de son territoire, en vue de fixer des objectifs généraux de partenariat ou de coopération.

Art. L. 5210-4 *(L. nº 2004-809 du 13 août 2004, art. 151)* Lorsqu'il y est expressément autorisé par ses statuts, un établissement public de coopération intercommunale peut demander à exercer, au nom et pour le compte du département ou de la région, tout ou partie des compétences dévolues à l'une ou l'autre de ces collectivités.

Le président du conseil régional ou du conseil départemental est tenu d'inscrire à l'ordre du jour de l'assemblée délibérante dans un délai de six mois l'examen d'une demande en ce sens.

L'assemblée délibérante se prononce sur cette demande par délibération motivée.

L'exercice par l'établissement public de coopération intercommunale d'une telle compétence fait l'objet d'une convention conclue entre l'établissement et le département ou la région, qui détermine l'étendue de la délégation, sa durée ainsi que ses conditions financières et ses modalités d'exécution. Cette convention précise les conditions de partage des responsabilités encourues dans le cadre de la délégation, sans préjudice des droits des tiers.

L'application du présent article n'entraîne aucun droit à résiliation ou à indemnisation pour les cocontractants de la collectivité territoriale qui délègue sa compétence.

BIBL. ▶ Christiany, Le régime de la délégation de compétence des EPCI à travers la loi du 21 février 2022 : une réforme toujours au milieu du gué, *JCP Adm. 2022. 2103.*

COMMENTAIRE

V. dans le supplément en ligne.

CHAPITRE I DISPOSITIONS COMMUNES

SECTION 1 Règles générales *(L. nº 99-586 du 12 juill. 1999).*

Art. L. 5211-1 Les dispositions du chapitre I du titre II du livre I de la deuxième partie relatives au fonctionnement du conseil municipal *[V. art. L. 2121-7 s.]* sont appli-

cables au fonctionnement de l'organe délibérant des établissements publics de coopération intercommunale, en tant qu'elles ne sont pas contraires aux dispositions du présent titre.

Pour l'application des dispositions des articles L. 2121-8, L. 2121-9, *(L. nº 2002-276 du 27 févr. 2002, art. 21 ; L. nº 2015-991 du 7 août 2015, art. 82)* **« L. 2121-19 et L. 2121-22 et L. 2121-27-1 », ces établissements sont soumis aux règles applicables aux communes de** *(L. nº 2015-991 du 7 août 2015, art. 82)* **« 1 000 » habitants et plus.**

(L. nº 2015-991 du 7 août 2015, art. 82) **« Pour l'application des articles L. 2121-11 et L. 2121-12, ces établissements sont soumis aux règles applicables aux communes de 3 500 habitants et plus. »**

(L. nº 2002-276 du 27 févr. 2002, art. 21) **« L'article L. 2121-22-1 s'applique aux établissements publics de coopération intercommunale regroupant une population de** *(L. nº 2022-217 du 21 févr. 2022, art. 232)* **« 20 000 » habitants ou plus. »**

(L. nº 2011-525 du 17 mai 2011, art. 81) **« Pour l'application de l'article L. 2121-4, la démission d'un membre de l'organe délibérant des établissements publics de coopération intercommunale est adressée au président. La démission est définitive dès sa réception par le président, qui en informe immédiatement le maire de la commune dont le** *(L. nº 2013-403 du 17 mai 2013, art. 37)* **« membre » démissionnaire est issu. »**

1. Élection. Lors des élections municipales et communautaires, la liste des candidats aux sièges de conseiller communautaire doit figurer de manière distincte sur le même bulletin que la liste des candidats au conseil municipal dont elle est issue dans les communes de plus de 1 000 habitants. L'absence des noms des candidats au mandat de conseiller communautaire ne permet pas une désignation suffisante de la liste et des candidats pour lesquels les électeurs ont entendu se prononcer. • CE 4 févr. 2021, nº 443446 B : *AJDA 2021. 301 ; ibid. 2027, chron. Malverti et Beaufils ; AJCT 2022. 36, Prat. Yazi-Roman.*

2. Convocation. Lorsque la convocation aux séances de l'organe délibérant est envoyée sous forme électronique à l'adresse internet de ceux qui ont demandé ce mode de transmission, le président de l'EPCI n'a pas à recourir à l'envoi d'une lettre recommandée avec accusé de réception. Le recours à l'accusé de réception est cependant recommandé comme élément de preuve en cas de contestation et peut être mis en place par les services informatiques de la mairie ou de l'EPCI. * Rép. min. nº 57073 : *JOAN Q, 5 janv. 2010, p. 152 ; BJCL 2010. 77.* ♦ À la création d'une communauté de communes, il revient au maire de la commune siège de la communauté, agissant en tant qu'agent de l'État, de convoquer le premier conseil communautaire, après que les conseils municipaux des communes membres ont désigné leurs conseillers communautaires dans les conditions prévues à l'art. L. 5211-6-2. Si un maire, agissant en tant qu'agent de l'État, refuse ou néglige de convoquer le conseil municipal afin de procéder à l'élection des conseillers communautaires, le représentant de l'État dans le département peut, après l'en avoir requis, y procéder d'office. Il en va de même si le maire de la commune du siège de l'EPCI refuse ou néglige de convoquer la première réunion de l'organe délibérant de cet établissement public. • CE 25 oct. 2017, *Él. du président et des vice-présidents de la cté de cnes du Nord*, nº 410195 B : *AJCT 2018. 103, obs. Durand.*

3. Publicité. Les séances du comité ou du conseil de la structure intercommunale sont publiques. Le représentant de l'État n'a droit d'entrée et de parole ni au comité ni au bureau. • TA Poitiers, 18 mars 1981, *Cne de Saujon : Lebon T. 649.*

4. Droit de communication. Tout habitant ou contribuable a droit à la communication des procès-verbaux des délibérations de l'organe délibérant dans les conditions applicables au registre des délibérations du conseil municipal. • TA Nice, 21 juill. 1981, *Giudicelli : Lebon 540.*

5. Participation d'un membre intéressé. Un membre de l'organe délibérant personnellement intéressé à l'affaire ne peut participer à la délibération au cours de laquelle elle est traitée. En l'espèce, condition non remplie. • CE 29 juill. 1994, *Assoc. syndicale du domaine d'Ilbarritz et a.*, nº 116589 B.

6. Bureau. L'art. L. 5211-1, al. 1er, est applicable au bureau de l'EPCI lorsqu'il agit par délégation de l'assemblée délibérante. En revanche, lorsque son rôle est limité à celui de commission d'instruction des affaires ultérieurement soumises à l'assemblée délibérante, son fonctionnement relève du règlement intérieur de l'EPCI. * Rép. min. nº 5558 : *JOAN Q, 29 déc. 1997 ; Dr. adm. 1998, nº 43.*

7. Droit à l'information des conseillers communautaires. Lorsque l'ordre du jour d'une séance du conseil d'une communauté urbaine se borne à mentionner « PLU-Mise en révision et ouverture de la concertation », de même que le projet de délibération qui lui est joint et en l'absence de note explicative de synthèse, ces indications ne peuvent être regardées comme ayant permis aux élus de disposer, avant la séance, d'une information suffisante répondant aux exigences posées par les art. L. 2121-10 s. CGCT. En conséquence, la délibération attaquée est entachée d'illégalité. • CAA Lyon, 10 déc. 2009, n° 08LY02350 : *AJDA 2010. 405*. ♦ Une note explicative de synthèse suffisamment détaillée, alors même que le projet de budget a été envoyé à tous les délégués en vue du débat d'orientation budgétaire, est obligatoire pour permettre aux délégués de s'assurer qu'aucune modification n'affecte le projet de budget primitif soumis à leur délibération. • TA Melun, 18 févr. 2010, *Cne d'Ozoir-la-Ferrière*, n° 0603371/6 : *BJCL 2010. 428, note Poujade.* ♦ V. déjà • CE 12 juill. 1995, *Cne de Simiane-Collongue*, n° 155495 B. ♦ L'art. L. 2121-12, repris à l'art. L. 5211-1, dispose que le défaut d'envoi avec la convocation de la note explicative de synthèse portant sur chacun des points de l'ordre du jour entache d'irrégularité les délibérations prises. La méconnaissance de ces dispositions est de nature à créer un doute sérieux sur la légalité des décisions qui s'y rapportent. • CE 4 avr. 2018, n° 415471.

8. Application de l'art. L. 2121-27-1. Les EPCI comptant au moins une commune de plus de 1 000 habitants sont soumis aux mêmes obligations que les communes, telles que définies à l'art. L. 2121-27-1, en matière de droit d'expression des conseillers communautaires. Ainsi, ceux-ci ne sont pas tenus d'appartenir à un groupe pour disposer de ce droit, dès lors qu'ils n'appartiennent pas à la majorité. * Rép. min. n° 90087 : *JOAN, 28 févr. 2017, p. 1794.*

9. Indemnités de fonction. Toutes les communes et leurs groupements peuvent réduire les indemnités de fonction des membres du conseil communautaire en cas d'insuffisance d'assiduité aux séances plénières ou en commissions. • Cons. const. 6 juin 2024, n° 2024-1094 QPC : *AJDA 2024. 1190*. — V. aussi comm. ss. art. L. 5214-8.

Art. L. 5211-2 *(L. n° 2011-525 du 17 mai 2011, art. 81)* **À l'exception de celles des deuxième à quatrième alinéas de l'article L. 2122-4, les dispositions du chapitre II du titre II du livre I de la deuxième partie relatives au maire et aux adjoints sont applicables au président et aux membres du bureau des établissements publics de coopération intercommunale, en tant qu'elles ne sont pas contraires aux dispositions du présent titre.**

1. Durée du mandat. Par transposition de l'art. L. 2122-10, la durée du mandat de président d'un EPCI est de six ans. • CE 10 juill. 1995, *M. Dumaire*, n° 121275 : *Lebon 297 ; RFDA 1995. 1052 ; JCP 1995. IV. 2152 ; Dr. adm. 1995, n° 565 ; ACL 1996, n° 14.*

2. Inéligibilité. En application des dispositions de l'art. L.O. 2122-4-1 CGCT, inéligibilité des ressortissants de l'Union européenne aux fonctions de président et vice-présidents des EPCI. • CE 8 juill. 2002, *M. Smit c/ Préfet du Cher*, n°s 240269 et 240369 : *ACL 2003, n° 27 ; AJDA 2002. 754 ; BJCL 2002. 361, concl. Collin, obs. M. D. ; Coll. terr. 2002, n° 221, p. 22.*

3. Bureau. L'art. L. 2122-7-2, qui institue pour l'élection des adjoints au maire dans les communes de 3500 habitants et plus le scrutin de listes constituées selon le principe de parité, est inapplicable pour la constitution du bureau d'un EPCI. Cette élection doit se faire au scrutin uninominal. • CE 23 avr. 2009, *Synd. dptal d'énergies de la Drôme*, n° 319812 : *AJDA 2009. 853* • TA Orléans, 1er juill. 2008, *Zrida*, n° 801465 : *JCP Adm. 2008, n° 2204, note Moreau.* – V. notes ss. art. L. 5211-10.

4. Application de l'art. L. 2122-4. L'élection des membres du bureau d'un EPCI (en l'espèce, une Cté d'agglomération) doit obligatoirement avoir lieu au scrutin secret sous peine d'annulation. • CE 11 mars 2009, *Él. des membres du bureau de la Cté d'agglomération du Drouais*, n° 319243 : *AJDA 2009. 996, note Maligner*.

5. Contestation de l'élection. Par renvoi à l'art. L. 2122-13, la désignation des délégués de la commune à l'organe délibérant d'un EPCI est une opération électorale et la contestation de cette opération relève du contentieux électoral. • CE 19 mars 1997, *Cne de Saint-Victoret*, n° 178950 : *Lebon 103*. ♦ V. déjà • CE 19 juin 1992, *Desgris*, n° 127421 : *Lebon 240 ; Dr. adm. 1992, n° 323 ; AJDA 1992. 771*. ♦ V. aussi • CE 16 juin 2003, *Cne de Longuyon*, n° 247294 : *AJDA 2003. 1631 ; ACL 2004, n° 25.*

6. L'application de ce régime spécifique emporte plusieurs conséquences. Les protestations dirigées contre l'élection des délégués doivent être formées dans le délai de cinq jours fixé par l'art. R. 119 C. élect. • CE 1er déc. 2004, *M. Garnier*, n° 267035 : *JCP Adm. 2005, n° 3, p. 262 ; ACL 2005, n° 7.* ♦ V. déjà • CE 30 mai 1973, *Charron*, n° 85277 : *Lebon 383*. ♦ V. aussi, • TA Dijon, 28 juin 1983, *Él. du président SIVOM Canton Tecey-sur-Ource : Lebon T. 654.* ♦ Mais, de même que pour l'élection du maire et des adjoints, ce délai ne court que vingt-quatre heures après l'élection. • CE 13 juill. 2007, *MM. Voisin et Bolot*, n° 295360 : *JCP Adm. 2007, n° 31-35, p. 8 ; BJCL 2007. 686, concl. Séners.* ♦ Conformément au droit électoral, la proclamation publique des résultats fait produire effet à l'élection. Le régime général des délibérations étant écarté par le régime spécial du code électoral, le mandat des délégués intercommunaux entre immédiatement en vigueur. • CE 16 févr. 2004, *Cté cantonale de* *la Celles-sur-Belle*, n° 253334 : *Dr. adm. 2004, n° 89 ; AJDA 2004. 1044* ; *ACL 2005, n° 8 et n° 19*. ♦ Seuls les électeurs de l'une des communes membres d'un EPCI peuvent contester les opérations électorales intervenues au sein de l'organe délibérant de cet EPCI. • CE 3 juin 2009, *Él. des vice-présidents de la Cté d'agglomération du Drouais*, n° 319101 : *AJDA 2009. 1130* . ♦ Une commune membre de l'EPCI n'est pas recevable à contester l'élection du président et des membres du bureau de l'EPCI (ainsi jugé à propos d'un syndicat de communes). • CE, sect., 1er avr. 2005, *Cne de Villepinte*, n° 262078 : *Lebon 132* .

7. La requête tendant à l'annulation de l'élection des délégués doit être assortie de conclusions à fin d'annulation et de précisions permettant d'en apprécier le bien-fondé à peine d'être rejetée. • CE 28 janv. 2004, *Mme Fuvel*, n° 257356 : *ACL 2005, n° 7*.

8. Lors de la désignation des délégués, le conseil municipal a la composition issue du résultat de l'élection, quand bien même par la suite, l'élection d'un conseiller municipal serait-elle invalidée. • CE 4 févr. 2004, *M. Mergaux*, n° 239586 : *Coll. terr. 2004, n° 71 ; ACL 2005, n° 7*. ♦ V. déjà • CE 18 janv. 1994, *Couve*, n° 141456 : *Lebon 36* ; *RD publ. 1994. 830, concl. Le Chatelier ; AJDA 1994. 239* .

9. S'agissant d'un litige électoral, le Conseil d'État est seul compétent comme juge d'appel. • CE 16 juin 2003, *Cne de Longuyon*, n° 247294 : *préc. note 4*. ♦ Faute d'avoir statué dans le délai de deux mois après sa saisine, le tribunal administratif est dessaisi et l'affaire est portée devant le Conseil d'État (art. R. 120 et R. 121, C. élect.). • CE 16 févr. 2004, *Cté cantonale de la Celles-sur-Belle*, n° 253334 : *préc. note 5*.

10. La contestation de l'élection d'un ou plusieurs délégués n'autorise pas le conseil municipal à procéder à une nouvelle désignation. • CE 1er juill. 1927, *de Ribains : Lebon 735*. ♦ V. aussi • CE 19 juin 1992, *Desgris*, n° 127421 : *préc. note 5*.

11. Convocation de la réunion au cours de laquelle est élu l'exécutif. C'est au maire de la commune où a été fixé le siège de l'EPCI qu'il appartient de procéder à la convocation de la séance au cours de laquelle il est procédé à l'élection du président de cet établissement public. Si ce maire refuse ou néglige de convoquer la première réunion de l'organe délibérant de l'EPCI, le représentant de l'État dans le département peut, après l'en avoir requis, y procéder d'office. • CE 25 oct. 2017, *Él. du président et des vice-présidents de la cté de cnes du Nord*, n° 410195 : *Lebon ; AJCT 2018. 103, obs. Durand* . ♦ Suite à l'annulation contentieuse de l'élection du président et du vice-président d'une communauté de communes, la convocation du conseil de communauté pour la nouvelle élection n'est pas régie par des dispositions propres. En l'absence de transposition possible des dispositions applicables aux conseils municipaux, le juge vérifie seulement que la convocation a eu lieu dans des conditions qui ont assuré la sincérité du scrutin. • TA Montpellier, 24 oct. 2001, *M. Brady : AJDA 2002. 336, concl. Sellès* .

12. Accord local et pouvoirs du préfet. En l'absence d'accord local, il appartient au préfet d'établir lui-même la composition de l'organe délibérant de l'EPCI. • TA Nantes, 22 déc. 2021, *Cne de Cholet*, n° 1914099 : *JCP Adm. 2022. 47*.

Art. L. 5211-3 **Les dispositions du chapitre I du titre III du livre I de la deuxième partie relatives au contrôle de légalité et** *(Ord. n° 2021-1310 du 7 oct. 2021, art. 19)* **« à la publicité et à l'entrée en vigueur » des actes des communes sont applicables aux établissements publics de coopération intercommunale.** *(L. n° 2015-991 du 7 août 2015, art. 128)* **« La transmission des actes par voie électronique prévue à l'article L. 2131-1 n'est obligatoire que pour les établissements publics de coopération intercommunale à fiscalité propre dans un délai de cinq ans à compter de la promulgation de la loi n° 2015-991 du 7 août 2015 portant nouvelle organisation territoriale de la République. »**

(Ord. n° 2021-1310 du 7 oct. 2021, art. 19) **« Pour l'application de l'article L. 2131-1, les établissements publics de coopération intercommunale à fiscalité propre ne sont soumis qu'aux dispositions des I, II, III, V et VI de cet article et les syndicats de communes qu'aux dispositions des I, II, IV, V et VI de ce même article. »**

S'agissant du recours formé par une commune à l'encontre d'une délibération de l'EPCI auquel elle appartient, la participation des délégués de cette commune à la délibération en cause ne fait pas courir le délai de recours contentieux à l'égard de la commune. Les communes membres ne peuvent être regardées comme ayant acquis la connaissance de la délibération à la date à laquelle elle a été adoptée du seul fait de la participation de leurs représentants à cette délibération. • CE 31 mars 2008, *Synd. intercommunal à vocation unique pour le plan d'aménagement du Sundgau*, n° 297961 : *AJDA 2008. 727* ; *JCP Adm. 2008. 334*.

Art. L. 5211-4 **Les lois et règlements concernant le contrôle administratif des communes sont applicables aux établissements publics de coopération intercommunale.** — *[C. communes, art. L. 163-11 issu de la L. du 5 avr. 1884, art. 172, L. 164-6, al. 4, L. 165-2 issu de la L. n° 66-1069 du 31 déc. 1966, art. 42, et la L. 168-6 ; Ord. n° 59-29 du 5 janv. 1959, art. 1er.]*

Art. L. 5211-4-1 *(L. n° 2002-276 du 27 févr. 2002, art. 46)* I. – Le transfert de compétences d'une commune à un établissement public de coopération intercommunale entraîne le transfert du service ou de la partie de service chargé de sa mise en œuvre. *(L. n° 2010-1563 du 16 déc. 2010, art. 65)* « Toutefois, dans le cadre d'une bonne organisation des services, une commune peut conserver tout ou partie du service concerné par le transfert de compétences, à raison du caractère partiel de ce dernier. »

Les fonctionnaires territoriaux et agents territoriaux non titulaires qui remplissent en totalité leurs fonctions dans un service ou une partie de service transféré en application de l'alinéa précédent sont transférés dans l'établissement public de coopération intercommunale. Ils relèvent de cet établissement dans les conditions de statut et d'emploi qui sont les leurs.

(L. n° 2015-991 du 7 août 2015, art. 72) « Les modalités du transfert prévu aux deux premiers alinéas du présent I font l'objet d'une décision conjointe de la commune et de l'établissement public de coopération intercommunale. Cette décision est prise après établissement d'une fiche d'impact décrivant notamment les effets du transfert sur l'organisation et les conditions de travail, ainsi que sur la rémunération et les droits acquis des fonctionnaires et des agents territoriaux non titulaires concernés. La fiche d'impact est annexée à la décision. Les accords conclus préalablement à la décision sont annexés à la décision. La décision et ses annexes sont soumises à l'avis du ou des comités *(L. n° 2019-828 du 6 août 2019, art. 4)* « sociaux territoriaux » compétents. »

(L. n° 2010-1563 du 16 déc. 2010, art. 65) « Le transfert peut être proposé aux fonctionnaires territoriaux et agents territoriaux non titulaires exerçant pour partie seulement dans un service ou une partie de service transféré. En cas de refus, ils sont de plein droit et sans limitation de durée mis à disposition, à titre individuel et pour la partie de leurs fonctions relevant du service ou de la partie de service transféré, du président de l'organe délibérant de l'établissement public de coopération intercommunale. Ils sont placés, pour l'exercice de cette partie de leurs fonctions, sous son autorité fonctionnelle. Les modalités de cette mise à disposition sont réglées par une convention conclue entre la commune et l'établissement public de coopération intercommunale. »

Les agents transférés en vertu des alinéas précédents conservent, s'ils y ont intérêt, le bénéfice du régime indemnitaire qui leur était applicable *(L. n° 2010-1563 du 16 déc. 2010, art. 65)* « ainsi que, à titre individuel, les avantages acquis en application du troisième alinéa de l'article 111 de la loi n° 84-53 du 26 janvier 1984 portant dispositions statutaires relatives à la fonction publique territoriale ».

(L. n° 2010-1563 du 16 déc. 2010, art. 65) « II. – Lorsqu'une commune a conservé tout ou partie de ses services dans les conditions prévues au premier alinéa du I, ces services sont en tout ou partie mis à disposition de l'établissement public de coopération intercommunale auquel la commune adhère pour l'exercice des compétences de celui-ci.

« III. – Les services d'un établissement public de coopération intercommunale peuvent être en tout ou partie mis à disposition d'une ou plusieurs de ses communes membres, pour l'exercice de leurs compétences, lorsque cette mise à disposition présente un intérêt dans le cadre d'une bonne organisation des services.

« IV. – Dans le cadre des mises à disposition prévues aux II et III, une convention conclue entre l'établissement public de coopération intercommunale et chaque commune intéressée en fixe les modalités après consultation des comités *(L. n° 2019-828 du 6 août 2019, art. 4)* « sociaux territoriaux » compétents. Cette convention prévoit notamment les conditions de remboursement par la commune ou l'établissement public bénéficiaire de la mise à disposition des frais de fonctionnement du service. Les modalités de ce remboursement sont définies par décret. »

(L. n° 2004-809 du 13 août 2004, art. 166) « Le maire ou le président de l'établissement public adresse directement au chef du service mis à disposition toutes instructions nécessaires à l'exécution des tâches qu'il confie audit service. Il contrôle l'exécution de ces tâches.

« Il peut donner, sous sa surveillance et sa responsabilité, par arrêté, délégation de signature au chef dudit service pour l'exécution des missions qu'il lui confie en application de l'alinéa précédent. »

(L. n° 2010-1563 du 16 déc. 2010, art. 65) **« Les fonctionnaires territoriaux et agents territoriaux non titulaires affectés au sein d'un service ou d'une partie de service mis à disposition en application des II ou III sont de plein droit et sans limitation de durée mis à disposition, à titre individuel, selon le cas, du président de l'organe délibérant de l'établissement public de coopération intercommunale ou du maire. Ils sont placés, pour l'exercice de leurs fonctions, sous son autorité fonctionnelle. Les modalités de cette mise à disposition sont réglées par la convention prévue au premier alinéa du présent IV. »**

(L. n° 2015-991 du 7 août 2015, art. 72) **« IV *bis*. — Lorsqu'un établissement public de coopération intercommunale restitue une compétence aux communes membres :**

« 1° Il est mis fin de plein droit à la mise à disposition des fonctionnaires et agents territoriaux non titulaires mentionnés à l'avant-dernier alinéa du I.

« Le fonctionnaire territorial qui ne peut être affecté dans son administration d'origine aux fonctions qu'il exerçait précédemment reçoit une affectation sur un emploi que son grade lui donne vocation à occuper.

« L'agent territorial non titulaire qui ne peut être affecté dans son administration d'origine aux fonctions qu'il exerçait précédemment reçoit une affectation sur un poste de même niveau de responsabilités » ;

« 2° La répartition des fonctionnaires et agents territoriaux non titulaires transférés par les communes en application du deuxième alinéa du I ou recrutés par l'établissement public de coopération intercommunale et qui sont chargés, pour la totalité de leurs fonctions, de la mise en œuvre de la compétence restituée est décidée d'un commun accord par convention conclue entre l'établissement public et ses communes membres. Cette convention est soumise pour avis aux comités *(L. n° 2019-828 du 6 août 2019, art. 4)* **« sociaux territoriaux » placés auprès de l'établissement public de coopération intercommunale et auprès des communes. Elle est notifiée aux agents non titulaires et aux fonctionnaires concernés.**

« À défaut d'accord sur les conditions de répartition des personnels dans un délai de trois mois à compter de la restitution des compétences, le représentant de l'État dans le département fixe cette répartition par arrêté.

« Les fonctionnaires et agents territoriaux non titulaires concernés sont transférés aux communes en application de la convention ou de l'arrêté de répartition dans les conditions de statut et d'emploi qui sont les leurs ;

« 3° Les fonctionnaires et agents territoriaux non titulaires mentionnés à la première phrase de l'avant-dernier alinéa du I ou recrutés par l'établissement public de coopération intercommunale et qui sont chargés, pour une partie de leurs fonctions, de la mise en œuvre de la compétence restituée reçoivent une affectation au sein de l'établissement public de coopération intercommunale correspondant à leur grade ou niveau de responsabilité. »

V. — Abrogé par L. n° 2016-1917 du 29 déc. 2016, art. 138.

Sur l'application de l'art. 10 de la L. n° 2019-828 du 6 août 2019, V. L. préc., art. 94-IV, reproduit ci-dessous.

BIBL. ▶ AUBELLE, Le devenir des mutualisations de personnels entre communes et EPCI, *AJCT 2012. 195* ✎. – BAULIEU, JANSOLIN et MERY, Pacte fiscal et financier et gestion mutualisée des ressources humaines : quelles bonnes pratiques dans un cadre budgétaire contraint ?, *JCP Adm. 2019. 2069*. – BENCHENDIKH, Le recours à la mutualisation par les intercommunalités à fiscalité propre : remède à la crise ou complexification de l'action publique locale ?, *Dr. adm. 2011, n° 6*. – BRIANT (V. de), DONOU, VARENNE, Transfert de compétences, transfert de personnel, transfert de contrats : transferts de responsabilités ?, *JCP Adm. 2019. 2068*. – DEFFIGER, Les services communs : une optimisation… complexe !, *JCP Adm. 2014. 2052*. – DEGOFFE et DREYFUS, Transfert de compétences et conventions dans le droit de l'intercommunalité, *AJDA 2001. 807* ✎. – DELON DESMOULIN, De la mutualisation des achats à la mutualisation des pratiques d'achat : quelles libertés pour les collectivités territoriales ?, *AJCT 2015. 260* ✎. – DEVEZE, SANSON, Enquête nationale sur la mutualisation des services entre communes et communautés, *RLCT 2013, n° 93, p. 2536*. – GARDÈRE, Mutualisation communes/EPCI : un remède miracle au déficit de rationalisation territoriale, *JCP Adm. 2014, n° 2276*. – GILLARD, Évaluation de la mutualisation des services : de la mesure des impacts financiers à la facturation intercollectivités (Illustration à travers le cas de figure d'Angers), *RFFP 2015, n° 130, p. 281.* – KOEBEL, Rapport sur les mutualisations au sein du bloc communal : simplifier, rationaliser les dépenses et servir le projet intercommunal, *JCP Adm. 2015. 2155.* – LANDOT, Quel statut pour les agents « intercommunalisés » ?, *RLCT 2007, n° 586.* – NEVEU, Le décret précisant les conditions de remboursement des frais de fonctionnement des services mis à disposition est paru, *JCP Adm. 2011, n° 369* ; Contractualisation et mutualisation, outils de l'intercommunalité, *ibid. 2010, n° 2242* ; La mise à disposition de services, outil rénové de mutualisation, *ibid. 2011, n° 2302.* – RIBOT, Mutualisation communes-communautés : entre programme libre et figure imposée ?, *Intercommunallités, avr. 2007, p. 15.* – YOLKA, Servitudes conventionnelles sur les biens du domaine public mis à la disposition des EPCI, *JCP Adm. 2010, n° 506.*

COMMENTAIRE

V. dans le supplément en ligne.

1. Mises à disposition. Rien ne fait obstacle à ce que le matériel intercommunal, dès lors qu'il présente un intérêt pour la mise en œuvre de compétences non transférées par les communes, puisse, par voie de convention, être mis à disposition de celles-ci. * Rép. min. n° 28664 : *JOAN Q, 30 mars 2004, p. 2653.* ♦ Les conventions conclues à titre onéreux et en dehors de toute obligation entre une collectivité territoriale et un EPCI pour mettre à disposition des services sont des contrats de louage d'ouvrage dont l'inexécution ou la mauvaise exécution est susceptible d'engager la responsabilité de la personne morale dont dépendent ces services dans les conditions de droit commun. De plus, il ne résulte pas des dispositions contenues aux III et IV de l'art. L. 5211-4-1 que les conventions de mise à disposition conclues sur leur fondement sont de droit lorsqu'une commune le demande. Dès lors, la convention de mise à disposition qui prévoit le seul remboursement des frais de fonctionnement du service instructeur conformément au IV de l'art. L. 5211-4-1, si elle est conclue à titre onéreux, ne peut être regardée comme prévoyant une rémunération d'une personne physique ou morale au sens et pour l'application des dispositions de l'art. L. 2131-10 du CGCT. Dans ces conditions, la clause de renonciation à tout appel en garantie prévue par les stipulations de cette convention ne constitue pas une clause illégale au sens de ces mêmes dispositions. • CAA Toulouse, 21 sept. 2023, *Toulouse Métropole*, n° 21TL24317 : *AJDA 2023. 2179, concl. M.-O. Meunier-Garner* ; *RDI 2024. 99, obs. P. Soler-Couteaux*. ♦ Une convention de mise à disposition des services d'un EPCI au profit d'une de ses communes membres qui prévoit, conformément à l'art. L. 5211-4-1, IV, le remboursement des frais de fonctionnement du service instructeur constitue un contrat prévoyant la rémunération d'une personne physique ou morale au sens de l'art. L. 2131-10. Une telle convention ne peut donc légalement contenir de clause stipulant que la commune concernée renonce à exercer toute action en responsabilité à l'égard de l'EPCI. • CE 17 avr. 2025, n°s 489542 et 489543 B : *AJDA 2025. 793* ; *RDI 2025. 323, note Revert*.

2. Avantages acquis. Les fonctionnaires et agents transférés conservent, s'ils y ont intérêt, le bénéfice du régime indemnitaire qui leur était applicable ainsi que, à titre individuel, les avantages acquis sans que, toutefois, selon la jurisprudence, ils puissent toutefois se prévaloir d'un droit acquis au maintien de ces avantages. * Rép. min. n° 63590 : *JOAN Q, 22 févr. 2011, p. 1816* • CAA Versailles, 19 févr. 2009, *Synd. Force ouvrière du personnel territorial de l'agglomération du Val-de-Seine*, n° 07VE01097.

3. Consultation des comités sociaux. En vertu des dispositions de l'art. L. 5211-4-1, applicables aux syndicats mixtes fermés, en cas de restitution d'une compétence aux communes ou EPCI membres d'un syndicat mixte, y compris dans le cas où ce syndicat doit être dissous, les comités sociaux territoriaux placés auprès de ce syndicat et auprès des communes ou EPCI membres sont obligatoirement consultés sur la convention par laquelle le syndicat et ses membres déterminent, d'un commun accord, la répartition des agents à l'issue de la dissolution. • CE 26 avr. 2024, n° 471833.

4. Concurrence. Pour l'application du droit de la concurrence, V. note ss. art. L. 5111-1.

5. Pôle d'équilibre rural et territorial. Pour son application aux pôles d'équilibre territorial et rural, V. note ss. art. L. 5741-1.

6. Mutualisation de la direction de régies. L'art. R. 2221-3 CGCT ne saurait s'entendre comme donnant la faculté à deux EPCI distincts de mutualiser la direction de leurs régies respectives. En outre, cette possibilité de mutualisation des directions de plusieurs régies est circonscrite aux régies dotées de la seule autonomie financière et rattachées à la même collectivité. Elle s'entend donc dans le cas où la régie reste substantiellement liée à la collectivité puisqu'elle est intégrée dans la personnalité juridique de celle-ci et que l'essentiel des pouvoirs demeure l'apanage de l'assemblée délibérante. * Rép. min. n° 05170 : *JO Sénat, 13 sept. 2018, p. 4680.*

7. Création d'une régie unique. La loi n° 2018-702 du 3 août 2018 relative à la mise en œuvre du transfert des compétences « eau » et « assainissement » aux communautés de communes a apporté une souplesse supplémentaire en autorisant, sous certaines conditions, la création d'une régie unique, dotée de la personnalité morale et de l'autonomie financière, pour l'exploitation des services publics de l'eau, de l'assainissement et de la gestion des eaux pluviales urbaines. Cette mutualisation suppose le maintien de budgets distincts afin d'individualiser le coût réel des deux premiers services publics précités, industriels et commerciaux, de façon à garantir qu'il reste effectivement supporté par les usagers. Les trois services doivent également être exercés à une échelle intercommunale. * Rép. min. n° 05170 : *préc. note 6.*

8. Restitution de compétences. Rôle du préfet. En prévoyant que les agents mentionnés au 2° du IV *bis* de l'art. L. 5211-4-1 sont transférés aux communes membres en cas de restitution à celles-ci d'une compétence exercée par l'EPCI, le législateur a poursuivi des fins d'intérêt général tenant à la continuité dans l'exercice des compétences transférées et à la protection des garanties que les agents tirent de leur statut. Pour assurer l'effectivité de cette règle, il a confié au représentant de l'État dans le département le soin de fixer cette répartition dans la seule hypothèse d'une absence d'accord entre l'établissement public et les communes membres. Le préfet doit veiller à garantir un partage équilibré qui tienne compte des besoins effectifs de chaque commune au regard des conditions d'exercice de la compétence restituée et des ressources dont elle dispose, y compris celles résultant de la répartition des biens et de la redéfinition des relations financières avec l'EPCI en conséquence de la même restitution de compétence. • CE 11 déc. 2020, *Cne de Canin,* n° 444762 B : *AJDA 2020. 2466*.

9. Agents assermentés. Le personnel de l'EPCI peut être mis à disposition de la commune et, par la suite, commissionné par le maire, pour être en mesure, une fois assermenté, de constater les infractions d'urbanisme. Le maire devient ainsi le supérieur hiérarchique des agents mis à disposition pour l'exercice de ces seules missions. Un agent de l'EPCI peut donc être commissionné pour intervenir sur les territoires de plusieurs communes distinctes de l'EPCI. * Rép. min. n° 05178, *JO Sénat, 28 sept. 2023, p. 5672.*

Loi n° 2019-828 du 6 août 2019,

De transformation de la fonction publique.

Art. 94 *[...]* IV. — L'article 10 s'applique en vue de l'élaboration des décisions individuelles prises au titre de l'année 2021.

Par dérogation au premier alinéa du présent IV :

1° Les décisions individuelles relatives aux mutations et aux mobilités ne relèvent plus des attributions des commissions administratives paritaires à compter du 1er janvier 2020, au sein de la fonction publique territoriale et de la fonction publique hospitalière ;

[...]

Art. L. 5211-4-2 *(L. n° 2014-58 du 27 janv. 2014, art. 67)* **En dehors des compétences transférées, un établissement public de coopération intercommunale à fiscalité propre** *(L. n° 2015-991 du 7 août 2015, art. 72)* **« , une ou plusieurs de ses communes membres et, le cas échéant, un ou plusieurs des établissements publics rattachés à un ou plusieurs d'entre eux, » peuvent se doter de services communs** *(L. n° 2015-991 du 7 août 2015, art. 72)* **« , chargés de l'exercice de missions fonctionnelles ou opérationnelles, dont l'instruction des décisions prises par les maires au nom de la commune ou de l'État, à l'exception des missions mentionnées à l'article 23 de la loi n° 84-53 du 26 janvier 1984 portant dispositions statutaires relatives à la fonction publique territoriale pour les communes et les établissements publics obligatoirement affiliés à un centre de gestion en application des articles 15 et 16 de la même loi ».**

Les effets de ces mises en commun sont réglés par convention après établissement d'une fiche d'impact décrivant notamment les effets sur l'organisation et les conditions de travail, la rémunération et les droits acquis pour les agents. La fiche d'impact est annexée à la convention. Les accords conclus sont annexés à la convention. La convention et ses annexes sont soumises à l'avis du ou des comités *(L. n° 2019-828 du 6 août 2019, art. 4)* **« sociaux territoriaux » compétents. Pour les établissements publics soumis au régime fiscal prévu à l'article 1609 *nonies* C du code général des impôts, ces effets peuvent également être pris en compte par imputation sur l'attribution de compensation prévue au même article. Dans ce cas, le calcul du coefficient d'intégration fiscale fixé à l'article** *(L. n° 2018-1317 du 28 déc. 2018, art. 250)* **« L. 5211-29 » du présent code prend en compte cette imputation.**

(L. n° 2015-991 du 7 août 2015, art. 72) **« Les services communs sont gérés par l'établissement public de coopération intercommunale à fiscalité propre. À titre déroga-**

toire, un service commun peut être géré par la commune choisie par l'organe délibérant de l'établissement public. »

Les fonctionnaires et agents non titulaires qui remplissent en totalité leurs fonctions dans un service ou une partie de service mis en commun sont transférés de plein droit à l'établissement public de coopération intercommunale à fiscalité propre ou à la commune chargée du service commun. *(L. n° 2015-991 du 7 août 2015, art. 72)* « Les fonctionnaires et agents non titulaires qui remplissent en partie leurs fonctions dans un service ou une partie de service mis en commun sont de plein droit mis à disposition, sans limitation de durée, à titre individuel, de l'établissement public de coopération intercommunale à fiscalité propre ou de la commune chargé du service commun pour le temps de travail consacré au service commun. »

La convention prévue au présent article détermine le nombre de fonctionnaires et d'agents non titulaires territoriaux transférés par les communes.

(L. n° 2022-217 du 21 févr. 2022, art. 180) « En fonction de la mission réalisée, les agents des services communs sont placés sous l'autorité fonctionnelle du maire ou sous celle du président de l'établissement public de coopération intercommunale à fiscalité propre. »

Le maire ou le président de l'établissement public peut donner, par arrêté, sous sa surveillance et sa responsabilité, délégation de signature au chef du service commun pour l'exécution des missions qui lui sont confiées.

Sur l'application de l'art. 10 de la L. n° 2019-828 du 6 août 2019, V. L. préc., art. 94-IV, reproduit ss. art. L. 5211-4-1.

COMMENTAIRE

V. dans le supplément en ligne.

Art. L. 5211-4-3 *(L. n° 2010-1563 du 16 déc. 2010, art. 66)* Afin de permettre une mise en commun de moyens, un établissement public de coopération intercommunale à fiscalité propre peut se doter de biens qu'il partage avec ses communes membres selon des modalités prévues par un règlement de mise à disposition, y compris pour l'exercice par les communes de compétences qui n'ont pas été transférées antérieurement à l'établissement public de coopération intercommunale.

Art. L. 5211-4-4 *(L. n° 2019-1461 du 27 déc. 2019, art. 65)* I. — Lorsqu'un groupement de commandes est constitué entre des communes membres d'un même établissement public de coopération intercommunale à fiscalité propre ou entre ces communes et cet établissement public, les communes peuvent confier à titre gratuit à cet établissement public, par convention, si les statuts de l'établissement public le prévoient expressément, indépendamment des fonctions de coordonnateur du groupement de commandes et quelles que soient les compétences qui lui ont été transférées, la charge de mener tout ou partie de la procédure de passation ou de l'exécution d'un ou de plusieurs marchés publics au nom et pour le compte des membres du groupement.

II. — Lorsqu'un groupement de commandes est constitué entre des communes situées sur le territoire de la métropole de Lyon ou entre ces communes et cette métropole, les communes peuvent confier à cette dernière, à titre gratuit, par convention, indépendamment des fonctions de coordonnateur du groupement de commandes et quelles que soient les compétences dont la métropole dispose, la charge de mener tout ou partie de la procédure de passation ou de l'exécution d'un ou de plusieurs marchés publics au nom et pour le compte des communes membres du groupement.

COMMENTAIRE

V. dans le supplément en ligne.

SECTION 2 **Création**

(L. nº 99-586 du 12 juill. 1999)

ENCYCL. COLL. LOC. *Intercommunalité : administration et fonctionnement des EPCI à fiscalité propre, 1040,* par MULLER-QUOY.

Art. L. 5211-5 I. – Sans préjudice des dispositions de l'article L. 5212-2, le périmètre de l'établissement public de coopération intercommunale peut être fixé par arrêté du représentant de l'État dans le département lorsque les communes font partie du même département ou par arrêté conjoint des représentants de l'État dans les départements concernés dans le cas contraire :

1° Soit, dans un délai de deux mois à compter de la première délibération transmise, à l'initiative d'un ou de plusieurs conseils municipaux demandant la création d'un établissement public de coopération intercommunale ;

2° Soit à l'initiative du ou des représentants de l'État, après avis de la ou des commissions départementales de la coopération intercommunale concernées. Cet avis est réputé négatif s'il n'a pas été rendu à l'issue d'un délai de deux mois.

Cet arrêté dresse la liste des communes intéressées.

À compter de la notification de cet arrêté, le conseil municipal de chaque commune concernée dispose d'un délai de trois mois pour se prononcer *(L. nº 2010-1563 du 16 déc. 2010, art. 41)* « sur le projet de périmètre et sur les statuts du nouvel établissement public de coopération intercommunale ». À défaut de délibération dans ce délai, celle-ci est réputée favorable.

Le périmètre de l'établissement public de coopération intercommunale à fiscalité propre ne peut être identique à celui d'un département.

II. – *(L. nº 2010-1563 du 16 déc. 2010, art. 17)* « Sans préjudice des dispositions de l'article *(L. nº 2014-58 du 27 janv. 2014, art. 43)* « **L. 5217-1** », » la création de l'établissement public de coopération intercommunale peut être décidée par arrêté du ou des représentants de l'État dans le ou les départements concernés après accord des conseils municipaux des communes intéressées sur l'arrêté dressant la liste des communes. Cet accord doit être exprimé par deux tiers au moins des conseils municipaux des communes intéressées représentant plus de la moitié de la population totale de celles-ci, ou par la moitié au moins des conseils municipaux des communes représentant les deux tiers de la population.

Cette majorité doit nécessairement comprendre :

1° Pour la création d'un syndicat, les conseils municipaux des communes dont la population est supérieure au quart de la population totale concernée ;

(L. nº 2010-1563 du 16 déc. 2010, art. 10) « 2° Pour la création d'un établissement public de coopération intercommunale à fiscalité propre, le conseil municipal de la commune dont la population est la plus nombreuse, lorsque celle-ci est supérieure au quart de la population totale concernée. »

III. – Le transfert des compétences entraîne de plein droit l'application à l'ensemble des biens, équipements et services publics nécessaires à leur exercice, ainsi qu'à l'ensemble des droits et obligations qui leur sont attachés à la date du transfert, des dispositions des trois premiers alinéas de l'article L. 1321-1, des deux premiers alinéas de l'article L. 1321-2 et des articles L. 1321-3, L. 1321-4 et L. 1321-5.

(L. nº 2010-1563 du 16 déc. 2010, art. 89) « Toutefois, lorsque l'établissement public de coopération intercommunale est compétent en matière de zones d'activité économique, les biens immeubles des communes membres peuvent lui être transférés en pleine propriété, dans la mesure où ils sont nécessaires à l'exercice de cette compétence. Les conditions financières et patrimoniales du transfert des biens immobiliers sont décidées par délibérations concordantes de l'organe délibérant et des conseils municipaux des communes membres se prononçant dans les conditions de majorité qualifiée requise pour la création de l'établissement, au plus tard un an après le transfert de compétences. Dans les cas où l'exercice de la compétence est subordonné à la définition de l'intérêt communautaire, ce délai court à compter de sa définition. Il en va de même lorsque l'établissement public est compétent en matière de zones d'aménagement concerté. »

L'établissement public de coopération intercommunale est substitué de plein droit, à la date du transfert des compétences, aux communes qui le créent dans toutes leurs délibérations et tous leurs actes.

Les contrats sont exécutés dans les conditions antérieures jusqu'à leur échéance, sauf accord contraire des parties. La substitution de personne morale aux contrats conclus par les communes n'entraîne aucun droit à résiliation ou à indemnisation pour le cocontractant. La commune qui transfère la compétence informe les cocontractants de cette substitution.

IV. — Sans préjudice des dispositions de l'article L. 5212-4, l'arrêté de création détermine le siège de l'établissement public de coopération intercommunale.

Le présent art., dans sa rédaction antérieure à la L. n° 2010-1563 du 16 déc. 2010, demeure applicable aux projets en cours qui ont fait l'objet d'un arrêté de périmètre par le ou les représentants de l'État dans le ou les départements avant la promulgation de ladite loi (L. préc., art. 83-III).

BIBL. ▶ Brameret, Actionnariat d'une SPL et compétence partagée, *JCP Adm. 2017, n° 2278*. – Christiany, Étude sur les contentieux de création et d'extension des établissements publics de coopération intercommunale, *Coll. terr. mars 2006, p. 4 s.* – Degoffe et Dreyfus, Transfert de compétences et conventions dans le droit de l'intercommunalité, *AJDA 2001. 807*. – Didriche et Lagorce, Les transferts de contrats entre communes et EPCI, *AJCT 2017. 619*. – Gardère, La défense extérieure contre l'incendie à l'aune du transfert de compétences aux EPCI, *JCP Adm. 2024. 2084*. – Fuchs-Cessot, Compétence Habitat : le partage entre commune et intercommunalité, *AJCT 2017. 304*. – Houser, Le préfet, le juge administratif et la création des EPCI, *BJCL 2007. 224*. – Luchaire, La nouvelle domanialité des collectivités territoriales et de leurs groupements, *Coll. terr. 2005, p. 7*. – Mauroux, Des PLU aux PLUi : état des lieux de la compétence intercommunale en matière d'urbanisme, *AJDA 2017. 1265*. – Quesnel, Le transfert de pouvoirs de police du maire au président d'EPCI, symbole des nouveaux enjeux de l'intercommunalité, *Droit adm. 2015. Étude 7*. – Traore, Les plans locaux d'urbanisme infracommunautaires, *AJDA 2017. 937*. – Yolka, Servitudes conventionnelles sur les biens du domaine public mis à la disposition des EPCI, *JCP Adm. 2010, n° 506*.

COMMENTAIRE

V. dans le supplément en ligne.

I. LISTE DES COMMUNES INTÉRESSÉES

1. Lorsqu'il est saisi de délibérations de communes demandant la création d'un EPCI, le représentant de l'État a la faculté de ne pas y donner suite, sous le contrôle du juge de l'excès de pouvoir. Dès lors, les communes ne sont pas fondées à soutenir qu'il était tenu de fixer la liste des communes intéressées. • CAA Bordeaux, 25 juin 2001, *Cne du Port et a.*, n° 97BX01988 : *Coll. terr. janv. 2002, p. 4, concl. Rey.*

2. La fixation de la liste des communes intéressées ne soulève que des questions de pure opportunité et le préfet dispose à cette fin de toute liberté. • CE 15 févr. 1984, *Assoc. ind. du Territoire de Belfort et régions limitrophes et a. : Lebon 66.* ♦ Peuvent y être inscrites non seulement les communes qui prennent l'initiative de demander la création ou y sont favorables mais toutes celles qui sont susceptibles d'être regroupées au sein de l'établissement public envisagé même si elles ont manifesté leur opposition au projet. • CE 2 oct. 1996, *Cne de Bourg-Charente et a.*, n° 161696 : *Lebon 361 ; AJDA 1996. 1022, concl. Touvet ; Dr. adm. 1996, n° 516 ; Quot. jur. 1997, n° 10 ; ACL 1997, n° 19.* ♦ Par transposition de la solution dégagée pour les syndicats de communes, le juge administratif exerce un contrôle restreint de l'erreur manifeste d'appréciation sur la fixation de la liste des communes intéressées. • CE 2 oct. 1996, n° 161696 : *préc.*

3. L'ensemble des conseils municipaux doit avoir été mis en mesure de délibérer durant le délai de trente jours imparti par l'art. L. 2121-9. L'arrêté préfectoral créant la communauté de communes adopté avant l'expiration de ce délai, alors même que le projet avait déjà recueilli l'accord de la majorité qualifiée, est intervenu sur une procédure irrégulière et doit être annulé. • CE 2 oct. 1996, *Cne de Civaux*, n° 165055 : *Lebon 764 ; AJDA 1996. 1022, concl. Touvet ; Quot. jur. 1997, n° 10 ; ACL 1997, n° 19.*

II. DÉCISION PORTANT CRÉATION DE L'EPCI

A. NATURE DE L'ACTE ET LIBRE ADMINISTRATION

4. L'arrêté par lequel le représentant de l'État dans le département crée un EPCI ne constitue pas une décision individuelle. Par suite, les dispositions de la loi du 11 juill. 1979 [n° 79-587] et de la loi du 12 avr. 2000 [n° 2000-321] imposant l'obligation de motivation de certaines décisions administratives individuelles défavorables n'ont pas à être respectées. • CE 18 déc. 2002, *Cne de Hyères-les-Palmiers*, n° 243453 : *Coll. terr. 2003, n° 67, note Moreau ; BJCL 2003, p. 224.* ♦ L'arrêté ne constitue pas pour autant une décision réglementaire. Son illégalité ne peut donc plus être invoquée par voie d'exception hors délai du recours contentieux. • CE 23 juill. 1974, *Cne de Cayeux-sur-Mer : Lebon 434.*

5. Libre administration. Un arrêté portant création d'une communauté d'agglomération, incluant une commune sans que celle-ci ait donné son assentiment, affecte la libre administration des collectivités, liberté fondamentale au sens de l'art. L. 521-2 CJA ; il en va ainsi, alors même que cette éventualité est expressément prévue par les dispositions de l'art. L. 5211-5 CGCT ; en pareil cas, le référé peut aboutir pour autant que la décision de création serait « manifestement illégale ». • CE, ord., 24 janv. 2002, *Cne de Beaulieu-sur-Mer,* n° 242128 B : *LPA 14 mars 2002, n° 53, p. 17, note Kattineh.* ♦ Confirmation de la solution s'agissant d'une communauté de communes. • CE, ord., 1er mars 2006, *Min. délégué aux collectivités territoriales c/ Cne de Salies-du-Salat,* n° 290417 : *AJDA 2006. 521, note Brondel ; Coll. terr. mai 2006, n° 83, p. 25, note Erstein ; RLCT mai 2006, n° 353, note Rouault ; RLCT juin 2006, n° 386, note Glaser.* ♦ V. aussi, • CE, ord., 7 déc. 2006, *Cne de Chémery,* n° 299251. ♦ L'absence de prise en compte du schéma départemental de coopération intercommunale préalablement établi pour décider du rattachement d'une commune à un EPCI et l'absence de consultation des conseils municipaux des communes intéressées, en particulier, du conseil municipal de la commune concernée, seul un avis négatif de l'organe délibérant de l'EPCI de rattachement étant pris en compte viole le principe de libre administration. • Cons. const. 25 avr. 2014, *Cne de Thonon-les-Bains et a.,* n° 2014-391 QPC • CE 19 févr. 2014, n° 373999 : *AJDA 2014. 425, obs. Pastor.* ♦ Si l'intégration des communes dans un EPCI affecte leur libre administration, le législateur peut apporter ces limitations dans les buts d'intérêt général d'achèvement et de rationalisation de la carte de l'intercommunalité. Dès lors que tout maire qui en fait la demande est entendu par la CDCI, il n'y pas violation du principe de libre administration ou des dispositions du 5e al. de l'art. 72 de la Const. en vertu desquelles aucune collectivité ne peut exercer une tutelle sur une autre. • Cons. const. 26 avr. 2013, *Cne de Puyravault,* n° 2013-303 QPC • 26 avr. 2013, *Cne de Couvrot,* n° 2013-315 QPC.

B. CRÉATION À LA MAJORITÉ

1° CRÉATION DES SYNDICATS

6. La décision de création semble devoir incorporer dans le syndicat la totalité des communes intéressées appelées à délibérer. • CE 22 avr. 1970, *Cne de Saint-Barthélemy,* n° 75718 : *Lebon 270 ; RD publ. 1971. 1352.* ♦ V. aussi : • CE 12 janv. 1977, *Cne de Langeais,* n° 99493 : *Lebon 13.* ♦ Le consentement exprimé par l'assemblée perd sa validité s'il est prononcé au vu de renseignements inexacts ou si l'adhésion a été donnée dans des conditions incompatibles avec la libre expression de leur volonté. • CE 22 avr. 1970, *Cne de Saint-Barthélemy,* n° 75718 : *préc.* ♦ Le calcul de la majorité qualifiée est fondé sur le nombre total de communes pris en lui-même et le résultat du quotient pris en tant que tel. • CE 22 avr. 1970, *Cne de Saint-Barthélemy,* n° 75718 : *préc.* ♦ V. aussi : • CE 12 janv. 1977, *Cne de Langeais,* n° 99493 : *préc.*

7. Les communes appelées à délibérer et qui ont refusé la création du syndicat peuvent malgré leur refus y être incorporées d'office. • TA Amiens, 16 févr. 1972, *Cne d'Archon : Lebon 855.* ♦ V. aussi : • TA Orléans, 10 mars 1972, *Cne de Cinq-Mars-la-Pile : Lebon 858.*

8. La décision de créer ou non le syndicat relève de la compétence discrétionnaire du préfet et le juge se limite au contrôle de l'erreur manifeste d'appréciation. • CE 13 mars 1985, *Ville de Cayenne,* nos 19321 et 19322 : *Lebon 76 ; AJDA 1985. 376, obs. Richer ; CJEG 1985. 309, concl. Dutheillet de Lamothe.* ♦ Constitue une telle erreur le fait de se fonder sur la nécessité de développer une intercommunalité structurée pour refuser la création d'un SIVOM, alors que les conditions prévues par la loi sont remplies et qu'il n'est pas allégué que cette création ferait obstacle à des projets de création d'EPCI à fiscalité propre. • CAA Bordeaux, 15 févr. 2005, *Cnes de Civaux et de Valdivienne,* n° 01BX00685 : *AJDA 2005. 909.*

2° CRÉATION DES COMMUNAUTÉS

9. Information. Nonobstant l'opposition de principe au projet de création formulée par une commune, celle-ci doit être informée par le préfet des compétences envisagées pour l'EPCI et des règles de répartition des sièges au sein de son organe délibérant. Le défaut d'information constitue une irrégularité substantielle justifiant l'annulation de la procédure. • CAA Versailles, 19 juin 2008, *Cne de Brières-les-Scellés,* n° 07VE00440 : *JCP Adm. 2008, nos 2240-2241, note Moreau.* ♦ Le juge se reconnaît le droit d'apporter, à titre exceptionnel, une dérogation à l'effet rétroactif de l'annulation de la décision portant création qu'il prononce et de moduler ses effets. • Même arrêt.

10. Préfet. Le préfet ne tient d'aucun texte le pouvoir de modifier le projet entre l'arrêté fixant la liste des communes concernées et la décision institutive. Il ne saurait en particulier exclure de l'établissement public tout ou partie des communes ayant émis un vote défavorable à la création de celui-ci. • TA Dijon, 15 mars 1994, *Boncourt-le-Bois et a. : Lebon 693 ; JCP 1995. IV. 239.* ♦ Par extension de la solution applicable aux syndicats de communes, le préfet a la faculté de ne pas créer la communauté alors même que les conditions requises de majorité qualifiée sont satisfaites. • CE 2 oct. 1996, *Cne de Civaux*, n° 165055 : *préc. note 3.*

11. CDCI. La consultation de la commission départementale de coopération intercommunale n'est obligatoire que lorsque la création intervient à l'initiative du préfet. • CE 27 oct. 2008, *Cne de Sainte-Croix-en-Plaine*, n° 296734.

C. EFFETS DE LA DÉCISION PORTANT CRÉATION ET CONTENTIEUX

1° SYNDICATS

12. Les statuts d'un syndicat de communes, qui ne s'imposent aux communes membres qu'en vertu de l'arrêté préfectoral qui les approuve, ne peuvent être qualifiés de contrat et, dès lors, certaines de leurs dispositions peuvent être remises en cause par une loi postérieure. • CE 4 févr. 2013, *Min. de l'Intérieur, Cne de Saint-Martin-d'Uriage c/ Cne de Vaulnaveys-le-Haut*, n°s 358739, 358740 et 359415 : *BJCL 2013. 206, concl. Daumas.* ♦ L'arrêté du représentant de l'État crée le syndicat et devient définitif à l'expiration du délai du recours contentieux. Solution implicite résultant de la suppression de la tutelle d'approbation par la loi du 2 mars 1982. • CE 23 juill. 1974, *Cne de Cayeux-sur-Mer : Lebon 435.*

13. Dès lors que l'arrêté d'autorisation de création du syndicat intercommunal est entaché d'illégalité (et nonobstant les dispositions de l'art. L. 5212-33 prévoyant la dissolution d'office) le préfet est tenu de procéder au retrait de cet arrêté dans le délai du recours contentieux. • TA Rennes, 26 mars 1987, *Synd. intercommunal de défense contre l'uranium : Lebon 468.*

14. Tout problème d'interprétation des dispositions statutaires définies non par l'arrêté d'autorisation mais par les délibérations concordantes des conseils municipaux est tranché par la recherche de l'intention des conseils municipaux. • CE, ass., 16 oct. 1970, *Cne de Saint-Vallier : Lebon 583 ; JCP 1971. II. 16922, note Huglo et Ferrari ; AJDA 1971. 95 ; RD publ. 1971. 1353 ; Rev. adm. 1970. 530, note Liet-Veaux.*

2° COMMUNAUTÉ

15. L'arrêté conjoint des représentants de l'État dans deux départements se trouvant compris dans le ressort de deux tribunaux administratifs différents doit être regardé comme entrant dans la compétence du Conseil d'État en premier et dernier ressort. Solution dégagée dans la mise en œuvre de l'art. L. 5214-24. • CE 3 avr. 1998, *Cté de cnes du pays d'Issoudun*, n° 185858 : *Lebon 123 ; ACL 1999, n° 14.*

16. Le juge administratif exerce un contrôle restreint de la décision portant création de la communauté de communes. • CE 2 oct. 1996, *Cne de Bourg-Charente et a.*, n° 161696 : *préc. note 2.* ♦ Les communes inscrites sur la liste des communes intéressées et qui se sont déclarées hostiles à la création de cet établissement public dans lequel elles n'ont finalement pas été incluses ne sont pas dépourvues d'intérêt pour agir contre l'arrêté créant la communauté de communes. • CE 2 oct. 1996, *Min. de l'Intérieur c/ Cne de Boncourt-le-Bois et a.*, n° 158247 : *AJDA 1996. 1022, concl. Touvet ; Quot. jur. 1997, n° 10 ; ACL 1997, n° 19.*

17. Référé. En jugeant que la création de la communauté d'agglomération ne portait pas par elle-même une atteinte grave et immédiate à la situation d'une commune incluse par le préfet dans son périmètre et qu'à la date à laquelle il statuait la condition d'urgence n'était pas remplie alors que cette mesure prive la commune de l'exercice des compétences transférées à la communauté d'agglomération, le juge des référés a dénaturé les pièces du dossier. • CE 10 oct. 2003, *Cne de Vignely*, n° 255169 : *AJDA 2004. 231.* ♦ En se bornant à relever que la création de la communauté d'agglomération porte atteinte à la situation d'un syndicat mixte dans l'obligation de mettre à la disposition de la communauté nouvellement créée une partie de son patrimoine et en jugeant que l'urgence était ainsi caractérisée, le juge des référés a, compte tenu des circonstances de l'espèce, entaché son ordonnance d'une insuffisance de motivation. • CE 3 mars 2004, *Cté d'agglomération de Sophia-Antipolis*, n° 255033. ♦ Eu égard au transfert de compétences et de ressources fiscales opéré au détriment des communes requérantes par l'arrêté portant création de la communauté de communes et en l'absence d'argumentation de celle-ci, la condition d'urgence doit être regardée comme remplie. • CE 5 juill. 2004, *Cne de Ria-Sirach et a.*, n° 264867 : *ACL 2005, n° 10.* ♦ Le moyen selon lequel certaines des communes intégrées dans la communauté n'auraient pas été mises à même d'apprécier les conséquences de la création de cette communauté, faute de disposer d'informations essentielles concernant notamment la nature des compétences transférées, est, en l'état de l'instruction, de nature à faire naître un doute sérieux quant à la légalité de l'arrêté portant création. • Même arrêt.

3° TRANSFERT ET MISE À DISPOSITION DES BIENS

18. Hormis l'hypothèse où l'EPCI est compétent en matière de zones d'activité économique ou de zones d'aménagement concerté, et celle de biens désaffectés relevant du domaine privé de la commune et qu'elle peut céder à titre gratuit ou onéreux lors du transfert de compétence, la mise à disposition à titre gratuit, au profit de l'EPCI, des biens nécessaires à la gestion du service constitue le régime de droit commun. * Rép. min. n° 36741 : *JO Sénat Q, 17 janv. 2002, p. 159 ; Dr. adm. 2002, n° 3.*

19. L'art. L. 1321-2 CGCT prévoit que le bénéficiaire de la mise à disposition assume l'ensemble des obligations du propriétaire et peut, à ce titre, autoriser l'occupation des biens remis. Concernant les servitudes, une communauté d'agglomération peut établir sur les terrains mis à sa disposition tant des servitudes conventionnelles qu'administratives et elle peut décider, dans ce cadre, des autorisations de passage de réseaux d'assainissement. Elle peut aussi renouveler une convention antérieurement passée par une commune membre avec une association pour la mise à disposition d'une partie d'un bien remis. * Rép. min. n° 55342 : *JOAN Q, 15 déc. 2009, p. 12055.*

20. Une commune peut, sur le fondement de l'art. L. 1424-18 CGCT, transférer à l'EPCI la compétence relative à la responsabilité des opérations de grosses réparations, d'extension ou de reconstruction de biens mis à disposition du service départemental d'incendie et de secours. En revanche, elle ne peut pas lui transférer sa contribution au budget de ce service qui constitue une dépense obligatoire pour la commune. • CE 22 mai 2013, *Cté de cnes Val de Garonne*, n° 354992 : *AJCT 2013. 525, obs. Péchillon ; BJCL 2013. 617, concl. Daumas et obs. Poujade ; JCP Adm. 2014, n° 2040, note Du Rostu.*

21. En cas de désaffectation de biens mis à la disposition d'un EPCI, la collectivité propriétaire recouvre l'ensemble de ses droits et obligations sur les biens désaffectés. * Rép. min. n° 8647 : *JOAN Q, 8 janv. 2008.*

22. Dans la mesure où aucun transfert de propriété ou de droit réels immobiliers n'est opéré, aucune publicité foncière ne s'impose ni par conséquent de modification cadastrale. * Rép. min. n° 67231 : *JOAN Q, 18 févr. 2002, p. 965.* ♦ La demande de transfert en pleine propriété formulée par l'EPCI est une simple mesure préparatoire insusceptible de faire l'objet d'un recours pour excès de pouvoir. • TA Amiens, 11 oct. 2019, *Assoc. SOS Laon*, n° 1700861 : *JurisData n° 2019-017805.*

23. Rien ne fait obstacle à ce que le matériel intercommunal, dès lors qu'il présente un intérêt pour la mise en œuvre de compétences non transférées par les communes, puisse, par voie de convention, être mis à disposition de celles-ci. * Rép. min. n° 28664 : *JOAN Q, 30 mars 2004, p. 2653.* • CAA Versailles, 19 févr. 2009, *Synd. Force ouvrière du personnel territorial de l'agglomération du Val-de-Seine*, n° 07VE01097.

4° TRANSFERT DES PERSONNELS

24. L'arrêté portant création de l'EPCI (en l'espèce une communauté d'agglomération) doit, conformément aux dispositions de l'art. L. 5211-4-1, être précédé de la consultation des comités techniques paritaires des communes membres. • CE 22 nov. 2002, *Cne de Castellar, Cne de Sospel : nos 241848 et 241926.* ♦ Rappr. • CE 10 oct. 2003, *Cne des Angles*, n° 250116 : *AJDA 2004. 880, note Tuot ; BJCL 2004, n° 1, p. 39, concl. Glaser ; ACL 2004, n° 10 ; Coll. terr. 2003, p. 20, n° 240.*

25. Les fonctionnaires et agents transférés conservent, s'ils y ont intérêt, le bénéfice du régime indemnitaire qui leur était applicable ainsi que, à titre individuel, les avantages acquis sans que, selon la jurisprudence, ils puissent se prévaloir d'un droit acquis au maintien de ces avantages. * Rép. min. n° 63590 : *JOAN Q, 22 févr. 2011, p. 1816.* ♦ Le fonctionnaire en congé maladie doit être considéré comme remplissant en totalité ses fonctions dans le service ou la partie de service concerné par le transfert de compétences, bien que son congé légal l'ait conduit à interrompre son activité. Il ne fait dès lors plus partie des effectifs de la commune mais de ceux de l'établissement public. La charge de son traitement repose par conséquent sur l'EPCI. • CE 10 oct. 2014, *Cne de Creil*, n° 369533 : *AJDA. 2015. 168, note Fialaire .*

5° NOM DE L'EPCI

26. Selon la L. n° 2014-344 du 17 mars 2014 relative à la consommation, les EPCI, contrairement aux collectivités territoriales, ne peuvent faire opposition à l'enregistrement d'une marque qui porterait atteinte à leur nom, leur image, leur renommée ou à une indication géographique comportant leur nom. Ils peuvent en revanche, comme « personnes intéressées », en contester le droit de son dépositaire auprès des tribunaux judiciaires. * Rép. min. n° 12320 : *JO Sénat Q, 20 nov. 2014.* ♦ À l'exception du 8e al. de l'art. L. 5217-1, qui prévoit que le décret de création d'une métropole fixe notamment le nom de celle-ci, la loi ne comporte pas de disposition spécifique relative au nom des EPCI. Les dénominations des EPCI sont libres. Aussi, une communauté urbaine ou une communauté d'agglomération peut faire figurer dans sa dénomination le terme de « métropole ». La dénomination d'un EPCI étant appelée à figurer dans les statuts, l'approbation de ces derniers par le représentant de l'État, prévue à l'art. L. 5211-5-1, permet toutefois qu'un organe délibérant d'un EPCI qui aurait retenu un nom fantaisiste ou incompatible avec la géographie soit invité par le préfet à rechercher une nouvelle dénomination. * Rép. min. n° 21309 : *JO Sénat, 8 déc. 2016, p. 5385.*

Art. L. 5211-5-1 A *(L. n° 2019-1461 du 27 déc. 2019, art. 26)* **I. – Des établissements publics de coopération intercommunale à fiscalité propre peuvent être créés par partage d'une communauté de communes ou d'une communauté d'agglomération existante dans les conditions prévues à l'article L. 5211-5, après avis de l'organe délibérant de l'établissement public existant.**

Les conditions prévues au II du même article L. 5211-5 doivent être réunies dans le périmètre de chaque nouvel établissement ainsi créé.

Chacun des périmètres des établissements publics de coopération intercommunale à fiscalité propre résultant des opérations décrites aux premier et deuxième alinéas du I du présent article doit respecter les seuils de population et prendre en compte les autres orientations et obligations définies aux III et VII de l'article L. 5210-1-1.

II. – Les modalités de répartition du personnel entre ces établissements publics de coopération intercommunale sont décidées par délibération de l'établissement public de coopération intercommunale existant, après avis du ou des comités sociaux territoriaux compétents. Cette délibération doit faire l'objet d'un accord des conseils municipaux des communes intéressées, dans les conditions de majorité prévues au II de l'article L. 5211-5.

À défaut d'accord sur la répartition au plus tard trois mois avant le partage, celle-ci est arrêtée par le représentant de l'État dans le département.

Une fiche d'impact décrivant notamment les effets du partage sur l'organisation et les conditions de travail ainsi que sur la rémunération et les droits acquis des fonctionnaires et des agents contractuels territoriaux concernés est jointe à la convocation des membres des comités sociaux territoriaux.

Les fonctionnaires conservent les conditions de statut et d'emploi qui sont les leurs. Les agents contractuels territoriaux conservent, à titre individuel, le bénéfice des stipulations de leur contrat. Les services antérieurement accomplis en qualité d'agent contractuel de l'ancien établissement public de coopération intercommunale sont assimilés à des services accomplis en qualité d'agent contractuel de l'établissement public de coopération intercommunale nouvellement créé.

Les agents bénéficient des garanties prévues aux articles L. 5111-7 et L. 5111-8.

Dans un délai de six mois à compter de sa création, le nouvel établissement public de coopération intercommunale définit le régime indemnitaire qui s'applique aux agents nouvellement recrutés. Dans l'attente, ces derniers bénéficient du régime indemnitaire qui était applicable à l'emploi auquel ils sont affectés.

La répartition du personnel effectuée dans les conditions prévues au premier alinéa du présent II est annexée à l'arrêté du représentant de l'État dans le département portant création du nouvel établissement public.

III. – Les modalités de répartition des biens, équipements et services publics ainsi que de l'ensemble des droits et obligations qui leur sont attachés sont décidées par délibération de l'établissement public de coopération intercommunale existant. Cette délibération doit faire l'objet d'un accord des conseils municipaux des communes intéressées dans les conditions de majorité prévues au II de l'article L. 5211-5. À défaut d'accord sur la répartition au plus tard trois mois avant le partage, celle-ci est arrêtée par le représentant de l'État dans le département.

Les budgets des nouveaux établissements publics de coopération intercommunale sont adoptés dans les conditions fixées à l'article L. 1612-3. Le compte administratif de l'établissement public de coopération intercommunale qui a fait l'objet du partage est approuvé par les nouveaux établissements publics de coopération intercommunale. En cas d'absence d'adoption du compte administratif à la date du 30 juin de l'année suivant le partage, le représentant de l'État dans le département arrête le compte à l'appui du compte de gestion, après avis rendu dans le délai d'un mois par la chambre régionale des comptes.

La répartition des biens, équipements et services publics effectuée dans les conditions prévues au premier alinéa du présent III est annexée à l'arrêté du représentant de l'État dans le département portant création du nouvel établissement.

Le représentant de l'État dans le département constate, sous réserve des droits des tiers, la répartition entre les établissements publics de coopération intercommunale qui ont été créés de l'ensemble de l'actif et du passif au vu du dernier compte administratif de l'établissement public de coopération intercommunale qui fait l'objet du partage.

Nouvel art. L. 5211-5-1 A *(L. n° 2019-1461 du 27 déc. 2019, art. 26) I. – Des établissements publics de coopération intercommunale à fiscalité propre peuvent être créés par partage d'une communauté de communes ou d'une communauté d'agglomération existante dans les conditions prévues à l'article L. 5211-5, après avis de l'organe délibérant de l'établissement public existant.*

Les conditions prévues au II du même article L. 5211-5 doivent être réunies dans le périmètre de chaque nouvel établissement ainsi créé.

Chacun des périmètres des établissements publics de coopération intercommunale à fiscalité propre résultant des opérations décrites aux premier et deuxième alinéas du I du présent article doit respecter les seuils de population et prendre en compte les autres orientations et obligations définies aux III et VII de l'article L. 5210-1-1.

II. — Les modalités de répartition du personnel entre ces établissements publics de coopération intercommunale sont décidées par délibération de l'établissement public de coopération intercommunale existant, après avis du ou des comités sociaux territoriaux compétents. Cette délibération doit faire l'objet d'un accord des conseils municipaux des communes intéressées, dans les conditions de majorité prévues au II de l'article L. 5211-5.

À défaut d'accord sur la répartition au plus tard trois mois avant le partage, celle-ci est arrêtée par le représentant de l'État dans le département.

Une fiche d'impact décrivant notamment les effets du partage sur l'organisation et les conditions de travail ainsi que sur la rémunération et les droits acquis des fonctionnaires et des agents contractuels territoriaux concernés est jointe à la convocation des membres des comités sociaux territoriaux.

Les fonctionnaires conservent les conditions de statut et d'emploi qui sont les leurs. Les agents contractuels territoriaux conservent, à titre individuel, le bénéfice des stipulations de leur contrat. Les services antérieurement accomplis en qualité d'agent contractuel de l'ancien établissement public de coopération intercommunale sont assimilés à des services accomplis en qualité d'agent contractuel de l'établissement public de coopération intercommunale nouvellement créé.

Les agents bénéficient des garanties prévues aux articles L. 5111-7 et L. 5111-8.

Dans un délai de six mois à compter de sa création, le nouvel établissement public de coopération intercommunale définit le régime indemnitaire qui s'applique aux agents nouvellement recrutés. Dans l'attente, ces derniers bénéficient du régime indemnitaire qui était applicable à l'emploi auquel ils sont affectés.

La répartition du personnel effectuée dans les conditions prévues au premier alinéa du présent II est annexée à l'arrêté du représentant de l'État dans le département portant création du nouvel établissement public.

III. — Les modalités de répartition des biens, équipements et services publics ainsi que de l'ensemble des droits et obligations qui leur sont attachés sont décidées par délibération de l'établissement public de coopération intercommunale existant. Cette délibération doit faire l'objet d'un accord des conseils municipaux des communes intéressées dans les conditions de majorité prévues au II de l'article L. 5211-5. À défaut d'accord sur la répartition au plus tard trois mois avant le partage, celle-ci est arrêtée par le représentant de l'État dans le département.

Les budgets des nouveaux établissements publics de coopération intercommunale sont adoptés dans les conditions fixées à l'article L. 1612-3. Le (Ord. n° 2025-526 du 12 juin 2025, art. 1er) *« compte financier unique » de l'établissement public de coopération intercommunale qui a fait l'objet du partage est approuvé par les nouveaux établissements publics de coopération intercommunale. En cas d'absence d'adoption du* (Ord. n° 2025-526 du 12 juin 2025, art. 1er) *« compte financier unique » à la date du 30 juin de l'année suivant le partage, le représentant de l'État dans le département arrête* (Ord. n° 2025-526 du 12 juin 2025, art. 1er) *« le projet de compte financier unique, après avis rendu dans le délai d'un mois par la chambre régionale des comptes sur sa sincérité et sa régularité ».*

La répartition des biens, équipements et services publics effectuée dans les conditions prévues au premier alinéa du présent III est annexée à l'arrêté du représentant de l'État dans le département portant création du nouvel établissement.

Le représentant de l'État dans le département constate, sous réserve des droits des tiers, la répartition entre les établissements publics de coopération intercommunale qui ont été créés de l'ensemble de l'actif et du passif au vu du dernier (Ord. n° 2025-526 du 12 juin 2025, art. 1er) *« compte financier unique » de l'établissement public de coopération intercommunale qui fait l'objet du partage.*

Le présent art. entre en vigueur à compter de l'exercice budgétaire 2026 (Ord. n° 2025-526 du 12 juin 2025, art. 12).

Art. L. 5211-5-1 *(L. n° 2004-809 du 13 août 2004, art. 171)* **Les statuts d'un établissement public de coopération intercommunale mentionnent notamment :**

a) **La liste des communes membres de l'établissement ;**

b) **Le siège de celui-ci ;**

c) **Le cas échéant, la durée pour laquelle il est constitué ;**

d) à f) *Abrogés par L. n° 2010-1563 du 16 déc. 2010, art. 9.*

g) **Les compétences transférées à l'établissement.**

(L. n° 2010-1563 du 16 déc. 2010, art. 41) « Lors de la création d'un établissement public de coopération intercommunale, ils sont soumis aux conseils municipaux en même temps que la liste des communes intéressées dans les conditions prévues à l'article L. 5211-5. »

Ils sont approuvés par arrêté du ou des représentants de l'État dans le ou les départements concernés.

SECTION 3 Organes et fonctionnement

(L. n° 99-586 du 12 juill. 1999)

SOUS-SECTION 1 Organes

§ 1 Organe délibérant des établissements publics de coopération intercommunale à fiscalité propre *(L. n° 2013-403 du 17 mai 2013, art. 37).*

Art. L. 5211-6 *(L. n° 2019-1461 du 27 déc. 2019, art. 5)* « Les métropoles, communautés urbaines, communautés d'agglomération et communautés de communes sont administrées par un organe délibérant composé de représentants des communes membres désignés dans les conditions prévues au titre V du livre I du code électoral. »

(L. n° 2010-1563 du 16 déc. 2010, art. 8) « Après le renouvellement général des conseils municipaux, l'organe délibérant se réunit au plus tard le vendredi de la quatrième semaine qui suit l'élection des maires. »

(L. n° 2015-366 du 31 mars 2015, art. 2) « Lors de la première réunion de l'organe délibérant, immédiatement après l'élection du président, des vice-présidents et des autres membres du bureau, le président donne lecture de la charte de l'élu local prévue à l'article L. 1111-1-1. Le président remet aux conseillers communautaires une copie de la charte de l'élu local et des dispositions de la sous-section 1 de la section 2 du chapitre IV du présent titre dans les communautés de communes, de la section 3 du chapitre VI du présent titre dans les communautés d'agglomération, de la sous-section 4 de la section 2 du chapitre V du présent titre dans les communautés urbaines et les métropoles, ainsi que des articles auxquels il est fait référence dans ces dispositions. »

Lorsqu'une commune ne dispose que d'un seul *(L. n° 2013-403 du 17 mai 2013, art. 37)* « conseiller communautaire, le conseiller municipal appelé à le remplacer en application » *(L. n° 2019-1461 du 27 déc. 2019, art. 5)* « de l'article L. 273-10 ou du I de l'article L. 273-12 exerce les fonctions de conseiller communautaire suppléant et » qui peut participer avec voix délibérative aux réunions de l'organe délibérant en cas d'absence du *(L. n° 2013-403 du 17 mai 2013, art. 37)* « conseiller » titulaire *(L. n° 2012-281 du 29 févr. 2012, art. 8)* « dès lors que ce dernier en a avisé le président de l'établissement public. Le *(L. n° 2013-403 du 17 mai 2013, art. 37)* « conseiller » suppléant est destinataire des convocations aux réunions de l'organe délibérant, ainsi que des documents annexés à celles-ci. » *(L. n° 2013-403 du 17 mai 2013, art. 37)* « L'article L. 273-5 du code électoral est applicable au conseiller communautaire suppléant. »

BIBL. ▶ AUBELLE, Des nouvelles modalités de représentation des communes au sein des conseils des EPCI à fiscalité propre, *AJCT 2013. 191*. – ERSTEIN, Droit à l'information des élus locaux : précisions sur l'obligation du maire ou du président de l'EPCI de communiquer, *JCP Adm. 2019. 247*. – GARDERE, Le contentieux des élections post-fusions d'EPCI, *JCP Adm. 2017, n° 2270*. – LE SAOUT, Des points de vue différenciés sur la question de la démocratie intercommunale, *JCP Adm. 2011, n° 2132*. – LUCHAIRE, La composition des organes délibérants des intercommunalités à fiscalité propre, *RGCT 2011. 123*. – MERLAND, La loi du 16 décembre 2010 de réforme des collectivités territoriales et le renforcement de la légitimité démocratique des EPCI, *Dr. adm. 2011, n° 11*. – MURACCIOLE et SENAC, Atteindre la parité dans les intercommunalités est indispensable... et possible, *AJCT 2018. 593*. – RIBOT, Intercommunalité et parité : simples retards ou tristes archaïsmes ?, *RLCT 2006. 28*.

COMMENTAIRE

V. dans le supplément en ligne.

I. DÉSIGNATION DES MEMBRES DE L'ORGANE DÉLIBÉRANT

1. *Membres de droit.* La présence de membres de droit dans les organes délibérants des EPCI est exclue. • CE 22 avr. 1977, *M. Picot,* n° 98496 : *Lebon 184*. ♦ Ainsi, un conseiller général, non élu d'une commune membre, peut, en vertu de l'art. L. 5212-7, siéger à l'organe délibérant d'un syndicat de communes mais non à celui d'un EPCI à fiscalité propre. * Rép. min. n° 57957 : *JOAN Q, 9 avr. 2001. 2148 ; Coll. terr. 2001, p. 26, n° 147.*

2. *Inéligibilité.* Un garde champêtre employé par un syndicat intercommunal et intervenant sur le territoire des trois communes membres est inéligible au conseil municipal (cf. art. L. 231 C. élect.) • CE 3 déc. 2014, *Mme F.,* n° 381418.

3. *Incompatiblité.* En rendant incompatible le mandat de conseiller communautaire avec l'exercice d'un emploi salarié au sein des communes membres de l'EPCI concerné (art. L. 237-1 C. élect.) la loi a institué une interdiction qui, par sa portée, n'excède pas manifestement ce qui est nécessaire pour protéger la liberté de choix de l'électeur, l'indépendance de l'élu ou pour prévenir les risques de confusion ou de conflits d'intérêts. • CE 17 déc. 2014, *M. B.,* n° 383316 : *AJDA 2014. 2504, note Pastor*.

4. *Cumul.* Un parlementaire titulaire d'un mandat de conseiller municipal et de conseiller communautaire ne se trouve pas en situation de cumul. * Rép. min. n° 95703 : *JOAN Q, 3 janv. 2017, p. 101.*

5. *Désignation des délégués.* Alors que le choix du conseil municipal d'une commune membre peut porter sur tout citoyen éligible, il découle de l'art. L. 5211-6 que l'organe délibérant d'un EPCI doit choisir ses délégués parmi ses membres (sol. dégagée pour une communauté de communes transposable à tous les EPCI à fiscalité propre). • CE 8 mars 2002, *Préfet de la Drôme,* n° 237033. ♦ Aucune disposition législative ou réglementaire, ni aucun principe général du droit ne fait obstacle à ce que la désignation par une commune de ses conseillers communautaires au sein d'un nouvel EPCI n'intervienne avant que le préfet n'ait pris l'arrêté portant création du nouvel EPCI au sein duquel ces conseillers sont appelés à siéger, conformément à un cadre légal déjà fixé à la date de cette désignation par des arrêtés préfectoraux ayant arrêté le schéma de coopération intercommunale, le périmètre de fusion des deux EPCI et le nombre et la répartition des sièges au sein du nouveau conseil communautaire. • CE 16 nov. 2016, *Cne de Coignières,* n° 398262 : *Lebon ; AJDA 2017. 411, note Lachaume et Claeys*.

6. *Élection des conseillers communautaires.* L'annulation de l'élection en qualité de conseiller municipal implique nécessairement l'annulation de l'élection en qualité de conseiller communautaire. • CE 29 avr. 2015, *Él. mun. et communautaires de Mâcon (Saône-et-Loire),* n° 385344 B. ♦ Lorsqu'une commune ne dispose que d'un seul conseiller communautaire siégeant au sein de l'organe délibérant d'une communauté de communes, un seul candidat doit être proclamé élu à l'issue du scrutin. • CE 13 févr. 2015, *Él. mun. de Saint-Jean-de-Marsacq (Landes),* n° 381022 B. ♦ Il résulte des dispositions de l'art. L. 5211-6-2 qu'en cas de renouvellement général du conseil municipal et s'il n'a pas été élu de conseillers communautaires à cette occasion, l'ensemble des sièges de conseillers communautaires attribués à la commune doivent faire l'objet d'une désignation par le conseil municipal nouvellement élu parmi ses membres. • CE 13 janv. 2017, *Mme J.,* n° 399323 B : *AJDA 2017. 81, note Biget*. ♦ En fixant à deux le nombre de candidats devant figurer sur la liste lorsqu'une commune ne dispose que d'un seul siège, le législateur a seulement entendu garantir qu'une telle commune puisse bénéficier d'un conseiller communautaire suppléant et non lier la recevabilité de cette dernière liste au respect de l'exigence d'une dualité de candidat, un conseiller communautaire sortant ayant la possibilité de présenter sa candidature sur une liste comprenant son seul nom. • Cons. const. 23 juin 2017, n° 2017-640 QPC : *AJDA 2017. 1310, note Pastor*.

7. *Élection du bureau communautaire.* À la suite du renouvellement partiel d'un conseil communautaire, ses membres doivent être mis en mesure de se prononcer sur l'opportunité de procéder à une nouvelle élection des membres du bureau communautaire. • CAA Douai, 8 oct. 2019, n° 17DA00661.

8. *Protocole.* Dans le silence du Décr. du 13 sept. 1989 relatif aux cérémonies publiques, et en l'absence de mandat lui conférant un rang supérieur, un président d'EPCI pourra être placé après le maire de la commune dans laquelle se déroule la cérémonie. Deux hypothèses sont en outre à considérer. D'une part, à Paris, où l'ordre diffère des autres départements, le maire est, en vertu de l'art. 2 du décret préc., en 22e position, suivi par le président du conseil régional d'Île-de-France. Le président de la métropole pourrait alors le suivre immédiatement à la 24e place. D'autre part, la métropole de Lyon, qui est une collectivité territoriale à statut particulier au sens de l'art. 72 Const., exerce simultanément les compétences d'un département et de l'ancienne communauté urbaine, à laquelle elle se substitue. Il peut être envisagé que son président prenne, avant le maire, la place du président du conseil départemental pour les cérémonies se déroulant dans son périmètre, le président du conseil départemental du Nouveau Rhône prenant la préséance dans les cérémonies sur son périmètre. * Rép. min. n° 100303 : *JOAN Q, 28 févr. 2017, p. 1847.*

9. *Intervention du préfet.* En vertu de la décision du Cons. const. n° 2014-405 QPC du 20 juin

2014, l'organe délibérant d'une communauté de communes doit être recomposé lorsque, entre deux renouvellements des conseils municipaux, celui de l'une des communes membres doit être réélu. Le préfet ne peut utilement se fonder sur les dispositions de l'art. L. 5211-6-1 pour déterminer le nombre et la répartition des sièges de l'organe délibérant recomposé. • TA Versailles, 5 déc. 2014, *Cté de cnes du Val d'Essonne*, n° 1408145 : *AJDA 2015. 695, note Lachaume*.

II. ATTRIBUTION DE L'ORGANE DÉLIBÉRANT

10. La disposition investit l'organe délibérant d'une fonction générale de gestion des activités du syndicat qui obéit aux règles d'administration communale (solution implicite à tous les arrêts). ♦ Il appartient de l'EPCI de fixer la liste des emplois pour lesquels un logement de fonction peut être attribué en raison notamment des contraintes liées à l'exercice de ces emplois. * Rép. min. n° 05147 : *JO Sénat Q, 18 sept. 2008, p. 1895.*

11. L'organe délibérant peut seul autoriser la signature d'un contrat de délégation de service public, l'art. L. 5211-10 interdisant la délégation de cette compétence à l'exécutif. • CE 15 juin 1994, *Synd. intercommunal des transports publics de la région de Douai*, n° 136734 B.

12. La participation des délégués d'une commune à la délibération d'un EPCI dont elle est membre ne fait pas courir le délai de recours contentieux à l'égard de cette commune qui forme un recours contre la délibération en cause. • CE 31 mars 2008, *Synd. intercommunal à vocation unique pour le plan d'aménagement du Sundgau*, n° 297961 B : *AJDA 2008. 727* ; *ibid. 2008. 1545, note Verpeaux* ; *JCP Adm. 2008. 334.*

III. DROITS DU DÉLÉGUÉ À L'ORGANE DÉLIBÉRANT

13. Tout membre de l'organe délibérant a droit, au titre de son mandat municipal, aux autorisations d'absence prévues par l'art. L. 2123-1 et bénéficie du droit à la formation prévue par l'art. L. 2123-12. Solution affirmée au profit des membres d'un conseil districal. * Rép. min. n° 3190 : *JOAN Q, 10 oct. 1994.* ♦ Le conseiller municipal d'une commune de moins de 3 500 habitants peut bénéficier d'un crédit d'heures en sa qualité de délégué au sein d'une communauté. * Rép. min. n° 109078 : *JOAN Q, 16 août 2011, p. 8797.*

14. Un membre du conseil de communauté urbaine est recevable à contester la légalité des délibérations de ce conseil non seulement en ce qu'elles auraient été adoptées en méconnaissance des prérogatives qu'il tient de sa qualité de conseiller communautaire mais par tous moyens qu'il se croit fonder à développer. • CE 31 juill. 1996, *M. Tête*, n° 132541 : *ACL 1997, n° 21.* ♦ En revanche, la qualité de conseiller municipal d'une commune membre d'un EPCI ne suffit pas à donner intérêt pour former un recours pour excès de pouvoir contre les délibérations adoptées par l'organe délibérant de cet EPCI. • CAA Lyon, 9 nov. 2006, *SIVOM du Lac de Marcenay et Larrey*, n° 05LY01724 : *AJDA 2007. 44, concl. Besle*.

15. Lorsqu'un conseiller présente par écrit, avant la séance du conseil de la communauté, des propositions de modification du projet de délibération soumis au conseil, la circonstance que ces propositions n'aient pas fait l'objet d'un vote distinct au cours de la séance n'entache pas d'illégalité la délibération dès lors que le conseiller a pu exposer oralement, devant le conseil, le contenu et la justification de ses propositions. • CE 29 juill. 1994, *Tête*, n° 132549 B.

Art. L. 5211-6-1 *(L. n° 2010-1563 du 16 déc. 2010, art. 9) (L. n° 2015-264 du 9 mars 2015, art. 1er)* **« I. — Le nombre et la répartition des sièges de conseiller communautaire sont établis :**

« 1° Soit selon les modalités prévues aux II à VI du présent article ;

« 2° Soit, dans les communautés de communes et dans les communautés d'agglomération, par accord des deux tiers au moins des conseils municipaux des communes membres représentant plus de la moitié de la population de celles-ci ou de la moitié au moins des conseils municipaux des communes membres représentant plus des deux tiers de la population de celles-ci. Cette majorité doit comprendre le conseil municipal de la commune dont la population est la plus nombreuse, lorsque celle-ci est supérieure au quart de la population des communes membres.

« La répartition des sièges effectuée par l'accord prévu au présent 2° respecte les modalités suivantes :

« *a)* Le nombre total de sièges répartis entre les communes ne peut excéder de plus de 25 % celui qui serait attribué en application des III et IV du présent article ;

« *b)* Les sièges sont répartis en fonction de la population municipale de chaque commune, authentifiée par le plus récent décret publié en application de l'article 156 de la loi n° 2002-276 du 27 février 2002 relative à la démocratie de proximité ;

« *c)* Chaque commune dispose d'au moins un siège ;

« *d)* Aucune commune ne peut disposer de plus de la moitié des sièges ;

« *e)* Sans préjudice des *c* et *d*, la part de sièges attribuée à chaque commune ne peut s'écarter de plus de 20 % de la proportion de sa population dans la population globale des communes membres, sauf :

« – lorsque la répartition effectuée en application des III et IV du présent article conduirait à ce que la part de sièges attribuée à une commune s'écarte de plus de 20 % de la proportion de sa population dans la population globale et que la répartition effectuée par l'accord maintient ou réduit cet écart ;

« – lorsque deux sièges seraient attribués à une commune pour laquelle la répartition effectuée en application du 1° du IV conduirait à l'attribution d'un seul siège. »

II. – Dans les métropoles et les communautés urbaines et, à défaut d'accord, dans les communautés de communes et les communautés d'agglomération, la composition de l'organe délibérant est établie par les III à *(L. n° 2012-1561 du 31 déc. 2012, art. 1er)* « VI » selon les principes suivants :

1° L'attribution des sièges à la représentation proportionnelle à la plus forte moyenne aux communes membres de l'établissement public de coopération intercommunale, en fonction du tableau fixé au III, garantit une représentation essentiellement démographique ;

2° L'attribution d'un siège à chaque commune membre de l'établissement public de coopération intercommunale assure la représentation de l'ensemble des communes.

III. – Chaque organe délibérant est composé de *(L. n° 2013-403 du 17 mai 2013, art. 37)* « conseillers communautaires » dont le nombre est établi à partir du tableau ci-dessous.

POPULATION MUNICIPALE DE L'ÉTABLISSEMENT public de coopération intercommunale à fiscalité propre	**NOMBRE de sièges**
De moins de 3 500 habitants	16
De 3 500 à 4 999 habitants	18
De 5 000 à 9 999 habitants	22
De 10 000 à 19 999 habitants	26
De 20 000 à 29 999 habitants	30
De 30 000 à 39 999 habitants	34
De 40 000 à 49 999 habitants	38
De 50 000 à 74 999 habitants	40
De 75 000 à 99 999 habitants	42
De 100 000 à 149 999 habitants	48
De 150 000 à 199 999 habitants	56
De 200 000 à 249 999 habitants	64
De 250 000 à 349 999 habitants	72
De 350 000 à 499 999 habitants	80
De 500 000 à 699 999 habitants	90
De 700 000 à 1 000 000 habitants	100
Plus de 1 000 000 habitants	130

Ce nombre peut être modifié dans les conditions prévues aux 2°, 4° ou 5° du IV.

IV. – La répartition des sièges est établie selon les modalités suivantes :

1° Les sièges à pourvoir prévus au tableau du III sont répartis entre les communes à la représentation proportionnelle à la plus forte moyenne, sur la base de leur population municipale authentifiée par le plus récent décret publié en application de l'article 156 de la loi n° 2002-276 du 27 février 2002 relative à la démocratie de proximité ;

2° Les communes n'ayant pu bénéficier de la répartition de sièges prévue au 1° du présent IV se voient attribuer un siège, au-delà de l'effectif fixé par le tableau du III ;

3° Si, après application des modalités prévues aux 1° et 2° du présent IV, une commune obtient plus de la moitié des sièges *(L. n° 2013-403 du 17 mai 2013, art. 37)* « de l'organe délibérant » :

– seul un nombre de sièges portant le nombre total de ses *(L. n° 2013-403 du 17 mai 2013, art. 37)* « conseillers communautaires » à la moitié des sièges *(L. n° 2013-403 du 17 mai 2013, art. 37)* « de l'organe délibérant », arrondie à l'entier inférieur, lui est finalement attribué ;

– les sièges qui, par application de l'alinéa précédent, se trouvent non attribués sont ensuite répartis entre les autres communes suivant la règle de la plus forte moyenne, sur la base de leur population municipale authentifiée par le plus récent décret publié en application de l'article 156 de la loi n° 2002-276 du 27 février 2002 précitée ;

4° Si, par application des modalités prévues aux 1° à 3° du présent IV, le nombre de sièges attribués à une commune est supérieur à celui de ses conseillers municipaux, le nombre total de sièges au sein de l'organe délibérant est réduit à due concurrence du nombre de sièges nécessaire pour que, à l'issue d'une nouvelle application des 1° à 3° du présent IV, cette commune dispose d'un nombre total de sièges inférieur ou égal à celui de ses conseillers municipaux ;

(L. n° 2014-58 du 27 janv. 2014, art. 41) « 4° *bis* Dans la métropole d'Aix-Marseille-Provence, sont attribués en supplément, à la représentation proportionnelle à la plus forte moyenne, aux communes ayant bénéficié de la répartition des sièges prévue au 1° du présent IV, 20 % de la totalité des sièges, répartis en application des 1° et 2° du même IV ; »

5° En cas d'égalité de la plus forte moyenne entre des communes lors de l'attribution du dernier siège, chacune de ces communes se voit attribuer un siège.

V. – Dans les communautés de communes *(L. n° 2017-257 du 28 févr. 2017, art. 75)* « , les communautés d'agglomération et les communautés urbaines », si les sièges attribués sur le fondement du 2° du IV excèdent 30 % du nombre de sièges définis *[défini]* au deuxième alinéa du III, 10 % du nombre total de sièges issus *[issu]* de l'application des III et IV sont attribués aux communes selon les modalités prévues au IV. Dans ce cas, il ne peut être fait application du VI.

(L. n° 2015-264 du 9 mars 2015, art. 1er) « VI. – Dans les métropoles et les communautés urbaines, à l'exception de la métropole d'Aix-Marseille-Provence, et à défaut d'accord conclu dans les conditions prévues au 2° du I dans les communautés de communes et les communautés d'agglomération, les communes peuvent créer et répartir un nombre de sièges supplémentaires inférieur ou égal à 10 % du nombre total de sièges issu de l'application des III et IV.

« La part globale de sièges attribuée à chaque commune en application des III, IV et du présent VI ne peut s'écarter de plus de 20 % de la proportion de sa population dans la population globale des communes membres, sauf :

« 1° Lorsque la répartition effectuée en application des III et IV conduirait à ce que la part de sièges attribuée à une commune s'écarte de plus de 20 % de la proportion de sa population dans la population globale et que l'attribution effectuée en application du présent VI maintient ou réduit cet écart ;

« 2° Lorsqu'un second siège serait attribué à une commune ayant bénéficié d'un seul siège en application du 1° du IV.

« Dans les métropoles et les communautés urbaines, la répartition effectuée en application du présent VI peut porter le nombre de sièges attribué à une commune à plus de la moitié de l'effectif de l'organe délibérant.

« La décision de création et de répartition de ces sièges supplémentaires est prise à la majorité des deux tiers au moins des conseils municipaux des communes membres représentant plus de la moitié de la population de celles-ci ou de la moitié au moins des conseils municipaux des communes membres représentant plus des deux tiers de la population de celles-ci. Cette majorité doit comprendre le conseil municipal de la commune dont la population est la plus nombreuse, lorsque celle-ci est supérieure au quart de la population des communes membres. »

VII. – Au plus tard *(L. n° 2013-403 du 17 mai 2013, art. 38)* « le 31 août » de l'année précédant celle du renouvellement général des conseils municipaux, il est pro-

cédé aux opérations prévues aux I, IV et VI. Au regard des délibérations sur le nombre et la répartition des sièges *(L. n° 2012-1561 du 31 déc. 2012, art. 1er)* **« prévues aux I » et VI et de la population municipale authentifiée par le plus récent décret publié en application de l'article 156 de la loi n° 2002-276 du 27 février 2002 précitée, le nombre total de sièges que comptera l'organe délibérant de l'établissement public de coopération intercommunale ainsi que celui attribué à chaque commune membre lors du prochain renouvellement général des conseils municipaux est constaté** *[sont constatés]* **par arrêté du représentant de l'État dans le département lorsque les communes font partie du même département ou par arrêté conjoint des représentants de l'État dans les départements concernés dans le cas contraire, au plus tard le** *(L. n° 2013-403 du 17 mai 2013, art. 38)* **« 31 octobre » de l'année précédant celle du renouvellement général des conseils municipaux.**

En cas de création d'un nouvel établissement public de coopération intercommunale par application des articles L. 5211-5, L. 5211-41, L. 5211-41-1 ou L. 5211-41-3, les délibérations prévues aux I, IV et VI du présent article s'effectuent en même temps que celle relative au projet de périmètre de l'établissement public de coopération intercommunale à fiscalité propre. L'acte de création ou de fusion mentionne le nombre total de sièges de l'organe délibérant de l'établissement public de coopération intercommunale ainsi que celui attribué à chaque commune membre.

BIBL. ▶ AUBELLE, Des nouvelles modalités de représentation des communes au sein des conseils des EPCI à fiscalité propre, *AJCT 2013. 191* ; La QPC du 20 juin 2014 ou la substitution programmée de la société politique à la conférence diplomatique, *RLCT 2014. 2766*. – BRIANT (de), Conseil constitutionnel et intercommunalité : la décision du 20 juin 2014 et ses effets, *Pouvoirs locaux, 2014-2015, n° 103, IV, p. 98-103*. – DUMAS, PETIT et ZAROUKIAN, La nouvelle répartition des sièges de conseillers communautaires résultant d'une fusion d'EPCI à l'épreuve des principes constitutionnels, *JCP Adm. 2016, n° 2022*. – LAMOUROUX, Mode de répartition des sièges des conseillers communautaires : censure de l'accord local, *Droit adm. 2014, n° 10, comm. 58*. – LE SAOUT, Des points de vue différenciés sur la question de la démocratie intercommunale, *JCP Adm. 2011, n° 2132*. – LUCHAIRE, La composition des organes délibérants des intercommunalités à fiscalité propre, *RGCT 2011. 123*. – LUTTON, La décision n° 2014-405 QPC du 20 juin 2014, Commune de Salbris : raison juridique et raison politique, *Constitutions 2014. 340*. – MALIGNER, Élection et désignation des conseillers communautaires, *AJDA 2014. 270*. – MERLAND, La loi du 16 décembre 2010 de réforme des collectivités territoriales et le renforcement de la légitimité démocratique des EPCI, *Dr. adm. 2011, n° 11*. – QUIRINY, La composition des conseils communautaires à l'épreuve du principe d'égalité, *JCP Adm. 2014, n° 2242*. – RAMEL et LEFÉBURE, La réforme du scrutin municipal et intercommunal, *JCP Adm. 2014, n° 2072*. – RIBOT, Intercommunalité et parité : simples retards ou tristes archaïsmes ?, *RLCT 2006. 28*. – SEMPÉ, La décision Commune de Salbris : des effets à neutraliser, *AJDA 2014. 2360*. – SORBET, Élections 2014 et intercommunalité : les nouveautés à maîtriser, *AJCT 2014. 28*. – VERPEAUX, La représentation des communes au sein des conseils des communautés : tout est affaire de proportion, *JCP Adm. 2015, n° 2128*.

1. Libre administration. Les règles relatives à la répartition des sièges au sein de l'organe délibérant de l'établissement public entre les communes membres de cet établissement ne portent, en elles-mêmes, aucune atteinte à la libre administration de ces collectivités. • Cons. const. 19 févr. 2016, *Cne d'Éguilles et a.*, n° 2015-521/528 QPC : *AJDA 2016. 342, note Pastor*.

2. Accord local. Le Cons. const. a invalidé les dispositions relatives à l'accord local dans leur rédaction antérieure. Les EPCI exerçant des compétences en lieu et place des communes, qui sinon leur auraient été dévolues, leur organe délibérant doit être élu sur des bases essentiellement démographiques. En permettant un accord sur la détermination du nombre et de la répartition des sièges des conseillers communautaires qui se limitait à tenir compte de la population, ces dispositions dérogeaient au principe général de proportionnalité par rapport à la population de chaque commune membre de l'EPCI de manière disproportionnée et méconnaissaient ainsi le principe d'égalité devant le suffrage. Sauf instance en cours et renouvellement même partiel d'une commune de l'EPCI, cette censure n'avait d'effet que pour les renouvellements futurs. • CE 11 avr. 2014, *Cne de Salbris*, n° 375278 : *AJDA 2014. 827, note Pastor* • Cons. const. 20 juin 2014, n° 2014-405 : *AJDA 2014. 1295, note Pastor* ; *JCP Adm. 2014, n° 2242, note Quiriny*. ♦ Le rétablissement par la loi d'un accord local tenant compte de la jurisprudence constitutionnelle et permettant également de revenir à l'accord local pour ceux qui avaient dû l'abandonner a été validé par le Cons.const. • Cons. const. 5 mars 2015, n° 2015-711 DC : *AJDA 2015. 479, note de Montecler*.

3. Répartition des sièges. La répartition des sièges doit être impérativement cohérente avec la population municipale de chaque commune. L'application de tout autre critère tel que la population de dotation globale de fonctionnement (DGF), le surclassement démographique touristique, le potentiel de richesse ou le poids fiscal ne saurait être admise dès lors qu'elle remettrait en cause la primauté du critère démographique. En vertu de l'art. R. 5211-1-1, il convient de se référer pour cela à la population municipale authentifiée l'année précédant celle du renouvellement général des conseils municipaux des communes membres, conformément aux VII de l'art. L. 5211-6. * Rép. min. n° 36786 : *JOAN Q, 4 févr. 2014.* ♦ En l'absence d'accord des communes les dispositions du V de l'art. L. 5211-6-1 ont pour objet d'améliorer la représentation démographique des communes membres de l'EPCI, lorsqu'un grand nombre de sièges a été créé pour assurer la représentation des communes les moins peuplées. Par suite, il y a lieu, pour leur application, de procéder à une répartition entre communes, à la représentation proportionnelle à la plus forte moyenne, en prenant en considération tant les sièges attribués au titre du 1° du IV du même art. que ceux attribués au titre du V et non en procédant à deux répartitions distinctes. • CE 15 nov. 2017, n° 410338 : *Lebon ; AJDA 2017. 2277.*

4. Métropole d'Aix-Marseille-Provence. Les dispositions des paragraphes II à IV et VI de l'art. L. 5211-6-1, qui ont pour effet d'améliorer la représentativité des membres de l'organe délibérant de la métropole d'Aix-Marseille-Provence, par l'attribution de sièges supplémentaires à la représentation proportionnelle à la plus forte moyenne aux communes qui se sont vu allouer des sièges lors d'une première répartition selon la même règle, ne méconnaissent pas le principe d'égalité devant le suffrage. • Cons. const. 19 févr. 2016, *Cne d'Éguilles et a.*, n° 2015-521/528 QPC : *préc. note 1.*

Art. L. 5211-6-2 *(L. n° 2010-1563 du 16 déc. 2010, art. 9)* **Par dérogation aux articles L. 5211-6 et L. 5211-6-1, entre deux renouvellements généraux des conseils municipaux :**

1° En cas de création d'un établissement public de coopération intercommunale à fiscalité propre *(L. n° 2013-403 du 17 mai 2013, art. 37)* **« , de fusion entre plusieurs établissements publics de coopération intercommunale dont au moins l'un d'entre eux est à fiscalité propre, » d'extension du périmètre d'un tel établissement par l'intégration d'une ou de plusieurs communes ou la modification des limites territoriales d'une commune membre** *(L. n° 2015-264 du 9 mars 2015, art. 2)* **« ou d'annulation par la juridiction administrative de la répartition des sièges de conseiller communautaire », il est procédé à la détermination du nombre et à la répartition des** *(L. n° 2013-403 du 17 mai 2013, art. 37)* **« sièges de conseiller communautaire » dans les conditions prévues à l'article L. 5211-6-1.**

(L. n° 2013-403 du 17 mai 2013, art. 37) **« Dans les communes dont le conseil municipal est élu selon les modalités prévues au chapitre II du titre IV du livre I du code électoral, les conseillers communautaires sont désignés en application du chapitre III du titre V du même livre I.**

« Dans les communes dont le conseil municipal est élu selon les modalités prévues au chapitre III du titre IV dudit livre I :

« ***a)*** **Si le nombre de sièges attribués à la commune est supérieur ou égal au nombre de conseillers communautaires élus à l'occasion du précédent renouvellement général du conseil municipal, les conseillers communautaires précédemment élus font partie du nouvel organe délibérant ; le cas échéant, les sièges supplémentaires sont pourvus par élection dans les conditions prévues au** ***b*** **;**

« ***b)*** **S'il n'a pas été procédé à l'élection de conseillers communautaires lors du précédent renouvellement général du conseil municipal ou s'il est nécessaire de pourvoir des sièges supplémentaires, les conseillers concernés sont élus par le conseil municipal parmi ses membres** *(L. n° 2015-991 du 7 août 2015, art. 53)* **« et, le cas échéant, parmi les conseillers d'arrondissement » au scrutin de liste à un tour, sans adjonction ni suppression de noms et sans modification de l'ordre de présentation, chaque liste étant composée alternativement d'un candidat de chaque sexe. La répartition des sièges entre les listes est opérée à la représentation proportionnelle à la plus forte moyenne. »** *(L. n° 2015-264 du 9 mars 2015, art. 2)* **« Si le nombre de candidats figurant sur une liste est inférieur au nombre de sièges qui lui reviennent, le ou les sièges non pourvus sont attribués à la ou aux plus fortes moyennes suivantes ; »**

(L. n° 2013-403 du 17 mai 2013, art. 37) **«** ***c)*** **Si le nombre de sièges attribués à la commune est inférieur au nombre de conseillers communautaires élus à l'occasion du précédent renouvellement général du conseil municipal, les membres du nouvel organe délibérant sont élus par le conseil municipal parmi les conseillers communautaires sor-**

tants au scrutin de liste à un tour, sans adjonction ni suppression de noms et sans modification de l'ordre de présentation. La répartition des sièges entre les listes est opérée à la représentation proportionnelle à la plus forte moyenne. Si le nombre de candidats figurant sur une liste est inférieur au nombre de sièges qui lui reviennent, le ou les sièges non pourvus sont attribués à la ou aux plus fortes moyennes suivantes. »

(L. n° 2015-991 du 7 août 2015, art. 87) « Pour l'application des *b* et *c*, lorsqu'une commune dispose d'un seul siège, la liste des candidats au siège de conseiller communautaire comporte deux noms. Le second candidat de la liste qui a été élue devient conseiller communautaire suppléant pour l'application du dernier alinéa de l'article L. 5211-6. »

(L. n° 2013-403 du 17 mai 2013, art. 37) « Le mandat des conseillers communautaires précédemment élus et non membres du nouvel organe délibérant de l'établissement public de coopération intercommunale à fiscalité propre prend fin à compter de la date de la première réunion de ce nouvel organe délibérant.

« En cas de vacance, pour quelque cause que ce soit, d'un siège de conseiller communautaire pourvu en application des *b* et *c*, il est procédé à une nouvelle élection dans les conditions prévues au *b*. »

La constatation, par la juridiction administrative, de l'inéligibilité d'un ou plusieurs candidats à l'organe délibérant de l'établissement public de coopération intercommunale à fiscalité propre n'entraîne l'annulation de l'élection que du ou des élus inéligibles. La juridiction saisie proclame en conséquence l'élection du ou des candidats suivants dans l'ordre de la liste.

(L. n° 2016-1500 du 8 nov. 2016, art. 11) « 1° *bis* En cas de fusion d'établissements publics de coopération intercommunale à fiscalité propre ou d'extension du périmètre d'un établissement public de coopération intercommunale à fiscalité propre, lorsque le périmètre issu de la fusion ou de l'extension de périmètre comprend une commune nouvelle qui a été créée après le dernier renouvellement général des conseils municipaux et que le nombre de sièges de conseillers communautaires qui lui sont attribués en application de l'article L. 5211-6-1 est inférieur au nombre des anciennes communes qui ont constitué la commune nouvelle, il est procédé, jusqu'au prochain renouvellement du conseil municipal, à l'attribution au bénéfice de la commune nouvelle d'un nombre de sièges supplémentaires lui permettant d'assurer la représentation de chacune des anciennes communes.

« Si, par application des modalités prévues au premier alinéa du présent 1° *bis*, la commune nouvelle obtient plus de la moitié des sièges de l'organe délibérant ou obtient un nombre de sièges supérieur à celui de ses conseillers municipaux, les procédures prévues, respectivement, aux 3° et 4° du IV de l'article L. 5211-6-1 s'appliquent ; »

2° En cas de retrait d'une ou plusieurs communes membres d'un établissement public de coopération intercommunale à fiscalité propre, il n'est pas procédé à une nouvelle répartition des sièges ;

3° En cas de création d'une commune nouvelle en lieu et place de plusieurs communes membres d'un même établissement public de coopération intercommunale à fiscalité propre, il est procédé, au bénéfice de la commune nouvelle, à l'attribution d'un nombre de sièges égal à la somme des sièges détenus précédemment par chacune des communes concernées. Si, par application de ces modalités, la commune nouvelle obtient plus de la moitié des sièges *(L. n° 2013-403 du 17 mai 2013, art. 37)* « de l'organe délibérant », ou si elle obtient un nombre de sièges supérieur à celui de ses conseillers municipaux, les procédures prévues respectivement aux 3° et 4° du IV de l'article L. 5211-6-1 s'appliquent.

Les *(L. n° 2013-403 du 17 mai 2013, art. 37)* « conseillers communautaires représentant la commune nouvelle » sont désignés dans les conditions prévues au 1° du présent article.

(L. n° 2016-1500 du 8 nov. 2016, art. 6) « 4° Jusqu'au prochain renouvellement général des conseils municipaux suivant la création de la commune nouvelle, lorsque le siège d'un conseiller communautaire devient vacant, il est pourvu dans les conditions fixées au *b* du 1° du présent article, y compris dans les communes nouvelles de moins de 1 000 habitants. »

Nouvel art. L. 5211-6-2 *(L. n° 2010-1563 du 16 déc. 2010, art. 9) Par dérogation aux articles L. 5211-6 et L. 5211-6-1, entre deux renouvellements généraux des conseils municipaux :*

1° En cas de création d'un établissement public de coopération intercommunale à fiscalité propre (L. n° 2013-403 du 17 mai 2013, art. 37) *«, de fusion entre plusieurs établissements publics de coopération intercommunale dont au moins l'un d'entre eux est à fiscalité propre, » d'extension du périmètre d'un tel établissement par l'intégration d'une ou de plusieurs communes ou la modification des limites territoriales d'une commune membre* (L. n° 2015-264 du 9 mars 2015, art. 2) *« ou d'annulation par la juridiction administrative de la répartition des sièges de conseiller communautaire », il est procédé à la détermination du nombre et à la répartition des* (L. n° 2013-403 du 17 mai 2013, art. 37) *« sièges de conseiller communautaire » dans les conditions prévues à l'article L. 5211-6-1.*

(L. n° 2013-403 du 17 mai 2013, art. 37) *« Dans les communes* (L. n° 2025-444 du 21 mai 2025, art. 3) *« de moins de 1 000 habitants », les conseillers communautaires sont désignés en application du chapitre III du titre V du même livre I.*

« Dans les communes (L. n° 2025-444 du 21 mai 2025, art. 3) *« de 1 000 habitants et plus » :*

« a) Si le nombre de sièges attribués à la commune est supérieur ou égal au nombre de conseillers communautaires élus à l'occasion du précédent renouvellement général du conseil municipal, les conseillers communautaires précédemment élus font partie du nouvel organe délibérant ; le cas échéant, les sièges supplémentaires sont pourvus par élection dans les conditions prévues au b ;

« b) S'il n'a pas été procédé à l'élection de conseillers communautaires lors du précédent renouvellement général du conseil municipal ou s'il est nécessaire de pourvoir des sièges supplémentaires, les conseillers concernés sont élus par le conseil municipal parmi ses membres (L. n° 2015-991 du 7 août 2015, art. 53) *« et, le cas échéant, parmi les conseillers d'arrondissement » au scrutin de liste à un tour, sans adjonction ni suppression de noms et sans modification de l'ordre de présentation, chaque liste étant composée alternativement d'un candidat de chaque sexe. La répartition des sièges entre les listes est opérée à la représentation proportionnelle à la plus forte moyenne. »* (L. n° 2015-264 du 9 mars 2015, art. 2) *« Si le nombre de candidats figurant sur une liste est inférieur au nombre de sièges qui lui reviennent, le ou les sièges non pourvus sont attribués à la ou aux plus fortes moyennes suivantes ; »*

(L. n° 2013-403 du 17 mai 2013, art. 37) *« c) Si le nombre de sièges attribués à la commune est inférieur au nombre de conseillers communautaires élus à l'occasion du précédent renouvellement général du conseil municipal, les membres du nouvel organe délibérant sont élus par le conseil municipal parmi les conseillers communautaires sortants au scrutin de liste à un tour, sans adjonction ni suppression de noms et sans modification de l'ordre de présentation. La répartition des sièges entre les listes est opérée à la représentation proportionnelle à la plus forte moyenne. Si le nombre de candidats figurant sur une liste est inférieur au nombre de sièges qui lui reviennent, le ou les sièges non pourvus sont attribués à la ou aux plus fortes moyennes suivantes. »*

(L. n° 2015-991 du 7 août 2015, art. 87) *« Pour l'application des b et c, lorsqu'une commune dispose d'un seul siège, la liste des candidats au siège de conseiller communautaire comporte deux noms. Le second candidat de la liste qui a été élue devient conseiller communautaire suppléant pour l'application du dernier alinéa de l'article L. 5211-6. »*

(L. n° 2013-403 du 17 mai 2013, art. 37) *« Le mandat des conseillers communautaires précédemment élus et non membres du nouvel organe délibérant de l'établissement public de coopération intercommunale à fiscalité propre prend fin à compter de la date de la première réunion de ce nouvel organe délibérant.*

« En cas de vacance, pour quelque cause que ce soit, d'un siège de conseiller communautaire pourvu en application des b et c, il est procédé à une nouvelle élection dans les conditions prévues au b. »

La constatation, par la juridiction administrative, de l'inéligibilité d'un ou plusieurs candidats à l'organe délibérant de l'établissement public de coopération intercommunale à fiscalité propre n'entraîne l'annulation de l'élection que du ou des élus inéligibles. La juridiction saisie proclame en conséquence l'élection du ou des candidats suivants dans l'ordre de la liste.

(L. n° 2016-1500 du 8 nov. 2016, art. 11) *« 1° bis En cas de fusion d'établissements publics de coopération intercommunale à fiscalité propre ou d'extension du périmètre d'un établissement public de coopération intercommunale à fiscalité propre, lorsque le périmètre issu de la fusion ou de l'extension de périmètre comprend une commune nouvelle qui a été créée après le dernier renouvellement général des conseils municipaux et que le nombre de sièges de conseillers communautaires qui lui sont attribués en application de l'article L. 5211-6-1 est inférieur au nombre des anciennes communes qui ont constitué la commune nouvelle, il est procédé, jusqu'au prochain renouvellement du conseil municipal, à l'attribution au bénéfice de la commune nouvelle d'un*

nombre de sièges supplémentaires lui permettant d'assurer la représentation de chacune des anciennes communes.

« Si, par application des modalités prévues au premier alinéa du présent 1° bis, la commune nouvelle obtient plus de la moitié des sièges de l'organe délibérant ou obtient un nombre de sièges supérieur à celui de ses conseillers municipaux, les procédures prévues, respectivement, aux 3° et 4° du IV de l'article L. 5211-6-1 s'appliquent ; »

2° En cas de retrait d'une ou plusieurs communes membres d'un établissement public de coopération intercommunale à fiscalité propre, il n'est pas procédé à une nouvelle répartition des sièges ;

3° En cas de création d'une commune nouvelle en lieu et place de plusieurs communes membres d'un même établissement public de coopération intercommunale à fiscalité propre, il est procédé, au bénéfice de la commune nouvelle, à l'attribution d'un nombre de sièges égal à la somme des sièges détenus précédemment par chacune des communes concernées. Si, par application de ces modalités, la commune nouvelle obtient plus de la moitié des sièges *(L. n° 2013-403 du 17 mai 2013, art. 37)* ***« de l'organe délibérant », ou si elle obtient un nombre de sièges supérieur à celui de ses conseillers municipaux, les procédures prévues respectivement aux 3° et 4° du IV de l'article L. 5211-6-1 s'appliquent.***

Les *(L. n° 2013-403 du 17 mai 2013, art. 37)* ***« conseillers communautaires représentant la commune nouvelle » sont désignés dans les conditions prévues au 1° du présent article.***

(L. n° 2016-1500 du 8 nov. 2016, art. 6) ***« 4° Jusqu'au prochain renouvellement général des conseils municipaux suivant la création de la commune nouvelle, lorsque le siège d'un conseiller communautaire devient vacant, il est pourvu dans les conditions fixées au b du 1° du présent article, y compris dans les communes nouvelles de moins de 1 000 habitants. »***

Le nouvel art. s'applique à compter du premier renouvellement général des conseils municipaux suivant la promulgation de la L. n° 2025-444 du 21 mai 2025 (L. préc., art. 7).

1. Désignation des conseillers en cas de fusion d'EPCI. Pour déterminer les modalités selon lesquelles sont pourvus les sièges attribués à la commune, notamment lorsqu'il est procédé, entre deux renouvellements généraux des conseils municipaux, à la fusion de plusieurs EPCI, il convient de rapprocher le nombre de sièges de conseillers communautaires attribués à la commune dans le nouvel EPCI du nombre de conseillers communautaires élus à l'occasion du précédent renouvellement général des conseils municipaux. Il n'y a pas lieu de prendre en compte les conseillers communautaires élus entre deux renouvellements généraux dans les conditions prévues au *b* du 1° de l'art. L. 5211-6-2. • CE 12 juill. 2017, *Élection des conseillers communautaires de la cne de Bretoncelles à la cté de cnes Cœur du Perche*, n° 408303 : *Lebon ; AJDA 2018. 215, note J.-F. Lachaume ; AJCT 2018. 45, obs. Devidas*. ♦ Voir aussi annotations ss. art. L. 5711-3.

2. Désignation en cas de renouvellement général. Il résulte des dispositions du *b* du 1° de l'art. L. 5211-6-2 qu'en cas de renouvellement général du conseil municipal et s'il n'a pas été élu de conseillers communautaires à cette occasion, l'ensemble des sièges de conseillers communautaires attribués à la commune doivent faire l'objet d'une désignation par le conseil municipal nouvellement élu parmi ses membres. En effet, compte tenu des dispositions de l'art. L. 273-5 C. élect., selon lesquelles les conseillers communautaires doivent également avoir la qualité de conseiller municipal, les mandats de conseillers communautaires acquis avant le renouvellement intégral du conseil municipal ne peuvent être conservés. • CE 13 janv. 2017, n° 399323 : *Lebon ; AJDA 2017. 81 ; JCP Adm. 2017. Actu. 73.*

3. Désignation entre deux renouvellements des conseils municipaux. Si le principe d'égalité devant le suffrage impose que la représentation des communes au sein de l'organe délibérant d'un EPCI auquel elles appartiennent soit assuré sur des bases essentiellement démographiques, ni ce principe ni aucun autre principe constitutionnel n'impliquent que des conseillers communautaires ne puissent être désignés par le conseil municipal entre deux renouvellements généraux des conseils municipaux, ou que chacun des groupements politiques représentés au sein du conseil municipal doive obligatoirement disposer de conseillers communautaires au sein de l'organe délibérant de l'établissement public. • CE 19 juill. 2016, n° 400403 (refus de renvoi pour QPC).

4. Désignation des conseillers avant la création de l'EPCI. La désignation par une commune de ses conseillers communautaires au sein d'un nouvel EPCI peut intervenir avant que le préfet n'ait pris l'arrêté portant création du nouvel EPCI au sein duquel ces conseillers sont appelés à siéger. • CE 16 nov. 2016, n° 398262 : *Lebon ; AJDA 2017. 411, note J.-F. Lachaume et Claeys ; Constitutions 2017. 71, chron. Valdelièvre et Barthélemy ; JCP Adm. 2017, n° 2059, concl. Bohnert.*

5. Désignation dans des organismes extérieurs. Les dispositions de l'art. L. 2121-33 CGCT, en vertu desquelles le conseil municipal peut procéder à tout moment au remplacement des membres qu'il a désignés pour siéger dans des organismes extérieurs, ne sauraient trouver application à l'égard des conseillers communautaires élus en application des dispositions du 1° de l'art. L. 5211-6-2 du même code. • CE 26 avr. 2017, *Él. des conseillers communautaires de Bandrélé (Mayotte)*, n° 401144 B : *AJCT 2017. 516, obs. Durand*.

6. Vacance de siège(s). Il résulte de l'art. L. 5211-6-2 qu'en cas de vacance d'un ou plusieurs sièges de conseiller communautaire, pour quelque cause que ce soit, pourvus en application des *b* et *c* du 1° de cet art., ces sièges sont pourvus dans les conditions prévues au *b* du 1° de cet art., en procédant à l'élection, par le conseil municipal, parmi ses membres et, le cas échéant, parmi les conseillers d'arrondissement, d'un nombre de conseillers communautaires égal au nombre de sièges vacants. • CE 12 juill. 2017, *Élection de conseillers communautaires de la cne de Muret à la cté de cnes « le Muretain Agglo »*, n° 409475 : *Lebon ; AJDA 2018. 215, note J.-F. Lachaume ; AJCT 2018. 45, obs. Devidas*.

7. Dépôt de liste. Le président de séance, lors de la réunion du conseil municipal au cours de laquelle il est procédé à la désignation des délégués de la commune à l'EPCI, doit mettre les membres du conseil municipal à même de présenter leur candidature, en temps utile, avant qu'il soit procédé aux opérations de vote. • CE 23 déc. 2016, n° 398744.

8. Élection au scrutin secret. En vertu des dispositions combinées de l'art. L. 5211-2 CGCT et des art. L. 2122-7 et L. 2122-7-1 du même code, applicables à l'élection du maire et des adjoints, l'élection des membres du conseil municipal au conseil d'une communauté d'agglomération sur le fondement de l'art. L. 5211-6-2 se fait au scrutin secret. L'utilisation de bulletins pré-imprimés ne constitue pas en elle-même une atteinte au secret du vote. Aucune disposition législative ou réglementaire ni aucun principe n'impose la présence d'un isoloir. • CE 12 juill. 2017, *Élection de conseillers communautaires de la cne de Muret à la cté de cnes « le Muretain Agglo »*, n° 409475 : *préc. note 6*.

9. Représentation commune nouvelle. Le 1° *bis* inséré par la loi n° 2016-1500 du 8 nov. 2016 tendant à permettre le maintien des communes associées, sous forme de communes déléguées, en cas de création d'une commune nouvelle n'a prévu aucune règle relative à la constitution des listes ou au mode de scrutin imposant que chacune des anciennes communes soit représentée par un conseiller communautaire au sein de l'EPCI. En particulier, aucune disposition n'interdit qu'une liste de candidats comporte plus d'un représentant d'une même ancienne commune. • CE 18 oct. 2017, n° 410193 : *Lebon ; AJDA 2018. 215, note J.-F. Lachaume ; JCP Adm. 2017. Actu. 499, concl. Decout-Paolini*.

10. Gouvernance transitoire des nouveaux EPCI. Le 1° de l'art. L. 5211-6-2 prévoit que les conseils communautaires des EPCI à fiscalité propre doivent être recomposés en cas de création, de fusion ou d'extension ou de modification de périmètre, ou encore d'annulation par le juge administratif de la répartition des sièges de conseiller communautaire. Alors que cette répartition permet aux conseillers communautaires sortants d'être reconduits dans leur fonction si la commune dispose au sein de l'EPCI d'autant ou de plus de sièges qu'antérieurement, d'autres peuvent perdre leur mandat quand la commune dispose de moins de sièges. C'est une conséquence rendue toutefois nécessaire par l'obligation de respecter le principe selon lequel la répartition des sièges de conseiller communautaire doit être essentiellement démographique, comme l'a rappelé le Conseil constitutionnel dans sa décision n° 2014-405 du 9 mars 2015, ne permettant pas aux conseils communautaires recomposés d'être constitués du regroupement des conseils communautaires des EPCI fusionnés. La perte pour certains élus de leur mandat de conseiller communautaire a été validée par le Conseil constitutionnel. Ainsi, dans sa décision n° 2015-711 du 5 mars 2015, ce dernier a reconnu la validité de l'art. 4 de la L. n° 2015-264 autorisant l'accord local de répartition des sièges de conseiller communautaire qui prévoit expressément de recourir à l'art. L. 5211-6-2 pour la désignation des nouveaux conseillers communautaires et implique donc, dans certains cas, que des mandats soient interrompus avant leur terme normal. Par ailleurs, dans sa décision du 19 juill. 2016 (*Cté de cnes du Pays d'Évian*, n° 400403), le Conseil d'État a refusé de transmettre au Conseil constitutionnel une question prioritaire de constitutionnalité portant sur la désignation des conseillers communautaires dans une commune de 1 000 habitants et plus bénéficiant de sièges supplémentaires, en estimant que ni le principe selon lequel la répartition des conseillers communautaires doit s'effectuer sur des bases essentiellement démographiques, ni aucun autre principe constitutionnel n'impliquent que les conseillers communautaires ne puissent être désignés par le conseil municipal entre deux renouvellements généraux des conseils municipaux.* Rép. min. n° 00444 : *JO Sénat 8 févr. 2018, p. 551*.

Art. L. 5211-6-3 *(L. n° 2013-403 du 17 mai 2013, art. 39)* **En cas d'annulation de l'élection d'un conseil municipal d'une commune de moins de 1 000 habitants ou d'annulation de l'élection des conseillers communautaires prévue à l'article L. 273-6 du code électoral** *[V. C. élect.]*, **et sous réserve que la vacance de sièges qui en découle au sein de l'organe délibérant de l'établissement public de coopération intercommunale**

auquel appartient la commune soit supérieure à 20 % de l'effectif total de cet organe délibérant, celui-ci ne peut délibérer que sur la gestion des affaires courantes ou présentant un caractère d'urgence. Il ne peut ni voter le budget ni approuver les comptes de l'établissement public.

V. note ss. art. L. 5211-6-2.

§ 1 *bis* **Organe délibérant des syndicats de communes** *(L. n° 2013-403 du 17 mai 2013, art. 37 et 51).*

Art. L. 5211-7 *(L. n° 2013-403 du 17 mai 2013, art. 37)* **« I. — Les syndicats de communes sont administrés par un organe délibérant composé de délégués élus par les conseils municipaux des communes membres dans les conditions prévues à l'article L. 2122-7. »**

(L. n° 2022-217 du 21 févr. 2022, art. 236) **« Par dérogation au premier alinéa du présent I, le conseil municipal peut décider, à l'unanimité, de ne pas procéder par scrutin secret aux nominations des délégués. »**

II. — Les conditions d'éligibilité, les inéligibilités et les incompatibilités applicables aux *(L. n° 2013-403 du 17 mai 2013, art. 37)* **« délégués des communes » sont celles prévues pour les élections au conseil municipal par les articles** *(L. n° 2018-607 du 13 juill. 2018, art. 33)* **« L. 44 à L. 45-1, L. 228 à L. 237-1 et L. 239 du code électoral, ainsi que celles prévues pour les élections au conseil communautaire par l'article L. 46 du même code ».**

Les agents employés par un *(L. n° 2013-403 du 17 mai 2013, art. 37)* **« syndicat ou une de ses communes membres » ne peuvent être désignés par une des communes membres pour la représenter au sein de l'organe délibérant de cet établissement.**

BIBL. ▶ CALS, De la simplification des structures intercommunales : entre échecs et espoirs, *RFDA 2004. 31.*

1. Conditions de l'élection. Il ne saurait être utilement soutenu que la circonstance qu'aucun membre d'un groupe minoritaire n'ait été élu méconnaît l'égalité entre les groupements politiques. • CE 13 févr. 2009, *Él. des délégués de la Cne de Clermont-Ferrand à la Cté d'agglomération « Clermont-Cté »*, n° 317787 : *AJDA 2009. 1198, note Verpeaux.* ♦ Le président de séance doit mettre chaque membre du conseil municipal à même de faire connaître sa candidature de l'ensemble des conseillers avant le début du vote et veiller à ce que le secret du vote soit assuré. • CE 23 déc. 2011, *Él. des délégués de la Cne de Dunkerque à la Cté urb. de Dunkerque*, n° 347417 : *Lebon 810 ; AJDA 2012. 950, note Verpeaux.*

2. Contentieux. Sauf circonstances particulières s'y opposant, l'élection des délégués des communes est soumise aux mêmes règles que les élections au conseil municipal. Dès lors, le contentieux de l'élection des délégués des communes est celui applicable en matière d'élection municipale. • CE 1er juill. 1927, *de Ribains : Lebon 735.* – V. aussi • CE 30 mai 1973, *Charron : Lebon 383.* ♦ La violation de la règle du secret du scrutin entraîne la nullité de l'élection. • TA Lyon, 13 mars 1991, *Tête : Lebon T. 765 ; JCP 1992. IV. 151, n° 1388.*

3. Seules les voies de recours prévues pour les élections municipales peuvent être mises en œuvre. • CE 18 juill. 1973, *Frumholz : Dr. adm. 1973, n° 258.* ♦ Par suite, le juge d'appel compétent est le Conseil d'État et non la cour administrative d'appel. • CE 19 juin 1992, *M. Degris*, n° 127421 : *Lebon 240 ; AJDA 1992. 771, obs. P.L.M. ; ACL 1993, n° 6.*

4. La requête dirigée contre la délibération d'un conseil municipal désignant deux représentants de la commune au sein de l'organe délibérant devient sans objet du fait de l'élection de nouveaux délégués à la suite du renouvellement général des conseils municipaux. Solution dégagée à propos d'un conseil districal. • CE 31 juill. 1996, *Mme Berlanger-Gourdain*, n° 150460.

5. La présence d'un membre irrégulièrement élu au sein de l'organe délibérant est sans influence sur la régularité des délibérations de cet organe jusqu'au jugement définitif annulant son élection. • CE, ass., 2 déc. 1983, *Charbonnel et a. : Lebon 474 ; AJDA 1984. 105, concl. Roux ; AJDA 1984. 76, chron. Lasserre et Delarue ; JCP 1985. II. 20455, note Chaminade ; RD publ. 1985. 827, obs. de Soto* (solution de principe). ♦ Pour une application au cas d'un syndicat, V. • CE 7 nov. 1984, *Mme Leroy*, n° 53035 : *Lebon 353.*

6. Conséquences de la désignation. Dès lors que la désignation des délégués d'une commune est devenue définitive, la circonstance qu'elle soit intervenue irrégulièrement ne peut être cause d'annulation de l'élection du bureau. • CAA Nantes, 25 juin 1998, *Ville de Dinard*, n° 95NT01640 : *AJDA 1998. 887, note E. C.-B.* ♦ Dans le même sens, à propos de la contestation de l'élection en qualité de président du syndicat, d'un délégué irrégulièrement nommé. • CE 30 mai 1973, *Sieur Charron : Lebon 383.*

7. Remplacement des délégués communaux. En vertu de l'art. L. 2121-33, le conseil municipal dispose d'un large pouvoir d'appréciation pour décider de procéder à de nouvelles désignations de ses délégués dans un organisme extérieur. • CE 17 déc. 2010, Cne de Saint-Perdon, n° 339077 : *Dr adm. 2011, n° 26, note Pissaloux ; JCP Adm. 2011, n° 2079, note Pontier.* ♦ Néanmoins, il ne peut y procéder par le motif que le résultat d'un premier scrutin serait contesté. • CE 19 juin 1992, *M. Degris*, n° 127421 : *préc. note 3.* ♦ En revanche, la transformation d'une communauté d'agglomération en communauté urbaine justifie légalement qu'il soit procédé au remplacement des délégués car les délégués, au conseil de la communauté d'agglomération ont été élus au scrutin majoritaire et non au scrutin de liste à un tour. • CE 10 févr. 2010, *M. Berney et a.*, n° 327422 : *BJCL 2010. 86, concl. Derepas.* ♦ De même, il peut être procédé à une nouvelle désignation en raison de l'évolution des équilibres politiques au sein du conseil municipal. • CE 17 déc. 2010, *Cne de Saint-Perdon*, n° 339077 : *préc.* ♦ Le juge contrôle que ce motif politique est établi. • CE 23 déc. 2011, *M. Butzbach*, n° 347491 : *AJDA 2012. 887, note Verpeaux ; BJCL 2012. 47, concl. Hédary.* ♦ Un désaccord sur la politique municipale, en l'espèce sur un projet de fusion de communautés, est au nombre des motifs qui justifient légalement qu'il soit procédé à une nouvelle désignation des délégués. • CE 23 mars 2012, *Cne d'Anduze*, n° 335985.

8. Incompatibilités. Un agent qui occuperait un poste de direction au sein d'un syndicat ne participerait pas pour autant au processus de décision de ce syndicat, comme le ferait un élu. C'est pourquoi il pourrait être élu d'une structure membre de ce syndicat, à partir du moment où il ne siège pas au comité syndical. * Rép. min. n° 31770 : *JOAN 8 déc. 2020, p. 8964.*

Art. L. 5211-8 Sans préjudice des dispositions *(Ord. n° 2009-1530 du 10 déc. 2009)* « de l'article L. 2121-33 », le mandat des délégués est lié à celui du conseil municipal *(L. n° 2010-1563 du 16 déc. 2010, art. 8)* « de la commune dont ils sont issus ». Ce mandat expire lors de l'installation de l'organe délibérant de l'établissement public de coopération intercommunale suivant le renouvellement général des conseils municipaux.

Après le renouvellement général des conseils municipaux, l'organe délibérant de l'établissement public de coopération intercommunale se réunit au plus tard le vendredi de la quatrième semaine qui suit l'élection des maires.

En cas de suspension ou de dissolution d'un conseil municipal *(L. n° 2011-525 du 17 mai 2011, art. 82)* « ou de renouvellement du conseil municipal en application de l'article L. 270 du code électoral » ou de démission de tous les membres en exercice, le mandat des délégués du conseil municipal est prorogé jusqu'à la désignation des délégués *(L. n° 2010-1563 du 16 déc. 2010, art. 8)* « conformément à l'article L. 5211-6 ».

En cas de vacance parmi les délégués d'un conseil municipal pour quelque cause que ce soit, ce conseil pourvoit au remplacement dans le délai d'un mois *(L. n° 2010-1563 du 16 déc. 2010, art. 8)* « selon les modalités prévues à l'article L. 2122-7 pour les syndicats de communes et celles prévues par la loi pour les autres établissements publics de coopération intercommunale ».

À défaut pour une commune d'avoir désigné ses délégués, cette commune est représentée au sein de l'organe délibérant de l'établissement public de coopération intercommunale par le maire si elle ne compte qu'un délégué, par le maire et le premier adjoint dans le cas contraire. L'organe délibérant est alors réputé complet.

(L. n° 2010-1563 du 16 déc. 2010, art. 8) « En cas d'annulation de l'élection d'un conseil municipal et sous réserve que la vacance de sièges qui en découle au sein de l'organe délibérant de l'établissement public de coopération intercommunale auquel appartient la commune soit supérieure à 20 % au moins de l'effectif total de cet organe délibérant, celui-ci ne peut délibérer que sur la gestion des affaires courantes ou présentant un caractère d'urgence. Il ne peut ni voter le budget ni approuver les comptes de l'établissement public. »

1. À la suite du renouvellement général des conseils municipaux des communes membres d'un EPCI, l'organe délibérant de cet établissement ne peut que gérer les affaires courantes jusqu'à l'installation du nouvel organe délibérant. Les circonstances que la procédure de passation d'un marché relatif à la rénovation de réseaux ait été engagée avant les élections municipales et que la commission d'appel d'offres ait émis un avis favorable ne permettent pas à elles seules de regarder la conclusion de ce marché comme relevant de la gestion des affaires courantes. En raison du coût, du volume et de la durée des travaux prévus d'une part, de l'absence d'urgence particulière de leur réalisation d'autre part, les décisions d'attribuer et de signer le marché ne pouvaient être adoptées par les organes en place. • CE 23 déc. 2011, *Min. de l'Intérieur, de l'Outre-mer, des Collectivités territoriales et de l'Immigration*, n°s 348647 et 348648 : *Lebon 662 ; AJDA 2012. 1065, note Quyollet*.

2. Première réunion après le renouvellement général. Le délai prévu au 2e al. du présent article n'est pas prescrit à peine de nullité. • CE 16 févr. 2004, *Cté cantonale de Celles-sur-Belle*, n° 253334 : *ACL 2005, n° 8*. ♦ Il peut convoquer l'organe délibérant de l'EPCI à une date antérieure au terme de ce délai. • CE, sect., 1er avr. 2005, *Cne de Villepinte*, n° 262078 : *BJCL 2005, n° 7 ; ibid. p. 471, concl. Séners, et p. 477, obs. M.D. ; RLCT 2005, n° 4, p. 36, note Glaser ; RFDA 2005. 675 ; ACL 2006, n° 15*. ♦ Mais il est tenu de différer la réunion qu'il a convoquée si un ou plusieurs conseils municipaux n'ont pas encore été en mesure de procéder à la désignation de leurs délégués et présentent, pour ce motif, une demande de report. • Même arrêt.

3. À l'expiration du délai de quatre semaines, le président sortant peut légalement réunir le comité syndical. • CE, sect., 1er avr. 2005, *Cne de Villepinte : préc. note 2*. ♦ La représentation des communes qui n'ont pas procédé à l'élection de leurs délégués est alors régie par les dispositions du cinquième alinéa du présent article. Elles n'ont donc au maximum que deux délégués alors même que les statuts pouvaient leur en accorder davantage. • Même arrêt.

4. Prorogation du mandat en cas de suspension, de dissolution ou de démission d'un conseil municipal. La prorogation vaut dans le cas où le mandat du comité du syndicat prend fin par suite du renouvellement général des conseils municipaux. L'organe délibérant ou son président peut prendre, jusqu'à la nomination du nouveau comité, les mesures nécessaires pour assurer la continuité du service public. • CE 21 mai 1986, *Sté Schlumberger et Synd. intercommunal mixte pour l'eau et l'assainissement du Dpt de la Vienne*, n°s 56848 et 56859.

5. Vacance. Elle intervient par suite de décès, démission ou toute autre cause. S'agissant d'une communauté urbaine, il a été répondu en effet que les conseillers municipaux disposent de la faculté, en vertu de l'art. L. 2121-33, de remplacer leurs représentants aux organismes extérieurs à tout moment de leur mandat. * Rép. min. n° 52477 : *JOAN Q, 8 mars 1993*.

6. Un élu local peut être déclaré démissionnaire par le juge administratif (transposition de la solution dégagée de l'art. L. 2121-5 pour les conseillers municipaux). • CE 6 nov. 1985, *Cne de Viry-Châtillon*, n° 68842 : *Lebon 311 ; D. 1985. IR 28 ; AJDA 1985. 379, obs. J.C. ; RFDA 1986. 388, concl. Latournerie ; AJDA 1986. 49*.

7. La désignation du délégué d'une commune n'est pas liée à la qualité de maire ou de membre du conseil municipal ; par suite, la perte de cette qualité n'entraîne pas la déchéance du mandat de délégué de la commune au sein du comité syndical. En l'espèce, le maire d'une commune membre du comité, démissionnaire de ses fonctions de maire sans pour autant renoncer à son statut de délégué de la commune, continue de représenter sa commune au comité du syndicat. • CAA Lyon, 2 juin 1992, *Ferrandini : AJDA 1993. 137 ; ibid. 1993. 92, chron. Jouguelet, Gipoulon et Cadenat*. ♦ La représentation de la commune par le nouveau maire est donc illégale. • Même arrêt.

8. En l'absence de texte organisant une procédure particulière de démission à l'encontre des délégués non membres du bureau du comité, les règles applicables à la démission des conseillers municipaux ne peuvent leur être transposées. Dès lors, la démission des délégués prend effet dès son intervention. • TA Nice, 7 févr. 1979, *Cne de Nans-les-Pins : inédit (cité in Collectivités locales, 9333, n° 166)*.

9. Si le maire délégué est empêché d'assister à une réunion du comité et que des suppléants n'ont pas été prévus, l'art. L. 2122-7 est inapplicable. Le membre du comité ne peut pas se faire remplacer par une personne extérieure au comité et ne peut que donner mandat à un autre membre du comité. • CAA Lyon, 2 juin 1992 : *préc. note 7*.

§ 2 Le président

BIBL. ▸ LEKKOU, Les nouveaux pouvoirs de police spéciale des présidents d'EPCI, *JCP Adm. 2013. 2227*. – QUESNEL, Le transfert de pouvoirs de police du maire au président d'EPCI, symbole des nouveaux enjeux de l'intercommunalité, *Dr. adm. 2015, n° 5. Étude 7*.

Art. L. 5211-9 Le président est l'organe exécutif de l'établissement public de coopération intercommunale.

Il prépare et exécute les délibérations de l'organe délibérant de l'établissement public de coopération intercommunale. Il est l'ordonnateur des dépenses et il prescrit l'exécution des recettes de l'établissement public de coopération intercommunale.

Il est seul chargé de l'administration, mais il peut déléguer par arrêté, sous sa surveillance et sa responsabilité, l'exercice d'une partie de ses fonctions aux vice-présidents et, en l'absence ou en cas d'empêchement de ces derniers *(L. n° 2002-276 du 27 févr. 2002, art. 11)* « ou dès lors que ceux-ci sont tous titulaires d'une délégation », à d'autres membres du bureau. *(L. n° 2009-526 du 12 mai 2009, art. 86)* « Il

peut également donner, sous sa surveillance et sa responsabilité, par arrêté, délégation de signature au directeur général des services, au directeur général adjoint des services, au directeur général des services techniques, au directeur des services techniques et aux responsables de service. » *(L. n° 2010-1563 du 16 déc. 2010, art. 33)* **« La délégation de signature donnée au directeur général des services, au directeur général adjoint des services, au directeur général des services techniques, au directeur des services techniques et aux responsables de service peut être étendue aux attributions confiées par l'organe délibérant au président en application de l'article L. 5211-10, sauf si cet organe en a décidé autrement dans la délibération déléguant ces attributions au président. » Ces délégations subsistent tant qu'elles ne sont pas rapportées.**

(L. n° 2018-607 du 13 juill. 2018, art. 33) **« Les fonctions de président et de vice-président sont incompatibles avec celles de militaire en position d'activité. »**

(L. org. n° 2014-125 du 14 févr. 2014, art. 9) **« Les membres du bureau exerçant un mandat de député, de sénateur ou de représentant au Parlement européen ne peuvent recevoir ou conserver de délégation.**

« Le président » est le chef des services de l'établissement public de coopération intercommunale.

Il représente en justice l'établissement public de coopération intercommunale.

Le président de l'établissement public de coopération intercommunale procède à la nomination des gardes champêtres dans le cas et les conditions prévus à l'article *(Ord. n° 2012-351 du 12 mars 2012, art. 7)* **« L. 522-2 du code de la sécurité intérieure** *[V. cet art. ss. art. L. 2213-17]* **».**

(L. n° 2014-366 du 24 mars 2014, art. 154) **« Le président de l'établissement public de coopération intercommunale peut, par délégation de son organe délibérant, être chargé d'exercer, au nom de l'établissement, les droits de préemption** *(L. n° 2017-86 du 27 janv. 2017, art. 85)* **« , ainsi que le droit de priorité, » dont celui-ci est titulaire ou délégataire en application du code de l'urbanisme. Il peut également déléguer l'exercice de** *(L. n° 2017-86 du 27 janv. 2017, art. 85)* **« ces droits » à l'occasion de l'aliénation d'un bien, dans les conditions que fixe l'organe délibérant de l'établissement. Il rend compte à la plus proche réunion utile de l'organe délibérant de l'exercice de cette compétence. »**

À partir de l'installation de l'organe délibérant et jusqu'à l'élection du président, les fonctions de président sont assurées par le doyen d'âge.

1. Par transposition des règles relatives à la durée du mandat de maire et adjoint, le président de l'EPCI est élu pour 6 ans. L'organe délibérant ne peut légalement décider d'une présidence tournante impliquant une nouvelle élection avant la fin du mandat en cours. • CE 10 juill. 1995, *M. Dumaire*, n° 121275 : *Lebon 297* ; *RFDA 1995. 1052* ; *JCP 1995. IV. 2152 ; n° 565 ; ACL 1996, n° 14.*

2. Un électeur d'une commune membre d'un EPCI a qualité pour agir contre l'élection du président de cet EPCI (décision implicite). • CE 28 nov. 2007, *M. Sindou-Faurie, M. Petit,* n° 271990 : *AJDA 2007. 2286* .

I. ATTRIBUTIONS DU PRÉSIDENT

3. Règle générale. Ces attributions sont celles qui appartiennent à tout exécutif local même si elles sont en principe étroitement définies par les textes et doivent notamment s'entendre en lien avec celles de l'organe délibérant. Ainsi, sanction du président pour avoir conclu un contrat au nom du syndicat sans avoir obtenu préalablement l'accord du comité l'habilitant à cet effet. • TA Rennes, 16 oct. 1974, *Rouaux et Hamoniaux : Lebon 760.* ♦ Jugé aussi que la convention d'anatocisme conclue par le président d'un syndicat alors que le comité l'a chargé seulement de procéder à une vente et à son règlement, n'a pas fait l'objet d'un accord valable des parties. • CE 31 juill. 1992, *Sté Barchetta*, n° 90024 : *Lebon 307* .

4. Action en justice. Ces dispositions de la loi ne suffisent pas à donner qualité au président de l'EPCI pour engager une action en justice au nom de celui-ci. Par transposition des art. L. 2122-21 et L. 2122-22 et en vertu de l'art. L. 5211-2, le président d'un EPCI ne peut agir en justice au nom de l'établissement qu'après délibération ou sur délégation de son organe délibérant. Ainsi, la requête présentée par le président sur le fondement d'une délibération du bureau du syndicat l'habilitant à agir devant le juge administratif est irrecevable. • CE 25 nov. 2002, *Synd. dptal d'électricité et du gaz des Alpes-Maritimes*, n° 217704 : *Dr. adm. 2003, n° 31.* – V. déjà • CE 4 avr. 1997, *Synd. intercommunal de la Brie pour le raccordement à Valenton*, n° 162968 B. – V. en sens contraire, une décision spéciale du comité n'est pas nécessaire pour autoriser le président à relever l'appel. • Civ. 2e, 4 juin 1993, *Synd. des eaux de Xaintrailles-Montgaillard c/ Colas*, n° 91-13.496 : *D. 1993. IR 174* .

5. Pouvoirs propres du président de communauté urbaine. Ces pouvoirs sont liés au partage des compétences entre la communauté urbaine et les communes membres. Ainsi, en matière de pouvoir de police, le président de communauté ne dispose pas du pouvoir de police générale. Si la loi a transféré à la communauté urbaine les compétences des communes en matière de permission de voirie, elle a transféré au président de la communauté les seuls pouvoirs de gestion du domaine public et elle n'a pas dessaisi les maires des communes membres de leurs pouvoirs de police. En conséquence, il appartient au maire de prendre toute mesure destinée à assurer la sécurité et la commodité du passage sur les voies publiques. • CE 13 mai 1988, *Cne de Coudekerque-Branche*, n° 67770 B : *RDI 1988. 276.* ♦ De même, le maire peut seul, dans l'exercice de son pouvoir de police, refuser l'autorisation de placer des enseignes au droit d'un commerce. • CE 11 mai 1977, *Ville de Lyon : Lebon 211.* ♦ Le maire peut décider, par application d'une délibération du conseil municipal, de la fixation des droits de voirie pour les affiches et panneaux-réclames faisant saillie sur le domaine public. • CE 14 mars 1980, *Ville de Lyon*, n°s 11470, 11516 : *Lebon 148*. ♦ En revanche, la permission de voirie, qui est un acte de gestion de compétence communautaire, relève du président de la communauté. Il lui appartient à ce titre d'autoriser l'établissement de palissades sur la voie publique pour la clôture des chantiers, et par suite, de réglementer les conditions d'affichage sur ces palissades, ce qui inclut le pouvoir de concéder l'affichage sur ces emplacements. • CE 7 janv. 1987, *Ville de Bordeaux*, n° 26979 : *Lebon 2* ; *AJDA 1987. 428, obs. Prétot* ; *RFDA 1987. 149.*

6. Pouvoirs exercés par le président en relation avec le conseil de communauté. Lorsque le taux du versement transport applicable dans la communauté a été fixé par délibération du conseil de la communauté et alors même que la délibération prévoit une augmentation de ce taux dès que certaines conditions seraient remplies, le président de la communauté est incompétent pour décider lui-même, au vu de la réunion des conditions requises, de relever le taux. • CE 21 oct. 1991, *Cté urbaine de Strasbourg : Lebon 341*. ♦ En vertu de son pouvoir général de préparation et d'exécution des délibérations du conseil de communauté, le président de la communauté urbaine est compétent pour signer une convention d'ouverture de crédit qui ne comporte aucune obligation pour la communauté urbaine. • TA Lyon, 17 juin 1993, *Tête*, n° 113940 B.

II. DÉLÉGATION ET SUPPLÉANCE

7. Le régime applicable est analogue à celui des délégations accordées par le maire (V. art. L. 2122-18). L'existence d'un différend entre un maire et un de ses adjoints dans le cadre de la gestion communale n'est, en toute hypothèse, pas de nature à justifier l'abrogation des délégations mises en œuvre au sein de la communauté de communes par ces mêmes personnes exerçant respectivement les fonctions de président et de vice-président. • TA Melun, 23 oct. 2003, *M. Feyte c/ Cne de Fontainebleau et Cté de cnes de Fontainebleau-Avon : AJDA 2004. 331, note Dewailly*.

8. La durée de la délégation ne peut excéder celle des mandats tant du délégant que du délégataire. • CE, ass., 9 mai 1958, *Cts Frette : Lebon 267.*

9. Il résulte de l'art. L. 2122-17 applicable au cas où seul le président a démissionné, qu'il appartient au premier vice-président de le remplacer dans la plénitude de ses fonctions et notamment de convoquer l'organe délibérant. Toutefois, le premier vice-président ne peut pas présider la séance au cours de laquelle il est procédé à une nouvelle élection de président et des autres membres du bureau. Cette fonction incombe au doyen d'âge. • CE 25 mai 1973, *Él. du maire et de l'adjoint de Lacourt : Lebon 371.*

10. Une délibération du conseil de la communauté, ne définissant pas les cas dans lesquels le président pourra agir en justice auxquels elle fait référence, n'a pas eu pour effet de conférer à celui-ci une habilitation générale aux fins d'agir au nom de la communauté dans toutes les instances l'intéressant. • CAA Marseille, 9 oct. 2017, *Sté Éts Chiarella, Sté Acte Iard*, n° 16MA02725 : *AJDA 2018. 23*. ♦ Annulation et renvoi de l'affaire : • CE 18 juill. 2018, n° 416407.

Art. L. 5211-9-1 *Abrogé par Ord. n° 2022-408 du 23 mars 2022, art. 17.*

Art. L. 5211-9-2 *(L. n° 2004-809 du 13 août 2004, art. 163)* **I. —** *(L. n° 2014-58 du 27 janv. 2014, art. 62)* **« A. — »** *(L. n° 2010-1563 du 16 déc. 2010, art. 63)* **« Sans préjudice de l'article L. 2212-2** *(L. n° 2014-58 du 27 janv. 2014, art. 60)* **« du présent code et par dérogation à l'article L. 1311-2 et au deuxième alinéa de l'article L. 1331-1 du code de la santé publique », lorsqu'un établissement public de coopération intercommunale à fiscalité propre est compétent en matière d'assainissement, les maires des communes membres de celui-ci transfèrent au président de cet établissement les attributions lui permettant de réglementer cette activité.**

« Sans préjudice de l'article L. 2212-2 et par dérogation à l'article L. 2224-16, lorsqu'un *(L. n° 2011-525 du 17 mai 2011, art. 79)* **« groupement de collectivités » est compétent en matière** *(Ord. n° 2010-1579 du 17 déc. 2010, art. 24 ; L. n° 2014-58 du 27 janv. 2014, art. 60)* **« de collecte » des déchets ménagers, les maires des communes**

membres de celui-ci *(L. n° 2012-281 du 29 févr. 2012, art. 9)* « ou membres d'un établissement public de coopération intercommunale à fiscalité propre membre du groupement de collectivités transfèrent au président de ce groupement » les attributions lui permettant de réglementer cette activité.

« Par dérogation à l'article 9 de la loi n° 2000-614 du 5 juillet 2000 relative à l'accueil et à l'habitat des gens du voyage, lorsqu'un établissement public de coopération intercommunale à fiscalité propre est compétent en matière de réalisation d'aires d'accueil ou de terrains de passage des gens du voyage, les maires des communes membres de celui-ci transfèrent au président de cet établissement leurs attributions dans ce domaine de compétences. – *V. ce texte ss. art. L. 2212-2.*

« Sans préjudice de l'article L. 2212-2 et par dérogation aux articles L. 2213-1 à *(L. n° 2014-58 du 27 janv. 2014, art. 62)* « L. 2213-6-1 », lorsqu'un établissement public de coopération intercommunale à fiscalité propre est compétent en matière de voirie, les maires des communes membres *(L. n° 2014-58 du 27 janv. 2014, art. 62)* « transfèrent » au président de cet établissement leurs prérogatives en matière de police de la circulation et du stationnement. »

(L. n° 2014-58 du 27 janv. 2014, art. 62) « Sans préjudice de l'article L. 2212-2 et par dérogation à l'article L. 2213-33, lorsqu'un établissement public de coopération intercommunale à fiscalité propre est compétent en matière de voirie, les maires des communes membres transfèrent au président de cet établissement les prérogatives qu'ils détiennent en matière de délivrance des autorisations de stationnement sur la voie publique aux exploitants de taxi. L'autorisation de stationnement peut être limitée à une ou plusieurs communes membres. »

(L. n° 2021-1104 du 22 août 2021, art. 17) « Par dérogation au premier alinéa de l'article L. 581-3-1 du code de l'environnement, lorsqu'un établissement public de coopération intercommunale à fiscalité propre est compétent en matière de plan local d'urbanisme ou de règlement local de publicité, les maires des communes membres de cet établissement public transfèrent à son président leurs prérogatives en matière de police de la publicité. »

(L. n° 2014-366 du 24 mars 2014, art. 75) « Sans préjudice de l'article L. 2212-2 du présent code, les maires des communes membres d'un établissement public de coopération intercommunale à fiscalité propre compétent en matière d'habitat transfèrent au président de cet établissement les prérogatives qu'ils détiennent en application *(Ord. n° 2020-1144 du 16 sept. 2020, art. 15)* « de l'article L. 184-1 du code de la construction et de l'habitation et du chapitre I du titre I du livre V du même code ».

(L. n° 2014-58 du 27 janv. 2014, art. 62) « B. – Les maires des communes membres d'un établissement public de coopération intercommunale à fiscalité propre peuvent transférer au président de cet établissement les prérogatives qu'ils détiennent en application de l'article L. 211-11 du code de la sécurité intérieure pour assurer la sécurité des manifestations culturelles et sportives organisées dans des établissements communautaires. »

(L. n° 2011-525 du 17 mai 2011, art. 77) « Sans préjudice de l'article L. 2212-2 et par dérogation aux dispositions de l'article L. 2213-32, lorsqu'un établissement public de coopération intercommunale à fiscalité propre est compétent en matière de défense extérieure contre l'incendie, les maires des communes membres de celui-ci peuvent transférer au président de cet établissement des attributions lui permettant de réglementer cette activité. »

(L. n° 2023-580 du 10 juill. 2023, art. 7) « Sans préjudice de l'article L. 2212-2 et par dérogation à l'article L. 2213-32, lorsqu'un groupement de collectivités est compétent en matière de défense extérieure contre l'incendie, les maires des communes membres de ce groupement ou membres d'un établissement public de coopération intercommunale à fiscalité propre membre du groupement de collectivités peuvent transférer au président de celui-ci des attributions lui permettant de réglementer l'activité de défense extérieure contre l'incendie. »

(L. n° 2020-105 du 10 févr. 2020, art. 95) « Sans préjudice de l'article L. 2212-2, lorsqu'un groupement de collectivités est compétent en matière de collecte des déchets

ménagers, les maires des communes membres de celui-ci ou membres d'un établissement public de coopération intercommunale à fiscalité propre membre du groupement de collectivités peuvent transférer au président de ce groupement les prérogatives qu'ils détiennent en application de l'article L. 541-3 du code de l'environnement. »

(L. n° 2022-217 du 21 févr. 2022, art. 63) « Sans préjudice de l'article L. 2212-2 du présent code, lorsqu'un établissement public de coopération intercommunale à fiscalité propre est compétent en matière de protection et de mise en valeur de l'environnement, les maires des communes membres dudit établissement peuvent transférer au président de cet établissement les prérogatives qu'ils détiennent en application de l'article L. 360-1 du code de l'environnement. »

(L. n° 2021-1104 du 22 août 2021, art. 119) « C. — Sans préjudice de l'article L. 2212-2 et par dérogation au quatrième alinéa du A du I du présent article, les maires des communes membres d'un établissement public de coopération intercommunale à fiscalité propre situé dans les agglomérations ou dans les zones mentionnées au premier ou au troisième alinéas du I de l'article L. 2213-4-1 ou concernées par les dépassements mentionnés au deuxième alinéa du même I transfèrent au président de cet établissement public les compétences et prérogatives qu'ils détiennent en application du même article L. 2213-4-1.

« Dans un délai de six mois à compter de la date à laquelle les compétences ont été transférées à l'établissement ou au groupement, si au moins la moitié des maires des communes membres se sont opposés au transfert ou si les maires s'opposant à ce transfert représentent au moins la moitié de la population de l'établissement ou du groupement, il est mis fin au transfert pour l'ensemble des communes de l'établissement ou du groupement.

« À cette fin, les maires notifient leur opposition au président de l'établissement public de coopération intercommunale ou du groupement de collectivités territoriales. Il est mis fin au transfert le premier jour du septième mois suivant la date à laquelle les compétences ont été transférées. »

II. — *(L. n° 2010-1563 du 16 déc. 2010, art. 63)* « Lorsque le président de l'établissement public de coopération intercommunale prend un arrêté de police dans les cas prévus au I du présent article, il le transmet pour information aux maires des communes concernées dans les meilleurs délais. *(L. n° 2015-991 du 7 août 2015, art. 75)* « À la date du transfert des pouvoirs mentionnés au I, le président de l'établissement public de coopération intercommunale est substitué aux maires concernés dans tous les actes relevant des pouvoirs transférés. »

« III. — *(L. n° 2012-281 du 29 févr. 2012, art. 9 et 10)* « Dans un délai de six mois suivant la date à laquelle les compétences mentionnées *(L. n° 2014-58 du 27 janv. 2014, art. 62)* « au A du I » ont été transférées à l'établissement ou au groupement, un ou plusieurs maires peuvent s'opposer, dans chacun de ces domaines, au transfert des pouvoirs de police. » À cette fin, ils notifient leur opposition au président de l'établissement public de coopération intercommunale *(L. n° 2012-281 du 29 févr. 2012, art. 9)* « ou du groupement de collectivités territoriales ». Il est alors mis fin au transfert pour les communes dont *(L. n° 2012-281 du 29 févr. 2012, art. 9)* « les maires ont notifié leur » opposition. »

(L. n° 2020-760 du 22 juin 2020, art. 11) « Dans un délai de six mois suivant la date de l'élection du président de l'établissement public de coopération intercommunale ou du groupement de collectivités territoriales, si le prédécesseur de ce dernier exerçait dans une commune l'un des pouvoirs de police mentionnés au A du I, le maire de cette commune peut s'opposer à la reconduction du transfert de ce pouvoir. La notification de cette opposition au président de l'établissement public de coopération intercommunale ou du groupement de collectivités territoriales met fin au transfert.

« Dans un délai de six mois suivant la date de l'élection du président de l'établissement public de coopération intercommunale ou du groupement de collectivités territoriales, si le prédécesseur de ce dernier n'exerçait pas dans une commune l'un des pouvoirs de police mentionnés au A du I, le maire de cette commune peut s'opposer au transfert de ce pouvoir. Il notifie son opposition au président de l'établissement public de coopération intercommunale ou du groupement de collectivités territoriales.

À défaut, le transfert devient effectif à l'expiration de ce délai ou, le cas échéant, du délai *(L. n° 2022-217 du 21 févr. 2022, art. 179)* « prévu à la première phrase du quatrième » alinéa du présent III.

(L. n° 2022-217 du 21 févr. 2022, art. 179) « Si un ou plusieurs maires des communes concernées se sont opposés au transfert de leurs pouvoirs de police, le président de l'établissement public de coopération intercommunale ou du groupement de collectivités territoriales peut, à compter de la première notification de l'opposition et jusqu'à l'expiration d'un délai d'un mois à compter de la fin de la période pendant laquelle les maires étaient susceptibles de faire valoir leur opposition, renoncer, dans chacun des domaines mentionnés au A du I, à ce que les pouvoirs de police spéciale des maires des communes membres lui soient transférés de plein droit. » Il notifie sa renonciation à chacun des maires des communes membres. Dans ce cas, le transfert des pouvoirs de police n'a pas lieu ou, le cas échéant, prend fin à compter de cette notification, sur l'ensemble du territoire de l'établissement public de coopération intercommunale ou du groupement de collectivités territoriales. »

(Ord. n° 2020-1144 du 16 sept. 2020, art. 15) « Par dérogation à l'alinéa précédent, le président de l'établissement public de coopération intercommunale ne peut pas renoncer à ce que les pouvoirs de police des maires des communes membres mentionnées au dernier alinéa du A du I lui soient transférés, sauf si au moins la moitié des maires de ces communes se sont opposés au transfert de plein droit, ou si les maires s'opposant à ce transfert représentent au moins la moitié de la population de l'établissement. »

(L. n° 2020-760 du 22 juin 2020, art. 11) « Les décisions prises en application du présent III par les maires et les présidents d'établissements publics de coopération intercommunale ou de groupements de collectivités territoriales sont soumises à l'article L. 2131-1. »

(Ord. n° 2020-1144 du 16 sept. 2020, art. 15) « III *bis*. — Un maire qui s'est opposé au transfert en application des trois premiers alinéas du III peut, à l'issue du délai mentionné par ces mêmes alinéas, transférer à tout moment au président de l'établissement public de coopération intercommunale les pouvoirs de police mentionnés au dernier alinéa du A du I.

« Ce transfert prend effet dans un délai de trois mois à compter de la notification de la décision du maire au président de l'établissement de coopération intercommunale, sauf si le président de l'établissement public de coopération intercommunale notifie au maire, dans ce délai, son refus d'exercer ces pouvoirs.

« Le président de l'établissement public de coopération intercommunale ne peut refuser le transfert de ces pouvoirs de police que s'il n'exerce pas déjà de tels pouvoirs sur le territoire d'une ou plusieurs communes membres. »

(L. n° 2010-1563 du 16 déc. 2010, art. 63) « IV. — Dans les cas prévus *(L. n° 2014-58 du 27 janv. 2014, art. 62)* « au B du I », » sur proposition d'un ou de plusieurs maires de communes intéressées, le transfert est décidé par arrêté du ou des représentants de l'État dans le ou les départements concernés, après accord de tous les maires des communes membres et du président de l'établissement public de coopération intercommunale *(L. n° 2020-105 du 10 févr. 2020, art. 95)* « ou du groupement de collectivités ». Il y est mis fin dans les mêmes conditions.

Par dérogation à l'alinéa précédent, lorsque l'établissement public de coopération intercommunale est une communauté urbaine, le transfert est décidé par arrêté du ou des représentants de l'État dans le ou les départements, après accord du président de la communauté urbaine et des deux tiers au moins des maires de communes membres dont la population représente plus de la moitié de la population totale, ou de la moitié des maires de communes membres dont la population représente plus des deux tiers de la population totale.

(L. n° 2010-1563 du 16 déc. 2010, art. 63) « V. — Les agents de police municipale recrutés en application *(Ord. n° 2012-351 du 12 mars 2012, art. 7)* « des articles L. 511-1 et L. 512-2 du code de la sécurité intérieure *[V. ces art. ss. art. L. 2212-5]* » *(L. n° 2019-1461 du 27 déc. 2019, art. 60)* « , les agents de police municipale des communes membres mis à disposition par convention à cet effet » *(L. n° 2022-217 du 21 févr. 2022, art. 179)* « , les gardes champêtres recrutés ou mis à disposition en

application des articles L. 522-1 et L. 522-2 du même code » et les agents spécialement assermentés peuvent assurer, sous l'autorité du président de l'établissement public de coopération intercommunale *(L. n° 2022-217 du 21 févr. 2022, art. 179)* « et dans la limite de leurs attributions respectives », l'exécution des décisions prises conformément aux attributions transférées par les maires des communes membres en vertu du I du présent article. »

(L. n° 2014-58 du 27 janv. 2014, art. 62) « VI. — Le représentant de l'État dans le département peut, dans le cas où il n'y aurait pas été pourvu par le président de l'établissement public de coopération intercommunale à fiscalité propre et après mise en demeure de ce dernier restée sans résultat, exercer les attributions dévolues au président de l'établissement public de coopération intercommunale à fiscalité propre en matière de police de la circulation et du stationnement. »

(Ord. n° 2020-1144 du 16 sept. 2020, art. 15) « En cas de carence du président de l'établissement public de coopération intercommunale à fiscalité propre pour l'exercice des attributions qu'il détient au titre de l'article L. 184-1 du code de la construction et de l'habitation et du chapitre I du titre I du livre V du même code, le représentant de l'État dans le département peut se substituer à celui-ci. »

« Dans les cas mentionnés aux deux premiers alinéas du présent VI, le représentant de l'État dans le département se substitue au président de l'établissement public de coopération intercommunale dans les conditions prévues à l'article L. 2215-1 du présent code. Les frais afférents aux mesures prises par le représentant de l'État dans le département sont à la charge de l'établissement public de coopération intercommunale concerné.

« VII. — Les services ou parties de services des communes qui participent à l'exercice des attributions mentionnées au dernier alinéa du A du I sont mis à disposition du président de l'établissement public de coopération intercommunale par les maires des communes membres pour l'exercice des polices transférées.

« Une convention entre les maires ayant transféré leurs attributions et le président de l'établissement public de coopération intercommunale fixe les conditions dans lesquelles ces services sont mis à disposition du président de cet établissement. »

Les dispositions issues de la L. n° 2021-1104 du 22 août 2021 sont entrées en vigueur le 1er janv. 2024, sous réserve de l'adoption en loi de finances de dispositions compensant les charges résultant, pour les collectivités concernées, des compétences transférées par ces dispositions. Pour l'application de ces dispositions, lorsqu'un EPCI à fiscalité propre est déjà compétent en matière de PLU ou de règlement local de publicité à la date d'entrée en vigueur de ces dispositions, un ou plusieurs maires peuvent s'opposer au transfert des pouvoirs de police de la publicité au président de cet établissement, dans un délai de six mois à compter de la date d'entrée en vigueur de ces dispositions, et le président de cet établissement peut, jusqu'à l'expiration d'un délai d'un mois à compter de la fin de la période pendant laquelle les maires étaient susceptibles de faire valoir leur opposition, renoncer à ce que les pouvoirs de police spéciale des maires des communes membres lui soient transférés de plein droit, dans les conditions prévues au III du présent art. (L. préc., art. 17).

Les dispositions issues du 1° du I de l'art. 176 de la L. n° 2022-217 du 21 févr. 2022 s'appliquent aux décisions de renonciation prises par les présidents d'EPCI ou de groupement de collectivités territoriales à compter du 25 mai 2020 (L. préc., art. 179-II).

Le transfert de compétence prévu à l'art. 17 de la L. n° 2021-1104 du 22 août 2021 portant lutte contre le dérèglement climatique et renforcement de la résilience face à ses effets fait l'objet d'une compensation financière aux collectivités territoriales concernées et à leurs groupements, dont le montant est calculé sur la base de la rémunération du 1er échelon du 1er grade correspondant aux fractions d'emplois des agents, titulaires ou contractuels, chargés au sein des services de l'État de l'exercice de cette compétence au 31 déc. 2023 ainsi que des moyens de fonctionnement associés, sous réserve que le nombre total d'agents chargés de la compétence au 31 déc. 2023 ne soit pas inférieur à celui constaté au 31 déc. 2022 (L. n° 2023-1322 du 29 déc. 2023, art. 250-II).

COMMENTAIRE

V. dans le supplément en ligne.

Les pouvoirs de police spéciale transférés en application de l'art. L. 5211-9-2 sont exercés sans préjudice du pouvoir de police générale du maire. Dans ce cadre, en matière d'alimentation en eau potable, le président d'un EPCI-FP ne saurait se substituer au préfet du département ou au maire de la commune dans leurs attributions respectives. * Rép. min. n° 6883 : *JOAN Q, 8 août 2023, p. 7383* * Rép. min. n° 06472 : *JO Sénat Q, 14 sept. 2023, p. 5396.* ♦ En application du 4e al. du I, A, de l'art. L. 5211-9-2, le président de l'EPCI-FP se voit transférer la police locale de la circulation et du stationnement sur l'intégralité du territoire communautaire (sauf cas prévus au III de l'art. permettant l'opposition des maires et la renonciation du président dans les EPCI-FP qui ne sont pas des métropoles), quand bien même l'EPCI-FP n'exerce la compétence « voirie » que sur une voirie d'intérêt communautaire. * Rép. min. n° 02248 : *JO Sénat Q, 6 févr. 2025, p. 435.*

§ 3 Le bureau

Art. L. 5211-10 *(L. n° 2010-1563 du 16 déc. 2010, art. 9)* **« Le bureau de l'établissement public de coopération intercommunale est composé du président, d'un ou plusieurs vice-présidents et, éventuellement, d'un ou de plusieurs autres membres.**

« Le nombre de vice-présidents est déterminé par l'organe délibérant, sans que ce nombre puisse être supérieur à 20 % *(L. n° 2014-58 du 27 janv. 2014, art. 43)* **« , arrondi à l'entier supérieur, de l'effectif total de l'organe délibérant ni qu'il puisse excéder quinze vice-présidents. Pour les métropoles, le nombre de vice-présidents est fixé à vingt ».**

« Toutefois, si l'application de la règle définie à l'alinéa précédent conduit à fixer à moins de quatre le nombre des *[de]* **vice-présidents, ce nombre peut être porté à quatre. »**

(L. n° 2012-1561 du 31 déc. 2012, art. 2) **« L'organe délibérant peut, à la majorité des deux tiers, fixer un nombre de vice-présidents supérieur à celui qui résulte de l'application des deuxième et troisième alinéas, sans pouvoir dépasser 30 % de son propre effectif et le nombre de quinze** *(L. n° 2014-58 du 27 janv. 2014, art. 45)* **« ou, s'il s'agit d'une métropole, de vingt ». Dans ce cas, les deuxième et troisième alinéas de l'article L. 5211-12 sont applicables. »**

Le mandat des membres du bureau prend fin en même temps que celui des membres de l'organe délibérant.

(L. n° 2004-809 du 13 août 2004, art. 169) **« Le président, les vice-présidents ayant reçu délégation ou le bureau dans son ensemble » peuvent recevoir délégation d'une partie des attributions de l'organe délibérant à l'exception :**

1° Du vote du budget, de l'institution et de la fixation des taux ou tarifs des taxes ou redevances ;

2° De l'approbation du compte administratif ;

3° Des dispositions à caractère budgétaire prises par un établissement public de coopération intercommunale à la suite d'une mise en demeure intervenue en application de l'article L. 1612-15 ;

4° Des décisions relatives aux modifications des conditions initiales de composition, de fonctionnement et de durée de l'établissement public de coopération intercommunale ;

5° De l'adhésion de l'établissement à un établissement public ;

6° De la délégation de la gestion d'un service public ;

7° Des dispositions portant orientation en matière d'aménagement de l'espace communautaire, d'équilibre social de l'habitat sur le territoire communautaire et de politique de la ville.

Lors de chaque réunion de l'organe délibérant, le président rend compte des travaux du bureau et des attributions exercées par délégation de l'organe délibérant.

(L. n° 2014-58 du 27 janv. 2014, art. 92) **« Les délégations relatives à la réalisation des emprunts destinés au financement des investissements prévus par le budget et aux opérations financières utiles à la gestion des emprunts, y compris les opérations de couverture des risques de taux et de change, consenties en application du présent article prennent fin dès l'ouverture de la campagne électorale pour le renouvellement général des conseils municipaux. »**

À compter de l'exercice budgétaire 2026, au 2° du présent art., les mots : « compte administratif » sont remplacés par les mots : « compte financier unique » (Ord. n° 2025-526 du 12 juin 2025, art. 1er et 12).

BIBL. ► Nouvelle mandature : premières décisions (2e partie), *Dossier, AJCT 2014. 135.* – ANDREANI, La délégation des droits de préemption définis par le code de l'urbanisme, *AJCT 2013.*

224. – Moreau, L'élection des vice-présidents des communautés de communes et des communautés d'agglomération au scrutin proportionnel, *Coll. terr., mars 2006, p. 30*. – Verpeaux, Représentation des communes au sein des EPCI : la loi et l'accord, *JCP Adm. 2013, no 2053*.

COMMENTAIRE

V. dans le supplément en ligne.

1. *Composition du bureau.* De même que le nombre des membres du bureau, la représentation des communes membres au sein du bureau est librement fixée dans le règlement intérieur. • CE 9 févr. 1979, *Él. des membres du bureau du synd. intercommunal d'aménagement de l'agglomération nouvelle d'Évry : Lebon 48*. ♦ Cet art. ne fait pas obstacle à ce que les statuts de l'EPCI prévoient que le bureau est composé d'un président et d'un vice-président qui ne doivent pas appartenir à la même commune. • CE 22 mai 2012, *Mme Loubières-Arnal*, no 350660.

2. *Parité.* L'art. L. 2122-7-2, qui institue pour l'élection des adjoints au maire dans les communes de 1 000 habitants et plus le scrutin de listes constituées selon le principe de parité, est inapplicable pour la constitution du bureau d'un EPCI. Les délégués étant désignés par les conseils municipaux, rien ne garantit que la parité sera assurée parmi les membres de l'organe délibérant. * Rép. min. no 16956 : *JOAN Q, 8 avr. 2008, p. 3087* • TA Orléans, 1er juill. 2008, *Zrida*, no 801465 : *JCP Adm. 2008, no 2204, note Moreau*.

3. *Application des art. L. 2122-4 et L. 2122-5.* L'élection des membres du bureau d'un EPCI (en l'espèce, une cté d'agglomération) doit obligatoirement avoir lieu au scrutin secret sous peine d'annulation. • CE 11 mars 2009, *Él. des membres du bureau de la cté d'agglomération du Drouais*, no 319243 : *AJDA 2009. 996, note Maligner*. ♦ L'élection du président et des membres du bureau s'effectue, en application de l'art. L. 2122-4, à la majorité absolue des membres de l'organe délibérant. • CE 9 nov. 1984, *Griet et a.*, no 53072. ♦ Cette élection doit se faire au scrutin uninominal et non au scrutin de liste. • CE 23 avr. 2009, *Synd. dptal d'énergies de la Drôme*, no 319812 : *AJDA 2009. 853* • TA Orléans, 1er juill. 2008, *Zrida*, no 801465 : *JCP Adm. 2008, no 2204, note Moreau*. ♦ Il y a lieu d'appliquer les dispositions relatives aux incompatibilités concernant les maires et adjoints prévues aux art. L. 2122-5 et L. 2122-6, respectivement au président et aux membres du bureau. • CE 20 nov. 1974, *Oberlé : Lebon 571*. ♦ V. aussi : • CE 15 déc. 1978, *Macher : Lebon 511 ; Dr. adm. 1979, no 12*.

4. *Contentieux des élections.* Il est identique à celui de l'élection du maire et des adjoints. • CE 24 sept. 1990, *Gaucher*, no 109495 A : *Dr. adm. 1990, no 537 ; JCP 1990. IV. 357*. – V. déjà • CE 19 mars 1969, *Chazé : Lebon 164*. ♦ Tout électeur d'une commune membre d'un EPCI est recevable à former une protestation contre l'élection du président ou des vice-présidents de cet établissement. • CE 3 juin 2009, *Él. des vice-présidents de la cté d'agglomération du Drouais*, no 319101 B : *AJDA 2009. 1130*. – V. notes ss. art. L. 5211-2.

5. *Élection des délégués.* Dès lors que la désignation des délégués d'une commune est devenue définitive, la circonstance qu'elle soit intervenue irrégulièrement ne peut être cause d'annulation de l'élection de bureau. • CAA Nantes, 25 juin 1998, *Ville de Dinard*, no 95NT01640 : *AJDA 1998. 887, note E.C.-B*.

6. *Absence d'un délégué.* Les membres de l'organe délibérant forment, pour l'élection du président et du bureau, un seul collège électoral. En l'absence de délégué suppléant, un membre du comité empêché peut, sur la base de l'art. L. 2121-20, donner mandat de voter en son nom à tout autre membre de son choix et non pas uniquement à l'autre délégué de la commune. • CE 24 sept. 1990, *Gaucher*, no 109495 : *préc. note 4*.

7. *Démission du président.* En l'absence de dispositions propres aux communautés urbaines fixant, en ce qui concerne les vice-présidents, les conséquences d'une nouvelle élection du président en cours de mandat, il y a lieu d'appliquer l'art. L. 2122-10. Ainsi, la démission du président du conseil d'une communauté urbaine entraîne nécessairement le renouvellement intégral du bureau. • CE 18 nov. 1981, *Cté urb. de Cherbourg*, nos 19652 et 22826 : *Lebon 426 ; AJDA 1982. 526, note Toulemonde et Loquet ; Dr. adm. 1981, no 396*.

8. *Règles de fonctionnement du bureau.* Elles sont déterminées par le règlement intérieur de l'EPCI. Toutefois, l'art. L. 5211-1, al. 1er, est applicable lorsque le bureau agit sur délégation de l'assemblée délibérante. * Rép. min. no 5558 : *JOAN Q, 29 déc. 1997 ; Dr. adm. 1998, no 43*.

9. *Délégation au président ou au bureau.* En énumérant les matières qui, par exception, ne peuvent faire l'objet d'une délégation au président ou au bureau de l'EPCI, l'art. L. 5211-10 obéit à un principe contraire à celui qui régit l'art. L. 2122-22. Les dispositions de ce dernier doivent donc être regardées comme contraires, au sens de l'art. L. 5211-2, à celles du présent art. qui, dès lors, trouvent seules à s'appliquer aux délégations consenties par les organes délibérant des EPCI à leur président. • CE, avis, 17 déc. 2003, *Préfet du Nord*, no 258616 : *AJDA 2004. 149, concl. Séners ; Coll. terr. 2004, p. 20, note Moreau ; ACL 2004, no 13*. ♦ En conséquence, le président d'un EPCI peut recevoir compétence de l'organe délibérant pour prendre toute décision concernant la préparation, la passation, l'exécution et le règlement des marchés et des accords-cadres, ainsi que toute décision concernant leurs avenants. * Rép. min. nº 90563, *JOAN Q, 31 mai 2011, p. 5775.*

10. Fin de mandat des membres du bureau. Les dispositions de l'art. L. 5211-10, relatives à la composition et au fonctionnement du bureau de l'EPCI, et qui prévoient notamment que le mandat des membres du bureau prend fin en même temps que celui des membres de l'organe délibérant, ne sont pas contraires aux dispositions de l'art. L. 2122-10, qui prévoient notamment que le maire et les adjoints sont élus pour la même durée que le conseil municipal. • CAA Douai, 8 oct. 2019, *Cne d'Hautmont*, nº 17DA00661.

§ 4 Le conseil de développement

(L. nº 2015-991 du 7 août 2015, art. 88)

Art. L. 5211-10-1 I. — Un conseil de développement est mis en place dans les établissements publics à fiscalité propre de plus de *(L. nº 2019-1461 du 27 déc. 2019, art. 80)* « 50 000 » habitants. *(L. nº 2019-1461 du 27 déc. 2019, art. 80)* « En dessous de ce seuil, un conseil de développement peut être mis en place par délibération de l'établissement public de coopération intercommunale à fiscalité propre. »

Il est composé de représentants des milieux économiques, sociaux, culturels, éducatifs, scientifiques, environnementaux et associatifs du périmètre de l'établissement public.

Par délibérations de leurs organes délibérants, des établissements publics contigus peuvent décider de créer et d'organiser un conseil de développement commun compétent pour l'ensemble de leurs périmètres. *(L. nº 2019-1461 du 27 déc. 2019, art. 80)* « Par délibérations de leurs organes délibérants, une partie ou l'ensemble des établissements publics de coopération intercommunale à fiscalité propre membres d'un pôle d'équilibre territorial et rural peuvent confier à ce dernier la mise en place d'un conseil de développement commun, dans les conditions prévues au IV de l'article L. 5741-1 du présent code. »

II. — La composition du conseil de développement est déterminée par délibération de l'organe délibérant de l'établissement public de coopération intercommunale *(L. nº 2017-86 du 27 janv. 2017, art. 57)* « , de telle sorte que l'écart entre le nombre des hommes et le nombre des femmes ne soit pas supérieur à un et afin de refléter la population du territoire concerné, telle qu'issue du recensement, dans ses différentes classes d'âge ».

Les conseillers communautaires ou métropolitains ne peuvent être membres du conseil de développement.

Les fonctions de membre du conseil de développement ne sont pas rémunérées.

III. — Le conseil de développement s'organise librement.

L'établissement public de coopération intercommunale veille aux conditions du bon exercice de ses missions.

IV. — Le conseil de développement est consulté sur l'élaboration du projet de territoire, sur les documents de prospective et de planification résultant de ce projet, ainsi que sur la conception et l'évaluation des politiques locales de promotion du développement durable du périmètre de l'établissement public de coopération intercommunale. *(L. nº 2023-1269 du 27 déc. 2023, art. 6)* « Il est aussi consulté sur le projet de service express régional métropolitain lorsqu'il a été mis en place par un établissement public de coopération intercommunale à fiscalité propre qui est autorité organisatrice de la mobilité dans son ressort territorial, lorsque son territoire est inclus en tout ou partie dans ce projet. »

Il peut donner son avis ou être consulté sur toute autre question relative à ce périmètre.

V. — Le conseil de développement établit un rapport d'activité, qui est examiné et débattu par l'organe délibérant de l'établissement public de coopération intercommunale.

VI. — Le présent article est applicable à la métropole de Lyon.

COMMENTAIRE

V. dans le supplément en ligne.

SOUS-SECTION 2 Fonctionnement

Art. L. 5211-11 **L'organe délibérant de l'établissement public de coopération intercommunale se réunit au moins une fois par trimestre ou, pour les syndicats formés en vue d'une seule œuvre ou d'un seul service d'intérêt intercommunal, une fois par semestre. À cette fin, le président convoque les membres de l'organe délibérant. L'organe délibérant se réunit au siège de l'établissement public de coopération intercommunale ou dans un lieu choisi par l'organe délibérant dans l'une des communes membres.**

Sur la demande de cinq membres ou du président, l'organe délibérant peut décider, sans débat, à la majorité absolue de ses membres présents ou représentés, qu'il se réunit à huis clos.

1. Le comité syndical peut fixer par simple délibération le lieu de chacune de ses réunions sans qu'il soit nécessaire de modifier la décision institutive du syndicat. Solution apportée par la loi n° 88-13 du 5 janv. 1988 (art. 38, modifiant l'art. L. 163-12, al. 1er C. communes, repris ss. art. L. 5212-13 et abrogé par L. n° 99-586 du 12 juill. 1999).

2. Les convocations aux réunions du comité syndical doivent faire l'objet d'un envoi au domicile des membres de ce comité. • CE 6 oct. 1995, *Centre interdépartemental de gestion des cnes de la Petite Couronne de la Région Île-de-France*, n° 95347 B : *Dr. adm. 1995, n° 657.*

3. En vertu des dispositions rendues applicables aux EPCI de 3 500 habitants et plus par l'art. L. 5211-36, la convocation des membres de l'assemblée délibérante à la séance au cours de laquelle est organisé le débat sur les orientations budgétaires doit être accompagnée d'une note explicative de synthèse relative à ces orientations. L'absence de communication de ce document est constitutive d'un vice substantiel et en conséquence la délibération approuvant le budget doit être annulée (ainsi jugé à propos de la communauté urbaine de Lyon). • TA Lyon, 6 déc. 2004, *Nardone*, n° 0200825 : *AJDA 2005. 452 ; Coll. terr. 2005, n° 34, p. 28.*

4. Il appartient au juge de contrôler que la décision de recourir au huis clos, autorisée par l'art. L. 5211-11, ne repose pas sur un motif matériellement inexact et n'est pas entachée d'erreur de droit, d'erreur manifeste d'appréciation ou de détournement de pouvoir. • TA Rennes, 19 oct. 2023, n° 2106425.

Art. L. 5211-11-1 *(L. n° 2022-217 du 21 févr. 2022, art. 170)* **Dans les établissements publics de coopération intercommunale, le président peut décider que la réunion du conseil se tient en plusieurs lieux, par visioconférence.**

Lorsque la réunion du conseil se tient par visioconférence, le quorum est apprécié en fonction de la présence des conseillers dans les différents lieux par visioconférence.

Les votes ne peuvent avoir lieu qu'au scrutin public. En cas d'adoption d'une demande de vote secret, le président reporte le point de l'ordre du jour à une séance ultérieure, qui ne peut se tenir par visioconférence. Le scrutin public peut être organisé soit par appel nominal, soit par scrutin électronique, dans des conditions garantissant sa sincérité. En cas de partage des voix, la voix du président est prépondérante. Le président proclame le résultat du vote, qui est reproduit au procès-verbal avec le nom des votants.

La réunion du conseil ne peut se tenir en plusieurs lieux par visioconférence pour l'élection du président et du bureau, pour l'adoption du budget primitif, ni pour l'élection des délégués aux établissements publics de coopération intercommunale, ni pour l'application de l'article L. 2121-33. Le conseil se réunit en un seul et même lieu au moins une fois par semestre.

Lorsque la réunion du conseil se tient entièrement ou partiellement par visioconférence, elle est diffusée en direct à l'attention du public sur le site internet de l'établissement public de coopération intercommunale. Lorsque des lieux sont mis à disposition par l'établissement public de coopération intercommunale pour la tenue d'une de ses réunions par visioconférence, chacun d'entre eux est accessible au public.

Lorsque la réunion du conseil se tient entièrement ou partiellement par visioconférence, il en est fait mention dans la convocation prévue à l'article L. 2121-10.

Le règlement intérieur fixe les modalités pratiques de déroulement des réunions en plusieurs lieux par visioconférence.

COMMENTAIRE
V. dans le supplément en ligne.

Il revient, sous réserve de l'appréciation souveraine du juge, aux statuts des agences départementales de définir leur mode de fonctionnement. Aussi, et à l'instar des syndicats mixtes ouverts, les agences départementales sont libres de recourir à la visioconférence dans les conditions qu'elles définissent. * Rép. min. n° 6453, *JOAN, 8 août 2023, p. 7380.*

SOUS-SECTION 3 Relations entre les établissements publics de coopération intercommunale à fiscalité propre et leurs communes membres

(L. n° 2019-1461 du 27 déc. 2019, art. 1er)

Art. L. 5211-11-2 I. — Après chaque renouvellement général des conseils municipaux ou une opération prévue aux articles L. 5211-5-1 A ou L. 5211-41-3, le président de l'établissement public de coopération intercommunale à fiscalité propre inscrit à l'ordre du jour de l'organe délibérant :

1° Un débat et une délibération sur l'élaboration d'un pacte de gouvernance entre les communes et l'établissement public ;

2° Un débat et une délibération sur les conditions et modalités de consultation du conseil de développement prévu à l'article L. 5211-10-1 et d'association de la population à la conception, à la mise en œuvre ou à l'évaluation des politiques de l'établissement public.

Si l'organe délibérant décide de l'élaboration du pacte de gouvernance mentionné au 1° du présent I, il l'adopte dans un délai de neuf mois à compter du renouvellement général ou de l'opération mentionnée au premier alinéa du présent I, après avis des conseils municipaux des communes membres, rendu dans un délai de deux mois après la transmission du projet de pacte.

II. — Le pacte de gouvernance peut prévoir :

1° Les conditions dans lesquelles sont mises en œuvre les dispositions de l'article L. 5211-57 ;

2° Les conditions dans lesquelles le bureau de l'établissement public de coopération intercommunale à fiscalité propre peut proposer de réunir la conférence des maires pour avis sur des sujets d'intérêt communautaire ;

3° Les conditions dans lesquelles l'établissement public peut, par convention, confier la création ou la gestion de certains équipements ou services relevant de ses attributions à une ou plusieurs de ses communes membres ;

4° La création de commissions spécialisées associant les maires. Le pacte détermine alors leur organisation, leur fonctionnement et leurs missions. Le pacte fixe, le cas échéant, les modalités de fonctionnement des commissions prévues à l'article L. 5211-40-1 ;

5° La création de conférences territoriales des maires, selon des périmètres géographiques et des périmètres de compétences qu'il détermine. Les conférences territoriales des maires peuvent être consultées lors de l'élaboration et de la mise en œuvre des politiques de l'établissement public de coopération intercommunale à fiscalité propre. Les modalités de fonctionnement des conférences territoriales des maires sont déterminées par le règlement intérieur de l'organe délibérant de l'établissement public ;

6° Les conditions dans lesquelles le président de l'établissement public peut déléguer au maire d'une commune membre l'engagement de certaines dépenses d'entretien courant d'infrastructures ou de bâtiments communautaires. Dans ce cas, le pacte fixe également les conditions dans lesquelles le maire dispose d'une autorité fonctionnelle sur les services de l'établissement public, dans le cadre d'une convention de mise à disposition de services ;

7° Les orientations en matière de mutualisation de services entre les services de l'établissement public et ceux des communes membres afin d'assurer une meilleure organisation des services ;

8° Les objectifs à poursuivre en matière d'égale représentation des femmes et des hommes au sein des organes de gouvernance et des commissions de l'établissement public ;

III. — La modification du pacte suit la même procédure que son élaboration.

BIBL. ▸ Christiany, Une lecture juridique du pacte de gouvernance, *JCP Adm. 2022. 2087.* – Lerique, Le pacte de gouvernance : traduction du bloc communal, *BJCL 2020. 14.*

COMMENTAIRE

V. dans le supplément en ligne.

Art. L. 5211-11-3 **La création d'une conférence des maires est obligatoire dans les établissements publics de coopération intercommunale à fiscalité propre, sauf lorsque le bureau de l'établissement public comprend déjà l'ensemble des maires des communes membres.**

La conférence des maires est présidée par le président de l'établissement public de coopération intercommunale à fiscalité propre. Outre le président de l'établissement, elle comprend les maires des communes membres.

Elle se réunit, sur un ordre du jour déterminé, à l'initiative du président de l'établissement public de coopération intercommunale à fiscalité propre ou, dans la limite de quatre réunions par an, à la demande d'un tiers des maires.

COMMENTAIRE

V. dans le supplément en ligne.

SECTION 4 Conditions d'exercice des mandats des membres des conseils ou comités

(L. nº 99-586 du 12 juill. 1999)

BIBL. ▸ Faure, Le pouvoir des conseils municipaux dans le processus décisionnel intercommunal, *Pouvoirs locaux, 84, I/2010.* – Robert, Les droits des élus intercommunaux, *Journ. Maires, juin 2002, p. 68.*

Art. L. 5211-12 **Les indemnités maximales votées par le conseil ou comité d'un syndicat de communes** *(L. nº 2015-991 du 7 août 2015, art. 42)*, **d'une communauté de communes,** *(L. nº 2002-276 du 27 févr. 2002, art. 97-I)* **« d'une communauté urbaine, » d'une communauté d'agglomération** *(L. nº 2015-991 du 7 août 2015, art. 44)* **« et d'une métropole » pour l'exercice effectif des fonctions de président et de vice-président sont déterminées par un décret en Conseil d'État par référence au montant du traitement correspondant à l'indice brut terminal de l'échelle indiciaire de la fonction publique.** *(L. nº 2017-1837 du 30 déc. 2017, art. 100)* **« L'indemnité versée au président du conseil d'une métropole, d'une communauté urbaine de 100 000 habitants et plus, d'une communauté d'agglomération de 100 000 habitants et plus et d'une communauté de communes de 100 000 habitants et plus peut être majorée de 40 % par rapport au barème précité, à condition que ne soit pas dépassé le montant total des indemnités maximales susceptibles d'être allouées aux membres de l'organe délibérant hors prise en compte de ladite majoration. »** *— V. art. R. 5211-4.*

(L. nº 2012-1561 du 31 déc. 2012, art. 3) **« Le montant total des indemnités versées ne doit pas excéder celui de l'enveloppe indemnitaire globale, déterminée en additionnant l'indemnité maximale pour l'exercice effectif des fonctions de président et les indemnités maximales pour l'exercice effectif des fonctions de vice-président, correspondant soit au nombre maximal de vice-présidents qui résulterait de l'application des deuxième et troisième alinéas de l'article L. 5211-10 à l'organe délibérant qui comporterait un nombre de** *(L. nº 2013-403 du 17 mai 2013, art. 37)* **« membres » déterminé en application des III à VI de l'article L. 5211-6-1, soit au nombre existant de vice-présidences effectivement exercées, si celui-ci est inférieur.**

« De manière dérogatoire, l'indemnité versée à un vice-président peut dépasser le montant de l'indemnité maximale prévue au premier alinéa du présent article, à condition qu'elle ne dépasse pas le montant de l'indemnité maximale susceptible d'être allouée au président et que le montant total des indemnités versées n'excède pas l'enveloppe indemnitaire globale définie au deuxième alinéa. »

(L. nº 2002-276 du 27 févr. 2002, art. 97) **« Lorsque l'organe délibérant d'un établissement public de coopération intercommunale est renouvelé, la délibération fixant les indemnités de ses membres intervient dans les trois mois suivant son installation.**

« Toute délibération de l'organe délibérant d'un établissement public de coopération intercommunale concernant les indemnités de fonction d'un ou de plusieurs de ses

membres est accompagnée d'un tableau annexe récapitulant l'ensemble des indemnités allouées aux membres de l'assemblée concernée. »

Le membre d'un organe délibérant d'établissement public de coopération intercommunale titulaire d'autres mandats électoraux, ou qui siège à ce titre au conseil d'administration d'un établissement public local, du Centre national de la fonction publique territoriale, au conseil d'administration ou au conseil de surveillance d'une société ou qui préside une société ne peut recevoir, pour l'ensemble de ses fonctions, un montant total de rémunérations et d'indemnités de fonction supérieur à une fois et demie le montant de l'indemnité parlementaire telle qu'elle est définie à l'article 1er de l'ordonnance n° 58-1210 du 13 décembre 1958 portant loi organique relative à l'indemnité des membres du Parlement. Ce plafond s'entend déduction faite des cotisations sociales obligatoires.

(L. n° 99-1126 du 28 déc. 1999, art. 6) « Lorsqu'en application des dispositions de l'alinéa précédent, le montant total de rémunération et d'indemnité de fonction d'un membre d'un organe délibérant d'établissement public de coopération intercommunale fait l'objet d'un écrêtement, » *(L. n° 2013-403 du 17 mai 2013, art. 36)* « la part écrêtée est reversée au budget de la personne publique au sein de laquelle le membre d'un organe délibérant d'établissement public de coopération intercommunale exerce le plus récemment un mandat ou une fonction ».

COMMENTAIRE

V. dans le supplément en ligne.

1. Les membres de l'organe délibérant des EPCI bénéficient, au titre de leur mandat municipal, des autorisations d'absence, des crédits d'heures et du droit à la formation. * Rép. min. n° 3190 : *JOAN Q, 10 oct. 1994.* ♦ Sur le droit à la formation, V. art. L. 2123-14-1.

2. Les indemnités écrêtées ne peuvent être reportées au profit d'un délégué suppléant à l'organe délibérant car si des indemnités devaient lui être attribuées, elles auraient nécessairement le caractère d'indemnités de présence. Or, aucune disposition ne prévoit le versement de telles indemnités dans les EPCI. * Rép. min. n° 08879 : *JO Sénat Q, 20 août 2009.*

Art. L. 5211-12-1 *(L. n° 2019-1461 du 27 déc. 2019, art. 92)* Chaque année, les établissements publics de coopération intercommunale à fiscalité propre établissent un état présentant l'ensemble des indemnités de toutes natures, libellées en euros, dont bénéficient les élus siégeant dans leur conseil, au titre de tout mandat ou de toutes fonctions exercés en leur sein et au sein de tout syndicat au sens des livres VII et VIII de la présente partie ou de toute société mentionnée au livre V de la première partie ou filiale d'une de ces sociétés. Cet état est communiqué chaque année aux conseillers communautaires avant l'examen du budget de l'établissement public de coopération intercommunale à fiscalité propre.

Art. L. 5211-12-2 *(L. n° 2019-1461 du 27 déc. 2019, art. 95)* Dans des conditions fixées par leur règlement intérieur, le montant des indemnités de fonction que l'organe délibérant des établissements publics de coopération intercommunale de 50 000 habitants et plus alloue à ses membres peut être modulé en fonction de leur participation effective aux séances plénières et aux réunions des commissions dont ils sont membres. La réduction éventuelle de ce montant ne peut dépasser, pour chacun des membres, la moitié de l'indemnité pouvant lui être allouée.

Art. L. 5211-13 *(L. n° 2015-991 du 7 août 2015, art. 42)* « Lorsque les membres des organes délibérants des établissements publics de coopération intercommunale mentionnés à l'article L. 5211-12 engagent des frais de déplacement à l'occasion des réunions de ces conseils ou comités, du bureau, des commissions instituées par délibération dont ils sont membres, des comités consultatifs prévus à l'article L. 5211-49-1, de la commission consultative prévue à l'article L. 1413-1 et des organes délibérants ou des bureaux des organismes où ils représentent leur établissement, ces frais peuvent être remboursés lorsque la réunion a lieu dans une commune autre que celle qu'ils représentent » *(L. n° 2019-1461 du 27 déc. 2019, art. 98)* « , dans des conditions fixées par décret ».

La dépense est à la charge de l'organisme qui organise la réunion.

(L. n° 2019-1461 du 27 déc. 2019, art. 98) **« Lorsque lesdits membres sont en situation de handicap, ils peuvent également bénéficier du remboursement des frais spécifiques de déplacement, d'accompagnement et d'aide technique qu'ils ont engagés pour les situations mentionnées au premier alinéa, dans des conditions fixées par décret. »** *— V. art. D. 5211-5.*

Art. L. 5211-13-1 *(L. n° 2013-907 du 11 oct. 2013, art. 34)* **Selon des conditions fixées par une délibération annuelle, l'organe délibérant de l'établissement public de coopération intercommunale peut mettre un véhicule à disposition de ses membres ou des agents de l'établissement public lorsque l'exercice de leurs mandats ou de leurs fonctions le justifie.**

Tout autre avantage en nature fait l'objet d'une délibération nominative, qui en précise les modalités d'usage.

Art. L. 5211-14 **Les articles L. 2123-18,** *(L. n° 2002-276 du 27 févr. 2002, art. 97)* **« L. 2123-25-1 à » L. 2123-27, les premier et deuxième alinéas de l'article L. 2123-28 et l'article L. 2123-29 s'appliquent aux membres des organes délibérants des établissements publics de coopération intercommunale mentionnés aux articles L. 5211-12 et L. 5215-1.**

Les élus des communautés de communes qui ne bénéficient pas d'une indemnité de fonction au titre de leur mandat intercommunal peuvent demander l'indemnisation des frais de déplacement engagés à l'occasion des réunions de l'organe délibérant de leur établissement, du bureau, des commissions instituées par délibération dont ils sont membres, des comités consultatifs prévus à l'art. L. 5211-49-1, de la commission consultative prévue à l'art. L. 1413-1 et des organes délibérants ou des bureaux des organismes où ils représentent leur établissement, lorsque la réunion a lieu dans une commune autre que la leur. Il appartient alors à l'organisme qui organise la réunion de prendre en charge le remboursement des frais de déplacement. La prise en charge de ces frais est assurée dans les conditions définies par le Décr. n° 2006-781 du 3 juill. 2006. Le législateur n'a pas entendu autoriser le remboursement des frais de déplacement aux élus des communautés de communes qui bénéficient d'une indemnité de fonction et a considéré que ces derniers, étant par ailleurs élus municipaux, bénéficient des dispositions de l'art. L. 2123-18-1 qui permettent aux membres du conseil municipal de bénéficier du remboursement des frais de transport et de séjour. * Rép. min. n° 5071 : *JOAN Q, 24 avr. 2018, p. 3553.*

Art. L. 5211-15 **Les établissements publics de coopération intercommunale sont responsables, dans les conditions prévues par les articles** *(L. n° 2002-276 du 27 févr. 2002, art. 97)* **« L. 2123-31 à L. 2123-33 » pour les conseillers municipaux et les maires, des accidents survenus aux membres de leurs organes délibérants et à leurs présidents dans l'exercice de leurs fonctions.**

(L. n° 96-393 du 13 mai 1996) **« Les dispositions de l'article L. 2123-34 relatives à la responsabilité des élus sont applicables au président et aux vice-présidents ayant reçu délégation. »**

Le transfert de compétence entraîne transfert de responsabilité. L'accident survenu au délégué d'une commune membre à l'occasion de la réunion de l'organe délibérant d'un EPCI où il représente sa commune ne peut engager que la responsabilité de l'établissement public et non celle de la commune. • CE 22 mars 1968, *Cne de Faux-Mazuras : Lebon 200 ; AJDA 1968. 465 ; RD publ. 1968. 1154.*

SECTION 5 Modifications statutaires

(L. n° 99-586 du 12 juill. 1999)

SOUS-SECTION 1 Modifications relatives aux compétences

Art. L. 5211-16 **Les établissements publics de coopération intercommunale ayant compétence en matière d'urbanisme sont, sur proposition des vendeurs, autorisés à acquérir, moyennant le paiement d'une rente viagère, les immeubles qui leur sont nécessaires pour des opérations de restauration immobilière, d'aménagement ou d'équipement.**

Lorsqu'un immeuble ainsi aliéné est occupé en tout ou partie par le vendeur, le contrat de vente viagère doit comporter à son profit et à celui de son conjoint habitant

avec lui, à la date de l'acte de vente, la réserve d'un droit d'habiter totalement ou partiellement ledit immeuble leur vie durant.

Art. L. 5211-17 **Les communes membres d'un établissement public de coopération intercommunale peuvent à tout moment transférer, en tout ou partie, à ce dernier, certaines de leurs compétences dont le transfert n'est pas prévu par la loi ou par la décision institutive ainsi que les biens, équipements ou services publics nécessaires à leur exercice.**

Ces transferts sont décidés par délibérations concordantes de l'organe délibérant et des conseils municipaux se prononçant dans les conditions de majorité requise pour la création de l'établissement public de coopération intercommunale. Le conseil municipal de chaque commune membre dispose d'un délai de trois mois, à compter de la notification au maire de la commune de la délibération de l'organe délibérant de l'établissement public de coopération intercommunale, pour se prononcer sur les transferts proposés. À défaut de délibération dans ce délai, sa décision est réputée favorable.

(L. n° 2006-1771 du 30 déc. 2006, art. 131) **« Pour les établissements publics de coopération intercommunale à fiscalité propre additionnelle, la délibération de l'organe délibérant de l'établissement public de coopération intercommunale visée à l'alinéa précédent définit le coût des dépenses liées aux compétences transférées ainsi que les taux représentatifs de ce coût pour l'établissement public de coopération intercommunale et chacune de ses communes membres dans les conditions prévues au 3 du 3° du B du III de l'article 85 de la loi n° 2005-1719 du 30 décembre 2005 de finances pour 2006. »**

Le transfert de compétences est prononcé par arrêté du ou des représentants de l'État dans le ou les départements intéressés.

Il entraîne de plein droit l'application à l'ensemble des biens, équipements et services publics nécessaires à leur exercice, ainsi qu'à l'ensemble des droits et obligations qui leur sont attachés à la date du transfert, des dispositions des trois premiers alinéas de l'article L. 1321-1, des deux premiers alinéas de l'article L. 1321-2 et des articles L. 1321-3, L. 1321-4 et L. 1321-5.

(L. n° 2010-1563 du 16 déc. 2010, art. 89) **« Toutefois, lorsque l'établissement public de coopération intercommunale est compétent en matière de zones d'activité économique, les biens immeubles des communes membres peuvent lui être transférés en pleine propriété, dans la mesure où ils sont nécessaires à l'exercice de cette compétence. Les conditions financières et patrimoniales du transfert des biens immobiliers sont décidées par délibérations concordantes de l'organe délibérant et des conseils municipaux des communes membres se prononçant dans les conditions de majorité qualifiée requise pour la création de l'établissement, au plus tard un an après le transfert de compétences. Dans les cas où l'exercice de la compétence est subordonné à la définition de l'intérêt communautaire, ce délai court à compter de sa définition. Il en va de même lorsque l'établissement public est compétent en matière de zones d'aménagement concerté. »**

L'établissement public de coopération intercommunale est substitué de plein droit, à la date du transfert de compétences, aux communes qui le composent dans toutes leurs délibérations et tous leurs actes.

Les contrats sont exécutés dans les conditions antérieures jusqu'à leur échéance, sauf accord contraire des parties. La substitution de personne morale aux contrats conclus par les communes n'entraîne aucun droit à résiliation ou à indemnisation pour le cocontractant. La commune qui transfère la compétence informe les cocontractants de cette substitution.

BIBL. ► CHRISTIANY, Faut-il rétrocéder aux communes membres la compétence communautaire en matière de « promotion du tourisme, dont la création d'offices de tourisme » ?, *JCP Adm. 2019. 2142*. – DEGOFFE et DREYFUS, Transfert de compétences et conventions dans le droit de l'intercommunalité, *AJDA 2001. 807*. – DU ROSTU, Le transfert de la compétence SDIS aux communautés de communes : portée et limite, *JCP Adm. 2014, n° 2040*.

COMMENTAIRE

V. dans le supplément en ligne.

1. Plan de prévention des inondations. Une communauté de communes compétente en matière d'élaboration du schéma de cohérence territoriale doit être associée à l'élaboration du projet de plan de prévention des inondations prescrit par le préfet, même si elle n'a pas encore exercé sa compétence. • CE 5 déc. 2016, *Min. de l'Environnement, de l'énergie et de la mer,* nº 395499 : *Lebon ; AJCT 2017. 290, obs. Moliner-Dubost.*

2. Compétence en matière d'aires d'accueil des gens du voyage. La compétence d'aménagement, entretien et gestion des aires d'accueil des gens du voyage ne peut être regardée comme relevant, par nature, d'une action mise en œuvre au titre de la compétence obligatoire « en matière d'équilibre social de l'habitat » de la communauté d'agglomération et ne peut être exercée qu'après son transfert à l'EPCI conformément aux dispositions de l'art. L. 5211-17. • CAA Douai, 28 déc. 2007, *Cne de Pont-de-Metz,* nº 06DA01758 : *AJDA 2008. 410, concl. Lepers.* ♦ V. aussi • CE 30 déc. 2009, *Brest métropole océane-BMO, anciennement Cté urb. de Brest,* nº 308366 : *AJDA 2010. 12 ; BJCL 2010. 183, concl. Glaser, obs. Geffray.* ♦ En revanche, lorsque cette compétence est expressément transférée à l'EPCI, il appartient à ce dernier de choisir le terrain d'implantation de l'aire sur le territoire de la commune prévue au schéma départemental. * Rép. min. nº 15449 : *JOAN Q, 15 juill. 2008, p. 6173.*

3. Compétence en matière de service d'incendie et de secours. Une commune peut, sur le fondement de l'art. L. 1424-18 CGCT, transférer à l'EPCI la compétence relative à la responsabilité des opérations de grosses réparations, d'extension ou de reconstruction de biens mis à disposition du service départemental d'incendie et de secours. En revanche, elle ne peut lui transférer sa contribution au budget de ce service, qui constitue une dépense obligatoire pour la commune. • CE 22 mai 2013, *Cté de cnes du Val-de-Garonne,* nº 354992 : *AJCT 2013. 525, obs. Péchillon ; BJCL 2013. 617, concl. Daumas et obs. Poujade ; JCP Adm. 2014, nº 2040, note du Rostu.* ♦ L'ensemble des EPCI peuvent détenir la compétence d'incendie et de secours, qu'ils soient créés avant 1996 (art. L. 1424-35) ou après, et donc se voir transférer la contribution des communes aux SDIS dans les conditions de droit commun prévues à l'art. L. 5211-17. * Rép. min. nº 51516 : *JOAN, 7 juin 2016, p. 5091.*

4. Construction d'une halle. Les art. L. 2224-18 à L. 2224-29 confèrent une compétence de droit à la commune pour la création et la gestion des halles et marchés ; il y a lieu de considérer qu'il s'agit d'une compétence distincte, hors du champ de celle visée à l'art. L. 5214-16. La création et la gestion d'une halle par une communauté de communes requerrait que la compétence fasse l'objet d'un transfert facultatif, en tout ou partie, sur le fondement et dans les conditions visées à l'art. L. 5211-17. * Rép. min. : *JO Sénat, 23 mai 2019, p. 2741.*

5. Règlement local de publicité intercommunal. La procédure d'élaboration et d'adoption d'un règlement local de publicité intercommunal (RLPi) est identique à la procédure en vigueur pour le PLU définie dans la L. du 12 juill. 2010 portant engagement national pour l'environnement. L'EPCI est compétent pour élaborer et adopter un RLPi, lorsqu'il l'est également en matière de PLU. Quand l'EPCI ne dispose pas de cette compétence, il peut néanmoins élaborer un RLPi à la condition que les communes membres lui transfèrent cette compétence dans les conditions de majorité requises par l'art. L. 5211-17. Une commune disposant d'un règlement local de publicité publié avant l'entrée en vigueur de la L. du 12 juill. 2010, membre d'un EPCI à compétence PLU, ne peut plus le modifier ou le réviser pour le transformer en règlement local de publicité de nouvelle génération. Cette possibilité appartient à l'EPCI compétent en matière de PLU. Il n'y a donc obligation, pour l'EPCI compétent, d'élaborer un RLPi couvrant l'intégralité de son territoire que lorsqu'il entend réviser un règlement de publicité communal inclus dans son périmètre. L'EPCI compétent ne peut pas procéder à la révision des règlements de publicité communaux existants, sauf pour corriger une erreur matérielle ou apporter des modifications mineures. * Rép. min. nº 70503 : *JOAN, 30 août 2016, p. 7728.*

6. Compétence en matière de ZAC et transferts consécutifs. La présente disposition n'implique pas que les transferts de biens et de personnels relatifs aux créations de ZAC reconnues d'intérêt communautaire doivent intervenir par délibérations concordantes de l'organe délibérant de l'EPCI et des conseils municipaux des communes membres avant la date de la reconnaissance de l'intérêt communautaire de l'opération en cause. • CE 12 déc. 2012, *Cté de cnes Lodévois et Larzac,* nº 342175 A : *BJCL 2013. 61, concl. Vialettes ; AJDA 2012. 2407, note de Montecler ; JCP Adm. 2013, nº 2094, note Pauliat ; DGCT 2013.* ♦ V. déjà • CE 22 nov. 2002, *Cne de Beaulieu-sur-Mer,* nº 244138 : *AJDA 2003. 734.*

7. Procédure. Il résulte de ces dispositions que lorsqu'un transfert de compétences répondant aux conditions fixées par la loi a été régulièrement approuvé par l'organe délibérant d'un EPCI et par la majorité des conseils municipaux requise pour la création de cet établissement, le préfet est tenu de prononcer le transfert de compétences (solution dégagée à propos d'un district inverse à celle qui prévaut en matière de création d'EPCI pour laquelle il dispose d'un pouvoir discrétionnaire). • CE 3 mai 2002, *Cne de Laveyron,* nº 217654 : *ACL 2003, nº 26 ; BJCL 2002. 198, concl. Austry, obs. V.D.G. ; AJDA 2002. 752.* ♦ Le préfet peut adopter un arrêté en ce sens avant même l'expiration du délai de 3 mois dont les conseils municipaux disposent pour se prononcer. • Même arrêt. ♦ En revanche, est illégal l'arrêté préfectoral qui transfère une compétence nouvelle à un syndicat intercommunal sans avoir été précédé de la consultation des communes adhérentes et de l'accord d'une majorité qualifiée de celles-ci. • CE 7 janv. 2004, *Cne d'Hautmont,* n° 217251 B : *ACL 2005, n° 6.*

8. Conditions de majorité. Le préfet apprécie si les conditions de majorité requises sont remplies parmi les communes membres de l'EPCI à la date de sa décision. • CE 11 juill. 1988, *Cne de Rabastens,* n° 73869 : *Lebon 290.*

9. Actes préparatoires. La délibération du conseil municipal proposant de modifier les compétences d'un SIVOM ne constitue qu'un acte préparatoire à la mesure préfectorale d'admission et la requête tendant à son annulation est donc irrecevable. • CAA Douai, 2 nov. 2004, *Mme Annick Pruvot,* n° 03DA00631 : *AJDA 2005. 340.* ♦ La légalité de cette délibération est susceptible d'être discutée à l'appui d'un recours contre l'arrêté préfectoral. • Même arrêt. ♦ V. déjà (à propos de la délibération d'une commune demandant son adhésion à un syndicat) • CE 3 juill. 1998, *Sté Sade,* n° 154234 : *Dr. adm. 1998, n° 284.* ♦ La délibération par laquelle l'organe délibérant de l'EPCI se prononce sur le transfert de compétences en sa faveur a le caractère d'un acte préparatoire. Elle est donc insusceptible de faire l'objet d'un recours pour excès de pouvoir. • CE 3 mai 2002, *Cne de Laveyron,* n° 217654 : *préc. note 7.*

10. Acte réglementaire. L'arrêté par lequel le ou les préfets prononcent la modification des compétences d'un EPCI a un caractère réglementaire. • CE 3 mai 2002, *Cne de Laveyron,* n° 217654 : *préc. note 7.* ♦ Par suite, la délibération qui le prépare peut être contestée par voie d'exception à l'occasion d'un recours pour excès de pouvoir contre l'arrêté préfectoral. • Même arrêt.

11. Urgence. Il existe une présomption d'urgence à suspendre un arrêté préfectoral qui modifie la répartition des compétences entre une collectivité territoriale et un groupement de collectivités territoriales ou entre deux groupements et le juge des référés entache son ordonnance d'une erreur de droit en relevant que l'urgence ne résulte pas de la nature et de la portée de cette décision. • CE 30 déc. 2009, *Synd. intercommunal à vocation unique de gestion du centre social intercommunal rural,* n° 328184 : *BJCL 2010. 67, concl. Geffray.* ♦ Dans le même sens, • CE 17 mars 2017, *Min. de l'Intérieur,* n° 404891 : *Lebon ; AJDA 2017. 607, note Pastor ; JCP Adm. 2017, n° 2094, note Daumas.*

12. Signataire. Le juge administratif vérifie la compétence du signataire de l'arrêté portant modification. Est annulée la modification des statuts d'un syndicat intercommunal par un sous-préfet qui ne dispose que d'une délégation de signature pour la création d'un syndicat intercommunal. • TA Poitiers, 22 nov. 1994, *Cne de Civaux,* n° 94328.

13. Conséquence d'une annulation. Lorsque est annulé l'arrêté préfectoral approuvant la modification de la disposition statutaire d'une communauté d'agglomération relative à la répartition des sièges au conseil, la demande d'une nouvelle modification des statuts relative aux compétences du groupement, formulée par le conseil communautaire réuni dans une composition conforme à la disposition annulée, émane d'un organe irrégulièrement composé. L'arrêté modifiant les compétences pris sur le fondement de cette délibération est entaché d'illégalité. • CAA Nantes, 13 oct. 2009, *Cne de Chalette-sur-Loing c/ Min. de l'Intérieur,* n° 09NT00452 : *BJCL 2009. 713, concl. Degommier.*

14. Conséquences financières. Cet art. n'a ni pour objet ni pour effet d'inclure les créances qui résultent de contrats conclus par la commune et venus à expiration avant le transfert. Les créances détenues ou susceptibles d'être détenues par les communes sur le fondement de tels contrats, alors même qu'ils auraient été conclus dans le cadre de l'exercice de ces compétences ultérieurement transférées, sont distinctes des droits et obligations attachés à ces biens, équipements et services et transférés à l'EPCI. Ni ces dispositions ni aucune autre ne prévoient le transfert de telles créances à l'EPCI. • CE 3 déc. 2014, *Sté Citelum,* n° 383865. ♦ Une extension des attributions de pur fait ne crée aucune conséquence juridique et l'inscription d'office au budget d'une commune des dépenses qui lui sont liées est illégale. • CE 23 oct. 1985, *Cne de Blaye-les-Mines,* n° 46612 : *Lebon 297 ; AJDA 1986. 48, obs. Moreau.* ♦ Excepté l'hypothèse où l'EPCI devient compétent en matière de zones d'activité économique et de zones d'aménagement concerté et celle de biens désaffectés relevant du domaine privé de la commune et qu'elle peut céder à titre gratuit ou onéreux lors du transfert de compétence, la mise à disposition à titre gratuit, au profit de l'EPCI, des biens nécessaires à la gestion du service constitue le régime de droit commun. * Rép. min. n° 36741 : *JO Sénat Q, 17 janv. 2002, p. 159 ; Dr. adm. 2002. Actu. 3.*

15. Contrats d'emprunts. Les contrats, incluant les contrats d'emprunts, sont exécutés dans leurs conditions antérieures, jusqu'à leur échéance. En application du principe d'exclusivité, la commune ne peut plus financer les emprunts affectés à un bien qui ne lui appartient plus, et ils devront être transférés en même temps que le bien à l'EPCI qui prend la compétence. * Rép. min. n° 98813 : *JOAN, 7 févr. 2017, p. 1123.*

16. Actionnariat SPL. La circonstance qu'une collectivité territoriale ou un groupement actionnaire ne dispose pas de l'ensemble des compétences entrant dans l'objet social de la SPL entraîne comme seule conséquence pour la SPL l'impossibilité de pouvoir intervenir au titre des prestations intégrées sur le territoire de cette collectivité ou de ce groupement pour la ou les compétences qu'il ne détiendrait pas • TA

Montpellier, 19 sept. 2017, n° 1506432 : *AJCT 2018. 37, obs. Logéat et Josselin*.

17. Transfert de compétences. La L. du 3 août 2018 interdit de décider un transfert facultatif des compétences en matière d'eau et d'assainissement au bénéfice des communautés de communes au 1er janv. 2020, si, avant le 1er juill. 2019, la minorité de blocage prévue par celle-ci s'est opposée au transfert automatique desdites compétences à cette même date. Dans ce cas, si, après le 1er janv. 2020, un transfert facultatif devient de nouveau possible, avant le transfert obligatoire au 1er janv. 2026, c'est à la condition que la même minorité de blocage ne s'y oppose pas dans les trois mois. • CE 29 juill. 2020, *Cne de Salses-le-Château*, n° 437283 B : *AJDA 2020. 1579* ; *AJCT 2021. 98, obs. Belacel* ; *JCP Adm. 2020, n° 2283.*

Art. L. 5211-17-1 *(L. n° 2019-1461 du 27 déc. 2019, art. 12)* **Les compétences exercées par un établissement public de coopération intercommunale et dont le transfert à ce dernier n'est pas prévu par la loi ou par la décision institutive peuvent, à tout moment, être restituées à chacune de ses communes membres.**

Cette restitution est décidée par délibérations concordantes de l'organe délibérant de l'établissement et des conseils municipaux des communes membres se prononçant dans les conditions de majorité requises pour la création de l'établissement. Le conseil municipal de chaque commune membre dispose d'un délai de trois mois, à compter de la notification au maire de la commune de la délibération de l'organe délibérant de l'établissement public de coopération intercommunale, pour se prononcer sur la restitution proposée. À défaut de délibération dans ce délai, sa décision est réputée défavorable.

Pour les établissements publics de coopération intercommunale à fiscalité propre additionnelle, les délibérations concordantes mentionnées au deuxième alinéa définissent le coût des dépenses liées aux compétences restituées ainsi que les taux représentatifs de ce coût pour l'établissement public de coopération intercommunale et chacune de ses communes membres dans les conditions prévues au 4 du 3° du B du III de l'article 85 de la loi n° 2005-1719 du 30 décembre 2005 de finances pour 2006.

La restitution de compétences est prononcée par arrêté du ou des représentants de l'État dans le ou les départements intéressés.

BIBL. ▶ Christiany, Intercommunalités : une lecture juridique du pacte de gouvernance, *JCP Adm. 2022. 2087*. – Pontier, Le pacte de compétences, *BJCL 2020. 7*.

COMMENTAIRE

V. dans le supplément en ligne

Art. L. 5211-17-2 *(L. n° 2022-217 du 21 févr. 2022, art. 17)* **Une ou plusieurs communes membres d'un établissement public de coopération intercommunale à fiscalité propre peuvent transférer à ce dernier, en tout ou partie, certaines de leurs compétences dont le transfert n'est pas prévu par la loi ou par la décision institutive ainsi que les biens, équipements ou services publics nécessaires à leur exercice.**

Ces transferts interviennent dans les conditions prévues aux deuxième à cinquième alinéas et aux deux derniers alinéas de l'article L. 5211-17.

Les délibérations mentionnées au deuxième alinéa du même article L. 5211-17 définissent, selon des critères objectifs, les compétences transférées en application du premier alinéa du présent article et déterminent le partage des compétences entre les communes et l'établissement public de coopération intercommunale à fiscalité propre. Le cas échéant, les délibérations peuvent établir une liste d'équipements ou de services correspondant aux compétences transférées.

SOUS-SECTION 2 **Modifications relatives au périmètre et à l'organisation**

Art. L. 5211-18 **I. — Sans préjudice des dispositions de l'article L. 5215-40, le périmètre de l'établissement public de coopération intercommunale peut être ultérieurement étendu, par arrêté du ou des représentants de l'État dans le ou les départements concernés, par adjonction de communes nouvelles :**

1° Soit à la demande des conseils municipaux des communes nouvelles. La modification est alors subordonnée à l'accord de l'organe délibérant de l'établissement public de coopération intercommunale ;

2° Soit sur l'initiative de l'organe délibérant de l'établissement public de coopération intercommunale. La modification est alors subordonnée à l'accord du ou des conseils municipaux dont l'admission est envisagée ;

3° Soit sur l'initiative du représentant de l'État. La modification est alors subordonnée à l'accord de l'organe délibérant et des conseils municipaux dont l'admission est envisagée.

Dans les trois cas, à compter de la notification de la délibération de l'organe délibérant de l'établissement public de coopération intercommunale au maire de chacune des communes membres, le conseil municipal de chaque commune membre dispose d'un délai de trois mois pour se prononcer sur l'admission de la nouvelle commune, *(L. n° 2004-809 du 13 août 2004, art. 174)* « dans les conditions de majorité qualifiée requises pour la création de l'établissement public de coopération intercommunale ». À défaut de délibération dans ce délai, sa décision est réputée favorable. Les mêmes règles s'appliquent pour les conseils municipaux des communes dont l'admission est envisagée. Dans les cas visés aux 1° et 3°, l'organe délibérant dispose d'un délai de trois mois à compter de la réception de la demande.

II. — Le transfert des compétences entraîne de plein droit l'application à l'ensemble des biens, équipements et services publics nécessaires à leur exercice, ainsi qu'à l'ensemble des droits et obligations qui leur sont attachés à la date du transfert, des dispositions des trois premiers alinéas de l'article L. 1321-1, des deux premiers alinéas de l'article L. 1321-2 et des articles L. 1321-3, L. 1321-4 et L. 1321-5.

(L. n° 2010-1563 du 16 déc. 2010, art. 89) « Toutefois, lorsque l'établissement public de coopération intercommunale est compétent en matière de zones d'activité économique, les biens immeubles des communes membres peuvent lui être transférés en pleine propriété, dans la mesure où ils sont nécessaires à l'exercice de cette compétence. Les conditions financières et patrimoniales du transfert des biens immobiliers sont décidées par délibérations concordantes de l'organe délibérant et des conseils municipaux des communes membres se prononçant dans les conditions de majorité qualifiée requise pour la création de l'établissement, au plus tard un an après le transfert de compétences. Dans les cas où l'exercice de la compétence est subordonné à la définition de l'intérêt communautaire, ce délai court à compter de sa définition. Il en va de même lorsque l'établissement public est compétent en matière de zones d'aménagement concerté. »

L'établissement public de coopération intercommunale est substitué de plein droit, à la date du transfert de compétences, aux communes qui le composent dans toutes leurs délibérations et tous leurs actes.

Les contrats sont exécutés dans les conditions antérieures jusqu'à leur échéance, sauf accord contraire des parties. La substitution de personne morale aux contrats conclus par les communes n'entraîne aucun droit à résiliation ou à indemnisation pour le cocontractant. La commune qui transfère la compétence informe les cocontractants de cette substitution.

(L. n° 2016-1918 du 29 déc. 2016, art. 75) « Lorsque l'adhésion d'une commune intervient en cours d'année, l'établissement public de coopération intercommunale peut, sur délibérations concordantes de la commune et de l'établissement public de coopération intercommunale, percevoir le reversement de fiscalité mentionné au dernier alinéa de l'article L. 5211-19. Les modalités de reversement sont déterminées par convention entre la commune et l'établissement public de coopération intercommunale. »

BIBL. ► CHRISTIANY, Étude sur les contentieux de création et d'extension des établissements publics de coopération intercommunale, *Coll. terr. mars 2006, p. 4 s.*

1. Extension de l'EPCI à la demande de nouvelles communes. Si le conseil municipal peut toujours, dans le délai de trois mois prévu au présent article, revenir sur un avis qu'il aurait déjà exprimé, en revanche, une éventuelle délibération postérieure à l'expiration de ce délai constituerait seulement un élément d'appréciation susceptible d'être pris en considération par le préfet pour prononcer ou non l'extension du périmètre sur laquelle les communes et l'EPCI ont déjà, tacitement ou non, exprimé leur avis. • CE 2 mars 2007, *Cne de Saint-Brandan, n° 284704 : AJDA 2007. 990 ; JCP Adm. 2007, n° 304 ; ibid. 2007, n° 2120, note Erstein.*

2. Section de commune. Par exception au principe de l'adhésion volontaire à un syndicat de communes, une section de commune appartenant à un syndicat et qui est érigée en commune distincte devient automatiquement membre de ce syndicat. • CE, sect., 10 déc. 1937, *Cne de La Croix : Lebon 1018.*

3. Demande d'adhésion. Acte préparatoire. La délibération par laquelle une commune demande son adhésion à un syndicat intercommunal n'est pas susceptible de recours dans la mesure où elle ne constitue qu'un acte préparatoire à l'arrêté préfectoral d'admission. • CE 3 juill. 1998, *Sté Sade*, n° 154234 : *Dr. adm. 1998, n° 284.* ♦ La délibération par laquelle l'organe délibérant de l'EPCI se prononce a le même caractère (solution dégagée à propos de la modification relative aux compétences). • CE 3 mai 2002, *Cne de Laveyron*, n° 217654 : *BJCL 2002. 198, concl. Austry, obs. V.D.G. ; AJDA 2002. 752 ; ACL 2003, n° 26.* ♦ Pour une autre application de ce principe bien établi, V. note 2 ss. art. L. 5211-20.

4. Délai de trois mois. Le délai de trois mois dont dispose chaque commune pour se prononcer sur l'extension du périmètre est un délai ferme. Le conseil municipal peut toujours, dans ce délai, revenir sur un avis qu'il aurait déjà exprimé. En revanche, une délibération postérieure à son expiration ne lie pas le préfet. • CE 2 mars 2007, *Cne de Saint-Brandan*, n° 284704 : *JCP Adm. 2007, n° 304 ; ibid. 2007, n° 2120, note Erstein ; AJDA 2007. 990 ; RLCT 2007, n° 753.* ♦ La capacité donnée à chaque commune concernée de se prononcer sur l'adhésion constituant une garantie pour la commune, le moyen tiré de ce que le délai de trois mois prévu par l'art. L. 5211-18 n'était pas expiré, alors même qu'une majorité qualifiée d'avis favorables aurait déjà été recueillie, est propre à créer un doute sérieux sur la légalité des décisions attaquées. • CE 4 avr. 2018, n° 415471.

5. Procédure d'extension forcée. La présente procédure peut être menée simultanément, dans le cas d'une communauté d'agglomération, avec la procédure d'extension forcée prévue à l'art. L. 5216-10. Dans ce cas, les consultations s'opèrent en fonction de la date à laquelle les procédures sont débutées. • CE 10 oct. 2003, *Cne des Angles*, n° 250116 : *AJDA 2004. 880, note Tuot ; BJCL 2004. 39, concl. Glaser ; ACL 2004, n° 10 ; Coll. terr. 2003, p. 20, n° 240.* ♦ V. notes ss. art. L. 5216-10.

6. Décision d'étendre ou de ne pas étendre le périmètre de l'EPCI. Le préfet a la faculté de ne pas donner suite, sous le contrôle du juge de l'excès de pouvoir, à une demande, alors même que seraient satisfaites les conditions auxquelles est subordonnée une admission. Ainsi, pour refuser l'admission d'une commune à une communauté de communes déjà existante, le préfet a pu légalement se fonder sur la circonstance que cette commune adhérait déjà, pour les mêmes compétences, à un syndicat intercommunal. • CE 3 avr. 1998, *Cté de cnes du pays d'Issoudun*, n° 185858 : *Lebon 123 ; ACL 1999, n° 14* (transposition de la solution dégagée en matière de transfert des compétences lors de la création, V. note 17 ss. art. L. 5212-1). ♦ V. aussi en application du présent article après l'adoption de la loi n° 99-586 du 12 juill. 1999. • TA Nice, 25 nov. 2005, *SIVOM de Villefranche-sur-Mer c/ Préfet des Alpes-Maritimes*, n° 102648 : *Coll. terr. 2006, p. 22, n° 24 ; BJCL 2006. 208, concl. Dieu ; ibid., p. 211, obs. M. D.*

7. Commune d'un autre département. La décision d'admission dans un EPCI de communes appartenant à un autre département que celles le composant initialement, ne peut résulter que d'un arrêté conjoint des représentants de l'État dans les départements concernés. Dès lors que ces départements sont compris dans le ressort de deux tribunaux administratifs différents et que l'application de l'arrêté d'admission, s'il était intervenu, aurait eu effet au-delà du ressort d'un seul tribunal, la décision refusant de le prendre doit être regardée comme ayant le même champ d'application et elle relève par suite de la compétence du Conseil d'État en premier et dernier ressort. • CE 3 avr. 1998, *Cté de cnes du pays d'Issoudun*, n° 185858 : *Lebon 123 ; ACL 1999, n° 14.*

8. Intérêt à agir. Contribuable. Dès lors qu'un contribuable justifie d'un intérêt qui le rend recevable à exercer lui-même un recours pour excès de pouvoir contre la décision par laquelle le préfet refuse la demande d'adhésion d'une commune à un EPCI, il ne peut demander l'autorisation d'exercer une action en lieu et place de la commune sur le fondement de l'art. L. 2132-5. • CE 28 avr. 2006, *M. Cassinari*, n° 280878 : *Lebon 210 ; AJDA 2006. 903.*

9. Droit d'entrée. L'adhésion d'une commune à un EPCI doté d'une fiscalité propre déjà existant ne saurait être légalement subordonnée au versement d'un droit d'entrée au titre des investissements réalisés antérieurement par le groupement. * Rép. min. n° 1667 : *JOAN Q, 15 déc. 1997, p. 4674 ; Dr. adm. 1998, n° 42.* ♦ De même, un droit d'entrée librement négocié et approuvé par accord contractuel est illégal. * Rép. min. : *JO Sénat Q, 6 août 1998, p. 2570.*

10. Effets de l'extension. Lorsque l'EPCI est compétent en matière de zones d'activité économique, les conditions financières et patrimoniales du transfert des biens immobiliers nécessaires à l'exercice de cette compétence ne peuvent être décidées qu'après adoption, par le nouveau conseil de communauté, d'une délibération choisissant, parmi ces zones, celles reconnues d'intérêt communautaire. Les délibérations déterminant ces conditions ne peuvent donc intervenir qu'après la décision prononçant l'extension du périmètre communautaire. • CE 10 oct. 2003, *Cne des Angles*, n° 250116 : *préc. note 4.* ♦ Rappr. • CE 22 nov. 2002, *Cne de Beaulieu-sur-Mer, Cne de Saint-Jean-Cap-Ferrat*, n°s 244138 et 244140 : *AJDA 2003. 734, notes Sempé et Markus ; BJCL 2003. 55, concl. Austry ; ibid. 60,* *obs. B. P.* ♦ V. aussi notes 18 s. ss. art. L. 5211-5. ♦ La délibération et les avis relatifs à l'affectation des personnels prévus à l'art. L. 5211-4-1 peuvent intervenir après l'entrée en vigueur de l'arrêté d'extension. • Même arrêt. ♦ Rappr. • CE 22 nov. 2002, *Cne de Castellar, Cne de Sospel*, n°s 241848 et 241926. ♦ Pour l'application des art. L. 5211-18 et L. 1321-1, le solde du compte administratif du budget annexe d'un SPIC ne constitue pas un bien qui serait nécessaire à l'exercice de ce service public, ni un ensemble de droits et obligations qui lui seraient attachés. Par suite, ces art. n'imposent pas le transfert du solde du compte administratif du budget annexe d'un tel service lorsque celui-ci est transféré à un EPCI par une commune. • CE 25 mars 2016, *Cne de La Motte-Ternant*, n° 386623 : *Lebon ; AJDA 2016. 640*.

Art. L. 5211-19 Une commune peut se retirer de l'établissement public de coopération intercommunale, sauf s'il s'agit d'une communauté urbaine *(L. n° 2010-1563 du 16 déc. 2010, art. 17)* « ou d'une métropole », dans les conditions prévues à l'article L. 5211-25-1, avec le consentement de l'organe délibérant de l'établissement. À défaut d'accord entre l'organe délibérant de l'établissement public de coopération intercommunale et le conseil municipal concerné sur la répartition des biens ou du produit de leur réalisation et du solde de l'encours de la dette visés au 2° de l'article L. 5211-25-1, cette répartition est fixée par arrêté du ou des représentants de l'État dans le ou les départements concernés. *(L. n° 2010-1563 du 16 déc. 2010, art. 40)* « Cet arrêté est pris dans un délai de six mois suivant la saisine du ou des représentants de l'État dans le ou les départements concernés par l'organe délibérant de l'établissement public de coopération intercommunale ou de l'une des communes concernées. »

(L. n° 2004-809 du 13 août 2004, art. 172) « Le retrait est subordonné à l'accord des conseils municipaux exprimé dans les conditions de majorité requises pour la création de l'établissement. Le conseil municipal de chaque commune membre dispose d'un délai de trois mois à compter de la notification de la délibération de l'organe délibérant au maire pour se prononcer sur le retrait envisagé. À défaut de délibération dans ce délai, sa décision est réputée défavorable.

« Lorsque la commune se retire d'un établissement public de coopération intercommunale membre d'un syndicat mixte, ce retrait entraîne la réduction du périmètre du syndicat mixte. Les conditions financières et patrimoniales du retrait de la commune sont déterminées par délibérations concordantes du conseil municipal de la commune et des organes délibérants du syndicat mixte et de l'établissement public de coopération intercommunale. À défaut d'accord, ces conditions sont arrêtées par le représentant de l'État. »

La décision de retrait est prise par le ou les représentants de l'État dans le ou les départements concernés.

(L. n° 2016-1918 du 29 déc. 2016, art. 75) « Lorsque le retrait de la commune est réalisé en cours d'année, l'établissement public de coopération intercommunale dont elle était membre antérieurement verse à cette commune l'intégralité des produits de la fiscalité qu'il continue de percevoir dans le périmètre de cette commune après la prise d'effet du retrait de la commune. Ces produits sont calculés sur la base des délibérations fiscales prises par l'organe délibérant de l'établissement public de coopération intercommunale applicables l'année du retrait de la commune, déduction faite, le cas échéant, des montants versés par l'établissement en application du III de l'article 1609 *quinquies* C *(L. n° 2019-1479 du 28 déc. 2019, art. 256)* « , du V de l'article 1609 *nonies* C du code général des impôts et de l'article L. 5211-28-4 du présent code ». Ce reversement constitue une dépense obligatoire pour l'établissement public de coopération intercommunale. »

BIBL. ▶ Gardère, Communes et communautés, un divorce pas toujours amiable, *JCP Adm. 6 mai 2019. 2129, n°s 18-19*. – Maupin, Procédure de retrait d'une communauté de communes, *AJDA 2019. 909*.

1. Libre administration de la commune. En subordonnant le retrait de la commune à l'accord de l'organe délibérant de l'EPCI et d'une majorité qualifiée des conseils municipaux des communes intéressées, le législateur a entendu éviter que le retrait d'une commune ne compromette le fonctionnement et la stabilité d'un tel établissement ainsi que la cohérence des coopérations intercommunales. Ces buts d'intérêt général justifient les limites apportées à la libre administration des communes. • CE 30 janv. 2013, *Cne de Maing*, n° 364026 : *AJDA 2013. 261, note de Montecler* • Cons. const. 26 avr. 2013, n° 2013-304 QPC : *AJDA 2013. 1386, note Fialaire ; AJCT 2013. 344,* *obs. Le Chatelier ; Constitutions 2013. 397, chron. Lutton .*

2. Procédure. Les conseils municipaux peuvent se prononcer sur le retrait d'une commune sans attendre la notification de la délibération de l'organe délibérant de l'EPCI. • CE 23 juill. 2012, *M. Laurans*, n° 342849 B : *AJDA 2012. 1480 ; AJCT 2012. 631, obs. Houser ; BJCL 2012. 678, concl. Daumas, obs. Poujade ; JCP Adm. 2012, n° 548 ; ibid. 2013, n° 2008, note du Rostu.* ♦ Dans un délai de trois mois à compter de cette notification, une commune peut revenir sur un premier avis qu'elle aurait donné sur le retrait d'une autre commune, mais cette faculté ne peut être exercée que si la décision du préfet n'a pas été prise. • Même arrêt. ♦ Le préfet n'est pas tenu d'attendre l'expiration du délai de trois mois après la notification de la délibération de l'organe délibérant dès lors que les avis, explicites ou implicites, des conseils municipaux des communes membres ont été recueillis. • Même arrêt. ♦ Les dispositions du 3ᵉ al. du présent art. ne subordonnent la constatation du défaut d'accord à aucune condition particulière de délai ou de procédure. • CE, ord., 19 mai 2008, *Synd. intercommunal pour le traitement et la valorisation des déchets (SITREVA) et a.*, n° 314685 : *RLCT 2008, n° 1135.*

3. Continuité territoriale. Le fait que le présent art. ne subordonne pas la possibilité d'un retrait à la circonstance qu'il n'ait pas pour effet d'enclaver une ou plusieurs communes ne saurait écarter la règle de continuité territoriale posée par l'art. L. 5214-1. Cette règle doit être regardée comme ayant une portée générale. Une commune a intérêt et qualité à agir contre l'arrêté qui a pour effet de l'enclaver au sein du territoire d'une communauté de communes. • CE 28 déc. 2005, *Cne de Poigny*, n° 281849 B : *AJDA 2006. 60, note de Montecler ; JCP Adm. 2006, n° 3, p. 55, note Rouault ; ibid., n° 4, p. 124, concl. Glaser ; Coll. terr. 2006, n° 45, note Erstein ; RLCT, févr. 2006, p. 35, note Pintat ; ibid., p. 37, note Glaser ; ACL 2006, n° 12.*

4. Recours. Urgence. Eu égard au transfert de compétences et de ressources fiscales opéré par l'arrêté autorisant le retrait d'une commune d'un EPCI, la condition d'urgence définie par l'art. L. 521-1 CJA doit être considérée comme remplie. • CE 28 déc. 2005, *Cne de Poigny*, n° 281849 : *préc. note 3.*

5. Conditions financières du retrait. L'arrêté du préfet peut fixer les conditions relatives à la prise en charge d'une partie du coût de résorption du déficit du syndicat mixte, dès lors que ce déficit est né avant le retrait de la commune, ainsi que d'une partie des charges fixes de ce syndicat, dès lors que cette participation est limitée dans le temps et qu'elle est justifiée par les surcoûts résultant de choix effectués antérieurement au retrait de la commune. • CE 9 juill. 2010, *Cne de Magny-les-Hameaux et a.*, n° 313506 B : *AJDA 2010. 1397 ; JCP Adm. 2010, n° 577.* ♦ En cas de retrait d'une commune d'un syndicat de communes ou d'un syndicat mixte en raison de la création d'une communauté d'agglomération, il appartient à la commune et à l'établissement ou, à défaut d'accord, au représentant de l'État dans le département, de procéder à la répartition, d'une part, de l'ensemble des actifs dont l'établissement est devenu propriétaire postérieurement au transfert de compétences, à l'exception des disponibilités nécessaires pour faire face aux besoins de financements relatifs à des opérations décidées avant la date de la répartition et non encore retracées au bilan de l'établissement public, d'autre part, de l'encours de la dette contractée postérieurement au transfert de compétences. L'excédent de trésorerie fait partie des biens à répartir. • CE 21 nov. 2012, *Cté d'agglomération Sophia-Antipolis et a.*, n° 346380 B : *AJDA 2012. 2245, note Poupeau ; BJCL 2013. 133, concl. Daumas ; AJCT 2013. 203, note Houser .* ♦ Cette répartition doit être fixée dans le but, d'une part, d'éviter toute solution de continuité dans l'exercice, par les personnes publiques, de leur compétence, d'autre part, de garantir un partage équilibré compte tenu de l'importance de la participation de la commune dans le syndicat de communes ou le syndicat mixte. Seules les communes retirées du syndicat intercommunal sont intéressées à la répartition des biens résultant de ce retrait. • CAA Nantes, 12 avr. 2017, *Cté d'agglo du pays de Lorient*, n° 16NT00455. ♦ Le retrait peut être mis en œuvre alors même qu'il a pour conséquence de faire passer la population de la communauté d'agglomération en dessous du seuil de 50 000 habitants mentionné à l'art. L. 5216-1 pour la constitution initiale de cet EPCI, dès lors que cette condition de seuil n'est pas prévue par l'art. L. 5211-19 pour le retrait de droit commun mais seulement par l'art. L. 5216-11 relatif à la procédure dérogatoire de retrait d'une commune membre de la communauté d'agglomération. • CAA Nantes, 28 mars 2025, n° 24NT00014.

Art. L. 5211-20 **L'organe délibérant de l'établissement public de coopération intercommunale délibère sur les modifications statutaires autres que celles visées par les articles L. 5211-17 à L. 5211-19 et autres que celles relatives à la dissolution de l'établissement.**

À compter de la notification de la délibération de l'organe délibérant de l'établissement public de coopération intercommunale au maire de chacune des communes membres, le conseil municipal de chaque commune dispose d'un délai de trois mois pour se prononcer sur la modification envisagée. À défaut de délibération dans ce délai, sa décision est réputée favorable.

La décision de modification est subordonnée à l'accord des conseils municipaux dans les conditions de majorité qualifiée requise pour la création de l'établissement.

La décision de modification est prise par arrêté du représentant ou des représentants de l'État dans le ou les départements intéressés.

1. Relève du champ d'application de cette disposition la décision par laquelle l'EPCI transfère l'exercice de compétences aux communes membres. ♦ La délibération du conseil d'une communauté urbaine autorisant les communes membres à verser à la communauté, pour le financement de travaux relevant de sa compétence, une dotation s'ajoutant aux crédits prévus à cette fin dans le budget de la communauté, ne saurait avoir pour objet de transférer, même partiellement, la compétence qui est dévolue à la communauté. • CE 14 janv. 1998, *Cté urbaine de Cherbourg,* n° 161661.

2. La délibération du conseil municipal proposant de modifier les compétences dévolues à un SIVOM ne constitue qu'un acte préparatoire de l'arrêté préfectoral de modification et la requête tendant à son annulation n'est donc pas recevable. • CAA Douai, 2 nov. 2004, *Mme Annick Pruvot,* n° 03DA00631 : *AJDA 2005. 340*. ♦ L'éventuelle illégalité de la délibération est susceptible d'être discutée à l'appui d'un recours contre cet arrêté. • Même arrêt. ♦ V. déjà (à propos de la délibération d'une commune demandant son adhésion à un syndicat) • CE 3 juill. 1998, *Sté Sade,* n° 154234 : *Dr. adm. 1998, n° 284.*

SECTION 6 Dispositions financières *(L. n° 99-586 du 12 juill. 1999).*

BIBL. GÉN. ▶ BOURDIN, Les finances communales et intercommunales, *Economica, 2014.* – BRAMOULLE, Les aspects financiers de l'intercommunalité, *JCP Adm. 2010, n° 2244.* – CHRISTIANY, La convention territoriale globale à l'épreuve du droit de l'intercommunalité, *JCP Adm. 2023. 2224.* – DOUMBIA, Modalités de financement par le budget communal du budget intercommunal, *Coll. terr. 2003, p. 5.* – GUELTON, Finances intercommunales ?, *Pouvoirs locaux 2006, n° 71, p. 52.* – VALEMBOIS, Réussir son budget : Guide pratique pour les élu.es des communes et des EPCI, *9e éd., Berger-Levrault, 2022.*

SOUS-SECTION 1 Dispositions communes

Art. L. 5211-21 *(L. n° 2014-1654 du 29 déc. 2014, art. 67)* **I. — La taxe de séjour mentionnée aux articles L. 2333-29 à L. 2333-39 ou la taxe de séjour forfaitaire mentionnée aux articles L. 2333-40 à L. 2333-47 peut être instituée par décision de l'organe délibérant dans les conditions prévues à l'article L. 2333-26 par :**

1° Les groupements de communes touristiques et de stations classées de tourisme relevant de la section 2 du chapitre IV du titre III du livre I du code du tourisme ;

2° Les établissements publics de coopération intercommunale bénéficiant de l'une des dotations prévues à l'article L. 5211-24 du présent code ;

3° Les établissements publics de coopération intercommunale qui réalisent des actions de promotion en faveur du tourisme ainsi que ceux qui réalisent, dans la limite de leurs compétences, des actions de protection et de gestion de leurs espaces naturels ;

4° La métropole de Lyon.

(L. n° 2016-1918 du 29 déc. 2016, art. 86) **« Les communes membres des personnes publiques mentionnées aux 1° à 4°, qui ont déjà institué la taxe de séjour ou la taxe de séjour forfaitaire pour leur propre compte, et dont la délibération instituant cette taxe est en vigueur, peuvent s'opposer à la décision mentionnée au premier alinéa du présent I par une délibération prise dans un délai de deux mois à compter de la publication ou de l'affichage de cette décision. »**

Les communes membres d'un établissement public de coopération intercommunale ayant institué la taxe de séjour ou la taxe de séjour forfaitaire ne peuvent percevoir ces taxes. Lorsque la métropole de Lyon a institué la taxe de séjour ou la taxe de séjour forfaitaire, les communes situées dans son périmètre ne peuvent percevoir ces taxes.

(L. n° 2016-1918 du 29 déc. 2016, art. 86) **« L'établissement public de coopération intercommunale issu d'une fusion en application de l'article L. 5211-41-3 prend la délibération afférente à la taxe de séjour** *(L. n° 2020-1721 du 29 déc. 2020, art. 123)* **« jusqu'au 1er juillet de l'année pour être applicable à compter de l'année suivante. » Le régime applicable en matière de taxe de séjour sur le territoire des établissements publics de coopération intercommunale ayant fait l'objet de la fusion ou sur le territoire des communes incluses dans le périmètre de l'établissement public issu de la fusion est maintenu au titre de la première année qui suit la fusion. Dans ce cas, l'éta-**

blissement public de coopération intercommunale issu de la fusion perçoit la taxe de séjour en lieu et place des établissements publics de coopération intercommunale ayant fait l'objet de la fusion. Le présent alinéa est également applicable en cas de modification de périmètre d'un établissement public de coopération intercommunale à la suite de l'intégration d'une commune. »

II. — Dans les établissements publics de coopération intercommunale qui ont institué la taxe de séjour au titre des actions de protection et de gestion de leurs espaces naturels, le produit de la taxe de séjour ou de la taxe de séjour forfaitaire peut être affecté, sous réserve de l'article L. 133-7 du code du tourisme, aux dépenses destinées à favoriser la protection et la gestion de leurs espaces naturels à des fins touristiques. Lorsque ces établissements publics de coopération intercommunale sont situés, dans leur intégralité ou en partie, sur le territoire d'un parc national ou d'un parc naturel régional géré par un établissement public administratif, le produit de la taxe peut être reversé par les établissements publics de coopération intercommunale à l'organisme gestionnaire du parc, dans le cadre d'une convention.

III. — Pour l'application aux établissements publics de coopération intercommunale mentionnés au I du présent article et à la métropole de Lyon de la sous-section 1 de la section 6 du chapitre III du titre III du livre III de la deuxième partie du présent code :

1° La référence au conseil municipal est remplacée, selon le cas, par la référence au conseil communautaire ou au conseil de la métropole de Lyon ;

2° La référence au maire est remplacée, selon le cas, par la référence au président de l'établissement public de coopération intercommunale ou au président du conseil de la métropole de Lyon.

BIBL. ▶ CHRISTIANY, Faut-il rétrocéder aux communes membres la compétence communautaire en matière de « promotion du tourisme, dont la création d'offices de tourisme » ?, *JCP Adm. 2019. 2142.*

COMMENTAIRE

V. dans le supplément en ligne.

Lorsque la communauté de communes a décidé d'instituer la taxe de séjour forfaitaire sur son territoire antérieurement à l'entrée en vigueur de l'art. 64 de la L. n° 2014-1654 du 29 déc. 2014, le conseil municipal d'une commune membre ne peut pas, en se fondant sur les dispositions de l'art. L. 5211-21 issu de cette loi, instaurer cette même taxe à son profit. • CAA Marseille, 29 avr. 2019, *Cté de Cnes de l'Oriente*, n° 17MA03488.

Art. L. 5211-21-1 *(L. n° 2004-809 du 13 août 2004, art. 7)* **Les établissements publics de coopération intercommunale à fiscalité propre qui exercent la compétence tourisme** *(L. n° 2004-1485 du 30 déc. 2004, art. 70)* **« ou les établissements publics mentionnés aux articles L. 5211-21 et L. 5722-6 percevant la taxe de séjour ou la taxe de séjour forfaitaire »** *(Ord. n° 2014-1335 du 6 nov. 2014, art. 10)* **« ainsi que la métropole de Lyon » peuvent instituer le prélèvement direct sur le produit brut des jeux dans les conditions fixées à l'article L. 2333-54, sauf opposition de la commune siège d'un casino régi par** *(L. n° 2014-1655 du 29 déc. 2014, art. 39)* **« les articles L. 321-1 et suivants du code de la sécurité intérieure ». Ils peuvent, par convention, reverser tout ou partie du prélèvement à cette commune.**

Art. L. 5211-22 Lorsque des remontées mécaniques sont exploitées par un établissement public de coopération intercommunale, la taxe communale peut être instituée et perçue directement par cet établissement avec l'accord des communes concernées.

V. art. L. 2333-49 s.

Art. L. 5211-23 La dotation *(L. n° 2010-1657 du 29 déc. 2010, art. 179)* **« d'équipement des territoires ruraux » perçue par les établissements publics de coopération intercommunale est inscrite à la section d'investissement de leur budget.**

Les dossiers présentés au titre de la dotation globale d'équipement par une communauté de communes dont les communes membres appartiennent à des départements différents doivent être déposés auprès de la préfecture dont dépend la commune siège de l'établissement public de coopération intercommunale. V. * Rép. min. n° 30367 : *JO Sénat Q, 15 mars 2001, p. 944 ; Dr. adm. 2001, n° 121.*

Art. L. 5211-24 Les établissements publics de coopération intercommunale qui percevaient au lieu et place des communes constituant l'établissement public les dotations prévues à l'article L. 234-13 du code des communes, dans sa rédaction antérieure à la loi n° 93-1436 du 31 décembre 1993 portant réforme de la dotation globale de fonctionnement et modifiant le code des communes et le code général des impôts, continuent à les percevoir. Pour 1994, le montant de ces dotations est égal à la somme reçue en 1993. À compter de 1995, le montant progresse chaque année de la moitié du taux d'évolution de l'ensemble des ressources affectées à la dotation globale de fonctionnement. *(L. n° 2025-127 du 14 févr. 2025, art. 178)* « À compter de 2025, le montant est égal à celui de l'année précédente. »

(L. n° 99-586 du 12 juill. 1999) « Lorsqu'un établissement public de coopération intercommunale visé à la première phrase du premier alinéa se transforme en un autre établissement public de coopération intercommunale, cette transformation ne modifie pas les modalités de versement des dotations visées au premier alinéa, lesquelles demeurent versées directement au nouvel établissement public de coopération intercommunale sous réserve que ce dernier exerce des compétences en matière de tourisme. »

BIBL. ▶ L'intercommunalité continue de peser sur la répartition de la DGF, *Gaz. cnes 11 févr. 2002, p. 16.*

Art. L. 5211-25 Par dérogation aux dispositions du second alinéa de l'article L. 2333-81 et si aucune commune territorialement concernée ne s'y oppose, lorsqu'un établissement public de coopération intercommunale, existant ou créé à cette fin, a reçu compétence pour la création et la gestion de pistes de ski de fond *(L. n° 2016-1888 du 28 déc. 2016, art. 70)* « et des loisirs de neige non motorisés autres que le ski alpin », l'assemblée délibérante décide la création de la redevance visée à l'article L. 2333-81 et en fixe le taux. La redevance est perçue à son profit.

Art. L. 5211-25-1 *(L. n° 99-586 du 12 juill. 1999)* En cas de retrait de la compétence transférée à un établissement public de coopération intercommunale :

1° Les biens meubles et immeubles mis à la disposition de l'établissement bénéficiaire du transfert de compétences sont restitués aux communes antérieurement compétentes et réintégrés dans leur patrimoine pour leur valeur nette comptable, avec les adjonctions effectuées sur ces biens liquidées sur les mêmes bases. Le solde de l'encours de la dette transférée afférente à ces biens est également restituée à la commune propriétaire ;

2° Les biens meubles et immeubles acquis ou réalisés postérieurement au transfert de compétences sont répartis entre les communes qui reprennent la compétence ou entre la commune qui se retire de l'établissement public de coopération intercommunale et l'établissement ou, dans le cas particulier d'un syndicat dont les statuts le permettent, entre la commune qui reprend la compétence et le syndicat de communes. Il en va de même pour le produit de la réalisation de tels biens, intervenant à cette occasion. Le solde de l'encours de la dette contractée postérieurement au transfert de compétences est réparti dans les mêmes conditions entre les communes qui reprennent la compétence ou entre la commune qui se retire et l'établissement public de coopération intercommunale ou, le cas échéant, entre la commune et le syndicat de communes. *(L. n° 2004-809 du 13 août 2004, art. 180)* « À défaut d'accord entre l'organe délibérant de l'établissement public de coopération intercommunale et les conseils municipaux des communes concernés, cette répartition est fixée par arrêté du ou des représentants de l'État dans le ou les départements concernés. » *(L. n° 2010-1563 du 16 déc. 2010, art. 40)* « Cet arrêté est pris dans un délai de six mois suivant la saisine du ou des représentants de l'État dans le ou les départements concernés par l'organe délibérant de l'établissement public de coopération intercommunale ou de l'une des communes concernées. »

Les contrats sont exécutés dans les conditions antérieures jusqu'à leur échéance, sauf accord contraire des parties. La substitution de personne morale aux *(L. n° 2004-809 du 13 août 2004, art. 180)* « contrats conclus par les établissements publics de coopération intercommunale » n'entraîne aucun droit à résiliation ou à indemnisation pour le cocontractant. L'établissement public de coopération intercommunale qui restitue la compétence informe les cocontractants de cette substitution.

BIBL. ▶ Berrah, Réforme des collectivités locales : le devenir du patrimoine immobilier des établissements dissous, *JCP Adm. 2011, n° 2220.* – Muller-Quoy, Conséquences sur les contrats en cours du retrait de communes d'un syndicat intercommunal, *AJDA 2020. 736*.

COMMENTAIRE

V. dans le supplément en ligne.

1. *Répartition des actifs et de la dette.* En cas de retrait d'une commune d'un syndicat de communes ou d'un syndicat mixte en raison de la création d'une communauté d'agglomération, il doit être procédé, par la commune ou l'établissement, ou à défaut d'accord par le représentant de l'État, à la répartition de l'ensemble des actifs dont l'établissement est devenu propriétaire postérieurement au transfert de compétences, à la seule exception des disponibilités nécessaires pour faire face au financement des opérations décidées avant la répartition et non encore retracées au bilan de l'établissement public. Ainsi, l'excédent de trésorerie du syndicat est au nombre des biens qui doivent être répartis. De même, il convient de procéder à la répartition de l'encours de la dette contractée postérieurement au transfert de compétence. Les conditions de répartition du patrimoine entre l'EPCI et les communes qui reprennent leurs compétences doivent tendre vers l'équité. • CE 21 nov. 2012, *Cté d'agglomération Sophia-Antipolis et a.*, n° 346380 B : *AJDA 2012. 2245, note Poupeau ; BJCL 2013. 133, concl. Daumas ; AJCT 2013. 203, note Houser* * Rép. min. n° 13757 : *JO Sénat Q, 16 avr. 2020, p. 1801* (V. comm.). ♦ Dans le même sens : • CE 18 déc. 2024, n° 470347 B : *AJDA 2025. 6, note Pastor*.

2. *Obligations contractuelles.* Le retrait de communes d'un syndicat de communes qui exerce, sur la base d'une délégation de service public, la compétence de l'eau désormais transférée à une communauté d'agglomération en application de l'art. L. 5216-7, entraîne substitution de celle-ci dans les obligations contractuelles du syndicat. • CAA Douai, 28 févr. 2008, *Sté Veolia eau-CGE*, n° 06DA00733 : *AJDA 2008. 686, note Le Garzic*. ♦ Lorsque la dissolution est consécutive au rattachement de communes membres de l'EPCI dissous à un nouvel EPCI, la pérennité des contrats s'applique de droit. * Rép. min. n° 03977 : *JO Sénat Q, 21 mars 2013, p. 957.* ♦ Il résulte du dernier alinéa de l'art. L. 5211-25-1 que dans l'hypothèse d'un retrait de la compétence transférée à un EPCI, ses communes membres se trouvent de plein droit substituées à l'établissement pour l'ensemble des contrats en cours, quelle que soit leur nature, conclus par cet établissement pour l'exercice de cette compétence. Sauf accord contraire des parties, l'exécution de ces contrats se poursuit sans autre changement jusqu'à leur échéance, y compris durant la période précédant le partage des biens. Il en va ainsi alors même que les contrats en cause porteraient sur des biens appartenant à l'EPCI, sans qu'y fassent obstacle les règles particulières applicables à certains contrats, tels que les baux emphytéotiques administratifs. • CE 7 nov. 2019, *SMITVAD*, n° 431146 B : *AJDA 2020. 736, note Muller-Quoy ; ibid. 2019. 2274 ; AJCT 2020. 211, obs. P. Bluteau*. ♦ Par suite, un contrat d'affermage doit être exécuté dans les conditions antérieures jusqu'à son échéance, sauf accord contraire des parties, c'est-à-dire en l'espèce de l'établissement et des collectivités substituées à la communauté d'agglomération. Ainsi, cette dernière ne peut conclure avec le délégataire un avenant pour définir les conditions économiques du contrat d'affermage à compter de la date où les communes ou leurs groupements concernés lui ont été substitués pour l'exécution de ce contrat. La conclusion d'un tel avenant constitue un vice d'une particulière gravité que le juge peut relever d'office. • CAA Versailles, 13 avr. 2023, n° 21VE00227 : *CMP n° 7, juill. 2023, comm. 209.*

3. *Devenir du personnel.* Les présentes dispositions n'ont pas pour objet et ne sauraient avoir pour effet d'imposer à la commune qui se retire de l'EPCI le transfert des personnels affectés au fonctionnement d'un équipement qu'elle avait mis à la disposition du groupement pour l'exercice d'une compétence communautaire dont elle reprend la gestion. Il revient à l'EPCI qui supprime l'emploi de reclasser le fonctionnaire ou de le maintenir en surnombre. • CE 5 juill. 2013, *Cne de Ligugé*, n° 366552 B : *AJCT 2013. 590, obs. Taron ; JCP Adm. 2013, n° 2282, note Pauliat.*

Art. L. 5211-26 *(L. n° 2010-1563 du 16 déc. 2010, art. 59)* **I. — Un décret ou, selon le cas, un arrêté met fin à l'exercice des compétences de l'établissement public de coopération intercommunale dont la dissolution est demandée** *(L. n° 2015-991 du 7 août 2015, art. 132)* **« , requise ou de plein droit » et, le cas échéant, au régime fiscal de cet établissement et à ses droits à percevoir les dotations de l'État. Ce décret ou, selon le cas, cet arrêté entraîne la mise en œuvre consécutive de l'article L. 5211-25-1. Lorsque les conditions de la liquidation sont réunies, la dissolution de l'établissement public de coopération intercommunale peut être prononcée, par le même décret ou arrêté selon le cas, dans les conditions prévues au III du présent article.**

II. — En cas d'obstacle à la liquidation de l'établissement public, l'autorité administrative compétente sursoit à la dissolution, qui est prononcée dans un second décret

ou arrêté selon le cas. L'établissement public conserve alors sa personnalité morale pour les seuls besoins de sa dissolution. Le président de l'établissement public rend compte, tous les trois mois, de l'état d'avancement des opérations de liquidation à l'autorité administrative compétente.

Les budgets et les comptes administratifs de l'établissement public en cours de liquidation sont soumis aux articles L. 1612-1 à L. 1612-20. En cas d'absence d'adoption du compte administratif au 30 juin de l'année suivant celle où la fin de l'exercice des compétences a été prononcée, le représentant de l'État dans le département arrête les comptes à l'appui du compte de gestion, après avis rendu dans un délai d'un mois par la chambre régionale des comptes.

(L. n° 2015-991 du 7 août 2015, art. 132) « Lorsque la trésorerie disponible de l'établissement public est insuffisante pour couvrir l'ensemble des charges liées à la dissolution, son assemblée délibérante adopte avant le 31 mars de l'année où l'établissement public est liquidé, ou avant le 15 avril de l'année du renouvellement des organes délibérants, un budget de l'exercice de liquidation, qui prévoit la répartition entre les membres des contributions budgétaires. » Ces contributions constituent des dépenses obligatoires.

À la demande du président de l'établissement public de coopération intercommunale ou s'il constate, au vu des comptes rendus d'avancement prévus au premier alinéa du présent II, que les conditions de la liquidation sont réunies, l'autorité administrative compétente prononce la dissolution de l'établissement public dans les conditions prévues au III.

Au plus tard au 30 juin de l'année suivant celle où elle a prononcé la fin de l'exercice des compétences, l'autorité administrative compétente nomme, dans des conditions prévues par décret en Conseil d'État, un liquidateur chargé, sous réserve du droit des tiers, d'apurer les dettes et les créances et de céder les actifs. La mission du liquidateur, d'une durée initiale d'une année, peut être prolongée pour une même période jusqu'au terme de la liquidation. Dès sa nomination, le liquidateur a la qualité d'ordonnateur accrédité auprès du comptable de l'établissement public de coopération intercommunale en lieu et place du président de ce dernier. *(L. n° 2015-991 du 7 août 2015, art. 132)* « En l'absence d'adoption du budget par l'organe délibérant de l'établissement public avant le 31 mars de l'année où l'établissement public est liquidé, ou avant le 15 avril de l'année du renouvellement des organes délibérants, le représentant de l'État dans le département, après mise en demeure et par dérogation à l'article L. 1612-2, règle le budget sur la base du projet élaboré par le liquidateur et le rend exécutoire. Les budgets supplémentaires afférents au même exercice ne sont pas soumis à l'obligation de transmission à la chambre régionale des comptes prévue à l'article L. 1612-9. » Après l'arrêt des comptes par le représentant de l'État dans le département dans les conditions prévues au deuxième alinéa du présent II, le liquidateur détermine la répartition de l'actif et du passif dans le respect des dispositions de l'article L. 5211-25-1 *(L. n° 2015-991 du 7 août 2015, art. 132)* « et établit, en lieu et place de l'organe délibérant de l'établissement, le compte administratif du dernier exercice de liquidation, qui est arrêté par le représentant de l'État dans le département.

« III. — L'autorité administrative compétente prononce la dissolution de l'établissement public de coopération intercommunale par arrêté ou décret et constate, sous réserve des droits des tiers, la répartition entre les membres de l'ensemble de l'actif et du passif au vu du dernier compte administratif de l'établissement public de coopération intercommunale dissous voté par l'organe délibérant ou arrêté par le représentant de l'État dans le département dans les conditions prévues au II. »

Les membres de l'établissement public de coopération intercommunale dissous corrigent leurs résultats de la reprise des résultats de l'établissement dissous, par délibération budgétaire, conformément à l'arrêté ou au décret de dissolution.

Conditions de la liquidation. Lorsque l'organe délibérant de l'EPCI ne s'est pas prononcé sur l'adoption du compte administratif avant la dissolution de cet EPCI, il est admis que sa personnalité juridique est maintenue pendant six mois pour permettre cette adoption. • CE 13 juill. 2007, *Cne de Pourcieux*, n° 270500 : *AJDA 2007. 1707, concl. Séners ; JCP Adm. 2007, n° 2224, note Erstein ; ibid. 2007. Actu. 757 ; LPA 2008, n° 50, p. 8, note Pissaloux.* ♦ La détermination des conditions de la liquidation d'une communauté de communes relève du seul représentant de l'État et la délibération de l'EPCI relative au compte administratif, aux modalités de transfert du patrimoine et aux conditions de la liquidation n'est qu'un acte préparatoire. Elle ne peut donc donner lieu à un recours pour excès de pouvoir, excepté si elle contient des décisions détachables. • CE 16 mai 2011, *Cne de Wittelsheim*, n° 319619 B : *AJCT 2011. 352, obs. Houser ; JCP Adm. 2011, n° 377 ; BJCL 2011. 449, concl. Geffray.*

Nouvel art. L. 5211-26 (L. n° 2010-1563 du 16 déc. 2010, art. 59)) *I. — Un décret ou, selon le cas, un arrêté met fin à l'exercice des compétences de l'établissement public de coopération intercommunale dont la dissolution est demandée* (L. n° 2015-991 du 7 août 2015, art. 132) *« , requise ou de plein droit » et, le cas échéant, au régime fiscal de cet établissement et à ses droits à percevoir les dotations de l'État. Ce décret ou, selon le cas, cet arrêté entraîne la mise en œuvre consécutive de l'article L. 5211-25-1. Lorsque les conditions de la liquidation sont réunies, la dissolution de l'établissement public de coopération intercommunale peut être prononcée, par le même décret ou arrêté selon le cas, dans les conditions prévues au III du présent article.*

II. — En cas d'obstacle à la liquidation de l'établissement public, l'autorité administrative compétente sursoit à la dissolution, qui est prononcée dans un second décret ou arrêté selon le cas. L'établissement public conserve alors sa personnalité morale pour les seuls besoins de sa dissolution. Le président de l'établissement public rend compte, tous les trois mois, de l'état d'avancement des opérations de liquidation à l'autorité administrative compétente.

Les budgets et les (Ord. n° 2025-526 du 12 juin 2025, art. 1er) *« comptes financiers uniques » de l'établissement public en cours de liquidation sont soumis aux articles L. 1612-1 à L. 1612-20. En cas d'absence d'adoption du* (Ord. n° 2025-526 du 12 juin 2025, art. 1er) *« compte financier unique » au 30 juin de l'année suivant celle où la fin de l'exercice des compétences a été prononcée, le représentant de l'État dans le département arrête* (Ord. n° 2025-526 du 12 juin 2025, art. 1er) *« le projet de compte financier unique, après avis rendu dans le délai d'un mois par la chambre régionale des comptes sur sa sincérité et sa régularité ».*

(L. n° 2015-991 du 7 août 2015, art. 132) *« Lorsque la trésorerie disponible de l'établissement public est insuffisante pour couvrir l'ensemble des charges liées à la dissolution, son assemblée délibérante adopte avant le 31 mars de l'année où l'établissement public est liquidé, ou avant le 15 avril de l'année du renouvellement des organes délibérants, un budget de l'exercice de liquidation, qui prévoit la répartition entre les membres des contributions budgétaires. » Ces contributions constituent des dépenses obligatoires.*

À la demande du président de l'établissement public de coopération intercommunale ou s'il constate, au vu des comptes rendus d'avancement prévus au premier alinéa du présent II, que les conditions de la liquidation sont réunies, l'autorité administrative compétente prononce la dissolution de l'établissement public dans les conditions prévues au III.

Au plus tard au 30 juin de l'année suivant celle où elle a prononcé la fin de l'exercice des compétences, l'autorité administrative compétente nomme, dans des conditions prévues par décret en Conseil d'État, un liquidateur chargé, sous réserve du droit des tiers, d'apurer les dettes et les créances et de céder les actifs. La mission du liquidateur, d'une durée initiale d'une année, peut être prolongée pour une même période jusqu'au terme de la liquidation. Dès sa nomination, le liquidateur a la qualité d'ordonnateur accrédité auprès du comptable de l'établissement public de coopération intercommunale en lieu et place du président de ce dernier. (L. n° 2015-991 du 7 août 2015, art. 132)*« En l'absence d'adoption du budget par l'organe délibérant de l'établissement public avant le 31 mars de l'année où l'établissement public est liquidé, ou avant le 15 avril de l'année du renouvellement des organes délibérants, le représentant de l'État dans le département, après mise en demeure et par dérogation à l'article L. 1612-2, règle le budget sur la base du projet élaboré par le liquidateur et le rend exécutoire. Les budgets supplémentaires afférents au même exercice ne sont pas soumis à l'obligation de transmission à la chambre régionale des comptes prévue à l'article L. 1612-9. » Après l'arrêt des comptes par le représentant de l'État dans le département dans les conditions prévues au deuxième alinéa du présent II, le liquidateur détermine la répartition de l'actif et du passif dans le respect des dispositions de l'article L. 5211-25-1* (L. n° 2015-991 du 7 août 2015, art. 132) *« et établit, en lieu et place de l'organe délibérant de l'établissement, le* (Ord. n° 2025-526 du 12 juin 2025, art. 1er) *« compte financier unique » du dernier exercice de liquidation, qui est arrêté par le représentant de l'État dans le département.*

« III. — L'autorité administrative compétente prononce la dissolution de l'établissement public de coopération intercommunale par arrêté ou décret et constate, sous réserve des droits des tiers, la répartition entre les membres de l'ensemble de l'actif et du passif au vu du dernier (Ord. n° 2025-526 du 12 juin 2025, art. 1er) *« compte financier unique » de l'établissement public de coopération intercommunale dissous voté par l'organe délibérant ou arrêté par le représentant de l'État dans le département dans les conditions prévues au II. »*

Les membres de l'établissement public de coopération intercommunale dissous corrigent leurs résultats de la reprise des résultats de l'établissement dissous, par délibération budgétaire, conformément à l'arrêté ou au décret de dissolution.

Le présent art. entre en vigueur à compter de l'exercice budgétaire 2026 (Ord. n° 2025-526 du 12 juin 2025, art. 12).

Art. L. 5211-27 *(L. n° 99-586 du 12 juill. 1999)* **En cas d'annulation de l'arrêté de création d'un établissement public de coopération intercommunale, le représentant de l'État dans le département du siège de l'établissement nomme, dans un délai de huit jours à compter de la notification du jugement, un liquidateur dans les conditions et en vue de l'exercice des missions définies à l'article L. 5211-26.**

L'appel devant les juridictions administratives ne présentant pas d'effet suspensif, le jugement de première instance doit être exécuté sans délai et le représentant de l'État doit donc procéder immédiatement à la nomination d'un liquidateur. Il lui appartient toutefois d'apprécier l'ensemble des circonstances liées à chaque cas d'espèce et notamment le caractère irréversible de la disparition de l'EPCI dont résulte un facteur supplémentaire de complexité en cas d'annulation du jugement. * Rép. min. n° 52936 : *JOAN Q, 26 févr. 2001, p. 1267.*

Art. L. 5211-27-1 *(L. n° 99-641 du 27 juill. 1999, art. 13)* **Lorsque la participation de la commune aux dépenses d'aide sociale du département au titre de 1999 est acquittée par l'établissement public de coopération intercommunale au lieu et place de la commune membre, celui-ci procède, à compter de 2000, à un reversement au profit de la commune.**

Ce reversement, qui constitue une dépense obligatoire pour l'établissement public de coopération intercommunale, est égal, pour les exercices 2000 et 2001, aux prélèvements opérés en application des II et III de l'article L. 2334-7-2. Pour les exercices ultérieurs, il évolue comme la dotation forfaitaire. *(L. n° 2021-1900 du 30 déc. 2021, art. 194)* **« À compter de 2022, il est égal au montant reversé l'année précédente. »**

Art. L. 5211-27-2 *(Ord. n° 2006-460 du 21 avr. 2006, art. 3)* **Les dispositions de l'article L. 2241-3 sont applicables aux établissements publics de coopération intercommunale.**

Art. L. 5211-27-3 *(L. n° 2025-127 du 14 févr. 2025, art. 18, en vigueur le 1er janv. 2026)* **Les établissements publics de coopération intercommunale peuvent percevoir les recettes suivantes :**

1° Le produit du tarif d'accompagnement de la taxe sur les installations nucléaires de base relevant du secteur énergétique et assimilées prévu au *b* du 2° de l'article L. 322-50 du code des impositions sur les biens et services, dans les conditions prévues à l'article L. 542-11-1 du code de l'environnement ;

2° Le produit du tarif de stockage de la taxe sur les installations nucléaires de base concourant à la gestion des substances radioactives prévu au 2° de l'article L. 433-9 du code des impositions sur les biens et services, dans les conditions prévues à l'article L. 542-10-2 du code de l'environnement.

SOUS-SECTION 2 **Établissements publics de coopération intercommunale dotés d'une fiscalité propre**

BIBL. ▶ Abline, L'intérêt communautaire : contours d'une notion indéfinie, *JCP Adm. 2007, n° 2324.* – Albert, La répartition des compétences entre les communes et les institutions intercommunales, *JCP Adm. 2010, n° 2241.* – Aubin, Le partage des compétences entre les communes et l'intercommunalité en matière d'accueil des gens du voyage, *RLCT avr. 2009, n° 1328.* – AMF, Guide de l'intérêt communautaire, *nov. 2005.* – Aubelle, Le biais financier et fiscal retenu par le législateur pour la construction de l'intercommunalité, *RLCT, mars 2008, p. 9, n° 924.* – Bercisgaugain et Braconnier, Les différentes formes de coopération entre un EPCI à fiscalité propre et ses communes membres, *Rev. CMP, n° 3, mars 2015.* – Christiany, L'intérêt communautaire ou le mariage de la raison et de la passion, *Coll. terr. avr. 2003. 5* ; La définition de l'intérêt communautaire : gare au compte à rebours !, *Coll. terr. févr. 2005. 3.* – Fialaire, Retour sur l'état des compétences des EPCI à fiscalité propre. Plaidoyer pour une analyse systémique appliquée à la démarche intercommunale, *RLCT, mars 2008. 67, n° 955.* – Fort, Le retrait d'une commune membre d'un EPCI, *AJDA 2006. 2163* . – Gardère, L'« intérêt communautaire », une notion ambiguë, *Cah. jur. coll. terr. n° 43, nov. 1999, p. 22.* – Groud, L'intérêt communautaire au lendemain de la loi Chevènement, *AJDA 2000. 967*. – Huet, En route vers une nouvelle péréquation horizontale : le fonds national de péréquation de recettes fiscales intercommunales et communales (FPIC), *JCP Adm. 2011, n° 2349*. – Jégouzo, Comment répartir les compétences au sein du couple « communautés-communes » ?, *Pouvoirs locaux 2007, n° 72, p. 19*. – Klopfer, Mutualisation des charges entre communes et intercommunalités, *Rev. Trésor 2008, n° 1, p. 50*. – Laval-Mader, Le couple communes/communautés : vers un nouvel équilibre territorial des pouvoirs ?, *Dr. adm. 2007, p. 9*. – Martin, Les garanties attachées aux dotations d'intercommunalités d'une année sur l'autre sont constitutionnelles, *JCP Adm. 2018, n° 515*. – Mozol, La distinction entre les collectivités territoriales et les EPCI à l'épreuve de la loi du 27 janvier 2014 : entre complexification et reconsolidation, *JCP Adm. 2014. 2201*. – Observatoire des risques juridiques des collectivités territoriales, 5e journée d'études, « La définition de l'intérêt communautaire : sursis ou liberté surveillée ? », *RLCT 2006, n° 10, p. 48*. – Piron, La distribution des responsabilités au sein du « couple » communes-communautés, *Pouvoirs locaux 2007, n° 72, p. 29*. – Ribot, La définition délicate de l'intérêt communautaire, *RLCT, 2005, n° 7, p. 28* ; La détermination de l'intérêt communautaire, Cahiers du laboratoire des collectivités locales, *série Droit, n° 2/2005, Presses universitaires d'Orléans*. – Touzet, Les chartes de fonctionnement des EPCI : un pouvoir d'auto-organisation conforté, *AJDA 2006. 484*. – Vende, La solidarité financière dans les relations entre les communes et leurs établissements publics de coopération intercommunale, *RFDA 2004. 1157*.

Art. L. 5211-28 *(L. n° 2018-1317 du 28 déc. 2018, art. 250)* **I. — Les établissements publics de coopération intercommunale à fiscalité propre appartenant aux catégories suivantes reçoivent, à compter de l'année où ils perçoivent pour la première fois le produit de leur fiscalité, une attribution au titre de la dotation d'intercommunalité :**

1° Les communautés urbaines et les métropoles, y compris la métropole du Grand Paris et la métropole d'Aix-Marseille-Provence ainsi que la métropole de Lyon ;

2° Les communautés d'agglomération ;

3° Les communautés de communes faisant application des dispositions de l'article 1609 *nonies* C du code général des impôts ;

4° Les communautés de communes ne faisant pas application des dispositions du même article 1609 *nonies* C.

II. — Les ressources de la dotation d'intercommunalité mentionnée au I du présent article sont prélevées sur la dotation d'aménagement prévue à l'article L. 2334-13 du présent code.

(L. n° 2023-1322 du 29 déc. 2023, art. 240) **« À compter de 2024, le montant total de la dotation d'intercommunalité réparti chaque année est égal au montant total perçu par les établissements publics de coopération intercommunale à fiscalité propre l'année précédente, augmenté de 90 millions d'euros. Cette augmentation est financée par le solde de la dotation d'aménagement. En cas d'insuffisance de ce solde, cette augmentation est financée dans les conditions prévues au II de l'article L. 2334-7-1. »**

III. — Les établissements publics de coopération intercommunale à fiscalité propre dont la dotation par habitant perçue *(L. n° 2019-1479 du 28 déc. 2019, art. 250)* **« l'année précédente » est inférieure à 5 € bénéficient** *(L. n° 2019-1479 du 28 déc. 2019, art. 250)* **« l'année de répartition », avant application des dispositions prévues au IV, d'un complément égal à la différence entre une attribution de 5 € par habitant, multipliée par la population des communes que l'établissement regroupe au 1er janvier de l'année de répartition, et l'attribution perçue** *(L. n° 2019-1479 du 28 déc. 2019, art. 250)* **« l'année précédente ». Les établissements dont le potentiel fiscal par habitant est supérieur** *(L. n° 2019-1479 du 28 déc. 2019, art. 250)* **« l'année de répartition » au double du potentiel fiscal par habitant moyen des établissements appartenant à la même catégorie** *(L. n° 2019-1479 du 28 déc. 2019, art. 250)* **« ainsi que les établissements ayant déjà bénéficié de ce complément depuis 2019 » ne bénéficient pas de ce complément.**

En cas de différence, pour un établissement public de coopération intercommunale à fiscalité propre, entre le périmètre constaté *(L. n° 2019-1479 du 28 déc. 2019, art. 250)* **« au 1er janvier de l'année de répartition » et celui existant** *(L. n° 2019-1479 du 28 déc. 2019, art. 250)* **« au 1er janvier de l'année précédente », la dotation par habitant perçue** *(L. n° 2019-1479 du 28 déc. 2019, art. 250)* **« l'année précédente » prise en compte s'obtient :**

1° En calculant la part de la dotation d'intercommunalité perçue *(L. n° 2019-1479 du 28 déc. 2019, art. 250)* **« l'année précédente » afférente à chaque commune membre**

d'un établissement public de coopération intercommunale à fiscalité propre *(L. n° 2019-1479 du 28 déc. 2019, art. 250)* « au 1er janvier de l'année précédente », par répartition du montant de la dotation au prorata de la population de la commune dans la population de l'établissement ;

2° Puis en additionnant les parts calculées conformément au 1° du présent III de chacune des communes que cet établissement regroupe *(L. n° 2019-1479 du 28 déc. 2019, art. 250)* « au 1er janvier de l'année de répartition ainsi que, le cas échéant, les dotations de compétences intercommunales perçues l'année précédente par des communes appartenant à cet établissement au 1er janvier de l'année de répartition ».

(L. n° 2022-1726 du 30 déc. 2022, art. 195) « À compter de 2023, la majoration de la dotation d'intercommunalité résultant du calcul de ces compléments est financée par un prélèvement sur le montant de la dotation d'intercommunalité. »

IV. — La dotation d'intercommunalité est répartie comme suit :

1° Cette dotation est répartie entre les établissements publics de coopération intercommunale à fiscalité propre, après prélèvement des sommes nécessaires à l'application des dispositions prévues au 2° du présent IV, à raison de 30 % pour la dotation de base et de 70 % pour la dotation de péréquation.

Chaque établissement public de coopération intercommunale à fiscalité propre perçoit :

a) Une dotation de base, calculée en fonction de la population des communes que l'établissement regroupe au 1er janvier de l'année de répartition, pondérée par le coefficient d'intégration fiscale de l'établissement ;

b) Une dotation de péréquation, calculée en fonction de la population des communes que l'établissement regroupe au 1er janvier de l'année de répartition, pondérée par le coefficient d'intégration fiscale de l'établissement, multiplié par la somme :

— du rapport entre le potentiel fiscal par habitant moyen des établissements appartenant à la même catégorie et le potentiel fiscal par habitant de l'établissement ;

— du rapport entre le revenu par habitant moyen des établissements et le revenu par habitant de l'établissement. La population prise en compte est la population totale ;

2° Les établissements publics de coopération intercommunale à fiscalité propre ne peuvent percevoir, à compter de la troisième année d'attribution de la dotation dans la même catégorie, une attribution par habitant inférieure à 95 % de la dotation par habitant perçue l'année précédente.

Un établissement public de coopération intercommunale à fiscalité propre qui change de catégorie, qui est issu d'une fusion dans le cadre des dispositions de l'article L. 5211-41-3 ou qui fait suite à un ou plusieurs autres établissements publics de coopération intercommunale à fiscalité propre perçoit, les deux premières années d'attribution de la dotation dans la nouvelle catégorie ou après la fusion, une attribution par habitant au moins égale à celle perçue l'année précédente.

Un établissement public de coopération intercommunale à fiscalité propre créé *ex nihilo* perçoit, la première année, une attribution calculée dans les conditions prévues au 1° du présent IV et, la deuxième année, une attribution par habitant au moins égale à celle perçue l'année précédente.

Les métropoles, communautés urbaines et communautés d'agglomération dont le coefficient d'intégration fiscale est supérieur à 0,35 perçoivent une dotation par habitant au moins égale à celle perçue l'année précédente.

Les communautés de communes dont le coefficient d'intégration fiscale est supérieur à 0,50 perçoivent une dotation par habitant au moins égale à celle perçue l'année précédente.

Les établissements publics de coopération intercommunale à fiscalité propre dont le potentiel fiscal par habitant est inférieur à 60 % du potentiel fiscal moyen par habitant des établissements appartenant à la même catégorie perçoivent une dotation par habitant au moins égale à celle perçue l'année précédente ;

3° Un établissement public de coopération intercommunale à fiscalité propre ne peut bénéficier d'une attribution par habitant supérieure à *(L. n° 2023-1322 du 29 déc. 2023, art. 240)* « 120 % » du montant perçu au titre de l'année précédente. Ce plafond ne s'applique pas en 2019 aux établissements ayant changé de catégorie au 1er janvier 2019 ainsi qu'aux communautés de communes créées *ex nihilo* au 1er janvier 2017. *(L. n° 2022-1726 du 30 déc. 2022, art. 195)* « En 2023, ce plafond ne s'applique pas aux communautés de communes de moins de 20 001 habitants dont le potentiel fiscal par habitant est inférieur au potentiel fiscal par habitant moyen des communautés de communes appartenant à la même catégorie et dont la dotation par habitant perçue l'année précédente est inférieure à 50 % de la dotation moyenne par habitant perçue par les établissements publics de coopération intercommunale à fiscalité propre l'année précédente ; »

4° En cas de différence, pour un établissement public de coopération intercommunale à fiscalité propre, entre le périmètre constaté au 1er janvier de l'année de répartition et celui existant au 1er janvier de l'année précédente, la dotation par habitant perçue l'année précédente prise en compte pour le calcul des garanties prévues au 2° et du plafonnement prévu au 3° s'obtient :

a) En calculant la part de la dotation d'intercommunalité perçue l'année précédente afférente à chaque commune membre d'un établissement public de coopération intercommunale à fiscalité propre au 1er janvier de l'année précédente, par répartition du montant de la dotation au prorata de la population de la commune dans la population de l'établissement ;

b) Puis en additionnant les parts, calculées conformément au *a* du présent 4°, de chacune des communes que cet établissement regroupe au 1er janvier de l'année de répartition *(L. n° 2019-1479 du 28 déc. 2019, art. 250)* « ainsi que, le cas échéant, les dotations de compétences intercommunales perçues l'année précédente par des communes appartenant à cet établissement au 1er janvier de l'année de répartition ».

En 2019, la dotation à prendre en compte au titre de l'année précédente est celle calculée en application du III.

Le 2d al. du II du présent art. ne s'applique pas en 2023 (L. n° 2022-1726 du 30 déc. 2022, art. 195).

COMMENTAIRE

V. dans le supplément en ligne.

Le 1er al. du § 2 de l'art. 250 de la L. n° 2018-1317 du 28 déc. 2018 de finances pour 2019, disposant que le prélèvement opéré sur les EPCI en 2018 en application du 3e al. de l'art. L. 5211-28, dans sa rédaction antérieure à la présente loi, est reconduit chaque année, méconnaît le principe d'égalité devant les charges publiques dès lors qu'il ne comporte pas de limitation dans le temps du dispositif, sauf changement de périmètre de l'EPCI • Cons. const. 15 oct. 2020, *Cté de cnes Chinon, Vienne et Loire*, n° 2020-862 QPC : *AJDA 2020. 1989 ; AJCT 2021. 37, obs. Houser ; ibid. 2020. 497, obs. Royer*.

Art. L. 5211-28-1 *(L. n° 2003-1311 du 30 déc. 2003, art. 50)* À compter de 2004, les établissements publics de coopération intercommunale à fiscalité propre perçoivent une dotation de compensation égale aux montants dus au titre de 2003 en application du I du D de l'article 44 de la loi de finances pour 1999 (n° 98-1266 du 30 décembre 1998) et du 2° *bis* du II de l'article 1648 B du code général des impôts dans sa rédaction antérieure à la loi de finances pour 2004 (n° 2003-1311 du 30 décembre 2003), indexés *(L. n° 2004-1484 du 30 déc. 2004, art. 47)* « selon le taux mentionné par le 3° *(L. n° 2012-1509 du 29 déc. 2012, art. 111)* « du I » de l'article L. 2334-7 ».

(L. n° 2011-1977 du 28 déc. 2011, art. 139) « À compter de 2012, les montants antérieurement perçus au titre du I du D de l'article 44 de la loi de finances pour 1999 précitée peuvent être diminués d'un pourcentage identique pour l'ensemble des établissements publics de coopération intercommunale à fiscalité propre, dans les conditions prévues à l'article L. 2334-7-1. »

Les établissements publics de coopération intercommunale soumis pour la première fois à compter de 2004 aux dispositions de l'article 1609 *nonies* C du code général des impôts perçoivent en lieu et place de leurs communes membres la part de la dotation forfaitaire correspondant à la compensation antérieurement perçue en application du I du D de l'article 44 de la loi de finances pour 1999 précitée. Lorsqu'une ou plusieurs de leurs communes membres subissait, l'année précédant la mise en œuvre des dispositions de l'article 1609 *nonies* C du code général des impôts, un prélèvement sur la fiscalité en application du 2 du III de l'article 29 de la loi de finances pour 2003 (n° 2002-1575 du 30 décembre 2002), la dotation de compensation versée à l'établissement est minorée du montant de ce prélèvement, actualisé chaque année *(L. n° 2004-1484 du 30 déc. 2004, art. 47)* « selon le taux mentionné par le 3° *(L. n° 2012-1509 du 29 déc. 2012, art. 111)* « du I » de l'article L. 2334-7 ». *(L. n° 2009-1673 du 30 déc. 2009, art. 77)* « Lorsqu'une ou plusieurs de leurs communes membres subissait, l'année précédant la mise en œuvre des dispositions de l'article 1609 *nonies* C du code général des impôts, en application du dernier alinéa *(L. n° 2012-1509 du 29 déc. 2012, art. 111)* « du II » de l'article L. 2334-7 du présent code, un prélèvement calculé selon les modalités prévues au 1 2.4.2 de l'article 77 de la loi n° 2009-1673 du 30 décembre 2009 de finances pour 2010, la dotation de compensation versée à l'établissement est minorée du montant de ce prélèvement. » *(L. n° 2023-1322 du 29 déc. 2023, art. 240)* « À compter de 2024, pour l'application du présent article, le présent alinéa s'applique à l'ensemble des établissements publics de coopération intercommunale à fiscalité propre. »

(L. n° 2025-127 du 14 févr. 2025, art. 178) « À compter de 2025, la dotation de compensation de chaque établissement public de coopération intercommunale à fiscalité propre est égale, avant l'application de la minoration prévue au deuxième alinéa du présent article, au montant perçu l'année précédente au titre de cette dotation.

« En cas de différence, pour un établissement public de coopération intercommunale à fiscalité propre, entre le périmètre constaté au 1er janvier de l'année de répartition et celui existant au 1er janvier de l'année précédente, la dotation de compensation de l'établissement public de coopération intercommunale à fiscalité propre est calculée de la manière suivante, avant application de la minoration prévue au même deuxième alinéa :

« 1° En calculant, respectivement, la part de la dotation de compensation perçue l'année précédente correspondant aux montants dus au titre de 2003 en application du I du D de l'article 44 de la loi de finances pour 1999 (n° 98-1266 du 30 décembre 1998) et la part de cette dotation perçue l'année précédente correspondant aux montants dus au titre du 2° *bis* du II de l'article 1648 B du code général des impôts dans sa rédaction antérieure à la loi de finances pour 2004 (n° 2003-1311 du 30 décembre 2003), afférente à chaque commune membre d'un établissement public de coopération intercommunale à fiscalité propre au 1er janvier de l'année précédente, par répartition de ces montants au prorata de la population de la commune dans la population de l'établissement ;

« 2° Puis en additionnant les parts, calculées en application du 1° du présent article, de chacune des communes membres de cet établissement au 1er janvier de l'année de répartition. »

Art. L. 5211-28-2 *(L. n° 2010-1563 du 16 déc. 2010, art. 70) (L. n° 2019-1479 du 28 déc. 2019, art. 250)* « I. – » Afin de permettre une mise en commun des ressources, un établissement public de coopération intercommunale à fiscalité propre peut percevoir, en lieu et place de ses communes membres, les montants dont elles bénéficient au titre de la dotation globale de fonctionnement prévue aux articles L. 2334-1 et suivants, sur délibérations concordantes de l'organe délibérant et de chacun des conseils municipaux des communes membres. *(L. n° 2014-58 du 27 janv. 2014, art. 43)* « Dans les métropoles régies par les articles L. 5217-1 et L. 5218-1, cet accord doit être exprimé par les deux tiers au moins des conseils municipaux des communes membres de la métropole représentant plus de la moitié de la population totale de celle-ci, ou par la moitié au moins des conseils municipaux des communes représentant les deux tiers de la population. »

L'établissement public de coopération intercommunale verse chaque année à l'ensemble de ses communes membres une dotation de reversement dont le montant global est égal à la somme de leurs dotations globales de fonctionnement.

Le montant individuel versé à chaque commune est fixé par l'organe délibérant de l'établissement public de coopération intercommunale à la majorité des deux tiers des suffrages exprimés. Il est calculé en fonction de critères tenant compte prioritairement, d'une part, de l'écart entre le revenu par habitant de la commune et le revenu moyen par habitant de l'établissement public de coopération intercommunale et, d'autre part, de l'insuffisance de potentiel fiscal par habitant de la commune au regard du potentiel fiscal communal moyen par habitant sur le territoire de l'établissement public de coopération intercommunale.

Cette dotation de reversement constitue une dépense obligatoire de l'établissement public de coopération intercommunale.

(L. nº 2019-1479 du 28 déc. 2019, art. 250) « II. – L'organe délibérant d'un établissement public de coopération intercommunale à fiscalité propre peut, dans un délai de deux mois à compter de la communication des montants versés dans le cadre de la dotation globale de fonctionnement prévue à l'article L. 2334-1, proposer à l'ensemble de ses communes membres une mise en commun de tout ou partie des attributions dont chacune d'elles bénéficie afin que ces sommes soient reversées dans leur intégralité aux communes membres dans un objectif de solidarité et de cohésion des territoires. À cette fin, la proposition comprend la liste des critères de ressources et de charges, librement choisis, en fonction desquels les reversements seront déterminés.

« Cette proposition prend la forme d'une délibération adoptée à la majorité des suffrages exprimés.

« Les conseils municipaux disposent d'un délai de deux mois à compter de la notification de la délibération mentionnée au premier alinéa du présent II pour approuver par délibération la proposition.

« Lorsqu'aucun conseil municipal n'a rejeté la proposition dans ce délai, l'organe délibérant de l'établissement public de coopération intercommunale à fiscalité propre peut adopter une répartition des sommes mises en commun en fonction des critères mentionnés dans sa proposition. La différence entre le montant communiqué initialement pour une commune et l'attribution résultant de la délibération de l'établissement public de coopération intercommunale à fiscalité propre ne peut être supérieure à 1 % des recettes réelles de fonctionnement du budget principal de la commune, constatées dans le compte de gestion afférent au pénultième exercice.

« Cette répartition prend la forme d'une délibération adoptée à la majorité des deux tiers des suffrages exprimés des membres de l'organe délibérant de l'établissement public de coopération intercommunale à fiscalité propre.

« Ces modalités de répartition n'ont pas d'impact sur le calcul des indicateurs financiers et sur les règles d'encadrement des variations des attributions au titre des différentes composantes de la dotation globale de fonctionnement les exercices suivants.

« III. – Les modalités de mise en œuvre du présent article sont définies par décret en Conseil d'État. »

À compter de l'exercice budgétaire 2026, à la 2de phrase du 4e al. du II du présent art., les mots : « compte de gestion » sont remplacés par les mots : « compte financier unique » (Ord. nº 2025-526 du 12 juin 2025, art. 1er et 12).

Art. L. 5211-28-3 *(L. nº 2010-1563 du 16 déc. 2010, art. 72) (L. nº 2015-991 du 7 août 2015, art. 80)* « Un établissement public de coopération intercommunale à fiscalité propre et ses communes membres peuvent décider, par délibérations concordantes de l'organe délibérant de l'établissement public et des conseils municipaux, adoptées à la majorité des deux tiers au moins des conseils municipaux des communes membres de l'établissement public représentant plus de la moitié de la population de celles-ci ou par la moitié au moins des conseils municipaux des communes représentant les deux tiers de la population, de procéder à l'unification de l'un ou de plusieurs des impôts directs suivants : la taxe d'habitation *(L. nº 2019-1479 du 28 déc. 2019, art. 16)* « sur les résidences secondaires » *(Abrogé par L. nº 2025-127 du 14 févr. 2025, art. 110)* *« et autres locaux meublés non affectés à l'habitation principale »*, la taxe foncière sur les propriétés bâties, la taxe foncière sur les propriétés non bâties. »

Pour chaque taxe dont l'unification est décidée, le taux de la taxe est voté par l'organe délibérant de l'établissement public de coopération intercommunale dans les mêmes limites et conditions que celles applicables à son vote par les communes.

La première année de l'unification prévue par le présent article, le taux de la taxe sur les propriétés bâties ou de la taxe sur les propriétés non bâties dont il a été décidé l'unification ne peut excéder le taux moyen de cette taxe dans l'ensemble des communes membres constaté l'année précédente, pondéré par l'importance relative des bases de ces communes.

La première année de l'unification prévue par le présent article, le taux de la taxe d'habitation *(L. nº 2019-1479 du 28 déc. 2019, art. 16)* « sur les résidences secondaires » *(Abrogé par L. nº 2025-127 du 14 févr. 2025, art. 110)* *« et autres locaux meublés non affectés à l'habitation principale* », si son unification a été décidée, ne peut excéder le taux moyen harmonisé des communes membres constaté l'année précédente.

Par dérogation aux troisième et quatrième alinéas, lorsque l'établissement public de coopération intercommunale percevait une fiscalité additionnelle l'année précédant celle de l'unification prévue par ces dispositions, le taux moyen mentionné aux mêmes troisième et quatrième alinéas est majoré du taux de la taxe perçue l'année précédente par cet établissement public de coopération intercommunale.

Le taux de la taxe applicable dans chaque commune membre est rapproché du taux de l'établissement public de coopération intercommunale jusqu'à application d'un taux unique, l'écart étant réduit chaque année par parts égales, dans des proportions dépendant du rapport observé l'année précédant la première année de l'unification prévue par le présent article entre le taux de la commune la moins taxée et celui de la commune la plus taxée.

Lorsque ce rapport est supérieur à 90 %, le taux de l'établissement public de coopération intercommunale s'applique dès la première année. Lorsque ce rapport est supérieur à 80 % et inférieur ou égal à 90 %, l'écart est réduit de moitié la première année et supprimé la seconde. La réduction s'opère par tiers lorsque le rapport est supérieur à 70 % et inférieur ou égal à 80 %, par quart lorsqu'il est supérieur à 60 % et inférieur ou égal à 70 %, par cinquième lorsqu'il est supérieur à 50 % et inférieur ou égal à 60 %, par sixième lorsqu'il est supérieur à 40 % et inférieur ou égal à 50 %, par septième lorsqu'il est supérieur à 30 % et inférieur ou égal à 40 %, par huitième lorsqu'il est supérieur à 20 % et inférieur ou égal à 30 %, par neuvième lorsqu'il est supérieur à 10 % et inférieur ou égal à 20 % et par dixième lorsqu'il est inférieur ou égal à 10 %.

COMMENTAIRE

V. dans le supplément en ligne.

Art. L. 5211-28-4 *(L. n° 2019-1479 du 28 déc. 2019, art. 256)* I. — Les communautés urbaines, les métropoles et la métropole de Lyon sont tenues d'instituer au bénéfice de leurs communes membres une dotation de solidarité communautaire visant à réduire les disparités de ressources et de charges entre ces communes. Le montant de la dotation de solidarité communautaire est fixé librement par le conseil communautaire à la majorité des deux tiers des suffrages exprimés. L'institution d'une dotation de solidarité communautaire est facultative pour les communautés de communes et les communautés d'agglomération. Lorsqu'une zone d'activités économiques est située en tout ou partie sur le territoire d'un établissement public de coopération intercommunale à fiscalité propre, celui-ci peut étendre le versement de la dotation de solidarité communautaire aux établissements publics de coopération intercommunale à fiscalité propre constituant un ensemble sans discontinuité territoriale et limitrophe de son territoire.

II. — Lorsqu'elle est instituée, la dotation de solidarité communautaire est répartie librement par le conseil communautaire selon des critères qui tiennent compte *(Abrogé par L. n° 2025-127 du 14 févr. 2025, art. 182)* « *majoritairement* » :

1° De l'écart de revenu par habitant de la commune par rapport au revenu moyen par habitant de l'établissement public de coopération intercommunale à fiscalité propre ou de la métropole de Lyon ;

2° De l'insuffisance du potentiel financier ou du potentiel fiscal par habitant de la commune au regard du potentiel financier ou du potentiel fiscal moyen par habitant sur le territoire de l'établissement public de coopération intercommunale à fiscalité propre ou de la métropole de Lyon.

Ces deux critères sont pondérés de la part de la population communale dans la population totale de l'établissement public de coopération intercommunale à fiscalité propre ou de la métropole de Lyon. Ils doivent justifier au moins 35 % de la répartition du montant total de la dotation de solidarité communautaire entre les communes. Des critères complémentaires peuvent être choisis par le conseil communautaire.

III. — Lorsqu'un établissement public de coopération intercommunale soumis aux dispositions fiscales de l'article 1609 *nonies* C du code général des impôts est signataire d'un contrat de ville tel que défini à l'article 6 de la loi n° 2014-173 du 21 février

2014 de programmation pour la ville et la cohésion urbaine, il doit, par délibération, adopter, en concertation avec ses communes membres, un pacte financier et fiscal visant à réduire les disparités de charges et de recettes entre ces dernières. Ce pacte tient compte des efforts de mutualisation des recettes et des charges déjà engagés ou envisagés à l'occasion des transferts de compétences, des règles d'évolution des attributions de compensation, des politiques communautaires poursuivies au moyen des fonds de concours ou de la dotation de solidarité communautaire ainsi que des critères retenus par l'organe délibérant de l'établissement public de coopération intercommunale à fiscalité propre pour répartir, le cas échéant, les prélèvements ou reversements au titre du Fonds national de péréquation des ressources intercommunales et communales.

À défaut d'avoir adopté un pacte financier et fiscal au plus tard un an après l'entrée en vigueur du contrat de ville, l'établissement public de coopération intercommunale à fiscalité propre soumis aux dispositions fiscales de l'article 1609 *nonies* C du code général des impôts ou la métropole de Lyon est tenu d'instituer, au profit des communes concernées par les dispositifs prévus dans ce contrat de ville, et tant qu'aucun pacte financier et fiscal n'a été adopté, une dotation de solidarité communautaire, dont le montant est au moins égal à 50 % de la différence entre les produits des impositions mentionnées au I et aux 1 et 2 du I *bis* du même article 1609 *nonies* C *(L. n° 2022-1726 du 30 déc. 2022, art. 55)* « et de la fraction du produit net de la taxe sur la valeur ajoutée mentionnée au XXIV de l'article 55 de la loi n° 2022-1726 du 30 décembre 2022 de finances pour 2023 » au titre de l'année du versement de la dotation et le produit de ces mêmes impositions *(L. n° 2022-1726 du 30 déc. 2022, art. 55)* « et de la fraction du produit net de la taxe sur la valeur ajoutée mentionnée au XXIV de l'article 55 de la loi n° 2022-1726 du 30 décembre 2022 de finances pour 2023 constaté l'année précédente. » *(L. n° 2021-1900 du 30 déc. 2021, art. 197)* « Pour le calcul prévu au présent alinéa, le produit de la cotisation foncière des entreprises est majoré du montant du prélèvement sur recettes prévu au A du III de l'article 29 de la loi n° 2020-1721 du 29 décembre 2020 de finances pour 2021. » Cette dotation est répartie dans les conditions définies au II du présent article.

IV. — Lorsque le pacte financier et fiscal de solidarité mentionné au III est adopté dans un établissement public de coopération intercommunale à fiscalité propre issu, depuis moins de trois ans, d'une fusion d'établissements publics de coopération intercommunale dont les potentiels financiers agrégés par habitant présentent un écart d'au moins 40 % entre le potentiel financier agrégé le plus élevé et celui le moins élevé à la date de la fusion, l'établissement public de coopération intercommunale est tenu d'instituer une dotation de solidarité communautaire dans les conditions définies au II.

V. — La métropole du Grand Paris a la faculté d'instituer une dotation de solidarité communautaire au profit de ses communes membres, dans les conditions prévues à l'article L. 5219-11.

Art. L. 5211-29 *(L. n° 2018-1317 du 28 déc. 2018, art. 250)* « I. — » *(L. n° 2011-1977 du 28 déc. 2011, art. 140)* « Le potentiel fiscal des établissements publics de coopération intercommunale à fiscalité propre est déterminé en additionnant les montants suivants :

« 1° Le produit déterminé par l'application aux bases intercommunales d'imposition de taxe d'habitation *(L. n° 2020-1721 du 29 déc. 2020, art. 252)* « sur les résidences secondaires » *(Abrogé par L. n° 2025-127 du 14 févr. 2025, art. 110)* *« et autres locaux meublés non affectés à l'habitation principale »*, de taxe foncière sur les propriétés bâties, de taxe foncière sur les propriétés non bâties et de cotisation foncière des entreprises du taux moyen national d'imposition à chacune de ces taxes ;

« 2° La somme des produits intercommunaux perçus au titre de la taxe additionnelle à la taxe foncière sur les propriétés non bâties et des impositions forfaitaires sur les entreprises de réseaux prévus à l'article 1379-0 *bis* du code général des impôts ainsi que de la taxe sur les surfaces commerciales prévue au 6° de l'article L. 2331-3 du présent code ;

« 3° La somme des montants positifs ou négatifs résultant de l'application des 1.1 et 2.1 de l'article 78 de la loi n° 2009-1673 du 30 décembre 2009 de finances pour 2010 *(L. n° 2021-1900 du 30 déc. 2021, art. 194)* « , y compris les montants prévus au VIII du même 2.1, » perçus ou supportés par le groupement l'année précédente. Pour les groupements faisant application pour la première année de l'article L. 5211-41-3, les montants correspondent à la somme des montants perçus ou supportés par les groupements préexistants l'année précédente ;

« 4° Le montant perçu par le groupement l'année précédente au titre de la dotation de compensation prévue à l'article L. 5211-28-1, hors le montant correspondant à la compensation prévue au 2° *bis* du II de l'article 1648 B du code général des impôts dans sa rédaction antérieure à la loi de finances pour 2004 (n° 2003-1311 du 30 décembre 2003). »

(L. n° 2020-1721 du 29 déc. 2020, art. 252) « 5° La fraction du produit net de la taxe sur la valeur ajoutée prévue au B du V de l'article 16 de la loi n° 2019-1479 du 28 décembre 2019 de finances pour 2020 perçue par le groupement l'année précédente ;

(L. n° 2023-1322 du 29 déc. 2023, art. 240) « 5° *bis* Le produit perçu l'année précédente par l'établissement public de coopération intercommunale à fiscalité propre au titre de la fraction du produit net de la taxe sur la valeur ajoutée mentionnée au XXIV de l'article 55 de la loi n° 2022-1726 du 30 décembre 2022 de finances pour 2023 ; »

« 6° Le montant perçu par le groupement l'année précédente au titre du prélèvement sur les recettes de l'État prévu au III de l'article 29 de la loi n° 2020-1721 du 29 décembre 2020 de finances pour 2021. »

(Abrogé par L. n° 2025-127 du 14 févr. 2025, art. 178) (L. n° 2015-1785 du 29 déc. 2015, art. 157) ***« Par dérogation, le potentiel fiscal des communautés d'agglomération issues de la transformation de syndicats d'agglomération nouvelle et le potentiel fiscal des communautés d'agglomération issues de la fusion d'établissements publics de coopération intercommunale dont l'un au moins est un syndicat d'agglomération nouvelle qui s'est transformé en communauté d'agglomération avant le 1er janvier 2015 sont pondérés*** *(L. n° 2017-1837 du 30 déc. 2017, art. 160)* ***« , en 2018, par le rapport entre les bases brutes par habitant de cotisation foncière des entreprises des communautés d'agglomération et la somme des bases brutes par habitant de cotisation foncière des entreprises des syndicats d'agglomération nouvelle existant au 1er janvier 2015 et de ceux d'entre eux qui se sont transformés en communautés d'agglomération avant le 1er janvier 2015, sous réserve que ce rapport soit inférieur à 1, puis par un coefficient égal à 60 % en 2019, à 70 % en 2020, à 80 % en 2021 et à 90 % en 2022. » Pour ces communautés d'agglomération, la pondération s'applique sur la part de leur potentiel fiscal correspondant au périmètre des communautés d'agglomération issues de la transformation d'un syndicat d'agglomération nouvelle avant le 1er janvier 2015 et des syndicats d'agglomération nouvelle existant au 1er janvier 2015. »*** *(L. n° 2018-1317 du 28 déc. 2018, art. 250)* ***« Ces dispositions s'appliquent également au potentiel fiscal de la métropole d'Aix-Marseille-Provence. »***

« Les bases retenues sont les bases brutes de la dernière année dont les résultats sont connus servant à l'assiette des impositions intercommunales. *(L. n° 2021-1900 du 30 déc. 2021, art. 194)* « En cas d'absence de bases d'imposition intercommunales sur le territoire d'une commune, sont prises en compte les bases d'imposition communales. » Les taux moyens nationaux sont calculés pour chaque catégorie de groupement telle que définie à l'article *(L. n° 2018-1317 du 28 déc. 2018, art. 250)* « L. 5211-28 » du présent code et correspondent au rapport entre les produits perçus par les groupements au titre de chacune de ces taxes et la somme des bases des groupements. Les ressources et produits retenus sont ceux bruts de la dernière année dont les résultats sont connus. »

(L. n° 2025-127 du 14 févr. 2025, art. 178) « Par dérogation, le potentiel fiscal des établissements publics de coopération intercommunale à fiscalité propre ne faisant pas application de l'article 1609 *nonies* C du code général des impôts est minoré du montant dû l'année précédente à leurs communes membres en application de l'article L. 5211-32 du présent code. »

(L. n° 2018-1317 du 28 déc. 2018, art. 250) « II. — » 1° Le coefficient d'intégration fiscale, qui est défini pour les communautés urbaines *(L. n° 2012-1509 du 29 déc. 2012, art. 111 ; L. n° 2014-58 du 27 janv. 2014, art. 72)* « , les métropoles, y compris

celle d'Aix-Marseille-Provence, la métropole de Lyon » et les communautés d'agglomération, est égal, pour chacun de ces établissements publics, au rapport entre :

a) Les recettes provenant *(L. n° 2011-1977 du 28 déc. 2011, art. 140)* « de la taxe d'habitation *(L. n° 2020-1721 du 29 déc. 2020, art. 252)* « sur les résidences secondaires *(Abrogé par L. n° 2025-127 du 14 févr. 2025, art. 110) « et autres locaux meublés non affectés à l'habitation principale »*, de la fraction du produit net de la taxe sur la valeur ajoutée prévue aux B et D du V de l'article 16 de la loi n° 2019-1479 du 28 décembre 2019 de finances pour 2020, du prélèvement sur les recettes de l'État prévu au III de l'article 29 de la loi n° 2020-1721 du 29 décembre 2020 de finances pour 2021 », de la taxe foncière sur les propriétés bâties, de la taxe foncière sur les propriétés non bâties, de la taxe additionnelle à la taxe foncière sur les propriétés non bâties, de *(L. n° 2023-1322 du 29 déc. 2023, art. 240)* « la fraction du produit net de la taxe sur la valeur ajoutée mentionnée au XXIV de l'article 55 de la loi n° 2022-1726 du 30 décembre 2022 précitée », de la cotisation foncière des entreprises, des impositions forfaitaires sur les entreprises de réseaux, de la taxe sur les surfaces commerciales », de la taxe ou de la redevance d'enlèvement des ordures ménagères et de la redevance d'assainissement *(L. n° 2011-1977 du 28 déc. 2011, art. 140)* « ainsi que les montants positifs ou négatifs résultant de l'application des 1.1 et 2.1 de l'article 78 de la loi n° 2009-1673 de finances pour 2010 précitée perçus ou supportés » par l'établissement public *(L. n° 2011-1977 du 28 déc. 2011, art. 140)* « minorés » des dépenses de transfert ;

b) Les recettes provenant *(L. n° 2011-1977 du 28 déc. 2011, art. 140)* « de la taxe d'habitation *(L. n° 2020-1721 du 29 déc. 2020, art. 252)* « sur les résidences secondaires *(Abrogé par L. n° 2025-127 du 14 févr. 2025, art. 110) « et autres locaux meublés non affectés à l'habitation principale »*, de la fraction du produit net de la taxe sur la valeur ajoutée prévue aux B et D du V de l'article 16 de la loi n° 2019-1479 du 28 décembre 2019 de finances pour 2020, du prélèvement sur les recettes de l'État prévu au III de l'article 29 de la loi n° 2020-1721 du 29 décembre 2020 de finances pour 2021 », de la taxe foncière sur les propriétés bâties, de la taxe foncière sur les propriétés non bâties, de la taxe additionnelle à la taxe foncière sur les propriétés non bâties, de *(L. n° 2023-1322 du 29 déc. 2023, art. 240)* « la fraction du produit net de la taxe sur la valeur ajoutée mentionnée au XXIV de l'article 55 de la loi n° 2022-1726 du 30 décembre 2022 précitée », de la cotisation foncière des entreprises, des impositions forfaitaires sur les entreprises de réseaux, de la taxe sur les surfaces commerciales », de la taxe ou de la redevance d'enlèvement des ordures ménagères et de la redevance d'assainissement *(L. n° 2011-1977 du 28 déc. 2011, art. 140)* « ainsi que les montants positifs ou négatifs résultant de l'application des 1.1 et 2.1 de l'article 78 de la loi n° 2009-1673 de finances pour 2010 précitée perçus ou supportés » par les communes *(L. n° 2010-1563 du 16 déc. 2010, art. 24)* « et les communes nouvelles » regroupées et l'ensemble des établissements publics de coopération intercommunale sur le territoire de celles-ci.

(L. n° 2000-1353 du 30 déc. 2000, art. 56) « Les recettes prévues au *a* et au *b* ci-dessus perçues par les *(L. n° 2012-1509 du 29 déc. 2012, art. 111)* « établissements publics de coopération intercommunale » faisant application des dispositions de l'article 1609 *nonies* C du code général des impôts sont majorées du montant de la dernière année connue *(L. n° 2004-1484 du 30 déc. 2004, art. 48)* « de la dotation de compensation prévue au premier alinéa de l'article L. 5211-28-1, hors les montants correspondant à la compensation prévue au 2° *bis* du II de l'article 1648 B du code général des impôts dans sa rédaction antérieure à la loi de finances pour 2004 (n° 2003-1311 du 30 décembre 2003) » et, le cas échéant, de celles prévues au B de l'article 4 de la loi n° 96-987 du 14 novembre 1996 relative à la mise en œuvre du pacte de relance pour la ville *(L. n° 2004-1485 du 30 déc. 2004, art. 71)* « ou au III de l'article 2 de la loi n° 94-1131 du 27 décembre 1994 portant statut fiscal de la Corse » *(L. n° 2012-354 du 14 mars 2012, art. 26)* « ou au VII de l'article 5 de la loi n° 2009-594 du 27 mai 2009 pour le développement économique des outre-mer ».

(L. n° 2000-656 du 13 juill. 2000, art. 34) « 1° *bis* Le coefficient d'intégration fiscale, qui est défini pour les communautés de communes, est égal, pour chacun de ces établissements publics, au rapport entre :

« *a)* Les recettes provenant *(L. n° 2011-1977 du 28 déc. 2011, art. 140)* « de la taxe d'habitation *(L. n° 2020-1721 du 29 déc. 2020, art. 252)* « sur les résidences secondaires *(Abrogé par L. nº 2025-127 du 14 févr. 2025, art. 110)* *« et autres locaux meublés non affectés à l'habitation principale »*, de la fraction du produit net de la taxe sur la valeur ajoutée prévue aux B et D du V de l'article 16 de la loi nº 2019-1479 du 28 décembre 2019 de finances pour 2020, du prélèvement sur les recettes de l'État prévu au III de l'article 29 de la loi nº 2020-1721 du 29 décembre 2020 de finances pour 2021 », de la taxe foncière sur les propriétés bâties, de la taxe foncière sur les propriétés non bâties, de la taxe additionnelle à la taxe foncière sur les propriétés non bâties, de *(L. nº 2023-1322 du 29 déc. 2023, art. 240)* « la fraction du produit net de la taxe sur la valeur ajoutée mentionnée au XXIV de l'article 55 de la loi nº 2022-1726 du 30 décembre 2022 précitée », de la cotisation foncière des entreprises, des impositions forfaitaires sur les entreprises de réseaux, de la taxe sur les surfaces commerciales » *(L. nº 2018-1317 du 28 déc. 2018, art. 250)* « , de la taxe ou de la redevance d'enlèvement des ordures ménagères et de la redevance d'assainissement » *(L. nº 2011-1977 du 28 déc. 2011, art. 140)* « ainsi que les montants positifs ou négatifs résultant de l'application des 1.1 et 2.1 de l'article 78 de la loi nº 2009-1673 de finances pour 2010 précitée perçus ou supportés » par l'établissement public *(L. nº 2018-1317 du 28 déc. 2018, art. 250)* « , minorées des dépenses de transfert ; »

« *b)* Les recettes provenant *(L. nº 2011-1977 du 28 déc. 2011, art. 140)* « de la taxe d'habitation *(L. nº 2020-1721 du 29 déc. 2020, art. 252)* « sur les résidences secondaires *(Abrogé par L. nº 2025-127 du 14 févr. 2025, art. 110)* *« et autres locaux meublés non affectés à l'habitation principale »*, de la fraction du produit net de la taxe sur la valeur ajoutée prévue aux B et D du V de l'article 16 de la loi nº 2019-1479 du 28 décembre 2019 de finances pour 2020, du prélèvement sur les recettes de l'État prévu au III de l'article 29 de la loi nº 2020-1721 du 29 décembre 2020 de finances pour 2021 », de la taxe foncière sur les propriétés bâties, de la taxe foncière sur les propriétés non bâties, de la taxe additionnelle à la taxe foncière sur les propriétés non bâties, de *(L. nº 2023-1322 du 29 déc. 2023, art. 240)* « la fraction du produit net de la taxe sur la valeur ajoutée mentionnée au XXIV de l'article 55 de la loi nº 2022-1726 du 30 décembre 2022 précitée », de la cotisation foncière des entreprises, des impositions forfaitaires sur les entreprises de réseaux, de la taxe sur les surfaces commerciales » *(L. nº 2018-1317 du 28 déc. 2018, art. 250)* « , de la taxe ou de la redevance d'enlèvement des ordures ménagères et de la redevance d'assainissement » *(L. nº 2011-1977 du 28 déc. 2011, art. 140)* « ainsi que les montants positifs ou négatifs résultant de l'application des 1.1 et 2.1 de l'article 78 de la loi nº 2009-1673 de finances pour 2010 précitée perçus ou supportés » par les communes *(L. nº 2010-1563 du 16 déc. 2010, art. 24)* « et les communes nouvelles », regroupées et l'ensemble des établissements publics de coopération intercommunale sur le territoire de celles-ci. »

(L. nº 2000-1353 du 30 déc. 2000, art. 56) « Les recettes prévues au *a* et au *b* ci-dessus perçues par les communautés de communes faisant application des dispositions de l'article 1609 *nonies* C du code général des impôts sont majorées du montant de la dernière année connue *(L. nº 2004-1484 du 30 déc. 2004, art. 48)* « de la dotation de compensation prévue au premier alinéa de l'article L. 5211-28-1, hors les montants correspondant à la compensation prévue au 2º *bis* du II de l'article 1648 B du code général des impôts dans sa rédaction antérieure à la loi de finances pour 2004 (nº 2003-1311 du 30 décembre 2003) » et, le cas échéant, de celles prévues au B de l'article 4 de la loi nº 96-987 du 14 novembre 1996 précitée ou au B de l'article 3 de la loi nº 96-1143 du 26 décembre 1996 précitée *(L. nº 2004-1485 du 30 déc. 2004, art. 71)* « ou au III de l'article 2 de la loi nº 94-1131 du 27 décembre 1994 précitée » *(L. nº 2012-354 du 14 mars 2012, art. 26)* « ou au VII de l'article 5 de la loi nº 2009-594 du 27 mai 2009 précitée ou au III du 5.3.2 de l'article 2 de la loi nº 2009-1673 de finances pour 2010 précitée ». »

(L. nº 2012-1509 du 29 déc. 2012, art. 111) « Par dérogation, pour le calcul du coefficient d'intégration fiscale des communautés de communes ne faisant pas application des dispositions de l'article 1609 *nonies* C du code général des impôts, les recettes définies aux *a* et *b* ne tiennent pas compte de la taxe sur les surfaces commerciales. »

2º Pour déterminer le coefficient d'intégration fiscale moyen d'une catégorie d'établissement public de coopération intercommunale, sont prises en compte les sommes des recettes et *(L. nº 2004-1484 du 30 déc. 2004, art. 48)* « le cas échéant » des dépenses de transfert de l'ensemble des établissements publics percevant depuis plus de deux ans la dotation d'intercommunalité dans cette catégorie et la somme des recettes des communes *(L. n° 2010-1563 du 16 déc. 2010, art. 24)* « et des communes nouvelles » regroupées dans ces établissements publics. *(L. n° 2018-1317 du 28 déc. 2018, art. 250)* « Pour déterminer le coefficient d'intégration fiscale moyen des métropoles et des communautés urbaines mentionnées au 1° du I de l'article L. 5211-28 du présent code, ne sont pas prises en compte les recettes et les dépenses de transfert de la métropole du Grand Paris.

« 3° À compter de 2019, le coefficient d'intégration fiscale pris en compte dans le calcul de la dotation d'intercommunalité ne peut pas être supérieur à 0,6 ;

« 4° Pour le calcul de la dotation d'intercommunalité, le coefficient d'intégration fiscale des métropoles est pondéré par un coefficient égal à 1,1.

« III. – » *(L. n° 2012-1509 du 29 déc. 2012, art. 111)* « Les dépenses de transfert retenues pour déterminer le coefficient d'intégration fiscale des communautés d'agglomération, des métropoles ainsi que des communautés urbaines et des communautés de communes faisant application des dispositions de l'article 1609 *nonies* C du code général des impôts sont l'attribution de compensation *(L. n° 2019-1479 du 28 déc. 2019, art. 256)* « prévue au V du même article 1609 *nonies*, et la moitié de la dotation de solidarité communautaire », telles que constatées dans le *(L. n° 2021-1900 du 30 déc. 2021, art. 194)* « compte de gestion afférent au pénultième exercice ». » *(L. n° 2018-1317 du 28 déc. 2018, art. 250)* « Pour les communautés de communes ne faisant pas application des dispositions de l'article 1609 *nonies* C dudit code, seule la moitié de la dotation de solidarité communautaire est prise en compte. Le cas échéant, l'attribution de compensation est minorée du montant versé par les communes en application du deuxième alinéa du V du même article 1609 *nonies* C. Si ce montant est supérieur à l'attribution de compensation, le reliquat s'ajoute aux recettes mentionnées aux *a* des 1° et 1° *bis* du II du présent article.

« IV. – Sauf mention contraire, la population à prendre en compte pour l'application de la présente sous-section est celle résultant des conditions prévues à l'article L. 2334-2 du présent code.

(L. n° 2022-1726 du 30 déc. 2022, art. 195) « La redevance d'assainissement retenue pour déterminer le coefficient d'intégration fiscale des communautés d'agglomération, des communautés urbaines et des métropoles est celle constatée dans le compte de gestion afférent à l'avant-dernier exercice. »

« V. – Au titre de la première année d'attribution de la dotation dans une catégorie, le coefficient d'intégration fiscale d'un établissement public de coopération intercommunale à fiscalité propre est égal au coefficient d'intégration fiscale moyen de la catégorie à laquelle il appartient.

« Par dérogation, lorsqu'un établissement public de coopération intercommunale à fiscalité propre est issu d'une fusion opérée dans le cadre de l'article L. 5211-41-3, le coefficient d'intégration fiscale retenu est le coefficient d'intégration fiscale de l'établissement public de coopération intercommunale à fiscalité propre qui lui préexistait. Si plusieurs établissements publics de coopération intercommunale à fiscalité propre préexistaient, le coefficient d'intégration fiscale à retenir la première année est le coefficient d'intégration fiscale le plus élevé parmi ces établissements, dans la limite de 105 % de la moyenne des coefficients d'intégration fiscale de ces établissements, pondérés par leur population.

« Au titre de la deuxième année d'attribution de la dotation dans la même catégorie, le coefficient d'intégration fiscale non corrigé des dépenses de transfert est pondéré par le rapport entre le coefficient d'intégration fiscale moyen de la catégorie à laquelle l'établissement public de coopération intercommunale à fiscalité propre appartient tel que défini au 2° du II du présent article et ce coefficient d'intégration fiscale moyen, non corrigé des dépenses de transfert. »

Conformément aux dispositions du VII de l'art. 250 de la L. n° 2018-1317 du 28 déc. 2018, les dispositions de l'art. L. 5211-29 résultant des 3e et 6e al. du c du 11° dudit art. entrent en vigueur au 1er janv. 2020. Le IX de l'art. 250 de la L. n° 2019-1479 du 28 déc. 2019 a modifié cette date au 1er janv. 2026.

COMMENTAIRE

V. dans le supplément en ligne. ❑

1. Le moyen selon lequel la communauté de communes aurait perçu une dotation inférieure à 80 % de la dotation de l'année précédente avant écrêtement est insusceptible d'être utilement invoqué à l'encontre de la décision du comité des finances locales. • CE 26 févr. 2003, *Cté de cnes région La Villedieu-du-Clain*, nº 228317 : *Coll. terr. 2003, nº 98, note Moreau.* ♦ Ce moyen serait en revanche opérant à l'encontre de la décision du préfet faisant application de cette décision dans le département. • Même arrêt.

2. Sur les effets financiers de la modification du calcul du potentiel fiscal par la loi du 28 déc. 1999 : * Rép. min. nº 7417 : *JOAN Q, 20 janv. 2003, p. 387 ; Coll. terr. 2003, p. 35, nº 71.*

Art. L. 5211-31 Les attributions perçues par les établissements publics de coopération intercommunale à fiscalité propre au titre de la dotation d'aménagement font l'objet de versements mensuels. – *[C. communes, art. L. 234-16, al. 1er.] – Ancien art. L. 5211-34 (L. nº 99-586 du 12 juill. 1999).*

Art. L. 5211-32 *(L. nº 2023-1322 du 29 déc. 2023, art. 240)* À compter de 2024, les établissements publics de coopération intercommunale à fiscalité propre ne faisant pas application de l'article 1609 *nonies* C du code général des impôts reversent une attribution à leurs communes membres.

Cette attribution est déterminée à partir des montants perçus en 2014, en application du I du D de l'article 44 de la loi de finances pour 1999 (nº 98-1266 du 30 décembre 1998), indexés jusqu'en 2023 dans les conditions prévues à l'avant-dernier alinéa du III de l'article L. 2334-7 du présent code et constatés à l'issue de la répartition de la dotation forfaitaire de chaque commune au titre de l'année 2023. Le taux d'indexation annuel de chaque commune est plafonné à 1.

Ces attributions sont constatées chaque année par arrêté du ministre chargé des collectivités territoriales. Elles constituent des dépenses obligatoires des établissements publics de coopération intercommunale.

Un décret en Conseil d'État précise les modalités d'application du présent article.

Art. L. 5211-32-1 *Abrogé par L. nº 2018-1317 du 28 déc. 2018, art. 250.*

Art. L. 5211-33 *(Abrogé par L. nº 2018-1317 du 28 déc. 2018, art. 250) (L. nº 99-586 du 12 juill. 1999 ; L. nº 99-1126 du 28 déc. 1999) I. — Les communautés de communes et les communautés d'agglomération ne peuvent percevoir, à compter de la troisième année d'attribution de la dotation dans la même catégorie, une attribution par habitant inférieure à (L. nº 2012-1509 du 29 déc. 2012, art. 111-I-26º) « 95 % » de la dotation par habitant perçue l'année précédente.*

De 2000 à 2002, les communautés urbaines ne faisant pas application des dispositions de l'article 1609 nonies C du code général des impôts ne peuvent percevoir une attribution par habitant inférieure à la dotation par habitant perçue l'année précédente.

À compter du 1er janvier 2003, les communautés urbaines perçoivent une dotation d'intercommunalité dans les conditions prévues au (L. nº 2014-58 du 27 janv. 2014, art. 72) « 2 du I » de l'article L. 5211-30.

Les communautés urbaines faisant application des dispositions de l'article 1609 nonies C du code général des impôts et qui sont issues de la transformation de communautés urbaines existantes l'année de promulgation de la loi nº 99-586 du 12 juillet 1999 relative au renforcement et à la simplification de la coopération intercommunale ne peuvent percevoir en 2000 une dotation par habitant supérieure à 1,5 fois la dotation par habitant qu'elles percevaient l'année précédant leur transformation.

(L. nº 2011-1977 du 28 déc. 2011, art. 141) « À compter de 2012, une communauté de communes (Abrogé par L. nº 2016-1917 du 29 déc. 2016, art. 138) « ou une communauté d'agglomération » qui ne change pas de catégorie de groupement après le 1er janvier de l'année précédant celle au titre de laquelle la dotation d'intercommunalité est perçue ne peut bénéficier d'une attribution par habitant au titre de la dotation d'intercommunalité supérieure à 120 % du montant perçu au titre de l'année précédente. Lorsque la dotation d'intercommunalité d'un établissement public de coopération intercommunale a fait l'objet de l'abattement prévu au premier alinéa de l'article L. 5211-32, le montant à prendre en compte pour l'application du présent alinéa est celui calculé avant cet abattement. »

(L. n° 2016-1917 du 29 déc. 2016, art. 138) *« À compter de 2017, une communauté d'agglomération qui ne change pas de catégorie de groupement après le 1er janvier de l'année précédant celle au titre de laquelle la dotation d'intercommunalité est perçue ne peut bénéficier d'une attribution par habitant au titre de la dotation d'intercommunalité supérieure à 130 % du montant perçu au titre de l'année précédente.*

« Toutefois, en 2017, un groupement ayant perçu pour la première fois une attribution au titre de la dotation d'intercommunalité en tant que communauté d'agglomération en 2016 ne peut bénéficier d'une attribution par habitant au titre de la dotation d'intercommunalité supérieure à 180 % du montant perçu en 2016 et un groupement ayant perçu pour la première fois une attribution au titre de la dotation d'intercommunalité en tant que communauté d'agglomération en 2017 ne peut bénéficier d'une attribution par habitant au titre de la dotation d'intercommunalité supérieure à 150 % du montant perçu en 2016.

« Si plusieurs établissements publics de coopération intercommunale préexistaient, la dotation à prendre en compte est la dotation par habitant la plus élevée parmi ces établissements, dans la limite de 105 % de la moyenne des dotations par habitant de ces établissements, pondérées par leur population. »

II. — Toutefois :

1° (L. n° 2004-1484 du 30 déc. 2004, art. 48) *« À compter de 2005, les communautés de communes ne faisant pas application des dispositions de l'article 1609 nonies C du code général des impôts dont le coefficient d'intégration fiscale est supérieur à 0,5 perçoivent une dotation par habitant progressant au moins comme la dotation forfaitaire prévue à l'article L. 2334-7 du présent code.* (L. n° 2010-1657 du 29 déc. 2010, art. 182) *« À compter de 2011, cette garantie s'applique lorsque leur coefficient d'intégration fiscale est supérieur à 0,6. »*

« Les communautés d'agglomération et les communautés de communes faisant application des dispositions de l'article 1609 nonies C du code général des impôts dont le coefficient d'intégration fiscale est supérieur à 0,5 (Abrogé par L. n° 2010-1657 du 29 déc. 2010, art. 182) *« en 2005 » perçoivent une dotation par habitant progressant au moins comme la dotation forfaitaire prévue à l'article L. 2334-7 du présent code. »* (Abrogé par L. n° 2010-1657 du 29 déc. 2010, art. 182) *« À compter de 2006, cette garantie s'applique lorsque leur coefficient d'intégration fiscale est supérieur à 0,4 ; »*

2° Les établissements publics de coopération intercommunale mentionnés au premier alinéa du I dont la dotation par habitant perçue au titre des dotations de base et de péréquation est supérieure à celle perçue l'année précédente ne peuvent percevoir une dotation d'intercommunalité par habitant inférieure à celle de l'année précédente ;

3° Pour les établissements publics de coopération intercommunale mentionnés au premier alinéa du I dont la dotation par habitant perçue au titre des dotations de base et de péréquation est en diminution par rapport à l'année précédente, le pourcentage de diminution de leur attribution totale par habitant par rapport à l'année précédente ne peut excéder celui constaté pour la somme des dotations de base et de péréquation.

La garantie calculée au titre des 2° et 3° ne peut représenter plus de 40 % de la dotation totale attribuée.

Un établissement public de coopération intercommunale à fiscalité propre qui change de catégorie (L. n° 2004-809 du 13 août 2004, art. 153) *« , qui est issue d'une fusion dans le cadre des dispositions de l'article L. 5211-41-3 »* (L. n° 2000-1353 du 30 déc. 2000, art. 57) *« ou qui fait suite à un ou plusieurs autres établissements publics de coopération intercommunale à fiscalité propre » perçoit, les deux premières années d'attribution de la dotation dans la nouvelle catégorie* (L. n° 2004-809 du 13 août 2004, art. 153) *« ou après la fusion », une attribution par habitant* (L. n° 2000-1353 du 30 déc. 2000, art. 57) *« au moins égale à celle perçue » l'année précédente, augmentée comme la dotation forfaitaire prévue à l'article L. 2334-7. En outre, s'il fait application des dispositions de l'article 1609 nonies C du code général des impôts, il ne peut, au titre des troisième, quatrième et cinquième années d'attribution dans la même catégorie et sous réserve de l'application des 2° et 3° du présent article, percevoir une attribution par habitant inférieure, respectivement, à 95 %, 90 % et 85 % de la dotation par habitant perçue l'année précédente.*

(L. n° 2000-1353 du 30 déc. 2000, art. 28) *« Une communauté d'agglomération, créée ex nihilo, perçoit la deuxième année d'attribution de la dotation une attribution par habitant au*

moins égale à celle perçue l'année précédente, augmentée comme la dotation forfaitaire prévue à l'article L. 2334-7. » *(L. n° 2003-299 du 2 avr. 2003)* ***« En outre, elle ne peut, au titre des troisième, quatrième et cinquième années d'attribution dans la même catégorie et sous réserve de l'application des 2° et 3° du présent II, percevoir une attribution par habitant inférieure, respectivement, à 95 %, 90 % et 85 % de la dotation par habitant perçue l'année précédente. »***

(Abrogé par L. n° 2015-991 du 7 août 2015, art. 44) ***« Les syndicats*** *(Abrogé par L. n° 2010-1563 du 16 déc. 2010, art. 31)* ***« ou communautés » d'agglomération nouvelle perçoivent une attribution qui progresse chaque année*** *(L. n° 2008-1425 du 27 déc. 2008, art. 167)* ***« selon un taux fixé par le comité des finances locales au plus égal au taux d'évolution de la dotation forfaitaire prévue à l'article L. 2334-7 ». »***

(L. n° 2004-1484 du 30 déc. 2004, art. 48) ***« À compter de 2005, les communautés d'agglomération, les communautés de communes ne faisant pas application des dispositions de l'article 1609 nonies C du code général des impôts, ainsi que les communautés de communes faisant application des dispositions du même article, dont le potentiel fiscal par habitant est inférieur d'au moins 50 % au potentiel fiscal par habitant de la catégorie à laquelle elles appartiennent ne peuvent percevoir, à compter de la deuxième année d'attribution de la dotation dans la même catégorie, une attribution par habitant inférieure à celle perçue l'année précédente. »***

(L. n° 2014-1654 du 29 déc. 2014, art. 107) ***« Pour le calcul des garanties et des plafonnements, la dotation à prendre en compte au titre de l'année précédente est celle calculée avant application des minorations prévues à l'article L. 5211-28. »***

En assortissant l'attribution de la dotation d'intercommunalité de garanties proportionnelles aux attributions individuelles par habitant perçues les années précédentes, qui de surcroît n'est pas pérenne puisqu'elle s'élève à 95% de l'attribution de l'année précédente, le législateur a entendu assurer aux EPCI la stabilité et la prévisibilité de leurs ressources. Or, à cet égard, les communautés d'agglomération d'au moins trois ans d'existence ne sont pas placées dans la même situation que les EPCI créés, qui n'ont jamais perçu une telle dotation. Elles ne sont pas davantage placées dans la même situation que les communautés d'agglomération issues de la fusion ou de la transformation d'établissements publics, dont l'attribution de dotation d'intercommunalité était, jusqu'alors, déterminée en fonction des règles et de la composition propres à la catégorie dont elles relevaient. Les différences de traitement contestées sont donc justifiées par une différence de situation. Elles sont également en rapport avec l'objet de la loi. • Cons. const., 8 juin 2018, n° 2018-711 QPC : *AJDA 2018. 1195*.

Art. L. 5211-34 *Abrogé par L. n° 2012-1509 du 29 déc. 2012, art. 111.*

Art. L. 5211-35 *Abrogé par L. n° 2010-1563 du 16 déc. 2010, art. 24.*

Art. L. 5211-35-1 *(L. n° 2000-1353 du 30 déc. 2000, art. 53)* **I. — À compter du 1er janvier 2001, par dérogation aux dispositions de l'article L. 2332-2, avant le vote de son budget, l'établissement public de coopération intercommunale nouvellement créé et soumis aux dispositions de l'article 1609 *nonies* C du code général des impôts perçoit des avances mensuelles dès le mois de janvier, dans la limite du douzième du montant des taxes et impositions transférées, perçues par voie de rôle au titre de l'année précédente pour le compte de ses communes membres et, le cas échéant, du ou des établissements publics de coopération intercommunale avec ou sans fiscalité propre préexistants.**

En contrepartie, les communes membres d'un établissement public de coopération intercommunale soumis au régime fiscal de l'article 1609 *nonies* C du code général des impôts et les établissements publics de coopération intercommunale préexistants ne perçoivent plus les douzièmes, à hauteur de ceux versés au nouvel établissement public de coopération intercommunale au titre de la *(L. n° 2010-1657 du 29 déc. 2010, art. 108)* **« cotisation foncière des entreprises » transférée, mais bénéficient mensuellement de l'attribution de compensation versée par celui-ci.**

La régularisation est effectuée dès que le montant des taxes, impositions et attributions de compensation prévues au budget de l'année en cours est connu, respectivement pour chaque collectivité et établissement public de coopération intercommunale.

II. – Les dispositions du I s'appliquent, à compter du 1er janvier 2002, à l'ensemble des établissements publics de coopération intercommunale à fiscalité propre nouvellement créés.

(L. nº 2001-1276 du 28 déc. 2001, art. 37) « III. – Pour l'application du II, à compter du 1er janvier 2002, aux communautés de communes nouvellement créées, visées à l'article 1609 *quinquies* C du code général des impôts, les avances mensuelles que perçoivent ces établissements dès le mois de janvier, avant le vote du budget de l'année en cours, sont limitées au douzième du montant déterminé, en appliquant, pour chacune des quatre taxes, au montant total des bases d'imposition des communes membres de l'année précédente, le taux moyen constaté l'année précédente au niveau national pour les communautés de communes visées au I de l'article 1609 *quinquies* C précité.

« La régularisation des avances mensuelles versées à ces établissements publics de coopération intercommunale est effectuée sur la base du produit fiscal voté pour l'année en cours, dès que son montant est connu. »

Sur les communautés de communes, V. ci-dessous L. nº 99-586 du 12 juill. 1999, art. 103.

Compétence pour arrêter le montant de l'attribution de compensation. Le montant de l'attribution de compensation est déterminé par les conseils municipaux des communes membres de l'EPCI se prononçant sur le rapport de la commission d'évaluation des charges, faute de consensus, à la majorité qualifiée selon les modalités prévues au II de l'art. L. 5211-5. * Rép. min. nº 29550 : *JO Sénat Q, 15 mars 2001, p. 942 ; Coll. terr. 2001, p. 24, nº 119.* ♦ Il résulte de l'art. 1609 *nonies* C CGI que l'EPCI, substitué à ses communes membres pour la perception des taxes de nature professionnelle, peut fixer librement le montant des attributions de compensation, ainsi que les conditions de leur révision, en tenant compte du rapport de la commission locale d'évaluation des transferts de charges, par des délibérations concordantes du conseil communautaire, statuant à la majorité des deux tiers, et des conseils municipaux des communes intéressées. À défaut d'accord, le montant de l'attribution de compensation à verser à la commune concernée correspond à celui des taxes de nature professionnelle perçues par celle-ci pendant l'année précédant celle de la première application du transfert à l'établissement public de coopération des impositions en cause. • CAA Nancy, 23 févr. 2021, *Cne de Kédange-sur-Canner*, nos 19NC00303 et 19NC00304.

Loi nº 99-586 du 12 juillet 1999,

Relative au renforcement et à la simplification de la coopération intercommunale.

Art. 103 À compter de la date de publication de la présente loi, les communautés de villes et les districts sont considérés comme des communautés de communes pour l'application des dispositions de l'article L. 1211-2 et des articles L. 5211-28 à L. 5211-35 du code général des collectivités territoriales.

Art. L. 5211-35-2 *Abrogé par L. nº 2020-1721 du 29 déc. 2020, art. 54.*

SOUS-SECTION 3 Démocratisation et transparence

(L. nº 99-586 du 12 juill. 1999)

BIBL. ► Brauge, Quel suffrage pour l'intercommunalité française ?, *RLCT, mai 2008, nº 1002.* – Caillosse, Quelle(s) démocratie(s) d'agglomération ?, *Les Cahiers de l'Institut de la décentralisation, nº 6, 2002* ; Le « procès » en légitimité démocratique des EPCI, *Pouvoirs locaux janv. 2001, nº 48, p. 91.* – Friedberg, L'intercommunalité a réussi, rendons-la à la démocratie, *Pouvoirs locaux 2007, nº 72, p. 36.* – Jebeili, L'élection des conseillers communautaires au suffrage universel direct : l'intercommunalité entre fiction et réalité, *Coll. terr. janv. 2006, p. 4.* – Maille, Quand l'intercommunalité prend le pas sur la commune..., *Pouvoirs locaux 2004, nº 62, p. 161.* – Le Saout, Intercommunalité et démocratie, *Pouvoirs locaux 2004, nº 62, p. 67.* – Merland, La loi du 16 décembre 2010 de réforme des collectivités territoriales et le renforcement de la légitimité démocratique des EPCI, *Dr. adm. 2011, nº 6, p. 7-13.* – Moreau, L'élection des vice-présidents des communautés de communes et des communautés d'agglomération au scrutin proportionnel, *Coll. terr. 2006, nº 3, p. 30.* – Ribot, Intercommunalité et parité : simples retards ou tristes archaïsmes ?, *RLCT 2006. 29.*

Art. L. 5211-36 Sous réserve des dispositions qui leur sont propres, les dispositions du livre III de la deuxième partie sont applicables aux établissements publics de coopération intercommunale.

Toutefois, les articles L. 2312-1 et L. 2313-1 ne s'appliquent qu'aux établissements publics de coopération intercommunale qui comprennent au moins une commune de 3 500 habitants et plus. *(L. n° 2015-991 du 7 août 2015, art. 107)* « Lorsque l'établissement public de coopération intercommunale compte plus de 10 000 habitants et comprend au moins une commune de 3 500 habitants et plus, le rapport sur les orientations budgétaires prévu au deuxième alinéa de l'article L. 2312-1 comporte la présentation mentionnée au troisième alinéa du même article L. 2312-1. Ce rapport est obligatoirement transmis aux communes membres de l'établissement public de coopération intercommunale. »

Les lieux de mise à la disposition du public sont le siège de l'établissement et les mairies des communes membres de l'établissement public de coopération intercommunale.

Sur l'application de l'art. L. 2312-1, V. note 3 ss. art. L. 5211-11.

Nouvel art. L. 5211-36 *Sous réserve des dispositions qui leur sont propres, les dispositions du livre III de la deuxième partie sont applicables aux établissements publics de coopération intercommunale.*

Toutefois, les articles (Ord. n° 2025-526 du 12 juin 2025, art. 1er) *« L. 1612-26 et L. 1612-35 » ne s'appliquent qu'aux établissements publics de coopération intercommunale qui comprennent au moins une commune de 3 500 habitants et plus.* (L. n° 2015-991 du 7 août 2015, art. 107) *« Lorsque l'établissement public de coopération intercommunale compte plus de 10 000 habitants et comprend au moins une commune de 3 500 habitants et plus, le rapport sur les orientations budgétaires prévu au deuxième alinéa de l'article* (Ord. n° 2025-526 du 12 juin 2025, art. 1er) *« L. 1612-26 » comporte la présentation mentionnée au troisième alinéa du même article* (Ord. n° 2025-526 du 12 juin 2025, art. 1er) *« L. 1612-26 ». Ce rapport est obligatoirement transmis aux communes membres de l'établissement public de coopération intercommunale. »*

Le présent art. entre en vigueur à compter de l'exercice budgétaire 2026 (Ord. n° 2025-526 du 12 juin 2025, art. 12).

Art. L. 5211-36-1 *(Ord. n° 2025-526 du 12 juin 2025, art. 1er, en vigueur à compter de l'exercice budgétaire 2026)* Les dispositions de l'article L. 1612-23 ne s'appliquent pas aux établissements publics de coopération intercommunale à fiscalité propre de 50 000 habitants et moins.

Le contenu du rapport mentionné à l'article L. 1612-23 comprend, pour les établissements publics de coopération intercommunale à fiscalité propre, notamment le bilan annuel de la stratégie numérique responsable mentionnée au I de l'article 35 de la loi n° 2021-1485 du 15 novembre 2021 visant à réduire l'empreinte environnementale du numérique en France. Les modalités de son élaboration sont fixées par décret.

Ce rapport précise le programme d'actions mis en place pour assurer la réduction de la consommation d'énergie des bâtiments ou des parties de bâtiment à usage tertiaire dont la commune est propriétaire, dans un objectif de respect des obligations prévues à l'article L. 174-1 du code de la construction et de l'habitation.

Art. L. 5211-36-2 *(Ord. n° 2025-526 du 12 juin 2025, art. 1er, en vigueur à compter de l'exercice budgétaire 2026)* Les dispositions de l'article L. 1612-24 ne s'appliquent pas aux établissements publics de coopération intercommunale, à l'exception des établissements publics de coopération intercommunale à fiscalité propre de plus de 20 000 habitants.

Art. L. 5211-36-3 *(Ord. n° 2025-526 du 12 juin 2025, art. 1er, en vigueur à compter de l'exercice budgétaire 2026)* Pour l'application de l'article L. 1612-27, le budget des établissements publics de coopération intercommunale de moins de 3 500 habitants est voté par nature et peut comporter une présentation par fonction.

Art. L. 5211-36-4 *(Ord. n° 2025-526 du 12 juin 2025, art. 1er, en vigueur à compter de l'exercice budgétaire 2026)* Les établissement publics de coopération intercommunale de moins de 3 500 habitants et leurs établissements publics peuvent adopter des autorisations de programme ou d'engagement par délibération distincte, lors de l'adoption du budget de l'exercice ou des décisions modificatives, dans les conditions prévues à l'article L. 1612-29.

Art. L. 5211-36-5 *(Ord. n° 2025-526 du 12 juin 2025, art. 1er, en vigueur à compter de l'exercice budgétaire 2026)* Par dérogation à l'article L. 1612-30, les établissements publics de coopération intercommunale de moins de 3 500 habitants qui ne font pas application des dispositions de l'article L. 1612-29 ne sont pas soumis à l'obligation de produire un règlement budgétaire et financier.

Art. L. 5211-36-6 *(Ord. n° 2025-526 du 12 juin 2025, art. 1er, en vigueur à compter de l'exercice budgétaire 2026)* Les dispositions du I et du II de l'article L. 1612-35 ne s'appliquent pas aux établissements publics de coopération intercommunale de moins de 3 500 habitants.

Art. L. 5211-36-7 *(Ord. n° 2025-526 du 12 juin 2025, art. 1er, en vigueur à compter de l'exercice budgétaire 2026)* Pour l'application de l'article L. 1612-35, les établissements publics de coopération intercommunale signataires de contrats de ville définis à l'article 6 de la loi n° 2014-173 du 21 février 2014 de programmation pour la ville et la cohésion urbaine présentent annuellement un état, annexé à leur budget, retraçant les recettes et les dépenses correspondant aux engagements pris dans le cadre de ces contrats. Y figurent l'ensemble des actions conduites et des moyens apportés par les différentes parties au contrat, notamment les départements et les régions, en distinguant les moyens qui relèvent de la politique de la ville de ceux qui relèvent du droit commun.

Art. L. 5211-36-8 *(Ord. n° 2025-526 du 12 juin 2025, art. 1er, en vigueur à compter de l'exercice budgétaire 2026)* Pour l'application de l'article L. 1612-34, les lieux de mise à la disposition du public sont le siège de l'établissement et les mairies des communes membres de l'établissement public de coopération intercommunale.

Art. L. 5211-37 Le bilan des acquisitions et cessions opérées par les établissements publics de coopération intercommunale est soumis chaque année à délibération de l'organe délibérant. *(Abrogé par Ord. n° 2025-526 du 12 juin 2025, art. 1er, à compter de l'exercice budgétaire 2026)* ***« Ce bilan est annexé au compte administratif de l'établissement concerné. »*** – *[C. communes, art. L. 311-1, al. 3.]*

Toute cession d'immeubles ou de droits réels immobiliers envisagée par un établissement public de coopération intercommunale donne lieu à délibération motivée de l'organe délibérant portant sur les conditions de la vente et ses caractéristiques essentielles. La délibération est prise au vu de l'avis *(Ord. n° 2006-460 du 21 avr. 2006, art. 3-VII)* « de l'autorité compétente de l'État ». Cet avis est réputé donné à l'issue d'un délai d'un mois à compter de la saisine de *(L. n° 2009-526 du 12 mai 2009, art. 121-II)* « cette autorité ». Lorsque cette opération est envisagée dans le cadre d'une convention avec une commune, copie de cette délibération est transmise à la commune concernée dans les deux mois suivant son adoption.

Art. L. 5211-38 *Abrogé par Ord. n° 2005-1027 du 26 août 2005, art. 26.*

Art. L. 5211-39 Le président de l'établissement public de coopération intercommunale adresse chaque année, avant le 30 septembre, au maire de chaque commune membre un rapport retraçant l'activité de l'établissement accompagné du compte administratif arrêté par l'organe délibérant de l'établissement. Ce rapport fait l'objet d'une communication par le maire au conseil municipal en séance publique au cours de laquelle les *(L. n° 2013-403 du 17 mai 2013, art. 37)* « représentants » de la commune à l'organe délibérant de l'établissement public de coopération intercommunale sont entendus. Le président de l'établissement public de coopération intercommunale peut être entendu, à sa demande, par le conseil municipal de chaque commune membre ou à la demande de ce dernier.

Les *(L. n° 2013-403 du 17 mai 2013, art. 37)* « représentants » de la commune rendent compte au moins deux fois par an au conseil municipal de l'activité de l'établissement public de coopération intercommunale.

À compter de l'exercice budgétaire 2026, au 1er al. du présent art., les mots : « compte administratif » sont remplacés par les mots : « compte financier unique » (Ord. n° 2025-526 du 12 juin 2025, art. 1er et 12).

Art. L. 5211-39-1 *(L. n° 2010-1563 du 16 déc. 2010, art. 67)* Afin d'assurer une meilleure organisation des services, dans l'année qui suit chaque renouvellement général des conseils municipaux, le président de l'établissement public de coopération intercommunale à fiscalité propre *(L. n° 2019-1461 du 27 déc. 2019, art. 80)* « peut établir » un rapport relatif aux mutualisations de services entre les services de l'établissement public de coopération intercommunale à fiscalité propre et ceux des communes membres. Ce rapport comporte un projet de schéma de mutualisation des services à mettre en œuvre pendant la durée du mandat. Le projet de schéma prévoit notamment l'impact prévisionnel de la mutualisation sur les effectifs de l'établissement public de coopération intercommunale à fiscalité propre et des communes concernées et sur leurs dépenses de fonctionnement.

Le rapport est transmis pour avis à chacun des conseils municipaux des communes membres. Le conseil municipal de chaque commune dispose d'un délai de trois mois pour se prononcer. À défaut de délibération dans ce délai, son avis est réputé favorable.

Le projet de schéma est approuvé par délibération de l'organe délibérant de l'établissement public de coopération intercommunale à fiscalité propre.

Le schéma de mutualisation est adressé à chacun des conseils municipaux des communes membres de l'établissement public de coopération intercommunale.

Chaque année, lors du débat d'orientation budgétaire ou, à défaut, lors du vote du budget, l'avancement du schéma de mutualisation fait l'objet d'une communication du président de l'établissement public de coopération intercommunale à fiscalité propre à son organe délibérant.

BIBL. ▶ ACHARD et DELAIRE, Les schémas de mutualisation des services, *Gaz. cnes 5 janv. 2015, p. 50-51.*

Le schéma de mutualisation ne fait pas grief et par suite est insusceptible de faire l'objet d'un recours pour excès de pouvoir. • TA Dijon, 18 déc. 2019, *Cne Chevannes,* n° 1901046 : *JCP Adm. 2020. Actu. 38, note Erstein.*

Art. L. 5211-39-2 *(L. n° 2019-1461 du 27 déc. 2019, art. 27)* En cas de rattachement d'une commune à un établissement public de coopération intercommunale à fiscalité propre dans les conditions prévues à l'article L. 5210-1-2, de création d'un tel établissement par partage dans les conditions prévues à l'article L. 5211-5-1 A, d'extension du périmètre d'un établissement public de coopération intercommunale dans les conditions prévues aux articles L. 5211-18 ou L. 5211-41-1 ou de retrait d'une commune dans les conditions prévues aux articles L. 5211-19, L. 5214-26 ou L. 5216-11, l'auteur de la demande ou de l'initiative élabore un document présentant une estimation des incidences de l'opération sur les ressources et les charges ainsi que sur le personnel des communes et établissements publics de coopération intercommunale concernés, dont le contenu est précisé par décret.

Le cas échéant, le ou les représentants de l'État dans le ou les départements concernés fournissent à l'auteur de la demande ou de l'initiative les informations nécessaires à l'élaboration de ce document.

Celui-ci est joint à la saisine du conseil municipal des communes et de l'organe délibérant du ou des établissements publics de coopération intercommunale appelés à rendre un avis ou une décision sur l'opération projetée. Il est également joint, le cas échéant, à la saisine de la ou des commissions départementales de la coopération intercommunale concernées.

Ce document est mis en ligne sur le site internet des établissements publics de coopération intercommunale et de chaque commune membre concernés, lorsque ce dernier existe.

COMMENTAIRE
V. dans le supplément en ligne.

Art. L. 5211-40 *Abrogé par L. nº 2019-1461 du 27 déc. 2019, art. 1er.*

Art. L. 5211-40-1 *(L. nº 2019-1461 du 27 déc. 2019, art. 7)* **« En cas d'empêchement, le membre d'une commission créée en application de l'article L. 2121-22 peut être remplacé pour une réunion par un conseiller municipal de la même commune désigné par le maire. Ce dernier veille dans sa désignation à respecter le principe de la représentation proportionnelle défini au dernier alinéa du même article L. 2121-22. »**

(L. nº 2010-1563 du 16 déc. 2010, art. 62) **Lorsqu'un établissement public de coopération intercommunale à fiscalité propre forme une commission dans les conditions prévues** *(L. nº 2019-1461 du 27 déc. 2019, art. 7)* **« audit article » L. 2121-22, il peut prévoir la participation de conseillers municipaux des communes membres de cet établissement selon des modalités qu'il détermine.**

(L. nº 2019-1461 du 27 déc. 2019, art. 7) **« Les élus municipaux suppléant le maire ou ayant reçu délégation qui ne sont pas membres de cette commission peuvent assister aux séances de celle-ci, sans participer aux votes. »**

Art. L. 5211-40-2 *(L. nº 2019-1461 du 27 déc. 2019, art. 8)* **Les conseillers municipaux des communes membres d'un établissement public de coopération intercommunale qui ne sont pas membres de son organe délibérant sont informés des affaires de l'établissement faisant l'objet d'une délibération.**

Ils sont destinataires d'une copie de la convocation adressée aux conseillers communautaires ou aux membres du comité syndical avant chaque réunion de l'organe délibérant de l'établissement public de coopération intercommunale accompagnée, le cas échéant, de la note explicative de synthèse mentionnée au premier alinéa de l'article L. 2121-12. *(Ord. nº 2021-1310 du 7 oct. 2021, art. 16)* **« Leur sont également communiqués les rapports mentionnés au deuxième alinéa de l'article L. 2312-1 et au premier alinéa de l'article L. 5211-39 ainsi que, dans un délai d'un mois suivant chaque séance, la liste des délibérations examinées par l'organe délibérant de l'établissement public de coopération intercommunale et, dans un délai d'un mois suivant la séance au cours de laquelle il a été arrêté, le procès-verbal de ses séances. »**

Si la conférence des maires émet des avis, ceux-ci sont adressés à l'ensemble des conseillers municipaux des communes membres de l'établissement public de coopération intercommunale.

Les documents mentionnés aux deuxième et troisième alinéas du présent article sont transmis ou mis à disposition de manière dématérialisée par l'établissement public de coopération intercommunale.

Ces documents sont consultables en mairie par les conseillers municipaux, à leur demande.

Le présent article s'applique aux membres des organes délibérants d'un établissement public de coopération intercommunale ou d'une commune membre d'un syndicat mixte qui ne sont pas membres de son comité syndical.

COMMENTAIRE
V. dans le supplément en ligne.

SECTION 7 **Transformation et fusion** *(L. nº 2004-809 du 13 août 2004, art. 152).*

(L. nº 99-586 du 12 juill. 1999)

Art. L. 5211-41 **Lorsqu'un établissement public de coopération intercommunale à fiscalité propre exerce déjà, au lieu et place des communes qui le composent, les compétences fixées par le présent code pour une autre catégorie d'établissements publics de coopération intercommunale à fiscalité propre, cet établissement peut se transformer, sous réserve qu'il remplisse les conditions de création, en établissement public de cette catégorie par délibérations concordantes de l'organe délibérant et des conseils municipaux des communes membres se prononçant dans les conditions requises pour la création de l'établissement public de coopération intercommunale. Le conseil municipal de chaque commune membre dispose d'un délai de trois mois à compter de la**

notification au maire de la délibération de l'organe délibérant de l'établissement public de coopération intercommunale pour se prononcer sur la transformation proposée. À défaut de délibération dans ce délai, sa décision est réputée favorable. *(L. nº 2010-1563 du 16 déc. 2010, art. 17)* **« Sans préjudice des dispositions de l'article** *(L. nº 2014-58 du 27 janv. 2014, art. 43)* **« L. 5217-1 », » la transformation est alors prononcée par arrêté du représentant de l'État dans le département lorsque les communes appartiennent au même département et par arrêté conjoint des représentants de l'État dans les départements concernés dans le cas contraire.**

L'ensemble des biens, droits et obligations de l'établissement public de coopération intercommunale transformé sont transférés au nouvel établissement public qui est substitué de plein droit à l'ancien établissement dans toutes les délibérations et tous les actes de ce dernier à la date de *(L. nº 2010-1563 du 16 déc. 2010, art. 17)* **« l'acte duquel la transformation est issue ». L'ensemble des personnels de l'établissement transformé est réputé relever du nouvel établissement dans les conditions de statut et d'emploi qui sont les siennes.**

(L. nº 2013-403 du 17 mai 2013, art. 37) **« Les conseillers communautaires composant » l'organe délibérant de l'ancien établissement conservent leur mandat, pour la durée de celui-ci restant à courir,** *(L. nº 2013-403 du 17 mai 2013, art. 37)* **« au sein de » l'organe délibérant du nouvel établissement.**

1. Transformation. Acte préparatoire. La délibération, par laquelle l'organe délibérant d'un EPCI approuve sa transformation en un établissement d'une autre catégorie et adopte les nouveaux statuts, a le caractère d'un acte préparatoire. Elle est donc insusceptible de faire l'objet d'un recours pour excès de pouvoir. • CE 3 mai 2002, *Cne de Laveyron*, nº 217654 : *ACL 2003, nº 26 ; BJCL 2002. 198, concl. Austry, obs. V.D.G. ; AJDA 2002. 752*.

2. Transformation. Élection. En cas de transformation d'une communauté d'agglomération en communauté urbaine, il doit être procédé à une nouvelle désignation des représentants des communes, les délégués au conseil de la communauté d'agglomération étant élus au scrutin majoritaire et non, comme le prévoit l'art. L. 5215-10, au scrutin de liste à un tour. • CE 10 févr. 2010, *M. Berney et a.*, nº 327422 : *AJDA 2010. 298 ; BJCL 2010. 86, concl. Derepas, obs. Poujade.*

3. Décision de l'EPCI. Les décisions d'un EPCI, adoptées antérieurement à la prise d'effet de l'arrêté d'extension-transformation, portent une atteinte grave et manifestement illégale à la libre administration des collectivités locales, laquelle constitue une liberté fondamentale. Ainsi en est-il lorsque l'arrêté portant extension-transformation d'une communauté de communes en date du 28 mars 2002 ne prend effet qu'à compter du 31 déc. 2002 et que le conseil communautaire est convoqué le 16 mai 2002 afin de délibérer sur un certain nombre de mesures, notamment des contrats, engageant immédiatement la communauté d'agglomération. • CE 12 juin 2002, *Cne de Fauillet et a.*, nº 246618 : *ACL 2003, nº 24 ; AJDA 2002. 590 ; RFDA 2002. 857 ; BJCL 2002. 281, concl. Séners, obs. S.A.* ♦ En revanche, les parties ne sont pas fondées à soutenir qu'il y a urgence à suspendre l'exécution de cet arrêté. • Même arrêt.

4. Versement transport. La communauté d'agglomération substituée de plein droit au syndicat préexistant et remplissant les conditions requises par l'art. L. 2333-67 pour instituer un versement destiné au financement des transports en commun au taux majoré a pu ne pas s'estimer liée par le taux retenu par le syndicat. • CE 13 juill. 2007, *Sté Antona SA et a.*, nº 272048. – V. notes ss. art. L. 2333-67.

5. TEOM. Pour pouvoir instituer la part incitative, la commune ou l'EPCI doit avoir préalablement institué la TEOM et celle-ci doit avoir été appliquée pendant au moins une année. Cette règle s'applique également dans le cas d'un EPCI issu de fusion, quand bien même un, plusieurs ou l'ensemble des EPCI antérieurs avaient institué la part incitative. En effet, une fusion d'EPCI entraîne la création d'une nouvelle personne morale de droit public et rend ainsi nécessaire une nouvelle délibération en matière de TEOM pour une application unifiée sur tout le territoire. Cette nouvelle délibération a pour effet de rendre caduques l'ensemble des délibérations relatives à la TEOM prises antérieurement par les EPCI participant à la fusion. * Rép. min. nº 03922 : *JO Sénat, 3 oct. 2019.*

6. Reprise des personnels. Il résulte de l'art. L. 5216-6 relatif à la substitution d'une communauté d'agglomération à un syndicat mixte dont le périmètre est identique au sien, et du 2e al. de l'art. L. 5211-41 que le législateur n'a assorti les dispositions prévoyant que l'ensemble des personnels de l'établissement transformé est réputé relever du nouvel établissement, dans les conditions de statut et d'emploi qui sont les siennes, d'aucune restriction quant à leur champ d'application, qui couvre également, par conséquent, la situation des personnels exerçant une activité accessoire. • CE 20 déc. 2023, nº 459883 B : *AJDA 2024. 6 ; JCP Adm. 2024. 2090, comm. Pauliat.*

Art. L. 5211-41-1 Le périmètre de l'établissement public de coopération intercommunale à fiscalité propre qui a décidé de se transformer peut être étendu aux communes dont l'inclusion dans le périmètre communautaire est de nature à assurer la cohérence spatiale et économique ainsi que la solidarité financière et sociale qui sont nécessaires au développement d'une communauté d'agglomération et à son évolution en pôle urbain de développement *(L. n° 2010-1563 du 16 déc. 2010, art. 17)* « ; au développement d'une communauté urbaine et à son évolution en pôle régional ou au développement d'une métropole et à son évolution en pôle européen, » selon le cas. Il ne peut toutefois inclure, sans leur accord, les communes membres d'une communauté de communes dont l'éligibilité à la dotation prévue au *(Ord. n° 2003-1212 du 18 déc. 2003, art. 6 ; L. n° 2014-58 du 27 janv. 2014, art. 72)* « quatrième alinéa du II de l'article L. 5211-29 » a été constatée dans les conditions fixées à l'article L. 5214-23-1.

Le projet d'extension du périmètre de l'établissement public est arrêté par le représentant de l'État dans le département lorsque les communes font partie du même département, ou par arrêté conjoint des représentants de l'État dans les départements concernés lorsque le périmètre projeté s'étend au-delà d'un seul département, après avis de la ou des commissions départementales de la coopération intercommunale concernées. Cet avis est réputé négatif s'il n'a pas été rendu à l'issue d'un délai de deux mois. Le périmètre peut être étendu après accord du conseil de l'établissement public ainsi que des deux tiers au moins des conseils municipaux de toutes les communes incluses dans le futur périmètre et représentant plus de la moitié de la population totale de celles-ci ou de la moitié au moins des conseils municipaux de ces communes représentant les deux tiers de la population. *(L. n° 2010-1563 du 16 déc. 2010, art. 11)* « Cette majorité doit nécessairement comprendre le conseil municipal de la commune dont la population est la plus nombreuse, lorsque celle-ci est supérieure au quart de la population totale concernée. » À défaut de délibération dans le délai de trois mois à compter de la notification du projet d'extension de périmètre, l'accord est réputé donné.

(L. n° 2010-1563 du 16 déc. 2010, art. 17) « Sans préjudice des dispositions de l'article *(L. n° 2014-58 du 27 janv. 2014, art. 43)* « L. 5217-1 », » l'extension du périmètre de l'établissement public et la transformation de cet établissement en un autre établissement public de coopération intercommunale sont prononcées par le même arrêté du ou des représentants de l'État dans le ou les départements. Cet arrêté vaut retrait des communes des établissements publics de coopération intercommunale dont elles sont membres. Dans le cas particulier de syndicats de communes ou de syndicats mixtes, le retrait s'effectue dans les conditions fixées à l'article L. 5216-7 ou à l'article L. 5215-22 selon le cas.

(L. n° 2010-1563 du 16 déc. 2010, art. 9) « La transformation de l'établissement public de coopération intercommunale » entraîne l'application à l'ensemble des biens, équipements et services publics nécessaires à l'exercice des compétences transférées, ainsi que des droits et obligations attachés à ces biens, équipements et services publics à la date du transfert, des dispositions du II de l'article L. 5211-18.

L'extension-transformation d'une communauté de communes en communauté d'agglomération peut avoir pour conséquence la dissolution de la communauté de communes adjointe si elle ne comporte plus qu'une seule commune. Dès lors, l'arrêté fixant les modalités de transfert des biens peut intervenir après l'arrêté autorisant l'extension. • CE 13 juill. 2007, *Cne de Pourcieux,* n° 270500 : *AJDA 2007. 1707, concl. Séners ; JCP Adm. 2007, n° 2224, note Ernstein ; BJCL 2007. 682, concl. Séners.*

Art. L. 5211-41-2 *(L. n° 2004-809 du 13 août 2004, art. 152)* Lorsqu'un syndicat de communes exerce déjà, au lieu et place des communes qui le composent, les compétences fixées par le présent code pour les communautés d'agglomération ou les communautés de communes, ce syndicat peut se transformer en l'une de ces deux catégories d'établissement, sous réserve qu'il remplisse les conditions de création exigées. Cette transformation est décidée par délibérations concordantes du comité syndical et des conseils municipaux des communes membres se prononçant dans les conditions de majorité qualifiée requises pour la création de l'établissement public de coopération intercommunale. Le comité syndical et le conseil municipal de chaque commune membre se prononcent dans un délai de trois mois à compter de la notification au maire et au président du syndicat de la délibération proposant la transformation. À défaut de délibération dans ce délai, leur décision est réputée favorable. La transformation peut être prononcée par arrêté du représentant de l'État dans le département lorsque les communes appartiennent au même département et par arrêté conjoint des représentants de l'État dans les départements concernés dans le cas contraire.

L'ensemble des biens, droits et obligations du syndicat transformé sont transférés au nouvel établissement public qui est substitué de plein droit au syndicat dans toutes les délibérations et tous les actes de ce dernier à la date de l'arrêté de transformation.

Les contrats sont exécutés dans les conditions antérieures jusqu'à leur échéance, sauf accord contraire des parties. Les cocontractants sont informés de la substitution de personne morale. La substitution de personne morale aux contrats conclus par le syndicat n'entraîne aucun droit à résiliation ou à indemnisation pour le cocontractant.

L'ensemble des personnels de l'établissement transformé est réputé relever du nouvel établissement dans les conditions de statut et d'emploi qui sont les siennes.

La transformation d'un syndicat intercommunal en communauté de communes ou en communauté d'agglomération est effectuée à titre gratuit et ne donne lieu au paiement d'aucune indemnité, droit, taxe, *(Ord. n° 2010-638 du 10 juin 2010, art. 9)* « contribution prévue à l'article 879 du code général des impôts » ou honoraire.

(L. n° 2010-1563 du 16 déc. 2010, art. 9) « Le nombre et la répartition des membres de l'organe délibérant de la communauté de communes ou de la communauté d'agglomération sont déterminés dans les conditions prévues à l'article L. 5211-6-1.

« Jusqu'au prochain renouvellement général des conseils municipaux suivant la transformation en communauté de communes ou communauté d'agglomération, les *(L. n° 2013-403 du 17 mai 2013, art. 37)* « conseillers communautaires » sont désignés dans les conditions prévues au 1° de l'article L. 5211-6-2. » *(L. n° 2011-525 du 17 mai 2011, art. 83)* « Le mandat des délégués en fonctions avant la transformation de l'établissement est prorogé jusqu'à l'installation du nouvel organe délibérant dans le mois suivant la transformation. »

Art. L. 5211-41-3 *(L. n° 2004-809 du 13 août 2004, art. 153)* I. – Des établissements publics de coopération intercommunale, dont au moins l'un d'entre eux est à fiscalité propre, peuvent être autorisés à fusionner dans les conditions suivantes.

Le projet de périmètre du nouvel établissement public de coopération intercommunale envisagé peut être fixé par arrêté du représentant de l'État dans le département lorsque les communes font partie du même département, ou par arrêté conjoint des représentants de l'État dans les départements concernés dans le cas contraire :

1° Soit dans un délai de deux mois à compter de la première délibération transmise, à l'initiative d'un ou de plusieurs conseils municipaux des communes membres ou de l'organe délibérant du ou des établissements publics de coopération intercommunale dont la fusion est envisagée ;

(L. n° 2010-1563 du 16 déc. 2010, art. 42) « 2° Soit à l'initiative du ou des représentants de l'État ;

« 3° Soit à l'initiative de la ou des commissions départementales de la coopération intercommunale.

« L'arrêté fixant le projet de périmètre dresse la liste des établissements publics de coopération intercommunale intéressés et détermine la catégorie de l'établissement public de coopération intercommunale à fiscalité propre envisagé conformément au premier alinéa du III. Le projet de périmètre, d'un seul tenant et sans enclave, peut en outre comprendre des communes dont l'inclusion est de nature à assurer la cohérence spatiale et économique ainsi que la solidarité financière nécessaires au développement du nouvel établissement public dans le respect du schéma départemental de coopération intercommunale.

« Le projet de périmètre, accompagné d'un rapport explicatif et d'une étude d'impact budgétaire et fiscal, est notifié par le ou les représentants de l'État dans le département au maire de chaque commune incluse dans le projet de périmètre. Les conseils municipaux disposent d'un délai de trois mois à compter de la notification pour se prononcer sur le projet de périmètre, la catégorie et les statuts du nouvel établissement public de coopération intercommunale. À défaut de délibération dans ce délai, leur avis est réputé favorable.

« Le projet de périmètre est également soumis pour avis par le ou les représentants de l'État dans le département aux établissements publics de coopération intercommunale dont la fusion est envisagée. À défaut de délibération dans un délai de trois mois à compter de la transmission du projet d'arrêté, leur avis est réputé favorable.

« Le projet de périmètre, accompagné du rapport explicatif, de l'étude d'impact et des délibérations des communes et des établissements publics de coopération intercommunale, est notifié à la commission départementale de la coopération intercommunale compétente par le ou les représentants de l'État dans le département. Lorsqu'un projet intéresse des communes ou des établissements publics de coopération intercommunale appartenant à des départements différents, les commissions concernées se réunissent en formation interdépartementale. À défaut de délibération dans un délai de deux mois à compter de la notification, l'avis de la ou des commissions est réputé favorable.

« Les propositions de modification du projet de périmètre adoptées, dans le respect des objectifs prévus aux I et II de l'article L. 5210-1-1 et des orientations définies au III du même article, par la ou les commissions départementales de la coopération intercommunale à la majorité des deux tiers de leurs membres sont intégrées à l'arrêté du ou des représentants de l'État dans le département. »

II. — La fusion peut être décidée par arrêté du ou des représentants de l'État dans le ou les départements concernés, après accord des conseils municipaux sur l'arrêté dressant la liste des établissements publics et des communes *(L. n° 2010-1563 du 16 déc. 2010, art. 42)* « inclus dans le projet de périmètre et sur les statuts ». Cet accord doit être exprimé par deux tiers au moins des conseils municipaux de toutes les communes incluses dans le projet de périmètre représentant plus de la moitié de la population totale de celles-ci, ou par la moitié au moins des conseils municipaux des communes représentant les deux tiers de la population. *(L. n° 2010-1563 du 16 déc. 2010, art. 42)* « Ces majorités doivent nécessairement comprendre au moins un tiers des conseils municipaux des communes qui sont regroupées dans chacun des établissements publics de coopération intercommunale dont la fusion est envisagée. Sous réserve de leur accord, l'arrêté vaut retrait des communes des établissements publics de coopération intercommunale dont elles sont membres et qui ne sont pas intégralement inclus dans le projet de périmètre. »

III. — L'établissement public issu de la fusion relève de la catégorie de celui des établissements publics de coopération intercommunale à fiscalité propre inclus dans le projet auquel la loi a confié le plus grand nombre de compétences *(L. n° 2010-1563 du 16 déc. 2010, art. 42)* « ou d'une catégorie disposant de compétences obligatoires en nombre supérieur, sous réserve qu'il remplisse les conditions de création de l'établissement public prévues pour celle-ci ».

Les compétences transférées par les communes aux établissements publics existant avant la fusion, à titre obligatoire, sont exercées par le nouvel établissement public sur l'ensemble de son périmètre.

(L. n° 2019-1461 du 27 déc. 2019, art. 13) « Les compétences transférées à titre supplémentaire » *(L. n° 2010-1563 du 16 déc. 2010, art. 42)* « sans préjudice des dispositions du II des articles L. 5214-16 et L. 5216-5, les compétences transférées à titre optionnel et celles transférées à titre supplémentaire par les communes aux établissements publics de coopération intercommunale existant avant la fusion sont exercées par le nouvel établissement public de coopération intercommunale à fiscalité propre sur l'ensemble de son périmètre ou, si l'organe délibérant de celui-ci le décide dans un délai de *(L. n° 2019-1461 du 27 déc. 2019, art. 13)* « deux ans » à compter de l'entrée en vigueur de l'arrêté décidant la fusion, font l'objet d'une restitution aux communes. *(L. n° 2012-281 du 29 févr. 2012, art. 3)* « La délibération de l'organe délibérant peut prévoir que ces compétences font l'objet d'une restitution partielle. » Jusqu'à cette délibération ou, au plus tard, jusqu'à l'expiration du délai précité, le nouvel établissement public exerce, dans les anciens périmètres correspondant à chacun des établissements publics de coopération intercommunale ayant fusionné, les compétences transférées à titre supplémentaire par les communes à chacun de ces établissements publics.

« Dans le cas où le nouvel établissement public relève d'une catégorie disposant de compétences obligatoires en nombre supérieur à celle *[celles]* des établissements publics qui fusionnent, les statuts doivent, le cas échéant, prévoir des compétences nouvelles afin de respecter les conditions tenant aux compétences obligatoires prévues par la loi pour cette catégorie.

« Lorsque l'exercice des compétences du nouvel établissement public est subordonné à la reconnaissance de leur intérêt communautaire, cet intérêt est défini au plus tard deux ans après l'entrée en vigueur de l'arrêté prononçant la fusion. À défaut, l'établissement public exerce l'intégralité de la compétence transférée. Jusqu'à la définition de l'intérêt communautaire, celui qui était défini au sein de chacun des établissements publics de coopération intercommunale ayant fusionné est maintenu dans les anciens périmètres correspondant à chacun de ces établissements. »

L'ensemble des biens, droits et obligations des établissements publics de coopération intercommunale fusionnés sont transférés à l'établissement public issu de la fusion.

Lorsque la fusion emporte transfert de compétences des communes au nouvel établissement public, ces transferts s'effectuent dans les conditions financières et patrimoniales prévues aux quatrième et cinquième alinéas de l'article L. 5211-17.

L'établissement public issu de la fusion est substitué de plein droit, pour l'exercice de ses compétences, aux anciens établissements publics et, le cas échéant, aux communes incluses dans son périmètre dans toutes leurs délibérations et tous leurs actes.

Les contrats sont exécutés dans les conditions antérieures jusqu'à leur échéance, sauf accord contraire des parties. Les cocontractants sont informés de la substitution de personne morale par l'établissement public issu de la fusion. La substitution de personne morale aux contrats conclus par les établissements publics de coopération intercommunale et les communes n'entraîne aucun droit à résiliation ou à indemnisation pour le cocontractant.

La fusion d'établissements publics est effectuée à titre gratuit et ne donne lieu au paiement d'aucune indemnité, droit, taxe, *(Ord. n° 2010-638 du 10 juin 2010, art. 9)* « contribution prévue à l'article 879 du code général des impôts » ou honoraire.

L'ensemble des personnels des établissements publics de coopération intercommunale fusionnés est réputé relever de l'établissement public issu de la fusion dans les conditions de statut et d'emploi qui sont les siennes. *(L. n° 2007-209 du 19 févr. 2007, art. 41)* « Les agents conservent, s'ils y ont intérêt, le bénéfice du régime indemnitaire qui leur était applicable ainsi que, à titre individuel, les avantages acquis en application du troisième alinéa de l'article 111 de la loi n° 84-53 du 26 janvier 1984 portant dispositions statutaires relatives à la fonction publique territoriale. »

(L. n° 2010-1563 du 16 déc. 2010, art. 9) « IV. — Le nombre et la répartition des membres de l'organe délibérant du nouvel établissement public sont déterminés dans les conditions prévues à l'article L. 5211-6-1.

« Jusqu'au prochain renouvellement général des conseils municipaux suivant la création du nouvel établissement, les *(L. n° 2013-403 du 17 mai 2013, art. 37)* « membres » sont désignés dans les conditions prévues au 1° de l'article L. 5211-6-2. »

(L. n° 2010-1563 du 16 déc. 2010, art. 42) « V. — Le mandat des *(L. n° 2013-403 du 17 mai 2013, art. 37)* « membres » en fonction avant la fusion des établissements publics de coopération intercommunale est prorogé jusqu'à l'installation du nouvel organe délibérant au plus tard le vendredi de la quatrième semaine suivant la fusion. La présidence de l'établissement issu de la fusion est, à titre transitoire, assurée par le plus âgé des présidents des établissements publics ayant fusionné. Les pouvoirs *(L. n° 2013-403 du 17 mai 2013, art. 37)* « des membres » et du président sont limités aux actes d'administration conservatoire et urgente. »

Les communautés de communes et les communautés d'agglomération continuent d'exercer, à titre supplémentaire, les compétences qu'elles exerçaient à titre optionnel à la date de publication de la L. n° 2019-1461 du 27 déc. 2019, jusqu'à ce qu'il en soit décidé autrement dans les conditions prévues à l'art. L. 5211-17-1 CGCT (L. préc., art. 13).

BIBL. ▶ CHRISTIANY, Les fusions intercommunales, de nouveaux territoires pour de nouveaux projets, *JCP Adm. 2005, n° 18-19, p. 768.* – MIROUSE, Intercommunalité et risque contentieux en

2009 : des problématiques que le projet de loi sur la démocratie locale tentera d'anticiper, *JCP Adm. 2008, n° 2268.* – Sempé, La fusion des établissements publics de coopération intercommunale dans la loi du 13 août 2004, « La profondeur du droit local », *in* Mél. J.-C. Douence, *Dalloz, 2006, p. 429.*

1. Périmètre. La communauté d'agglomération issue de la fusion de deux EPCI doit être d'un seul tenant et sans enclave alors même que l'un de ces EPCI est une communauté d'agglomération discontinue. • CE 5 oct. 2005, *Cté d'agglomération Garlaban-Huveaune-Sainte-Baume,* n° 275269 : *BJCL 2005. 763, concl. Séners ; ibid. 766, obs. L. T. ; RLCT 2005, n° 8, p. 44, note E.G. ; ACL 2006, n° 13.* ♦ Le contrôle de l'erreur manifeste d'appréciation des faits de l'espèce peut conduire le juge à annuler le refus du préfet d'arrêter le projet de périmètre de fusion. • TA Strasbourg, 10 avr. 2007, *Cté de cnes Porte-de France-Rhin Sud et Cté de cnes de l'Île Napoléon c/ Préfet du Bas-Rhin,* n° 0602468 : *AJDA 2007. 1260.* ♦ La décision préfectorale de refus de fixation du projet de périmètre doit se fonder expressément sur des considérations propres au projet, au regard des objectifs fixés par le législateur ou par le schéma de coopération intercommunale. • TA Marseille, 30 déc. 2020, *Cté d'agglo Arles Crau Camargue Montagnette,* n° 18010981 : *JCP Adm. 2021. 32. concl. Haili.*

2. Compétences. En cas de fusion d'un EPCI doté d'un PLU intercommunal avec un EPCI où plusieurs PLU communaux ont été élaborés, le nouvel EPCI pourra soit restituer cette compétence aux communes membres à l'issue du processus de fusion ou dans le délai maximum de deux ans, soit exercer la compétence PLU des EPCI fusionnés. Il devra alors réviser ou modifier le PLU pour qu'il couvre l'ensemble du nouveau périmètre intercommunal. * Rép. min. n° 0160S : *JO Sénat Q, 16 janv. 2013, p. 29.* ♦ Les dispositions de l'art. L. 5211-41-3 n'ont ni pour objet ni pour effet de permettre la restitution totale ou partielle d'une compétence supplémentaire à l'une seulement des communes membres de l'EPCI. • CAA Bordeaux, 1er mars 2021, *Cté de cnes du Haut-Poitou,* n° 19BX00682.

3. Attribution de compensation. Le montant des charges liées à la compétence scolaire peut être déterminé par la CLECT sur la base du coût de renouvellement des biens transférés, ramené à un coût au m^2. • TA Châlons-en-Champagne, 29 janv. 2019, *Cne de Joinville,* n° 1700973. ♦ L'art. 1609 *nonies* C CGI n'autorise pas la communauté urbaine à faire varier le montant de ses attributions de compensation, perçues ou versées par les communes, de plus de 15 % par rapport aux montants appliqués l'année antérieure à la création par fusion de la communauté urbaine. • TA Versailles, 23 mai 2019, *Cne d'Andrésy et a.,* n° 1702827. ♦ Les attributions de compensation versées par la CU à ses communes membres en vertu de l'art. 1609 *nonies* CGI ne sont pas au nombre des dépenses susceptibles d'être couvertes par le produit de la taxe d'enlèvement des ordures ménagères (TEOM), dont ce n'est pas la vocation. Dès lors, le taux de la TEOM voté par la communauté est entaché d'erreur manifeste d'appréciation. • CE 30 sept. 2022, *Euro Dépôt Immobilier,* n° 455364 B : *AJDA 2022. 1872.*

4. Agents. Il résulte du dernier al. du III du présent art. que la fusion ne nécessite pas d'acte juridique spécifique opérant le changement d'employeur pour les agents des EPCI appelés à fusionner et que ces agents conservent leurs acquis sociaux. * Rép. min. n° 84155 : *JOAN Q, 16 mai 2006, p. 5159.* ♦ Les art. L. 5211-41-3 et L. 5212-27 CGCT prévoient que l'ensemble des personnels, selon le cas, des EPCI ou des syndicats mixtes fusionnés, est réputé relever de l'établissement public issu de la fusion dans les conditions de statut et d'emploi qui sont les siennes. Cet article pose le principe de la reprise de tous les personnels des EPCI fusionnés par l'EPCI issu de la fusion. La fusion n'emporte pas transfert des emplois, qu'ils soient pourvus ou vacants, mais transfert des agents dans l'EPCI issu de la fusion. Par conséquent, les emplois vacants dans les EPCI fusionnés ne deviennent pas des emplois vacants dans l'EPCI issu de la fusion à qui il appartient d'adopter, par délibération, un nouveau tableau des emplois. * Rép. min. n° 01140 : *JO Sénat 19 oct. 2017, p. 3253.*

5. Organe délibérant. À l'issue d'une fusion entre EPCI, le président par intérim est tenu de différer la séance d'installation du nouveau conseil communautaire si les communes membres n'ont pas pu désigner leurs délégués dans le délai prévu au V de l'art. L. 5211-41-3. En revanche, à défaut de désignation de ces délégués à l'expiration du délai, le président par intérim peut réunir régulièrement le nouvel organe délibérant. • CE 5 févr. 2014, *M. R. et a.,* n° 371020 : *AJDA 2014. 309, obs. Pastor ; JCP Adm. 2014, n° 2094, note Dufaud.*

6. Droit à l'information. La procédure, même si elle ne prévoit pas que le représentant de l'État dans le département ait l'obligation de joindre à la notification de l'arrêté fixant le projet de périmètre le rapport explicatif et l'étude d'impact budgétaire et fiscale prévus par l'art. L. 5211-41-3, ne porte pas atteinte au principe de libre administration, le droit à l'information des élus concernés étant assuré indirectement par les informations données aux membres de la commission départementale de la coopération intercommunale chargés de donner un avis sur le projet de fusion. • CAA Bordeaux, 10 sept. 2018, n° 18BX02185.

SECTION 8 Commission départementale de la coopération intercommunale

(L. nº 99-586 du 12 juill. 1999)

SOUS-SECTION 1 Composition

BIBL. GÉN. ▶ CHRISTIANY et PLANCKE, Commission départementale de la coopération intercommunale, à propos du décret nº 2011-122 du 28 janvier 2011 relatif à sa composition et à son fonctionnement, *JCP Adm. 2011, nº 2149.*

Art. L. 5211-42 Il est institué dans chaque département une commission départementale de la coopération intercommunale. Elle est présidée par le représentant de l'État dans le département. Celui-ci est assisté d'un rapporteur général et de deux assesseurs élus parmi les maires.

Art. L. 5211-43 *(L. nº 2018-699 du 3 août 2018, art. 70)* « I. — » La commission départementale de la coopération intercommunale est composée à raison de :

1° *(L. nº 2019-1461 du 27 déc. 2019, art. 33)* « 50 % » par des maires, des adjoints au maire ou des conseillers municipaux élus à la représentation proportionnelle à la plus forte moyenne par les maires regroupés au sein des collèges électoraux déterminés en fonction de l'importance démographique des communes ;

(L. nº 2010-1563 du 16 déc. 2010, art. 53) « 2° *(L. nº 2019-1461 du 27 déc. 2019, art. 33)* « 30 % » par des représentants d'établissements publics de coopération intercommunale à fiscalité propre ayant leur siège dans le département, élus à la représentation proportionnelle à la plus forte moyenne par le collège des présidents des organes délibérants de ces établissements ;

« 3° 5 % par des représentants des syndicats mixtes et des syndicats de communes, élus à la représentation proportionnelle à la plus forte moyenne par le collège des présidents de chacune de ces catégories de syndicats ;

« 4° 10 % par des représentants du conseil départemental, élus par celui-ci à la représentation proportionnelle à la plus forte moyenne ;

« 5° 5 % par des représentants du conseil régional dans la circonscription départementale, élus par celui-ci à la représentation proportionnelle à la plus forte moyenne. »

(Ord. nº 2014-1543 du 19 déc. 2014, art. 31) « La commission départementale de la coopération intercommunale du département du Rhône est dénommée "commission départementale-métropolitaine de la coopération intercommunale". Elle comprend, en plus du total des membres désignés en application des 1° à 5° et pour 5 % de ce total, des représentants du conseil de la métropole de Lyon, élus par celui-ci à la représentation proportionnelle à la plus forte moyenne. »

(Ord. nº 2016-1562 du 21 nov. 2016, art. 22, mod. par L. nº 2017-289 du 7 mars 2017, art. 2) « Pour la collectivité de Corse, chaque commission est composée de 10 % de conseillers de l'Assemblée de Corse élus en son sein et de 5 % de conseillers exécutifs désignés par le président du conseil exécutif, en lieu et place des représentants mentionnés aux 4° et 5° du présent article. »

(L. nº 2010-1563 du 16 déc. 2010, art. 53) « Pour la désignation des représentants des communes mentionnés au 1°, lorsqu'une seule liste de candidats réunissant les conditions requises a été adressée au représentant de l'État dans le département par l'association départementale des maires et qu'aucune autre candidature individuelle ou collective n'est présentée, le représentant de l'État en prend acte et il n'est pas procédé à l'élection des représentants des différents collèges des maires. Il en est de même pour la désignation des représentants des établissements publics de coopération intercommunale à fiscalité propre mentionnés au 2° et celle des représentants des syndicats mentionnés au 3°. »

Le mandat des membres de la commission cesse à l'occasion du renouvellement des fonctions au titre desquelles ils ont été désignés. Il est pourvu à leur remplacement dans les conditions prévues au présent article.

(L. nº 2018-699 du 3 août 2018, art. 70) « II. — Dès lors qu'ils ne sont pas membres de la commission départementale de la coopération intercommunale au titre d'un mandat local, sont associés aux travaux de la commission, sans voix délibérative :

« 1° L'ensemble des députés et des sénateurs élus dans le département, lorsque celui-ci compte moins de cinq parlementaires ;

« 2° Deux députés et deux sénateurs élus dans le département, lorsque le département compte cinq parlementaires ou plus.

« Dans ce dernier cas, les autres parlementaires élus dans le département sont destinataires, avant toute réunion de la commission, d'un rapport explicatif pour chaque affaire inscrite à l'ordre du jour. »

Art. L. 5211-44 Les conditions d'application *(L. nº 99-586 du 12 juill. 1999)* « des articles L. 5211-42 et L. 5211-43 » sont fixées par décret en Conseil d'État. Ce décret fixe notamment le nombre total des membres de la commission départementale, déterminé compte tenu de la population, du nombre des communes *(L. nº 2010-1563 du 16 déc. 2010, art. 54)* « et des établissements publics de coopération intercommunale à fiscalité propre » du département et de leur importance démographique, les critères démographiques utilisés pour la constitution des collèges de maires mentionnés au 1° *(L. nº 99-586 du 12 juill. 1999)* « de l'article L. 5211-43 » ainsi que les modalités de désignation des membres de la commission départementale et les règles de fonctionnement de celle-ci.

(L. nº 2015-991 du 7 août 2015, art. 35) « Lorsque l'avis de la commission départementale de la coopération intercommunale est requis dans un délai déterminé, le représentant de l'État dans le département la convoque en temps utile, en adressant à ses membres une convocation dans un délai d'une semaine à compter de l'ouverture du délai précité. »

V. art. R. 5211-19 s.

Art. L. 5211-44-1 *(L. nº 2010-1563 du 16 déc. 2010, art. 56)* Dans les départements dont le territoire comprend des zones de montagne délimitées conformément à l'article 3 de la loi nº 85-30 du 9 janvier 1985 relative au développement et à la protection de la montagne, la composition des collèges des représentants des communes et des établissements publics de coopération intercommunale de la commission départementale de la coopération intercommunale est déterminée à la représentation proportionnelle des communes et des établissements publics de coopération intercommunale situés, en tout ou partie, dans ces zones. Les collèges des représentants des communes et des établissements publics de coopération intercommunale siégeant dans cette commission comprennent au moins un représentant d'une commune et un représentant d'un établissement public de coopération intercommunale situés, en tout ou partie, dans ces zones.

SOUS-SECTION 2 Attributions

Art. L. 5211-45 La commission départementale de la coopération intercommunale établit et tient à jour un état de la coopération intercommunale dans le département. Elle peut formuler toute proposition tendant à renforcer la coopération intercommunale. À cette fin elle entend, à leur demande, des représentants des collectivités territoriales concernées. *(L. nº 2010-1563 du 16 déc. 2010, art. 57)* « Le représentant de l'État dans le département la consulte sur tout projet de création d'un établissement public de coopération intercommunale, dans les conditions fixées à l'article L. 5211-5, et sur tout projet de création d'un syndicat mixte. Elle est saisie par le représentant de l'État dans le département ou à la demande de 20 % de ses membres. Elle est également consultée sur tout projet de modification du périmètre d'un établissement public de coopération intercommunale ou de fusion de tels établissements qui diffère des propositions du schéma départemental de la coopération intercommunale prévu à l'article L. 5210-1-1. » Tout projet d'association de communes en vue de l'élaboration d'une charte intercommunale de développement et d'aménagement lui est communiqué. Ses propositions et observations sont rendues publiques.

La commission départementale de la coopération intercommunale, consultée par le représentant de l'État dans le département sur toute demande de retrait d'un syndicat de communes en application des articles L. 5212-29, L. 5212-29-1 et L. 5212-30, d'une communauté de communes en application de l'article L. 5214-26, *(L. nº 2019-1461 du 27 déc. 2019, art. 25)* « ou d'une communauté d'agglomération en application

de l'article L. 5216-11 » *(L. nº 2010-1563 du 16 déc. 2010, art. 57)* **« est** *(L. nº 2019-1461 du 27 déc. 2019, art. 25)* **« composée » de la moitié des membres élus par le collège visé au 1° de l'article L. 5211-43, dont deux membres représentant les communes de moins de 2 000 habitants, du quart des membres élus par le collège visé au 2° du même article L. 5211-43, et de la moitié du collège visé au 3° dudit article L. 5211-43 ».**

BIBL. ► DAUCE, Adoption par les deux assemblées de la proposition *Pélissard* visant à assouplir les règles relatives à la refonte de la carte intercommunale, *JCP Adm. 2012, nº 123.* – VERPEAUX, Réforme « Pélissard » de la loi de réforme des collectivités territoriales. En attendant la suite..., *JCP Adm. 2012, nº 2177.*

1. Consultation de la CDCI. La consultation de la commission départementale de la coopération intercommunale (CDCI) prévue à l'art. L. 5211-5 en vue de l'adoption de l'arrêté de création d'un EPCI ne s'impose, aux termes de cette disposition, que lorsque la création intervient à l'initiative du représentant de l'État. • CE 27 oct. 2008, *Cne de Sainte-Croix-en-Plaine*, nº 296734. ♦ La consultation doit porter sur un projet précis de structure intercommunale et non sur une intention vague. • TA Dijon, 10 juin 1997, *M. Maillet c/ Préfet du dpt de la Nièvre et a. : AJDA 1998. 356, obs. Verpeaux*. ♦ La commission formule ses observations sur tout projet de création d'un EPCI à l'issue d'une délibération collégiale. Le respect de cette procédure présente un caractère substantiel. En conséquence, est annulé l'arrêté portant création d'une communauté de communes alors que le préfet n'avait pas réuni la commission et s'était borné à informer individuellement ses membres du projet envisagé. • CE 29 mars 2000, *Min. de l'Intérieur c/ Maillet et a.*, nº 203975 : *Juris-Data nº 060285.*

2. Amendements au SDCI. Tout amendement contrevenant aux objectifs fixés au I de l'art. L. 5210-1-1 du CGCT est non conforme à la loi et ne peut être intégré au SDCI quand bien même il serait adopté à la majorité des deux tiers de la CDCI. Il en va de même des amendements manifestement contraires aux objectifs fixés au II et aux orientations des 2° à 6° du III alors même qu'ils n'ont pas le même caractère impératif. Enfin, le seuil de 5 000 habitants est un objectif et non une condition impérative pour lequel le préfet peut décider d'accorder une dérogation. * Rép. min. nº 20582 : *JO Sénat Q, 22 mars 2012, p. 735.*

3. Formation. La commission, réunie dans la formation prévue au second alinéa du présent article, doit également formuler son avis dans le cadre de la procédure de l'art. L. 5216-7-2. La violation du règlement intérieur de la commission départementale de coopération intercommunale n'entache pas d'illégalité l'arrêté du préfet autorisant le retrait d'une commune d'une communauté d'agglomération dès lors que cette irrégularité n'a pas eu d'influence sur le sens de l'avis émis par la commission. • TA Rennes, 26 mai 2005, *Cté d'agglomération Rennes métropole*, nº 0404648 : *AJDA 2006. 258*. ♦ Il résulte du second alinéa de l'art. L. 5211-45, que le législateur a notamment entendu soumettre à l'avis d'une formation restreinte de la CDCI les demandes de retrait d'une communauté de communes justifiées par le souhait des communes demanderesses d'adhérer à une autre communauté de communes, sans que soit applicable la procédure de consultation de la commission en formation plénière prévue par le premier alinéa pour les projets de modification du périmètre d'un établissement public. • CE 24 avr. 2019, *Cté de cnes du Vexin-Thelle*, nº 419842 B : *AJDA 2019. 909*.

4. Règlement intérieur. Le juge interprète le règlement intérieur de la commission et lorsque celui-ci dispose que la commission « entendra tout représentant d'une collectivité territoriale membre d'une structure de coopération qui en fera la demande », il a été jugé que, dès lors que le président de la communauté concernée a été entendu, la demande du maire d'une commune membre peut être écartée. • CAA Nantes, 20 févr. 2007, *Assoc. Noyal vivre en intelligence*, nº 05NT01418 : *AJDA 2007. 1822*.

Art. L. 5211-45-1 *(L. nº 2025-327 du 11 avr. 2025, art. 3)* **Dans les six mois suivant chaque renouvellement général des conseils municipaux, la commission départementale de la coopération intercommunale se réunit pour évoquer les enjeux relatifs à la qualité et à la quantité de la ressource en eau à l'échelle de chaque commune et à l'échelle du département, la performance des services et l'efficacité des interconnexions ainsi que les perspectives d'évolution à dix ans de ces différents éléments.**

La convocation adressée à ses membres par le représentant de l'État dans le département est accompagnée d'un rapport détaillé sur les enjeux mentionnés au premier alinéa.

La commission peut formuler des propositions non contraignantes sur l'organisation territoriale des compétences "eau" et "assainissement" à l'échelle du département.

SECTION 9 Information et participation des habitants

(L. n° 99-586 du 12 juill. 1999)

Art. L. 5211-46 Toute personne physique ou morale a le droit de demander communication *(Ord. n° 2021-1310 du 7 oct. 2021, art. 17)* « des délibérations et » des procès-verbaux des organes délibérants des établissements publics de coopération intercommunale, des budgets et des comptes de ces établissements ainsi que des arrêtés de leur président.

Chacun peut les publier sous sa responsabilité.

(Ord. n° 2005-650 du 6 juin 2005, art. 11) « La communication des documents mentionnés au premier alinéa, qui peut être obtenue aussi bien du président que des services déconcentrés de l'État, intervient dans les conditions prévues par l'article L. 311-9 du code des relations entre le public et l'administration. »

Le droit à communication des documents administratifs émanant des EPCI obéit aux mêmes conditions que le droit reconnu aux habitants de la commune [V. art. L. 2121-26 et L. 2141-1]. Ce droit bénéficie en conséquence aux élus locaux ne siégeant pas dans les organes de la structure intercommunale et leur permet d'obtenir les documents administratifs non nominatifs qui en émanent, de même que des sociétés d'économie mixte chargées de la gestion d'un service public et des régies. * Rép. min. n° 732 : *JOAN Q, 9 févr. 1998, p. 732.*

Art. L. 5211-47 et L. 5211-48 *Abrogés par Ord. n° 2021-1310 du 7 oct. 2021, art. 18.*

Art. L. 5211-49 Les électeurs des communes membres d'un établissement public de coopération intercommunale peuvent être consultés sur les décisions que l'organe délibérant ou le président de cet établissement sont appelés à prendre pour régler les affaires de la compétence de l'établissement.

Sur proposition de l'ensemble des maires des communes membres, ou sur demande écrite de la moitié des membres de l'organe délibérant, l'organe délibérant de l'établissement délibère sur le principe et les modalités d'organisation de la consultation. Dans ce cas, l'urgence ne peut être invoquée.

(L. n° 2004-809 du 13 août 2004, art. 122) « Un *(L. n° 2022-217 du 21 févr. 2022, art. 15)* « dixième » des électeurs inscrits sur les listes électorales des communes membres de l'établissement public de coopération intercommunale peuvent demander à ce que soit inscrite à l'ordre du jour de l'organe délibérant l'organisation d'une consultation sur une affaire relevant de sa décision. *(L. n° 2022-217 du 21 févr. 2022, art. 15)* « Chaque trimestre », tout électeur ne peut signer qu'une seule demande tendant à l'organisation d'une consultation. La décision d'organiser la consultation, selon les dispositions prévues à l'alinéa ci-dessus, appartient à l'organe délibérant de l'établissement public. »

La délibération qui décide la consultation indique expressément que cette consultation n'est qu'une demande d'avis.

Les dépenses afférentes à la consultation sont à la charge de l'établissement public de coopération intercommunale qui l'organise.

La consultation des électeurs des communes membres d'un EPCI obéit aux mêmes règles que celle qui a pour objet les décisions portant sur les affaires entrant dans la compétence communale (V. CGCT, art. L. 1112-15 s.).

Art. L. 5211-49-1 L'organe délibérant d'un établissement public de coopération intercommunale peut créer des comités consultatifs sur toutes affaires d'intérêt intercommunal relevant de sa compétence sur tout ou partie du territoire communautaire.

Les comités peuvent être consultés par le président sur toute question ou projet intéressant les services publics et équipements de proximité en rapport avec l'objet pour lequel ils ont été institués et ils peuvent transmettre au président toute proposition concernant tout problème d'intérêt intercommunal en rapport avec le même objet.

Ils comprennent toutes personnes désignées pour une année en raison de leur représentativité ou de leur compétence, par l'organe délibérant, sur proposition du président, et notamment des représentants des associations locales. Ils sont présidés par un membre de l'organe délibérant désigné par le président.

Art. L. 5211-50 Un dossier d'information sur l'objet de la consultation est mis à la disposition du public sur place au siège de l'établissement public de coopération intercommunale, dans chaque mairie et, le cas échéant, mairie annexe des communes membres de l'établissement public. L'accès du public au dossier est assuré dans les conditions fixées par l'article L. 311-9 du code des relations entre le public et l'administration.

Art. L. 5211-51 Après avoir pris connaissance du résultat de la consultation, l'organe délibérant de l'établissement public de coopération intercommunale délibère dans les conditions prévues aux articles L. 2121-20 et L. 2121-21.

Art. L. 5211-52 Aucune consultation des électeurs des communes membres d'un établissement public de coopération intercommunale ne peut avoir lieu à partir du 1er janvier de l'année civile qui précède l'année du renouvellement général des conseils municipaux ni durant les campagnes électorales précédant les élections au suffrage universel direct ou indirect. Deux consultations portant sur un même objet ne peuvent intervenir dans un délai inférieur à deux ans.

Un délai d'un an doit s'écouler entre deux consultations.

Art. L. 5211-53 Lorsque la désignation des *(L. nº 2013-403 du 17 mai 2013, art. 37)* « membres de » l'organe délibérant de l'établissement public de coopération intercommunale, ou du président de celui-ci, fait l'objet d'un recours contentieux devant le tribunal administratif et, s'il y a lieu, devant le Conseil d'État, aucune consultation ne peut avoir lieu tant que cette désignation n'a fait l'objet d'une décision devenue définitive.

Art. L. 5211-54 Un décret en Conseil d'État détermine les conditions d'application de la présente section.

V. art. R. 5211-42 s.

Ndlr : sauf omission de notre part, le numéro d'art. L. 5211-55 n'a pas été utilisé.

SECTION 10 Dispositions diverses

(L. nº 99-586 du 12 juill. 1999)

Art. L. 5211-56 Sans préjudice des dispositions propres *(L. nº 2010-1563 du 16 déc. 2010, art. 17)* « aux métropoles, » aux communautés urbaines *(L. nº 2004-809 du 13 août 2004, art. 180)* « et aux communautés d'agglomération », lorsqu'un établissement public de coopération intercommunale assure une prestation de services pour le compte d'une collectivité, d'un autre établissement public de coopération intercommunale ou d'un syndicat mixte, les dépenses afférentes sont retracées dans un budget annexe au budget visé aux articles L. 5212-18 à L. 5212-21, L. 5214-23, ou L. 5216-8, selon le cas. Les recettes du budget annexe comprennent le produit des redevances ou taxes correspondant au service assuré et les contributions de la collectivité ou de l'établissement au bénéfice duquel la prestation est assurée.

Ces dispositions ne s'appliquent pas à la réalisation d'un investissement pour le compte d'une collectivité ou d'un autre établissement public de coopération intercommunale, qui est retracée budgétairement et comptablement comme opération sous mandat. Dans ce cas, l'établissement public de coopération intercommunale qui assure la réalisation simultanée d'investissements de même nature pour le compte de plusieurs collectivités ou établissements publics de coopération intercommunale peut passer un seul marché public.

Lorsqu'une communauté d'agglomération prend la compétence d'élimination des déchets, de leur collecte et de leur traitement, les communes situées hors du périmètre de cette communauté, qu'elles aient ou non appartenu au syndicat préexistant doté de la même compétence, peuvent conclure avec elle une convention de prestations. Elle suppose toutefois que l'intervention de l'EPCI soit autorisée par les statuts, qu'elle soit accessoire par rapport à son activité effectuée par voie de transfert. Par ailleurs, elle est subordonnée à la carence de l'initiative privée et soumise au code des marchés publics. * Rép. min. nº 441199 : *JOAN Q, 7 janv. 2002, p. 80 ; Coll. terr. 2002, p. 23, nº 77.*

Art. L. 5211-57 Les décisions du conseil d'un établissement public de coopération intercommunale à fiscalité propre dont les effets ne concernent qu'une seule des communes membres ne peuvent être prises qu'après avis du conseil municipal de cette commune. S'il n'a pas été rendu dans le délai de trois mois à compter de la transmission du projet de la communauté, l'avis est réputé favorable. Lorsque cet avis est défavorable, la décision est prise à la majorité des deux tiers des membres du conseil de l'établissement public de coopération intercommunale.

Art. L. 5211-58 Tout contribuable inscrit au rôle de la commune a le droit d'exercer, tant en demande qu'en défense, à ses frais et risques, avec l'autorisation du tribunal administratif, les actions qu'il croit appartenir aux établissements publics de coopération intercommunale auxquels a adhéré la commune et que ceux-ci, préalablement appelés à en délibérer, ont refusé ou négligé d'exercer.

Le contribuable adresse au tribunal administratif un mémoire détaillé.

(L. nº 2000-629 du 7 juill. 2000, art. 4) « Le président de l'établissement public de coopération intercommunale soumet ce mémoire à l'organe délibérant de l'établissement lors de la plus proche réunion tenue en application de l'article L. 5211-11. »

Lorsqu'un jugement est intervenu, le contribuable ne peut se pourvoir en appel ou en cassation qu'en vertu d'une nouvelle autorisation.

1. Intérêt à agir. Il appartient au tribunal administratif statuant comme autorité administrative, et au Conseil d'État, saisi d'un recours de pleine juridiction dirigé contre la décision du tribunal administratif, lorsqu'ils examinent une demande présentée par un contribuable sur le fondement de ces dispositions, de vérifier, sans se substituer au juge de l'action, et au vu des éléments qui leur sont fournis, que l'action envisagée présente un intérêt matériel suffisant pour l'établissement public et qu'elle a une chance de succès. En l'espèce, les requérants ne peuvent utilement soutenir que l'action qu'ils envisagent d'engager au nom de la communauté de communes présenterait pour celle-ci un intérêt matériel suffisant au motif que l'extension du réseau d'assainissement collectif litigieuse porterait atteinte aux intérêts matériels d'une commune membre de l'EPCI. • CE 19 juin 2017, *Cté de cnes du Pays de Cruseilles,* nº 405551. ♦ Les infractions d'abus de biens sociaux commises à l'occasion de la concession du périphérique Nord de Lyon au détriment des sociétés concessionnaires n'ont pas causé de préjudice direct à la communauté urbaine de Lyon. L'action envisagée par le contribuable est dès lors dépourvue de chances de succès. • CE 24 oct. 2001, *Cté urbaine de Lyon,* nº 223294 : *ACL 2002, nº 21.*

2. Procédure. L'art. 73 de la loi nº 99-586 du 12 juill. 1999 devenu l'art. L. 5211-58 étend ce régime à tous les EPCI. Dès lors que le président de l'EPCI soumet le mémoire adressé par le contribuable à l'organe délibérant de l'établissement (formalité substantielle), le fait que le cheminement administratif de ce document ne soit pas celui prévu par l'art. R. 5211-49 CGCT issu du décret du 28 févr. 2000, n'entache pas la procédure d'irrégularité. • CE 23 mai 2001, *Cté urbaine de Lille,* nº 223055 : *ACL 2002, nº 21.*

Art. L. 5211-59 *(Ord. nº 2012-351 du 12 mars 2012, art. 7)* Le président d'un établissement public de coopération intercommunale à fiscalité propre exerçant la compétence relative aux dispositifs locaux de prévention de la délinquance anime et coordonne les actions concourant à l'exercice de cette compétence dans les conditions prévues à l'article L. 132-13 du code de la sécurité intérieure *[V. infra]*.

Code de la sécurité intérieure

(Ord. nº 2012-351 du 12 mars 2012, en vigueur le 1er mai 2012)

SECTION 4. *Rôle des établissements publics de coopération intercommunale compétents en matière de prévention de la délinquance*

Art. L. 132-13 *(L. nº 2024-247 du 21 mars 2024, art. 16)* « I. — » Lorsqu'un établissement public de coopération intercommunale à fiscalité propre exerce la compétence relative aux dispositifs locaux de prévention de la délinquance, son président anime et coordonne, sous réserve du pouvoir de police des maires des communes membres, les actions qui concourent à l'exercice de cette compétence. Sauf opposition d'une ou plusieurs communes représentant au moins la moitié de la population totale concernée, le président de l'établissement public ou un vice-président désigné dans les conditions prévues à l'article L. 5211-9 du code général des collectivités territoriales préside un conseil intercommunal de sécurité et de prévention de la délinquance.

(L. n° 2024-247 du 21 mars 2024, art. 16) « II. — Sont membres de droit du conseil intercommunal de sécurité et de prévention de la délinquance :

« 1° Le représentant de l'État ou son représentant ;

« 2° Le procureur de la République ou son représentant.

« Peuvent être désignés membres dudit conseil :

« *a)* Des représentants des services de l'État désignés par le représentant de l'État dans le département ;

« *b)* À leur demande, les maires des communes membres de l'établissement public de coopération intercommunale ou leurs représentants ;

« *c)* À leur demande, les parlementaires concernés ;

« *d)* Des représentants d'associations, d'établissements ou d'organismes œuvrant notamment dans les domaines de la prévention, de la sécurité, de l'aide aux victimes, du logement, des transports collectifs, de l'action sociale ou des activités économiques désignés par le président du conseil intercommunal de sécurité et de prévention de la délinquance, après accord des responsables des associations, des établissements ou des organismes dont ils relèvent.

« En tant que de besoin et selon les particularités locales, des présidents des établissements publics de coopération intercommunale intéressés ainsi que des personnes qualifiées peuvent être associés aux travaux du conseil intercommunal.

« La composition du conseil intercommunal de sécurité et de prévention de la délinquance est fixée par arrêté du président de l'établissement public de coopération intercommunale.

« Le conseil intercommunal de sécurité et de prévention de la délinquance se réunit au moins une fois par an en présence des membres de droit ou de leurs représentants spécialement désignés à cet effet.

« III. — » Le conseil intercommunal de sécurité et de prévention de la délinquance peut constituer en son sein un ou plusieurs groupes de travail et d'échange d'informations à vocation territoriale ou thématique. *(L. n° 2014-896 du 15 août 2014, art. 36)* « À la demande de l'autorité judiciaire *(L. n° 2019-222 du 23 mars 2019, art. 77)* « ou des membres du conseil intercommunal de sécurité et de prévention de la délinquance », ces groupes peuvent traiter des questions relatives à l'exécution des peines et à la prévention de la récidive. *(L. n° 2024-247 du 21 mars 2024, art. 16)* « À la demande du président ou des maires des communes membres de l'établissement public de coopération intercommunale, du représentant de l'État dans le département ou de l'autorité judiciaire, un groupe thématique chargé des violences commises à l'encontre des élus peut être constitué au sein du conseil intercommunal de sécurité et de prévention de la délinquance. Il peut traiter de l'organisation d'une réponse aux violences et d'une stratégie d'accompagnement des élus victimes. » Des informations confidentielles peuvent être échangées dans le cadre de ces groupes.

« Elles ne peuvent être communiquées à des tiers. » – *[CGCT, art. L. 5211-59.]*

Art. L. 132-14 *(L. n° 2021-646 du 25 mai 2021, art. 42)* I. — Lorsqu'un établissement public de coopération intercommunale exerce la compétence relative aux dispositifs locaux de prévention de la délinquance, il peut décider, sous réserve de l'accord de la commune d'implantation, autorité publique compétente au sens de l'article L. 251-2, d'acquérir, d'installer et d'entretenir des dispositifs de vidéoprotection.

Il peut mettre à disposition des communes concernées du personnel pour visionner les images, dans les conditions prévues à l'article L. 512-2 s'agissant des agents de police municipale, et dans les conditions prévues à l'article L. 132-14-1 s'agissant des autres agents.

II. — Lorsqu'un syndicat mixte défini à l'article L. 5711-1 du code général des collectivités territoriales est composé exclusivement de communes et d'établissements publics de coopération intercommunale qui exercent la compétence relative aux dispositifs locaux de prévention de la délinquance, il peut décider, sous réserve de leur accord et de celui de la commune d'implantation, autorité publique compétente au sens de l'article L. 251-2 du présent code, d'acquérir, d'installer et d'entretenir des dispositifs de vidéoprotection.

Il peut mettre à disposition des communes ou des établissements publics de coopération intercommunale concernés du personnel pour visionner les images, dans les conditions prévues à l'article L. 132-14-1.

III. — Lorsqu'un syndicat mixte défini à l'article L. 5721-8 du code général des collectivités territoriales est composé exclusivement de communes et d'établissements publics de coopération intercommunale qui exercent la compétence relative aux dispositifs locaux de prévention de la délinquance et d'un ou deux départements limitrophes, il peut décider, sous réserve de leur accord et de celui de la commune d'implantation, autorité publique compétente au sens de l'article L. 251-2 du présent code, d'acquérir, d'installer et d'entretenir des dispositifs de vidéoprotection.

Il peut mettre à disposition des communes ou des établissements publics de coopération intercommunale et du ou des départements concernés du personnel pour visionner les images, dans les conditions prévues à l'article L. 132-14-1.

Dans ce cas, par dérogation à l'article L. 5721-2 du code général des collectivités territoriales, il est présidé par le maire d'une des communes ou par le président d'un des établissements publics de coopération intercommunale membres.

IV. — Dans les cas prévus aux I à III du présent article, une convention conclue entre l'établissement public de coopération intercommunale ou le syndicat mixte et chacun de ses membres concernés fixe les modalités d'acquisition, d'installation, d'entretien et de mise à disposition des dispositifs de vidéoprotection et les modalités de mise à disposition du personnel chargé du visionnage.

V. — Dans les cas prévus aux I à III, une convention est conclue entre l'établissement public de coopération intercommunale ou le syndicat mixte et l'État pour définir les modalités d'intervention des forces de sécurité de l'État.

Art. L. 132-14-1 *(L. nº 2021-646 du 25 mai 2021, art. 42)* Sans préjudice de la compétence des agents de police municipale, les agents des communes et les agents des établissements publics de coopération intercommunale et des syndicats mixtes mentionnés aux I à III de l'article L. 132-14 peuvent être chargés du visionnage des images prises sur la voie publique au moyen d'un dispositif de vidéoprotection dont la mise en œuvre est prévue à l'article L. 251-2, dès lors que ce visionnage ne nécessite pas de leur part d'actes de police judiciaire.

Ils sont agréés par le représentant de l'État dans les départements concernés. L'agrément peut être retiré ou suspendu par le représentant de l'État après consultation du maire, du président de l'établissement public de coopération intercommunale ou du président du syndicat mixte. Toutefois, en cas d'urgence, l'agrément peut être suspendu sans qu'il soit procédé à cette consultation.

Pendant le visionnage des images prises sur le territoire d'une commune, ces agents sont placés sous l'autorité exclusive du maire de cette commune. Pendant le visionnage des images prises sur le domaine public départemental, les agents des syndicats mixtes mentionnés au III de l'article L. 132-14 sont placés sous l'autorité exclusive du président du conseil départemental.

Art. L. 5211-60 *Abrogé par Ord. nº 2012-351 du 12 mars 2012, art. 19.*

Art. L. 5211-61 *(L. nº 2009-967 du 3 août 2009, art. 51)* **Un établissement public de coopération intercommunale à fiscalité propre peut transférer toute compétence à un syndicat de communes ou un syndicat mixte dont le périmètre inclut en totalité le périmètre communautaire après création du syndicat ou adhésion de l'établissement public.**

Par dérogation à l'alinéa précédent, en matière de gestion de l'eau et des cours d'eau, d'alimentation en eau potable, d'assainissement collectif ou non collectif *(L. nº 2022-217 du 21 févr. 2022, art. 31)* **« , de gestion des eaux pluviales urbaines, de défense extérieure contre l'incendie », de collecte ou** *(Ord. nº 2010-1579 du 17 déc. 2010, art. 24)* **« de traitement » des déchets ménagers et assimilés, ou de distribution d'électricité ou de gaz naturel, un établissement public de coopération intercommunale à fiscalité propre** *(L. nº 2015-991 du 7 août 2015, art. 60)* **« ou un établissement public territorial » peut transférer toute compétence à un syndicat de communes ou un syndicat mixte sur tout ou partie de son territoire ou à plusieurs syndicats situés chacun sur des parties distinctes de son territoire.**

(L. nº 2017-1838 du 30 déc. 2017, art. 4) **« En matière de gestion des milieux aquatiques et de prévention des inondations, un établissement public de coopération intercommunale à fiscalité propre ou un établissement public territorial peut transférer à un syndicat de communes ou à un syndicat mixte l'ensemble des missions relevant de cette compétence, définie au I *bis* de l'article L. 211-7 du code de l'environnement, ou certaines d'entre elles, en totalité ou partiellement. Par dérogation au premier alinéa du présent article, ce transfert total ou partiel peut être réalisé au profit d'un syndicat de communes ou d'un syndicat mixte sur tout ou partie du territoire de l'établissement public de coopération intercommunale à fiscalité propre ou de l'établissement public**

territorial ou au profit de plusieurs syndicats situés chacun sur des parties distinctes du territoire de l'établissement.

« Un établissement public de coopération intercommunale à fiscalité propre ou un établissement public territorial peut déléguer à un syndicat mixte mentionné à l'article L. 213-12 du code de l'environnement l'ensemble des missions mentionnées au troisième alinéa du présent article, ou certaines d'entre elles, en totalité ou partiellement. Cette délégation totale ou partielle peut être réalisée au profit d'un tel syndicat mixte sur tout ou partie du territoire de l'établissement public ou au profit de plusieurs syndicats situés chacun sur des parties distinctes de ce territoire. Une telle délégation obéit aux modalités prévues aux deux derniers alinéas de l'article L. 1111-8. »

(L. n° 2010-1563 du 16 déc. 2010, art. 49) **« Lorsque par application des alinéas précédents ou des articles L. 5214-21, L. 5215-22 ou L. 5216-7, un établissement public de coopération intercommunale à fiscalité propre n'est membre que pour une partie de son territoire d'un syndicat mixte, la population prise en compte dans le cadre de la majorité prévue aux articles L. 5211-17 à L. 5211-20 et L. 5212-27 au titre de cet établissement est la population correspondant à la partie de son territoire incluse dans le syndicat mixte. »**

L'art. L. 5211-61 pose un principe d'unité de périmètre dans le cas du transfert, sauf dérogation, de toute compétence d'un EPCI à fiscalité propre à un syndicat de communes ou un syndicat mixte. La loi NOTRe du 7 août 2015 n'a pas inclus la compétence numérique dans les dérogations au principe. Cependant, elle permet aux collectivités territoriales et à leurs groupements de déléguer tout ou partie de la compétence relative à un ou à plusieurs réseaux de communications électroniques définie à l'art. L. 1425-1 CGCT à des syndicats mixtes incluant au moins un département ou une région. Dès lors, une collectivité ou un groupement peut confier le déploiement d'un réseau très haut débit à un syndicat mixte ouvert, dans le cadre d'une convention de délégation de compétence, sans pour autant être contraint à se dessaisir de sa compétence de gestion pour les réseaux existants. * Rép. min. n° 67852 : *JOAN, 20 sept. 2016, p. 8596.*

Art. L. 5211-62 *(L. n° 2014-366 du 24 mars 2014, art. 136)* **Lorsqu'un établissement public de coopération intercommunale à fiscalité propre exerce la compétence relative au plan local d'urbanisme, son organe délibérant tient, au moins une fois par an, un débat portant sur la politique locale de l'urbanisme.**

COMMENTAIRE

V. dans le supplément en ligne.

Art. L. 5211-63 *(L. n° 2021-1717 du 21 déc. 2021, art. 12)* **Lorsqu'un établissement public de coopération intercommunale décide que la lecture publique est d'intérêt intercommunal, il élabore et met en place un schéma de développement de la lecture publique.**

CHAPITRE II SYNDICAT DE COMMUNES

ENCYCL. COLL. LOC. *Intercommunalité : syndicats de communes, 1120,* par Sempé.

BIBL. GÉN. ▶ Dossier : Coopération syndicale, questions d'actualité, *AJCT 2018. 295.* – Albert, La répartition des compétences entre les communes et les institutions intercommunales, *JCP Adm. 2010, n° 2241.* – Albertini, Le syndicalisme intercommunal à géométrie variable, *Rev. adm. 1988, n° 428.* – Association des maires de France, Les syndicats de communes et les districts, *1972.* – Barbier, De la commune au SIVOM, *RFFP 1987, n° 18, p. 125.* – Bréchon-Moulènes, La loi n° 88-13 du 5 janvier 1988 et la coopération intercommunale, *RFDA 1989. 270.* – Brun et Meyer, Les syndicats intercommunaux, *Berger-Levrault, 1954.* – Hourticq, Districts urbains et syndicats de communes, *EDCE 1961. 31.* – Maurice, Le syndicat de communes, *Masson 1961.* – Ministère de l'Intérieur, Le syndicat de communes, SIVOM, SIVU, syndicat à la carte, *Guide pratique de l'élu, n° 22, avr. 1988.*

SECTION 1 Création

BIBL. GÉN. ▶ Albert, La répartition des compétences entre les communes et les institutions intercommunales, *JCP Adm. 2010, n° 2241.* – Zoller, La création des syndicats de communes : une décision des communes ou de l'État ?, *RD publ. 1976. 985.*

Art. L. 5212-1 **Le syndicat de communes est un établissement public de coopération intercommunale associant des communes en vue d'œuvres ou de services d'intérêt intercommunal.** – *[C. communes, art. L. 163-1, al. 1er et 2.]*

I. OBJET DU SYNDICAT

A. CARACTÈRES

1. Caractère communal. Un objet qui ne peut s'analyser comme entrant dans le cadre de la défense des droits et intérêts appartenant aux communes membres n'entre pas dans la catégorie des « œuvres ou des services d'intérêt intercommunal » qui peuvent justifier la création d'un syndicat des communes. En l'espèce, l'objet était de s'opposer par tous moyens légaux à des travaux de recherche ou d'exploitation d'uranium sur le site dit « permis de Moncontour ». • TA Rennes, 26 mars 1987, *Synd. intercommunal de défense contre l'uranium : Lebon 468.* ♦ V. déjà : • CE 1er juill. 1927, *de Ribains : Lebon 735.*

2. Caractère intercommunal. La réalisation d'un équipement déjà prise en charge par une commune ne peut constituer l'objet d'un syndicat de communes en tant qu'opération intercommunale. Ainsi jugé à propos de la construction d'un établissement d'enseignement subventionné par l'État et déjà réalisée aux deux tiers. • TA Orléans, 10 mars 1972, *Cne de Cinq-Mars-la-Pile : Lebon 858.*

3. La défense en justice de droits lésés ne pouvant être considérée comme une œuvre d'utilité intercommunale, la création d'un syndicat dans l'objet exclusif de défendre les intérêts de plusieurs communes est illégal. • CE 13 mars 1936, *Synd. intercommunal pour l'assainissement du ru de Gally : Lebon 326.*

4. Intervention pour le compte de tiers. L'intervention d'un syndicat au profit de tiers est légale si elle est prévue dans ses statuts et respecte les principes posés par la loi du 2 mars 1982 notamment le principe de la liberté du commerce et de l'industrie. • TA Clermont-Ferrand, 10 janv. 1985, *COREP Puy-de-Dôme c/ SIVOM de Randan,* n° 84-1035 : *Vie cnale et dptale, févr. 1985, p. 41.* – V. aussi • CAA Paris, 23 nov. 2004, *Synd. intercommunal de la périphérie de Paris pour l'électricité et les réseaux de communication,* n° 00PA03920 : *AJDA 2005. 451.* ♦ Illégalité de l'intervention d'un syndicat de communes au profit de tiers alors que, de par son texte institutif, il a compétence pour l'alimentation en eau potable des seules communes membres. • CE 25 mai 1994, *Synd. intercommunal des eaux de Gravelotte et de la vallée de l'Orne : Dr. adm. 1994, n° 435.*

B. DOMAINES D'INTERVENTION

5. Les lois de décentralisation justifient un élargissement des interventions intercommunales. Jugé que l'octroi d'une subvention à la SNCF relève de la compétence d'un syndicat intercommunal dès lors qu'il a reçu compétence en matière de transport urbain de voyageurs et que cette subvention contribue au financement de l'aménagement d'une gare dont les usagers proviennent pour une bonne part du périmètre d'intervention de ce syndicat. • CE 20 janv. 1989, *SIVOM de l'agglomération rouennaise,* n° 62357 : *Lebon 28.* ♦ Aux termes de l'art. L. 2143-3 CGCT, la commission pour l'accessibilité aux personnes handicapées doit être obligatoirement créée auprès de l'EPCI de 5000 habitants ou plus dès lors qu'il exerce les compétences transports ou aménagement du territoire. Elle exerce pour l'ensemble des communes membres les compétences des commissions communales et il ne peut donc y avoir coexistence entre ces deux types de commission. * Rép. min. n° 02522 : *JO Sénat Q, 27 mars 2008, p. 619.*

6. L'EPCI ne se substitue de plein droit à une commune membre pour l'exercice des compétences dévolues aux communes en matière de droit de préemption urbain que si en vertu de la loi ou de ses statuts, il est compétent, à la fois, pour l'élaboration des documents d'urbanisme et pour la réalisation des ZAC. • CE 18 déc. 1991, *SIVOM de Sainte-Geneviève-des-Bois, Fleury-Mérogis et Saint-Michel-sur-Orge,* nos 118877 et 118878 : *Lebon 450.*

7. En l'absence de dispositions expresses étendant aux groupements de communes le champ d'application de l'art. L. 2251-3, un SIVOM n'est pas compétent pour accorder une subvention à un particulier en vue de la reprise d'un service répondant à la satisfaction des besoins de la population en milieu rural. • CAA Lyon, 27 juill. 2004, *Préfet de l'Allier c/ SIVOM du canton de Chevagnes,* n° 98LY2020 : *Coll. terr. 2005, n° 33, p. 27.*

II. ÉTENDUE DE L'OBJET DU SYNDICAT

8. SIVU. La compétence s'apprécie de manière stricte à partir des délégations qui sont explicitement consenties par les communes dans les statuts du syndicat. Ainsi, lorsque la création d'un syndicat a pour objet essentiel l'étude d'un projet d'ensemble d'amélioration de l'alimentation en eau potable des communes associées, les opérations de distribution d'eau excèdent le cadre de ladite mission. • CE 23 oct. 1985, *Cne de Blaye-les-Mines,* n° 46612 : *Lebon 297.* ♦ L'exercice prolongé par un syndicat intercommunal de compétences non déléguées par les communes ne suffit pas à le considérer comme légalement investi et leur accord tacite est dépourvu de toute valeur juridique. * Rép. min. : *JOAN Q, 20 oct. 1997, p. 3598.*

9. L'imprécision de l'objet statutaire d'un syndicat peut faire obstacle à l'extension ultérieure de ses compétences et ne dispense pas l'EPCI d'emprunter les procédures requises pour une telle extension. Ainsi, la CAA a commis une erreur de droit en jugeant que les dispositions statutaires confiant au syndicat l'étude et la réalisation de projets d'aménagement, suffisaient à lui transférer la compétence pour exploiter une usine d'incinération de résidus urbains. • CE 7 janv. 2004, *Cne de Hautmont*, n° 217251 : *Coll. terr. 2004, p. 21, n° 47 ; ACL 2005, n° 6.*

10. Néanmoins, un SIVU peut gérer plusieurs œuvres ou services lorsque ces œuvres ou services sont complémentaires : ainsi la distribution de l'eau et l'épuration des eaux usées constituent un objet unique ; de même, la gestion d'un établissement d'enseignement et le transport scolaire correspondant. • CE 22 avr. 1970, *Cne de Saint-Barthélemy : Lebon 270 ; RD publ. 1971. 1352.* ♦ De même, l'exploitation des déchetteries où sont effectuées des opérations de tri peut être confiée à l'EPCI auquel a été transférée la compétence en matière de traitement des déchets alors même que ne lui aurait pas été transféré l'ensemble de la compétence d'élimination et de valorisation des déchets. • CE 12 mai 2003, *Assoc. DEDICCAS*, n° 249935 : *ACL 2004, n° 12.* ♦ V. aussi : • TA Orléans, 10 mars 1972, *Cne de Cinq-Mars-la-Pile : préc. note 2.*

11. SIVOM. L'objet du syndicat peut être défini par de larges objectifs à réaliser et des finalités générales. Ainsi jugé qu'un syndicat créé pour prendre en charge l'expansion économique et la reconversion d'un bassin minier peut créer et aménager une zone industrielle. • CE, ass., 16 oct. 1970, *Cne de Saint-Vallier : Lebon 583 ; JCP 1971. II. 16922, note Huglo et Ferrari ; AJDA 1971. 95 ; RD publ. 1971. 1353 ; Rev. adm. 1970. 530, note Liet-Veaux.* ♦ Toutefois, un arrêté préfectoral autorisant la création d'un syndicat et dont la rédaction imprécise ne permet pas de fixer clairement les compétences transférées par les communes membres, est susceptible d'annulation pour erreur manifeste d'appréciation. • TA Strasbourg, 9 mai 1990, *Cne de Pange : Lebon 625 ; JCP 1991. IV. 47.*

III. LIMITES DE L'OBJET DU SYNDICAT

12. Limites résultant de la définition de l'objet du syndicat. Les délibérations du comité d'un syndicat ne peuvent porter sur un objet étranger à ceux pour lesquels il a été constitué. Ainsi, est illégale la délibération d'un comité autorisant le président à passer un contrat d'exécution alors que l'objet du syndicat est limité à la réalisation d'études. • CE 10 févr. 1933, *Cne de Belpech : Lebon 181.* ♦ Lorsqu'un syndicat a compétence pour la construction et l'exploitation des ouvrages et conduites destinés à l'alimentation en eau potable des seules communes membres, le bureau ne peut entériner une transaction engagée par son président avec une société en vue d'alimenter en eau potable un parc d'attraction situé sur le territoire de deux communes non membres du syndicat. • CE 25 mai 1994, *Synd. intercommunal des eaux de Gravelotte et de la vallée de l'Orne : préc. note 4.*

13. Limites dans le temps. Les autorités du syndicat gèrent ses affaires durant son existence juridique, c'est-à-dire de sa date de création à sa date de dissolution, sous réserve des opérations de liquidation (V. art. L. 5212-33). Par exception, certains actes antérieurs à la décision institutive peuvent être valablement pris, dès lors qu'ils sont effectués au nom du syndicat. Jugé ainsi que la prise en charge par un syndicat, une fois créé, de l'installation d'une usine dont l'autorisation avait été demandée les jours précédant l'intervention de l'arrêté institutif, est considérée comme ayant régularisé la demande. • CE 16 juin 1972, *Min. du Développement industriel et scientifique c/ Bret : Lebon 450 ; D. 1973. 717, note Prieur ; AJDA 1973. 205.* ♦ Un syndicat ne saurait en revanche prendre en charge une opération menée antérieurement à sa création, comme opération communale. • TA Orléans, 10 mars 1972, *Cne de Cinq-Mars-la-Pile : préc. note 2.*

14. Limites par rapport aux affaires de la commune. Lors d'une action en justice, dirigée contre le syndicat, une commune membre, même ayant produit des observations, n'est pas partie à l'affaire et ne peut interjeter appel. • CE 27 mars 1987, *Ville de Saint-Pierre c/ Synd. des cnes de la côte Caraïbe Nord-Ouest*, n° 64022 : *Dr. adm. 1987. 302.*

15. La gestion des agents communaux détachés auprès d'un syndicat de communes constitue une « attribution exclusive » du syndicat. • CE 7 févr. 1973, *Ville de Bordeaux : Lebon 102.*

IV. PORTÉE DES TRANSFERTS DE COMPÉTENCE

16. L'adhésion d'une commune à un syndicat entraîne le dessaisissement total de la compétence transférée et interdit à la commune de l'exercer. • CE, ass., 16 oct. 1970, *Cne de Saint-Vallier : préc. note 11.* ♦ Dans le même sens : • CE 4 févr. 1994, *Synd. intercommunal du collège Honoré-de-Balzac*, n° 88692.

17. Une compétence transférée à un syndicat de communes ne peut, en l'absence de modification des statuts de ce syndicat être transférée à un autre EPCI. • CE 28 juill. 1995, *District de l'agglomération de Montpellier et a.*, n° 149863 : *Lebon 322 ; RFDA 1995. 1053 ; JCP 1995. IV. 2367 ; Dr. adm. 1995, n° 486 ; ACL 1996, n° 12.* ♦ V. déjà : • CE 16 oct. 1970, *Cne de Saint-Vallier : préc. note 11.*

18. Ce transfert ne confère pas au syndicat intercommunal une compétence exclusive dans les matières considérées et n'interdit pas aux communes membres de continuer à exercer une autre partie de la compétence. Jugé que, nonobstant son adhésion à un syndicat d'adduction d'eau, une commune peut continuer à exploiter elle-même les sources qui assurent une part de son alimentation en eau potable. • CE 31 juill. 1996, *Cne de Sète*, n° 171086.

19. Lorsque la gestion de l'alimentation en eau potable a été confiée à un syndicat intercommunal, les communes membres de celui-ci ne peuvent fixer le prix de l'eau vendue aux usagers. • CE 3 juill. 1985, *Chanard*, n° 1919 : *Gaz. Pal. 1986. 1. 62.* ♦ V. aussi : • CE 6 nov. 1987, *Cne de Battigny c/ Cne de Gélancourt*, n° 72010.

20. Lorsqu'une commune est affiliée à un syndicat de communes pour la gestion du personnel, seul le comité du syndicat peut fixer les conditions de base du recrutement des agents communaux et en l'absence de décision du comité à cet égard, un maire ne peut décider l'ouverture d'un concours sur titres. • CE 20 nov. 1962, *Cne de Deuil-la-Barre : Lebon 638.*

21. La notion de « transfert d'entreprise, d'établissement ou de partie d'établissement » ne s'applique pas au transfert d'attributions administratives d'une commune à un syndicat intercommunal. La directive 77/187/CEE du 14 févr. 1977 qui prévoit le maintien des droits des salariés en cas de transfert d'entreprise n'est pas susceptible de s'appliquer. • CJCE 15 oct. 1996, *Henke*, n° C-298/94 : *Dr. adm. 1997, n° 44.*

22. La création d'une commune par détachement d'une autre ne saurait avoir pour effet de soustraire la nouvelle commune aux droits et obligations contractés par la commune dont elle est issue en raison notamment de la nécessaire continuité des services publics. • TA Montpellier, 7 déc. 1978, *SIVOM de Mauguio-Pérols : Lebon 631.*

V. NATURE DU SYNDICAT DE COMMUNES

23. Le syndicat constitue une personne publique distincte des communes qui en font partie. • CE 1er juill. 1927, *de Ribains : Lebon 735.* ♦ V. aussi : • CE 7 févr. 1973, *Ville de Bordeaux c/ Cté urb. de Bordeaux : Lebon 102.*

24. La nature administrative ou industrielle et commerciale des syndicats de communes n'est pas spécifiée. Dès lors, si un EPCI est amené à gérer dans le cadre de ses compétences un SPA, le personnel non titulaire recruté dans ce service sera qualifié d'agent public et son contentieux relèvera de la juridiction administrative en application de la jurisprudence *Berkani*. Si cet EPCI est amené à gérer un SPIC, le personnel non titulaire recruté dans ce service sera qualifié de salarié de droit privé et son contentieux relèvera de la juridiction judiciaire, en l'occurrence de la juridiction prud'homale. * Rép. min. n° 80360 : *JOAN Q, 10 mai 2016, p. 4058.* ♦ Sur la nature administrative du service rendu, V. • T. confl. 12 mai 1997, *Synd. intercommunal Opéra du Nord c/ Serkoyan*, n° 03001 : *Lebon.* ♦ Sur la nature industrielle et commerciale, V. • T. confl. 20 mars 2006, *Mme Charmot c/ Synd. intercommunal pour l'équipement du massif des Brasses*, n° 3487 : *Lebon.*

25. En déclarant membre du syndicat une nouvelle commune issue d'une section de commune elle-même membre du syndicat, le préfet ne fait que constater un état de droit préexistant. • CE 10 déc. 1937, *Cne de La Croix : Lebon 1018.* ♦ L'arrêté autorisant une collectivité territoriale à adhérer à un EPCI n'est pas un acte réglementaire. • CE 10 mars 2006, *Synd. intercommunal d'assainissement de La Courance*, n° 285439 B :*AJDA 2006. 1461*.

VI. RESPONSABILITÉ PÉNALE

26. Concussion. Favoritisme. Les activités respectives de fixation d'une taxe et d'attribution d'un marché public n'étant pas susceptibles de faire l'objet d'une convention de délégation de service public au sens de l'art. 121-2 C. pén., il en résulte qu'un SIVOM ne peut voir sa responsabilité pénale engagée des chefs de concussion et de favoritisme. • Crim., 19 déc. 2018, n° 18-81.328 : *AJDA 2019. 1084 ; D. 2019. 2320, obs. G. Roujou de Boubée, T. Garé, C. Ginestet, M.-H. Gozzi, S. Mirabail et E. Tricoire ; AJCT 2019. 156, obs. Y. Mayaud ; JCP Adm. 2020, n° 2009, note Mésa.*

Art. L. 5212-2 *(L. n° 2009-526 du 12 mai 2009, art. 86)* **Sauf lorsqu'elle résulte des délibérations concordantes de l'ensemble des conseils municipaux, la création d'un syndicat de communes donne lieu à l'établissement d'une liste des communes intéressées. Cette liste est fixée par le ou les représentants de l'État dans le ou les départements concernés, sur l'initiative d'un ou plusieurs conseils municipaux. Elle est communiquée pour information au conseil départemental.**

1. Composition du syndicat de communes. Un syndicat de communes peut être créé entre deux communes au moins. • CE 28 avr. 1950, *Cne de Lombez : Lebon 238.*

2. Un syndicat d'aménagement d'une agglomération nouvelle ne peut pas faire partie d'un syndicat de communes. • CE 18 nov. 1992, *Synd. d'aménagement de l'agglomération nouvelle de Saint-Quentin-en-Yvelines*, n° 70565 : *Dr. adm. 1993, n° 13.*

3. Création à l'unanimité. La volonté des conseils municipaux de constituer un syndicat doit être clairement et librement exprimée. Lorsque le conseil municipal d'une commune a décidé l'installation de l'électricité sur son territoire sans déclarer s'associer à d'autres communes, cette commune ne peut être valablement incorporée, à titre volontaire, à un syndicat en cours de constitution. En conséquence, annulation de l'arrêté portant création du syndicat. • CE 10 févr. 1933, *Cne de Belpech : Lebon 181.*

Art. L. 5212-3 *Abrogé par L. nº 99-586 du 12 juill. 1999.*

Art. L. 5212-4 L'arrêté *(L. nº 99-586 du 12 juill. 1999)* « de création » fixe le siège du syndicat sur proposition des communes syndiquées.

Il détermine, le cas échéant, les conditions de la participation au syndicat des communes qui ont refusé leur adhésion.

Le siège du syndicat est transféré selon la procédure fixée à l'art. L. 5212-27 sous peine d'irrégularité. • CE 11 juill. 1988, *Cne de Rabastens*, nº 73869 : *Lebon 290*.

Art. L. 5212-5 Le syndicat est formé soit sans fixation de terme, soit pour une durée déterminée par la décision institutive. — *[C. communes, art. L. 163-18, al. 1er.]*

La dissolution de plein droit du syndicat intervient dès lors que les conditions résultant de l'art. L. 5212-33 sont remplies, nonobstant la circonstance que les statuts du syndicat prévoyaient que sa durée était illimitée. • CAA Nancy, 14 janv. 2003, *Synd. intercommunal de Pagny-Vandières, Cne de Vandières*, nº 98NC01390 : *AJDA 2003. 302*.

SECTION 2 Organes

SOUS-SECTION 1 Le comité du syndicat

Art. L. 5212-6 *(L. nº 99-586 du 12 juill. 1999)* Le comité syndical est institué d'après les règles fixées aux articles L. 5211-7, L. 5211-8 et, sauf dispositions contraires prévues par la décision institutive, à l'article L. 5212-7.

Un syndicat a ainsi pu légalement prévoir, par une disposition qui ne porte que sur les modalités de désignation des représentants des conseils municipaux et n'affecte pas le principe même de l'administration du syndicat par des représentants de ces conseils, que les communes seraient représentées au comité syndical par un délégué titulaire et par un délégué suppléant. • CE 12 mai 2003, *Assoc. DEDICAAS*, nº 249935 : *ACL 2004, nº 12.*

Art. L. 5212-7 Chaque commune est représentée dans le comité par deux délégués titulaires. *(L. nº 2015-991 du 7 août 2015, art. 42)* « Les fonctions de délégué sont exercées à titre bénévole. »

La décision d'institution ou une décision modificative peut prévoir la désignation d'un ou plusieurs délégués suppléants, appelés à siéger au comité avec voix délibérative, en cas d'empêchement du ou des délégués titulaires.

Le choix du conseil municipal peut *(L. nº 2015-991 du 7 août 2015, art. 43)* « porter uniquement sur l'un de ses membres ».

(L. nº 2010-1563 du 16 déc. 2010, art. 8) « En cas de fusion de plusieurs communes sur la base des articles L. 2113-1 et suivants dans leur rédaction antérieure à la loi nº 2010-1563 du 16 décembre 2010 de réforme des collectivités territoriales, lorsque l'une des communes associées dépasse en nombre d'habitants la moitié de la population de la commune principale, elle est représentée de plein droit par un délégué au sein du comité syndical auquel appartient la commune fusionnée lorsque cette dernière dispose de plusieurs sièges.

« Si le conseil municipal de la commune associée est élu au scrutin de liste, le représentant siégeant au nom de cette dernière est désigné sur les listes soumises à l'élection municipale.

« Dans les autres cas, le siège est occupé par le maire délégué.

« Toute commune déléguée créée en application de l'article L. 2113-10 est représentée au sein du comité syndical, avec voix consultative, par le maire délégué ou, le cas échéant, par un représentant qu'il désigne au sein du conseil de la commune déléguée. »

(L. nº 2016-1500 du 8 nov. 2016, art. 12) « En cas de création d'une commune nouvelle en lieu et place de plusieurs communes membres d'un même syndicat et jusqu'au prochain renouvellement général des conseils municipaux, il est procédé, au bénéfice de la commune nouvelle, à l'attribution d'un nombre de sièges au sein du comité syndical égal à la somme des sièges détenus précédemment par chacune des anciennes communes, sauf si le règlement du syndicat exclut l'application de cette règle. »

1. Représentation de la commune. Les communes disposent d'une totale liberté quant au choix du système de représentation des communes membres. Ce choix doit résulter de leurs délibérations concordantes prises à l'unanimité ou à la majorité qualifiée. • CE 28 avr. 1950, *Cne de Lombez : Lebon 238.* ♦ La loi n'ayant pas organisé de dispositif spécifique pour la tenue de telles élections, il n'est pas prévu de règles visant le dépôt et l'enregistrement des candidatures, notamment celles extérieures au conseil municipal. Si celui-ci décide de faire appel à des candidats non élus, il lui appartient de déterminer les conditions et les moyens propres à susciter des candidatures extérieures, à les recueillir et à assurer leur présentation à l'élection de l'assemblée communale. * Rép. min. : *JOAN Q, 30 mars 1998, p. 1819.*

2. Sauf disposition contraire prévue par les statuts, chaque commune est représentée au comité par deux délégués élus par le conseil municipal. • TA Nice, 7 févr. 1979, *Codron, Giudicelli, Kors c/ Synd. intercommunal pour la sauvegarde et la mise en valeur de la Sainte-Baume : inédit (cité in Collectivités locales, 9333, n° 174).* ♦ Légalité de trois délégués • TA Nantes, 16 nov. 1995, *M. Roger Guihaumé : RFDA 1996. 1147*.

3. Le conseil municipal peut à tout moment décider du remplacement de ses délégués au comité en application de l'art. L. 2121-33. • TA Besançon, 25 nov. 1993, *Vercelotti : Dr. adm. 1994, n° 18.* ♦ Sur le contrôle que le juge exerce sur les motifs du remplacement, V. note 7 ss. art. L. 5211-7.

4. Le choix d'une personne extérieure au conseil municipal est une simple faculté. Le conseil municipal ne peut désigner qu'une personne éligible au mandat de conseiller municipal et le préfet doit déclarer démissionnaire d'office un délégué frappé d'une inéligibilité postérieure à son élection. • TA Orléans, 8 janv. 1985, *Lacoudre : Cah. dr. publ. 1986. 50.* ♦ Le délégué peut être électeur d'une autre commune que celle qui le désigne, ce qui n'est contraire ni aux dispositions de l'art. 72 Const. ni à aucune autre règle ou principe de valeur constitutionnelle, dès lors que les délégués sont élus par l'organe délibérant de la commune qu'ils sont appelés à représenter. • Cons. const. 26 janv. 1995, n° 94-358 DC : *JO 1er févr.* ♦ Sur les délégués désignés hors du conseil municipal et le non-cumul de fonctions représentatives, V. * Rép. min. n° 10563 : *JO Sénat Q, 27 juill. 1995 ; Dr. adm. 1995, n° 658.*

5. Un fonctionnaire municipal peut être choisi comme délégué par une commune membre du syndicat autre que celle où il exerce ses fonctions (solution transposée du cas d'une communauté urbaine). • CE 30 avr. 1971, *Labosse : Lebon 316 ; AJDA 1971. 542, note Peiser ; RD publ. 1971. 1354 ; Dr. adm. 1971, n° 142.*

6. Le représentant de la commune, non membre du conseil municipal doit, toutefois, être considéré comme un élu local pour l'application de l'article 204-0 *bis* CGI. En conséquence, ce délégué, élu vice-président du syndicat de communes, peut bénéficier du prélèvement à la source libératoire de l'impôt sur le revenu sur son indemnité de fonction. • CE 4 févr. 2008, *Min. de l'Économie, des Finances et de l'Industrie c/ M. Guimberteau,* n° 293733 : *BJCL 2008. 249, concl. Escaut, obs. B.P. ; ibid. 479 ; RLCT, mai 2008, n° 985.*

7. Fonctions des délégués suppléants. La fonction de suppléant étant aléatoire et ponctuelle, un suppléant ne saurait être élu vice-président du syndicat, membre du bureau ou vice-président d'une commission. * Rép. min. n° 25042 : *JO Sénat Q, 1er mars 2007.* ♦ De même, les indemnités écrêtées ne peuvent être reportées au profit d'un délégué suppléant à l'organe délibérant car si des indemnités devaient lui être attribuées, elles auraient nécessairement le caractère d'indemnités de présence. Or, aucune disposition ne prévoit le versement de telles indemnités dans les EPCI. * Rép. min. n° 08879 : *JO Sénat Q, 20 août 2009.*

8. Désignation des délégués. V. notes ss. art. L. 5211-6.

9. Élection du président et du bureau. Pour l'élection du président et du bureau du comité d'un syndicat de communes, un membre du comité, empêché, peut donner mandat à celui de ses collègues du comité qu'il choisit, même si celui-ci, lors de la constitution du comité syndical, a été délégué par une autre commune. • CE 24 sept. 1990, *Gaucher,* n° 109495 : *Lebon 252.* ♦ Annulation de • TA Dijon, 20 juin 1989, *Él. du SIVOM du canton de Coulanges-sur-Yonne : Lebon T. 531 et 705.*

Art. L. 5212-7-1 *(L. n° 2004-809 du 13 août 2004, art. 159)* **Le nombre des sièges** *(L. n° 2013-403 du 17 mai 2013, art. 37)* **« du comité du syndicat », ou leur répartition entre les communes membres, peuvent être modifiés à la demande :**

1° Soit *(L. n° 2013-403 du 17 mai 2013, art. 37)* **« du comité du syndicat » ;**

2° Soit du conseil municipal d'une commune membre, à l'occasion d'une modification du périmètre ou des compétences *(L. n° 2013-403 du 17 mai 2013, art. 37)* **« du syndicat » ou dans le but d'établir une plus juste adéquation entre la représentation des communes au sein** *(L. n° 2013-403 du 17 mai 2013, art. 37)* **« du comité » et l'importance de leur population.**

Toute demande est transmise, sans délai, par *(L. n° 2013-403 du 17 mai 2013, art. 37)* **« le syndicat » à l'ensemble des communes intéressées. À compter de cette**

transmission, chaque conseil municipal dispose d'un délai de trois mois pour se prononcer sur la modification envisagée. À défaut de délibération dans ce délai, sa décision est réputée favorable.

La décision de modification est subordonnée à l'accord des conseils municipaux se prononçant dans les conditions de majorité prévues par le présent code pour la répartition des sièges au sein *(L. n° 2013-403 du 17 mai 2013, art. 37)* « du comité du syndicat » de coopération intercommunale intéressé.

La décision de modification est prise par arrêté du ou des représentants de l'État dans le ou les départements concernés.

Art. L. 5212-8 *(L. n° 2010-1563 du 16 déc. 2010, art. 45)* La décision d'institution ou une décision modificative peut prévoir que les délégués désignés par les conseils municipaux des communes membres du syndicat constituent un collège pour l'élection de leurs représentants au comité. Sauf disposition contraire des statuts du syndicat de communes et par dérogation au 1° de l'article L. 5212-16, les représentants ainsi élus sont également habilités à prendre part au vote pour toute affaire mise en délibération, pour laquelle au moins une commune représentée au sein du collège est concernée.

Art. L. 5212-9 et L. 5212-10 *Abrogés par L. n° 99-586 du 12 juill. 1999.*

SOUS-SECTION 2 Le président

Art. L. 5212-11 *Abrogé par L. n° 99-586 du 12 juill. 1999.*

SOUS-SECTION 3 Le bureau

Art. L. 5212-12 *Abrogé par L. n° 99-586 du 12 juill. 1999.*

SECTION 3 Fonctionnement

Art. L. 5212-13 et L. 5212-14 *Abrogés par L. n° 99-586 du 12 juill. 1999.*

Art. L. 5212-15 L'administration des établissements faisant l'objet des syndicats est soumise aux règles du droit commun.

Leur sont notamment applicables les lois qui fixent, pour les établissements analogues, la constitution des commissions consultatives ou de surveillance, la composition ou la nomination du personnel, la formation et l'approbation des budgets, l'approbation des comptes, les règles d'administration intérieure et de comptabilité.

Le comité du syndicat exerce à l'égard de ces établissements les droits qui appartiennent aux conseils municipaux à l'égard des établissements communaux de même nature.

Toutefois, si le syndicat a pour objet de secourir des malades, des vieillards, des enfants ou des incurables, le comité peut décider qu'une commission administrera les secours, d'une part, à domicile et, d'autre part, à l'hôpital ou à l'hospice. – *[C. communes, art. L. 163-14 issu de L. 5 avr. 1884, art. 175.]*

Le syndicat ne se substitue pas aux organes légalement prévus des établissements qu'il crée ou gère. Les décisions prises par le syndicat, même dans les limites de son objet mais qui portent atteinte aux compétences propres des organes de ces établissements, sont donc illégales. Jugé en conséquence qu'un syndicat de communes ne peut être déclaré responsable des décisions et faits imputables aux établissements ainsi créés. • CE 15 janv. 1943, *Commission administrative de l'hôpital intercommunal d'Aulnay-sous-Bois : Lebon 11.* ♦ Le maire n'est pas compétent pour accorder une dérogation scolaire en cas de transfert des écoles publiques au syndicat intercommunal d'intérêt scolaire dont la commune est membre. • CAA Lyon, 12 juill. 2018, n° 16LY03037 : *AJCT 2018. 627.*

Art. L. 5212-16 Une commune peut adhérer à un syndicat pour une partie seulement des compétences exercées par celui-ci.

La décision d'institution ou une décision modificative détermine en ce cas la liste des communes membres du syndicat, la liste des compétences que le syndicat peut exercer et les conditions dans lesquelles chaque commune membre transfère au syndicat tout ou partie des compétences que celui-ci est habilité à exercer. Le syndicat exerce chacune de ses compétences dans les limites du territoire des communes lui ayant délégué cette compétence.

Chaque commune supporte obligatoirement, dans les conditions fixées par la décision d'institution, les dépenses correspondant aux compétences qu'elle a transférées au syndicat ainsi qu'une part des dépenses d'administration générale.

Par dérogation aux dispositions du premier alinéa de l'article L. 5211-1, s'appliquent les règles suivantes :

1° Tous les délégués prennent part au vote pour les affaires présentant un intérêt commun à toutes les communes et notamment pour l'élection du président et des membres du bureau, le vote du budget, l'approbation du compte administratif et les décisions relatives aux modifications des conditions initiales de composition, de fonctionnement et de durée du syndicat ; dans le cas contraire, ne prennent part au vote que les délégués représentant les communes concernées par l'affaire mise en délibération ;

2° Le président prend part à tous les votes sauf en cas d'application des articles L. 2121-14 et L. 2131-11 ;

3° Pour tenir compte des compétences transférées par chaque commune au syndicat, la décision d'institution peut fixer des règles particulières de représentation de chaque commune.

Le comité du syndicat peut former pour l'exercice d'une ou plusieurs compétences des commissions chargées d'étudier et de préparer ses décisions. – *[C. communes, art. L. 163-14-1.]*

À compter de l'exercice budgétaire 2026, au 1° du présent art., les mots : « compte administratif » sont remplacés par les mots : « compte financier unique » (Ord. n° 2025-526 du 12 juin 2025, art. 1er et 12).

Illégalité de l'arrêté préfectoral approuvant la transformation d'un SIVOM en syndicat régi par le présent article faute de comporter les mentions prévues aux alinéas 2 et 3 de l'art. L. 5212-16, ci-dessus. • CE 29 juill. 1994, *Cne de Mont-les-Neufchâteau,* n° 131689 : *Lebon 807* . ♦ Le sixième alinéa du présent article renvoie aux dispositions qui prévoient l'illégalité des délibérations auxquelles ont pris part un ou plusieurs membres du conseil municipal intéressés à l'affaire. Il convient donc de veiller à ce que le président du syndicat intercommunal, par ailleurs conseiller municipal de la commune siège de ce syndicat, ne prenne part aux délibérations de l'assemblée intercommunale susceptibles de mettre en œuvre l'art. L. 2131-11. * Rép. min. n° 13802 : *JO Sénat Q, 19 août 2010, p. 2167.*

Art. L. 5212-17 Il peut être fait application des dispositions de l'article L. 5212-16 aux syndicats existant à la date du 6 janvier 1988, date de publication de la loi n° 88-13 du 5 janvier 1988 d'amélioration de la décentralisation, si les conseils municipaux des communes membres de ces syndicats ont fait connaître, dans les conditions de majorité prévues *(Ord. n° 2003-1212 du 18 déc. 2003, art. 6)* « au II de l'article L. 5211-5 », leur volonté de modifier en conséquence la décision d'institution du syndicat.

La décision de modification est prise par le représentant de l'État dans le département.

SECTION 4 Dispositions financières

Art. L. 5212-18 Le budget du syndicat de communes pourvoit aux dépenses de création et d'entretien des établissements ou services pour lesquels le syndicat est constitué. – *[C. communes, art. L. 251-2 issu de L. 5 avr. 1884, art. 176 ; Ord. n° 59-29 du 5 janv. 1959, art. 1er.]*

1. Les compétences non déléguées par les communes membres du syndicat et exercées de façon prolongée avec leur accord tacite par le syndicat ne sont pas juridiquement considérées comme entrant dans son objet et ses compétences. Par suite, les communes membres ne peuvent se voir contraintes de participer à des dépenses afférentes à ces compétences par le comité syndical. * Rép. min. : *JOAN Q, 20 oct. 1997, p. 3598.*

2. Dépense obligatoire du syndicat. Depuis 1982, ne sont obligatoires pour les syndicats de communes que les dépenses nécessaires à l'acquittement des dettes exigibles et les dépenses pour lesquelles la loi l'a expressément décidé. – V. notes ss. art. L. 2321-2.

Art. L. 5212-19 Les recettes du budget du syndicat comprennent :

1° La contribution des communes associées ;

2° Le revenu des biens, meubles ou immeubles, du syndicat ;

3° Les sommes qu'il reçoit des administrations publiques, des associations, des particuliers, en échange d'un service rendu ;

4° Les subventions de l'État, de la région, du département et des communes ;

5° Les produits des dons et legs ;

6° Le produit des taxes, redevances et contributions correspondant aux services assurés *(L. n° 2006-1537 du 7 déc. 2006, art. 37)* « ou aux investissements réalisés » ;

7° Le produit des emprunts.

I. FIXATION DE LA QUOTE-PART CONTRIBUTIVE

1. Elle est décidée par les communes dans les statuts du syndicat. Dans le silence des statuts ou de disposition expresse, le comité est compétent pour établir ou modifier la répartition des charges syndicales. • CE 28 nov. 1962, *Min. de l'Intérieur c/ Cne de Fontanès : Lebon 640.* ♦ V. aussi : • TA Paris, 5 févr. 1986, *Bobin et a.*, n° 58160. ♦ La délibération du comité fixant la répartition d'une dépense entre les communes membres du syndicat ne présente pas le caractère d'un acte administratif réglementaire. • CE 25 mars 1992, *Cne d'Éteignières*, n° 103845 B : *Dr. adm. 1992, n° 231.*

2. Condition de fond. La répartition des charges entre communes doit respecter le principe d'égalité devant les charges publiques, ce qui est le cas quand la contribution des communes à un syndicat créé pour la gestion d'un collège est fixée en fonction du nombre d'habitants et non du nombre d'élèves provenant de chaque commune. • CE 23 juill. 1974, *Cne de Cayeux-sur-Mer*, n° 86612 : *Lebon 435.* ♦ Est contraire au principe d'égalité devant les charges publiques la répartition fondée simultanément sur la règle de l'assujettissement forfaitaire de la commune d'accueil et celle de la participation des autres communes adhérentes au prorata du nombre d'élèves fréquentant le collège. • TA Amiens, 27 janv. 1987, *Cne de Villeneuve-Saint-Germain : Lebon 460.*

II. PRODUITS DES SERVICES ASSURÉS

3. Financement des syndicats gérant des SPIC. Le budget des services publics industriels et commerciaux gérés par un syndicat de communes obéit au principe de l'équilibre financier tel qu'il est défini aux art. L. 2224-1 et L. 2224-2. Ainsi, cet équilibre ne peut être assuré que par le produit des seules redevances perçues auprès des usagers et éventuellement, par une prise en charge des communes membres, dans les cas dérogatoires et selon les conditions fixées par l'art. L. 2224-2, al. 2. Application de la règle à un syndicat d'assainissement. • CE 29 oct. 1997, *Sté Sucrerie agricole Colleville*, n° 144007 : *Lebon 378 ; Dr. adm. 1998, n° 5, note Gintrand.*

4. Bénéfice de la contribution des communes associées. Le bénéfice de cette contribution (ou le cas échéant, du produit fiscal de substitution mentionné à l'art. L. 5212-20, al. 2) ne peut revenir qu'aux syndicats de communes qui n'exploitent pas des services publics à caractère industriel ou commercial ou qui, en exploitant, assurent en outre la gestion de services ne présentant pas ce caractère. • CE 29 oct. 1997, *Sté Sucrerie agricole Colleville*, n° 144007 : *préc. note 3.* ♦ Les communes membres d'un syndicat qui exploite exclusivement un SPIC ne peuvent prendre en charge des dépenses de ce service, couvertes en principe par le produit des seules redevances perçues auprès des usagers, que pour l'une des raisons limitativement énoncées par les 1°, 2° ou 3° de l'art. L. 2224-2 CGCT et à la condition d'avoir pris, à cette fin, après qu'une délibération du syndicat a prévu des subventions de leur part, des délibérations décidant le versement au syndicat de ces subventions. • CE 6 avr. 2007, *Synd. intercommunal d'adduction d'eau et d'assainissement d'eau de la vallée de Béthune*, n° 284544 : *Lebon 158 ; AJDA 2007. 828, note Brondel ; ibid. 2007. 1289, note Mouzet ; JCP Adm. 2007, n° 435, note Rouault ; ibid. 2007, n° 2218, note Erstein ; BJCL 2007. 407, concl. Séners ; RLCT 2007, n° 775, note Glaser.* ♦ V. aussi * Rép. min. : *JOAN Q, 8 janv. 2008, p. 178, n° 1420.* ♦ La solution de principe est ainsi précisée. Nonobstant les dispositions de délibérations antérieures à l'entrée en vigueur de la loi, le comité syndical d'un syndicat des eaux ne peut mettre à la charge des communes adhérentes des contributions qui ne sont pas justifiées par l'un des motifs prévus par la loi. • CAA Douai, 16 déc. 2004, *Synd. des eaux d'Honnechy-Maurois*, n° 03DA00097. ♦ Même solution pour un syndicat de distribution d'eau potable et d'assainissement qui a illégalement décidé d'instituer le produit fiscal de substitution prévu à l'art. L. 5212-20. • CAA Nancy, 22 janv. 2004, *Préfet des Vosges*, n° 98NC00207. ♦ Le syndicat ne peut se prévaloir de ce que cette contribution des communes ne couvrirait que les dépenses d'investissement des services concernés et les dépenses de fonctionnement du service d'assainissement des eaux pluviales (service administratif), alors qu'il ne ressort pas de la ventilation proposée que ce serait le cas. • Même arrêt.

5. S'agissant des syndicats de communes qui n'exploitent pas de SPIC ou qui assurent par ailleurs la gestion de services à caractère administratif, la contribution des communes associées ou le produit fiscal qui la remplace, ne peut être perçu que dans la limite des nécessités propres à ces autres services, telle que les décisions du syndicat la déterminent. • CE 29 oct. 1997, *Sté Sucrerie agricole Colleville*, n° 144007 : *préc. note 3.* ♦ Dès lors que le syndicat n'a plus à assurer un service à l'égard d'une commune, celle-ci n'est plus tenue de verser sa contribution. Ainsi jugé à propos d'un syndicat intercommunal d'électrification, suite au classement d'une commune membre en zone urbaine. • CE 11 juill. 1991, *Synd. intercommunal d'électrification de la région de Cavaillon*, n° 79735 : *Lebon 280*.

6. Illégalité de l'institution par un syndicat intercommunal d'un droit de branchement aux réseaux d'eau et d'assainissement payable par les usagers alors que la construction des réseaux n'a pas été financée par lui. • CE 31 janv. 1986, *SIVOM de la région d'Aigues-Mortes : CJEG 1986. 135.*

Art. L. 5212-20 **La contribution des communes associées mentionnée au 1° de l'article L. 5212-19 est obligatoire pour ces communes pendant la durée du syndicat et dans la limite des nécessités du service telle que les décisions du syndicat l'ont déterminée.**

Le comité du syndicat peut décider de remplacer *(L. n° 2004-809 du 13 août 2004, art. 181)* **« en tout ou partie » cette contribution par le produit** *(L. n° 2019-1479 du 28 déc. 2019, art. 16)* **« de la taxe d'habitation sur les résidences secondaires** *(Abrogé par L. n° 2025-127 du 14 févr. 2025, art. 110)* ***« et autres locaux meublés non affectés à l'habitation principale »*, des taxes foncières et de la cotisation foncière des entreprises ».**

La mise en recouvrement de ces impôts ne peut toutefois être poursuivie que si le conseil municipal, obligatoirement consulté dans un délai de quarante jours, ne s'y est pas opposé en affectant d'autres ressources au paiement de sa quote-part.

Sur la dotation de compensation de la réforme de la taxe professionnelle, V. ci-dessous L. n° 2011-900 du 29 juill. 2011, art. 2.

1. Contribution des communes. Elle constitue en elle-même une dépense obligatoire pour chaque commune indépendamment du caractère obligatoire ou non des dépenses du syndicat. • TA Amiens, 16 févr. 1972, *Cne d'Archon : Lebon 855.* ♦ La contribution n'a ce caractère de dépense obligatoire que dans la limite des nécessités du service déterminées par le syndicat. • CE 28 nov. 1962, *Min. de l'Intérieur c/ Cne de Fontanès : Lebon 640.* ♦ Le caractère de dépense obligatoire peut être contesté par une commune membre, ce qui peut conduire le juge à interpréter les statuts du syndicat. • CE 22 mai 1992, *SIVOM d'aménagement du canton de Mirebeau-sur-Bèze*, n°s 111532 B et 112426 B : *Dr. adm. 1992, n° 281 ; ACL 1993, n° 17.* ♦ Lorsqu'en vertu des statuts d'un syndicat, les communes adhérentes ne contribuent à chacune des activités du syndicat que dans la mesure où les conseils municipaux décident de participer à ladite activité, celle-ci est entendue comme une catégorie et la commune est tenue de participer au financement de tous les équipements relevant de cette catégorie. • Même arrêt. ♦ Une commune non adhérente à un syndicat qui a la charge d'un collège et dont certains enfants fréquentent l'établissement est tenue de participer aux dépenses assumées par le syndicat pour la construction et le fonctionnement de ce collège. • CE 17 déc. 1993, *Cne d'Ambronay*, n° 113033 : *Dr. adm. 1994, n° 83.* ♦ La carence de la commune à s'acquitter de sa contribution autorise le préfet à procéder à l'inscription d'office de la quote-part au budget communal. • CE 25 mars 1992, *Cne d'Éteignières*, n° 103845 B : *Dr. adm. 1992, n° 231.* ♦ V. déjà : • CE 28 nov. 1962, *Min. de l'Intérieur c/ Cne de Fontanès : préc.* ♦ L'art. 16 de la L. n° 2019-1479 du 28 déc. 2019 de finances pour 2020, en n'incluant pas le produit de la part de taxe d'habitation affecté au syndicat de communes par l'une de ses communes membres, contrevient à l'objectif fixé par le législateur de compenser intégralement le produit de la taxe d'habitation perdu par les communes du fait de sa suppression. Dès lors, il méconnaît le principe d'égalité devant les charges publiques. • Cons. const. 17 mars 2022, *Trinité (Cne)*, n° 2021-982 QPC : *AJDA 2022. 605 ; AJCT 2022. 335, obs. Houser*.

2. Ressources et dépenses du syndicat. Un syndicat d'agglomération nouvelle (SAN) auquel appartiennent deux communes membres d'un SIVOM ne saurait être tenu de se substituer à elles pour la prise en charge de dépenses de reconstruction et de gestion d'un collège dès lors que la loi portant statut des SAN ne donne pas compétence à un SAN pour exercer ce type de compétence et en l'absence de toute convention. Par suite, est illégale la délibération du comité du SIVOM inscrivant à son budget une contribution du SAN. • CE 6 avr. 1998, *SIVOM de la région de Chevreuse*, n° 156518. ♦ Un syndicat de communes exclusivement chargé de l'exploitation d'un ou de plusieurs services à caractère industriel et commercial ne peut bénéficier ni de la contribution des communes associées, ni du produit fiscal de substitution, en raison du principe d'équilibre financier de ces services. – V. notes 4 s. ss. art. L. 5212-19. ♦ Il appartient au seul comité syndical de décider de remplacer en totalité ou pour une partie qu'il détermine seul cette contribution par le produit des impôts. Les communes intéressées conservent la faculté de refuser la mise en recouvrement de l'impôt et de financer leur contribution par voie budgétaire mais elles ne sauraient modifier la clé de répartition entre les deux deux modes de financement arrêtée par le comité syndical. • CE 12 mars 2010, *Min. de l'Intérieur, de l'Outre-mer et des Collectivités territoriales c/ Cne de Vroville*, n° 309720 : *AJDA 2010. 529, note Pastor ; Dr. adm. 2010, n° 71 ; BJCL 2010. 385, concl. Geffray.* ♦ Pour fixer le montant de la régularisation due au titre de l'année 2017, le syndicat, du fait du retrait d'une commune, à compter du 1er janv. 2018, ne peut procéder à aucune répercussion sur la participation de l'année suivante. • CAA Toulouse, 16 mars 2023, n° 20TL04594.

Loi n° 2011-900 du 29 juillet 2011,

De finances rectificative pour 2011.

Art. 21 I. — 1. Il est créé un prélèvement sur les recettes de l'État intitulé dotation de compensation de la réforme de la taxe professionnelle résultant des contributions fiscalisées aux syndicats de communes.

Cette dotation est égale, pour chaque commune dont tout ou partie de la contribution versée, au titre de l'année 2009, à un syndicat de communes dont elle était membre était fiscalisée en application du deuxième alinéa de l'article L. 5212-20 du code général des collectivités territoriales, au produit des bases communales de taxe professionnelle figurant sur le rôle général de l'année 2009, à l'exception de celles afférentes aux biens passibles de taxes foncières et qui n'en sont pas exonérées en application des 11° ou 12° de l'article 1382 du code général des impôts, par le taux syndical additionnel au taux de taxe professionnelle applicable en 2009.

Cette dotation est versée les années au cours desquelles la commune verse l'intégralité de sa contribution au syndicat dont elle est associée depuis le 1er janvier 2009, soit sous la forme de la contribution prévue au 1° de l'article L. 5212-19 du code général des collectivités territoriales, soit sous celle d'autres ressources, dans les conditions prévues au dernier alinéa de l'article L. 5212-20 du même code.

En 2012, chaque commune perçoit, au titre de la dotation de compensation de la réforme de la taxe professionnelle résultant des contributions fiscalisées aux syndicats de communes, un montant égal à la somme des produits calculés conformément aux deux alinéas précédents pour chaque syndicat de communes à contribution fiscalisée dont elle était membre. Les dotations versées en 2013 et 2014 sont égales respectivement à 67 % et 33 % du montant versé en 2012.

Les taux des taxes foncières et de la taxe d'habitation applicables l'année au cours de laquelle la commune bénéficie de la dotation définie au présent 1 peuvent être augmentés des taux des taxes additionnelles aux taxes foncières et à la taxe d'habitation perçues au titre de l'année précédente au profit du syndicat. Le taux de la cotisation foncière des entreprises applicable cette même année peut être augmenté du taux de la taxe additionnelle à la taxe professionnelle perçue au titre de 2009 au profit du syndicat.

Les dispositions du code général des impôts relatives à la fixation des taux d'imposition s'appliquent aux taux des taxes foncières, de la taxe d'habitation et de la cotisation foncière des entreprises ainsi augmentés.

2. La dotation de compensation de la réforme de la taxe professionnelle résultant des contributions fiscalisées aux syndicats de communes est exclue du périmètre des concours financiers de l'État aux collectivités territoriales stabilisés en valeur en application de l'article 7 de la loi n° 2010-1645 du 28 décembre 2010 de programmation des finances publiques pour les années 2011 à 2014.

3. Les 1 et 2 du présent I entrent en vigueur le 1er janvier 2012.

[...]

Art. L. 5212-21 **Les recettes du budget du syndicat peuvent comprendre :**

1° Lorsque le syndicat assure la collecte ainsi que la destruction ou le traitement des ordures ménagères, soit le produit de la taxe d'enlèvement des ordures ménagères et de la redevance prévue à l'article L. 2333-78, soit, le cas échéant, le produit de la redevance d'enlèvement des ordures ménagères en provenance des terrains de camping ;

2° Ou lorsque le syndicat assure l'enlèvement et le traitement des ordures, déchets et résidus, soit le produit de la redevance pour enlèvement des ordures, déchets et résidus, soit le produit de la redevance prévue à l'article L. 2333-76. — *[C. communes, art. L. 251-5 issu de la L. n° 70-1297 du 31 déc. 1970, art. 32 ; L. n° 74-1129 du 30 déc. 1974, art. 14-II.]*

1. Le montant de la redevance instituée par un SIVOM pour l'enlèvement des ordures ménagères a pu, sans méconnaître l'art. L. 2333-76, être fixé au même niveau pour un terrain de camping isolé comportant trois installations et pour un foyer de résidents permanents. • CE 4 juin 1986, *Assoc. des propriétaires de terrains pour les loisirs en Oléron*, n° 44988 B.

2. Le syndicat intercommunal effectivement chargé de l'enlèvement des ordures ménagères en provenance des terrains de camping est seul compétent pour instituer la redevance afférente et toute délibération prise à cette fin par le conseil municipal d'une commune membre de ce syndicat est illégale. • CE 18 oct. 1993, *Cne de Sénots c/ M. Fernand*, n° 126038 B : *ACL 1994, n° 13.*

3. Financement des syndicats à vocation unique gérant un SPIC. V. notes ss. art. L. 5212-19.

Art. L. 5212-21-1 *(L. n° 2003-1311 du 30 déc. 2003, art. 116)* **Sans préjudice de l'application des dispositions de l'article L. 1618-2, les syndicats de communes peuvent déroger à l'obligation de dépôt auprès de l'État pour le montant du solde d'exécution de la section d'investissement de l'exercice précédent, dans la limite de la dotation aux amortissements des immobilisations exploitées dans le cadre d'un service public à caractère industriel et commercial.**

Art. L. 5212-22 **Copie du budget et des comptes du syndicat est adressée chaque année aux conseils municipaux des communes syndiquées.** — *[C. communes, art. L. 251-6 issu de L. 5 avr. 1884, art. 176 ; Ord. n° 59-29 du 5 janv. 1959, art. 1er.]*

Il s'agit d'une garantie fondamentale de la libre administration et des ressources des collectivités. • Cons. const. 19 nov. 1975, n° 75-84 L : *JO 23 nov. ; RD publ. 1976. 225, chron. Favoreu.*

Art. L. 5212-23 **Les conseillers municipaux de ces communes peuvent prendre communication des procès-verbaux des délibérations du comité du syndicat et de celles du bureau.** — *[C. communes, art. L. 251-7 issu de L. 5 avr. 1884, art. 176 ; Ord. n° 59-29 du 5 janv. 1959, art. 1er.]*

Art. L. 5212-24 *(L. n° 2010-1488 du 7 déc. 2010, art. 23) (L. n° 2013-1279 du 29 déc. 2013, art. 45)* **« Lorsqu'il existe un syndicat intercommunal exerçant la compétence d'autorité organisatrice de la distribution publique d'électricité mentionnée à l'article L. 2224-31, la** *(L. n° 2020-1721 du 29 déc. 2020, art. 54)* **« part communale », prévue à l'article L. 2333-2, est perçue par le syndicat en lieu et place »** *(L. n° 2014-891 du 8 août 2014, art. 18)* **« des établissements publics de coopération intercommunale à fiscalité propre qui en sont membres et de l'ensemble des communes dont la population recensée par l'Institut national de la statistique et des études économiques au 1er janvier de l'année** *(L. n° 2019-1479 du 28 déc. 2019, art. 216)* **« précédant celle au titre de laquelle la »** *(L. n° 2020-1721 du 29 déc. 2020, art. 54)* **« part est versée » est inférieure ou égale à 2 000 habitants ou dans lesquelles la taxe « communale sur l'électricité prévue à l'article L. 2333-2, dans sa rédaction en vigueur au 31 décembre 2010, est perçue par le syndicat à cette même date. » Pour les autres communes, cette** *(L. n° 2020-1721 du 29 déc. 2020, art. 54)* **« part » peut être perçue par le syndicat en lieu et place de la commune s'il en est décidé ainsi par délibérations concordantes du syndicat et de la commune intéressée prises** *(L. n° 2019-1479 du 28 déc. 2019, art. 216)* **« avant le 1er juillet pour être applicables l'année suivante et transmises au comptable public assignataire au plus tard quinze jours après la date prévue pour leur adoption. » Lorsque cette compétence est exercée par le département, la** *(L. n° 2020-1721 du 29 déc. 2020, art. 54)* **« part » est perçue par ce dernier en lieu et place de toutes les communes dont la population recensée par l'Institut national de la statistique et des études économiques au 1er janvier de l'année** *(L. n° 2019-1479 du 28 déc. 2019, art. 216)* **« précédant celle au titre de laquelle »** *(L. n° 2020-1721 du 29 déc. 2020, art. 54)* **« la part versée » est inférieure ou égale à 2 000 habitants. Pour les autres communes, cette** *(L. n° 2020-1721 du 29 déc. 2020, art. 54)* **« part » peut être perçue par le département en lieu et place de la commune s'il en est décidé ainsi par délibérations concordantes du département et de la commune intéressée prises** *(L. n° 2019-1479 du 28 déc. 2019, art. 216)* **« avant le 1er juillet pour être applicables l'année suivante et transmises au** *(L. n° 2020-1721 du 29 déc. 2020, art. 54)* **« service de l'administration fiscale désigné par décret » au plus tard quinze jours après la date**

prévue pour leur adoption. » *(Abrogé par L. n° 2020-1721 du 29 déc. 2020, art. 54) « Dans tous les cas, la taxe est recouvrée dans les conditions de droit commun. »*

(L. n° 2020-1721 du 29 déc. 2020, art. 54) « Le montant de la part communale attribuée au syndicat intercommunal ou au conseil départemental est déterminé dans les conditions prévues à l'article L. 2333-2. »

(L. n° 2013-1279 du 29 déc. 2013, art. 45) « Le syndicat intercommunal ou le département peut reverser à une commune ou à un établissement public de coopération intercommunale à fiscalité propre une fraction de la *(L. n° 2020-1721 du 29 déc. 2020, art. 54)* « part perçue au titre de » son territoire, par délibérations concordantes du syndicat, ou du département s'il exerce la compétence, et de la commune ou de l'établissement public de coopération intercommunale, prises *(L. n° 2019-1479 du 28 déc. 2019, art. 216)* « avant le 1er juillet pour être applicables l'année suivante et transmises au *(L. n° 2020-1721 du 29 déc. 2020, art. 54)* « service de l'administration fiscale désigné par décret » au plus tard quinze jours après la date prévue pour leur adoption. »

Art. L. 5212-24-1 et L. 5212-24-2 *Abrogés par L. n° 2020-1721 du 29 déc. 2020, art. 54.*

Art. L. 5212-25 Lorsque l'application d'une disposition à caractère fiscal ou budgétaire a pour conséquence d'augmenter ou de diminuer les ressources de fonctionnement d'une commune membre d'un syndicat d'un pourcentage égal ou supérieur à 10 p. 100 des recettes de la section de fonctionnement, s'il s'agit d'une commune de moins de 20 000 habitants, et à 5 p. 100 dans les autres cas, chaque commune membre peut demander au comité du syndicat une modification des règles fixant les modalités de répartition des contributions financières des communes au budget du syndicat à compter de l'année suivante.

Si le comité du syndicat n'a pas fait droit à la demande dans un délai de six mois, ou si la délibération du comité du syndicat n'a pas été approuvée par les conseils municipaux dans les conditions prévues *(L. n° 99-586 du 12 juill. 1999)* « aux deuxième et troisième alinéas de l'article L. 5211-20 », le représentant de l'État dans le département peut modifier, à la demande de la commune intéressée et après avis de la chambre régionale des comptes, les règles fixant les modalités de répartition des contributions financières des communes au budget du syndicat.

Art. L. 5212-26 *(L. n° 2010-1488 du 7 déc. 2010, art. 23)* Afin de financer la réalisation ou le fonctionnement d'un équipement public local *(L. n° 2018-1317 du 28 déc. 2018, art. 259)* « en matière de distribution publique d'électricité, de développement de la production d'électricité par des énergies renouvelables, de maîtrise de la consommation d'énergie ou de réduction des émissions polluantes ou de gaz à effet de serre », des fonds de concours peuvent être versés entre un syndicat visé à l'article L. 5212-24 et les communes ou les établissements publics de coopération intercommunale membres, après accords concordants exprimés à la majorité simple du comité syndical et des conseils municipaux ou des organes délibérants des établissements publics de coopération intercommunale concernés.

Le montant total des fonds de concours ne peut excéder les trois quarts du coût hors taxes de l'opération concernée.

SECTION 5 Modification des conditions initiales de composition et de fonctionnement

SOUS-SECTION 1 Admission de nouvelles communes

Ancien art. L. 5212-26 *Abrogé par L. n° 99-586 du 12 juill. 1999.*

SOUS-SECTION 2 Fusion

(L. n° 2010-1563 du 16 déc. 2010, art. 46)

Art. L. 5212-27 I. — Des syndicats de communes et des syndicats mixtes peuvent être autorisés à fusionner dans les conditions fixées par le présent article.

Le projet de périmètre du nouveau syndicat envisagé peut être fixé par arrêté du représentant de l'État dans le département lorsque les membres font partie du même département, ou par arrêté conjoint des représentants de l'État dans les départements concernés dans le cas contraire :

1° Soit dans un délai de deux mois à compter de la première délibération transmise, à l'initiative d'un ou de plusieurs organes délibérants des membres du ou des syndicats ou de l'organe délibérant du ou des syndicats dont la fusion est envisagée ;

2° Soit à l'initiative du ou des représentants de l'État dans le ou les départements, après avis de la ou des commissions départementales de la coopération intercommunale compétentes. Cet avis est réputé favorable s'il n'a pas été rendu à l'issue d'un délai de deux mois à compter de leur saisine ;

3° Soit à l'initiative de la ou des commissions départementales de la coopération intercommunale.

Cet arrêté dresse la liste des syndicats intéressés. Les syndicats concernés sont consultés sur le projet de périmètre et les statuts. Leur avis est réputé favorable s'il n'intervient pas dans un délai de trois mois après la notification du projet d'arrêté.

Le projet de périmètre et les statuts sont également notifiés par le représentant de l'État dans le département au maire de chaque commune ou, le cas échéant, au président de l'organe délibérant de chaque membre d'un syndicat dont la fusion est envisagée. Les organes délibérants des membres des syndicats concernés disposent d'un délai de trois mois pour se prononcer sur le projet de périmètre et les statuts du nouveau syndicat. À défaut de délibération dans ce délai, celle-ci est réputée favorable.

Les propositions de modification du projet de périmètre adoptées, dans le respect des objectifs prévus aux I et II de l'article L. 5210-1-1 et des orientations définies au III du même article, par la ou les commissions départementales de la coopération intercommunale à la majorité des deux tiers de leurs membres sont intégrées à l'arrêté du ou des représentants de l'État dans le département.

II. — La fusion peut être décidée par arrêté du ou des représentants de l'État dans le ou les départements concernés, après accord des organes délibérants des membres des syndicats sur l'arrêté dressant la liste des syndicats intéressés à la fusion et sur les statuts du nouveau syndicat. Cet accord doit être exprimé par les deux tiers au moins des organes délibérants des communes ou des établissements publics de coopération intercommunale membres des syndicats inclus dans le projet de périmètre représentant plus de la moitié de la population totale de ceux-ci, ou par la moitié au moins des mêmes organes délibérants représentant les deux tiers de cette population.

Dans le cas où le projet de fusion inclut un ou plusieurs syndicats mixtes prévus à l'article L. 5721-1, l'accord sur la fusion doit être exprimé par délibérations concordantes des organes délibérants des syndicats intéressés et des membres les constituant.

III. — L'établissement public issu de la fusion constitue de droit soit un syndicat de communes lorsqu'il résulte de la fusion exclusive de syndicats de communes, soit, dans le cas contraire, un syndicat prévu à l'article L. 5711-1 ou, selon sa composition, à l'article L. 5721-1.

Les statuts déterminent parmi les compétences transférées aux syndicats existants celles qui sont exercées par le nouveau syndicat dans son périmètre ; les autres compétences font l'objet d'une restitution aux membres des syndicats.

L'ensemble des biens, droits et obligations des établissements publics fusionnés est transféré au syndicat issu de la fusion.

Lorsque la fusion emporte transferts de compétences des syndicats au nouveau syndicat, ces transferts s'effectuent dans les conditions financières et patrimoniales prévues aux cinquième et sixième alinéas de l'article L. 5211-17.

Le syndicat issu de la fusion est substitué de plein droit, pour l'exercice de ses compétences, dans son périmètre, aux anciens syndicats dans toutes leurs délibérations et tous leurs actes.

Les contrats sont exécutés dans les conditions antérieures jusqu'à leur échéance, sauf accord contraire des parties. Les cocontractants sont informés de la substitution de personne morale par le syndicat issu de la fusion. La substitution de personne morale dans les contrats conclus par les syndicats n'entraîne aucun droit à résiliation ou à indemnisation pour le cocontractant.

La fusion de syndicats est effectuée à titre gratuit et ne donne lieu au paiement d'aucune indemnité, droit, taxe, salaire ou honoraires.

L'ensemble des personnels des syndicats fusionnés est réputé relever du syndicat issu de la fusion dans les conditions de statut et d'emploi qui sont les siennes. Les agents conservent, s'ils y ont intérêt, le bénéfice du régime indemnitaire qui leur était applicable ainsi que, à titre individuel, les avantages acquis en application du troisième alinéa de l'article 111 de la loi n° 84-53 du 26 janvier 1984 portant dispositions statutaires relatives à la fonction publique territoriale.

IV. — La fusion entraîne une nouvelle élection des délégués des membres du nouveau syndicat au conseil de ce dernier.

Le mandat des délégués en fonction avant la fusion des syndicats est prorogé jusqu'à l'installation du nouvel organe délibérant, au plus tard le vendredi de la quatrième semaine suivant la fusion. La présidence du syndicat issu de la fusion est, à titre transitoire, assurée par le plus âgé des présidents des syndicats ayant fusionné.

Les pouvoirs de l'assemblée des délégués et du président sont limités aux actes d'administration conservatoire et urgente.

À défaut pour une commune, un établissement public de coopération intercommunale ou tout autre membre de l'un des anciens syndicats d'avoir désigné ses délégués, ce membre est représenté, au sein de l'organe délibérant du nouveau syndicat, soit par le maire ou le président si ce membre n'y compte qu'un délégué, soit, dans le cas contraire, par le maire et le premier adjoint, ou le président et un vice-président.

Bien que l'intention du législateur, avec la loi du 16 déc. 2010, ait été de favoriser le portage des pays existants par des EPCI à fiscalité propre, il n'est pas interdit que des syndicats de pays puissent fusionner entre eux. Pour les pays existants dont la structure porteuse est une association de la loi de 1901, la liberté d'association les autorise à faire le choix de leur mode d'organisation dans le respect des lois en vigueur : * Rép. min. n° 17971, *JO Sénat Q, 30 juin 2011, p. 1717.*

SOUS-SECTION 3 Retrait de communes

Art. L. 5212-28 *Abrogé par L. n° 99-586 du 12 juill. 1999.*

Art. L. 5212-29 Par dérogation aux dispositions de l'article *(L. n° 99-586 du 12 juill. 1999)* « L. 5211-19 », une commune peut être autorisée par le représentant de l'État dans le département *(L. n° 99-586 du 12 juill. 1999)* « après avis de la commission départementale de la coopération intercommunale réunie dans la formation prévue au second alinéa de l'article L. 5211-45 » à se retirer du syndicat si, par suite d'une modification de la réglementation ou de la situation de la commune au regard de cette réglementation, la participation de cette commune au syndicat est devenue sans objet. *(L. n° 99-586 du 12 juill. 1999)* « L'avis de la commission départementale de la coopération intercommunale est réputé négatif s'il n'a pas été rendu à l'issue d'un délai de deux mois.

« Les biens meubles et immeubles mis à la disposition du syndicat par la commune sont restitués à celle-ci, ainsi que les droits et obligations qui s'y rattachent. Le solde de l'encours de la dette afférente à ces biens, éventuellement transféré à l'établissement public de coopération intercommunale par la commune et non remboursé à la date du retrait, est simultanément repris à sa charge par la commune.

« Pour les biens acquis ou réalisés par le syndicat postérieurement à l'adhésion de la commune et les emprunts destinés à les financer, à défaut d'accord entre les communes, le ou les représentants de l'État dans le ou les départements fixent les conditions du retrait, après avis du comité du syndicat et du conseil municipal de la commune intéressée. Le retrait peut être subordonné à la prise en charge par la commune d'une quote-part des annuités de dettes afférentes aux emprunts contractés par le syndicat pendant la période où la commune en était membre. »

Lorsqu'un emprunt restant à la charge de la commune admise à se retirer fait l'objet d'une mesure de nature à en diminuer le montant, l'annuité due par cette commune est réduite à due concurrence.

(L. n° 2004-809 du 13 août 2004, art. 172) « Le retrait du syndicat vaut réduction du périmètre des syndicats mixtes dont le syndicat est membre dans les conditions fixées au troisième alinéa de l'article L. 5211-19. »

Les dispositions du présent article ne s'appliquent pas aux syndicats de distribution d'électricité.

1. Contrôle restreint. L'appréciation du maintien ou de la disparition de l'objet de la participation de la commune au syndicat relève du contrôle restreint du juge administratif. • CAA Paris, 8 juin 2004, *Cne d'Osny*, n° 00PA03555.

2. Synd. intercommunal de regroupement pédagogique. Nonobstant l'avis favorable de la commission départementale de la coopération intercommunale et l'autorisation du préfet, il ne résulte ni de l'art. L. 5212-29, ni de l'art. L. 212-8 C. éduc., ni de la jurisprudence administrative, que l'invocation d'un motif d'intérêt général serait de nature à justifier une autorisation de retrait au titre des dispositions en cause. • CAA Nancy, 13 avr. 2021, n° 18NC03342.

Art. L. 5212-29-1 *(L. n° 99-586 du 12 juill. 1999)* Une commune peut être autorisée, par le représentant de l'État dans le département après avis de la commission départementale de la coopération intercommunale réunie dans la formation prévue au second alinéa de l'article L. 5211-45 et *(L. n° 2004-809 du 13 août 2004, art. 172)* « dans le respect des dispositions des deuxième à cinquième alinéas de l'article L. 5212-29 », à se retirer du syndicat pour adhérer à une communauté de communes ou à lui retirer une ou plusieurs des compétences qu'elle lui a transférées en application de l'article L. 5212-16 pour les transférer à la communauté de communes dont elle est membre. L'avis de la commission départementale de la coopération intercommunale est réputé négatif s'il n'a pas été rendu à l'issue d'un délai de deux mois.

Art. L. 5212-30 Lorsqu'une commune estime que les dispositions statutaires relatives à la représentation des communes au comité du syndicat, ou aux compétences exercées par le syndicat, ou à la contribution des communes aux dépenses du syndicat, sont de nature à compromettre de manière essentielle son intérêt à participer à l'objet syndical, elle peut demander la modification des dispositions statutaires en cause dans les conditions prévues *(L. n° 99-586 du 12 juill. 1999)* « dans chaque cas par le présent code ».

Lorsqu'une modification des dispositions statutaires relatives à la représentation des communes au comité du syndicat, ou aux compétences exercées par le syndicat, ou à la contribution des communes aux dépenses du syndicat, est de nature à compromettre de manière essentielle son intérêt à participer à l'objet syndical, la commune peut, dans un délai de six mois à compter de la modification, demander son retrait du syndicat dans les conditions prévues *(L. n° 99-586 du 12 juill. 1999)* « dans chaque cas par le présent code ».

À défaut de décision favorable dans un délai de six mois, la commune peut demander au représentant de l'État dans le département *(L. n° 99-586 du 12 juill. 1999)* « après avis de la commission départementale de la coopération intercommunale réunie dans la formation prévue au second alinéa de l'article L. 5211-45 » d'autoriser son retrait du syndicat. *(L. n° 99-586 du 12 juill. 1999)* « L'avis de la commission départementale de la coopération intercommunale est réputé négatif s'il n'a pas été rendu à l'issue d'un délai de deux mois.

« Les biens meubles et immeubles mis à la disposition du syndicat par la commune sont restitués à celle-ci ainsi que les droits et obligations qui s'y rattachent. Le solde de l'encours de la dette afférente à ces biens, éventuellement transféré à l'établissement public de coopération intercommunale, par la commune et non remboursé à la date du retrait, est simultanément repris à sa charge par la commune.

« Pour les biens acquis ou réalisés par le syndicat postérieurement à l'adhésion de la commune et les emprunts destinés à les financer, à défaut d'accord entre les communes, le ou les représentants de l'État dans le ou les départements fixent les conditions du retrait, après avis du comité du syndicat et du conseil municipal de la commune intéressée. Le retrait peut être subordonné à la prise en charge par la commune d'une quote-part des annuités de dette afférentes aux emprunts contractés par le syndicat pendant la période où la commune en était membre. »

Lorsque ces emprunts font l'objet d'une mesure de nature à en diminuer la charge, l'annuité due par la commune admise à se retirer est réduite à due concurrence.

(L. n° 2004-809 du 13 août 2004, art. 172) « Le retrait du syndicat vaut réduction du périmètre des syndicats mixtes dont le syndicat est membre dans les conditions fixées au troisième alinéa de l'article L. 5211-19. »

Les dispositions du présent article ne sont applicables qu'aux communes adhérant depuis six ans au moins au syndicat concerné.

1. Changement de statut. Le refus par un syndicat de modifier des dispositions statutaires peut être de nature à compromettre de manière essentielle l'intérêt de la commune à participer à l'objet syndical et dès lors fonder légalement le retrait de cette commune du syndicat. • CE 7 juill. 2000, *SICTOM de la région d'Issoudun*, n°s 205842 et 210817 : *Lebon 304 ; Dr. adm. 2000, n° 219 ; ACL 2001, n° 19.*

2. Retrait. L'application de la loi du 11 juill. 1979 sur la motivation des actes administratifs, imposant la motivation des décisions individuelles défavorables, ne bénéficie qu'aux seules personnes physiques ou morales qui sont directement concernées par la décision en cause. S'agissant d'une demande par laquelle une commune sollicite son retrait d'un syndicat intercommunal, cette qualité n'appartient qu'à la commune auteur de la demande. • CE 7 juill. 2000, *SICTOM de la région d'Issoudun*, n° 205842 : *préc. note 1.* ♦ La demande de retrait d'une commune ou d'un groupement de communes d'un syndicat mixte formulée par délibération de son organe délibérant ne peut intervenir qu'après l'arrêté préfectoral prononçant le transfert de nouvelles compétences à l'EPCI et approuvant pour cela la modification de ses statuts. • CE 16 mai 2011, *Synd. intercommunal d'électrification rurale de Châteauroux, Synd. intercommunal d'électrification rurale de Valençay*, n°s 320577 et 327844 : *AJCT 2011. 352, obs. Houser ; BJCL 2011. 454, concl. Geffray.* ♦ L'arrêté préfectoral conjoint autorisant le retrait d'une commune d'un syndicat regroupant des communes qui appartiennent à deux départements limitrophes relève de la compétence du Conseil d'État en premier et dernier ressort (sol. impl.). • CE 7 juill. 2000, *SICTOM de la région d'Issoudun*, n° 205842 : *préc. note 1.* ♦ La décision d'autoriser ou non le retrait d'une commune d'un syndicat relève de la compétence discrétionnaire du préfet et le juge n'exerce sur elle qu'un contrôle restreint de l'erreur manifeste d'appréciation. • Même arrêt. ♦ Il ressort des pièces du dossier que le maire de la commune a saisi préalablement à sa demande de retrait le président du syndicat d'une demande de modification des dispositions statutaires qui ont trait à la représentation des communes au comité syndical et que ce comité a rejeté la proposition dont il était saisi. • Même arrêt. ♦ En cas de retrait d'une commune, les préfets sont compétents pour fixer les conditions financières et patrimoniales de ce retrait. Toutefois, ils ne peuvent répartir la charge des emprunts restant dus entre le syndicat et la commune en prenant pour référence une date antérieure à la date de prise d'effet du retrait sans méconnaître les dispositions légales (figurant actuellement à l'art. L. 5212-29, al. 3, V. cet art.). • Même arrêt.

SOUS-SECTION 4 *[ABROGÉE]* Commission de conciliation

(Abrogée par L. n° 99-586 du 12 juill. 1999)

Art. L. 5212-31 *Abrogé par L. n° 99-586 du 12 juill. 1999.*

SOUS-SECTION 5 Adhésion d'un syndicat à un établissement public de coopération intercommunale

Art. L. 5212-32 À moins de dispositions contraires, confirmées par la décision institutive, l'adhésion du syndicat à un établissement public de coopération intercommunale est subordonnée à l'accord des conseils municipaux des communes membres du syndicat, donné dans les conditions de majorité prévues au second alinéa de l'article L. 5212-2. – *[C. communes, art. L. 163-17-2.]*

SECTION 6 Dissolution

Art. L. 5212-33 Le syndicat est dissous :

a) Soit de plein droit à l'expiration de la durée fixée par la décision institutive ou à l'achèvement de l'opération qu'il avait pour objet de conduire *(L. n° 2010-1563 du 16 déc. 2010, art. 47)* « ou lorsqu'il ne compte plus qu'une seule commune membre » ou à la date du transfert *(L. n° 2010-1563 du 16 déc. 2010, art. 47)* « à un établissement public de coopération intercommunale à fiscalité propre ou à un syndicat mixte relevant des articles L. 5711-1 ou L. 5721-2 » des services en vue desquels il avait été institué. *(L. n° 2010-1563 du 16 déc. 2010, art. 47)* « Dans ce dernier cas, les communes membres du syndicat dissous deviennent de plein droit membres du syndicat mixte auquel le syndicat de communes a transféré l'intégralité de ses compétences. Le syndicat mixte est substitué au syndicat de communes dissous dans des conditions identiques à celles prévues, pour la dissolution d'un syndicat mixte, aux troisième à dernier alinéas de l'article L. 5711-4 » ;

b) Soit par le consentement de tous les conseils municipaux intéressés.

Il peut être dissous :

(L. n° 2009-526 du 12 mai 2009, art. 86) « *a)* Soit sur la demande motivée de la majorité de ces conseils municipaux par arrêté du ou des représentants de l'État dans le ou les départements concernés ;

« *b)* Soit d'office par un décret rendu sur l'avis conforme du Conseil d'État.

« Une copie de l'arrêté ou du décret de dissolution est adressée au conseil départemental pour information. »

(L. n° 99-586 du 12 juill. 1999) « L'arrêté ou le décret de dissolution détermine, dans le respect des dispositions *(L. n° 2010-1563 du 16 déc. 2010, art. 47)* « des articles L. 5211-25-1 et L. 5211-26 » et sous la réserve des droits des tiers, les conditions dans lesquelles le syndicat est liquidé. »

(L. n° 2019-828 du 6 août 2019, art. 10) « La répartition des personnels concernés entre les communes membres ne peut donner lieu à un dégagement des cadres. » Les personnels concernés sont nommés dans un emploi de même niveau et en tenant compte de leurs droits acquis. Les communes attributaires supportent les charges financières correspondantes.

BIBL. ▶ Berrah, Réforme des collectivités locales : le devenir du patrimoine immobilier des établissements dissous, *JCP Adm. 2011, n° 2220.* – Goutal, Syndicat de communes, comment rompre un « mariage à l'italienne » ?, *Dpt et cnes, févr. 1994. 56.*

I. CAS DE DISSOLUTION

1. Dissolution de plein droit. L'achèvement de l'opération s'entend comme sa réalisation complète et correspond à l'accomplissement de l'objet du syndicat. Un syndicat constitué pour l'institution d'un hôpital intercommunal est dissous de plein droit par la création de l'hôpital, ce dernier se trouvant subrogé dans ses droits et obligations. • CE 15 janv. 1943, *Commission adm. de l'hôpital intercommunal d'Aulnay-sous-Bois : Lebon 11.* ♦ La disparition de l'objet du syndicat emporte le même effet. Un syndicat créé exclusivement pour assurer le transport des enfants fréquentant un collège d'enseignement général est dissous de plein droit du fait de la fermeture de cet établissement. • CE 22 avr. 1970, *Cne de Saint-Barthélemy : Lebon 271 ; RD publ. 1971. 1553.* ♦ La dissolution de plein droit ne requiert aucune délibération du comité syndical. • CE 10 oct. 2001, *Vian Lierde,* n° 170731. ♦ La dissolution doit être prononcée par arrêté préfectoral constatant que les conditions légales sont réunies et déterminant notamment les conditions dans lesquelles le syndicat est liquidé. • CE 14 oct. 2005, *Cne de Pagny-sur-Moselle,* n° 255179 : *BJCL 2005, n° 11, p. 768, concl. Verclytte ; Coll. terr. 2006, p. 19, note Erstein ; RLCT 2006, n° 9, p. 51, note Glaser ; ACL 2006, n° 16.*

2. Dissolution demandée par les communes. Elle doit recueillir l'accord de toutes les communes et une délibération favorable de tous les conseils municipaux doit être formalisée pour que la dissolution soit prononcée. * Rép. min. n° 5704 : *JOAN, 4 déc. 2012, p. 7208.* ♦ Si la demande motivée émane de la majorité des conseils municipaux, le préfet n'est pas tenu de consulter le comité du syndicat dissous. • TA Lyon, 29 févr. 1984, *Cne de Sutrieu : Lebon 455.* ♦ La dissolution du syndicat ne peut intervenir à la demande des communes membres lorsque celles-ci se sont engagées à supporter sur leur propre budget les annuités d'emprunts nécessaires au financement des opérations projetées et que l'intégralité des emprunts n'est pas remboursée à la date de la demande. L'entrée en service d'un nouvel équipement ne saurait délivrer de leurs obligations financières les communes membres du syndicat constitué pour sa réalisation. • CE 5 déc. 1980, *Préfet de l'Essonne,* n° 09310 : *Lebon 462.* ♦ Le préfet commet une erreur de droit lorsqu'il prononce la dissolution dans cette circonstance. • Même arrêt.

3. Dissolution d'office. En cas d'illégalité de l'arrêté autorisant la création du syndicat et nonobstant l'existence de cette procédure, le préfet est tenu de procéder au retrait de son acte. • TA Rennes, 26 mars 1987, *Synd. intercommunal de défense contre l'uranium : Lebon 468.* ♦ La dissolution du syndicat ne se fonde que sur des motifs graves de nature à rendre impossible le maintien de l'association entre les communes ou à compromettre l'ordre public. L'arrêté préfectoral consacrant la réduction du nombre de communes d'un syndicat pour la seule raison que trois des communes membres avaient en fait cessé d'y collaborer utilement est entaché d'illégalité. Une telle réduction ne pourrait s'opérer que dans les formes prescrites par les textes en vigueur. • CE 17 janv. 1936, *Cie des chemins de fer départementaux de la Haute-Vienne et Synd. intercommunal d'électrification de Compreignac : Lebon 77.* ♦ Le juge vérifie que l'avis émis par le conseil départemental l'a été dans des conditions régulières sous peine d'annulation du décret de dissolution. • CE 31 mars 1989, *M. Gaignault,* n° 68853 : *Lebon 108 ; AJDA 1989. 540, concl. Lévis ; JCP 1990. II. 21457, note Chouvel.*

II. CONSÉQUENCES DE LA DISSOLUTION

4. *Droits des tiers.* Le préfet est tenu de sauvegarder les droits des tiers et notamment des créanciers du syndicat. Ainsi, lorsque la dissolution intervient à la demande de la majorité des conseils municipaux, il est fondé à mettre à la charge des communes membres du syndicat dissous, dans le cadre des engagements pris et à concurrence de leur participation, les dettes du syndicat liées aux emprunts qu'il a souscrits. • TA Lyon, 29 févr. 1984, *Cne de Sutrieu : Lebon 455.*

5. *Liquidation.* Elle peut comporter le transfert de biens, la jurisprudence ayant admis qu'un syndicat de communes a la propriété d'un domaine public. • CE 6 févr. 1981, *Epp.*, n° 05716 B : *Rev. adm. 1982. 36, note Moderne.* ♦ Rappr. • CE 6 mai 1985, *Assoc. Eurolat-Crédit foncier de France*, n°s 41589 et 41699 : *Lebon 141 ; RFDA 1986. 22, concl. Genevois ; AJDA 1985. 620, note Moreau et Fatôme.*

6. *Intérêt à agir.* Un syndicat intercommunal est recevable à se pourvoir contre une mesure affectant son existence. • TA Rennes, 26 mars 1987, *Synd. intercommunal de défense contre l'uranium : Lebon 469.*

7. *Condition d'urgence.* La dissolution du syndicat crée, par elle-même, une situation d'urgence à l'égard de cet établissement. La condition posée par l'art. 521-1 CJA est dès lors satisfaite. • CE 28 déc. 2005, *Synd. intercommunal de Lens-Avion*, n° 283249 : *AJDA 2006. 63, note Brondel ; RLCT 2006, n° 10, p. 37, note E.G. ; Coll. terr., mars 2006, p. 14, note Erstein ; JCP Adm. 2006, n° 3, p. 56, note Rouault ; ACL 2006, n° 16.*

8. *Réaffectation des agents.* La circonstance que la communauté de communes prenant la suite du syndicat dissous ne disposerait pas d'un emploi correspondant au grade de l'agent de ce syndicat qui lui est affecté ne saurait la dispenser de son obligation de prendre en charge ledit agent, notamment sur le plan financier. • CAA Bordeaux, 19 mai 2016, *Cté de cnes de Noblat*, n° 14BX02134. ♦ La règle de non dégagement des cadres protège tous les fonctionnaires. Elle implique la reprise obligatoire de tous ceux qui sont concernés par la dissolution de la structure, sans possibilité de licenciement. En revanche, cette règle ne peut pas s'appliquer aux agents contractuels. Cependant, les communes ou les EPCI membres du syndicat mixte dissous doivent s'attacher à reprendre les agents contractuels notamment pour les titulaires d'un contrat à durée indéterminée. Il appartient aux communes ou aux EPCI membres, dans le cadre de l'accord qu'ils doivent rechercher, ou au préfet, s'il est conduit à arbitrer en absence d'accord, de fixer des règles équitables de répartition des agents après avis de la commission administrative paritaire (CAP). Cette répartition figure dans l'arrêté de dissolution. * Rép. min. n° 8983, *JO Sénat, 18 avr. 2019, p. 2111.*

Art. L. 5212-34 **Le syndicat qui n'exerce aucune activité depuis deux ans au moins peut être dissous par arrêté du ou des représentants de l'État dans le ou les départements concernés après avis des conseils municipaux des communes membres.**

(L. n° 2009-526 du 12 mai 2009, art. 86 ; L. n° 2010-1563 du 16 déc. 2010, art. 50) **« Cet avis est réputé favorable s'il n'a pas été rendu à l'issue d'un délai de trois mois suivant la notification de la proposition de dissolution faite par le ou les représentants de l'État. »**

Le syndicat est considéré comme n'exerçant aucune activité depuis deux ans au moins lorsque ses instances statutaires ont cessé de fonctionner depuis ce délai. Ainsi, lorsque la dernière réunion du comité du syndicat s'est tenue deux ans auparavant et que les budgets des années précédentes ont été réglés et rendus exécutoires par le préfet. • CE 13 déc. 1996, *Cne de Saint-Florent et a.*, n° 165506. ♦ Le préfet est tenu de solliciter l'avis de l'ensemble des communes membres du syndicat et la circonstance que certaines communes se soient abstenues d'émettre leur avis dans un délai raisonnable n'entache pas d'irrégularité l'arrêté de dissolution. • Même arrêt. ♦ L'ensemble des communes membres du syndicat est tenu de participer à la répartition de l'actif et du passif afférent à toute opération qui entre dans l'objet du syndicat. Une action, même incompétemment décidée par le bureau du syndicat sans que les communes représentées au comité ne s'y soient opposées et qui entre dans cet objet, ne peut légalement constituer l'opération d'une seule commune. • Même arrêt.

CHAPITRE III *[ABROGÉ]* DISTRICT

(Abrogé par L. n° 99-586 du 12 juill. 1999)

Art. L. 5213-1 à L. 5213-27 *Abrogés.*

V. ces art. et leurs annotations au **CGCT**, *éd. 1999.*

Loi n° 99-586 du 12 juillet 1999,

Relative au renforcement et à la simplification de la coopération intercommunale.

Art. 51 I. — Les districts existant à la date de publication de la présente loi, lorsqu'ils n'optent pas pour l'application des dispositions de l'article 52, sont transformés en communautés de communes *[V. art. L. 5214-1 s.]*, par décision du conseil de district prise à la majorité des deux tiers au moins de ses membres, dans un délai qui expire le 1er janvier 2002. La transformation est alors prononcée par arrêté du représentant de l'État dans le département lorsque les communes appartiennent au même département et par arrêté conjoint des représentants de l'État dans les départements concernés dans le cas contraire. Elle n'entraîne pas création d'une nouvelle personne morale. Elle prend effet à la date de l'arrêté préfectoral.

L'ensemble des biens, droits et obligations du district sont transférés à la communauté de communes, qui est substituée de plein droit au district dans toutes les délibérations et tous les actes de ce dernier à la date de l'arrêté de transformation. Cette substitution ne donne lieu au paiement d'aucune indemnité, droit, taxe, *(Ord. n° 2010-638 du 10 juin 2010, art. 10)* « contribution prévue à l'article 879 du code général des impôts » ou honoraire prévus au titre du transfert des biens par le code général des impôts. L'ensemble des personnels du district est réputé relever de la communauté de communes dans les conditions de statut et d'emploi qui sont les siennes à la date d'effet de la transformation.

À défaut de décision du conseil de district au plus tard le 1er janvier 2002, le district est transformé d'office en communauté de communes dans les conditions prévues aux alinéas ci-dessus.

II. — La transformation d'un district en communauté de communes est sans effet sur les compétences exercées au lieu et place des communes membres. La communauté de communes est substituée au district pour l'exercice de ses compétences en matière de lutte contre l'incendie et de secours, dans les conditions fixées au chapitre IV du titre II du livre IV de la première partie du code général des collectivités territoriales *[V. CGCT, art. L. 1424-1 s.]*.

Lorsqu'un district transformé en communauté de communes n'exerce, à la date de l'arrêté de transformation, aucune compétence dans le groupe de compétences obligatoires « aménagement de l'espace », ce district devient compétent au lieu et place des communes, pour les études d'aménagement.

Lorsqu'un district transformé en communauté de communes n'exerce, à la même date, aucune compétence dans le groupe de compétences obligatoires « actions de développement économique intéressant l'ensemble de la communauté », ce district devient compétent, au lieu et place des communes, pour les études de développement économique.

Lorsqu'un district transformé en communauté de communes n'exerce, à la date précitée, aucune compétence dans les groupes de compétences optionnelles visés au II de l'article L. 5214-16 du code général des collectivités territoriales, le conseil de district précise, dans sa délibération de transformation, le groupe de compétences optionnelles qu'il choisit. Selon le groupe de compétences choisi, ce district devient alors compétent, au lieu et place des communes :

1° Pour les études relatives à la lutte contre les nuisances ;

2° Pour les études prospectives sur l'habitat et l'emploi ;

3° Pour la définition d'un projet communautaire de développement et d'aménagement de la voirie ;

4° Pour la définition d'un plan communautaire d'équipements culturels, sportifs et d'enseignement.

Art. 52 Les districts formant un ensemble de plus de 500 000 habitants d'un seul tenant et sans enclave doivent se prononcer sur leur transformation en communauté d'agglomération *[V. CGCT, art. L. 5216-1 s.]* ou en communauté urbaine *[V. CGCT, art. L. 5215-1 s.]* au plus tard le 1er janvier 2002. La décision est prise par délibérations concordantes du conseil de district et d'au moins la moitié des conseils municipaux des communes membres représentant plus de la moitié de la population totale du district. Lorsque la délibération propose la transformation en communauté d'agglomération, elle précise également le choix des compétences optionnelles mentionnées au II de l'article L. 5216-5. À défaut de décision du conseil de district au plus tard le 1er janvier 2002, le district est transformé d'office en communauté de communes dans les conditions prévues à l'article 51.

Les districts qui exercent au lieu et place des communes membres les compétences prévues à l'article L. 5216-5 ou à l'article L. 5215-20 du code général des collectivités territoriales peuvent, dans le délai fixé à l'article 51, être transformés en communautés d'agglomération ou en communautés urbaines par décision du conseil de district prise à la majorité des deux tiers au moins des membres de ce conseil, s'ils remplissent les conditions fixées à l'article L. 5216-1 ou L. 5215-1 du même code selon le cas. La transformation est prononcée par arrêté du représentant de l'État dans le département lorsque les communes appartiennent au même département et par arrêté conjoint des représentants de l'État dans les départements concernés dans le cas contraire. Elle n'entraîne pas création d'une nouvelle personne morale.

(L. n° 99-1126 du 28 déc. 1999, art. 19) « Pour les districts ayant fait application des dispositions de l'article 1609 *quinquies* A du code général des impôts et dont le périmètre n'était pas d'un seul tenant à la date d'entrée en vigueur de la loi n° 92-125 du 6 février 1992 d'orientation relative à l'administration territoriale de la République, la condition de continuité territoriale fixée à l'article L. 5216-1 du code général des collectivités territoriales n'est pas exigée dès lors que leur transformation nécessiterait l'intégration d'une commune appartenant déjà à un autre établissement public de coopération intercommunale percevant la taxe professionnelle selon les dispositions de l'article 1609 *nonies* C du code général des impôts au 1er janvier 1999. »

La communauté d'agglomération ou la communauté urbaine est substituée au district pour l'exercice de ses compétences en matière de lutte contre l'incendie et de secours, dans les conditions fixées au chapitre IV du titre II du livre IV de la première partie du code général des collectivités territoriales *[V. CGCT, art. L. 1424-1 s.]*.

L'ensemble des biens, droits et obligations du district sont transférés à la communauté d'agglomération ou à la communauté urbaine, qui est substituée de plein droit au district dans toutes les délibérations et tous les actes de ce dernier à la date de l'arrêté de transformation. Cette substitution ne donne lieu au paiement d'aucune indemnité, droit, taxe, *(Ord. n° 2010-638 du 10 juin 2010, art. 10)* « contribution prévue à l'article 879 du code général des impôts » ou honoraire prévus au titre du transfert des biens par le code général des impôts. L'ensemble des personnels du district est réputé relever de la communauté d'agglomération ou de la communauté urbaine dans les conditions de statut et d'emploi qui sont les siennes à la date de la transformation.

Art. 53 I. — Sans préjudice des dispositions des articles L. 2121-33 et L. 2122-10 du code général des collectivités territoriales, les délégués des communes au conseil de district conservent leur mandat pour la durée de celui-ci restant à courir, au conseil de la communauté de communes, du syndicat de communes, de la communauté d'agglomération ou de la communauté urbaine selon le cas.

II. — Les districts existant à la date de publication de la présente loi sont régis, jusqu'à la date d'effet de leur transformation en application des articles 51 et 52 ci-dessus, par les dispositions de l'article L. 5210-2 et du chapitre I du titre I du livre II de la cinquième partie du code général des collectivités territoriales *[V. CGCT, art. L. 5211-1 s.]* ainsi que par les dispositions suivantes :

A. — Organisation :

Le nombre des membres du conseil du district est fixé par la décision institutive. Le choix du conseil municipal peut porter sur tout citoyen réunissant les conditions requises pour faire partie d'un conseil municipal.

B. — Compétences :

Le district exerce de plein droit, au lieu et place des communes membres, la gestion :

1° Des services de logement créés en application des articles L. 621-1 et suivants du code de la construction et de l'habitation ;

2° Des centres de secours contre l'incendie, sous réserve des dispositions du chapitre IV du titre II du livre IV de la première partie du code général des collectivités territoriales ;

3° Des services assurés par les syndicats de communes associant, à l'exclusion de toute autre, les mêmes communes que le district ;

4° Des services énumérés dans la décision institutive.

C. — Dispositions financières :

1° Les recettes du budget du district comprennent :

a) Le produit des impôts mentionnés au 1° du *a* de l'article L. 2331-3 du même code ;

b) Le produit des taxes, redevances et contributions correspondant aux services assurés ;

c) Le revenu des biens, meubles ou immeubles, du district ;

d) Les sommes qu'il reçoit des administrations publiques, des associations, des particuliers, en échange d'un service rendu ;

e) Les subventions de l'État, de la région, du département et des communes ;

f) Les produits des dons et legs ;

g) Le produit des emprunts ;

h) La contribution des communes intéressées, pour le fonctionnement de services assurés à la demande de ces dernières.

2° Les recettes du budget du district peuvent comprendre, le cas échéant, le produit des impôts mentionnés à l'article 1609 *quinquies* A ou à l'article 1609 *quinquies* B du code général des impôts.

Les pertes de recettes que le district subit du fait des exemptions temporaires dont bénéficient les constructions nouvelles au titre de la taxe foncière des propriétés bâties sont compensées par une subvention de l'État, déterminée dans les mêmes conditions que l'allocation servie aux communes, conformément aux dispositions de l'article L. 2335-3 du code général des collectivités territoriales.

Sont applicables au district les dispositions de l'article L. 5212-21 du même code.

D. — Représentation-substitution :

Le district est substitué, pour l'exercice des compétences qu'il exerce, aux communes qui en font partie lorsque celles-ci sont groupées avec des communes extérieures au district au sein de syndicats de communes préexistants qui deviennent des syndicats mixtes au sens de l'article L. 5711-1 du même code. Cette disposition ne modifie ni les attributions ni le périmètre des syndicats.

En cas de transfert à un district existant de l'ensemble des services en vue desquels un syndicat de communes a été institué, ce syndicat est dissous de plein droit à la date du transfert.

E. — Dissolution :

Le district est dissous :

a) Soit de plein droit, à l'expiration de la durée fixée par la décision institutive, ou à la date du transfert de la totalité de ses compétences à une communauté urbaine lorsque le district ne comprend pas de communes extérieures à la communauté urbaine.

Dans ces deux derniers cas, sauf accord amiable et sous réserve des droits des tiers, des décrets en Conseil d'État fixent les conditions dans lesquelles les syndicats ou districts cessent leur activité et sont liquidés ;

b) Soit à la demande de la moitié au moins des conseils municipaux représentant plus de la moitié de la population totale du district.

La dissolution est prononcée par arrêté du représentant de l'État dans le département lorsque les communes appartiennent au même département et par arrêté conjoint des représentants de l'État dans les départements concernés dans le cas contraire.

Cet arrêté détermine, sous la réserve des droits des tiers, les conditions dans lesquelles le district est liquidé.

La répartition des personnels concernés entre les communes membres est soumise, pour avis, aux commissions administratives paritaires compétentes. Elle ne peut donner lieu à un dégagement des cadres. Les personnels concernés sont nommés dans un emploi de même niveau et en tenant compte de leurs droits acquis. Les communes attributaires supportent les charges financières correspondantes.

(L. nº 99-1126 du 28 déc. 1999, art. 20) « F. — Retrait d'une commune :

« Une commune peut être autorisée par le représentant de l'État à se retirer d'un district pour adhérer à un autre établissement public de coopération intercommunale à fiscalité propre dans les conditions prévues à l'article L. 5214-26 du code général des collectivités territoriales. »

Art. 54 La commune, simultanément membre d'une communauté de communes et d'un district qui opte pour sa transformation en communauté de communes, se retire du district ou de la communauté de communes avant la transformation du district.

Le conseil du district et le conseil de communauté fixent les conditions auxquelles s'opère le retrait. Faute d'accord, les conditions financières du retrait sont fixées par le ou les représentants de l'État dans le ou les départements concernés.

La décision de retrait est prononcée par arrêté du ou des représentants de l'État dans le ou les départements concernés. À défaut de décision de la commune à l'expiration du délai prévu au dernier alinéa du I de l'article 51 ci-dessus, elle est prononcée d'office.

CHAPITRE IV COMMUNAUTÉ DE COMMUNES

BIBL. GÉN. ▶ CAMMARATA et GAÏA, La création des communautés de communes au regard du principe constitutionnel de libre administration des collectivités territoriales, *RFDA 1997. 1209* ✎. – DEBOUY, Communautés de communes, *J.-Cl. Coll. terr., fasc. 176.*

SECTION 1 Création

Art. L. 5214-1 **La communauté de communes est un établissement public de coopération intercommunale regroupant plusieurs communes** *(L. n° 99-586 du 12 juill. 1999)* **« d'un seul tenant et sans enclave ».**

Elle a pour objet d'associer des communes au sein d'un espace de solidarité, en vue de l'élaboration d'un projet commun de développement et d'aménagement de l'espace. *(L. n° 2014-173 du 21 févr. 2014, art. 11)* **« Lorsque la communauté de communes comprend un ou plusieurs quartiers prioritaires de la politique de la ville et exerce la compétence définie au 2° *bis* du II de l'article L. 5214-16, ce projet commun intègre un volet relatif à la cohésion sociale et urbaine permettant de définir les orientations de la communauté de communes en matière de politique de la ville et de renforcement des solidarités entre ses communes membres. Il détermine les modalités selon lesquelles les compétences de la communauté de communes concourent aux objectifs de cohésion sociale et territoriale. »**

(L. n° 99-586 du 12 juill. 1999) **« Les conditions du premier alinéa ne sont pas exigées pour les communautés de communes existant à la date de publication de la loi n° 99-586 du 12 juillet 1999 relative au renforcement et à la simplification de la coopération intercommunale, ou issues de la transformation d'un district ou d'une communauté de villes en application des dispositions des articles 51 et 56 de la même loi** *[V. art. 51 ss. art. L. 5213-27]* **».**

1. Continuité territoriale. Le principe posé par le 1er al. de cet art. doit être regardé comme ayant une portée générale. Il doit être respecté non seulement lors de la création d'un EPCI mais aussi, le cas échéant, lors d'évolutions ultérieures du territoire de cet établissement. Ainsi, lors de la mise en œuvre de la procédure dérogatoire de retrait prévue à l'art. L. 5214-26. • CE 28 déc. 2005, *Cne de Poigny,* n° 281849 : *AJDA 2006. 60, note Montecler* ✎ *; JCP Adm. 2006, n° 3, p. 55, note Rouault ; ibid. n° 4, p. 124, concl. Glaser ; Coll. terr. 2006, n° 45, note Erstein ; RLCT, févr. 2006, p. 35, note Pintat ; ibid. p. 37, note Glaser ; ACL 2006, n° 12.* ♦ V. déjà à propos de l'extension du périmètre d'une communauté de communes discontinue avant l'entrée en vigueur de la L. du 12 juill. 1999. • CE 11 déc. 2000, *Cté de cnes du Pays d'Issoudun,* n° 214900 : *Lebon 605* ✎ *; ACL 2001, n° 20.* ♦ Une commune a intérêt et qualité à agir contre l'arrêté qui a pour effet de l'enclaver au sein du territoire d'une communauté. • Même arrêt. ♦ La conformité au principe de continuité territoriale s'apprécie au regard de la contiguïté des limites administratives et le juge exerce sur ce point un contrôle normal. Il est ainsi décidé que la séparation de deux communes par le Rhône ne peut être regardée comme méconnaissant ce principe. • CE 3 oct. 2003, *Cté de cnes du Val-de-Drôme et M. Serret,* n° 250825 : *AJDA 2004. 879, note Tuot* ✎. ♦ Les données géographiques interfèrent en revanche sur la conformité du périmètre à l'objet que la loi assigne à la communauté de communes mais le juge n'exerce à ce point de vue qu'un contrôle restreint. • Même arrêt. ♦ L'appréciation à laquelle s'est livré le préfet en privilégiant un regroupement de communes quel que soit le canton auquel elles appartiennent, et en favorisant l'élaboration d'un projet commun de développement des territoires, n'est pas manifestement erronée au regard des objectifs que la loi du 6 févr. 1992 assigne aux communautés de communes. • CE 2 oct. 1996, *Cne de Bourg-Charente et a.,* n° 161696 : *Lebon 361 ; AJDA 1996. 1022, concl. Touvet* ✎ *; Dr. adm. 1996, n° 516 ; Quot. jur. 1997, n° 10 ; ACL 1997, n° 19.*

2. Projet commun de développement. La décision institutive d'une communauté peut attribuer à cet établissement d'autres compétences que celles qui sont obligatoires dès lors qu'elles concourent à un projet commun de développement et d'aménagement de l'espace. • CE 9 mai 2005, *Min. de l'Intérieur, de la Sécurité intérieure et des Libertés locales c/ Cne de Saint-Cyr-en-Val,* n° 258441 : *AJDA 2005. 1394, concl. Séners* ✎ *; RFDA 2005. 887* ✎ *; RLCT 2005. 39, note Glaser ; ACL 2006, n° 14.*

Art. L. 5214-2 et L. 5214-3 *Abrogés par L. n° 99-586 du 12 juill. 1999.*

Art. L. 5214-4 **La communauté de communes est formée soit sans fixation de terme, soit pour une durée déterminée par la décision institutive.** – *[C. communes, art. L. 163-18, al. 1er, et L. 167-5.]*

SECTION 2 Organes

BIBL. GÉN. ▶ Brauge, Quel suffrage pour l'intercommunalité française ?, *RLCT, mai 2008, nº 1002*. – Caillosse, Quelle(s) démocratie(s) d'agglomération ?, *Les cahiers de l'institut de la décentralisation, 2002*. – Le Saout, Intercomunalité et démocratie, *Pouvoirs locaux, nº 62, mars 2004, p. 67*. – Moreau, L'élection des vice-présidents des communautés de communes et des communautés d'agglomération au scrutin proportionnel, *Coll. terr., 2006, nº 3, p. 30*. – Pailler, Continuité de la représentation des communes au sein des conseils communautaires : assouplissement des règles de parité, *AJCT 2023. 400*.

COMMENTAIRE

V. dans le supplément en ligne.

SOUS-SECTION 1 Le conseil de la communauté de communes

Art. L. 5214-5 et L. 5214-6 *Abrogés par L. nº 99-586 du 12 juill. 1999.*

Art. L. 5214-7 *Abrogé par L. nº 2010-1563 du 16 déc. 2010, art. 9.*

Art. L. 5214-8 *(L. nº 2002-276 du 27 févr. 2002, art. 97)* **Les articles** *(L. nº 2019-1461 du 27 déc. 2019, art. 85)* **« L. 2123-1 à » L. 2123-3, L. 2123-5, L. 2123-7 à L. 2123-16** *(L. nº 2015-366 du 31 mars 2015, art. 9)* **« , L. 2123-18-2 »** *(L. nº 2024-247 du 21 mars 2024, art. 8)* **« , » L. 2123-18-4** *(L. nº 2015-366 du 31 mars 2015, art. 3)* **« , L. 2123-24-1 »** *(L. nº 2024-247 du 21 mars 2024, art. 8)* **« , L. 2123-34 et L. 2123-35 » sont applicables aux membres du conseil de la communauté de communes.**

Pour l'application de l'article L. 2123-11-2, le montant mensuel de l'allocation est au plus égal à 80 % *(L. nº 2015-366 du 31 mars 2015, art. 12)* **« ou, à compter du septième mois suivant le début du versement de l'allocation, à 40 % » de la différence entre le montant de l'indemnité brute mensuelle que l'intéressé percevait pour l'exercice de ses fonctions, dans la limite des taux maximaux prévus par l'article L. 5211-12, et l'ensemble des ressources qu'il perçoit à l'issue du mandat.**

Cette allocation n'est pas cumulable avec celle versée aux élus municipaux en application de l'article L. 2123-11-2 ni avec celles versées en application des articles L. 3123-9-2 et L. 4135-9-2.

COMMENTAIRE

V. dans le supplément en ligne.

Art. L. 5214-9 *Abrogé par L. nº 2013-403 du 17 mai 2013, art. 37-J.*

Les anciens art. L. 5214-8 à L. 5214-10 ont été abrogés par la L. nº 99-586 du 12 juill. 1999.

SOUS-SECTION 2 Le président

Art. L. 5214-11 *Abrogé par L. nº 99-586 du 12 juill. 1999.*

SOUS-SECTION 3 Le bureau

Art. L. 5214-12 et L. 5214-13 *Abrogés par L. nº 99-586 du 12 juill. 1999.*

SECTION 3 Fonctionnement

Art. L. 5214-14 et L. 5214-15 *Abrogés par L. nº 99-586 du 12 juill. 1999.*

SECTION 4 Compétences

ENCYCL. COLL. LOC. *Intercommunalité : domaines d'intervention des EPCI à fiscalité propre, 1050*, par Letanoux.

BIBL. GÉN. ▶ Abline, L'intérêt communautaire : contours d'une notion indéfinie, *JCP Adm. 2007, nº 2324*. – Albert, La répartition des compétences entre les communes et les institutions intercommunales, *JCP Adm. 2010, nº 2241*. – Aubin, Le partage des compétences entre les communes et l'intercommunalité en matière d'accueil des gens du voyage, *RLCT, avr. 2009, nº 1328*. –

CÉBILE, Transition écologique et énergétique : la loi 3DS conforte l'action des intercommunalités, *JCP Adm. 2022. 2107* ; Gemapi et intercommunalité, *AJCT, 2024. 212* . – CHAVRIER, Intercommunalité et politique de la ville : un cadre juridique à parfaire, *AJDA 2007. 834* . – CHRISTIANY, La définition de l'intérêt communautaire : gare au compte à rebours !, *Coll. terr., févr. 2005, p. 63*. – FIALAIRE, Retour sur l'état des compétences des EPCI à fiscalité propre. Plaidoyer pour une analyse systémique appliquée à la démarche intercommunale, *RLCT, mars 2008, nº 955*. – FUCHS-CESSOT, Compétence Habitat : le partage entre commune et intercommunalité, *AJCT 2017. 304* . – GARDERE, Loi d'orientation des mobilités et communautés de communes : le transfert de la compétence « mobilités » aura-t-il lieu ?, *JCP Adm. 2020. 2058*. – GROUD, L'intérêt communautaire au lendemain de la loi Chevènement, *AJDA 2000. 967* . – JÉGOUZO, Comment répartir les compétences au sein du couple « communautés-communes » ?, *Pouvoirs locaux 2007, nº 72, p. 19*. – LARRALDE, La loi Grenelle 2 et le renforcement de l'échelon intercommunal, *JCP Adm. 2011, nº 2324*. – LAVALMADER, Le couple communes/communauté : vers un nouvel équilibre territorial des pouvoirs ?, *Dr. adm., oct. 2007, p. 9*. – MAILLOT, *LPA 18 juin 1993* (aménagement de l'espace). – Observatoire des risques juridiques des collectivités territoriales, 5e journée d'études, « La définition de l'intérêt communautaire : sursis ou liberté surveillée ? », *RLCT 2006, nº 10*. – PIRON, La distribution des responsabilités au sein du « couple » communes-communauté, *Pouvoirs locaux 2007, nº 72, p. 29*. – PISSALOUX, Intercommunalité et politique des sols, *JCP Adm., 2010, nº 2245*. – RENAUDIE, Police territoriale : quelle intercommunalisation de la police municipale ? *AJCT 2023. 490* . – RIBOT, La définition délicate de l'intérêt communautaire, *RLCT juill. 2005, nº 10* ; La détermination de l'intérêt communautaire, *Cahiers du laboratoire des collectivités locales, série Droit, nº 2/2005, Presses universitaires d'Orléans*. Intercommunalité et voiries : globalisation bienvenue et sectorisations compliquées, *RLCT 2006. 39* ; Protection de l'environnement et dynamique intercommunale : activisme visionnaire ou optimisme résigné ?, *ibid. 70*. – TERRIEN, Fonds de concours et intercommunalité, *JCP Adm. 2008, nº 2013*.

Art. L. 5214-16 **I. — La communauté de communes exerce de plein droit au lieu et place des communes membres** *(L. nº 2015-991 du 7 août 2015, art. 64)* **« les compétences relevant de chacun des groupes suivants : »**

(L. nº 2014-366 du 24 mars 2014, art. 136) **« 1º Aménagement de l'espace pour la conduite d'actions d'intérêt communautaire ; schéma de cohérence territoriale et schéma de secteur ; plan local d'urbanisme, document d'urbanisme en tenant lieu et carte communale ; »** — *Sur les conditions de ce transfert de compétences, V. L. nº 2014-366 du 24 mars 2014, art. 136-II à IV, infra.*

(L. nº 2015-991 du 7 août 2015, art. 64) **« 2º Actions de développement économique dans les conditions prévues à l'article L. 4251-17 ; création, aménagement, entretien et gestion de zones d'activité industrielle, commerciale, tertiaire, artisanale, touristique, portuaire ou aéroportuaire ; politique locale du commerce et soutien aux activités commerciales d'intérêt communautaire ; promotion du tourisme, dont la création d'offices de tourisme »** *(L. nº 2019-1461 du 27 déc. 2019, art. 16)* **« , sans préjudice de l'animation touristique qui est une compétence partagée, au sens de l'article L. 1111-4, avec les communes membres de l'établissement public de coopération intercommunale à fiscalité propre » ;**

(L. nº 2014-58 du 27 janv. 2014, art. 56) **« 3º Gestion des milieux aquatiques et prévention des inondations, dans les conditions prévues à l'article L. 211-7 du code de l'environnement ; »**

(L. nº 2015-991 du 7 août 2015, art. 64) **« 4º** *(L. nº 2018-957 du 7 nov. 2018, art. 1er)* **« Création, » aménagement, entretien et gestion des aires d'accueil des gens du voyage** *(L. nº 2017-86 du 27 janv. 2017, art. 148)* **« et des terrains familiaux locatifs définis aux 1º à 3º du II de l'article 1er de la loi nº 2000-614 du 5 juillet 2000 relative à l'accueil et à l'habitat des gens du voyage » ;**

« 5º Collecte et traitement des déchets des ménages et déchets assimilés ; »

(L. nº 2025-327 du 11 avr. 2025, art. 2) **« 6º Tout ou partie de l'assainissement des eaux usées, lorsque toutes les communes lui ont transféré cette compétence à la date de la promulgation de la loi nº 2025-327 du 11 avril 2025 visant à assouplir la gestion des compétences "eau" et "assainissement" ;**

« 7º Eau, lorsque toutes les communes lui ont transféré cette compétence à la date de la promulgation de la loi nº 2025-327 du 11 avril 2025 précitée. »

(L. nº 2019-1461 du 27 déc. 2019, art. 16) **« Par dérogation au 2º du présent I, les communes touristiques érigées en stations classées de tourisme en application des articles L. 133-13 et L. 151-3 du code du tourisme peuvent décider, par délibération et**

après avis de l'organe délibérant de la communauté de communes, de conserver ou de retrouver l'exercice de la compétence "promotion du tourisme, dont la création d'offices de tourisme". L'organe délibérant de l'établissement public de coopération intercommunale rend son avis dans un délai de trois mois à compter de sa saisine par la commune concernée. À défaut, l'avis est réputé rendu. La communauté de communes conserve, concurremment avec ladite commune et sur le territoire de cette dernière, l'exercice de cette même compétence, à l'exclusion de la création d'offices de tourisme.

« En cas de perte du classement en station de tourisme, la délibération du conseil municipal par laquelle la commune a décidé de conserver ou de retrouver la compétence "promotion du tourisme, dont la création d'offices de tourisme" cesse de produire ses effets et la compétence est intégralement exercée par la communauté de communes en lieu et place de la commune.

« Par dérogation au 2° du présent I, une ou plusieurs communes touristiques au sens de l'article L. 133-11 du code du tourisme peuvent demander à retrouver l'exercice de la compétence "promotion du tourisme, dont la création d'offices de tourisme". La restitution de compétence est décidée par délibérations concordantes de l'organe délibérant de la communauté de communes et des conseils municipaux de l'ensemble de ses communes membres dans les conditions de majorité requises pour la création de l'établissement. La communauté de communes conserve, concurremment aux dites communes et sur leur territoire, l'exercice de cette même compétence, à l'exclusion de la création d'offices de tourisme.

« En cas de perte de la dénomination "commune touristique", la compétence est intégralement exercée par la communauté de communes en lieu et place de la commune. »

(L. n° 2025-327 du 11 avr. 2025, art. 2) « La communauté de communes peut déléguer, par convention, tout ou partie des compétences mentionnées aux 6° et 7° du présent I ainsi que la compétence relative à la gestion des eaux pluviales urbaines définie à l'article L. 2226-1 à l'une de ses communes membres ou à un syndicat mentionné à l'article L. 5212-1 et inclus en totalité dans le périmètre de la communauté de communes. Par dérogation à l'article L. 5214-21, le syndicat délégataire est administré dans les conditions prévues à l'article L. 5211-7. Lorsqu'une commune demande à bénéficier d'une délégation, l'organe délibérant de la communauté de communes statue sur cette demande dans un délai de deux mois.

« Les compétences déléguées en application du treizième alinéa du présent I sont exercées au nom et pour le compte de la communauté de communes délégante.

« La convention approuvée par les organes délibérants des parties précise la durée de la délégation et ses modalités d'exécution. Elle détermine notamment les conditions tarifaires des services d'eau et d'assainissement des eaux usées sur le territoire de la communauté de communes. Les autres modalités de cette convention sont définies par décret en Conseil d'État. »

(L. n° 2019-1461 du 27 déc. 2019, art. 13) « II. – La communauté de communes peut par ailleurs exercer, en lieu et place des communes, pour la conduite d'actions d'intérêt communautaire, les compétences relevant des groupes suivants : »

1° Protection et mise en valeur de l'environnement, le cas échéant dans le cadre de schémas départementaux *(L. n° 2005-781 du 13 juill. 2005, art. 21)* « et soutien aux actions de maîtrise de la demande d'énergie » ;

2° Politique du logement et du cadre de vie ;

(L. n° 2014-173 du 21 févr. 2014, art. 11) « 2° *bis* En matière de politique de la ville : élaboration du diagnostic du territoire et définition des orientations du contrat de ville ; animation et coordination des dispositifs contractuels de développement urbain, de développement local et d'insertion économique et sociale ainsi que des dispositifs locaux de prévention de la délinquance ; programmes d'actions définis dans le contrat de ville ; »

3° Création, aménagement et entretien de la voirie ;

(L. n° 2010-788 du 12 juill. 2010, art. 51) « Lorsque la communauté de communes exerce la compétence "création, aménagement et entretien de la voirie communautaire" et que son territoire est couvert par un *(L. n° 2019-1428 du 24 déc. 2019, art. 16)* « plan de mobilité », la circulation d'un service de transport collectif en site propre entraîne l'intérêt communautaire des voies publiques supportant cette circula-

tion et des trottoirs adjacents à ces voies. Toutefois, *(L. n° 2015-991 du 7 août 2015, art. 64)* « le conseil » de la communauté de communes statuant dans les conditions prévues au IV du présent article *(L. n° 2015-991 du 7 août 2015, art. 64)* « peut », sur certaines portions de trottoirs adjacents, décider de limiter l'intérêt communautaire aux seuls équipements affectés au service de transports collectifs ; »

4° Construction, entretien et fonctionnement d'équipements culturels et sportifs *(L. n° 2015-991 du 7 août 2015, art. 64)* « d'intérêt communautaire » et d'équipements de l'enseignement préélémentaire et élémentaire *(L. n° 2015-991 du 7 août 2015, art. 64)* « d'intérêt communautaire » ;

(L. n° 2005-32 du 18 janv. 2005, art. 60) « 5° Action sociale d'intérêt communautaire. » *(L. n° 2015-991 du 7 août 2015, art. 64)* « Lorsque la communauté de communes exerce cette compétence, elle peut en confier la responsabilité, pour tout ou partie, à un centre intercommunal d'action sociale constitué dans les conditions fixées à l'article L. 123-4-1 du code de l'action sociale et des familles ; »

(L. n° 2025-327 du 11 avr. 2025, art. 2) « 6° Tout ou partie de l'assainissement des eaux usées, dans les conditions prévues à l'article L. 2224-8 du présent code ;

« 7° Eau ; »

(L. n° 2015-991 du 7 août 2015, art. 64) « 8° *(L. n° 2022-217 du 21 févr. 2022, art. 160)* « Participation à une convention France Services » et définition des obligations de service public y afférentes en application de l'article 27-2 de la loi n° 2000-321 du 12 avril 2000 relative aux droits des citoyens dans leurs relations avec les administrations. »

(L. n° 2025-327 du 11 avr. 2025, art. 2) « La communauté de communes peut déléguer, par convention, tout ou partie des compétences mentionnées aux 6° et 7° du présent II ainsi que la compétence de gestion des eaux pluviales urbaines définie à l'article L. 2226-1 à l'une de ses communes membres ou à un syndicat mentionné à l'article L. 5212-1 et inclus en totalité dans le périmètre de la communauté de communes. Par dérogation à l'article L. 5214-21, le syndicat délégataire est administré dans les conditions prévues à l'article L. 5211-7. Lorsqu'une commune demande à bénéficier d'une délégation, l'organe délibérant de la communauté de communes statue sur cette demande dans un délai de deux mois.

« Les compétences déléguées en application du treizième alinéa du présent II sont exercées au nom et pour le compte de la communauté de communes délégante.

« La convention approuvée par les organes délibérants des parties précise la durée de la délégation et ses modalités d'exécution. Elle détermine notamment les conditions tarifaires des services d'eau et d'assainissement des eaux usées sur le territoire de la communauté de communes. Les autres modalités de cette convention sont définies par décret en Conseil d'État. »

(L. n° 99-586 du 12 juill. 1999) « III. – La définition des compétences transférées au sein de chacun des groupes est fixée par la majorité qualifiée requise pour la création de la communauté.

« IV. – *(L. n° 2014-58 du 27 janv. 2014, art. 71)* « Lorsque l'exercice des compétences mentionnées aux I et II est subordonné à la reconnaissance de leur intérêt communautaire, cet intérêt est déterminé » *(L. n° 2015-991 du 7 août 2015, art. 81)* « par le conseil de la communauté de communes à la majorité des deux tiers » *(L. n° 2019-1461 du 27 déc. 2019, art. 21)* « des suffrages exprimés ».

(L. n° 2004-809 du 13 août 2004, art. 164) « Il est défini au plus tard deux ans après l'entrée en vigueur de l'arrêté prononçant le transfert de compétence. À défaut, la communauté de communes exerce l'intégralité de la compétence transférée. »

« V. – » *(L. n° 2004-809 du 13 août 2004, art. 186)* « Afin de financer la réalisation ou le fonctionnement d'un équipement, des fonds de concours peuvent être versés entre la communauté de communes et les communes membres après accords concordants exprimés à la majorité simple du conseil communautaire et des conseils municipaux concernés.

« Le montant total des fonds de concours ne peut excéder la part du financement assurée, hors subventions, par le bénéficiaire du fonds de concours. »

(L. n° 2000-1208 du 13 déc. 2000, art. 64) « VI. – La communauté de communes, lorsqu'elle est dotée d'une compétence dans ce domaine, peut exercer le droit de préemption urbain dans les périmètres fixés, après délibération concordante de la ou des

communes concernées, par le conseil de communauté pour la mise en œuvre de la politique communautaire d'équilibre social de l'habitat. »

(L. nº 2007-297 du 5 mars 2007, art. 3) **« VII. — Par convention passée avec le département, une communauté de communes peut exercer directement tout ou partie des compétences qui, dans le domaine de l'action sociale, sont attribuées au département en vertu des articles L. 121-1 et L. 121-2 du code de l'action sociale et des familles.**

« La convention précise l'étendue et les conditions financières de la délégation de compétence, ainsi que les conditions dans lesquelles les services départementaux correspondants sont mis à la disposition de la communauté de communes. »

Sur les communes touristiques érigées en stations classées de tourisme, V. L. nº 2019-1461 du 27 déc. 2019, art. 16-III.

Pour réparer les dommages directement causés par les actes de dégradation et de destruction liés aux troubles à l'ordre et à la sécurité publics survenus du 27 juin 2023 au 5 juill. 2023, le montant total des fonds de concours définis au V du présent art. peut excéder la part du financement assurée, hors subventions, par le bénéficiaire du fonds de concours. Cette part peut être nulle (Ord. nº 2023-871 du 13 sept. 2023, art. 3).

COMMENTAIRE

V. dans le supplément en ligne.

I. GÉNÉRALITÉS

1. Compétences. La décision institutive d'une communauté de communes peut attribuer à cet établissement d'autres compétences que les compétences obligatoires qui relèvent des groupes énumérés au présent art. Ainsi, une communauté peut se voir confier, dès sa création, la compétence de soutien au développement de l'enseignement supérieur et de la recherche dès lors que cette compétence concourt à l'élaboration d'un projet commun de développement et d'aménagement de l'espèce et qu'elle se fonde sur des dispositions du code de l'éducation. • CE 9 mai 2005, *Min. de l'Intérieur, de la Sécurité intérieure et des Libertés locales c/ Cne de Saint-Cyr-en-Val,* nº 258441 : *Lebon 189 ; AJDA 2005. 1394, concl. Séners ; RFDA 2005, p. 887 ; RLCT 2005. 39, note Glaser ; ACL 2006, nº 14.* ♦ Si la commune dispose d'une compétence générale pour intervenir dans le domaine du tourisme, elle ne peut en user pour concurrencer une compétence qui ne lui appartient pas, à savoir la protection d'une rivière qui incombe à l'EPCI. Par suite, en donnant acte à la commune concernée de sa déclaration pour la réalisation du projet litigieux, le préfet de département a méconnu les compétences statutaires de la communauté de communes. • CAA Bordeaux, 29 mai 2018, nº 16BX01433 : *JCP Adm. 2018, nº 25.*

2. Exercice différencié des compétences. Les compétences transférées par les communes, à titre obligatoire, optionnel et à titre supplémentaire, aux EPCI ont vocation à être exercées sur l'ensemble de leur périmètre. Toutefois, l'art. L. 5212-16 permet à un syndicat de se doter de compétences optionnelles, auxquelles les communes sont libres ou non d'adhérer. Dans cette hypothèse, le législateur a expressément entendu que, lors des réunions de l'organe délibérant, « ne prennent part au vote que les délégués représentant les communes concernées par l'affaire mise en délibération ». Il n'existe pas de dispositions similaires pour les EPCI à fiscalité propre. Ainsi, au terme de la procédure de création d'une communauté de communes ou de l'extension de ses compétences, sous réserve que les conditions de majorité requises par les art. L. 5211-5 et L. 5211-19 soient réunies, toutes les communes transfèrent à la communauté de communes la ou les compétences concernées, y compris celles qui se sont opposées au transfert de compétence. Lorsque des communes adhèrent à un EPCI à fiscalité propre, elles adhèrent pour l'ensemble des compétences dont l'intercommunalité est dotée. Par dérogation, le législateur permet un exercice différencié des compétences sur une partie du territoire d'un EPCI à fiscalité propre, sans pour autant prévoir de dispositions sur les modalités de participation au vote des délégués communautaires, dans les hypothèses limitatives suivantes. Ainsi, l'art. L. 5214-16 dispose que « par dérogation au 2º du présent I, les communes touristiques érigées en stations classées de tourisme en application des art. L. 133-13 et L. 151-3 C. tourisme ou qui ont engagé, au plus tard le 1er janv. 2017, une démarche de classement en station classée de tourisme peuvent décider, par délibération prise avant cette date, de conserver l'exercice de la compétence « promotion du tourisme, dont la création d'offices de tourisme ». Par ailleurs, dans les conditions prévues par l'art. L. 5211-43-1, la loi permet à titre transitoire un exercice différencié des compétences sur le territoire d'un EPCI à fiscalité propre issu d'une fusion. * Rép. min. nº 02394 : *JO Sénat 15 mars 2018, p. 1229.*

3. Contentieux et partie à l'instance. En cas de recours ou de déféré contre un acte d'une commune, alors que celle-ci a transféré sa compétence à un EPCI, seul ce dernier a la qualité de partie à l'instance. • CAA Lyon, 11 janv. 2018, n° 16LY01410 : *AJDA 2018. 832*.

4. *Intérêt communautaire.* La définition de l'intérêt communautaire d'une compétence transférée à une communauté de communes intervient ou est modifiée après accord des seuls conseils municipaux des communes membres. Elle n'est pas subordonnée à l'adoption d'une délibération concordante de l'organe délibérant de l'EPCI. • CE 12 déc. 2012, *Cté de cnes Lodévois et Larzac*, n° 342175 : *Lebon 408 ; BJCL 2013. 61, concl. Vialettes ; AJDA 2012. 2407, note de Montecler ; JCP Adm. 2013, n° 2094, note Pauliat ; DGCT 2013.* ♦ Après l'expiration du délai fixé par la loi, la modification des statuts par définition de l'intérêt communautaire supposera l'adoption d'un nouvel arrêté après consultation des communes membres de la communauté de communes dans les conditions prévues au IV de l'art. L. 5214-16, * Rép. min. n° 16958 : *JO Sénat Q, 7 avr. 2005, p. 965.* ♦ Sur la mise en œuvre de l'intérêt communautaire relatif aux zones d'activité. * Rép. min. n° 6409 : *JOAN Q, 13 janv. 2003, p. 218 ; Coll. terr. 2003, p. 34, n° 70.*

II. COMPÉTENCES D'ATTRIBUTION

5. *Aides aux entreprises.* Celles que peut accorder la communauté de communes sont encadrées par l'art. L. 1511-3 CGCT. Une communauté ne saurait se porter acquéreur d'un bâtiment, situé hors de son territoire et cédé par une entreprise, en vue d'aider celle-ci à s'implanter sur son territoire. * Rép. min. n° 77177 : *JOAN Q, 31 janv. 2006, p. 1041.*

6. *Aires d'accueil.* Lorsque la compétence aménagement des aires d'accueil des gens du voyage est expressément transférée à l'EPCI, il appartient à ce dernier de choisir le terrain d'implantation de l'aire sur le territoire de la commune prévue au schéma départemental. * Rép. min. n° 15449 : *JOAN Q, 15 juill. 2008, p. 6173.* ♦ L'EPCI peut retenir un terrain situé sur le territoire d'une autre commune membre que celle figurant au schéma départemental dès lors que cette commune est incluse dans le secteur géographique d'implantation prévu par le schéma. • CE 5 juill. 2013, *Cté de cnes de Dinan*, n° 346695 B : *AJDA 2013. 2263, note Aubin ; AJCT 2014. 61, obs. Péchillon*.

7. *Assainissement.* Pour les communautés de communes, la compétence « eau » demeure facultative jusqu'au 1er janv. 2018, puis deviendra optionnelle entre 2018 et 2020, tandis que la compétence « assainissement » reste optionnelle jusqu'au 1er janv. 2020. Il y a lieu de considérer que la compétence « assainissement » doit désormais être regardée comme une compétence globale, non divisible, comprenant à la fois l'assainissement collectif, l'assainissement non collectif et la gestion des eaux pluviales. Ainsi, les communautés de communes qui n'exercent à ce jour qu'une partie de la compétence « assainissement » n'ont plus la possibilité de la comptabiliser parmi leurs compétences optionnelles, telles que définies au II de l'article L. 5214-16 du CGCT. Par ailleurs, la compétence « assainissement » pourra toujours être exercée partiellement, en tant que compétence facultative, par les communautés de communes et les communautés d'agglomération, au plus tard jusqu'au 1er janvier 2020. * Rép. min. n° 321 : *JOAN Q, 3 oct. 2017, p. 4731.* ♦ Le contrat par lequel deux EPCI contractent pour gérer, par leurs moyens communs, un service d'assainissement n'est pas soumis au code des marchés publics mais doit être regardé comme un marché public de services au sens de la Dir. n° 92-50 CEE du 18 juin 1992. Par suite, la passation du contrat doit faire l'objet d'une procédure de publicité et de mise en concurrence. • CE, sect., 20 mai 1998, *Cté de cnes du Piémont-de-Barr, Service des eaux et de l'assainissement du Bas-Rhin*, n° 188239 : *RFDA 1998. 553 ; Dr. adm. 1998, n° 193 ; AJDA 1998. 553, chron. Raymond et Fombeur* (solution antérieure au nouveau code des marchés publics) ♦ *Contra* : V. note 1 ss. art. L. 5221-1.

8. *Déchets.* La délibération par laquelle le conseil d'une communauté de communes décide de mettre en place un service de tri sélectif sur le territoire des communes membres ne prive pas un syndicat intercommunal de sa compétence de collecte des ordures ménagères sur le territoire d'une de ces communes par ailleurs membre de ce syndicat, dès lors que celle-ci n'a pas repris cette compétence pour la transférer à la communauté de communes. La communauté ne peut donc instaurer le service de tri sélectif sur le territoire de cette commune. • CE 9 mai 2012, *Cne de Lorette*, n° 342263. ♦ Une communauté de communes ne peut se fonder sur l'art. 109 de la L. du 28 déc. 2001 pour instituer pour son propre compte, sur son territoire, la taxe d'enlèvement des ordures ménagères alors que le syndicat mixte auquel elle appartient et qui est compétent pour cet objet a décidé de substituer la taxe à la redevance instituée antérieurement. • CE 13 janv. 2010, *M. Émile Romang*, n° 325547 : *AJDA 2010. 71, note Pastor ; BJCL 2010. 121, concl. Escaut, obs. Degoffe.*

9. *Délégation de service public.* La délibération par laquelle le conseil de communauté se prononce sur le principe d'une délégation de service public local présente le caractère d'une décision susceptible de recours pour excès de pouvoir. • CE 4 févr. 2011, *Cté de cnes du Pays entre Loire et Rhône*, n° 332279.

10. *École.* Suite à l'adoption de la L. n° 2004-809 du 13 août 2004 et dans un souci de cohérence, il est préférable d'éviter les transferts partiels de compétences scolaires à un EPCI. Cependant, il est possible de distinguer la compétence relative aux bâtiments scolaires (construction, réparations, entretien, chauffage, éclairage), ces biens étant mis de plein droit à la disposition de l'EPCI qui assume les obligations du propriétaire, de la compétence relative au service des écoles (acquisition du mobilier et des fournitures, recrutement et gestion des personnels de service et des agents territoriaux spécialisés des écoles maternelles). V. * Rép. min. n° 88134 : *JOAN Q, 2 mai 2006, p. 4740.* ♦ En cas de transfert de la compétence relative aux équipements de l'enseignement pré-élémentaire et élémentaire, la plupart des attributions des conseils d'école citées à l'art. 18 du Décr. n° 90-788 du 6 sept. 1990 relèvent du domaine de compétence de l'EPCI. Il semble donc envisageable que le président de l'EPCI ou son représentant siège au conseil d'école. * Rép. min. n° 67672 : *JOAN Q, 4 févr. 2002, p. 592.* ♦ La communauté de communes compétente sur le fonctionnement des écoles publiques devra obligatoirement participer à la scolarisation des élèves dans une école privée sous contrat située sur son territoire en vertu de l'art. L. 442-13-1 C. éduc. Dans le cas d'une école privée sous contrat en dehors du territoire de la communauté, les hypothèses de participation obligatoire de la commune sont alors prévues à l'art. L. 442-5-1 du même code. Elle ne peut, dans ces hypothèses, invoquer la capacité d'accueil des écoles publiques pour s'abstenir de participer financièrement. * Rép. min. n° 02826 : *JO Sénat* du 19 janv. 2023, p. 352.

11. Équipements. Lorsque la communauté de communes a reçu compétence en matière d'équipements sportifs et socioculturels, le fait que le local destiné à être aménagé à cette fin soit situé dans un immeuble propriété de la commune n'exclut pas que la communauté puisse réaliser cet équipement après mise à disposition dudit local si le projet est reconnu d'intérêt communautaire. Le coût du projet ne suffit pas à lui seul à déterminer cet intérêt. Il doit être combiné à d'autres critères (taux de fréquentation prévisible, présence d'équipement de cette nature dans la communauté…). * Rép. min. n° 36687 : *JOAN Q, 18 janv. 2005, p. 588.* ♦ En application des dispositions issues de la loi du 13 août 2004, une commune peut confier à la communauté dont elle est membre la réalisation d'un équipement communal pour son compte (ou bien la gestion d'un service relevant de ses attributions). Les modalités d'exécution du projet et notamment ses conditions financières doivent être arrêtées par convention entre les parties sous réserve du respect du CMP. * Rép. min. : *JO Sénat Q, 16 déc. 2004, p. 2914.*

12. Forêt. En application du code forestier, la compétence en matière de gestion et de mise en valeur des forêts communales ne peut pas être transférée à une communauté de communes. * Rép. min. n° 01539 : *JO Sénat Q, 11 oct. 2012, p. 2243.*

13. GEMAPI. La commune et la communauté de communes du pays doivent être regardées comme solidairement responsables des dommages résultant des inondations causées par le dysfonctionnement du busage installé par la commune pour la construction d'un parking dès lors que la communauté de communes s'est vue transférer la compétence sur tous les ouvrages canalisant le cours d'eau à l'origine des inondations. • CAA Lyon, 30 janv. 2025, n° 23LY01154. ♦ La mise en place du busage, son entretien ou son remplacement relève du responsable de l'ouvrage, qui n'est pas nécessairement la collectivité gémapienne. Ce responsable de l'ouvrage doit prendre toutes les mesures garantissant que cette buse ne crée pas d'incidence sur le milieu, ni sur l'écoulement des eaux. Le titulaire de la compétence « GEMAPI » peut néanmoins être le maître d'ouvrage de travaux relatifs à une buse s'ils sont déclarés d'intérêt général par le préfet à la suite d'une demande formulée par une collectivité gémapienne et si ces travaux sur le busage contribuent au redimensionnement de l'ouvrage ou au profil d'équilibre du lit mineur, ou à l'écoulement naturel des eaux ou encore à la continuité écologique. Dans ces cas, le gémapien peut prendre en charge les travaux et pour ce faire mobiliser la taxe GEMAPI. * Rép. min. n° 02570 : *JO Sénat Q, 20 févr. 2025, p. 733.* ♦ La lutte contre la pollution demeure une compétence partagée entre les collectivités territoriales. Ainsi, une communauté de communes compétente en matière de GEMAPI doit également prendre la compétence facultative prévue à l'art. L. 211-7, I, 6°, C. envir. pour intervenir dans ce domaine. L'attribution d'une compétence prévue à l'art. préc. aux EPCI à fiscalité propre n'a cependant pas privé les maires de l'exercice de leurs pouvoirs de police générale qui doivent ainsi prévenir, par des précautions convenables, et faire cesser, par la distribution des secours nécessaires, les accidents et les fléaux calamiteux ainsi que les pollutions de toute nature. Dès lors, l'intervention du maire pour faire cesser, en urgence, une pollution d'un cours d'eau dont l'origine se trouve sur le territoire de sa commune relève de la responsabilité du maire. * Rép. min. n° 1820 : *JO Sénat Q, 6 févr. 2025, p. 432.*

14. Fonds de concours. La présente disposition autorise l'attribution, par une communauté de communes, d'un fonds de concours à une commune membre pour la réalisation ou le fonctionnement d'un équipement réalisé mais non pour financer le fonctionnement d'un service public assuré au sein de cet équipement, notamment par la prise en charge des frais salariaux des personnels qui y assurent une activité d'animation. • CAA Lyon, 12 nov. 2009, *Cté de cnes de Saône-Vallée*, n° 07LY01860 : *AJDA 2010. 31*. ♦ V. aussi • CE 5 juill. 2010, *Cté d'agglomération Saint-Étienne métropole*, n° 315551 B : *AJDA 2010. 1404 ; JCP Adm. 2010, n° 596.* ♦ Les fonds de concours accordés par les EPCI à leurs communes membres obéissent au traitement comptable fixé par l'instruction M 14 tant du point de vue de leur inscription au budget (dépense d'investissement ou de fonctionnement) que du régime des amortissements. * Rép. min. n° 26183 : *JO Sénat Q, 22 mars 2007, p. 643 ; JCP Adm. 2007. 11.* ♦ En subordonnant la possibilité pour une commune membre de solliciter le versement d'une aide dans le cadre du fonds de concours institué par la délibération litigieuse, au transfert préalable du solde du budget communal afférent aux compétences « eau » et « assainissement », au motif que l'établissement les exerce désormais, la communauté de communes a instauré un critère d'éligibilité sans lien avec l'objet de ce fonds. • CAA Douai, 23 oct. 2024, n° 23DA02237 : *JCP Adm. 2024. Actu. 581, note Kernéis-Cardinet ; ibid. 2025. 2028.*

15. Règlement local de publicité. Si, en vertu l'art. L. 581-14 C. envir., l'EPCI compétent en matière de plan local d'urbanisme peut élaborer sur l'ensemble de son territoire un règlement local de publicité, celui-ci a pour finalité la protection du cadre de vie (C. envir., art. L. 581-2) dont la sécurité routière n'est qu'une simple composante. À ce titre, cette dernière ne peut constituer le but déterminant d'une mesure de réglementation prise par l'autorité en charge de la police de la publicité, parce qu'elle relève de l'exercice des pouvoirs de police générale de la circulation, incombant notamment au maire au nom de la commune. • CAA Bordeaux, 4 déc. 2018, n° 16BX03856 : *AJDA 2019. 54, chron. de La Taille Lolainville.*

16. Regroupements pédagogiques intercommunaux (RPI). Selon l'art. L. 212-2 C. éduc., deux ou plusieurs communes peuvent se réunir pour l'établissement et l'entretien d'une école. C'est sur ce fondement que sont créés les RPI, structures pédagogiques permettant aux communes qui le souhaitent de mutualiser leurs moyens pour entretenir et faire fonctionner une école. Le RPI revêt deux formes juridiques : l'une, souple, basée sur une relation contractuelle entre les communes membres ; l'autre, dans le cadre du transfert de la compétence scolaire à un EPCI. Lorsque le RPI est porté par un EPCI, la compétence scolaire de chaque commune membre est transférée à l'EPCI. Les communes ne disposent donc plus des ressources financières correspondantes. C'est pourquoi l'art. D. 442-44-1 permet à la commune de résidence de ne pas contribuer à la scolarisation d'un élève dans une école privée située dans une autre commune membre du même RPI. En effet, le président de l'EPCI étant substitué au maire pour apprécier la capacité d'accueil, il peut invoquer l'existence de places disponibles dans les écoles publiques au sein du RPI pour refuser l'inscription d'élèves en dehors de leur commune de résidence. L'EPCI peut alors également être chargé par ses communes membres de traiter les questions relatives à l'accueil périscolaire et au transport scolaire, dans un souci de cohérence et de renforcement de la qualité du service public intercommunal. * Rép min. n° 6055 : *JOAN, 22 mai 2018, p. 4263.*

17. SDIS. Une commune peut, sur le fondement de l'art. L. 1424-18 CGCT, transférer à l'EPCI la compétence relative à la responsabilité des opérations de grosses réparations, d'extension ou de reconstruction de biens mis à disposition du service départemental d'incendie et de secours. En revanche, elle ne peut lui transférer sa contribution au budget de ce service qui constitue une dépense obligatoire pour la commune. • CE 22 mai 2013, *Cté de cnes Val de Garonne*, n° 354992 B : *AJCT 2013. 525, obs. Péchillon ; BJCL 2013. 617, concl. Daumas et obs. Poujade ; JCP Adm. 2014, n° 2040, note du Rostu.*

18. Subventions aux associations. Le transfert de compétences à un EPCI comporte dessaisissement des communes qui en sont membres. Toutefois, sous réserve que la ligne de partage entre les compétences transférées au groupement et les compétences conservées par les communes soit claire, l'octroi de subventions aux associations par la commune est légal si les missions de ces associations se rattachent à des compétences que les communes ont conservées. * Rép. min. n° 50006 : *JOAN Q, 9 oct. 2000, p. 5801.*

19. Tourisme. Si, en application du I de l'art. L. 5216-5 CGCT, la communauté d'agglomération est investie de plein droit, à la place des communes membres qui ne sont pas classées communes touristiques, de « la promotion touristique dont la création d'offices de tourisme » envisagée par l'art. L. 133-3 C. tourisme, cette compétence est limitée à la communication à destination des touristes, ainsi qu'à la gestion d'équipements ponctuellement et expressément délégués par les collectivités territoriales. Cette attribution de plein droit de la promotion touristique à la communauté d'agglomération fait nécessairement réserve de la gestion des manifestations locales et d'équipements communaux d'accueil tels que les campings, gîtes ou bases de loisirs qui relèvent de l'action touristique, dont les communes demeurent investies. • CAA Lyon, 15 janv. 2020, *Cté d'aggl. Thonon Agglomération*, n°s 19LY00830 et 19LY02838 : *AJCT 2020. 367, obs. Belacel.*

20. Urbanisme. Le groupe de travail chargé de préparer le projet de réglementation de publicité (C. envir., art. L. 581-10 s.) doit comporter un représentant de l'assemblée délibérante de l'organisme intercommunal lorsque celui-ci détient la compétence d'élaboration des documents d'urbanisme de la commune. S'il exerce d'autres compétences en matière d'urbanisme, sa représentation n'est pas exigée par les textes. • CE 13 févr. 2013, *Union pour la publicité extérieure (UPE)*, n° 353131 B : *AJDA 2013. 1349, note Zavoli ; BJCL 2013. 174, concl. Bourgeois-Machureau, obs. Poujade.* ♦ Un EPCI à fiscalité propre dont les compétences n'incluent pas l'élaboration d'un plan local d'urbanisme ne peut pas signer une convention de projet urbain partenarial. * Rép. min. n° 96806 : *JOAN Q, 16 août 2011, p. 8793.* ♦ Un EPCI à fiscalité propre compétent en matière de SCOT a le caractère de personne publique associée à l'élaboration du PLU aux termes de l'Ord. du 6 janv. 2012. * Rép. min. n° 98188 : *JOAN Q, 27 déc.*

2011, p. 13573. ♦ L'art. L. 480-14 C. urb., qui dispose que « la commune ou l'EPCI compétent en matière de plan local d'urbanisme [PLU] peut saisir le tribunal judiciaire en vue de faire ordonner la démolition ou la mise en conformité d'un ouvrage édifié ou installé sans l'autorisation exigée », n'a pas pour objet ni pour effet d'exclure que le maire de la commune puisse engager cette procédure, alors même que la compétence relative au PLU a été transférée à un EPCI. • CAA Paris, 7 déc. 2023, n° 22PA05283. ♦ Lorsqu'elle est compétente pour délivrer une autorisation d'urbanisme ou se prononcer sur un projet faisant l'objet d'une déclaration préalable, une commune peut charger des actes d'instruction les services d'un EPCI qui ne sont pas chargés d'émettre un avis sur le dossier qui leur est soumis. La commune ne saurait ainsi sans méconnaître sa compétence s'estimer liée par le contenu de cette instruction. * Rép. min. : *JO Sénat Q, 28 nov. 2024, p. 13573.*

21. Voirie. Lorsque la création ou l'aménagement de la voirie est transféré à une communauté de communes, son entretien ne peut plus être assuré par les communes membres. Toutefois, lorsqu'il est titulaire de l'intégralité d'une compétence, un EPCI n'est pas tenu de l'exercer lui-même en totalité. Ainsi, un EPCI compétent en matière de voirie peut confier par convention, l'entretien de ces voies à ses communes membres, lesquelles interviennent alors en tant que prestataires de service pour le compte de ce dernier. * Rép. min. n° 52821 : *JOAN Q, 5 avr. 2005, p. 3529 ; JCP Adm. 2005, n° 16, p. 684.* ♦ V. art. L. 5214-16-1. ♦ Lorsqu'une commune a transféré la compétence voirie à une communauté de communes qui est elle-même membre d'un syndicat mixte de voirie chargé de l'entretien et des travaux neufs sur les voies communales et les chemins ruraux, cette commune ne peut être tenue pour responsable d'un accident survenu sur une voie dont l'entretien était confié à la communauté de communes et la demande d'indemnité dirigée contre cette commune ne peut être accueillie. • CE 24 nov. 2006, *Cne de Villette*, n° 264592 : *AJDA 2007. 158.* ♦ L'exercice de cette compétence a été défini par la jurisprudence comme un bloc insécable d'attribution. La remise en état ou le déneigement sont dès lors considérés comme des opérations d'entretien, exercées, le cas échéant, par l'EPCI. Toutefois, le maire intervient sur le fondement de ses pouvoirs de police générale. * Rép. min. n° 26212 : *JOAN Q, 21 avr. 2009, p. 3858 ; JCP Adm. 2009, n° 583.*

22. Zones d'activité portuaire. Aucune disposition réglementaire ne définit de critères permettant d'identifier les zones d'activités portuaires, au sens des art. L. 5214-16 et L. 5216-5, dont les dispositions ne sont, par elles-mêmes, en tant qu'elles concernent le transfert de plein droit de ces zones, pas directement applicables. En fixant, en termes exclusifs et impératifs de tels critères sans y avoir été légalement habilité, le ministre de l'Aménagement du territoire, de la Ruralité et des Collectivités territoriales a pris, par l'instruction attaquée (Circ. du 8 déc. 2016, NOR : ARCC1636547J, définition des zones d'activité portuaire et compétences des communes et des EPCI pour la gestion des ports), une mesure réglementaire d'application de la loi. Les collectivités territoriales requérantes sont, dès lors, recevables et fondées à soutenir que cette circulaire est entachée d'incompétence. • CE 25 mai 2018, n° 407640.

Loi n° 2014-366 du 24 mars 2014,

Pour l'accès au logement et un urbanisme rénové.

Art. 136 *[...]* II. — La communauté de communes ou la communauté d'agglomération existant à la date de publication de la présente loi, ou celle créée ou issue d'une fusion après la date de publication de cette même loi, et qui n'est pas compétente en matière de plan local d'urbanisme, de documents d'urbanisme en tenant lieu ou de carte communale le devient le lendemain de l'expiration d'un délai de trois ans à compter de la publication de ladite loi. Si, dans les trois mois précédant le terme du délai de trois ans mentionné précédemment, au moins 25 % des communes représentant au moins 20 % de la population s'y opposent, ce transfert de compétences n'a pas lieu.

Si, à l'expiration d'un délai de trois ans à compter de la publication de la présente loi, la communauté de communes ou la communauté d'agglomération n'est pas devenue compétente en matière de plan local d'urbanisme, de documents d'urbanisme en tenant lieu ou de carte communale, elle le devient de plein droit le *(L. n° 2020-1379 du 14 nov. 2020, art. 7)* « 1er juillet » de l'année suivant l'élection du président de la communauté consécutive au renouvellement général des conseils municipaux et communautaires, sauf si les communes s'y opposent dans les conditions prévues au premier alinéa du présent II.

Si, à l'expiration d'un délai de trois ans à compter de la publication de la présente loi, la communauté de communes ou la communauté d'agglomération n'est pas devenue compétente en matière de plan local d'urbanisme, de documents d'urbanisme en tenant lieu ou de carte communale, l'organe délibérant de l'établissement public de coopération intercommunale peut également à tout moment se prononcer par un vote sur le transfert de cette compétence à la communauté. S'il se prononce en faveur du transfert, cette compétence est transférée à la communauté, sauf si les communes membres s'y opposent dans les conditions prévues au premier alinéa du présent II, dans les trois mois suivant le vote de l'organe délibérant de l'établissement public de coopération intercommunale à fiscalité propre.

III. — Dans les trois ans qui suivent la publication de la présente loi, les communes membres d'une communauté de communes ou d'une communauté d'agglomération peuvent transférer la compétence en matière de plan local d'urbanisme, de documents d'urbanisme en tenant lieu ou de carte communale, mentionnée au II du présent article, selon les modalités prévues à l'article L. 5211-17 du code général des collectivités territoriales.

[...]

Loi nº 2019-1461 du 27 décembre 2019,

Relative à l'engagement dans la vie locale et à la proximité de l'action publique.

Art. 16 *[...]* III. — La commune touristique érigée en station classée de tourisme qui avait, en application des six derniers alinéas du I des articles L. 5214-16 et L. 5216-5 du code général des collectivités territoriales et des deuxième et dernier alinéas du I de l'article L. 5218-2 du même code dans leur rédaction antérieure à la publication de la présente loi, conservé ou retrouvé la compétence "promotion du tourisme, dont la création d'offices de tourisme" la conserve tant qu'elle ne perd pas son classement en station de tourisme.

En cas de perte du classement en station de tourisme, la compétence "promotion du tourisme, dont la création d'offices de tourisme" est exercée par l'établissement public de coopération intercommunale à fiscalité propre auquel la commune appartient en lieu et place de celle-ci.

Art. L. 5214-16-1 *(L. nº 2015-991 du 7 août 2015, art. 72)* **Sans préjudice de l'article L. 5211-56, la communauté de communes peut confier, par convention conclue avec les collectivités territoriales ou les établissements publics concernés, la création ou la gestion de certains équipements ou services relevant de ses attributions à une ou plusieurs communes membres, à leurs groupements ou à toute autre collectivité territoriale ou établissement public.**

Dans les mêmes conditions, ces collectivités territoriales et établissements publics peuvent confier à la communauté de communes la création ou la gestion de certains équipements ou services relevant de leurs attributions.

COMMENTAIRE

V. dans le supplément en ligne.

Art. L. 5214-16-2 *(L. nº 2010-788 du 12 juill. 2010, art. 51)* **Quand elle exerce au moins l'une des trois compétences définies aux 1°, 2° et 4° du II de l'article L. 5214-16 ou l'organisation des transports publics de personnes au sens du code des transports, la communauté de communes peut organiser un service** *(L. nº 2014-58 du 27 janv. 2014, art. 51)* **« public de location de bicyclettes ».**

Art. L. 5214-17 *(L. nº 2025-327 du 11 avr. 2025, art. 3)* **Après chaque renouvellement général des conseils municipaux, une fois publié le compte rendu de la réunion de la commission départementale de la coopération intercommunale prévue à l'article L. 5211-45-1, l'organe délibérant de la communauté de communes se réunit pour évoquer les enjeux relatifs à la qualité et à la quantité de la ressource en eau à l'échelle de chaque commune et à l'échelle du département, la performance des services et l'efficacité des interconnexions ainsi que les perspectives d'évolution à dix ans de ces différents éléments.**

Art. L. 5214-18 à L. 5214-20 *Abrogés par L. nº 99-486 du 12 juill. 1999.*

Art. L. 5214-21 *(L. nº 2015-991 du 7 août 2015, art. 67)* **« I. — »** *(L. nº 2010-1563 du 16 déc. 2010, art. 48)* **« La communauté de communes dont le périmètre est identique à celui d'un syndicat de communes ou d'un syndicat mixte est substituée de plein droit à ce syndicat de communes ou à ce syndicat mixte pour la totalité des compétences qu'ils exercent.**

« La communauté de communes est également substituée de plein droit, pour les compétences qu'elle exerce ou vient à exercer, au syndicat de communes ou au syndicat mixte inclus en totalité dans son périmètre.

« Dans les cas prévus aux premier et deuxième alinéas du présent article, la substitution de la communauté de communes au syndicat s'effectue dans les conditions prévues au deuxième alinéa de l'article L. 5211-41 ».

(L. n° 2015-991 du 7 août 2015, art. 67) « II. — » *(L. n° 2010-1563 du 16 déc. 2010, art. 48)* « La communauté de communes est également substituée, pour les compétences qu'elle exerce ou vient à exercer, aux communes qui en sont membres lorsque celles-ci sont groupées avec des communes extérieures à la communauté dans un syndicat de communes ou un syndicat mixte. » *(L. n° 2002-1576 du 30 déc. 2002, art. 76)* « S'il s'agit d'un syndicat de communes, ce dernier devient un syndicat mixte au sens de l'article L. 5711-1. Ni les attributions du syndicat, ni le périmètre dans lequel il exerce ses compétences ne sont modifiés. »

(L. n° 2015-991 du 7 août 2015, art. 67) « III. — Le présent article est également applicable lorsqu'un établissement public de coopération intercommunale fusionné pour constituer la communauté de communes était membre d'un syndicat mixte. »

Sur la dérogation au 2e al. du I de l'art. L. 5214-21, V. L. n° 2019-1461 du 27 déc. 2019, art. 14-IV, ci-dessous.

Le mécanisme de la « représentation substitution » fonctionne même dans le cas où le syndicat intercommunal a lui-même adhéré à un syndicat mixte. • CE, ord., 1er mars 2006, ☏ *Min. délégué aux collectivités territoriales c/ Cne Salies-du-Salat*, n° 290417 B : *AJDA 2006. 521, Brondel* ✎ ; *Coll. terr. 2006, p. 25, n° 83, note Erstein ; RLCT 2006. 353, note Rouault ; juin 2006, n° 386, note Glaser.*

Loi n° 2019-1461 du 27 décembre 2019,

Relative à l'engagement dans la vie locale et à la proximité de l'action publique.

Art. 14 [...] *(Abrogé par L. n° 2025-327 du 11 avr. 2025, art. 2)* « *IV. — Par dérogation au deuxième alinéa du I de l'article L. 5214-21 et à l'article L. 5216-6 du code général des collectivités territoriales, les syndicats compétents en matière d'eau, d'assainissement, de gestion des eaux pluviales urbaines ou dans l'une de ces matières, existant au 1er janvier 2019 et inclus en totalité dans le périmètre d'une communauté de communes exerçant à titre obligatoire ou facultatif ces compétences ou l'une d'entre elles, ou dans celui d'une communauté d'agglomération, sont maintenus jusqu'à* (Ord. n° 2020-391 du 1er avr. 2020, art. 9) « *neuf* » *mois suivant la prise de compétence. Le syndicat exerce, sur son périmètre, ses attributions pour le compte de l'établissement public de coopération intercommunale à fiscalité propre et lui rend compte de son activité.*

« *L'établissement public de coopération intercommunale à fiscalité propre peut, au cours de ces* (Ord. n° 2020-391 du 1er avr. 2020, art. 9) « *neuf* » *mois, délibérer sur le principe d'une délégation de tout ou partie de ces compétences ou de l'une d'entre elles aux syndicats compétents, lesquels sont dans ce cas maintenus pour un an supplémentaire à compter de cette délibération, dans les mêmes conditions que celles mentionnées au premier alinéa du présent IV.*

« *Le syndicat est dissous dans les conditions prévues à l'article L. 5212-33 du code général des collectivités territoriales ou voit ses compétences réduites si, à l'issue du délai d'un an mentionné au deuxième alinéa du présent IV, une convention de délégation n'a pas été conclue entre les parties et approuvée par leurs assemblées délibérantes, précisant la durée de la convention et ses modalités d'exécution.*

« (L. n° 2022-217 du 21 févr. 2022, art. 30) « *Par dérogation au deuxième alinéa du I de l'article L. 5214-21 et à l'article L. 5216-6 du code général des collectivités territoriales, les syndicats compétents en matière d'eau, d'assainissement, de gestion des eaux pluviales urbaines ou dans l'une de ces matières, inclus en totalité dans le périmètre d'une communauté de communes exerçant à titre obligatoire les compétences eau et assainissement à partir du 1er janvier 2026, sont maintenus par la voie de la délégation, sauf si la communauté de communes délibère contre ce maintien.* »

« *V. — Lorsqu'un syndicat compétent en matière d'eau, d'assainissement, de gestion des eaux pluviales urbaines ou dans l'une de ces matières est maintenu dans les conditions prévues au premier alinéa du IV, le mandat des membres de son comité syndical est maintenu pour la même durée et au maximum jusqu'à six mois suivant la prise de compétence par la communauté de communes ou la communauté d'agglomération. Le président et les membres du bureau du syndicat conservent également leurs fonctions pour la même durée. »*

VI. — Lorsqu'une commune transfère l'ensemble des compétences relatives à l'eau qu'elle exerce à un établissement public de coopération intercommunale à fiscalité propre, elle transmet le schéma de distribution d'eau potable mentionné à l'article L. 2224-7-1 du code général des collectivités territoriales ainsi qu'un état financier de l'exercice de la compétence. Elle répond aux questions de l'établissement public de coopération intercommunale à cet égard.

Lorsque le schéma fait apparaître un taux de perte en eau supérieur au taux mentionné au deuxième alinéa du même article L. 2224-7-1, le transfert de compétence s'accompagne du transfert du solde positif du budget annexe du service d'eau à l'établissement public de coopération intercommunale, sauf disposition contraire prévue par convention. La convention peut prévoir un transfert partiel de budget en fonction de l'état du réseau.

Art. L. 5214-22 **Un décret en Conseil d'État fixe les conditions dans lesquelles peuvent être dévolues à une communauté de communes des compétences exercées antérieurement par un syndicat de communes, inclus en tout ou partie dans le périmètre de la communauté ou englobant celle-ci.**

V. art. R. 5214-1-1 s.

SECTION 5 Dispositions financières

BIBL. GÉN. ▶ BOURJOL (dir.), Le régime financier des communautés de villes et des communautés de communes, *in Intercommunalité et coopération intercommunale, LGDJ, 1993.* – GORGEU, Communautés des communes et districts, le passage à la fiscalité propre et la DGF, *Syros alternative*, 1992.

Art. L. 5214-23 **Les recettes du budget de la communauté de communes comprennent :**

1° *(L. n° 2009-1673 du 30 déc. 2009, art. 77)* **« Les ressources fiscales mentionnées au II ou, le cas échéant, au I de l'article 1379-0 *bis* du code général des impôts, ainsi que celles mentionnées au V du même article. »**

(L. n° 2013-1279 du 29 déc. 2013, art. 45) **« La communauté de communes peut, en outre, percevoir, au titre de la compétence d'autorité organisatrice de la distribution publique d'électricité mentionnée à l'article L. 2224-31, sous réserve que cette compétence ne soit pas déjà exercée par une autorité mentionnée à l'article L. 5212-24, la** *(L. n° 2020-1721 du 29 déc. 2020, art. 54, en vigueur le 1er janv. 2023)* **« part communale » dans les conditions prévues** *(L. n° 2020-1721 du 29 déc. 2020, art. 54, en vigueur le 1er janv. 2023)* **« à l'article L. 2333-2 » en lieu et place »** *(L. n° 2014-891 du 8 août 2014, art. 18)* **« des communes dont la population recensée par l'Institut national de la statistique et des études économiques au 1er janvier de l'année** *(L. n° 2020-1721 du 29 déc. 2020, art. 54, en vigueur le 1er janv. 2023)* **« précédant celle au titre de laquelle la** *(L. n° 2020-1721 du 29 déc. 2020, art. 54)* **« part » est due » est inférieure ou égale à 2 000 habitants. Pour les autres communes, cette** *(L. n° 2020-1721 du 29 déc. 2020, art. 54)* **« part » peut être perçue par la communauté de communes en lieu et place de la commune s'il en est décidé ainsi par délibérations concordantes du groupement et de la commune intéressée prises dans les conditions prévues au I de l'article 1639 A *bis* du code général des impôts. La communauté de communes peut reverser à une commune une fraction de la** *(L. n° 2020-1721 du 29 déc. 2020, art. 54)* **« part perçue au titre du » territoire de celle-ci, par délibérations concordantes prises dans les conditions prévues au premier alinéa du même I ; »**

2° Le revenu des biens, meubles ou immeubles, de la communauté de communes ;

3° Les sommes qu'elle reçoit des administrations publiques, des associations, des particuliers, en échange d'un service rendu ;

4° Les subventions de l'État, de la région, du département et des communes ;

5° Le produit des dons et legs ;

6° Le produit des taxes, redevances et contributions correspondant aux services assurés ;

7° Le produit des emprunts ;

8° Le produit du versement destiné *(L. n° 2019-1428 du 24 déc. 2019, art. 13)* **« au financement des services de mobilité » prévu à l'article L. 2333-64, lorsque la communauté est compétente pour l'organisation** *(L. n° 2015-991 du 7 août 2015, art. 18)* **« de la mobilité au sens du titre III du livre II de la première partie du code des transports » ;**

(L. n° 2010-1657 du 29 déc. 2010, art. 108) **« 9° La dotation de compensation de la réforme de la taxe professionnelle et le reversement du Fonds national de garantie individuelle des ressources ; »**

(L. n° 2014-58 du 27 janv. 2014, art. 56) **« 10° Le cas échéant, le produit des taxes prévues aux articles 1528, 1529, 1530 et 1530** ***bis*** **du code général des impôts » ;**

(L. n° 2019-1479 du 28 déc. 2019, art. 16) **« 11° La fraction de taxe sur la valeur ajoutée prévue aux A à E du V de l'article 16 de la loi n° 2019-1479 du 28 décembre 2019 de finances pour 2020. »**

BIBL. ▸ Le Meur, Sur le calcul de la DGF intercommunale, *Gaz. cnes 28 avr. 2003, p. 20.*

1. Sur le calcul de la compensation de la suppression de la « part salaires » de la taxe professionnelle : • CE 1er mars 2013, *Min. de l'Intérieur, de l'Outre-mer, des Collectivités territoriales et de l'Immigration c/ Cté urbaine de Lyon*, n° 355099 : *Lebon 16 ; JCP Adm. 2013, n° 2248, note Houser.* ♦ Une perte de ressources de 0,5 % de la taxe professionnelle perçue l'année précédente et le renoncement à certains projets sans autres précisions ne suffisent pas à satisfaire les conditions justifiant la suspension de la délibération du conseil de communauté par le juge des référés. • CE 24 oct. 2003, *Cté de cnes du pays de Foix*, n° 255894 : *Coll. terr. 2004, p. 19, n° 13, note Moreau.* ♦ À propos des conséquences de ce passage sur la DGF des communes, V. * Rép. min. n° 8138 : *JO Sénat Q, 22 janv. 2004, p. 181-182 ; Coll. terr. 2004, p. 26, n° 54.*

2. L'appréciation du bien-fondé de la demande d'un contribuable qui conteste le montant de la redevance d'enlèvement des ordures ménagères exigé par la communauté de communes nécessite celle de la légalité du règlement instituant la redevance litigieuse. Elle relève donc de la compétence du juge administratif alors même que le service public en cause est industriel et commercial. • Civ. 1re, 14 déc. 2004, *Cté de cnes de l'île d'Oléron c/ Épx Brousier*, n° 1828 FS-P : *AJDA 2005. 452.*

Art. L. 5214-23-1 *Abrogé par L. n° 2018-1317 du 28 déc. 2018, art. 250.*

Art. L. 5214-23-2 *(L. n° 99-1173 du 30 déc. 1999)* **Les pertes de recettes que la communauté de communes subit du fait des exemptions temporaires dont bénéficient les constructions nouvelles ainsi que les locaux visés** *(L. n° 2001-1276 du 28 déc. 2001, art. 46)* **« aux articles 1384 C et 1384 D » du code général des impôts au titre de la taxe foncière sur les propriétés bâties sont compensées par une subvention de l'État, déterminée dans les mêmes conditions que l'allocation servie aux communes, conformément aux dispositions de l'article L. 2335-3.**

(L. n° 2005-32 du 18 janv. 2005, art. 92) **« Les pertes de recettes que la communauté de communes subit du fait de l'allongement de quinze à vingt-cinq ans des exonérations de taxe foncière sur les propriétés bâties prévues aux articles 1384 A** *(L. n° 2006-872 du 13 juill. 2006, art. 73)* **« , 1384 C et 1384 D » du code général des impôts sont compensées conformément aux dispositions de l'article L. 2335-3 du présent code. »**

(L. n° 2006-872 du 13 juill. 2006, art. 23) **« Pour les logements locatifs sociaux bénéficiant d'une décision d'octroi de subvention ou de prêt aidé entre le 1er décembre 2005 et le 31 décembre** *(L. n° 2022-1726 du 30 déc. 2022, art. 65)* **« 2026 », à l'exception des** *(L. n° 2009-1673 du 30 déc. 2009, art. 48)* **« constructions neuves financées » au moyen de prêts visés à la sous-section 3 de la section 1 du chapitre unique du titre III du livre III du code de la construction et de l'habitation, les pertes de recettes pour les communautés de communes résultant de l'exonération de taxe foncière sur les propriétés bâties pendant quinze ou vingt ans prévue par les articles 1384 A et 1384 C du code général des impôts sont compensées par un prélèvement sur les recettes de l'État. Dans ce cas, la compensation versée à chaque communauté de communes est égale, chaque année, au montant de la perte de recettes »** *(L. n° 2008-1425 du 27 déc. 2008, art. 48)* **« multiplié à compter de 2009 par un taux de minoration. Au titre de 2009, ce taux de minoration correspond à l'écart entre le montant total versé en 2008 au titre de l'ensemble des compensations mentionnées aux I à X de l'article 48 de la loi n° 2008-1425 du 27 décembre 2008 de finances**

pour 2009 et le montant total de ces mêmes compensations prévu à cette fin pour 2009 par le XI de ce même article. » *(L. n° 2009-1673 du 30 déc. 2009, art. 47)* « Au titre de 2010, la compensation calculée selon les dispositions qui précèdent et à laquelle est appliqué le taux d'évolution fixé au titre de 2009 est minorée par application d'un taux correspondant à l'écart entre le montant total à verser en 2009 au titre de l'ensemble des compensations mentionnées aux I à VIII de l'article 47 de la loi n° 2009-1673 du 30 décembre 2009 de finances pour 2010 et le montant total de ces mêmes compensations prévu à cette fin pour 2010 par le IX de ce même article. »

(L. n° 2010-1657 du 29 déc. 2010, art. 51) « À compter de 2011, les compensations définies aux alinéas précédents sont calculées conformément à l'article L. 2335-3. »

SECTION 6 Modifications des conditions initiales de composition et de fonctionnement de la communauté de communes

SOUS-SECTION 1 Admission de nouvelles communes

Art. L. 5214-24 *Abrogé par L. n° 99-586 du 12 juill. 1999.*

SOUS-SECTION 2 Modification des règles de fonctionnement

Art. L. 5214-25 *Abrogé par L. n° 99-586 du 12 juill. 1999.*

SOUS-SECTION 3 Retrait de communes

Art. L. 5214-26 *(L. n° 99-586 du 12 juill. 1999)* Par dérogation à l'article L. 5211-19, une commune peut être autorisée, par le représentant de l'État dans le département après avis de la commission départementale de la coopération intercommunale réunie dans la formation prévue au second alinéa de l'article L. 5211-45, à se retirer d'une communauté de communes pour adhérer à un autre établissement public de coopération intercommunale à fiscalité propre dont le conseil communautaire a accepté la demande d'adhésion. L'avis de la commission départementale de la coopération intercommunale est réputé négatif s'il n'a pas été rendu à l'issue d'un délai de deux mois.

(L. n° 2004-809 du 13 août 2004, art. 172) « Ce retrait s'effectue dans les conditions fixées par l'article L. 5211-25-1. Il vaut réduction du périmètre des syndicats mixtes dont la communauté de communes est membre dans les conditions fixées au troisième alinéa de l'article L. 5211-19. »

BIBL. ► DELIANCOURT, Le retrait des communes d'une communauté de communes, *BJCL 2011. 566.*

1. Continuité territoriale. Le fait que le présent art. ne subordonne pas la possibilité d'un retrait à la circonstance qu'elle n'ait pas pour effet d'enclaver une ou plusieurs communes ne saurait écarter la règle de continuité territoriale posée par l'art. L. 5214-1. Cette règle doit être regardée comme ayant une portée générale. • CE 28 déc. 2005, *Cne de Poigny*, n° 281849 A : *AJDA 2006. 60, note Montecler ; JCP Adm. 2006, n° 3, p. 55, note Rouault ; ibid. n° 4, p. 124, concl. Glaser ; Coll. terr. 2006, n° 45, note Erstein ; RLCT févr. 2006, p. 35, note Pintat ; ibid. p. 37, note Glaser ; ACL 2006, n° 12.* ♦ Le retrait d'une commune d'un EPCI et son adhésion à un autre sont soumis à plusieurs conditions dont le respect du principe posé à l'art. L. 5214-1, suivant lequel le territoire d'une communauté de communes est d'un seul tenant et sans enclave, qui doit être respecté non seulement lors de la création d'un tel EPCI mais aussi, le cas échéant, lors d'évolutions ultérieures du territoire de cet établissement. • CAA Douai, 16 févr. 2021, *Cne de Gondecourt*, n° 19DA01211 : *AJDA 2021. 1213, note Muller-Quoy*.

2. Intérêt à agir. Une commune a intérêt et qualité à agir contre l'arrêté qui a pour effet de l'enclaver au sein du territoire d'une communauté de communes. • CE 28 déc. 2005, *Cne de Poigny : préc. note 1.* ♦ La circonstance que la procédure prévue par l'art. L. 5214-26 CGCT ne permette pas à la communauté de communes dont une commune souhaite se retirer de faire formellement valoir sa position à l'un quelconque des stades de cette procédure administrative est sans incidence sur l'intérêt à agir de cette communauté contre les décisions autorisant le retrait et l'adhésion. • CE 4 avr. 2018, n° 415471.

3. Référé. Condition d'urgence. Eu égard au transfert de compétences et de ressources fiscales opéré par l'arrêté autorisant le retrait d'une commune d'un EPCI, la condition d'urgence définie par l'art. L. 521-1 CJA doit être considérée comme remplie. • CE 28 déc. 2005, *Cne de Poigny :*

préc. note 1. ♦ Eu égard aux conséquences financières du retrait pour la CCEMS, notamment au vu du montant des investissements engagés, ainsi qu'aux conséquences sur l'exercice de ses compétences, les décisions attaquées portent une atteinte grave et immédiate à la situation de cet établissement public. La condition d'urgence prévue par l'art. L. 521-1 CJA doit donc être regardée comme remplie. ● CE 4 avr. 2018, n° 415471. ♦ Si la condition d'urgence à laquelle est subordonné le prononcé d'une mesure de suspension en application de l'art. L. 521-1 CJA doit être regardée comme étant, en principe, remplie lorsqu'un arrêté préfectoral a pour objet de modifier la répartition des compétences entre une collectivité territoriale et un groupement de collectivités territoriales ou entre deux groupements de collectivités territoriales, tel n'est pas le cas s'agissant de l'exécution d'un arrêté préfectoral pris sur le fondement de l'art. L. 5214-26, autorisant une commune à se retirer d'une communauté de communes pour adhérer à un autre EPCI, lequel emporte seulement modification du périmètre géographique de la communauté de communes. ● CE 5 févr. 2020, *Cté de cnes Cœur d'Ostrevent*, n° 428919 B : *AJDA 2020. 331*.

4. Conséquence pratique de la suspension. La suspension des arrêtés de retrait ou d'adhésion implique que la commune concernée réintègre le périmètre de sa communauté d'origine et quitte celui de la communauté de destination, à titre conservatoire, jusqu'à ce qu'il soit statué au fond sur les recours dirigés contre ces arrêtés. ● CE 4 avr. 2018, n° 415471.

5. Arrêté de retrait ou d'adhésion. L'arrêté autorisant l'adhésion à une communauté est lié à celui qui autorise le retrait d'une autre communauté. Ainsi, la circonstance que, dans le délai du pourvoi, une commune n'ait présenté que des moyens à l'encontre de l'arrêté autorisant le retrait n'a pas pour effet de rendre irrecevables les conclusions dirigées contre le refus de suspendre l'arrêté autorisant l'adhésion, dès lors que la suspension du premier doit, d'office, entraîner par voie de conséquence celle du second. ● CE 28 déc. 2005, *Cne de Poigny : préc. note 1.* ♦ Les arrêtés autorisant le retrait et l'adhésion forment un tout indivisible, de telle sorte qu'une illégalité affectant l'un des deux arrêtés les rend tous deux illégaux. ● CE 4 avr. 2018, n° 415471.

6. Pouvoirs du préfet. En décidant de maintenir les communes demandeuses d'un retrait au sein de leur communauté de communes, eu égard notamment aux impératifs de cohérence territoriale et d'équilibrage des périmètres et ressources des différents EPCI, le préfet n'a pas entaché sa décision d'erreur manifeste d'appréciation. ● CAA Lyon, 21 nov. 2024, n° 23LY00008 : *JCP Adm. 2025. 2080, concl. Psilakis ; ibid. 2098, chron. Daucé et Mauroux.*

7. Avis de la CDCI. L'avis de la commission départementale de la coopération intercommunale (CDCI) rendu en formation restreinte qui porte uniquement sur la demande de retrait de communes d'un EPCI et qui est défavorable est régulièrement émis. ● CAA Lyon, 21 nov. 2024, n° 23LY00008 : *préc. note 6.*

SOUS-SECTION 4 **Adhésion d'une communauté de communes à un syndicat mixte** *(L. n° 2004-809 du 13 août 2004, art. 180).*

Art. L. 5214-27 **À moins de dispositions contraires, confirmées par la décision institutive, l'adhésion de la communauté de communes à un** *(L. n° 2004-809 du 13 août 2004, art. 180)* **« syndicat mixte » est subordonnée à l'accord des conseils municipaux des communes membres de la communauté de communes, donné dans les conditions de majorité** *(L. n° 99-586 du 12 juill. 1999)* **« qualifiée requises pour la création de la communauté ».**

La délibération par laquelle le conseil communautaire désigne ses délégués au syndicat mixte est une délibération à objet électoral. Elle n'est donc pas soumise à l'obligation de transmission au préfet et elle relève du contentieux électoral. ● CE 16 févr. 2004, *Cté cantonale de la Celles-sur-Belle*, n° 253334 : *ACL 2005, n°s 1 et 8.* ♦ V. notes ss. art. L. 5211-2.

SECTION 7 **Dissolution**

Art. L. 5214-28 **La communauté de communes est dissoute :**

a) **Soit de plein droit à l'expiration de la durée fixée par la décision institutive** *(L. n° 2010-1563 du 16 déc. 2010, art. 47)* **« ou lorsqu'elle ne compte plus qu'une seule commune membre » ;**

b) **Soit par le consentement de tous les conseils municipaux intéressés.**

Elle peut être dissoute :

a) **Soit sur la demande motivée de la majorité de ces conseils municipaux par arrêté du ou des représentants de l'État dans le ou les départements concernés ;**

b) *(L. n° 99-586 du 12 juill. 1999)* **« Soit, lorsque la communauté de communes a opté pour le régime fiscal défini à l'article 1609 *nonies* C du code général des impôts,**

sur la demande des conseils municipaux dans les conditions de majorité requises pour la création par arrêté du ou des représentants de l'État dans le ou les départements concernés ; »

(L. n° 2009-526 du 12 mai 2009, art. 86) **c) « Soit d'office par un décret rendu sur l'avis conforme du Conseil d'État.**

« Une copie de l'arrêté ou du décret de dissolution est adressée au conseil départemental pour information. »

L'arrêté ou le décret de dissolution détermine, *(L. n° 99-586 du 12 juill. 1999)* **« dans le respect des dispositions de l'article L. 5211-25-1 et » sous la réserve des droits des tiers, les conditions dans lesquelles la communauté de communes est liquidée.**

(L. n° 2019-828 du 6 août 2019, art. 10) **« La répartition des personnels concernés entre les communes membres ne peut donner lieu à un dégagement des cadres. » Les personnels concernés sont nommés dans un emploi de même niveau et en tenant compte de leurs droits acquis. Les communes attributaires supportent les charges financières correspondantes.**

Sur l'application de l'art. 10 de la L. n° 2019-828 du 6 août 2019, V. L. préc., art. 94-IV, reproduit ss. art. L. 5211-4-1.

La détermination des conditions de la liquidation d'une communauté de communes relève du seul représentant de l'État et la délibération de l'EPCI relative au compte administratif, aux modalités de transfert du patrimoine et aux conditions de la liquidation n'est qu'un acte préparatoire. Elle ne peut donc donner lieu à un recours pour excès de pouvoir, excepté si elle contient des décisions détachables. • CE 16 mai 2011, *Cne de Wittelsheim*, n° 319619 B : *JCP Adm. 2011, n° 377 ; AJCT 2011. 352, note Houser ; BJCL 2011. 449, concl. Geffray.*

Art. L. 5214-29 La communauté de communes qui n'exerce aucune activité depuis deux ans au moins peut être dissoute par arrêté du ou des représentants de l'État dans le ou les départements concernés après avis des conseils municipaux des communes membres.

(L. n° 2009-526 du 12 mai 2009, art. 86) **« Cet avis est réputé favorable s'il n'a pas été rendu à l'issue d'un délai de trois mois. »**

CHAPITRE V COMMUNAUTÉ URBAINE

BIBL. GÉN. ▸ Assoc. des Maires de France, *Les communautés urbaines, juill. 1971.* – Bodiguel et Kessler, *RF sc. pol. 1968. 257.* – Loquet, *Mél. Teneur, 1977. 515.* – Marcou, La réforme de l'intercommunalité : quelles perspectives pour les agglomérations urbaines ?, *AJDA 2002. 305*. – Médard, *RD publ. 1968. 737.* – Moreau, *AJDA 1987. 163.* – Notebart, Rapport sur les communautés urbaines, *Mission ministérielle, 1981.* – Piriot, Décentralisation 2003 : les communautés urbaines s'invitent au débat, *Gaz. cnes nov. 2002, n° 41, p. 12.* – De Tinguy du Pouet, *Rev. Idées et Institutions 1966. 417* ; Les relations communes-communauté dans la gouvernance des agglomérations, *Gaz. cnes, Cah. détaché n° 2, déc. 2005.*

▸ **Communautés urbaines de :** Lyon : Biarez, *RFAP 1984, n° 32.* – Lille : Bruyelle, *Doc. fr. 1976, n° 4297-4299.* – Seynave, *Thèse Lille, 1970.* – Brest : Huon de Kermadec, *Thèse Paris I, 1976.* – Strasbourg : Nonn, *Doc. fr. 1982, n°s 4657-4658.*

SECTION 1 Création

Art. L. 5215-1 *(L. n° 99-586 du 12 juill. 1999)* **La communauté urbaine est un établissement public de coopération intercommunale regroupant plusieurs communes d'un seul tenant et sans enclave qui forment, à la date de sa création, un ensemble** *(L. n° 2010-1563 du 16 déc. 2010, art. 18)* **« de plus de** *(L. n° 2014-58 du 27 janv. 2014, art. 68)* **« 250 000 » habitants » et qui s'associent au sein d'un espace de solidarité, pour élaborer et conduire ensemble un projet commun de développement urbain et d'aménagement de leur territoire.** *(L. n° 2014-173 du 21 févr. 2014, art. 11)* **« Lorsque la communauté urbaine comprend un ou plusieurs quartiers prioritaires de la politique de la ville, ce projet commun intègre un volet relatif à la cohésion sociale et urbaine permettant de définir les orientations de la communauté urbaine en matière de politique de la ville et de renforcement des solidarités entre ses communes membres. Il détermine les modalités selon lesquelles les compétences de la communauté urbaine concourent aux objectifs de cohésion sociale et territoriale. »**

Ces conditions ne sont pas exigées pour les communautés urbaines existant à la date de publication de la loi n° 99-586 du 12 juillet 1999 relative au renforcement et à la simplification de la coopération intercommunale.

(L. n° 2010-1563 du 16 déc. 2010, art. 43) « La création d'une communauté urbaine issue de la fusion d'une communauté urbaine mentionnée au précédent alinéa avec un ou plusieurs autres établissements publics de coopération intercommunale n'est pas soumise au seuil démographique fixé au premier alinéa. »

(L. n° 2015-991 du 7 août 2015, art. 70) « Le seuil de population fixé au premier alinéa ne s'applique pas lorsque l'établissement public de coopération intercommunale comprend une commune ayant perdu la qualité de chef-lieu de région, qu'il exerce l'intégralité des compétences obligatoires des communautés urbaines mentionnées à l'article L. 5215-20 et que ses communes membres délibèrent dans les conditions de majorité prévues au premier alinéa du II de l'article L. 5211-5 avant le 1er janvier 2020. »

BIBL. ▶ BEHAR, Après l'intercommunalité : l'intercommunautaire ?, *Pouvoirs locaux 2007, n° 73, p. 15.* – DEGOFFE, La rationalisation des périmètres des établissements publics de coopération intercommunale, *AJDA 2007. 1860* ✐. – JEBEILI, L'intercommunalité à la recherche du territoire pertinent, *JCP Adm. 2008, n° 2244.*

Art. L. 5215-2 et L. 5215-3 *Abrogés par L. n° 99-586 du 12 juill. 1999.*

Art. L. 5215-4 La communauté urbaine est créée sans limitation de durée. – *[C. communes, art. L. 165-38, al. 1er.]*

SECTION 2 Organes

SOUS-SECTION 1 Le conseil de communauté

Art. L. 5215-5 *Abrogé par L. n° 99-586 du 12 juill. 1999.*

Art. L. 5215-6 à L. 5215-8 *Abrogés par L. n° 2010-1563 du 16 déc. 2010, art. 9.*

Art. L. 5215-9 *Abrogé par L. n° 99-586 du 12 juill. 1999.*

Art. L. 5215-10 *Abrogé par L. n° 2010-1563 du 16 déc. 2010, art. 8.*

Art. L. 5215-11 à L. 5215-13 *Abrogés par L. n° 99-586 du 12 juill. 1999.*

SOUS-SECTION 2 Le président

Art. L. 5215-14 *Abrogé par L. n° 99-586 du 12 juill. 1999.*

SOUS-SECTION 3 Le bureau

Art. L. 5215-15 *Abrogé par L. n° 99-586 du 12 juill. 1999.*

SOUS-SECTION 4 Conditions d'exercice du mandat de membre du conseil de communauté

Art. L. 5215-16 *(L. n° 2002-276 du 27 févr. 2002, art. 97)* Les dispositions du chapitre III du titre II du livre I de la deuxième partie relatives aux conditions d'exercice des mandats municipaux, à l'exclusion des articles L. 2123-18-1, L. 2123-18-3 et L. 2123-22, sont applicables aux membres du conseil de la communauté sous réserve des dispositions qui leur sont propres.

Pour l'application de l'article L. 2123-11-2, le montant mensuel de l'allocation est au plus égal à 80 % *(L. n° 2015-366 du 31 mars 2015, art. 12)* « ou, à compter du septième mois suivant le début du versement de l'allocation, à 40 % » de la différence entre le montant de l'indemnité brute mensuelle que l'intéressé percevait pour l'exercice de ses fonctions, dans la limite des taux maximaux prévus par l'article L. 5211-12, et l'ensemble des ressources qu'il perçoit à l'issue du mandat.

Cette allocation n'est pas cumulable avec celle versée aux élus municipaux en application de l'article L. 2123-11-2 ni avec celles versées en application des articles L. 3123-9-2 et L. 4135-9-2.

(L. n° 2012-1561 du 31 déc. 2012, art. 3) « Les indemnités de fonction prévues pour les *(L. n° 2013-403 du 17 mai 2013, art. 37)* « conseillers communautaires » dans les commu-

nautés urbaines, en application des II et III de l'article L. 2123-24-1, sont comprises dans l'enveloppe indemnitaire globale définie au deuxième alinéa de l'article L. 5211-12. »

1. Est illégale la délibération attribuant une indemnité de fonctions à certains des membres du conseil de communauté que le président a chargé d'assister les vice-présidents en suivant les dossiers confiés à ceux-ci et en assurant leur remplacement lorsqu'ils sont retenus par d'autres obligations. • CE 6 déc. 1993, *Cté urbaine de Lyon*, n° 132793 B.

2. Aucune disposition ne s'oppose à ce qu'un conseiller communautaire, qui perçoit une indemnité de fonction, puisse prétendre également au versement d'indemnités au titre de l'exercice d'une délégation. Par transposition depuis la loi du 6 févr. 1992, V. : • CE 28 juill. 1995, *Cté urbaine de Lyon*, n° 142146 : *ACL 1996, n° 13.*

Art. L. 5215-17 **Dans les communautés urbaines de 400 000 habitants au moins, les indemnités votées par le conseil de communauté pour l'exercice effectif** *(L. n° 2013-403 du 17 mai 2013, art. 37)* **« du mandat de conseiller communautaire » sont au maximum égales à 28 p. 100 du terme de référence mentionné au I de l'article L. 2123-20.**

Art. L. 5215-18 **Dans les conseils des communautés urbaines de plus de 100 000 habitants, le fonctionnement des groupes de** *(L. n° 2013-403 du 17 mai 2013, art. 37)* **« conseillers communautaires » peut faire l'objet de délibérations sans que puissent être modifiées, à cette occasion, les décisions relatives au régime indemnitaire des** *(L. n° 2013-403 du 17 mai 2013, art. 37)* **« conseillers communautaires ».**

Dans ces mêmes conseils, les groupes de *(L. n° 2013-403 du 17 mai 2013, art. 37)* **« conseillers communautaires » se constituent par la remise au président d'une déclaration, signée de leurs membres, accompagnée de la liste de ceux-ci et de leur représentant.**

Dans les conditions qu'il définit, le conseil de communauté peut affecter aux groupes de *(L. n° 2013-403 du 17 mai 2013, art. 37)* **« conseillers communautaires », pour leur usage propre ou pour un usage commun, un local administratif, du matériel de bureau et prendre en charge leurs frais de documentation, de courrier et de télécommunications.**

Le président peut, dans les conditions fixées par le conseil de communauté et sur proposition des représentants de chaque groupe, affecter aux groupes de *(L. n° 2013-403 du 17 mai 2013, art. 37)* **« conseillers communautaires » une ou plusieurs personnes. Le conseil de communauté ouvre au budget de la communauté urbaine, sur un chapitre spécialement créé à cet effet, les crédits nécessaires à ces dépenses, sans qu'ils puissent excéder** *(L. n° 2004-809 du 13 août 2004, art. 170)* **« 30 % » du montant total des indemnités versées chaque année aux membres du conseil de communauté** *(L. n° 2022-217 du 21 févr. 2022, art. 171)* **« , charges sociales incluses ».**

Le président du conseil de communauté est l'ordonnateur des dépenses susmentionnées.

(L. n° 99-586 du 12 juill. 1999) **« L'élu responsable de chaque groupe d'élus décide des conditions et des modalités d'exécution du service confié que ces collaborateurs accomplissent auprès de ces groupes au sein de l'organe délibérant. »**

V. note ss. art. L. 5216-4-2.

SECTION 3 Compétences

ENCYCL. COLL. LOC. *Intercommunalité : domaine d'intervention des EPCI à fiscalité propre, 1050,* par Letanoux.

SOUS-SECTION 1 Dispositions générales

Art. L. 5215-19 **Le conseil de la communauté urbaine règle par ses délibérations les affaires qui sont de la compétence de la communauté urbaine.** – *[C. communes, art. L. 165-24, al. 2.]*

Une communauté urbaine peut, dans l'intérêt de l'ordre public, en particulier de la salubrité publique et de la santé publique, aménager un abattoir temporaire d'ovins lors de la fête de l'Aïd-el-Kébir. En se bornant à relever que cet abattage présente un caractère rituel pour en déduire que cette décision de la communauté urbaine méconnaissait les dispositions de la loi de 1905, sans examiner si son intervention était justifiée par l'intérêt public local tenant à la nécessité que les cultes soient exercés dans des conditions conformes aux impératifs de l'ordre public, la cour administrative d'appel a commis une erreur de droit. • CE, ass., 19 juill. 2011, *Cté urbaine du Mans*, n° 309161 : *AJCT 2011. 515, obs. Perrier* ; *AJDA 2011. 1667, chron. Domino et Bretonneau* ; *D. 2011. 2375, note Touzeil-Divina* ; *BJCL 2011. 507, concl. Geffray.*

♦ La collectivité territoriale ou le groupement peut autoriser l'utilisation d'un tel équipement à condition que ce droit soit concédé dans des conditions, notamment tarifaires, qui respectent le principe de neutralité à l'égard des cultes et le principe d'égalité et qui excluent toute libéralité et, par suite, toute aide à un culte. • Même arrêt.

SOUS-SECTION 2 **Compétences obligatoires**

Art. L. 5215-20 *(L. n° 99-586 du 12 juill. 1999)* **I. – La communauté urbaine exerce de plein droit, au lieu et place des communes membres, les compétences suivantes :**

1° En matière de développement et d'aménagement économique, social et culturel de l'espace communautaire :

***a)* Création, aménagement, entretien et gestion de zones d'activité industrielle, commerciale, tertiaire, artisanale, touristique, portuaire ou aéroportuaire ;**

***b)* Actions de développement économique ;**

***c)* Construction ou aménagement, entretien, gestion et animation d'équipements, de réseaux d'équipements ou d'établissements culturels, socioculturels, socio-éducatifs, sportifs, lorsqu'ils sont d'intérêt communautaire ;**

***d)* Lycées et collèges dans les conditions fixées** *(Ord. n° 2003-1212 du 18 déc. 2003, art. 61)* **« au titre I du livre II et au chapitre I du titre II du livre IV ainsi qu'à l'article L. 521-3 du code de l'éducation » ;**

(L. n° 2014-58 du 27 janv. 2014, art. 71) **« *e)* Promotion du tourisme, dont la création d'offices de tourisme** *(L. n° 2019-1461 du 27 déc. 2019, art. 16)* **« , sans préjudice de l'animation touristique qui est une compétence partagée, au sens de l'article L. 1111-4, avec les communes membres de l'établissement public de coopération intercommunale à fiscalité propre » ;**

« *f)* Programme de soutien et d'aides aux établissements d'enseignement supérieur et de recherche et aux programmes de recherche ; »

2° En matière d'aménagement de l'espace communautaire :

a) *(Ord. n° 2003-1212 du 18 déc. 2003, art. 6)* **« Schéma de cohérence territoriale » et schéma de secteur ;** *(Ord. n° 2003-1212 du 18 déc. 2003, art. 6)* **« plan local d'urbanisme » et documents d'urbanisme en tenant lieu ;** *(L. n° 2014-58 du 27 janv. 2014, art. 71)* **« définition, création et réalisation d'opérations d'aménagement d'intérêt communautaire, au sens de l'article L. 300-1 du code de l'urbanisme » ; et après avis des conseils municipaux, constitution de réserves foncières ;**

(L. n° 2014-58 du 27 janv. 2014, art. 71) **« *b)* Organisation de la mobilité au sens des articles L. 1231-1, L. 1231-8 et L. 1231-14 à L. 1231-16 du code des transports, sous réserve de l'article L. 3421-2 du même code ; création, aménagement et entretien de voirie ; signalisation ; parcs et aires de stationnement ;** *(L. n° 2019-1428 du 24 déc. 2019, art. 16)* **« plans de mobilité » ; »**

c) *Abrogé par L. n° 2014-58 du 27 janv. 2014, art. 71.*

3° En matière d'équilibre social de l'habitat sur le territoire communautaire :

***a)* Programme local de l'habitat ;**

***b)* Politique du logement ;** *(L. n° 2000-1208 du 13 déc. 2000, art. 64)* **« aides financières au logement social » ; actions en faveur du logement social ; action en faveur du logement des personnes défavorisées ;**

***c)* Opérations programmées d'amélioration de l'habitat, actions de réhabilitation et résorption de l'habitat insalubre ;**

(L. n° 2014-173 du 21 févr. 2014, art. 11) **« 4° En matière de politique de la ville : élaboration du diagnostic du territoire et définition des orientations du contrat de ville ; animation et coordination des dispositifs contractuels de développement urbain, de développement local et d'insertion économique et sociale ainsi que des dispositifs locaux de prévention de la délinquance ; programmes d'actions définis dans le contrat de ville ; »**

5° En matière de gestion des services d'intérêt collectif :

***a)* Assainissement** *(L. n° 2018-702 du 3 août 2018, art. 3)* **« des eaux usées, dans les conditions prévues à l'article L. 2224-8, gestion des eaux pluviales urbaines au sens de l'article L. 2226-1 » et eau ;**

(L. n° 2022-217 du 21 févr. 2022, art. 20) « ***b)*** **Création, gestion, extension et translation des cimetières et sites cinéraires d'intérêt communautaire ainsi que création, gestion et extension des crématoriums ; »**

c) **Abattoirs, abattoirs marchés et marchés d'intérêt national ;**

d) **Services d'incendie et de secours, dans les conditions fixées au chapitre IV du titre II du livre IV de la première partie ;**

(L. n° 2014-58 du 27 janv. 2014, art. 71) « ***e)*** **Contribution à la transition énergétique ;**

« ***f)*** **Création, aménagement, entretien et gestion de réseaux de chaleur ou de froid urbains ;**

« ***g)*** **Concessions de la distribution publique d'électricité et de gaz ;**

« ***h)*** **Création et entretien des infrastructures de charge de véhicules électriques ; »**

6° En matière de protection et mise en valeur de l'environnement et de politique du cadre de vie :

a) *(Ord. n° 2010-1579 du 17 déc. 2010, art. 24)* « **Collecte et traitement** » **des déchets des ménages et déchets assimilés ;**

b) **Lutte contre la pollution de l'air ;**

c) **Lutte contre les nuisances sonores ;**

(L. n° 2005-781 du 13 juill. 2005, art. 22) « ***d)*** **Soutien aux actions de maîtrise de la demande d'énergie. »**

(L. n° 2014-58 du 27 janv. 2014, art. 56 et 71) « ***e)*** **Gestion des milieux aquatiques et prévention des inondations, dans les conditions prévues à l'article L. 211-7 du code de l'environnement ;**

« **7°** *(L. n° 2018-957 du 7 nov. 2018, art. 1er)* « **Création,** » **aménagement, entretien et gestion des aires d'accueil des gens du voyage** *(L. n° 2017-86 du 27 janv. 2017, art. 148)* « **et des terrains familiaux locatifs définis aux 1° à 3° du II de l'article 1er de la loi n° 2000-614 du 5 juillet 2000 relative à l'accueil et à l'habitat des gens du voyage ». »**

Lorsque l'exercice des compétences mentionnées au présent paragraphe est subordonné à la reconnaissance de leur intérêt communautaire, cet intérêt est déterminé *(L. n° 2015-991 du 7 août 2015, art. 81)* « **par le conseil de la communauté urbaine à la majorité des deux tiers** » *(L. n° 2019-1461 du 27 déc. 2019, art. 21)* « **des suffrages exprimés ».** *(L. n° 2004-809 du 13 août 2004, art. 164)* « **Il est défini au plus tard deux ans après l'entrée en vigueur de l'arrêté prononçant le transfert de compétence** *(L. n° 2022-217 du 21 févr. 2022, art. 20)* « **ou de la loi ayant prévu la reconnaissance dudit intérêt communautaire ». À défaut, la communauté urbaine exerce l'intégralité de la compétence transférée. »**

(L. n° 2022-217 du 21 févr. 2022, art. 10 et 18) « **Par dérogation au *e* du 1° du présent I, une ou plusieurs communes touristiques érigées en stations classées de tourisme en application des articles L. 133-13 et L. 151-3 du code du tourisme peuvent demander à retrouver l'exercice de la compétence "promotion du tourisme, dont la création d'offices de tourisme". La restitution de cette compétence est décidée par délibérations concordantes de l'organe délibérant de la communauté urbaine et des conseils municipaux de l'ensemble de ses communes membres, dans les conditions de majorité requises pour la création de l'établissement. La communauté urbaine conserve, concurremment auxdites communes et sur son territoire, l'exercice de cette même compétence, à l'exclusion de la création d'offices de tourisme.**

« **En cas de perte du classement en station de tourisme, la délibération du conseil municipal par laquelle la commune a décidé de retrouver la compétence "promotion du tourisme, dont la création d'offices de tourisme" cesse de produire ses effets et la compétence est intégralement exercée par la communauté urbaine en lieu et place de la commune.**

« **Le conseil de la communauté urbaine ainsi que les deux tiers au moins des conseils municipaux des communes membres représentant plus de la moitié de la population totale de celles-ci ou de la moitié au moins des conseils municipaux de ces communes représentant les deux tiers de la population peuvent, dans un délai d'un an à compter de la promulgation de la loi n° 2022-217 du 21 février 2022 relative à la différenciation, la décentralisation, la déconcentration et portant diverses mesures de simplifi-**

cation de l'action publique locale ou de la création de la communauté urbaine, délibérer pour subordonner à la reconnaissance de son intérêt communautaire tout ou partie de la compétence relative à la création, à l'aménagement et à l'entretien de voirie, mentionnée au *b* du 2° du présent I.

« La circulation d'un service de transport collectif en site propre entraîne l'intérêt communautaire des voies publiques supportant cette circulation et des trottoirs adjacents à ces voies.

« La communauté urbaine peut déléguer à ses communes membres, par convention, la gestion de tout ou partie des équipements et services nécessaires à l'entretien de la voirie dont elle a la charge. La compétence ainsi déléguée est exercée au nom et pour le compte de la communauté urbaine.

« La convention, conclue entre les parties et approuvée par leur assemblée délibérante, précise la durée de la délégation et ses modalités d'exécution. Elle définit les objectifs à atteindre en matière de qualité du service rendu et de pérennité des infrastructures ainsi que les modalités de contrôle de la communauté urbaine sur la commune délégataire. Elle précise les moyens humains et financiers consacrés à l'exercice de la compétence déléguée. »

III. — Par convention passée avec le département, une communauté urbaine peut exercer pour le département tout ou partie des compétences *(L. n° 2007-297 du 5 mars 2007, art. 3)* « qui, dans le domaine de l'action sociale, sont attribuées au département en vertu des articles L. 121-1 et L. 121-2 du code de l'action sociale et des familles.

« La convention précise l'étendue et les conditions financières de la délégation ainsi que les conditions dans lesquelles les services départementaux correspondants sont mis à la disposition de la communauté urbaine. »

(L. n° 2010-788 du 12 juill. 2010, art. 51) « IV. — Par convention passée avec le département, une communauté urbaine dont le *(L. n° 2019-1428 du 24 déc. 2019, art. 16)* « plan de mobilité » comprend la réalisation d'un service de transport collectif en site propre empruntant des voiries départementales ou prévoit sa réalisation peut, dans le *(L. n° 2015-991 du 7 août 2015, art. 18)* « ressort territorial de l'autorité organisatrice de la mobilité », exercer en lieu et place du département tout ou partie des compétences qui, dans le domaine de la voirie, sont attribuées au département en vertu des articles L. 131-1 à L. 131-8 du code de la voirie routière. Le refus du conseil départemental de déléguer tout ou partie de ces compétences doit être motivé par délibération. La convention précise l'étendue et les conditions financières de la délégation de compétence ainsi que les conditions dans lesquelles les services départementaux correspondants sont mis à la disposition de la communauté urbaine. »

(L. n° 2014-58 du 27 janv. 2014, art. 71) « V. — Le conseil de la communauté urbaine est consulté lors de l'élaboration, de la révision et de la modification des schémas et documents de planification en matière d'aménagement, de développement économique et d'innovation, d'enseignement supérieur et de recherche, de transports et d'environnement, dont la liste est fixée par décret en Conseil d'État et qui relèvent de la compétence de l'État, d'une collectivité territoriale ou de leurs établissements publics, lorsque ces schémas et documents ont une incidence ou un impact sur le territoire de la communauté urbaine.

« Le conseil de la communauté urbaine est consulté par le conseil régional lors de l'élaboration du contrat de plan conclu entre l'État et la région en application du chapitre III du titre I de la loi n° 82-653 du 29 juillet 1982 portant réforme de la planification, afin de tenir compte des spécificités de son territoire. »

V. L. n° 2000-1208 du 13 déc. 2000, art. 64-II, ss. art. L. 5216-5.

V. note ss. art. L. 5214-16.

BIBL. ▶ LARRALDE, La loi Grenelle 2 et le renforcement de l'échelon intercommunal, *JCP Adm. 2011, n° 2324.* – PISSALOUX, Intercommunalité et politique des sols, *JCP Adm. 2010, n° 2245.* – CHAVRIER, Intercommunalité et politique de la ville : un cadre juridique à parfaire, *AJDA 2007. 834* ✎. – RIBOT, Protection de l'environnement et dynamique intercommunale : activisme visionnaire ou optimisme résigné ?, *RLCT 2006, n° 16, p. 70.*

I. MAÎTRISE DE L'ESPACE

1. Aires d'accueil des gens du voyage. V. ss. art. L. 5214-16. La compétence d'aménagement, entretien et gestion des aires d'accueil des gens du voyage ne peut être regardée comme relevant, par nature, d'une action mise en œuvre au titre de la compétence obligatoire « en matière d'équilibre social de l'habitat », en particulier d'une action en faveur du logement des personnes défavorisées. • CE 30 déc. 2009, *Brest métropole océane-BMO, anciennement Cté urbaine de Brest,* n° 308366 B : *AJDA 2010. 12 ; BJCL 2010. 183, concl. Glaser, obs. Geffray ; JCP Adm. 2010, n° 2212, note Dieu.* ♦ V. déjà • CAA Douai, 28 déc. 2007, *Cne de Pont-de-Metz,* n° 06DA01758 A : *AJDA 2008. 410, concl. Lepers .*

2. Schéma directeur. Une communauté urbaine doit, eu égard aux effets qui s'attachent à un schéma directeur, être regardée comme justifiant d'un intérêt auquel préjudicie l'annulation de la délibération par laquelle le comité d'un syndicat mixte d'études et de programmation de l'agglomération dont elle fait partie, a approuvé ce schéma. • CE 10 déc. 1993, *Cté urbaine de Lyon,* n° 125322 B.

3. POS-PLU. Lorsque l'État propose des dispositions pour assurer la mise en compatibilité d'un plan d'occupation des sols avec une opération faisant l'objet d'une procédure de déclaration d'utilité publique, le préfet n'est tenu de consulter que le conseil de la communauté. • CE, ass., 8 juill. 1994, *Tête : Lebon 353 ; AJDA 1994. 686 et 748, chron. Touvet et Stahl ; JCP 1994. IV. 2095 ; ACL 1995, n° 20.* ♦ Lorsque l'ordre du jour d'une séance du conseil d'une communauté urbaine se borne à mentionner « PLU-Mise en révision et ouverture de la concertation », de même que le projet de délibération qui lui est joint et en l'absence de note explicative de synthèse, ces indications ne peuvent être regardées comme ayant permis aux élus de disposer, avant la séance, d'une information suffisante répondant aux exigences posées par les art. L. 2121-10 s. CGCT. En conséquence, la délibération attaquée est entachée d'illégalité. • CAA Lyon, 10 déc. 2009, n° 08LY02350 : *AJDA 2010. 405 .*

4. Le maire d'une commune membre d'une communauté urbaine peut délivrer un permis de construire sans être tenu de recueillir l'avis de la communauté pourtant compétente pour gérer les documents d'urbanisme. * Rép. min. n° 52329 : *JOAN Q, 12 nov. 1987.*

5. La communauté dispose des droits d'expropriation et de préemption pour acquérir des réserves foncières. Sur le transfert à la communauté des compétences des communes en ce domaine, V. • TA Lille, 21 juill. 1971, *Dame Phalempin-Hacquette : Lebon 874.* ♦ Lorsque la communauté urbaine a exercé son droit de préemption pour l'acquisition d'un immeuble situé seulement en partie dans une zone d'intervention foncière, mais qu'elle a décidé cette acquisition en vue de la réalisation d'un équipement collectif sur la totalité de sa superficie, le préfet ne pouvait légalement déclarer partiellement nulle de droit une décision indivisible. • CE 29 juill. 1983, *Assoc. de défense et de sauvegarde de Kergavarec,* n° 37071 : *Lebon 311 .*

6. Le groupe de travail chargé de préparer le projet de réglementation de publicité (**C. envir.**, art. L. 581-10 s.) doit comporter un représentant de l'assemblée délibérante de l'organisme intercommunal lorsque celui-ci détient la compétence d'élaboration des documents d'urbanisme de la commune. S'il exerce d'autres compétences en matière d'urbanisme, sa représentation n'est pas exigée par les textes. • CE 13 févr. 2013, *Union pour la publicité extérieure (UPE),* n° 353131 B : *AJDA 2013. 1349, note Zavoli ; BJCL 2013. 174, concl. Bourgeois-Machureau, obs. Poujade.*

7. Équilibre social de l'habitat. L'interprétation des compétences statutaires de la communauté par le Conseil d'État est stricte. Ainsi, la reconstruction de l'Opéra de Lyon ne constitue pas une opération de réhabilitation au sens de la présente disposition. La délibération du conseil prévoyant la participation financière de la communauté à cette reconstruction est illégale. • CE 6 déc. 1993, *Cté urbaine de Lyon,* n° 132795 B : *Dr. adm. 1994, n° 15.* ♦ Il résulte des présentes dispositions en vigueur à l'époque des faits que la mise à disposition d'aires d'accueil des gens du voyage n'est pas au nombre des compétences obligatoires dévolues aux communautés urbaines et, notamment, qu'elle ne saurait être assimilée aux compétences relatives au logement social et à l'action en faveur du logement des personnes défavorisées. • CE 30 déc. 2009, *Brest métropole océane-BMO, anciennement Cté urbaine de Brest,* n° 308366 B : *AJDA 2010. 12 ; BJCL 2010. 183, concl. Glaser, obs. Geffray ; JCP Adm. 2010, n° 2212, note Dieu.*

8. Zone d'activité. La communauté urbaine est seule compétente pour solliciter la création d'une zone industrielle sur le territoire d'une commune membre. Par suite, irrégularité de la procédure de déclaration d'utilité publique relative à la réalisation d'une zone industrielle intervenue à l'initiative d'une commune membre. • TA Lyon, 6 déc. 1989, *Marmey : Lebon T. 993.*

9. Une zone d'activité économique appartient au domaine privé de la communauté urbaine • CE 6 avr. 1998, *Cté urbaine de Lyon,* n° 151752 : *Lebon 132 .* ♦ Les aides aux entreprises que peut accorder la communauté urbaine sont encadrées par l'art. L. 1511-3 CGCT. Une communauté ne saurait se porter acquéreur d'un bâtiment, situé hors de son territoire et cédé par une entreprise, en vue d'aider celle-ci à s'implanter sur son territoire. V. * Rép. min. n° 77177 : *JOAN Q, 31 janv. 2006, p. 1041.*

10. Aérodrome. La désignation par le préfet, en l'absence de candidat, d'une communauté urbaine comme responsable d'un aérodrome au titre du transfert de compétence prévu par les dispositions de la loi n° 2008-809 du 13 août 2004 est légale dès lors que le préfet a bien tenu compte pour la désigner des critères imposés par l'art. 28 de ladite loi. Dès lors que l'aérodrome relève d'un intérêt local et non régional, il n'y a pas erreur manifeste d'appréciation et l'arrêté du ministre des Transports désignant la communauté urbaine bénéficiaire est légal. • CE 19 nov. 2008, *Cté urbaine de Strasbourg*, n° 312095 : *AJDA 2008. 2203, note Pastor*.

II. AMÉNAGEMENT ET ENTRETIEN DES LOCAUX SCOLAIRES

11. Suite à l'adoption de la loi n° 2004-809 du 13 août 2004 et dans un souci de cohérence, il paraît préférable d'éviter les transferts partiels de compétences scolaires à un EPCI. Cependant, il est possible de distinguer la compétence relative aux bâtiments scolaires (construction, réparations, entretien, chauffage, éclairage), ces biens étant mis de plein droit à la disposition de l'EPCI qui assume les obligations du propriétaire, de la compétence relative au service des écoles (acquisition du mobilier et des fournitures, recrutement et gestion des personnels de service et des agents territoriaux spécialisés des écoles maternelles). V. * Rép. min. n° 88134 : *JOAN Q, 2 mai 2006, p. 4740.* ♦ En prévoyant par arrêté la prise en charge des seuls travaux de grosses réparations et d'entretien des locaux scolaires, définis par l'art. 606 C. civ. à l'exclusion des réparations ayant le caractère de réparation locative, le président du conseil de la communauté urbaine a restreint la portée des dispositions de la loi du 31 déc. 1982 (modifiant l'art. L. 165-7 C. communes, codifié ss. CGCT, art. L. 5215-20). Au titre des dépenses d'aménagement des locaux scolaires, il y a lieu de comprendre, non seulement les dépenses d'acquisition du mobilier scolaire de premier équipement mais également les dépenses liées au renouvellement dudit mobilier. En se bornant à prendre en charge les seules dépenses d'acquisition et d'installation du mobilier scolaire de premier équipement, l'arrêté a méconnu la portée de la loi préc. • CE 25 nov. 1991, *COREP du Rhône et Cne de Vénissieux*, n°s 75224 B et 79845 B : *Dr. adm. 1992, n° 20.*

III. SERVICE D'INCENDIE ET DE SECOURS

12. Si le pouvoir de police continue de relever de la compétence du maire de la commune membre, le pouvoir d'organisation du service et de gestion des moyens est transféré à la communauté urbaine. • CE 14 mars 1986, *Cté urbaine de Lyon c/ Sté SAPI*, n° 60034 : *Lebon 72 ; RFDA 1986. 922, concl. Roux, note Prétot ; D. 1986. IR 462, obs. Moderne et Bon ; AJDA 1986. 298, note Azibert et Fornacciari.* ♦ Ainsi, le dommage commis à l'occasion d'une opération de sauvetage effectuée par un sapeur-pompier lors d'une visite de sécurité d'un immeuble ne peut engager que la responsabilité de la communauté urbaine. • CE 13 nov. 1981, *Cts Noton*, n° 12362 : *Lebon 422 ; D. 1982. IR 375, obs. Moderne et Bon.* ♦ Sur le partage des responsabilités, V. notes ss. art. L. 5215-24.

13. Une commune peut, sur le fondement de l'art. L. 1424-18 CGCT, transférer à l'EPCI la compétence relative à la responsabilité des opérations de grosses réparations, d'extension ou de reconstruction de biens mis à disposition du service départemental d'incendie et de secours. En revanche, elle ne peut lui transférer sa contribution au budget de ce service qui constitue une dépense obligatoire pour la commune. • CE 22 mai 2013, *Cté de cnes Val de Garonne*, n° 354992 B : *AJCT 2013. 525, obs. Péchillon ; BJCL 2013. 617, concl. Daumas et obs. Poujade ; JCP Adm. 2014, n° 2040, note Du Rostu.*

IV. VOIRIE ET SIGNALISATION

14. Si la loi du 31 déc. 1966 (CGCT, art. L. 5215-20) a transféré aux communautés urbaines les compétences des communes en matière de permission de voirie, ce texte n'a pas dessaisi les maires des pouvoirs de police ni de celui de délivrer les permis de stationnement. La décision refusant l'autorisation de placer des enseignes lumineuses au droit d'un commerce est prise dans l'exercice du pouvoir de police et relève donc de la compétence du maire. • CE 11 mai 1977, *Ville de Lyon : Lebon 211.*

15. La loi du 31 déc. 1966 (CGCT, art. L. 5215-20) a transféré aux communautés urbaines les pouvoirs des communes qui les composent en matière de gestion du domaine public routier. • CE 7 janv. 1987, *Ville de Bordeaux c/ Sté Avenir Publicité*, n° 26979 : *Lebon 1 ; RFDA 1987. 149 ; AJDA 1987. 428.* ♦ Le présent article issu de la loi n° 99-586 du 12 juill. 1999 ne porte pas sur les places publiques et une communauté urbaine n'a donc pas vocation à exercer au titre des transferts qu'il prévoit la compétence d'une place qui ne constitue pas une dépendance du domaine public routier. • CAA Nancy, 28 juin 2007, *Assoc. Thiers et a.*, n° 07NC00015 : *AJDA 2007. 2054*.

16. Il n'appartient qu'à l'autorité chargée de la gestion du domaine public d'autoriser l'établissement de palissades sur la voie publique pour la clôture des chantiers, et par voie de conséquence, de réglementer, tant dans l'intérêt du domaine et de son affectation, que dans l'intérêt général, les conditions auxquelles doit satisfaire l'affichage sur ces palissades. La loi du 31 déc. 1966 ayant transféré aux communautés urbaines la délivrance des permissions de voirie, un conseil municipal ne saurait approuver un avenant au contrat initialement passé par la ville et concédant à une entreprise l'affichage sur les palissades de chantiers. • CE 7 janv. 1987, *Ville de Bordeaux c/ Sté Avenir Publicité*, n° 26979 : *Lebon 1* ; *RFDA 1987. 149* ; *AJDA 1987. 428.* ♦ V. aussi : • CE, sect., 29 avr. 1966, *Sté d'affichage Giraudy : Lebon 293* • CE 14 juin 1972, *Elkoubi : Lebon 437.*

17. S'il appartient au maire de la commune, en vertu de ses pouvoirs généraux de police, de prendre toute mesure destinée à assurer la sécurité et la commodité du passage sur les voies publiques, il ne lui appartient pas de déterminer les modalités de réfection des voies communales dans lesquelles des tranchées ont été ouvertes, ces modalités relevant de la compétence du conseil de la communauté urbaine. • CE 13 mai 1988, *Cne de Coudekerque-Branche*, n° 67770 B : *RDI 1988. 276.*

18. Le transfert des compétences des communes en matière de voirie à la communauté urbaine a pour conséquence de mettre à sa charge exclusive l'entretien des voies et notamment leur nettoiement à l'issue des marchés se tenant sur ces voies. Par suite, elle ne peut exiger aucune contribution des communes membres en contrepartie des frais de nettoiement rendus nécessaires par la tenue des marchés nouvellement créés. • CE 18 mai 1988, *Cne de Décines-Charpieu*, n° 53575 : *Lebon 194*. ♦ L'obligation d'entretien des voies communales comporte la remise en état des voies publiques dégradées à la suite d'intempéries ou d'accidents naturels. • CE 10 juill. 1987, *Derez c/ Cne d'Uvernet-Fours*, n° 59259 : *Lebon 254* ; *Mon. TP 4 mars 1988. 51.* ♦ L'insuffisance de la signalisation constitue un défaut d'entretien normal de la voie publique dont la responsabilité incombe à la communauté urbaine. • CE 15 juin 1979, *Cie Groupe ancienne mutuelle : Lebon 283.* ♦ Le transfert de compétences en matière d'entretien de la voirie implique l'affectation à la communauté des biens nécessaires à l'exercice de cette compétence ainsi que sa substitution dans les droits et obligations auparavant exercés par ses membres, y compris lorsque ces obligations trouvent leur origine dans un événement antérieur au transfert, quand bien même une convention de délégation de gestion de la voirie aurait été signée entre la communauté urbaine et une commune membre après la date du transfert. • CAA Versailles, 27 oct. 2023, n° 21VE00113.

19. Dès lors que la communauté est substituée aux communes membres, elle doit supporter l'intégralité de la responsabilité du dommage causé à un administré par la perte de valeur de son fonds de commerce en raison de travaux d'assainissement qui se sont prolongés durablement. • CE 8 mai 1974, *Ardoise : Lebon T. 1172.*

20. Lorsque, par convention, une ville membre est chargée par la communauté urbaine de réaliser les opérations nécessaires aux études, travaux et fonctionnement de la signalisation lumineuse, cette convention est une convention de prestation de services et n'emporte pas transfert des compétences légales de la communauté urbaine. • CAA Lyon, 27 févr. 1990, *Cté urbaine de Lyon : Lebon T. 626* . ♦ V. note ss. art. L. 5215-27.

21. Le conseil de communauté est compétent pour prononcer le déclassement d'une portion de place ayant le caractère de voie publique. • CE 4 févr. 1981, *Fabre*, n° 16109 B.

22. Les opérations de mise en fourrière des véhicules et la gestion d'un service de fourrière ne sont pas au nombre des activités légalement transférées aux communautés urbaines. À défaut d'accord des conseils municipaux des communes membres pour autoriser cette extension de compétence, elle continue de relever des communes membres. • CE 13 juin 1984, *Cté urbaine de Bordeaux c/ Kestelost*, n°s 17960 B, 36031 B et 36721 B.

Art. L. 5215-20-1 *(L. n° 99-586 du 12 juill. 1999)* **I. – Les communautés urbaines existant à la date de promulgation de la loi n° 99-586 du 12 juillet 1999 relative au renforcement et à la simplification de la coopération intercommunale continuent d'exercer à titre obligatoire, au lieu et place des communes membres, les compétences suivantes :**

1° Chartes intercommunales de développement et d'aménagement, *(Ord. n° 2003-1212 du 18 déc. 2003, art. 6)* **« schémas de cohérence territoriale, plans locaux d'urbanisme » ou documents d'urbanisme en tenant lieu, programmes locaux de l'habitat, constitution de réserves foncières, les conseils municipaux devant être saisis pour avis ;**

2° *(L. n° 2014-58 du 27 janv. 2014, art. 71)* **« Définition, création et réalisations d'opérations d'aménagement d'intérêt communautaire, au sens de l'article L. 300-1 du code de l'urbanisme » ; actions de développement économique ; création et équipement des zones d'activité industrielle, tertiaire, artisanale, touristique, portuaire ou aéroportuaire ; actions de réhabilitation d'intérêt communautaire** *(L. n° 2014-58 du 27 janv. 2014, art. 71)* **« ; promotion du tourisme, dont la création d'offices de tourisme » ;**

3° Abrogé par L. n° 2010-1658 du 29 déc. 2010, art. 28.

4° Construction, aménagement et entretien des locaux scolaires dans les zones et secteurs mentionnés aux 2° et 3° et réalisés ou déterminés par la communauté ; à l'expiration d'un délai de dix ans à dater de leur mise en service, la propriété et l'entretien de ces locaux sont transférés, sur sa demande, à la commune sur le territoire de laquelle ils sont situés ; en ce cas, les conditions de prise en charge des annui-

tés d'emprunt afférentes à ces locaux sont déterminées par délibérations concordantes du conseil de communauté et du conseil municipal intéressé *(L. n° 2014-58 du 27 janv. 2014, art. 71)* « ; programme de soutien et d'aides aux établissements d'enseignement supérieur et de recherche et aux programmes de recherche » ;

5° Services d'incendie et de secours, sous réserve des dispositions du chapitre IV du titre II du livre IV de la première partie *[V. art. L. 1424-1 s.]* ;

6° *(L. n° 2014-58 du 27 janv. 2014, art. 71)* « Organisation de la mobilité, au sens des articles L. 1231-1, L. 1231-8 et L. 1231-14 à L. 1231-16 du code des transports » *(L. n° 2010-788 du 12 juill. 2010, art. 51)* « à ce titre, elles peuvent organiser un service de mise à disposition de bicyclettes en libre-service » ;

7° Lycées et collèges ;

8° Eau, assainissement, à l'exclusion de l'hydraulique agricole, ordures ménagères *(L. n° 2014-58 du 27 janv. 2014, art. 71)* « ; création, aménagement, entretien et gestion de réseaux de chaleur ou de froid urbains » ;

(L. n° 2014-58 du 27 janv. 2014, art. 56-I-4°-a et 59-II, en vigueur le 1er janv. 2018) « 8° *bis* Gestion des milieux aquatiques et prévention des inondations, dans les conditions prévues à l'article L. 211-7 du code de l'environnement ; »

9° Création de cimetières et extension des cimetières ainsi créés, crématoriums ;

10° Abattoirs, abattoirs marchés, marchés d'intérêt national ;

11° Voirie et signalisation *(L. n° 2014-58 du 27 janv. 2014, art. 71)* « , création et entretien des infrastructures de charge de véhicules électriques » ;

12° Parcs *(L. n° 2014-58 du 27 janv. 2014, art. 71)* « et aires » de stationnement ;

(L. n° 2014-58 du 27 janv. 2014, art. 71) « 13° *(L. n° 2018-957 du 7 nov. 2018, art. 1er)* « Création, » aménagement, entretien et gestion des aires d'accueil des gens du voyage *(L. n° 2017-86 du 27 janv. 2017, art. 148)* « et des terrains familiaux locatifs définis aux 1° à 3° du II de l'article 1er de la loi n° 2000-614 du 5 juillet 2000 relative à l'accueil et à l'habitat des gens du voyage » ;

« 14° Contribution à la transition énergétique ;

« 15° Concession de la distribution publique d'électricité et de gaz. »

Ces compétences peuvent toutefois ne pas inclure tout ou partie des compétences mentionnées aux 2°, 3°, 9°, 11° et 12° pour les équipements ou opérations principalement destinés aux habitants d'une commune, s'il en a été décidé ainsi lors de la création de la communauté ou postérieurement à celle-ci selon les règles de majorité qualifiée requises pour cette création.

II. – Les communautés urbaines existant à la date de promulgation de la loi n° 99-586 du 12 juillet 1999 précitée *(L. n° 2010-1563 du 16 déc. 2010, art. 43)* « et celles mentionnées au troisième alinéa de l'article L. 5215-1 » continuent d'exercer dans les conditions de droit commun, au lieu et place des communes membres, les compétences qui leur ont été antérieurement librement transférées par les communes membres.

(L. n° 2014-173 du 21 févr. 2014, art. 11) « II *bis*. – Les communautés urbaines existant à la date de promulgation de la loi n° 99-586 du 12 juillet 1999 précitée exercent, en lieu et place des communes membres, les compétences suivantes en matière de politique de la ville : élaboration du diagnostic du territoire et définition des orientations du contrat de ville ; animation et coordination des dispositifs contractuels de développement urbain, de développement local et d'insertion économique et sociale ainsi que des dispositifs locaux de prévention de la délinquance ; programmes d'actions définis dans le contrat de ville. »

III. – Le conseil des communautés urbaines visées au I et les conseils municipaux des communes membres peuvent décider l'élargissement des compétences de la communauté à l'ensemble des compétences définies au I de l'article L. 5215-20.

Cet élargissement est acquis par délibérations concordantes du conseil de communauté et d'au moins la moitié des conseils municipaux des communes membres représentant plus de la moitié de la population totale de la communauté.

(L. n° 2014-58 du 27 janv. 2014, art. 71) « IV. – Le conseil de la communauté urbaine est consulté lors de l'élaboration, de la révision et de la modification des schémas et documents de planification en matière d'aménagement, de développement économique et d'innovation, d'enseignement supérieur et de recherche, de transports et

d'environnement, dont la liste est fixée par décret en Conseil d'État et qui relèvent de la compétence de l'État, d'une collectivité territoriale ou de leurs établissements publics, lorsque ces schémas et documents ont une incidence ou un impact sur le territoire de la communauté urbaine.

« Le conseil de la communauté urbaine est consulté par le conseil régional lors de l'élaboration du contrat de plan conclu entre l'État et la région en application du chapitre III du titre I de la loi n° 82-653 du 29 juillet 1982 portant réforme de la planification, afin de tenir compte des spécificités de son territoire. »

Les dispositions de l'art. 9 de la loi du 4 mars 2002 valident les plans d'occupation des sols élaborés par les communautés urbaines pour lesquels les conseils municipaux consultés n'avaient émis un avis que sur les documents portant sur une partie du territoire communautaire. Ces dispositions sont fondées sur un motif d'intérêt général suffisant et ainsi elles ne sauraient porter atteinte aux droits protégés par la Convention européenne de sauvegarde des droits de l'homme et son protocole additionnel. • CAA Lyon, 14 mars 2002, *Sté urbaine de Lyon*, n° 02LY00292 : *Coll. terr. 2002, n° 124.*

SOUS-SECTION 3 **Transferts de compétences**

Art. L. 5215-21 *(L. n° 99-586 du 12 juill. 1999)* **La communauté urbaine est substituée de plein droit au syndicat de communes** *(L. n° 2010-1563 du 16 déc. 2010, art. 48)* **« ou au syndicat mixte » dont le périmètre est identique au sien, pour la totalité des compétences qu'il exerce.**

La communauté urbaine est également substituée de plein droit, pour les compétences qu'elle exerce, au syndicat de communes *(L. n° 2010-1563 du 16 déc. 2010, art. 48)* **« ou au syndicat mixte » inclus en totalité dans son périmètre.**

La substitution de la communauté urbaine au syndicat s'effectue dans les conditions prévues au deuxième alinéa de l'article L. 5211-41.

1. Alors même que la communauté urbaine est créée, les compétences des communes restent exercées par elles jusqu'à l'intervention des arrêtés fixant les dates d'exercice des compétences transférées. • CE 26 févr. 1969, *Phalempin : Lebon T. 766 ; AJDA 1969. 296.*

2. En vertu de la substitution, la communauté urbaine peut légalement engager, simultanément, la procédure de modification du plan d'occupation des sols du groupement d'urbanisme de cette communauté urbaine (dont l'un des objets est de rendre constructibles les terrains faisant l'objet de la déclaration d'utilité publique) et la procédure de déclaration d'utilité publique. • CE 27 sept. 1989, *Mlle Delerue*, n° 68429.

3. Le transfert de compétences substitue la communauté urbaine à tout autre organisme exerçant antérieurement la compétence, de sorte que la communauté, déclarée responsable, n'est pas fondée à appeler en garantie lesdits organismes pour les dommages causés dans le cadre des compétences transférées, avant ou après la date du transfert. • CE 4 févr. 1976, *Cté urbaine de Lille : Lebon 82 ; AJDA 1976. 312 ; Dr. adm. 1976, n° 75.* ♦ V. aussi : • CE 18 avr. 1980, *Cté urbaine de Lyon et dpt du Rhône : Dr. adm. 1980, n° 163.*

Art. L. 5215-22 *(L. n° 99-586 du 12 juill. 1999)* **I. – Lorsqu'une partie des communes d'un syndicat de communes ou d'un syndicat mixte fait partie d'une communauté urbaine,** *(L. n° 2004-809 du 13 août 2004, art. 155)* **« par création de cette communauté, par fusion d'établissements publics de coopération intercommunale pour constituer une communauté urbaine ou » par transformation d'un établissement public de coopération intercommunale en communauté urbaine, et que cette communauté est incluse en totalité dans le syndicat,** *(L. n° 2004-809 du 13 août 2004, art. 155)* **« cette création, cette fusion ou cette transformation » vaut retrait du syndicat des communes membres de la communauté pour les compétences visées au I de l'article L. 5215-20 que le syndicat exerce** *(L. n° 2014-58 du 27 janv. 2014, art. 71)* **« , à l'exception des compétences dont l'exercice est organisé par le dernier alinéa du présent I ».** *(L. n° 2004-809 du 13 août, art. 172)* **« Ce retrait s'effectue dans les conditions fixées à l'article L. 5211-25-1 et au troisième alinéa de l'article L. 5211-19. » À défaut d'accord entre l'organe délibérant du syndicat et le conseil municipal concerné sur la répartition des biens ou du produit de leur réalisation et du solde de l'encours de la dette visés au 2° de l'article L. 5211-25-1, cette répartition est fixée par arrêté du ou des représentants de l'État dans le ou les départements concernés.**

Pour l'exercice des compétences transférées autres que celles visées au I de l'article L. 5215-20, la communauté urbaine est substituée au sein du syndicat aux communes

qui la composent. Cette disposition ne modifie pas les attributions du syndicat de communes, qui devient syndicat mixte au sens de l'article L. 5711-1, ou du syndicat mixte intéressé. Elle ne modifie pas non plus le périmètre dans lequel ce syndicat exerce ses compétences.

(L. n° 2014-58 du 27 janv. 2014, art. 71) « Pour l'exercice de la compétence d'autorité concédante de la distribution publique d'électricité prévue au *g* du 5° du I de l'article L. 5215-20, la communauté urbaine est substituée au sein du syndicat aux communes qui la composent. Cette substitution ne modifie pas les attributions du syndicat de communes, qui devient syndicat mixte au sens de l'article L. 5711-1, ou du syndicat mixte intéressé. Elle ne modifie pas non plus le périmètre dans lequel ce syndicat exerce ses compétences. Le nombre de sièges dont disposent les délégués de la communauté urbaine au sein du comité du syndicat est proportionnel à la part relative de la population des communes auxquelles la communauté urbaine est substituée au titre de l'exercice de cette compétence, sans pouvoir excéder la moitié du nombre total de sièges. Les statuts des syndicats concernés existant à la date de promulgation de la loi n° 2014-58 du 27 janvier 2014 de modernisation de l'action publique territoriale et d'affirmation des métropoles doivent être mis en conformité avec le présent alinéa dans un délai de six mois à compter de la promulgation de la même loi. »

II. – Lorsqu'une partie des communes d'un syndicat de communes ou d'un syndicat mixte est associée avec des communes extérieures à ce syndicat dans une communauté urbaine, *(L. n° 2004-809 du 13 août 2004, art. 155)* « par création de cette communauté, par fusion d'établissements publics de coopération intercommunale pour constituer une communauté urbaine ou » par transformation d'un établissement public de coopération intercommunale en communauté urbaine, *(L. n° 2004-809 du 13 août 2004, art. 155)* « cette création, cette fusion ou cette transformation » vaut retrait du syndicat des communes membres de la communauté pour les compétences transférées et dans les conditions prévues au premier alinéa du I. Elle vaut substitution de la communauté urbaine aux communes pour les compétences transférées et dans les conditions prévues *(L. n° 2014-58 du 27 janv. 2014, art. 71)* « aux deux derniers alinéas » du même paragraphe.

III. – Lorsque le périmètre d'une communauté urbaine est étendu par adjonction d'une ou de plusieurs communes membres d'un ou de plusieurs syndicats de communes ou syndicats mixtes, cette extension vaut retrait des communes des syndicats ou substitution de la communauté urbaine aux communes au sein des syndicats dans les cas et conditions prévus aux I et II.

Lorsque les compétences d'une communauté urbaine sont étendues, conformément à l'article L. 5211-17, à des compétences antérieurement déléguées par tout ou partie des communes qui la composent à un ou plusieurs syndicats de communes ou syndicats mixtes, la communauté urbaine est substituée à ces communes au sein du ou des syndicats dans les conditions visées au second alinéa du I.

(L. n° 2015-991 du 7 août 2015, art. 67) « IV. – Par dérogation aux I, II et III du présent article, lorsqu'un syndicat exerçant une compétence en matière d'eau ou d'assainissement regroupe des communes appartenant à trois établissements publics de coopération intercommunale à fiscalité propre au moins à la date du transfert de cette compétence à la communauté urbaine, la communauté urbaine est substituée, au sein du syndicat, aux communes qui la composent, dans les conditions prévues au deuxième alinéa du I. Toutefois, après avis de la commission départementale de la coopération intercommunale, le représentant de l'État peut autoriser la communauté urbaine à se retirer du syndicat au 1er janvier de l'année qui suit la date du transfert de la compétence, dans les conditions prévues au premier alinéa du même I. »

(L. n° 2016-1087 du 8 août 2016, art. 63) « IV *bis*. – Par dérogation aux I, II et III du présent article, pour la compétence en matière de gestion des milieux aquatiques et de prévention des inondations mentionnée à l'article L. 211-7 du code de l'environnement, lorsqu'une partie des communes d'un syndicat de communes ou d'un syndicat mixte fait partie d'une communauté urbaine dont le périmètre est totalement ou partiellement inclus dans le périmètre de ce syndicat, la communauté urbaine est substituée au sein du syndicat aux communes qui la composent, dans les conditions prévues au deuxième alinéa du I du présent article. »

(L. nº 2015-991 du 7 août 2015, art. 67) **« V. — Le présent article est également applicable lorsqu'un établissement public de coopération intercommunale fusionné pour constituer la communauté urbaine était membre d'un syndicat mixte. »**

1. Dans le cadre de cette substitution, la communauté urbaine est pleinement responsable des équipements confiés au syndicat auquel elle est partiellement subsituée. Ainsi, elle n'est pas fondée à soutenir que c'est à tort qu'un tribunal administratif a ordonné une expertise aux fins de rechercher si sa responsabilité est engagée à l'occasion du sinistre. • CE, sect., 14 mars 1986, *Cté urb. de Lyon c/ Sté SAPI : Lebon 72 ; RFDA 1986. 922, concl. Roux, note Prétot ; D. 1986. IR 462, obs. Moderne et Bon ; AJDA 1986. 298, note Azibert et Fornacciari.*

2. Sur les conditions du retrait, V. notes ss. art. L. 5211-25-1.

Art. L. 5215-23 *(L. nº 99-586 du 12 juill. 1999)* **Les communautés urbaines existant à la date de publication de la loi nº 99-586 du 12 juillet 1999 relative au renforcement et à la simplification de la coopération intercommunale ayant élargi ou non leurs compétences dans les conditions prévues au III de l'article L. 5215-20-1 sont substituées, pour l'exercice de leurs seules compétences, aux communes qui en font partie lorsque celles-ci sont groupées avec des communes extérieures à la communauté. Cette disposition n'entraîne aucune modification quant aux attributions et au périmètre des syndicats de communes intéressés qui deviennent des syndicats mixtes au sens de l'article L. 5711-1.**

Art. L. 5215-24 **Le transfert de compétences à la communauté urbaine emporte transfert au président et au conseil de communauté de toutes les attributions conférées ou imposées par les lois et règlements respectivement au maire et au conseil municipal.** — *[C. communes, art. L. 165-19 issu de la L. nº 66-1069 du 31 déc. 1966, art. 12.]*

1. Service d'incendie et de secours. Les dommages imputables à des défauts d'organisation ou de fonctionnement des services de secours et de lutte contre l'incendie engagent la responsabilité directe de la communauté urbaine. • CE 14 mars 1986, *Cté urbaine de Lyon c/ Sté SAPI*, nº 60034 : *V. note 10 ss. art. L. 5215-20.* ♦ L'aggravation des conséquences d'un incendie en raison d'une pression ou d'un débit insuffisant aux bornes d'incendie engage la seule responsabilité de la communauté urbaine envers les victimes du sinistre. Elle ne peut s'en dégager sur le syndicat intercommunal gestionnaire du service des eaux. • Même arrêt.

2. En revanche, sa responsabilité ne peut être engagée que pour faute lourde et non sur le terrain du dommage de travaux publics alors même que l'insuffisance de pression aurait pour cause une mauvaise conception ou un mauvais entretien des ouvrages. • CAA Nancy, 7 nov. 1991, *Cté urbaine de Lille et a. : Lebon T. 730.* ♦ Rappr. : • CE 2 févr. 1973, *SARL Harel Frères et Cie Les Assurances nationales : Lebon T. 1107.*

Art. L. 5215-25 *Abrogé par L. nº 99-586 du 12 juill. 1999.*

SOUS-SECTION 4 Modalités particulières d'intervention

Art. L. 5215-26 *(L. nº 2004-809 du 13 août 2004, art. 186)* **Afin de financer la réalisation ou le fonctionnement d'un équipement, des fonds de concours peuvent être versés entre la communauté urbaine et les communes membres après accords concordants exprimés à la majorité simple du conseil communautaire et des conseils municipaux concernés.**

Le montant total des fonds de concours ne peut excéder la part du financement assurée, hors subventions, par le bénéficiaire du fonds de concours.

Pour réparer les dommages directement causés par les actes de dégradation et de destruction liés aux troubles à l'ordre et à la sécurité publics survenus du 27 juin 2023 au 5 juill. 2023, le montant total des fonds de concours définis au présent art. peut excéder la part du financement assurée, hors subventions, par le bénéficiaire du fonds de concours. Cette part peut être nulle (Ord. nº 2023-871 du 13 sept. 2023, art. 3).

BIBL. ► TERRIEN, Fonds de concours et intercommunalité, *JCP Adm. 2008, nº 2013.*

Il découle de cette disposition que le versement réciproque de fonds de concours n'est plus subordonné aux conditions définies par le droit antérieur. Du point de vue de leur traitement comptable, les fonds de concours accordés par les EPCI à leurs communes membres obéissent à l'instruction M 14 tant en ce qui concerne leur inscription au budget (dépense d'investissement ou de fonctionnement) que le régime des amortissements. * Rép. min. nº 26183 : *JO Sénat Q, 22 mars 2007, p. 643 ; JCP Adm. 2007, nº 360.*

Art. L. 5215-27 **La communauté urbaine peut confier, par convention avec la ou les collectivités concernées, la création ou la gestion de certains équipements ou services relevant de ses attributions à une ou plusieurs communes membres, à leurs groupements ou à toute autre collectivité territoriale ou établissement public.**

Dans les mêmes conditions, ces collectivités peuvent confier à la communauté urbaine la création ou la gestion de certains équipements ou services relevant de leurs attributions. – *[C. communes, art. L. 165-15.]*

1. Lorsque, par convention, une ville membre est chargée par la communauté urbaine compétente en matière de voirie et de signalisation de « réaliser les opérations nécessaires aux études, travaux et fonctionnement de la signalisation lumineuse », cette convention ? qui laisse à la charge du budget de la communauté urbaine les dépenses correspondant à ces opérations, constitue une convention de prestation de services et n'emporte pas transfert des compétences dévolues par la loi à la communauté urbaine. Par suite, celle-ci ne peut appeler la ville en garantie en cas de condamnation à indemniser la victime d'un accident causé par un dérèglement des feux de circulation. • CAA Lyon, 27 févr. 1990, *Cté urbaine de Lyon : Lebon T. 626 et 984*.

2. Le régime de prestations de services réciproques comporte des limites, notamment en matière financière. V. * Rép. min. n° 30354 : *JOAN Q, 30 nov. 1987.* ♦ La communauté peut recevoir des contributions financières des communes pour les actions ou prestations de services faisant l'objet d'une convention. En dehors de cette hypothèse, le président de la communauté urbaine ne peut pas transférer aux communes la charge financière correspondant à l'utilisation des équipements sportifs par certaines catégories d'usagers. • CE 13 oct. 1978, *Cne de Vénissieux*, n° 02907 : *Lebon 370*.

3. Le préfet n'a pu, sans méconnaître les termes du contrat de confiance en matière financière, qui sont d'application immédiate, refuser de prendre en compte l'intégralité de ces dépenses que la communauté urbaine s'était engagée à rembourser intégralement aux communes membres. • CAA Toulouse, 8 févr. 2024, *Cté urbaine Perpignan Méditerranée Métropole*, n° 21TL04440.

SOUS-SECTION 5 Transferts de biens, droits et obligations

Art. L. 5215-28 **Les immeubles et meubles faisant partie du domaine public des communes appartenant à l'agglomération sont affectés de plein droit à la communauté urbaine, dès son institution, dans la mesure où ils sont nécessaires à l'exercice des compétences de la communauté.**

Le transfert définitif de propriété ainsi que des droits et obligations attachés aux biens transférés est opéré par accord amiable.

À défaut d'accord amiable, un décret en Conseil d'État, pris après avis d'une commission dont la composition est fixée par arrêté du ministre de l'Intérieur et qui comprend notamment des maires et des conseillers départementaux, procède au transfert définitif de propriété au plus tard un an après les transferts de compétences à la communauté urbaine.

Les transferts de biens, droits et obligations prévus aux alinéas précédents ne donnent pas lieu à indemnité, droit, taxe, *(Ord. n° 2010-638 du 10 juin 2010, art. 9)* **« contribution prévue à l'article 879 du code général des impôts » ou honoraires.**

1. La présente disposition est applicable de plein droit dans le cas de toutes les compétences transférées à la communauté. • CE 11 juill. 1983, *Cté urbaine de Brest*, n° 25462.

2. L'accord amiable qui opère le transfert définitif de propriété se concrétise généralement par la rédaction d'un acte juridique spécial mais la délibération du conseil municipal acceptant le transfert de biens et ouvrages suffisamment identifiés en est constitutive. • TA Lyon, 16 juill. 1971, *Bourgeat : Lebon 872.*

3. Sur le transfert définitif de propriété par décret en Conseil d'État, V. * Rép. min. n° 61001 : *JOAN Q, 29 mars 1993.*

4. Le transfert des droits et obligations accompagne le transfert définitif de propriété, ainsi en particulier, l'obligation de réparation des conséquences dommageables liées à la gestion des ouvrages transférés. Sur l'interprétation et la portée de ce lien, V. • TA Lyon, 16 juill. 1971 : *préc. note 2.*

5. La communauté urbaine est entièrement responsable de la gestion des ouvrages transférés. Ainsi, des dommages dus à l'insuffisance du réseau d'égouts. • CE 4 févr. 1976, *Cté urbaine de Lille : Lebon 82 ; AJDA 1976. 312 ; Dr. adm. 1976, n° 75.* ♦ ... Des dommages liés au défaut de curage d'un ruisseau. • CE 1er févr. 1980, *Cté urbaine de Bordeaux*, nos 13781, 13782, 13783 B. ♦ ... D'un accident imputable à la présence sur la chaussée d'une couche de mazout. • CE 14 mars 1980, *Cté urbaine de Bordeaux*, n° 13780 : *Lebon 152*. ♦ ... De l'aggravation des conséquences d'un sinistre en raison de l'insuffisance de débit des bornes d'incendie. • CE 14 mars

1986, Cté urbaine de Lyon c/ Sté SAPI, n° 60034 : *Lebon 72* ; *RFDA 1986. 922, concl. Roux, note Prétot ; D. 1986. IR 462, obs. Moderne et Bon ; AJDA 1986. 298, note Azibert et Fornacciari.*

6. En ce qui concerne la responsabilité en matière de voirie et signalisation, V. notes 12 s. ss. art. L. 5215-20.

7. Le conseil de communauté est compétent pour prononcer le déclassement d'une portion de place qui a le caractère de voie publique. • CE 4 févr. 1981, *Fabre*, n° 16109 B.

Art. L. 5215-29 Un décret en Conseil d'État fixe les conditions dans lesquelles sont achevées les opérations décidées par les communes, les syndicats de communes avant le transfert des compétences, notamment en ce qui concerne le financement de ces opérations. — *[C. communes, art. L. 165-23 issu de la L. n° 66-1069 du 31 déc. 1966, art. 23.]*

V. art. R. 5215-3 à R. 5215-17.

Art. L. 5215-30 Un décret en Conseil d'État fixe les conditions dans lesquelles les services techniques de la communauté urbaine assurent l'entretien des voies conservées temporairement par les communes.

En outre, dans les autres domaines de compétences conservées par les communes, la communauté urbaine peut, dans les conditions fixées par délibération du conseil de communauté, mettre ses services techniques à la disposition de celles des communes qui en font la demande.

(L. n° 2004-809 du 13 août 2004, art. 165) « Le maire adresse directement aux chefs de service mis à disposition toutes les instructions nécessaires à l'exécution des tâches qu'il confie auxdits services. Il contrôle l'exécution de ces tâches.

« Il peut donner, sous sa surveillance et sa responsabilité, par arrêté, délégation de signature aux chefs desdits services pour l'exécution des missions qu'il leur confie en application de l'alinéa précédent. »

V. art. R. 5215-18 à R. 5215-20.

Art. L. 5215-31 À l'intérieur du périmètre de l'agglomération dans laquelle la communauté urbaine exerce ses compétences, il peut être procédé à une redistribution des voies entre l'État, le département et la communauté urbaine.

Les classements et déclassements correspondants interviennent après enquête publique *(L. n° 2010-788 du 12 juill. 2010, art. 242 ; Ord. n° 2015-1341 du 23 oct. 2015, art. 5)* « réalisée conformément au code des relations entre le public et l'administration » et consultation du conseil de communauté et du conseil départemental.

Ils sont prononcés soit par arrêté conjoint du ministre de l'Intérieur et du ministre chargé de l'équipement, soit par arrêté du ministre de l'Intérieur, suivant qu'il s'agit ou non de routes nationales.

SECTION 4 Dispositions financières

V. art. R. 5211-13 s.

BIBL. GÉN. ▶ LEGOET, Le budget 1977 de la Communauté urbaine de Brest, *Mon. TP 14 mars 1977, p. 45.* – UHALDEBORDE, LHERT et GHILARDI DE BENEDETTI, Les comportements financiers locaux en situation de changement institutionnel ; l'incidence économique et financière de la communauté urbaine de Bordeaux, *IERSO 1974.* – Annuaire financier des communautés d'agglomération et communautés urbaines, *Gaz. cnes, Cah. détaché n° 2, avr. 2005.*

Art. L. 5215-32 Les recettes du budget de la communauté urbaine comprennent :

1° *(L. n° 2009-1673 du 30 déc. 2009, art. 77)* « Les ressources fiscales mentionnées au II ou, le cas échéant, au I de l'article 1379-0 *bis* du code général des impôts, ainsi que celles mentionnées *(L. n° 2010-1657 du 29 déc. 2010, art. 108)* « aux V et V *bis* » du même article ; »

(L. n° 2013-1279 du 29 déc. 2013, art. 45) « La communauté urbaine peut, en outre, percevoir, au titre de la compétence d'autorité organisatrice de la distribution publique d'électricité mentionnée à l'article L. 2224-31, sous réserve que cette compétence ne soit pas déjà exercée par une autorité mentionnée à l'article L. 5212-24, la *(L. n° 2020-1721 du 29 déc. 2020, art. 54)* « part communale » dans les conditions prévues « à l'article L. 2333-2 » en lieu et place » *(L. n° 2014-891 du 8 août 2014, art. 18)*

« des communes dont la population recensée par l'Institut national de la statistique et des études économiques au 1er janvier de l'année *(L. n° 2020-1721 du 29 déc. 2020, art. 54)* « précédant celle au titre de laquelle la *(L. n° 2020-1721 du 29 déc. 2020, art. 54)* « part » est due » est inférieure ou égale à 2 000 habitants. Pour les autres communes, cette taxe peut être perçue par la communauté urbaine en lieu et place de la commune s'il en est décidé ainsi par délibérations concordantes du groupement et de la commune intéressée prises dans les conditions prévues au I de l'article 1639 A *bis* du code général des impôts. La communauté urbaine peut reverser à une commune une fraction de la *(L. n° 2020-1721 du 29 déc. 2020, art. 54)* « part perçue au titre du » territoire de celle-ci, par délibérations concordantes prises dans les conditions prévues au premier alinéa du même I » ;

2° Soit le produit de la taxe d'enlèvement des ordures ménagères, de la redevance d'enlèvement des ordures ménagères sur les terrains de camping, de la redevance spéciale, soit le produit de la redevance pour enlèvement des ordures, déchets et résidus ;

3° *Abrogé par L. n° 2006-1772 du 30 déc. 2006, art. 101.*

4° Les attributions imputées sur la dotation globale de fonctionnement ;

5° Le revenu de ses biens meubles ou immeubles ;

6° *(L. n° 99-586 du 12 juill. 1999)* « Le produit des taxes correspondant aux compétences qui lui ont été transférées ; »

7° Le produit des redevances et droits divers correspondant aux services assurés en régie, concédés ou affermés par la communauté urbaine, de sa participation dans les entreprises et des sommes qu'elle reçoit en échange de services rendus ;

8° Le produit des contributions aux dépenses d'équipements publics prévus au 2° de l'article L. 332-6-1 du code de l'urbanisme ;

9° Le produit de la *(L. n° 2010-1658 du 29 déc. 2010, art. 28)* « part intercommunale de la taxe d'aménagement » ou de toute autre taxe de remplacement pour les compétences transférées ;

10° Le produit des *(L. n° 2014-872 du 4 août 2014, art. 2)* « contributions » locales temporaires pour les compétences transférées ;

11° Les subventions de l'État, des collectivités locales, de leurs groupements et des syndicats mixtes ;

12° Le produit des dons et legs ;

13° Le produit des emprunts ;

14° Abrogé par L. n° 2010-1658 du 29 déc. 2010, art. 28.

(L. n° 99-586 du 12 juill. 1999) « 15° Le produit du versement destiné *(L. n° 2019-1428 du 24 déc. 2019, art. 13)* « au financement des services de mobilité » prévu à *(Ord. n° 2003-1212 du 18 déc. 2003, art. 6)* « l'article L. 2333-64 » ; »

(L. n° 2010-1657 du 29 déc. 2010, art. 108) « 16° La dotation de compensation de la réforme de la taxe professionnelle et le reversement du Fonds national de garantie individuelle des ressources ; »

(L. n° 2014-58 du 27 janv. 2014, art. 56) « 17° Le cas échéant, le produit des taxes prévues aux articles 1528, 1529, 1530 et 1530 *bis* du code général des impôts » ;

(L. n° 2019-1479 du 28 déc. 2019, art. 16) « 18° La fraction de taxe sur la valeur ajoutée prévue aux A à E du V de l'article 16 de la loi n° 2019-1479 du 28 décembre 2019 de finances pour 2020. »

Les dispositions issues de la L. n° 2020-1721 du 29 déc. 2020 s'appliquent aux taxes pour lesquelles le fait générateur et l'exigibilité interviennent à compter du 1er janv. 2023 (L. préc., art. 54-III).

Les modalités de compensation des pertes liées à la réforme de la taxe professionnelle obéissent, pour les communautés urb., à un régime particulier. • CE 1er mars 2013, *Min. de l'Intérieur c/ Cté urbaine de Lyon*, n° 355099 : *Lebon 16 ; AJDA 2013. 499, note de Montecler ; JCP Adm. 2013, n° 2248, note Houser.* ♦ Les redevances dues pour occupation du domaine public communal doivent en principe être reversées à la communauté urbaine par les communes, puisque les compétences communales en matière de voirie sont transférées à la communauté. Sur les difficultés du reversement des redevances dues aux communes concédantes par les concessionnaires de transport et distribution d'énergie électrique et gazière, V. * Rép. min. n° 36001 : *JOAN Q, 8 janv. 1972.*

Art. L. 5215-33 Sont applicables à la communauté urbaine les dispositions de l'article L. 5212-21. – *[C. communes, art. L. 253-3 issu de la L. n° 74-1129 du 30 déc. 1974, art. 14-II.]*

Art. L. 5215-34 *Abrogé par L. n° 2018-1317 du 28 déc. 2018, art. 191.*

Art. L. 5215-35 Les pertes de recettes que la communauté urbaine subit du fait des exemptions temporaires dont bénéficient les constructions nouvelles *(L. n° 99-1172 du 30 déc. 1999 ; L. n° 2001-1276 du 28 déc. 2001, art. 46)* « ainsi que les locaux visés aux articles 1384 C et 1384 D du code général des impôts » au titre de la taxe foncière des propriétés bâties sont compensées par une subvention de l'État, déterminée dans les mêmes conditions que l'allocation servie aux communes, conformément aux dispositions de l'article L. 2335-3.

(L. n° 2005-32 du 18 janv. 2005, art. 92) « Les pertes de recettes que la communauté urbaine subit du fait de l'allongement de quinze à vingt-cinq ans des exonérations de taxe foncière sur les propriétés bâties prévues aux articles 1384 A *(L. n° 2006-872 du 13 juill. 2006, art. 73)* « , 1384 C et 1384 D » du code général des impôts sont compensées conformément aux dispositions de l'article L. 2335-3 du présent code. »

(L. n° 2006-872 du 13 juill. 2006, art. 23) « Pour les logements locatifs sociaux bénéficiant d'une décision d'octroi de subvention ou de prêt aidé entre le 1er décembre 2005 et le 31 décembre *(L. n° 2022-1726 du 30 déc. 2022, art. 65)* « 2026 », à l'exception des *(L. n° 2009-1673 du 30 déc. 2009, art. 48)* « constructions neuves financées » au moyen de prêts visés à la sous-section 3 de la section 1 du chapitre unique du titre III du livre III du code de la construction et de l'habitation, les pertes de recettes pour les communautés urbaines résultant de l'exonération de taxe foncière sur les propriétés bâties pendant quinze ou vingt ans prévue par les articles 1384 A et 1384 C du code général des impôts sont compensées par un prélèvement sur les recettes de l'État. Dans ce cas, la compensation versée à chaque communauté urbaine est égale, chaque année, au montant de la perte de recettes » *(L. n° 2008-1425 du 27 déc. 2008, art. 48)* « multiplié à compter de 2009 par un taux de minoration. Au titre de 2009, ce taux de minoration correspond à l'écart entre le montant total versé en 2008 au titre de l'ensemble des compensations mentionnées aux I à X de l'article 48 de la loi n° 2008-1425 du 27 décembre 2008 de finances pour 2009 et le montant total de ces mêmes compensations prévu à cette fin pour 2009 par le XI de ce même article. » *(L. n° 2009-1673 du 30 déc. 2009, art. 47)* « Au titre de 2010, la compensation calculée selon les dispositions qui précèdent et à laquelle est appliqué le taux d'évolution fixé au titre de 2009 est minorée par application d'un taux correspondant à l'écart entre le montant total à verser en 2009 au titre de l'ensemble des compensations mentionnées aux I à VIII de l'article 47 de la loi n° 2009-1673 du 30 décembre 2009 de finances pour 2010 et le montant total de ces mêmes compensations prévu à cette fin pour 2010 par le IX de ce même article. »

(L. n° 2010-1657 du 29 déc. 2010, art. 51) « À compter de 2011, les compensations définies aux alinéas précédents sont calculées conformément à l'article L. 2335-3. »

Les dispositions issues de la L. n° 2001-1276 du 28 déc. 2001 s'appliquent aux logements acquis à compter du 1er janv. 2001 (L. préc., art. 46-I).

Au II de l'art. 48 de la L. n° 2009-1673 du 30 déc. 2009 de finances pour 2010, l'année : « 2010 » est remplacée par l'année : « 2009 » (L. n° 2010-237 du 9 mars 2010, art. 1er).

Art. L. 5215-36 La dotation forfaitaire des communautés urbaines est augmentée d'une part de la dotation forfaitaire versée aux communes qui les composent. Cette part est égale au prélèvement effectué sur les dotations forfaitaires des communes membres en 1981, majoré chaque année du taux de progression de la dotation forfaitaire. – *[C. communes, art. L. 253-6.]*

Art. L. 5215-37 Le conseil de communauté peut consentir une aide financière aux communes qui font partie de la communauté urbaine et dont le budget serait gravement déséquilibré à la suite de leur adhésion à ladite communauté. – *[C. communes, art. L. 253-7 issu de la L. n° 66-1069 du 31 déc. 1966, art. 39.]*

Art. L. 5215-38 Sont obligatoires pour chaque communauté urbaine les dépenses mises par une disposition de la loi à la charge des communes, quand ces dépenses concernent des services relevant de sa compétence. – *[C. communes, art. L. 253-8 issu de la L. n° 66-1069 du 31 déc. 1966, art. 40.]*

Art. L. 5215-39 À compter de la date du transfert des compétences à la communauté urbaine, celle-ci prend en charge le service de la dette des communes, syndicats de communes compris dans l'agglomération, ainsi que les obligations de ces collectivités ou établissements publics à raison des compétences transférées.

Le montant des annuités de remboursement des emprunts constitue une dépense obligatoire pour la communauté urbaine.

Les garanties accordées et les subventions en annuités attribuées par les départements en faveur des communes ou groupements pour la réalisation d'ouvrages faisant l'objet d'un transfert se trouvent reportées sur la communauté urbaine malgré toutes dispositions conventionnelles contraires.

La disposition de l'art. L. 5215-39 est d'application très générale. Elle est applicable à toute obligation de faire ou de payer non arrivée à échéance avant la date d'exercice effectif de la compétence par la communauté. L'origine de l'obligation peut être contractuelle, administrative ou juridictionnelle. Pour cette dernière hypothèse, V. • CE 4 févr. 1976, *Cté urbaine de Lille c/ Cie générale des Industries textiles : Lebon 82 ; AJDA 1976. 312 ; Dr. adm. 1976, n° 75.*

SECTION 5 Modifications

SOUS-SECTION 1 Admission de nouvelles communes

Art. L. 5215-40 Le périmètre de l'agglomération dans laquelle la communauté urbaine exerce ses compétences peut être ultérieurement étendu, par arrêté du représentant de l'État dans le département, par adjonction de communes nouvelles, soit à la demande de leurs conseils municipaux, soit sur l'initiative du conseil de communauté.

La modification est subordonnée dans le premier cas à l'accord du conseil de communauté et dans le second cas à celui du ou des conseils municipaux intéressés. – *[C. communes, art. L. 165-6.]*

Par transposition des dispositions applicables aux communes, tout projet de modification des limites territoriales d'une commune qui affecte le périmètre de la communauté urbaine dont elle est membre, exige la consultation du conseil de communauté. En l'absence d'avis préalable, l'arrêté préfectoral décidant la modification est intervenu par une procédure irrégulière et doit être annulé. • CE, sect., 24 juin 1994, *Cne de Téteghem et Top*, n° 124338 : *Lebon 330 ; AJDA 1994. 686 ; JCP 1994. IV. 1922 ; ACL 1995, n° 19.*

Art. L. 5215-40-1 *(L. n° 99-586 du 12 juill. 1999)* Dans un délai de trois ans à compter de la publication de la loi n° 99-586 du 12 juillet 1999 relative au renforcement et à la simplification de la coopération intercommunale, le périmètre des communautés urbaines peut être étendu aux communes dont l'inclusion dans le périmètre communautaire est de nature à assurer la cohérence spatiale et économique ainsi que la solidarité financière et sociale qui sont nécessaires au développement de la communauté urbaine et à son évolution en métropole régionale. Il ne peut toutefois inclure, sans leur accord, les communes membres d'une communauté de communes dont l'éligibilité à la dotation prévue au *(Ord. n° 2003-1212 du 18 déc. 2003, art. 6 ; L. n° 2014-58 du 27 janv. 2014, art. 72)* « quatrième alinéa du II de l'article L. 5211-29 » a été constatée dans les conditions fixées à l'article L. 5214-23-1.

Le projet d'extension du périmètre communautaire est arrêté par le représentant de l'État dans le département lorsque les communes font partie du même département, ou par arrêté conjoint des représentants de l'État dans les départements concernés lorsque le périmètre projeté s'étend au-delà d'un seul département, après avis de la ou des commissions départementales de la coopération intercommunale concernées. Cet avis est réputé négatif s'il n'a pas été rendu à l'issue d'un délai de deux mois. Le périmètre peut être étendu après accord du conseil de la communauté urbaine ainsi que des deux tiers au moins des conseils municipaux de toutes les communes incluses dans le futur périmètre et représentant plus de la moitié de la population totale de celles-ci ou de la moitié au moins des conseils municipaux de ces communes représentant les deux tiers de la population. Cette majorité doit nécessairement comprendre le conseil municipal de la commune dont la population est supérieure à la moitié de la population totale concernée ou, à défaut, de la commune dont la population est la plus importante. À défaut de délibération dans le délai de trois mois à compter de la notification du projet d'extension du périmètre, l'accord est réputé donné.

L'extension du périmètre communautaire est prononcée par arrêté du ou des représentants de l'État dans le ou les départements. Cet arrêté vaut retrait des communes auxquelles le périmètre est étendu des établissements publics de coopération intercommunale dont elles sont membres. Dans le cas particulier de syndicats de communes ou de syndicats mixtes, le retrait s'effectue dans les conditions fixées à l'article L. 5215-22.

L'extension du périmètre entraîne *(L. n° 2010-1563 du 16 déc. 2010, art. 9)* « l'attribution de sièges, conformément au 1° de l'article L. 5211-6-2, à chaque commune intégrant la communauté urbaine ». Elle entraîne l'application à l'ensemble des biens, équipements et services publics nécessaires à l'exercice des compétences transférées, ainsi que des droits et obligations attachés à ces biens, équipements et services à la date du transfert, des dispositions prévues au II de l'article L. 5211-18.

La procédure peut être renouvelée tous les douze ans à compter de l'expiration du délai de trois ans prévu au premier alinéa.

SOUS-SECTION 2 Compétences supplémentaires

Art. L. 5215-41 *Abrogé par L. n° 99-586 du 12 juill. 1999.*

SECTION 6 Dissolution et transformation

Art. L. 5215-42 La communauté urbaine peut être dissoute sur la demande des conseils municipaux des communes qu'elle rassemble, statuant *(L. n° 99-586 du 12 juill. 1999)* « par un vote des deux tiers au moins des conseils municipaux des communes intéressées représentant plus de la moitié de la population totale de celles-ci, ou de la moitié au moins des conseils municipaux des communes représentant les deux tiers de la population, cette majorité devant en outre nécessairement comprendre le conseil municipal dont la population est supérieure à la moitié de la population totale concernée ». *(L. n° 2010-1563 du 16 déc. 2010, art. 47)* « Elle est dissoute de plein droit lorsqu'elle ne compte plus qu'une seule commune membre. » La dissolution est prononcée par décret en conseil des ministres.

Un décret en Conseil d'État détermine, *(L. n° 99-586 du 12 juill. 1999)* « conformément aux dispositions de l'article L. 5211-25-1 et » sous réserve des droits des tiers, les conditions dans lesquelles la communauté est liquidée ; il fixe notamment les conditions dans lesquelles s'opère le transfert des biens, droits et obligations, après l'avis d'une commission composée comme il est dit à l'article L. 5215-28.

Les personnels de la communauté sont répartis entre les communes membres ou leurs éventuels organismes de coopération, par une commission présidée par le président du conseil supérieur de la fonction publique territoriale, sans qu'il puisse être procédé à un dégagement des cadres et en tenant compte de leurs droits acquis. Les communes ou leurs éventuels organismes de coopération attributaires supportent les charges financières correspondantes.

Un décret en Conseil d'État fixe les conditions et les modalités de cette répartition ainsi que la composition de cette commission.

Art. L. 5215-43 *Abrogé par L. n° 99-586 du 12 juill. 1999.*

CHAPITRE VI COMMUNAUTÉ D'AGGLOMÉRATION

(L. nº 99-586 du 12 juill. 1999)

BIBL. GÉN. ▸ BOTTOIS, Communautés d'agglomération. Les pionniers du 1er janv. 2000, *Gaz. cnes 1er nov. 1999, p. 6.* – COBLENTZ, Communautés d'agglomérations : quels choix d'organisation et de compétence ?, *LCT 1er juin 2000, nº 192.* – MARCOU, La réforme de l'intercommunalité : quelles perspectives pour les agglomérations urbaines ?, *AJDA 2002. 305* . – MULLER-QUOY, Le renouveau de la notion juridique d'agglomération, *AJDA 2000. 197* ; Les relations communes-communautés dans la gouvernance des agglomérations, *Gaz. cnes, Cahier détaché nº 2, déc. 2005.*

SECTION 1 Création

Art. L. 5216-1 **La communauté d'agglomération est un établissement public de coopération intercommunale regroupant plusieurs communes formant, à la date de sa création, un ensemble de plus de 50 000 habitants d'un seul tenant et sans enclave, autour d'une ou plusieurs communes centre de plus de 15 000 habitants. Le seuil démographique de 15 000 habitants ne s'applique pas lorsque la communauté d'agglomération comprend le chef-lieu du département** *(L. nº 2002-276 du 27 févr. 2002, art. 16)* **« ou la commune la plus importante du département »** *(L. nº 2015-991 du 7 août 2015, art. 70)* **« ou lorsque la commune la plus peuplée est la commune centre d'une unité urbaine de plus de 15 000 habitants ».** *(L. nº 2010-1563 du 16 déc. 2010, art. 19)* **« Le seuil démographique de 50 000 habitants est réduit à 30 000 habitants lorsque la communauté d'agglomération comprend le chef-lieu du département. Le seuil démographique de 50 000 habitants peut également être apprécié en prenant en compte la population telle que définie à l'article L. 2334-2, à la double condition que cette dernière excède ce seuil d'au moins 20 % et qu'elle excède la population totale de plus de 50 %. » Le périmètre d'une communauté d'agglomération ne peut comprendre une commune qui est déjà membre d'un autre établissement public de coopération intercommunale** *(L. nº 2010-1657 du 29 déc. 2010, art. 108)* **« soumis au régime prévu par » les dispositions de l'article 1609 *nonies* C du code général des impôts au 1er janvier 1999, si le conseil municipal de la commune intéressée a émis une délibération défavorable à l'arrêté dressant la liste des communes ou si plus du quart des conseils municipaux des communes membres de l'établissement existant s'opposent au retrait de ladite commune. Ces communes s'associent au sein d'un espace de solidarité, en vue d'élaborer et conduire ensemble un projet commun de développement urbain et d'aménagement de leur territoire.** *(L. nº 2014-173 du 21 févr. 2014, art. 11)* **« Lorsque la communauté d'agglomération comprend un ou plusieurs quartiers prioritaires de la politique de la ville, ce projet commun intègre un volet relatif à la cohésion sociale et urbaine permettant de définir les orientations de la communauté d'agglomération en matière de politique de la ville et de renforcement des solidarités entre ses communes membres. Il détermine les modalités selon lesquelles les compétences de la communauté d'agglomération concourent aux objectifs de cohésion sociale et territoriale. »**

(L. nº 2013-403 du 17 mai 2013, art. 40) **« À titre expérimental et pendant une durée maximale de trois ans à compter de la promulgation de la loi nº 2013-403 du 17 mai 2013 relative à l'élection des conseillers départementaux, des conseillers municipaux et des conseillers communautaires, et modifiant le calendrier électoral, l'État peut autoriser la constitution d'une communauté d'agglomération, au sens du premier alinéa, lorsque celle-ci forme un ensemble d'au moins 30 000 habitants et comprend la commune la plus peuplée du département. »**

(L. nº 2014-58 du 27 janv. 2014, art. 71) **« À titre expérimental et pendant une durée maximale de dix-huit mois à compter de la promulgation de la loi nº 2014-58 du 27 janvier 2014 de modernisation de l'action publique territoriale et d'affirmation des métropoles, l'État peut autoriser la constitution d'une communauté d'agglomération, au sens du premier alinéa, lorsque celle-ci forme un ensemble d'au moins 25 000 habitants autour d'une commune centre de plus de 15 000 habitants et que la majorité des communes membres, dont la commune centre, sont des communes littorales au sens de l'article L. 321-2 du code de l'environnement. »**

Sur l'évolution des syndicats d'agglomération nouvelle, soit par création d'une commune nouvelle ou par transformation en communauté d'agglomération, V. L. n° 2015-292 du 16 mars 2015, art. 12, ss. art. L. 5332-1.

BIBL. ▶ Behar, Après l'intercommunalité : l'intercommunautaire ?, *Pouvoirs locaux 2007, n° 73, p. 15.* – Degoffe, La rationalisation des périmètres des établissements publics de coopération intercommunale, *AJDA 2007. 1860*. – Jebeili, L'intercommunalité à la recherche du territoire pertinent, *JCP Adm. 2008, n° 2244.*

1. Continuité territoriale. Le principe posé par le premier al. du présent article doit être regardé comme ayant une portée générale. Il doit être respecté non seulement lors de la création d'un EPCI mais aussi, le cas échéant, lors d'évolutions ultérieures du territoire de cet établissement. Ainsi, lors de la mise en œuvre de la procédure dérogatoire de retrait prévue à l'art. L. 5214-26. • CE 28 déc. 2005, *Cne de Poigny*, n° 281849 : *Lebon* ; *AJDA 2006. 60, note Montecler* ; *JCP Adm. 2006, n° 3, p. 55, note Rouault ; ibid. n° 4, p. 124, concl. Glaser ; Coll. terr. 2006, n° 45, note Erstein ; RLCT, févr. 2006, p. 35, note Pintat ; ibid. p. 37, note Glaser ; ACL 2006, n° 12.* ♦ V. déjà à propos de l'extension du périmètre d'une communauté de communes discontinue avant l'entrée en vigueur de la loi du 12 juill. 1999. • CE 11 déc. 2000, *Cté de Cnes du Pays d'Issoudun : Lebon 605* ; *ACL 2001, n° 20.*

2. Une commune a intérêt et qualité à agir contre l'arrêté qui a pour effet de l'enclaver au sein du territoire d'une communauté. • Même arrêt.

3. Toutefois, le fait qu'une commune limitrophe d'une frontière internationale soit encerclée par les communes membres d'une communauté d'agglomération dont elle ne fait pas partie, n'est pas de nature à créer un doute sérieux sur la légalité de l'arrêté créant communauté d'agglomération. • CE 22 nov. 2002, *Cne de Castellar et Cne de Sospel*, n°s 241848 et 241926 : *BJCL 2003. 61, concl. Austry ; Coll. terr. 2003. 25.*

4. Projet commun de développement. La circonstance qu'une commune présente certains caractères ruraux ne fait pas obstacle à ce qu'elle puisse s'associer à un projet de développement urbain. Compte tenu des nombreux liens qui unissent les habitants de cette commune à la ville centre, l'arrêté portant création de la communauté d'agglomération n'est pas entaché d'erreur manifeste d'appréciation. • CE 27 oct. 2008, *Cne de Sainte-Croix-en-Plaine*, n° 296734.

5. La décision institutive d'une communauté peut attribuer à cet établissement d'autres compétences que celles qui sont obligatoires dès lors qu'elles concourent à un projet commun de développement et d'aménagement de l'espace. • CE 9 mai 2005, *Min. de l'Intérieur, de la sécurité intérieure et des libertés locales c/ Cne de Saint-Cyr-en-Val*, n° 258441 : *AJDA 2005. 1394, concl. Séners* ; *RFDA 2005. 887* ; *RLCT 2005, p. 39, note Glaser ; ACL 2006, n° 16.*

Art. L. 5216-2 La communauté d'agglomération est créée sans limitation de durée.

SECTION 2 Le conseil de la communauté d'agglomération

Art. L. 5216-3 *Abrogé par L. n° 2010-1563 du 16 déc. 2010, art. 9.*

SECTION 3 Conditions d'exercice des mandats des membres du conseil de la communauté d'agglomération

Art. L. 5216-4 *(L. n° 2002-276 du 27 févr. 2002, art. 97)* Les dispositions du chapitre III du titre II du livre I de la deuxième partie relatives aux conditions d'exercice des mandats municipaux, à l'exclusion des articles L. 2123-18-1, L. 2123-18-3 et L. 2123-22, sont applicables aux membres du conseil de la communauté sous réserve des dispositions qui leur sont propres.

Pour l'application de l'article L. 2123-11-2, le montant mensuel de l'allocation est au plus égal à 80 % *(L. n° 2015-366 du 31 mars 2015, art. 12)* « ou, à compter du septième mois suivant le début du versement de l'allocation, à 40 % » de la différence entre le montant de l'indemnité brute mensuelle que l'intéressé percevait pour l'exercice de ses fonctions, dans la limite des taux maximaux prévus par l'article L. 5211-12, et l'ensemble des ressources qu'il perçoit à l'issue du mandat.

Cette allocation n'est pas cumulable avec celle versée aux élus municipaux en application de l'article L. 2123-11-2 ni avec celles versées en application des articles L. 3123-9-2 et L. 4135-9-2.

(L. n° 2012-1561 du 31 déc. 2012, art. 3) « Les indemnités de fonction prévues pour les *(L. n° 2013-403 du 17 mai 2013, art. 37)* « conseillers communautaires » dans les communautés d'agglomération, en application des II et III de l'article L. 2123-24-1,

sont comprises dans l'enveloppe indemnitaire globale définie au deuxième alinéa de l'article L. 5211-12. »

Les indemnités écrêtées ne peuvent être reportées au profit d'un délégué suppléant à l'organe délibérant car si des indemnités devaient lui être attribuées, elles auraient nécessairement le caractère d'indemnités de présence. Or, aucune disposition ne prévoit le versement de telles indemnités dans les EPCI. * Rép. min. n° 08879 : *JO Sénat Q, 20 août 2009.*

Art. L. 5216-4-1 **Dans les communautés d'agglomération de 400 000 habitants au moins, les indemnités votées par le conseil de la communauté pour l'exercice** *(L. n° 2013-403 du 17 mai 2013, art. 37)* **« du mandat de conseiller communautaire » sont au maximum égales à 28 % du terme de référence mentionné au I de l'article L. 2123-20.**

(L. n° 2012-1561 du 31 déc. 2012, art. 3) **« Dans les communautés d'agglomération dont la population est comprise entre 100 000 et 399 999 habitants, ces indemnités sont au maximum égales à 6 % du terme de référence mentionné au même I.**

« Lorsque l'effectif de l'organe délibérant a été déterminé par application du *(L. n° 2015-264 du 9 mars 2015, art. 3)* **« 2° » du I de l'article L. 5211-6-1, le montant total des indemnités versées en application des deux premiers alinéas du présent article ne peut être supérieur au montant total des indemnités qui auraient pu être attribuées si cet effectif avait été déterminé en application du** *(L. n° 2015-264 du 9 mars 2015, art. 3)* **« 1° » du I de l'article L. 5211-6-1. »**

Art. L. 5216-4-2 **Dans les conseils de communautés d'agglomération de plus de 100 000 habitants, le fonctionnement des groupes de** *(L. n° 2013-403 du 17 mai 2013, art. 37)* **« conseillers communautaires » peut faire l'objet de délibérations sans que puissent être modifiées, à cette occasion, les décisions relatives au régime indemnitaire des** *(L. n° 2013-403 du 17 mai 2013, art. 37)* **« conseillers communautaires ».**

(L. n° 2004-809 du 13 août 2004, art. 170) **« Dans ces mêmes conseils, les groupes de** *(L. n° 2013-403 du 17 mai 2013, art. 37)* **« conseillers communautaires » se constituent par la remise au président d'une déclaration, signée de leurs membres, accompagnée de la liste de ceux-ci et de leur représentant.**

« Dans les conditions qu'il définit, le conseil de communauté peut affecter aux groupes de *(L. n° 2013-403 du 17 mai 2013, art. 37)* **« conseillers communautaires », pour leur usage propre ou pour un usage commun, un local administratif, du matériel de bureau et prendre en charge leurs frais de documentation, de courrier et de télécommunications.**

« Le président peut, dans les conditions fixées par le conseil de communauté et sur proposition des représentants de chaque groupe, affecter aux groupes de *(L. n° 2013-403 du 17 mai 2013, art. 37)* **« conseillers communautaires » une ou plusieurs personnes. Le conseil de communauté ouvre au budget de la communauté d'agglomération, sur un chapitre spécialement créé à cet effet, les crédits nécessaires à ces dépenses, sans qu'ils puissent excéder 30 % du montant total des indemnités versées chaque année aux membres du conseil de la communauté** *(L. n° 2022-217 du 21 févr. 2022, art. 171)* **« , charges sociales incluses ».**

« Le président du conseil de communauté est l'ordonnateur des dépenses susmentionnées. »

L'élu responsable de chaque groupe d'élus décide des conditions et des modalités d'exécution du service confié que ces collaborateurs accomplissent auprès de ces groupes au sein de l'organe délibérant.

Tout conseiller communautaire doit être regardé comme n'appartenant pas à la majorité communautaire dès lors qu'il exprime publiquement sa volonté, par-delà des désaccords purement conjoncturels ou limités à un sujet particulier, de se situer de façon pérenne dans l'opposition. • CAA Versailles, 13 déc. 2007, n° 06VE00383 : *JCP Adm. 2008. 2124, chron. Frydman et Saulnier-Cassia.* ♦ En subordonnant le droit d'expression des conseillers communautaires n'appartenant pas à la majorité dans le bulletin d'information diffusé par la communauté de communes à la double condition qu'ils représentent un nombre minimum d'élus dans un minimum de communes membres, les dispositions du règlement intérieur du conseil communautaire méconnaissent l'art. L. 2121-27-1 (applicable sur renvoi de l'art. L. 5211-1). • TA Pau, 3 déc. 2024, n° 2101792 : *JCP Adm. 2025. 2098, chron. Daucé et Mauroux.*

SECTION 4 **Compétences**

Art. L. 5216-5 I. – La communauté d'agglomération exerce de plein droit au lieu et place des communes membres les compétences suivantes :

(L. n° 2015-991 du 7 août 2015, art. 66) « 1° En matière de développement économique : actions de développement économique dans les conditions prévues à l'article L. 4251-17 ; création, aménagement, entretien et gestion de zones d'activité industrielle, commerciale, tertiaire, artisanale, touristique, portuaire ou aéroportuaire ; politique locale du commerce et soutien aux activités commerciales d'intérêt communautaire ; promotion du tourisme, dont la création d'offices de tourisme » *(L. n° 2019-1461 du 27 déc. 2019, art. 16)* « , sans préjudice de l'animation touristique qui est une compétence partagée, au sens de l'article L. 1111-4, avec les communes membres de l'établissement public de coopération intercommunale à fiscalité propre » ;

2° En matière d'aménagement de l'espace communautaire : *(Ord. n° 2003-1212 du 18 déc. 2003, art. 6)* « schéma de cohérence territoriale » et schéma de secteur ; *(L. n° 2014-366 du 24 mars 2014, art. 136)* « plan local d'urbanisme, document d'urbanisme en tenant lieu et carte communale ; » *(L. n° 2018-1021 du 23 nov. 2018, art. 21)* « définition, création et réalisation d'opérations d'aménagement d'intérêt communautaire au sens de l'article L. 300-1 du code de l'urbanisme » ; organisation *(L. n° 2014-58 du 27 janv. 2014, art. 51)* « de la mobilité au sens du titre III du livre II de la première partie du code des transports, sous réserve de l'article L. 3421-2 du même code » ;

3° *(L. n° 2000-1208 du 13 déc. 2000, art. 64)* « En matière d'équilibre social de l'habitat : programme local de l'habitat ; politique du logement d'intérêt communautaire ; actions et aides financières en faveur du logement social d'intérêt communautaire ; réserves foncières pour la mise en œuvre de la politique communautaire d'équilibre social de l'habitat ; action, par des opérations d'intérêt communautaire, en faveur du logement des personnes défavorisées ; amélioration du parc immobilier bâti d'intérêt communautaire ; »

(L. n° 2014-173 du 21 févr. 2014, art. 11) « 4° En matière de politique de la ville : élaboration du diagnostic du territoire et définition des orientations du contrat de ville ; animation et coordination des dispositifs contractuels de développement urbain, de développement local et d'insertion économique et sociale ainsi que des dispositifs locaux de prévention de la délinquance ; programmes d'actions définis dans le contrat de ville.

« Dans les départements et collectivités d'outre-mer : dispositifs contractuels de développement urbain, de développement local et d'insertion économique et sociale d'intérêt communautaire ; dispositifs locaux, d'intérêt communautaire, de prévention de la délinquance ; »

(L. n° 2014-58 du 27 janv. 2014, art. 56) « 5° Gestion des milieux aquatiques et prévention des inondations, dans les conditions prévues à l'article L. 211-7 du code de l'environnement ; »

(L. n° 2015-991 du 7 août 2015, art. 66) « 6° En matière d'accueil des gens du voyage : *(L. n° 2018-957 du 7 nov. 2018, art. 1er)* « création, » aménagement, entretien et gestion des aires d'accueil *(L. n° 2017-86 du 27 janv. 2017, art. 148)* « et des terrains familiaux locatifs définis aux 1° à 3° du II de l'article 1er de la loi n° 2000-614 du 5 juillet 2000 relative à l'accueil et à l'habitat des gens du voyage » ;

« 7° Collecte et traitement des déchets des ménages et déchets assimilés » ;

(L. n° 2015-991 du 7 août 2015, art. 66, mod. par L. n° 2018-702 du 3 août 2018, art. 3) « 8° Eau ;

« 9° Assainissement des eaux usées, dans les conditions prévues à l'article L. 2224-8 ;

« 10° Gestion des eaux pluviales urbaines, au sens de l'article L. 2226-1. »

(L. n° 2019-1461 du 27 déc. 2019, art. 14) « La communauté d'agglomération peut déléguer, par convention, tout ou partie des compétences mentionnées aux 8° à 10° du présent I à l'une de ses communes membres.

« La délégation prévue au treizième alinéa du présent I peut également être faite au profit d'un syndicat mentionné à l'article L. 5212-1, existant au 1er janvier 2019 et inclus en totalité dans le périmètre de la communauté d'agglomération.

« Les compétences déléguées en application des treizième et quatorzième alinéas du présent I sont exercées au nom et pour le compte de la communauté d'agglomération délégante.

« La convention, conclue entre les parties et approuvée par leurs assemblées délibérantes, précise la durée de la délégation et ses modalités d'exécution. Elle définit les objectifs à atteindre en matière de qualité du service rendu et de pérennité des infrastructures ainsi que les modalités de contrôle de la communauté d'agglomération délégante sur la commune délégataire. Elle précise les moyens humains et financiers consacrés à l'exercice de la compétence déléguée.

« Lorsqu'une commune demande à bénéficier d'une délégation en application du treizième alinéa du présent I, le conseil de la communauté d'agglomération statue sur cette demande dans un délai de trois mois et motive tout refus éventuel. »

(L. n° 2019-1461 du 27 déc. 2019, art. 16) « Par dérogation au 1° du présent I, les communes touristiques érigées en stations classées de tourisme en application des articles L. 133-13 et L. 151-3 du code du tourisme peuvent décider, par délibération et après avis de l'organe délibérant de la communauté d'agglomération, de conserver ou de retrouver l'exercice de la compétence "promotion du tourisme, dont la création d'offices de tourisme". L'organe délibérant de l'établissement public de coopération intercommunale rend son avis dans un délai de trois mois à compter de sa saisine par la commune concernée. À défaut, l'avis est réputé rendu. La communauté d'agglomération conserve, concurremment avec ladite commune et sur le territoire de cette dernière, l'exercice de cette même compétence, à l'exclusion de la création d'offices de tourisme.

« En cas de perte du classement en station de tourisme, la délibération du conseil municipal par laquelle la commune a décidé de conserver ou de retrouver la compétence "promotion du tourisme, dont la création d'offices de tourisme" cesse de produire ses effets et la compétence est intégralement exercée par la communauté d'agglomération en lieu et place de la commune. »

(L. n° 2022-217 du 21 févr. 2022, art. 10) « Par dérogation au 1° du présent I, une ou plusieurs communes touristiques au sens de l'article L. 133-11 du code du tourisme peuvent demander à retrouver l'exercice de la compétence "promotion du tourisme, dont la création d'offices de tourisme". La restitution de cette compétence est décidée par délibérations concordantes de l'organe délibérant de la communauté d'agglomération et des conseils municipaux de l'ensemble de ses communes membres, dans les conditions de majorité requises pour la création de l'établissement. La communauté d'agglomération conserve, concurremment auxdites communes et sur leur territoire, l'exercice de cette même compétence, à l'exclusion de la création d'offices de tourisme.

« En cas de perte de la dénomination "commune touristique", la compétence est intégralement exercée par la communauté d'agglomération en lieu et place de la commune. »

(L. n° 2019-1461 du 27 déc. 2019, art. 13) « II. — La communauté d'agglomération peut par ailleurs exercer en lieu et place des communes les compétences relevant des groupes suivants : »

1° Création ou aménagement et entretien de voirie d'intérêt communautaire ; création ou aménagement et gestion de parcs de stationnement d'intérêt communautaire ;

(L. n° 2010-788 du 12 juill. 2010, art. 51) « Lorsque la communauté d'agglomération exerce la compétence "création ou aménagement et entretien de voirie communautaire" et que son territoire est couvert par un *(L. n° 2019-1428 du 24 déc. 2019, art. 16)* « plan de mobilité », la circulation d'un service de transport collectif en site propre entraîne l'intérêt communautaire des voies publiques supportant cette circulation et des trottoirs adjacents à ces voies. Toutefois, l'organe délibérant de l'établissement public de coopération intercommunale peut, sur certaines portions de trottoirs adjacents, limiter l'intérêt communautaire aux seuls équipements affectés au service de transport collectif ; »

2° et 3° Abrogés par L. n° 2015-991 du 7 août 2015, art. 66.

4° En matière de protection et de mise en valeur de l'environnement et du cadre de vie : lutte contre la pollution de l'air, lutte contre les nuisances sonores, *(L. n° 2005-781 du 13 juill. 2005, art. 23)* « soutien aux actions de maîtrise de la demande d'énergie » ;

5° Construction, aménagement, entretien et gestion d'équipements culturels et sportifs d'intérêt communautaire ;

(L. n° 2005-32 du 18 janv. 2005, art. 60) « 6° Action sociale d'intérêt communautaire.

« Lorsque la communauté d'agglomération exerce la compétence action sociale d'intérêt communautaire, elle peut en confier la responsabilité pour tout ou partie à un centre intercommunal d'action sociale constitué dans les conditions fixées à l'article *(L. n° 2015-991 du 7 août 2015, art. 79)* « L. 123-4-1 » du code de l'action sociale et des familles ; »

(L. n° 2015-991 du 7 août 2015, art. 66) « 7° *(L. n° 2022-217 du 21 févr. 2022, art. 160)* « Participation à une convention France Services » et définition des obligations de service au public y afférentes en application de l'article 27-2 de la loi n° 2000-321 du 12 avril 2000 relative aux droits des citoyens dans leurs relations avec les administrations. »

Le choix de ces compétences est arrêté par décision des conseils municipaux des communes intéressées dans les conditions de majorité qualifiée requise pour la création.

(L. n° 2000-1208 du 13 déc. 2000, art. 64) « II *bis*. — La communauté d'agglomération est titulaire du droit de préemption urbain dans les périmètres fixés, après délibération concordante de la ou des communes concernées, par le conseil de communauté pour la mise en œuvre de la politique communautaire d'équilibre social de l'habitat. »

III. — Lorsque l'exercice des compétences mentionnées aux I et II du présent article est subordonné à la reconnaissance de leur intérêt communautaire, cet intérêt est déterminé *(L. n° 2015-991 du 7 août 2015, art. 81)* « par le conseil de la communauté d'agglomération à la majorité des deux tiers » *(L. n° 2019-1461 du 27 déc. 2019, art. 21)* « des suffrages exprimés ». *(L. n° 2004-809 du 13 août 2004, art. 164)* « Il est défini au plus tard deux ans après l'entrée en vigueur de l'arrêté prononçant le transfert de compétence. À défaut, la communauté d'agglomération exerce l'intégralité de la compétence transférée. »

IV. — Abrogé par L. n° 2009-967 du 3 août 2009, art. 51.

V. — Par convention passée avec le département, une communauté d'agglomération peut exercer pour le département tout ou partie des compétences *(L. n° 2007-297 du 5 mars 2007, art. 3)* « qui, dans le domaine de l'action sociale, sont attribuées au département en vertu des articles L. 121-1 et L. 121-2 du code de l'action sociale et des familles.

« La convention précise l'étendue et les conditions financières de la délégation ainsi que les conditions dans lesquelles les services départementaux correspondants sont mis à la disposition de la communauté d'agglomération. »

VI. — *(L. n° 2004-809 du 13 août 2004, art. 186)* « Afin de financer la réalisation ou le fonctionnement d'un équipement, des fonds de concours peuvent être versés entre la communauté d'agglomération et les communes membres après accords concordants exprimés à la majorité simple du conseil communautaire et des conseils municipaux concernés.

« Le montant total des fonds de concours ne peut excéder la part du financement assurée, hors subventions, par le bénéficiaire du fonds de concours. »

(L. n° 2010-788 du 12 juill. 2010, art. 51) « VII. — Par convention passée avec le département, une communauté d'agglomération dont le *(L. n° 2019-1428 du 24 déc. 2019, art. 16)* « plan de mobilité » comprend un service de transport collectif en site propre empruntant des voiries départementales ou prévoit sa réalisation peut, dans le *(L. n° 2015-991 du 7 août 2015, art. 18)* « ressort territorial de l'autorité organisatrice de la mobilité », exercer en lieu et place du département tout ou partie des compétences qui, dans le domaine de la voirie, sont attribuées au département en vertu des articles L. 131-1 à L. 131-8 du code de la voirie routière. Le refus du conseil départemental de déléguer tout ou partie de ces compétences doit être motivé par délibération. La convention précise l'étendue et les conditions financières de la délégation de

compétence ainsi que les conditions dans lesquelles les services départementaux correspondants sont mis à la disposition de la communauté d'agglomération. »

V. note ss. art. L. 5214-16.

Sur les conditions du transfert de compétences en matière de plan local d'urbanisme, document d'urbanisme en tenant lieu et carte communale prévu au 2° du I du présent art., V. L. n° 2014-366 du 24 mars 2014, art. 136, ss. art. L. 5214-16.

Sur les communes touristiques érigées en stations classées de tourisme, V. L. n° 2019-1461 du 27 déc. 2019, art. 16-III, ss. art. L. 5214-16.

Pour réparer les dommages directement causés par les actes de dégradation et de destruction liés aux troubles à l'ordre et à la sécurité publics survenus du 27 juin 2023 au 5 juill. 2023, le montant total des fonds de concours définis au VI du présent art. peut excéder la part du financement assurée, hors subventions, par le bénéficiaire du fonds de concours. Cette part peut être nulle (Ord. n° 2023-871 du 13 sept. 2023, art. 3).

BIBL. ▶ Larralde, La loi Grenelle 2 et le renforcement de l'échelon intercommunal, *JCP Adm. 2011, n° 2324*. – Brouant, Les contrats d'agglomération : l'intercommunalité de projet à l'épreuve du principe de spécialité, *AJDA 2004. 905*. – Chavrier, Intercommunalité et politique de la ville : un cadre juridique à parfaire, *AJDA 2007. 834*. – Le Verre, Intercommunalité : le transfert des compétences voirie, *Journ. maires, juin 2002, p. 2*. – Pissaloux, Intercommunalité et politique des sols, *JCP Adm. 2010, n° 2245*. – Ribot, Intercommunalité et voiries : globalisation bienvenue et sectorisations compliquées, *RLCT 2006. 39* ; Protection de l'environnement et dynamique intercommunale : activisme visionnaire ou optimisme résigné ?, *ibid. 70*. – Terrien, Fonds de concours et intercommunalité, *JCP Adm. 2008, n° 2013*.

COMMENTAIRE

V. dans le supplément en ligne.

1. Compétences. Le présent article ne fait pas obstacle à ce que le champ des compétences dont le représentant de l'État opère le transfert lors de la création d'une communauté d'agglomération, dans les conditions de majorité requises pour cette création, excède celui prévu par ses dispositions. • CE 22 nov. 2002, *Cne de Beaulieu-sur-Mer, Cne de Saint-Jean-Cap-Ferrat,* n° 244138, 244140 : *AJDA 2003. 734, notes Sempé et Markus ; BJCL 2003. 55, concl. Austry ; ibid. 60, obs. B.P.* ♦ V. aussi, • CE 9 mai 2005, *Min. de l'Intérieur, de la Sécurité intérieure et des Libertés locales c/ Cne de Saint-Cyr-en-Val,* n° 258441 : *préc. note 1 ss. art. L. 5214-16.*

2. La « majorité des deux tiers du conseil » dans le cadre de la définition de l'intérêt communautaire s'entend par rapport à l'effectif total du conseil communautaire et non par rapport aux suffrages exprimés. * Rép. min. n° 68314 : *JOAN Q 31 janv. 2006, p. 1025.*

3. Les aides aux entreprises que peut accorder la communauté d'agglomération sont encadrées par l'art. L. 1511-3 CGCT. Une communauté ne saurait se porter acquéreur d'un bâtiment, situé hors de son territoire et cédé par une entreprise, en vue d'aider celle-ci à s'implanter sur son territoire. V. * Rép. min. n° 77177 : *JOAN Q, 31 janv. 2006, p. 1041.*

4. Un EPCI à fiscalité propre compétent en matière de SCOT a le caractère de personne publique associée à l'élaboration du PLU aux termes de l'Ord. du 6 janv. 2012. * Rép. min. n° 98188 : *JOAN Q, 27 déc. 2011, p. 13573.* ♦ Le groupe de travail chargé de préparer le projet de réglementation de publicité (**C. envir.**, art. L. 581-10 s.) doit comporter un représentant de l'assemblée délibérante de l'organisme intercommunal lorsque celui-ci détient la compétence d'élaboration des documents d'urbanisme de la commune. S'il exerce d'autres compétences en matière d'urbanisme, sa représentation n'est pas exigée par les textes. • CE 13 févr. 2013, *Union pour la publicité extérieure (UPE),* n° 353131 B : *AJDA 2013. 1349, note Zavoli ; BJCL 2013. 174, concl. Bourgeois-Machureau, obs. Poujade.*

5. La compétence d'organisation des transports urbains comprend la localisation des points d'arrêt des véhicules de transport public de personnes mais non la réalisation et l'entretien des abribus, lesquels ne sont pas indispensables à l'exécution de ce service public. • CE 8 oct. 2012, *Cté d'agglomération d'Annecy,* n° 344742 B : *AJCT 2013. 148, obs. Houser.* ♦ Lorsqu'un département transfère à un EPCI la compétence pour l'organisation des transports scolaires dans son périmètre de transports urbains, et à défaut d'accord entre eux sur les conditions de financement du service à l'intérieur de ce périmètre, le préfet règle le différend. Il lui appartient de prévoir la compensation des charges transférées selon des principes propres aux transferts en provenance d'une collectivité territoriale et d'arrêter, dès qu'il dispose de tous les éléments d'évaluation, les conditions définitives de financement. • CE 12 oct. 2011, *Cté d'agglomération du pays de Saint-Malo,* n° 347782 : *Lebon 468 ; AJCT 2012. 99, obs. Houser ; Dr. adm. 2012, n° 2, note Vaiter-Romain.*

6. Suite à l'adoption de la loi n° 2004-809 du 13 août 2004 et dans un souci de cohérence, il paraît préférable d'éviter les transferts partiels de compétences scolaires à un EPCI. Cependant, il est possible de distinguer la compétence relative aux bâtiments scolaires (construction, réparations, entretien, chauffage, éclairage), ces biens étant mis de plein droit à la disposition de l'EPCI qui assume les obligations du propriétaire, de la compétence relative au service des écoles (acquisition du mobilier et des fournitures, recrutement et gestion des personnels de service et des agents territoriaux spécialisés des écoles maternelles). V. * Rép. min. n° 88134 : *JOAN Q, 2 mai 2006, p. 4740.*

7. La compétence d'aménagement, entretien et gestion des aires d'accueil des gens du voyage ne peut être regardée comme relevant, par nature, d'une action mise en œuvre au titre de la compétence obligatoire « en matière d'équilibre social de l'habitat », en particulier d'une action en faveur du logement des personnes défavorisées. • CE 30 déc. 2009, *Brest métropole océane-BMO, anciennement Cté urbaine de Brest,* n° 308366 B : *AJDA 2010. 12 ; BJCL 2010. 183, concl. Glaser, obs. Geffray ; JCP Adm. 2010, n° 2212, note Dieu.* V. déjà • CAA Douai, 28 déc. 2007, *Cne de Pont-de-Metz,* n° 06DA01758 : *AJDA 2008. 410, concl. Lepers .* ♦ Cette compétence ne peut être exercée qu'après son transfert à l'EPCI conformément aux dispositions de l'art. L. 5211-17. • Même arrêt. ♦ *Contra* : • TA Amiens, 2 oct. 2003, *Cne de Boves c/ Cté d'agglomération d'Amiens Métropole,* n° 031931 : *AJDA 2004. 996 .* ♦ Lorsque cette compétence est expressément transférée à l'EPCI, il appartient à ce dernier de choisir le terrain d'implantation de l'aire sur le territoire de la commune prévue au schéma départemental. * Rép. min. n° 15449 : *JOAN Q, 15 juill. 2008, p. 6173.* ♦ L'EPCI peut retenir un terrain situé sur le territoire d'une autre commune membre que celle figurant au schéma départemental dès lors que cette commune est incluse dans le secteur géographique d'implantation prévu par le schéma. • CE 5 juill. 2013, *Cté de cnes de Dinan,* n° 346695 B : *AJDA 2013. 2263, note Aubin ; AJCT 2014. 61, obs. Péchillon .*

8. Sur la commission pour l'accessibilité aux personnes handicapées obligatoirement créée auprès de l'EPCI de 5 000 habitants ou plus dès lors qu'il exerce les compétences transports ou aménagement du territoire, V. note 19 ss. art. L. 5214-16.

9. Lorsque la création ou l'aménagement de la voirie sont transférés à une communauté, leur entretien ne peut plus être assuré par les communes membres. Toutefois, lorsqu'il est titulaire de l'intégralité d'une compétence, un EPCI n'est pas tenu de l'exercer lui-même en totalité et peut confier par convention l'entretien de ces voies aux communes membres. S'agissant des ouvrages constitutifs des voies d'intérêt communautaire, il y a lieu de considérer qu'ils comprennent non seulement la chaussée mais aussi les éléments accessoires nécessaires ou indispensables au soutien ou à la protection desdites voies publiques : accotements et fossés, terre-pleins, talus, ouvrages d'écoulement des eaux pluviales, signalisation, équipements de sécurité... * Rép. min. n° 52821 : *JOAN Q, 5 avr. 2005, p. 3529 ; JCP Adm. 2005, n° 16, p. 684.* ♦ L'exercice de la compétence de voirie a été défini par la jurisprudence comme un bloc insécable d'attribution. La remise en état ou le déneigement sont dès lors considérés comme des opérations d'entretien, exercées, le cas échéant, par l'EPCI. Toutefois, le maire intervient sur le fondement de ses pouvoirs de police générale * Rép. min. n° 26212 : *JOAN Q, 21 avr. 2009, p. 3858 ; JCP Adm. 2009, n° 583.* ♦ S'agissant de l'éclairage public, la communauté doit en assurer la pose et l'entretien sur les voies d'intérêt communautaire dès lors qu'il est nécessaire et indispensable à leur exploitation. En revanche, l'éclairage public d'ornement qui n'a qu'un but esthétique reste de la compétence communale. * Rép. min. n° 93572 : *JOAN Q, 14 nov. 2006, p. 11927.* ♦ Lorsque l'état du dossier ne permet pas de déterminer si des travaux délégués par la communauté d'agglomération entrent dans ses compétences au titre des transports et de la voirie, le tribunal peut ordonner une expertise. • TA Châlons-en-Champagne, 30 nov. 2006, *Sté Keolis,* n° 0601311 : *AJDA 2007. 1079, concl. Monbrun ; BJCL 2007. 253, concl. Monbrun, obs. M.D.* ♦ Les présentes dispositions n'ont ni pour objet ni pour effet de retirer son pouvoir de police du stationnement au maire de la commune dont tout ou partie de la voirie a été déclarée d'intérêt communautaire. Le maire d'une commune membre est donc compétent pour adopter un arrêté en ce domaine malgré la délibération du conseil communautaire qui prévoit le transfert des pouvoirs de police spéciale à l'EPCI. • CAA Versailles, 15 oct. 2009, *Cne de Saint-Denis,* n° 08VE01365 : *AJDA 2010. 908, note Verpeaux .*

10. Lorsqu'un même édifice comporte une partie affectée à des activités culturelles et une autre à l'exercice du culte, une communauté d'agglomération peut financer les travaux afférents à la partie à vocation culturelle de l'édifice. • CE 3 oct. 2011, *Cté d'agglomération Saint-Étienne Métropole,* n° 326460 B : *BJCL 2011. 744, concl. Geffray ; AJCT 2012. 264, note Péchillon .*

11. Une commune peut, sur le fondement de l'art. L. 1424-18 CGCT, transférer à l'EPCI la compétence relative à la responsabilité des opérations de grosses réparations, d'extension ou de reconstruction de biens mis à disposition du service départemental d'incendie et de secours. En revanche, elle ne peut lui transférer sa contribution au budget de ce service qui constitue une dépense obligatoire pour la commune. • CE 22 mai 2013, *Cté de cnes Val de Garonne*, n° 354992 B : *AJCT 2013. 525, obs. Péchillon ; BJCL 2013. 617, concl. Daumas et obs. Poujade ; JCP Adm. 2014, n° 2040, note Du Rostu.*

12. En application des dispositions issues de la loi du 13 août 2004, une communauté peut être autorisée à réaliser un équipement pour le compte d'une commune membre. Les modalités d'exécution du projet et notamment ses conditions financières doivent être arrêtées par convention entre les parties sous réserve du respect du CMP. * Rép. min. : *JO Sénat Q, 16 déc. 2004, p. 2914*).

13. Le refus de la communauté d'agglomération compétente pour proposer l'inscription sur le Décr. qui s'y rapporte de l'une de ses communes membres, afin de la faire bénéficier d'une exemption de l'obligation d'atteindre un certain pourcentage de logements locatifs sociaux parmi les résidences principales sur son territoire, entache d'illégalité le Décr. attaqué par cette commune en tant qu'il ne la mentionne pas. Par suite, la communauté d'agglomération concernée doit réexaminer dans les 2 mois sa décision. • CE 10 mai 2022, *Cne d'Émerainville*, n° 439128 B : *AJDA 2022. 951*.

14. Compétence du maire. Le transfert de compétences de la collecte et de la gestion des déchets à une communauté d'agglomération maintient la compétence du maire lorsque des déchets ou des encombrants portent atteinte à la sûreté et à la commodité du passage dans les voies publiques. • CE 25 mai 2023, n° 454472.

15. Fonds de concours. Un EPCI ne peut allouer un fonds de concours à une commune membre pour financer, au-delà de la réalisation et du fonctionnement d'équipements, une action, en l'espèce l'organisation d'un événement culturel, dès lors qu'elle n'entre pas dans le champ de ses compétences mais relève de la seule compétence communale. • CE 5 juill. 2010, *Cté d'agglomération Saint-Étienne métropole*, n° 315551 B : *AJDA 2010. 1404 ; JCP Adm. 2010, n° 596.* ♦ V. aussi (à propos d'une Cté de cnes) • CAA Lyon, 12 nov. 2009, *Cté de cnes de Saône-Vallée*, n° 07LY01860 : *AJDA 2010. 31*. ♦ Les fonds de concours accordés par les EPCI à leurs communes membres obéissent au traitement comptable fixé par l'instruction M 14 tant du point de vue de leur inscription au budget (dépense d'investissement ou de fonctionnement) que du régime des amortissements. * Rép. min. n° 26183 : *JO Sénat Q, 22 mars 2007, p. 643 ; JCP Adm. 2007. 11.*

16. Modalités financières du transfert de compétences. En cas de litige entre le département et la communauté d'agglomération sur la compensation des charges liées au transfert de la compétence transport scolaire, le préfet procède à cette évaluation en tenant compte d'une part des charges que le département continue de supporter et d'autre part des économies qui découlent, à service constant, de l'exercice de la compétence transférée. Si le préfet a arrêté un montant de compensation provisoire, il lui appartient, dès qu'il dispose des éléments lui permettant de procéder à l'évaluation avec une précision suffisante, d'arrêter les conditions de financement du transfert de compétence de façon définitive. Sa décision s'impose aux collectivités concernées jusqu'à ce qu'elles parviennent à un accord. • CE 12 oct. 2011, *Cté d'agglomération du Pays de Saint-Malo*, n° 347782 : *préc. note 5.*

17. Recouvrement des créances. Lorsqu'une communauté d'agglomération, propriétaire de constructions ayant subi des dommages, prétend engager la responsabilité décennale du constructeur, le juge ne saurait écarter ses conclusions en se limitant à affirmer que les marchés de maîtrise d'œuvre et de travaux signés avec les sociétés n'avaient pu faire naître aucune créance à ce titre dès lors que l'édification des bâtiments universitaires ne relevait pas, en l'absence de la convention prévue par l'art. 18 de la loi du 4 juill. 1990, des compétences susceptibles d'être exercées par les communautés d'agglomération telles qu'elles sont énumérées par le CGCT et que les contrats en cause ne pouvaient, pour ce motif, être regardés comme ayant pour objet de répondre exclusivement à la nature et à l'étendue des besoins de la communauté d'agglomération. Le juge devait rechercher si, compte tenu de la gravité du vice constaté, celui-ci n'était pas de nature à entraîner, dans les circonstances de l'espèce, la nullité du marché en cause. • CE 31 mai 2010, *Cté d'agglomération Vichy Val d'Allier*, n° 329483 : *JCP Adm. 2010, n° 461.* ♦ Lorsque des dommages sont imputables à des travaux de voirie et au fonctionnement d'une canalisation d'eau pluviale placés sous la maîtrise d'ouvrage d'une commune membre, la communauté d'agglomération peut saisir directement le juge administratif d'une demande en responsabilité de la commune. Faute de pouvoir contraindre la collectivité débitrice, la communauté créancière n'est pas tenue de faire précéder sa demande par l'émission d'un titre de recette rendu exécutoire. • Même arrêt.

18. Responsabilité. Il résulte du 1er al. du XII de l'art. 133 de la L. n° 2015-991 du 7 août 2015 que, sauf dispositions législatives contraires, le transfert de compétences par une collectivité territoriale à un EPCI, effectué sur le fondement des dispositions du CGCT, notamment de son art. L. 5211-5, implique la substitution de plein droit de cet établissement à la collectivité dans l'ensemble de ses droits et obligations attachés à cette compétence, y compris lorsque ces obligations trouvent leur origine dans un événement antérieur au transfert. Une communauté d'agglomération substituée à l'une de ses communes dans les obligations attachées à la compétence de gestion des eaux pluviales urbaines, en raison de son transfert, peut donc être condamnée à réparer des préjudices subis antérieurement au transfert de compétence au titre de la responsabilité sans faute du maître d'un ouvrage public de gestion de ces eaux. • CE 28 nov. 2023, *CA Provence Verte*, n° 471274 B : *AJDA 2023. 2201* ; *AJCT 2024. 251, obs. P. Bluteau*.

Loi n° 2000-1208 du 13 décembre 2000,

Relative à la solidarité et au renouvellement urbains.

Art. 64 *[...]* II. — Les dispositions de l'article L. 5216-5 du code général des collectivités territoriales issues de la présente loi sont applicables aux communautés d'agglomération existant à la date de publication de cette même loi. Ces dispositions sont également applicables aux communautés d'agglomération dont la constitution, par création ou par transformation d'un établissement public de coopération intercommunale existant, a été engagée mais n'a pas encore été prononcée par arrêté préfectoral à la même date.

Les dispositions de l'article L. 5215-20 du code général des collectivités territoriales issues de la présente loi sont applicables aux communautés urbaines existant au 12 juillet 1999, dont les compétences ont été étendues en application du III de l'article L. 5215-20-1 du code précité avant la publication de la présente loi. Ces dispositions sont également applicables aux communautés urbaines existant au 12 juillet 1999 dont l'extension des compétences a été engagée, en application du III du même article, mais n'a pas encore été prononcée par arrêté préfectoral à la date de publication de cette même loi et aux communautés urbaines dont la constitution, par création ou par transformation d'un établissement public de coopération intercommunale existant, a été engagée mais n'a pas encore été prononcée par arrêté préfectoral à la date de publication de cette même loi.

Lorsque l'établissement public de coopération intercommunale en cours de transformation en communauté d'agglomération ou en communauté urbaine ne détient pas statutairement, à la date de publication de la présente loi, les compétences visées aux 2° et 3° ou au 5° du I du présent article, selon le cas, la procédure de transformation est suspendue jusqu'au transfert de ces compétences dans les conditions fixées à l'article L. 5211-17 du code général des collectivités territoriales. Dans ce cas, l'extension de compétences et la transformation peuvent être prononcées par le même arrêté préfectoral. Les dispositions du présent alinéa ne s'appliquent pas aux districts de plus de 500 000 habitants qui ont engagé une procédure de transformation en application du premier alinéa de l'article 53 de la loi n° 99-586 du 12 juillet 1999 relative au renforcement et à la simplification de la coopération intercommunale. — *[V. cet art., ss. art. L. 5213-27.]*

Art. L. 5216-6 **La communauté d'agglomération est substituée de plein droit au syndicat de communes** *(L. n° 2010-1563 du 16 déc. 2010, art. 48)* **« ou au syndicat mixte » dont le périmètre est identique au sien, pour la totalité des compétences qu'il exerce.**

La communauté d'agglomération est également substituée de plein droit, pour les compétences qu'elle exerce, au syndicat de communes *(L. n° 2010-1563 du 16 déc. 2010, art. 48)* **« ou au syndicat mixte » inclus en totalité dans son périmètre.**

La substitution de la communauté d'agglomération au syndicat s'effectue dans les conditions prévues au deuxième alinéa de l'article L. 5211-41.

La communauté d'agglomération substituée de plein droit au syndicat préexistant et remplissant les conditions requises par l'art. L. 2333-67 pour instituer un versement destiné au financement des transports en commun au taux majoré a pu ne pas s'estimer liée par le taux retenu par le syndicat. • CE 13 juill. 2007, *Sté Antona SA et a.*, n° 272048 B : *AJDA 2007. 1441*. – V. notes ss. art. L. 2333-67. V. aussi jurisprudence ss. art. L. 5211-41.

Art. L. 5216-7 **I. – Lorsqu'une partie des communes d'un syndicat de communes ou d'un syndicat mixte fait partie d'une communauté d'agglomération,** *(L. n° 2004-809 du 13 août 2004, art. 155)* **« par création de cette communauté, par fusion d'établissements publics de coopération intercommunale pour constituer une communauté d'agglomération ou » par transformation d'un établissement public de coopération intercommunale en communauté d'agglomération, et que cette communauté est incluse en totalité dans le syndicat,** *(L. n° 2004-809 du 13 août 2004, art. 155)* **« cette création, cette fusion ou cette transformation » vaut retrait du syndicat des communes**

membres de la communauté pour les compétences visées aux I et II de l'article L. 5216-5 que le syndicat exerce. *(L. n° 2004-809 du 13 août 2004, art. 172)* « Ce retrait s'effectue dans les conditions fixées à l'article L. 5211-25-1 et au troisième alinéa de l'article L. 5211-19. » À défaut d'accord entre l'organe délibérant du syndicat et le conseil municipal concerné sur la répartition des biens ou du produit de leur réalisation et du solde de l'encours de la dette visés au 2° de l'article L. 5211-25-1, cette répartition est fixée par arrêté du ou des représentants de l'État dans le ou les départements concernés.

Pour l'exercice des compétences transférées qui ne sont pas visées par les I et II de l'article L. 5216-5, la communauté d'agglomération est substituée au sein du syndicat aux communes qui la composent. Cette disposition ne modifie pas les attributions du syndicat de communes, qui devient syndicat mixte au sens de l'article L. 5711-1, ou du syndicat mixte intéressé. Elle ne modifie pas non plus le périmètre dans lequel ce syndicat exerce ses compétences.

II. — Lorsqu'une partie des communes d'un syndicat de communes ou d'un syndicat mixte est associée avec des communes extérieures à ce syndicat dans une communauté d'agglomération, *(L. n° 2004-809 du 13 août 2004, art. 155)* « par création de cette communauté, par fusion d'établissements publics de coopération intercommunale pour constituer une communauté d'agglomération ou » par transformation d'un établissement public de coopération intercommunale en communauté d'agglomération, *(L. n° 2004-809 du 13 août 2004, art. 155)* « cette création, cette fusion ou cette transformation » vaut retrait du syndicat des communes membres de la communauté d'agglomération pour les compétences transférées et dans les conditions prévues au premier alinéa du I. Elle vaut substitution de la communauté d'agglomération aux communes pour les compétences transférées et dans les conditions prévues au second alinéa du même paragraphe.

III. — Lorsque le périmètre d'une communauté d'agglomération est étendu par adjonction d'une ou de plusieurs communes membres d'un ou de plusieurs syndicats de communes ou syndicats mixtes, cette extension vaut retrait des communes des syndicats ou substitution de la communauté d'agglomération aux communes au sein des syndicats dans les cas et conditions prévus aux I et II.

Lorsque les compétences d'une communauté d'agglomération sont étendues, conformément à l'article L. 5211-17, à des compétences antérieurement déléguées par tout ou partie des communes qui la composent à un ou plusieurs syndicats de communes ou syndicats mixtes, la communauté d'agglomération est substituée à ces communes au sein du ou des syndicats dans les conditions visées au second alinéa du I.

(L. n° 2015-991 du 7 août 2015, art. 67) « IV. — Par dérogation aux I, II et III du présent article, lorsqu'un syndicat exerçant une compétence en matière d'eau ou d'assainissement *(L. n° 2019-1461 du 27 déc. 2019, art. 14)* « des eaux usées ou de gestion des eaux pluviales urbaines » regroupe des communes appartenant à *(L. n° 2018-702 du 3 août 2018, art. 4)* « des » établissements publics de coopération intercommunale à fiscalité propre à la date du transfert de cette compétence à la communauté d'agglomération, la communauté d'agglomération est substituée, au sein du syndicat, aux communes qui la composent, dans les conditions prévues au second alinéa du I. Toutefois, après avis de la commission départementale de la coopération intercommunale, le représentant de l'État peut autoriser la communauté d'agglomération à se retirer du syndicat au 1er janvier de l'année qui suit la date du transfert de la compétence, dans les conditions prévues au premier alinéa du même I. »

(L. n° 2016-1087 du 8 août 2016, art. 63) « IV *bis*. — Par dérogation aux I, II et III du présent article, pour la compétence en matière de gestion des milieux aquatiques et de prévention des inondations mentionnée à l'article L. 211-7 du code de l'environnement, lorsqu'une partie des communes d'un syndicat de communes ou d'un syndicat mixte fait partie d'une communauté d'agglomération dont le périmètre est totalement ou partiellement inclus dans le périmètre de ce syndicat, la communauté d'agglomération est substituée au sein du syndicat aux communes qui la composent, dans les conditions prévues au deuxième alinéa du I du présent article. »

(L. n° 2015-991 du 7 août 2015, art. 67) « V. — Le présent article est également applicable lorsqu'un établissement public de coopération intercommunale fusionné pour constituer la communauté d'agglomération était membre d'un syndicat mixte. »

Les dispositions et modifications issues de l'art. 63 de la L. n° 2016-1087 du 8 août 2016 s'appliquent à compter du 1er janv. 2018. Toutefois, les communes et leurs EPCI qui appliquent la possibilité prévue au second al. du II de l'art. 59 de la L. n° 2014-58 du 27 janv. 2014 [V. note ss. art. L. 5214-16] peuvent, à compter de la date d'entrée en vigueur de la L. du 8 août 2016 préc., mettre en œuvre par anticipation ces dispositions et modifications (L. n° 2016-1087 du 8 août 2016, art. 63-III).

COMMENTAIRE

V. dans le supplément en ligne.

1. La délibération par laquelle le conseil communautaire déclare l'intérêt communautaire de ZAC et ZAE entrant dans la compétence d'un syndicat mixte préexistant n'a pour objet ni pour effet de contraindre celui-ci à accepter les modalités de répartition des biens proposées. • CE 3 mars 2004, *Cté d'agglomération de Sophia-Antipolis*, n° 255033 : *Dr. adm. 2004, n° 97 ; ACL 2005, n° 9.*

2. Sur les conditions du retrait, V. notes ss. art. L. 5211-25-1.

Art. L. 5216-7-1 *(L. n° 2002-276 du 27 févr. 2002, art. 48)* **Les dispositions de l'article L. 5215-27 sont applicables à la communauté d'agglomération.**

Art. L. 5216-7-2 *(Abrogé par L. n° 2019-1461 du 27 déc. 2019, art. 25) (L. n° 2004-809 du 13 août 2004, art. 173)* ***Jusqu'au 1er janvier 2005, et par dérogation à l'article L. 5211-19, une commune peut être autorisée par le représentant de l'État dans le département, après avis de la commission départementale de la coopération intercommunale réunie dans la formation prévue au second alinéa de l'article L. 5211-45, à se retirer d'une communauté d'agglomération pour adhérer à un autre établissement public de coopération intercommunale à fiscalité propre dont l'organe délibérant a accepté la demande d'adhésion. L'avis de la commission départementale de la coopération intercommunale est réputé rendu s'il n'a pas été donné dans un délai de deux mois. Ce retrait ne doit pas remettre en cause les conditions prévues à l'article L. 5216-1. Il s'effectue dans les conditions prévues à l'article L. 5211-25-1.***

Alors même que ces conditions sont remplies, le préfet dispose d'un large pouvoir d'appréciation pour autoriser ou non un projet de retrait. Ainsi, il peut refuser d'autoriser une commune à se retirer d'une communauté d'agglomération pour adhérer à une communauté de communes en se fondant sur l'intérêt pour la commune d'appartenir à la communauté d'agglomération. • CE, ord., 2 mars 2005, *Cne de Vedène*, n° 278123. ♦ La violation du règlement intérieur de la commission départementale de coopération intercommunale n'entâche pas d'illégalité l'arrêté du préfet autorisant le retrait d'une commune d'une communauté d'agglomération dès lors que cette irrégularité n'a pas eu d'influence sur le sens de l'avis émis par la commission. • TA Rennes, 26 mai 2005, *Cté d'agglomération Rennes métropole*, n° 0404648 : *AJDA 2006. 258.*

SECTION 5 **Dispositions financières**

Art. L. 5216-8 **Les recettes du budget de la communauté d'agglomération comprennent :**

1° *(L. n° 2009-1673 du 30 déc. 2009, art. 77)* **« Les ressources fiscales mentionnées au I et au V de l'article 1379-0 *bis* du code général des impôts. »**

(L. n° 2013-1279 du 29 déc. 2013, art. 45) **« La communauté d'agglomération peut, en outre, percevoir, au titre de la compétence d'autorité organisatrice de la distribution publique d'électricité mentionnée à l'article L. 2224-31, sous réserve que cette compétence ne soit pas déjà exercée par une autorité mentionnée à l'article L. 5212-24, la** *(L. n° 2020-1721 du 29 déc. 2020, art. 54)* **« part communale » dans les conditions prévues « à l'article L. 2333-2 » en lieu et place »** *(L. n° 2014-891 du 8 août 2014, art. 18)* **« des communes dont la population recensée par l'Institut national de la statistique et des études économiques au 1er janvier de l'année** *(L. n° 2020-1721 du 29 déc. 2020, art. 54)* **« précédant celle au titre de laquelle la** *(L. n° 2020-1721 du 29 déc. 2020, art. 54)* **« part » est due » est inférieure ou égale à 2 000 habitants. Pour les autres communes, cette** *(L. n° 2020-1721 du 29 déc. 2020, art. 54)* **« part » peut être perçue par la communauté d'agglomération en lieu et place de la commune s'il en**

est décidé ainsi par délibérations concordantes du groupement et de la commune intéressée prises dans les conditions prévues au I de l'article 1639 A *bis* du code général des impôts. La communauté d'agglomération peut reverser à une commune une fraction de *(L. n° 2020-1721 du 29 déc. 2020, art. 54)* « part perçue au titre du » territoire de celle-ci, par délibérations concordantes prises dans les conditions prévues au premier alinéa du même I » ;

2° Le revenu des biens, meubles ou immeubles, de la communauté d'agglomération ;

3° Les sommes qu'elle reçoit des administrations publiques, des associations, des particuliers, en échange d'un service rendu ;

4° Les subventions et dotations de l'État, de la région, du département et des communes ;

5° Le produit des dons et legs ;

6° Le produit des taxes, redevances et contributions correspondant aux services assurés ;

7° Le produit des emprunts ;

8° Le produit du versement destiné *(L. n° 2019-1428 du 24 déc. 2019, art. 13)* « au financement des services de mobilité » prévu à l'article L. 2333-64 ;

(L. n° 2010-1657 du 29 déc. 2010, art. 108) « 9° La dotation de compensation de la réforme de la taxe professionnelle et le reversement du Fonds national de garantie individuelle des ressources » ;

(L. n° 2014-58 du 27 janv. 2014, art. 56) « 10° Le cas échéant, le produit des taxes prévues aux articles 1528, 1529, 1530 et 1530 *bis* du code général des impôts » ;

(L. n° 2019-1479 du 28 déc. 2019, art. 16) « 11° La fraction de taxe sur la valeur ajoutée prévue aux A à E du V de l'article 16 de la loi n° 2019-1479 du 28 décembre 2019 de finances pour 2020. »

Les dispositions issues de la L. n° 2020-1721 du 29 déc. 2020 s'appliquent aux taxes pour lesquelles le fait générateur et l'exigibilité interviennent à compter du 1er janv. 2023 (L. préc., art. 54-III).

Art. L. 5216-8-1 *(L. n° 2004-1484 du 30 déc. 2004, art. 94)* Les pertes de recettes que la communauté d'agglomération subit du fait de l'allongement de quinze à vingt-cinq ans des exonérations de taxe foncière sur les propriétés bâties prévues aux articles 1384 A *(L. n° 2006-872 du 13 juill. 2006, art. 73)* « , 1384 C et 1384 D » du code général des impôts sont compensées conformément aux dispositions de l'article L. 2335-3 du présent code.

(L. n° 2006-872 du 13 juill. 2006, art. 23) « Pour les logements locatifs sociaux bénéficiant d'une décision d'octroi de subvention ou de prêt aidé entre le 1er décembre 2005 et le 31 décembre *(L. n° 2022-1726 du 30 déc. 2022, art. 65)* « 2026 », à l'exception des *(L. n° 2009-1673 du 30 déc. 2009, art. 48)* « constructions neuves financées » au moyen de prêts visés à la sous-section 3 de la section 1 du chapitre unique du titre III du livre III du code de la construction et de l'habitation, les pertes de recettes pour les communautés d'agglomération résultant de l'exonération de taxe foncière sur les propriétés bâties pendant quinze ou vingt ans prévue par les articles 1384 A et 1384 C du code général des impôts sont compensées par un prélèvement sur les recettes de l'État. Dans ce cas, la compensation versée à chaque communauté d'agglomération est égale, chaque année, au montant de la perte de recettes » *(L. n° 2008-1425 du 27 déc. 2008, art. 48)* « multiplié à compter de 2009 par un taux de minoration. Au titre de 2009, ce taux de minoration correspond à l'écart entre le montant total versé en 2008 au titre de l'ensemble des compensations mentionnées aux I à X de l'article 48 de la loi n° 2008-1425 du 27 décembre 2008 de finances pour 2009 et le montant total de ces mêmes compensations prévu à cette fin pour 2009 par le XI de ce même article. » *(L. n° 2009-1673 du 30 déc. 2009, art. 47)* « Au titre de 2010, la compensation calculée selon les dispositions qui précèdent et à laquelle est appliqué le taux d'évolution fixé au titre de 2009 est minorée par application d'un taux correspondant à l'écart entre le montant total à verser en 2009 au titre de l'ensemble des compensations mentionnées aux I à VIII de l'article 47 de la loi

n° 2009-1673 du 30 décembre 2009 de finances pour 2010 et le montant total de ces mêmes compensations prévu à cette fin pour 2010 par le IX de ce même article. »

(L. n° 2010-1657 du 29 déc. 2010, art. 51) « À compter de 2011, les compensations définies aux alinéas précédents sont calculées conformément à l'article L. 2335-3. »

SECTION 6 **Dissolution**

Art. L. 5216-9 La communauté d'agglomération est dissoute, par décret en Conseil d'État, *(L. n° 2010-1563 du 16 déc. 2010, art. 47)* « de plein droit lorsqu'elle ne compte plus qu'une seule commune membre ou » sur la demande des conseils municipaux des communes membres acquise par un vote des deux tiers au moins des conseils municipaux des communes intéressées représentant plus de la moitié de la population totale de celles-ci, ou de la moitié au moins des conseils municipaux des communes représentant les deux tiers de la population, cette majorité devant en outre nécessairement comprendre le conseil municipal de la commune dont la population est supérieure à la moitié de la population concernée. Ce décret détermine, conformément aux dispositions de l'article L. 5211-25-1 et dans le respect des droits des tiers, les conditions dans lesquelles la communauté d'agglomération est liquidée.

(L. n° 2019-828 du 6 août 2019, art. 10) « La répartition des personnels concernés entre les communes membres ne peut donner lieu à un dégagement des cadres. » Les personnels concernés sont nommés dans un emploi de même niveau et en tenant compte de leurs droits acquis. Les communes attributaires supportent les charges financières correspondantes.

Sur l'application de l'art. 10 de la L. n° 2019-828 du 6 août 2019, V. L. préc., art. 94-IV, reproduit ss. art. L. 5211-4-1.

Art. L. 5216-10 Dans un délai de trois ans à compter de la publication de la loi n° 99-586 du 12 juillet 1999 relative au renforcement et à la simplification de la coopération intercommunale, le périmètre des communautés d'agglomération peut être étendu aux communes dont l'inclusion dans le périmètre communautaire est de nature à assurer la cohérence spatiale et économique ainsi que la solidarité financière et sociale qui sont nécessaires au développement de la communauté d'agglomération. Il ne peut toutefois inclure, sans leur accord, les communes membres d'une communauté de communes dont l'éligibilité à la dotation prévue au *(Ord. n° 2003-1212 du 18 déc. 2003, art. 6 ; L. n° 2014-58 du 27 janv. 2014, art. 72)* « quatrième alinéa du II de l'article L. 5211-29 » a été constatée dans les conditions fixées à l'article L. 5214-23-1.

Le projet d'extension du périmètre communautaire est arrêté par le représentant de l'État dans le département lorsque les communes font partie du même département, ou par arrêté conjoint des représentants de l'État dans les départements concernés lorsque le périmètre projeté s'étend au-delà d'un seul département, après avis de la ou des commissions départementales de la coopération intercommunale concernées. Cet avis est réputé négatif s'il n'a pas été rendu à l'issue d'un délai de deux mois. Le périmètre peut être étendu après accord du conseil de la communauté d'agglomération ainsi que des deux tiers au moins des conseils municipaux de toutes les communes incluses dans le futur périmètre et représentant plus de la moitié de la population totale de celles-ci ou de la moitié au moins des conseils municipaux de ces communes représentant les deux tiers de la population. Cette majorité doit nécessairement comprendre le conseil municipal de la commune dont la population est supérieure à la moitié de la population totale concernée ou, à défaut, de la commune dont la population est la plus importante. À défaut de délibération dans le délai de trois mois à compter de la notification du projet d'extension du périmètre, l'accord est réputé donné.

L'extension du périmètre communautaire est prononcée par arrêté du ou des représentants de l'État dans le ou les départements. Cet arrêté vaut retrait des communes auxquelles le périmètre est étendu des établissements publics de coopération intercommunale dont elles sont membres. Dans le cas particulier de syndicats de communes ou de syndicats mixtes, le retrait s'effectue dans les conditions fixées à l'article L. 5216-7.

L'extension du périmètre entraîne *(L. n° 2010-1563 du 16 déc. 2010, art. 9)* « l'attribution de sièges, conformément au 1° de l'article L. 5211-6-2, à chaque commune intégrant la communauté d'agglomération ». Elle entraîne l'application à l'ensemble des biens, équipements et services publics nécessaires à l'exercice des compétences

transférées, ainsi que des droits et obligations attachés à ces biens, équipements et services à la date du transfert, des dispositions prévues au II de l'article L. 5211-18.

La procédure peut être renouvelée tous les douze ans à compter de l'expiration du délai de trois ans prévu au premier alinéa.

1. La présente procédure peut être menée simultanément, pour une même communauté d'agglomération, avec la procédure d'extension volontaire prévue à l'art. L. 5211-18. Dans ce cas, les consultations s'opèrent en fonction de la date à laquelle les procédures ont débuté. Jugé que les communes non encore membres n'ont pas à être consultées sur l'adhésion de celles qui vont, après une autre procédure, le devenir : ainsi, les communes consultées sur l'arrêté portant projet d'extension forcée sont celles incluses dans le périmètre déterminé par cet arrêté, qui ne comprend que les communes visées par ce projet, à l'exclusion de celles ayant simultanément demandé la mise en œuvre de la procédure d'extension volontaire. • CE 10 oct. 2003, *Cne des Angles,* n° 250116 B : *JCP Adm 2003, n° 2030, p. 1518, note Moreau ; AJDA 2004. 880, note Tuot ; BJCL 2004, n° 1, p. 39, concl. Glaser ; ACL 2004, n° 10 ; Coll. terr. 2003, p. 20, n° 240.*

2. La circonstance que certains membres de la CDCI ayant participé au vote soient élus de communes directement concernées par le projet d'extension de la communauté d'agglomération n'a pu vicier la délibération en cause. • CE 10 oct. 2003, *Cne des Angles,* n° 250116 : *préc. note 1.*

3. Le juge exerce son habituel contrôle de l'erreur manifeste sur l'appréciation qui a conduit le préfet à estimer que l'extension répond à l'exigence de cohérence spatiale et économique ainsi que de solidarité financière et sociale du bassin de vie concerné. • CE 10 oct. 2003, *Cne des Angles,* n° 250116 : *préc. note 1.*

4. L'arrêté portant extension d'une communauté d'agglomération n'est pas un acte individuel au sens de la loi du 11 juill. 1979 sur la motivation des actes administratifs. • CE 10 oct. 2003, *Cne des Angles,* n° 250116 : *préc. note 1.* ♦ Pour autant, l'arrêté autorisant l'adhésion d'une commune à un EPCI n'est pas un acte réglementaire. • CE 10 mars 2006, *Min. d'État, Min. de l'Intérieur et de l'Aménagement du territoire,* n° 285439 : *RLCT 2006. 387, note Glaser.*

SECTION 7 **Retrait de communes**

(L. n° 2019-1461 du 27 déc. 2019, art. 25)

Art. L. 5216-11 **Par dérogation à l'article L. 5211-19, une commune peut être autorisée, par le représentant de l'État dans le département après avis de la commission départementale de la coopération intercommunale réunie dans la formation prévue au second alinéa de l'article L. 5211-45, à se retirer d'une communauté d'agglomération pour adhérer à un autre établissement public de coopération intercommunale à fiscalité propre dont l'organe délibérant a accepté la demande d'adhésion. L'avis de la commission départementale de la coopération intercommunale est réputé négatif s'il n'a pas été rendu à l'issue d'un délai de deux mois.**

Ce retrait s'effectue dans les conditions fixées à l'article L. 5211-25-1 et ne peut avoir pour conséquence de faire passer la population de la communauté d'agglomération en-dessous des seuils mentionnés à l'article L. 5216-1. Il vaut réduction du périmètre des syndicats mixtes dont la communauté d'agglomération est membre dans les conditions fixées au troisième alinéa de l'article L. 5211-19.

CHAPITRE VII **MÉTROPOLE**

(L. n° 2014-58 du 27 janv. 2014, art. 43)

BIBL. ▸ AVELINE et GOUTAL, Loi MAPAM et Métropole : le diable se niche dans les détails, *RLCT 2014, n° 2675.* – BELACEL, PLUi-H de Toulouse métropole : une annulation riche d'enseignements !, *AJCT 2021. 366* . – BOUVIER, Les métropoles et la construction d'un « ordre des autonomies relatives », *RFPP 2015, n° 129, p. 177.* – BRIANT, La gouvernance ou l'évidence du multiple. Le cas des métropoles en France et en Italie, *Studia Europaea mars 2016, n° 1, p. 135.* – DAUCE, Les métropoles hors Île-de-France à l'issue de la loi MAPTAM : compétences et organisation institutionnelle, *JCP Adm. 2014, n° 2050.* – DEGOFFE, L'avenir du couple commune-intercommunalité, la commune demain, *AJDA 2013. 1335* ; L'organisation des métropoles, *RFDA 2014. 481* . – DESCHAMPS, Métropole et pôle métropolitain dans la loi du 16 décembre 2010 de réforme des collectivités territoriales, *AJDA 2011. 1128* . – DOUENCE, Les métropoles, *RFDA 2011. 258* . – FAURE, La banalisation du statut de métropole, *RFDA 2017. 637* . – FERREIRA, Les métropoles de droit commun, *AJCT 2014. 249* . – HOUSER, La métropole : analyse du régime juridique et financier, *AJCT 2011. 67* . – JANICOT, Les métropoles à statut particulier : le Grand Paris, Lyon et Aix-Marseille-Provence, *AJDA 2014. 613* . – KADA, Métropoles : vers un droit (peu) commun ?, *AJDA 2014. 619* ✐. – LERIQUE, Un processus de métropolisation controversé. Une décentralisation inaboutie, *AJDA 2025. 1069* ✐. – MARCOU, Les métropoles ont-elles une chance ?, *JCP Adm. 2010, n° 2246*. – MEURANT, Le statut juridique des biens transférés aux métropoles, *RFDA 2018. 451* ✐. – PAULIAT, Projet de loi de modernisation de l'action publique territoriale et d'affirmation des métropoles : à la recherche de la cohérence (perdue) ?, *JCP Adm. 2013, n° 509*. – REGOURD, Les métropoles au prisme du modèle territorial français, *Thèmes & commentaires, Dalloz, 2020*. – VERPEAUX, Les métropoles devant le Conseil constitutionnel, *JCP Adm. 2014, n° 2046*.

SECTION 1 **Création**

Art. L. 5217-1 **La métropole est un établissement public de coopération intercommunale à fiscalité propre regroupant plusieurs communes d'un seul tenant et sans enclave au sein d'un espace de solidarité pour élaborer et conduire ensemble un projet d'aménagement et de développement économique, écologique, éducatif, culturel et social de leur territoire afin d'en améliorer la cohésion et la compétitivité et de concourir à un développement durable et solidaire du territoire régional. Elle valorise les fonctions économiques métropolitaines, ses réseaux de transport et ses ressources universitaires, de recherche et d'innovation, dans un esprit de coopération régionale et interrégionale et avec le souci d'un développement territorial équilibré.**

Au 1er janvier 2015, sont transformés par décret en une métropole les établissements publics de coopération intercommunale à fiscalité propre qui forment, à la date de la création de la métropole, un ensemble de plus de 400 000 habitants dans une aire urbaine, au sens de l'Institut national de la statistique et des études économiques, de plus de 650 000 habitants.

Sous réserve d'un accord exprimé par deux tiers au moins des conseils municipaux des communes intéressées représentant plus de la moitié de la population totale de celles-ci ou par la moitié au moins des conseils municipaux des communes représentant les deux tiers de la population, peuvent obtenir par décret le statut de métropole, à leur demande :

1° Les établissements publics de coopération intercommunale à fiscalité propre qui forment, à la date de la création de la métropole, un ensemble de plus de 400 000 habitants ;

2° Les établissements publics de coopération intercommunale, non mentionnés au deuxième alinéa et au 1° du présent article, centres d'une zone d'emplois de plus de 400 000 habitants, au sens de l'Institut national de la statistique et des études économiques, et qui exercent en lieu et place des communes, conformément au présent code, les compétences énumérées au I de l'article L. 5217-2 à la date de l'entrée en vigueur de la loi n° 2014-57 *[2014-58]* **du 27 janvier 2014 de modernisation de l'action publique territoriale et d'affirmation des métropoles ;**

(L. n° 2017-257 du 28 févr. 2017, art. 70) **« 3° Les établissements publics de coopération intercommunale à fiscalité propre centres d'une zone d'emplois de plus de 400 000 habitants, au sens de l'Institut national de la statistique et des études économiques, comprenant dans leur périmètre le chef-lieu de région ;**

« 4° Les établissements publics de coopération intercommunale à fiscalité propre de plus de 250 000 habitants ou comprenant dans leur périmètre, au 31 décembre 2015, le chef-lieu de région, centres d'une zone d'emplois de plus de 500 000 habitants, au sens de l'Institut national de la statistique et des études économiques. »

Pour les établissements publics de coopération intercommunale mentionnés au 2°, ce décret prend en compte, pour l'accès au statut de métropole, les fonctions de commandement stratégique de l'État et les fonctions métropolitaines effectivement exercées sur le territoire de l'établissement public de coopération intercommunale, ainsi que son rôle en matière d'équilibre du territoire national.

Toutes les compétences acquises par un établissement public de coopération intercommunale antérieurement à sa transformation en métropole sont transférées de plein droit à la métropole.

La création de la métropole est prononcée par décret. Ce décret fixe le nom de la métropole, son périmètre, l'adresse de son siège, ses compétences à la date de sa création ainsi que la date de prise d'effet de cette création. Il désigne le comptable public de la métropole. La métropole est créée sans limitation de durée.

Toutes les modifications ultérieures relatives au nom de la métropole, à l'adresse du siège, à la désignation du comptable public, au transfert de compétences supplémentaires ou à une extension de périmètre sont prononcées par arrêté du ou des représentants de l'État dans le ou les départements intéressés, dans les conditions prévues aux articles L. 5211-17 à L. 5211-20.

Le présent article ne s'applique ni à la région d'Île-de-France, ni à la communauté urbaine de Lyon.

Lors de sa création, la métropole de Strasbourg, siège des institutions européennes, est dénommée : "eurométropole de Strasbourg".

Lors de sa création, la métropole de Lille est dénommée : "métropole européenne de Lille".

Sur la création des métropoles de Nantes, Toulouse et Brest, V. respectivement Décr. n°s 2014-1077 à 2014-1079 du 22 sept. 2014.

Sur la création de Bordeaux Métropole, de la métropole européenne de Lille, Grenoble-Alpes Métropole, Rennes Métropole, Eurométropole de Strasbourg, Métropole Rouen Normandie, Montpellier Méditerranée Métropole, V. respectivement Décr. n°s 2014-1599 à 2014-1605 du 23 déc. 2014.

Sur la création de la Métropole du Grand Nancy, V. Décr. n° 2016-490 du 20 avr. 2016.

Sur la création de Tours Métropole Val de Loire, V. Décr. n° 2017-352 du 20 mars 2017.

Sur la création de Dijon Métropole, V. Décr. n° 2017-635 du 25 avr. 2017.

Sur la création d'Orléans Métropole, V. Décr. n° 2017-686 du 28 avr. 2017.

Sur la création de Saint-Étienne Métropole, V. Décr. n° 2017-1316 du 1er sept. 2017.

Sur la création de Metz Métropole, V. Décr. n° 2017-1412 du 27 sept. 2017.

Sur la création de la métropole Toulon-Provence-Méditerranée, V. Décr. n° 2017-1758 du 26 déc. 2017.

Sur la création de Clermont Auvergne Métropole, V. Décr. n° 2017-1778 du 27 déc. 2017.

La transformation d'un EPCI à fiscalité propre en métropole ne provoque pas une nouvelle répartition du nombre de sièges de membres de l'organe délibérant, réservée à la création d'une nouvelle personne morale. • CAA Lyon, 28 nov. 2017, n° 17LY00829. ♦ La métropole n'est pas un EPCI distinct de celui auquel elle s'est substituée. Elle peut agir contre un action juridictionnelle dirigée contre un titre exécutoire émis avant cette substitution. • Civ. 1re, 8 avr. 2021, *Métropole Rouen Normandie*, n° 19-26.189 : *AJDA 2021. 1424* ; *JCP Adm. 2021. 285.*

SECTION 2 Compétences

Art. L. 5217-2 **I. — La métropole exerce de plein droit, en lieu et place des communes membres, les compétences suivantes :**

1° En matière de développement et d'aménagement économique, social et culturel :

***a)* Création, aménagement et gestion des zones d'activité industrielle, commerciale, tertiaire, artisanale, touristique, portuaire ou aéroportuaire ;**

***b)* Actions de développement économique** *(L. n° 2015-991 du 7 août 2015, art. 3)* **« , dont la participation au capital des sociétés mentionnées au 8° de l'article L. 4211-1, » ainsi que** *(L. n° 2015-991 du 7 août 2015, art. 3)* **« soutien et participation au pilotage des pôles de compétitivité situés sur son territoire » ;**

***c)* Construction, aménagement, entretien et fonctionnement d'équipements culturels, socioculturels, socio-éducatifs et sportifs d'intérêt métropolitain ;**

***d)* Promotion du tourisme, dont la création d'offices de tourisme** *(L. n° 2019-1461 du 27 déc. 2019, art. 16)* **« , sans préjudice de l'animation touristique qui est une compétence partagée, au sens de l'article L. 1111-4, avec les communes membres de l'établissement public de coopération intercommunale à fiscalité propre » ;**

***e)* Programme de soutien et d'aides aux établissements d'enseignement supérieur et de recherche et aux programmes de recherche, en tenant compte du schéma régional de l'enseignement supérieur, de la recherche et de l'innovation ;**

2° En matière d'aménagement de l'espace métropolitain :

***a)* Schéma de cohérence territoriale et schéma de secteur ;** *(L. n° 2015-991 du 7 août 2015, art. 39)* **« plan local d'urbanisme, document en tenant lieu ou carte communale » ; définition, création et réalisation d'opérations d'aménagement d'intérêt métro-**

politain mentionnées à l'article L. 300-1 du code de l'urbanisme ; actions de valorisation du patrimoine naturel et paysager ; constitution de réserves foncières ;

b) Organisation de la mobilité au sens des articles L. 1231-1, L. 1231-8 et L. 1231-14 à L. 1231-16 du code des transports ; création, aménagement et entretien de voirie ; signalisation ; abris de voyageurs ; parcs et aires de stationnement et *(L. n° 2019-1428 du 24 déc. 2019, art. 16)* « plan de mobilité » ;

c) Création, aménagement et entretien des espaces publics dédiés à tout mode de déplacement urbain ainsi qu'à leurs ouvrages accessoires ;

d) Participation à la gouvernance et à l'aménagement des gares situées sur le territoire métropolitain ;

e) Établissement, exploitation, acquisition et mise à disposition d'infrastructures et de réseaux de télécommunications, au sens de l'article L. 1425-1 du présent code ;

3° En matière de politique locale de l'habitat :

a) Programme local de l'habitat ;

b) Politique du logement ; aides financières au logement social ; actions en faveur du logement social ; actions en faveur du logement des personnes défavorisées ;

c) Amélioration du parc immobilier bâti, réhabilitation et résorption de l'habitat insalubre ;

d) *(L. n° 2018-957 du 7 nov. 2018, art. 1er)* « Création, » aménagement, entretien et gestion des aires d'accueil des gens du voyage *(L. n° 2017-86 du 27 janv. 2017, art. 148)* « et des terrains familiaux locatifs définis aux 1° à 3° du II de l'article 1er de la loi n° 2000-614 du 5 juillet 2000 relative à l'accueil et à l'habitat des gens du voyage » ;

(L. n° 2014-173 du 21 févr. 2014, art. 11) « 4° En matière de politique de la ville :

« *a)* Élaboration du diagnostic du territoire et définition des orientations du contrat de ville ;

« *b)* Animation et coordination des dispositifs contractuels de développement urbain, de développement local et d'insertion économique et sociale ainsi que des dispositifs locaux de prévention de la délinquance ;

« *c)* Programmes d'actions définis dans le contrat de ville ; »

5° En matière de gestion des services d'intérêt collectif :

a) Assainissement *(L. n° 2018-702 du 3 août 2018, art. 3)* « des eaux usées, dans les conditions prévues à l'article L. 2224-8, gestion des eaux pluviales urbaines au sens de l'article L. 2226-1 » et eau ;

b) Création, gestion, extension et translation des cimetières et sites cinéraires d'intérêt métropolitain ainsi que création, gestion et extension des crématoriums ;

c) Abattoirs, abattoirs marchés et marchés d'intérêt national ;

d) Services d'incendie et de secours, dans les conditions fixées au chapitre IV du titre II du livre IV de la première partie du présent code ;

e) Service public de défense extérieure contre l'incendie ;

6° En matière de protection et de mise en valeur de l'environnement et de politique du cadre de vie :

a) Gestion des déchets ménagers et assimilés ;

b) Lutte contre la pollution de l'air ;

c) Lutte contre les nuisances sonores ;

d) Contribution à la transition énergétique ;

e) Soutien aux actions de maîtrise de la demande d'énergie ;

f) Élaboration et adoption du plan *(L. n° 2015-992 du 17 août 2015, art. 188)* « climat-air-énergie » territorial en application de l'article L. 229-26 du code de l'environnement, en cohérence avec les objectifs nationaux en matière de réduction des émissions de gaz à effet de serre, d'efficacité énergétique et de production d'énergie renouvelable ;

g) Concession de la distribution publique d'électricité et de gaz ;

h) Création, aménagement, entretien et gestion de réseaux de chaleur ou de froid urbains ;

i) Création et entretien des infrastructures de charge nécessaires à l'usage des véhicules électriques ou hybrides rechargeables *(L. n° 2019-1428 du 24 déc. 2019, art. 70)* « ou de navires à quai ainsi que des points de ravitaillement en gaz ou en hydrogène pour véhicules ou pour navires, ou mise en place d'un service associé », en application de l'article L. 2224-37 du présent code ;

j) Gestion des milieux aquatiques et prévention des inondations, dans les conditions prévues à l'article L. 211-7 du code de l'environnement ;

k) Autorité concessionnaire de l'État pour les plages, dans les conditions prévues à l'article L. 2124-4 du code général de la propriété des personnes publiques.

Lorsque l'exercice des compétences mentionnées au présent I est subordonné à la reconnaissance de leur intérêt métropolitain, celui-ci est déterminé *(L. n° 2015-991 du 7 août 2015, art. 81)* « par le conseil de la métropole à la majorité des deux tiers » *(L. n° 2019-1461 du 27 déc. 2019, art. 21)* « des suffrages exprimés ». Il est défini au plus tard deux ans après l'entrée en vigueur du décret prononçant la création de la métropole. À défaut, la métropole exerce l'intégralité des compétences transférées.

(L. n° 2022-217 du 21 févr. 2022, art. 10) « Par dérogation au *d* du 1° du présent I, une ou plusieurs communes touristiques érigées en stations classées de tourisme en application des articles L. 133-13 et L. 151-3 du code du tourisme peuvent demander à retrouver l'exercice de la compétence "promotion du tourisme, dont la création d'offices de tourisme". La restitution de cette compétence est décidée par délibérations concordantes de l'organe délibérant de la métropole et des conseils municipaux de l'ensemble de ses communes membres, dans les conditions de majorité requises pour la création de l'établissement. La métropole conserve, concurremment auxdites communes et sur son territoire, l'exercice de cette même compétence, à l'exclusion de la création d'offices de tourisme.

« En cas de perte du classement en station de tourisme, la délibération du conseil municipal par laquelle la commune a décidé de retrouver la compétence "promotion du tourisme, dont la création d'offices de tourisme" cesse de produire ses effets et la compétence est intégralement exercée par la métropole en lieu et place de la commune. »

(L. n° 2022-217 du 21 févr. 2022, art. 18) « Le conseil de la métropole ainsi que les deux tiers au moins des conseils municipaux de toutes les communes membres représentant plus de la moitié de la population totale de celles-ci ou de la moitié au moins des conseils municipaux de ces communes représentant les deux tiers de la population peuvent, dans un délai d'un an à compter de la promulgation de la loi n° 2022-217 du 21 février 2022 relative à la différenciation, la décentralisation, la déconcentration et portant diverses mesures de simplification de l'action publique locale ou de la création de la métropole, délibérer pour subordonner à la reconnaissance de son intérêt métropolitain tout ou partie de la compétence relative à la création, à l'aménagement et à l'entretien de voirie, mentionnée au *b* du 2° du présent I.

« La circulation d'un service de transport collectif en site propre entraîne l'intérêt métropolitain des voies publiques supportant cette circulation et des trottoirs adjacents à ces voies.

« La métropole peut déléguer à ses communes membres, par convention, la gestion de tout ou partie des équipements et services nécessaires à l'entretien de la voirie dont elle a la charge. La compétence ainsi déléguée est exercée au nom et pour le compte de la métropole.

« La convention, conclue entre les parties et approuvée par leur assemblée délibérante, précise la durée de la délégation et ses modalités d'exécution. Elle définit les objectifs à atteindre en matière de qualité du service rendu et de pérennité des infrastructures ainsi que les modalités de contrôle de la métropole sur la commune délégataire. Elle précise les moyens humains et financiers consacrés à l'exercice de la compétence déléguée.

(L. n° 2022-217 du 21 févr. 2022, art. 90) « II. — L'État peut déléguer, par convention, à la métropole certaines de ses compétences, dans les conditions prévues à l'article L. 301-5-1 du code de la construction et de l'habitation. »

III. — Abrogé par L. n° 2022-217 du 21 févr. 2022, art. 90.

(L. n° 2015-991 du 7 août 2015, art. 90) « IV. — Par convention passée avec le département, la métropole exerce à l'intérieur de son périmètre, par transfert, en lieu et place du département, ou par délégation, au nom et pour le compte du département, tout ou partie des groupes de compétences suivants :

« 1° Attribution des aides au titre du fonds de solidarité pour le logement, en application de l'article 6 de la loi n° 90-449 du 31 mai 1990 visant à la mise en œuvre du droit au logement ;

« 2° Missions confiées au service public départemental d'action sociale en application de l'article L. 123-2 du code de l'action sociale et des familles ;

« 3° Adoption, adaptation et mise en œuvre du programme départemental d'insertion, dans les conditions prévues à l'article L. 263-1 du même code ;

« 4° Aide aux jeunes en difficulté, en application des articles L. 263-3 et L. 263-4 dudit code ;

« 5° Actions de prévention spécialisée auprès des jeunes et des familles en difficulté ou en rupture avec leur milieu, prévues au 2° de l'article L. 121-2 du même code ;

« 6° Personnes âgées et action sociale en application des articles L. 113-2, L. 121-1 et L. 121-2 dudit code ou une partie de ces compétences, à l'exclusion de la prise en charge des prestations légales d'aide sociale ;

« 7° Tourisme en application du chapitre II du titre III du livre I du code du tourisme, culture et construction, exploitation et entretien des équipements et infrastructures destinés à la pratique du sport, ou une partie de ces compétences ;

« 8° Construction, reconstruction, aménagement, entretien et fonctionnement des collèges. À ce titre, la métropole assure l'accueil, la restauration, l'hébergement ainsi que l'entretien général et technique, à l'exception des missions d'encadrement et de surveillance des élèves, dans les collèges dont elle a la charge ;

« 9° Gestion des routes classées dans le domaine public routier départemental ainsi que de leurs dépendances et accessoires. Ce transfert est constaté par arrêté du représentant de l'État dans le département. Cet arrêté emporte le transfert à la métropole des servitudes, droits et obligations correspondants ainsi que le classement des routes transférées dans le domaine public de la métropole.

« La convention précise les compétences ou groupes de compétences transférés ou délégués, les conditions financières du transfert ou de la délégation et, après avis des *(L. n° 2019-828 du 6 août 2019, art. 4)* « comités sociaux territoriaux » compétents, les conditions dans lesquelles tout ou partie des services départementaux correspondants sont transférés ou mis à disposition de la métropole. Ces services ou parties de service sont placés sous l'autorité du président du conseil de la métropole.

« À défaut de convention entre le département et la métropole au 1er janvier *(L. n° 2017-257 du 28 févr. 2017, art. 70)* « de la deuxième année qui suit la création de la métropole » sur au moins trois des groupes de compétences mentionnés aux 1° à 8° du présent IV, la totalité de ceux-ci, à l'exception de ceux mentionnés au 8°, sont transférés de plein droit à la métropole. Ces transferts donnent lieu au transfert concomitant de ressources en application de l'article L. 5217-13. La convention mentionnée au premier alinéa du présent IV et relative à ces transferts est passée entre le département et la métropole avant le 1er avril *(L. n° 2017-257 du 28 févr. 2017, art. 70)* « de la deuxième année qui suit la création de la métropole ». À défaut, le représentant de l'État dans le département siège de la métropole propose, avant le 1er mai *(L. n° 2017-257 du 28 févr. 2017, art. 70)* « de la deuxième année qui suit la création de la métropole », un projet de convention au président du conseil départemental et au président de la métropole, qui disposent d'un délai d'un mois pour le signer. À défaut, la date et les modalités du transfert sont établies par arrêté du représentant de l'État dans le département siège de la métropole.

« La compétence mentionnée au 9° du présent IV fait l'objet d'une convention entre le département et la métropole. Cette convention organise le transfert de cette compétence à la métropole ou en précise les modalités d'exercice par le département, en cohérence avec les politiques mises en œuvre par la métropole. À défaut de convention entre le département et la métropole *(L. n° 2017-257 du 28 févr. 2017, art. 70)* « au 1er janvier de la deuxième année qui suit la création de la métropole », cette compétence est transférée de plein droit à la métropole.

« Le présent IV n'est pas applicable à la métropole du Grand Paris. »

V. — Par convention passée avec la région, à la demande de celle-ci ou de la métropole, la métropole exerce à l'intérieur de son périmètre, en lieu et place de la région, les compétences définies à l'article L. 4221-1-1.

La convention est signée dans un délai de dix-huit mois à compter de la réception de la demande.

La convention précise l'étendue et les conditions financières du transfert de compétences et, après avis des comités *(L. n° 2019-828 du 6 août 2019, art. 4)* « sociaux territoriaux » compétents, les conditions dans lesquelles tout ou partie des services régionaux correspondants sont transférés à la métropole. Elle constate la liste des services ou parties de service qui sont, pour l'exercice de ses missions, mis à disposition de la métropole et fixe la date de transfert définitif. Ces services ou parties de service sont placés sous l'autorité du président du conseil de la métropole.

Toutefois, les conventions prévues au présent V peuvent prévoir que des services ou parties de service concernés par un transfert de compétences demeurent des services régionaux et sont mis à disposition de la métropole pour l'exercice de ses compétences.

VI. — La métropole est associée de plein droit à l'élaboration, la révision et la modification des schémas et documents de planification en matière d'aménagement, de développement économique et d'innovation, de transports et d'environnement, d'enseignement supérieur et de recherche, dont la liste est fixée par décret en Conseil d'État et qui relèvent de la compétence de l'État, d'une collectivité territoriale ou de leurs établissements publics, lorsque ces schémas et documents ont une incidence ou un impact sur le territoire de la métropole.

La métropole est associée de plein droit à l'élaboration du contrat de plan conclu avec l'État, en application de la loi n° 82-653 du 29 juillet 1982 portant réforme de la planification, qui comporte un volet spécifique à son territoire.

À Strasbourg, ce contrat est signé entre l'État et l'eurométropole de Strasbourg. Il prend en compte la présence d'institutions européennes et internationales.

Pour assurer à l'eurométropole de Strasbourg les moyens de ses fonctions de ville siège des institutions européennes, conférées en application des traités et des protocoles européens ratifiés par la France, l'État signe avec celle-ci un contrat spécifique, appelé "contrat triennal, Strasbourg, capitale européenne".

VII. — L'État peut transférer à la métropole qui en fait la demande la propriété, l'aménagement, l'entretien et la gestion de grands équipements et infrastructures. Ces transferts sont effectués à titre gratuit et ne donnent lieu au paiement d'aucune indemnité ou taxe, ni d'aucuns droit, salaire ou honoraires.

Le transfert est autorisé par décret. Une convention conclue entre l'État et la métropole précise les modalités du transfert.

La métropole qui en a fait la demande peut exercer la compétence relative à la construction, la reconstruction, l'extension, les grosses réparations, l'équipement et la gestion des logements étudiants, dans les conditions prévues à l'article L. 822-1 du code de l'éducation.

La métropole peut créer les établissements mentionnés au 10° du I de l'article L. 312-1 du code de l'action sociale et des familles. Elle en assume la construction, la reconstruction, l'extension, les grosses réparations, l'équipement et la gestion.

VIII. — Afin de renforcer et de développer ses rapports de voisinage européen, la métropole peut adhérer à des structures de coopération transfrontalière telles que visées aux articles L. 1115-4, *[L.]* 1115-4-1 et L. 1115-4-2 du présent code.

La métropole limitrophe d'un État étranger élabore un schéma de coopération transfrontalière associant le département, la région et les communes concernées.

Le deuxième alinéa du présent VIII s'applique sans préjudice des actions de coopération territoriale conduites par la métropole européenne de Lille et l'eurométropole de Strasbourg au sein des groupements européens de coopération territoriale dont elles sont membres.

IX. — La métropole assure la fonction d'autorité organisatrice d'une compétence qu'elle exerce sur son territoire. Elle définit les obligations de service au public et assure la gestion des services publics correspondants, ainsi que la planification et la coordination des interventions sur les réseaux concernés par l'exercice des compétences.

X. — Le conseil de la métropole approuve à la majorité simple des suffrages exprimés le plan local d'urbanisme.

1. PLUI/Zéro artificialisation nette. L'analyse de la consommation passée d'espaces naturels et agricoles et forestiers figurant au rapport de présentation du PLU de la métropole et la justification des objectifs de modération de cette consommation figurant à ce rapport et dans le projet d'aménagement et de développement durables présentaient des insuffisances substantielles de nature à affecter les choix d'urbanisme opérés par le plan. • CAA Bordeaux, 15 févr. 2022, *Toulouse Métropole,* n°s 21BX02287 et 21BX02288 : *AJCT 2021. 366*.

2. Publicité extérieure. Les métropoles de droit commun sont habilitées à élaborer un règlement local de publicité. En revanche, les présidents de métropoles ne possèdent pas d'attribution de police leur permettant de réglementer la publicité (V. aussi note 5 ss. art. L. 5211-17). * Rép. min. n° 20835 : *JO Sénat, 2 mars 2017, p. 879*.

Art. L. 5217-3 Sans préjudice de l'article L. 2212-2 et par dérogation à l'article L. 2213-32, le président du conseil de la métropole exerce les attributions lui permettant de réglementer la défense extérieure contre l'incendie.

(L. n° 2017-257 du 28 févr. 2017, art. 71) « Sans préjudice de l'article L. 2212-2 et par dérogation aux articles L. 2213-1 à L. 2213-6-1, le président du conseil de la métropole exerce les prérogatives des maires en matière de police de la circulation et du stationnement sur les routes intercommunales en dehors des agglomérations. »

Art. L. 5217-4 La métropole est substituée de plein droit à l'établissement public de coopération intercommunale à fiscalité propre dont la transformation est mentionnée à l'article L. 5217-1.

La substitution de la métropole à l'établissement public de coopération intercommunale est opérée dans les conditions prévues aux deux derniers alinéas de l'article L. 5211-41.

Art. L. 5217-5 Les biens et droits à caractère mobilier ou immobilier situés sur le territoire de la métropole et utilisés pour l'exercice des compétences transférées mentionnées au I de l'article L. 5217-2 sont mis de plein droit à disposition de la métropole par les communes membres. Un procès-verbal établi contradictoirement précise la consistance et la situation juridique de ces biens et droits.

Les biens et droits mentionnés au premier alinéa du présent article sont transférés dans le patrimoine de la métropole au plus tard un an après la date de la première réunion du conseil de la métropole.

Les biens et droits appartenant au patrimoine de l'établissement public de coopération intercommunale à fiscalité propre transformé en application de l'article L. 5217-4 sont transférés à la métropole en pleine propriété. Lorsque les biens étaient mis, par les communes, à disposition de cet établissement public, en application des articles L. 1321-1 et L. 1321-2, le transfert de propriété est opéré entre la ou les communes concernées et la métropole.

À défaut d'accord amiable, un décret en Conseil d'État procède au transfert définitif de propriété. Il est pris après avis d'une commission dont la composition est fixée par arrêté du ministre chargé des collectivités territoriales et qui comprend des maires des communes concernées par un tel transfert, le président du conseil de la métropole et des présidents d'organe délibérant d'établissements publics de coopération intercommunale à fiscalité propre. La commission élit son président en son sein.

Les transferts sont réalisés à titre gratuit et ne donnent lieu au paiement d'aucune indemnité ou taxe, ni d'aucuns droit, salaire ou honoraires.

La métropole est substituée de plein droit, pour l'exercice des compétences transférées, aux communes membres et à l'établissement public de coopération intercommunale transformé en application de l'article L. 5217-4, dans l'ensemble des droits et obligations attachés aux biens mis à disposition en application du premier alinéa du présent article et transférés à la métropole en application du présent article ainsi que, pour l'exercice de ces compétences sur le territoire métropolitain, dans toutes leurs délibérations et tous leurs actes.

Les contrats sont exécutés dans les conditions antérieures jusqu'à leur échéance, sauf accord contraire des parties. Les cocontractants sont informés de la substitution de personne morale par le conseil de la métropole. La substitution de personne morale dans les contrats en cours n'entraîne aucun droit à résiliation ou à indemnisation pour le cocontractant.

SECTION 3 Régime juridique

Art. L. 5217-6 Le conseil de la métropole est présidé par le président du conseil de la métropole. Il est composé de conseillers métropolitains.

Art. L. 5217-7 I. — Les articles L. 5215-16 à L. 5215-18, L. 5215-21, L. 5215-26 à L. 5215-29, L. 5215-40 et L. 5215-42 sont applicables aux métropoles.

Pour l'application de l'article L. 5211-17, les conditions de majorité requises sont celles prévues à l'article L. 5211-5.

II. — Lorsqu'une partie des communes membres d'un syndicat de communes ou d'un syndicat mixte fait partie d'une métropole, du fait de la création de cette métropole, de la fusion d'établissements publics de coopération intercommunale pour constituer une métropole ou de la transformation d'un établissement public de coopération intercommunale en métropole, et que cette métropole est incluse en totalité dans le syndicat, cette création, cette fusion ou cette transformation vaut retrait du syndicat des communes membres de la métropole pour les compétences mentionnées au I de l'article L. 5217-2 que le syndicat exerce. Ce retrait s'effectue dans les conditions fixées à l'article L. 5211-25-1 et au troisième alinéa de l'article L. 5211-19. À défaut d'accord entre l'organe délibérant du syndicat et le conseil municipal concerné sur la répartition des biens ou du produit de leur réalisation et du solde de l'encours de la dette mentionnés au 2° de l'article L. 5211-25-1, cette répartition est fixée par arrêté du ou des représentants de l'État dans le ou les départements concernés. Cet arrêté est pris dans un délai de six mois suivant la saisine du ou des représentants de l'État dans le ou les départements concernés par l'organe délibérant de l'établissement public de coopération intercommunale ou de l'une des communes concernées.

Pour l'exercice des compétences transférées autres que celles mentionnées au I de l'article L. 5217-2, la métropole est substituée au sein du syndicat aux communes qui la composent. Cette substitution ne modifie pas les attributions du syndicat de communes, qui devient syndicat mixte au sens de l'article L. 5711-1, ou du syndicat mixte intéressé. Elle ne modifie pas non plus le périmètre dans lequel ce syndicat exerce ses compétences.

III. — Lorsqu'une partie des communes membres d'un syndicat de communes ou d'un syndicat mixte est associée avec des communes extérieures à ce syndicat dans une métropole, du fait de la création de cette métropole, de la fusion d'établissements publics de coopération intercommunale pour constituer une métropole ou de la transformation d'un établissement public de coopération intercommunale en métropole, cette création, cette fusion ou cette transformation vaut retrait du syndicat des communes membres de la métropole pour les compétences transférées et dans les conditions prévues au premier alinéa du II. Elle vaut substitution de la métropole aux communes pour les compétences transférées et dans les conditions prévues au second alinéa du même II.

IV. — Lorsque le périmètre d'une métropole est étendu par adjonction d'une ou de plusieurs communes membres d'un ou de plusieurs syndicats de communes ou syndicats mixtes, cette extension vaut retrait des communes des syndicats ou substitution de la métropole aux communes au sein des syndicats dans les cas et conditions prévus aux II et III.

Lorsque les compétences d'une métropole sont étendues, conformément à l'article L. 5211-17, à des compétences antérieurement déléguées par tout ou partie des communes qui la composent à un ou plusieurs syndicats de communes ou syndicats mixtes, la métropole est substituée à ces communes au sein du ou des syndicats dans les conditions mentionnées au second alinéa du II du présent article.

(L. n° 2015-991 du 7 août 2015, art. 67) « IV *bis*. — Par dérogation aux II à IV du présent article, lorsqu'un syndicat exerçant une compétence en matière d'eau ou d'assainissement regroupe des communes appartenant à trois établissements publics de coopération intercommunale à fiscalité propre au moins à la date du transfert de cette compétence à la métropole, la métropole est substituée, au sein du syndicat, aux communes qui la composent, dans les conditions prévues au second alinéa du II. Toutefois, après avis de la commission départementale de la coopération intercommunale, le représentant de l'État peut autoriser la métropole à se retirer du syndicat au 1er jan-

vier de l'année qui suit la date du transfert de la compétence, dans les conditions prévues au premier alinéa du même II. »

(L. n° 2016-1087 du 8 août 2016, art. 63) « IV *ter*. – Par dérogation aux II, III et IV du présent article, pour la compétence en matière de gestion des milieux aquatiques et de prévention des inondations mentionnée à l'article L. 211-7 du code de l'environnement, lorsqu'une partie des communes d'un syndicat de communes ou d'un syndicat mixte fait partie d'une métropole dont le périmètre est totalement ou partiellement inclus dans le périmètre de ce syndicat, la métropole est substituée au sein du syndicat aux communes qui la composent, dans les conditions prévues au second alinéa du II du présent article. »

V. – Lorsque la métropole est substituée à des communes au sein d'un syndicat de communes ou d'un syndicat mixte pour l'exercice d'une compétence, *(L. n° 2015-991 du 7 août 2015, art. 71)* « le nombre de sièges des représentants de la métropole est proportionnel à la part relative de la population des communes auxquelles la métropole est substituée, sans pouvoir excéder la moitié du nombre total de sièges ».

VI. – Par dérogation aux II à V du présent article, lorsqu'une partie des communes d'un syndicat de communes ou d'un syndicat mixte fait partie d'une métropole dont le périmètre est totalement ou partiellement inclus dans le périmètre de ce syndicat, la métropole est substituée, au sein du syndicat, pour la compétence d'autorité concédante de la distribution publique d'électricité prévue au *g* du 6° du I de l'article L. 5217-2, aux communes qui la composent, par dérogation au premier alinéa du I de l'article L. 5215-22. Cette substitution ne modifie pas les attributions du syndicat de communes, qui devient un syndicat mixte, au sens de l'article L. 5711-1, ou du syndicat mixte intéressé. Elle ne modifie pas non plus le périmètre dans lequel ce syndicat exerce ses compétences. Le nombre de *(L. n° 2015-991 du 7 août 2015, art. 71)* « sièges » dont disposent les représentants de la métropole dans le comité syndical est proportionnel à la population des communes que la métropole représente au titre de cette compétence, sans pouvoir excéder la moitié du nombre total de *(L. n° 2015-991 du 7 août 2015, art. 71)* « sièges ». Les statuts des syndicats mixtes existant à la date de promulgation de la loi n° 2014-58 du 27 janvier 2014 de modernisation de l'action publique territoriale et d'affirmation des métropoles doivent être mis en conformité avec le présent VI dans un délai de six mois à compter de la publication de la même loi.

(L. n° 2015-991 du 7 août 2015, art. 67) « VII. – Le présent article est également applicable lorsqu'un établissement public de coopération intercommunale fusionné pour constituer la métropole était membre d'un syndicat mixte. »

SECTION 4 La conférence métropolitaine

Art. L. 5217-8 *Abrogé par L. n° 2019-1461 du 27 déc. 2019, art. 1er.*

SECTION 5 Le conseil de développement

Art. L. 5217-9 La métropole européenne de Lille et l'eurométropole de Strasbourg associent les autorités publiques locales du pays voisin, les organismes transfrontaliers ainsi que les groupements européens de coopération territoriale dont elles sont membres aux travaux du conseil de développement de la métropole, selon des modalités déterminées par le règlement intérieur du conseil de la métropole.

À Strasbourg, le conseil de développement de l'eurométropole associe les représentants des institutions et organismes européens.

SECTION 6 Dispositions financières et comptables

Art. L. 5217-10 *(Ord. n° 2014-1490 du 11 déc. 2014, art. 1er)* Sous réserve des dispositions de la présente section, les métropoles sont soumises aux dispositions du livre III de la deuxième partie.

SOUS-SECTION 1 Budgets et comptes

(Ord. n° 2014-1490 du 11 déc. 2014, art. 1er)

Art. L. 5217-10-1 *(Abrogé par Ord. n° 2025-526 du 12 juin 2025, art. 1er, à compter de l'exercice budgétaire 2026)* ***Le budget de la métropole est l'acte par lequel sont prévues et autorisées les recettes et les dépenses annuelles de la métropole. Le budget voté doit être équilibré en dépenses et en recettes.***

Le budget de la métropole est établi en section de fonctionnement et en section d'investissement, tant en recettes qu'en dépenses. Certaines interventions, activités ou services sont individualisés au sein de budgets annexes.

Le budget de la métropole est divisé en chapitres et articles.

Un décret fixe les conditions d'application du présent article.

Sur la possibilité pour les collectivités territoriales et leurs établissements publics d'adopter le cadre budgétaire et comptable défini aux art. L. 5217-10-1 à L. 5217-10-15 et L. 5217-12-2 à L. 5217-12-5 CGCT, V. L. n° 2015-991 du 7 août 2015, art. 106-III, et Décr. n° 2023-624 du 18 juill. 2023, art. 1er à 9, infra.

Loi n° 2015-991 du 7 août 2015,

Portant nouvelle organisation territoriale de la République.

Art. 106 *[...] (L. n° 2022-217 du 21 févr. 2022, art. 175)* « III. — Les collectivités territoriales, leurs groupements et leurs établissements publics, les services d'incendie et de secours, les centres de gestion de la fonction publique territoriale, le Centre national de la fonction publique territoriale et les associations syndicales autorisées peuvent, par délibération de leur assemblée délibérante, choisir d'adopter le cadre budgétaire et comptable défini aux articles L. 5217-10-1 à L. 5217-10-15 et L. 5217-12-2 à L. 5217-12-5 du code général des collectivités territoriales, sans préjudice des articles L. 2311-1-2, L. 3311-3 et L. 4310-1 du même code.

« Concernant les dépenses obligatoires, les collectivités territoriales restent soumises aux dispositions spécifiques qui les régissent et l'article L. 5217-12-1 dudit code ne s'applique pas. Les services d'incendie et de secours sont soumis à l'article L. 3321-1 du même code, à l'exception des 2°, 3° et 7° à 16° du même article L. 3321-1. Pour le Centre national de la fonction publique territoriale et les centres de gestion de la fonction publique territoriale, la liste des dépenses obligatoires est fixée par décret.

« L'article L. 5217-10-2 du même code n'est pas applicable aux communes et groupements de communes de moins de 50 000 habitants, ni à leurs établissements publics.

« Les articles L. 5217-10-5, L. 5217-10-7 à L. 5217-10-9, L. 5217-10-14 et L. 5217-10-15 du même code ne sont applicables ni aux communes et à leurs groupements de moins de 3 500 habitants ni à leurs établissements publics, qui restent soumis aux dispositions spécifiques qui les régissent. Par dérogation, les communes, leurs groupements de moins de 3 500 habitants et leurs établissements publics peuvent faire application des articles L. 5217-10-7 et L. 5217-10-9 du même code, sous réserve de l'article L. 5217-10-8 du même code.

« Par dérogation au premier alinéa de l'article L. 5217-10-5 du même code, le budget des services d'incendie et de secours et des centres de gestion de la fonction publique territoriale est voté par nature. Il peut comporter une présentation croisée par fonction.

« Le Centre national de la fonction publique territoriale et les centres de gestion de la fonction publique territoriale ne sont pas soumis aux 1° et 4° de l'article L. 5217-10-14 ni à l'article L. 5217-10-15 du même code. Pour l'application de l'article L. 5217-10-13 du même code, le lieu de mise à la disposition du public est le siège de l'établissement mentionné à l'article L. 451-1 du code général de la fonction publique.

« Les associations syndicales autorisées qui choisissent d'adopter le cadre budgétaire et comptable défini aux articles L. 5217-10-1 à L. 5217-10-15 et L. 5217-12-2 à L. 5217-12-5 du code général des collectivités territoriales dans les conditions prévues au premier alinéa du présent III sont soumises aux dispositions applicables aux communes de moins de 3 500 habitants.

« Les modalités de mise en œuvre du présent III sont précisées par décret. »

Décret nº 2023-624 du 18 juillet 2023,

Portant application du III de l'article 106 de la loi nº 2015-991 du 7 août 2015 portant nouvelle organisation territoriale de la République et dispositions diverses relatives au budget spécial de la préfecture de police de Paris.

Art. 1er Par délibération des assemblées délibérantes, et après consultation du comptable public compétent, les personnes publiques mentionnées au premier alinéa du III de l'article 106 de la loi du 7 août 2015 susvisée peuvent adopter le cadre budgétaire et comptable défini aux articles L. 5217-10-1 à L. 5217-10-15 et L. 5217-12-2 à L. 5217-12-5 du code général des collectivités territoriales.

L'avis du comptable public est joint au projet de délibération.

Le choix d'opter pour ce cadre budgétaire et comptable est définitif et celui-ci entre en vigueur au début de l'exercice budgétaire déterminé par la délibération.

Art. 2 Les personnes morales de droit public mentionnées au III de l'article 106 de la loi du 7 août 2015 susvisée appliquent les articles D. 5217-1 à D. 5217-19 et D. 5217-23 à D. 5217-38 du code général des collectivités territoriales sous réserve des dispositions du présent décret.

Les modalités d'application du présent article sont précisées par arrêté conjoint du ministre chargé des collectivités territoriales et du ministre chargé du budget.

Art. 3 En application du troisième alinéa de l'article L. 2312-3 du code général des collectivités territoriales, la nomenclature par nature et la présentation des documents budgétaires applicables aux communes et à leurs groupements de moins de 3 500 habitants sont fixées par arrêté conjoint du ministre chargé des collectivités territoriales et du ministre chargé du budget, conformément aux dispositions des articles D. 5217-4 à D. 5217-7 du même code.

Leur budget est voté par nature. Il peut comporter une présentation croisée par fonction.

Ces dispositions s'appliquent à leurs établissements publics administratifs ainsi qu'aux associations syndicales autorisées.

Art. 4 Les syndicats intercommunaux qui exercent une activité unique et les caisses des écoles votent leur budget par nature. Il peut comporter une présentation croisée par fonction.

Art. 5 Par dérogation au *a* de l'article D. 5217-6 du code général des collectivités territoriales, pour les dépenses et recettes ventilables relevant de la fonction 1 "sécurité", les chapitres du budget spécial de la préfecture de police de Paris mentionné à l'article L. 2512-22 du même code voté par fonction correspondent au groupe 90 "Opérations ventilées", complété par le numéro de la fonction 1 "sécurité" de la nomenclature fonctionnelle et des sous-fonctions subdivisant cette fonction.

Par dérogation au *b* de l'article D. 5217-6 du code général des collectivités territoriales, pour les dépenses et recettes ventilables relevant de la fonction 1 "sécurité", les chapitres du budget spécial de la préfecture de police de Paris mentionné à l'article L. 2512-22 du même code voté par fonction correspondent au groupe 93 "Opérations ventilées", complété par le numéro de la fonction 1 "sécurité" de la nomenclature fonctionnelle et des sous-fonctions subdivisant cette fonction.

Art. 6 Pour l'application du 19° de l'article L. 3321-1 du code général des collectivités territoriales, les services d'incendie et de secours appliquent l'article D. 5217-21 du même code.

Art. 7 Pour l'application de l'article L. 5217-12-3 du code général des collectivités territoriales, les autorisations de programme et les autorisations d'engagement de dépenses imprévues sont affectées selon les modalités définies par le règlement budgétaire et financier adopté dans les conditions prévues à l'article L. 5217-10-8 du même code.

Art. 8 Pour le Centre national de la fonction publique territoriale et les centres de gestion de la fonction publique territoriale, les dépenses obligatoires comprennent notamment :

1° Les dotations aux amortissements des immobilisations déterminées dans les conditions prévues aux articles D. 5217-20 et D. 5217-21 du code général des collectivités locales ;

2° Les dotations aux provisions, notamment pour risques liés à la souscription de produits financiers, déterminées dans les conditions prévues à l'article D. 5217-22 du même code.

Art. 9 Le décret n° 2015-1899 du 30 décembre 2015 portant application du III de l'article 106 de la loi du 7 août 2015 susvisée est abrogé.

Les personnes publiques mentionnées au premier alinéa du III de ce même article 106 qui ont déjà délibéré pour adopter le cadre budgétaire et comptable défini aux articles L. 5217-10-1 à L. 5217-10-15 et L. 5217-12-2 à L. 5217-12-5 du code général des collectivités territoriales précédemment à l'entrée en vigueur du présent décret ne sont pas tenues de délibérer de nouveau pour son adoption.

Art. L. 5217-10-2 *(Abrogé par Ord. n° 2025-526 du 12 juin 2025, art. 1er, à compter de l'exercice budgétaire 2026)* ***Préalablement aux débats sur le projet de budget, le président du conseil de la métropole présente un rapport sur la situation en matière de développement durable intéressant le fonctionnement de la métropole, les politiques qu'elle mène sur son territoire et les orientations et programmes de nature à améliorer cette situation*** *(L. n° 2021-1031 du 4 août 2021, art. 5)* ***« et à contribuer à l'atteinte des objectifs de développement durable inscrits au programme de développement durable à l'horizon 2030, adopté le 25 septembre 2015 par l'Assemblée générale des Nations unies ». Le contenu de ce rapport et, si nécessaire, les modalités de son élaboration sont fixés par décret.***

Art. L. 5217-10-3 *(Abrogé par Ord. n° 2025-526 du 12 juin 2025, art. 1er, à compter de l'exercice budgétaire 2026)* ***L'attribution des subventions donne lieu à une délibération distincte du vote du budget. Toutefois, pour les subventions dont l'attribution n'est pas assortie de conditions d'octroi, le conseil de la métropole peut décider :***

1° D'individualiser au budget les crédits par bénéficiaire ; ou

2° D'établir, dans un état annexé au budget, une liste de bénéficiaires avec, pour chacun d'eux, l'objet et le montant de la subvention. L'individualisation des crédits ou la liste établie conformément au 2° vaut décision d'attribution des subventions en cause.

Art. L. 5217-10-4 *(Abrogé par Ord. n° 2025-526 du 12 juin 2025, art. 1er, à compter de l'exercice budgétaire 2026)* ***Pour l'application de l'article L. 2312-1, la présentation des orientations budgétaires intervient dans un délai de dix semaines précédant l'examen du budget.***

Le projet de budget de la métropole est préparé et présenté par le président du conseil de la métropole qui est tenu de le communiquer aux membres du conseil de la métropole avec les rapports correspondants, douze jours au moins avant l'ouverture de la première réunion consacrée à l'examen dudit budget.

Le budget primitif, le budget supplémentaire et les décisions modificatives sont votés par le conseil de la métropole.

Art. L. 5217-10-5 *(Abrogé par Ord. n° 2025-526 du 12 juin 2025, art. 1er, à compter de l'exercice budgétaire 2026)* ***Le budget de la métropole est voté soit par nature, soit par fonction. Si le budget est voté par nature, il comporte, en outre, une présentation croisée par fonction ; s'il est voté par fonction, il comporte une présentation croisée par nature. La nomenclature par nature et la nomenclature par fonction sont fixées par arrêté conjoint du ministre chargé des collectivités territoriales et du ministre chargé du budget.***

Les documents budgétaires sont présentés conformément aux modèles fixés par arrêté conjoint du ministre chargé des collectivités territoriales et du ministre chargé du budget.

Un décret fixe les conditions d'application du présent article.

Art. L. 5217-10-6 *(Abrogé par Ord. n° 2025-526 du 12 juin 2025, art. 1er, à compter de l'exercice budgétaire 2026)* ***Les crédits sont votés par chapitre et, si le conseil de la métropole en décide ainsi, par article. Dans ces deux cas, le conseil de la métropole peut cependant spécifier que certains crédits sont spécialisés par article.***

En cas de vote par article, le président du conseil de la métropole peut effectuer, par décision expresse, des virements d'article à article à l'intérieur du même chapitre à l'exclusion des articles dont les crédits sont spécialisés.

Dans une limite fixée à l'occasion du vote du budget et ne pouvant dépasser 7,5 % des dépenses réelles de chacune des sections, le conseil de la métropole peut déléguer à son président la possibilité de procéder à des mouvements de crédits de chapitre à chapitre, à l'exclusion des crédits relatifs aux dépenses de personnel. Dans ce cas, le président du conseil de la métropole informe l'assemblée délibérante de ces mouvements de crédits lors de sa plus proche séance.

Art. L. 5217-10-7 (*Abrogé par Ord. nº 2025-526 du 12 juin 2025, art. 1er, à compter de l'exercice budgétaire 2026*) *I. — Si le conseil de la métropole le décide, les dotations affectées aux dépenses d'investissement comprennent des autorisations de programme et des crédits de paiement.*

Les autorisations de programme constituent la limite supérieure des dépenses qui peuvent être engagées pour l'exécution des investissements. Elles demeurent valables, sans limitation de durée, jusqu'à ce qu'il soit procédé à leur annulation. Elles peuvent être révisées.

Les crédits de paiement constituent la limite supérieure des dépenses pouvant être ordonnancées ou payées pendant l'année pour la couverture des engagements contractés dans le cadre des autorisations de programme correspondantes.

L'équilibre budgétaire de la section d'investissement s'apprécie en tenant compte des seuls crédits de paiement.

II. — Si le conseil de la métropole le décide, les dotations affectées aux dépenses de fonctionnement comprennent des autorisations d'engagement et des crédits de paiement.

La faculté prévue au premier alinéa du présent II est réservée aux seules dépenses résultant de conventions, de délibérations ou de décisions au titre desquelles la métropole s'engage, au-delà d'un exercice budgétaire, dans le cadre de l'exercice de ses compétences, à verser une subvention, une participation ou une rémunération à un tiers à l'exclusion des frais de personnel.

Les autorisations d'engagement constituent la limite supérieure des dépenses qui peuvent être engagées pour le financement des dépenses visées à l'alinéa précédent. Elles demeurent valables sans limitation de durée jusqu'à ce qu'il soit procédé à leur annulation. Elles peuvent être révisées.

Les crédits de paiement constituent la limite supérieure des dépenses pouvant être mandatées pendant l'année pour la couverture des engagements contractés dans le cadre des autorisations d'engagement correspondantes.

L'équilibre budgétaire de la section de fonctionnement s'apprécie en tenant compte des seuls crédits de paiement.

À l'occasion du vote du compte administratif, le président du conseil de la métropole présente un bilan de la gestion pluriannuelle. La situation des autorisations d'engagement et de programme ainsi que des crédits de paiement y afférents donne lieu à un état joint au compte administratif.

Un décret fixe les conditions d'application du présent article.

Art. L. 5217-10-8 (*Abrogé par Ord. nº 2025-526 du 12 juin 2025, art. 1er, à compter de l'exercice budgétaire 2026*) *Avant le vote de la première délibération budgétaire qui suit son renouvellement, le conseil de la métropole établit son règlement budgétaire et financier.*

Le règlement budgétaire et financier de la métropole précise notamment :

1º Les modalités de gestion des autorisations de programme, des autorisations d'engagement et des crédits de paiement y afférents, et notamment les règles relatives à la caducité et à l'annulation des autorisations de programme et des autorisations d'engagement ;

2º Les modalités d'information du conseil de la métropole sur la gestion des engagements pluriannuels au cours de l'exercice.

Il peut aussi préciser les modalités de report des crédits de paiement afférents à une autorisation de programme, dans les cas et conditions fixés par arrêté conjoint du ministre chargé des collectivités territoriales et du ministre chargé du budget.

Art. L. 5217-10-9 (*Abrogé par Ord. nº 2025-526 du 12 juin 2025, art. 1er, à compter de l'exercice budgétaire 2026*) *Lorsque la section d'investissement ou la section de fonctionnement du budget comporte soit des autorisations de programme et des crédits de paiement, soit des autorisations d'engagement et des crédits de paiement, le président du conseil de la métropole peut, jusqu'à l'adoption du budget ou jusqu'à son règlement en cas de non-adoption du budget, liquider et mandater les dépenses d'investissement et les dépenses de fonctionnement correspondant aux autorisations ouvertes au cours des exercices antérieurs, dans la limite d'un montant de crédits de paiement par chapitre égal au tiers des autorisations ouvertes au cours de l'exercice précédent. Les crédits correspondants sont inscrits au budget lors de son adoption ou de son règlement. Le comptable est en droit de payer les mandats émis dans ces conditions.*

Art. L. 5217-10-10 *(Abrogé par Ord. nº 2025-526 du 12 juin 2025, art. 1er, à compter de l'exercice budgétaire 2026)* ***Le président du conseil de la métropole présente annuellement le compte administratif au conseil de la métropole, qui en débat sous la présidence de l'un de ses membres.***

Le président du conseil de la métropole peut, même s'il n'est plus en fonctions, assister à la discussion. Il doit se retirer au moment du vote.

Le compte administratif est adopté par le conseil de la métropole.

Préalablement, le conseil de la métropole arrête le compte de gestion de l'exercice clos.

Art. L. 5217-10-11 *(Abrogé par Ord. nº 2025-526 du 12 juin 2025, art. 1er, à compter de l'exercice budgétaire 2026)* ***Le résultat excédentaire de la section de fonctionnement dégagé au titre de l'exercice clos, cumulé avec le résultat antérieur reporté, est affecté en totalité dès la plus proche décision budgétaire suivant le vote du compte administratif et, en tout état de cause, avant la clôture de l'exercice suivant. La délibération d'affectation prise par la métropole est produite à l'appui de la décision budgétaire de reprise de ce résultat.***

Le résultat déficitaire de la section de fonctionnement, le besoin de financement ou l'excédent de la section d'investissement sont repris en totalité dès la plus proche décision budgétaire suivant le vote du compte administratif et, en tout état de cause, avant la fin de l'exercice.

Entre la date limite de mandatement fixée au dernier alinéa de l'article L. 1612-11 et la date limite de vote des taux des impositions locales prévue à l'article 1639 A du code général des impôts, le conseil de la métropole peut, au titre de l'exercice clos et avant l'adoption de son compte administratif, reporter de manière anticipée au budget le résultat de la section de fonctionnement, le besoin de financement de la section d'investissement ou, le cas échéant, l'excédent de la section d'investissement ainsi que la prévision d'affectation.

Si le compte administratif fait apparaître une différence avec les montants reportés par anticipation, le conseil de la métropole procède à leur régularisation et à la reprise du résultat dans la plus proche décision budgétaire suivant le vote du compte administratif et, en tout état de cause, avant la fin de l'exercice.

Un décret fixe les conditions d'application du présent article.

Art. L. 5217-10-12 *(Abrogé par Ord. nº 2025-526 du 12 juin 2025, art. 1er, à compter de l'exercice budgétaire 2026)* ***Lorsque la section d'investissement du budget présente un excédent après reprise des résultats, la collectivité peut transférer cet excédent à la section de fonctionnement dans les cas et conditions définis par décret.***

Art. L. 5217-10-13 *(Abrogé par Ord. nº 2025-526 du 12 juin 2025, art. 1er, à compter de l'exercice budgétaire 2026)* ***Pour l'application de l'article L. 2313-1, les lieux de mise à disposition du public sont le siège de la métropole et les mairies des communes situées sur le territoire de la métropole.***

Art. L. 5217-10-14 Les documents budgétaires sont assortis en annexe, notamment :

1° De données synthétiques sur la situation financière de la métropole ;

2° De la liste des concours attribués par la métropole sous forme de prestations en nature ou de subventions. Ce document est joint au seul compte administratif ;

3° De la présentation agrégée des résultats afférents au dernier exercice connu du budget principal et des budgets annexes de la métropole. Ce document est joint au seul compte administratif ;

4° De la liste des organismes pour lesquels la métropole :

a) Détient une part du capital ;

b) A garanti un emprunt ;

c) A versé une subvention supérieure à 75 000 € ou représentant plus de 50 % du produit figurant au compte de résultat de l'organisme.

La liste indique le nom, la raison sociale et la nature juridique de l'organisme ainsi que la nature et le montant de l'engagement financier de la métropole ;

5° D'un tableau retraçant l'encours des emprunts garantis par la métropole ainsi que l'échéancier de leur amortissement ;

6° De la liste des délégataires de service public ;

7° D'une annexe retraçant l'ensemble des engagements financiers de la métropole résultant des *(Ord. nº 2018-1074 du 26 nov. 2018, art. 6)* « marchés de partenariat » prévus à l'article L. 1414-1 ;

8° D'une annexe retraçant la dette liée à la part investissements des *(Ord. n° 2018-1074 du 26 nov. 2018, art. 6)* « marchés de partenariat » ;

9° De l'état de variation du patrimoine prévu à l'article L. 2241-1 ;

10° Des autres états portant sur la situation patrimoniale et financière de la métropole ainsi que sur ses différents engagements.

Lorsqu'une décision modificative ou le budget supplémentaire a pour effet de modifier le contenu de l'une des annexes, celle-ci doit être à nouveau produite pour le vote de la décision modificative ou du budget supplémentaire.

En cas de signature d'un contrat de ville défini à l'article 6 de la loi n° 2014-173 du 21 février 2014 de programmation pour la ville et la cohésion urbaine, la métropole présente annuellement un état, annexé à son budget, retraçant les recettes et les dépenses correspondant aux engagements pris dans le cadre de ces contrats. Y figurent l'ensemble des actions conduites et des moyens apportés par les différentes parties au contrat, notamment les départements et les régions, en distinguant les moyens qui relèvent de la politique de la ville de ceux qui relèvent du droit commun.

Les documents mentionnés au 1° font l'objet d'une insertion dans une ou plusieurs publications locales dont la diffusion totale couvre l'ensemble du territoire de la métropole.

Un décret fixe les conditions d'application du présent article.

Nouvel art. L. 5217-10-14 *(Ord. n° 2025-526 du 12 juin 2025, art. 1er) Pour l'application de l'article L. 1612-35, en cas de signature d'un contrat de ville défini à l'article 6 de la loi n° 2014-173 du 21 février 2014 de programmation pour la ville et la cohésion urbaine, la métropole présente annuellement un état, annexé à son budget, retraçant les recettes et les dépenses correspondant aux engagements pris dans le cadre de ces contrats. Y figurent l'ensemble des actions conduites et des moyens apportés par les différentes parties au contrat, notamment les départements et les régions, en distinguant les moyens qui relèvent de la politique de la ville de ceux qui relèvent du droit commun.*

Le présent art. entre en vigueur à compter de l'exercice budgétaire 2026 (Ord. n° 2025-526 du 12 juin 2025, art. 12).

Art. L. 5217-10-15 *(Abrogé par Ord. n° 2025-526 du 12 juin 2025, art. 1er, à compter de l'exercice budgétaire 2026) Les comptes certifiés des organismes mentionnés au 4° de l'article L. 5217-10-14 sont transmis à la métropole.*

Ils sont communiqués par la métropole aux élus du conseil de la métropole qui en font la demande, dans les conditions prévues à l'article L. 2121-13, ainsi qu'à toute personne intéressée, dans les conditions prévues à l'article L. 2121-26.

Sont transmis par la métropole au représentant de l'État et au comptable de la métropole à l'appui du compte administratif les comptes certifiés des organismes non dotés d'un comptable public et pour lesquels la métropole :

1° Détient au moins 33 % du capital ; ou

2° A garanti un emprunt ; ou

3° A versé une subvention supérieure à 75 000 € ou représentant plus de 50 % du produit figurant au compte de résultat de l'organisme et dépassant le seuil prévu par le (L. n° 2016-1321 du 7 oct. 2016, art. 18) « quatrième » alinéa de l'article 10 de la loi n° 2000-321 du 12 avril 2000.

SOUS-SECTION 2 **Recettes**

Art. L. 5217-11 Les articles L. 5215-32 à L. 5215-35 sont applicables aux métropoles.

Art. L. 5217-12 I. — Les métropoles bénéficient, à compter du 1er janvier de l'année suivant celle de leur création, d'une dotation globale de fonctionnement égale à la somme des deux éléments suivants :

1° Une dotation d'intercommunalité, calculée selon les modalités définies *(L. n° 2018-1317 du 28 déc. 2018, art. 250)* « à l'article L. 5211-28 » ;

2° Une dotation de compensation, calculée selon les modalités définies à l'article L. 5211-28-1.

II. – Pour l'application du 1° du I du présent article, la population à prendre en compte est celle définie à l'article L. 2334-2.

SOUS-SECTION 3 **Dépenses**

(Ord. nº 2014-1490 du 11 déc. 2014, art. 1er)

Art. L. 5217-12-1 Les dépenses obligatoires des métropoles comprennent notamment :

1° Les frais de bureau et d'impression pour le service de la métropole et les frais de conservation des archives de la métropole et du recueil des actes administratifs de la métropole ;

2° Les indemnités de fonction, les cotisations au régime général de la sécurité sociale, les cotisations aux régimes de retraites, les cotisations au fonds ainsi que les frais de formation des élus métropolitains ;

3° La rémunération des agents métropolitains, les contributions et les cotisations sociales afférentes ;

4° Dans les conditions prévues à l'article 88-1 de la loi nº 84-53 du 26 janvier 1984 portant dispositions statutaires relatives à la fonction publique territoriale, les dépenses afférentes aux prestations mentionnées à l'article 9 de la loi nº 83-634 du 13 juillet 1983 portant droits et obligations des fonctionnaires ;

5° La cotisation au budget du Centre national de la fonction publique territoriale ;

6° Le cas échéant, les traitements et autres frais du personnel de la police métropolitaine ;

7° Les dépenses de personnel et de matériel relatives au service d'incendie et de secours, si la métropole exerce cette compétence ;

8° Les pensions à la charge de la métropole lorsqu'elles ont été régulièrement liquidées et approuvées ;

9° Les dépenses dont elle a la charge en matière d'éducation nationale ;

10° Les dépenses des services communaux de désinfection et des services métropolitains d'hygiène et de santé dans les conditions prévues par l'article L. 1422-1 du code de la santé publique si la métropole exerce cette compétence ;

11° La clôture des cimetières, leur entretien et leur translation dans les cas déterminés par le chapitre III du titre II du livre II de la partie 2 si la métropole exerce cette compétence ;

12° Les dépenses relatives au système d'assainissement collectif mentionnées au II de l'article L. 2224-8 si la métropole exerce cette compétence ;

13° Les dépenses liées à la police de la salubrité visées à l'article L. 2213-30 si la métropole exerce cette compétence ;

14° Les dépenses d'entretien des voies métropolitaine ;

15° Les dépenses d'entretien et de conservation en bon état d'ouvrages, mentionnées à l'article L. 151-40 du code rural et de la pêche maritime*[,]* dont la métropole a la charge ;

16° Les prélèvements et contributions établis par les lois sur les biens et revenus métropolitain *[métropolitains]* ;

17° Les dépenses occasionnées par l'application de l'article L. 2122-34 ;

18° Abrogé par L. nº 2015-991 du 7 août 2015, art. 44.

19° Les dépenses résultant de l'application de l'article L. 622-9 du code du patrimoine ; *– V. note ss. art. L. 1421-8.*

20° Les dotations aux amortissements des immobilisations selon des modalités déterminées par décret ;

21° Les dotations aux amortissements des subventions d'équipement versées selon des modalités déterminées par décret ;

22° Les dotations aux provisions, notamment pour risques liés à la souscription de produits financiers, dont les modalités de constitution, d'ajustement et d'emploi sont déterminées par décret ;

23° Les intérêts de la dette et les dépenses de remboursement de la dette en capital ;

24° Les dépenses occasionnées par l'application des dispositions des articles 2 et 3 de la loi n° 2000-614 du 5 juillet 2000 relative à l'accueil et à l'habitat des gens du voyage si la métropole exerce la compétence ;

25° L'acquittement des dettes exigibles ;

26° La contribution prévue à l'article 6 *quater* de la loi n° 83-634 du 13 juillet 1983 précitée ;

(L. n° 2016-1917 du 29 déc. 2016, art. 60) « 27° La retenue à la source prévue au 1° du 2 de l'article 204 A du code général des impôts. »

Art. L. 5217-12-2 Le cas échéant, les dépenses relatives au revenu de solidarité active et à l'allocation personnalisée d'autonomie sont retracées dans un chapitre individualisé du budget de la métropole.

Art. L. 5217-12-3 *(Abrogé par Ord. n° 2025-526 du 12 juin 2025, art. 1er, à compter de l'exercice budgétaire 2026)* ***Lors du vote du budget ou d'une décision modificative, le conseil de la métropole peut voter des autorisations de programme et des autorisations d'engagement de dépenses imprévues respectivement en section d'investissement et en section de fonctionnement. Pour chacune des deux sections, leur montant ne peut être supérieur à 2 % des dépenses réelles de la section.***

L'absence d'engagement d'une autorisation de programme ou d'une autorisation d'engagement de dépenses imprévues, constatée à la fin de l'exercice, entraîne la caducité de l'autorisation.

Les autorisations de programme et les autorisations d'engagement de dépenses imprévues sont affectées dans les conditions prévues par décret.

SOUS-SECTION 4 Comptabilité

(Ord. n° 2014-1490 du 11 déc. 2014, art. 1er)

Art. L. 5217-12-4 *(Abrogé par Ord. n° 2025-526 du 12 juin 2025, art. 1er, à compter de l'exercice budgétaire 2026)* ***Le président du conseil de la métropole tient la comptabilité de l'engagement des dépenses dans les conditions fixées par arrêté conjoint du ministre de l'intérieur et du ministre chargé du budget pris après consultation du comité des finances locales.***

Art. L. 5217-12-5 *(Abrogé par Ord. n° 2025-526 du 12 juin 2025, art. 1er, à compter de l'exercice budgétaire 2026)* ***Le comptable de la métropole est seul chargé d'exécuter, sous réserve des contrôles qui lui incombent, le recouvrement des recettes ainsi que le paiement des dépenses de la métropole dans la limite des crédits régulièrement ouverts par le conseil de la métropole.***

SOUS-SECTION 5 Transferts de charges et de ressources entre la région ou le département et la métropole

Art. L. 5217-13 Tout accroissement net de charges résultant des transferts de compétences effectués entre la région ou le département et la métropole en application des IV et V de l'article L. 5217-2 est accompagné du transfert concomitant à la métropole des ressources nécessaires à l'exercice normal de ces compétences. Ces ressources sont équivalentes aux dépenses effectuées, à la date du transfert, par la région ou le département au titre des compétences transférées, constatées à la date du transfert selon les modalités prévues aux articles L. 5217-14 à L. 5217-17. Elles assurent la compensation intégrale des charges transférées.

Art. L. 5217-14 Les charges correspondant à l'exercice des compétences transférées font l'objet d'une évaluation préalable au transfert desdites compétences. Cette évaluation revêt un caractère contradictoire.

Le montant des dépenses résultant des accroissements et diminutions de charges est constaté, pour chaque compétence transférée et pour chaque collectivité, au sein des conventions de transfert respectivement prévues aux IV et V de l'article L. 5217-2, après consultation de la commission prévue à l'article L. 5217-17 et sous le contrôle de la chambre régionale des comptes.

Art. L. 5217-15 Les charges transférées doivent être équivalentes aux dépenses consacrées préalablement à la création de la métropole par la région ou le département à l'exercice des compétences transférées. Ces charges peuvent être diminuées du montant des éventuelles réductions brutes de charges ou des augmentations de ressources entraînées par les transferts.

Les périodes de référence et les modalités d'évaluation des dépenses engagées par la région ou le département et figurant dans les comptes administratifs avant le transfert de chaque compétence sont déterminées conjointement par la métropole et la région ou le département.

Art. L. 5217-16 I. — Les charges transférées par la région, dont le montant est fixé dans les conditions prévues aux articles L. 5217-14 et L. 5217-15, sont compensées par le versement, chaque année, par la région à la métropole d'une dotation de compensation des charges transférées.

Cette dotation de compensation des charges transférées constitue une dépense obligatoire, au sens de l'article L. 4321-1.

II. — Les charges transférées par le département, dont le montant est fixé dans les conditions prévues aux articles L. 5217-14 et L. 5217-15, sont compensées par le versement, chaque année, par le département à la métropole d'une dotation de compensation des charges transférées.

Cette dotation de compensation des charges transférées constitue une dépense obligatoire, au sens de l'article L. 3321-1.

Art. L. 5217-17 I. — Une commission locale chargée de l'évaluation des charges et des ressources transférées est composée paritairement de représentants de la métropole et de représentants de la collectivité qui transfère une partie de ses compétences à la métropole en application des IV ou V de l'article L. 5217-2.

II. — Pour l'évaluation des charges correspondant aux compétences transférées par la région, la commission est composée de quatre représentants du conseil de la métropole et de quatre représentants du conseil régional.

III. — Pour l'évaluation des charges afférentes aux compétences transférées par le département, la commission est composée de quatre représentants du conseil de la métropole et de quatre représentants du conseil départemental.

IV. — Dans tous les cas, la commission est présidée par le président de la chambre régionale des comptes territorialement compétente. En cas d'absence ou d'empêchement, il est remplacé par un magistrat relevant de la même chambre, qu'il a au préalable désigné.

V. — La commission est consultée sur les modalités de compensation des charges correspondant aux compétences transférées.

Elle ne peut valablement délibérer que si le nombre des membres présents est au moins égal à la moitié du nombre des membres appelés à délibérer.

Si ce nombre n'est pas atteint, une nouvelle convocation est adressée aux membres de la commission. La commission peut alors délibérer quel que soit le nombre de membres présents. En cas de partage égal des voix, celle du président est prépondérante.

VI. — Un décret en Conseil d'État fixe, en tant que de besoin, les modalités d'application du présent article.

SECTION 7 Dispositions transitoires

Art. L. 5217-18 À compter du renouvellement général des conseils municipaux suivant la promulgation de la loi n° 2014-58 du 27 janvier 2014 de modernisation de l'action publique territoriale et d'affirmation des métropoles, les dispositions relatives aux métropoles mentionnées au quatrième alinéa de l'article L. 5211-10 sont applicables aux établissements publics de coopération intercommunale à fiscalité propre prévus à l'article L. 5217-1.

SECTION 8 Dispositions relatives aux personnels

(L. n° 2014-58 du 27 janv. 2014, art. 50)

Art. L. 5217-19 I. — Les services ou parties de service des communes qui participent à l'exercice des compétences mentionnées au I de l'article L. 5217-2 sont transférés à la métropole, selon les modalités prévues à l'article L. 5211-4-1.

II. — Les services ou parties de service de l'État qui participent à l'exercice des compétences mentionnées aux II et III de l'article L. 5217-2 sont mis à disposition de la métropole par la convention prévue à ce même article.

III. — Les services ou parties de service du département qui participent à l'exercice des compétences mentionnées au IV de l'article L. 5217-2 sont transférés à la métropole par convention, selon les modalités prévues *(L. n° 2015-991 du 7 août 2015, art. 90)* « au » même IV.

Les fonctionnaires de l'État détachés à la date du transfert auprès du département et affectés dans un service ou une partie de service transféré à la métropole sont placés en position de détachement auprès de la métropole pour la durée restant à courir de leur détachement.

IV. — Les services ou parties de service de la région qui participent à l'exercice des compétences mentionnées au V de l'article L. 5217-2 sont transférés à la métropole, selon les modalités prévues aux trois derniers alinéas de ce même V.

V. — Les services ou parties de service de l'État qui participent à l'exercice des compétences mentionnées au VII de l'article L. 5217-2 sont transférés à la métropole, selon les modalités prévues aux articles 80 à 88 de la loi n° 2014-58 du 27 janvier 2014 de modernisation de l'action publique territoriale et d'affirmation des métropoles.

VI. — À la date d'entrée en vigueur des transferts définitifs des services ou parties de service auxquels ils sont affectés, les agents non titulaires de droit public du département et de la région exerçant leurs fonctions dans un service ou une partie de service transféré à la métropole deviennent des agents non titulaires de droit public de la métropole et les fonctionnaires territoriaux exerçant leurs fonctions dans un service ou une partie de service transféré à la métropole sont affectés de plein droit à la métropole.

Les agents conservent, s'ils y ont intérêt, le bénéfice du régime indemnitaire qui leur était applicable ainsi que, à titre individuel, les avantages acquis en application du troisième alinéa de l'article 111 de la loi n° 84-53 du 26 janvier 1984 portant dispositions statutaires relatives à la fonction publique territoriale. Les agents non titulaires de droit public conservent, à titre individuel, le bénéfice des stipulations de leur contrat. Les services antérieurement accomplis en qualité d'agent non titulaire de droit public du département ou de la région sont assimilés à des services accomplis dans la métropole.

CHAPITRE VIII MÉTROPOLE D'AIX-MARSEILLE-PROVENCE

(L. n° 2014-58 du 27 janv. 2014, art. 42)

BIBL. ▶ MEYER, La métropole d'Aix-Marseille-Provence, métropole à statut particulier, *AJCT 2022. 366*. – VERPEAUX, Le délicat équilibre entre les communes au sein des métropoles : le cas marseillais, *JCP Adm. 2016, n° 2071*.

SECTION 1 Création

Art. L. 5218-1 I. — Par dérogation au deuxième alinéa de l'article L. 5217-1, la métropole d'Aix-Marseille-Provence regroupe l'ensemble des communes membres de la communauté urbaine Marseille Provence métropole, de la communauté d'agglomération du Pays d'Aix-en-Provence, de la communauté d'agglomération Salon Étang de Berre Durance, de la communauté d'agglomération du Pays d'Aubagne et de l'Étoile, du syndicat d'agglomération nouvelle Ouest Provence et de la communauté d'agglomération du Pays de Martigues.

Le siège de la métropole d'Aix-Marseille-Provence est fixé à Marseille.

II. — La métropole d'Aix-Marseille-Provence est soumise aux dispositions du chapitre VII du présent titre, sous réserve des dispositions du présent chapitre.

La métropole d'Aix-Marseille-Provence visée au présent art. est créée au 1er janv. 2016 (L. nº 2014-58 du 27 janv. 2014, art. 42). — V. aussi Décr. nº 2015-1085 du 28 août 2015 relatif à la création de la métropole d'Aix-Marseille-Provence.

Sur les modalités de désignation et de réunion du conseil de la métropole d'Aix-Marseille-Provence et sur les conditions de désignation de plein droit des conseillers communautaires des EPCI fusionnés en qualité de conseillers de territoire, V. L. nº 2015-991 du 7 août 2015, art. 50 et 51, infra.

COMMENTAIRE

V. dans le supplément en ligne.

Loi nº 2015-991 du 7 août 2015,

Portant nouvelle organisation territoriale de la République.

Art. 50 I. — Les conseillers métropolitains de la métropole d'Aix-Marseille-Provence sont désignés ou élus, dans les conditions prévues à l'article L. 5211-6-2 du code général des collectivités territoriales, au plus tard deux mois après la promulgation de la présente loi.

II. — À défaut d'avoir procédé, au plus tard à l'issue d'un délai de deux mois suivant la promulgation de la présente loi, à l'élection ou à la désignation de ses délégués en application du même article L. 5211-6-2, la commune membre est représentée au sein du conseil de la métropole d'Aix-Marseille-Provence, jusqu'au prochain renouvellement général des conseils municipaux, par le maire si elle ne compte qu'un délégué, par le maire et le premier adjoint dans le cas contraire.

Le maire si la commune ne compte qu'un délégué, ou le maire et le premier adjoint dans le cas contraire, siègent également au conseil de territoire.

Le conseil de la métropole et le conseil de territoire sont alors réputés complets.

III. — Dès lors que le conseil métropolitain est complet ou réputé complet, le président de l'un des établissements publics de coopération intercommunale mentionnés au I de l'article L. 5218-1 du même code peut convoquer une réunion du conseil métropolitain aux fins de procéder à l'élection du président et des membres du bureau, ainsi qu'à toute autre mesure d'organisation interne.

La présidence de la réunion anticipée est assurée par le plus âgé des présidents d'établissements publics de coopération intercommunale mentionnés au même I ou, à défaut, par un des autres présidents d'établissements publics de coopération intercommunale par ordre d'âge.

Art. 51 Par dérogation au deuxième alinéa du *c* du 1º de l'article L. 5211-6-2 et à l'article L. 5218-4 du code général des collectivités territoriales, jusqu'au prochain renouvellement général des conseils municipaux suivant la création de la métropole d'Aix-Marseille-Provence, les conseillers communautaires en exercice des communes membres des établissements publics de coopération intercommunale fusionnés en application du I de l'article L. 5218-1 du même code, qui n'ont pas été désignés conseillers métropolitains en application de l'article L. 5211-6-2 dudit code, sont de droit conseillers de territoire.

Les conseillers mentionnés au premier alinéa du présent article peuvent percevoir des indemnités de fonction, aux taux votés par les organes délibérants des établissements publics de coopération intercommunale fusionnés en application du I de l'article L. 5218-1 du même code, dans lesquels ils siégeaient avant la création de la métropole.

Art. L. 5218-2 *(L. nº 2022-217 du 21 févr. 2022, art. 181)* **« I. — A. — La métropole d'Aix-Marseille-Provence exerce les compétences prévues à l'article L. 5217-2, à l'exception :**

« 1º De la compétence "promotion du tourisme, dont la création d'offices de tourisme", prévue au *d* du 1º du I du même article L. 5217-2, restituée, par leur délibération, aux communes membres érigées en stations classées de tourisme en application

de l'article L. 133-13 du code du tourisme ou en communes touristiques en application de l'article L. 133-11 du même code ou lorsque la compétence a été conservée par ces communes. En cas de perte du classement en station de tourisme, la délibération du conseil municipal par laquelle la commune s'est vue restituer ou a conservé la compétence "promotion du tourisme, dont la création d'offices de tourisme" cesse de produire ses effets et la compétence est intégralement exercée par la métropole en lieu et place de la commune ;

« 2° De la compétence "création, gestion, extension et translation des cimetières et sites cinéraires", prévue au *b* du 5° du I de l'article L. 5217-2 du présent code ;

« 3° De la compétence "service public de défense extérieure contre l'incendie", prévue au e du même 5° ;

« 4° De la compétence "création, aménagement, entretien et gestion de réseaux de chaleur ou de froid urbains", prévue au *h* du 6° du même I ;

« 5° Des compétences énoncées au *k* du même 6° et à l'article L. 2124-4 du code général de la propriété des personnes publiques.

« B. — Pour l'exercice des compétences prévues aux *b* et *c* du 2° du I de l'article L. 5217-2 du présent code, la métropole d'Aix-Marseille-Provence est compétente pour :

« 1° La création, l'aménagement et l'entretien de la voirie d'intérêt métropolitain, y compris la signalisation.

« La circulation d'un service de transport collectif en site propre entraîne l'intérêt métropolitain des voies publiques supportant cette circulation et des trottoirs adjacents à ces voies ;

« 2° Les parcs et aires de stationnement d'intérêt métropolitain.

« Les parcs et aires de stationnement accessoires à un service de transport collectif en site propre sont d'intérêt métropolitain ;

« 3° La création, l'aménagement et l'entretien des espaces publics d'intérêt métropolitain dédiés à tout mode de déplacement urbain ainsi que de leurs ouvrages accessoires d'intérêt métropolitain.

« C. — La métropole d'Aix-Marseille-Provence est également compétente pour le soutien aux activités commerciales et artisanales d'intérêt métropolitain.

« D. — La métropole d'Aix-Marseille-Provence définit :

« 1° Un schéma d'ensemble relatif à la politique de soutien aux activités commerciales et artisanales ;

« 2° Un schéma d'ensemble de la voirie ;

« 3° Un schéma d'organisation du tourisme ;

« 4° Un schéma d'ensemble des réseaux de chaleur ou de froid urbains ;

« 5° Un schéma d'ensemble relatif à l'implantation des infrastructures de charge nécessaires à l'usage des véhicules électriques ou hybrides rechargeables.

« L'exercice des compétences mentionnées aux 1° et 4° du A, au 1° du B et au C du présent I doit être compatible avec les schémas mentionnés aux 1° à 5° du présent D.

« E. — La métropole d'Aix-Marseille-Provence peut déléguer, par convention, tout ou partie de la compétence relative à la gestion des eaux pluviales urbaines mentionnée au a du 5° du I de l'article L. 5217-2 à l'une de ses communes membres. La compétence ainsi déléguée est exercée au nom et pour le compte de la métropole d'Aix-Marseille-Provence.

« La convention, conclue entre les parties et approuvée par leur assemblée délibérante, précise la durée de la délégation et ses modalités d'exécution. Elle définit les objectifs à atteindre en matière de qualité du service rendu et de pérennité des infrastructures ainsi que les modalités de contrôle de la métropole d'Aix-Marseille-Provence sur la commune délégataire. Elle précise les moyens humains et financiers consacrés à l'exercice de la compétence déléguée.

« Lorsqu'une commune demande à bénéficier de la délégation de tout ou partie de la compétence relative à la gestion des eaux pluviales urbaines, le conseil de la métropole d'Aix-Marseille-Provence statue sur cette demande dans un délai de trois mois et motive tout refus éventuel.

« La métropole d'Aix-Marseille-Provence peut également déléguer à ses communes membres, par convention, selon les modalités prévues au présent E, la gestion de tout ou partie des équipements et services nécessaires :

« 1° À l'entretien de la voirie reconnue d'intérêt métropolitain ;

« 2° À l'entretien des espaces publics d'intérêt métropolitain dédiés à tout mode de déplacement urbain ainsi que de leurs ouvrages accessoires d'intérêt métropolitain. »

(L. n° 2022-217 du 21 févr. 2022, art. 90) « II. — L'État peut déléguer, par convention, à la métropole d'Aix-Marseille-Provence certaines de ses compétences, dans les conditions prévues à l'article L. 301-5-1 du code de la construction et de l'habitation. »

III. — Abrogé par L. n° 2022-217 du 21 févr. 2022, art. 90.

(L. n° 2022-217 du 21 févr. 2022, art. 181) « IV. — Le premier alinéa de l'article L. 5217-3 du présent code n'est pas applicable à la métropole d'Aix-Marseille-Provence. »

SECTION 2 Organisation déconcentrée des services de la métropole

(L. n° 2022-217 du 21 févr. 2022, art. 181)

Art. L. 5218-3 Le conseil de la métropole délibère pour arrêter l'organisation territorialisée de ses services au plus tard le 1er juillet 2022.

SECTION 3 La conférence métropolitaine des maires

Art. L. 5218-9 Une conférence métropolitaine des maires est instituée sur le territoire de la métropole d'Aix-Marseille-Provence. La conférence métropolitaine des maires peut être consultée pour avis lors de l'élaboration et de la mise en œuvre de politiques de la métropole d'Aix-Marseille-Provence. Son avis est communiqué au conseil de la métropole d'Aix-Marseille-Provence.

La conférence métropolitaine des maires est convoquée par le président du conseil de la métropole d'Aix-Marseille-Provence qui en est le président de droit *(L. n° 2022-217 du 21 févr. 2022, art. 181)* « ou, dans la limite de quatre réunions par an, à la demande d'un tiers des maires ». Lors de sa première réunion, la conférence métropolitaine des maires désigne un ou plusieurs vice-présidents qui suppléent le président en cas d'empêchement. Le nombre de ceux-ci ne peut excéder 30 % du nombre total des membres de la conférence métropolitaine. Les modalités de fonctionnement de la conférence métropolitaine des maires sont déterminées par le règlement intérieur du conseil de la métropole d'Aix-Marseille-Provence.

(L. n° 2022-217 du 21 févr. 2022, art. 181) « Des conférences territoriales des maires définies au 5° du II de l'article L. 5211-11-2 peuvent être réunies. »

La conférence métropolitaine visée au présent art. est instituée dès l'entrée en vigueur de la L. n° 2014-58 du 27 janv. 2014. Elle est associée par l'État à l'élaboration des modalités de mise en place de la métropole d'Aix-Marseille-Provence créée en application de l'art. L. 5218-1 (L. préc., art. 42).

Art. L. 5218-10 Un conseil de développement réunit les représentants des milieux économiques, sociaux, culturels et associatifs de la métropole d'Aix-Marseille-Provence. Il s'organise librement. Il est consulté sur les principales orientations de la métropole d'Aix-Marseille-Provence, sur les documents de prospective et de planification, sur la conception et l'évaluation des politiques locales de promotion du développement durable du territoire. Il peut donner son avis ou être consulté sur toute autre question relative à la métropole.

Un rapport annuel d'activité est établi par le conseil de développement et examiné par le conseil de la métropole.

Les modalités de fonctionnement du conseil de développement sont déterminées par le règlement intérieur du conseil de la métropole. Le fait d'être membre de ce conseil ne peut donner lieu à une quelconque forme de rémunération.

SECTION 4 Dispositions financières

Art. L. 5218-11 I. – Par dérogation à l'article L. 5217-12, la métropole d'Aix-Marseille-Provence bénéficie, à compter du 1er janvier de l'année suivant celle de sa création, d'une dotation globale de fonctionnement égale à la somme des deux composantes suivantes :

(L. n° 2015-1785 du 29 déc. 2015, art. 151) « 1° Une dotation d'intercommunalité, calculée la première année de perception de la dotation globale de fonctionnement, en fonction de sa population et de la dotation par habitant la plus élevée perçue l'année précédente parmi les établissements publics de coopération intercommunale préexistants. Les années suivantes, la dotation d'intercommunalité de la métropole d'Aix-Marseille-Provence est calculée selon les modalités définies *(L. n° 2018-1317 du 28 déc. 2018, art. 250)* « à l'article L. 5211-28 ». Les minorations prévues à l'article L. 5211-28 s'appliquent à la dotation d'intercommunalité de la métropole d'Aix-Marseille-Provence ; »

2° Une dotation de compensation calculée selon les modalités définies à l'article L. 5211-28-1.

II. – Pour l'application du 1° du I du présent article, la population à prendre en compte est celle définie à l'article L. 2334-2.

CHAPITRE IX LA MÉTROPOLE DU GRAND PARIS

(L. n° 2014-58 du 27 janv. 2014, art. 12)

BIBL. ▶ Briant (de), Qu'est-ce que la métropole du Grand Paris ? La preuve par la politique locale de l'habitat, *AJCT 2014. 237*. – Jourdan, Le Nouveau Grand Paris : quoi de nouveau ?, *JCP Adm. 2013. 2110*. – Renaudie, Le Grand Paris, *RFDA 2016. 490* ; La métropole du Grand Paris : du rêve à la (dure) réalité, *AJCT 2021. 416*.

Loi n° 2014-58 du 27 janvier 2014,

De modernisation de l'action publique territoriale et d'affirmation des métropoles.

Art. 12 *[...]* II. — Une mission de préfiguration de la métropole du Grand Paris est créée.

Elle est chargée de préparer les conditions juridiques et budgétaires de la création de l'établissement public de coopération intercommunale à fiscalité propre de la métropole du Grand Paris. Elle élabore un rapport remis au Gouvernement au plus tard le 31 décembre 2014.

La mission de préfiguration, en outre, est chargée de préparer les conditions dans lesquelles la métropole du Grand Paris exerce les compétences qui étaient, à la date de sa création, transférées par les communes membres aux établissements publics de coopération intercommunale à fiscalité propre existant au 31 décembre 2014. Elle prépare, à cette fin, un rapport, soumis pour avis à l'ensemble de ces établissements publics de coopération intercommunale avant le 31 juillet 2015, et remis au président de la métropole du Grand Paris, un mois au plus tard après l'élection de celui-ci. Ce rapport évalue notamment l'effet de la création de la métropole du Grand Paris sur l'organisation et les conditions de travail, la rémunération et les droits acquis pour les agents. Il comporte une estimation du montant des dotations territoriales prévues à l'article L. 5219-4 du code général des collectivités territoriales nécessaire au bon fonctionnement des territoires. *(L. n° 2014-366 du 24 mars 2014, art. 75)* « Il propose également des solutions aux situations particulières relatives à l'exercice des polices spéciales de l'habitat au sein de la métropole du Grand Paris résultant de l'article 75 de la loi n° 2014-366 du 24 mars 2014 pour l'accès au logement et un urbanisme rénové. »

Elle est chargée de la préparation du diagnostic général, social, économique et environnemental du territoire métropolitain, faisant partie du futur projet métropolitain élaboré par la métropole du Grand Paris et mentionné à l'article L. 5219-1 du même code. Elle peut s'appuyer à cette fin sur l'Agence foncière et technique de la région parisienne, l'Atelier international du Grand Paris, les agences d'urbanisme et toute autre structure utile. Elle élabore un prédiagnostic sous la forme d'un rapport qu'elle remet au président de la métropole du Grand Paris, un mois au plus tard après l'élection de celui-ci.

Elle est chargée d'organiser les travaux préparatoires à la définition de l'intérêt métropolitain dans le respect des deux premiers alinéas du IV du même article L. 5219-1. Elle élabore un prédiagnostic sous la forme d'un rapport qu'elle présente au président de la métropole du Grand Paris, au plus tard un mois après son élection.

Elle est chargée d'organiser, en lien avec l'ensemble des communes membres, les travaux préparatoires au pacte financier et fiscal mentionné à l'article L. 5219-11 dudit code. Un rapport est remis au plus tard un mois après l'élection du président de la métropole du Grand Paris. Le rapport remis par la mission de préfiguration au Gouvernement comprend une étude sur les modalités de la mise à disposition des établissements publics d'aménagement de l'État présents sur le territoire de la métropole, qu'ils soient existants ou à venir.

La mission conduit des travaux préparatoires à la définition du périmètre des territoires répondant aux conditions définies à l'article L. 5219-2 du même code.

La mission est présidée par le représentant de l'État dans la région d'Île-de-France et par le président du syndicat mixte d'études Paris Métropole.

Elle est composée :

1° D'un collège des élus composé :

a) Des maires des communes mentionnées aux 2° à 4° du I de l'article L. 5219-1 du même code ;

b) Du maire de Paris, des représentants du conseil de Paris, ou de leurs représentants ;

c) Des présidents des conseils départementaux des Hauts-de-Seine, de la Seine-Saint-Denis, du Val-de-Marne, de l'Essonne, de Seine-et-Marne, du Val-d'Oise et des Yvelines, ou de leurs représentants ;

d) Du président du conseil régional d'Île-de-France, ou de son représentant, ainsi que d'un conseiller régional ;

e) Des présidents des établissements publics de coopération intercommunale à fiscalité propre des Hauts-de-Seine, de la Seine-Saint-Denis et du Val-de-Marne, ou de leurs représentants ;

f) Du président et du coprésident du syndicat mixte d'études Paris Métropole, ou de leurs représentants ;

g) De deux députés et de deux sénateurs ;

2° D'un collège des partenaires socio-économiques réunissant les personnes morales de droit public et privé intéressées à la réalisation du diagnostic mentionné à l'article L. 5219-1 du code général des collectivités territoriales.

Un décret fixe la composition du conseil des élus et du conseil des partenaires socio-économiques, ainsi que les conditions de fonctionnement de la mission de préfiguration de la métropole du Grand Paris. Il détermine les conditions d'association des membres de ces conseils aux travaux de la mission de préfiguration. Il prévoit, pour les missions prévues aux troisième à cinquième alinéas du présent II, les conditions de consultation de l'ensemble des élus concernés.

La mission de préfiguration achève ses travaux six mois après la création de la métropole du Grand Paris.

III. — Abrogé par L. nº 2015-991 du 7 août 2015, art. 59.

IV. — Jusqu'au prochain renouvellement général des conseils municipaux suivant la création de la métropole du Grand Paris, les conseils municipaux des communes membres de la métropole procèdent à la désignation des conseillers métropolitains et des conseillers de territoire dans les conditions prévues, pour les conseillers communautaires, à l'article L. 5211-6-2 du code général des collectivités territoriales.

Décret nº 2014-508 du 19 mai 2014,

Relatif à la mission de préfiguration de la métropole du Grand Paris.

Art. 1er I. — La mission de préfiguration mentionnée à l'article 12 de la loi du 27 janvier 2014 susvisée *[nº 2014-58, V. supra]* prépare les conditions de création de la métropole du Grand Paris au 1er janvier 2016.

II. — La mission comprend les conseils prévus aux articles 2 et 3 du présent décret et, pour son fonctionnement, s'appuie sur un groupement d'intérêt public constitué à parts égales entre l'État et le syndicat mixte Paris Métropole. Le groupement d'intérêt public est présidé alternativement par le préfet de la région Île-de-France, préfet de Paris, et le président du syndicat mixte Paris Métropole.

III. — Le préfet de la région d'Île-de-France, préfet de Paris, et le président du syndicat mixte Paris métropole, présidents de la mission, sont assistés d'un directeur, nommé, sur leur proposition, par arrêté conjoint du ministre de l'Intérieur et du ministre chargé de la décentralisation.

Le directeur représente la mission. Il en assure la coordination et la direction.

La mission de préfiguration peut solliciter le concours des administrations de l'État, des collectivités territoriales et de leurs groupements. Dans les conditions prévues à l'article 2 du présent décret, la mission se dote d'un règlement intérieur.

Art. 2 I. — Le conseil des élus oriente les travaux de préparation des rapports prévus par le II de l'article 12 de la loi du 27 janvier 2014 susvisée *[nº 2014-58, V. supra]* et émet un avis sur ces rapports à la majorité simple de ses membres présents.

Il est composé :

1° Du président et du coprésident du syndicat mixte Paris Métropole ;

2° Du maire de Paris, de vingt conseillers désignés par le conseil de Paris siégeant en formation de conseil municipal pour représenter proportionnellement les différents groupes politiques et d'un conseiller désigné par le conseil de Paris siégeant en formation de conseil départemental ;

3° Des maires des communes des départements des Hauts-de-Seine, de la Seine-Saint-Denis et du Val-de-Marne ;

4° Des maires des communes des autres départements de la région d'Île-de-France appartenant au 31 décembre 2014 à un établissement public de coopération intercommunale comprenant au moins une commune des départements des Hauts-de-Seine, de la Seine-Saint-Denis et du Val-de-Marne ;

5° Des maires des communes des autres départements de la région d'Île-de-France en continuité avec au moins une commune citée au 3° ;

6° Des présidents des conseils départementaux des Hauts-de-Seine, de la Seine-Saint-Denis, du Val-de-Marne, de l'Essonne, de Seine-et-Marne, du Val-d'Oise et des Yvelines ;

7° Du président du conseil régional d'Île-de-France et d'un conseiller régional désigné par le président du conseil régional d'Île-de-France ;

8° Des présidents des établissements publics de coopération intercommunale à fiscalité propre des Hauts-de-Seine, de la Seine-Saint-Denis et du Val-de-Marne dont la liste figure en annexe ;

9° De deux députés désignés par l'Assemblée nationale et de deux sénateurs désignés par le Sénat.

Les noms des représentants mentionnés aux 2°, 7° et 9° sont communiqués au directeur de la mission dans le mois suivant la publication du présent décret.

Le préfet de la région d'Île-de-France, préfet de Paris, publie au recueil des actes administratifs de la préfecture la liste des membres du conseil des élus.

Chaque membre du conseil des élus peut se faire représenter par une personne qu'il désigne.

Cessent d'appartenir au conseil des élus les représentants des communes citées aux 4° et 5° qui ont choisi de ne pas appartenir à la métropole du Grand Paris dans les conditions prévues au 3° du I de l'article L. 5219-1 du code général des collectivités territoriales.

II. — Le conseil des élus est réuni au moins trois fois par an, sur un ordre du jour fixé par les deux présidents. Il adopte le règlement intérieur prévu à l'article 1er.

Art. 3 Le conseil des partenaires socio-économiques émet un avis, à la majorité simple de ses membres présents, sur le rapport prévu au deuxième alinéa du II de l'article 12 de la loi du 27 janvier 2014 susvisée *[nº 2014-58, V. supra]*, préalablement à l'avis du conseil des élus. Il propose des orientations pour le diagnostic général mentionné à l'article L. 5219-1 du code général des collectivités territoriales.

Il est composé de :

1° Vingt membres désignés par le conseil économique, social et environnemental régional d'Île-de-France ;

2° Vingt membres désignés par le préfet de la région d'Île-de-France, préfet de Paris ;

3° Vingt membres désignés par le président du syndicat mixte Paris Métropole.

Il est réuni au moins trois fois par an, sur un ordre du jour fixé par les deux présidents de la mission de préfiguration.

ANNEXE

Communauté d'agglomération du Mont-Valérien.
Communauté d'agglomération Grand Paris – Seine-Ouest.
Communauté d'agglomération Seine-Défense.
Communauté d'agglomération des Hauts-de-Bièvre.
Communauté d'agglomération Cœur de Seine.
Communauté d'agglomération Sud de Seine.
Communauté de communes de Châtillon-Montrouge.
Communauté d'agglomération de l'aéroport du Bourget.
Communauté d'agglomération Est-Ensemble.
Communauté d'agglomération Terres de France.
Communauté d'agglomération de Clichy-sous-Bois – Montfermeil.
Communauté d'agglomération Plaine Commune.
Communauté d'agglomération Seine Amont.
Communauté d'agglomération de Val de Bièvre.
Communauté d'agglomération de la Vallée de la Marne.
Communauté d'agglomération du Haut Val-de-Marne.
Communauté d'agglomération Plaine centrale du Val-de-Marne.
Communauté de communes du Plateau briard.
Communauté de communes de Charenton-le-Pont – Saint-Maurice.

Loi n° 2015-991 du 7 août 2015,

Portant nouvelle organisation territoriale de la République.

Art. 59 *[…]* X. — En vue de la création de la métropole du Grand Paris, le Gouvernement est autorisé, dans les conditions prévues à l'article 38 de la Constitution et dans les douze mois suivant la promulgation de la présente loi, à prendre par ordonnances les mesures de nature législative propres à :

1° Préciser et compléter les règles budgétaires, financières, fiscales et comptables applicables à cette métropole, aux établissements publics territoriaux et aux communes situées sur son territoire ;

2° Préciser et compléter les règles relatives aux concours financiers de l'État applicables à cet établissement public de coopération intercommunale, en particulier les modalités de calcul du potentiel fiscal et financier des communes appartenant à la métropole du Grand Paris, en application de l'article L. 2334-4 du code général des collectivités territoriales, et les modalités de calcul du potentiel fiscal et du coefficient d'intégration fiscale de la métropole du Grand Paris, en application de l'article *(L. n° 2018-1317 du 28 déc. 2018, art. 250)* « L. 5211-29 » du même code, de même que les dispositions relatives aux transferts des personnels.

En matière fiscale, ces ordonnances définissent notamment les modalités de répartition du produit des impositions indirectes locales. Elles déterminent également les modalités de partage des allocations et des dotations de compensation d'exonérations de fiscalité directe locale, de recalcul de la dotation de compensation de la réforme de la taxe professionnelle et de la garantie individuelle de ressources versées ou prélevées au titre des établissements publics de coopération intercommunale préexistants. Elles adaptent, enfin, les dispositions relatives aux exonérations, aux abattements et à la détermination des bases minimum de cotisation foncière des entreprises, afin de tenir compte des procédures d'intégration fiscale progressive que la métropole est amenée à mettre en œuvre.

Le projet de loi portant ratification de chaque ordonnance est déposé devant le Parlement au plus tard le dernier jour du troisième mois suivant la publication de cette ordonnance.

[…]

SECTION 1 Création et compétences

Art. L. 5219-1 I. – Il est créé au 1er janvier 2016 un établissement public de coopération intercommunale à fiscalité propre à statut particulier dénommé "la métropole du Grand Paris", qui regroupe :

1° La commune de Paris ;

2° L'ensemble des communes des départements des Hauts-de-Seine, de la Seine-Saint-Denis et du Val-de-Marne ;

3° Les communes des autres départements de la région d'Île-de-France appartenant au 31 décembre 2014 à un établissement public de coopération intercommunale comprenant au moins une commune des départements des Hauts-de-Seine, de la Seine-Saint-Denis et du Val-de-Marne et dont le conseil municipal a délibéré favorablement avant le 30 septembre 2014 ;

4° Toute commune en continuité avec au moins une commune répondant aux conditions fixées au 2°, dont le conseil municipal a délibéré favorablement avant le 30 septembre 2014, à la condition que les deux tiers des communes de l'établissement public de coopération intercommunale à fiscalité propre auquel elle appartient représentant au moins la moitié de la population ou la moitié des communes représentant les deux tiers de la population de l'établissement public de coopération intercommunale à fiscalité propre ne s'y soient pas opposées par délibération avant le 31 décembre 2014 ;

(L. n° 2015-991 du 7 août 2015, art. 59) « 5° L'ensemble des communes membres d'un même établissement public de coopération intercommunale à fiscalité propre dans le périmètre duquel se trouvent des infrastructures aéroportuaires ou ayant fait l'objet d'un arrêté de rattachement à cet établissement pris par le représentant de l'État dans le ou les départements concernés à la date de promulgation de la loi n° 2015-991 du 7 août 2015 portant nouvelle organisation territoriale de la République, et dont au moins deux tiers des conseils municipaux des communes intéressées représentant plus de la moitié de la population ou au moins la moitié des conseils municipaux des communes intéressées représentant au moins deux tiers de la population se sont prononcés favorablement dans un délai d'un mois à compter de cette promulgation. Toutefois, si une infrastructure aéroportuaire se trouve sur le périmètre de plusieurs établissements publics de coopération intercommunale à fiscalité propre, l'adhésion des communes n'est possible que si les majorités qualifiées nécessaires sont réunies dans tous les établissements publics comprenant au moins deux communes accueillant sur leur territoire des infrastructures aéroportuaires. »

Un décret constate le périmètre de la métropole et fixe l'adresse de son siège. Il désigne le comptable public de la métropole. – *V. Décr. n° 2015-1212 du 30 sept. 2015.*

Toutes les modifications ultérieures relatives à l'adresse du siège, à la désignation du comptable public ou au transfert de compétences supplémentaires sont prononcées par arrêté du représentant de l'État dans la région d'Île-de-France dans les conditions prévues aux articles L. 5211-17 et L. 5211-20.

La métropole du Grand Paris est constituée en vue de la définition et de la mise en œuvre d'actions métropolitaines afin d'améliorer le cadre de vie de ses habitants, de réduire les inégalités entre les territoires qui la composent, de développer un modèle urbain, social et économique durable, moyens d'une meilleure attractivité et compétitivité au bénéfice de l'ensemble du territoire national. La métropole du Grand Paris élabore un projet métropolitain. Les habitants sont associés à son élaboration selon les formes déterminées par le conseil de la métropole sur proposition du conseil de développement.

Ce projet métropolitain définit les orientations générales de la politique conduite par la métropole du Grand Paris. Il participe à la mise en œuvre du schéma directeur de la région d'Île-de-France. Il comporte un diagnostic général, social, économique et environnemental du territoire métropolitain, des orientations stratégiques pour le développement de la métropole ainsi que des domaines d'intervention prioritaires. Le projet métropolitain peut être élaboré avec l'appui de *(Décr. n° 2015-980 du 31 juill. 2015, art. 1er)* « Grand Paris Aménagement », de l'Atelier international du Grand Paris, des agences d'urbanisme et de toute autre structure utile.

II. — La métropole du Grand Paris est soumise au chapitre VII du présent titre I, sous réserve des dispositions du présent chapitre. Elle exerce de plein droit, en lieu et place de ses communes membres, les compétences suivantes :

(L. n° 2015-991 du 7 août 2015, art. 59) « 1° À compter du 1er janvier 2017, en matière d'aménagement de l'espace métropolitain : »

a) Élaboration du schéma de cohérence territoriale ; définition, création et réalisation d'opérations d'aménagement d'intérêt métropolitain mentionnées à l'article L. 300-1 du code de l'urbanisme ; actions de restructuration urbaine *(L. n° 2015-991 du 7 août 2015, art. 59)* « d'intérêt métropolitain » ; actions de valorisation du patrimoine naturel et paysager ; constitution de réserves foncières d'intérêt métropolitain ;

(L. n° 2015-991 du 7 août 2015, art. 59) « *b)* Élaboration d'un schéma métropolitain d'aménagement numérique, dans les conditions prévues aux premier et *(L. n° 2016-1321 du 7 oct. 2016, art. 69)* « quatrième » alinéas de l'article L. 1425-2 du présent code. La métropole du Grand Paris et les personnes publiques ayant établi des schémas directeurs territoriaux d'aménagement numérique mentionnés au même article L. 1425-2 se coordonnent afin d'élaborer une stratégie d'aménagement numérique cohérente de leur territoire commun ;

« 2° À compter du 1er janvier 2017, en matière de politique locale de l'habitat : »

a) Programme local de l'habitat ou document en tenant lieu ;

b) Politique du logement ; aides financières au logement social ; actions en faveur du logement social ; actions en faveur du logement des personnes défavorisées ;

c) Amélioration du parc immobilier bâti *(L. n° 2015-991 du 7 août 2015, art. 59)* « d'intérêt métropolitain », réhabilitation et résorption de l'habitat insalubre *(L. n° 2015-991 du 7 août 2015, art. 59)* « d'intérêt métropolitain » ;

d) *(L. n° 2018-957 du 7 nov. 2018, art. 1er)* « Création, » aménagement, entretien et gestion des aires d'accueil des gens du voyage *(L. n° 2017-86 du 27 janv. 2017, art. 148)* « et des terrains familiaux locatifs définis aux 1° à 3° du II de l'article 1er de la loi n° 2000-614 du 5 juillet 2000 relative à l'accueil et à l'habitat des gens du voyage » ;

3° *Abrogé par L. n° 2015-991 du 7 août 2015, art. 59.*

4° En matière de développement et d'aménagement économique, social et culturel :

a) Création, aménagement et gestion des zones d'activité industrielle, commerciale, tertiaire, artisanale, touristique, portuaire ou aéroportuaire d'intérêt métropolitain ;

b) Actions de développement économique d'intérêt métropolitain ;

(L. n° 2015-991 du 7 août 2015, art. 59) « *c)* Construction, aménagement, entretien et fonctionnement de grands équipements culturels et sportifs de dimension internationale ou nationale ; »

d) Participation à la préparation des candidatures aux grands événements internationaux culturels, artistiques et sportifs, accueillis sur son territoire.

L'exercice des compétences prévues au présent 4° prend en compte les orientations définies dans les documents stratégiques élaborés par le conseil régional ;

5° En matière de protection et de mise en valeur de l'environnement et de politique du cadre de vie :

a) Lutte contre la pollution de l'air ;

b) Lutte contre les nuisances sonores ;

c) Soutien aux actions de maîtrise de la demande d'énergie ;

d) Élaboration et adoption du plan *(L. n° 2015-991 du 7 août 2015, art. 59)* « climat-air-énergie » territorial en application de l'article L. 229-26 du code de l'environnement, en cohérence avec les objectifs nationaux en matière de réduction des émissions de gaz à effet de serre, d'efficacité énergétique et de production d'énergie renouvelable *(L. n° 2019-1428 du 24 déc. 2019, art. 85)* « , ainsi que du plan d'action pour la réduction des émissions de polluants atmosphériques prévu au 3° du II du même article L. 229-26 » ;

e) Gestion des milieux aquatiques et prévention des inondations, en application de l'article L. 211-7 du même code.

(L. n° 2015-991 du 7 août 2015, art. 59) « Lorsque l'exercice des compétences mentionnées au présent II est subordonné à la reconnaissance de leur intérêt métropolitain, celui-ci est déterminé par délibération du conseil de la métropole à la majorité des deux tiers de ses membres, au plus tard deux ans après la création de la métropole du Grand Paris *(L. n° 2017-86 du 27 janv. 2017, art. 115)* « ou deux ans après la date

mentionnée au 2° du présent II pour les compétences en matière de politique locale de l'habitat ». Jusqu'à cette délibération, et au plus tard jusqu'à l'expiration du délai de deux ans mentionné à la première phrase du présent alinéa, ces compétences sont exercées, dans les mêmes conditions, par les établissements publics territoriaux dans les périmètres des établissements publics de coopération intercommunale à fiscalité propre existant au 31 décembre 2015 ou par les communes n'appartenant à aucun établissement public de coopération intercommunale à fiscalité propre au 31 décembre 2015. À l'expiration du délai de deux ans et à défaut de délibération, la métropole exerce l'intégralité des compétences transférées. »

Les actions de développement économique de la métropole prennent en compte les orientations définies par le conseil régional.

III. — Les communes membres de la métropole du Grand Paris peuvent transférer à celle-ci certaines de leurs compétences dans les conditions prévues à l'article L. 5211-17. Pour l'application du même article L. 5211-17, les conditions de majorité requises sont celles prévues au II de l'article L. 5211-5.

IV. — Abrogé par L. n° 2015-991 du 7 août 2015, art. 59.

V. — La métropole du Grand Paris définit et met en œuvre des programmes d'action en vue de lutter contre la pollution de l'air et de favoriser la transition énergétique, notamment en améliorant l'efficacité énergétique des bâtiments et en favorisant le développement des énergies renouvelables et celui de l'action publique pour la mobilité durable.

(L. n° 2015-991 du 7 août 2015, art. 59) « La métropole du Grand Paris est chargée de la mise en cohérence des réseaux de distribution d'électricité, de gaz, de chaleur et de froid. Elle établit, en concertation avec les autorités compétentes intéressées, un schéma directeur des réseaux de distribution d'énergie métropolitains qui a pour objectif de veiller à leur complémentarité, notamment pour l'application de l'article L. 712-2 du code de l'énergie. Ce schéma est élaboré en tenant compte des programmes prévisionnels des réseaux de distribution d'électricité et de gaz mentionnés au troisième alinéa du I de l'article L. 2224-31 du présent code, ainsi que des schémas directeurs de développement des réseaux publics de chaleur ou de froid.

« Une commission consultative est créée entre la métropole du Grand Paris, la commune de Paris, tout syndicat exerçant la compétence mentionnée au deuxième alinéa du IV du même article L. 2224-31 totalement ou partiellement inclus dans le périmètre de la métropole, ainsi que les communes, établissements publics de coopération intercommunale et syndicats intercommunaux exerçant la maîtrise d'ouvrage de réseaux de chaleur sur le territoire de la métropole. Les missions de cette commission sont de coordonner l'action de ses membres dans le domaine de l'énergie, de mettre en cohérence leurs politiques d'investissement et de faciliter l'échange de données. Elle examine le projet de schéma directeur des réseaux de distribution d'énergie métropolitains mentionné au deuxième alinéa du présent V, préalablement à son adoption.

« La commission comprend un nombre égal de délégués de la métropole et de représentants des syndicats. Chaque syndicat dispose d'au moins un représentant.

« Elle est présidée par le président de la métropole ou son représentant et se réunit au moins une fois par an, à l'initiative de son président ou de la moitié au moins de ses membres.

« Un membre de la commission consultative, nommé parmi les représentants de la métropole, est associé à la représentation des syndicats à la conférence départementale mentionnée au troisième alinéa du I dudit article L. 2224-31. »

La métropole du Grand Paris élabore un plan métropolitain de l'habitat et de l'hébergement. Ce plan est compatible avec le schéma directeur de la région d'Île-de-France et prend en compte le schéma régional de l'habitat et de l'hébergement en Île-de-France. Il tient lieu de programme local de l'habitat et poursuit, à ce titre, les objectifs énoncés à l'article L. 302-1 du code de la construction et de l'habitation. *(L. n° 2017-86 du 27 janv. 2017, art. 115)* « Il définit les principaux axes guidant les politiques d'attribution des logements locatifs sociaux au sein du territoire qu'il couvre. » Il comporte également une programmation pluriannuelle de réalisation et de rénovation de places d'accueil et de services associés en faveur de l'insertion des personnes sans domicile fixe et des populations les plus fragilisées.

Dans un délai de trois mois à compter de la transmission de la délibération engageant la procédure d'élaboration, le représentant de l'État dans la région porte à la connaissance de la métropole du Grand Paris tous les éléments utiles ainsi que les objectifs à prendre en compte en matière de diversité de l'habitat, de répartition équilibrée des différents types de logements *[logement]*, de renouvellement du parc immobilier et d'accroissement du nombre de logements et de places d'hébergement pour l'application du *(L. n° 2021-1104 du 22 août 2021, art. 205)* « troisième alinéa du IV » du même article L. 302-1.

Le projet de plan, arrêté par le conseil de la métropole du Grand Paris, est transmis aux communes et conseils de territoire, qui disposent d'un délai de deux mois pour faire connaître leur avis. Au vu de ces avis, le conseil de la métropole du Grand Paris délibère à nouveau sur le projet et le transmet au représentant de l'État dans la région, qui dispose d'un délai de trois mois pour faire connaître son avis. Dans ce délai, celui-ci le soumet pour avis au comité régional de l'habitat et de l'hébergement. En cas d'avis défavorable ou de réserves émises par le comité régional de l'habitat et de l'hébergement ou si le représentant de l'État estime que le projet de plan métropolitain de l'habitat et de l'hébergement ne répond pas aux objectifs de répartition équilibrée et diversifiée de l'offre de logements, de renouvellement du parc immobilier et d'accroissement du nombre de logements et de places d'hébergement nécessaires, le représentant de l'État peut adresser des demandes motivées de modifications à la métropole du Grand Paris, qui en délibère.

Le plan métropolitain de l'habitat et de l'hébergement est approuvé par le conseil de la métropole du Grand Paris. La délibération publiée approuvant le plan devient exécutoire deux mois après sa transmission au représentant de l'État. Si, dans ce délai, le représentant de l'État notifie au président du conseil de la métropole du Grand Paris les demandes de modifications, mentionnées au neuvième alinéa du présent V, qu'il estime nécessaire d'apporter au plan, le plan ne devient exécutoire qu'à compter de la publication et de la transmission au représentant de l'État de la délibération apportant les modifications demandées.

Le conseil de la métropole du Grand Paris délibère au moins une fois par an sur l'état de réalisation du plan métropolitain de l'habitat et de l'hébergement et son adaptation à l'évolution de la situation sociale ou démographique.

La métropole du Grand Paris communique pour avis au représentant de l'État dans la région et au comité régional de l'habitat et de l'hébergement un bilan de la réalisation du plan métropolitain de l'habitat et de l'hébergement trois ans et six ans après son approbation.

À l'expiration d'un délai de six ans à compter de son approbation, le conseil de la métropole du Grand Paris, en tenant compte du bilan mentionné au *(L. n° 2015-991 du 7 août 2015, art. 59)* « douzième » alinéa du présent V, délibère sur l'opportunité d'une révision de ce plan. Il peut être révisé à tout moment dans les mêmes conditions.

Pour mettre en œuvre le plan métropolitain de l'habitat et de l'hébergement, la métropole du Grand Paris réalise des programmes d'aménagement et de logement. Elle peut demander à l'État de la faire bénéficier, par décret en Conseil d'État, de compétences dérogatoires pour la création et la réalisation des zones d'aménagement concerté et la délivrance d'autorisations d'urbanisme.

La métropole du Grand Paris peut également proposer à l'État, pour la réalisation de programmes de construction et de rénovation de logements ou des équipements nécessaires à ces logements, d'engager une procédure de projet d'intérêt général. La proposition est adoptée par le conseil de la métropole du Grand Paris et transmise au représentant de l'État dans le département intéressé.

L'État peut mettre à la disposition de la métropole du Grand Paris les établissements publics d'aménagement de l'État.

(L. n° 2015-991 du 7 août 2015, art. 59) « V *bis*. – L'État peut transférer, à la demande de la métropole du Grand Paris, la propriété, l'aménagement, l'entretien et la gestion de grands équipements et infrastructures. Ces transferts sont réalisés à titre gratuit et ne donnent lieu au versement d'aucune indemnité ou taxe, ni d'aucun salaire, ni d'aucuns droits ou honoraires.

« Le transfert est autorisé par décret. Une convention conclue entre l'État et la métropole du Grand Paris précise les modalités du transfert.

« VI. – Afin de favoriser la construction de logements neufs, la réhabilitation des logements anciens et la résorption de l'habitat indigne, l'État peut déléguer, par convention, à la demande de la métropole du Grand Paris, dès lors qu'elle dispose d'un plan métropolitain de l'habitat et de l'hébergement exécutoire, les compétences mentionnées aux 1° et 2° du présent VI :

« 1° Sans dissociation possible :

« *a)* L'attribution des aides au logement locatif social et la notification aux bénéficiaires *(L. n° 2015-1776 du 28 déc. 2015, art. 20)* « , l'octroi *(L. n° 2017-86 du 27 janv. 2017, art. 123)* « des autorisations spécifiques prévues aux articles L. 441-2 et L. 631-12 » du code de la construction et de l'habitation » ainsi que, par délégation de l'Agence nationale de l'habitat, l'attribution des aides en faveur de l'habitat privé et la signature des conventions mentionnées à l'article L. 321-4 du code de la construction et de l'habitation ;

« *b)* La gestion de la veille sociale, de l'accueil, de l'hébergement et de l'accompagnement au logement de toute personne ou famille sans domicile ou éprouvant des difficultés particulières d'accès au logement en raison de l'inadaptation de ses ressources ou de ses conditions d'existence, dans le respect des articles L. 345-2-2 et L. 345-2-3 du code de l'action sociale et des familles, ainsi que le financement des organismes et des dispositifs qui y contribuent, mentionnés au 8° du I de l'article L. 312-1 et aux articles L. 322-1 et L. 345-2 du même code et aux articles L. 365-1, L. 631-11 et L. 633-1 du code de la construction et de l'habitation ;

« 2° Sans dissociation possible :

« *a)* La garantie du droit à un logement décent et indépendant mentionné au chapitre préliminaire du titre préliminaire du livre III du code de la construction et de l'habitation et aux articles L. 441-2-3 et L. 441-2-3-1 du même code ;

« Pour les demandeurs demeurant dans le périmètre de la métropole du Grand Paris reconnus, au moment de la délégation de la présente compétence, comme prioritaires en application de l'article L. 441-2-3-1 dudit code, l'État continue de verser le produit des astreintes au Fonds national d'accompagnement vers et dans le logement institué en application de l'article L. 300-2 du même code ;

« *b)* La délégation de tout ou partie des réservations dont le représentant de l'État dans le département bénéficie en application de l'article L. 444-1 dudit code, à l'exception des logements réservés au bénéfice des agents et militaires de l'État ;

« Les compétences déléguées en application des *a* et *b* du 2° du présent VI, ainsi que celles déléguées en application du *b* du 1° relatives à l'aide sociale prévue à l'article L. 345-1 du code de l'action sociale et des familles pour l'accueil dans les organismes mentionnés au 8° du I de l'article L. 312-1 du même code sont exercées par le président du conseil de la métropole.

« Les compétences déléguées en application des 1° et 2° du présent VI sont exercées au nom et pour le compte de l'État.

« Cette délégation est régie par une convention conclue pour une durée de six ans, renouvelable. Elle peut être dénoncée par le représentant de l'État dans le département à l'issue d'un délai de trois ans lorsque les résultats de son exécution sont insuffisants au regard des objectifs définis par la convention. Elle peut également être dénoncée par la métropole du Grand Paris, dans les mêmes délais, en cas de non-respect des engagements de l'État.

(L. n° 2022-217 du 21 févr. 2022, art. 93) « Au terme de la durée de six ans, elle peut être prorogée pour une durée d'un an, par avenant, si la métropole du Grand Paris dispose d'un plan métropolitain de l'habitat et de l'hébergement exécutoire ou, dans le cas contraire, si elle a pris une délibération engageant l'élaboration d'un tel plan. Cette prorogation est renouvelable une fois dans les mêmes conditions. »

« VII. – L'État peut déléguer, à la demande de la métropole du Grand Paris, dès lors qu'elle dispose d'un plan métropolitain de l'habitat et de l'hébergement exécutoire, tout ou partie des compétences suivantes :

« 1° La mise en œuvre de la procédure de réquisition avec attributaire prévue au chapitre II du titre IV du livre VI du code de la construction et de l'habitation ;

2° Abrogé par L. n° 2017-86 du 27 janv. 2017, art. 81.

« 3° La délivrance aux organismes d'habitations à loyer modéré des agréments d'aliénation de logements prévue aux articles L. 443-7, L. 443-8 et L. 443-9 dudit code et situés sur le territoire métropolitain.

« Les compétences déléguées en application des 1° à 3° du présent VII sont exercées au nom et pour le compte de l'État. Elles s'ajoutent, le cas échéant, aux compétences déléguées en application du VI et sont régies par la même convention.

« La métropole du Grand Paris propose à l'État et aux collectivités territoriales un plan de rationalisation des outils d'aménagement et des syndicats intervenant dans son ressort territorial. »

1. Principe d'égalité. En prévoyant des conditions différentes de délai, entre les communes relevant des 3° et 4° du I de l'art. L. 5219-1 et celles entrant dans le champ d'application du 5° du I de ce même art., pour demander leur rattachement à la métropole du Grand Paris, le législateur n'a créé aucune rupture d'égalité. • CE 15 févr. 2016, *Cne de Verrières-le-Buisson,* n° 394970. ♦ L'art. 59 de la L. n° 2015-991 du 7 août 2015, mod. par l'art. 29 de la L. du 29 déc. 2020, a notamment pour objet d'affecter une partie des recettes de la cotisation foncière des entreprises perçue en 2021 par la Ville de Paris et les établissements publics territoriaux (EPT) à la métropole du Grand Paris (MGP) afin d'assurer son équilibre financier. Au regard de cet objet, la Ville de Paris n'est pas placée dans une situation différente de celle des EPT. De plus, aucun motif d'intérêt général ne justifie que le calcul de la dotation versée par la Ville de Paris à la métropole soit différent de celui de la dotation versée par les EPT. Dès lors, sauf à méconnaître le principe d'égalité devant la loi, les dispositions de l'art. 29 préc. ne sauraient être interprétées que comme impliquant que le produit de la cotisation foncière des entreprises perçu par la Ville de Paris en 2021 soit majoré du montant du prélèvement sur recettes que l'État lui a versé en application de cet art. • Cons. const. 6 oct. 2022, *Établissement public territorial Paris Est Marne et Bois,* n° 2022-1012 QPC : *AJDA 2022. 1931*.

2. Indemnité des élus. Le 4e al. de l'art. L. 5219-2-1, qui prévoit que les indemnités des élus des établissements publics territoriaux (EPT) sont régies par les dispositions de l'art. L. 5211-12 à l'exception de celles de son 1er al., doit être interprété comme rendant applicable le dispositif de l'enveloppe indemnitaire globale, prévu au 2e al. de ce dernier art., et qui constitue, pour les autres EPCI, un plafond uniquement pour les indemnités attribuées aux présidents, vice-présidents, et, lorsqu'elles sont facultatives, à certains conseillers, et pour les indemnités votées par le conseil de territoire pour l'exercice effectif des fonctions de président et de vice-président d'un EPT, mais non pour les indemnités prévues de droit par le CGCT pour l'exercice effectif des fonctions de conseiller d'un EPT. • CE 21 sept. 2020, *EPT Plaine cne,* n° 426376 B : *AJDA 2021. 277, note Haquet ; ibid. 2020. 1762*.

SECTION 2 **Les établissements publics territoriaux**

Art. L. 5219-2 *(L. n° 2015-991 du 7 août 2015, art. 59)* **« Dans le périmètre de la métropole du Grand Paris, sont créés, au 1er janvier 2016, des établissements publics de coopération intercommunale dénommés "établissements publics territoriaux". Sous réserve du présent chapitre, ces établissements publics sont soumis aux dispositions applicables aux syndicats de communes. D'un seul tenant et sans enclave, d'au moins 300 000 habitants, ces établissements regroupent l'ensemble des communes membres de la métropole du Grand Paris, à l'exception de la commune de Paris. Les communes appartenant à un même établissement public de coopération intercommunale à fiscalité propre à la date de promulgation de la loi n° 2015-991 du 7 août 2015 portant nouvelle organisation territoriale de la République ne peuvent appartenir à des établissements publics territoriaux distincts.**

« Dans chaque établissement public territorial, il est créé un conseil de territoire composé des délégués des communes incluses dans le périmètre de l'établissement, désignés au conseil de la métropole du Grand Paris en application de l'article L. 5219-9. Le périmètre et le siège de l'établissement public territorial sont fixés par décret en Conseil d'État, après consultation, par le représentant de l'État dans la région d'Île-de-France, des conseils municipaux des communes concernées, qui disposent d'un délai d'un mois pour rendre leur avis. » La définition de ces périmètres peut prendre en compte les territoires de projet constitués en vue de l'élaboration de contrats de développement territorial prévus à l'article 21 de la loi n° 2010-597 du 3 juin 2010 relative au Grand Paris.

Le président du conseil de territoire est élu en son sein. Le conseil de territoire désigne également en son sein un ou plusieurs vice-présidents. Le nombre de ceux-ci ne peut excéder 20 % du nombre total des membres du conseil de territoire.

(L. n° 2019-1461 du 27 déc. 2019, art. 1er) **« Dans chaque établissement public territorial, est créée une conférence des maires régie par l'article L. 5211-11-3. »**

1. Périmètre des EPT. L'établissement public territorial (EPT T9) est constitué d'un seul tenant dépourvu d'enclave. Aucun des EPCI à fiscalité propre fonctionnant à la date de la promulgation de la L. du 7 août 2015 portant nouvelle organisation territoriale de la République compris dans son périmètre n'est compris dans celui d'un EPT distinct. Le Premier ministre n'est pas lié par les avis des communes concernées. Par suite, il n'a pas commis d'erreur de droit ou d'erreur manifeste d'appréciation dans la définition du périmètre de l'EPT. • CE 28 déc. 2016, *Cne de Neuilly-Plaisance*, n° 396963.

2. Parité au conseil de territoire. Lorsque le nombre de sièges revenant à la commune est inférieur à celui dont elle disposait jusqu'alors, le conseil municipal procède à l'élection des premiers conseillers de territoire au scrutin de liste avec représentation proportionnelle à la plus forte moyenne parmi les conseillers communautaires sortants, sans que les listes proposées ne soient soumises à la règle de parité ou d'alternance homme – femme. • CE 19 oct. 2016, n° 398975 B : *AJDA 2016. 2017, JCP Adm. 2016. Actu. 834.*

3. Droit de préemption urbain. En vertu de l'art. L. 211-2 C. urb., la décision de déléguer ou non son droit de préemption urbain (DPU) aux personnes mentionnées au 3e al. de l'art. L. 211-2 et à l'art. L. 213-3 C. urb., relève de la seule appréciation de l'EPCI compétent en matière de plan local d'urbanisme (PLU), de l'établissement public territorial (EPT) ou de la métropole de Lyon, au regard des enjeux du PLU. * Rép. min. n° 3028, *JO Sénat, 24 janv. 2019, p. 411.*

Loi n° 2015-991 du 7 août 2015,

Portant nouvelle organisation territoriale de la République.

Art. 59 *[...]* XVII. — Sauf disposition contraire, les établissements publics territoriaux et la métropole du Grand Paris, pour l'exercice de leurs compétences respectives, sont substitués aux établissements publics de coopération intercommunale à fiscalité propre dans tous leurs biens, droits et obligations ainsi que dans toutes les délibérations et tous les actes pris par ces établissements, notamment pour l'application des exonérations et des abattements prévus au code général des impôts, en fonction de leur durée, de leur quotité et de leur champ d'application territorial initial.

Le transfert de ces biens, droits et obligations est réalisé à titre gratuit et ne donne lieu à aucune indemnité ou perception de droits, impôts ou taxes de quelque nature que ce soit, à aucun versement d'honoraires au profit des agents de l'État, ni à la contribution prévue à l'article 879 du code général des impôts.

Les contrats et conventions en cours conclus par les établissements publics de coopération intercommunale à fiscalité propre continuent, après la création des établissements publics territoriaux et de la métropole du Grand Paris, d'être exécutés dans les conditions antérieures jusqu'à leur échéance, sauf accord contraire entre l'établissement public territorial ou la métropole du Grand Paris, d'une part, et les cocontractants, d'autre part. Ces derniers sont informés par l'établissement public territorial ou la métropole du Grand Paris que ceux-ci se substituent à l'établissement public de coopération intercommunale à fiscalité propre. Cette substitution n'entraîne aucun droit à résiliation ou à indemnisation pour le cocontractant.

XVIII. — Le Gouvernement remet au Parlement, avant le 31 décembre 2019, un rapport dressant le bilan de l'application des règles régissant la métropole du Grand Paris et les établissements publics territoriaux ainsi que leur rapport avec l'État et la région d'Île-de-France. Le rapport comprend des propositions.

[...]

Art. L. 5219-2-1 *(L. n° 2015-991 du 7 août 2015, art. 59)* **Les indemnités votées par le conseil de territoire pour l'exercice effectif des fonctions de président d'un établissement public territorial sont inférieures ou égales à 110 % du terme de référence mentionné au I de l'article L. 2123-20.**

Les indemnités votées par le conseil de territoire pour l'exercice effectif des fonctions de vice-président d'un établissement public territorial sont inférieures ou égales à 44 % du terme de référence mentionné au même I.

Les indemnités votées par le conseil de territoire pour l'exercice effectif des fonctions de conseiller d'un établissement public territorial sont inférieures ou égales à 6 % du terme de référence mentionné audit I.

L'article L. 5211-12, à l'exception de son premier alinéa, est applicable aux indemnités des élus des établissements publics territoriaux.

Les indemnités de fonctions pour l'exercice des fonctions de président, de vice-président et de conseiller des établissements publics territoriaux ne peuvent être cumulées avec les indemnités de fonctions perçues au titre des fonctions de président, de vice-président et de conseiller de la métropole du Grand Paris.

Art. L. 5219-3 et L. 5219-4 *Abrogés par L. nº 2015-991 du 7 août 2015, art. 59.*

Art. L. 5219-5 *(L. nº 2015-991 du 7 août 2015, art. 59)* I. — L'établissement public territorial, en lieu et place de ses communes membres, exerce de plein droit les compétences en matière de :

1° Politique de la ville :

a) Élaboration du diagnostic du territoire et définition des orientations du contrat de ville ;

b) Animation et coordination des dispositifs contractuels de développement urbain, de développement local et d'insertion économique et sociale ainsi que des dispositifs locaux de prévention de la délinquance ;

c) Programmes d'actions définis dans le contrat de ville ;

(L. nº 2017-86 du 27 janv. 2017, art. 115) « *d)* Signature de la convention intercommunale mentionnée à l'article 8 de la loi nº 2014-173 du 21 février 2014 de programmation pour la ville et la cohésion urbaine ; »

2° Construction, aménagement, entretien et fonctionnement d'équipements culturels, socioculturels, socio-éducatifs et sportifs d'intérêt territorial ;

3° Assainissement et eau ;

4° Gestion des déchets ménagers et assimilés ;

5° Action sociale d'intérêt territorial, à l'exception de celle mise en œuvre dans le cadre de la politique du logement et de l'habitat. L'établissement public territorial peut en confier la responsabilité, pour tout ou partie, à un centre intercommunal d'action sociale créé dans les conditions prévues à l'article L. 123-4-1 du code de l'action sociale et des familles et dénommé "centre territorial d'action sociale".

Lorsque les compétences prévues au 3° *(Ord. nº 2015-1630 du 10 déc. 2015, art. 3)* « et au 4° » du présent I étaient exercées, pour le compte des communes ou des établissements publics de coopération intercommunale à fiscalité propre, par des syndicats à la date du 31 décembre 2015, l'établissement public territorial se substitue, jusqu'au 31 décembre 2017 *(Ord. nº 2015-1630 du 10 déc. 2015, art. 3)* « pour les compétences prévues au 3° et jusqu'au 31 décembre 2016 pour la compétence prévue au 4° », aux communes ou aux établissements publics de coopération intercommunale à fiscalité propre au sein des syndicats concernés. À l'issue de cette période, l'établissement public territorial est retiré de plein droit des syndicats concernés.

(L. nº 2017-86 du 27 janv. 2017, art. 115) « I *bis*. — Les établissements publics territoriaux et la commune de Paris mettent en œuvre la politique d'attribution des logements sociaux, de gestion de la demande de logement social et d'information des demandeurs, en application des articles L. 411-10, L. 441-1, L. 441-1-1, L. 441-1-4, L. 441-1-5, L. 441-1-6, L. 441-2-3, L. 441-2-6, L. 441-2-7, L. 441-2-8 et L. 442-5 du code de la construction et de l'habitation. Les actions de cette politique sont compatibles avec les axes mentionnés au septième alinéa du V de l'article L. 5219-1. »

(Ord. nº 2020-1144 du 16 sept. 2020, art. 17) « I *ter*. — Le président de l'établissement public territorial peut bénéficier de la délégation des prérogatives du représentant de l'État dans le département en matière de police de la santé publique dans les conditions définies par l'article L. 301-5-1-1 du code de la construction et de l'habitation. »

II. — L'établissement public territorial élabore de plein droit, en lieu et place des communes membres, un plan local d'urbanisme intercommunal, dans les conditions prévues aux articles *(Ord. nº 2015-1174 du 23 sept. 2015, art. 9)* « L. 134-1 à L. 134-9 » du code de l'urbanisme.

III. — Les établissements publics territoriaux et la commune de Paris élaborent un plan climat-air-énergie, en application de l'article L. 229-26 du code de l'environnement, qui doit être compatible avec le plan climat-air-énergie territorial de la métropole *(L. n° 2019-1428 du 24 déc. 2019, art. 85)* « ainsi qu'avec le plan d'action pour la réduction des émissions de polluants atmosphériques prévu au 3° du II du même article L. 229-26. Le plan d'action pour la réduction des émissions de polluants atmosphériques élaboré par les établissements publics territoriaux ne comporte pas l'étude portant sur la création d'une ou de plusieurs zones à faibles émissions mobilité mentionnée au deuxième alinéa du même 3°. Chaque plan climat-air-énergie territorial » doit comprendre un programme d'actions permettant, dans les domaines de compétence du territoire, d'atteindre les objectifs fixés par le plan climat-air-énergie de la métropole. Il est soumis pour avis au conseil de la métropole du Grand Paris. Cet avis est rendu dans un délai de trois mois ; à défaut, il est réputé favorable.

IV. — L'établissement public territorial exerce de plein droit, en lieu et place des communes membres, les compétences prévues au II de l'article L. 5219-1 du présent code, soumises à la définition d'un intérêt métropolitain mais non reconnues comme telles.

(L. n° 2017-257 du 28 févr. 2017, art. 60) « S'agissant de la compétence en matière de définition, de création et de réalisation d'opérations d'aménagement définies à l'article L. 300-1 du code de l'urbanisme, énoncée au *a* du 1° du II de l'article L. 5219-1 du présent code, le délai prévu au deuxième alinéa du III de l'article L. 5211-5 pour l'adoption des délibérations concordantes de l'établissement public territorial et de ses communes membres fixant les conditions financières et patrimoniales du transfert des biens immobiliers est porté à deux ans à compter de la définition de l'intérêt métropolitain. »

V. — Sans préjudice du même II, l'établissement public territorial exerce, sur l'ensemble de son périmètre, les compétences qui étaient, au 31 décembre 2015, transférées par les communes membres aux établissements publics de coopération intercommunale à fiscalité propre existants. Toutefois :

1° Jusqu'à ce que l'établissement public territorial délibère sur l'élargissement de l'exercice de chacune de ces compétences à l'ensemble de son périmètre, et au plus tard le 31 décembre 2017, les compétences obligatoires et optionnelles des établissements publics de coopération intercommunale à fiscalité propre existant au 31 décembre 2015 sont exercées :

a) Par l'établissement public territorial dans les mêmes conditions et dans les seuls périmètres correspondant à ceux de chacun des établissements publics de coopération intercommunale à fiscalité propre existant au 31 décembre 2015. Lorsque les établissements publics de coopération intercommunale à fiscalité propre adhéraient à des syndicats pour l'exercice de ces compétences, l'établissement public territorial se substitue à ces établissements au sein des syndicats concernés jusqu'à ce que l'établissement public territorial délibère sur l'élargissement de l'exercice de chacune de ces compétences à l'ensemble de son périmètre, et au plus tard jusqu'au 31 décembre 2017. À l'issue de cette période, l'établissement public territorial est retiré de plein droit des syndicats concernés ;

b) Ou par les communes dans les autres cas ;

2° Lorsque l'exercice des compétences obligatoires et optionnelles des établissements publics de coopération intercommunale à fiscalité propre existant au 31 décembre 2015 était subordonné à la reconnaissance d'un intérêt communautaire, un intérêt territorial est déterminé par délibération du conseil de territoire, à la majorité des deux tiers de ses membres. Il est défini au plus tard deux ans après la création de l'établissement public territorial. Par dérogation, cette délibération est facultative pour les établissements publics territoriaux dont le périmètre correspond à un établissement public de coopération intercommunale à fiscalité propre existant au 31 décembre 2015.

Jusqu'à cette délibération, et au plus tard jusqu'à l'expiration du délai de deux ans mentionné à la deuxième phrase du premier alinéa du présent 2°, les compétences qui faisaient l'objet d'une définition d'un intérêt communautaire continuent d'être exercées dans les mêmes conditions dans les seuls périmètres correspondant à chacun des établissements publics de coopération intercommunale à fiscalité propre existant au 31 décembre 2015. Les compétences soumises à la définition d'un intérêt communautaire et non reconnues d'intérêt communautaire continuent d'être exercées par les communes dans les mêmes conditions.

À l'expiration du délai de deux ans, pour les compétences qui n'ont pas fait l'objet de cette délibération, l'établissement public territorial exerce l'intégralité de la compétence transférée ;

3° Le conseil de territoire de l'établissement public territorial peut, par délibération, restituer les compétences transférées à titre supplémentaire par les communes membres aux établissements publics de coopération intercommunale à fiscalité propre existant au 31 décembre 2015, dans un délai de deux ans suivant la création de l'établissement public territorial. Jusqu'à cette délibération, et au plus tard jusqu'à l'expiration du délai de deux ans mentionné à la première phrase du présent 3°, l'établissement public territorial exerce les compétences transférées en application du premier alinéa du présent V et non prévues au I dans le périmètre des anciens établissements publics de coopération intercommunale à fiscalité propre existant au 31 décembre 2015. À l'expiration du délai de deux ans et à défaut de délibération, l'établissement public territorial exerce l'intégralité des compétences transférées.

VI. — Lorsqu'un établissement public territorial s'est vu transférer l'une des compétences mentionnées au I de l'article L. 5211-9-2, les maires des communes membres de l'établissement public transfèrent au président de cet établissement leurs attributions dans les conditions prévues au même article L. 5211-9-2.

(L. n° 2018-1021 du 23 nov. 2018, art. 51) « VI *bis*. — L'établissement public territorial peut confier la création ou la gestion de certains équipements ou services relevant de ses attributions à une ou plusieurs communes membres, par convention avec la ou les communes concernées.

« Dans les mêmes conditions, les communes membres d'un établissement public territorial peuvent confier par convention audit établissement public territorial la création ou la gestion de certains équipements ou services relevant de leurs attributions. »

VII. — Lorsque l'exercice des compétences mentionnées au I est subordonné à la reconnaissance de leur intérêt territorial, cet intérêt est déterminé par délibération du conseil de territoire à la majorité des deux tiers de ses membres, au plus tard deux ans après la création de la métropole du Grand Paris. Jusqu'à cette délibération, et au plus tard jusqu'à l'expiration du délai de deux ans mentionné à la première phrase du présent VII, ces compétences sont exercées par l'établissement public territorial dans les périmètres des établissements publics de coopération intercommunale à fiscalité propre existant au 31 décembre 2015 et dans les mêmes conditions. À l'expiration du délai de deux ans et à défaut de délibération, l'établissement public territorial exerce l'intégralité des compétences transférées. Les communes n'appartenant à aucun établissement public de coopération intercommunale à fiscalité propre au 31 décembre 2015 exercent, sur leur périmètre, les compétences prévues au I soumises à la définition d'un intérêt territorial mais non reconnues comme telles.

VIII. — Les offices publics de l'habitat précédemment rattachés aux communes ou à leurs groupements situés dans le périmètre des établissements publics territoriaux sont rattachés à ces derniers au plus tard le 31 décembre 2017 *(L. n° 2017-86 du 27 janv. 2017, art. 137)* « , sauf dans le cas de la commune de Paris ». Parmi les représentants de l'établissement public territorial au sein du conseil d'administration de l'office figurent, dans une proportion d'au moins la moitié, des membres proposés par la commune de rattachement initial dès lors qu'au moins la moitié du patrimoine de l'office est située sur son territoire.

(L. n° 2017-86 du 27 janv. 2017, art. 114) « À défaut de réalisation de ces propositions dans un délai de deux mois de la part de la commune concernée saisie à cet effet par l'établissement public territorial, le représentant de l'État dans le département la met en demeure de procéder aux propositions en cause dans un délai de deux mois. En l'absence de celles-ci au terme de ce délai, le représentant de l'État dans le département saisit l'établissement public territorial aux fins de désigner les représentants qui manquent selon les modalités prévues au titre II du livre IV du code de la construction et de l'habitation. »

IX. – Lorsque, du fait de la création de la métropole du Grand Paris, un établissement public de coopération intercommunale ne comprenant plus qu'une seule commune membre située hors du périmètre métropolitain est dissous et que l'établissement était la collectivité de rattachement d'un office public de l'habitat, cet office est dissous de plein droit à la date de création de la métropole du Grand Paris.

Par dérogation à l'article L. 421-7-1 du code de la construction et de l'habitation, le patrimoine de l'office ainsi que l'ensemble de ses biens, droits et obligations sont transmis à titre universel à un organisme d'habitations à loyer modéré désigné par le représentant de l'État dans le département au plus tard le 31 décembre 2015.

Cet organisme est substitué de plein droit à l'office public de l'habitat dans toutes ses délibérations et tous ses actes.

Les contrats conclus par l'office public de l'habitat sont exécutés dans les conditions antérieures jusqu'à leur échéance, sauf accord contraire des parties. Les cocontractants sont informés de la substitution de personne morale par le bénéficiaire du transfert. La substitution de personne morale n'entraîne aucun droit à résiliation ou à indemnisation pour le cocontractant.

La dévolution du patrimoine de l'office public de l'habitat entraîne l'obligation pour l'organisme bénéficiaire de rembourser aux collectivités territoriales leurs dotations initiales, majorées pour chaque année ayant précédé la dissolution, sans pouvoir excéder vingt années, d'un intérêt calculé au taux servi au 31 décembre de l'année considérée aux détenteurs d'un livret A, majoré de 1,5 point, et ne donne lieu au paiement d'aucun droit ou taxe, à l'exception de la contribution de sécurité immobilière.

L'organisme bénéficiaire de la dévolution est tenu de proposer un contrat de travail à durée indéterminée à chacun des membres du personnel de l'office public de l'habitat ayant la qualité de fonctionnaire territorial, dans un délai d'un mois précédant la date de dévolution du patrimoine de l'office public de l'habitat. En cas de refus d'un fonctionnaire de démissionner de la fonction publique et de bénéficier d'un tel contrat ou de son silence gardé sur la proposition de contrat de travail d'ici la date de dévolution du patrimoine de l'office public de l'habitat, celui-ci est remis directement à disposition du centre de gestion ou du Centre national de la fonction publique territoriale, selon les conditions prévues à l'article 97 de la loi n° 84-53 du 26 janvier 1984 portant dispositions statutaires applicables à la fonction publique territoriale, à l'exception de la période de surnombre. L'organisme bénéficiaire de la dévolution est tenu au paiement des contributions, selon les modalités prévues à l'article 97 *bis* de la même loi, en lieu et place de l'office public de l'habitat.

Un décret règle les conditions budgétaires et comptables de la dissolution de l'office public de l'habitat.

X. – Pour chaque commune située dans le périmètre de la métropole du Grand Paris, *(L. n° 2016-1917 du 29 déc. 2016, art. 92)* « à l'exception de la commune de Paris, » l'attribution de compensation versée ou perçue, à compter *(Ord. n° 2015-1630 du 10 déc. 2015, art. 8)* « du 1er janvier » *(L. n° 2025-127 du 14 févr. 2025, art. 184)* « 2027 », par la métropole du Grand Paris est égale à celle que versait ou percevait la métropole du Grand Paris au titre de l'exercice *(L. n° 2025-127 du 14 févr. 2025, art. 184)* « 2026 ». *(L. n° 2016-1917 du 29 déc. 2016, art. 92)* « Pour la commune de Paris, elle est égale à la somme de l'attribution de compensation que versait ou percevait la métropole du Grand Paris au titre de l'exercice *(L. n° 2025-127 du 14 févr. 2025, art. 184)* « 2026 » et du produit de cotisation foncière des entreprises perçu dans le périmètre de la commune de Paris en *(L. n° 2025-127 du 14 févr. 2025, art. 184)* « 2026 ».

La métropole du Grand Paris peut moduler l'attribution de compensation, sans que cette modulation ne puisse avoir pour effet de minorer ou de majorer son montant de plus de 15 %.

L'attribution de compensation est recalculée, dans les conditions prévues au IV de l'article 1609 *nonies* C du même code, lors de chaque transfert de charges à la métropole du Grand Paris.

XI. – A. – Il est institué au profit de chaque établissement public territorial un fonds de compensation des charges territoriales destiné à leur financement.

B. – *(Ord. n° 2015-1630 du 10 déc. 2015, art. 8)* « Le fonds de compensation des charges territoriales comprend : »

1° Une fraction égale au produit de la taxe d'habitation, de la taxe foncière sur les propriétés bâties et de la taxe foncière sur les propriétés non bâties perçu par l'établissement public de coopération intercommunale à fiscalité propre existant au 31 décembre 2015 l'année précédant la création de la métropole du Grand Paris ou, le cas échéant, une quote-part du produit de ces mêmes impositions perçu par les communes isolées existant au 31 décembre 2015 l'année précédant la création de la métropole du Grand Paris.

2° Abrogé par L. n° 2020-1721 du 29 déc. 2020, art. 255.

C. – La fraction mentionnée au 1° du B est reversée par chaque commune membre de l'établissement public territorial :

1° À hauteur du produit de la taxe d'habitation, de la taxe foncière sur les propriétés bâties et de la taxe foncière sur les propriétés non bâties perçu par l'établissement public de coopération intercommunale à fiscalité propre existant au 31 décembre 2015 sur le territoire de la commune l'année précédant la création de la métropole du Grand Paris, majoré de la fraction d'attribution de compensation perçue par la commune en contrepartie de la perte de la dotation forfaitaire prévue à l'article L. 2334-7 du présent code correspondant au montant antérieurement versé en application du I du D de l'article 44 de la loi de finances pour 1999 (n° 98-1266 du 30 décembre 1998) ;

2° Ou, pour les communes isolées existant au 31 décembre 2015, à raison d'une quote-part du produit de la taxe d'habitation, de la taxe foncière sur les propriétés bâties et de la taxe foncière sur les propriétés non bâties perçu par celles-ci l'année précédant la création de la métropole du Grand Paris, déterminée par délibérations concordantes du conseil de territoire et du conseil municipal de la commune intéressée.

Cette fraction peut être révisée, après avis de la commission mentionnée au XII, par *(L. n° 2016-1917 du 29 déc. 2016, art. 93)* « délibération du conseil de territoire statuant à la majorité des deux tiers ». Cette révision ne peut avoir pour effet de minorer ou de majorer la participation de la commune de plus de *(L. n° 2016-1917 du 29 déc. 2016, art. 93)* « 30 % » du produit de la taxe d'habitation, de la taxe foncière sur les propriétés bâties et de la taxe foncière sur les propriétés non bâties perçu au profit de l'établissement public de coopération intercommunale à fiscalité propre existant au 31 décembre 2015 sur le territoire de la commune l'année précédant la création de la métropole du Grand Paris *(L. n° 2022-1729 du 30 déc. 2022, art. 157)* « , actualisé depuis 2015 et jusqu'à la date de révision selon le taux annuel d'évolution des valeurs locatives foncières figurant à l'article 1518 *bis* du code général des impôts, »*(L. n° 2016-1917 du 29 déc. 2016, art. 93)* « représentant au plus 5 % des recettes réelles de fonctionnement de la commune intéressée l'année précédant la révision ».

Le montant de la fraction mentionnée au 1° du B et révisée, le cas échéant, dans les conditions prévues au quatrième alinéa du présent C est actualisé chaque année par application du taux d'évolution des valeurs locatives foncières de l'année figurant à l'article 1518 *bis* du code général des impôts. *(L. n° 2016-1917 du 29 déc. 2016, art. 92)* « L'actualisation n'est pas applicable à la majoration prévue au 1° du présent C. »

Le versement de cette fraction aux fonds de compensation des charges territoriales constitue pour les communes une dépense obligatoire.

D. – Abrogé par L. n° 2020-1721 du 29 déc. 2020, art. 255.

E. – La métropole du Grand Paris institue une dotation de soutien à l'investissement territorial, qui est prélevée sur :

1° Une fraction de la cotisation sur la valeur ajoutée des entreprises ;

2° Une fraction de la cotisation foncière des entreprises.

Pour la détermination de la fraction de dotation de soutien à l'investissement territorial prévue au 1°, est calculée la différence entre les deux termes suivants :

– d'une part, le produit de la cotisation sur la valeur ajoutée des entreprises au titre de l'année du versement de la dotation ;

– d'autre part, le produit de la même imposition constaté l'année précédente.

La fraction de dotation de soutien à l'investissement territorial prévue au même 1° est égale à un taux compris entre 10 % et 50 %, voté par le conseil de la métropole, de la différence positive ainsi obtenue. Le conseil de la métropole procède à la répartition de cette fraction entre des établissements publics territoriaux, les établissements publics mentionnés au dernier alinéa du V de l'article L. 5219-1 du présent code et à l'article L. 328-1 du code de l'urbanisme et, le cas échéant, des communes situées dans le périmètre de la métropole, en tenant compte prioritairement de l'importance des charges qu'ils supportent du fait de la réalisation ou de la gestion d'un ou de plusieurs équipements répondant à un enjeu de solidarité territoriale et en appliquant d'autres critères fixés librement.

Cette fraction peut être révisée, après avis de la commission mentionnée au XII du présent article, à l'exclusion de la dotation allouée à la commune de Paris le cas échéant. Cette révision ne peut avoir pour effet de minorer ou de majorer la dotation de soutien à l'investissement territorial de plus de 15 % du montant déterminé conformément au septième alinéa du présent E.

Le montant de la fraction mentionnée au 1° et révisée, le cas échéant, dans les conditions prévues au huitième alinéa du présent E est actualisé chaque année par application du taux d'évolution des valeurs locatives foncières de l'année figurant à l'article 1518 *bis* du code général des impôts.

Pour la détermination de la fraction de dotation de soutien à l'investissement territorial prévue au 2° du présent E, est calculée la différence entre les deux termes suivants :

– d'une part, le produit de la cotisation foncière des entreprises au titre de l'année du versement de la dotation ;

– d'autre part, le produit de la même imposition constaté l'année précédente.

La fraction de dotation de soutien à l'investissement territorial prévue au même 2° est égale à 50 % de la différence positive ainsi obtenue. Le conseil de la métropole procède à la répartition de cette fraction entre des établissements publics territoriaux, les établissements publics mentionnés au dernier alinéa du V de l'article L. 5219-1 du présent code et à l'article L. 328-1 du code de l'urbanisme et, le cas échéant, des communes situées dans le périmètre de la métropole, en tenant compte prioritairement de l'importance des charges qu'ils supportent du fait de la réalisation ou de la gestion d'un ou de plusieurs équipements répondant à un enjeu de solidarité territoriale et en appliquant d'autres critères fixés librement.

Cette fraction peut être révisée, après avis de la commission mentionnée au XII du présent article, le cas échéant. Cette révision ne peut avoir pour effet de minorer ou de majorer la dotation de soutien à l'investissement territorial de plus de 15 % du montant déterminé conformément au treizième alinéa du présent E.

Le montant de la fraction mentionnée au 2° et révisée, le cas échéant, dans les conditions prévues à l'avant-dernier alinéa du présent E est actualisé chaque année par application du taux d'évolution des valeurs locatives foncières de l'année figurant à l'article 1518 *bis* du code général des impôts.

XII. – Il est créé entre chaque établissement public territorial et les communes situées dans son périmètre, à l'exclusion de la commune de Paris, une commission locale d'évaluation des charges territoriales chargée de fixer les critères de charges pris en compte pour déterminer le besoin de financement des compétences exercées par l'établissement public territorial en lieu et place des communes. Cette commission est créée par l'organe délibérant de l'établissement public territorial, qui en détermine la composition à la majorité des deux tiers. Elle est composée de membres des conseils municipaux des communes concernées. Chaque conseil municipal dispose d'au moins un représentant.

La commission élit son président et un vice-président parmi ses membres. Le président convoque la commission et détermine son ordre du jour ; il en préside les séances. En cas d'absence ou d'empêchement, il est remplacé par le vice-président.

La commission peut faire appel, pour l'exercice de sa mission, à des experts. Elle rend ses conclusions l'année de création des établissements publics territoriaux et lors de chaque transfert de charges ultérieur.

Les dépenses de fonctionnement non liées à un équipement sont évaluées d'après leur coût réel dans les budgets communaux lors de l'exercice précédant le transfert de compétences ou d'après leur coût réel dans les comptes administratifs des exercices précédant ce transfert.

Dans ce dernier cas, la période de référence est déterminée par la commission.

Le coût des dépenses liées à des équipements concernant les compétences transférées est calculé sur la base d'un coût moyen annualisé. Ce coût intègre le coût de réalisation ou d'acquisition de l'équipement ou, en tant que de besoin, son coût de renouvellement. Il intègre également les charges financières et les dépenses d'entretien. L'ensemble de ces dépenses est pris en compte pour une durée normale d'utilisation et ramené à une seule année.

Le coût des dépenses prises en charge par l'établissement public territorial est réduit, le cas échéant, des ressources afférentes à ces charges.

La commission locale d'évaluation des charges territoriales fixe le montant des ressources nécessaires au financement annuel des établissements publics territoriaux. Elle rend un avis sur les modalités de révision *(L. n° 2020-1721 du 29 déc. 2020, art. 255)* « de la fraction mentionnée au C » du XI en fonction du niveau des dépenses de l'établissement public territorial qu'elle a évaluées. De même, elle rend un avis sur les modalités de révision des deux fractions de la dotation de soutien à l'investissement territorial prévue au E du même XI.

XIII. — Les *(Ord. n° 2015-1630 du 10 déc. 2015, art. 8)* « contributions aux fonds de compensation des charges territoriales » déterminées, selon les modalités fixées au XII, par la commission locale d'évaluation des charges territoriales sont *(Ord. n° 2015-1630 du 10 déc. 2015, art. 8)* « versées par les communes et reçues par les établissements publics de territoire mensuellement », à raison d'un douzième du montant dû au titre de l'exercice courant.

Au cours de l'année, un ou plusieurs douzièmes peuvent être versés par anticipation si les fonds disponibles de l'établissement public territorial se trouvent momentanément insuffisants. Les attributions complémentaires sont autorisées par délibérations concordantes du conseil de territoire et des conseils municipaux des communes prises à la majorité qualifiée prévue au premier alinéa du II de l'article L. 5211-5.

Le présent XIII ne s'applique pas à la commune de Paris.

Le E du XI du présent art. ne s'applique pas aux exercices 2022 à 2026 (L. n° 2020-1721 du 29 déc. 2022, art. 255-III, mod. en dernier lieu par L. n° 2025-127 du 14 févr. 2025, art. 184).

Pour l'application du E du XI du présent art. en 2027, le produit de la cotisation foncière des entreprises retenu est égal au produit de la cotisation foncière des entreprises perçu au titre de l'année 2027, majoré du montant du prélèvement sur recettes perçu au titre de cette même année en application de l'art. 29 de la L. n° 2020-1721 du 29 déc. 2022 (L. préc., art. 255-III, mod. en dernier lieu par L. n° 2025-127 du 14 févr. 2025, art. 184).

Publicité extérieure. Les établissements publics territoriaux, en tant qu'EPCI, sont compétents pour l'élaboration du règlement local de publicité (V. aussi note 5 ss. art. L. 5211-17). * Rép. min. n° 20835 : *JO Sénat, 2 mars 2017, p. 879.*

Loi nº 2015-991 du 7 août 2015,

Portant nouvelle organisation territoriale de la République.

Art. 59 *[...]* XV. — *[...]* G. — 1. La métropole du Grand Paris verse à chaque commune située dans son périmètre une attribution de compensation. Elle ne peut être indexée.

Pour chaque commune située dans le périmètre de la métropole du Grand Paris, l'attribution de compensation versée ou perçue, à compter de 2016, par la métropole du Grand Paris est égale :

a) Pour les communes qui étaient membres en 2015 d'un établissement public de coopération intercommunale à fiscalité professionnelle unique : à l'attribution de compensation que versait ou percevait l'établissement public de coopération intercommunale au titre de l'exercice 2015 majorée ou corrigée dans les conditions prévues aux deuxième à septième alinéas du 2° du V de l'article 1609 *nonies* C du code général des impôts ;

b) Pour les autres communes : à la somme des produits mentionnés au I *(L. nº 2016-1917 du 29 déc. 2016, art. 92)* « , à l'exception du produit de la cotisation foncière des entreprises pour la *(Ord. nº 2018-75 du 8 févr. 2018, art. 4)* « Ville de Paris », » et aux 1 et 2 du I *bis* du même article 1609 *nonies* C et de la taxe sur les surfaces commerciales prévue à l'article 3 de la loi nº 72-657 du 13 juillet 1972 précitée, perçus par la commune ou par l'établissement public de coopération intercommunale préexistant l'année précédant celle au cours de laquelle la création de la métropole du Grand Paris a produit pour la première fois ses effets au plan fiscal. Cette somme est diminuée du coût net des charges transférées à la métropole du Grand Paris, calculé dans les conditions définies au IV dudit article 1609 *nonies* C. Elle est majorée ou corrigée dans les conditions prévues aux deuxième à septième alinéas du 2° du V du même article 1609 *nonies* C.

c) Abrogé par L. nº 2015-1785 du 29 déc. 2015, art. 158.

Lorsque l'attribution de compensation est négative, la métropole du Grand Paris peut demander à la commune d'effectuer, à due concurrence, un versement à son profit.

L'attribution de compensation est recalculée, dans les conditions prévues au IV dudit article 1609 *nonies* C, lors de chaque transfert de charge.

2. Il est institué une dotation d'équilibre visant à garantir le niveau de financement de chaque établissement public territorial ainsi que l'équilibre des ressources de la métropole du Grand Paris. Elle ne peut être indexée.

Pour chaque établissement public territorial situé dans le périmètre de la métropole du Grand Paris, la dotation d'équilibre versée ou perçue, à compter de 2016, par la métropole du Grand Paris est égale à la différence entre :

a) La somme des montants suivants perçus en 2015 par l'établissement public de coopération intercommunale préexistant, après déduction des attributions de compensation versées ou perçues au titre du même exercice par cet établissement public :

— les produits mentionnés au I et aux 1 et 2 du I *bis* de l'article 1609 *nonies* C du code général des impôts ;

— les produits de la taxe d'habitation, de la taxe foncière sur les propriétés bâties et de la taxe foncière sur les propriétés non bâties et le produit de la taxe sur les surfaces commerciales prévue à l'article 3 de la loi nº 72-657 du 13 juillet 1972 précitée ;

— la dotation de compensation prévue à l'article L. 5211-28-1 du code général des collectivités territoriales et diminuée, à compter de 2016, du pourcentage prévu au deuxième alinéa du même article *(L. nº 2016-1917 du 29 déc. 2016, art. 92)* « L. 5211-28-1 » ;

— la dotation d'intercommunalité prévue à l'article L. 5211-28 du même code et indexée, à compter de 2016, selon le taux d'évolution de la dotation perçue par la métropole du Grand Paris en application du 1° de l'article L. 5219-8 dudit code ;

b) Et la somme du produit de la cotisation foncière des entreprises perçu en 2015 par l'établissement public de coopération intercommunale préexistant et *(L. nº 2016-1917 du 29 déc. 2016, art. 92)* « du produit de la taxe d'habitation, de la taxe foncière sur les propriétés bâties et de la taxe foncière sur les propriétés non bâties perçu en 2015 par l'établissement public de coopération intercommunale préexistant, majoré de la dotation de compensation prévue à l'article L. 5211-28-1 du code général des collectivités territoriales perçue en 2015 par le même établissement public et diminuée, à compter de 2016, du pourcentage prévu au deuxième alinéa du même article L. 5211-28-1 ».

Le dernier alinéa du *a* du présent 2 est applicable jusqu'à l'exercice budgétaire *(L. n° 2025-127 du 14 févr. 2025, art. 184, en vigueur le 1er janv. 2025)* « 2026 » inclus.

Pour le calcul des dotations dues aux établissements publics territoriaux se substituant à un établissement public de coopération intercommunale qui faisait application en 2015 du régime prévu à l'article 1609 *quinquies* BA du code général des impôts, il est tenu compte des produits de cotisation foncière des entreprises, de cotisation sur la valeur ajoutée des entreprises, du produit des composantes de l'imposition forfaitaire sur les entreprises de réseaux mentionnées au 1 du I *bis* de l'article 1609 *nonies* C du même code, du produit de la taxe sur les surfaces commerciales perçus, en 2015, par les communes et du montant perçu en 2015, par l'établissement public de coopération intercommunale préexistant, au titre de la dotation d'intercommunalité prévue à l'article L. 5211-28 du code général des collectivités territoriales et indexée selon le taux d'évolution de la dotation perçue par la métropole du Grand Paris en application du 1° de l'article L. 5219-8 du même code.

Lorsque la dotation d'équilibre est négative, l'établissement public territorial en reverse le montant, à due concurrence, à la métropole du Grand Paris.

Pour les communes qui n'étaient pas membres d'un établissement public de coopération intercommunale soumis à l'article 1609 *nonies* C du code général des impôts au 31 décembre 2015, l'établissement public territorial acquitte à la métropole du Grand Paris une dotation égale au produit de la cotisation foncière des entreprises perçu par lesdites communes l'année précédant la création de la métropole.

(L. n° 2020-1721 du 30 déc. 2021, art. 255) « À titre exceptionnel, la dotation d'équilibre versée en 2021 par chaque établissement public territorial à la métropole du Grand Paris est augmentée d'un montant égal aux deux-tiers *[deux tiers]* de la différence, si elle est positive, entre le produit de la cotisation foncière des entreprises perçu en 2021 et celui perçu en 2020 par chaque établissement public territorial. Le produit de la cotisation foncière des entreprises perçue en 2021 est majoré du montant du prélèvement sur recettes prévu au 3 du A du III de l'article 29 de la loi n° 2020-1721 du 29 décembre 2020 de finances pour 2021.

« À titre exceptionnel, la Ville de Paris verse à la métropole du Grand Paris une dotation d'équilibre en 2021. Le montant de cette dotation d'équilibre est égal aux deux-tiers *[deux tiers]* de la différence, si elle est positive, entre le produit de la cotisation foncière des entreprises perçu en 2021 et celui perçu en 2020 par la Ville de Paris. »

(L. n° 2021-1900 du 30 déc. 2021, art. 198) « À titre exceptionnel, la dotation d'équilibre versée en 2022 par chaque établissement public territorial à la métropole du Grand Paris est augmentée d'un montant égal aux deux tiers de la différence, si elle est positive, entre le produit de la cotisation foncière des entreprises perçu en 2022 et celui perçu en 2021 par chaque établissement public territorial. Le produit de la cotisation foncière des entreprises perçu en 2021 et en 2022 est majoré du montant du prélèvement sur recettes prévu au 3 du A du III de l'article 29 de la loi n° 2020-1721 du 29 décembre 2020 de finances pour 2021.

« À titre exceptionnel, la Ville de Paris verse à la métropole du Grand Paris une dotation d'équilibre en 2022. Le montant de cette dotation d'équilibre est égal aux deux tiers de la différence, si elle est positive, entre le produit de la cotisation foncière des entreprises perçu en 2022 et celui perçu en 2021 par la Ville de Paris. »

(L. n° 2022-1726 du 30 déc. 2022, art. 156) « À titre exceptionnel, la dotation d'équilibre versée en 2023 par chaque établissement public territorial à la métropole du Grand Paris est augmentée d'un montant égal aux deux tiers de la différence, si elle est positive, entre le produit de la cotisation foncière des entreprises perçu en 2023 et celui perçu en 2022 par chaque établissement public territorial. Le produit de la cotisation foncière des entreprises perçu en 2022 et en 2023 est majoré du montant du prélèvement sur recettes prévu au 3 du A du III de l'article 29 de la loi n° 2020-1721 du 29 décembre 2020 précitée.

« À titre exceptionnel, la Ville de Paris verse à la métropole du Grand Paris une dotation d'équilibre en 2023. Le montant de cette dotation d'équilibre est égal aux deux tiers de la différence, si elle est positive, entre le produit de la cotisation foncière des entreprises perçu en 2023 et celui perçu en 2022 par la Ville de Paris. Le produit de la cotisation foncière des entreprises perçu en 2022 et en 2023 est majoré du montant du prélèvement sur recettes prévu au même 3. »

(L. n° 2023-1322 du 29 déc. 2023, art. 249) « À titre exceptionnel, la dotation d'équilibre versée en 2024 par chaque établissement public territorial à la métropole du Grand Paris est augmentée d'un montant égal à la moitié de la différence, si elle est positive, entre le produit de la cotisation foncière des entreprises perçu en 2024 et celui perçu en 2023 par chaque établissement public territorial. Le produit de la cotisation foncière des entreprises perçu en 2024 et en 2023 est majoré du montant du prélèvement sur recettes prévu au 3 du A du III de l'article 29 de la loi n° 2020-1721 du 29 décembre 2020 précitée.

« À titre exceptionnel, la Ville de Paris verse à la métropole du Grand Paris une dotation d'équilibre en 2024. Le montant de cette dotation d'équilibre est égal à la moitié de la différence, si elle est positive, entre le produit de la cotisation foncière des entreprises perçu en 2024 et celui perçu en 2023 par la Ville de Paris. Le produit de la cotisation foncière des entreprises perçu en 2023 et en 2024 est majoré du montant du prélèvement sur recettes prévu au même 3. »

(L. n° 2025-127 du 14 févr. 2025, art. 184, en vigueur le 1er janv. 2025) « À titre exceptionnel, la dotation d'équilibre versée en 2025 par chaque établissement public territorial à la métropole du Grand Paris est augmentée d'un montant égal à la moitié de la différence, si elle est positive, entre le produit de la cotisation foncière des entreprises perçu en 2025 et celui perçu en 2024 par chaque établissement public territorial. Le produit de la cotisation foncière des entreprises perçu en 2024 et en 2025 est majoré du montant du prélèvement sur recettes prévu au 3 du A du III de l'article 29 de la loi n° 2020-1721 du 29 décembre 2020 précitée.

« À titre exceptionnel, la Ville de Paris verse à la métropole du Grand Paris une dotation d'équilibre en 2025. Le montant de cette dotation d'équilibre est égal à la moitié de la différence, si elle est positive, entre le produit de la cotisation foncière des entreprises perçu en 2025 et celui perçu en 2024 par la Ville de Paris. Le produit de la cotisation foncière des entreprises perçu en 2024 et en 2025 est majoré du montant du prélèvement sur recettes prévu au même 3.

« À titre exceptionnel, la dotation d'équilibre versée en 2026 par chaque établissement public territorial à la métropole du Grand Paris est augmentée d'un montant égal à la moitié de la différence, si elle est positive, entre le produit de la cotisation foncière des entreprises perçu en 2026 et celui perçu en 2025 par chaque établissement public territorial. Le produit de la cotisation foncière des entreprises perçu en 2025 et en 2026 est majoré du montant du prélèvement sur recettes prévu audit 3.

« À titre exceptionnel, la Ville de Paris verse à la métropole du Grand Paris une dotation d'équilibre en 2026. Le montant de cette dotation d'équilibre est égal à la moitié de la différence, si elle est positive, entre le produit de la cotisation foncière des entreprises perçu en 2026 et celui perçu en 2025 par la Ville de Paris. Le produit de la cotisation foncière des entreprises perçu en 2025 et en 2026 est majoré du montant du prélèvement sur recettes prévu au même 3. »

H. — Par dérogation au B du XI de l'article L. 5219-5 du code général des collectivités territoriales, il est perçu annuellement au profit de chaque fonds de compensation des charges territoriales, au titre des exercices 2016 à *(L. n° 2025-127 du 14 févr. 2025, art. 184, en vigueur le 1er janv. 2025)* « 2026 », un montant égal au produit de la taxe d'habitation, de la taxe foncière sur les propriétés bâties et de la taxe foncière sur les propriétés non bâties perçu au profit de l'établissement public de coopération intercommunale à fiscalité propre existant au 31 décembre 2015 l'année précédant la création de la métropole du Grand Paris, ou, le cas échéant, une quote-part du produit de ces mêmes impositions perçu par les communes isolées existant au 31 décembre 2015 l'année précédant la création de la métropole du

Grand Paris. Sauf pour les communes isolées existant au 31 décembre 2015, ce montant est majoré de la fraction d'attribution de compensation perçue par la commune en contrepartie de la perte de la dotation forfaitaire prévue à l'article L. 2334-7 du même code correspondant au montant antérieurement versé en application du I du D de l'article 44 de la loi de finances pour 1999 (n° 98-1266 du 30 décembre 1998).

La dotation acquittée individuellement par chaque commune peut être révisée, après avis de la commission mentionnée au XII de l'article L. 5219-5 dudit code, par *(L. n° 2016-1917 du 29 déc. 2016, art. 93)* « délibération du conseil de territoire statuant à la majorité des deux tiers ». Cette révision ne peut avoir pour effet de minorer ou de majorer la participation de la commune de plus de *(L. n° 2016-1917 du 29 déc. 2016, art. 93)* « 30 % » du produit de la taxe d'habitation, de la taxe foncière sur les propriétés bâties et de la taxe foncière sur les propriétés non bâties perçu au profit de l'établissement public de coopération intercommunale à fiscalité propre existant au 31 décembre 2015 sur le territoire de la commune l'année précédant la création de la métropole du Grand Paris *(L. n° 2022-1726 du 30 déc. 2022, art. 157)* « , actualisé depuis 2015 et jusqu'à la date de révision selon le taux annuel d'évolution des valeurs locatives foncières figurant à l'article 1518 *bis* du code général des impôts, » *(L. n° 2016-1917 du 29 déc. 2016, art. 93)* « , représentant au plus 5 % des recettes réelles de fonctionnement de la commune intéressée l'année précédant la révision ». *(Ord. n° 2015-1630 du 10 déc. 2015, art. 9)* « Toutefois, la dotation acquittée individuellement par chaque commune est recalculée lors de chaque nouveau transfert de charges résultant de l'application des IV, V et VII de l'article L. 5219-5 du code général des collectivités territoriales en tenant compte du rapport de la commission mentionnée au XII sans que la révision puisse avoir pour effet de majorer ou minorer la contribution de la commune d'un montant supérieur au coût net des charges transférées tel qu'évalué par cette commission. À défaut d'avis de la commission, la fraction est majorée ou minorée du montant des dépenses engagées pour l'exercice de la compétence transférée. Ce montant est égal à la moyenne des dépenses figurant sur les comptes administratifs de la collectivité à l'origine du transfert, actualisées en fonction de l'indice des prix hors tabac, tel que constaté à la date des transferts, sur une période de trois ans précédant le transfert pour les dépenses de fonctionnement ; actualisées en fonction de l'indice des prix de la formation brute de capital fixe des administrations publiques, tel que constaté à la date des transferts, sur une période de sept ans précédant le transfert pour les dépenses d'investissement. »

Le montant de la dotation acquittée par chaque commune et révisée, le cas échéant, dans les conditions prévues au deuxième alinéa du présent H est actualisé chaque année par application du taux d'évolution des valeurs locatives foncières de l'année figurant à l'article 1518 *bis* du code général des impôts. *(L. n° 2016-1917 du 29 déc. 2016, art. 92)* « L'actualisation n'est pas applicable à la majoration prévue à la dernière phrase du premier alinéa du présent H. »

Le versement de cette dotation aux fonds de compensation des charges territoriales constitue pour les communes une dépense obligatoire.

Le présent H ne s'applique pas à la *(Ord. n° 2018-75 du 8 févr. 2018, art. 4)* « Ville de Paris ».

I. — Par dérogation au E du XI de l'article L. 5219-5 du code général des collectivités territoriales, la métropole du Grand Paris est tenue d'instituer, au titre des exercices 2016 à 2020, une dotation de soutien à l'investissement territorial qui est prélevée annuellement sur la cotisation sur la valeur ajoutée des entreprises.

Pour la détermination de la dotation de soutien à l'investissement territorial, est calculée la différence entre les deux termes suivants :

1° D'une part, le produit de la cotisation sur la valeur ajoutée des entreprises au titre de l'année du versement de la dotation ;

2° D'autre part, le produit des mêmes impositions constaté l'année précédente.

La dotation est égale à un taux compris entre 10 % et 50 %, voté par le conseil de la métropole, de la différence ainsi obtenue. Le conseil de la métropole procède à la répartition de cette dotation entre des établissements publics territoriaux, les établissements publics mentionnés au dernier alinéa du V de l'article L. 5219-1 du même code et à l'article L. 328-1 du code de l'urbanisme et, le cas échéant, des communes situées dans le périmètre de la métropole, en tenant compte prioritairement de l'importance des charges qu'ils supportent du fait de la réalisation ou de la gestion d'un ou de plusieurs équipements répondant à un enjeu de solidarité territoriale et en appliquant d'autres critères fixés librement.

La dotation peut être révisée, après avis de la commission mentionnée au XII de l'article L. 5219-5 du code général des collectivités territoriales. Cet avis n'est pas requis pour la révision de la dotation allouée à la *(Ord. nº 2018-75 du 8 févr. 2018, art. 4)* « Ville de Paris » le cas échéant. Cette révision ne peut avoir pour effet de minorer ou de majorer la dotation de soutien à l'investissement territorial de plus de 15 % du montant déterminé conformément au cinquième alinéa du présent I.

Le montant de la dotation, après révision, le cas échéant, dans les conditions prévues à l'avant-dernier alinéa du présent I, est actualisé chaque année par application du taux d'évolution des valeurs locatives foncières de l'année figurant à l'article 1518 *bis* du code général des impôts.

J. — Les ressources nécessaires au financement des établissements publics territoriaux au titre des exercices 2016 à *(L. nº 2025-127 du 14 févr. 2025, art. 184, en vigueur le 1er janv. 2025)* « 2026 » sont déterminées, selon les modalités fixées au XII de l'article L. 5219-5 du code général des collectivités territoriales, par la commission locale d'évaluation des charges territoriales. Ces ressources sont prélevées mensuellement sur le fonds de compensation des charges territoriales alimenté dans les conditions prévues au H du présent XV. Les attributions sont servies chaque mois à l'établissement public territorial intéressé, à raison d'un douzième du montant dû au titre de l'exercice courant.

Au cours de l'année, un ou plusieurs douzièmes peuvent être versés par anticipation si les fonds disponibles de l'établissement public territorial se trouvent momentanément insuffisants. Les attributions complémentaires sont autorisées par délibérations concordantes du conseil de territoire et des conseils municipaux des communes, prises à la majorité qualifiée prévue au premier alinéa du II de l'article L. 5211-5 du code général des collectivités territoriales.

Le présent J ne s'applique pas à la *(Ord. nº 2018-75 du 8 févr. 2018, art. 4)* « Ville de Paris ».

K. — Les *(Ord. nº 2015-1630 du 10 déc. 2015, art. 2)* « G » à J s'appliquent aux impositions dues de 2016 à *(L. nº 2025-127 du 14 févr. 2025, art. 184, en vigueur le 1er janv. 2025)* « 2026 ».

L. — Les établissements publics territoriaux mentionnés à l'article L. 5219-2 du code général des collectivités territoriales arrêtent le compte administratif des établissements publics de coopération intercommunale à fiscalité propre auxquels ils succèdent.

(Ord. nº 2015-1630 du 10 déc. 2015, art. 10 et 11, en vigueur le 1er janv. 2016) « À compter de la date de création de chaque établissement public territorial et jusqu'à l'élection du président de l'organe délibérant, l'ordonnateur provisoire de l'établissement public territorial est le président de l'ancien établissement public de coopération intercommunale, compris dans le périmètre dudit établissement et regroupant le plus grand nombre d'habitants. À défaut d'établissement public de coopération intercommunale préexistant sur le périmètre de l'établissement public territorial, l'ordonnateur provisoire est le maire de la commune la plus peuplée des communes membres de l'établissement précité.

« Pour l'application en 2016 aux établissements publics territoriaux de l'article L. 1612-1 du code général des collectivités territoriales, les crédits ouverts au budget de l'exercice précédent, en recettes et dépenses de fonctionnement et d'investissement, s'entendent comme la somme des montants inscrits en recettes et dépenses de fonctionnement et d'investissement, figurant pour les compétences qui lui sont transférées dans les budgets correspondants des établissements publics de coopération intercommunale à fiscalité propre auxquels il se substitue. »

[...]

Art. L. 5219-6 *Abrogé par L. n° 2015-991 du 7 août 2015, art. 59.*

Art. L. 5219-7 Une assemblée des maires de la métropole du Grand Paris, composée de l'ensemble des maires des communes situées dans le ressort territorial de la métropole, se réunit au moins une fois par an pour débattre du programme d'actions et du rapport d'activité de la métropole. Elle formule des avis et des recommandations qui sont transmis au conseil de la métropole. L'assemblée des maires est convoquée par le président de la métropole, qui en est le président de droit.

Un conseil de développement réunit les partenaires économiques, sociaux et culturels de la métropole du Grand Paris. Il est consulté sur les principales orientations de la métropole du Grand Paris.

Les modalités de fonctionnement de l'assemblée des maires et du conseil de développement sont déterminées par le règlement intérieur établi par le conseil de la métropole du Grand Paris.

Art. L. 5219-8 Par dérogation à l'article L. 5217-12, la métropole du Grand Paris bénéficie d'une dotation globale de fonctionnement égale à la somme des deux composantes suivantes :

1° Une dotation d'intercommunalité, calculée, la première année de perception de la dotation globale de fonctionnement, en fonction de sa population et de la moyenne des dotations par habitant des établissements publics de coopération intercommunale préexistants pondérées par leur population. Les années suivantes, le montant de la dotation d'intercommunalité par habitant de la métropole du Grand Paris est égal à celui perçu l'année précédente. *(L. n° 2015-1785 du 29 déc. 2015, art. 151)* « Les minorations prévues à l'article L. 5211-28 s'appliquent à la dotation d'intercommunalité de la métropole du Grand Paris. En 2016 et en 2017, le coefficient d'intégration fiscale de la métropole du Grand Paris est égal au coefficient d'intégration fiscale le plus élevé parmi les établissements publics de coopération intercommunale qui préexistaient, dans la limite de 105 % de la moyenne des coefficients d'intégration fiscale de ces établissements pondérés par leur population ; »

2° Une dotation de compensation, calculée selon les modalités définies à l'article L. 5211-28-1.

(L. n° 2015-1785 du 29 déc. 2015, art. 162) « Pour l'application des articles L. 2336-1 à L. 2336-7, les établissements publics territoriaux définis à l'article L. 5219-2 constituent les ensembles intercommunaux *(L. n° 2016-1917 du 29 déc. 2016, art. 139)* « et les ressources retenues sont celles correspondant au territoire de chaque établissement public territorial et de la Ville de Paris. Un décret en Conseil d'État fixe les modalités de territorialisation des ressources. »

« Par dérogation aux premier et dernier alinéas du II de l'article L. 2336-3, le prélèvement calculé pour chaque ensemble intercommunal est réparti entre l'établissement public territorial et ses communes membres de la manière suivante :

« *a)* Le prélèvement supporté par l'établissement public territorial est égal à la somme des prélèvements supportés en 2015 par les groupements à fiscalité propre qui lui préexistaient ;

« *b)* Le reste du prélèvement de chaque ensemble intercommunal est réparti entre les communes membres d'un même établissement public territorial en fonction *(L. n° 2025-127 du 14 févr. 2025, art. 183)* « du potentiel financier par habitant de ces communes défini à l'article L. 2334-4 et de leur population ; »

« *c)* L'établissement public territorial s'acquitte des montants correspondant aux exemptions mentionnées au III dudit article.

« Par dérogation au premier alinéa du II de l'article L. 2336-5, l'attribution calculée pour chaque ensemble intercommunal est répartie entre l'établissement public territorial et ses communes membres de la manière suivante :

« — l'attribution revenant à l'établissement public territorial est égale à la somme des attributions perçues en 2015 par les groupements à fiscalité propre qui lui préexistaient ;

« — le reste de l'attribution de chaque ensemble intercommunal est réparti entre les communes membres d'un même établissement public territorial *(L. n° 2016-1917 du 29 déc. 2016, art. 143)* « , à l'exception de celles dont le potentiel financier par habitant est supérieur à deux fois le potentiel financier moyen par habitant des communes de l'ensemble intercommunal, » en fonction *(L. n° 2025-127 du 14 févr. 2025, art. 183)* « de l'insuffisance du potentiel financier par habitant de ces communes défini à l'article L. 2334-4 et de leur population. »

(L. n° 2016-1917 du 29 déc. 2016, art. 139) « Par dérogation, pour l'application de l'article L. 2334-4, les établissements publics territoriaux définis à l'article L. 5219-2 constituent les groupements des communes membres de la Métropole du Grand Paris. *(L. n° 2021-1900 du 30 déc. 2021, art. 194)* « La Ville de Paris est, pour l'application du présent alinéa, assimilée à un établissement public territorial. » Les établissements publics territoriaux sont considérés comme des groupements à fiscalité propre faisant application du régime fiscal défini aux articles 1609 *nonies* C ou 1609 *quinquies* C du code général des impôts. Pour l'application de la différence mentionnée au 2 du II de l'article L. 2334-4 du présent code, les bases intercommunales retenues sont les bases brutes de la dernière année dont les résultats sont connus servant à l'assiette des impositions intercommunales de la Métropole du Grand Paris et des établissements publics territoriaux. Les produits retenus sont les produits bruts de la dernière année dont les résultats sont connus et perçus par la Métropole du Grand Paris et les établissements publics territoriaux. Un décret en Conseil d'État fixe les modalités de territorialisation des ressources. »

(L. n° 2021-1900 du 30 déc. 2021, art. 194) « Pour l'application du I de l'article L. 5211-29 :

« 1° Les montants perçus ou supportés par les établissements publics territoriaux et la Ville de Paris sont pris en compte pour l'application du 3° du même I ;

« 2° Les produits perçus par les établissements publics territoriaux sont pris en compte pour le calcul du rapport mentionné à la *(L. n° 2025-127 du 14 févr. 2025, art. 178)* « troisième phrase de l'avant-dernier alinéa » dudit I. »

Le présent art. est applicable aux instances en cours à la date de publication de la L. n° 2025-127 du 14 févr. 2025 (L. préc., art. 183-II).

Le b de cet art. est contraire à la Constitution (Cons. const. n° 2024-1085 QPC du 25 avr. 2024). Ces dispositions sont abrogées à compter du 1er janv. 2025.

COMMENTAIRE

V. dans le supplément en ligne.

Les dispositions du *b* de l'art. L. 5219-8, dans leur rédaction résultant de la L. n° 2021-1900 du 30 déc. 2021 de finances pour 2022, qui figent une règle de répartition qui est fondée sur les prélèvements des communes calculés en 2015 et qui intègre le plafonnement dont certaines avaient bénéficié au titre de cette année, instaurent une différence de traitement entre les communes membres d'un même établissement public territorial, sans qu'il soit tenu compte de l'évolution de leurs capacités contributives depuis cette date, sont contraires à la Constitution. • Cons. const. 25 avr. 2024, *Cne de Saint-Cloud*, n° 2024-1085 QPC : *AJCT 2024. 431, note Steckel-Assouère*.

Art. L. 5219-8-1 *(Ord. n° 2015-1630 du 10 déc. 2015, art. 8)* I. — Les taxes et impositions perçues par voie de rôle, pour le compte de la métropole du Grand Paris, sont attribuées mensuellement, à raison d'un douzième de leur montant total, tel qu'il est prévu au budget de l'année en cours, le premier versement étant effectué avant le 31 janvier.

Lorsque le montant à attribuer ne peut être déterminé comme indiqué à l'alinéa précédent, les attributions mensuelles sont faites dans la limite du douzième du montant des taxes et impositions mises en recouvrement au titre de l'année précédente sur le territoire correspondant à celui de la métropole du Grand Paris ou, à défaut, du montant des taxes et impositions prévues au budget de l'année précédente sur le même territoire ; la régularisation est effectuée dès que le montant des taxes et impositions prévues au budget de l'année en cours est connu.

Au cours de l'année, un ou plusieurs douzièmes peuvent être versés en anticipation sur le rythme normal si les fonds disponibles de la métropole du Grand Paris se trouvent momentanément insuffisants. Les attributions complémentaires sont autorisées par arrêté du préfet sur la proposition du directeur régional des finances publiques.

Les attributions ne peuvent avoir pour effet de porter les versements effectués pendant l'année civile à un montant supérieur aux taxes et impositions de l'exercice.

Le présent article est applicable à la taxe sur les surfaces commerciales prévue à l'article 3 de la loi n° 72-657 du 13 juillet 1972 instituant des mesures en faveur de certaines catégories de commerçants et artisans âgés.

Les taxes ou portions de taxes attribuées à un fonds commun sont exclues des régimes d'attribution visés au présent article.

II. — Abrogé par L. n° 2023-1322 du 29 déc. 2023, art. 79.

Art. L. 5219-9 *(L. n° 2015-991 du 7 août 2015, art. 59)* Le conseil de la métropole est composé de conseillers métropolitains élus dans les conditions prévues au titre V du livre I du code électoral.

La répartition entre communes des sièges au conseil métropolitain est effectuée dans les conditions prévues à l'article L. 5211-6-1 du présent code.

[Dispositions déclarées non conformes à la Constitution par la décision du Conseil constitutionnel n° 2015-717 DC du 6 août 2015.]

Art. L. 5219-9-1 *(L. n° 2015-991 du 7 août 2015, art. 59)* Chaque conseil de territoire est composé d'un nombre de conseillers déterminé en application des III et IV de l'article L. 5211-6-1.

Dans chaque commune, le ou les conseillers métropolitains de la commune sont désignés conseillers de territoire et les sièges supplémentaires sont pourvus conformément au *b* du 1° de l'article L. 5211-6-2.

Art. L. 5219-10 *(L. n° 2015-991 du 7 août 2015, art. 59)* I. — Les services ou parties de service des communes ou des établissements publics de coopération intercommunale à fiscalité propre existant au 31 décembre 2014 qui participent à l'exercice des compétences de la métropole du Grand Paris sont transférés à la métropole du Grand Paris, selon les modalités prévues à l'article L. 5211-4-1.

II. — Les services ou parties de service des communes ou des établissements publics de coopération intercommunale à fiscalité propre existant au 31 décembre 2014 qui participent à l'exercice des compétences des établissements publics territoriaux sont transférés à l'établissement public territorial, selon les modalités prévues au même article L. 5211-4-1. Pour les établissements publics territoriaux dont le périmètre correspond à un établissement public de coopération intercommunale à fiscalité propre existant au 31 décembre 2015, le schéma de mutualisation des services approuvé dans les conditions prévues à l'article L. 5211-39-1 reste en vigueur jusqu'au prochain renouvellement général des conseils municipaux des communes membres.

III. — Les agents non titulaires de droit public des communes ou des établissements publics de coopération intercommunale mentionnés aux I et II du présent article conservent, à titre individuel, le bénéfice des stipulations de leur contrat. Les services antérieurement accomplis en qualité d'agent non titulaire de droit public d'une commune ou d'un établissement public de coopération intercommunale sont assimilés à des services accomplis dans la métropole ou dans l'établissement public territorial.

IV. – À la date de création de chaque établissement public territorial, les personnels occupant un emploi fonctionnel de directeur général des services relevant des mêmes articles 47 ou 53 au sein de l'ancien établissement public de coopération intercommunale compris dans son périmètre et regroupant le plus grand nombre d'habitants sont maintenus dans leurs fonctions jusqu'à la date de la délibération créant les emplois fonctionnels de l'établissement public territorial, et au plus tard six mois après sa création.

À cette même date, les personnels occupant un emploi fonctionnel de directeur général des services relevant desdits articles 47 ou 53 au sein d'un ancien établissement public de coopération intercommunale compris dans son périmètre autre que celui cité au deuxième alinéa du présent IV sont maintenus en qualité de directeur général adjoint jusqu'à la date de la délibération créant les emplois fonctionnels de l'établissement public territorial, et au plus tard six mois après sa création.

À cette même date, les personnels occupant un emploi fonctionnel de directeur général adjoint ou de directeur général des services techniques relevant des mêmes articles 47 ou 53 au sein d'un ancien établissement public de coopération intercommunale compris dans son périmètre sont maintenus en qualité de directeur général adjoint jusqu'à la date de la délibération créant les emplois fonctionnels de l'établissement public territorial, et au plus tard six mois après sa création.

À la date de la délibération créant les emplois fonctionnels de l'établissement public territorial, l'article 53 de la loi n° 84-53 du 26 janvier 1984 précitée, à l'exception des exigences de délai prévues à la première phrase de son *(L. n° 2016-1867 du 27 déc. 2016, art. 10)* « dixième » alinéa, est applicable aux fonctionnaires relevant des quatre premiers alinéas du présent IV.

À la même date, il est mis fin aux fonctions des agents occupant, dans les anciens établissements publics de coopération intercommunale à fiscalité propre compris dans son périmètre, les emplois mentionnés à l'article 47 de la même loi. La cessation des fonctions donne lieu à l'indemnisation des intéressés pour rupture anticipée de leur contrat, qui s'effectue selon les modalités de droit commun.

V. – Les services ou parties de service de l'État qui participent à l'exercice des compétences mentionnées aux VI et VII de l'article L. 5219-1 sont mis à disposition de la métropole du Grand Paris par la convention prévue au même article L. 5219-1.

VI. – Les I à V du présent article ne s'appliquent pas aux services ou parties de service, aux fonctionnaires et aux agents non titulaires des administrations parisiennes régis par l'article 13 de la loi n° 2014-58 du 27 janvier 2014 de modernisation de l'action publique territoriale et d'affirmation des métropoles.

Art. L. 5219-11 *(L. n° 2015-991 du 7 août 2015, art. 59)* Le conseil de la métropole du Grand Paris adopte à la majorité des deux tiers, dans un délai de six mois à compter de sa création, un pacte financier et fiscal définissant les relations financières entre la métropole du Grand Paris, les établissements publics territoriaux et les communes situées dans le périmètre de la métropole.

Le pacte financier et fiscal détermine les attributions de compensation revenant aux communes membres, selon les modalités définies au X de l'article L. 5219-5.

La métropole du Grand Paris a la faculté d'instituer, dans le cadre du pacte financier et fiscal, une dotation de solidarité communautaire au profit des communes, dont le montant est réparti en fonction de critères de péréquation concourant à la réduction des disparités de ressources et de charges entre les communes.

Ces critères sont déterminés notamment en fonction :

1° De l'écart entre le revenu moyen par habitant de la commune et le revenu moyen par habitant de la métropole du Grand Paris ;

2° De l'insuffisance de potentiel fiscal ou financier par habitant de la commune au regard du potentiel fiscal ou financier communal moyen par habitant sur le territoire de la métropole du Grand Paris.

Des critères complémentaires peuvent être choisis par le conseil de la métropole du Grand Paris.

Le pacte financier et fiscal précise les modalités de révision des dotations de soutien à l'investissement territorial allouées aux établissements publics territoriaux, aux établissements publics mentionnés au dernier alinéa du V de l'article L. 5219-1 du présent code et à l'article L. 328-1 du code de l'urbanisme et aux communes dans les conditions prévues au E du XI de l'article L. 5219-5 du présent code.

Le pacte financier et fiscal peut être révisé chaque année dans les conditions de majorité prévues au premier alinéa du présent article.

Art. L. 5219-12 *(L. n° 2015-991 du 7 août 2015, art. 59)* I. – Les services de la métropole du Grand Paris concourant à l'exercice des compétences soumises à la définition d'un intérêt métropolitain et non déclarées d'intérêt métropolitain peuvent être en tout ou partie mis à disposition des établissements publics territoriaux ou de la commune de Paris.

Les services des établissements publics territoriaux ou de la commune de Paris concourant à l'exercice des compétences soumises à la définition d'un intérêt métropolitain et déclarées d'intérêt métropolitain peuvent être en tout ou partie mis à disposition de la métropole du Grand Paris.

Une convention conclue entre le ou les établissements publics territoriaux ou la commune de Paris et la métropole du Grand Paris fixe les modalités de ces mises à disposition, après avis des comités *(L. n° 2019-828 du 6 août 2019, art. 4)* « sociaux territoriaux » compétents. Cette convention prévoit notamment les conditions de remboursement par le bénéficiaire de la mise à disposition des frais de fonctionnement du service. Les modalités de ce remboursement sont définies par décret. – *V. art. D. 5219-1.*

Le président de la métropole du Grand Paris ou de l'établissement public territorial ou le maire de Paris adresse directement au chef du service mis à disposition toutes instructions nécessaires à l'exécution des tâches qu'il confie audit service. Il contrôle l'exécution de ces tâches.

Il peut donner, sous sa surveillance et sa responsabilité, par arrêté, délégation de signature au chef dudit service pour l'exécution des missions qu'il lui confie en application du quatrième alinéa du présent I.

Les fonctionnaires territoriaux et agents territoriaux non titulaires ou les fonctionnaires ou agents non titulaires des administrations parisiennes affectés au sein d'un service ou d'une partie de service mis à disposition sont, de plein droit et sans limitation de durée, mis à disposition, à titre individuel, du président de la métropole du Grand Paris ou de l'établissement public territorial ou du maire de Paris. Ils sont placés, pour l'exercice de leurs fonctions, sous son autorité fonctionnelle.

II. – Les services des établissements publics territoriaux de la métropole du Grand Paris concourant à l'exercice des compétences mentionnées au I de l'article L. 5219-5 soumises à la définition d'un intérêt territorial et non déclarées d'intérêt territorial peuvent être en tout ou partie mis à disposition d'une ou plusieurs de ses communes membres.

Les services des communes membres d'un établissement public territorial concourant à l'exercice des compétences mentionnées au même I soumises à la définition d'un intérêt territorial et déclarées d'intérêt territorial peuvent être en tout ou partie mis à disposition de cet établissement public territorial.

Une convention conclue entre la ou les communes membres de l'établissement public territorial et l'établissement public territorial fixe les modalités de cette mise à disposition, après avis des comités *(L. n° 2019-828 du 6 août 2019, art. 4)* « sociaux territoriaux » compétents. Cette convention prévoit notamment les conditions de remboursement par le bénéficiaire de la mise à disposition des frais de fonctionnement du service. Les modalités de ce remboursement sont définies par décret. – *V. art. D. 5219-1.*

Le président de l'établissement public territorial ou le maire adresse directement au chef du service mis à disposition toutes instructions nécessaires à l'exécution des tâches qu'il confie audit service. Il contrôle l'exécution de ces tâches.

Il peut donner, sous sa surveillance et sa responsabilité, par arrêté, délégation de signature au chef dudit service pour l'exécution des missions qu'il lui confie en application du quatrième alinéa du présent II.

Les fonctionnaires territoriaux et agents territoriaux non titulaires affectés au sein d'un service ou d'une partie de service mis à disposition sont, de plein droit et sans limitation de durée, mis à disposition, à titre individuel, du président de l'établissement public territorial ou du maire. Ils sont placés, pour l'exercice de leurs fonctions, sous son autorité fonctionnelle.

III. — Pour l'exercice de missions fonctionnelles, à l'exception des missions mentionnées à l'article 23 de la loi n° 84-53 du 26 janvier 1984 portant dispositions statutaires relatives à la fonction publique territoriale pour les communes et établissements publics obligatoirement affiliés à un centre de gestion en application des articles 15 et 16 de la même loi, ainsi que pour l'instruction des décisions prises par le président de la métropole du Grand Paris, le président de l'établissement public territorial ou le maire au nom de la métropole du Grand Paris, de l'établissement public territorial, de la commune ou de l'État, la métropole du Grand Paris et ses établissements publics territoriaux, la commune de Paris ou les établissements publics territoriaux de la métropole du Grand Paris et leurs communes membres peuvent se doter de services communs.

Les effets de ces mises en commun sont réglés par convention, après établissement d'une fiche d'impact décrivant notamment les effets sur l'organisation et les conditions de travail, la rémunération et les droits acquis pour les agents. La fiche d'impact est annexée à la convention. Les accords conclus sont annexés à la convention. La convention et ses annexes sont soumises à l'avis des comités *(L. n° 2019-828 du 6 août 2019, art. 4)* « sociaux territoriaux » compétents.

Les fonctionnaires et les agents non titulaires qui remplissent en totalité leurs fonctions dans un service ou une partie de service mis en commun sont transférés de plein droit à la métropole du Grand Paris, à l'établissement public territorial ou à la commune chargé du service commun.

Les fonctionnaires et les agents non titulaires qui remplissent en partie leurs fonctions dans un service ou une partie de service mis en commun sont de plein droit mis à disposition de la métropole du Grand Paris, de l'établissement public territorial ou de la commune pour le temps de travail consacré au service commun.

En fonction de la mission réalisée, le personnel des services communs est placé sous l'autorité fonctionnelle du président de la métropole du Grand Paris, sous celle du président de l'établissement public territorial ou sous celle du maire.

Le président de la métropole du Grand Paris, le président de l'établissement public territorial ou le maire peut donner, par arrêté, sous sa surveillance et sa responsabilité, délégation de signature au chef du service commun pour l'exécution des missions qui lui sont confiées.

IV. — Afin de permettre une mise en commun de moyens relatifs aux compétences mentionnées au II de l'article L. 5219-1 et soumis à la déclaration d'un intérêt métropolitain, la métropole du Grand Paris et ses établissements publics territoriaux ou la commune de Paris peuvent se doter de biens qu'ils partagent selon des modalités prévues par un règlement de mise à disposition.

Afin de permettre une mise en commun des moyens relatifs aux compétences mentionnées au I de l'article L. 5219-5 et soumis à la déclaration d'un intérêt territorial, les établissements publics territoriaux de la métropole du Grand Paris et leurs communes membres peuvent se doter de biens qu'ils partagent selon des modalités prévues par un règlement de mise à disposition.

Sur l'application de l'art. 10 de la L. n° 2019-828 du 6 août 2019, V. L. préc., art. 94-IV, ss. art. L. 5211-4-1.

TITRE II AUTRES FORMES DE COOPÉRATION INTERCOMMUNALE

CHAPITRE I ENTENTE, CONVENTION ET CONFÉRENCE INTERCOMMUNALES

Art. L. 5221-1 *(L. n° 2004-809 du 13 août 2004, art. 192)* **Deux ou plusieurs conseils municipaux, organes délibérants d'établissements publics de coopération intercommunale ou de syndicats mixtes peuvent provoquer entre eux, par l'entremise de leurs maires ou présidents, une entente sur les objets d'utilité communale ou intercommunale compris dans leurs attributions et qui intéressent à la fois leurs communes, leurs établissements publics de coopération intercommunale ou leurs syndicats mixtes respectifs.**

Ils peuvent passer entre eux des conventions à l'effet d'entreprendre ou de conserver à frais communs des ouvrages ou des institutions d'utilité commune.

BIBL. ▶ Sestier, La coopération contractuelle comme alternative à la coopération institutionnelle, *AJDA 2013. 857*.

1. La convention d'entente signée entre une communauté d'agglomération et une commune limitrophe en vue de l'exploitation de son service public de distribution d'eau potable par cette communauté n'est pas constitutive d'une délégation de service public soumise aux obligations de publicité et de mise en concurrence dès lors qu'il ressort des pièces du dossier que cette entente ne permet pas une intervention à des fins lucratives de l'une des personnes publiques laquelle ne peut donc être regardée comme un opérateur agissant sur un marché concurrentiel. Cette convention, conclue à des fins de coopération entre personnes publiques, notamment par la mutualisation de moyens dédiés à l'exploitation d'un service public, n'est pas soumise aux règles de la commande publique. • CE 3 févr. 2012, *Cne de Veyrier-du-Lac et Cté d'agglomération d'Annecy*, n° 353737 : *Lebon 18 ; AJDA 2012. 239, note Grand ; ibid. 555, note Richer ; Dr. adm. 2012, n° 33, note Brenet ; JCP Adm. 2012, n° 2085, note Pauliat ; BJCL 2012. 177, concl. Dacosta, obs. Martin ; AJCT 2012. 205, note Hul ; DGCT 2013, n° 5.*

2. Sont une entente destinée à « gérer des droits indivis entre deux communes » les relations entretenues par deux conseils municipaux « pour arrêter une position commune sur l'exercice des droits d'usage dans une forêt privée en vue d'une transaction avec les propriétaires de cette forêt ». • CE 9 janv. 1970, *Cnes de La Teste-de-Buch et de Gujan-Mestras : Lebon 12.*

3. L'accord constitutif d'une entente et qui porte sur les biens du domaine privé peut être de droit privé, en raison de son objet, et alors même qu'il est intervenu entre deux ou plusieurs personnes publiques. • T. confl. 21 mars 1983, *UAP : Lebon 537.*

4. Une commune peut accomplir les missions de service public qui lui incombent par ses propres moyens ou en coopération avec d'autres personnes publiques, selon les modalités prévues par le législateur. Elle peut ainsi conclure, hors règles de la commande publique, sur le fondement de l'art. L. 5221-1 CGCT, une convention constitutive d'une entente pour exercer en coopération avec des communes, établissements publics de coopération intercommunale ou syndicats mixtes, de telles missions de service public, notamment par la mutualisation de moyens dévolus à l'exploitation d'un service public. Il faut toutefois que cette entente ne permette pas une intervention à des fins lucratives de l'une de ces personnes publiques, agissant tel un opérateur sur un marché concurrentiel. En l'espèce, la convention litigieuse n'a pas provoqué de transferts financiers indirects entre collectivités autres que ceux résultant strictement de la compensation de charges d'investissement et d'exploitation du service mutualisé, et la communauté d'agglomération ne peut être regardée comme agissant tel un opérateur sur un marché concurrentiel ; par suite, la convention litigieuse n'était pas soumise aux règles de la commande publique et était hors du champ d'application de l'art. L. 551-13 CJA. • CE 3 févr. 2012, *Cne de Veyrier-du-Lac et Cté d'aggomération d'Annecy*, n° 353737 : *préc. note 1.*

5. Pour une présentation du régime juridique des ententes communales ou intercommunales, V. * Rép. min. n°s 02106 et 04766 : *JO Sénat Q, 31 oct. 2013, p. 3169.* ♦ Sur l'impossibilité de conclure une délégation de service public sur la base d'une convention d'entente entre deux communes, V. * Rép. min. n° 09844 : *JO Sénat Q, 5 juin 2014, p. 1327.*

Art. L. 5221-2 *(L. n° 2019-1461 du 27 déc. 2019, art. 35)* « Les questions d'intérêt commun sont débattues dans des conférences dont la composition est définie par convention entre les communes, établissements publics de coopération intercommunale et syndicats mixtes intéressés. À défaut, les conseils municipaux et organes délibérants des établissements publics de coopération intercommunale et des syndicats mixtes intéressés y sont chacun représentés par trois de leurs membres désignés au scrutin secret. »

(L. n° 2004-809 du 13 août 2004, art. 192) Le représentant de l'État dans le ou les départements concernés peut assister à ces conférences si les communes, les établissements publics de coopération intercommunale ou les syndicats mixtes intéressés le demandent.

Les décisions qui y sont prises ne sont exécutoires qu'après avoir été ratifiées par tous les conseils municipaux, organes délibérants des établissements publics de coopération intercommunale ou des syndicats mixtes intéressés et sous les réserves énoncées aux titres I, II et III du livre III de la deuxième partie.

CHAPITRE II BIENS ET DROITS INDIVIS ENTRE PLUSIEURS COMMUNES

SECTION 1 Gestion des biens et droits indivis

Pour les biens et droits indivis sur communaux, V. C. civ., art. 542 et ses notes, ss. art. L. 2241-1.

BIBL. ▸ BOUZELY, Le régime des biens indivis entre les communes, *Quot. jur. 12 juin 1990, p. 10.*

Art. L. 5222-1 Lorsque plusieurs communes possèdent des biens ou des droits indivis, il est créé, pour leur gestion et pour la gestion des services publics qui s'y rattachent, une personne morale de droit public administrée, selon les modalités prévues à l'article L. 5222-2, par une commission syndicale composée des délégués des conseils municipaux des communes intéressées et par les conseils municipaux de ces communes.

La décision portant institution de la commission syndicale est prise par arrêté du représentant de l'État dans le département ou par arrêté conjoint des représentants de l'État dans les départements concernés lorsque les communes appartiennent à des départements différents.

Chacun des conseils municipaux élit, en son sein, au scrutin secret, le nombre de délégués fixé par la décision d'institution. *(L. n° 2005-157 du 23 févr. 2005, art. 185)* « Parmi les délégués, sont désignés un ou plusieurs vice-présidents dont le nombre ne peut excéder 10 % de l'ensemble des membres de la commission syndicale. »

Si un conseil municipal néglige ou refuse de nommer ses délégués, le maire représente la commune dans la commission syndicale.

La commission syndicale est présidée par un syndic élu par les délégués et pris parmi eux. Elle est renouvelée après chaque renouvellement général des conseils municipaux.

Les délibérations de la commission syndicale et les décisions du syndic sont soumises à toutes les règles établies pour les délibérations des conseils municipaux et les décisions des maires.

I. INDIVISION

1. *Droits d'usage.* Si l'indivision doit porter sur des biens ou des droits, il peut s'agir de simples droits d'usage, comme tel est le cas de communes qui ont indivisément l'usage d'un cimetière ; mais la création de la commission ne préjuge pas de la question de copropriété proprement dite contestée par l'une des communes. • CE 6 avr. 1933, *Cne de Cabannes : Lebon 418.*

2. *Existence de l'indivision.* Il résulte d'un arrêt définitif de la cour d'appel de Pau que la délibération de la commune ne porte pas sur des terres dont elle a la propriété exclusive mais qui appartiennent de façon indivise aux 43 communes regroupées au sein de la commission syndicale ; l'administration de ces biens ne revient pas à la commune mais, en vertu de l'art. L. 162-2 C. communes (CGCT, art. L. 5222-2), à la commission syndicale ; le conseil municipal s'est illégalement substitué à la commission syndicale et a délibéré sur un objet étranger à ses attributions. • CE 26 avr. 1985, *Cne de Larrau*, n°s 31752, 44482, 45259, 48725 et 48727 : *Lebon 129* ; *AJDA 1985. 431, concl. Jeanneney ; JCP 1985. II. 20480, note Ourliac ; Dr. adm. 1985, n° 271.* ♦ V. aussi : • Pau, 10 juin 1982, confirmé par • Civ. 3e, 13 mars 1984, *Cne de Larrau : Bull. civ. III, n° 68 ; JCP 1985. II.*

20480, note Ourliac. ♦ V. aussi : • Civ. 3e, 18 mars 1987, *Cne de Kirviller et a. : JCP 1987. IV. 181.*

II. COMMISSION

A. PROCÉDURE DE CONSTITUTION

3. *Compétence du préfet.* En l'absence d'accord entre les communes dans un délai raisonnable (fixé à 18 mois dans la Circ. du 10 févr. 1986), il appartient au préfet de fixer les règles de fonctionnement minimales prévues par la loi, c'est-à-dire le nombre de délégués de chaque commune. • CE 13 juin 1969, *Cne de Clefcy : Lebon 308 ; AJDA 1969. 436 ; RD publ. 1970. 206.* ♦ C'est à l'autorité compétente pour prendre la décision institutive de la commission de fixer, comme il lui paraît opportun, le nombre des délégués à désigner. • CE 6 avr. 1933, *Cne de Cabannes : Lebon 418.* – Dans le même sens : • CE 6 juin 1934, *Cne de Saint-Engrâce : Lebon 638* • CE 13 juin 1969, *Cne de Clefcy : préc.*

4. *Erreur manifeste d'appréciation.* Une erreur manifeste d'appréciation dans le choix du nombre de délégués de chaque commune peut être sanctionnée. • CE 13 juin 1969, *Cne de Clefcy : préc. note 3.*

5. *Nature de l'acte préfectoral.* Cet arrêté est un acte réglementaire car il a pour objet l'organisation même d'un service public ; par suite, les communes n'ont aucun droit acquis au maintien en vigueur de l'arrêté en tant qu'il fixe la composition de la commission. • CE 13 juin 1969, *Cne de Clefcy : préc. note 3.*

6. *Exception d'illégalité.* L'exception d'illégalité de l'arrêté institutif peut être soulevée à tout moment pour contester l'activité d'une commission syndicale. • CE 26 avr. 1985, *Cne de Larrau, nos 31752, 44482, 45259, 48725 et 48727 : Lebon 128.*

B. APPLICATION DU RÉGIME COMMUNAL

7. *Régime des délibérations.* Les délibérations de la commission syndicale et les décisions du syndic sont soumises aux règles établies pour les délibérations des conseils municipaux et pour les décisions des maires ; ainsi, la règle d'unanimité prévue à l'art. 815-3 C. civ. ne s'applique pas aux délibérations de la commission syndicale. • CE 26 avr. 1985, *Cne de Larrau, nos 31752, 44482, 45259, 48725 et 48727 : préc. note 6.*

8. *Contestation des élections.* La procédure de contestation des élections municipales est applicable aux élections à la commission syndicale. • CE 31 oct. 1930, *Él. syndicales de la Vallée de Saint-Savin : Lebon 877.*

9. *Inéligibilités.* Un agent coopérant aux activités de la commission syndicale, et rémunéré à cet effet, ne peut, alors même qu'il serait par ailleurs conseiller municipal de l'une des communes, être élu membre de cette commission. • CE 31 oct. 1930, *Él. syndicales de la Vallée de Saint-Savin : préc. note 8.*

Art. L. 5222-2 La commission syndicale et le syndic assurent l'administration et la mise en valeur des biens et droits indivis. Leurs attributions sont les mêmes que celles des conseils municipaux et des maires en pareille matière.

Toutefois, les ventes, échanges, partages, acquisitions de biens immobiliers et les transactions qui s'y rapportent demeurent réservés aux conseils municipaux, qui peuvent autoriser le président de la commission à passer les actes qui y sont relatifs. Les décisions relatives aux acquisitions de biens immobiliers et aux transactions qui s'y rapportent *(L. no 2016-1888 du 28 déc. 2016, art. 14)* « ainsi qu'aux conclusions de baux supérieurs à dix-huit ans » sont prises à la majorité des deux tiers au moins des conseils municipaux des communes intéressées.

Sur proposition de la commission syndicale, la répartition de tout ou partie de l'excédent des recettes ou des dépenses votées par elle est faite entre les communes par délibération des conseils municipaux. Cette délibération est prise dans un délai de trois mois à compter de la communication des propositions de répartition établies par la commission syndicale.

En cas de désaccord entre les conseils municipaux sur cette répartition ou si tous les conseils municipaux n'ont pas délibéré dans le délai fixé à l'alinéa précédent, la répartition de l'excédent des recettes ou des dépenses est décidée par le représentant de l'État dans le département. Si les conseils municipaux appartiennent à des départements différents, il est statué par arrêté conjoint des représentants de l'État dans les départements concernés.

La part de la dépense définitivement assignée à chaque commune constitue une dépense obligatoire.

Les dispositions du titre I et du titre IV du livre III de la deuxième partie sont applicables aux indivisions entre les communes. – *[C. communes, art. L. 162-2.]*

I. COMPÉTENCE DE LA COMMISSION

1. Baux inférieurs à une durée de 18 années. Les commissions syndicales en biens indivis peuvent régler souverainement les conditions des baux inférieurs à une durée de 18 ans (en l'espèce, baux relatifs aux établissements thermaux). • CE 6 août 1907, *Commission syndicale de la Vallée de Saint-Savin : Lebon 790.*

2. Travaux d'entretien. Adjudication du droit de chasse. La commission syndicale est compétente pour décider des travaux d'entretien, ainsi que de l'adjudication du droit de chasse. • TA Pau, 16 juin 1981, *Assoc. des chasseurs de Larrau : Lebon T. 642.* – V. aussi • CE 26 avr. 1985, *Cne de Larrau,* n°s 31752, 44482, 45259, 48725 et 48727 : *Lebon 128.*

3. Location de cols et de cabanes de chasse. Elle est aussi compétente pour exercer les actions en justice relatives à la défense des biens dont elle est chargée d'assurer la gestion. En décidant la mise en adjudication de la location de cols et de cabanes de chasse, la commission a pris, non un acte de disposition, mais un acte d'administration relevant de sa compétence. • CE 26 avr. 1985, *Cne de Larrau,* n°s 31752, 44482, 45259, 48725 et 48727 : *préc. note 2.*

4. Avis sur un projet de transaction. La commission syndicale peut émettre un avis sur un projet de transaction concernant un échange de terrain, cet avis ne se substituant pas à la décision des conseils municipaux. • CE 10 juill. 1935, *Boucher : Lebon 789.*

5. Capacité d'ester en justice. La commission syndicale pour la gestion des biens indivis a la capacité d'ester en justice car, en ce qui concerne l'administration des biens et des droits appartenant indivisément à plusieurs communes, et l'exécution des travaux qui s'y rattachent, les attributions des commissions syndicales et de leurs présidents sont les mêmes que celles des conseils municipaux et des maires et leur permettent d'agir en justice en demande ou en défense dans la limite de leurs pouvoirs. • Civ. 1re, 22 déc. 1969, *Comm. synd. Vallée de Saint-Savin c/ Estaun : Bull. civ. I, n° 401.* – Dans le même sens • CE 6 août 1907, *Comm. synd. de la Vallée de Saint-Savin : préc. note 1.*

II. COMPÉTENCE DU PRÉSIDENT DE LA COMMISSION

6. Le président de la commission syndicale peut recevoir délégation des conseils municipaux pour passer les actes relatifs aux compétences qui leur sont réservées ; sa compétence se limite alors strictement au contenu de la délégation reçue ; l'illégalité commise par un débordement de la mission conférée ne saurait être couverte. • CE 10 juill. 1954, *Cne de Cauterets : Lebon 453.* ♦ L'autorisation donnée au président de la commission doit être interprétée strictement ; ainsi l'autorisation de céder un terrain n'emporte pas celle de traiter ultérieurement sur un élément essentiel de cette cession ; l'illégalité de l'autorisation donnée au président par la commission syndicale ne peut pas être couverte par une ratification ultérieure des conseils municipaux, pas plus que par des actes d'acquiescement des communes intéressées. • Même arrêt.

III. COMPÉTENCE DU CONSEIL MUNICIPAL

7. Contrat d'usage pour 99 ans. La conclusion d'un bail rural relève de la compétence de la commission syndicale. • CE 26 févr. 1919 : *inédit.* ♦ Les pouvoirs conférés aux commissions syndicales ne comprennent pas la passation d'un contrat abandonnant pour 99 ans, moyennant une redevance importante, divers droits de riveraineté ou de passage, ainsi que tous les droits utiles à l'aménagement et à l'exploitation de chutes d'eau, existant sur des terrains appartenant à des communes faisant partie d'un syndicat, car il ne s'agit pas là d'un bail ordinaire. • CE, sect. intérieur et TP réunies avis, 26 févr. 1919 : *Rev. gén. adm. 1921, t. I, p. 52.*

8. Délibérations entre conseils en matière de droits d'usage communaux. Les conseils municipaux ne violent pas la loi lorsqu'ils entrent en relation pour arrêter une position commune sur l'exercice des droits d'usage dans une forêt privée, en vue d'une transaction avec les propriétaires de cette forêt, car « ces relations n'avaient d'autre objet que de gérer des droits indivis entre deux communes dans les conditions prévues aux art. 135 s. du code » de l'administration communale (CGCT, art. L. 5221-1 s.) visant les biens indivis. • CE 9 janv. 1970, *Cne de La Teste-de-Buch et de Gujan-Mestras : Lebon 12.*

IV. CONTENTIEUX

9. Délimitation des compétences entre les communes et la commission. Les conseils municipaux étant dessaisis des actes de pure administration et de mise en valeur et la commission syndicale ne pouvant empiéter sur les attributions des conseils municipaux, toute décision prise sur un objet étranger aux attributions respectivement dévolues à chacune des autorités est illégale et susceptible d'annulation. • CE 26 avr. 1985, *Cne de Larrau,* n°s 31752, 44482, 45259, 48725 et 48727 : *préc. note 2.* ♦ En matière d'installations classées, le demandeur souhaitant exploiter une carrière de roche calcaire et une installation de traitement sur des parcelles qui sont la propriété indivise de deux communes doit fournir un document prouvant qu'il est le propriétaire du terrain ou, à défaut, qu'il a obtenu de celui-ci le droit de l'exploiter ou de l'utiliser (C. envir., art. R. 512-6-I-8°). L'autorisation d'exploitation a été accordée par le préfet sur la base d'une convention par laquelle les deux maires concernés ont donné à bail le terrain à la société exploitante. Or, en application des art. L. 5222-1 et L. 5222-2 CGCT, la convention ne pouvait être conclue que par la commission syndicale. Le Conseil d'État estime que l'autorisation a été irrégulièrement accordée par le préfet qui avait l'obligation de s'assurer de la production de l'autorisation donnée par le propriétaire, sans laquelle la demande d'autorisation ne peut être regardée comme complète, mais également de vérifier qu'elle n'est pas manifestement entachée d'irrégularité. Il ajoute que la CAA a entaché son arrêt d'une erreur de droit en s'abstenant de se prononcer sur le moyen tiré de ce que les maires n'étaient pas compétents pour conclure la convention de bail en cause et en jugeant que, par la seule production de cette convention, la société devait être réputée avoir régulièrement obtenu un droit d'exploiter une carrière. • CE 11 juin 2014, *Sté La Provençale*, n° 362620 : *Rev. CMP 2014, n° 231, note Devillers.*

10. Compétence du juge administratif. Le juge est compétent pour les litiges se rapportant aux rapports entre la commission syndicale et un conseil municipal. • CE 26 avr. 1985, *Cne de Larrau*, n°s 31752, 44482, 45259, 48725 et 48727 : *Lebon 129 ; AJDA 1985. 431, concl. Jeanneney ; JCP 1985. II. 20480, note Ourliac ; Dr. adm. 1985, n° 271.*

11. Moyen de défense. La commission syndicale peut invoquer l'indivision, c'est-à-dire l'absence de propriété exclusive d'une commune, à l'encontre d'une délibération d'un conseil municipal de cette commune qui porte atteinte à ses attributions, ou à la consistance des biens indivis. • CE 26 avr. 1985, *Cne de Larrau*, n°s 31752, 44482, 45259, 48725 et 48727 : *préc. note 2.*

V. COMPÉTENCE FINANCIÈRE

12. Droit des pauvres. Dans le cas où un casino, propriété indivise de plusieurs communes, est géré par une commission syndicale, le droit des pauvres doit être perçu au profit de la seule commune où se trouve situé ce casino. • CE 23 nov. 1928, *Bureaux d'assistance des Cnes d'Adast et a. : Lebon 1213.*

13. Si l'art. L. 162-3 C. communes (CGCT, art. L. 5222-2) dispose que la répartition des dépenses votées par la commission syndicale est faite entre les communes intéressées par délibération des conseils municipaux, cette disposition ne porte pas atteinte à la compétence budgétaire de la commission syndicale et ne concerne que la répartition de celles des dépenses inscrites au budget qui excèdent les recettes provenant de la gestion des biens indivis. • CE 13 déc. 1985, *Cne de Larrau*, n° 45682 B.

14. Affectation des recettes. Les recettes provenant des biens indivis doivent être affectées en priorité à la couverture des dépenses ; avant de recourir à la répartition des dépenses entre les communes, la commission doit employer à ces dépenses d'amélioration et d'entretien les ressources qui lui proviennent des taxes imposées aux habitants. • TA Pau, 16 nov. 1982, n° 5464.

15. Taxe de pâturage. Les dispositions de l'art. R. 113-21 C. rur. fixant les modalités de détermination des bénéficiaires de l'indemnité de piedmont dans les zones de montagnes et certaines zones défavorisées ne concernent pas les taxes de pâturage. • CAA Bordeaux, 23 mai 2005, *Comm. syndicale des biens indivis de Cadeilhan-Trachère-Vignec*, n° 01BX00293.

16. Tarifs différentiels. Une commission syndicale en biens communaux indivis peut, pour la taxe de pâturage, établir une différence de tarif entre les éleveurs ayant le siège de leur exploitation sur le territoire des communes indivises et ceux qui ne remplissent pas cette condition. La différence de tarif étant pour les premiers de 7 francs par bovin, 1 franc par ovin, 1 franc par caprin et 10 francs par équin, et pour les autres éleveurs de 80 francs par bovin, 40 francs par ovin, 20 francs par caprin et 500 francs par équin. Est considéré comme ayant le siège de son exploitation sur le territoire des communes indivises l'éleveur qui, même si ses terres agricoles sont réparties sur le territoire de sept communes : – possède la plus importante des superficies qu'il exploite, comparativement avec les superficies exploitées sur chacune des autres communes, sur le territoire des communes indivises ; – dispose, sur ces biens, d'une maison d'habitation de 119 m² où il réside et de bâtiments d'exploitation d'une superficie de 288 m² ; – produit des attestations de la mutualité sociale agricole desquelles il ressort que le siège de son exploitation est, depuis le 19 juin 1992, situé sur le territoire des communes indivises. Par suite, il devait être taxé au tarif des exploitants en communes indivises. • CAA Bordeaux, 23 mai 2005, *Comm. synd. des biens indivis de Cadeilhan-Trachère-Vignec : préc. note 15.*

Art. L. 5222-3 **Sur proposition de la commission syndicale et sur décision des conseils municipaux des deux tiers des communes représentant plus de la moitié de la population totale de celles-ci, ou de la moitié au moins des conseils municipaux représentant plus des deux tiers de la population, il peut être créé un syndicat de communes**

dont les compétences sont au minimum celles de la commission syndicale telles qu'elles sont fixées à l'article L. 5222-2.

Toutefois, pour les biens compris dans l'indivision à la date de la constitution du syndicat de communes et sauf si, par des délibérations concordantes, les conseils municipaux en ont décidé autrement, les règles de vente ou d'échange et celles relatives aux transactions sont celles définies à l'article L. 5222-2. – *[C. communes, art. L. 162-3.]*

SECTION 2 Fin de l'indivision

Art. L. 5222-4 Lorsqu'une commune demande qu'il soit mis fin à l'indivision en ce qui la concerne, la commission syndicale saisie de la demande notifie à cette commune, dans le délai de six mois, un projet de définition du lot ou de la compensation à lui attribuer. Les frais d'expertise sont à la charge de cette commune.

La commune sortant de l'indivision reçoit, par priorité, un lot situé sur son territoire. Elle peut réclamer, moyennant une compensation en argent ou en nature, l'attribution d'immeubles dont la valeur excède la part qui lui revient lorsque, pour leur bonne gestion, ces biens ne doivent pas être morcelés ou lorsqu'ils sont nécessaires à la mise en valeur de la politique d'équipement ou d'urbanisation de la commune.

Toutefois, lorsque l'attribution en nature ne peut être effectuée sans compromettre gravement le fonctionnement ou l'équilibre financier de l'indivision, la commune qui a demandé son retrait reçoit la valeur de sa part et le bien reste dans l'indivision.

Si une commune décide de se retirer de l'indivision, aucun acte modifiant la valeur des immeubles et de ce qui y est attaché ne pourra intervenir pendant le temps qui s'écoulera entre les demandes de retrait de l'indivision et l'attribution des lots constitués.

En l'absence de notification dans le délai de six mois mentionné au premier alinéa ou en cas de désaccord persistant après l'expiration d'un délai de six mois à compter de la date où la commune a été informée du projet établi par la commission syndicale, le juge de l'expropriation, saisi soit par une des communes intéressées, soit par la commission syndicale, se prononce sur l'attribution du lot ou sur la valeur de la compensation. – *[C. communes, art. L. 162-4.]*

1. L'art. 815 C. civ. (« nul ne peut être contraint à demeurer dans l'indivision et le partage peut toujours être demandé ») est applicable en matière de partage de biens et droit indivis entre communes ; le droit de sortir de l'indivision est un attribut du droit de propriété et les communes peuvent l'exercer. • Civ. 10 déc. 1918, *Cne de Vignec : DP 1923. 1. 90 (1re esp.)* • Civ. 13 mars 1922, *Cne de Quasquara : ibid. (2e esp.).* ♦ L'art. L. 162-4 C. communes (CGCT, art. L. 5222-4) déroge expressément aux dispositions de l'art. 815 C. civ. • CE 11 juin 1999, *Cne de Saint-Michel c/ Commission syndicale du pays de Cize,* n° 171200.

2. Conditions du partage : titre exclusif. Le partage des biens indivis entre communes est possible s'il n'y a « titre de part ni d'autre » (Décr. 10 juin 1793, sect. 4, art. 2) ; ce titre « doit s'entendre d'un titre de propriété exclusive à l'une des communes et les procès-verbaux de délimitation du territoire administratif d'une commune ne constituent pas un tel titre de propriété au profit de la commune sur les biens fonciers situés à l'intérieur des limites fixées » ; ils « sont insusceptibles de modifier le régime des communaux indivis entre plusieurs communes ». • Civ. 3e, 13 mars 1984 : *Bull. civ. III, n° 68.*

3. Compétences juridictionnelles. Si les tribunaux civils sont compétents pour régler les droits de propriété prétendus par les communes sur les biens indivis entre elles, l'autorité administrative a compétence pour les opérations de partage des biens communaux et la connaissance des contestations qui peuvent s'élever à raison du mode de partage. • CE 14 mars 1860 : *Lebon 225.* – V. aussi : • T. confl. 2 mai 1850, *Cne d'Échillais, Lavallée et a. : S. 1851. 2. 660.*

4. Actes modifiant la valeur des immeubles (4e al.). Il résulte des dispositions du 1er et du 4e al. de l'art. L. 5222-4 CGCT (ancien L. 162-4 C. communes) que l'interdiction des actes modifiant la valeur des immeubles de l'indivision est subordonnée à la condition que l'une des communes ait expressément saisi la commission syndicale d'une demande de retrait, à titre individuel, de ladite indivision. • CE 11 juin 1999, *Cne de Saint-Michel c/ Commission syndicale du pays de Cize,* n° 171200 : *préc. note 1.*

5. Fin de l'indivision et retrait individuel (4e al.). La demande d'une commune visant à faire cesser une indivision communale n'est pas une demande de retrait de l'indivision de ladite commune. Par suite, celle-ci ne peut se prévaloir des dispositions du 4e al. de l'art. L. 5222-4 CGCT (ancien art. L. 162-4 C. communes). • CE 11 juin 1999, *Cne de Saint-Michel c/ Commission syndicale du pays de Cize,* n° 171200 : *préc. note 1.*

Art. L. 5222-5 Lorsque le partage décidé par les conseils municipaux en application des articles L. 5222-2 et L. 5222-3 ou résultant du retrait d'une commune de l'indivision porte sur des biens à vocation pastorale ou forestière, les communes concernées ont l'obligation de créer un établissement public ou d'adhérer à un établissement public existant, dont l'objet garantit l'unité de gestion et d'aménagement desdits biens. Sont apportés au même établissement les droits de chasse ou de pêche afférents aux mêmes biens. — *[C. communes, art. L. 162-5.]*

Art. L. 5222-6 Des décrets en Conseil d'État fixent, en tant que de besoin, les modalités d'application du présent chapitre. — *[C. communes, art. L. 162-6.]*

CHAPITRE III CHARTE INTERCOMMUNALE DE DÉVELOPPEMENT ET D'AMÉNAGEMENT

V. C. rur., art. R. 112-2-1 s., ss. art. L. 5223-3.*

BIBL. GÉN. ► CHAMPAGNE, Les chartes intercommunales de développement et d'aménagement, *RD rur. 1987. 357.* – GENTIL, Les chartes intercommunales : instrument de développement ou d'aménagement, *RD rur. 1990. 69.* – Journées d'étude d'Angoulême, La pratique des chartes intercommunales, *Cah. dr. publ. 1987.* – Actes du colloque de Tours févr. 1985, Solidarités locales : les chartes intercommunales de développement et d'aménagement, *LGDJ 1986.*

Art. L. 5223-1 Les communes peuvent élaborer et approuver des chartes intercommunales de développement et d'aménagement qui définissent les perspectives à moyen terme de leur développement économique, social et culturel, déterminent les programmes d'action correspondants, précisent les conditions d'organisation et de fonctionnement des équipements et services publics.

Sur proposition des communes intéressées, les périmètres des zones concernées sont arrêtés par le représentant de l'État dans le département, après avis du conseil départemental. Dans le cas d'agglomérations de plus de 100 000 habitants ou d'ensembles de communes situées dans plusieurs départements, le représentant de l'État dans la région arrête le périmètre après avis du conseil régional et des conseils départementaux concernés.

Les communes s'associent pour l'élaboration de leur charte et déterminent les modalités de concertation avec l'État, la région, le département et les principaux organismes professionnels, économiques ou sociaux qui le demandent. — *[L. n° 83-8 du 7 janv. 1983, art. 29, al. 1er à 3.]*

Art. L. 5223-2 Les chartes peuvent servir de base à des conventions avec le département, la région ou l'État pour la réalisation des projets et programmes qu'elles ont définis. En zone rurale, les chartes intercommunales se substituent aux plans d'aménagement rural. — *[L. n° 83-8 du 7 janv. 1983, art. 29, al. 4.]*

Art. L. 5223-3 Lorsqu'une charte intercommunale de développement et d'aménagement a prévu pour certaines zones l'application des procédures prévues aux articles L. 121-2 et L. 126-1 du code rural et de la pêche maritime, le représentant de l'État dans le département met en œuvre celles-ci après consultation des communes concernées. — *[L. n° 83-8 du 7 janv. 1983, art. 30.]*

Code rural et de la pêche maritime

2e PARTIE : RÉGLEMENTAIRE
(Décr. n° 92-1290 du 11 déc. 1992)

Les chartes intercommunales de développement et d'aménagement

Art. R.* 112-2-1 Le projet de périmètre de la zone d'application de la charte intercommunale de développement et d'aménagement est proposé par délibérations concordantes des conseils municipaux des communes concernées au préfet de département si le territoire défini par le projet de charte est tout entier situé à l'intérieur d'un même département.

Il est proposé au préfet de région, sous couvert du préfet de département, lorsque le territoire défini par le projet de charte concerne une agglomération de plus de 100 000 habitants ou des communes appartenant à plusieurs départements situés dans une seule région, ou aux préfets de région, sous couvert du préfet de département, lorsqu'il concerne des communes appartenant à plusieurs départements situés dans des régions différentes.

(Décr. nº 2017-1246 du 7 août 2017, art. 2) « Les préfets transmettent pour avis le projet de périmètre de la charte aux conseils départementaux et, dans les cas prévus au deuxième alinéa de l'article L. 5223-1 du code général des collectivités territoriales, aux conseils régionaux concernés. »

Faute de réponse dans un délai de six mois à compter de la réception de ce projet, l'avis de ces assemblées est réputé favorable.

Art. R.* 112-2-2 Le périmètre mentionné à l'article *(Décr. nº 2017-1246 du 7 août 2017, art. 2)* « R. 112-2-1 » est arrêté selon le cas par le préfet du département ou de région.

Lorsque le territoire couvert par la charte s'étend sur plusieurs départements situés dans plusieurs régions, le périmètre est arrêté conjointement par les préfets de région concernés. Cet arrêté désigne celui des préfets de région qui sera chargé d'exercer les compétences prévues à l'article *(Décr. nº 2017-1246 du 7 août 2017, art. 2)* « R.* 112-2-3 ».

Art. R.* 112-2-3 Le préfet compétent notifie l'arrêté aux communes et en assure la publication dans le Recueil des actes administratifs de l'État dans le ou les départements ; mention de cet arrêté est faite dans deux journaux locaux.

Il notifie également l'arrêté aux départements et aux régions et, le cas échéant, aux organismes gestionnaires des parcs naturels régionaux.

À compter de la publication de l'arrêté, les organismes professionnels économiques et sociaux mentionnés au troisième alinéa de l'article *(Décr. nº 2017-1246 du 7 août 2017, art. 2)* « L. 5223-1 du code général des collectivités territoriales » disposent d'un délai de trois mois pour faire part aux communes de leur demande de concertation lors de l'élaboration de la charte.

Art. R.* 112-2-4 *(Décr. nº 2017-1246 du 7 août 2017, art. 2)* « Sans préjudice de l'application de l'article L. 2131-6 du code général des collectivités territoriales, chacune des communes intéressées transmet un exemplaire de la charte, accompagné de la délibération qui l'approuve, aux préfets ayant arrêté le périmètre. » Les préfets constatent la concordance des délibérations et pourvoient à la publication, dans deux journaux locaux, de l'accord intervenu sur la charte.

Un exemplaire de la charte est en outre transmis, par les soins des communes intéressées, à chacune des personnes morales qui ont participé à l'élaboration de la charte.

Art. R.* 112-2-5 *(Décr. nº 2017-1246 du 7 août 2017, art. 2)* Les conditions de classement en parc naturel régional d'une zone faisant l'objet de chartes intercommunales sont fixées, en application de l'article L. 333-1 du code de l'environnement, par les articles R. 333-1 à R. 333-16 du même code.

CHAPITRE IV HARMONISATION DU TISSU COMMERCIAL

(L. nº 2022-217 du 21 févr. 2022, art. 11)

Art. L. 5224-1 I. — Un déséquilibre du tissu commercial de proximité à l'intérieur du périmètre d'un schéma de cohérence territoriale prévu au titre IV du livre I du code de l'urbanisme peut être constaté par délibérations concordantes des établissements publics de coopération intercommunale ou des groupements de collectivités territoriales compétents pour l'élaboration de ce schéma.

II. — Les présidents desdits établissements publics de coopération intercommunale ou groupements de collectivités territoriales consultent les organisations syndicales de salariés et les organisations d'employeurs d'une profession établis sur le périmètre du schéma de cohérence territoriale afin d'obtenir un accord portant sur l'encadrement des jours et des heures d'ouverture au public de certains établissements commerciaux situés sur ce périmètre. Ces établissements commerciaux peuvent être définis en fonction de leur catégorie ou de leur localisation.

III. — L'accord obtenu est valable cinq ans, sous réserve de ne pas être remis en cause selon les modalités prévues au II du présent article. Le représentant de l'État dans le département peut en prescrire les termes par arrêté, à la demande des organi-

sations intéressées, dans les conditions prévues au premier alinéa de l'article L. 3132-29 du code du travail. Tout refus est motivé par la méconnaissance du champ de l'accord prévu au II du présent article, par la méconnaissance de dispositions législatives ou réglementaires ou par un motif impérieux d'intérêt général.

IV. — Les modalités d'application du présent article sont fixées par décret en Conseil d'État.

LIVRE III *[ABROGÉ]* AGGLOMÉRATION NOUVELLE

(Abrogé par L. n° 2015-991 du 7 août 2015, art. 44)

BIBL. GÉN. ▸ ALBERTINI, La réforme du statut des agglomérations nouvelles, *AJDA 1983. 610.* - BOITEAU, *J.-Cl. Coll. LOC. fasc. 270.* - GRUBIER, Du nouveau pour les villes nouvelles, *LPA 16 mars 1992.* - HOURTICQ, Les agglomérations nouvelles, *Rev. adm. 1971. 329.* - IMBERT, *J.-Cl. Adm., fasc. 129-40.* - LALUQUE, Vers la fin des villes nouvelles, *AJDA 2004. 915* . - MORAND, Le statut des agglomérations nouvelles, *JCP 1972. I. 2420.*

TITRE I *[ABROGÉ]* CRÉATION

CHAPITRE UNIQUE *[ABROGÉ]*

Art. L. 5311-1 ***Les agglomérations nouvelles contribuent à un meilleur équilibre social, économique et humain des régions à forte concentration de population grâce aux possibilités d'emploi et de logement, ainsi qu'aux équipements publics et privés qui y sont offerts ; elles constituent des opérations d'intérêt national et régional, dont la réalisation est poursuivie dans le cadre du plan ; elles bénéficient de l'aide de l'État ; les régions et les départements concernés y apportent leur concours, notamment par convention.*** — *[L. n° 83-636 du 13 juill. 1983, art. 1er.]*

La création d'une agglomération nouvelle doit correspondre à un intérêt national et régional. C'est ainsi que la création et l'implantation du parc d'attractions EuroDisneyland à Marne-la-Vallée contribue au rééquilibrage de la région parisienne vers l'Est et apporte des emplois nouveaux bien que la société Walt Disney en retire un avantage financier. Le juge relève qu'en l'espèce l'intérêt public et l'intérêt privé ne s'excluent pas. • CE 23 mars 1992, *Martin, Fraboulet et a.*, nos 87600 et 87603 : *Lebon 130* ; *Dr. adm. 1992, n° 230 ; AJDA 1992. 376, chron. Maugüé et Schwartz* ; *JCP 1992. IV. 1600.*

Art. L. 5311-2 ***Il peut être procédé à la création d'une agglomération nouvelle dans les conditions suivantes.***

Le représentant de l'État dans le département où se trouvera le siège de l'agglomération nouvelle propose, après concertation avec les maires et les conseillers départementaux concernés, la liste des communes intéressées et le projet de périmètre d'urbanisation.

Le projet de liste des communes intéressées et de périmètre d'urbanisation ainsi établi est soumis pour avis aux conseils municipaux des communes concernées, au ou à chaque conseil départemental et au conseil régional concernés. La décision est prise par arrêté du représentant de l'État dans le département en cas d'avis favorable de chacun des conseils municipaux ; à défaut, la décision est prise par décret en Conseil d'État. — *[L. n° 83-636 du 13 juill. 1983, art. 3.]*

Le décret de création d'une agglomération nouvelle peut faire l'objet d'un recours pour excès de pouvoir. • CE 23 mars 1992, *Martin et Fraboulet et a.*, nos 87600 et 87603 : *Lebon 130* ; *Dr. adm. 1992, n° 230 ; AJDA 1992. 376, chron. Maugüé et Schwartz* ; *JCP 1992. IV. 1600.*

Art. L. 5311-3 ***Le périmètre d'urbanisation est considéré comme périmètre d'opération d'intérêt national au sens de*** *(Ord. n° 2003-1212 du 18 déc. 2003, art. 6-XII ; Ord. n° 2015-1174 du 23 sept. 2015, art. 9)* ***« l'article L. 102-12 du code de l'urbanisme » ; les opérations situées à l'intérieur de ce périmètre constituent des projets d'intérêt général au sens de cette même loi.*** — *[L. n° 83-636 du 13 juill. 1983, art. 5.]*

Les opérations situées à l'intérieur du périmètre d'urbanisation d'une agglomération nouvelle ont de plein droit le caractère de projet d'intérêt général. • CE 23 mars 1992, *Martin, Fraboulet et a.*, nos 87600 B et 87603 B : *AJDA 1992. 376, chron. Maugüé et Schwartz* . ♦ Mais l'administration peut aussi adopter un projet d'intérêt général dont les limites ne coïncident pas avec le périmètre d'urbanisation. • Même arrêt. ♦ Les dispositions du présent art. ne font pas obstacle à l'intervention, sur le fondement de l'art. L. 121-9 C. urb., d'une décision réglementaire arrêtant le principe et les conditions de réalisation d'un projet d'intérêt général dont les limites excèdent celles du périmètre d'urbanisation. Dès lors, le projet n'avait pas à être soumis à l'avis du conseil municipal de la commune concernée. • CE 7 janv. 2013, *Cne de Coutevroult et Assoc. RENARD*, nos 347401 et 347482.

Art. L. 5311-4 (*L. n° 2010-788 du 12 juill. 2010, art. 27*) ***Tout projet d'extension du périmètre d'urbanisation d'une agglomération nouvelle est soumis pour avis aux conseils municipaux des communes concernées. À défaut d'avis favorable de chacun de ces conseils municipaux, le projet d'extension ne peut être proposé à nouveau aux conseils municipaux des communes concernées qu'à l'issue d'un délai de dix-huit mois. En cas de nouvel avis défavorable d'un des conseils municipaux, la décision est prise par décret en Conseil d'État.***

Tout projet de création d'une opération d'intérêt national, visée à l'article (*Ord. n° 2015-1174 du 23 sept. 2015, art. 9*) ***« L. 102-12 » du code de l'urbanisme et située dans le territoire d'une ou plusieurs communes limitrophes du périmètre d'urbanisation d'une agglomération nouvelle, est soumis à la procédure prévue à l'alinéa précédent.***

Les opérations situées à l'intérieur du périmètre d'urbanisation d'une agglomération nouvelle ont de plein droit le caractère de projet d'intérêt général. • CE 23 mars 1992, *Martin, Fraboulet et a.*, n°s 87600 B et 87603 B : *AJDA 1992. 376, chron. Maugüé et Schwartz*. ♦ Mais l'administration peut aussi adopter un projet d'intérêt général dont les limites ne coïncident pas avec le périmètre d'urbanisation. • Même arrêt. ♦ Les dispositions de cet art. ne font pas obstacle à l'intervention, sur le fondement de l'art. L. 121-9 C. urb., d'une décision réglementaire arrêtant le principe et les conditions de réalisation d'un projet d'intérêt général dont les limites excèdent celles du périmètre d'urbanisation. Dès lors, le projet n'avait pas à être soumis à l'avis du conseil municipal de la commune concernée. • CE 7 janv. 2013, *Cne de Coutevroult et Assoc. RENARD*, n°s 347401 et 347482.

TITRE II *[ABROGÉ]* ÉVOLUTION DES AGGLOMÉRATIONS NOUVELLES

CHAPITRE UNIQUE *[ABROGÉ]*

Art. L. 5321-1 à L. 5321-5 *Abrogés par L. n° 2015-991 du 7 août 2015, art. 44.*

TITRE III *[ABROGÉ]* ÉTABLISSEMENTS PUBLICS D'AGGLOMÉRATION NOUVELLE

CHAPITRE I *[ABROGÉ]* COMMUNAUTÉ D'AGGLOMÉRATION NOUVELLE

(*Abrogé par L. n° 2010-1563 du 16 déc. 2010, art. 31*)

Art. L. 5331-1 à L. 5331-3 *Abrogés par L. n° 2010-1563 du 16 déc. 2010, art. 31.*

CHAPITRE II *[ABROGÉ]* SYNDICAT D'AGGLOMÉRATION NOUVELLE

SECTION 1 *[ABROGÉE]* Composition du comité du syndicat d'agglomération nouvelle

Art. L. 5332-1 ***Sous réserve des dispositions du présent chapitre, toutes les dispositions applicables aux syndicats de communes*** [*V. art. L. 5212-1 s.*] ***sont applicables au syndicat d'agglomération nouvelle.*** — [*L. n° 83-636 du 13 juill. 1983, art. 13.*]

Sur l'évolution des syndicats d'agglomération nouvelle, soit par création d'une commune nouvelle ou par transformation en communauté d'agglomération, V. L. n° 2015-292 du 16 mars 2015, art. 12, infra.

1. Le syndicat d'agglomération nouvelle est soumis aux dispositions régissant les syndicats de communes. C'est ainsi que la répartition des compétences entre le comité et le président est identique : les pouvoirs de décision les plus importants sont détenus par le comité, le président ne prenant que des mesures d'exécution. • CE 13 févr. 1985, *Synd. communautaire d'aménagement de l'agglomération nouvelle de Cergy-Pontoise*, n° 40756 : *Lebon 37* ; *AJDA 1985. 271, note Moreau ; RFDA 1985. 367, note Douence, obs. Favoreu* • TA Versailles, 7 déc. 1984, *Préfet du Val-d'Oise : AJDA 1985. 286, obs. Chapuisat.* ♦ Dans le même sens, le comité syndical peut donner à son président une délégation générale pour agir en justice. • CE 6 avr. 1998, *SIVOM de la région de Chevreuse*, n° 156518.

2. De même le juge a déduit qu'en l'absence de définition d'un statut des personnels d'un syndicat communautaire d'aménagement (créé avant la loi de 1983), la loi relative à la fonction publique territoriale s'applique comme pour tout personnel employé par une commune ou un établissement public administratif et il en a déduit la compétence du juge administratif. • Paris, 14 janv. 1983, *SCAANE c/ COREP de l'Essonne : JCP 1983. II. 20058, réquisitions du Procureur général.*

3. En outre le Conseil d'État semble admettre que, comme toutes les autorités locales, le syndicat d'agglomération nouvelle dispose d'un certain pouvoir réglementaire pour préciser les modalités d'application des lois dans la mesure nécessaire à l'organisation des services. • CE 13 févr. 1985, *Synd. communautaire d'aménagement de l'agglomération nouvelle de Cergy-Pontoise*, n° 40756 : *préc. note 1* (solution retenue pour un syndicat communautaire d'aménagement auquel s'est substitué soit une communauté soit un syndicat d'agglomération nouvelle).

Loi n° 2015-292 du 16 mars 2015,

Relative à l'amélioration du régime de la commune nouvelle, pour des communes fortes et vivantes.

Art. 12 Dans un délai de six mois à compter de la promulgation de la présente loi et par dérogation aux articles L. 2113-3 et L. 5216-1 du code général des collectivités territoriales, les conseils municipaux des communes membres d'un syndicat d'agglomération nouvelle dont le siège est situé dans l'un des départements mentionnés au VII de l'article L. 5210-1-1 du même code sont consultés par le représentant de l'État dans le département sur l'évolution du syndicat :

1° Soit par création d'une commune nouvelle regroupant toutes les communes membres ;
2° Soit par transformation du syndicat en communauté d'agglomération.

À défaut de délibération dans un délai de trois mois à compter de la saisine du représentant de l'État dans le département, la décision du conseil municipal est réputée favorable à ces deux formes d'évolution.

Si les conseils municipaux intéressés se prononcent par des délibérations concordantes en faveur de la création d'une commune nouvelle ou, dans le cas contraire, si, après une consultation organisée en application des premier et dernier alinéas de l'article L. 2113-3 dudit code, une majorité des électeurs de chaque commune membre se prononce en faveur d'une telle création, une commune nouvelle regroupant toutes les communes membres est créée en application de l'article L. 2113-5 du même code.

Si la majorité prévue à l'avant-dernier alinéa du présent article n'est pas réunie, le syndicat d'agglomération nouvelle est transformé en communauté d'agglomération mentionnée au 2°.

Art. L. 5332-2 *(L. n° 2013-403 du 17 mai 2013, art. 41)* ***« Le syndicat d'agglomération nouvelle est administré par un comité composé de conseillers communautaires dont l'effectif et la répartition sont déterminés par application des règles prévues pour les communautés de communes aux articles L. 5211-6-1 et L. 5211-6-2 du présent code.***

« Les conseillers communautaires membres du comité du syndicat d'agglomération nouvelle sont désignés en application du titre V du livre I du code électoral. »

Le comité du syndicat est installé dans le délai d'un mois à compter de la création du syndicat d'agglomération nouvelle. — *[L. n° 83-636 du 13 juill. 1983, art. 14.]*

1. Au sein du syndicat d'agglomération nouvelle, la loi n'exige pas que la représentation des communes soit rigoureusement proportionnelle au chiffre de la population. * Rép. min. n° 18003, 9 févr. 1987 : *JOAN Q, 25 mai.*

2. Le juge a sanctionné comme étant entachée d'irrégularité l'élection du président et des vice-présidents du comité d'un syndicat d'agglomération nouvelle si l'une des communes membres n'était pas représentée à la séance par les délégués qu'elle avait désignés. La participation du maire et du maire adjoint de cette commune à cette séance n'était pas suffisante. • CE 20 juin 1990, *Philippe et Min. de l'Intérieur c/ Rossot*, n°s 109618 et 110221 : *Lebon 165 ; Dr. adm. 1990, n° 380 ; RFDA 1990. 663.*

3. Le juge a en outre précisé que le comité d'un syndicat d'aménagement (formule à laquelle s'est substitué la communauté ou le syndicat d'agglomération nouvelle après la loi du 13 juill. 1983) a compétence pour fixer les modalités d'élection des représentants du personnel aux comités d'hygiène et de sécurité ; le président du comité ne pouvant prendre que les mesures d'exécution. • CE 13 févr. 1985, *Synd. communautaire d'aménagement de l'agglomération de Cergy-Pontoise*, n° 40756 : *Lebon 37 ; AJDA 1985. 271, note Moreau ; RFDA 1985. 367, note Douence, obs. Favoreu.*

4. Les art. R. 120 et R. 121 C. élect. sont applicables à l'élection du bureau d'un syndicat communautaire d'aménagement ainsi qu'à l'élection des représentants de ce syndicat auprès d'un syndicat intercommunal d'études et d'aménagement de la région. • CE 9 févr. 1979, *Él. des membres du bureau du synd. communautaire d'aménagement de l'agglomération nouvelle d'Évry : Lebon 48.*

5. Un conseil municipal peut valablement se réunir pour élire ses délégués au siège de l'établissement public d'aménagement situé à 160 m de la mairie rendue temporairement inutilisable par des travaux. • CE 1er févr. 1998, *Préfet de l'Isère*, n° 187491.

SECTION 2 *[ABROGÉE]* Admission de nouvelles communes au syndicat d'agglomération nouvelle et retrait

Art. L. 5332-3 à L. 5332-5 *Abrogés par L. n° 2015-991 du 7 août 2015, art. 44.*

CHAPITRE III *[ABROGÉ]* COMPÉTENCES ET POUVOIRS DU SYNDICAT D'AGGLOMÉRATION NOUVELLE *(L. n° 2010-1563 du 16 déc. 2010, art. 31).*

Art. L. 5333-1 (*Abrogé par L. n° 2010-1563 du 16 déc. 2010, art. 31*) ***« La communauté ou » le syndicat d'agglomération nouvelle exerce les compétences des communes en matière de programmation et d'investissement dans les domaines de l'urbanisme, du logement, des transports, des réseaux divers et de la création des voies nouvelles et du développement économique.*** (*L. n° 2010-1563 du 16 déc. 2010, art. 31*) ***« Il est compétent » en matière d'investissement pour la réalisation des équipements rendus nécessaires par les urbanisations nouvelles engagées sous forme de zones d'aménagement concerté ou de lotissement comprenant plus de trente logements, quelle que soit la localisation de ces équipements ; les autres équipements sont réalisés par les communes soit sur leurs ressources propres, soit sur des crédits délégués à cet effet par*** (*Abrogé par L. n° 2010-1563 du 16 déc. 2010, art. 31*) ***« la communauté ou » le syndicat d'agglomération nouvelle.*** — *[L. n° 83-636 du 13 juill. 1983, art. 16.]*

1. Le juge a explicité les missions de l'établissement public d'aménagement, missions reprises pour les communautés et syndicat d'agglomération nouvelle. C'est ainsi que rentrent dans ces missions l'aménagement et la viabilisation des terrains de la ville nouvelle en faisant procéder en qualité de maître d'ouvrage à des travaux de construction tels que : la réalisation d'un collecteur d'assainissement. • CE 11 oct. 1989, *Cne de Noisy-le-Grand c/ Épx Rimorin*, n° 59118. ♦ ... La construction d'une chaufferie destinée à desservir en tout ou partie une ville nouvelle. • CE 11 mars 1953, *Bureau d'études techniques pour l'urbanisme et l'équipement (SCET-BETURE)*, n° 20940. ♦ ... La réalisation d'un groupe scolaire. • CE 21 juill. 1989, *EPA de la ville nouvelle de Marne-la-Vallée*, n° 73099.

2. Il peut également promouvoir le développement d'activités commerciales, industrielles ou touristiques d'une ville nouvelle. • CE 7 déc. 1983, *Sté « Promotion International »*, n° 38419. ♦ C'est ainsi qu'un syndicat d'agglomération nouvelle peut, pour assurer la promotion de l'agglomération nouvelle, participer au financement d'un voilier portant ses couleurs lors d'un Tour de France à la voile. • CE 5 juill. 1996, *Synd. d'agglomération nouvelle de Saint-Quentin-en-Yvelines*, n° 149669 : *Lebon 264 ; JCP 1996. IV. 2433 ; RFDA 1996. 1041 ; Rev. Trésor 1997. 65 ; D. 1998. Somm. 33.*

3. L'établissement peut même acquérir et céder des immeubles situés en dehors de la zone d'activité territoriale, opérations nécessaires à l'aménagement de l'agglomération. • CE 23 mars 1992, *Martin, Fraboulet et a.*, nos 87599 B et 87602 B : *AJDA 1992. 376, chron. Maugüé et Schwartz.*

4. En revanche, le syndicat d'agglomération nouvelle ne peut se substituer aux communes membres pour la prise en charge des dépenses relatives à la construction et à la gestion d'un collège. • CE 6 avr. 1998, *SIVOM de la Région de Chevreuse*, n° 156518. ♦ Il ne peut non plus accorder des subventions à des associations à objet culturel, sportif et touristique, car ces opérations ne se rattachent pas à l'exercice de ses compétences. • CE 5 juill. 1996, *Synd. d'agglomération nouvelle de Saint-Quentin-en-Yvelines*, n° 167959.

Art. L. 5333-2 et L. 5333-3 *Abrogés par L. n° 2015-991 du 7 août 2015, art. 44.*

Art. L. 5333-4 ***Les communes gèrent les équipements*** (*L. n° 99-586 du 12 juill. 1999*) ***« ainsi que les services publics qui leur sont attachés », à l'exception de ceux qui sont reconnus d'intérêt commun et qui sont à ce titre créés et gérés par*** (*Abrogé par L. n° 2010-1563 du 16 déc. 2010, art. 31*) ***« la communauté ou » le syndicat d'agglomération nouvelle.***

Un inventaire des équipements existants ou en voie de réalisation est dressé lors de la création (*Abrogé par L. n° 2010-1563 du 16 déc. 2010, art. 31*) ***« de la communauté ou » du syndicat d'agglomération nouvelle ; les conseils municipaux se prononcent à la majorité des deux tiers de ceux-ci représentant plus de la moitié de la population ou la moitié des conseils***

municipaux représentant plus des deux tiers de la population dans un délai de quatre mois à compter de la date de l'arrêté pris par le représentant de l'État dans le département en application du septième alinéa de l'article L. 5321-1 sur la liste des équipements reconnus d'intérêt commun lors de l'établissement de cet inventaire qui est constaté par un arrêté du représentant de l'État dans le département. L'inventaire est renouvelé après chaque renouvellement des conseils municipaux dans les conditions prévues pour son établissement initial. Dans le cas de transferts d'équipements lors du renouvellement de l'inventaire, les conséquences financières de ces transferts sont fixées par une convention signée entre (Abrogé par L. nº 2010-1563 du 16 déc. 2010, art. 31) *« la communauté ou » le syndicat d'agglomération nouvelle et la ou les communes membres concernées et approuvée à la majorité des deux tiers des membres* (Abrogé par L. nº 2010-1563 du 16 déc. 2010, art. 31) *« du conseil d'agglomération ou » du comité syndical.*

Les équipements dont la réalisation est décidée par (Abrogé par L. nº 2010-1563 du 16 déc. 2010, art. 31) *« la communauté ou » le syndicat d'agglomération nouvelle, postérieurement à l'établissement de cet inventaire, peuvent être ajoutés à la liste des équipements reconnus d'intérêt commun par délibération* (Abrogé par L. nº 2010-1563 du 16 déc. 2010, art. 31) *« de la communauté ou » du syndicat adoptée à la majorité des deux tiers au moment de la première inscription budgétaire les concernant.*

Si un équipement de nature intercommunale n'est pas porté sur la liste des équipements reconnus d'intérêt commun, faute de la majorité qualifiée prévue aux deux alinéas précédents, la commune à qui en revient la gestion peut demander qu'il soit ajouté à cette liste par arrêté du représentant de l'État dans le département, après une nouvelle délibération (Abrogé par L. nº 2010-1563 du 16 déc. 2010, art. 31) *« du conseil d'agglomération ou » du comité du syndicat.* – [L. nº 83-636 du 13 juill. 1983, art. 19.]

Lorsque l'équipement est inscrit sur la liste des équipements reconnus d'intérêt commun gérés par le syndicat (ou la communauté) d'agglomération nouvelle, la commune ne peut légalement en confier la gestion à une entreprise de son choix. Elle ne peut donc créer une société d'économie mixte que si l'objet de cette société s'inscrit dans le cadre des compétences qui lui restent dévolues. • CE 1er avr. 1994, *Cne de Reau*, nº 146946 B.

Art. L. 5333-4-1 Abrogés par L. nº 2015-991 du 7 août 2015, art. 44.

Art. L. 5333-5 (Abrogé par L. nº 2010-1563 du 16 déc. 2010, art. 31) *« La communauté ou » Le syndicat d'agglomération nouvelle peut assurer la gestion de services et l'exécution de tous travaux ou études pour le compte des communes membres dans les conditions fixées par convention avec la ou les communes intéressées. Ils peuvent* [Il peut] *demander, dans des conditions fixées par convention, à une ou plusieurs communes d'assurer pour son compte certaines prestations de services et, le cas échéant, certains investissements. Ces conventions sont adoptées à la majorité des deux tiers des membres* (Abrogé par L. nº 2010-1563 du 16 déc. 2010, art. 31) *« du conseil d'agglomération ou » du comité syndical.* – [L. nº 83-636 du 13 juill. 1983, art. 20.]

1. En l'absence de conclusion avec une ou des communes membres de conventions relative à la gestion de services ou à l'exécution de travaux ou d'études dans les domaines culturel, sportif ou social, un syndicat d'agglomération nouvelle ne peut accorder des subventions ou prendre directement en charge des dépenses destinées au financement de manifestations d'ordre culturel, sportif ou social. • CE 5 juill. 1996, *Synd. d'agglomération nouvelle de Saint-Quentin-en-Yvelines*, nº 149669 : *Lebon 264 ; JCP 1996. IV. 2433 ; RFDA 1996. 1041 ; Rev. Trésor 1997. 65 ; D. 1998. Somm. 33.*

2. Si la convention peut charger les communes membres d'assurer certaines prestations de service, elle ne peut en revanche faire supporter à une commune des dépenses qui ne lui incombent pas. Ainsi ne constitue pas une prestation de service la convention de distribution de la télévision par câble qui met à la charge de la commune les frais d'entretien du réseau pour foyers raccordés mais non abonnés. • CE 17 mars 1999, *Synd. d'agglomération nouvelle de Cergy-Pontoise et Sté Téléservice Île-de-France*, nº 131676.

Art. L. 5333-6 à L. 5333-9 Abrogés par L. nº 2015-991 du 7 août 2015, art. 44.

CHAPITRE IV *[ABROGÉ]* DISPOSITIONS FINANCIÈRES

SECTION 1 *[ABROGÉE]* Dispositions générales

Art. L. 5334-1 *Les dispositions du livre III de la deuxième partie* [V. art. L. 2311-1 s.] *sont applicables aux syndicats d'agglomération nouvelle.* – [L. nº 83-636 du 13 juill. 1983, art. 13.]

Les emprunts globalisés souscrits pour les syndicats d'agglomération nouvelle donnent lieu de la part des communes à la restitution d'une quote-part conformément à la convention qu'elles ont conclue. Il n'y a pas enrichissement sans cause lorsqu'un contrat, qui règle globalement l'ensemble des relations financières entre les parties, omet le paiement de certaines sommes. • CE 5 oct. 2005, *Cne de Maurepas*, n° 256362 : *Coll. terr. 2006, n° 1, p. 19, note Moreau.*

Art. L. 5334-2 *Abrogé par L. n° 2015-991 du 7 août 2015, art. 44.*

Art. L. 5334-3 ***Les communes membres** (Abrogé par L. n° 2010-1563 du 16 déc. 2010, art. 31-I-23°)* ***« d'une communauté ou » d'un syndicat d'agglomération nouvelle votent les taux et perçoivent le produit des taxes foncières, de la taxe d'habitation et des autres droits et taxes, à l'exclusion de la*** *(L. n° 2010-1657 du 29 déc. 2010, art. 108-V)* ***« cotisation foncière des entreprises », conformément aux dispositions applicables aux communes.***

Le transfert de ces droits et taxes *(Abrogé par L. n° 2010-1563 du 16 déc. 2010, art. 31-I-23°)* ***« à la communauté ou » au syndicat d'agglomération nouvelle s'accompagne des obligations liées à leur perception.*** *— [L. n° 83-636 du 13 juill. 1983, art. 25.]*

Lorsque le syndicat communautaire d'aménagement perçoit la taxe d'habitation et la taxe d'enlèvement des ordures ménagères, les locaux de référence peuvent être choisis dans toute commune incluse dans le périmètre de la zone. • CE 8 avr. 1998, *Min. du Budget c/ Cardot*, n° 167973.

Art. L. 5334-4 et L. 5334-5 *Abrogés par L. n° 2015-991 du 7 août 2015, art. 44.*

Art. L. 5334-6 ***Pour la première année d'application des dispositions de l'article L. 5334-4,*** *(Abrogé par L. n° 2010-1563 du 16 déc. 2010, art. 31-I-25°)* ***« la communauté ou » le syndicat d'agglomération nouvelle verse aux communes membres une dotation de référence destinée à couvrir une insuffisance éventuelle des ressources des communes qui résulterait des transferts de recettes et de charges prévus par le présent titre. Ces dotations constituent pour l'agglomération une dépense obligatoire.***

Après avis d'une commission, et après consultation des maires de l'ensemble des communes membres, le représentant de l'État dans le département détermine une dotation de référence. Cette dotation de référence sera calculée sur la base des comptes administratifs des communes membres en tenant compte des mesures nouvelles et des transferts de recettes et de charges qui auront été effectivement décidés au cours de la première année au titre de laquelle *(Abrogé par L. n° 2010-1563 du 16 déc. 2010, art. 31-I-25°)* ***« la communauté ou » le syndicat d'agglomération nouvelle est substitué aux communes membres pour la perception de la*** *(L. n° 2010-1657 du 29 déc. 2010, art. 108-XXI-B-5°)* ***« cotisation foncière des entreprises ».***

Son montant devra être communiqué aux communes dans un délai de trois mois suivant la constatation de l'inventaire prévu à l'article L. 5333-4. Un décret détermine la composition de la commission prévue au présent article. *— V. art. D. 5334-3.*

Au cas où ces transferts feraient apparaître, au contraire, un excédent de plus de 10 p. 100 de la section de fonctionnement du budget d'une commune, cet excédent devra être reversé à l'organisme d'agglomération et constituera pour la commune une dépense obligatoire. *— [L. n° 83-636 du 13 juill. 1983, art. 27.]*

1. Le juge a précisé que cette dotation n'a pas été créée pour faire face à l'insuffisance des ressources des communes, mais seulement pour compenser le transfert d'équipements prévus par la loi. • CE 29 déc. 1999, *Min. de l'Intérieur et synd. d'agglomération nouvelle Saint-Quentin en Yvelines : Coll. terr. 2000, n° 83, note Moreau.*

2. De même, ne peuvent être prises en charge des dépenses dans les domaines culturel, sportif ou social. • CE 5 juill. 1996, *Synd. d'agglomération nouvelle Saint-Quentin en Yvelines*, n° 149669 : *Lebon 264 ; JCP 1996. IV. 2433 ; RFDA 1996. 1041 ; Rev. Trésor 1997. 65 ; D. 1998. Somm. 33 .*

3. Sur les modalités de constatation de l'inventaire et de calcul de la dotation par le préfet, V. aussi : • CAA Paris, 6 févr. 2001, *Min. de l'Intérieur c/ Ville de Trappes*, n° 97PA01724.

Art. L. 5334-7 à L. 5334-11 *Abrogés par L. n° 2015-991 du 7 août 2015, art. 44.*

Art. L. 5334-12 *Abrogé par L. n° 2010-1657 du 29 déc. 2010, art. 108.*

Art. L. 5334-13 à L. 5334-20 *Abrogés par L. n° 2015-991 du 7 août 2015, art. 44.*

SECTION 2 *[ABROGÉE]* Fin du régime particulier applicable aux agglomérations nouvelles

Art. L. 5334-21 *Abrogé par L. nº 2015-991 du 7 août 2015, art. 44.*

TITRE IV *[ABROGÉ]* FIN DU RÉGIME APPLICABLE AUX AGGLOMÉRATIONS NOUVELLES

BIBL. ▶ LALUQUE, Vers la fin des villes nouvelles, *AJDA 2004. 915*.

CHAPITRE UNIQUE *[ABROGÉ]*

Art. L. 5341-1 à L. 5341-3 *Abrogé par L. nº 2015-991 du 7 août 2015, art. 44.*

TITRE V *[ABROGÉ]* DISPOSITIONS D'APPLICATION

CHAPITRE UNIQUE *[ABROGÉ]*

Art. L. 5351-1 *Abrogé par L. nº 2015-991 du 7 août 2015, art. 44.*

LIVRE IV COOPÉRATION INTERDÉPARTEMENTALE

BIBL. GÉN. ▶ Albertini, Le département, collectivité territoriale, *J.-Cl. Adm., fasc. 121 (n°s 229 s.)*. – Bourdon, Pontier et Ricci, Droit des collectivités territoriales, *PUF, 1998, p. 357.*

TITRE I ENTENTE, CONVENTION ET CONFÉRENCE INTERDÉPARTEMENTALES

CHAPITRE UNIQUE

Art. L. 5411-1 Deux ou plusieurs conseils départementaux peuvent provoquer entre eux, par l'entremise de leurs présidents, une entente sur les objets d'utilité départementale compris dans leurs attributions et qui intéressent à la fois leurs départements respectifs.

Ils peuvent passer entre eux des conventions, à l'effet d'entreprendre ou de conserver à frais communs des ouvrages ou des institutions d'utilité commune. – *[L. du 10 août 1871, art. 89.]*

Art. L. 5411-2 Les questions d'intérêt commun sont débattues dans des conférences où chaque conseil départemental est représenté.

Les décisions qui y sont prises ne sont exécutoires qu'après avoir été ratifiées par tous les conseils départementaux intéressés. – *[L. du 10 août 1871, art. 90.]*

Un fonctionnaire territorial détaché au sein d'une entente interdépartementale ne peut prétendre à l'octroi de la prime de responsabilité prévue par l'art. 53 de la loi du 26 janv. 1984 modifiée [V. ce texte au **CGFP**]. Le décret d'exécution énumère limitativement les institutions au sein desquelles la prime est possible (communauté urbaine, syndicat d'agglomération nouvelle...) et ne comprend pas les ententes interdépartementales. • CE 13 nov. 1996, *Mme Janeczek, Entente interdépartementale pour la démoustification du littoral méditerranéen*, n° 141317 : *ACL 1997, n° 84.*

TITRE II INSTITUTIONS ET ORGANISMES INTERDÉPARTEMENTAUX

CHAPITRE UNIQUE

Art. L. 5421-1 Les institutions ou organismes interdépartementaux sont librement constitués par deux ou plusieurs conseils départementaux de départements même non limitrophes ; ils peuvent également associer des conseils régionaux ou des conseils municipaux.

Les institutions ou organismes interdépartementaux sont des établissements publics, investis de la personnalité civile et de l'autonomie financière.

Ils sont administrés conformément aux règles édictées pour la gestion départementale.

Leur administration est assurée par les conseillers départementaux élus à cet effet.

Lorsqu'ils associent des conseils régionaux ou des conseils municipaux, ils sont régis par les dispositions du chapitre I du titre II du livre VII de la présente partie et leur conseil d'administration comprend des représentants de tous les conseils ainsi associés. – *[L. du 10 août 1871, art. 91.]*

1. Le Conseil d'État admet que des biens puissent être transférés à un syndicat interdépartemental constitué sous la forme d'établissement public temporaire. • CE, ass., 18 juill. 1973, *Dpt des Hauts-de-Seine : Lebon 500* (cet arrêt apporte différentes précisions relatives au fonctionnement du syndicat).

2. La loi n'autorise pas les établissements publics de coopération interdépartementale à créer des régies contrairement aux communes et aux syndicats de communes. • CE, avis, 1er oct. 1996, n° 359409 : *Rapport public 1996, EDCE n° 48, p. 305 s.*

3. Un établissement public interdépartemental dont l'objet est de céder de l'eau potable à des communes ou groupements de communes moyennant le versement d'une redevance ne peut prétendre être exonéré de la taxe foncière sur les propriétés bâties. Par son objet, un tel établissement n'entre pas dans le champ d'exonérations prévues par le 1° de l'art. 1382 CGI. • CE 29 oct. 1984, *Institution interdépartementale pour* *l'aménagement hydraulique de la Montagne Noire*, n° 34791 : *Lebon 563*.

4. En l'absence d'habilitation légale, le conseil d'administration d'une institution interdépartementale ne peut créer une prime au profit de ses membres. En particulier, le 3e alinéa de l'art. 91 de la loi du 10 août 1871 [CGCT, art. L. 5421-1, al. 3] selon lequel les institutions ou organismes interdépartementaux « sont administrés conformément aux règles édictées pour la gestion départementale » n'ont pas pour objet de rendre applicables aux membres d'une institution interdépartementale les dispositions de l'art. 14 de cette même loi [CGCT, art. L. 3123-15 s.] relatives aux indemnités que peuvent recevoir les membres du conseil général. • CE 4 avr. 1997, *Préfet d'Ille-et-Vilaine, Institution du canal d'Ille-et-Vilaine, Rance Manche-Océan Nord*, n° 153042.

Art. L. 5421-2 **Les dispositions du titre III du livre I de la troisième partie relatives au contrôle de légalité et** *(Ord. n° 2021-1310 du 7 oct. 2021, art. 19)* **« à la publicité et à l'entrée en vigueur » des actes des autorités départementales sont applicables aux établissements publics interdépartementaux.**

Art. L. 5421-3 *(Abrogé par Ord. n° 2021-1310 du 7 oct. 2021, art. 18)* ***Dans les établissements publics de coopération comprenant au moins un département, le dispositif des actes réglementaires pris par l'assemblée délibérante ou l'organe exécutif est transmis dans le mois, pour affichage, aux départements membres et est publié dans un recueil des actes administratifs dans les conditions fixées par décret en Conseil d'État.*** — *[L. du 10 août 1871, art. 91 bis.]*

Il résulte des travaux préparatoires à la loi du 6 févr. 1992 que le législateur a entendu appliquer les règles d'affichage imposées par ces dispositions aux EPCI comprenant au moins un département. • TA Lyon, 30 avr. 2008, *Mme Vessiller*, n° 0601780 : *AJDA 2008. 1622*.

Art. L. 5421-4 *Abrogé par Ord. n° 2021-1310 du 7 oct. 2021, art. 18.*

Art. L. 5421-5 **Toute personne physique ou morale a le droit de demander communication** *(Ord. n° 2021-1310 du 7 oct. 2021, art. 17)* **« des délibérations et » des procès-verbaux des assemblées délibérantes des établissements publics de coopération interdépartementale, des budgets, des comptes, ainsi que des arrêtés des présidents de ces établissements publics.**

Chacun peut les publier sous sa responsabilité.

(Ord. n° 2005-650 du 6 juin 2005, art. 11) **« La communication des documents mentionnés au premier alinéa, qui peut être obtenue aussi bien du président que des services déconcentrés de l'État, intervient dans les conditions prévues par l'article L. 311-9 du code des relations entre le public et l'administration. »**

Art. L. 5421-6 **Les dispositions du deuxième alinéa de l'article L. 3313-1 s'appliquent aux établissements de coopération interdépartementale. Les lieux de mise à disposition du public sont le siège de l'établissement et les hôtels des départements membres.** — *[L. n° 92-125 du 6 févr. 1992, art. 16-III.]*

Art. L. 5421-7 *(L. n° 2016-1087 du 8 août 2016, art. 62)* **Lorsqu'une institution ou un organisme interdépartemental mentionné à l'article L. 5421-1 remplit les conditions fixées à l'article L. 5721-2, il peut se transformer en syndicat mixte.**

Cette transformation est décidée, sur proposition du conseil d'administration de l'institution ou de l'organisme, par délibérations concordantes de ses membres. Les organes délibérants des membres se prononcent dans un délai de trois mois à compter de la notification à leur président de la délibération proposant la transformation. À défaut de délibération dans ce délai, leur décision est réputée favorable.

L'ensemble des biens, droits et obligations de l'institution ou de l'organisme interdépartemental sont transférés au syndicat mixte, qui se substitue de plein droit à l'institution ou à l'organisme interdépartemental dans toutes ses délibérations et tous ses actes à la date de la transformation. Les contrats sont exécutés dans les conditions antérieures jusqu'à leur échéance, sauf accord contraire des parties. Les cocontractants sont informés de la substitution de personne morale. La substitution de personne morale aux contrats conclus par l'institution ou l'organisme interdépartemental n'entraîne aucun droit à résiliation ou à indemnisation pour le cocontractant. L'ensemble des personnels de l'institution ou de l'organisme interdépartemental est réputé relever du syndicat mixte, dans les conditions de statut et d'emploi qui sont les siennes.

LIVRE V AGENCE DÉPARTEMENTALE

BIBL. GÉN. ▶ J.-B. AUBY et J.-F. AUBY, Droit des collectivités locales, *PUF, 1998, p. 183 et 301.* – BOURDON, PONTIER et RICCI, Droit des collectivités territoriales, *PUF, 1998, p. 121.* – FOREL, Quelques réflexions sur les agences départementales, *Cahiers CNFPT, nº 25, juin 1988, p. 50.*

TITRE UNIQUE

CHAPITRE UNIQUE

Art. L. 5511-1 **Le département, des communes et des établissements publics intercommunaux peuvent créer entre eux un établissement public dénommé agence départementale. Cette agence est chargée d'apporter, aux collectivités territoriales et aux établissements publics intercommunaux du département qui le demandent, une assistance d'ordre technique, juridique ou financier.** – *[L. nº 82-213 du 2 mars 1982, art. 32.]*

LIVRE VI COOPÉRATION INTERRÉGIONALE

BIBL. GÉN. ► J.-B. AUBY et J.-F. AUBY, Droit des collectivités locales, *PUF, 1998, p. 49.* – BOURDON, PONTIER et RICCI, Droit des collectivités territoriales, *PUF, 1998, p. 358.* – MODERNE, La coopération entre les régions, *LPA 27 déc. 1985.* – SUDRE, La nouvelle coopération interrégionale, *Mél. Péquignot, 1984, p. 661.*

TITRE I CONVENTION OU INSTITUTION D'UTILITÉ COMMUNE INTERRÉGIONALES

CHAPITRE UNIQUE

Art. L. 5611-1 Deux ou plusieurs régions peuvent, pour l'exercice de leurs compétences, conclure entre elles des conventions ou créer des institutions d'utilité commune. – *[L. n° 72-619 du 5 juill. 1972, art. 4-II.]*

TITRE II ENTENTE INTERRÉGIONALE

CHAPITRE I ORGANISATION ET FONCTIONNEMENT

Art. L. 5621-1 L'entente interrégionale est un établissement public qui associe plusieurs régions ayant un territoire continu. Une entente interrégionale peut associer une région insulaire ou la collectivité de Corse avec une ou plusieurs régions voisines.

L'entente interrégionale est créée par décret en Conseil d'État sur délibérations concordantes des conseils régionaux et éventuellement de l'Assemblée de Corse, et après avis des conseils économiques, sociaux et environnementaux régionaux. La décision institutive détermine le siège de l'entente.

Une région peut adhérer à plusieurs ententes. Dans ce cas, elle définit par convention avec chacune de ces ententes les compétences que celles-ci exercent sur tout ou partie de son territoire sous réserve qu'une même compétence, sur une même partie de ce territoire, ne soit déléguée qu'à une seule entente. Ces conventions sont approuvées par chacune des ententes auxquelles la région concernée adhère. Elles sont transmises au représentant de l'État du siège de chacune de ces ententes et à celui de la région concernée. – *[L. n° 92-125 du 6 févr. 1992, art. 54.]*

Art. L. 5621-2 L'entente interrégionale est administrée par un conseil composé de délégués des conseils régionaux élus au scrutin proportionnel à la plus forte moyenne. Les listes de candidats peuvent comporter moins de noms que de sièges à pourvoir. La décision institutive détermine le nombre de membres et la répartition des délégués entre chaque conseil régional.

Le conseil règle par ses délibérations les affaires relevant de la compétence de l'entente interrégionale.

Il élit au scrutin proportionnel à la plus forte moyenne une commission permanente renouvelée après chaque renouvellement de ce conseil. Il peut déléguer à la commission permanente une partie de ses attributions à l'exception de celles qui ont trait au budget et aux comptes.

Le conseil arrête son règlement intérieur dans les conditions fixées à l'article L. 4132-6.

Les autres règles relatives au fonctionnement du conseil et de la commission permanente ainsi que celles relatives à l'exécution de leurs délibérations sont celles fixées pour les régions.

Les conseils économiques et sociaux des régions membres de l'entente interrégionale peuvent être saisis, à l'initiative du président de l'entente, de demandes d'avis et d'études sur tout projet à caractère économique, social ou culturel du domaine de compétence de l'entente. Ils peuvent en outre émettre des avis sur toute question entrant dans les compétences de l'entente interrégionale. – *[L. n° 92-125 du 6 févr. 1992, art. 55.]*

Art. L. 5621-3 Le président de l'entente interrégionale est élu dans les conditions fixées par l'article L. 4133-1. Il est l'organe exécutif de l'entente interrégionale. Il préside la commission permanente. – *[L. n° 92-125 du 6 févr. 1992, art. 56.]*

Art. L. 5621-4 L'entente interrégionale exerce les compétences énumérées dans la décision institutive au lieu et place des régions membres. Elle assure la cohérence des programmes des régions membres. À ce titre, elle peut conclure avec l'État des contrats de plan au lieu et place des régions qui la composent, dans la limite des compétences qui lui ont été transférées.

L'entente interrégionale se substitue aux institutions d'utilité commune groupant les régions membres et définies par l'article L. 5611-1. Ces institutions sont dissoutes de plein droit. – *[L. nº 92-125 du 6 févr. 1992, art. 57.]*

La loi n'a pas ouvert aux groupements de collectivités territoriales, autres que les syndicats de communes, la faculté de créer des régies. • CE, avis, 1er oct. 1996, nº 359409 : *Rapport public 1996, EDCE nº 48, p. 305 s.*

Art. L. 5621-5 *(Ord. nº 2021-1310 du 7 oct. 2021, art. 19)* « Les dispositions du titre IV du livre I de la quatrième partie relatives au contrôle de légalité, à la publicité et à l'entrée en vigueur des actes des autorités régionales sont applicables aux ententes interrégionales. »

Le contrôle administratif de l'entente interrégionale est exercé par le représentant de l'État dans la région où est fixé son siège.

Art. L. 5621-6 Toute modification de la décision instituant l'entente interrégionale est prononcée par décret en Conseil d'État sur proposition du conseil de l'entente et après délibérations concordantes des conseils régionaux des régions membres.

Une région membre peut se retirer après décision prise à l'unanimité par le conseil de l'entente.

L'entente peut être dissoute, à la demande du conseil régional d'une région membre, dans des conditions prévues par décret en Conseil d'État. Tout acte qui procède à des transferts de compétences détermine les conditions financières et patrimoniales de ces transferts ainsi que l'affectation des personnels. – *[L. nº 92-125 du 6 févr. 1992, art. 62.]*

Art. L. 5621-7 et L. 5621-8 *Abrogés par Ord. nº 2021-1310 du 7 oct. 2021, art. 18.*

Art. L. 5621-9 Toute personne physique ou morale a le droit de demander communication *(Ord. nº 2021-1310 du 7 oct. 2021, art. 17)* « des délibérations et » des procès-verbaux des assemblées délibérantes des établissements publics de coopération interrégionale, des budgets, des comptes, ainsi que des arrêtés des présidents de ces établissements publics.

Chacun peut les publier sous sa responsabilité.

(Ord. nº 2005-650 du 6 juin 2005, art. 11) « La communication des documents mentionnés au premier alinéa, qui peut être obtenue aussi bien du président que des services déconcentrés de l'État, intervient dans les conditions prévues par l'article L. 311-9 du code des relations entre le public et l'administration. »

CHAPITRE II DISPOSITIONS FINANCIÈRES

Art. L. 5622-1 Les recettes du budget de l'entente interrégionale comprennent notamment :

1° La contribution budgétaire des régions membres fixée par la décision institutive ;

2° Les redevances pour services rendus ;

3° Les revenus des biens de l'entente ;

4° Les fonds de concours reçus ;

5° Les ressources d'emprunt ;

6° Les versements du fonds de compensation pour la taxe sur la valeur ajoutée. – *[L. nº 92-125 du 6 févr. 1992, art. 58.]*

Art. L. 5622-2 La procédure de contrôle budgétaire applicable à l'entente interrégionale est mise en œuvre par le représentant de l'État dans la région où est fixé son siège.

La chambre régionale des comptes, compétente à l'égard de l'entente interrégionale, est celle qui est compétente à l'égard de la région dans laquelle elle a son siège. – *[L. nº 92-125 du 6 févr. 1992, art. 60, al. 2 et 3.]*

Art. L. 5622-3 Les règles budgétaires et comptables définies pour la région au chapitre I du titre unique *[premier]* du livre VI de la première partie *[V. art. L. 1611-1 s.]*

(Ord. nº 2009-1400 du 17 nov. 2009 ; L. nº 2015-991 du 7 août 2015, art. 107) **« , par les trois premiers alinéas de l'article L. 4312-1, les deux premiers alinéas de l'article L. 4312-6 et les articles L. 4313-1 à L. 4313-3 » sont applicables à l'entente interrégionale.**

Nouvel art. L. 5622-3 ***Les règles budgétaires et comptables définies pour la région au chapitre I du titre*** *(Ord. nº 2025-526 du 12 juin 2025, art. 1er)* ***« premier » du livre VI de la première partie*** *[V. art. L. 1611-1 s.]* ***sont applicables à l'entente interrégionale.***

Le présent art. entre en vigueur à compter de l'exercice budgétaire 2026 (Ord. nº 2025-526 du 12 juin 2025, art. 12).

Art. L. 5622-4 **Les dispositions** *(Ord. nº 2009-1400 du 17 nov. 2009)* **« des articles L. 4313-1 et L. 4313-2 » sont applicables aux établissements de coopération interrégionale. Les lieux de mise à disposition du public sont le siège de l'établissement et les hôtels des régions membres.**

Nouvel art. L. 5622-4 *(Ord. nº 2025-526 du 12 juin 2025, art. 1er)* ***« Pour l'application de l'article L. 1612-34, les » lieux de mise à disposition du public sont le siège de l'établissement et les hôtels des régions membres.***

Le présent art. entre en vigueur à compter de l'exercice budgétaire 2026 (Ord. nº 2025-526 du 12 juin 2025, art. 12).

LIVRE VII SYNDICAT MIXTE

TITRE I SYNDICATS MIXTES COMPOSÉS DE COMMUNES ET D'ÉTABLISSEMENTS PUBLICS DE COOPÉRATION INTERCOMMUNALE OU EXCLUSIVEMENT D'ÉTABLISSEMENTS PUBLICS DE COOPÉRATION INTERCOMMUNALE *(L. n° 2004-809 du 13 août 2004, art. 176).*

CHAPITRE UNIQUE

ENCYCL. COLL. LOC. *Intercommunalité : syndicats mixtes, pôles métropolitains et pôles d'équilibre territoriaux et ruraux, 1130,* par J. Bénoit.

BIBL. GÉN. ▸ Delavaud et Racine, Transports publics et intercommunalité : questions autour de l'adhésion d'un syndicat mixte « classique » à un syndicat mixte de transport, *BJCL 2007. 540.* – Faure, Le syndicat mixte, *Syros, 1998.* – Fleury, Le contrôle des syndicats mixtes par les chambres des comptes, *JCP Adm. 2012, n° 2150.* – Lebreton, Syndicats mixtes et politiques intercommunales, *AJDA 2004. 910* ⌀. – La réforme des syndicats mixtes dans le projet de loi relatif aux « responsabilités locales », *Coll. terr. 2004, p. 30.* – Berthier, Syndicats mixtes, *J.-Cl. Coll. terr., fasc. 290.*

Art. L. 5711-1 Les syndicats mixtes constitués exclusivement de communes *(L. n° 99-586 du 12 juill. 1999)* **« et d'établissements publics de coopération intercommunale »** *(L. n° 2004-809 du 13 août 2004, art. 176)* **« et ceux composés uniquement d'établissements publics de coopération intercommunale » sont soumis aux dispositions des chapitres I et II du titre I du livre II de la présente partie** *[V. art. L. 5210-1 s.]*

(Ord. n° 2021-1310 du 7 oct. 2021, art. 19) **« Pour l'application du second alinéa de l'article L. 5211-3, ils sont soumis aux dispositions applicables aux syndicats de communes. »**

(L. n° 2002-276 du 27 févr. 2002, art. 22) **« Pour l'élection des délégués des communes au comité du syndicat mixte, le choix de l'organe délibérant peut** *(L. n° 2015-991 du 7 août 2015, art. 43)* **« porter uniquement sur l'un de ses membres. »**

« Pour l'élection des délégués des établissements publics de coopération intercommunale *(L. n° 2019-1461 du 27 déc. 2019, art. 31)* **« avec ou sans » fiscalité propre au comité du syndicat mixte, le choix de l'organe délibérant peut porter sur l'un de ses membres ou sur tout conseiller municipal d'une commune membre. »**

(L. n° 2022-217 du 21 févr. 2022, art. 236) **« Le conseil municipal et l'organe délibérant d'un établissement public de coopération intercommunale peuvent décider, à l'unanimité, de ne pas procéder par scrutin secret aux nominations de leurs délégués au sein d'un syndicat mixte. »**

(L. n° 2015-991 du 7 août 2015, art. 41) **« La dernière phrase du deuxième alinéa de l'article L. 5211-17 n'est pas applicable. »**

1. La nouvelle rédaction du texte renvoyant aux dispositions applicables aux EPCI (dispositions communes et dispositions applicables aux syndicats de communes) rend caduque la majeure partie de la jurisprudence antérieure.

2. Nature. Le syndicat mixte « fermé » composé d'EPCI ou d'EPCI et de communes n'est ni un EPCI ni un établissement public au sens de l'art. L. 5721-1 CGCT. • CE 5 janv. 2005, *Synd. des eaux du Nord,* n° 265938 : *AJDA 2005. 770, note Degoffe* ⌀ *; JCP Adm. 2005. 417, note Moreau.*

3. Création. Il résulte de la combinaison de plusieurs dispositions du code (dans leur rédaction de l'époque) qu'un syndicat mixte composé de communes, de syndicats de communes et de districts relevant de plus d'un département ne peut être créé que par un arrêté conjoint des représentants de l'État dans les départements concernés. Il en va de même de l'admission de nouvelles communes relevant d'un autre département que celui dont relèvent les communes et établissements publics primitivement concernés. • CE 17 nov. 1999, *Synd. mixte des installations de tri et de valorisation (SMITRIVAL),* n° 203182. ♦ En revanche, le refus d'admission peut être décidé par les deux préfets statuant ensemble mais aussi par l'un ou l'autre statuant séparément. Le préfet saisi de la demande de la commune peut la rejeter ou provoquer l'intervention d'une décision conjointe mais non se borner à se déclarer incompétent. • Même arrêt. ♦ La décision préfectorale de refus fait l'objet d'un contrôle de l'erreur manifeste d'appréciation. • Même arrêt.

4. Dissolution. Celle-ci peut intervenir en application de l'art. L. 5212-33 CGCT applicable par renvoi du présent article. La compétence dévolue aux syndicats mixtes en matière d'élaboration des SCOT s'étend à l'approbation, au suivi et à leur révision mais une éventuelle dissolution du syndicat mixte entraîne *de facto* l'abrogation du SCOT, sauf si un autre établissement public en assure le suivi. * Rép. min. n° 3884 : *JO Sénat Q, 19 juin 2008, p. 1233 ; JCP Adm. 2008, n° 601.* ♦ Les communes ou les EPCI membres du syndicat mixte dissous doivent s'attacher, à chaque fois que cela est possible, à reprendre les agents contractuels. • CAA Bordeaux, 19 mai 2016, n° 14BX02134. ♦ Les dispositions de l'art. L. 5212-33 relatives au sort des agents en cas de dissolution d'un syndicat de communes sont applicables aux syndicats mixtes constitués, soit exclusivement de communes et d'EPCI, soit uniquement d'EPCI. * Rép. min. n° 8983, *JO Sénat 18 avr. 2019, p. 2111.*

5. Retrait. Lorsque les compétences d'un syndicat mixte fermé sont étendues en application de l'art. L. 5211-17 du présent code, une commune peut, sur le fondement de l'art. L. 5212-30, demander son retrait du syndicat. Celui-ci n'est possible que si la demande a fait l'objet d'une délibération de l'organe délibérant du syndicat après l'intervention de l'arrêté par lequel le représentant de l'État prononce un transfert de nouvelles compétences au profit du syndicat et approuve à cette fin la modification des statuts. • CE 16 mai 2011, *Synd. intercommunal d'électrification rurale de Châteauroux et Synd. intercommunal d'électrification rurale de Valencay,* n°s 320577 B et 327844 B : *JCP Adm. 2011, n° 376 ; AJCT 2011. 352, note Houser ; BJCL 2011. 454, concl. Geffray.*

6. Représentation-substitution. Le mécanisme de représentation-substitution prévu par l'art. L. 5214-21, al. 2, est réservé aux seuls syndicats de communes et le juge censure son application à un syndicat mixte. • CE 3 avr. 1998, *Cté de cnes du pays d'Issoudun,* n° 185858 : *Lebon 124*.

7. Transferts de compétences. Un syndicat mixte ne peut légalement adhérer à un autre syndicat mixte aux fins de lui transférer tout ou partie de ses compétences. • CE 5 janv. 2005, *Synd. des eaux du Nord,* n° 265938 : *préc. note 2* (état du droit antérieur à l'adoption de la loi du 13 août 2004). ♦ L'adhésion de syndicats compétents en matière d'eau, d'assainissement ou d'élimination des ordures ménagères pourra être autorisée par l'intervention d'une loi. * Rép. min. n° 16250 : *JO Sénat Q, 10 nov. 2005, p. 2914.* ♦ Aucune disposition du CGCT ne s'oppose à ce qu'un EPCI ne détenant qu'une compétence spécialisée transfère la totalité de cette compétence à un syndicat mixte dont il est membre. Si l'art. L. 5211-17 est rendu applicable aux syndicats mixtes « fermés », il ne saurait avoir la même portée à leur égard. • CE 18 mars 2005, *Synd. dpt d'électrification d'Ille-et-Vilaine,* n° 255418 : *BJCL 2005, n° 5, p. 329, concl. Séners ; Rev. coll. terr. 2005, n° 2, p. 36, note Glaser.* ♦ En vertu des dispositions de l'art. L. 5211-4-1, applicables aux syndicats mixtes fermés, en cas de restitution d'une compétence aux communes ou EPCI membres d'un syndicat mixte, y compris dans le cas où ce syndicat doit être dissous, les comités sociaux territoriaux placés auprès de ce syndicat et auprès des communes ou EPCI membres sont obligatoirement consultés sur la convention par laquelle le syndicat et ses membres déterminent, d'un commun accord, la répartition des agents à l'issue de la dissolution. • CE 26 avr. 2024, n° 471833.

8. Organes. Il résulte des dispositions des art. L. 5211-6 et L. 5211-7 CGCT applicables aux syndicats mixtes associant exclusivement des communes et des établissements publics de coopération intercommunale que si le conseil municipal d'une commune membre d'un syndicat mixte peut choisir ses délégués au comité syndical de ce syndicat parmi tout citoyen éligible à ce conseil municipal, en revanche l'organe délibérant d'un EPCI, tel qu'une communauté de communes, membre d'un syndicat mixte doit choisir parmi ses membres ses délégués au comité syndical de ce syndicat et ne peut donc pas désigner des conseillers municipaux qui ne seraient pas en outre membres de l'organe délibérant de cet établissement. • CE 8 mars 2002, *Préfet de la Drôme,* n° 237033. ♦ À la suite de l'adhésion d'un syndicat mixte fermé (SMF) à un syndicat mixte ouvert (SMO), la désignation des représentants du premier syndicat au conseil syndical du second relève du libre choix du SMF dans le cas où les statuts du SMO restent silencieux, notamment sur le fait de savoir si ces représentants doivent être membres du comité syndical ou désignés préalablement par une commune membre du SMF. • CE 10 févr. 2010, *Él. municipales des délégués du SEDRE d'Étampes,* n° 327067 : *AJDA 2010. 293, obs. Brondel ; RLCT 2010, n° 1603, obs. Glaser, et n° 1636, note Montain-Domenach.*

9. Élections. Le contentieux des élections des membres du bureau des syndicats mixtes « fermés » se rattache au contentieux électoral et relève donc de la compétence d'appel du Conseil d'État. • CE 19 mars 1997, *Cne de Saint-Victoret,* n° 178950 : *Lebon 103*. ♦ V. notes ss. art. L. 5211-2 et L. 5211-10. ♦ En vertu du présent article, l'élection du bureau d'un syndicat mixte « fermé » se déroule au scrutin uninominal et non au scrutin de liste. En conséquence, la parité entre femmes et hommes ne peut être imposée. • CE 23 avr. 2009, *Synd. dptal d'énergies de la Drôme,* n° 319812 : *AJDA 2009. 853 ; BJCL 2009. 413, concl. de Silva.* ♦ Si les statuts d'un syndicat mixte prévoient le renouvellement du bureau après chaque élection municipale générale, est devenue sans objet la requête visant à contester l'élection de l'ancien président du bureau alors qu'après le dépôt de la requête le bureau a été intégralement renouvelé à la suite des élections municipales de mars 2001. • CE 13 mars 2002, *M. Chevassus A l'Antoine,* n° 183577.

10. Incompatibilités. En vertu des dispositions combinées des art. L. 5711-1 et L. 5711-2 CGCT, l'incompatibilité édictée par l'art. L. 2122-5 est applicable au président d'un syndicat mixte. Ainsi, les géomètres du cadastre qui participent aux travaux de révision périodique des évaluations cadastrales des propriétés bâties et non bâties, ont à connaître de l'assiette d'impôts et de taxes. • CE 29 avr. 2002, *M. Erve*, n° 238779 B.

11. Principe d'égalité des usagers devant le service public. La fixation de tarifs différents applicables, pour un même service rendu, à diverses catégories d'usagers d'un service public implique, à moins qu'elle ne soit la conséquence nécessaire d'une loi, soit qu'il existe entre les usagers des différences de situation appréciables, soit qu'une nécessité d'intérêt général en rapport avec les conditions d'exploitation du service commande cette mesure. En l'espèce, compte tenu de l'utilisation d'une desserte antérieure par un réseau existant, la délibération du syndicat mixte fixant pour cinq habitations un tarif particulier de redevance d'assainissement par mètre cube d'eau consommée, correspondant au seul coût de fonctionnement des installations déjà existantes, à l'exclusion du coût de remboursement des travaux nécessaires à la création du nouveau réseau d'assainissement collectif de la commune, n'a pas méconnu le principe d'égalité des usagers devant le service public. • CE 22 oct. 2021, *Synd. mixte des eaux de la région de Buthiers*, n° 436256 B : *AJDA 2021. 2132*.

12. Fonds de concours. Si l'art. L. 5711-1 CGCT, applicable aux synd. mixtes fermés, prévoit expressément qu'ils sont soumis aux dispositions relatives aux synd. de cnes, et peuvent ainsi bénéficier de fonds de concours en vertu de l'art. L. 5212-26 du même code lorsqu'ils exercent la compétence d'autorité organisatrice de la distribution publique d'électricité, tel n'est pas le cas des synd. mixtes ouverts. • CAA Lyon, 14 janv. 2021, *Synd. intercommunal d'énergies du dpt de la Loire (SIEL)*, n° 19LY01487.

13. Affiliation. Les syndicats mixtes regroupant exclusivement des collectivités territoriales et leurs établissements publics administratifs (EPA) qui ont leur siège dans le département ne peuvent être affiliés au centre de gestion départemental qu'à titre facultatif, y compris lorsqu'ils sont composés exclusivement de communes et de leurs EPA. • CE 12 mai 2022, n° 442675 B : *AJDA 2022. 1006*.

14. Pouvoir adjudicateur. Le Syndicat des Eaux d'Île-de-France, établissement public de coopération intercommunale, a, en vertu de l'art. L. 1211-1 du CCP, la qualité de pouvoir adjudicateur lorsqu'il confie à un tiers l'exploitation du réseau d'eau dont il a la charge. • CE 2 févr. 2024, n° 489820 A : *AJDA 2024. 229* ; *AJCT 2024. 238, obs. J.-D. Dreyfus*.

Art. L. 5711-2 *(L. n° 2004-809 du 13 août 2004, art. 155)* **Les syndicats mixtes peuvent être autorisés à fusionner. La fusion est opérée dans les conditions prévues par l'article L. 5211-41-3, à l'exception des dispositions relatives à la continuité territoriale.**

Pour l'application du II de cet article, l'accord sur la fusion est exprimé par délibérations concordantes des organes délibérants des syndicats mixtes intéressés et par les deux tiers au moins des membres de chaque syndicat représentant plus de la moitié de la population totale ou par la moitié au moins des membres de chaque syndicat représentant les deux tiers de la population.

Art. L. 5711-3 *(L. n° 2004-809 du 13 août 2004, art. 161)* **Lorsque, en application des articles L. 5214-21, L. 5215-22 et L. 5216-7, un établissement public de coopération intercommunale se substitue à tout ou partie de ses communes membres au sein d'un syndicat, cet établissement est représenté par un nombre de délégués égal au nombre de délégués dont disposaient les communes avant la substitution.**

La nouvelle communauté issue d'une fusion doit disposer du même nombre de délégués que celui dont disposait l'ancienne communauté à laquelle elle se substitue au sein du syndicat dont elle est membre. • TA Dijon, 18 avr. 2017, n° 1700569.

Art. L. 5711-4 *(L. n° 2006-1537 du 7 déc. 2006, art. 35)* **En matière de gestion de l'eau** *(L. n° 2006-1772 du 30 déc. 2006, art. 62)* **« et des cours d'eau », d'alimentation en eau potable, d'assainissement collectif ou non collectif,** *(Ord. n° 2010-1579 du 17 déc. 2010, art. 24)* **« de collecte ou de traitement » des déchets ménagers et assimilés, ou de distribution d'électricité ou de gaz naturel** *(L. n° 2009-1572 du 17 déc. 2009, art. 29)* **« ou de réseaux et services locaux de communications électroniques », un syndicat mixte relevant du présent titre peut adhérer à un autre syndicat mixte défini au présent titre ou institué en application de l'article L. 5721-2, suivant la procédure définie à l'article L. 5211-18. L'adhésion d'un syndicat mixte à un autre syndicat mixte est sans incidence sur les règles qui régissent ce dernier.**

Lorsque le syndicat mixte qui adhère à un autre syndicat mixte lui transfère la totalité des compétences qu'il exerce, l'adhésion entraîne sa dissolution.

Les membres du syndicat mixte dissous deviennent de plein droit membres du syndicat mixte qui subsiste.

Sauf disposition statutaire contraire, il leur est attribué au sein du comité syndical un nombre de sièges identique à celui dont disposait le syndicat mixte dissous.

L'ensemble des biens, droits et obligations du syndicat mixte dissous sont transférés au syndicat mixte auquel il adhère. Celui-ci est substitué de plein droit, pour l'exercice de ses compétences, au syndicat mixte dissous dans toutes ses délibérations et tous ses actes.

Les contrats sont exécutés dans les conditions antérieures jusqu'à leur échéance, sauf accord contraire des parties. Les cocontractants sont informés de la substitution de personne morale par le syndicat mixte qui subsiste. La substitution n'entraîne aucun droit à résiliation ou à indemnisation pour le cocontractant.

Le transfert est effectué à titre gratuit et ne donne lieu au paiement d'aucune indemnité, droit, taxe, *(Ord. nº 2010-638 du 10 juin 2010, art. 9)* « contribution prévue à l'article 879 du code général des impôts » ou honoraires.

L'ensemble des personnels du syndicat mixte dissous est réputé relever du syndicat mixte auquel il adhère dans les conditions de statut et d'emploi qui sont les siennes.

Les transferts de compétences s'effectuent dans les conditions financières et patrimoniales prévues aux quatrième et cinquième alinéas de l'article L. 5211-17.

Sur la gestion de l'eau et les syndicats mixtes, V. ci-dessous L. nº 2006-1772 du 30 déc. 2006, art. 101, VI et VII.

BIBL. ▶ BERRAH, Réforme des collectivités locales : le devenir du patrimoine immobilier des établissements dissous, *JCP Adm. 2011, nº 2220.*

Loi nº 2006-1772 du 30 décembre 2006,

Sur l'eau et les milieux aquatiques.

Art. 101 *[...]* VI. — L'article L. 5711-4 du code général des collectivités territoriales s'applique aux syndicats mixtes existant à la date d'entrée en vigueur de la présente loi.

En matière de gestion de l'eau et des cours d'eau, d'alimentation en eau potable, d'assainissement collectif ou non collectif, de collecte ou d'élimination des déchets ménagers et assimilés et de distribution d'électricité et de gaz naturel, les décisions d'adhésion d'un syndicat mixte à un autre syndicat mixte définis en application du titre I du livre VII de la cinquième partie du code général des collectivités territoriales prises antérieurement à l'entrée en vigueur de l'article L. 5711-4 de ce même code sont validées, sous réserve des décisions juridictionnelles passées en force de chose jugée, dans la mesure où elles seraient contestées pour un motif tiré de l'absence de procédure légale d'adhésion à la date de l'adhésion. Les syndicats mixtes ainsi constitués disposent d'un délai de deux ans à compter de la date de la promulgation de la présente loi pour mettre en conformité les dispositions les régissant avec les deuxième alinéa et suivants de l'article L. 5711-4 du code général des collectivités territoriales.

VII. — Sous réserve des décisions de justice passées en force de chose jugée, sont validés les contrats conclus par les communes ou leurs groupements avant le 10 juin 1996 pour la gestion de leurs services publics locaux d'eau et d'assainissement, dans la mesure où ils seraient contestés pour un motif tiré de l'absence de caractère exécutoire, à la date de leur signature, de la délibération autorisant cette signature, et sous réserve de la transmission effective de ladite délibération au représentant de l'État dans le département au titre de l'article L. 2131-1 du code général des collectivités territoriales.

Art. L. 5711-5 *(L. nº 2015-991 du 7 août 2015, art. 69)* Une commune ou un établissement public de coopération intercommunale peut être autorisé par le représentant de l'État dans le département à se retirer d'un syndicat mixte si, à la suite d'une modification de la réglementation, de la situation de cette personne morale de droit public au regard de cette réglementation ou des compétences de cette personne morale, sa participation au syndicat mixte est devenue sans objet.

Le retrait est prononcé par arrêté du représentant de l'État dans le département dans un délai de deux mois à compter de la demande de la commune ou de l'établissement public.

Il résulte de l'art. L. 5711-5, éclairé par les travaux parlementaires qui ont précédé son adoption, que la participation d'une commune ou d'un EPCI à un syndicat mixte devient sans objet dès lors que cette commune ou cet établissement ne dispose plus de la compétence au titre de laquelle il ou elle participait à ce groupement, ce qui lui ouvre la possibilité d'être autorisé à s'en retirer. • CE 8 déc. 2020, *SIAEA de Saint-Jean-d'Illac*, n° 438328 B : *AJDA 2020. 2401, note Pastor*.

Art. L. 5711-6 *(L. n° 2019-1461 du 27 déc. 2019, art. 37)* **Dans un délai d'un an à compter de sa création, un syndicat mixte issu d'une fusion en application de l'article L. 5711-2 peut être autorisé par le ou les représentants de l'État dans le ou les départements concernés à se retirer d'un syndicat mixte dont un ou plusieurs des syndicats fusionnés étaient membres en application de l'article L. 5711-4, avec l'accord de l'organe délibérant du syndicat mixte dont le syndicat mixte issu de la fusion envisage de se retirer.**

TITRE II SYNDICAT MIXTE ASSOCIANT DES COLLECTIVITÉS TERRITORIALES, DES GROUPEMENTS DE COLLECTIVITÉS TERRITORIALES ET D'AUTRES PERSONNES MORALES DE DROIT PUBLIC

CHAPITRE I ORGANISATION ET FONCTIONNEMENT

BIBL. ► La réforme des syndicats mixtes dans le projet de loi relatif aux « responsabilités locales », *Coll. terr. 2004, p. 30.* – TAILLEFAIT, L'évolution du régime des syndicats mixtes ouverts, *Dr. adm. 2006, n° 182.*

Art. L. 5721-1 **Le syndicat mixte est un établissement public.** – *[C. communes, art. L. 166-2, al. 1er.]*

1. Le syndicat mixte s'apparente ainsi aux autres formes de regroupement communal mais il n'en partage pas forcément la nature administrative : il peut recouvrir la nature d'établissement public industriel et commercial si trois conditions sont cumulativement remplies : son objet est industriel ou commercial, ses ressources sont d'origine publique, ses modalités de fonctionnement le rapprochent de l'entreprise privée. • CE, avis, 18 févr. 1975 : *EDCE 1974-1975, p. 143* • T. confl. 26 oct. 1987, *Gibert : Lebon 454 ; LPA 16 mars 1988, comm. Morand-Deviller ; D. 1987. IR 249.*

2. Il résulte de l'art. L. 5721-1 (combiné avec l'art. L. 5721-2) que les syndicats mixtes sont des établissements publics relevant de l'administration territoriale dont le personnel titulaire relève de la fonction publique territoriale. Dès lors, la commission d'homologation ne peut refuser la demande d'intégration dans le cadre d'emplois des administrateurs territoriaux du directeur d'un parc naturel régional sur le motif que son emploi ne relevait pas de la fonction publique territoriale, dès lors que le syndicat mixte n'était pas uniquement composé de collectivités territoriales. • CE 12 juin 1995, *M. Guiheneuf*, n° 110514.

Art. L. 5721-2 **Un syndicat mixte peut être constitué par accord entre des institutions d'utilité commune interrégionales, des régions, des ententes ou des institutions interdépartementales, des départements,** *(L. n° 2014-58 du 27 janv. 2014, art. 26)* **« la métropole de Lyon, »** *(L. n° 99-586 du 12 juill. 1999)* **« des établissements publics de coopération intercommunale », des communes,** *(L. n° 2006-1537 du 7 déc. 2006, art. 35)* **« des syndicats mixtes définis à l'article L. 5711-1 ou à l'article L. 5711-4, » des** *(L. n° 2010-853 du 23 juill. 2010, art. 8)* **« chambres de commerce et d'industrie territoriales », d'agriculture, de métiers et d'autres établissements publics, en vue d'œuvres ou de services présentant une utilité pour chacune de ces personnes morales.**

Le syndicat mixte doit comprendre au moins une collectivité territoriale ou un groupement de ces collectivités.

(L. n° 2010-1563 du 16 déc. 2010, art. 47) **« Lorsque le syndicat mixte qui adhère à un autre syndicat mixte lui transfère la totalité des compétences qu'il exerce, l'adhésion du syndicat mixte entraîne sa dissolution dans les conditions prévues aux troisième à neuvième alinéas de l'article L. 5711-4. »**

(L. n° 2002-276 du 27 févr. 2002, art. 49) **« La répartition des sièges au sein du comité syndical entre les collectivités locales et les établissements publics membres du syndicat mixte est fixée par les statuts. »** *(L. n° 2004-809 du 13 août 2004, art. 161)* **« À défaut de dispositions particulières dans les statuts, le nombre de sièges attribués**

aux établissements publics de coopération intercommunale qui se substituent à tout ou partie de leurs communes membres au sein du syndicat mixte en application des articles L. 5214-21, L. 5215-22 et L. 5216-7 est égal au nombre de sièges dont disposaient les communes avant la substitution. » *(L. n° 2015-991 du 7 août 2015, art. 42)* **« Les fonctions de délégué sont exercées à titre bénévole. »**

(L. n° 2015-991 du 7 août 2015, art. 43) **« Pour l'élection des délégués des communes des départements et des régions au comité du syndicat mixte, le choix de l'organe délibérant peut porter uniquement sur l'un de ses membres. »**

(L. n° 2019-1461 du 27 déc. 2019, art. 31) **« Pour l'élection des délégués des établissements publics de coopération intercommunale et des délégués des syndicats mixtes au comité du syndicat mixte, le choix de l'organe délibérant peut porter sur l'un de ses membres ou sur tout conseiller municipal d'une commune membre. »**

(L. n° 2002-276 du 27 févr. 2002, art. 49) **« Le président du syndicat mixte est élu par le comité syndical ou, si les statuts le prévoient, par le bureau qu'il a constitué. »**

(L. n° 2018-607 du 13 juill. 2018, art. 33) **« Les dispositions du quatrième alinéa de l'article L. 5211-9 sont applicables aux syndicats mixtes. »**

La création du syndicat mixte *(L. n° 2010-1563 du 16 déc. 2010, art. 44)* **« peut être » autorisée par arrêté du représentant de l'État dans le département siège du syndicat.**

La décision d'autorisation approuve les modalités de fonctionnement du syndicat mixte.

(L. n° 2006-10 du 5 janv. 2006, art. 53) **« Lorsqu'un établissement public de coopération intercommunale à fiscalité propre dont la population est supérieure à 400 000 habitants** *(L. n° 2015-991 du 7 août 2015, art. 42)* **« ou la métropole de Lyon » a transféré sa compétence en matière d'organisation** *(L. n° 2015-991 du 7 août 2015, art. 18)* **« de la mobilité » à un syndicat mixte, sa représentation au titre de cette compétence est au moins égale à la majorité des sièges composant le comité syndical. Les statuts des syndicats mixtes existant à la date de promulgation de la loi n° 2006-10 du 5 janvier 2006 relative à la sécurité et au développement des transports devront être mis en conformité avec cette disposition dans un délai de six mois à compter de la publication de la même loi. Les autres membres du syndicat peuvent être autorisés par le représentant de l'État dans le département à se retirer pendant ce délai. »**

BIBL. ▶ Delavaud et Racine, Transports publics et intercommunalité : questions autour de l'adhésion d'un syndicat mixte « classique » à un syndicat mixte de transport, *BJCL 2007. 540.* – Facon, De l'énergie à l'intercommunalité, *RLCT 2007, n° 714.*

1. Création du syndicat mixte. L'ensemble des délibérations concordantes approuvant les statuts et l'acte administratif d'autorisation du préfet (à quoi s'ajoute l'approbation des modalités de fonctionnement du syndicat) constituent la décision institutive du syndicat mixte (solution valant pour les syndicats de communes). • CE 15 févr. 1984, *Assoc. ind. du Territoire de Belfort et des régions limitrophes,* n° 36176 : *Lebon 66.*

2. L'arrêté préfectoral autorisant la création d'un syndicat mixte peut prévoir que les règles qui lui sont applicables en ce qui concerne le contrôle administratif, technique et financier, sont celles applicables aux syndicats de communes. • CE 15 févr. 1984, *Assoc. ind. du Territoire de Belfort et des régions limitrophes,* n° 36176 : *préc. note 1.*

3. La création d'un syndicat mixte suppose l'accord unanime des personnes administratives regroupées. Cependant la décision de création ne peut être prise que par autorisation de l'État, par une compétence discrétionnaire. Le Conseil d'État n'opère qu'un contrôle restreint sur la décision préfectorale d'autorisation. • CE 15 févr. 1984, *Assoc. ind. du Territoire de Belfort et des régions limitrophes,* n° 36176 : *préc. note 1.*

4. Organes du syndicat mixte. Les conditions du choix des représentants des communes dans le comité syndical sont entièrement régies par les statuts du syndicat. Dans le silence de leurs dispositions, rien n'impose que les délégués aient la qualité de conseillers municipaux. • CE 27 juill. 2005, *Maire de Herry,* n° 274315 : *Rev. coll. terr. 2005, n° 7, p. 31, note Glaser ; ACL 2006, n° 18.* ♦ Sauf disposition statutaire expresse, le délégué d'un syndicat mixte adhérent à un syndicat mixte ouvert peut ne pas être désigné parmi les membres de son propre comité syndical ou ne pas être désigné par une commune membre. • CE 10 févr. 2010, *Él. mun. du SEDRE d'Étampes,* n° 327067 : *AJDA 2010. 293 ; BJCL 2010. 317.* ♦ En l'absence de toute disposition législative ou réglementaire fixant, soit directement, soit par renvoi aux règles applicables aux collectivités territoriales, les modalités de désignation des délégués des collectivités membres d'un syndicat mixte dit ouvert régi par les dispositions des art. L. 5721-1 à L. 5722-11, il appartient à ce syndicat de fixer les règles applicables dans ses statuts. Dans le cas où ces statuts ne contiennent aucune stipulation sur les modalités de désignation des membres du conseil syndical, il appartient à l'organe délibérant de chaque collectivité ou groupement membre du syndicat de les déterminer. • CE 2 août 2024, *Cté d'agglo. du Sud*, n° 492461.

5. Le contentieux des élections des membres du bureau des syndicats mixtes ouverts se rattache au contentieux électoral et relève donc de la compétence d'appel du Conseil d'État. • CE 13 mars 2002, *M. Chevassus A l'Antoine*, n° 183577 B : *ACL 2003, n° 29.*

6. Les syndicats mixtes ouverts n'étant pas soumis aux dispositions de l'art. L. 5211-10, leurs statuts peuvent prévoir le nombre de vice-présidents et la composition du bureau. * Rép. min. n° 03481 : *JO Sénat Q, 17 avr. 2008, p. 778.* ♦ Aucune disposition du CGCT ne régit les conditions dans lesquelles est déterminé le rang des vice-présidents. Dans le silence des statuts, le comité syndical peut décider que, lors du remplacement de deux d'entre eux, les nouveaux élus occuperont les postes devenus vacants. • CE 27 juill. 2005, *Synd. mixte pour l'aménagement de la côte picarde*, n° 271653 : *BJCL 2005. 620, concl. Séners ; Rev. coll. terr., n° 6, p. 28, note E. G. ; ACL 2006, n° 18.*

7. Sur la contestation de l'élection du bureau après son renouvellement intégral, V. note 9 ss. art. L. 5711-1.

8. Sur l'incompatibilité prévue par l'art. L. 2122-5 CGCT, V. note 10 ss. art. L. 5711-1.

9. Actes des autorités du syndicat mixte. Le recours contre la délibération du comité syndical fixant l'indemnité du président et des vice-présidents n'est pas tardif dès lors que cette délibération n'a pas été affichée. Il résulte des travaux préparatoires à la L. du 6 févr. 1992 que le législateur a entendu appliquer les règles d'affichage imposées par l'art. L. 5421-3 aux EPCI comprenant au moins un département. • TA Lyon, 30 avr. 2008, *Mme Vessiller*, n° 0601780 : *AJDA 2008. 1622*.

Art. L. 5721-2-1 *(L. n° 2002-276 du 27 févr. 2002, art. 50)* **Lorsque les statuts n'ont pas prévu une procédure spécifique, les modifications statutaires sont décidées à la majorité des deux tiers des membres qui composent le comité syndical.**

Art. L. 5721-3 Les communes, départements, *(L. n° 2010-853 du 23 juill. 2010, art. 8)* **« chambres de commerce et d'industrie territoriales » et établissements publics peuvent se grouper sous forme de syndicats pour l'exploitation, par voie de convention, de services publics présentant un intérêt pour chacune des personnes morales en cause.**

Un décret en Conseil d'État fixe les modalités d'application du présent article.

1. Le Conseil d'État juge que le contrat par lequel une communauté de communes a confié son service d'assainissement à un syndicat mixte dont elle est membre n'est pas régi par le code des marchés publics. • CE, sect., 20 mai 1998, *Cté de cnes du Piémont de Barr : Dr. adm. 1998, n° 193 ; AJDA 1998. 553 et 632, chron. Raynaud et Fombeur* (solution antérieure au nouveau code des marchés publics). ♦ Modifiant sa jurisprudence, il juge ensuite que ce contrat est conclu hors règles de la commande publique, et ainsi hors du champ d'application de l'art. L. 551-13 CJA. • CE 3 févr. 2012, *Cne Veyrier-du-Lac et Cté d'agglomération d'Annecy*, n° 353737. ♦ V. aussi notes ss. art. L. 5221-1.

2. Le contrat de fourniture d'eau d'un syndicat mixte à une commune est un contrat administratif. • CE 15 févr. 1993, *Cne de Nay Bourdettes c/ Synd. mixte d'alimentation en eau potable de la région Nord-Est*, n° 133223 : *RFDA 1994. 493, note Lachaume ; D. 1994. 4, note Haïm*.

3. Le contrat de régie intéressée passé par un syndicat mixte avec une société privée pour le traitement de déchets ménagers peut relever de la loi n° 93-122 du 29 janv. 1993 sur les délégations de service public si l'ensemble des recettes d'exploitation de ces déchets atteint 30 % des recettes totales perçues par le co-contractant. • CE 30 juin 1999, *Synd. mixte du traitement des ordures ménagères centre-ouest seine-et-marnais*, n° 198147 : *AJDA 1999. 714, concl. Bergeal, note Peyrical ; RFDA 1999. 1134, note Douence*.

Art. L. 5721-4 Les dispositions du titre III du livre I de la troisième partie relatives au contrôle de légalité et *(Ord. n° 2021-1310 du 7 oct. 2021, art. 19)* **« à la publicité et à l'entrée en vigueur » des actes des autorités départementales sont applicables aux syndicats mixtes régis par le présent titre.**

(L. n° 99-586 du 12 juill. 1999) **« Leur sont également applicables les dispositions des chapitres II et VII du titre unique** *[premier]* **du livre VI de la première partie relatives au contrôle budgétaire et aux comptables publics** *[V. art. L. 1612-1 s. et L. 1617-1 s.]*. **»**

Art. L. 5721-5 Le syndicat mixte peut réaliser son objet notamment par voie d'exploitation directe ou par simple participation financière dans des sociétés ou organismes dans les mêmes conditions que les départements ou les communes.

Dans ce dernier cas, les modalités de cette participation sont fixées par la décision institutive. – *[C. communes, art. L. 166-3 issu de Décr. nº 55-606 du 20 mai 1955, art. 4, al. 3.]*

Art. L. 5721-6 Toute personne physique ou morale a le droit de demander communication *(Ord. nº 2021-1310 du 7 oct. 2021, art. 17)* « des délibérations et » des procès-verbaux de l'organe délibérant des syndicats mixtes, des budgets et des comptes ainsi que des arrêtés du président de ces établissements publics.

Chacun peut les publier sous sa responsabilité.

(Ord. nº 2005-650 du 6 juin 2005, art. 11) « La communication des documents mentionnés au premier alinéa, qui peut être obtenue aussi bien du président que des services déconcentrés de l'État, intervient dans les conditions prévues par l'article L. 311-9 du code des relations entre le public et l'administration. »

Art. L. 5721-6-1 *(L. nº 99-586 du 12 juill. 1999) (L. nº 2019-1428 du 24 déc. 2019, art. 149)* « I. – » Le transfert de compétences à un syndicat mixte entraîne de plein droit l'application à l'ensemble des biens, équipements et services publics nécessaires à leur exercice, ainsi qu'à l'ensemble des droits et obligations qui leur sont attachés à la date du transfert :

1º Au moment de la création du syndicat : des dispositions des trois premiers alinéas de l'article L. 1321-1, des deux premiers alinéas de l'article L. 1321-2 et des articles L. 1321-3, L. 1321-4 et L. 1321-5.

Toutefois, lorsque le syndicat mixte est compétent en matière de zones d'activité économique, les conditions financières et patrimoniales du transfert des biens immobiliers nécessaires à l'exercice de cette compétence sont décidées par accord entre les collectivités territoriales et les établissements publics de coopération intercommunale qui participent à la création du syndicat. L'affectation des personnels est décidée dans les mêmes conditions.

Le syndicat mixte est substitué de plein droit, à la date du transfert des compétences, aux collectivités territoriales et établissements publics de coopération intercommunale dans toutes leurs délibérations et tous leurs actes. Les contrats sont exécutés dans les conditions antérieures jusqu'à leur échéance, sauf accord contraire des parties. La substitution de personne morale aux contrats conclus par les collectivités et établissements n'entraîne aucun droit à résiliation ou à indemnisation pour le cocontractant. La collectivité ou l'établissement qui transfère la compétence informe les cocontractants de cette substitution ;

2º En cas d'extension ultérieure des compétences ou du périmètre du syndicat : des dispositions des premier et dernier alinéas du 1º du présent article.

Toutefois, lorsque le syndicat mixte est compétent en matière de zones d'activité économique, les conditions financières et patrimoniales du transfert des biens immobiliers nécessaires à l'exercice de cette compétence sont décidées dans les conditions fixées par les statuts du syndicat et, à défaut, par délibérations concordantes du comité du syndicat mixte et des organes délibérants des collectivités et établissements publics de coopération intercommunale membres. L'affectation des personnels est décidée dans les mêmes conditions.

(L. nº 2019-1428 du 24 déc. 2019, art. 149) « II. – Lorsqu'un syndicat mixte est compétent pour la gestion du domaine public fluvial, les transferts de propriété du domaine public fluvial au syndicat mixte sont opérés à titre gratuit et ne donnent lieu au paiement d'aucune indemnité, droit, taxe, contribution prévue à l'article 879 du code général des impôts ou honoraires. La convention constitutive du syndicat mixte prévoit les conditions de retrait et de dissolution selon les principes fixés par les articles L. 5721-6-2, L. 5721-7 et L. 5721-7-1 du présent code, les principes du 1º de l'article L. 5211-25-1 s'appliquant également aux biens transférés en pleine propriété au syndicat mixte. L'article L. 3113-1 du code général de la propriété des personnes publiques ne s'applique pas au domaine public fluvial transféré en application du présent article. »

Art. L. 5721-6-2 *(L. nº 99-586 du 12 juill. 1999)* Le retrait d'un syndicat mixte ou, lorsque les statuts du syndicat le permettent, le retrait d'une ou plusieurs compétences transférées à un syndicat mixte, s'effectue dans les conditions fixées à l'article L. 5211-25-1. Lorsque les biens meubles et immeubles ont été acquis ou réalisés ou lorsque la dette a été contractée, postérieurement au transfert de compétences, la répartition de ces biens ou du produit de leur réalisation ainsi que celle du solde de l'encours de la dette est fixée, à défaut d'accord, par arrêté du ou des représentants de l'État dans le ou les départements concernés.

Art. L. 5721-6-3 *(L. n° 99-586 du 12 juill. 1999)* Une commune peut être autorisée par le représentant de l'État dans le département, après avis de la commission départementale de la coopération intercommunale réunie dans la formation prévue au *(L. n° 2015-991 du 7 août 2015, art. 69)* « deuxième » alinéa, à se retirer d'un syndicat mixte pour adhérer à une communauté de communes ou, lorsque les statuts du syndicat le permettent, à lui retirer une ou plusieurs compétences qu'elle lui a transférées pour les transférer à la communauté de communes dont elle est membre, dans les conditions prévues aux deuxième à quatrième alinéas de l'article L. 5212-29. L'avis de la commission départementale de la coopération intercommunale est réputé négatif s'il n'a pas été rendu à l'issue d'un délai de deux mois.

La commission départementale de la coopération intercommunale est consultée en formation restreinte composée du quart des membres élus par le collège visé au 1° de l'article L. 5211-43, dont deux membres issus des conseils municipaux des communes de moins de 2 000 habitants, du quart des membres élus par le collège visé au 2° de l'article L. 5211-43 *(L. n° 2015-991 du 7 août 2015, art. 69)* « , de la moitié des membres élus par le collège mentionné au 3° dudit article », d'un représentant du conseil départemental lorsque le département est membre du syndicat et d'un représentant du conseil régional lorsque la région est membre du syndicat.

(L. n° 2015-991 du 7 août 2015, art. 69) « Une collectivité territoriale, un groupement de collectivités territoriales ou un établissement public peut être autorisé par le représentant de l'État dans le département à se retirer d'un syndicat mixte si, à la suite d'une modification de la réglementation, de la situation de cette personne morale de droit public au regard de cette réglementation ou des compétences de cette personne morale, sa participation au syndicat mixte est devenue sans objet.

« Le retrait prévu au troisième alinéa du présent article est prononcé par arrêté du représentant de l'État dans le département dans un délai de deux mois à compter de la demande de la personne morale de droit public intéressée. »

Art. L. 5721-7 Le syndicat mixte est dissous de plein droit soit à l'expiration de la durée pour laquelle il a été institué, soit à la fin de l'opération qu'il avait pour objet de conduire *(L. n° 2010-1563 du 16 déc. 2010, art. 47)* « , soit lorsqu'il ne compte plus qu'un seul membre ».

(L. n° 2004-809 du 13 août 2004, art. 177) « Il peut également être dissous, d'office ou *(L. n° 2010-1563 du 16 déc. 2010, art. 47)* « à la demande motivée de la majorité des personnes morales qui le composent », par arrêté motivé du représentant de l'État dans le département siège du syndicat. »

(L. n° 99-586 du 12 juill. 1999) « L'arrêté détermine, dans le respect du droit des tiers et des dispositions *(L. n° 2010-1563 du 16 déc. 2010, art. 47)* « des articles L. 5211-25-1 et L. 5211-26 », les conditions de liquidation du syndicat. »

1. Conséquences financières. Ces dispositions autorisent l'autorité qui prononce la dissolution d'un syndicat mixte à régler les modalités financières de cette dissolution. Ainsi, le Premier ministre n'a pas commis d'erreur de droit en se référant, en l'absence de disposition législative contraire, aux dispositions des statuts du syndicat mixte relatives à son mode de financement pour déterminer la part du produit de la liquidation du syndicat à mettre à la charge de chacun de ses membres. Le Conseil d'État exerce un contrôle de l'erreur manifeste d'appréciation sur les critères de répartition du produit de la liquidation du syndicat. • CE 10 mars 1995, *Chambre de commerce et d'industrie d'Ajaccio-Sartène – Chambre de commerce et d'industrie de Bastia-Corse-Balagne*, n° 95725 B.

2. Obligations contractuelles. Lorsque l'arrêté de dissolution n'a pas prévu la dévolution des obligations contractuelles, leur bénéficiaire peut en demander l'exécution aux membres du syndicat dissous, solidairement ou à l'un de ses membres seulement auquel il appartient de demander au représentant de l'État de répartir, s'il y a lieu, la charge finale de ces obligations entre les membres du syndicat. En effet, la succession de plein droit de la collectivité reprenant la compétence du syndicat dans les obligations nées de contrats parvenus à leur terme avant la dissolution du syndicat ne résulte pas des dispositions de l'art. L. 5211-25-1 du présent code. • CE 4 mai 2011, *Sté Oxygène Action*, n° 338411 A : *AJDA 2011. 926* ; *JCP Adm. 2011, n°s 353 et 2221, note Pontier ; AJCT 2011. 352, note Houser*.

3. Conséquences pour les agents. Les personnels employés par le syndicat doivent être répartis entre ses membres au cas où le service qu'il assurait serait repris par ces derniers. • CE 10 déc. 2015, *Cne Verrières-le-Buisson*, n° 361666 B : *AJDA 2015. 2413* ; *AJFP 2016. 207* ; *AJCT 2016. 272, obs. Houser, JCP Adm. 2015. Actu. 1054*. ♦ Les agents ont vocation à rejoindre leur service d'affectation dans les mêmes conditions que ceux d'un syndicat mixte relevant de l'art. L. 5711-1. * Rép. min. n° 8983, *JO Sénat 18 avr. 2019, p. 2111.*

Art. L. 5721-7-1 *(L. n° 2004-809 du 13 août 2004, art. 177)* **Le syndicat qui n'exerce aucune activité depuis deux ans au moins peut être dissous par arrêté du représentant de l'État dans le département siège du syndicat, après avis de chacun de ses membres. À compter de la notification par le représentant de l'État dans le département de son intention de dissoudre le syndicat, chaque membre dispose d'un délai de trois mois pour se prononcer. À défaut d'avis dans ce délai, celui-ci est réputé** *(L. n° 2009-526 du 12 mai 2009, art. 86)* **« favorable ».**

L'arrêté de dissolution détermine sous la réserve des droits des tiers et dans le respect des dispositions des articles L. 5211-25-1 et L. 5211-26 les conditions dans lesquelles le syndicat est liquidé.

Art. L. 5721-8 *(L. n° 2016-341 du 23 mars 2016, art. 2)* **Les dispositions des articles L. 5211-12 à L. 5211-14 applicables aux syndicats de communes sont applicables aux syndicats mixtes associant exclusivement des communes, des établissements publics de coopération intercommunale, des départements et des régions.**

(L. n° 2019-1461 du 27 déc. 2019, art. 96) **« Les articles L. 5211-12 à L. 5211-14 sont également applicables aux syndicats mixtes associant exclusivement des communes, des établissements publics de coopération intercommunale, des départements, des régions et d'autres syndicats mixtes associant exclusivement des communes, des établissements publics de coopération intercommunale, des départements et des régions. »**

Le présent article ouvre le principe de l'attribution d'un régime indemnitaire aux présidents et vice-présidents des syndicats mixtes dits « ouverts restreints », mis en œuvre par le Décr. n° 2004-615 du 25 juin 2004, lequel définit les barèmes qui leur sont applicables. * Rép. min. n° 45975 : *JOAN Q, 4 janv. 2005, p. 139.* ♦ Les droits et garanties du statut de l'élu local s'appliquent donc, au-delà des « syndicats mixtes fermés », aux syndicats mixtes ouverts dont les participants sont exclusivement des collectivités locales. * Rép. min. n° 01806 : *JOAN Q, 25 sept. 2007, p. 5839.*

Art. L. 5721-9 *(L. n° 2004-809 du 13 août 2004, art. 166)* **Les services d'un syndicat mixte associant exclusivement des collectivités territoriales ou des collectivités territoriales et des** *(L. n° 2019-1461 du 27 déc. 2019, art. 65)* **« groupements de collectivités » peuvent être en tout ou partie mis à disposition de ses collectivités ou** *(L. n° 2019-1461 du 27 déc. 2019, art. 65)* **« groupements membres », pour l'exercice de leurs compétences. Une convention conclue entre le syndicat et les collectivités territoriales ou les** *(L. n° 2019-1461 du 27 déc. 2019, art. 65)* **« groupements intéressés » fixe alors les modalités de cette mise à disposition. Cette convention prévoit notamment les conditions de remboursement par la collectivité ou** *(L. n° 2019-1461 du 27 déc. 2019, art. 65)* **« le groupement » des frais de fonctionnement du service.**

Dans les mêmes conditions, par dérogation à l'article L. 5721-6-1, les services d'une collectivité territoriale ou d'un *(L. n° 2019-1461 du 27 déc. 2019, art. 65)* **« groupement de collectivités » membre peuvent être en tout ou partie mis à disposition du syndicat mixte pour l'exercice de ses compétences.**

Le maire ou le président de la collectivité territoriale ou *(L. n° 2019-1461 du 27 déc. 2019, art. 65)* **« du groupement de collectivités » adresse directement au chef de service mis à disposition toutes instructions nécessaires à l'exécution des tâches qu'il confie audit service. Il contrôle l'exécution de ces tâches.**

Il peut donner, sous sa surveillance et sa responsabilité, par arrêté, délégation de signature au chef dudit service pour l'exécution des missions qu'il lui confie en application de l'alinéa précédent.

CHAPITRE II DISPOSITIONS FINANCIÈRES

Art. L. 5722-1 *(Ord. n° 2009-1400 du 17 nov. 2009)* **« I. — Sous réserve des dispositions du présent chapitre, les syndicats mixtes mentionnés à l'article L. 5721-2 sont**

soumis aux dispositions du livre III de la deuxième partie applicables aux communes de 3 500 habitants à moins de 10 000 habitants.

« Le comité syndical d'un syndicat mixte comprenant au moins un département ou un groupement de départements peut toutefois opter pour l'application des dispositions du livre III de la troisième partie. Lorsque le syndicat mixte comprend au moins une région ou un groupement de régions, il peut opter pour l'application des dispositions du livre III de la quatrième partie.

« La délibération relative à cette option ou à sa modification prend effet à compter de l'exercice suivant celui au cours duquel elle est devenue exécutoire.

« II. » — Les dispositions de l'article L. 2313-1 s'appliquent aux syndicats mixtes mentionnés à l'article L. 5721-2. Les documents budgétaires sont mis à la disposition du public au siège de l'établissement et des mairies concernées. Lorsque les syndicats mixtes comprennent au moins un département ou une région, les documents budgétaires sont également consultables au siège des conseils départementaux et des conseils régionaux intéressés.

Nouvel art. L. 5722-1 *(Ord. n° 2025-526 du 12 juin 2025, art. 1er)* ***I. — Sous réserve des dispositions du présent chapitre, les syndicats mixtes mentionnés à l'article L. 5721-2 sont soumis aux dispositions du livre III de la deuxième partie applicables aux communes de 3 500 habitants à moins de 10 000 habitants.***

Le comité syndical d'un syndicat mixte comprenant au moins un département ou un groupement de départements peut toutefois opter pour l'application des dispositions du livre III de la troisième partie. Lorsque le syndicat mixte comprend au moins une région ou un groupement de régions, il peut opter pour l'application des dispositions du livre III de la quatrième partie.

La délibération relative à cette option ou à sa modification prend effet à compter de l'exercice suivant celui au cours duquel elle est devenue exécutoire.

L'application du I se fait sans préjudice des dispositions de la section 2 du chapitre II du titre I du livre VI de la première partie et de celles de la sous-section 3 de la section 6 du chapitre I du titre I du livre II de la cinquième partie du présent code.

II. — Pour l'application de l'article L. 1612-34, les documents budgétaires sont mis à la disposition du public au siège de l'établissement et des mairies concernées. Lorsque les syndicats mixtes comprennent au moins un département ou une région, les documents budgétaires sont également consultables au siège des conseils départementaux et des conseils régionaux intéressés.

III. — Les dispositions de l'article L. 1612-24 ne sont pas applicables aux syndicats mentionnés à l'article L. 5721-2.

Le présent art. entre en vigueur à compter de l'exercice budgétaire 2026 (Ord. n° 2025-526 du 12 juin 2025, art. 12).

Art. L. 5722-2 Sont applicables aux syndicats mixtes les dispositions de l'article L. 5212-21 *(L. n° 2003-1311 du 30 déc. 2003, art. 116)* « et de l'article L. 5212-21-1 ».

Certaines recettes des syndicats de communes sont applicables aux syndicats mixtes. C'est notamment le cas du produit de la taxe d'enlèvement des ordures ménagères (CGCT, art. L. 5212-21). Il en va de même du versement destiné aux transports en commun (CGCT, art. L. 2333-64). • CE 15 févr. 1984, *Assoc. industrielle du Territoire de Belfort et régions limitrophes*, n° 36176 : *Lebon 66*.

Art. L. 5722-2-1 *(L. n° 99-641 du 27 juill. 1999, art. 13)* Les dispositions de l'article L. 5211-27-1 sont applicables aux syndicats mixtes.

Art. L. 5722-3 Le bilan des acquisitions et cessions opérées par les syndicats mixtes est soumis chaque année à délibération de l'organe délibérant. *(Abrogé par Ord. n° 2025-526 du 12 juin 2025, art. 1er, à compter de l'exercice budgétaire 2026)* ***« Ce bilan est annexé au compte administratif de l'établissement concerné. »***

Toute cession d'immeubles ou de droits réels immobiliers envisagée par un syndicat mixte donne lieu à délibération motivée de l'organe délibérant portant sur les conditions de la vente et ses caractéristiques essentielles. La délibération est prise au vu de l'avis *(Ord. n° 2006-460 du 21 avr. 2006, art. 3)* « de l'autorité compétente de l'État ». Cet avis est réputé donné à l'issue d'un délai d'un mois à compter de la saisine de *(L. n° 2009-526 du 12 mai 2009, art. 121)* « cette autorité ». Lorsque cette opération est envisagée dans le cadre d'une convention avec une commune, copie de cette délibération est transmise à la commune concernée dans les deux mois suivant son adoption.

Art. L. 5722-4 *(Ord. nº 2009-1400 du 17 nov. 2009)* Si les ressources dégagées par la dotation aux amortissements de l'exercice sont supérieures au besoin de financement de la section d'investissement du syndicat, la part excédentaire pourra être reprise en section de fonctionnement.

Si l'application du I de l'article L. 5722-1 amène le syndicat mixte à constituer pour la première fois des dotations aux amortissements, elles ne s'appliquent à titre obligatoire qu'aux immobilisations acquises à compter du 1er janvier 2010.

Art. L. 5722-5 Par dérogation aux dispositions du second alinéa de l'article L. 2333-81 et si aucune commune territorialement concernée ne s'y oppose, lorsqu'un syndicat mixte, existant ou créé à cette fin, a reçu compétence pour la création et la gestion *(L. nº 2006-437 du 14 avr. 2006, art. 33)* « d'un site nordique dédié à la pratique du ski de fond et aux loisirs de neige non motorisés autres que le ski alpin », l'assemblée délibérante décide la création de la redevance visée à l'article L. 2333-81 et en fixe le taux. La redevance est perçue à son profit.

Art. L. 5722-6 Les syndicats mixtes qui ne comprennent que des collectivités territoriales ou *(L. nº 2014-1654 du 29 déc. 2014, art. 67)* « des » groupements à fiscalité propre peuvent également instituer, dans les conditions prévues à l'article *(L. nº 99-586 du 12 juill. 1999)* « L. 5211-21 », la taxe de séjour ou la taxe de séjour forfaitaire lorsqu'ils réalisent des actions de promotion en faveur du tourisme ou, dans la limite de leurs compétences, des actions de protection et de gestion de leurs espaces naturels.

(L. nº 2014-1654 du 29 déc. 2014, art. 67) « Pour l'application aux syndicats mixtes mentionnés au premier alinéa du présent article de la sous-section 1 de la section 6 du chapitre III du titre III du livre III de la deuxième partie du présent code, la référence au conseil municipal est remplacée par la référence au conseil syndical et la référence au maire est remplacée par celle au président du syndicat mixte. »

Art. L. 5722-7 *(L. nº 2000-1208 du 13 déc. 2000, art. 112)* *(L. nº 2019-1428 du 24 déc. 2019, art. 13)* « Le syndicat mixte mentionné à l'article L. 1231-10 du code des transports peut prélever un versement destiné au financement des services de mobilité dans une aire urbaine d'au moins 50 000 habitants et dans les communes multipolarisées des grandes aires urbaines, au sens de l'Institut national de la statistique et des études économiques, dès lors que ce syndicat inclut au moins la principale autorité compétente pour l'organisation de la mobilité. » Les conditions d'assujettissement, de recouvrement et de remboursement de ce versement sont identiques à celles prévues par *(Ord. nº 2009-1530 du 10 déc. 2009)* « les articles L. 2333-64 à L. 2333-75 » *(L. nº 2019-1428 du 24 déc. 2019, art. 13)* « du présent code ».

Le taux de ce versement ne peut excéder 0,5 %. *(L. nº 2015-991 du 7 août 2015, art. 18)* « Dans le ressort territorial d'une autorité organisatrice de la mobilité », ce taux est, le cas échéant *(L. nº 2019-1428 du 24 déc. 2019, art. 13)* « porté à zéro ou », réduit de sorte que le total de ce taux et du taux maximum susceptible d'être institué par l'autorité compétente au titre de l'article L. 2333-67 n'excède pas le taux maximum qui serait autorisé au titre de ce même article dans *(L. nº 2015-991 du 7 août 2015, art. 18)* « le ressort » qui coïnciderait avec *(L. nº 2019-1428 du 24 déc. 2019, art. 13)* « l'aire urbaine et les communes multipolarisées concernées par le prélèvement du syndicat.

« Le syndicat mixte mentionné à l'article L. 1231-10 du code des transports peut, en outre, par décision motivée, réduire ou porter à zéro le taux du versement, sur les périmètres des établissements publics de coopération intercommunale qui le composent, selon un critère qu'il détermine à partir de la densité de la population et du potentiel fiscal défini à l'article L. 2334-4 du présent code. La réduction du taux est en rapport avec l'écart constaté, en se fondant sur ce critère, entre les différents périmètres des établissements composant le syndicat. »

Art. L. 5722-7-1 *(L. nº 2007-1822 du 24 déc. 2007, art. 102)* Les syndicats mixtes composés exclusivement ou conjointement de communes, de départements *(L. nº 2019-1428 du 24 déc. 2019, art. 13)* « de régions, » ou d'établissements publics de coopération intercommunale peuvent également instituer, dans les conditions prévues à l'article L. 2333-64, le versement destiné au *(L. nº 2019-1428 du 24 déc. 2019, art. 13)*

« financement des services de mobilité », lorsqu'ils sont compétents pour l'organisation *(L. n° 2015-991 du 7 août 2015, art. 18)* « de la mobilité ».

(L. n° 2019-1428 du 24 déc. 2019, art. 13) « Les syndicats mixtes mentionnés aux articles L. 5711-1 et L. 5721-2 du présent code compétents en matière de mobilité peuvent, par décision motivée, réduire ou porter à zéro le taux du versement, sur les périmètres des établissements publics de coopération intercommunale qui les composent, selon un critère qu'ils déterminent à partir de la densité de la population et du potentiel fiscal défini à l'article L. 2334-4. La réduction du taux est en rapport avec l'écart constaté, en se fondant sur ce critère, entre les différents périmètres d'établissement public composant le syndicat. »

Le Conseil constitutionnel juge conforme à la Constitution la validation législative des délibérations instituant le versement transport adoptées par les syndicats mixtes avant le 1er janv. 2008. • Cons. const. 14 févr. 2014, *SELARL PJA, ès qualités de liquidateur de la sté Maflow France*, n° 2013-366 QPC : *AJDA 2014. 377, note Poupeau* ; *Dr. social 2014. 387, obs. Roulet.*

Art. L. 5722-8 *(L. n° 2004-809 du 13 août 2004, art. 188)* Les dispositions *(L. n° 2018-1317 du 28 déc. 2018, art. 259)* « des articles L. 5212-24 et L. 5212-26 » sont applicables aux syndicats mixtes composés exclusivement ou conjointement de communes, de départements ou d'établissements publics de coopération intercommunale *(L. n° 2015-992 du 17 août 2015, art. 198)* « lorsqu'ils exercent la compétence mentionnée au premier alinéa de cet article L. 5212-24 ».

(L. n° 2005-1719 du 30 déc. 2005, art. 99) « Le seuil de population déterminé au premier alinéa de l'article L. 5212-24 s'apprécie au niveau communal, que les communes sur le territoire desquelles est perçue la *(L. n° 2020-1721 du 29 déc. 2020, art. 54)* « part » soient membres directs du syndicat mixte ou soient membres d'un syndicat intercommunal membre du syndicat mixte. »

Art. L. 5722-9 *(Ord. n° 2006-460 du 21 avr. 2006, art. 3)* Les dispositions de l'article L. 2241-3 sont applicables aux syndicats mixtes.

Art. L. 5722-10 *(L. n° 2011-525 du 17 mai 2011, art. 84)* Un syndicat mixte bénéficiaire de transferts de compétence prévus par l'article 30 de la loi n° 2004-809 du 13 août 2004 relative aux libertés et responsabilités locales peut recevoir de ses membres, pour la réalisation d'équipements ressortissant à la compétence transférée, le versement de subventions d'équipement après accords concordants exprimés à la majorité simple du comité syndical et des organes délibérants des collectivités territoriales et établissements publics de coopération intercommunale concernés.

Le montant total des fonds de concours versés ne peut excéder le montant des investissements à réaliser, déduction faite de l'autofinancement et des subventions perçues.

Art. L. 5722-11 *(L. n° 2015-991 du 7 août 2015, art. 102)* Un syndicat mixte bénéficiant d'un transfert de compétence prévu à l'article L. 1425-1 et constitué en application de l'article L. 5721-2 peut recevoir des personnes morales de droit public qui en sont membres, pour l'établissement d'un réseau de communications électroniques dans les conditions prévues à l'article L. 1425-1, des fonds de concours pendant une durée maximale de trente ans à compter de la promulgation de la loi n° 2015-991 du 7 août 2015 portant nouvelle organisation territoriale de la République, après accord du comité syndical et des organes délibérants des personnes morales concernées.

Le montant total des fonds de concours versés ne peut excéder le montant des investissements à réaliser, déduction faite de l'autofinancement et des subventions perçues.

TITRE III PÔLE MÉTROPOLITAIN

(L. n° 2010-1563 du 16 déc. 2010, art. 20)

BIBL. ▶ DESCHAMPS, Métropole et pôle métropolitain dans la loi du 16 décembre 2010 de réforme des collectivités territoriales, *AJDA 2011. 1128*. – TAILLEFAIT, Les pôles métropolitains et les pôles d'équilibre territoriaux et ruraux, *AJDA 2014. 625*.

CHAPITRE UNIQUE

Art. L. 5731-1 *(L. n° 2014-58 du 27 janv. 2014, art. 77)* Le pôle métropolitain est un établissement public constitué par accord entre des établissements publics de coopération intercommunale à fiscalité propre ainsi que, le cas échéant, la métropole de Lyon, en vue d'actions d'intérêt métropolitain, afin de promouvoir un modèle d'aménagement, de développement durable et de solidarité territoriale.

(L. n° 2019-809 du 1er août 2019, art. 4) « Par dérogation au premier alinéa du présent article, une commune nouvelle mentionnée aux premier et deuxième alinéas de l'article L. 2113-9 peut adhérer à un pôle métropolitain. Dans ce cas, pour l'application du présent chapitre, le conseil municipal de la commune nouvelle exerce les compétences reconnues à l'organe délibérant de l'établissement public de coopération intercommunale membre du pôle. »

Les organes délibérants des établissements publics de coopération intercommunale ainsi que, le cas échéant, les conseils régionaux, les conseils départementaux et le conseil de la métropole de Lyon membres du pôle métropolitain se prononcent, par délibérations concordantes, sur l'intérêt métropolitain des compétences qu'ils transfèrent ou des actions qu'ils délèguent au pôle métropolitain.

Art. L. 5731-2 *(L. n° 2014-58 du 27 janv. 2014, art. 77)* « I. — » Le pôle métropolitain regroupe des établissements publics de coopération intercommunale à fiscalité propre *(L. n° 2014-58 du 27 janv. 2014, art. 77)* « , sous réserve que l'un d'entre eux compte plus de 100 000 habitants ».

Par dérogation au précédent alinéa, le pôle métropolitain peut regrouper, sur un territoire d'un seul tenant et sans enclave, des établissements publics de coopération intercommunale à fiscalité propre *(L. n° 2014-58 du 27 janv. 2014, art. 77)* « comprenant au moins un établissement public de coopération intercommunale de plus de 50 000 habitants limitrophe d'un État étranger ».

Le représentant de l'État dans le département siège du pôle métropolitain notifie pour avis le projet de création à l'assemblée délibérante de chaque département et de chaque région dont font partie les communes intéressées. À compter de cette notification, les assemblées délibérantes disposent d'un délai de trois mois pour se prononcer. À défaut de délibération dans ce délai, celle-ci est réputée favorable.

Cette création peut être décidée par arrêté du représentant de l'État dans le département siège de l'établissement public de coopération intercommunale à fiscalité propre dont la population est la plus importante.

(L. n° 2014-58 du 27 janv. 2014, art. 77) « II. — À la demande du conseil syndical du pôle métropolitain, les régions ou les départements sur le territoire desquels se situe le siège des établissements publics de coopération intercommunale membres peuvent adhérer au pôle métropolitain. »

Art. L. 5731-3 *(L. n° 2010-1563 du 16 déc. 2010, art. 20)* Le pôle métropolitain est soumis aux règles applicables aux syndicats mixtes prévus à l'article L. 5711-1 *(L. n° 2014-58 du 27 janv. 2014, art. 77)* « , ou à l'article L. 5721-2 lorsque *[lorsqu']* une région, un département ou la métropole de Lyon en est membre », sous réserve des dispositions du présent titre.

(L. n° 2014-58 du 27 janv. 2014, art. 77) « Par dérogation aux règles mentionnées au premier alinéa, les modalités de répartition des sièges au sein du comité syndical tiennent compte du poids démographique de chacun des établissement *[établissements]* publics de coopération intercommunale. Chaque membre dispose d'au moins un siège et aucun membre ne peut disposer de plus de la moitié des sièges. » Ces modalités sont fixées par les statuts du pôle métropolitain.

Par dérogation à l'article L. 5711-4, le pôle métropolitain peut adhérer aux groupements définis aux articles *(L. n° 2015-991 du 7 août 2015, art. 86)* « L. 1115-4 à » L. 1115-4-2. L'adhésion du pôle métropolitain est sans incidence sur les règles qui régissent ces syndicats mixtes.

TITRE IV PÔLE D'ÉQUILIBRE TERRITORIAL ET RURAL

(L. n° 2014-58 du 27 janv. 2014, art. 79)

CHAPITRE UNIQUE

BIBL. ▶ Gardère et Restier, Pôle d'équilibre territorial et rural : un nouvel acteur de la recomposition locale, *Gaz. cnes 1er déc. 2014, p. 54-56.* – Pauliat, Le pays est mort... vive le pôle d'équilibre territorial et rural !, *JCP Adm. 2014, n° 2051*. – P. S. Rey et S. Rey, Le pôle d'équilibre territorial et rural, *Gaz. cnes 6 oct. 2014, p. 54-56*.

Art. L. 5741-1 **I. — Le pôle d'équilibre territorial et rural est un établissement public constitué par accord entre plusieurs établissements publics de coopération intercommunale à fiscalité propre** *(L. n° 2019-809 du 1er août 2019, art. 4)* **« et, le cas échéant, une commune nouvelle mentionnée aux premier et deuxième alinéas de l'article L. 2113-9 », au sein d'un périmètre d'un seul tenant et sans enclave. Un établissement public de coopération intercommunale à fiscalité propre ne peut appartenir à plus d'un pôle d'équilibre territorial et rural.**

La création du pôle d'équilibre territorial et rural est décidée par délibérations concordantes *(L. n° 2015-991 du 7 août 2015, art. 48)* **« des organes délibérants » des établissements publics de coopération intercommunale à fiscalité propre. Elle est approuvée par arrêté du représentant de l'État dans le département où le projet de statuts du pôle fixe son siège.**

(L. n° 2015-991 du 7 août 2015, art. 48) **« I *bis*. — Lorsque, en application du I de l'article L. 2113-5, une commune nouvelle est substituée à un établissement public de coopération intercommunale à fiscalité propre membre d'un pôle d'équilibre territorial et rural, la commune nouvelle peut rester membre de ce pôle** *(L. n° 2019-809 du 1er août 2019, art. 4)* **« , le cas échéant, » jusqu'à son adhésion à un établissement public de coopération intercommunale à fiscalité propre dans les conditions prévues à l'article L. 2113-9. Pour l'application du présent chapitre, le conseil municipal de la commune nouvelle exerce les compétences reconnues à l'organe délibérant de l'établissement public de coopération intercommunale membre du pôle. »**

II. — Le pôle d'équilibre territorial et rural est soumis aux règles applicables aux syndicats mixtes prévus à l'article L. 5711-1, sous réserve du présent article.

Les modalités de répartition des sièges de son conseil syndical entre les établissements publics de coopération intercommunale à fiscalité propre qui le composent tiennent compte du poids démographique de chacun des membres. Chaque établissement public de coopération intercommunale à fiscalité propre dispose d'au moins un siège et aucun d'entre eux ne peut disposer de plus de la moitié des sièges.

III. — Une conférence des maires réunit les maires des communes situées dans le périmètre du pôle d'équilibre territorial et rural. Chaque maire peut se faire suppléer par un conseiller municipal désigné à cet effet.

La conférence est notamment consultée lors de l'élaboration, la modification et la révision du projet de territoire. Elle se réunit au moins une fois par an.

IV. — Un conseil de développement territorial réunit les représentants des acteurs économiques, sociaux, culturels, éducatifs, scientifiques et associatifs du pôle d'équilibre territorial et rural.

Il est consulté sur les principales orientations du comité syndical du pôle et peut donner son avis ou être consulté sur toute question d'intérêt territorial. Le rapport annuel d'activité établi par le conseil de développement fait l'objet d'un débat devant le conseil syndical du pôle d'équilibre territorial et rural.

Les modalités de fonctionnement du conseil de développement sont déterminées par les statuts du pôle d'équilibre territorial et rural.

Sur la transformation d'un syndicat mixte en pôle d'équilibre territorial et rural, V. ci-dessous L. n° 2014-58 du 27 janv. 2014, art. 79-II et III.

La mise à disposition des services entre le pôle d'équilibre territorial et rural (PETR) et ses EPCI membres pour l'exercice de leurs compétences respectives doit donner lieu au remboursement des frais de fonctionnement dans les conditions prévues par les art. L. 5211-4-1 et D. 5211-16. En revanche, le 2e al. du II de l'art. L. 5741-2 prévoit que les services notamment des EPCI sont mis à disposition du PETR pour l'exercice des missions qui lui sont déléguées en vue de la mise en œuvre du projet de territoire, sans autre précision sur les modalités de remboursement. La mise à disposition des services des EPCI au bénéfice du PETR en vue de l'exercice de missions qui lui ont été déléguées peut donc s'effectuer à titre gratuit. * Rép. min. n° 01544 : *JO Sénat, 4 oct. 2018, p. 5030*.

Loi n° 2014-58 du 27 janvier 2014,

De modernisation de l'action publique territoriale et d'affirmation des métropoles.

Art. 79 *[...]* II. — Les syndicats mixtes constitués exclusivement d'établissements publics de coopération intercommunale à fiscalité propre ayant été reconnus comme pays avant l'entrée en vigueur de l'article 51 de la loi n° 2010-1563 du 16 décembre 2010 de réforme des collectivités territoriales sont transformés en pôles d'équilibre territoriaux et ruraux par arrêté du représentant de l'État dans le département où est situé le siège du syndicat mixte.

Dans le délai de six mois à compter de la promulgation de la présente loi, le représentant de l'État dans le département informe les organes délibérants du syndicat mixte et de ses membres du projet de transformation.

Les établissements publics de coopération intercommunale à fiscalité propre membres peuvent s'opposer à la transformation, dans un délai de trois mois à compter de la notification par le représentant de l'État dans le département du projet de transformation, par délibérations concordantes des organes délibérants des deux tiers au moins des établissements publics de coopération intercommunale à fiscalité propre représentant plus de la moitié de la population totale de ceux-ci, ou des organes délibérants de la moitié au moins des établissements publics de coopération intercommunale à fiscalité propre représentant les deux tiers de la population totale. À défaut de délibération prise dans les trois mois de l'information par le représentant de l'État dans le département, leur décision est réputée favorable à la transformation.

À défaut d'opposition, la transformation est décidée à l'issue du délai de trois mois, par arrêté du représentant de l'État dans le département où est situé le siège du syndicat mixte.

L'ensemble des biens, droits et obligations du syndicat mixte sont transférés au pôle d'équilibre territorial et rural, qui est substitué de plein droit au syndicat dans toutes les délibérations et tous les actes de ce dernier à la date de l'arrêté de transformation. Les contrats sont exécutés dans les conditions antérieures jusqu'à leur échéance, sauf accord contraire des parties. Les cocontractants sont informés de la substitution de personne morale. La substitution de personne morale aux contrats conclus par le syndicat n'entraîne aucun droit à résiliation ou à indemnisation pour le cocontractant. L'ensemble des personnels du syndicat mixte est réputé relever du pôle d'équilibre territorial et rural, dans les conditions de statut et d'emploi qui sont les siennes.

En cas d'opposition, les contrats conclus par les pays avant l'abrogation de l'article 22 de la loi n° 95-115 du 4 février 1995 d'orientation pour l'aménagement et le développement du territoire par la loi n° 2010-1563 du 16 décembre 2010 précitée sont exécutés dans les conditions antérieures jusqu'à leur échéance.

III. — Les établissements publics de coopération intercommunale à fiscalité propre membres d'associations ou de groupements d'intérêt public reconnus comme pays en application de l'article 22 de la loi n° 95-115 du 4 février 1995 précitée, dans sa rédaction antérieure à la loi n° 2010-1563 du 16 décembre 2010 précitée, peuvent, par délibérations concordantes, constituer un pôle d'équilibre territorial et rural.

Art. L. 5741-2 I. — Dans les douze mois suivant sa mise en place, le pôle d'équilibre territorial et rural élabore un projet de territoire pour le compte et en partenariat avec les établissements publics de coopération intercommunale qui le composent.

Sur décision du comité syndical du pôle, les conseils départementaux et les conseils régionaux intéressés peuvent être associés à l'élaboration du projet de territoire.

Le projet de territoire définit les conditions du développement économique, écologique, culturel et social dans le périmètre du pôle d'équilibre territorial et rural. Il précise les actions en matière de développement économique, d'aménagement de l'espace et de promotion de la transition écologique qui sont conduites par les établissements publics de coopération intercommunale ou, en leur nom et pour leur compte, par le pôle d'équilibre territorial et rural. Il doit être compatible avec les schémas de cohérence territoriale applicables dans le périmètre du pôle. Il peut comporter des dispositions relatives à toute autre question d'intérêt territorial.

Lorsque le périmètre du pôle d'équilibre territorial et rural recouvre celui d'un parc naturel régional, le projet de territoire doit être compatible avec la charte du parc. Une convention conclue entre le pôle et le syndicat mixte chargé de l'aménagement et

de la gestion du parc naturel régional détermine les conditions de coordination de l'exercice de leurs compétences sur leur périmètre commun.

Le projet de territoire est soumis pour avis à la conférence des maires et au conseil de développement territorial et approuvé par les organes délibérants des établissements publics de coopération intercommunale à fiscalité propre qui composent le pôle d'équilibre territorial et rural et, le cas échéant, par les conseils départementaux et les conseils régionaux ayant été associés à son élaboration.

Sa mise en œuvre fait l'objet d'un rapport annuel adressé à la conférence des maires, au conseil de développement territorial, aux établissements publics de coopération intercommunale à fiscalité propre membres du pôle et aux conseils départementaux et conseils régionaux ayant été associés à son élaboration.

Il est révisé, dans les mêmes conditions, dans les douze mois suivant le renouvellement général des organes délibérants des établissements publics de coopération intercommunale à fiscalité propre qui le composent.

II. — Pour la mise en œuvre du projet de territoire, le pôle d'équilibre territorial et rural, d'une part, les établissements publics de coopération intercommunale à fiscalité propre qui composent le pôle et, le cas échéant, les conseil*[s]* départementaux et les conseils régionaux ayant été associés à son élaboration, d'autre part, concluent une convention territoriale déterminant les missions déléguées au pôle d'équilibre territorial et rural par les établissements publics de coopération intercommunale et par les conseils départementaux et les conseils régionaux pour être exercées en leur nom.

La convention fixe la durée, l'étendue et les conditions financières de la délégation ainsi que les conditions dans lesquelles les services des établissements publics de coopération intercommunale, des conseils départementaux et des conseils régionaux sont mis à la disposition du pôle d'équilibre territorial et rural.

III. — Le pôle d'équilibre territorial et rural et les établissements publics de coopération intercommunale qui le composent peuvent se doter de services unifiés dans les conditions prévues à l'article L. 5111-1-1 du présent code. Le pôle d'équilibre territorial et rural présente, dans le cadre de son rapport annuel sur l'exécution du projet de territoire, un volet portant sur l'intégration fonctionnelle et les perspectives de mutualisation entre les établissements publics de coopération intercommunale à fiscalité propre qui le composent.

Art. L. 5741-3 I. — Lorsque le périmètre du pôle d'équilibre territorial et rural correspond à celui d'un schéma de cohérence territoriale, le pôle peut se voir confier, par les établissements publics de coopération intercommunale à fiscalité propre qui le composent, l'élaboration, la révision et la modification de ce schéma.

Lorsque le périmètre du pôle d'équilibre territorial et rural recouvre partiellement un ou plusieurs schémas de cohérence territoriale, le pôle peut assurer, à la demande des établissements publics de coopération intercommunale à fiscalité propre qui le composent et pour son seul périmètre, la coordination des schémas de cohérence territoriale concernés.

II. — Le pôle d'équilibre territorial et rural peut constituer le cadre de contractualisation infrarégionale et infradépartementale des politiques de développement, d'aménagement et de solidarité entre les territoires.

Art. L. 5741-4 Lorsqu'un syndicat mixte composé exclusivement d'établissements publics de coopération intercommunale à fiscalité propre remplit les conditions fixées au I de l'article L. 5741-1, il peut se transformer en pôle d'équilibre territorial et rural.

Cette transformation est décidée, sur proposition du comité syndical, par délibérations concordantes des établissements publics de coopération intercommunale à fiscalité propre membres du syndicat. Le comité syndical et les organes délibérants des établissements publics de coopération intercommunale à fiscalité propre se prononcent dans un délai de trois mois à compter de la notification à leur président de la délibération proposant la transformation. À défaut de délibération dans ce délai, leur décision est réputée favorable.

L'ensemble des biens, droits et obligations du syndicat transformé sont transférés au pôle d'équilibre territorial et rural qui est substitué de plein droit au syndicat dans toutes les délibérations et tous les actes de ce dernier à la date de la transformation.

Les contrats sont exécutés dans les conditions antérieures jusqu'à leur échéance, sauf accord contraire des parties. Les cocontractants sont informés de la substitution de personne morale. La substitution de personne morale aux contrats conclus par le syndicat n'entraîne aucun droit à résiliation ou à indemnisation pour le cocontractant. L'ensemble des personnels du syndicat mixte est réputé relever du pôle d'équilibre territorial et rural, dans les conditions de statut et d'emploi qui sont les siennes.

Art. L. 5741-5 **Le conseil syndical du pôle d'équilibre territorial et rural peut proposer aux établissements publics de coopération intercommunale à fiscalité propre qui le composent de fusionner dans les conditions prévues à l'article L. 5211-41-3.**

LIVRE VIII DISPOSITIONS PARTICULIÈRES

TITRE I COMMUNES DES DÉPARTEMENTS DE LA MOSELLE, DU BAS-RHIN ET DU HAUT-RHIN

CHAPITRE I SYNDICAT DE COMMUNES

Art. L. 5811-1 **Les renvois faits par les articles L. 1612-20, L. 5211-3, L. 5211-4** *[,]* *(L. n° 99-586 du 12 juill. 1999)* **« L. 5212-1 à L. 5212-2 et L. 5212-4 », en tant qu'ils concernent les syndicats de communes, s'entendent comme visant les dispositions du titre IV du livre V de la deuxième partie, notamment en ce qui concerne la comptabilité et les règles de contrôle.**

Les dispositions qui précèdent sont applicables aux syndicats de communes dont le siège se trouve dans le *[les]* **département** *[départements]* **de la Moselle, du Bas-Rhin ou du Haut-Rhin, même s'ils comprennent des communes d'autres départements.**

Depuis le 1er janv. 2021, les départements du Bas-Rhin et du Haut-Rhin sont regroupés sous le nom de « Collectivité européenne d'Alsace » (L. n° 2019-816 du 2 août 2019, art. 1er).

Les dispositions de l'art. L. 2541-2 sont applicables aux convocations adressées par le président d'un comité d'un syndicat de communes. • CE 7 déc. 1983, *Mme Lacour,* n° 39405 • CE 7 déc. 1983, *Mme Jouaville,* n° 39404 • CE 7 déc. 1983, *Munier,* n° 39403 • CE 7 déc. 1983, *Laurent,* n° 39402 • CE 7 déc. 1983, *Giry,* n° 39401 • CE 7 déc. 1983, *Knispel,* n° 39400 • CE 7 déc. 1983, ♖ *Stradella,* n° 39399 B. ♦ La suppression d'emplois à temps partiel et l'annulation des crédits budgétaires correspondants ne sauraient figurer parmi les « questions diverses » dans l'ordre du jour figurant sur les convocations. • Mêmes arrêts. ♦ Les décisions du président du comité syndical portant exécution de délibérations irrégulières doivent donc être annulées. • Mêmes arrêts.

CHAPITRE II COMMUNAUTÉ DE COMMUNES

Art. L. 5812-1 **Pour son application aux communes des départements de la Moselle, du Bas-Rhin et du Haut-Rhin, le II de l'article L. 5214-16 est complété par un** *(L. n° 2015-991 du 7 août 2015, art. 64)* **« 8° » ainsi rédigé :**

"*(L. n° 2015-991 du 7 août 2015, art. 64)* **« 8° » Construction et entretien des bâtiments affectés aux cultes dont les ministres sont salariés par l'État."**

V. art. L. 5814-1.

1. Si l'édifice cultuel sert aux habitants de plusieurs communes, il convient de répartir les frais afférents à l'entretien des bâtiments et des presbytères. • TA Strasbourg, 21 nov. 1985, *Cne de Bazoncourt : Rec. jur. Est 1986, n° 2, p. 71 ; Gaz. Pal. 1986. 2. Somm. 302.*

2. Lorsqu'une paroisse est composée de plusieurs communes, la répartition se fait au marc le franc. * Rép. min. : *JOAN Q, 23 juin 1986.*

CHAPITRE III COMMUNAUTÉ URBAINE ET MÉTROPOLE *(L. n° 2010-1563 du 16 déc. 2010, art. 17).*

Art. L. 5813-1 *(Abrogé par L. n° 2014-1655 du 29 déc. 2014, art. 44)* ***Lorsqu'une communauté urbaine*** *(L. n° 2010-1563 du 16 déc. 2010, art. 17)* ***« ou une métropole » exerce sa compétence sur une voie, elle perçoit les droits, prévus par l'article 4 de la loi locale du 21 mai 1879, sur les propriétaires riverains de cette voie.***

1. Sur les taxes de riverain, V. aussi art. L. 2543-6.

2. Le recouvrement de la taxe de riverain ne concerne pas la matière des travaux publics, sous l'angle procédural. • CE 8 janv. 1988, ♖ *Cté urbaine de Strasbourg c/ Reichenbach,* n° 74361 B : *DF 1989, comm. 615, concl. Le Roy.* ♦ La taxe de riverain instituée par une communauté urbaine présente un caractère obligatoire et non facultatif. • Même arrêt.

Art. L. 5813-2 **Pour l'application de l'article L. 5211-1 au conseil de la communauté urbaine** *(L. n° 2010-1563 du 16 déc. 2010, art. 17-I-11°)* **« ou de la métropole », les références qui sont faites au chapitre I du titre II du livre I de la deuxième partie**

s'entendent comme visant les dispositions du titre IV du livre V de la deuxième partie et les autres lois locales maintenues en vigueur.

CHAPITRE IV COMMUNAUTÉ D'AGGLOMÉRATION

(L. n° 99-586 du 12 juill. 1999)

Art. L. 5814-1 Pour son application aux communes des départements de la Moselle, du Bas-Rhin et du Haut-Rhin, le II de l'article L. 5216-5 est complété par un *(L. n° 2015-991 du 7 août 2015, art. 66)* « 8° » ainsi rédigé :

(L. n° 2015-991 du 7 août 2015, art. 66) « 8° » Construction et entretien des bâtiments affectés aux cultes dont les ministres sont salariés par l'État.

V. art. L. 5812-1.

Depuis le 1er janv. 2021, les départements du Bas-Rhin et du Haut-Rhin sont regroupés sous le nom de « Collectivité européenne d'Alsace » (L. n° 2019-816 du 2 août 2019, art. 1er).

CHAPITRE V ENTENTE, CONVENTION ET CONFÉRENCE INTERCOMMUNALES

Art. L. 5815-1 *Abrogé par L. n° 2019-1461 du 27 déc. 2019, art. 34.*

Art. L. 5815-2 Lorsque plusieurs communes ont décidé l'exécution en commun de canalisations d'eau, de travaux de drainage et d'irrigation, un arrêté du ministre de l'Intérieur peut, à la requête d'une des communes, instituer pour l'exécution des travaux, leur entretien et leur administration ultérieure une commission syndicale composée de délégués des communes intéressées.

Les dispositions des articles L. 5816-3 à L. 5816-8 sont applicables à la commission syndicale instituée en application de l'alinéa précédent. – *[C. communes, art. L. 181-56 et L. 181-57 issus de L. 11 juin 1902, art. 1er, al. 1er et 2.]*

V. art. L. 5816-2 s.

CHAPITRE VI ADMINISTRATION DU PATRIMOINE POSSÉDÉ INDIVISÉMENT PAR PLUSIEURS COMMUNES

Art. L. 5816-1 Les dispositions *(L. n° 99-586 du 12 juill. 1999)* « de l'article L. 5222-1 » ne sont pas applicables aux communes des départements de la Moselle, du Bas-Rhin et du Haut-Rhin.

Depuis le 1er janv. 2021, les départements du Bas-Rhin et du Haut-Rhin sont regroupés sous le nom de « Collectivité européenne d'Alsace » (L. n° 2019-816 du 2 août 2019, art. 1er).

Art. L. 5816-2 Si plusieurs communes possèdent indivisément des biens ou des droits, il peut, à la requête d'une des communes, être institué par arrêté du représentant de l'État dans le département une commission syndicale composée de délégués des communes intéressées pour l'administration de ce patrimoine indivis. Cet arrêté en fixe le nombre. – *[C. communes, art. L. 181-58 issu de L. locale 7 juill. 1897, art. 7, al. 1er ; C. communes, art. R.* 181-6.]*

V. art. L. 5815-2.

Art. L. 5816-3 Chaque conseil municipal désigne en son sein, au scrutin secret, le nombre de délégués fixé par la décision institutive. Sont nommés les membres qui obtiennent le plus grand nombre de voix.

Le président de la commission syndicale est nommé parmi ses membres par le représentant de l'État dans le département. – *[C. communes, art. L. 181-59.]*

Art. L. 5816-4 La commission syndicale est formée à nouveau après chaque renouvellement des conseils municipaux.

Si, dans l'intervalle, un membre de la commission syndicale cesse de faire partie du conseil municipal, il cesse en même temps d'appartenir à la commission. – *[C. communes, art. L. 181-60 issu de L. locale 7 juill. 1897, art. 7, al. 4.]*

Art. L. 5816-5 La commission syndicale peut à tout moment être dissoute par arrêté du représentant de l'État dans le département.

Le représentant de l'État dans le département peut suspendre ou révoquer le président de la commission. – *[C. communes, art. L. 181-61.]*

Art. L. 5816-6 La commission syndicale a, en ce qui concerne l'administration du patrimoine commun et l'exécution des travaux y relatifs, tous les pouvoirs attribués au conseil municipal.

Les attributions du maire sont exercées par le président de la commission.

En ce qui concerne les aliénations de biens et droits indivis, leur nantissement, les partages, acquisitions et transactions, les conseils municipaux intéressés en délibèrent. Ils peuvent habiliter le président de la commission syndicale à passer les actes nécessaires à l'exécution de ces délibérations. – *[C. communes, art. L. 181-62 issu de L. locale 7 juill. 1897, art. 8.]*

Art. L. 5816-7 Sont applicables aux débats et délibérations de la commission syndicale les dispositions correspondantes relatives aux conseils municipaux. – *[C. communes, art. L. 181-63.]*

Art. L. 5816-8 La répartition entre les communes intéressées des dépenses décidées par la commission syndicale est faite par les conseils municipaux.

En cas de désaccord entre les conseils municipaux sur la répartition des dépenses, le représentant de l'État dans le département décide.

Les dépenses mises à la charge des communes sont des dépenses obligatoires à l'égard desquelles il est procédé, si besoin est, conformément aux dispositions de l'article L. 1612-15. – *[C. communes, art. L. 181-64.]*

Sur les dépenses obligatoires, V. art. L. 2543-3.

Art. L. 5816-9 Si les communes intéressées appartiennent à des départements différents, le ministre de l'Intérieur a compétence pour instituer et dissoudre la commission syndicale. – *[C. communes, art. L. 181-65 issu de L. locale 7 juill. 1897, art. 11, al. 2.]*

TITRE II DISPOSITIONS APPLICABLES DANS LES COMMUNES DES DÉPARTEMENTS DE GUADELOUPE, GUYANE, MARTINIQUE ET LA RÉUNION

CHAPITRE I COMMUNAUTÉ URBAINE ET MÉTROPOLE *(L. nº 2014-58 du 27 janv. 2014, art. 46).*

Art. L. 5821-1 *(L. nº 2014-58 du 27 janv. 2014, art. 46)* « Les chapitres V et VII » du titre I du livre II de la présente partie ne sont pas applicables dans les communes *(L. nº 2015-991 du 7 août 2015, art. 70)* « du département de la Guadeloupe et des collectivités territoriales de Guyane et de Martinique ».

CHAPITRE II CHARTE INTERCOMMUNALE DE DÉVELOPPEMENT ET D'AMÉNAGEMENT

Art. L. 5822-1 Dans les régions de Guadeloupe, de Guyane, de Martinique et de La Réunion, le périmètre des zones visées à l'article L. 5223-1 est arrêté par le représentant de l'État dans la région, après avis du conseil régional et du conseil départemental, quel que soit le nombre d'habitants de l'ensemble des communes associées dans le cadre de la charte intercommunale de développement et d'aménagement. – *[L. nº 83-8 du 7 janv. 1983, art. 29, al. 3.]*

CHAPITRE III DISPOSITIONS FINANCIÈRES

(L. nº 2017-256 du 28 févr. 2017, art. 11)

Art. L. 5823-1 Le rapport sur les orientations budgétaires mentionné à l'article L. 2312-1 présente un état d'avancement des mesures prévues par le plan de convergence couvrant le territoire de l'établissement public de coopération intercommunale.

À compter de l'exercice budgétaire 2026, au présent art., les mots : « L. 2312-1 » sont remplacés par les mots : « L. 1612-26 » (Ord. nº 2025-526 du 12 juin 2025, art. 1er et 12).

TITRE III DISPOSITIONS APPLICABLES À MAYOTTE

(Ord. n° 2011-1708 du 1er déc. 2011, art. 2)

CHAPITRE I DISPOSITIONS GÉNÉRALES

Art. L. 5831-1 Les dispositions de la présente partie sont applicables à Mayotte dans les conditions et sous les réserves prévues au présent titre.

Art. L. 5831-2 Pour l'application à Mayotte de ces dispositions :

1° La référence au département, au département d'outre-mer, à la région ou à la région d'outre-mer est remplacée par la référence au Département de Mayotte ;

2° La référence au conseil régional ou aux conseils départementaux est remplacée par la référence au conseil départemental.

À compter d'une date fixée par Décr. et au plus tard le 1er janv. 2026, au 1° de cet art., la dernière occurrence du mot : « Département » est remplacée par le mot : « Département-Région » et, à la fin du 2°, les mots : « au conseil départemental » sont remplacés par les mots : « à l'assemblée de Mayotte » (L. n° 2025-797 du 11 août 2025, art. 48).

CHAPITRE II LA COOPÉRATION INTERCOMMUNALE

Art. L. 5832-1 Pour l'application à Mayotte de l'article L. 5210-3, les mots : "et le conseil régional intéressés peuvent, à la demande de l'un ou de l'autre, être associés" sont remplacés par les mots : "peut, à sa demande, être associé".

Art. L. 5832-2 I. — Les dispositions du chapitre V du titre I du livre II de la présente partie ne sont pas applicables à Mayotte.

II. — Sont applicables à Mayotte à compter du 1er janvier 2014 :

1° L'article L. 5210-4 ;

2° L'article L. 5211-9-2 ;

(L. n° 2019-1461 du 27 déc. 2019, art. 1er) « 2° *bis* Les articles L. 5211-11-2 et L. 5211-11-3 ; »

3° Les articles L. 5211-28 à L. 5211-35-1 ;

(L. n° 2019-1461 du 27 déc. 2019, art. 1er) « 4° L'article L. 5211-40-1 ; »

5° Les articles L. 5211-41 à L. 5211-41-3 ;

6° Les articles L. 5211-57 et L. 5211-59 ;

7° Les deuxième et troisième alinéas de l'article L. 5212-20 ;

8° Les articles L. 5212-24 à L. 5212-24-2 ;

9° Les articles L. 5214-1 à L. 5214-29 ;

10° Les articles L. 5216-1 à L. 5216-10 ;

11° Les articles L. 5217-1 à *(L. n° 2014-58 du 27 janv. 2014, art. 50)* « L. 5217-21 ».

III. — Pour l'application à Mayotte du premier alinéa de l'article L. 5216-10, les mots : "la publication de la loi n° 99-586 du 12 juillet 1999 relative au renforcement et à la simplification de la coopération intercommunale" sont remplacés par les mots : "la date de création de la communauté d'agglomération".

Art. L. 5832-3 I. — Les articles L. 5211-42 à L. 5211-45 sont applicables à Mayotte sous réserve des adaptations prévues aux II et III.

II. — Pour l'application *(L. n° 2018-699 du 3 août 2018, art. 70)* « du I » de l'article L. 5211-43 :

1° Au 1°, "40 %" est remplacé par "60 %" ;

2° Le 2° n'est pas applicable ;

3° Au 3°, "5 %" est remplacé par "20 %" ;

4° Au 4°, "10 %" est remplacé par "20 %" ;

5° Le 5° n'est pas applicable ;

6° À la dernière phrase de l'avant-dernier alinéa, les mots : "des représentants des établissements publics de coopération intercommunale à fiscalité propre mentionnés au 2° et celle" sont supprimés.

III. – Le second alinéa de l'article L. 5211-45 est ainsi rédigé :
"La commission départementale de la coopération intercommunale, consultée par le représentant de l'État dans le département sur toute demande de retrait d'un syndicat de communes en application des articles L. 5212-29, L. 5212-29-1 et L. 5212-30, ou d'une communauté de communes en application de l'article L. 5214-26, est composée du quart des membres élus par le collège visé au 1° de l'article L. 5211-43 et du quart des membres élus par le collège visé au 3° de ce même article."

TITRE IV DISPOSITIONS APPLICABLES EN POLYNÉSIE FRANÇAISE

(Ord. nº 2007-1434 du 5 oct. 2007, art. 3)

CHAPITRE I DISPOSITIONS COMMUNES

Art. L. 5841-1 Pour l'application des dispositions de la cinquième partie en Polynésie française et sauf lorsqu'il en est disposé autrement :

1° Les mots : "représentant de l'État dans le département", "représentant de l'État dans le département du siège de l'établissement", "représentant de l'État dans le département du siège de l'établissement dissous" et "représentant de l'État dans le département siège du syndicat" sont remplacés par les mots : "haut-commissaire de la République" ;

2° Les mots : "du ou des représentants de l'État" sont remplacés par les mots : "du haut-commissaire de la République" ;

3° Les mots : "du ou des représentants de l'État dans le ou les départements" et "du ou des représentants de l'État dans le ou les départements concernés" sont remplacés par les mots : "du haut-commissaire de la République" ;

4° La référence à la commission départementale de coopération intercommunale est remplacée par la référence à la commission de coopération intercommunale de la Polynésie française ;

5° Les mots : "chambre régionale des comptes" sont remplacés par les mots : "chambre territoriale des comptes" ;

6° Les mots : "décret en Conseil d'État" sont remplacés par le mot : "décret" sauf à l'article L. 5216-9 ;

(L. nº 2013-403 du 17 mai 2013, art. 42) « 7° Les mots : "conseiller communautaire" et "conseillers communautaires" sont remplacés, respectivement, par les mots : "délégué des communes" et "délégués des communes". »

Art. L. 5841-2 Les dispositions des articles L. 5111-1 à L. 5111-4 du chapitre unique du titre unique du livre I sont applicables aux communes de la Polynésie française.

CHAPITRE II LA COOPÉRATION INTERCOMMUNALE

SECTION 1 Établissements publics de coopération intercommunale

Art. L. 5842-1 Les articles L. 5210-1 et L. 5210-2 sont applicables en Polynésie française.

SOUS-SECTION 1 Dispositions communes

§ 1 Règles générales

Art. L. 5842-2 *(Ord. nº 2021-1310 du 7 oct. 2021, art. 23)* « I. – Les dispositions de la section 1 du chapitre I du titre I du livre II de la cinquième partie mentionnées dans la colonne de gauche du tableau ci-après sont applicables en Polynésie française dans la rédaction indiquée dans la colonne de droite du même tableau, sous réserve des adaptations prévues du II au IV. – *Tableau mod. par. Ord. nº 2022-1521 du 7 déc. 2022, art. 16.*

DISPOSITIONS APPLICABLES	DANS LEUR RÉDACTION RÉSULTANT DE
L. 5211-1	la loi n° 2022-217 du 21 février 2022
L. 5211-2	la loi n° 2011-525 du 17 mai 2011
L. 5211-3	l'ordonnance n° 2021-1310 du 7 octobre 2021
L. 5211-4	la loi n° 99-586 du 12 juillet 1999
L. 5211-4-1	la loi n° 2015-991 du 7 août 2015
L. 5211-4-2	la loi n° 2022-217 du 21 février 2022
L. 5211-4-3	la loi n° 2010-1563 du 16 décembre 2010

« II. – Pour l'application de l'article L. 5211-3 :

« 1° À la fin du premier alinéa, après les mots : "nouvelle organisation territoriale de la République" sont insérés les mots : "dans les conditions fixées par l'article L. 2573-12, à compter du 1er janvier 2012" ;

« 2° Au deuxième alinéa, les mots : "les établissements publics de coopération intercommunale à fiscalité propre" sont remplacés par les mots : "les communautés de communes et les communautés d'agglomération". »

III. – Pour l'application de l'article L. 5211-4-1 :

1° *(L. n° 2007-1720 du 7 déc. 2007, art. 6 ; L. n° 2010-1563 du 16 déc. 2010, art. 85 ; L. n° 2015-991 du 7 août 2015, art. 134)* « Dans les deuxième à quatrième alinéas du I, au dernier alinéa du IV et au IV *bis* », les mots : "fonctionnaires territoriaux et agents territoriaux non titulaires" et les mots : "fonctionnaires territoriaux" sont remplacés par les mots : "fonctionnaires et agents non titulaires des communes de la Polynésie française et de leurs établissements publics" ;

(L. n° 2010-1563 du 16 déc. 2010, art. 85) « 2° Au cinquième alinéa du I, les mots : "du troisième alinéa de l'article 111 de la loi n° 84-53 du 26 janvier 1984 portant dispositions statutaires relatives à la fonction publique territoriale" sont remplacés par les mots : "du dernier alinéa de l'article 76 de l'ordonnance n° 2005-10 du 4 janvier 2005 portant statut général des fonctionnaires des communes et des groupements de communes de la Polynésie française ainsi que de leurs établissements publics administratifs" ; »

(L. n° 2015-991 du 7 août 2015, art. 134) « IV. – Pour l'application de l'article L. 5211-4-2 :

« 1° Au premier alinéa, après le mot : "État,", la fin de l'alinéa est ainsi rédigée : "à l'exception des missions confiées au centre de gestion et de formation de Polynésie française par les articles 31, 32 et 33 de l'ordonnance n° 2005-10 du 4 janvier 2005 portant statut général des fonctionnaires des communes et des groupements de communes de la Polynésie française ainsi que de leurs établissements publics administratifs." ;

« 2° Les deux dernières phrases du deuxième alinéa sont supprimées ;

(Ord. n° 2022-1521 du 7 déc. 2022, art. 16) « 3° Au quatrième alinéa, les mots : "non titulaires" sont remplacés par le mot : "contractuels" ;

« 4° Au cinquième alinéa, les mots : "non titulaires territoriaux" sont remplacés par les mots : "contractuels communaux". »

§ 2 Création

Art. L. 5842-3 I. – Les articles L. 5211-5, à l'exception de la dernière phrase du I et du deuxième alinéa du III, et L. 5211-5-1 sont applicables en Polynésie française sous réserve des adaptations prévues au II.

II. – Pour l'application de l'article L. 5211-5 :

1° Au I, les mots : "lorsque les communes font partie du même département ou par arrêté conjoint des représentants de l'État dans les départements concernés dans le cas contraire" sont supprimés.

2° Abrogé par L. n° 2010-1563 du 16 déc. 2010, art. 85.

§ 3 Organes et fonctionnement

Art. L. 5842-4 *(Ord. n° 2020-1256 du 14 oct. 2020, art. 10)* « I. – Les dispositions de la section 3 du chapitre I du titre I du livre II de la cinquième partie mentionnées dans la colonne de gauche du tableau ci-après sont applicables en Polynésie française, dans leur rédaction indiquée dans la colonne de droite du même tableau, sous réserve des adaptations prévues aux II à V. » – *Tableau mod. par L. n° 2022-217 du 21 févr. 2022, art. 236, et par Ord. n° 2022-1521 du 7 déc. 2022, art. 17.*

DISPOSITIONS APPLICABLES	DANS LEUR RÉDACTION RÉSULTANT DE
L. 5211-6	la loi n° 2015-366 du 31 mars 2015
L. 5211-7 à l'exception du I *bis*	la loi n° 2018-607 du 13 juillet 2018
L. 5211-7	la loi n° 2022-217 du 21 février 2022 relative à la différenciation, la décentralisation, la déconcentration et portant diverses mesures de simplification de l'action publique locale
L. 5211-8	la loi n° 2011-525 du 17 mai 2011
L. 5211-9	la loi n° 2018-607 du 13 juillet 2018
L. 5211-9-1	la loi n° 2001-1248 du 21 décembre 2001
L. 5211-9-2 à l'exception du troisième et des deux derniers alinéas du A du I, du premier alinéa du B du I, du C du I, du cinquième alinéa du III, du III *bis*, du dernier alinéa du IV, du deuxième alinéa du VI et du VII	la loi n° 2022-217 du 21 février 2022
L. 5211-10	la loi n° 2012-1561 du 31 décembre 2012
L. 5211-10-1	la loi n° 2019-1461 du 27 décembre 2019
L. 5211-11	la loi n° 99-586 du 12 juillet 1999
L. 5211-11-1	la loi n° 2022-217 du 21 février 2022
L. 5211-11-2 et L. 5211-11-3	la loi n° 2019-1461 du 27 décembre 2019

(L. n° 2013-403 du 17 mai 2013, art. 42) « I *bis*. – Pour l'application de l'article L. 5211-6 :

« 1° Au premier alinéa, les mots : "conseillers communautaires élus dans les conditions prévues au titre V du livre I du code électoral" sont remplacés par les mots : "délégués élus par les conseils municipaux des communes membres dans les conditions fixées à l'article L. 2122-7" ;

« 2° Le dernier alinéa est supprimé. »

II. – Pour l'application de l'article L. 5211-7 :

1° Abrogé par L. n° 2013-403 du 17 mai 2013, art. 42.

2° Au II, les mots : "par les articles L. 44 à L. 46, *(Ord. nº 2009-1530 du 10 déc. 2009)* « L. 228 à L. 237-1 » et L. 239 du code électoral" sont remplacés par les mots : "en tant qu'elles sont applicables en Polynésie française".

(Ord. nº 2022-1521 du 7 déc. 2022, art. 17) « II *bis*. — Pour l'application de l'article L. 5211-9-2 :

« 1° Au premier alinéa du A du I, les mots : "et par dérogation à L. 1311-2 et au deuxième alinéa de l'article L. 1331-1 du code de la santé publique" sont supprimés ;

« 2° Au troisième alinéa du B du I, les mots : "l'article L. 541-3 du code de l'environnement" sont remplacés par les mots : "la réglementation applicable localement" ;

« 3° Au dernier alinéa du B du I :

« — après les mots : "mise en valeur de l'environnement," sont ajoutés les mots : "dans les conditions prévues aux articles L. 5842-22 et L. 5842-28 du présent code" ;

« — les mots : "l'article L. 360-1 du code de l'environnement" sont remplacés par les mots : "la réglementation applicable localement" ;

« 4° Au III, la référence : "au A du I" est remplacée par les références : "aux premier, deuxième et quatrième alinéas du A du I" ;

« 5° Au premier alinéa du IV, la référence : "au B du I" est remplacée par la référence : "au deuxième alinéa du B du I" ;

« 6° Au V, les mots : ", les gardes champêtres recrutés ou mis à disposition en application des articles L. 522-1 et L. 522-2 du même code" sont supprimés ;

« 7° Au dernier alinéa du VI, les mots : "aux deux premiers alinéas" sont remplacés par les mots : "au premier alinéa". »

(Ord. nº 2020-1256 du 14 oct. 2020, art. 10) « II *ter*. — Pour l'application du troisième alinéa du I de l'article L. 5211-10-1 :

« 1° Le mot : "contigus" est supprimé ;

« 2° Les mots : "Par délibérations de leurs organes délibérants, une partie ou l'ensemble des établissements publics de coopération intercommunale à fiscalité propre membres d'un pôle d'équilibre territorial et rural peuvent confier à ce dernier la mise en place d'un conseil de développement commun, dans les conditions prévues au IV de l'article L. 5741-1 du présent code." sont supprimés. »

(L. nº 2016-1658 du 5 déc. 2016, art. 9) « III. — Pour l'application de l'article L. 5211-11, le premier alinéa est complété par une phrase ainsi rédigée :

« "Lorsque les communes membres d'un établissement public de coopération intercommunale sont dispersées sur plusieurs îles, le siège peut être fixé en dehors du périmètre de l'établissement." »

IV. — Abrogé par Ord. nº 2022-1521 du 7 déc. 2022, art. 17.

« V. — Pour l'application de l'article L. 5211-11-2, les mots : "aux articles L. 5211-5-1 A ou" sont remplacés par les mots : "à l'article". »

§ 4 Conditions d'exercice des mandats des membres des conseils ou comités

Art. L. 5842-5 I. — Les articles L. 5211-12 à L. 5211-15 sont applicables en Polynésie française *(L. nº 2019-1461 du 27 déc. 2019, art. 100)* « , dans leur rédaction résultant de la loi nº 2019-1461 du 27 décembre 2019 relative à l'engagement dans la vie locale et à la proximité de l'action publique, » sous réserve des adaptations prévues aux II, III et IV.

(L. nº 2012-1561 du 31 déc. 2012, art. 4) « II. — Pour l'application de l'article L. 5211-12 :

« 1° Le premier alinéa est remplacé par un alinéa ainsi rédigé : »

"Les indemnités maximales pour l'exercice effectif des fonctions de président et de vice-président d'un établissement public de coopération intercommunale sont déterminées par arrêté du haut-commissaire par référence aux indices des traitements des fonctionnaires des corps de l'État pour l'administration de la Polynésie française."

(L. nº 2012-1561 du 31 déc. 2012, art. 4) « 2° Le deuxième alinéa est remplacé par un alinéa ainsi rédigé :

« "Le montant total des indemnités versées ne doit pas excéder celui de l'enveloppe indemnitaire globale, déterminée en additionnant l'indemnité maximale pour l'exercice effectif des fonctions de président et les indemnités maximales pour l'exercice effectif des fonctions de vice-président." »

(L. n° 2016-1658 du 5 déc. 2016, art. 10) « III. – Lorsque les membres des organes délibérants des établissements publics de coopération intercommunale mentionnés à l'article L. 5211-12 engagent des frais de déplacement à l'occasion des réunions de ces conseils ou comités, du bureau, des commissions instituées par délibération dont ils sont membres, des comités consultatifs prévus à l'article L. 5211-49-1, de la commission consultative prévue à l'article L. 1413-1 et des organes délibérants ou des bureaux des organismes où ils représentent leur établissement, ces frais peuvent être remboursés lorsque la réunion a lieu dans une commune membre autre que celle qu'ils représentent, ou au siège de l'établissement public de coopération intercommunale, lorsque celui-ci est fixé en dehors du périmètre de l'établissement. »

IV. – Pour l'application de l'article L. 5211-14, les mots : "aux articles L. 5211-12 et L. 5215-1" sont remplacés par les mots : "à l'article L. 5211-12".

§ 5 Modifications statutaires

Art. L. 5842-6 *(Ord. n° 2022-1521 du 7 déc. 2022, art. 18)* « I. – Les dispositions de la section 5 du chapitre I du titre I du livre II de la cinquième partie mentionnées dans la colonne de gauche du tableau ci-après sont applicables en Polynésie française dans leur rédaction indiquée dans la colonne de droite du même tableau, sous réserve des adaptations prévues du II au V. » – *Tableau issu de l'art. 18 de l'Ord. n° 2022-1521 du 7 déc. 2022.*

DISPOSITIONS APPLICABLES	DANS LEUR RÉDACTION RÉSULTANT DE
L. 5211-16	la loi n° 99-586 du 12 juillet 1999
L. 5211-17 (à l'exception des troisième et sixième alinéas)	la loi n° 2006-1771 du 30 décembre 2006
L. 5211-17-2	la loi n° 2022-217 du 21 février 2022
L. 5211-18	la loi n° 2004-809 du 13 août 2004
L. 5211-19 (à l'exception du quatrième alinéa)	la loi n° 2010-1563 du 16 décembre 2010
L. 5211-20	la loi n° 2004-809 du 13 août 2004

II. – Pour l'application de l'article L. 5211-16, après les mots : "rente viagère" sont ajoutés les mots : "dans les conditions fixées par la réglementation applicable localement,".

(Ord. n° 2022-1521 du 7 déc. 2022, art. 18) « II *bis*. – Pour l'application de l'article L. 5211-17-2, au deuxième alinéa, les mots : "aux deuxième à cinquième alinéas" sont remplacés par les mots : "aux deuxième, quatrième et cinquième alinéas". »

III. – Pour l'application de l'article L. 5211-18, les mots : "Sans préjudice des dispositions de l'article L. 5215-40", et les mots : ", L. 5215-1" sont supprimés.

IV. – Pour l'application de l'article L. 5211-19, les mots : ", sauf s'il s'agit d'une communauté urbaine" sont supprimés.

V. – Abrogé par L. n° 2013-403 du 17 mai 2013, art. 42.

§ 6 Dispositions financières

Art. L. 5842-7 I. – Les articles L. 5211-21, L. 5211-23, L. 5211-25-1, L. 5211-26, L. 5211-27 sont applicables en Polynésie française sous réserve des adaptations prévues au II.

II. – Pour l'application de l'article L. 5211-21 :

(L. n° 2014-1654 du 29 déc. 2014, art. 67) « 1° Les 1°, 2° et 4° du I ne sont pas applicables ; »

2° Les mots : "à l'article L. 2333-26" sont remplacés par les mots : "par les dispositions applicables localement" ;

3° Les mots : ", sous réserve des dispositions de l'article L. 133-7 du code du tourisme," sont supprimés ;

4° La dernière phrase du *(L. n° 2014-1654 du 29 déc. 2014, art. 67)* « II » n'est pas applicable.

Art. L. 5842-8 Les communautés de communes et les communautés d'agglomération de la Polynésie française perçoivent *(L. n° 2008-1443 du 30 déc. 2008, art. 106)* « , à compter du 1er janvier suivant la date de leur création, » une attribution au titre de la dotation d'intercommunalité prélevée sur la dotation *(L. n° 2020-1721 du 29 déc. 2020, art. 252)* « d'intercommunalité prévue à l'article L. 5211-28. La première année de perception d'une attribution au titre de la dotation précitée, la communauté de communes ou la communauté d'agglomération perçoit une dotation égale au produit de sa population par 24,48 € ou, si ses communes membres sont dispersées sur plusieurs îles, par 48,96 €. »

(L. n° 2018-1317 du 28 déc. 2018, art. 250) « À compter de 2019, chaque communauté de communes ou communauté d'agglomération de la Polynésie française perçoit une dotation d'intercommunalité par habitant égale à la dotation par habitant perçue l'année précédente. »

Le prélèvement au titre de la dotation d'intercommunalité de la Polynésie française est égal à la somme des dotations d'intercommunalité attribuées aux communautés de communes et communautés d'agglomération conformément *(L. n° 2020-1721 du 29 déc. 2020, art. 252)* « aux deux premiers alinéas » du présent article.

(L. n° 2020-1721 du 29 déc. 2020, art. 252) « La population à prendre en compte pour l'application du présent article est celle résultant des conditions prévues à l'article L. 2334-2. »

Art. L. 5842-9 *(Ord. n° 2020-1256 du 14 oct. 2020, art. 11)* « I. — Les dispositions de la sous-section 3 de la section 6 du chapitre I du titre I du livre II de la cinquième partie mentionnées dans la colonne de gauche du tableau ci-après sont applicables en Polynésie française, dans leur rédaction indiquée dans la colonne de droite du même tableau, sous réserve des adaptations prévues aux II et III. » — *Tableau mod. par Ord. n° 2021-1130 du 7 oct. 2021, art. 24.*

DISPOSITIONS APPLICABLES	DANS LEUR RÉDACTION RÉSULTANT DE
L. 5211-36	la loi n° 2015-991 du 7 août 2015
L. 5211-37	l'ordonnance n° 2006-460 du 21 avril 2006
L. 5211-39	la loi n° 2013-403 du 17 mai 2013
L. 5211-39-1, L. 5211-39-2, L. 5211-40-1	la loi n° 2019-1461 du 27 décembre 2019
L. 5211-40-2	l'ordonnance n° 2021-1310 du 7 octobre 2021

(L. n° 2017-256 du 28 févr. 2017, art. 11) « II. — Pour l'application de l'article L. 5211-36, le rapport sur les orientations budgétaires mentionné à l'article L. 2312-1 présente un état d'avancement des mesures prévues par le plan de convergence couvrant le territoire de l'établissement public de coopération intercommunale. »

(Ord. n° 2020-1256 du 14 oct. 2020, art. 11) « III. — Pour l'application de l'article L. 5211-39-2 : au premier alinéa, sont supprimés les mots : "de rattachement d'une commune à un établissement public de coopération intercommunale à fiscalité propre dans les conditions prévues à l'article L. 5210-1-2, de création d'un tel établissement par partage dans les conditions prévues à l'article L. 5211-5-1 A,", et les mots : "aux articles L. 5211-19, L. 5214-26 ou L. 5216-11," sont remplacés par les mots : "à l'article L. 5211-19". »

§ 7 Transformation et fusion

Art. L. 5842-10 I. – Les articles L. 5211-41 à L. 5211-41-3 sont applicables en Polynésie française sous réserve des adaptations prévues aux II, III et IV.

II. – Pour l'application des articles L. 5211-41, L. 5211-41-1, L. 5211-41-2 et L. 5211-41-3, les mots : "du représentant de l'État dans le département lorsque les communes appartiennent au même département et par arrêté conjoint des représentants de l'État dans les départements concernés dans le cas contraire" sont remplacés par les mots : "du haut-commissaire de la République".

III. – Pour l'application de l'article L. 5211-41-1 :

1° Au premier alinéa, les mots : "ou au développement d'une communauté urbaine et à son évolution en métropole régionale selon le cas" et : "dont l'éligibilité à la dotation prévue au onzième alinéa de l'article L. 5211-29 a été constatée dans les conditions fixées à l'article L. 5214-23-1" sont supprimés ;

2° Au troisième alinéa, les mots : "ou à l'article L. 5215-22 selon le cas" sont supprimés.

IV. – Pour l'application de l'article L. 5211-41-3, au dernier alinéa du III, les mots : "à l'article 111 de la loi n° 84-53 du 26 janvier 1984 portant dispositions statutaires relatives à la fonction publique territoriale" sont remplacés par les mots : "lorsqu'il s'agit d'avantages collectivement acquis ayant le caractère de complément de rémunération que les communes et leurs établissements publics ont mis en place et qui sont pris en compte dans le budget de la commune ou de l'établissement".

§ 8 Commission de la coopération intercommunale de la Polynésie française

Art. L. 5842-11 I. – *(L. n° 2010-1563 du 16 déc. 2010, art. 85)* « Les articles L. 5211-42 à L. 5211-45 sont applicables en Polynésie française sous réserve des adaptations prévues aux II à IV. »

II. – Pour l'application de l'article L. 5211-42, les mots : "dans chaque département" et le mot : "départementale" sont supprimés.

III. – *(L. n° 2010-1563 du 16 déc. 2010, art. 85)* « Pour l'application de l'article L. 5211-43 :

« 1° Au 1° *(L. n° 2018-699 du 3 août 2018, art. 70)* « du I », le pourcentage : "40 %" est remplacé par le pourcentage : "60 %" ;

« 2° Au 2° *(L. n° 2018-699 du 3 août 2018, art. 70)* « du même I », le pourcentage : "40 %" est remplacé par le pourcentage : "20 %" et les mots : "ayant leur siège dans le département," ainsi que les mots : "à l'exception des syndicats de communes" sont supprimés ;

« 3° Les 3° et 4° *(L. n° 2018-699 du 3 août 2018, art. 70)* « dudit I » sont ainsi rédigés :

« "3° 15 % par des représentants de l'assemblée de la Polynésie française, élus par celle-ci à la représentation proportionnelle à la plus forte moyenne ;

« 4° 5 % par des membres du gouvernement de la Polynésie française désignés par le président du gouvernement." ;

(L. n° 2018-699 du 3 août 2018, art. 70) « 4° Le 5° du même I est abrogé et l'avant-dernier alinéa du même I est supprimé ;

« 5° Le II est ainsi rédigé :

« "II. – Dès lors qu'ils ne sont pas membres de la commission de la coopération intercommunale de la Polynésie française au titre d'un mandat local, les députés et les sénateurs élus en Polynésie française sont associés aux travaux de la commission, sans voix délibérative." »

« IV. – Pour l'application de l'article L. 5211-45 :

« 1° L'avant-dernière phrase du premier alinéa est supprimée ;

« 2° Au second alinéa, les mots : "et de la moitié du collège visé au 3° du même article L. 5211-43" sont supprimés. »

§ 9 Information et participation des habitants

Art. L. 5842-12 *(Ord. n° 2021-1310 du 7 oct. 2021, art. 25)* « I. – Les dispositions de la section 9 du chapitre I du titre I du livre II de la cinquième partie mentionnées dans la colonne de gauche du tableau ci-après sont applicables en Polynésie française dans la rédaction indiquée dans la colonne de droite du même tableau, sous réserve des adaptations prévues aux II et III. » — *Tableau issu de l'art. 25 de l'Ord. n° 2021-1310 du 7 oct. 2021, mod. par Ord. n° 2022-1521 du 7 déc. 2022, art. 19.*

DISPOSITIONS APPLICABLES	DANS LEUR RÉDACTION RÉSULTANT DE
L. 5211-46	l'ordonnance n° 2021-1310 du 7 octobre 2021
L. 5211-49	la loi n° 2022-217 du 21 février 2022
L. 5211-49-1	la loi n° 2002-276 du 27 février 2002
L. 5211-50	l'ordonnance n° 2015-1341 du 23 octobre 2015
L. 5211-51 et L. 5211-52	la loi n° 99-586 du 12 juillet 1999
L. 5211-53	la loi n° 2013-403 du 17 mai 2013
L. 5211-54	la loi n° 99-586 du 12 juillet 1999

II. — Abrogé par Ord. n° 2021-1310 du 7 oct. 2021, art. 25.

(L. n° 2007-1720 du 7 déc. 2007, art. 6) « III. — Pour l'application de l'article L. 5211-54, les mots : "de la présente section" sont remplacés par les mots : "du présent paragraphe". »

§ 10 Dispositions diverses

Art. L. 5842-13 I. — Les dispositions des articles L. 5211-56 à L. 5211-58 sont applicables en Polynésie française sous réserve des adaptations prévues au II.

II. — Pour l'application de l'article L. 5211-56, les mots : "aux communautés urbaines et" sont supprimés.

SOUS-SECTION 2 Syndicats de communes

§ 1 Création

Art. L. 5842-14 I. — Les articles L. 5212-1 à L. 5212-5 sont applicables en Polynésie française sous réserve des adaptations prévues au II.

II. — *(Ord. n° 2010-1180 du 7 oct. 2010, art. 2)* « 1° » Pour l'application de l'article L. 5212-2, la deuxième phrase est ainsi rédigée :

"Cette liste est fixée par le haut-commissaire de la République, sur l'initiative d'un ou plusieurs conseils municipaux."

(Ord. n° 2010-1180 du 7 oct. 2010, art. 2) « 2° La dernière phrase est supprimée. »

§ 2 Organes

Art. L. 5842-15 Les articles L. 5212-6 *(L. n° 2010-1563 du 16 déc. 2010, art. 85)* « , L. 5212-7 et L. 5212-8 » sont applicables en Polynésie française.

§ 3 Fonctionnement

Art. L. 5842-16 I. — Les articles L. 5212-15 à L. 5212-17 sont applicables en Polynésie française sous réserve des adaptations prévues aux II et III.

II. — Pour l'application de l'article L. 5212-15, après les mots : "droit commun" sont ajoutés les mots : "dans la mesure où elles sont applicables en Polynésie française".

III. — Pour l'application de l'article L. 5212-17, les mots : "du 6 janvier 1988, date de la publication de la loi n° 88-13 du 5 janvier 1988 d'amélioration de la décentralisation" sont remplacés par les mots : "de l'entrée en vigueur de l'ordonnance n° 2007-1434 du 5 octobre 2007 portant extension des première, deuxième et cinquième parties du code général des collectivités territoriales aux communes de la Polynésie française, à leurs groupements et à leurs établissements publics".

§ 4 Dispositions financières

Art. L. 5842-17 I. – Les articles L. 5212-18 à L. 5212-20, premier alinéa, et L. 5212-21 à L. 5212-23 et L. 5212-25 sont applicables à la Polynésie française sous réserve des adaptations prévues au II.

II. – Pour l'application de l'article L. 5212-19, les mots : "de la région, du département" sont remplacés par les mots : "de la Polynésie française".

§ 5 Modification des conditions initiales de composition et de fonctionnement

Art. L. 5842-18 Les articles *(L. nº 2010-1563 du 16 déc. 2010, art. 85-II-8º)* « L. 5212-27, » L. 5212-29 à L. 5212-32 sont applicables en Polynésie française.

§ 6 Dissolution

Art. L. 5842-19 *(L. nº 2010-1563 du 16 déc. 2010, art. 85)* Les articles L. 5212-33 et L. 5212-34 sont applicables en Polynésie française.

SOUS-SECTION 3 **Communauté de communes**

§ 1 Création

Art. L. 5842-20 I. – Les articles L. 5214-1 et L. 5214-4 sont applicables en Polynésie française sous réserve des adaptations prévues au II.

II. – Pour l'application de l'article L. 5214-1, le troisième alinéa est remplacé par les dispositions suivantes :

"La continuité territoriale entre les communes membres d'une même communauté de communes est appréciée sans tenir compte de l'espace maritime qui existe entre ces dernières."

§ 2 Organes

Art. L. 5842-21 *(Ord. nº 2020-1256 du 14 oct. 2020, art. 12)* « I. – Les dispositions de la section 2 du chapitre IV du titre I du livre II de la cinquième partie mentionnées dans la colonne de gauche du tableau ci-après sont applicables en Polynésie française, dans leur rédaction indiquée dans la colonne de droite du même tableau, sous réserve des adaptations prévues aux II. » – *Tableau issu de l'Ord. nº 2020-1256 du 14 oct. 2020, art. 12, mod. par L. nº 2024-247 du 21 mars 2024, art. 8.*

DISPOSITIONS APPLICABLES	DANS LEUR RÉDACTION RÉSULTANT DE
L. 5214-7	la loi nº 99-586 du 12 juillet 1999
L. 5214-8	la loi nº 2024-247 du 21 mars 2024 renforçant la sécurité des élus locaux et la protection des maires

II. – Au dernier alinéa de l'article L. 5214-8, les mots : "des articles L. 3123-9-2 et L. 4135-9-2" sont remplacés par les mots : "de l'article 126 de la loi organique nº 2004-192 du 27 février 2004 portant statut d'autonomie de la Polynésie française".

§ 3 Compétences

Art. L. 5842-22 I. – L'article L. 5214-16, à l'exception des VI et VII, et les articles L. 5214-16-1 à L. 5214-22 sont applicables en Polynésie française sous réserve des adaptations prévues *(L. nº 2019-707 du 5 juill. 2019, art. 2)* « au II ».

(L. nº 2019-707 du 5 juill. 2019, art. 2) « II. – Pour l'application de l'article L. 5214-16 :

« 1º Les I et II sont remplacés par des I, II et II *bis* ainsi rédigés :

« "I. – Lorsque, en application du II de l'article 43 de la loi organique nº 2004-192 du 27 février 2004 portant statut d'autonomie de la Polynésie française, des communes interviennent en matière de développement économique, d'aides et d'interventions économiques ou en matière d'urbanisme et d'aménagement de l'espace, la communauté de communes exerce de plein droit la ou les compétences concernées, au lieu et place des communes membres.

« "II. – La communauté de communes doit exercer, au lieu et place des communes membres, pour la conduite d'actions d'intérêt communautaire, les compétences relevant d'au moins deux des groupes suivants :

« "1° Voirie communale ;

« "2° Transports communaux ;

« "3° Construction, entretien et fonctionnement des écoles de l'enseignement du premier degré ;

« "4° Distribution d'eau potable ;

« "5° Collecte et traitement des ordures ménagères ;

« "6° Collecte et traitement des déchets végétaux ;

« "7° Collecte et traitement des eaux usées ;

« "8° Dans les communautés de communes dont les communes membres sont dispersées sur plusieurs îles, le transport entre les îles ;

« "9° Dans les communautés de communes dont les communes membres sont dispersées sur plusieurs îles, l'assistance à maîtrise d'ouvrage.

« "II *bis*. – Les compétences mentionnées au II de l'article 43 de la loi organique n° 2004-192 du 27 février 2004 précitée peuvent être transférées à la communauté de communes par ses communes membres dans les conditions prévues à l'article L. 5842-6 du présent code." ;

« 2° Il est ajouté un VIII ainsi rédigé :

« "VIII. – La communauté de communes peut transférer toute compétence à un syndicat de communes ou à un syndicat mixte dont le périmètre inclut en totalité le périmètre communautaire après création du syndicat ou adhésion de la communauté de communes." »

III. – Abrogé par L. n° 2019-707 du 5 juill. 2019, art. 2.

§ 4 Dispositions financières

Art. L. 5842-23 L'article L. 5214-23 est applicable en Polynésie française, sous réserve des dispositions suivantes :

1° *(L. n° 2009-1673 du 30 déc. 2009, art. 77)* « Au 1°, les mots : "mentionnées au II ou, le cas échéant, au I de l'article 1379-0 *bis* du code général des impôts, ainsi que celles mentionnées au V du même article" sont remplacés par les mots : "dont la perception est autorisée par les dispositions applicables localement" ; »

2° Au 4°, les mots : "région, du département" sont remplacés par les mots : "de la Polynésie française" ;

3° Le 8° est remplacé par les dispositions suivantes :

"8° L'attribution au titre de la dotation d'intercommunalité instituée à l'article L. 5842-8."

§ 5 Modifications des conditions initiales de composition et de fonctionnement de la communauté de communes

Art. L. 5842-24 I. – Les articles L. 5214-26 à L. 5214-29 sont applicables en Polynésie française sous réserve des adaptations prévues au II.

II. – Pour l'application de l'article L. 5214-28 :

1° La phrase : "*b)* Soit lorsque la communauté de communes a opté pour le régime fiscal défini à l'article 1609 *nonies* C du code général des impôts, sur la demande des conseils municipaux dans les conditions de majorité requises pour la création par arrêté du ou des représentants de l'État dans le ou les départements concernés" est supprimée ;

(Ord. n° 2010-1180 du 7 oct. 2010, art. 2) « 2° Le huitième alinéa est supprimé. »

SOUS-SECTION 4 Communauté d'agglomération

§ 1 Création

Art. L. 5842-25 I. – Les articles L. 5216-1 à L. 5216-2 sont applicables en Polynésie française sous réserve des adaptations prévues au II.

II. – Pour l'application de l'article L. 5216-1 :

(L. n° 2010-1563 du 16 déc. 2010, art. 85) « 1° À la fin de la deuxième phrase *(L. n° 2013-403 du 17 mai 2013, art. 40)* « du premier alinéa », les mots : "du département ou la commune la plus importante du département" sont remplacés par les mots : "de la Polynésie française" ;

« 2° À la fin de la troisième phrase *(L. n° 2013-403 du 17 mai 2013, art. 40)* « du premier alinéa et au second alinéa », les mots : "du département" sont remplacés par les mots : "de la Polynésie française" ;

« 2° *bis* La cinquième phrase est supprimée ; »

(L. n° 2015-991 du 7 août 2015, art. 134) « 2° *ter* Les trois derniers alinéas sont supprimés ; »

3° Il est inséré un dernier alinéa ainsi rédigé :

"La continuité territoriale entre les communes membres d'une même communauté d'agglomération est appréciée sans tenir compte de l'espace maritime entre ces dernières."

§ 2 Le conseil de la communauté d'agglomération

Art. L. 5842-26 *Abrogé par L. n° 2019-707 du 5 juill. 2019, art. 2.*

§ 3 Conditions d'exercice des mandats des membres du conseil de la communauté d'agglomération

Art. L. 5842-27 I. – Les articles L. 5216-4 et L. 5216-4-2 sont applicables en Polynésie française sous réserve des adaptations prévues au II.

II. – Pour l'application de l'article L. 5216-4 :

1° Les mots : "du chapitre III du titre II du livre I de la deuxième partie, à l'exclusion des articles L. 2123-18-1, L. 2123-18-3 et L. 2123-22" sont remplacés par les mots : "des articles L. 2573-7 à L. 2573-10 sauf en ce que ceux-ci rendent applicables les articles L. 2123-18-1 et L. 2123-18-3" ;

2° Les mots : "des articles L. 3123-9-2 et L. 4135-9-2" sont remplacés par les mots : "de l'article 126 de la loi organique n° 2004-192 du 27 février 2004 portant statut d'autonomie de la Polynésie française".

§ 4 Compétences

Art. L. 5842-28 I. – Les articles L. 5216-5 à l'exception du II *bis* *(L. n° 2019-707 du 5 juill. 2019, art. 2)* « , du V et du VII », et les articles L. 5216-6 à L. 5216-7-1 sont applicables en Polynésie française sous réserve des adaptations prévues au II.

(L. n° 2019-707 du 5 juill. 2019, art. 2) « II. – Pour l'application de l'article L. 5216-5 :

« 1° Les I et II sont remplacés par des I, II et II *bis* A ainsi rédigés :

« "I. – Lorsque, en application du II de l'article 43 de la loi organique n° 2004-192 du 27 février 2004 portant statut d'autonomie de la Polynésie française, des communes interviennent en matière de développement économique, d'aides et d'interventions économiques ou en matière d'urbanisme et d'aménagement de l'espace, la communauté d'agglomération exerce de plein droit la ou les compétences concernées, au lieu et place des communes membres.

« "Lorsque, en application du même II, les communes interviennent en matière de protection et de mise en valeur de l'environnement et de soutien aux actions de maîtrise de l'énergie, de politique du logement et du cadre de vie ou de politique de la ville, la communauté d'agglomération exerce de plein droit, pour la conduite d'actions d'intérêt communautaire, la ou les compétences concernées, au lieu et place des communes membres.

« "II. – La communauté d'agglomération doit exercer, au lieu et place des communes membres, pour la conduite d'actions d'intérêt communautaire, les compétences relevant d'au moins deux des groupes suivants :

« "1° Voirie communale ;

« "2° Transports communaux ;

« "3° Construction, entretien et fonctionnement des écoles de l'enseignement du premier degré ;

« "4° Distribution d'eau potable ;

« "5° Collecte et traitement des ordures ménagères ;

« "6° Collecte et traitement des déchets végétaux ;

« "7° Collecte et traitement des eaux usées ;

« "8° Dans les communautés d'agglomération dont les communes membres sont dispersées sur plusieurs îles, le transport entre les îles ;

« "9° Dans les communautés d'agglomération dont les communes membres sont dispersées sur plusieurs îles, l'assistance à maîtrise d'ouvrage.

« "II *bis* A. – Les compétences mentionnées au II de l'article 43 de la loi organique n° 2004-192 du 27 février 2004 précitée peuvent être transférées à la communauté d'agglomération par ses communes membres dans les conditions prévues à l'article L. 5842-6 du présent code." ;

« 2° Le IV est ainsi rétabli :

« "IV. – La communauté d'agglomération peut transférer toute compétence à un syndicat de communes ou un syndicat mixte dont le périmètre inclut en totalité le périmètre communautaire après création du syndicat ou adhésion de la communauté d'agglomération." »

§ 5 Dispositions financières

Art. L. 5842-29 L'article L. 5216-8 est applicable en Polynésie française, sous réserve des dispositions suivantes :

1° *(L. n° 2009-1673 du 30 déc. 2009, art. 77)* « Au 1°, les mots : "mentionnées au I et au V de l'article 1379-0 *bis* du code général des impôts" sont remplacés par les mots : "dont la perception est autorisée par la réglementation locale" ; »

2° Au 4°, les mots : "de la région, du département" sont remplacés par : "de la Polynésie française" ;

3° Le 8° est remplacé par les dispositions suivantes :

"8° L'attribution au titre de la dotation d'intercommunalité instituée à l'article L. 5842-8."

§ 6 Dissolution

Art. L. 5842-30 I. – Les articles L. 5216-9 et L. 5216-10 sont applicables en Polynésie française sous réserve des adaptations prévues au II.

II. – Pour l'application de l'article L. 5216-10 :

1° Au premier alinéa les mots : "la publication de la loi n° 99-586 du 12 juillet 1999 relative au renforcement et à la simplification de la coopération intercommunale, le périmètre des communautés d'agglomération" sont remplacés par les mots : "la date de création d'une communauté d'agglomération, son périmètre" ;

2° La deuxième phrase du premier alinéa est supprimée ;

3° Au deuxième alinéa, les mots : "lorsque les communes font partie du même département, ou par arrêté conjoint des représentants de l'État dans les départements concernés lorsque le périmètre projeté s'étend au-delà d'un seul département," sont supprimés.

§ 7 Retrait de communes

(Ord. n° 2020-1256 du 14 oct. 2020, art. 13)

Art. L. 5842-30-1 Les dispositions de la section 7 du chapitre VI du titre I du livre II de la cinquième partie mentionnées dans la colonne de gauche du tableau ci-après sont applicables en Polynésie française, dans leur rédaction indiquée dans la colonne de droite du même tableau.

DISPOSITIONS APPLICABLES	DANS LEUR RÉDACTION RÉSULTANT DE
L. 5216-11	la loi n° 2019-1461 du 27 décembre 2019

SECTION 2 Autres formes de coopération intercommunale

SOUS-SECTION 1 Entente, convention et conférence intercommunales

Art. L. 5842-31 *(Ord. nº 2020-1256 du 14 oct. 2020, art. 14)* Les dispositions du chapitre I du titre II du livre II de la cinquième partie mentionnées dans la colonne de gauche du tableau ci-après sont applicables en Polynésie française, dans leur rédaction indiquée dans la colonne de droite du même tableau.

DISPOSITIONS APPLICABLES	DANS LEUR RÉDACTION RÉSULTANT DE
L. 5221-1	la loi nº 2004-809 du 13 août 2004
L. 5221-2	la loi nº 2019-1461 du 27 décembre 2019

SOUS-SECTION 2 Biens et droits indivis entre plusieurs communes

§ 1 Gestion des biens et droits indivis

Art. L. 5842-32 I. — Les articles L. 5222-1 à L. 5222-3 sont applicables en Polynésie française sous réserve des adaptations prévues au II.

II. — Pour l'application de l'article L. 5222-2 :

1º La dernière phrase du quatrième alinéa est supprimée ;

2º Le dernier alinéa est remplacé par les dispositions suivantes :

"Les dispositions des articles L. 2573-45, L. 2573-46 et L. 2573-62 sont applicables aux indivisions entre les communes."

§ 2 Fin de l'indivision

Art. L. 5842-33 Les articles L. 5222-4 *(L. nº 2016-1658 du 5 déc. 2016, art. 12)* « et » L. 5222-6 sont applicables en Polynésie française.

CHAPITRE III SYNDICATS MIXTES

SECTION 1 Syndicats mixtes composés de communes et d'établissements publics de coopération intercommunale ou exclusivement d'établissements publics de coopération intercommunale

Art. L. 5843-1 *(Ord. nº 2020-1256 du 14 oct. 2020, art. 15)* « I. — Les dispositions du chapitre unique du titre I du livre VII de la cinquième partie mentionnées dans la colonne de gauche du tableau ci-après sont applicables en Polynésie française, dans leur rédaction indiquée dans la colonne de droite du même tableau, sous réserve des adaptations prévues au II. » — *Tableau issu de l'Ord. nº 2020-1256 du 14 oct. 2020, art. 15 ; mod. par Ord. nº 2021-1310 du 7 oct. 2021, art. 26, et par L. nº 2022-217 du 21 févr. 2022, art. 236.*

DISPOSITIONS APPLICABLES	DANS LEUR RÉDACTION RÉSULTANT DE
L. 5711-1	la loi nº 2022-217 du 21 février 2022 relative à la différenciation, la décentralisation, la déconcentration et portant diverses mesures de simplification de l'action publique locale
L. 5711-2	la loi nº 2004-809 du 13 août 2004
L. 5711-3	la loi nº 2004-809 du 13 août 2004
L. 5711-5	la loi nº 2015-991 du 7 août 2015

II. – Pour l'application de l'article L. 5711-1, les mots : "des chapitres I et II du titre I du livre II de la présente partie" sont remplacés par les mots : "des sous-sections 1 et 2 de la section 1 du chapitre II du présent titre".

III. – Pour l'application de l'article *(L. n° 2007-1720 du 7 déc. 2007, art. 6)* « L. 5711-3 », les mots : ", L. 5215-22" sont supprimés.

SECTION 2 Syndicat mixte associant des collectivités territoriales, des groupements de collectivités territoriales et d'autres personnes morales de droit public

SOUS-SECTION 1 Organisation et fonctionnement

Art. L. 5843-2 *(Ord. n° 2020-1256 du 14 oct. 2020, art. 16)* « I. – Les dispositions du chapitre I du titre II du livre VII de la cinquième partie mentionnées dans la colonne de gauche du tableau ci-après sont applicables en Polynésie française, dans leur rédaction indiquée dans la colonne de droite du même tableau, sous réserve des adaptations prévues aux II à VIII. » – *Tableau issu de l'Ord. n° 2020-1256 du 14 oct. 2020, art. 16 ; mod. par Ord. n° 2021-1310 du 7 oct. 2021, art. 27.*

DISPOSITIONS APPLICABLES	DANS LEUR RÉDACTION RÉSULTANT DE
L. 5721-1	la loi n° 96-142 du 21 février 1996
L. 5721-2	la loi n° 2019-1461 du 27 décembre 2019
L. 5721-2-1	la loi n° 2002-276 du 27 février 2002
L. 5721-3	la loi n° 96-142 du 21 février 1996
L. 5721-5	la loi n° 96-142 du 21 février 1996
L. 5721-6	l'ordonnance n° 2021-1310 du 7 octobre 2021
L. 5721-6-1	la loi n° 99-586 du 12 juillet 1999
L. 5721-6-2	la loi n° 99-586 du 12 juillet 1999
L. 5721-6-3	la loi n° 2015-991 du 7 août 2015
L. 5721-7	la loi n° 2010-1563 du 16 décembre 2010
L. 5721-7-1	la loi n° 2009-526 du 12 mai 2009
L. 5721-8	la loi n° 2016-341 du 23 mars 2016
L. 5721-9	la loi n° 2004-809 du 13 août 2004

II. – Pour l'application de l'article L. 5721-2 :

(L. n° 2019-707 du 5 juill. 2019, art. 4) « 1° Les mots : "interrégionales, des régions, des ententes ou des institutions interdépartementales, des départements, la métropole de Lyon" sont supprimés ; »

2° *Abrogé par L. n° 2019-707 du 5 juill. 2019, art. 4.*

3° Les mots : ", L. 5215-22" sont supprimés.

III. – Pour l'application de l'article L. 5721-3 :

1° Le mot : "départements," est supprimé ;

2° Les mots : "chambres de commerce et d'industrie" sont remplacés par les mots : "chambre de commerce, d'industrie, des services et des métiers".

IV. – Pour l'application de l'article L. 5721-6-3, les mots : "d'un représentant du conseil départemental lorsque le département est membre du syndicat et d'un représentant du conseil régional lorsque la région est membre du syndicat" sont supprimés.

(L. nº 2019-707 du 5 juill. 2019, art. 4) « V. — Pour l'application de l'article L. 5721-8 :

« 1º Les mots : "des départements et des régions" sont supprimés ;

« 2º À compter du 1er janvier 2020, la seconde phrase est supprimée.

« VI. — Pour l'application des dispositions mentionnées au I du présent article, la référence au représentant de l'État dans le département siège du syndicat est remplacée par la référence au haut-commissaire de la République.

« VII. — Les syndicats mixtes constitués en Polynésie française en application du livre VII de la présente partie sont soumis au contrôle de légalité, au contrôle budgétaire et au jugement des comptes dans les conditions fixées par la législation applicable aux communes de la Polynésie française.

« L'article L. 2573-43 est applicable aux syndicats mixtes constitués en Polynésie française en application du livre VII de la présente partie.

« VIII. — Un syndicat mixte constitué en application de l'article 55-1 de la loi organique nº 2004-192 du 27 février 2004 portant statut d'autonomie de la Polynésie française qui ne comporte plus parmi ses membres ni la Polynésie française, ni l'un de ses établissements publics devient un syndicat mixte régi par le présent article. »

Art. L. 5843-3 *(L. nº 2019-707 du 5 juill. 2019, art. 3)* I. — Les dispositions du chapitre I du titre II du livre VII de la cinquième partie du présent code mentionnées à l'article 55-1 de la loi organique nº 2004-192 du 27 février 2004 portant statut d'autonomie de la Polynésie française sont applicables à la Polynésie française sous réserve des adaptations suivantes :

1º Pour l'application de l'article L. 5721-2, la référence : ", L. 5215-22" est supprimée ;

2º Pour l'application du deuxième alinéa de l'article L. 5721-6-3, les mots : "d'un représentant du conseil départemental lorsque le département est membre du syndicat et d'un représentant du conseil régional lorsque la région est membre du syndicat" sont supprimés.

II. — L'article L. 2573-43 est applicable aux syndicats mixtes auxquels participe la Polynésie française ou l'un de ses établissements publics.

SOUS-SECTION 2 **Dispositions financières**

Art. L. 5843-4 I. — Les articles L. 5722-1 à L. 5722-2 et les articles L. 5722-3 et L. 5722-6 sont applicables en Polynésie française sous réserve des adaptations prévues au II.

II. — *(L. nº 2007-1720 du 7 déc. 2007, art. 6)* « Pour l'application de l'article L. 5722-1, la dernière phrase du deuxième alinéa est supprimée. »

LIVRE IX MESURES D'ADAPTATIONS PARTICULIÈRES AUX DÉPARTEMENTS ET AUX RÉGIONS D'OUTRE-MER

(L. nº 2000-1207 du 13 déc. 2000, art. 62)

ENCYCL. COLL. LOC. *Outre-mer : régime communal dans les DOM, 1910,* par J.-C. DOUENCE.
BIBL. GÉN. ► V. Bibl. gén. ss. Quatrième partie, Liv. IV, Tit. III (Les régions d'outre-mer).

TITRE UNIQUE LE CONGRÈS DES ÉLUS DÉPARTEMENTAUX ET RÉGIONAUX ET DES MAIRES *(L. nº 2022-217 du 21 févr. 2022, art. 267).*

CHAPITRE I COMPOSITION

Art. L. 5911-1 *(L. nº 2011-884 du 27 juill. 2011, art. 1er)* « Le congrès des élus départementaux et régionaux *(L. nº 2022-217 du 21 févr. 2022, art. 267)* « et des maires » de Guadeloupe est composé des membres du conseil départemental de la Guadeloupe et du conseil régional de Guadeloupe » *(L. nº 2022-217 du 21 févr. 2022, art. 267)* « ainsi que des maires du département. Les maires peuvent être remplacés dans les conditions prévues à l'article L. 2122-17. »

Les députés et les sénateurs élus dans le département, qui ne sont membres ni du conseil départemental ni du conseil régional, siègent au congrès des élus départementaux et régionaux *(L. nº 2022-217 du 21 févr. 2022, art. 268)* « et des maires » avec voix consultative.

À peine de sanctionner un élu du suffrage universel, le vote des conseillers appartenant aux deux assemblées sera deux fois recueilli.

CHAPITRE II FONCTIONNEMENT

SECTION 1 Réunions

Art. L. 5912-1 Le congrès des élus départementaux et régionaux *(L. nº 2022-217 du 21 févr. 2022, art. 267)* « et des maires » se réunit à la demande du conseil départemental ou du conseil régional, sur un ordre du jour déterminé par délibération prise à la majorité des suffrages exprimés des membres de l'assemblée.

La convocation est adressée aux membres du congrès des élus départementaux et régionaux *(L. nº 2022-217 du 21 févr. 2022, art. 267)* « et des maires » au moins dix jours francs avant celui de la réunion. Elle est accompagnée d'un rapport sur chacun des points inscrits à l'ordre du jour.

Le congrès des élus départementaux et régionaux *(L. nº 2022-217 du 21 févr. 2022, art. 267)* « et des maires » ne peut se réunir lorsque le conseil départemental ou le conseil régional tient séance.

SECTION 2 Organisation et séances

Art. L. 5912-2 Les séances du congrès des élus départementaux et régionaux *(L. nº 2022-217 du 21 févr. 2022, art. 267)* « et des maires » sont publiques.

Néanmoins, sur la demande de cinq membres ou du président, le congrès des élus départementaux et régionaux *(L. nº 2022-217 du 21 févr. 2022, art. 267)* « et des maires » peut décider, sans débat, à la majorité absolue des membres présents ou représentés, qu'il se réunit à huis clos.

Sans préjudice des pouvoirs que le président du congrès des élus départementaux et régionaux *(L. nº 2022-217 du 21 févr. 2022, art. 267)* « et des maires » tient de l'article L. 5912-3, ces séances peuvent être retransmises par les moyens de communication audiovisuelle.

Art. L. 5912-3 Le président a seul la police du congrès des élus départementaux et régionaux *(L. nº 2022-217 du 21 févr. 2022, art. 267)* « et des maires ».

Il peut faire expulser de l'auditoire ou arrêter tout individu qui trouble l'ordre.

En cas de crime ou de délit, il en dresse procès-verbal et le procureur de la République en est immédiatement saisi.

Art. L. 5912-4 Le procès-verbal de chaque séance, rédigé par un des secrétaires, est approuvé au commencement de la séance suivante et signé par le président et le secrétaire.

Il contient les rapports, les noms des membres qui ont pris part à la discussion et l'analyse de leurs opinions.

Les procès-verbaux des séances du congrès des élus départementaux et régionaux *(L. n° 2022-217 du 21 févr. 2022, art. 267)* « et des maires » sont publiés. Ils sont transmis au conseil départemental *(L. n° 2022-217 du 21 févr. 2022, art. 267)* « , au conseil régional et aux conseils municipaux » par le président du congrès des élus départementaux et régionaux *(L. n° 2022-217 du 21 févr. 2022, art. 267)* « et des maires ».

Tout électeur ou contribuable du département ou de la région a le droit de demander la communication sans déplacement et de prendre copie des procès-verbaux des séances du congrès des élus départementaux et régionaux *(L. n° 2022-217 du 21 févr. 2022, art. 267)* « et des maires » et de les reproduire par voie de presse.

CHAPITRE III LE PRÉSIDENT

Art. L. 5913-1 Lorsque les conditions de sa réunion sont remplies conformément aux dispositions de l'article L. 5912-1, le congrès des élus départementaux et régionaux *(L. n° 2022-217 du 21 févr. 2022, art. 267)* « et des maires » est convoqué et présidé, le premier semestre de chaque année, par le président du conseil départemental et, le deuxième semestre, par le président du conseil régional.

En cas d'empêchement, le président du conseil départemental ou le président du conseil régional est remplacé, respectivement dans les conditions prévues à la première phrase du premier alinéa de l'article L. 3122-2 et de l'article L. 4133-2.

Art. L. 5913-2 L'assemblée dont le président est issu met à la disposition du congrès des élus départementaux et régionaux *(L. n° 2022-217 du 21 févr. 2022, art. 267)* « et des maires » les moyens nécessaires à son fonctionnement : ces moyens doivent notamment permettre d'assurer le secrétariat des séances.

CHAPITRE IV GARANTIES CONFÉRÉES AUX MAIRES, AUX CONSEILLERS DÉPARTEMENTAUX ET AUX CONSEILLERS RÉGIONAUX PARTICIPANT AU CONGRÈS DES ÉLUS DÉPARTEMENTAUX ET RÉGIONAUX ET DES MAIRES *(L. n° 2022-217 du 21 févr. 2022, art. 268).*

Art. L. 5914-1 Lorsque le congrès des élus départementaux et régionaux *(L. n° 2022-217 du 21 févr. 2022, art. 267)* « et des maires » se réunit, les articles L. 3123-1 à L. 3123-6 *(L. n° 2022-217 du 21 févr. 2022, art. 267)* « , L. 4135-1 à L. 4135-6 et L. 2123-1 à L. 2123-8 » sont applicables respectivement aux conseillers départementaux *(L. n° 2022-217 du 21 févr. 2022, art. 267)* « , aux conseillers régionaux et aux maires ou, le cas échéant, à leurs remplaçants en application du premier alinéa de l'article L. 5911-1 ».

CHAPITRE V RÔLE DU CONGRÈS DES ÉLUS DÉPARTEMENTAUX ET RÉGIONAUX ET DES MAIRES *(L. n° 2022-217 du 21 févr. 2022, art. 268).*

Art. L. 5915-1 Le congrès des élus départementaux et régionaux *(L. n° 2022-217 du 21 févr. 2022, art. 267)* « et des maires » délibère de toute proposition d'évolution institutionnelle, de toute proposition relative à de nouveaux transferts de compétences de l'État vers le département et la région concernés, ainsi que de toute modification de la répartition des compétences entre ces collectivités locales.

Rejet du recours contre le Décr. du 29 oct. 2003 consultant les électeurs de la Guadeloupe sur la création d'une collectivité unique. La seule circonstance qu'il a mentionné dans ses visas une délibération du congrès des élus approuvant le document d'orientation sur l'évolution institutionnelle de la Guadeloupe n'est pas de nature à altérer le caractère loyal et clair de la consultation, dès lors que la question posée porte seulement sur le principe de la création d'une nouvelle collectivité sans faire référence à ce document ou à tout autre projet. • CE 4 déc. 2003, *M. Feler*, n° 262009 : *AJDA 2004. 594, note Verpeaux ; ACL 2004, n° 21.* ♦ V. notes ss. art. L. 4431-1. • Même arrêt.

Art. L. 5915-2 **Les propositions mentionnées à l'article L. 5915-1 sont transmises, dans un délai de quinze jours francs, au conseil départemental et au conseil régional qui, avant de délibérer, consultent obligatoirement le conseil économique et social du département et le conseil de la culture, de l'éducation et de l'environnement. Elles sont également transmises au Premier ministre.**

Art. L. 5915-3 **Le conseil départemental** *(L. n° 2022-217 du 21 févr. 2022, art. 267)* **« , le conseil régional et les conseils municipaux » délibèrent sur les propositions du congrès des élus départementaux et régionaux** *(L. n° 2022-217 du 21 févr. 2022, art. 267)* **« et des maires ».**

Les délibérations adoptées par le conseil départemental et le conseil régional sont transmises au Premier ministre par le président de l'assemblée concernée.

[Dispositions déclarées non conformes à la Constitution par décision du Conseil constitutionnel n° 2000-435 DC du 7 décembre 2000.]

Il résulte des dispositions de la loi que la création du congrès, qui ne conduit pas à la mise en place d'un conseil élu par lequel s'administrerait une collectivité territoriale de la République, ne porte pas atteinte au régime propre aux départements et régions d'outre-mer et ne méconnaît pas les dispositions constitutionnelles qui consacrent la libre administration de ces collectivités. • Cons. const. 7 déc. 2000, n° 2000-435 DC : *JO 14 déc., p. 19830 ; AJDA 2001. 102, note Schoettl*. ♦ La procédure organisée par la loi vise à permettre aux élus départementaux et régionaux de présenter au Premier ministre de simples propositions portant sur l'évolution institutionnelle des départements d'outre-mer et sur la modification des compétences des collectivités concernées ; elle n'outrepasse pas les mesures d'adaptation nécessitées par la situation particulière des départements d'outre-mer et ne méconnaît donc pas les dispositions de l'art. 73 de la Constitution. • Même décision. ♦ Toutefois, le législateur ne saurait enjoindre au Premier ministre de donner une réponse aux propositions de modifications législatives émanant d'organes délibérants des collectivités territoriales, même si le Premier ministre fixe lui-même le délai de réponse. Le 3e alinéa de l'article est donc contraire à la Constitution. • Même décision.

CHAPITRE VI CONSULTATION DES POPULATIONS

Art. L. 5916-1 *Abrogé par L. n° 2007-224 du 21 févr. 2007, art. 25.*

SIXIÈME PARTIE COLLECTIVITÉS D'OUTRE-MER RÉGIES PAR L'ARTICLE 74 DE LA CONSTITUTION

(L. org. n° 2007-223 du 21 févr. 2007)

ENCYCL. COLL. LOC. *Outre-mer : régime général de l'article 74 de la Constitution, 1940,* par FABERON.

BIBL. GÉN. ▸ Réforme des statuts de l'outre-mer. Dossier *RFDA 2007. 655* (art. TESOKA, PONTIER, FABERON, DIEMERT, ORAISON). – GUISELIN, La modernisation du régime électoral des assemblées des collectivités d'outre-mer et de Nouvelle-Calédonie : entre respect des particularismes et primat majoritaire, *RFDA 2008. 125*. – CAILLE, L'outre-mer dans la révision constitutionnelle du 23 juillet 2008, *AJDA 2008. 1887*.

▸ Pour la révision constitutionnelle du 28 mars 2003, V. Bibl. gén. ss. Quatrième partie, Liv. IV, Tit. III (Les régions d'outre-mer).

LIVRE I *[ABROGÉ]* DISPOSITIONS TRANSITOIRES APPLICABLES AU DÉPARTEMENT DE MAYOTTE *(L. org. n° 2010-1486 du 7 déc. 2010, art. 2)*

(Abrogé par L. org. n° 2010-1486 du 7 déc. 2010, art. 2)

ENCYCL. COLL. LOC. *Outre-mer : Mayotte, 1970,* par FABERON.

BIBL. GÉN. ▸ THIELLAY, La loi du 11 juillet 2001, un nouveau départ pour Mayotte dans la République, *AJDA 2002. 106*. – VERIN, Les Comores, *Karthala, 1994*. – DOUENCE ET FAURE, Sur la décision du Conseil constitutionnel du 4 mai 2000 relative à la loi organisant une consultation de la population de Mayotte, Y a-t-il deux Constitutions ? *RFDA 2000. 746*. – FABERON, *AJDA 2000. 568*. – GOHIN, L'évolution du statut de Mayotte au sein de la République française : aspects constitutionnels, *RFDA 2000. 737*. – LEMAIRE, La question de la libre détermination statutaire des populations d'outre-mer devant le Conseil constitutionnel, *RD publ. 2000. 907*. – LE POURHIET, La Constitution, Mayotte et les autres, *RD publ. 2000. 883*. – LUCHAIRE, Le Conseil constitutionnel et la consultation de la population de Mayotte, *Rev. jur. et pol. Indépendance et coopération 2000. 243*. – PIASTRA, Le Conseil constitutionnel juge de la constitutionnalité d'une loi prévoyant un référendum local à Mayotte, *LPA 27 juill. 2000, p. 12*. – SCHOETTL, *AJDA 2000. 563*.

TITRE I *[ABROGÉ]* DISPOSITIONS GÉNÉRALES

CHAPITRE I *[ABROGÉ]* DISPOSITIONS GÉNÉRALES

Art. L.O. 6111-1 *(L. org. n° 2010-1486 du 7 déc. 2010, art. 2)* ***Pour l'application du présent livre, la référence à la collectivité départementale de Mayotte est remplacée par la référence au Département de Mayotte.***

Le législateur organique a entendu rappeler que par la révision constitutionnelle du 28 mars 2003, le constituant à inscrit Mayotte parmi les collectivités territoriales de la République. Il a également entendu rappeler que la Constitution (art. 53) fait du consentement de la population une condition indispensable à l'accession à l'indépendance de cette collectivité. Pour autant, il ne peut, sans empiéter sur les pouvoirs du constituant, y ajouter une condition tenant à une révision préalable de la Constitution. • Cons. const. 15 févr. 2007, n° 2007-547 DC (loi organique portant dispositions statutaires et institutionnelles relatives à l'outre-mer, cons. 13).

Art. L.O. 6111-2 *et* L.O. 6111-3 *Abrogés par L. org. n° 2010-1486 du 7 déc. 2010, art. 2.*

CHAPITRE II *[ABROGÉ]* LE REPRÉSENTANT DE L'ÉTAT

Art. L.O. 6112-1 *et* L. 6112-2 *Abrogés par L. org. n° 2010-1486 du 7 déc. 2010, art. 2.*

CHAPITRE III *[ABROGÉ]* L'APPLICATION DES LOIS ET RÈGLEMENTS À MAYOTTE

Art. L.O. 6113-1 *à* L. 6113-5 *Abrogés par L. org. nº 2010-1486 du 7 déc. 2010, art. 2.*

CHAPITRE IV *[ABROGÉ]* COMPÉTENCES

Art. L.O. 6114-1 *à* L.O. 6114-3 *Abrogés par L. org. nº 2010-1486 du 7 déc. 2010, art. 2.*

TITRE II *[ABROGÉ]* TERRITOIRE DE LA COLLECTIVITÉ

CHAPITRE UNIQUE *[ABROGÉ]* CHEF-LIEU ET SUBDIVISIONS DE LA COLLECTIVITÉ

Art. L.O. 6121-1 *à* L. 6121-3 *Abrogés par L. org. nº 2010-1486 du 7 déc. 2010, art. 2.*

TITRE III *[ABROGÉ]* LES INSTITUTIONS DE LA COLLECTIVITÉ

Art. L.O. 6130-1 *Abrogé par L. org. nº 2010-1486 du 7 déc. 2010, art. 2.*

CHAPITRE I *[ABROGÉ]* LE CONSEIL GÉNÉRAL

SECTION 1 *[ABROGÉE]* Dispositions générales

Art. L.O. 6131-1 *à* L.O. 6131-7 *Abrogés par L. org. nº 2010-1486 du 7 déc. 2010, art. 2.*

SECTION 2 *[ABROGÉE]* Fonctionnement

SOUS-SECTION 1 *[ABROGÉE]* Siège et règlement intérieur

Art. L.O. 6131-8 *et* L.O. 6131-9 *Abrogés par L. org. nº 2010-1486 du 7 déc. 2010, art. 2.*

SOUS-SECTION 2 *[ABROGÉE]* Réunion

Art. L.O. 6131-10 *et* L.O. 6131-11 *Abrogés par L. org. nº 2010-1486 du 7 déc. 2010, art. 2.*

SOUS-SECTION 3 *[ABROGÉE]* Séances

Art. L.O. 6131-12 *à* L. 6131-14 *Abrogés par L. org. nº 2010-1486 du 7 déc. 2010, art. 2.*

SOUS-SECTION 4 *[ABROGÉE]* Délibérations

Art. L.O. 6131-15 *à* L. 6131-19 *Abrogés par L. org. nº 2010-1486 du 7 déc. 2010, art. 2.*

SOUS-SECTION 5 *[ABROGÉE]* Information

Art. L.O. 6131-20 *à* L.O. 6131-24 *Abrogés par L. org. nº 2010-1486 du 7 déc. 2010, art. 2.*

SOUS-SECTION 6 *[ABROGÉE]* Commissions – Représentation au sein d'organismes extérieurs

Art. L.O. 6131-25 *à* L.O. 6131-27 *Abrogés par L. org. nº 2010-1486 du 7 déc. 2010, art. 2.*

SOUS-SECTION 7 *[ABROGÉE]* Fonctionnement des groupes d'élus

Art. L.O. 6131-28 et L.O. 6131-29 *Abrogés par L. org. nº 2010-1486 du 7 déc. 2010, art. 2.*

SOUS-SECTION 8 *[ABROGÉE]* Relations avec le représentant de l'État

Art. L.O. 6131-30 à L.O. 6131-34 *Abrogés par L. org. nº 2010-1486 du 7 déc. 2010, art. 2.*

CHAPITRE II *[ABROGÉ]* LE PRÉSIDENT, LA COMMISSION PERMANENTE ET LE BUREAU DU CONSEIL GÉNÉRAL

SECTION 1 *[ABROGÉE]* Le président

SOUS-SECTION 1 *[ABROGÉE]* Désignation

Art. L.O. 6132-1 *Abrogé par L. org. nº 2010-1486 du 7 déc. 2010, art. 2.*

SOUS-SECTION 2 *[ABROGÉE]* Remplacement

Art. L.O. 6132-2 *Abrogé par L. org. nº 2010-1486 du 7 déc. 2010, art. 2.*

SOUS-SECTION 3 *[ABROGÉE]* Incompatibilités

Art. L.O. 6132-3 *Abrogé par L. org. nº 2010-1486 du 7 déc. 2010, art. 2.*

SECTION 2 *[ABROGÉE]* La commission permanente

Art. L.O. 6132-4 à L.O. 6132-8 *Abrogés par L. org. nº 2010-1486 du 7 déc. 2010, art. 2.*

SECTION 3 *[ABROGÉE]* Le bureau

Art. L.O. 6132-9 *Abrogé par L. org. nº 2010-1486 du 7 déc. 2010, art. 2.*

CHAPITRE III *[ABROGÉ]* LE CONSEIL ÉCONOMIQUE ET SOCIAL ET LE CONSEIL DE LA CULTURE, DE L'ÉDUCATION ET DE L'ENVIRONNEMENT

Art. L.O. 6133-1 à L. 6133-8 *Abrogés par L. org. nº 2010-1486 du 7 déc. 2010, art. 2.*

CHAPITRE IV *[ABROGÉ]* CONDITIONS D'EXERCICE DES MANDATS

SECTION 1 *[ABROGÉE]* Garanties accordées aux titulaires d'un mandat au conseil général

Art. L. 6134-1 *Abrogé par L. org. nº 2010-1486 du 7 déc. 2010, art. 2.*

SECTION 2 *[ABROGÉE]* Droit à la formation

Art. L.O. 6134-2 *Abrogé par L. org. nº 2010-1486 du 7 déc. 2010, art. 2.*

SECTION 3 *[ABROGÉE]* Indemnités des conseillers généraux

Art. L.O. 6134-3 à L. 6134-10 *Abrogés par L. org. nº 2010-1486 du 7 déc. 2010, art. 2.*

SECTION 4 *[ABROGÉE]* Protection sociale

SOUS-SECTION 1 *[ABROGÉE]* Sécurité sociale

Art. L. 6134-11 *Abrogé par L. org. nº 2010-1486 du 7 déc. 2010, art. 2.*

SOUS-SECTION 2 *[ABROGÉE]* **Retraite**

SECTION 5 *[ABROGÉE]* **Responsabilité de la collectivité en cas d'accident**

Art. L. 6134-12 *à* L. 6134-14 *Abrogés par L. org. n° 2010-1486 du 7 déc. 2010, art. 2.*

SECTION 6 *[ABROGÉE]* **Responsabilité et protection des élus**

Art. L.O. 6134-15 *à* L. 6134-17 *Abrogés par L. org. n° 2010-1486 du 7 déc. 2010, art. 2.*

SECTION 7 *[ABROGÉE]* **Honorariat des conseillers généraux**

Art. L. 6134-18 *Abrogé par L. org. n° 2010-1486 du 7 déc. 2010, art. 2.*

TITRE IV *[ABROGÉ]* PARTICIPATION DES ÉLECTEURS À LA VIE DE LA COLLECTIVITÉ

CHAPITRE I *[ABROGÉ]* PÉTITION DES ÉLECTEURS

Art. L.O. 6141-1 *Abrogé par L. org. n° 2010-1486 du 7 déc. 2010, art. 2.*

CHAPITRE II *[ABROGÉ]* RÉFÉRENDUM LOCAL

Art. L.O. 6142-1 *Abrogé par L. org. n° 2010-1486 du 7 déc. 2010, art. 2.*

CHAPITRE III *[ABROGÉ]* CONSULTATION DES ÉLECTEURS

Art. L.O. 6143-1 *Abrogé par L. org. n° 2010-1486 du 7 déc. 2010, art. 2.*

TITRE V *[ABROGÉ]* RÉGIME JURIDIQUE DES ACTES PRIS PAR LES AUTORITÉS DE LA COLLECTIVITÉ ET RELATIONS ENTRE L'ÉTAT ET LA COLLECTIVITÉ

CHAPITRE I *[ABROGÉ]* PUBLICITÉ ET ENTRÉE EN VIGUEUR

Art. L.O. 6151-1 *à* L.O. 6151-7 *Abrogés par L. org. n° 2010-1486 du 7 déc. 2010, art. 2.*

CHAPITRE II *[ABROGÉ]* CONTRÔLE DE LÉGALITÉ

Art. L.O. 6152-1 *à* L.O. 6152-6 *Abrogés par L. org. n° 2010-1486 du 7 déc. 2010, art. 2.*

CHAPITRE III *[ABROGÉ]* EXERCICE PAR UN CONTRIBUABLE OU UN ÉLECTEUR DES ACTIONS APPARTENANT À LA COLLECTIVITÉ

Art. L.O. 6153-1 *Abrogé par L. org. n° 2010-1486 du 7 déc. 2010, art. 2.*

CHAPITRE IV *[ABROGÉ]* RELATIONS ENTRE LA COLLECTIVITÉ ET L'ÉTAT

SECTION 1 *[ABROGÉE]* **Services de l'État mis à disposition**

Art. L. 6154-1 *et* L.O. 6154-2 *Abrogés par L. org. n° 2010-1486 du 7 déc. 2010, art. 2.*

SECTION 2 *[ABROGÉE]* **Coordination entre les services de l'État et les services de la collectivité**

Art. L.O. 6154-3 *Abrogé par L. org. n° 2010-1486 du 7 déc. 2010, art. 2.*

SECTION 3 *[ABROGÉE]* Responsabilité

Art. L. 6154-4 *Abrogé par L. org. nº 2010-1486 du 7 déc. 2010, art. 2.*

TITRE VI *[ABROGÉ]* ADMINISTRATION ET SERVICES DE LA COLLECTIVITÉ

CHAPITRE I *[ABROGÉ]* COMPÉTENCES DU CONSEIL GÉNÉRAL

SECTION 1 *[ABROGÉE]* Compétences générales

Art. L.O. 6161-1 à L.O. 6161-9 *Abrogés par L. org. nº 2010-1486 du 7 déc. 2010, art. 2.*

SECTION 2 *[ABROGÉE]* Autres compétences

SOUS-SECTION 1 *[ABROGÉE]* Consultation et proposition

Art. L.O. 6161-10 et L.O. 6161-11 *Abrogés par L. org. nº 2010-1486 du 7 déc. 2010, art. 2.*

SOUS-SECTION 2 *[ABROGÉE]* Relations extérieures et coopération régionale

Art. L.O. 6161-12 à L.O. 6161-21 *Abrogés par L. org. nº 2010-1486 du 7 déc. 2010, art. 2.*

SOUS-SECTION 3 *[ABROGÉE]* Fiscalité et régime douanier

Art. L.O. 6161-22 *Abrogé par L. org. nº 2010-1486 du 7 déc. 2010, art. 2.*

Art. L.O. 6161-23 *Sans préjudice de l'exercice par la collectivité de Mayotte de sa compétence en matière d'impôts, droits et taxes, l'État peut instituer des taxes destinées à être perçues à l'occasion de l'exécution des missions d'intérêt général qui lui incombent dans le cadre de ses compétences [Dispositions déclarées non conformes à la Constitution par la décision du Conseil constitutionnel nº 2007-547 DC du 15 février 2007].*

Une convention conclue entre l'État et la collectivité précise les modalités d'application du premier alinéa afin de déterminer les modalités de recouvrement et de gestion des recettes destinées au financement de la sécurité aérienne.

L'État doit pouvoir disposer, par l'institution de taxes, d'une partie au moins des ressources nécessaires à l'exercice des missions qui demeurent à sa charge. Une restriction qui en ferait supporter le coût par les contribuables ne résidant pas dans la collectivité créerait une rupture caractérisée de l'égalité devant les charges publiques contraire à l'art. 13 DDH. • Cons. const. 15 févr. 2007, nº 2007-547 DC (loi organique portant dispositions statutaires et institutionnelles relatives à l'outre-mer, cons. 45 à 48).

Art. L.O. 6161-24 *Abrogé par L. org. nº 2010-1486 du 7 déc. 2010, art. 2.*

SOUS-SECTION 4 *[ABROGÉE]* Culture et éducation

Art. L.O. 6161-25 et L.O. 6161-26 *Abrogés par L. org. nº 2010-1486 du 7 déc. 2010, art. 2.*

SOUS-SECTION 5 *[ABROGÉE]* Service d'incendie et de secours

Art. L.O. 6161-27 à L.O. 6161-36 *Abrogés par L. org. nº 2010-1486 du 7 déc. 2010, art. 2.*

Art. L.O. 6161-37 *Abrogé par Ord. nº 2012-251 du 12 mars 2012, art. 19.*

Art. L.O. 6161-38 à L.O. 6161-41 *Abrogés par L. org. nº 2010-1486 du 7 déc. 2010, art. 2.*

SOUS-SECTION 6 *[ABROGÉE]* **Aménagement du territoire, développement et protection de l'environnement**

Art. L.O. 6161-42 et L.O. 6161-43 *Abrogés par L. org. nº 2010-1486 du 7 déc. 2010, art. 2.*

CHAPITRE II *[ABROGÉ]* COMPÉTENCES DU PRÉSIDENT DU CONSEIL GÉNÉRAL

Art. L.O. 6162-1 à L.O. 6162-13 *Abrogés par L. org. nº 2010-1486 du 7 déc. 2010, art. 2.*

TITRE VII *[ABROGÉ]* FINANCES DE LA COLLECTIVITÉ

CHAPITRE I *[ABROGÉ]* BUDGETS ET COMPTES

SECTION 1 *[ABROGÉE]* Dispositions générales

Art. L.O. 6171-1 *Abrogé par L. org. nº 2010-1486 du 7 déc. 2010, art. 2.*

SECTION 2 *[ABROGÉE]* Adoption du budget et règlement des comptes

Art. L.O. 6171-2 à L.O. 6171-27 *Abrogés par L. org. nº 2010-1486 du 7 déc. 2010, art. 2.*

CHAPITRE II *[ABROGÉ]* DÉPENSES

Art. L.O. 6172-1 à L.O. 6172-3 *Abrogés par L. org. nº 2010-1486 du 7 déc. 2010, art. 2.*

CHAPITRE III *[ABROGÉ]* RECETTES

SECTION 1 *[ABROGÉE]* Dispositions générales

Art. L.O. 6173-1 à L. 6173-5 *Abrogés par L. org. nº 2010-1486 du 7 déc. 2010, art. 2.*

SECTION 2 *[ABROGÉE]* Dispositions financières

Art. L. 6173-6 à L. 6173-9 *Abrogés par L. org. nº 2010-1486 du 7 déc. 2010, art. 2.*

CHAPITRE IV *[ABROGÉ]* COMPTABILITÉ

Art. L. 6174-1 et L. 6174-2 *Abrogés par L. org. nº 2010-1486 du 7 déc. 2010, art. 2.*

CHAPITRE V *[ABROGÉ]* FONDS INTERCOMMUNAL DE PÉRÉQUATION

Art. L.O. 6175-1 à L.O. 6175-6 *Abrogés par L. org. nº 2010-1486 du 7 déc. 2010, art. 2.*

CHAPITRE VI *[ABROGÉ]* DISPOSITIONS DIVERSES

Art. L.O. 6176-1 et L.O. 6176-2 *Abrogés par L. org. nº 2010-1486 du 7 déc. 2010, art. 2.*

TITRE VIII *[ABROGÉ]* DISPOSITIONS APPLICABLES JUSQU'AU RENOUVELLEMENT DU CONSEIL GÉNÉRAL EN 2008

Art. L.O. 6181-1 à L.O. 6181-8 *Abrogés par L. org. nº 2010-1486 du 7 déc. 2010, art. 2.*

LIVRE II SAINT-BARTHÉLEMY

BIBL. GÉN. ▸ DIEMERT, La création de deux nouvelles collectivités d'outre-mer régies par l'article 74 de la Constitution : Saint-Barthélemy et Saint-Martin. *RFDA 2007. 669*. – NATALE, Évolution statutaire de Saint-Martin et de Saint Barthélemy : la consolidation de la catégorie des collectivités d'outre-mer, *BJCL 2007. 622.*

TITRE I DISPOSITIONS GÉNÉRALES

CHAPITRE I DISPOSITIONS GÉNÉRALES

Art. L.O. 6211-1 Il est institué une collectivité d'outre-mer qui se substitue, sur le territoire de l'île de Saint-Barthélemy et des îlots qui en dépendent et sont situés à moins de huit milles marins de ses côtes, à la commune de Saint-Barthélemy, au département de la Guadeloupe et à la région de la Guadeloupe.

Cette collectivité d'outre-mer, régie par l'article 74 de la Constitution, prend le nom de : "collectivité de Saint-Barthélemy". Elle est dotée de l'autonomie.

La collectivité de Saint-Barthélemy s'administre librement par ses élus et par la voie du référendum local, dans les conditions prévues par le présent code.

La République garantit l'autonomie de Saint-Barthélemy et le respect de ses intérêts propres, en tenant compte de ses spécificités géographiques et historiques.

Le traité de Maastricht accorde le droit de vote et d'éligibilité aux élections municipales aux citoyens de l'Union ne résidant pas dans l'État membre dont ils ont la nationalité. L'art. 88-3 de la Constitution met ce droit en œuvre en France, y compris l'outre-mer. La suppression de la commune de Saint-Barthélemy et son remplacement par la collectivité de Saint-Barthélemy, nouvelle collectivité territoriale de base au sens de la directive communautaire 94/80/CE du 19 déc. 1994, ne saurait avoir pour effet de priver les citoyens de l'Union y demeurant de la possibilité de participer aux élections au conseil territorial, qui s'est substitué au conseil municipal. • CE 14 juin 2010, *M. Darup*, n° 307053 A : *AJDA 2010. 1236* ; *RFDA 2010. 863.* ♦ L'instruction du ministre de l'Intérieur prise pour la mise en œuvre des élections est annulée en tant qu'elle dispose que les électeurs inscrits sur la liste électorale complémentaire pour les élections municipales ne sont pas admis à prendre part au vote pour le conseil territorial de Saint-Barthélemy. • Même arrêt.

Art. L.O. 6211-2 Saint-Barthélemy est représentée au Parlement et au Conseil économique, social et environnemental dans les conditions définies par les lois organiques.

Malgré la rédaction du texte, le Conseil constitutionnel rappelle que chaque parlementaire représente la Nation toute entière et non la population de sa circonscription d'élection. • Cons. const. 15 févr. 2007, n° 2007-547 DC (loi organique portant dispositions statutaires et institutionnelles relatives à l'outre-mer, considérant 10).

CHAPITRE II LE REPRÉSENTANT DE L'ÉTAT

Art. L.O. 6212-1 Le représentant de l'État, représentant de chacun des membres du Gouvernement, est dépositaire des pouvoirs de la République. Il a la charge des intérêts nationaux, du respect des lois et des engagements internationaux de la France, de l'ordre public et du contrôle administratif.

Art. L. 6212-2 *(L. n° 2007-224 du 21 févr. 2007, art. 1er)* Le représentant de l'État dirige les services de l'État à Saint-Barthélemy, sous réserve des exceptions limitativement énumérées par décret en Conseil d'État. Il est seul habilité à s'exprimer au nom de l'État devant le conseil territorial et à engager l'État envers la collectivité.

S'il n'en est disposé autrement par le présent livre, il exerce les compétences dévolues au représentant de l'État dans les départements et les régions.

Art. L. 6212-3 *(L. n° 2007-224 du 21 févr. 2007, art. 1er)* I. – Le représentant de l'État peut prendre toutes mesures relatives au maintien de la salubrité, de la sûreté et de la tranquillité publiques.

Si le maintien de l'ordre est menacé, le représentant de l'État peut se substituer, par arrêté motivé, au président du conseil territorial pour la répression des atteintes à la tranquillité publique, pour le maintien de l'ordre public et pour la police des baignades et des activités nautiques.

II. — Sous réserve des dispositions du code de procédure pénale relatives à l'exercice de la mission de police judiciaire *(L. n° 2009-971 du 3 août 2009, art. 7)* « et des dispositions du code général des collectivités territoriales relatives à la prévention de la délinquance », le représentant de l'État à Saint-Barthélemy anime et coordonne l'ensemble du dispositif de sécurité intérieure.

À cet effet, sans préjudice des missions de la gendarmerie relevant de la défense nationale, il fixe les missions autres que celles qui sont relatives à l'exercice de la police judiciaire et coordonne l'action des différents services et forces dont dispose l'État en matière de sécurité intérieure.

Il dirige l'action des services de la police nationale et des unités de la gendarmerie nationale en matière d'ordre public et de police administrative. *(L. n° 2009-971 du 3 août 2009, art. 6)* « Dans le respect du statut militaire pour ce qui concerne la gendarmerie nationale, le responsable du commandement de la gendarmerie nationale et son équivalent pour la police nationale sont placés sous son autorité et lui rendent compte de l'exécution et des résultats de leurs missions en ces matières. »

CHAPITRE III L'APPLICATION DES LOIS ET RÈGLEMENTS À SAINT-BARTHÉLEMY

Art. L.O. 6213-1 Les dispositions législatives et réglementaires sont applicables de plein droit à Saint-Barthélemy, à l'exception de celles intervenant dans les matières qui relèvent de la loi organique en application de l'article 74 de la Constitution ou de la compétence de la collectivité en application de l'article L.O. 6214-3.

L'applicabilité de plein droit des lois et règlements ne fait pas obstacle à leur adaptation à l'organisation particulière de la collectivité de Saint-Barthélemy.

Par dérogation aux dispositions du premier alinéa, les lois et règlements relatifs à l'entrée et au séjour des étrangers ainsi qu'au droit d'asile ne sont applicables à Saint-Barthélemy que sur mention expresse.

Le principe de spécialité législative ne s'applique que pour l'avenir. Pour assurer la continuité des règles juridiques, seules les dispositions futures relatives au séjour des étrangers et à l'asile devront mentionner expressément la collectivité pour être applicables. • Cons. const. 15 févr. 2007, n° 2007-547 DC (loi organique portant dispositions statutaires et institutionnelles relatives à l'outre-mer, considérant 40).

Art. L.O. 6213-2 I. — Les lois et, lorsqu'ils sont publiés au *Journal officiel* de la République française, les actes administratifs entrent en vigueur à Saint-Barthélemy à la date qu'ils fixent ou, à défaut, le lendemain de leur publication. Toutefois, l'entrée en vigueur de celles de leurs dispositions dont l'exécution nécessite des mesures d'application est reportée à la date d'entrée en vigueur de ces mesures.

En cas d'urgence, entrent en vigueur dès leur publication les lois dont le décret de promulgation le prescrit et les actes administratifs pour lesquels le Gouvernement l'ordonne par une disposition spéciale.

Le présent I n'est pas applicable aux actes individuels.

II. — La publication des lois, des ordonnances, des décrets et, lorsqu'une loi, une ordonnance ou un décret le prévoit, des autres actes administratifs est assurée *(L. org. n° 2015-1712 du 22 déc. 2015, art. 1er)* « sous forme électronique », dans des conditions de nature à garantir leur authenticité. Le *Journal officiel* de la République française est mis à la disposition du public sous forme électronique de manière permanente et gratuite. *(L. org. n° 2015-1712 du 22 déc. 2015, art. 1er)* « Lorsqu'une personne demande à obtenir sur papier un acte publié au *Journal officiel* de la République française, l'administration lui communique l'extrait correspondant. L'administration n'est pas tenue de donner suite aux demandes abusives, en particulier par leur nombre ou par leur caractère répétitif ou systématique.

« III. — Sont applicables de plein droit à Saint-Barthélemy les dispositions réglementaires en vigueur en métropole qui définissent les actes individuels devant être publiés dans des conditions garantissant qu'ils ne font pas l'objet d'une indexation par des moteurs de recherche. »

IV. — À Saint-Barthélemy, la publication des actes et documents administratifs au *bulletin officiel* d'un ministère, diffusé sous forme électronique dans les conditions garantissant sa fiabilité, produit les mêmes effets de droit que leur publication sous forme imprimée.

Art. L.O. 6213-3 Le conseil territorial est consulté :

1° Sur les projets de loi, les propositions de loi et les projets d'ordonnance ou de décret qui introduisent, modifient ou suppriment des dispositions particulières à Saint-Barthélemy ;

2° Sur les projets d'ordonnance pris sur le fondement de l'article 74-1 de la Constitution lorsqu'ils sont relatifs à Saint-Barthélemy ;

3° Sur les projets de loi autorisant la ratification ou l'approbation des engagements internationaux de la France qui interviennent dans les domaines de compétence de la collectivité ;

4° Sur les traités ou accords, préalablement à leur ratification ou à leur approbation, qui ne sont pas au nombre de ceux mentionnés au premier alinéa de l'article 53 de la Constitution et qui interviennent dans les domaines de compétence de la collectivité.

Le conseil territorial dispose d'un délai d'un mois pour rendre son avis. Ce délai est réduit à quinze jours, en cas d'urgence, à la demande du représentant de l'État. Le délai expiré, l'avis est réputé avoir été donné.

Lorsque le conseil territorial a été saisi selon la procédure d'urgence, l'avis peut être émis par le conseil exécutif, à l'exception des avis portant sur les projets ou propositions de loi organique relatifs au statut de la collectivité.

Les consultations mentionnées aux alinéas précédents doivent intervenir, au plus tard, avant l'adoption du projet de loi ou de la proposition de loi en première lecture par la première assemblée saisie. Toutefois, les avis portant sur les projets de loi qui, dès l'origine, comportent des dispositions relatives à l'organisation particulière de Saint-Barthélemy sont rendus de façon implicite ou expresse avant l'avis du Conseil d'État.

Les avis émis au titre du présent article sont publiés au *Journal officiel* de Saint-Barthélemy.

Lorsque le conseil territorial fait usage de la faculté qui lui est ouverte par l'article L.O. 6251-12, les délibérations par lesquelles il présente des propositions de modification des dispositions législatives et réglementaires applicables à Saint-Barthélemy ont valeur d'avis au sens du présent article lorsque le Parlement ou le Gouvernement décident de suivre, en tout ou partie, ces propositions.

À la demande du président de l'Assemblée nationale ou du président du Sénat, le représentant de l'État est tenu de consulter le conseil territorial sur les propositions de loi mentionnées au 1°.

Art. L.O. 6213-4 Les lois, ordonnances et décrets intervenus avant l'entrée en vigueur de la loi organique n° 2007-223 du 21 février 2007 portant dispositions statutaires et institutionnelles relatives à l'outre-mer dans des matières qui relèvent de la compétence des autorités de la collectivité peuvent être modifiés ou abrogés, en tant qu'ils s'appliquent à Saint-Barthélemy, par les autorités de la collectivité selon les procédures prévues par la même loi organique.

Lorsqu'elles usent de la faculté qui leur est offerte par le premier alinéa, les autorités de la collectivité doivent prononcer l'abrogation expresse de la disposition législative ou réglementaire précédemment en vigueur et procéder à l'édiction formelle d'une nouvelle disposition.

Art. L.O. 6213-5 I. – Lorsque le Conseil constitutionnel a constaté qu'une loi promulguée postérieurement à l'entrée en vigueur de la loi organique n° 2007-223 du 21 février 2007 précitée est intervenue dans les matières ressortissant à la compétence de la collectivité de Saint-Barthélemy, en tant qu'elle s'applique à cette dernière, cette loi peut être modifiée ou abrogée par le conseil territorial.

II. – Le Conseil constitutionnel est saisi par le président du conseil territorial en exécution d'une délibération de cette assemblée, le Premier ministre, le président de l'Assemblée nationale ou le président du Sénat. Il informe de sa saisine, qui doit être motivée, les autres autorités titulaires du pouvoir de le saisir ; celles-ci peuvent présenter des observations dans le délai de quinze jours.

Le Conseil constitutionnel statue dans un délai de trois mois.

III. – Lorsqu'elles usent de la faculté qui leur est offerte par le I, les autorités de la collectivité doivent prononcer l'abrogation expresse de la disposition législative précédemment en vigueur et procéder à l'édiction formelle d'une nouvelle disposition.

Art. L.O. 6213-6 Sont applicables à la collectivité de Saint-Barthélemy les dispositions suivantes du présent code en vigueur à la date de promulgation de la loi organique n° 2007-223 du 21 février 2007 précitée :

1° Première partie : livre I (titre unique : chapitres I, III et IV) ; livre VI (titre II) ;

2° Cinquième partie : livres IV, VI et VII.

Pour l'application de ces dispositions à Saint-Barthélemy :

– la référence aux communes, aux départements et aux régions est remplacée par la référence à la collectivité de Saint-Barthélemy ;

– la référence aux conseils municipaux, aux conseils départementaux et aux conseils régionaux est remplacée par la référence au conseil territorial ;

– la référence au maire, au président du conseil départemental et au président du conseil régional est remplacée par la référence au président du conseil territorial.

Art. L. 6213-7 *(L. n° 2007-224 du 21 févr. 2007, art. 1er)* Sans préjudice de l'exercice de ses compétences par la collectivité de Saint-Barthélemy, sont applicables les dispositions suivantes du présent code :

1° Première partie : livres II, III, IV et V ;

(L. n° 2022-217 du 21 févr. 2022, art. 98) « 2° Deuxième partie : les titres I et II, à l'exception de l'article L. 2224-12-3-1, le chapitre III du titre IV et le titre V du livre II ; pour l'application du chapitre III du titre IV, la référence au code de l'urbanisme est remplacée par la référence à la réglementation applicable localement ; »

3° Troisième partie : livre II ;

4° Quatrième partie : livre II ; sections 3 et 4 du chapitre III du titre III du livre IV.

Pour l'application de ces dispositions à Saint-Barthélemy, la référence aux communes, aux départements et aux régions est remplacée par la référence à la collectivité de Saint-Barthélemy.

CHAPITRE IV COMPÉTENCES

Art. L.O. 6214-1 La collectivité exerce les compétences dévolues par les lois et règlements en vigueur aux communes, ainsi que celles dévolues au département de la Guadeloupe et à la région de la Guadeloupe.

Art. L.O. 6214-2 Dans les conditions prévues à l'article L.O. 6251-5, la collectivité peut adapter les lois et règlements en vigueur localement.

Art. L.O. 6214-3 I. – La collectivité fixe les règles applicables dans les matières suivantes :

1° Impôts, droits et taxes dans les conditions prévues à l'article L.O. 6214-4 ; cadastre ;

2° Urbanisme ; construction ; habitation ; logement ;

3° Circulation routière et transports routiers ; desserte maritime d'intérêt territorial ; immatriculation des navires ; *(L. org. n° 2015-1485 du 17 nov. 2015, art. 4)* « carte et titre de navigation des navires de plaisance à usage personnel non soumis à francisation ; » création, aménagement et exploitation des ports maritimes, à l'exception du régime du travail ;

4° Voirie ; droit domanial et des biens de la collectivité ;

5° Environnement, y compris la protection des espaces boisés ;

6° Accès au travail des étrangers ;

7° Énergie ;

8° Tourisme ;

9° Création et organisation des services et des établissements publics de la collectivité ;

(L. org. n° 2015-1485 du 17 nov. 2015, art. 3) « 10° Location de véhicules terrestres à moteur. »

Toutefois, l'État demeure compétent pour fixer, dans les matières mentionnées ci-dessus, les règles relatives à la recherche, à la constatation et à la répression des infractions pénales.

Par dérogation au 2°, les autorités de l'État délivrent, dans le cadre de la réglementation applicable à Saint-Barthélemy et après avis du conseil exécutif, les autorisations ou actes relatifs à l'utilisation et à l'occupation du sol concernant les constructions, installations ou travaux réalisés pour le compte de l'État et de ses établissements publics.

II. — En cas d'accession de la collectivité de Saint-Barthélemy au statut de "pays et territoire d'outre-mer de l'Union européenne et des Communautés européennes" et à compter de cette accession, la collectivité est compétente en matière douanière, à l'exception des mesures de prohibition à l'importation et à l'exportation qui relèvent de l'ordre public et des engagements internationaux de la France, des règles relatives aux pouvoirs de recherche et de constatation des infractions pénales et des procédures contentieuses en matière douanière.

Sur la compétence en matière fiscale et ses conditions d'exercice, V. art. L.O. 6214-4, notes 3 et 4.

Art. L.O. 6214-4 I. — La collectivité de Saint-Barthélemy exerce les compétences qu'elle tient du 1° du I de l'article L.O. 6214-3 en matière d'impôts, droits et taxes dans le respect des dispositions suivantes :

1° Les personnes physiques ne peuvent être considérées comme ayant leur domicile fiscal à Saint-Barthélemy qu'après y avoir résidé pendant cinq ans au moins.

Les personnes morales ne peuvent être considérées comme ayant leur domicile fiscal à Saint-Barthélemy qu'après y avoir installé le siège de leur direction effective depuis cinq ans au moins ou lorsqu'elles y ont installé le siège de leur direction effective et qu'elles sont contrôlées, directement ou indirectement, par des personnes physiques résidant à Saint-Barthélemy depuis cinq ans au moins.

Les personnes physiques ou morales qui ne remplissent pas les conditions de résidence fixées aux deux alinéas précédents sont considérées comme ayant leur domicile fiscal en métropole ;

(L. org. n° 2010-93 du 25 janv. 2010) « 1° *bis* Les personnes physiques ou morales ayant leur domicile fiscal dans un département de métropole ou d'outre-mer, ou étant réputées l'avoir en vertu du 1°, sont soumises aux impositions en vigueur dans ces départements.

« Sans préjudice des dispositions de l'alinéa précédent, les personnes physiques ou morales ayant leur domicile fiscal dans un département de métropole ou d'outre-mer, ou étant réputées l'avoir en vertu du 1°, sont soumises aux impositions définies par la collectivité de Saint-Barthélemy pour les revenus ou la fortune trouvant leur source sur le territoire de cette collectivité ; »

2° La collectivité de Saint-Barthélemy transmet à l'État toute information utile pour l'application de sa réglementation relative aux impôts de toute nature ou dénomination et pour l'exécution des clauses d'échange de renseignements prévues par les conventions fiscales conclues par la France avec d'autres États ou territoires ;

3° La collectivité de Saint-Barthélemy exerce ses compétences en matière d'impôts, droits et taxes sans préjudice des règles fixées par l'État, pour Saint-Barthélemy, en matière de cotisations sociales et des autres prélèvements destinés au financement de la protection sociale et à l'amortissement de la dette sociale.

(L. org. n° 2010-93 du 25 janv. 2010) « I *bis*. — Les modalités d'application du I sont précisées par une convention conclue entre l'État et la collectivité de Saint-Barthélemy en vue de prévenir les doubles impositions et de lutter contre la fraude et l'évasion fiscales.

« Avant l'entrée en vigueur de cette convention, les personnes physiques ou morales ayant leur domicile fiscal dans un département de métropole ou d'outre-mer ou à Saint-Barthélemy ont droit à un crédit d'impôt imputable sur l'impôt dû dans le territoire où se situe leur domicile fiscal au titre de l'exercice ou de l'année civile au cours desquels le crédit est constaté, à raison des revenus provenant de l'autre territoire.

« Ce crédit d'impôt, égal à l'impôt effectivement acquitté à raison de ces revenus dans l'autre territoire, ne peut excéder la fraction d'impôt due au titre de ces mêmes revenus dans le territoire où se situe leur domicile fiscal. Corrélativement, l'impôt acquitté à raison de ces revenus dans l'autre territoire n'est pas déductible de ces mêmes revenus dans le territoire où se situe leur domicile fiscal. »

II. — Les opérations d'assiette, de contrôle et de recouvrement des impôts, droits, taxes et autres prélèvements peuvent être assurées par des agents de l'État dans les conditions prévues par une convention conclue entre l'État et la collectivité.

III. — Sans préjudice de l'exercice par la collectivité de sa compétence en matière d'impôts, droits et taxes, l'État peut instituer des taxes destinées à être perçues à l'occasion de l'exécution des missions d'intérêt général qui lui incombent dans le cadre de ses compétences *[Dispositions déclarées non conformes à la Constitution par la décision du Conseil constitutionnel n° 2007-547 DC du 15 février 2007]*.

Une convention conclue entre l'État et la collectivité précise les modalités d'application du premier alinéa du présent III afin de déterminer les modalités de recouvrement et de gestion des recettes destinées au financement de la sécurité aérienne.

1. L'État doit pouvoir disposer, par l'institution de taxes, d'une partie au moins des ressources nécessaires à l'exercice des missions qui demeurent à sa charge. Une restriction qui en ferait supporter le coût par les contribuables ne résidant pas dans la collectivité créerait rupture caractérisée de l'égalité devant les charges publiques contraire à l'art. 13 DDH. • Cons. const. 15 févr. 2007, n° 2007-547 DC (loi organique portant dispositions statutaires et institutionnelles relatives à l'outre-mer, cons. 45 à 48).

2. La convention fiscale ne saurait avoir ni pour objet ni pour effet de restreindre l'exercice des compétences comparées au législateur organique par l'art. 74 de la Constitution, notamment dans les cas où cette convention ne pourrait aboutir ou ne permettrait pas de lutter efficacement contre l'évasion fiscale. • Même décision.

3. La collectivité de Saint-Barthélemy dispose d'une compétence exclusive pour instituer une imposition spécifique dans les matières pour lesquelles elle est compétente en vertu de l'art. L.O. 6214-3. • CE 16 oct. 2013, *Sté Électricité de France, Sté Orange*, n° 358701 B : *AJDA 2013. 2057, note de Montecler ; BJCL 2013. 834, concl. Crépey et obs. Bourget.* ♦ Compétente en matière d'environnement, elle peut donc créer une taxe sur les installations électriques et de télécommunications aériennes dont l'objet est environnemental car son but est d'inciter à l'enfouissement des câbles aériens. • Même arrêt.

4. Il appartient à une collectivité d'outre-mer régie par l'art. 74 Const. et dotée de l'autonomie d'épuiser l'étendue de la compétence qui lui a été confiée par le législateur organique, lorsqu'elle intervient dans un domaine réservé en métropole au législateur. • CE 16 oct. 2013 *Sté Électricité de France, Sté Orange*, n° 358701 : *préc. note 3.* ♦ Il s'ensuit que, lorsqu'elle définit une imposition, la collectivité de Saint-Barthélemy doit déterminer, de manière complète et suffisamment précise, son assiette, son taux, ainsi que ses modalités de recouvrement, qui comprennent les règles régissant le contrôle, le recouvrement, les garanties et les sanctions applicables à cette imposition. • Même arrêt. ♦ En l'espèce, elle a méconnu l'étendue de sa compétence et sa délibération est partiellement annulée. • Même arrêt.

Art. L.O. 6214-5 **Dans les conditions prévues à l'article L.O. 6251-3, la collectivité peut participer, sous le contrôle de l'État, à l'exercice des compétences qui relèvent de l'État en matière de droit pénal en vue de la répression des infractions aux règles qu'elle fixe dans les matières mentionnées à l'article L.O. 6214-3 et en matière de police et de sécurité maritimes.**

Art. L.O. 6214-6 **L'État et la collectivité de Saint-Barthélemy exercent, chacun en ce qui le concerne, leur droit de propriété sur leur domaine public et leur domaine privé.**

Le domaine de la collectivité comprend notamment les biens vacants et sans maître, y compris les valeurs, actions et dépôts en numéraire atteints par la prescription dans les délais prévus par la législation applicable au domaine de l'État et ceux des personnes qui décèdent sans héritier ou dont les successions ont été abandonnées.

Le domaine public maritime de la collectivité comprend, sous réserve des droits de l'État et des tiers, les rivages de la mer, le sol et le sous-sol des eaux intérieures, en particulier les rades et les lagons, ainsi que le sol et le sous-sol des eaux territoriales.

Les dispositions de l'alinéa précédent s'appliquent sous réserve des emprises nécessaires, à la date de publication de la loi organique n° 2007-223 du 21 février 2007 portant dispositions statutaires et institutionnelles relatives à l'outre-mer, à l'exercice par l'État de ses compétences et tant que cette nécessité est justifiée.

La collectivité réglemente et exerce le droit d'exploration et le droit d'exploitation des ressources naturelles biologiques et non biologiques des eaux intérieures, en particulier les rades et les étangs, du sol, du sous-sol et des eaux surjacentes de la mer territoriale et de la zone économique exclusive dans le respect des engagements internationaux de la France et des compétences de l'État.

Art. L.O. 6214-7 La collectivité peut subordonner à déclaration les transferts entre vifs de propriétés foncières situées sur son territoire ou de droits sociaux y afférents, à l'exception des donations en ligne directe ou collatérale jusqu'au quatrième degré.

Dans le but de préserver la cohésion sociale de Saint-Barthélemy, de garantir l'exercice effectif du droit au logement de ses habitants et de sauvegarder ou de mettre en valeur les espaces naturels, la collectivité peut exercer *(L. org. nº 2015-1485 du 17 nov. 2015, art. 1er)* « , par délibération motivée, » dans le délai de deux mois à compter de la réception de la déclaration de transfert son droit de préemption sur les propriétés foncières ou les droits sociaux y afférents faisant l'objet de la déclaration, à charge de verser aux ayants droit le montant de la valeur desdits propriétés foncières ou droits sociaux. À défaut d'accord, cette valeur est fixée comme en matière d'expropriation.

(L. org. nº 2015-1485 du 17 nov. 2015, art. 1er) « Lorsque l'exercice du droit de préemption a pour but de préserver la cohésion sociale de Saint-Barthélemy ou de garantir l'exercice effectif du droit au logement de ses habitants, le deuxième alinéa n'est pas applicable aux transferts réalisés au profit des : »

1° *(L. org. nº 2015-1485 du 17 nov. 2015, art. 1er)* « Personnes » justifiant d'une durée suffisante de résidence à Saint-Barthélemy ;

2° *(L. org. nº 2015-1485 du 17 nov. 2015, art. 1er)* « Personnes » justifiant d'une durée suffisante de mariage, de concubinage ou de pacte civil de solidarité avec une personne justifiant d'une durée suffisante de résidence à Saint-Barthélemy ;

(L. org. nº 2015-1485 du 17 nov. 2015, art. 1er) « 3° » Personnes morales ayant leur siège social à Saint-Barthélemy et contrôlées, directement ou indirectement, par les personnes mentionnées aux 1° et 2°.

Les modalités d'application du présent article sont déterminées par des délibérations du conseil territorial qui peuvent notamment prévoir les cas dans lesquels les périodes passées en dehors de Saint-Barthélemy pour accomplir le service national, pour suivre des études ou une formation ou pour des raisons familiales, professionnelles ou médicales ne sont pas, pour les personnes qui y étaient antérieurement domiciliées, une cause d'interruption ou de suspension de la durée à prendre en considération pour apprécier les conditions de résidence exigées au 1°.

Il appartiendra au conseil territorial de fixer une durée qui ne doit pas excéder ce qui est strictement nécessaire à la satisfaction des objectifs d'intérêt général poursuivis et respecter, en tout état de cause, les engagements communautaires et internationaux de la France. • Cons. const. 15 févr. 2007, nº 2007-547 DC (loi organique portant dispositions statutaires et institutionnelles relatives à l'outre-mer, considérants 59 à 62).

Art. L.O. 6214-8 Dans le cadre des dispositions législatives relatives au service postal, les conditions particulières d'exécution de ce service à Saint-Barthélemy sont précisées et adaptées, le cas échéant, par une convention entre l'État et la collectivité.

TITRE II LES INSTITUTIONS DE LA COLLECTIVITÉ

Art. L.O. 6220-1 Les institutions de la collectivité comprennent le conseil territorial, le président du conseil territorial, le conseil exécutif et le conseil économique, social *(L. org. nº 2015-1485 du 17 nov. 2015, art. 12)* « , culturel et environnemental ».

CHAPITRE I LE CONSEIL TERRITORIAL

SECTION 1 Composition et formation

Art. L.O. 6221-1 Le conseil territorial est l'assemblée délibérante de la collectivité.

La composition du conseil territorial et la durée du mandat des conseillers territoriaux sont régies par les dispositions du titre II du livre VI du code électoral.

Le président du conseil territorial et les conseillers territoriaux sont *(L. org. nº 2013-906 du 11 oct. 2013, art. 15)* « soumis, dans les mêmes conditions, aux obligations de déclaration applicables aux personnes mentionnées, respectivement, aux 2° et 3° du I de l'article 11 de la loi nº 2013-907 du 11 octobre 2013 relative à la transparence de la vie publique *[V. au C. élect., App., vº Transparence de la vie politique]*. »

Art. L.O. 6221-2 Lorsqu'un conseiller territorial donne sa démission, il l'adresse au président du conseil territorial, qui en donne immédiatement avis au représentant de l'État.

Art. L.O. 6221-3 Tout membre du conseil territorial qui, sans excuse valable, a refusé de remplir une des fonctions qui lui sont dévolues par les lois est déclaré démissionnaire par le juge administratif.

Le refus résulte soit d'une déclaration expresse adressée à qui de droit ou rendue publique par son auteur, soit de l'abstention persistante après avertissement de l'autorité chargée de la convocation.

Le membre ainsi démissionnaire ne peut être réélu avant le délai d'un an.

Art. L.O. 6221-4 Le conseiller territorial absent lors de quatre réunions consécutives du conseil territorial dans un délai de moins de quatre mois sans excuse légitime admise par le conseil est déclaré démissionnaire d'office par celui-ci lors de la réunion suivante.

Art. L.O. 6221-5 Lorsque le fonctionnement du conseil territorial se révèle impossible, le Gouvernement peut, d'office ou à la demande de son président, en prononcer la dissolution par décret motivé pris en conseil des ministres.

Le décret de dissolution fixe la date des nouvelles élections. Le Gouvernement en informe le Parlement dans le délai le plus bref.

S'il y a urgence, le conseil territorial peut être provisoirement suspendu par arrêté motivé du ministre chargé de l'outre-mer. La durée de la suspension ne peut excéder un mois.

Art. L.O. 6221-6 En cas de dissolution ou de suspension du conseil territorial, de démission de tous ses membres en exercice ou d'annulation devenue définitive de l'élection de tous ses membres, le président est chargé de l'expédition des affaires courantes. Ses décisions ne sont exécutoires qu'avec l'accord du représentant de l'État.

Il est procédé à la réélection du conseil territorial dans un délai de deux mois. L'assemblée se réunit de plein droit le second dimanche qui suit le premier tour de scrutin.

Le représentant de l'État convoque chaque conseiller territorial élu pour la première réunion, dont il fixe l'heure et le lieu.

Art. L.O. 6221-7 Les dispositions du chapitre IV du titre II du livre I de la deuxième partie relatives à la période de mobilisation générale et au temps de guerre sont applicables, par analogie, au conseil territorial de Saint-Barthélemy.

SECTION 2 Fonctionnement

SOUS-SECTION 1 Siège et règlement intérieur

Art. L.O. 6221-8 Le conseil territorial a son siège à l'hôtel de la collectivité.

Art. L.O. 6221-9 Le conseil territorial établit son règlement intérieur dans le mois qui suit son renouvellement. Le règlement intérieur peut être déféré devant le tribunal administratif.

SOUS-SECTION 2 Réunion

Art. L.O. 6221-10 Le conseil territorial se réunit à l'initiative de son président, au moins une fois par trimestre, à l'hôtel de la collectivité.

Pour les années où a lieu le renouvellement du conseil territorial, la première réunion se tient de plein droit le second dimanche qui suit le premier tour de scrutin.

Art. L.O. 6221-11 Le conseil territorial est également réuni à la demande :

a) Du conseil exécutif ;

b) Du quart des membres du conseil territorial sur un ordre du jour déterminé, pour une durée qui ne peut excéder deux jours. Un même conseiller territorial ne peut présenter plus d'une demande de réunion par trimestre ;

c) Du représentant de l'État.

En cas de circonstances exceptionnelles, le conseil territorial peut être réuni par décret.

SOUS-SECTION 3 Séances

Art. L.O. 6221-12 Les séances du conseil territorial sont publiques.

Néanmoins, sur la demande de cinq membres ou du président, le conseil territorial peut décider sans débat, à la majorité absolue des membres présents ou représentés, qu'il se réunit à huis clos, sauf lorsqu'il est fait application des articles L.O. 6213-3, L.O. 6213-4, L.O. 6213-5, L.O. 6214-2, L.O. 6251-2, L.O. 6251-3, L.O. 6251-12, L.O. 6251-13 ou L.O. 6251-16.

Sans préjudice des pouvoirs que le président du conseil territorial tient de l'article L.O. 6221-13, ces séances peuvent être retransmises par les moyens de communication audiovisuelle.

Art. L.O. 6221-13 Le président a seul la police de l'assemblée.

Il peut faire expulser de l'auditoire ou arrêter tout individu qui trouble l'ordre.

En cas de crime ou de délit, il en dresse procès-verbal et le procureur de la République en est immédiatement saisi.

Art. L. 6221-14 *(L. nº 2007-224 du 21 févr. 2007, art. 1er)* Le procès-verbal de chaque séance, rédigé par un des secrétaires, est arrêté au commencement de la séance suivante et signé par le président et le secrétaire.

(Ord. nº 2021-1310 du 7 oct. 2021, art. 28) « Il contient la date et l'heure de la séance, les noms du président, des membres du conseil territorial présents ou représentés et du ou des secrétaires de séance, le quorum, l'ordre du jour de la séance, les délibérations adoptées et les rapports au vu desquels elles ont été adoptées, les demandes de scrutin particulier, le résultat des scrutins précisant, s'agissant des scrutins publics, le nom des votants et le sens de leur vote, et la teneur des discussions au cours de la séance.

« Dans la semaine qui suit la séance au cours de laquelle il a été arrêté, le procès-verbal est publié sous forme électronique de manière permanente et gratuite sur le site internet de la collectivité et un exemplaire sur papier est mis à la disposition du public.

« L'exemplaire original du procès-verbal, qu'il soit établi sur papier ou sur support numérique, est conservé dans des conditions propres à en assurer la pérennité. »

SOUS-SECTION 4 Délibérations

Art. L.O. 6221-15 Le conseil territorial ne peut délibérer si la majorité absolue de ses membres en exercice n'est présente.

Toutefois, si, au jour fixé par la convocation, le conseil territorial ne se réunit pas en nombre suffisant pour délibérer, la réunion se tient de plein droit trois jours plus tard et les délibérations sont alors valables quel que soit le nombre des présents.

Sous réserve des dispositions des articles L.O. 6222-1, L.O. 6222-6, L.O. 6224-4 et L.O. 6251-2, les délibérations du conseil territorial sont prises à la majorité des suffrages exprimés.

Art. L.O. 6221-16 Les votes sont recueillis au scrutin public toutes les fois que le sixième des membres présents le demande. En cas de partage égal, la voix du président est prépondérante.

Les votes sur les nominations ont toujours lieu au scrutin secret. Toutefois, le conseil territorial peut décider, à l'unanimité, de ne pas procéder au scrutin secret aux nominations ou aux présentations, sauf disposition législative ou réglementaire prévoyant expressément ce mode de scrutin.

Le résultat des scrutins publics, énonçant les noms des votants, est reproduit au procès-verbal.

Art. L.O. 6221-17 Un conseiller territorial empêché d'assister à une réunion peut donner délégation de vote, pour cette réunion, à un autre membre du conseil territorial.

Un conseiller territorial ne peut recevoir qu'une seule délégation.

Art. L.O. 6221-18 Les délibérations du conseil territorial, ainsi que celles du conseil exécutif lorsqu'elles sont prises par délégation de l'assemblée, sont publiées dans les mêmes formes.

Art. L. 6221-19 *(L. n° 2007-224 du 21 févr. 2007, art. 1er)* Toute personne a le droit de demander communication des délibérations et procès-verbaux des séances publiques du conseil territorial, des délibérations et actes du conseil exécutif, des budgets et des comptes de la collectivité, ainsi que des arrêtés du président du conseil territorial.

Chacun peut les publier sous sa responsabilité.

La communication des documents mentionnés au premier alinéa, qui peut être obtenue aussi bien du président du conseil territorial que des services déconcentrés de l'État, intervient dans les conditions prévues par l'article L. 311-9 du code des relations entre le public et l'administration.

Le présent article s'applique aux établissements publics administratifs de la collectivité.

SOUS-SECTION 5 **Information**

Art. L.O. 6221-20 Tout membre du conseil territorial a le droit, dans le cadre de sa fonction, d'être informé des affaires de la collectivité qui font l'objet d'une délibération.

Art. L.O. 6221-21 Le conseil territorial assure la diffusion de l'information auprès de ses membres élus par les moyens matériels qu'il juge les plus appropriés.

Afin de permettre l'échange d'informations sur les affaires relevant de ses compétences, le conseil territorial peut, dans les conditions définies par son assemblée délibérante, mettre à disposition de ses membres élus, à titre individuel, les moyens informatiques et de télécommunication nécessaires.

Art. L.O. 6221-22 *(L. org. n° 2015-1485 du 17 nov. 2015, art. 11)* Douze jours francs au moins avant la réunion du conseil territorial, le président adresse aux conseillers territoriaux et aux membres du Conseil économique, social, culturel et environnemental les projets de délibération tels qu'arrêtés par le conseil exécutif ainsi qu'un rapport, sous quelque forme que ce soit, sur chacune des affaires qui leur sont soumises.

S'il y a lieu, le président adresse également aux conseillers territoriaux l'avis rendu par le Conseil économique, social, culturel et environnemental.

Sans préjudice de l'article L.O. 6221-20, en cas d'urgence, le délai prévu au premier alinéa du présent article peut être abrégé par le président, sans pouvoir être inférieur à un jour franc.

Le président rend compte dès l'ouverture de la séance du conseil territorial, qui se prononce sur l'urgence et peut décider le renvoi de la discussion, pour tout ou partie, à l'ordre du jour d'une séance ultérieure.

Art. L.O. 6221-23 Les conseillers territoriaux ont le droit d'exposer en séance du conseil territorial des questions orales ayant trait aux affaires de la collectivité. Le règlement intérieur en fixe la fréquence ainsi que les conditions de présentation et d'examen.

Art. L.O. 6221-24 *Abrogé par L. org. n° 2015-1485 du 17 nov. 2015, art. 10.*

SOUS-SECTION 6 **Commissions – Représentation au sein d'organismes extérieurs**

Art. L.O. 6221-25 Après l'élection du conseil exécutif dans les conditions prévues à l'article L.O. 6222-6, le conseil territorial peut former ses commissions et procéder à la désignation de ses membres ou de ses délégués pour siéger au sein d'organismes extérieurs et déléguer l'exercice d'une partie de ses attributions au conseil exécutif.

En ce cas, et par dérogation à l'article L.O. 6221-22, les rapports sur les affaires soumises aux conseillers territoriaux peuvent leur être communiqués en cours de réunion ; une suspension de séance est de droit.

Art. L.O. 6221-26 Le conseil territorial, lorsqu'un sixième de ses membres le demande, délibère de la création d'une mission d'information et d'évaluation chargée de recueillir des éléments d'information sur une question intéressant la collectivité ou de procéder à l'évaluation d'un service public de la collectivité. Un même conseiller territorial ne peut s'associer à une telle demande plus d'une fois par an.

Aucune mission ne peut être créée à partir du 1er janvier de l'année civile qui précède l'année du renouvellement du conseil territorial.

Le règlement intérieur fixe les règles de présentation et d'examen de la demande de constitution de la mission, ses modalités de fonctionnement, les modalités de sa composition dans le respect du principe de la représentation proportionnelle, la durée de la mission, qui ne peut excéder six mois à compter de la date de la délibération qui l'a créée, ainsi que les conditions dans lesquelles elle remet son rapport aux membres du conseil territorial.

Art. L.O. 6221-27 Le conseil territorial procède à la désignation de ses membres ou de ses délégués pour siéger au sein d'organismes extérieurs dans les cas et conditions prévus par les dispositions régissant ces organismes. La fixation par les dispositions précitées de la durée des fonctions assignées à ces membres ou délégués ne fait pas obstacle à ce qu'il puisse être procédé à tout moment, et pour le reste de cette durée, à leur remplacement par une nouvelle désignation opérée dans les mêmes formes.

SOUS-SECTION 7 Moyens et fonctionnement des groupes d'élus

Art. L.O. 6221-28 Le fonctionnement des groupes d'élus au conseil territorial peut faire l'objet de délibérations sans que puissent être modifiées, à cette occasion, les décisions relatives au régime indemnitaire des élus.

Les groupes d'élus se constituent par la remise au président du conseil territorial d'une déclaration, signée de leurs membres, accompagnée de la liste de ceux-ci et de leur représentant.

Dans les conditions qu'il définit, le conseil territorial peut affecter aux groupes d'élus, pour leur usage propre ou pour un usage commun, un local administratif, du matériel de bureau et prendre en charge leurs frais de documentation, de courrier et de télécommunications. Lorsque des élus n'appartenant pas à la majorité du conseil territorial forment un groupe, ils disposent sans frais, à leur demande, du prêt d'un local commun et de matériel de bureau.

Le président du conseil territorial peut, dans les conditions fixées par le conseil territorial et sur proposition des représentants de chaque groupe, affecter aux groupes d'élus une ou plusieurs personnes. Le conseil territorial ouvre au budget de la collectivité, sur un chapitre spécialement créé à cet effet, les crédits nécessaires à ces dépenses, sans qu'ils puissent excéder 30 % du montant total des indemnités versées chaque année aux membres du conseil territorial.

Le président du conseil territorial est l'ordonnateur des dépenses susmentionnées.

L'élu responsable de chaque groupe d'élus décide des conditions et des modalités d'exécution du service confié que ces collaborateurs accomplissent auprès de ces groupes au sein de l'organe délibérant.

Art. L.O. 6221-29 Lorsque la collectivité diffuse, sous quelque forme que ce soit, un bulletin d'information générale sur les réalisations et la gestion du conseil territorial, un espace est réservé à l'expression des groupes d'élus. Les modalités d'application de cette disposition sont définies par le règlement intérieur.

SOUS-SECTION 8 Relations avec le représentant de l'État

Art. L.O. 6221-30 Le représentant de l'État est entendu à sa demande par le conseil territorial. Il reçoit communication de l'ordre du jour des séances ainsi que des documents adressés aux conseillers territoriaux en application de l'article L.O. 6221-22.

Art. L.O. 6221-31 Sur sa demande, le président du conseil territorial reçoit du représentant de l'État les informations nécessaires à l'exercice de ses attributions.

Sur sa demande, le représentant de l'État reçoit du président du conseil territorial les informations nécessaires à l'exercice de ses attributions.

Art. L.O. 6221-32 Chaque année, le représentant de l'État informe le conseil territorial, par un rapport spécial, de l'activité des services de l'État à Saint-Barthélemy.

Ce rapport spécial donne lieu, éventuellement, à un débat en présence du représentant de l'État.

Art. L.O. 6221-33 Le représentant de l'État peut, dans les quinze jours qui suivent la transmission qui lui en est faite, demander au conseil territorial, par un arrêté motivé, une nouvelle lecture d'une délibération.

Le représentant de l'État peut demander dans les sept jours, dimanche et jours fériés non compris, une seconde délibération d'un acte du conseil exécutif.

Dans les cas prévus au présent article, l'acte ou la délibération ne devient exécutoire qu'après son adoption définitive par le conseil territorial ou le conseil exécutif, selon le cas.

Art. L.O. 6221-34 Le représentant de l'État veille à l'exercice régulier de leurs compétences par les institutions de la collectivité.

Lorsque ces institutions ont négligé de prendre les décisions qui leur incombent dans le cadre de leurs attributions, il prend, après mise en demeure, les mesures nécessaires afin de rétablir le fonctionnement normal des institutions et des services publics ou d'assurer la sécurité de la population, la sauvegarde des intérêts nationaux ou de ceux de la collectivité, ainsi que le respect des engagements internationaux de la France.

CHAPITRE II LE PRÉSIDENT DU CONSEIL TERRITORIAL ET LE CONSEIL EXÉCUTIF

SECTION 1 Le président

SOUS-SECTION 1 Désignation

Art. L.O. 6222-1 Le conseil territorial élit son président lors de la réunion de droit qui suit chaque renouvellement.

Pour cette élection, il est présidé par son doyen d'âge, le plus jeune membre faisant fonction de secrétaire.

Le conseil territorial ne peut dans ce cas délibérer que si les deux tiers de ses membres sont présents. Si cette condition n'est pas remplie, la réunion se tient de plein droit trois jours plus tard. La réunion peut alors avoir lieu sans condition de quorum.

Le président est élu à la majorité absolue des membres du conseil territorial pour la durée du mandat du conseil territorial. Si cette élection n'est pas acquise après les deux premiers tours de scrutin, il est procédé à un troisième tour de scrutin et l'élection a lieu à la majorité relative des membres du conseil territorial. En cas d'égalité des voix, l'élection est acquise au bénéfice de l'âge.

SOUS-SECTION 2 Remplacement

Art. L.O. 6222-2 En cas de vacance du siège de président pour quelque cause que ce soit, les fonctions de président sont provisoirement exercées par un vice-président, dans l'ordre des nominations et, à défaut, par un conseiller territorial désigné par le conseil. Il est procédé au renouvellement du conseil exécutif, dans le délai d'un mois, selon les modalités prévues à l'article L.O. 6222-6.

Toutefois, avant ce renouvellement, il est procédé aux élections qui peuvent être nécessaires pour compléter le conseil territorial.

Si, après les élections complémentaires, de nouvelles vacances se produisent, le conseil territorial procède néanmoins à l'élection du conseil exécutif.

En cas de démission du président et de tous les vice-présidents, le conseil territorial est convoqué par le doyen d'âge, soit pour procéder à la désignation du conseiller territorial prévu au premier alinéa, soit pour procéder au renouvellement du conseil exécutif.

SOUS-SECTION 3 Incompatibilités

Art. L.O. 6222-3 Les fonctions de président du conseil territorial sont incompatibles avec l'exercice de toute autre fonction publique non élective.

Les fonctions de président du conseil territorial sont également incompatibles avec celles de membre de la Commission européenne, de membre du directoire de la Banque centrale européenne ou de membre du comité monétaire de la Banque de France.

Le président du conseil territorial exerçant une fonction le plaçant dans une situation d'incompatibilité prévue par les deux alinéas précédents dispose d'un délai d'un mois pour choisir d'exercer ses fonctions de président du conseil territorial. En cas de contestation, l'incompatibilité prend effet à compter de la date à laquelle la décision juridictionnelle confirmant l'élection devient définitive.

Art. L.O. 6222-3-1 *(L. org. nº 2017-54 du 20 janv. 2017, art. 2)* La fonction de président du conseil territorial est incompatible avec le mandat de membre d'une autorité administrative indépendante ou d'une autorité publique indépendante créées par l'État.

SOUS-SECTION 4 Responsabilité devant le conseil territorial

Art. L.O. 6222-4 Le conseil territorial peut mettre en cause la responsabilité de son président par le vote d'une motion de défiance.

La motion de défiance mentionne, d'une part, les motifs pour lesquels elle est présentée et, d'autre part, le nom du candidat appelé à exercer la fonction de président du conseil territorial en cas d'adoption de la motion de défiance.

Il n'est délibéré sur cette motion que lorsqu'elle est signée par le tiers des conseillers territoriaux. Le vote ne peut avoir lieu avant l'expiration d'un délai de quarante-huit heures après le dépôt de la motion. Sont seuls recensés les votes favorables à la motion, qui n'est considérée comme adoptée que lorsqu'elle a recueilli le vote de la majorité absolue des membres composant le conseil territorial.

Lorsque la motion de défiance est adoptée, le candidat au mandat de président du conseil territorial entre immédiatement en fonction.

Il est ensuite procédé au renouvellement du conseil exécutif.

SECTION 2 Le conseil exécutif

Art. L.O. 6222-5 Le conseil territorial élit les membres du conseil exécutif.

Le conseil exécutif est composé du président du conseil territorial, président, de quatre vice-présidents et de deux autres conseillers.

Art. L.O. 6222-6 Les candidatures aux différents postes du conseil exécutif sont déposées auprès du président dans l'heure qui suit l'élection du président du conseil territorial. Si, à l'expiration de ce délai, une seule candidature a été déposée pour chaque poste à pourvoir, les nominations prennent effet immédiatement et il en est donné lecture par le président.

Dans le cas contraire, les membres du conseil exécutif autres que le président sont élus au scrutin de liste, à la représentation proportionnelle à la plus forte moyenne, sans panachage ni vote préférentiel.

Chaque conseiller territorial ou groupe de conseillers territoriaux peut présenter une liste de candidats dans l'heure qui suit l'expiration du délai susmentionné.

Les sièges sont attribués aux candidats d'après l'ordre de présentation sur chaque liste. Si plusieurs listes ont la même moyenne pour l'attribution du dernier siège, celui-ci revient à la liste qui a obtenu le plus grand nombre de suffrages. En cas d'égalité de suffrages, le siège est attribué au plus âgé des candidats susceptibles d'être proclamés élus. Si le nombre de candidats figurant sur une liste est inférieur au nombre de sièges qui lui reviennent, le ou les sièges non pourvus sont attribués à la ou aux plus fortes moyennes suivantes.

Après la répartition des sièges, le conseil territorial procède à l'affectation des élus à chacun des postes du conseil exécutif au scrutin uninominal dans les mêmes conditions que pour l'élection du président et détermine l'ordre de leur nomination.

Les membres du conseil exécutif autres que le président sont nommés pour la même durée que le président.

Art. L.O. 6222-7 En cas de vacance d'un siège de membre du conseil exécutif autre que le président, le conseil territorial peut décider de compléter le conseil exécutif. La ou les vacances sont alors pourvues selon la procédure prévue au premier alinéa de l'article L.O. 6222-6. À défaut d'accord, il est procédé au renouvellement intégral des membres du conseil exécutif autres que le président dans les conditions prévues aux deuxième à cinquième alinéas du même article.

Art. L.O. 6222-8 Sur proposition du président, le conseil territorial peut décider de mettre fin aux fonctions d'un vice-président ; il élit ensuite son successeur dans les conditions prévues à l'article L.O. 6222-7.

Le conseil territorial peut, avec l'accord du groupe auquel il appartient, mettre fin aux fonctions de l'un des membres du conseil exécutif qui n'ont pas la qualité de vice-président. Ce membre est remplacé dans les conditions prévues à l'article L.O. 6222-7.

Les recours contre les délibérations adoptées en application du présent article sont portés devant le Conseil d'État statuant au contentieux.

Art. L.O. 6222-9 Le président du conseil territorial et les membres du conseil exécutif, après avoir été entendus ou invités à fournir des explications écrites sur les faits qui leur sont reprochés, peuvent être suspendus par arrêté motivé du ministre chargé de l'outre-mer pour une durée qui n'excède pas un mois. Ils ne peuvent être révoqués que par décret motivé pris en conseil des ministres.

La révocation emporte de plein droit l'inéligibilité aux fonctions de président du conseil territorial et à celles de membre du conseil exécutif pendant une durée d'un an à compter du décret de révocation, à moins qu'il ne soit procédé auparavant au renouvellement intégral du conseil territorial.

Les recours contre les arrêtés prévus au présent article sont portés devant le Conseil d'État statuant au contentieux.

Art. L.O. 6222-10 Les pouvoirs du conseil exécutif expirent à l'ouverture de la première réunion du conseil territorial qui suit son renouvellement intégral.

Art. L.O. 6222-11 Le président du conseil territorial convoque le conseil exécutif chaque fois qu'il le juge utile.

Art. L.O. 6222-12 Les réunions du conseil exécutif sont présidées par le président du conseil territorial.

Art. L.O. 6222-13 Le président du conseil territorial arrête l'ordre du jour des réunions du conseil exécutif. Il en adresse copie au représentant de l'État quarante-huit heures au moins avant la réunion, sauf en cas d'urgence.

À la demande du représentant de l'État, toute question relevant de la compétence de l'État est de droit inscrite à l'ordre du jour.

Le conseil exécutif ne délibère que sur les questions inscrites à l'ordre du jour.

Art. L.O. 6222-14 Les réunions du conseil exécutif ne sont pas publiques. Elles font l'objet d'un communiqué.

Art. L.O. 6222-15 Par accord du président du conseil territorial et du représentant de l'État, celui-ci peut assister aux réunions du conseil exécutif. Il reçoit à cette fin les convocations adressées à ses membres.

SECTION 3 Suspension et dissolution

Art. L.O. 6222-16 Lorsque le fonctionnement du conseil exécutif se révèle impossible, le Gouvernement peut, d'office ou à la demande du président du conseil territorial, en prononcer la dissolution par décret motivé pris en conseil des ministres, après avis du conseil territorial.

Le décret de dissolution fixe la date des élections, qui ont lieu dans un délai de dix jours. Il est porté à la connaissance du Parlement. Le conseil territorial est convoqué par le représentant de l'État pour procéder à cette élection.

S'il y a urgence, le conseil exécutif peut être provisoirement suspendu par arrêté motivé du ministre chargé de l'outre-mer. La durée de la suspension ne peut excéder un mois.

En cas de dissolution ou de suspension du conseil exécutif en application du présent article, le président du conseil territorial est chargé de l'expédition des affaires courantes. Ses décisions ne sont exécutoires qu'avec l'accord du représentant de l'État.

SECTION 4 Contentieux de l'élection du président du conseil territorial et des autres membres du conseil exécutif

Art. L.O. 6222-17 L'élection du président du conseil territorial et des autres membres du conseil exécutif peut être arguée de nullité dans les conditions, formes et délais prescrits pour les réclamations contre l'élection des conseillers territoriaux.

CHAPITRE III LE CONSEIL ÉCONOMIQUE, SOCIAL, CULTUREL ET ENVIRONNEMENTAL *(L. org. nº 2015-1485 du 17 nov. 2015, art. 12).*

Art. L.O. 6223-1 Le conseil territorial est assisté à titre consultatif d'un conseil économique, social *(L. org. nº 2015-1485 du 17 nov. 2015, art. 12)* « , culturel et environnemental ».

Le conseil économique, social *(L. org. nº 2015-1485 du 17 nov. 2015, art. 12)* « , culturel et environnemental » est composé de représentants des groupements professionnels, des syndicats, des organismes et des associations qui concourent à la vie économique, sociale ou culturelle de Saint-Barthélemy. *(L. org. nº 2010-93 du 25 janv. 2010)* « Le conseil économique, social *(L. org. nº 2015-1485 du 17 nov. 2015, art. 12)* « , culturel et environnemental » comprend en outre des représentants d'associations et fondations agissant dans le domaine de la protection de l'environnement et des personnalités qualifiées choisies en raison de leur compétence en matière d'environnement et de développement durable. »

Chaque catégorie d'activité est représentée, au sein du conseil économique, social *(L. org. nº 2015-1485 du 17 nov. 2015, art. 12)* « , culturel et environnemental », par un nombre de conseillers correspondant à l'importance de cette activité dans la vie économique, sociale et culturelle de Saint-Barthélemy.

Un arrêté du ministre chargé de l'outre-mer dresse la liste des organismes et des activités de la collectivité qui sont représentés au sein du conseil économique, social *(L. org. nº 2015-1485 du 17 nov. 2015, art. 12)* « , culturel et environnemental ». Cet arrêté fixe également le nombre et les conditions de désignation des représentants de ces organismes et activités. – *V. Arr. du 17 déc. 2018, infra.*

Les membres du conseil économique, social *(L. org. nº 2015-1485 du 17 nov. 2015, art. 12)* « , culturel et environnemental » sont désignés pour cinq ans. Le conseil se renouvelle intégralement.

Les conseillers territoriaux ne peuvent être membres du conseil économique, social *(L. org. nº 2015-1485 du 17 nov. 2015, art. 12)* « , culturel et environnemental ».

Arrêté du 17 décembre 2018,

Relatif à la composition et au fonctionnement du conseil économique, social, culturel et environnemental de Saint-Barthélemy.

Art. 1er Le conseil économique, social, culturel et environnemental de Saint-Barthélemy comprend quinze membres :

1° Sept représentants des activités économiques de la collectivité ;

2° Cinq représentants des activités sociales, culturelles et environnementales de la collectivité ;

3° Trois personnalités qualifiées concourant, en raison de leur qualité ou de leurs activités, au développement économique, social, culturel ou environnemental de Saint-Barthélemy, désignées par la ministre des outre-mer.

Le tableau annexé au présent arrêté fixe la liste des associations et organismes représentés au conseil économique, social, culturel et environnemental de Saint-Barthélemy ainsi que le nombre et les modalités de désignation de leurs représentants.

Lorsque cette désignation doit résulter d'un accord entre plusieurs organisations, faute d'un tel accord dans un délai d'un mois à compter de leur saisine et après une mise en demeure du représentant de l'État, celui-ci désigne, en leur sein, les représentants des activités économiques et les représentants des activités sociales, culturelles et environnementales.

Le ou les sièges qui ne peuvent pas être pourvus en observation des modalités particulières de désignation des membres du conseil économique, social, culturel et environnemental restent vacants.

Art. 2 Un arrêté du représentant de l'État constate la désignation des représentants des activités économiques et des activités sociales, culturelles et environnementales de la collectivité. Sous réserve des dispositions particulières prévues à l'article 1er, il constate, en cas de défaut de désignation ou d'accord, qu'un siège n'a pu être pourvu.

Art. 3 Peuvent seules être nommées au conseil économique, social, culturel et environnemental les personnes jouissant de leurs droits civiques.

Art. 4 Les membres du conseil économique, social, culturel et environnemental sont désignés pour cinq ans.

Il est pourvu à la vacance des sièges dans un délai de deux mois à compter de la constatation de celle-ci par le représentant de l'État dans les conditions fixées par le règlement intérieur du conseil économique, social, culturel et environnemental.

Toute personne désignée pour remplacer un membre du conseil achève le mandat de la personne qu'elle remplace.

Le mandat des membres du conseil économique, social, culturel et environnemental est renouvelable.

Art. 5 La démission d'un membre du conseil économique, social, culturel et environnemental est reçue par le président qui en avise immédiatement le président du conseil territorial et le représentant de l'État.

Tout membre du conseil économique, social, culturel et environnemental dont l'absence répétée et non motivée aura été constatée au cours d'une période d'un an par le bureau dudit conseil pourra être déclaré, sur proposition du bureau, démissionnaire d'office par arrêté du représentant de l'État.

Art. 6 L'arrêté du 24 janvier 2013 relatif à la composition et au fonctionnement du conseil économique, social, culturel et environnemental de Saint-Barthélemy est abrogé.

ANNEXE

Composition du conseil économique, social, culturel et environnemental de la collectivité de Saint-Barthélemy

Nombre de membres du conseil : 15 (dont 1re catégorie : 7 ; 2e catégorie : 5 ; 3e catégorie : 3).

NOMBRE de sièges	MODE DE DÉSIGNATION
	I. – Activités économiques
1	Par le comité territorial du tourisme de Saint-Barthélemy (CTTSB)
1	Par la chambre économique multiprofessionnelle (CEM)
1	Par accord entre les associations représentant les métiers du commerce
1	Par l'association des métiers du BTP
1	Par l'association des hôteliers
1	Par l'association des restaurateurs
1	Par accord entre les associations représentant les professions libérales
7	
	II. – Activités sociales, culturelles et environnementales
1	Par l'association des jeunes ouvriers et étudiants
1	Par accord entre les associations culturelles et sportives de quartier
1	Par accord entre les associations œuvrant dans le domaine de l'environnement
1	Par l'association Amitiés Saint-Barthélemy-Suède
1	Par l'association des retraités de Saint-Barthélemy
5	
	III. – Personnalités qualifiées
3	Par la ministre des outre-mer

Art. L.O. 6223-2 Le conseil économique, social *(L. org. n° 2015-1485 du 17 nov. 2015, art. 12)* « , culturel et environnemental » établit son règlement intérieur. Il élit en son sein, au scrutin secret, conformément aux dispositions de ce règlement, son président et les membres de son bureau.

Le conseil territorial met à la disposition du conseil économique, social *(L. org. n° 2015-1485 du 17 nov. 2015, art. 12)* « , culturel et environnemental » les moyens nécessaires à son fonctionnement. Ces moyens doivent permettre notamment d'assurer le secrétariat des séances du conseil.

Le conseil territorial met également ses services ou une partie de ceux-ci à la disposition du conseil économique, social *(L. org. n° 2015-1485 du 17 nov. 2015, art. 12)* « , culturel et environnemental », à titre permanent ou temporaire, notamment pour lui permettre de réaliser des études sur tout projet de sa compétence.

Le conseil économique, social *(L. org. n° 2015-1485 du 17 nov. 2015, art. 12)* « , culturel et environnemental » dispose de l'autonomie financière. Son fonctionnement est assuré par une dotation spécifique qui constitue une dépense obligatoire inscrite au budget de la collectivité. Il peut recevoir des dons.

Son président est ordonnateur du budget du conseil économique, social *(L. org. n° 2015-1485 du 17 nov. 2015, art. 12)* « , culturel et environnemental » ; il peut déléguer ses pouvoirs d'ordonnateur à un membre du bureau. Il peut adresser un ordre de réquisition au comptable de la collectivité dans les conditions fixées à l'article L.O. 274-5 du code des juridictions financières, mais ne peut pas déléguer ce pouvoir.

Le président du conseil économique, social *(L. org. n° 2015-1485 du 17 nov. 2015, art. 12)* « , culturel et environnemental » assure la gestion du personnel administratif affecté dans les services du conseil. Il peut déléguer sa signature au secrétaire général et aux responsables administratifs du conseil.

Art. L.O. 6223-3 I. — Le conseil économique, social *(L. org. n° 2015-1485 du 17 nov. 2015, art. 12)* « , culturel et environnemental » est consulté par le conseil territorial sur la préparation et l'exécution du plan de la Nation dans la collectivité, sur la répartition et l'utilisation des crédits de l'État destinés à des investissements intéressant la collectivité, sur la préparation du plan d'aménagement et de développement durable de Saint-Barthélemy, ainsi que sur les orientations générales du projet de budget de la collectivité.

Le conseil économique, social *(L. org. n° 2015-1485 du 17 nov. 2015, art. 12)* « , culturel et environnemental » donne son avis sur les résultats de leur mise en œuvre.

II. — Le conseil économique, social *(L. org. n° 2015-1485 du 17 nov. 2015, art. 12)* « , culturel et environnemental » est consulté :

1° Sur les projets et propositions d'actes du conseil territorial à caractère économique, social *(L. org. n° 2015-1485 du 17 nov. 2015, art. 12)* « , culturel et environnemental » ;

2° Sur les projets et propositions de délibérations fixant les principales orientations du développement économique, social *(L. org. n° 2015-1485 du 17 nov. 2015, art. 12)* « , culturel et environnemental » de l'île, y compris en matière de développement durable.

(L. org. n° 2015-1485 du 17 nov. 2015, art. 13) « III. — Il dispose pour donner son avis d'un délai :

« 1° Dans les cas prévus aux I et 2° du II, d'un mois, ramené à quinze jours en cas d'urgence déclarée par le président du conseil territorial ;

« 2° Dans le cas prévu au 1° du même II, de douze jours francs, ramené à un jour franc en cas d'urgence déclarée par le président du conseil territorial.

« À l'expiration de ce délai, l'avis est réputé rendu. »

IV. — À la majorité des deux tiers de ses membres, le conseil économique, social *(L. org. n° 2015-1485 du 17 nov. 2015, art. 12)* « , culturel et environnemental » décide de réaliser des études sur des questions relevant de ses compétences.

Il peut également, à son initiative, donner son avis sur toute proposition de délibération.

Il peut également être saisi pour avis par le représentant de l'État en matière économique, sociale *(L. org. n° 2015-1485 du 17 nov. 2015, art. 12)* « , culturelle ou environnementale ».

V. — Les rapports et avis du conseil économique, social *(L. org. n° 2015-1485 du 17 nov. 2015, art. 12)* « , culturel et environnemental » sont rendus publics.

Art. L. 6223-4 *(L. n° 2007-224 du 21 févr. 2007, art. 1er)* Les membres du conseil économique, social et culturel peuvent bénéficier d'une indemnité pour chaque journée de présence aux séances du conseil. Ils ont droit en outre au remboursement des frais pouvant résulter de l'exercice des mandats spéciaux dont ils sont chargés par leur conseil.

Les modalités d'application du présent article sont fixées par délibération du conseil territorial.

Art. L. 6223-5 *(L. n° 2007-224 du 21 févr. 2007, art. 1er)* La collectivité prend en charge les conséquences dommageables résultant des accidents subis par le président du conseil économique, social et culturel dans l'exercice de ses fonctions.

Les membres du conseil économique, social et culturel bénéficient des mêmes dispositions lorsqu'ils sont victimes d'accidents survenus soit à l'occasion de réunions du conseil auquel ils appartiennent, soit au cours de l'exécution d'un mandat spécial.

Art. L. 6223-6 *(L. n° 2007-224 du 21 févr. 2007, art. 1er)* L'employeur est tenu de laisser à tout salarié de son entreprise membre du conseil économique, social et culturel le temps nécessaire pour exercer son mandat selon les mêmes modalités que celles prévues pour les conseillers territoriaux.

CHAPITRE IV CONDITIONS D'EXERCICE DES MANDATS

SECTION 1 Garanties accordées aux titulaires d'un mandat au conseil territorial

Art. L.O. 6224-1 Le conseil territorial détermine, par analogie avec les règles applicables aux conseils départementaux des départements et aux conseils régionaux, les garanties accordées aux conseillers territoriaux de Saint-Barthélemy en ce qui concerne les autorisations d'absence ou le crédit d'heure, les garanties accordées dans l'exercice d'une activité professionnelle, les garanties accordées à l'issue du mandat et le droit à la formation, les indemnités de déplacement et frais de séjour engagés pour prendre part aux réunions du conseil territorial et les dépenses résultant de l'exercice d'un mandat spécial, ainsi que le régime de sécurité sociale et de retraite.

Art. L.O. 6224-2 I. — Les membres du conseil territorial reçoivent pour l'exercice effectif de leurs fonctions une indemnité fixée par le conseil territorial par référence au montant du traitement correspondant à l'indice brut terminal de l'échelle indiciaire de la fonction publique de l'État.

L'indemnité de fonction votée par le conseil territorial pour l'exercice effectif des fonctions de conseiller territorial est au maximum égale à 50 % du terme de référence mentionné au premier alinéa.

L'indemnité de fonction votée par le conseil territorial pour l'exercice effectif des fonctions de président du conseil territorial est au maximum égale au terme de référence mentionné au premier alinéa majoré de 45 %.

L'indemnité de chacun des vice-présidents du conseil territorial est au maximum égale à l'indemnité maximale de conseiller territorial majorée de 40 %.

L'indemnité de fonction de chacun des membres du conseil exécutif autres que le président et les vice-présidents est au maximum égale à l'indemnité maximale de conseiller territorial majorée de 10 %.

II. — Le conseil territorial peut, dans des conditions fixées par son règlement intérieur, réduire le montant des indemnités qu'il alloue à ses membres en fonction de leur participation aux séances plénières, aux réunions des commissions dont ils sont membres et aux réunions des organismes dans lesquels ils représentent la collectivité, sans que cette réduction puisse dépasser, pour chacun d'entre eux, la moitié de l'indemnité maximale pouvant lui être allouée en application du présent article.

III. — Lorsque le conseil territorial est renouvelé, la délibération fixant les indemnités de ses membres en application de la présente section intervient dans les trois mois suivant son installation.

Toute délibération du conseil territorial concernant les indemnités de fonction d'un ou de plusieurs de ses membres est accompagnée d'un tableau annexe récapitulant l'ensemble des indemnités allouées aux membres du conseil territorial.

Art. L.O. 6224-3 Le conseiller territorial titulaire d'autres mandats électoraux ou qui siège à ce titre au conseil d'administration d'un établissement public local ou du Centre national de la fonction publique territoriale, au conseil d'administration ou au conseil de surveillance d'une société d'économie mixte locale ou qui préside une telle société ne peut percevoir, pour l'ensemble de ses fonctions, un montant total de rémunérations et d'indemnités de fonction supérieur à une fois et demie le montant de l'indemnité parlementaire telle qu'elle est définie à l'article 1er de l'ordonnance n° 58-1210 du 13 décembre 1958 portant loi organique relative à l'indemnité des membres du Parlement. Ce plafond s'entend déduction faite des cotisations sociales obligatoires.

Lorsque, en application des dispositions du premier alinéa, le montant total des rémunérations et des indemnités de fonction d'un conseiller territorial fait l'objet d'un écrêtement, *(L. org. n° 2013-402 du 17 mai 2013, art. 7)* « la part écrêtée est reversée au budget de la personne publique au sein de laquelle le conseiller territorial exerce le plus récemment un mandat ou une fonction ».

Art. L.O. 6224-4 Les délibérations prévues à la présente section sont adoptées à la majorité absolue des membres du conseil territorial.

SECTION 2 Responsabilité de la collectivité en cas d'accident

Art. L. 6224-5 *(L. n° 2007-224 du 21 févr. 2007, art. 1er)* La collectivité prend en charge les conséquences dommageables résultant des accidents subis par les membres du conseil territorial à l'occasion de l'exercice de leurs fonctions.

Art. L. 6224-6 *(L. n° 2007-224 du 21 févr. 2007, art. 1er)* Lorsque les conseillers territoriaux sont victimes d'un accident survenu dans l'exercice de leurs fonctions, la collectivité verse directement aux praticiens, pharmaciens, auxiliaires médicaux, fournisseurs ainsi qu'aux établissements de santé le montant des prestations afférentes à cet accident calculé selon les tarifs appliqués en matière d'assurance maladie.

SECTION 3 Responsabilité et protection des élus

Art. L. 6224-7 *(L. n° 2007-224 du 21 févr. 2007, art. 1er)* Sous réserve des dispositions du quatrième alinéa de l'article 121-3 du code pénal, le président du conseil territorial ou un conseiller territorial le suppléant ou ayant reçu une délégation ne peut être condamné sur le fondement du troisième alinéa de ce même article pour des faits non intentionnels commis dans l'exercice de ses fonctions que s'il est établi qu'il n'a pas accompli les diligences normales compte tenu de ses compétences, du pouvoir et des moyens dont il disposait ainsi que des difficultés propres aux missions que la loi lui confie.

Art. L.O. 6224-8 La collectivité est tenue d'accorder sa protection au président du conseil territorial, au conseiller territorial le suppléant ou ayant reçu une délégation ou à l'un de ces élus ayant cessé ses fonctions lorsque celui-ci fait l'objet de poursuites pénales à l'occasion de faits qui n'ont pas le caractère de faute détachable de l'exercice de ses fonctions.

Art. L.O. 6224-9 Le président du conseil territorial, les vice-présidents ou les conseillers territoriaux ayant reçu délégation bénéficient, à l'occasion de leurs fonctions, d'une protection organisée par la collectivité conformément aux règles fixées par le code pénal, les lois spéciales et le présent code.

La collectivité est tenue de protéger le président du conseil territorial, les vice-présidents ou les conseillers territoriaux ayant reçu délégation contre les violences, menaces ou outrages dont ils pourraient être victimes à l'occasion de leurs fonctions et de réparer, le cas échéant, le préjudice qui en est résulté.

Art. L. 6224-10 *(L. n° 2007-224 du 21 févr. 2007, art. 1er)* La collectivité est subrogée aux droits de la victime pour obtenir des auteurs des infractions visées à l'article L.O.

6224-9 la restitution des sommes versées à l'élu intéressé. Elle dispose en outre, aux mêmes fins, d'une action directe qu'elle peut exercer, au besoin par voie de constitution de partie civile, devant la juridiction pénale.

SECTION 4 Honorariat des conseillers territoriaux

Art. L. 6224-11 *(L. nº 2007-224 du 21 févr. 2007, art. 1er)* L'honorariat est conféré par le représentant de l'État aux anciens conseillers territoriaux qui ont exercé leurs fonctions électives pendant quinze ans au moins dans la collectivité.

L'honorariat ne peut être refusé ou retiré par le représentant de l'État que si l'intéressé a fait l'objet d'une condamnation entraînant l'inéligibilité.

L'honorariat n'est assorti d'aucun avantage financier imputable sur le budget de la collectivité.

TITRE III PARTICIPATION DES ÉLECTEURS À LA VIE DE LA COLLECTIVITÉ

CHAPITRE I PÉTITION DES ÉLECTEURS

Art. L.O. 6231-1 Le conseil territorial peut être saisi, par voie de pétition, de toute question relevant de la compétence de la collectivité.

La pétition peut être présentée à titre individuel ou collectif. Elle doit être établie par écrit, sous quelque forme que ce soit, rédigée dans les mêmes termes et signée par 5 % au moins des électeurs inscrits sur les listes électorales à Saint-Barthélemy. Elle doit être datée et comporter le nom, le prénom, l'adresse de chaque pétitionnaire et le numéro de son inscription sur la liste électorale.

La pétition est adressée au président du conseil territorial. Le conseil exécutif se prononce sur la recevabilité de la pétition par une décision motivée, qui peut faire l'objet d'un recours devant le tribunal administratif.

Lorsque la pétition est recevable, le président du conseil territorial en fait rapport à la plus prochaine session.

CHAPITRE II RÉFÉRENDUM LOCAL

Art. L.O. 6232-1 I. — Le conseil territorial peut soumettre à référendum tout projet ou proposition de délibération tendant à régler une affaire de sa compétence, à l'exception, d'une part, des avis qu'il est appelé à rendre sur les projets et propositions de loi et sur les projets d'ordonnance, d'autre part, des propositions qu'il peut adopter dans le cadre des articles L.O. 6251-12, L.O. 6251-14 et L.O. 6251-15.

II. — Sur proposition du conseil exécutif, le conseil territorial peut soumettre au référendum tout projet d'acte réglementaire relevant des attributions du président du conseil territorial ou du conseil exécutif.

III. — Les articles L.O. 1112-3, L.O. 1112-5 (premier alinéa) et L.O. 1112-6 à L.O. 1112-14 sont applicables aux référendums locaux organisés par la collectivité de Saint-Barthélemy.

Les dispositions du code électoral mentionnées aux articles L.O. 1112-9 à L.O. 1112-13 du présent code sont applicables dans les conditions fixées par le chapitre I du titre II du livre VI du code électoral.

CHAPITRE III CONSULTATION DES ÉLECTEURS

Art. L.O. 6233-1 I. — Les électeurs de la collectivité peuvent être consultés sur les décisions que le conseil territorial envisage de prendre pour régler les affaires relevant de sa compétence, à l'exception des avis et propositions mentionnés au I de l'article L.O. 6232-1. La consultation peut être limitée aux électeurs d'une partie du ressort de la collectivité, pour les affaires intéressant spécialement cette partie de la collectivité.

II. — Un dixième des électeurs peut saisir le conseil territorial en vue de l'organisation d'une consultation sur toute affaire relevant de la décision de ce conseil.

Dans l'année, un électeur ne peut signer qu'une seule saisine tendant à l'organisation d'une même consultation.

III. – La décision d'organiser la consultation appartient au conseil territorial.

IV. – Le conseil territorial arrête le principe et les modalités d'organisation de cette consultation. Sa délibération indique expressément que cette consultation n'est qu'une demande d'avis. Elle fixe le jour du scrutin et convoque les électeurs. Elle est transmise deux mois au moins avant la date du scrutin au représentant de l'État. Si celui-ci l'estime illégale, il dispose d'un délai de dix jours à compter de sa réception pour la déférer au tribunal administratif. Il peut assortir son recours d'une demande aux fins de suspension.

V. – Le président du tribunal administratif ou le magistrat délégué par lui statue dans un délai d'un mois, en premier et dernier ressort, sur la demande de suspension. Il est fait droit à cette demande si l'un des moyens invoqués paraît, en l'état de l'instruction, propre à créer un doute sérieux quant à la légalité du projet soumis à consultation.

Lorsque la délibération organisant la consultation est de nature à compromettre l'exercice d'une liberté publique ou individuelle, le président du tribunal administratif ou le magistrat délégué par lui en prononce la suspension dans les quarante-huit heures.

VI. – Les dépenses liées à l'organisation de la consultation des électeurs constituent une dépense obligatoire de la collectivité.

VII. – Les électeurs font connaître par "oui" ou par "non" s'ils approuvent le projet de délibération ou d'acte qui leur est présenté. Après avoir pris connaissance du résultat de la consultation, l'autorité compétente de la collectivité territoriale arrête sa décision sur l'affaire qui en a fait l'objet.

VIII. – Les onze premiers alinéas de l'article L.O. 1112-6 et les articles L.O. 1112-8 à L.O. 1112-14 sont applicables à la consultation des électeurs.

Pendant le délai d'un an à compter de la tenue d'un référendum local ou d'une consultation des électeurs à l'initiative d'une collectivité territoriale, celle-ci ne peut organiser une autre consultation portant sur le même objet.

IX. – Les dispositions du code électoral mentionnées aux articles L.O. 1112-9 à L.O. 1112-13 du présent code sont applicables dans les conditions fixées par le chapitre I du titre II du livre VI du code électoral.

TITRE IV RÉGIME JURIDIQUE DES ACTES PRIS PAR LES AUTORITÉS DE LA COLLECTIVITÉ ET RELATIONS ENTRE L'ÉTAT ET LA COLLECTIVITÉ

CHAPITRE I PUBLICITÉ ET ENTRÉE EN VIGUEUR

Art. L.O. 6241-1 Les actes pris par les autorités de la collectivité sont exécutoires de plein droit dès qu'il a été procédé à leur publication au *Journal officiel* de Saint-Barthélemy, à leur affichage ou à leur notification aux intéressés ainsi qu'à leur transmission au représentant de l'État. Toutefois, les actes mentionnés à l'article L.O. 6251-2 ne peuvent entrer en vigueur qu'à l'expiration d'un délai de quinze jours à compter de leur transmission au représentant de l'État.

La publication ou l'affichage de ces actes est également organisé, à titre complémentaire mais non exclusif, sur support numérique.

Le président du conseil territorial certifie, sous sa responsabilité, le caractère exécutoire de ces actes.

La transmission des actes mentionnés au présent article peut s'effectuer par tout moyen, y compris par voie électronique selon des modalités fixées par décret en Conseil d'État.

La preuve de la réception des actes par le représentant de l'État peut être apportée par tout moyen. L'accusé de réception, qui est immédiatement délivré, peut être utilisé à cet effet mais n'est pas une condition du caractère exécutoire des actes.

Art. L.O. 6241-2 Sont soumis aux dispositions de l'article L.O. 6241-1 les actes suivants :

1° Les délibérations du conseil territorial ou les décisions prises par délégation du conseil territorial ;

2° Les décisions réglementaires et individuelles prises par le président du conseil territorial dans l'exercice de son pouvoir de police, à l'exclusion de celles relatives à la circulation et au stationnement ;

3° Les actes à caractère réglementaire pris par les autorités de la collectivité dans tous les autres domaines qui relèvent de leur compétence en application de la loi ;

4° Les conventions relatives aux marchés, à l'exception des marchés passés sans formalité préalable en raison de leur montant, et aux emprunts ainsi que les conventions de concession ou d'affermage de services publics locaux à caractère industriel ou commercial et les contrats de partenariat ;

5° Les décisions individuelles relatives à la nomination, à l'avancement de grade, à la mise à la retraite d'office ou à la révocation des fonctionnaires, ainsi que les décisions individuelles relatives au recrutement, y compris le contrat d'engagement, et au licenciement des agents non titulaires, à l'exception de celles prises dans le cadre d'un besoin saisonnier ou occasionnel, en application des dispositions statutaires relatives à la fonction publique territoriale ;

6° Les ordres de réquisition du comptable pris par le président du conseil territorial ;

7° Les décisions relevant de l'exercice de prérogatives de puissance publique, prises par les sociétés d'économie mixte locales pour le compte de la collectivité ;

8° Les permis de construire et les autres autorisations individuelles d'occupation du sol ;

9° Les autorisations ou déclarations délivrées ou établies au titre de la réglementation relative aux installations classées pour la protection de l'environnement en raison des dangers ou inconvénients qu'elles peuvent présenter soit pour la commodité du voisinage, soit pour la santé, la sécurité ou la salubrité publique, soit pour l'agriculture, soit pour la protection de la nature et de l'environnement, soit pour la conservation des sites et des monuments.

Art. L.O. 6241-3 Les actes pris au nom de la collectivité et autres que ceux mentionnés à l'article L.O. 6241-2 sont exécutoires de plein droit dès qu'il a été procédé à leur publication au *Journal officiel* de Saint-Barthélemy, à leur affichage ou à leur notification aux intéressés.

Le représentant de l'État peut en demander communication à tout moment. Il ne peut les déférer au tribunal administratif, dans un délai de deux mois à compter de leur communication, que si sa demande a été présentée dans le délai de deux mois à compter de la date à laquelle les actes sont devenus exécutoires.

Art. L.O. 6241-4 Les actes pris par les autorités de la collectivité au nom de l'État ainsi que les actes relevant du droit privé ne sont pas soumis aux dispositions du présent titre et demeurent régis par les dispositions qui leur sont propres.

Art. L. 6241-5 *(L. n° 2007-224 du 21 févr. 2007, art. 1er)* Aux conventions de délégation de service public de la collectivité transmises par application du 4° de l'article L.O. 6241-2 au représentant de l'État dans un délai de quinze jours à compter de leur signature, le président du conseil territorial joint l'ensemble des pièces dont la liste est fixée par décret en Conseil d'État.

Il certifie, par une mention apposée sur la convention notifiée au titulaire de la délégation, qu'elle a bien été transmise, en précisant la date de cette transmission.

Il informe, dans un délai de quinze jours, le représentant de l'État de la date de notification de cette convention.

CHAPITRE II CONTRÔLE DE LÉGALITÉ

Art. L.O. 6242-1 Le représentant de l'État défère au tribunal administratif les actes mentionnés à l'article L.O. 6241-2 qu'il estime contraires à la légalité dans les deux mois suivant leur transmission.

Lorsque le représentant de l'État défère un acte au tribunal administratif, il en informe sans délai l'autorité de la collectivité et lui communique toutes précisions sur les illégalités invoquées à l'encontre de l'acte concerné.

Sur demande du président du conseil territorial, le représentant de l'État l'informe de son intention de ne pas déférer au tribunal administratif un acte des autorités de la collectivité qui lui a été transmis en application des articles L.O. 6241-1 et L. 6241-5.

Le représentant de l'État peut assortir son recours d'une demande de suspension. Il est fait droit à cette demande si l'un des moyens invoqués paraît, en l'état de l'instruction, propre à créer un doute sérieux quant à la légalité de l'acte attaqué. Il est statué dans un délai d'un mois.

Jusqu'à ce que le président du tribunal administratif ou le magistrat délégué par lui ait statué, la demande de suspension en matière d'urbanisme, de marchés et de délégation de service public formulée par le représentant de l'État dans les dix jours à compter de la réception de l'acte entraîne la suspension de celui-ci. Au terme d'un délai d'un mois à compter de la réception, si le juge des référés n'a pas statué, l'acte redevient exécutoire.

Lorsque le représentant de l'État assortit un recours dirigé contre un acte pris en application de l'article L.O. 6251-2 d'une demande de suspension, formulée dans le délai de quinze jours prévu à l'article L.O. 6241-1, cet acte ne peut entrer en vigueur avant que le tribunal administratif n'ait statué sur cette demande. Si le tribunal administratif n'a pas rendu sa décision dans un délai de trois mois suivant sa saisine, l'acte devient exécutoire. Le présent alinéa n'est pas applicable en matière fiscale.

Lorsque l'acte attaqué est de nature à compromettre l'exercice d'une liberté publique ou individuelle, le président du tribunal administratif ou le magistrat délégué à cet effet en prononce la suspension dans les quarante-huit heures. La décision relative à la suspension est susceptible d'appel devant le Conseil d'État dans la quinzaine de la notification. En ce cas, le juge des référés statue dans un délai de quarante-huit heures.

Art. L.O. 6242-2 Sans préjudice du recours direct dont elle dispose, si une personne physique ou morale est lésée par un acte mentionné aux articles L.O. 6241-2 et L.O. 6241-3, elle peut, dans un délai de deux mois à compter de la date à laquelle l'acte est devenu exécutoire, demander au représentant de l'État de mettre en œuvre la procédure prévue à l'article L.O. 6242-1.

Pour les actes mentionnés à l'article L.O. 6241-2, cette demande ne peut avoir pour effet de prolonger le délai de recours contentieux dont dispose le représentant de l'État en application de l'article L.O. 6242-1.

Lorsque la demande concerne un acte mentionné à l'article L.O. 6241-3, le représentant de l'État peut déférer l'acte en cause au tribunal administratif dans les deux mois suivant sa saisine par la personne physique ou morale lésée.

Art. L.O. 6242-3 *Abrogé par L. org. nº 2010-1486 du 7 déc. 2010, art. 2.*

Art. L.O. 6242-4 Sont illégales :

1° Les délibérations auxquelles ont pris part un ou plusieurs membres du conseil territorial intéressés à l'affaire qui en fait l'objet, soit en leur nom personnel, soit comme mandataires ;

2° Les décisions et délibérations par lesquelles la collectivité renonce soit directement, soit par une clause contractuelle, à exercer toute action en responsabilité à l'égard de toute personne physique ou morale qu'elle rémunère sous quelque forme que ce soit.

Art. L.O. 6242-5 Lorsque le tribunal administratif est saisi d'un recours pour excès de pouvoir ou d'un recours en appréciation de légalité dirigé contre les actes mentionnés aux 1° à 3° de l'article L.O. 6241-2 et que ce recours est fondé sur un moyen sérieux invoquant l'inexacte application de la répartition des compétences entre l'État et la collectivité ou que ce moyen est soulevé d'office, il transmet le dossier sans délai pour avis au Conseil d'État, par un jugement qui n'est susceptible d'aucun recours. Le Conseil d'État examine la question soulevée dans un délai de trois mois et il est sursis à toute décision sur le fond jusqu'à son avis ou, à défaut, jusqu'à l'expiration de ce délai. Le tribunal administratif statue dans un délai de deux mois à compter de la publication de l'avis au *Journal officiel* de la République française ou de l'expiration du délai imparti au Conseil d'État.

Art. L.O. 6242-6 Le président du conseil territorial porte à la connaissance des membres de celui-ci, lors de la plus proche réunion du conseil territorial qui suit la notification qui lui en est faite, les décisions des juridictions administratives ou judiciaires qui se prononcent sur la légalité des actes des institutions de la collectivité.

Art. L.O. 6242-7 Les articles L.O. 6241-1 à L.O. 6242-6 sont applicables aux établissements publics de la collectivité.

CHAPITRE III CONTRÔLE JURIDICTIONNEL SPÉCIFIQUE DES ACTES DU CONSEIL TERRITORIAL INTERVENANT DANS LE DOMAINE DE LA LOI

Art. L.O. 6243-1 Les actes mentionnés à l'article L.O. 6251-2 et aux premiers alinéas des I et II de l'article L.O. 6251-3 relevant du domaine de la loi peuvent être contestés par la voie d'un recours motivé porté devant le Conseil d'État dans les deux mois qui suivent leur publication au *Journal officiel* de Saint-Barthélemy.

Le conseil territorial a créé une taxe sur les installations électriques et de télécommunications, matière relevant du domaine de la loi. La société France Télécom la conteste devant le Conseil d'État et en demande la suspension. Les modalités particulières du contrôle juridictionnel prévues par la loi ne font pas obstacle à l'application de l'art. L. 521-1 CJA. La demande de suspension est donc recevable mais elle est rejetée au fond par le juge des référés du Conseil d'État qui estime que la condition d'urgence n'est pas remplie. • CE 22 févr. 2012, *Sté France Télécom,* nº 356207 A : *AJCT 2012. 444, obs. Péchillon ; AJDA 2012. 1356, note Faure*.

Art. L.O. 6243-2 Les recours du représentant de l'État contre les actes mentionnés à l'article L.O. 6243-1, formés selon les modalités prévues aux articles L.O. 6242-1 et L.O. 6242-2, sont également portés devant le Conseil d'État.

Lorsque le représentant de l'État assortit un recours dirigé contre un acte d'une demande de suspension, formulée dans le délai de quinze jours prévu à l'article L.O. 6241-1, cet acte ne peut entrer en vigueur jusqu'à ce que le Conseil d'État ait statué sur cette demande. Si le Conseil d'État n'a pas rendu sa décision dans un délai de trois mois suivant sa saisine, l'acte redevient exécutoire. Les dispositions du présent alinéa ne sont pas applicables en matière fiscale.

Art. L.O. 6243-3 Dès sa saisine, le secrétariat du contentieux du Conseil d'État en informe le président du conseil territorial.

La procédure contentieuse applicable au contrôle juridictionnel spécifique des actes mentionnés à l'article L.O. 6243-1 est celle applicable en matière de recours pour excès de pouvoir devant le Conseil d'État.

Art. L.O. 6243-4 Le Conseil d'État statue sur la conformité des actes prévus à l'article L.O. 6251-2 au regard de la Constitution, des lois organiques, des engagements internationaux de la France et des principes généraux du droit.

Le Conseil d'État se prononce dans les trois mois de sa saisine. Sa décision est publiée au *Journal officiel* de la République française et au *Journal officiel* de Saint-Barthélemy.

Art. L.O. 6243-5 Lorsque, à l'occasion d'un litige devant une juridiction, une partie invoque par un moyen sérieux la contrariété d'un acte mentionné à l'article L.O. 6251-2 avec la Constitution, les lois organiques, les engagements internationaux de la France ou les principes généraux du droit, et que cette question commande l'issue du litige ou la validité de la procédure, ou constitue le fondement des poursuites, la juridiction transmet sans délai la question au Conseil d'État par une décision qui n'est pas susceptible de recours. Le Conseil d'État se prononce dans les trois mois. Lorsqu'elle transmet la question au Conseil d'État, la juridiction surseoit à statuer. Elle peut toutefois en décider autrement dans les cas où la loi lui impartit, en raison de l'urgence, un délai pour statuer. Elle peut dans tous les cas prendre les mesures d'urgence ou conservatoires nécessaires. Le refus de transmettre la question au Conseil d'État n'est pas susceptible de recours indépendamment de la décision tranchant tout ou partie du litige.

CHAPITRE IV EXERCICE PAR UN CONTRIBUABLE OU UN ÉLECTEUR DES ACTIONS APPARTENANT À LA COLLECTIVITÉ

Art. L.O. 6244-1 Tout contribuable inscrit au rôle de la collectivité de Saint-Barthélemy ou tout électeur inscrit sur les listes électorales de la collectivité a le droit d'exercer, tant en demande qu'en défense, à ses frais et risques, avec l'autorisation du tribunal administratif, les actions qu'il croit appartenir à la collectivité et que celle-ci, préalablement appelée à en délibérer, a refusé ou négligé d'exercer.

Le contribuable ou l'électeur adresse au tribunal administratif un mémoire.

Le président du conseil territorial soumet ce mémoire au conseil territorial lors de sa plus proche réunion.

Lorsqu'un jugement est intervenu, le contribuable ou l'électeur ne peut se pourvoir en appel ou en cassation qu'en vertu d'une nouvelle autorisation.

CHAPITRE V RELATIONS ENTRE L'ÉTAT ET LA COLLECTIVITÉ

SECTION 1 Coordination entre les services de l'État et les services de la collectivité

Art. L.O. 6245-1 La coordination entre l'action des services de l'État et celle des services de la collectivité à Saint-Barthélemy est assurée conjointement par le président du conseil territorial et le représentant de l'État.

SECTION 2 Services de l'État mis à disposition

Art. L.O. 6245-2 Des conventions entre l'État et la collectivité de Saint-Barthélemy fixent les modalités selon lesquelles des agents et des services de l'État sont mis à la disposition, en tant que de besoin, de la collectivité de Saint-Barthélemy. Ces conventions prévoient notamment la mise à disposition du président du conseil territorial des services déconcentrés de l'État pour la préparation et l'exécution des délibérations du conseil territorial ainsi que les conditions dans lesquelles des organismes et établissements publics métropolitains concourent aux services publics locaux. Le président du conseil territorial communique chaque année au représentant de l'État son appréciation sur le fonctionnement des dispositifs mis en place.

SECTION 3 Responsabilité

Art. L. 6245-3 *(L. nº 2007-224 du 21 févr. 2007, art. 1er)* La collectivité voit sa responsabilité supprimée ou atténuée lorsqu'une autorité relevant de l'État s'est substituée, dans des hypothèses ou selon des modalités non prévues par la loi, au président du conseil territorial pour mettre en œuvre des mesures de police.

TITRE V ADMINISTRATION ET SERVICES DE LA COLLECTIVITÉ

CHAPITRE I COMPÉTENCES DU CONSEIL TERRITORIAL

Art. L.O. 6251-1 Le conseil territorial règle par ses délibérations les affaires de la collectivité.

Il statue sur tous les objets sur lesquels il est appelé à délibérer par les lois et règlements et, généralement, sur tous les objets intéressant la collectivité dont il est saisi.

Il donne son avis sur tous les objets sur lesquels il est consulté en vertu des lois et règlements ou dont il est saisi par le ministre chargé de l'outre-mer.

Art. L.O. 6251-2 Le conseil territorial fixe les règles applicables à Saint-Barthélemy dans les matières énumérées à l'article L.O. 6214-3.

Les délibérations par lesquelles le conseil territorial adopte les règles mentionnées au premier alinéa sont adoptées au scrutin public à la majorité absolue des membres du conseil territorial.

Art. L.O. 6251-3 I. – Le conseil territorial est habilité, dans le respect des garanties accordées sur l'ensemble du territoire national pour l'exercice des libertés publiques, à adopter des actes dans le domaine du droit pénal aux seules fins mentionnées à l'article L.O. 6214-5. Ces actes doivent respecter la classification des contraventions et délits. Les peines qu'ils instituent ne peuvent excéder le maximum prévu pour les infractions de même nature par les lois et règlements en vigueur.

Le projet ou la proposition d'acte mentionné au premier alinéa est transmis par le président du conseil territorial au ministre chargé de l'outre-mer qui en accuse réception sans délai. À compter de cette réception, ce ministre et le ministre de la Justice proposent au Premier ministre, dans le délai de deux mois, un projet de décret tendant soit à l'approbation totale ou partielle du texte, soit au refus d'approbation.

Le décret qui porte refus d'approbation est motivé. Il est notifié au président du conseil territorial.

Le projet ou la proposition d'acte ne peut être adopté par le conseil territorial que dans les mêmes termes.

Lorsqu'ils portent sur un acte intervenant dans le domaine de la loi, les décrets prévus au deuxième alinéa ne peuvent entrer en vigueur avant leur ratification par la loi.

Les actes prévus au présent article peuvent être respectivement modifiés par une loi ou une ordonnance ou par un décret qui comporte une mention expresse d'application à Saint-Barthélemy.

II. — Dans les conditions prévues au I, le conseil territorial est habilité à adopter des actes dans le domaine de la police et de la sécurité maritimes.

Les décisions individuelles prises en application des actes mentionnés au premier alinéa du présent II sont soumises au contrôle hiérarchique du représentant de l'État. Leur entrée en vigueur est subordonnée à leur réception par le représentant de l'État.

Sur l'application du présent art. et sur l'approbation totale d'un projet d'acte déterminant les sanctions applicables en matière d'urbanisme dans le domaine de la loi, V. ci-dessous Décr. nº 2009-1645 du 23 déc. 2009.

Décret nº 2009-1645 du 23 décembre 2009,

Pris pour l'application de l'article L.O. 6251-3 du code général des collectivités territoriales et portant approbation totale d'un projet d'acte déterminant dans le domaine de la loi les sanctions applicables en matière d'urbanisme.

Art. 1er Le projet d'acte déterminant dans le domaine de la loi les sanctions applicables en matière d'urbanisme adopté par la délibération nº 2009-003 du 27 février 2009 du conseil territorial de la collectivité de Saint-Barthélemy est approuvé.

Art. L.O. 6251-4 Sans préjudice des sanctions pénales prévues à l'article L.O. 6251-3, les infractions aux règles d'assiette et de recouvrement des impôts, droits, taxes et redevances institués par le conseil territorial peuvent être assorties par celui-ci d'amendes, majorations, intérêts ou indemnités de retard appliqués par l'administration.

(L. org. nº 2015-1485 du 17 nov. 2015, art. 2) « Sans préjudice des sanctions pénales prévues à l'article L.O. 6251-3, la violation des règles que le conseil territorial fixe dans les matières mentionnées à l'article L.O. 6214-3 peut être assortie par celui-ci de sanctions administratives. »

Le produit des amendes, majorations, intérêts ou indemnités de retard *(L. org. nº 2015-1485 du 17 nov. 2015, art. 2)* « et des sanctions administratives » mentionnés au présent article est versé au budget de la collectivité.

Art. L.O. 6251-5 I. — Le conseil territorial peut, lorsqu'il y a été habilité à sa demande par la loi ou par le décret, selon le cas, adapter aux caractéristiques et aux contraintes particulières de la collectivité les dispositions législatives ou réglementaires en vigueur.

La demande d'habilitation tendant à adapter une disposition législative ou réglementaire est adoptée par délibération motivée du conseil territorial.

Cette délibération mentionne les dispositions législatives ou réglementaires en cause ou, lorsque la demande porte sur l'adaptation d'une disposition réglementaire non encore publiée et nécessaire à l'application d'une disposition législative, la disposition législative en cause.

Elle expose les caractéristiques et contraintes particulières justifiant la demande d'habilitation et précise la nature et la finalité des dispositions que le conseil territorial envisage de prendre.

La demande d'habilitation ne peut porter sur une disposition législative ou réglementaire ressortissant à l'une des matières mentionnées au quatrième alinéa de l'article 74 de la Constitution.

II. – La demande d'habilitation devient caduque :

1° Le dernier jour du mois qui précède celui du renouvellement normal du conseil territorial ;

2° Le jour de la dissolution ou de l'annulation de l'élection de l'ensemble des membres du conseil territorial ;

3° Le jour de la vacance de l'ensemble des sièges du conseil territorial en dehors des cas prévus au 2°.

III. – Les actes pris en application du présent article sont adoptés à la majorité absolue des membres du conseil territorial. Ils ne peuvent être soumis au référendum local ou à la consultation des électeurs.

La collectivité dispose de la faculté accordée aux départements et régions d'outre-mer par l'art. 73 d'adapter les lois et règlements. Ces dispositions ne sont pas contraires à l'art. 74 Const., sous réserve de l'impossibilité de recourir à la procédure de l'art. 38 Const. pour accorder cette habilitation. • Cons. const. 15 févr. 2007, n° 2007-547 DC (loi organique portant dispositions statutaires et institutionnelles relatives à l'outre-mer, considérants 13 et 41).

Art. L.O. 6251-6 La délibération prévue à l'article L.O. 6251-5 est publiée au *Journal officiel* de la République française, après sa transmission au Premier ministre et au représentant de l'État. Elle entre en vigueur le lendemain de cette publication.

Art. L.O. 6251-7 Les recours dirigés contre cette délibération sont portés devant le Conseil d'État.

Le représentant de l'État peut, dans le mois qui suit la transmission prévue à l'article L.O. 6251-6, déférer la délibération au Conseil d'État. Ce recours en suspend l'exécution jusqu'à ce que le Conseil d'État ait rendu sa décision. Si celle-ci n'est pas intervenue dans un délai de trois mois suivant sa saisine, la délibération redevient exécutoire.

Art. L.O. 6251-8 L'habilitation accordée par la loi ou par le décret au conseil territorial expire à l'issue d'un délai de deux ans à compter de sa publication.

Art. L.O. 6251-9 Les délibérations prises en application de l'habilitation sont adoptées à la majorité absolue des membres du conseil territorial. Elles ne peuvent être soumises au référendum local.

Ces délibérations précisent les dispositions législatives ou réglementaires auxquelles elles dérogent.

Les recours dirigés contre ces délibérations sont portés devant le Conseil d'État. Le représentant de l'État peut les déférer au Conseil d'État dans les conditions et avec les effets prévus à l'article L.O. 6251-7.

Art. L.O. 6251-10 Les dispositions législatives ou réglementaires d'une délibération prise sur le fondement de l'habilitation prévue à l'article L.O. 6251-8 ne peuvent être modifiées, selon le cas, par la loi ou par le règlement que sur mention expresse.

Art. L.O. 6251-11 Le conseil territorial exerce les compétences dévolues par les lois et règlements en vigueur aux conseils municipaux, aux conseils départementaux des départements et aux conseils régionaux, ainsi qu'au conseil départemental et au conseil régional de la Guadeloupe.

Art. L.O. 6251-11-1 *(L. org. n° 2010-93 du 25 janv. 2010)* Avant l'examen du projet de budget de la collectivité, le président du conseil territorial présente au conseil territorial le rapport du conseil exécutif sur la situation de Saint-Barthélemy en matière de développement durable et sur les orientations et programmes visant à améliorer cette situation.

Art. L.O. 6251-12 Le conseil territorial peut adresser au ministre chargé de l'outremer, par l'intermédiaire du représentant de l'État, des propositions de modification des dispositions législatives ou réglementaires en vigueur, applicables à Saint-Barthélemy, ainsi que toutes propositions législatives ou réglementaires concernant le développement économique, social et culturel de Saint-Barthélemy.

Il peut également adresser au Premier ministre, par l'intermédiaire du représentant de l'État, des propositions relatives au fonctionnement des services publics de l'État à Saint-Barthélemy.

Art. L.O. 6251-13 Le conseil territorial est consulté par le ministre chargé de l'outre-mer sur les propositions d'actes de l'Union européenne et de la Communauté européenne relatives aux mesures spécifiques à Saint-Barthélemy.

L'avis du conseil territorial est réputé acquis dans un délai d'un mois à compter de la saisine. Ce délai est réduit à quinze jours en cas d'urgence sur demande du représentant de l'État.

Le conseil territorial peut adresser au Gouvernement des propositions pour l'application des stipulations des traités relatifs à l'Union européenne et à la Communauté européenne applicables à Saint-Barthélemy.

Art. L.O. 6251-14 Le conseil territorial peut adresser au Gouvernement des propositions en vue de la conclusion d'engagements internationaux de la France concernant la coopération régionale entre la République française, les États d'Amérique et de la Caraïbe, ou d'accords avec des organismes régionaux de la Caraïbe, y compris des organismes régionaux dépendant des institutions spécialisées des Nations unies.

Art. L.O. 6251-15 Dans les domaines de compétence de la collectivité, le conseil territorial de Saint-Barthélemy peut, par délibération, demander aux autorités de la République d'autoriser son président à négocier, dans le respect des engagements internationaux de la France, des accords avec un ou plusieurs États, territoires ou organismes régionaux mentionnés à l'article L.O. 6251-14.

Lorsque cette autorisation est accordée, les autorités de la République sont, à leur demande, représentées à la négociation.

À l'issue de la négociation, le projet d'accord est soumis à la délibération du conseil territorial pour avis. Les autorités de la République peuvent ensuite donner, sous réserve du respect des engagements internationaux de celle-ci, pouvoir au président du conseil territorial aux fins de signature de l'accord.

Art. L.O. 6251-16 Dans le respect des engagements internationaux de la France, la collectivité peut, par délibération du conseil territorial, conclure des conventions avec des autorités locales étrangères pour mener des actions de coopération ou d'aide au développement. Ces conventions précisent l'objet des actions envisagées et le montant prévisionnel des engagements financiers.

Dans les mêmes conditions, si l'urgence le justifie, le conseil territorial peut mettre en œuvre ou financer des actions à caractère humanitaire.

Art. L.O. 6251-17 La collectivité de Saint-Barthélemy peut, avec l'accord des autorités de la République, être membre associé des organismes régionaux mentionnés à l'article L.O. 6251-14 ou observateur auprès de ceux-ci.

Le conseil territorial de Saint-Barthélemy peut saisir le Gouvernement de toute proposition tendant à l'adhésion de la France à de tels organismes.

Art. L.O. 6251-17-1 *(L. org. n° 2011-883 du 27 juill. 2011, art. 3)* Des représentants du conseil territorial de Saint-Barthélemy participent aux travaux de l'instance de concertation des politiques de coopération régionale dans la zone Antilles-Guyane prévue au I de l'article L. 4433-4-7, selon des modalités fixées par décret en Conseil d'État.

Art. L.O. 6251-18 Le conseil territorial peut recourir aux sociétés d'économie mixte locales et aux sociétés d'économie mixte régies par la loi n° 46-860 du 30 avril 1946 tendant à l'établissement, au financement et à l'exécution de plans d'équipement et de développement des territoires relevant du ministère des collectivités d'outre-mer régies par l'article 74 de la Constitution et de la Nouvelle-Calédonie, pour la mise en œuvre des actions engagées dans le cadre des compétences qui lui sont dévolues en matière de coopération régionale.

Art. L.O. 6251-19 Le droit de transaction peut être réglementé par le conseil territorial en toutes matières administrative, fiscale, douanière ou économique relevant de sa compétence. Lorsque la transaction porte sur des faits constitutifs d'infraction et a pour effet d'éteindre l'action publique, elle ne peut intervenir qu'après accord du procureur de la République.

Pour ne pas être contraires à l'art. 16 DDH, ces dispositions s'entendent comme ne régissant la procédure de transaction que dans les matières relevant de la compétence de la collectivité et dans les seules hypothèses où l'action publique n'a pas encore été mise en mouvement. • Cons. const. 15 févr. 2007, n° 2007-547 DC (loi organique portant dispositions statutaires et institutionnelles relatives à l'outre-mer, considérants 50 à 53).

Art. L.O. 6251-20 Le conseil territorial peut déléguer certaines de ses attributions au conseil exécutif, à l'exception de celles relatives :

a) Au budget ;

b) Au référendum local et à la consultation des électeurs ;

c) Aux actes prévus aux articles L.O. 6251-2 à L.O. 6251-10 et L.O. 6251-19.

Art. L.O. 6251-21 Les décisions de déroger à l'obligation de dépôt auprès de l'État des fonds de la collectivité ou de ses établissements publics, mentionnés au chapitre VIII du titre unique du livre VI de la première partie, relèvent de la compétence du conseil territorial.

CHAPITRE II COMPÉTENCES DU PRÉSIDENT DU CONSEIL TERRITORIAL

Art. L.O. 6252-1 Le président du conseil territorial est l'organe exécutif de la collectivité. Il la représente.

Il prépare et exécute les délibérations du conseil territorial et du conseil exécutif.

Il préside le conseil exécutif.

Art. L.O. 6252-2 Le président du conseil territorial procède à la désignation des membres du conseil territorial pour siéger au sein d'organismes extérieurs dans les cas et conditions prévus par les dispositions régissant ces organismes. La fixation par les dispositions précitées de la durée des fonctions assignées à ces membres ne fait pas obstacle à ce qu'il puisse être procédé à tout moment, et pour le reste de cette durée, à leur remplacement par une nouvelle désignation opérée dans les mêmes formes.

Art. L.O. 6252-3 Sous réserve des dispositions du chapitre III du présent titre, le président du conseil territorial est seul chargé de l'administration. Il peut, sous sa surveillance et sa responsabilité, déléguer par arrêté une partie de ses fonctions aux vice-présidents et, en l'absence ou en cas d'empêchement de ces derniers, à d'autres membres du conseil exécutif. *(L. org. n° 2015-1485 du 17 nov. 2015, art. 8)* « En l'absence ou en cas d'empêchement des vice-présidents, il peut déléguer, dans les mêmes conditions, une partie de ses fonctions à des conseillers territoriaux dès lors que les membres du conseil exécutif sont titulaires d'une délégation. » Ces délégations subsistent tant qu'elles ne sont pas rapportées.

Sauf disposition contraire dans la délibération portant délégation, le président du conseil territorial peut subdéléguer, dans les conditions prévues par le premier alinéa, les attributions qui lui sont confiées par le conseil territorial en application des dispositions du présent chapitre.

Le président du conseil territorial est le chef des services de la collectivité. Il peut, sous sa surveillance et sa responsabilité, donner délégation de signature en toute matière aux responsables desdits services.

Art. L.O. 6252-4 Le président du conseil territorial est l'ordonnateur des dépenses de la collectivité et prescrit l'exécution des recettes de celle-ci sous réserve des dispositions particulières applicables au recouvrement des recettes fiscales de la collectivité.

Il impute en section d'investissement les dépenses d'équipement afférentes à des biens meubles ne figurant pas sur les listes et d'une valeur inférieure à un seuil fixés par arrêté des ministres chargés des finances, des collectivités territoriales et de l'outre-mer, sur délibérations expresses du conseil territorial.

Art. L.O. 6252-5 Le président du conseil territorial déclaré comptable de fait par un jugement du juge des comptes statuant définitivement est suspendu de sa qualité d'ordonnateur jusqu'à ce qu'il ait reçu quitus de sa gestion. Dans ce cas, le conseil territorial délibère afin de confier à un vice-président les attributions mentionnées à l'article L.O. 6252-4. Cette fonction prend fin dès lors que le président du conseil territorial a reçu quitus de sa gestion.

Art. L.O. 6252-6 Le président du conseil territorial et les vice-présidents sont officiers de police judiciaire et officiers d'état civil.

Art. L.O. 6252-7 Le président du conseil territorial gère le domaine de la collectivité. À ce titre, il exerce les pouvoirs de police afférents à cette gestion, notamment en ce qui concerne la circulation sur ce domaine.

Art. L.O. 6252-8 Le président du conseil territorial est chargé, sous le contrôle administratif du représentant de l'État, de l'exercice des pouvoirs de police propres à la collectivité de Saint-Barthélemy, conformément aux dispositions du livre II de la deuxième partie.

Art. L.O. 6252-9 Le représentant de l'État peut, dans le cas où il n'y aurait pas été pourvu par le président du conseil territorial, et après une mise en demeure restée sans résultat, exercer les attributions dévolues au président du conseil territorial en matière de police par les articles L.O. 6252-7 et L.O. 6252-8.

Art. L.O. 6252-10 En vertu d'une délibération du conseil exécutif, le président du conseil territorial intente les actions et défend devant les juridictions au nom de la collectivité.

(L. org. n° 2015-1485 du 17 nov. 2015, art. 8) « Il peut, par délégation du conseil territorial, être chargé pour la durée de son mandat d'intenter au nom de la collectivité les actions en justice ou de défendre la collectivité dans les actions intentées contre elle, dans les cas définis par le conseil territorial. Il rend compte à la plus proche réunion du conseil territorial de l'exercice de cette compétence.

« Il peut faire tous actes conservatoires ou interruptifs de déchéance. »

Art. L.O. 6252-11 Le président du conseil territorial, par délégation du conseil territorial, peut être chargé, pour la durée de son mandat, de prendre toute décision concernant la préparation, la passation, l'exécution et le règlement des marchés de travaux, de fournitures et de services qui peuvent être passés sans formalités préalables en raison de leur montant, lorsque les crédits sont inscrits au budget.

Le président du conseil territorial rend compte à la plus proche réunion utile du conseil territorial de l'exercice de cette compétence et en informe le conseil exécutif.

Art. L.O. 6252-12 La délibération du conseil territorial ou du conseil exécutif chargeant le président du conseil territorial de souscrire un marché déterminé peut être prise avant l'engagement de la procédure de passation de ce marché. Elle comporte alors obligatoirement la définition de l'étendue du besoin à satisfaire et le montant prévisionnel du marché.

Le conseil territorial peut, à tout moment, décider que la signature du marché ne pourra intervenir qu'après une nouvelle délibération, une fois connus l'identité de l'attributaire et le montant du marché.

Le présent article ne s'applique aux marchés visés à l'article L.O. 6252-11 que lorsque le président du conseil territorial n'a pas reçu la délégation prévue au même article.

Art. L.O. 6252-13 Le président du conseil territorial peut, par délégation du conseil territorial :

1° Procéder à la réalisation des emprunts destinés au financement des investissements prévus par le budget et aux opérations financières utiles à la gestion des emprunts, y compris les opérations de couverture des risques de taux et de change, et passer à cet effet les actes nécessaires ;

2° Réaliser des lignes de trésorerie sur la base d'un montant maximum autorisé par le conseil territorial ;

3° Prendre les décisions de déroger à l'obligation de dépôt des fonds auprès de l'État pour des fonds qui proviennent des excédents de trésorerie résultant de leur cycle d'activité.

Le président informe le conseil des actes pris dans le cadre de ce pouvoir délégué.

Art. L.O. 6252-14 Le président du conseil territorial peut, après délibération du conseil exécutif, saisir le tribunal administratif d'une demande d'avis portant sur l'interprétation du statut de Saint-Barthélemy ou sur l'applicabilité dans la collectivité d'un texte législatif ou réglementaire.

En cas de difficulté sérieuse, le président du tribunal administratif peut transmettre cette demande au Conseil d'État.

Lorsque la demande d'avis porte sur la répartition des compétences entre l'État et la collectivité, elle est examinée par le Conseil d'État auquel elle est transmise sans délai. Le représentant de l'État en est immédiatement informé.

Art. L.O. 6252-15 Le président du conseil territorial ou son représentant peut être chargé par les autorités de la République de les représenter au sein d'organismes régionaux situés dans la zone de la Caraïbe, y compris des organismes régionaux dépendant des institutions spécialisées des Nations Unies. Les autorités de la République le munissent des instructions et pouvoirs nécessaires.

Dans les domaines de compétence de l'État, le président du conseil territorial ou son représentant peut être associé, ou participer au sein de la délégation française, aux négociations d'accords avec un ou plusieurs États ou territoires situés dans la zone de la Caraïbe ou avec des organismes régionaux de cette zone géographique, y compris des organismes régionaux dépendant des institutions spécialisées des Nations unies.

Les autorités de la République peuvent délivrer pouvoir au président du conseil territorial ou à son représentant pour négocier et signer des accords mentionnés au deuxième alinéa.

Art. L.O. 6252-16 Les accords internationaux portant à la fois sur des domaines de compétence de l'État et sur des domaines de compétence de la collectivité sont, dans les cas où il n'est pas fait application du premier alinéa de l'article L.O. 6251-15, négociés et signés par les autorités de la République. À sa demande, le président du conseil territorial ou son représentant participe, au sein de la délégation française, à la négociation de ces accords.

Art. L.O. 6252-17 Le président du conseil territorial ou son représentant participe, à sa demande, au sein de la délégation française, aux négociations avec l'Union européenne et la Communauté européenne relatives aux relations de Saint-Barthélemy avec ces dernières.

Le président du conseil territorial peut demander à l'État de prendre l'initiative de négociations avec l'Union européenne et la Communauté européenne en vue d'obtenir des mesures spécifiques utiles au développement de la collectivité.

Art. L.O. 6252-18 Dans le respect des engagements internationaux de la France, le président du conseil territorial, après y avoir été autorisé par délibération du conseil exécutif, négocie et signe, dans les matières relevant de la compétence de la collectivité, des conventions de coopération décentralisée avec des collectivités territoriales françaises ou étrangères, leurs groupements ou établissements publics. La collectivité peut, dans ce cadre, adhérer à un organisme public de droit étranger ou participer au capital d'une personne morale de droit étranger.

Ces conventions sont soumises après leur conclusion à l'approbation du conseil territorial. Elles entrent en vigueur dès leur transmission au représentant de l'État dans les conditions fixées à l'article L.O. 6241-1.

Art. L.O. 6252-19 Dans les domaines de compétence de la collectivité, le président du conseil territorial peut, après délibération du conseil exécutif, négocier, dans le respect des engagements internationaux de la France, des arrangements administratifs avec les administrations de tout État ou territoire d'Amérique ou de la Caraïbe, en vue de favoriser le développement économique, social et culturel de Saint-Barthélemy.

Les autorités de la République compétentes en matière de politique étrangère sont informées de l'intention du président du conseil territorial de négocier et, à leur demande, représentées à la négociation au sein de la délégation de Saint-Barthélemy. Elles disposent d'un délai d'un mois à compter de la notification de l'intention de négocier pour s'opposer à la négociation des arrangements administratifs.

Les autorités compétentes de la République peuvent confier au président du conseil territorial les pouvoirs lui permettant de signer les arrangements administratifs au nom de la République.

Ces arrangements administratifs sont ensuite soumis à la délibération du conseil territorial. Ils entrent en vigueur dès leur transmission au représentant de l'État dans les conditions fixées à l'article L.O. 6241-1.

CHAPITRE III COMPÉTENCES DU CONSEIL EXÉCUTIF

Art. L.O. 6253-1 Le conseil exécutif arrête les projets de délibérations à soumettre au conseil territorial.

Il prend, sur proposition du président du conseil territorial, les règlements nécessaires à la mise en œuvre des délibérations.

Il exerce les compétences qui lui sont déléguées par le conseil territorial.

Art. L.O. 6253-2 Les membres du conseil exécutif exercent les attributions dévolues aux vice-présidents et membres des commissions permanentes du conseil départemental du département et du conseil régional par les lois et règlements en vigueur.

Art. L.O. 6253-3 Sous réserve des dispositions du chapitre II du présent titre, le conseil exécutif peut, dans le cadre des prérogatives qui lui sont conférées par le présent chapitre, charger chacun de ses membres d'animer et de contrôler un secteur de l'administration par une délibération prise dans les dix jours suivant l'élection des membres du conseil exécutif.

Les attributions individuelles des conseillers exécutifs s'exercent dans le cadre des décisions prises par le conseil exécutif. Chaque conseiller exécutif est responsable devant le conseil exécutif de la gestion des affaires et, le cas échéant, du fonctionnement des services relevant du secteur administratif dont il est chargé. Il tient le conseil exécutif régulièrement informé.

Art. L.O. 6253-4 Le conseil exécutif délibère sur les décisions individuelles intervenant dans les domaines suivants :

1° Autorisation de travail des étrangers ;

2° Autorisation d'utilisation ou d'occupation du sol ;

3° Nomination aux emplois fonctionnels de la collectivité ;

4° Exercice du droit de préemption dans les conditions définies à l'article L.O. 6214-7.

Art. L.O. 6253-5 Le conseil exécutif est consulté par le ministre chargé de l'outre-mer ou par le représentant de l'État sur les questions suivantes :

1° Préparation des plans opérationnels de secours nécessaires pour faire face aux risques majeurs et aux catastrophes et coordination et réquisition des moyens concourant à la sécurité civile ;

2° Desserte aérienne et maritime ;

3° Réglementation du contrôle de l'entrée et du séjour des étrangers et délivrance du titre de séjour ;

4° Décisions portant agrément des opérations d'investissement ouvrant droit à déduction fiscale, prises par les autorités de l'État dans le cadre des dispositions législatives relatives aux mesures fiscales de soutien à l'économie.

Le conseil exécutif dispose d'un délai d'un mois pour émettre son avis. Ce délai est de quinze jours en cas d'urgence, à la demande du représentant de l'État.

Le présent article n'est applicable ni aux projets et propositions de loi relatifs aux questions et matières mentionnées ci-dessus, ni aux projets d'ordonnance relatifs à ces questions et matières.

Art. L.O. 6253-6 Le conseil exécutif peut émettre des vœux sur les questions relevant de la compétence de l'État. Ces vœux sont publiés au *Journal officiel* de Saint-Barthélemy.

Art. L.O. 6253-7 Le conseil exécutif est consulté en matière de communication audiovisuelle :

1° Par le représentant de l'État, sur toute décision relevant du Gouvernement de la République et propre à Saint-Barthélemy ;

2° Par *(L. org. nº 2021-1381 du 25 oct. 2021, art. 2)* « l'Autorité de régulation de la communication audiovisuelle et numérique », sur toute décision réglementaire ou individuelle relevant de sa compétence ou concernant la société nationale de programme chargée de la conception et de la programmation d'émissions de télévision et de radiodiffusion sonore destinées à être diffusées outre-mer, lorsque ces décisions sont propres à la collectivité.

L'avis est réputé donné s'il n'est pas intervenu dans un délai d'un mois, qui peut être réduit, en cas d'urgence, à la demande du représentant de l'État ou *(L. org. nº 2021-1381 du 25 oct. 2021, art. 2)* « de l'Autorité de régulation de la communication audiovisuelle et numérique » selon le cas, sans pouvoir être inférieur à quarante-huit heures.

Art. L.O. 6253-8 Le conseil exécutif est informé des projets d'engagements internationaux de la France qui interviennent dans les matières énumérées à l'article L.O. 6214-3 ou qui sont relatifs à la circulation des personnes entre Saint-Barthélemy et les États étrangers.

Art. L.O. 6253-9 *(L. org. nº 2015-1485 du 17 nov. 2015, art. 9)* Le conseil exécutif ne peut délibérer si la majorité des membres le composant ne sont pas présents.

Si, au jour fixé par la convocation, le conseil exécutif ne se réunit pas en nombre suffisant pour délibérer, la réunion se tient de plein droit trois jours plus tard et les délibérations sont alors valables quel que soit le nombre des présents.

Un membre du conseil exécutif empêché d'assister à une réunion peut donner délégation de vote, pour cette réunion, à un autre membre du conseil exécutif. Un membre du conseil ne peut recevoir qu'une seule délégation.

Les décisions du conseil exécutif sont prises à la majorité des membres le composant. En cas de partage égal des voix, celle du président est prépondérante.

Les décisions du conseil exécutif sont signées par le président et contresignées par les membres du conseil exécutif chargés de leur exécution.

TITRE VI FINANCES DE LA COLLECTIVITÉ

CHAPITRE I LE BUDGET ET LES COMPTES DE LA COLLECTIVITÉ

Art. L.O. 6261-1 Le budget de la collectivité est l'acte par lequel sont prévues et autorisées les recettes et les dépenses annuelles de la collectivité.

Le budget est établi en section de fonctionnement et section d'investissement, tant en recettes qu'en dépenses. Certaines interventions, activités ou services sont individualisés au sein de budgets annexes.

Le budget est divisé en chapitres et en articles.

Un arrêté conjoint du ministre chargé du budget et du ministre chargé de l'outre-mer fixe les conditions d'application du présent article.

Art. L.O. 6261-2 Dans un délai de deux mois précédant l'examen du budget, un débat a lieu au conseil territorial sur les orientations générales du budget.

Le projet de budget est préparé et présenté par le président du conseil territorial, qui est tenu de le communiquer aux membres du conseil territorial avec les rapports correspondants, douze jours au moins avant l'ouverture de la première réunion consacrée à l'examen dudit budget. Le budget primitif, le budget supplémentaire et les décisions modificatives sont votés par le conseil territorial.

Art. L.O. 6261-3 Les crédits sont votés par chapitre et, si le conseil territorial en décide ainsi, par article.

Toutefois, hors le cas où le conseil territorial a spécifié que les crédits sont spécialisés par article, le président du conseil territorial peut effectuer des virements d'article à article à l'intérieur du même chapitre.

Art. L.O. 6261-4 I. — Les dotations budgétaires affectées aux dépenses d'investissement peuvent comprendre des autorisations de programme et des crédits de paiement.

Les autorisations de programme constituent la limite supérieure des dépenses qui peuvent être engagées pour l'exécution des investissements. Elles demeurent valables, sans limitation de durée, jusqu'à ce qu'il soit procédé à leur annulation. Elles peuvent être révisées.

Les crédits de paiement constituent la limite supérieure des dépenses pouvant être mandatées pendant l'année pour la couverture des engagements contractés dans le cadre des autorisations de programme correspondantes.

L'équilibre budgétaire de la section d'investissement s'apprécie en tenant compte des seuls crédits de paiement.

II. – Si le conseil territorial le décide, les dotations affectées aux dépenses de fonctionnement peuvent comprendre des autorisations d'engagement et des crédits de paiement.

La faculté prévue au premier alinéa du présent II est réservée aux seules dépenses résultant de conventions, de délibérations ou de décisions, au titre desquelles la collectivité s'engage, au-delà d'un exercice budgétaire, dans le cadre de l'exercice de ses compétences, à verser une subvention, une participation ou une rémunération à un tiers, à l'exclusion des frais de personnel et des subventions versées aux organismes privés.

Les autorisations d'engagement constituent la limite supérieure des dépenses qui peuvent être engagées pour le financement des dépenses mentionnées à l'alinéa précédent. Elles demeurent valables sans limitation de durée jusqu'à ce qu'il soit procédé à leur annulation. Elles peuvent être révisées.

Les crédits de paiement constituent la limite supérieure des dépenses pouvant être mandatées pendant l'année pour la couverture des engagements contractés dans le cadre des autorisations d'engagement correspondantes.

L'équilibre budgétaire de la section de fonctionnement s'apprécie en tenant compte des seuls crédits de paiement.

III. – La situation des autorisations d'engagement et de programme ainsi que des crédits de paiement y afférents donne lieu à un état récapitulatif joint aux documents budgétaires.

Art. L.O. 6261-5 Lorsque la section d'investissement du budget comporte des autorisations de programme et des crédits de paiement, le président du conseil territorial peut, jusqu'à l'adoption du budget ou jusqu'à son règlement en cas de non-adoption du budget, liquider ou mandater les dépenses d'investissement correspondant aux autorisations de programme ouvertes au cours des exercices antérieurs, dans la limite d'un montant de crédits de paiement par chapitre égal au tiers des autorisations de programme ouvertes au cours de l'exercice précédent. Les crédits correspondants sont inscrits au budget lors de son adoption ou de son règlement.

Art. L.O. 6261-6 Lorsque la section d'investissement du budget présente un excédent après reprise des résultats, le conseil territorial peut reprendre les crédits correspondant à cet excédent en recette de fonctionnement dans les cas et conditions définis par décret.

Art. L.O. 6261-7 Le résultat excédentaire de la section de fonctionnement dégagé au titre de l'exercice clos, cumulé avec le résultat antérieur reporté, est affecté en totalité dès la plus proche décision budgétaire suivant le vote du compte administratif et, en tout état de cause, avant la clôture de l'exercice suivant.

La délibération d'affectation prise par l'assemblée délibérante est produite à l'appui de la décision budgétaire de reprise du résultat.

Le résultat déficitaire de la section de fonctionnement, le besoin de financement ou l'excédent de la section d'investissement sont repris en totalité dès la plus proche décision budgétaire suivant le vote du compte administratif et, en tout état de cause, avant la clôture de l'exercice suivant.

Art. L.O. 6261-8 La procédure des fonds de concours est utilisée lorsque des fonds versés par des personnes morales ou physiques pour concourir avec ceux de la collectivité de Saint-Barthélemy à des dépenses d'intérêt public, régulièrement acceptées par le conseil territorial, sont directement portés en recettes au budget. Un crédit supplémentaire de même montant est ouvert par délibération budgétaire au chapitre qui doit supporter la dépense. L'emploi des fonds doit être conforme à l'intention de la partie versante ou du donateur.

Art. L.O. 6261-9 Peuvent faire l'objet de budgets annexes les opérations financières des services de la collectivité de Saint-Barthélemy non dotés de la personnalité morale et dont l'activité essentielle consiste à produire des biens ou à rendre des services pouvant donner lieu au paiement d'un prix.

Les budgets annexes comprennent, d'une part, les recettes et les dépenses d'exploitation, d'autre part, les dépenses d'investissement et les ressources affectées à ces dépenses. Les opérations des budgets annexes s'exécutent selon les modalités prévues pour le budget général.

Les services dotés d'un budget annexe peuvent gérer des fonds d'amortissement, de réserves et de provisions.

La délibération instituant un budget annexe prévoit les conditions d'utilisation du solde apparaissant en fin de gestion.

Art. L.O. 6261-10 L'attribution des subventions donne lieu à une délibération distincte du vote du budget.

Toutefois, pour les subventions dont l'attribution n'est pas assortie de conditions d'octroi, le conseil territorial peut décider :

1° D'individualiser au budget les crédits par bénéficiaire ;

2° D'établir, dans un état annexé au budget, une liste des bénéficiaires avec, pour chacun d'eux, l'objet et le montant de la subvention.

L'individualisation des crédits ou la liste établie conformément au 2° vaut décision d'attribution des subventions en cause.

Art. L. 6261-11 *(L. n° 2007-224 du 21 févr. 2007, art. 1er)* Les budgets et les comptes de la collectivité définitivement réglés sont rendus publics par la voie de l'impression.

Les dispositions de l'article L. 2313-1 sont applicables à la collectivité. Le lieu de la mise à disposition du public est le chef-lieu de la collectivité.

CHAPITRE II ADOPTION ET EXÉCUTION DU BUDGET

Art. L.O. 6262-1 Dans le cas où le budget de la collectivité n'a pas été adopté avant le 1er janvier de l'exercice auquel il s'applique, le président du conseil territorial est en droit, jusqu'à l'adoption de ce budget, de mettre en recouvrement les recettes et d'engager, de liquider et de mandater les dépenses de la section de fonctionnement dans la limite de celles inscrites au budget de l'année précédente.

Il est en droit de mandater les dépenses afférentes au remboursement en capital des annuités de la dette venant à échéance avant le vote du budget.

En outre, jusqu'à l'adoption du budget ou, à défaut, jusqu'au 31 mars de l'exercice auquel il s'applique ou au 15 avril de l'année du renouvellement du conseil territorial, le président du conseil territorial peut, sur autorisation du conseil territorial, engager, liquider et mandater les dépenses d'investissement, dans la limite du quart des crédits ouverts au budget de l'exercice précédent, non compris les crédits afférents au remboursement de la dette et, pour les dépenses à caractère pluriannuel incluses dans une autorisation de programme, les liquider et les mandater dans la limite des crédits de paiement prévus au titre de l'exercice par la délibération d'ouverture d'autorisation de programme.

L'autorisation mentionnée à l'alinéa précédent précise le montant et l'affectation des crédits.

Les crédits correspondants, visés aux alinéas précédents, sont inscrits au budget lors de son adoption. Le comptable est en droit de payer les mandats et recouvrer les titres de recettes émis dans les conditions ci-dessus.

Art. L.O. 6262-2 Si le budget n'est pas adopté avant le 31 mars de l'exercice auquel il s'applique ou avant le 15 avril de l'année du renouvellement du conseil territorial, le représentant de l'État saisit sans délai la chambre territoriale des comptes qui, dans le mois et par un avis public, formule des propositions pour le règlement du budget. Le représentant de l'État règle le budget et le rend exécutoire. Si le représentant de l'État s'écarte des propositions de la chambre territoriale des comptes, il assortit sa décision d'une motivation explicite.

À compter de la saisine de la chambre territoriale des comptes et jusqu'au règlement du budget par le représentant de l'État, le conseil territorial ne peut adopter de délibération sur le budget de l'exercice en cours.

Ces dispositions ne sont pas applicables quand le défaut d'adoption résulte de l'absence de communication avant le 15 mars au conseil territorial d'informations indispensables à l'établissement du budget. La liste de ces informations est fixée par décret. Dans ce cas, le conseil territorial dispose de quinze jours à compter de cette communication pour arrêter le budget.

Art. L.O. 6262-3 Le budget de la collectivité est en équilibre réel lorsque la section de fonctionnement et la section d'investissement sont respectivement votées en équilibre, les recettes et les dépenses ayant été évaluées de façon sincère, et lorsque le prélèvement sur les recettes de la section de fonctionnement au profit de la section d'investissement, ajouté aux recettes propres de cette section, à l'exclusion du produit des emprunts, et éventuellement aux dotations des comptes d'amortissements et de provisions, fournit des ressources suffisantes pour couvrir le remboursement en capital des annuités d'emprunt à échoir au cours de l'exercice.

Art. L.O. 6262-4 Lorsque le budget n'est pas voté en équilibre réel, la chambre territoriale des comptes, saisie par le représentant de l'État dans un délai de trente jours à compter de la transmission prévue à l'article L.O. 6241-1, le constate, propose à la collectivité, dans un délai de trente jours à compter de la saisine, les mesures nécessaires au rétablissement de l'équilibre budgétaire et demande au conseil territorial une nouvelle délibération.

La nouvelle délibération, rectifiant le budget initial, doit intervenir dans un délai d'un mois à partir de la communication des propositions de la chambre territoriale des comptes.

Si le conseil territorial ne s'est pas prononcé dans le délai prescrit ou si la délibération prise ne comporte pas de mesures de redressement jugées suffisantes par la chambre territoriale des comptes, qui se prononce sur ce point dans un délai de quinze jours à partir de la transmission de la nouvelle délibération, le budget est réglé et rendu exécutoire par le représentant de l'État dans la collectivité. Si celui-ci s'écarte des propositions formulées par la chambre territoriale des comptes, il assortit sa décision d'une motivation explicite.

Art. L.O. 6262-5 Toutefois, pour l'application de l'article L.O. 6262-4, n'est pas considéré comme étant en déséquilibre le budget dont la section de fonctionnement comporte ou reprend un excédent et dont la section d'investissement est en équilibre réel, après reprise pour chacune des sections des résultats apparaissant au compte administratif de l'exercice précédent.

Art. L.O. 6262-6 Le budget primitif de la collectivité est transmis au représentant de l'État au plus tard quinze jours après le délai limite fixé pour son adoption par les articles L.O. 6262-2 et L.O. 6262-7. À défaut, il est fait application des dispositions de l'article L.O. 6262-2.

Art. L.O. 6262-7 À compter de la saisine de la chambre territoriale des comptes et jusqu'au terme de la procédure prévue à l'article L.O. 6262-4, le conseil territorial ne peut se prononcer en matière budgétaire, sauf pour la délibération prévue au deuxième alinéa du même article L.O. 6262-4 et pour l'application de l'article L.O. 6262-10.

Lorsque le budget de la collectivité a été réglé et rendu exécutoire par le représentant de l'État, les budgets supplémentaires afférents au même exercice sont transmis par le représentant de l'État à la chambre territoriale des comptes. En outre, le vote de l'organe délibérant sur le compte administratif prévu à l'article L.O. 6262-10 intervient avant le vote du budget primitif afférent à l'exercice suivant. Lorsque le compte administratif adopté dans les conditions ci-dessus mentionnées fait apparaître un déficit dans l'exécution du budget, ce déficit est reporté au budget primitif de l'exercice suivant. Ce budget primitif est transmis à la chambre territoriale des comptes par le représentant de l'État.

S'il est fait application de la procédure définie à l'alinéa précédent, les dates fixées au premier alinéa de l'article L.O. 6262-2 pour l'adoption du budget primitif sont reportées respectivement au 1er juin et au 15 juin. Dans ce cas, le délai limite de la transmission du compte de gestion du comptable prévu à l'article L.O. 6262-10 est ramené au 1er mai.

Art. L.O. 6262-8 La transmission du budget de la collectivité à la chambre territoriale des comptes au titre des articles L.O. 6262-4 et L.O. 6262-12 a pour effet de suspendre l'exécution de ce budget jusqu'au terme de la procédure. Toutefois, sont applicables à compter de cette transmission les dispositions de l'article L.O. 6262-1. En outre, les dépenses de la section d'investissement de ce budget peuvent être engagées, liquidées et mandatées dans la limite de la moitié des crédits inscrits à ce titre.

Art. L.O. 6262-9 Sous réserve du respect des dispositions des articles L.O. 6262-1, L.O. 6262-7 et L.O. 6262-8, des modifications peuvent être apportées au budget par le conseil territorial jusqu'au terme de l'exercice auquel elles s'appliquent.

Dans le délai de vingt et un jours suivant la fin de l'exercice budgétaire, le conseil territorial peut en outre apporter au budget les modifications permettant d'ajuster les crédits de la section de fonctionnement pour régler les dépenses engagées avant le 31 décembre et inscrire les crédits nécessaires à la réalisation des opérations d'ordre de chacune des deux sections du budget ou entre les deux sections.

Les délibérations relatives aux modifications budgétaires prévues à l'alinéa précédent doivent être transmises au représentant de l'État au plus tard cinq jours après le délai limite fixé pour leur adoption. Les mandatements découlant des modifications budgétaires ainsi décidées doivent être achevés au plus tard le 31 janvier suivant l'exercice auquel ils se rapportent.

Art. L.O. 6262-10 L'arrêté des comptes de la collectivité est constitué par le vote du conseil territorial sur le compte administratif présenté par le président du conseil territorial après transmission, au plus tard le 1er juin de l'année suivant l'exercice, du compte de gestion établi par le comptable de la collectivité territoriale. Le vote du conseil territorial arrêtant les comptes doit intervenir au plus tard le 30 juin de l'année suivant l'exercice.

Le compte administratif est arrêté si une majorité des voix ne s'est pas dégagée contre son adoption.

Lorsque le compte administratif fait l'objet d'un rejet par le conseil territorial, le projet de compte administratif joint à la délibération de rejet, tel que présenté par le président du conseil territorial, s'il est conforme au compte de gestion établi par le comptable, après avis rendu sous un mois par la chambre territoriale des comptes saisie sans délai par le représentant de l'État, est substitué au compte administratif pour la mise en œuvre de l'article L. 1424-35 et pour la liquidation des attributions au titre du Fonds de compensation pour la taxe sur la valeur ajoutée.

Art. L.O. 6262-11 Le compte administratif est transmis au représentant de l'État au plus tard quinze jours après le délai limite fixé pour son adoption par les articles L.O. 6262-7 et L.O. 6262-10.

À défaut, le représentant de l'État saisit, selon la procédure prévue par l'article L.O. 6262-4, la chambre territoriale des comptes du plus proche budget voté par la collectivité.

Art. L.O. 6262-12 Lorsque l'arrêté des comptes de la collectivité fait apparaître dans l'exécution du budget, après vérification de la sincérité des inscriptions de recettes et de dépenses, un déficit égal ou supérieur à 10 % des recettes de la section de fonctionnement, la chambre territoriale des comptes, saisie par le représentant de l'État, propose à la collectivité les mesures nécessaires au rétablissement de l'équilibre budgétaire, dans le délai d'un mois à compter de cette saisine.

Lorsque le budget de la collectivité a fait l'objet des mesures de redressement prévues à l'alinéa précédent, le représentant de l'État transmet à la chambre territoriale des comptes le budget primitif afférent à l'exercice suivant.

Si, lors de l'examen de ce budget primitif, la chambre territoriale des comptes constate que la collectivité n'a pas pris de mesures suffisantes pour résorber ce déficit, elle propose les mesures nécessaires au représentant de l'État dans un délai d'un mois à partir de la transmission prévue à l'alinéa précédent. Le représentant de l'État règle le budget et le rend exécutoire. S'il s'écarte des propositions formulées par la chambre territoriale des comptes, il assortit sa décision d'une motivation explicite.

En cas de mise en œuvre des dispositions des alinéas précédents, la procédure prévue à l'article L.O. 6262-4 n'est pas applicable.

Art. L.O. 6262-13 Ne sont obligatoires pour la collectivité que les dépenses nécessaires à l'acquittement des dettes exigibles et les dépenses pour lesquelles la loi l'a expressément décidé.

La chambre territoriale des comptes saisie, soit par le représentant de l'État, soit par le comptable public concerné, soit par toute personne y ayant intérêt, constate qu'une dépense obligatoire n'a pas été inscrite au budget ou l'a été pour une somme insuffisante. Elle opère cette constatation dans le délai d'un mois à partir de sa saisine et adresse une mise en demeure à la collectivité.

Si, dans un délai d'un mois, cette mise en demeure n'est pas suivie d'effet, la chambre territoriale des comptes demande au représentant de l'État d'inscrire cette dépense au budget et propose, s'il y a lieu, la création de ressources ou la diminution de dépenses facultatives destinées à couvrir la dépense obligatoire. Le représentant de l'État règle et rend exécutoire le budget rectifié en conséquence. S'il s'écarte des propositions formulées par la chambre territoriale des comptes, il assortit sa décision d'une motivation explicite.

Art. L.O. 6262-14 À défaut de mandatement d'une dépense obligatoire par le président du conseil territorial, dans le mois suivant la mise en demeure qui lui en a été faite par le représentant de l'État, celui-ci y procède d'office.

Le délai prévu à l'alinéa précédent est porté à deux mois si la dépense est égale ou supérieure à 5 % de la section de fonctionnement du budget primitif.

Art. L.O. 6262-15 Les dispositions des articles L.O. 6262-13 et L.O. 6262-14 ne sont pas applicables à l'inscription et au mandatement des dépenses obligatoires résultant, pour la collectivité et ses établissements publics, d'une décision juridictionnelle passée en force de chose jugée. Ces opérations demeurent régies par les dispositions législatives relatives aux astreintes prononcées en matière administrative et à l'exécution des jugements par les personnes morales de droit public et le code de justice administrative.

Art. L.O. 6262-16 Dans le cadre des commandes publiques, lorsque des intérêts moratoires ne sont pas mandatés en même temps que le principal, ce dernier étant d'un montant supérieur à un seuil fixé par voie réglementaire, le comptable assignataire de la dépense en informe l'ordonnateur et le représentant de l'État dans un délai de dix jours suivant la réception de l'ordre de paiement. Dans un délai de quinze jours, le représentant de l'État adresse à l'ordonnateur une mise en demeure de mandatement. À défaut d'exécution dans un délai d'un mois, le représentant de l'État procède d'office, dans un délai de dix jours, au mandatement de la dépense.

Toutefois, si, dans le délai d'un mois dont il dispose, l'ordonnateur notifie un refus d'exécution motivé par une insuffisance de crédits disponibles ou si, dans ce même délai, le représentant de l'État constate cette insuffisance, celui-ci, dans un délai de quinze jours à compter de cette notification ou de cette constatation, saisit la chambre territoriale des comptes dans les conditions fixées à l'article L.O. 6262-13. Le représentant de l'État procède ensuite au mandatement d'office dans les quinze jours suivant la réception de la délibération inscrivant les crédits ou sa décision réglant le budget rectifié.

Art. L.O. 6262-17 Le conseil territorial est tenu informé dès sa plus proche réunion des avis formulés par la chambre territoriale des comptes et des arrêtés pris par le représentant de l'État en application des dispositions du présent chapitre.

Art. L.O. 6262-18 Le conseil territorial doit se prononcer sur le caractère d'utilité publique des dépenses ayant donné lieu à une déclaration en gestion de fait par la chambre territoriale des comptes au cours de la plus proche séance suivant la transmission de la demande adressée par la chambre territoriale des comptes au comptable de fait et à l'ordonnateur de la collectivité territoriale concernée. Passé ce délai, la chambre territoriale des comptes statue sur les dépenses de la gestion de fait dont elle apprécie les justifications présentées.

Art. L.O. 6262-19 Les dispositions du présent chapitre sont applicables aux établissements publics de la collectivité de Saint-Barthélemy.

CHAPITRE III **DÉPENSES**

Art. L.O. 6263-1 Sont obligatoires pour la collectivité les dépenses qui sont obligatoires pour les communes, les départements et les régions et toutes autres dépenses liées à l'exercice d'une compétence transférée.

Art. L.O. 6263-2 Le conseil territorial peut porter au budget tant en section d'investissement qu'en section de fonctionnement un crédit pour dépenses imprévues. Pour chacune des deux sections du budget, ce crédit ne peut être supérieur à 7,5 % des crédits correspondant aux dépenses réelles prévisionnelles de la section.

Les dépenses inscrites à la section d'investissement en application de l'alinéa précédent ne peuvent être financées par l'emprunt.

Art. L.O. 6263-3 Le crédit pour dépenses imprévues est employé par le président du conseil territorial.

À la première séance qui suit l'ordonnancement de chaque dépense, le président du conseil territorial rend compte au conseil territorial, avec pièces justificatives à l'appui, de l'emploi de ce crédit. Les pièces demeurent annexées à la délibération.

Ce crédit ne peut être employé que pour faire face à des dépenses en vue desquelles aucune dotation n'est inscrite au budget.

CHAPITRE IV RECETTES

Art. L.O. 6264-1 Les recettes de la section de fonctionnement de la collectivité se composent de celles qui sont mentionnées aux articles L. 2331-1, L. 2331-2, L. 3332-1, L. 3332-2 et L. 4331-2 ainsi que de celles qui sont créées par la collectivité dans l'exercice de ses compétences.

Une redevance instituée illégalement par le conseil municipal de Saint-Barthélemy assise sur des opérations déterminées, constituées par les embarquements, débarquements et transits des passagers des navires empruntant le port de Gustavia, présente le caractère d'une contribution indirecte ; le litige relève de la compétence de la juridiction judiciaire. • T. confl. 27 nov. 2008, *Sté Manutention Transports et Agences (SMTA)*, n° 3687 : *AJDA 2009. 388*.

Art. L.O. 6264-2 Les recettes de la section d'investissement se composent de celles qui sont mentionnées aux articles L. 2331-5, L. 2331-6, L. 3332-3 et L. 4331-3 ainsi que de celles qui sont créées par la collectivité dans l'exercice de ses compétences.

Art. L. 6264-3 *(L. n° 2007-1824 du 25 déc. 2007, art. 104)* En application de l'article L.O. 6271-5, une dotation globale de fonctionnement est instituée afin de contribuer à compenser les accroissements nets de charges de la collectivité de Saint-Barthélemy résultant des transferts de compétences de l'État à son profit.

Cette dotation globale de fonctionnement est déterminée dans les conditions prévues au premier alinéa de l'article L. 3334-1 et *(L. n° 2008-1443 du 30 déc. 2008, art. 105)* « à » l'article L. 3334-2, sans qu'il soit fait application *(L. n° 2008-1443 du 30 déc. 2008, art. 116)* « de l'article L. 3334-7-1 ». La dotation forfaitaire est calculée dans les conditions prévues *(L. n° 2010-1657 du 29 déc. 2010, art. 177)* « à » l'article L. 3334-3. Le montant de la garantie est égal au montant cumulé de la dotation globale de fonctionnement versée à la commune de Saint-Barthélemy en 2007, en application des articles L. 2334-7, L. 2334-13, L. 2334-14-1, L. 2563-3 et L. 2563-4. La quote-part de la dotation de péréquation est calculée dans les conditions prévues aux articles L. 3334-4 et L. 3443-1.

Compte tenu de l'écart positif existant entre le montant des impôts et celui des charges transférés par l'État à la collectivité de Saint-Barthélemy, le montant total de dotation globale de fonctionnement calculé en 2008 au profit de cette dernière, conformément à l'alinéa précédent, ne lui est pas versé et est prélevé au profit du budget de l'État. Pour la même raison, aucune dotation globale de fonctionnement n'est plus due à la collectivité de Saint-Barthélemy à compter de 2009.

Art. L.O. 6264-4 La collectivité perçoit le produit des impositions de toute nature établies sur son territoire dans l'exercice des compétences qu'elle tient du 1° du I de l'article L.O. 6214-3.

Art. L. 6264-5 *(L. n° 2007-1824 du 25 déc. 2007, art. 104)* En application de l'article L.O. 6271-5, une dotation globale de construction et d'équipement scolaire est instituée afin de contribuer à compenser les accroissements nets de charges de la collectivité de Saint-Barthélemy résultant des transferts de compétences à son profit.

La dotation globale de construction et d'équipement scolaire correspond au montant annuel moyen des crédits consacrés par le département de la Guadeloupe *(L. n° 2008-1443 du 30 déc. 2008, art. 6)* « et la commune de Saint-Barthélemy » aux dépenses d'investissement du collège de Saint-Barthélemy entre *(L. n° 2008-1443 du 30 déc.*

2008, art. 6) « 1997 et 2006 » inclus ; ce montant est indexé sur le taux de croissance de la formation brute de capital fixe des administrations publiques associé aux projets de loi de finances pour 2007 et 2008.

Compte tenu de l'écart positif existant entre le montant des impôts et celui des charges transférés par l'État à la collectivité de Saint-Barthélemy, le montant total de la dotation globale de construction et d'équipement scolaire calculé en 2008 au profit de cette dernière, conformément au deuxième alinéa, ne lui est pas versé et est prélevé au profit du budget de l'État. Pour la même raison, aucune dotation globale de construction et d'équipement scolaire n'est due à la collectivité de Saint-Barthélemy à compter de 2009.

Art. L. 6264-6 *Abrogé par L. n° 2015-1785 du 29 déc. 2015, art. 36.*

Art. L. 6264-7 *(L. n° 2007-224 du 21 févr. 2007, art. 1er)* La collectivité de Saint-Barthélemy bénéficie de la dotation globale d'équipement des départements.

Art. L. 6264-8 *(L. n° 2007-1824 du 25 déc. 2007, art. 104)* Les articles L. 2334-26 à L. 2334-30 *(L. n° 2009-594 du 27 mai 2009, art. 64)* « et L. 2335-16 » sont applicables à la collectivité de Saint-Barthélemy.

Art. L. 6264-9 *(L. n° 2025-127 du 14 févr. 2025, art. 128)* Le ministre chargé des finances peut consentir à la collectivité, en cas d'insuffisance momentanée de la trésorerie de cette dernière, des avances imputables sur les ressources du Trésor, dans la limite d'un montant maximal fixé chaque année par la loi de finances.

Un décret en Conseil d'État détermine les conditions et les limites dans lesquelles ces avances peuvent être consenties.

CHAPITRE V DISPOSITIONS RELATIVES À LA COMPTABILITÉ

Art. L. 6265-1 *(L. n° 2007-224 du 21 févr. 2007, art. 1er)* Le comptable de la collectivité de Saint-Barthélemy est un comptable *(Ord. n° 2010-420 du 27 avr. 2010, art. 109)* « public de l'État » ayant la qualité de comptable principal. Il est nommé par le ministre chargé du budget après information préalable du président du conseil territorial.

Le comptable de la collectivité de Saint-Barthélemy peut être chargé des fonctions de comptable de l'État.

Art. L. 6265-2 *(L. n° 2007-224 du 21 févr. 2007, art. 1er)* Les dispositions des articles L. 1617-2, L. 1617-3, L. 1617-5, L. 3341-1 et L. 3342-1 sont applicables à la collectivité de Saint-Barthélemy et à ses établissements publics.

CHAPITRE VI DISPOSITIONS DIVERSES

Art. L.O. 6266-1 Les dispositions législatives auxquelles renvoie le présent titre sont celles en vigueur à la date de promulgation de la loi organique n° 2007-223 du 21 février 2007 portant dispositions statutaires et institutionnelles relatives à l'outre-mer.

TITRE VII DISPOSITIONS DIVERSES

CHAPITRE UNIQUE MODALITÉS DES TRANSFERTS DE COMPÉTENCES

Art. L.O. 6271-1 Les biens meubles et immeubles appartenant à l'État, à la région ou au département de la Guadeloupe ou à la commune de Saint-Barthélemy et affectés à l'exercice des compétences transférées à la collectivité de Saint-Barthélemy lui sont remis en pleine propriété et à titre gratuit, sans perception d'aucun droit ou taxe.

Art. L.O. 6271-2 Les contrats de bail relatifs aux immeubles pris en location par l'État, la région ou le département de la Guadeloupe ou la commune de Saint-Barthélemy et affectés à l'exercice des compétences transférées à la collectivité de Saint-Barthélemy lui sont transmis à titre gratuit, sans perception d'aucun droit ou taxe.

Art. L.O. 6271-3 La collectivité de Saint-Barthélemy est substituée à l'État, la région ou le département de la Guadeloupe ou la commune de Saint-Barthélemy dans leurs droits et obligations résultant des contrats et marchés que ceux-ci ont conclus pour l'aménagement, l'entretien et la conservation des biens remis à la collectivité de Saint-Barthélemy en application des articles L.O. 6271-1 et L.O. 6271-2 ainsi que pour le fonctionnement des services.

L'État, la région ou le département de la Guadeloupe constatent ces substitutions et les notifient à leurs cocontractants.

Art. L.O. 6271-4 Tout accroissement net de charges résultant des transferts de compétences effectués entre l'État, la région ou le département de la Guadeloupe ou la commune de Saint-Barthélemy et la collectivité de Saint-Barthélemy est accompagné du transfert concomitant à la collectivité de Saint-Barthélemy des ressources nécessaires à l'exercice normal de ces compétences.

Art. L.O. 6271-5 Les charges mentionnées à l'article L.O. 6271-4 sont compensées par le transfert d'impôts, la dotation globale de fonctionnement instituée par l'article L. 6264-3, la dotation globale de construction et d'équipement scolaire instituée par l'article L. 6264-5 et, pour le solde, par l'attribution d'une dotation globale de compensation inscrite au budget de l'État. La loi de finances précise chaque année le montant de cette dotation. Dès la première année, elle évolue comme la dotation globale de fonctionnement dans les conditions prévues à l'article L. 1613-1.

Pour l'évaluation du produit des impositions mentionné au précédent alinéa, est retenu le montant total des produits fiscaux recouvrés au titre d'impositions établies sur le territoire de la commune de Saint-Barthélemy, au profit de la commune, du département, de la région et de l'État, la pénultième année précédant celle de l'entrée en vigueur de la loi organique n° 2007-223 du 21 février 2007 portant dispositions statutaires et institutionnelles relatives à l'outre-mer.

Les dispositions organiques relatives à la collectivité de Saint-Barthélemy prévoit que les charges transférées à cette collectivité lors de sa création sont compensées par le transfert, à titre principal, des ressources fiscales et, à titre subsidiaire, de dotations, le solde de cette compensation étant assuré par la dotation globale de compensation ; elles ont pour seul objet d'assurer l'équilibre financier de la compensation ; ces dispositions ne portent pas atteinte à la libre administration de cette collectivité ; pour le calcul de la compensation financière des compétences transférées, les ressources fiscales transférées sont prises en compte pour leur produit potentiel en 2005, l'évolution ultérieure de ces ressources est sans incidence sur le calcul de cette compensation et sur le montant de la dotation globale de compensation ; elles n'ont pas d'incidence sur l'étendue de la compétence de la collectivité en matière de fiscalité et elles n'ont pas pour effet de réduire les ressources propres de celle-ci « dans des proportions telles que serait méconnue son autonomie financière ». • Cons. const. 28 mars 2014, *Collectivité de Saint-Barthélemy*, n° 2014-386 QPC.

Art. L.O. 6271-6 Les charges correspondant à l'exercice des compétences transférées font l'objet d'une évaluation préalable au transfert desdites compétences.

Il est créé dans la collectivité de Saint-Barthélemy une commission consultative d'évaluation des charges présidée par un magistrat de la chambre territoriale des comptes et composée *(L. org. n° 2015-1485 du 17 nov. 2015, art. 14)* « à parité » de représentants de l'État et de la collectivité de Saint-Barthélemy. Elle est consultée sur les modalités de compensation des charges correspondant aux compétences transférées.

Le montant des dépenses résultant des accroissements de charges est constaté par arrêté conjoint du ministre chargé du budget et du ministre chargé de l'outre-mer, après avis de la commission instituée par le présent article.

Art. L.O. 6271-7 Les modalités d'application des articles L.O. 6271-4 à L.O. 6271-6, notamment en ce qui concerne la procédure d'évaluation des charges et la composition de la commission, sont fixées par décret en Conseil d'État.

Art. L.O. 6271-8 I. — Le présent article s'applique aux services ou parties de service qui participent à l'exercice de compétences de l'État, de la région de la Guadeloupe ou du département de la Guadeloupe transférées à la collectivité de Saint-Barthélemy.

Ces services sont transférés selon les modalités prévues par le présent chapitre et selon les modalités définies ci-après.

II. — Dans un délai de dix-huit mois à compter de la publication de la loi organique n° 2007-223 du 21 février 2007 précitée, une ou plusieurs conventions conclues entre le représentant de l'État dans la collectivité de Saint-Barthélemy et le président du conseil territorial de Saint-Barthélemy constatent la liste des services ou parties de service qui sont, pour l'exercice de leurs missions, mis à disposition de la collectivité. Ces services ou parties de service sont placés sous l'autorité du président du conseil territorial.

À défaut de convention signée dans le délai précité, la liste des services ou parties de service mis à disposition est établie par arrêté conjoint du ministre chargé de l'outremer et du ministre intéressé.

Les modalités et la date du transfert définitif de chaque service ou partie de service sont fixées par décret.

III. — Dans un délai de dix-huit mois à compter de la publication de la loi organique n° 2007-223 du 21 février 2007 précitée, une ou plusieurs conventions conclues entre le président du conseil départemental de la Guadeloupe et le président du conseil territorial de Saint-Barthélemy constatent la liste des services ou parties de service qui sont, pour l'exercice de leurs missions, mis à disposition de la collectivité de Saint-Barthélemy. Ces services ou parties de service sont placés sous l'autorité du président du conseil territorial de Saint-Barthélemy.

À défaut de convention passée dans le délai précité, le représentant de l'État dans la collectivité bénéficiaire du transfert propose, dans le délai d'un mois, un projet de convention aux deux collectivités. Les présidents des deux collectivités disposent d'un délai d'un mois pour signer le projet de convention qui leur a été transmis. À défaut de signature de ce projet du représentant de l'État, la convention est établie par arrêté du ministre chargé de l'outre-mer.

Les modalités et la date du transfert définitif de chaque service ou partie de service sont fixées par décret.

IV. — Dans un délai de dix-huit mois à compter de la publication de la loi organique n° 2007-223 du 21 février 2007 précitée, une ou plusieurs conventions conclues entre le président du conseil régional de la Guadeloupe et le président du conseil territorial de Saint-Barthélemy constatent la liste des services ou parties de service qui sont, pour l'exercice de leurs missions, mis à disposition de la collectivité. Ces services ou parties de service sont placés sous l'autorité du président du conseil territorial de Saint-Barthélemy.

À défaut de convention passée dans le délai précité, le représentant de l'État dans la collectivité bénéficiaire du transfert propose, dans le délai d'un mois, un projet de convention aux deux collectivités. Les présidents des deux collectivités disposent d'un délai d'un mois pour signer le projet de convention qui leur a été transmis. À défaut de signature de ce projet du représentant de l'État, la convention est établie par arrêté du ministre chargé de l'outre-mer.

Les modalités et la date du transfert définitif de chaque service ou partie de service sont fixées par décret.

V. — Les fonctionnaires et les agents non titulaires de l'État et de ses établissements publics, les fonctionnaires et les agents non titulaires du département et de la région de la Guadeloupe et de leurs établissements publics, affectés à des services ou des parties de service mis, en application des conventions ou arrêtés mentionnés dans le présent article, à disposition de la collectivité de Saint-Barthélemy, sont de plein droit mis à disposition, à titre individuel, du président du conseil territorial de Saint-Barthélemy et placés, pour l'exercice de leurs fonctions, sous son autorité.

VI. — À la date d'entrée en vigueur du ou des décrets prévus au II fixant les transferts définitifs des services ou parties de service auxquels ils sont affectés, les agents non titulaires de droit public de l'État et de ses établissements publics deviennent agents non titulaires de droit public de la fonction publique territoriale dans les conditions fixées à l'article 110 de la loi n° 2004-809 du 13 août 2004 relative aux libertés et responsabilités locales. Ils sont alors employés par la collectivité de Saint-Barthélemy.

VII. — À la date d'entrée en vigueur du ou des décrets prévus aux III et IV fixant les transferts définitifs des services ou parties de service auxquels ils sont affectés, les agents non titulaires de droit public de la fonction publique territoriale du département et de la région de la Guadeloupe deviennent des agents non titulaires de la collectivité de Saint-Barthélemy.

VIII. — Dans le délai de deux ans à compter de la date de publication des décrets prévus au II fixant les transferts définitifs des services, les fonctionnaires de l'État exerçant leurs fonctions dans un service ou une partie de service transféré à la collectivité de Saint-Barthélemy peuvent opter soit pour le statut de fonctionnaire territorial, soit pour le maintien du statut de fonctionnaire de l'État dans les conditions prévues aux II et III de l'article 109 et à l'article 111 de la loi n° 2004-809 du 13 août 2004 précitée.

IX. – À la date d'entrée en vigueur du ou des décrets prévus aux III et IV fixant les transferts définitifs des services, les fonctionnaires de la fonction publique territoriale exerçant leurs fonctions dans un service ou une partie de service transféré à la collectivité de Saint-Barthélemy peuvent opter soit pour la mutation vers la collectivité de Saint-Barthélemy, soit pour le maintien de leur affectation dans la collectivité qui les employait avant le transfert.

Dans le cas où le fonctionnaire opte pour son maintien dans la collectivité qui l'employait avant le transfert du service ou de la partie de service, il demeure mis à disposition de la collectivité de Saint-Barthélemy pendant une durée maximale de dix-huit mois. Ce délai peut être réduit à la demande de la collectivité de Saint-Barthélemy qui bénéficie dans ce cas du remboursement concomitant de la rémunération de cet agent jusqu'à ce que cette charge, après avoir été intégrée dans son droit à compensation après avis de la commission consultative d'évaluation des charges prévue à l'article L.O. 6271-6, soit compensée.

X. – Toutefois, les fonctionnaires de l'État actuellement détachés auprès du département ou de la région de la Guadeloupe en application du III de l'article 109 de la loi n° 2004-809 du 13 août 2004 précitée et affectés dans un service ou une partie de service transféré à la collectivité de Saint-Barthélemy sont réintégrés pour ordre dans leur corps d'origine. Ils sont alors régis par les V et VIII du présent article.

LIVRE III SAINT-MARTIN

BIBL. GÉN. ▶ DIEMERT, La création de deux nouvelles collectivités d'outre-mer régies par l'article 74 de la Constitution : Saint-Barthélemy et Saint-Martin, *RFDA 2007. 669*. – NATALE, Évolution statutaire de Saint-Martin et de Saint Barthélemy : la consolidation de la catégorie des collectivités d'outre-mer, *BJCL 2007. 622.*

TITRE I DISPOSITIONS GÉNÉRALES

CHAPITRE I DISPOSITIONS GÉNÉRALES

Art. L.O. 6311-1 Il est institué une collectivité d'outre-mer qui se substitue, sur le territoire de la partie française de l'île de Saint-Martin et des îlots qui en dépendent, à la commune de Saint-Martin, au département de la Guadeloupe et à la région de la Guadeloupe.

Cette collectivité d'outre-mer, régie par l'article 74 de la Constitution, prend le nom de : "collectivité de Saint-Martin". Elle est dotée de l'autonomie.

La collectivité de Saint-Martin s'administre librement par ses élus et par la voie du référendum local, dans les conditions prévues par le présent code.

La République garantit l'autonomie de Saint-Martin et le respect de ses intérêts propres, en tenant compte de ses spécificités géographiques, historiques et culturelles.

Art. L.O. 6311-2 Saint-Martin est représentée au Parlement et au Conseil économique, social et environnemental dans les conditions définies par les lois organiques.

Malgré la rédaction du texte, le Conseil constitutionnel rappelle que chaque parlementaire représente la Nation toute entière et non la population de sa circonscription d'élection. • Cons. const. 15 févr. 2007, n° 2007-547 DC (loi organique portant dispositions statutaires et institutionnelles relatives à l'outre-mer, considérant 10).

CHAPITRE II LE REPRÉSENTANT DE L'ÉTAT

Art. L.O. 6312-1 Le représentant de l'État, représentant de chacun des membres du Gouvernement, est dépositaire des pouvoirs de la République. Il a la charge des intérêts nationaux, du respect des lois et des engagements internationaux de la France, de l'ordre public et du contrôle administratif.

Art. L. 6312-2 *(L. n° 2007-224 du 21 févr. 2007, art. 1er)* Le représentant de l'État dirige les services de l'État à Saint-Martin, sous réserve des exceptions limitativement énumérées par décret en Conseil d'État. Il est seul habilité à s'exprimer au nom de l'État devant le conseil territorial et à engager l'État envers la collectivité.

S'il n'en est disposé autrement par le présent livre, il exerce les compétences dévolues au représentant de l'État dans les départements et les régions.

Art. L. 6312-3 *(L. n° 2007-224 du 21 févr. 2007, art. 1er)* I. — Le représentant de l'État peut prendre toutes mesures relatives au maintien de la salubrité, de la sûreté et de la tranquillité publiques.

Si le maintien de l'ordre est menacé, le représentant de l'État peut se substituer, par arrêté motivé, au président du conseil territorial pour la répression des atteintes à la tranquillité publique, pour le maintien de l'ordre public et pour la police des baignades et des activités nautiques.

II. — Sous réserve des dispositions du code de procédure pénale relatives à l'exercice de la mission de police judiciaire *(L. n° 2009-971 du 3 août 2009, art. 7)* « et des dispositions du code général des collectivités territoriales relatives à la prévention de la délinquance », le représentant de l'État à Saint-Martin anime et coordonne l'ensemble du dispositif de sécurité intérieure.

À cet effet, sans préjudice des missions de la gendarmerie relevant de la défense nationale, il fixe les missions autres que celles qui sont relatives à l'exercice de la police judiciaire et coordonne l'action des différents services et forces dont dispose l'État en matière de sécurité intérieure.

Il dirige l'action des services de la police nationale et des unités de la gendarmerie nationale en matière d'ordre public et de police administrative. *(L. n° 2009-971 du 3 août 2009, art. 6)* « Dans le respect du statut militaire pour ce qui concerne la gendarmerie nationale, le responsable du commandement de la gendarmerie nationale et son équivalent pour la police nationale sont placés sous son autorité et lui rendent compte de l'exécution et des résultats de leurs missions en ces matières. »

CHAPITRE III L'APPLICATION DES LOIS ET RÈGLEMENTS À SAINT-MARTIN

Art. L.O. 6313-1 Les dispositions législatives et réglementaires sont applicables de plein droit à Saint-Martin, à l'exception de celles intervenant dans les matières qui relèvent de la loi organique en application de l'article 74 de la Constitution ou de la compétence de la collectivité en application de l'article L.O. 6314-3.

L'applicabilité de plein droit des lois et règlements ne fait pas obstacle à leur adaptation à l'organisation particulière de Saint-Martin.

Par dérogation aux dispositions du premier alinéa, les lois et règlements relatifs à l'entrée et au séjour des étrangers ainsi qu'au droit d'asile ne sont applicables à Saint-Martin que sur mention expresse.

Le principe de spécialité législative ne s'applique que pour l'avenir. Pour assurer la continuité des règles juridiques, seules les dispositions futures relatives au séjour des étrangers et à l'asile devront mentionner expressément la collectivité pour être applicables. • Cons. const. 15 févr. 2007, n° 2007-547 DC (loi organique portant dispositions statutaires et institutionnelles relatives à l'outre-mer, considérant 40).

Art. L.O. 6313-2 I. — Les lois et, lorsqu'ils sont publiés au *Journal officiel* de la République française, les actes administratifs entrent en vigueur à Saint-Martin à la date qu'ils fixent ou, à défaut, le lendemain de leur publication. Toutefois, l'entrée en vigueur de celles de leurs dispositions dont l'exécution nécessite des mesures d'application est reportée à la date d'entrée en vigueur de ces mesures.

En cas d'urgence, entrent en vigueur dès leur publication les lois dont le décret de promulgation le prescrit et les actes administratifs pour lesquels le Gouvernement l'ordonne par une disposition spéciale.

Le présent I n'est pas applicable aux actes individuels.

II. — La publication des lois, des ordonnances, des décrets et, lorsqu'une loi, une ordonnance ou un décret le prévoit, des autres actes administratifs est assurée *(L. org. n° 2015-1712 du 22 déc. 2015, art. 2)* « sous forme électronique », dans des conditions de nature à garantir leur authenticité. Le *Journal officiel* de la République française est mis à la disposition du public sous forme électronique de manière permanente et gratuite. *(L. org. n° 2015-1712 du 22 déc. 2015, art. 2)* « Lorsqu'une personne demande à obtenir sur papier un acte publié au *Journal officiel* de la République française, l'administration lui communique l'extrait correspondant. L'administration n'est pas tenue de donner suite aux demandes abusives, en particulier par leur nombre ou par leur caractère répétitif ou systématique.

« III. — Sont applicables de plein droit à Saint-Martin les dispositions réglementaires en vigueur en métropole qui définissent les actes individuels devant être publiés dans des conditions garantissant qu'ils ne font pas l'objet d'une indexation par des moteurs de recherche. »

IV. — À Saint-Martin, la publication des actes et documents administratifs au *bulletin officiel* d'un ministère diffusé sous forme électronique dans les conditions garantissant sa fiabilité produit les mêmes effets de droit que leur publication sous forme imprimée.

Art. L.O. 6313-3 Le conseil territorial est consulté :

1° Sur les projets de loi, les propositions de loi et les projets d'ordonnance ou de décret qui introduisent, modifient ou suppriment des dispositions particulières à Saint-Martin ;

2° Sur les projets d'ordonnance pris sur le fondement de l'article 74-1 de la Constitution lorsqu'ils sont relatifs à Saint-Martin ;

3° Sur les projets de loi autorisant la ratification ou l'approbation des engagements internationaux de la France qui interviennent dans les domaines de compétence de la collectivité ;

4° Sur les traités ou accords, préalablement à leur ratification ou à leur approbation, qui ne sont pas au nombre de ceux mentionnés au premier alinéa de l'article 53 de la Constitution et qui interviennent dans les domaines de compétence de la collectivité.

Le conseil territorial dispose d'un délai d'un mois pour rendre son avis. Ce délai est réduit à quinze jours, en cas d'urgence, à la demande du représentant de l'État. Le délai expiré, l'avis est réputé avoir été donné.

Lorsque le conseil territorial a été saisi selon la procédure d'urgence, l'avis peut être émis par le conseil exécutif, à l'exception des avis portant sur les projets ou propositions de loi organique relatifs au statut de la collectivité.

Les consultations mentionnées aux alinéas précédents doivent intervenir, au plus tard, avant l'adoption du projet de loi ou de la proposition de loi en première lecture par la première assemblée saisie. Toutefois, les avis portant sur les projets de loi qui, dès l'origine, comportent des dispositions relatives à l'organisation particulière de Saint-Martin sont rendus de façon implicite ou expresse avant l'avis du Conseil d'État.

Les avis émis au titre du présent article sont publiés au *Journal officiel* de Saint-Martin.

Lorsque le conseil territorial fait usage de la faculté qui lui est ouverte par l'article L.O. 6351-12, les délibérations par lesquelles il présente des propositions de modification des dispositions législatives et réglementaires applicables à Saint-Martin ont valeur d'avis au sens du présent article lorsque le Parlement ou le Gouvernement décident de suivre, en tout ou partie, ces propositions.

À la demande du président de l'Assemblée nationale ou du président du Sénat, le représentant de l'État est tenu de consulter le conseil territorial sur les propositions de loi mentionnées au 1°.

Art. L.O. 6313-4 Les lois, ordonnances et décrets intervenus avant l'entrée en vigueur de la loi organique n° 2007-223 du 21 février 2007 portant dispositions statutaires et institutionnelles relatives à l'outre-mer dans des matières qui relèvent de la compétence des autorités de la collectivité peuvent être modifiés ou abrogés, en tant qu'ils s'appliquent à Saint-Martin, par les autorités de la collectivité selon les procédures prévues par le présent livre.

Lorsqu'elles usent de la faculté qui leur est offerte par le premier alinéa, les autorités de la collectivité doivent prononcer l'abrogation expresse de la disposition législative ou réglementaire précédemment en vigueur et procéder à l'édiction formelle d'une nouvelle disposition.

Art. L.O. 6313-5 I. — Lorsque le Conseil constitutionnel a constaté qu'une loi promulguée postérieurement à l'entrée en vigueur de la loi organique n° 2007-223 du 21 février 2007 précitée est intervenue dans les matières ressortissant à la compétence de la collectivité de Saint-Martin en tant qu'elle s'applique à cette dernière, cette loi peut être modifiée ou abrogée par le conseil territorial.

II. — Le Conseil constitutionnel est saisi par le président du conseil territorial en exécution d'une délibération de cette assemblée, le Premier ministre, le président de l'Assemblée nationale ou le président du Sénat. Il informe de sa saisine, qui doit être motivée, les autres autorités titulaires du pouvoir de le saisir ; celles-ci peuvent présenter des observations dans le délai de quinze jours.

Le Conseil constitutionnel statue dans un délai de trois mois.

III. — Lorsqu'elles usent de la faculté qui leur est offerte au I, les autorités de la collectivité doivent prononcer l'abrogation expresse de la disposition législative précédemment en vigueur et procéder à l'édiction formelle d'une nouvelle disposition.

Art. L.O. 6313-6 Sont applicables à la collectivité de Saint-Martin les dispositions suivantes du présent code en vigueur à la date de promulgation de la loi organique n° 2007-223 du 21 février 2007 précitée :

1° Première partie : livre I (titre unique : chapitres I, III et IV) ; livre VI (titre II) ;

2° Cinquième partie : livres IV, VI et VII.

Pour l'application de ces dispositions à Saint-Martin :

— la référence aux communes, aux départements et aux régions est remplacée par la référence à la collectivité de Saint-Martin ;

— la référence aux conseils municipaux, aux conseils départementaux et aux conseils régionaux est remplacée par la référence au conseil territorial ;

– la référence au maire, président du conseil départemental et au président du conseil régional est remplacée par la référence au président du conseil territorial.

Art. L. 6313-7 *(L. n° 2007-224 du 21 févr. 2007, art. 1er)* Sans préjudice de l'exercice de ses compétences par la collectivité de Saint-Martin, sont applicables les dispositions suivantes du présent code :

1° Première partie : livres II, III, IV et V ;

(L. n° 2022-217 du 21 févr. 2022, art. 98) « 2° Deuxième partie : les titres I et II, le chapitre III du titre IV et le titre V du livre II ; pour l'application du chapitre III du titre IV, la référence au code de l'urbanisme est remplacée par la référence à la réglementation applicable localement ; »

3° Troisième partie : livre II ;

4° Quatrième partie : livre II ; sections 3 et 4 du chapitre III du titre III du livre IV.

Pour l'application de ces dispositions à Saint-Martin, la référence aux communes, aux départements et aux régions est remplacée par la référence à la collectivité de Saint-Martin.

CHAPITRE IV COMPÉTENCES

Art. L.O. 6314-1 La collectivité exerce les compétences dévolues par les lois et règlements en vigueur aux communes, ainsi que celles dévolues au département de la Guadeloupe et à la région de la Guadeloupe.

Art. L.O. 6314-2 Dans les conditions prévues à l'article L.O. 6351-5, la collectivité peut adapter les lois et règlements en vigueur localement.

Art. L.O. 6314-3 I. – La collectivité fixe les règles applicables dans les matières suivantes :

1° Impôts, droits et taxes dans les conditions prévues à l'article L.O. 6314-4 ; cadastre ;

2° Circulation routière et transports routiers ; desserte maritime d'intérêt territorial ; immatriculation des navires ; création, aménagement et exploitation des ports maritimes à l'exception du régime du travail ;

3° Voirie ; droit domanial et des biens de la collectivité ;

4° Accès au travail des étrangers ;

5° Tourisme ;

6° Création et organisation des services et des établissements publics de la collectivité.

Toutefois, l'État demeure compétent pour fixer, dans les matières mentionnées aux 1° à 6°, les règles relatives à la recherche, à la constatation et à la répression des infractions pénales.

II. – À compter de sa première réunion suivant son renouvellement postérieurement au 1er janvier 2012, la collectivité fixe, sous la même réserve qu'au I, les règles applicables dans les matières suivantes :

1° Urbanisme ; construction ; habitation ; logement ;

2° Énergie.

Par dérogation au 1°, les autorités de l'État délivrent, dans le cadre de la réglementation applicable à Saint-Martin et après avis du conseil exécutif, les autorisations ou actes relatifs à l'utilisation et à l'occupation du sol concernant les constructions, installations ou travaux réalisés pour le compte de l'État et de ses établissements publics.

Art. L.O. 6314-4 I. – La collectivité de Saint-Martin exerce les compétences qu'elle tient du 1° du I de l'article L.O. 6314-3 en matière d'impôts, droits et taxes dans le respect des dispositions suivantes :

1° Les personnes physiques dont le domicile fiscal *(L. org. n° 2010-92 du 25 janv. 2010)* « était, dans les cinq ans précédant leur établissement à Saint-Martin, établi » dans un département de métropole ou d'outre-mer ne peuvent être considérées comme ayant leur domicile fiscal à Saint-Martin qu'après y avoir résidé pendant cinq ans au moins.

Les personnes morales dont le domicile fiscal *(L. org. n° 2010-92 du 25 janv. 2010)* « était, dans les cinq ans précédant leur établissement à Saint-Martin, établi » dans un département de métropole ou d'outre-mer ne peuvent être considérées comme ayant leur domicile fiscal à Saint-Martin qu'après y avoir installé le siège de leur direction effective depuis cinq ans au moins ou lorsqu'elles y ont installé le siège de leur direction effective et qu'elles sont contrôlées, directement ou indirectement, par des personnes physiques résidant à Saint-Martin depuis cinq ans au moins ;

(L. org. n° 2010-92 du 25 janv. 2010) « 1° *bis* Les personnes physiques ou morales ayant leur domicile fiscal dans un département de métropole ou d'outre-mer, ou étant réputées l'avoir en vertu du 1°, sont soumises aux impositions en vigueur dans ces départements.

« Sans préjudice des dispositions de l'alinéa précédent, les personnes physiques ou morales ayant leur domicile fiscal dans un département de métropole ou d'outre-mer, ou étant réputées l'avoir en vertu du 1°, sont soumises aux impositions définies par la collectivité de Saint-Martin pour les revenus ou la fortune trouvant leur source sur le territoire de cette collectivité. »

2° La collectivité de Saint-Martin transmet à l'État toute information utile pour l'application de sa réglementation relative aux impôts de toute nature ou dénomination et pour l'exécution des clauses d'échange de renseignements prévues par les conventions fiscales conclues par la France avec d'autres États ou territoires ;

3° La collectivité de Saint-Martin exerce ses compétences en matière d'impôts, droits et taxes sans préjudice des règles fixées par l'État, pour Saint-Martin, en matière de cotisations sociales et des autres prélèvements destinés au financement de la protection sociale et à l'amortissement de la dette sociale, par analogie avec les règles applicables en Guadeloupe.

(L. org. n° 2010-92 du 25 janv. 2010) « I *bis*. — Les modalités d'application du I sont précisées par une convention conclue entre l'État et la collectivité de Saint-Martin en vue de prévenir les doubles impositions et de lutter contre la fraude et l'évasion fiscales.

« Avant l'entrée en vigueur de cette convention, les personnes physiques ou morales ayant leur domicile fiscal dans un département de métropole ou d'outre-mer ou à Saint-Martin ont droit à un crédit d'impôt imputable sur l'impôt dû dans le territoire où se situe leur domicile fiscal au titre de l'exercice ou de l'année civile au cours desquels le crédit est constaté, à raison des revenus provenant de l'autre territoire.

« Ce crédit d'impôt, égal à l'impôt effectivement acquitté à raison de ces revenus dans l'autre territoire, ne peut excéder la fraction d'impôt due au titre de ces mêmes revenus dans le territoire où se situe leur domicile fiscal. Corrélativement, l'impôt acquitté à raison de ces revenus dans l'autre territoire n'est pas déductible de ces mêmes revenus dans le territoire où se situe leur domicile fiscal. »

II. — Les opérations d'assiette, de contrôle et de recouvrement des impôts, droits et taxes et autres prélèvements sont assurées par des agents de l'État dans les conditions prévues par une convention entre l'État et la collectivité. *(L. org. n° 2010-92 du 25 janv. 2010)* « Cette convention définit les modalités de rétribution des agents de l'État.

« Les impôts directs et les taxes assimilées de la collectivité sont recouvrés en vertu de rôles rendus exécutoires par le représentant de l'État dans la collectivité. Celui-ci peut déléguer ses pouvoirs au directeur des services fiscaux compétent pour l'application de l'impôt dans la collectivité de Saint-Martin.

« Des personnels de la collectivité de Saint-Martin, placés sous l'autorité de l'administration de l'État, peuvent apporter leur concours à l'exécution des opérations visées au premier alinéa. »

III. — Sans préjudice de l'exercice par la collectivité de sa compétence en matière d'impôts, droits et taxes, l'État peut instituer des taxes destinées à être perçues à l'occasion de l'exécution des missions d'intérêt général qui lui incombent dans le cadre de ses compétences *[Dispositions déclarées non conformes à la Constitution par la décision du Conseil constitutionnel n° 2007-547 DC du 15 février 2007]*.

Une convention conclue entre l'État et la collectivité précise les modalités d'application du premier alinéa du présent III afin de déterminer les modalités de recouvrement et de gestion des recettes destinées au financement de la sécurité aérienne.

1. L'État doit pouvoir disposer, par l'institution de taxes, d'une partie au moins des ressources nécessaires à l'exercice des missions qui demeurent à sa charge. Une restriction qui en ferait supporter le coût par les contribuables ne résidant pas dans la collectivité créerait rupture caractérisée de l'égalité devant les charges publiques contraire à l'art. 13 DDH. • Cons. const. 15 févr. 2007, ☎ n° 2007-547 DC (loi organique portant dispositions statutaires et institutionnelles relatives à l'outre-mer, considérants 45 à 48).

2. La convention fiscale ne saurait avoir ni pour objet ni pour effet de restreindre l'exercice des compétences comparées au législateur organique par l'art. 74 de la Constitution, notamment dans les cas où cette convention ne pourrait aboutir ou ne permettrait pas de lutter efficacement contre l'évasion fiscale. • Même décision.

Art. L.O. 6314-5 Dans les conditions prévues à l'article L.O. 6351-3, la collectivité peut participer, sous le contrôle de l'État, à l'exercice des compétences qui relèvent de l'État en matière de droit pénal en vue de la répression des infractions aux règles qu'elle fixe dans les matières mentionnées au I de l'article L.O. 6314-3 et en matière de police et de sécurité maritimes.

Art. L.O. 6314-6 L'État et la collectivité de Saint-Martin exercent, chacun en ce qui le concerne, leur droit de propriété sur leur domaine public et leur domaine privé.

Le domaine de la collectivité comprend notamment les biens vacants et sans maître, y compris les valeurs, actions et dépôts en numéraire atteints par la prescription dans les délais prévus par la législation applicable au domaine de l'État et ceux des personnes qui décèdent sans héritier ou dont les successions ont été abandonnées.

Le domaine public maritime de la collectivité comprend, sous réserve des droits de l'État et des tiers, la zone dite des cinquante pas géométriques, les rivages de la mer, le sol et le sous-sol des eaux intérieures, en particulier les rades et les lagons, ainsi que le sol et le sous-sol des eaux territoriales, à l'exclusion :

1° Des zones classées en réserve naturelle à la date de la loi organique n° 2007-223 du 21 février 2007 portant dispositions statutaires et institutionnelles relatives à l'outre-mer ;

2° Du domaine relevant du Conservatoire de l'espace littoral et des rivages lacustres à cette même date ;

3° De la "forêt domaniale littorale de Saint-Martin" ; la propriété de cette dernière est transférée, à titre gratuit, à cette même date, au Conservatoire de l'espace littoral et des rivages lacustres.

Les dispositions du troisième alinéa s'appliquent sous réserve des emprises nécessaires, à la date de publication de la loi organique n° 2007-223 du 21 février 2007 précitée, à l'exercice par l'État de ses compétences et tant que cette nécessité est justifiée.

La collectivité réglemente et exerce le droit d'exploration et le droit d'exploitation des ressources naturelles biologiques et non biologiques des eaux intérieures, en particulier les rades et les étangs, du sol, du sous-sol et des eaux surjacentes de la mer territoriale et de la zone économique exclusive dans le respect des engagements internationaux de la France et des compétences de l'État.

Art. L.O. 6314-7 La collectivité peut subordonner à déclaration les transferts entre vifs de propriétés foncières situées sur son territoire ou de droits sociaux y afférents, à l'exception des donations en ligne directe ou collatérale jusqu'au quatrième degré.

Dans le but de préserver la cohésion sociale de Saint-Martin, de garantir l'exercice effectif du droit au logement de ses habitants et de sauvegarder ou de mettre en valeur les espaces naturels, la collectivité peut exercer, dans le délai de deux mois à compter de la réception de la déclaration de transfert, son droit de préemption sur les propriétés foncières ou les droits sociaux y afférents faisant l'objet de la déclaration, à charge de verser aux ayants droit le montant de la valeur desdits propriétés foncières ou droits sociaux. À défaut d'accord, cette valeur est fixée comme en matière d'expropriation.

Le deuxième alinéa n'est pas applicable aux transferts réalisés au profit des personnes :

1° Justifiant d'une durée suffisante de résidence à Saint-Martin ;

2° Justifiant d'une durée suffisante de mariage, de concubinage ou de pacte civil de solidarité avec une personne justifiant d'une durée suffisante de résidence à Saint-Martin.

Elles ne sont pas non plus applicables aux personnes morales ayant leur siège social à Saint-Martin et contrôlées, directement ou indirectement, par les personnes mentionnées aux alinéas précédents.

Les modalités d'application du présent article sont déterminées par des délibérations du conseil territorial qui peuvent notamment prévoir les cas dans lesquels les périodes passées en dehors de Saint-Martin pour accomplir le service national, pour suivre des études ou une formation ou pour des raisons familiales, professionnelles ou médicales ne sont pas, pour les personnes qui y étaient antérieurement domiciliées, une cause d'interruption ou de suspension de la durée à prendre en considération pour apprécier les conditions de résidence exigées au 1°.

Il appartiendra au conseil territorial de fixer une durée qui ne doit pas excéder ce qui est strictement nécessaire à la satisfaction des objectifs d'intérêt général poursuivis et respecter, en tout état de cause, les engagements communautaires et internationaux de la France. • Cons. const. 15 févr. 2007, n° 2007-547 DC (L. org. portant dispositions statutaires et institutionnelles relatives à l'outre-mer, consid. 59 à 62).

Art. L.O. 6314-8 Dans le cadre des dispositions législatives relatives au service postal, les conditions particulières d'exécution de ce service à Saint-Martin y sont précisées et adaptées, le cas échéant, par une convention entre l'État et la collectivité.

Art. L.O. 6314-9 La collectivité peut, par délibération du conseil territorial, déterminer les conditions dans lesquelles est dispensé dans les écoles maternelles et primaires de la collectivité un enseignement complémentaire en anglais, afin de faciliter, par la prise en compte des spécificités culturelles de Saint-Martin, l'apprentissage de la langue française.

Cette délibération est adoptée à la majorité absolue des membres du conseil territorial.

Art. L.O. 6314-10 La collectivité peut, par délibération du conseil territorial, adopter un plan de développement de l'enseignement de la langue française tendant à prendre en compte les spécificités culturelles et linguistiques de Saint-Martin. Les modalités de ce plan font l'objet d'une convention conclue entre l'État et la collectivité territoriale. Cette convention prévoit les mesures d'accompagnement nécessaires, et notamment celles relatives à la formation initiale et continue des enseignants.

TITRE II LES INSTITUTIONS DE LA COLLECTIVITÉ

Art. L.O. 6320-1 Les institutions de la collectivité comprennent le conseil territorial, le président du conseil territorial, le conseil exécutif et le conseil économique, social et culturel.

CHAPITRE I LE CONSEIL TERRITORIAL

SECTION 1 Composition et formation

Art. L.O. 6321-1 Le conseil territorial est l'assemblée délibérante de la collectivité.

La composition du conseil territorial et la durée du mandat des conseillers territoriaux sont régies par le titre III du livre VI du code électoral.

Le président du conseil territorial et les conseillers territoriaux sont *(L. org. n° 2013-906 du 11 oct. 2013, art. 15)* « soumis, dans les mêmes conditions, aux obligations de déclaration applicables aux personnes mentionnées, respectivement, aux 2° et 3° du I de l'article 11 de la loi n° 2013-907 du 11 octobre 2013 relative à la transparence de la vie publique. »

Art. L.O. 6321-2 Lorsqu'un conseiller territorial donne sa démission, il l'adresse au président du conseil territorial, qui en donne immédiatement avis au représentant de l'État.

Art. L.O. 6321-3 Tout membre du conseil territorial qui, sans excuse valable, a refusé de remplir une des fonctions qui lui sont dévolues par les lois est déclaré démissionnaire par le juge administratif.

Le refus résulte soit d'une déclaration expresse adressée à qui de droit ou rendue publique par son auteur, soit de l'abstention persistante après avertissement de l'autorité chargée de la convocation.

Le membre ainsi démissionnaire ne peut être réélu avant le délai d'un an.

Art. L.O. 6321-4 Le conseiller territorial absent lors de quatre réunions consécutives du conseil territorial dans un délai de moins de quatre mois sans excuse légitime admise par le conseil est déclaré démissionnaire d'office par celui-ci lors de la réunion suivante.

Art. L.O. 6321-5 Lorsque le fonctionnement du conseil territorial se révèle impossible, le Gouvernement peut en prononcer la dissolution, d'office ou à la demande de son président, par décret motivé pris en Conseil des ministres.

Le décret de dissolution fixe la date des nouvelles élections. Le Gouvernement en informe le Parlement dans le délai le plus bref.

S'il y a urgence, le conseil territorial peut être provisoirement suspendu par arrêté motivé du ministre chargé de l'outre-mer. La durée de la suspension ne peut excéder un mois.

Art. L.O. 6321-6 En cas de dissolution ou de suspension du conseil territorial, de démission de tous ses membres en exercice ou d'annulation devenue définitive de l'élection de tous ses membres, le président est chargé de l'expédition des affaires courantes. Ses décisions ne sont exécutoires qu'avec l'accord du représentant de l'État.

Il est procédé à la réélection du conseil territorial dans un délai de deux mois. L'assemblée se réunit de plein droit le second dimanche qui suit le premier tour de scrutin.

Le représentant de l'État convoque chaque conseiller territorial élu pour la première réunion, dont il fixe l'heure et le lieu.

Art. L.O. 6321-7 Les dispositions du chapitre IV du titre II du livre I de la deuxième partie relatives à la période de mobilisation générale et au temps de guerre sont applicables, par analogie, au conseil territorial de Saint-Martin.

SECTION 2 Fonctionnement

SOUS-SECTION 1 Siège et règlement intérieur

Art. L.O. 6321-8 Le conseil territorial a son siège à l'hôtel de la collectivité.

Art. L.O. 6321-9 Le conseil territorial établit son règlement intérieur dans le mois qui suit son renouvellement. Le règlement intérieur peut être déféré devant le tribunal administratif.

SOUS-SECTION 2 Réunion

Art. L.O. 6321-10 Le conseil territorial se réunit à l'initiative de son président, au moins une fois par trimestre, à l'hôtel de la collectivité.

Pour les années où a lieu le renouvellement du conseil territorial, la première réunion se tient de plein droit le second dimanche qui suit le premier tour de scrutin.

Art. L.O. 6321-11 Le conseil territorial est également réuni à la demande :

a) Du conseil exécutif ;

b) Du quart des membres du conseil territorial sur un ordre du jour déterminé, pour une durée qui ne peut excéder deux jours. Un même conseiller territorial ne peut présenter plus d'une demande de réunion par trimestre ;

c) Du représentant de l'État.

En cas de circonstances exceptionnelles, le conseil territorial peut être réuni par décret.

SOUS-SECTION 3 Séances

Art. L.O. 6321-12 Les séances du conseil territorial sont publiques.

Néanmoins, sur la demande de cinq membres ou du président, le conseil territorial peut décider sans débat, à la majorité absolue des membres présents ou représentés, qu'il se réunit à huis clos, sauf lorsqu'il est fait application des articles L.O. 6313-3, L.O. 6313-4, L.O. 6313-5, L.O. 6314-2, L.O. 6351-2, L.O. 6351-3, L.O. 6351-12, L.O. 6351-13 ou L.O. 6351-16.

Sans préjudice des pouvoirs que le président du conseil territorial tient de l'article L.O. 6321-13, ces séances peuvent être retransmises par les moyens de communication audiovisuelle.

Art. L.O. 6321-13 Le président a seul la police de l'assemblée.

Il peut faire expulser de l'auditoire ou arrêter tout individu qui trouble l'ordre.

En cas de crime ou de délit, il en dresse procès-verbal et le procureur de la République en est immédiatement saisi.

Art. L. 6321-14 *(L. n° 2007-224 du 21 févr. 2007, art. 1er)* Le procès-verbal de chaque séance, rédigé par un des secrétaires, est arrêté au commencement de la séance suivante et signé par le président et le secrétaire.

(Ord. n° 2021-1310 du 7 oct. 2021, art. 28) « Il contient la date et l'heure de la séance, les noms du président, des membres du conseil territorial présents ou représentés et du ou des secrétaires de séance, le quorum, l'ordre du jour de la séance, les délibérations adoptées et les rapports au vu desquels elles ont été adoptées, les demandes de scrutin particulier, le résultat des scrutins précisant, s'agissant des scrutins publics, le nom des votants et le sens de leur vote, et la teneur des discussions au cours de la séance.

« Dans la semaine qui suit la séance au cours de laquelle il a été arrêté, le procès-verbal est publié sous forme électronique de manière permanente et gratuite sur le site internet de la collectivité et un exemplaire sur papier est mis à la disposition du public.

« L'exemplaire original du procès-verbal, qu'il soit établi sur papier ou sur support numérique, est conservé dans des conditions propres à en assurer la pérennité. »

SOUS-SECTION 4 **Délibérations**

Art. L.O. 6321-15 Le conseil territorial ne peut délibérer si la majorité absolue de ses membres en exercice n'est présente.

Toutefois, si, au jour fixé par la convocation, le conseil territorial ne se réunit pas en nombre suffisant pour délibérer, la réunion se tient de plein droit trois jours plus tard et les délibérations sont alors valables quel que soit le nombre des présents.

Sous réserve des dispositions des articles L.O. 6322-1, L.O. 6322-6, L.O. 6325-4 et L.O. 6351-2, les délibérations du conseil territorial sont prises à la majorité des suffrages exprimés.

Art. L.O. 6321-16 Les votes sont recueillis au scrutin public toutes les fois que le sixième des membres présents le demande. En cas de partage égal, la voix du président est prépondérante.

Les votes sur les nominations ont toujours lieu au scrutin secret. Toutefois, le conseil territorial peut décider, à l'unanimité, de ne pas procéder au scrutin secret aux nominations ou aux présentations, sauf disposition législative ou réglementaire prévoyant expressément ce mode de scrutin.

Le résultat des scrutins publics, énonçant les noms des votants, est reproduit au procès-verbal.

Art. L.O. 6321-17 Un conseiller territorial empêché d'assister à une réunion peut donner délégation de vote, pour cette réunion, à un autre membre du conseil territorial.

Un conseiller territorial ne peut recevoir qu'une seule délégation.

Art. L.O. 6321-18 Les délibérations du conseil territorial, ainsi que celles du conseil exécutif lorsqu'elles sont prises par délégation de l'assemblée, sont publiées dans les mêmes formes.

Art. L. 6321-19 *(L. n° 2007-224 du 21 févr. 2007, art. 1er)* Toute personne a le droit de demander communication des délibérations et procès-verbaux des séances publiques du conseil territorial, des délibérations et actes du conseil exécutif, des budgets et des comptes de la collectivité, ainsi que des arrêtés du président du conseil territorial.

Chacun peut les publier sous sa responsabilité.

La communication des documents mentionnés au premier alinéa, qui peut être obtenue aussi bien du président du conseil territorial que des services déconcentrés de l'État, intervient dans les conditions prévues par l'article L. 311-9 du code des relations entre le public et l'administration.

Le présent article s'applique aux établissements publics administratifs de la collectivité.

SOUS-SECTION 5 Information

Art. L.O. 6321-20 Tout membre du conseil territorial a le droit, dans le cadre de sa fonction, d'être informé des affaires de la collectivité qui font l'objet d'une délibération.

Art. L.O. 6321-21 Le conseil territorial assure la diffusion de l'information auprès de ses membres élus par les moyens matériels qu'il juge les plus appropriés.

Afin de permettre l'échange d'informations sur les affaires relevant de ses compétences, le conseil territorial peut, dans les conditions définies par son assemblée délibérante, mettre à disposition de ses membres élus, à titre individuel, les moyens informatiques et de télécommunication nécessaires.

Art. L.O. 6321-22 Douze jours avant la réunion du conseil territorial, le président adresse aux conseillers territoriaux un rapport, sous quelque forme que ce soit, sur chacune des affaires qui doivent leur être soumises.

Art. L.O. 6321-23 Les conseillers territoriaux ont le droit d'exposer en séance du conseil territorial des questions orales ayant trait aux affaires de la collectivité. Le règlement intérieur en fixe la fréquence ainsi que les conditions de présentation et d'examen.

Art. L.O. 6321-24 Chaque année, le président rend compte au conseil territorial, par un rapport spécial, de la situation de la collectivité, de l'activité et du financement des différents services de la collectivité et des organismes qui dépendent de celle-ci.

Le rapport précise également l'état d'exécution des délibérations du conseil territorial et la situation financière de la collectivité.

Ce rapport spécial donne lieu à un débat.

SOUS-SECTION 6 Commissions – Représentation au sein d'organismes extérieurs

Art. L.O. 6321-25 Après l'élection du conseil exécutif dans les conditions prévues à l'article L.O. 6322-6, le conseil territorial peut former ses commissions et procéder à la désignation de ses membres ou de ses délégués pour siéger au sein d'organismes extérieurs et déléguer l'exercice d'une partie de ses attributions au conseil exécutif.

En ce cas, et par dérogation à l'article L.O. 6321-22, les rapports sur les affaires soumises aux conseillers territoriaux peuvent leur être communiqués en cours de réunion ; une suspension de séance est de droit.

Art. L.O. 6321-26 Le conseil territorial, lorsqu'un sixième de ses membres le demande, délibère de la création d'une mission d'information et d'évaluation chargée de recueillir des éléments d'information sur une question intéressant la collectivité ou de procéder à l'évaluation d'un service public de la collectivité. Un même conseiller territorial ne peut s'associer à une telle demande plus d'une fois par an.

Aucune mission ne peut être créée à partir du 1er janvier de l'année civile qui précède l'année du renouvellement du conseil territorial.

Le règlement intérieur fixe les règles de présentation et d'examen de la demande de constitution de la mission, ses modalités de fonctionnement, les modalités de sa composition dans le respect du principe de la représentation proportionnelle, la durée de la mission, qui ne peut excéder six mois à compter de la date de la délibération qui l'a créée, ainsi que les conditions dans lesquelles elle remet son rapport aux membres du conseil territorial.

Art. L.O. 6321-27 Le conseil territorial procède à la désignation de ses membres ou de ses délégués pour siéger au sein d'organismes extérieurs dans les cas et conditions prévus par les dispositions régissant ces organismes. La fixation par les dispositions précitées de la durée des fonctions assignées à ces membres ou délégués ne fait pas obstacle à ce qu'il puisse être procédé à tout moment, et pour le reste de cette durée, à leur remplacement par une nouvelle désignation opérée dans les mêmes formes.

Art. L.O. 6321-28 Le conseil territorial peut créer des comités consultatifs sur tout problème d'intérêt territorial concernant tout ou partie du territoire de la collectivité. Ces comités comprennent des personnes qui peuvent ne pas appartenir au conseil, notamment des représentants des associations locales.

Sur proposition du conseil exécutif, le conseil territorial fixe la composition des comités consultatifs pour une durée qui ne peut excéder celle du mandat de conseiller territorial en cours.

Chaque comité est présidé par un membre du conseil territorial, désigné par le président du conseil territorial.

Les comités peuvent être consultés par le conseil exécutif sur toute question ou projet intéressant les services publics et équipements de proximité et entrant dans le domaine d'activité des associations membres du comité. Ils peuvent par ailleurs transmettre au conseil exécutif toute proposition concernant tout problème d'intérêt communal pour lequel ils ont été institués.

SOUS-SECTION 7 **Moyens et fonctionnement des groupes d'élus**

Art. L.O. 6321-29 Le fonctionnement des groupes d'élus au conseil territorial peut faire l'objet de délibérations sans que puissent être modifiées, à cette occasion, les décisions relatives au régime indemnitaire des élus.

Les groupes d'élus se constituent par la remise au président du conseil territorial d'une déclaration, signée de leurs membres, accompagnée de la liste de ceux-ci et de leur représentant.

Dans les conditions qu'il définit, le conseil territorial peut affecter aux groupes d'élus, pour leur usage propre ou pour un usage commun, un local administratif, du matériel de bureau et prendre en charge leurs frais de documentation, de courrier et de télécommunications. Lorsque des élus n'appartenant pas à la majorité du conseil territorial forment un groupe, ils disposent sans frais, à leur demande, du prêt d'un local commun et de matériel de bureau.

Le président du conseil territorial peut, dans les conditions fixées par le conseil territorial et sur proposition des représentants de chaque groupe, affecter aux groupes d'élus une ou plusieurs personnes. Le conseil territorial ouvre au budget de la collectivité, sur un chapitre spécialement créé à cet effet, les crédits nécessaires à ces dépenses, sans qu'ils puissent excéder 30 % du montant total des indemnités versées chaque année aux membres du conseil territorial.

Le président du conseil territorial est l'ordonnateur des dépenses susmentionnées.

L'élu responsable de chaque groupe d'élus décide des conditions et des modalités d'exécution du service confié que ces collaborateurs accomplissent auprès de ces groupes au sein de l'organe délibérant.

Art. L.O. 6321-30 Lorsque la collectivité diffuse, sous quelque forme que ce soit, un bulletin d'information générale sur les réalisations et la gestion du conseil territorial, un espace est réservé à l'expression des groupes d'élus. Les modalités d'application de cette disposition sont définies par le règlement intérieur.

SOUS-SECTION 8 **Relations avec le représentant de l'État**

Art. L.O. 6321-31 Le représentant de l'État est entendu à sa demande par le conseil territorial. Il reçoit communication de l'ordre du jour des séances ainsi que des documents adressés aux conseillers territoriaux en application de l'article L.O. 6321-22.

Art. L.O. 6321-32 Sur sa demande, le président du conseil territorial reçoit du représentant de l'État les informations nécessaires à l'exercice de ses attributions.

Sur sa demande, le représentant de l'État reçoit du président du conseil territorial les informations nécessaires à l'exercice de ses attributions.

Art. L.O. 6321-33 Chaque année, le représentant de l'État informe le conseil territorial, par un rapport spécial, de l'activité des services de l'État à Saint-Martin.

Ce rapport spécial donne lieu, éventuellement, à un débat en présence du représentant de l'État.

Art. L.O. 6321-34 Le représentant de l'État peut, dans les quinze jours qui suivent la transmission qui lui en est faite, demander au conseil territorial, par un arrêté motivé, une nouvelle lecture d'une délibération.

Le représentant de l'État peut demander dans les sept jours, dimanche et jours fériés non compris, une seconde délibération d'un acte du conseil exécutif.

Dans les cas prévus au présent article, l'acte ou la délibération ne devient exécutoire qu'après son adoption définitive par le conseil territorial ou le conseil exécutif, selon le cas.

Art. L.O. 6321-35 Le représentant de l'État veille à l'exercice régulier de leurs compétences par les institutions de la collectivité.

Lorsque ces institutions ont négligé de prendre les décisions qui leur incombent dans le cadre de leurs attributions, il prend, après mise en demeure, les mesures nécessaires afin de rétablir le fonctionnement normal des institutions et des services publics ou d'assurer la sécurité de la population, la sauvegarde des intérêts nationaux ou de ceux de la collectivité, ainsi que le respect des engagements internationaux de la France.

CHAPITRE II LE PRÉSIDENT DU CONSEIL TERRITORIAL ET LE CONSEIL EXÉCUTIF

SECTION 1 Le président

SOUS-SECTION 1 Désignation

Art. L.O. 6322-1 Le conseil territorial élit son président lors de la réunion de droit qui suit chaque renouvellement.

Pour cette élection, il est présidé par son doyen d'âge, le plus jeune membre faisant fonction de secrétaire.

Le conseil territorial ne peut dans ce cas délibérer que si les deux tiers de ses membres sont présents. Si cette condition n'est pas remplie, la réunion se tient de plein droit trois jours plus tard. La réunion peut alors avoir lieu sans condition de quorum.

Le président est élu à la majorité absolue des membres du conseil territorial pour la durée du mandat du conseil territorial. Si cette élection n'est pas acquise après les deux premiers tours de scrutin, il est procédé à un troisième tour de scrutin et l'élection a lieu à la majorité relative des membres du conseil territorial. En cas d'égalité des voix, l'élection est acquise au bénéfice de l'âge.

SOUS-SECTION 2 Remplacement

Art. L.O. 6322-2 En cas de vacance du siège de président pour quelque cause que ce soit, les fonctions de président sont provisoirement exercées par un vice-président, dans l'ordre des nominations et, à défaut, par un conseiller territorial désigné par le conseil. Il est procédé au renouvellement du conseil exécutif, dans le délai d'un mois, selon les modalités prévues à l'article L.O. 6322-6 *(L. org. n° 2010-92 du 25 janv. 2010)* « , et sans que les dispositions de l'article L.O. 6321-22 trouvent à s'appliquer à la réunion du conseil territorial convoquée à cette fin ».

Toutefois, avant ce renouvellement, il est procédé aux élections qui peuvent être nécessaires pour compléter le conseil territorial.

Si, après les élections complémentaires, de nouvelles vacances se produisent, le conseil territorial procède néanmoins à l'élection du conseil exécutif.

En cas de démission du président et de tous les vice-présidents, le conseil territorial est convoqué par le doyen d'âge, soit pour procéder à la désignation du conseiller territorial prévu au premier alinéa, soit pour procéder au renouvellement du conseil exécutif.

SOUS-SECTION 3 Incompatibilités

Art. L.O. 6322-3 Les fonctions de président du conseil territorial sont incompatibles avec l'exercice de toute autre fonction publique non élective.

Les fonctions de président du conseil territorial sont également incompatibles avec celles de membre de la Commission européenne, de membre du directoire de la Banque centrale européenne ou de membre du comité monétaire de la Banque de France.

Le président du conseil territorial exerçant une fonction le plaçant dans une situation d'incompatibilité prévue par les deux alinéas précédents dispose d'un délai d'un mois pour choisir d'exercer ses fonctions de président du conseil territorial. En cas de contestation, l'incompatibilité prend effet à compter de la date à laquelle la décision juridictionnelle confirmant l'élection devient définitive.

Art. L.O. 6322-3-1 *(L. org. n° 2017-54 du 20 janv. 2017, art. 2)* La fonction de président du conseil territorial est incompatible avec le mandat de membre d'une autorité administrative indépendante ou d'une autorité publique indépendante créées par l'État.

SOUS-SECTION 4 **Responsabilité devant le conseil territorial**

Art. L.O. 6322-4 Le conseil territorial peut mettre en cause la responsabilité de son président par le vote d'une motion de défiance.

La motion de défiance mentionne, d'une part, les motifs pour lesquels elle est présentée et, d'autre part, le nom du candidat appelé à exercer la fonction de président du conseil territorial en cas d'adoption de la motion de défiance.

Il n'est délibéré sur cette motion que lorsqu'elle est signée par le tiers des conseillers territoriaux. Le vote ne peut avoir lieu avant l'expiration d'un délai de quarante-huit heures après le dépôt de la motion. Sont seuls recensés les votes favorables à la motion, qui n'est considérée comme adoptée que lorsqu'elle a recueilli le vote de la majorité absolue des membres composant le conseil territorial.

Lorsque la motion de défiance est adoptée, le candidat au mandat de président du conseil territorial entre immédiatement en fonction.

Il est ensuite procédé au renouvellement des autres membres du conseil exécutif.

SECTION 2 **Le conseil exécutif**

Art. L.O. 6322-5 Le conseil territorial élit les membres du conseil exécutif.

Le conseil exécutif est composé du président du conseil territorial, président, de quatre vice-présidents et de deux autres conseillers.

Art. L.O. 6322-6 Les candidatures aux différents postes du conseil exécutif sont déposées auprès du président dans l'heure qui suit l'élection du président du conseil territorial. Si, à l'expiration de ce délai, une seule candidature a été déposée pour chaque poste à pourvoir, les nominations prennent effet immédiatement et il en est donné lecture par le président.

Dans le cas contraire, les membres du conseil exécutif autres que le président sont élus au scrutin de liste, à la représentation proportionnelle à la plus forte moyenne, sans panachage ni vote préférentiel.

Chaque conseiller territorial ou groupe de conseillers territoriaux peut présenter une liste de candidats dans l'heure qui suit l'expiration du délai susvisé.

Les sièges sont attribués aux candidats d'après l'ordre de présentation sur chaque liste. Si plusieurs listes ont la même moyenne pour l'attribution du dernier siège, celui-ci revient à la liste qui a obtenu le plus grand nombre de suffrages. En cas d'égalité de suffrages, le siège est attribué au plus âgé des candidats susceptibles d'être proclamés élus. Si le nombre de candidats figurant sur une liste est inférieur au nombre de sièges qui lui reviennent, le ou les sièges non pourvus sont attribués à la ou aux plus fortes moyennes suivantes.

Après la répartition des sièges, le conseil territorial procède à l'affectation des élus à chacun des postes du conseil exécutif au scrutin uninominal dans les mêmes conditions que pour l'élection du président et détermine l'ordre de leur nomination.

Les membres du conseil exécutif autres que le président sont nommés pour la même durée que le président.

Art. L.O. 6322-7 En cas de vacance d'un siège de membre du conseil exécutif autre que le président, le conseil territorial peut décider de compléter le conseil exécutif. La ou les vacances sont alors pourvues selon la procédure prévue au premier alinéa de l'article L.O. 6322-6. À défaut d'accord, il est procédé au renouvellement intégral des membres du conseil exécutif autres que le président dans les conditions prévues aux deuxième à cinquième alinéas du même article.

Art. L.O. 6322-8 Sur proposition du président, le conseil territorial peut décider de mettre fin aux fonctions d'un vice-président ; il élit ensuite son successeur dans les conditions prévues à l'article L.O. 6322-7.

Le conseil territorial peut, avec l'accord du groupe auquel il appartient, mettre fin aux fonctions de l'un des membres du conseil exécutif qui n'ont pas la qualité de vice-président. Ce membre est remplacé dans les conditions prévues à l'article L.O. 6322-7.

Les recours contre les délibérations adoptées en application du présent article sont portés devant le Conseil d'État statuant au contentieux.

Art. L.O. 6322-9 Le président du conseil territorial et les membres du conseil exécutif, après avoir été entendus ou invités à fournir des explications écrites sur les faits qui leur sont reprochés, peuvent être suspendus par arrêté motivé du ministre chargé de l'outre-mer pour une durée qui n'excède pas un mois. Ils ne peuvent être révoqués que par décret motivé pris en conseil des ministres.

La révocation emporte de plein droit l'inéligibilité aux fonctions de président du conseil territorial et à celles de membre du conseil exécutif pendant une durée d'un an à compter du décret de révocation à moins qu'il ne soit procédé auparavant au renouvellement intégral du conseil territorial.

Les recours contre les arrêtés prévus au présent article sont portés devant le Conseil d'État statuant au contentieux.

Art. L.O. 6322-10 Les pouvoirs du conseil exécutif expirent à l'ouverture de la première réunion du conseil territorial qui suit son renouvellement intégral.

Art. L.O. 6322-11 Le président du conseil territorial convoque le conseil exécutif chaque fois qu'il le juge utile.

Art. L.O. 6322-12 Les réunions du conseil exécutif sont présidées par le président du conseil territorial.

Art. L.O. 6322-13 Le président du conseil territorial arrête l'ordre du jour des réunions du conseil exécutif. Il en adresse copie au représentant de l'État quarante-huit heures au moins avant la réunion, sauf en cas d'urgence.

À la demande du représentant de l'État, toute question relevant de la compétence de l'État est de droit inscrite à l'ordre du jour.

Le conseil exécutif ne délibère que sur les questions inscrites à l'ordre du jour.

Art. L.O. 6322-14 Les réunions du conseil exécutif ne sont pas publiques. Elles font l'objet d'un communiqué.

Art. L.O. 6322-15 Par accord du président du conseil territorial et du représentant de l'État, celui-ci peut assister aux réunions du conseil exécutif. Il reçoit à cette fin les convocations adressées à ses membres.

SECTION 3 Suspension et dissolution

Art. L.O. 6322-16 Lorsque le fonctionnement du conseil exécutif se révèle impossible, le Gouvernement peut, d'office ou à la demande du président du conseil territorial, en prononcer la dissolution par décret motivé pris en conseil des ministres, après avis du conseil territorial.

Le décret de dissolution fixe la date des élections, qui ont lieu dans un délai de dix jours. Il est porté à la connaissance du Parlement. Le conseil territorial est convoqué par le représentant de l'État pour procéder à cette élection.

S'il y a urgence, le conseil exécutif peut être provisoirement suspendu par arrêté motivé du ministre chargé de l'outre-mer. La durée de la suspension ne peut excéder un mois.

En cas de dissolution ou de suspension du conseil exécutif en application du présent article, le président du conseil territorial est chargé de l'expédition des affaires courantes. Ses décisions ne sont exécutoires qu'avec l'accord du représentant de l'État.

SECTION 4 Contentieux de l'élection du président du conseil territorial et des autres membres du conseil exécutif

Art. L.O. 6322-17 L'élection du président du conseil territorial et des autres membres du conseil exécutif peut être arguée de nullité dans les conditions, formes et délais prescrits pour les réclamations contre l'élection des conseillers territoriaux.

CHAPITRE III LE CONSEIL ÉCONOMIQUE, SOCIAL ET CULTUREL

Art. L.O. 6323-1 Le conseil territorial est assisté à titre consultatif d'un conseil économique, social et culturel composé de représentants des groupements professionnels, des syndicats, des organismes et des associations qui concourent à la vie économique, sociale ou culturelle de Saint-Martin. Le nombre de représentants de chaque catégorie d'activité correspond à son importance dans la vie économique, sociale et culturelle de Saint-Martin. *(L. org. n° 2010-92 du 25 janv. 2010)* « Le conseil économique, social et culturel comprend en outre des représentants d'associations et fondations agissant dans le domaine de la protection de l'environnement et des personnalités qualifiées choisies en raison de leur compétence en matière d'environnement et de développement durable. »

Un arrêté du ministre chargé de l'outre-mer dresse la liste des organismes et des activités de la collectivité qui sont représentés au sein du conseil économique, social et culturel. Cet arrêté fixe également le nombre et les conditions de désignation des représentants de ces organismes et activités. — *V. Arr. du 17 déc. 2018, infra.*

Les membres du conseil économique, social et culturel sont désignés pour cinq ans. Le conseil se renouvelle intégralement.

Les conseillers territoriaux ne peuvent être membres du conseil économique, social et culturel.

Arrêté du 17 décembre 2018,

Relatif à la composition et au fonctionnement du conseil économique, social et culturel de Saint-Martin.

Art. 1er Le conseil économique, social et culturel de Saint-Martin comprend vingt-trois membres :

1° Douze représentants des activités économiques de la collectivité ;

2° Dix représentants des activités sociales, culturelles et environnementales de la collectivité ;

3° Une personnalité qualifiée concourant, en raison de sa qualité ou de ses activités, au développement économique, social ou culturel de Saint-Martin, désignée par la ministre des outre-mer.

Le tableau annexé au présent arrêté fixe la liste des associations et organismes représentés au conseil économique, social et culturel de Saint-Martin ainsi que le nombre et les modalités de désignation de leurs représentants.

Lorsque cette désignation doit résulter d'un accord entre plusieurs organisations, faute d'un tel accord dans un délai d'un mois à compter de leur saisine et après une mise en demeure du représentant de l'État, celui-ci désigne, en leur sein, les représentants des activités économiques et les représentants des activités sociales, culturelles et environnementales.

Le ou les sièges qui ne peuvent pas être pourvus en observation des modalités particulières de désignation des membres du conseil économique, social et culturel restent vacants.

Art. 2 Un arrêté du représentant de l'État constate la désignation des représentants des activités économiques et des activités sociales, culturelles et environnementales de la collectivité. Sous réserve des dispositions particulières prévues à l'article 1er, il constate, en cas de défaut de désignation ou d'accord, qu'un siège n'a pu être pourvu.

Art. 3 Peuvent seules être nommées au conseil économique, social et culturel les personnes jouissant de leurs droits civiques.

Art. 4 Les membres du conseil économique, social et culturel sont désignés pour cinq ans. Il est pourvu à la vacance des sièges dans un délai de deux mois à compter de la constatation de celle-ci par le représentant de l'État dans les conditions fixées par le règlement intérieur du conseil économique, social et culturel.

Toute personne désignée pour remplacer un membre du conseil achève le mandat de la personne qu'elle remplace.

Le mandat des membres du conseil économique, social et culturel est renouvelable.

Art. 5 La démission d'un membre du conseil économique, social et culturel est reçue par le président qui en avise immédiatement le président du conseil territorial et le représentant de l'État.

Tout membre du conseil économique, social et culturel dont l'absence répétée et non motivée aura été constatée au cours d'une période d'un an par le bureau dudit conseil pourra être déclaré, sur proposition du bureau, démissionnaire d'office par arrêté du représentant de l'État.

Art. 6 L'arrêté du 24 janvier 2013 relatif à la composition et au fonctionnement du conseil économique, social et culturel de Saint-Martin est abrogé.

ANNEXE

COMPOSITION DU CONSEIL ÉCONOMIQUE, SOCIAL ET CULTUREL DE LA COLLECTIVITÉ DE SAINT-MARTIN

Nombre de membres du conseil : 23 (dont 1re catégorie : 12 ; 2e catégorie : 10 ; 3e catégorie : 1)

NOMBRE de sièges	MODE DE DÉSIGNATION
	I. – Activités économiques
4	Par accord entre les organisations patronales
2	Par la chambre consulaire interprofessionnelle de Saint-Martin (CCISM)
1	Par l'Association pour le développement de l'élevage et la promotion des produits agricoles locaux (ADEPPAL)
1	Par l'association des métiers de la mer "METIMER"
1	Par l'Association des hôteliers de Saint-Martin (AHSM)
1	Par accord entre les associations représentant les métiers de la restauration et les commerçants
1	Par accord entre les associations représentant les métiers du transport
1	Par accord entre les associations représentant les professions libérales
12	
	II. – Activités sociales, culturelles et environnementales
4	Par accord entre les organisations syndicales de salariés
1	Par accord entre la CGSS et la CAF
1	Par accord entre les associations œuvrant dans les domaines social et caritatif
1	Par accord entre les organisations de la jeunesse, du sport et des centres culturels
1	Par accord entre les associations de protection de l'environnement
1	Par accord entre les associations de protection du patrimoine culturel
1	Par l'office du tourisme de Saint-Martin
10	
	III. – Personnalité qualifiée
1	Par la ministre des outre-mer

Art. L.O. 6323-2 Le conseil économique, social et culturel établit son règlement intérieur. Il élit en son sein, au scrutin secret, conformément aux dispositions de ce règlement, son président et les membres de son bureau.

Le conseil territorial met à la disposition du conseil économique, social et culturel les moyens nécessaires à son fonctionnement, permettant notamment d'assurer le secrétariat des séances de ce conseil.

Le conseil territorial met ses services ou une partie de ceux-ci à la disposition du conseil économique, social et culturel, à titre permanent ou temporaire, notamment pour lui permettre de réaliser des études sur les questions de sa compétence.

Les crédits nécessaires au fonctionnement du conseil économique, social et culturel et, le cas échéant, à la réalisation de ses études, font l'objet d'une inscription distincte au budget de la collectivité. Ils sont notifiés chaque année, après le vote du budget, au président de ce conseil par le président du conseil territorial.

Art. L.O. 6323-3 Le conseil économique, social et culturel est consulté par le conseil territorial sur la répartition et l'utilisation des crédits de l'État destinés à des investissements intéressant la collectivité, sur la préparation du plan d'aménagement et de développement durable de Saint-Martin, ainsi que sur les orientations générales du projet de budget de la collectivité.

Le conseil économique, social et culturel donne son avis sur les résultats de leur mise en œuvre.

Il peut également à son initiative donner son avis sur tout projet ou proposition de délibération en matière économique, sociale ou culturelle.

Il peut également être saisi pour avis par le représentant de l'État en matière économique, sociale ou culturelle.

Art. L. 6323-4 *(L. n° 2007-224 du 21 févr. 2007, art. 1er)* Les membres du conseil économique, social et culturel peuvent bénéficier d'une indemnité pour chaque journée de présence aux séances du conseil. Ils ont droit en outre au remboursement des frais pouvant résulter de l'exercice des mandats spéciaux dont ils sont chargés par leur conseil.

Les modalités d'application du présent article sont fixées par délibération du conseil territorial.

Art. L. 6323-5 *(L. n° 2007-224 du 21 févr. 2007, art. 1er)* La collectivité prend en charge les conséquences dommageables résultant des accidents subis par le président du conseil économique, social et culturel dans l'exercice de ses fonctions.

Les membres du conseil économique, social et culturel bénéficient des mêmes dispositions lorsqu'ils sont victimes d'accidents survenus soit à l'occasion de réunions du conseil auquel ils appartiennent, soit au cours de l'exécution d'un mandat spécial.

Art. L. 6323-6 *(L. n° 2007-224 du 21 févr. 2007, art. 1er)* L'employeur est tenu de laisser à tout salarié de son entreprise membre du conseil économique, social et culturel le temps nécessaire pour exercer son mandat selon les mêmes modalités que celles prévues pour les conseillers territoriaux.

CHAPITRE IV CONSEILS DE QUARTIER

Art. L.O. 6324-1 Le conseil territorial fixe le périmètre de chacun des quartiers constituant la collectivité.

Chacun d'eux est doté d'un conseil de quartier dont le conseil territorial fixe la dénomination, la composition et les modalités de fonctionnement.

Le conseil de quartier est consulté par le président du conseil territorial avant toute délibération du conseil territorial portant sur :

1° L'établissement, la révision ou la modification du plan local d'urbanisme lorsque le périmètre du projet de plan ou le projet de modification ou de révision du plan concerne, en tout ou partie, le périmètre du quartier ;

2° Un projet d'opération d'aménagement dont la réalisation est prévue, en tout ou partie, dans le périmètre du quartier ;

3° L'implantation et le programme d'aménagement des équipements de proximité, définis comme les équipements à vocation éducative, sociale, culturelle, sportive et d'information de la vie locale qui concernent le quartier.

Le conseil de quartier dispose d'un délai d'un mois pour rendre son avis. Ce délai est réduit à quinze jours, en cas d'urgence, à la demande du président du conseil exécutif. Le délai expiré, l'avis est réputé avoir été donné.

Le conseil de quartier peut être consulté par le président du conseil territorial ou par tout membre du conseil territorial et peut lui faire des propositions sur toute question concernant le quartier. Le conseil exécutif peut l'associer à l'élaboration, à la mise en œuvre et à l'évaluation des actions intéressant le quartier, en particulier celles menées au titre de la politique de la ville.

Le conseil de quartier peut également être consulté par le représentant de l'État sur toute question relevant de la compétence de ce dernier.

Le conseil territorial peut affecter aux conseils de quartier un local et leur allouer chaque année des crédits pour leur fonctionnement.

CHAPITRE V CONDITIONS D'EXERCICE DES MANDATS

SECTION 1 Garanties accordées aux titulaires d'un mandat au conseil territorial

Art. L.O. 6325-1 Le conseil territorial détermine, par analogie avec les règles applicables aux conseils départementaux des départements et aux conseils régionaux, les garanties accordées aux conseillers territoriaux de Saint-Martin en ce qui concerne les autorisations d'absence ou le crédit d'heures, les garanties accordées dans l'exercice d'une activité professionnelle, les garanties accordées à l'issue du mandat et le droit à la formation, les indemnités de déplacement et frais de séjour engagés pour prendre part aux réunions du conseil territorial et les dépenses résultant de l'exercice d'un mandat spécial, ainsi que le régime de sécurité sociale et de retraite.

Art. L.O. 6325-2 I. – Les membres du conseil territorial reçoivent pour l'exercice effectif de leurs fonctions une indemnité fixée par le conseil territorial par référence au montant du traitement correspondant à l'indice brut terminal de l'échelle indiciaire de la fonction publique de l'État.

L'indemnité de fonction votée par le conseil territorial pour l'exercice effectif des fonctions de conseiller territorial est au maximum égale à 50 % du terme de référence mentionné au premier alinéa.

L'indemnité de fonction votée par le conseil territorial pour l'exercice effectif des fonctions de président du conseil territorial est au maximum égale au terme de référence mentionné au premier alinéa majoré de 45 %.

L'indemnité de chacun des vice-présidents du conseil territorial est au maximum égale à l'indemnité maximale de conseiller territorial majorée de 40 %.

L'indemnité de fonction de chacun des membres du conseil exécutif autres que le président et les vice-présidents est au maximum égale à l'indemnité maximale de conseiller territorial majorée de 10 %.

II. – Le conseil territorial peut, dans des conditions fixées par son règlement intérieur, réduire le montant des indemnités qu'il alloue à ses membres en fonction de leur participation aux séances plénières, aux réunions des commissions dont ils sont membres et aux réunions des organismes dans lesquels ils représentent la collectivité, sans que cette réduction puisse dépasser, pour chacun d'entre eux, la moitié de l'indemnité maximale pouvant lui être allouée en application du présent article.

III. – Lorsque le conseil territorial est renouvelé, la délibération fixant les indemnités de ses membres en application de la présente section intervient dans les trois mois suivant son installation.

Toute délibération du conseil territorial concernant les indemnités de fonction d'un ou de plusieurs de ses membres est accompagnée d'un tableau annexe récapitulant l'ensemble des indemnités allouées aux membres du conseil territorial.

Art. L.O. 6325-3 Le conseiller territorial titulaire d'autres mandats électoraux ou qui siège à ce titre au conseil d'administration d'un établissement public local ou du Centre national de la fonction publique territoriale, au conseil d'administration ou au conseil de surveillance d'une société d'économie mixte locale ou qui préside une telle société ne peut percevoir, pour l'ensemble de ses fonctions, un montant total de rémunérations et d'indemnités de fonction supérieur à une fois et demie le montant de l'indemnité parlementaire telle qu'elle est définie à l'article 1er de l'ordonnance n° 58-1210 du 13 décembre 1958 portant loi organique relative à l'indemnité des membres du Parlement. Ce plafond s'entend déduction faite des cotisations sociales obligatoires.

Lorsque, en application des dispositions du premier alinéa, le montant total des rémunérations et des indemnités de fonction d'un conseiller territorial fait l'objet d'un écrêtement, *(L. org. n° 2013-402 du 17 mai 2013, art. 7)* « la part écrêtée est reversée au budget de la personne publique au sein de laquelle le conseiller territorial exerce le plus récemment un mandat ou une fonction ».

Art. L.O. 6325-4 Les délibérations prévues à la présente section sont adoptées à la majorité absolue des membres du conseil territorial.

SECTION 2 Responsabilité de la collectivité en cas d'accident

Art. L. 6325-5 *(L. n° 2007-224 du 21 févr. 2007, art. 1er)* La collectivité prend en charge les conséquences dommageables résultant des accidents subis par les membres du conseil territorial à l'occasion de l'exercice de leurs fonctions.

Art. L. 6325-6 *(L. n° 2007-224 du 21 févr. 2007, art. 1er)* Lorsque les conseillers territoriaux sont victimes d'un accident survenu dans l'exercice de leurs fonctions, la collectivité verse directement aux praticiens, pharmaciens, auxiliaires médicaux, fournisseurs ainsi qu'aux établissements de santé le montant des prestations afférentes à cet accident calculé selon les tarifs appliqués en matière d'assurance maladie.

SECTION 3 Responsabilité et protection des élus

Art. L. 6325-7 *(L. n° 2007-224 du 21 févr. 2007, art. 1er)* Sous réserve des dispositions du quatrième alinéa de l'article 121-3 du code pénal, le président du conseil territorial ou un conseiller territorial le suppléant ou ayant reçu une délégation ne peut être condamné sur le fondement du troisième alinéa de ce même article pour des faits non intentionnels commis dans l'exercice de ses fonctions que s'il est établi qu'il n'a pas accompli les diligences normales compte tenu de ses compétences, du pouvoir et des moyens dont il disposait ainsi que des difficultés propres aux missions que la loi lui confie.

Art. L.O. 6325-8 La collectivité est tenue d'accorder sa protection au président du conseil territorial, au conseiller territorial le suppléant ou ayant reçu une délégation ou à l'un de ces élus ayant cessé ses fonctions lorsque celui-ci fait l'objet de poursuites pénales à l'occasion de faits qui n'ont pas le caractère de faute détachable de l'exercice de ses fonctions.

Art. L.O. 6325-9 Le président du conseil territorial, les vice-présidents ou les conseillers territoriaux ayant reçu délégation bénéficient, à l'occasion de leurs fonctions, d'une protection organisée par la collectivité conformément aux règles fixées par le code pénal, les lois spéciales et le présent code.

La collectivité est tenue de protéger le président du conseil territorial, les vice-présidents ou les conseillers territoriaux ayant reçu délégation contre les violences, menaces ou outrages dont ils pourraient être victimes à l'occasion de leurs fonctions et de réparer, le cas échéant, le préjudice qui en est résulté.

Art. L. 6325-10 *(L. n° 2007-224 du 21 févr. 2007, art. 1er)* La collectivité est subrogée aux droits de la victime pour obtenir des auteurs des infractions visées à l'article L.O. 6325-9 la restitution des sommes versées à l'élu intéressé. Elle dispose en outre, aux mêmes fins, d'une action directe qu'elle peut exercer, au besoin par voie de constitution de partie civile, devant la juridiction pénale.

SECTION 4 Honorariat des conseillers territoriaux

Art. L. 6325-11 *(L. n° 2007-224 du 21 févr. 2007, art. 1er)* L'honorariat est conféré par le représentant de l'État aux anciens conseillers territoriaux qui ont exercé leurs fonctions électives pendant quinze ans au moins dans la collectivité.

L'honorariat ne peut être refusé ou retiré par le représentant de l'État que si l'intéressé a fait l'objet d'une condamnation entraînant l'inéligibilité.

L'honorariat n'est assorti d'aucun avantage financier imputable sur le budget de la collectivité.

TITRE III PARTICIPATION DES ÉLECTEURS À LA VIE DE LA COLLECTIVITÉ

CHAPITRE I PÉTITION DES ÉLECTEURS

Art. L.O. 6331-1 Le conseil territorial peut être saisi, par voie de pétition, de toute question relevant de la compétence de la collectivité.

La pétition peut être présentée à titre individuel ou collectif. Elle doit être établie par écrit, sous quelque forme que ce soit, rédigée dans les mêmes termes et signée par 5 % au moins des électeurs inscrits sur les listes électorales à Saint-Martin. Elle doit être datée et comporter le nom, le prénom, l'adresse de chaque pétitionnaire et le numéro de son inscription sur la liste électorale.

La pétition est adressée au président du conseil territorial. Le conseil exécutif se prononce sur la recevabilité de la pétition par une décision motivée, qui peut faire l'objet d'un recours devant le tribunal administratif.

Lorsque la pétition est recevable, le président du conseil territorial en fait rapport à la plus prochaine session.

CHAPITRE II RÉFÉRENDUM LOCAL

Art. L.O. 6332-1 I. – Le conseil territorial peut soumettre à référendum tout projet ou proposition de délibération tendant à régler une affaire de sa compétence, à l'exception, d'une part, des avis qu'il est appelé à rendre sur les projets et propositions de loi et sur les projets d'ordonnance, d'autre part, des propositions qu'il peut adopter dans le cadre des articles L.O. 6351-6, L.O. 6351-8 et L.O. 6351-9, L.O. 6351-12, L.O. 6351-14 et L.O. 6351-15.

II. – Sur proposition du conseil exécutif, le conseil territorial peut soumettre au référendum tout projet d'acte réglementaire relevant des attributions du président du conseil territorial ou du conseil exécutif.

III. – Les articles L.O. 1112-3, L.O. 1112-5 (premier alinéa) et L.O. 1112-6 à L.O. 1112-14 sont applicables à la collectivité de Saint-Martin.

Les dispositions du code électoral mentionnées aux articles L.O. 1112-9 à L.O. 1112-13 du présent code sont applicables dans les conditions fixées par le chapitre I du titre III du livre VI du code électoral.

CHAPITRE III CONSULTATION DES ÉLECTEURS

Art. L.O. 6333-1 I. – Les électeurs de la collectivité peuvent être consultés sur les décisions que le conseil territorial envisage de prendre pour régler les affaires relevant de sa compétence, à l'exception des avis et propositions mentionnés au I de l'article L.O. 6332-1. La consultation peut être limitée aux électeurs d'une partie du ressort de la collectivité, pour les affaires intéressant spécialement cette partie de la collectivité.

II. – Un dixième des électeurs peut saisir le conseil territorial en vue de l'organisation d'une consultation sur toute affaire relevant de la décision de ce conseil.

Dans l'année, un électeur ne peut signer qu'une seule saisine tendant à l'organisation d'une consultation.

III. – La décision d'organiser la consultation appartient au conseil territorial.

IV. – Le conseil territorial arrête le principe et les modalités d'organisation de cette consultation. Sa délibération indique expressément que cette consultation n'est qu'une demande d'avis. Elle fixe le jour du scrutin et convoque les électeurs. Elle est transmise deux mois au moins avant la date du scrutin au représentant de l'État. Si celui-ci l'estime illégale, il dispose d'un délai de dix jours à compter de sa réception pour la déférer au tribunal administratif. Il peut assortir son recours d'une demande de suspension.

V. – Le président du tribunal administratif ou le magistrat délégué par lui statue dans un délai d'un mois, en premier et dernier ressort, sur la demande de suspension. Il est fait droit à cette demande si l'un des moyens invoqués paraît, en l'état de l'instruction, propre à créer un doute sérieux quant à la légalité du projet soumis à consultation.

Lorsque la délibération organisant la consultation est de nature à compromettre l'exercice d'une liberté publique ou individuelle, le président du tribunal administratif ou le magistrat délégué par lui en prononce la suspension dans les quarante-huit heures.

VI. — Les dépenses liées à l'organisation de la consultation des électeurs constituent une dépense obligatoire de la collectivité.

VII. — Les électeurs font connaître par "oui" ou par "non" s'ils approuvent le projet de délibération ou d'acte qui leur est présenté. Après avoir pris connaissance du résultat de la consultation, l'autorité compétente de la collectivité arrête sa décision sur l'affaire qui en a fait l'objet.

VIII. — Les onze premiers alinéas de l'article L.O. 1112-6 et les articles L.O. 1112-8 à L.O. 1112-14 sont applicables à la consultation des électeurs.

Pendant le délai d'un an à compter de la tenue d'un référendum local ou d'une consultation des électeurs à l'initiative de la collectivité, celle-ci ne peut organiser une autre consultation portant sur le même objet.

IX. — Les dispositions du code électoral mentionnées aux articles L.O. 1112-9 à L.O. 1112-13 du présent code sont applicables dans les conditions fixées par le chapitre I du titre III du livre VI du code électoral.

TITRE IV RÉGIME JURIDIQUE DES ACTES PRIS PAR LES AUTORITÉS DE LA COLLECTIVITÉ ET RELATIONS ENTRE L'ÉTAT ET LA COLLECTIVITÉ

CHAPITRE I PUBLICITÉ ET ENTRÉE EN VIGUEUR

Art. L.O. 6341-1 Les actes pris par les autorités de la collectivité sont exécutoires de plein droit dès qu'il a été procédé à leur publication au *Journal officiel* de Saint-Martin, à leur affichage ou à leur notification aux intéressés ainsi qu'à leur transmission au représentant de l'État. Toutefois, les actes mentionnés à l'article L.O. 6351-2 ne peuvent entrer en vigueur qu'à l'expiration d'un délai de quinze jours à compter de leur transmission au représentant de l'État.

La publication ou l'affichage de ces actes est également organisé, à titre complémentaire mais non exclusif, sur support numérique.

Le président du conseil territorial certifie, sous sa responsabilité, le caractère exécutoire de ces actes.

La transmission des actes mentionnés au présent article peut s'effectuer par tout moyen, y compris par voie électronique selon des modalités fixées par décret en Conseil d'État.

La preuve de la réception des actes par le représentant de l'État peut être apportée par tout moyen. L'accusé de réception, qui est immédiatement délivré, peut être utilisé à cet effet mais n'est pas une condition du caractère exécutoire des actes.

Art. L.O. 6341-2 Sont soumis à l'article L.O. 6341-1 les actes suivants :

1° Les délibérations du conseil territorial ou les décisions prises par délégation du conseil territorial ;

2° Les décisions réglementaires et individuelles prises par le président du conseil territorial dans l'exercice de son pouvoir de police, à l'exclusion de celles relatives à la circulation et au stationnement ;

3° Les actes à caractère réglementaire pris par les autorités de la collectivité dans tous les autres domaines qui relèvent de leur compétence en application de la loi ;

4° Les conventions relatives aux marchés, à l'exception des marchés passés sans formalité préalable en raison de leur montant, et aux emprunts ainsi que les conventions de concession ou d'affermage de services publics locaux à caractère industriel ou commercial et les contrats de partenariat ;

5° Les décisions individuelles relatives à la nomination, à l'avancement de grade, à la mise à la retraite d'office ou à la révocation des fonctionnaires, ainsi que les décisions individuelles relatives au recrutement, y compris le contrat d'engagement, et au licenciement des agents non titulaires, à l'exception de celles prises dans le cadre d'un besoin saisonnier ou occasionnel, en application des dispositions statutaires relatives à la fonction publique territoriale ;

6° Les ordres de réquisition du comptable pris par le président du conseil territorial ;

7° Les décisions relevant de l'exercice de prérogatives de puissance publique, prises par les sociétés d'économie mixte locales pour le compte de la collectivité ;

8° Les permis de construire et les autres autorisations individuelles d'occupation du sol.

Art. L.O. 6341-3 Les actes pris au nom de la collectivité et autres que ceux mentionnés à l'article L.O. 6341-2 sont exécutoires de plein droit dès qu'il a été procédé à leur publication au *Journal officiel* de Saint-Martin, à leur affichage ou à leur notification aux intéressés.

Le représentant de l'État peut en demander communication à tout moment. Il ne peut les déférer au tribunal administratif, dans un délai de deux mois à compter de leur communication, que si sa demande a été présentée dans le délai de deux mois à compter de la date à laquelle les actes sont devenus exécutoires.

Art. L.O. 6341-4 Les actes pris par les autorités de la collectivité au nom de l'État ainsi que les actes relevant du droit privé ne sont pas soumis aux dispositions du présent titre et demeurent régis par les dispositions qui leur sont propres.

Art. L. 6341-5 *(L. n° 2007-224 du 21 févr. 2007, art. 1er)* Aux conventions de délégation de service public de la collectivité transmises par application du 4° de l'article L.O. 6341-2 au représentant de l'État dans un délai de quinze jours à compter de leur signature, le président du conseil territorial joint l'ensemble des pièces dont la liste est fixée par décret en Conseil d'État.

Il certifie, par une mention apposée sur la convention notifiée au titulaire de la délégation, qu'elle a bien été transmise, en précisant la date de cette transmission.

Il informe, dans un délai de quinze jours, le représentant de l'État de la date de notification de cette convention.

CHAPITRE II CONTRÔLE DE LÉGALITÉ

Art. L.O. 6342-1 Le représentant de l'État défère au tribunal administratif les actes mentionnés à l'article L.O. 6341-2 qu'il estime contraires à la légalité dans les deux mois suivant leur transmission.

Lorsque le représentant de l'État défère un acte au tribunal administratif, il en informe sans délai l'autorité de la collectivité et lui communique toutes précisions sur les illégalités invoquées à l'encontre de l'acte concerné.

Sur demande du président du conseil territorial, le représentant de l'État l'informe de son intention de ne pas déférer au tribunal administratif un acte des autorités de la collectivité qui lui a été transmis en application des articles L.O. 6341-1 et L. 6341-5.

Le représentant de l'État peut assortir son recours d'une demande de suspension. Il est fait droit à cette demande si l'un des moyens invoqués paraît, en l'état de l'instruction, propre à créer un doute sérieux quant à la légalité de l'acte attaqué. Il est statué dans un délai d'un mois.

Jusqu'à ce que le président du tribunal administratif ou le magistrat délégué par lui ait statué, la demande de suspension en matière d'urbanisme, de marchés et de délégation de service public formulée par le représentant de l'État dans les dix jours à compter de la réception de l'acte entraîne la suspension de celui-ci. Au terme d'un délai d'un mois à compter de la réception, si le juge des référés n'a pas statué, l'acte redevient exécutoire.

Lorsque le représentant de l'État assortit un recours dirigé contre un acte pris en application de l'article L.O. 6351-2 d'une demande de suspension, formulée dans le délai de quinze jours prévu à l'article L.O. 6341-1, cet acte ne peut entrer en vigueur avant que le tribunal administratif n'ait statué sur cette demande. Si le tribunal administratif n'a pas rendu sa décision dans un délai de trois mois suivant sa saisine, l'acte redevient exécutoire. Les dispositions du présent alinéa ne sont pas applicables en matière fiscale.

Lorsque l'acte attaqué est de nature à compromettre l'exercice d'une liberté publique ou individuelle, le président du tribunal administratif ou le magistrat délégué à cet effet en prononce la suspension dans les quarante-huit heures. La décision relative à la suspension est susceptible d'appel devant le Conseil d'État dans la quinzaine de la notification. En ce cas, le juge des référés statue dans un délai de quarante-huit heures.

Art. L.O. 6342-2 Sans préjudice du recours direct dont elle dispose, si une personne physique ou morale est lésée par un acte mentionné aux articles L.O. 6341-2 et L.O. 6341-3, elle peut, dans un délai de deux mois à compter de la date à laquelle l'acte est devenu exécutoire, demander au représentant de l'État de mettre en œuvre la procédure prévue à l'article L.O. 6342-1.

Pour les actes mentionnés à l'article L.O. 6341-2, cette demande ne peut avoir pour effet de prolonger le délai de recours contentieux dont dispose le représentant de l'État en application de l'article L.O. 6342-1.

Lorsque la demande concerne un acte mentionné à l'article L.O. 6341-3, le représentant de l'État peut déférer l'acte en cause au tribunal administratif dans les deux mois suivant sa saisine par la personne physique ou morale lésée.

Art. L.O. 6342-3 *Abrogé par L. org. n° 2010-1486 du 7 déc. 2010, art. 2.*

Art. L.O. 6342-4 Sont illégales :

1° Les délibérations auxquelles ont pris part un ou plusieurs membres du conseil territorial intéressés à l'affaire qui en fait l'objet, soit en leur nom personnel, soit comme mandataires ;

2° Les décisions et délibérations par lesquelles la collectivité renonce soit directement, soit par une clause contractuelle, à exercer toute action en responsabilité à l'égard de toute personne physique ou morale qu'elle rémunère sous quelque forme que ce soit.

Art. L.O. 6342-5 Lorsque le tribunal administratif est saisi d'un recours pour excès de pouvoir ou d'un recours en appréciation de légalité dirigé contre les actes mentionnés aux 1° à 3° de l'article L.O. 6341-2 et que ce recours est fondé sur un moyen sérieux invoquant l'inexacte application de la répartition des compétences entre l'État et la collectivité ou que ce moyen est soulevé d'office, il transmet le dossier sans délai pour avis au Conseil d'État, par un jugement qui n'est susceptible d'aucun recours. Le Conseil d'État examine la question soulevée dans un délai de trois mois et il est sursis à toute décision sur le fond jusqu'à son avis ou, à défaut, jusqu'à l'expiration de ce délai. Le tribunal administratif statue dans un délai de deux mois à compter de la publication de l'avis au *Journal officiel* de la République française ou de l'expiration du délai imparti au Conseil d'État.

Art. L.O. 6342-6 Le président du conseil territorial porte à la connaissance des membres de celui-ci, lors de la plus proche réunion du conseil territorial qui suit la notification qui lui en est faite, les décisions des juridictions administratives ou judiciaires qui se prononcent sur la légalité des actes des institutions de la collectivité.

Art. L.O. 6342-7 Les articles L.O. 6341-1 à L.O. 6342-6 sont applicables aux établissements publics de la collectivité.

CHAPITRE III CONTRÔLE JURIDICTIONNEL SPÉCIFIQUE DES ACTES DU CONSEIL TERRITORIAL INTERVENANT DANS LE DOMAINE DE LA LOI

Art. L.O. 6343-1 Les actes mentionnés à l'article L.O. 6351-2 et aux premiers alinéas des I et II de l'article L.O. 6351-3 relevant du domaine de la loi peuvent être contestés par la voie d'un recours motivé porté devant le Conseil d'État dans les deux mois qui suivent leur publication au *Journal officiel* de Saint-Martin.

Il ne résulte ni des art. L.O. 6351-2 et L.O. 6314-3, ni d'aucune autre disposition – alors même que l'art. L.O. 6343-4 prévoit que le Conseil d'État se prononce dans les 3 mois de sa saisine sur la constitutionnalité des lois organiques, des engagements internationaux de la France et des principes généraux du droit des actes mentionnés à l'art. L.O. 6351-2 relevant du domaine de la loi – que le législateur organique ait entendu organiser une procédure particulière excluant tout recours administratif préalable contre les délibérations du conseil territorial de Saint-Martin, quelle qu'en soit la teneur. • CE 30 déc. 2013, *Sté Électricité de France (EDF)*, n° 368527.

Art. L.O. 6343-2 Les recours du représentant de l'État contre les actes mentionnés à l'article L.O. 6343-1, formés selon les modalités prévues aux articles L.O. 6342-1 et L.O. 6342-2, sont également portés devant le Conseil d'État.

Lorsque le représentant de l'État assortit un recours dirigé contre un acte d'une demande de suspension, formulée dans le délai de quinze jours prévu à l'article L.O. 6341-1, cet acte ne peut entrer en vigueur jusqu'à ce que le Conseil d'État ait statué sur cette demande. Si le Conseil d'État n'a pas rendu sa décision dans un délai de trois mois suivant sa saisine, l'acte redevient exécutoire. Les dispositions du présent alinéa ne sont pas applicables en matière fiscale.

Art. L.O. 6343-3 Dès sa saisine, le secrétariat du contentieux du Conseil d'État en informe le président du conseil territorial.

La procédure contentieuse applicable au contrôle juridictionnel spécifique des actes mentionnés à l'article L.O. 6343-1 est celle applicable en matière de recours pour excès de pouvoir devant le Conseil d'État.

Art. L.O. 6343-4 Le Conseil d'État statue sur la conformité des actes prévus à l'article L.O. 6351-2 au regard de la Constitution, des lois organiques, des engagements internationaux de la France et des principes généraux du droit.

Le Conseil d'État se prononce dans les trois mois de sa saisine. Sa décision est publiée au *Journal officiel* de la République française et au *Journal officiel* de Saint-Martin.

Art. L.O. 6343-5 Lorsque, à l'occasion d'un litige devant une juridiction, une partie invoque par un moyen sérieux la contrariété d'un acte mentionné à l'article L.O. 6351-2 avec la Constitution, les lois organiques, les engagements internationaux de la France ou les principes généraux du droit, et que cette question commande l'issue du litige ou la validité de la procédure, ou constitue le fondement des poursuites, la juridiction transmet sans délai la question au Conseil d'État par une décision qui n'est pas susceptible de recours. Le Conseil d'État se prononce dans les trois mois. Lorsqu'elle transmet la question au Conseil d'État, la juridiction surseoit à statuer. Elle peut toutefois en décider autrement dans les cas où la loi lui impartit, en raison de l'urgence, un délai pour statuer. Elle peut dans tous les cas prendre les mesures d'urgence ou conservatoires nécessaires. Le refus de transmettre la question au Conseil d'État n'est pas susceptible de recours indépendamment de la décision tranchant tout ou partie du litige.

CHAPITRE IV EXERCICE PAR UN CONTRIBUABLE OU UN ÉLECTEUR DES ACTIONS APPARTENANT À LA COLLECTIVITÉ

Art. L.O. 6344-1 Tout contribuable inscrit au rôle de la collectivité de Saint-Martin ou tout électeur inscrit sur les listes électorales de la collectivité a le droit d'exercer, tant en demande qu'en défense, à ses frais et risques, avec l'autorisation du tribunal administratif, les actions qu'il croit appartenir à la collectivité et que celle-ci, préalablement appelée à en délibérer, a refusé ou négligé d'exercer.

Le contribuable ou l'électeur adresse au tribunal administratif un mémoire.

Le président du conseil territorial soumet ce mémoire au conseil territorial lors de sa plus proche réunion.

Lorsqu'un jugement est intervenu, le contribuable ou l'électeur ne peut se pourvoir en appel ou en cassation qu'en vertu d'une nouvelle autorisation.

CHAPITRE V RELATIONS ENTRE L'ÉTAT ET LA COLLECTIVITÉ

SECTION 1 Coordination entre les services de l'État et les services de la collectivité

Art. L.O. 6345-1 La coordination entre l'action des services de l'État et celle de la collectivité à Saint-Martin est assurée conjointement par le président du conseil territorial et le représentant de l'État.

SECTION 2 Services de l'État mis à disposition

Art. L.O. 6345-2 Des conventions entre l'État et la collectivité de Saint-Martin fixent les modalités selon lesquelles des agents et des services de l'État sont mis à la disposition, en tant que de besoin, de la collectivité de Saint-Martin. Ces conventions prévoient notamment la mise à disposition du président du conseil territorial des services déconcentrés de l'État pour la préparation et l'exécution des délibérations du conseil territorial ainsi que les conditions dans lesquelles des organismes et établissements publics métropolitains concourent aux services publics locaux. Le président du conseil territorial communique chaque année au représentant de l'État son appréciation sur le fonctionnement des dispositifs mis en place.

Art. L.O. 6345-3 Il est créé une commission paritaire de concertation chargée de toute question dont le règlement requiert une coordination des actions et des décisions de l'État, d'une part, et de la collectivité de Saint-Martin, d'autre part. Cette commission est composée d'un nombre identique de représentants de l'État et de représentants de la collectivité de Saint-Martin. Ces derniers sont désignés pour moitié par le conseil exécutif et pour moitié par les groupes d'élus représentés au sein du conseil territorial. Les règles d'organisation et de fonctionnement de cette commission sont précisées par décret en Conseil d'État.

Cette commission paritaire élabore un plan de rattrapage sur la rénovation et la construction d'équipements structurants visant à permettre le développement économique et touristique et évaluant les engagements financiers respectifs de l'État et de la collectivité de Saint-Martin.

SECTION 3 Responsabilité

Art. L. 6345-4 *(L. n° 2007-224 du 21 févr. 2007, art. 1er)* La collectivité voit sa responsabilité supprimée ou atténuée lorsqu'une autorité relevant de l'État s'est substituée, dans des hypothèses ou selon des modalités non prévues par la loi, au président du conseil territorial pour mettre en œuvre des mesures de police.

TITRE V ADMINISTRATION ET SERVICES DE LA COLLECTIVITÉ

CHAPITRE I COMPÉTENCES DU CONSEIL TERRITORIAL

Art. L.O. 6351-1 Le conseil territorial règle par ses délibérations les affaires de la collectivité.

Il statue sur tous les objets sur lesquels il est appelé à délibérer par les lois et règlements et, généralement, sur tous les objets intéressant la collectivité dont il est saisi.

Il donne son avis sur tous les objets sur lesquels il est consulté en vertu des lois et règlements ou dont il est saisi par le ministre chargé de l'outre-mer.

Art. L.O. 6351-2 Le conseil territorial fixe les règles applicables à Saint-Martin dans les matières énumérées à l'article L.O. 6314-3.

Les délibérations par lesquelles le conseil territorial adopte les règles mentionnées au premier alinéa sont adoptées au scrutin public à la majorité absolue des membres du conseil territorial.

Art. L.O. 6351-3 I. – Le conseil territorial est habilité, dans le respect des garanties accordées sur l'ensemble du territoire national pour l'exercice des libertés publiques, à adopter des actes dans le domaine du droit pénal aux seules fins mentionnées à l'article L.O. 6314-5. Ces actes doivent respecter la classification des contraventions et délits. Les peines qu'ils instituent ne peuvent excéder le maximum prévu pour les infractions de même nature par les lois et règlements en vigueur.

Le projet ou la proposition d'acte mentionné au premier alinéa est transmis par le président du conseil territorial au ministre chargé de l'outre-mer qui en accuse réception sans délai. À compter de cette réception, ce ministre et le ministre de la Justice proposent au Premier ministre, dans le délai de deux mois, un projet de décret tendant soit à l'approbation totale ou partielle du texte, soit au refus d'approbation.

Le décret qui porte refus d'approbation est motivé. Il est notifié au président du conseil territorial.

Le projet ou la proposition d'acte ne peut être adopté par le conseil territorial que dans les mêmes termes.

Lorsqu'ils portent sur un acte intervenant dans le domaine de la loi, les décrets prévus au deuxième alinéa ne peuvent entrer en vigueur avant leur ratification par la loi.

Les actes prévus au présent article peuvent être respectivement modifiés par une loi ou une ordonnance ou par un décret qui comporte une mention expresse d'application à Saint-Martin.

II. – Dans les conditions prévues au I, le conseil territorial est habilité à adopter des actes dans le domaine de la police et de la sécurité maritimes.

Les décisions individuelles prises en application des actes mentionnés au premier alinéa du présent II sont soumises au contrôle hiérarchique du représentant de l'État. Leur entrée en vigueur est subordonnée à leur réception par le représentant de l'État.

Art. L.O. 6351-4 Sans préjudice des sanctions pénales prévues à l'article L.O. 6351-3, les infractions aux règles d'assiette et de recouvrement des impôts, droits, taxes et redevances institués par le conseil territorial peuvent être assorties par celui-ci d'amendes, majorations, intérêts ou indemnités de retard appliqués par l'administration.

Le produit des amendes, majorations, intérêts ou indemnités de retard mentionnés au présent article est versé au budget de la collectivité.

Art. L.O. 6351-5 I. – Le conseil territorial peut, lorsqu'il y a été habilité à sa demande par la loi ou par le décret, selon le cas, adapter aux caractéristiques et aux contraintes particulières de la collectivité les dispositions législatives ou réglementaires en vigueur.

La demande d'habilitation tendant à adapter une disposition législative ou réglementaire est adoptée par délibération motivée du conseil territorial.

Cette délibération mentionne les dispositions législatives ou réglementaires en cause ou, lorsque la demande porte sur l'adaptation d'une disposition réglementaire non encore publiée et nécessaire à l'application d'une disposition législative, la disposition législative en cause.

Elle expose les caractéristiques et contraintes particulières justifiant la demande d'habilitation et précise la nature et la finalité des dispositions que le conseil territorial envisage de prendre.

La demande d'habilitation ne peut porter sur une disposition législative ou réglementaire ressortissant à l'une des matières mentionnées au quatrième alinéa de l'article 74 de la Constitution.

II. – La demande d'habilitation devient caduque :

1° Le dernier jour du mois qui précède celui du renouvellement normal du conseil territorial ;

2° Le jour de la dissolution ou de l'annulation de l'élection de l'ensemble des membres du conseil territorial ;

3° Le jour de la vacance de l'ensemble des sièges du conseil territorial en dehors des cas prévus au 2°.

III. – Les actes pris en application du présent article sont adoptés à la majorité absolue des membres du conseil territorial. Ils ne peuvent être soumis au référendum local ou à la consultation des électeurs.

IV. – Le conseil territorial est habilité à adapter aux caractéristiques et aux contraintes particulières de la collectivité les lois et règlements en matière d'environnement.

V. – Jusqu'à sa première réunion suivant son renouvellement postérieurement au 1er janvier 2012, le conseil territorial est habilité à adapter aux caractéristiques et aux contraintes particulières de la collectivité les lois et règlements en matière d'urbanisme, de construction, d'habitation, de logement et d'énergie.

La collectivité dispose de la faculté accordée aux départements et régions d'outre-mer par l'art. 73 Const. d'adapter les lois et règlements. Ces dispositions ne sont pas contraires à l'art. 74 Const., sous réserve de l'impossibilité de recourir à la procédure de l'art. 38 Const. pour accorder cette habilitation. • Cons. const. 15 févr. 2007, n° 2007-547 DC (loi organique portant dispositions statutaires et institutionnelles relatives à l'outre-mer, considérant 41).

Art. L.O. 6351-6 La délibération prévue au I de l'article L.O. 6351-5 est publiée au *Journal officiel* de la République française, après sa transmission au Premier ministre et au représentant de l'État. Elle entre en vigueur le lendemain de cette publication.

Art. L.O. 6351-7 Les recours dirigés contre cette délibération sont portés devant le Conseil d'État.

Le représentant de l'État peut, dans le mois qui suit la transmission prévue à l'article L.O. 6351-6, déférer la délibération au Conseil d'État. Ce recours en suspend l'exécution jusqu'à ce que le Conseil d'État ait rendu sa décision. Si celle-ci n'est pas intervenue dans un délai de trois mois suivant sa saisine, la délibération redevient exécutoire.

Art. L.O. 6351-8 L'habilitation accordée par la loi ou par le décret au conseil territorial expire à l'issue d'un délai de deux ans à compter de sa publication.

Art. L.O. 6351-9 Les délibérations prises en application de l'habilitation sont adoptées à la majorité absolue des membres du conseil territorial. Elles ne peuvent être soumises au référendum local.

Ces délibérations précisent les dispositions législatives ou réglementaires auxquelles elles dérogent.

Les recours dirigés contre ces délibérations sont portés devant le Conseil d'État. Le représentant de l'État peut les déférer au Conseil d'État dans les conditions et avec les effets prévus à l'article L.O. 6351-7.

Art. L.O. 6351-10 Les dispositions législatives ou réglementaires d'une délibération prise sur le fondement de l'habilitation prévue à l'article L.O. 6351-8 ne peuvent être modifiées, selon le cas, par la loi ou par le règlement que sur mention expresse.

Art. L.O. 6351-11 Le conseil territorial exerce les compétences dévolues par les lois et règlements en vigueur aux conseils municipaux, aux conseils départementaux des départements et aux conseils régionaux, ainsi qu'au conseil départemental et au conseil régional de la Guadeloupe.

Art. L.O. 6351-11-1 *(L. org. n° 2010-92 du 25 janv. 2010)* Avant l'examen du projet de budget de la collectivité, le président du conseil territorial présente au conseil territorial le rapport du conseil exécutif sur la situation de Saint-Martin en matière de développement durable et sur les orientations et programmes visant à améliorer cette situation.

Art. L.O. 6351-12 Le conseil territorial peut adresser au ministre chargé de l'outre-mer, par l'intermédiaire du représentant de l'État, des propositions de modification des dispositions législatives ou réglementaires en vigueur, applicables à Saint-Martin, ainsi que toutes propositions législatives ou réglementaires concernant le développement économique, social et culturel de Saint-Martin.

Il peut également adresser au Premier ministre, par l'intermédiaire du représentant de l'État, des propositions relatives au fonctionnement des services publics de l'État à Saint-Martin.

Art. L.O. 6351-13 Le conseil territorial est consulté par le ministre chargé de l'outre-mer sur les propositions d'actes de l'Union européenne et de la Communauté européenne relatives aux mesures spécifiques à Saint-Martin.

L'avis du conseil territorial est réputé acquis dans un délai d'un mois à compter de la saisine. Ce délai est réduit à quinze jours en cas d'urgence sur demande du représentant de l'État.

Le conseil territorial peut adresser au Gouvernement des propositions pour l'application des stipulations des traités relatifs à l'Union européenne et à la Communauté européenne applicables à Saint-Martin.

Art. L.O. 6351-14 Le conseil territorial peut adresser au Gouvernement des propositions en vue de la conclusion d'engagements internationaux concernant la coopération régionale entre la République française, les États d'Amérique et de la Caraïbe, ou d'accords avec des organismes régionaux de la Caraïbe, y compris des organismes régionaux dépendant des institutions spécialisées des Nations unies.

Art. L.O. 6351-15 Dans les domaines de compétence de la collectivité, le conseil territorial de Saint-Martin peut, par délibération, demander aux autorités de la République d'autoriser son président à négocier, dans le respect des engagements internationaux de la France, des accords avec un ou plusieurs États, territoires ou organismes régionaux mentionnés à l'article L.O. 6351-14.

Lorsque cette autorisation est accordée, les autorités de la République sont, à leur demande, représentées à la négociation.

À l'issue de la négociation, le projet d'accord est soumis à la délibération du conseil territorial pour avis. Les autorités de la République peuvent ensuite donner, sous réserve du respect des engagements internationaux de la France, pouvoir au président du conseil territorial aux fins de signature de l'accord.

Art. L.O. 6351-16 Dans le respect des engagements internationaux de la France, la collectivité peut, par délibération du conseil territorial, conclure des conventions avec des autorités locales étrangères pour mener des actions de coopération ou d'aide au développement. Ces conventions précisent l'objet des actions envisagées et le montant prévisionnel des engagements financiers.

Dans les mêmes conditions, si l'urgence le justifie, le conseil territorial peut mettre en œuvre ou financer des actions à caractère humanitaire.

Art. L.O. 6351-17 La collectivité de Saint-Martin peut, avec l'accord des autorités de la République, être membre associé des organismes régionaux mentionnés à l'article L.O. 6351-14 ou observateur auprès de ceux-ci.

Le conseil territorial de Saint-Martin peut saisir le Gouvernement de toute proposition tendant à l'adhésion de la France à de tels organismes.

Art. L.O. 6351-17-1 *(L. org. nº 2011-883 du 27 juill. 2011, art. 3)* Des représentants du conseil territorial de Saint-Martin participent aux travaux de l'instance de concertation des politiques de coopération régionale dans la zone Antilles-Guyane prévue au I de l'article L. 4433-4-7, selon des modalités fixées par décret en Conseil d'État.

Art. L.O. 6351-18 Le conseil territorial peut recourir aux sociétés d'économie mixte locales et aux sociétés d'économie mixte régies par la loi nº 46-860 du 30 avril 1946 tendant à l'établissement, au financement et à l'exécution de plans d'équipement et de développement des territoires relevant du ministère des collectivités d'outre-mer régies par l'article 74 de la Constitution et de la Nouvelle-Calédonie pour la mise en œuvre des actions engagées dans le cadre des compétences qui lui sont dévolues en matière de coopération régionale.

Art. L.O. 6351-19 Le droit de transaction peut être réglementé par le conseil territorial en toutes matières administrative, fiscale, douanière ou économique relevant de sa compétence. Lorsque la transaction porte sur des faits constitutifs d'infraction et a pour effet d'éteindre l'action publique, elle ne peut intervenir qu'après accord du procureur de la République.

Pour ne pas être contraires à l'art. 16 DDH, ces dispositions s'entendent comme ne régissant la procédure de transaction que dans les matières relevant de la compétence de la collectivité et dans les seules hypothèses où l'action publique n'a pas encore été mise en mouvement. • Cons. const. 15 févr. 2007, ☎ nº 2007-547 DC (L. org. portant dispositions statutaires et institutionnelles relatives à l'outre-mer, consid. 50 à 53).

Art. L.O. 6351-20 Le conseil territorial peut déléguer certaines de ses attributions au conseil exécutif, à l'exception de celles relatives :

a) Au budget ;

b) Au référendum local et à la consultation des électeurs ;

c) Aux actes prévus aux articles L.O. 6351-2 à L.O. 6351-10 et L.O. 6351-19.

Art. L.O. 6351-21 Les décisions de déroger à l'obligation de dépôt auprès de l'État des fonds de la collectivité ou de ses établissements publics, mentionnés au chapitre VIII du titre unique du livre VI de la première partie, relèvent de la compétence du conseil territorial. Toutefois, ce dernier, dans les limites qu'il aura fixées, peut déléguer à son président la possibilité de prendre ces décisions.

CHAPITRE II COMPÉTENCES DU PRÉSIDENT DU CONSEIL TERRITORIAL

Art. L.O. 6352-1 Le président du conseil territorial est l'organe exécutif de la collectivité. Il la représente.

Il prépare et exécute les délibérations du conseil territorial et du conseil exécutif.

Il préside le conseil exécutif.

Art. L.O. 6352-2 Le président du conseil territorial procède à la désignation des membres du conseil territorial pour siéger au sein d'organismes extérieurs dans les cas et conditions prévus par les dispositions régissant ces organismes. La fixation par les dispositions précitées de la durée des fonctions assignées à ces membres ne fait pas obstacle à ce qu'il puisse être procédé à tout moment, et pour le reste de cette durée, à leur remplacement par une nouvelle désignation opérée dans les mêmes formes.

Art. L.O. 6352-3 Sous réserve des dispositions du chapitre III du présent titre, le président du conseil territorial est seul chargé de l'administration. Il peut, sous sa surveillance et sa responsabilité, déléguer par arrêté une partie de ses fonctions aux vice-présidents et, en l'absence ou en cas d'empêchement de ces derniers, à d'autres membres du conseil exécutif. Ces délégations subsistent tant qu'elles ne sont pas rapportées.

Sauf disposition contraire dans la délibération portant délégation, le président du conseil territorial peut subdéléguer, dans les conditions prévues par le premier alinéa, les attributions qui lui sont confiées par le conseil territorial en application des dispositions du présent chapitre.

Le président du conseil territorial est le chef des services de la collectivité. Il peut, sous sa surveillance et sa responsabilité, donner délégation de signature en toute matière aux responsables desdits services.

(L. org. n° 2010-92 du 25 janv. 2010) « Le président du conseil territorial peut charger chacun des membres du conseil exécutif d'animer et de contrôler un secteur de l'administration de la collectivité. »

Art. L.O. 6352-4 Le président du conseil territorial est l'ordonnateur des dépenses de la collectivité et prescrit l'exécution des recettes de celle-ci sous réserve des dispositions particulières applicables au recouvrement des recettes fiscales de la collectivité.

Il impute en section d'investissement les dépenses d'équipement afférentes à des biens meubles ne figurant pas sur les listes et d'une valeur inférieure à un seuil fixé par arrêté des ministres chargés des finances, des collectivités territoriales et de l'outre-mer, sur délibérations expresses du conseil territorial.

Art. L.O. 6352-5 Le président du conseil territorial déclaré comptable de fait par un jugement du juge des comptes statuant définitivement est suspendu de sa qualité d'ordonnateur jusqu'à ce qu'il ait reçu quitus de sa gestion. Dans ce cas, le conseil territorial délibère afin de confier à un vice-président les attributions mentionnées à l'article L.O. 6352-4. Cette fonction prend fin dès lors que le président du conseil territorial a reçu quitus de sa gestion.

Art. L.O. 6352-6 Le président du conseil territorial et les vice-présidents sont officiers de police judiciaire et officiers d'état civil.

Art. L.O. 6352-7 Le président du conseil territorial gère le domaine de la collectivité. À ce titre, il exerce les pouvoirs de police afférents à cette gestion, notamment en ce qui concerne la circulation sur ce domaine.

Art. L.O. 6352-8 Le président du conseil territorial est chargé, sous le contrôle administratif du représentant de l'État, de l'exercice des pouvoirs de police propres à la collectivité de Saint-Martin, conformément aux dispositions du livre II de la deuxième partie.

Art. L.O. 6352-9 Le représentant de l'État peut, dans le cas où il n'y aurait pas été pourvu par le président du conseil territorial, et après une mise en demeure restée sans résultat, exercer les attributions dévolues au président du conseil territorial en matière de police par les articles L.O. 6352-7 et L.O. 6352-8.

Art. L.O. 6352-10 En vertu d'une délibération du conseil exécutif, le président du conseil territorial intente les actions et défend devant les juridictions au nom de la collectivité.

Il peut, sans autorisation préalable du conseil exécutif, faire tous actes conservatoires ou interruptifs de déchéance.

Art. L.O. 6352-11 Le président du conseil territorial, par délégation du conseil territorial, peut être chargé, pour la durée de son mandat, de prendre toute décision concernant la préparation, la passation, l'exécution et le règlement des marchés de travaux, de fourniture et de services qui peuvent être passés sans formalités préalables en raison de leur montant, lorsque les crédits sont inscrits au budget.

Le président du conseil territorial rend compte à la plus proche réunion utile du conseil territorial de l'exercice de cette compétence et en informe le conseil exécutif.

Art. L.O. 6352-12 La délibération du conseil territorial ou du conseil exécutif chargeant le président du conseil territorial de souscrire un marché déterminé peut être prise avant l'engagement de la procédure de passation de ce marché. Elle comporte alors obligatoirement la définition de l'étendue du besoin à satisfaire et le montant prévisionnel du marché.

Le conseil territorial peut, à tout moment, décider que la signature du marché ne pourra intervenir qu'après une nouvelle délibération, une fois connus l'identité de l'attributaire et le montant du marché.

Les dispositions du présent article ne s'appliquent aux marchés visés à l'article L.O. 6352-11 que lorsque le président du conseil territorial n'a pas reçu la délégation prévue au même article.

Art. L.O. 6352-13 Le président du conseil territorial peut, par délégation du conseil territorial :

1° Procéder à la réalisation des emprunts destinés au financement des investissements prévus par le budget et aux opérations financières utiles à la gestion des emprunts, y compris les opérations de couverture des risques de taux et de change, et passer à cet effet les actes nécessaires ;

2° Réaliser des lignes de trésorerie sur la base d'un montant maximum autorisé par le conseil territorial ;

3° Prendre les décisions de déroger à l'obligation de dépôt des fonds auprès de l'État pour des fonds qui proviennent des excédents de trésorerie résultant de leur cycle d'activité.

Le président informe le conseil territorial des actes pris dans le cadre de ce pouvoir délégué.

Art. L.O. 6352-14 Le président du conseil territorial peut, après délibération du conseil exécutif, saisir le tribunal administratif d'une demande d'avis portant sur l'interprétation du statut de Saint-Martin ou sur l'applicabilité dans la collectivité d'un texte législatif ou réglementaire.

En cas de difficulté sérieuse, le président du tribunal administratif peut transmettre cette demande au Conseil d'État.

Lorsque la demande d'avis porte sur la répartition des compétences entre l'État et la collectivité, elle est examinée par le Conseil d'État auquel elle est transmise sans délai. Le représentant de l'État en est immédiatement informé.

Art. L.O. 6352-15 Le président du conseil territorial ou son représentant peut être chargé par les autorités de la République de les représenter au sein d'organismes régionaux situés dans la zone de la Caraïbe, y compris des organismes régionaux dépendant des institutions spécialisées des Nations unies. Les autorités de la République le munissent des instructions et pouvoirs nécessaires.

Dans les domaines de compétence de l'État, le président du conseil territorial ou son représentant peut être associé, ou participer au sein de la délégation française, aux négociations d'accords avec un ou plusieurs États ou territoires situés dans la zone de la Caraïbe ou avec des organismes régionaux de cette zone géographique, y compris des organismes régionaux dépendant des institutions spécialisées des Nations unies.

Les autorités de la République peuvent délivrer pouvoir au président du conseil territorial ou à son représentant pour négocier et signer des accords mentionnés au deuxième alinéa.

Art. L.O. 6352-16 Les accords internationaux portant à la fois sur des domaines de compétence de l'État et sur des domaines de compétence de la collectivité sont, dans les cas où il n'est pas fait application du premier alinéa de l'article L.O. 6351-15, négociés et signés par les autorités de la République. À sa demande, le président du conseil territorial ou son représentant participe, au sein de la délégation française, à la négociation de ces accords.

Art. L.O. 6352-17 Le président du conseil territorial ou son représentant participe, à sa demande, au sein de la délégation française, aux négociations avec l'Union européenne et la Communauté européenne relatives aux relations de Saint-Martin avec ces dernières.

Le président du conseil territorial peut demander à l'État de prendre l'initiative de négociations avec l'Union européenne et la Communauté européenne en vue d'obtenir des mesures spécifiques utiles au développement de la collectivité.

Art. L.O. 6352-18 Dans le respect des engagements internationaux de la France, le président du conseil territorial, après y avoir été autorisé par délibération du conseil exécutif, négocie et signe, dans les matières relevant de la compétence de collectivité, des conventions de coopération décentralisée avec des collectivités territoriales françaises ou étrangères, leurs groupements ou établissements publics. Elle peut, dans ce cadre, adhérer à un organisme public de droit étranger ou participer au capital d'une personne morale de droit étranger.

Ces conventions sont soumises après leur conclusion à l'approbation du conseil territorial. Elles entrent en vigueur dès leur transmission au représentant de l'État dans les conditions fixées à l'article L.O. 6341-1.

Art. L.O. 6352-19 Dans les domaines de compétence de la collectivité, le président du conseil territorial peut, après délibération du conseil exécutif, négocier, dans le respect des engagements internationaux de la France, des arrangements administratifs avec les administrations de tout État ou territoire d'Amérique ou de la Caraïbe, en vue de favoriser le développement économique, social et culturel de Saint-Martin.

Les autorités de la République compétentes en matière de politique étrangère sont informées de l'intention du président du conseil territorial de négocier et, à leur demande, représentées à la négociation au sein de la délégation de Saint-Martin. Elles disposent d'un délai d'un mois à compter de la notification de l'intention de négocier pour s'opposer à la négociation des arrangements administratifs.

Les autorités compétentes de la République peuvent confier au président du conseil territorial les pouvoirs lui permettant de signer les arrangements administratifs au nom de la République.

Ces arrangements administratifs sont ensuite soumis à la délibération du conseil territorial. Ils entrent en vigueur dès leur transmission au représentant de l'État dans les conditions fixées à l'article L.O. 6341-1.

CHAPITRE III COMPÉTENCES DU CONSEIL EXÉCUTIF

Art. L.O. 6353-1 Le conseil exécutif arrête les projets de délibérations à soumettre au conseil territorial.

Il prend, sur proposition du président du conseil territorial, les règlements nécessaires à la mise en œuvre des délibérations.

Il exerce les compétences qui lui sont déléguées par le conseil territorial.

Art. L.O. 6353-2 Les membres du conseil exécutif exercent les attributions dévolues aux vice-présidents et membres des commissions permanentes du conseil départemental et du conseil régional par les lois et règlements en vigueur.

Art. L.O. 6353-3 Les attributions individuelles des conseillers exécutifs s'exercent dans le cadre des décisions prises par le conseil exécutif. Chaque conseiller exécutif est responsable devant le conseil exécutif de la gestion des affaires et, le cas échéant, du fonctionnement des services relevant du secteur administratif dont il est chargé *(L. org. n° 2010-92 du 25 janv. 2010)* « en application de l'article L.O. 6352-3 ». Il tient le conseil exécutif régulièrement informé.

Art. L.O. 6353-4 Le conseil exécutif délibère sur les décisions individuelles intervenant dans les domaines suivants :

1° Autorisation de travail des étrangers ;

2° Autorisation d'utilisation ou d'occupation du sol ;

3° Nomination aux emplois fonctionnels de la collectivité ;

4° Exercice du droit de préemption dans les conditions définies à l'article L.O. 6314-7 ;

(L. org. n° 2010-92 du 25 janv. 2010) « 5° Agréments et décisions desquels dépend le bénéfice d'un avantage prévu par la réglementation fiscale de la collectivité. »

Art. L.O. 6353-4-1 *(L. org. n° 2010-92 du 25 janv. 2010)* Le conseil exécutif peut participer à la désignation des membres des commissions administratives en matière fiscale, dans les conditions fixées par la réglementation fiscale de la collectivité.

Art. L.O. 6353-5 Le conseil exécutif est consulté par le ministre chargé de l'outre-mer ou par le représentant de l'État sur les questions suivantes :

1° Préparation des plans opérationnels de secours nécessaires pour faire face aux risques majeurs et aux catastrophes et coordination et réquisition des moyens concourant à la sécurité civile ;

2° Desserte aérienne et maritime ;

3° Réglementation du contrôle de l'entrée et du séjour des étrangers et délivrance du titre de séjour ;

4° Décisions portant agrément des opérations d'investissement ouvrant droit à déduction fiscale, prises par les autorités de l'État dans le cadre des dispositions législatives relatives aux mesures fiscales de soutien à l'économie.

Le conseil exécutif dispose d'un délai d'un mois pour émettre son avis. Ce délai est de quinze jours en cas d'urgence, à la demande du représentant de l'État.

Le présent article n'est applicable ni aux projets et propositions de loi relatifs aux questions et matières mentionnées ci-dessus, ni aux projets d'ordonnance relatifs à ces questions et matières.

Art. L.O. 6353-6 Le conseil exécutif peut émettre des vœux sur les questions relevant de la compétence de l'État. Ces vœux sont publiés au *Journal officiel* de Saint-Martin.

Art. L.O. 6353-7 Le conseil exécutif est consulté en matière de communication audiovisuelle :

1° Par le représentant de l'État, sur toute décision relevant du Gouvernement de la République et propre à Saint-Martin ;

2° Par *(L. n° 2021-1382 du 25 oct. 2021, art. 33)* « l'Autorité de régulation de la communication audiovisuelle et numérique », sur toute décision réglementaire ou individuelle relevant de sa compétence ou concernant la société nationale de programme chargée de la conception et de la programmation d'émissions de télévision et de radiodiffusion sonore destinées à être diffusées outre-mer, lorsque ces décisions sont propres à la collectivité.

L'avis est réputé donné s'il n'est pas intervenu dans un délai d'un mois, qui peut être réduit, en cas d'urgence, à la demande du représentant de l'État ou *(L. n° 2021-1382 du 25 oct. 2021, art. 33)* « l'Autorité de régulation de la communication audiovisuelle et numérique » selon le cas, sans pouvoir être inférieur à quarante-huit heures.

Art. L.O. 6353-8 Le conseil exécutif est informé des projets d'engagements internationaux qui interviennent dans les matières énumérées à l'article L.O. 6314-3 ou qui sont relatifs à la circulation des personnes entre Saint-Martin et les États étrangers.

Art. L.O. 6353-9 Les décisions du conseil exécutif sont prises à la majorité de ses membres. En cas de partage égal des voix, celle du président est prépondérante.

Les décisions du conseil exécutif sont signées par le président et contresignées par les membres du conseil exécutif chargés de leur exécution.

TITRE VI FINANCES DE LA COLLECTIVITÉ

CHAPITRE I LE BUDGET ET LES COMPTES DE LA COLLECTIVITÉ

Art. L.O. 6361-1 Le budget de la collectivité est l'acte par lequel sont prévues et autorisées les recettes et les dépenses annuelles de la collectivité.

Le budget est établi en section de fonctionnement et section d'investissement, tant en recettes qu'en dépenses. Certaines interventions, activités ou services sont individualisés au sein de budgets annexes.

Le budget est divisé en chapitres et en articles.

Un arrêté conjoint du ministre chargé du budget et du ministre chargé de l'outre-mer fixe les conditions d'application du présent article.

Art. L.O. 6361-2 Dans un délai de deux mois précédant l'examen du budget, un débat a lieu au conseil territorial sur les orientations générales du budget.

Le projet de budget est préparé et présenté par le président du conseil territorial, qui est tenu de le communiquer aux membres du conseil territorial avec les rapports correspondants, douze jours au moins avant l'ouverture de la première réunion consacrée à l'examen dudit budget. Le budget primitif, le budget supplémentaire et les décisions modificatives sont votés par le conseil territorial.

Art. L.O. 6361-3 Les crédits sont votés par chapitre et, si le conseil territorial en décide ainsi, par article.

Toutefois, hors le cas où le conseil territorial a spécifié que les crédits sont spécialisés par article, le président du conseil territorial peut effectuer des virements d'article à article à l'intérieur du même chapitre.

Art. L.O. 6361-4 I. – Les dotations budgétaires affectées aux dépenses d'investissement peuvent comprendre des autorisations de programme et des crédits de paiement.

Les autorisations de programme constituent la limite supérieure des dépenses qui peuvent être engagées pour le financement des investissements. Elles demeurent valables, sans limitation de durée, jusqu'à ce qu'il soit procédé à leur annulation. Elles peuvent être révisées.

Les crédits de paiement constituent la limite supérieure des dépenses pouvant être mandatées pendant l'année pour la couverture des engagements contractés dans le cadre des autorisations de programme correspondantes.

L'équilibre budgétaire de la section d'investissement s'apprécie en tenant compte des seuls crédits de paiement.

II. – Si le conseil territorial le décide, les dotations affectées aux dépenses de fonctionnement peuvent comprendre des autorisations d'engagement et des crédits de paiement.

La faculté prévue au premier alinéa du présent II est réservée aux seules dépenses résultant de conventions, de délibérations ou de décisions au titre desquelles la collectivité s'engage, au-delà d'un exercice budgétaire, dans le cadre de l'exercice de ses compétences, à verser une subvention, une participation ou une rémunération à un tiers, à l'exclusion des frais de personnel et des subventions versées aux organismes privés.

Les autorisations d'engagement constituent la limite supérieure des dépenses qui peuvent être engagées pour le financement des dépenses mentionnées à l'alinéa précédent. Elles demeurent valables sans limitation de durée jusqu'à ce qu'il soit procédé à leur annulation. Elles peuvent être révisées.

Les crédits de paiement constituent la limite supérieure des dépenses pouvant être mandatées pendant l'année pour la couverture des engagements contractés dans le cadre des autorisations d'engagement correspondantes.

L'équilibre budgétaire de la section de fonctionnement s'apprécie en tenant compte des seuls crédits de paiement.

III. – La situation des autorisations d'engagement et de programme ainsi que des crédits de paiement y afférents donne lieu à un état récapitulatif joint aux documents budgétaires.

Art. L.O. 6361-5 Lorsque la section d'investissement du budget comporte des autorisations de programme et des crédits de paiement, le président du conseil territorial peut, jusqu'à l'adoption du budget ou jusqu'à son règlement en cas de non-adoption du budget, liquider ou mandater les dépenses d'investissement correspondant aux autorisations de programme ouvertes au cours des exercices antérieurs, dans la limite d'un montant de crédits de paiement par chapitre égal au tiers des autorisations de programme ouvertes au cours de l'exercice précédent. Les crédits correspondants sont inscrits au budget lors de son adoption ou de son règlement.

Art. L.O. 6361-6 Lorsque la section d'investissement du budget présente un excédent après reprise des résultats, le conseil territorial peut reprendre les crédits correspondant à cet excédent en recette de fonctionnement dans les cas et conditions définis par décret.

Art. L.O. 6361-7 Le résultat excédentaire de la section de fonctionnement dégagé au titre de l'exercice clos, cumulé avec le résultat antérieur reporté, est affecté en totalité dès la plus proche décision budgétaire suivant le vote du compte administratif et, en tout état de cause, avant la clôture de l'exercice suivant.

La délibération d'affectation prise par l'assemblée délibérante est produite à l'appui de la décision budgétaire de reprise du résultat.

Le résultat déficitaire de la section de fonctionnement, le besoin de financement ou l'excédent de la section d'investissement sont repris en totalité dès la plus proche décision budgétaire suivant le vote du compte administratif et, en tout état de cause, avant la clôture de l'exercice suivant.

Art. L.O. 6361-8 La procédure des fonds de concours est utilisée lorsque des fonds versés par des personnes morales ou physiques pour concourir avec ceux de la collectivité de Saint-Martin à des dépenses d'intérêt public, régulièrement acceptées par le conseil territorial, sont directement portés en recettes au budget. Un crédit supplémentaire de même montant est ouvert par délibération budgétaire au chapitre qui doit supporter la dépense. L'emploi des fonds doit être conforme à l'intention de la partie versante ou du donateur.

Art. L.O. 6361-9 Peuvent faire l'objet de budgets annexes les opérations financières des services de la collectivité de Saint-Martin non dotés de la personnalité morale et dont l'activité essentielle consiste à produire des biens ou à rendre des services pouvant donner lieu au paiement d'un prix.

Les budgets annexes comprennent, d'une part, les recettes et les dépenses d'exploitation, d'autre part, les dépenses d'investissement et les ressources affectées à ces dépenses. Les opérations des budgets annexes s'exécutent selon les modalités prévues pour le budget général.

Les services dotés d'un budget annexe peuvent gérer des fonds d'amortissement, de réserves et de provisions.

La délibération instituant un budget annexe prévoit les conditions d'utilisation du solde apparaissant en fin de gestion.

Art. L.O. 6361-10 L'attribution des subventions donne lieu à une délibération distincte du vote du budget.

Toutefois, pour les subventions dont l'attribution n'est pas assortie de conditions d'octroi, le conseil territorial peut décider :

1° D'individualiser au budget les crédits par bénéficiaire ;

2° D'établir, dans un état annexé au budget, une liste des bénéficiaires avec, pour chacun d'eux, l'objet et le montant de la subvention.

L'individualisation des crédits ou la liste établie conformément au 2° vaut décision d'attribution des subventions en cause.

Art. L. 6361-11 *(L. n° 2007-224 du 21 févr. 2007, art. 1er)* Les budgets et les comptes de la collectivité définitivement réglés sont rendus publics par la voie de l'impression.

Les dispositions de l'article L. 2313-1 sont applicables à la collectivité. Le lieu de la mise à disposition du public est le chef-lieu de la collectivité.

CHAPITRE II ADOPTION ET EXÉCUTION DU BUDGET

Art. L.O. 6362-1 Dans le cas où le budget de la collectivité n'a pas été adopté avant le 1er janvier de l'exercice auquel il s'applique, le président du conseil territorial est en droit, jusqu'à l'adoption de ce budget, de mettre en recouvrement les recettes et d'engager, de liquider et de mandater les dépenses de la section de fonctionnement dans la limite de celles inscrites au budget de l'année précédente.

Il est en droit de mandater les dépenses afférentes au remboursement en capital des annuités de la dette venant à échéance avant le vote du budget.

En outre, jusqu'à l'adoption du budget ou, à défaut, jusqu'au 31 mars de l'exercice auquel il s'applique ou au 15 avril de l'année du renouvellement du conseil territorial, le président du conseil territorial peut, sur autorisation du conseil territorial, engager, liquider et mandater les dépenses d'investissement, dans la limite du quart des crédits ouverts au budget de l'exercice précédent, non compris les crédits afférents au remboursement de la dette et, pour les dépenses à caractère pluriannuel incluses dans une autorisation de programme, les liquider et les mandater dans la limite des crédits de paiement prévus au titre de l'exercice par la délibération d'ouverture d'autorisation de programme.

L'autorisation mentionnée à l'alinéa précédent précise le montant et l'affectation des crédits.

Les crédits correspondants, visés aux alinéas précédents, sont inscrits au budget lors de son adoption. Le comptable est en droit de payer les mandats et recouvrer les titres de recettes émis dans les conditions ci-dessus.

Art. L.O. 6362-2 Si le budget n'est pas adopté avant le 31 mars de l'exercice auquel il s'applique ou avant le 15 avril de l'année du renouvellement du conseil territorial, le représentant de l'État saisit sans délai la chambre territoriale des comptes qui, dans le mois et par un avis public, formule des propositions pour le règlement du budget. Le représentant de l'État règle le budget et le rend exécutoire. Si le représentant de l'État s'écarte des propositions de la chambre territoriale des comptes, il assortit sa décision d'une motivation explicite.

À compter de la saisine de la chambre territoriale des comptes et jusqu'au règlement du budget par le représentant de l'État, le conseil territorial ne peut adopter de délibération sur le budget de l'exercice en cours.

Ces dispositions ne sont pas applicables quand le défaut d'adoption résulte de l'absence de communication avant le 15 mars au conseil territorial d'informations indispensables à l'établissement du budget. La liste de ces informations est fixée par décret. Dans ce cas, le conseil territorial dispose de quinze jours à compter de cette communication pour arrêter le budget.

Art. L.O. 6362-3 Le budget de la collectivité est en équilibre réel lorsque la section de fonctionnement et la section d'investissement sont respectivement votées en équilibre, les recettes et les dépenses ayant été évaluées de façon sincère, et lorsque le prélèvement sur les recettes de la section de fonctionnement au profit de la section d'investissement ajouté aux recettes propres de cette section, à l'exclusion du produit des emprunts, et éventuellement aux dotations des comptes d'amortissements et de provisions, fournit des ressources suffisantes pour couvrir le remboursement en capital des annuités d'emprunt à échoir au cours de l'exercice.

Art. L.O. 6362-4 Lorsque le budget n'est pas voté en équilibre réel, la chambre territoriale des comptes, saisie par le représentant de l'État dans un délai de trente jours à compter de la transmission prévue à l'article L.O. 6341-1, le constate, propose à la collectivité, dans un délai de trente jours à compter de la saisine, les mesures nécessaires au rétablissement de l'équilibre budgétaire et demande au conseil territorial une nouvelle délibération.

La nouvelle délibération, rectifiant le budget initial, doit intervenir dans un délai d'un mois à partir de la communication des propositions de la chambre territoriale des comptes.

Si le conseil territorial ne s'est pas prononcé dans le délai prescrit ou si la délibération prise ne comporte pas de mesures de redressement jugées suffisantes par la chambre territoriale des comptes, qui se prononce sur ce point dans un délai de quinze jours à partir de la transmission de la nouvelle délibération, le budget est réglé et rendu exécutoire par le représentant de l'État dans la collectivité. Si celui-ci s'écarte des propositions formulées par la chambre territoriale des comptes, il assortit sa décision d'une motivation explicite.

Art. L.O. 6362-5 Toutefois, pour l'application de l'article L.O. 6362-4, n'est pas considéré comme étant en déséquilibre le budget dont la section de fonctionnement comporte ou reprend un excédent et dont la section d'investissement est en équilibre réel, après reprise pour chacune des sections des résultats apparaissant au compte administratif de l'exercice précédent.

Art. L.O. 6362-6 Le budget primitif de la collectivité est transmis au représentant de l'État au plus tard quinze jours après le délai limite fixé pour son adoption par les articles L.O. 6362-2 et L.O. 6362-7. À défaut, il est fait application des dispositions de l'article L.O. 6362-2.

Art. L.O. 6362-7 À compter de la saisine de la chambre territoriale des comptes et jusqu'au terme de la procédure prévue à l'article L.O. 6362-4, le conseil territorial ne peut se prononcer en matière budgétaire, sauf pour la délibération prévue au deuxième alinéa du même article L.O. 6362-4 et pour l'application de l'article L.O. 6362-10.

Lorsque le budget de la collectivité a été réglé et rendu exécutoire par le représentant de l'État, les budgets supplémentaires afférents au même exercice sont transmis par le représentant de l'État à la chambre territoriale des comptes. En outre, le vote de l'organe délibérant sur le compte administratif prévu à l'article L.O. 6362-10 intervient avant le vote du budget primitif afférent à l'exercice suivant. Lorsque le compte administratif adopté dans les conditions ci-dessus mentionnées fait apparaître un déficit dans l'exécution du budget, ce déficit est reporté au budget primitif de l'exercice suivant. Ce budget primitif est transmis à la chambre territoriale des comptes par le représentant de l'État.

S'il est fait application de la procédure définie à l'alinéa précédent, les dates fixées au premier alinéa de l'article L.O. 6362-2 pour l'adoption du budget primitif sont reportées respectivement au 1er juin et au 15 juin. Dans ce cas, le délai limite de la transmission du compte de gestion du comptable prévu à l'article L.O. 6362-10 est ramené au 1er mai.

Art. L.O. 6362-8 La transmission du budget de la collectivité à la chambre territoriale des comptes au titre des articles L.O. 6362-4 et L.O. 6362-12 a pour effet de suspendre l'exécution de ce budget jusqu'au terme de la procédure. Toutefois, sont applicables à compter de cette transmission les dispositions de l'article L.O. 6362-1. En outre, les dépenses de la section d'investissement de ce budget peuvent être engagées, liquidées et mandatées dans la limite de la moitié des crédits inscrits à ce titre.

Art. L.O. 6362-9 Sous réserve du respect des articles L.O. 6362-1, L.O. 6362-7 et L.O. 6362-8, des modifications peuvent être apportées au budget par le conseil territorial jusqu'au terme de l'exercice auquel elles s'appliquent.

Dans le délai de vingt et un jours suivant la fin de l'exercice budgétaire, le conseil territorial peut en outre apporter au budget les modifications permettant d'ajuster les crédits de la section de fonctionnement pour régler les dépenses engagées avant le 31 décembre et inscrire les crédits nécessaires à la réalisation des opérations d'ordre de chacune des deux sections du budget ou entre les deux sections.

Les délibérations relatives aux modifications budgétaires prévues à l'alinéa précédent doivent être transmises au représentant de l'État au plus tard cinq jours après le délai limite fixé pour leur adoption. Les mandatements découlant des modifications budgétaires ainsi décidées doivent être achevés au plus tard le 31 janvier suivant l'exercice auquel ils se rapportent.

Art. L.O. 6362-10 L'arrêté des comptes de la collectivité est constitué par le vote du conseil territorial sur le compte administratif présenté par le président du conseil territorial après transmission, au plus tard le 1er juin de l'année suivant l'exercice, du compte de gestion établi par le comptable de la collectivité territoriale. Le vote du conseil territorial arrêtant les comptes doit intervenir au plus tard le 30 juin de l'année suivant l'exercice.

Le compte administratif est arrêté si une majorité des voix ne s'est pas dégagée contre son adoption.

Lorsque le compte administratif fait l'objet d'un rejet par le conseil territorial, le projet de compte administratif joint à la délibération de rejet, tel que présenté selon le cas par le président du conseil territorial, s'il est conforme au compte de gestion établi par le comptable, après avis rendu sous un mois par la chambre territoriale des comptes saisie sans délai par le représentant de l'État, est substitué au compte administratif pour la mise en œuvre de l'article L. 1424-35 et pour la liquidation des attributions au titre du Fonds de compensation pour la taxe sur la valeur ajoutée.

Art. L.O. 6362-11 Le compte administratif est transmis au représentant de l'État au plus tard quinze jours après le délai limite fixé pour son adoption par les articles L.O. 6362-7 et L.O. 6362-10.

À défaut, le représentant de l'État saisit, selon la procédure prévue par l'article L.O. 6362-4, la chambre territoriale des comptes du plus proche budget voté par la collectivité.

Art. L.O. 6362-12 Lorsque l'arrêté des comptes de la collectivité fait apparaître dans l'exécution du budget, après vérification de la sincérité des inscriptions de recettes et de dépenses, un déficit égal ou supérieur à 10 % des recettes de la section de fonctionnement, la chambre territoriale des comptes, saisie par le représentant de l'État, propose à la collectivité les mesures nécessaires au rétablissement de l'équilibre budgétaire, dans le délai d'un mois à compter de cette saisine.

Lorsque le budget de la collectivité a fait l'objet des mesures de redressement prévues à l'alinéa précédent, le représentant de l'État transmet à la chambre territoriale des comptes le budget primitif afférent à l'exercice suivant.

Si, lors de l'examen de ce budget primitif, la chambre territoriale des comptes constate que la collectivité n'a pas pris de mesures suffisantes pour résorber ce déficit, elle propose les mesures nécessaires au représentant de l'État dans un délai d'un mois à partir de la transmission prévue à l'alinéa précédent. Le représentant de l'État règle le budget et le rend exécutoire. S'il s'écarte des propositions formulées par la chambre territoriale des comptes, il assortit sa décision d'une motivation explicite.

En cas de mise en œuvre des dispositions des alinéas précédents, la procédure prévue à l'article L.O. 6362-4 n'est pas applicable.

Art. L.O. 6362-13 Ne sont obligatoires pour la collectivité territoriale que les dépenses nécessaires à l'acquittement des dettes exigibles et les dépenses pour lesquelles la loi l'a expressément décidé.

La chambre territoriale des comptes saisie, soit par le représentant de l'État, soit par le comptable public concerné, soit par toute personne y ayant intérêt, constate qu'une dépense obligatoire n'a pas été inscrite au budget ou l'a été pour une somme insuffisante. Elle opère cette constatation dans le délai d'un mois à partir de sa saisine et adresse une mise en demeure à la collectivité.

Si, dans un délai d'un mois, cette mise en demeure n'est pas suivie d'effet, la chambre territoriale des comptes demande au représentant de l'État d'inscrire cette dépense au budget et propose, s'il y a lieu, la création de ressources ou la diminution de dépenses facultatives destinées à couvrir la dépense obligatoire. Le représentant de l'État règle et rend exécutoire le budget rectifié en conséquence. S'il s'écarte des propositions formulées par la chambre territoriale des comptes, il assortit sa décision d'une motivation explicite.

Art. L.O. 6362-14 À défaut de mandatement d'une dépense obligatoire par le président du conseil territorial, dans le mois suivant la mise en demeure qui lui en a été faite par le représentant de l'État, celui-ci y procède d'office.

Le délai prévu à l'alinéa précédent est porté à deux mois si la dépense est égale ou supérieure à 5 % de la section de fonctionnement du budget primitif.

Art. L.O. 6362-15 Les dispositions des articles L.O. 6362-13 et L.O. 6362-14 ne sont pas applicables à l'inscription et au mandatement des dépenses obligatoires résultant, pour la collectivité et ses établissements publics, d'une décision juridictionnelle passée en force de chose jugée. Ces opérations demeurent régies par les dispositions législatives relatives aux astreintes prononcées en matière administrative et à l'exécution des jugements par les personnes morales de droit public et le code de justice administrative.

Art. L.O. 6362-16 Dans le cadre des commandes publiques, lorsque des intérêts moratoires ne sont pas mandatés en même temps que le principal, ce dernier étant d'un montant supérieur à un seuil fixé par voie réglementaire, le comptable assignataire de la dépense en informe l'ordonnateur et le représentant de l'État dans un délai de dix jours suivant la réception de l'ordre de paiement. Dans un délai de quinze jours, le représentant de l'État adresse à l'ordonnateur une mise en demeure de mandatement. À défaut d'exécution dans un délai d'un mois, le représentant de l'État procède d'office, dans un délai de dix jours, au mandatement de la dépense.

Toutefois, si, dans le délai d'un mois dont il dispose, l'ordonnateur notifie un refus d'exécution motivé par une insuffisance de crédits disponibles ou si, dans ce même délai, le représentant de l'État constate cette insuffisance, celui-ci, dans un délai de quinze jours à compter de cette notification ou de cette constatation, saisit la chambre territoriale des comptes dans les conditions fixées à l'article L.O. 6362-13. Le représentant de l'État procède ensuite au mandatement d'office dans les quinze jours suivant la réception de la délibération inscrivant les crédits ou sa décision réglant le budget rectifié.

Art. L.O. 6362-17 Le conseil territorial est tenu informé dès sa plus proche réunion des avis formulés par la chambre territoriale des comptes et des arrêtés pris par le représentant de l'État en application des dispositions du présent chapitre.

Art. L.O. 6362-18 Le conseil territorial doit se prononcer sur le caractère d'utilité publique des dépenses ayant donné lieu à une déclaration en gestion de fait par la chambre territoriale des comptes au cours de la plus proche séance suivant la transmission de la demande adressée par la chambre territoriale des comptes au comptable de fait et à l'ordonnateur de la collectivité territoriale concernée. Passé ce délai, la chambre territoriale des comptes statue sur les dépenses de la gestion de fait dont elle apprécie les justifications présentées.

Art. L.O. 6362-19 Les dispositions du présent chapitre sont applicables aux établissements publics de la collectivité de Saint-Martin.

CHAPITRE III DÉPENSES

Art. L.O. 6363-1 Sont obligatoires pour la collectivité les dépenses qui sont obligatoires pour les communes, les départements et les régions et toutes autres dépenses liées à l'exercice d'une compétence transférée.

Art. L.O. 6363-2 Le conseil territorial peut porter au budget tant en section d'investissement qu'en section de fonctionnement un crédit pour dépenses imprévues. Pour chacune des deux sections du budget, ce crédit ne peut être supérieur à 7,5 % des crédits correspondant aux dépenses réelles prévisionnelles de la section.

Les dépenses inscrites à la section d'investissement en application de l'alinéa précédent ne peuvent être financées par l'emprunt.

Art. L.O. 6363-3 Le crédit pour dépenses imprévues est employé par le président du conseil territorial.

À la première séance qui suit l'ordonnancement de chaque dépense, le président du conseil territorial rend compte au conseil territorial, avec pièces justificatives à l'appui, de l'emploi de ce crédit. Les pièces demeurent annexées à la délibération.

Ce crédit ne peut être employé que pour faire face à des dépenses en vue desquelles aucune dotation n'est inscrite au budget.

CHAPITRE IV RECETTES

Art. L.O. 6364-1 Les recettes de la section de fonctionnement de la collectivité se composent de celles qui sont mentionnées aux articles L. 2331-1, L. 2331-2, L. 3332-1, L. 3332-2 et L. 4331-2 ainsi que de celles qui sont créées par la collectivité dans l'exercice de ses compétences.

Art. L.O. 6364-2 Les recettes de la section d'investissement se composent de celles qui sont mentionnées aux articles L. 2331-5, L. 2331-6, L. 3332-3 et L. 4331-3 ainsi que de celles qui sont créées par la collectivité dans l'exercice de ses compétences.

Art. L. 6364-3 *(L. n° 2007-1824 du 25 déc. 2007, art. 104)* En application de l'article L.O. 6371-5, une dotation globale de fonctionnement est instituée afin de contribuer à compenser les accroissements nets de charges de la collectivité de Saint-Martin résultant des transferts de compétences de l'État à son profit.

Cette dotation globale de fonctionnement est déterminée dans les conditions prévues au premier alinéa de l'article L. 3334-1 et *(L. n° 2008-1443 du 30 déc. 2008, art. 105)* « à » l'article L. 3334-2, sans qu'il soit fait application *(L. n° 2008-1443 du 30 déc. 2008, art. 116)* « de l'article L. 3334-7-1 ». La dotation forfaitaire est calculée dans les conditions prévues *(L. n° 2010-1657 du 29 déc. 2010, art. 177)* « à » l'article L. 3334-3. En 2008, le montant de la garantie est égal au montant cumulé de la dotation globale de fonctionnement versée à la commune de Saint-Martin en 2007, en application des articles L. 2334-7, L. 2334-13, L. 2334-14-1, L. 2563-3 et L. 2563-4. À compter de 2009, cette garantie évolue chaque année selon le taux de progression fixé par le comité des finances locales pour la garantie prévue à l'article L. 3334-3. La collectivité perçoit une quote-part de la dotation de péréquation prévue aux articles L. 3334-4 et L. 3443-1.

Art. L.O. 6364-4 La collectivité perçoit le produit des impositions de toute nature établies sur son territoire dans l'exercice des compétences qu'elle tient du 1° du I de l'article L.O. 6314-3.

Art. L. 6364-5 *(L. n° 2007-1824 du 25 déc. 2007, art. 104)* En application de l'article L.O. 6371-5, une dotation globale de construction et d'équipement scolaire est instituée afin de contribuer à compenser les accroissements nets de charges de la collectivité de Saint-Martin résultant des transferts de compétences à son profit.

En 2008, son montant s'élève à *(L. n° 2008-1443 du 30 déc. 2008, art. 6)* « 2 653 706 €. Ce montant correspond au montant annuel moyen des crédits consacrés par la région Guadeloupe au lycée de Saint-Martin et par le département de la Guadeloupe aux collèges de Saint-Martin entre 1997 et 2006 inclus ; ce montant intègre l'indexation consécutive à l'application du taux de croissance de la formation brute de capital fixe des administrations publiques associé aux projets de loi de finances pour 2007 et 2008.

« En 2009, le montant alloué à la collectivité de Saint-Martin est équivalent à celui de 2008. »

(L. n° 2009-1673 du 30 déc. 2009, art. 45) « En 2010, le taux retenu pour l'indexation de la dotation revenant à la collectivité territoriale de Saint-Martin est de 1,2 %. »

(L. n° 2010-1657 du 29 déc. 2010, art. 49 ; L. n° 2011-1977 du 28 déc. 2011, art. 30) « À compter de 2011, le montant alloué à la collectivité territoriale de Saint-Martin est équivalent à celui de 2010. »

La dotation globale de construction et d'équipement scolaire est versée en une seule fois à la fin du troisième trimestre de l'année en cours.

La dotation est inscrite au budget de la collectivité d'outre-mer de Saint-Martin, qui l'affecte à la reconstruction, aux grosses réparations, à l'équipement, à l'extension du lycée et des collèges situés sur son territoire et à la construction de nouveaux lycées ou collèges.

Art. L. 6364-6 *(L. n° 2007-224 du 21 févr. 2007, art. 1er)* La collectivité de Saint-Martin est éligible au Fonds de compensation pour la taxe sur la valeur ajoutée dans les conditions prévues aux articles L. 1615-1 à L. 1615-12.

Art. L. 6364-7 *(L. n° 2007-224 du 21 févr. 2007, art. 1er)* La collectivité de Saint-Martin bénéficie de la dotation globale d'équipement des départements.

Art. L. 6364-8 *(L. n° 2007-1824 du 25 déc. 2007, art. 104)* Les articles L. 2334-26 à L. 2334-30 *(L. n° 2009-594 du 27 mai 2009, art. 64)* « et L. 2335-16 » sont applicables à la collectivité de Saint-Martin.

Art. L. 6364-9 *(L. n° 2025-127 du 14 févr. 2025, art. 128)* Le ministre chargé des finances peut consentir à la collectivité, en cas d'insuffisance momentanée de la trésorerie de cette dernière, des avances imputables sur les ressources du Trésor, dans la limite d'un montant maximal fixé chaque année par la loi de finances.

Un décret en Conseil d'État détermine les conditions et les limites dans lesquelles ces avances peuvent être consenties.

CHAPITRE V DISPOSITIONS RELATIVES À LA COMPTABILITÉ

Art. L. 6365-1 *(L. n° 2007-224 du 21 févr. 2007, art. 1er)* Le comptable de la collectivité de Saint-Martin est un comptable *(Ord. n° 2010-420 du 27 avr. 2010, art. 109)* « public de l'État » ayant la qualité de comptable principal. Il est nommé par le ministre chargé du budget après information préalable du président du conseil territorial.

Le comptable de la collectivité de Saint-Martin peut être chargé des fonctions de comptable de l'État.

Art. L. 6365-2 *(L. n° 2007-224 du 21 févr. 2007, art. 1er)* Les dispositions des articles L. 1617-2, L. 1617-3, L. 1617-5, L. 3341-1 et L. 3342-1 sont applicables à la collectivité de Saint-Martin et à ses établissements publics.

CHAPITRE VI DISPOSITIONS DIVERSES

Art. L.O. 6366-1 Les dispositions législatives auxquelles renvoie le présent titre sont celles en vigueur à la date de promulgation de la loi organique n° 2007-223 du 21 février 2007 portant dispositions statutaires et institutionnelles relatives à l'outre-mer.

TITRE VII DISPOSITIONS DIVERSES

CHAPITRE UNIQUE MODALITÉS DES TRANSFERTS DE COMPÉTENCES

Art. L.O. 6371-1 Les biens meubles et immeubles appartenant à l'État, à la région ou au département de la Guadeloupe ou à la commune de Saint-Martin et affectés à l'exercice des compétences transférées à la collectivité de Saint-Martin lui sont remis en pleine propriété et à titre gratuit, sans perception d'aucun droit ou taxe.

Art. L.O. 6371-2 Les contrats de bail relatifs aux immeubles pris en location par l'État, la région ou le département de la Guadeloupe ou la commune de Saint-Martin et affectés à l'exercice des compétences de la collectivité de Saint-Martin lui sont transmis à titre gratuit, sans perception d'aucun droit ou taxe.

Art. L.O. 6371-3 La collectivité de Saint-Martin est substituée à l'État, la région ou le département de la Guadeloupe ou la commune de Saint-Martin dans leurs droits et obligations résultant des contrats et marchés que ceux-ci ont conclus pour l'aménagement, l'entretien et la conservation des biens remis à la collectivité de Saint-Martin en application des articles L.O. 6371-1 et L.O. 6371-2 ainsi que pour le fonctionnement des services.

L'État, la région ou le département de la Guadeloupe constatent ces substitutions et les notifient à leurs cocontractants.

Art. L.O. 6371-4 Tout accroissement net de charges résultant des transferts de compétences effectués entre l'État, la région ou le département de la Guadeloupe ou la commune de Saint-Martin et la collectivité de Saint-Martin est accompagné du transfert concomitant à la collectivité de Saint-Martin des ressources nécessaires à l'exercice normal de ces compétences.

Art. L.O. 6371-5 Les charges mentionnées à l'article L.O. 6371-4 sont compensées par le transfert d'impôts, la dotation globale de fonctionnement instituée par l'article L. 6364-3, la dotation globale de construction et d'équipement scolaire instituée par l'article L. 6364-5 et, pour le solde, par l'attribution d'une dotation globale de compensation inscrite au budget de l'État. La loi de finances précise chaque année le montant de cette dotation. Dès la première année, elle évolue comme la dotation globale de fonctionnement dans les conditions prévues à l'article L. 1613-1.

Pour l'évaluation du produit des impositions mentionné au précédent alinéa, est retenu le montant total des produits fiscaux recouvrés au titre d'impositions établies sur le territoire de la commune de Saint-Martin, au profit de la commune, du département, de la région et de l'État, la pénultième année précédant celle de l'entrée en vigueur de la loi organique n° 2007-223 du 21 février 2007 portant dispositions statutaires et institutionnelles relatives à l'outre-mer.

1. L'arrêté constatant le montant des charges transférées ne revêt pas un caractère réglementaire. Il n'entre pas dans le champ de l'art. R. 311-2 CJA. Compétence du TA. • CE 26 déc. 2013, *Collectivité de Saint-Martin,* n° 350581.

2. Les modalités de calcul de la dotation globale de compensation de la collectivité de Saint-Martin sont définies à l'art. L.O. 6371-5 depuis l'institution en 2007 de cette collectivité d'outre-mer et le transfert à celle-ci des compétences de la commune de Saint-Martin. Dans le cadre d'une QPC, le Conseil constitutionnel, sur renvoi du Conseil d'État, s'est prononcé sur la conformité de ces modalités de calcul avec les principes constitutionnels. Il a, en premier lieu, jugé que la compensation financière des charges supportées par la collectivité de Saint-Martin était assurée et ne réduisait pas le montant des ressources propres de la collectivité. En conséquence, il a rejeté les griefs tirés de la méconnaissance des principes de libre administration et d'autonomie financière. En second lieu, il a jugé que le législateur ne devait pas garantir une compensation intégrale des charges résultant des transferts de compétences entre collectivités et logiquement il a donc écarté le grief tiré de la méconnaissance du principe de compensation des charges résultant des transferts de compétences issu du 4e al. de l'art. 72-2 Const. • CE 13 avr. 2016, n° 396415 • Cons. const. 1er juill. 2016, n° 2016-549 QPC : *D. 2016. 1434*.

3. S'agissant de la contestation du montant de la compensation, la collectivité de Saint-Martin n'est pas fondée à demander l'indemnisation d'un préjudice né de la sous-évaluation alléguée du montant de la dotation globale de compensation mentionnée à l'art. L. O. 6371-5 pour les années 2008 à 2016, résultant elle-même de la sous-évaluation des charges correspondant aux compétences transférées au titre de l'action sanitaire et sociale. En effet, le CE juge que la CAA de Bordeaux, en relevant que ces conclusions indemnitaires n'étaient pas fondées sur une faute de l'État indépendante de l'illégalité fautive de l'Arr. interministériel du 22 avr. 2011 fixant le montant de cette dotation et que ce recours avait, par suite, la même cause et les mêmes effets que le recours pour excès de pouvoir formé en 2016 contre cet Arr. par la collectivité requérante et dont elle s'était désistée, la cour, qui ne s'est pas méprise sur la portée des écritures qui lui étaient soumises et a suffisamment motivé son arrêt, n'a pas commis d'erreur de droit. • CE 18 oct. 2024, n° 474903 B : *AJDA 2024. 1995*.

Loi n° 2007-1824 du 25 décembre 2007,

De finances rectificative pour 2007.

Art. 104 I. — Les modalités de calcul de la dotation globale de compensation de Saint-Martin visée à l'article L.O. 6371-5 du code général des collectivités territoriales sont les suivantes :

1° La dotation globale de compensation de Saint-Martin est l'addition :

a) Pour les impôts et charges transférés par l'État, du solde entre les charges transférées et la fiscalité émise, actualisé selon le taux d'évolution de la dotation globale de fonctionnement, prévu à l'article L. 1613-1 du code général des collectivités territoriales, au titre des années 2007 et 2008 ;

b) Du solde entre les charges transférées, hors celles consacrées à la construction et à l'équipement des lycées, et la fiscalité émise en application des taux votés par la région de la Guadeloupe, actualisé selon le taux d'évolution de la dotation globale de fonctionnement, prévu au même article L. 1613-1, au titre des années 2007 et 2008 ;

c) Et du solde entre les charges transférées, hors celles consacrées à la construction et à l'équipement des collèges, et la fiscalité émise en application des taux votés par le département de la Guadeloupe. Ce solde est minoré du montant respectif de la part de la contribution versée en 2006 à la Guadeloupe par la Caisse nationale de solidarité pour l'autonomie au titre des bénéficiaires de l'allocation personnalisée d'autonomie, de la prestation de compensation du handicap et de la maison départementale des personnes handicapées de Saint-Martin, puis actualisé selon le taux d'évolution de la dotation globale de fonctionnement, prévu au même article L. 1613-1, au titre des années 2007 et 2008. Enfin, il est minoré du montant de la dotation globale de fonctionnement dû à la collectivité de Saint-Martin en 2008 au titre de sa dotation de base et de ses quotes-parts de dotation de péréquation, prévues à l'article L. 6364-3 du même code.

Les charges mentionnées au présent 1° sont déterminées dans les conditions prévues par le décret pris en application de l'article L.O. 6271-7 du même code ;

2° a. Le solde visé au *b* du 1° donne lieu à prélèvement à due concurrence sur la dotation générale de décentralisation de la région de la Guadeloupe, prévue par l'article L. 1614-4 du même code.

b. Le solde final visé au *c* du 1° *(L. n° 2008-1443 du 30 déc. 2008, art. 6-I)* « donne lieu à » prélèvement à due concurrence sur la dotation générale de décentralisation du département de la Guadeloupe, prévue par le même article L. 1614-4.

3° La dotation globale de compensation visée au 1° est abondée :

— d'un montant correspondant à la différence entre la fiscalité émise et la fiscalité perçue par l'État sur le territoire de la collectivité ;

— d'un montant correspondant à la différence entre la fiscalité émise au profit de la région de la Guadeloupe sur le territoire de la collectivité et la fiscalité recouvrée par l'État à ce titre ;

— d'un montant correspondant à la différence entre la fiscalité émise au profit du département de la Guadeloupe sur le territoire de la collectivité et la fiscalité recouvrée par l'État à ce titre ;

— d'un montant correspondant à la différence entre la fiscalité émise au profit de la commune de Saint-Martin et la fiscalité recouvrée par l'État à ce titre ;

— d'un montant correspondant à la moyenne annuelle du produit des amendes forfaitaires de la police de la circulation routière reversé par l'État à la commune de Saint-Martin au titre des exercices 1998 à 2007 inclus, conformément aux articles L. 2334-24 et L. 2334-25 du code général des collectivités territoriales ;

— et du montant correspondant à la moyenne annuelle des crédits de paiement de la dotation globale d'équipement des communes versés à la commune de Saint-Martin au titre des exercices 1998 à 2007 inclus, en application des articles L. 2334-32 à L. 2334-34 du même code ;

4° Le montant de la dotation globale de compensation calculé au profit de Saint-Martin, le montant du prélèvement opéré sur la dotation générale de décentralisation de la région de la Guadeloupe et les montants du prélèvement de la dotation générale de décentralisation du département de la Guadeloupe sont fixés par arrêté conjoint du ministre chargé de l'outre-mer et du ministre chargé du budget, après avis de la commission consultative d'évaluation des charges de Saint-Martin.

II. — Les modalités de calcul de la dotation globale de compensation de Saint-Barthélemy visée à l'article *(L. n° 2015-1785 du 29 déc. 2015, art. 36)* « L.O. 6271-5 » du code général des collectivités territoriales sont les suivantes :

1° La dotation globale de compensation de Saint-Barthélemy est l'addition :

a) Pour les impôts et charges transférés par l'État, du solde entre les charges transférées et la fiscalité émise, actualisé selon le taux d'évolution de la dotation globale de fonctionnement, prévu à l'article L. 1613-1 du code général des collectivités territoriales, au titre des années 2007 et 2008 ;

b) Du solde entre les charges transférées, hors celles consacrées à la construction et à l'équipement des lycées, et la fiscalité émise en application des taux votés par la région de la Guadeloupe, actualisé selon le taux d'évolution de la dotation globale de fonctionnement, prévu au même article L. 1613-1, au titre des années 2007 et 2008 ;

c) Et du solde entre les charges transférées, hors celles consacrées à la construction et à l'équipement des collèges, et la fiscalité émise en application des taux votés par le département de la Guadeloupe. Ce solde est minoré du montant respectif de la part de la contribution versée en 2006 à la Guadeloupe par la Caisse nationale de solidarité pour l'autonomie au titre des bénéficiaires de l'allocation personnalisée d'autonomie, de la prestation de compensation du handicap et de la maison départementale des personnes handicapées de Saint-Barthélemy, puis actualisé selon le taux d'évolution de la dotation globale de fonctionnement, prévu à l'article L. 1613-1 du code général des collectivités territoriales, au titre des années 2007 et 2008. Il est enfin minoré du montant de la dotation globale de fonctionnement de la collectivité de Saint-Barthélemy en 2008 au titre de sa dotation de base et de ses quotes-parts de dotation de péréquation, prévues à l'article L. 6264-3 du même code.

Les charges mentionnées au présent 1° sont déterminées dans les conditions prévues par le décret pris en application de l'article L.O. 6271-7 du même code ;

2° a. Le solde visé au *b* du 1° donne lieu à prélèvement à due concurrence sur la dotation générale de décentralisation de la région de la Guadeloupe, prévue par l'article L. 1614-4 du même code.

b. Le solde visé au *c* du 1° *(L. n° 2008-1443 du 30 déc. 2008, art. 6)* « donne lieu à un abondement » à due concurrence sur la dotation générale de décentralisation du département de la Guadeloupe, prévue par l'article L. 1614-4 du même code.

3° La dotation globale de compensation visée au 1° est abondée :

— d'un montant correspondant à la différence entre la fiscalité émise et la fiscalité perçue par l'État sur le territoire de la collectivité ;

— d'un montant correspondant à la différence entre la fiscalité émise au profit de la région de la Guadeloupe sur le territoire de la collectivité et la fiscalité recouvrée par l'État à ce titre ;

— d'un montant correspondant à la différence entre la fiscalité émise au profit du département de la Guadeloupe sur le territoire de la collectivité et la fiscalité recouvrée par l'État à ce titre ;

— d'un montant correspondant à la différence entre la fiscalité émise au profit de la commune de Saint-Barthélemy et la fiscalité recouvrée par l'État à ce titre ;

— d'un montant correspondant à la moyenne annuelle du produit des amendes forfaitaires de la police de la circulation routière reversé par l'État à la commune de Saint-Barthélemy au titre des exercices 1998 à 2007 inclus, conformément aux dispositions des articles L. 2334-24 et L. 2334-25 du code général des collectivités territoriales ;

— du montant correspondant à la moyenne annuelle des crédits de paiement de la dotation globale d'équipement des communes versés à la commune de Saint-Barthélemy au titre des exercices 1998 à 2007 inclus, en application des articles L. 2334-32 à L. 2334-34 du même code ;

— du montant cumulé de dotation globale de fonctionnement, calculé au profit de la collectivité de Saint-Barthélemy en 2008, en application de l'article L. 6264-3 du même code ;

— et du montant de dotation globale de construction et d'équipement scolaire, calculé au profit de la collectivité de Saint-Barthélemy en 2008, en application de l'article L. 6264-5 du même code.

Le montant de la dotation globale de compensation, après abondements, *(L. n° 2008-1443 du 30 déc. 2008, art. 6)* « fait l'objet d'un titre de perception émis chaque année par le préfet de la région Guadeloupe durant le mois de janvier de l'année considérée, pour paiement au plus tard six mois après son émission. Par exception, pour la récupération du trop-versé en 2008, il est émis deux titres de perception, l'un en 2009, l'autre en 2010, portant chacun sur un montant de 2 814 129 €. »

(L. n° 2014-1654 du 29 déc. 2014, art. 28) « À compter de *(L. n° 2015-1785 du 29 déc. 2015, art. 36)* « 2016 », ce titre de perception porte sur un montant de *(L. n° 2015-1785 du 29 déc. 2015, art. 36)* « 2 882 572 € », sous réserve d'ajustements opérés en loi de finances sur le montant de la dotation globale de compensation. Il appartient à la collectivité de Saint-Barthélemy de procéder au paiement annuel de cette somme à l'État. » — *Le titre de perception émis pour l'année 2015 en application du 3° du II de l'art. 104 de la loi n° 2007-1824 du 25 déc. 2007 de finances rectificative pour 2007, dans sa rédaction résultant du I du présent art., porte sur un montant de dotation globale de compensation s'élevant au total à 5 788 203 €. Ce montant intègre un montant de 14 704 € correspondant au solde de l'ajustement de la compensation pour les années 2011 à 2013 des charges résultant, pour la collectivité de Saint-Barthélémy, du transfert de compétence réalisé par l'Ord. n° 2010-686 du 24 juin 2010 portant extension et adaptation dans les départements d'outre-mer, à Saint-Barthélémy, Saint-Martin et Saint-Pierre-et-Miquelon de la L. n° 2008-1249 du 1er déc. 2008 généralisant le revenu de solidarité active et réformant les politiques d'insertion.*

(L. n° 2017-1837 du 30 déc. 2017, art. 166) « Au titre de l'année 2018, la collectivité de Saint-Barthélemy est exonérée du paiement de la dotation globale de compensation ; »

4° Le montant de la dotation globale de compensation calculé au profit de Saint-Barthélemy, le montant du prélèvement opéré sur la dotation générale de décentralisation de la région de la Guadeloupe et le montant de l'abondement de la dotation générale de décentralisation du département de la Guadeloupe sont fixés par arrêté conjoint du ministre chargé de l'outre-mer et du ministre chargé du budget, après avis de la commission consultative d'évaluation des charges de Saint-Barthélemy.

[...]

Art. L.O. 6371-6 **Les charges correspondant à l'exercice des compétences transférées font l'objet d'une évaluation préalable au transfert desdites compétences.**

Il est créé dans la collectivité de Saint-Martin une commission consultative d'évaluation des charges présidée par un magistrat de la chambre territoriale des comptes et composée de représentants de l'État, de la région et du département de la Guadeloupe et de la collectivité de Saint-Martin. Elle est consultée sur les modalités de compensation des charges correspondant aux compétences transférées.

Le montant des dépenses résultant des accroissements de charges est constaté par arrêté conjoint du ministre chargé du budget et du ministre chargé de l'outre-mer, après avis de la commission instituée par le présent article.

Art. L.O. 6371-7 Les modalités d'application des articles L.O. 6371-4 à L.O. 6371-6, notamment en ce qui concerne la procédure d'évaluation des charges et la composition de la commission, sont fixées par décret en Conseil d'État.

Art. L.O. 6371-8 I. – Le présent article s'applique aux services ou parties de service qui participent à l'exercice de compétences de l'État, de la région de la Guadeloupe ou du département de la Guadeloupe transférées à la collectivité de Saint-Martin.

Ces services sont transférés selon les modalités prévues par le présent chapitre et selon les modalités définies ci-après.

II. – Dans un délai de dix-huit mois à compter de la publication de la loi organique n° 2007-223 du 21 février 2007 précitée, une ou plusieurs conventions conclues entre le représentant de l'État dans la collectivité de Saint-Martin et le président du conseil territorial de Saint-Martin constatent la liste des services ou parties de service qui sont, pour l'exercice de leurs missions, mis à disposition de la collectivité. Ces services ou parties de service sont placés sous l'autorité du président du conseil territorial.

À défaut de convention signée dans le délai précité, la liste des services ou parties de service mis à disposition est établie par arrêté conjoint du ministre chargé de l'outre-mer et du ministre intéressé.

Les modalités et la date du transfert définitif de chaque service ou partie de service sont fixées par décret.

III. – Dans un délai de dix-huit mois à compter de la publication de la loi organique n° 2007-223 du 21 février 2007 précitée, une ou plusieurs conventions conclues entre le président du conseil départemental de la Guadeloupe et le président du conseil territorial de Saint-Martin constatent la liste des services ou parties de service qui sont, pour l'exercice de leurs missions, mis à disposition de la collectivité de Saint-Martin. Ces services ou parties de service sont placés sous l'autorité du président du conseil territorial de Saint-Martin.

À défaut de convention passée dans le délai précité, le représentant de l'État dans la collectivité bénéficiaire du transfert propose, dans le délai d'un mois, un projet de convention aux deux collectivités. Les présidents des deux collectivités disposent d'un délai d'un mois pour signer le projet de convention qui leur a été transmis. À défaut de signature de ce projet du représentant de l'État, la convention est établie par arrêté du ministre chargé de l'outre-mer.

Les modalités et la date du transfert définitif de chaque service ou partie de service sont fixées par décret.

IV. – Dans un délai de dix-huit mois à compter de la publication de la loi organique n° 2007-223 du 21 février 2007 précitée, une ou plusieurs conventions conclues entre le président du conseil régional de la Guadeloupe et le président du conseil territorial de Saint-Martin constatent la liste des services ou parties de service qui sont, pour l'exercice de leurs missions, mis à disposition de la collectivité. Ces services ou parties de service sont placés sous l'autorité du président du conseil territorial de Saint-Martin.

À défaut de convention passée dans le délai précité, le représentant de l'État dans la collectivité bénéficiaire du transfert propose, dans le délai d'un mois, un projet de convention aux deux collectivités. Les présidents des deux collectivités disposent d'un délai d'un mois pour signer le projet de convention qui leur a été transmis. À défaut de signature de ce projet du représentant de l'État, la convention est établie par arrêté du ministre chargé de l'outre-mer.

Les modalités et la date du transfert définitif de chaque service ou partie de service sont fixées par décret.

V. – Les fonctionnaires et les agents non titulaires de l'État et de ses établissements publics, les fonctionnaires et les agents non titulaires du département et de la région de la Guadeloupe et de leurs établissements publics, affectés à des services ou des parties de service mis, en application des conventions ou arrêtés mentionnés dans le présent article, à disposition de la collectivité de Saint-Martin, sont de plein droit mis à disposition, à titre individuel, du président du conseil territorial de Saint-Martin et placés, pour l'exercice de leurs fonctions, sous son autorité.

VI. – À la date d'entrée en vigueur du ou des décrets prévus au II fixant les transferts définitifs des services ou parties de service auxquels ils sont affectés, les agents non titulaires de droit public de l'État et de ses établissements publics deviennent agents non titulaires de droit public de la fonction publique territoriale dans les conditions fixées à l'article 110 de la loi n° 2004-809 du 13 août 2004 relative aux libertés et responsabilités locales. Ils sont alors employés par la collectivité de Saint-Martin.

VII. – À la date d'entrée en vigueur du ou des décrets prévus aux III et IV fixant les transferts définitifs des services ou parties de service auxquels ils sont affectés, les agents non titulaires de droit public de la fonction publique territoriale du département et de la région de la Guadeloupe deviennent des agents non titulaires de la collectivité de Saint-Martin.

VIII. – Dans le délai de deux ans à compter de la date de publication des décrets prévus au II fixant les transferts définitifs des services, les fonctionnaires de l'État exerçant leurs fonctions dans un service ou une partie de service transféré à la collectivité de Saint-Martin peuvent opter soit pour le statut de fonctionnaire territorial, soit pour le maintien du statut de fonctionnaire de l'État dans les conditions prévues aux II et III de l'article 109 et à l'article 111 de la loi n° 2004-809 du 13 août 2004 précitée.

IX. – À la date d'entrée en vigueur du ou des décrets prévus aux III et IV fixant les transferts définitifs des services, les fonctionnaires de la fonction publique territoriale exerçant leurs fonctions dans un service ou une partie de service transféré à la collectivité de Saint-Martin peuvent opter soit pour la mutation vers la collectivité de Saint-Martin, soit pour le maintien de leur affectation dans la collectivité qui les employait avant le transfert.

Dans le cas où le fonctionnaire opte pour son maintien dans la collectivité qui l'employait avant le transfert du service ou de la partie de service, il demeure mis à disposition de la collectivité de Saint-Martin pendant une durée maximale de dix-huit mois. Ce délai peut être réduit à la demande de la collectivité de Saint-Martin qui bénéficie dans ce cas du remboursement concomitant de la rémunération de cet agent jusqu'à ce que cette charge, après avoir été intégrée dans son droit à compensation après avis de la commission consultative d'évaluation des charges prévue à l'article L.O. 6371-6, soit compensée.

X. – Toutefois, les fonctionnaires de l'État actuellement détachés auprès du département ou de la région de la Guadeloupe en application du III de l'article 109 de loi n° 2004-809 du 13 août 2004 précitée et affectés dans un service ou une partie de service transféré à la collectivité de Saint-Martin sont réintégrés pour ordre dans leur corps d'origine. Ils sont alors régis par les V et VIII du présent article.

TITRE VIII **DISPOSITIONS TRANSITOIRES**

Art. L.O. 6380-1 Le présent article est applicable durant un délai de cinq ans à compter de la première élection du conseil territorial qui suit la promulgation de la loi organique n° 2007-223 du 21 février 2007 portant dispositions statutaires et institutionnelles relatives à l'outre-mer.

L'ensemble des actes des institutions de la collectivité est transmis au représentant de l'État aux fins de contrôle de légalité dans les conditions prévues au chapitre II du titre IV.

LIVRE IV SAINT-PIERRE-ET-MIQUELON

ENCYCL. COLL. LOC. *Outre-mer : Saint-Pierre-et-Miquelon, 1975,* par FABERON.

TITRE I DISPOSITIONS GÉNÉRALES

CHAPITRE I DISPOSITIONS GÉNÉRALES

Art. L.O. 6411-1 L'archipel de Saint-Pierre-et-Miquelon comprend l'île de Saint-Pierre, l'île de Miquelon-Langlade et les îles et îlots qui en dépendent.

Il constitue une collectivité d'outre-mer, régie par l'article 74 de la Constitution, qui prend le nom de : "collectivité territoriale de Saint-Pierre-et-Miquelon".

La collectivité territoriale de Saint-Pierre-et-Miquelon s'administre librement par ses élus et par la voie du référendum local, dans les conditions prévues par le présent code.

La République garantit la libre administration de Saint-Pierre-et-Miquelon et le respect de ses intérêts propres, en tenant compte de ses spécificités géographiques et historiques.

Art. L.O. 6411-2 Saint-Pierre-et-Miquelon est représenté au Parlement et au Conseil économique, social et environnemental dans les conditions définies par les lois organiques.

Malgré la rédaction du texte, le Conseil constitutionnel rappelle que chaque parlementaire représente la Nation tout entière et non la population de sa circonscription d'élection. • Cons. const. 15 févr. 2007, ⚖ n° 2007-547 DC (L. org. portant dispositions statutaires et institutionnelles relatives à l'outre-mer, consid. 10).

CHAPITRE II LE REPRÉSENTANT DE L'ÉTAT

Art. L.O. 6412-1 Le représentant de l'État, représentant de chacun des membres du Gouvernement, est dépositaire des pouvoirs de la République. Il a la charge des intérêts nationaux, du respect des lois et des engagements internationaux de la France, de l'ordre public et du contrôle administratif.

Art. L. 6412-2 *(L. n° 2007-224 du 21 févr. 2007, art. 1er)* I. — Le représentant de l'État met en œuvre les politiques de l'État dans la collectivité. Il dirige les services de l'État sous réserve des exceptions limitativement énumérées par un décret en Conseil d'État. Il est seul habilité à s'exprimer au nom de l'État devant le conseil territorial et à engager l'État envers la collectivité.

II. — Le représentant de l'État peut prendre, pour les communes de Saint-Pierre-et-Miquelon, et dans tous les cas où il n'y aurait pas été pourvu par les autorités municipales, toutes mesures relatives au maintien de la salubrité, de la sûreté et de la tranquillité publiques.

Ce pouvoir ne peut être exercé par le représentant de l'État à l'égard d'une seule commune qu'après mise en demeure adressée au maire restée sans résultat.

Si le maintien de l'ordre est menacé dans plusieurs communes, le représentant de l'État peut se substituer, par arrêté motivé, aux maires de ces communes pour la répression des atteintes à la tranquillité publique, pour le maintien de l'ordre public et pour la police des activités nautiques.

III. — Sous réserve des dispositions du code de procédure pénale relatives à l'exercice de la mission de police judiciaire *(L. n° 2009-971 du 3 août 2009, art. 7)* « et des dispositions du code général des collectivités territoriales relatives à la prévention de la délinquance », le représentant de l'État à Saint-Pierre-et-Miquelon anime et coordonne l'ensemble du dispositif de sécurité intérieure.

À cet effet, sans préjudice des missions de la gendarmerie relevant de la défense nationale, il fixe les missions autres que celles qui sont relatives à l'exercice de la police judiciaire et coordonne l'action des différents services et forces dont dispose l'État en matière de sécurité intérieure.

Il dirige l'action des services de la police nationale et des unités de la gendarmerie nationale en matière d'ordre public et de police administrative. *(L. n° 2009-971 du 3 août 2009, art. 6)* « Dans le respect du statut militaire pour ce qui concerne la gendarmerie nationale, le responsable du commandement de la gendarmerie nationale et son équivalent pour la police nationale sont placés sous son autorité et lui rendent compte de l'exécution et des résultats de leurs missions en ces matières. »

CHAPITRE III L'APPLICATION DES LOIS ET RÈGLEMENTS À SAINT-PIERRE-ET-MIQUELON

Art. L.O. 6413-1 Les dispositions législatives et réglementaires sont applicables de plein droit à Saint-Pierre-et-Miquelon, à l'exception de celles qui interviennent dans les matières relevant de la loi organique en application de l'article 74 de la Constitution ou dans l'une des matières relevant de la compétence de la collectivité en application du II de l'article L.O. 6414-1.

L'applicabilité de plein droit des lois et règlements ne fait pas obstacle à leur adaptation à l'organisation particulière de la collectivité.

Le présent article entre en vigueur le 1er janvier 2008. À compter de cette date, les lois et règlements déjà intervenus dans les matières qui ne sont pas exclues du régime de l'application de plein droit deviennent applicables à Saint-Pierre-et-Miquelon, sous réserve qu'ils n'en disposent pas autrement.

Art. L.O. 6413-2 I. – Les lois et, lorsqu'ils sont publiés au *Journal officiel* de la République française, les actes administratifs entrent en vigueur à Saint-Pierre-et-Miquelon à la date qu'ils fixent ou, à défaut, le lendemain de leur publication. Toutefois, l'entrée en vigueur de celles de leurs dispositions dont l'exécution nécessite des mesures d'application est reportée à la date d'entrée en vigueur de ces mesures.

En cas d'urgence, entrent en vigueur dès leur publication les lois dont le décret de promulgation le prescrit et les actes administratifs pour lesquels le Gouvernement l'ordonne par une disposition spéciale.

Les dispositions du présent I ne sont pas applicables aux actes individuels.

II. – La publication des lois, des ordonnances, des décrets et, lorsqu'une loi ou un décret le prévoit, des autres actes administratifs est assurée *(L. org. n° 2015-1712 du 22 déc. 2015, art. 3)* « sous forme électronique », dans des conditions de nature à garantir leur authenticité. Le *Journal officiel* de la République française est mis à la disposition du public sous forme électronique de manière permanente et gratuite. *(L. org. n° 2015-1712 du 22 déc. 2015, art. 3)* « Lorsqu'une personne demande à obtenir sur papier un acte publié au *Journal officiel* de la République française, l'administration lui communique l'extrait correspondant. L'administration n'est pas tenue de donner suite aux demandes abusives, en particulier par leur nombre ou par leur caractère répétitif ou systématique.

« III. – Sont applicables de plein droit à Saint-Pierre-et-Miquelon les dispositions réglementaires en vigueur en métropole qui définissent les actes individuels devant être publiés dans des conditions garantissant qu'ils ne font pas l'objet d'une indexation par des moteurs de recherche. »

IV. – À Saint-Pierre-et-Miquelon, la publication des actes et documents administratifs au *bulletin officiel* d'un ministère diffusé sous forme électronique dans les conditions garantissant sa fiabilité produit les mêmes effets de droit que leur publication sous forme imprimée.

Art. L.O. 6413-3 Le conseil territorial est consulté :

1° Sur les projets de loi et propositions de loi et les projets d'ordonnance ou de décret qui introduisent, modifient ou suppriment des dispositions particulières à Saint-Pierre-et-Miquelon ;

2° Sur les projets d'ordonnance pris sur le fondement de l'article 74-1 de la Constitution lorsqu'ils sont relatifs à Saint-Pierre-et-Miquelon ;

3° Sur les projets de loi autorisant la ratification ou l'approbation des engagements internationaux qui interviennent dans les domaines de compétence de la collectivité ;

4° Sur les traités ou accords, préalablement à leur ratification ou à leur approbation, qui ne sont pas au nombre de ceux mentionnés au premier alinéa de l'article 53 de la Constitution et qui interviennent dans les domaines de compétence de la collectivité.

Le conseil territorial dispose d'un délai d'un mois pour rendre son avis. Sauf lorsque l'avis est demandé sur un projet ou une proposition de loi organique relative au statut de la collectivité, ce délai est réduit à quinze jours, en cas d'urgence, à la demande du représentant de l'État. Dans ce dernier cas, le conseil territorial peut habiliter son conseil exécutif à émettre l'avis demandé. Le délai expiré, l'avis est réputé avoir été donné.

Les consultations mentionnées aux alinéas précédents doivent intervenir, au plus tard, avant l'adoption du projet de loi ou de la proposition de loi en première lecture par la première assemblée saisie. Toutefois, les avis portant sur les projets de loi qui, dès l'origine, comportent des dispositions particulières à Saint-Pierre-et-Miquelon sont rendus de façon implicite ou expresse avant l'avis du Conseil d'État.

Les avis émis au titre du présent article sont publiés au *Journal officiel* de Saint-Pierre-et-Miquelon.

Lorsque le conseil territorial fait usage de la faculté qui lui est ouverte par l'article L.O. 6461-12, les délibérations par lesquelles il présente des propositions de modification des dispositions législatives et réglementaires applicables à Saint-Pierre-et-Miquelon ont valeur d'avis au sens du présent article lorsque le Parlement ou le Gouvernement décident de suivre, en tout ou partie, ces propositions.

À la demande du Président de l'Assemblée nationale ou du Président du Sénat, le représentant de l'État est tenu de consulter le conseil territorial sur les propositions de loi mentionnées au 1°.

Art. L.O. 6413-4 Les lois, ordonnances et décrets intervenus avant l'entrée en vigueur de la loi organique n° 2007-223 du 21 février 2007 portant dispositions statutaires et institutionnelles relatives à l'outre-mer dans des matières qui relèvent de la compétence des autorités de la collectivité peuvent être modifiés ou abrogés, en tant qu'ils s'appliquent à Saint-Pierre-et-Miquelon, par les autorités de la collectivité selon les procédures prévues par la même loi organique.

Lorsqu'elles usent de la faculté qui leur est offerte par le premier alinéa, les autorités de la collectivité doivent prononcer l'abrogation expresse de la disposition législative ou réglementaire précédemment en vigueur et procéder à l'édiction formelle d'une nouvelle disposition.

Art. L.O. 6413-5 Sont applicables à Saint-Pierre-et-Miquelon les dispositions suivantes du présent code en vigueur à la date de promulgation de la loi organique n° 2007-223 du 21 février 2007 précitée :

1° Première partie : livre I (titre unique : chapitres I, III et IV) ; livre VI (chapitre IV du titre I et titre II) ;

2° Cinquième partie : livres IV, VI et VII.

Pour l'application de ces dispositions à Saint-Pierre-et-Miquelon :

– la référence aux départements, aux régions, à la collectivité territoriale ou aux collectivités territoriales est remplacée par la référence à la collectivité territoriale de Saint-Pierre-et-Miquelon ;

– la référence au conseil régional est remplacée par la référence au conseil territorial ;

– la référence au président du conseil régional est remplacée par la référence au président du conseil territorial.

Art. *[L.]* 6413-6 *(L. n° 2007-224 du 21 févr. 2007, art. 1er)* Sans préjudice de l'exercice de ses compétences par la collectivité, sont applicables à la collectivité territoriale de Saint-Pierre-et-Miquelon les dispositions suivantes du présent code :

1° Première partie : livres II, III, IV et V ;

2° Troisième partie : livre II ;

3° Quatrième partie : livre II ; sections 3 et 4 du chapitre III du titre III du livre IV.

Pour l'application de ces dispositions à Saint-Pierre-et-Miquelon, la référence aux départements et aux régions est remplacée par la référence à la collectivité territoriale de Saint-Pierre-et-Miquelon.

CHAPITRE IV COMPÉTENCES

Art. L.O. 6414-1 I. – La collectivité exerce les compétences dévolues par les lois et règlements en vigueur aux départements et aux régions, à l'exception de celles relatives :

1° À la construction et à l'entretien général et technique ainsi qu'au fonctionnement des collèges et des lycées, à l'accueil, à la restauration et à l'hébergement dans ces établissements, au recrutement et à la gestion des personnels techniciens et ouvriers de service exerçant ces missions dans les collèges et les lycées ;

2° À la construction, à l'aménagement, à l'entretien et à la gestion de la voirie classée en route nationale ;

3° À la lutte contre les maladies vectorielles ;

4° À la police de la circulation sur le domaine de la collectivité ;

5° Aux bibliothèques régionales et bibliothèques de prêt départementales ;

6° Au financement des moyens des services d'incendie et de secours.

II. — La collectivité fixe les règles applicables dans les matières suivantes :

1° Impôts, droits et taxes ; cadastre ;

2° Régime douanier, à l'exclusion des prohibitions à l'importation et à l'exportation qui relèvent de l'ordre public et des engagements internationaux de la France et des règles relatives à la recherche, à la constatation des infractions pénales et à la procédure contentieuse ;

3° Urbanisme ; construction ; habitation ; logement ;

4° Création et organisation des services et des établissements publics de la collectivité.

Par dérogation au 3°, les autorités de l'État délivrent, dans le cadre de la réglementation applicable à Saint-Pierre-et-Miquelon et après avis du conseil exécutif, les autorisations ou actes relatifs à l'utilisation et à l'occupation du sol concernant les constructions, installations ou travaux réalisés pour le compte de l'État et ses établissements publics.

III. — Dans les conditions prévues à l'article L.O. 6461-3, la collectivité peut édicter des peines contraventionnelles destinées à réprimer les infractions pénales aux règles qu'elle édicte dans les matières mentionnées au II.

IV. — Dans les conditions prévues à l'article L.O. 6461-5, la collectivité peut adapter les lois et règlements en vigueur localement.

V. — 1. Une convention entre l'État et la collectivité détermine, aux fins notamment d'éviter les doubles impositions et de prévenir l'évasion fiscale, les obligations de la collectivité en matière de communication d'informations à des fins fiscales. La collectivité transmet à l'État toute information utile pour l'application de sa réglementation relative aux impôts, droits et taxes, ainsi que pour l'exécution des clauses d'échange de renseignements prévues par les conventions fiscales conclues par la France avec d'autres États ou territoires.

2. Sans préjudice de l'exercice par la collectivité de sa compétence en matière d'impôts, droits et taxes, l'État peut instituer des taxes destinées à être perçues à l'occasion de l'exercice des missions d'intérêt général qui lui incombent dans le cadre de ses compétences *[Dispositions déclarées non conformes à la Constitution par la décision du Conseil constitutionnel nº 2007-547 DC du 15 février 2007]*.

Une convention conclue entre l'État et la collectivité précise les modalités d'application du présent 2 afin de déterminer les modalités de recouvrement et de gestion des recettes destinées au financement de la sécurité aérienne.

VI. — La réglementation particulière à Saint-Pierre-et-Miquelon relative au contrôle sanitaire, vétérinaire et phytosanitaire et au fonctionnement des stations de quarantaine animale ne peut être modifiée qu'après avis du conseil territorial.

L'État doit pouvoir disposer, par l'institution de taxes, d'une partie au moins des ressources nécessaires à l'exercice des missions qui demeurent à sa charge. Une restriction qui en ferait supporter le coût par les contribuables ne résidant pas dans la collectivité créerait rupture caractérisée de l'égalité devant les charges publiques contraire à l'art. 13 DDH. • Cons. const. 15 févr. 2007, nº 2007-547 DC (L. org. portant dispositions statutaires et institutionnelles relatives à l'outre-mer, consid. 45 à 48).

Art. L.O. 6414-2 La collectivité exerce, en matière d'immatriculation des navires armés au commerce, les responsabilités et les compétences attribuées à l'État.

Art. L.O. 6414-3 L'État exerce ses droits de souveraineté et de propriété sur son domaine public et privé, terrestre, maritime ou aérien. Sous réserve des engagements internationaux de la France et des dispositions prises pour leur application, l'État concède à la collectivité territoriale, dans les conditions prévues par un cahier des charges approuvé par décret en Conseil d'État pris après avis du conseil territorial, l'exercice des compétences en matière d'exploration et d'exploitation des ressources naturelles, biologiques et non biologiques, du fond de la mer, de son sous-sol et des eaux surjacentes.

Sous la même réserve et dans les mêmes conditions, il lui concède l'exercice des compétences en matière de délivrance et de gestion des titres miniers portant sur le fond de la mer et son sous-sol.

Les règles relatives à l'assiette, au taux et aux modalités de recouvrement de la redevance spécifique due par les titulaires de concessions de mines et d'hydrocarbures liquides ou gazeux dans la zone économique exclusive française en mer au large de Saint-Pierre-et-Miquelon, établie au bénéfice de la collectivité territoriale, sont fixées par le conseil territorial.

Art. L.O. 6414-4 Dans le cadre des dispositions législatives relatives au service postal, les conditions particulières d'exécution de ce service à Saint-Pierre-et-Miquelon sont précisées et, le cas échéant, adaptées par une convention entre l'État et la collectivité.

Art. L.O. 6414-5 Dans les conditions définies par la réglementation édictée par la collectivité, sous réserve du transfert des moyens nécessaires à l'exercice de ces compétences, les communes peuvent intervenir en matière d'urbanisme.

Le président du conseil territorial peut donner, par arrêté pris sur la demande ou après accord du conseil municipal, compétence au maire, agissant au nom de la commune, soit pour l'instruction et la délivrance des autorisations individuelles d'occupation du sol et des certificats d'urbanisme, soit pour la seule délivrance de ces autorisations et certificats, dans les conditions prévues par la réglementation applicable à Saint-Pierre-et-Miquelon.

Art. L.O. 6414-6 La collectivité institue des impôts ou taxes spécifiques aux communes, y compris sur les services rendus.

Le taux de ces impôts et taxes ainsi que les modalités de leur recouvrement sont décidés par délibération du conseil municipal dans le respect de la réglementation instituée par la collectivité.

Les communes peuvent, en outre, instituer des redevances pour services rendus.

TITRE II TERRITOIRE DE LA COLLECTIVITÉ

CHAPITRE UNIQUE CHEF-LIEU ET SUBDIVISIONS DE LA COLLECTIVITÉ

Art. L.O. 6421-1 Le chef-lieu de la collectivité est fixé par décret, après consultation du conseil territorial.

TITRE III LES INSTITUTIONS DE LA COLLECTIVITÉ

Art. L.O. 6430-1 Les institutions de la collectivité comprennent le conseil territorial, le président du conseil territorial, le conseil exécutif et le conseil économique, social et culturel.

CHAPITRE I LE CONSEIL TERRITORIAL

SECTION 1 Composition et formation

Art. L.O. 6431-1 Le conseil territorial est l'assemblée délibérante de la collectivité.

La composition du conseil territorial et la durée du mandat des conseillers territoriaux sont régies par le titre IV du livre VI du code électoral.

Le président du conseil territorial et les conseillers territoriaux sont *(L. org. n° 2013-906 du 11 oct. 2013, art. 15)* « soumis, dans les mêmes conditions, aux obligations de déclaration applicables aux personnes mentionnées, respectivement, aux 2° et 3° du I de l'article 11 de la loi n° 2013-907 du 11 octobre 2013 relative à la transparence de la vie publique. »

Art. L.O. 6431-2 Lorsqu'un conseiller territorial donne sa démission, il l'adresse au président du conseil territorial, qui en donne immédiatement avis au représentant de l'État.

Art. L.O. 6431-3 Tout membre du conseil territorial qui, sans excuse valable, a refusé de remplir une des fonctions qui lui sont dévolues par les lois est déclaré démissionnaire par le tribunal administratif.

Le refus résulte soit d'une déclaration expresse adressée à qui de droit ou rendue publique par son auteur, soit de l'abstention persistante après avertissement de l'autorité chargée de la convocation.

Le membre ainsi démissionnaire ne peut être réélu avant le délai d'un an.

Art. L.O. 6431-4 Le conseiller territorial absent lors de quatre réunions consécutives du conseil territorial dans un délai de moins de quatre mois sans excuse légitime admise par le conseil est déclaré démissionnaire d'office par celui-ci lors de la réunion suivante.

Art. L.O. 6431-5 Lorsque le fonctionnement du conseil territorial se révèle impossible, le Gouvernement peut, d'office ou à la demande de son président, en prononcer la dissolution par décret motivé pris en conseil des ministres.

Le décret de dissolution fixe la date des nouvelles élections. Le Gouvernement en informe le Parlement dans le délai le plus bref.

S'il y a urgence, le conseil territorial peut être provisoirement suspendu par arrêté motivé du ministre chargé de l'outre-mer. La durée de la suspension ne peut excéder un mois.

Art. L.O. 6431-6 En cas de dissolution ou de suspension du conseil territorial, de démission de tous ses membres en exercice ou d'annulation devenue définitive de l'élection de tous ses membres, le président est chargé de l'expédition des affaires courantes. Ses décisions ne sont exécutoires qu'avec l'accord du représentant de l'État.

Il est procédé à la réélection du conseil territorial dans un délai de deux mois. L'assemblée se réunit de plein droit le second vendredi qui suit le premier tour de scrutin.

Le représentant de l'État convoque chaque conseiller territorial élu pour la première réunion, dont il fixe l'heure et le lieu.

SECTION 2 Fonctionnement

SOUS-SECTION 1 Siège et règlement intérieur

Art. L.O. 6431-7 Le conseil territorial a son siège à l'hôtel de la collectivité.

Art. L.O. 6431-8 Le conseil territorial établit son règlement intérieur dans le mois qui suit son renouvellement. Le règlement intérieur peut être déféré devant le tribunal administratif.

SOUS-SECTION 2 Réunion

Art. L.O. 6431-9 Le conseil territorial se réunit à l'initiative de son président, au moins une fois par trimestre, dans un lieu de la collectivité choisi par le conseil exécutif.

Pour les années où a lieu le renouvellement du conseil territorial, la première réunion se tient de plein droit le second vendredi qui suit le premier tour de scrutin.

Art. L.O. 6431-10 Le conseil territorial est également réuni à la demande :

a) Du conseil exécutif ;

b) Du tiers des membres du conseil territorial sur un ordre du jour déterminé, pour une durée qui ne peut excéder deux jours. Un même conseiller territorial ne peut présenter plus d'une demande de réunion par semestre ;

c) Du représentant de l'État.

En cas de circonstances exceptionnelles, le conseil territorial peut être réuni par décret.

SOUS-SECTION 3 Séances

Art. L.O. 6431-11 Les séances du conseil territorial sont publiques.

Néanmoins, sur la demande de cinq membres ou du président, le conseil territorial peut décider, sans débat, à la majorité absolue des membres présents ou représentés, qu'il se réunit à huis clos, sauf lorsqu'il est fait application des articles L.O. 6413-3, L.O. 6413-4, L.O. 6461-2, L.O. 6461-4, L.O. 6461-12, L.O. 6461-13 ou L.O. 6461-16.

Sans préjudice des pouvoirs que le président du conseil territorial tient de l'article L.O. 6431-12, ces séances peuvent être retransmises par les moyens de communication audiovisuelle.

Art. L.O. 6431-12 Le président a seul la police de l'assemblée.

Il peut faire expulser de l'auditoire ou arrêter tout individu qui trouble l'ordre.

En cas de crime ou de délit, il en dresse procès-verbal et le procureur de la République en est immédiatement saisi.

Art. L. 6431-13 *(L. n° 2007-224 du 21 févr. 2007, art. 1er)* Le procès-verbal de chaque séance, rédigé par un des secrétaires, est arrêté au commencement de la séance suivante et signé par le président et le secrétaire.

(Ord. n° 2021-1310 du 7 oct. 2021, art. 28) « Il contient la date et l'heure de la séance, les noms du président, des membres du conseil territorial présents ou représentés et du ou des secrétaires de séance, le quorum, l'ordre du jour de la séance, les délibérations adoptées et les rapports au vu desquels elles ont été adoptées, les demandes de scrutin particulier, le résultat des scrutins précisant, s'agissant des scrutins publics, le nom des votants et le sens de leur vote, et la teneur des discussions au cours de la séance.

« Dans la semaine qui suit la séance au cours de laquelle il a été arrêté, le procès-verbal est publié sous forme électronique de manière permanente et gratuite sur le site internet de la collectivité et un exemplaire sur papier est mis à la disposition du public.

« L'exemplaire original du procès-verbal, qu'il soit établi sur papier ou sur support numérique, est conservé dans des conditions propres à en assurer la pérennité. »

SOUS-SECTION 4 Délibérations

Art. L.O. 6431-14 Le conseil territorial ne peut délibérer si la majorité absolue de ses membres en exercice n'est présente.

Toutefois, si, au jour fixé par la convocation, le conseil territorial ne se réunit pas en nombre suffisant pour délibérer, la réunion se tient de plein droit trois jours plus tard et les délibérations sont alors valables quel que soit le nombre des présents.

Sous réserve des dispositions des articles L.O. 6432-1 et L.O. 6432-6, les délibérations du conseil territorial sont prises à la majorité des suffrages exprimés.

Art. L.O. 6431-15 Les votes sont recueillis au scrutin public toutes les fois que le sixième des membres présents le demande. En cas de partage, la voix du président est prépondérante.

Néanmoins, les votes sur les nominations ont toujours lieu au scrutin secret.

Toutefois, le conseil territorial peut décider, à l'unanimité, de ne pas procéder au scrutin secret aux nominations ou aux présentations, sauf disposition législative ou réglementaire prévoyant expressément ce mode de scrutin.

Le résultat des scrutins publics, énonçant les noms des votants, est reproduit au procès-verbal.

Art. L.O. 6431-16 Un conseiller territorial empêché d'assister à une réunion peut donner délégation de vote, pour cette réunion, à un autre membre du conseil territorial.

Un conseiller territorial ne peut recevoir qu'une seule délégation.

Art. L.O. 6431-17 Les délibérations du conseil territorial, ainsi que celles du conseil exécutif lorsqu'elles sont prises par délégation de l'assemblée, sont publiées dans les mêmes formes.

Art. *[L.]* 6431-18 *(L. n° 2007-224 du 21 févr. 2007, art. 1er)* Toute personne a le droit de demander communication des délibérations et procès-verbaux des séances publiques du conseil territorial, des délibérations de son conseil exécutif, des budgets et des comptes de la collectivité, ainsi que des arrêtés du président du conseil territorial.

Chacun peut les publier sous sa responsabilité.

La communication des documents mentionnés au premier alinéa, qui peut être obtenue aussi bien du président du conseil territorial que des services déconcentrés de l'État, intervient dans les conditions prévues par l'article L. 311-9 du code des relations entre le public et l'administration.

Le présent article s'applique aux établissements publics administratifs de la collectivité.

SOUS-SECTION 5 **Information**

Art. L.O. 6431-19 Tout membre du conseil territorial a le droit, dans le cadre de sa fonction, d'être informé des affaires de la collectivité qui font l'objet d'une délibération.

Art. L.O. 6431-20 Le conseil territorial assure la diffusion de l'information auprès de ses membres élus par les moyens matériels qu'il juge les plus appropriés.

Afin de permettre l'échange d'informations sur les affaires relevant de ses compétences, le conseil territorial peut, dans les conditions définies par son assemblée délibérante, mettre à disposition de ses membres élus, à titre individuel, les moyens informatiques et de télécommunication nécessaires.

Art. L.O. 6431-21 Douze jours au moins avant la réunion du conseil territorial, le président adresse aux conseillers territoriaux par tous moyens un rapport, sous quelque forme que ce soit, sur chacune des affaires qui doivent leur être soumises.

Art. L.O. 6431-22 Les conseillers territoriaux ont le droit d'exposer en séance du conseil territorial des questions orales ayant trait aux affaires de la collectivité. Le règlement intérieur en fixe la fréquence ainsi que les conditions de présentation et d'examen.

Art. L.O. 6431-23 Chaque année, le président rend compte au conseil territorial, par un rapport spécial, de la situation de la collectivité, de l'activité et du financement des différents services de la collectivité et des organismes qui dépendent de celle-ci.

Le rapport précise également l'état d'exécution des délibérations du conseil territorial et la situation financière de la collectivité.

Ce rapport spécial donne lieu à un débat.

SOUS-SECTION 6 **Commissions – Représentation au sein d'organismes extérieurs**

Art. L.O. 6431-24 Après l'élection de son conseil exécutif dans les conditions prévues à l'article L.O. 6432-6, le conseil territorial peut former ses commissions et procéder à la désignation de ses membres ou de ses délégués pour siéger au sein d'organismes extérieurs et déléguer l'exercice d'une partie de ses attributions au conseil exécutif.

En ce cas, et par dérogation à l'article L.O. 6431-21, les rapports sur les affaires soumises aux conseillers territoriaux peuvent leur être communiqués en cours de réunion ; une suspension de séance est de droit.

Art. L.O. 6431-25 Le conseil territorial, lorsqu'un sixième de ses membres le demande, délibère de la création d'une mission d'information et d'évaluation chargée de recueillir des éléments d'information sur une question intéressant la collectivité ou de procéder à l'évaluation d'un service public de la collectivité. Un même conseiller territorial ne peut s'associer à une telle demande plus d'une fois par an.

Aucune mission ne peut être créée à partir du 1er janvier de l'année civile qui précède l'année du renouvellement du conseil territorial.

Le règlement intérieur fixe les règles de présentation et d'examen de la demande de constitution de la mission, ses modalités de fonctionnement, les modalités de sa composition dans le respect du principe de la représentation proportionnelle, la durée de la mission, qui ne peut excéder six mois à compter de la date de la délibération qui l'a créée, ainsi que les conditions dans lesquelles elle remet son rapport aux membres du conseil territorial.

Art. L.O. 6431-26 Le conseil territorial procède à la désignation de ses membres ou de ses délégués pour siéger au sein d'organismes extérieurs dans les cas et conditions prévus par les dispositions régissant ces organismes. La fixation par les dispositions précitées de la durée des fonctions assignées à ces membres ou délégués ne fait pas obstacle à ce qu'il puisse être procédé à tout moment, et pour le reste de cette durée, à leur remplacement par une nouvelle désignation opérée dans les mêmes formes.

SOUS-SECTION 7 Fonctionnement des groupes d'élus

Art. L.O. 6431-27 Le fonctionnement des groupes d'élus au conseil territorial peut faire l'objet de délibérations sans que puissent être modifiées, à cette occasion, les décisions relatives au régime indemnitaire des élus.

Les groupes d'élus se constituent par la remise au président du conseil territorial d'une déclaration, signée de leurs membres, accompagnée de la liste de ceux-ci et de leur représentant.

Dans les conditions qu'il définit, le conseil territorial peut affecter aux groupes d'élus, pour leur usage propre ou pour un usage commun, un local administratif, du matériel de bureau et prendre en charge leurs frais de documentation, de courrier et de télécommunications.

Le président du conseil territorial peut, dans les conditions fixées par le conseil territorial et sur proposition des représentants de chaque groupe, affecter aux groupes d'élus une ou plusieurs personnes. Le conseil territorial ouvre au budget de la collectivité, sur un chapitre spécialement créé à cet effet, les crédits nécessaires à ces dépenses, sans qu'ils puissent excéder 30 % du montant total des indemnités versées chaque année aux membres du conseil territorial.

Le président du conseil territorial est l'ordonnateur des dépenses susmentionnées.

L'élu responsable de chaque groupe d'élus décide des conditions et des modalités d'exécution du service confié que ces collaborateurs accomplissent auprès de ces groupes au sein de l'organe délibérant.

Art. L.O. 6431-28 Lorsque la collectivité diffuse, sous quelque forme que ce soit, un bulletin d'information générale sur les réalisations et la gestion du conseil territorial, un espace est réservé à l'expression des groupes d'élus. Les modalités d'application de cette disposition sont définies par le règlement intérieur.

SOUS-SECTION 8 Relations avec le représentant de l'État

Art. L.O. 6431-29 Le représentant de l'État est entendu à sa demande par le conseil territorial. Il reçoit communication de l'ordre du jour des séances ainsi que les documents adressés aux conseillers territoriaux en application de l'article L.O. 6431-21.

Art. L.O. 6431-30 Sur sa demande, le président du conseil territorial reçoit du représentant de l'État les informations nécessaires à l'exercice de ses attributions.

Sur sa demande, le représentant de l'État reçoit du président du conseil territorial les informations nécessaires à l'exercice de ses attributions.

Art. L.O. 6431-31 Chaque année, le représentant de l'État informe le conseil territorial, par un rapport spécial, de l'activité des services de l'État à Saint-Pierre-et-Miquelon.

Ce rapport spécial donne lieu, éventuellement, à un débat en présence du représentant de l'État.

Art. L.O. 6431-32 Le représentant de l'État peut, dans les quinze jours qui suivent la transmission qui lui en est faite, demander au conseil territorial ou au conseil exécutif, selon le cas, par un arrêté motivé, une nouvelle lecture d'un acte ou d'une délibération.

Dans les cas prévus au présent article, l'acte ou la délibération ne devient exécutoire qu'après son adoption définitive par le conseil territorial.

Art. L.O. 6431-33 Le représentant de l'État veille à l'exercice régulier de leurs compétences par les institutions de la collectivité.

Lorsque ces institutions ont négligé de prendre les décisions qui leur incombent dans le cadre de leurs attributions, il prend, après mise en demeure, les mesures nécessaires afin de rétablir le fonctionnement normal des institutions et des services publics ou d'assurer la sécurité de la population, la sauvegarde des intérêts nationaux ou de ceux de la collectivité, ainsi que le respect des engagements internationaux de la France.

CHAPITRE II LE PRÉSIDENT DU CONSEIL TERRITORIAL ET LE CONSEIL EXÉCUTIF

SECTION 1 Le président

SOUS-SECTION 1 Désignation

Art. L.O. 6432-1 Le conseil territorial élit son président lors de la réunion de droit qui suit chaque renouvellement.

Pour cette élection, il est présidé par son doyen d'âge, le plus jeune membre faisant fonction de secrétaire.

Le conseil territorial ne peut dans ce cas délibérer que si les deux tiers de ses membres sont présents. Si cette condition n'est pas remplie, la réunion se tient de plein droit trois jours plus tard. La réunion peut alors avoir lieu sans condition de quorum.

Le président est élu à la majorité absolue des membres du conseil territorial. Si cette élection n'est pas acquise après les deux premiers tours de scrutin, il est procédé à un troisième tour de scrutin et l'élection a lieu à la majorité relative des membres du conseil territorial. En cas d'égalité des voix, l'élection est acquise au bénéfice de l'âge.

SOUS-SECTION 2 Responsabilité devant le conseil territorial

Art. L.O. 6432-2 Le conseil territorial peut mettre en cause la responsabilité de son président par le vote d'une motion de défiance.

La motion de défiance mentionne, d'une part, les motifs pour lesquels elle est présentée et, d'autre part, le nom du candidat appelé à exercer la fonction de président du conseil territorial en cas d'adoption de la motion de défiance.

Il n'est délibéré sur cette motion que lorsqu'elle est signée du tiers des conseillers territoriaux. Le vote ne peut avoir lieu que quarante-huit heures au moins après le dépôt de la motion. Sont seuls recensés les votes favorables à la motion, qui n'est considérée comme adoptée que lorsqu'elle a recueilli le vote de la majorité absolue des membres composant le conseil territorial.

Lorsque la motion de défiance est adoptée, le candidat au mandat de président du conseil territorial entre immédiatement en fonction.

Il est ensuite procédé au renouvellement du conseil exécutif.

SOUS-SECTION 3 Remplacement

Art. L.O. 6432-3 En cas de vacance du siège de président pour quelque cause que ce soit, les fonctions de président sont provisoirement exercées par un vice-président, dans l'ordre des nominations et, à défaut, par un conseiller territorial désigné par le conseil. Il est procédé au renouvellement du conseil exécutif, dans le délai d'un mois, selon les modalités prévues à l'article L.O. 6432-6.

Toutefois, avant ce renouvellement, il est procédé aux élections qui peuvent être nécessaires pour compléter le conseil territorial.

Si, après les élections complémentaires, de nouvelles vacances se produisent, le conseil territorial procède néanmoins à l'élection du conseil exécutif.

En cas de démission du président et de tous les vice-présidents, le conseil territorial est convoqué par le doyen d'âge, soit pour procéder à la désignation du conseiller territorial prévu au premier alinéa, soit pour procéder au renouvellement du conseil exécutif.

SOUS-SECTION 4 Incompatibilités

Art. L.O. 6432-4 Les fonctions de président du conseil territorial sont incompatibles avec les fonctions de maire, ainsi qu'avec l'exercice de toute autre fonction publique non élective.

Les fonctions de président du conseil territorial sont également incompatibles avec celles de membre de la Commission européenne, de membre du directoire de la Banque centrale européenne ou de membre du comité monétaire de la Banque de France.

Le président du conseil territorial exerçant une fonction le plaçant dans une situation d'incompatibilité prévue par les deux alinéas précédents cesse de ce fait même d'exercer ses fonctions de président du conseil territorial. En cas de contestation, l'incompatibilité prend effet à compter de la date à laquelle la décision juridictionnelle confirmant l'élection devient définitive.

Art. L.O. 6432-4-1 *(L. org. nº 2017-54 du 20 janv. 2017, art. 2)* La fonction de président du conseil territorial est incompatible avec le mandat de membre d'une autorité administrative indépendante ou d'une autorité publique indépendante créées par l'État.

SECTION 2 **Le conseil exécutif**

Art. L.O. 6432-5 Le conseil territorial élit les membres du conseil exécutif.

Le conseil exécutif est composé du président du conseil territorial, président, de cinq vice-présidents et de deux autres conseillers.

Art. L.O. 6432-6 Les candidatures aux différents postes du conseil exécutif sont déposées auprès du président dans l'heure qui suit l'élection du président du conseil territorial. Si, à l'expiration de ce délai, une seule candidature a été déposée pour chaque poste à pourvoir, les nominations prennent effet immédiatement et il en est donné lecture par le président.

Dans le cas contraire, les membres du conseil exécutif autres que le président sont élus au scrutin de liste, à la représentation proportionnelle à la plus forte moyenne, sans panachage ni vote préférentiel.

Chaque conseiller territorial ou groupe de conseillers territoriaux peut présenter une liste de candidats dans l'heure qui suit l'expiration du délai susvisé.

Les sièges sont attribués aux candidats d'après l'ordre de présentation sur chaque liste. Si plusieurs listes ont la même moyenne pour l'attribution du dernier siège, celui-ci revient à la liste qui a obtenu le plus grand nombre de suffrages. En cas d'égalité de suffrages, le siège est attribué au plus âgé des candidats susceptibles d'être proclamés élus. Si le nombre de candidats figurant sur une liste est inférieur au nombre de sièges qui lui reviennent, le ou les sièges non pourvus sont attribués à la ou aux plus fortes moyennes suivantes.

Après la répartition des sièges, le conseil territorial procède à l'affectation des élus à chacun des postes du conseil exécutif au scrutin uninominal dans les mêmes conditions que pour l'élection du président et détermine l'ordre de leur nomination.

Les membres du conseil exécutif autres que le président sont nommés pour la même durée que le président.

Art. L.O. 6432-7 En cas de vacance d'un siège de membre du conseil exécutif autre que le président, le conseil territorial peut décider de compléter le conseil exécutif. La ou les vacances sont alors pourvues selon la procédure prévue au premier alinéa de l'article L.O. 6432-6. À défaut d'accord, il est procédé au renouvellement intégral des membres du conseil exécutif autres que le président dans les conditions prévues aux deuxième à cinquième alinéas du même article.

Art. L.O. 6432-8 Sur proposition du président, le conseil territorial peut décider de mettre fin aux fonctions d'un vice-président ; il élit ensuite son successeur dans les conditions prévues à l'article L.O. 6432-7.

Le conseil territorial peut, avec l'accord du groupe d'élus auquel il appartient, mettre fin aux fonctions de l'un des membres du conseil exécutif qui n'ont pas la qualité de vice-président. Ce membre est remplacé dans les conditions prévues à l'article L.O. 6432-7.

Les recours contre les délibérations adoptées en application du présent article sont portés devant le Conseil d'État statuant au contentieux.

Art. L.O. 6432-9 Le président du conseil territorial et les membres du conseil exécutif, après avoir été entendus ou invités à fournir des explications écrites sur les faits qui leur sont reprochés, peuvent être suspendus par arrêté motivé du ministre chargé de l'outre-mer pour une durée qui n'excède pas un mois. Ils ne peuvent être révoqués que par décret motivé pris en conseil des ministres.

La révocation emporte de plein droit l'inéligibilité aux fonctions de président du conseil territorial et à celles de membre du conseil exécutif pendant une durée d'un an à compter du décret de révocation à moins qu'il ne soit procédé auparavant au renouvellement général du conseil territorial.

Les recours contre les arrêtés prévus au présent article sont portés devant le Conseil d'État statuant au contentieux.

Art. L.O. 6432-10 Les pouvoirs du conseil exécutif expirent à l'ouverture de la première réunion du conseil territorial qui suit son renouvellement intégral.

Art. L.O. 6432-11 Le président du conseil territorial convoque le conseil exécutif chaque fois qu'il le juge utile.

Art. L.O. 6432-12 Les réunions du conseil exécutif sont présidées par le président du conseil territorial.

À sa demande, le représentant de l'État est entendu par le conseil exécutif.

Art. L.O. 6432-13 Le président du conseil territorial arrête l'ordre du jour des réunions du conseil exécutif. Il en adresse copie au représentant de l'État quarante-huit heures au moins avant la réunion, sauf en cas d'urgence.

À la demande du représentant de l'État, toute question relevant de la compétence de l'État est de droit inscrite à l'ordre du jour.

Le conseil exécutif ne délibère que sur les questions inscrites à l'ordre du jour.

Art. L.O. 6432-14 Les réunions du conseil exécutif ne sont pas publiques. Elles font l'objet d'un communiqué.

Art. L.O. 6432-15 Par accord du président du conseil territorial et du représentant de l'État, celui-ci peut assister aux réunions du conseil exécutif. Il reçoit à cette fin les convocations adressées à ses membres.

SECTION 3 Suspension et dissolution

Art. L.O. 6432-16 Lorsque le fonctionnement du conseil exécutif se révèle impossible, le Gouvernement peut, d'office ou à la demande du président du conseil territorial, en prononcer la dissolution par décret motivé pris en conseil des ministres, après avis du conseil territorial.

Le décret de dissolution fixe la date des élections, qui ont lieu dans un délai de dix jours. Il est porté à la connaissance du Parlement. Le conseil territorial est convoqué par le représentant de l'État pour procéder à cette élection.

S'il y a urgence, le conseil exécutif peut être provisoirement suspendu par arrêté motivé du ministre chargé de l'outre-mer. La durée de la suspension ne peut excéder un mois.

En cas de dissolution ou de suspension du conseil exécutif en application du présent article, le président du conseil territorial est chargé de l'expédition des affaires courantes. Ses décisions ne sont exécutoires qu'avec l'accord du représentant de l'État.

SECTION 4 Contentieux de l'élection du président du conseil territorial et des autres membres du conseil exécutif

Art. L.O. 6432-17 L'élection du président du conseil territorial et des autres membres du conseil exécutif peut être arguée de nullité dans les conditions, formes et délais prescrits pour les réclamations contre l'élection des conseillers territoriaux.

CHAPITRE III LE CONSEIL ÉCONOMIQUE, SOCIAL ET CULTUREL

Art. L.O. 6433-1 Le conseil territorial est assisté à titre consultatif d'un conseil économique, social et culturel composé de représentants des groupements professionnels, des syndicats, des organismes et associations qui concourent à la vie économique, sociale et culturelle de Saint-Pierre-et-Miquelon. Chaque catégorie d'activité est représentée, au sein du conseil économique, social et culturel, par un nombre de conseillers correspondant à l'importance de cette activité dans la vie économique, sociale et culturelle de Saint-Pierre-et-Miquelon.

Un arrêté du ministre chargé de l'outre-mer dresse la liste des organismes et des activités de la collectivité qui sont représentés au conseil économique, social et culturel. Cet arrêté fixe également le nombre et les conditions de désignation des représentants de ces organismes et activités. — *V. Arr. du 11 sept. 2020.*

Les membres du conseil économique, social et culturel sont désignés pour cinq ans. Le conseil se renouvelle intégralement.

Les conseillers territoriaux ne peuvent être membres de ce conseil.

Art. L.O. 6433-2 Le conseil économique, social et culturel établit son règlement intérieur. Il élit en son sein, au scrutin secret, conformément aux dispositions de ce règlement, son président et les membres de sa commission permanente.

Le conseil territorial met à la disposition du conseil économique, social et culturel les moyens nécessaires à son fonctionnement. Ces moyens doivent permettre notamment d'assurer le secrétariat des séances du conseil.

Le conseil territorial met des services à la disposition du conseil économique, social et culturel, à titre permanent ou temporaire, notamment pour lui permettre de réaliser des études sur les questions relevant de sa compétence.

Les crédits nécessaires au fonctionnement du conseil économique, social et culturel et, le cas échéant, à la réalisation de ces études font l'objet d'une inscription distincte au budget de la collectivité. Ils sont notifiés chaque année, après le vote du budget, au président de ce conseil par le président du conseil territorial.

Art. L.O. 6433-3 Le conseil économique, social et culturel est consulté par le conseil territorial sur la répartition et l'utilisation des crédits de l'État destinés à des investissements intéressant la collectivité, sur la préparation du plan d'aménagement et de développement durable de Saint-Pierre-et-Miquelon, ainsi que sur les orientations générales du projet de budget de la collectivité.

Le conseil économique, social et culturel donne son avis sur les résultats de leur mise en œuvre.

Il peut également, à son initiative, donner son avis sur tout projet ou proposition de délibération du conseil territorial intervenant en matière économique, sociale ou culturelle.

Il peut aussi être saisi pour avis par le représentant de l'État en matière économique, sociale ou culturelle.

Art. L. 6433-4 *(L. n° 2007-224 du 21 févr. 2007, art. 1er)* Les membres du conseil économique, social et culturel peuvent bénéficier d'une indemnité pour chaque journée de présence aux séances du conseil et des commissions prévues par une délibération de l'assemblée dont ils font partie.

Les modalités d'application du présent article sont fixées par délibération du conseil territorial.

Art. L. 6433-5 *(L. n° 2007-224 du 21 févr. 2007, art. 1er)* L'employeur est tenu de laisser à tout salarié de son entreprise membre du conseil territorial le temps nécessaire pour se rendre et participer :

1° Aux séances plénières de ce conseil ;

2° Aux réunions des commissions dont il est membre et instituées par une délibération du conseil territorial ;

3° Aux réunions des assemblées délibérantes et des bureaux des organismes où il a été désigné pour représenter la collectivité.

Selon des modalités fixées par un décret en Conseil d'État, l'élu doit informer l'employeur de la date de la séance ou de la réunion dès qu'il en a connaissance.

L'employeur n'est pas tenu de payer comme temps de travail le temps passé par l'élu aux séances et réunions précitées.

Art. L. 6433-6 *(L. n° 2007-224 du 21 févr. 2007, art. 1er)* Les membres du conseil économique, social et culturel peuvent recevoir une indemnité de déplacement dans la collectivité pour les frais qu'ils engagent pour prendre part aux réunions du conseil et aux séances des commissions dont ils font partie.

Ils ont en outre droit au remboursement des frais supplémentaires pouvant résulter de l'exercice des mandats spéciaux dont ils sont chargés par le conseil.

Les modalités d'application du présent article sont fixées par délibération du conseil territorial.

Art. L. 6433-7 *(L. n° 2007-224 du 21 févr. 2007, art. 1er)* La collectivité prend en charge les conséquences dommageables résultant des accidents subis par le président du conseil économique, social et culturel dans l'exercice de ses fonctions.

Les membres du conseil économique, social et culturel bénéficient des mêmes dispositions lorsqu'ils sont victimes d'accidents survenus soit à l'occasion de réunions du conseil auquel ils appartiennent, soit au cours de l'exécution d'un mandat spécial.

CHAPITRE IV CONDITIONS D'EXERCICE DES MANDATS

SECTION 1 Garanties accordées aux titulaires d'un mandat au conseil territorial

Art. L.O. 6434-1 Le conseil territorial détermine, par analogie avec les règles applicables aux conseils départementaux des départements et aux conseils régionaux, les garanties accordées aux conseillers territoriaux de Saint-Pierre-et-Miquelon en ce qui concerne les autorisations d'absence ou le crédit d'heure, les garanties accordées dans l'exercice d'une activité professionnelle, les garanties accordées à l'issue du mandat et le droit à la formation, les indemnités de déplacement et frais de séjour engagés pour prendre part aux réunions du conseil territorial et les dépenses résultant de l'exercice d'un mandat spécial, ainsi que le régime de sécurité sociale et de retraite.

SECTION 2 Régime indemnitaire des conseillers territoriaux

Art. L.O. 6434-2 I. – Les membres du conseil territorial reçoivent pour l'exercice effectif de leurs fonctions une indemnité fixée par le conseil territorial par référence au montant du traitement correspondant à l'indice brut terminal de l'échelle indiciaire de la fonction publique de l'État.

L'indemnité de fonction votée par le conseil territorial pour l'exercice effectif des fonctions de conseiller territorial est au maximum égale à 50 % du terme de référence mentionné au premier alinéa.

L'indemnité de fonction votée par le conseil territorial pour l'exercice effectif des fonctions de président du conseil territorial est au maximum égale au terme de référence mentionné au premier alinéa majoré de 45 %.

L'indemnité de chacun des vice-présidents du conseil territorial est au maximum égale à l'indemnité maximale de conseiller territorial majorée de 40 %.

L'indemnité de fonction de chacun des membres du conseil exécutif autres que le président et les vice-présidents est au maximum égale à l'indemnité maximale de conseiller territorial majorée de 10 %.

II. – Le conseil territorial peut, dans des conditions fixées par son règlement intérieur, réduire le montant des indemnités qu'il alloue à ses membres en fonction de leur participation aux séances plénières, aux réunions des commissions dont ils sont membres et aux réunions des organismes dans lesquels ils représentent la collectivité, sans que cette réduction puisse dépasser, pour chacun d'entre eux, la moitié de l'indemnité maximale pouvant lui être allouée en application du présent article.

III. – Lorsque le conseil territorial est renouvelé, la délibération fixant les indemnités de ses membres en application de la présente section intervient dans les trois mois suivant son installation.

Toute délibération du conseil territorial concernant les indemnités de fonction d'un ou de plusieurs de ses membres est accompagnée d'un tableau annexe récapitulant l'ensemble des indemnités allouées aux membres du conseil territorial.

IV. – Les délibérations prévues à la présente section sont adoptées à la majorité absolue des membres du conseil territorial.

Art. L.O. 6434-3 Le conseiller territorial titulaire d'autres mandats électoraux ou qui siège à ce titre au conseil d'administration d'un établissement public local ou du Centre national de la fonction publique territoriale, au conseil d'administration ou au conseil de surveillance d'une société d'économie mixte locale ou qui préside une telle société ne peut percevoir, pour l'ensemble de ses fonctions, un montant total de rémunérations et d'indemnités de fonction supérieur à une fois et demie le montant de l'indemnité parlementaire telle qu'elle est définie à l'article 1er de l'ordonnance n° 58-1210 du 13 décembre 1958 portant loi organique relative à l'indemnité des membres du Parlement. Ce plafond s'entend déduction faite des cotisations sociales obligatoires.

Lorsque, en application des dispositions du premier alinéa, le montant total de la rémunération et des indemnités de fonction d'un conseiller territorial fait l'objet d'un écrêtement, *(L. org. n° 2013-402 du 17 mai 2013, art. 7)* « la part écrêtée est reversée au budget de la personne publique au sein de laquelle le conseiller territorial exerce le plus récemment un mandat ou une fonction ».

Art. L. 6434-4 *(L. n° 2007-224 du 21 févr. 2007, art. 1er)* Lorsque le président du conseil territorial et les vice-présidents ayant reçu délégation de celui-ci utilisent le *(Ord. n° 2009-1530 du 10 déc. 2009)* « chèque emploi service universel prévu par l'article L. 1522-1 du code du travail » pour assurer la rémunération des salariés chargés soit de la garde des enfants, soit de l'assistance aux personnes âgées, handicapées ou à celles qui ont besoin d'une aide personnelle à leur domicile ou d'une aide à la mobilité dans l'environnement de proximité favorisant leur maintien à domicile en application de *(Ord. n° 2009-1530 du 10 déc. 2009)* « l'article L. 1522-1 précité du même code », le conseil territorial peut leur accorder par délibération une aide financière, dans des conditions fixées par décret.

Le bénéfice du présent article ne peut se cumuler avec celui des dispositions du quatrième alinéa de l'article L. 6434-5.

SECTION 3 Responsabilité de la collectivité en cas d'accident

Art. L. 6434-5 *(L. n° 2007-224 du 21 févr. 2007, art. 1er)* Les membres du conseil territorial peuvent recevoir une indemnité de déplacement et le remboursement des frais de séjour qu'ils ont engagés pour prendre part aux réunions du conseil territorial, des commissions et des instances dont ils font partie.

Les membres du conseil territorial en situation de handicap peuvent également bénéficier du remboursement des frais spécifiques de déplacement, d'accompagnement et d'aide technique qu'ils ont engagés et qui sont liés à l'exercice de leur mandat.

Ils ont en outre droit au remboursement des frais supplémentaires de transport et de séjour pouvant résulter de l'exercice des mandats spéciaux dont ils sont chargés par le conseil territorial.

Les autres dépenses liées à l'exercice d'un mandat spécial peuvent leur être remboursées par la collectivité sur présentation d'un état de frais et après délibération du conseil territorial. Le remboursement des frais de garde d'enfants ou d'assistance aux personnes âgées, handicapées ou à celles qui ont besoin d'une aide personnelle à leur domicile ne peut excéder, par heure, le montant horaire du salaire minimum de croissance.

Art. L. 6434-6 *(L. n° 2007-224 du 21 févr. 2007, art. 1er)* Lorsque les conseillers territoriaux sont victimes d'un accident survenu dans l'exercice de leurs fonctions, la collectivité verse directement aux praticiens, pharmaciens, auxiliaires médicaux, fournisseurs ainsi qu'aux établissements de santé le montant des prestations afférentes à cet accident calculé selon les tarifs appliqués en matière d'assurance maladie.

SECTION 4 Responsabilité et protection des élus

Art. L.O. 6434-7 La collectivité est tenue d'accorder sa protection au président du conseil territorial, au conseiller territorial le suppléant ou ayant reçu une délégation, ou à l'un de ces élus ayant cessé ses fonctions lorsque celui-ci fait l'objet de poursuites pénales à l'occasion de faits qui n'ont pas le caractère de faute détachable de l'exercice de ses fonctions.

Art. L.O. 6434-8 Le président du conseil territorial, les vice-présidents ou les conseillers territoriaux ayant reçu délégation bénéficient, à l'occasion de leurs fonctions, d'une protection organisée par la collectivité conformément aux règles fixées par le code pénal, les lois spéciales et le présent code.

La collectivité est tenue de protéger le président du conseil territorial, les vice-présidents ou les conseillers territoriaux ayant reçu délégation contre les violences, menaces ou outrages dont ils pourraient être victimes à l'occasion de leurs fonctions et de réparer, le cas échéant, le préjudice qui en est résulté.

Art. L. 6434-9 *(L. nº 2007-224 du 21 févr. 2007, art. 1er)* Sous réserve des dispositions du quatrième alinéa de l'article 121-3 du code pénal, le président du conseil territorial ou un conseiller territorial le suppléant ou ayant reçu une délégation ne peut être condamné sur le fondement du troisième alinéa de ce même article pour des faits non intentionnels commis dans l'exercice de ses fonctions que s'il est établi qu'il n'a pas accompli les diligences normales compte tenu de ses compétences, du pouvoir et des moyens dont il disposait ainsi que des difficultés propres aux missions que la loi lui confie.

Art. L. 6434-10 *(L. nº 2007-224 du 21 févr. 2007, art. 1er)* La collectivité est subrogée aux droits de la victime pour obtenir des auteurs des infractions visées au second alinéa de l'article L.O. 6434-8 la restitution des sommes versées à l'élu intéressé. Elle dispose en outre, aux mêmes fins, d'une action directe qu'elle peut exercer, au besoin par voie de constitution de partie civile, devant la juridiction pénale.

SECTION 5 Honorariat des conseillers territoriaux

Art. L. 6434-11 *(L. nº 2007-224 du 21 févr. 2007, art. 1er)* L'honorariat est conféré par le représentant de l'État aux anciens conseillers territoriaux de la collectivité qui ont exercé leurs fonctions électives pendant quinze ans au moins.

L'honorariat ne peut être refusé ou retiré par le représentant de l'État que si l'intéressé a fait l'objet d'une condamnation entraînant l'inéligibilité.

L'honorariat n'est assorti d'aucun avantage financier imputable sur le budget de la collectivité.

TITRE IV PARTICIPATION DES ÉLECTEURS À *[LA]* VIE DE LA COLLECTIVITÉ

CHAPITRE I PÉTITION DES ÉLECTEURS

Art. L.O. 6441-1 Le conseil territorial peut être saisi, par voie de pétition, de toute question relevant de la compétence de la collectivité.

La pétition peut être présentée à titre individuel ou collectif. Elle doit être établie par écrit, sous quelque forme que ce soit, rédigée dans les mêmes termes et signée par 5 % au moins des électeurs inscrits sur les listes électorales à Saint-Pierre-et-Miquelon. Elle doit être datée et comporter le nom, le prénom, l'adresse de chaque pétitionnaire et le numéro de son inscription sur la liste électorale.

La pétition est adressée au président du conseil territorial. Le conseil exécutif se prononce sur la recevabilité de la pétition par une décision motivée, qui peut faire l'objet d'un recours devant le tribunal administratif.

Lorsque la pétition est recevable, le président du conseil territorial en fait rapport à la plus prochaine session.

CHAPITRE II RÉFÉRENDUM LOCAL

Art. L.O. 6442-1 I. – Le conseil territorial peut soumettre à référendum tout projet de délibération tendant à régler une affaire de sa compétence, à l'exception, d'une part, des avis qu'il est appelé à rendre sur les projets et propositions de loi et sur les projets d'ordonnance, d'autre part, des propositions qu'il peut adopter dans le cadre des articles L.O. 6461-12, L.O. 6461-14 et L.O. 6461-15.

II. – Sur proposition du conseil exécutif, le conseil territorial peut soumettre au référendum tout projet d'acte réglementaire relevant des attributions du président du conseil territorial ou du conseil exécutif.

III. – Les articles L.O. 1112-3 à L.O. 1112-14 sont applicables à la collectivité de Saint-Pierre-et-Miquelon.

IV. — Les dispositions du code électoral mentionnées aux articles L.O. 1112-9 à L.O. 1112-13 du présent code sont applicables dans les conditions fixées par le chapitre I du titre IV du livre VI du code électoral.

CHAPITRE III CONSULTATION DES ÉLECTEURS

Art. L.O. 6443-1 I. — Les électeurs de la collectivité peuvent être consultés sur les décisions que le conseil territorial envisage de prendre pour régler les affaires relevant de sa compétence. La consultation peut être limitée aux électeurs d'une partie du ressort de la collectivité, pour les affaires intéressant spécialement cette partie de la collectivité.

II. — Un dixième des électeurs peut saisir le conseil territorial en vue de l'organisation d'une consultation sur toute affaire relevant de la décision de ce conseil.

Dans l'année, un électeur ne peut signer qu'une seule saisine tendant à l'organisation d'une même consultation.

III. — Le ou les organisateurs d'une demande de consultation dans la collectivité sont tenus de communiquer au président du conseil territorial une copie des listes électorales des communes où sont inscrits les auteurs de la demande.

IV. — La décision d'organiser la consultation appartient au conseil territorial.

V. — Le conseil territorial arrête le principe et les modalités d'organisation de cette consultation. Sa délibération indique expressément que cette consultation n'est qu'une demande d'avis. Elle fixe le jour du scrutin et convoque les électeurs. Elle est transmise deux mois au moins avant la date du scrutin au représentant de l'État. Si celui-ci l'estime illégale, il dispose d'un délai de dix jours à compter de sa réception pour la déférer au tribunal administratif. Il peut assortir son recours d'une demande de suspension.

VI. — Le président du tribunal administratif ou le magistrat délégué par lui statue dans un délai d'un mois, en premier et dernier ressort, sur la demande de suspension. Il est fait droit à cette demande si l'un des moyens invoqués paraît, en l'état de l'instruction, propre à créer un doute sérieux quant à la légalité du projet soumis à consultation.

Lorsque la délibération organisant la consultation est de nature à compromettre l'exercice d'une liberté publique ou individuelle, le président du tribunal administratif ou le magistrat délégué par lui en prononce la suspension dans les quarante-huit heures.

VII. — Le représentant de l'État notifie la délibération dans un délai de quinze jours aux maires des communes dans lesquelles la consultation est prévue, sauf s'il a été fait droit à sa demande de suspension.

Les maires organisent le scrutin. Si un maire refuse de procéder à cette organisation, le représentant de l'État, après l'en avoir requis, y procède d'office.

VIII. — Les dépenses liées à l'organisation de la consultation des électeurs constituent une dépense obligatoire de la collectivité. Le deuxième alinéa de l'article L.O. 1112-5 est applicable.

IX. — Les électeurs font connaître par "oui" ou par "non" s'ils approuvent le projet de délibération ou d'acte qui leur est présenté. Après avoir pris connaissance du résultat de la consultation, le conseil territorial arrête sa décision sur l'affaire qui en a fait l'objet.

X. — Les onze premiers alinéas de l'article L.O. 1112-6 et les articles L.O. 1112-8 à L.O. 1112-14 sont applicables à la consultation des électeurs.

Pendant le délai d'un an à compter de la tenue d'un référendum local ou d'une consultation des électeurs à l'initiative de la collectivité, celle-ci ne peut organiser une autre consultation portant sur le même objet.

XI. — Les dispositions du code électoral mentionnées aux articles L.O. 1112-9 à L.O. 1112-13 du présent code sont applicables dans les conditions fixées par le chapitre I du titre IV du livre VI du code électoral.

TITRE V RÉGIME JURIDIQUE DES ACTES PRIS PAR LES AUTORITÉS DE LA COLLECTIVITÉ ET RELATIONS ENTRE L'ÉTAT ET LA COLLECTIVITÉ

CHAPITRE I PUBLICITÉ ET ENTRÉE EN VIGUEUR

Art. L.O. 6451-1 Les actes pris par les autorités de la collectivité sont exécutoires de plein droit dès qu'il a été procédé à leur publication au *Journal officiel* de Saint-Pierre-et-Miquelon, à leur affichage ou à leur notification aux intéressés ainsi qu'à leur transmission au représentant de l'État.

La publication ou l'affichage de ces actes est également organisé, à titre complémentaire mais non exclusif, sur support numérique.

Le président du conseil territorial certifie, sous sa responsabilité, le caractère exécutoire de ces actes.

La transmission de ces actes peut s'effectuer par tout moyen, y compris par voie électronique selon des modalités fixées par décret en Conseil d'État. *— V. art. R. 6451-1 s.*

La preuve de la réception des actes par le représentant de l'État peut être apportée par tout moyen. L'accusé de réception, qui est immédiatement délivré, peut être utilisé à cet effet mais n'est pas une condition du caractère exécutoire des actes.

Art. L.O. 6451-2 Sont soumis aux dispositions de l'article L.O. 6451-1 les actes suivants :

1° Les délibérations du conseil territorial ou les décisions prises par délégation du conseil territorial en application des articles L.O. 6462-10 et L.O. 6462-12 ;

2° Les décisions réglementaires et individuelles prises par le président du conseil territorial dans l'exercice de son pouvoir de police en application de l'article L.O. 6462-6, à l'exclusion de celles relatives à la circulation et au stationnement ;

3° Les actes à caractère réglementaire pris par les autorités de la collectivité dans tous les autres domaines qui relèvent de leur compétence en application de la loi ;

4° Les conventions relatives aux marchés, à l'exception des marchés passés sans formalité préalable en raison de leur montant, et aux emprunts ainsi que les conventions de concession ou d'affermage de services publics locaux à caractère industriel ou commercial et les contrats de partenariat ;

5° Les décisions individuelles relatives à la nomination, à l'avancement de grade ou d'échelon, à la mise à la retraite d'office, aux sanctions soumises à l'avis du conseil de discipline des fonctionnaires, ainsi que les décisions individuelles relatives au recrutement, y compris le contrat d'engagement, et au licenciement des agents non titulaires, à l'exception de celles prises dans le cadre d'un besoin saisonnier ou occasionnel, en application des dispositions statutaires relatives à la fonction publique territoriale ;

6° Les ordres de réquisition du comptable pris par le président du conseil territorial ;

7° Les décisions relevant de l'exercice de prérogatives de puissance publique, prises par les sociétés d'économie mixte locales pour le compte de la collectivité ;

8° Les permis de construire et les autres autorisations individuelles d'occupation du sol.

Art. L.O. 6451-3 Les actes réglementaires pris par les autorités de la collectivité sont publiés au *Journal officiel* de Saint-Pierre-et-Miquelon.

Art. L.O. 6451-4 Les actes pris au nom de la collectivité et autres que ceux mentionnés à l'article L.O. 6451-2 sont exécutoires de plein droit dès qu'il a été procédé à leur affichage ou à leur notification aux intéressés.

Le représentant de l'État peut en demander communication à tout moment. Il ne peut les déférer au tribunal administratif, dans un délai de deux mois à compter de leur communication, que si la demande a été présentée dans le délai de deux mois à compter de la date à laquelle les actes sont devenus exécutoires.

Art. L.O. 6451-5 Les actes pris par les autorités de la collectivité au nom de l'État ainsi que les actes relevant du droit privé ne sont pas soumis aux dispositions du présent titre et demeurent régis par les dispositions qui leur sont propres.

Art. L. 6451-6 *(L. n° 2007-224 du 21 févr. 2007, art. 1er)* Aux conventions de délégation de service public de la collectivité transmises par application du 4° de l'article

L.O. 6451-2 au représentant de l'État dans un délai de quinze jours à compter de leur signature, le président du conseil territorial joint l'ensemble des pièces dont la liste est fixée par décret en Conseil d'État.

Il certifie par une mention apposée sur la convention notifiée au titulaire de la délégation qu'elle a bien été transmise, en précisant la date de cette transmission.

Il informe, dans un délai de quinze jours, le représentant de l'État de la date de notification de cette convention.

CHAPITRE II **CONTRÔLE DE LÉGALITÉ**

Art. L.O. 6452-1 Le représentant de l'État défère au tribunal administratif les actes mentionnés à l'article L.O. 6451-2 qu'il estime contraires à la légalité dans les deux mois suivant leur transmission.

Lorsque le représentant de l'État défère un acte au tribunal administratif, il en informe sans délai l'autorité de la collectivité et lui communique toutes précisions sur les illégalités invoquées à l'encontre de l'acte concerné.

Sur demande du président du conseil territorial, le représentant de l'État l'informe de son intention de ne pas déférer au tribunal administratif un acte des autorités de la collectivité qui lui a été transmis en application des articles L.O. 6451-1 et L. 6451-6.

Le représentant de l'État peut assortir son recours d'une demande de suspension. Il est fait droit à cette demande si l'un des moyens invoqués paraît, en l'état de l'instruction, propre à créer un doute sérieux quant à la légalité de l'acte attaqué. Il est statué dans un délai d'un mois.

Lorsque le représentant de l'État assortit un recours dirigé contre un acte pris en application de l'article L.O. 6461-3 d'une demande de suspension, cet acte ne peut entrer en vigueur jusqu'à ce que le tribunal administratif ait statué sur cette demande. Si le tribunal administratif n'a pas rendu sa décision dans un délai de trois mois suivant sa saisine, l'acte redevient exécutoire. Les dispositions du présent alinéa ne sont pas applicables en matière fiscale.

Jusqu'à ce que le président du tribunal administratif ou le magistrat délégué par lui ait statué, la demande de suspension en matière d'urbanisme, de marchés publics et de délégation de service public formulée par le représentant de l'État dans les dix jours à compter de la réception de l'acte entraîne la suspension de celui-ci. Au terme d'un délai d'un mois à compter de la réception, si le juge des référés n'a pas statué, l'acte redevient exécutoire.

Lorsque l'acte attaqué est de nature à compromettre l'exercice d'une liberté publique ou individuelle, le président du tribunal administratif ou le magistrat délégué à cet effet en prononce la suspension dans les quarante-huit heures. La décision relative à la suspension est susceptible d'appel devant le Conseil d'État dans la quinzaine de la notification. Dans ce cas, le juge des référés statue dans un délai de quarante-huit heures.

Art. L.O. 6452-2 Sans préjudice du recours direct dont elle dispose, une personne physique ou morale lésée par un acte mentionné aux articles L.O. 6451-2 et L.O. 6451-4 peut, dans un délai de deux mois à compter de la date à laquelle l'acte est devenu exécutoire, demander au représentant de l'État de mettre en œuvre la procédure prévue à l'article L.O. 6452-1.

Pour les actes mentionnés à l'article L.O. 6451-2, cette demande ne peut avoir pour effet de prolonger le délai de recours contentieux dont dispose le représentant de l'État en application de l'article L.O. 6452-1.

Lorsque la demande porte sur un acte mentionné à l'article L.O. 6451-5, le représentant de l'État peut déférer l'acte en cause au tribunal administratif dans les deux mois suivant sa saisine par la personne physique ou morale lésée.

Art. L.O. 6452-3 *Abrogé par L. org. nº 2010-1486 du 7 déc. 2010, art. 2.*

Art. L.O. 6452-4 Sont illégales :

1° Les délibérations auxquelles ont pris part un ou plusieurs membres du conseil territorial intéressés à l'affaire qui en fait l'objet, soit en leur nom personnel, soit comme mandataires ;

2° Les décisions et délibérations par lesquelles la collectivité renonce soit directement, soit par une clause contractuelle, à exercer toute action en responsabilité à l'égard de toute personne physique ou morale qu'elle rémunère sous quelque forme que ce soit.

Art. L.O. 6452-5 Lorsque le tribunal administratif est saisi d'un recours pour excès de pouvoir ou d'un recours en appréciation de légalité dirigé contre les actes mentionnés aux 1° à 3° de l'article L.O. 6451-2 et que ce recours est fondé sur un moyen sérieux invoquant l'inexacte application de la répartition des compétences entre l'État, la collectivité et les communes ou que ce moyen est soulevé d'office, il transmet le dossier sans délai pour avis au Conseil d'État, par un jugement qui n'est susceptible d'aucun recours. Le Conseil d'État examine la question soulevée dans un délai de trois mois et il est sursis à toute décision sur le fond jusqu'à son avis ou, à défaut, jusqu'à l'expiration de ce délai. Le tribunal administratif statue dans un délai de deux mois à compter de la publication de l'avis au *Journal officiel* de la République française ou de l'expiration du délai imparti au Conseil d'État.

Art. L.O. 6452-6 Le président du conseil territorial porte à la connaissance des membres de celui-ci, lors de la plus proche réunion du conseil territorial qui suit la notification qui lui en est faite, les décisions des juridictions administratives ou judiciaires qui se prononcent sur la légalité des actes des institutions de la collectivité.

Art. L.O. 6452-7 Le présent chapitre est applicable aux établissements publics de la collectivité.

CHAPITRE III EXERCICE PAR UN CONTRIBUABLE OU UN ÉLECTEUR DES ACTIONS APPARTENANT À LA COLLECTIVITÉ

Art. L.O. 6453-1 Tout contribuable inscrit au rôle de la collectivité de Saint-Pierre-et-Miquelon ou tout électeur inscrit sur les listes électorales de la collectivité a le droit d'exercer, tant en demande qu'en défense, à ses frais et risques, avec l'autorisation du tribunal administratif, les actions qu'il croit appartenir à la collectivité et que celle-ci, préalablement appelée à en délibérer, a refusé ou négligé d'exercer.

Le contribuable ou l'électeur adresse au tribunal administratif un mémoire.

Le président du conseil territorial soumet ce mémoire au conseil territorial lors de la plus proche réunion tenue en application des articles L.O. 6431-9 et L.O. 6431-10.

Lorsqu'un jugement est intervenu, le contribuable ou l'électeur ne peut se pourvoir en appel ou en cassation qu'en vertu d'une nouvelle autorisation.

CHAPITRE IV RELATIONS ENTRE L'ÉTAT ET LA COLLECTIVITÉ

SECTION 1 Services de l'État mis à disposition

Art. L.O. 6454-1 Des conventions entre l'État et la collectivité territoriale de Saint-Pierre-et-Miquelon fixent les modalités selon lesquelles les agents et les services de l'État sont mis à la disposition de la collectivité et du président du conseil territorial, de façon permanente et en tant que de besoin, notamment pour la préparation et l'exécution des délibérations du conseil territorial.

Dans les conditions prévues par les conventions susmentionnées, le président du conseil territorial adresse directement aux chefs des services visés au premier alinéa toutes instructions nécessaires pour l'exécution des tâches qu'il confie auxdits services. Il contrôle l'exécution de ces tâches.

Il peut, sous sa surveillance et sa responsabilité, donner délégation de signature aux chefs desdits services pour l'exécution des missions qu'il leur confie en application du deuxième alinéa.

Dans les conditions fixées par les conventions visées au premier alinéa, le président du conseil territorial communique chaque année au représentant de l'État son appréciation sur le fonctionnement des services de l'État mis à sa disposition.

Art. L. 6454-2 *(L. n° 2007-224 du 21 févr. 2007, art. 1er)* Les chefs des services de l'État mis à la disposition de la collectivité territoriale rendent compte au représentant de l'État des activités qu'ils ont exercées pour le compte de celle-ci.

SECTION 2 Coordination entre les services de l'État et les services de la collectivité

Art. L.O. 6454-3 La coordination entre l'action des services de l'État et celle des services de la collectivité à Saint-Pierre-et-Miquelon est assurée conjointement par le représentant de l'État et le président du conseil territorial.

SECTION 3 Responsabilité

Art. L. 6454-4 *(L. nº 2007-224 du 21 févr. 2007, art. 1er)* La collectivité voit sa responsabilité supprimée ou atténuée lorsqu'une autorité relevant de l'État s'est substituée, dans des hypothèses ou selon des modalités non prévues par la loi, au président du conseil territorial pour mettre en œuvre des mesures de police.

TITRE VI ADMINISTRATION ET SERVICES DE LA COLLECTIVITÉ

CHAPITRE I COMPÉTENCES DU CONSEIL TERRITORIAL

Art. L.O. 6461-1 Le conseil territorial règle par ses délibérations les affaires de la collectivité.

Il statue sur tous les objets sur lesquels il est appelé à délibérer par les lois et règlements et, généralement, sur tous les objets intéressant la collectivité dont il est saisi.

Il donne son avis sur tous les objets sur lesquels il est consulté en vertu des lois et règlements ou dont il est saisi par les ministres, sur les changements proposés aux limites territoriales des communes et sur la désignation de leur chef-lieu.

Art. L.O. 6461-2 Le conseil territorial fixe les règles applicables à Saint-Pierre-et-Miquelon dans les matières énumérées au II de l'article L.O. 6414-1.

Toutefois, l'État demeure compétent pour fixer, dans les matières mentionnées ci-dessus, les règles relatives à la recherche, à la constatation et à la répression des infractions, sans préjudice de l'article L.O. 6461-4.

Art. L.O. 6461-3 Les délibérations par lesquelles le conseil territorial adopte les règles qui relèvent, dans les matières énumérées au II de l'article L.O. 6414-1, du domaine de la loi, sont adoptées au scrutin public à la majorité absolue des membres du conseil territorial.

Art. L.O. 6461-4 I. – Dans les matières mentionnées au II de l'article L.O. 6414-1, le conseil territorial peut assortir les infractions aux règles qu'il édicte de peines d'amende n'excédant pas le maximum prévu par le code pénal en matière contraventionnelle et respectant la classification des contraventions prévue par le même code.

II. – Le conseil territorial peut également prévoir l'application de peines correctionnelles sous réserve d'une homologation de sa délibération par la loi ; jusqu'à l'entrée en vigueur de la loi d'homologation, les auteurs des infractions prévues par la délibération sont passibles des peines d'amende applicables aux auteurs de contraventions de la cinquième classe.

III. – Sous la réserve prévue au II, le conseil territorial peut assortir ces infractions de sanctions complémentaires à prononcer par les tribunaux, dans la limite de celles qui sont prévues par la législation et la réglementation pénales pour les infractions de même nature.

Sans préjudice des sanctions pénales prévues aux I, II et présent III, les infractions aux règles d'assiette et de recouvrement des impôts, droits, taxes et redevances institués par le conseil territorial peuvent être assorties par celui-ci d'amendes, majorations, intérêts ou indemnités de retard appliqués par l'administration.

Le produit des amendes, majorations, intérêts ou indemnités de retard mentionnés au présent article est versé au budget de la collectivité territoriale.

IV. – Le conseil territorial peut édicter des contraventions de grande voirie pour réprimer les atteintes au domaine public de la collectivité. Ces contraventions ne peuvent excéder le maximum prévu pour les infractions de même nature par les lois et règlements applicables en matière de grande voirie.

Le produit des condamnations est versé au budget de la collectivité.

Art. L.O. 6461-5 I. — Le conseil territorial peut, lorsqu'il y a été habilité à sa demande, par la loi ou par le décret selon le cas, adapter aux caractéristiques et aux contraintes particulières de la collectivité les dispositions législatives ou réglementaires en vigueur.

La demande d'habilitation tendant à adapter une disposition législative ou réglementaire est adoptée par délibération motivée du conseil territorial.

Cette délibération mentionne les dispositions législatives ou réglementaires en cause ou, lorsque la demande porte sur l'adaptation d'une disposition réglementaire non encore publiée et nécessaire à l'application d'une disposition législative, la disposition législative en cause.

Elle expose les caractéristiques et contraintes particulières justifiant la demande d'habilitation et précise la nature et la finalité des dispositions que le conseil territorial envisage de prendre.

La demande d'habilitation ne peut porter sur une disposition législative ou réglementaire ressortissant à l'une des matières mentionnées au quatrième alinéa de l'article 74 de la Constitution.

II. — La demande d'habilitation devient caduque :

1° Le dernier jour du mois qui précède celui du renouvellement normal du conseil territorial ;

2° Le jour de la dissolution ou de l'annulation de l'élection de l'ensemble des membres du conseil territorial qui l'a adoptée ;

3° Le jour de la vacance de l'ensemble des sièges du conseil territorial en dehors des cas prévus au 2°.

III. — Les actes pris en application du présent article sont adoptés à la majorité absolue des membres du conseil territorial. Ils ne peuvent être soumis au référendum local ou à la consultation des électeurs.

La collectivité dispose de la faculté accordée aux départements et régions d'outre-mer par l'art. 73 Const. d'adapter les lois et règlements. Ces dispositions ne sont pas contraires à l'art. 74 Const., sous réserve de l'impossibilité de recourir à la procédure de l'art. 38 Const. pour accorder cette habilitation. • Cons. const. 15 févr. 2007, n° 2007-547 DC (L. org. portant dispositions statutaires et institutionnelles relatives à l'outre-mer, consid. 41).

Art. L.O. 6461-6 La délibération prévue à l'article L.O. 6461-5 est publiée au *Journal officiel* de la République française, après sa transmission au Premier ministre et au représentant de l'État. Elle entre en vigueur le lendemain de cette publication.

Art. L.O. 6461-7 Les recours dirigés contre cette délibération sont portés devant le Conseil d'État.

Le représentant de l'État peut, dans le mois qui suit la transmission prévue à l'article L.O. 6461-6, déférer la délibération au Conseil d'État. Ce recours en suspend l'exécution jusqu'à ce que le Conseil d'État ait rendu sa décision. Si celle-ci n'est pas intervenue dans un délai de trois mois suivant sa saisine, la délibération redevient exécutoire.

Art. L.O. 6461-8 L'habilitation accordée par la loi ou par le décret au conseil territorial expire à l'issue d'un délai de deux ans à compter de sa publication.

Art. L.O. 6461-9 Les délibérations prises en application de l'habilitation sont adoptées à la majorité absolue des membres du conseil territorial. Elles ne peuvent être soumises au référendum local.

Ces délibérations précisent les dispositions législatives ou réglementaires auxquelles elles dérogent.

Les recours dirigés contre ces délibérations sont portés devant le Conseil d'État. Le représentant de l'État peut les déférer au Conseil d'État dans les conditions et avec les effets prévus à l'article L.O. 6461-7.

Art. L.O. 6461-10 Les dispositions législatives ou réglementaires d'une délibération prise sur le fondement de l'habilitation prévue à l'article L.O. 6461-7 ne peuvent être modifiées, par la loi ou par le règlement selon le cas, que sur mention expresse.

Art. L.O. 6461-11 Le conseil territorial exerce les compétences dévolues par les lois et règlements en vigueur aux conseils départementaux des départements et aux conseils régionaux, ainsi que celles dévolues aux conseils régionaux d'outre-mer par le chapitre III du titre III du livre IV de la quatrième partie, à l'exception de celles relatives :

1° À la construction et à l'entretien général et technique des collèges et des lycées, à l'accueil, à la restauration, à l'hébergement dans ces établissements, au recrutement et à la gestion des personnels techniciens et ouvriers de service exerçant ces missions dans les collèges et les lycées ;

2° À la construction, l'aménagement, l'entretien et la gestion de la voirie classée en route nationale ;

3° À la lutte contre les maladies vectorielles.

Art. L.O. 6461-12 Le conseil territorial peut adresser au ministre chargé de l'outre-mer, par l'intermédiaire du représentant de l'État, des propositions de modification des dispositions législatives ou réglementaires en vigueur, applicables à Saint-Pierre-et-Miquelon, ainsi que toute proposition de dispositions législatives ou réglementaires relatives au développement économique, social et culturel de Saint-Pierre-et-Miquelon.

Il peut également adresser au Premier ministre, par l'intermédiaire du représentant de l'État, des propositions relatives à l'organisation et au fonctionnement des services publics de l'État à Saint-Pierre-et-Miquelon.

Art. L.O. 6461-13 Le conseil territorial est consulté par le ministre chargé de l'outre-mer sur les propositions d'actes de la Communauté européenne et de l'Union européenne pris en application des stipulations des traités relatifs à l'Union européenne et à la Communauté européenne applicables à Saint-Pierre-et-Miquelon, qui ont des incidences particulières sur la situation de l'archipel.

L'avis du conseil territorial est réputé acquis dans un délai d'un mois à compter de la saisine. Ce délai est réduit à quinze jours en cas d'urgence sur demande du représentant de l'État.

Le conseil territorial peut adresser au Gouvernement des propositions pour l'application à Saint-Pierre-et-Miquelon des traités relatifs à l'Union européenne et à la Communauté européenne.

Art. L.O. 6461-14 Le conseil territorial peut adresser au Gouvernement des propositions en vue de la conclusion d'engagements internationaux concernant la coopération régionale entre la République française, les États-Unis et le Canada, ou d'accords avec des organismes régionaux de l'Atlantique Nord, y compris ceux dépendant des institutions spécialisées des Nations unies.

Art. L.O. 6461-15 Dans les domaines de compétence de la collectivité, le conseil territorial de Saint-Pierre-et-Miquelon peut, par délibération, demander aux autorités de la République d'autoriser son président à négocier, dans le respect des engagements internationaux de la France, des accords avec un ou plusieurs États, territoires ou organismes régionaux mentionnés à l'article L.O. 6461-14.

Lorsque cette autorisation est accordée, les autorités de la République sont, à leur demande, représentées à la négociation.

À l'issue de la négociation, le projet d'accord est soumis à la délibération du conseil territorial pour avis. Les autorités de la République peuvent ensuite donner, sous réserve du respect des engagements internationaux de la France, pouvoir au président du conseil territorial aux fins de signature de l'accord.

Art. L.O. 6461-16 Dans le respect des engagements internationaux de la France, la collectivité peut, par délibération du conseil territorial, conclure des conventions avec des autorités locales étrangères pour mener des actions de coopération ou d'aide au développement. Ces conventions précisent l'objet des actions envisagées et le montant prévisionnel des engagements financiers.

Dans les mêmes conditions, si l'urgence le justifie, le conseil territorial peut mettre en œuvre ou financer des actions à caractère humanitaire.

Art. L.O. 6461-17 La collectivité de Saint-Pierre-et-Miquelon peut, avec l'accord des autorités de la République, être membre associé des organismes régionaux mentionnés à l'article L.O. 6461-14 ou observateur auprès de ceux-ci.

Le conseil territorial de Saint-Pierre-et-Miquelon peut saisir le Gouvernement de toute proposition tendant à l'adhésion de la France à ces organismes.

Art. L.O. 6461-18 Le conseil territorial peut recourir aux sociétés d'économie mixte locales et aux sociétés d'économie mixte régies par la loi n° 46-860 du 30 avril 1946 tendant à l'établissement, au financement et à l'exécution de plans d'équipement et de développement des territoires relevant du ministère des collectivités d'outre-mer régies par l'article 74 de la Constitution et de la Nouvelle-Calédonie, pour la mise en œuvre des actions engagées dans le cadre des compétences qui lui sont dévolues en matière de coopération régionale.

Art. L.O. 6461-19 Le droit de transaction peut être réglementé par le conseil territorial en toutes matières administrative, fiscale, douanière ou économique relevant de sa compétence. Lorsque la transaction porte sur des faits constitutifs d'infraction et a pour effet d'éteindre l'action publique, elle ne peut intervenir qu'après accord du procureur de la République.

Pour ne pas être contraires à l'art. 16 DDH, ces dispositions s'entendent comme ne régissant la procédure de transaction que dans les matières relevant de la compétence de la collectivité et dans les seules hypothèses où l'action publique n'a pas encore été mise en mouvement. • Cons. const. 15 févr. 2007, n° 2007-547 DC (L. org. portant dispositions statutaires et institutionnelles relatives à l'outre-mer, consid. 50 à 53).

Art. L.O. 6461-20 Le conseil territorial de Saint-Pierre-et-Miquelon peut autoriser l'ouverture au public de casinos comprenant des locaux spéciaux distincts et séparés où sont pratiqués certains jeux de hasard.

Un décret en Conseil d'État fixe les règles relatives aux modalités de contrôle par l'État de l'installation et du fonctionnement de casinos exploités en vertu de l'alinéa précédent.

Art. L.O. 6461-21 Les décisions de déroger à l'obligation de dépôt auprès de l'État des fonds de la collectivité ou de ses établissements publics, mentionnés au chapitre VIII du titre unique du livre VI de la première partie relèvent de la compétence du conseil territorial, qui peut accorder une délégation à son président dans les conditions prévues à l'article L.O. 6462-12.

CHAPITRE II **COMPÉTENCES DU PRÉSIDENT DU CONSEIL TERRITORIAL**

Art. L.O. 6462-1 Le président du conseil territorial représente la collectivité.

Il prépare et exécute les délibérations du conseil territorial et du conseil exécutif.

Il préside le conseil exécutif.

Art. L.O. 6462-2 Le représentant de l'État peut, dans le cas où il n'y aurait pas été pourvu par le président du conseil territorial et après une mise en demeure restée sans résultat, exercer les attributions dévolues au président du conseil territorial pour l'exercice des pouvoirs de police afférents à la gestion du domaine de la collectivité.

Art. L.O. 6462-3 Le président du conseil territorial procède à la désignation des membres du conseil territorial pour siéger au sein d'organismes extérieurs dans les cas et conditions prévus par les dispositions régissant ces organismes. La fixation par les dispositions précitées de la durée des fonctions assignées à ces membres ne fait pas obstacle à ce qu'il puisse être procédé à tout moment, et pour le reste de cette durée, à leur remplacement par une nouvelle désignation opérée dans les mêmes formes.

Art. L.O. 6462-4 Le président du conseil territorial est l'ordonnateur des dépenses de la collectivité et prescrit l'exécution des recettes de celle-ci, sous réserve des dispositions particulières du code des impôts applicable à Saint-Pierre-et-Miquelon relatives au recouvrement des recettes fiscales des collectivités territoriales.

Il impute en section d'investissement les dépenses d'équipement afférentes à des biens meubles ne figurant pas sur les listes et d'une valeur inférieure à un seuil fixés par arrêté des ministres chargés des finances et des collectivités territoriales, sur délibérations expresses de l'assemblée.

Le président du conseil territorial déclaré comptable de fait par un jugement du juge des comptes statuant définitivement est suspendu de sa qualité d'ordonnateur jusqu'à ce qu'il ait reçu quitus de sa gestion. Dans ce cas, le conseil territorial délibère afin de confier à un vice-président les attributions mentionnées au présent article. Cette fonction prend fin dès lors que le président du conseil territorial a reçu quitus de sa gestion.

Art. L.O. 6462-5 Le président du conseil territorial est le chef des services de la collectivité. Il peut, sous sa surveillance et sa responsabilité, donner délégation de signature en toute matière aux responsables desdits services.

Art. L.O. 6462-6 Le président du conseil territorial gère le domaine de la collectivité. À ce titre, il exerce les pouvoirs de police afférents à cette gestion, notamment en ce qui concerne la circulation sur ce domaine, sous réserve des attributions dévolues aux maires et au représentant de l'État par le présent code ainsi que du pouvoir de substitution du représentant de l'État prévu à l'article L.O. 6462-2.

Art. L.O. 6462-7 En vertu d'une délibération du conseil exécutif, le président du conseil territorial intente les actions et défend devant les juridictions au nom de la collectivité.

Il peut, sans autorisation préalable du conseil exécutif, faire tous actes conservatoires ou interruptifs de déchéance.

Art. L.O. 6462-8 Le président du conseil territorial est seul chargé de l'administration. Il peut déléguer par arrêté, sous sa surveillance et sa responsabilité, l'exercice d'une partie de ses fonctions aux vice-présidents. Il peut également déléguer une partie de ses fonctions, dans les mêmes conditions, à des membres du conseil territorial en l'absence ou en cas d'empêchement des vice-présidents ou dès lors que ceux-ci sont tous titulaires d'une délégation. Ces délégations subsistent tant qu'elles ne sont pas rapportées.

Le membre du conseil territorial ayant démissionné de la fonction de président de conseil territorial en application des articles L.O. 141 du code électoral, L. 2122-4 ou L. 4133-3 du présent code ne peut recevoir de délégation jusqu'au terme de son mandat de conseiller territorial ou jusqu'à la cessation du mandat ou de la fonction l'ayant placé en situation d'incompatibilité.

Sauf disposition contraire dans la délibération portant délégation, le président du conseil territorial peut subdéléguer, dans les conditions prévues par le premier alinéa, les attributions qui lui sont confiées par le conseil territorial en application des dispositions du présent chapitre.

Art. L.O. 6462-9 Le président du conseil territorial peut saisir le tribunal administratif d'une demande d'avis portant sur l'interprétation du statut de Saint-Pierre-et-Miquelon ou sur l'applicabilité dans cette collectivité d'un texte législatif ou réglementaire.

En cas de difficulté sérieuse, le président du tribunal administratif peut transmettre cette demande au Conseil d'État.

Lorsque la demande d'avis porte sur la répartition des compétences entre l'État, la collectivité ou les communes, elle est examinée par le Conseil d'État auquel elle est transmise sans délai. Le représentant de l'État en est immédiatement informé.

Art. L.O. 6462-10 Le président du conseil territorial, par délégation du conseil territorial, peut être chargé, pour la durée de son mandat, de prendre toute décision concernant la préparation, la passation, l'exécution et le règlement des marchés de travaux, de fournitures et de services qui peuvent être passés sans formalité préalable en raison de leur montant, lorsque les crédits sont inscrits au budget.

Le président du conseil territorial rend compte à la plus proche réunion utile du conseil territorial de l'exercice de cette compétence et en informe le conseil exécutif.

Art. L.O. 6462-11 La délibération du conseil territorial ou du conseil exécutif chargeant le président du conseil territorial de souscrire un marché déterminé peut être prise avant l'engagement de la procédure de passation de ce marché. Elle comporte alors obligatoirement la définition de l'étendue du besoin à satisfaire et le montant prévisionnel du marché.

Le conseil territorial peut, à tout moment, décider que la signature du marché ne pourra intervenir qu'après une nouvelle délibération, une fois connus l'identité de l'attributaire et le montant du marché.

Les dispositions du présent article ne s'appliquent aux marchés visés à l'article L.O. 6462-10 que lorsque le président du conseil territorial n'a pas reçu la délégation prévue à cet article.

Art. L.O. 6462-12 Le président du conseil territorial peut, par délégation du conseil territorial, dans les limites que celui-ci aura fixées :

1° Procéder à la réalisation des emprunts destinés au financement des investissements prévus par le budget et aux opérations financières utiles à la gestion des emprunts, y compris les opérations de couverture des risques de taux et de change, et passer à cet effet les actes nécessaires ;

2° Réaliser des lignes de trésorerie sur la base d'un montant maximum autorisé par le conseil territorial ;

3° Prendre les décisions de déroger à l'obligation de dépôt des fonds auprès de l'État pour des fonds qui proviennent des excédents de trésorerie résultant de leur cycle d'activité.

Le président informe le conseil territorial des actes pris dans le cadre de ce pouvoir délégué.

Art. L.O. 6462-13 Le président du conseil territorial ou son représentant peut être chargé par les autorités de la République de les représenter au sein d'organismes régionaux de l'Atlantique Nord, y compris ceux dépendant des institutions spécialisées des Nations unies. Les autorités de la République le munissent des instructions et pouvoirs nécessaires.

Dans les domaines de compétence de l'État, le président du conseil territorial ou son représentant peut être associé ou participer au sein de la délégation française aux négociations d'accords avec des États ou territoires situés dans l'Atlantique Nord ou avec des organismes régionaux de cette zone géographique, y compris ceux dépendant des institutions spécialisées des Nations unies.

Art. L.O. 6462-14 Les autorités de la République peuvent délivrer pouvoir au président du conseil territorial ou à son représentant pour négocier et signer des accords mentionnés au dernier alinéa de l'article L.O. 6462-13.

Art. L.O. 6462-15 Le président du conseil territorial ou son représentant participe, à sa demande, au sein de la délégation française, aux négociations avec l'Union européenne et la Communauté européenne relatives aux relations de Saint-Pierre-et-Miquelon avec ces dernières.

Le président du conseil territorial peut demander à l'État de prendre l'initiative de négociations avec l'Union européenne et la Communauté européenne en vue d'obtenir des mesures spécifiques utiles au développement de la collectivité.

CHAPITRE III COMPÉTENCES DU CONSEIL EXÉCUTIF

Art. L.O. 6463-1 Le conseil exécutif arrête les projets de délibérations à soumettre au conseil territorial.

Il prend, sur proposition du président du conseil territorial, les règlements nécessaires à la mise en œuvre des délibérations.

Il exerce les compétences qui lui sont déléguées par le conseil territorial.

Art. L.O. 6463-2 Les membres du conseil exécutif exercent les attributions dévolues aux vice-présidents et membres des commissions permanentes du conseil départemental du département et du conseil régional par les lois et règlements en vigueur.

Art. L.O. 6463-3 Sous réserve des dispositions du chapitre II du présent titre, le conseil exécutif peut charger, dans le cadre des prérogatives qui lui sont conférées par le présent chapitre, chacun de ses membres d'animer et de contrôler un secteur de l'administration par une délibération prise dans les dix jours suivant l'élection des membres du conseil exécutif.

Les attributions individuelles des conseillers exécutifs s'exercent dans le cadre des décisions prises par le conseil exécutif. Chaque conseiller exécutif est responsable devant le conseil exécutif de la gestion des affaires et, le cas échéant, du fonctionnement des services relevant du secteur administratif dont il est chargé. Il tient le conseil exécutif régulièrement informé.

Art. L.O. 6463-4 Le conseil exécutif délibère sur les décisions individuelles relatives à la nomination aux emplois fonctionnels de la collectivité.

Art. L.O. 6463-5 Le conseil exécutif est consulté par le ministre chargé de l'outre-mer ou par le représentant de l'État sur les questions suivantes :

1° Préparation des plans opérationnels de secours nécessaires pour faire face aux risques majeurs et aux catastrophes et coordination et réquisition des moyens concourant à la sécurité civile ;

2° Desserte aérienne et maritime.

Le conseil exécutif dispose d'un délai d'un mois pour émettre son avis. Ce délai est de quinze jours en cas d'urgence, à la demande du représentant de l'État.

Le présent article n'est applicable ni aux projets et propositions de loi relatifs aux questions et matières mentionnées ci-dessus, ni aux projets d'ordonnance relatifs à ces questions et matières.

Art. L.O. 6463-6 Le conseil exécutif peut émettre des vœux sur les questions relevant de la compétence de l'État. Ces vœux sont publiés au *Journal officiel* de Saint-Pierre-et-Miquelon.

Art. L.O. 6463-7 Le conseil exécutif est consulté en matière de communication audiovisuelle :

1° Par le représentant de l'État, sur toute décision relevant du Gouvernement de la République et propre à Saint-Pierre-et-Miquelon ;

2° Par *(L. org. nº 2021-1381 du 25 oct. 2021, art. 2)* « l'Autorité de régulation de la communication audiovisuelle et numérique », sur toute décision réglementaire ou individuelle relevant de sa compétence ou concernant la société nationale de programme chargée de la conception et de la programmation d'émissions de télévision et de radiodiffusion sonore destinées à être diffusées outre-mer, lorsque ces décisions sont propres à la collectivité.

L'avis est réputé donné s'il n'est pas intervenu dans un délai d'un mois qui peut être réduit, en cas d'urgence, à la demande du représentant de l'État ou *(L. org. nº 2021-1381 du 25 oct. 2021, art. 2)* « de l'Autorité de régulation de la communication audiovisuelle et numérique » selon le cas, sans pouvoir être inférieur à quarante-huit heures.

Art. L.O. 6463-8 Le conseil exécutif est informé des projets d'engagements internationaux de la France qui interviennent dans les matières énumérées au II de l'article L.O. 6414-1.

Art. L.O. 6463-9 Les décisions du conseil exécutif sont prises à la majorité de ses membres. En cas de partage égal des voix, celle du président est prépondérante.

Les décisions du conseil exécutif sont signées par le président et contresignées par les membres du conseil exécutif chargés de leur exécution.

TITRE VII FINANCES DE LA COLLECTIVITÉ

CHAPITRE I BUDGETS ET COMPTES

SECTION 1 Dispositions générales

Art. L.O. 6471-1 Le budget de la collectivité est l'acte par lequel sont prévues et autorisées les recettes et les dépenses annuelles de la collectivité.

Le budget est établi en section de fonctionnement et section d'investissement, tant en recettes qu'en dépenses.

Certaines interventions, activités ou services sont individualisés au sein de budgets annexes.

Le budget est divisé en chapitres et en articles.

Un arrêté conjoint du ministre chargé du budget et du ministre chargé de l'outre-mer fixe les conditions d'application du présent article.

SECTION 2 **Adoption du budget et règlement des comptes**

Art. L.O. 6471-2 Dans un délai de deux mois précédant l'examen du budget, un débat a lieu au conseil territorial sur les orientations budgétaires de l'exercice ainsi que sur les engagements pluriannuels envisagés.

Le projet de budget est préparé et présenté par le président du conseil territorial, qui est tenu de le communiquer aux membres du conseil territorial avec les rapports correspondants, douze jours au moins avant l'ouverture de la première réunion consacrée à l'examen dudit budget. Le budget primitif, le budget supplémentaire et les décisions modificatives sont votés par le conseil territorial.

Art. L. 6471-3 *(L. n° 2007-224 du 21 févr. 2007, art. 1er)* Les documents budgétaires sont assortis en annexe :

1° De données synthétiques sur la situation financière de la collectivité ;

2° De la liste des concours attribués par la collectivité aux associations sous forme de prestations en nature et de subventions ;

3° De la présentation consolidée des résultats afférents au dernier exercice connu du budget principal et des budgets annexes de la collectivité ;

4° Du bilan certifié conforme du dernier exercice connu de tout organisme dont la collectivité détient une part du capital, ou au bénéfice duquel elle a garanti un emprunt ou versé une subvention supérieurs à 75 000 € ou représentant plus de la moitié du budget dudit organisme ;

5° D'un tableau retraçant l'encours des emprunts garantis par la collectivité ainsi que l'échéancier de leur amortissement ;

6° Des comptes et des annexes produits par les délégataires de service public ;

7° Du tableau des acquisitions et cessions immobilières réalisées pendant la durée de l'exercice.

Les documents visés au 1° font l'objet d'une insertion dans une publication locale diffusée dans la collectivité.

Un décret en Conseil d'État fixe les conditions d'application du présent article.

Art. L.O. 6471-4 Dans le cas où le budget de la collectivité n'a pas été adopté avant le 1er janvier de l'exercice auquel il s'applique, le président du conseil territorial est en droit, jusqu'à l'adoption de ce budget, de mettre en recouvrement les recettes et d'engager, de liquider et de mandater les dépenses de la section de fonctionnement dans la limite de celles inscrites au budget de l'année précédente.

Il est en droit de mandater les dépenses afférentes au remboursement en capital des annuités de la dette venant à échéance avant le vote du budget.

En outre, jusqu'à l'adoption du budget ou jusqu'au 31 mars en l'absence d'adoption du budget avant cette date, le président du conseil territorial peut, sur autorisation du conseil territorial, engager, liquider et mandater les dépenses d'investissement dans la limite du quart des crédits ouverts au budget de l'exercice précédent, non compris les crédits afférents au remboursement de la dette et, pour les dépenses à caractère pluriannuel incluses dans une autorisation de programme, les liquider et les mandater dans la limite des crédits de paiement prévus au titre de l'exercice par la délibération d'ouverture d'autorisation de programme.

L'autorisation mentionnée au troisième alinéa précise le montant et l'affectation des crédits.

Les crédits correspondants, visés aux alinéas précédents, sont inscrits au budget lors de son adoption. Le comptable est en droit de payer les mandats et recouvrer les titres de recettes émis dans les conditions ci-dessus.

Art. L.O. 6471-5 Si le budget n'est pas adopté avant le 31 mars de l'exercice auquel il s'applique, ou avant le 15 avril de l'année du renouvellement du conseil territorial, le représentant de l'État saisit sans délai la chambre territoriale des comptes qui, dans le mois et par un avis public, formule des propositions pour le règlement du budget. Le représentant de l'État règle le budget et le rend exécutoire. Si le représentant de l'État s'écarte des propositions de la chambre territoriale des comptes, il assortit sa décision d'une motivation explicite.

À compter de la saisine de la chambre territoriale des comptes et jusqu'au règlement du budget par le représentant de l'État, le conseil territorial ne peut adopter de délibération sur le budget de l'exercice en cours.

Ces dispositions ne sont pas applicables quand le défaut d'adoption résulte de l'absence de communication avant le 15 mars au conseil territorial d'informations indispensables à l'établissement du budget. La liste de ces informations est fixée par décret. Dans ce cas, le conseil territorial dispose de quinze jours à compter de cette communication pour arrêter le budget.

Art. L.O. 6471-6 Le budget de la collectivité est en équilibre réel lorsque la section de fonctionnement et la section d'investissement sont respectivement votées en équilibre, les recettes et les dépenses ayant été évaluées de façon sincère, et lorsque le prélèvement sur les recettes de la section de fonctionnement au profit de la section d'investissement, ajouté aux recettes propres de cette section à l'exclusion du produit des emprunts et, éventuellement, aux dotations des comptes d'amortissements et de provisions, fournit des ressources suffisantes pour couvrir le remboursement en capital des annuités d'emprunt à échoir au cours de l'exercice.

Art. L.O. 6471-7 Lorsque le budget n'est pas voté en équilibre réel, la chambre territoriale des comptes, saisie par le représentant de l'État dans un délai de trente jours à compter de la transmission prévue à l'article L.O. 6451-1, le constate, propose à la collectivité, dans un délai de trente jours à compter de la saisine, les mesures nécessaires au rétablissement de l'équilibre budgétaire et demande au conseil territorial une nouvelle délibération.

La nouvelle délibération, rectifiant le budget initial, doit intervenir dans un délai d'un mois à partir de la communication des propositions de la chambre territoriale des comptes.

Si le conseil territorial ne s'est pas prononcé dans le délai prescrit, ou si la délibération prise ne comporte pas de mesures de redressement jugées suffisantes par la chambre territoriale des comptes qui se prononce sur ce point dans un délai de quinze jours à partir de la transmission de la nouvelle délibération, le budget est réglé et rendu exécutoire par le représentant de l'État dans la collectivité. Si celui-ci s'écarte des propositions formulées par la chambre territoriale des comptes, il assortit sa décision d'une motivation explicite.

Art. L.O. 6471-8 Toutefois, pour l'application de l'article L.O. 6471-7, n'est pas considéré comme étant en déséquilibre le budget dont la section de fonctionnement comporte ou reprend un excédent et dont la section d'investissement est en équilibre réel, après reprise pour chacune des sections des résultats apparaissant au compte administratif de l'exercice précédent.

Art. L.O. 6471-9 Le budget primitif de la collectivité est transmis au représentant de l'État au plus tard quinze jours après le délai limite fixé pour son adoption par les articles L.O. 6471-5 et L.O. 6471-10. À défaut, il est fait application des dispositions de l'article L.O. 6471-5.

Art. L.O. 6471-10 À compter de la saisine de la chambre territoriale des comptes et jusqu'au terme de la procédure prévue à l'article L.O. 6471-7, le conseil territorial ne peut se prononcer en matière budgétaire, sauf pour la délibération prévue au deuxième alinéa du même article L.O. 6471-7 et pour l'application de l'article L.O. 6471-13.

Lorsque le budget de la collectivité a été réglé et rendu exécutoire par le représentant de l'État, les budgets supplémentaires afférents au même exercice sont transmis par le représentant de l'État à la chambre territoriale des comptes. En outre, le vote de l'organe délibérant sur le compte administratif prévu à l'article L.O. 6471-13 intervient avant le vote du budget primitif afférent à l'exercice suivant. Lorsque le compte administratif adopté dans les conditions ci-dessus mentionnées fait apparaître un déficit dans l'exécution du budget, ce déficit est reporté au budget primitif de l'exercice suivant. Ce budget primitif est transmis à la chambre territoriale des comptes par le représentant de l'État.

S'il est fait application de la procédure définie au deuxième alinéa, les dates fixées au premier alinéa de l'article L.O. 6471-5 pour l'adoption du budget primitif sont reportées respectivement au 1er juin et au 15 juin. Dans ce cas, le délai limite de la transmission du compte de gestion du comptable prévu à l'article L.O. 6471-13 est ramené au 1er mai.

Art. L.O. 6471-11 La transmission du budget de la collectivité à la chambre territoriale des comptes au titre des articles L.O. 6471-7 et L.O. 6471-15 a pour effet de suspendre l'exécution de ce budget jusqu'au terme de la procédure. Toutefois, est applicable à compter de cette transmission l'article L.O. 6471-4. En outre, les dépenses de la section d'investissement de ce budget peuvent être engagées, liquidées et mandatées dans la limite de la moitié des crédits inscrits à ce titre.

Art. L.O. 6471-12 Sous réserve du respect des dispositions des articles L.O. 6471-4, L.O. 6471-10 et L.O. 6471-11, des modifications peuvent être apportées au budget par le conseil territorial, jusqu'au terme de l'exercice auquel elles s'appliquent.

Dans le délai de vingt et un jours suivant la fin de l'exercice budgétaire, le conseil territorial peut, en outre, apporter au budget les modifications permettant d'ajuster les crédits de la section de fonctionnement pour régler les dépenses engagées avant le 31 décembre et inscrire les crédits nécessaires à la réalisation des opérations d'ordre de chacune des deux sections du budget ou entre les deux sections.

Les délibérations relatives aux modifications budgétaires prévues au deuxième alinéa doivent être transmises au représentant de l'État au plus tard cinq jours après le délai limite fixé pour leur adoption. Les mandatements découlant des modifications budgétaires ainsi décidées doivent être achevés au plus tard le 31 janvier suivant l'exercice auquel ils se rapportent.

Art. L.O. 6471-13 L'arrêté des comptes de la collectivité est constitué par le vote du conseil territorial sur le compte administratif présenté par le président du conseil territorial après transmission, au plus tard le 1er juin de l'année suivant l'exercice, du compte de gestion établi par le comptable de la collectivité territoriale. Le vote du conseil territorial arrêtant les comptes doit intervenir au plus tard le 30 juin de l'année suivant l'exercice.

Le compte administratif est arrêté si une majorité des voix ne s'est pas dégagée contre son adoption.

Lorsque le compte administratif fait l'objet d'un rejet par le conseil territorial, le projet de compte administratif joint à la délibération de rejet, tel que présenté par le président du conseil territorial, s'il est conforme au compte de gestion établi par le comptable, après avis rendu sous un mois par la chambre territoriale des comptes saisie sans délai par le représentant de l'État, est substitué au compte administratif pour la mise en œuvre des dispositions prévues à l'article L. 1424-35 et pour la liquidation des attributions au titre du Fonds de compensation pour la taxe sur la valeur ajoutée prévu à l'article L. 1615-6.

Art. L.O. 6471-14 Le compte administratif est transmis au représentant de l'État au plus tard quinze jours après le délai limite fixé pour son adoption par les articles L.O. 6471-10 et L.O. 6471-13.

À défaut, le représentant de l'État saisit, selon la procédure prévue par l'article L.O. 6471-7, la chambre territoriale des comptes du plus proche budget voté par la collectivité.

Art. L.O. 6471-15 Lorsque l'arrêté des comptes de la collectivité fait apparaître dans l'exécution du budget, après vérification de la sincérité des inscriptions de recettes et de dépenses, un déficit égal ou supérieur à 5 %, la chambre territoriale des comptes, saisie par le représentant de l'État, propose à la collectivité les mesures nécessaires au rétablissement de l'équilibre budgétaire dans le délai d'un mois à compter de cette saisine.

Lorsque le budget de la collectivité a fait l'objet des mesures de redressement prévues au premier alinéa, le représentant de l'État transmet à la chambre territoriale des comptes le budget primitif afférent à l'exercice suivant.

Si, lors de l'examen de ce budget primitif, la chambre territoriale des comptes constate que la collectivité n'a pas pris de mesures suffisantes pour résorber ce déficit, elle propose les mesures nécessaires au représentant de l'État dans un délai d'un mois à partir de la transmission prévue au deuxième alinéa. Le représentant de l'État règle le budget et le rend exécutoire. S'il s'écarte des propositions formulées par la chambre territoriale des comptes, il assortit sa décision d'une motivation explicite.

En cas de mise en œuvre des alinéas précédents, la procédure prévue à l'article L.O. 6471-7 n'est pas applicable.

Art. L.O. 6471-16 Ne sont obligatoires pour la collectivité que les dépenses nécessaires à l'acquittement des dettes exigibles et les dépenses pour lesquelles la loi l'a expressément décidé.

La chambre territoriale des comptes, saisie soit par le représentant de l'État, soit par le comptable public concerné, soit par toute personne y ayant intérêt, constate qu'une dépense obligatoire n'a pas été inscrite au budget ou l'a été pour une somme insuffisante. Elle opère cette constatation dans le délai d'un mois à partir de sa saisine et adresse une mise en demeure à la collectivité.

Si, dans un délai d'un mois, cette mise en demeure n'est pas suivie d'effet, la chambre territoriale des comptes demande au représentant de l'État d'inscrire cette dépense au budget et propose, s'il y a lieu, la création de ressources ou la diminution de dépenses facultatives destinées à couvrir la dépense obligatoire. Le représentant de l'État règle et rend exécutoire le budget rectifié en conséquence. S'il s'écarte des propositions formulées par la chambre territoriale des comptes, il assortit sa décision d'une motivation explicite.

Art. L.O. 6471-17 À défaut de mandatement d'une dépense obligatoire par le président du conseil territorial dans le mois suivant la mise en demeure qui lui en a été faite par le représentant de l'État, celui-ci y procède d'office.

Le délai prévu au premier alinéa est porté à deux mois si la dépense est égale ou supérieure à 5 % de la section de fonctionnement du budget primitif.

Art. L.O. 6471-18 Les dispositions des articles L.O. 6471-16 et L.O. 6471-17 ne sont pas applicables à l'inscription et au mandatement des dépenses obligatoires résultant, pour la collectivité et ses établissements publics, d'une décision juridictionnelle passée en force de chose jugée. Ces opérations demeurent régies par les dispositions législatives relatives aux astreintes prononcées en matière administrative et à l'exécution des jugements par les personnes morales de droit public et le code de justice administrative.

Art. L.O. 6471-19 Dans le cadre des commandes publiques, lorsque des intérêts moratoires ne sont pas mandatés en même temps que le principal, ce dernier étant d'un montant supérieur à un seuil fixé par voie réglementaire, le comptable assignataire de la dépense en informe l'ordonnateur et le représentant de l'État dans un délai de dix jours suivant la réception de l'ordre de paiement. Dans un délai de quinze jours, le représentant de l'État adresse à l'ordonnateur une mise en demeure de mandatement. À défaut d'exécution dans un délai d'un mois, le représentant de l'État procède d'office, dans un délai de dix jours, au mandatement de la dépense.

Toutefois, si, dans le délai d'un mois dont il dispose, l'ordonnateur notifie un refus d'exécution motivé par une insuffisance de crédits disponibles ou si, dans ce même délai, le représentant de l'État constate cette insuffisance, celui-ci, dans un délai de quinze jours à compter de cette notification ou de cette constatation, saisit la chambre territoriale des comptes dans les conditions fixées à l'article L.O. 6471-16. Le représentant de l'État procède ensuite au mandatement d'office dans les quinze jours suivant la réception de la délibération inscrivant les crédits ou sa décision réglant le budget rectifié.

Art. L.O. 6471-20 Le conseil territorial est tenu informé dès sa plus proche réunion des avis formulés par la chambre territoriale des comptes et des arrêtés pris par le représentant de l'État en application des dispositions du présent chapitre.

Art. L.O. 6471-21 Le conseil territorial doit se prononcer sur le caractère d'utilité publique des dépenses ayant donné lieu à une déclaration en gestion de fait par la chambre territoriale des comptes au cours de la plus proche séance suivant la transmission de la demande adressée par la chambre territoriale des comptes au comptable de fait et à l'ordonnateur de la collectivité. Passé ce délai, la chambre territoriale des comptes statue sur les dépenses de la gestion de fait dont elle apprécie les justifications présentées.

Art. L.O. 6471-22 Les dispositions du présent chapitre sont applicables aux établissements publics de la collectivité de Saint-Pierre-et-Miquelon.

CHAPITRE II DÉPENSES

Art. L.O. 6472-1 I. – Sont obligatoires pour la collectivité les dépenses qui sont obligatoires pour les départements et les régions, à l'exception des dépenses qui ne relèvent pas de ses compétences en application du I de l'article L.O. 6414-1, et toutes autres dépenses liées à l'exercice d'une compétence attribuée à la collectivité à la date d'entrée en vigueur de la loi organique n° 2007-223 du 21 février 2007 portant dispositions statutaires et institutionnelles relatives à l'outre-mer.

II. – Sont également obligatoires pour la collectivité :

1° Les dépenses relatives aux indemnités de fonction prévues par la section 2 du chapitre IV du titre III du présent livre et à la mise en œuvre du droit à la formation des élus visé à l'article L.O. 6434-1 ainsi que les cotisations au fonds institué par l'article L. 1621-2 ;

2° Les cotisations au régime d'assurance maladie-maternité de la collectivité territoriale de Saint-Pierre-et-Miquelon et les cotisations au régime d'assurance vieillesse des salariés et assimilés de droit privé de Saint-Pierre-et-Miquelon.

Art. L.O. 6472-2 Le conseil territorial peut porter au budget tant en section d'investissement qu'en section de fonctionnement un crédit pour dépenses imprévues. Pour chacune des deux sections du budget, ce crédit ne peut être supérieur à 7,5 % des crédits correspondant aux dépenses réelles prévisionnelles de la section.

Les dépenses inscrites à la section d'investissement en application du premier alinéa ne peuvent être financées par l'emprunt.

Art. L.O. 6472-3 Le crédit pour dépenses imprévues est employé par le président du conseil territorial.

À la première séance qui suit l'ordonnancement de chaque dépense, l'organe exécutif rend compte au conseil territorial, avec pièces justificatives à l'appui, de l'emploi de ce crédit. Les pièces demeurent annexées à la délibération.

Ce crédit ne peut être employé que pour faire face à des dépenses en vue desquelles aucune dotation n'est inscrite au budget.

CHAPITRE III RECETTES

SECTION 1 Dispositions générales

Art. L.O. 6473-1 Le résultat excédentaire de la section de fonctionnement dégagé au titre de l'exercice clos, cumulé avec le résultat antérieur reporté, est affecté en totalité dès la plus proche décision budgétaire suivant le vote du compte administratif et, en tout état de cause, avant la clôture de l'exercice suivant. La délibération d'affectation prise par le conseil territorial est produite à l'appui de la décision budgétaire de reprise de ce résultat.

Le résultat déficitaire de la section de fonctionnement, le besoin de financement ou l'excédent de la section d'investissement sont repris en totalité dès la plus proche décision budgétaire suivant le vote du compte administratif et, en tout état de cause, avant la fin de l'exercice.

Entre la date limite de mandatement fixée au dernier alinéa de l'article L.O. 6471-12 et la date limite de vote des taux des impositions locales, le conseil territorial peut, au titre de l'exercice clos et avant l'adoption de son compte administratif, reporter de manière anticipée au budget le résultat de la section de fonctionnement, le besoin de financement de la section d'investissement ou, le cas échéant, l'excédent de la section d'investissement ainsi que la prévision d'affectation.

Si le compte administratif fait apparaître une différence avec les montants reportés par anticipation, le conseil territorial procède à leur régularisation et à la reprise du résultat dans la plus proche décision budgétaire suivant le vote du compte administratif et, en tout état de cause, avant la fin de l'exercice.

Art. L.O. 6473-2 Les recettes de la section de fonctionnement de la collectivité se composent de celles qui sont mentionnées aux articles L. 3332-1, L. 3332-2 et

L. 4331-2 ainsi que de celles qui sont créées par la collectivité dans l'exercice de ses compétences.

Art. L.O. 6473-3 Les recettes de la section d'investissement se composent de celles qui sont mentionnées aux articles L. 3332-3 et L. 4331-3 ainsi que celles qui sont créées par la collectivité dans l'exercice de ses compétences.

Art. L. 6473-4 *(L. nº 2007-224 du 21 févr. 2007, art. 1er)* Les dispositions de l'article L. 3334-1 et de l'article L. 3334-2 sont applicables à la collectivité de Saint-Pierre-et-Miquelon.

Art. L. 6473-5 *(L. nº 2007-224 du 21 févr. 2007, art. 1er)* La collectivité reçoit la dotation forfaitaire dans les conditions prévues à l'article L. 3334-3.

Elle perçoit en outre une quote-part de la dotation de péréquation prévue à l'article L. 3334-4 et du concours particulier prévu à l'article L. 3334-7-1.

Art. L. 6473-6 *(L. nº 2007-224 du 21 févr. 2007, art. 1er)* La collectivité est éligible au Fonds de compensation pour la taxe sur la valeur ajoutée selon les dispositions prévues aux articles L. 1615-1 à L. 1615-12.

SECTION 2 **Dispositions financières**

Art. L. 6473-7 *Abrogé par L. nº 2018-1317 du 28 déc. 2018, art. 259.*

Art. L. 6473-8 *(L. nº 2007-224 du 21 févr. 2007, art. 1er)* Le ministre chargé de l'économie et des finances peut consentir à la collectivité, en cas d'insuffisance momentanée de la trésorerie de cette dernière, des avances imputables sur les ressources du Trésor dans la limite d'un montant maximum fixé chaque année par la loi de finances.

Un décret en Conseil d'État détermine les conditions et les limites dans lesquelles ces avances peuvent être consenties.

Art. L. 6473-9 *(L. nº 2007-224 du 21 févr. 2007, art. 1er)* Le ministre chargé de l'économie et des finances est autorisé à accorder des avances à la collectivité et aux établissements publics de la collectivité qui décident de contracter un emprunt à moyen ou long terme.

Les avances sont remboursées sur le produit de l'emprunt à réaliser et portent intérêt au taux de cet emprunt.

CHAPITRE IV **COMPTABILITÉ**

Art. L. 6474-1 *(L. nº 2007-224 du 21 févr. 2007, art. 1er)* Le président du conseil territorial tient la comptabilité de l'engagement des dépenses dans les conditions fixées par voie réglementaire.

Art. L. 6474-2 *(L. nº 2007-224 du 21 févr. 2007, art. 1er)* Le comptable de la collectivité est seul chargé d'exécuter, sous réserve des contrôles qui lui incombent, le recouvrement des recettes ainsi que le paiement des dépenses de la collectivité dans la limite des crédits régulièrement ouverts par le conseil territorial.

CHAPITRE V **DISPOSITIONS DIVERSES**

Art. L.O. 6475-1 Les dispositions législatives auxquelles renvoie le présent titre sont celles en vigueur à la date de promulgation de la loi organique nº 2007-223 du 21 février 2007 portant dispositions statutaires et institutionnelles relatives à l'outre-mer.

Art. L.O. 6475-2 Les charges nouvelles induites pour la collectivité en application de la loi organique nº 2007-223 du 21 février 2007 portant dispositions statutaires et institutionnelles relatives à l'outre-mer font l'objet des compensations prévues au chapitre IV du titre I du livre VI de la première partie du présent code.

LIVRE V **POLYNÉSIE FRANÇAISE**

(L. n° 2010-1657 du 29 déc. 2010, art. 168)

Art. L. 6500 *(L. n° 2019-1479 du 28 déc. 2019, art. 75)* **À compter de l'exercice budgétaire 2020, il est institué, par prélèvement sur les recettes de l'État, une dotation globale d'autonomie au bénéfice de la Polynésie française, destinée à compenser les charges de fonctionnement supportées par cette collectivité dans le cadre de la reconversion économique et structurelle de la Polynésie française que l'État accompagne consécutivement à la cessation des essais nucléaires en application du dernier alinéa de l'article 6-1 de la loi organique n° 2004-192 du 27 février 2004 portant statut d'autonomie de la Polynésie française.**

Les charges mentionnées au premier alinéa sont déterminées par référence au montant des flux financiers qui résultaient de l'activité du centre d'expérimentation du Pacifique. Ces flux financiers sont composés, d'une part, des recettes fiscales et douanières perçues par le territoire de la Polynésie française et, d'autre part, des dépenses liées à l'activité du centre d'expérimentation du Pacifique ayant un impact économique effectuées sur le territoire.

La dotation globale d'autonomie au bénéfice de la Polynésie française est libre d'emploi et fait l'objet de versements mensuels.

SEPTIÈME PARTIE **AUTRES COLLECTIVITÉS RÉGIES PAR L'ARTICLE 73 DE LA CONSTITUTION**

(L. nº 2011-884 du 27 juill. 2011, art. 1-24º)

BIBL. GÉN ▶ Dossier : Le nouveau droit en outre-mer, *JCP Adm. 2011. nºs 2342 s.* – Jos, Les nouvelles collectivités territoriales régies par l'article 73 de la Constitution : des statuts « sur mesure » destinés à répondre aux aspirations des élus et électeurs locaux, *RFDA 2012. 73*. – Lingibé, Guyane et Martinique : décryptage, *AJCT 2011. 559*. – Verpeaux, Différenciation(s) et identité(s) dans l'outre-mer français, *AJDA 2011. 2233*.

Loi nº 2011-884 du 27 juillet 2011,

Relative aux collectivités territoriales de Guyane et de Martinique.

Art. 15 *[...]* III. — En Guyane et en Martinique, jusqu'à l'élection des conseillers à l'assemblée, une commission tripartite réunissant des représentants de l'État, des représentants du conseil départemental et des représentants du conseil régional est chargée de préparer la mise en place de la collectivité territoriale.

Elle est consultée sur les projets d'ordonnances prévues au I.

Elle est chargée d'évaluer et de contrôler la réalité des charges, engagements et garanties du département et de la région transférés à la collectivité unique au moyen de comptes certifiés présentant les situations comptables au 1er janvier de l'année de la disparition du département et de la région.

Elle peut organiser des concertations avec les organisations représentatives du personnel du département et de la région afin de préparer les transferts prévus au 2º du même I.

Un décret détermine le fonctionnement de cette commission. — *V. Décr. nº 2011-1905 du 19 déc. 2011, infra.*

[...]

Art. 16 I. — Pour l'application en Guyane des dispositions législatives autres que celles modifiées par la présente loi :

1º La référence au département, au département d'outre-mer, à la région ou à la région d'outre-mer est remplacée par la référence à la collectivité territoriale de Guyane ;

2º La référence au conseil départemental ou au conseil régional est remplacée par la référence à l'assemblée de Guyane ;

3º La référence aux conseillers départementaux ou aux conseillers régionaux est remplacée par la référence aux conseillers à l'assemblée de Guyane ;

4º La référence au président du conseil départemental ou au président du conseil régional est remplacée par la référence au président de l'assemblée de Guyane.

II. — Pour l'application en Martinique des dispositions législatives autres que celles modifiées par la présente loi :

1º La référence au département, au département d'outre-mer, à la région ou à la région d'outre-mer est remplacée par la référence à la collectivité territoriale de Martinique ;

2º La référence au conseil départemental ou au conseil régional est remplacée par la référence à l'assemblée de Martinique ;

3º La référence aux conseillers départementaux ou aux conseillers régionaux est remplacée par la référence aux conseillers à l'assemblée de Martinique ;

4º La référence au président du conseil départemental ou au président du conseil régional est remplacée par la référence au président du conseil exécutif de Martinique pour les attributions dévolues à l'autorité exécutive de la collectivité et par la référence au président de l'assemblée de Martinique pour les attributions liées à la présidence de l'assemblée délibérante.

....

Art. 21 À l'exception du titre II et des articles 13 à 15 et 17 à 20, la présente loi entre en vigueur :

1º En ce qui concerne les dispositions applicables à la Guyane, à compter de la première réunion de l'assemblée de Guyane suivant sa première élection en *(L. nº 2015-29 du 16 janv. 2015, art. 10)* « décembre » *(L. nº 2013-403 du 17 mai 2013, art. 47)* « 2015 », concomitamment au renouvellement des conseils régionaux et des conseils départementaux ;

2° En ce qui concerne les dispositions applicables à la Martinique, à compter de la première réunion de l'assemblée de Martinique suivant sa première élection en *(L. n° 2015-29 du 16 janv. 2015, art. 10)* « décembre » *(L. n° 2013-403 du 17 mai 2013, art. 47)* « 2015 », concomitamment au renouvellement des conseils régionaux et des conseils départementaux.

(L. n° 2015-1268 du 14 oct. 2015, art. 39) « Par dérogation à l'article L. 192 du code électoral, dans sa rédaction résultant de la loi n° 2013-403 du 17 mai 2013 relative à l'élection des conseillers départementaux, des conseillers municipaux et des conseillers communautaires, et modifiant le calendrier électoral, le mandat des conseillers régionaux et départementaux de Guyane et de Martinique en fonction à la date de promulgation de la loi n° 2015-29 du 16 janvier 2015 relative à la délimitation des régions, aux élections régionales et départementales et modifiant le calendrier électoral prend fin lors de la première réunion de plein droit de l'assemblée de Guyane et de l'assemblée de Martinique, prévue, respectivement, aux articles L. 7122-8 et L. 7222-8 du code général des collectivités territoriales, tels qu'ils résultent de l'article 2 de la loi n° 2015-366 du 31 mars 2015 visant à faciliter l'exercice, par les élus locaux, de leur mandat.

« L'assemblée de Guyane règle les affaires du département et de la région de Guyane à compter de cette date et jusqu'au 31 décembre 2015.

« Le président de l'assemblée de Guyane est ordonnateur des comptes du département et de la région de Guyane pendant cette même période.

« L'assemblée de Martinique règle les affaires du département et de la région de Martinique à compter de cette date et jusqu'au 31 décembre 2015.

« Le président du conseil exécutif de Martinique est ordonnateur des comptes du département et de la région de Martinique pendant cette même période. »

(L. n° 2015-29 du 16 janv. 2015, art. 10) « Le mandat des membres des assemblées de Guyane et de Martinique élus en décembre 2015 prend fin en mars 2021. »

Décret n° 2011-1905 du 19 décembre 2011,

Relatif aux commissions tripartites prévues à l'article 15 de la loi n° 2011-884 du 27 juillet 2011 relative aux collectivités territoriales de Guyane et de Martinique.

Art. 1er La commission tripartite créée en Guyane et en Martinique se réunit au moins une fois par trimestre afin d'examiner toute question relative à la mise en place de la collectivité territoriale. Elle peut également se réunir à la demande d'un de ses membres.

Elle est consultée sur les projets d'ordonnance prévus au I de l'article 15 de la loi du 27 juillet 2011 susvisée.

Elle est chargée d'évaluer et de contrôler la réalité des charges, engagements et garanties du département et de la région transférés à la collectivité territoriale au moyen de comptes certifiés présentant les situations comptables au 1er janvier de l'année de la disparition du département et de la région.

Elle peut organiser des concertations avec les organisations représentatives du personnel du département et de la région afin de préparer les transferts des personnels, des biens et des finances à la collectivité territoriale.

Art. 2 La commission tripartite est composée de douze membres :

1° Quatre représentants de l'État : le préfet de région, président, le directeur régional des finances publiques et deux représentants des services déconcentrés de l'État, ou leurs représentants ;

2° Quatre représentants du conseil départemental désignés en son sein par le président du conseil départemental ;

3° Quatre représentants du conseil régional désignés en son sein par le président du conseil régional.

Un suppléant est désigné dans les mêmes conditions pour chacun des membres de la commission cités aux 2° et 3° de l'article 2.

Art. 3 Les membres de la commission cités aux 2° et 3° de l'article 2 peuvent être assistés, avec voix consultative, par les chefs de service du conseil départemental et du conseil régional concernés par l'ordre du jour. Le président de la commission tripartite peut fixer le nombre maximal des chefs de services associés.

Art. 4 La commission se réunit sur convocation de son président, qui fixe l'ordre du jour. Cette convocation peut être envoyée par tous moyens, y compris par télécopie ou par courrier électronique. Il en est de même des pièces ou documents nécessaires à la préparation de la réunion ou établis à l'issue de celle-ci.

Art. 5 La commission peut, sur décision de son président, entendre toute personne extérieure dont l'audition est de nature à éclairer ses délibérations. Les personnes ainsi entendues ne participent pas au vote.

Art. 6 Lorsque la commission tripartite est consultée sur les projets d'ordonnance ou sur la réalité des charges, engagements et garanties du département et de la région transférés à la collectivité unique, elle se réunit dans les conditions définies aux articles R. 133-8 à R. 133-10, R. 133-13 et R. 133-14 du code des relations entre le public et l'administration.

Art. 7 Lorsque la commission est réunie en application des premier et quatrième alinéas de l'article 1er, ses membres reçoivent une convocation au moins trois jours avant la date prévue pour sa réunion. Aucun quorum n'est exigé.

Les délibérations de la commission qui, le cas échéant, se déroulent à l'issue d'une concertation prévue au quatrième alinéa de l'article 1er ne donnent pas lieu à vote.

Art. 8 La commission se prononce à la majorité des voix des membres présents ou représentés.

Art. 9 Le secrétariat de la commission est assuré par la préfecture.

Art. 10 Les membres de la commission ne perçoivent aucune indemnité du fait de leurs fonctions au sein de la commission. Ces fonctions n'ouvrent pas droit à indemnisation de frais de déplacement ou de séjour.

Art. 11 La commission est dissoute à la date prévue à l'article 21 de la loi du 27 juillet 2011 susvisée.

LIVRE I COLLECTIVITÉ TERRITORIALE DE GUYANE

(L. n° 2011-884 du 27 juill. 2011, art. 2)

Les dispositions introduites par la L. n° 2011-884 du 27 juill. 2011 sont applicables à compter de la première réunion de l'Assemblée de Guyane suivant sa première élection en déc. 2015, concomitamment au renouvellement des conseils régionaux et des conseils départementaux (L. préc., art. 21, mod. par L. n° 2013-403 du 17 mai 2013, art. 47-III, et L. n° 2015-29 du 16 janv. 2015, art. 10-III-1°, reproduit ss. la présente partie).

TITRE I DISPOSITIONS GÉNÉRALES

CHAPITRE UNIQUE

Art. L. 7111-1 La Guyane constitue une collectivité territoriale de la République régie par l'article 73 de la Constitution qui exerce les compétences attribuées à un département d'outre-mer et à une région d'outre-mer et toutes les compétences qui lui sont dévolues par la loi pour tenir compte de ses caractéristiques et contraintes particulières.

Art. L. 7111-2 La collectivité territoriale de Guyane succède au département de la Guyane et à la région de Guyane dans tous leurs droits et obligations.

La collectivité territoriale de Guyane constituée en application de la L. n° 2011-884 du 27 juill. 2011 est substituée à la région et au département dont elle est issue dans les syndicats dont ils étaient membres.

Par dérogation à l'Ord. n° 2010-638 du 10 juin 2010 portant suppression du régime des conservateurs des hypothèques, les formalités de publicité foncière de la collectivité territoriale de Guyane sont effectuées avant le 31 mars 2016 (Ord. n° 2012-1397 du 13 déc. 2012, art. 4-VII et VIII, mod. par L. n° 2015-1268 du 14 oct. 2015, art. 40).

Art. L. 7111-3 La détermination et le transfert du chef-lieu de la collectivité territoriale de Guyane sont décidés par décret en Conseil d'État, après consultation de l'assemblée de Guyane et des conseils municipaux des communes concernées.

Art. L. 7111-4 Pour l'application du présent code en Guyane :

1° La référence au département, au département d'outre-mer, à la région ou à la région d'outre-mer est remplacée par la référence à la collectivité territoriale de Guyane ;

2° La référence au conseil régional ou au conseil départemental est remplacée par la référence à l'assemblée de Guyane ;

3° La référence au président du conseil départemental ou au président du conseil régional est remplacée par la référence au président de l'assemblée de Guyane ;

4° La référence aux conseillers départementaux ou aux conseillers régionaux est remplacée par la référence aux conseillers à l'assemblée de Guyane ;

5° La référence au conseil économique, social et environnemental régional est remplacée par la référence au conseil économique, social, environnemental, de la culture et de l'éducation ;

6° La référence au conseil de la culture, de l'éducation et de l'environnement est remplacée par la référence au conseil économique, social, environnemental, de la culture et de l'éducation.

TITRE II ORGANES DE LA COLLECTIVITÉ TERRITORIALE DE GUYANE

CHAPITRE I DISPOSITIONS GÉNÉRALES

Art. L. 7121-1 Les organes de la collectivité territoriale de Guyane comprennent l'assemblée de Guyane et son président, assistés du conseil économique, social, environnemental, de la culture et de l'éducation de Guyane *(L. n° 2017-256 du 28 févr. 2017, art. 78)* « et du grand conseil coutumier des populations amérindiennes et bushinenges ».

Art. L. 7121-2 Nul ne peut être à la fois conseiller à l'assemblée de Guyane et membre du conseil économique, social, environnemental, de la culture et de l'éducation de Guyane.

CHAPITRE II L'ASSEMBLÉE DE GUYANE

SECTION 1 Composition

Art. L. 7122-1 La composition de l'assemblée de Guyane et la durée du mandat des conseillers à l'assemblée de Guyane sont déterminées par le chapitre I du titre I du livre VI *bis* du code électoral.

SECTION 2 Démission et dissolution

Art. L. 7122-2 Lorsqu'un conseiller à l'assemblée de Guyane donne sa démission, il l'adresse au président de l'assemblée de Guyane qui en donne immédiatement avis au représentant de l'État dans la collectivité territoriale.

Art. L. 7122-3 Tout conseiller à l'assemblée de Guyane qui, sans excuse valable, a refusé de remplir une des fonctions qui lui sont dévolues par les lois est déclaré démissionnaire par le Conseil d'État. Le refus résulte soit d'une déclaration expresse adressée à qui de droit ou rendue publique par son auteur, soit de l'abstention persistante après avertissement de l'autorité chargée de la convocation.

Le conseiller ainsi démissionnaire ne peut être réélu avant le délai d'un an.

Art. L. 7122-4 Lorsque le fonctionnement de l'assemblée de Guyane se révèle impossible, le Gouvernement peut en prononcer la dissolution par décret motivé pris en conseil des ministres ; il en informe le Parlement dans le délai le plus bref.

La dissolution ne peut jamais être prononcée par voie de mesure générale.

Art. L. 7122-5 En cas de dissolution de l'assemblée de Guyane, de démission de tous les conseillers en exercice ou d'annulation devenue définitive de l'élection de tous les conseillers, le président est chargé de l'expédition des affaires courantes. Ses décisions ne sont exécutoires qu'avec l'accord du représentant de l'État dans la collectivité territoriale. Il est procédé à la réélection de l'assemblée de Guyane dans un délai de deux mois. L'assemblée se réunit de plein droit le premier vendredi qui suit son élection.

Le représentant de l'État dans la collectivité territoriale convoque chaque conseiller élu pour la première réunion, dont il fixe l'heure et le lieu.

SECTION 3 Fonctionnement

SOUS-SECTION 1 Siège et règlement intérieur

Art. L. 7122-6 L'assemblée de Guyane a son siège à l'hôtel de la collectivité territoriale de Guyane.

Art. L. 7122-7 L'assemblée de Guyane établit son règlement intérieur dans le mois qui suit son renouvellement. Le règlement intérieur peut être déféré devant le tribunal administratif.

SOUS-SECTION 2 Réunions

Art. L. 7122-8 La première réunion de l'assemblée de Guyane se tient de plein droit le premier vendredi qui suit son élection.

(L. n° 2015-366 du 31 mars 2015, art. 2) « Lors de la première réunion de l'assemblée, immédiatement après l'élection du président, des vice-présidents et des autres membres de la commission permanente, le président donne lecture de la charte de l'élu local prévue à l'article L. 1111-1-1. Le président remet aux conseillers à l'assemblée une copie de la charte de l'élu local et du chapitre V du présent titre. »

Art. L. 7122-9 L'assemblée de Guyane se réunit à l'initiative de son président, au moins une fois par trimestre, au chef-lieu de la collectivité territoriale ou dans tout autre lieu choisi par la commission permanente.

Art. L. 7122-9-1 *(L. nº 2022-217 du 21 févr. 2022, art. 170)* Le président peut décider que la réunion de l'assemblée de Guyane se tient en plusieurs lieux, par visioconférence.

Lorsque la réunion de l'assemblée de Guyane se tient par visioconférence, le quorum est apprécié en fonction de la présence des conseillers à l'assemblée de Guyane dans les différents lieux par visioconférence.

Les votes ne peuvent avoir lieu qu'au scrutin public. En cas d'adoption d'une demande de vote secret, le président reporte le point de l'ordre du jour à une séance ultérieure, qui ne peut se tenir par visioconférence. Le scrutin public peut être organisé soit par appel nominal, soit par scrutin électronique, dans des conditions garantissant sa sincérité. En cas de partage des voix, la voix du président est prépondérante. Le président proclame le résultat du vote, qui est reproduit au procès-verbal avec le nom des votants.

La réunion de l'assemblée de Guyane ne peut se tenir en plusieurs lieux par visioconférence pour l'élection du président et de la commission permanente, ni pour l'adoption du budget primitif, ni pour l'application des articles L. 7122-23 et L. 7122-25. L'assemblée de Guyane se réunit en un seul et même lieu au moins une fois par semestre.

Lorsque la réunion de l'assemblée de Guyane se tient entièrement ou partiellement par visioconférence, elle est diffusée en direct à l'attention du public sur le site internet de la collectivité territoriale de Guyane. Lorsque des lieux sont mis à disposition par l'assemblée de Guyane pour la tenue d'une de ses réunions par visioconférence, chacun d'entre eux est accessible au public.

Lorsque la réunion de l'assemblée de Guyane se tient entièrement ou partiellement par visioconférence, il en est fait mention dans la convocation adressée en application de l'article L. 7122-20.

Le règlement intérieur fixe les modalités pratiques de déroulement des réunions en plusieurs lieux par visioconférence.

Art. L. 7122-10 L'assemblée de Guyane est également réunie à la demande :

1° De la commission permanente ;

2° Ou du tiers de ses membres sur un ordre du jour déterminé, pour une durée qui ne peut excéder deux jours. Un même conseiller à l'assemblée de Guyane ne peut présenter plus d'une demande de réunion par semestre.

En cas de circonstances exceptionnelles, les conseillers à l'assemblée de Guyane peuvent être réunis par décret.

SOUS-SECTION 3 **Séances**

Art. L. 7122-11 Les séances de l'assemblée de Guyane sont publiques.

Néanmoins, sur la demande de cinq membres ou du président, l'assemblée peut décider, sans débat, à la majorité absolue des membres présents ou représentés, qu'elle se réunit à huis clos.

Sans préjudice des pouvoirs que le président tient de l'article L. 7122-12, ces séances peuvent être retransmises par les moyens de communication audiovisuelle.

Art. L. 7122-12 Le président a seul la police de l'assemblée.

Il peut faire expulser de l'auditoire ou arrêter tout individu qui trouble l'ordre.

En cas de crime ou de délit, il en dresse procès-verbal et le procureur de la République en est immédiatement saisi.

Art. L. 7122-13 Le procès-verbal de chaque séance, rédigé par un des secrétaires, est arrêté au commencement de la séance suivante et signé par le président et le secrétaire.

(Ord. nº 2021-1310 du 7 oct. 2021, art. 29) « Il contient la date et l'heure de la séance, les noms du président, des membres de l'assemblée présents ou représentés et du ou des secrétaires de séance, le quorum, l'ordre du jour de la séance, les délibérations adoptées et les rapports au vu desquels elles ont été adoptées, les demandes de scrutin particulier, le résultat des scrutins précisant, s'agissant des scrutins publics, le nom des votants et le sens de leur vote, et la teneur des discussions au cours de la séance.

« Dans la semaine qui suit la séance au cours de laquelle il a été arrêté, le procès-verbal est publié sous forme électronique de manière permanente et gratuite sur le site internet de la collectivité et un exemplaire sur papier est mis à la disposition du public.

« L'exemplaire original du procès-verbal, qu'il soit établi sur papier ou sur support numérique, est conservé dans des conditions propres à en assurer la pérennité. »

SOUS-SECTION 4 **Délibérations**

Art. L. 7122-14 L'assemblée de Guyane ne peut délibérer si la majorité absolue de ses membres en exercice n'est présente.

Toutefois, si au jour fixé par la convocation l'assemblée ne se réunit pas en nombre suffisant pour délibérer, la réunion se tient de plein droit trois jours plus tard et les délibérations sont alors valables quel que soit le nombre des présents.

Sous réserve des dispositions des articles L. 7123-1, L. 7123-5 et L. 7123-7, les délibérations de l'assemblée sont prises à la majorité des suffrages exprimés.

Art. L. 7122-15 Les votes sont recueillis au scrutin public toutes les fois que le sixième des membres présents le demande. En cas de partage, la voix du président est prépondérante.

Néanmoins, les votes sur les nominations ont toujours lieu au scrutin secret dans les cas où la loi ou le règlement le prévoit expressément. Dans les autres cas, l'assemblée de Guyane peut décider à l'unanimité de ne pas procéder au scrutin secret aux nominations.

Le résultat des scrutins publics, énonçant les noms des votants, est reproduit au procès-verbal.

Art. L. 7122-16 Un conseiller à l'assemblée de Guyane empêché d'assister à une réunion peut donner délégation de vote, pour cette réunion, à un autre membre de l'assemblée.

Un conseiller à l'assemblée de Guyane ne peut recevoir qu'une seule délégation.

Art. L. 7122-17 Les délibérations de l'assemblée de Guyane, ainsi que celles de sa commission permanente lorsqu'elles sont prises par délégation de l'assemblée, sont publiées dans les mêmes formes.

Toute personne a le droit de demander communication des délibérations et procès-verbaux des séances publiques de l'assemblée de Guyane, des délibérations de la commission permanente, des budgets et des comptes de la collectivité territoriale ainsi que des arrêtés du président.

Chacun peut les publier sous sa responsabilité.

La communication des documents mentionnés au deuxième alinéa, qui peut être obtenue aussi bien du président de l'assemblée de Guyane que des services déconcentrés de l'État, intervient dans les conditions prévues à l'article L. 311-9 du code des relations entre le public et l'administration.

Le présent article s'applique aux établissements publics administratifs de la collectivité territoriale.

SOUS-SECTION 5 **Information**

Art. L. 7122-18 Tout conseiller à l'assemblée de Guyane a le droit, dans le cadre de sa fonction, d'être informé des affaires de la collectivité territoriale qui font l'objet d'une délibération.

Art. L. 7122-19 L'assemblée de Guyane assure la diffusion de l'information auprès de ses membres par les moyens matériels qu'elle juge les plus appropriés.

Afin de permettre l'échange d'informations sur les affaires relevant de ses compétences, l'assemblée peut définir les conditions dans lesquelles sont mis à disposition de ses membres, à titre individuel, les moyens informatiques et de télécommunications nécessaires.

Art. L. 7122-20 Douze jours au moins avant la réunion de l'assemblée de Guyane, le président adresse aux conseillers un rapport, sous quelque forme que ce soit, sur chacune des affaires qui doivent leur être soumises.

Les projets sur lesquels le conseil économique, social, environnemental, de la culture et de l'éducation est obligatoirement et préalablement consulté sont adressés simultanément, sous quelque forme que ce soit, aux conseillers.

Les rapports et projets mentionnés aux deux premiers alinéas peuvent être mis à la disposition des conseillers qui le souhaitent par voie électronique de manière sécurisée ; cette mise à disposition fait l'objet d'un avis adressé à chacun de ces conseillers dans les conditions prévues au premier alinéa.

Sans préjudice des dispositions de l'article L. 7122-18, en cas d'urgence, le délai prévu au premier alinéa du présent article peut être abrégé par le président de l'assemblée sans pouvoir être toutefois inférieur à un jour franc.

Le président de l'assemblée rend compte dès l'ouverture de la séance de l'assemblée de Guyane, qui se prononce sur l'urgence et peut décider le renvoi de la discussion, pour tout ou partie, à l'ordre du jour d'une séance ultérieure.

Art. L. 7122-21 Chaque année le président rend compte à l'assemblée de Guyane, par un rapport spécial, de la situation de la collectivité territoriale de Guyane, de l'état d'exécution du schéma d'aménagement régional ainsi que de l'activité et du financement des différents services de la collectivité et des organismes qui dépendent de celle-ci. Le rapport précise l'état d'exécution des délibérations de l'assemblée de Guyane et de la situation financière de la collectivité.

Art. L. 7122-22 Les conseillers à l'assemblée de Guyane ont le droit d'exposer en séance des questions orales ayant trait aux affaires de la collectivité territoriale. Il y est répondu par le président de l'assemblée ou un vice-président désigné par celui-ci. Le règlement intérieur en fixe la fréquence ainsi que les conditions de présentation et d'examen.

SOUS-SECTION 6 **Commissions et représentation au sein d'organismes extérieurs**

Art. L. 7122-23 Après l'élection de sa commission permanente, dans les conditions prévues à l'article L. 7123-5, l'assemblée de Guyane peut former ses commissions et procéder à la désignation de ses membres ou de ses délégués pour siéger au sein d'organismes extérieurs et déléguer une partie de ses attributions à la commission permanente conformément au II de l'article L. 7123-12.

De même, l'assemblée de Guyane peut déléguer à son président l'exercice de certaines de ses attributions en application des articles L. 3211-2, L. 3221-11, L. 3221-12, L. 3221-12-1, L. 4221-5 *(L. n° 2015-1268 du 14 oct. 2015, art. 42-1°)* « , L. 4231-7-1 » et L. 4231-8.

En ce cas et par dérogation aux dispositions de l'article L. 7122-20, les rapports sur les affaires soumises aux conseillers peuvent leur être communiqués en cours de réunion ; une suspension de séance est de droit.

Art. L. 7122-24 L'assemblée de Guyane, lorsqu'un cinquième de ses membres le demande, délibère de la création d'une mission d'information et d'évaluation chargée de recueillir des éléments d'information sur une question d'intérêt local ou de procéder à l'évaluation d'un service public de la collectivité territoriale de Guyane. Un même conseiller ne peut s'associer à une telle demande plus d'une fois par an.

Aucune mission ne peut être créée à partir du 1er janvier de l'année civile qui précède l'année du renouvellement de l'assemblée de Guyane.

Le règlement intérieur fixe les règles de présentation et d'examen de la demande de constitution de la mission, ses modalités de fonctionnement, les modalités de sa composition dans le respect du principe de la représentation proportionnelle, la durée de la mission, qui ne peut excéder six mois à compter de la date de la délibération qui l'a créée, ainsi que les conditions dans lesquelles elle remet son rapport aux conseillers à l'assemblée de Guyane.

Art. L. 7122-25 L'assemblée de Guyane procède à la désignation de ses membres ou de délégués pour siéger au sein d'organismes extérieurs dans les cas et conditions prévus par les dispositions régissant ces organismes, en tenant compte du principe de la représentation proportionnelle des groupes d'élus. La fixation de la durée des fonctions assignées à ces membres ou délégués ne fait pas obstacle à ce qu'il puisse être procédé à tout moment à leur remplacement par une nouvelle désignation opérée dans les mêmes formes.

SOUS-SECTION 7 Fonctionnement des groupes d'élus

Art. L. 7122-26 Le fonctionnement des groupes d'élus peut faire l'objet de délibérations sans que puissent être modifiées, à cette occasion, les décisions relatives au régime indemnitaire des élus.

Les groupes d'élus se constituent par la remise au président de l'assemblée de Guyane d'une déclaration, signée de leurs membres, accompagnée de la liste de ceux-ci et de leur représentant.

Dans les conditions qu'elle définit, l'assemblée de Guyane peut affecter aux groupes d'élus, pour leur usage propre ou pour un usage commun, un local administratif, du matériel de bureau et prendre en charge leurs frais de documentation, de courrier et de télécommunications.

Le président de l'assemblée de Guyane peut, dans les conditions fixées par l'assemblée et sur proposition des représentants de chaque groupe, affecter aux groupes d'élus une ou plusieurs personnes. L'assemblée de Guyane ouvre au budget de la collectivité territoriale, sur un chapitre spécialement créé à cet effet, les crédits nécessaires à ces dépenses, sans qu'ils puissent excéder 30 % du montant total des indemnités versées chaque année aux conseillers à l'assemblée de Guyane *(L. n° 2022-217 du 21 févr. 2022, art. 171)* « , charges sociales incluses ».

Le président de l'assemblée de Guyane est l'ordonnateur des dépenses susmentionnées.

L'élu responsable de chaque groupe d'élus décide des conditions et des modalités d'exécution du service que ces collaborateurs accomplissent auprès du groupe.

Art. L. 7122-27 Lorsque la collectivité territoriale de Guyane diffuse, sous quelque forme que ce soit, un bulletin d'information générale sur les réalisations et la gestion de l'assemblée de Guyane, un espace est réservé à l'expression des groupes d'élus. Les modalités d'application de cette disposition sont définies par le règlement intérieur.

SOUS-SECTION 8 Relations avec le représentant de l'État

Art. L. 7122-28 Le représentant de l'État dans la collectivité territoriale a la charge des intérêts nationaux, du respect des lois et, dans les conditions fixées par le présent code, du contrôle administratif.

Dans les conditions fixées par le présent code, il veille à l'exercice régulier de leurs compétences par les autorités de la collectivité territoriale de Guyane.

Art. L. 7122-29 Le représentant de l'État dans la collectivité territoriale est seul habilité à s'exprimer au nom de l'État devant l'assemblée de Guyane.

Par accord du président de l'assemblée de Guyane et du représentant de l'État dans la collectivité territoriale, celui-ci est entendu par l'assemblée de Guyane.

En outre, sur demande du Premier ministre, le représentant de l'État dans la collectivité territoriale est entendu par l'assemblée de Guyane.

Art. L. 7122-30 Sur sa demande, le président de l'assemblée de Guyane reçoit du représentant de l'État dans la collectivité territoriale les informations nécessaires à l'exercice de ses attributions.

Sur sa demande, le représentant de l'État dans la collectivité territoriale reçoit du président de l'assemblée de Guyane les informations nécessaires à l'exercice de ses attributions.

Art. L. 7122-31 Chaque année, le représentant de l'État dans la collectivité territoriale informe l'assemblée de Guyane, par un rapport spécial, de l'activité des services de l'État dans la collectivité.

Ce rapport spécial donne lieu éventuellement à un débat en présence du représentant de l'État.

CHAPITRE III LE PRÉSIDENT DE L'ASSEMBLÉE DE GUYANE ET LA COMMISSION PERMANENTE

SECTION 1 Le président

SOUS-SECTION 1 Désignation

Art. L. 7123-1 L'assemblée de Guyane élit son président lors de la réunion de droit qui suit chaque renouvellement.

Pour cette élection, elle est présidée par son doyen d'âge, le plus jeune membre faisant fonction de secrétaire. Cette élection ne donne lieu à aucun débat.

L'assemblée de Guyane ne peut dans ce cas délibérer que si les deux tiers de ses membres sont présents. Si cette condition n'est pas remplie, la réunion se tient de plein droit trois jours plus tard. La réunion peut alors avoir lieu sans condition de quorum.

Le président est élu à la majorité absolue des membres pour la durée du mandat des conseillers à l'assemblée de Guyane. Si cette élection n'est pas acquise après les deux premiers tours de scrutin, il est procédé à un troisième tour de scrutin et l'élection a lieu à la majorité relative des membres. En cas d'égalité des voix, l'élection est acquise au bénéfice de l'âge.

Nul ne peut être élu président s'il n'a, préalablement à chaque tour de scrutin, remis aux conseillers à l'assemblée de Guyane, par l'intermédiaire du doyen d'âge, une déclaration écrite présentant les grandes orientations politiques, économiques et sociales de son action pour la durée de son mandat.

SOUS-SECTION 2 Remplacement

Art. L. 7123-2 En cas de vacance du siège de président pour quelque cause que ce soit, les fonctions de président sont provisoirement exercées par un vice-président, dans l'ordre des nominations et, à défaut, par un conseiller désigné par l'assemblée. Il est procédé au renouvellement de la commission permanente dans le délai d'un mois, selon les modalités prévues à l'article L. 7123-5.

En cas de démission du président et de tous les vice-présidents, l'assemblée est convoquée par le doyen d'âge soit pour procéder à la désignation du conseiller prévu au premier alinéa, soit pour procéder au renouvellement de la commission permanente.

SOUS-SECTION 3 Incompatibilités

Art. L. 7123-3 Les fonctions de président de l'assemblée de Guyane sont incompatibles avec l'exercice des fonctions suivantes : maire, président d'un établissement public de coopération intercommunale à fiscalité propre de plus de 50 000 habitants, membre de la Commission européenne, membre du directoire de la Banque centrale européenne ou membre du conseil de la politique monétaire de la Banque de France.

Si le président de l'assemblée de Guyane exerce une fonction le plaçant dans une situation d'incompatibilité prévue au premier alinéa, il cesse de ce fait même d'exercer ses fonctions de président de l'assemblée de Guyane. En cas de contestation, l'incompatibilité prend effet à compter de la date à laquelle la décision juridictionnelle confirmant l'élection devient définitive.

SECTION 2 La commission permanente

Art. L. 7123-4 L'assemblée de Guyane élit les membres de la commission permanente.

La commission permanente est composée du président de l'assemblée de Guyane, de quatre à quinze vice-présidents et, éventuellement, d'un ou plusieurs autres membres, dans la limite de quinze.

Art. L. 7123-5 Aussitôt après l'élection du président et sous sa présidence, l'assemblée de Guyane fixe le nombre des vice-présidents et des autres membres de la commission permanente.

Les membres de la commission permanente autres que le président sont élus au scrutin de liste. Chaque conseiller à l'assemblée de Guyane ou chaque groupe de conseillers peut présenter une liste de candidats. Chaque liste est composée alternativement d'un candidat de chaque sexe. Un groupe de conseillers qui ne dispose pas de membres de chaque sexe en nombre suffisant peut compléter sa liste par des candidats de même sexe.

Les listes sont déposées auprès du président dans l'heure qui suit la décision de l'assemblée relative à la composition de la commission permanente. Si, à l'expiration de ce délai, une seule liste a été déposée, les différents postes de la commission permanente sont alors pourvus immédiatement dans l'ordre de la liste et il en est donné lecture par le président.

Dans le cas contraire, l'assemblée de Guyane procède d'abord à l'élection de la commission permanente qui se déroule à la représentation proportionnelle à la plus forte moyenne, sans panachage ni vote préférentiel, entre les listes mentionnées au deuxième alinéa. Les sièges sont attribués aux candidats dans l'ordre de présentation sur chaque liste. Si plusieurs listes ont la même moyenne pour l'attribution du dernier siège, celui-ci revient à la liste qui a obtenu le plus grand nombre de suffrages. En cas d'égalité de suffrages, le siège est attribué au plus âgé des candidats susceptibles d'être proclamés élus. Si le nombre de candidats figurant sur une liste est inférieur au nombre de sièges qui lui reviennent, le ou les sièges non pourvus sont attribués à la ou aux plus fortes moyennes suivantes.

Après la répartition des sièges de la commission permanente, l'assemblée de Guyane procède à l'élection des vice-présidents au scrutin de liste à la majorité absolue, sans panachage ni vote préférentiel. Sur chacune des listes, l'écart entre le nombre des candidats de chaque sexe ne peut être supérieur à un. Si, après deux tours de scrutin, aucune liste n'a obtenu la majorité absolue, il est procédé à un troisième tour de scrutin et l'élection a lieu à la majorité relative. En cas d'égalité de suffrages, les candidats de la liste ayant la moyenne d'âge la plus élevée sont élus.

Les membres de la commission permanente autres que le président sont nommés pour la même durée que le président.

Art. L. 7123-6 Aussitôt après l'élection de la commission permanente et des vice-présidents, l'assemblée de Guyane se prononce sur l'application du I de l'article L. 7123-12.

Art. L. 7123-7 En cas de vacance de siège de membre de la commission permanente autre que le président, l'assemblée de Guyane peut décider de compléter la commission permanente. La ou les vacances sont alors pourvues selon la procédure prévue aux deuxième et troisième alinéas de l'article L. 7123-5. À défaut d'accord, il est procédé au renouvellement intégral des membres de la commission permanente autres que le président dans les conditions prévues aux quatrième et cinquième alinéas du même article L. 7123-5.

Art. L. 7123-8 Les pouvoirs de la commission permanente expirent à l'ouverture de la première réunion suivant le renouvellement de l'assemblée de Guyane prévue à l'article L. 7122-8.

Art. L. 7123-9 L'élection des membres de la commission permanente peut être contestée dans les conditions, formes et délais prescrits pour les contestations de l'élection des conseillers à l'assemblée de Guyane.

Art. L. 7123-10 Les vice-présidents et les membres de la commission permanente exercent les attributions dévolues respectivement aux vice-présidents et membres des commissions permanentes du conseil départemental et du conseil régional par les lois et règlements en vigueur dans la mesure où elles ne sont pas contraires aux dispositions de la présente partie.

Art. L. 7123-11 La commission permanente ne peut délibérer si la majorité absolue de ses membres n'est présente ou représentée.

Les deux derniers alinéas de l'article L. 7122-14 sont applicables à la commission permanente.

Art. L. 7123-12 I. — Sauf si l'assemblée de Guyane s'y oppose dans les conditions prévues à l'article L. 7123-6, la commission permanente délibère pour :

1° Autoriser les procédures des marchés de travaux, de fournitures et de services ;

2° Approuver les procédures des marchés de travaux, de fournitures et de services dont le principe et les crédits ont été votés par l'assemblée ;

3° Approuver la location des immeubles de la collectivité et autoriser la signature des baux contractés par celle-ci ;

4° Attribuer des subventions présentées par les communes, les syndicats et coopératives, pour l'achat de matériel agricole ;

5° Vendre des objets réformés et de vieux matériels ;

6° Approuver les conventions diverses et les marchés, à l'exception des marchés sans formalité préalable, avenants, protocoles d'accord pour les travaux, fournitures et services, et autoriser le président à les signer ;

7° Attribuer les marchés de maîtrise d'œuvre passés selon les procédures intermédiaires et de concours ;

8° Autoriser la signature par le président des conventions pour les garanties accordées par l'assemblée ;

9° Attribuer, dans les limites prévues par l'assemblée, les aides directes ou indirectes mises en place par les règlements adoptés par celle-ci.

II. — L'assemblée de Guyane peut également déléguer à la commission permanente une partie de ses attributions non mentionnées au I du présent article, à l'exception de celles relatives au vote du budget, à l'approbation du compte administratif et aux mesures de même nature que celles mentionnées à l'article L. 1612-15.

À compter de l'exercice budgétaire 2026, au II du présent art., les mots : « compte administratif » sont remplacés par les mots : « compte financier unique » (Ord. n° 2025-526 du 12 juin 2025, art. 1er et 12).

Art. L. 7123-13 *(L. n° 2022-217 du 21 févr. 2022, art. 170)* Le président de l'assemblée de Guyane peut décider que la réunion de la commission permanente se tient en plusieurs lieux, par visioconférence.

Lorsque la réunion de la commission permanente se tient par visioconférence, le quorum est apprécié en fonction de la présence des membres de la commission permanente dans les différents lieux par visioconférence.

La commission permanente se réunit en un seul et même lieu au moins une fois par semestre.

Lorsque la réunion de la commission permanente se tient entièrement ou partiellement par visioconférence, il en est fait mention dans la convocation.

CHAPITRE IV LE CONSEIL ÉCONOMIQUE, SOCIAL, ENVIRONNEMENTAL, DE LA CULTURE ET DE L'ÉDUCATION DE GUYANE

SECTION 1 Dispositions générales

Art. L. 7124-1 L'assemblée de Guyane est assistée d'un conseil économique, social, environnemental, de la culture et de l'éducation de Guyane.

SECTION 2 Organisation et composition

Art. L. 7124-2 *(L. n° 2022-217 du 21 févr. 2022, art. 251)* « Le conseil peut comprendre des sections, dans des conditions fixées par décret en Conseil d'État.

« Les sections peuvent » émettre des avis. Le conseil se prononce sur les avis et rapports établis par les sections avant leur transmission à l'autorité compétente.

Art. L. 7124-3 La composition du conseil, les conditions de nomination de *(L. n° 2022-217 du 21 févr. 2022, art. 251)* « ses » membres ainsi que la date de *(L. n° 2022-217 du 21 févr. 2022, art. 251)* « son » installation sont fixées par décret en Conseil d'État.

(L. n° 2014-873 du 4 août 2014, art. 71) « Lorsqu'un organisme est appelé à désigner plus d'un membre du conseil, il procède à ces désignations de telle sorte que l'écart

entre le nombre des hommes désignés, d'une part, et des femmes désignées, d'autre part, ne soit pas supérieur à un. La même règle s'applique à la désignation des personnalités qualifiées. »

Les conseillers à l'assemblée de Guyane ne peuvent être membres du conseil.

SECTION 3 Fonctionnement

Art. L. 7124-4 Le conseil économique, social, environnemental, de la culture et de l'éducation de Guyane établit son règlement intérieur.

Art. L. 7124-5 Le conseil économique, social, environnemental, de la culture et de l'éducation de Guyane élit en son sein au scrutin secret, dans les conditions prévues par son règlement intérieur, son président et les membres de sa commission permanente.

Art. L. 7124-6 L'assemblée de Guyane met à la disposition du conseil les moyens nécessaires à son fonctionnement. Ces moyens permettent notamment d'assurer le secrétariat des séances du conseil et de ses sections et commissions. L'assemblée de Guyane met également les services de la collectivité territoriale ou une partie de ceux-ci à la disposition du conseil à titre permanent ou temporaire, notamment pour lui permettre de réaliser des études sur tout projet à caractère économique, social, environnemental, culturel, éducatif ou sportif de sa compétence.

Le président du conseil économique, social, environnemental, de la culture et de l'éducation organise et dirige les personnels et les services mis à la disposition du conseil.

SECTION 4 Garanties et indemnités accordées aux membres du conseil

Art. L. 7124-7 L'article L. 7125-1, les premier et dernier alinéas de l'article L. 7125-22 et l'article L. 7125-33 sont applicables au président, aux vice-présidents et aux membres du conseil économique, social, environnemental, de la culture et de l'éducation de Guyane.

Art. L. 7124-8 Les membres du conseil perçoivent, pour l'exercice effectif de leurs fonctions, une indemnité fixée par l'assemblée de Guyane dans la limite d'un plafond mensuel déterminé par référence aux indemnités maximales prévues pour les conseillers à l'assemblée de Guyane aux articles L. 7125-19 et L. 7125-20. Cette indemnité varie en fonction de la présence des membres aux réunions du conseil ou de ses formations et de leur participation à ses travaux.

Un décret en Conseil d'État définit les modalités d'application du premier alinéa du présent article.

Ils ont en outre droit au remboursement des frais supplémentaires pouvant résulter de l'exercice des mandats spéciaux dont ils sont chargés par leur conseil, dans les conditions prévues aux troisième et quatrième alinéas de l'article L. 7125-22.

Art. L. 7124-9 Indépendamment des autorisations d'absence dont ils bénéficient en application de l'article L. 7124-7, le président, les vice-présidents et les membres du conseil ont droit à un crédit d'heures leur permettant de disposer du temps nécessaire à la préparation des réunions du conseil et des commissions dont ils font partie.

Ce crédit d'heures, forfaitaire et trimestriel, est fixé par référence à la durée hebdomadaire légale du travail.

Il est égal :

1° À l'équivalent de deux fois cette durée pour le président et les vice-présidents ;

2° À l'équivalent de 60 % de cette durée pour les membres du conseil.

En cas de travail à temps partiel, le crédit d'heures est réduit à due proportion.

Les heures non utilisées pendant un trimestre ne sont pas reportables.

L'employeur est tenu d'accorder aux membres du conseil, sur leur demande, l'autorisation d'utiliser le crédit d'heures prévu au présent article. Ce temps d'absence n'est pas payé par l'employeur.

Le temps d'absence utilisé en application de l'article L. 7124-7 et du présent article ne peut dépasser la moitié de la durée légale du travail pour une année civile. Il est assimilé à une durée de travail effective pour la détermination de la durée des congés payés et du droit aux prestations sociales ainsi qu'au regard de tous les droits découlant de l'ancienneté.

Art. L. 7124-10 Le président, les vice-présidents et les membres du conseil ont droit à une formation adaptée à leurs fonctions. L'assemblée de Guyane met à la disposition du conseil les moyens nécessaires à la prise en charge de leurs frais de déplacement, de séjour et d'enseignement, au titre des moyens de fonctionnement prévus à l'article L. 7124-6.

Les modalités d'application du présent article sont fixées par décret.

CHAPITRE IV *BIS* LE GRAND CONSEIL COUTUMIER DES POPULATIONS AMÉRINDIENNES ET BUSHINENGES *(L. nº 2017-256 du 28 févr. 2017, art. 78).*

Art. L. 7124-11 *(L. nº 2017-256 du 28 févr. 2017, art. 78)* Le grand conseil coutumier des populations amérindiennes et bushinenges a pour objet d'assurer la représentation des populations amérindiennes et bushinenges de Guyane et de défendre leurs intérêts juridiques, économiques, sociaux, culturels, éducatifs et environnementaux.

Il est placé auprès du représentant de l'État dans la collectivité territoriale de Guyane.

Art. L. 7124-12 *(L. nº 2017-256 du 28 févr. 2017, art. 78)* Le grand conseil coutumier des populations amérindiennes et bushinenges est composé de :

1° Six représentants des autorités coutumières et traditionnelles amérindiennes désignés par leurs pairs ;

2° Six représentants des autorités coutumières et traditionnelles bushinenges désignés par leurs pairs ;

3° Deux représentants désignés par les organismes et associations représentatifs des populations amérindiennes ;

4° Deux représentants désignés par les organismes et associations représentatifs des populations bushinenges ;

5° Deux personnalités qualifiées désignées par arrêté du ministre chargé de l'outre-mer.

Le grand conseil coutumier élit en son sein, au scrutin secret, un bureau, dans les conditions prévues par son règlement intérieur. Les membres du bureau, composé d'un président, de deux vice-présidents et d'un secrétaire, sont élus pour la moitié de la durée du mandat des membres du conseil et sont rééligibles.

Art. L. 7124-13 *(L. nº 2017-256 du 28 févr. 2017, art. 78)* Les membres du grand conseil coutumier des populations amérindiennes et bushinenges sont désignés pour six ans.

Toute personne désignée pour remplacer un membre du grand conseil coutumier exerce son mandat jusqu'à l'expiration du mandat de la personne qu'elle remplace.

Le mandat des membres du grand conseil coutumier est renouvelable.

Le renouvellement du grand conseil coutumier intervient, au plus tard, dans le mois précédant la fin du mandat de ses membres.

Le grand conseil coutumier peut décider à la majorité absolue de ses membres de procéder à son renouvellement intégral. Le nouveau grand conseil coutumier poursuit jusqu'à son terme le mandat du conseil dissous.

Les sièges devenus vacants en cours de mandat sont pourvus dans un délai de trois mois à compter de la constatation de la vacance.

Art. L. 7124-14 *(L. nº 2017-256 du 28 févr. 2017, art. 78)* Tout projet ou proposition de délibération de l'assemblée de Guyane emportant des conséquences sur l'environnement ou le cadre de vie ou intéressant l'identité des populations amérindiennes et bushinenges est soumis à l'avis préalable du grand conseil coutumier.

Le grand conseil coutumier délibère sur le projet ou la proposition dans un délai d'un mois à compter de sa saisine. S'il ne s'est pas prononcé dans ce délai, son avis est réputé avoir été donné.

Il est saisi, selon les cas, par l'assemblée de Guyane ou son président, par le conseil économique, social, environnemental, de la culture et de l'éducation de Guyane, ou par le représentant de l'État en Guyane.

Art. L. 7124-15 Le *(L. nº 2017-256 du 28 févr. 2017, art. 78)* « grand conseil coutumier » peut être saisi par l'assemblée de Guyane ou son président, par le conseil économique, social, environnemental, de la culture et de l'éducation, ainsi que par le représentant de l'État dans la collectivité territoriale, de toute question intéressant l'environnement, le cadre de vie ou les activités culturelles des populations amérindiennes et bushinenge*[s]*.

Art. L. 7124-16 *(L. nº 2017-256 du 28 févr. 2017, art. 78)* Le grand conseil coutumier peut également se saisir de tout projet ou proposition de délibération de la collectivité territoriale de Guyane intéressant directement l'environnement, le cadre de vie ou les activités culturelles des populations amérindiennes et bushinenges.

Le résultat de l'autosaisine est consigné par procès-verbal. Il est transmis à la délibération de l'assemblée de Guyane.

Le grand conseil coutumier peut désigner l'un de ses membres pour exposer devant l'assemblée de Guyane le résultat de l'autosaisine.

La délibération finale de l'assemblée de Guyane est notifiée au grand conseil coutumier.

Art. L. 7124-17 *(L. nº 2017-256 du 28 févr. 2017, art. 78)* Le grand conseil coutumier des populations amérindiennes et bushinenges peut tenir des réunions communes avec le conseil économique, social, environnemental, de la culture et de l'éducation de Guyane pour examiner des questions entrant dans leur champ commun de compétences.

Art. L. 7124-18 *(L. nº 2017-256 du 28 févr. 2017, art. 78)* Le grand conseil coutumier organise et constate la désignation des autorités coutumières et traditionnelles, et la notifie au représentant de l'État en Guyane. Cette désignation est également notifiée au président de l'assemblée de Guyane.

La délibération de l'assemblée de Guyane fixant le montant des indemnités versées aux autorités coutumières et traditionnelles et les modalités d'attribution est soumise à la consultation du grand conseil coutumier.

Art. L. 7124-19 *(L. nº 2017-256 du 28 févr. 2017, art. 78)* À la demande du grand conseil coutumier des populations amérindiennes et bushinenges, la collectivité territoriale de Guyane peut créer un établissement public de coopération culturelle et environnementale, établissement public à caractère administratif soumis aux règles définies au titre III du livre IV de la première partie du présent code, sous réserve des adaptations prévues aux articles L. 7124-20 à L. 7124-22 du même code. Cet établissement public est chargé de mettre en œuvre l'article L. 412-10 du code de l'environnement.

Art. L. 7124-20 *(L. nº 2017-256 du 28 févr. 2017, art. 78)* L'établissement public prévu à l'article L. 7124-19 est créé par arrêté du représentant de l'État en Guyane.

Art. L. 7124-21 *(L. nº 2017-256 du 28 févr. 2017, art. 78)* Le conseil d'administration de l'établissement public prévu à l'article L. 7124-19 est composé, outre son président, de :

1º Un tiers de représentants du grand conseil coutumier des populations amérindiennes et bushinenges, désignés en son sein ;

2º Un tiers de représentants de la collectivité de Guyane, des autres collectivités territoriales ou de leurs groupements ou d'autres établissements publics locaux ;

3º De représentants de l'État ou de ses établissements publics ;

4º De représentants de fondations ou d'associations concernées ou d'autres personnalités qualifiées.

Le président du conseil d'administration est désigné par arrêté du représentant de l'État en Guyane, sur proposition du grand conseil coutumier des populations amérindiennes et bushinenges.

La durée du mandat du président et des membres du conseil d'administration est de trois ans, renouvelable une fois.

Art. L. 7124-22 *(L. nº 2017-256 du 28 févr. 2017, art. 78)* Les ressources de l'établissement public de coopération culturelle et environnementale prévu à l'article L. 1431-1 comprennent les ressources issues des contrats conclus en application de l'article L. 412-10 du code de l'environnement.

Art. L. 7124-23 *(L. nº 2017-256 du 28 févr. 2017, art. 78)* Un décret en Conseil d'État précise les autres règles statutaires particulières applicables à cet établissement public. *— V. art. D. 7124-40 s.*

CHAPITRE V CONDITIONS D'EXERCICE DES MANDATS

SECTION 1 Garanties accordées aux titulaires de mandats à l'assemblée de Guyane

SOUS-SECTION 1 Garanties accordées dans l'exercice du mandat

Art. L. 7125-1 L'employeur est tenu de laisser à tout salarié de son entreprise conseiller à l'Assemblée de Guyane le temps nécessaire pour se rendre et participer :

1° Aux séances plénières de l'assemblée ;

2° Aux réunions des commissions dont il est membre et instituées par une délibération de l'assemblée ;

3° Aux réunions des assemblées délibérantes et des bureaux des organismes où il a été désigné pour représenter la collectivité territoriale de Guyane ;

(L. nº 2022-217 du 21 févr. 2022, art. 220) « 4° Aux réunions des assemblées, des bureaux et des commissions spécialisées des organismes nationaux où il a été désigné ou élu pour représenter des collectivités territoriales ou des établissements publics en relevant. »

L'élu doit informer l'employeur de la date de la séance ou de la réunion dès qu'il en a connaissance.

L'employeur n'est pas tenu de payer comme temps de travail le temps passé par l'élu aux séances et réunions précitées.

(L. nº 2022-217 du 21 févr. 2022, art. 220) « Au début de son mandat de conseiller à l'assemblée de Guyane, le salarié bénéficie, à sa demande, d'un entretien individuel avec son employeur portant sur les modalités pratiques d'exercice de son mandat au regard de son emploi. Cet entretien ne se substitue pas à l'entretien professionnel mentionné à l'article L. 6315-1 du code du travail.

« L'employeur et le salarié membre de l'assemblée de Guyane peuvent s'accorder sur les mesures à mettre en œuvre pour faciliter la conciliation entre la vie professionnelle et les fonctions électives du salarié et, le cas échéant, sur les conditions de rémunération des temps d'absence consacrés à l'exercice de ces fonctions. »

Art. L. 7125-2 Indépendamment des autorisations d'absence dont ils bénéficient dans les conditions prévues à l'article L. 7125-1, le président et les conseillers à l'assemblée de Guyane ont droit à un crédit d'heures leur permettant de disposer du temps nécessaire à l'administration de la collectivité territoriale ou de l'organisme auprès duquel ils la représentent et à la préparation des réunions des instances où ils siègent.

Ce crédit d'heures, forfaitaire et trimestriel, est égal :

1° Pour le président et chaque vice-président de l'assemblée, à l'équivalent de quatre fois la durée hebdomadaire légale du travail ;

2° Pour les conseillers à l'assemblée, à l'équivalent de trois fois la durée hebdomadaire légale du travail.

Les heures non utilisées pendant un trimestre ne sont pas reportables.

En cas de travail à temps partiel, ce crédit d'heures est réduit proportionnellement à la réduction du temps de travail prévue pour l'emploi considéré.

L'employeur est tenu d'accorder aux élus concernés, sur demande de ceux-ci, l'autorisation d'utiliser le crédit d'heures prévu au présent article. Ce temps d'absence n'est pas payé par l'employeur.

Art. L. 7125-3 Le temps d'absence utilisé en application des articles L. 7125-1 et L. 7125-2 ne peut dépasser la moitié de la durée légale du travail pour une année civile.

Art. L. 7125-4 Des décrets en Conseil d'État fixent, en tant que de besoin, les modalités d'application de la présente sous-section.

SOUS-SECTION 2 Garanties accordées dans l'exercice d'une activité professionnelle

Art. L. 7125-5 Le temps d'absence prévu aux articles L. 7125-1 et L. 7125-2 est assimilé à une durée de travail effective pour la détermination de la durée des congés payés ainsi qu'au regard de tous les droits découlant de l'ancienneté.

Aucune modification de la durée et des horaires de travail prévus par le contrat de travail ne peut, en outre, être effectuée en raison des absences intervenues en application des mêmes articles L. 7125-1 et L. 7125-2 sans l'accord de l'élu concerné.

Art. L. 7125-6 Aucun licenciement ni déclassement professionnel, aucune sanction disciplinaire ne peuvent être prononcés en raison des absences résultant de l'application des articles L. 7125-1 et L. 7125-2, sous peine de nullité et de dommages et intérêts au profit de l'élu.

La réintégration ou le reclassement dans l'emploi est de droit.

Art. L. 7125-7 Le président ou les vice-présidents ayant reçu délégation de celui-ci qui, pour l'exercice de leur mandat, ont cessé d'exercer leur activité professionnelle bénéficient, s'ils sont salariés, des dispositions des articles *(L. n° 2016-1088 du 8 août 2016, art. 9)* « L. 3142-83 à L. 3142-87 » du code du travail relatives aux droits des salariés membres de l'Assemblée nationale et du Sénat.

Art. L. 7125-8 Les fonctionnaires régis par les titres I à IV du statut général de la fonction publique sont placés, sur leur demande, en position de détachement pour exercer l'un des mandats mentionnés à l'article L. 7125-7.

SOUS-SECTION 3 Garanties accordées à l'issue du mandat

Art. L. 7125-9 À la fin de leur mandat, les élus visés à l'article L. 7125-7 bénéficient à leur demande d'un stage de remise à niveau organisé dans l'entreprise, compte tenu notamment de l'évolution de leur poste de travail ou de celle des techniques utilisées.

Art. L. 7125-10 À la fin de son mandat, le président de l'assemblée de Guyane ou tout vice-président ayant reçu délégation de celui-ci qui, pour l'exercice de son mandat, a cessé son activité professionnelle salariée a droit, sur sa demande, à une formation professionnelle et à un bilan de compétences dans les conditions fixées par la sixième partie du code du travail.

Lorsque l'intéressé demande à bénéficier du congé de formation prévu aux articles L. 6322-1 à L. 6322-3 du même code ainsi que du congé de bilan de compétences prévu à l'article L. 6322-42 dudit code, le temps passé au titre du mandat local est assimilé aux durées d'activité exigées pour l'accès à ces congés.

Art. L. 7125-11 À l'occasion du renouvellement général des conseillers à l'assemblée de Guyane, le président ou tout vice-président ayant reçu délégation de celui-ci qui, pour l'exercice de son mandat, avait cessé d'exercer son activité professionnelle perçoit, sur sa demande, une allocation différentielle de fin de mandat s'il se trouve dans l'une des situations suivantes :

1° Être inscrit à l'institution mentionnée à l'article L. 5312-1 du code du travail conformément aux dispositions de l'article L. 5411-1 du même code ;

2° Avoir repris une activité professionnelle lui procurant des revenus inférieurs aux indemnités de fonction qu'il percevait au titre de sa dernière fonction élective.

Le montant mensuel de l'allocation est au plus égal à 80 % de la différence entre le montant de l'indemnité brute mensuelle que l'intéressé percevait pour l'exercice de ses fonctions, dans la limite des taux maximaux fixés à l'article L. 7125-20, et l'ensemble des ressources qu'il perçoit à l'issue du mandat.

L'allocation est versée pendant une période *(L. n° 2015-366 du 31 mars 2015, art. 12)* « d'un an » au plus. Elle n'est pas cumulable avec celles prévues aux articles L. 2123-11-2 et L. 3123-9-2. *(L. n° 2015-366 du 31 mars 2015, art. 12)* « À compter du septième mois suivant le début du versement de l'allocation, le taux mentionné au quatrième alinéa est au plus égal à 40 %. »

Le financement de cette allocation est assuré dans les conditions prévues à l'article L. 1621-2.

Les modalités d'application du présent article sont déterminées par décret en Conseil d'État.

SECTION 2 Droit à la formation

Art. L. 7125-12 Les conseillers à l'assemblée de Guyane ont droit à une formation adaptée à leurs fonctions. *(L. n° 2015-366 du 31 mars 2015, art. 18)* « Une formation est obligatoirement organisée au cours de la première année de mandat pour les élus ayant reçu une délégation. »

Dans les trois mois suivant son renouvellement, l'assemblée de Guyane délibère sur l'exercice du droit à la formation de ses membres. Elle détermine les orientations et les crédits ouverts à ce titre.

(Ord. n° 2021-45 du 20 janv. 2021, art. 4) « L'assemblée de Guyane peut également délibérer sur sa participation au financement de formations dont peuvent bénéficier ses élus à leur initiative au titre de leur droit individuel à la formation mentionnée à l'article L. 7125-12-1. Cette délibération détermine notamment le champ des formations ouvrant droit à cette participation, qui doivent correspondre aux orientations déterminées en application de l'alinéa précédent. La délibération peut limiter cette participation à un montant maximal par formation ainsi qu'à un nombre maximal de formations par élu et par mandat. La part des frais pédagogiques de la formation financée par le fonds du droit individuel à la formation des élus locaux prévu à l'article L. 1621-3 ne peut être inférieure à un taux fixé par décret. »

Un tableau récapitulant les actions de formation des élus financées par la collectivité territoriale est annexé au compte administratif. Il donne lieu à un débat annuel sur la formation des conseillers à l'assemblée de Guyane.

À compter de l'exercice budgétaire 2026, au 4e al. du présent art., les mots : « compte administratif » sont remplacés par les mots : « compte financier unique » (Ord. n° 2025-526 du 12 juin 2025, art. 1er et 12).

Art. L. 7125-12-1 *(L. n° 2015-366 du 31 mars 2015, art. 15)* Les conseillers à l'assemblée de Guyane bénéficient chaque année d'un droit individuel à la formation *(Ord. n° 2021-45 du 20 janv. 2021, art. 6)* « comptabilisé en euros » *(L. n° 2021-771 du 17 juin 2021, art. 3)* « , cumulable sur toute la durée du mandat dans la limite d'un plafond » *(L. n° 2021-771 du 17 juin 2021, art. 6)* « et dont le montant annuel est arrêté pour une période de trois ans ». *(L. n° 2016-341 du 23 mars 2016, art. 1er)* « Il est financé par une cotisation obligatoire dont le taux ne peut être inférieur à 1 %, prélevée sur les indemnités de fonction perçues par les conseillers à l'assemblée de Guyane » *(L. n° 2016-1918 du 29 déc. 2016, art. 140)* « dans les conditions prévues à l'article L. 1621-3 ».

La mise en œuvre du droit individuel à la formation relève de l'initiative de chacun des élus et peut concerner des formations sans lien avec l'exercice du mandat. Ces formations peuvent notamment contribuer à l'acquisition des compétences nécessaires à la réinsertion professionnelle à l'issue du mandat *(Ord. n° 2021-45 du 20 janv. 2021, art. 6)* « lorsque l'élu n'a pas liquidé ses droits à pension au titre de son activité professionnelle. »

(L. n° 2021-771 du 17 juin 2021, art. 4) « Pour assurer le financement d'une formation, le droit individuel à la formation peut être complété, à la demande de son titulaire, par des abondements en droits complémentaires qui peuvent être financés par les collectivités territoriales selon les modalités définies aux articles L. 2123-12, L. 3123-10, L. 4135-10, L. 7125-12 et L. 7227-12. » *(Ord. n° 2021-45 du 20 janv. 2021, art. 6)* « Lorsqu'une formation contribue à sa réinsertion professionnelle, l'élu peut contribuer à son financement en mobilisant son compte personnel d'activité mentionné à l'article L. 5151-1 du code du travail et à l'article 22 *ter* de la loi n° 83-634 du 13 juillet 1983 portant droits et obligations des fonctionnaires, lorsqu'il dispose de droits monétisables. Il peut également contribuer à son financement par un apport personnel augmentant les sommes engagées au titre de son droit individuel à la formation. » *(L. n° 2021-771 du 17 juin 2021, art. 4)* « Ces abondements complémentaires n'entrent pas en compte dans les modes de calcul du montant du droit individuel à la formation des élus définis au premier alinéa du présent article. »

(Ord. n° 2021-45 du 20 janv. 2021, art. 6) « Un décret en Conseil d'État détermine les modalités de calcul, de plafonnement ainsi que de mise en œuvre du droit individuel à la formation. »

Art. L. 7125-13 Indépendamment des autorisations d'absence et du crédit d'heures prévus aux articles L. 7125-1 et L. 7125-2, les conseillers à l'assemblée de Guyane qui ont la qualité de salarié ont droit à un congé de formation. Ce congé est fixé à dix-huit jours par élu pour la durée du mandat et quel que soit le nombre de mandats qu'il détient. Ce congé est renouvelable en cas de réélection.

Les modalités d'application du présent article sont fixées par décret en Conseil d'État.

Art. L. 7125-14 Les frais de déplacement, de séjour et d'enseignement donnent droit à remboursement.

Les pertes de revenu subies par l'élu du fait de l'exercice de son droit à la formation prévu à la présente section sont compensées par la collectivité territoriale dans la limite de dix-huit jours par élu pour la durée du mandat et d'une fois et demie la valeur horaire du salaire minimum de croissance par heure.

(L. nº 2015-366 du 31 mars 2015, art. 18) « Le montant prévisionnel des dépenses de formation *(Ord. nº 2021-45 du 20 janv. 2021, art. 4)* « au titre de l'article L. 7125-12 » ne peut être inférieur à 2 % du montant total des indemnités de fonction qui peuvent être allouées aux conseillers à l'assemblée en application des articles L. 7125-19 et L. 7125-20. Le montant réel *(Ord. nº 2021-45 du 20 janv. 2021, art. 4)* « de ces dépenses » de formation ne peut excéder 20 % du même montant. Les crédits relatifs aux dépenses de formation qui n'ont pas été consommés à la clôture de l'exercice au titre duquel ils ont été inscrits sont affectés en totalité au budget de l'exercice suivant. Ils ne peuvent être reportés au-delà de l'année au cours de laquelle intervient le renouvellement de l'assemblée délibérante. »

Un décret en Conseil d'État fixe les modalités d'application de ces dispositions.

Art. L. 7125-15 Les articles L. 7125-12 à L. 7125-14 ne sont pas applicables aux voyages d'étude des conseillers à l'assemblée. Les délibérations relatives à ces voyages précisent leur objet, qui doit avoir un lien direct avec l'intérêt de la collectivité territoriale, ainsi que leur coût prévisionnel.

Art. L. 7125-16 La présente section ne s'applique que si l'organisme qui dispense la formation a fait l'objet d'un agrément délivré par le ministre *(Ord. nº 2021-45 du 20 janv. 2021, art. 17)* « chargé des collectivités territoriales » dans les conditions fixées à l'article « L. 1221-3 ».

SECTION 3 **Indemnités des titulaires de mandats à l'assemblée de Guyane**

Art. L. 7125-17 Les conseillers à l'assemblée de Guyane reçoivent, pour l'exercice effectif de leurs fonctions, une indemnité fixée par référence au montant du traitement correspondant à l'indice brut terminal de l'échelle indiciaire de la fonction publique.

Art. L. 7125-18 Lorsque l'assemblée de Guyane est renouvelée, la délibération fixant les indemnités de ses membres en application de la présente section intervient dans les trois mois suivant son installation.

Toute délibération concernant les indemnités de fonction d'un ou de plusieurs de ses membres est accompagnée d'un tableau annexe récapitulant l'ensemble des indemnités allouées aux conseillers à l'assemblée de Guyane.

Art. L. 7125-19 Les indemnités maximales votées par l'assemblée de Guyane pour l'exercice effectif des fonctions de conseiller à l'assemblée de Guyane sont déterminées en appliquant au terme de référence mentionné à l'article L. 7125-17 le taux de 48 %.

Le règlement intérieur détermine les conditions dans lesquelles est réduit le montant des indemnités mensuelles allouées aux conseillers à l'assemblée de Guyane en fonction de leur participation effective aux séances plénières, aux réunions des commissions dont ils sont membres et aux réunions des organismes dans lesquels ils représentent la collectivité territoriale de Guyane. Cette réduction ne peut être inférieure à 20 % de ces indemnités par absence non justifiée aux séances plénières. Elle ne saurait, au total, dépasser la moitié de l'indemnité maximale mensuelle pouvant être allouée à chacun des conseillers à l'assemblée de Guyane en application du présent article.

Art. L. 7125-20 L'indemnité de fonction maximale votée par l'assemblée de Guyane pour l'exercice effectif des fonctions de président de l'assemblée de Guyane est déterminée en appliquant au terme de référence mentionné à l'article L. 7125-17 le taux de 145 %. *(L. nº 2017-1837 du 30 déc. 2017, art. 100)* « Elle peut être majorée de 40 %, à condition que ne soit pas dépassé le montant total des indemnités maximales susceptibles d'être allouées aux membres de l'assemblée de Guyane hors prise en compte de ladite majoration. »

L'indemnité de fonction maximale votée par l'assemblée de Guyane pour l'exercice effectif des fonctions de vice-président ayant délégation de l'exécutif de l'assemblée de Guyane est déterminée en appliquant au terme de référence mentionné au même article L. 7125-17 le taux de 57,6 %.

Dans les mêmes conditions, l'indemnité maximale des membres de la commission permanente de l'assemblée de Guyane autres que le président et les vice-présidents ayant délégation de l'exécutif est déterminée en appliquant au terme de référence mentionné au même article L. 7125-17 le taux de 50,4 %.

Art. L. 7125-21 Le conseiller à l'Assemblée de Guyane titulaire d'autres mandats électoraux ou qui siège à ce titre au conseil d'administration d'un établissement public local, du Centre national de la fonction publique territoriale, au conseil d'administration ou au conseil de surveillance d'une société ou qui préside une société ne peut percevoir, pour l'ensemble de ses fonctions, un montant total de rémunération et d'indemnité de fonction supérieur à une fois et demie le montant de l'indemnité parlementaire telle qu'elle est définie à l'article 1er de l'ordonnance nº 58-1210 du 13 décembre 1958 portant loi organique relative à l'indemnité des membres du Parlement. Ce plafond s'entend déduction faite des cotisations sociales obligatoires.

Lorsqu'en application du premier alinéa le montant total de rémunération et d'indemnité de fonction d'un conseiller à l'Assemblée de Guyane fait l'objet d'un écrêtement, *(L. nº 2013-403 du 17 mai 2013, art. 36)* « la part écrêtée est reversée au budget de la personne publique au sein de laquelle le conseiller à l'Assemblée de Guyane exerce le plus récemment un mandat ou une fonction ».

Art. L. 7125-22 Les conseillers à l'assemblée de Guyane peuvent recevoir une indemnité de déplacement et le remboursement des frais de séjour qu'ils ont engagés pour prendre part aux réunions de l'assemblée de Guyane, des commissions et des instances dont ils font partie ès qualités.

Les conseillers à l'assemblée de Guyane handicapés peuvent également bénéficier du remboursement des frais spécifiques de déplacement, d'accompagnement et d'aide technique qu'ils ont engagés et qui sont liés à l'exercice de leur mandat.

(L. nº 2015-366 du 31 mars 2015, art. 10) « Les conseillers à l'assemblée de Guyane peuvent bénéficier d'un remboursement par la collectivité, sur présentation d'un état de frais et après délibération de l'assemblée de Guyane, des frais de garde d'enfants ou d'assistance aux personnes âgées, aux personnes handicapées ou à celles qui ont besoin d'une aide personnelle à leur domicile qu'ils ont engagés en raison de leur participation aux réunions mentionnées à l'article L. 7125-1. Ce remboursement ne peut excéder, par heure, le montant horaire du salaire minimum de croissance. »

Ils ont en outre droit au remboursement des frais supplémentaires de transport et de séjour pouvant résulter de l'exercice des mandats spéciaux dont ils sont chargés par l'assemblée de Guyane.

Les autres dépenses liées à l'exercice d'un mandat spécial peuvent leur être remboursées par la collectivité sur présentation d'un état de frais et après délibération de l'assemblée de Guyane.

Les modalités d'application du présent article sont fixées par décret.

Art. L. 7125-23 Lorsque le président de l'assemblée de Guyane et les vice-présidents ayant reçu délégation de celui-ci utilisent le chèque emploi-service universel prévu à l'article L. 1271-1 du code du travail pour assurer la rémunération des salariés ou des associations ou entreprises agréées chargés soit de la garde des enfants, soit de l'assistance aux personnes âgées, handicapées ou à celles qui ont besoin d'une aide personnelle à leur domicile ou d'une aide à la mobilité dans l'environnement de proximité favorisant leur maintien à domicile en application des articles L. 7231-1 et L. 7232-1 du même code, l'assemblée de Guyane peut accorder par délibération une aide financière en faveur des élus concernés, dans des conditions fixées par décret.

Le bénéfice du présent article ne peut se cumuler avec celui du *(L. n° 2015-366 du 31 mars 2015, art. 10)* « troisième » alinéa de l'article L. 7125-22.

Art. L. 7125-24 Lorsque la résidence personnelle du président de l'assemblée de Guyane se situe en dehors de l'agglomération comprenant la commune chef-lieu de la collectivité et que le domaine de la collectivité territoriale de Guyane comprend un logement de fonction, l'assemblée de Guyane peut fixer par délibération les modalités selon lesquelles ce logement lui est affecté.

Lorsque le domaine de la collectivité territoriale ne comporte pas un tel logement, l'assemblée de Guyane peut, par délibération, décider d'attribuer au président une indemnité de séjour, dans la limite des indemnités journalières allouées à cet effet aux fonctionnaires de l'État, en raison des frais qu'il a engagés pour être présent au chef-lieu de la collectivité pour assurer l'exercice de ses fonctions.

SECTION 4 Protection sociale

SOUS-SECTION 1 Sécurité sociale

Art. L. 7125-25 Le temps d'absence prévu aux articles L. 7125-1 et L. 7125-2 est assimilé à une durée de travail effective pour la détermination du droit aux prestations sociales.

Art. L. 7125-26 Lorsqu'un élu qui perçoit une indemnité de fonction et qui n'a pas interrompu toute activité professionnelle ne peut exercer effectivement ses fonctions en cas de maladie, maternité, paternité ou accident, le montant de l'indemnité de fonction qui lui est versée est au plus égal à la différence entre l'indemnité qui lui était allouée antérieurement et les indemnités journalières versées par son régime de protection sociale.

Les conditions d'application du présent article sont fixées par décret.

Art. L. 7125-27 Lorsque le président de l'assemblée de Guyane ou tout vice-président ayant reçu délégation de celui-ci a cessé d'exercer toute activité professionnelle pour l'exercice de son mandat et ne relève plus, à titre obligatoire, d'un régime de sécurité sociale, il est affilié au régime général de la sécurité sociale pour les prestations en nature et en espèces des assurances maladie, maternité, invalidité et décès.

Les cotisations de la collectivité et celles de l'élu sont calculées sur le montant des indemnités effectivement perçues par ce dernier en application du présent code.

Un décret fixe les conditions d'application du présent article.

SOUS-SECTION 2 Retraite

Art. L. 7125-28 Le président de l'assemblée de Guyane ou les vice-présidents ayant reçu délégation de celui-ci qui, pour la durée de leur mandat, ont cessé d'exercer leur activité professionnelle et n'acquièrent aucun droit à pension au titre d'un régime obligatoire d'assurance vieillesse sont affiliés à l'assurance vieillesse du régime général de la sécurité sociale.

Art. L. 7125-29 Les conseillers à l'assemblée de Guyane autres que ceux visés à l'article L. 7125-28 peuvent constituer une retraite par rente à la gestion de laquelle doivent participer les élus affiliés.

La constitution de la retraite par rente incombe pour moitié à l'élu et pour moitié à la collectivité territoriale de Guyane.

Un décret en Conseil d'État fixe le plafond des taux de cotisation.

Art. L. 7125-30 Les conseillers à l'assemblée de Guyane sont affiliés au régime complémentaire de retraite institué au profit des agents non titulaires des collectivités publiques.

Les pensions versées en exécution du présent article sont cumulables sans limitation avec toutes autres pensions ou retraites.

Art. L. 7125-31 Pour l'application des articles L. 7125-28 à L. 7125-30, les cotisations de la collectivité territoriale de Guyane et celles de ses élus sont calculées sur le montant des indemnités effectivement perçues par ces derniers en application de la section 3 du présent chapitre ou de tout autre texte régissant l'indemnisation de leurs fonctions.

Les cotisations des élus ont un caractère personnel et obligatoire.

Art. L. 7125-32 Les pensions de retraite déjà liquidées et les droits acquis avant le 30 mars 1992 continuent d'être honorés par les institutions et organismes auprès desquels ils ont été constitués ou auprès desquels ils ont été transférés. Les charges correspondantes sont notamment couvertes, le cas échéant, par une subvention d'équilibre versée par les collectivités concernées.

Les élus mentionnés au premier alinéa, en fonction ou ayant acquis des droits à une pension de retraite avant le 30 mars 1992, peuvent continuer à cotiser à ces institutions et organismes.

La collectivité territoriale de Guyane contribue dans la limite prévue à l'article L. 7125-29.

SECTION 5 Responsabilité de la collectivité en cas d'accident

Art. L. 7125-33 La collectivité territoriale de Guyane est responsable, dans les conditions prévues à l'article L. 2123-31, des accidents subis par les conseillers à l'assemblée de Guyane à l'occasion de l'exercice de leurs fonctions.

Art. L. 7125-34 Lorsque les élus mentionnés à l'article L. 7125-33 sont victimes d'un accident survenu dans l'exercice de leurs fonctions, la collectivité territoriale de Guyane verse directement aux praticiens, pharmaciens, auxiliaires médicaux, fournisseurs ainsi qu'aux établissements le montant des prestations afférentes à cet accident calculé selon les tarifs appliqués en matière d'assurance maladie.

SECTION 6 Responsabilité et protection des élus

Art. L. 7125-35 Sous réserve des dispositions du quatrième alinéa de l'article 121-3 du code pénal, le président de l'assemblée ou un conseiller le suppléant ou ayant reçu une délégation ne peut être condamné sur le fondement du troisième alinéa de ce même article pour des faits non intentionnels commis dans l'exercice de ses fonctions que s'il est établi qu'il n'a pas accompli les diligences normales compte tenu de ses compétences, du pouvoir et des moyens dont il disposait ainsi que des difficultés propres aux missions que la loi lui confie.

La collectivité territoriale de Guyane est tenue d'accorder sa protection au président de l'assemblée de Guyane, au conseiller le suppléant ou ayant reçu une délégation ou à l'un de ces élus ayant cessé ses fonctions lorsque celui-ci fait l'objet de poursuites pénales à l'occasion de faits qui n'ont pas le caractère de faute détachable de l'exercice de ses fonctions.

Art. L. 7125-36 Le président de l'assemblée de Guyane, les vice-présidents ou les conseillers ayant reçu délégation bénéficient, à l'occasion de leurs fonctions, d'une protection organisée par la collectivité territoriale conformément aux règles fixées par le code pénal, les lois spéciales et le présent code.

La collectivité territoriale de Guyane est tenue de protéger le président de l'assemblée de Guyane, les vice-présidents ou les conseillers ayant reçu délégation contre les violences, menaces ou outrages dont ils pourraient être victimes à l'occasion de leurs fonctions et de réparer, le cas échéant, le préjudice qui en est résulté.

La collectivité est subrogée aux droits de la victime pour obtenir des auteurs de ces infractions la restitution des sommes versées à l'élu intéressé. Elle dispose en outre, aux mêmes fins, d'une action directe qu'elle peut exercer, au besoin par voie de constitution de partie civile, devant la juridiction pénale.

SECTION 7 Honorariat des anciens conseillers à l'assemblée de Guyane

Art. L. 7125-37 L'honorariat est conféré par le représentant de l'État dans la collectivité territoriale de Guyane aux anciens conseillers à l'assemblée de Guyane qui ont exercé leurs fonctions électives pendant quinze ans au moins.

L'honorariat ne peut être refusé ou retiré par le représentant de l'État que si l'intéressé a fait l'objet d'une condamnation entraînant l'inéligibilité.

L'honorariat n'est assorti d'aucun avantage financier imputable sur le budget de la collectivité territoriale de Guyane.

TITRE III RÉGIME JURIDIQUE DES ACTES PRIS PAR LES AUTORITÉS DE LA COLLECTIVITÉ TERRITORIALE DE GUYANE

CHAPITRE UNIQUE

Art. L. 7131-1 Les délibérations de l'assemblée de Guyane et de la commission permanente ainsi que les actes du président de l'assemblée de Guyane sont soumis au régime juridique des actes pris par les autorités régionales dans les conditions fixées par les chapitres I et II du titre IV du livre I de la quatrième partie.

Art. L. 7131-2 L'exercice par un contribuable des actions appartenant à la collectivité territoriale de Guyane est soumis aux dispositions du chapitre III du même titre IV.

TITRE IV RELATIONS ENTRE LA COLLECTIVITÉ TERRITORIALE DE GUYANE ET LES SERVICES DE L'ÉTAT

CHAPITRE UNIQUE

Art. L. 7141-1 Sont applicables les chapitres I et II du titre V du livre I de la quatrième partie.

TITRE V ATTRIBUTIONS DE LA COLLECTIVITÉ TERRITORIALE DE GUYANE

CHAPITRE I DISPOSITIONS GÉNÉRALES

Art. L. 7151-1 L'assemblée de Guyane règle par ses délibérations les affaires de la collectivité territoriale de Guyane.

Elle a compétence pour promouvoir la coopération régionale, le développement économique, social, sanitaire, culturel et scientifique de la Guyane et l'aménagement de son territoire et pour assurer la préservation de son identité, dans le respect de l'intégrité, de l'autonomie et des attributions des communes.

Elle peut engager des actions complémentaires de celles de l'État, des communes et de leurs groupements et des établissements publics situés dans la collectivité territoriale.

Art. L. 7151-2 L'assemblée de Guyane peut créer des établissements publics dénommés agences, chargés d'assurer la réalisation des projets intéressant la collectivité territoriale de Guyane ainsi que le fonctionnement des services publics de la collectivité.

CHAPITRE II CONSULTATION DE L'ASSEMBLÉE DE GUYANE PAR LE GOUVERNEMENT

Art. L. 7152-1 L'assemblée de Guyane peut présenter des propositions de modification ou d'adaptation des dispositions législatives ou réglementaires en vigueur ou en cours d'élaboration ainsi que toutes propositions relatives aux conditions du développement économique, social et culturel de la collectivité territoriale de Guyane.

(L. nº 2022-217 du 21 févr. 2022, art. 2) « Les propositions adoptées par l'assemblée de Guyane en application du premier alinéa sont transmises, par le président de l'assemblée de Guyane, au Premier ministre, au représentant de l'État en Guyane et, lorsqu'elles portent sur des dispositions législatives, aux présidents de l'Assemblée nationale et du Sénat.

« Le Premier ministre accuse réception des propositions qui lui sont transmises. Un rapport annuel indique les suites qui ont été données à ces propositions. Ce rapport est rendu public. »

Elle peut également faire au Premier ministre toutes remarques ou suggestions concernant le fonctionnement des services publics de l'État dans la collectivité.

Le Premier ministre accuse réception dans les quinze jours et fixe le délai dans lequel il apporte une réponse au fond.

Art. L. 7152-2 L'assemblée de Guyane est consultée sur les projets de loi, d'ordonnance ou de décret comportant des dispositions d'adaptation du régime législatif et de l'organisation administrative de la collectivité territoriale de Guyane.

Son avis est réputé acquis en l'absence de notification au représentant de l'État dans la collectivité territoriale d'un avis exprès dans un délai d'un mois à compter de la saisine ; ce délai est réduit à quinze jours en cas d'urgence, sur demande du représentant de l'État.

Art. L. 7152-3 L'assemblée de Guyane est consultée sur les propositions d'acte de l'Union européenne qui concernent la collectivité territoriale par le Gouvernement. Le second alinéa de l'article L. 7152-2 est applicable.

Elle peut adresser au Gouvernement des propositions pour l'application dans la collectivité territoriale des traités sur l'Union européenne et sur le fonctionnement de l'Union européenne.

Art. L. 7152-4 L'assemblée de Guyane est consultée sur les projets d'attribution ou de renouvellement des concessions portuaires et aéroportuaires concernant la collectivité territoriale de Guyane.

Art. L. 7152-5 L'assemblée de Guyane est saisie pour avis par le représentant de l'État dans la collectivité territoriale, avant le 31 décembre de chaque année, des orientations générales de la programmation des aides de l'État au logement pour l'année suivante.

Ces orientations générales portent sur la répartition des aides par dispositif, d'une part, et la répartition des aides par bassin d'habitat, d'autre part.

CHAPITRE III COOPÉRATION RÉGIONALE

Art. L. 7153-1 L'assemblée de Guyane est saisie pour avis de tout projet d'accord concernant la Guyane dans le cadre de la coopération régionale en matière économique, sociale, technique, scientifique, culturelle, de sécurité civile ou d'environnement entre la République française et les États ou territoires situés au voisinage de la Guyane.

Elle se prononce lors de la première réunion qui suit sa saisine.

Art. L. 7153-2 *(L. nº 2016-1657 du 5 déc. 2016, art. 7)* L'assemblée de Guyane peut adresser au Gouvernement des propositions en vue de la conclusion d'engagements internationaux concernant la coopération régionale entre la République française et les États ou territoires situés au voisinage de la Guyane, les États ou territoires de la Caraïbe ou les États ou territoires du continent américain situés au voisinage de la Caraïbe ou en vue de la conclusion d'accords avec des organismes régionaux, y compris des organismes régionaux dépendant des institutions des Nations unies.

Art. L. 7153-3 *(L. nº 2016-1657 du 5 déc. 2016, art. 8)* « Dans les domaines de compétence de l'État, les autorités de la République peuvent délivrer pouvoir au président de l'assemblée de Guyane pour négocier et signer des accords avec un ou plusieurs États ou territoires voisins de la Guyane, avec un ou plusieurs États ou territoires de la Caraïbe ou situés sur le continent américain au voisinage de la Caraïbe ou avec des organismes régionaux, y compris des organismes régionaux dépendant des institutions des Nations unies. »

Dans le cas où il n'est pas fait application du premier alinéa du présent article, le président de l'assemblée de Guyane ou son représentant peut être associé ou participer, au sein de la délégation française, aux négociations d'accords de même nature. Il est associé ou participe, au sein de la délégation française, à la négociation des projets d'accord visés au premier alinéa de l'article L. 7153-1.

Le président de l'assemblée de Guyane peut être chargé par les autorités de la République de les représenter au sein des organismes régionaux relevant des catégories mentionnées au premier alinéa du présent article. Les autorités de la République le munissent des instructions et pouvoirs nécessaires.

Art. L. 7153-3-1 *(L. nº 2016-1657 du 5 déc. 2016, art. 9)* La collectivité territoriale de Guyane peut adhérer, en qualité de membre ou de membre associé, à une banque régionale de développement ou à une institution de financement dont la France est membre régional, membre associé ou participante au capital. Sur proposition du président de l'assemblée de Guyane, la collectivité territoriale de Guyane peut demander aux autorités de la République d'autoriser son président à négocier et à signer tout instrument tendant à cette adhésion et à la participation au capital de cette banque ou institution de financement, dans les conditions prévues à l'article L. 7153-3.

Art. L. 7153-4 Dans les domaines de compétence de la collectivité territoriale de Guyane, l'assemblée de Guyane peut, par délibération, demander aux autorités de la République d'autoriser son président à négocier, dans le respect des engagements internationaux de la République, des accords avec un ou plusieurs États, territoires ou organismes régionaux mentionnés à l'article L. 7153-3.

Lorsque cette autorisation est accordée, les autorités de la République sont, à leur demande, représentées à la négociation.

À l'issue de la négociation, le projet d'accord est soumis à la délibération de l'assemblée de Guyane pour acceptation. Les autorités de la République peuvent ensuite donner, sous réserve du respect des engagements internationaux de celle-ci, pouvoir au président de l'assemblée de Guyane aux fins de signature de l'accord.

Art. L. 7153-4-1 *(L. nº 2016-1657 du 5 déc. 2016, art. 17)* Dans les domaines de compétence de la collectivité territoriale de Guyane, le président de l'assemblée de Guyane peut, pour la durée de l'exercice de ses fonctions, élaborer un programme-cadre de coopération régionale précisant la nature, l'objet et la portée des engagements internationaux qu'il se propose de négocier, dans le respect des engagements internationaux de la République, avec un ou plusieurs États, territoires ou organismes régionaux mentionnés à l'article L. 7153-3.

Le président de l'assemblée de Guyane soumet ce programme-cadre à la délibération de l'assemblée de Guyane, qui peut alors demander, dans la même délibération, aux autorités de la République d'autoriser son président à négocier les accords prévus dans ce programme-cadre.

Lorsque cette autorisation est expressément accordée, le président de l'assemblée de Guyane peut engager les négociations prévues dans le programme-cadre. Il en informe les autorités de la République qui, à leur demande, sont représentées à la négociation.

Le président de l'assemblée de Guyane soumet toute modification de son programme-cadre à la délibération de l'assemblée de Guyane. Ces modifications sont approuvées par les autorités de la République, dans les mêmes conditions que la procédure initiale.

À l'issue de la négociation, le projet d'accord est soumis à la délibération de l'assemblée de Guyane pour acceptation. Les autorités de la République peuvent ensuite donner, sous réserve du respect des engagements internationaux de celle-ci, pouvoir au président de l'assemblée de Guyane aux fins de signature de l'accord.

Art. L. 7153-5 Les accords internationaux portant à la fois sur des domaines de compétence de l'État et sur des domaines de compétence de la collectivité territoriale de Guyane sont, dans les cas où il n'est pas fait application du premier alinéa *(L. nº 2016-1657 du 5 déc. 2016, art. 18)* « des articles L. 7153-3 et L. 7153-4-1 », négociés et signés par les autorités de la République. À sa demande, le président de l'assemblée de Guyane ou son représentant participe, au sein de la délégation française, à la négociation de ces accords.

Le président de l'assemblée de Guyane ou son représentant participe, au sein de la délégation française, à sa demande, aux négociations avec l'Union européenne intéressant la collectivité territoriale de Guyane.

Le président de l'assemblée de Guyane peut demander à l'État de prendre l'initiative de négociations avec l'Union européenne en vue d'obtenir des mesures spécifiques utiles au développement de la collectivité territoriale de Guyane.

Art. L. 7153-6 La collectivité territoriale de Guyane peut, avec l'accord des autorités de la République, être membre associé des organismes régionaux mentionnés au premier alinéa de l'article L. 7153-3 ou observateur auprès de ceux-ci.

L'assemblée de Guyane peut saisir le Gouvernement de toute proposition tendant à l'adhésion de la France à de tels organismes.

Art. L. 7153-7 Le fonds de coopération régionale pour la Guyane est alimenté par des crédits de l'État et peut recevoir des dotations de la collectivité territoriale de Guyane, de toute autre collectivité publique et de tout organisme public.

Un comité paritaire, placé auprès du représentant de l'État dans la collectivité territoriale et composé, d'une part, de représentants de l'État et, d'autre part, de représentants de l'assemblée de Guyane, arrête la liste des opérations éligibles au fonds de coopération régionale ainsi que le taux de subvention applicable à chacune d'elles.

Un décret en Conseil d'État fixe les modalités d'application du présent article.

Art. L. 7153-8 Des représentants de l'assemblée de Guyane participent aux travaux de l'instance de concertation des politiques de coopération régionale dans la zone Antilles-Guyane prévue au I de l'article L. 4433-4-7.

Art. L. 7153-9 L'assemblée de Guyane peut recourir aux sociétés d'économie mixte locales et aux sociétés d'économie mixte régies par la loi n° 46-860 du 30 avril 1946 tendant à l'établissement, au financement et à l'exécution de plans d'équipement et de développement des territoires relevant du ministère de la France d'outre-mer pour la mise en œuvre des actions engagées dans le cadre des compétences qui lui sont dévolues en matière de coopération régionale.

Art. L. 7153-10 La collectivité territoriale de Guyane peut, dans les conditions déterminées par une convention avec l'État, désigner des agents publics de la collectivité territoriale chargés de la représenter au sein des missions diplomatiques de la France.

(L. nº 2016-1657 du 5 déc. 2016, art. 24) « La collectivité territoriale offre aux agents publics mentionnés au premier alinéa un régime indemnitaire, des facilités de résidence et des remboursements de frais qui tiennent compte des conditions d'exercice de leurs fonctions. Les conditions d'application du présent alinéa sont précisées par décret en Conseil d'État. » — *V. art. R. 7153-6.*

V. note ss. art. L. 4433-4-5-1.

CHAPITRE IV RELATIONS AVEC L'UNION EUROPÉENNE

Art. L. 7154-1 La commission de suivi de l'utilisation des fonds structurels européens en Guyane est coprésidée par le représentant de l'État et le président de l'assemblée de Guyane.

Elle est en outre composée des parlementaires élus dans la collectivité territoriale de Guyane, d'un représentant du conseil économique, social, environnemental, de la culture et de l'éducation de Guyane, d'un représentant de l'association représentant les maires, de représentants des chambres consulaires et de représentants des services techniques de l'État.

Elle établit un rapport semestriel sur la consommation des crédits alloués.

Art. L. 7154-2 La collectivité territoriale de Guyane peut instituer une représentation, à caractère non diplomatique, auprès des institutions de l'Union européenne. Elle en informe le Gouvernement.

TITRE VI COMPÉTENCES DE L'ASSEMBLÉE DE GUYANE

CHAPITRE UNIQUE

Art. L. 7161-1 L'assemblée de Guyane exerce ses compétences dans les conditions fixées au titre I du livre II de la troisième partie et au titre II du livre II de la quatrième partie, dans la mesure où elles ne sont pas contraires aux dispositions de la présente partie.

Art. L. 7161-2 L'assemblée de Guyane est associée par des conventions conclues avec l'État à l'élaboration et à la mise en œuvre de la politique de mise en valeur de la forêt guyanaise.

Par dérogation à l'article L. 3211-5 du code général de la propriété des personnes publiques, ces conventions prévoient les conditions dans lesquelles peuvent être cédées en toute propriété aux collectivités territoriales les surfaces appartenant au domaine de l'État qui seraient nécessaires à la réalisation de leurs opérations d'équipement ou d'aménagement.

Elles prévoient également les conditions de détermination, dans les zones agglomérées, des biens vacants et sans maître pour leur dévolution aux collectivités territoriales, la détermination des périmètres de protection des zones naturelles et les modalités d'examen des demandes de permis forestiers au regard des plans d'aménagement communal.

TITRE VII COMPÉTENCES DU PRÉSIDENT DE L'ASSEMBLÉE DE GUYANE

CHAPITRE UNIQUE

Art. L. 7171-1 Le président de l'assemblée de Guyane exerce ses compétences dans les conditions fixées au titre II du livre II de la troisième partie et au titre III du livre II de la quatrième partie, dans la mesure où elles ne sont pas contraires aux dispositions de la présente partie.

TITRE VIII COMPÉTENCES DU CONSEIL ÉCONOMIQUE, SOCIAL, ENVIRONNEMENTAL, DE LA CULTURE ET DE L'ÉDUCATION DE GUYANE

CHAPITRE UNIQUE

Art. L. 7181-1 Le conseil économique, social, environnemental, de la culture et de l'éducation de Guyane exerce ses compétences dans les conditions fixées au titre IV du livre II de la quatrième partie et à la section 2 du chapitre III du titre III du livre IV de la même partie, dans la mesure où elles ne sont pas contraires aux dispositions de la présente partie.

TITRE IX INTERVENTIONS ET AIDES DE LA COLLECTIVITÉ TERRITORIALE DE GUYANE

CHAPITRE UNIQUE

Art. L. 7191-1 La collectivité territoriale de Guyane intervient en matière économique, sociale, culturelle *(L. n° 2015-1268 du 14 oct. 2015, art. 44)* « , environnementale et d'aménagement du territoire » et attribue des aides dans les conditions fixées au titre III du livre II de la troisième partie, au titre V du livre II de la quatrième partie et aux sections 3 et 4 du chapitre III du titre III du livre IV de la même partie, dans la mesure où elles ne sont pas contraires aux dispositions de la présente partie.

TITRE X GESTION DES SERVICES PUBLICS DE LA COLLECTIVITÉ TERRITORIALE DE GUYANE

CHAPITRE UNIQUE

Art. L. 71-101-1 La gestion des services publics de la collectivité territoriale de Guyane est soumise aux dispositions du titre IV du livre II de la troisième partie et du titre VI du livre II de la quatrième partie, dans la mesure où elles ne sont pas contraires aux dispositions de la présente partie.

TITRE XI FINANCES DE LA COLLECTIVITÉ TERRITORIALE DE GUYANE

Art. L. 71-110-1 Le livre VI de la première partie est applicable à la collectivité territoriale de Guyane, dans la mesure où il n'est pas contraire au présent titre.

Art. L. 71-110-2 *(Abrogé par Ord. n° 2025-526 du 12 juin 2025, art. 1er, à compter de l'exercice budgétaire 2026)* ***Préalablement aux débats sur le projet de budget, le président de l'assemblée de Guyane présente un rapport sur la situation en matière de développement durable intéressant le fonctionnement de la collectivité territoriale de Guyane, les politiques qu'elle mène sur son territoire et les orientations et programmes de nature à améliorer cette situation*** *(L. n° 2021-1031 du 4 août 2021, art. 5)* ***« et à contribuer à l'atteinte des objectifs de développement durable inscrits au programme de développement durable à l'horizon 2030, adopté le 25 septembre 2015 par l'Assemblée générale des Nations unies ». Le contenu de ce rapport et, si nécessaire, les modalités de son élaboration sont fixés par décret.***

Art. L. 71-110-3 *(Abrogé par Ord. n° 2025-526 du 12 juin 2025, art. 1er, à compter de l'exercice budgétaire 2026) (L. n° 2014-873 du 4 août 2014, art. 77)* ***Préalablement aux débats sur le projet de budget, le président de l'assemblée de Guyane présente un rapport sur la situation en matière d'égalité entre les femmes et les hommes intéressant le fonctionnement de la collectivité territoriale de Guyane, les politiques qu'elle mène sur son territoire et les orientations et programmes de nature à améliorer cette situation. Le contenu de ce rapport et les modalités de son élaboration sont fixés par décret.*** *— V. art. D. 71-110-3.*

CHAPITRE I BUDGETS ET COMPTES

Art. L. 71-111-1 *(Abrogé par Ord. n° 2025-526 du 12 juin 2025, art. 1er, à compter de l'exercice budgétaire 2026)* ***Le budget de la collectivité territoriale de Guyane est l'acte par lequel sont prévues et autorisées les recettes et les dépenses annuelles de la collectivité. Le budget voté doit être équilibré en dépenses et en recettes.***

Le budget de la collectivité territoriale de Guyane est établi en section de fonctionnement et en section d'investissement, tant en recettes qu'en dépenses. Certaines interventions, activités ou services sont individualisés au sein de budgets annexes.

Le budget de la collectivité territoriale de Guyane est divisé en chapitres et articles.

(Ord. n° 2012-1397 du 13 déc. 2012, art. 1er) ***« Un décret fixe les conditions d'application du présent article. »***

Art. L. 71-111-2 *(Abrogé par Ord. n° 2025-526 du 12 juin 2025, art. 1er, à compter de l'exercice budgétaire 2026) (Ord. n° 2012-1397 du 13 déc. 2012, art. 1er)* ***L'attribution des subventions donne lieu à une délibération distincte du vote du budget.***

Toutefois, pour les subventions dont l'attribution n'est pas assortie de conditions d'octroi, l'assemblée de Guyane peut décider :

1° D'individualiser au budget les crédits par bénéficiaire ; ou

2° D'établir, dans un état annexé au budget, une liste de bénéficiaires avec, pour chacun d'eux, l'objet et le montant de la subvention.

L'individualisation des crédits ou la liste établie conformément au 2° vaut décision d'attribution des subventions en cause.

Art. L. 71-111-3 *(Ord. n° 2012-1397 du 13 déc. 2012, art. 1er)* **Dans un délai de dix semaines précédant l'examen du budget, un débat a lieu au sein de l'assemblée de Guyane sur les orientations budgétaires de l'exercice ainsi que sur les engagements pluriannuels envisagés.**

(L. n° 2017-256 du 28 févr. 2017, art. 11) **« Ce débat porte également sur l'état d'avancement des mesures prévues par le plan de convergence couvrant le territoire de la collectivité. »**

Le projet de budget de la collectivité est préparé et présenté par le président de l'assemblée de Guyane qui est tenu de le communiquer aux membres de l'assemblée de Guyane avec les rapports correspondants, douze jours au moins avant l'ouverture de la première réunion consacrée à l'examen dudit budget.

Le budget primitif, le budget supplémentaire et les décisions modificatives sont votés par l'assemblée de Guyane.

Nouvel art. L. 71-111-3 *(L. n° 2017-256 du 28 févr. 2017, art. 11 ; Ord. n° 2025-526 du 12 juin 2025, art. 1er)* ***« Pour l'application de l'article L. 1612-26, le débat porte également sur l'état d'avancement des mesures prévues par le plan de convergence couvrant le territoire de la collectivité. »***

Le présent art. entre en vigueur à compter de l'exercice budgétaire 2026 (Ord. n° 2025-526 du 12 juin 2025, art. 12).

Art. L. 71-111-4 *(Abrogé par Ord. n° 2025-526 du 12 juin 2025, art. 1er, à compter de l'exercice budgétaire 2026) (Ord. n° 2012-1397 du 13 déc. 2012, art. 1er)* ***Le budget de la collectivité est voté soit par nature, soit par fonction. Si le budget est voté par nature, il comporte, en outre, une présentation croisée par fonction ; s'il est voté par fonction, il comporte une présentation croisée par nature. La nomenclature par nature et la nomenclature par fonction sont fixées par arrêté conjoint du ministre chargé des collectivités territoriales et du ministre chargé du budget.***

Les documents budgétaires sont présentés conformément aux modèles fixés par arrêté conjoint du ministre chargé des collectivités territoriales et du ministre chargé du budget.

Un décret fixe les conditions d'application du présent article.

Art. L. 71-111-5 *(Abrogé par Ord. n° 2025-526 du 12 juin 2025, art. 1er, à compter de l'exercice budgétaire 2026) (Ord. n° 2012-1397 du 13 déc. 2012, art. 1er)* ***Les crédits sont votés par chapitre et, si l'assemblée de Guyane en décide ainsi, par article.***

Dans ces deux cas, l'assemblée de Guyane peut cependant spécifier que certains crédits sont spécialisés par article.

En cas de vote par article, le président de l'assemblée de Guyane peut effectuer, par décision expresse, des virements d'article à article à l'intérieur du même chapitre à l'exclusion des articles dont les crédits sont spécialisés.

Dans la limite de 7,5 % des dépenses réelles de chacune des sections, fixée à l'occasion du vote du budget, l'assemblée de Guyane peut déléguer à son président la possibilité de procéder à des mouvements de crédits de chapitre à chapitre, à l'exclusion des crédits relatifs aux dépenses de personnel. Dans ce cas, le président de l'assemblée de Guyane informe l'assemblée délibérante de ces mouvements de crédits lors de sa plus proche séance.

Art. L. 71-111-6 *(Abrogé par Ord. n° 2025-526 du 12 juin 2025, art. 1er, à compter de l'exercice budgétaire 2026) (Ord. n° 2012-1397 du 13 déc. 2012, art. 1er)* ***I. — Si l'assemblée de Guyane le décide, les dotations affectées aux dépenses d'investissement comprennent des autorisations de programme et des crédits de paiement.***

Les autorisations de programme constituent la limite supérieure des dépenses qui peuvent être engagées pour l'exécution des investissements. Elles demeurent valables, sans limitation de durée, jusqu'à ce qu'il soit procédé à leur annulation. Elles peuvent être révisées.

Les crédits de paiement constituent la limite supérieure des dépenses pouvant être ordonnancées ou payées pendant l'année pour la couverture des engagements contractés dans le cadre des autorisations de programme correspondantes.

L'équilibre budgétaire de la section d'investissement s'apprécie en tenant compte des seuls crédits de paiement.

II. — Si l'assemblée de Guyane le décide, les dotations affectées aux dépenses de fonctionnement comprennent des autorisations d'engagement et des crédits de paiement.

La faculté prévue au premier alinéa du présent II est réservée aux seules dépenses résultant de conventions, de délibérations ou de décisions au titre desquelles la collectivité s'engage, au-delà d'un exercice budgétaire, dans le cadre de l'exercice de ses compétences, à verser une subvention, une participation ou une rémunération à un tiers à l'exclusion des frais de personnel.

Les autorisations d'engagement constituent la limite supérieure des dépenses qui peuvent être engagées pour le financement des dépenses visées à l'alinéa précédent. Elles demeurent valables sans limitation de durée jusqu'à ce qu'il soit procédé à leur annulation. Elles peuvent être révisées.

Les crédits de paiement constituent la limite supérieure des dépenses pouvant être mandatées pendant l'année pour la couverture des engagements contractés dans le cadre des autorisations d'engagement correspondantes.

L'équilibre budgétaire de la section de fonctionnement s'apprécie en tenant compte des seuls crédits de paiement.

À l'occasion du vote du compte administratif, le président de l'assemblée de Guyane présente un bilan de la gestion pluriannuelle.

La situation des autorisations d'engagement et de programme ainsi que des crédits de paiement y afférents donne lieu à un état joint au compte administratif.

Un décret fixe les conditions d'application du présent article.

Art. L. 71-111-7 (Abrogé par Ord. n° 2025-526 du 12 juin 2025, art. 1er, à compter de l'exercice budgétaire 2026) (Ord. n° 2012-1397 du 13 déc. 2012, art. 1er) *Avant le vote de la première délibération budgétaire qui suit son renouvellement, l'assemblée de Guyane établit son règlement budgétaire et financier.*

Le règlement budgétaire et financier de la collectivité précise notamment :

1° Les modalités de gestion des autorisations de programme, des autorisations d'engagement et des crédits de paiement y afférents, et notamment les règles relatives à la caducité et à l'annulation des autorisations de programme et des autorisations d'engagement ;

2° Les modalités d'information de l'assemblée de Guyane sur la gestion des engagements pluriannuels au cours de l'exercice.

Il peut aussi préciser les modalités de report des crédits de paiement afférents à une autorisation de programme, dans les cas et conditions fixés par arrêté conjoint du ministre chargé des collectivités territoriales et du ministre chargé du budget.

Art. L. 71-111-8 (Abrogé par Ord. n° 2025-526 du 12 juin 2025, art. 1er, à compter de l'exercice budgétaire 2026) (Ord. n° 2012-1397 du 13 déc. 2012, art. 1er) *Lorsque la section d'investissement ou la section de fonctionnement du budget comporte soit des autorisations de programme et des crédits de paiement, soit des autorisations d'engagement et des crédits de paiement, le président de l'assemblée de Guyane peut, jusqu'à l'adoption du budget ou jusqu'à son règlement en cas de non-adoption du budget, liquider et mandater les dépenses d'investissement et les dépenses de fonctionnement correspondant aux autorisations ouvertes au cours des exercices antérieurs, dans la limite d'un montant de crédits de paiement par chapitre égal au tiers des autorisations ouvertes au cours de l'exercice précédent. Les crédits correspondants sont inscrits au budget lors de son adoption ou de son règlement. Le comptable est en droit de payer les mandats émis dans ces conditions.*

Art. L. 71-111-9 (Abrogé par Ord. n° 2025-526 du 12 juin 2025, art. 1er, à compter de l'exercice budgétaire 2026) (Ord. n° 2012-1397 du 13 déc. 2012, art. 1er) *Le président de l'assemblée de Guyane présente annuellement le compte administratif à l'assemblée de Guyane, qui en débat sous la présidence de l'un de ses membres.*

Le président de l'assemblée de Guyane peut, même s'il n'est plus en fonctions, assister à la discussion. Il doit se retirer au moment du vote.

Le compte administratif est adopté par l'assemblée de Guyane.

Préalablement, l'assemblée de Guyane arrête le compte de gestion de l'exercice clos.

Art. L. 71-111-10 (Abrogé par Ord. n° 2025-526 du 12 juin 2025, art. 1er, à compter de l'exercice budgétaire 2026) (Ord. n° 2012-1397 du 13 déc. 2012, art. 1er) *Le résultat excédentaire de la section de fonctionnement dégagé au titre de l'exercice clos, cumulé avec le résultat antérieur reporté, est affecté en totalité dès la plus proche décision budgétaire suivant le vote du compte administratif et, en tout état de cause, avant la clôture de l'exercice suivant. La délibération d'affectation prise par la collectivité est produite à l'appui de la décision budgétaire de reprise de ce résultat.*

Le résultat déficitaire de la section de fonctionnement, le besoin de financement ou l'excédent de la section d'investissement sont repris en totalité dès la plus proche décision budgétaire suivant le vote du compte administratif et, en tout état de cause, avant la fin de l'exercice.

Entre la date limite de mandatement fixée au dernier alinéa de l'article L. 1612-11 et la date limite de vote des taux des impositions locales prévue à l'article 1639 A du code général des impôts, l'assemblée de Guyane peut, au titre de l'exercice clos et avant l'adoption de son compte administratif, reporter de manière anticipée au budget le résultat de la section de fonctionnement, le besoin de financement de la section d'investissement ou, le cas échéant, l'excédent de la section d'investissement ainsi que la prévision d'affectation.

Si le compte administratif fait apparaître une différence avec les montants reportés par anticipation, l'assemblée de Guyane procède à leur régularisation et à la reprise du résultat

dans la plus proche décision budgétaire suivant le vote du compte administratif et, en tout état de cause, avant la fin de l'exercice.

Un décret fixe les conditions d'application du présent article.

Art. L. 71-111-11 *(Abrogé par Ord. n° 2025-526 du 12 juin 2025, art. 1er, à compter de l'exercice budgétaire 2026) (Ord. n° 2012-1397 du 13 déc. 2012, art. 1er)* ***Lorsque la section d'investissement du budget présente un excédent après reprise des résultats, l'assemblée de Guyane peut transférer cet excédent à la section de fonctionnement dans les cas et conditions fixés par décret.***

Art. L. 71-111-12 *(Abrogé par Ord. n° 2025-526 du 12 juin 2025, art. 1er, à compter de l'exercice budgétaire 2026) (Ord. n° 2012-1397 du 13 déc. 2012)* ***Un état récapitulatif des subventions attribuées au profit de chaque commune au cours de l'exercice est annexé au compte administratif de la collectivité. Il précise, pour chaque commune, la liste et l'objet des subventions, leur montant total et le rapport entre ce montant et la population de la commune.***

Art. L. 71-111-13 *(Ord. n° 2012-1397 du 13 déc. 2012, art. 1er)* **Le budget et le compte administratif arrêtés sont rendus publics.**

Le lieu de mise à disposition du public est l'hôtel de la collectivité.

Nouvel art. L. 71-111-13 *(Ord. n° 2012-1397 du 13 déc. 2012, art. 1er) (Ord. n° 2025-526 du 12 juin 2025, art. 1er)* ***« Pour l'application de l'article L. 1612-34, le » lieu de mise à disposition du public est l'hôtel de la collectivité.***

Le présent art. entre en vigueur à compter de l'exercice budgétaire 2026 (Ord. n° 2025-526 du 12 juin 2025, art. 12).

Art. L. 71-111-14 *(Ord. n° 2012-1397 du 13 déc. 2012, art. 1er)* **Les documents budgétaires sont assortis en annexe, notamment :**

1° De données synthétiques sur la situation financière de la collectivité ;

2° De la liste des concours attribués par la collectivité sous forme de prestations en nature ou de subventions. Ce document est joint au seul compte administratif ;

3° De la présentation agrégée des résultats afférents au dernier exercice connu du budget principal et des budgets annexes de la collectivité. Ce document est joint au seul compte administratif ;

4° De la liste des organismes pour lesquels la collectivité :

***a)* Détient une part du capital ;**

***b)* A garanti un emprunt ;**

***c)* A versé une subvention supérieure à 75 000 € ou représentant plus de 50 % du produit figurant au compte de résultat de l'organisme.**

La liste indique le nom, la raison sociale et la nature juridique de l'organisme ainsi que la nature et le montant de l'engagement financier de la collectivité ;

5° D'un tableau retraçant l'encours des emprunts garantis par la collectivité ainsi que l'échéancier de leur amortissement ;

6° De la liste des délégataires de service public ;

7° D'une annexe retraçant l'ensemble des engagements financiers de la collectivité résultant des *(Ord. n° 2018-1074 du 26 nov. 2018, art. 6)* **« marchés de partenariat » prévus à l'article L. 1414-1 ;**

8° D'une annexe retraçant la dette liée à la part investissements des *(Ord. n° 2018-1074 du 26 nov. 2018, art. 6)* **« marchés de partenariat » ;**

9° De la présentation de l'évolution des dépenses consacrées à la formation professionnelle des jeunes, en distinguant notamment les données financières relatives à l'apprentissage, à l'enseignement professionnel sous statut scolaire et aux formations continues en alternance. Cette annexe précise également l'utilisation des sommes versées au fonds régional de l'apprentissage et de la formation professionnelle continue en application de l'article L. 6241-11 du code du travail ;

10° De l'état de variation du patrimoine prévu à l'article L. 4221-4 ;

11° Des autres états portant sur la situation patrimoniale et financière de la collectivité ainsi que sur ses différents engagements.

Lorsqu'une décision modificative ou le budget supplémentaire a pour effet de modifier le contenu de l'une des annexes, celle-ci doit être à nouveau produite pour le vote de la décision modificative ou du budget supplémentaire.

Les documents visés au 1° font l'objet d'une insertion dans une ou plusieurs publications locales dont la diffusion totale couvre l'ensemble du territoire de la collectivité de Guyane.

Un décret fixe les conditions d'application du présent article.

Nouvel art. L. 71-111-14 *(Ord. n° 2025-526 du 12 juin 2025, art. 1er) Pour l'application de l'article L. 1612-35, les documents budgétaires sont assortis en annexe de la présentation de l'évolution des dépenses consacrées à la formation professionnelle des jeunes prévue à l'article L. 4313-2.*

Le présent art. entre en vigueur à compter de l'exercice budgétaire 2026 (Ord. n° 2025-526 du 12 juin 2025, art. 12).

Art. L. 71-111-15 *(Abrogé par Ord. n° 2025-526 du 12 juin 2025, art. 1er, à compter de l'exercice budgétaire 2026) (Ord. n° 2012-1397 du 13 déc. 2012, art. 1er) Les comptes certifiés des organismes mentionnés au 4° de l'article L. 71-111-14 sont transmis à la collectivité.*

Ils sont communiqués par la collectivité aux élus de l'assemblée de Guyane qui en font la demande, dans les conditions prévues à l'article L. 4132-17, ainsi qu'à toute personne intéressée, dans les conditions prévues à l'article L. 4132-16.

Sont transmis par la collectivité au représentant de l'État et au comptable de la collectivité à l'appui du compte administratif les comptes certifiés des organismes non dotés d'un comptable public et pour lesquels la collectivité :

1° Détient au moins 33 % du capital ; ou

2° A garanti un emprunt ; ou

3° A versé une subvention supérieure à 75 000 € ou représentant plus de 50 % du produit figurant au compte de résultat de l'organisme et dépassant le seuil prévu par le (L. n° 2016-1321 du 7 oct. 2016, art. 18) « quatrième » alinéa de l'article 10 de la loi n° 2000-321 du 12 avril 2000.

CHAPITRE II RECETTES

Art. L. 71-112-1 Font partie des recettes perçues par la collectivité territoriale de Guyane :

1° Les recettes des départements prévues au titre III du livre III de la troisième partie ;

2° Les recettes des départements d'outre-mer prévues au chapitre III du titre IV du livre IV de la troisième partie ;

3° Les recettes des régions prévues au titre III du livre III de la quatrième partie ;

4° Les recettes des régions d'outre-mer prévues au chapitre IV du titre III du livre IV de la quatrième partie.

CHAPITRE III DÉPENSES

Art. L. 71-113-1 Les dépenses engagées par la collectivité territoriale de Guyane pour le transport scolaire par voie fluviale ouvrent droit à compensation. Les ressources attribuées par l'État à la collectivité au titre de cette compensation sont équivalentes aux dépenses engagées par le département de la Guyane durant l'année précédant la publication de la loi n° 2007-224 du 21 février 2007 portant dispositions statutaires et institutionnelles relatives à l'outre-mer.

Art. L. 71-113-2 Les crédits nécessaires au fonctionnement du conseil économique, social, environnemental, de la culture et de l'éducation et, le cas échéant, à la réalisation de ses études font l'objet d'une inscription distincte au budget de la collectivité territoriale.

Ils sont notifiés chaque année, après le vote du budget, au président du conseil économique, social, environnemental, de la culture et de l'éducation par le président de l'assemblée de Guyane.

Art. L. 71-113-3 Sont obligatoires pour la collectivité territoriale :

1° Les dépenses relatives au fonctionnement des organes délibérants et à l'entretien de l'hôtel de la collectivité ;

2° Les dépenses relatives aux indemnités de fonction prévues aux articles L. 7125-17 à L. 7125-20 et aux frais de formation mentionnés à l'article L. 7125-14 ainsi que les cotisations au fonds institué par l'article L. 1621-2 ;

3° Les cotisations au régime général de la sécurité sociale en application de l'article L. 7125-27 et aux régimes de retraites des élus en application des articles L. 7125-28 à L. 7125-31 ;

4° La cotisation au Centre national de la fonction publique territoriale ;

5° La rémunération des agents de la collectivité ;

6° Dans les conditions prévues à l'article 88-1 de la loi n° 84-53 du 26 janvier 1984 portant dispositions statutaires relatives à la fonction publique territoriale, les dépenses afférentes aux prestations mentionnées à l'article 9 de la loi n° 83-634 du 13 juillet 1983 portant droits et obligations des fonctionnaires ;

7° Les intérêts de la dette et les dépenses de remboursement de la dette en capital ;

8° Les dépenses dont la collectivité a la charge en matière d'éducation nationale ;

9° La participation de la collectivité aux dépenses de fonctionnement des *(L. n° 2019-791 du 26 juill. 2019, art. 44)* « instituts nationaux supérieurs » *(L. n° 2013-595 du 8 juill. 2013, art. 76)* « du professorat et de l'éducation » ;

10° Les dépenses liées à l'organisation des transports scolaires ;

11° Les dépenses relatives à l'action sociale, à la santé et à l'insertion mises à la charge de la collectivité ;

12° Les dépenses relatives à l'allocation personnalisée d'autonomie ;

13° Les frais du service départemental des épizooties ;

14° La participation au service départemental d'incendie et de secours ;

15° Les dépenses résultant de l'entretien des biens transférés à la collectivité par application de l'article L. 318-2 du code de l'urbanisme ;

16° Les dépenses d'entretien et de construction des ports maritimes de commerce et de pêche ;

17° Les dépenses d'entretien et de construction de la voirie de la collectivité ;

18° Le paiement des dettes exigibles ;

19° Les dotations aux amortissements ;

20° Les dotations aux provisions ;

21° La reprise des subventions d'équipement reçues ;

(L. n° 2016-1917 du 29 déc. 2016, art. 60, mod. par Ord. n° 2017-1390 du 22 sept. 2017, art. 1er) « 22° La retenue à la source prévue au 1° du 2 de l'article 204 A du code général des impôts. »

Un décret détermine les modalités d'application des 19°, 20° et 21°.

Les directeurs d'école supérieure du professorat et de l'éducation dont le mandat est en cours à la date d'entrée en vigueur de l'art. 44 de la L. n° 2019-791 du 26 juill. 2019 exercent, pour la durée de leur mandat restant à courir, la fonction de directeur d'institut national supérieur du professorat et de l'éducation (L. préc., art. 63).

Art. L. 71-113-4 *(Ord. n° 2012-1397 du 13 déc. 2012, art. 1er)* Les dépenses relatives au revenu de solidarité active et à l'allocation personnalisée d'autonomie sont retracées dans un chapitre individualisé du budget de la collectivité.

Art. L. 71-113-5 *(Ord. n° 2012-1397 du 13 déc. 2012, art. 1er)* Lors du vote du budget ou d'une décision modificative, l'assemblée de Guyane peut voter des autorisations de programme et des autorisations d'engagement de dépenses imprévues respectivement en section d'investissement et en section de fonctionnement. Pour chacune des deux sections, leur montant ne peut être supérieur à 2 % des dépenses réelles de la section.

L'absence d'engagement d'une autorisation de programme ou d'une autorisation d'engagement de dépenses imprévues, constatée à la fin de l'exercice, entraîne la caducité de l'autorisation.

Les autorisations de programme et les autorisations d'engagement de dépenses imprévues sont affectées dans les conditions prévues par décret.

CHAPITRE IV COMPTABILITÉ

(Ord. n° 2012-1397 du 13 déc. 2012, art. 1er)

Art. L. 71-114-1 Le président de l'assemblée de Guyane tient la comptabilité de l'engagement des dépenses dans les conditions fixées par arrêté conjoint du ministre de l'Intérieur et du ministre chargé du budget pris après consultation du comité des finances locales.

Art. L. 71-114-2 Le comptable de la collectivité est seul chargé d'exécuter, sous réserve des contrôles qui lui incombent, le recouvrement des recettes ainsi que le paiement des dépenses de la collectivité dans la limite des crédits régulièrement ouverts par l'assemblée de Guyane.

TITRE XII AUTRES ORGANISMES

CHAPITRE II LE CENTRE TERRITORIAL DE PROMOTION DE LA SANTÉ

Art. L. 71-122-1 Le centre territorial de promotion de la santé de Guyane a pour mission de veiller à ce que les réformes du système de santé et de soins s'orientent vers les besoins spécifiques de la collectivité territoriale.

Le centre territorial de promotion de la santé est composé, d'une part, de professionnels de la santé, de représentants de la sécurité sociale et de l'administration ainsi que des organismes locaux en charge de la promotion de la santé, choisis selon une procédure et des modalités arrêtées par l'assemblée de Guyane et, d'autre part, pour moitié au moins, de conseillers à l'assemblée de Guyane.

CHAPITRE III LE CONSEIL TERRITORIAL DE L'HABITAT

Art. L. 71-123-1 Le conseil territorial de l'habitat de Guyane est composé pour moitié au moins de conseillers à l'assemblée de Guyane.

Sa composition, ses modalités de fonctionnement et ses attributions sont précisées par décret en Conseil d'État.

LIVRE II COLLECTIVITÉ TERRITORIALE DE MARTINIQUE

(L. n° 2011-884 du 27 juill. 2011, art. 3)

TITRE I DISPOSITIONS GÉNÉRALES

CHAPITRE UNIQUE

Art. L. 7211-1 La Martinique constitue une collectivité territoriale de la République régie par l'article 73 de la Constitution qui exerce les compétences attribuées à un département d'outre-mer et à une région d'outre-mer et toutes les compétences qui lui sont dévolues par la loi pour tenir compte de ses caractéristiques et contraintes particulières.

Art. L. 7211-2 La collectivité territoriale de Martinique succède au département de la Martinique et à la région de Martinique dans tous leurs droits et obligations.

Art. L. 7211-3 La détermination et le transfert du chef-lieu de la collectivité territoriale de Martinique sont décidés par décret en Conseil d'État, après consultation de l'assemblée de Martinique et des conseils municipaux des communes concernées.

Art. L. 7211-4 Pour l'application du présent code en Martinique :

1° La référence au département, au département d'outre-mer, à la région ou à la région d'outre-mer est remplacée par la référence à la collectivité territoriale de Martinique ;

2° La référence au conseil régional ou au conseil départemental est remplacée par la référence à l'assemblée de Martinique ;

3° La référence au président du conseil départemental ou au président du conseil régional est remplacée par la référence au président du conseil exécutif de Martinique pour les attributions dévolues à l'autorité exécutive de la collectivité et par la référence au président de l'assemblée de Martinique pour les attributions liées à la présidence de l'assemblée délibérante ;

4° La référence aux conseillers départementaux ou aux conseillers régionaux est remplacée par la référence aux conseillers à l'assemblée de Martinique ;

5° La référence au conseil économique, social et environnemental régional est remplacée par la référence au conseil économique, social, environnemental, de la culture et de l'éducation ;

6° La référence au conseil de la culture, de l'éducation et de l'environnement est remplacée par la référence au conseil économique, social, environnemental, de la culture et de l'éducation.

TITRE II ORGANES DE LA COLLECTIVITÉ TERRITORIALE DE MARTINIQUE

CHAPITRE I DISPOSITIONS GÉNÉRALES

Art. L. 7221-1 Les organes de la collectivité territoriale de Martinique comprennent l'assemblée de Martinique et son président, le conseil exécutif de Martinique et son président, assistés du conseil économique, social, environnemental, de la culture et de l'éducation de Martinique.

Art. L. 7221-2 Nul ne peut être à la fois conseiller à l'assemblée de Martinique ou conseiller exécutif de Martinique et membre du conseil économique, social, environnemental, de la culture et de l'éducation de Martinique.

CHAPITRE II L'ASSEMBLÉE DE MARTINIQUE

SECTION 1 Composition

Art. L. 7222-1 La composition de l'assemblée de Martinique et la durée du mandat des conseillers à l'assemblée de Martinique sont déterminées par le chapitre I du titre II du livre VI *bis* du code électoral.

SECTION 2 Démission et dissolution

Art. L. 7222-2 Lorsqu'un conseiller à l'assemblée de Martinique donne sa démission, il l'adresse au président de l'assemblée de Martinique qui en donne immédiatement avis au représentant de l'État dans la collectivité territoriale.

Art. L. 7222-3 Tout conseiller à l'assemblée de Martinique qui, sans excuse valable, a refusé de remplir une des fonctions qui lui sont dévolues par les lois est déclaré démissionnaire par le Conseil d'État. Le refus résulte soit d'une déclaration expresse adressée à qui de droit ou rendue publique par son auteur, soit de l'abstention persistante après avertissement de l'autorité chargée de la convocation.

Le conseiller ainsi démissionnaire ne peut être réélu avant le délai d'un an.

Art. L. 7222-4 Lorsque le fonctionnement de l'assemblée de Martinique se révèle impossible, le Gouvernement peut en prononcer la dissolution par décret motivé pris en conseil des ministres ; il en informe le Parlement dans le délai le plus bref.

La dissolution ne peut jamais être prononcée par voie de mesure générale.

Art. L. 7222-5 En cas de dissolution de l'assemblée de Martinique, de démission de tous les conseillers en exercice ou d'annulation devenue définitive de l'élection de tous les conseillers, le président du conseil exécutif est chargé de l'expédition des affaires courantes. Ses décisions ne sont exécutoires qu'avec l'accord du représentant de l'État dans la collectivité territoriale. Il est procédé à la réélection de l'assemblée de Martinique dans un délai de deux mois. L'assemblée se réunit de plein droit le premier vendredi qui suit son élection.

Le représentant de l'État dans la collectivité territoriale convoque chaque conseiller élu pour la première réunion, dont il fixe l'heure et le lieu.

SECTION 3 Fonctionnement

SOUS-SECTION 1 Siège et règlement intérieur

Art. L. 7222-6 L'assemblée de Martinique a son siège à l'hôtel de la collectivité territoriale de Martinique.

Art. L. 7222-7 L'assemblée de Martinique établit son règlement intérieur dans le mois qui suit son renouvellement. Le règlement intérieur peut être déféré devant le tribunal administratif.

SOUS-SECTION 2 Réunions

Art. L. 7222-8 La première réunion de l'assemblée de Martinique se tient de plein droit le premier vendredi qui suit son élection.

(L. n° 2015-366 du 31 mars 2015, art. 2) « Lors de la première réunion de l'assemblée, immédiatement après l'élection de son président, de ses vice-présidents, des conseillers exécutifs et du président du conseil exécutif, le président de l'assemblée donne lecture de la charte de l'élu local prévue à l'article L. 1111-1-1. Le président remet aux conseillers à l'assemblée une copie de la charte de l'élu local et du chapitre VII du présent titre. »

Art. L. 7222-9 L'assemblée de Martinique se réunit à l'initiative de son président, au moins une fois par trimestre, au chef-lieu de la collectivité territoriale ou dans tout autre lieu choisi par son bureau.

Art. L. 7222-9-1 *(L. n° 2022-217 du 21 févr. 2022, art. 170)* Le président peut décider que la réunion de l'assemblée de Martinique se tient en plusieurs lieux, par visioconférence.

Lorsque la réunion de l'assemblée de Martinique se tient par visioconférence, le quorum est apprécié en fonction de la présence des conseillers à l'assemblée de Martinique dans les différents lieux par visioconférence.

Les votes ne peuvent avoir lieu qu'au scrutin public. En cas d'adoption d'une demande de vote secret, le président reporte le point de l'ordre du jour à une séance ultérieure, qui ne peut se tenir par visioconférence. Le scrutin public peut être organisé soit par appel nominal, soit par scrutin électronique, dans des conditions garantissant sa sincérité. En cas de partage des voix, la voix du président est prépondérante. Le président proclame le résultat du vote, qui est reproduit au procès-verbal avec le nom des votants.

La réunion de l'assemblée de Martinique ne peut se tenir en plusieurs lieux par visioconférence pour l'élection du président et du conseil exécutif, ni pour l'adoption du budget primitif, ni pour l'application des articles L. 7222-23 et L. 7222-25. L'assemblée de Martinique se réunit en un seul et même lieu au moins une fois par semestre.

Lorsque la réunion de l'assemblée de Martinique se tient entièrement ou partiellement par visioconférence, elle est diffusée en direct à l'attention du public sur le site internet de la collectivité territoriale de Martinique. Lorsque des lieux sont mis à disposition par l'assemblée de Martinique pour la tenue d'une de ses réunions par visioconférence, chacun d'entre eux est accessible au public.

Lorsque la réunion de l'assemblée de Martinique se tient entièrement ou partiellement par visioconférence, il en est fait mention dans la convocation adressée en application de l'article L. 7222-21.

Le règlement intérieur fixe les modalités pratiques de déroulement des réunions en plusieurs lieux par visioconférence.

Art. L. 7222-10 L'assemblée de Martinique est également réunie à la demande :

1° Du conseil exécutif ;

2° Ou du tiers de ses membres sur un ordre du jour déterminé, pour une durée qui ne peut excéder deux jours. Un même conseiller à l'assemblée de Martinique ne peut présenter plus d'une demande de réunion par semestre.

En cas de circonstances exceptionnelles, les conseillers à l'assemblée de Martinique peuvent être réunis par décret.

SOUS-SECTION 3 **Séances**

Art. L. 7222-11 Les séances de l'assemblée de Martinique sont publiques.

Néanmoins, sur la demande de cinq membres ou de son président, l'assemblée peut décider, sans débat, à la majorité absolue des membres présents ou représentés, qu'elle se réunit à huis clos.

Sans préjudice des pouvoirs que le président de l'assemblée tient de l'article L. 7222-12, ces séances peuvent être retransmises par les moyens de communication audiovisuelle.

Art. L. 7222-12 Le président a seul la police de l'assemblée.

Il peut faire expulser de l'auditoire ou arrêter tout individu qui trouble l'ordre.

En cas de crime ou de délit, il en dresse procès-verbal et le procureur de la République en est immédiatement saisi.

Art. L. 7222-13 Pour l'organisation des travaux de l'assemblée, le président de l'assemblée de Martinique est assisté de quatre vice-présidents élus dans les conditions prévues à l'article L. 7223-2.

Le président et les vice-présidents forment le bureau de l'assemblée de Martinique.

Art. L. 7222-14 Le procès-verbal de chaque séance, rédigé par un des secrétaires, est arrêté au commencement de la séance suivante et signé par le président et le secrétaire.

(Ord. n° 2021-1310 du 7 oct. 2021, art. 29) « Il contient la date et l'heure de la séance, les noms du président, des membres de l'assemblée présents ou représentés et du ou des secrétaires de séance, le quorum, l'ordre du jour de la séance, les délibérations adoptées et les rapports au vu desquels elles ont été adoptées, les demandes de scrutin particulier, le résultat des scrutins précisant, s'agissant des scrutins publics, le nom des votants et le sens de leur vote, et la teneur des discussions au cours de la séance.

« Dans la semaine qui suit la séance au cours de laquelle il a été arrêté, le procès-verbal est publié sous forme électronique de manière permanente et gratuite sur le site internet de la collectivité et un exemplaire sur papier est mis à la disposition du public.

« L'exemplaire original du procès-verbal, qu'il soit établi sur papier ou sur support numérique, est conservé dans des conditions propres à en assurer la pérennité. »

SOUS-SECTION 4 **Délibérations**

Art. L. 7222-15 L'assemblée de Martinique ne peut délibérer si la majorité absolue de ses membres en exercice n'est présente.

Toutefois, si au jour fixé par la convocation l'assemblée ne se réunit pas en nombre suffisant pour délibérer, la réunion se tient de plein droit trois jours plus tard et les délibérations sont alors valables quel que soit le nombre des présents.

Sous réserve des dispositions des articles L. 7223-1, L. 7223-2, L. 7223-3 et L. 7224-2*[,]* L. 7224-1, les délibérations de l'assemblée sont prises à la majorité des suffrages exprimés.

Art. L. 7222-16 Les votes sont recueillis au scrutin public toutes les fois que le sixième des membres présents ou le représentant d'un groupe d'élus le demande. En cas de partage, la voix du président est prépondérante.

Néanmoins, les votes sur les nominations ont toujours lieu au scrutin secret dans les cas où la loi ou le règlement le prévoit expressément. Dans les autres cas, l'assemblée de Martinique peut décider à l'unanimité de ne pas procéder au scrutin secret aux nominations.

Le résultat des scrutins publics, énonçant les noms des votants, est reproduit au procès-verbal.

Art. L. 7222-17 Un conseiller à l'assemblée de Martinique empêché d'assister à une réunion peut donner délégation de vote, pour cette réunion, à un autre membre de l'assemblée.

Un conseiller à l'assemblée de Martinique ne peut recevoir qu'une seule délégation.

Art. L. 7222-18 Les délibérations de l'assemblée de Martinique sont publiées.

Toute personne a le droit de demander communication des délibérations et procès-verbaux des séances publiques de l'assemblée de Martinique, des budgets et des comptes de la collectivité territoriale ainsi que des arrêtés du président du conseil exécutif.

Chacun peut les publier sous sa responsabilité.

La communication des documents mentionnés au deuxième alinéa, qui peut être obtenue aussi bien du président de l'assemblée de Martinique que du président du conseil exécutif ou des services déconcentrés de l'État, intervient dans les conditions prévues à l'article L. 311-9 du code des relations entre le public et l'administration.

Le présent article s'applique aux établissements publics administratifs de la collectivité territoriale.

SOUS-SECTION 5 **Information**

Art. L. 7222-19 Tout conseiller à l'assemblée de Martinique a le droit, dans le cadre de sa fonction, d'être informé des affaires de la collectivité territoriale qui font l'objet d'une délibération.

Art. L. 7222-20 L'assemblée de Martinique assure la diffusion de l'information auprès de ses membres par les moyens matériels qu'elle juge les plus appropriés.

Afin de permettre l'échange d'informations sur les affaires relevant de ses compétences, l'assemblée peut définir les conditions dans lesquelles sont mis à disposition de ses membres, à titre individuel, les moyens informatiques et de télécommunications nécessaires.

Art. L. 7222-21 Douze jours au moins avant la réunion de l'assemblée de Martinique, le président de l'assemblée adresse aux conseillers, sous quelque forme que ce soit, les rapports et projets de délibération qui lui ont été transmis par le président du conseil exécutif dans les conditions prévues à l'article L. 7225-3, ainsi que les projets sur lesquels le conseil économique, social, environnemental, de la culture et de l'éducation est obligatoirement consulté, assortis de l'avis de ce conseil, qui lui ont été transmis dans les mêmes conditions.

Les rapports et projets mentionnés au premier alinéa peuvent être mis à la disposition des conseillers qui le souhaitent par voie électronique de manière sécurisée ; cette mise à disposition fait l'objet d'un avis adressé à chacun de ces conseillers dans les conditions prévues au même alinéa.

Sans préjudice des dispositions de l'article L. 7222-19, en cas d'urgence, le délai prévu au premier alinéa du présent article peut être abrégé par le président de l'assemblée sans pouvoir être toutefois inférieur à un jour franc.

Le président de l'assemblée rend compte dès l'ouverture de la séance de l'assemblée de Martinique, qui se prononce sur l'urgence et peut décider le renvoi de la discussion, pour tout ou partie, à l'ordre du jour d'une séance ultérieure.

Art. L. 7222-22 Les conseillers à l'assemblée de Martinique ont le droit d'exposer en séance des questions orales ayant trait aux affaires de la collectivité territoriale. Il y est répondu par le président du conseil exécutif ou un conseiller exécutif désigné par lui. Le règlement intérieur en fixe la fréquence ainsi que les conditions de présentation et d'examen.

SOUS-SECTION 6 Commissions et représentation au sein d'organismes extérieurs

Art. L. 7222-23 Après l'élection de son président et de ses vice-présidents, dans les conditions prévues à l'article L. 7223-2, l'assemblée de Martinique peut former ses commissions et procéder à la désignation de ses membres ou de ses délégués pour siéger au sein d'organismes extérieurs.

(L. n° 2015-1268 du 14 oct. 2015, art. 42) « L'assemblée de Martinique peut déléguer à son président l'exercice de certaines de ses attributions en application de l'article L. 7224-18.

« En ce cas et par dérogation à l'article L. 7222-21, les rapports sur les affaires soumises aux conseillers peuvent leur être communiqués en cours de réunion ; une suspension de séance est de droit. »

Art. L. 7222-24 L'assemblée de Martinique, lorsqu'un cinquième de ses membres le demande, délibère de la création d'une mission d'information et d'évaluation chargée de recueillir des éléments d'information sur une question d'intérêt local ou de procéder à l'évaluation d'un service public de la collectivité territoriale de Martinique. Un même conseiller ne peut s'associer à une telle demande plus d'une fois par an.

Aucune mission ne peut être créée à partir du 1er janvier de l'année civile qui précède l'année du renouvellement de l'assemblée de Martinique.

Le règlement intérieur fixe les règles de présentation et d'examen de la demande de constitution de la mission, ses modalités de fonctionnement, les modalités de sa composition dans le respect du principe de la représentation proportionnelle, la durée de la mission, qui ne peut excéder six mois à compter de la date de la délibération qui l'a créée, ainsi que les conditions dans lesquelles elle remet son rapport aux conseillers à l'assemblée de Martinique.

Art. L. 7222-25 L'assemblée de Martinique procède à la désignation de ses membres ou de délégués pour siéger au sein d'organismes extérieurs dans les cas et conditions prévus par les dispositions régissant ces organismes, en tenant compte du principe de la représentation proportionnelle des groupes d'élus. La fixation par les dispositions précitées de la durée des fonctions assignées à ces membres ou délégués ne fait pas obstacle à ce qu'il puisse être procédé à tout moment, et pour le reste de cette durée, à leur remplacement par une nouvelle désignation opérée dans les mêmes formes.

SOUS-SECTION 7 Fonctionnement des groupes d'élus

Art. L. 7222-26 Le fonctionnement des groupes d'élus peut faire l'objet de délibérations sans que puissent être modifiées, à cette occasion, les décisions relatives au régime indemnitaire des élus.

Les groupes d'élus se constituent par la remise au président de l'assemblée de Martinique d'une déclaration, signée de leurs membres, accompagnée de la liste de ceux-ci et de leur représentant.

Dans les conditions qu'elle définit, l'assemblée de Martinique peut affecter aux groupes d'élus, pour leur usage propre ou pour un usage commun, un local administratif, du matériel de bureau et prendre en charge leurs frais de documentation, de courrier et de télécommunications.

Le président du conseil exécutif peut, dans les conditions fixées par l'assemblée et sur proposition des représentants de chaque groupe, affecter aux groupes d'élus une ou plusieurs personnes. L'assemblée de Martinique ouvre au budget de la collectivité territoriale, sur un chapitre spécialement créé à cet effet, les crédits nécessaires à ces dépenses, sans qu'ils puissent excéder 30 % du montant total des indemnités versées chaque année aux conseillers à l'assemblée de Martinique *(L. n° 2022-217 du 21 févr. 2022, art. 171)* « , charges sociales incluses ».

Le président du conseil exécutif est l'ordonnateur des dépenses susmentionnées.

L'élu responsable de chaque groupe d'élus décide des conditions et des modalités d'exécution du service que ces collaborateurs accomplissent auprès du groupe.

Art. L. 7222-27 Lorsque la collectivité territoriale de Martinique diffuse, sous quelque forme que ce soit, un bulletin d'information générale sur les réalisations et la gestion de l'assemblée de Martinique et du conseil exécutif de Martinique, un espace est réservé à l'expression des groupes d'élus. Les modalités d'application de cette disposition sont définies par le règlement intérieur.

SOUS-SECTION 8 **Relations avec le représentant de l'État**

Art. L. 7222-28 Le représentant de l'État dans la collectivité territoriale a la charge des intérêts nationaux, du respect des lois et, dans les conditions fixées par le présent code, du contrôle administratif.

Dans les conditions fixées par le présent code, il veille à l'exercice régulier de leurs compétences par les autorités de la collectivité territoriale de Martinique.

Art. L. 7222-29 Le représentant de l'État dans la collectivité territoriale est seul habilité à s'exprimer au nom de l'État devant l'assemblée de Martinique.

Par accord du président de l'assemblée de Martinique et du représentant de l'État dans la collectivité territoriale, celui-ci est entendu par l'assemblée de Martinique.

En outre, sur demande du Premier ministre, le représentant de l'État dans la collectivité territoriale est entendu par l'assemblée de Martinique.

Dans les cas prévus aux deuxième et troisième alinéas, le président du conseil exécutif de Martinique et les conseillers exécutifs assistent à la séance.

Art. L. 7222-30 Sur sa demande, le président de l'assemblée de Martinique reçoit du représentant de l'État dans la collectivité territoriale les informations nécessaires à l'exercice de ses attributions.

Sur sa demande, le représentant de l'État dans la collectivité territoriale reçoit du président de l'assemblée de Martinique les informations nécessaires à l'exercice de ses attributions.

Art. L. 7222-31 Chaque année, le représentant de l'État dans la collectivité territoriale informe l'assemblée de Martinique, par un rapport spécial, de l'activité des services de l'État dans la collectivité.

Ce rapport spécial donne lieu éventuellement à un débat en présence du représentant de l'État et du président du conseil exécutif.

CHAPITRE III **LE PRÉSIDENT ET LES VICE-PRÉSIDENTS DE L'ASSEMBLÉE DE MARTINIQUE**

SECTION 1 **Désignation**

Art. L. 7223-1 L'assemblée de Martinique élit son président lors de la réunion de droit qui suit chaque renouvellement.

Pour cette élection, elle est présidée par son doyen d'âge, le plus jeune membre faisant fonction de secrétaire. Cette élection ne donne lieu à aucun débat.

L'assemblée de Martinique ne peut dans ce cas délibérer que si les deux tiers de ses membres sont présents. Si cette condition n'est pas remplie, la réunion se tient de plein droit trois jours plus tard. La réunion peut alors avoir lieu sans condition de quorum.

Le président est élu à la majorité absolue des membres pour la durée du mandat des conseillers à l'assemblée de Martinique. Si cette élection n'est pas acquise après les deux premiers tours de scrutin, il est procédé à un troisième tour de scrutin et l'élection a lieu à la majorité relative des membres. En cas d'égalité des voix, l'élection est acquise au bénéfice de l'âge.

Art. L. 7223-2 Aussitôt après l'élection du président et sous sa présidence, l'assemblée de Martinique élit ses quatre vice-présidents.

Les vice-présidents sont élus au scrutin de liste. Chaque conseiller à l'assemblée de Martinique ou chaque groupe de conseillers peut présenter une liste de candidats. Chaque liste est composée alternativement d'un candidat de chaque sexe. Un groupe de conseillers qui ne dispose pas de membres de chaque sexe en nombre suffisant peut compléter sa liste par des candidats de même sexe.

Les listes sont déposées auprès du président de l'assemblée dans l'heure qui suit son élection. Si, à l'expiration de ce délai, une seule liste a été déposée, les sièges de vice-président sont alors pourvus immédiatement dans l'ordre de la liste et il en est donné lecture par le président de l'assemblée.

Dans le cas contraire, l'assemblée de Martinique procède à l'élection des vice-présidents qui se déroule à la représentation proportionnelle à la plus forte moyenne, sans panachage ni vote préférentiel, entre les listes mentionnées au deuxième alinéa. Les sièges sont attribués aux candidats dans l'ordre de présentation sur chaque liste. Si plusieurs listes ont la même moyenne pour l'attribution du dernier siège, celui-ci revient à la liste qui a obtenu le plus grand nombre de suffrages. En cas d'égalité de suffrages, le siège est attribué au plus âgé des candidats susceptibles d'être proclamés élus. Si le nombre de candidats figurant sur une liste est inférieur au nombre de sièges qui lui reviennent, le ou les sièges non pourvus sont attribués à la ou aux plus fortes moyennes suivantes.

Les vice-présidents sont nommés pour la même durée que le président de l'assemblée.

SECTION 2 Remplacement

Art. L. 7223-3 En cas de vacance du siège de président pour quelque cause que ce soit, les fonctions de président sont provisoirement exercées par un vice-président, dans l'ordre des nominations et, à défaut, par un conseiller désigné par l'assemblée. Il est procédé à une nouvelle élection du président et des vice-présidents dans le délai d'un mois, selon les modalités prévues aux articles L. 7223-1 et L. 7223-2.

En cas de démission du président et de tous les vice-présidents, l'assemblée est convoquée par le doyen d'âge soit pour procéder à la désignation du conseiller prévu au premier alinéa, soit pour procéder à une nouvelle élection du président et des vice-présidents.

En cas de vacance d'un ou plusieurs sièges de vice-président pour quelque cause que ce soit, il est procédé à une nouvelle élection dans le délai d'un mois, selon les modalités prévues, selon le cas, aux mêmes articles L. 7223-1 ou L. 7223-2.

SECTION 3 Incompatibilités

Art. L. 7223-4 Les fonctions de président de l'assemblée de Martinique sont incompatibles avec l'exercice des fonctions suivantes : maire, président d'un établissement public de coopération intercommunale à fiscalité propre de plus de 50 000 habitants, membre de la Commission européenne, membre du directoire de la Banque centrale européenne ou membre du conseil de la politique monétaire de la Banque de France.

Si le président de l'assemblée de Martinique exerce une fonction le plaçant dans une situation d'incompatibilité prévue au premier alinéa, il cesse de ce fait même d'exercer ses fonctions de président de l'assemblée de Martinique. En cas de contestation, l'incompatibilité prend effet à compter de la date à laquelle la décision juridictionnelle confirmant l'élection devient définitive.

SECTION 4 Compétences du président de l'assemblée de Martinique

Art. L. 7223-5 Le président de l'assemblée de Martinique procède à la désignation des conseillers à l'assemblée de Martinique pour siéger au sein d'organismes extérieurs dans les cas et conditions prévus par les dispositions régissant ces organismes, en tenant compte du principe de la représentation proportionnelle des groupes d'élus. La fixation de la durée des fonctions assignées à ces conseillers ne fait pas obstacle à ce qu'il puisse être procédé à tout moment à leur remplacement par une nouvelle désignation opérée dans les mêmes formes.

CHAPITRE IV LE CONSEIL EXÉCUTIF ET LE PRÉSIDENT DU CONSEIL EXÉCUTIF

SECTION 1 Élection et composition

Art. L. 7224-1 Le conseil exécutif de Martinique est composé d'un président assisté de huit conseillers exécutifs.

Art. L. 7224-2 Aussitôt après l'élection de son président et de ses vice-présidents, l'assemblée de Martinique procède à l'élection parmi ses membres du conseil exécutif de Martinique et de son président.

Les conseillers exécutifs et le président du conseil exécutif sont élus pour la durée du mandat des conseillers à l'assemblée de Martinique, au scrutin de liste avec dépôt de listes comportant autant de noms que de sièges à pourvoir, sans adjonction ni suppression de nom et sans modification de l'ordre de présentation. Sur chacune des listes, l'écart entre le nombre des candidats de chaque sexe ne peut être supérieur à un.

Chaque liste est accompagnée d'une déclaration écrite présentant les grandes orientations que se proposent de suivre les candidats dans le cadre de leurs fonctions au sein du conseil exécutif.

Si aucune liste n'a recueilli aux premier et deuxième tours de scrutin la majorité absolue des membres de l'assemblée, il est procédé à un troisième tour. La totalité des sièges est attribuée à la liste qui a obtenu le plus de suffrages. En cas d'égalité de suffrages entre les listes arrivées en tête, ces sièges sont attribués à la liste dont les candidats ont la moyenne d'âge la plus élevée.

Le président du conseil exécutif de Martinique est le candidat figurant en tête de la liste élue.

Art. L. 7224-3 Le mandat de conseiller à l'assemblée de Martinique est incompatible avec la fonction de conseiller exécutif de Martinique.

Tout conseiller à l'assemblée de Martinique élu au conseil exécutif de Martinique dispose d'un délai d'un mois à partir de la date à laquelle cette élection est devenue définitive pour démissionner de son mandat de conseiller à l'assemblée de Martinique ou de sa fonction de conseiller exécutif. Il fait connaître son choix par écrit au représentant de l'État dans la collectivité territoriale qui en informe le président de l'assemblée de Martinique.

À défaut d'option dans le délai imparti, il est réputé démissionnaire de son mandat de conseiller à l'assemblée ; cette démission est constatée par arrêté du représentant de l'État dans la collectivité territoriale.

Art. L. 7224-4 I. – Le régime des incompatibilités concernant les conseillers à l'assemblée de Martinique reste applicable au conseiller à l'assemblée de Martinique démissionnaire pour cause d'acceptation de la fonction de conseiller exécutif. Il est remplacé au sein de l'assemblée dans les conditions prévues à l'article L. 558-32 du code électoral.

II. – Pour l'application des dispositions instituant les incompatibilités entre certains mandats électoraux ou fonctions électives :

1° Les fonctions de président du conseil exécutif de Martinique sont assimilées à celles de président d'un conseil régional ;

2° Les fonctions de conseiller exécutif autre que le président sont assimilées au mandat de conseiller régional.

III. – Les fonctions de président du conseil exécutif de Martinique sont incompatibles avec l'exercice des fonctions suivantes : maire, président d'un établissement public de coopération intercommunale à fiscalité propre de plus de 50 000 habitants, membre de la Commission européenne, membre du directoire de la Banque centrale européenne ou membre du conseil de la politique monétaire de la Banque de France.

IV. – Si le président du conseil exécutif exerce une fonction le plaçant dans une situation d'incompatibilité prévue au III, il cesse de ce fait même d'exercer ses fonctions de président du conseil exécutif et d'appartenir au conseil exécutif. En cas de contestation, l'incompatibilité prend effet à compter de la date à laquelle la décision juridictionnelle confirmant l'élection du conseil exécutif devient définitive.

Art. L. 7224-5 L'élection des conseillers exécutifs peut être contestée dans les conditions, formes et délais prescrits pour les contestations de l'élection des conseillers à l'assemblée de Martinique.

Art. L. 7224-6 En cas de décès ou de démission d'un ou de plusieurs conseillers exécutifs autres que le président, l'assemblée procède à une nouvelle élection pour pourvoir le ou les sièges vacants dans le délai d'un mois.

Si un seul siège est vacant, l'élection a lieu selon les modalités fixées aux deux derniers alinéas de l'article L. 7223-1.

Si plusieurs sièges sont vacants, l'élection a lieu selon les modalités fixées aux deuxième à quatrième alinéas de l'article L. 7224-2.

Art. L. 7224-7 En cas de vacance du siège de président du conseil exécutif de Martinique pour quelque cause que ce soit, ses fonctions sont provisoirement exercées par un conseiller exécutif, dans l'ordre de l'élection. Il est procédé à une nouvelle élection du conseil exécutif et de son président dans le délai d'un mois, selon les modalités prévues à l'article L. 7224-2.

SECTION 2 Attributions du conseil exécutif

Art. L. 7224-8 Le conseil exécutif dirige l'action de la collectivité territoriale de Martinique dans les conditions et limites fixées par le présent titre.

SECTION 3 Attributions du président du conseil exécutif

Art. L. 7224-9 Le président du conseil exécutif prépare et exécute les délibérations de l'assemblée de Martinique.

Art. L. 7224-10 Le président du conseil exécutif est l'ordonnateur des dépenses et prescrit l'exécution des recettes de la collectivité territoriale de Martinique, sous réserve des dispositions particulières du code général des impôts relatives au recouvrement des recettes fiscales des collectivités territoriales.

Il impute en section d'investissement les dépenses d'équipement afférentes à des biens meubles ne figurant pas sur les listes et d'une valeur inférieure à un seuil fixé par arrêté des ministres chargés des finances et des collectivités territoriales, sur délibération expresse de l'assemblée de Martinique.

Art. L. 7224-11 *Abrogé par Ord. n° 2022-408 du 23 mars 2022, art. 17.*

Art. L. 7224-12 Le président du conseil exécutif est seul chargé de l'administration. Il délègue par arrêté, sous sa surveillance et sa responsabilité, l'exercice d'une partie de ses fonctions à chaque conseiller exécutif. Ces délégations subsistent tant qu'elles ne sont pas rapportées.

Art. L. 7224-13 Le président du conseil exécutif est le chef des services de la collectivité territoriale de Martinique. Il peut, sous sa surveillance et sa responsabilité, donner délégation de signature en toute matière aux responsables desdits services.

Il gère les personnels de la collectivité dans les conditions prévues par la loi n° 84-53 du 26 janvier 1984 portant dispositions statutaires relatives à la fonction publique territoriale.

Art. L. 7224-14 Le président du conseil exécutif peut, par arrêté délibéré au sein du conseil exécutif, prendre toute mesure :

1° Tendant à préciser les modalités d'application des délibérations de l'assemblée de Martinique ;

2° Fixant les règles d'organisation et de fonctionnement des services de la collectivité territoriale de Martinique.

Art. L. 7224-15 Le président du conseil exécutif procède à la nomination des gardes champêtres dans le cas et les conditions prévus à l'article L. 2213-17.

Art. L. 7224-16 Le président du conseil exécutif gère le domaine de la collectivité. À ce titre, il exerce les pouvoirs de police afférents à cette gestion.

Art. L. 7224-17 Le président du conseil exécutif peut faire tous actes conservatoires et interruptifs de déchéance.

Art. L. 7224-18 Le président du conseil exécutif intente les actions en justice au nom de la collectivité territoriale de Martinique en vertu de la décision de l'assemblée et il peut, sur l'avis conforme du conseil exécutif, défendre à toute action intentée contre la collectivité.

Il peut, par délégation de l'assemblée, être chargé pour la durée de son mandat d'intenter au nom de la collectivité les actions en justice ou de défendre la collectivité dans les actions intentées contre elle, dans les cas définis par l'assemblée. Il rend compte à la plus proche réunion de l'assemblée de l'exercice de cette compétence.

Art. L. 7224-19 Le président du conseil exécutif, par délégation de l'assemblée, peut être chargé pour la durée de son mandat de prendre toute décision concernant la préparation, la passation, l'exécution et le règlement des marchés et des accords-cadres, ainsi que toute décision concernant leurs avenants, lorsque les crédits sont inscrits au budget.

Le président du conseil exécutif rend compte à la plus proche réunion de l'assemblée de l'exercice de cette compétence.

Art. L. 7224-20 Lorsqu'il n'est pas fait application de l'article L. 7224-19, la délibération de l'assemblée chargeant le président du conseil exécutif de souscrire un marché déterminé peut être prise avant l'engagement de la procédure de passation de ce marché. Elle comporte alors obligatoirement la définition de l'étendue du besoin à satisfaire et le montant prévisionnel du marché.

Art. L. 7224-21 Sauf disposition contraire dans la délibération portant délégation, le président peut subdéléguer les attributions confiées par l'assemblée de Martinique, dans les conditions prévues à l'article L. 7224-12.

Art. L. 7224-22 Chaque année, le président du conseil exécutif rend compte à l'assemblée, par un rapport spécial, de la situation de la collectivité territoriale, de l'état d'exécution du schéma d'aménagement régional ainsi que de l'activité et du financement de ses différents services et des organismes qui en dépendent. Le rapport précise également l'état d'exécution des délibérations de l'assemblée et la situation financière de la collectivité. Le rapport est soumis pour avis au conseil économique, social, environnemental, de la culture et de l'éducation de Martinique préalablement à son examen par l'assemblée. Ce rapport donne lieu à un débat.

Art. L. 7224-23 Sur sa demande, le président du conseil exécutif reçoit du représentant de l'État dans la collectivité territoriale les informations nécessaires à l'exercice de ses attributions.

Sur sa demande, le représentant de l'État dans la collectivité territoriale reçoit du président du conseil exécutif les informations nécessaires à l'exercice de ses attributions.

CHAPITRE V **RAPPORTS ENTRE L'ASSEMBLÉE ET LE CONSEIL EXÉCUTIF DE MARTINIQUE**

Art. L. 7225-1 Le président du conseil exécutif et les conseillers exécutifs ont accès aux séances de l'assemblée de Martinique. Ils sont entendus sur leur demande sur les questions inscrites à l'ordre du jour.

Art. L. 7225-2 L'assemblée de Martinique peut mettre en cause la responsabilité du conseil exécutif par le vote d'une motion de défiance. Celle-ci n'est recevable que si elle est signée par au moins un tiers des conseillers à l'assemblée de Martinique. Chaque conseiller ne peut signer plus d'une motion par année civile.

La motion de défiance mentionne, d'une part, les motifs pour lesquels elle est présentée et, d'autre part, la liste des noms des candidats aux fonctions de président et de conseiller exécutif de Martinique appelés à exercer les fonctions prévues au présent titre en cas d'adoption de la motion de défiance.

L'assemblée se réunit de plein droit cinq jours francs après le dépôt de la motion. Le vote intervient au cours des deux jours suivants. Faute de quorum, il est renvoyé au lendemain. Les délais mentionnés au présent alinéa s'entendent dimanche et jours fériés non compris.

Seuls sont recensés les votes favorables à la motion de défiance, qui ne peut être adoptée qu'à la majorité des trois cinquièmes des conseillers à l'assemblée de Martinique.

Le président de l'assemblée proclame les résultats du scrutin et les transmet immédiatement au représentant de l'État. Les résultats du scrutin peuvent être contestés par tout membre de l'assemblée ou par le représentant de l'État devant le tribunal administratif dans le délai de cinq jours à compter de cette proclamation.

Lorsque la motion de défiance est adoptée, les fonctions des membres du conseil exécutif cessent de plein droit. Les candidats aux fonctions de président du conseil exécutif et de conseiller exécutif sont déclarés élus et entrent immédiatement en fonction.

Art. L. 7225-3 Quinze jours au moins avant la réunion de l'assemblée de Martinique, le président du conseil exécutif de Martinique transmet au président de l'assemblée de Martinique un rapport sur chacune des affaires qui doivent être examinées par l'assemblée ainsi que, le cas échéant, les projets de délibération correspondants.

En cas d'urgence, le délai prévu au premier alinéa peut être abrégé par le président du conseil exécutif sans pouvoir être toutefois inférieur à trois jours francs.

Sans préjudice de l'application de l'article L. 7222-10, l'ordre du jour est fixé par le président de l'assemblée après consultation des vice-présidents. Il comporte, par priorité et dans l'ordre que le président du conseil exécutif a fixé, les affaires désignées par celui-ci.

Les projets sur lesquels le conseil économique, social, environnemental, de la culture et de l'éducation de Martinique est obligatoirement consulté sont adressés au président de l'assemblée par le président du conseil exécutif, assortis de l'avis de ce conseil.

Art. L. 7225-4 Les délibérations de l'assemblée de Martinique peuvent prévoir des mesures d'application arrêtées par le président du conseil exécutif dans les conditions prévues à l'article L. 7224-14.

CHAPITRE VI LE CONSEIL ÉCONOMIQUE, SOCIAL, ENVIRONNEMENTAL, DE LA CULTURE ET DE L'ÉDUCATION DE MARTINIQUE

SECTION 1 Dispositions générales

Art. L. 7226-1 L'assemblée de Martinique est assistée d'un conseil économique, social, environnemental, de la culture et de l'éducation de Martinique.

SECTION 2 Organisation et composition

Art. L. 7226-2 *(L. n° 2022-217 du 21 févr. 2022, art. 251)* « Le conseil peut comprendre des sections, dans des conditions fixées par décret en Conseil d'État.

« Les sections peuvent » émettre des avis. Le conseil se prononce sur les avis et rapports établis par les sections avant leur transmission à l'autorité compétente.

Art. L. 7226-3 La composition du conseil, les conditions de nomination de *(L. n° 2022-217 du 21 févr. 2022, art. 251)* « ses » membres ainsi que la date de *(L. n° 2022-217 du 21 févr. 2022, art. 251)* « son » installation sont fixées par décret en Conseil d'État.

(L. n° 2014-873 du 4 août 2014, art. 71) « Lorsqu'un organisme est appelé à désigner plus d'un membre du conseil, il procède à ces désignations de telle sorte que l'écart entre le nombre des hommes désignés, d'une part, et des femmes désignées, d'autre part, ne soit pas supérieur à un. La même règle s'applique à la désignation des personnalités qualifiées. »

Les conseillers à l'assemblée de Martinique ne peuvent être membres du conseil.

SECTION 3 Fonctionnement

Art. L. 7226-4 Le conseil économique, social, environnemental, de la culture et de l'éducation de Martinique établit son règlement intérieur.

Art. L. 7226-5 Le conseil économique, social, environnemental, de la culture et de l'éducation de Martinique élit en son sein au scrutin secret, dans les conditions prévues par son règlement intérieur, son président et les membres de sa commission permanente.

Art. L. 7226-6 Le conseil exécutif de Martinique met à la disposition du conseil les moyens nécessaires à son fonctionnement. Ces moyens doivent permettre notamment d'assurer le secrétariat des séances du conseil et de ses sections et commissions. Le conseil exécutif met également les services de la collectivité territoriale ou une partie de ceux-ci à la disposition du conseil à titre permanent ou temporaire, notamment pour lui permettre de réaliser des études sur tout projet à caractère économique, social, environnemental, culturel, éducatif ou sportif de sa compétence.

Le président du conseil économique, social, environnemental, de la culture et de l'éducation organise et dirige les personnels et les services mis à la disposition du conseil.

SECTION 4 Garanties et indemnités accordées aux membres du conseil

Art. L. 7226-7 L'article L. 7227-1, les premier et dernier alinéas de l'article L. 7227-23 et l'article L. 7227-34 sont applicables au président, aux vice-présidents et aux membres du conseil économique, social, environnemental, de la culture et de l'éducation de Martinique.

Art. L. 7226-8 Les membres du conseil perçoivent, pour l'exercice effectif de leurs fonctions, une indemnité fixée par l'assemblée de Martinique dans la limite d'un plafond mensuel déterminé par référence aux indemnités maximales prévues pour les conseillers à l'assemblée de Martinique aux articles L. 7227-19 et L. 7227-20. Cette indemnité varie en fonction de la présence des membres aux réunions du conseil ou de ses formations et de leur participation à ses travaux.

Un décret en Conseil d'État définit les modalités d'application du premier alinéa du présent article.

Ils ont en outre droit au remboursement des frais supplémentaires pouvant résulter de l'exercice des mandats spéciaux dont ils sont chargés par leur conseil, dans les conditions prévues aux troisième et quatrième alinéas de l'article L. 7227-23.

Art. L. 7226-9 Indépendamment des autorisations d'absence dont ils bénéficient en application de l'article L. 7226-7, le président, les vice-présidents et les membres du conseil ont droit à un crédit d'heures leur permettant de disposer du temps nécessaire à la préparation des réunions du conseil et des commissions dont ils font partie.

Ce crédit d'heures, forfaitaire et trimestriel, est fixé par référence à la durée hebdomadaire légale du travail.

Il est égal :

1° À l'équivalent de deux fois cette durée pour le président et les vice-présidents ;

2° À l'équivalent de 60 % de cette durée pour les membres du conseil.

En cas de travail à temps partiel, le crédit d'heures est réduit à due proportion.

Les heures non utilisées pendant un trimestre ne sont pas reportables.

L'employeur est tenu d'accorder aux membres du conseil, sur leur demande, l'autorisation d'utiliser le crédit d'heures prévu au présent article. Ce temps d'absence n'est pas payé par l'employeur.

Le temps d'absence utilisé en application de l'article L. 7226-7 et du présent article ne peut dépasser la moitié de la durée légale du travail pour une année civile. Il est assimilé à une durée de travail effective pour la détermination de la durée des congés payés et du droit aux prestations sociales ainsi qu'au regard de tous les droits découlant de l'ancienneté.

Art. L. 7226-10 Le président, les vice-présidents et les membres du conseil ont droit à une formation adaptée à leurs fonctions. Le conseil exécutif de Martinique met à la disposition du conseil les moyens nécessaires à la prise en charge de leurs frais de déplacement, de séjour et d'enseignement, au titre des moyens de fonctionnement prévus à l'article L. 7226-6.

Les modalités d'application du présent article sont fixées par décret.

CHAPITRE VII CONDITIONS D'EXERCICE DES MANDATS

SECTION 1 Garanties accordées aux titulaires de mandats à l'assemblée de Martinique et de fonctions au conseil exécutif

SOUS-SECTION 1 Garanties accordées dans l'exercice du mandat ou de la fonction

Art. L. 7227-1 L'employeur est tenu de laisser à tout salarié de son entreprise membre de l'assemblée de Martinique ou du conseil exécutif de Martinique le temps nécessaire pour se rendre et participer :

1° Aux séances plénières de l'assemblée ;

2° Aux réunions des commissions dont il est membre et instituées par une délibération de l'assemblée ;

3° Aux réunions du conseil exécutif ;

4° Aux réunions des assemblées délibérantes et des bureaux des organismes où il a été désigné pour représenter la collectivité territoriale de Martinique ;

(L. nº 2022-217 du 21 févr. 2022, art. 220) « 5° Aux réunions des assemblées, des bureaux et des commissions spécialisées des organismes nationaux où il a été désigné ou élu pour représenter des collectivités territoriales ou des établissements publics en relevant. »

L'élu doit informer l'employeur de la date de la séance ou de la réunion dès qu'il en a connaissance.

L'employeur n'est pas tenu de payer comme temps de travail le temps passé par l'élu aux séances et réunions précitées.

(L. nº 2022-217 du 21 févr. 2022, art. 220) « Au début de son mandat de conseiller à l'assemblée de Martinique, le salarié bénéficie, à sa demande, d'un entretien individuel avec son employeur portant sur les modalités pratiques d'exercice de son mandat au regard de son emploi. Cet entretien ne se substitue pas à l'entretien professionnel mentionné à l'article L. 6315-1 du code du travail.

« L'employeur et le salarié membre de l'assemblée de Martinique peuvent s'accorder sur les mesures à mettre en œuvre pour faciliter la conciliation entre la vie professionnelle et les fonctions électives du salarié et, le cas échéant, sur les conditions de rémunération des temps d'absence consacrés à l'exercice de ces fonctions. »

Art. L. 7227-2 Indépendamment des autorisations d'absence dont ils bénéficient dans les conditions prévues à l'article L. 7227-1, le président et les conseillers à l'assemblée de Martinique, le président du conseil exécutif et les conseillers exécutifs ont droit à un crédit d'heures leur permettant de disposer du temps nécessaire à l'administration de la collectivité territoriale ou de l'organisme auprès duquel ils la représentent et à la préparation des réunions des instances où ils siègent.

Ce crédit d'heures, forfaitaire et trimestriel, est égal :

1° Pour le président et chaque vice-président de l'assemblée, le président du conseil exécutif et les conseillers exécutifs, à l'équivalent de quatre fois la durée hebdomadaire légale du travail ;

2° Pour les conseillers à l'assemblée, à l'équivalent de trois fois la durée hebdomadaire légale du travail.

Les heures non utilisées pendant un trimestre ne sont pas reportables.

En cas de travail à temps partiel, ce crédit d'heures est réduit proportionnellement à la réduction du temps de travail prévue pour l'emploi considéré.

L'employeur est tenu d'accorder aux élus concernés, sur demande de ceux-ci, l'autorisation d'utiliser le crédit d'heures prévu au présent article. Ce temps d'absence n'est pas payé par l'employeur.

Art. L. 7227-3 Le temps d'absence utilisé en application des articles L. 7227-1 et L. 7227-2 ne peut dépasser la moitié de la durée légale du travail pour une année civile.

Art. L. 7227-4 Des décrets en Conseil d'État fixent, en tant que de besoin, les modalités d'application de la présente sous-section.

SOUS-SECTION 2 **Garanties accordées dans l'exercice d'une activité professionnelle**

Art. L. 7227-5 Le temps d'absence prévu aux articles L. 7227-1 et L. 7227-2 est assimilé à une durée de travail effective pour la détermination de la durée des congés payés ainsi qu'au regard de tous les droits découlant de l'ancienneté.

Aucune modification de la durée et des horaires de travail prévus par le contrat de travail ne peut en outre être effectuée en raison des absences intervenues en application des mêmes articles L. 7227-1 et L. 7227-2 sans l'accord de l'élu concerné.

Art. L. 7227-6 Aucun licenciement ni déclassement professionnel, aucune sanction disciplinaire ne peuvent être prononcés en raison des absences résultant de l'application des articles L. 7227-1 et L. 7227-2, sous peine de nullité et de dommages et intérêts au profit de l'élu.

La réintégration ou le reclassement dans l'emploi est de droit.

Art. L. 7227-7 Le président ou les vice-présidents de l'assemblée de Martinique, le président du conseil exécutif et les conseillers exécutifs qui, pour l'exercice de leur mandat, ont cessé d'exercer leur activité professionnelle bénéficient, s'ils sont salariés, des dispositions des articles *(L. n° 2016-1088 du 8 août 2016, art. 9-V)* « L. 3142-83 à L. 3142-87 » du code du travail relatives aux droits des salariés membres de l'Assemblée nationale et du Sénat.

Art. L. 7227-8 Les fonctionnaires régis par les titres I à IV du statut général de la fonction publique sont placés, sur leur demande, en position de détachement pour exercer l'un des mandats ou l'une des fonctions mentionnés à l'article L. 7227-7.

SOUS-SECTION 3 **Garanties accordées à l'issue du mandat ou de l'exercice de fonctions**

Art. L. 7227-9 À la fin de leur mandat ou de l'exercice de leurs fonctions, les élus visés à l'article L. 7227-7 bénéficient à leur demande d'un stage de remise à niveau organisé dans l'entreprise, compte tenu notamment de l'évolution de leur poste de travail ou de celle des techniques utilisées.

Art. L. 7227-10 À la fin de son mandat ou de l'exercice de ses fonctions, le président de l'assemblée de Martinique ou tout vice-président, le président du conseil exécutif ou tout conseiller exécutif qui, pour l'exercice de son mandat ou de ses fonctions, a cessé son activité professionnelle salariée a droit, sur sa demande, à une formation professionnelle et à un bilan de compétences dans les conditions fixées par la sixième partie du code du travail.

Lorsque l'intéressé demande à bénéficier du congé de formation prévu aux articles L. 6322-1 à L. 6322-3 du même code ainsi que du congé de bilan de compétences prévu à l'article L. 6322-42 dudit code, le temps passé au titre du mandat local est assimilé aux durées d'activité exigées pour l'accès à ces congés.

Art. L. 7227-11 À l'occasion du renouvellement général des conseillers à l'assemblée de Martinique, le président de l'assemblée ou tout vice-président, le président du conseil exécutif ou tout conseiller exécutif qui, pour l'exercice de son mandat, avait cessé d'exercer son activité professionnelle perçoit, sur sa demande, une allocation différentielle de fin de mandat s'il se trouve dans l'une des situations suivantes :

1° Être inscrit à l'institution mentionnée à l'article L. 5312-1 du code du travail conformément aux dispositions de l'article L. 5411-1 du même code ;

2° Avoir repris une activité professionnelle lui procurant des revenus inférieurs aux indemnités de fonction qu'il percevait au titre de sa dernière fonction élective.

Le montant mensuel de l'allocation est au plus égal à 80 % de la différence entre le montant de l'indemnité brute mensuelle que l'intéressé percevait pour l'exercice de ses fonctions, dans la limite des taux maximaux fixés à l'article L. 7227-20, et l'ensemble des ressources qu'il perçoit à l'issue du mandat.

L'allocation est versée pendant une période *(L. n° 2015-366 du 31 mars 2015, art. 12)* « d'un an » au plus. Elle n'est pas cumulable avec celles prévues aux articles L. 2123-

11-2 et L. 3123-9-2. *(L. n° 2015-366 du 31 mars 2015, art. 12)* « À compter du septième mois suivant le début du versement de l'allocation, le taux mentionné au quatrième alinéa est au plus égal à 40 %. »

Le financement de cette allocation est assuré dans les conditions prévues à l'article L. 1621-2.

Les modalités d'application du présent article sont déterminées par décret en Conseil d'État.

SECTION 2 **Droit à la formation**

Art. L. 7227-12 Les conseillers à l'assemblée de Martinique et les conseillers exécutifs ont droit à une formation adaptée à leurs fonctions. *(L. n° 2015-366 du 31 mars 2015, art. 18)* « Une formation est obligatoirement organisée au cours de la première année de mandat pour les élus ayant reçu une délégation. »

Dans les trois mois suivant son renouvellement, l'assemblée de Martinique délibère sur l'exercice du droit à la formation de ses membres et des conseillers exécutifs. Elle détermine les orientations et les crédits ouverts à ce titre.

(Ord. n° 2021-45 du 20 janv. 2021, art. 5) « L'assemblée de Martinique peut également délibérer sur sa participation au financement de formations dont peuvent bénéficier ses élus à leur initiative au titre de leur droit individuel à la formation mentionnée à l'article L. 7227-12-1. Cette délibération détermine notamment le champ des formations ouvrant droit à cette participation, qui doivent correspondre aux orientations déterminées en application de l'alinéa précédent. La délibération peut limiter cette participation à un montant maximal par formation ainsi qu'à un nombre maximal de formations par élu et par mandat. La part des frais pédagogiques de la formation financée par le fonds du droit individuel à la formation des élus locaux prévu à l'article L. 1621-3 ne peut être inférieure à un taux fixé par décret. »

Un tableau récapitulant les actions de formation des élus financées par la collectivité territoriale est annexé au compte administratif. Il donne lieu à un débat annuel sur la formation des conseillers à l'assemblée de Martinique.

À compter de l'exercice budgétaire 2026, au 4e al. du présent art., les mots : « compte administratif » sont remplacés par les mots : « compte financier unique » (Ord. n° 2025-526 du 12 juin 2025, art. 1er et 12).

Art. L. 7227-12-1 *(L. n° 2015-366 du 31 mars 2015, art. 15)* Les conseillers à l'assemblée de Martinique et les conseillers exécutifs bénéficient chaque année d'un droit individuel à la formation *(Ord. n° 2021-45 du 20 janv. 2021, art. 6)* « comptabilisé en euros » *(L. n° 2021-771 du 17 juin 2021, art. 3)* « , cumulable sur toute la durée du mandat dans la limite d'un plafond » *(L. n° 2021-771 du 17 juin 2021, art. 6)* « et dont le montant annuel est arrêté pour une période de trois ans ». *(L. n° 2016-341 du 23 mars 2016, art. 1er)* « Il est financé par une cotisation obligatoire dont le taux ne peut être inférieur à 1 %, prélevée sur les indemnités de fonction perçues par les conseillers à l'assemblée de Martinique et les conseillers exécutifs » *(L. n° 2016-1918 du 29 déc. 2016, art. 140)* « dans les conditions prévues à l'article L. 1621-3 ».

La mise en œuvre du droit individuel à la formation relève de l'initiative de chacun des élus et peut concerner des formations sans lien avec l'exercice du mandat. Ces formations peuvent notamment contribuer à l'acquisition des compétences nécessaires à la réinsertion professionnelle à l'issue du mandat *(Ord. n° 2021-45 du 20 janv. 2021, art. 6)* « lorsque l'élu n'a pas liquidé ses droits à pension au titre de son activité professionnelle. »

(L. n° 2021-771 du 17 juin 2021, art. 4, en vigueur le 1er janv. 2022) « Pour assurer le financement d'une formation, le droit individuel à la formation peut être complété, à la demande de son titulaire, par des abondements en droits complémentaires qui peuvent être financés par les collectivités territoriales selon les modalités définies aux articles L. 2123-12, L. 3123-10, L. 4135-10, L. 7125-12 et L. 7227-12. » *(Ord. n° 2021-45 du 20 janv. 2021, art. 6)* « Lorsqu'une formation contribue à sa réinsertion professionnelle, l'élu peut contribuer à son financement en mobilisant son compte personnel d'activité mentionné à l'article L. 5151-1 du code du travail et à l'article 22 *ter* de la loi n° 83-634 du 13 juillet 1983 portant droits et obligations des fonctionnaires, lorsqu'il dispose de droits monétisables. Il peut également contribuer à son

financement par un apport personnel augmentant les sommes engagées au titre de son droit individuel à la formation. » *(L. n° 2021-771 du 17 juin 2021, art. 4)* « Ces abondements complémentaires n'entrent pas en compte dans les modes de calcul du montant du droit individuel à la formation des élus définis au premier alinéa du présent article. »

(Ord. n° 2021-45 du 20 janv. 2021, art. 6) « Un décret en Conseil d'État détermine les modalités de calcul, de plafonnement ainsi que de mise en œuvre du droit individuel à la formation. »

Art. L. 7227-13 Indépendamment des autorisations d'absence et du crédit d'heures prévus aux articles L. 7227-1 et L. 7227-2, les conseillers à l'assemblée de Martinique et les conseillers exécutifs qui ont la qualité de salarié ont droit à un congé de formation. Ce congé est fixé à dix-huit jours par élu pour la durée du mandat et quel que soit le nombre de mandats ou fonctions qu'il détient. Ce congé est renouvelable en cas de réélection.

Les modalités d'application du présent article sont fixées par décret en Conseil d'État.

Art. L. 7227-14 Les frais de déplacement, de séjour et d'enseignement donnent droit à remboursement.

Les pertes de revenu subies par l'élu du fait de l'exercice de son droit à la formation prévu à la présente section sont compensées par la collectivité territoriale dans la limite de dix-huit jours par élu pour la durée du mandat et d'une fois et demie la valeur horaire du salaire minimum de croissance par heure.

(L. n° 2015-366 du 31 mars 2015, art. 18) « Le montant prévisionnel des dépenses de formation *(Ord. n° 2021-45 du 20 janv. 2021, art. 5)* « au titre de l'article L. 7227-12 » ne peut être inférieur à 2 % du montant total des indemnités de fonction qui peuvent être allouées aux conseillers à l'assemblée et aux membres du conseil exécutif en application des articles L. 7227-19 à L. 7227-21. Le montant réel *(Ord. n° 2021-45 du 20 janv. 2021, art. 5)* « de ces dépenses » de formation ne peut excéder 20 % du même montant. Les crédits relatifs aux dépenses de formation qui n'ont pas été consommés à la clôture de l'exercice au titre duquel ils ont été inscrits sont affectés en totalité au budget de l'exercice suivant. Ils ne peuvent être reportés au-delà de l'année au cours de laquelle intervient le renouvellement de l'assemblée délibérante. »

Un décret en Conseil d'État fixe les modalités d'application de ces dispositions.

Art. L. 7227-15 Les articles L. 7227-12 à L. 7227-14 ne sont pas applicables aux voyages d'étude des conseillers à l'assemblée et des membres du conseil exécutif. Les délibérations relatives à ces voyages précisent leur objet, qui doit avoir un lien direct avec l'intérêt de la collectivité territoriale, ainsi que leur coût prévisionnel.

Art. L. 7227-16 La présente section ne s'applique que si l'organisme qui dispense la formation a fait l'objet d'un agrément délivré par le ministre *(Ord. n° 2021-45 du 20 janv. 2021, art. 17)* « chargé des collectivités territoriales » dans les conditions fixées à l'article *(Ord. n° 2021-45 du 20 janv. 2021, art. 17)* « L. 1221-3 ».

SECTION 3 Indemnités des titulaires de mandats à l'assemblée de Martinique et de fonctions au conseil exécutif

Art. L. 7227-17 Les conseillers à l'assemblée de Martinique reçoivent, pour l'exercice effectif de leurs fonctions, une indemnité fixée par référence au montant du traitement correspondant à l'indice brut terminal de l'échelle indiciaire de la fonction publique.

Art. L. 7227-18 Lorsque l'assemblée de Martinique est renouvelée, la délibération fixant les indemnités de ses membres en application de la présente section intervient dans les trois mois suivant son installation.

Toute délibération concernant les indemnités de fonction d'un ou de plusieurs de ses membres est accompagnée d'un tableau annexe récapitulant l'ensemble des indemnités allouées aux conseillers à l'assemblée de Martinique.

Art. L. 7227-19 Les indemnités maximales votées par l'assemblée de Martinique pour l'exercice effectif des fonctions de conseiller à l'assemblée de Martinique sont déterminées en appliquant au terme de référence mentionné à l'article L. 7227-17 le taux de 60 %.

Le règlement intérieur détermine les conditions dans lesquelles est réduit le montant des indemnités mensuelles allouées aux conseillers à l'assemblée de Martinique en fonction de leur participation effective aux séances plénières, aux réunions des commissions dont ils sont membres et aux réunions des organismes dans lesquels ils représentent la collectivité territoriale de Martinique. Cette réduction ne peut être inférieure à 20 % de ces indemnités par absence non justifiée aux séances plénières. Elle ne saurait, au total, dépasser la moitié de l'indemnité maximale mensuelle pouvant être allouée à chacun des conseillers à l'assemblée de Martinique en application du présent article.

Art. L. 7227-20 L'indemnité de fonction maximale votée par l'assemblée de Martinique pour l'exercice effectif des fonctions de président de l'assemblée de Martinique est déterminée en appliquant au terme de référence mentionné à l'article L. 7227-17 le taux de 145 %. *(L. n° 2017-1837 du 30 déc. 2017, art. 100)* « Elle peut être majorée de 40 %, à condition que ne soit pas dépassé le montant total des indemnités maximales susceptibles d'être allouées aux membres de l'assemblée de Martinique hors prise en compte de ladite majoration. »

L'indemnité de fonction maximale votée par l'assemblée de Martinique pour l'exercice effectif des fonctions de vice-président de l'assemblée de Martinique est déterminée en appliquant au terme de référence mentionné au même article L. 7227-17 le taux de 72 %.

Art. L. 7227-21 L'indemnité de fonction maximale votée par l'assemblée de Martinique pour l'exercice effectif des fonctions de président du conseil exécutif est déterminée en appliquant au terme de référence mentionné à l'article L. 7227-17 le taux de 145 %. *(L. n° 2017-1837 du 30 déc. 2017, art. 100)* « Elle peut être majorée de 40 %, à condition que ne soit pas dépassé le montant total des indemnités maximales susceptibles d'être allouées aux membres du conseil exécutif de Martinique hors prise en compte de ladite majoration. »

L'indemnité de fonction maximale votée par l'assemblée de Martinique pour l'exercice effectif des fonctions de conseiller exécutif est déterminée en appliquant au terme de référence mentionné au même article L. 7227-17 le taux de 72 %.

Art. L. 7227-22 Le conseiller à l'Assemblée de Martinique, le président du conseil exécutif ou le conseiller exécutif titulaire d'autres mandats électoraux ou qui siège à ce titre au conseil d'administration d'un établissement public local, du Centre national de la fonction publique territoriale, au conseil d'administration ou au conseil de surveillance d'une société ou qui préside une société ne peut percevoir, pour l'ensemble de ses fonctions, un montant total de rémunération et d'indemnité de fonction supérieur à une fois et demie le montant de l'indemnité parlementaire telle qu'elle est définie à l'article 1er de l'ordonnance n° 58-1210 du 13 décembre 1958 portant loi organique relative à l'indemnité des membres du Parlement. Ce plafond s'entend déduction faite des cotisations sociales obligatoires.

Lorsqu'en application du premier alinéa le montant total de rémunération et d'indemnité de fonction d'un conseiller à l'Assemblée de Martinique, du président du conseil exécutif ou d'un conseiller exécutif fait l'objet d'un écrêtement, *(L. n° 2013-403 du 17 mai 2013, art. 36)* « la part écrêtée est reversée au budget de la personne publique au sein de laquelle le conseiller à l'Assemblée de Martinique, le président du conseil exécutif ou le conseiller exécutif exerce le plus récemment un mandat ou une fonction ».

Art. L. 7227-23 Les conseillers à l'assemblée de Martinique, le président du conseil exécutif et les conseillers exécutifs peuvent recevoir une indemnité de déplacement et le remboursement des frais de séjour qu'ils ont engagés pour prendre part aux réunions de l'assemblée de Martinique, des commissions, du conseil exécutif et des instances dont ils font partie ès qualités.

Les conseillers à l'assemblée de Martinique et les conseillers exécutifs handicapés peuvent également bénéficier du remboursement des frais spécifiques de déplacement, d'accompagnement et d'aide technique qu'ils ont engagés et qui sont liés à l'exercice de leur mandat.

(L. n° 2015-366 du 31 mars 2015, art. 10) « Les conseillers à l'assemblée de Martinique et les conseillers exécutifs peuvent bénéficier d'un remboursement par la collectivité, sur présentation d'un état de frais et après délibération de l'assemblée de Martinique, des frais de garde d'enfants ou d'assistance aux personnes âgées, aux personnes handicapées ou à celles qui ont besoin d'une aide personnelle à leur domicile qu'ils ont engagés en raison de leur participation aux réunions mentionnées à l'article L. 7227-1. Ce remboursement ne peut excéder, par heure, le montant horaire du salaire minimum de croissance. »

Ils ont en outre droit au remboursement des frais supplémentaires de transport et de séjour pouvant résulter de l'exercice des mandats spéciaux dont ils sont chargés par l'assemblée de Martinique ou le conseil exécutif.

Les autres dépenses liées à l'exercice d'un mandat spécial peuvent leur être remboursées par la collectivité sur présentation d'un état de frais et après délibération de l'assemblée de Martinique.

Les modalités d'application du présent article sont fixées par décret.

Art. L. 7227-24 Lorsque le président de l'assemblée de Martinique et les vice-présidents, le président du conseil exécutif et les conseillers exécutifs utilisent le chèque emploi-service universel prévu à l'article L. 1271-1 du code du travail pour assurer la rémunération des salariés ou des associations ou entreprises agréées chargés soit de la garde des enfants, soit de l'assistance aux personnes âgées, handicapées ou à celles qui ont besoin d'une aide personnelle à leur domicile ou d'une aide à la mobilité dans l'environnement de proximité favorisant leur maintien à domicile en application des articles L. 7231-1 et L. 7232-1 du même code, l'assemblée de Martinique peut accorder par délibération une aide financière en faveur des élus concernés, dans des conditions fixées par décret.

Le bénéfice du présent article ne peut se cumuler avec celui du *(L. n° 2015-366 du 31 mars 2015, art. 10)* « troisième » alinéa de l'article L. 7227-23.

Art. L. 7227-25 Lorsque la résidence personnelle du président de l'assemblée de Martinique ou du président du conseil exécutif se situe en dehors de l'agglomération comprenant la commune chef-lieu de la collectivité et que le domaine de la collectivité territoriale de Martinique comprend un ou deux logements de fonction, l'assemblée de Martinique peut fixer par délibération les modalités selon lesquelles un logement peut être mis à leur disposition.

Lorsque le domaine de la collectivité territoriale ne comporte pas un tel logement, l'assemblée de Martinique peut, par délibération, décider d'attribuer au président de l'assemblée de Martinique et au président du conseil exécutif une indemnité de séjour, dans la limite des indemnités journalières allouées à cet effet aux fonctionnaires de l'État, en raison des frais qu'ils ont engagés pour être présents au chef-lieu de la collectivité pour assurer l'exercice de leurs fonctions.

SECTION 4 Protection sociale

SOUS-SECTION 1 Sécurité sociale

Art. L. 7227-26 Le temps d'absence prévu aux articles L. 7227-1 et L. 7227-2 est assimilé à une durée de travail effective pour la détermination du droit aux prestations sociales.

Art. L. 7227-27 Lorsqu'un élu qui perçoit une indemnité de fonction et qui n'a pas interrompu toute activité professionnelle ne peut exercer effectivement ses fonctions en cas de maladie, maternité, paternité ou accident, le montant de l'indemnité de fonction qui lui est versée est au plus égal à la différence entre l'indemnité qui lui était allouée antérieurement et les indemnités journalières versées par son régime de protection sociale.

Les conditions d'application du présent article sont fixées par décret.

Art. L. 7227-28 Lorsque le président de l'assemblée de Martinique ou tout vice-président, le président du conseil exécutif ou tout conseiller exécutif a cessé d'exercer toute activité professionnelle pour l'exercice de son mandat et ne relève plus, à titre obligatoire, d'un régime de sécurité sociale, il est affilié au régime général de la sécurité sociale pour les prestations en nature et en espèces des assurances maladie, maternité, invalidité et décès.

Les cotisations de la collectivité et celles de l'élu sont calculées sur le montant des indemnités effectivement perçues par ce dernier en application du présent code.

Un décret fixe les conditions d'application du présent article.

SOUS-SECTION 2 Retraite

Art. L. 7227-29 Le président de l'assemblée de Martinique ou les vice-présidents, le président du conseil exécutif ou les conseillers exécutifs qui, pour la durée de leur mandat, ont cessé d'exercer leur activité professionnelle et n'acquièrent aucun droit à pension au titre d'un régime obligatoire d'assurance vieillesse sont affiliés à l'assurance vieillesse du régime général de la sécurité sociale.

Art. L. 7227-30 Les conseillers à l'assemblée de Martinique et les membres du conseil exécutif autres que ceux visés à l'article L. 7227-29 peuvent constituer une retraite par rente à la gestion de laquelle doivent participer les élus affiliés.

La constitution de la retraite par rente incombe pour moitié à l'élu et pour moitié à la collectivité territoriale de Martinique.

Un décret en Conseil d'État fixe le plafond des taux de cotisation.

Art. L. 7227-31 Les conseillers à l'assemblée de Martinique et les membres du conseil exécutif sont affiliés au régime complémentaire de retraite institué au profit des agents non titulaires des collectivités publiques.

Les pensions versées en exécution du présent article sont cumulables sans limitation avec toutes autres pensions ou retraites.

Art. L. 7227-32 Pour l'application des articles L. 7227-29 à L. 7227-31, les cotisations de la collectivité territoriale de Martinique et celles de ses élus sont calculées sur le montant des indemnités effectivement perçues par ces derniers en application de la section 3 du présent chapitre ou de tout autre texte régissant l'indemnisation de leurs fonctions.

Les cotisations des élus ont un caractère personnel et obligatoire.

Art. L. 7227-33 Les pensions de retraite déjà liquidées et les droits acquis avant le 30 mars 1992 continuent d'être honorés par les institutions et organismes auprès desquels ils ont été constitués ou auprès desquels ils ont été transférés. Les charges correspondantes sont notamment couvertes, le cas échéant, par une subvention d'équilibre versée par les collectivités concernées.

Les élus mentionnés au premier alinéa, en fonction ou ayant acquis des droits à une pension de retraite avant le 30 mars 1992, peuvent continuer à cotiser à ces institutions et organismes.

La collectivité territoriale de Martinique contribue dans la limite prévue à l'article L. 7227-30.

SECTION 5 Responsabilité de la collectivité en cas d'accident

Art. L. 7227-34 La collectivité territoriale de Martinique est responsable, dans les conditions prévues à l'article L. 2123-31, des accidents subis par les conseillers à l'assemblée de Martinique et les membres du conseil exécutif à l'occasion de l'exercice de leurs fonctions.

Art. L. 7227-35 Lorsque les élus mentionnés à l'article L. 7227-34 sont victimes d'un accident survenu dans l'exercice de leurs fonctions, la collectivité territoriale de Martinique verse directement aux praticiens, pharmaciens, auxiliaires médicaux, fournisseurs ainsi qu'aux établissements le montant des prestations afférentes à cet accident calculé selon les tarifs appliqués en matière d'assurance maladie.

SECTION 6 Responsabilité et protection des élus

Art. L. 7227-36 Sous réserve des dispositions du quatrième alinéa de l'article 121-3 du code pénal, le président de l'assemblée ou un conseiller le suppléant, le président du conseil exécutif ou un conseiller exécutif ne peut être condamné sur le fondement du troisième alinéa de ce même article pour des faits non intentionnels commis dans l'exercice de ses fonctions que s'il est établi qu'il n'a pas accompli les diligences normales compte tenu de ses compétences, du pouvoir et des moyens dont il disposait ainsi que des difficultés propres aux missions que la loi lui confie.

La collectivité territoriale de Martinique est tenue d'accorder sa protection au président de l'assemblée de Martinique, au conseiller le suppléant, au président du conseil exécutif ou au conseiller exécutif ou à l'un de ces élus ayant cessé ses fonctions lorsque celui-ci fait l'objet de poursuites pénales à l'occasion de faits qui n'ont pas le caractère de faute détachable de l'exercice de ses fonctions.

Art. L. 7227-37 Le président de l'assemblée de Martinique, les vice-présidents, le président du conseil exécutif et les conseillers exécutifs bénéficient, à l'occasion de leurs fonctions, d'une protection organisée par la collectivité territoriale conformément aux règles fixées par le code pénal, les lois spéciales et le présent code.

La collectivité territoriale de Martinique est tenue de protéger le président de l'assemblée de Martinique, les vice-présidents, le président du conseil exécutif et les conseillers exécutifs contre les violences, menaces ou outrages dont ils pourraient être victimes à l'occasion de leurs fonctions et de réparer, le cas échéant, le préjudice qui en est résulté.

La collectivité est subrogée aux droits de la victime pour obtenir des auteurs de ces infractions la restitution des sommes versées à l'élu intéressé. Elle dispose en outre, aux mêmes fins, d'une action directe qu'elle peut exercer, au besoin par voie de constitution de partie civile, devant la juridiction pénale.

SECTION 7 Honorariat des anciens conseillers à l'assemblée de Martinique

Art. L. 7227-38 L'honorariat est conféré par le représentant de l'État dans la collectivité territoriale de Martinique aux anciens conseillers à l'assemblée de Martinique qui ont exercé leurs fonctions électives pendant quinze ans au moins. Dans ce cas, les fonctions de président du conseil exécutif ou de conseiller exécutif sont assimilées au mandat de conseiller à l'assemblée de Martinique.

L'honorariat ne peut être refusé ou retiré par le représentant de l'État que si l'intéressé a fait l'objet d'une condamnation entraînant l'inéligibilité.

L'honorariat n'est assorti d'aucun avantage financier imputable sur le budget de la collectivité territoriale de Martinique.

TITRE III RÉGIME JURIDIQUE DES ACTES PRIS PAR LES AUTORITÉS DE LA COLLECTIVITÉ TERRITORIALE DE MARTINIQUE

CHAPITRE UNIQUE

Art. L. 7231-1 Les délibérations de l'assemblée de Martinique et les actes du président du conseil exécutif sont soumis au régime juridique des actes pris par les autorités régionales dans les conditions fixées par les chapitres I et II du titre IV du livre I de la quatrième partie.

Art. L. 7231-2 L'exercice par un contribuable des actions appartenant à la collectivité territoriale de Martinique est soumis aux dispositions du chapitre III du même titre IV.

TITRE IV RELATIONS ENTRE LA COLLECTIVITÉ TERRITORIALE DE MARTINIQUE ET LES SERVICES DE L'ÉTAT

CHAPITRE UNIQUE

Art. L. 7241-1 Sont applicables les chapitres I et II du titre V du livre I de la quatrième partie.

TITRE V ATTRIBUTIONS DE LA COLLECTIVITÉ TERRITORIALE DE MARTINIQUE

CHAPITRE I DISPOSITIONS GÉNÉRALES

Art. L. 7251-1 L'assemblée de Martinique règle par ses délibérations les affaires de la collectivité territoriale de Martinique.

Elle a compétence pour promouvoir la coopération régionale, le développement économique, social, sanitaire, culturel et scientifique de la Martinique et l'aménagement de son territoire et pour assurer la préservation de son identité, dans le respect de l'intégrité, de l'autonomie et des attributions des communes.

Elle peut engager des actions complémentaires de celles de l'État, des communes et de leurs groupements et des établissements publics situés dans la collectivité territoriale.

Art. L. 7251-2 L'assemblée de Martinique peut créer des établissements publics dénommés agences, chargés d'assurer la réalisation des projets intéressant la collectivité territoriale de Martinique ainsi que le fonctionnement des services publics de la collectivité.

CHAPITRE II CONSULTATION DE L'ASSEMBLÉE DE MARTINIQUE PAR LE GOUVERNEMENT

Art. L. 7252-1 L'assemblée de Martinique peut présenter des propositions de modification ou d'adaptation des dispositions législatives ou réglementaires en vigueur ou en cours d'élaboration ainsi que toutes propositions relatives aux conditions du développement économique, social et culturel de la collectivité territoriale de Martinique.

(L. nº 2022-217 du 21 févr. 2022, art. 2) « Les propositions adoptées par l'assemblée de Martinique en application du premier alinéa sont transmises, par le président de l'assemblée de Martinique, au Premier ministre, au représentant de l'État dans la collectivité territoriale et, lorsqu'elles portent sur des dispositions législatives, aux présidents de l'Assemblée nationale et du Sénat.

« Le Premier ministre accuse réception des propositions qui lui sont transmises. Un rapport annuel indique les suites qui ont été données à ces propositions. Ce rapport est rendu public. »

Elle peut également faire au Premier ministre toutes remarques ou suggestions concernant le fonctionnement des services publics de l'État dans la collectivité.

Le Premier ministre accuse réception dans les quinze jours et fixe le délai dans lequel il apportera une réponse au fond.

Art. L. 7252-2 L'assemblée de Martinique est consultée sur les projets de loi, d'ordonnance ou de décret comportant des dispositions d'adaptation du régime législatif et de l'organisation administrative de la collectivité territoriale de Martinique.

Son avis est réputé acquis en l'absence de notification au représentant de l'État dans la collectivité territoriale d'un avis exprès dans un délai d'un mois à compter de la saisine ; ce délai est réduit à quinze jours en cas d'urgence sur demande du représentant de l'État.

Art. L. 7252-3 L'assemblée de Martinique est consultée sur les propositions d'acte de l'Union européenne qui concernent la collectivité territoriale par le Gouvernement. Le second alinéa de l'article L. 7252-2 est applicable.

Elle peut adresser au Gouvernement des propositions pour l'application dans la collectivité territoriale des traités sur l'Union européenne et sur le fonctionnement de l'Union européenne.

Art. L. 7252-4 L'assemblée de Martinique est consultée sur les projets d'attribution ou de renouvellement des concessions portuaires et aéroportuaires concernant la collectivité territoriale de Martinique.

Art. L. 7252-5 L'assemblée de Martinique est saisie pour avis par le représentant de l'État dans la collectivité territoriale, avant le 31 décembre de chaque année, des orientations générales de la programmation des aides de l'État au logement pour l'année suivante.

Ces orientations générales portent sur la répartition des aides par dispositif, d'une part, et la répartition des aides par bassin d'habitat, d'autre part.

CHAPITRE III COOPÉRATION RÉGIONALE

Art. L. 7253-1 L'assemblée de Martinique est saisie pour avis de tout projet d'accord concernant la Martinique dans le cadre de la coopération régionale en matière économique, sociale, technique, scientifique, culturelle, de sécurité civile ou d'environnement entre la République française et les États ou territoires de la Caraïbe.

Elle se prononce lors de la première réunion qui suit sa saisine.

Art. L. 7253-2 *(L. nº 2016-1657 du 5 déc. 2016, art. 10)* L'assemblée de Martinique peut adresser au Gouvernement des propositions en vue de la conclusion d'engagements internationaux concernant la coopération régionale entre la République française et les États ou territoires de la Caraïbe, les États ou territoires du continent américain situés au voisinage de la Caraïbe et de la Guyane ou en vue de la conclusion d'accords avec des organismes régionaux, y compris des organismes régionaux dépendant des institutions des Nations unies.

Art. L. 7253-3 *(L. nº 2016-1657 du 5 déc. 2016, art. 11)* « Dans les domaines de compétence de l'État, les autorités de la République peuvent délivrer pouvoir au président du conseil exécutif pour négocier et signer des accords avec un ou plusieurs États ou territoires de la Caraïbe ou situés au voisinage de la Caraïbe, sur le continent américain au voisinage de la Caraïbe ou de la Guyane ou avec des organismes régionaux, y compris des organismes régionaux dépendant des institutions des Nations unies. »

Dans le cas où il n'est pas fait application du premier alinéa du présent article, le président du conseil exécutif de Martinique ou son représentant peut être associé ou participer, au sein de la délégation française, aux négociations d'accords de même nature. Il est associé ou participe, au sein de la délégation française, à la négociation des projets d'accord visés au premier alinéa de l'article L. 7253-1.

Le président du conseil exécutif de Martinique peut être chargé par les autorités de la République de les représenter au sein des organismes régionaux relevant des catégories mentionnées au premier alinéa du présent article. Les autorités de la République le munissent des instructions et pouvoirs nécessaires.

Art. L. 7253-3-1 *(L. nº 2016-1657 du 5 déc. 2016, art. 12)* La collectivité territoriale de Martinique peut adhérer, en qualité de membre ou de membre associé, à une banque régionale de développement ou à une institution de financement dont la France est membre régional, membre associé ou participante au capital. Sur proposition du président du conseil exécutif de Martinique, la collectivité territoriale de Martinique peut demander aux autorités de la République d'autoriser le président du conseil exécutif à négocier et à signer tout instrument tendant à cette adhésion et à la participation au capital de cette banque ou institution de financement, dans les conditions prévues à l'article L. 7253-3.

Art. L. 7253-4 Dans les domaines de compétence de la collectivité territoriale de Martinique, l'assemblée de Martinique peut, par délibération, demander aux autorités de la République d'autoriser le président du conseil exécutif à négocier, dans le respect des engagements internationaux de la République, des accords avec un ou plusieurs États, territoires ou organismes régionaux mentionnés à l'article L. 7253-3.

Lorsque cette autorisation est accordée, les autorités de la République sont, à leur demande, représentées à la négociation.

À l'issue de la négociation, le projet d'accord est soumis à la délibération de l'assemblée de Martinique pour acceptation. Les autorités de la République peuvent ensuite donner, sous réserve du respect des engagements internationaux de celle-ci, pouvoir au président du conseil exécutif de Martinique aux fins de signature de l'accord.

Art. L. 7253-4-1 *(L. nº 2016-1657 du 5 déc. 2016, art. 19)* Dans les domaines de compétence de la collectivité territoriale de Martinique, le président du conseil exécutif de Martinique peut, pour la durée de l'exercice de ses fonctions, élaborer un programme-cadre de coopération régionale précisant la nature, l'objet et la portée des engagements internationaux qu'il se propose de négocier, dans le respect des engagements internationaux de la République, avec un ou plusieurs États, territoires ou organismes régionaux mentionnés à l'article L. 7253-3.

Le président du conseil exécutif de Martinique soumet ce programme-cadre à la délibération de l'assemblée de Martinique, qui peut alors demander, dans la même délibération, aux autorités de la République d'autoriser le président du conseil exécutif à négocier les accords prévus dans ce programme-cadre.

Lorsque cette autorisation est expressément accordée, le président du conseil exécutif de Martinique peut engager les négociations prévues dans le programme-cadre. Il en informe les autorités de la République qui, à leur demande, sont représentées à la négociation.

Le président du conseil exécutif de Martinique soumet toute modification de son programme-cadre à la délibération de l'assemblée de Martinique. Ces modifications sont approuvées par les autorités de la République, dans les mêmes conditions que la procédure initiale.

À l'issue de la négociation, le projet d'accord est soumis à la délibération du conseil exécutif de Martinique pour acceptation. Les autorités de la République peuvent ensuite donner, sous réserve du respect des engagements internationaux de celle-ci, pouvoir au président du conseil exécutif de Martinique aux fins de signature de l'accord.

Art. L. 7253-5 Les accords internationaux portant à la fois sur des domaines de compétence de l'État et sur des domaines de compétence de la collectivité territoriale de Martinique sont, dans les cas où il n'est pas fait application du premier alinéa *(L. n° 2016-1657 du 5 déc. 2016, art. 20)* « des articles L. 7253-3 et L. 7253-4-1 », négociés et signés par les autorités de la République. À sa demande, le président du conseil exécutif de Martinique ou son représentant participe, au sein de la délégation française, à la négociation de ces accords.

Le président du conseil exécutif de Martinique ou son représentant participe, au sein de la délégation française, à sa demande, aux négociations avec l'Union européenne intéressant la collectivité territoriale de Martinique.

Le président du conseil exécutif de Martinique peut demander à l'État de prendre l'initiative de négociations avec l'Union européenne en vue d'obtenir des mesures spécifiques utiles au développement de la collectivité territoriale de Martinique.

Art. L. 7253-6 La collectivité territoriale de Martinique peut, avec l'accord des autorités de la République, être membre associé des organismes régionaux mentionnés au premier alinéa de l'article L. 7253-3 ou observateur auprès de ceux-ci.

L'assemblée de Martinique peut saisir le Gouvernement de toute proposition tendant à l'adhésion de la France à de tels organismes.

Art. L. 7253-7 Le fonds de coopération régionale pour la Martinique est alimenté par des crédits de l'État et peut recevoir des dotations de la collectivité territoriale de Martinique, de toute autre collectivité publique et de tout organisme public.

Un comité paritaire, placé auprès du représentant de l'État dans la collectivité territoriale et composé, d'une part, de représentants de l'État et, d'autre part, de représentants de l'assemblée de Martinique et du conseil exécutif de Martinique, arrête la liste des opérations éligibles au fonds de coopération régionale ainsi que le taux de subvention applicable à chacune d'elles.

Un décret en Conseil d'État fixe les modalités d'application du présent article.

Art. L. 7253-8 Des représentants de l'assemblée et du conseil exécutif de Martinique participent aux travaux de l'instance de concertation des politiques de coopération régionale dans la zone Antilles-Guyane prévue au I de l'article L. 4433-4-7.

Art. L. 7253-9 L'assemblée de Martinique peut recourir aux sociétés d'économie mixte locales et aux sociétés d'économie mixte régies par la loi n° 46-860 du 30 avril 1946 tendant à l'établissement, au financement et à l'exécution de plans d'équipement et de développement des territoires relevant du ministère de la France d'outre-mer pour la mise en œuvre des actions engagées dans le cadre des compétences qui lui sont dévolues en matière de coopération régionale.

Art. L. 7253-10 La collectivité territoriale de Martinique peut, dans les conditions déterminées par une convention avec l'État, désigner des agents publics de la collectivité territoriale chargés de la représenter au sein des missions diplomatiques de la France.

(L. nº 2016-1657 du 5 déc. 2016, art. 25) « La collectivité territoriale offre aux agents publics mentionnés au premier alinéa un régime indemnitaire, des facilités de résidence et des remboursements de frais qui tiennent compte des conditions d'exercice de leurs fonctions. Les conditions d'application du présent alinéa sont précisées par décret en Conseil d'État. » — *V. art. R. 7253-6.*

CHAPITRE IV RELATIONS AVEC L'UNION EUROPÉENNE

Art. L. 7254-1 La commission de suivi de l'utilisation des fonds structurels européens en Martinique est coprésidée par le représentant de l'État et le président du conseil exécutif de Martinique.

Elle est en outre composée des parlementaires élus dans la collectivité territoriale de Martinique, d'un représentant du conseil économique, social, environnemental, de la culture et de l'éducation de Martinique, d'un représentant de l'association représentant les maires, de représentants des chambres consulaires et de représentants des services techniques de l'État.

Elle établit un rapport semestriel sur la consommation des crédits alloués.

Art. L. 7254-2 La collectivité territoriale de Martinique peut instituer une représentation, à caractère non diplomatique, auprès des institutions de l'Union européenne. Elle en informe le Gouvernement.

TITRE VI COMPÉTENCES DE L'ASSEMBLÉE DE MARTINIQUE

CHAPITRE UNIQUE

Art. L. 7261-1 L'assemblée de Martinique exerce ses compétences dans les conditions prévues au titre I du livre II de la troisième partie et au titre II du livre II de la quatrième partie, dans la mesure où elles ne sont pas contraires aux dispositions de la présente partie. Elle contrôle le conseil exécutif dans les conditions prévues au chapitre V du titre II du présent livre.

TITRE VII COMPÉTENCES DU CONSEIL ÉCONOMIQUE, SOCIAL, ENVIRONNEMENTAL, DE LA CULTURE ET DE L'ÉDUCATION DE MARTINIQUE

CHAPITRE UNIQUE

Art. L. 7271-1 Le conseil économique, social, environnemental, de la culture et de l'éducation de Martinique exerce ses compétences dans les conditions fixées au titre IV du livre II de la quatrième partie et à la section 2 du chapitre III du titre III du livre IV de la même partie, dans la mesure où elles ne sont pas contraires aux dispositions de la présente partie.

TITRE VIII INTERVENTIONS ET AIDES DE LA COLLECTIVITÉ TERRITORIALE DE MARTINIQUE

CHAPITRE UNIQUE

Art. L. 7281-1 La collectivité territoriale de Martinique intervient en matière économique, sociale, culturelle *(L. nº 2015-1268 du 14 oct. 2015, art. 44)* « , environnementale et d'aménagement du territoire » et attribue des aides dans les conditions fixées au titre III du livre II de la troisième partie, au titre V du livre II de la quatrième partie et aux sections 3 et 4 du chapitre III du titre III du livre IV de la même partie, dans la mesure où elles ne sont pas contraires aux dispositions de la présente partie.

TITRE IX GESTION DES SERVICES PUBLICS DE LA COLLECTIVITÉ TERRITORIALE DE MARTINIQUE

CHAPITRE UNIQUE

Art. L. 7291-1 La gestion des services publics de la collectivité territoriale de Martinique est soumise aux dispositions du titre IV du livre II de la troisième partie et du titre VI du livre II de la quatrième partie, dans la mesure où elles ne sont pas contraires aux dispositions de la présente partie.

TITRE X FINANCES DE LA COLLECTIVITÉ TERRITORIALE DE MARTINIQUE

Art. L. 72-100-1 Le livre VI de la première partie est applicable à la collectivité territoriale de Martinique dans la mesure où il n'est pas contraire au présent titre.

Art. L. 72-100-2 *(Abrogé par Ord. n° 2025-526 du 12 juin 2025, art. 1er, à compter de l'exercice budgétaire 2026)* ***Préalablement aux débats sur le projet de budget, le président du conseil exécutif de Martinique présente un rapport sur la situation en matière de développement durable intéressant le fonctionnement de la collectivité territoriale de Martinique, les politiques qu'elle mène sur son territoire et les orientations et programmes de nature à améliorer cette situation*** *(L. n° 2021-1031 du 4 août 2021, art. 5)* ***« et à contribuer à l'atteinte des objectifs de développement durable inscrits au programme de développement durable à l'horizon 2030, adopté le 25 septembre 2015 par l'Assemblée générale des Nations unies ». Le contenu de ce rapport et, si nécessaire, les modalités de son élaboration sont fixés par décret.***

Art. L. 72-100-3 *(Abrogé par Ord. n° 2025-526 du 12 juin 2025, art. 1er, à compter de l'exercice budgétaire 2026) (L. n° 2014-873 du 4 août 2014, art. 77)* ***Préalablement aux débats sur le projet de budget, le président du conseil exécutif de Martinique présente un rapport sur la situation en matière d'égalité entre les femmes et les hommes intéressant le fonctionnement de la collectivité territoriale de Martinique, les politiques qu'elle mène sur son territoire et les orientations et programmes de nature à améliorer cette situation. Le contenu de ce rapport et les modalités de son élaboration sont fixés par décret.*** *— V. art. D. 72-100-3.*

CHAPITRE I BUDGETS ET COMPTES

Art. L. 72-101-1 *(Abrogé par Ord. n° 2025-526 du 12 juin 2025, art. 1er, à compter de l'exercice budgétaire 2026)* ***Le budget de la collectivité territoriale de Martinique est l'acte par lequel sont prévues et autorisées les recettes et les dépenses annuelles de la collectivité. Le budget voté doit être équilibré en dépenses et en recettes.***

Le budget de la collectivité territoriale de Martinique est établi en section de fonctionnement et en section d'investissement, tant en recettes qu'en dépenses. Certaines interventions, activités ou services sont individualisés au sein de budgets annexes.

Le budget de la collectivité territoriale de Martinique est divisé en chapitres et articles.

(Ord. n° 2012-1397 du 13 déc. 2012, art. 2) ***« Un décret fixe les conditions d'application du présent article. »***

Art. L. 72-101-2 *(Abrogé par Ord. n° 2025-526 du 12 juin 2025, art. 1er, à compter de l'exercice budgétaire 2026) (Ord. n° 2012-1397 du 13 déc. 2012, art. 2)* ***L'attribution des subventions donne lieu à une délibération distincte du vote du budget.***

Toutefois, pour les subventions dont l'attribution n'est pas assortie de conditions d'octroi, l'assemblée de Martinique peut décider :

1° D'individualiser au budget les crédits par bénéficiaire ; ou

2° D'établir, dans un état annexé au budget, une liste de bénéficiaires avec, pour chacun d'eux, l'objet et le montant de la subvention.

L'individualisation des crédits ou la liste établie conformément au 2° vaut décision d'attribution des subventions en cause.

Art. L. 72-101-3 *(Ord. n° 2012-1397 du 13 déc. 2012, art. 2)* Dans un délai de dix semaines précédant l'examen du budget, un débat a lieu au sein de l'assemblée de

Martinique sur les orientations budgétaires de l'exercice ainsi que sur les engagements pluriannuels envisagés.

(L. n° 2017-256 du 28 févr. 2017, art. 11) « Ce débat porte également sur l'état d'avancement des mesures prévues par le plan de convergence couvrant le territoire de la collectivité. »

Le projet de budget de la collectivité est préparé et présenté par le président du conseil exécutif de Martinique qui est tenu de le communiquer aux membres de l'assemblée de Martinique avec les rapports correspondants, douze jours au moins avant l'ouverture de la première réunion consacrée à l'examen dudit budget.

Le budget primitif, le budget supplémentaire et les décisions modificatives sont votés par l'assemblée de Martinique.

Nouvel art. L. 72-101-3 *(L. n° 2017-256 du 28 févr. 2017, art. 11 ; Ord. n° 2025-526 du 12 juin 2025, art. 1er)* ***« Pour l'application de l'article L. 1612-26, le débat porte également sur l'état d'avancement des mesures prévues par le plan de convergence couvrant le territoire de la collectivité. »***

Le présent art. entre en vigueur à compter de l'exercice budgétaire 2026 (Ord. n° 2025-526 du 12 juin 2025, art. 12).

Art. L. 72-101-4 *(Abrogé par Ord. n° 2025-526 du 12 juin 2025, art. 1er, à compter de l'exercice budgétaire 2026) (Ord. n° 2012-1397 du 13 déc. 2012, art. 2)* ***Le budget de la collectivité est voté soit par nature, soit par fonction. Si le budget est voté par nature, il comporte, en outre, une présentation croisée par fonction ; s'il est voté par fonction, il comporte une présentation croisée par nature. La nomenclature par nature et la nomenclature par fonction sont fixées par arrêté conjoint du ministre chargé des collectivités territoriales et du ministre chargé du budget.***

Les documents budgétaires sont présentés conformément aux modèles fixés par arrêté conjoint du ministre chargé des collectivités territoriales et du ministre chargé du budget.

Un décret fixe les conditions d'application du présent article.

Art. L. 72-101-5 *(Abrogé par Ord. n° 2025-526 du 12 juin 2025, art. 1er, à compter de l'exercice budgétaire 2026) (Ord. n° 2012-1397 du 13 déc. 2012, art. 2)* ***Les crédits sont votés par chapitre et, si l'assemblée de Martinique en décide ainsi, par article.***

Dans ces deux cas, l'assemblée de Martinique peut cependant spécifier que certains crédits sont spécialisés par article.

En cas de vote par article, le président du conseil exécutif de Martinique peut effectuer, par décision expresse, des virements d'article à article à l'intérieur du même chapitre à l'exclusion des articles dont les crédits sont spécialisés.

Dans la limite de 7,5 % des dépenses réelles de chacune des sections, fixée à l'occasion du vote du budget, l'assemblée de Martinique peut déléguer au président du conseil exécutif la possibilité de procéder à des mouvements de crédits de chapitre à chapitre, à l'exclusion des crédits relatifs aux dépenses de personnel. Dans ce cas, le président du conseil exécutif de Martinique informe l'assemblée délibérante de ces mouvements de crédits lors de sa plus proche séance.

Art. L. 72-101-6 *(Abrogé par Ord. n° 2025-526 du 12 juin 2025, art. 1er, à compter de l'exercice budgétaire 2026) (Ord. n° 2012-1397 du 13 déc. 2012, art. 2)* ***I. — Si l'assemblée de Martinique le décide, les dotations affectées aux dépenses d'investissement comprennent des autorisations de programme et des crédits de paiement.***

Les autorisations de programme constituent la limite supérieure des dépenses qui peuvent être engagées pour l'exécution des investissements. Elles demeurent valables, sans limitation de durée, jusqu'à ce qu'il soit procédé à leur annulation. Elles peuvent être révisées.

Les crédits de paiement constituent la limite supérieure des dépenses pouvant être ordonnancées ou payées pendant l'année pour la couverture des engagements contractés dans le cadre des autorisations de programme correspondantes.

L'équilibre budgétaire de la section d'investissement s'apprécie en tenant compte des seuls crédits de paiement.

II. — Si l'assemblée de Martinique le décide, les dotations affectées aux dépenses de fonctionnement comprennent des autorisations d'engagement et des crédits de paiement.

La faculté prévue au premier alinéa du présent II est réservée aux seules dépenses résultant de conventions, de délibérations ou de décisions au titre desquelles la collectivité s'engage,

au-delà d'un exercice budgétaire, dans le cadre de l'exercice de ses compétences, à verser une subvention, une participation ou une rémunération à un tiers à l'exclusion des frais de personnel.

Les autorisations d'engagement constituent la limite supérieure des dépenses qui peuvent être engagées pour le financement des dépenses visées à l'alinéa précédent. Elles demeurent valables sans limitation de durée jusqu'à ce qu'il soit procédé à leur annulation. Elles peuvent être révisées.

Les crédits de paiement constituent la limite supérieure des dépenses pouvant être mandatées pendant l'année pour la couverture des engagements contractés dans le cadre des autorisations d'engagement correspondantes.

L'équilibre budgétaire de la section de fonctionnement s'apprécie en tenant compte des seuls crédits de paiement.

À l'occasion du vote du compte administratif, le président du conseil exécutif de Martinique présente un bilan de la gestion pluriannuelle.

La situation des autorisations d'engagement et de programme ainsi que des crédits de paiement y afférents donne lieu à un état joint au compte administratif.

Un décret fixe les conditions d'application du présent article.

Art. L. 72-101-7 *(Abrogé par Ord. nº 2025-526 du 12 juin 2025, art. 1er, à compter de l'exercice budgétaire 2026) (Ord. nº 2012-1397 du 13 déc. 2012, art. 2)* ***Avant le vote de la première délibération budgétaire qui suit son renouvellement, l'assemblée de Martinique établit son règlement budgétaire et financier.***

Le règlement budgétaire et financier de la collectivité précise notamment :

1º Les modalités de gestion des autorisations de programme, des autorisations d'engagement et des crédits de paiement y afférents, et notamment les règles relatives à la caducité et à l'annulation des autorisations de programme et des autorisations d'engagement ;

2º Les modalités d'information de l'assemblée de Martinique sur la gestion des engagements pluriannuels au cours de l'exercice.

Il peut aussi préciser les modalités de report des crédits de paiement afférents à une autorisation de programme, dans les cas et conditions fixés par arrêté conjoint du ministre chargé des collectivités territoriales et du ministre chargé du budget.

Art. L. 72-101-8 *(Abrogé par Ord. nº 2025-526 du 12 juin 2025, art. 1er, à compter de l'exercice budgétaire 2026) (Ord. nº 2012-1397 du 13 déc. 2012, art. 2)* ***Lorsque la section d'investissement ou la section de fonctionnement du budget comporte soit des autorisations de programme et des crédits de paiement, soit des autorisations d'engagement et des crédits de paiement, le président du conseil exécutif de Martinique peut, jusqu'à l'adoption du budget ou jusqu'à son règlement en cas de non-adoption du budget, liquider et mandater les dépenses d'investissement et les dépenses de fonctionnement correspondant aux autorisations ouvertes au cours des exercices antérieurs, dans la limite d'un montant de crédits de paiement par chapitre égal au tiers des autorisations ouvertes au cours de l'exercice précédent. Les crédits correspondants sont inscrits au budget lors de son adoption ou de son règlement. Le comptable est en droit de payer les mandats émis dans ces conditions.***

Art. L. 72-101-9 *(Abrogé par Ord. nº 2025-526 du 12 juin 2025, art. 1er, à compter de l'exercice budgétaire 2026) (Ord. nº 2012-1397 du 13 déc. 2012, art. 2)* ***Le président du conseil exécutif de Martinique présente annuellement le compte administratif à l'assemblée de Martinique, qui en débat sous la présidence de l'un de ses membres.***

Le président du conseil exécutif de Martinique peut, même s'il n'est plus en fonctions, assister à la discussion. Il doit se retirer au moment du vote.

Le compte administratif est adopté par l'assemblée de Martinique.

Préalablement, l'assemblée de Martinique arrête le compte de gestion de l'exercice clos.

Art. L. 72-101-10 *(Abrogé par Ord. nº 2025-526 du 12 juin 2025, art. 1er, à compter de l'exercice budgétaire 2026) (Ord. nº 2012-1397 du 13 déc. 2012, art. 2)* ***Le résultat excédentaire de la section de fonctionnement dégagé au titre de l'exercice clos, cumulé avec le résultat antérieur reporté, est affecté en totalité dès la plus proche décision budgétaire suivant le vote du compte administratif et, en tout état de cause, avant la clôture de l'exercice suivant. La délibération d'affectation prise par la collectivité est produite à l'appui de la décision budgétaire de reprise de ce résultat.***

Le résultat déficitaire de la section de fonctionnement, le besoin de financement ou l'excédent de la section d'investissement sont repris en totalité dès la plus proche décision budgétaire suivant le vote du compte administratif et, en tout état de cause, avant la fin de l'exercice.

Entre la date limite de mandatement fixée au dernier alinéa de l'article L. 1612-11 et la date limite de vote des taux des impositions locales prévue à l'article 1639 A du code général des impôts, l'assemblée de Martinique peut, au titre de l'exercice clos et avant l'adoption de son compte administratif, reporter de manière anticipée au budget le résultat de la section de fonctionnement, le besoin de financement de la section d'investissement ou, le cas échéant, l'excédent de la section d'investissement ainsi que la prévision d'affectation.

Si le compte administratif fait apparaître une différence avec les montants reportés par anticipation, l'assemblée de Martinique procède à leur régularisation et à la reprise du résultat dans la plus proche décision budgétaire suivant le vote du compte administratif et, en tout état de cause, avant la fin de l'exercice.

Un décret fixe les conditions d'application du présent article.

Art. L. 72-101-11 *(Abrogé par Ord. nº 2025-526 du 12 juin 2025, art. 1er, à compter de l'exercice budgétaire 2026) (Ord. nº 2012-1397 du 13 déc. 2012, art. 2) Lorsque la section d'investissement du budget présente un excédent après reprise des résultats, l'assemblée de Martinique peut transférer cet excédent à la section de fonctionnement dans les cas et conditions fixés par décret.*

Art. L. 72-101-12 *(Abrogé par Ord. nº 2025-526 du 12 juin 2025, art. 1er, à compter de l'exercice budgétaire 2026) (Ord. nº 2012-1397 du 13 déc. 2012, art. 2) Un état récapitulatif des subventions attribuées au profit de chaque commune au cours de l'exercice est annexé au compte administratif de la collectivité. Il précise, pour chaque commune, la liste et l'objet des subventions, leur montant total et le rapport entre ce montant et la population de la commune.*

Art. L. 72-101-13 *(Ord. nº 2012-1397 du 13 déc. 2012, art. 2)* Le budget et le compte administratif arrêtés sont rendus publics.

Le lieu de mise à disposition du public est l'hôtel de la collectivité.

Nouvel art. L. 72-101-13 *(Ord. nº 2012-1397 du 13 déc. 2012, art. 2) (Ord. nº 2025-526 du 12 juin 2025, art. 1er) « Pour l'application de l'article L. 1612-34, le » lieu de mise à disposition du public est l'hôtel de la collectivité.*

Le présent art. entre en vigueur à compter de l'exercice budgétaire 2026 (Ord. nº 2025-526 du 12 juin 2025, art. 12).

Art. L. 72-101-14 *(Ord. nº 2012-1397 du 13 déc. 2012, art. 2)* Les documents budgétaires sont assortis en annexe, notamment :

1° De données synthétiques sur la situation financière de la collectivité ;

2° De la liste des concours attribués par la collectivité sous forme de prestations en nature ou de subventions. Ce document est joint au seul compte administratif ;

3° De la présentation agrégée des résultats afférents au dernier exercice connu du budget principal et des budgets annexes de la collectivité. Ce document est joint au seul compte administratif ;

4° De la liste des organismes pour lesquels la collectivité :

a) Détient une part du capital ;

b) A garanti un emprunt ;

c) A versé une subvention supérieure à 75 000 € ou représentant plus de 50 % du produit figurant au compte de résultat de l'organisme.

La liste indique le nom, la raison sociale et la nature juridique de l'organisme ainsi que la nature et le montant de l'engagement financier de la collectivité ;

5° D'un tableau retraçant l'encours des emprunts garantis par la collectivité ainsi que l'échéancier de leur amortissement ;

6° De la liste des délégataires de service public ;

7° D'une annexe retraçant l'ensemble des engagements financiers de la collectivité résultant des *(Ord. nº 2018-1074 du 26 nov. 2018, art. 6)* « marchés de partenariat » prévus à l'article L. 1414-1 ;

8° D'une annexe retraçant la dette liée à la part investissements des *(Ord. nº 2018-1074 du 26 nov. 2018, art. 6)* « marchés de partenariat » ;

9° De la présentation de l'évolution des dépenses consacrées à la formation professionnelle des jeunes, en distinguant notamment les données financières relatives à l'apprentissage, à l'enseignement professionnel sous statut scolaire et aux formations continues en alternance. Cette annexe précise également l'utilisation des sommes versées au fonds régional de l'apprentissage et de la formation professionnelle continue en application de l'article L. 6241-11 du code du travail ;

10° De l'état de variation du patrimoine prévu à l'article L. 4221-4 ;

11° Des autres états portant sur la situation patrimoniale et financière de la collectivité ainsi que sur ses différents engagements.

Lorsqu'une décision modificative ou le budget supplémentaire a pour effet de modifier le contenu de l'une des annexes, celle-ci doit être à nouveau produite pour le vote de la décision modificative ou du budget supplémentaire.

Les documents visés au 1° font l'objet d'une insertion dans une ou plusieurs publications locales dont la diffusion totale couvre l'ensemble du territoire de la collectivité de Martinique.

Un décret fixe les conditions d'application du présent article.

Nouvel art. L. 72-101-14 *(Ord. n° 2025-526 du 12 juin 2025, art. 1er)* ***Pour l'application de l'article L. 1612-35, les documents budgétaires sont assortis en annexe de la présentation de l'évolution des dépenses consacrées à la formation professionnelle des jeunes prévue à l'article L. 4313-2.***

Le présent art. entre en vigueur à compter de l'exercice budgétaire 2026 (Ord. n° 2025-526 du 12 juin 2025, art. 12).

Art. L. 72-101-15 *(Abrogé par Ord. n° 2025-526 du 12 juin 2025, art. 1er, à compter de l'exercice budgétaire 2026) (Ord. n° 2012-1397 du 13 déc. 2012, art. 2)* ***Les comptes certifiés des organismes mentionnés au 4° de l'article L. 72-101-14 sont transmis à la collectivité.***

Ils sont communiqués par la collectivité aux élus de l'assemblée de Martinique qui en font la demande, dans les conditions prévues à l'article L. 4132-17, ainsi qu'à toute personne intéressée, dans les conditions prévues à l'article L. 4132-16.

Sont transmis par la collectivité au représentant de l'État et au comptable de la collectivité à l'appui du compte administratif les comptes certifiés des organismes non dotés d'un comptable public et pour lesquels la collectivité :

1° Détient au moins 33 % du capital ; ou

2° A garanti un emprunt ; ou

3° A versé une subvention supérieure à 75 000 € ou représentant plus de 50 % du produit figurant au compte de résultat de l'organisme et dépassant le seuil prévu par le *(L. n° 2016-1321 du 7 oct. 2016, art. 18)* ***« quatrième » alinéa de l'article 10 de la loi n° 2000-321 du 12 avril 2000 relative aux droits des citoyens dans leurs relations avec les administrations.***

CHAPITRE II RECETTES

Art. L. 72-102-1 Font partie des recettes perçues par la collectivité territoriale de Martinique :

1° Les recettes des départements prévues au titre III du livre III de la troisième partie ;

2° Les recettes des départements d'outre-mer prévues au chapitre III du titre IV du livre IV de la troisième partie ;

3° Les recettes des régions prévues au titre III du livre III de la quatrième partie ;

4° Les recettes des régions d'outre-mer prévues au chapitre IV du titre III du livre IV de la quatrième partie.

CHAPITRE III DÉPENSES

Art. L. 72-103-1 Les crédits nécessaires au fonctionnement du conseil économique, social, environnemental, de la culture et de l'éducation et, le cas échéant, à la réalisation de ses études font l'objet d'une inscription distincte au budget de la collectivité territoriale.

Ils sont notifiés chaque année, après le vote du budget, au président du conseil économique, social, environnemental, de la culture et de l'éducation par le président du conseil exécutif de Martinique.

Art. L. 72-103-2 Sont obligatoires pour la collectivité territoriale :

1° Les dépenses relatives au fonctionnement des organes délibérants et à l'entretien de l'hôtel de la collectivité ;

2° Les dépenses relatives aux indemnités de fonction prévues aux articles L. 7227-17 à L. 7227-21 et aux frais de formation des élus mentionnés à l'article L. 7227-14 ainsi que les cotisations au fonds institué à l'article L. 1621-2 ;

3° Les cotisations au régime général de la sécurité sociale en application de l'article L. 7227-28 et aux régimes de retraites des élus en application des articles L. 7227-29 à L. 7227-32 ;

4° La cotisation au Centre national de la fonction publique territoriale ;

5° La rémunération des agents de la collectivité ;

6° Dans les conditions prévues à l'article 88-1 de la loi n° 84-53 du 26 janvier 1984 portant dispositions statutaires relatives à la fonction publique territoriale, les dépenses afférentes aux prestations mentionnées à l'article 9 de la loi n° 83-634 du 13 juillet 1983 portant droits et obligations des fonctionnaires ;

7° Les intérêts de la dette et les dépenses de remboursement de la dette en capital ;

8° Les dépenses dont la collectivité a la charge en matière d'éducation nationale ;

9° La participation de la collectivité aux dépenses de fonctionnement des *(L. n° 2019-791 du 26 juill. 2019, art. 44)* « instituts nationaux supérieurs » *(L. n° 2013-595 du 8 juill. 2013, art. 76)* « du professorat et de l'éducation » ;

10° Les dépenses liées à l'organisation des transports scolaires ;

11° Les dépenses relatives à l'action sociale, à la santé et à l'insertion mises à la charge de la collectivité ;

12° Les dépenses relatives à l'allocation personnalisée d'autonomie ;

13° Les frais du service départemental des épizooties ;

14° La participation au service départemental d'incendie et de secours ;

15° Les dépenses résultant de l'entretien des biens transférés à la collectivité par application de l'article L. 318-2 du code de l'urbanisme ;

16° Les dépenses d'entretien et de construction des ports maritimes de commerce et de pêche ;

17° Les dépenses d'entretien et de construction de la voirie de la collectivité ;

18° Le paiement des dettes exigibles ;

19° Les dotations aux amortissements ;

20° Les dotations aux provisions ;

21° La reprise des subventions d'équipement reçues ;

(L. n° 2016-1917 du 29 déc. 2016, art. 60, mod. par Ord. n° 2017-1390 du 22 sept. 2017, art. 1er) « 22° La retenue à la source prévue au 1° du 2 de l'article 204 A du code général des impôts. »

Un décret détermine les modalités d'application des 19°, 20° et 21°.

Les directeurs d'école supérieure du professorat et de l'éducation dont le mandat est en cours à la date d'entrée en vigueur de l'art. 44 de la L. n° 2019-791 du 26 juill. 2019 exercent, pour la durée de leur mandat restant à courir, la fonction de directeur d'institut national supérieur du professorat et de l'éducation (L. préc., art. 63).

Art. L. 72-103-3 *(Ord. n° 2012-1397 du 13 déc. 2012, art. 2)* Les dépenses relatives au revenu de solidarité active et à l'allocation personnalisée d'autonomie sont retracées dans un chapitre individualisé du budget de la collectivité.

Art. L. 72-103-4 *(Abrogé par Ord. n° 2025-526 du 12 juin 2025, art. 1er, à compter de l'exercice budgétaire 2026) (Ord. n° 2012-1397 du 13 déc. 2012, art. 2)* ***Lors du vote du budget ou d'une décision modificative, l'assemblée de Martinique peut voter des autorisations de programme et des autorisations d'engagement de dépenses imprévues respectivement en section d'investissement et en section de fonctionnement. Pour chacune des deux sections, leur montant ne peut être supérieur à 2 % des dépenses réelles de la section.***

L'absence d'engagement d'une autorisation de programme ou d'une autorisation d'engagement de dépenses imprévues, constatée à la fin de l'exercice, entraîne la caducité de l'autorisation.

Les autorisations de programme et les autorisations d'engagement de dépenses imprévues sont affectées dans les conditions prévues par décret.

CHAPITRE IV COMPTABILITÉ

(Ord. n° 2012-1397 du 13 déc. 2012, art. 2)

Art. L. 72-104-1 Le président du conseil exécutif de Martinique tient la comptabilité de l'engagement des dépenses dans les conditions fixées par arrêté conjoint du ministre de l'Intérieur et du ministre chargé du budget pris après consultation du comité des finances locales.

Art. L. 72-104-2 Le comptable de la collectivité est seul chargé d'exécuter, sous réserve des contrôles qui lui incombent, le recouvrement des recettes ainsi que le paiement des dépenses de la collectivité dans la limite des crédits régulièrement ouverts par l'assemblée de Martinique.

TITRE XI AUTRES ORGANISMES

CHAPITRE I LE CENTRE TERRITORIAL DE PROMOTION DE LA SANTÉ

Art. L. 72-111-1 Le centre territorial de promotion de la santé de Martinique a pour mission de veiller à ce que les réformes du système de santé et de soins s'orientent vers les besoins spécifiques de la collectivité territoriale.

Le centre territorial de promotion de la santé est composé, d'une part, de professionnels de la santé, de représentants de la sécurité sociale et de l'administration ainsi que des organismes locaux en charge de la promotion de la santé, choisis selon une procédure et des modalités arrêtées par l'assemblée de Martinique et, d'autre part, pour moitié au moins, de conseillers à l'assemblée de Martinique.

CHAPITRE II LE CONSEIL TERRITORIAL DE L'HABITAT

Art. L. 72-112-1 Le conseil territorial de l'habitat de Martinique est composé pour moitié au moins de conseillers à l'assemblée de Martinique.

Sa composition, ses modalités de fonctionnement et ses attributions sont précisées par décret en Conseil d'État.

LIVRE III DÉPARTEMENT-RÉGION DE MAYOTTE

(L. n° 2025-797 du 11 août 2025, art. 48)

Le présent livre entre en vigueur à une date fixée par décret et au plus tard le 1er janv. 2026. Dans un délai de 6 mois à compter de la promulgation de la L. n° 2025-797 du 11 août 2025, le Gouvernement remet au Parlement un rapport dressant un état des lieux des transferts de compétences départementales et régionales à la collectivité de Mayotte déjà effectués, évaluant l'adéquation des ressources allouées à la collectivité au regard de ses besoins et appréciant l'opportunité d'un transfert des compétences départementales et régionales exercées aujourd'hui par l'État, dont la gestion des fonds européens. Ce rapport comprend une étude comparative avec les autres collectivités régies par l'art. 73 Const. (L. préc., art. 48).

TITRE I DISPOSITIONS GÉNÉRALES

CHAPITRE UNIQUE

Art. L. 7311-1 Le Département-Région de Mayotte constitue une collectivité territoriale de la République régie par l'article 73 de la Constitution qui exerce les compétences dévolues aux départements et régions d'outre- mer.

Sous réserve des dispositions du présent livre, le Département-Région de Mayotte exerce les compétences que les lois attribuent aux régions ainsi que celles que définit le titre III du livre IV de la quatrième partie pour tenir compte des mesures d'adaptation rendues nécessaires par la situation particulière des régions d'outre-mer.

Sous réserve des dispositions du présent livre, le Département-Région de Mayotte exerce les compétences que les lois attribuent aux départements ainsi que celles que le titre IV du livre IV de la troisième partie attribue aux départements d'outre-mer.

Art. L. 7311-2 Le Département-Région de Mayotte comprend la Grande-Terre, la Petite-Terre ainsi que les autres îles et îlots situés dans le récif les entourant.

Art. L. 7311-3 Sous réserve des adaptations prévues au présent livre, le Département-Région de Mayotte est régi par les première, troisième et quatrième parties du présent code, à l'exception des dispositions suivantes :

1° Dans la troisième partie : les titres I et IV du livre III et les articles L. 3334-16 à L. 3334-16-2, L. 3441-2 à L. 3441-7 et L. 3443-2 ;

2° Dans la quatrième partie :

a) Le livre I ;

b) Au livre II : l'article L. 4221-2 et le titre III ;

c) Au livre III : les chapitres I et II du titre I, l'article L. 4313-1, la seconde phrase de l'article L. 4313-2, le titre II, les chapitres I et III du titre III, la section 2 du chapitre II du même titre III, le 2° de l'article L. 4332-1 et le titre IV ;

d) Au livre IV : le chapitre I et les sections 1 et 2 du chapitre II du titre III et les articles L. 4433-4 à L. 4433-4-10, L. 4433-24-1, L. 4434-8 et L. 4434-9.

Art. L. 7311-4 Pour l'application du présent code à Mayotte :

1° La référence au département, au département d'outre-mer, à la région ou à la région d'outre-mer est remplacée par la référence au Département-Région de Mayotte ;

2° La référence au conseil régional ou au conseil départemental est remplacée par la référence à l'assemblée de Mayotte ;

3° La référence au président du conseil régional ou au président du conseil départemental est remplacée par la référence au président de l'assemblée de Mayotte ;

4° La référence aux conseillers régionaux ou aux conseillers départementaux est remplacée par la référence aux conseillers à l'assemblée de Mayotte ;

5° La référence au conseil économique, social et environnemental régional est remplacée par la référence au conseil économique, social, environnemental, de la culture et de l'éducation de Mayotte.

Art. L. 7311-5 Le plan d'aménagement et de développement durable élaboré sur le fondement des articles L.O. 6161-42 et L.O. 6161-43, dans leur rédaction antérieure à la loi organique n° 2010-1486 du 7 décembre 2010 relative au Département de Mayotte, et entré en vigueur le 22 juin 2009 est assimilé au schéma d'aménagement régional prévu aux articles L. 4433-7 à L. 4433-11.

Il est révisé dans les conditions prévues à l'article L. 4433-10.

TITRE II ORGANISATION DU DÉPARTEMENT-RÉGION DE MAYOTTE

CHAPITRE I ORGANES DU DÉPARTEMENT-RÉGION DE MAYOTTE

SECTION 1 Dispositions générales

Art. L. 7321-1 Les organes du Département-Région de Mayotte comprennent l'assemblée de Mayotte et son président, assistés du conseil économique, social, environnemental, de la culture et de l'éducation de Mayotte

SECTION 2 L'assemblée de Mayotte

Art. L. 7321-2 La composition de l'assemblée de Mayotte et la durée du mandat des conseillers à l'assemblée de Mayotte sont déterminées par le chapitre I du titre II *bis* du livre VI *bis* du code électoral.

SECTION 3 Le conseil économique, social, environnemental, de la culture et de l'éducation de Mayotte

La présente section entre en vigueur à la date de la 1re réunion de l'assemblée de Mayotte suivant le prochain renouvellement général des conseils départementaux. Le conseil économique et social régional ainsi que le conseil de la culture, de l'éducation et de l'environnement de Mayotte continuent de fonctionner selon les dispositions prévues au titre III du livre IV de la 4e partie jusqu'à cette date (L. n° 2025-797 du 11 août 2025, art. 48).

SOUS-SECTION 1 Dispositions générales

Art. L. 7321-3 L'assemblée de Mayotte est assistée d'un conseil économique, social, environnemental, de la culture et de l'éducation de Mayotte.

Pour les modalités d'entrée en vigueur du présent art., V. ndlr ss. section 3.

SOUS-SECTION 2 Organisation et composition

Art. L. 7321-4 Le conseil peut comprendre des sections, dans des conditions fixées par décret en Conseil d'État.

Les sections peuvent émettre des avis. Le conseil se prononce sur les avis et les rapports établis par les sections avant leur transmission à l'autorité compétente.

Pour les modalités d'entrée en vigueur du présent art., V. ndlr ss. section 3.

Art. L. 7321-5 La composition du conseil, les conditions de nomination de ses membres ainsi que la date de son installation sont fixées par décret en Conseil d'État.

Lorsqu'un organisme est appelé à désigner plus d'un membre du conseil, il procède à ces désignations de telle sorte que l'écart entre le nombre des hommes désignés et le nombre des femmes désignées ne soit pas supérieur à un. La même règle s'applique à la désignation des personnalités qualifiées.

Les conseillers à l'assemblée de Mayotte ne peuvent être membres du conseil.

Pour les modalités d'entrée en vigueur du présent art., V. ndlr ss. section 3.

SOUS-SECTION 3 Fonctionnement

Art. L. 7321-6 Le conseil économique, social, environnemental, de la culture et de l'éducation de Mayotte établit son règlement intérieur.

Pour les modalités d'entrée en vigueur du présent art., V. ndlr ss. section 3.

Art. L. 7321-7 Le conseil économique, social, environnemental, de la culture et de l'éducation de Mayotte élit en son sein au scrutin secret, dans les conditions prévues par son règlement intérieur, son président et les membres de sa commission permanente.

Pour les modalités d'entrée en vigueur du présent art., V. ndlr ss. section 3.

Art. L. 7321-8 L'assemblée de Mayotte met à la disposition du conseil économique, social, environnemental, de la culture et de l'éducation de Mayotte les moyens nécessaires à son fonctionnement. Ces moyens permettent notamment d'assurer le secrétariat des séances du conseil et de ses sections et commissions. L'assemblée de Mayotte met également les services de la collectivité territoriale ou une partie de ceux-ci à la disposition du conseil économique, social, environnemental, de la culture et de l'éducation de Mayotte, à titre permanent ou temporaire, notamment pour lui permettre de réaliser des études sur tout projet à caractère économique, social, environnemental, culturel, éducatif ou sportif relevant de sa compétence.

Les crédits nécessaires au fonctionnement de ce conseil consultatif et, le cas échéant, à la réalisation de ses études font l'objet d'une inscription distincte au budget du Département-Région de Mayotte.

Ils sont notifiés chaque année, après le vote du budget, au président de ce conseil par le président de l'assemblée de Mayotte.

Le président de ce conseil organise et dirige les agents et les services mis à la disposition du conseil.

Pour les modalités d'entrée en vigueur du présent art., V. ndlr ss. section 3.

SOUS-SECTION 4 **Garanties et indemnités accordées aux membres du conseil**

Art. L. 7321-9 L'article L. 3123-1, les premier et dernier alinéas de l'article L. 3123-19 et l'article L. 3123-26 sont applicables au président, aux vice-présidents et aux membres du conseil économique, social, environnemental, de la culture et de l'éducation de Mayotte.

Pour les modalités d'entrée en vigueur du présent art., V. ndlr ss. section 3.

Art. L. 7321-10 Les membres du conseil perçoivent, pour l'exercice effectif de leurs fonctions, une indemnité fixée par l'assemblée de Mayotte dans la limite d'un plafond mensuel déterminé par référence aux indemnités maximales prévues aux articles L. 3123-16 et L. 3123-17. Cette indemnité varie en fonction de la présence des membres aux réunions du conseil ou de ses formations et de leur participation à ses travaux.

Ils ont en outre droit au remboursement des frais supplémentaires pouvant résulter de l'exercice des mandats spéciaux dont ils sont chargés par le conseil, dans les conditions prévues aux troisième et quatrième alinéas de l'article L. 3123-19.

Un décret en Conseil d'État définit les modalités d'application du premier alinéa du présent article.

Pour les modalités d'entrée en vigueur du présent art., V. ndlr ss. section 3.

Art. L. 7321-11 Indépendamment des autorisations d'absence dont ils bénéficient en application de l'article L. 7321-9, le président, les vice-présidents et les membres du conseil ont droit à un crédit d'heures leur permettant de disposer du temps nécessaire à la préparation des réunions du conseil et des commissions dont ils font partie.

Ce crédit d'heures, forfaitaire et trimestriel, est fixé par référence à la durée hebdomadaire légale du travail.

Il est égal :

1° À l'équivalent du double de cette durée pour le président et les vice-présidents ;

2° À l'équivalent de 60 % de cette durée pour les membres du conseil.

En cas de travail à temps partiel, le crédit d'heures est réduit à due proportion.

Les heures non utilisées pendant un trimestre ne sont pas reportables.

L'employeur est tenu d'accorder aux membres du conseil, sur leur demande, l'autorisation d'utiliser le crédit d'heures prévu au présent article. Ce temps d'absence n'est pas payé par l'employeur.

Le temps d'absence utilisé en application de l'article L. 7321-9 et du présent article ne peut dépasser la moitié de la durée légale du travail au cours d'une année civile. Il est assimilé à une durée de travail effective pour la détermination de la durée des congés payés, du droit aux prestations sociales et des droits découlant de l'ancienneté.

Pour les modalités d'entrée en vigueur du présent art., V. ndlr ss. section 3.

Art. L. 7321-12 Le président, les vice-présidents et les membres du conseil ont droit à une formation adaptée à leurs fonctions. L'assemblée de Mayotte met à la disposition du conseil les moyens nécessaires à la prise en charge de leurs frais de déplacement, de séjour et d'enseignement, au titre des moyens de fonctionnement prévus à l'article L. 7321-8.

Les modalités d'application du présent article sont déterminées par décret.

Pour les modalités d'entrée en vigueur du présent art., V. ndlr ss. section 3.

SECTION 4 Le conseil territorial de l'habitat

Art. L. 7321-13 Dans le Département-Région de Mayotte, il est institué un conseil territorial de l'habitat composé, pour moitié au moins, de conseillers à l'assemblée de Mayotte.

Sa composition, ses modalités de fonctionnement et ses attributions sont précisées par décret en Conseil d'État.

SECTION 5 Le centre territorial de promotion de la santé

Art. L. 7321-14 Dans le Département-Région de Mayotte, il est institué un centre territorial de promotion de la santé chargé de veiller à ce que les réformes du système de santé et de soins s'orientent vers les besoins spécifiques de la collectivité.

Il est composé, d'une part, de professionnels de santé ainsi que de représentants de la sécurité sociale, de l'administration et des divers organismes impliqués dans le maintien et la promotion de la santé à l'échelon local, choisis selon une procédure et des modalités arrêtées par l'assemblée de Mayotte, et, d'autre part, pour moitié au moins, de conseillers à l'assemblée de Mayotte.

CHAPITRE II RÉGIME JURIDIQUE DES ACTES PRIS PAR LES AUTORITÉS DE LA COLLECTIVITÉ

Art. L. 7322-1 Les décisions prises par le Département-Région de Mayotte en application de l'article L. 4433-15-1 du présent code et des articles L. 611-18 et L. 611-19 du code minier sont soumises à l'article L. 3131-1 du présent code.

TITRE III ADMINISTRATION ET SERVICES DU DÉPARTEMENT-RÉGION DE MAYOTTE

CHAPITRE I COMPÉTENCES DU PRÉSIDENT DE L'ASSEMBLÉE DE MAYOTTE

Art. L. 7331-1 Pour l'application à Mayotte de l'article L. 3221-3, les mots : "des articles L. 2122-4 ou L. 4133-3" sont remplacés par les mots : "de l'article L. 2122-4".

CHAPITRE II COMPÉTENCES DE L'ASSEMBLÉE DE MAYOTTE

Art. L. 7332-1 L'assemblée de Mayotte peut créer des établissements publics dénommés agences, chargés d'assurer la réalisation des projets intéressant la collectivité ainsi que le fonctionnement des services publics territoriaux.

Art. L. 7332-2 L'assemblée de Mayotte peut, de sa propre initiative ou sur saisine du Premier ministre ou du ministre chargé de l'outre-mer, adresser au Premier ministre des propositions de modification ou d'adaptation des dispositions législatives ou réglementaires en vigueur ou en cours d'élaboration ainsi que des propositions relatives aux conditions du développement économique, social et culturel de la collectivité.

Elle peut également adresser au Premier ministre des remarques ou des suggestions concernant le fonctionnement des services publics de l'État dans la collectivité.

Le Premier ministre en accuse réception dans un délai de quinze jours et précise le délai dans lequel il apportera une réponse au fond. Un rapport annuel indique les suites qui ont été données à ces propositions. Ce rapport est rendu public.

CHAPITRE III COMPÉTENCES DU CONSEIL ÉCONOMIQUE, SOCIAL, ENVIRONNEMENTAL, DE LA CULTURE ET DE L'ÉDUCATION DE MAYOTTE

Art. L. 7333-1 Le conseil économique, social, environnemental, de la culture et de l'éducation de Mayotte exerce ses compétences dans les conditions fixées au titre IV du livre II de la quatrième partie et à la section 2 du chapitre III du titre III du livre IV de la même quatrième partie, dans la mesure où elles ne sont pas contraires aux dispositions de la présente partie.

Il peut émettre un avis sur toute action ou tout projet du Département-Région en matière économique, sociale, d'environnement, de culture ou d'éducation dont il est saisi par le président de l'assemblée de Mayotte ou dont il décide de se saisir lui-même.

CHAPITRE IV ATTRIBUTIONS DU DÉPARTEMENT-RÉGION DE MAYOTTE EN MATIÈRE DE COOPÉRATION RÉGIONALE

Art. L. 7334-1 L'assemblée de Mayotte peut adresser au Gouvernement des propositions en vue de la conclusion d'engagements internationaux concernant la coopération régionale entre la République française et les États ou territoires de l'océan Indien ou les États ou territoires des continents voisins de l'océan Indien ou en vue de la conclusion d'accords avec des organismes régionaux des aires correspondantes, y compris des organismes régionaux dépendant des institutions des Nations unies.

Art. L. 7334-2 L'assemblée de Mayotte est consultée sur les propositions d'actes de l'Union européenne qui concernent la collectivité par le ministre chargé de l'outre-mer. Le second alinéa de l'article L. 4433-3-1 est applicable.

Elle peut adresser au Gouvernement des propositions pour l'application des traités sur l'Union européenne et sur le fonctionnement de l'Union européenne.

Art. L. 7334-3 L'assemblée de Mayotte est saisie pour avis de tous les projets d'accords concernant la coopération régionale en matière économique, sociale, technique, scientifique, culturelle, de sécurité civile ou d'environnement entre la République française et les États de l'océan Indien.

Elle se prononce au cours de la première réunion qui suit sa saisine.

Art. L. 7334-4 Dans les domaines de compétence de l'État, les autorités de la République peuvent délivrer pouvoir au président de l'assemblée de Mayotte pour négocier et signer des accords avec un ou plusieurs États ou territoires situés dans la zone de l'océan Indien ou sur les continents voisins de l'océan Indien ou avec des organismes régionaux des aires correspondantes, y compris des organismes régionaux dépendant des institutions des Nations unies.

Dans le cas où il n'est pas fait application du premier alinéa, le président de l'assemblée de Mayotte peut être associé ou participer, au sein de la délégation française, aux négociations d'accords de même nature. Il est associé ou participe, au sein de la délégation française, à la négociation des projets d'accords mentionnés au premier alinéa de l'article L. 7334-3.

Le président de l'assemblée de Mayotte peut être chargé par les autorités de la République de les représenter au sein des organismes régionaux relevant des catégories mentionnées au premier alinéa du présent article. Les autorités de la République le munissent des instructions et pouvoirs nécessaires.

Art. L. 7334-5 Dans les domaines de compétence de la collectivité, l'assemblée de Mayotte peut, par délibération, demander aux autorités de la République d'autoriser son président à négocier, dans le respect des engagements internationaux de la République, des accords avec un ou plusieurs États, territoires ou organismes régionaux mentionnés à l'article L. 7334-4.

Lorsque cette autorisation est accordée, les autorités de la République sont, à leur demande, représentées à la négociation.

À l'issue de la négociation, le projet d'accord est soumis à la délibération de l'assemblée de Mayotte pour acceptation. Les autorités de la République peuvent ensuite autoriser, sous réserve du respect des engagements internationaux de celle-ci, le président de l'assemblée de Mayotte à signer l'accord.

Art. L. 7334-6 Le Département-Région de Mayotte peut adhérer, en qualité de membre ou de membre associé, à une banque régionale de développement ou à une institution de financement dont la France est membre régional, membre associé ou participante au capital. Sur proposition de son président, l'assemblée de Mayotte peut demander aux autorités de la République d'autoriser son président à négocier et à signer tout instrument tendant à cette adhésion et à la participation au capital de cette banque ou institution de financement, dans les conditions prévues à l'article L. 7334-5.

Art. L. 7334-7 Dans les domaines de compétence du Département-Région de Mayotte, le président de l'assemblée peut, pour la durée de l'exercice de ses fonctions, élaborer un programme-cadre de coopération régionale précisant la nature, l'objet et la portée des engagements internationaux qu'il se propose de négocier, dans le respect des engagements internationaux de la République, avec un ou plusieurs États, territoires ou organismes régionaux mentionnés à l'article L. 7334-4.

Le président de l'assemblée soumet ce programme-cadre à la délibération de l'assemblée de Mayotte, qui peut alors demander, dans la même délibération, aux autorités de la République d'autoriser son président à négocier les accords prévus dans ce programme-cadre.

Lorsque cette autorisation est expressément accordée, le président de l'assemblée peut engager les négociations prévues dans le programme-cadre. Il en informe les autorités de la République, qui, à leur demande, sont représentées à la négociation.

Le président de l'assemblée soumet toute modification de son programme-cadre à la délibération de l'assemblée. Ces modifications sont approuvées par les autorités de la République, dans les mêmes conditions que la procédure initiale.

À l'issue de la négociation, le projet d'accord est soumis à la délibération de l'assemblée pour acceptation. Les autorités de la République peuvent ensuite autoriser, sous réserve du respect des engagements internationaux de celle-ci, le président de l'assemblée à signer l'accord.

Art. L. 7334-8 Les accords internationaux portant à la fois sur des domaines de compétence de l'État et sur des domaines de compétence du Département-Région de Mayotte sont, dans les cas où il n'est pas fait application du premier alinéa des articles L. 7334-4 et L. 7334-7, négociés et signés par les autorités de la République. À sa demande, le président de l'assemblée de Mayotte ou son représentant participe, au sein de la délégation française, à la négociation de ces accords.

Le président de l'assemblée de Mayotte ou son représentant participe, au sein de la délégation française, à sa demande, aux négociations avec l'Union européenne intéressant la collectivité.

Le président de l'assemblée de Mayotte peut demander à l'État de prendre l'initiative de négociations avec l'Union européenne en vue d'obtenir des mesures spécifiques utiles au développement de son territoire.

Art. L. 7334-9 Le Département-Région de Mayotte peut, avec l'accord des autorités de la République, être membre associé des organismes régionaux mentionnés au premier alinéa de l'article L. 3441-3 ou observateur auprès de ceux-ci. L'assemblée de Mayotte peut saisir le Gouvernement des propositions tendant à l'adhésion de la France à de tels organismes.

Art. L. 7334-10 Le Département-Région de Mayotte peut, dans des conditions déterminées par une convention avec l'État, désigner des agents publics chargés de le représenter au sein des missions diplomatiques de la France.

Il offre aux agents publics mentionnés au premier alinéa un régime indemnitaire, des facilités de résidence et des remboursements de frais qui tiennent compte des conditions d'exercice de leurs fonctions. Les conditions d'application du présent alinéa sont précisées par décret en Conseil d'État.

Il peut instituer une représentation, à caractère non diplomatique, auprès des institutions de l'Union européenne. Il en informe le Gouvernement.

Art. L. 7334-11 Le fonds de coopération régionale institué pour Mayotte est alimenté par des crédits de l'État et peut recevoir des dotations du Département-Région de Mayotte, de toute autre collectivité publique et de tout organisme public.

Le comité de gestion du fonds de coopération régionale, placé auprès du représentant de l'État et composé paritairement de représentants de l'État et de représentants de l'assemblée de Mayotte, arrête la liste des opérations éligibles au fonds de coopération régionale ainsi que le taux de subvention applicable à chacune d'elles.

Un décret en Conseil d'État définit les modalités d'application du présent article.

Art. L. 7334-12 Des représentants de l'assemblée de Mayotte participent aux travaux de l'instance de concertation des politiques de coopération régionale dans la zone de l'océan Indien prévue au II de l'article L. 4433-4-7.

Art. L. 7334-13 L'assemblée de Mayotte peut recourir à des sociétés d'économie mixte locales et à des sociétés d'économie mixte régies par la loi n° 46-860 du 30 avril 1946 tendant à l'établissement, au financement et à l'exécution de plans d'équipement et de développement des territoires relevant du ministère de la France d'outre-mer pour la mise en œuvre des actions engagées dans le cadre des compétences qui lui sont dévolues en matière de coopération régionale.

Art. L. 7334-14 Dans le Département-Région de Mayotte, il est créé une commission de suivi de l'utilisation des fonds européens.

Coprésidée par le représentant de l'État et le président de l'assemblée de Mayotte, cette commission est en outre composée des parlementaires élus sur le territoire de la collectivité, d'un représentant du conseil économique, social, environnemental, de la culture et de l'éducation de Mayotte, d'un représentant de l'association des maires, de représentants des chambres consulaires et de représentants des services techniques de l'État.

Cette commission établit un rapport semestriel sur la consommation des crédits.

TITRE IV SERVICES PUBLICS LOCAUX

CHAPITRE UNIQUE SERVICES D'INCENDIE ET DE SECOURS

Art. L. 7341-1 Les articles L. 1424-1 à L. 1424-12, L. 1424-17 à L. 1424-19, L. 1424-22, L. 1424-24 à L. 1424-44 et L. 1424-50 sont applicables à Mayotte, sous réserve des adaptations suivantes :

1° La seconde phrase du second alinéa de l'article L. 1424-12 est supprimée ;

2° Les trois premiers alinéas de l'article L. 1424-17 sont remplacés par deux alinéas ainsi rédigés :

"Les biens affectés par l'assemblée de Mayotte au fonctionnement du service d'incendie et de secours de Mayotte et nécessaires au fonctionnement du service départemental d'incendie et de secours sont mis à la disposition de celui-ci, à titre gratuit, à compter de la date fixée par une convention, sous réserve de l'article L. 1424-19.

"Cette convention conclue entre, d'une part, l'assemblée de Mayotte et, d'autre part, le service départemental d'incendie et de secours règle les modalités de la mise à disposition, qui doit intervenir dans un délai d'un an à compter de la première réunion du conseil d'administration du service départemental d'incendie et de secours." ;

3° L'article L. 1424-18 est ainsi modifié :

a) À la première phrase, les mots : "la commune ou l'établissement public de coopération intercommunale ou" sont supprimés ;

b) À la seconde phrase, les mots : "de la commune, de l'établissement public de coopération intercommunale ou" sont supprimés ;

4° L'article L. 1424-22 est ainsi rédigé :

Art. L. 1424-22 À défaut de signature de la convention prévue à l'article L. 1424-17 dans le délai fixé au même article L. 1424-17, le représentant de l'État dans le département règle, dans un délai de six mois, la situation des biens mis à la disposition du service départemental d'incendie et de secours, après consultation du comité local mentionné à l'article L. 1711-3.

Sa décision est notifiée au président du conseil général et au président du conseil d'administration du service départemental d'incendie et de secours dans un délai d'un mois ;

5° Les cinquième à avant-dernier alinéas de l'article L. 1424-35 sont ainsi rédigés :

"À compter de 2015, le montant prévisionnel des contributions mentionnées au quatrième alinéa, arrêté par le conseil d'administration du service départemental d'incendie et de secours, est notifié aux maires et aux présidents des établissements publics de coopération intercommunale avant le 1er janvier de l'année en cause.

"À compter de 2015, le montant global des contributions des communes et des établissements publics de coopération intercommunale tient compte des charges respectives de l'assemblée de Mayotte, des communes et des établissements publics de coopération intercommunale.

"Pour l'exercice 2015, si aucune délibération n'est prise dans les conditions prévues au troisième alinéa, la contribution de chaque commune et de chaque établissement public de coopération intercommunale est calculée, dans des conditions fixées par décret, en fonction de l'importance de sa population, de son potentiel fiscal par habitant et de ses charges." ;

6° L'article L. 1424-36 est ainsi rédigé :

Art. L. 1424-36 Jusqu'à l'entrée en vigueur de la convention prévue à l'article L. 1424-17, le montant minimal des dépenses directes et indirectes relatives aux biens mentionnés au même article L. 1424-17, à l'exclusion des contributions mentionnées à l'article L. 1424-35, réalisées chaque année par le Département-Région de Mayotte est fixé par une convention passée entre le service départemental d'incendie et de secours, d'une part, et le conseil général de Mayotte, d'autre part.

À défaut de convention, jusqu'à l'entrée en vigueur de celle prévue à l'article L. 1424-17, le montant minimal des dépenses mentionnées au premier alinéa du présent article est fixé par le conseil d'administration du service départemental d'incendie et de secours en tenant compte des charges respectives du Département-Région de Mayotte et des communes.

7° Au premier alinéa de l'article L. 1424-41, les mots : "au 1er janvier 1996" sont remplacés par les mots : "à la date de la première réunion du conseil d'administration du service départemental d'incendie et de secours" ;

8° À la fin du premier alinéa de l'article L. 1424-44, les mots : "dans un délai de cinq ans à compter de la promulgation de la loi n° 96-369 du 3 mai 1996 relative aux services d'incendie et de secours" sont supprimés.

TITRE V FINANCES DE LA COLLECTIVITÉ

Art. L. 7350-1 Le livre VI de la première partie est applicable au Département-Région de Mayotte, dans la mesure où il n'est pas contraire au présent titre.

CHAPITRE I BUDGETS ET COMPTES

Art. L. 7351-1 Le rapport sur les orientations budgétaires mentionné à l'article L. 1612-26 présente un état d'avancement des mesures prévues par le plan de convergence couvrant le territoire du Département-Région de Mayotte.

Art. L. 7351-2 Pour l'application de l'article L. 1612-34, le lieu de mise à disposition des budgets pour le Département-Région de Mayotte est l'hôtel du Département-Région. Ces documents peuvent également être mis à la disposition du public dans chaque canton, dans un lieu public.

Art. L. 7351-3 Pour l'application de l'article L. 1612-35, les documents budgétaires sont assortis en annexe de la présentation de l'évolution des dépenses consacrées à la formation professionnelle des jeunes mentionnée à la première phrase de l'article L. 4313-2, en distinguant notamment les données financières relatives à l'apprentissage, à l'enseignement professionnel sous statut scolaire et aux formations continues en alternance.

CHAPITRE II DÉPENSES

Art. L. 7352-1 Ne sont pas obligatoires pour le Département-Région de Mayotte les dépenses mentionnées aux 7°, 8°, 10° *bis*, 11° et 14° de l'article L. 3321-1.

Les cotisations au régime général de la sécurité sociale mentionnées à l'article L. 3123-20-2 s'entendent des cotisations obligatoires pour l'employeur au titre du régime de sécurité sociale applicable à Mayotte.

Sont obligatoires pour le Département-Région de Mayotte :

1° Les dépenses dont il a la charge en matière de transports et d'apprentissage à la date de la première réunion suivant le renouvellement du conseil général de Mayotte en 2011 ;

2° Toute dépense liée à l'exercice d'une compétence transférée par l'État à compter de la même date ;

3° Les dépenses liées à l'organisation des transports scolaires ;

4° Les dépenses d'entretien et de construction des ports maritimes de commerce et de pêche qui lui sont transférées.

CHAPITRE III RESSOURCES

Art. L. 7353-1 Les ressources attribuées au Département-Région de Mayotte en application du IV de l'article 12 de l'ordonnance n° 2012-576 du 26 avril 2012 portant extension et adaptation à Mayotte du code de la construction et de l'habitation ainsi que de diverses lois relatives au logement sont composées d'une part du produit de la taxe intérieure de consommation sur les produits énergétiques et sont affectées au financement par le Département-Région de Mayotte du fonds de solidarité pour le logement.

Art. L. 7353-2 Pour leur application à Mayotte, les articles L. 3332-1, L. 3332-2 et L. 3332-3 sont ainsi rédigés :

Art. L. 3332-1 Les recettes fiscales de la section de fonctionnement comprennent le produit des impositions de toute nature affectées au Département-Région de Mayotte ou instituées par lui.

Art. L. 3332-2 Les recettes non fiscales de la section de fonctionnement comprennent notamment :

1° Le revenu et le produit des propriétés du Département-Région de Mayotte ;

2° Le produit de l'exploitation des services et des régies du Département-Région de Mayotte ;

3° Le produit du droit de péage des bacs et passages d'eau sur les routes et chemins à la charge du Département-Région de Mayotte, des autres droits de péage et de tous les autres droits concédés à la collectivité par des lois ;

4° Les dotations de l'État ;

5° Les subventions de l'État et les contributions des communes, de leurs groupements et des tiers aux dépenses de fonctionnement ;

6° Les autres ressources provenant de l'État, de l'Union européenne et d'autres collectivités ;

7° Le produit des amendes ;

8° Les remboursements d'avances effectués sur les ressources de la section de fonctionnement ;

9° Le produit de la neutralisation des dotations aux amortissements ;

10° La reprise des subventions d'équipement reçues ;

11° Les dons et legs en espèces, hormis ceux mentionnés au 7° de l'article L. 3332-3.

Art. L. 3332-3 Les recettes de la section d'investissement comprennent notamment :

1° Le produit des emprunts ;

2° La dotation de soutien à l'investissement des départements ;

3° Les versements au titre du Fonds de compensation pour la taxe sur la valeur ajoutée ;

4° Les subventions de l'État et les contributions des communes, de leurs groupements et des tiers aux dépenses d'investissement ;

5° Le produit des cessions d'immobilisations ;

6° Le remboursement des prêts consentis par la collectivité territoriale de Mayotte ;

7° Les dons et legs en nature et les dons et legs en espèces affectés à l'achat d'une immobilisation financière ou physique ;

8° Les amortissements ;

9° Le virement prévisionnel de la section de fonctionnement et le produit de l'affectation du résultat de fonctionnement."

Art. L. 7353-3 **Le taux des droits assimilés au droit d'octroi de mer auxquels sont soumis les rhums et spiritueux fabriqués et livrés à la consommation locale dans le Département-Région de Mayotte est fixé par délibération de l'assemblée de Mayotte dans les limites prévues à l'article 22 de la loi de finances rectificative pour 1963 (n° 63-778 du 31 juillet 1963), modifiée par l'article 13 de la loi de finances rectificative pour 1972 (n° 72-1147 du 23 décembre 1972) et complétée par l'article 20 de la loi de finances rectificative pour 1976 (n° 76-1220 du 28 décembre 1976). Le produit de ces droits constitue une recette du budget du Département-Région de Mayotte.**

TITRE VI COMPENSATION DES TRANSFERTS DE COMPÉTENCES

CHAPITRE UNIQUE

Art. L. 7361-1 **Pour l'application du chapitre IV du titre I du livre VI de la première partie, l'évaluation des dépenses exposées par l'État au titre de l'exercice des compétences transférées au Département-Région et aux communes de Mayotte et la constatation des charges résultant des créations et extensions de compétences sont soumises, avant la consultation de la commission consultative sur l'évaluation des charges mentionnée à l'article L. 1211-4-1, à l'avis d'un comité local présidé par un magistrat des juridictions financières et composé à parité de représentants de l'État désignés par le représentant de l'État à Mayotte et de représentants des collectivités territoriales de Mayotte. La composition et les modalités de fonctionnement du comité local sont fixées par décret.**

LIVRE IV DISPOSITIONS COMMUNES

(L. org. n° 2011-883 du 27 juill. 2011, art. 4)

À compter d'une date fixée par Décr. et au plus tard le 1er janv. 2026, le livre III devient le livre IV (L. org. n° 2025-793 du 11 août 2025, art. 1er et 5).

TITRE I CONDITIONS D'APPLICATION AUX COLLECTIVITÉS TERRITORIALES DE GUYANE, DE MARTINIQUE ET DE MAYOTTE DES DEUXIÈME ET TROISIÈME ALINÉAS DE L'ARTICLE 73 DE LA CONSTITUTION *(L. org. n° 2025-793 du 11 août 2025, art. 1er et 5, en vigueur au plus tard le 1er janv. 2026).*

CHAPITRE I ADAPTATION DES LOIS ET RÈGLEMENTS *(L. org. n° 2025-793 du 11 août 2025, art. 1er et 5, en vigueur au plus tard le 1er janv. 2026).*

À compter d'une date fixée par Décr. et au plus tard le 1er janv. 2026, les art. L.O. 7311-1 à L.O. 7311-9 deviennent respectivement les art. L.O. 7411-1 à L.O. 7411-9 (L. org. n° 2025-793 du 11 août 2025, art. 1er et 5).

Art. L.O. 7411-1 Dans les conditions et sous les réserves prévues au présent titre, les assemblées de Guyane *(L. org. n° 2025-793 du 11 août 2025, art. 1er)* « , de Martinique et de Mayotte » peuvent être habilitées à adapter sur le territoire de leur collectivité les lois et règlements dans les matières où s'exercent leurs compétences. — *Anc. art. L.O. 7311-1 (L. org. n° 2025-793 du 11 août 2025, art. 1er).*

Les dispositions issues de la L. org. n° 2025-793 du 11 août 2025 entrent en vigueur à une date fixée par décret et au plus tard le 1er janv. 2026 (L. préc., art. 5).

Art. L.O. 7411-2 I. — La demande d'habilitation tendant à adapter une disposition législative ou réglementaire est adoptée par délibération motivée de l'assemblée.

Cette délibération mentionne les dispositions législatives ou réglementaires en cause ou, lorsque la demande porte sur l'adaptation d'une disposition réglementaire non encore publiée et nécessaire à l'application d'une disposition législative, la disposition législative en cause.

Elle expose les caractéristiques et contraintes particulières justifiant la demande d'habilitation et précise la finalité des mesures que l'assemblée envisage de prendre.

La demande d'habilitation ne peut porter sur une disposition législative ou réglementaire ressortissant à l'une des matières mentionnées au quatrième alinéa de l'article 73 de la Constitution ni intervenir lorsque sont en cause les conditions essentielles d'exercice d'une liberté publique ou d'un droit constitutionnellement garanti.

II. — La demande d'habilitation devient caduque :

1° Le dernier jour du mois qui précède celui du renouvellement de l'assemblée ;

2° Le jour de la dissolution ou de l'annulation de l'élection de l'ensemble des membres de l'assemblée qui l'a adoptée ;

3° Le jour de la vacance de l'ensemble des sièges de l'assemblée en dehors des cas prévus au 2°. — *Anc. art. L.O. 7311-2 (L. org. n° 2025-793 du 11 août 2025, art. 1er).*

Art. L.O. 7411-3 Le conseil économique, social, environnemental, de la culture et de l'éducation est consulté sur tout projet de demande d'habilitation mentionnée à l'article *(L. org. n° 2025-793 du 11 août 2025, art. 1er)* « L.O. 7411-2 » qui porte sur une matière qui relève de sa compétence. Son avis est réputé donné à l'expiration d'un délai d'un mois à compter de sa saisine. — *Anc. art. L.O. 7311-3 (L. org. n° 2025-793 du 11 août 2025, art. 1er).*

Les dispositions issues de la L. org. n° 2025-793 du 11 août 2025 entrent en vigueur à une date fixée par décret et au plus tard le 1er janv. 2026 (L. préc., art. 5).

Art. L.O. 7411-4 La délibération prévue à l'article *(L. org. n° 2025-793 du 11 août 2025, art. 1er)* « L.O. 7411-2 » est transmise au Premier ministre ainsi qu'au représentant de l'État dans la collectivité territoriale.

Lorsqu'elle porte sur l'adaptation d'une disposition législative, elle est transmise à l'Assemblée nationale et au Sénat par le Premier ministre, assortie le cas échéant de ses observations.

Elle est publiée au *Journal officiel* dans le mois suivant l'expiration du délai de recours prévu à l'article *(L. org. n° 2025-793 du 11 août 2025, art. 1er)* « L.O. 7411-5 » ou la date à laquelle la délibération devient exécutoire en application de ce même article. Elle entre en vigueur le lendemain de sa publication. – *Anc. art. L.O. 7311-4 (L. org. n° 2025-793 du 11 août 2025, art. 1er).*

Les dispositions issues de la L. org. n° 2025-793 du 11 août 2025 entrent en vigueur à une date fixée par décret et au plus tard le 1er janv. 2026 (L. préc., art. 5).

Art. L.O. 7411-5 Les recours dirigés contre cette délibération sont portés devant le Conseil d'État.

Le représentant de l'État dans la collectivité territoriale peut, dans le mois qui suit sa réception de la transmission prévue au premier alinéa de l'article *(L. org. n° 2025-793 du 11 août 2025, art. 1er)* « L.O. 7411-4 » déférer la délibération au Conseil d'État. Ce recours en suspend l'exécution jusqu'à ce que le Conseil d'État ait rendu sa décision. Si celle-ci n'est pas intervenue dans un délai de trois mois suivant sa saisine, la délibération redevient exécutoire. – *Anc. art. L.O. 7311-5 (L. org. n° 2025-793 du 11 août 2025, art. 1er).*

Les dispositions issues de la L. org. n° 2025-793 du 11 août 2025 entrent en vigueur à une date fixée par décret et au plus tard le 1er janv. 2026 (L. préc., art. 5).

Art. L.O. 7411-6 L'habilitation est accordée par la loi lorsque la demande porte sur l'adaptation d'une disposition législative. Dans ce cas, elle vaut également habilitation à prendre les dispositions réglementaires d'application.

Elle est accordée par décret en Conseil d'État lorsque la demande ne porte que sur l'adaptation d'une disposition réglementaire.

Elle est accordée pour une durée ne pouvant aller au-delà du renouvellement de l'assemblée. – *Anc. art. L.O. 7311-6 (L. org. n° 2025-793 du 11 août 2025, art. 1er).*

Art. L.O. 7411-7 Si la loi ou le décret en Conseil d'État mentionnés aux deux premiers alinéas de l'article *(L. org. n° 2025-793 du 11 août 2025, art. 1er)* « L.O. 7411-6 » le prévoient, lorsque l'habilitation a été accordée jusqu'au renouvellement de l'assemblée, elle peut être prorogée de droit, une seule fois, pour une durée ne pouvant aller au-delà du prochain renouvellement par délibération motivée de l'assemblée adoptée dans les six mois suivant son renouvellement.

La délibération prévue au premier alinéa du présent article est transmise au Premier ministre ainsi qu'au représentant de l'État dans la collectivité territoriale. L'article *(L. org. n° 2025-793 du 11 août 2025, art. 1er)* « L.O. 7411-5 » est applicable à cette délibération. Elle est publiée au *Journal officiel* dans le mois suivant l'expiration du délai de recours prévu au même article *(L. org. n° 2025-793 du 11 août 2025, art. 1er)* « L.O. 7411-5 » ou la date à laquelle la délibération devient exécutoire en application dudit article. Elle entre en vigueur le lendemain de sa publication. – *Anc. art. L.O. 7311-7 (L. org. n° 2025-793 du 11 août 2025, art. 1er).*

Les dispositions issues de la L. org. n° 2025-793 du 11 août 2025 entrent en vigueur à une date fixée par décret et au plus tard le 1er janv. 2026 (L. préc., art. 5).

Art. L.O. 7411-8 Les délibérations prises en application de l'habilitation sont adoptées à la majorité absolue des membres composant l'assemblée. Elles précisent les dispositions législatives ou réglementaires auxquelles elles dérogent.

Les délibérations prévues au premier alinéa sont transmises au Premier ministre ainsi qu'au représentant de l'État dans la collectivité.

Elles sont publiées au *Journal officiel* dans le mois suivant leur transmission au Premier ministre. Elles entrent en vigueur le lendemain de leur publication.

Les recours dirigés contre ces délibérations sont portés devant le Conseil d'État. Le représentant de l'État dans la collectivité peut les déférer au Conseil d'État dans les conditions et avec les effets prévus à l'article *(L. org. n° 2025-793 du 11 août 2025, art. 1er)* « L.O. 7411-5 ». – *Anc. art. L.O. 7311-8 (L. org. n° 2025-793 du 11 août 2025, art. 1er).*

Les dispositions issues de la L. org. n° 2025-793 du 11 août 2025 entrent en vigueur à une date fixée par décret et au plus tard le 1er janv. 2026 (L. préc., art. 5).

Art. L.O. 7411-9 Les dispositions de nature législative d'une délibération prise sur le fondement de l'habilitation prévue à l'article *(L. org. n° 2025-793 du 11 août 2025, art. 1er)* **« L.O. 7411-6 » ne peuvent être modifiées par une loi que si celle-ci le prévoit expressément.**

De même, les dispositions de nature réglementaire prises sur le fondement de cette habilitation ne peuvent être modifiées par un règlement que si ce dernier le prévoit expressément. – *Anc. art. L.O. 7311-9 (L. org. n° 2025-793 du 11 août 2025, art. 1er).*

Les dispositions issues de la L. org. n° 2025-793 du 11 août 2025 entrent en vigueur à une date fixée par décret et au plus tard le 1er janv. 2026 (L. préc., art. 5).

CHAPITRE II FIXATION DES RÈGLES APPLICABLES SUR LEUR TERRITOIRE DANS UN NOMBRE LIMITÉ DE MATIÈRES RELEVANT DU DOMAINE DE LA LOI OU DU RÈGLEMENT *(L. org. n° 2025-793 du 11 août 2025, art. 1er, en vigueur au plus tard le 1er janv. 2026).*

À compter d'une date fixée par Décr. et au plus tard le 1er janv. 2026, les art. L.O. 7312-1 à L.O. 7312-3 deviennent respectivement les art. L.O. 7412-1 à L.O. 7412-3 (L. org. n° 2025-793 du 11 août 2025, art. 1er et 5).

Art. L.O. 7412-1 Dans les conditions et sous les réserves prévues au présent titre, les assemblées de *(L. org. n° 2025-793 du 11 août 2025, art. 1er)* **« , de Martinique et de Mayotte » peuvent être habilitées à fixer les règles applicables sur le territoire de leur collectivité dans un nombre limité de matières pouvant relever du domaine de la loi ou du règlement, sous réserve des dispositions des quatrième et sixième alinéas de l'article 73 de la Constitution.** – *Anc. art. L.O. 7312-1 (L. org. n° 2025-793 du 11 août 2025, art. 1er).*

Les dispositions issues de la L. org. n° 2025-793 du 11 août 2025 entrent en vigueur à une date fixée par décret et au plus tard le 1er janv. 2026 (L. préc., art. 5).

Art. L.O. 7412-2 La demande d'habilitation tendant à fixer une règle applicable sur le territoire de la collectivité est adoptée par délibération motivée de l'assemblée prise à la majorité absolue de ses membres.

Cette délibération mentionne la matière susceptible de faire l'objet de l'habilitation prévue à l'article *(L. org. n° 2025-793 du 11 août 2025, art. 1er)* **« L.O. 7412-1 ».**

Elle expose les spécificités locales justifiant la demande d'habilitation et précise la finalité des mesures que l'assemblée envisage de prendre.

La demande d'habilitation devient caduque dans les cas prévus au II de l'article *(L. org. n° 2025-793 du 11 août 2025, art. 1er)* **« L.O. 7411-2 ».** – *Anc. art. L.O. 7312-2 (L. org. n° 2025-793 du 11 août 2025, art. 1er).*

Les dispositions issues de la L. org. n° 2025-793 du 11 août 2025 entrent en vigueur à une date fixée par décret et au plus tard le 1er janv. 2026 (L. préc., art. 5).

Art. L.O. 7412-3 Les articles *(L. org. n° 2025-793 du 11 août 2025, art. 1er)* **« L.O. 7411-3 à L.O. 7411-9 » sont applicables au présent chapitre.** – *Anc. art. L.O. 7312-3 (L. org. n° 2025-793 du 11 août 2025, art. 1er).*

Les dispositions issues de la L. org. n° 2025-793 du 11 août 2025 entrent en vigueur à une date fixée par décret et au plus tard le 1er janv. 2026 (L. préc., art. 5).

CHAPITRE III DISPOSITIONS COMMUNES

À compter d'une date fixée par Décr. et au plus tard le 1er janv. 2026, l'art. L.O. 7313-1 devient l'art. L.O. 7413-1 (L. org. n° 2025-793 du 11 août 2025, art. 1er et 5).

Art. L.O. 7413-1 Les demandes d'habilitation mentionnées au présent titre ne peuvent être soumises au référendum local ou à la consultation des électeurs prévus au chapitre II du titre unique du livre I de la première partie.

Les délibérations prises sur le fondement de l'habilitation mentionnée au présent titre ne peuvent être soumises au référendum local. – *Anc. art. L.O. 7313-1 (L. org. n° 2025-793 du 11 août 2025, art. 1er).*

TITRE II LE CONGRÈS DES ÉLUS

(L. nº 2011-884 du 27 juill. 2011, art. 4)

CHAPITRE I COMPOSITION

À compter d'une date fixée par Décr. et au plus tard le 1er janv. 2026, l'art. L. 7321-1 devient l'art. L. 7421-1 (L. nº 2025-797 du 11 août 2025, art. 48).

Art. L. 7421-1 Le congrès des élus de Guyane est composé des députés et sénateurs élus en Guyane, des conseillers à l'assemblée de Guyane et des maires des communes de Guyane.

Le congrès des élus de Martinique est composé des députés et sénateurs élus en Martinique, du président du conseil exécutif et des conseillers exécutifs de Martinique, des conseillers à l'assemblée de Martinique et des maires des communes de Martinique. – *Anc. art. L. 7321-1 (L. nº 2025-797 du 11 août 2025, art. 48).*

CHAPITRE II PRÉSIDENCE

À compter d'une date fixée par Décr. et au plus tard le 1er janv. 2026, l'art. L. 7322-1 devient l'art. L. 7422-1 (L. nº 2025-797 du 11 août 2025, art. 48).

Art. L. 7422-1 Le congrès des élus est présidé par le président de l'assemblée de la collectivité territoriale.

En cas d'absence ou d'empêchement, les vice-présidents de l'assemblée le suppléent dans l'ordre de leur nomination. – *Anc. art. L. 7322-1 (L. nº 2025-797 du 11 août 2025, art. 48).*

CHAPITRE III FONCTIONNEMENT

À compter d'une date fixée par Décr. et au plus tard le 1er janv. 2026, les art. L. 7323-1 à L. 7323-6 deviennent respectivement les art. L. 7423-1 à L. 7423-6 (L. nº 2025-797 du 11 août 2025, art. 48).

SECTION 1 Convocation et ordre du jour

Art. L. 7423-1 Le congrès des élus se réunit à la demande de l'assemblée de la collectivité territoriale, sur un ordre du jour déterminé, par délibération prise à la majorité des suffrages exprimés des conseillers à l'assemblée.

Le président réunit les membres du congrès des élus par convocation adressée au moins dix jours francs avant la réunion. Cette convocation est accompagnée d'un rapport sur chacun des points inscrits à l'ordre du jour.

Le congrès des élus ne peut se réunir lorsque l'assemblée de la collectivité territoriale tient séance. – *Anc. art. L. 7323-1 (L. nº 2025-797 du 11 août 2025, art. 48).*

SECTION 2 Garanties conférées aux conseillers à l'assemblée de la collectivité territoriale et conseillers exécutifs participant au congrès des élus

Art. L. 7423-2 Les articles L. 7125-1 à L. 7125-6 et L. 7227-1 à L. 7227-6 sont applicables aux conseillers à l'assemblée de la collectivité territoriale et aux membres du conseil exécutif convoqués aux séances du congrès des élus. – *Anc. art. L. 7323-2 (L. nº 2025-797 du 11 août 2025, art. 48).*

SECTION 3 Organisation et séances

Art. L. 7423-3 L'assemblée de la collectivité territoriale met à la disposition du congrès des élus les moyens nécessaires à son fonctionnement, permettant notamment d'assurer le secrétariat de ses séances. – *Anc. art. L. 7323-3 (L. nº 2025-797 du 11 août 2025, art. 48).*

Art. L. 7423-4 Les séances du congrès des élus sont publiques.

Néanmoins, sur la demande de cinq membres ou du président, le congrès des élus peut décider, sans débat, à la majorité absolue des membres présents ou représentés, qu'il se réunit à huis clos.

Sans préjudice des pouvoirs que le président du congrès des élus tient de l'article *(L. n° 2025-797 du 11 août 2025, art. 48)* **« L. 7423-5 », ces séances peuvent être retransmises par les moyens de communication audiovisuelle.** – *Anc. art. L. 7323-4 (L. n° 2025-797 du 11 août 2025, art. 48).*

Les dispositions issues de la L. n° 2025-797 du 11 août 2025 entrent en vigueur à une date fixée par décret et au plus tard le 1er janv. 2026 (L. préc., art. 48).

Art. L. 7423-5 **Le président a seul la police du congrès des élus.**

Il peut faire expulser de l'auditoire ou arrêter tout individu qui trouble l'ordre.

En cas de crime ou de délit, il en dresse procès-verbal et le procureur de la République en est immédiatement saisi. – *Anc. art. L. 7323-5 (L. n° 2025-797 du 11 août 2025, art. 48).*

Art. L. 7423-6 **Le procès-verbal de chaque séance, rédigé par un des secrétaires, est approuvé au commencement de la séance suivante et signé par le président et le secrétaire.**

(Ord. n° 2021-1310 du 7 oct. 2021, art. 29) **« Il contient la date et l'heure de la séance, les noms du président, des membres du congrès des élus présents ou représentés et du ou des secrétaires de séance, le quorum, l'ordre du jour de la séance, les délibérations adoptées et les rapports au vu desquels elles ont été adoptées, les demandes de scrutin particulier, le résultat des scrutins précisant, s'agissant des scrutins publics, le nom des votants et le sens de leur vote, et la teneur des discussions au cours de la séance.**

« Dans la semaine qui suit la séance au cours de laquelle il a été arrêté, le procès-verbal est publié sous forme électronique de manière permanente et gratuite sur le site internet de la collectivité et un exemplaire sur papier est mis à la disposition du public. Il est transmis à l'assemblée de la collectivité territoriale par le président du congrès des élus.

« L'exemplaire original du procès-verbal, qu'il soit établi sur papier ou sur support numérique, est conservé dans des conditions propres à en assurer la pérennité. »

Tout électeur ou contribuable de la collectivité territoriale a le droit de demander la communication sans déplacement et de prendre copie des procès-verbaux des séances du congrès des élus et de les reproduire par voie de presse. – *Anc. art. L. 7323-6 (L. n° 2025-797 du 11 août 2025, art. 48).*

CHAPITRE IV RÔLE DU CONGRÈS DES ÉLUS

À compter d'une date fixée par Décr. et au plus tard le 1er janv. 2026, les art. L. 7324-1 à L. 7324-3 deviennent respectivement les art. L. 7424-1 à L. 7424-3 (L. n° 2025-797 du 11 août 2025, art. 48).

Art. L. 7424-1 **Le congrès des élus peut être saisi par l'assemblée de la collectivité territoriale, dans les conditions fixées à l'article** *(L. n° 2025-797 du 11 août 2025, art. 48)* **« L. 7423-1 », de toute proposition d'évolution institutionnelle et de toute proposition relative à de nouveaux transferts de compétences de l'État vers la collectivité territoriale.**

Il délibère sur la base de son ordre du jour et peut adopter des propositions à la majorité des membres présents ou représentés. – *Anc. art. L. 7324-1 (L. n° 2025-797 du 11 août 2025, art. 48).*

Les dispositions issues de la L. n° 2025-797 du 11 août 2025 entrent en vigueur à une date fixée par décret et au plus tard le 1er janv. 2026 (L. préc., art. 48).

Art. L. 7424-2 **Les propositions mentionnées à l'article** *(L. n° 2025-797 du 11 août 2025, art. 48)* **« L. 7424-1 » sont transmises dans un délai de quinze jours francs à l'assemblée de la collectivité territoriale et au Premier ministre.** – *Anc. art. L. 7324-2 (L. n° 2025-797 du 11 août 2025, art. 48).*

Les dispositions issues de la L. n° 2025-797 du 11 août 2025 entrent en vigueur à une date fixée par décret et au plus tard le 1er janv. 2026 (L. préc., art. 48).

Art. L. 7424-3 **L'assemblée de la collectivité territoriale délibère sur les propositions du congrès des élus, après avoir consulté le conseil économique, social, environnemental, de la culture et de l'éducation sur celles-ci.**

Les délibérations adoptées par l'assemblée de la collectivité territoriale sont transmises au Premier ministre par le président de l'assemblée. – *Anc. art. L. 7324-3 (L. n° 2025-797 du 11 août 2025, art. 48).*

TITRE III MODALITÉS DE TRANSFERT DES BIENS ET OBLIGATIONS DES DÉPARTEMENTS ET RÉGIONS AUX COLLECTIVITÉS TERRITORIALES DE GUYANE ET DE MARTINIQUE

(Ord. n° 2012-1398 du 13 déc. 2012, art. 5 et 6)

CHAPITRE UNIQUE

À compter d'une date fixée par Décr. et au plus tard le 1er janv. 2026, les art. L. 7331-1 à L. 7331-3 deviennent respectivement les art. L. 7431-1 à L. 7431-3 (L. n° 2025-797 du 11 août 2025, art. 48).

Art. L. 7431-1 L'ensemble des biens, droits et obligations du département de la région de Guyane sont transférés de plein droit à la collectivité territoriale de Guyane à la date de sa création.

L'ensemble des biens, droits et obligations du département et de la région de Martinique sont transférés de plein droit à la collectivité territoriale de Martinique à la date de sa création.

Le transfert de ces biens, droits et obligations est réalisé à titre gratuit et ne donne lieu à aucune indemnité ou perception de droits, impôts ou taxes de quelque nature que ce soit, à aucun versement d'honoraires au profit des agents de l'État, ni au versement prévu à l'article 879 du code général des impôts. – *Anc. art. L. 7331-1 (L. n° 2025-797 du 11 août 2025, art. 48).*

Art. L. 7431-2 Les contrats et conventions en cours conclus par le département ou la région continuent, après la création de la collectivité territoriale, d'être exécutés dans les conditions antérieures jusqu'à leur échéance, sauf accord contraire entre la collectivité territoriale et les cocontractants.

Ces derniers sont informés par la collectivité territoriale qu'elle se substitue à la collectivité contractante initiale. Cette substitution n'entraîne aucun droit à résiliation ou à indemnisation pour le cocontractant. – *Anc. art. L. 7331-2 (L. n° 2025-797 du 11 août 2025, art. 48).*

Art. L. 7431-3 *(Ord. n° 2012-1398 du 13 déc. 2012, art. 6, mod. par L. n° 2015-1268 du 14 oct. 2015, art. 43)* La création des collectivités territoriales de Guyane et de Martinique constituées en application de la loi n° 2011-884 du 27 juillet 2011 relative aux collectivités territoriales de Guyane et de Martinique entraîne leur substitution dans toutes les délibérations et dans tous les actes pris par la région et le département auxquels elles succèdent. Ces actes et délibérations demeurent applicables, dans le champ d'application qui était le leur avant le 1er janvier 2016, jusqu'à leur remplacement, pour ceux qui ont un caractère réglementaire, par de nouveaux actes et délibérations applicables sur le territoire de la nouvelle collectivité. Ces nouveaux actes et délibérations entrent en vigueur au plus tard le 1er janvier 2021. – *Anc. art. L. 7331-3 (L. n° 2025-797 du 11 août 2025, art. 48).*

DEUXIÈME PARTIE : RÉGLEMENTAIRE

(Décr. n° 2000-318 du 7 avr. 2000)

Les intitulés propres à la partie réglementaire sont signalés par (R).

Le décret n° 2000-318 du 7 avril 2000 relatif à la partie Réglementaire du code général des collectivités territoriales et la circulaire du 7 avril 2000 explicitant le décret précité sont consultables dans le supplément en ligne.

PREMIÈRE PARTIE DISPOSITIONS GÉNÉRALES

LIVRE I PRINCIPES GÉNÉRAUX DE LA DÉCENTRALISATION

TITRE I LIBRE ADMINISTRATION DES COLLECTIVITÉS TERRITORIALES

CHAPITRE I PRINCIPE DE LIBRE ADMINISTRATION

SECTION 1 Dispositions relatives au référent déontologue de l'élu local

(Décr. n° 2022-1520 du 6 déc. 2022, art. 1er)

Art. R. 1111-1-A Le référent déontologue mentionné à l'article L. 1111-1-1 est désigné par l'organe délibérant de la collectivité territoriale, du groupement de collectivités territoriales ou du syndicat mixte visé à l'article L. 5721-2.

Plusieurs collectivités territoriales, groupements de collectivités territoriales ou syndicats mixtes visés à l'article L. 5721-2 peuvent désigner un même référent déontologue pour leurs élus par délibérations concordantes.

Les missions de référent déontologue sont exercées en toute indépendance et impartialité par des personnes choisies en raison de leur expérience et de leurs compétences. Elles peuvent être, selon les cas, assurées par :

1° Une ou plusieurs personnes n'exerçant au sein des collectivités auprès desquelles elles sont désignées aucun mandat d'élu local, n'en exerçant plus depuis au moins trois ans, n'étant pas agent de ces collectivités et ne se trouvant pas en situation de conflit d'intérêt avec celles-ci ;

2° Un collège, composé de personnes répondant aux conditions du 1°. Celui-ci adopte un règlement intérieur précisant son organisation et son fonctionnement.

Art. R. 1111-1-B La délibération portant désignation du ou des référents déontologues ou des membres du collège qui le constituent précise la durée de l'exercice de ses fonctions, les modalités de sa saisine et de l'examen de celle-ci, ainsi que les conditions dans lesquelles les avis sont rendus. Elle précise également les moyens matériels mis à sa disposition et les éventuelles modalités de rémunération prévues à l'article R. 1111-1-C.

Il peut être procédé au renouvellement des fonctions du référent déontologue ou des membres du collège dans les mêmes conditions.

Cette délibération ainsi que les informations permettant de consulter le ou les référents déontologues ou le collège sont portées par tout moyen à la connaissance des élus locaux intéressés par chaque collectivité territoriale, groupement ou syndicat mixte visé à l'article L. 5721-2.

Art. R. 1111-1-C Lorsque la délibération visée à l'article R. 1111-1-B prévoit que les personnes exerçant ces fonctions reçoivent une indemnisation, celle-ci prend la forme de vacations dont le montant ne peut pas dépasser un plafond fixé par arrêté du ministre chargé des collectivités territoriales.

Elle peut également prévoir le remboursement de leurs frais de transport et d'hébergement dans les conditions applicables aux personnels de la fonction publique territoriale.

Sur les indemnités de vacation du référent déontologue, V. ci-dessous Arr. du 6 déc. 2022.

Arrêté du 6 décembre 2022,

Pris en application du décret n° 2022-1520 du 6 décembre 2022 relatif au référent déontologue de l'élu local.

Art. 1er En application de l'article R. 1111-1-C du code général des collectivités territoriales, le montant des indemnités de vacation dont peuvent bénéficier les personnes désignées pour assurer les missions de référent déontologue prévues à l'article L. 1111-1-1 du même code est fixé par les articles 2 à 4.

Art. 2 Lorsque les missions de référent déontologue sont assurées par une ou plusieurs personnes, le montant maximum de l'indemnité pouvant être versée par personne désignée est fixé à 80 euros par dossier.

Art. 3 Lorsque les missions de référent déontologue sont assurées par un collège, le montant maximum de l'indemnité pouvant être versée par personne désignée est fixé comme suit :

1° Pour la présidence effective d'une séance du collège d'une demi-journée : 300 euros ;

2° Pour la participation effective à une séance du collège d'une demi-journée : 200 euros.

Les indemnités prévues au*[x]* 1° et 2° ne sont pas cumulables.

Art. 4 Les membres du collège désignés comme rapporteurs peuvent cumuler les indemnités prévues aux articles 2 et 3 du présent arrêté.

Art. R. 1111-1-D Le ou les référents déontologues ou les membres du collège qui le constituent sont tenus au secret professionnel dans le respect des articles 226-13 et 226-14 du code pénal et à la discrétion professionnelle pour tous les faits, informations ou documents dont ils ont connaissance dans l'exercice ou à l'occasion de l'exercice de leurs fonctions.

SECTION 2 **Délégations de compétences** *(Décr. n° 2022-1520 du 6 déc. 2022, art. 1er)*

Art. R. 1111-1 *(Décr. n° 2012-716 du 7 mai 2012, art. 1er)* La convention prévue à l'article L. 1111-8 est élaborée par les présidents des assemblées délibérantes des collectivités territoriales ou des établissements publics de coopération intercommunale à fiscalité propre concernés.

Elle détermine la ou les compétences déléguée(s), fixe la durée de la délégation de compétence ainsi que les modalités de son renouvellement, définit les objectifs à atteindre et les modalités de contrôle de l'autorité délégante sur l'autorité délégataire. Elle fixe des indicateurs de suivi correspondant aux objectifs à atteindre.

Elle détermine également le cadre financier dans lequel s'exerce la délégation, les moyens de fonctionnement et les services éventuellement mis à la disposition de l'autorité délégataire ainsi que les conditions dans lesquelles des personnels de l'autorité délégante peuvent être mis à disposition de l'autorité délégataire ou détachés auprès d'elle.

La convention prévoit le cas échéant les modalités de sa résiliation anticipée.

Elle est approuvée par délibérations concordantes des assemblées délibérantes des collectivités territoriales ou des établissements publics de coopération intercommunale à fiscalité propre qui y sont parties.

Art. R. 1111-1-1 *(Décr. n° 2015-687 du 17 juin 2015, art. 1er)* I. — Lorsque le ou les ministres saisis de la demande et de l'avis de la conférence territoriale de l'action publique ont donné leur accord, le projet de convention prévu à l'article L. 1111-8-1 est élaboré par le représentant de l'État qui le communique au président de l'assemblée délibérante ou du conseil exécutif de la collectivité territoriale ou de l'établissement public de coopération intercommunale à fiscalité propre pétitionnaire, dans le délai d'un an à compter de la transmission de sa demande.

Après accord sur son contenu entre le représentant de l'État et le président de l'assemblée délibérante ou du conseil exécutif de la collectivité territoriale ou de l'établissement public de coopération intercommunale à fiscalité propre, le projet de convention est soumis à l'approbation de l'assemblée délibérante du délégataire puis transmis par le représentant de l'État dans la région aux ministres concernés.

La convention est signée par le représentant de l'État et le président de l'assemblée délibérante ou du conseil exécutif de la collectivité territoriale ou de l'établissement public de coopération intercommunale à fiscalité propre après publication du décret portant délégation de compétence auquel est annexé le projet de convention. La délégation prend effet à la date d'entrée en vigueur fixée par la convention et ne peut excéder six ans.

Le décret portant délégation de compétence et la convention signée sont publiés au *Journal officiel* de la République française et au recueil des actes administratifs de la collectivité territoriale ou de l'établissement public de coopération intercommunale à fiscalité propre concerné.

II. — La convention détermine la ou les compétences déléguées, fixe la durée de la délégation de compétence et les modalités de sa reconduction expresse, définit les objectifs à atteindre et les modalités de contrôle de l'État sur l'autorité délégataire et fixe des indicateurs de suivi correspondant aux objectifs à atteindre.

Elle détermine également le cadre financier dans lequel s'exercent la délégation, les moyens de fonctionnement et les services le cas échéant mis à la disposition de l'autorité délégataire.

La convention prévoit les modalités de sa résiliation anticipée par l'une ou l'autre des parties.

SECTION 3 **Exercice concerté des compétences** *(Décr. nº 2022-1520 du 6 déc. 2022, art. 1er).*

Art. D. 1111-2 *(Décr. nº 2014-1076 du 22 sept. 2014, art. 1er)* I. — *(Décr. nº 2022-1581 du 16 déc. 2022, art. 1er)* « Pour les collèges mentionnés au 3° *bis* à 7° du II de l'article L. 1111-9-1, les délibérations concordantes prises en application du premier alinéa du II de ce même article fixent le nombre des membres et leur répartition par département. »

Il est procédé, dans chaque département de la région, à l'élection des représentants mentionnés aux *(Décr. nº 2022-1581 du 16 déc. 2022, art. 1er)* « 3° *bis* » à 7° du II de l'article L. 1111-9-1 selon les modalités suivantes :

(Décr. nº 2022-1581 du 16 déc. 2022, art. 1er) « *a)* Dans la région d'Île-de-France, lorsque le collège mentionné au 3° *bis*, dont la représentation est arrêtée conformément au premier alinéa du II de l'article L. 1111-9-1, ne comprend pas tous les présidents des établissements publics territoriaux, les représentants mentionnés au 3° *bis* sont élus en leur sein par les présidents des établissements publics territoriaux mentionnés à l'article L. 5219-2 ;

« *b)* Le ou les représentants mentionnés » au 4° *(Décr. nº 2022-1581 du 16 déc. 2022, art. 1er)* « sont élus » en leur sein par les présidents des établissements publics de coopération intercommunale à fiscalité propre de moins de 30 000 habitants ayant leur siège sur le territoire du département ;

(Décr. nº 2022-1581 du 16 déc. 2022, art. 1er) « *c)* Le ou les représentant mentionnés » au 5° *(Décr. nº 2022-1581 du 16 déc. 2022, art. 1er)* « sont élus » en leur sein par les maires des communes de plus de 30 000 habitants du département ;

(Décr. nº 2022-1581 du 16 déc. 2022, art. 1er) « *d)* Le ou les représentant mentionnés » au 6° *(Décr. nº 2022-1581 du 16 déc. 2022, art. 1er)* « sont élus » en leur sein par les maires des communes comprenant entre 3 500 et 30 000 habitants du département ;

(Décr. nº 2022-1581 du 16 déc. 2022, art. 1er) « *e)* Le ou les représentant mentionnés » au 7° *(Décr. nº 2022-1581 du 16 déc. 2022, art. 1er)* « sont élus » en leur sein par les maires des communes de moins de 3 500 habitants du département.

II. — À l'issue de l'élection des représentants mentionnés aux *(Décr. nº 2022-1581 du 16 déc. 2022, art. 1er)* « 3° *bis* » à 7° du II de l'article L. 1111-9-1, *(Décr. nº 2022-1581 du 16 déc. 2022, art. 1er)* « le ou les représentant des collectivités territoriales et groupements de collectivités de montagne, mentionnés » au 8° du même article, *(Décr. nº 2022-1581 du 16 déc. 2022, art. 1er)* « sont désignés » par le représentant de l'État dans la région, sur proposition de l'Association nationale des élus de montagne, parmi les maires ou les présidents des établissements publics de coopération intercommunale à fiscalité propre des territoires de montagne de la région, au sens de l'article 3 de la loi n° 85-30 du 9 janvier 1985 relative au développement et à la protection de la montagne. Il ne peut être un des représentants mentionnés aux 3° à 7° du II de l'article L. 1111-9-1.

Art. D. 1111-3 *(Décr. n° 2014-1076 du 22 sept. 2014, art. 1er) (Décr. n° 2022-1581 du 16 déc. 2022, art. 1er, en vigueur le 1er janv. 2025)* « I. — L'élection des représentants des communes, des établissements publics de coopération intercommunale à fiscalité propre et, le cas échéant, des établissements publics territoriaux, a lieu dans un délai de trois mois à compter du renouvellement des conseils municipaux et des assemblées délibérantes des établissements publics de coopération intercommunale à fiscalité propre et des établissements publics territoriaux. »

II. — Un arrêté du représentant de l'État dans la région fixe la date de l'élection des membres de la conférence territoriale de l'action publique, mentionnés aux *(Décr. n° 2022-1581 du 16 déc. 2022, art. 1er, en vigueur le 1er janv. 2025)* « 3° *bis* » à 7° du II de l'article L. 1111-9-1.

III. — Un arrêté du représentant de l'État dans chaque département dresse la liste des membres des différents collèges constitués en application de l'article D. 1111-2, définit les modalités d'organisation matérielle du scrutin et fixe les dates et heures limites de dépôt des candidatures à la préfecture de chaque département.

Art. D. 1111-4 *(Décr. n° 2014-1076 du 22 sept. 2014, art. 1er)* I. — Les candidats sont tenus de faire une déclaration revêtue de leur signature, énonçant leurs nom, prénoms, date et lieu de naissance, sexe et domicile.

Cette déclaration doit également indiquer les nom, prénoms, date et lieu de naissance, sexe et domicile de la personne appelée à remplacer le candidat élu en cas de vacance du siège. Elle doit être accompagnée de l'acceptation écrite du remplaçant. Le remplaçant appartient au même collège que le candidat et ne peut figurer en qualité de remplaçant sur plusieurs déclarations de candidature.

Nul ne peut être candidat au titre d'un collège auquel il n'appartient pas ni être à la fois candidat et remplaçant d'un autre candidat dans un autre collège.

Nul ne peut être élu ou désigné dans plus d'une des catégories mentionnées aux 1° à 7° du II de l'article L. 1111-9-1.

II. — Une liste est considérée complète dès lors qu'elle comprend un candidat et son remplaçant pour les collèges mentionnés aux *(Décr. n° 2022-1581 du 16 déc. 2022, art. 1er, en vigueur le 1er janv. 2025)* « 3° *bis* » à 7° du II de l'article L. 1111-9-1 dans chaque département.

La ou les listes des candidats sont arrêtées et rendues publiques par le représentant de l'État dans le département.

III. — En cas d'absence de candidature recevable dans un des collèges mentionnés à l'article D. 1111-2, le siège reste vacant.

Art. D. 1111-5 *(Décr. n° 2014-1076 du 22 sept. 2014, art. 1er)* L'élection des représentants mentionnés à l'article D. 1111-4 a lieu par correspondance.

Les bulletins de vote sont adressés ou déposés à la préfecture du département, selon les modalités fixées par l'arrêté prévu au II de l'article D. 1111-3.

Chaque bulletin est mis sous double enveloppe : l'enveloppe intérieure ne doit comporter aucune mention ni signe distinctif ; l'enveloppe extérieure doit porter la mention : "Élection des membres de la conférence territoriale de l'action publique", l'indication du collège auquel appartient l'électeur, son nom, sa qualité et sa signature.

Les résultats de l'élection sont proclamés par une commission présidée par le préfet ou son délégué et comprenant trois maires désignés par le préfet, sur proposition de l'association départementale des maires.

Le secrétariat de la commission est assuré par un agent de la préfecture.

Un représentant de chaque liste peut contrôler les opérations de dépouillement des bulletins.

Les sièges sont attribués aux candidats qui, dans chaque collège, ont obtenu *(Décr. n° 2022-1581 du 16 déc. 2022, art. 1er, en vigueur le 1er janv. 2025)* « le plus grand nombre de » voix. En cas d'égalité des voix *(Décr. n° 2022-1581 du 16 déc. 2022, art. 1er, en vigueur le 1er janv. 2025)* « pour l'attribution du dernier siège », l'élection est acquise au candidat le plus âgé.

Les résultats de l'élection sont publiés à la diligence du représentant de l'État dans chaque département. Ils peuvent être contestés devant le tribunal administratif dans les dix jours qui suivent cette publication par tout électeur, par les candidats et par le représentant de l'État.

Lorsqu'il n'y a pas lieu à élection en application du *(Décr. n° 2017-1684 du 14 déc. 2017, art. 1er)* « onzième » alinéa du II de l'article L. 1111-9-1, le représentant de l'État dans le département désigne comme représentants les candidats et leur remplaçant de la seule liste complète qui réunit les conditions requises.

Art. D. 1111-6 *(Décr. n° 2014-1076 du 22 sept. 2014, art. 1er)* La liste des membres de la conférence territoriale de l'action publique est arrêtée par le représentant de l'État dans la région.

Art. D. 1111-7 *(Décr. n° 2014-1076 du 22 sept. 2014, art. 1er)* Le représentant mentionné aux *(Décr. n° 2022-1581 du 16 déc. 2022, art. 1er, en vigueur le 1er janv. 2025)* « 3° *bis* » à 7° du II de l'article L. 1111-9-1 dont le siège devient vacant pour cause de décès, de démission ou de la perte de la qualité au titre de laquelle il a été élu ou désigné est remplacé pour la durée du mandat restant à courir par la personne élue en même temps que lui à cet effet.

Lorsque les dispositions de l'alinéa précédent ne peuvent plus être appliquées, il est procédé, dans un délai de trois mois, aux élections ou aux désignations requises dans le collège considéré. Il ne peut être procédé à aucune élection dans les six mois précédant le renouvellement général des conseils municipaux.

Art. D. 1111-8 *(Décr. n° 2020-1129 du 14 sept. 2020, art. 1er)* Pour l'application de l'article L. 1111-11 :

1° Une opération d'investissement correspond à un ensemble d'acquisitions d'immobilisations corporelles, de travaux sur immobilisations corporelles et de frais d'études y afférents ;

2° L'article L. 1111-11 s'applique aux subventions rattachables directement aux immobilisations corporelles, à l'exception de celles portant uniquement sur du matériel et des outillages techniques, qui sont financées par les personnes morales de droit public, notamment l'État et les établissements de droit public qui lui sont rattachés, les collectivités territoriales et leurs groupements et les établissements publics locaux ;

3° La publication du plan de financement s'entend de son affichage à la mairie ou au siège de la collectivité territoriale ou du groupement et de sa mise en ligne sur le site internet de la collectivité territoriale ou du groupement, si celui-ci existe. Cette publication intervient dans un délai de quinze jours à compter du commencement d'exécution de l'opération subventionnée au sens du I de l'article 5 du décret du 25 juin 2018 susvisé. Elle fait apparaître le coût total de l'opération d'investissement et le montant des subventions apportées par les personnes publiques ;

4° Le plan de financement est affiché par la collectivité territoriale ou le groupement maître d'ouvrage pendant la réalisation de l'opération en un lieu aisément visible du public sous la forme d'un panneau d'affichage ou d'une affiche. Sous réserve des dispositions applicables aux projets s'inscrivant dans un programme cofinancé par l'Union européenne, le plan de financement est affiché sous la forme de lignes d'égale dimension faisant apparaître, s'il existe, le logotype ou l'emblème de la personne publique ayant subventionné le projet, son nom, ainsi que le montant de la subvention ;

5° Sous réserve des dispositions applicables aux projets s'inscrivant dans un programme cofinancé par l'Union européenne, à l'issue de la réalisation de toute opération dont le coût total est supérieur à 10 000 €, et au plus tard trois mois après l'achèvement de celle-ci, la collectivité ou le groupement appose une plaque ou un panneau permanent, en un lieu aisément visible du public, sur lequel figure, s'il existe, le logotype ou l'emblème de la personne publique ayant subventionné le projet. Si l'opération a fait l'objet de subventions de la part de plusieurs personnes publiques, leur logotype ou emblème figure, à dimension égale, sur la plaque ou le panneau ;

6° Pour l'application des 4° et 5° le logotype ou l'emblème devant être affiché en cas de subvention d'un projet par l'État ou les établissements publics qui lui sont rattachés ainsi que, le cas échéant, la combinaison de ces éléments graphiques, respectent la charte graphique *(Décr. n° 2021-653 du 26 mai 2021, art. 3)* « de l'État » applicable à la date de l'affichage ;

7° Un arrêté peut préciser les modalités d'application des 4°, 5° et 6°.

Le présent art. est applicable aux opérations d'investissement dont le commencement d'exécution est postérieur au 30 sept. 2020 (Décr. n° 2020-1129 du 14 sept. 2020, art. 2).

CHAPITRE II **PARTICIPATION DES ÉLECTEURS AUX DÉCISIONS LOCALES**

(Décr. n° 2005-433 du 4 mai 2005, art. 2)

SECTION 1 **Référendum local** *(Décr. n° 2005-1551 du 6 déc. 2005).*

Art. R. 1112-1 Pour leur application en Corse, les références à la région sont remplacées par des références à la collectivité de Corse.

SOUS-SECTION 1 **Information des électeurs et campagne en vue du référendum (R)**

Art. R. 1112-2 Le dossier d'information prévu à l'article L.O. 1112-8 est mis à disposition du public par la collectivité territoriale ayant décidé le référendum local quinze jours au moins avant le scrutin.

Pour un référendum décidé par une commune, le dossier d'information est mis à disposition du public à la mairie et, le cas échéant, dans les mairies annexes. Les électeurs de la commune en sont informés par tous moyens.

Pour un référendum décidé par un département, une région ou une autre collectivité territoriale, le dossier d'information est mis à disposition du public à l'hôtel du département ou de la région et dans les mairies des communes chefs-lieux de canton du département ou de la région. Le public est informé de cette mise à disposition par insertion, quinze jours au moins avant le scrutin, dans deux journaux diffusés dans le département ou la région, d'un avis comportant les éléments principaux de la délibération relative à l'organisation du référendum.

Le dossier comporte le texte de la question à laquelle les électeurs sont appelés à répondre, le projet de délibération ou d'acte soumis à leur approbation et un rapport explicatif exposant les motifs et la portée du projet ainsi que, le cas échéant, les caractéristiques techniques et financières de sa réalisation. Le dossier contient également, s'il y a lieu, les notes, rapports, avis et tous autres documents requis par la loi ou le règlement pour l'information préalable à la prise des décisions par les autorités territoriales compétentes.

Il précise que le résultat du référendum aura valeur de décision et mentionne les conditions de quorum et de majorité exigées par le premier alinéa de l'article L.O. 1112-7 pour que le projet soit adopté.

Annulation des opérations électorales, faute pour le dossier de présentation de comporter un projet de délibération et le caractère décisionnel de la consultation. • CAA Marseille, 3 juill. 2008, n° 07MA02215.

Art. R. 1112-3 Pour participer à la campagne en vue du référendum, les groupes d'élus, partis et groupements politiques remplissant les conditions posées par l'article L.O. 1112-10 présentent une demande d'habilitation au président de l'organe exécutif de la collectivité qui a décidé le référendum au plus tard avant 17 heures le troisième lundi qui précède le jour du scrutin.

Chaque groupe d'élus joint à sa demande d'habilitation la liste de ses membres.

Chaque parti ou groupement politique auquel ont déclaré se rattacher des élus ou des candidats dans les conditions prévues à l'article L.O. 1112-10 joint à sa demande d'habilitation la liste de ces élus ou de ces candidats ainsi que leur déclaration de rattachement.

(Décr. n° 2013-938 du 18 oct. 2013, art. 26) « Pour l'addition des suffrages visée au cinquième alinéa de l'article L.O. 1112-10, chaque candidat représente la moitié des suffrages recueillis par le binôme au sein duquel il s'est présenté, arrondie, le cas échéant, à l'entier supérieur. »

Un arrêté du président de l'organe exécutif de la collectivité compétente, publié ou affiché au plus tard le troisième vendredi précédant le jour du scrutin, fixe la liste des groupes d'élus, partis et groupements politiques habilités à participer à la campagne ainsi que celle des personnes qui déclarent s'y rattacher.

Toute personne inscrite sur les listes électorales dans le ressort de la collectivité territoriale ayant décidé le référendum ainsi que tout groupe, parti ou groupement politique ayant déposé une demande d'habilitation, peut, dans les vingt-quatre heures qui suivent la publication de la liste, saisir le tribunal administratif compétent. Le tribunal statue en premier et dernier ressort dans les trois jours suivant le dépôt de la requête. S'il l'estime fondée, le tribunal procède à la réformation de l'arrêté.

Pour l'application des articles du code électoral (partie Réglementaire) à la campagne organisée en vue d'un référendum local, les références aux candidats *(Décr. n° 2013-938 du 18 oct. 2013, art. 26)* « , binômes de candidats » et listes de candidats sont remplacées par des références aux groupes d'élus, partis et groupements politiques.

Art. R. 1112-4 Les affiches ayant un but ou un caractère de propagande qui comprennent une combinaison des trois couleurs : bleu, blanc et rouge sont interdites.

Art. R. 1112-5 Le nombre maximum des emplacements réservés à l'affichage électoral, en dehors de ceux établis à côté des bureaux de vote, est fixé à :

– cinq dans les communes ayant 500 électeurs et moins ;

– dix dans les autres, plus un par 3 000 électeurs ou fraction supérieure à 2 000 dans les communes ayant plus de 5 000 électeurs.

Il est attribué, par tirage au sort, un panneau d'affichage à chacun des groupes d'élus, partis ou groupements politiques habilités.

SOUS-SECTION 2 Opérations préparatoires au scrutin et opérations de vote (R)

Art. R. 1112-6 Sont applicables aux opérations préparatoires au scrutin et au déroulement des opérations de vote les articles suivants du code électoral :

1° L'article R. 40 relatif à la répartition des électeurs en bureaux de vote ;

2° L'article R. 41 relatif aux horaires du scrutin ;

3° L'article R. 42 relatif à la composition du bureau de vote ;

4° L'article R. 43 relatif à la présidence de ce bureau ;

5° L'article R. 44 relatif à la désignation des assesseurs ;

6° L'article R. 45 relatif à la désignation de leur suppléant ;

7° L'article R. 46 relatif à la notification au maire et aux présidents des bureaux de vote des listes d'assesseurs et de suppléants ;

8° L'article R. 47 relatif au rôle des délégués des listes de candidats ou des candidats ;

9° L'article R. 48 interdisant les discussions et délibérations à l'intérieur des bureaux de vote ;

10° Les articles R. 49 et R. 50 relatifs à la police du bureau de vote ;

11° L'article R. 51 relatif au remplacement des assesseurs et délégués qui auraient été expulsés ;

12° L'article R. 52 relatif aux compétences du bureau pour régler provisoirement les difficultés par décisions motivées et inscriptions au procès-verbal ;

13° L'article R. 53 relatif à l'usage des machines à voter dans les communes où il est autorisé ;

14° L'article R. 54 relatif aux enveloppes électorales ;

15° L'article R. 57 relatif à la constatation publique de l'heure d'ouverture et de clôture du scrutin ;

16° L'article R. 58 relatif au contrôle de l'identité des électeurs ;

17° L'article R. 59 relatif à l'obligation d'être inscrit sur la liste électorale ;

18° L'article R. 60 relatif à la preuve de l'identité dans les communes de plus de 5 000 habitants ;

19° Les articles R. 61 et R. 62 relatifs à la liste d'émargement et à son contrôle ;

20° Les articles R. 72 à R. 80 relatifs au vote par procuration.

Pour l'application de l'article R. 41 du code électoral, le représentant de l'État peut retarder dans une ou plusieurs communes l'heure de clôture du scrutin.

Art. R. 1112-7 Deux types identiques de bulletins de vote, imprimés en couleur noire sur papier blanc, l'un portant la réponse "OUI" et l'autre la réponse "NON", sont fournis par la collectivité ayant décidé le référendum, en nombre égal à celui des électeurs inscrits dans le ressort de la collectivité organisatrice. Ils sont expédiés en mairie au plus tard le mardi précédant le scrutin.

Les bulletins de vote et les enveloppes électorales sont placés, dans chaque bureau de vote, à la disposition des électeurs, sous la responsabilité du président du bureau de vote.

Le jour du scrutin, la collectivité territoriale ayant décidé le référendum peut compléter, en tant que de besoin, les quantités de bulletins déposés dans les bureaux de vote.

SOUS-SECTION 3 Recensement des votes et proclamation des résultats (R)

Art. R. 1112-8 Sont applicables aux opérations de recensement des votes et de proclamation des résultats les articles suivants du code électoral :

1° L'article R. 63 relatif à l'organisation du dépouillement ;

2° L'article R. 64 relatif au rôle des scrutateurs et des membres du bureau ;

3° L'article R. 65 relatif à la désignation des scrutateurs ;

4° L'article R. 65-1 relatif au regroupement des enveloppes par centaine ;

5° L'article R. 66 relatif à la lecture des bulletins, à leur pointage et à la remise des pièces dont la régularité a paru douteuse au bureau ;

6° L'article R. 66-1 relatif au dénombrement des suffrages dans les bureaux dotés d'une machine à voter ;

7° L'article R. 68 relatif aux pièces à joindre au procès-verbal et à la destruction des autres pièces ;

8° L'article R. 70 relatif à la conservation et à la communication des procès-verbaux.

Art. R. 1112-9 Les résultats du scrutin sont consignés dans deux procès-verbaux rédigés sur des formulaires fournis par la collectivité territoriale ayant décidé le référendum. Ils sont signés des membres du bureau. Les délégués des groupes d'élus, partis ou groupements politiques habilités sont invités à contresigner les exemplaires des procès-verbaux.

Dès l'établissement du procès-verbal, le résultat est proclamé en public par le président du bureau et affiché en toutes lettres par ses soins dans la salle de vote.

Lorsque les collèges électoraux sont répartis en plusieurs bureaux de vote, le dépouillement du scrutin est d'abord opéré par bureau. Le président et les membres de chaque bureau remettent ensuite les deux exemplaires du procès-verbal et les annexes au premier bureau constitué en bureau centralisateur et chargé d'opérer le recensement général des votes en présence des présidents des autres bureaux.

Les résultats arrêtés par chaque bureau et les pièces annexes ne peuvent en aucun cas être modifiés.

Un procès-verbal récapitulatif est établi en double exemplaire en présence des électeurs. Il est signé par les membres du premier bureau, les délégués des groupes d'élus, partis ou groupements politiques habilités auprès de celui-ci et les présidents des autres bureaux.

Art. R. 1112-10 Pour un référendum décidé par une commune, le résultat est proclamé publiquement par le président du premier bureau et affiché aussitôt par les soins du maire.

Un exemplaire du procès-verbal, auquel sont joints avec leurs annexes les procès-verbaux des opérations de vote dans les bureaux de vote, est adressé au représentant de l'État dans le département ou la collectivité.

Art. R. 1112-11 Pour un référendum décidé par un département, une commission de recensement, siégeant au chef-lieu du département, totalise, dès la clôture du scrutin, les résultats constatés au niveau de chaque commune. Elle comprend trois membres, dont un magistrat en activité ou honoraire, président, désigné par le premier président de la cour d'appel, une personne désignée par le représentant de l'État dans le département et une personne désignée par le président du conseil départemental.

Un représentant de chaque groupe d'élus, parti ou groupement politique habilité à participer à la campagne peut assister aux opérations de la commission.

Un exemplaire du procès-verbal consignant les résultats de chaque commune, comportant les listes d'émargement, bulletins nuls et enveloppes non réglementaires, feuilles de pointage et autres pièces qui doivent être réglementairement annexés, lui est transmis sans délai.

Art. R. 1112-12 La commission tranche les questions que peut poser, en dehors de toute réclamation, le décompte des bulletins, procède aux rectifications nécessaires et proclame les résultats en public.

Les travaux de la commission sont achevés au plus tard le lendemain du scrutin, à minuit.

L'opération du recensement des votes est constatée par un procès-verbal établi en double exemplaire et signé de tous les membres de la commission.

Un exemplaire du procès-verbal, auquel sont joints avec leurs annexes les procès-verbaux des opérations de vote dans les communes, est adressé au représentant de l'État dans le département ou la collectivité.

Art. R. 1112-13 Pour un référendum décidé par une région, les articles R. 1112-11 et R. 1112-12 sont applicables. Toutefois, la commission de recensement prévue à l'article R. 1112-11 comprend une personne désignée par le président du conseil régional en lieu et place de la personne désignée par le président du conseil départemental.

Un exemplaire des procès-verbaux de chaque commission des départements de la région intéressée est transmis sans délai, sous pli fermé, au président de la commission compétente pour le département où se trouve le chef-lieu de la région.

La commission compétente pour le département où se trouve le chef-lieu de la région procède au recensement général des votes. Elle ne peut modifier les résultats constatés par chaque commission départementale. Elle proclame les résultats en public. Un exemplaire du procès-verbal qu'elle établit est remis au représentant de l'État dans le département où se trouve le chef-lieu de la région.

Art. R. 1112-14 Pour un référendum décidé par une collectivité territoriale autre que la commune, le département, la région ou la collectivité de Corse, les résultats constatés au niveau de chaque commune sont adressés à une commission de recensement siégeant auprès de la collectivité organisatrice. Sont applicables les articles R. 1112-11 et R. 1112-12. Toutefois, la commission de recensement comprend, outre son président désigné comme il est dit à l'article R. 1112-11, une personne désignée par le représentant de l'État chargé de l'exercice de la tutelle sur la collectivité organisatrice et une personne désignée par le président de l'exécutif de cette collectivité.

SOUS-SECTION 4 Sanctions pénales (R)

Art. R. 1112-15 Est puni de l'amende prévue pour les contraventions de la cinquième classe le fait pour tout agent de l'autorité publique ou municipale d'avoir distribué des bulletins de vote ou documents des groupes d'élus, partis politiques ou groupements politiques habilités à participer à la campagne.

Art. R. 1112-16 Est puni d'une amende de 750 € par contravention le fait pour un imprimeur d'imprimer une affiche ayant un but ou un caractère de propagande qui comprend une combinaison de trois couleurs : bleu, blanc et rouge.

Art. R. 1112-17 Est puni de l'amende prévue pour les contraventions de la quatrième classe celui qui sera entré dans le bureau de vote avec une arme apparente.

SECTION 2 Consultation des électeurs

(Décr. n° 2005-1551 du 6 déc. 2005)

Art. R. 1112-18 La consultation des électeurs est organisée dans les conditions prévues par les articles R. 1112-1 à R. 1112-17 applicables au référendum local, sous réserve du remplacement des deux derniers alinéas de l'article R. 1112-2 par l'alinéa suivant :

"Le dossier comporte notamment la délibération par laquelle la consultation a été décidée à laquelle sont annexées les observations formulées par les membres de l'assemblée délibérante à l'occasion de cette délibération, ainsi qu'une notice d'information sur l'objet de la consultation."

CHAPITRE III EXPÉRIMENTATION

(Décr. n° 2005-1551 du 6 déc. 2005)

Pas de dispositions réglementaires codifiées.

CHAPITRE IV AUTONOMIE FINANCIÈRE

(Décr. n° 2005-1551 du 6 déc. 2005)

Pas de dispositions réglementaires codifiées.

CHAPITRE V ACTION EXTÉRIEURE DES COLLECTIVITÉS TERRITORIALES *(Décr. n° 2017-939 du 10 mai 2017, art. 1er).*

(Décr. n° 2005-1551 du 6 déc. 2005)

SECTION 1 Groupements d'intérêt public (R)

Art. D. 1115-1 Sont soumis aux dispositions de la présente section les groupements d'intérêt public visés à l'article *(Décr. n° 2005-1551 du 6 déc. 2005)* « L. 1115-2 », dont l'objet relève de la mise en œuvre et de la gestion des actions requises par les projets et programmes de coopération interrégionale et transfrontalière intéressant des collectivités locales des États membres de l'Union européenne.

Art. D. 1115-2 Le groupement fait l'objet d'une convention constitutive conclue entre les partenaires.

Cette convention précise notamment leurs droits et obligations ainsi que les règles de fonctionnement du groupement et de ses instances.

Elle est soumise à l'approbation du ministre de l'Intérieur et du ministre chargé du budget. – *[Décr. n° 93-571 du 27 mars 1993, art. 2.]*

Art. D. 1115-3 Le groupement d'intérêt public jouit de la personnalité morale à compter de la publication au *Journal officiel* de la République française de l'arrêté d'approbation visé à l'article *(Décr. n° 2005-1551 du 6 déc. 2005)* « D. 1115-2 », accompagné d'extraits de la convention constitutive.

La publication fait notamment état :

1° De la dénomination et de l'objet du groupement ;

2° De l'identité et de la nationalité de ses membres ;

3° De l'adresse du siège social. Dans le cas où le groupement comprend une entente interrégionale au sens de l'article L. 5621-1, l'adresse du siège social du groupement d'intérêt public doit être dans la même région que celle où est installé le siège de cette entente ;

4° De la durée du contrat ;

5° De la délimitation de la zone géographique couverte par le groupement.

Les modifications éventuelles du contrat constitutif ainsi que la décision d'approbation de ces modifications font l'objet d'une publication dans les mêmes conditions.

Art. D. 1115-4 Le préfet de région est commissaire du Gouvernement auprès du groupement d'intérêt public.

Dans ses fonctions de commissaire du Gouvernement, le préfet de région peut se faire représenter.

Le commissaire du Gouvernement assiste aux séances de toutes les instances de délibération et d'administration du groupement.

Il a communication de tous les documents relatifs au groupement, droit de visite dans les locaux appartenant au groupement ou mis à sa disposition et droit de veto suspensif de quinze jours pour les décisions qui mettent en jeu l'existence ou le bon fonctionnement du groupement. Pendant ce délai, l'autorité qui a pris la décision procède à un nouvel examen. – *[Décr. n° 93-571 du 27 mars 1993, art. 4.]*

Art. D. 1115-5 Les dispositions du titre II du décret n° 55-733 du 26 mai 1955 portant codification et aménagement des textes relatifs au contrôle économique et financier de l'État et, le cas échéant, celles du décret n° 53-707 du 9 août 1953 relatif au contrôle de l'État sur les entreprises publiques nationales et certains organismes ayant un objet d'ordre économique et social, s'appliquent aux groupements mentionnés à l'article *(Décr. n° 2005-1551 du 6 déc. 2005)* « D. 1115-1 » lorsqu'ils comprennent l'État ou au moins un établissement, entreprise ou organisme public lui-même soumis au contrôle économique et financier de l'État en vertu des décrets susmentionnés.

Dans ce cas, le *(Décr. n° 2012-1247 du 7 nov. 2012, art. 2)* « contrôleur budgétaire » auprès du groupement est le *(Décr. n° 2014-552 du 27 mai 2014, art. 2)* « directeur régional des finances publiques », qui peut se faire représenter dans cette fonction.

Le préfet de région peut se faire représenter dans ses fonctions de représentant de l'État.

Art. D. 1115-6 La comptabilité du groupement est tenue et sa gestion effectuée selon les règles du droit privé à l'exception des trois hypothèses suivantes :

1° Lorsque le contrat constitutif du groupement en dispose autrement ;

2° Lorsque le groupement est constitué exclusivement par des personnes morales françaises de droit public ;

3° Lorsque le groupement est chargé du suivi et de la gestion de programmes bénéficiant de financements européens.

Dans ces trois dernières hypothèses, les dispositions *(Décr. n° 2012-1247 du 7 nov. 2012, art. 12)* « du I de l'article 7 du décret n° 2012-91 du 26 janvier 2012 relatif aux groupements d'intérêt public » sont applicables. — *V. ce texte ss.* **C. *tourisme***, *art. L. 141-1.*

Dans ces cas, l'agent comptable du groupement est nommé par arrêté du ministre du budget.

Art. D. 1115-7 Le recrutement de personnel propre par le groupement est soumis à l'approbation du commissaire du Gouvernement. Il ne peut avoir qu'un caractère subsidiaire par rapport aux effectifs de personnel mis à la disposition du groupement ou détaché auprès de lui, et ne peut concerner que des agents dont la qualification technique est indispensable aux activités spécifiques du groupement.

Les personnels ainsi recrutés, pour une durée au plus égale à celle du groupement, n'acquièrent pas de droit particulier à occuper ultérieurement des emplois dans les organismes et collectivités participant au groupement. — *[Décr. n° 93-571 du 27 mars 1993, art. 7.]*

SECTION 2 Commission nationale de la coopération décentralisée (R)

Art. R. 1115-8 *(Décr. n° 2006-529 du 9 mai 2006)* La Commission nationale de la coopération décentralisée prévue à l'article L. 1115-6 est présidée par le Premier ministre ou, en son absence, par *(Décr. n° 2014-1403 du 25 nov. 2014, art. 1er)* « le ministre des affaires étrangères ».

(Décr. n° 2014-1403 du 25 nov. 2014, art. 1er) « Elle se réunit au moins deux fois par an. »

(Décr. n° 2017-939 du 10 mai 2017, art. 2) « Elle comprend, outre son président, quarante-quatre membres, dont :

« 1° Quatorze représentants des collectivités territoriales et d'associations dont l'objet est relatif à l'action extérieure des collectivités territoriales et quatorze représentants de l'État, qui ont voix délibérative ;

« 2° Douze représentants d'établissements publics, d'associations ou d'organismes ayant une activité en relation avec l'action extérieure des collectivités territoriales ou la francophonie, qui ont voix consultative, désignés par arrêté du ministre des affaires étrangères ;

« 3° Quatre personnalités qualifiées dans le domaine du développement local et de la coopération internationale, qui ont voix consultative.

« Un vice-président est nommé par le Premier ministre parmi les représentants des collectivités territoriales mentionnés au I de l'article R. 1115-9 sur proposition de ceux-ci. »

Art. R. 1115-9 *(Décr. n° 2014-1403 du 25 nov. 2014, art. 2)* « I. — Les représentants des collectivités territoriales sont nommés pour une durée de trois ans renouvelable par arrêté du Premier ministre. Ils ne peuvent siéger au-delà de la durée de leur mandat électif. Ils comprennent : »

a) Trois représentants des *(Décr. n° 2014-1403 du 25 nov. 2014, art. 2)* « régions » et de la *(Décr. n° 2014-1403 du 25 nov. 2014, art. 2)* « collectivité de Corse » proposés par l'*(Décr. n° 2017-939 du 10 mai 2017, art. 3)* « association Régions de France » ;

b) Trois représentants des *(Décr. n° 2014-1403 du 25 nov. 2014, art. 2)* « départements » proposés par l'Assemblée des départements de France ;

c) Trois représentants des communes proposés par l'Association des maires de France ;

d) Un représentant des groupements de communes proposé par l'Association des maires de France ;

e) *(Décr. n° 2017-939 du 10 mai 2017, art. 3)* « Un représentant des régions d'outre-mer, de la Guyane et de la Martinique » proposé par l'*(Décr. n° 2017-939 du 10 mai 2017, art. 3)* « association Régions de France » ;

f) Un représentant des *(Décr. n° 2017-939 du 10 mai 2017, art. 3)* « départements d'outre-mer » proposé par l'Assemblée des départements de France.

(Décr. n° 2014-1403 du 25 nov. 2014, art. 2) « II. — » Les associations *(Décr. n° 2017-939 du 10 mai 2017, art. 3)* « mentionnées au 1° de l'article R. 1115-8 » sont représentées par le président de Cités unies France ou son représentant et par le président de l'Association française du conseil des communes et régions d'Europe ou son représentant.

(Décr. n° 2014-1403 du 25 nov. 2014, art. 2) « III. — Les représentants de l'État comprennent :

« *a)* Deux représentants du ministre des affaires étrangères ;

« *b)* Un représentant du ministre de l'intérieur ;

« *c)* Un représentant du ministre chargé de la décentralisation ;

« *d)* Un représentant du ministre chargé du développement ;

« *e)* Un représentant du ministre chargé de l'économie ;

« *f)* Un représentant du ministre chargé de l'éducation ;

« *g)* Un représentant du ministre chargé du commerce extérieur ;

« *h)* Un représentant du ministre chargé de la culture ;

« *i)* Un représentant du ministre chargé de l'outre-mer ;

« *j)* Un représentant du ministre chargé de la *(Décr. n° 2017-939 du 10 mai 2017, art. 3)* « jeunesse » ;

« *k)* Un représentant du ministre chargé de l'agriculture ;

« *l)* Un représentant du ministre chargé de l'écologie ;

« *m)* Un représentant du ministre chargé de l'égalité des territoires. »

Art. R. 1115-10 *(Décr. n° 2006-529 du 9 mai 2006)* Chaque membre titulaire nommé au titre du 1° de l'article R. 1115-9 a un suppléant désigné dans les mêmes conditions.

Les membres suppléants ne peuvent assister aux séances et participer aux votes qu'en cas d'absence du membre titulaire qu'ils remplacent.

Art. R. 1115-11 *(Décr. n° 2014-1403 du 25 nov. 2014, art. 3)* Les personnalités qualifiées mentionnées à l'article R. 1115-8 sont nommées pour une durée de trois ans renouvelable par arrêté du Premier ministre, dont deux sur proposition du ministre des affaires étrangères, une sur proposition du ministre de l'intérieur et une sur proposition du ministre chargé de la décentralisation.

Art. R. 1115-12 *Abrogé par Décr. n° 2006-529 du 9 mai 2006.*

Art. R. 1115-13 *(Décr. n° 2014-1403 du 25 nov. 2014, art. 4)* La commission collecte, auprès des collectivités territoriales et de leurs groupements, et met à jour les informations relatives aux actions qui entrent dans le champ de *(Décr. n° 2017-939 du 10 mai 2017, art. 5)* « l'action extérieure des collectivités territoriales » définie aux articles L. 1115-1 à *(Décr. n° 2017-939 du 10 mai 2017, art. 5)* « L. 1115-5 ». Elle peut formuler toute proposition dans ces domaines. Elle peut être consultée sur tout projet de loi ou de décret s'y rapportant.

Art. R. 1115-14 *(Décr. n° 2014-1403 du 25 nov. 2014, art. 5)* Le secrétariat de la Commission nationale de la coopération décentralisée et de sa commission permanente est assuré par un secrétaire général nommé par arrêté du Premier ministre. Un rapporteur général, nommé dans les mêmes conditions, est chargé d'assister ces deux instances dans leurs travaux. L'un et l'autre participent aux réunions de la Commission nationale de la coopération décentralisée et de sa commission permanente.

Art. R. 1115-15 *(Décr. nº 2014-1403 du 25 nov. 2014, art. 6)* La Commission nationale de la coopération décentralisée constitue en son sein une commission permanente composée du vice-président, de l'un des représentants des régions et de la collectivité de Corse, de l'un des représentants des départements, de l'un des représentants des communes, du représentant de Cités unies France, du représentant de l'Association française du conseil des communes et régions d'Europe, ainsi que de l'un des représentants du ministre des affaires étrangères, du représentant du ministre de l'intérieur, du représentant du ministre chargé de la décentralisation, du représentant du ministre chargé du développement et du représentant de l'Agence française de développement.

La commission permanente est présidée par le ministre des affaires étrangères ou son représentant. Elle fixe le programme de travail de la commission.

Art. R. 1115-16 *(Décr. nº 2014-1403 du 25 nov. 2014, art. 7)* La Commission nationale de la coopération décentralisée arrête son règlement intérieur sur proposition de sa commission permanente. Elle peut constituer des groupes de travail dans les conditions prévues par son règlement intérieur.

Un comité économique est créé auprès de la Commission nationale de la coopération décentralisée. Il comprend notamment des représentants des activités économiques. Sa composition et ses règles de fonctionnement sont fixées par le règlement intérieur.

CHAPITRE VI DEMANDE DE PRISE DE POSITION FORMELLE

(Décr. nº 2020-634 du 25 mai 2020)

Art. R. 1116-1 La demande de prise de position formelle mentionnée à l'article L. 1116-1 est transmise au représentant de l'État par tout moyen permettant d'apporter la preuve de sa réception.

Art. R. 1116-2 La demande de prise de position formelle est écrite et signée par une personne compétente pour représenter l'auteur de la demande.

Elle comprend le projet d'acte relevant des attributions du demandeur ainsi que la présentation claire et précise de la ou des questions de droit portant sur l'interprétation d'une disposition législative ou réglementaire directement liée au projet d'acte.

Elle est assortie d'un exposé des circonstances de fait et de droit fondant le projet d'acte ainsi que de toute information ou pièce utile de nature à permettre à l'autorité compétente de se prononcer.

Si la demande est incomplète, le représentant de l'État invite son auteur à fournir les éléments complémentaires nécessaires dans les mêmes formes que celles prévues à l'article R. 1116-1.

Art. R. 1116-3 Le délai mentionné au deuxième alinéa de l'article L. 1116-1 au terme duquel le silence gardé par le représentant de l'État vaut absence de position formelle court à compter de la date de réception de la demande ou, le cas échéant, à compter de la date de réception des éléments complémentaires demandés.

Art. R. 1116-4 La prise de position formelle est transmise au demandeur par tout moyen permettant d'apporter la preuve de sa réception.

Art. R. 1116-5 Lors de la transmission de l'acte définitivement adopté au représentant de l'État ou, le cas échéant, au délégué dans l'arrondissement du représentant de l'État dans le département, dans le cadre de l'exercice du contrôle de légalité, l'auteur de la demande de prise de position formelle joint à l'acte transmis la prise de position formelle.

LIVRE II ORGANISMES NATIONAUX COMPÉTENTS À L'ÉGARD DES COLLECTIVITÉS TERRITORIALES ET DE LEURS GROUPEMENTS

TITRE I LE COMITÉ DES FINANCES LOCALES ET LE CONSEIL NATIONAL D'ÉVALUATION DES NORMES *(Décr. nº 2014-446 du 30 avr. 2014, art. 2)*.

CHAPITRE I COMPOSITION ET FONCTIONNEMENT DU COMITÉ DES FINANCES LOCALES

(Décr. nº 2004-1416 du 23 déc. 2004, art. 1er)

Art. R. 1211-1 Les membres élus *(Décr. nº 2020-606 du 19 mai 2020, art. 1er)* « et les membres parlementaires » du comité des finances locales sont désignés pour trois ans ; leur mandat peut être renouvelé.

Ils cessent de faire partie du comité s'ils perdent le mandat électif à raison duquel ils ont été désignés.

(Décr. nº 2019-701 du 3 juill. 2019, art. 1er) « Si un membre titulaire cesse de faire partie du comité, il est remplacé par le suppléant prévu au dixième alinéa de l'article L. 1211-2. Si ce membre suppléant cesse également de faire partie du comité, il est fait application des dispositions du dernier alinéa de l'article L. 1211-2 ».

Art. R. 1211-2 Les représentants des présidents des conseils régionaux sont élus par le collège des présidents de ces assemblées au scrutin majoritaire de liste à un tour, avec dépôt de listes complètes, sans adjonction ni suppression de noms et sans modification de l'ordre de présentation.

Art. R. 1211-3 Les représentants des présidents des conseils départementaux sont élus par le collège des présidents des conseils départementaux au scrutin majoritaire de liste à un tour, avec dépôt de listes complètes, sans adjonction ni suppression de noms et sans modification de l'ordre de présentation.

Art. R. 1211-4 *(Décr. nº 2011-514 du 10 mai 2011, art. 1er)* Les représentants des établissements publics de coopération intercommunale à fiscalité propre sont élus par le collège des présidents d'établissements publics de coopération intercommunale à fiscalité propre, au scrutin majoritaire de liste à un tour, avec dépôt de listes complètes, sans adjonction ni suppression de noms et sans modification de l'ordre de présentation.

La liste doit comprendre :

a) *(Décr. nº 2022-1706 du 29 déc. 2022, art. 2)* « Au moins un » président de communauté urbaine ou de métropole ;

b) *(Décr. nº 2022-1706 du 29 déc. 2022, art. 2)* « Au moins un président de communauté » de communes ayant opté pour le régime fiscal de l'article 1609 *nonies* C du code général des impôts ;

c) *(Décr. nº 2022-1706 du 29 déc. 2022, art. 2)* « Au moins un président de communauté » de communes n'ayant pas opté pour ce régime fiscal ;

d) *(Décr. nº 2022-1706 du 29 déc. 2022, art. 2)* « Au moins un président de communauté » d'agglomération.

Art. R. 1211-5 Les représentants des maires sont élus par le collège des maires de France, au scrutin majoritaire de liste à un tour, avec dépôt de listes complètes sans adjonction ni suppression de noms et sans modification de l'ordre de présentation.

La liste doit comprendre au moins :

a) *(Décr. nº 2002-1504 du 24 déc. 2002, art. 14)* « Un maire des départements d'outre-mer ou de Mayotte » ;

b) Un maire de la Nouvelle-Calédonie ou de la Polynésie française ;

(Décr. nº 2018-428 du 1er juin 2018, art. 1er) « *c)* Un maire de commune touristique au sens de l'article L. 133-11 du code du tourisme ; »

d) Trois maires de communes de moins de 2 000 habitants ;

e) Un maire de commune située en zone de montagne ;
f) Un maire de commune située en zone littorale.

Art. R. 1211-6 En cas d'égalité des suffrages, est élue la liste pour laquelle la moyenne d'âge des candidats titulaires est la plus élevée.

Nul ne peut figurer à la fois sur des listes de catégories différentes. *(Décr. n° 2020-606 du 19 mai 2020, art. 1er)* « Sans préjudice de ces dispositions, le président ou le maire d'une collectivité à statut particulier au sens de l'article 72 de la Constitution peut figurer sur une liste représentant les présidents ou maires de l'une des différentes catégories de collectivités en lieu et place desquelles la collectivité à statut particulier a été créée. »

Art. R. 1211-7 L'élection des représentants des présidents des conseils régionaux a lieu par bulletins de vote adressés par lettre ou déposés contre récépissés au secrétariat de la commission de recensement prévue à l'article R. 1211-10.

Art. R. 1211-8 L'élection des représentants des présidents des conseils départementaux a lieu par bulletins de vote adressés par lettre ou déposés contre récépissés au secrétariat de la commission de recensement prévue à l'article R. 1211-10.

Art. R. 1211-9 L'élection des représentants des établissements publics de coopération intercommunale et des maires a lieu par bulletins de vote adressés par lettre ou déposés contre récépissés à la préfecture.

Les bulletins de vote sont recensés par une commission comprenant :
– le préfet ou son représentant, président ;
– deux maires désignés par le préfet.

Le secrétariat est assuré par un *(Décr. n° 2021-653 du 26 mai 2021, art. 1er)* « agent » de la préfecture.

Les résultats sont centralisés par la commission prévue à l'article R. 1211-10.

Art. R. 1211-10 Une commission centrale de recensement est instituée auprès du ministre de l'Intérieur. Elle est présidée par un conseiller d'État et doit comprendre un représentant du ministre de l'intérieur et trois représentants des associations nationales d'élus locaux, désignés par le ministre de l'Intérieur. – *[C. communes, art. R. 234-27.]*

Art. R. 1211-11 Les listes de candidature doivent être déposées au ministère de l'intérieur à une date fixée par arrêté du ministre de l'Intérieur.

Cet arrêté fixe également la date limite d'envoi ou de dépôt des bulletins de vote au ministère de l'intérieur ou à la préfecture. – *[C. communes, art. R. 234-28.]*

Art. R. 1211-12 Chaque bulletin est mis sous double enveloppe ; l'enveloppe extérieure doit porter la mention "Élection des membres du comité des finances locales", l'indication du collège électoral auquel appartient le votant, son nom, sa qualité, sa signature. – *[C. communes, art. R. 234-29.]*

Art. R. 1211-13 *(Décr. n° 2022-986 du 4 juill. 2022, art. 1er)* Les onze représentants de l'État sont désignés ainsi qu'il suit, par arrêté du ministre chargé des collectivités territoriales, pris conjointement avec le ministre intéressé le cas échéant :
1° Quatre représentants du ministre chargé des collectivités territoriales ;
2° Un représentant du ministre chargé de l'économie ;
3° Trois représentants du ministre chargé du budget ;
4° Un représentant du ministre chargé du tourisme ;
5° Un représentant du ministre chargé des outre-mer ;
6° Un représentant du ministre chargé de la ville.

Art. R. 1211-14 *(Décr. n° 2005-388 du 20 avr. 2005, art. 1er)* « Le comité élit, parmi ses membres *(Décr. n° 2020-606 du 19 mai 2020, art. 1er)* « autres que les représentants de l'État, » son président ainsi que deux vice-présidents, au scrutin secret, à la majorité absolue des membres titulaires, présents *(Décr. n° 2019-701 du 3 juill. 2019, art. 1er)* « , suppléés » ou remplacés dans les conditions prévues à l'article L. 1211-2. »

Si après deux tours de scrutin aucun candidat n'a obtenu la majorité absolue, il est procédé à un troisième tour de scrutin et l'élection a lieu à la majorité relative.

En cas d'égalité de suffrages le plus âgé est déclaré élu.

(Décr. nº 2005-388 du 20 avr. 2005, art. 1er) « Le procès-verbal de l'élection est transmis sans délai au ministre de l'Intérieur. »

Art. R. 1211-15 Les élections des membres du comité des finances locales peuvent être contestées devant le Conseil d'État par tout électeur, par les candidats et par le ministre de l'Intérieur, dans les dix jours qui suivent la publication des résultats au *Journal officiel.*

(Décr. nº 2005-388 du 20 avr. 2005, art. 2) « L'élection du président et de chacun des vice-présidents peut être contestée devant le Conseil d'État par tout membre du comité et par le ministre de l'Intérieur, dans les dix jours qui suivent la séance au cours de laquelle cette élection est intervenue. »

Délai de recours. Les élections des membres du comité des finances locales et de son président peuvent être contestées devant le Conseil d'État par tout électeur, par les candidats et par le ministre de l'Intérieur, dans les dix jours qui suivent la publication des résultats au *Journal officiel* : dès lors, seule la publication des résultats de l'élection au *Journal officiel* fait courir le délai de recours contentieux. • CE 10 nov. 2004, *Él. du président du comité des finances locales*, nos 269727 A et 269864 : *RFDA 2005. 222 ; Coll. terr. 2005, nº 8, note Moreau ; ACL 2005. 338.* ♦ Ainsi, lorsque les résultats de l'élection en vue de la désignation du président du comité des finances locales n'ont pas été publiés au *Journal officiel*, et alors même que les requérants auraient participé à la séance du comité des finances locales au cours de laquelle cette élection s'est déroulée, le délai de recours n'a pu courir à leur encontre. • Même décision.

Art. R. 1211-16 Le comité établit son règlement intérieur. Celui-ci est approuvé par le ministre de l'Intérieur.

Il est convoqué toutes les fois qu'il est nécessaire par son président soit d'office, soit à la demande de la moitié au moins des membres ; en outre, il peut être convoqué par décision du ministre de l'Intérieur.

Toutefois, le comité ne peut délibérer valablement que si la moitié au moins de ses membres *(Décr. nº 2005-388 du 20 avr. 2005, art. 3)* « titulaires » *(Décr. nº 2021-653 du 26 mai 2021, art. 1er)* « , le cas échéant suppléés ou à défaut remplacés dans les conditions fixées à l'article L. 1211-2, sont présents ou prennent part aux débats au moyen d'une conférence audiovisuelle ou téléphonique ». Dans le cas où le quorum n'est pas atteint, il est aussitôt procédé à une nouvelle convocation et le comité peut délibérer quel que soit le nombre des membres présents *(Décr. nº 2021-653 du 26 mai 2021, art. 1er)* « ou prenant part aux débats au moyen d'une conférence audiovisuelle ou téléphonique ».

(Décr. nº 2019-701 du 3 juill. 2019, art. 1er) « En ce qui concerne les membres élus, prend seul part au vote :

« – le membre titulaire ;

« – à défaut, le suppléant du membre titulaire mentionné au dixième alinéa de l'article L. 1211-2 ;

« – à défaut, le remplaçant du membre titulaire désigné dans les conditions prévues à l'avant-dernier alinéa de l'article L. 1211-2 ;

« – à défaut, le remplaçant du suppléant désigné dans les conditions prévues à l'avant-dernier alinéa de l'article L. 1211-2. »

Les décisions sont prises à la majorité absolue des membres *(Décr. nº 2005-388 du 20 avr. 2005, art. 3)* « titulaires » *(Décr. nº 2021-653 du 26 mai 2021, art. 1er)* « , le cas échéant suppléés ou remplacés dans les conditions prévues à l'article L. 1211-2, présents ou prenant part aux débats au moyen d'une conférence téléphonique ou audiovisuelle » ; en cas de partage des voix, la voix du président est prépondérante.

Art. R. 1211-17 La dotation prévue à l'article L. 1211-5, destinée à couvrir les frais de fonctionnement du comité et le coût des travaux qui lui sont nécessaires, est versée au Trésor et rattachée au budget du ministère de l'intérieur selon la procédure de fonds de concours pour dépenses d'intérêt public.

Art. R. 1211-18 Les frais relatifs à l'élection des représentants des conseils régionaux, des conseils départementaux, des établissements publics de coopération intercommunale et des communes, ainsi que les frais de déplacement des membres élus sont à la charge du comité.

CHAPITRE II COMPOSITION ET FONCTIONNEMENT DE LA COMMISSION CONSULTATIVE SUR L'ÉVALUATION DES CHARGES

(Décr. nº 2004-1416 du 23 déc. 2004, art. 2)

SECTION 1 Composition

Art. R. 1212-1 La commission consultative sur l'évaluation des charges, prévue à l'article L. 1211-4-1, se compose de vingt-deux des membres, définis à l'article L. 1211-2, du comité des finances locales :

1° Les onze représentants de l'État ;

2° Les deux présidents de conseil régional ;

3° Les quatre présidents de conseil départemental ;

4° Cinq maires, dont au moins deux présidents d'établissements publics de coopération intercommunale, élus au scrutin secret par les membres du comité des finances locales mentionnés aux sixième et septième alinéas de l'article L. 1211-2.

Les suppléants des élus au sein de la commission sont leurs suppléants, mentionnés *(Décr. nº 2008-994 du 22 sept. 2008)* « au dixième alinéa » de l'article L. 1211-2, au sein du comité des finances locales.

(Décr. nº 2021-1291 du 4 oct. 2021, art. 1er) « Les membres élus de la commission et leurs suppléants peuvent être remplacés par leurs remplaçants au sein du comité des finances locales, dans les conditions fixées à l'article L. 1211-2. »

Art. R. 1212-2 La commission consultative sur l'évaluation des charges est présidée par un de ses membres élus, désigné, dans les conditions prévues à l'article R. 1211-14, par le comité des finances locales.

Le président de la commission consultative est assisté de deux vice-présidents, désignés, dans les conditions prévues à l'article R. 1211-14, par le comité des finances locales parmi les élus représentant les deux catégories de collectivités territoriales autres que celle dont le président est l'un des représentants au sein de la commission.

L'élection du président et des deux vice-présidents de la commission peut être contestée dans les conditions prévues à l'article R. 1211-15.

Art. R. 1212-3 La commission consultative sur l'évaluation des charges est réunie en formation plénière ou en section selon que la question qui lui est soumise intéresse l'ensemble des catégories de collectivités territoriales ou une seule d'entre elles.

(Décr. nº 2019-701 du 3 juill. 2019, art. 1er) « En cas d'indisponibilité du président de la commission, la formation plénière est présidée par l'un des vice-présidents. »

La commission consultative sur l'évaluation des charges est composée des trois sections suivantes :

1° Une section des régions composée des deux présidents de conseil régional mentionnés au 2° de l'article *(Décr. nº 2008-994 du 22 sept. 2008)* « R. 1212-1 » et de deux représentants de l'État ;

2° Une section des départements composée des quatre présidents de conseil départemental mentionnés au 3° de l'article *(Décr. nº 2008-994 du 22 sept. 2008)* « R. 1212-1 » et de quatre représentants de l'État ;

3° Une section des communes composée des cinq élus mentionnés au 4° de l'article *(Décr. nº 2008-994 du 22 sept. 2008)* « R. 1212-1 » et de cinq représentants de l'État.

Les représentants de l'État sont désignés par arrêté conjoint du ministre de l'Intérieur et du ministre chargé du budget.

La présidence de chaque section est assurée par celui de ses élus ayant la qualité de président ou de vice-président de la commission.

(Décr. nº 2019-701 du 3 juill. 2019, art. 1er) « Le président et les vice-présidents de la commission peuvent assister, sans voix délibérative, aux réunions des sections dont ils ne sont pas membres. »

SECTION 2 Fonctionnement

Art. R. 1212-4 La commission consultative sur l'évaluation des charges est convoquée par le président de sa formation plénière qui arrête l'ordre du jour et l'adresse aux membres intéressés de la commission, dix jours au moins avant la date de la réunion.

(Décr. n° 2019-701 du 3 juill. 2019, art. 1er) « La convocation peut être envoyée par tous moyens, y compris par télécopie ou par courrier électronique. Il en est de même des pièces ou documents nécessaires à la préparation de la réunion ou établis à l'issue de celle-ci. »

La commission ne peut valablement délibérer que si le nombre des membres présents est au moins égal à la moitié du nombre des membres appelés à délibérer.

Si ce nombre n'est pas atteint, une nouvelle convocation est adressée aux membres de la commission dans les conditions prévues au premier alinéa. La commission peut alors délibérer quel que soit le nombre de membres présents.

Les délibérations de la commission font l'objet d'un procès-verbal, signé par le président de la commission.

La commission peut demander *(Décr. n° 2019-701 du 3 juill. 2019, art. 1er)* « aux ministres » ou aux collectivités territoriales tout document qu'elle estime utile. Elle entend, soit à leur demande, soit à la demande de son président ou de la majorité de ses membres, les représentants du ministre chargé d'un des domaines de compétence *(Décr. n° 2019-701 du 3 juill. 2019, art. 1er)* « faisant l'objet d'un accroissement ou d'une diminution de charges pour les collectivités territoriales et leurs groupements. »

Art. R. 1212-5 La commission est consultée sur :

1° Les modalités d'évaluation des accroissements et diminutions de charges résultant des transferts de compétences entre l'État et les collectivités territoriales ;

2° Le projet d'arrêté interministériel prévu au premier alinéa de l'article L. 1614-3. À ce titre, son examen porte notamment sur :

a) Le montant des ressources consacrées par l'État ou les collectivités compétentes à l'exercice de la compétence transférée, ainsi que la liste et le montant des dépenses correspondantes ;

b) L'équivalence entre le montant de la compensation figurant dans le projet d'arrêté mentionné au troisième alinéa et le montant des ressources consacrées par l'État ou par les collectivités compétentes à l'exercice de la compétence transférée.

Art. R. 1212-6 Lorsque la commission est saisie du projet d'arrêté interministériel prévu au premier alinéa de l'article L. 1614-3, elle se prononce dans un délai de deux mois à compter de la date de réception du projet par le président de sa formation plénière.

Art. R. 1212-7 L'arrêté constatant le montant des accroissements ou diminutions de charges est notifié aux collectivités intéressées.

Le ministre de l'Intérieur et le ministre chargé du budget ont la faculté de consulter la commission sur les réclamations éventuelles de ces collectivités.

La commission émet un avis dans un délai d'un mois à compter de la transmission de la réclamation par les ministres.

Art. R. 1212-8 *(Décr. n° 2019-701 du 3 juill. 2019, art. 1er)* Le bilan mentionné au deuxième alinéa de l'article L. 1614-3 est établi par la commission réunie en formation plénière. À défaut de réunion de la formation plénière avant le premier mardi d'octobre, le bilan est établi par son président après consultation des membres de la commission.

Le bilan est présenté par le président ou l'un des vice-présidents lors d'une séance du comité des finances locales.

CHAPITRE III COMPOSITION ET FONCTIONNEMENT DU CONSEIL NATIONAL D'ÉVALUATION DES NORMES

(Décr. n° 2014-446 du 30 avr. 2014, art. 3)

SECTION 1 Composition

Art. R. 1213-1 Le Conseil national d'évaluation des normes se compose de trente-six membres, élus ou désignés pour trois ans. Leur mandat peut être renouvelé.

Les membres restent en fonctions jusqu'à l'installation de leurs successeurs.

SOUS-SECTION 1 Élection des représentants des collectivités territoriales et des établissements publics de coopération intercommunale à fiscalité propre

Art. R. 1213-2 Les quatre représentants des régions et de la collectivité de Corse ainsi que leurs suppléants sont élus par le collège des présidents des conseils régionaux au scrutin majoritaire de liste à un tour, avec dépôt de listes complètes, sans adjonction ni suppression de noms et sans modification de l'ordre de présentation.

La liste est composée alternativement d'un candidat de chaque sexe.

Elle comporte une majorité d'élus exerçant au sein des conseils régionaux ou de la collectivité de Corse les fonctions exécutives suivantes :

— président ou vice-président de conseil régional ;

— président, membre du conseil exécutif de Corse ou président ou vice-président de l'assemblée de Corse.

Art. R. 1213-3 Les quatre représentants des départements et leurs suppléants sont élus par le collège des présidents des conseils départementaux au scrutin majoritaire de liste à un tour, avec dépôt de listes complètes, sans adjonction ni suppression de noms et sans modification de l'ordre de présentation.

La liste est composée alternativement d'un candidat de chaque sexe.

Elle comporte une majorité d'élus exerçant au sein des conseils départementaux les fonctions exécutives de président ou de vice-président de conseil départemental.

Art. R. 1213-4 Les cinq représentants des établissements publics de coopération intercommunale à fiscalité propre et leurs suppléants sont élus par le collège des présidents d'établissements publics de coopération intercommunale à fiscalité propre, au scrutin majoritaire de liste à un tour, avec dépôt de listes complètes, sans adjonction ni suppression de noms et sans modification de l'ordre de présentation.

La liste est composée alternativement d'un candidat de chaque sexe.

Elle comporte une majorité d'élus exerçant au sein des établissements publics de coopération intercommunale à fiscalité propre les fonctions exécutives de président ou de vice-président.

Art. R. 1213-5 Les dix représentants des communes et leurs suppléants sont élus par le collège des maires de France, au scrutin majoritaire de liste à un tour, avec dépôt de listes complètes, sans adjonction ni suppression de noms et sans modification de l'ordre de présentation.

La liste est composée alternativement d'un candidat de chaque sexe.

Elle comporte une majorité d'élus exerçant au sein des conseils municipaux les fonctions exécutives de maire, de maire d'arrondissement, de maire délégué ou d'adjoint au maire.

Art. R. 1213-6 Aucun candidat ne peut figurer sur plusieurs listes au titre de la représentation de catégories de collectivités territoriales ou d'établissements publics de coopération intercommunale à fiscalité propre différentes.

Art. R. 1213-7 Les listes de candidature sont déposées au ministère chargé des collectivités territoriales à une date fixée par arrêté du ministre chargé des collectivités territoriales.

Cet arrêté fixe également la date limite d'envoi ou de dépôt des bulletins de vote au secrétariat de la commission de recensement prévue à l'article R. 1213-12, à la préfecture ou au haut-commissariat de la République.

Art. R. 1213-7-1 *(Décr. nº 2016-19 du 14 janv. 2016, art. 2)* L'organisation des scrutins mentionnés aux articles R. 1213-2 à R. 1213-5 n'est pas requise si une seule liste de candidature, conforme aux dispositions de ces articles et de l'article R. 1213-6, est déposée au ministère chargé des collectivités territoriales.

Art. R. 1213-8 L'élection des représentants des régions et de la collectivité de Corse a lieu par bulletins de vote adressés par lettre recommandée ou déposés contre récépissés au secrétariat de la commission de recensement prévue à l'article R. 1213-12.

Art. R. 1213-9 L'élection des représentants des départements a lieu par bulletins de vote adressés par lettre recommandée ou déposés contre récépissés au secrétariat de la commission de recensement prévue à l'article R. 1213-12.

Art. R. 1213-10 L'élection des représentants des établissements publics de coopération intercommunale à fiscalité propre et des communes a lieu par bulletins de vote adressés par lettre recommandée ou déposés contre récépissés à la préfecture ou au haut-commissariat de la République.

Les bulletins de vote sont recensés par une commission comprenant :

– le préfet ou le haut-commissaire de la République ou leur représentant, président ;

– deux maires désignés par le préfet ou le haut-commissaire de la République.

Le secrétariat est assuré par un fonctionnaire de la préfecture ou du haut-commissariat de la République.

Les résultats sont centralisés par la commission prévue à l'article R. 1213-12.

Art. R. 1213-11 Chaque bulletin de vote est mis sous double enveloppe. L'enveloppe extérieure porte la mention "Élection des membres du Conseil national d'évaluation des normes", l'indication du collège électoral auquel appartient le votant, son nom, sa qualité et sa signature.

Art. R. 1213-12 Une commission centrale de recensement est instituée auprès du ministre chargé des collectivités territoriales. Elle est présidée par un conseiller d'État *(Décr. n° 2016-19 du 14 janv. 2016, art. 3)* « désigné par le vice-président du Conseil d'État » et comprend un représentant du ministre chargé des collectivités territoriales et trois représentants des associations nationales d'élus locaux, désignés par le ministre chargé des collectivités territoriales.

Art. R. 1213-13 *(Décr. n° 2016-19 du 14 janv. 2016, art. 4)* Si, à la date mentionnée au premier alinéa de l'article R. 1213-7, une seule liste de candidature est déposée pour l'un des scrutins mentionnés aux articles R. 1213-2 à R. 1213-5, la commission centrale de recensement vérifie que la liste est conforme aux dispositions applicables et décide s'il y a lieu ou non d'organiser le scrutin en application des dispositions de l'article R. 1213-7-1.

S'il y a lieu à scrutin, la commission en vérifie la régularité. Elle procède au recensement général des votes, tranche les questions que peut poser, en dehors de toute réclamation, le décompte des bulletins, procède aux rectifications nécessaires et proclame les résultats. En cas d'égalité des suffrages, est élue la liste dont la moyenne d'âge des candidats titulaires est la plus élevée.

Les résultats sont publiés au *Journal officiel* par le ministre chargé des collectivités territoriales.

Art. R. 1213-14 Le président et les *(Décr. n° 2022-986 du 4 juill. 2022, art. 2)* « trois » vice-présidents du conseil national sont élus par les membres siégeant au titre d'un mandat électif, parmi les membres *(Décr. n° 2021-180 du 17 févr. 2021, art. 1er)* « élus conformément » aux articles R. 1213-2 à R. 1213-5, au scrutin secret, à la majorité absolue des membres titulaires, présents ou remplacés dans les conditions prévues au II de l'article L. 1212-1.

Si après deux tours de scrutin aucun candidat n'a obtenu la majorité absolue, il est procédé à un troisième tour de scrutin et l'élection a lieu à la majorité relative.

En cas d'égalité de suffrages, le plus âgé est déclaré élu.

Le procès-verbal de l'élection est transmis sans délai au ministre chargé des collectivités territoriales.

Art. R. 1213-15 Les élections des membres du conseil national peuvent être contestées devant le Conseil d'État par tout électeur, par les candidats et par le ministre chargé des collectivités territoriales, dans les dix jours qui suivent la publication des résultats au *Journal officiel*.

L'élection du président et de chacun des vice-présidents peut être contestée devant le Conseil d'État, par tout membre du conseil national et par le ministre chargé des collectivités territoriales, dans les dix jours qui suivent la séance au cours de laquelle cette élection est intervenue.

Art. R. 1213-16 Les frais relatifs à l'élection des représentants des régions et de la collectivité de Corse, des départements, des établissements publics de coopération intercommunale à fiscalité propre et des communes constituent des dépenses de fonctionnement de l'article L. 1212-3.

Art. R. 1213-17 *(Décr. n° 2022-986 du 4 juill. 2022, art. 3)* En cas de cessation du mandat local d'un membre élu du conseil national au titre duquel il siège au sein de ce conseil, l'association nationale d'élus locaux représentative du collège concerné informe par lettre recommandée avec accusé de réception le secrétariat du conseil de sa décision de maintenir, avec son accord préalable, l'élu concerné en fonctions jusqu'au prochain renouvellement général prévu au dernier alinéa du II de l'article L. 1212-1 ou désigne un nouveau membre selon les modalités fixées au second alinéa du présent article. En cas de maintien en fonctions, l'accord du membre élu concerné doit être écrit et joint à la lettre recommandée adressée au secrétariat du conseil.

En cas de vacance définitive en cours de mandat du siège d'un membre élu mentionné aux articles R. 1213-2 à R. 1213-5, l'association nationale d'élus locaux représentative du collège concerné désigne un nouveau membre et en informe par lettre recommandée avec accusé de réception le secrétariat du conseil qui vérifie le respect des conditions fixées aux dixième et treizième alinéas du II de l'article L. 1212-1.

SOUS-SECTION 2 Désignation des représentants de l'État

Art. R. 1213-18 Les neuf représentants de l'État mentionnés au 7° du II de l'article L. 1212-1 et leurs suppléants sont nommés dans les conditions suivantes :

1° Un représentant et son suppléant de sexe différent par arrêté du Premier ministre ;

2° Quatre représentants et leurs suppléants par arrêté du ministre chargé des collectivités territoriales en veillant à l'égale représentation des hommes et des femmes ;

3° Un représentant et son suppléant de sexe différent par arrêté du ministre chargé de la réforme de l'État ;

4° Deux représentants et leurs suppléants par arrêté du ministre chargé du budget en veillant à l'égale représentation des hommes et des femmes ;

5° Un représentant et son suppléant de sexe différent par arrêté du ministre chargé de l'outre-mer.

SECTION 2 Fonctionnement

SOUS-SECTION 1 Dispositions générales

Art. R. 1213-19 Le Conseil national d'évaluation des normes est convoqué par son président ou l'un des *(Décr. n° 2022-986 du 4 juill. 2022, art. 2)* « trois » vice-présidents qui arrête l'ordre du jour et l'adresse aux membres sept jours au moins avant la date de la réunion.

La convocation peut être envoyée par tous moyens, y compris par télécopie ou par courrier électronique. Il en est de même des pièces ou documents nécessaires à la préparation de la réunion ou établis à l'issue de celle-ci.

Dans les cas où le délai d'examen d'un projet de norme est réduit en application du VI de l'article L. 1212-2, le conseil national peut être convoqué jusqu'à vingt-quatre heures avant la date de la réunion et le dossier prévu au premier alinéa de l'article R. 1213-27 est adressé aux membres dans le même délai.

Art. R. 1213-20 Les séances du conseil national peuvent être organisées dans les conditions prévues à l'article R. 133-7 du code des relations entre le public et l'administration.

Art. R. 1213-21 Les membres du conseil ne peuvent prendre part aux délibérations lorsqu'ils ont un intérêt personnel à l'affaire qui en est l'objet.

Art. R. 1213-22 Le conseil ne peut valablement délibérer que lorsque sont présents ou prennent part aux débats au moyen d'une conférence téléphonique ou télévisuelle, outre le président ou l'un des vice-présidents, deux des membres mentionnés aux 1° à 6° de l'article L. 1212-1 et deux des membres mentionnés au 7° du même article.

Si ce quorum n'est pas atteint, le conseil est aussitôt convoqué avec le même ordre du jour. Il délibère alors valablement quel que soit le nombre de membres présents ou prenant part aux débats.

(Décr. n° 2019-701 du 3 juill. 2019, art. 1er) « En cas d'impossibilité pour le président et ses *(Décr. n° 2022-986 du 4 juill. 2022, art. 2)* « trois » vice-présidents de présider une séance du Conseil, constatée moins de sept jours avant le jour de la séance, le président désigne un président de séance parmi les membres *(Décr. n° 2021-180 du 17 févr. 2021, art. 2)* « mentionnés aux 3° à 6° du II de l'article L. 1212-1 », après en avoir informé les *(Décr. n° 2022-986 du 4 juill. 2022, art. 2)* « trois » vice-présidents. »

Les délibérations du conseil national sont adoptées à la majorité simple des suffrages exprimés. En cas de partage, la voix du président est prépondérante.

Art. R. 1213-23 Le secrétariat du conseil national est assuré par le ministère chargé des collectivités territoriales.

Art. R. 1213-24 Les délibérations du conseil font l'objet d'un procès-verbal. Il est signé par le président de séance et indique le nom et la qualité des membres présents, les questions traitées au cours de la séance et le sens de chacune des délibérations.

Art. R. 1213-25 Les fonctions de président et de membre du Conseil national d'évaluation des normes sont gratuites.

Les frais de déplacement des membres élus non parlementaires constituent des dépenses de fonctionnement de l'article L. 1212-3.

Art. R. 1213-26 Le Conseil national d'évaluation des normes établit son règlement intérieur qui peut préciser les modalités d'instruction des dossiers.

Le règlement intérieur est approuvé par le ministre chargé des collectivités territoriales.

SOUS-SECTION 2 Examen des projets de normes

Art. R. 1213-27 Les projets de texte mentionnés aux I et III de l'article L. 1212-2 sont accompagnés d'un rapport de présentation et d'une fiche d'impact faisant apparaître les incidences techniques et les incidences financières, quelles qu'elles soient, des mesures proposées pour les collectivités territoriales. Ces documents ne sont pas requis, s'agissant des projets de loi, lorsque la saisine du conseil national comporte l'étude d'impact prévue à l'article 8 de la loi organique n° 2009-403 du 15 avril 2009 relative à l'application des articles 34-1, 39 et 44 de la Constitution.

Les dossiers ainsi composés sont transmis au secrétariat du conseil national qui en accuse réception et les adresse aux membres du conseil. Cet accusé de réception fait courir le délai mentionné au VI de l'article L. 1212-2.

Art. R. 1213-28 Les projets de norme technique résultant d'activités de normalisation ou de certification ayant un impact technique ou financier pour les collectivités territoriales et leurs établissements publics dont le conseil national se saisit conformément au IV de l'article L. 1212-2 sont examinés dans les conditions fixées par le règlement intérieur.

SOUS-SECTION 3 Évaluation des normes réglementaires en vigueur

Art. R. 1213-29 *(Décr. n° 2016-19 du 14 janv. 2016, art. 5)* Le conseil national peut être saisi d'une demande d'évaluation de normes réglementaires en vigueur applicables aux collectivités territoriales ou aux établissements publics de coopération intercommunale à fiscalité propre par un maire, un président d'établissement public de coopération intercommunale à fiscalité propre, un président de conseil départemental ou un président de conseil régional.

Pour l'application des dispositions précédentes, sont assimilées aux fonctions de président de conseil régional les fonctions suivantes :

— président du conseil exécutif ou de l'assemblée de Corse ;

— président de l'assemblée de Guyane ;

— président du conseil exécutif ou de l'assemblée de Martinique ;

— président du gouvernement ou de l'assemblée de la Polynésie française ;

— président du gouvernement, du congrès ou d'une assemblée de province de la Nouvelle-Calédonie ;

— président d'une collectivité d'outre-mer régie par l'article 74 de la Constitution.

Le conseil national peut également être saisi par un ou plusieurs de ses membres en application du deuxième alinéa du V de l'article L. 1212-2.

La demande est motivée. Elle comporte l'indication de la norme dont l'évaluation est demandée et, le cas échéant, des propositions de réforme. Elle est adressée au secrétariat du conseil national qui en accuse réception.

Art. R. 1213-30 *(Décr. nº 2016-19 du 14 janv. 2016, art. 6)* Le président du conseil national ou un vice-président adresse les demandes d'évaluation aux administrations compétentes de l'État. Celles-ci disposent d'un délai de trois mois à compter de la réception de la demande pour communiquer le résultat de leur analyse au président du conseil national.

Pour chaque demande d'évaluation, le président du conseil national désigne un rapporteur parmi les membres représentant les collectivités territoriales et les établissements publics de coopération intercommunale à fiscalité propre. Le rapporteur prépare le projet d'avis d'évaluation sur lequel le conseil national délibère.

TITRE II LE CONSEIL NATIONAL DE LA FORMATION DES ÉLUS LOCAUX

CHAPITRE UNIQUE

SECTION 1 Composition et fonctionnement du Conseil national de la formation des élus locaux (R)

SOUS-SECTION 1 Composition (R)

Art. R. 1221-1 Le Conseil national de la formation des élus locaux se compose de *(Décr. nº 2021-596 du 14 mai 2021, art. 1er)* « vingt » membres.

Les membres sont nommés par arrêté du ministre *(Décr. nº 2021-596 du 14 mai 2021, art. 1er)* « chargé des collectivités territoriales », selon la répartition suivante :

(Décr. nº 2021-596 du 14 mai 2021, art. 1er) « 1º Dix élus locaux, à savoir :

« *a)* Cinq élus représentant les communes de moins de 20 000 habitants ;

« *b)* Deux élus représentant les communes de 20 000 à 99 999 habitants ;

« *c)* Un élu représentant les communes de 100 000 habitants et plus ;

« *d)* Un élu représentant les conseils départementaux ;

« *e)* Un élu représentant les conseils régionaux et l'assemblée de Corse.

« 2º Dix personnalités, à savoir :

« *a)* Un membre du Conseil d'État ;

« *b)* Un magistrat de la Cour des comptes ;

« *c)* Un membre de l'inspection générale de l'administration ;

« *d)* Un membre de l'inspection générale des affaires sociales ;

« *e)* Quatre professeurs de l'enseignement supérieur ou maîtres de conférences ou directeurs de recherche du Centre national de la recherche scientifique ou d'organismes publics similaires ;

« *f)* Deux personnalités qualifiées. »

Les élus mentionnés au 1º sont désignés après consultation des associations représentatives d'élus locaux. *(Décr. nº 2021-596 du 14 mai 2021, art. 1er)* « Les élus mentionnés au *a*, *b* et *c* du 1º comprennent au moins deux élus siégeant au sein d'un établissement public de coopération intercommunale à fiscalité propre. »

Les membres mentionnés au 2º, *a* et *b*, sont nommés respectivement sur proposition du vice-président du Conseil d'État et du premier président de la Cour des comptes.

(Décr. n° 2021-596 du 14 mai 2021, art. 1er) « L'exercice de fonctions de direction ou d'administration d'un organisme de formation titulaire d'un agrément en application du présent titre ainsi que la détention de participations dans un tel organisme sont incompatibles avec le mandat de membre du conseil national. »

Art. R. 1221-2 *(Décr. n° 2009-8 du 5 janv. 2009)* « Le mandat des membres du conseil national est d'une durée de trois ans renouvelable.

« Si ce mandat arrive à échéance dans les six mois précédant le renouvellement général des élus d'une collectivité territoriale représentée au conseil en vertu de l'article R. 1221-1, il peut être prorogé pour une durée maximum de six mois par arrêté du ministre *(Décr. n° 2021-596 du 14 mai 2021, art. 12)* « chargé des collectivités territoriales ». »

Pour les membres élus locaux, la perte du mandat électif au titre duquel ils ont été désignés entraîne leur démission du Conseil national. Cette démission ne prend effet qu'à la date de la désignation du successeur. *(Décr. n° 2009-8 du 5 janv. 2009)* « Celui-ci est nommé pour la durée du mandat restant à courir. »

Art. R. 1221-3 *(Décr. n° 2021-596 du 14 mai 2021, art. 2)* « Lors de » son installation, le Conseil national désigne en son sein un président.

Celui-ci est choisi parmi les membres élus locaux *(Décr. n° 2021-596 du 14 mai 2021, art. 2)* « au scrutin secret majoritaire uninominal à deux tours.

« Le président est assisté par deux vice-présidents élus dans les mêmes conditions. »

SOUS-SECTION 2 Fonctionnement (R)

Art. R. 1221-4 Dans le délai d'un mois qui suit son installation, le Conseil national élabore son règlement intérieur. – *[Décr. n° 92-1206 du 16 nov. 1992, art. 4.]*

Art. R. 1221-5 Le secrétariat du Conseil national est assuré par les services du ministre *(Décr. n° 2021-596 du 14 mai 2021, art. 12)* « chargé des collectivités territoriales ».

Art. R. 1221-6 Un représentant du ministre *(Décr. n° 2021-596 du 14 mai 2021, art. 3)* « chargé des collectivités territoriales ainsi qu'un représentant du gestionnaire du fonds du droit individuel à la formation des élus locaux assistent » aux séances du Conseil national, sans voix délibérative.

Art. R. 1221-7 Le Conseil national se réunit à la demande du ministre *(Décr. n° 2021-596 du 14 mai 2021, art. 5)* « chargé des collectivités territoriales ».

Des séances supplémentaires peuvent être tenues, à la demande du président ou de la majorité des membres du Conseil national, pour l'examen de questions relatives aux orientations générales de la formation des élus locaux *(Décr. n° 2021-596 du 14 mai 2021, art. 5)* « , ainsi qu'aux modalités de mise en œuvre du droit individuel à la formation des élus locaux ».

Art. R. 1221-8 À l'issue de chaque séance, un procès-verbal est établi et transmis au ministre *(Décr. n° 2021-596 du 14 mai 2021, art. 3)* « chargé des collectivités territoriales, au gestionnaire du fonds du droit individuel à la formation des élus locaux et aux membres du conseil national ».

Art. R. 1221-9 *(Décr. n° 2021-596 du 14 mai 2021, art. 6)* Le conseil national établit un rapport annuel que son président remet au ministre chargé des collectivités territoriales. Ce rapport présente les principales évolutions de la formation des élus locaux au cours de l'année écoulée, précise les orientations et la doctrine du conseil dans la réalisation de ses travaux, et établit le bilan de son activité. Il peut préconiser les mesures générales susceptibles d'améliorer la formation des élus locaux et d'assurer son financement, notamment celles visées à l'article R. 1621-7.

Art. R. 1221-9-1 *(Décr. n° 2021-596 du 14 mai 2021, art. 8)* Le répertoire des formations liées à l'exercice du mandat d'élu local mentionné à l'article R. 1221-28 est arrêté par le ministre chargé des collectivités territoriales, après avis du conseil national. Les formations prévues par ce répertoire sont adaptées aux spécificités institutionnelles et juridiques des collectivités régies par les articles 73 et 74 de la Constitution et de la Nouvelle-Calédonie.

Art. R. 1221-9-2 *(Décr. n° 2021-596 du 14 mai 2021, art. 8)* Le gestionnaire du fonds du droit individuel à la formation des élus locaux informe au moins trois fois par an le conseil national de la situation financière de ce fonds. Sur la base de cette information, le conseil national formule chaque année des prévisions triennales sur les perspectives financières et les conditions de l'équilibre financier du fonds.

Lorsqu'il constate que l'équilibre du fonds est susceptible d'être compromis, le conseil national propose les mesures susceptibles d'assurer son équilibre financier au ministre chargé des collectivités territoriales, qui les prend en compte dans l'élaboration d'un projet de rétablissement de l'équilibre financier. Ce projet est soumis pour avis au conseil national de la formation des élus locaux dans les conditions fixées à l'article L. 1621-3 du présent code.

Art. R. 1221-9-3 *(Décr. n° 2021-596 du 14 mai 2021, art. 8)* Le conseil national est informé de la convention d'avance de trésorerie au fonds du droit individuel à la formation des élus locaux prévue à l'article L. 1621-3 par le ministre chargé des collectivités territoriales.

Art. R. 1221-10 Les membres du Conseil national sont soumis à l'obligation de discrétion professionnelle pour toute information dont ils ont connaissance en cette qualité.

(Décr. n° 2021-596 du 14 mai 2021, art. 4) « Afin de prévenir tout conflit d'intérêt, un membre du conseil national ne prend part ni à la discussion ni au vote concernant un organisme pour lequel une situation d'interférence est de nature à influencer l'exercice de sa mission. Il doit le signaler au président et au secrétariat du conseil national avant l'examen du dossier en séance. »

Art. R. 1221-11 Les fonctions de président et de membre du Conseil national sont gratuites. Des frais de déplacement et de séjour peuvent leur être alloués, dans les conditions prévues par *(Décr. n° 2009-8 du 5 janv. 2009)* « le décret fixant les conditions et les modalités de règlement des frais occasionnés par les déplacements temporaires des personnels civils de l'État ».

SECTION 2 **Conditions de délivrance, de suspension ou d'abrogation d'un agrément aux organismes dispensant de la formation destinée aux élus locaux (R)** *(Décr. n° 2021-596 du 14 mai 2021, art. 10).*

Art. R. 1221-12 En application de l'article *(Décr. n° 2021-596 du 14 mai 2021, art. 9)* « L. 1221-3 », tout organisme public ou privé, de quelque nature qu'il soit, désirant dispenser une formation destinée à des élus locaux prévue aux articles L. 2123-12, L. 3123-10 ou L. 4135-10 est tenu d'obtenir un agrément préalable du ministre *(Décr. n° 2021-596 du 14 mai 2021, art. 9)* « chargé des collectivités territoriales pris après avis du conseil national de la formation des élus locaux. Cet agrément est délivré au regard des garanties apportées par l'organisme sur la régularité de sa gouvernance et de sa gestion et sur sa capacité à organiser des formations de qualité, conformes au répertoire des formations liées à l'exercice du mandat.

« Les formations liées à l'exercice du mandat d'élu local, au sens du présent code, sont les formations conformes à ce répertoire dispensées par un organisme de formation titulaire de l'agrément. »

Art. R. 1221-13 Cet organisme doit déposer auprès du préfet du département où est situé son principal établissement une demande d'agrément accompagnée des indications suivantes :

1° Statut juridique de l'organisme ;

2° Identité de ses dirigeants ou administrateurs responsables ;

3° Moyens financiers, techniques et humains dont il dispose ;

4° Diplômes, titres ou références des personnes chargées de définir et d'assurer les actions de formation ;

(Décr. n° 2009-8 du 5 janv. 2009) « 5° Une copie de la pièce d'identité, de l'extrait d'acte de naissance ou du livret de famille de la personne qui exerce à titre individuel l'activité de formation, dirige ou gère l'organisme demandeur ou tout document nécessaire à la consultation du bulletin n° 2 du casier judiciaire ou de son équivalent à l'étranger. »

Art. R. 1221-14 L'organisme demandeur doit, en outre, présenter de manière détaillée et explicite *(Décr. n° 2021-596 du 14 mai 2021, art. 9)* « les modalités d'organisation et de fonctionnement qui garantissent la régularité de sa gouvernance et de sa gestion ainsi que les » actions qu'il est en mesure d'assurer en précisant leur objet, leur durée, leur contenu et leur effectif.

Il doit justifier qu'il offre des formations adaptées aux besoins des élus locaux *(Décr. n° 2021-596 du 14 mai 2021, art. 9)* « et conformes au répertoire mentionné à l'article L. 1221-1 du présent code. »

Art. R. 1221-15 Le dossier de demande d'agrément est déposé à la préfecture contre récépissé. Il est transmis par le préfet au ministre *(Décr. n° 2021-596 du 14 mai 2021, art. 12)* « chargé des collectivités territoriales » qui, avant de prendre sa décision, doit le soumettre pour avis au Conseil national de la formation des élus locaux.

Art. R. 1221-16 La décision d'agrément ou de refus d'agrément est notifiée à l'organisme par le préfet.

Art. R. 1221-17 *(Décr. n° 2009-8 du 5 janv. 2009)* « Le premier agrément » est accordé pour une durée de deux ans à compter de la date de notification de la décision.

Art. R. 1221-18 L'agrément est renouvelable par période de *(Décr. n° 2009-8 du 5 janv. 2009)* « quatre » ans.

Art. R. 1221-19 *(Décr. n° 2021-596 du 14 mai 2021, art. 11)* Le renouvellement est accordé ou refusé au terme d'une procédure identique à celle suivie pour une première demande d'agrément.

L'organisme qui n'a pas transmis le rapport annuel mentionné à l'article R. 1221-22-1 au titre de chaque année au cours de laquelle il a bénéficié d'un agrément ne peut prétendre au renouvellement de son agrément.

Art. R. 1221-20 *(Décr. n° 2021-596 du 14 mai 2021, art. 9)* L'ensemble des documents prévus par l'article R. 1221-19 est adressé au préfet trois mois au moins avant l'expiration de l'agrément.

Art. R. 1221-21 En l'absence d'une demande de renouvellement, l'agrément devient caduc à l'expiration de la période de deux *(Décr. n° 2009-8 du 5 janv. 2009)* « ou de quatre » ans pour laquelle il a été délivré.

Art. R. 1221-21-1 *(Décr. n° 2021-596 du 14 mai 2021, art. 10)* Un organisme de formation titulaire de l'agrément ne peut sous-traiter, en tout ou partie, à un organisme qui n'est pas titulaire de l'agrément, l'organisation ou la réalisation d'une formation liée à l'exercice du mandat d'élu local.

Il peut cependant recourir à un formateur extérieur à l'organisme pour dispenser une formation. Le formateur est alors seul cosignataire du contrat qui le lie à l'organisme de formation pour cette intervention.

L'organisme agréé peut sous-traiter l'organisation ou la réalisation d'une formation liée à l'exercice du mandat à un organisme de formation également titulaire de l'agrément, dans la limite d'un plafond exprimé en pourcentage du montant total des frais pédagogiques de la formation fixé par arrêté du ministre chargé des collectivités territoriales.

Aucune formation liée à l'exercice du mandat d'élu local ne peut faire l'objet d'une sous-traitance de second rang.

Le ministre chargé des collectivités territoriales peut, sur proposition ou après avis du conseil national, définir par arrêté les obligations s'imposant aux titulaires d'un agrément.

L'organisme de formation titulaire de l'agrément est tenu de faire connaître au préfet du département où est situé son principal établissement, dans les trois mois, tous les changements survenus dans son administration, ainsi que toutes les modifications apportées à ses statuts. Le changement de la personne qui dirige ou gère la personne morale exerçant l'activité de formation nécessite le dépôt d'une *(Décr. n° 2021-1708 du 17 déc. 2021, art. 21)* « demande de renouvellement » d'agrément.

Art. R. 1221-21-2 *(Décr. n° 2021-596 du 14 mai 2021, art. 10)* Lorsqu'il constate une ou plusieurs situations susceptibles d'entraîner la suspension à titre conservatoire de l'agrément d'un organisme de formation en application de l'article L. 1221-3 du présent code, le ministre chargé des collectivités territoriales notifie à l'organisme les faits relevés et le met en demeure de faire cesser ces dysfonctionnements dans un délai de trente jours. Il invite l'organisme mis en cause à présenter ses observations écrites ou, à sa demande, orales, dans le même délai.

À l'issue de ce délai, en l'absence de transmission par l'organisme de formation d'éléments démontrant l'absence des faits relevés, la décision de suspension à titre conservatoire de l'agrément, d'une durée maximale de quatre mois, est notifiée à l'organisme par lettre recommandée avec demande d'avis de réception. Elle est motivée et mentionne les voies et délais de recours. Elle est transmise sans délai au conseil national de la formation des élus locaux et au gestionnaire du fonds du droit individuel à la formation des élus locaux mentionné à l'article L. 1621-4.

Après avis du conseil national de la formation des élus locaux et avant l'expiration de la mesure de suspension conservatoire de l'agrément prévue au premier alinéa, le ministre chargé des collectivités territoriales peut prononcer l'abrogation de l'agrément, notifiée dans les mêmes formes. Cette décision entraîne l'impossibilité, pour l'organisme concerné, de détenir un agrément à la formation des élus locaux pour une durée d'un an. Elle peut faire l'objet d'une publication électronique.

Art. R. 1221-21-3 *(Décr. nº 2021-596 du 14 mai 2021, art. 10)* Le gestionnaire du fonds du droit individuel à la formation des élus locaux mentionné à l'article L. 1621-4 communique sans délai au ministre chargé des collectivités territoriales toute information relative à un éventuel manquement de l'organisme à ses obligations et, le cas échéant, les mesures qu'il a prises dans le cadre des conditions générales d'utilisation du service dématérialisé mentionné à l'article L. 1621-5. Lorsqu'un organisme demande le renouvellement de son agrément, ces informations sont versées à son dossier avant sa transmission au conseil national.

Art. R. 1221-21-4 *(Décr. nº 2021-1708 du 17 déc. 2021, art. 19)* I. — L'organisme titulaire d'un agrément est tenu de déclarer et d'exercer son activité de formation liée à l'exercice des mandats locaux conformément aux dispositions des articles R. 6313-1 à *(Décr. nº 2021-1708 du 17 déc. 2021, art. 19)* « R. 6316-7 », R. 6323-31 à R. 6323-40, R. 6323-45, et R. 6351-1 à R. 6363-1 du code du travail, à l'exception des articles *(Décr. nº 2021-1708 du 17 déc. 2021, art. 19)* « R. 6313-4 à D. 6314-1, » R. 6351-7-1, R. 6351-8-1, et R. 6352-25 à R. 6352-40, sous réserve des adaptations prévues du II au IV.

II. — Pour l'application de l'article R. 6351-5, le quatrième alinéa est remplacé par l'alinéa suivant :

"3° Le justificatif de détention de l'agrément mentionné à l'article L. 1221-3 du code général des collectivités territoriales ;".

III. — Pour l'application de l'article R. 6352-5, le dernier alinéa est supprimé.

IV. — Pour l'application de l'article R. 6352-8, les mots : "l'employeur et" sont supprimés.

Art. R. 1221-22 À l'issue du stage ou de la session de formation, l'organisme délivre à l'élu un certificat précisant la nature exacte de la formation reçue. Lorsque l'élu est un salarié, un fonctionnaire régi par les titres I à IV du statut général de la fonction publique ou un agent contractuel de l'État, d'une collectivité territoriale et de leurs établissements publics administratifs, il lui est en outre délivré une attestation constatant sa fréquentation effective du stage ou de la session.

Art. R. 1221-22-1 *(Décr. nº 2021-596 du 14 mai 2021, art. 11)* I. — Chaque année, avant le 30 juin, le titulaire d'un agrément transmet au préfet du département où est situé son principal établissement et au conseil national un rapport d'activité couvrant l'ensemble de l'année civile précédente. Ce rapport comprend la liste des formations liées à l'exercice du mandat d'élu local qu'il a organisées, ainsi que, pour chacune d'elles :

1° Le lieu, la date, la durée en heures, le prix et l'intitulé de la formation ;
2° Le nombre de participants ;
3° L'identité des formateurs ;

4° Le cas échéant, le nom de l'organisme sous-traitant titulaire de l'agrément ayant participé à la formation ainsi que le pourcentage des frais pédagogiques de la formation que représente le coût de sa prestation.

Ce rapport présente en outre une synthèse globale de l'activité annuelle de l'organisme en matière de formations liées à l'exercice du mandat d'élu local, ainsi que les changements intervenus dans sa gouvernance ou son administration. Il comprend ses comptes relatifs à la formation des élus locaux, et distingue, au sein de ses recettes, celles qui ont été financées par le droit individuel à la formation, de celles qui ont été financées par les collectivités territoriales.

II. — Le ministre chargé des collectivités territoriales peut se faire communiquer tout document permettant de s'assurer du respect des obligations liées à l'agrément par son titulaire, de la réalité ou de la qualité de ses prestations.

SECTION 3 Composition et fonctionnement du conseil d'orientation

(Décr. n° 2021-596 du 14 mai 2021, art. 7)

Art. R. 1221-23 Le conseil d'orientation placé auprès du conseil national est composé de neuf membres nommés par arrêté du ministre chargé des collectivités territoriales, selon la répartition suivante :

1° Trois élus locaux membres du conseil national de la formation des élus locaux au titre du 1° de l'article R. 1221-1 ;

2° Trois représentants des organismes de formation titulaires d'un agrément ;

3° Trois personnalités, à savoir :

a) Une personnalité membre du conseil national de la formation des élus locaux au titre du 2° de l'article R. 1221-1 ;

b) Deux personnalités qualifiées, dont une désignée parmi les élus des collectivités des articles 73 et 74 de la Constitution ou de la Nouvelle-Calédonie.

Les membres mentionnés au 1° et au *a* du 3° sont désignés par le conseil national de la formation des élus locaux à la majorité de l'ensemble de ses membres présents ou régulièrement représentés lors de sa séance d'installation.

Les fonctions de président du conseil national sont incompatibles avec le mandat de membre du conseil d'orientation.

Art. R. 1221-24 Le mandat des membres du conseil d'orientation est d'une durée de trois ans renouvelable.

Les dispositions du deuxième et du troisième alinéa de l'article R. 1221-2 ainsi que les dispositions de l'article R. 1221-10 sont applicables aux membres du conseil d'orientation.

Pour les membres siégeant en application du 2° de l'article R. 1221-23 :

a) Lorsque l'agrément de l'organisme de formation au sein duquel ils exercent leurs fonctions n'est pas renouvelé, leur mandat prend fin dans un délai de deux mois suivant la date de ce non-renouvellement ;

b) Lorsque l'organisme de formation au sein duquel ils exercent leurs fonctions fait l'objet d'une procédure de suspension ou d'abrogation d'agrément en application de l'article R. 1221-21-2, leur mandat est suspendu ou prend fin à compter de la notification correspondante de la décision du ministre à l'organisme, dont ils sont informés sans délai.

Art. R. 1221-25 Les membres du conseil d'orientation sont soumis à l'obligation de discrétion professionnelle pour toute information dont ils ont connaissance en cette qualité.

Les fonctions de président et de membre du conseil d'orientation sont gratuites. Des frais de déplacement et de séjour peuvent leur être alloués, dans les conditions prévues par le décret fixant les conditions et les modalités de règlement des frais occasionnés par les déplacements temporaires des personnels civils de l'État.

Art. R. 1221-26 Lors de son installation, le conseil d'orientation :

1° Désigne en son sein un président, parmi les membres siégeant au titre du 1° de l'article R. 1221-23 ;

2° Élabore son règlement intérieur.

Art. R. 1221-27 Le conseil d'orientation se réunit à la demande du ministre chargé des collectivités territoriales, ou du conseil national de la formation des élus locaux. Des séances supplémentaires peuvent être tenues, à la demande du président ou de la majorité de ses membres.

Un représentant des services du ministre chargé des collectivités territoriales et un représentant du gestionnaire du fonds du droit individuel à la formation assistent aux séances du conseil d'orientation sans voix délibérative.

Le secrétariat du conseil d'orientation est assuré par les services du ministre chargé des collectivités territoriales. À l'issue de chaque séance, un procès-verbal est établi et transmis au ministre chargé des collectivités territoriales, au gestionnaire du fonds du droit individuel à la formation des élus locaux et aux membres du conseil national.

Art. R. 1221-28 Le conseil d'orientation propose au conseil national un répertoire des formations liées à l'exercice du mandat des élus locaux. Ce répertoire détermine le périmètre des formations qui sont particulièrement adaptées au mandat. Il précise les domaines pédagogiques qui en relèvent, et les compétences à l'acquisition desquelles les formations doivent contribuer.

Art. R. 1221-29 Le conseil d'orientation peut formuler toute proposition en vue d'améliorer la qualité des formations liées à l'exercice des mandats locaux et leur évaluation, à sa propre initiative, ou à la demande du conseil national ou du ministre chargé des collectivités territoriales.

TITRE III AGENCE NATIONALE DE LA COHÉSION DES TERRITOIRES

(Décr. n° 2019-1190 du 18 nov. 2019, art. 1er)

BIBL. ▶ BOULAY, Une Agence nationale de la cohésion des territoires au service de l'ingénierie et de la simplification ?, *JCP Adm. 2019. 2234.*

CHAPITRE I STATUT ET MISSIONS

Art. R. 1231-1 L'Agence nationale de la cohésion des territoires est placée sous la tutelle des ministres chargés de l'aménagement du territoire, des collectivités territoriales et de la politique de la ville.

Art. R. 1231-2 L'agence peut, à leur demande, apporter son concours aux collectivités d'outre-mer régies par l'article 74 de la Constitution et à la Nouvelle-Calédonie, dans des conditions définies par voie de convention.

Art. R. 1231-3 L'agence apporte son concours au préfet de région et au préfet de département dans la mise en œuvre des actions mentionnées au V de l'article 36 et au second alinéa de l'article 41 du décret n° 2004-374 du 29 avril 2004 relatif aux pouvoirs des préfets, à l'organisation et à l'action des services de l'État dans les régions et départements, en matière d'impact territorial des projets de transformation des services publics.

Art. R. 1231-4 Au titre de sa mission de veille et d'alerte, l'agence met en œuvre :

1° Des travaux d'observation de la politique de la ville et de la politique d'aménagement du territoire ;

2° Des travaux de réflexions prospectives et stratégiques en direction des territoires, notamment en matière de transition numérique, écologique, démographique, de mutations économiques et de coopération transfrontalière.

Elle contribue à la mise en place de dispositifs d'innovation et d'expérimentation de politiques publiques.

CHAPITRE II ORGANISATION ET FONCTIONNEMENT

SECTION 1 Organisation

SOUS-SECTION 1 Conseil d'administration

Art. R. 1232-1 Le conseil d'administration est composé de trente-trois membres avec voix délibérative. Outre deux députés et deux sénateurs, il comprend :

1° Seize représentants de l'État :

a) Deux représentants du ministre chargé de l'aménagement du territoire ;

b) Deux représentants du ministre chargé des collectivités territoriales ;

c) Un représentant du ministre chargé du budget ;

d) Un représentant du ministre chargé des communications électroniques ;

e) Un représentant du ministre chargé de la culture ;

f) Un représentant du ministre chargé du développement durable ;

g) Un représentant du ministre chargé de l'éducation nationale ;

h) Un représentant du ministre de l'intérieur ;

i) Un représentant du ministre chargé du logement ;

j) Un représentant du ministre chargé des outre-mer ;

k) Un représentant du ministre chargé de la politique de la ville ;

l) Un représentant du ministre chargé de la recherche ;

m) Un représentant du ministre chargé de la santé ;

n) Un représentant du ministre chargé des transports ;

2° Un représentant de la Caisse des dépôts et consignations ;

3° Dix représentants des collectivités territoriales et de leurs groupements dont au moins un élu représentant une collectivité d'outre-mer :

a) Un représentant nommé après consultation de l'Association des maires de France ;

b) Un représentant nommé après consultation de l'Assemblée des communautés de France ;

c) Un représentant nommé après consultation de l'Assemblée des départements de France ;

d) Un représentant nommé après consultation de l'Association Régions de France ;

e) Un représentant nommé après consultation de l'Association Villes de France ;

f) Un représentant nommé après consultation de l'Association des maires ruraux de France ;

g) Un représentant nommé après consultation de l'association Villes et banlieues ;

h) Un représentant nommé après consultation de l'association France Urbaine ;

i) Un représentant nommé après consultation de l'Association des petites villes de France ;

j) Un représentant nommé après consultation de l'Association nationale des élus de la montagne ;

4° Deux représentants du personnel, élus selon des modalités fixées par arrêté du ministre chargé de l'aménagement du territoire.

Un suppléant est désigné pour les membres autres que les parlementaires selon les mêmes modalités que pour les membres titulaires.

Outre un représentant de l'Agence nationale pour la rénovation urbaine, un représentant de l'Agence nationale de l'habitat, un représentant de l'Agence de l'environnement et de la maîtrise de l'énergie et un représentant du Centre d'études et d'expertise sur les risques, l'environnement, la mobilité et l'aménagement, assistent au conseil avec voix consultative le directeur général de l'Agence nationale de la cohésion des territoires, le contrôleur budgétaire et l'agent comptable de l'établissement ainsi que le directeur général des collectivités locales, commissaire du Gouvernement, ou son représentant et, au titre des personnalités qualifiées mentionnées au troisième alinéa du II de l'article L. 1232-1, un membre du Conseil économique, social et environnemental désigné par son président et un membre d'un conseil citoyen prévu à l'article 7 de la loi n° 2014-173 du 21 février 2014 de programmation pour la ville et la cohésion urbaine nommé par le ministre chargé de l'aménagement du territoire.

Peut en outre y assister toute personne dont le président juge la présence utile.

Art. R. 1232-2 À l'exception des parlementaires et des représentants du personnel, les membres du conseil d'administration sont nommés par arrêté du ministre chargé de l'aménagement du territoire et, en ce qui concerne les représentants de l'État, sur proposition du ministre qu'ils représentent.

La durée du mandat des membres autres que les parlementaires est de trois ans.

La perte de la qualité au titre de laquelle un membre a été nommé entraîne sa démission de plein droit du conseil d'administration.

Le mandat de membre du conseil d'administration s'exerce à titre gratuit sous réserve du remboursement des frais de déplacement et de séjour dans les conditions prévues par la réglementation applicable aux personnels civils de l'État.

Art. R. 1232-3 La durée du mandat du président du conseil d'administration est de trois ans. Ce mandat est renouvelable une fois.

(Décr. nº 2020-39 du 22 janv. 2020, art. 2) « La limite d'âge qui lui est applicable est fixée à soixante-quinze ans. »

Le conseil d'administration élit dans les mêmes conditions et pour la même durée que le président un vice-président qui exerce toutes les prérogatives du président en cas d'absence ou d'empêchement de ce dernier.

Art. R. 1232-4 Le conseil d'administration délibère notamment sur :

1° Le budget initial et ses modifications, *(Décr. nº 2024-973 du 4 nov. 2024, art. 1er)* « la création d'un budget annexe, » les emprunts, le compte financier et l'affectation du résultat de l'exercice ;

2° Les orientations générales de l'établissement et des programmes d'appui territorialisés ;

3° Les créations, cessions ou suppressions de filiales et les acquisitions, extensions et cessions de participations mentionnées à l'article L. 1233-2 ;

4° Les conditions générales d'organisation et de fonctionnement de l'Agence, dont le règlement intérieur de l'établissement ainsi que son propre règlement intérieur qui définit ses conditions d'organisation et de fonctionnement et précise les modalités de prévention des conflits d'intérêts ;

5° Les conditions générales de recrutement, d'emploi et de rémunération du personnel ;

6° Les conventions passées avec l'État et les établissements publics mentionnées à l'article L. 1233-3 ainsi que le bilan de leur mise en œuvre dressé à la fin de chaque année civile ;

7° Le rapport annuel d'activité ;

8° Les actions en justice et, au-delà d'un seuil qu'il détermine, les transactions ;

9° L'acceptation ou le refus des dons et legs ;

10° Les conventions nécessaires au fonctionnement de l'agence et ses marchés.

Le conseil d'administration peut déléguer tout ou partie des compétences mentionnées aux 3°, 8°, 9° et 10° au directeur général de l'agence, dans les conditions qu'il détermine. Le directeur général rend compte, lors de la plus prochaine séance du conseil d'administration, des décisions qu'il a prises en vertu de cette délégation.

Art. R. 1232-5 Le conseil d'administration se réunit au moins trois fois par an sur convocation de son président.

La convocation est de droit dans les trente jours suivant la demande qui en est faite par l'un des ministres de tutelle, par le directeur général, ou par le tiers au moins des membres du conseil d'administration. Le commissaire du Gouvernement peut demander sa réunion extraordinaire sur un ordre du jour déterminé.

Art. R. 1232-6 Le président arrête l'ordre du jour sur proposition du directeur général. Le commissaire du Gouvernement peut demander l'inscription à l'ordre du jour de toute question.

Les questions dont l'un des ministres de tutelle, le président du conseil d'administration ou le tiers au moins de ses membres demandent l'inscription à l'ordre du jour de la séance la plus proche y sont inscrites de plein droit. Sauf en cas d'urgence, lorsqu'elles doivent faire l'objet d'une délibération, ces questions doivent être déposées quinze jours au moins avant la date du conseil d'administration.

Cet ordre du jour et les délibérations afférentes sont portés à la connaissance des membres du conseil au moins dix jours ouvrés avant la séance, sauf en cas d'urgence ou le délai peut être réduit à cinq jours.

Lorsque les circonstances le justifient, les délibérations du conseil d'administration peuvent être adoptées par visioconférence ou par l'échange des écrits dans les conditions prévues par l'ordonnance nº 2014-1329 du 6 novembre 2014 relative aux délibérations à distance des instances administratives à caractère collégial et le décret n° 2014-1627 du 26 décembre 2014 relatif aux modalités d'organisation des délibérations à distance des instances administratives à caractère collégial.

Art. R. 1232-7 Sous réserve des alinéas suivants, les délibérations du conseil d'administration sont exécutoires de plein droit dès leur transmission au commissaire du Gouvernement. Ce dernier peut se faire communiquer tout document et procéder ou faire procéder sur pièces ou sur place à toute vérification qu'il juge utile.

Les délibérations concernant les prises, extensions et cessions de participations financières sont exécutoires de plein droit quinze jours après leur réception par le commissaire du Gouvernement à moins qu'il n'y ait fait opposition dans ce délai.

Les délibérations portant sur le budget et le compte financier sont exécutoires dans les conditions prévues par le titre III du décret n° 2012-1246 du 7 novembre 2012 relatif à la gestion budgétaire et comptable publique.

SOUS-SECTION 2 Directeur général

Art. R. 1232-8 Le directeur général exerce les responsabilités suivantes :

1° Il prépare les délibérations du conseil d'administration et en assure ou fait assurer l'exécution ;

2° Il prépare et exécute le budget de l'établissement ;

3° Il est ordonnateur des recettes et des dépenses de l'établissement. Il peut désigner des ordonnateurs secondaires ;

4° Il dirige le personnel de l'établissement. À ce titre, il a autorité sur l'ensemble des personnels, définit leurs attributions, nomme à toutes les fonctions pour lesquelles aucune autre autorité n'a reçu pouvoir de nomination et recrute les personnels contractuels ;

5° Il décide des investissements nécessaires à l'exercice des missions prévues au IV de l'article L. 1231-2 ;

6° Il signe les contrats, conventions et marchés, actes d'aliénation, d'acquisition ou de location ;

7° Il représente l'agence en justice et dans tous les actes de la vie civile. Il conclut et signe les transactions dans les conditions fixées par le conseil d'administration ;

8° Il est responsable de l'exécution de la convention mentionnée au III de l'article 2 de la loi n° 2019-753 du 22 juillet 2019 portant création d'une Agence nationale de la cohésion des territoires ;

Il transmet à la fin de chaque année civile le bilan de la mise en œuvre des conventions mentionnées à l'article L. 1233-3 aux ministres chargés de la tutelle de l'établissement après son examen par le conseil d'administration.

Il peut déléguer sa signature pour prendre en son nom les actes relatifs à ses attributions énumérées ci-dessus, y compris celles que le conseil d'administration lui a déléguées.

SECTION 2 Fonctionnement

Art. R. 1232-9 Le préfet de département peut nommer délégué territorial adjoint le directeur départemental des territoires ainsi que d'autres personnels de l'État en service dans ce département.

Art. R. 1232-10 Les comités locaux de cohésion territoriale mentionnés à l'article L. 1232-2 comprennent des représentants de l'État et de ses établissements publics dont les représentants des établissements membres du comité national de coordination, des représentants des collectivités territoriales et des représentants des institutions, structures ou opérateurs, rattachés ou non à une collectivité territoriale intervenant dans le champ de l'ingénierie au profit des collectivités territoriales et de leurs groupements. La composition de chaque comité est définie par arrêté du préfet de département. Ils se réunissent autant que de besoin et au moins deux fois par an dans chaque département. Le délégué territorial de l'agence en assure le secrétariat. Le comité peut procéder à toute audition qu'il estime nécessaire au bon accomplissement de ses missions.

Art. R. 1232-11 Le délégué territorial de l'agence dans le département chef-lieu de région transmet chaque année le bilan d'activité de l'accompagnement des collectivités territoriales pour mener à bien leurs projets de territoire au directeur général de l'agence.

Il anime un comité régional des financeurs associant les représentants locaux des opérateurs membres du comité national de coordination. Ce comité régional a pour objet de mobiliser les crédits nécessaires pour accompagner les collectivités territoriales à réaliser leurs projets de territoire.

Lorsqu'un projet de territoire concerne plus d'un département, le préfet de région désigne un délégué territorial chargé de la coordination du projet.

Art. R. 1232-12 *(Décr. nº 2024-97 du 8 févr. 2024, art. 1er)* Lorsque, en application des dispositions de l'article 59-3 du décret nº 2004-374 du 29 avril 2004 relatif aux pouvoirs des préfets, à l'organisation et à l'action de l'État dans les régions et départements, le directeur général a délégué au délégué territorial ses pouvoirs en matière d'accompagnement en ingénierie des collectivités, dans le cadre de la mission de l'agence relative au conseil et au soutien des collectivités territoriales et leurs groupements, prévue au I de l'article L. 1231-2, le délégué territorial la met en œuvre, dans son ressort territorial, dans les conditions suivantes :

1º Il instruit les demandes d'accompagnement, en tant que de besoin avec l'appui des services de l'agence, dans le respect des conditions techniques et financières définies par le directeur général de l'agence et dans la limite des crédits du budget voté par le conseil d'administration ;

2º Il prépare et signe les conventions avec les collectivités territoriales et les transmet au directeur général de l'agence afin que soit prise la décision d'engagement.

CHAPITRE III **RESSOURCES ET MOYENS**

SECTION 1 **Dispositions financières et comptables**

Art. R. 1233-1 L'Agence nationale de la cohésion des territoires est soumise aux dispositions des titres I et III du décret nº 2012-1246 du 7 novembre 2012 relatif à la gestion budgétaire et comptable publique.

L'agent comptable est nommé par arrêté du ministre chargé du budget.

À compter du 1er janvier 2021, l'agence tient une comptabilité analytique dans les conditions prévues à l'article 209 de ce décret.

Art. R. 1233-2 L'agence dispose des ressources prévues à l'article L. 1233-1.

À ce titre, elle est soumise, pour ses emprunts, aux règles fixées par le I de l'article 12 de la loi nº 2010-1645 du 28 décembre 2010 de programmation des finances publiques pour les années 2011 à 2014. Elle perçoit également les dividendes et résultats de ses filiales et des sociétés au capital desquelles elle a pris des participations.

Art. R. 1233-3 Des régies de recettes et des régies d'avances peuvent être créées dans les conditions prévues par le décret nº 2019-798 du 26 juillet 2019 relatif aux régies de recettes et d'avances des organismes publics.

Art. R. 1233-3-1 *(Décr. nº 2024-973 du 4 nov. 2024, art. 1er)* Par délibération, le conseil d'administration peut décider la création de budgets annexes, qui sont soumis aux mêmes règles de préparation, de vote et d'exécution que le budget principal.

SECTION 2 **Conventions pluriannuelles d'intervention et de participation financière**

Art. R. 1233-4 Les conventions mentionnées à l'article L. 1233-3 prévoient :

1º Les modalités selon lesquelles le délégué territorial de l'agence dans le département est le référent unique des collectivités territoriales pour les projets soutenus par l'Agence nationale de la cohésion des territoires ;

2º L'articulation entre les objectifs de l'agence et les projets d'établissements ou projets stratégiques des opérateurs mentionnés à cet article ;

3º La mobilisation de leurs moyens humains et financiers pour la mise en œuvre des actions de l'agence ;

4° Les modalités de communication sur les projets soutenus par l'agence et leur articulation avec celle de ces opérateurs.

SECTION 3 Comité national de coordination

Art. R. 1233-5 Le comité national de coordination de l'Agence nationale de la cohésion des territoires mentionné à l'article L. 1233-4 comprend, outre le directeur général de l'agence ou son représentant qui le préside :

1° Le directeur général de l'Agence nationale pour la rénovation urbaine ou son représentant ;

2° Le directeur général de l'Agence nationale de l'habitat ou son représentant ;

3° Le président du conseil d'administration de l'Agence de l'environnement et de la maîtrise de l'énergie ou son représentant ;

4° Le directeur général du Centre d'études et d'expertise sur les risques, l'environnement, la mobilité et l'aménagement ou son représentant ;

5° Le directeur général de la Caisse des dépôts et consignations ou son représentant.

Il se réunit au moins une fois par mois pour assurer le suivi de l'exécution des conventions mentionnées à l'article L. 1233-3.

SECTION 4 Comité social d'administration

(Décr. n° 2022-1240 du 19 sept. 2022, art. 1er)

SOUS-SECTION 1 Dispositions générales

§ 1 Composition et mandat des représentants du personnel

Art. R. 1233-6 Le comité social d'administration comprend neuf représentants du personnel titulaires et un nombre égal de représentants du personnel suppléants.

Art. R. 1233-7 Le nombre de représentants du personnel élus par chacun des deux collèges électoraux prévus aux 1° et 2° du B du II de l'article L. 1233-5 est fixé par arrêté du ministre chargé de l'aménagement du territoire, au plus tard six mois avant la date de renouvellement du comité social d'administration.

Ce nombre est fixé en fonction des effectifs respectifs de chaque collège, rapportés au total des effectifs, multiplié par le nombre total de sièges de représentants titulaires du personnel. Lorsque le nombre obtenu n'est pas un entier, il est procédé à un arrondi à l'entier supérieur en cas de décimale supérieure ou égale à cinq ou à un arrondi à l'entier inférieur en cas de décimale inférieure à cinq. Les nombres entiers qui en résultent correspondent aux nombres de représentants titulaires élus par collège.

Toutefois, sauf lorsque le nombre d'électeurs dans un des collèges est inférieur à quatre, le comité social d'administration comprend au moins deux représentants titulaires et deux représentants suppléants élus par chaque collège, sans que le nombre total de représentants titulaires et suppléants du personnel au comité social d'administration résultant de l'application du présent alinéa puisse être supérieur à dix-huit.

Art. R. 1233-8 Les représentants du personnel au sein du comité social d'administration sont élus pour une période de quatre ans.

Art. R. 1233-9 I. — Le mandat d'un représentant du personnel prend fin pour les motifs et dans les conditions prévus :

1° Au premier alinéa de l'article 22 du décret n° 2020-1427 du 20 novembre 2020 relatif aux comités sociaux d'administration dans les administrations et les établissements publics de l'État, lorsqu'il a été élu par le collège mentionné au 1° du B du II de l'article L. 1233-5 ;

2° Au sixième alinéa de l'article L. 2314-33 du code du travail, lorsqu'il a été élu par le collège mentionné au 2° du B du II de l'article L. 1233-5 du présent code.

II. — Le représentant du personnel dont le mandat a pris fin en application du I est remplacé dans les conditions définies aux deuxième à sixième alinéas de l'article 22 du décret du 20 novembre 2020 mentionné ci-dessus.

III. — En cas de renouvellement du comité social d'administration en cours de mandat, les représentants du personnel sont élus ou désignés pour la durée du mandat restant à courir jusqu'au prochain renouvellement général.

Art. R. 1233-10 La date de l'élection des représentants du personnel au sein du comité social d'administration est celle fixée pour le renouvellement général des instances de la fonction publique. La durée du mandat des représentants du personnel est réduite ou prorogée en conséquence.

Au moins six mois avant la date de l'élection, les modalités d'organisation et de déroulement des opérations électorales donnent lieu à concertation avec les organisations syndicales mentionnées à l'article L. 211-1 du code général de la fonction publique et celles mentionnées à l'article L. 2314-5 du code du travail.

Art. R. 1233-11 Pour le calcul des effectifs, sont pris en compte l'ensemble des membres du personnel mentionné au I de l'article L. 1233-5 exerçant leurs fonctions à l'Agence nationale de la cohésion des territoires ou placés en position de congé parental ou de congé rémunéré.

L'effectif retenu ainsi que la part respective de femmes et d'hommes sont appréciés par collège au 1er janvier de l'année du scrutin et déterminée par le directeur général de l'Agence au moins six mois avant la date de l'élection.

Art. R. 1233-12 Pour l'élection des représentants du personnel par le collège mentionné au 1° du B du II de l'article L. 1233-5, sont applicables les dispositions des articles 29 à 41, 45 et 46 du décret du 20 novembre 2020 mentionné ci-dessus en tant qu'elles se rapportent aux agents de droit public.

Art. R. 1233-13 Pour l'élection des représentants du personnel par le collège mentionné au 2° du B du II de l'article L. 1233-5, sont applicables les articles 30, 32 à 34, 36 à 41, 45 et 46 du décret du 20 novembre 2020 mentionné ci-dessus. Pour l'application de l'article 32, la référence à l'article L. 2314-5 du code du travail est substituée à celle de l'article L. 211-1 du code général de la fonction publique.

Sont électeurs au titre de ce collège les salariés âgés de seize ans révolus, travaillant depuis trois mois au moins au sein de l'Agence et n'ayant fait l'objet d'aucune interdiction, déchéance ou incapacité relatives à leurs droits civiques.

Sont éligibles par ce collège les salariés mentionnés à l'article L. 2314-19 du code du travail.

Art. R. 1233-14 À l'issue du dépouillement et sans délai, le bureau de vote central procède à la proclamation des résultats. Il établit un procès-verbal des opérations électorales par collège sur lequel sont portés, pour chaque collège, le nombre d'électeurs, le nombre de votants, le nombre de suffrages valablement exprimés, le nombre de votes nuls et le nombre de voix obtenues par chaque liste en présence. Sont le cas échéant annexés à chaque procès-verbal par collège les enveloppes mises à part sans être ouvertes et les bulletins blancs ou nuls.

Les procès-verbaux des opérations électorales par collège sont transmis immédiatement aux représentants des listes de candidats.

Le procès-verbal établi pour le collège prévu au 2° du B du II de l'article L. 1233-5 est transmis au prestataire mentionné au premier alinéa de l'article R. 2314-22 du code du travail.

Art. R. 1233-15 Les contestations sur la validité des opérations électorales pour le comité social d'administration sont portées, dans un délai de cinq jours à compter de la proclamation des résultats, devant le directeur général de l'Agence nationale de la cohésion des territoires puis, le cas échéant, devant la juridiction administrative.

§ 2 Attributions

Art. R. 1233-16 *(Décr. n° 2022-1240 du 19 sept. 2022, art. 1er)* I. — Le comité social d'administration exerce les attributions prévues :

1° Aux articles 47 à 52 et au troisième alinéa de l'article 54 du décret du 20 novembre 2020 mentionné ci-dessus ;

2° Aux articles L. 2312-1 à L. 2312-84 du code du travail, à l'exception des articles L. 2312-5 à L. 2312-7, L. 2312-9 à L. 2312-14, des quatrième au sixième alinéas de l'article L. 2312-15, des articles L. 2312-16 à L. 2312-36, des 3° au 5° de l'article L. 2312-37 et des articles L. 2312-40 à L. 2312-69 et L. 2312-72 à L. 2312-77.

Il gère le budget des activités sociales et culturelles et son budget de fonctionnement dans le respect des règles fixées par les articles L. 2312-78, L. 2312-80 et L. 2315-64 à L. 2315-77 du code du travail.

Les attributions du comité social d'administration sur les questions de santé, sécurité et conditions de travail s'exercent dans les conditions prévues aux articles 76 à 78 du décret du 20 novembre 2020 mentionné ci-dessus.

II. — Le comité mandate soit le directeur général de l'établissement public ou son représentant, soit un représentant du personnel qui siège en son sein pour le représenter et ester en justice sur les questions relevant de sa compétence.

III. — Le comité social d'administration est également consulté, dans les conditions prévues par le livre IV de la deuxième partie du code du travail, sur le projet de licenciement, de mise à la retraite ou de rupture conventionnelle du contrat de travail d'un représentant du personnel, salarié de droit privé, membre de ce comité élu par le collège prévu par le 2° du B du II de l'article L. 1233-5. L'avis est exprimé à bulletins secrets.

Art. R. 1233-17 *(Décr. n° 2022-1240 du 19 sept. 2022, art. 1er)* Le décret n° 2020-1493 du 30 novembre 2020 relatif à la base de données sociales et au rapport social unique dans la fonction publique est applicable au comité social d'administration de l'Agence nationale de la cohésion des territoires.

Les éléments et données concernant les agents mentionnés aux 1° et 2° du I de l'article L. 1233-5 sont complétés par des éléments et données équivalents pour les salariés mentionnés au 3° du I du même article.

§ 3 Fonctionnement et moyens

Art. R. 1233-18 *(Décr. n° 2022-1240 du 19 sept. 2022, art. 1er)* Le comité social d'administration bénéficie des financements prévus aux articles L. 2312-81 à L. 2312-84 du code du travail pour financer les activités prévues aux articles L. 2312-78 et L. 2312-80 du même code.

Le comité social d'administration perçoit également une subvention de fonctionnement conformément à l'article L. 2315-61 du code du travail.

Art. R. 1233-19 *(Décr. n° 2022-1240 du 19 sept. 2022, art. 1er)* Le fonctionnement et les moyens du comité social d'administration sont régis par les dispositions de l'article 81, du I de l'article 83, des articles 84 et 85, du I de l'article 87, des articles 88 et 89, des cinq premiers alinéas de l'article 90, des articles 91 et 92, du premier alinéa de l'article 93, du II de l'article 94 et des articles 97 à 99 du décret du 20 novembre 2020 mentionné ci-dessus.

Art. R. 1233-20 *(Décr. n° 2022-1240 du 19 sept. 2022, art. 1er)* Les lignes directrices de gestion relatives à la stratégie pluriannuelle des ressources humaines, aux orientations générales en matière de mobilité et aux orientations générales en matière de promotion et de valorisation des parcours professionnels prévues aux articles L. 413-1 et L. 413-2 du code général de la fonction publique sont soumises aux seuls représentants du personnel élus par le collège mentionné au 1° du B du II de l'article L. 1233-5 du présent code.

Art. R. 1233-21 *(Décr. n° 2022-1240 du 19 sept. 2022, art. 1er)* Les représentants du personnel désignent pour la durée du mandat, parmi les représentants titulaires ou suppléants, un secrétaire chargé de la gestion administrative des activités sociales et culturelles ainsi que, parmi les représentants titulaires, un trésorier chargé du suivi du budget des activités sociales et culturelles prévues aux articles L. 2312-78 et L. 2312-80 du code du travail. Leurs missions peuvent être précisées dans le règlement intérieur prévu à l'article R. 1233-22 du présent code.

Art. R. 1233-22 *(Décr. n° 2022-1240 du 19 sept. 2022, art. 1er)* Le président arrête, après avis des représentants du personnel, un règlement intérieur unique du comité social d'administration et de ses commissions spécialisées. Ce règlement est établi selon le règlement type fixé par le ministre chargé de la fonction publique.

Art. R. 1233-23 *(Décr. nº 2022-1240 du 19 sept. 2022, art. 1er)* Le président fait appel à l'expert habilité mentionné au C du II de l'article L. 1233-5 dans les conditions de l'article 66 du décret du 20 novembre 2020 mentionné ci-dessus lorsqu'il est fait application des articles 76 ou 77 du même décret.

Art. R. 1233-24 *(Décr. nº 2022-1240 du 19 sept. 2022, art. 1er)* Pour l'exercice de son mandat, chaque représentant du personnel élu par le collège mentionné au 2° du B du II de l'article L. 1233-5 bénéficie de vingt heures de délégation par mois. La durée des réunions du comité n'est pas déduite de ces heures de délégation. La durée de préparation des réunions du comité, correspondant au temps prévisionnel de durée de la réunion, n'est pas non plus déduite de ces heures de délégation. Le temps passé par ces représentants à ces réunions et à leur préparation ainsi que celui passé en délégation sont considérés comme du temps de travail effectif.

SOUS-SECTION 2 Commission santé, sécurité et conditions de travail

§ 1 Composition et mandat des représentants du personnel

Art. R. 1233-25 La commission chargée des questions de santé, de sécurité et des conditions de travail mentionnée au E du II de l'article L. 1233-5 est composée du directeur général de l'Agence nationale de la cohésion des territoires ou de son représentant, qui la préside, et de représentants du personnel. Seuls les représentants du personnel sont appelés à prendre part aux votes.

Art. R. 1233-25-1 La commission comprend neuf représentants du personnel titulaires et un nombre égal de représentants du personnel suppléants.

Chaque organisation syndicale siégeant au comité social d'administration désigne, pour siéger au sein de cette commission, un nombre de représentants titulaires égal au nombre de sièges qu'elle détient dans ce comité. Ils sont choisis parmi les représentants titulaires et suppléants de ce comité.

Les représentants suppléants sont désignés librement par les organisations syndicales et doivent satisfaire aux conditions d'éligibilité fixées :

1° Par l'article 31 du décret du 20 novembre 2020 mentionné ci-dessus pour les agents mentionnés aux 1° et 2° du I de l'article L. 1233-5 du présent code ;

2° Par l'article L. 2314-19 du code du travail pour les salariés mentionnés au 3° du I de l'article L. 1233-5 du présent code.

Ces désignations interviennent dans un délai de quinze jours à compter de la proclamation des élections au comité social d'administration.

Art. R. 1233-25-2 Les dispositions des articles R. 1233-8 et R. 1233-9 sont applicables au mandat des représentants du personnel au sein de la commission chargée des questions de santé, de sécurité et des conditions de travail.

§ 2 Attributions

Art. R. 1233-25-3 *(Décr. nº 2022-1240 du 19 sept. 2022, art. 1er)* La commission chargée des questions de santé, de sécurité et des conditions de travail exerce les attributions prévues aux articles 57 à 59, 61 à 71, 73 et 74 du décret du 20 novembre 2020 mentionné ci-dessus.

Elle exerce également les compétences du comité social et économique prévues aux deuxième et troisième alinéas de l'article L. 2312-5 ainsi qu'aux articles L. 2312-9 à L. 2312-13 du code du travail.

§ 3 Fonctionnement et moyens

Art. R. 1233-25-4 *(Décr. nº 2022-1240 du 19 sept. 2022, art. 1er)* Le fonctionnement et les moyens de la commission chargée des questions de santé, de sécurité et des conditions de travail sont régis par les dispositions de l'article 81, du II de l'article 83, des articles 84 et 85, du II de l'article 87, des articles 88 et 89, des cinq premiers alinéas de l'article 90, des articles 92, 93, des I et III de l'article 94 et des articles 95 à 99 du décret du 20 novembre 2020 mentionné ci-dessus.

SOUS-SECTION 3 Commission des droits des salariés

§ 1 Composition et mandat des représentants du personnel

Art. R. 1233-26 La commission des droits des salariés mentionnée au F du II de l'article L. 1233-5 est composée du directeur général de l'Agence nationale de la cohésion des territoires ou de son représentant, qui la préside, et des représentants du personnel titulaires et suppléants élus par le collège prévu au 2° du B du II du même article. Seuls les représentants du personnel sont appelés à prendre part aux votes.

Art. R. 1233-26-1 Les dispositions des articles R. 1233-8 et R. 1233-9 sont applicables au mandat des représentants du personnel au sein de la commission des droits des salariés.

§ 2 Attributions

Art. R. 1233-26-2 *(Décr. n° 2022-1240 du 19 sept. 2022, art. 1er)* La commission des droits des salariés exerce les compétences prévues au F du II de l'article L. 1233-5.

§ 3 Fonctionnement et moyens

Art. R. 1233-26-3 *(Décr. n° 2022-1240 du 19 sept. 2022, art. 1er)* Le secrétariat administratif est assuré dans les conditions prévues par les deuxième et troisième alinéas du II de l'article 83 du décret du 20 novembre 2020 mentionné ci-dessus.

Art. R. 1233-26-4 *(Décr. n° 2022-1240 du 19 sept. 2022, art. 1er)* La commission se réunit au moins deux fois par an sur convocation de son président, à son initiative ou, dans le délai maximum de deux mois, sur demande écrite des représentants titulaires de cette commission.

Art. R. 1233-26-5 *(Décr. n° 2022-1240 du 19 sept. 2022, art. 1er)* Le fonctionnement et les moyens de la commission des droits des salariés sont régis par les dispositions prévues aux articles 81, 84 et 85, aux sept premiers alinéas de l'article 88, aux deux premiers alinéas de l'article 89, aux cinq premiers alinéas de l'article 90 et aux articles 92, 97 à 99 du décret du 20 novembre 2020 mentionné ci-dessus ainsi qu'aux articles L. 2315-14, L. 2315-25 et L. 2315-26 du code du travail.

Art. R. 1233-26-6 *(Décr. n° 2022-1240 du 19 sept. 2022, art. 1er)* Pour l'exercice de son mandat au sein de la commission, chaque représentant du personnel bénéficie de dix heures de délégation par mois. La durée des réunions de la commission n'est pas déduite de ces heures de délégation. La durée de préparation des réunions de la commission, correspondant au temps prévisionnel de durée de la réunion, n'est pas non plus déduite de ces heures de délégation. Le temps passé par ces représentants à ces réunions, à leur préparation et celui passé en délégation sont considérés comme du temps de travail effectif. Ces heures s'ajoutent à celles qui leur sont octroyées en leur qualité de membres du comité social d'administration.

SECTION 5 Réserve citoyenne pour la cohésion des territoires

(Décr. n° 2021-1275 du 29 sept. 2021)

Art. D. 1233-28 La réserve citoyenne pour la cohésion des territoires est constituée de toute personne ayant les capacités et compétences correspondant aux missions d'intérêt général qui lui sont dévolues.

Art. D. 1233-29 Le contrat d'engagement à servir dans la réserve citoyenne pour la cohésion des territoires est conclu pour une durée correspondant à celle de la mission du réserviste dans la limite de la durée d'inscription prévue par l'article 5 du décret n° 2017-930 du 9 mai 2017 relatif à la réserve civique.

Art. D. 1233-30 Les clauses du contrat d'engagement du réserviste définissent notamment :

1° L'organisme d'accueil ;

2° La mission confiée au réserviste ;

3° Les lieux d'exercice de la mission ;
4° L'organisation du temps d'exercice de la mission ;
5° La durée du contrat ;
6° Les modalités de suspension et de résiliation du contrat.

TITRE IV LE CONSEIL NATIONAL DES OPÉRATIONS FUNÉRAIRES

CHAPITRE UNIQUE

Art. D. 1241-1 Le Conseil national des opérations funéraires comprend *(Décr. n° 2022-995 du 8 juill. 2022, art. 2)* « trente » membres titulaires désignés par le ministre de l'Intérieur :

1° *(Décr. n° 2017-1186 du 21 juill. 2017, art. 2 ; Décr. n° 2022-995 du 8 juill. 2022, art. 2)* « Cinq représentants des administrations : »

– deux représentants du ministre de l'Intérieur ;

– un représentant du ministre de l'Économie ;

– *(Décr. n° 2017-1186 du 21 juill. 2017, art. 2)* « deux représentants du ministre chargé de la santé » ;

2° *(Décr. n° 2017-1186 du 21 juill. 2017, art. 2)* « Trois maires, adjoints au maire ou conseillers municipaux délégués et un président, vice-président ou délégué communautaire ayant reçu délégation d'un établissement public de coopération intercommunale à fiscalité propre » *(Décr. n° 2011-121 du 28 janv. 2011, art. 2)* « proposés par l'Association des maires de France ; »

3° *(Décr. n° 2017-1186 du 21 juill. 2017, art. 2)* « Quatre » représentants d'entreprises ou associations effectuant des opérations funéraires et deux représentants des régies, proposés par les organisations professionnelles ;

4° Cinq représentants des salariés du secteur funéraire, proposés par les syndicats les plus représentatifs des salariés au plan national ;

5° Deux représentants des familles, proposés par l'Union nationale des associations familiales ;

6° *(Décr. n° 2017-1186 du 21 juill. 2017, art. 2)* « Quatre » représentants des associations de consommateurs, proposés par le ministre chargé de la consommation parmi les associations membres du Conseil national de la consommation ;

7° Quatre personnalités compétentes, *(Décr. n° 2006-1675 du 22 déc. 2006, art. 4)* « dont une personnalité désignée sur proposition du ministre chargé de la santé ».

Le président est désigné parmi les membres titulaires par le ministre de l'Intérieur pour une durée de *(Décr. n° 2011-121 du 28 janv. 2011, art. 2)* « six » ans.

Un suppléant est désigné pour chaque membre titulaire.

Art. D. 1241-2 Les membres du Conseil national des opérations funéraires sont nommés pour *(Décr. n° 2011-121 du 28 janv. 2011, art. 3)* « six » ans. *(Décr. n° 2017-1186 du 21 juill. 2017, art. 3)* « Les fonctions de membre du conseil sont renouvelables. »

Art. D. 1241-3 Tout membre ayant perdu la qualité en raison de laquelle il a été désigné cesse d'appartenir au Conseil national des opérations funéraires. Les membres du conseil désignés en remplacement de ceux dont les fonctions ont pris fin avant leur terme normal achèvent le mandat de ceux qu'ils remplacent.

(Décr. n° 2011-121 du 28 janv. 2011, art. 4) « Lorsque la durée du mandat restant à effectuer est inférieure à deux années, cette période n'est pas comptabilisée pour l'application de l'article *(Décr. n° 2017-494 du 5 avr. 2017, art. 1er)* « D. 1241-2 ». »

(Décr. n° 2017-1186 du 21 juill. 2017, art. 4) « Dans les trois mois qui précèdent le renouvellement du Conseil national des opérations funéraires, les différentes instances représentées en son sein transmettent leurs propositions de nomination au ministre de l'intérieur. À défaut de transmission un mois au moins avant la date d'expiration des mandats en cours, un arrêté portant nomination des membres est pris sur la base des propositions reçues. »

Art. D. 1241-4 *(Décr. n° 2011-121 du 28 janv. 2011, art. 5)* Le Conseil national des opérations funéraires se réunit en séance plénière sur convocation de son président, au moins une fois par an, dans les conditions définies à l'article *(Décr. n° 2017-494 du 5 avr. 2017, art. 1er)* « D. 1241-5 ».

En cas d'urgence et sur proposition de son président, les membres du Conseil national des opérations funéraires peuvent être consultés par écrit, selon les modalités définies par le règlement intérieur. Ces modalités comportent au moins un délai minimal de consultation et la possibilité pour un tiers des membres du Conseil de s'opposer à cette modalité de consultation.

Art. D. 1241-5 Le Conseil national des opérations funéraires ne peut délibérer que si *(Décr. n° 2017-25 du 10 janv. 2017)* « la moitié au moins de ses membres *(Décr. n° 2017-1186 du 21 juill. 2017, art. 5)* « nommés » sont présents ou représentés ». Si cette condition n'est pas remplie, ses membres sont convoqués pour une nouvelle réunion, au cours de laquelle il peut délibérer quel que soit le nombre des membres présents.

Les avis sont pris à la majorité des suffrages. En cas de partage égal, la voix du président est prépondérante.

Art. D. 1241-6 Le Conseil national des opérations funéraires établit son règlement intérieur. — *[C. communes, art. R. 362-2-6.]*

Art. D. 1241-7 La direction générale des collectivités locales assure le secrétariat du conseil. — *[C. communes, art. R. 362-2-7.]*

Art. D. 1241-8 Les fonctions de membre titulaire ou suppléant du Conseil national des opérations funéraires sont gratuites. Les frais de déplacement inhérents aux réunions du Conseil national des opérations funéraires sont pris en charge par l'administration dans les conditions fixées par le décret n° 2006-781 du 3 juillet 2006 fixant les conditions et les modalités de règlement des frais occasionnés par les déplacements temporaires des personnels civils de l'État *[V. ce texte au **CGFP**]*. — *[C. communes, art. R. 362-2-8.]*

LIVRE III BIENS DES COLLECTIVITÉS TERRITORIALES, DE LEURS ÉTABLISSEMENTS ET DE LEURS GROUPEMENTS

TITRE I RÉGIME GÉNÉRAL

CHAPITRE UNIQUE

(Décr. n° 2011-2065 du 30 déc. 2011, art. 1er)

SECTION 1 Bail emphytéotique administratif

Art. R. 1311-1 Le montant annuel du loyer, au-delà duquel tout projet de bail emphytéotique administratif présenté pour la réalisation d'une opération d'intérêt général liée aux besoins de la justice, de la police ou de la gendarmerie nationales est soumis à la réalisation d'une évaluation préalable en vertu du troisième alinéa de l'article L. 1311-2, est fixé à un million d'euros hors taxes.

Les modalités de financement du coût de l'évaluation mentionnée à l'alinéa précédent sont fixées par une convention conclue entre l'État et la collectivité territoriale, le groupement ou l'établissement public propriétaire du bien faisant l'objet du bail emphytéotique administratif.

Art. R. 1311-2 *Abrogé par Décr. n° 2016-360 du 25 mars 2016, art. 187.*

SECTION 2 Autorisation d'occupation du domaine public constitutive de droits réels

La présente section ne comprend pas de dispositions réglementaires.

SECTION 3 Consultation de l'État

Art. R. 1311-3 L'autorité compétente de l'État mentionnée aux articles L. 1311-9, L. 1311-11 et L. 1311-12 est le directeur départemental des finances publiques.

Art. R. 1311-4 Les montants mentionnés aux 1° et 2° de l'article L. 1311-10 sont fixés par arrêté du ministre chargé du domaine.

Sur les opérations d'acquisitions et de prises en location immobilières poursuivies par les collectivités publiques et divers organismes, V. ci-dessous Arr. du 5 déc. 2016.

Arrêté du 5 décembre 2016,

Relatif aux opérations d'acquisitions et de prises en location immobilières poursuivies par les collectivités publiques et divers organismes.

Art. 1er Les montants prévus au 1° de l'article L. 1311-10 du code général des collectivités territoriales, au 1° du II de l'article 23 de la loi du 11 décembre 2001 susvisée *[n° 2001-1168, portant mesures urgentes de réformes à caractère économique et financier]*, à l'article R. 4111-1 du code général de la propriété des personnes publiques et au 1° de l'article 5 du décret du 14 mars 1986 susvisé *[n° 86-455, portant suppression des commissions des opérations immobilières et de l'architecture et fixant les modalités de consultation du service des domaines]* sont fixés à 24 000 euros.

Art. 2 Les montants prévus au 2° de l'article L. 1311-10 du code général des collectivités territoriales, au 2° du II de l'article 23 de la loi du 11 décembre 2001 susvisée, à l'article R. 1211-2 du code général de la propriété des personnes publiques et au 2° de l'article 5 du décret du 14 mars 1986 susvisé sont fixés à 180 000 euros.

Art. 3 L'arrêté du 5 septembre 1986 relatif aux opérations immobilières poursuivies par les collectivités et organismes publics est abrogé.

Art. 4 Le présent arrêté entre en vigueur le 1er janvier 2017.

Art. R. 1311-5 Dans le cas des acquisitions poursuivies par voie d'expropriation pour cause d'utilité publique, les dispositions de l'article R. 1211-3 du code général de la propriété des personnes publiques sont applicables

SECTION 4 **Dispositions diverses**

Art. R. 1311-6 Les collectivités territoriales et leurs groupements dont relèvent des canaux ou cours d'eau contigus au réseau des voies confiées par l'État à l'établissement public Voies navigables de France informent ce dernier des périodes et horaires d'ouverture de leur réseau à la navigation.

Art. R. 1311-7 L'autorité compétente de l'État recueille l'avis de la collectivité propriétaire du domaine avant de délivrer les autorisations et les récépissés de déclaration au titre des différentes polices relevant de ses attributions.

Les cours d'eau, canaux, lacs et plan d'eau du domaine public fluvial territorial ouverts à la navigation doivent faire l'objet d'un règlement particulier de police de la navigation pris par le représentant de l'État, sur proposition de la collectivité conformément *(Décr. nº 2013-253 du 25 mars 2013, art. 6)* « à l'article R. 4241-66 du code des transports ».

Art. R. 1311-8 Dans le cas d'un déclassement du domaine public fluvial d'une collectivité territoriale ou d'un groupement de collectivités territoriales, la procédure d'enquête publique prévue au deuxième alinéa de l'article L. 2142-1 du code général de la propriété des personnes publiques est menée par la collectivité dans les conditions *(Décr. nº 2014-1635 du 26 déc. 2014, art. 4 ; Décr. nº 2016-308 du 17 mars 2016, art. 6)* « prévues par le chapitre IV du titre III du livre I du code des relations entre le public et l'administration ».

Art. R. 1311-9 *(Décr. nº 2023-534 du 29 juin 2023, art. 2)* Les besoins de l'État mentionnés au premier alinéa de l'article L. 1311-19 sont ceux de la justice, de la défense nationale, de la police nationale, de la gendarmerie nationale et de la sécurité civile.

TITRE II **RÈGLES PARTICULIÈRES EN CAS DE TRANSFERT DE COMPÉTENCE**

CHAPITRE UNIQUE

Pas de dispositions réglementaires codifiées.

LIVRE IV SERVICES PUBLICS LOCAUX

TITRE I PRINCIPES GÉNÉRAUX

CHAPITRE PRÉLIMINAIRE RÈGLES GÉNÉRALES APPLICABLES AUX CONTRATS DE CONCESSION

(Décr. n° 2016-86 du 1er févr. 2016, art. 39)

Art. R. 1410-1 Les contrats de concession des collectivités territoriales, de leurs groupements et de leurs établissements publics sont passés et exécutés conformément aux dispositions *(Décr. n° 2018-1075 du 3 déc. 2018, art. 6)* « du code de la commande publique ».

Les dispositions issues du Décr. n° 2018-1075 du 3 déc. 2018 s'appliquent : 1° aux marchés publics pour lesquels une consultation a été engagée ou un avis d'appel à la concurrence a été envoyé à la publication depuis le 1er avr. 2019. Elles ne s'appliquent pas aux marchés publics passés sur le fondement d'un accord-cadre ou dans le cadre d'un système d'acquisition dynamique lorsque la procédure en vue de la passation de cet accord ou de la mise en place de ce système d'acquisition dynamique a été engagée avant cette date ; 2° aux contrats de concession pour lesquels une consultation a été engagée ou un avis de concession a été envoyé à la publication depuis le 1er avr. 2019 (Décr. préc., art. 16).

Art. R. 1410-2 Les dispositions des articles D. 1411-3, D. 1411-4, D. 1411-5 et R. 1411-6 s'appliquent aux contrats de concession des collectivités territoriales, de leurs groupements et de leurs établissements publics.

CHAPITRE I LES DÉLÉGATIONS DE SERVICE PUBLIC

Art. R. 1411-1 *(Décr. n° 2016-86 du 1er févr. 2016, art. 39)* **Les délégations de service public des collectivités territoriales, de leurs groupements et de leurs établissements publics sont passées et exécutées conformément aux dispositions *(Décr. n° 2018-1075 du 3 déc. 2018, art. 6)* « du code de la commande publique ».**

Ancien art. R. 1411-1 ***L'autorité responsable de la personne publique délégante doit satisfaire à l'exigence de publicité prévue à l'article L. 1411-1 par une insertion dans une publication habilitée à recevoir des annonces légales et dans une publication spécialisée correspondant au secteur économique concerné.***

Cette insertion précise la date limite de présentation des offres de candidature, qui doit être fixée un mois au moins après la date de la dernière publication.

Elle précise également les modalités de présentation de ces offres et mentionne les caractéristiques essentielles de la convention envisagée, notamment son objet et sa nature. — *[Décr. n° 93-471 du 24 mars 1993, art. 1er.]*

1. Le *Bulletin officiel des annonces des marchés publics* (*BOAMP*) doit être regardé, par sa nature même, comme une publication habilitée à recevoir des annonces légales, même s'il ne figure pas sur la liste publiée par le préfet, des journaux susceptibles de recevoir des annonces légales dans le département. • CE 19 nov. 2004, *Cne d'Auxerre c/ Sté Saur France*, n° 266975 B : *BJCP 2005-114, obs. R.S. ; Dr. adm. 2005, n° 34, note Ménéménis ; ACL 2005, n° 45.*

2. La publication par le préfet de la liste des journaux susceptibles de recevoir des annonces légales dans le département ne fait pas obstacle à ce que d'autres publications se voient reconnaître, au niveau national, le caractère de publication habilitée à recevoir des annonces légales. • CE 8 juill. 2005, *Sté EGS*, n° 277554 B : *BJCP 2005. 441, concl. Casas, obs. R.S. ; ACL 2006, n° 72.* ♦ Il n'en est pas ainsi du *Journal officiel de l'Union européenne* (*JOUE*), compte tenu notamment de l'objet de sa série S limitée en principe à la publication des avis de passation de certains contrats dont les montants dépassent les seuils communautaires. • Même arrêt. ♦ En estimant que la commune de Clichy-la-Garenne avait satisfait à son obligation d'insertion par la seule publication au *JOUE*, le juge des référés précontractuels a commis une erreur de droit. • Même arrêt.

3. *Le Moniteur des travaux publics et du bâtiment* est bien une publication spécialisée correspondant au secteur économique concerné (service de collecte d'eaux usées). • CE 19 nov. 2004, *Cne d'Auxerre c/ Sté Saur France*, n° 266975 : *préc. note 1.* ♦ S'agissant de l'exploitation d'un casino, l'insertion de l'avis dans le seul *Moniteur* ne constitue pas un manquement à l'obligation de publicité, en l'absence de publication spécialisée correspondant au secteur. • CAA Nantes, 12 déc. 2003,

Cne de Carnac, n° 03NT01143 B : *BJCP 2004. 490.* ♦ Confirmation par la décision rendue sur le fond. • CAA Nantes, 18 juin 2004, *Cne de Carnac*, n° 03NT01143 : *préc.*

4. Lorsqu'il n'existe aucune publication spécialisée correspondant au secteur économique concerné par la délégation (en l'espèce la gestion de marchés municipaux d'approvisionnements), il appartient à la collectivité de rechercher quelle autre publication, plus générale, peut assurer une information suffisante des opérateurs de ce secteur. • CE 8 juill. 2005, *Sté EGS : préc. note 2.* ♦ *Le Moniteur* des travaux publics et du bâtiment ne peut être regardé comme spécialisé dans le secteur économique concerné. • Même arrêt. ♦ La publication de l'avis d'appel public à la concurrence dans le journal *Les Échos*, compte tenu de l'objet et de la diffusion de ce dernier, n'est pas impropre à assurer une information suffisante des opérateurs susceptibles d'être intéressés. • Même arrêt.

5. Délégation susceptible d'intéresser un opérateur européen. Lorsque la délégation est, compte tenu de ses caractéristiques, susceptible d'intéresser des opérateurs implantés sur le territoire d'autres États membres de l'Union européenne, la publicité adéquate peut être assurée par une insertion dans une publication française, à condition qu'elle soit insusceptible d'échapper à l'attention des opérateurs raisonnablement vigilants pouvant être intéressés par une telle délégation. • CE 1er avr. 2009, *Cté urbaine de Bordeaux et Sté Kéolis*, n° 323585 A : *AJDA 2009. 621* ; *ibid. 1889, note Train* ; *Dr. adm. 2009, n° 68, note Battoue ; BJCP 2009. 268, concl. Dacosta, obs. Ch. M. ; RLCT 2009, n° 1403, note Sée.* ♦ La publicité donnée par la Communauté urbaine de Bordeaux pour la délégation de son service public de transport de personnes satisfait à cette exigence : la revue *Ville et Transports* est une des revues de référence dans ce domaine et le site Internet « marchés on line » est une source d'information reconnue, sans compter l'insertion dans le *Moniteur des travaux publics et du bâtiment*. • Même arrêt. ♦ Il n'y a pas lieu, dans ces conditions, de saisir la Cour de justice des communautés européennes d'une question préjudicielle. • Même arrêt.

Art. R. 1411-2 *Abrogé par Décr. n° 2016-86 du 1er févr. 2016, art. 54.*

Art. R. 1411-2-1 *(Abrogé par Décr. n° 2016-86 du 1er févr. 2016, art. 54) (Décr. n° 2009-1456 du 27 nov. 2009 art. 24)* ***Pour rendre applicables les dispositions du premier alinéa de l'article L. 551-15 du code de justice administrative, l'autorité responsable de la personne publique délégante publie au Bulletin officiel d'annonces des marchés publics un avis, conforme au modèle fixé par arrêté conjoint du ministre chargé de l'intérieur et du ministre chargé de l'économie, relatif à son intention de conclure la délégation de service public. Elle doit alors respecter un délai d'au moins onze jours entre la date de publication de cet avis et la date de conclusion du contrat.***

L'absence de publication d'un avis d'intention de conclure une délégation de service public n'aboutit pas à la nullité de la convention mais ouvre la possibilité d'un recours en référé contractuel. Cette formalité, et, partant, le délai de suspension qui l'accompagne, ne sont qu'une faculté offerte au pouvoir adjudicateur, et non une obligation. Aucune disposition législative ni réglementaire n'impose, s'agissant de délégations de service public, que ce dernier notifie aux candidats le rejet de leur offre et le respect d'un délai pendant lequel la signature de la convention serait suspendue. • CAA Versailles, 12 juin 2014, *Sté EGS*, n° 13VE00527 : *Rev. CMP 2014, n° 229, note Eckert.*

Art. R. 1411-2-2 *Abrogé par Décr. n° 2016-86 du 1er févr. 2016, art. 54.*

Art. D. 1411-3 **Les membres titulaires et suppléants de la commission chargée d'ouvrir les plis, prévue à l'article L. 1411-5, contenant les offres des candidats susceptibles d'être retenus comme délégataires d'un service public local sont élus au scrutin de liste suivant le système de la représentation proportionnelle avec application de la règle du plus fort reste sans panachage ni vote préférentiel.** – *[Décr. n° 93-1190 du 21 oct. 1993, art. 1er.]*

Art. D. 1411-4 **Les listes peuvent comprendre moins de noms qu'il n'y a de sièges de titulaires et de suppléants à pourvoir.**

En cas d'égalité de restes, le siège revient à la liste qui a obtenu le plus grand nombre de suffrages.

En cas d'égalité de suffrages, le siège est attribué au plus âgé des candidats susceptibles d'être proclamés élus. – *[Décr. n° 93-1190 du 21 oct. 1993, art. 2.]*

Art. D. 1411-5 **L'assemblée délibérante locale fixe les conditions de dépôt des listes.** – *[Décr. n° 93-1190 du 21 oct. 1993, art. 3.]*

Art. R. 1411-6 Le préfet qui saisit la chambre régionale des comptes d'une convention relative à une délégation de service public, en application de l'article L. 1411-18, joint à cette saisine, outre le texte intégral de l'acte, tous documents et renseignements utiles à son examen et relatifs à sa passation.

Les dispositions *(Décr. n° 2000-338 du 14 avr. 2000, art. 2)* « des articles *(Décr. n° 2013-268 du 29 mars 2013, art. 76)* « R. 244-1 », R. 263-13 et R. 263-41 du code des juridictions financières » ainsi que celles des articles R. 1612-8, R. 1612-12 et R. 1612-13, relatives au contrôle des actes budgétaires, sont applicables.

La chambre rend un avis motivé dans lequel elle examine notamment les modalités de passation, l'économie générale de la convention ainsi que son incidence financière sur la situation de la collectivité ou de l'établissement public concerné.

Cet avis est notifié au préfet ainsi qu'à la collectivité ou à l'établissement public intéressé. Il est communicable dès qu'a eu lieu la première réunion de l'assemblée délibérante suivant sa réception par la collectivité ou l'établissement public concerné.

Art. R. 1411-7 *Abrogé par Décr. n° 2016-86 du 1er févr. 2016, art. 54.*

Art. R. 1411-8 *(Décr. n° 2018-1075 du 3 déc. 2018, art. 6)* Pour l'application du 7° de l'article L. 2313-1, le rapport mentionné à l'article L. 3131-5 du code de la commande publique est joint au compte administratif.

CHAPITRE II GESTION DIRECTE DES SERVICES PUBLICS

Art. R. 1412-1 Les régies créées en application de l'article L. 1412-1 sont soumises aux dispositions du chapitre I du titre II du livre II de la deuxième partie.

Art. R. 1412-2 Les collectivités territoriales, leurs établissements publics, les établissements publics de coopération intercommunale ou les syndicats mixtes peuvent individualiser la gestion d'un service public administratif relevant de leur compétence par la création d'une régie soumise aux dispositions du chapitre I du titre II du livre II de la deuxième partie. Sont toutefois exclus les services qui, par leur nature ou par la loi, ne peuvent être assurés que par la collectivité locale elle-même.

Art. R. 1412-3 *(Décr. n° 2001-184 du 23 févr. 2001, art. 1er)* Pour l'application des dispositions du chapitre I du titre II du livre II de la deuxième partie, les présidents de conseil départemental, de conseil régional, du conseil exécutif de Corse, de leurs établissements publics, des établissements publics de coopération intercommunale ou des syndicats mixtes exercent les fonctions qui sont dévolues au maire. Les organes délibérants des collectivités territoriales, de leurs établissements publics, des établissements publics de coopération intercommunale ou des syndicats mixtes exercent les attributions qui appartiennent au conseil municipal.

Art. R. 1412-4 *(Décr. n° 2002-1172 du 11 sept. 2002, art. 2)* Les établissements publics de coopération culturelle créés en application de l'article L. 1412-3 sont soumis aux dispositions du chapitre unique du titre III du livre IV de la première partie, à l'exception des dispositions prévoyant la présence de l'État au conseil d'administration et la nomination par celui-ci de personnalités qualifiées prévues au 2° de l'article R. 1431-4.

CHAPITRE III PARTICIPATION DES HABITANTS ET DES USAGERS À LA VIE DES SERVICES PUBLICS

(Décr. n° 2004-1145 du 27 oct. 2004, art. 5)

Pas de dispositions réglementaires codifiées.

CHAPITRE IV *[ABROGÉ]* LES CONTRATS DE PARTENARIAT

(Abrogé par Décr. nº 2016-360 du 25 mars 2016, art. 187)
(Décr. nº 2004-1145 du 27 oct. 2004, art. 5)

Art. D. 1414-1 à D. 1414-9 *Abrogés par Décr. nº 2016-360 du 25 mars 2016, art. 187.*

CHAPITRE V *[ABROGÉ]* CONTRATS DE CONCESSION DE TRAVAUX PUBLICS

(Abrogé par Décr. nº 2016-86 du 1er févr. 2016, art. 54)
(Décr. nº 2010-406 du 26 avr. 2010, art. 27)

Art. R. 1415-1 à R. 1415-10 *Abrogés par Décr. nº 2016-86 du 1er févr. 2016, art. 54.*

TITRE II DISPOSITIONS PROPRES À CERTAINS SERVICES PUBLICS LOCAUX

CHAPITRE I SERVICES CULTURELS DES COLLECTIVITÉS TERRITORIALES

(Décr. nº 2011-574 du 24 mai 2011, art. 3)

SECTION 1 Archives

Art. D. 1421-1 **En application des dispositions de l'article L. 1421-1, les règles générales relatives aux archives des collectivités territoriales sont fixées par les dispositions des articles R. 212-49 à R. 212-56 et R. 212-62 à R. 212-64 du code du patrimoine** *[V. ces art. ci-dessous]*.

Code du patrimoine

(Décr. nº 2011-573 du 24 mai 2011)

Archives des collectivités territoriales (dispositions générales)

Art. R. 212-49 Le contrôle scientifique et technique de l'État sur les archives des collectivités territoriales, mentionné à l'article L. 212-10, est exercé dans les conditions définies aux articles R. 212-2, R. 212-3 et R. 212-4.

Art. R. 212-50 Le contrôle scientifique et technique sur les archives des collectivités territoriales est exercé au nom de l'État par les services et agents mentionnés aux 1º, 2º et 4º de l'article R. 212-4.

Les directeurs des services départementaux d'archives et agents de l'État mis à disposition des départements chefs-lieux de région assurent le contrôle sur les archives régionales telles qu'elles sont définies à l'article L. 212-6.

Art. R. 212-50-1 *(Décr. nº 2021-979 du 23 juill. 2021, art. 3)* Les autorisations de destruction d'archives privées classées comme archives historiques prévues à l'article L. 212-27 sont délivrées par les directeurs des services départementaux d'archives et autres conservateurs d'archives placés sous leur autorité et appartenant au personnel scientifique de l'État mis à disposition de ces services, dans la limite de leur circonscription géographique.

Art. R. 212-50-2 *(Décr. nº 2021-979 du 23 juill. 2021, art. 3)* I. — Les autorisations de consultation de documents d'archives publiques accordées en application du I de l'article L. 213-3 sont délivrées aux personnes qui en font la demande par les directeurs des services départementaux d'archives et autres conservateurs d'archives placés sous leur autorité et appartenant au personnel scientifique de l'État mis à disposition de ces services lorsque ces documents sont détenus par leur service ou par une autorité qui a vocation à y verser ses archives en application du I de l'article L. 212-4 et des articles L. 212-6 à L. 212-10.

II. — Les demandes de consultation de ces mêmes documents sont refusées par décision motivée du ministre chargé de la culture.

Art. R. 212-51 Le visa du ministre chargé de la culture ou de son représentant est requis pour l'élimination des documents des collectivités territoriales.

Art. R. 212-52 Les fonctionnaires mentionnés à l'article R. 212-50 s'assurent des mesures prévues par les collectivités territoriales pour la préservation de leurs archives en cas de péril. Ils leur notifient les conclusions de ces contrôles.

Art. R. 212-53 Les collectivités territoriales informent le préfet de tout sinistre, soustraction ou détournement d'archives.

Art. R. 212-54 Les collectivités territoriales informent le préfet de tout projet de construction, d'extension ou d'aménagement de bâtiments à usage d'archives ainsi que des projets de travaux dans ces bâtiments.

Le préfet dispose d'un délai de deux mois pour faire connaître son avis à la collectivité territoriale concernée. Les travaux ne peuvent commencer avant la transmission de cet avis.

Toute attribution de subvention en application des articles L. 212-7 et L. 212-8 est subordonnée au visa technique du service interministériel des archives de France de la direction générale des patrimoines et de l'architecture.

Art. R. 212-55 Dans l'année suivant son entrée en fonctions, l'archiviste de chaque collectivité territoriale dresse un procès-verbal de récolement topographique des fonds d'archives qui tient lieu d'inventaire de prise en charge. Ce document, contresigné par l'autorité territoriale, est transmis au préfet.

Art. R. 212-56 Les collectivités territoriales remettent chaque année au préfet un rapport relatif à la situation, à l'activité et au fonctionnement de leur service d'archives, accompagné des éléments statistiques nécessaires à l'élaboration du rapport annuel sur les archives publiques en France, ainsi qu'un programme de travail pour l'année à venir.

Archives départementales et régionales et de la collectivité de Corse

Art. R. 212-62 Les archives départementales *(Décr. n° 2017-1876 du 29 déc. 2017, art. 1er)* « et le service d'archives de la collectivité de Corse » conservent, trient, inventorient et communiquent :

1° Les documents provenant des administrations, tribunaux, établissements et organismes de toute nature, antérieurs à la Révolution française, qui leur ont été attribués par la loi ;

2° Les documents provenant des assemblées, administrations et établissements publics départementaux depuis 1789 ;

3° Les documents provenant des services déconcentrés de l'État et des établissements publics nationaux fonctionnant ou ayant fonctionné sur le territoire du département depuis 1789, sous réserve des dispositions de l'article R. 212-63 ;

4° Les minutes et répertoires des officiers publics ou ministériels exerçant ou ayant exercé sur le territoire du département ;

5° Les documents mentionnés à l'article L. 212-11, sous réserve de la dérogation prévue audit article, et aux articles L. 212-12 et L. 212-13 ;

6° Tous autres documents qui leur sont remis à titre onéreux ou gratuit, temporaire ou définitif.

Art. R. 212-63 Les documents mentionnés à l'article R. 212-8 et provenant des services, organismes et établissements sis hors de Paris peuvent être déposés par les archives nationales aux archives départementales avec l'accord du conseil départemental du département.

Art. R. 212-64 Les archives régionales conservent, trient, classent, inventorient et communiquent, sous réserve des dispositions de l'article L. 212-6 :

1° Les documents provenant des assemblées, administrations et établissements publics régionaux ;

2° Les documents qui leur sont remis à titre onéreux ou gratuit, temporaire ou définitif.

Art. D. 1421-2 **En application des dispositions de l'article L. 1421-2, les règles relatives au dépôt des archives communales sont fixées par les dispositions des articles R. 212-57 à R. 212-61 du code du patrimoine** *[V. ces art. ci-dessous]*.

Code du patrimoine

(Décr. nº 2011-573 du 24 mai 2011)

Archives publiques (dépôt des archives communales)

Art. R. 212-57 Les archives communales conservent, trient, classent, inventorient et communiquent, sous réserve des dispositions des articles L. 212-11 à L. 212-13 :

1° Les documents provenant des assemblées, administrations et établissements publics municipaux ;

2° Les documents qui leur sont remis à titre onéreux ou gratuit, temporaire ou définitif.

Art. R. 212-58 Le directeur du service départemental d'archives remet à la commune, dans les plus brefs délais, un état sommaire et, ultérieurement, un répertoire détaillé des documents déposés par le maire.

Le directeur du service départemental d'archives assure la conservation, le classement et la communication de ces documents.

Art. R. 212-59 *(Décr. nº 2017-719 du 2 mai 2017, art. 4)* I. — *(Décr. nº 2022-1305 du 10 oct. 2022, art. 2)* « Lorsqu'il porte sur des archives définitives, le » projet de convention de dépôt prévu au 1° des articles L. 212-11 et L. 212-12 est transmis au directeur du service départemental d'archives, qui dispose d'un délai de quatre mois à compter de la réception du projet pour formuler ses observations.

La convention peut prévoir des compensations financières.

La commune effectuant le dépôt transmet au directeur du service départemental d'archives un exemplaire de la convention de dépôt signée.

II. — Pour donner l'accord prévu au 2° de l'article L. 212-11, le directeur du service départemental d'archives dispose d'un délai de quatre mois à compter de la réception de la déclaration faite par la commune au préfet. À l'expiration de ce délai, l'accord est réputé donné.

Art. R. 212-60 *Abrogé par Décr. nº 2017-719 du 2 mai 2017, art. 5.*

Art. R. 212-61 Dans le cas prévu à l'article L. 212-13, la mise en demeure est adressée à la commune par le préfet lorsque le directeur du service départemental d'archives établit, par un rapport écrit, que les conditions de conservation des documents mentionnés à cet article les mettent en péril.

Le dépôt d'office prévu par le même article peut être prescrit par le préfet si, à l'expiration d'un délai de six mois après la mise en demeure, celle-ci est restée sans effet.

Art. D. 1421-3 En application de l'article L. 1421-3, les règles relatives au droit de préemption sur les archives privées exercé par l'État pour le compte et à la demande des collectivités territoriales sont fixées par les dispositions de l'article R. 212-91 du code du patrimoine.

SECTION 2 Bibliothèques

Art. D. 1421-4 *(Décr. nº 2020-195 du 4 mars 2020, art. 3)* **En application des dispositions de l'article L. 1421-4, les règles relatives aux bibliothèques des collectivités territoriales ou de leurs groupements sont fixées par les dispositions des articles R. 310-1 à R. 314-1 du code du patrimoine** *[V. ces art. ci-dessous]*.

Code du patrimoine

LIVRE III. BIBLIOTHÈQUES

(Décr. nº 2020-195 du 4 mars 2020, art. 1er)

TITRE I. DISPOSITIONS COMMUNES

Art. R. 310-1 Les dispositions de l'article R. 311-1 s'appliquent à l'ensemble des bibliothèques relevant du présent livre. Les dispositions des articles R. 311-2 à R. 314-1 s'appliquent aux bibliothèques relevant des collectivités territoriales ou de leurs groupements.

CHAPITRE I. *DOCUMENTS PATRIMONIAUX*

SECTION 1. *Dispositions communes*

Art. R. 311-1 Sont des documents patrimoniaux, au sens du présent livre, les biens conservés par les bibliothèques relevant d'une personne publique, qui présentent un intérêt public du point de vue de l'histoire, de l'art, de l'archéologie, de la science ou de la technique, notamment les exemplaires identifiés de chacun des documents dont le dépôt est prescrit aux fins de constitution d'une mémoire nationale par l'article L. 131-2 du présent code et les documents anciens, rares ou précieux. En application de l'article L. 2112-1 du code général de la propriété des personnes publiques, ces documents patrimoniaux font partie du domaine public mobilier de la personne publique propriétaire.

Art. R. 311-2 Les collectivités territoriales ou leurs groupements informent le préfet de région de tout sinistre, soustraction ou détournement affectant un document patrimonial conservé dans leur bibliothèque.

Art. R. 311-3 Les collectivités territoriales ou leurs groupements informent le préfet de région des projets de restauration de documents patrimoniaux, avant la signature du contrat établi à cette fin ou, à défaut, avant l'intervention, lorsque le montant du devis est supérieur à un seuil déterminé par arrêté du ministre chargé de la culture. Les pièces à fournir au préfet de région sont fixées par arrêté du ministre chargé de la culture.

Le préfet de région dispose d'un délai de trois mois pour autoriser les projets de restauration sur les documents patrimoniaux appartenant à l'État ou pour faire connaître son avis sur les projets de restauration sur les documents patrimoniaux appartenant aux collectivités territoriales ou à leurs groupements. À l'expiration de ce délai, l'autorisation est réputée accordée ou l'avis est réputé favorable.

Les travaux ne peuvent commencer avant l'autorisation ou l'avis.

SECTION 2. *Documents patrimoniaux appartenant aux collectivités territoriales ou à leurs groupements*

Art. R. 311-4 Le transfert de propriété entre collectivités territoriales ou leurs groupements portant sur des documents patrimoniaux leur appartenant est opéré dans les conditions fixées par les articles R. 125-1 et R. 125-2.

Dans leur nouvelle affectation, ces documents bénéficient de conditions de conservation et de protection au moins aussi favorables que celles qui leur étaient appliquées antérieurement.

Art. R. 311-5 Les collectivités territoriales ou leurs groupements informent le préfet de région de tout projet de déclassement des documents patrimoniaux dont ils sont propriétaires.

Le préfet de région dispose d'un délai de trois mois pour faire connaître son avis à l'organe exécutif de la collectivité territoriale ou du groupement intéressé. À l'expiration de ce délai, l'avis du préfet de région est réputé favorable. L'acte de déclassement fait mention de l'avis.

Art. R. 311-6 Le prêt ou le dépôt à l'extérieur de la bibliothèque des documents patrimoniaux appartenant aux collectivités territoriales ou à leurs groupements est autorisé par l'organe exécutif de la collectivité territoriale ou du groupement intéressé, après vérification des garanties de sécurité et de conservation prévues pour le transport, l'exposition et la communication.

CHAPITRE II. *DOCUMENTS APPARTENANT À L'ÉTAT DÉPOSÉS DANS DES BIBLIOTHÈQUES DES COLLECTIVITÉS TERRITORIALES*

Art. R. 312-1 Les collectivités territoriales ou leurs groupements ont l'usage des documents appartenant à l'État déposés dans leur bibliothèque. Ils en assurent l'inventaire, le signalement, le récolement, la conservation et la communication.

Ces documents peuvent être retirés des bibliothèques par le ministre chargé de la culture en cas d'insuffisance de soins, d'insécurité ou de transfert sans l'autorisation mentionnée à l'article R. 312-2.

Art. R. 312-2 Le transfert des documents appartenant à l'État entre bibliothèques dépositaires relevant des collectivités territoriales ou de leurs groupements requiert une autorisation du préfet de région. La collectivité territoriale ou le groupement souhaitant se dessaisir des documents appartenant à l'État saisit le préfet de la région où se situe la collectivité territoriale ou le groupement susceptible de recevoir ces documents en dépôt. Le préfet de région autorise le changement de bibliothèque dépositaire, après avoir recueilli l'accord de la collectivité territoriale ou du groupement pressenti pour recevoir en dépôt ces documents appartenant à l'État.

Art. R. 312-3 Les collectivités ou leurs groupements peuvent prêter ou déposer à l'extérieur de leur bibliothèque un document patrimonial appartenant à l'État sur autorisation du préfet de région, accordée après vérification des garanties de sécurité et de conservation prévues pour le transport, l'exposition et la communication.

CHAPITRE III. *CONTRÔLE SCIENTIFIQUE ET TECHNIQUE*

Art. R. 313-1 Le contrôle scientifique et technique de l'État sur l'activité des bibliothèques des collectivités territoriales ou de leurs groupements est relatif à la constitution, au traitement, à la conservation et la communication des collections, à l'organisation des services proposés à leur public et à l'aménagement de leurs locaux. Il porte notamment sur :

a) La qualité des collections physiques et numériques, leur renouvellement, leur caractère pluraliste et diversifié ;

b) L'inventaire et le récolement des documents patrimoniaux ;

c) La qualité des services proposés à tous les publics et l'interopérabilité des systèmes d'information ;

d) Le respect des exigences techniques et de sécurité liées à la communication des collections, en particulier des documents patrimoniaux, à leur exposition, à leur reproduction, à leur entretien, à leur restauration et à leur stockage ;

e) L'accessibilité des locaux pour tous les publics et l'aménagement des espaces.

Pour les bibliothèques départementales, il porte en outre sur les services proposés aux bibliothèques de leur réseau.

Art. R. 313-2 Le contrôle scientifique et technique de l'État est exercé sous l'autorité du ministre chargé de la culture qui peut confier des missions à l'inspection générale de l'éducation, du sport et de la recherche ainsi qu'à des membres du personnel scientifique des bibliothèques et à des agents publics placés sous son autorité, choisis en raison de leur compétence scientifique et technique.

Le contrôle s'exerce sur pièces et sur place.

Chaque inspection donne lieu à un rapport au ministre chargé de la culture, qui le transmet au préfet de région pour communication à la collectivité territoriale ou au groupement dont relève la bibliothèque.

CHAPITRE IV. *RAPPORT ANNUEL*

Art. R. 314-1 Les collectivités territoriales ou leurs groupements remettent chaque année au ministre chargé de la culture les éléments statistiques nécessaires à l'élaboration de son rapport annuel sur l'activité des bibliothèques des collectivités territoriales ou de leurs groupements.

....

TITRE II. BIBLIOTHÈQUES MUNICIPALES ET INTERCOMMUNALES

Art. D. 320-1 En application de l'article L. 320-1, les bibliothèques municipales et intercommunales classées sont :

1° Les bibliothèques municipales dont le siège est situé dans les communes suivantes :

— Aix-en-Provence, Angers, Avignon ;

— Besançon, Bordeaux, Boulogne-sur-Mer, Bourges, Brest ;

— Carpentras, Châlons-en-Champagne, Chalon-sur-Saône, Chambéry, Colmar, Compiègne ;

— Dijon, Douai ;

— Grenoble ;

— Le Havre, Le Mans, Lille, Limoges, Lyon ;

— Marseille, Metz, Mulhouse ;

— Nancy, Nantes, Nice, Nîmes ;

— Orléans ;

— Périgueux ;

— Reims, Roubaix, Rouen ;

— Saint-Étienne ;

— Toulouse, Tours ;
— Valenciennes, Versailles ;
2° Les bibliothèques intercommunales dont le siège est situé dans les communes suivantes :
— Albi, Amiens, Autun ;
— Caen, Cambrai, Clermont-Ferrand ;
— Dole ;
— La Rochelle ;
— Montpellier, Moulins ;
— Pau, Poitiers ;
— Rennes ;
— Troyes ;
— Valence.

Art. R. 320-2 Les règles relatives au concours particulier de la dotation générale de décentralisation pour les bibliothèques municipales et intercommunales sont fixées par la section 2 du chapitre IV du titre I du livre VI de la première partie du code général des collectivités territoriales.

TITRE III. BIBLIOTHÈQUES DÉPARTEMENTALES ET DE LA COLLECTIVITÉ DE CORSE

Art. R. 330-1 Les règles relatives au concours particulier de la dotation générale de décentralisation pour les bibliothèques départementales et de la collectivité de Corse sont fixées par la section 2 du chapitre IV du titre I du livre VI de la première partie du code général des collectivités territoriales.

Art. D. 1421-5 *(Décr. n° 2020-195 du 4 mars 2020, art. 3)* **En application des dispositions de l'article L. 1421-4, les règles relatives aux bibliothèques municipales et intercommunales sont fixées par les dispositions des articles D. 320-1 et R. 320-2 du code du patrimoine.**

Art. D. 1421-5-1 *(Décr. n° 2020-195 du 4 mars 2020, art. 3)* **En application des dispositions de l'article L. 1421-5, les règles relatives aux bibliothèques départementales sont fixées par les dispositions de l'article R. 330-1 du code du patrimoine.**

SECTION 3 Archéologie

Art. D. 1421-6 En application des dispositions de l'article L. 1421-7, les règles relatives aux services archéologiques des collectivités territoriales sont fixées par les dispositions de l'article R. 522-2 *[abrogé]* **et des articles R. 523-24 à R. 523-29 du code du patrimoine** *[V. ces art. ci-dessous]*.

*Sur l'habilitation des services archéologiques de collectivités territoriales, V. C. patr., art. R. 522-14 s. — **C. patr.***

Code du patrimoine

(Décr. n° 2011-573 du 24 mai 2011)

Art. R. 523-24 Les prescriptions archéologiques de diagnostic sont notifiées à l'autorité compétente pour délivrer l'autorisation de travaux, à l'aménageur, à l'Institut national de recherches archéologiques préventives ainsi que, s'ils disposent d'un service archéologique *(Décr. n° 2017-925 du 9 mai 2017, art. 8)* « habilité », aux collectivités territoriales ou aux groupements de collectivités territoriales sur le territoire desquels l'opération d'aménagement doit avoir lieu *(Décr. n° 2017-925 du 9 mai 2017, art. 8)* « en tout ou partie ».

Art. R. 523-25 Les collectivités territoriales ou les groupements de collectivités territoriales dont le service archéologique a été *(Décr. n° 2017-925 du 9 mai 2017, art. 8)* « habilité » peuvent décider :

1° De réaliser le diagnostic d'archéologie préventive pour une opération d'aménagement ou de travaux entrepris *(Décr. n° 2017-925 du 9 mai 2017, art. 8)* « en tout ou partie » sur leur territoire ;

2° De réaliser l'ensemble des diagnostics d'archéologie préventive prescrits pour les opérations d'aménagement ou de travaux entrepris sur leur territoire.

Art. R. 523-26 Les collectivités ou groupements de collectivités mentionnés à l'article R. 523-25 qui entendent réaliser le diagnostic d'archéologie préventive pour une opération, en application du 1° de cet article, doivent faire connaître leur décision en ce sens, prise conformément aux dispositions de l'article L. 523-4, au préfet de région dans le délai *(Décr. nº 2017-925 du 9 mai 2017, art. 8)* « de quatorze jours » à compter de la réception de la notification de prescription de diagnostic. À défaut de la notification de leur décision dans ce délai, ces collectivités ou groupements de collectivités sont réputés avoir renoncé à exercer cette faculté.

(Décr. nº 2021-907 du 7 juill. 2021, art. 5) « La demande de la collectivité ou du groupement de collectivités de se voir confier la responsabilité de la totalité d'une opération de diagnostic localisée en partie sur son territoire est soumise à l'accord du préfet de région qui notifie sa décision dans un délai de sept jours à compter de la réception de la demande. Passé ce délai, il est réputé avoir accepté la demande. »

Art. R. 523-27 La décision des collectivités territoriales ou des groupements de collectivités territoriales d'établir, conformément au 2° de l'article R. 523-25, l'ensemble des diagnostics prescrits sur leur territoire fixe la durée pendant laquelle elle s'applique, qui ne peut être inférieure à trois ans. Elle est notifiée au préfet de région, au préfet de département, aux autres collectivités territoriales incluses dans le territoire de la collectivité ou du groupement ainsi qu'à l'Institut national de recherches archéologiques préventives.

Art. R. 523-28 La réalisation, par un service archéologique territorial, d'un diagnostic prescrit à l'occasion de travaux effectués pour le compte d'autres collectivités territoriales ou leurs groupements ou de l'État est soumise à l'accord de ces collectivités ou de leurs groupements ou de l'État. Cet accord est regardé comme acquis, sauf décision expresse de refus notifiée au préfet de région dans un délai *(Décr. nº 2021-907 du 7 juill. 2021, art. 6)* « de sept jours » à compter de la réception de la prescription de diagnostic.

Art. R. 523-29 À l'expiration des délais mentionnés aux articles R. 523-26 et R. 523-28, le préfet de région notifie l'attribution du diagnostic à l'opérateur compétent et informe l'aménageur de l'identité de celui-ci.

Sous réserve des dispositions de l'article R. 523-28, l'opérateur compétent est par ordre de priorité :

1° La commune ou *(Décr. nº 2017-925 du 9 mai 2017, art. 8)* « le groupement auquel la compétence a été transférée » ;

2° Le département, l'institution interdépartementale ou l'organisme interdépartemental ;

3° La région ou l'entente interrégionale ou, en Corse, la collectivité de Corse ;

4° L'Institut national de recherches archéologiques préventives.

Art. D. 1421-7 **Les règles relatives au transfert de propriété à titre gratuit des objets mobiliers issus d'une fouille d'archéologie préventive à une collectivité territoriale ou à un groupement de collectivités sur le territoire desquels les objets ont été découverts sont fixées par les dispositions des articles R. 523-67 et R. 523-68** *[abrogés]* **du code du patrimoine.**

SECTION 4 Monuments historiques

Art. D. 1421-8 **En application des dispositions de l'article L. 1421-8, les règles relatives à la garde et à la conservation des objets mobiliers classés au titre des monuments historiques dont les collectivités territoriales et leurs établissements publics ou établissements d'utilité publique sont propriétaires, affectataires ou dépositaires sont fixées par les dispositions des articles R. 622-26 à R. 622-31 du code du patrimoine** *[V. ces art. ci-dessous]*.

Code du patrimoine

(Décr. nº 2011-573 du 24 mai 2011)

Objets mobiliers (mesures conservatoires)

Art. R. 622-26 Le préfet peut prendre d'office, en application du troisième alinéa de l'article L. 622-9, les mesures nécessaires lorsque la garde ou la conservation d'un objet mobilier classé et appartenant à une collectivité territoriale ou à l'un de ses établissements publics est compromise.

Cette décision intervient après une mise en demeure du préfet restée sans effet à l'expiration d'un délai d'un mois suivant sa réception.

L'inscription d'office des dépenses correspondantes au budget de la collectivité territoriale considérée a lieu en application des dispositions des articles L. 1612-15 et L. 1612-16 du code général des collectivités territoriales.

Art. R. 622-27 Lorsque la conservation ou la sécurité d'un objet mobilier classé appartenant à une collectivité territoriale ou à un établissement public est mise en péril, le préfet prescrit, aux frais de l'État, les mesures conservatoires ou le transfert provisoire de cet objet prévus par l'article L. 622-10. L'arrêté est notifié à la collectivité territoriale ou à l'établissement public et, s'il y a lieu, à l'affectataire ou au dépositaire.

Dans le cas d'un transfert provisoire de l'objet, la collectivité territoriale ou l'établissement public et, s'il y a lieu, l'affectataire ou le dépositaire, sont invités à assister à son déplacement.

Les conditions nécessaires pour la garde et la conservation de l'objet dans son emplacement primitif sont arrêtées par le préfet après accord de la commission prévue à l'article L. 612-2 dans un délai de trois mois à compter de ce transfert provisoire.

Objets mobiliers (aliénation)

Art. R. 622-28 L'objet mobilier classé appartenant à une collectivité territoriale ou à un établissement public ou d'utilité publique ne peut être aliéné sans l'accord du préfet de région.

La déclaration d'intention d'aliéner lui est transmise deux mois à l'avance.

Art. R. 622-29 Toute aliénation d'un objet mobilier classé est notifiée, dans les quinze jours de sa date, au préfet de région par celui qui l'a consentie. La notification mentionne le nom et le domicile du nouveau propriétaire ainsi que la date de l'aliénation.

Art. R. 622-30 Le préfet de région informe le ministre chargé de la culture de toute aliénation intéressant un objet mobilier classé ainsi que de tout transfert de cet objet d'un lieu dans un autre. Ces modifications sont reportées sur la liste générale des objets classés mentionnée à l'article R. 622-9.

Art. R. 622-31 L'autorité administrative compétente pour exercer les actions en nullité ou en revendication prévues par l'article L. 622-17 est le ministre chargé de la culture.

CHAPITRE II *[ABROGÉ]* BIBLIOTHÈQUES

(Abrogé par Décr. n° 2011-574 du 24 mai 2011, art. 3)

Les dispositions relatives aux bibliothèques sont désormais codifiées aux art. D. 1421-4 et D. 1421-5, et aux art. R. 310-1 à R. 310-13 C. patr., reproduits supra.

SECTION 1 *[ABROGÉE]* Bibliothèques municipales

SOUS-SECTION 1 *[ABROGÉE]* Classement des bibliothèques (R)

Art. R. 1422-1 à R. 1422-3 *Abrogés par Décr. n° 2011-574 du 24 mai 2011, art. 3.*

SOUS-SECTION 2 *[ABROGÉE]* Contrôle technique de l'État (R)

Art. R. 1422-4 à R. 1422-13 *Abrogés par Décr. n° 2011-574 du 24 mai 2011, art. 3.*

SECTION 2 *[ABROGÉE]* Bibliothèques départementales et régionales

SOUS-SECTION 1 *[ABROGÉE]* Contrôle technique de l'État (R)

Art. R. 1422-14 *Abrogé par Décr. n° 2011-574 du 24 mai 2011, art. 3.*

CHAPITRE III *[ABROGÉ]* MUSÉES

(Abrogé par Décr. n° 2011-574 du 24 mai 2011, art. 3)

Art. D. 1423-1 *Abrogé par Décr. n° 2011-574 du 24 mai 2011, art. 3.*

CHAPITRE IV SERVICES D'INCENDIE ET DE SECOURS

SECTION 1 Services départementaux et territoriaux d'incendie et de secours *(Décr. n° 2022-557 du 14 avr. 2022, art. 1er).*

Art. R. 1424-1 *(Décr. n° 2025-523 du 11 juin 2025, art. 1er)* I. — Pour l'exercice des missions prévues à l'article L. 1424-2, le service départemental ou territorial d'incendie et de secours comprend des centres d'incendie et de secours, unités opérationnelles chargées principalement des interventions. Le maillage territorial de ces centres tient compte du schéma départemental d'analyse et de couverture des risques mentionné à l'article R. 1424-38.

Le service d'incendie et de secours comprend également des services opérationnels, administratifs *(Décr. n° 2025-524 du 11 juin 2025, art. 1er)* « , techniques ou de santé », notamment ceux chargés de la prévention, de la prévision, de la logistique et de la technique, des ressources humaines, de la formation, de l'administration *(Décr. n° 2025-524 du 11 juin 2025, art. 1er)* « , des finances et du secours médical ».

II. — Les centres d'incendie et de secours peuvent être regroupés au sein de groupements territoriaux ou, le cas échéant, au sein d'une même sous-direction.

Les services peuvent être regroupés au sein de groupements fonctionnels, être directement rattachés aux sous-directions ou être placés auprès du directeur départemental ou du directeur départemental adjoint des services d'incendie et de secours.

Les sous-directions comprennent un ou plusieurs groupements. Ceux-ci peuvent également être placés directement auprès du directeur départemental ou du directeur départemental adjoint des services d'incendie et de secours.

Les centres d'incendie et de secours, les services, les groupements et les sous-directions sont organisés selon les modalités définies par l'arrêté conjoint mentionné à l'article L. 1424-6. Ils réalisent leurs activités opérationnelles, administratives ou techniques dans les conditions fixées par le règlement opérationnel mentionné à l'article R. 1424-42 et par le règlement intérieur mentionné à l'article R. 1424-22.

III. — Les services d'incendie et de secours emploient des sapeurs-pompiers professionnels et d'autres fonctionnaires territoriaux appartenant à des cadres d'emplois créés en application du code général de la fonction publique et recourent à des sapeurs-pompiers volontaires qui, soumis à des règles spécifiques fixées en application de l'article L. 723-5 du code de la sécurité intérieure, ne peuvent exercer cette activité à temps complet.

Les dispositions du II du présent art., dans sa rédaction issue du Décr. n° 2025-523 du 11 juin 2025, sont mises en œuvre au plus tard dans un délai de 2 ans à compter de la date d'entrée en vigueur dudit Décr., soit du 14 juin 2025 (Décr. préc., art. 7).

Art. R. 1424-1-1 *(Décr. n° 2016-2004 du 30 déc. 2016, art. 1er) (Décr. n° 2025-523 du 11 juin 2025, art. 1er)* « I. — » Les services départementaux *(Décr. n° 2022-557 du 14 avr. 2022, art. 1er)* « et territoriaux » d'incendie et de secours sont classés par ordre décroissant en trois catégories A, B et C, sur la base de la population telle que définie à l'article L. 3334-2.

Ce classement est fixé par arrêté du ministre chargé de la sécurité civile. — *V. Arr. du 2 janv. 2017 fixant les critères de classement des services départementaux d'incendie et de secours et Arr. du 21 janv. 2017 portant classement des services départementaux d'incendie et de secours.*

Lorsque l'existence de risques particuliers le justifie, le ministre peut, sur proposition du préfet du département, après avis conforme du conseil d'administration *(Décr. n° 2022-557 du 14 avr. 2022, art. 1er)* « du service d'incendie et de secours concerné » et sur rapport de l'inspection générale de la sécurité civile, classer *(Décr. n° 2022-557 du 14 avr. 2022, art. 1er)* « ce service » dans la catégorie immédiatement supérieure à celle résultant de l'application du premier alinéa.

(Décr. n° 2025-523 du 11 juin 2025, art. 1er) « II. — Un arrêté du ministre chargé de la sécurité civile, du ministre chargé du budget et du ministre chargé de la fonction publique fixe le nombre maximum de sous-directions qui peuvent être créées au sein d'un service départemental ou territorial d'incendie et de secours.

« Le nombre total de groupements d'un service d'incendie et de secours, hormis ceux placés le cas échéant auprès du directeur départemental ou du directeur départemental adjoint, ne peut excéder quatre fois le nombre de sous-directions. Toutefois, lorsqu'un service d'incendie et de secours ne comprend qu'une sous-direction santé, ce service peut comprendre huit groupements au maximum.

« III. — Le niveau et la répartition des grades des officiers qui sont affectés à un service d'incendie et de secours sont déterminés en fonction de sa catégorie et de son effectif de référence. »

Dans la limite du nombre maximum de sous-directions fixé en application du 1er al. du II du présent art., dans sa rédaction issue du Décr. no 2025-523 du 11 juin 2025, les agents occupant, à la date d'entrée en vigueur dudit Décr. (le 14 juin 2025), un emploi de sous-directeur ou un emploi équivalent correspondant à l'encadrement de plusieurs groupements, et remplissant les conditions définies à l'art. 14-5 du Décr. no 2016-2003 du 30 déc. 2016, peuvent être nommés sous-directeurs sans qu'il soit fait application des dispositions de l'art. 14-6 du même Décr. Les dispositions du II du présent art. sont mises en œuvre au plus tard dans un délai de 2 ans à compter de la date d'entrée en vigueur du Décr. no 2025-523, soit du 14 juin 2025 (Décr. préc., art. 6 et 7).

Art. R. 1424-1-2 *(Décr. no 2022-621 du 22 avr. 2022, art. 1er)* En application des dispositions de l'article L. 1424-2, les actes de soins d'urgence que peuvent réaliser les sapeurs-pompiers, n'étant pas par ailleurs des professionnels de santé déjà autorisés à la pratique de ces actes, sont énumérés aux articles R. 6311-18 à R. 6311-18-3 du code de la santé publique. Les sapeurs-pompiers concernés doivent avoir satisfait à la condition de formation prévue à ces dispositions pour réaliser les actes en cause.

SOUS-SECTION 1 Conseil d'administration du service d'incendie et de secours et commission administrative et technique des services d'incendie et de secours (R)

(Décr. no 2022-557 du 14 avr. 2022, art. 1er).

§ 1 Élections (R)

Art. R. 1424-2 *(Décr. no 2015-684 du 18 juin 2015, art. 1er)* Dans les six mois qui précèdent le renouvellement des représentants des communes et des établissements publics de coopération intercommunale, le conseil d'administration délibère sur :

a) La répartition des sièges entre, d'une part, le département, et, d'autre part, les communes et les établissements publics de coopération intercommunale conformément aux dispositions du deuxième alinéa de l'article L. 1424-24-1 et de l'article L. 1424-26 ;

b) La pondération des suffrages attribués à chaque maire et à chaque président d'établissement public de coopération intercommunale dans les conditions fixées à l'article L. 1424-24-3.

Les membres du conseil d'administration sont saisis de propositions en ce sens quinze jours au moins avant de délibérer.

En application de cette délibération, le président du conseil d'administration arrête la répartition des sièges et la pondération des suffrages.

Art. R. 1424-3 *(Décr. no 2015-684 du 18 juin 2015, art. 1er)* Si, à la date d'installation des conseils municipaux prévue à l'article L. 2121-7, le conseil d'administration n'a pas pris la délibération prévue à l'article R. 1424-2, le préfet arrête la répartition des sièges et la pondération des suffrages.

Art. R. 1424-4 Un arrêté du ministre *(Décr. no 2022-557 du 14 avr. 2022, art. 1er)* « chargé de la sécurité civile » fixe la date limite des élections des représentants des départements, des communes et des établissements publics de coopération intercommunale au conseil d'administration, et des élections des représentants des *(Décr. no 2019-1121 du 31 oct. 2019, art. 1er)* « sapeurs-pompiers et des fonctionnaires territoriaux du service d'incendie et de secours n'ayant pas la qualité de sapeur-pompier professionnel » à la commission administrative et technique des services d'incendie et de secours.

Art. R. 1424-5 Nul ne peut être candidat au titre de catégories différentes. — *[Décr. no 97-1225 du 26 déc. 1997, art. 5.]*

Art. R. 1424-6 *(Décr. no 2015-684 du 18 juin 2015, art. 1er)* Les représentants, titulaires et suppléants, du département sont élus selon des modalités fixées par le conseil départemental conformément à l'article L. 1424-24-2.

Art. R. 1424-7 *(Décr. n° 2015-684 du 18 juin 2015, art. 1er)* « Les élections des représentants des communes et des établissements publics de coopération intercommunale telles que prévues à l'article L. 1424-24-3 sont organisées par le président du conseil d'administration du service d'incendie et de secours qui arrête la liste des électeurs et la date des opérations électorales. »

Ces élections ont lieu par correspondance. Les frais d'organisation des élections sont à la charge du service départemental *(Décr. n° 2022-557 du 14 avr. 2022, art. 1er)* « ou territorial » d'incendie et de secours.

Art. R. 1424-8 Les listes de candidats comprennent autant de noms de titulaires qu'il y a de sièges à pourvoir. Chaque candidature à un siège de titulaire est assortie de la candidature d'un suppléant.

(Décr. n° 2015-684 du 18 juin 2015, art. 1er) « Les listes de candidats sont déposées auprès du président du conseil d'administration à une date fixée par celui-ci. Aucune liste ne peut être modifiée après cette date, sauf en cas de décès ou d'inéligibilité. »

Art. R. 1424-9 Les électeurs votent pour une liste complète, sans adjonction ni suppression de noms et sans modification de l'ordre de présentation. – *[Décr. n° 97-1225 du 26 déc. 1997, art. 9.]*

Art. R. 1424-10 *Abrogé par Décr. n° 2015-684 du 18 juin 2015, art. 1er.*

Art. R. 1424-11 Pour l'élection des représentants des communes, d'une part, et des établissements publics de coopération intercommunale, d'autre part, *(Décr. n° 2015-684 du 18 juin 2015, art. 1er)* « selon les modalités prévues à l'article L. 1424-24-3 », chaque maire et chaque président d'établissement public de coopération intercommunale dispose, au sein du collège électoral auquel il appartient, du nombre de suffrages fixé par *(Décr. n° 2015-684 du 18 juin 2015, art. 1er)* « la délibération et l'arrêté prévus » à l'article R. 1424-2.

Cinq séries de bulletins de vote sont établies en cinq couleurs différentes et portent de façon apparente, d'une part, la mention préimprimée : "1 voix", "10 voix", "100 voix", "1 000 voix" et "10 000 voix" et, d'autre part, les listes de candidats présentes au scrutin. Les bulletins correspondant au nombre de suffrages attribués sont adressés à chacun des électeurs *(Décr. n° 2015-684 du 18 juin 2015, art. 1er)* « par le président du conseil d'administration du service d'incendie et de secours ».

Chaque bulletin de vote est inséré sous double enveloppe : l'enveloppe intérieure ne comporte aucune mention ni signe distinctif ; l'enveloppe extérieure porte la mention : "Élections CASDIS, *(Décr. n° 2015-684 du 18 juin 2015, art. 1er)* « article L. 1424-24-3 » du code général des collectivités territoriales", l'indication du nom, de la qualité et du collège de l'électeur, ainsi que sa signature.

Art. R. 1424-12 L'élection des représentants des sapeurs-pompiers *(Décr. n° 2019-1121 du 31 oct. 2019, art. 2)* « et des fonctionnaires territoriaux du service d'incendie et de secours n'ayant pas la qualité de sapeur-pompier professionnel » à la commission administrative et technique des services d'incendie et de secours, prévue à l'article L. 1424-31, a lieu au scrutin proportionnel au plus fort reste au sein des *(Décr. n° 2019-1121 du 31 oct. 2019, art. 2)* « cinq » collèges électoraux distincts mentionnés aux *(Décr. n° 2019-1121 du 31 oct. 2019, art. 2)* « 2°, 3° et 4° » de l'article R. 1424-18. Elle se tient à la même date que les élections au conseil d'administration prévues à l'article R. 1424-7.

Elle donne, pour chaque collège, au premier candidat titulaire élu dans l'ordre d'inscription sur la liste et à son suppléant, qualité, respectivement comme titulaire et comme suppléant, pour assister au conseil d'administration du service départemental d'incendie et de secours.

Pour être électeurs et éligibles, à la date de l'élection, les sapeurs-pompiers professionnels *(Décr. n° 2019-1121 du 31 oct. 2019, art. 2)* « et les autres fonctionnaires territoriaux du service départemental d'incendie et de secours » doivent être titulaires de leur grade. Leurs représentants sont élus sur des listes présentées par les organisations syndicales représentatives, au sens des articles *(Décr. n° 2022-557 du 14 avr. 2022, art. 1er)* « L. 211-1 et L. 211-2 du code général de la fonction publique ».

(Décr. n° 2009-1224 du 13 oct. 2009, art. 6) « Les sapeurs-pompiers professionnels par ailleurs sapeurs-pompiers volontaires au sein du même service départemental

d'incendie et de secours participent en qualité de candidat ou d'électeur dans le collège des officiers sapeurs-pompiers professionnels ou celui des sapeurs-pompiers professionnels non officiers suivant leur grade aux scrutins prévus pour l'élection des représentants des sapeurs-pompiers professionnels. »

(Décr. n° 2019-1121 du 31 oct. 2019, art. 2) « Les autres fonctionnaires territoriaux du service départemental d'incendie et de secours par ailleurs sapeurs-pompiers volontaires au sein du même service départemental d'incendie et de secours participent en qualité de candidat ou d'électeur au scrutin prévu pour l'élection des représentants des fonctionnaires territoriaux du service départemental d'incendie et de secours. »

(Décr. n° 2009-1124 du 13 oct. 2009, art. 6) « Les listes des électeurs pour chacun des *(Décr. n° 2019-1121 du 31 oct. 2019, art. 2)* « cinq » scrutins sont fixées *(Décr. n° 2015-684 du 18 juin 2015, art. 1er)* « par le président du conseil d'administration du service départemental d'incendie et de secours ». »

(Décr. n° 2019-1121 du 31 oct. 2019, art. 2) « Ces élections ont lieu soit par correspondance, soit par vote électronique selon le choix arrêté par le service départemental d'incendie et de secours pour l'ensemble des collèges.

« Par correspondance, chaque » bulletin de vote est inséré sous double enveloppe : l'enveloppe intérieure ne comporte aucune mention ni signe distinctif ; l'enveloppe extérieure porte la mention : "Élection CASDIS/CATSIS", l'indication du nom, de la qualité et du collège de l'électeur, ainsi que sa signature.

Art. R. 1424-13 Les votes pour les élections prévues aux *(Décr. n° 2015-684 du 18 juin 2015, art. 1er)* « articles R. 1424-11 et R. 1424-12 » sont recensés par une commission comprenant :

a) Le préfet, président, ou son représentant ;

b) Le président du conseil d'administration ou son représentant désigné parmi les membres du conseil ;

c) Deux maires et deux présidents d'établissements publics de coopération intercommunale désignés par les membres du conseil d'administration ;

d) Le directeur départemental des services d'incendie et de secours ou son représentant.

Le secrétariat de la commission est assuré par un fonctionnaire de la préfecture.

Un représentant de chaque liste peut contrôler les opérations de dépouillement des bulletins.

Pour l'élection au scrutin de liste majoritaire, en cas d'égalité de suffrages, l'élection est acquise au bénéfice de la liste dont la moyenne d'âge des candidats est la plus élevée.

Pour l'élection au scrutin de liste proportionnelle, en cas d'égalité de reste pour l'attribution du dernier siège restant à pourvoir, ce siège revient à la liste qui a obtenu le plus grand nombre de suffrages. En cas d'égalité de suffrages, l'élection est acquise au bénéfice du plus âgé des candidats susceptibles d'être élus.

Les résultats sont proclamés, affichés et publiés à la diligence du président de la commission. Ils peuvent être contestés devant le tribunal administratif, dans les dix jours qui suivent leur proclamation, par tout électeur, par tout candidat et par le préfet.

Art. R. 1424-14 Chacun des membres du conseil d'administration ou de la commission administrative et technique des services d'incendie et de secours est élu *(Décr. n° 2015-684 du 18 juin 2015, art. 1er)* « pour six ans », sauf lorsqu'il cesse d'exercer la fonction ou le mandat électif au titre duquel il a été élu.

Art. R. 1424-15 En cas de vacance d'un siège de représentant titulaire du département, des communes, des établissements publics de coopération intercommunale *(Décr. n° 2019-1121 du 31 oct. 2019, art. 3)* « , des sapeurs-pompiers ou des fonctionnaires territoriaux du service d'incendie et de secours n'ayant pas la qualité de sapeur-pompier professionnel », ce titulaire est remplacé par son suppléant, pour la durée du mandat restant à courir.

Lorsque le titulaire ne peut être remplacé par son suppléant ou, à défaut, par son suivant de liste, il est procédé à une élection partielle pour la durée du mandat restant à courir, lorsque celle-ci excède six mois.

§ 2 Fonctionnement du conseil d'administration (R)

Art. R. 1424-16 En application de l'article L. 1424-29, le conseil d'administration règle, par ses délibérations, les affaires relatives à l'administration du service départemental *(Décr. nº 2022-557 du 14 avr. 2022, art. 1er)* « ou territorial » d'incendie et de secours.

Il fixe son règlement intérieur, sur proposition de son président. Ce règlement précise les règles générales d'organisation et de fonctionnement du conseil.

Il se réunit sur convocation de son président. Il ne peut valablement délibérer que lorsque la majorité de ses membres en exercice est présente.

Le préfet peut se faire représenter aux séances du conseil d'administration par un membre du corps préfectoral ou par le directeur des services du cabinet.

Le comptable de l'établissement assiste aux séances.

Un membre présent ne peut disposer que d'une seule procuration.

Art. R. 1424-17 Les délibérations du conseil d'administration sont prises à la majorité absolue des suffrages exprimés, sous réserve des dispositions de l'article L. 1424-29. Le président a voix prépondérante en cas de partage des voix.

Le dispositif de ces délibérations ainsi que les actes du président, qui ont un caractère réglementaire, sont publiés dans un recueil des actes administratifs du service d'incendie et de secours ayant une périodicité au moins semestrielle.

Les frais de déplacement et de séjour supportés par les membres du conseil d'administration à l'occasion des réunions de ce conseil ou de tout organisme dont ils font partie ès qualités sont remboursés dans les conditions prévues par le décret *(Décr. nº 2022-557 du 14 avr. 2022, art. 1er)* « nº 2001-654 du 19 juillet 2001 fixant les conditions et les modalités de règlements des frais occasionnés par les déplacements des personnels des collectivités et établissements publics mentionnés à l'article L. 4 du code général de la fonction publique et abrogeant le décret nº 91-573 du 19 juin 1991 ».

§ 3 Commission administrative et technique des services d'incendie et de secours (R)

Art. R. 1424-18 La commission administrative et technique des services d'incendie et de secours mentionnée à l'article L. 1424-31 comprend *(Décr. nº 2022-557 du 14 avr. 2022, art. 1er)* « , outre les deux référents mentionnés au 3º de cet article » :

1º Le directeur départemental des services d'incendie et de secours ou, en son absence, le directeur départemental adjoint, président ;

2º Deux officiers de sapeurs-pompiers professionnels élus par l'ensemble des officiers de sapeurs-pompiers professionnels en service dans le département et deux officiers de sapeurs-pompiers volontaires, dont un peut être *(Décr. nº 2022-557 du 14 avr. 2022, art. 1er)* « par ailleurs professionnel de santé, vétérinaire *(Décr. nº 2024-1093 du 3 déc. 2024, art. 1er)* « , psychothérapeute » ou expert psychologue », élus par l'ensemble des officiers de sapeurs-pompiers volontaires en service dans le département ;

3º Trois sapeurs-pompiers professionnels non officiers élus par l'ensemble des sapeurs-pompiers professionnels non officiers en service dans le département et trois sapeurs-pompiers volontaires non officiers élus par l'ensemble des sapeurs-pompiers volontaires non officiers en service dans le département ;

(Décr. nº 2019-1121 du 31 oct. 2019, art. 4) « 4º Deux représentants des fonctionnaires territoriaux du service d'incendie et de secours n'ayant pas la qualité de sapeur-pompier professionnel élus par l'ensemble des représentants des fonctionnaires territoriaux du service départemental d'incendie et de secours n'ayant pas la qualité de sapeur-pompier professionnel en service dans le département ;

« 5º Le *(Décr. nº 2022-557 du 14 avr. 2022, art. 1er)* « médecin-chef de la sous-direction santé » ou son représentant. »

En cas d'absence ou d'empêchement, les sapeurs-pompiers *(Décr. nº 2019-1121 du 31 oct. 2019, art. 4)* « et les fonctionnaires territoriaux du service d'incendie et de secours » élus à la commission administrative et technique sont remplacés par leur suppléant élu dans les mêmes conditions et pour la même durée que le membre titulaire.

Les sapeurs-pompiers volontaires qui ont la qualité de fournisseurs ou de prestataires de services du service départemental d'incendie et de secours ne peuvent pas siéger à la commission administrative et technique des services d'incendie et de secours ainsi qu'à la commission des marchés du service d'incendie et de secours.

SOUS-SECTION 2 **Direction du service départemental ou territorial d'incendie et de secours (R)** *(Décr. n° 2001-683 du 30 juill. 2001, art. 3 ; Décr. n° 2022-557 du 14 avr. 2022, art. 1er).*

Art. R. 1424-19 *(Décr. n° 2016-955 du 11 juill. 2016, art. 1er)* La direction du service départemental *(Décr. n° 2022-557 du 14 avr. 2022, art. 1er)* « ou territorial » d'incendie et de secours comprend :

1° Le directeur départemental des services d'incendie et de secours ;

2° Le directeur départemental adjoint des services d'incendie et de secours ;

(Décr. n° 2025-523 du 11 juin 2025, art. 1er) « 3° Les sous-directeurs ; »

« 4° Les chefs de groupements ; »

5° L'officier de sapeurs-pompiers volontaires, référent pour le volontariat.

(Décr. n° 2025-523 du 11 juin 2025, art. 1er) « Ces emplois de la direction du service d'incendie et de secours, à l'exception du référent pour le volontariat sont, en principe, occupés par des officiers de sapeurs-pompiers professionnels.

« Toutefois, lorsque les emplois prévus aux 3° et 4° n'impliquent pas l'exercice complémentaire de fonctions opérationnelles, ils peuvent être occupés par des agents ne relevant pas de cadres d'emplois d'officiers de sapeurs-pompiers professionnels. »

§ 1 Le directeur départemental et le directeur départemental adjoint des services d'incendie et de secours *(Décr. n° 2001-683 du 30 juill. 2001, art. 3).*

Art. R. 1424-19-1 *(Décr. n° 2016-2004 du 30 déc. 2016, art. 2) (Décr. n° 2019-150 du 27 févr. 2019, art. 4)* « Le directeur départemental des services d'incendie et de secours exerce les fonctions de *(Décr. n° 2022-557 du 14 avr. 2022, art. 1er)* « directeur de l'établissement public » et de chef du corps départemental. Il a autorité sur l'ensemble des personnels du service départemental *(Décr. n° 2022-557 du 14 avr. 2022, art. 1er)* « ou territorial » d'incendie et de secours.

(Décr. n° 2022-557 du 14 avr. 2022, art. 1er) « Il est assisté par un directeur départemental adjoint, chef du corps départemental adjoint, qui le seconde ou le supplée, le cas échéant, dans l'ensemble de ses attributions et qui assure l'intérim en cas de vacance momentanée de l'emploi de directeur.

« Il est également assisté par *(Décr. n° 2025-523 du 11 juin 2025, art. 1er)* « les sous-directeurs », les chefs de groupements, de services et de centres d'incendie et de secours.

« Il peut déléguer certaines de ses attributions à son adjoint, *(Décr. n° 2025-523 du 11 juin 2025, art. 1er)* « aux sous-directeurs » ainsi qu'aux chefs de groupements, de services et de centres d'incendie et de secours. »

Art. R. 1424-20 *(Décr. n° 2022-557 du 14 avr. 2022, art. 1er)* Le directeur départemental des services d'incendie et de secours ou son adjoint assurent le commandement des opérations de secours sur l'ensemble du territoire de leur département. Ce commandement peut être délégué dans les conditions prévues à l'article R. 1424-43. Dans ce cadre et pour assurer la mise en œuvre opérationnelle de l'ensemble des moyens prévu*[s]* à l'article L. 1424-33, le directeur départemental des services d'incendie et de secours a autorité sur l'ensemble des personnels des services locaux d'incendie et de secours et dispose des matériels affectés à ceux-ci.

Il peut être chargé, par le directeur des opérations de secours, de mettre en œuvre tout autre moyen public ou privé qui serait mis à sa disposition par cette autorité.

Sous l'autorité du préfet, le directeur départemental exerce également une mission de contrôle et de coordination des personnels et des moyens des services locaux d'incendie et de secours, conformément aux dispositions de l'article L. 1424-33. À ce titre, il peut solliciter l'ensemble des personnels des services locaux d'incendie et de secours et disposer de tous les matériels affectés à ceux-ci.

§ 2 Les sous-directeurs et les chefs de groupement *(Décr. nº 2025-523 du 11 juin 2025, art. 1er)*.

(Décr. nº 2001-683 du 30 juill. 2001, art. 3)

Art. R. 1424-20-1 Placés sous l'autorité du directeur départemental des services d'incendie et de secours, les agents occupant les emplois mentionnés au 3° et au 4° de l'article R. 1424-19 assurent l'encadrement *(Décr. nº 2022-557 du 14 avr. 2022, art. 1er)* « de leurs sous-directions et groupements » dans les conditions définies par le règlement *(Décr. nº 2022-557 du 14 avr. 2022, art. 1er)* « opérationnel mentionné à l'article R. 1424-42 » et par le règlement intérieur prévu à l'article R. 1424-22.

§ 3 L'officier de sapeurs-pompiers volontaires, référent pour le volontariat

(Décr. nº 2016-955 du 11 juill. 2016, art. 2)

Art. R. 1424-20-2 L'officier de sapeurs-pompiers volontaires mentionné au 5° de l'article R. 1424-19 apporte à la direction du service d'incendie et de secours sa connaissance et son expérience du volontariat. Il peut être chargé par le directeur départemental *(Décr. nº 2022-557 du 14 avr. 2022, art. 1er)* « des services d'incendie et de secours » de toute autre mission. À ces titres, il participe aux réunions de la direction du service d'incendie et de secours.

Il détient un grade au plus égal à celui *(Décr. nº 2022-557 du 14 avr. 2022, art. 1er)* « du » directeur départemental adjoint.

SOUS-SECTION 3 **Le référent mixité et lutte contre les discriminations et le référent sûreté et sécurité**

(Décr. nº 2022-1522 du 7 déc. 2022, art. 1er)

Art. D. 1424-20-3 Le référent mixité et lutte contre les discriminations et le référent sûreté et sécurité sont désignés conjointement par le préfet et le président du conseil d'administration du service d'incendie et de secours, pour une durée fixée par ces derniers.

Lorsque la fin du mandat prend fin de manière anticipée, la formation spécialisée du comité social territorial en est informée.

Ils sont choisis, après un appel à candidatures, parmi les sapeurs-pompiers professionnels ainsi que les autres agents publics du service d'incendie et de secours. La quotité de temps de travail consacrée à ces attributions est précisée dans l'arrêté portant désignation ainsi que dans les lettres de mission précisant leurs missions, positionnement et moyens.

Leur désignation ainsi que les informations nécessaires permettant de se mettre en rapport avec ces référents sont portées, par tout moyen, à la connaissance des agents et des sapeurs-pompiers volontaires.

Le service d'incendie et de secours leur assure un accès aux formations adaptées en fonction de leurs missions et de leur profil.

Ces référents rendent compte de leurs missions devant la formation spécialisée du comité social territorial et sont associés à ses travaux.

Art. D. 1424-20-4 Le référent mixité et lutte contre les discriminations assure les missions suivantes :

1° L'information et la réalisation d'actions de sensibilisation des agents et des sapeurs-pompiers volontaires, ainsi que le suivi des formations portant sur le respect du principe d'égalité professionnelle entre les femmes et les hommes ainsi que la promotion de la diversité et la lutte contre les discriminations ;

2° Le conseil aux agents, aux sapeurs-pompiers volontaires et aux services, sur des questions d'ordre général liées aux discriminations et à l'égalité professionnelle ainsi que sur des situations individuelles d'agents ou de sapeurs-pompiers volontaires victimes d'actes de discrimination. Le signalement par un agent ou par un sapeur-pompier volontaire s'estimant victime ou par un témoin est recueilli et traité dans le cadre du dispositif prévu par l'article L. 135-6 du code général de la fonction publique ;

3° La réalisation d'un état des lieux des politiques de promotion de la diversité et de l'égalité professionnelle et de lutte contre les discriminations menées par le service

d'incendie et de secours et le cas échéant, la production de recommandations et la participation à l'élaboration comme à la mise en œuvre d'un plan d'action par l'autorité territoriale ;

4° La participation à l'élaboration du rapport social unique prévu par l'article L. 231-1 du code général de la fonction publique, en particulier concernant ses données relatives à l'égalité professionnelle entre les femmes et les hommes, à la diversité, à la lutte contre les discriminations et au handicap.

Art. D. 1424-20-5 **Le référent sûreté et sécurité assure les missions suivantes :**

1° L'information et la réalisation d'actions de sensibilisation des agents et des sapeurs-pompiers volontaires, ainsi que le suivi des formations portant sur la gestion et les risques d'agressions dont ils peuvent être victimes dans l'exercice de leurs missions ;

2° L'établissement d'un rapport annuel, remis au président du conseil d'administration du service d'incendie et de secours, recensant les agressions ainsi que les suites qui y ont été apportées, et formulant des recommandations en vue de prévenir la survenue de nouvelles agressions ;

3° L'organisation d'actions de prévention de la radicalisation des agents et des sapeurs-pompiers volontaires ;

4° L'échange d'informations utiles avec les services départementaux compétents en lien avec ses missions ;

5° L'assistance aux services de police et de gendarmerie territorialement compétents pour l'analyse de la sécurisation des sites du service d'incendie et de secours.

SOUS-SECTION 4 **Corps départemental de sapeurs-pompiers (R)** *(Décr. n° 2022-1522 du 7 déc. 2022, art. 2).*

Art. R. 1424-21 *(Décr. n° 2022-557 du 14 avr. 2022, art. 1er)* **Les officiers du corps départemental, à l'exception de ceux mentionnés à l'alinéa suivant, sont nommés, dans leurs grades, emplois ou fonctions, par arrêté conjoint du préfet et du président du conseil d'administration du service d'incendie et de secours, sur proposition du directeur départemental, chef de corps.**

Les officiers relevant du cadre d'emplois de conception et de direction des sapeurs-pompiers professionnels sont nommés, dans leurs grades, emplois ou fonctions, par arrêté conjoint du ministre chargé de la sécurité civile et du président du conseil d'administration.

Lorsqu'ils ne sont pas officiers, les chefs de centre d'incendie et de secours sont également nommés par arrêté conjoint du préfet et du président du conseil d'administration, sur proposition du directeur départemental, chef de corps.

Art. R. 1424-22 **Un règlement intérieur fixe les modalités de fonctionnement du** *(Décr. n° 2022-557 du 14 avr. 2022, art. 1er)* **« service d'incendie et de secours ainsi que » les obligations de service** *(Décr. n° 2022-557 du 14 avr. 2022, art. 1er)* **« des sapeurs-pompiers du corps départemental et des agents du service n'ayant pas la qualité de sapeur-pompier professionnel ».**

Le président du conseil d'administration saisit pour avis :

– le comité *(Décr. n° 2021-571 du 10 mai 2021, art. 105)* **« social territorial pour les dispositions propres aux fonctionnaires » ;**

– le comité consultatif départemental des sapeurs-pompiers volontaires pour les dispositions propres aux sapeurs-pompiers volontaires ;

– la commission administrative et technique des services d'incendie et de secours pour les dispositions communes à tous les sapeurs-pompiers *(Décr. n° 2022-557 du 14 avr. 2022, art. 1er)* **« ainsi qu'aux fonctionnaires territoriaux du service d'incendie et de secours n'ayant pas la qualité de sapeur-pompier professionnel ».**

Le président arrête le règlement intérieur après délibération du conseil d'administration.

Art. R. 1424-23 **Un comité consultatif** *(Décr. n° 2024-1093 du 3 déc. 2024, art. 1er)* **« départemental » des sapeurs-pompiers volontaires, propre à l'ensemble des sapeurs-pompiers volontaires du corps départemental, dont les modalités de fonctionnement sont fixées par arrêté du ministre** *(Décr. n° 2022-557 du 14 avr. 2022, art. 1er)*

« chargé de la sécurité civile », est créé auprès du service départemental *(Décr. n° 2022-557 du 14 avr. 2022, art. 1er)* « ou territorial » d'incendie et de secours. *(Abrogé par Décr. n° 2024-1093 du 3 déc. 2024, art. 1er) (Décr. n° 2015-684 du 18 juin 2015, art. 1er) « Les élections au comité consultatif des sapeurs-pompiers volontaires sont organisées par le président du service. » (Décr. n° 2020-144 du 20 févr. 2020, art. 23) Elles ont lieu soit par correspondance, soit par vote électronique selon le choix arrêté par ce dernier. » »*

(Décr. n° 2024-1093 du 3 déc. 2024, art. 1er) « Il est présidé par le président du conseil d'administration du service d'incendie et de secours et comprend un nombre égal de représentants de l'administration et de représentants élus des sapeurs-pompiers volontaires du corps départemental.

« Les élections à ce comité consultatif, organisées par le service d'incendie et de secours, ont lieu soit par correspondance, soit par vote électronique selon le choix arrêté par ce dernier.

« La composition ainsi que les modalités de désignation et de fonctionnement du comité consultatif départemental des sapeurs-pompiers volontaires sont fixées par arrêté du ministre chargé de la sécurité civile. »

Art. R. 1424-23-1 *(Décr. n° 2012-526 du 20 avr. 2012)* Le nombre des officiers et sous-officiers de sapeurs-pompiers professionnels du corps départemental est déterminé à partir d'un effectif de référence fixé au 31 décembre de l'année précédente comprenant les sapeurs-pompiers professionnels ainsi que les sapeurs-pompiers volontaires du service départemental *(Décr. n° 2022-557 du 14 avr. 2022, art. 1er)* « ou territorial » d'incendie et de secours dans la limite du double du nombre des sapeurs-pompiers professionnels, dans les conditions suivantes :

1° Un lieutenant-colonel pour au moins 900 sapeurs-pompiers ;

2° Un commandant pour au moins 300 sapeurs-pompiers ;

3° Un capitaine pour au moins 60 sapeurs-pompiers ;

4° Un lieutenant pour au moins 20 sapeurs-pompiers ;

5° Un sous-officier pour au moins 4 sapeurs-pompiers non officiers.

Art. R. 1424-23-2 *(Décr. n° 2001-683 du 30 juill. 2001, art. 4)* Aux officiers et sous-officiers dont le nombre est déterminé par l'article précédent s'ajoutent les officiers en fonction dans les *(Décr. n° 2025-523 du 11 juin 2025, art. 1er)* « sous-directions et les » groupements dont le nombre maximum est fixé par arrêté conjoint du ministre *(Décr. n° 2022-557 du 14 avr. 2022, art. 1er)* « chargé de la sécurité civile », du ministre chargé du budget et du ministre chargé de la fonction publique.

Art. R. 1424-23-3 *(Décr. n° 2025-523 du 11 juin 2025, art. 1er)* Le nombre d'officiers de sapeurs-pompiers professionnels occupant les emplois de la direction du service d'incendie et de secours mentionnés à l'article R. 1424-19 s'ajoute aux effectifs définis aux articles R. 1424-23-1 et R. 1424-23-2.

SOUS-SECTION 5 **Sous-direction santé** *(Décr. n° 2022-1522 du 7 déc. 2022, art. 2).*

Art. R. 1424-24 *(Décr. n° 2025-524 du 11 juin 2025, art. 1er)* La sous-direction santé exerce principalement les missions suivantes :

1° La conduite, par son service de santé et de secours médical, de la réponse opérationnelle des professionnels de santé, des vétérinaires, des psychothérapeutes et experts psychologues, lors des opérations de secours, dans le cadre des plans de secours et lors de gestion de crises, visant à :

a) La médicalisation ou la paramédicalisation de la prise en charge de victimes, le concours à l'aide médicale urgente et l'organisation de la réponse aux interventions impliquant des animaux, selon les modalités définies par le règlement opérationnel mentionné à l'articles R. 1424-42 ;

b) L'organisation du soutien médical, paramédical, psychologique au bénéfice des sapeurs-pompiers ou, le cas échéant, vétérinaire au bénéfice des animaux du service lors de leurs interventions ;

c) La coordination des équipes de soins ;

d) La contribution à l'élaboration de la doctrine opérationnelle départementale et des plans de secours comportant une composante santé ;

2° L'organisation de l'activité pharmaceutique et biomédicale :

a) À usage intérieur, pour répondre aux besoins des opérations de secours, de la médecine d'aptitude, préventive et de soins, au profit des sapeurs-pompiers et des agents du service d'incendie et de secours ;

b) De gestion de l'équipement biomédical et médico-secouriste ;

3° L'organisation de l'activité vétérinaire en :

a) Coordonnant l'approvisionnement en matériel, produits et médicaments vétérinaires nécessaires au service d'incendie et de secours ;

b) Pilotant les actions en matière de sécurité sanitaire des aliments et d'hygiène alimentaire pour les personnels ;

4° L'appréciation des conditions de santé particulières exigées pour l'exercice des fonctions des sapeurs-pompiers et la participation à l'organisation de la surveillance médicale des agents du service d'incendie et de secours ;

5° La contribution aux actions de formation, de prévention ainsi qu'aux missions relatives à l'hygiène, à la sécurité, aux conditions de travail et à la qualité de vie en service en :

a) Participant à la conception et à la réalisation des formations des sapeurs-pompiers, notamment des professionnels de santé, psychothérapeutes, psychologues et vétérinaires ;

b) Participant à l'élaboration des politiques "hygiène, sécurité et conditions de travail" et "santé, sécurité, qualité de vie en service" du service d'incendie et de secours ;

6° Le conseil et l'expertise du service d'incendie et de secours dans les domaines de la santé et la participation à sa représentation notamment auprès de ses partenaires santé en :

a) Contribuant à l'amélioration continue des pratiques professionnelles et en veillant à la traçabilité des actes de soins ;

b) Contribuant à la définition et à la mise en œuvre des politiques territoriales en lien avec la santé, en relation avec les services en charge de ces politiques.

Art. R. 1424-25 *(Décr. n° 2022-557 du 14 avr. 2022, art. 1er)* « La sous-direction santé comprend notamment *(Décr. n° 2025-524 du 11 juin 2025, art. 1er)* « des sapeurs-pompiers professionnels et volontaires, » des infirmiers, médecins, pharmaciens et vétérinaires ainsi que, le cas échéant, *(Décr. n° 2025-524 du 11 juin 2025, art. 1er)* « des agents d'autres filières. Elle peut, en outre, comprendre des psychothérapeutes, » des experts psychologues et des professionnels de santé experts de sapeurs-pompiers volontaires recrutés selon les modalités prévues à l'article R. 723-90 du code de la sécurité intérieure. »

(Abrogé par Décr. n° 2025-524 du 11 juin 2025, art. 1er) ***« Aux côtés du médecin-chef, les effectifs de la sous-direction santé peuvent en outre comprendre :***

« — un emploi de médecin-chef adjoint qui *(Décr. n° 2022-557 du 14 avr. 2022, art. 1er)* ***« peut être complété » par un ou des emplois de médecin, à raison d'un emploi pour 150 sapeurs-pompiers professionnels ou pour 1 000 sapeurs-pompiers volontaires ;***

« — un ou des emplois d'infirmier, en nombre au plus égal à celui des médecins, calculé comme indiqué ci-dessus ;

« — un ou des emplois de pharmacien dont l'un est affecté à la gérance d'une pharmacie à usage intérieur créée pour les fins et dans les conditions prévues *(Décr. n° 2019-489 du 21 mai 2019, art. 2)* ***« à l'article L. 5126-1 » du code de la santé publique. »***

En vertu de l'art. R. 1424-25, la proposition établie par la commission nationale chargée de régler la situation des personnels et des biens transférés aux services départementaux d'incendie et de secours est transmise par le préfet à la commune concernée qui peut formuler par écrit toutes observations dans un délai de deux mois à compter de la date de cette transmission. Il résulte de ces dispositions que la commission nationale ne peut, sous peine d'entacher d'irrégularité la procédure, prendre sa décision alors que le délai de deux mois n'est pas expiré et que la commune n'a pas formulé ses observations sur la proposition qui lui a été transmise. • CE 18 oct. 2002, *Cne de Saint-Girons,* n° 235239 B : *BJCL 2002. 500, concl. Austry ; AJDA 2003. 287, note Degoffe.*

Art. R. 1424-26 Sous l'autorité du directeur départemental des services d'incendie et de secours, le médecin-chef dirige *(Décr. n° 2022-557 du 14 avr. 2022, art. 1er)* « la sous-direction santé » et conseille les autorités des services d'incendie et de secours. *(Abrogé par Décr. n° 2025-524 du 11 juin 2025, art. 1er)* ***« Par dérogation à l'article***

R. 1424-19 du présent code, un médecin recruté sur contrat peut occuper l'emploi de médecin-chef sous réserve qu'il ait préalablement suivi la formation (*Décr. n° 2022-557 du 14 avr. 2022, art. 1er*) *« de professionnalisation » de chefferie. »* (*Décr. n° 2025-524 du 11 juin 2025, art. 1er*) **« Il » peut être assisté par un médecin-chef adjoint** (*Décr. n° 2025-524 du 11 juin 2025, art. 1er*) **« qui le seconde ou le supplée, le cas échéant, dans l'ensemble de ses attributions, par un pharmacien-chef et, le cas échéant, par un vétérinaire-chef et un infirmier-chef.**

« Les effectifs de la sous-direction santé peuvent en outre comprendre :

« – des emplois de médecins ;

« – un emploi de pharmacien gérant de la pharmacie à usage intérieur et des emplois de pharmaciens ;

« – des emplois d'infirmiers et de cadres de santé.

« Le médecin-chef et, lorsque ces emplois sont créés, le médecin-chef adjoint, le pharmacien-chef ainsi que l'infirmier-chef sont des sapeurs-pompiers professionnels dont le grade minimum est défini par les dispositions statutaires les concernant.

« Ces mêmes emplois peuvent être occupés par des professionnels de santé contractuels ou mis à disposition d'un niveau d'ancienneté et de titres équivalents, sous réserve qu'ils effectuent, dans l'année qui suit leur recrutement, la formation d'intégration ou de professionnalisation requise pour les sapeurs-pompiers professionnels les exerçant. »

Art. R. 1424-27 **Il est créé une commission consultative** (*Décr. n° 2022-557 du 14 avr. 2022, art. 1er*) **« de la sous-direction santé », présidée par le médecin-chef. Cette commission comprend le médecin-chef adjoint, le pharmacien-chef** (*Décr. n° 2022-557 du 14 avr. 2022, art. 1er*) **« , l'infirmier-chef », deux médecins, un pharmacien et deux infirmiers. Elle comprend en outre le vétérinaire-chef ou, à défaut, un vétérinaire.**

La commission consultative donne son avis sur les questions dont elle est saisie par son président ou par le directeur départemental des services d'incendie et de secours.

Nouvel art. R. 1424-27 (*Décr. n° 2025-330 du 10 avr. 2025, art. 1er, en vigueur le 1er janv. 2026*) ***La commission consultative de la sous-direction santé donne son avis sur les questions dont elle est saisie par son président ou par le directeur départemental des services d'incendie et de secours.***

Cette commission est présidée par le médecin-chef et comprend le médecin-chef adjoint, le pharmacien-chef, l'infirmier-chef, deux médecins, un pharmacien et deux infirmiers, désignés par le directeur départemental des services d'incendie et de secours sur proposition du médecin-chef de la sous-direction santé. Elle comprend en outre, le cas échéant, le vétérinaire-chef et un vétérinaire. Des suppléants peuvent être désignés dans les mêmes conditions.

Art. R. 1424-28 (*Abrogé par Décr. n° 2025-330 du 10 avr. 2025, art. 1er, à compter du 1er janv. 2026*) ***Il est créé, auprès*** (*Décr. n° 2022-557 du 14 avr. 2022, art. 1er*) ***« de la sous-direction santé », une commission d'aptitude aux fonctions de sapeur-pompier volontaire, dont les membres sont les médecins siégeant à la commission consultative prévue à l'article R. 1424-27. Cette commission est présidée par le médecin-chef. La commission peut être saisie pour avis par les médecins sapeurs-pompiers et par le médecin-chef de toute question relative*** (*Décr. n° 2022-557 du 14 avr. 2022, art. 1er*) ***« aux conditions de santé particulières » de sapeurs-pompiers volontaires. La commission peut faire appel à des experts. Le sapeur-pompier dont la situation est examinée peut se faire entendre par la commission, accompagné d'une ou deux personnes de son choix.***

SOUS-SECTION 6 **Organisation comptable et financière du service départemental ou territorial d'incendie et de secours (R)** (*Décr. n° 2022-1522 du 7 déc. 2022, art. 2*).

Art. R. 1424-29 **Le budget du service départemental** (*Décr. n° 2022-557 du 14 avr. 2022, art. 1er*) **« ou territorial » d'incendie et de secours comprend une section d'investissement et une section de fonctionnement. La section d'investissement peut comprendre des autorisations de programme et des crédits de paiement. Chaque section est divisée en chapitres et articles conformément aux règles fixées par un arrêté du ministre** (*Décr. n° 2022-557 du 14 avr. 2022, art. 1er*) **« chargé de la sécurité civile » et du ministre chargé du budget.**

La comptabilité est organisée conformément au *(Décr. nº 2012-1247 du 7 nov. 2012, art. 12)* « décret nº 2012-1246 du 7 novembre 2012 relatif à la gestion budgétaire et comptable publique » *[V.* **CJF** *]*. Un arrêté conjoint du ministre *(Décr. nº 2022-557 du 14 avr. 2022, art. 1er)* « chargé de la sécurité civile », du ministre chargé du budget et du ministre chargé des collectivités locales fixe la nomenclature des comptes.

Le comptable de l'établissement est un *(Décr. nº 2014-551 du 27 mai 2014, art. 3)* « comptable de la direction générale des finances publiques ».

Le conseil d'administration détermine la durée de l'amortissement des biens meubles et immeubles dans les conditions définies par les instructions budgétaires et comptables.

Le conseil d'administration peut créer, au sein de l'établissement public, des régies d'avances et de recettes.

Art. R. 1424-30 Les recettes du service départemental *(Décr. nº 2022-557 du 14 avr. 2022, art. 1er)* « ou territorial » d'incendie et de secours sont constituées notamment par :

1º Les contributions annuelles du département, des communes et des établissements publics de coopération intercommunale compétents en matière de secours et de lutte contre l'incendie, y compris les contributions liées à l'application du premier alinéa de l'article L. 1424-41 ;

2º Les subventions, fonds de concours, dotations et participations des Communautés européennes, de l'État, des collectivités territoriales et des établissements publics ;

3º Le produit des emprunts ;

4º Les dotations aux amortissements des biens meubles et immeubles ;

5º Les reprises sur amortissements et provisions ;

6º Les autres opérations d'ordre ;

7º Les remboursements pour services faits et les participations diverses ;

8º Les dons et legs ;

9º Le cas échéant, le remboursement par les communes et les établissements publics de coopération intercommunale concernés des montants versés au titre de l'allocation de vétérance et des frais de formation des sapeurs-pompiers volontaires relevant d'un corps communal ou intercommunal ;

10º Le cas échéant, le remboursement par les communes et les établissements publics de coopération intercommunale concernés des avantages prévus par le deuxième alinéa de l'article L. 1424-41.

Art. R. 1424-31 Les dépenses du service départemental *(Décr. nº 2022-557 du 14 avr. 2022, art. 1er)* « ou territorial » d'incendie et de secours comprennent notamment :

1º Les dépenses d'organisation et de fonctionnement du service ;

2º Le remboursement des emprunts et les frais accessoires à ces opérations ;

3º Les dépenses relatives aux personnels et les indemnités diverses prévues par la réglementation en vigueur, notamment les dépenses liées à l'application de l'article L. 1424-41, les frais d'assistance juridique, les subventions ou garanties accordées aux comités des œuvres sociales et, le cas échéant, à des associations dont l'objet est utile aux services d'incendie et de secours ;

4º Les dépenses relatives aux sapeurs-pompiers volontaires relevant du corps départemental ;

5º Les frais d'achat, de location et d'entretien des matériels de secours et de lutte contre l'incendie ainsi que de leurs accessoires ;

6º Les dépenses d'acquisition ou de construction de locaux affectés aux services d'incendie et de secours ou, à défaut, le loyer, les charges locatives et les frais de gestion administrative de ces locaux ;

7º Les frais d'équipement, d'entretien et de fonctionnement des locaux affectés aux services d'incendie et de secours ;

8º Les dépenses d'acquisition, de location, de gestion et d'entretien par le service départemental *(Décr. nº 2022-557 du 14 avr. 2022, art. 1er)* « ou territorial » des matériels susceptibles d'être mis à la disposition des communes et des établissements publics de coopération intercommunale qui disposent d'un corps de sapeurs-pompiers ;

9º L'amortissement des biens meubles et immeubles autres que les terrains et des immobilisations incorporelles ;

10° Les provisions pour risques et charges et pour dépréciations ;

11° Les autres opérations d'ordre ;

12° Les dépenses relatives à l'allocation de vétérance, et, le cas échéant, les frais de formation des sapeurs-pompiers volontaires relevant d'un *(Décr. n° 2022-557 du 14 avr. 2022, art. 1er)* « service local d'incendie et de secours » ;

13° Le cas échéant, le remboursement, aux communes et aux établissements publics de coopération intercommunale compétents en matière de secours et de lutte contre l'incendie, des dépenses occasionnées lors de leurs interventions, en application de directives du service départemental *(Décr. n° 2022-557 du 14 avr. 2022, art. 1er)* « ou territorial ».

Art. R. 1424-31-1 *(Décr. n° 2023-922 du 6 oct. 2023, art. 1er)* La composition et les modalités de fonctionnement de la commission de conciliation paritaire mentionnée au I de l'article L. 1424-42, ainsi que les conditions de recours amiable relatifs aux carences ambulancières définies au I du même article, sont fixées aux articles R. 6313-7-2 à R. 6313-7-6 du code de la santé publique.

Art. R. 1424-32 En application du *(Décr. n° 2017-1777 du 27 déc. 2017, art. 9)* « dernier » alinéa de l'article L. 1424-35, lorsque le conseil d'administration n'a pas fixé le montant prévisionnel des recettes du service départemental *(Décr. n° 2022-557 du 14 avr. 2022, art. 1er)* « ou territorial » d'incendie et de secours le *(Décr. n° 2017-1777 du 27 déc. 2017, art. 9)* « 15 décembre » de l'année précédant l'exercice, celui-ci est égal, compte tenu, le cas échéant, des opérations de transfert intervenues dans l'année, au montant des contributions de ces collectivités et établissements publics constatées dans le dernier compte administratif connu, corrigé par l'évolution, à cette date, du dernier indice INSEE de la moyenne annuelle des prix à la consommation et augmenté des dépenses liées au glissement vieillesse-technicité.

Lorsque, le *(Décr. n° 2017-1777 du 27 déc. 2017, art. 9)* « 1er janvier de l'année en cause », aucune délibération du conseil d'administration ne permet de fixer les modalités de calcul des contributions du département, des communes et des établissements publics de coopération intercommunale, la contribution de ces collectivités et établissements au montant prévisionnel des recettes est répartie dans les conditions suivantes :

La contribution de chaque commune et de chaque établissement public de coopération intercommunale est égale :

a) Pour 80 % de son montant à la part de la commune ou de l'établissement public de coopération intercommunale dans le total des contributions des communes et des établissements publics de coopération intercommunale constaté dans le dernier compte administratif du service départemental d'incendie et de secours, corrigé, le cas échéant, pour tenir compte des opérations de transfert intervenues dans l'année ;

b) Pour 20 % de son montant, au produit de la population par l'écart relatif entre le potentiel fiscal moyen par habitant de l'ensemble des communes du même groupe démographique et le potentiel fiscal par habitant de la commune ou de l'établissement public de coopération intercommunale.

Le potentiel fiscal par habitant est calculé par application des dispositions de l'article L. 2334-4. Pour les établissements publics de coopération intercommunale, le potentiel fiscal par habitant est égal au rapport entre la moyenne des potentiels fiscaux des communes membres et la population moyenne de ces communes.

Ces données s'apprécient au 1er janvier de l'année précédant l'exercice au titre duquel est calculée la contribution, à l'exception de la population calculée dans les conditions prévues à l'article L. 2334-2.

Les communes sont classées par groupes démographiques déterminés en fonction de l'importance de leur population. Les groupes démographiques sont définis conformément à l'article L. 2334-3.

Les établissements publics de coopération intercommunale sont classés de la façon définie à l'alinéa précédent en fonction de la population moyenne de leurs communes membres.

Art. R. 1424-32-1 *(Décr. n° 2003-1004 du 21 oct. 2003, art. 7)* Sont applicables aux finances des services départementaux *(Décr. n° 2022-557 du 14 avr. 2022, art. 1er)* « et territoriaux » d'incendie et de secours les dispositions des articles R. 3311-1 à

R. 3311-3, R. 3312-3 à R. 3312-11, R. 3313-7, R. 3321-3, R. 3335-1 et R. 3341-1 à R. 3341-2-1.

Art. D. 1424-32-2 *(Décr. nº 2003-1005 du 21 oct. 2003, art. 5)* **Sont applicables aux finances des services départementaux** *(Décr. nº 2022-557 du 14 avr. 2022, art. 1er)* **« et territoriaux » d'incendie et de secours les dispositions de l'article D. 3311-4 à l'exception des sixième, seizième, dix-septième, dix-huitième et dix-neuvième alinéas, des articles D. 3311-5, D. 3321-1 et D. 3321-2, D. 3332-3 et D. 3342-1 à D. 3342-13.**

SOUS-SECTION 7 **Fonds d'aide à l'investissement des services départementaux et territoriaux d'incendie et de secours** *(Décr. nº 2022-1522 du 7 déc. 2022, art. 2).*

(Décr. nº 2003-883 du 16 sept. 2003, art. 1er)

Art. D. 1424-32-3 *(Décr. nº 2005-623 du 30 mai 2005, art. 1er)* **« Les subventions du fonds d'aide à l'investissement prévu à l'article L. 1424-36-1 sont réparties chaque année entre les services départementaux** *(Décr. nº 2022-557 du 14 avr. 2022, art. 1er)* **« et territoriaux » d'incendie et de secours et la commune de Marseille sur la base d'un montant établi, dans les départements métropolitains, par zone de défense** *(Décr. nº 2022-557 du 14 avr. 2022, art. 1er)* **« et de sécurité » et, dans les départements d'outre-mer, par département. Cette répartition tient compte, à compter du 1er janvier 2005, de la subvention à verser au service d'incendie et de secours du Département de Mayotte, conformément aux dispositions de l'article** *(Décr. nº 2011-346 du 28 mars 2011, art. 1er)* **« L. 1711-4 ». »**

Le montant des crédits affecté à chaque zone de défense *(Décr. nº 2022-557 du 14 avr. 2022, art. 1er)* **« et de sécurité » est fixé en fonction de la population des départements composant chaque zone, définie selon les modalités fixées à l'article L. 3334-2, après prise en compte, le cas échéant, d'une réserve destinée à soutenir des opérations d'intérêt national.**

Pour la zone de défense *(Décr. nº 2022-557 du 14 avr. 2022, art. 1er)* **« et de sécurité » de Paris, seule la population des départements de Seine-et-Marne, des Yvelines, de l'Essonne et du Val-d'Oise est prise en compte.**

Art. D. 1424-32-4 **Peuvent bénéficier des subventions du fonds d'aide à l'investissement les opérations concernant les équipements et matériels préconisés par l'administration centrale et présentant un intérêt national, zonal ou départemental, appartenant aux catégories suivantes :**

— équipements et matériels de lutte contre les feux de structure ;

— équipements et matériels de lutte contre les feux d'espaces naturels et d'intervention pour la protection de l'environnement ;

— équipements et matériels de lutte contre les risques technologiques, nucléaires, radiologiques, biologiques et chimiques ;

— équipements et matériels d'intervention pour le secours à personnes ;

— équipements et matériels d'aide au commandement ;

— équipements et matériels d'appui à la formation ;

— équipements et matériels informatiques et de transmissions ;

— études concernant ces équipements et matériels.

Art. D. 1424-32-5 **Le taux minimum de subvention ne peut être inférieur à 20 % du montant prévisionnel hors taxe de la dépense subventionnable. Le taux maximum de subvention ne peut être supérieur à 60 % de ce montant, ou du montant définitif de l'opération dans le cas prévu au deuxième alinéa du I de l'article D. 1424-32-10.**

Toutefois, dans le cas d'une opération présentée par un service d'incendie et de secours et revêtant un intérêt zonal ou interdépartemental, ou d'une opération destinée à rattraper un retard important en équipement, la limite supérieure peut être portée à 70 %.

Le fonds d'aide à l'investissement ne peut avoir pour effet de porter le montant des aides publiques directes au-delà du plafond prévu *(Décr. nº 2022-557 du 14 avr. 2022, art. 1er)* **« au III » de l'article 10 du décret** *(Décr. nº 2022-557 du 14 avr. 2022, art. 1er)* **« nº 2018-514 du 25 juin 2018 » modifié relatif aux subventions de l'État pour des projets d'investissement.**

Art. D. 1424-32-6 La commission instituée au II de l'article L. 1424-36-1 susvisé est présidée par le préfet de zone de défense *(Décr. n° 2022-557 du 14 avr. 2022, art. 1er)* « et de sécurité », ou, en son absence, par le préfet délégué pour la *(Décr. n° 2022-557 du 14 avr. 2022, art. 1er)* « défense et la sécurité » placé auprès de lui. Pour la zone de défense *(Décr. n° 2022-557 du 14 avr. 2022, art. 1er)* « et de sécurité » de Paris, elle est présidée par le préfet de police ou, en son absence, par le préfet, directeur de cabinet du préfet de police.

La commission est composée des présidents des conseils d'administration des services d'incendie et de secours de la zone ou de leur représentant.

Le secrétariat de la commission est assuré par l'état-major de zone ou, à défaut, par les services de la préfecture siège de la zone de défense *(Décr. n° 2022-557 du 14 avr. 2022, art. 1er)* « et de sécurité », et, à Paris, par le secrétariat général de zone de défense *(Décr. n° 2022-557 du 14 avr. 2022, art. 1er)* « et de sécurité ».

Art. D. 1424-32-7 *(Décr. n° 2005-623 du 30 mai 2005, art. 2)* « La demande de subvention est adressée par le président du conseil d'administration du service d'incendie et de secours ou par le maire de Marseille, au préfet du département. » Elle est accompagnée :

1° D'une note explicative précisant l'objet de l'opération, sa durée estimée, son coût prévisionnel global ainsi que le montant de la subvention sollicitée ;

2° De la délibération du conseil d'administration du service d'incendie et de secours *(Décr. n° 2005-623 du 30 mai 2005, art. 2)* « ou du conseil municipal de Marseille » adoptant l'opération et arrêtant ses modalités de financement ;

3° Du plan de financement prévisionnel précisant l'origine ainsi que le montant des moyens financiers sollicités et incluant, le cas échéant, les décisions accordant les aides déjà obtenues ;

4° De l'échéancier de réalisation de l'opération et des dépenses ;

5° D'une attestation de non-commencement de l'opération et d'engagement à ne pas en commencer l'exécution avant que le dossier ne soit déclaré ou réputé complet.

Art. D. 1424-32-8 *(Décr. n° 2022-557 du 14 avr. 2022, art. 1er)* Les demandes de subvention sont instruites selon la procédure et les délais prévus par le décret n° 2018-514 du 25 juin 2018 relatif aux subventions de l'État pour des projets d'investissement.

Art. D. 1424-32-9 Les autorisations de programme sont affectées et notifiées aux préfets de département par le ministre chargé de la sécurité civile au vu de la liste annuelle des opérations à subventionner établie par le préfet de zone de défense *(Décr. n° 2022-557 du 14 avr. 2022, art. 1er)* « et de sécurité », conformément aux critères fixés par la commission instituée au II de l'article L. 1424-36-1 susvisé.

Art. D. 1424-32-10 I. — Le montant de la subvention est calculé par application du taux de subvention figurant dans l'arrêté attributif au montant hors taxe de la dépense réelle, plafonné au montant prévisionnel hors taxe de la dépense subventionnable. Ce taux ainsi que la nature de la dépense ne peuvent être modifiés par rapport à l'arrêté attributif initial.

Par dérogation à l'alinéa précédent, le taux de subvention peut s'appliquer au montant hors taxe de la dépense réelle non plafonné lorsque des sujétions imprévisibles par le bénéficiaire et tenant à une modification de la réglementation conduisent à une profonde remise en cause du coût prévisionnel. Le complément de subvention fait l'objet d'un nouvel arrêté.

II. — Une avance représentant 20 % du montant prévisionnel de la subvention est versée au vu du document informant le préfet de département du commencement d'exécution de l'opération, ou dans le cas d'un commencement anticipé, lors de la notification de l'arrêté attributif.

III. — Des acomptes, n'excédant pas au total 80 % du montant prévisionnel de la subvention, peuvent être versés en fonction de l'avancement de l'opération, au vu des pièces justificatives des paiements effectués par les services départementaux *(Décr. n° 2022-557 du 14 avr. 2022, art. 1er)* « et territoriaux » d'incendie et de secours *(Décr. n° 2005-623 du 30 mai 2005, art. 3)* « ou par la commune de Marseille ».

IV. – Le solde de la subvention est versé après transmission des pièces justificatives des paiements effectués par l'établissement public qui doivent être accompagnées d'un certificat signé par le président du conseil d'administration *(Décr. n° 2005-623 du 30 mai 2005, art. 3)* « ou par le maire de Marseille » attestant de l'achèvement de l'opération ainsi que de la conformité de ses caractéristiques par rapport à l'arrêté attributif et mentionnant le coût final de l'opération ainsi que ses modalités définitives de financement.

Art. D. 1424-32-11 Le préfet de département demande le reversement total ou partiel de la subvention dans les cas prévus par l'article 15 du décret n° 99-1060 du 16 décembre 1999.

SECTION 2 **Services locaux d'incendie et de secours** *(Décr. n° 2022-557 du 14 avr. 2022, art. 1er).*

Art. R. 1424-33 *(Décr. n° 2022-557 du 14 avr. 2022, art. 1er)* Les services locaux d'incendie et de secours, organisés en centres de première intervention chargés principalement des missions de secours, relèvent des communes ou des établissements publics de coopération intercommunale disposant d'un corps communal ou intercommunal de sapeurs-pompiers.

Ils comprennent des sapeurs-pompiers volontaires qui, soumis à des règles spécifiques fixées en application de l'article 23 de la loi n° 96-370 du 3 mai 1996 relative au développement du volontariat dans les corps de sapeurs-pompiers, ne peuvent exercer cette activité à temps complet.

Chaque centre de première intervention dispose d'un effectif lui permettant, au minimum, d'assurer un départ en intervention.

Art. R. 1424-33-1 *(Décr. n° 2022-557 du 14 avr. 2022, art. 1er)* Il est institué, auprès de la commune ou de l'établissement public de coopération intercommunale dont relève le service local d'incendie et de secours, un comité consultatif communal ou intercommunal des sapeurs-pompiers volontaires qui exerce les attributions prévues à l'article R. 723-75 du code de la sécurité intérieure.

Art. R. 1424-34 Les communes et les établissements publics de coopération intercommunale qui disposent d'un corps de sapeurs-pompiers desservant un centre de première intervention conservent à leur charge les dépenses relatives aux sapeurs-pompiers volontaires relevant du corps communal ou intercommunal. – *[Décr. n° 97-1225 du 26 déc. 1997, art. 34.]*

Art. R. 1424-35 Les corps communaux ou intercommunaux de sapeurs-pompiers *(Décr. n° 2022-557 du 14 avr. 2022, art. 1er)* « des services locaux d'incendie et de secours » sont placés sous l'autorité d'un chef de corps.

(Décr. n° 2022-557 du 14 avr. 2022, art. 1er) « Les centres de première intervention sont placés sous l'autorité d'un chef de centre. »

Les sapeurs-pompiers volontaires chefs de corps, chefs de centre ou officiers sont nommés par arrêté conjoint du préfet et du maire ou du président de l'établissement public de coopération intercommunale concerné, après avis du directeur départemental des services d'incendie et de secours.

Un règlement intérieur fixe les modalités de fonctionnement du *(Décr. n° 2022-557 du 14 avr. 2022, art. 1er)* « service local d'incendie et de secours », sous réserve des dispositions du règlement opérationnel établi par le préfet. Le règlement est arrêté par l'autorité territoriale après avis du directeur départemental des services d'incendie et de secours et du comité consultatif communal ou intercommunal.

Le directeur départemental des services d'incendie et de secours veille au bon fonctionnement des corps communaux ou intercommunaux et propose aux autorités compétentes toute mesure qu'il juge utile.

Art. R. 1424-36 Un centre de première intervention communal ou intercommunal peut être créé par arrêté préfectoral, si l'organe délibérant de la commune ou de l'établissement public de coopération intercommunale le demande, après avis conforme du conseil d'administration du service d'incendie et de secours. La nécessité de cette création doit être constatée par le schéma départemental d'analyse et de couverture des risques.

Art. R. 1424-37 En cas de négligences graves ou de difficultés de fonctionnement constatées dans un corps communal ou intercommunal de sapeurs-pompiers, le préfet peut dissoudre le corps par arrêté pris après avis du directeur départemental des services d'incendie et de secours et de l'organe délibérant de la commune ou de l'établissement public de coopération intercommunale. Cet arrêté précise les conditions de réorganisation du corps et les dispositions nécessaires pour assurer les secours jusqu'à cette réorganisation.

En cas de rattachement au corps départemental des sapeurs-pompiers volontaires relevant d'un corps communal ou intercommunal, dans les conditions prévues à l'article L. 1424-15, le préfet dissout le corps par arrêté pris après avis du directeur départemental des services d'incendie et de secours et de l'organe délibérant de la commune ou de l'établissement public de coopération intercommunale. Le comité consultatif communal ou intercommunal dont relevaient les sapeurs-pompiers concernés est dissous de plein droit. — *[Décr. nº 97-1225 du 26 déc. 1997, art. 37.]*

SECTION 3 **Organisation opérationnelle des services d'incendie et de secours (R)**

Art. R. 1424-38 Le schéma départemental d'analyse et de couverture des risques prévu à l'article L. 1424-7 est arrêté par le préfet. Celui-ci recueille l'avis du *(Décr. nº 2011-184 du 15 févr. 2011, art. 55)* « comité » *(Décr. nº 2022-557 du 14 avr. 2022, art. 1er)* « social territorial », du comité consultatif départemental des sapeurs-pompiers volontaires et de la commission administrative et technique des services d'incendie et de secours sur le projet de schéma.

Ce projet est également présenté au collège des chefs de service de l'État.

Le schéma départemental d'analyse et de couverture des risques est publié aux recueils des actes administratifs de la préfecture et du service d'incendie et de secours. Il peut être consulté sur demande à la préfecture, dans les sous-préfectures et au siège du service d'incendie et de secours.

SOUS-SECTION 1 **Centres d'incendie et de secours (R)**

Art. R. 1424-39 *(Décr. nº 2022-557 du 14 avr. 2022, art. 1er)* « Les centres d'incendie et de secours sont créés et classés par arrêté du préfet en fonction du schéma départemental d'analyse et de couverture des risques et du règlement opérationnel ainsi que du nombre et type de départ en intervention assurés selon les critères suivants : »

a) Les centres *(Décr. nº 2022-557 du 14 avr. 2022, art. 1er)* « d'incendie et de secours assurant » simultanément au moins un départ en intervention pour une mission de lutte contre l'incendie, deux départs en intervention pour une mission de secours *(Décr. nº 2022-557 du 14 avr. 2022, art. 1er)* « et soins » d'urgence aux personnes et un autre départ en intervention ;

b) Les centres *(Décr. nº 2022-557 du 14 avr. 2022, art. 1er)* « d'incendie et de secours assurant » simultanément au moins un départ en intervention pour une mission de lutte contre l'incendie ou un départ en intervention pour une mission de secours *(Décr. nº 2022-557 du 14 avr. 2022, art. 1er)* « et soins » d'urgence aux personnes et un autre départ en intervention ;

c) Les centres *(Décr. nº 2022-557 du 14 avr. 2022, art. 1er)* « d'incendie et de secours assurant » au moins un départ en intervention.

Chaque centre d'incendie et de secours dispose, selon la catégorie à laquelle il appartient, d'un effectif lui permettant au minimum d'assurer la garde et les départs en intervention dans les conditions ci-dessus définies. Cet effectif est fixé dans le respect des dispositions du schéma départemental d'analyse et de couverture des risques et du règlement opérationnel.

Les personnels de garde sont susceptibles de partir immédiatement en intervention ; les personnels d'astreinte sont susceptibles de partir en intervention dans un délai fixé par le règlement opérationnel.

Art. R. 1424-40 Les centres d'incendie et de secours sont placés sous l'autorité d'un chef de centre *(Décr. nº 2022-557 du 14 avr. 2022, art. 1er)* « nommé conformément aux dispositions de l'article R. 1424-21. »

Art. R. 1424-41 Un centre d'incendie et de secours est dit mixte lorsqu'il comprend à la fois des sapeurs-pompiers professionnels et des sapeurs-pompiers volontaires.

Le commandement d'un centre mixte est assuré par un sapeur-pompier professionnel quand il comprend au moins huit sapeurs-pompiers professionnels et par un officier de sapeurs-pompiers professionnels quand son effectif total est supérieur à trente sapeurs-pompiers, dont huit sapeurs-pompiers professionnels. – *[Décr. n° 97-1225 du 26 déc. 1997, art. 41.]*

SOUS-SECTION 2 Mise en œuvre opérationnelle sur le territoire du département (R)

Art. R. 1424-42 Le règlement opérationnel mentionné à l'article L. 1424-4 est arrêté par le préfet, après avis du comité *(Décr. n° 2022-557 du 14 avr. 2022, art. 1er)* « social territorial », de la commission administrative et technique des services d'incendie et de secours et du conseil d'administration.

Le règlement opérationnel prend en considération le schéma départemental d'analyse et de couverture des risques.

Ce règlement fixe les consignes opérationnelles relatives aux différentes missions des services d'incendie et de secours et détermine obligatoirement l'effectif minimum et les matériels nécessaires, dans le respect des prescriptions suivantes :

a) Les missions de lutte contre l'incendie nécessitent au moins un engin pompe-tonne et six à huit sapeurs-pompiers ;

b) Les missions de secours *(Décr. n° 2022-557 du 14 avr. 2022, art. 1er)* « et soins d'urgence aux personnes nécessitent au moins un véhicule de secours et d'assistance aux victimes » et trois ou quatre sapeurs-pompiers ;

c) Pour les autres missions prévues par l'article L. 1424-2, les moyens doivent être mis en œuvre par au moins deux sapeurs-pompiers.

Le règlement opérationnel détermine ceux des véhicules pour lesquels ces armements peuvent être différents de ceux définis ci-dessus.

Le règlement opérationnel est publié aux recueils des actes administratifs de la préfecture et du service d'incendie et de secours. Il est notifié à tous les maires du département.

Art. R. 1424-43 Le commandement des opérations de secours *(Décr. n° 2022-557 du 14 avr. 2022, art. 1er)* « , exercé » sous l'autorité du préfet ou du maire agissant dans le cadre de leurs pouvoirs respectifs de police, *(Décr. n° 2022-557 du 14 avr. 2022, art. 1er)* « est assuré par un » sapeur-pompier professionnel ou volontaire, officier, sous-officier ou gradé, dans les conditions fixées par le règlement opérationnel.

Art. R. 1424-44 *(Décr. n° 2022-557 du 14 avr. 2022, art. 1er)* Les centres de traitement de l'alerte, dénommés CTA, sont les organes chargés de la réception, du traitement et de la réorientation éventuelle des appels d'urgence du service départemental ou territorial d'incendie et de secours reçus notamment par le numéro d'appel d'urgence 18. Ils sont dirigés par un officier de sapeurs-pompiers professionnels.

Conformément aux dispositions de l'article L. 1424-44 du présent code et de l'article L. 6311-2 du code de la santé publique, les centres de traitement de l'alerte et les centres de réception et de régulation des appels des services d'aide médicale urgente, dont les dispositifs sont interconnectés, se tiennent mutuellement informés dans les délais les plus brefs des appels qui leur parviennent et des opérations en cours et réorientent vers le centre compétent tout appel n'entrant pas directement dans leur domaine de compétence.

Les CTA sont en outre interconnectés avec les dispositifs de réception des appels des services de police et de gendarmerie chargés du numéro d'appel d'urgence 17.

Art. R. 1424-45 Le centre opérationnel départemental d'incendie et de secours dénommé CODIS est l'organe de coordination de l'activité opérationnelle des services d'incendie et de secours du département. Il est dirigé par un *(Décr. n° 2022-557 du 14 avr. 2022, art. 1er)* « officier de sapeurs-pompiers professionnels ». Il est immédiatement informé de toutes les opérations en cours et est régulièrement tenu informé de l'évolution de la situation jusqu'à la fin de celles-ci.

Placé sous l'autorité du directeur départemental des services d'incendie et de secours, le CODIS est chargé, en cas d'incendie et autres accidents, sinistres et catastrophes, d'assurer les relations avec les préfets, les autorités responsables des zones de défense *(Décr. n° 2022-557 du 14 avr. 2022, art. 1er)* « et de sécurité », les autorités départementales et municipales ainsi qu'avec les autres organismes publics ou privés qui participent aux opérations de secours.

Art. R. 1424-46 Lorsque, dans les conditions prévues à l'article L. 1424-2, la situation exige la mise en œuvre de moyens médicaux et de sauvetage, les services d'incendie et de secours interviennent, sous l'autorité du préfet et selon ses directives, avec leurs propres moyens, en liaison avec ceux mis en œuvre par les *(Décr. n° 2022-557 du 14 avr. 2022, art. 1er)* « services d'aide médicale urgente ».

SOUS-SECTION 3 Mise en œuvre opérationnelle en dehors du département (R)

Art. R. 1424-47 Les services d'incendie et de secours ne peuvent intervenir en dehors des limites de leur département que sur décision :

1° Du préfet de leur département, notamment en application d'une convention interdépartementale ;

(Décr. n° 2022-557 du 14 avr. 2022, art. 1er) « 2° Du préfet de leur zone de défense et de sécurité en application des articles L. 742-3 et L. 742-4 du code de la sécurité intérieure ; »

3° Du ministre *(Décr. n° 2022-557 du 14 avr. 2022, art. 1er)* « chargé de la sécurité civile en application de l'article L. 742-6 du code de la sécurité intérieure ». – *[Décr. n° 97-1225 du 26 déc. 1997, art. 47.]*

Art. R. 1424-48 et R. 1424-49 *Abrogés par Décr. n° 2022-557 du 14 avr. 2022, art. 1er.*

Art. R. 1424-50 Les services d'incendie et de secours ne peuvent intervenir au profit d'un État étranger que sur décision du Gouvernement en application de l'article *(Décr. n° 2022-557 du 14 avr. 2022, art. 1er)* « L. 742-11 du code de la sécurité intérieure », sous réserve, le cas échéant, des accords de coopération décentralisée conclus dans les conditions prévues à l'article L. 1112-1.

SECTION 4 Dispositions diverses et transitoires

Art. R. 1424-51 Les agents des collectivités territoriales et de leurs établissements publics ne peuvent exercer les fonctions de sapeur-pompier volontaire pendant le temps de service, sauf dans les cas prévus par la loi n° 96-370 du 3 mai 1996 relative au développement du volontariat dans les corps de sapeurs-pompiers.

Art. R. 1424-52 *(Décr. n° 2022-557 du 14 avr. 2022, art. 1er)* Un arrêté du ministre chargé de la sécurité civile détermine *(Décr. n° 2023-543 du 30 juin 2023, art. 1er)* « la composition ainsi que les conditions de port, pendant la durée du service, des » tenues et uniformes des sapeurs-pompiers.

(Décr. n° 2023-543 du 30 juin 2023, art. 1er) « Les caractéristiques et la conception des équipements de protection individuelle, des effets vestimentaires, des insignes et des attributs composant ces tenues et uniformes sont définies dans des référentiels nationaux approuvés par le ministre chargé de la sécurité civile. »

Art. R. 1424-52-1 *Abrogé par Décr. n° 2022-557 du 14 avr. 2022, art. 1er.*

Art. R. 1424-53 Le règlement intérieur du *(Décr. n° 2022-557 du 14 avr. 2022, art. 1er)* « service départemental ou territorial d'incendie et de secours » détermine ceux des centres mixtes qui, bien qu'appelés à être commandés par un sapeur-pompier professionnel par application du deuxième alinéa de l'article R. 1424-41, continuent, par nécessité de service, à être commandés par un sapeur-pompier volontaire. Il prévoit également le délai au terme duquel le commandement reviendra à un sapeur-pompier professionnel.

Art. R. 1424-54 *(Décr. n° 2022-557 du 14 avr. 2022, art. 1er)* Un arrêté conjoint du ministre chargé de la sécurité civile et du ministre chargé de la fonction publique définit les conditions générales d'organisation et d'évaluation des formations des sapeurs-pompiers professionnels et volontaires. Les contenus et modalités d'évaluation de ces formations sont définis dans des référentiels nationaux approuvés par décision du ministre chargé de la sécurité civile.

L'arrêté mentionné au premier alinéa fixe également les dispositions applicables aux organismes de formation pouvant les dispenser ainsi que leurs modalités d'agrément ou d'habilitation.

Art. R. 1424-55 *(Décr. nº 2022-557 du 14 avr. 2022, art. 1er)* Un arrêté conjoint des ministres chargés la sécurité civile, de la fonction publique et de la santé définit les conditions générales d'organisation et d'évaluation des formations spécifiques directement liées aux adaptations des pratiques des professionnels de santé des sapeurs-pompiers pour l'exercice au sein des services d'incendie et de secours. Les contenus et modalités d'évaluation de ces formations sont définis dans des référentiels nationaux approuvés par décision du ministre chargé de la sécurité civile.

SECTION 5 Dispositions particulières

(Décr. nº 2015-235 du 27 févr. 2015, art. 3)

Sur l'établissement public d'incendie et de secours de la Nouvelle-Calédonie, V. Ord. nº 2006-172 du 15 févr. 2006 (JO 17 févr.) et Décr. nº 2011-314 du 22 mars 2011 (JO 24 mars).

SOUS-SECTION 1 Dispositions particulières au département des Bouches-du-Rhône

Art. R. 1424-56 *(Décr. nº 2015-235 du 27 févr. 2015, art. 3)* Pour l'application au département des Bouches-du-Rhône du chapitre V "Défense extérieure contre l'incendie" du titre II du livre II de la deuxième partie, le III de l'article R. 2225-3 est remplacé par les dispositions suivantes :

"III. — Ce règlement est élaboré par le service départemental d'incendie et de secours et le bataillon de marins-pompiers de Marseille conformément aux compétences qui leur sont dévolues par les articles L. 1424-2 et L. 1424-7. Il est établi en concertation avec les maires et l'ensemble des acteurs concourant à la défense extérieure contre l'incendie.

"Le règlement départemental de défense extérieure contre l'incendie des Bouches-du-Rhône comprend trois volets :

"1° Un volet propre au périmètre d'intervention du bataillon de marins-pompiers de Marseille, élaboré par ce dernier et arrêté par le préfet de département après avis du conseil municipal de Marseille ;

"2° Un volet propre au reste du département élaboré par le service départemental d'incendie et de secours et arrêté par le préfet de département après avis du conseil d'administration du service départemental d'incendie et de secours ;

"3° En tant que de besoin, un volet commun élaboré conjointement par le bataillon de marins-pompiers de Marseille et le service départemental d'incendie et de secours et arrêté par le préfet de département après avis du conseil municipal de Marseille et du conseil d'administration du service départemental d'incendie et de secours.

"Il est modifié et révisé à l'initiative du préfet de département dans les conditions définies aux alinéas précédents."

SOUS-SECTION 2 Dispositions particulières au département du Rhône et à la métropole de Lyon

Art. R. 1424-57 *(Décr. nº 2015-235 du 27 févr. 2015, art. 3)* Pour l'application au département du Rhône et à la métropole de Lyon du chapitre V "Défense extérieure contre l'incendie" du titre II du livre II de la deuxième partie :

1° Les mots : "service départemental d'incendie et de secours" sont remplacés par les mots : "service départemental-métropolitain d'incendie et de secours" ;

2° Pour la métropole de Lyon, les mots : "président de l'établissement public de coopération intercommunale à fiscalité propre" sont remplacés par les mots : "président du conseil de la métropole de Lyon" ;

3° Au II de l'article R. 2225-3, les mots : "schéma d'analyse et de couverture des risques défini à l'article L. 1424-7" sont remplacés par les mots : "schéma d'analyse et de couverture des risques défini à l'article L. 1424-70".

SOUS-SECTION 3 Dispositions particulières à la collectivité de Corse

(Décr. n° 2017-1777 du 27 déc. 2017, art. 10)

Art. R. 1424-58 Si aucune délibération n'est prise par le conseil d'administration dans les conditions prévues au troisième alinéa de l'article L. 1424-82, les dispositions de l'article R. 1424-32 sont applicables.

SECTION 6 Conférence nationale des services d'incendie et de secours

(Décr. n° 2018-1269 du 26 déc. 2018, art. 1er)

SOUS-SECTION 1 Composition de la Conférence nationale

Art. R. 1424-59 La Conférence nationale des services d'incendie et de secours est composée de quarante-trois membres titulaires nommés par arrêté du ministre en charge de la sécurité civile selon la répartition suivante :

a) Un député, sur proposition du président de l'Assemblée nationale ;

b) Un sénateur, sur proposition du président du Sénat ;

c) Dix-sept conseillers départementaux, métropolitains ou territoriaux présidents ou vice-présidents de conseils d'administration des *(Décr. n° 2022-557 du 14 avr. 2022, art. 1er)* « services » d'incendie et de secours, sur proposition du président de l'Assemblée des départements de France ;

d) Cinq maires élus aux conseils d'administration des *(Décr. n° 2022-557 du 14 avr. 2022, art. 1er)* « services » d'incendie et de secours, sur proposition du président de l'Association des maires de France ;

e) Douze représentants des sapeurs-pompiers professionnels et volontaires :

— pour quatre d'entre eux, dont au moins un sapeur-pompier volontaire, sur proposition du président de la Fédération nationale des sapeurs-pompiers de France ;

— un représentant pour chacune des huit organisations syndicales de sapeurs-pompiers professionnels arrivées en tête, en nombre de sièges, aux élections des comités *(Décr. n° 2022-557 du 14 avr. 2022, art. 1er)* « sociaux territoriaux » des services départementaux *(Décr. n° 2022-557 du 14 avr. 2022, art. 1er)* « et territoriaux » d'incendie et de secours ;

f) Un directeur départemental des services d'incendie et de secours, sur proposition du président de l'Association nationale des directeurs départementaux et directeurs départementaux adjoints des services d'incendie et de secours ;

g) Six représentants de l'État :

— le directeur général de la sécurité civile et de la gestion des crises ;

— le directeur général des collectivités locales ;

— le chef de l'inspection générale de la sécurité civile ;

— le directeur de l'École nationale supérieure des officiers de sapeurs-pompiers ;

— un préfet en poste territorial désigné par le ministre en charge de la sécurité civile ;

— un chef d'état-major interministériel de zone de défense et de sécurité désigné par le ministre en charge de la sécurité civile.

À l'exception des quatre premiers représentants de l'État mentionnés au *g* du présent article qui peuvent se faire représenter, un suppléant est désigné, dans les mêmes conditions, pour chaque membre titulaire.

Art. R. 1424-60 La Conférence nationale des services d'incendie et de secours est présidée par un de ses membres mentionnés aux *a*, *b*, *c*, et *d* de l'article R. 1424-59, élu par ceux-ci au scrutin secret et à la majorité absolue.

Si après deux tours de scrutin aucun candidat n'a obtenu la majorité absolue, il est procédé à un troisième tour de scrutin à la majorité relative. En cas d'égalité de suffrages, le plus âgé est déclaré élu.

Un vice-président est élu dans les mêmes conditions.

Art. R. 1424-61 Les membres de la Conférence nationale des services d'incendie et de secours sont renouvelés à la suite de chaque élection des représentants des départements aux conseils d'administration des services d'incendie et de secours prévue à l'article L. 1424-24-2. Ce renouvellement général intervient au plus tard deux mois après la date limite fixée pour ces élections. Le mandat des membres en fonction expire à la date de l'arrêté ministériel portant renouvellement général de la conférence nationale.

Tout membre ayant perdu la qualité en raison de laquelle il a été désigné cesse d'appartenir à la Conférence nationale des services d'incendie et de secours. Les membres désignés en remplacement de ceux dont les fonctions ont pris fin avant leur terme normal achèvent le mandat de ceux qu'ils remplacent.

SOUS-SECTION 2 **Fonctionnement de la Conférence nationale**

Art. R. 1424-62 La Conférence nationale des services d'incendie et de secours ne peut délibérer que si la moitié au moins des membres mentionnés aux *a*, *b*, *c*, *d* et *g* de l'article R. 1424-59 sont présents. Si ces conditions ne sont pas remplies, la conférence nationale est convoquée sur le même ordre du jour pour une nouvelle réunion, au cours de laquelle elle délibère quel que soit le nombre des membres présents.

En cas de nécessité, la délibération peut être organisée selon les modalités prévues par le décret n° 2014-1627 du 26 décembre 2014 relatif aux modalités d'organisation des délibérations à distance des instances administratives à caractère collégial.

Les avis ou les vœux sont adoptés à la majorité des suffrages des membres présents. En cas de partage égal, la voix du président est prépondérante.

Art. R. 1424-63 La Conférence nationale des services d'incendie et de secours se réunit, sur convocation de son président, au moins deux fois par an.

Elle peut, en outre, être convoquée par décision du ministre en charge de la sécurité civile.

Elle fixe son règlement intérieur sur proposition de son président.

Art. R. 1424-64 Il est institué un bureau au sein de la conférence nationale composé, outre son président et son vice-président :

a) De six des membres mentionnés aux *a*, *b*, *c* et *d* de l'article R. 1424-59, désignés par leurs pairs ;

b) De trois représentants des sapeurs-pompiers désignés par le président de la Fédération nationale des sapeurs-pompiers de France, dont au moins un sapeur-pompier volontaire ;

c) De trois représentants des sapeurs-pompiers désignés par les organisations syndicales des sapeurs-pompiers professionnels mentionnées au *e* de l'article R. 1424-59 ou, à défaut, par le président de la conférence nationale ;

d) Du directeur départemental des services d'incendie et de secours mentionné au *f* de l'article R. 1424-59 ;

e) Du directeur général de la sécurité civile et de la gestion des crises.

Le bureau établit l'ordre du jour des séances de la conférence nationale. Il examine préalablement tous les textes soumis à la conférence plénière. Il peut recevoir délégation de la conférence pour émettre des vœux ou des avis relatifs aux projets portant sur certaines catégories d'actes réglementaires, dans les conditions fixées par le règlement intérieur ou en cas d'urgence à condition d'en rendre compte à la séance la plus proche.

Le bureau ne peut valablement délibérer que si cinq au moins des membres mentionnés aux *a*, *b*, *c* et *d* de l'article R. 1424-59 sont présents.

Art. R. 1424-65 Le ministre en charge de la sécurité civile assiste de plein droit aux séances. Il y est entendu quand il le demande.

Art. R. 1424-66 Le président du Conseil national des sapeurs-pompiers volontaires et, dans les cas prévus au troisième alinéa de l'article 44 de la n° 2004-811 du 13 août 2004 de modernisation de la sécurité civile, le préfet de police de Paris, le maire de Marseille, le commandant de la brigade de sapeurs-pompiers de Paris et le commandant du bataillon de marins-pompiers de Marseille, ou leur représentant, participent avec voix consultative aux séances de la conférence nationale.

Art. R. 1424-67 L'ordre du jour et les documents soumis à l'examen de la conférence nationale sont transmis aux membres titulaires, suppléants et aux personnes mentionnées à l'article R. 1424-66 au moins quinze jours avant la séance.

Art. R. 1424-68 La direction générale de la sécurité civile et de la gestion des crises assure le secrétariat de la Conférence nationale des services d'incendie et de secours.

SECTION 7 Dispositions particulières à la collectivité de Saint-Martin

(Décr. nº 2024-549 du 14 juin 2024, art. 1er)

Art. R. 1424-69 Il est créé à Saint-Martin un service territorial d'incendie et de secours, dénommé "service territorial d'incendie et de secours de la collectivité de Saint-Martin".

Pour l'exercice des missions prévues à l'article L. 1424-2 du présent code, le service territorial d'incendie et de secours de la collectivité de Saint-Martin s'appuie sur les centres d'incendie et de secours, unités opérationnelles chargées principalement des interventions. Son organisation tient compte du schéma d'analyse et de couverture des risques mentionné à l'article R. 1424-95.

Le service territorial d'incendie et de secours comprend également des services opérationnels, administratifs ou techniques, notamment ceux chargés de la prévention, de la prévision, de la logistique et de la technique, des ressources humaines, de la formation, de l'administration et des finances.

Ces services et ces centres peuvent être organisés au sein de groupements, eux-mêmes organisés au sein de sous-directions, qui réalisent des activités opérationnelles, administratives ou techniques dans les conditions fixées par le règlement opérationnel mentionné à l'article R. 1424-97 et par le règlement intérieur mentionné à l'article R. 1424-83.

Le service territorial d'incendie et de secours comprend des sapeurs-pompiers professionnels et d'autres fonctionnaires territoriaux appartenant à des cadres d'emplois créés en application du code général de la fonction publique ainsi que des sapeurs-pompiers volontaires qui, soumis à des règles spécifiques, ne peuvent exercer cette activité à temps complet.

Art. R. 1424-70 Les dispositions de l'article R. 1424-1-1 relatives au classement catégoriel des services départementaux et territoriaux d'incendie et de secours ne sont pas applicables au service territorial d'incendie et de secours de la collectivité de Saint-Martin.

Art. R. 1424-71 En application des dispositions de l'article L. 1424-2, les actes de soins d'urgence que peuvent réaliser les sapeurs-pompiers, n'étant pas par ailleurs des professionnels de santé déjà autorisés à la pratique de ces actes, sont énumérés aux articles R. 6311-18 à R. 6311-18-3 du code de la santé publique. Les sapeurs-pompiers concernés doivent avoir satisfait à la condition de formation prévue à ces dispositions pour réaliser les actes en cause.

SOUS-SECTION 1 Conseil d'administration du service territorial d'incendie et de secours et commission administrative et technique du service territorial d'incendie et de secours

§ 1 Élections

Les 1res élections des représentants titulaires et suppléants, de la collectivité de Saint-Martin au conseil d'administration, et les élections des représentants des sapeurs-pompiers et des fonctionnaires territoriaux du service territorial d'incendie et de secours n'ayant pas la qualité de sapeur-pompier professionnel à la commission administrative et technique du service territorial d'incendie et de secours se tiennent dans un délai de 2 mois à compter de l'entrée en vigueur du Décr. nº 2024-549 du 14 juin 2024. La date de ces élections est fixée par arrêté du représentant de l'État dans la collectivité de Saint-Martin. La commission mentionnée à l'art. R. 1424-75 ne comprend pas le directeur du service territorial d'incendie et de secours ou son représentant. Les mandats des représentants expirent à la date du prochain renouvellement général des membres du conseil territorial de la collectivité de Saint-Martin (Décr. préc., art. 3).

Art. R. 1424-72 Les représentants, titulaires et suppléants, de la collectivité de Saint-Martin au conseil d'administration sont élus selon des modalités fixées par le conseil territorial conformément à l'article L. 1424-24-2 du présent code.

Art. R. 1424-73 Les représentants des sapeurs-pompiers et des fonctionnaires territoriaux du service territorial d'incendie et de secours n'ayant pas la qualité de sapeur-pompier professionnel à la commission administrative et technique sont désignés dans les conditions prévues à l'article R. 1424-12, à l'exception de la dernière phrase du premier alinéa.

Art. R. 1424-74 Un arrêté conjoint du ministre chargé de la sécurité civile et du ministre chargé des outre-mer fixe la date limite des élections des représentants de la collectivité de Saint-Martin au conseil d'administration, et des élections des représentants des sapeurs-pompiers et des fonctionnaires territoriaux du service territorial d'incendie et de secours n'ayant pas la qualité de sapeur-pompier professionnel à la commission administrative et technique du service territorial d'incendie et de secours.

Art. R. 1424-75 Les votes pour les élections prévues aux articles R. 1424-72 et R. 1424-73 sont recensés par une commission comprenant :

a) Le représentant de l'État dans la collectivité de Saint-Martin, président, ou son représentant ;

b) Le président de la collectivité de Saint-Martin ;

c) Le directeur du service territorial d'incendie et de secours ou son représentant.

Le secrétariat de la commission est assuré par un fonctionnaire de la préfecture.

Un représentant de chaque liste peut contrôler les opérations de dépouillement des bulletins.

Pour l'élection au scrutin de liste majoritaire, en cas d'égalité de suffrages, l'élection est acquise au bénéfice de la liste dont la moyenne d'âge des candidats est la plus élevée.

Les résultats sont proclamés, affichés et publiés à la diligence du président de la commission. Ils peuvent être contestés devant le tribunal administratif, dans les dix jours qui suivent leur proclamation, par tout électeur, par tout candidat et par le représentant de l'État dans la collectivité de Saint-Martin.

Art. R. 1424-76 Chacun des membres du conseil d'administration ou de la commission administrative et technique du service territorial d'incendie et de secours est élu pour cinq ans, sauf lorsqu'il cesse d'exercer la fonction ou le mandat électif au titre duquel il a été élu.

§ 2 Fonctionnement du conseil d'administration

Art. R. 1424-77 Les dispositions du paragraphe 2 de la sous-section 1 de la section 1 du présent chapitre sont applicables au service territorial d'incendie et de secours de la collectivité de Saint-Martin.

§ 3 Commission administrative et technique

Art. R. 1424-78 La commission administrative et technique du service territorial d'incendie et de secours mentionnée à l'article L. 1424-31 comprend, outre les deux référents mentionnés au 3° de cet article :

1° Le directeur du service territorial d'incendie et de secours ou, en son absence, le directeur adjoint, président ;

2° Un officier de sapeur-pompier professionnel élu par l'ensemble des officiers de sapeurs-pompiers professionnels en service dans la collectivité et un officier de sapeur-pompier volontaire, qui peut être par ailleurs professionnel de santé, vétérinaire ou expert psychologue, élu par l'ensemble des officiers de sapeurs-pompiers volontaires en service dans la collectivité ;

3° Trois sapeurs-pompiers professionnels non officiers élus par l'ensemble des sapeurs-pompiers professionnels non officiers en service dans la collectivité et trois sapeurs-pompiers volontaires non officiers élus par l'ensemble des sapeurs-pompiers volontaires non officiers en service dans la collectivité ;

4° Deux représentants des fonctionnaires territoriaux du service territorial d'incendie et de secours n'ayant pas la qualité de sapeur-pompier professionnel élus par l'ensemble des représentants des fonctionnaires territoriaux du service territorial d'incendie et de secours n'ayant pas la qualité de sapeur-pompier professionnel en service dans la collectivité ;

5° Le médecin-chef de la sous-direction santé ou son représentant.

En cas d'absence ou d'empêchement, les sapeurs-pompiers et les fonctionnaires territoriaux du service territorial d'incendie et de secours élus à la commission administrative et technique sont remplacés par leur suppléant élu dans les mêmes conditions et pour la même durée que le membre titulaire.

Les sapeurs-pompiers volontaires qui ont la qualité de fournisseurs ou de prestataires de services du service territorial d'incendie et de secours ne peuvent pas siéger à la commission administrative et technique des services d'incendie et de secours ainsi qu'à la commission des marchés du service territorial d'incendie et de secours.

SOUS-SECTION 2 Direction du service territorial d'incendie et de secours

Art. R. 1424-79 Les fonctions de directeur et de directeur adjoint du service territorial d'incendie et de secours de Saint-Martin sont occupées par des officiers de sapeurs-pompiers issus du cadre d'emplois des capitaines, commandants et lieutenants-colonels de sapeurs-pompiers.

Art. R. 1424-80 Les dispositions de la sous-section 2 de la section 1 du présent chapitre sont applicables au service territorial d'incendie et de secours de la collectivité de Saint-Martin.

SOUS-SECTION 3 Le référent mixité et lutte contre les discriminations et le référent sûreté et sécurité

Art. R. 1424-81 Les dispositions de la sous-section 3 de la section 1 du présent chapitre sont applicables au service territorial d'incendie et de secours de la collectivité de Saint-Martin.

SOUS-SECTION 4 Corps des sapeurs-pompiers

Art. R. 1424-82 Les officiers du corps des sapeurs-pompiers sont nommés dans leurs grades, emplois ou fonctions, par arrêté conjoint du représentant de l'État dans la collectivité de Saint-Martin et du président du conseil d'administration du service territorial d'incendie et de secours, sur proposition du directeur, chef de corps.

Lorsqu'ils ne sont pas officiers, les chefs de centre d'incendie et de secours sont également nommés par arrêté conjoint du représentant de l'État dans la collectivité de Saint-Martin et du président du conseil d'administration, sur proposition du directeur, chef de corps.

Art. R. 1424-83 Un règlement intérieur fixe les modalités de fonctionnement du service territorial d'incendie et de secours ainsi que les obligations de service des sapeurs-pompiers du corps territorial et des agents du service n'ayant pas la qualité de sapeur-pompier professionnel.

Le président du conseil d'administration saisit pour avis :

– le comité social territorial pour les dispositions propres aux fonctionnaires ;

– le comité consultatif territorial des sapeurs-pompiers volontaires pour les dispositions propres aux sapeurs-pompiers volontaires ;

– la commission administrative et technique des services d'incendie et de secours pour les dispositions communes à tous les sapeurs-pompiers ainsi qu'aux fonctionnaires territoriaux du service territorial d'incendie et de secours n'ayant pas la qualité de sapeur-pompier professionnel.

Le président arrête le règlement intérieur après délibération du conseil d'administration.

Art. R. 1424-84 Un comité consultatif des sapeurs-pompiers volontaires, propre à l'ensemble des sapeurs-pompiers volontaires du corps, dont les modalités de fonctionnement sont fixées par arrêté du ministre chargé de la sécurité civile, est créé auprès du service territorial d'incendie et de secours. Les élections au comité consultatif des sapeurs-pompiers volontaires sont organisées par le président du service territorial d'incendie et de secours. Elles ont lieu soit par correspondance, soit par vote électronique selon le choix arrêté par ce dernier.

Art. R. 1424-85 Le nombre des officiers et sous-officiers de sapeurs-pompiers professionnels du corps des sapeurs-pompiers est déterminé selon les modalités prévues à l'article R. 1424-23-1.

Art. R. 1424-86 Aux officiers et sous-officiers dont le nombre est déterminé par l'article précédent s'ajoutent les officiers en fonction dans les groupements dont le nombre maximum est fixé par arrêté conjoint du ministre chargé de la sécurité civile, du ministre chargé des outre-mer, du ministre chargé du budget et du ministre chargé de la fonction publique.

Art. R. 1424-87 Les dispositions des articles R. 1424-85 et R. 1424-86 ne sont pas applicables pour la détermination du grade et du nombre des agents occupant les emplois de direction mentionnés à l'article R. 1424-79 et les emplois de la sous-direction santé mentionnés à l'article R. 1424-25.

SOUS-SECTION 5 **Sous-direction santé**

Art. R. 1424-88 Les dispositions de la sous-section 5 de la section 1 du présent chapitre sont applicables au service territorial d'incendie et de secours de la collectivité de Saint-Martin. Par dérogation aux articles R. 1424-19 et R. 1424-26 du présent code, un médecin de sapeur-pompier volontaire peut occuper l'emploi de médecin-chef sous réserve qu'il ait préalablement suivi la formation de professionnalisation de chefferie.

SOUS-SECTION 6 **Organisation comptable et financière**

Art. R. 1424-89 L'article R. 1424-29 est applicable au service territorial d'incendie et de secours de la collectivité de Saint-Martin.

Art. R. 1424-90 Les recettes du service territorial d'incendie et de secours sont constituées notamment par :

1° Les contributions annuelles de la collectivité de Saint-Martin, y compris les contributions liées à l'application du premier alinéa de l'article L. 1424-41 du présent code ;

2° Les subventions, fonds de concours, dotations et participations de l'Union européenne, de l'État, des collectivités territoriales et des établissements publics ;

3° Le produit des emprunts ;

4° Les dotations aux amortissements des biens meubles et immeubles ;

5° Les reprises sur amortissements et provisions ;

6° Les autres opérations d'ordre ;

7° Les remboursements pour services faits et les participations diverses ;

8° Les dons et legs ;

9° Le cas échéant, le remboursement par les communes et les établissements publics de coopération intercommunale concernés des avantages prévus par le deuxième alinéa de l'article L. 1424-41.

Art. R. 1424-91 Les dépenses du service territorial d'incendie et de secours comprennent notamment :

1° Les dépenses d'organisation et de fonctionnement du service ;

2° Le remboursement des emprunts et les frais accessoires à ces opérations ;

3° Les dépenses relatives aux personnels et les indemnités diverses prévues par la réglementation en vigueur, notamment les dépenses liées à l'application de l'article L. 1424-41, les frais d'assistance juridique, les subventions ou garanties accordées aux comités des œuvres sociales et, le cas échéant, à des associations dont l'objet est utile aux services d'incendie et de secours ;

4° Les dépenses relatives aux sapeurs-pompiers volontaires relevant du corps des sapeurs-pompiers de la collectivité de Saint-Martin ;

5° Les frais d'achat, de location et d'entretien des matériels de secours et de lutte contre l'incendie ainsi que de leurs accessoires ;

6° Les dépenses d'acquisition ou de construction de locaux affectés aux services d'incendie et de secours ou, à défaut, le loyer, les charges locatives et les frais de gestion administrative de ces locaux ;

7° Les frais d'équipement, d'entretien et de fonctionnement des locaux affectés aux services d'incendie et de secours ;

8° L'amortissement des biens meubles et immeubles autres que les terrains et des immobilisations incorporelles ;

9° Les provisions pour risques et charges et pour dépréciations ;

10° Les autres opérations d'ordre ;

11° Les dépenses relatives à l'allocation de vétérance, et, le cas échéant, les frais de formation des sapeurs-pompiers volontaires relevant d'un service local d'incendie et de secours.

Art. R. 1424-92 La composition et les modalités de fonctionnement de la commission de conciliation paritaire mentionnée au II de l'article L. 1424-42, ainsi que les conditions de recours amiable relatifs aux carences ambulancières définies au II du même article, sont fixées aux articles R. 6313-7-2 à R. 6313-7-6 du code de la santé publique.

Art. R. 1424-93 Les dispositions du titre VI du livre III de la sixième partie de la partie réglementaire du présent code sont applicables aux finances du service territorial d'incendie et de secours de la collectivité de Saint-Martin.

SOUS-SECTION 7 Fonds d'aide à l'investissement des services départementaux et territoriaux d'incendie et de secours

Art. R. 1424-94 Les dispositions de la sous-section 7 de la section 1 du présent chapitre sont applicables au service territorial d'incendie et de secours de la collectivité de Saint-Martin.

SOUS-SECTION 8 Organisation opérationnelle

§ 1 Schéma d'analyse et de couverture des risques de la collectivité de Saint-Martin

Art. R. 1424-95 Le schéma d'analyse et de couverture des risques, prévu à l'article L. 1424-7, est arrêté par le représentant de l'État dans la collectivité de Saint-Martin. Celui-ci recueille l'avis du comité social territorial, du comité consultatif territorial des sapeurs-pompiers volontaires et de la commission administrative et technique du service territorial d'incendie et de secours sur le projet de schéma.

Ce projet est également présenté au collège des chefs de service de l'État.

Le schéma d'analyse et de couverture des risques est publié aux recueils des actes administratifs de la préfecture et du service territorial d'incendie et de secours. Il peut être consulté sur demande à la préfecture et au siège du service territorial d'incendie et de secours.

§ 2 Centres d'incendie et de secours

Art. R. 1424-96 Les articles R. 1424-39 à R. 1424-41 du présent code sont applicables au service territorial d'incendie et de secours de la collectivité de Saint-Martin.

§ 3 Mise en œuvre opérationnelle sur le territoire de la collectivité de Saint-Martin

Art. R. 1424-97 Le règlement opérationnel mentionné à l'article L. 1424-4 est arrêté par le représentant de l'État dans la collectivité de Saint-Martin, après avis du comité social territorial, de la commission administrative et technique du service territorial d'incendie et de secours et du conseil d'administration.

Le règlement opérationnel prend en considération le schéma territorial d'analyse et de couverture des risques et les dispositions des guides nationaux de référence mentionnés à l'article R. 1424-52.

Ce règlement fixe les consignes opérationnelles relatives aux différentes missions du service territorial d'incendie et de secours et détermine obligatoirement l'effectif minimum et les matériels nécessaires, dans le respect des prescriptions suivantes :

a) Les missions de lutte contre l'incendie nécessitent au moins un engin pompe-tonne et six à huit sapeurs-pompiers ;

b) Les missions de secours d'urgence aux personnes nécessitent au moins un véhicule de secours aux asphyxiés et blessés et trois ou quatre sapeurs-pompiers ;

c) Pour les autres missions prévues par l'article L. 1424-2, les moyens doivent être mis en œuvre par au moins deux sapeurs-pompiers.

Le règlement opérationnel détermine ceux des véhicules pour lesquels ces armements peuvent être différents de ceux définis ci-dessus.

Le règlement opérationnel est publié aux recueils des actes administratifs de la préfecture et du service territorial d'incendie et de secours de la collectivité de Saint-Martin. Il est notifié au président de la collectivité de Saint-Martin.

Art. R. 1424-98 Le commandement des opérations de secours, exercé sous l'autorité du représentant de l'État dans la collectivité de Saint-Martin ou du président de la collectivité de Saint-Martin agissant dans le cadre de leurs pouvoirs respectifs de police, est assuré par un sapeur-pompier professionnel ou volontaire, officier, sous-officier ou gradé, dans les conditions fixées par le règlement opérationnel.

Art. R. 1424-99 Les centres de traitement de l'alerte, dénommés "CTA", sont les organes chargés de la réception, du traitement et de la réorientation éventuelle des appels d'urgence du service territorial d'incendie et de secours de la collectivité de Saint-Martin reçus notamment par le numéro d'appel d'urgence 18. Ils sont dirigés par un officier ou un sous-officier de sapeurs-pompiers professionnels.

Conformément aux dispositions de l'article L. 1424-44 du présent code et de l'article L. 6311-2 du code de la santé publique, les centres de traitement de l'alerte et les centres de réception et de régulation des appels des services d'aide médicale urgente, dont les dispositifs sont interconnectés, se tiennent mutuellement informés dans les délais les plus brefs des appels qui leur parviennent et des opérations en cours et réorientent vers le centre compétent tout appel n'entrant pas directement dans leur domaine de compétence.

Les CTA sont en outre interconnectés avec les dispositifs de réception des appels des services de police et de gendarmerie chargés du numéro d'appel d'urgence 17.

Art. R. 1424-100 Le centre opérationnel territorial d'incendie et de secours dénommé "COTIS" est l'organe de coordination de l'activité opérationnelle du service territorial d'incendie et de secours de la collectivité de Saint-Martin. Il est dirigé par un officier ou un sous-officier de sapeurs-pompiers professionnels. Il est immédiatement informé de toutes les opérations en cours et est régulièrement tenu informé de l'évolution de la situation jusqu'à la fin de celles-ci.

Placé sous l'autorité du directeur du service territorial d'incendie et de secours, le COTIS est chargé, en cas d'incendie et autres accidents, sinistres et catastrophes, d'assurer les relations avec le représentant de l'État dans la collectivité de Saint-Martin, le haut fonctionnaire de zone de défense et de sécurité Antilles, ainsi qu'avec les autres organismes publics ou privés qui participent aux opérations de secours.

Art. R. 1424-101 Lorsque, dans les conditions prévues à l'article L. 1424-2 du présent code, la situation exige la mise en œuvre de moyens médicaux et de sauvetage, le service territorial d'incendie et de secours intervient sous l'autorité du représentant de l'État dans la collectivité de Saint-Martin et selon ses directives, avec ses propres moyens et en liaison avec ceux mis en œuvre par les services d'aide médicale urgente.

§ 4 Mise en œuvre opérationnelle en dehors de la collectivité de Saint-Martin

Art. R. 1424-102 Le service territorial d'incendie et de secours ne peut intervenir en dehors des limites de la collectivité de Saint-Martin que sur décision :

1° Du représentant de l'État dans la collectivité, notamment en application d'une convention avec une autre collectivité territoriale ;

2° Du haut fonctionnaire de zone de défense et de sécurité Antilles en application des articles L. 742-3 et L. 742-4 du code de la sécurité intérieure ;

3° Du ministre chargé de la sécurité civile en application de l'article L. 742-6 du code de la sécurité intérieure.

Art. R. 1424-103 Les services d'incendie et de secours ne peuvent intervenir au profit d'un État étranger que sur décision du Gouvernement en application de l'article L. 742-11 du code de la sécurité intérieure, sous réserve, le cas échéant, des accords de coopération décentralisée conclus dans les conditions prévues à l'article L. 1115-5 du présent code.

SOUS-SECTION 9 **Transferts de personnels et de biens pour l'installation du service territorial d'incendie et de secours de la collectivité de Saint-Martin**

Art. R. 1424-104 Les transferts de personnels et les transferts de biens peuvent faire l'objet d'une convention unique.

CHAPITRE V TRANSFERTS DE PERSONNELS ET DE BIENS POUR L'INSTALLATION DES SERVICES DÉPARTEMENTAUX D'INCENDIE ET DE SECOURS (R)

Art. R. 1425-1 Les transferts de personnels, prévus aux articles L. 1424-13, L. 1424-14 et L. 1424-16 et les transferts de biens, prévus à l'article L. 1424-17, peuvent faire l'objet d'une convention unique.

Cette convention ou, à défaut, des conventions séparées peuvent être conclues dès le 29 décembre 1996.

Jusqu'à l'entrée en vigueur de la ou des conventions relatives aux transferts, une convention annuelle de financement fixe le montant minimal des dépenses d'incendie et de secours. À défaut, il est fait application de la procédure prévue à l'article R. 1425-15. – *[Décr. nº 96-1171 du 26 déc. 1996, art. 1er.]*

Art. R. 1425-2 Au sens de l'article L. 1424-17, sont considérés comme nécessaires au fonctionnement du service départemental d'incendie et de secours les biens directement liés à l'exercice des compétences opérationnelles, techniques ou administratives de l'établissement public et dont ce dernier a besoin. – *[Décr. nº 96-1171 du 26 déc. 1996, art. 2.]*

SECTION 1 **La commission consultative départementale (R)**

SOUS-SECTION 1 **Composition et fonctionnement (R)**

Art. R. 1425-3 La commission consultative départementale, mentionnée aux articles L. 1424-20, L. 1424-21 et L. 1424-36, est instituée par arrêté préfectoral.

Cet arrêté est publié au recueil des actes administratifs de la préfecture.

Ses fonctions expirent de plein droit lorsque la totalité des conventions mentionnées aux articles L. 1424-13, L. 1424-14 et L. 1424-17 est signée, ou, à défaut, six mois avant le délai de cinq ans fixé à ces articles. – *[Décr. nº 96-1171 du 26 déc. 1996, art. 3.]*

Art. R. 1425-4 L'élection des représentants du département à la commission et les élections prévues par le décret nº 96-1005 du 22 novembre 1996 relatif à l'installation des premiers conseils d'administration des services départementaux d'incendie et de secours pour la désignation des représentants du département au premier conseil d'administration du service départemental peuvent avoir lieu le même jour. Les modalités de cette élection sont fixées par le conseil départemental et doivent assurer le respect de l'incompatibilité de mandat prévue au quatrième alinéa de l'article L. 1424-21. – *[Décr. nº 96-1171 du 26 déc. 1996, art. 4.]*

Art. R. 1425-5 L'élection à la commission des représentants des communes et des établissements publics de coopération intercommunale compétents en matière de secours et de lutte contre l'incendie est organisée par le préfet. Celui-ci fixe par arrêté le calendrier des opérations électorales et la liste des électeurs composée des maires du département et des présidents desdits établissements publics. Ces représentants sont élus au scrutin proportionnel au plus fort reste. Nul ne peut être électeur au titre de catégories différentes.

L'élection a lieu par correspondance. – *[Décr. nº 96-1171 du 26 déc. 1996, art. 5.]*

Art. R. 1425-6 L'élection des représentants des communes et des établissements publics de coopération intercommunale a lieu en même temps que celles prévues par le décret nº 96-1005 du 22 novembre 1996 relatif à l'installation des premiers conseils d'administration des services départementaux d'incendie et de secours pour la désignation des représentants des communes et des établissements publics de coopération intercommunale au premier conseil d'administration du service départemental. – *[Décr. nº 96-1171 du 26 déc. 1996, art. 6.]*

Art. R. 1425-7 Les listes de candidats pour l'élection des représentants des communes et des établissements publics de coopération intercommunale comprennent deux fois plus de noms qu'il y a de sièges à pourvoir.

Nul ne peut être candidat au titre de catégories différentes.

Les listes sont déposées à la préfecture à une date fixée par l'arrêté du préfet prévu à l'article R. 1425-5. Aucune liste ne peut être modifiée après cette date, sauf en cas de décès ou d'inéligibilité. – *[Décr. n° 96-1171 du 26 déc. 1996, art. 7.]*

Art. R. 1425-8 Les électeurs votent pour une liste complète, sans adjonction ni suppression de noms et sans modification de l'ordre de présentation.

Chaque bulletin de vote est inséré sous double enveloppe : l'enveloppe intérieure ne comporte aucune mention ni signe distinctif ; l'enveloppe extérieure porte la mention "Élections des représentants des communes et des établissements publics de coopération intercommunale à la commission consultative départementale", l'indication du nom et de la qualité de l'électeur, ainsi que sa signature.

Les frais d'organisation des élections sont à la charge du service départemental d'incendie et de secours. – *[Décr. n° 96-1171 du 26 déc. 1996, art. 8.]*

Art. R. 1425-9 Les votes pour l'élection des représentants des communes et des établissements publics de coopération intercommunale sont recensés par la commission instituée à l'article 18 du décret n° 96-1005 du 22 novembre 1996 relatif à l'installation des premiers conseils d'administration des services départementaux d'incendie et de secours.

Un représentant de chaque liste peut contrôler les opérations de dépouillement des bulletins.

En cas d'égalité de reste pour l'attribution du dernier siège restant à pourvoir, ce siège revient à la liste qui a obtenu le plus grand nombre de suffrages. En cas d'égalité de suffrages, l'élection est acquise au bénéfice du plus âgé des candidats susceptibles d'être élus.

Les résultats sont proclamés, affichés et publiés à la diligence du président de la commission. Ils peuvent être contestés devant le tribunal administratif, dans les dix jours qui suivent leur proclamation, par tout électeur, par tout candidat et par le préfet.

Lorsqu'un candidat est élu simultanément au premier conseil d'administration et à la commission consultative départementale, il dispose d'un délai de huit jours à compter de la proclamation des résultats pour faire connaître son choix à la commission de recensement des votes. À défaut d'option dans le délai imparti, l'élection du candidat est acquise au conseil d'administration.

Lorsqu'un siège demeure à pourvoir à la commission consultative départementale, ce siège est attribué au premier candidat non élu de la même liste.

Lorsqu'un siège demeure à pourvoir au premier conseil d'administration, ce siège est attribué au suppléant du candidat concerné conformément à l'article 19 du décret n° 96-1005 du 22 novembre 1996 précité. – *[Décr. n° 96-1171 du 26 déc. 1996, art. 9.]*

Art. R. 1425-10 Le mandat d'un membre de la commission prend fin lorsqu'il perd la qualité au titre de laquelle il a été appelé à siéger.

Lorsqu'il s'agit d'un représentant du département, le conseil départemental élit son remplaçant.

Lorsqu'il s'agit d'un représentant des communes et des établissements publics de coopération intercommunale, il est remplacé par le premier candidat non élu de la même liste. À défaut, il est procédé à une élection partielle au scrutin uninominal à un tour. – *[Décr. n° 96-1171 du 26 déc. 1996, art. 10.]*

Art. R. 1425-11 Le président de la commission est élu à la majorité absolue des suffrages exprimés.

Si cette élection n'est pas acquise après les deux premiers tours du scrutin, il est procédé à un troisième tour et l'élection a lieu à la majorité relative des suffrages exprimés.

En cas de partage égal des voix, l'élection est acquise au bénéfice de l'âge. – *[Décr. n° 96-1171 du 26 déc. 1996, art. 11.]*

Art. R. 1425-12 La commission se réunit sur convocation du président, soit à l'initiative de ce dernier, soit à la demande du tiers des membres, soit à celle du préfet.

La commission ne peut valablement se prononcer que lorsque les deux tiers de ses membres au moins sont présents. Si le quorum n'est pas atteint, elle est convoquée de plein droit trois jours plus tard. Elle peut alors se prononcer sans condition de quorum.

La commission se prononce à la majorité des membres présents.

Le président a voix prépondérante en cas de partage égal des voix.

Le secrétariat de la commission est assuré par le service départemental d'incendie et de secours. – *[Décr. nº 96-1171 du 26 déc. 1996, art. 12.]*

SOUS-SECTION 2 **Compétences (R)**

§ 1 Avis sur les conventions de transfert de personnels et de biens (R)

Art. R. 1425-13 La commission consultative départementale peut être saisie, jusqu'au terme du délai fixé à l'article R. 1425-3, par le département, une commune, un établissement public de coopération intercommunale ou le service départemental d'incendie et de secours pour émettre un avis sur tout ou partie des projets de conventions prévues aux articles L. 1424-13, L. 1424-14 et L. 1424-17.

Les parties au projet de convention disposent d'un délai d'un mois à compter de la réception des demandes formulées par la commission pour faire connaître leurs observations.

La commission rend son avis dans un délai de trois mois à compter de sa saisine. – *[Décr. nº 96-1171 du 26 déc. 1996, art. 13.]*

Art. R. 1425-14 Un rapport, élaboré par le président, est adressé, au moins quinze jours avant la date de la réunion, aux membres de la commission ainsi qu'aux parties concernées par le projet de convention. Celles-ci sont entendues à leur demande.

L'avis définitif de la commission est notifié aux parties concernées par le projet de convention.

Le préfet reçoit communication de l'ensemble de ces procédures. – *[Décr. nº 96-1171 du 26 déc. 1996, art. 14.]*

§ 2 Fixation du montant des dépenses obligatoires d'incendie et de secours avant l'entrée en vigueur des conventions (R)

Art. R. 1425-15 À défaut de la signature de la convention annuelle de financement, prévue au troisième alinéa de l'article R. 1425-1, au plus tard quinze jours avant la date limite d'adoption du budget primitif de l'exercice budgétaire concerné, la commission consultative départementale est saisie par le préfet, le département, une commune, un établissement public de coopération intercommunale ou le service départemental d'incendie et de secours pour constater les moyennes des dépenses d'incendie et de secours visées au deuxième alinéa de l'article L. 1424-36. – *[Décr. nº 96-1171 du 26 déc. 1996, art. 15.]*

Art. R. 1425-16 Pour l'application du deuxième alinéa de l'article L. 1424-36, la commission a accès à l'ensemble des documents ayant servi à l'évaluation financière prévue au chapitre I du décret nº 96-1005 du 22 novembre 1996 relatif à l'installation des premiers conseils d'administration des services départementaux d'incendie et de secours.

La commission communique au département, à la commune ou à l'établissement public de coopération intercommunale les moyennes constatées les concernant. La collectivité territoriale ou l'établissement public dispose d'un délai d'un mois pour faire connaître ses observations.

Au vu de ces observations et au terme de ce délai, la commission établit le constat définitif des moyennes des dépenses du département, de la commune ou de l'établissement public de coopération intercommunale concernés.

Le préfet reçoit communication de l'ensemble de ces procédures. Il peut demander une nouvelle délibération à la commission. – *[Décr. nº 96-1171 du 26 déc. 1996, art. 16.]*

Art. R. 1425-17 Au vu du constat définitif prévu à l'article R. 1425-16, le préfet arrête et notifie au département, à la commune ou à l'établissement public de coopération intercommunale concernés le montant des dépenses obligatoires. – *[Décr. nº 96-1171 du 26 déc. 1996, art. 17.]*

SECTION 2 **Arbitre (R)**

Art. R. 1425-18 Pour l'application du deuxième alinéa de l'article L. 1424-20, l'arbitre est saisi sur demande écrite conjointe précisant l'objet du désaccord sur lequel l'arbitrage est demandé. – *[Décr. nº 96-1171 du 26 déc. 1996, art. 18.]*

Art. R. 1425-19 Le président de la chambre régionale des comptes établit par département, dans le délai de trois mois à compter du 29 décembre 1996, une liste des arbitres qui comporte la mention du nom, de la profession ainsi que l'adresse des intéressés.

La liste des arbitres est transmise au préfet et publiée au recueil des actes administratifs de la préfecture. – *[Décr. nº 96-1171 du 26 déc. 1996, art. 19.]*

Art. R. 1425-20 L'arbitre peut entendre toute personne dont l'audition lui paraît utile.

Il établit un rapport qui est communiqué aux parties ainsi qu'au préfet.

L'arbitre fixe le délai dans lequel les parties lui font connaître leurs observations. – *[Décr. nº 96-1171 du 26 déc. 1996, art. 20.]*

Art. R. 1425-21 Un rapport définitif d'arbitrage formule dans ses conclusions les dispositions à reprendre dans la convention prévue à l'article L. 1424-17.

Ce rapport est transmis aux parties concernées ainsi qu'au préfet. – *[Décr. nº 96-1171 du 26 déc. 1996, art. 21.]*

SECTION 3 **Commission nationale (R)**

SOUS-SECTION 1 **Composition et fonctionnement (R)**

Art. R. 1425-22 La commission nationale, mentionnée aux articles L. 1424-22 et L. 1424-23, est instituée par arrêté conjoint du ministre de l'Intérieur et du ministre chargé de l'outre-mer.

Elle comprend :

a) Un membre de la Cour des comptes désigné sur proposition du premier président, un membre de l'inspection générale de l'administration et un préfet, et leurs suppléants ;

b) Trois présidents de conseil départemental désignés sur proposition de l'assemblée permanente des présidents de conseils départementaux, et leurs suppléants ;

c) Trois maires ou présidents d'établissement public de coopération intercommunale, désignés sur proposition de l'Association des maires de France, et leurs suppléants ;

d) Trois sapeurs-pompiers, dont un sapeur-pompier professionnel officier nommé parmi les représentants des sapeurs-pompiers professionnels officiers siégeant aux commissions administratives paritaires nationales, un sapeur-pompier professionnel non officier désigné sur proposition des organisations syndicales les plus représentatives et un sapeur-pompier volontaire désigné sur proposition de la Fédération nationale des sapeurs-pompiers français, et leurs suppléants. – *[Décr. nº 96-1171 du 26 déc. 1996, art. 22.]*

SOUS-SECTION 2 **Règlement des transferts par la commission (R)**

Art. R. 1425-23 À l'issue du délai de quatre ans à compter du 4 mai 1996, le préfet, le président du conseil d'administration du service départemental d'incendie et de secours et le président de la commission consultative départementale établissent la liste des conventions de transferts signées.

Pour les transferts obligatoires prévus aux articles L. 1424-13, L. 1424-14 et L. 1424-17 qui ne figurent pas sur ladite liste, le préfet, dans les six mois qui suivent, recueille les observations de la commission consultative départementale.

Le préfet saisit la commission nationale par un rapport accompagné de son avis et des observations de la commission consultative départementale. – *[Décr. n° 96-1171 du 26 déc. 1996, art. 23.]*

Art. R. 1425-24 La commission nationale établit une proposition de règlement des transferts. Cette proposition est transmise par le préfet au département, à la commune ou à l'établissement public de coopération intercommunale et au service départemental d'incendie et de secours concernés. Les parties peuvent formuler, par écrit, toutes observations au préfet dans un délai de deux mois à compter de la date de transmission de la proposition.

Pour les transferts de personnels, les autorités territoriales d'emploi réunissent dans le même délai les instances paritaires compétentes pour recueillir leur avis sur la proposition de règlement. Cet avis est communiqué au préfet.

Le préfet transmet ces avis et ces observations au président de la commission nationale. – *[Décr. n° 96-1171 du 26 déc. 1996, art. 24.]*

Art. R. 1425-25 La décision de la commission nationale portant règlement des transferts est adressée au préfet et au président de la chambre régionale des comptes.

Elle est immédiatement applicable. – *[Décr. n° 96-1171 du 26 déc. 1996, art. 25.]*

CHAPITRE VI **MISE À DISPOSITION DES INFRASTRUCTURES DE RÉSEAUX DE RADIOCOMMUNICATIONS MOBILES** *(Décr. n° 2016-1183 du 29 août 2016, art. 1er).*

(Décr. n° 2005-1725 du 30 déc. 2005)

Art. R. 1426-1 *(Décr. n° 2016-1183 du 29 août 2016, art. 2)* Le montant du loyer dû par les opérateurs bénéficiant d'une autorisation d'utilisation des fréquences aux collectivités territoriales ou à leurs groupements pour la mise à disposition des infrastructures destinées à supporter des réseaux mobiles de télécommunications ouverts au public est déterminé dans les conditions prévues aux articles R. 1426-2 à R. 1426-4 :

1° Dans les zones identifiées en application du III de l'article 52 de la loi n° 2004-575 du 21 juin 2004 pour la confiance dans l'économie numérique *[V. ss. art. L. 1425-1]* et retenues dans la phase I du plan d'extension de la couverture du territoire par les réseaux de téléphonie mobile définie par la convention nationale du 15 juillet 2003 ;

2° Dans les zones identifiées en application des articles 52-1 et 52-2 de la loi du 21 juin 2004 mentionnée ci-dessus ;

3° Dans les zones identifiées en application des articles 119 à 119-2 de la loi n° 2008-776 du 4 août 2008 de modernisation de l'économie ;

4° Dans les zones identifiées en application de l'article L. 34-8-5 du code des postes et des communications électroniques.

Art. R. 1426-2 Les opérateurs bénéficiant de la mise à disposition d'infrastructures *(Décr. n° 2005-1725 du 30 déc. 2005)* « mentionnées à l'article R. 1426-1 » communiquent, avant le 30 juin de chaque année, à l'Autorité de régulation des communications électroniques et des postes les montants, calculés au niveau national selon des modalités définies par cette Autorité, des revenus et des coûts, hors loyers, liés à l'exploitation de ces infrastructures au cours de l'année civile antérieure.

Pour chaque opérateur, les loyers calculés au niveau national correspondent à la différence entre les revenus et les coûts mentionnés à l'alinéa précédent, sauf si celle-ci est négative.

Art. R. 1426-3 Un arrêté pris par le ministre chargé des *(Décr. n° 2016-1183 du 29 août 2016, art. 3)* « communications électroniques » sur proposition de l'Autorité de régulation des communications électroniques et des postes fixe annuellement, pour chaque opérateur, le tarif de location, au titre de l'année civile antérieure, des infrastructures mentionnées à l'article *(Décr. n° 2005-1725 du 30 déc. 2005)* « R. 1426-1 ».

Le tarif applicable à chaque opérateur est identique pour chaque infrastructure louée et exploitée exclusivement par lui.

Lorsqu'une infrastructure est exploitée par plusieurs opérateurs, le tarif applicable à chaque opérateur est égal au tarif mentionné à l'alinéa précédent divisé par le nombre d'opérateurs.

Lorsque la différence entre les revenus et les coûts mentionnés au premier alinéa de l'article *(Décr. n° 2005-1725 du 30 déc. 2005)* « R. 1426-2 » est négative, le tarif de location est d'un euro par opérateur et par infrastructure.

Art. R. 1426-4 Les loyers dus au titre de chaque année civile sont exigibles dans les quinze jours de la publication de l'arrêté prévu à l'article *(Décr. n° 2005-1725 du 30 déc. 2005)* « R. 1426-3 ».

TITRE III ÉTABLISSEMENTS PUBLICS DE COOPÉRATION CULTURELLE OU ENVIRONNEMENTALE *(Décr. n° 2017-402 du 27 mars 2017, art. 1er)*.

(Décr. n° 2002-1172 du 11 sept. 2002, art. 1er)

CHAPITRE UNIQUE

SECTION 1 Dispositions générales

Art. R. 1431-1 Les délibérations par lesquelles les collectivités territoriales ou leurs groupements demandent la création d'un établissement public de coopération culturelle *(Décr. n° 2017-402 du 27 mars 2017, art. 1er)* « ou environnementale » défini à l'article L. 1431-1 sont adressées au représentant de l'État qui décide de sa création par un arrêté auquel sont annexés les statuts approuvés par chacun des membres de l'établissement.

(Décr. n° 2007-788 du 10 mai 2007) « Le préfet de département du siège de l'établissement décide par arrêté la création d'un établissement public de coopération culturelle *(Décr. n° 2017-402 du 27 mars 2017, art. 1er)* « ou environnementale » lorsque ce dernier n'est constitué que du département, d'une ou plusieurs communes situées dans ce département, ou de leurs groupements. Dans les autres cas, le préfet de région du siège de l'établissement crée l'établissement public de coopération culturelle *(Décr. n° 2017-402 du 27 mars 2017, art. 1er)* « ou environnementale ». »

Art. R. 1431-2 Les statuts de l'établissement public de coopération culturelle *(Décr. n° 2017-402 du 27 mars 2017, art. 1er)* « ou environnementale » définissent les missions de l'établissement, son caractère administratif ou industriel et commercial, ses règles d'organisation et de fonctionnement, le nombre et la répartition des sièges au sein du conseil d'administration, la durée des mandats de ses membres et les modalités de leur renouvellement ainsi que les modalités d'élection des représentants du personnel et, le cas échéant, des étudiants. Ils prévoient les apports respectifs et la part respective des contributions financières de chacune des personnes publiques membres de l'établissement, et les mises à disposition de biens nécessaires à son fonctionnement ainsi que les dispositions relatives au transfert des personnels lorsque la création de l'établissement résulte de la transformation d'une structure existante.

L'arrêté prévu à l'article R. 1431-1 fixe les dates respectives auxquelles les apports et les mises à disposition de biens ainsi que les transferts de personnels mentionnés à l'alinéa précédent deviennent effectifs.

Les statuts sont approuvés à l'unanimité des membres qui constituent l'établissement.

Art. R. 1431-3 *(Décr. n° 2007-788 du 10 mai 2007)* Une collectivité territoriale, un groupement de collectivités ou un établissement public national peut adhérer à un établissement public de coopération culturelle *(Décr. n° 2017-402 du 27 mars 2017, art. 1er)* « ou environnementale », après sa création, sur proposition du conseil d'administration de ce dernier et après décisions concordantes des assemblées ou des organes délibérants respectifs des collectivités territoriales, des groupements et des établissements publics nationaux *(Décr. n° 2017-402 du 27 mars 2017, art. 1er)* « , et le cas échéant, locaux, » qui le constituent. Le représentant de l'État qui a décidé la création de l'établissement public de coopération culturelle *(Décr. n° 2017-402 du 27 mars 2017, art. 1er)* « ou environnementale » approuve cette décision par arrêté.

(Décr. n° 2017-402 du 27 mars 2017, art. 1er) « Un établissement local peut adhérer à un établissement public de coopération environnementale, après sa création, dans les conditions prévues à l'alinéa précédent. »

SECTION 2 **Organisation et fonctionnement**

SOUS-SECTION 1 **Le conseil d'administration**

Art. R. 1431-4 L'effectif du conseil d'administration ne peut excéder vingt-quatre membres. Il peut être porté à trente si l'étendue des missions assignées à l'établissement public ou le nombre des collectivités qui le composent le justifie.

Le conseil d'administration comprend, dans les proportions définies à l'article L. 1431-4 :

(Décr. n° 2007-788 du 10 mai 2007) « 1° *a)* Le ou les représentants de la ou des collectivités territoriales ou de leurs groupements désignés en leur sein par leurs conseils ou leurs organes délibérants, pour la durée de leur mandat électif restant à courir ;

« *b)* Le ou les représentants de l'État désignés par le préfet ;

« *c)* Le ou les représentants du ou des établissements publics nationaux ;

« *d)* Le maire de la commune siège de l'établissement ou son représentant, lorsqu'il en a formulé la demande » ;

(Décr. n° 2017-402 du 27 mars 2017, art. 1er) « *e)* Le ou les représentants du ou des établissements publics locaux, lorsqu'il s'agit d'un établissement public de coopération environnementale ; »

(Décr. n° 2007-788 du 10 mai 2007) « 2° Des personnalités qualifiées dans les domaines de compétence de l'établissement, désignées conjointement par les collectivités territoriales, leurs groupements, l'État et, le cas échéant, les établissements publics nationaux *(Décr. n° 2017-402 du 27 mars 2017, art. 1er)* « ou locaux » pour une durée de trois ans renouvelable ; en l'absence d'accord, chacun des membres de l'établissement nomme les personnalités qualifiées selon la répartition définie par les statuts ;

« 3° Des représentants du personnel élus à cette fin pour une durée de trois ans renouvelable ; »

4° Des représentants élus des étudiants dès lors que l'établissement a pour mission de dispenser des enseignements ou des formations professionnelles artistiques. La durée de leur mandat est fixée par les statuts ;

(Décr. n° 2017-402 du 27 mars 2017, art. 1er) « 5° Le cas échéant, de *[des]* représentants de fondations ou d'associations désignés dans les conditions fixées au 2° ;

« 6° Lorsque l'établissement public de coopération environnementale constitue une agence régionale de la biodiversité, au sens de l'article L. 131-8 du code de l'environnement, des représentants des secteurs économiques concernés, désignés dans les conditions fixées au 2°.

« Les statuts peuvent prévoir des membres suppléants pour les membres élus ou désignés du conseil d'administration.

« En l'absence de son suppléant, un membre du conseil d'administration peut donner mandat à un autre membre pour le représenter à une séance. Aucun membre ne peut recevoir plus d'un mandat. »

Art. R. 1431-5 Le président peut inviter au conseil d'administration, pour avis, toute personne dont il juge la présence utile en fonction de l'ordre du jour.

En cas de vacance, pour quelque cause que ce soit, survenant plus de six mois avant l'expiration du mandat des membres, un autre représentant est désigné ou élu dans les mêmes conditions pour la durée du mandat restant à courir.

Les fonctions de membre du conseil d'administration sont exercées à titre gratuit. Toutefois, elles ouvrent droit aux indemnités de déplacement prévues par le décret du 3 juillet 2006 susvisé *[n° 2006-781 fixant les conditions et les modalités de règlement des frais occasionnés par les déplacements temporaires des personnels civils de l'État ; V. ce texte au* **CGFP***.]*.

Art. R. 1431-6 Le conseil d'administration est réuni au moins deux fois par an sur convocation de son président qui en fixe l'ordre du jour. Il est réuni de droit à la demande de la moitié de ses membres.

Le conseil d'administration ne peut valablement délibérer que si la moitié au moins des membres sont présents. Si le quorum n'est pas atteint, le conseil est de nouveau convoqué avec le même ordre du jour dans un délai de huit jours. Il délibère alors valablement quel que soit le nombre des membres présents.

Les délibérations sont prises à la majorité des voix. En cas de partage égal des voix, celle du président est prépondérante.

Art. R. 1431-7 Le conseil d'administration délibère sur toutes les questions relatives au fonctionnement de l'établissement et notamment sur :

1° Les orientations générales de la politique de l'établissement et, le cas échéant, un contrat d'objectifs ;

2° Le budget et ses modifications ;

3° Les comptes et l'affectation des résultats de l'exercice ;

4° Les créations, transformations et suppressions d'emplois permanents ;

5° Les projets d'achat ou de prise à bail d'immeubles et, pour les biens dont l'établissement public est propriétaire, les projets de ventes et de baux d'immeubles ;

6° Les conditions générales de passation des contrats, conventions et marchés et d'acquisitions de biens culturels ;

7° Les projets de délégation de service public ;

8° Les emprunts, prises, extensions et cessions de participations financières ;

9° Les créations de filiales et les participations à des sociétés d'économie mixte ;

10° L'acceptation des dons et legs ;

11° Les actions en justice et les conditions dans lesquelles certaines d'entre elles peuvent être engagées par le directeur ;

12° Les transactions ;

13° Le règlement intérieur de l'établissement ;

14° Les suites à donner aux observations consécutives aux inspections, contrôles ou évaluations dont l'établissement a fait l'objet ;

(Décr. n° 2017-402 du 27 mars 2017, art. 1er) « 15° Le rapport d'activité, lorsqu'il s'agit d'un établissement public de coopération environnementale. »

Il détermine les catégories de contrats, conventions et transactions *(Décr. n° 2017-402 du 27 mars 2017, art. 1er)* « , ainsi que les subventions ou concours financiers accordés par l'établissement lorsqu'il s'agit d'un établissement public de coopération environnementale, » qui, en raison de leur nature ou du montant financier engagé, doivent lui être soumises pour approbation et celles dont il délègue la responsabilité au directeur.

Art. R. 1431-8 Le président du conseil d'administration et, si les statuts le prévoient, un vice-président sont élus par le conseil d'administration en son sein, à la majorité des deux tiers, pour une durée de trois ans renouvelable, qui ne peut excéder, le cas échéant, celle de leur mandat électif.

Le président convoque et préside le conseil d'administration.

Il nomme le personnel des établissements publics de coopération culturelle *(Décr. n° 2017-402 du 27 mars 2017, art. 1er)* « ou environnementale » à caractère administratif, après avis du directeur.

Il peut déléguer sa signature au directeur.

Art. R. 1431-9 Les délibérations du conseil d'administration ainsi que les actes à caractère réglementaire de l'établissement font l'objet d'une publicité par voie d'affichage au siège de l'établissement et par publication au Recueil des actes administratifs de la préfecture du département où l'établissement a son siège.

SOUS-SECTION 2 Le directeur

Art. R. 1431-10 Les personnes publiques représentées au conseil d'administration procèdent à un appel à candidatures en vue d'établir une liste de candidats à l'emploi de directeur. Après réception des candidatures, elles établissent à l'unanimité la liste des candidats.

(Décr. n° 2007-788 du 10 mai 2007) « La proposition du conseil d'administration visée au deuxième alinéa de l'article L. 1431-5 est prise à la majorité des deux tiers de ses membres. »

Art. R. 1431-11 Les statuts fixent la durée du mandat du directeur de l'établissement public de coopération culturelle *(Décr. n° 2017-402 du 27 mars 2017, art. 1er)* « ou environnementale » qui est comprise entre trois et cinq ans. Ce mandat est renouvelable par périodes de trois ans.

Art. R. 1431-12 *Abrogé par Décr. n° 2007-788 du 10 mai 2007.*

Art. R. 1431-13 Le directeur assure la direction de l'établissement public de coopération culturelle *(Décr. n° 2017-402 du 27 mars 2017, art. 1er)* « ou environnementale ».

À ce titre :

a) Il élabore et met en œuvre le projet artistique, culturel, pédagogique *(Décr. n° 2017-402 du 27 mars 2017, art. 1er)* « , environnemental » ou scientifique et rend compte de son exécution au conseil d'administration ;

b) Il assure la programmation de l'activité artistique, scientifique, pédagogique *(Décr. n° 2017-402 du 27 mars 2017, art. 1er)* « , environnementale » ou culturelle de l'établissement ;

c) Il est ordonnateur des recettes et des dépenses ;

d) Il prépare le budget et ses décisions modificatives et en assure l'exécution ;

e) Il assure la direction de l'ensemble des services ;

f) Il passe tous actes, contrats et marchés, dans les conditions définies par le conseil d'administration ;

g) Il représente l'établissement en justice et dans tous les actes de la vie civile.

Il recrute et nomme aux emplois de l'établissement, lorsque celui-ci a le caractère industriel et commercial et est consulté, pour avis, par le président du conseil d'administration sur le recrutement et la nomination aux emplois de l'établissement, lorsque celui-ci a le caractère administratif.

Il peut, par délégation du conseil d'administration et sur avis conforme du comptable, créer des régies de recettes, d'avances et de recettes et d'avances soumises aux conditions de fonctionnement prévues aux articles R. 1617-1 à R. 1617-18.

Il participe au conseil d'administration avec voix consultative, sauf lorsqu'il est personnellement concerné par l'affaire en discussion.

Il peut déléguer sa signature à un ou plusieurs chefs de service placés sous son autorité.

Art. R. 1431-14 Les fonctions de directeur sont incompatibles avec un mandat électif dans l'une des collectivités territoriales membres de l'établissement et avec toute fonction dans un groupement qui en est membre ainsi qu'avec celles de membre du conseil d'administration de l'établissement.

Le directeur ne peut prendre ou conserver aucun intérêt dans les entreprises en rapport avec l'établissement, occuper aucune fonction dans ces entreprises, ni assurer des prestations pour leur compte, à l'exception des filiales de l'établissement.

Si, après avoir été mis à même de présenter ses observations, il est constaté qu'il a manqué à ces règles, le directeur est démis d'office de ses fonctions par le conseil d'administration.

Art. R. 1431-15 Le directeur d'un établissement public de coopération culturelle *(Décr. n° 2017-402 du 27 mars 2017, art. 1er)* « ou environnementale » à caractère industriel et commercial ne peut être révoqué que pour faute grave. Dans ce cas, sa révocation est prononcée à la majorité des deux tiers des membres du conseil d'administration.

SECTION 3 Dispositions financières et comptables

Art. R. 1431-16 Le comptable des établissements publics de coopération culturelle *(Décr. n° 2017-402 du 27 mars 2017, art. 1er)* « ou environnementale » à caractère administratif est un *(Décr. n° 2014-551 du 27 mai 2014, art. 3)* « comptable de la direction générale des finances publiques » ayant la qualité de comptable principal. Il est nommé par le préfet, sur avis conforme du *(Décr. n° 2014-551 du 27 mai 2014, art. 3)* « directeur départemental ou, le cas échéant, régional des finances publiques ».

Art. R. 1431-17 Les fonctions de comptable des établissements publics de coopération culturelle *(Décr. n° 2017-402 du 27 mars 2017, art. 1er)* « ou environnementale » à caractère industriel et commercial sont confiées à un *(Décr. n° 2014-551 du 27 mai 2014, art. 3)* « comptable de la direction générale des finances publiques » ou à un agent comptable. Le comptable est nommé par le préfet sur proposition du conseil d'administration, après avis du *(Décr. n° 2014-551 du 27 mai 2014, art. 3)* « directeur départemental ou, le cas échéant, régional des finances publiques ». Il ne peut être mis fin à ses fonctions que dans les mêmes formes.

Art. R. 1431-18 Sauf dispositions contraires du présent titre, les dispositions des articles R. 2221-35 à R. 2221-52 sont applicables aux établissements publics de coopération culturelle *(Décr. n° 2017-402 du 27 mars 2017, art. 1er)* « ou environnementale » à caractère industriel et commercial.

SECTION 4 **Retrait et dissolution**

Art. R. 1431-19 I. — Un membre de l'établissement public de coopération culturelle *(Décr. n° 2017-402 du 27 mars 2017, art. 1er)* « ou environnementale » peut se retirer de celui-ci, sous réserve d'avoir notifié son intention au conseil d'administration de l'établissement au plus tard le 1er avril de l'année de son retrait. En cas d'accord du conseil d'administration sur le retrait et ses conditions matérielles et financières, celui-ci est arrêté par le représentant de l'État. Il prend effet au 31 décembre de l'année considérée.

II. — À défaut d'accord entre le membre qui se retire et l'établissement, la répartition des biens ou du produit de leur réalisation et de l'encours de la dette est opérée dans les conditions suivantes :

1° Les biens meubles et immeubles mis à la disposition de l'établissement par le membre qui se retire lui sont restitués pour leur valeur nette comptable, avec les adjonctions effectuées sur ces biens liquidées sur les mêmes bases. L'encours de la dette afférente à ces biens est également restitué au membre qui se retire ;

2° Les biens meubles et immeubles acquis par l'établissement peuvent être répartis entre ce dernier et le membre qui se retire. Il en va de même pour le produit de la réalisation de tels biens, intervenant à cette occasion. L'encours de la dette relative à ces biens est réparti dans les mêmes conditions.

III. — Les opérations de répartition doivent intervenir au plus tard le 30 septembre de l'année suivant le retrait. À défaut, la répartition est réalisée, selon les modalités précisées au II, par arrêté du représentant de l'État.

Art. R. 1431-20 I. — L'établissement public de coopération culturelle *(Décr. n° 2017-402 du 27 mars 2017, art. 1er)* « ou environnementale » est dissous à la demande de l'ensemble de ses membres. La dissolution est prononcée par arrêté du représentant de l'État. Elle prend effet au 31 décembre de l'année au cours de laquelle elle a été demandée.

II. — Lorsque, à la suite du retrait d'un ou de plusieurs de ses membres, l'établissement ne comprend plus qu'une personne publique, le préfet en prononce la dissolution qui prend effet au 31 décembre de l'année au cours de laquelle elle intervient.

III. — Lorsque des difficultés graves et persistantes dans le fonctionnement du conseil d'administration mettent l'établissement dans l'impossibilité d'assurer ses missions, le représentant de l'État peut demander la dissolution d'office qui est prononcée par décret pris sur avis conforme du Conseil d'État.

Art. R. 1431-21 I. — En cas de dissolution d'un établissement public de coopération culturelle *(Décr. n° 2017-402 du 27 mars 2017, art. 1er)* « ou environnementale », le conseil d'administration se réunit au plus tard le 30 juin de l'année suivant la dissolution, afin de voter le compte administratif et de fixer les modalités de dévolution de l'actif et du passif de l'établissement.

Les collectivités membres de l'établissement dissous corrigent leurs résultats de la reprise des résultats de l'établissement dissous, par délibération budgétaire, conformément à l'arrêté de liquidation de l'établissement. Le détail des opérations non budgétaires justifiant cette reprise est joint en annexe au budget de reprise des résultats.

Les comptables des membres intègrent dans leurs comptes les éléments d'actif et de passif au vu d'une copie de l'arrêté préfectoral de dissolution et du bilan de sortie de l'établissement dissous.

II. – À défaut d'adoption du compte administratif ou de détermination de la liquidation par le conseil d'administration au plus tard le 30 juin de l'année suivant la dissolution, le représentant de l'État nomme un liquidateur qui a la qualité d'ordonnateur et est placé sous sa responsabilité. Il cède au besoin les actifs et répartit les soldes de l'actif et du passif. La liquidation et les comptes sont arrêtés par le préfet.

III. – Ne peuvent être désignés comme liquidateur :

a) Les membres de l'organe délibérant ou du personnel soit de l'établissement public de coopération culturelle *(Décr. n° 2017-402 du 27 mars 2017, art. 1er)* « ou environnementale », soit des collectivités territoriales qui en sont membres ;

b) Les comptables et les personnes participant au contrôle budgétaire et au contrôle de légalité soit de l'établissement public de coopération culturelle *(Décr. n° 2017-402 du 27 mars 2017, art. 1er)* « ou environnementale », soit des collectivités territoriales qui en sont membres ;

c) Les magistrats des juridictions administrative et financière dans le ressort desquelles l'établissement public de coopération culturelle *(Décr. n° 2017-402 du 27 mars 2017, art. 1er)* « ou environnementale » a son siège.

LIVRE V DISPOSITIONS ÉCONOMIQUES

TITRE I AIDES AUX ENTREPRISES

CHAPITRE UNIQUE

SECTION 1 Aide aux organismes qui participent à la création ou à la reprise d'entreprises

(Décr. n° 2004-982 du 13 sept. 2004, art. 1er)

Art. R. 1511-1 Le montant des subventions qui peuvent être versées annuellement par une collectivité territoriale ou un groupement à un des organismes visés à l'article L. 1511-7 ne peut excéder 50 % du total des recettes annuelles perçues par cet organisme.

Ce montant ne peut avoir pour effet de porter le montant total annuel des aides publiques perçues par l'organisme bénéficiaire à plus de 80 % du total annuel de ses recettes.

Au sens du présent article, les subventions de l'État et de ses établissements publics, les aides de la Communauté européenne et des organisations internationales, et les subventions des collectivités territoriales et de leurs groupements constituent des aides publiques.

Art. R. 1511-2 Les organismes doivent fournir les documents suivants à l'appui de leur demande de subventions :

a) Les bilans et les comptes de résultat des deux derniers exercices clos ainsi que le budget prévisionnel de l'année pour laquelle la subvention est sollicitée ;

b) Un rapport retraçant leur activité et l'utilisation des subventions des collectivités territoriales et de leurs groupements au titre de l'année précédente ;

c) Un document prévisionnel sur l'utilisation prévue des subventions demandées.

Ces documents doivent être annexés à la délibération décidant l'attribution de la subvention.

Art. R. 1511-3 La convention prévue au deuxième alinéa de l'article L. 1511-7 fixe les obligations de chacune des parties et précise notamment :

a) Les modalités d'attribution et de versement de la subvention ;

b) Le montant et l'origine de l'ensemble des aides publiques définies à l'article R. 1511-1 dont l'obtention est prévue par l'organisme pour l'année au titre de laquelle la subvention est sollicitée ;

c) Les conditions d'utilisation par l'organisme des subventions des collectivités territoriales et de leurs groupements, et notamment le montant des aides, la forme et les modalités de leur attribution ;

d) Le règlement de la Commission européenne et les régimes notifiés concernant les aides d'État en faveur des petites et moyennes entreprises qui sont appliqués ;

e) Les conditions de reversement de la subvention dans le cas où l'organisme ne respecte pas la convention.

Le délai de reversement ne peut être supérieur à un an à compter de la constatation du non-respect de la convention.

La convention doit être annexée à la délibération décidant l'attribution de la subvention.

SECTION 2 Aides à l'investissement immobilier et à la location d'immeubles accordées aux entreprises

(Décr. n° 2007-1282 du 28 août 2007)

SOUS-SECTION 1 Dispositions communes

Art. R. 1511-4 I. – Pour l'application de la présente section, la valeur vénale des terrains ou bâtiments utilisée comme référence pour la détermination du montant des aides que peuvent attribuer les collectivités territoriales et leurs groupements *(Décr.*

nº 2016-733 du 2 juin 2016, art. 1er) « , dans les conditions prévues à l'article L. 1511-3, » est fixée par le *(Décr. nº 2014-551 du 27 mai 2014, art. 3)* « directeur départemental ou, le cas échéant, régional des finances publiques » ou par un expert.

Dans les cas où son avis est requis en application des articles L. 2241-1, L. 3213-2, L. 4221-4 et L. 5211-37, la valeur vénale de référence est fixée par le *(Décr. nº 2014-551 du 27 mai 2014, art. 3)* « directeur départemental ou, le cas échéant, régional des finances publiques ». Dans les autres cas, la collectivité territoriale ou le groupement intéressé peut soit demander l'intervention du *(Décr. nº 2014-551 du 27 mai 2014, art. 3)* « directeur départemental ou, le cas échéant, régional des finances publiques », soit recourir à un expert choisi parmi les personnes présentant toutes les garanties d'indépendance, jouissant d'une parfaite honorabilité et possédant la compétence nécessaire en matière d'évaluation de terrains ou de bâtiments en raison de leur formation ou de l'expérience acquise dans l'exercice de leur profession ainsi qu'une connaissance du marché local.

La valeur vénale de référence est déterminée, préalablement aux négociations précédant la vente, sur la base d'indicateurs du marché et de critères d'évaluation communément acceptés. Lorsque les terrains ou les bâtiments sont acquis et revendus en l'état, la valeur vénale de référence ne peut être fixée, dans le délai de trois ans à compter de leur acquisition, à un montant inférieur à celui du prix payé par la collectivité publique ou le groupement pour leur acquisition, sauf dans le cas où une baisse générale de la valeur des biens immobiliers comparables est expressément constatée sur le marché considéré par le *(Décr. nº 2014-551 du 27 mai 2014, art. 3)* « directeur départemental ou, le cas échéant, régional des finances publiques » ou l'expert.

II. — Par dérogation aux dispositions du I, la valeur d'un bien immobilier est réputée celle du marché lorsque le bien a été acheté dans le cadre d'une vente par adjudication et que, préalablement à cette procédure, l'offre de vente a fait l'objet d'une publicité d'au moins deux mois dans la presse nationale, les revues immobilières ou d'autres publications appropriées et a été annoncée par des agents immobiliers s'adressant à un large éventail d'acquéreurs potentiels.

Art. R. 1511-4-1 Pour l'application de la présente section, les aides accordées sous les formes prévues par l'article L. 1511-3 pour le financement de projets immobiliers dans le cadre de contrats de crédit-bail et de location-vente sont considérées comme des aides à l'investissement.

Art. R. 1511-4-2 Les assemblées délibérantes des collectivités territoriales et de leurs groupements déterminent les conditions d'attribution, de liquidation, de versement, d'annulation et de reversement des aides accordées en vertu de la présente section.

Le bénéfice de ces aides est subordonné à la régularité de la situation de l'entreprise au regard de ses obligations fiscales et sociales.

La convention mentionnée à *(Décr. nº 2016-733 du 2 juin 2016, art. 1er)* « l'alinéa 2 de » l'article L. 1511-3 comporte une déclaration dans laquelle l'entreprise bénéficiaire mentionne l'ensemble des aides reçues ou sollicitées pour le financement de son projet pendant l'exercice fiscal en cours et les deux exercices fiscaux précédents. Elle précise le montant des aides dites *"de minimis"* qui lui ont été attribuées ou qu'elle a sollicitées dans les conditions prévues par le règlement *(Décr. nº 2016-733 du 2 juin 2016, art. 1er)* « nº 1407/2013 de la Commission du 18 décembre 2013 relatif à l'application des articles 107 et 108 du traité sur le fonctionnement de l'Union européenne aux aides *de minimis* publié au *Journal officiel de l'Union européenne* nº L. 352/1 du 24 décembre 2013 ».

Art. R. 1511-4-3 *(Décr. nº 2016-733 du 2 juin 2016, art. 1er)* Pour l'application de la présente section, les collectivités territoriales compétentes et leurs groupements peuvent, seuls ou conjointement, accorder des aides à l'investissement immobilier et à la location dans le respect des articles 107 et 108 du traité sur le fonctionnement de l'Union européenne et de la réglementation qui en découle.

SOUS-SECTION 2 **Aides à l'investissement immobilier et à la location d'immeubles accordées aux entreprises dans les zones d'aide à l'investissement des petites et moyennes entreprises et dans les zones d'aide à finalité régionale**

(Décr. n° 2009-1717 du 30 déc. 2009)

Art. R. 1511-5 Afin de favoriser la création ou l'extension d'activités économiques dans les zones d'aide à l'investissement des petites et moyennes entreprises *(Décr. n° 2023-1286 du 26 déc. 2023, art. 1er)* « et dans les zones d'aide à finalité régionale définies par le décret pris pour l'application du paragraphe XIII de l'article 87 de la loi n° 2006-1771 du 30 décembre 2006 de finances rectificative pour 2006 », les collectivités territoriales ou leurs groupements peuvent, seuls ou conjointement, accorder, sous réserve des dispositions *(Décr. n° 2016-733 du 2 juin 2016, art. 2)* « du règlement (UE) n° 651/2014 de la Commission du 17 juin 2014 déclarant certaines catégories d'aide compatibles avec le marché intérieur en application des articles 107 et 108 du traité », les aides mentionnées à l'article L. 1511-3.

V. égal. Décr. n° 2023-1286 du 26 déc. 2023 modifiant le code général des collectivités territoriales, et les annexes au Décr. n° 2022-968 du 30 juin 2022 relatif aux zones d'aide à finalité régionale et aux zones d'aide à l'investissement des petites et moyennes entreprises pour la période 2022-2027, art. 2.

Art. R. 1511-6 *à* R. 1511-9 *Abrogés par Décr. n° 2016-733 du 2 juin 2016, art. 3.*

SOUS-SECTION 3 *[ABROGÉE]* **Aides à l'investissement immobilier et à la location d'immeubles accordées aux entreprises dans les zones d'aides à finalité régionale**

(Abrogée par Décr. n° 2023-1286 du 26 déc. 2023, art. 1er)
(Décr. n° 2009-1717 du 30 déc. 2009)

Art. R. 1511-10 *(Abrogé par Décr. n° 2023-1286 du 26 déc. 2023, art. 1er) Afin de favoriser la création ou l'extension d'activités économiques dans les zones d'aides à finalité régionale délimitées par (Décr. n° 2022-968 du 30 juin 2022, art. 4) « le décret n° 2022-968 du 30 juin 2022 relatif aux zones d'aide à finalité régionale et aux zones d'aide à l'investissement des petites et moyennes entreprises pour la période 2022-2027 », les collectivités territoriales ou leurs groupements peuvent, seuls ou conjointement, accorder, sous réserve des dispositions des sous-sections 4 et 5 de la présente section, les aides mentionnées à l'article L. 1511-3 dans les limites et conditions d'application du règlement mentionné à l'article R. 1511-5 telles qu'elles sont fixées aux paragraphes (Décr. n° 2014-758 du 2 juill. 2014, art. 4) « 2 à 5 » de son article 1er.*

Conformément à l'art. 6 du Décr. n° 2022-968 du 30 juin 2022, ces dispositions sont applicables jusqu'au 31 déc. 2027 (Décr. préc., art. 6).

Art. R. 1511-11 *Abrogé par Décr. n° 2014-758 du 2 juill. 2014, art. 4.*

Art. R. 1511-12 *Abrogé par Décr. n° 2023-1286 du 26 déc. 2023, art. 1er.*

Art. R. 1511-13 *(Abrogé par Décr. n° 2023-1286 du 26 déc. 2023, art. 1er) Sont soumises à l'obligation de notification à la Commission européenne, préalablement à leur mise en œuvre, dans les conditions prévues à l'article L. 1511-1-1, les aides à l'investissement immobilier ayant pour effet de porter le total des aides publiques accordées pour un même projet à un montant supérieur à :*

(Décr. n° 2022-167 du 11 févr. 2022, art. 3) « a) 52,5 millions d'euros en Guyane et à Mayotte ;

« b) 45 millions d'euros à Saint-Martin ;

« c) 37,5 millions d'euros en Guadeloupe et à La Réunion ;

« d) 30 millions d'euros à la Martinique ; »

(Décr. n° 2022-968 du 30 juin 2022, art. 4) « e) 11,25 millions d'euros dans les communes énumérées à l'annexe 1 au décret mentionné à l'article R. 1511-10 autres que celles situées dans les départements mentionnés au f du présent article ;

« f) 7,5 millions d'euros dans les communes énumérées à l'annexe 1 au décret mentionné à l'article R. 1511-10 situées dans les départements d'Ille-et-Vilaine, de Savoie et des Yvelines. »

Les dispositions issues du Décr. n° 2022-968 du 30 juin 2022 sont applicables jusqu'au 31 déc. 2027 (Décr. préc., art. 6).

Art. R. 1511-14 *Abrogé par Décr. n° 2023-1286 du 26 déc. 2023, art. 1er.*

Art. R. 1511-15 *Inapplicable à compter du 31 déc. 2021.*

Art. R. 1511-16 *Abrogé par Décr. n° 2023-1286 du 26 déc. 2023, art. 1er.*

SOUS-SECTION 4 *[ABROGÉE]* Aides à l'investissement immobilier et à la location d'immeubles accordées aux entreprises en vue de la réalisation de projets de recherche, de développement et d'innovation

(Abrogée par Décr. n° 2023-1286 du 26 déc. 2023, art. 1er)
(Décr. n° 2009-1717 du 30 déc. 2009)

Art. R. 1511-17 à R. 1511-23-3 *Abrogés par Décr. n° 2016-733 du 2 juin 2016, art. 3.*

SOUS-SECTION 5 *[ABROGÉE]* Aides à l'investissement immobilier et à la location d'immeubles accordées à des entreprises dans le secteur de la transformation et de la commercialisation des matières premières et produits agricoles inscrits à l'annexe I du traité instituant la Communauté européenne

(Abrogée par Décr. n° 2023-1286 du 26 déc. 2023, art. 1er)
(Décr. n° 2009-1717 du 30 déc. 2009)

Art. R. 1511-23-4 à R. 1511-23-7 *Abrogés par Décr. n° 2016-733 du 2 juin 2016, art. 3.*

SECTION 3 Prise en charge des commissions dues par les bénéficiaires de garanties d'emprunts (R) *(Décr. n° 2005-584 du 27 mai 2005, art. 1er).*

Art. R. 1511-24 *(Décr. n° 2014-1315 du 3 nov. 2014, art. 8)* « La prise en charge, en application de l'article L. 1511-3, par une ou plusieurs collectivités territoriales ou leurs groupements, des commissions dues par les bénéficiaires de garanties d'emprunt accordées par un ou plusieurs établissements de crédit ou par une ou plusieurs sociétés de financement intervient dans le cadre de conventions passées par les collectivités territoriales ou leurs groupements avec des prêteurs, des établissements de crédit ou des sociétés de financement intervenant en garantie. »

Ces conventions définissent :

1° La nature des opérations et les catégories d'emprunteurs éligibles à cette aide ;

2° Les taux de prise en charge des commissions, dans la limite du plafond mentionné à l'article R. 1511-25 ;

3° La durée de leur application et, le cas échéant, les modalités de leur renouvellement.

Elles font expressément mention des dispositions du troisième alinéa de l'article L. 1511-3 et de celles de la présente sous-section.

Elles sont approuvées par les assemblées délibérantes des collectivités territoriales ou de leurs groupements.

Art. R. 1511-25 Le taux maximum de prise en charge, par les collectivités territoriales ou leurs groupements, de la ou des commissions afférentes à un même emprunt est fixé par arrêté du ministre chargé de l'économie et des finances.

Art. R. 1511-26 Les assemblées délibérantes des collectivités territoriales ou de leurs groupements déterminent chaque année le montant maximal des dépenses qui peuvent être engagées au titre du troisième alinéa de l'article L. 1511-3.

Art. R. 1511-27 Pour un même emprunt, les versements correspondant à la ou aux commissions prises en charge par une collectivité territoriale ou un groupement doivent être effectués en une seule fois auprès des prêteurs *(Décr. n° 2014-1315 du 3 nov. 2014, art. 8)* « , des établissements de crédit ou des sociétés de financement » intervenant en garantie.

Art. R. 1511-28 Dans tous les cas, le prêteur doit faire connaître à l'emprunteur, avant la signature du contrat de prêt, les modalités de l'intervention des collectivités territoriales ou de leurs groupements et en particulier celles prévues par les conventions mentionnées à l'article R. 1511-24. – *[Décr. n° 99-102 du 16 févr. 1999, art. 5.]*

Art. R. 1511-29 Les dispositions des articles R. 1511-24, R. 1511-25 et R. 1511-28 ne sont pas applicables à la prise en charge des commissions dues par les bénéficiaires de garanties d'emprunts contractés pour la réalisation des opérations prévues à l'article L. 2252-2, à l'article L. 3231-4-1 et à l'article L. 4253-2. – *[Décr. n° 99-102 du 16 févr. 1999, art. 6.]*

SECTION 4 **Garanties d'emprunts (R)** *(Décr. n° 2005-584 du 27 mai 2005, art. 1er).*

Art. D. 1511-30 Le montant net des annuités de la dette mentionné des articles L. 2252-1, L. 3231-4 et L. 4253-1 est égal à la différence entre le montant total des sommes inscrites :

a) En dépenses au titre du remboursement du capital d'emprunts et du versement des intérêts ainsi que du règlement des dettes à long ou moyen terme, sans réception de fonds ;

b) En recettes au titre du recouvrement des créances à long et moyen terme.

Ces sommes sont celles qui figurent au budget primitif principal pour l'exercice en cours.

Art. D. 1511-31 *(Décr. n° 2005-1662 du 27 déc. 2005)* Les recettes réelles de fonctionnement sont celles définies au cinquième alinéa de l'article R. 2313-2.

Art. D. 1511-32 Le pourcentage limite mentionné au deuxième alinéa des articles L. 2252-1, L. 3231-4 et L. 4253-1 et dont les éléments sont définis aux articles D. 1511-30 et D. 1511-31 est fixé à 50 %.

Art. D. 1511-33 Pour l'application du deuxième alinéa des articles L. 2252-1, L. 3231-4 et L. 4253-1, le coefficient multiplicateur appliqué aux provisions spécifiques constituées par les communes pour couvrir les garanties ou cautions est fixé à 1.

Art. D. 1511-34 Pour l'application du troisième alinéa des articles L. 2252-1, L. 3231-4 et L. 4253-1, la proportion maximale des annuités garanties ou cautionnées au profit d'un même débiteur, exigible au titre d'un exercice, rapportée au montant total des annuités susceptibles d'être garanties ou cautionnées est fixée à 10 %.

Art. D. 1511-35 Pour l'application du quatrième alinéa des articles L. 2252-1, L. 3231-4 et L. 4253-1, la quotité maximale susceptible d'être garantie par une ou plusieurs collectivités sur un même emprunt est fixée à 50 %.

Elle pourra être portée à 80 % pour les opérations d'aménagement menées en application des articles L. 300-1 à L. 300-4 du code de l'urbanisme.

SECTION 5 **Participation à des sociétés de garantie (R)** *(Décr. n° 2005-584 du 27 mai 2005, art. 1er).*

Art. R. 1511-36 La proportion maximale du capital susceptible d'être détenue par les collectivités territoriales dans les établissements de crédit *(Décr. n° 2014-1315 du 3 nov. 2014, art. 8)* « ou les sociétés de financement » mentionnés au premier alinéa des articles L. 2253-7, L. 3231-7 et L. 4253-3 est fixée à 50 %.

Art. R. 1511-37 L'octroi des garanties par les établissements de crédit *(Décr. n° 2014-1315 du 3 nov. 2014, art. 8)* « ou les sociétés de financement » mentionnés à l'article R. 1511-36 est assorti d'une rémunération calculée en fonction du risque assuré.

Art. R. 1511-38 La quotité de chaque concours financier garantie par l'établissement de crédit *(Décr. n° 2014-1315 du 3 nov. 2014, art. 8)* « ou la société de financement » soit sur ses fonds propres, soit sur ceux des fonds de garantie constitués auprès de lui ne peut excéder 50 %.

La garantie de l'établissement de crédit *(Décr. n° 2014-1315 du 3 nov. 2014, art. 8)* « ou de la société de financement » cumulée avec celle des collectivités territoriales ne peut excéder 50 % du montant total de chaque concours financier, sauf pour les opérations visées aux articles L. 2252-2, L. 3231-4-1 et L. 4253-2.

Art. R. 1511-39 Lorsque la garantie accordée par l'établissement de crédit *(Décr. n° 2014-1315 du 3 nov. 2014, art. 8)* « ou la société de financement » est couverte par un fonds de garantie ayant pour objet la création d'entreprise les quotités maximales prévues à l'article R. 1511-38 sont portées à 65 %.

SECTION 6 Soutien aux industries culturelles *(Décr. n° 2022-921 du 21 juin 2022, art. 1er).*

SOUS-SECTION 1 Aides aux entreprises du spectacle cinématographique *(Décr. n° 2022-921 du 21 juin 2022, art. 1er).*

Art. R. 1511-40 Les subventions prévues aux articles L. 2251-4, L. 3232-4 et au 6° de l'article L. 4211-1 font l'objet d'une demande écrite de l'exploitant de l'établissement *(Décr. n° 2022-1164 du 18 août 2022, art. 1er)* « déjà titulaire ou futur titulaire » de l'autorisation d'exercice délivrée, dans les conditions prévues *(Décr. n° 2022-1164 du 18 août 2022, art. 1er)* « aux articles L. 212-2 à L. 212-5 du code du cinéma et de l'image animée » pour la ou les salles dudit établissement.

Pour l'application des articles R. 1511-40 à R. 1511-43, le terme "établissement" s'entend de toute installation utilisée par l'exploitant en un lieu déterminé et qui fait l'objet d'une exploitation autonome. Sont également considérées comme établissement les exploitations ambulantes.

Art. R. 1511-41 L'exploitant de l'établissement produit à l'appui de sa demande un dossier comprenant :

1° Les statuts de l'exploitation et les références des autorisations d'exercice ;

2° Une description de l'équipement et de la capacité de l'établissement ;

3° Le compte d'exploitation des deux années précédant la demande ;

4° Les comptes d'exploitation prévisionnels des deux années suivantes ;

5° Un relevé d'informations fourni par le Centre national du cinéma et de l'image animée et relatif au nombre d'entrées moyen hebdomadaire réalisé par l'ensemble des salles de l'établissement concerné au cours de l'année précédant la demande de subvention ;

6° Le projet cinématographique présentant les actions prévues, notamment en matière de programmation en direction de publics déterminés, de formation à la culture cinématographique ou de prospection de nouveaux publics, ainsi que les engagements en matière de politique tarifaire, d'accueil du public ou de travaux d'aménagement. – *[Décr. n° 94-1218 du 29 déc. 1994, art. 2.]*

Art. R. 1511-41-1 *(Décr. n° 2022-1164 du 18 août 2022, art. 1er)* En cas de création d'un nouvel établissement de spectacle cinématographique, le futur exploitant de l'établissement produit à l'appui de sa demande un dossier comprenant :

1° Les statuts de l'exploitation ;

2° Une description de l'équipement envisagé et de la capacité prévue de l'établissement ;

3° Les comptes d'exploitation prévisionnels des deux premières années d'exploitation ;

4° Une étude de marché indiquant le nombre d'entrées prévisionnel moyen estimé sur les deux premières années d'exploitation ainsi que l'intérêt du projet pour le territoire ;

5° Le projet cinématographique tel que prévu au 6° de l'article R. 1511-41 ainsi que le projet de programmation détaillé notamment en matière de diffusion d'œuvres cinématographiques d'art et d'essai.

Art. R. 1511-42 La convention conclue en application du troisième alinéa des articles L. 2251-4, L. 3232-4 et au 6° de l'article L. 4211-1 entre l'exploitant *(Décr.*

nº 2022-1164 du 18 août 2022, art. 1er) « ou le futur exploitant » et la *(Décr. nº 2022-1164 du 18 août 2022, art. 1er)* « collectivité concernée » fixe :

1° L'objet de l'aide, notamment les objectifs correspondant au projet cinématographique visé au 6° de l'article R. 1511-41 *(Décr. nº 2022-1164 du 18 août 2022, art. 1er)* « ou, en cas de création d'un nouvel établissement, au projet cinématographique et au projet de programmation prévus au 6° de l'article R. 1511-41-1 » ;

2° Le montant et les modalités de l'aide ;

(Décr. nº 2022-1164 du 18 août 2022, art. 1er) « 3° Les conditions dans lesquelles l'intéressé s'oblige, en cas de non-respect des engagements et objectifs prévus au 6° de l'article R. 1511-41 ou, en cas de création d'un nouvel établissement, au 5° de l'article R. 1511-41-1, à restituer, en tout ou partie, les aides perçues. »

Art. R. 1511-43 Par année, le montant de subvention accordé par une ou plusieurs collectivités locales ne peut excéder 30 % du chiffre d'affaires de l'établissement, ou 30 % du coût du projet si celui-ci porte exclusivement sur des travaux susceptibles de donner lieu à *(Décr. nº 2022-1164 du 18 août 2022, art. 1er)* « l'attribution d'aides financières à la création et à la modernisation des établissements de spectacle cinématographique par le Centre national du cinéma et de l'image animée en application du *b* du 2° de l'article L. 111-2 du code du cinéma et de l'image animée.

« Les investissements liés à la création ou la modernisation des établissements de spectacle cinématographique peuvent notamment porter sur les bâtiments existants ou à construire, les conditions techniques d'exploitation, l'accès à l'établissement, le confort des salles de spectacles ainsi que sur la création de nouvelles salles dans un établissement. »

SOUS-SECTION 2 Aides aux établissements de vente au détail de livres neufs

(Décr. nº 2022-921 du 21 juin 2022, art. 1er)

Art. R. 1511-43-1 Les subventions prévues à l'article L. 2251-5 font l'objet d'une demande écrite du dirigeant de l'entreprise dont relève l'établissement existant ayant pour objet la vente au détail de livres neufs.

Art. R. 1511-43-2 Le dirigeant de l'entreprise produit à l'appui de sa demande un dossier comprenant :

1° Les statuts de l'entreprise ;

2° Une description de l'établissement ;

3° Les comptes d'exploitation de l'entreprise pour les deux derniers exercices précédant la demande ou, à défaut, du dernier exercice précédant la demande ;

4° Les comptes d'exploitation prévisionnels de l'entreprise des deux années suivantes ;

5° Les motifs de la demande en précisant le cas échéant les projets culturels ou actions correspondant à cette demande.

Art. R. 1511-43-3 La convention conclue en application de l'article L. 2251-5 fixe :

1° L'objet et les objectifs de l'aide ;

2° Le montant et les modalités de l'aide ainsi que, le cas échéant, les conditions auxquelles l'aide est consentie.

Art. R. 1511-43-4 Par année, le montant de la subvention accordée, sur le fondement de l'article L. 2251-5, par les communes et leurs groupements, la collectivité de Saint-Barthélemy, la collectivité de Saint-Martin et les communes de Saint-Pierre-et-Miquelon ne peut excéder 20 % du chiffre d'affaires de l'entreprise dont relève l'établissement.

SECTION 7 Aides à l'offre de soins dans les zones déficitaires

(Décr. nº 2005-1724 du 30 déc. 2005)

SOUS-SECTION 1 Aides à l'installation et au maintien des professionnels de santé et des centres de santé

Art. R. 1511-44 Les aides prévues au premier alinéa du I de l'article L. 1511-8 peuvent consister dans :

1° La prise en charge, en tout ou en partie, des frais d'investissement ou de fonctionnement liés à l'activité de soins ;

2° La mise à disposition de locaux destinés à cette activité ;

3° La mise à disposition d'un logement ;

4° Le versement d'une prime d'installation ;

5° Le versement, aux professionnels exerçant à titre libéral, d'une prime d'exercice forfaitaire.

Les aides prévues aux 1° et 2° peuvent être attribuées aux organismes gérant les centres de santé mentionnés à l'article L. 6323-1 du code de la santé publique.

Art. R. 1511-45 Les conventions mentionnées au premier alinéa du I de l'article L. 1511-8 sont conclues entre le professionnel de santé ou l'organisme gestionnaire du centre de santé bénéficiaire des aides, le ou les groupements ou collectivités qui attribuent les aides et l'union régionale des caisses d'assurance maladie.

Elles précisent notamment :

1° Les engagements pris par le bénéficiaire en contrepartie des aides accordées, qui incluent obligatoirement l'engagement d'exercice effectif dans une zone définie en application de l'article L. 162-47 du code de la sécurité sociale pour une période minimale de trois ans ;

2° Les conditions dans lesquelles les aides prennent fin, notamment lorsque le lieu d'installation du bénéficiaire cesse d'être inclus dans une zone définie en application de l'article L. 162-47 du code de la sécurité sociale, ainsi que les conditions dans lesquelles l'intéressé s'oblige, en cas de non-respect de ses engagements, à restituer, en tout ou en partie, les aides perçues.

Art. R. 1511-46 Le projet de convention est soumis pour avis à la mission régionale de santé, qui se prononce sur la cohérence entre les aides envisagées et celles accordées, le cas échéant, par les organismes d'assurance maladie en application des dispositifs conventionnels prévus par l'article L. 162-14-1 du code de la sécurité sociale.

Art. R. 1511-47 *(Décr. n° 2025-231 du 12 mars 2025, art. 1er)* Un professionnel de santé bénéficiaire des aides prévues au premier alinéa du I de l'article L. 1511-8 ne peut de nouveau en bénéficier qu'à l'expiration d'un délai de dix ans.

Le délai prévu au premier alinéa s'apprécie à compter de la date de signature de la dernière convention, prévue à l'article R. 1511-45, attribuant ces aides au professionnel de santé.

Le délai prévu au premier alinéa s'applique, que l'installation faisant l'objet de la nouvelle demande d'aide soit ou non située dans la même zone que celle définie dans la dernière convention.

Lorsqu'il effectue une nouvelle demande d'aide prévue au premier alinéa du I de l'article L. 1511-8 du code des collectivités territoriales, le professionnel de santé atteste sur l'honneur que le délai de dix ans est respecté. L'attestation sur l'honneur est annexée à la nouvelle convention.

SOUS-SECTION 2 Aides aux étudiants en médecine

(Décr. n° 2005-1728 du 30 déc. 2005)

Art. D. 1511-52 Lorsqu'elles ne mettent pas à disposition des étudiants de troisième cycle de médecine générale un logement pour la durée de leur stage dans les zones définies conformément à l'article L. 162-47 du code de la sécurité sociale, les collectivités territoriales et leurs groupements peuvent accorder, seules ou conjointement, l'indemnité de logement prévue au I de l'article L. 1511-8 du présent code.

Le montant mensuel de cette indemnité ne peut excéder 20 % des émoluments forfaitaires mensuels de troisième année d'internat prévus au 1° de l'article 10 du décret n° 99-930 du 10 novembre 1999.

Art. D. 1511-53 Les collectivités territoriales et leurs groupements allouent, seules ou conjointement, une indemnité de déplacement aux étudiants mentionnés à l'article D. 1511-52 à l'occasion des déplacements effectués dans le cadre de leur stage et des trajets entre leur lieu de résidence et leur lieu de stage. Le montant de ces indemnités et leurs conditions d'attribution sont fixés conformément aux dispositions du décret n° 2006-781 du 3 juillet 2006. La base kilométrique de ces indemnités peut être évaluée forfaitairement par les collectivités territoriales et leurs groupements.

Art. D. 1511-54 Le montant annuel de l'indemnité d'étude et de projet professionnel, prévue au II de l'article L. 1511-8 du présent code, attribuée par les collectivités territoriales, seules ou conjointement, ne peut excéder les émoluments annuels de troisième année d'internat prévus au 1° de l'article 10 du décret n° 99-930 du 10 novembre 1999.

Le montant total de l'indemnité versée à l'étudiant durant ses études de troisième cycle ne peut excéder le produit du montant annuel mentionné à l'alinéa précédent et du nombre d'années d'études de troisième cycle effectuées par l'étudiant à compter de la conclusion du contrat mentionné à l'article D. 1511-55, compte non tenu des années de redoublement.

Art. D. 1511-55 Le contrat conclu entre l'étudiant au cours de ses études de troisième cycle et la ou les collectivités territoriales qui attribuent l'aide précise notamment les sanctions encourues par les parties contractantes en cas de non-respect de leurs engagements contractuels, hormis les cas visés à l'article D. 1511-56.

La mission régionale de santé et le représentant de l'État dans le département du futur lieu d'exercice sont informés du contrat ainsi conclu.

Art. D. 1511-56 Le remboursement de l'indemnité perçue par l'étudiant est dû :

1° En totalité en cas de non-installation dans la zone déficitaire à la date prévue contractuellement. En l'absence de dispositions spécifiques dans le contrat prévu à l'article D. 1511-55, le remboursement est exigible en intégralité au plus tard le lendemain de la date d'installation prévue ;

2° En partie si la durée d'installation est inférieure à cinq ans ou à la durée prévue contractuellement. Les modalités de remboursement et ses conditions d'exigibilité sont précisées par le contrat prévu à l'article D. 1511-55.

SECTION 8 Aides aux soins vétérinaires des animaux d'élevage *(Décr. n° 2023-784 du 14 août 2023).*

(Décr. n° 2021-578 du 11 mai 2021)

SOUS-SECTION 1 Aides à l'exercice et à l'installation des vétérinaires

Art. R. 1511-57 *(Décr. n° 2023-784 du 14 août 2023)* « I. — Les aides prévues au I de l'article L. 1511-9 ont pour objet de soutenir l'exercice vétérinaire au profit des animaux d'élevage. Ces aides peuvent être attribuées :

« 1° Soit aux personnes mentionnées à l'article L. 241-1 du code rural et de la pêche maritime et disposant de l'habilitation sanitaire dans les conditions prévues à l'article L. 203-1 de ce code ;

« 2° Soit aux sociétés d'exercice mentionnées à son article L. 241-17, dans lesquelles les vétérinaires disposant de l'habilitation sanitaire exercent leur activité. »

II. — Ces aides peuvent consister en :

1° La prise en charge, en tout ou en partie, des frais d'investissement ou de fonctionnement directement liés à l'activité de vétérinaire au profit des animaux d'élevage ;

2° Le versement aux vétérinaires exerçant à titre libéral d'une prime d'exercice forfaitaire ;

3° La mise à disposition d'un logement ou d'un local destinés à faciliter l'activité des vétérinaires ;

4° Le versement d'une prime d'installation ou la mise à disposition de locaux permettant l'exercice de l'activité.

Les aides prévues au 4° sont subordonnées à l'établissement d'un domicile professionnel d'exercice *(Décr. n° 2023-784 du 14 août 2023)* « sur le territoire de la ou des collectivités territoriales ou groupements qui attribuent ces aides ».

III. — Le montant total des aides accordées par une ou plusieurs collectivités territoriales ne peut dépasser 60 000 euros par an et par bénéficiaire.

Art. R. 1511-58 Les conventions mentionnées au premier alinéa du I de l'article L. 1511-9 sont conclues entre le vétérinaire ou la société d'exercice vétérinaire bénéficiaire des aides et la ou les collectivités territoriales ou leurs groupements qui attribuent les aides.

(Décr. n° 2023-784 du 14 août 2023) « Elles précisent notamment les engagements pris par le bénéficiaire en contrepartie des aides accordées, qui incluent obligatoirement l'engagement : »

a) D'exercer son activité et, le cas échéant, d'établir un domicile professionnel d'exercice, *(Décr. n° 2023-784 du 14 août 2023)* « sur le territoire de la ou des collectivités territoriales ou groupements qui attribuent les aides », pour une période minimale de trois ans ;

b) D'assurer la continuité et la permanence des soins des animaux d'élevage définies aux articles R. 242-48 et R. 242-61 du même code. Dans le cas où le bénéficiaire de l'aide recourt à un service de garde, la convention prévue à l'article R. 242-61 de ce code prévoit la participation directe du bénéficiaire à ce service ;

c) De restituer tout ou partie des aides perçues en cas de non-respect de ses engagements ou d'impossibilité de tenir ces derniers. Le montant des aides devant être restitué est calculé au prorata du temps pendant lequel les engagements n'ont pas été tenus.

SOUS-SECTION 2 **Aides aux étudiants vétérinaires**

(Décr. n° 2021-579 du 11 mai 2021)

Art. D. 1511-59 Lorsqu'elles ne mettent pas un logement à disposition des étudiants régulièrement inscrits dans des études conduisant à la délivrance d'un diplôme ou d'un titre de formation vétérinaire mentionné au 1° de l'article L. 241-2 du code rural et de la pêche maritime effectuant un stage comprenant des mises en situation professionnelle de soins aux animaux d'élevage, les collectivités territoriales ou leurs groupements peuvent accorder, pendant la durée du stage, seuls ou conjointement, l'indemnité de logement prévue au II de l'article L. 1511-9 du présent code.

Le montant mensuel de cette indemnité ne peut excéder 20 % du montant du salaire brut mensuel du premier échelon (élève non cadre) de la convention collective nationale des vétérinaires praticiens salariés.

Art. D. 1511-60 Les collectivités territoriales ou leurs groupements peuvent allouer, seuls ou conjointement, une indemnité de déplacement aux étudiants mentionnés à l'article D. 1511-59 à l'occasion des déplacements effectués dans le cadre de leur stage et des trajets entre leur lieu d'études et leur lieu de stage. Le montant de ces indemnités et leurs conditions d'attribution sont fixés conformément aux dispositions du décret n° 2006-781 du 3 juillet 2006 pour les déplacements à l'intérieur de la métropole et sur justificatifs pour les déplacements hors de métropole au tarif le moins onéreux et le plus adapté à la nature du déplacement. La base kilométrique de ces indemnités peut être évaluée forfaitairement par les collectivités territoriales ou leurs groupements.

Art. D. 1511-61 Le montant annuel de l'indemnité d'étude et de projet professionnel, prévue au II de l'article L. 1511-9 du présent code, attribuée aux étudiants régulièrement inscrits dans des études conduisant à la délivrance d'un diplôme ou d'un titre de formation vétérinaire mentionné au 1° de l'article L. 241-2 du code rural et de la pêche maritime, par les collectivités territoriales ou leurs groupements, seuls ou conjointement, ne peut excéder le montant du salaire brut annuel du premier échelon (élève non cadre) de la convention collective nationale des vétérinaires praticiens salariés, auxquels s'ajoutent la possibilité de prise en charge des droits de scolarité ou des frais d'inscription acquittés chaque année par l'étudiant auprès de l'organisme de formation qui prépare au diplôme.

Art. D. 1511-62 Le contrat conclu entre l'étudiant et la ou les collectivités territoriales ou leurs groupements qui attribuent l'indemnité d'étude et de projet professionnel précise notamment :

— l'engagement de l'étudiant à exercer dans l'année qui suit l'obtention de son diplôme ou titre de formation vétérinaire mentionné au 1° de l'article L. 241-2 du code rural et de la pêche maritime en tant que vétérinaire praticien inscrit au tableau de l'ordre en contribuant à la protection de la santé publique et en assurant la continuité et la permanence des soins aux animaux d'élevage pendant au moins cinq années consécutives. Dans le cas où le bénéficiaire de l'aide recourt à un service de garde, la convention prévue à l'article R. 242-61 du code rural et de la pêche maritime doit explicitement mentionner la participation directe de ce bénéficiaire. Ce contrat peut prévoir une obligation d'installation du domicile professionnel d'exercice *(Décr. n° 2023-1280 du 26 déc. 2023)* « sur le territoire de la ou des collectivités territoriales ou de leurs groupements qui attribuent l'indemnité » ;

— les engagements respectifs des parties contractantes pendant la durée des études et leurs sanctions.

Le conseil régional de l'ordre des vétérinaires compétent et le représentant de l'État dans le département du futur lieu d'exercice sont informés du contrat ainsi conclu.

Art. D. 1511-63 Le remboursement de l'indemnité et de la prise en charge des frais de scolarité perçus par l'étudiant est dû :

1° En totalité en cas de non-exercice ou le cas échéant de non-installation du domicile professionnel d'exercice *(Décr. n° 2023-1280 du 26 déc. 2023)* « sur le territoire de la ou des collectivités territoriales ou de leurs groupements qui attribuent l'indemnité » et à la date *(Décr. n° 2023-1280 du 26 déc. 2023)* « prévus » contractuellement. Les modalités de remboursement et ses conditions d'exigibilité sont précisées par le contrat prévu à l'article D. 1511-62 ;

2° En partie si la durée d'exercice ou d'installation est inférieure à cinq ans ou à la durée prévue contractuellement ou si l'exercice est partiel par rapport aux dispositions prévues contractuellement. Les modalités de remboursement et ses conditions d'exigibilité sont précisées par le contrat prévu à l'article D. 1511-62.

TITRE II SOCIÉTÉS D'ÉCONOMIE MIXTE LOCALES

CHAPITRE I OBJET

Pas de dispositions réglementaires codifiées.

CHAPITRE II COMPOSITION DU CAPITAL

Pas de dispositions réglementaires codifiées.

CHAPITRE III MODALITÉS D'INTERVENTION

Pas de dispositions réglementaires codifiées.

CHAPITRE IV ADMINISTRATION ET CONTRÔLE

Art. R. 1524-1 Le préfet qui saisit la chambre régionale des comptes d'une délibération du conseil d'administration ou du conseil de surveillance ou de l'assemblée générale d'une société d'économie mixte locale, en application de l'article L. 1524-2, joint à cette saisine, outre la délibération, les statuts et les comptes des deux derniers exercices.

La chambre rend un avis motivé dans lequel elle examine l'incidence financière de la délibération sur la situation des collectivités concernées.

Cet avis est notifié au préfet, aux collectivités actionnaires et à la société. Il est communiqué pour information au commissaire aux comptes. Le préfet transmet à la chambre, dès réception dans ses services, le procès-verbal de la séance au cours de laquelle l'assemblée qui a pris la délibération a procédé à une deuxième lecture de celle-ci après réception de l'avis de la chambre. — *[Décr. n° 95-945 du 23 août 1995, art. 132.]*

Art. R. 1524-2 L'assemblée spéciale prévue au troisième alinéa de l'article L. 1524-5 est réunie pour la première fois à l'initiative d'au moins une des collectivités territoriales ou groupements actionnaires non directement représentés au conseil d'administration ou au conseil de surveillance de la société d'économie mixte.

Elle comprend un délégué de chaque collectivité territoriale ou groupement actionnaire ne disposant pas d'un représentant direct au conseil d'administration ou de surveillance de cette société.

L'assemblée spéciale élit son président et désigne en son sein le ou les représentants communs au conseil de surveillance. Chaque collectivité territoriale ou groupement dispose d'un nombre de voix proportionnel au nombre d'actions qu'il possède.

L'assemblée spéciale se réunit au moins une fois par an pour entendre le rapport de ses représentants au conseil d'administration ou au conseil de surveillance de la société d'économie mixte.

Elle se réunit sur convocation de son président établie à l'initiative soit de ce dernier, soit à la demande de l'un de ses représentants élus par elle au conseil d'administration ou au conseil de surveillance, soit à la demande d'un tiers au moins des membres ou des membres détenant au moins le tiers des actions des collectivités territoriales et de leurs groupements membres de l'assemblée spéciale. – *[Décr. n° 85-491 du 9 mai 1985, art. 1er.]*

Art. R. 1524-3 Le mandat des représentants des collectivités territoriales et de leurs groupements actionnaires au conseil d'administration ou au conseil de surveillance prend fin :

— en ce qui concerne ceux d'une commune lors du renouvellement intégral du conseil municipal ;

— en ce qui concerne ceux d'un département lors de chaque renouvellement triennal du conseil départemental ou en cas de dissolution ;

— en ce qui concerne ceux d'une région, lors du renouvellement intégral du conseil régional ;

— en ce qui concerne ceux d'un groupement, lors du renouvellement partiel ou intégral de l'assemblée délibérante du groupement. – *[Décr. n° 85-491 du 9 mai 1995, art. 2, al. 1er.]*

La disposition des statuts d'une SEML, prévoyant la prorogation du mandat des représentants des collectivités territoriales au conseil d'administration de la SEAU (SEML) jusqu'à la nomination de nouveaux représentants par la nouvelle assemblée, ne s'appliquait qu'en cas de démission ou de dissolution de l'assemblée délibérante et ne pouvait être étendue au cas où il est mis fin par la loi au mandat de cette assemblée. • Com. 30 janv. 2001, *Cne de Thiers c/ SEAU : Juris-Data n° 2001-008081 ; Coll. terr. 2001, n° 110 ; RGCT 2001. 811, comm. Devès.*

Art. R. 1524-4 Les représentants des collectivités territoriales ou de leurs groupements actionnaires peuvent être relevés de leurs fonctions à tout moment par l'assemblée qui les a désignés, celle-ci étant tenue de pourvoir simultanément à leur remplacement et d'en informer le conseil d'administration ou le conseil de surveillance.

En cas de vacance du siège qui lui a été attribué au conseil d'administration ou au conseil de surveillance, l'assemblée délibérante de la collectivité territoriale ou du groupement actionnaire désigne son représentant lors de la première réunion qui suit cette vacance. Toutefois, dans l'intervalle des sessions du conseil régional ou du conseil départemental la commission permanente du conseil régional ou celle du conseil départemental peut désigner à titre provisoire un nouveau représentant.

En cas de dissolution de l'assemblée délibérante d'une collectivité territoriale ou d'un groupement actionnaire, de démission de l'ensemble de ses membres ou d'annulation devenue définitive de l'élection de l'ensemble de ses membres, le mandat de ses représentants au conseil d'administration ou au conseil de surveillance est prorogé jusqu'à la désignation de leurs remplaçants par la nouvelle assemblée. – *[Décr. n° 85-491 du 9 mai 1985, art. 3.]*

Art. R. 1524-5 Le mandat des représentants des collectivités territoriales et de leurs groupements à l'assemblée spéciale prend fin soit qu'ils perdent leur qualité d'élus, soit que l'assemblée délibérante de la collectivité ou du groupement actionnaire les relève de leurs fonctions.

Le mandat du délégué de l'assemblée spéciale prend fin lorsqu'il perd sa qualité d'élu, ou lorsque l'assemblée spéciale le relève de ses fonctions. – *[Décr. n° 85-491 du 9 mai 1985, art. 4.]*

Art. R. 1524-6 Les dispositions des articles R. 1524-3 et R. 1524-4 sont applicables au délégué spécial prévu par l'article L. 1524-6. – *[Décr. n° 85-491 du 9 mai 1985, art. 5.]*

Art. D. 1524-7 *(Décr. n° 2022-1406 du 4 nov. 2022, art. 1er)* Le rapport mentionné au quatorzième alinéa de l'article L. 1524-5 du présent code comprend les informations suivantes :

1° Une présentation de la société d'économie mixte rappelant son historique, son objet social, ses domaines d'activité, l'adresse de son siège social, le nombre de ses salariés, la répartition de son capital, l'organisation de sa gouvernance, les noms du président, du directeur général et des administrateurs, en identifiant ceux qui représentent la collectivité territoriale ou le groupement actionnaire, les principales activités et opérations de l'année écoulée en identifiant celles qui concernent la collectivité territoriale ou le groupement actionnaire et ses perspectives de développement ;

2° L'état des relations entre la collectivité territoriale ou le groupement actionnaire et la société d'économie mixte, listant les contrats, apports en compte courant d'associés, garanties d'emprunt et aides octroyées au titre du développement économique ou tout autre concours financier, et précisant pour chacun d'eux leur objet, leur montant et, le cas échéant, le secteur d'activité dont ils relèvent ;

3° Les modifications des statuts effectuées dans l'année en conservant l'historique des cinq dernières années ;

4° Les évolutions de l'actionnariat intervenues dans l'année en conservant l'historique des cinq dernières années ;

5° L'état de l'ensemble des participations de la société, directes et indirectes, au sens de l'article L. 233-4 du code de commerce, au capital d'autres sociétés ou groupements d'intérêt économique, mentionnant le montant de la participation, la part de capital détenue, le domaine d'activité de la société faisant l'objet de la prise de participation, le motif de cette prise de participation et l'identification des représentants de la société d'économie mixte au conseil d'administration ou de surveillance de cette société ;

6° La description des principaux risques et incertitudes d'ordre financier, juridique, technique ou conjoncturel auxquels la société d'économie mixte est confrontée, et le cas échéant leur traitement ;

7° L'état des procédures de prévention et de détection des faits d'atteinte à la probité mises en œuvre par la société dans le cadre de l'article 17 de la loi n° 2016-1691 du 9 décembre 2016 relative à la transparence, à la lutte contre la corruption et à la modernisation de l'activité économique et, le cas échéant, de celles mises en œuvre dans le cadre du 3° de l'article 3 de cette même loi ;

8° Une information sur les contrôles éventuels dont la société fait l'objet ;

9° Les modalités d'exercice du contrôle analogue pour les sociétés publiques locales ;

10° Le bilan de la gouvernance des élus précisant le nombre et la date des conseils d'administration ou de surveillance et des assemblées générales, le taux de présence des représentants de la collectivité territoriale ou du groupement actionnaire à chaque instance. Ce bilan pourra comprendre, le cas échéant, une synthèse des positions prises par ces représentants sur les décisions stratégiques présentant un impact important pour la société, son projet ou la collectivité actionnaire et le signalement des positions de ces représentants non suivies dans chacune de ces instances ;

11° Les éléments de rémunération, fixes, variables et exceptionnels, ainsi que les avantages en nature accordés aux représentants de la collectivité territoriale ou du groupement ainsi qu'aux mandataires sociaux ;

12° La situation financière de la société, le cas échéant consolidée, rappelant le montant du chiffre d'affaires, des produits et charges d'exploitation, dont les charges salariales, du bénéfice ou des pertes de l'exercice, des capitaux propres, du bilan, de la situation de trésorerie et du niveau d'endettement ;

13° La répartition du chiffre d'affaires par secteur d'activité de la société et, s'il est disponible, du résultat selon les mêmes modalités ;

14° Pour les sociétés d'économie mixte, la répartition du chiffre d'affaires distinguant la part d'activité exercée pour le compte des actionnaires, celle exercée pour le compte d'autres personnes publiques ou privées non actionnaires et celle relevant des opérations pour compte propre ;

Les informations demandées au titre des 1° à 14° du présent article sont renseignées sans préjudice des informations protégées par l'article L. 151-1 du code de commerce ou présentant un caractère confidentiel et donné comme telles en application, selon le cas, de l'article L. 225-37 ou de l'article L. 225-92 de ce même code.

Lorsque certaines informations sont concernées par l'un des cas mentionnés à l'alinéa précédent, le rapport le mentionne et renseigne le point concerné sous une forme adaptée.

CHAPITRE V DISPOSITIONS PARTICULIÈRES

Pas de dispositions réglementaires codifiées.

LIVRE VI DISPOSITIONS FINANCIÈRES ET COMPTABLES

TITRE I (*Décr. nº 2003-592 du 2 juill. 2003, art. 2*).

CHAPITRE I PRINCIPES GÉNÉRAUX

SECTION 1 Recettes (R)

SOUS-SECTION 1 Recouvrement des créances non fiscales (R)

Art. D. 1611-1 (*Décr. nº 2017-509 du 7 avr. 2017, art. 1er*) Le seuil prévu à l'article L. 1611-5 est fixé à 15 euros à l'exception des créances des établissements publics de santé pour lesquelles il est de 5 euros.

SECTION 2 Dépenses (R)

SOUS-SECTION 1 Chèques d'accompagnement personnalisé (R)

§ 1 Utilisation et remboursement des chèques d'accompagnement personnalisé (R)

Art. R. 1611-2 Pour l'application de l'article L. 1611-6, les collectivités territoriales, les établissements publics de coopération intercommunale, les centres communaux et intercommunaux d'action sociale et les caisses des écoles, désignés dans la présente sous-section par les termes : "les distributeurs", peuvent remettre aux personnes qui rencontrent des difficultés sociales des titres de paiement spéciaux dénommés : "chèques d'accompagnement personnalisé".

Dans la présente sous-section, sont désignés par les termes :

– "les bénéficiaires" : les personnes qui reçoivent les chèques d'accompagnement personnalisé ;

– "les émetteurs" : les personnes qui mettent les chèques d'accompagnement personnalisé à la disposition des distributeurs et en assurent le paiement ;

– "les prestataires" : les personnes qui acceptent les chèques d'accompagnement personnalisé pour l'acquisition de biens, produits ou services. – [*Décr. nº 99-862 du 6 oct. 1999, art. 1er.*]

Art. R. 1611-3 Les relations entre le distributeur et l'émetteur de chèques d'accompagnement personnalisé sont régies par un contrat. Ce contrat précise les modalités de commande des chèques d'accompagnement personnalisé, du règlement, remboursement ou échange des chèques, ainsi que leur durée de conservation. Il précise également les modalités de transmission des informations définies à l'article R. 1611-6, et le mode de calcul de la commission éventuelle due à l'émetteur en sus de la valeur faciale des titres. – [*Décr. nº 99-862 du 6 oct. 1999, art. 2.*]

Art. R. 1611-4 Les relations entre les prestataires qui souhaitent accepter les chèques d'accompagnement personnalisé et les émetteurs sont régies par un contrat. Ce contrat peut prévoir des délais de paiement maximaux des prestataires par l'émetteur, ainsi que les conditions dans lesquelles l'émetteur peut refuser de payer des chèques acceptés à tort par le prestataire. – [*Décr. nº 99-862 du 6 oct. 1999, art. 3.*]

Art. R. 1611-5 Les chèques d'accompagnement personnalisé sont présentés par les bénéficiaires aux prestataires qui ne peuvent les accepter en paiement qu'aux conditions fixées pour leur utilisation par les distributeurs, en particulier au regard de la nature des biens, produits, ou services qui peuvent être acquis. Les prestataires en certifient l'usage conforme à ces conditions, par l'apposition de la mention prévue au III de l'article R. 1611-8. – [*Décr. nº 99-862 du 6 oct. 1999, art. 4.*]

Art. R. 1611-6 Les chèques d'accompagnement personnalisé doivent être utilisés par les bénéficiaires avant le 31 décembre de l'année de leur validité.

Les prestataires présentent en paiement aux émetteurs les chèques d'accompagnement personnalisé au plus tard le 28 février suivant l'année de leur validité sous peine de péremption définitive.

Le paiement par l'émetteur est subordonné à la condition que le prestataire ait effectivement certifié que l'usage du chèque a été conforme aux conditions fixées par le distributeur.

La valeur faciale des chèques d'accompagnement personnalisé non payés par l'émetteur à des prestataires qui les ont acceptés à tort, ou payés à tort par l'émetteur à un prestataire qui ne se serait pas conformé aux obligations définies à l'article R. 1611-5, est reversée par l'émetteur au distributeur.

L'émetteur adresse à chaque distributeur, selon une périodicité fixée dans le contrat mentionné à l'article R. 1611-3 et au moins une fois par an, la liste des prestataires lui ayant demandé le remboursement des chèques d'accompagnement personnalisé au cours de la dernière période écoulée. – *[Décr. n° 99-862 du 6 oct. 1999, art. 5.]*

Art. R. 1611-7 Les chèques d'accompagnement personnalisé non distribués dont la péremption est constatée dans les conditions définies au dernier alinéa de l'article R. 1611-11 sont restitués à l'émetteur par le distributeur pour le compte duquel ils ont été émis avant le 31 janvier suivant l'année de leur validité. Ils sont échangés ou remboursés pour leur valeur faciale par l'émetteur au distributeur, selon sa demande, avant le 28 février suivant l'année de leur validité. – *[Décr. n° 99-862 du 6 oct. 1999, art. 6.]*

Art. R. 1611-8 Pour être admis en paiement par les émetteurs, les chèques d'accompagnement personnalisé doivent comporter, en caractères apparents :

I. – Apposées par l'émetteur, les mentions suivantes :

1° Nom et adresse de l'émetteur ;

2° Nom de la collectivité territoriale ou de l'établissement public compétent ;

3° Numéro dans une série continue de nombres caractérisant l'émission ;

4° Valeur faciale du titre ;

5° Année civile de validité.

II. – Apposée par l'ordonnateur de la collectivité territoriale ou de l'établissement public distributeur, ou par l'émetteur sur demande de l'ordonnateur au moment de la commande des chèques, la mention de la nature des biens, produits ou services pouvant être achetés.

III. – Apposée par le prestataire au moment de la remise du chèque d'accompagnement personnalisé par le bénéficiaire, la mention de la raison sociale, du numéro d'identité du prestataire attribué par l'Institut national de la statistique et des études économiques ou du numéro d'enregistrement à la préfecture pour les associations, et adresse de l'établissement où le bien, produit ou service a été acheté. – *[Décr. n° 99-862 du 6 oct. 1999, art. 7.]*

§ 2 Organisation financière (R)

Art. R. 1611-9 Les établissements de crédit, organismes ou services mentionnés au quatrième alinéa de l'article L. 1611-6 remettent à chaque émetteur qui ouvre un "compte de chèques d'accompagnement personnalisé" une attestation en double exemplaire. L'émetteur remet l'un de ces exemplaires à la commission prévue à l'article R. 1611-12.

L'émetteur verse sur ces comptes, à l'exclusion de tout autre, les fonds correspondant à la valeur faciale d'achat des chèques d'accompagnement personnalisé livrés au distributeur, dans un délai maximum de trente jours à compter de cette livraison.

Après chaque commande de chèques d'accompagnement personnalisé reçue d'un distributeur, l'émetteur adresse à celui-ci un relevé établi par l'organisme qui tient le compte de chèques d'accompagnement personnalisé et attestant la date de versement sur ce compte des fonds mentionnés à l'alinéa précédent.

Sous la responsabilité de l'émetteur, les sommes portées au crédit des comptes de chèques d'accompagnement personnalisé peuvent faire l'objet de placements temporaires, à la condition que leur montant demeure à tout moment immédiatement et totalement réalisable pour leur valeur nominale initiale.

Sous réserve de cette possibilité de placement temporaire des fonds, ces comptes ne peuvent être débités qu'au profit des prestataires ou des distributeurs. – *[Décr. n° 99-862 du 6 oct. 1999, art. 8.]*

Art. R. 1611-10 L'émetteur adresse, au plus tard le 31 mai de l'année suivant l'année de validité des chèques d'accompagnement personnalisé, à l'ordonnateur de la collectivité ou de l'établissement public distributeur, le compte annuel le concernant.

Ce compte retrace le nombre et le montant total des titres commandés durant l'année, de ceux qui ont été effectivement utilisés et payés aux prestataires, de ceux qui ont été rejetés en application de l'article R. 1611-6, de ceux qui ont été remboursés ou échangés conformément aux dispositions de l'article R. 1611-7 et enfin de ceux qui restent à rembourser ou échanger dans les conditions fixées à l'alinéa suivant.

L'émetteur rembourse au distributeur, directement ou par la remise gracieuse de chèques d'accompagnement personnalisé, selon les dispositions contractuelles prévues à l'article R. 1611-3, le montant correspondant à l'écart constaté entre la valeur faciale des chèques d'accompagnement personnalisé commandés et les sommes payées aux prestataires dans les conditions prévues à l'article R. 1611-6 durant l'année écoulée. Ce montant est diminué de celui du remboursement ou de l'échange déjà effectué au titre des chèques d'accompagnement personnalisé périmés dans les conditions prévues à l'article R. 1611-7. – *[Décr. n° 99-862 du 6 oct. 1999, art. 9.]*

Art. R. 1611-11 La commande de chèques d'accompagnement personnalisé est visée par le comptable public assignataire des opérations de la collectivité territoriale ou de l'établissement public distributeur.

Les chèques d'accompagnement personnalisé commandés lui sont remis par l'émetteur, et il les prend en charge en comptabilité des valeurs inactives. Ces titres sont ensuite transmis par le comptable à un ou plusieurs régisseurs agissant pour son compte et chargés de les remettre aux bénéficiaires dans les conditions fixées par l'acte constitutif de la ou des régies.

Le ou les régisseurs sont chargés de suivre les mouvements afférents à ces titres sur un bordereau d'emploi et de versement des valeurs inactives, qu'ils adressent au comptable dans les conditions prévues par l'acte constitutif de la ou des régies.

Le comptable constate au 31 décembre la péremption des chèques d'accompagnement personnalisé non distribués et transmet à la collectivité ou à l'établissement distributeur le compte d'emploi de ces valeurs. – *[Décr. n° 99-862 du 6 oct. 1999, art. 10.]*

§ 3 Commission spécialisée (R)

Art. R. 1611-12 La commission prévue à l'article L. 1611-6 et chargée d'enregistrer les déclarations d'ouverture des comptes de chèques d'accompagnement personnalisé est composée d'un représentant du ministre chargé de chacun des domaines suivants :

– affaires sociales ;

– collectivités locales ;

– économie et finances.

La commission est présidée par un membre de l'inspection générale des affaires sociales désigné par le ministre chargé des affaires sociales. Le secrétariat de la commission est assuré par les services de ce ministre. – *[Décr. n° 99-862 du 6 oct. 1999, art. 13.]*

§ 4 Sanctions pénales (R)

Art. R. 1611-13 I. – Est puni de l'amende prévue pour les contraventions de la 4ᵉ classe le fait, pour le dirigeant de tout organisme de chèques d'accompagnement personnalisé :

– de ne pas adresser, selon la périodicité prévue à l'article R. 1611-6, à chaque collectivité ou établissement distributeur la liste des prestataires prévue au cinquième alinéa de l'article R. 1611-6 ;

– de ne pas adresser, après chaque commande, au distributeur le relevé établi dans les conditions définies au troisième alinéa de l'article R. 1611-9 ;

– de ne pas adresser à la commission prévue à l'article R. 1611-12 un exemplaire de l'attestation d'ouverture de compte prévue au premier alinéa de l'article R. 1611-9.

II. – Est puni de l'amende prévue pour les contraventions de la 5ᵉ classe le fait :

1° Pour toute personne physique, de contrevenir aux obligations qui lui sont imposées par l'article R. 1611-8 relatif aux mentions qui doivent figurer sur les chèques d'accompagnement personnalisé ;

2° Pour le dirigeant de tout organisme émetteur de chèques d'accompagnement personnalisé :

– de contrevenir aux règles relatives au versement des fonds définies au deuxième alinéa de l'article R. 1611-9 ;

– de contrevenir aux règles relatives au débit des comptes de chèques d'accompagnement personnalisé définies au cinquième alinéa de l'article R. 1611-9. – *[Décr. n° 99-862 du 6 oct. 1999, art. 14.]*

Art. R. 1611-14 *Abrogé par Décr. n° 2010-671 du 18 juin 2010, art. 5.*

Art. R. 1611-15 Est punie de l'amende prévue respectivement aux articles 132-11 et 132-15 du code pénal la récidive, par une personne physique ou morale, d'une contravention de 5e classe définie au II de l'article R. 1611-13. – *[Décr. n° 99-862 du 6 oct. 1999, art. 16.]*

SECTION 3 Mandats confiés par les collectivités territoriales et leurs établissements publics *(Décr. n° 2015-1670 du 14 déc. 2015, art. 2).*

(Décr. n° 2011-511 du 10 mai 2011, art. 1er)

SOUS-SECTION 1 Mandats confiés par les collectivités territoriales et leurs établissements publics pour l'exécution de leurs dépenses *(Décr. n° 2015-1670 du 14 déc. 2015, art. 2).*

§ 1 Dispositions comptables et financières *(Décr. n° 2015-1670 du 14 déc. 2015, art 2).*

Art. D. 1611-16 Les dispositions *(Décr. n° 2015-1670 du 14 déc. 2015, art. 2)* « du présent paragraphe » fixent les modalités comptables et financières des mandats confiés par les collectivités territoriales et leurs établissements publics en application du II *(Décr. n° 2022-1307 du 12 oct. 2022, art. 1er)* « , du III ou, à l'exception de l'article D. 1611-21, du IV » de l'article L. 1611-7.

Art. D. 1611-17 Tout projet de mandat dont la conclusion est envisagée donne lieu à la consultation du comptable public du mandant. À l'expiration d'un délai d'un mois, il est réputé avoir donné son avis. Le mandant lui transmet l'ampliation du mandat dès sa conclusion.

Art. D. 1611-18 Le mandat précise notamment :

1° La nature des opérations sur lesquelles porte le mandat ;

2° La durée du mandat et les conditions de sa résiliation éventuelle ;

3° Les pouvoirs de l'organisme mandataire ;

4° Les conditions dans lesquelles les fonds nécessaires aux dépenses sont mis à disposition de l'organisme mandataire ;

5° Lorsque l'organisme mandataire est chargé du recouvrement des indus résultant des paiements effectués, le caractère amiable ou forcé du recouvrement dont il a la charge et les conditions dans lesquelles les sommes recouvrées à ce titre par l'organisme mandataire pour le compte du mandant sont reversées à ce dernier ;

Lorsque, pour les opérations mentionnées à l'alinéa précédent, l'organisme mandataire est chargé de l'apurement des indus résultant des paiements effectués, les conditions dans lesquelles l'organisme mandataire :

– peut accorder des délais de remboursement aux personnes indûment bénéficiaires des sommes versées au titre du mandat ;

– soumet au mandant les demandes de remise gracieuse des créances qui lui ont été présentées ;

– peut soumettre au mandant des demandes d'abandon de créances ;

6° Le plafond du montant de l'avance permanente dont peut disposer l'organisme mandataire ;

7° La rémunération éventuelle de l'organisme mandataire et ses modalités de règlement par le mandant ;

8° Les modalités et la périodicité de la reddition des comptes ;

(Décr. n° 2015-1670 du 14 déc. 2015, art. 1er) « 9° Les contrôles mis à la charge du mandataire, notamment :

« – lorsque le mandataire procède au paiement d'une dépense au titre du mandat, les mêmes contrôles que ceux prévus aux *d* et *e* du 2° de l'article 19 du décret n° 2012-1246 du 7 novembre 2012 relatif à la gestion budgétaire et comptable publique ;

« – lorsque le mandataire recouvre des indus résultant des paiements effectués, les mêmes contrôles que ceux prévus au 1° du même article du décret susmentionné. »

Art. D. 1611-19 Avant l'exécution du mandat, l'organisme mandataire non doté d'un comptable public souscrit une assurance couvrant les conséquences pécuniaires de la responsabilité civile qu'il peut encourir en raison des actes qu'il accomplit au titre du mandat.

Art. D. 1611-20 Dans tous les documents qu'il établit au titre du mandat, l'organisme mandataire fait figurer la dénomination du mandant et la mention qu'il agit au nom et pour le compte de ce dernier.

Art. D. 1611-21 L'organisme mandataire non doté d'un comptable public ouvre auprès de l'État un compte destiné à l'exécution de l'ensemble des opérations de trésorerie relatives à ce mandat, à l'exclusion de toute autre opération.

Lorsque le mandant met à la disposition de l'organisme mandataire les fonds nécessaires aux dépenses, ce dernier verse sans délai l'intégralité des fonds mis à sa disposition par le mandant sur le compte mentionné à l'alinéa précédent.

Art. D. 1611-22 L'organisme mandataire tient une comptabilité séparée retraçant l'intégralité des produits et charges constatés et des mouvements de caisse opérés au titre du mandat.

Art. D. 1611-23 Lorsque le mandat prévoit que l'organisme mandataire dispose d'une avance permanente, l'ordonnateur du mandant fixe le montant de cette avance, dans la limite du plafond prévu par le mandat.

Art. D. 1611-24 Lorsque l'organisme mandataire est chargé du recouvrement des éventuels indus et qu'il entre dans ses pouvoirs d'en poursuivre l'exécution forcée et de pratiquer des mesures conservatoires, il ne peut se prévaloir d'un titre exécutoire émis par le mandant. Il en poursuit l'exécution forcée selon les règles applicables à ses propres créances, en se munissant de l'un des titres exécutoires mentionnés aux 1° à 6° de *(Décr. n° 2015-1670 du 14 déc. 2015, art. 1er)* « l'article L. 111-3 du code des procédures civiles d'exécution ».

Art. D. 1611-25 L'organisme mandataire opère la reddition des comptes prévus à l'article D. 1611-22 au moins une fois par an. Cette reddition intervient dans des délais permettant au comptable public du mandant de produire son compte de gestion ou son compte financier.

Les comptes produits par le mandataire retracent la totalité des opérations de dépenses et de recettes décrites par nature sans contraction entre elles ainsi que la totalité des opérations de trésorerie par nature. Ils comportent en outre :

1° La balance générale des comptes arrêtée à la date de la reddition ;

2° Les états de développement des soldes certifiés par l'organisme mandataire conformes à la balance générale des comptes ;

3° La situation de trésorerie de la période ;

4° L'état des créances demeurées impayées établies par débiteur et par nature de produit. Pour chaque créance impayée, le mandataire précise, le cas échéant, les relances qu'il a accomplies, les délais qu'il a accordés, les poursuites qu'il a diligentées et les abandons de créances ou les remises gracieuses qui ont été accordés ;

5° Les pièces justificatives des opérations retracées dans les comptes. Pour les dépenses, ces pièces justificatives, reconnues exactes par l'organisme mandataire, sont celles prévues dans la liste mentionnée à l'article D. 1617-19 et figurant en annexe I du présent code. Ne sont remises à l'occasion de la reddition des comptes que les pièces qui n'ont pas été précédemment produites au titre d'une reconstitution de l'avance ou d'un remboursement de débours opéré dans les conditions prévues par la liste susmentionnée. Pour les recettes, l'organisme mandataire produit les pièces autorisant leur perception et établissant la liquidation des droits. Il justifie, le cas échéant, leur caractère irrécouvrable au regard des diligences qu'il a accomplies.

Art. D. 1611-26 *(Décr. nº 2015-1670 du 14 déc. 2015, art. 1er)* I. — La reddition des comptes est soumise à l'approbation de l'ordonnateur du mandant.

L'ordonnateur du mandant donne l'ordre de payer ou de recouvrer à son comptable public et lui transmet les pièces justificatives afférentes pour les seuls éléments de la reddition qu'il a approuvés.

II. — Avant réintégration dans ses comptes, le comptable du mandant contrôle les opérations exécutées par le mandataire en application de ses obligations résultant du décret nº 2012-1246 du 7 novembre 2012 relatif à la gestion budgétaire et comptable publique.

Le comptable intègre définitivement dans ses comptes les opérations qui ont satisfait aux contrôles précités. Il notifie à l'ordonnateur du mandant les opérations dont il a refusé la réintégration définitive et les inscrit sur un compte d'attente.

III. — Les mandataires sont soumis aux contrôles du comptable public assignataire et de l'ordonnateur du mandant ou de leurs délégués auprès desquels ils sont placés.

Ce contrôle s'étend aux systèmes d'information utilisés par les mandataires pour l'exécution des opérations qui leur sont confiées.

Ils sont également soumis aux vérifications des autorités habilitées à contrôler sur place le comptable public assignataire ou l'ordonnateur.

§ 2 Dépenses dont l'attribution et le paiement peuvent être confiés à un organisme doté d'un comptable public

(Décr. nº 2015-909 du 23 juill. 2015, art. 1er)

Art. D. 1611-26-1 En application du cinquième alinéa du II de l'article L. 1611-7, les collectivités territoriales et leurs établissements publics peuvent confier à un organisme doté d'un comptable public l'attribution et le paiement des dépenses relatives :

1º Aux aides allouées aux entreprises en vue de la création ou de l'extension d'activités économiques ;

2º Aux programmes européens dont ils assurent la gestion soit en qualité d'autorité nationale, soit en qualité d'autorité de gestion, soit par délégation de gestion ;

(Décr. nº 2022-1307 du 12 oct. 2022, art. 3) « 3º Aux aides individuelles en faveur de la mobilité qui concourent aux objectifs énumérés par l'article L. 1214-2 du code des transports ou aux aides individuelles à la mobilité afin d'améliorer l'accès à la mobilité des personnes se trouvant en situation de vulnérabilité économique ou sociale et des personnes en situation de handicap ou dont la mobilité est réduite ».

(Décr. nº 2020-348 du 26 mars 2020) « En application du cinquième alinéa du II de l'article L. 1611-7, les collectivités territoriales et leurs établissements publics peuvent également confier à un organisme doté d'un comptable public le paiement des dépenses relatives aux marchés publics de la formation professionnelle. »

§ 3 Habilitation des organismes non dotés d'un comptable public pour l'attribution et le paiement des dépenses relatives à la rémunération des stagiaires de la formation professionnelle

Art. D. 1611-27 L'habilitation prévue au III de l'article L. 1611-7 destinée à permettre à des organismes non dotés d'un comptable public de se voir confier l'attribution et le paiement des dépenses relatives à la rémunération des stagiaires de la formation professionnelle est délivrée par le préfet dans le ressort duquel se situe la collectivité ou l'établissement mandant, après avis du *(Décr. nº 2014-552 du 27 mai 2014, art. 2)* « directeur départemental ou, le cas échéant, régional des finances publiques ».

Art. D. 1611-28 L'organisme dépose auprès du préfet une demande d'habilitation indiquant :

— le statut juridique de l'organisme ;

– l'identité de ses dirigeants ou administrateurs responsables ;
– les moyens financiers techniques et humains dont il dispose ;
– les titres d'études, titres professionnels et références des personnes chargées de réaliser les opérations couvertes par le mandat et de tenir la comptabilité de l'organisme.

Cette demande est accompagnée :

1° Des bilans ou extraits de bilans, concernant les trois derniers exercices clos, pour les organismes pour lesquels l'établissement des bilans est obligatoire en vertu de la loi ;

2° Des attestations et certificats mentionnés *(Décr. n° 2016-360 du 25 mars 2016, art. 179)* « au II de l'article 51 du décret n° 2016-360 du 25 mars 2016 relatif aux marchés publics *[V. désormais* **CCP***]* » prouvant qu'il a satisfait à ses obligations fiscales et sociales ;

3° De l'engagement ferme et définitif de souscrire l'assurance mentionnée à l'article D. 1611-19 et d'ouvrir le compte prévu à l'article D. 1611-21.

Art. D. 1611-29 Le préfet examine la demande d'habilitation selon les critères d'appréciation suivants :
– la situation financière de l'organisme, notamment sa trésorerie ;
– la garantie de représentation des fonds ;
– la qualification des personnels de l'organisme amenés à réaliser les opérations couvertes par le mandat.

La décision d'habilitation ou le refus d'habilitation est notifié à l'organisme par le préfet.

Art. D. 1611-30 L'habilitation est délivrée pour une durée de trois ans à compter de la date de notification de la décision. Elle est renouvelable par période de trois ans.

Le renouvellement de l'habilitation est accordé ou refusé au terme d'une procédure identique à celle suivie pour une première demande d'habilitation.

L'ensemble des documents prévus à l'article D. 1611-28 est adressé au préfet deux mois au moins avant l'expiration de l'habilitation.

En l'absence de demande de renouvellement, l'habilitation devient caduque à l'expiration de la période de trois ans pour laquelle elle a été délivrée. Dans le cas contraire, elle est prolongée jusqu'à la décision du préfet portant sur le renouvellement.

Art. D. 1611-31 L'habilitation peut être retirée après un préavis de trois mois en raison des résultats des contrôles opérés par les organismes ou services chargés de réaliser les inspections administrative, financière ou technique.

Art. D. 1611-32 L'habilitation devient caduque si l'organisme n'a pas souscrit l'assurance mentionnée à l'article D. 1611-19 et ouvert le compte prévu à l'article D. 1611-21.

SOUS-SECTION 2 **Mandats confiés par les collectivités territoriales et leurs établissements publics pour l'encaissement de leurs recettes**

(Décr. n° 2015-1670 du 14 déc. 2015, art. 2)

§ 1 Dispositions comptables et financières

Art. D. 1611-32-1 Les dispositions du présent paragraphe fixent les modalités comptables et financières des mandats confiés par les collectivités territoriales et leurs établissements publics en application de l'article L. 1611-7-1.

Art. D. 1611-32-2 Tout projet de mandat donne lieu à la consultation préalable du comptable public du mandant, auquel sont transmis les projets de documents contractuels. L'avis du comptable sur ces documents est rendu au regard du respect de la nature des opérations sur lesquelles porte le mandat et des dispositions du présent paragraphe.

À l'expiration d'un délai d'un mois, le comptable est réputé avoir rendu un avis conforme. Lorsque le comptable rend un avis non conforme, il motive sa décision et la notifie à l'ordonnateur.

Le mandant lui transmet l'ampliation du mandat dès sa conclusion.

Art. D. 1611-32-3 Le mandat donné en application de l'article L. 1611-7-1 précise notamment :

1° La nature des opérations sur lesquelles porte le mandat ;

2° La durée du mandat et les conditions de sa résiliation éventuelle ;

3° Les pouvoirs de l'organisme mandataire ;

4° Lorsque l'organisme mandataire est chargé du remboursement des recettes encaissées à tort, le plafond du fonds de caisse permanent qu'il peut être autorisé à conserver pendant la durée de la convention pour procéder à ces opérations ;

5° La rémunération éventuelle de l'organisme mandataire et ses modalités de règlement par le mandant ;

6° La périodicité ou le montant à partir duquel les sommes encaissées, déduction faite des sommes éventuellement conservées par le mandataire au titre de la reconstitution du fonds de caisse permanent, doivent être reversées au mandant ;

7° Les modalités, la périodicité et la date limite de la reddition des comptes de l'exercice ;

8° Les contrôles mis à la charge du mandataire, notamment :

— lorsque le mandataire encaisse une recette, les mêmes contrôles que ceux prévus au 1° et, le cas échéant, au 3° de l'article 19 du décret n° 2012-1246 du 7 novembre 2012 relatif à la gestion budgétaire et comptable publique ;

— lorsque le mandataire est chargé du remboursement des recettes encaissées à tort, les mêmes contrôles que ceux prévus aux *d* et *e* du 2° du même article du décret susmentionné.

Art. D. 1611-32-4 L'organisme mandataire tient une comptabilité séparée retraçant l'intégralité des produits et charges constatés et des mouvements de caisse opérés au titre du mandat.

Art. D. 1611-32-5 Lorsque le mandat prévoit que l'organisme mandataire dispose d'un fonds de caisse permanent, l'ordonnateur du mandant arrête le montant de ce fonds, dans la limite du plafond prévu par le mandat.

Art. D. 1611-32-6 Le remboursement des recettes encaissées à tort comprend :

1° Le remboursement des montants encaissés selon les modalités définies pour chaque prestation par le contrat ou la réglementation qui lui est applicable ;

2° Le reversement des excédents de versement ;

3° La restitution des sommes indûment perçues.

Art. D. 1611-32-7 L'organisme mandataire opère la reddition des comptes prévus à l'article D. 1611-32-4 au moins une fois par an. La date limite de reddition est fixée par le mandat de telle sorte que le comptable public du mandant soit en mesure de produire son compte de gestion ou son compte financier dans les délais réglementaires.

Les comptes produits par le mandataire retracent la totalité des opérations de recettes et de dépenses décrites par nature, sans contraction entre elles, ainsi que la totalité des opérations de trésorerie par nature. Ils comportent, en outre, selon les besoins propres à chaque opération :

1° La balance générale des comptes arrêtée à la date de la reddition ;

2° Les états de développement des soldes certifiés par l'organisme mandataire conformes à la balance générale des comptes ;

3° La situation de trésorerie de la période ;

4° L'état des créances demeurées impayées établies par débiteur et par nature de produit ;

5° Les pièces justificatives des opérations retracées dans les comptes. Pour les recettes qu'il est chargé d'encaisser, l'organisme mandataire produit les pièces autorisant leur perception par le mandant et établissant la liquidation des droits de ce dernier.

Pour le remboursement des recettes encaissées à tort, il remet respectivement, pour chacune des causes mentionnées à l'article D. 1611-32-6, les pièces justificatives suivantes reconnues exactes par l'organisme mandataire :

1° Un état précisant la nature de la recette à rembourser, son montant et la clause du contrat ou le motif tiré de la réglementation l'autorisant ;

2° Un état précisant la nature de la recette à reverser, le montant de l'excédent et les motifs du reversement ;

3° Un état précisant la nature de la recette à restituer, son montant et la nature de l'erreur commise.

Ne sont remises à l'occasion de la reddition des comptes que les pièces qui n'ont pas été précédemment produites au titre du reversement des sommes encaissées.

Art. D. 1611-32-8 Les articles D. 1611-19, D. 1611-20 et D. 1611-26 sont applicables aux mandats confiés par les collectivités territoriales et leurs établissements publics en application de l'article L. 1611-7-1.

§ 2 Recettes dont l'encaissement peut être confié à un organisme public ou privé

Art. D. 1611-32-9 Outre les recettes mentionnées à l'article L. 1611-7-1, les collectivités territoriales et leurs établissements publics peuvent confier à un organisme public ou privé l'encaissement de recettes relatives :

1° Aux redevances de stationnement des véhicules sur voirie et aux forfaits de post-stationnement prévus à l'article L. 2333-87 ;

(Décr. nº 2022-1307 du 12 oct. 2022, art. 4) « 2° » Aux revenus tirés de l'exploitation d'infrastructures de charge nécessaires à l'usage des véhicules électriques ou hybrides rechargeables dans les conditions prévues à l'article L. 2224-37.

SOUS-SECTION 3 Mandats confiés pour l'exécution des dépenses et l'encaissement des recettes

(Décr. nº 2022-1307 du 12 oct. 2022, art. 5)

Art. D. 1611-32-10 Les dispositions de la présente sous-section fixent les modalités comptables et financières des mandats confiés en application de l'article L. 1611-7-2.

Art. D. 1611-32-11 Les articles D. 1611-19, D. 1611-20, D. 1611-22, D. 1611-23, D. 1611-24, D. 1611-26, D. 1611-32-2, D. 1611-32-5 et D. 1611-32-6 sont applicables aux mandats confiés en application de l'article L. 1611-7-2.

Art. D. 1611-32-12 Le mandat donné en application de l'article L. 1611-7-2 précise notamment :

1° La nature des opérations sur lesquelles porte le mandat ;

2° La durée du mandat et les conditions de sa résiliation éventuelle ;

3° Les pouvoirs de l'organisme mandataire ;

4° Les conditions dans lesquelles les fonds nécessaires aux dépenses sont mis à disposition de l'organisme mandataire ;

5° Le plafond du montant de l'avance permanente dont peut disposer l'organisme mandataire ;

6° Lorsque l'organisme mandataire est chargé du recouvrement des indus résultant des paiements effectués, le caractère amiable ou forcé du recouvrement dont il a la charge et les conditions dans lesquelles les sommes recouvrées à ce titre par l'organisme mandataire pour le compte du mandant sont reversées à ce dernier.

Lorsque, pour les opérations mentionnées à l'alinéa précédent, l'organisme mandataire est chargé de l'apurement des indus résultant des paiements effectués, les conditions dans lesquelles l'organisme mandataire :

— peut accorder des délais de remboursement aux personnes indûment bénéficiaires des sommes versées au titre du mandat ;

— soumet au mandant les demandes de remise gracieuse des créances qui lui ont été présentées ;

— peut soumettre au mandant des demandes d'abandon de créances ;

7° Lorsque l'organisme mandataire est chargé du remboursement des recettes encaissées à tort, le plafond du fonds de caisse permanent qu'il peut être autorisé à conserver pendant la durée de la convention pour procéder à ces opérations ;

8° La périodicité ou le montant à partir duquel les sommes encaissées, déduction faite des sommes éventuellement conservées par le mandataire au titre de la reconstitution du fonds de caisse permanent, doivent être reversées au mandant ;

9° La rémunération éventuelle de l'organisme mandataire et ses modalités de règlement par le mandant ;

10° Les modalités, la périodicité et la date limite de la reddition des comptes ;

11° Les contrôles mis à la charge du mandataire, notamment :

– lorsque le mandataire procède au paiement d'une dépense au titre du mandat ou au remboursement des recettes encaissées à tort, les mêmes contrôles que ceux prévus aux *d* et *e* du 2° de l'article 19 du décret n° 2012-1246 du 7 novembre 2012 relatif à la gestion budgétaire et comptable publique ;

– lorsque le mandataire encaisse une recette, les mêmes contrôles que ceux prévus au 1° et, le cas échéant, au 3° du même article du décret susmentionné ;

– lorsque le mandataire recouvre des indus résultant des paiements effectués, les mêmes contrôles que ceux prévus au 1° du même article du décret susmentionné.

Art. D. 1611-32-13 L'organisme mandataire opère la reddition des comptes prévus à l'article D. 1611-22 au moins une fois par an. Cette reddition intervient dans des délais permettant au comptable public du mandant de produire son compte de gestion ou son compte financier.

Les comptes produits par le mandataire retracent la totalité des opérations de dépenses et de recettes décrites par nature, sans contraction entre elles, ainsi que la totalité des opérations de trésorerie par nature. Ils comportent en outre :

1° La balance générale des comptes arrêtée à la date de la reddition ;

2° Les états de développement des soldes certifiés par l'organisme mandataire conformes à la balance générale des comptes ;

3° La situation de trésorerie de la période ;

4° L'état des créances demeurées impayées établies par débiteur et par nature de produit ;

5° Les pièces justificatives des opérations retracées dans les comptes.

Pour les dépenses, ces pièces justificatives, reconnues exactes par l'organisme mandataire, sont celles prévues dans la liste mentionnée à l'article D. 1617-19 et figurant en annexe I du présent code. Ne sont remises à l'occasion de la reddition des comptes que les pièces qui n'ont pas été précédemment produites au titre d'une reconstitution de l'avance ou d'un remboursement de débours opéré dans les conditions prévues par la liste susmentionnée.

Pour les recettes qu'il est chargé d'encaisser, l'organisme mandataire produit les pièces autorisant leur perception par le mandant et établissant la liquidation des droits de ce dernier.

Pour le remboursement des recettes encaissées à tort, il remet respectivement, pour chacune des causes mentionnées à l'article D. 1611-32-6, les pièces justificatives suivantes reconnues exactes par l'organisme mandataire :

a) Un état précisant la nature de la recette à rembourser, son montant et la clause du contrat ou le motif tiré de la réglementation l'autorisant ;

b) Un état précisant la nature de la recette à reverser, le montant de l'excédent et les motifs du reversement ;

c) Un état précisant la nature de la recette à restituer, son montant et la nature de l'erreur commise.

Ne sont remises à l'occasion de la reddition des comptes que les pièces qui n'ont pas été précédemment produites au titre du reversement des sommes encaissées.

SECTION 4 Encadrement des conditions d'emprunt et de souscription de contrats financiers

(Décr. n° 2014-984 du 28 août 2014, art. 1er)

Art. R. 1611-33 I. – Les taux d'intérêt variables des emprunts souscrits par les collectivités territoriales, leurs groupements et les services départementaux d'incendie et de secours mentionnés au 2° du I de l'article L. 1611-3-1 auprès d'établissements de crédit sont indexés ou varient en fonction d'un des indices suivants :

1° Un taux usuel du marché interbancaire de la zone euro, du marché monétaire de la zone euro ou des emprunts émis par un État membre de l'Union européenne dont la monnaie est l'euro ;

2° L'indice du niveau général des prix ou l'indice harmonisé des prix à la consommation de la zone euro, mentionnés à l'article D. 112-1 du code monétaire et financier ;

3° Un indice représentatif du prix d'un échange de taux entre des taux usuels de maturités différentes du marché interbancaire ou monétaire de la zone euro ;

4° Les taux d'intérêt des livrets d'épargne définis aux articles L. 221-1, L. 221-13 et L. 221-27 du code monétaire et financier.

II. — La formule d'indexation des taux d'intérêt variables des emprunts souscrits par les collectivités territoriales, leurs groupements et les services départementaux d'incendie et de secours auprès d'établissements de crédit mentionnée au 3° du I de l'article L. 1611-3-1 garantit que le taux d'intérêt exigible est conforme à une au moins des caractéristiques énoncées ci-dessous :

1° Le taux d'intérêt se définit, à chaque échéance, soit comme un taux fixe, soit comme la somme d'un indice mentionné au I et d'une marge fixe exprimée en points de pourcentage ;

2° Le taux d'intérêt ne peut, durant la vie de l'emprunt, devenir supérieur au double de celui le plus bas constaté dans les trois premières années de la vie de l'emprunt.

Art. R. 1611-34 I. — Les collectivités territoriales, leurs groupements et les services départementaux d'incendie et de secours ne peuvent souscrire des contrats financiers qu'à condition qu'ils soient adossés à des emprunts et que le taux d'intérêt variable de la formule d'indexation qui résulte de la combinaison de l'emprunt et du contrat financier ne déroge pas aux conditions énoncées à l'article R. 1611-33.

II. — La délibération de l'assemblée délibérante ou, en cas de délégation de l'assemblée délibérante, la décision de l'exécutif de procéder à la souscription d'un contrat financier mentionne les caractéristiques essentielles du contrat financier ainsi que le contrat d'emprunt auquel il est adossé et constate que la combinaison des deux contrats respecte les conditions fixées au I du présent article.

SECTION 5 Étude d'impact pluriannuel des dépenses de fonctionnement liée aux opérations exceptionnelles d'investissement

(Décr. n° 2016-892 du 30 juin 2016, art. 1er)

Art. D. 1611-35 En application de l'article L. 1611-9, l'étude d'impact pluriannuel sur les dépenses de fonctionnement est établie pour tout projet d'opération exceptionnelle d'investissement. Cette étude est jointe à la présentation du projet d'opération exceptionnelle d'investissement à l'assemblée délibérante, qui peut intervenir à l'occasion du débat d'orientation budgétaire ou du vote d'une décision budgétaire ou lors d'une demande de financement.

L'étude d'impact pluriannuel sur les dépenses de fonctionnement est obligatoire pour tout projet d'opération d'investissement dont le montant prévisionnel total des dépenses est supérieur aux seuils suivants :

1° Pour les communes et les établissements de coopération intercommunale dont la population est inférieure à 5 000 habitants, le seuil est fixé à 150 % des recettes réelles de fonctionnement ;

2° Pour les communes et les établissements de coopération intercommunale dont la population est comprise entre 5 000 et 14 999 habitants, le seuil est fixé à 100 % des recettes réelles de fonctionnement ;

3° Pour les communes et les établissements de coopération intercommunale dont la population est comprise entre 15 000 et 49 999 habitants, le seuil est fixé à 75 % des recettes réelles de fonctionnement ;

4° Pour les communes et les établissements de coopération intercommunale dont la population est comprise entre 50 000 et 400 000 habitants, le seuil est fixé à 50 % des recettes réelles de fonctionnement ou à 50 millions d'euros ;

5° Pour les communes et les établissements de coopération intercommunale dont la population est supérieure à 400 000 habitants, le seuil est fixé à 25 % des recettes réelles de fonctionnement ou à 100 millions d'euros ;

6° Pour les départements, le seuil est fixé à 25 % des recettes réelles de fonctionnement ou à 100 millions d'euros ;

7° Pour les régions, la collectivité territoriale de Guyane, la collectivité territoriale de Martinique et les collectivités locales à statut particulier au sens de l'article 72 de la

Constitution, le seuil est fixé à 25 % des recettes réelles de fonctionnement ou à 200 millions d'euros.

Les établissements publics définis aux livres IV, V, VI et VII de la cinquième partie appliquent les dispositions correspondant au seuil de la collectivité membre de l'établissement public ayant la population la plus importante.

La population à prendre en compte pour l'application du présent article est la population légale, telle qu'issue du dernier recensement effectué par l'Institut national de la statistique et des études économiques.

Les recettes réelles de fonctionnement prises en compte pour le calcul du seuil s'entendent de celles de l'exercice budgétaire.

SECTION 6 **Responsabilité financière**

(Décr. n° 2016-1910 du 27 déc. 2016)

Art. R. 1611-36 I. – Lors de l'engagement d'une procédure contre la France par la Commission européenne sur le fondement des articles 258 ou 260 du traité sur le fonctionnement de l'Union européenne, l'État en informe les collectivités territoriales, leurs groupements ou leurs établissements publics concernés par une saisine comprenant :

1° Une note exposant les griefs de la procédure engagée contre la France ;

2° Les éléments de droit et de fait de nature à établir que le manquement à l'une des obligations qui incombent à l'État en application du traité sur le fonctionnement de l'Union européenne relève en tout ou partie de la compétence des collectivités territoriales ou de leurs groupements et établissements publics saisis.

Cette saisine indique également le délai dont disposent les collectivités territoriales, leurs groupements ou leurs établissements publics pour transmettre à l'État toute information utile pour lui permettre de vérifier l'exécution de ses obligations et d'assurer sa défense.

Ce délai tient compte des circonstances de l'affaire ; il ne peut être inférieur à un mois.

Si, à l'expiration du délai qui leur est imparti, les collectivités territoriales, leurs groupements et leurs établissements publics saisis n'ont produit aucune observation, ils sont réputés avoir acquiescé aux faits les concernant.

II. – L'État informe les collectivités territoriales, leurs groupements ou leurs établissements publics qu'il a saisis en application du I du présent article de l'évolution de la procédure engagée par la Commission européenne, et notamment de l'émission, le cas échéant, d'un avis motivé ou d'une décision de saisir la Cour de justice de l'Union européenne d'une requête en manquement.

Cette information prend la forme d'une note indiquant les éléments de réponse que l'État a adressés à la Commission européenne ainsi que les griefs figurant dans l'avis motivé ou la requête. Elle peut être accompagnée, dans les conditions prévues aux quatrième, cinquième et sixième alinéas du I, d'une demande d'informations complémentaires utiles pour assurer la défense de l'État devant la Commission européenne ou la Cour de justice de l'Union européenne.

Art. R. 1611-37 La commission consultative sur la responsabilité financière des collectivités territoriales, mentionnée au III de l'article L. 1611-10, comprend :

1° Deux membres du Conseil d'État, dont le président de la commission, désignés par le vice-président du Conseil d'État ;

2° Deux membres de la Cour des comptes, désignés par le premier président de la Cour des comptes ;

3° Les présidents de l'association "Régions de France", de l'Assemblée des départements de France, de l'Assemblée des communautés de France et de l'Association des maires de France et des présidents d'intercommunalité, qui siègent en qualité de représentants des collectivités territoriales, de leurs groupements et de leurs établissements publics. Ils désignent celui d'entre eux qui exercera les fonctions de vice-président de la commission chargé de remplacer le président en cas d'absence ou d'empêchement de celui-ci. À défaut d'accord aboutissant à cette désignation, les fonctions de vice-président sont exercées par le plus âgé d'entre eux.

Est désigné, en même temps que chaque membre titulaire du Conseil d'État et de la Cour des comptes et selon les mêmes modalités, un suppléant appelé à le remplacer en cas d'empêchement temporaire.

Les membres de la commission sont désignés par chacune des autorités mentionnées aux 1° et 2° ci-dessus conformément aux dispositions du I de l'article 74 de la loi n° 2014-873 du 4 août 2014 pour l'égalité réelle entre les femmes et les hommes, et du décret n° 2015-354 du 27 mars 2015 relatif à l'égal accès des femmes et des hommes aux commissions et instances consultatives placées auprès du Premier ministre, des ministres ou de la Banque de France. La désignation de leurs représentants par les membres de la commission mentionnés au 3° ci-dessus respecte les mêmes dispositions.

Art. R. 1611-38 Les membres de la commission mentionnés au 3° de l'article R. 1611-37 peuvent se faire représenter par un membre de leur association, lequel doit avoir la qualité de conseiller régional, de conseiller départemental, de conseiller membre d'un établissement public intercommunal à fiscalité propre ou de conseiller municipal selon qu'il appartient à l'association "Régions de France", à l'Assemblée des départements de France, à l'Assemblée des communautés de France ou à l'Association des maires de France et des présidents d'intercommunalité.

Les réunions de la commission sont présidées par le président ou, en cas d'absence ou d'empêchement de celui-ci, par le vice-président ou, à défaut, par le plus âgé des membres présents ou de leurs représentants.

Les règles de fonctionnement prévues par les articles R. 133-5, R. 133-6 et R. 133-8 à R. 133-13 du code des relations entre le public et l'administration s'appliquent aux réunions de la commission consultative sur la responsabilité financière des collectivités territoriales, sous réserve des dispositions suivantes :

1° La condition de quorum posée par le premier alinéa de l'article R. 133-10 du code des relations entre le public et l'administration est remplie lorsque la moitié au moins des membres prévue par ce même alinéa comprend au moins deux représentants des collectivités territoriales, de leurs groupements et de leurs établissements publics ;

2° Sans préjudice des dispositions de l'article R. 133-12 du code des relations entre le public et l'administration, un membre de la commission ne peut également siéger :

a) S'il exerce des fonctions ou une activité professionnelle ou détient un mandat auprès d'une collectivité territoriale, d'un groupement de collectivités territoriales ou d'un établissement public concerné ou auprès de toute personne impliquée dans la procédure engagée par la Commission européenne sur le fondement des articles 258 ou 260 du traité sur le fonctionnement de l'Union européenne ;

b) S'il a, au cours des trois années précédant la saisine de la commission, détenu un intérêt direct ou indirect à l'affaire qui fait l'objet de la délibération, exercé des fonctions ou une activité professionnelle ou détenu un mandat auprès d'une collectivité territoriale, d'un groupement de collectivités territoriales ou d'un établissement public ou auprès de toute personne impliquée dans la procédure engagée par la Commission européenne sur le fondement des articles 258 ou 260 du traité sur le fonctionnement de l'Union européenne.

Art. R. 1611-39 Le secrétariat de la commission est assuré par le ministre chargé des collectivités territoriales. Les charges afférentes au fonctionnement de la commission sont inscrites au budget de l'État, mission "administration générale et territoriale de l'État".

Les modalités d'organisation et de fonctionnement de la commission qui ne sont pas prévues par le présent décret sont fixées par un règlement intérieur de la commission. La délibération de la commission établissant le règlement intérieur est approuvée par le ministre chargé des collectivités territoriales.

Art. R. 1611-40 Lorsqu'elle est consultée en application du IV de l'article L. 1611-10, la commission consultative sur la responsabilité financière des collectivités territoriales se prononce dans un délai de trois mois à compter de la date de réception, par son président, de sa saisine par le Premier ministre.

La saisine de la commission, qui peut être communiquée par voie électronique, comprend :

1° Une copie de l'arrêt en manquement prononcé contre la France par la Cour de justice de l'Union européenne sur le fondement de l'article 258 du traité sur le fonctionnement de l'Union européenne et, le cas échéant, un exposé des motifs qui fondent la procédure en manquement ;

2° Une note exposant l'étendue des obligations au regard du droit de l'Union européenne dont l'exécution n'est pas assurée ainsi que les éléments de droit et de fait de nature à établir que le manquement à ces obligations relève en tout ou partie de la compétence des collectivités territoriales ou de leurs groupements et établissements publics ;

3° Une évaluation de la somme forfaitaire ou de l'astreinte dont le paiement est susceptible d'être imposé par la Cour de justice de l'Union européenne ainsi qu'une proposition de répartition de la charge de cette somme ou de cette astreinte entre, d'une part, l'État et, d'autre part, les différentes collectivités territoriales, leurs groupements et établissements publics concernés ;

4° Une copie des documents échangés entre l'État et les collectivités territoriales, leurs groupements et leurs établissements publics relatifs à l'exécution des obligations au regard du droit de l'Union européenne dont la méconnaissance est alléguée ou a été établie ;

5° Tous documents de nature à justifier l'évaluation retenue par l'État de la somme forfaitaire ou de l'astreinte susceptible d'être prononcée par la Cour de justice de l'Union européenne, ainsi que la répartition de cette somme ou de cette astreinte entre l'État et les différentes collectivités territoriales, leurs groupements et établissements publics concernés.

Cette saisine est adressée au secrétariat de la commission qui la fait suivre à l'ensemble des membres de la commission ainsi qu'aux collectivités territoriales, à leurs groupements et leurs établissements publics mis en cause, avec les documents qui l'accompagnent.

La commission rend son avis après avoir recueilli les observations écrites ou orales des collectivités territoriales, de leurs groupements et établissements publics mis en cause, des services de l'État concernés ainsi, le cas échéant, que de toute personne ou organisme dont l'expertise lui apparaît utile à ses travaux. Le défaut de production de ces observations dans le délai imparti ou aux dates arrêtées par la commission ne fait pas obstacle à la poursuite de ses travaux et à l'émission de son avis.

L'avis rendu est adressé, avec sa motivation, par le président de la commission au Premier ministre ainsi qu'à l'ensemble des collectivités territoriales, de leurs groupements et de leurs établissements publics mis en cause.

En l'absence d'avis exprès émis par la commission dans le délai imparti par le premier alinéa, son avis est réputé rendu.

SECTION 7 Dispositions régissant la société publique mentionnée à l'article L. 1611-3-2 dénommée l'Agence France Locale

(Décr. n° 2020-556 du 11 mai 2020)

Art. D. 1611-41 *(Décr. n° 2024-807 du 15 juill. 2024, art. 1er)* « I. — » Pour l'application de l'article L. 1611-3-2, peuvent *(Décr. n° 2025-820 du 13 août 2025)* « devenir actionnaires de l'Agence France Locale - Société Territoriale », les collectivités territoriales, leurs groupements et les établissements publics locaux *(Décr. n° 2024-807 du 15 juill. 2024, art. 1er)* « qui remplissent les conditions suivantes :

« 1° Leur capacité de désendettement, définie comme le rapport entre l'encours de dette à la date de clôture des comptes et l'épargne brute de l'exercice écoulé et exprimée en nombre d'années, constatée lors du pénultième exercice, est inférieure à : »

a) Douze années sur la moyenne des trois dernières années pour les communes, la Ville de Paris, les groupements et établissements publics locaux ;

b) Dix années sur la moyenne des trois dernières années pour les départements et la métropole de Lyon ;

c) Neuf années sur la moyenne des trois dernières années pour les régions, la collectivité de Corse, les collectivités territoriales de Guyane et de Martinique.

Ce ratio prend en compte le budget principal et les budgets annexes. Il est défini en nombre d'années. L'épargne brute est égale à la différence entre les recettes réelles de fonctionnement et les dépenses réelles de fonctionnement. Lorsque l'épargne brute d'une collectivité territoriale ou d'un groupement des collectivités territoriales est négative ou nulle, son montant est considéré comme égal à un euro pour le calcul de la capacité de désendettement.

L'encours de dette s'entend comme le solde créditeur constaté dans les comptes d'emprunts et de dettes assimilées, à l'exception des intérêts courus et des primes de remboursement des obligations.

(Décr. n° 2024-807 du 15 juill. 2024, art. 1er) « 2° Ils s'assurent au travers de leur participation, qu'elle soit directe ou indirecte, aux instances de gouvernance de l'Agence France Locale *(Décr. n° 2025-820 du 13 août 2025)* « - Société Territoriale » que le cadre d'appétit au risque de l'Agence France Locale inclut une exigence minimale de fonds propres exprimée comme le rapport entre les fonds propres de l'établissement et l'exposition totale de l'établissement, et au moins égale à 1,7 %.

« Les fonds propres mentionnés au premier alinéa sont ceux définis au paragraphe 3 de l'article 429 du règlement (UE) 575/2013.

« L'exposition totale de l'établissement mentionnée au premier alinéa est celle définie au paragraphe 4 de l'article 429 du règlement (UE) 575/2013 *(Décr. n° 2025-820 du 13 août 2025)* « , sans appliquer les exclusions mentionnées au d du paragraphe 1 de l'article 429 *bis* du règlement (UE) 575-2013 ».

(Décr. n° 2024-807 du 15 juill. 2024, art. 1er) « II. – Par dérogation au 1° du I, lorsque » la capacité de désendettement est supérieure aux seuils fixés, les collectivités territoriales, leurs groupements et les établissements publics locaux peuvent néanmoins *(Décr. n° 2025-820 du 13 août 2025)* « devenir actionnaires de l'Agence France Locale - Société Territoriale » si la marge d'autofinancement courant, calculée sur la moyenne des trois dernières années, définie comme le rapport entre les dépenses réelles de fonctionnement, additionnées au remboursement de la dette, et les recettes réelles de fonctionnement, constatée lors du pénultième exercice, est inférieure à 100 %.

Les dépenses réelles de fonctionnement s'entendent comme le total des charges nettes de l'exercice entraînant des mouvements réels au sein de la section de fonctionnement des collectivités ou établissements concernés. Elles correspondent aux opérations budgétaires comptabilisés dans les comptes de classe 6, à l'exception des opérations d'ordre budgétaire, et excluent en totalité les valeurs comptables des immobilisations cédées, les différences sur réalisations (positives) transférées en investissement et les dotations aux amortissements et provisions.

Les recettes réelles de fonctionnement s'entendent comme le total des produits nets de l'exercice entraînant des mouvements réels au sein de la section de fonctionnement des collectivités ou établissements concernés. Elles correspondent aux opérations budgétaires comptabilisées dans les comptes de classe 7, à l'exception des opérations d'ordre budgétaires, et excluent en totalité les produits des cessions d'immobilisations, les différences sur réalisations (négatives) reprises au compte de résultat, les quotes-parts des subventions d'investissement transférées au compte de résultat et les reprises sur amortissements et provisions.

Les remboursements de dette s'entendent comme les opérations budgétaires, à l'exception des opérations d'ordre budgétaires, comptabilisées en débit dans les comptes d'emprunts et de dettes assimilées, et excluent en totalité les opérations afférentes à l'option de tirage sur ligne de trésorerie, les remboursements temporaires sur emprunts auprès des établissements de crédit, les refinancements de dette, les intérêts courus et les primes de remboursement des obligations.

Pour le calcul de la marge d'autofinancement courant, afin le cas échéant de retraiter les flux croisés entre le budget principal et le ou les budgets annexes des collectivités territoriales, de leurs groupements et des établissements publics locaux, il est procédé aux retraitements des opérations entre budget principal et le ou les budgets annexes au sein de la section de fonctionnement relatifs aux remboursements de frais, aux remboursements de frais de personnel, aux remboursements d'intérêts, à la prise en charge du déficit du budget annexe par le budget principal ou du transfert de l'excédent du budget annexe au budget principal, aux subventions de fonctionnement et subventions exceptionnelles du budget principal au budget annexe.

(Décr. n° 2024-807 du 15 juill. 2024, art. 1er) « III. – » Une délibération de l'assemblée délibérante doit approuver *(Décr. n° 2025-820 du 13 août 2025)* « l'entrée au capital de l'Agence France Locale - Société Territoriale ». Une note explicative de synthèse sur *(Décr. n° 2025-820 du 13 août 2025)* « l'entrée au capital » soumise à délibération est adressée avec la convocation de l'assemblée aux membres de l'assemblée délibérante. Elle précise, pour chaque demande *(Décr. n° 2025-820 du 13 août 2025)* « d'entrée au capital », l'effectivité du respect des critères mentionnés au 1° *(Décr. n° 2024-807 du 15 juill. 2024, art. 1er)* « du I, ou le cas échéant au II, et l'effectivité de l'engagement à respecter le critère mentionné au 2° du I ».

CHAPITRE II ADOPTION ET EXÉCUTION DES BUDGETS

SECTION 1 Dispositions communes (R)

SOUS-SECTION 1 Liste des informations indispensables à communiquer par le représentant de l'État (R)

Art. D. 1612-1 Le préfet communique aux maires :

1° *(Décr. n° 2005-1662 du 27 déc. 2005)* « Un état indiquant le montant prévisionnel des bases nettes de chacune des quatre taxes directes locales et de la taxe d'enlèvement des ordures ménagères imposables au bénéfice de la commune, les taux nets d'imposition adoptés par la commune l'année précédente, les taux moyens de référence au niveau national et départemental, ainsi que les taux plafonds qui sont opposables à la commune en application des dispositions de l'article 1636 B *septies* du code général des impôts ; »

2° Le montant de la dotation de compensation de la taxe professionnelle en application du IV et IV *bis* de l'article 6 de la loi n° 86-1317 du 30 décembre 1986 *(Décr. n° 2005-1662 du 27 déc. 2005)* « modifiée » portant loi de finances initiales pour 1987 ;

3° *(Décr. n° 2005-1662 du 27 déc. 2005)* « Le montant prévisionnel des compensations versées en contrepartie des exonérations et abattements de fiscalité directe locale ; »

4° *Abrogé par Décr. n° 2005-1662 du 27 déc. 2005.*

5° Le montant de chacune des dotations versées dans le cadre de la dotation globale de fonctionnement ;

6° La variation de l'indice des prix de détail entre le 1er janvier et le 31 décembre de l'exercice écoulé, ainsi que les prévisions pour l'exercice en cours, telles qu'elles figurent dans les tableaux annexés à la loi de finances ;

7° La prévision d'évolution des rémunérations des agents de l'État, telle qu'elle figure dans la loi de finances ;

8° Le tableau des charges sociales supportées par les communes à la date du 1er février.

Communication des informations fiscales. Les informations communiquées par les services fiscaux sur l'assiette des impôts locaux aux communes ne présentent qu'un simple caractère prévisionnel, visant à éclairer la décision du vote des taux de taxes locales qui sera prise par les collectivités territoriales. Ainsi, lorsque l'administration fiscale a procédé à la rectification du montant prévisionnel des bases des impôts locaux, à la suite de la constatation d'une erreur de déclaration, il appartient à la commune de prendre en compte les bases rectifiées qui lui ont été notifiées pour modifier en conséquence son budget. • CAA Versailles, 17 juin 2010, *Cne de Clamart c/ Min. du Budget*, n° 09VE00324 : *BJCL 2010. 555, concl. Dhers.* ♦ La commune ne saurait soutenir que l'administration fiscale aurait commis une faute en lui communiquant dans un premier temps des bases imposables erronées alors que ces données prévisionnelles étaient purement indicatives et ont fait l'objet d'une rectification rapide avant la mise en recouvrement des impositions. • Même arrêt.

Art. D. 1612-2 Le préfet communique aux présidents des établissements publics de coopération dotés d'une fiscalité propre un état indiquant pour chacune des quatre taxes directes locales le montant prévisionnel des bases nettes imposables au bénéfice de l'établissement, ainsi que les taux nets d'imposition adoptés par l'établissement l'année précédente.

Il leur communique également, ainsi qu'aux présidents des établissements publics de coopération non dotés d'une fiscalité propre celles des informations visées à l'article D. 1612-1 qui sont nécessaires à l'établissement de leur budget.

Art. D. 1612-3 Le président du conseil départemental, ainsi éventuellement que les présidents des organismes de coopération, transmettent au préfet, avant le 15 mars, copie de la notification qu'ils ont faite aux conseils municipaux du montant des contingents et participations obligatoires à verser au cours de l'exercice.

Art. D. 1612-4 Les informations prévues aux articles D. 1612-1 et D. 1612-2, à l'exception de celles relatives aux bases *(Décr. nº 2005-1662 du 27 déc. 2005)* « , aux taux d'imposition et aux compensations », sont communiquées aux maires des communes et aux présidents des établissements publics de coopération nouvellement créés, au plus tard deux mois et demi après leur création.

Art. D. 1612-5 Le préfet communique au président du conseil départemental :

(Décr. nº 2005-1662 du 27 déc. 2005) « 1º Un état indiquant le montant prévisionnel des bases nettes de chacune des quatre taxes directes locales imposables au bénéfice du département, les taux nets d'imposition adoptés par le département l'année précédente, les taux moyens de référence au niveau national, ainsi que les taux plafonds qui sont opposables au département en application des dispositions de l'article 1636 B *septies* du code général des impôts ; »

2º Le montant de la dotation de compensation de la taxe professionnelle en application du IV et IV *bis* de l'article 6 de la loi nº 86-1317 du 30 décembre 1986 *(Décr. nº 2005-1662 du 27 déc. 2005)* « modifiée » portant loi de finances initiales pour 1987 ;

(Décr. nº 2005-1662 du 27 déc. 2005) « 2º *bis* Le montant prévisionnel des compensations versées en contrepartie des exonérations et abattements de fiscalité directe locale ; »

3º Le montant de la dotation globale de fonctionnement à inscrire au budget primitif ;

4º *Abrogé par Décr. nº 2005-1662 du 27 déc. 2005.*

5º La variation de l'indice des prix de détail entre le 1er janvier et le 31 décembre de l'exercice écoulé ainsi que les prévisions pour l'exercice en cours, telles qu'elles figurent dans les tableaux annexés à la loi de finances ;

6º La prévision d'évolution des rémunérations des agents de l'État telle qu'elle figure dans la loi de finances ;

7º Le tableau des charges sociales supportées par les départements à la date du 1er février.

Art. D. 1612-6 Les informations prévues à l'article D. 1612-5, à l'exception de celles relatives aux bases et aux taux d'imposition, sont communiquées aux présidents des conseils départementaux des départements nouvellement créés, au plus tard deux mois et demi après leur création.

Art. D. 1612-7 Le préfet de région communique au président du conseil régional :

(Décr. nº 2005-1662 du 27 déc. 2005) « – un état indiquant le montant prévisionnel des bases nettes de chacune des taxes directes locales imposables au bénéfice de la région, les taux nets d'imposition adoptés par la région l'année précédente, les taux moyens de référence au niveau national, ainsi que les taux plafonds qui sont opposables à la région en application des dispositions de l'article 1636 B *septies* du code général des impôts ;

« – le montant de la dotation de compensation de la taxe professionnelle en application du IV et IV *bis* de l'article 6 de la loi nº 86-1317 du 30 décembre 1986 modifiée portant loi de finances initiale pour 1987 ;

« – le montant prévisionnel des compensations versées en contrepartie des exonérations et abattements de fiscalité directe locale ;

« – le montant de la dotation globale de fonctionnement à inscrire au budget primitif ; »

– la variation de l'indice des prix de détail entre le 1er janvier et le 31 décembre de l'exercice écoulé, ainsi que les prévisions pour l'exercice en cours telles qu'elles figurent dans les tableaux annexés à la loi de finances ;
– les prévisions d'évolution des rémunérations des agents de l'État, telles qu'elles figurent dans la loi de finances ;
– le tableau des charges sociales supportées par les régions à la date du 1er février.

SOUS-SECTION 2 Contrôle des actes budgétaires (R)

Art. R. 1612-8 Lorsque la chambre régionale des comptes est saisie par le représentant de l'État d'une décision budgétaire ou d'un compte administratif, le délai dont elle dispose pour formuler des propositions court à compter de la réception au greffe de l'ensemble des documents dont la production est requise selon le cas par les articles R. 1612-16, R. 1612-19, R. 1612-23, R. 1612-24 et R. 1612-27. Ces dispositions sont applicables lorsque la chambre est saisie d'une demande d'inscription d'une dépense obligatoire au budget d'une collectivité ou d'un établissement public local. – *[Décr. n° 95-945 du 23 août 1995, art. 102.]*

Art. R. 1612-9 La chambre régionale des comptes formule ses propositions pour le règlement du budget par avis motivé notifié au représentant de l'État, d'une part, à la collectivité ou à l'établissement public intéressé, d'autre part. – *[Décr. n° 95-945 du 23 août 1995, art. 103.]*

Art. R. 1612-10 Lorsque la saisine de la chambre régionale des comptes a pour effet de suspendre l'exécution d'un budget jusqu'au terme de la procédure, dans les conditions fixées par l'article L. 1612-10, le représentant de l'État informe directement le comptable concerné de cette saisine. – *[Décr. n° 95-945 du 23 août 1995, art. 104.]*

Art. R. 1612-11 La décision par laquelle le représentant de l'État règle le budget et le rend exécutoire est adressée, dans le délai de vingt jours à compter de la notification de l'avis de la chambre régionale des comptes, à la collectivité ou à l'établissement public intéressé ainsi qu'à son comptable, d'une part, à la chambre, d'autre part. – *[Décr. n° 95-945 du 23 août 1995, art. 105.]*

Art. R. 1612-12 Lorsque le président de la chambre régionale des comptes constate que la rédaction d'un avis ou d'une décision est entachée d'une erreur ou d'une omission matérielle, il peut, par décision prise après avis conforme du ministère public, y apporter les rectifications nécessaires.

La notification de cette décision se substitue à la notification de l'avis ou de la décision soumis à rectification et emporte les mêmes effets. – *[Décr. n° 95-945 du 23 août 1995, art. 106.]*

Art. R. 1612-13 Les notifications prévues au présent chapitre sont effectuées par lettre recommandée avec demande d'avis de réception. – *[Décr. n° 95-945 du 23 août 1995, art. 107.]*

Art. R. 1612-14 Sans préjudice des dispositions de l'article R. 1612-18, les avis et décisions de la chambre régionale des comptes sont communicables aux tiers dès qu'a eu lieu la première réunion de l'assemblée délibérante suivant leur réception par la collectivité ou l'établissement public concerné. – *[Décr. n° 95-945 du 23 août 1995, art. 108.]*

Art. R. 1612-15 Dans le cas où une subvention exceptionnelle est accordée à une commune, en application de l'article L. 2335-2, le préfet en informe la chambre régionale des comptes par l'intermédiaire du ministère public. – *[Décr. n° 95-945 du 23 août 1995, art. 109.]*

SOUS-SECTION 3 Transmission des documents budgétaires au représentant de l'État par voie électronique

(Décr. n° 2016-475 du 15 avr. 2016)

Art. D. 1612-15-1 I. – Les métropoles, les collectivités territoriales et les établissements publics de coopération intercommunale à fiscalité propre de plus de 50 000 habitants transmettent par voie électronique leurs documents budgétaires au représentant de l'État.

Cette obligation de transmission par voie électronique s'applique au budget primitif, au budget supplémentaire, aux décisions modificatives et au compte administratif relevant du cadre budgétaire et comptable défini par le présent code.

Les documents budgétaires des mairies d'arrondissement des communes de Paris, Lyon, Marseille et des conseils de territoires de la métropole Aix-Marseille-Provence ne sont pas soumis à cette obligation.

La transmission par voie électronique au représentant de l'État intervient dans les délais fixés par l'article L. 1612-8 du présent code.

Les documents budgétaires sont transmis par voie électronique au format des documents de l'application budgétaire informatique mis à disposition du ministère en charge des collectivités locales.

Pour transmettre par voie électronique, les collectivités visées au premier alinéa recourent au dispositif informatique de télétransmission des documents budgétaires utilisé par les services du représentant de l'État.

II. — Pour les métropoles, l'obligation de transmission par voie électronique s'applique aux documents portant sur l'exercice budgétaire 2017 et au compte administratif portant sur l'exercice 2016.

III. — Pour les collectivités territoriales et les établissements publics à fiscalité propre de plus de 50 000 habitants, l'obligation de transmission par voie électronique s'applique aux documents budgétaires portant sur l'exercice budgétaire 2020.

La population à prendre en compte pour l'application du présent article est la population légale, telle qu'issue du dernier recensement effectué par l'Institut national de la statistique et des études économiques.

SECTION 2 **Absence d'adoption ou de transmission du budget (R)**

Art. R. 1612-16 Lorsque le représentant de l'État saisit la chambre régionale des comptes, conformément à l'article L. 1612-2, il joint à cette saisine l'ensemble des informations et documents, visés aux articles D. 1612-1 à D. 1612-7, indispensables à l'établissement du budget, ainsi que les pièces établissant que ces informations et documents ont été communiqués à la collectivité ou à l'établissement public intéressé.

L'ensemble des budgets et décisions budgétaires afférents à l'exercice précédent sont également joints à la saisine. — *[Décr. n° 95-945 du 23 août 1995, art. 78.]*

Art. R. 1612-17 Le représentant de l'État informe la collectivité ou l'établissement public intéressé de la saisine de la chambre régionale des comptes. — *[Décr. n° 95-945 du 23 août 1995, art. 79.]*

Art. R. 1612-18 La publication de l'avis de la chambre régionale des comptes est assurée, dès sa réception, sous la responsabilité du maire, du président du conseil départemental, du président du conseil régional ou du président de l'établissement public par affichage ou insertion dans un *bulletin officiel*. — *[Décr. n° 95-945 du 23 août 1995, art. 80.]*

SECTION 3 **Absence d'équilibre réel du budget (R)**

Art. R. 1612-19 Lorsque le représentant de l'État saisit la chambre régionale des comptes, conformément à l'article L. 1612-5, il joint à cette saisine, outre le budget voté, l'ensemble des informations et documents utilisés pour l'établissement de celui-ci. — *[Décr. n° 95-945 du 23 août 1995, art. 81.]*

Art. R. 1612-20 Le représentant de l'État informe la collectivité ou l'établissement public intéressé de la saisine de la chambre régionale des comptes. — *[Décr. n° 95-945 du 23 août 1995, art. 82.]*

Art. R. 1612-21 Les propositions de la chambre régionale des comptes, formulées conformément à l'article L. 1612-5, et tendant au rétablissement de l'équilibre budgétaire, portent sur des mesures dont la réalisation relève de la seule responsabilité de la collectivité ou de l'établissement public concerné.

La chambre, si elle constate que le budget a été voté en équilibre réel et qu'il n'y a pas lieu de faire des propositions, notifie sa décision motivée au représentant de l'État et à la collectivité ou à l'établissement public concerné. – *[Décr. n° 95-945 du 23 août 1995, art. 83.]*

Art. R. 1612-22 La nouvelle délibération du conseil municipal, du conseil départemental, du conseil régional ou du conseil d'administration de l'établissement public, prise conformément au deuxième alinéa de l'article L. 1612-5, est adressée dans le délai de huit jours au représentant de l'État et à la chambre régionale des comptes. – *[Décr. n° 95-945 du 23 août 1995, art. 84.]*

Art. R. 1612-23 Dans les quinze jours de la réception de la nouvelle délibération, la chambre régionale des comptes, si elle estime suffisantes les mesures de redressement adoptées, notifie au représentant de l'État, à la collectivité ou à l'établissement public concerné un avis par lequel elle en prend acte.

Dans le même délai et si elle estime insuffisantes les mesures de redressement adoptées, la chambre notifie au représentant de l'État, à la collectivité ou à l'établissement public concerné, un avis motivé en vue du règlement du budget dans les conditions prévues à l'article L. 1612-5. – *[Décr. n° 95-945 du 23 août 1995, art. 85.]*

Art. R. 1612-24 Si une décision budgétaire faisant l'objet de la transmission prévue au deuxième alinéa de l'article L. 1612-9 n'est pas adoptée en équilibre réel, le représentant de l'État en saisit la chambre régionale des comptes, conformément à l'article R. 1612-19. Il est fait application de la procédure prévue aux articles R. 1612-21 à R. 1612-23. – *[Décr. n° 95-945 du 23 août 1995, art. 86.]*

Art. R. 1612-25 Si le budget primitif, transmis à la chambre régionale des comptes, conformément au deuxième alinéa de l'article L. 1612-9 n'a pas été adopté en équilibre réel, le représentant de l'État en saisit la chambre, conformément à l'article R. 1612-19. Il est fait application de la procédure prévue aux articles R. 1612-21 à R. 1612-23. – *[Décr. n° 95-945 du 23 août 1995, art. 87.]*

SECTION 4 Absence de transmission ou déficit du compte administratif (R)

Art. R. 1612-26 La procédure définie aux articles R. 1612-19 à R. 1612-23 s'applique lorsqu'une collectivité ou un établissement public local n'a pas procédé à la transmission du compte administratif prévue à l'article L. 1612-13. – *[Décr. n° 95-945 du 23 août 1995, art. 88.]*

Art. R. 1612-27 Lorsque le représentant de l'État saisit la chambre régionale des comptes, conformément à l'article L. 1612-14, il joint à sa saisine, outre le compte administratif et le compte de gestion, l'ensemble des documents budgétaires se rapportant à l'exercice intéressé et à l'exercice suivant. – *[Décr. n° 95-945 du 23 août 1995, art. 89.]*

Art. R. 1612-28 Les propositions de la chambre régionale des comptes, formulées conformément à l'article L. 1612-14 et tendant au rétablissement de l'équilibre budgétaire, portent sur des mesures relevant de la seule responsabilité de la collectivité ou de l'établissement public concerné, propres à apurer le déficit constaté. Elles précisent la période au cours de laquelle l'apurement doit intervenir.

La chambre, si elle constate que le déficit n'atteint pas les seuils fixés par l'article L. 1612-14 et qu'il n'y a pas lieu de proposer des mesures de redressement, notifie sa décision motivée au représentant de l'État et à la collectivité ou à l'établissement public concerné. – *[Décr. n° 95-945 du 23 août 1995, art. 90.]*

Art. R. 1612-29 Lorsque les budgets primitifs des exercices au cours desquels le déficit doit être résorbé ne font pas ressortir les mesures suffisantes à cette résorption, la chambre régionale des comptes, à laquelle ces budgets ont été transmis par le représentant de l'État, propose à ce dernier les mesures nécessaires, dans les conditions prévues à l'article R. 1612-21. Lorsque les budgets font ressortir des mesures suffisantes, la chambre le constate. – *[Décr. n° 95-945 du 23 août 1995, art. 91.]*

Art. R. 1612-30 Si, dans l'exercice de ses missions, la chambre régionale des comptes constate que l'exécution du budget s'est traduite par un déficit susceptible d'entraîner les mesures de rétablissement de l'équilibre prévues par l'article L. 1612-14, elle en informe la collectivité ou l'établissement public concerné et le représentant de l'État. La procédure prévue aux articles R. 1612-27 et R. 1612-28 est applicable. – *[Décr. n° 95-945 du 23 août 1995, art. 92.]*

Art. R. 1612-31 Le préfet saisit la chambre régionale des comptes, en application des dispositions de l'article L. 1612-20, lorsque l'arrêté des comptes de l'établissement public communal ou intercommunal fait apparaître dans l'exécution du budget un déficit égal ou supérieur à 5 % des recettes de la section de fonctionnement s'il s'agit d'un groupement de communes totalisant 20 000 habitants ou plus, et à 10 % s'il s'agit d'un groupement de communes totalisant moins de 20 000 habitants ou d'un autre établissement public communal ou intercommunal. – *[Décr. n° 95-945 du 23 août 1995, art. 93.]*

SECTION 5 Absence ou insuffisance de crédits nécessaires à la couverture d'une dépense obligatoire (R)

Art. R. 1612-32 La saisine de la chambre régionale des comptes prévue à l'article L. 1612-15 doit être motivée, chiffrée et appuyée de toutes justifications utiles, et notamment du budget voté et, le cas échéant, des décisions qui l'ont modifié.

Le président de la chambre communique la demande au ministère public.

Il en informe le représentant de la collectivité ou de l'établissement public. – *[Décr. n° 95-945 du 23 août 1995, art. 94.]*

Observations des parties. La chambre régionale des comptes, saisie par le comptable public de la collectivité demandant l'inscription d'office d'une dépense obligatoire au budget d'une autre collectivité territoriale, dispose d'un mois pour statuer sur cette demande. Elle est tenue, dans ce délai, de mettre l'ordonnateur de la collectivité visée par cette demande en mesure de présenter oralement, s'il le souhaite, ses observations. Elle n'est pas tenue, en revanche, avant de prendre cette décision administrative, d'entendre un représentant de la collectivité au bénéfice de laquelle a été présentée la demande, laquelle doit être motivée. • CE 7 janv. 2004, *Synd. intercommunal du Val-de-Sambre,* n° 229042 : *BJCL 2004. 276, concl. Glaser ; ACL 2005. 342.* ♦ Par suite, la circonstance que la chambre régionale des comptes n'a pas invité la collectivité, au bénéfice de laquelle a été présentée la demande, à présenter ses observations avant d'émettre son avis n'est pas de nature à entacher cet avis d'irrégularité. • Même décision. ♦ V. CJF, art. L. 242-2 [devenu art. L. 244-2], et CGCT, art. L. 1612-15.

Art. R. 1612-33 Lorsque l'auteur de la demande n'a pu obtenir les documents budgétaires, le président de la chambre régionale des comptes se les fait communiquer par le représentant de l'État. – *[Décr. n° 95-945 du 23 août 1995, art. 95.]*

Art. R. 1612-34 La chambre régionale des comptes se prononce sur la recevabilité de la demande. Elle constate notamment la qualité du demandeur et, s'il y a lieu, l'intérêt qu'il a à agir. – *[Décr. n° 95-945 du 23 août 1995, art. 96.]*

Art. R. 1612-35 La chambre régionale des comptes se prononce sur le caractère obligatoire de la dépense.

Si la dépense est obligatoire et si la chambre constate l'absence ou l'insuffisance des crédits nécessaires à sa couverture, elle met en demeure la collectivité ou l'établissement public concerné d'ouvrir lesdits crédits par une décision modificative au budget. – *[Décr. n° 95-945 du 23 août 1995, art. 97.]*

Art. R. 1612-36 Si la chambre régionale des comptes constate que la dépense n'est pas obligatoire ou que les crédits inscrits sont suffisants pour sa couverture, elle notifie sa décision, qui est motivée, à l'auteur de la demande, à la collectivité ou à l'établissement public concerné et, s'il n'est pas l'auteur de la demande, au représentant de l'État. – *[Décr. n° 95-945 du 23 août 1995, art. 98.]*

Art. R. 1612-37 Dans le délai d'un mois à compter de la notification de l'avis portant la mise en demeure visée à l'article R. 1612-35, la collectivité ou l'établissement public intéressé procède à l'ouverture des crédits nécessaires. La décision correspondante est transmise à la chambre régionale des comptes et au requérant dans les huit jours de son adoption. – *[Décr. n° 95-945 du 23 août 1995, art. 99.]*

Art. R. 1612-38 La procédure définie au deuxième alinéa de l'article R. 1612-35, aux articles R. 1612-36 et R. 1612-37 s'applique lorsque le représentant de l'État saisit la chambre régionale des comptes, conformément à l'article L. 1612-18. – *[Décr. n° 95-945 du 23 août 1995, art. 100.]*

CHAPITRE III DOTATION GLOBALE DE FONCTIONNEMENT ET AUTRES DOTATIONS *(Décr. n° 2008-843 du 25 août 2008).*

SECTION 1 Dotation globale de fonctionnement

Art. R. 1613-1 Les charges salariales remboursées en application de l'article L. 1613-5 comprennent l'ensemble des rémunérations définies par le décret n° 85-730 du 17 juillet 1985 relatif à la rémunération des fonctionnaires de l'État et des fonctionnaires des collectivités territoriales régies respectivement par les lois n° 84-16 du 11 janvier 1984 et n° 84-53 du 26 janvier 1984 *[V. ces textes au* ***CGFP****]*, et par le décret n° 85-1148 du 24 octobre 1985 relatif à la rémunération des personnels civils et militaires de l'État et des personnels des collectivités territoriales *[V. ce texte au* ***CGFP****]*, y compris les avantages ayant le caractère de complément de rémunération définis au troisième alinéa de l'article 111 de la loi n° 84-53 du 26 janvier 1984 portant dispositions statutaires relatives à la fonction publique territoriale. Elles incluent également les cotisations sociales afférentes à ces rémunérations. – *[C. communes, art. R. 234-17.]*

Art. R. 1613-2 Le nombre total en équivalent temps plein des agents de la fonction publique territoriale mis à disposition au titre de l'article 100 de la loi n° 84-53 du 26 janvier 1984 portant dispositions statutaires relatifs à la fonction publique territoriale *[V. ce texte au* ***CGFP****]* auprès d'organisations syndicales pour exercer un mandat à l'échelon national dont les charges salariales sont remboursées par une dotation particulière prélevée sur les ressources affectées à la dotation globale de fonctionnement est fixé à *(Décr. n° 2010-717 du 29 juin 2010, art. 1er)* « cent trois » *(Décr. n° 2014-1624 du 24 déc. 2014, art. 7)* « auxquels s'ajoutent les agents territoriaux mis à disposition au titre de leur participation au Conseil commun de la fonction publique ».

SECTION 2 Dotation de solidarité en faveur de l'équipement des collectivités territoriales et de leurs groupements touchés par des événements climatiques ou géologiques *(Décr. n° 2016-423 du 8 avr. 2016, art. 1er).*

(Décr. n° 2015-693 du 18 juin 2015, art. 1er)

SOUS-SECTION 1 Dispositions communes

Art. R. 1613-3 *(Décr. n° 2016-423 du 8 avr. 2016, art. 1er)* Est considéré comme un événement climatique ou géologique, pour l'application de l'article L. 1613-6, tout événement localisé survenu en métropole qui cause aux biens énumérés à l'article R. 1613-4 et appartenant aux collectivités territoriales ou groupements mentionnés à l'article L. 1613-6 des dégâts d'un montant total supérieur à 150 000 euros hors taxes.

Les subventions sont imputées sur la dotation budgétaire mentionnée à l'article L. 1613-6. Lorsque le montant total des dégâts, évalué dans les conditions prévues à l'article R. 1613-8, est inférieur ou égal à 6 millions d'euros hors taxes, les subventions sont attribuées selon les modalités définies à la sous-section 2. Lorsque ce montant est supérieur à 6 millions d'euros hors taxes, les subventions sont attribuées selon les modalités définies à la sous-section 3.

Pour apprécier ce seuil, lorsque plusieurs collectivités territoriales ou groupements sont touchés, les dégâts doivent avoir été causés par un même événement.

Art. R. 1613-4 Sont éligibles à l'indemnisation mentionnée *(Décr. n° 2016-423 du 8 avr. 2016, art. 1er)* « à l'article L. 1613-6 », dans les conditions prévues à l'article R. 1613-5, les biens suivants :

1° Les infrastructures routières et les ouvrages d'art ;

2° Les biens annexes à la voirie nécessaires à la sécurisation de la circulation ;

3° Les digues ;
4° Les réseaux de distribution et d'assainissement de l'eau ;
5° Les stations d'épuration et de relevage des eaux ;
6° Les pistes de défense des forêts contre l'incendie ;
7° Les parcs, jardins et espaces boisés appartenant au domaine public des collectivités territoriales ou de *(Décr. nº 2021-1291 du 4 oct. 2021, art. 2)* « leurs groupements ».

Les dispositions de l'art. 2 du Décr. nº 2021-1291 du 4 oct. 2021 ne sont pas applicables aux événements climatiques et géologiques mentionnés à l'art. R. 1613-3 CGCT survenus avant le 1er janv. 2022 (Décr. préc., art. 10).

Art. R. 1613-5 *(Décr. nº 2021-1291 du 4 oct. 2021, art. 2)* Seuls les travaux de réparation des dégâts causés aux biens énumérés à l'article R. 1613-4 et les travaux urgents de restauration des capacités d'écoulement des cours d'eau, dont la maîtrise d'ouvrage est assurée par la collectivité ou le groupement intéressé, peuvent donner lieu à l'attribution de subvention par la dotation.

L'assiette de la subvention est égale au montant hors taxes des travaux de réparation des dégâts sur les biens énumérés à l'article R. 1613-4, en tenant compte de leur état et de leur niveau d'entretien à la date de l'événement, et, le cas échéant, des travaux urgents de restauration des capacités d'écoulement des cours d'eau. Dans le cas de travaux de réparation intégrant une modification de la consistance du bien, le montant de la subvention prend en compte les seules dépenses correspondant à la reconstruction à l'identique du bien à la date de l'événement, à l'exclusion de toute dépense d'extension ou d'amélioration. Par dérogation à cette règle, lorsque le coût total des travaux de réparation intégrant des dépenses d'extension ou d'amélioration du bien est inférieur à celui de la reconstruction à l'identique à la date de l'événement, l'assiette de la subvention est égale au montant total de ces travaux.

Les dispositions de l'art. 2 du Décr. nº 2021-1291 du 4 oct. 2021 ne sont pas applicables aux événements climatiques et géologiques mentionnés à l'art. R. 1613-3 CGCT survenus avant le 1er janv. 2022 (Décr. préc., art. 10).

Art. R. 1613-6 L'assiette de la subvention est égale au montant des dégâts lorsque le bien n'est pas assuré à la date de l'événement.

Lorsque le bien est assuré à la date de l'événement et que la collectivité ou le groupement demandeur connaît, au moment du dépôt de la demande de subvention, le montant de l'indemnité qui lui est due, l'assiette de la subvention est nette de cette indemnité.

Lorsque le bien est assuré à la date de l'événement et que la collectivité ou le groupement demandeur ignore, au moment du dépôt de la demande de subvention, le montant de l'indemnité qui lui est due, l'assiette de la subvention est égale au montant total des dégâts subis.

Dans le cas prévu à l'alinéa précédent, la collectivité ou le groupement porte, dès que possible, à la connaissance du représentant de l'État le montant de l'indemnité d'assurance. Le représentant de l'État calcule le montant de la subvention qui aurait été versée à la collectivité ou au groupement si le montant de l'indemnité avait été connu lors du dépôt de la demande de subvention. La différence entre la subvention effectivement versée et la subvention ainsi recalculée fait l'objet d'un reversement.

Art. R. 1613-7 Dans un délai de deux mois suivant un événement climatique ou géologique tel que précisé à l'article R. 1613-3, les collectivités territoriales et groupements concernés adressent leur demande de subvention au représentant de l'État dans le département. Passé ce délai, la demande est irrecevable.

Art. R. 1613-8 *(Décr. nº 2016-423 du 8 avr. 2016, art. 1er)* Le représentant de l'État procède à l'évaluation du montant des dégâts dont la réparation est éligible à la dotation définie à l'article L. 1613-6.

(Décr. nº 2021-1291 du 4 oct. 2021, art. 2) « Après avoir procédé à une première évaluation des dégâts », le représentant de l'État peut demander *(Décr. nº 2021-1291 du 4 oct. 2021, art. 2)* « dans un délai de soixante-quinze jours suivant l'événement, » l'appui d'une mission *(Décr. nº 2022-1025 du 20 juill. 2022, art. 3)* « de l'inspection générale » de l'environnement et du développement durable. Cette mission est obliga-

toire lorsque le montant global estimé des dégâts est supérieur à un million d'euros hors taxes ou lorsque l'événement climatique ou géologique à l'origine des dégâts a touché plusieurs départements. La mission remet au représentant de l'État son évaluation du montant des dégâts, la liste complète des collectivités ou groupements dont il est proposé de retenir la demande ainsi qu'une proposition sur le montant total de subventions susceptibles de leur être accordées au sein d'un même département, dans un délai de quarante-cinq jours à compter de *(Décr. n° 2021-1291 du 4 oct. 2021, art. 2)* « la saisine *(Décr. n° 2022-1025 du 20 juill. 2022, art. 3)* « de l'inspection précitée » par le représentant de l'État ».

Lorsque le montant global des dégâts estimés est supérieur à 6 millions d'euros hors taxes ou que l'ampleur des dégâts et la difficulté des évaluations le justifient, le ministre chargé des collectivités territoriales peut demander l'appui d'une mission d'inspection. La mission remet au ministre chargé des collectivités territoriales et au ministre chargé du budget son évaluation des dégâts, la liste complète des collectivités ou groupements dont il est proposé de retenir la demande ainsi qu'une proposition sur le montant total de subventions susceptibles de leur être accordées au sein d'un même département, dans un délai *(Décr. n° 2021-1291 du 4 oct. 2021, art. 2)* « fixé par le ministre chargé des collectivités territoriales ».

Lorsque le montant des dégâts subis par une collectivité territoriale est inférieur à 1 % de son budget total, tel que défini à l'article R. 1613-9, ce montant est exclu de l'assiette éligible. L'application de cette disposition est appréciée par le représentant de l'État en fonction des circonstances locales *(Décr. n° 2021-1291 du 4 oct. 2021, art. 2)* « , de l'importance des dégâts et des propositions des missions mentionnées aux alinéas précédents ».

Les dispositions de l'art. 2 du Décr. n° 2021-1291 du 4 oct. 2021 ne sont pas applicables aux événements climatiques et géologiques mentionnés à l'art. R. 1613-3 CGCT survenus avant le 1er janv. 2022 (Décr. préc., art. 10).

Ancien art. R. 1613-8 *(Décr. n° 2016-423 du 8 avr. 2016, art. 1er) Le représentant de l'État procède à l'évaluation du montant des dégâts dont la réparation est éligible à la dotation définie à l'article L. 1613-6.*

En vue d'évaluer le montant des dégâts, le représentant de l'État peut demander l'appui d'une mission du Conseil général de l'environnement et du développement durable. Cette mission est obligatoire lorsque le montant global estimé des dégâts est supérieur à un million d'euros hors taxes ou lorsque l'événement climatique ou géologique à l'origine des dégâts a touché plusieurs départements. La mission remet au représentant de l'État son évaluation du montant des dégâts, la liste complète des collectivités ou groupements dont il est proposé de retenir la demande ainsi qu'une proposition sur le montant total de subventions susceptibles de leur être accordées au sein d'un même département, dans un délai de quarante-cinq jours à compter de l'expiration du délai mentionné à l'article R. 1613-7.

Lorsque le montant global des dégâts estimés est supérieur à 6 millions d'euros hors taxes ou que l'ampleur des dégâts et la difficulté des évaluations le justifient, le ministre chargé des collectivités territoriales peut demander l'appui d'une mission d'inspection. La mission remet au ministre chargé des collectivités territoriales et au ministre chargé du budget son évaluation des dégâts, la liste complète des collectivités ou groupements dont il est proposé de retenir la demande ainsi qu'une proposition sur le montant total de subventions susceptibles de leur être accordées au sein d'un même département, dans un délai de quarante-cinq jours à compter de l'expiration du délai mentionné à l'article R. 1613-7.

Lorsque le montant des dégâts subis par une collectivité territoriale est inférieur à 1 % de son budget total, tel que défini à l'article R. 1613-9, ce montant est exclu de l'assiette éligible. L'application de cette disposition est appréciée par le représentant de l'État en fonction des circonstances locales et de l'importance des dégâts.

Art. R. 1613-9 Lorsque le montant total des subventions susceptibles d'être accordées a été déterminé, la répartition des subventions entre collectivités et groupements d'un même département est établie sur la base de taux maximums de subvention applicables comme suit :

1° Un taux de 80 % lorsque le montant des dégâts subis est supérieur à 50 % de leur budget total ;

2° Un taux de 40 % lorsque le montant des dégâts subis est compris entre 10 % et 50 % de leur budget total ;

3° Un taux de *(Décr. n° 2016-423 du 8 avr. 2016, art. 1er)* « 30 % » lorsque le montant des dégâts subis est inférieur à 10 % du budget total.

Pour l'application du présent article, le montant du budget total pris en compte correspond à la somme des dépenses réelles de fonctionnement et des dépenses réelles d'investissement telles que constatées dans les derniers comptes administratifs disponibles.

Art. R. 1613-10 *(Décr. n° 2015-693 du 18 juin 2015, art. 1er)* Par dérogation aux dispositions de l'article R. 1613-9, le montant de la subvention de l'État peut, à titre exceptionnel, porter le montant des aides publiques directes jusqu'à 100 % du montant hors taxes des dégâts causés par un même événement.

(Décr. n° 2021-1291 du 4 oct. 2021, art. 2) « Une avance peut être versée lors du commencement d'exécution de l'opération. Son montant peut représenter jusqu'à 20 % du montant prévisionnel de la subvention. Ce montant peut être porté jusqu'à 30 % pour des travaux urgents nécessaires à la mobilité ou à la sécurité des personnes, notamment en ce qui concerne les travaux de restauration des capacités d'écoulement des cours d'eaux mentionnés au premier alinéa de l'article R. 1613-5. »

Le bénéfice de ces dispositions est apprécié au cas par cas par le représentant de l'État en prenant en compte la capacité financière de la collectivité territoriale ou du groupement de collectivités territoriales et l'importance des dégâts.

Les dispositions de l'art. 2 du Décr. n° 2021-1291 du 4 oct. 2021 ne sont pas applicables aux événements climatiques et géologiques mentionnés à l'art. R. 1613-3 CGCT survenus avant le 1er janv. 2022 (Décr. préc., art. 10).

Ancien art. R. 1613-10 *Par dérogation aux dispositions de l'article R. 1613-9, le montant de la subvention de l'État peut, à titre exceptionnel, porter le montant des aides publiques directes jusqu'à 100 % du montant hors taxes des dégâts causés par un même événement.*

Une avance peut être versée lors du commencement d'exécution de l'opération et peut, à titre exceptionnel, s'élever jusqu'à 20 % du montant prévisionnel de la subvention.

Le bénéfice de ces dispositions est apprécié au cas par cas par le représentant de l'État en prenant en compte la capacité financière de la collectivité territoriale ou du groupement de collectivités territoriales et l'importance des dégâts.

Art. R. 1613-11 *(Décr. n° 2021-1291 du 4 oct. 2021, art. 2)* L'arrêté attributif de subvention comprend, pour chacune des opérations, les mentions prévues à l'article R. 2334-26. Les dispositions des articles R. 2334-24 et R. 2334-28 à R. 2334-31, à l'exception du II de l'article R. 2334-30, sont applicables à la dotation pour chacune des opérations subventionnées ou faisant l'objet d'une demande de subvention. Pour leur application, et en tant que de besoin, la mention des communes ou des établissements publics de coopération intercommunale est remplacée par celle de la collectivité ou du groupement et la mention du président de l'établissement public de coopération intercommunale par celle du président de l'exécutif local.

Les dispositions de l'art. 2 du Décr. n° 2021-1291 du 4 oct. 2021 ne sont pas applicables aux événements climatiques et géologiques mentionnés à l'art. R. 1613-3 CGCT survenus avant le 1er janv. 2022 (Décr. préc., art. 10).

Ancien art. R. 1613-11 *Ne peut donner lieu à subvention la réparation de dégâts susceptibles d'être financée par des subventions dont la liste est fixée par arrêté des ministres chargés des collectivités territoriales et du budget.*

SOUS-SECTION 2 **Dispositions spécifiques applicables lorsque le montant des dégâts éligibles est inférieur à six millions d'euros hors taxes** *(Décr. n° 2016-423 du 8 avr. 2016, art. 1er).*

Art. R. 1613-12 *(Décr. n° 2016-423 du 8 avr. 2016, art. 1er)* Lorsque le montant des dégâts éligibles est inférieur à six millions d'euros hors taxes, le montant total maximum du concours apporté par la dotation de solidarité en faveur de l'équipement des collectivités territoriales et de leurs groupements touchés par des événements climatiques ou géologiques est égal au produit du montant total des dégâts éligibles par un taux arrêté par les ministres chargés des collectivités territoriales et du budget.

Art. R. 1613-13 *(Décr. n° 2015-693 du 18 juin 2015, art. 1er)* Le représentant de l'État établit le montant total de subventions susceptibles d'être accordées aux collectivités territoriales et groupements d'un même département en fonction de l'évaluation des dégâts éligibles *(Décr. n° 2021-1291 du 4 oct. 2021, art. 2)* « au vu des propositions des missions mentionnées à l'article R. 1613-8 » et du montant maximum de subvention mentionné à l'article R. 1613-12.

Les dispositions issues de l'art. 2 du Décr. n° 2021-1291 du 4 oct. 2021 ne sont pas applicables aux événements climatiques et géologiques mentionnés à l'art. R. 1613-3 CGCT survenus avant le 1er janv. 2022 (Décr. préc., art. 10).

Ancien art. R. 1613-13 (Décr. n° 2015-693 du 18 juin 2015, art. 1er) *Le représentant de l'État établit le montant total de subventions susceptibles d'être accordées aux collectivités territoriales et groupements d'un même département en fonction de l'évaluation des dégâts éligibles et du montant maximum de subvention mentionné à l'article R. 1613-12.*

Art. R. 1613-14 Le représentant de l'État fixe le montant des subventions pour chaque opération de réparation en fonction des taux maximums mentionnés à l'article R. 1613-9. Si la somme des subventions pouvant être attribuées aux collectivités territoriales ou aux groupements excède le montant total mentionné à l'article R. 1613-13, le représentant de l'État fixe les subventions dans la limite de ce montant et en fonction de la taille de la collectivité ou du groupement, de sa capacité financière et de l'importance des dégâts.

Dans le cas inverse, le représentant de l'État fixe le montant des subventions en appliquant les taux maximums mentionnés à l'article R. 1613-9 au montant des dégâts.

Les subventions sont notifiées aux collectivités territoriales et groupements bénéficiaires par arrêté du représentant de l'État.

SOUS-SECTION 3 Dispositions spécifiques applicables lorsque le montant des dégâts éligibles est supérieur à six millions d'euros hors taxes *(Décr. n° 2016-423 du 8 avr. 2016, art. 1er)*.

Art. R. 1613-15 *(Décr. n° 2016-423 du 8 avr. 2016, art. 1er)* Lorsque le montant des dégâts éligibles est supérieur à six millions d'euros hors taxes, le montant total maximum du concours apporté par la dotation de solidarité en faveur de l'équipement des collectivités territoriales et de leurs groupements touchés par des événements climatiques ou géologiques est égal au produit du montant total des dégâts éligibles à indemnisation par un taux *(Décr. n° 2021-1291 du 4 oct. 2021, art. 2)* « ne pouvant dépasser » 60 %.

Les dispositions de l'art. 2 du Décr. n° 2021-1291 du 4 oct. 2021 ne sont pas applicables aux événements climatiques et géologiques mentionnés à l'art. R. 1613-3 CGCT survenus avant le 1er janv. 2022 (Décr. préc., art. 10).

Ancien art. R. 1613-15 (Décr. n° 2016-423 du 8 avr. 2016, art. 1er) *Lorsque le montant des dégâts éligibles est supérieur à six millions d'euros hors taxes, le montant total maximum du concours apporté par la dotation de solidarité en faveur de l'équipement des collectivités territoriales et de leurs groupements touchés par des événements climatiques ou géologiques est égal au produit du montant total des dégâts éligibles à indemnisation par un taux compris entre 30 % et 60 %.*

Art. R. 1613-16 Le représentant de l'État ou, le cas échéant, la mission d'inspection prévue à l'article R. 1613-8 adressent *[adresse]* au ministre chargé des collectivités territoriales et au ministre chargé du budget l'évaluation du montant des dégâts causés par l'événement, la liste complète des collectivités ou groupements dont il est proposé de retenir la demande ainsi qu'une proposition sur le montant total de subventions susceptibles d'être accordées aux collectivités territoriales d'un même département.

Art. R. 1613-17 Le ministre chargé des collectivités territoriales et le ministre chargé du budget fixent, pour chaque événement, le taux maximum d'indemnisation à l'intérieur de la fourchette prévue à l'article R. 1613-15 et décident du montant total de subventions susceptibles d'être accordées aux collectivités territoriales et aux groupements d'un même département en fonction de l'évaluation des dégâts éligibles.

Art. R. 1613-18 Le représentant de l'État décide du taux de subvention pour chaque opération de réparation, en fonction des taux maximums de subvention prévus à l'article R. 1613-9 et de l'évaluation des dégâts éligibles. Si la somme des subventions pouvant être attribuées aux collectivités territoriales ou aux groupements excède le montant total mentionné à l'article R. 1613-17, le représentant de l'État fixe les subventions dans la limite de ce montant et en fonction de la taille de la collectivité ou du groupement, de sa capacité financière et de l'importance des dégâts.

Dans le cas inverse, le représentant de l'État fixe le montant des subventions en appliquant les taux maximums mentionnés à l'article R. 1613-9 au montant des dégâts.

Les subventions sont notifiées aux collectivités territoriales et groupements bénéficiaires par arrêté du représentant de l'État.

CHAPITRE IV COMPENSATION DES TRANSFERTS DE COMPÉTENCES

SECTION 1 Dispositions générales

SOUS-SECTION 1 Commission consultative sur l'évaluation des charges résultant des transferts de compétences (R)

§ 1 Composition (R)

Art. R. 1614-1 à R. 1614-3 *Abrogés par Décr. n° 2004-1416 du 23 déc. 2004, art. 3.*

§ 2 Fonctionnement (R)

Art. R. 1614-4 et R. 1614-5 *Abrogés par Décr. n° 2004-1416 du 23 déc. 2004, art. 3.*

§ 3 Compétences (R)

Art. R. 1614-6 à R. 1614-9 *Abrogés par Décr. n° 2004-1416 du 23 déc. 2004, art. 3.*

SOUS-SECTION 2 Modalités d'établissement de statistiques (R)

§ 1 Formation professionnelle et apprentissage (R)

Art. R. 1614-10 Les articles R. 1614-10 à R. 1614-15 fixent les conditions dans lesquelles la région, en application de l'article L. 1614-7 et de l'article 50 de la loi n° 93-1313 du 20 décembre 1993 relative au travail, à l'emploi et à la formation professionnelle, est tenue de poursuivre l'établissement des statistiques liées à l'exercice des compétences qui lui ont été transférées en matière de formation professionnelle continue et d'apprentissage. — *[Décr. n° 94-571 du 11 juill. 1994, art. 1er.]*

Art. R. 1614-11 Le président du conseil régional transmet au préfet de région les informations normalisées suivantes, relatives à l'utilisation du fonds régional de l'apprentissage et de la formation professionnelle :

1° Informations relatives aux actions ou unités de formations : effectifs accueillis, heures-stagiaires et subventions régionales de fonctionnement par type d'organisme et de formation ;

2° Informations relatives aux stagiaires : caractéristiques socio-démographiques et rémunérations ;

3° Informations relatives à l'apprentissage fournies dans les formulaires normalisés relatifs à chaque centre de formation d'apprentis conventionné ;

4° Informations financières relatives aux actions en matière d'accueil, d'orientation, de suivi de la formation ainsi que les études et recherches afférentes ;

5° Informations relatives aux investissements destinés aux organismes de formation continue et aux centres de formation d'apprentis.

La périodicité de la transmission de ces informations est annuelle. Un arrêté du ministre chargé de la formation professionnelle fixe la date de cette transmission ainsi que les données globales qui doivent être transmises trimestriellement. — *[Décr. n° 94-571 du 11 juill. 1994, art. 2.]*

Art. R. 1614-12 Des conventions passées entre l'État et la région peuvent prévoir la transmission des informations prévues à l'article R. 1614-11 par fichiers informatiques conformes aux spécifications des systèmes d'information nationaux.

Elles peuvent prévoir en outre :

1° L'adaptation des formulaires normalisés relatifs à l'apprentissage, aux besoins statistiques propres de la région et la réalisation conjointe de statistiques particulières ;

2° La mise en place de systèmes d'informations complémentaires. – *[Décr. nº 94-571 du 11 juill. 1994, art. 3.]*

Art. R. 1614-13 Les formulaires et les informations normalisés mentionnés à l'article R. 1614-11 sont fixés, après avis du comité de coordination des programmes régionaux d'apprentissage et de formation professionnelle continue prévu à l'article 84 de la loi nº 83-8 du 7 janvier 1983 relative à la répartition des compétences entre les communes, les départements, les régions et l'État et du Conseil national de l'information statistique institué par le décret nº 84-628 du 17 juillet 1984 relatif au Conseil national de l'information statistique et portant application de la loi nº 51-711 du 7 juin 1951 sur l'obligation, la coordination et le secret en matière de statistiques, par arrêté conjoint du ministre de l'Intérieur, du ministre chargé de l'Éducation, du ministre chargé de la Formation professionnelle, du ministre chargé de l'Économie et du ministre chargé de l'Agriculture. – *[Décr. nº 94-571 du 11 juill. 1994, art. 4.]*

Art. R. 1614-14 Le président du conseil régional tient à la disposition du préfet de région les éléments nécessaires au tirage d'échantillons représentatifs des itinéraires de formation et d'insertion des jeunes sortant du système éducatif. – *[Décr. nº 94-571 du 11 juill. 1994, art. 5.]*

Art. R. 1614-15 Le préfet de région communique au président du conseil régional les résultats des exploitations régionales et nationales de ces informations. – *[Décr. nº 94-571 du 11 juill. 1994, art. 6.]*

§ 2 Urbanisme (R)

Art. R. 1614-16 Le présent paragraphe fixe les conditions dans lesquelles les communes et les établissements publics de coopération intercommunale sont tenus, en application de l'article L. 1614-7, de poursuivre l'établissement de statistiques liées à l'exercice des compétences qui leur ont été transférées en matière d'urbanisme.

Art. R. 1614-17 Le maire ou le président de l'établissement public de coopération intercommunale transmet au préfet :

(Décr. 2007-18 du 5 janv. 2007, art. 20) « 1° Un exemplaire de chaque demande de permis de construire, de permis d'aménager et de permis de démolir, complétée par ses soins, et de la décision statuant sur cette demande ;

« 2° Un exemplaire, complété par ses soins, des certificats d'urbanisme et des déclarations préalables ; »

3° Un exemplaire des déclarations d'ouverture de chantier et d'achèvement des travaux ;

4° Un exemplaire des actes et délibérations relatifs au schéma directeur, au schéma de secteur et au plan d'occupation des sols.

L'obligation mentionnée à l'article R. 1614-16 est satisfaite par l'accomplissement des transmissions faites en application des dispositions du code de l'urbanisme et des articles L. 2131-1 à L. 2131-5.

Art. R. 1614-18 Le maire, ou le cas échéant le président de l'établissement public de coopération intercommunale, adresse au responsable du service de l'État dans le département chargé de l'urbanisme une copie du formulaire *(Décr. nº 2007-18 du 5 janv. 2007, art. 20)* « des déclarations préalables prévues à l'article L. 421-4 du code de l'urbanisme », déposées en mairie, complétées par la mention de la suite qui leur a été réservée.

Art. R. 1614-19 Les différents formulaires normalisés utilisés pour les demandes mentionnées à l'article R. 1614-17 ou pour les déclarations mentionnées à l'article R. 1614-18 sont fournis gratuitement par l'État. – *[Décr. n° 85-893 du 14 août 1985, art. 3.]*

Art. R. 1614-20 *(Décr. n° 2019-472 du 20 mai 2019, art. 2)* La collecte et la transmission des informations et des pièces des dossiers visés à l'article L. 423-2 du code de l'urbanisme s'effectuent dans les conditions prévues par les articles R. 423-75 à R. 423-79 du code de l'urbanisme.

§ 3 Ports maritimes (R)

Art. R. 1614-21 Le présent paragraphe fixe les conditions dans lesquelles *(Décr. n° 2008-442 du 30 avr. 2008)* « les collectivités territoriales et leurs groupements », en application de l'article L. 1614-7, sont tenus de poursuivre l'établissement des statistiques liées à l'exercice des compétences qui leur ont été transférées en matière de ports maritimes de commerce et de plaisance.

Art. R. 1614-22 *(Décr. n° 2015-1789 du 28 déc. 2015, art. 1er)* « Le président du conseil régional, le président du conseil départemental, le maire et le président de l'organe délibérant d'un groupement de collectivités territoriales, chacun en ce qui les concerne, pour les ports de plaisance ou les installations portuaires de plaisance relevant de sa compétence », transmettent, au cours du premier trimestre de chaque année civile, au préfet, pour chaque port ou installation portuaire de plaisance, un état statistique annuel indiquant la superficie des plans d'eau et des terre-pleins, la capacité d'accueil, les conditions d'accès, la fréquentation, les équipements disponibles et les services fournis.

Art. R. 1614-23 *(Décr. n° 2008-442 du 30 avr. 2008)* « Le maire, le président du conseil départemental, le président du conseil régional ou le président de l'organe délibérant du groupement de collectivités territoriales transmet tous les mois au préfet un état statistique relatif, pour chaque port de commerce relevant de la compétence de la collectivité ou du groupement de collectivités, à l'activité de commerce du mois précédent. » L'état indique, par escale de navires, les caractéristiques de l'escale et du bâtiment, les informations quantitatives relatives au trafic passagers et au trafic marchandises ventilées par nature, provenance ou destination, mode de conditionnement et de manutention.

Art. R. 1614-24 Les modèles normalisés des états statistiques mentionnés aux articles R. 1614-22 et R. 1614-23 sont fixés par arrêtés conjoints du ministre de l'Intérieur et du ministre chargé de la mer.

Art. R. 1614-25 Les documents normalisés et les supports, mentionnés à l'article R. 1614-24 et au 1° de l'article R. 1614-26, sont fournis gratuitement par l'État.

Art. R. 1614-26 Des conventions passées entre l'État et *(Décr. n° 2008-442 du 30 avr. 2008)* « la collectivité territoriale ou le groupement de collectivités territoriales » peuvent prévoir :

1° La transmission de supports informatiques conformes aux spécifications des systèmes d'information nationaux en remplacement des documents normalisés ;

2° La réalisation conjointe de statistiques autres que celles visées aux articles R. 1614-22 et R. 1614-23.

Art. R. 1614-27 Le préfet communique aux représentants des collectivités territoriales *(Décr. n° 2008-442 du 30 avr. 2008)* « et leurs groupements », dans le mois qui suit leur publication, les statistiques établies à l'échelon départemental, régional et national, à l'aide des informations *(Décr. n° 2008-442 du 30 avr. 2008)* « qu'ils ont transmises » en application du présent paragraphe.

§ 4 Action sociale et santé (R)

Art. R. 1614-28 Le présent paragraphe fixe les conditions dans lesquelles le département, en application de l'article L. 1614-7, est tenu de poursuivre l'établissement des statistiques liées à l'exercice des compétences qui lui ont été transférées en matière d'action sociale et de santé. – *[Décr. n° 85-894 du 14 août 1985, art. 1er.]*

Art. R. 1614-29 Le président du conseil départemental transmet dans un délai de deux mois au préfet une copie de chaque décision d'autorisation de création, de transformation ou d'extension d'établissement ou de service social, d'établissement ou de service sanitaire, prise par lui en application des articles 37 à 43 et 46 de la loi n° 83-663 du 22 juillet 1983 complétant la loi n° 83-8 du 7 janvier 1983 relative à la répartition de compétences entre les communes, les départements, les régions et l'État *[V. ces art., App., v° Répartition de compétences entre l'État et les collectivités territoriales,* 🏛*].*

Ce document est accompagné d'un formulaire normalisé précisant l'identité, les caractéristiques, la capacité d'accueil et la nature des prestations et de la clientèle de l'établissement ou du service intéressé.

En outre, le président du conseil départemental communique dans le même délai au préfet la date de mise en service effective ou de fermeture des équipements installés en application des décisions mentionnées au premier alinéa ci-dessus. – *[Décr. n° 85-894 du 14 août 1985, art. 2.]*

Art. R. 1614-30 Au cours du premier trimestre de chaque année civile et au titre de l'année précédente, le président du conseil départemental transmet au préfet, à l'aide de formulaires normalisés :

1° Un état statistique des personnels et des activités des services sanitaires et sociaux départementaux, des organismes habilités ou des collectivités territoriales ayant signé une convention avec le département, des services ou organismes prestataires de service à domicile relevant de la compétence du département ;

2° Le nombre d'admissions à chacune des formes d'aide sociale légale ainsi que le nombre de bénéficiaires par type de prestation relevant de sa compétence ;

3° Un état statistique de la situation sanitaire au titre de la protection maternelle et infantile. – *[Décr. n° 85-894 du 14 août 1985, art. 3.]*

Art. R. 1614-31 Chaque année, le président du conseil départemental transmet au préfet, à l'aide d'un formulaire normalisé, un état statistique donnant la répartition par fonctions des dépenses et des recettes relatives à l'aide sociale de l'année précédente. – *[Décr. n° 85-894 du 14 août 1985, art. 4.]*

Art. R. 1614-32 Le modèle des documents normalisés mentionnés aux articles R. 1614-29, R. 1614-30 et R. 1614-31 est fixé par arrêté conjoint du ministre de l'Intérieur et du ministre chargé des affaires sociales et de la santé. – *[Décr. n° 85-894 du 14 août 1985, art. 5.]*

Art. R. 1614-33 Les documents normalisés mentionnés aux articles R. 1614-29, R. 1614-30 et R. 1614-31 sont fournis gratuitement par l'État. – *[Décr. n° 85-894 du 14 août 1985, art. 6.]*

Art. R. 1614-34 Des conventions passées entre l'État et le département peuvent prévoir :

1° La transmission de supports informatiques conformes aux spécifications des systèmes d'information nationaux, en remplacement des documents normalisés ;

2° L'adaptation des documents normalisés aux besoins statistiques propres du département et la réalisation conjointe de statistiques particulières. – *[Décr. n° 85-894 du 14 août 1985, art. 7.]*

Art. R. 1614-35 Le préfet communique au président du conseil départemental, dans le délai d'un mois suivant sa publication, l'exploitation faite à l'échelon départemental, régional et national par les services de l'État des informations collectées au titre des articles R. 1614-29 à R. 1614-31. – *[Décr. n° 85-894 du 14 août 1985, art. 8.]*

§ 5 Transports scolaires (R)

Art. R. 1614-36 Le présent paragraphe fixe les conditions dans lesquelles les départements et les autorités compétentes pour l'organisation des transports urbains sont tenus, en application de l'article L. 1614-7 de poursuivre l'établissement des statistiques liées à l'exercice des compétences qui leur ont été transférées en matière de transports scolaires. – *[Décr. n° 86-423 du 12 mars 1986, art. 1er.]*

Art. R. 1614-37 Avant le 1er novembre de chaque année civile et au titre de la dernière année scolaire, le président du conseil départemental et les autorités compétentes pour l'organisation des transports urbains transmettent au préfet des formulaires normalisés indiquant :

1° Les effectifs transportés et subventionnés ;

2° Le nombre et le kilométrage des services réguliers publics routiers créés pour assurer à titre principal à l'intention des élèves la desserte des établissements d'enseignement ;

3° Les modalités de financement de la dépense ;

4° Les modalités d'organisation des services. – *[Décr. n° 86-423 du 12 mars 1986, art. 2.]*

Art. R. 1614-38 Le modèle des documents normalisés mentionnés à l'article R. 1614-37 est fixé par arrêté conjoint du ministre de l'intérieur, du ministre de l'éducation nationale et du ministre de l'urbanisme, du logement et des transports. – *[Décr. n° 86-423 du 12 mars 1986, art. 3.]*

Art. R. 1614-39 Les documents normalisés mentionnés à l'article R. 1614-37 sont fournis gratuitement par l'État. – *[Décr. n° 86-423 du 12 mars 1986, art. 4.]*

Art. R. 1614-40 Des conventions passées entre l'État, d'une part, et le département ou l'autorité compétente pour l'organisation de transports urbains, d'autre part, peuvent prévoir :

1° La transmission de supports informatiques conformes aux spécifications des systèmes d'information nationaux, en remplacement des documents normalisés ;

2° L'adaptation des documents normalisés aux besoins statistiques propres du département ou de l'autorité compétente pour l'organisation de transports urbains. – *[Décr. n° 86-423 du 12 mars 1986, art. 5.]*

§ 6 Fonds de solidarité pour le logement (R)

(Décr. n° 2005-212 du 2 mars 2005, art. 11)

Art. R. 1614-40-1 Le présent paragraphe fixe les conditions dans lesquelles le département, en application de l'article L. 1614-7, est tenu de poursuivre l'établissement des statistiques liées à l'exercice des compétences qui lui ont été transférées en matière de fonds de solidarité pour le logement.

Art. R. 1614-40-2 Le président du conseil départemental transmet chaque année, avant le 1er juillet, un état descriptif de l'organisation du fonds de solidarité pour le logement, des fonds locaux créés en application de l'article 7 de la loi n° 90-449 du 31 mai 1990 modifiée et des associations habilitées à accorder les aides du fonds, relatif à leur objet, leur gestion et leur secrétariat, et les renseignements statistiques relatifs à l'année précédente selon un modèle normalisé fixé par arrêté conjoint des ministres chargés de l'intérieur, des affaires sociales et du logement.

Art. R. 1614-40-3 Les renseignements statistiques fournis par le conseil départemental portent sur les contributions financières reçues et sur leur origine, sur les aides financières demandées et accordées et sur les autres interventions, et sont établis pour le fonds départemental et pour chaque fonds local, puis agrégés au niveau départemental.

Art. R. 1614-40-4 Des conventions passées entre l'État et le département peuvent prévoir :

— la transmission de supports informatiques conformes aux spécifications des systèmes d'information nationaux, en remplacement des documents normalisés ;

— l'adaptation des documents normalisés aux besoins statistiques propres du département ou des autres partenaires du fonds de solidarité pour le logement et la réalisation conjointe de statistiques particulières.

§ 7 Accueil, restauration, hébergement et entretien dans les collèges et lycées (R)

(Décr. n° 2007-572 du 18 avr. 2007)

Art. R. 1614-40-5 Le présent paragraphe fixe les conditions dans lesquelles les départements, les régions et la collectivité de Corse, en application de l'article L. 1614-7, sont tenus de poursuivre l'établissement des statistiques liées à l'exercice des compétences qui leur ont été transférées en matière de gestion des personnels d'accueil, de restauration, d'hébergement et d'entretien général et technique dans les collèges et les lycées et de les transmettre à l'État.

Art. R. 1614-40-6 Les présidents des conseils départementaux, les présidents des conseils régionaux et le président du conseil exécutif de Corse transmettent chaque année, avant le 31 mars, aux autorités académiques, pour chaque établissement public local d'enseignement qui relève de leur compétence :

a) L'effectif en nombre de personnes physiques et en équivalent temps plein affecté dans l'établissement au 1er janvier pour chacune des fonctions d'accueil, de restauration, d'hébergement et d'entretien général et technique ;

b) Si ces fonctions d'accueil, de restauration, d'hébergement ou d'entretien général et technique sont assurées, en tout ou partie, par un opérateur extérieur, le montant de la dépense annuelle, pendant l'année civile précédente, correspondant aux prestations de service fournies à l'établissement au titre de chacune de ces fonctions. Pour les contrats de service couvrant plusieurs établissements ou services, une estimation est faite de la part imputable à l'établissement.

Les modalités de présentation de ces informations sont définies par un arrêté conjoint du ministre chargé de l'éducation et du ministre chargé de l'agriculture.

SECTION 2 Dispositions particulières à certains transferts de compétences (R)

SOUS-SECTION 1 Documents d'urbanisme (R)

§ 1 Élaboration et mise en œuvre (R)

SOUS-§ 1 *Dispositions générales (R)*

Art. R. 1614-41 *(Décr. n° 2013-363 du 26 avr. 2013, art. 1er)* Le concours particulier créé, au sein de la dotation générale de décentralisation, au titre de l'établissement et de la mise en œuvre des documents d'urbanisme, en application de l'article L. 1614-9, est destiné à compenser les charges qui résultent, pour les communes, les établissements publics de coopération intercommunale ou les syndicats mixtes, de l'établissement de schémas de cohérence territoriale, de schémas de secteurs, de plans locaux d'urbanisme intercommunaux, de plans locaux d'urbanisme, de cartes communales, de règlements locaux de publicité ainsi que de la modification, de la révision ou de la mise en compatibilité de ces documents ou des documents régis par *(Décr. n° 2015-1783 du 28 déc. 2015, art. 9)* « plans d'occupation des sols ».

Art. R. 1614-42 *(Décr. n° 2004-17 du 6 janv. 2004, art. 2)* Les crédits du concours particulier mentionné à l'article R. 1614-41 sont délégués aux préfets de région en métropole et au préfet de Corse. Ils sont répartis entre ceux-ci à raison de :

1° *(Décr. n° 2013-363 du 26 avr. 2013, art. 1er)* « 25 % » en fonction du nombre de logements figurant sur les permis de construire délivrés lors des trois dernières années dans chaque région et en Corse ;

2° 20 % en fonction de la population de chaque région et de la Corse ;

3° 20 % en fonction du nombre de communes de plus de 700 habitants de chaque région et de la Corse non dotées d'un plan d'occupation des sols, d'un plan local d'urbanisme ou d'une carte communale opposable aux tiers ;

4° 20 % en fonction du nombre de communes de chaque région et de la Corse soumises à des dispositions particulières applicables aux zones de montagne, au littoral ou aux zones de bruits des aérodromes en vertu, respectivement, *(Décr. n° 2015-1783 du 28 déc. 2015, art. 9)* « au littoral et aux zones de montagne en application des chapitres I et II du titre II du livre I du code de l'urbanisme ainsi qu'aux zones de bruit des aérodromes en application des articles L. 112-3 à L. 112-17 du même code ».

Sur les *(Décr. n° 2013-363 du 26 avr. 2013, art. 1er)* « 15 % » restants sont prélevés :

a) La dotation attribuée à la collectivité de Corse pour l'établissement du plan d'aménagement et de développement durable de la Corse mentionné à l'article L. 4424-9 ;

(Décr. n° 2020-1060 du 14 août 2020, art. 2) « *b)* Les crédits attribués dans les régions de Guadeloupe et de La Réunion, les collectivités territoriales de Guyane et de Martinique et le Département de Mayotte au titre de ce concours particulier ;

« *c)* Les dotations attribuées pour l'établissement du schéma d'aménagement régional dans les conditions fixées aux articles R. 4433-19, R. 4433-21 et R. 4433-22. »

Le solde est réparti entre les régions *(Décr. n° 2012-330 du 6 mars 2012, art. 1er)* « , le Département de Mayotte » et la Corse, en cours d'année, pour tenir compte notamment des besoins nouveaux liés à l'évolution de la réglementation ou à la réalisation d'équipements dont l'importance rend urgente *(Décr. n° 2013-363 du 26 avr. 2013, art. 1er)* « l'élaboration, la modification, la révision ou la mise en compatibilité d'un des documents visés à l'article R. 1614-41. Il peut également majorer les crédits du *b* du présent article ».

Art. R. 1614-43 Le préfet de région *(Décr. n° 2004-17 du 6 janv. 2004, art. 3)* « ou le préfet de Corse » répartit le montant des crédits qui lui sont délégués entre les préfets des départements.

Pour procéder à cette répartition, le préfet de région *(Décr. n° 2004-17 du 6 janv. 2004, art. 3)* « ou le préfet de Corse » tient compte de la répartition antérieure des crédits et de l'évolution prévisible des besoins telle qu'elle résulte notamment :

1° De la population de chaque département ;

2° Du nombre de logements figurant sur les permis de construire délivrés pendant les trois dernières années dans chaque département ;

3° Du nombre prévisible de documents d'urbanisme visés à l'article R. 1614-41 qui seront élaborés pendant l'année en cours dans chaque département ;

4° *(Décr. n° 2004-17 du 6 janv. 2004, art. 3)* « Du nombre de communes de chaque département dont le territoire est soumis à des dispositions particulières mentionnées au 4° de l'article R. 1614-42. »

Art. R. 1614-44 *(Décr. n° 2013-363 du 26 avr. 2013 art. 1er)* Le préfet arrête chaque année, après avis du collège des élus de la commission de conciliation instituée par *(Décr. n° 2015-1783 du 28 déc. 2015, art. 9)* « l'article L. 132-14 », la liste des communes, établissements publics de coopération intercommunale et syndicats mixtes susceptibles de bénéficier du concours particulier en tenant compte notamment de la poursuite des procédures en cours et de l'établissement des documents d'urbanisme qui sont rendus nécessaires pour l'application des dispositions particulières mentionnées au 4° de l'article R. 1614-42 ou par l'existence de risques.

Art. R. 1614-45 *(Décr. n° 2013-363 du 26 avr. 2013, art. 1er)* La dotation revenant à chaque commune ou à chaque établissement public de coopération intercommunale bénéficiaire est destinée à compenser les dépenses matérielles et les dépenses d'étude et de conduite de l'opération.

Cette dotation est calculée selon un barème fixé chaque année par arrêté du préfet après avis du collège des élus de la commission de conciliation mentionné à l'article R. 1614-44, qui tient compte de l'état d'avancement des procédures engagées et de la nature des documents à établir. Ce barème peut prévoir des majorations pour compenser les dépenses d'études liées à la complexité des documents à établir.

Art. R. 1614-46 *(Décr. n° 2013-363 du 26 avr. 2013, art. 1er)* Les établissements publics de coopération intercommunale compétents sont directement bénéficiaires du concours particulier en lieu et place de leurs communes membres.

Le montant ainsi alloué ne peut être supérieur à la somme des dotations que recevrait chacune des communes membres.

Art. R. 1614-47 Le montant de la dotation revenant à chaque bénéficiaire fait l'objet d'un versement unique.

SOUS-§ 2 ***Dispositions applicables aux départements d'outre-mer (R) et au Département de Mayotte*** *(Décr. n° 2012-330 du 6 mars 2012, art. 2).*

Art. R. 1614-48 *(Décr. n° 2013-363 du 26 avr. 2013, art. 1er)* Le concours particulier créé au sein de la dotation générale de décentralisation au titre de l'établissement et de la mise en œuvre des documents mentionnés à l'article R. 1614-41 en application de l'article L. 1614-9 est attribué aux communes, établissements publics de coopération intercommunale et syndicats mixtes des départements d'outre-mer et du Département de Mayotte dans les conditions prévues par les articles R. 1614-49 à R. 1614-51.

Art. R. 1614-49 *(Décr. n° 2013-363 du 26 avr. 2013, art. 1er)* Le montant des crédits mentionnés au *b* de l'article R. 1614-42 attribués aux collectivités bénéficiaires dans les régions et départements d'outre-mer au titre de ce concours particulier est au moins égal à la moyenne des sommes consacrées dans les départements d'outre-mer par l'État au cours des trois dernières années précédant le transfert de compétences en matière d'urbanisme pour le financement des études et des dépenses matérielles relatives à l'établissement des documents d'urbanisme, à l'exception de celles affectées à ce titre aux agences d'urbanisme de ces départements.

À compter de 2014, le montant des crédits mentionnés au *b* de l'article R. 1614-42 attribués aux collectivités bénéficiaires dans les régions, départements d'outre-mer et le Département de Mayotte est au moins égal à la moyenne précitée majorée de 14 214 €.

Art. R. 1614-50 *(Décr. n° 2004-17 du 6 janv. 2004, art. 7)* Les crédits calculés en application de l'article R. 1614-49 sont délégués aux préfets après avoir été répartis comme suit :

a) 40 % en fonction de la population de chaque département *(Décr. n° 2012-330 du 6 mars 2012, art. 5)* « et du Département de Mayotte » ;

b) 40 % en fonction du nombre de logements figurant sur les permis de construire délivrés pendant les trois dernières années dans chaque département *(Décr. n° 2012-330 du 6 mars 2012, art. 5)* « et le Département de Mayotte » ;

c) 20 % en fonction du nombre de communes de chaque département *(Décr. n° 2012-330 du 6 mars 2012, art. 5)* « et du Département de Mayotte » soumises à des dispositions particulières applicables au littoral et aux zones de bruits des aérodromes en vertu, respectivement, *(Décr. n° 2015-1783 du 28 déc. 2015, art. 9)* « au littoral en application du chapitre I du titre II du livre I du code de l'urbanisme ainsi qu'aux zones de bruit des aérodromes en application des articles L. 112-3 à L. 112-17 du même code ».

Art. R. 1614-51 Le préfet procède à la répartition des crédits qui lui sont délégués entre les communes et les établissements publics de coopération intercommunale dans les conditions fixées aux articles R. 1614-44 à R. 1614-47. – *[Décr. n° 84-711 du 17 juill. 1984, art. 5.]*

§ 2 *[ABROGÉ]* Souscription des contrats d'assurance (R)

(Abrogé par Décr. n° 2013-363 du 26 avr. 2013, art. 1er)

Art. R. 1614-52 à R. 1614-57 *Abrogés par Décr. n° 2013-363 du 26 avr. 2013, art. 1er.*

SOUS-SECTION 2 *[ABROGÉE]* Ports maritimes de commerce et de pêche (R)

(Abrogée par Décr. n° 2008-442 du 30 avr. 2008)

Art. R. 1614-58 à R. 1614-63 *Abrogés par Décr. n° 2008-442 du 30 avr. 2008.*

SOUS-SECTION 3 Action sociale et santé (R)

Art. R. 1614-64 Les crédits inscrits au budget de l'État au titre de la dotation générale de décentralisation et destinés à compenser les dépenses des bureaux municipaux d'hygiène qui, au 1er janvier 1984, date d'entrée en vigueur de la section 4 du titre II de la loi n° 83-663 du 22 juillet 1983 complétant la loi n° 83-8 du 7 janvier 1983 relative à la répartition de compétences entre les communes, les départements, les régions et l'État *[V. App., v° Répartition de compétences entre l'État et les collectivités territoriales,]*, exerçaient effectivement des attributions en matière de vaccination ou de désinfection ainsi qu'en matière de contrôle administratif et technique des règles d'hygiène, sont répartis entre les communes intéressées proportionnellement à la moyenne des crédits attribués à ce titre en 1981, 1982 et 1983 à chacune d'entre elles. – *[Décr. n° 84-1105 du 10 déc. 1984, art. 1er.]*

SOUS-SECTION 4 Transports scolaires (R)

Art. R. 1614-65 Le droit à compensation attribué, au titre du transfert de compétences en matière de transports scolaires, aux départements et aux autorités compétentes pour l'organisation des transports urbains et les règles applicables à la répartition et au versement des crédits correspondants sont définis par la présente sous-section. – *[Décr. n° 84-473 du 18 juin 1984, art. 1er.]*

Art. R. 1614-66 Pour déterminer la part du droit à compensation de chacune des autorités compétentes dans chaque département, il est pris en compte et distingué, sous réserve des articles R. 1614-69 et R. 1614-70, les dépenses supportées par l'État au titre d'une part des services spéciaux de transports publics routiers réservés aux élèves et existant au cours de l'année scolaire 1983-1984 et d'autre part des déplacements des élèves sur les lignes régulières existant au cours de la même année scolaire. – *[Décr. n° 84-473 du 18 juin 1984, art. 2.]*

Art. R. 1614-67 La part de chaque autorité compétente pour l'organisation des transports scolaires au titre des services spéciaux de transports publics routiers réservés aux élèves est constatée par le préfet dans les conditions ci-après :

1° Lorsque tous les points de desserte d'un service spécial étaient au cours de l'année scolaire 1983-1984 situés à l'intérieur d'un même périmètre de transports urbains, le droit à compensation correspondant est affecté à l'autorité compétente pour l'organisation des transports urbains ;

2° Lorsque tous les points de desserte d'un service spécial étaient au cours de l'année scolaire 1983-1984 situés à l'extérieur des périmètres de transports urbains, le droit à compensation correspondant est affecté au département ;

3° Dans les autres cas, le montant du droit à compensation correspondant au service spécial existant antérieurement est partagé ou affecté par accord entre le département et la ou les autorités compétentes pour l'organisation des transports urbains. À défaut d'accord notifié par l'une des autorités intéressées au préfet avant le 31 juillet 1984, le droit à compensation est affecté au département, sauf si au cours de l'année scolaire 1983-1984 le service était organisé par l'une des autorités compétentes pour l'organisation des transports urbains ; dans ce dernier cas le droit à compensation est affecté à cette dernière autorité ;

4° Par dérogation au 3° ci-dessus, lorsque le service spécial était organisé, dans les conditions prévues au deuxième alinéa de l'article 30 de la loi n° 83-663 du 22 juillet 1983 complétant la loi n° 83-8 du 7 janvier 1983 relative à la répartition de compétences entre les communes, les départements, les régions et l'État, par une commune, un groupement de communes, un syndicat mixte, un établissement d'enseignement, une association de parents d'élèves ou une association familiale, le droit à compensation est affecté au département ; toutefois si le service spécial avait pour vocation principale d'assurer le transport des élèves à l'intérieur d'un périmètre de transports urbains, le droit à compensation est affecté à l'autorité compétente pour l'organisation des transports urbains dans ce périmètre par arrêté motivé du préfet. – *[Décr. n° 84-473 du 18 juin 1984, art. 3.]*

Art. R. 1614-68 La part de chaque autorité compétente pour l'organisation des transports scolaires au titre des déplacements des élèves sur lignes régulières est constatée par le préfet dans les conditions ci-après :

1° Lorsque, pour une ligne donnée, le point de départ et le point d'arrivée de la totalité des élèves étaient au cours de l'année scolaire 1983-1984 situés à l'intérieur d'un même périmètre de transports urbains, le droit à compensation est affecté à l'autorité compétente pour l'organisation des transports urbains ;

2° Lorsque, pour une ligne donnée, le point de départ et le point d'arrivée de la totalité des élèves étaient au cours de l'année scolaire 1983-1984 situés à l'extérieur des périmètres de transports urbains, le droit à compensation est affecté au département ;

3° Dans les autres cas, le montant du droit à compensation est partagé ou affecté par accord entre les autorités intéressées compétentes pour l'organisation des transports scolaires. À défaut d'accord, notifié par l'une des autorités intéressées au préfet avant le 31 juillet 1984, le droit à compensation est affecté à l'une des autorités compétentes ou partagé entre ces autorités en fonction des responsabilités exercées par cette ou ces autorités pour l'organisation et le fonctionnement de la ligne régulière au cours de l'année scolaire 1983-1984 ; lorsque aucune de ces autorités n'exerçait de responsabilité pour l'organisation et le fonctionnement de la ligne, le droit à compensation est affecté à l'autorité compétente pour l'organisation des transports urbains pour les déplacements d'élèves dont le point de départ et le point d'arrivée étaient situés à l'intérieur du même périmètre de transports urbains et au département pour tous les autres déplacements d'élèves ;

4° Par dérogation au 3° ci-dessus, lorsque le point de départ et le point d'arrivée de tout ou partie des élèves étaient situés respectivement dans deux périmètres de transports urbains contigus, le droit à compensation correspondant à ces déplacements d'élèves est partagé entre les deux autorités compétentes pour l'organisation des transports urbains proportionnellement aux dépenses supportées par l'État au cours de l'année scolaire 1983-1984 pour les élèves dont le point de départ est situé dans chaque périmètre de transports urbains. – *[Décr. n° 84-473 du 18 juin 1984, art. 4.]*

Art. R. 1614-69 Le montant du droit à compensation correspondant aux dépenses effectuées par l'État au titre des déplacements des élèves sur une ligne régulière interdépartementale ou au financement d'un service spécial interdépartemental est partagé ou affecté par accord entre les conseils départementaux des départements intéressés.

À défaut d'accord, le montant du droit à compensation est partagé entre les départements intéressés : pour les services spéciaux, proportionnellement au nombre d'élèves dont le point de départ était situé dans chaque département et, pour les lignes régulières, proportionnellement aux dépenses supportées par l'État pour les élèves dont le point de départ était situé dans chaque département. – *[Décr. n° 84-473 du 18 juin 1984, art. 5.]*

Art. R. 1614-70 Le droit à compensation correspondant aux dépenses supportées par l'État au titre des bourses de fréquentation scolaire ainsi qu'au titre des frais de transports des élèves et étudiants gravement handicapés domiciliés dans le département, des élèves des écoles maternelles en zone rurale et des élèves des zones de montagne est affecté au département. – *[Décr. n° 84-473 du 18 juin 1984, art. 6.]*

Art. R. 1614-71 Les renseignements nécessaires à l'établissement des décomptes sont fournis au préfet et aux autorités compétentes en matière de transports scolaires, dans les délais fixés par le préfet. – *[Décr. n° 84-473 du 18 juin 1984, art. 7.]*

Art. R. 1614-72 En vue de leur répartition entre le département et les autorités compétentes pour l'organisation des transports urbains selon le décompte établi dans les conditions prévues ci-dessus, les crédits inscrits au budget de l'État dans la dotation générale de décentralisation au titre des transports scolaires sont chaque année délégués aux préfets proportionnellement aux dépenses supportées par l'État et à ce titre dans chaque département pour l'année scolaire 1983-1984.

Toutefois ceux de ces crédits antérieurement consacrés au financement des frais de premier établissement des services de transport réservés aux élèves sont affectés proportionnellement à la moyenne des dépenses actualisées supportées par l'État à ce titre dans chaque département concerné pour les années scolaires 1975-1976 à 1983-1984 incluses. — *[Décr. n° 84-473 du 18 juin 1984, art. 8.]*

Art. R. 1614-73 Lorsque, en application des dispositions du deuxième alinéa de l'article 30 de la loi n° 83-663 du 22 juillet 1983 complétant la loi n° 83-8 du 7 janvier 1983 relative à la répartition de compétences entre les communes, les départements, les régions et l'État, le département ou l'autorité compétente pour l'organisation des transports urbains est tenu de reverser aux personnes morales visées au premier alinéa du même article une fraction du droit à compensation qu'ils perçoivent, ces reversements doivent intervenir dans le délai maximum d'un mois suivant le versement de chaque acompte de la dotation générale de décentralisation ou, à défaut, de chaque avance, au titre de la fiscalité transférée, sauf accord entre les parties sur des modalités différentes. — *[Décr. n° 84-473 du 18 juin 1984, art. 9.]*

Art. R. 1614-74 Le droit à compensation pour 1984 fait l'objet dans un premier temps d'une évaluation provisoire sur la base d'estimations faites par le préfet, après avis des autorités compétentes pour l'organisation des transports scolaires, en tenant compte, selon le cas, des résultats de l'année scolaire 1982-1983 ou des informations déjà disponibles concernant l'année scolaire 1983-1984. Une régularisation est effectuée dès que sont connues les données de l'année scolaire 1983-1984. — *[Décr. n° 84-473 du 18 juin 1984, art. 10.]*

SOUS-SECTION 5 Bibliothèques

(Décr. n° 2024-816 du 15 juill. 2024, art. 1er)

Art. R. 1614-75 Le concours particulier relatif aux bibliothèques prévu par l'article L. 1614-10 contribue au financement des dépenses d'investissement et, à titre dérogatoire, des dépenses de fonctionnement non pérennes assumées par les communes, les départements et leurs groupements.

Pour l'application du 2° de l'article L. 1614-10, les projets d'extension ou d'évolution des horaires d'ouverture de bibliothèques ne sont pris en compte dans la répartition du concours particulier que durant cinq années au plus.

Art. R. 1614-76 Le concours particulier relatif aux bibliothèques comporte trois fractions :

1° Sont éligibles à une attribution de crédits au titre de la première fraction les dépenses d'investissement et de fonctionnement non pérennes réalisées par les communes, les départements et leurs groupements situés en métropole ;

2° Sont éligibles à une attribution de crédits au titre de la deuxième fraction les dépenses d'investissement et de fonctionnement non pérennes réalisées par les collectivités territoriales d'outre-mer et leurs groupements. Sont concernés les départements de Guadeloupe, de La Réunion, de Mayotte, les collectivités territoriales de Martinique et de Guyane, les communes et leurs groupements de ces départements et collectivités, ainsi que les collectivités de Saint-Barthélemy et de Saint-Martin et les communes de Saint-Pierre-et-Miquelon ;

3° Sont éligibles à une attribution de crédits, au titre de la troisième fraction, l'ensemble des dépenses d'investissement et de fonctionnement non pérennes réalisées par les collectivités et leurs groupements en faveur des bibliothèques qui ont un rayonnement départemental ou régional et qui mènent des actions de coopération avec les différents organismes en charge du livre et de la lecture, en matière d'acquisition, de conservation, d'animation ou de formation. Sont concernées les bibliothèques départementales et les bibliothèques implantées sur le territoire d'une commune ou d'un groupement de communes d'au moins 60 000 habitants ou au chef-lieu du département.

Les enveloppes des deuxième et troisième fractions s'établissent respectivement au plus à 10 % et à 15 % du montant total du concours particulier.

Le montant de la troisième fraction est déterminé chaque année par arrêté conjoint du ministre chargé de la culture et du ministre chargé des collectivités territoriales.

Les crédits des première et deuxième fractions sont répartis entre les préfets de région en tenant compte de la démographie et des besoins en matière de bibliothèques.

Art. R. 1614-77 Les communes, les départements et leurs groupements adressent leurs demandes de financement au préfet de région.

La liste des pièces à produire à l'appui de la demande est déterminée par arrêté conjoint du ministre chargé de la culture et du ministre chargé des collectivités territoriales.

Le préfet de région arrête, parmi les demandes qui lui sont adressées, la liste des opérations soutenues ainsi que le montant des financements attribués aux communes, aux départements et à leurs groupements.

Art. R. 1614-78 Le bénéficiaire du financement informe le préfet de région du commencement de l'exécution de l'opération ainsi que de son achèvement.

Dans un délai de deux ans à compter de la date de notification de l'attribution, il lui adresse :

1° Une déclaration relative à la réalisation de l'opération accompagnée d'un décompte des dépenses engagées ;

2° Les pièces justificatives de la réalisation de l'opération conformément à la liste déterminée par arrêté conjoint du ministre chargé de la culture et du ministre chargé des collectivités territoriales.

Art. R. 1614-79 L'attribution au titre du concours particulier est remboursée :

1° Lorsque l'affectation de l'équipement est modifiée ;

2° Lorsque, à l'expiration d'un délai de deux ans à compter de la notification du financement, la commune, le département ou le groupement bénéficiaire n'a pas engagé un montant de dépenses au moins égal au montant de l'aide attribuée ;

3° Lorsque, à l'expiration d'un délai de deux ans à compter de la notification du financement, le projet d'extension ou d'évolution des horaires d'ouverture bénéficiaire du financement ne répond pas aux critères ayant justifié son attribution.

Art. R. 1614-80 *à* R. 1614-95 *Abrogés par Décr. n° 2024-816 du 15 juill. 2024, art. 2.*

Art. R. 1614-96 *à* R. 1614-108 *Abrogés par Décr. n° 2006-1247 du 11 oct. 2006, art. 1er.*

SOUS-SECTION 6 **Transports collectifs d'intérêt régional**

(Décr. n° 2001-1116 du 27 nov. 2001)

Art. R. 1614-109 Le montant de la contribution qu'en application du troisième alinéa de l'article L. 1614-8-1 l'État verse à chaque région pour l'exploitation des services transférés est égal à la somme nécessaire pour assurer l'équilibre du compte attesté de la SNCF, au titre de l'exercice 2000, relatif aux services régionaux de voyageurs de cette région, à l'exclusion des charges non récurrentes et après déduction de la contribution propre de la région telle que déterminée ci-après :

a) La contribution propre d'une région qui a participé à l'expérimentation prévue par l'article 67 de la loi du 4 février 1995 d'orientation pour l'aménagement et le développement du territoire correspond au montant des concours financiers de la région à la SNCF, figurant au compte attesté de l'exercice 2000, dont est déduite la dotation de l'État à la région au titre de l'exploitation la première année d'expérimentation, cette dotation étant actualisée en francs 2000 par application de l'indice prévisionnel des prix du produit intérieur brut marchand.

Le montant de la dotation de l'État à la région au titre de l'exploitation la première année d'expérimentation est égal à la différence entre les concours financiers de la région à la SNCF la première année de l'expérimentation et l'effort propre de la région, constaté par l'audit préalable à l'expérimentation et actualisé en francs de la première année de l'expérimentation par application de l'indice prévisionnel des prix du produit intérieur brut marchand ;

b) Pour les autres régions, la contribution propre de la région, mentionnée au premier alinéa du présent article, correspond aux concours financiers de la région à la SNCF, figurant au compte attesté de l'exercice 2000.

Art. R. 1614-110 Pour déterminer la dotation complémentaire nécessaire au renouvellement du parc de matériel roulant prévue au quatrième alinéa de l'article L. 1614-8-1, sont considérés comme affectés aux services transférés à chaque région ceux des matériels roulants qui, ayant fait l'objet de dotations aux amortissements portées au compte de ces services ou ayant été mis à la disposition de ces services, ont été effectivement utilisés au cours de l'année 2000 pour les besoins de ces services.

Pour calculer la dotation complémentaire due à chaque région, il est retenu un trentième de la valeur de renouvellement du parc de matériel défini ci-dessus, déterminée à partir de la valeur d'une caisse autotractée neuve et d'une voiture tractée neuve estimée respectivement à 1 677 000 € et 1 143 000 €, un coefficient multiplicateur de 1,25 étant appliqué à la valeur des matériels à deux niveaux. Le montant ainsi obtenu est majoré de 15 % au titre des dépenses de modernisation du matériel au cours de sa durée d'utilisation. Il est réduit, pour les matériels roulants faisant l'objet d'une dotation aux amortissements portée au compte attesté de la SNCF au titre de l'exercice 2000 relatif aux services régionaux de voyageurs de la région, du montant de cette dotation nette des reprises de subvention.

Art. R. 1614-111 Le montant de la dotation correspondant à la compensation des tarifs sociaux mis en œuvre à la demande de l'État, prévue au cinquième alinéa de l'article L. 1614-8-1, est égal au montant de la contribution ayant le même objet telle qu'elle figure en recettes au compte de la SNCF au titre de l'exercice 2001 relatif aux services régionaux de voyageurs de chaque région.

Art. R. 1614-112 Le montant total de la compensation due par l'État à chaque région à la date du transfert est fixé par arrêté conjoint du ministre de l'Intérieur, du ministre chargé du Budget et du ministre chargé des Transports, après avis du conseil régional et avis de la commission consultative sur l'évaluation des charges mentionnée à l'article L. 1614-3. Le conseil régional est réputé avoir donné son avis s'il ne s'est pas prononcé dans le délai de deux mois à compter de sa saisine. — *V. Arr. du 8 août 2002 (JO 31 août).*

Art. R. 1614-113 Sans préjudice des dispositions des huitième et neuvième alinéas de l'article L. 1614-8-1, la compensation versée chaque année par l'État est révisée lorsqu'une recomposition de l'offre des services régionaux de voyageurs est rendue nécessaire par une modification des services d'intérêt national liée à la mise en service d'une infrastructure nouvelle ou à une opération de modernisation ayant fait l'objet d'une décision d'approbation ministérielle.

La révision repose sur une évaluation de la consistance des services d'intérêt national supprimés, effectuée conjointement par l'État, la région et la SNCF. Sont pris en compte dans cette évaluation exclusivement les trains assurant à la fois un service d'intérêt national et un service d'intérêt régional à raison des seuls trajets effectués à ces deux titres, dès lors que ces trains desservent au moins deux villes moyennes de la région ou une ville moyenne de la région et d'une région limitrophe ou lorsqu'il n'existe pas d'autre train d'intérêt national ou d'intérêt régional en mesure d'assurer un service équivalent aux heures de pointe à moins de trente minutes d'intervalle. Pour l'application de ces dispositions, est considérée comme ville moyenne toute ville chef-lieu d'arrondissement et toute ville dont la population est au moins égale à la population moyenne des villes de la région sièges d'une sous-préfecture.

La compensation révisée est fixée selon les modalités prévues à l'article R. 1614-112. Elle est calculée sur la base du coût, charges de capital comprises, directement imputable à la mise en œuvre du service régional supplémentaire nécessaire pour assurer un service équivalent à celui des trains supprimés et en tenant compte des recettes correspondant aux nouveaux trafics estimés conjointement par la région et la SNCF.

CHAPITRE V FONDS DE COMPENSATION POUR LA TAXE SUR LA VALEUR AJOUTÉE

Art. R. 1615-1 *I. et II. — Abrogés par Décr. n° 2020-1791 du 30 déc. 2020, art. 1er.*

(Décr. n° 2020-1791 du 30 déc. 2020, art. 1er) « III. — Les dépenses des collectivités territoriales et de leurs établissements publics exécutées à compter du 1er janvier 2021

et ouvrant droit aux attributions du fonds de compensation pour la taxe sur la valeur ajoutée sont, sous réserve des dispositions prévues à l'article R. 1615-2 :

« 1° Les dépenses comptabilisées à la section d'investissement ou de fonctionnement du compte de gestion principal et de chacun des comptes de gestion à comptabilité distincte des collectivités territoriales et des établissements publics mentionnés à l'article L. 1615-2 autres que les communautés d'agglomération, les communautés de communes, les établissements publics territoriaux, les communes nouvelles, les métropoles et les communautés urbaines qui se substituent à des communautés d'agglomération ;

« 2° Les opérations ressortant des états de mandatement compte tenu des annulations de mandat et des éventuelles cessions de biens des communautés d'agglomération, communautés de communes, établissements publics territoriaux, communes nouvelles, métropoles et communautés urbaines qui se substituent à des communautés d'agglomération.

« IV. – La liste des comptes retenus pour la mise en œuvre de la procédure de traitement automatisé des données budgétaires et comptables du fonds de compensation pour la taxe sur la valeur ajoutée prévue au II de l'article L. 1615-1 est fixée par arrêté conjoint des ministres chargés des collectivités territoriales et du budget. »

Art. R. 1615-2 *I. – Abrogé par Décr. n° 2020-1791 du 30 déc. 2020, art. 2.*

(Décr. n° 2020-1791 du 30 déc. 2020, art. 2) « II. – Pour les dépenses exécutées à compter du 1er janvier 2021, ne figurent pas au nombre des dépenses d'investissement ouvrant droit aux attributions du fonds de compensation pour la taxe sur la valeur ajoutée :

« 1° Les dépenses concernant les immobilisations utilisées pour la réalisation d'opérations soumises à la taxe sur la valeur ajoutée ;

« 2° Les dépenses exonérées de la taxe sur la valeur ajoutée à l'exception de celles mentionnées aux articles 294 et 296 du code général des impôts ;

« 3° Les dépenses relatives à des biens concédés ou affermés auxquelles peuvent être appliquées les dispositions du I de l'article 210 de l'annexe II au code général des impôts ;

« 4° Les travaux réalisés pour le compte de tiers, à l'exclusion des dépenses prévues aux quatrième et trois derniers alinéas de l'article L. 1615-2, ainsi qu'à l'article L. 211-7 du code de l'éducation ;

« 5° Les constructions sur sol d'autrui, hors les cas prévus aux quatrième et trois derniers alinéas de l'article L. 1615-2 ;

« 6° Les subventions d'équipement, à l'exception de celles prévues au sixième et au dernier alinéa de l'article L. 1615-2, des subventions versées par le département aux établissements publics locaux d'enseignement qui lui sont rattachés, dans les conditions fixées par l'article L. 213-2 du code de l'éducation, des subventions versées par la région aux établissements publics locaux d'enseignement et aux établissements publics locaux d'enseignement et de formation professionnelle agricole qui lui sont rattachés, dans les conditions fixées par l'article L. 214-6 du même code, et des fonds de concours versés à l'État en sa qualité de maître d'ouvrage des travaux sur les monuments classés ;

« 7° Les dépenses relatives à l'achat de manuels scolaires par les régions imputées, par dérogation aux règles budgétaires et comptables, en section d'investissement. »

1. Dépenses admises. L'art. R. 1615-1 prend pour critère de l'éligibilité au FCTVA la nature des dépenses effectuées par les collectivités locales et non la manière dont elles sont réalisées : ainsi, si la procédure du marché d'entreprise de travaux publics a été jugée illégale en application de l'art. 350 C. marchés en raison de la procédure de paiement différé à laquelle elle recourt, cette illégalité ne permet pas de considérer que les dépenses ainsi engagées ne présenteraient aucun caractère réel. • TA Amiens, 30 avr. 2003, *Dpt de l'Oise*, n° 0003126 : *AJDA 2003. 2166*.

2. Dépenses exclues. Aux termes de l'art. R. 1615-2 CGCT, ne figurent pas au nombre des dépenses réelles d'investissement, ouvrant droit aux attributions du fonds de compensation pour la taxe sur la valeur ajoutée, les dépenses concernant les immobilisations utilisées pour la réalisation d'opérations soumises à la taxe sur la valeur ajoutée. En l'espèce, l'espace culturel, objet des travaux concernés, comportait, outre une bibliothèque et un musée, une salle de spectacles. Or, la représentation de spectacles à titre onéreux est, en vertu des art. 256 A et 256 B CGI, une activité soumise à la taxe sur la valeur ajoutée. Par suite, le préfet était fondé à refuser l'attribution sollicitée par la commune en tant qu'elle se rapportait à la salle de spectacles et, dans les circonstances de l'espèce, à déterminer la fraction des dépenses pouvant faire l'objet d'une compensation par référence au prorata des surfaces éligibles. • CE 7 nov. 2005, *Min. de l'Intérieur, de la sécurité intérieure et des libertés locales c/ Cne d'Orange*, n° 267163 B : *Dr. adm. 2006, n° 23 ; AJDA 2006. 608, note Levoyer ; RGCT 2006. 69, concl. Glaser ; ACL 2006. 382.* ♦ Par contre, dans une autre espèce, si la distribution de programmes commercialisés par une société privée utilisant le réseau municipal de télédistribution par câble était, en vertu des art. 256 A et 256 B CGI, soumise à la taxe sur la valeur ajoutée, il ressortait des pièces du dossier, d'une part, que l'utilisation du réseau pour cette activité, exercée à titre onéreux, était restée très accessoire pour les années en cause et qu'une partie du réseau ne pouvait être regardée comme ayant été utilisée exclusivement à des fins commerciales, et, d'autre part, que la commune n'avait pas récupéré de taxe à la valeur ajoutée au titre des dépenses pour lesquelles elle sollicitait le bénéfice du fonds de compensation pour la TVA : par suite, le préfet avait illégalement refusé l'attribution du FCTVA sollicitée par la commune à raison des travaux réalisés sur le réseau communal de télédistribution par câble. • CE 24 mai 2006, *Min. de l'Intérieur c/ Cne de Mons-en-Barœul*, n° 274810 B.

Art. R. 1615-3 *Abrogé par Décr. n° 2020-1791 du 30 déc. 2020, art. 3.*

Art. R. 1615-4 I. — Les dépenses *(Décr. n° 2020-1791 du 30 déc. 2020, art. 4)* « éligibles au fonds de compensation pour la taxe sur la valeur ajoutée » des collectivités territoriales et des établissements publics autres que les communautés d'agglomération et les communautés de communes, définies aux articles R. 1615-1, R. 1615-2 et R. 1615-3, à prendre en considération pour la répartition au titre d'une année déterminée, sont celles afférentes à la pénultième année.

II. — Les dépenses *(Décr. n° 2020-1791 du 30 déc. 2020, art. 4)* « éligibles au fonds de compensation pour la taxe sur la valeur ajoutée » des communautés d'agglomération et de communes, telles que définies aux articles R. 1615-1, R. 1615-2 et R. 1615-3, à prendre en considération pour la répartition du fonds de compensation pour la taxe sur la valeur ajoutée, sont celles afférentes à l'exercice en cours.

Art. R. 1615-5 *(Décr. n° 2006-1358 du 8 nov. 2006)* Le remboursement mentionné à l'article L. 1615-9 est opéré dans les conditions suivantes :

1° Lorsqu'il s'agit d'un immeuble cédé ou confié à un tiers en dehors des cas d'éligibilité prévus par le deuxième alinéa de l'article L. 1615-3 avant le commencement de la neuvième année qui suit celle de son acquisition ou de son achèvement, la collectivité ou l'établissement bénéficiaire reverse une fraction de l'attribution initialement obtenue. Cette fraction est égale au montant de l'attribution initiale diminuée d'un dixième par année civile ou fraction d'année civile écoulée depuis la date à laquelle l'immeuble a été acquis ou achevé ;

2° Lorsqu'il s'agit d'un bien mobilier cédé ou confié à un tiers en dehors des cas d'éligibilité prévus par le deuxième alinéa de l'article L. 1615-3 avant le commencement de la quatrième année qui suit celle de son acquisition ou de son achèvement, le reversement est égal au montant de l'attribution initiale diminué d'un cinquième par année civile ou fraction d'année civile écoulée depuis la date à laquelle le bien mobilier a été acquis ou achevé.

Art. R. 1615-6 *I. — Abrogé par Décr. n° 2020-1791 du 30 déc. 2020, art. 5.*

(Décr. n° 2020-1791 du 30 déc. 2020, art. 5) « II. — Les attributions du fonds de compensation pour la taxe sur la valeur ajoutée réalisées dans la mise en œuvre du traitement automatisé des données budgétaires et comptables prévu au II de l'article L. 1615-1 sont déterminées sur la base du solde net des comptes figurant sur la liste fixée par l'arrêté mentionné au IV de l'article R. 1615-1 par application des taux fixés aux deux derniers alinéas du I de l'article L. 1615-6.

« III. — Pour chacune des collectivités et établissements bénéficiaires du fonds de compensation pour la taxe sur la valeur ajoutée, autres que les communautés d'agglomération, communautés de communes, établissements publics territoriaux, communes nouvelles, les métropoles et les communautés urbaines qui se substituent à des communautés d'agglomération, le versement des attributions du fonds de compensation pour la taxe sur la valeur ajoutée est fait annuellement sur la base des comptes arrêtés.

« Pour les communautés d'agglomération, les communautés de communes, les établissements publics territoriaux, les communes nouvelles, les métropoles et les communautés urbaines qui se substituent à des communautés d'agglomération, le versement des attributions du fonds de compensation pour la taxe sur la valeur ajoutée est fait trimestriellement. Pour les versements trimestriels qui ont lieu avant l'arrêté des comptes, une régularisation peut intervenir sur la base du solde des comptes définitivement arrêtés.

« IV. — Une dépense imputée sur un compte retenu au titre de la procédure de traitement automatisé des données budgétaires et comptables ne peut faire l'objet d'une attribution du fonds de compensation pour la taxe sur la valeur ajoutée au titre du régime déclaratif prévu au deuxième alinéa du II de l'article L. 1615-1.

« Pour les dépenses mentionnées au III de l'article L. 1615-6 ayant fait l'objet d'une attribution du fonds de compensation pour la taxe sur la valeur ajoutée au cours de l'année de réalisation des travaux et imputées sur un ou des comptes relevant de la procédure de traitement automatisé, l'attribution est minorée, à l'occasion de la liquidation automatisée de ce fonds, des versements effectués sur ce ou ces comptes l'année du versement anticipé du fonds. »

Art. R. 1615-7 *(Décr. nº 2020-1791 du 30 déc. 2020, art. 6)* Les attributions du fonds de compensation pour la taxe sur la valeur ajoutée sont notifiées par le préfet.

CHAPITRE VI DISPOSITIONS PARTICULIÈRES AUX ŒUVRES D'ART

Pas de dispositions réglementaires codifiées.

CHAPITRE VII DISPOSITIONS RELATIVES AUX COMPTABLES DES COLLECTIVITÉS TERRITORIALES

SECTION 1 Régies de recettes, d'avances, et de recettes et d'avances des collectivités territoriales et de leurs établissements publics *(Décr. nº 2005-1601 du 19 déc. 2005).*

SOUS-SECTION 1 Organisation des régies (R)

Art. R. 1617-1 Les articles R. 1617-1 à R. 1617-18 fixent les conditions d'organisation, de fonctionnement et de contrôle des régies de recettes, d'avances et de recettes et d'avances des collectivités territoriales *(Décr. nº 2005-1601 du 19 déc. 2005)* « et de leurs établissements publics », à l'exclusion des établissements publics locaux d'enseignement, instituées en application *(Décr. nº 2012-1247 du 7 nov. 2012, art. 12)* « des dispositions du titre I du décret nº 2012-1246 du 7 novembre 2012 relatif à la gestion budgétaire et comptable publique » *[V. **CJF** 🏛]*.

Pour l'application de la présente section, on entend par comptable public assignataire le comptable public pour le compte duquel le régisseur effectue les opérations.

Sur les règles relatives à la gestion de l'encaisse des comptables publics et des régisseurs, V. Arr. du 6 janv. 2014.

Art. R. 1617-2 Les régies de recettes, d'avances et de recettes et d'avances des collectivités territoriales et *(Décr. nº 2005-1601 du 19 déc. 2005)* « de leurs établissements publics » sont créées selon les dispositions propres à chaque catégorie d'organisme, sur avis conforme du comptable public assignataire.

Art. R. 1617-3 Le régisseur, qui est une personne physique, est nommé par *(Décr. nº 2005-1601 du 19 déc. 2005)* « une décision » de l'ordonnateur de l'organisme auprès duquel la régie est instituée, sur avis conforme du comptable public assignataire.

(Décr. nº 2005-1601 du 19 déc. 2005) « Les fonctions de régisseur ne peuvent pas être assurées par un agent ayant la qualité d'ordonnateur ou disposant d'une délégation à cet effet. »

Art. R. 1617-4 *(Décr. nº 2005-1601 du 19 déc. 2005)* I. — *(Décr. nº 2022-1605 du 22 déc. 2022, art. 12)* « Le régisseur effectuant pour le compte d'un comptable public des opérations d'encaissement et de paiement est chargé » de la garde et de la conservation des fonds et valeurs qu'il recueille ou qui lui sont avancés par le comptable public, du maniement des fonds et des mouvements de comptes de disponibilités, de la conservation de pièces justificatives ainsi que de la tenue de la comptabilité des opérations.

(Décr. nº 2022-1605 du 22 déc. 2022, art. 12) « Le régisseur est chargé de » toutes les opérations de la régie depuis la date de son installation jusqu'à la date de cessation de ses fonctions.

II. à IV. — Abrogés par Décr. nº 2022-1605 du 22 déc. 2022, art. 12.

V. — Toute infraction aux dispositions du présent article entraîne la cessation immédiate des fonctions du régisseur.

Art. R. 1617-5 *Abrogé par Décr. nº 2022-1605 du 22 déc. 2022, art. 12.*

Art. R. 1617-5-1 *(Décr. nº 2005-1601 du 19 déc. 2005)* Un régisseur intérimaire est nommé :

1º En cas de cessation de fonctions du régisseur, dans l'attente de la nomination d'un nouveau régisseur titulaire ;

2º Lorsque le régisseur est absent ou empêché pour une durée excédant deux mois. Le régisseur intérimaire est nommé par l'ordonnateur sur avis conforme du comptable. L'intérim des fonctions de régisseur ne peut excéder une période de six mois, renouvelable une fois. À l'issue de cette période, il appartient à l'ordonnateur de désigner un régisseur titulaire, sur avis conforme du comptable. Le régisseur intérimaire est *(Décr. nº 2022-1605 du 22 déc. 2022, art. 12)* « chargé » des opérations d'encaissement et de paiement dans les mêmes conditions que le régisseur titulaire.

Art. R. 1617-5-2 *(Décr. nº 2005-1601 du 19 déc. 2005)* I. — Le régisseur titulaire ou intérimaire peut percevoir une indemnité de *(Décr. nº 2022-1605 du 22 déc. 2022, art. 12)* « maniement de fonds » dans les conditions fixées par arrêté du ministre chargé du budget.

II. — Le régisseur est assisté de mandataires. L'acte constitutif de la régie prévoit le recours à des mandataires. Ceux-ci sont nommés par l'ordonnateur sur avis conforme du comptable et du régisseur.

(Décr. nº 2022-1605 du 22 déc. 2022, art. 12) « Les mandataires ne perçoivent pas d'indemnité de maniement de fonds. Toutefois, lorsque le mandataire assure le remplacement du régisseur absent pour une durée ne pouvant excéder deux mois, il peut percevoir une indemnité de maniement de fonds pendant la durée effective où il exerce la fonction de régisseur dans les conditions fixées par arrêté du ministre chargé du budget. »

III. — Une remise de service est obligatoire entre le régisseur sortant ou son mandataire et le régisseur entrant ou son mandataire. Le régisseur entrant ou son mandataire ou le régisseur sortant ou son mandataire peuvent donner mandat pour accomplir cette formalité.

SOUS-SECTION 2 **Fonctionnement des régies (R)**

§ 1 Régies de recettes (R)

Art. R. 1617-6 La nature des produits à encaisser est fixée par l'acte constitutif de la régie. Toutefois, *(Décr. nº 2005-1601 du 19 déc. 2005)* « hormis les droits d'enregistrement et de timbre des concessions de cimetières », les impôts, taxes et redevances prévus au code général des impôts, au code des douanes et au code du domaine de l'État ne peuvent être encaissés par l'intermédiaire d'une régie *(Décr. nº 2005-1601 du 19 déc. 2005)* « *[,]* sauf dérogation accordée par le ministre chargé du budget ».

Art. R. 1617-7 *(Décr. nº 2005-1601 du 19 déc. 2005)* Les régisseurs encaissent les recettes réglées par les redevables dans les mêmes conditions que les comptables publics. Dans les conditions fixées par l'acte constitutif de la régie, ils peuvent être habilités à encaisser ces recettes au moyen d'instruments de paiement émis par une entreprise ou par un organisme dûment habilité, quel que soit le support technique utilisé, pour l'achat auprès de ces émetteurs ou de tiers qui les acceptent d'un bien ou d'un service déterminé.

Art. R. 1617-8 Les régisseurs versent et justifient les recettes encaissées par leurs soins au comptable public assignataire dans les conditions fixées par l'acte constitutif de la régie et au minimum une fois par mois.

Les chèques sont remis à l'encaissement ou au comptable public assignataire si le régisseur ne détient pas de compte de dépôts, *(Décr. n° 2005-1601 du 19 déc. 2005)* « selon une périodicité fixée par l'acte constitutif de la régie. Ils peuvent être envoyés par voie postale, en recommandé. »

Art. R. 1617-9 Dans les conditions fixées par l'acte constitutif de la régie, le régisseur peut adresser au redevable une demande de paiement.

Art. R. 1617-10 Les régisseurs de recettes sont autorisés à disposer d'un fonds de caisse permanent dont le montant est fixé par l'acte constitutif de la régie.

(Décr. n° 2005-1601 du 19 déc. 2005) « Le montant maximum de l'encaisse que le régisseur est autorisé à conserver est fixé par l'acte constitutif de la régie. »

§ 2 Régies d'avances (R)

Art. R. 1617-11 *(Décr. n° 2005-1601 du 19 déc. 2005)* Sauf dérogation accordée par le ministre chargé du budget, peuvent seuls être payés par l'intermédiaire d'une régie :

1° Les dépenses de matériel et de fonctionnement non comprises dans un marché public passé selon une procédure formalisée et dans la limite d'un montant fixé par arrêté du ministre chargé du budget ;

2° Les rémunérations des personnels payés sur une base horaire ou à la vacation ainsi que les charges sociales y afférentes ;

3° Au titre du mois au cours duquel les agents entrent au service des collectivités locales, de leurs établissements publics ou le quittent, les rémunérations desdits agents ;

4° Les secours ;

5° Les avances sur frais de mission et de stage ou les frais de mission et de stage lorsqu'il n'a pas été consenti d'avance ;

6° Les remboursements de recettes préalablement encaissées par régie ;

7° Les acquisitions de spectacles dans la limite d'un montant fixé par arrêté du ministre chargé du budget.

Art. R. 1617-12 Il est mis à la disposition de chaque régisseur une avance dont le montant, fixé par l'acte constitutif de la régie d'avances et, le cas échéant, révisé dans les mêmes formes, est au maximum égal *(Décr. n° 2005-1601 du 19 déc. 2005)* « au quart » du montant prévisible des dépenses annuelles à payer par le régisseur. L'acte constitutif fixe également les conditions dans lesquelles, à titre exceptionnel et sur avis conforme du comptable public assignataire, l'avance peut dépasser ce maximum. L'avance est versée par le comptable public assignataire sur demande du régisseur, visée par l'ordonnateur.

Art. R. 1617-13 *(Décr. n° 2005-1601 du 19 déc. 2005)* Les régisseurs d'avances effectuent le paiement des dépenses dans les mêmes conditions que les comptables publics.

Dans les conditions fixées par l'acte constitutif de la régie, ils peuvent être habilités à remettre des instruments de paiement, mentionnés à l'article R. 1617-7, à des bénéficiaires désignés par la collectivité ou son établissement public local.

Art. R. 1617-14 Le régisseur remet les pièces justificatives des dépenses payées par ses soins, dans les conditions fixées par l'acte constitutif et au minimum *(Décr. n° 2005-1601 du 19 déc. 2005)* « une fois par mois », à l'ordonnateur *(Décr. n° 2005-1601 du 19 déc. 2005)* « ou au comptable assignataire » qui émet, pour le montant des dépenses reconnues régulières, un mandat de régularisation.

§ 3 Régies de recettes et d'avances (R)

Art. R. 1617-15 Les dispositions applicables aux régies de recettes et celles applicables aux régies d'avances s'appliquent aux régies de recettes et d'avances.

§ 4 Dispositions communes (R)

Art. R. 1617-16 *(Décr. n° 2005-1601 du 19 déc. 2005)* Les régisseurs sont astreints à tenir une comptabilité dont la forme est fixée par le ministre chargé du budget et le cas échéant par le ou les ministres concernés.

Cette comptabilité fait apparaître et permet de justifier à tout moment :

1° Pour les régies de recettes, la situation de l'encaisse ;
2° Pour les régies d'avances, la situation de l'avance reçue, la nature des dépenses réalisées et le montant des disponibilités ;
3° Pour les régies de recettes et d'avances, la situation de l'encaisse, de l'avance reçue, la nature des dépenses réalisées et le montant des disponibilités.

SOUS-SECTION 3 **Contrôle (R)**

Art. R. 1617-17 Les régisseurs de recettes, d'avances ainsi que de recettes et d'avances *(Décr. n° 2005-1601 du 19 déc. 2005)* « ainsi que les régisseurs intérimaires et les mandataires » sont soumis aux contrôles du comptable public assignataire et de l'ordonnateur *(Décr. n° 2005-1601 du 19 déc. 2005)* « ou de leurs délégués » auprès desquels ils sont placés.

Ils sont également soumis aux vérifications des autorités habilitées à contrôler sur place le comptable public assignataire et l'ordonnateur.

SOUS-SECTION 4 **Régies à l'étranger (R)**

Art. R. 1617-18 Il peut être créé des régies en dehors du territoire national. Ces régies sont soumises aux règles définies aux articles R. 1617-2 à R. 1617-17.

Toutefois :

a) L'acte constitutif peut prévoir que ces régies payent toutes les dépenses nécessaires au bon fonctionnement du service à l'étranger ;

b) Un compte de dépôts peut être ouvert auprès d'un établissement de crédit correspondant de la Banque de France ou, à défaut, dans un établissement bancaire de la place.

SECTION 2 **Dispositions relatives aux comptables (R)**

Art. D. 1617-19 *(Décr. n° 2007-450 du 25 mars 2007)* Avant de procéder au paiement d'une dépense ne faisant pas l'objet d'un ordre de réquisition, les comptables publics des collectivités territoriales, des établissements publics locaux et des associations syndicales de propriétaires ne doivent exiger que les pièces justificatives prévues pour la dépense correspondante dans la liste définie à l'annexe I du présent code.

Sur les dépenses des collectivités territoriales, de leurs établissements publics et des établissements publics de santé pouvant être payées sans ordonnancement, sans ordonnancement préalable ou avant service fait, V. Arr. du 16 févr. 2015.

Sur la liste des pièces justificatives des dépenses des collectivités territoriales, des établissements publics locaux et des établissements publics de santé, V. Annexe I issue du Décr. n° 2022-505 du 23 mars 2022.

Art. D. 1617-20 Dans les cas où le comptable est réquisitionné par l'ordonnateur dans les conditions prévues à l'article L. 1617-3 du présent code et à l'article L. 264-7 du code des juridictions financières, il n'y a pas absence totale de justification du service fait au sens des articles ci-dessus lorsque l'ordonnateur établit, sous sa responsabilité, une attestation certifiant que le service a été fait et justifiant le droit au paiement correspondant. – *[Décr. n° 83-16 du 13 janv. 1983, art. 2.]*

Art. D. 1617-21 Les opérations de recette, les opérations d'ordre des collectivités locales et des établissements visés à l'article D. 1617-19 ainsi que les paiements des organismes visés au deuxième alinéa de l'article D. 1617-19 doivent être justifiés conformément aux réglementations particulières qui leur sont applicables, et de manière à permettre à leur comptable de procéder aux contrôles prévus par *(Décr. n° 2012-1247 du 7 nov. 2012, art. 12)* « les dispositions du titre I du décret n° 2012-1246 du 7 novembre 2012 relatif à la gestion budgétaire et comptable publique ».

Art. R. 1617-22 *Abrogé par Décr. n° 2018-967 du 8 nov. 2018.*

Art. D. 1617-23 *(Décr. n° 2007-450 du 25 mars 2007)* Les ordonnateurs des organismes publics, visés à l'article D. 1617-19, lorsqu'ils choisissent de transmettre aux comptables publics, par voie ou sur support électronique, les pièces nécessaires à l'exécution de leurs dépenses ou de leurs recettes, recourent à une procédure de transmis-

sion de données et de documents électroniques, dans les conditions fixées par un arrêté du ministre en charge du budget pris après avis de la Cour des comptes, garantissant la fiabilité de l'identification de l'ordonnateur émetteur, l'intégrité des flux de données et de documents relatifs aux actes mentionnés en annexe I du présent code et aux deux alinéas suivants du présent article, la sécurité et la confidentialité des échanges ainsi que la justification des transmissions opérées.

La signature manuscrite, ou électronique conformément aux modalités fixées par arrêté du ministre en charge du budget, du bordereau récapitulant les mandats de dépense emporte *(Décr. n° 2012-1247 du 7 nov. 2012, art. 12)* **« certification » du service fait des dépenses concernées et attestation du caractère exécutoire des pièces justifiant les dépenses concernées.**

La signature manuscrite, ou électronique conformément aux modalités fixées par arrêté du ministre en charge du budget, du bordereau récapitulant les titres de recettes emporte attestation du caractère exécutoire des pièces justifiant les recettes concernées et rend exécutoires les titres de recettes qui y sont joints conformément aux dispositions des articles L. 252 A du livre des procédures fiscales et des articles R. 2342-4 *(Décr. n° 2011-2036 du 29 déc. 2011, art. 1er-I-1° et 4, en vigueur le 1er janv. 2012)* **« , R. 3342-8-1 et R. 4341-4 » du présent code.**

Sur l'application du présent art. en matière de dématérialisation des opérations en comptabilité publique, V. Arr. du 27 juin 2007, infra.

BIBL. ► PIETTE-COUDOL, *JCP Adm. 2007. 2226* (la dématérialisation à l'œuvre dans la comptabilité publique).

Arrêté du 27 juin 2007,

Portant application de l'article D. 1617-23 du code général des collectivités territoriales relatif à la dématérialisation des opérations en comptabilité publique.

Art. 1er *(Arr. du 7 mai 2013, art. 1er)* Conformément à l'article 51 du décret n° 2012-1246 du 7 novembre 2012 relatif à la gestion budgétaire et comptable publique, le présent arrêté définit les conditions de la dématérialisation des comptes des collectivités territoriales, de leurs groupements, de leurs établissements publics et des établissements publics de santé ainsi que des pièces budgétaires, comptables (mandats de dépenses, titres de recettes et bordereaux les récapitulant) et justificatives intégrées à ces comptes.

Les organismes publics précités, lorsqu'ils effectuent par voie ou sous forme électronique la transmission de tout ou partie des pièces mentionnées aux articles D. 1617-19, D. 1617-21 et D. 1617-23 du code général des collectivités territoriales, recourent à l'une des modalités de transmission fixées par le présent arrêté.

Ces modalités informatiques sont détaillées par la convention-cadre nationale de dématérialisation des documents de la chaîne comptable et financière des collectivités et établissements publics locaux versions 1.3 et suivantes, prise en application de la charte nationale partenariale de dématérialisation, qui sont publiées sur internet à l'adresse électronique suivante : *(Arr. du 6 janv. 2014, art. 4)* « http://www.collectivites-locales.gouv.fr/dematerialisation-chaine-comptable-et-financiere-0 ».

CHAPITRE I. *LE PROTOCOLE D'ÉCHANGE STANDARD DE DONNÉES ÉLECTRONIQUES ENTRE ORDONNATEURS ET COMPTABLES AU MOYEN DE L'APPLICATION HÉLIOS*

Art. 2 L'échange de données et de documents électroniques *(Arr. du 3 août. 2011, art. 2)* « s'opèrent » *[s'opère]* entre les ordonnateurs et les comptables des *(Arr. du 3 août. 2011, art. 2)* « organismes publics visés à l'article 1er » en respectant une norme informatique dénommée "protocole d'échange standard d'Hélios" *(Arr. du 3 août. 2011, art. 2)* « à partir de ses versions 2 et suivantes », qui est actualisée en fonction de l'évolution des technologies et des besoins d'échange.

Le représentant légal *(Arr. du 3 août. 2011, art. 2)* « de l'organisme public » souhaitant adhérer à ce protocole complète, signe et transmet à son comptable public un formulaire d'adhésion au protocole d'échange standard conforme au modèle figurant en annexe n° 2 du présent arrêté *(Arr. du 3 août. 2011, art. 2)* « à l'issue du processus de validation fonctionnelle et sur la base d'un accord préalable de la » *(Arr. du 7 mai 2013, art. 2)* « Direction générale des finances publiques (DGFiP) ».

Cette décision d'adhésion, ainsi formalisée, mentionne notamment :

a) La date de mise en œuvre du *(Arr. du 3 août. 2011, art. 2)* « protocole d'échange standard dans ses versions 2 et suivantes par l'organisme public pour les transmissions de fichiers à l'application Hélios de la DGFiP » ;

b) La nature et les caractéristiques des données et des documents transmis par la voie électronique ;

c) *(Arr. du 3 août. 2011, art. 2)* « La modalité de transmission retenue », et en particulier le recours ou non à un dispositif de transmission homologué pour l'envoi des données et des documents électroniques au système Hélios, ainsi que la réception de données électroniques en provenance du système Hélios ;

d) La possibilité, pour la collectivité ou l'établissement, de renoncer à l'échange des données et documents dématérialisés conformément à la norme du protocole d'échange standard d'Hélios, et les modalités de mise en œuvre de cette renonciation.

La validité juridique des mandats de dépenses, des titres de recettes et des bordereaux de mandats de dépenses et de titres de recettes dématérialisés résulte de l'utilisation du protocole d'échange standard d'Hélios dans ses versions 2 et suivantes ainsi que de la signature électronique de l'ordonnateur *(Arr. du 3 août. 2011, art. 2)* « ou de son représentant dans les conditions prévues à l'article 5 ».

Art. 3 En signant le formulaire d'adhésion au protocole d'échange standard d'Hélios prévu à l'article 2 du présent arrêté, l'ordonnateur *(Arr. du 3 août. 2011, art. 3)* « d'un organisme public visé à l'article 1er » s'engage à respecter les formats techniques du protocole d'échange standard tels qu'ils sont publiés.

Art. 4 *(Arr. du 7 mai 2013, art. 3)* I. — En application de l'article D. 1617-23 du code général des collectivités territoriales, la signature électronique des fichiers de données et de documents électroniques transmis au comptable est effectuée par l'ordonnateur ou son délégataire au moyen :

— soit d'un certificat garantissant notamment son identification et appartenant à l'une des catégories de certificats visées par l'arrêté du ministre de l'Économie et des Finances en date du 15 juin 2012 relatif à la signature électronique dans les marchés publics (NOR : EFIM1222915A) ;

— soit du certificat de signature "DGFiP" délivré gratuitement par la direction générale des finances publiques aux ordonnateurs des organismes publics visés à l'article 1er du présent arrêté ou à leurs délégataires qui lui en font la demande.

II. — Chaque organisme mentionné à l'article 1er du présent arrêté choisit de recourir à l'un ou l'autre de ces certificats énumérés au I du présent article.

Art. 5 La signature électronique de l'ordonnateur est portée, selon les modalités prévues à l'article 4 du présent arrêté, soit sur chaque bordereau de mandats de dépenses et chaque bordereau de titres de recettes, soit sur le fichier contenant de tels bordereaux transmis au comptable public conformément au protocole d'échange standard dans sa version 2 ou dans une version ultérieure. *(Arr. du 3 août. 2011, art. 5)* « La signature électronique emporte signature de tous les bordereaux de mandats, de tous les bordereaux de titres et les effets mentionnés par les alinéas 2 et 3 de l'article D. 1617-23 du code général des collectivités territoriales. »

En cas de signature électronique d'un fichier comportant à la fois de tels bordereaux et des pièces justificatives de mandats ou de titres, le signataire du fichier doit avoir compétence pour attester du caractère exécutoire de chacune de ces pièces. Dans le cas contraire, la signature de la certification du caractère exécutoire devra être transmise avec la pièce justificative électronique.

(Arr. du 3 août. 2011, art. 5) « La transmission au comptable public par l'ordonnateur ou son représentant de fichiers Aller recette et dépense, signés électroniquement dans les conditions fixées à l'article 4, conformément au protocole d'échange standard dans ses versions 2 et suivantes, dispense l'ordonnateur ou son représentant de produire les mandats de dépenses, les titres de recettes, les bordereaux de mandats et les bordereaux de titres sur support papier au comptable public. Dans le respect des dispositions du présent arrêté, ces données électroniques ont un caractère probant tant à l'égard du comptable public, que de la chambre régionale des comptes, d'autres juridictions ou des tiers. »

Art. 6 Le comptable public peut suspendre les effets de l'adhésion au protocole d'échange standard d'Hélios d'un ordonnateur optant pour la dématérialisation avec signature électronique lorsqu'il constate, directement ou indirectement, des altérations graves des données et des documents dématérialisés échangés ou lorsqu'il est empêché d'accéder aux données et documents électroniques transmis par l'ordonnateur.

(Arr. du 7 mai 2013, art. 4) « Toute suspension fait l'objet d'une notification à l'ordonnateur, qui procède, dès sa réception, à la reprise de la transmission de ses pièces concernées sur support papier. Dans cette même hypothèse, l'ordonnateur assure l'envoi des données comptables de prise en charge au moyen de l'un des protocoles informatiques définis aux chapitres I et II du présent arrêté, mais doit transmettre au comptable les mandats de dépenses, les titres de recettes, leurs pièces justificatives et les bordereaux récapitulant ces mandats et ces titres sur support papier. »

CHAPITRE II. *LES AUTRES PROTOCOLES INFORMATIQUES D'ÉCHANGE DE DONNÉES ÉLECTRONIQUES ENTRE ORDONNATEURS ET COMPTABLES*

Art. 7 Sans convention spécifique préalable *(Arr. du 3 août. 2011, art. 7)* « et sans préjudice des dispositions du second alinéa de l'article 8 », les ordonnateurs et les comptables publics des *(Arr. du 3 août. 2011, art. 7)* « organismes publics visés à l'article 1er » peuvent s'échanger des fichiers informatiques comportant des informations budgétaires et comptables en respectant la version la plus récente des protocoles décrits en annexe des instructions budgétaires et comptables propres à chaque catégorie *(Arr. du 3 août. 2011, art. 7)* « d'organismes publics » :

INDIGO, MAIDEP, MAIREC ou BUDMRE, pour les transmissions électroniques de données, de l'ordonnateur au comptable, quelle que soit la catégorie de collectivité ou d'établissement public local ;

OCRE, RIO ou RETDEB, RETCRE ou RETTIER, pour les transmissions électroniques de données, du comptable à l'ordonnateur, quelle que soit la catégorie de collectivité ou d'établissement public local ;

HTITRE, HMANDAT ou HBUDGET, pour les transmissions électroniques de données, de l'ordonnateur au comptable des établissements publics de santé et des établissements sociaux et médico-sociaux ;

HREREC, HREDEP ou HRECPT, pour les transmissions électroniques de données, du comptable à l'ordonnateur des établissements publics de santé et des établissements sociaux et médico-sociaux ;

OFFICE, pour les transmissions électroniques de données relatives au quittancement, de l'ordonnateur au comptable des offices publics de l'habitat gérés conformément aux règles de la comptabilité publique ;

ORDREC ou ORESTE, pour les transmissions électroniques de données relatives au quittancement, du comptable à l'ordonnateur des offices publics de l'habitat gérés conformément aux règles de la comptabilité publique ;

ROLMRE, pour les transmissions électroniques de données relatives aux rôles, de l'ordonnateur au comptable, quelle que soit la catégorie de collectivité ou d'établissement public local ;

FLUOR, pour les transmissions électroniques de données relatives aux rôles, du comptable à l'ordonnateur, quelle que soit la catégorie de collectivité ou d'établissement public local ;

(Arr. du 7 mai 2013, art. 5) « RMH (règlement magnétique Hopayra), pour les transmissions électroniques de données bancaires liées à la paye et aux autres dépenses énumérées par la circulaire interministérielle (NOR : BUDE1228094C) du 17 octobre 2012, quelle que soit la catégorie d'organisme public. »

Art. 8 *(Arr. du 7 mai 2013, art. 6)* Jusqu'au 31 décembre 2014, l'ordonnateur d'un organisme public visé à l'article 1er peut utiliser le protocole d'échange standard d'Hélios (Aller en recette et dépense dans ses versions 2 et suivantes), selon les modalités décrites au chapitre I, en remplacement de l'un quelconque des protocoles énumérés à l'article 7.

À compter du 1er janvier 2015, l'ordonnateur d'un organisme public visé à l'article 1er utilise le protocole d'échange standard d'Hélios (Aller en recette et dépense dans ses versions 2 et suivantes) pour la transmission au comptable des données dématérialisées relatives aux titres de recettes, aux mandats de dépenses et aux bordereaux les récapitulant.

À compter du 1er janvier 2015, l'ordonnateur d'un organisme public visé à l'article 1er peut également utiliser :

1° Le protocole RMH pour les données énumérées par la circulaire interministérielle (NOR : BUDE1228094C) du 17 octobre 2012 ;

2° À titre transitoire, le protocole indigo inventaire pour les données relatives à l'inventaire des biens nécessaire au suivi comptable de l'actif.

CHAPITRE III. *LA TRANSMISSION DE DONNÉES ET DOCUMENTS ÉLECTRONIQUES JUSTIFIANT LES MANDATS DE DÉPENSES ET LES TITRES DE RECETTES*

Art. 9 *(Arr. du 3 août. 2011, art. 9)* Après conclusion d'un accord local de dématérialisation avec le comptable public et la chambre régionale des comptes ou, le cas échéant, le directeur départemental ou régional des finances publiques compétents, les organismes publics visés à l'article 1er peuvent transmettre à leur comptable public des pièces justifiant leurs mandats de dépenses, leurs titres de recettes et leurs bordereaux récapitulant ces mandats et ces titres sous forme de données et de documents électroniques.

Jusqu'au 31 décembre 2014, les modalités de transmission de ces données et de ces documents électroniques prévues par la convention-cadre nationale relative aux pièces justificatives dématérialisées, transmises sans recourir au protocole d'échange standard d'Hélios dans ses versions 2 et suivantes, peuvent être utilisées dans l'attente de l'adhésion de l'ordonnateur à ce protocole. Ces modalités transitoires sont préalablement définies par accord local conclu entre l'ordonnateur, le comptable et la chambre régionale des comptes compétents.

À partir du 1er janvier 2015, les pièces justificatives dématérialisées sont transmises en recourant au protocole d'échange standard d'Hélios dans ses versions 2 et suivantes.

Art. 10 *(Arr. du 7 mai 2013, art. 7)* L'approbation dématérialisée des comptes, visés au premier alinéa du I de l'article 60 de la loi n° 63-156 du 29 février 1963, aux articles 21 et 52 du décret n° 2012-1246 du 7 novembre 2012 relatif à la gestion budgétaire et comptable publique et à l'article 1er du décret n° 79-124 du 5 février 1979, est effectuée par le comptable public, le directeur départemental ou régional des finances publiques sous l'autorité duquel il est placé et l'ordonnateur concernés par le cochage par chacun d'entre eux de la zone "validation" dans l'application CDG-D de la direction générale des finances publiques.

CHAPITRE IV. *LA TRANSMISSION DE DONNÉES ET DOCUMENTS ÉLECTRONIQUES AU MOYEN DU PROTOCOLE D'ÉCHANGE STANDARD D'HÉLIOS*

Art. 11 *(Arr. du 3 août. 2011, art. 10)* Le cahier des charges des dispositifs de télétransmission Hélios, opérés conformément à l'article D. 1617-23 du code général des collectivités territoriales figurant en annexe n° 1 au présent arrêté*[,]* est approuvé.

Art. 12 *(Arr. du 3 août. 2011, art. 11)* Un organisme public visé à l'article 1er a le choix, pour effectuer la transmission et la réception de données et de documents électroniques, de recourir soit au portail "Gestion publique" de la direction générale des finances publiques (https://portail.dgfip.finances.gouv.fr), soit à un dispositif de transmission mis en œuvre par un opérateur dénommé tiers de transmission. À compter du 1er janvier 2012, il n'a plus la possibilité de recourir à des disquettes ou autres supports physiques pour cette transmission.

Dans le cas de l'utilisation du portail "Gestion publique" de la DGFiP, l'organisme public respecte les prérequis techniques communiqués par la direction générale des finances publiques.

Il peut assumer directement la fonction de tiers de transmission en mettant en œuvre un dispositif de transmission. Le recours à un dispositif de transmission mis en œuvre par un tiers de transmission est recommandé dans la logique d'interopérabilité des échanges entre administrations.

Le dispositif technique de transmission, choisi par l'organisme public, est homologué dans les conditions fixées par l'article 12 du présent arrêté.

Art. 13 Lorsque le protocole d'échange standard est mis en œuvre par *(Arr. du 3 août. 2011, art. 12)* « les organismes publics visés à l'article 1er » pour la dématérialisation des mandats de dépenses, des titres de recettes et des bordereaux les récapitulant, il peut aussi être utilisé pour transmettre les pièces justificatives dématérialisées associées suivant l'une des deux modalités suivantes :

a) Les pièces justificatives sont transmises, au sein du même flux électronique, dans les zones dédiées à cette fin (modèle de flux) ;

b) Les informations identifiant les pièces justificatives sont transmises au sein du même flux électronique, les pièces justificatives étant archivées et consultables sur une plate-forme de stockage sécurisée et référencée selon des modalités fixées par arrêté du ministre en charge du budget (modèle de stock).

Art. 14 L'homologation a pour objet de certifier la conformité au cahier des charges annexé au présent arrêté des dispositifs techniques proposés aux ordonnateurs par les tiers de transmission dans le cadre de l'option ouverte par l'article 11 du présent arrêté.

L'homologation du tiers de transmission est subordonnée au respect des obligations générales énumérées à l'article D. 1617-23 du code général des collectivités territoriales et au respect des obligations techniques décrites dans le cahier des charges en annexe n° 1 du présent arrêté.

L'homologation de tout ou partie d'un dispositif de transmission est prononcée par le ministre en charge du budget sur la base d'un rapport d'évaluation établi par un ou plusieurs centres d'évaluation de la sécurité des technologies de l'information agréés et référencés pour les domaines "techniques informatiques et réseaux" par les services du Premier ministre, conformément au décret n° 2002-535 du 18 avril 2002 relatif à l'évaluation et à la certification de la sécurité offerte par les produits et les systèmes des technologies de l'information.

Art. 15 Le responsable du dispositif de transmission sécurisée, dénommé commanditaire, peut adresser à la direction générale *(Arr. du 3 août. 2011, art. 13)* « des finances publiques » du ministère en charge du budget une demande d'homologation dans laquelle il s'engage à présenter un dispositif conforme aux exigences du cahier des charges. Cette demande doit s'accompagner d'un dossier qui comprend :

— une description du dispositif de transmission à homologuer incluant la documentation sur les modalités de mise en œuvre de ce dispositif ;

— toutes autres indications pouvant être utiles dans la connaissance de ce dispositif (références éventuelles d'utilisation...).

Il est émis un accusé de réception du dépôt de cette demande dont l'instruction par l'administration est subordonnée à la présentation d'un ou plusieurs rapports d'évaluation établis par un ou plusieurs centres d'évaluation mentionnés au précédent article.

Le commanditaire choisit à cette fin un ou plusieurs centres d'évaluation avec chacun desquels il détermine :

— le dispositif objet de l'homologation ;

— les conditions de protection de la confidentialité des informations traitées dans le cadre de l'homologation ;

— le calendrier et les modalités pratiques de l'homologation ;

— le coût et les modalités de paiement de l'évaluation à la charge du commanditaire.

Le commanditaire doit mettre à la disposition du ou des centres d'évaluation agréés qu'il a choisis ainsi que de l'administration, si elle en fait la demande, tous les éléments nécessaires à la procédure d'homologation, après accord, le cas échéant, des fabricants concernés.

Art. 16 Au terme des travaux d'évaluation, chaque centre d'évaluation de la sécurité des technologies de l'information remet un rapport au commanditaire et à la direction générale *(Arr. du 3 août. 2011, art. 14)* « des finances publiques » du ministère en charge du budget. Ce rapport est un document confidentiel dont les informations sont couvertes par le secret industriel et commercial.

Le commanditaire et l'administration valident les rapports d'évaluation en liaison avec le centre d'évaluation concerné. Sur la base du ou des rapports d'évaluation validés, l'administration établit un rapport tendant à prononcer l'homologation ou à la refuser.

L'administration peut, en complément des travaux d'évaluation du ou des centres d'évaluation, procéder, en lien avec le commanditaire, à des vérifications complémentaires de son dispositif.

Le dispositif de transmission ainsi homologué peut être mis en œuvre par un ou plusieurs tiers de transmission et utilisé pour le compte de plusieurs collectivités et établissements publics locaux.

Art. 17 Le rapport d'homologation est notifié par l'administration au commanditaire et le certificat d'homologation peut être assorti de recommandations.

L'homologation est délivrée pour une période de cinq ans. Toute prolongation au-delà de cette période nécessite une nouvelle évaluation du dispositif. Si, pendant cette période, des modifications substantielles du dispositif homologué interviennent, le commanditaire opère une nouvelle saisine du centre d'évaluation de la sécurité des technologies de l'information pour que son certificat d'homologation soit complété pour les prendre en compte.

En cas de discordance entre le dispositif homologué et sa mise en œuvre opérationnelle, l'homologation peut être annulée par arrêté du ministre en charge du budget.

Le ministère en charge du budget ne peut être tenu responsable des dysfonctionnements des dispositifs de transmission et de leurs conséquences pour *(Arr. du 3 août. 2011, art. 15)* « les organismes publics visés à l'article 1er » qui les mettent en œuvre.

Art. 18 Un dispositif de transmission homologué peut être mis en œuvre par un opérateur dénommé tiers de transmission. La mise en œuvre effective du dispositif de transmission, notamment le raccordement à l'application Hélios, est subordonnée à la signature préalable entre le tiers de transmission et la direction générale *(Arr. du 3 août. 2011, art. 16)* « des finances publiques » d'une convention de raccordement.

Art. 19 En cas de recours à un tiers de transmission, le contrat conclu entre ce dernier et l'ordonnateur *(Arr. du 3 août. 2011, art. 17)* « de l'organisme public visé à l'article 1er » atteste l'homologation du dispositif de transmission sécurisée et comprend l'engagement de mettre en œuvre le cahier des charges dans son intégralité et sans altération, dans les conditions fixées par le chapitre IV du présent arrêté, ainsi que l'engagement d'assurer sa maintenance et son bon fonctionnement.

Les annexes I et II au présent Arr., mod. par Arr. du 3 août 2011, art. 19 (JO 12 août), relatives au cahier des charges de la transmission et au formulaire d'adhésion au protocole d'échange standard d'Hélios, sont consultables dans le supplément en ligne.

Art. R. 1617-24 *(Décr. nº 2009-125 du 3 févr. 2009)* **L'ordonnateur autorise** *(Décr. nº 2011-2036 du 29 déc. 2011, art. 1er)* **« l'exécution forcée des titres de recettes », selon des modalités qu'il arrête après avoir recueilli l'avis du comptable. Cette autorisation peut être permanente ou temporaire pour tout ou partie des titres que l'ordonnateur émet.**

Le refus d'autorisation ou l'absence de réponse dans le délai d'un mois justifie la présentation en non-valeurs des créances dont le recouvrement n'a pu être obtenu à l'amiable.

Art. D. 1617-25 *(Décr. nº 2012-1436 du 20 déc. 2012)* **Les dispositions des articles R. 283 A-1 à R. 283 D-1 du livre des procédures fiscales s'appliquent dans les mêmes conditions aux créances recouvrées selon les modalités prévues à l'article L. 1617-5 du code général des collectivités territoriales.**

CHAPITRE VIII RÉGIME GÉNÉRAL DES DÉROGATIONS À L'OBLIGATION DE DÉPÔT AUPRÈS DE L'ÉTAT DES FONDS DES COLLECTIVITÉS TERRITORIALES ET DE LEURS ÉTABLISSEMENTS PUBLICS

(Décr. nº 2004-628 du 28 juin 2004, art. 1er)

Art. R. 1618-1 Les recettes exceptionnelles mentionnées au 4° du I de l'article L. 1618-2 qui peuvent faire l'objet d'un placement dans l'attente de leur réemploi sont :

1° Les indemnités d'assurance ;

2° Les sommes perçues à l'occasion d'un litige ;

3° Les recettes provenant de ventes de biens tirés de l'exploitation du domaine réalisées à la suite de catastrophes naturelles ou technologiques ;

4° Les dédits et pénalités reçus à l'issue de l'exécution d'un contrat.

TITRE II GARANTIES ACCORDÉES AUX ÉLUS LOCAUX

(Décr. nº 2003-592 du 2 juill. 2003, art. 1er)

CHAPITRE UNIQUE

SECTION 1 Financement de l'allocation différentielle de fin de mandat des élus locaux *(Décr. nº 2016-870 du 29 juin 2016, art. 8)*.

Art. D. 1621-1 Le montant total des indemnités maximales susceptibles d'être allouées par les collectivités territoriales et les établissements publics de coopération intercommunale à leurs élus, mentionné au deuxième alinéa de l'article L. 1621-2 du présent code, correspond au montant brut annuel des indemnités maximales pouvant être perçues par les élus locaux potentiellement bénéficiaires de l'allocation de fin de mandat, y compris les différentes majorations prévues à l'article L. 2123-22 du même code.

Art. D. 1621-2 *(Décr. n° 2019-546 du 29 mai 2019, art. 2)* Le taux de cotisation obligatoire mentionné à l'article L. 1621-2 du présent code est fixé à 0,2 % du montant total des indemnités maximales susceptibles d'être versées aux bénéficiaires potentiels du fonds, tel que défini à l'article D. 1621-1. La cotisation est versée au plus tard le 1er décembre de l'année au titre de laquelle elle est due.

Art. D. 1621-3 Les collectivités territoriales et établissements publics de coopération intercommunale assujettis à la cotisation obligatoire au fonds de financement de l'allocation de fin de mandat transmettent chaque année, à la demande de la Caisse des dépôts et consignations, un état retraçant l'assiette ainsi que le montant de la cotisation à leur charge.

SECTION 2 **Financement et gestion du droit individuel à la formation des élus locaux**

(Décr. n° 2016-870 du 29 juin 2016, art. 8)

SOUS-SECTION 1 **Organisation du fonds de financement et de gestion du droit individuel à la formation des élus locaux**

Art. R. 1621-4 *(Décr. n° 2016-870 du 29 juin 2016, art. 8)* Le fonds de financement et de gestion du droit individuel à la formation des élus locaux a pour objet d'assurer la gestion du droit individuel à la formation prévu par les articles L. 2123-12-1, L. 3123-10-1, L. 4135-10-1, L. 7125-12-1, L. 7227-12-1 et l'article L. 121-37-1 du code des communes de la Nouvelle-Calédonie.

Ce fonds est alimenté par une cotisation obligatoire prélevée sur le montant brut des indemnités de fonction versées aux membres des conseils des communes, des établissements publics de coopération intercommunale à fiscalité propre, des départements, des régions et des collectivités territoriales de Guyane et de Martinique.

Les collectivités territoriales et les établissements publics de coopération intercommunale à fiscalité propre mentionnés au deuxième alinéa précomptent sur les indemnités de fonction des élus locaux la cotisation due au titre du droit individuel à la formation et la reversent *(Décr. n° 2021-1708 du 17 déc. 2021, art. 1er)* « par virement interbancaire sur un compte ouvert dans les livres de la Caisse des dépôts et consignations.

« Les cotisations précomptées sont liquidées par les collectivités territoriales et les établissements publics de coopération intercommunale à fiscalité propre mentionnés au deuxième alinéa en même temps que les indemnités de fonction auxquelles elles se rapportent.

« Lorsque le montant annuel des cotisations du dernier exercice connu est supérieur à 3 500 €, les cotisations sont portées au crédit du compte de la Caisse des dépôts et consignations au plus tard le 15 du mois suivant le mois civil au titre duquel ont été précomptées ces cotisations.

« Lorsque le montant annuel des cotisations du dernier exercice connu est compris entre 500 € et 3 500 €, les cotisations sont portées au crédit du compte de la Caisse des dépôts et consignations au plus tard le 15 du mois suivant le trimestre civil au titre duquel ont été précomptées ces cotisations.

« Lorsque le montant annuel des cotisations du dernier exercice connu est inférieur à 500 €, les cotisations sont portées au crédit du compte de la Caisse des dépôts et consignations au plus tard le 31 janvier suivant l'année civile au titre de laquelle ont été précomptées ces cotisations.

« Lorsque la collectivité territoriale ou l'établissement public de coopération intercommunale à fiscalité propre n'a pas acquitté de cotisations l'année précédente, la Caisse des dépôts et consignations décide de la périodicité compte tenu des cotisations prévisionnelles pour l'année considérée.

« La Caisse des dépôts et consignations informe chaque année les collectivités territoriales et les établissements publics de coopération intercommunale à fiscalité propre de la périodicité qui leur est applicable. »

Art. R. 1621-5 *(Décr. n° 2021-1708 du 17 déc. 2021, art. 2)* « I. — Les recettes du fonds mentionné à l'article R. 1621-4 sont constituées par :

« 1° Les cotisations dues par les élus locaux sur leurs indemnités de fonction ;

« 2° L'avance mentionnée à l'article L. 1621-3 ;

« 3° Les sommes susceptibles de lui être reversées en application des conditions générales d'utilisation mentionnées à l'article L. 1621-5. »

II. — Les dépenses du fonds mentionné à l'article R. 1621-4 sont :

1° Les dépenses de formation constituées par les frais pédagogiques, les frais de déplacement et de séjour ;

(Décr. n° 2021-1708 du 17 déc. 2021, art. 2) « 2° Les frais de la gestion administrative, technique, comptable et financière du fonds engagés par la Caisse des dépôts et consignations, conformément à la convention d'objectifs et de performance mentionnée à l'article L. 1621-4 ».

3° *Abrogé par Décr. n° 2021-1708 du 17 déc. 2021, art. 2.*

Art. R. 1621-6 *(Décr. n° 2021-1708 du 17 déc. 2021, art. 3)* La convention triennale d'objectifs et de performance entre l'État et la Caisse des dépôts et consignations mentionnée à l'article L. 1621-4 précise :

1° Les objectifs de sécurité, de régularité et de qualité du service rendu aux titulaires de droits individuels à la formation, aux organismes de formation et aux collectivités territoriales et établissements publics de coopération intercommunale à fiscalité propre, notamment dans le cadre de l'utilisation du service dématérialisé mentionné à l'article L. 1621-5 ;

2° Les modalités d'exécution et les objectifs de performance du recouvrement des cotisations auprès des collectivités territoriales et des établissements publics de coopération intercommunale à fiscalité propre ;

3° Les moyens alloués à la Caisse des dépôts et consignations pour l'exercice de ses missions au titre du droit individuel à la formation des élus locaux, en particulier le montant de ses frais de gestion administrative, technique, comptable et financière du fonds ;

4° Les modalités d'information des élus locaux sur le droit individuel à la formation et d'accompagnement des utilisateurs du service dématérialisé ;

5° Les modalités de contribution à la gouvernance de la formation des élus locaux, de mise en œuvre de la gestion des fonds, du suivi financier et de gestion, et de la reddition des comptes, par la Caisse des dépôts et consignations auprès de l'État, du comité des finances locales, et du conseil national de la formation des élus locaux ;*[.]*

Elle assortit ces objectifs d'indicateurs quantitatifs et qualitatifs permettant de suivre leur exécution.

Art. R. 1621-7 *(Décr. n° 2021-596 du 14 mai 2021, art. 13)* « Après avis du conseil national de la formation des élus locaux mentionné à l'article L. 1221-1, » *(Décr. n° 2021-596 du 14 mai 2021, art. 13)* le ministre chargé des collectivités territoriales fixe, par arrêté :

1° Le coût horaire maximal des formations éligibles au droit individuel à la formation des élus locaux ;

2° La valeur des droits individuels à la formation acquis chaque année par les élus locaux *(Décr. n° 2021-596 du 14 mai 2021, art. 13)* « pour une durée de trois ans » ;

3° Le montant maximal des droits susceptibles d'être détenus par chaque élu ;

4° Le nombre maximal de participants par session de formation liée à l'exercice du mandat financée en tout ou partie par le droit individuel à la formation des élus locaux.

SOUS-SECTION 2 **Recueil et instruction de la demande de mise en œuvre du droit individuel à la formation**

Art. R. 1621-8 *(Décr. n° 2021-1708 du 17 déc. 2021, art. 4)* « Le gestionnaire du fonds du droit individuel à la formation des élus locaux mentionné à l'article L. 1621-4 instruit les demandes de formation présentées par les élus locaux pouvant bénéficier du droit individuel à la formation par l'intermédiaire du service dématérialisé mentionné à l'article L. 1621-5. Il définit, dans les conditions générales d'utilisation de ce service, les engagements souscrits par les titulaires de droits individuels à la formation des élus locaux et les organismes de formation mentionnés à l'article L. 1221-3 du présent code ou à l'article L. 6351-1 du code du travail. » *(Décr. n° 2021-596 du 14 mai 2021, art. 13)* « Il tient à jour le compte monétisé de chaque élu. Les formations ayant fait l'objet d'un accord de financement doivent être réalisées dans un délai de huit mois suivant cet accord. »

(Décr. n° 2020-942 du 29 juill. 2020, art. 1er) « Le gestionnaire du fonds mentionné à l'article *(Décr. n° 2021-1708 du 17 déc. 2021, art. 4)* « L. 1621-4 » vérifie :

« 1° que la formation faisant l'objet de la demande de mise en œuvre du droit individuel à la formation s'inscrit dans les listes de formations éligibles telles que définies aux articles R. 2123-22-1-A, R. 3123-19-1, R. 4135-19-1, R. 7125-25-1, R. 7227-25-1 du présent code et à l'article R. 121-34 du code des communes de la Nouvelle-Calédonie ;

« 2° que son coût horaire ne dépasse pas le coût maximal défini par arrêté du ministre chargé des collectivités territoriales ; »

(Décr. n° 2021-596 du 14 mai 2021, art. 13) « 3° Que l'organisme s'engage à inscrire au sein de la session de formation un nombre de participants conforme au nombre maximal fixé en application de l'arrêté mentionné à l'article R. 1621-7 ;

« 4° Que la date de mise en œuvre de la formation est prévue dans le délai mentionné au premier alinéa. »

Art. R. 1621-8-1 *(Décr. n° 2021-1708 du 17 déc. 2021, art. 5)* Lorsque le gestionnaire du fonds du droit individuel à la formation mentionné à l'article L. 1621-4 constate un manquement de l'un des organismes de formation mentionnés à l'article L. 1221-3 du présent code ou à l'article L. 6351-1 du code du travail aux engagements qu'il a souscrits, il peut, selon la nature du manquement, prononcer un avertissement, refuser ou suspendre le paiement des prestations, demander le remboursement des sommes qu'il lui a indûment versées ou suspendre temporairement son référencement sur le service dématérialisé mentionné à l'article L. 1621-5. Ces mesures, proportionnées aux manquements constatés, sont prises après application d'une procédure contradictoire et selon des modalités que les conditions générales d'utilisation du service dématérialisé précisent.

Il effectue tout signalement utile et étayé des manquements qu'il constate auprès des autorités compétentes de l'État.

Art. R. 1621-9 *(Décr. n° 2021-1708 du 17 déc. 2021, art. 6)* « Le gestionnaire du fonds mentionné à l'article L. 1621-4 procède au paiement des organismes de formation mentionnés au premier alinéa de l'article R. 1621-8 après réception des informations nécessaires au débit des droits et vérification du service fait, selon les modalités prévues aux conditions générales d'utilisation du service dématérialisé et sous réserve du respect des dispositions prévues à l'article R. 1621-7 et du délai de mise en œuvre fixé par l'article R. 1621-8. »

Les frais de déplacement et de séjour engagés par les élus locaux dans le cadre d'une formation financée par le fonds sont pris en charge par le gestionnaire du fonds mentionné à l'article *(Décr. n° 2021-1708 du 17 déc. 2021, art. 6)* « L. 1621-4 » sur présentation d'un état de frais par l'élu local.

Art. R. 1621-10 Les décisions de refus de financement de formation prises par le gestionnaire du fonds de financement et de gestion du droit individuel à la formation des élus locaux mentionné à l'article *(Décr. n° 2021-1708 du 17 déc. 2021, art. 7)* « L. 1621-4 » sont motivées.

Art. R. 1621-11 *(Décr. n° 2021-1708 du 17 déc. 2021, art. 8)* « I. – » Un recours gracieux contre les décisions peut être formé auprès du gestionnaire du fonds mentionné à l'article *(Décr. n° 2021-1708 du 17 déc. 2021, art. 8)* « L. 1621-4 ».

Les recours contentieux formés contre les décisions de refus sont portés devant le tribunal administratif de Paris.

(Décr. n° 2021-1708 du 17 déc. 2021, art. 8) « II. – Le fonds du droit individuel à la formation des élus locaux est représenté en justice tant en demande qu'en défense par le directeur général de la Caisse des dépôts et consignations pour tous les actes relevant de sa gestion.

« Lorsque la Caisse des dépôts et consignations constate une fraude portant préjudice au fonds ou aux droits de ses titulaires, le directeur général de la Caisse des dépôts et consignations peut, selon la gravité des faits constatés, intenter toute action en justice dans l'intérêt du fonds et, le cas échéant, se constituer partie civile. En ce cas, elle est dispensée de la consignation prévue à l'article 88 du code de procédure pénale. »

Art. D. 1621-12 *(Décr. n° 2016-871 du 29 juin 2016, art. 1er)* L'assiette de la cotisation annuelle obligatoire due par les élus locaux au titre du droit individuel à la formation, mentionné aux articles L. 2123-12-1, L. 3123-10-1, L. 4135-10-1, L. 7125-12-1 et L. 7227-12-1, est déterminée sur la base du montant brut annuel des indemnités de fonction perçues par les élus locaux, y compris les différentes majorations prévues à l'article L. 2123-22.

Art. D. 1621-13 *(Décr. n° 2016-871 du 29 juin 2016, art. 1er)* Le taux de la cotisation obligatoire due par les élus locaux pour le financement du droit individuel à la formation des élus locaux est fixé à 1 % du montant mentionné à l'article D. 1621-12.

Art. D. 1621-14 *(Décr. n° 2021-1708 du 17 déc. 2021, art. 20)* Le montant des sommes perçues par un organisme de formation des élus locaux, au sens du deuxième alinéa de l'article L. 1221-4, en dessous duquel cet organisme n'est pas soumis aux dispositions des articles L. 6316-1 à L. 6316-5 du code du travail, est fixé à 150 000 euros.

Art. D. 1621-15 *(Décr. n° 2021-1708 du 17 déc. 2021, art. 10)* Lorsqu'en application des articles L. 2123-12, L. 3123-10, L. 4135-10, L. 7125-12, L. 7227-12 du présent code ou de l'article L. 121-37 du code des communes de la Nouvelle-Calédonie, une formation est financée à la fois par le fonds du droit individuel à la formation des élus locaux et par la collectivité territoriale ou l'établissement public de coopération intercommunale à fiscalité propre au sein duquel siège l'élu, la part des frais pédagogiques de la formation financée par le fonds du droit individuel à la formation des élus locaux ne peut être inférieure à 25 %.

LIVRE VII DISPOSITIONS PARTICULIÈRES APPLICABLES À MAYOTTE

(Décr. nº 2011-330 du 25 mars 2011, art. 1er)

TITRE UNIQUE

CHAPITRE UNIQUE

Art. R. 1711-1 Pour l'application à Mayotte des dispositions de la première partie du présent code :

1° La référence au département, au département d'outre-mer, à la région ou à la région d'outre-mer est remplacée par la référence au Département de Mayotte ;

2° La référence au conseil régional et aux conseils départementaux est remplacée par la référence au conseil départemental.

Art. D. 1711-2 *(Décr. nº 2011-346 du 28 mars 2011, art. 1er)* Le comité local prévu à l'article L. 1711-3 est dénommé comité local préparatoire aux travaux de la commission consultative sur l'évaluation des charges.

Il est présidé par le président de la chambre régionale des comptes de Mayotte ou par son suppléant qu'il désigne parmi les magistrats de la chambre.

Il comprend en outre :

1° Quatre représentants du Département de Mayotte désignés par le conseil départemental ;

2° Deux représentants des communes, désignés par l'association des maires de Mayotte ;

3° Six représentants des services déconcentrés de l'État, dont le secrétaire général de la préfecture, le directeur régional des finances publiques et quatre fonctionnaires des services de l'État à Mayotte, désignés par arrêté du représentant de l'État à Mayotte.

Un suppléant de chaque membre est désigné dans les mêmes conditions que le titulaire.

La durée du mandat est de trois ans.

En cas de décès, de démission de l'un des représentants ou lorsque l'un d'eux vient à perdre la qualité en vertu de laquelle il a été désigné, il est procédé à son remplacement dans les conditions prévues dans le présent article et pour la durée du mandat restant à courir.

Art. D. 1711-3 *(Décr. nº 2011-346 du 28 mars 2011, art. 1er)* Le comité local est convoqué par son président qui arrête l'ordre du jour de ses séances. La convocation et l'ordre du jour sont adressés aux membres du comité local dix jours au moins avant la date de la réunion.

Art. D. 1711-4 *(Décr. nº 2011-346 du 28 mars 2011, art. 1er)* Le comité local ne peut valablement délibérer qu'à la double condition que le nombre des membres présents soit au moins égal à la moitié de celui des membres en exercice et que siègent au moins trois membres ayant été désignés au titre des 1° et 2° de l'article D. 1711-2.

Si ce quorum n'est pas atteint, une nouvelle convocation est adressée aux membres du comité local dans les conditions prévues à l'article D. 1711-3. Le comité local peut alors délibérer quel que soit le nombre de membres présents.

En cas de partage égal des voix, celle du président est prépondérante.

Les délibérations du comité local font l'objet d'un procès-verbal signé par le président. Une copie en est adressée à chacun des membres ainsi qu'au préfet du Département de Mayotte.

Art. D. 1711-5 *(Décr. nº 2011-346 du 28 mars 2011, art. 1er)* Les fonctions de rapporteur du comité local sont assurées par le secrétaire général de la préfecture ou son suppléant.

Le secrétariat du comité local est assuré par les services de la préfecture.

Le président peut inviter à participer à une séance, à titre consultatif, toute personne dont il juge la présence utile.

Le comité local peut demander communication de tout document au préfet du Département de Mayotte, au président du conseil départemental ou aux maires.

Le comité local adopte un règlement intérieur.

Art. D. 1711-6 *(Décr. n° 2011-346 du 28 mars 2011)* Le comité local est chargé d'émettre un avis sur les modalités d'évaluation des accroissements et diminutions de charges résultant des transferts de compétences entre l'État et les collectivités territoriales, ainsi que sur les charges résultant des créations ou extensions de compétences. Son examen porte sur les montants des ressources consacrées par l'État ou les collectivités compétentes à l'exercice de la compétence transférée, ainsi que sur la liste et les montants des dépenses correspondantes.

Le comité local peut être consulté par le président de la commission consultative sur l'évaluation des charges mentionnée à l'article L. 1211-4-1, en tant que de besoin, sur toute question relative à la mise en œuvre des transferts de compétence au Département de Mayotte.

Art. R. 1711-7 Les articles R. 1424-1 à R. 1425-25, ainsi que les 1°, 2° et 4° de l'article R. 1615-2 sont applicables à Mayotte à compter du 1er janvier 2014.

Art. D. 1711-8 *(Décr. n° 2011-346 du 28 mars 2011, art. 1er)* Jusqu'au 31 décembre 2013, le service d'incendie et de secours du Département de Mayotte est éligible au fonds d'aide à l'investissement des services départementaux d'incendie et de secours dans les conditions prévues aux articles D. 1424-32-3 à D. 1424-32-11 et sous réserve des adaptations suivantes :

1° Pour l'application de l'article D. 1424-32-7, les mots : "président du conseil d'administration du service départemental d'incendie et de secours" sont remplacés par les mots : "président du conseil départemental de Mayotte" et les mots : "délibération du conseil d'administration du service départemental d'incendie et de secours" sont remplacés par les mots : "délibération du conseil départemental de Mayotte" ;

2° Pour l'application du III de l'article D. 1424-32-10, les mots : "les services départementaux d'incendie et de secours" sont remplacés par les mots : "le service d'incendie et de secours" ;

3° Pour l'application du IV de l'article D. 1424-32-10, les mots : "président du conseil d'administration" sont remplacés par les mots : "président du conseil départemental".

LIVRE VIII COMMUNES DE LA POLYNÉSIE FRANÇAISE

(Décr. nº 2008-1020 du 22 sept. 2008)

TITRE I DISPOSITIONS GÉNÉRALES

CHAPITRE UNIQUE

Art. D. 1811-1 Pour l'application des dispositions de la première partie aux communes de la Polynésie française :

1° Les références au représentant de l'État dans le département ou la collectivité, au préfet et au préfet de région ainsi que la référence à la préfecture sont remplacées, respectivement, par la référence au haut-commissaire de la République en Polynésie française et par la référence au haut-commissariat de la République en Polynésie française ;

2° La référence à la chambre régionale des comptes est remplacée par la référence à la chambre territoriale des comptes ;

3° Les montants en euros sont remplacés par des montants équivalents en monnaie locale compte tenu de la contre-valeur de l'euro dans cette monnaie.

Art. R. 1811-2 *(Décr. nº 2023-1161 du 8 déc. 2023, art. 1er)* I. — Les dispositions du chapitre I du titre I du livre I de la première partie mentionnées dans la colonne de gauche du tableau ci-après sont applicables aux communes et à leurs groupements en Polynésie française, dans leur rédaction indiquée dans la colonne de droite du même tableau, sous réserve des adaptations prévues aux II à IV.

DISPOSITIONS APPLICABLES	DANS LEUR RÉDACTION RÉSULTANT DU
R. 1111-1-A à R. 1111-1-D	Décret nº 2022-1520 du 6 décembre 2022

II. — Pour l'application de l'article R. 1111-1-A :

1° Au premier alinéa, les mots : "collectivité territoriale, du groupement de collectivités territoriales ou du syndicat mixte visé à l'article L. 5721-2" sont remplacés par les mots : "commune ou du groupement de communes" ;

2° Au deuxième alinéa, les mots : "Plusieurs collectivités territoriales, groupements de collectivités territoriales ou syndicats mixtes visés à l'article L. 5721-2" sont remplacés par les mots : "Plusieurs communes ou groupements de communes".

III. — Au troisième alinéa de l'article R. 1111-1-B, les mots : "chaque collectivité territoriale, groupement ou syndicat mixte visé à l'article L. 5721-2" sont remplacés par les mots : "chaque commune ou groupement de communes".

IV. — Pour l'application de l'article R. 1111-1-C :

1° Au premier alinéa, les mots : "ministre chargé des collectivités territoriales" sont remplacés par les mots : "haut-commissaire de la République en Polynésie française" ;

2° Au second alinéa, les mots : "fonction publique territoriale" sont remplacés par les mots : "fonction publique des communes de la Polynésie française".

TITRE II LIBRE ADMINISTRATION

CHAPITRE I PARTICIPATION DES ÉLECTEURS AUX DÉCISIONS LOCALES

SECTION 1 Référendum local

Art. D. 1821-1 I. — Les articles R. 1112-2 à R. 1112-10 et R. 1112-15 à R. 1112-17 sont applicables aux communes de la Polynésie française sous réserve de l'adaptation prévue au II.

II. — Pour l'application de l'article R. 1112-2, le troisième alinéa est supprimé.

SECTION 2 Consultation des électeurs

Art. D. 1821-2 I. – L'article R. 1112-18 est applicable aux communes de la Polynésie française sous réserve de l'adaptation prévue au II.

II. – La référence à l'article R. 1112-1 est remplacée par la référence à l'article R. 1112-2.

CHAPITRE II COOPÉRATION DÉCENTRALISÉE

Art. D. 1822-1 Les articles R. 1115-8 à R. 1115-15 sont applicables aux communes de la Polynésie française.

CHAPITRE III DEMANDE DE PRISE DE POSITION FORMELLE

(Décr. nº 2021-912 du 8 juill. 2021, art. 1er)

Art. R. 1824-1 I. – Les dispositions du chapitre VI du titre I du livre I de la première partie mentionnées dans la colonne de gauche du tableau ci-après sont applicables en Polynésie française, dans leur rédaction indiquée dans la colonne de droite du même tableau sous réserve des adaptations prévues aux II et III.

DISPOSITIONS APPLICABLES	DANS LEUR RÉDACTION RÉSULTANT DU
R. 1116-1 à R. 1116-5	Décret nº 2020-634 du 25 mai 2020

II. – Pour l'application des articles R. 1116-1 à R. 1116-5, les mots : "représentant de l'État" sont remplacés par les mots : "haut-commissaire de la République en Polynésie française".

III. – Pour l'application de l'article R. 1116-5, les mots : "au délégué dans l'arrondissement du représentant de l'État dans le département" sont remplacés par les mots : "à son délégué dans la subdivision administrative".

TITRE III ORGANISMES NATIONAUX COMPÉTENTS À L'ÉGARD DES COMMUNES ET DE LEURS GROUPEMENTS

CHAPITRE UNIQUE

Art. D. 1831-1 I. – Les communes de la Polynésie française sont représentées dans les organismes institués par les titres I, II et IV du livre II de la première partie.

(Décr. nº 2021-596 du 14 mai 2021, art. 17) « II. – Les dispositions du chapitre unique du titre II du livre II de la première partie mentionnées dans la colonne de gauche du tableau ci-après sont applicables en Polynésie française, dans leur rédaction indiquée dans la colonne de droite du même tableau, sous réserve des adaptations prévues au III. – *Tableau issu de l'art. 17 du Décr. nº 2021-596 du 14 mai 2021, mod. par Décr. nº 2021-1708 du 17 déc. 2021, art. 24.*

DISPOSITIONS APPLICABLES	DANS LEUR RÉDACTION RÉSULTANT DU
R. 1221-12	Décret nº 2021-596 du 14 mai 2021
R. 1221-13	Décret nº 2000-318 du 7 avril 2000
R. 1221-14 et R. 1221-15	Décret nº 2021-596 du 14 mai 2021
R. 1221-16 et R. 1221-17	Décret nº 2000-318 du 7 avril 2000
R. 1221-18 à R. 1221-20	Décret nº 2021-596 du 14 mai 2021

DISPOSITIONS APPLICABLES	DANS LEUR RÉDACTION RÉSULTANT DU
R. 1221-21	Décret n° 2000-318 du 7 avril 2000
R. 1221-21-1	Décret n° 2021-1708 du 17 décembre 2021
R. 1221-21-2 et R. 1221-21-3	Décret n° 2021-596 du 14 mai 2021
R. 1221-21-4	Décret n° 2021-1708 du 17 décembre 2021
R. 1221-22	Décret n° 2002-1504 du 24 décembre 2002
R. 1221-22-1	Décret n° 2021-596 du 14 mai 2021

« III. – Pour l'application de l'article R. 1221-12, les mots : "aux articles L. 2123-12, L. 3123-10 ou L. 4135-10" sont remplacés par les mots : "à l'article L. 2123-12".

« IV. – » Pour l'application de l'article R. 1221-15, après le mot : "récépissé" sont insérés les mots : ", lorsque l'organisme a son siège en Polynésie française" ;

(Décr. n° 2021-1708 du 17 déc. 2021, art. 24) « V. – L'article R. 1221-21-4 est remplacé par les dispositions suivantes :

Art. R. 1221-21-4 L'organisme titulaire d'un agrément est tenu de déclarer et d'exercer son activité de formation liée à l'exercice des mandats locaux conformément aux dispositions applicables localement aux organismes de formation professionnelle.

« VI. – » Pour l'application de l'article R. 1221-22, après les mots : "un fonctionnaire régi par le statut applicable à la fonction publique de Mayotte" sont insérés les mots : ", un fonctionnaire des corps de l'État pour l'administration de la Polynésie française, un fonctionnaire régi par l'ordonnance n° 2005-10 du 4 janvier 2005 portant statut général des fonctionnaires des communes et des groupements de communes de la Polynésie française ainsi que de leurs établissements publics administratifs".

TITRE IV BIENS DES COLLECTIVITÉS TERRITORIALES, DE LEURS ÉTABLISSEMENTS ET DE LEURS GROUPEMENTS

CHAPITRE UNIQUE

Pas de dispositions réglementaires codifiées.

TITRE V SERVICES PUBLICS LOCAUX

CHAPITRE I PRINCIPES GÉNÉRAUX

Art. D. 1851-1 I. – Les articles R. 1412-1 et R. 1412-2 sont applicables aux communes de la Polynésie française sous réserve des adaptations prévues au II.

II. – Pour l'application des articles R. 1412-1 et R. 1412-2, après les mots : "deuxième partie" sont ajoutés les mots : ", en tant qu'elles sont applicables en Polynésie française."

CHAPITRE II DISPOSITIONS PROPRES À CERTAINS SERVICES PUBLICS LOCAUX

Le présent chapitre ne comprend pas de dispositions réglementaires.

TITRE VI DISPOSITIONS ÉCONOMIQUES

CHAPITRE I AIDES AUX ENTREPRISES

Le présent chapitre ne comprend pas de dispositions réglementaires.

CHAPITRE II SOCIÉTÉS D'ÉCONOMIE MIXTE LOCALES

Art. D. 1862-1 I. – Les articles R. 1524-1 à R. 1524-6 sont applicables aux communes de la Polynésie française sous réserve des adaptations prévues aux II et III.

II. – Pour l'application de l'article R. 1524-3, les troisième et quatrième alinéas sont remplacés par un alinéa ainsi rédigé :

"– en ce qui concerne ceux de l'assemblée de la Polynésie française, dans les conditions prévues par les dispositions prises en application de l'article 23 de la loi n° 2004-193 du 27 février 2004 complétant le statut d'autonomie de la Polynésie française."

III. – Pour l'application du deuxième alinéa de l'article R. 1524-4, la phrase : "Toutefois, dans l'intervalle des sessions du conseil régional ou du conseil départemental, la commission permanente du conseil régional ou celle du conseil départemental peut désigner à titre provisoire un nouveau représentant." est remplacée par la phrase : "Toutefois, dans l'intervalle des sessions de l'assemblée de la Polynésie française, un nouveau représentant peut être désigné à titre provisoire dans les conditions prévues par les dispositions prises en application de l'article 23 de la loi n° 2004-193 du 27 février 2004 complétant le statut d'autonomie de la Polynésie française."

TITRE VII DISPOSITIONS FINANCIÈRES ET COMPTABLES

CHAPITRE I PRINCIPES GÉNÉRAUX

(Décr. n° 2008-1020 du 22 sept. 2008)

Art. D. 1871-1 L'article D. 1611-1 est applicable aux communes de la Polynésie française.

Art. D. 1871-2 *(Décr. n° 2015-707 du 22 juin 2015, art. 11-II)* I. – L'article R. 1611-33 est applicable en Polynésie française, sous réserve des adaptations prévues au II.

II. – 1° Pour l'application du I, les mots : "les collectivités territoriales, leurs groupements et les services départementaux d'incendie et de secours" sont remplacés par les mots : "les communes de Polynésie française, leurs groupements et leurs établissements publics" ;

2° Pour l'application du même I, le 4° est supprimé et les 2° et 3° sont remplacés par les dispositions suivantes :

"2° L'indice du niveau général des prix à la consommation établi par l'Institut de la statistique de Polynésie française" ;

"3° Le taux d'intérêt des livrets d'épargne définis à l'article L. 221-1 du code monétaire et financier."

CHAPITRE I *BIS* DISPOSITIONS RÉGISSANT LA SOCIÉTÉ PUBLIQUE MENTIONNÉE À L'ARTICLE L. 1611-3-2 DÉNOMMÉE AGENCE FRANCE LOCALE

(Décr. n° 2021-913 du 8 juill. 2021, art. 1er)

Art. D. 1871-3 I. – Les dispositions de la section 7 du chapitre I du titre I du livre VI de la première partie mentionnées dans la colonne de gauche du tableau ci-après sont applicables en Polynésie française, dans leur rédaction indiquée dans la colonne de droite du même tableau sous réserve des adaptations prévues au II.

DISPOSITIONS APPLICABLES	DANS LEUR RÉDACTION RÉSULTANT DE *[DU]*
D. 1611-41	Décret n° 2020-556 du 11 mai 2020

II. – Pour l'application de l'article D. 1611-41 :

1° Le premier alinéa du 1° est ainsi rédigé :

"Pour l'application de l'article L. 1611-3-2, peuvent adhérer à l'Agence France Locale, les communes, leurs groupements et leurs établissements publics dont la capacité de désendettement, définie comme le rapport entre l'encours de dette à la date de clôture des comptes et l'épargne brute de l'exercice écoulé et exprimée en nombre d'années, constatée lors du pénultième exercice, est inférieure à douze années sur la moyenne des trois dernières années." ;

2° Au 1°, les *a*, *b* et *c* sont supprimés ;

3° Au cinquième alinéa du 1°, le mot : "euro" est remplacé par le mot : "franc CFP" ;

4° Au premier alinéa du 2°, les mots : "les collectivités territoriales, leurs groupements et les établissements publics locaux" sont remplacés par les mots : "les communes, leurs groupements et leurs établissements publics".

CHAPITRE II ADOPTION ET EXÉCUTION DES BUDGETS

Art. D. 1872-1 I. — Les articles D. 1612-1, D. 1612-2, D. 1612-4 et R. 1612-8 à R. 1612-38 sont applicables aux communes de la Polynésie française sous réserve des adaptations prévues du II au VI.

II. — Pour son application aux communes de la Polynésie française, l'article D. 1612-1 est ainsi rédigé : "Le haut-commissaire de la République communique aux maires *(Décr. n° 2009-1469 du 30 nov. 2009, art. 1er)* « le montant de chacune des dotations versées dans le cadre de la dotation globale de fonctionnement »."

III. — Pour son application aux communes de la Polynésie française, l'article D. 1612-2 est ainsi rédigé : "Le haut-commissaire de la République communique aux présidents des établissements publics de coopération l'information visée à l'article D. 1612-1".

IV. — Pour son application aux communes de la Polynésie française, l'article D. 1612-4 est rédigé comme suit : "Les informations prévues aux articles D. 1612-1 et D. 1612-2 sont communiquées aux maires des communes et aux présidents des établissements publics de coopération nouvellement créés, au plus tard deux mois et demi après leur création."

V. — Pour l'application de l'article R. 1612-18, les mots : "du président du conseil départemental, du président du conseil régional" sont supprimés.

VI. — Pour l'application de l'article R. 1612-22, les mots : "du conseil départemental, du conseil régional" sont supprimés.

CHAPITRE III COMPENSATION DES TRANSFERTS DE COMPÉTENCES

Art. D. 1873-1 I. — Les articles R. 1614-75 à *(Décr. n° 2010-767 du 7 juill. 2010, art. 3)* « R. 1614-77 », les articles R. 1614-78 et R. 1614-79, à l'exception du *e*, R. 1614-80, R. 1614-83 à R. 1614-89 *(Décr. n° 2010-767 du 7 juill. 2010, art. 3)* « *[,]* à l'exception du dernier alinéa*[,]* » et les articles R. 1614-91 à R. 1614-95 sont applicables aux communes de la Polynésie française sous réserve des adaptations prévues du II au VIII.

(Décr. n° 2010-767 du 7 juill. 2010, art. 3) « II. — Pour l'application de l'article *[des articles]* R. 1614-75 et R. 1614-77, les mots : "et des bibliothèques départementales de prêt", "et départementales" sont supprimés. »

III. — Pour l'application des articles R. 1614-78 et R. 1614-88 :

1° Les mots : ", les établissements publics de coopération intercommunale et les départements" sont remplacés par les mots : "et les établissements publics de coopération intercommunale" ;

2° *(Décr. n° 2010-767 du 7 juill. 2010, art. 3)* « Les mots : "ou de bibliothèques départementales de prêt" et "des bibliothèques départementales de prêt principales" sont supprimés ;

« 3° Les mots : "prévus par les articles L. 111-7 à L. 111-7-4 du code de la construction et de l'habitation" sont remplacés par les mots : "conformément à la réglementation applicable localement" ».

IV. — Pour l'application de l'article R. 1614-79, les mots : "des départements d'outre-mer et de Saint-Pierre-et-Miquelon" sont remplacés par les mots : "de la Polynésie française".

V. — Pour l'application de l'article R. 1614-83, la référence aux articles R. 1614-78 à R. 1614-82 est remplacée par la référence aux articles R. 1614-78 à R. 1614-80 et les mots : "ou départementaux" sont supprimés.

VI. — Pour l'application des articles R. 1614-86, R. 1614-87, R. 1614-94 et R. 1614-95, les mots : ", l'établissement public de coopération intercommunale et le département" sont remplacés par les mots : "ou l'établissement public de coopération intercommunale".

(Décr. n° 2010-767 du 7 juill. 2010, art. 3) « VII. — Pour l'application de l'article R. 1614-89, les mots : "un chef-lieu de région ou dans un chef-lieu de département" sont remplacés par les mots : "le chef-lieu de la Polynésie française" et les mots : "des départements d'outre-mer et de Saint-Pierre-et-Miquelon" sont remplacés par les mots : "de la Polynésie française". »

VIII. — Pour l'application de l'article R. 1614-91, la référence à l'article R. 1614-90 est remplacée par la référence à l'article R. 1614-89 et les mots : "ou d'une bibliothèque départementale de prêt" sont supprimés.

CHAPITRE IV DISPOSITIONS RELATIVES AUX COMPTABLES

Art. D. 1874-1 I. — Les articles R. 1617-1 à R. 1617-18, les articles D. 1617-19 à D. 1617-21, R. 1617-22 *(Décr. n° 2018-967 du 8 nov. 2018)* « , dans sa rédaction antérieure au décret n° 2018-967 du 8 novembre 2018, » et D. 1617-23 sont applicables aux communes de la Polynésie française sous réserve des adaptations prévues du II au VI.

II. — Pour l'application de l'article R. 1617-1, les mots : "de la présente section" sont remplacés par les mots : "du présent chapitre".

III. — Pour l'application de l'article R. 1617-6, la seconde phrase est supprimée.

IV. — Pour l'application de l'article D. 1617-19, les mots : "à l'annexe I du présent code" sont remplacés par les mots : "par décret".

V. — Pour l'application de l'article D. 1617-20, les mots : "du présent code et à l'article L. 264-7 du code des juridictions financières" sont supprimés.

VI. — Pour l'application de l'article D. 1617-23, les mots : "des articles L. 252 A du livre des procédures fiscales et des articles R. 2342-4 et D. 3342-11" sont remplacés par les mots : "de l'article R. 2342-4".

CHAPITRE V RÉGIME GÉNÉRAL DES DÉROGATIONS À L'OBLIGATION DE DÉPÔT AUPRÈS DE L'ÉTAT DES FONDS DES COLLECTIVITÉS TERRITORIALES ET DE LEURS ÉTABLISSEMENTS PUBLICS

Art. D. 1875-1 L'article R. 1618-1 est applicable aux communes de la Polynésie française.

TITRE VIII GARANTIES ACCORDÉES AUX ÉLUS LOCAUX

CHAPITRE UNIQUE

(Décr. n° 2008-1020 du 22 sept. 2008)

Art. D. 1881-1 *(Décr. n° 2017-475 du 3 avr. 2017, art. 3)* *(Décr. n° 2021-1708 du 17 déc. 2021, art. 24)* « I. — » Les dispositions du titre II du livre VI de la première partie mentionnées dans la colonne de gauche du tableau ci-après sont applicables en Polynésie française, dans leur rédaction indiquée dans la colonne de droite du même tableau, sous réserve des adaptations prévues *(Décr. n° 2021-1708 du 17 déc. 2021, art. 24)* « au II ». — *Tableau issu du Décr. n° 2020-942 du 29 juill. 2020, art. 1er, mod. par Décr. n° 2021-1708 du 17 déc. 2021, art. 24.*

DISPOSITIONS APPLICABLES	DANS LEUR RÉDACTION
Titre II	
D. 1621-1	Résultant du décret n° 2003-592 du 2 juillet 2003

DISPOSITIONS APPLICABLES	DANS LEUR RÉDACTION
D. 1621-2	Résultant du décret n° 2010-102 du 27 janvier 2010
D. 1621-3	Résultant du décret n° 2003-592 du 2 juillet 2003
R. 1621-4 à R. 1621-6	Résultant du décret n° 2021-1708 du 17 décembre 2021
R. 1621-7	Résultant du décret n° 2021-596 du 14 mai 2021
R. 1621-8 à R. 1621-11	Résultant du décret n° 2021-1708 du 17 décembre 2021
D. 1621-12	Résultant du décret n° 2016-871 du 29 juin 2016
D. 1621-13 et D. 1621-15	Résultant du décret n° 2021-1708 du 17 décembre 2021

(Décr. n° 2021-1708 du 17 déc. 2021, art. 24) « II. — » Pour l'application de l'article D. 1621-1, les mots : "y compris les différentes majorations prévues à l'article L. 2123-22 du même code" sont supprimés.

(Décr. n° 2021-1708 du 17 déc. 2021, art. 24) « III. — Pour l'application de l'article R. 1621-8-1, les mots : "ou à l'article L. 6351-1 du code du travail" sont supprimés. »

DEUXIÈME PARTIE LA COMMUNE

LIVRE I ORGANISATION DE LA COMMUNE

TITRE I NOM ET TERRITOIRE DE LA COMMUNE

CHAPITRE I NOM

Art. R. 2111-1 Le décret mentionné à l'article L. 2111-1, qui porte changement de nom d'une commune, est pris sur le rapport du ministre de l'Intérieur. – *[C. communes, art. R.* 111-1.]*

CHAPITRE II LIMITES TERRITORIALES ET CHEF-LIEU

SECTION 1 Délimitation

Pas de dispositions réglementaires codifiées.

SECTION 2 Modifications

Art. D. 2112-1 Les arrêtés du préfet portant modification aux limites territoriales des communes, visés à l'article L. 2112-5, sont publiés au recueil des actes administratifs de la préfecture.

Mention est faite au *Journal officiel* de la République française des arrêtés du préfet portant création ou suppression de communes.

(Décr. nº 2003-485 du 5 juin 2003, art. 31) « Lorsque les modifications mentionnées au premier alinéa du présent article induisent des variations des chiffres de la population d'une ou plusieurs communes, un arrêté du ministre de l'Intérieur constate les nouveaux chiffres de population pour chacune des communes concernées. »

CHAPITRE III CRÉATION D'UNE COMMUNE NOUVELLE ET COMMUNES FUSIONNÉES *(Décr. nº 2012-124 du 30 janv. 2012, art. 1er).*

SECTION 1 Consultation sur la création d'une commune nouvelle

(Décr. nº 2012-124 du 30 janv. 2012, art. 1er)

Art. R. 2113-1 Les électeurs appelés à se prononcer sur l'opportunité de la création d'une commune nouvelle en application de l'article L. 2113-3 sont convoqués par arrêté du préfet, publié dans les communes concernées au moins trois semaines avant la date du scrutin.

Art. R. 2113-2 Les électeurs se prononcent par oui ou par non. À cet effet, il est mis à leur disposition deux bulletins de vote imprimés sur papier blanc dont l'un porte la réponse "oui" et l'autre la réponse "non". Ces bulletins sont envoyés par la préfecture à chaque électeur. À cet envoi est joint le texte de l'arrêté du préfet prévu à l'article R. 2113-1.

Art. R. 2113-3 Le jour du scrutin, des bulletins adressés par le préfet aux maires des communes concernées sont placés, dans chaque bureau de vote, à la disposition des électeurs sous la responsabilité du président du bureau de vote.

Art. R. 2113-4 La consultation a lieu le même jour dans chacune des communes concernées par le projet de création de la commune nouvelle.

Le scrutin est organisé par commune.

Participent à la consultation les électeurs inscrits sur la liste électorale arrêtée suivant les dispositions du code électoral.

Art. R. 2113-5 Les dispositions des articles L. 47 et L. 48 du code électoral concernant la propagande sont applicables à la consultation.

Art. R. 2113-6 Sous réserve des dispositions particulières de la présente section, les dispositions des articles L. 53 à L. 78 et des articles R. 40 à R. 80 du code électoral concernant les opérations préparatoires au scrutin, les opérations de vote et le vote par procuration sont applicables à la consultation.

Les bureaux de vote sont composés conformément aux dispositions des articles R. 42 à R. 45 du code électoral.

Art. R. 2113-7 Le dépouillement des votes suit immédiatement la clôture du scrutin. Les scrutateurs sont désignés par le bureau de vote parmi les électeurs présents. Le nombre des enveloppes est vérifié. S'il est plus grand ou moindre que celui des émargements, il en est fait mention au procès-verbal. Le président répartit entre les diverses tables les enveloppes à vérifier.

À chaque table, l'un des scrutateurs extrait le bulletin de chaque enveloppe et le passe déplié à un autre scrutateur ; celui-ci le lit à haute voix. Les réponses sont relevées par deux scrutateurs au moins sur les feuilles préparées à cet effet.

Si une enveloppe contient plusieurs bulletins, le vote est nul quand les bulletins portent des réponses contradictoires. Les bulletins multiples ne comptent que pour un seul quand ils portent la même réponse.

Art. R. 2113-8 Dans chaque commune, les résultats sont consignés dans un procès-verbal rédigé en double exemplaire ; l'un des exemplaires reste déposé au secrétariat de la mairie, l'autre est transmis immédiatement au préfet.

Art. R. 2113-9 Au vu des procès-verbaux communaux, le préfet totalise et constate les résultats de la consultation dans chacune des communes concernées ; il en dresse procès-verbal notifié aux maires des communes intéressées et en fait assurer la publication dans chacune de ces communes.

Art. R. 2113-10 Les recours formés par les électeurs en application de l'article L. 2113-3 sont déposés au greffe du tribunal administratif dans les cinq jours qui suivent la publication des résultats prévue à l'article R. 2113-9.

Le recours formé par le préfet est exercé dans le délai de quinzaine à compter de la réception du procès-verbal.

Art. R. 2113-11 Le tribunal administratif statue dans le délai de deux mois à compter de l'enregistrement du recours au greffe.

Faute d'avoir statué dans ce délai, le tribunal administratif est dessaisi et la requête transmise d'office au Conseil d'État.

Les dispositions de l'article R. 123 du code électoral relatif au recours au Conseil d'État sont applicables.

Art. R. 2113-12 Dans le cas où le projet de création de la commune nouvelle concerne des communes situées dans des départements différents, les électeurs sont convoqués par arrêté conjoint des préfets des départements intéressés dans les conditions définies à l'article R. 2113-1.

Les résultats des scrutins communaux sont centralisés par le préfet du département où sont situées la ou les communes totalisant le plus grand nombre d'électeurs inscrits. La notification et la publication des résultats de la consultation, telles qu'elles sont prévues à l'article R. 2113-9, sont effectuées à la diligence de chacun des préfets des départements concernés.

SECTION 2 Communes issues d'une fusion comportant la création d'une ou plusieurs communes associées et communes nouvelles comportant la création d'une ou plusieurs communes déléguées *(Décr. n° 2012-124 du 30 janv. 2012, art. 1er)*.

SOUS-SECTION 1 Dispositions communes

§ 1 Centres communaux et intercommunaux d'action sociale (R)

Art. R. 2113-14 La section du centre communal d'action sociale, créée par application de l'article L. 2113-13, *(Décr. n° 2012-124 du 30 janv. 2012, art. 1er)* « dans sa rédaction antérieure à la loi n° 2010-1563 du 16 décembre 2010 de réforme des collectivités territoriales, » est soumise aux dispositions du décret n° 95-562 du 6 mai

1995 relatif aux centres communaux et intercommunaux d'action sociale *[V. désormais **CASF**, art. R. 123-1 s.]* ainsi qu'aux sections de centre communal d'action sociale des communes associées et portant dispositions particulières applicables aux centres communaux d'action sociale de Marseille et de Lyon.

§ 2 Attribution de logements (R)

Art. R. 2113-15 Les règles relatives à l'attribution de logements fixées par les articles R. 2511-4 à R. 2511-16 pour les maires d'arrondissement sont applicables aux maires délégués des communes associées *(Décr. nº 2012-124 du 30 janv. 2012, art. 1er)* « et des communes déléguées ».

Les décisions ou les propositions d'attribution de la commission municipale concernant les logements situés hors du territoire communal portent sur une proportion de ces logements égale au rapport entre la population totale de la ou des communes associées *(Décr. nº 2012-124 du 30 janv. 2012, art. 1er)* « ou déléguées » et celle de la commune.

SOUS-SECTION 2 **Dispositions relatives aux communes associées issues d'une fusion comptant plus de 100 000 habitants et aux communes déléguées** *(Décr. nº 2012-124 du 30 janv. 2012, art. 1er).*

§ 1 Conseil consultatif (R)

Art. R. 2113-16 *(Décr. nº 2012-124 du 30 janv. 2012, art. 1er)* Dans les communes associées mentionnées à l'article L. 2113-17 dans sa rédaction antérieure à la loi nº 2010-1563 du 16 décembre 2010 de réforme des collectivités territoriales et dans les communes déléguées mentionnées à l'article L. 2113-12 issu de la même loi, les membres du conseil consultatif ou du conseil de la commune déléguée prennent rang dans l'ordre du tableau. L'ordre du tableau est déterminé suivant les règles prévues pour les conseils municipaux par l'article R. 2121-4.

Un exemplaire du tableau est déposé à la mairie de la commune, à l'annexe de la mairie de la commune associée ou de la commune déléguée et à la préfecture ou à la sous-préfecture. Chacun a le droit d'en prendre communication ou copie.

Art. R. 2113-17 Le délai de cinq jours dans lequel l'élection du maire délégué et de ses adjoints peut être arguée de nullité court à partir de vingt-quatre heures après l'élection. – *[Décr. nº 83-159 du 3 mars 1983, art. 4.]*

§ 2 Associations municipales (R)

Art. R. 2113-18 Les dispositions des articles R. 2511-17 et R. 2511-18 relatives à la participation des associations à la vie municipale sont applicables aux communes issues d'une fusion comptant plus de 100 000 habitants *(Décr. nº 2012-124 du 30 janv. 2012, art. 1er)* « et aux communes nouvelles ».

§ 3 Répartition de la seconde part de la dotation prévue à l'article L. 2511-39 (R)

Art. R. 2113-19 *(Décr. nº 2012-124 du 30 janv. 2012, art. 1er)* Les dispositions de l'article R. 2511-22 sont applicables aux communes associées mentionnées à l'article L. 2113-17 dans sa rédaction antérieure à la loi nº 2010-1563 du 16 décembre 2010 de réforme des collectivités territoriales et aux communes déléguées mentionnées à l'article L. 2113-12 issu de la même loi, lorsque deux ou plusieurs communes associées ou déléguées ont été créées dans la commune.

SOUS-SECTION 3 **Dispositions relatives aux communes issues d'une fusion comptant 100 000 habitants ou moins**

§ 1 Commission consultative (R)

Art. R. 2113-20 Les membres désignés par le conseil municipal de la nouvelle commune pour compléter, dans les conditions prévues à l'article L. 2113-23 *(Décr.*

n° 2012-124 du 30 janv. 2012, art. 1er) « dans sa rédaction antérieure à la loi n° 2010-1563 du 16 décembre 2010 de réforme des collectivités territoriales », la commission consultative prévue au même article sont au nombre :
– de trois pour les communes associées de moins de 500 habitants ;
– de cinq pour celles de 500 à 2 000 habitants ;
– de huit pour celles de plus de 2 000 habitants.

Art. R. 2113-21 La commission consultative prévue à l'article L. 2113-23 *(Décr. n° 2012-124 du 30 janv. 2012, art. 1er)* « , dans sa rédaction antérieure à la loi n° 2010-1563 du 16 décembre 2010 de réforme des collectivités territoriales, » se réunit dans l'annexe de la mairie.

§ 2 Associations municipales (R)

Art. R. 2113-22 Les dispositions des articles R. 2511-17 et R. 2511-18 relatives à la participation des associations à la vie municipale sont applicables aux communes issues d'une fusion comptant moins de 100 000 habitants dans les conditions visées à l'article L. 2113-26 *(Décr. n° 2012-124 du 30 janv. 2012, art. 1er)* « dans sa rédaction antérieure à la loi n° 2010-1563 du 16 décembre 2010 de réforme des collectivités territoriales ».

§ 3 Répartition de la seconde part de la dotation prévue à l'article L. 2511-39 (R)

Art. R. 2113-23 Les dispositions de l'article R. 2511-22 sont également applicables aux communes associées mentionnées à l'article L. 2113-26 *(Décr. n° 2012-124 du 30 janv. 2012, art. 1er)* « dans sa rédaction antérieure à la loi n° 2010-1563 du 16 décembre 2010 de réforme des collectivités territoriales », lorsque le conseil municipal a décidé de faire application de cet article et de l'article L. 2511-39 à deux ou plusieurs communes associées de la commune.

SECTION 3 Dotation globale de fonctionnement

(Décr. n° 2020-606 du 19 mai 2020, art. 10)

Art. R. 2113-24 Pour l'application de la section 3 du chapitre III du titre I du livre I de la deuxième partie de la partie législative du présent code :

(Décr. n° 2024-391 du 26 avr. 2024, art. 2) « 1° La première année de création de la commune nouvelle et l'année suivant sa création, ou les trois premières années suivant sa création, s'entendent respectivement de l'année civile ou des trois premières années civiles suivant celle de la publication de l'arrêté du représentant de l'État prononçant la création de la commune nouvelle ; »

2° L'année précédant la création de la commune nouvelle s'entend de la dernière année civile précédant *(Décr. n° 2024-391 du 26 avr. 2024, art. 2)* « la première année de création mentionnée » au 1° ;

3° La population prise en compte est celle mentionnée au premier alinéa de l'article L. 2334-2. Par dérogation, la population à prendre en compte pour l'application *(Décr. n° 2024-391 du 26 avr. 2024, art. 2)* « de la seconde phrase » du II de l'article L. 2113-22-1 est celle mentionnée au deuxième alinéa du même article L. 2334-2 *(Décr. n° 2024-391 du 26 avr. 2024, art. 2)* « l'année de répartition de la dotation ;

« 4° Pour l'application du III de l'article L. 2113-22-1 en cas de division d'une commune nouvelle, le premier terme de la différence mentionnée au deuxième et au troisième alinéas de ce même III est proratisé, pour les communes qui conservent le statut de commune nouvelle à l'issue de la division, en fonction de la part de leur population dans la population totale des nouvelles communes, telle que résultant *(Décr. n° 2025-438 du 20 mai 2025, art. 2)* « du recensement mentionné au premier alinéa de l'article L. 2334-2 au titre de l'année civile suivant la publication » de l'arrêté du représentant de l'État prononçant la modification des limites territoriales de la commune. »

Art. R. 2113-25 *(Décr. n° 2022-1008 du 15 juill. 2022, art. 1er)* Pour l'application des articles L. 2334-4, L. 2334-5, L. 2336-2 et L. 5211-29 la première année de création de la commune nouvelle :

1° Les bases communales prises en compte sont les bases constatées de chaque ancienne commune calculées dans les conditions prévues à l'article L. 2334-4 ainsi que, le cas échéant, celles du ou des établissements publics de coopération intercommunale auxquels la commune nouvelle se substitue ;

2° Le potentiel financier est composé de la somme du potentiel fiscal, de la dotation forfaitaire, hors la part prévue au 3° du I de l'article L. 2334-7, des communes dont la commune nouvelle est issue et, le cas échéant, de la dotation de compensation et de la dotation d'intercommunalité versées l'année précédente à ou aux établissements publics de coopération intercommunale auxquels la commune nouvelle se substitue. Ces éléments correspondent aux données de l'année précédant celle au cours de laquelle la commune nouvelle perçoit pour la première fois le produit de sa fiscalité ;

3° Le numérateur et le dénominateur de l'effort fiscal sont composés respectivement de la somme du numérateur et de la somme du dénominateur de l'effort fiscal des communes dont la commune nouvelle est issue, correspondant à l'année précédant celle où la commune nouvelle perçoit pour la première fois le produit de sa fiscalité.

Art. R. 2113-26 *(Décr. n° 2025-438 du 20 mai 2025, art. 2)* Pour l'application des articles L. 2334-6 et L. 2334-12, la population prise en compte est celle résultant du recensement mentionné au premier alinéa de l'article L. 2334-2 au titre de l'année civile suivant la publication de l'arrêté du représentant de l'État prononçant la modification des limites territoriales de la commune.

CHAPITRE IV SUPPRESSION DE COMMUNES

Art. R. 2114-1 Le décret prévu au premier alinéa de l'article L. 2114-1 est pris sur le rapport du ministre de l'intérieur et du ministre de l'économie et des finances après accomplissement des formalités prévues aux articles L. 2112-1 à L. 2112-10 et L. 2112-13 relatifs aux limites territoriales dans la mesure où leurs dispositions ne sont pas contraires à celles des articles L. 2114-1 à L. 2114-3 relatifs à la suppression de communes.

Les observations des habitants de la commune, mentionnées au deuxième alinéa de l'article L. 2114-1, sont adressées à la préfecture. – *[C. communes, art. R.* 113-1.]*

Art. R. 2114-2 La commission prévue à l'article L. 2114-2 comprend, outre les autorités désignées audit article, le *(Décr. n° 2014-551 du 27 mai 2014, art. 3)* « directeur départemental ou, le cas échéant, régional des finances publiques » et les chefs des services de l'État intéressés.

Elle est présidée par le préfet.

TITRE II ORGANES DE LA COMMUNE

CHAPITRE I LE CONSEIL MUNICIPAL

SECTION 1 Composition

Art. R. 2121-1 L'élection du conseil municipal a lieu selon les modalités prévues aux articles R. 1 à R. 97 et aux articles R. 118 à R. 128 du code électoral. – *[C. communes, art. R.* 121-3.]*

Art. R. 2121-2 *(Décr. n° 2013-938 du 18 oct. 2013, art. 39)* Le tableau prévu à l'article L. 2121-1 du présent code est transmis au préfet au plus tard à 18 heures le lundi suivant l'élection du maire et des adjoints. Est également adressée au préfet, dans les mêmes délais, la liste des conseillers communautaires résultant de l'application de l'article L. 273-11 du code électoral.

Art. R. 2121-3 *(Abrogé par Décr. n° 2013-938 du 18 oct. 2013, art. 39) (Décr. n° 2007-1670 du 26 nov. 2007, art. 10)* ***En ce qui concerne les adjoints, l'ordre du tableau est déterminé, sous réserve des dispositions du dernier alinéa de l'article L. 2122-10, par l'ordre de nomination et, entre adjoints élus sur la même liste, par l'ordre de présentation sur la liste.***

L'élection complémentaire se déroule selon le même mode de scrutin que lors du dernier renouvellement intégral du conseil municipal. • CE 23 août 2006, *Él. mun. partielles de Villeneuve-lès-Béziers*, n° 289727 A : *AJDA 2006. 1527* ; *ibid. 1967, concl. Keller*.

Art. R. 2121-4 *Abrogé par Décr. n° 2013-938 du 18 oct. 2013, art. 39.*

SECTION 2 Démissions

Art. R. 2121-5 Dans les cas prévus à l'article L. 2121-5, la démission d'office des membres des conseils municipaux est prononcée par le tribunal administratif.

Le maire, après refus constaté dans les conditions prévues par l'article L. 2121-5 saisit dans le délai d'un mois, à peine de déchéance, le tribunal administratif.

Faute d'avoir statué dans le délai fixé à l'alinéa précédent, le tribunal administratif est dessaisi. Le greffier en chef en informe le maire en lui faisant connaître qu'il a un délai d'un mois, à peine de déchéance, pour saisir la cour administrative d'appel.

Lorsque le tribunal administratif prononce la démission d'un conseiller municipal, le greffier en chef en informe l'intéressé en lui faisant connaître qu'il a un délai d'un mois pour se pourvoir devant la cour administrative d'appel.

La contestation est instruite et jugée sans frais par la cour administrative d'appel dans le délai de trois mois. – *[C. communes, art. R.* 121-14.]*

SECTION 3 Dissolution et suspension provisoire (R)

Art. R. 2121-6 Dans le cas de suspension provisoire du conseil municipal prévu au deuxième alinéa de l'article L. 2121-6, le préfet en rend compte immédiatement au ministre de l'Intérieur. – *[C. communes, art. R.* 121-4.]*

SECTION 4 Fonctionnement

Art. R. 2121-7 L'affichage des convocations prévues à l'article L. 2121-10 a lieu à la porte de la mairie. – *[C. communes, art. R.* 121-7.]*

La convocation aux séances du conseil municipal ainsi que les comptes rendus peuvent être affichés sous le porche d'entrée même si l'accès à ce lieu n'est possible qu'aux heures d'ouverture de la mairie. • TA Paris, 26 avr. 2000, *Viale*, n° 9712067/4 : *Dr. adm. 2001, n° 33.*

Art. R. 2121-8 Dans le cas prévu au deuxième alinéa de l'article L. 2121-14, la délibération relative au compte administratif du maire est transmise par le président de séance au préfet ou au sous-préfet. – *[C. communes, art. R.* 121-8.]*

Art. R. 2121-9 *(Décr. n° 2010-783 du 8 juill. 2010)* Les délibérations du conseil municipal sont inscrites sur un registre coté et paraphé par le maire, quel que soit le mode de transmission de ces délibérations au préfet.

Les affaires venant en délibération au cours d'une même séance reçoivent un numéro d'ordre à l'intérieur de la séance.

(Décr. n° 2021-1311 du 7 oct. 2021, art. 1er) « Chaque feuillet clôturant une séance rappelle les numéros d'ordre des délibérations prises et comporte la liste des membres présents et une place pour la signature du maire et du ou des secrétaires de séance. »

Les feuillets sur lesquels sont transcrites les délibérations portent mention du nom de la commune et de la date de la séance du conseil municipal. Ils sont numérotés.

L'utilisation du papier permanent pour les feuillets destinés à l'inscription des délibérations est requise. L'encre d'impression doit être stable dans le temps et neutre.

Tout collage est prohibé.

Les feuillets mobiles numérotés et paraphés sont reliés au plus tard en fin d'année, dans des conditions assurant la lisibilité des délibérations. Dans les communes de moins de 1 000 habitants, il peut être procédé à la reliure des délibérations tous les cinq ans. Le registre ainsi constitué comprend une table par date et une table par objet des délibérations intervenues.

(Décr. n° 2021-1311 du 7 oct. 2021, art. 1er) « La tenue des registres est assurée sur papier et peut également être organisée à titre complémentaire sur support numérique.

« Lorsque la tenue du registre est organisée sur support numérique et que les délibérations sont signées électroniquement, le maire et le ou les secrétaires de séance apposent leur signature manuscrite, pour chaque séance, sur le registre papier. »

Art. R. 2121-10 *(Abrogé par Décr. n° 2021-1311 du 7 oct. 2021, art. 2) **Dans les communes de 3 500 habitants et plus, le dispositif des délibérations du conseil municipal visé au second alinéa de l'article L. 2121-24 et les arrêtés du maire, à caractère réglementaire, visés au deuxième alinéa de l'article L. 2122-29, sont publiés dans un recueil des actes administratifs ayant une périodicité au moins trimestrielle.***

Ce recueil est mis à la disposition du public à la mairie et, le cas échéant, dans les mairies annexes, à Paris, Marseille et Lyon dans les mairies d'arrondissement. Le public est informé, dans les vingt-quatre heures, que le recueil est mis à sa disposition par affichage aux lieux habituels de l'affichage officiel.

(Décr. n° 2016-146 du 11 févr. 2016, art. 1er) ***« La diffusion du recueil, sous format papier, peut être effectuée à titre gratuit ou par vente au numéro ou par abonnement. »***

Compte tenu du caractère partiel de cette publicité, cette formalité ne constitue pas un mode de publicité des délibérations mais un moyen d'information des habitants. • CAA Marseille, 15 févr. 2000, *Dame Cadenac*, n° 98MA00992 : *Gaz. Pal. 21 sept. 2001, Pan. dr. adm. 4.*

Art. R. 2121-11 *(Abrogé par Décr. n° 2021-1311 du 7 oct. 2021, art. 3) (Décr. n° 2016-146 du 11 févr. 2016, art. 2)* ***Le compte rendu de la séance est affiché, par extraits, à la porte de la mairie et est mis en ligne sur le site internet de la commune, lorsqu'il existe.***

La convocation aux séances du conseil municipal ainsi que les comptes rendus peuvent être affichés sous le porche d'entrée même si l'accès à ce lieu n'est possible qu'aux heures d'ouverture de la mairie. • TA Paris, 26 avr. 2000, *Viale*, n° 9712067/4 : *Dr. adm. 2001, n° 33.*

Art. D. 2121-12 Les modalités d'aménagement et d'utilisation du local commun mis à la disposition des conseillers n'appartenant pas à la majorité municipale, en application de l'article L. 2121-27, sont fixées par accord entre ceux-ci et le maire. En cas de désaccord, il appartient au maire d'arrêter les conditions de cette mise à disposition.

Dans les communes de 10 000 habitants et plus, les conseillers municipaux concernés peuvent, à leur demande, disposer d'un local administratif permanent.

Dans les communes de moins de 10 000 habitants et de plus de 3 500 habitants, la mise à disposition d'un local administratif commun aux conseillers n'appartenant pas à la majorité municipale peut être, dans la mesure compatible avec l'exécution des services publics, soit permanente, soit temporaire. Dans ce dernier cas, en l'absence d'accord entre le maire et les conseillers intéressés, la durée de mise à disposition ne peut être inférieure à quatre heures par semaine, dont deux heures au moins pendant les heures ouvrables.

La répartition du temps d'occupation du local administratif mis à la disposition des conseillers minoritaires entre leurs différents groupes est fixée d'un commun accord. En l'absence d'accord, le maire procède à cette répartition en fonction de l'importance des groupes. — *[C. communes, art. R. 318-1.]*

Un règlement intérieur ne peut limiter, pour les conseillers n'appartenant pas à la majorité, à une matinée par semaine la mise à disposition d'un local. • CE 28 janv. 2004, *Cne de Pertuis*, n° 256544 : *AJDA 2004. 932, note Brondel*.

♦ ... Ni à deux heures par jour de 18 heures à 20 heures. • CAA Paris, 22 nov. 2005, *Cne d'Issy-les-Moulineaux*, n° 02PA1786 : *BJCL 2006. 92, concl. Troulilly et obs. B. P.*

SECTION 5 **Attributions**

Art. R. 2121-13 *(Décr. n° 2023-767 du 11 août 2023, art. 1er)* Pour l'application du II de l'article L. 2121-30, les communes mettent à disposition de la base adresse nationale mentionnée au 6° de l'article R. 321-5 du code des relations entre le public et l'administration *[V. cet art. ci-dessous]* les données de référence suivantes :

— la dénomination de l'ensemble des voies, publiques et privées lorsque ces dernières sont ouvertes à la circulation, ainsi que des lieux-dits ;

— la numérotation des maisons et autres constructions ;

Cette mise à disposition s'effectue au moyen d'un dispositif créé par l'État et défini par arrêté du Premier ministre. Cet arrêté détermine les modalités techniques de création, de publication et de modification des données par les communes ;

Toute modification apportée à la dénomination des voies et des lieux-dits mentionnés au deuxième alinéa ou à la numérotation des maisons et autres constructions mentionnées au troisième alinéa est renseignée par la commune dans le délai d'un mois suivant la date à laquelle a été prise la décision entraînant cette modification en application de l'article L. 2121-30 ou L. 2213-28.

Sur la fixation des modalités de création, de publication et de modification des données de référence mentionnées à l'art. R. 2121-13 CGCT, V. Arr. du 31 juill. 2025.

Code des relations entre le public et l'administration

Art. R. 321-5 *(Décr. nº 2017-331 du 14 mars 2017, art. 1er)* Le service public des données de référence met à la disposition du public les données suivantes :

1º Le répertoire des entreprises et de leurs établissements, mentionné à l'article R. 123-220 du code de commerce, produit par l'Institut national de la statistique et des études économiques *(Décr. nº 2021-1500 du 17 nov. 2021, art. 3)* « , sous réserve des exceptions prévues à l'article R. 123-232 du même code » ;

2º Le répertoire national des associations, créé par l'arrêté du 14 octobre 2009 portant création du répertoire national des associations, produit par la direction des libertés publiques et des affaires juridiques du ministère de l'intérieur ;

3º Le plan cadastral informatisé, mentionné à l'article L. 127-10 du code de l'environnement, produit par la direction générale des finances publiques ;

4º Le registre parcellaire graphique, créé sur le fondement du règlement européen nº 1306/2013 du Parlement européen et du Conseil du 17 décembre 2013 relatif au financement, à la gestion et au suivi de la politique agricole commune et abrogeant les règlements (CEE) nº 352/78, (CE) nº 165/94, (CE) nº 2799/98, (CE) nº 814/2000, (CE) nº 1200/2005 et nº 485/2008 du Conseil, produit par l'Agence de services et de paiement ;

5º Le "référentiel à grande échelle", prévu par le décret nº 2011-1371 du 27 octobre 2011 relatif à l'Institut national de l'information géographique et forestière (IGN), produit par l'Institut national de l'information géographique et forestière ;

6º La base adresse nationale, *(Décr. nº 2023-767 du 11 août 2023, art. 3)* « produite par l'Institut national de l'information géographique et forestière » ;

7º La base de données de l'organisation administrative de l'État, produite par la direction de l'information légale et administrative à partir du recensement des coordonnées des services publics nationaux et locaux prévu par l'arrêté du 6 novembre 2000 relatif à la création d'un site sur internet intitulé "service-public.fr" ;

8º Le répertoire opérationnel des métiers et des emplois, produit par *(Décr. nº 2024-606 du 26 juin 2024, art. 17)* « l'opérateur France Travail » ;

9º Le code officiel géographique, mentionné par l'arrêté du 28 novembre 2003 relatif au code officiel géographique, produit par l'Institut national de la statistique et des études économiques.

SECTION 6 Délégation spéciale

Pas de dispositions réglementaires codifiées.

CHAPITRE II LE MAIRE ET LES ADJOINTS

SECTION 1 Dispositions générales

Pas de dispositions réglementaires codifiées.

SECTION 2 Désignation

SOUS-SECTION 1 Publicité (R)

Art. R. 2122-1 Dans le cas prévu à l'article L. 2122-12, l'affichage des nominations a lieu à la porte de la mairie. – *[C. communes, art. R.* 122-1.]*

SOUS-SECTION 2 Contestation (R)

Art. D. 2122-2 Le délai de cinq jours dans lequel, conformément à l'article L. 2122-13, l'élection du maire et des adjoints peut être arguée de nullité court à partir de vingt-quatre heures après l'élection. – *[C. communes, art. R. 122-5.]*

Art. D. 2122-3 Le recours contentieux, visé à l'article L. 2122-16, exercé contre les arrêtés de suspension et les décrets de révocation des maires et adjoints est jugé comme une affaire urgente et sans frais. – *[C. communes, art. R. 122-6.]*

SOUS-SECTION 3 **Insignes (R)**

Art. D. 2122-4 Les maires portent l'écharpe tricolore avec glands à franges d'or dans les cérémonies publiques et toutes les fois que l'exercice de leurs fonctions peut rendre nécessaire ce signe distinctif de leur autorité.

(Décr. n° 2000-1250 du 18 déc. 2000, art. 1er) « Les adjoints portent l'écharpe tricolore avec glands à franges d'argent dans l'exercice de leurs fonctions d'officier d'état civil et d'officier de police judiciaire, et lorsqu'ils remplacent ou représentent le maire en application des articles L. 2122-17 et L. 2122-18.

« Les conseillers municipaux portent l'écharpe tricolore avec glands à franges d'argent lorsqu'ils remplacent le maire en application de l'article L. 2122-17 ou lorsqu'ils sont conduits à célébrer des mariages par délégation du maire dans les conditions fixées par l'article L. 2122-18.

« L'écharpe tricolore peut se porter soit en ceinture soit de l'épaule droite au côté gauche. Lorsqu'elle est portée en ceinture, l'ordre des couleurs fait figurer le bleu en haut. Lorsqu'elle est portée en écharpe, l'ordre des couleurs fait figurer le bleu près du col, par différenciation avec les parlementaires. »

Art. D. 2122-5 L'insigne officiel des maires aux couleurs nationales est conforme au modèle ci-après : "Sur un fond d'émail bleu, blanc et rouge portant "MAIRE" sur le blanc et "R.F." sur le bleu ; entouré de deux rameaux de sinople, d'olivier à dextre et de chêne à senestre, le tout brochant sur un faisceau de licteur d'argent sommé d'une tête de coq d'or barbée et crêtée de gueules." — *[C. communes, art. R. 122-3.]*

Art. D. 2122-6 Le port de l'insigne officiel des maires aux couleurs nationales, dont l'usage est facultatif, est réservé aux maires dans l'exercice de leurs fonctions et ne dispense pas du port de l'écharpe lorsque celui-ci est prescrit par les textes en vigueur. — *[C. communes, art. R. 122-4.]*

SECTION 3 **Attributions**

SOUS-SECTION 1 **Conditions générales d'exercice**

Art. R. 2122-7 La publication des arrêtés du maire *(Décr. n° 2016-146 du 11 févr. 2016, art. 3)* « peut être » constatée par une déclaration certifiée du maire.

La notification est établie par le récépissé de la partie intéressée ou, à son défaut, par l'original de la notification conservée dans les archives de la mairie.

(Décr. n° 2010-783 du 8 juill. 2010) « L'inscription par ordre de date des arrêtés, actes de publication et de notification a lieu sur le registre *(Décr. n° 2021-1311 du 7 oct. 2021, art. 1er)* « mentionné à l'article R. 2121-9 » ou sur un registre propre aux actes du maire, tenu dans les conditions prévues à *(Décr. n° 2021-1311 du 7 oct. 2021, art. 1er)* « ce même article ».

« Les feuillets sur lesquels sont transcrits les actes du maire portent les mentions du nom de la commune et de la nature de chacun de ces actes. »

La publication de l'arrêté de délégation de fonction dans le registre de la mairie n'est pas suffisant. Il faut également un affichage en mairie. • CE 26 sept. 2008, *Cne de Souillac*, n° 294021 B : *AJDA 2008. 2283, note Verpeaux*.

Art. R. 2122-7-1 *(Décr. n° 2010-783 du 8 juill. 2010)* Les décisions prises par le maire par délégation du conseil municipal ou par un adjoint ou un conseiller municipal par subdélégation sont inscrites dans le registre des délibérations par ordre de date, dans les conditions prévues à l'article R. 2121-9.

Les feuillets sur lesquels sont transcrites ces décisions portent les mentions du nom de la commune et de la nature de ces actes.

Art. D. 2122-7-2 *(Décr. n° 2023-523 du 29 juin 2023, art. 1er)* Le seuil de délégation fixé par la délibération prévue au 30° de l'article L. 2122-22 du présent code ne peut être supérieur à 100 euros.

Après instruction des propositions transmises par le comptable public portant sur des créances irrécouvrables au sens de l'article R. 276-2 du livre des procédures fiscales, le maire prononce l'admission en non-valeur par arrêté.

Il rend compte au moins une fois par an de ses décisions au conseil municipal au moyen d'un état listant les créances admises en non-valeur et les motifs ayant présidé à cette admission.

Il tient à la disposition du conseil municipal les pièces produites à l'appui de la demande d'admission en non-valeur présentée par le comptable public.

Art. R. 2122-8 Le maire peut, sous sa surveillance et sa responsabilité, et en l'absence ou en cas d'empêchement de ses adjoints, donner par arrêté délégation de signature :

(Décr. n° 2010-783 du 8 juill. 2010) « – à un ou plusieurs agents communaux pour l'apposition du paraphe sur les feuillets des registres des délibérations et des arrêtés municipaux, la délivrance des expéditions de ces registres, la certification matérielle et conforme des pièces et documents présentés à cet effet et la légalisation des signatures ; »

– à un ou plusieurs fonctionnaires de catégorie A pour la certification de la conformité et de l'exactitude des pièces justificatives produites à l'appui des mandats de paiement.

Art. R. 2122-9 Le maire, président de la caisse des écoles, peut déléguer sa signature à un membre élu du comité ou à un ou plusieurs fonctionnaires appartenant à un cadre d'emploi ou occupant un emploi de niveau de catégorie A ou B au sein de cet établissement public communal. – *[Décr. n° 98-1061 du 25 nov. 1998, art. 5.]*

SOUS-SECTION 2 **Attributions exercées au nom de la commune**

Art. R. 2122-9-1 *(Décr. n° 2001-451 du 25 mai 2001, art. 2)* Les animaux nuisibles pour lesquels peuvent être ordonnées des battues en application du 9° de l'article L. 2122-21 sont les animaux appartenant aux espèces dont la liste est fixée par le préfet en application de *(Décr. n° 2005-935 du 2 août 2005, art. 7)* « l'article R. 427-7 du code de l'environnement ».

SOUS-SECTION 3 **Attributions exercées au nom de l'État**

Art. R. 2122-10 *(Décr. n° 2017-270 du 1er mars 2017, art. 2)* « Le maire peut déléguer à un ou à plusieurs fonctionnaires titulaires de la commune tout ou partie des fonctions qu'il exerce en tant qu'officier de l'état civil, sauf celles prévues à l'article 75 du code civil. Les actes dressés dans le cadre des fonctions ainsi déléguées comportent la seule signature du fonctionnaire municipal délégué. »

L'arrêté portant délégation est transmis tant au préfet ou au sous-préfet qu'au procureur de la République près le *(Décr. n° 2019-966 du 18 sept. 2019, art. 8)* « tribunal judiciaire » dans le ressort duquel se trouve la commune intéressée.

Le ou les fonctionnaires titulaires de la commune *(Décr. n° 2017-270 du 1er mars 2017, art. 2)* « ayant reçu délégation du maire » peuvent valablement délivrer toutes copies, et extraits, quelle que soit la nature des actes.

(Décr. n° 2011-167 du 10 févr. 2011, art. 5) « Ils peuvent également mettre en œuvre la procédure de vérification prévue par les dispositions *(Décr. n° 2017-890 du 6 mai 2017, art. 53)* « du chapitre II du titre II du décret n° 2017-890 du 6 mai 2017 ». »

L'exercice des fonctions déléguées s'opère sous le contrôle et la responsabilité du maire.

Art. R. 2122-11 *(Décr. n° 2017-270 du 1er mars 2017, art. 3)* Lorsque le maire envisage d'affecter à la célébration de mariages un bâtiment communal autre que la maison commune, il en informe préalablement le procureur de la République en lui transmettant son projet de décision d'affectation, accompagné de tous documents utiles permettant à ce magistrat de s'assurer que les conditions prévues à l'article L. 2121-30-1 sont remplies. Le procureur de la République dispose d'un délai de deux mois pour faire connaître au maire son opposition motivée au projet.

Si, dans ce délai, le procureur de la République ne s'estime pas en mesure, au vu des éléments qui lui ont été transmis, d'apprécier s'il y a lieu de faire opposition, il peut effectuer toutes diligences nécessaires à l'exercice de sa mission. Dans le cas où ces diligences ne peuvent être accomplies dans le délai de deux mois, ce délai est alors prorogé d'un mois. Le procureur de la République avise le maire de cette prorogation.

Si à l'issue du délai de deux mois, ou du délai de trois mois lorsqu'il été fait application de la prorogation prévue à l'alinéa précédent, le procureur de la République n'a pas fait connaître son opposition au projet, le maire peut prendre sa décision d'affectation. Il en transmet copie au procureur de la République.

SECTION 4 Honorariat des maires, maires délégués et adjoints

Pas de dispositions réglementaires codifiées.

CHAPITRE III CONDITIONS D'EXERCICE DES MANDATS MUNICIPAUX

SECTION 1 Garanties accordées aux titulaires de mandats municipaux

SOUS-SECTION 1 Garanties accordées dans l'exercice du mandat

§ 1 Autorisations d'absence (R) *(Décr. n° 2003-836 du 1er sept. 2003, art. 2).*

Art. R. 2123-1 Afin de bénéficier du temps nécessaire pour se rendre et participer aux séances et réunions visées à l'article L. 2123-1, l'élu membre d'un conseil municipal, qui a la qualité de salarié, informe son employeur par écrit, dès qu'il en a connaissance, de la date et de la durée de la ou des absences envisagées. – *[C. communes, art. R. 121-16.]*

Art. R. 2123-2 Les dispositions de l'article R. 2123-1 sont applicables, lorsqu'ils ne bénéficient pas de dispositions plus favorables, aux fonctionnaires régis par les titres I à IV du statut général de la fonction publique, ainsi qu'aux agents contractuels de l'État, des collectivités territoriales et de leurs établissements publics administratifs qui exercent des fonctions publiques électives.

(Décr. n° 2018-1252 du 26 déc. 2018, art. 1er) « Les militaires en position d'activité qui exercent des fonctions publiques électives bénéficient également de ces dispositions, sous réserve des nécessités liées à la préparation et à la conduite des opérations ainsi qu'à la bonne exécution des missions des forces armées et formations rattachées. »

§ 2 Crédit d'heures (R)

Art. R. 2123-3 Afin de bénéficier du crédit d'heures prévu à l'article *(Décr. n° 2003-836 du 1er sept. 2003, art. 3)* « L. 2123-2 », l'élu membre d'un conseil municipal informe son employeur par écrit trois jours au moins avant son absence en précisant la date et la durée de l'absence envisagée ainsi que la durée du crédit d'heures à laquelle il a encore droit au titre du trimestre en cours.

Art. R. 2123-4 Les dispositions de l'article *(Décr. n° 2003-836 du 1er sept. 2003, art. 3)* « R. 2123-3 » sont applicables, lorsqu'ils ne bénéficient pas de dispositions plus favorables, aux fonctionnaires régis par les titres I à IV du statut général de la fonction publique ainsi qu'aux agents contractuels de l'État, des collectivités territoriales et de leurs établissements publics administratifs qui exercent des fonctions publiques électives.

(Décr. n° 2018-1252 du 26 déc. 2018, art. 1er) « Ces dispositions sont également applicables aux militaires en position d'activité qui exercent des fonctions publiques électives, sous réserve des nécessités liées à la préparation et à la conduite des opérations ainsi qu'à la bonne exécution des missions des forces armées et formations rattachées ; le militaire élu informe son autorité hiérarchique par écrit sept jours au moins avant son absence, en précisant la date et la durée de l'absence envisagée. »

Art. R. 2123-5 *(Décr. n° 2003-836 du 1er sept. 2003, art. 4)* I. — La durée du crédit d'heures pour un trimestre est égale :

1° À cent quarante heures pour les maires des communes d'au moins 10 000 habitants et les adjoints au maire des communes d'au moins 30 000 habitants ;

2° À *(Décr. n° 2021-1708 du 17 déc. 2021, art. 23)* « cent vingt-deux heures trente » pour les maires des communes de moins de 10 000 habitants et les adjoints au maire des communes de 10 000 à 29 999 habitants ;

3° À *(Décr. n° 2021-1708 du 17 déc. 2021, art. 23)* « soixante-dix heures » pour les conseillers municipaux des communes d'au moins 100 000 habitants et les adjoints au maire des communes de moins de 10 000 habitants ;

4° À trente-cinq heures pour les conseillers municipaux des communes de 30 000 à 99 999 habitants, à vingt et une heures pour les conseillers municipaux des communes de 10 000 à 29 999 habitants et à dix heures trente pour les conseillers municipaux des communes de 3 500 à 9 999 habitants ;

(Décr. n° 2015-1352 du 26 oct. 2015, art. 1er) « 5° À *(Décr. n° 2021-1708 du 17 déc. 2021, art. 23)* « dix heures trente » pour les conseillers municipaux des communes de moins de 3 500 habitants. »

II. — La durée du crédit d'heures de l'adjoint ou du conseiller municipal qui supplée le maire dans les conditions prévues par l'article L. 2122-17 est, pendant la durée de la suppléance, celle prévue par le I du présent article pour le maire de la commune.

III. — La durée du crédit d'heures du conseiller municipal qui bénéficie d'une délégation de fonction du maire est celle prévue par le I du présent article pour un adjoint au maire de la commune.

Art. R. 2123-6 *(Décr. n° 2003-836 du 1er sept. 2003, art. 5)* Compte tenu des nécessités du service public de l'enseignement, le service hebdomadaire des personnels appartenant à des corps ou cadres d'emplois d'enseignant qui bénéficient d'un crédit d'heures conformément à l'article L. 2123-2 fait l'objet d'un aménagement en début d'année scolaire.

La durée du crédit d'heures est répartie entre le temps de service effectué en présence des élèves leur incombant statutairement et le temps complémentaire de service dont ils sont redevables en application de l'article 1er du décret n° 2000-815 du 25 août 2000 relatif à l'aménagement et à la réduction du temps de travail dans la fonction publique de l'État ou, lorsqu'ils relèvent de la fonction publique territoriale, en application de l'article 1er du décret n° 2001-623 du 12 juillet 2001 pris pour l'application de l'article 7-1 de la loi n° 84-53 du 26 janvier 1984 et relatif à l'aménagement et à la réduction du temps de travail dans la fonction publique territoriale.

La partie du crédit d'heures imputable sur le temps du service effectué en présence des élèves est obtenue en pondérant le crédit d'heures par le rapport entre la durée du temps de service effectué en présence des élèves et la durée fixée à l'article 1er du décret n° 2000-815 du 25 août 2000 ou, le cas échéant, à l'article 1er du décret n° 2001-623 du 12 juillet 2001.

Art. R. 2123-7 *(Décr. n° 2003-836 du 1er sept. 2003, art. 6)* En cas de travail à temps partiel, le crédit d'heures est réduit au prorata du rapport entre les horaires inscrits au contrat de travail du salarié concerné, selon les dispositions de l'article *(Décr. n° 2016-1551 du 18 nov. 2016, art. 6)* « L. 3123-6 » du code du travail, et la durée hebdomadaire légale du travail définie à l'article R. 2123-9 du présent code.

Dans le cas d'un fonctionnaire régi par les titres II, III ou IV du statut général de la fonction publique ou d'un agent non titulaire de l'État, d'une collectivité territoriale ou de leurs établissements publics administratifs, qui exerce ses fonctions à temps partiel le crédit d'heures est réduit au prorata du rapport entre la durée annuelle du service à temps partiel et la durée annuelle légale du travail définie à l'article R. 2123-10 du présent code.

Art. R. 2123-8 La majoration de la durée du crédit d'heures prévue à l'article L. 2123-4 ne peut dépasser 30 % par élu. — *[C. communes, art. R. 121-23.]*

§ 3 Temps maximal d'absence (R) *(Décr. n° 2003-836 du 1er sept. 2003, art. 2)*.

Art. R. 2123-9 Pour fixer le temps d'absence maximal auquel les élus qui ont la qualité de salarié ont droit en application de l'article L. 2123-5, la durée légale du travail pour une année civile s'apprécie sur la base de la durée hebdomadaire légale fixée par l'article *(Décr. n° 2016-1551 du 18 nov. 2016, art. 6)* « L. 3121-27 » du code du travail, en décomptant cinq semaines de congés payés ainsi que les jours fériés.

(Décr. n° 2003-836 du 1er sept. 2003, art. 7) « Toutefois, lorsqu'il est dérogé à cette durée soit par des décrets en conseil des ministres, soit par convention ou accord collectif dans les conditions prévues à l'article *(Décr. n° 2016-1551 du 18 nov. 2016, art. 6)* « L. 3121-67 » du code du travail, soit en cas de régime d'équivalence instauré dans les conditions prévues par *(Décr. n° 2016-1551 du 18 nov. 2016, art. 6)* « les articles L. 3121-13 à L. 3121-15 » du même code, il est tenu compte de la durée du travail telle qu'elle résulte de ces dérogations. »

La durée hebdomadaire du travail prise en compte pour les salariés régis par un contrat de travail temporaire est celle fixée dans ce contrat en application *(Décr. n° 2016-1551 du 18 nov. 2016, art. 6)* « de l'article L. 1251-43 » du code du travail.

Art. R. 2123-10 *(Décr. nº 2003-836 du 1er sept. 2003, art. 8)* Pour fixer le temps maximal d'absence auquel ont droit, en application de l'article L. 2123-5, les élus qui ont la qualité de fonctionnaire régi par les titres II, III ou IV du statut général de la fonction publique ou d'agent non titulaire de l'État, d'une collectivité territoriale ou de leurs établissements publics administratifs, la durée légale du travail pour une année civile s'apprécie sur la base de la durée annuelle fixée à l'article 1er du décret nº 2000-815 du 25 août 2000 ou à l'article 1er du décret nº 2001-623 du 12 juillet 2001 ou à l'article 1er du décret nº 2002-9 du 4 janvier 2002.

Toutefois, lorsqu'il est dérogé à cette durée annuelle, il est tenu compte de la durée du travail telle qu'elle résulte de ces dérogations dans les conditions fixées, selon le cas, par le décret nº 2000-815 du 25 août 2000 ou le décret nº 2001-623 du 12 juillet 2001 ou le décret nº 2002-9 du 4 janvier 2002.

§ 4 Compensation des pertes de revenu

(Décr. nº 2003-836 du 1er sept. 2003, art. 2)

Art. R. 2123-11 *(Décr. nº 2003-836 du 1er sept. 2003, art. 9)* I. — Pour bénéficier de la compensation financière prévue par l'article L. 2123-3, l'élu qui ne perçoit pas d'indemnité de fonction et qui a la qualité de salarié doit justifier auprès de la collectivité concernée qu'il a subi une diminution de rémunération du fait de sa participation aux séances ou réunions mentionnées à l'article L. 2123-1 et de l'exercice de son droit au crédit d'heures prévu par les articles L. 2123-2 et L. 2123-4.

Ces dispositions s'appliquent aux fonctionnaires régis par les titres II, III ou IV du statut général de la fonction publique, *(Décr. nº 2018-1252 du 26 déc. 2018, art. 1er)* « aux militaires en position d'activité, » ainsi qu'aux agents non titulaires de l'État, des collectivités territoriales ou de leurs établissements publics administratifs.

II. — Pour bénéficier de la compensation financière prévue par l'article L. 2123-3, l'élu qui ne perçoit pas d'indemnité de fonction et qui n'a pas la qualité de salarié doit justifier de la diminution de son revenu du fait de sa participation aux séances ou réunions mentionnées à l'article L. 2123-1 et, dans les limites du crédit d'heures prévues pour les conseillers de la commune, du temps qu'il consacre à l'administration de sa collectivité et à la préparation des réunions des instances où il siège.

SOUS-SECTION 2 Garanties accordées dans l'exercice d'une activité professionnelle

Pas de dispositions réglementaires codifiées.

SOUS-SECTION 3 Garanties accordées à l'issue du mandat

(Décr. nº 2003-943 du 2 oct. 2003, art. 1er)

Art. R. 2123-11-1 À l'issue de leur mandat, les personnes ayant exercé un des mandats électifs mentionnés à l'article L. 2123-11-2 peuvent bénéficier de l'allocation différentielle de fin de mandat, sous réserve de remplir les conditions prévues à l'article précité.

Pour l'application des présentes dispositions, la condition de cessation de l'activité professionnelle s'apprécie à l'issue du mandat.

Art. R. 2123-11-2 La demande, accompagnée des pièces justificatives permettant de déterminer le montant de l'allocation susceptible d'être attribuée, doit être adressée à la Caisse des dépôts et consignations au plus tard *(Décr. nº 2021-1708 du 17 déc. 2021, art. 22)* « onze » mois après l'issue du mandat.

Art. R. 2123-11-3 L'indemnité différentielle de fin de mandat est personnelle.

Art. R. 2123-11-4 *(Décr. nº 2015-1400 du 3 nov. 2015, art. 1er)* « Pendant les six premiers mois de son versement, » son montant est égal à 80 % de la différence entre le montant de l'indemnité brute mensuelle, avant retenue à la source de l'imposition, que l'intéressé percevait pour l'exercice de ses fonctions électives, et l'ensemble des ressources perçues au titre des revenus du travail, des revenus de substitution ou des indemnités liées à d'autres mandats électifs. *(Décr. nº 2015-1400 du 3 nov. 2015, art. 1er)* « À compter du septième mois suivant le début de versement de l'allocation, son montant est porté à 40 %. »

Art. R. 2123-11-5 L'indemnité est versée pour une durée maximale *(Décr. n° 2015-1400 du 3 nov. 2015, art. 2)* « d'un an.

« L'indemnité est versée chaque mois dès lors que son montant mensuel est supérieur à 100 euros. Dans le cas où le montant de l'allocation est inférieur à 100 euros, le paiement est effectué en deux fois au cours des six premiers mois, et à compter du septième mois, en deux fois également. »

Art. R. 2123-11-6 Le bénéficiaire est tenu de faire connaître sans délai tout changement de situation au regard du montant des ressources qu'il perçoit.

SECTION 2 Droit à la formation

SOUS-SECTION 1 Dispositions générales (R)

Art. R. 2123-12 La prise en charge par la commune des dépenses liées à l'exercice du droit des élus locaux à la formation, dans les conditions prévues par les articles L. 2123-12 à L. 2123-16 et par le 3° de l'article L. 2321-2, ne peut intervenir que si l'organisme dispensateur du stage ou de la session a reçu un agrément délivré par le ministre *(Décr. n° 2021-596 du 14 mai 2021, art. 12)* « chargé des collectivités territoriales » dans les conditions fixées par les articles R. 1221-12 à *(Décr. n° 2021-596 du 14 mai 2021, art. 12)* « R. 1221-22-1, et si la formation relève du répertoire défini à l'article R. 1221-9-1 ».

1. L'agrément ne peut être donné qu'à des organismes répondant aux besoins spécifiques des élus et non à des organismes proposant des formations généralistes telles que langues, informatique. • CAA Nancy, 18 nov. 2004, *Min. de l'Intérieur c/ SARL Formatic*, n° 04NC00440.

2. La condition d'agrément ministériel est la seule devant être prise en considération par le conseil municipal. Le fait que l'organisme dispensateur ait une allégeance politique affirmée et ne soit pas situé dans la région ne peut motiver le refus de prise en charge de la formation. • TA Nancy, 31 août 2004, *MB*, n° 0201600 : *Coll. terr. 2004, n° 214, note Moreau.*

Art. R. 2123-13 *(Décr. n° 2009-8 du 5 janv. 2009)* Les frais de déplacement et de séjour des élus municipaux sont pris en charge par la commune dans les conditions définies par le décret fixant les conditions et les modalités de règlement des frais occasionnés par les déplacements temporaires des personnels civils de l'État.

Art. R. 2123-14 Pour bénéficier de la prise en charge prévue à l'article *(Décr. n° 2009-8 du 5 janv. 2009)* « L. 2123-14 », l'élu doit justifier auprès de la commune concernée qu'il a subi une diminution de revenu du fait de l'exercice de son droit à la formation.

SOUS-SECTION 2 Dispositions applicables aux élus salariés (R)

Art. R. 2123-15 Tout membre du conseil municipal qui a la qualité de salarié doit, lorsqu'il souhaite bénéficier du congé de formation visé à l'article *(Décr. n° 2009-8 du 5 janv. 2009)* « L. 2123-13 », présenter par écrit sa demande à son employeur trente jours au moins à l'avance en précisant la date et la durée de l'absence envisagée à ce titre, ainsi que la désignation de l'organisme responsable du stage ou de la session. L'employeur accuse réception de cette demande.

À défaut de réponse expresse notifiée au plus tard le quinzième jour qui précède le début du stage ou de la session, le congé est réputé accordé.

Art. R. 2123-16 Le bénéfice du congé de formation est de droit pour effectuer un stage ou suivre une session de formation *(Décr. n° 2021-596 du 14 mai 2021, art. 12)* « répondant aux critères fixés à l'article R. 2123-12 ».

Il peut cependant être refusé par l'employeur si celui-ci estime, après avis du comité d'entreprise ou, à défaut, des délégués du personnel lorsque l'entreprise en comporte, que l'absence du salarié aurait des conséquences préjudiciables à la production et à la bonne marche de l'entreprise.

Si le salarié renouvelle sa demande à l'expiration d'un délai de quatre mois après la notification d'un premier refus, un nouveau refus ne peut lui être opposé.

Art. R. 2123-17 Tout refus de l'employeur doit être motivé et notifié à l'intéressé. – *[C. communes, art. R. 121-33.]*

Art. R. 2123-18 L'organisme dispensateur du stage ou de la session doit délivrer au salarié une attestation constatant sa fréquentation effective. Cette attestation est remise à l'employeur s'il en fait la demande au moment de la reprise du travail. – *[C. communes, art. R. 121-34.]*

SOUS-SECTION 3 Dispositions applicables aux élus ayant qualité d'agents publics (R)

Art. R. 2123-19 Tout membre d'un conseil municipal, régi par les titres I à IV du statut général de la fonction publique doit, lorsqu'il souhaite bénéficier du congé de formation prévu à l'article *(Décr. n° 2009-8 du 5 janv. 2009)* « **L. 2123-13** », présenter par écrit sa demande à l'autorité hiérarchique dont il relève trente jours au moins à l'avance en précisant la date et la durée de l'absence envisagée à ce titre, ainsi que la désignation de l'organisme responsable du stage ou de la session. L'autorité hiérarchique accuse réception de cette demande.

À défaut de réponse expresse notifiée au plus tard le quinzième jour qui précède le début du stage ou de la session, le congé est réputé accordé.

Art. R. 2123-20 Le bénéfice du congé de formation est de droit pour effectuer un stage ou suivre une session de formation *(Décr. n° 2021-596 du 14 mai 2021, art. 12)* « répondant aux critères fixés à l'article **R. 2123-12** ».

Il peut, cependant, être refusé si les nécessités du fonctionnement du service s'y opposent.

Les décisions qui rejettent des demandes de congés de formation doivent être communiquées avec leur motif à la commission administrative paritaire au cours de la réunion qui suit cette décision.

Si le fonctionnaire concerné renouvelle sa demande à l'expiration d'un délai de quatre mois après la notification d'un premier refus, un nouveau refus ne peut lui être opposé.

Art. R. 2123-21 Tout refus de l'autorité hiérarchique doit être motivé et notifié à l'intéressé. – *[C. communes, art. R. 121-37.]*

Art. R. 2123-22 Les dispositions des articles **R. 2123-19** à **R. 2123-21** sont applicables *(Décr. n° 2018-1252 du 26 déc. 2018, art. 1er et 3)* « aux militaires en position d'activité et » aux agents contractuels de l'État, des collectivités territoriales et de leurs établissements publics administratifs.

(Décr. n° 2018-1252 du 26 déc. 2018, art. 1er et 3) « Toutefois, les deux derniers alinéas de l'article **R. 2123-20** ne sont pas applicables aux militaires en position d'activité. »

SOUS-SECTION 4 Droit individuel à la formation

(Décr. n° 2016-870 du 29 juin 2016, art. 1er)

Art. R. 2123-22-1-A Les formations éligibles au titre du droit individuel à la formation sont les formations relatives à l'exercice du mandat du membre du conseil municipal et les formations contribuant à l'acquisition des compétences nécessaires, le cas échéant, à sa réinsertion professionnelle à l'issue du mandat.

Les formations relatives à l'exercice du mandat sont les formations dispensées par un organisme agréé par le ministre *(Décr. n° 2021-596 du 14 mai 2021, art. 12)* « chargé des collectivités territoriales » dans les conditions définies aux articles **R. 1221-12** à *(Décr. n° 2021-596 du 14 mai 2021, art. 12)* « **R. 1221-22-1** ».

Les formations contribuant à la réinsertion professionnelle du membre du conseil municipal sont les formations éligibles au titre du compte personnel de formation, mentionnées à l'article **L. 6323-6** du code du travail.

Art. R. 2123-22-1-B *(Décr. n° 2021-596 du 14 mai 2021, art. 14)* Dans la limite du montant maximal fixé en application du 3° de l'article **R. 1621-7** du présent code, le membre du conseil municipal acquiert ses droits individuels à la formation comptabilisés en euros chaque année, à compter du troisième lundi suivant le premier tour de l'élection municipale, et peut demander à les utiliser dès cette acquisition. Quel que soit le nombre de mandats exercés par l'élu local, le volume des droits qu'il acquiert chaque année au titre des articles L. 2123-12-1, L. 3123-10-1, L. 4135-10-1, L. 7125-12-1, L. 7227-12-1 du présent code et de l'article L. 121-37-1 du code des communes de la Nouvelle-Calédonie ne peut dépasser le montant fixé par l'arrêté mentionné au 2° de l'article R. 1621-7 du présent code.

(Décr. n° 2021-1708 du 17 déc. 2021, art. 11) « Lorsqu'il ne remplit pas les conditions fixées au deuxième alinéa de l'article R. 2123-22-1-C, l'élu perd les droits individuels à la formation acquis au titre de son mandat à l'expiration de celui-ci. Lorsque l'élu exerce plusieurs mandats ouvrant des droits individuels à la formation, ses droits sont calculés en prenant en compte le mandat auquel il a été élu ou réélu qu'il exerce depuis le plus longtemps. »

Art. R. 2123-22-1-C Le membre du conseil municipal qui souhaite bénéficier d'une formation au titre de son droit individuel à la formation adresse une demande au gestionnaire du fonds de financement et de gestion du droit individuel à la formation des élus locaux mentionné à l'article *(Décr. n° 2021-1708 du 17 déc. 2021, art. 4)* « L. 1621-4 par l'intermédiaire du service dématérialisé mentionné à l'article L. 1621-5, conformément aux conditions générales d'utilisation de ce service ».

(Décr. n° 2021-596 du 14 mai 2021, art. 16) « Le titulaire de droits individuels à la formation peut consommer ses droits dans les six mois qui suivent l'expiration de son mandat, s'il n'exerce plus aucun mandat électif local et s'il n'a pas liquidé ses droits à pension, afin de participer à des formations contribuant à sa réinsertion professionnelle, au sens du dernier alinéa de l'article R. 2123-22-1-A. »

Art. R. 2123-22-1-D Le membre du conseil municipal qui a engagé des frais de déplacement et de séjour pour suivre une formation dans le cadre du droit individuel à la formation transmet au gestionnaire du fonds mentionné à l'article *(Décr. n° 2021-1708 du 17 déc. 2021, art. 7)* « L. 1621-4 » un état de frais aux fins de remboursement.

Les frais de déplacement et de séjour sont remboursés au membre du conseil municipal dans les conditions définies par le décret n° 2006-781 du 3 juillet 2006 fixant les conditions et les modalités de règlement des frais occasionnés par les déplacements temporaires des personnels civils de l'État.

SECTION 3 Indemnités des titulaires de mandats municipaux

SOUS-SECTION 1 Dispositions générales

Pas de dispositions réglementaires codifiées.

SOUS-SECTION 2 Remboursement de frais

(Décr. n° 2005-235 du 14 mars 2005)

§ 1 Remboursement des frais liés à l'exercice d'un mandat spécial

Art. R. 2123-22-1 Les membres du conseil municipal chargés de mandats spéciaux par leur assemblée peuvent prétendre, sur justificatif de la durée réelle du déplacement, d'une part, au paiement d'indemnités journalières destinées à rembourser forfaitairement leurs frais supplémentaires de repas et de nuitée nécessités par l'exercice de ces mandats et, d'autre part, au remboursement des frais de transport engagés à cette occasion.

La prise en charge de ces frais est assurée dans les conditions définies par *(Décr. n° 2009-8 du 5 janv. 2009)* « le décret fixant les conditions et les modalités de règlement des frais occasionnés par les déplacements temporaires des personnels civils de l'État ».

Le remboursement des frais mentionnés au premier alinéa du présent article est cumulable avec celui prévu à l'article R. 2123-22-3.

§ 2 Remboursement des frais de transport et de séjour

Art. R. 2123-22-2 Les membres du conseil municipal peuvent prétendre, sur présentation de pièces justificatives, à la prise en charge des frais de transport et de séjour qu'ils engagent à l'occasion de leurs déplacements hors du territoire de la commune pour prendre part aux réunions des organismes dont ils font partie *ès* qualités.

La prise en charge de ces frais de transport et de séjour est assurée dans les conditions prévues au deuxième alinéa de l'article R. 2123-22-1.

Le remboursement de ces frais est cumulable avec celui prévu à l'article R. 2123-22-3.

§ 3 Remboursement des frais liés au handicap

Art. R. 2123-22-3 Peuvent obtenir le remboursement des frais spécifiques de déplacement, d'accompagnement et d'aide technique les élus municipaux en situation de handicap mentionnés au deuxième alinéa de l'article L. 2123-18-1 et relevant des dispositions *(Décr. nº 2021-258 du 9 mars 2021, art. 1er)* « des articles L. 5213-1 et L. 5213-2 » du code du travail ou pouvant prétendre au bénéfice des dispositions des articles *(Décr. nº 2021-258 du 9 mars 2021, art. 1er)* « L. 5212-1 à L. 5212-17 » de ce même code, ou pouvant prétendre au bénéfice de l'article L. 241-3 du code de l'action sociale et des familles.

La prise en charge de ces frais spécifiques est assurée sur présentation d'un état de frais et dans la limite, par mois, du montant *(Décr. nº 2021-258 du 9 mars 2021, art. 1er)* « de l'indemnité maximale susceptible d'être versée au maire d'une commune de moins de 500 habitants en application du barème fixé à l'article L. 2123-23 ».

Le remboursement de ces frais est cumulable avec les remboursements prévus aux articles R. 2123-22-1 et R. 2123-22-2.

§ 4 Remboursement des frais de garde ou d'assistance et aide au financement du chèque service *(Décr. nº 2020-948 du 30 juill. 2020, art. 1er).*

Art. D. 2123-22-4-A *(Décr. nº 2020-948 du 30 juill. 2020, art. 1er)* Pour l'application du second alinéa de l'article L. 2123-18-2, la délibération du conseil municipal détermine les pièces que doivent fournir les membres du conseil municipal pour le remboursement de leurs frais. Cette délibération doit permettre à la commune d'exercer un contrôle, notamment vérifier que la somme de toutes les aides financières et de tout crédit ou réduction d'impôt dont l'élu bénéficie par ailleurs, ainsi que du remboursement de la commune, n'excède pas le montant de la prestation effectuée.

La délibération établit les conditions permettant à la commune :

1º De s'assurer que la garde dont le remboursement est demandé concerne bien des enfants de moins de seize ans, des personnes âgées, des personnes en situation de handicap, ou des personnes ayant besoin d'une aide personnelle dont la garde par les membres du conseil municipal à leur domicile est empêchée par la participation à une des réunions mentionnées à l'article L. 2123-1, par le biais de pièces justificatives ;

2º De s'assurer que la garde ou l'assistance a eu lieu au moment de la tenue de l'une des réunions mentionnées à l'article L. 2123-1 ;

3º De s'assurer du caractère régulier et déclaré de la prestation des personnes physiques ou morales intervenant, sur la base des pièces justificatives fournies ;

4º De s'assurer, à l'appui d'une déclaration sur l'honneur signée de l'élu, du caractère subsidiaire du remboursement : son montant ne peut excéder le reste à charge réel, déduction faite de toutes aides financières et de tout crédit ou réduction d'impôts dont l'élu bénéficie par ailleurs.

Art. D. 2123-22-4-B et D. 2123-22-4-C *Abrogés par Décr. nº 2023-352 du 9 mai 2023, art. 6.*

Art. D. 2123-22-4 *(Décr. nº 2007-808 du 11 mai 2007)* La délibération par laquelle le conseil municipal accorde l'aide financière prévue par l'article L. 2123-18-4 peut préciser les modalités d'attribution et de contrôle de cette aide, notamment le fractionnement éventuel de son versement.

Il est communiqué au conseil municipal, au titre de chaque année civile, un état récapitulatif individuel des aides versées aux élus bénéficiaires.

Art. D. 2123-22-5 *(Décr. nº 2007-808 du 11 mai 2007)* Pour pouvoir prétendre au bénéfice de l'aide financière prévue par l'article L. 2123-18-4, les élus concernés doivent produire tout document justifiant de l'utilisation d'un chèque emploi-service universel conforme à l'article précité.

Art. D. 2123-22-6 *(Décr. nº 2007-808 du 11 mai 2007)* Le montant maximum de cette aide est égal à celui fixé par l'article *(Décr. nº 2020-948 du 30 juill. 2020, art. 3)* « D. 7233-8 » du code du travail, par année civile et par bénéficiaire ayant eu recours à un ou plusieurs services financés par cette aide.

Il ne peut excéder le coût des services supportés par le bénéficiaire.

Art. D. 2123-22-7 *(Décr. nº 2007-808 du 11 mai 2007)* Le maire communique à l'élu bénéficiaire de l'aide financière, avant le 1er février de l'année suivant son attribution, une attestation mentionnant le montant total de l'aide perçue et précisant son caractère non imposable.

La déclaration annuelle prévue par l'article 87 du code général des impôts souscrite par la commune mentionne, pour chaque bénéficiaire, le montant de l'aide accordée par le conseil municipal.

SOUS-SECTION 3 Indemnités de fonctions

Art. R. 2123-23 Les majorations d'indemnités de fonction résultant de l'application de l'article L. 2123-22 peuvent s'élever au maximum pour les élus visés à l'article L. 2123-20 :

(Décr. nº 2015-297 du 16 mars 2015) « 1° Dans les communes chefs-lieux de département à 25 %, dans les communes chefs-lieux d'arrondissement à 20 %, dans les communes sièges du bureau centralisateur du canton ou qui avaient la qualité de chef-lieu de canton avant la modification des limites territoriales des cantons prévues en application de la loi nº 2013-403 du 17 mai 2013 relative à l'élection des conseillers départementaux, des conseillers municipaux et des conseillers communautaires, et modifiant le calendrier électoral, à 15 % ; »

2° Dans les communes sinistrées, à un pourcentage égal au pourcentage d'immeubles sinistrés de la commune. Ce supplément d'indemnité peut se cumuler, le cas échéant, avec les majorations prévues au 1° ci-dessus, mais il doit être calculé d'après le montant de l'indemnité tel qu'il est prévu aux articles L. 2123-20 à L. 2123-24 ;

3° Dans les communes mentionnées aux 3° et 4° de l'article L. 2123-22, à 50 % pour les communes dont la population totale est inférieure à 5 000 habitants et à 25 % pour celles dont la population totale est supérieure à ce chiffre. Un arrêté du préfet détermine les communes dans lesquelles les dispositions prévues au 4° de l'article L. 2123-22 sont applicables ;

4° Dans les communes mentionnées au 5° de l'article L. 2123-22, les indemnités de fonctions peuvent être votées dans les limites correspondant à l'échelon immédiatement supérieur à celui de la population des communes visé à l'article L. 2123-23.

SECTION 4 Protection sociale

SOUS-SECTION 1 Sécurité sociale

(Décr. nº 2004-1238 du 17 nov. 2004, art. 2)

Art. D. 2123-23-1 Tout membre du conseil municipal percevant des indemnités de fonction et qui ne peut, en cas de maladie, maternité, paternité ou accident, exercer effectivement ses fonctions au-delà d'un délai de 15 jours francs, est tenu d'indiquer à la collectivité dont il est l'élu le montant des indemnités journalières qui lui sont, le cas échéant, versées par son régime de sécurité sociale au titre de son activité professionnelle, accompagné des pièces justificatives concernant l'arrêt de travail et son indemnisation, afin de déterminer le montant des indemnités de fonction à lui attribuer conformément à l'article L. 2123-25-1.

En cas de trop-perçu, la commune procède à la répétition de l'indu à compter de la réception des indemnités journalières par l'élu et de la déclaration de leur montant.

Lorsque l'élu ne bénéficie d'aucun régime d'indemnités journalières ou ne remplit pas les conditions pour bénéficier d'une indemnisation auprès du régime de sécurité sociale dont relève son activité, les indemnités de fonction sont maintenues en totalité pendant la durée de l'arrêt de travail.

En cas de cumul de mandats, les dispositions prévues au premier alinéa du présent article s'appliquent à chaque mandat.

Art. D. 2123-23-2 Lorsque le délai de carence prévu par le régime de sécurité sociale dont relève l'élu municipal pour le versement des indemnités journalières est supérieur au délai de 15 jours fixé à l'article D. 2123-23-1, les indemnités de fonction lui sont versées en totalité pendant la période ne donnant lieu au versement d'aucune indemnité journalière.

SOUS-SECTION 2 **Retraite**

Art. R. 2123-24 Le plafond des taux de cotisations prévus à l'article L. 2123-27 est fixé ainsi qu'il suit :

— taux de cotisation de la commune : 8 % ;
— taux de cotisation de l'élu : 8 %. — *[Décr. nº 93-825 du 25 mai 1993, art. 1er.]*

Art. D. 2123-25 Les maires, adjoints aux maires, maires délégués dans les communes associées, *(Décr. nº 2012-124 du 30 janv. 2012, art. 1er)* « maires délégués dans les communes déléguées, » présidents et vice-présidents des communautés urbaines, affiliés obligatoirement au régime de l'institution de retraite complémentaire des agents non titulaires de l'État et des collectivités publiques (IRCANTEC) à partir du 1er janvier 1973 ou qui l'ont été depuis cette date peuvent, sur leur demande, faire prendre en compte les services accomplis avant le 1er janvier 1973 et pour lesquels ils ont perçu une indemnité de fonction.

Ils doivent, à cet effet, effectuer un versement égal au montant des cotisations qui auraient été acquittées au titre du régime de l'institution de retraite complémentaire des agents non titulaires de l'État et des collectivités publiques ou des régimes qui l'ont précédé, si ces régimes leur avaient été appliqués aux époques où ces services ont été accomplis ; la commune doit alors verser la part des cotisations qui lui aurait incombé.

La demande de validation doit être formulée dans le délai de deux ans à compter de l'affiliation de l'intéressé.

La validation demandée après l'expiration du délai de deux ans prévu à l'alinéa précédent est subordonnée au versement par l'intéressé de sa cotisation majorée dans la même proportion que le salaire de référence depuis la date de forclusion.

Les versements rétroactifs à la charge du bénéficiaire doivent être effectués en totalité, sous peine de déchéance du droit à validation, avant l'expiration d'un délai courant à partir de la notification faite à l'intéressé et calculé à raison d'un trimestre par année entière de services à valider.

Art. D. 2123-26 Les élus affiliés à l'institution de retraite complémentaire des agents non titulaires de l'État et des collectivités publiques (IRCANTEC) cotisent au-delà de soixante-cinq ans. — *[C. communes, art. R. 123-6.]*

Art. D. 2123-27 Les élus affiliés à l'institution de retraite complémentaire des agents non titulaires de l'État et des collectivités publiques (IRCANTEC) bénéficient, à titre obligatoire, du capital-décès complémentaire prévu au titre du régime complémentaire de retraite sans qu'il soit besoin que la collectivité locale prenne une délibération particulière à cet effet. — *[C. communes, art. R. 123-7.]*

Art. D. 2123-28 Les élus affiliés à l'institution de retraite complémentaire des agents non titulaires de l'État et des collectivités publiques (IRCANTEC) sont soumis aux dispositions réglementaires régissant cette institution dans la mesure où elles ne sont pas contraires à celles de la présente sous-section. — *[C. communes, art. R. 123-8.]*

SECTION 5 **Responsabilité des communes en cas d'accident**

Pas de dispositions réglementaires codifiées.

SECTION 6 *[ABROGÉE]* **Responsabilité des élus**

(Abrogée par Décr. nº 2023-352 du 9 mai 2023, art. 6)

Art. D. 2123-29 *Abrogé par Décr. nº 2023-352 du 9 mai 2023, art. 6.*

CHAPITRE IV DISPOSITIONS APPLICABLES EN PÉRIODE DE MOBILISATION GÉNÉRALE ET EN TEMPS DE GUERRE

Art. R. 2124-1 La transmission des délibérations mentionnées au second alinéa de l'article L. 2124-1 est faite à la préfecture. – *[C. communes, art. R.* 124-2.]*

Art. R. 2124-2 Dans les cas prévus à l'article L. 2124-3, le préfet doit immédiatement rendre compte des mesures prises au ministre de l'Intérieur. – *[C. communes, art. R.* 124-5.]*

Art. R. 2124-3 La mise en demeure adressée par le préfet au maire ou au président de l'établissement public de coopération intercommunale, dans les cas prévus à l'article L. 2124-3, peut être faite soit par lettre, soit par télégramme, soit par message téléphoné.

La réponse adressée au préfet par le maire ou le président de l'établissement public de coopération intercommunale doit être faite dans l'une des formes indiquées à l'alinéa précédent. – *[C. communes, art. R.* 124-6.]*

Art. R. 2124-4 Dans les cas prévus à l'article L. 2124-5, le décret prononçant la suspension provisoire d'un maire ou d'un conseiller municipal est pris sur le rapport du ministre de l'Intérieur. – *[C. communes, art. R.* 124-3 et R.* 124-4.]*

Art. R. 2124-5 Dans les cas prévus à l'article L. 2124-7, le décret portant suspension du conseil municipal ou de l'organe délibérant d'un établissement public de coopération intercommunale est pris sur la proposition du ministre de l'Intérieur. – *[C. communes, art. R.* 124-1.]*

TITRE III ACTES DES AUTORITÉS COMMUNALES ET ACTIONS CONTENTIEUSES

CHAPITRE I RÉGIME JURIDIQUE DES ACTES PRIS PAR LES AUTORITÉS COMMUNALES

SECTION 1 Publication des actes pris par les autorités communales *(Décr. nº 2021-1311 du 7 oct. 2021, art. 4)*

(Décr. nº 2016-146 du 11 févr. 2016, art. 4)

Art. R. 2131-1 *(Décr. nº 2021-1311 du 7 oct. 2021, art. 5)* « I. – Les actes publiés sous forme électronique sont mis à la disposition du public sur le site internet de la commune dans leur intégralité, sous un format non modifiable et dans des conditions propres à en assurer la conservation, à en garantir l'intégrité et à en effectuer le téléchargement. »

La version électronique de ces actes comporte la mention, en caractères lisibles, du prénom, du nom et de la qualité de leur auteur *(Décr. nº 2021-1311 du 7 oct. 2021, art. 5)* « ainsi que la date de mise en ligne de l'acte sur le site internet de la commune. La durée de publicité de l'acte ne peut pas être inférieure à deux mois.

« II. – Lorsque le conseil municipal d'une commune de moins de 3 500 habitants a opté, en application du 2° du IV de l'article L. 2131-1, pour la publication sur papier des actes des autorités communales, ces actes sont tenus à la disposition du public en mairie de manière permanente et gratuite.

(Décr. nº 2024-719 du 5 juill. 2024) « II *bis*. – Si une commune de moins de 3 500 habitants ne dispose pas d'un site internet, la délibération par laquelle elle choisit un des modes de publicité prévus au 1° ou au 2° du IV de l'article L. 2131-1 est publiée sur le site de l'établissement public de coopération intercommunale à fiscalité propre dont elle est membre. La commune informe le public, par tout moyen, de l'adresse du site internet sur lequel est publiée cette délibération. »

« III. – La délivrance des actes mentionnés au VI de l'article L. 2131-1 se fait selon les modalités fixées par l'article R. 311-11 du code des relations entre le public et l'administration. »

SECTION 2 Transmission par voie électronique des actes soumis au contrôle de légalité

(Décr. nº 2005-324 du 7 avr. 2005, art. 1er)

Art. R. 2131-2-A *(Décr. nº 2021-1311 du 7 oct. 2021, art. 6)* I. — La commune, lorsqu'elle effectue par voie électronique la transmission de tout ou partie des actes mentionnés à l'article L. 2131-2, recourt à un dispositif de télétransmission ayant fait l'objet d'une homologation dans des conditions fixées par arrêté du ministre de l'intérieur.

Le dispositif de télétransmission assure l'identification et l'authentification de la collectivité territoriale émettrice, l'intégrité des flux de données relatives aux actes mentionnés au premier alinéa ainsi que la sécurité et la confidentialité de ces données, selon les modalités prévues dans un cahier des charges annexé à l'arrêté mentionné au précédent alinéa.

II. — Par dérogation au I, lorsqu'elle effectue par voie électronique la transmission de tout ou partie des actes mentionnés à l'article L. 2131-2, la commune peut recourir à un dispositif dispensé d'homologation dont la liste est établie par un arrêté du ministre de l'intérieur et du ou des ministres concernés par le dispositif.

La transmission par voie électronique au moyen de ce dispositif assure l'identification et l'authentification de la collectivité territoriale émettrice, l'intégrité des flux de données relatives aux actes mentionnés au premier alinéa ainsi que la sécurité et la confidentialité de ces données, selon les modalités prévues dans l'arrêté mentionné au précédent alinéa. — *[Anc. art. R. 2131-1-B.]*

Sur la liste et les conditions d'utilisation des dispositifs dispensés de l'homologation prévue au II de cet art. et permettant la transmission par voie électronique des actes des collectivités territoriales soumis au contrôle de légalité, V. ci-dessous Arr. du 24 févr. 2023.

Arrêté du 24 février 2023,

Établissant la liste et les conditions d'utilisation des dispositifs dispensés de l'homologation prévue au II de l'article R. 2131-2-A du code général des collectivités territoriales et permettant la transmission par voie électronique des actes des collectivités territoriales soumis au contrôle de légalité.

CHAPITRE I. *INTERFACE ENTRE @CTES ET LA PLATEFORME DES AUTORISATIONS D'URBANISME "PLAT'AU"*

Art. 1er Le dispositif mentionné au dernier alinéa de l'article R. 331-10 du code de l'urbanisme, dénommé "PLAT'AU" (plateforme des autorisations d'urbanisme), est raccordé avec le système d'information permettant au préfet de département ou au sous-préfet d'arrondissement de réceptionner les actes télétransmis en application des dispositions de l'article L. 2131-1 du code général des collectivités territoriales, dénommé @CTES.

Cette interface constitue un dispositif de télétransmission dispensé d'homologation en application du II de l'article R. 2131-2-A du code général des collectivités territoriales.

L'autorité compétente pour délivrer une autorisation d'urbanisme déclenche le recours à ce dispositif de télétransmission au moment où elle manifeste, depuis un système d'information interfacé à PLAT'AU, la volonté de télétransmettre *(Arr. du 6 juin 2023, art. 1er)* « l'entier dossier de demande et le cas échéant la décision » au préfet de département ou au sous-préfet d'arrondissement au titre du contrôle de légalité.

Art. 2 La télétransmission électronique prévue à l'article 1er satisfait aux exigences de sécurité suivantes :

1. Identification de l'autorité compétente ayant délivré l'autorisation d'urbanisme

L'autorité compétente ayant manifesté la volonté de télétransmettre un de ses actes au préfet de département ou au sous-préfet d'arrondissement au moyen du dispositif de télétransmission mentionné à l'article 1er est identifiée par @CTES par le numéro SIREN qu'elle a déclaré au moment de son enrôlement dans PLAT'AU.

2. Identification de l'acte télétransmis

L'acte télétransmis est identifié au moyen d'identifiants juridiques attribués par l'autorité compétente ainsi que d'identifiants techniques générés par PLAT'AU.

3. Intégrité de l'acte et de ses pièces jointes

L'acte ne peut être télétransmis au titre du contrôle de légalité que s'il a été déposé sur PLAT'AU au format PDF (Portable Document Format). Les pièces de la demande et les autres documents produits, transmis au contrôle de légalité, sont pris en compte par @CTES à la condition d'avoir été déposées sur PLAT'AU dans l'un des formats suivants : PDF (Portable Document Format), PNG (Portable Network Graphics), JPEG (Joint Photographic Experts Group), Tiff (Tagged Image File Format), Gif (Graphic Interchange Format), BMP (Bitmap).

CHAPITRE II. *INTERFACE ENTRE @CTES ET LE PORTAIL NATIONAL DE L'URBANISME*

Art. 3 Le dispositif mentionné à l'article L. 133-1 du code de l'urbanisme, dénommé portail national de l'urbanisme, est raccordé avec le système d'information permettant au préfet de département ou au sous-préfet d'arrondissement de réceptionner les délibérations télétransmises en application des dispositions de l'article L. 2131-1 du code général des collectivités territoriales, dénommé @CTES.

Cette interface constitue un dispositif de télétransmission dispensé d'homologation en application du II de l'article R. 2131-2-A du code général des collectivités territoriales.

L'autorité compétente pour approuver un document d'urbanisme ou son évolution déclenche le recours à ce dispositif de télétransmission au moment où elle manifeste, depuis le portail national de l'urbanisme, la volonté de télétransmettre ses délibérations relatives aux documents d'urbanisme ainsi que les pièces afférant au préfet de département ou au sous-préfet d'arrondissement au titre du contrôle de légalité.

Art. 4 La télétransmission électronique prévue à l'article 3 satisfait aux exigences de sécurité suivantes :

1. Identification de l'autorité compétente ayant approuvé le document d'urbanisme ou son évolution

L'autorité compétente ayant manifesté la volonté de télétransmettre une de ses délibérations relatives aux documents d'urbanisme au préfet de département ou au sous-préfet d'arrondissement au moyen du dispositif de télétransmission mentionné à l'article 3 est identifiée par @CTES par le numéro SIREN qu'elle renseigne à chaque télétransmission.

2. Identification de la délibération télétransmise

La délibération télétransmise est identifiée par un identifiant technique généré par @CTES, produit par la concaténation du numéro de département, du numéro SIREN de l'autorité compétente, de la date de la manifestation de télétransmettre, du numéro de la délibération interne à l'autorité compétente ainsi que la nature de l'acte.

3. Intégrité de la délibération et de ses annexes

La délibération et les pièces jointes afférentes ne peuvent être télétransmises au titre du contrôle de légalité que si elles ont été déposées sur le portail national de l'urbanisme au format PDF (Portable Document Format).

Art. 5 L'arrêté du 29 décembre 2021 établissant la liste et les conditions d'utilisation des dispositifs dispensés de l'homologation prévue à l'article R. 2131-1-B du code général des collectivités territoriales et permettant la transmission par voie électronique des actes des collectivités territoriales soumis au contrôle de légalité est abrogé.

Art. R. 2131-2-B Le cahier des charges mentionné à l'article *(Décr. n° 2021-1311 du 7 oct. 2021, art. 4)* « R. 2131-2-A » définit l'architecture globale de la chaîne de télétransmission des actes soumis au contrôle de légalité ainsi que les caractéristiques exigées en vue de l'homologation d'un dispositif de télétransmission et relatives :

***a)* À son insertion dans l'architecture globale de la chaîne de télétransmission ;**

***b)* Aux normes des échanges de données ;**

***c)* À la sécurisation de ces échanges ;**

***d)* Aux fonctionnalités de traitement de ces données ;**

***e)* Aux modalités d'exploitation et de gestion des incidents de fonctionnement.**

Sur l'approbation d'un cahier des charges des dispositifs de télétransmission des actes soumis au contrôle de légalité et fixant une procédure d'homologation de ces dispositifs, V. ci-dessous Arr. du 26 oct. 2005.

Sur l'approbation du nouveau cahier des charges des dispositifs de télétransmission des actes soumis au contrôle de légalité, V. Arr. du 23 mai 2017, 🏛.

Arrêté du 26 octobre 2005,

Portant approbation d'un cahier des charges des dispositifs de télétransmission des actes soumis au contrôle de légalité et fixant une procédure d'homologation de ces dispositifs.

Art. R. 2131-3 Le maire signe avec le préfet une convention comprenant la référence du dispositif homologué *(Décr. nº 2021-1311 du 7 oct. 2021, art. 6)* « ou du dispositif dispensé d'homologation mentionné à l'article R. 2131-2-A » et qui prévoit notamment :

a) La date de raccordement de la commune à la chaîne de télétransmission ;

b) La nature et les caractéristiques des actes transmis par la voie électronique ;

c) Les engagements respectifs du maire et du préfet pour l'organisation et le fonctionnement de la télétransmission.

Art. R. 2131-4 *(Décr. nº 2021-1311 du 7 oct. 2021, art. 6)* « Le préfet peut suspendre l'application de tout ou partie de la convention prévue à l'article R. 2131-3 lorsqu'il constate des altérations graves du fonctionnement du dispositif de télétransmission ou qu'il est empêché de prendre connaissance des actes transmis ou que ce dispositif ne satisfait plus aux conditions définies à l'article R. 2131-2-A. »

Toute suspension fait l'objet d'une notification écrite à la commune qui procède, dès lors, à la transmission *(Décr. nº 2021-1311 du 7 oct. 2021, art. 6)* « des actes concernés par cette suspension » sur support papier.

SECTION 3 Contrôle de légalité des marchés publics *(Décr. nº 2018-1075 du 3 déc. 2018, art. 6).*

(Décr. nº 2005-324 du 7 avr. 2005, art. 1er)

Art. R. 2131-5 *(Décr. nº 2018-1075 du 3 déc. 2018, art. 6)* La transmission au préfet ou au sous-préfet des marchés publics des communes et de leurs établissements publics autres que les établissements publics de santé comporte les pièces suivantes :

1º La copie des pièces constitutives du marché public, à l'exception des plans ;

2º La délibération autorisant le représentant légal de la commune ou de l'établissement à passer le marché public ;

3º La copie de l'avis d'appel à la concurrence et de l'invitation des candidats sélectionnés ;

4º Le règlement de la consultation, si celui-ci figure parmi les documents de consultation ;

5º Les procès-verbaux et rapports de la commission d'appel d'offres et les avis du jury de concours, avec les noms et qualités des personnes qui y ont siégé, ainsi que le rapport de présentation de l'acheteur prévu par les articles R. 2184-1 à R. 2184-6 du code de la commande publique ou les informations prévues par les articles R. 2184-7 à R. 2184-11 de ce même code ;

6º Les renseignements, attestations et déclarations fournis en vertu des articles R. 2143-6 à R. 2143-12 et R. 2143-16 du code de la commande publique.

Art. D. 2131-5-1 *(Décr. nº 2019-1375 du 17 déc. 2019, art. 1er)* Le seuil mentionné au 4º de l'article L. 2131-2, au 4º de l'article L. 3131-2 et au 3º de l'article L. 4141-2 est celui qui s'applique aux marchés publics de fournitures et de services passés par les pouvoirs adjudicateurs autres que les autorités publiques centrales selon l'une des procédures formalisées au sens de l'article L. 2124-1 du code de la commande publique.

Art. R. 2131-6 *(Décr. nº 2011-1000 du 25 août 2011, art. 50) (Décr. nº 2016-360 du 25 mars 2016, art. 179)* « Les modifications des marchés publics » sont transmises au préfet ou au sous-préfet accompagnées, le cas échéant, des délibérations qui les autorisent.

Art. R. 2131-7 Le préfet ou le sous-préfet peut demander, pour exercer le contrôle de légalité, que des pièces complémentaires lui soient fournies. — *[C. communes, art. R. 314-4.]*

CHAPITRE II ACTIONS CONTENTIEUSES DE LA COMMUNE

SECTION 1 Dispositions générales

Pas de dispositions réglementaires codifiées.

SECTION 2 Exercice par un contribuable des actions appartenant à la commune

Art. R. 2132-1 Dans le cas prévu à l'article L. 2132-6, il est délivré au contribuable un récépissé du mémoire détaillé qu'il a adressé au tribunal administratif.

Le préfet, saisi par le président du tribunal administratif, transmet immédiatement ce mémoire au maire, en l'invitant à le soumettre au conseil municipal.

La décision du tribunal administratif est rendue dans le délai de deux mois à dater du dépôt de la demande d'autorisation.

Toute décision qui porte refus d'autorisation doit être motivée. – *[C. communes, art. R.* 316-1.]*

Art. R. 2132-2 Lorsque le tribunal administratif ne statue pas dans le délai de deux mois ou lorsque l'autorisation est refusée, le contribuable peut se pourvoir devant le Conseil d'État. – *[C. communes, art. R.* 316-2.]*

Art. R. 2132-3 Le pourvoi devant le Conseil d'État est, à peine de déchéance, formé dans le mois qui suit, soit l'expiration du délai imparti au tribunal administratif pour statuer, soit la notification de l'arrêté portant refus.

Il est statué sur le pourvoi dans un délai de trois mois à compter de son enregistrement au secrétariat du contentieux du Conseil d'État. – *[C. communes, art. R.* 316-3.]*

Art. R. 2132-4 Le tribunal administratif ou le Conseil d'État peuvent, s'ils accordent l'autorisation, en subordonner l'effet à la consignation préalable des frais d'instance. Ils fixent, dans ce cas, la somme à consigner. – *[C. communes, art. R.* 316-4.]*

TITRE IV INFORMATION ET PARTICIPATION DES HABITANTS

CHAPITRE I DISPOSITIONS GÉNÉRALES

Pas de dispositions réglementaires codifiées.

CHAPITRE II *[ABROGÉ]* PARTICIPATION DES HABITANTS À LA VIE LOCALE

(Abrogé par Décr. nº 2005-1551 du 6 déc. 2005)

Art. R. 2142-1 à R. 2142-11 *Abrogés par Décr. nº 2005-1551 du 6 déc. 2005.*

CHAPITRE III DISPOSITIONS DIVERSES

Pas de dispositions réglementaires codifiées.

TITRE V POPULATION DE LA COMMUNE (R)

CHAPITRE UNIQUE (R)

Art. R. 2151-1 *(Décr. nº 2003-485 du 5 juin 2003, art. 1er)* I. – Les personnes prises en compte dans les catégories de population définies ci-dessous sont les personnes résidant dans les logements d'une commune, celles résidant dans les communautés telles que définies aux V et VI du présent article, les personnes sans abri et les personnes résidant habituellement dans des habitations mobiles.

II. – Les catégories de population sont :

1. La population municipale ;
2. La population comptée à part ;
3. La population totale, qui est la somme des deux précédentes.

III. — La population municipale d'une commune, mentionnée au 1 du II du présent article, comprend :

1. Les personnes ayant leur résidence habituelle sur le territoire de la commune. La résidence habituelle, au sens du présent décret, d'une personne ayant plusieurs résidences en France métropolitaine, *(Décr. n° 2019-1302 du 5 déc. 2019, art. 1er)* « dans les collectivités régies par l'article 73 de la Constitution, ainsi que dans les collectivités de Saint-Pierre-et-Miquelon, Saint-Martin et Saint-Barthélemy » est :

a) Pour une personne mineure résidant ailleurs du fait de ses études, la résidence de sa famille ;

b) Pour une personne résidant dans une communauté appartenant aux catégories 1 à 3 définies au VI du présent article, la communauté ;

c) Pour une personne majeure résidant dans une communauté appartenant à la catégorie 4 définie au VI du présent article, la communauté ;

d) Pour une personne majeure résidant du fait de ses études hors de la résidence familiale et hors communauté, son logement ;

e) Pour un conjoint, concubin ou personne liée par un pacte civil de solidarité résidant pour des raisons professionnelles hors de la résidence familiale et hors communauté, sa résidence familiale ;

f) Pour une personne qui ne se trouve dans aucune des situations décrites ci-dessus, la résidence dans laquelle elle réside le plus longtemps ;

2. Les personnes détenues dans les établissements pénitentiaires dont le siège est situé sur le territoire de la commune ;

3. Les personnes sans abri recensées sur le territoire de la commune ;

4. Les personnes résidant habituellement dans des habitations mobiles, recensées sur le territoire de la commune.

IV. — La population comptée à part, mentionnée au 2 du II du présent article, d'une commune comprend :

1. Les personnes se trouvant dans la situation décrite au *a* du 1 du III qui résident du fait de leurs études sur le territoire de la commune et qui ont leur résidence habituelle située dans une autre commune ;

2. Les personnes se trouvant dans la situation décrite au *b* du 1 du III dont la résidence familiale est située sur le territoire de la commune et qui ont leur résidence habituelle située dans une autre commune ;

3. Les personnes majeures âgées de moins de vingt-cinq ans qui se trouvent dans la situation décrite au *c* du 1 du III, dont la résidence familiale se trouve sur le territoire de la commune et qui ont leur résidence habituelle située dans une autre commune ;

4. Les personnes majeures âgées de moins de vingt-cinq ans qui se trouvent dans la situation décrite au *d* du 1 du III, dont la résidence de la famille se trouve sur le territoire de la commune et qui ont leur résidence habituelle située dans une autre commune.

5. *Abrogé par Décr. n° 2019-1302 du 5 déc. 2019, art. 1er.*

V. — Une communauté est un ensemble de locaux d'habitation relevant d'une même autorité gestionnaire et dont les habitants partagent à titre habituel un mode de vie commun. La population de la communauté comprend les personnes qui résident dans la communauté, à l'exception de celles résidant dans des logements de fonction.

VI. — Les catégories de communautés sont :

1. Les services de moyen ou de long séjour des établissements publics ou privés de santé, les établissements sociaux de moyen et long séjour, les maisons de retraite, les foyers et résidences sociales ou assimilés ;

2. Les communautés religieuses ;

3. Les casernes, quartiers, bases ou camps militaires ou assimilés ;

4. Les établissements hébergeant des élèves ou des étudiants, y compris les établissements militaires d'enseignement ;

5. Les établissements pénitentiaires ;

6. Les établissements sociaux de court séjour ;

7. Les autres communautés.

VII. — La population totale d'un ensemble de communes est la somme des populations totales des communes qui le constituent.

La population municipale d'un ensemble de communes est la somme des populations municipales des communes qui le constituent.

La population d'une fraction de commune est la population municipale calculée pour cette fraction de commune.

Sur les enquêtes de recensement de la population, V. ci-dessous Décr. n° 2003-485 du 5 juin 2003, art. 21 s., et Arr. du 5 août 2003.

1. La création des conseils de quartier dans les villes de 80 000 habitants et plus est une mesure d'organisation municipale soumise au critère de population retenu par l'art. D. 2151-1 : la population à prendre en compte est la population totale de la commune résultant de l'addition de la population municipale et de la population comptée à part. * Rép. min. n° 39027 : *JO Sénat Q, 2 mai 2002, p. 1292.*

2. En ce qui concerne la population comptée à part, les résidences secondaires doivent être prises en compte pour le calcul de la population touristique moyenne. • CE 30 nov. 1998, *Ville de Saint-Malo*, n° 194031 A. ♦ V. aussi • CE 11 juill. 2001, *Ville de Pointe-à-Pitre*, n° 217885 B. ♦ En revanche doivent être exclues de cette catégorie les personnes sans domicile fixe domiciliées au siège social d'un organisme caritatif. • CE 20 déc. 2000, *Cne de Montreuil*, n° 220600 B.

Décret n° 2003-485 du 5 juin 2003,

Relatif au recensement de la population.

TITRE II. DES ENQUÊTES DE RECENSEMENT

CHAPITRE I. *DISPOSITIONS COMMUNES*

....

Art. 21 Les enquêtes de recensement concernent les logements, à l'exception des logements de fonction dans les communautés. Elles portent aussi sur les personnes sans abri et les personnes résidant habituellement dans des habitations mobiles terrestres, présentes sur le territoire de la commune à la date de début de la collecte telle que fixée par l'arrêté mentionné à l'article 24.

La collecte des informations dans les communautés telles que définies par l'article R. 2151-1 du code général des collectivités territoriales et auprès des mariniers et des personnes vivant sur les bateaux de ces derniers est effectuée par l'Institut national de la statistique et des études économiques.

Art. 22 Le maire, ou le président de l'établissement public de coopération intercommunale lorsque l'organe délibérant de ce dernier l'a chargé de procéder aux enquêtes de recensement, désigne par arrêté les personnes concourant à la préparation et à la réalisation desdites enquêtes. Lorsque l'organe délibérant de l'établissement public de coopération intercommunale compétent en matière d'opérations de recensement n'a pas investi le président de la charge de procéder auxdites enquêtes, l'organe délibérant désigne, par délibération, les personnes concourant à la préparation et à la réalisation de ces enquêtes.

(Décr. n° 2024-1124 du 4 déc. 2024, art. 2) « Parmi ces personnes, les agents recenseurs sont chargés d'effectuer les enquêtes de recensement. Ces agents recenseurs sont :

« — soit des agents de la commune ou de l'établissement public de coopération intercommunale affectés à cette tâche ou recrutés par eux à cette fin ;

« — soit des agents d'un opérateur économique sélectionné par la commune ou l'établissement public de coopération intercommunale dans le cadre des règles prévues par le code de la commande publique. Un tel opérateur constituant un sous-traitant au sens des dispositions du règlement (UE) 2016/679 du 27 avril 2016, sa sélection s'effectue conformément aux exigences prévues par l'article 28 de ce règlement. »

Les agents recenseurs sont munis d'une carte signée par le maire ou, le cas échéant, le président de l'organe délibérant de l'établissement public de coopération intercommunale. Le modèle de cette carte est fixé par un arrêté conjoint du ministre de l'Intérieur et du ministre chargé de l'économie.

Art. 23 Les personnes concourant à la préparation et à la réalisation des enquêtes de recensement participent, préalablement à celles-ci, à une formation portant sur les conditions d'exécution de ces enquêtes.

Un arrêté du ministre chargé de l'économie définit l'organisation et les modalités de cette formation, ainsi que son contenu, notamment en ce qui concerne les définitions et les caractéristiques des unités statistiques à recenser, les procédures d'enquêtes et la déontologie statistique. — *V. Arr. du 5 août 2003, infra.*

Le maire ou, le cas échéant, le président de l'organe délibérant de l'établissement public de coopération intercommunale atteste, à l'issue de la formation, que chacune des personnes concernées a participé à cette formation.

Art. 24 I. — Un arrêté du ministre chargé de l'économie fixe chaque année l'échéancier de la préparation et de la réalisation des enquêtes de recensement. Cet échéancier comporte :

1. La date limite de transmission par l'Institut national de la statistique et des études économiques aux communes ou aux établissements publics de coopération intercommunale mentionnés à l'article 27 de l'ensemble des *(Décr. n° 2024-280 du 28 mars 2024, art. 3)* « informations relatives à la localisation des immeubles » de la commune et la date limite de transmission à l'Institut national de la statistique et des études économiques des remarques que cet ensemble appelle de la part des communes ou des établissements publics de coopération intercommunale ;

2. La date limite de l'envoi à l'Institut national de la statistique et des études économiques des informations recueillies par les communes ou les établissements publics de coopération intercommunale mentionnés à l'article 27 lors des opérations préparatoires de la collecte et concernant *(Décr. n° 2024-280 du 28 mars 2024, art. 3)* « les immeubles mentionnés » au 2 de ce même article ;

3. La date limite de transmission à l'Institut national de la statistique et des études économiques par les communes ou les établissements publics de coopération intercommunale mentionnés à l'article 28 du découpage du territoire de la commune en zones de collecte ;

4. Les dates de début et de fin de la collecte des informations recueillies lors des enquêtes de recensement.

II. — Cet arrêté détermine également :

1. La nature des informations échangées entre l'Institut national de la statistique et des études économiques et les communes ou les établissements publics de coopération intercommunale à l'occasion de la collecte de l'information et les modalités et la fréquence de leur transmission ;

2. Les modalités d'envoi par l'Institut national de la statistique et des études économiques des *(Décr. n° 2024-280 du 28 mars 2024, art. 3)* « immeubles dans lesquels » ont lieu les enquêtes de recensement dans les communes mentionnées à l'article 27 ;

3. Les caractéristiques que doivent respecter les zones de collecte dans les communes mentionnées à l'article 28 et l'utilisation de leur identifiant dans la numérotation des questionnaires retournés à l'Institut national de la statistique et des études économiques ;

4. Les informations échangées lors des opérations préparatoires de la collecte et concernant les *(Décr. n° 2024-280 du 28 mars 2024, art. 3)* « immeubles mentionnés » au 2 de l'article 27.

III. — Les communes ou les établissements publics de coopération intercommunale communiquent à l'Institut national de la statistique et des études économiques, à la demande de ce dernier, toute information nécessaire à l'exercice de sa mission de contrôle.

V. Arr. du 5 août 2003, infra.

Les dispositions issues du Décr. n° 2024-280 du 28 mars 2024 sont applicables en Nouvelle-Calédonie, en Polynésie française et dans les îles Wallis-et-Futuna (Décr. préc., art. 11).

Art. 25 En cas de retour direct à l'Institut national de la statistique et des études économiques de questionnaires remplis avant la date de fin de collecte telle que définie dans l'échéancier mentionné à l'article 24, l'Institut informe sans délai le maire de la commune ou le président de l'établissement public de coopération intercommunale des éléments de localisation des logements concernés et du nombre de questionnaires reçus pour chacun d'eux.

Art. 26 Les informations de localisation mentionnées au IX de l'article 156 de la loi du 27 février 2002 susvisée *[n° 2002-276, relative à la démocratie de proximité ; V. cet art. ss. art. L. 2122-21] (Décr. n° 2024-280 du 28 mars 2024, art. 4)* « et au I de l'article 24, aux 1 à 2 *bis* de l'article 27 et au 2 *bis* de l'article 28 du présent décret » sont les suivantes :

1. En ce qui concerne les immeubles bâtis, les coordonnées géographiques, le type et le nom de la voie, le numéro dans la voie, un complément d'adresse si celui-ci est nécessaire, le type d'immeuble, la date de construction, la date d'entrée dans le répertoire d'immeubles localisés *(Décr. nº 2024-280 du 28 mars 2024, art. 4)* « le cas échéant », la date de dernière modification (ou de destruction), l'aspect du bâti, le nombre de logements, le nombre d'étages, le nombre de communautés ;

2. En ce qui concerne le logement, l'immeuble auquel ce logement appartient, l'étage, la position dans l'étage, le numéro de porte ou toute autre indication topographique et le nom de l'occupant principal.

Les dispositions issues du Décr. nº 2024-280 du 28 mars 2024 sont applicables en Nouvelle-Calédonie, en Polynésie française et dans les îles Wallis-et-Futuna (Décr. préc., art. 11).

CHAPITRE II. *LES MODALITÉS DES ENQUÊTES*

Art. 27 Sous réserve des dispositions de l'article 29, les dispositions suivantes s'appliquent dans les communes dont la population, telle que définie à l'article 20, est supérieure ou égale à 10 000 habitants :

1. Il est créé une procédure d'échange d'informations entre l'Institut national de la statistique et des études économiques et les communes ou les établissements publics de coopération intercommunale intéressés concernant les *(Décr. nº 2024-280 du 28 mars 2024, art. 5)* « informations relatives à la localisation des immeubles » de la commune. *(Décr. nº 2019-1302 du 5 déc. 2019, art. 4)* « Cet échange d'informations est effectué sur la base d'un répertoire d'immeubles localisés (RIL), dont la mise à jour est assurée conjointement par l'Institut national de la statistique et des études économiques et les communes ou les établissements publics de coopération intercommunale. » Le calendrier de cet échange est fixé par l'arrêté du ministre chargé de l'économie mentionné à l'article 24 ;

(Décr. nº 2019-1302 du 5 déc. 2019, art. 4) « 2. Au plus tard trois semaines avant la date prévue de début de la collecte d'informations, l'Institut national de la statistique et des études économiques fait parvenir aux communes ou aux établissements publics de coopération intercommunale concernés la liste *(Décr. nº 2024-280 du 28 mars 2024, art. 5)* « des immeubles » à recenser ainsi que les questionnaires nécessaires à l'enquête ;

« 2 *bis.* Au plus tard avant le premier jour de la collecte d'informations, les communes ou établissements publics de coopération intercommunale concernés effectuent une tournée de reconnaissance, dans les conditions fixées par un arrêté du ministre chargé de l'économie, pour vérifier les informations figurant sur la liste *(Décr. nº 2024-280 du 28 mars 2024, art. 5)* « des immeubles » à recenser et informent l'Institut national de la statistique et des études économiques des modifications à apporter ;

« 3. La commune ou l'établissement public de coopération communale remet aux occupants des logements faisant l'objet d'une enquête les informations leur permettant de se faire recenser sur internet ou par défaut sur des questionnaires papier. Les questionnaires internet sont transmis directement à l'Institut national de la statistique et des études économiques. Les questionnaires renseignés sur papier sont rendus aux agents recenseurs ou déposés auprès des communes ou des établissements publics de coopération intercommunale, puis retournés à l'Institut national de la statistique et des études économiques conformément aux dispositions de l'article 34 ; »

4. Les enquêtes de recensement auprès des personnes sans abri et des personnes résidant habituellement dans des habitations mobiles terrestres ont lieu en même temps que les enquêtes concernant les logements, mais à un rythme quinquennal et à une date fixée par un arrêté du ministre chargé de l'économie.

Les dispositions du présent art. s'appliquent à un rythme annuel aux communes dont la population est supérieure ou égale à 10 000 habitants, lesquelles composent le groupe S [les communes existant à la date du 31 mars 2003 des départements de la métropole et d'outre-mer ainsi que de la collectivité territoriale de Saint-Pierre-et-Miquelon sont réparties en six groupes nommés respectivement S, A, B, C, D, E (Décr. nº 2003-561 du 23 juin 2003, art. 1er)]. Un tableau, mis à jour annuellement, fixe la composition des six groupes de communes créés au sein de chaque département et de la collectivité territoriale de Saint-Pierre-et-Miquelon (V. ce tableau au JO du 27 juin, éd. des Documents administratifs nº 17 et Décr. nº 2003-561 préc., art. 4). La première enquête de recensement a lieu dans ces communes au cours de l'année 2004. — L'application de ces mêmes dispositions à des communes nouvellement intégrées au groupe S peut être différée pendant une durée maximale de trois ans (Décr. préc., art. 2).

Les dispositions issues du Décr. nº 2024-280 du 28 mars 2024 sont applicables en Nouvelle-Calédonie, en Polynésie française et dans les îles Wallis-et-Futuna (Décr. préc., art. 11).

Art. 28 Sous réserve des dispositions de l'article 29, les dispositions suivantes s'appliquent dans les communes dont la population, telle que définie à l'article 20, est inférieure à 10 000 habitants :

1. Le territoire de la commune est découpé en zones de collecte selon les modalités déterminées par l'arrêté du ministre chargé de l'économie mentionné au II de l'article 24 ;

(Décr. n° 2019-1302 du 5 déc. 2019, art. 5) « 2. Au plus tard trois semaines avant la date prévue de début de la collecte d'informations, l'Institut national de la statistique et des études économiques fait parvenir aux communes ou aux établissements publics de coopération intercommunale concernés les questionnaires nécessaires à l'enquête ;

« 2 *bis*. Au plus tard avant le premier jour de la collecte d'informations, les communes ou établissements publics de coopération intercommunale concernés effectuent une tournée de reconnaissance, dans les conditions fixées par un arrêté du ministre chargé de l'économie, pour mettre à jour la liste des *(Décr. n° 2024-280 du 28 mars 2024, art. 6)* « immeubles » de la commune *(Décr. n° 2024-280 du 28 mars 2024, art. 6)* « à recenser » et tiennent ces informations à disposition de l'Institut national de la statistique et des études économiques ;

« 3. La commune ou l'établissement public de coopération communale remet aux occupants des logements à enquêter les informations leur permettant de se faire recenser sur internet ou par défaut sur des questionnaires papier. Les questionnaires internet sont transmis directement à l'Institut national de la statistique et des études économiques. Les questionnaires renseignés sur papier sont rendus aux agents recenseurs ou déposés auprès des communes ou des établissements publics de coopération intercommunale, puis retournés à l'Institut national de la statistique et des études économiques conformément aux dispositions de l'article 34 ; »

4. Les enquêtes de recensement auprès des personnes sans abri et des personnes résidant habituellement dans des habitations mobiles terrestres ont lieu en même temps que les enquêtes concernant les logements.

Ces dispositions s'appliquent à un rythme quinquennal aux communes dont la population est inférieure à 10 000 habitants, lesquelles composent les groupes A, B, C, D, E (Décr. n° 2003-561 du 23 juin 2003, art. 3).

Les dispositions issues du Décr. n° 2024-280 du 28 mars 2024 sont applicables en Nouvelle-Calédonie, en Polynésie française et dans les îles Wallis-et-Futuna (Décr. préc., art. 11).

Art. 29 Si le chiffre de la population d'une commune telle que définie à l'article 20 est initialement inférieur à 10 000 habitants puis vient à égaler ou excéder ce seuil pendant deux années consécutives, les dispositions de l'article 27 s'appliquent à cette commune dans un délai maximum de trois ans suivant ce constat.

Si le chiffre de la population d'une commune telle que définie à l'article 20 est initialement supérieur ou égal à 10 000 habitants puis vient à se trouver inférieur à ce seuil durant deux années consécutives, les dispositions de l'article 28 s'appliquent à cette commune dans un délai maximum de cinq ans suivant ce constat.

Les chiffres de population mentionnés dans les deux alinéas précédents sont les chiffres publiés dans le décret mentionné au VIII de l'article 156 de la loi du 27 février 2002 susvisée *[V. cet art. ss. art. L. 2122-21.]. — V. Décr. n° 2003-561 du 23 juin 2003, art. 4.*

CHAPITRE III. *DISPOSITIONS FINANCIÈRES*

Art. 30 I. — La dotation forfaitaire de recensement prévue au III de l'article 156 de la loi du 27 février 2002 susvisée *[V. cet art. ss. art. L. 2122-21]* est versée chaque année aux communes et aux établissements publics de coopération intercommunale concernés par les enquêtes de recensement.

(Décr. n° 2009-637 du 8 juin 2009, art. 4) « II. — Pour les dispositions du présent article, la population à prendre en compte est la population municipale telle que définie dans l'article R. 2151-1 du code général des collectivités territoriales dont est retirée la population vivant dans les communautés définies au même article.

(Décr. n° 2015-1678 du 15 déc. 2015) « III. — La dotation forfaitaire de recensement est calculée en fonction, d'une part, de la population mentionnée au II à raison de 1,72 € par habitant et, d'autre part, du nombre de logements tel qu'il résulte du dernier dénombrement connu à raison de 1,13 € par logement.

« Les montants par habitant et par logement mentionnés à l'alinéa précédent sont diminués par application de coefficients correctifs pour prendre en compte le taux de retour direct par internet, constaté au niveau national. Les coefficients correctifs sont fixés par un arrêté du ministre chargé de l'économie. »

(Décr. n° 2009-637 du 8 juin 2009, art. 4) « IV. — Pour les communes relevant de l'article 27, un décret fixe la valeur du coefficient à appliquer à la population mentionnée au II et au nombre de logements tel qu'il résulte du dernier dénombrement connu. »

(Décr. n° 2015-1678 du 15 déc. 2015) « V. — En ce qui concerne les communes des départements d'outre-mer et de Saint-Pierre-et-Miquelon, Saint-Barthélemy et Saint-Martin, les montants mentionnés au premier alinéa du III sont portés à 2,05 € par habitant et 1,36 € par logement. Les coefficients correctifs mentionnés au second alinéa du III s'appliquent à ces montants. »

(Décr. n° 2009-637 du 8 juin 2009, art. 4) « VI. — La dotation forfaitaire de recensement pour une commune concernée par les enquêtes de recensement est toujours supérieure ou égale à 130 € ;

« VI *bis*. — Lorsque, dans une commune, une enquête de l'institut national de la statistique et des études économiques est mise en œuvre dans le cadre des dispositions de l'article 37 du présent décret, la commune reçoit une dotation forfaitaire supplémentaire calculée en fonction de sa population mentionnée au II du présent article, du coût unitaire du questionnaire et du taux de sondage. La formule de calcul est la suivante : montant de la dotation supplémentaire = population x taux de sondage x coût unitaire. Le coût unitaire et le taux de sondage sont fixés par arrêté du ministre chargé de l'économie. »

VII. — Lorsqu'un établissement public de coopération intercommunale a reçu des communes qui le composent compétence pour préparer et réaliser les enquêtes de recensement, sa dotation forfaitaire de recensement est la somme des dotations forfaitaires de recensement calculées pour chacune de ces communes.

VIII. — Les montants mentionnés au présent article sont réévalués chaque année en fonction de l'évolution de la valeur du point indiciaire de la fonction publique.

Sur l'organisation de l'enquête 2025 de recensement de la population à Mayotte, V. Décr. n° 2025-862 du 28 août 2025.

....

TITRE III. DU TRAITEMENT "RECENSEMENT DE LA POPULATION"

CHAPITRE I. *DISPOSITIONS GÉNÉRALES*

Art. 32 Les communes, les établissements publics de coopération intercommunale et l'Institut national de la statistique et des études économiques assurent la confidentialité et la sécurité des réponses collectées.

Toutes les personnes concourant aux enquêtes de recensement et aux enquêtes associées au sens de l'article 37 sont tenues au secret professionnel dans les conditions et sous les sanctions prévues aux articles 226-13 et 226-14 du code pénal *[V. ces art. au* ***C. pén.****]*.

Les questionnaires et les formulaires spécifiques définis à l'article 38, inutilisés au terme de la période de collecte telle que définie dans l'échéancier mentionné à l'article 24, sont détruits. Le maire ou, le cas échéant, l'organe délibérant de l'établissement public de coopération intercommunale ou son président dresse un procès-verbal de destruction qu'il adresse à l'Institut national de la statistique et des études économiques.

Art. 33 Il est créé un traitement "Recensement de la population" qui concerne les *(Décr. n° 2024-280 du 28 mars 2024, art. 7)* « données à caractère personnel » sur lesquelles portent les collectes d'informations mentionnées à l'article 21. Ce traitement comporte cinq phases :

1. Collecte des informations ;
2. Contrôle de l'exhaustivité des enquêtes ;
3. Contrôle de la cohérence des réponses aux enquêtes ;
4. Saisie et exploitation des données collectées ;
5. Diffusion des informations issues des données collectées.

En ce qui concerne les enquêtes de recensement, les deux premières phases sont mises en œuvre concurremment par l'Institut national de la statistique et des études économiques et les communes ou les établissements publics de coopération intercommunale concernés. Un arrêté du ministre chargé de l'économie autorise, après avis de la Commission nationale de l'informatique et des libertés, la mise en œuvre par l'Institut national de la statistique et des études économiques de ces phases pour les autres collectes d'informations.

Un arrêté du ministre chargé de l'économie autorise, après avis de la Commission nationale de l'informatique et des libertés, la mise en œuvre par l'Institut national de la statistique et des études économiques des trois dernières phases.

Les dispositions issues du Décr. n° 2024-280 du 28 mars 2024 sont applicables en Nouvelle-Calédonie, en Polynésie française et dans les îles Wallis-et-Futuna (Décr. préc., art. 11).

Art. 34 Les questionnaires et formulaires spécifiques utilisés pendant la collecte des informations énumérées au I, au II et au III de l'article 38 et détenus par les communes ou les établissements publics de coopération intercommunale sont transmis à l'Institut national de la statistique et des études économiques au plus tard dix jours ouvrables après la fin de la collecte, telle que définie dans l'échéancier mentionné à l'article 24.

Un arrêté du ministre chargé de l'économie, pris après avis de la Commission nationale de l'informatique et des libertés, fixe la durée de conservation des données détenues par l'Institut national de la statistique et des études économiques.

Art. 35 Seuls *(Décr. n° 2024-1124 du 4 déc. 2024, art. 2)* « les personnes concourant à la préparation et à la réalisation des enquêtes de recensement désignées » dans les conditions définies à l'article 22, les agents de l'Institut national de la statistique et des études économiques et les personnels concernés des entreprises auxquelles l'Institut national de la statistique et des études économiques confie des traitements ont accès aux données collectées lors des enquêtes de recensement *(Décr. n° 2024-1124 du 4 déc. 2024, art. 2)* « mentionnées au premier alinéa de l'article 21 » et *(Décr. n° 2024-1124 du 4 déc. 2024, art. 2)* « aux données utilisées pour les contrôles d'exhaustivité prévus à l'article 39.

« Les agents recenseurs ne peuvent accéder qu'aux données relatives aux personnes et aux logements relevant de leur zone de collecte. »

Art. 36 *(Décr. n° 2024-280 du 28 mars 2024, art. 8)* « Les droits d'accès, de rectification et de limitation offerts, en vertu des articles 49, 50 et 53 » de la loi du 6 janvier 1978 susvisée, aux personnes interrogées *(Décr. n° 2024-280 du 28 mars 2024, art. 8)* « s'exercent » auprès des directions régionales de l'Institut national de la statistique et des études économiques pour la métropole et *(Décr. n° 2024-280 du 28 mars 2024, art. 8)* « La Réunion », auprès de la direction interrégionale Antilles-Guyane de l'Institut national de la statistique et des études économiques pour la Guadeloupe, la Martinique et la Guyane et auprès de la direction générale de l'Institut national de la statistique et des études économiques pour Saint-Pierre-et-Miquelon.

(Décr. n° 2024-280 du 28 mars 2024, art. 8) « Les droits d'effacement et d'opposition prévus aux articles 51 et 56 de la loi du 6 janvier 1978 ne s'appliquent pas au présent traitement en application des articles 17, paragraphe 3, point b, et 21, paragraphe 6, du règlement (UE) 2016/679 du 27 avril 2016, afin de garantir l'exécution de la mission d'intérêt public de réalisation des opérations de recensement. »

Les dispositions issues du Décr. n° 2024-280 du 28 mars 2024 sont applicables en Nouvelle-Calédonie, en Polynésie française et dans les îles Wallis-et-Futuna (Décr. préc., art. 11).

CHAPITRE II. *LA PHASE DE COLLECTE DES INFORMATIONS*

Art. 37 Lors des enquêtes de recensement, seuls sont distribués aux personnes enquêtées les documents nécessaires à la préparation et à la réalisation des enquêtes désignées par un arrêté du ministre chargé de l'économie, sur proposition du Conseil national de l'information statistique.

Art. 38 I. — Les informations individuelles *(Décr. n° 2024-280 du 28 mars 2024, art. 9)* « collectées peuvent être » :

1. Des données de localisation des immeubles ;

2. Des données portant sur les personnes physiques et concernant le nom et les prénoms, la date et le lieu de naissance, le sexe, la nationalité, la situation familiale, *(Décr. n° 2024-280 du 28 mars 2024, art. 9)* « le lieu de naissance des parents, l'indicateur global de limitation d'activité, » le niveau et la nature de la formation, les études, les activités professionnelles, le lieu de résidence, le lieu d'étude ou de travail, la résidence antérieure, les moyens de transport, les conditions de logement et l'équipement en véhicules automobiles. *(Décr. n° 2024-280 du 28 mars 2024, art. 9)* « Les noms et prénoms enregistrés dans le fichier des données de recensement sont supprimés au plus tard le 31 décembre de l'année suivant celle de la réalisation de l'enquête » ;

3. Des données portant sur les logements et concernant les caractéristiques de confort et d'occupation ;

4. Des données portant sur les immeubles bâtis et concernant leur année de construction et leurs caractéristiques d'équipement.

(Décr. n° 2019-1302 du 5 déc. 2019, art. 6) « II. — En cas d'absence de logement *(Décr. n° 2024-280 du 28 mars 2024, art. 9)* « dans un immeuble » à recenser ou d'impossibilité de joindre les occupants, la commune ou l'établissement public de coopération communale transmet à l'Institut national de la statistique et des études économiques les informations suivantes : la localisation précise et la catégorie du logement, le nombre de personnes supposées y résider ainsi que le nom de l'occupant principal, la raison de l'impossibilité de la collecte. »

III. — Afin de suivre l'avancement de la collecte, l'Institut national de la statistique et des études économiques, les communes ou les établissements publics de coopération intercommunale concernés peuvent utiliser, pour chaque logement de chaque *(Décr. n° 2024-280 du 28 mars 2024, art. 9)* « immeuble » à recenser, les informations suivantes : localisation précise et identification du logement, état d'avancement de la collecte pour ce logement, nom et identification de l'agent recenseur chargé de la collecte, catégorie du logement, nombre de questionnaires distribués, nombre de questionnaires recueillis, date de distribution, date de recueil des questionnaires et dates des différents passages.

L'Institut national de la statistique et des études économiques, la commune ou l'établissement public de coopération intercommunale concerné sont seuls destinataires de ces informations.

IV. — La commune ou l'établissement public de coopération intercommunale peut utiliser les informations mentionnées au III du présent article pour calculer les éléments de rémunération des agents recenseurs. La commune ou l'établissement public de coopération intercommunale concerné est seul destinataire de ces informations.

Les dispositions issues du Décr. n° 2024-280 du 28 mars 2024 sont applicables en Nouvelle-Calédonie, en Polynésie française et dans les îles Wallis-et-Futuna (Décr. préc., art. 11).

CHAPITRE III. *LA PHASE DE CONTRÔLE D'EXHAUSTIVITÉ*

Art. 39 *(Décr. n° 2019-1302 du 5 déc. 2019, art. 7)* Un contrôle d'exhaustivité de la collecte peut être opéré par l'Institut national de la statistique et des études économiques, les communes ou les établissements publics de coopération intercommunale au moyen d'enquêtes portant sur les logements mentionnés aux articles 27 et 28. Les informations suivantes peuvent être utilisées : localisation précise et catégorie du logement, nombre de logements par *(Décr. n° 2024-280 du 28 mars 2024, art. 10)* « immeuble » et nombre de personnes par logement ou par *(Décr. n° 2024-280 du 28 mars 2024, art. 10)* « immeuble ».

Ce contrôle peut aussi être opéré en utilisant les informations énumérées à l'alinéa précédent figurant dans *(Décr. n° 2024-280 du 28 mars 2024, art. 10)* « les fichiers » transmis par l'administration fiscale.

À l'exception des données mentionnées au 1 de l'article 26, les données à caractère personnel concernées par cette phase et détenues par les communes ou les établissements publics de coopération intercommunale ne peuvent être utilisées à d'autres fins, sauf dans le cadre de traitements mis en œuvre conformément aux dispositions de la loi du 6 janvier 1978 susvisée et du règlement (UE) 2016/679 du Parlement européen et du Conseil du 27 avril 2016 relatif à la protection des personnes physiques à l'égard du traitement des données à caractère personnel et à la libre circulation de ces données, et abrogeant la directive 95/46/CE. Elles sont détruites au plus tard dix jours ouvrables après la date de fin de la collecte, telle que définie dans l'échéancier mentionné à l'article 24.

Les dispositions issues du Décr. n° 2024-280 du 28 mars 2024 sont applicables en Nouvelle-Calédonie, en Polynésie française et dans les îles Wallis-et-Futuna (Décr. préc., art. 11).

Arrêté du 5 août 2003,

Portant application des articles 23 et 24 du décret n° 2003-485 du 5 juin 2003 relatif au recensement de la population.

Art. 1er *(Arr. du 18 sept. 2020)* « I. — Sous réserve des dispositions des alinéas suivants, la date de début de la collecte des enquêtes de recensement mentionnée à l'article 24 du décret du 5 juin 2003 susvisé est fixée au troisième jeudi du mois de janvier de chaque année.

« En ce qui concerne les communes des départements de La Réunion et de Mayotte, la date de début de la collecte est fixée deux semaines après celle mentionnée à l'alinéa précédent. »

II. — Dans les communes concernées par l'article 27 du décret du 5 juin 2003 susvisé, la date de fin de collecte est fixée au sixième samedi suivant la date de début de collecte.

Dans les communes concernées par l'article 28 du décret du 5 juin 2003 susvisé, la date de fin de collecte est fixée au cinquième samedi suivant la date de début de collecte.

III. — Si les circonstances l'exigent, le directeur général de l'Institut national de la statistique et des études économiques peut modifier la date de début et la date de fin de collecte dans une commune. Le maire de la commune concernée et, le cas échéant, le président de l'organe délibérant de l'établissement public de coopération intercommunale concerné, *(Arr. du 6 mai 2024, art. 3)* « ainsi que » le représentant du Gouvernement dans le département sont informés sans délai de toute modification de la date de début ou de la date de fin de collecte.

IV. — La collecte auprès des personnes résidant habituellement dans des habitations mobiles terrestres et auprès des personnes sans abri a lieu pendant les deux premiers jours de la collecte des enquêtes de recensement. Au plus tard le deuxième jour ouvrable qui suit, la commune ou l'établissement public de coopération intercommunale concerné communique à l'Institut national de la statistique et des études économiques le nombre de bulletins et le nombre de formulaires spécifiques remplis lors de cette opération. En application des dispositions de l'article 34 du décret du 5 juin 2003 susvisé, les questionnaires concernés sont renvoyés à l'Institut national de la statistique et des études économiques dans les dix jours ouvrables après la date de fin de la collecte mentionnée dans le présent alinéa.

Dans les communes concernées par l'article 27 du décret du 5 juin 2003 susvisé, la première collecte auprès des personnes résidant habituellement dans des habitations mobiles terrestres et auprès des personnes sans abri a lieu en 2006. Dans les communes concernées par l'article 28 du décret du 5 juin 2003 susvisé, cette collecte a lieu en même temps que la collecte concernant les logements.

Art. 2 I. — Pour les communes de métropole et de Saint-Pierre-et-Miquelon concernées par l'article 27 du décret du 5 juin 2003 susvisé, la date limite mentionnée au 1 du I de l'article 24 de ce même décret est fixée au 25 mai. Les remarques des communes ou des établissements publics de coopération intercommunale concernés doivent parvenir à l'Institut national de la statistique et des études économiques au plus tard un mois après la réception des données envoyées par ce dernier.

La liste des *(Arr. du 6 mai 2024, art. 3)* « immeubles » auxquelles doivent être faites les enquêtes mentionnées à l'article 27 du décret du 5 juin 2003 susvisé est établie par l'Institut national de la statistique et des études économiques à partir de la liste de l'ensemble des *(Arr. du 6 mai 2024, art. 3)* « immeubles » de la commune arrêtée au 30 juin de l'année précédant la collecte.

II. — Dans les départements d'outre-mer *(Arr. du 6 mai 2024, art. 3)* « , à Saint-Martin et Saint-Barthélemy », l'Institut national de la statistique et des études économiques communique avant le *(Arr. du 6 mai 2024, art. 3)* « 25 septembre » aux communes ou aux établissements publics de coopération intercommunale concernés par l'article 27 du décret du 5 juin 2003 susvisé la liste des *(Arr. du 6 mai 2024, art. 3)* « immeubles » appartenant à la base de sondage. Les remarques des communes ou des établissements publics de coopération intercommunale concernés doivent parvenir à l'Institut national de la statistique et des études économiques au plus tard un mois après la réception des données envoyées par ce dernier.

La liste des *(Arr. du 6 mai 2024, art. 3)* « immeubles » auxquelles doivent être faites dans les départements d'outre-mer les enquêtes mentionnées à l'article 27 du décret du 5 juin 2003 susvisé est établie par l'Institut national de la statistique et des études économiques à partir de la liste de l'ensemble des *(Arr. du 6 mai 2024, art. 3)* « immeubles » de la base de sondage arrêtée au *(Arr. du 6 mai 2024, art. 3)* « 31 octobre » de l'année précédant la collecte.

Art. 3 *(Arr. du 6 mai 2024, art. 3)* « La liste des immeubles dans lesquels » doivent être faites les enquêtes mentionnées à l'article 27 du décret du 5 juin 2003 susvisé est envoyée par l'Institut national de la statistique et des études économiques à la commune ou à l'établissement public de coopération intercommunale concerné sur support papier et sur support informatique. *(Arr. du 6 mai 2024, art. 3)* « Chaque immeuble » est identifiée *[identifié]* par son appartenance à une zone de collecte et un numéro d'ordre à l'intérieur de cette zone.

Les remarques de la commune ou de l'établissement public de coopération intercommunale concerné relatives *(Arr. du 6 mai 2024, art. 3)* « aux immeubles mentionnés » à l'alinéa précédent sont tenues à la disposition de l'Institut national de la statistique et des études économiques avant la date de début de la collecte mentionnée à l'article 1er du présent arrêté. Avant cette même date, le nombre estimé de logements à enquêter *(Arr. du 6 mai 2024, art. 3)* « dans chaque immeuble » ainsi que le nombre total estimé de logements à enquêter sont tenus à la disposition de l'Institut national de la statistique et des études économiques.

Les informations mentionnées au 4 du II de l'article 24 du décret du 5 juin 2003 susvisé sont les données mentionnées au 1 de l'article 26 du même décret.

Art. 4 I. — Dans les communes de métropole et de Saint-Pierre-et-Miquelon concernées par l'article 28 du décret du 5 juin 2003 susvisé, les limites des zones de collecte mentionnées à ce même article sont incluses dans les limites de la commune, le cas échéant dans celles des communes associées et des fractions cantonales et celles des quartiers de 2 000 habitants mentionnés dans l'arrêté du 22 mai 1998 susvisé *[modifié portant création d'un traitement automatisé réalisé à l'occasion de la collecte et de la diffusion des résultats du recensement général de la population de 1999]*, si de tels quartiers existent dans la commune. Les autres limites doivent être aisément repérables sur le terrain. La taille de chaque zone de collecte ne dépasse pas *(Arr. du 6 mai 2024, art. 3)* « 300 logements », sauf accord de l'Institut national de la statistique et des études économiques.

La commune ou l'établissement public de coopération intercommunale concerné par l'article 28 du décret du 5 juin 2003 susvisé tient à la disposition de l'Institut national de la statistique et des études économiques, au plus tard *(Arr. du 6 mai 2024, art. 3)* « quatre semaines » avant la date de début de la collecte, le plan de chaque zone de collecte, son identifiant et son éventuelle correspondance avec une partie du découpage du territoire utilisé lors d'une précédente collecte.

Avant le début de la collecte, la commune ou l'établissement public de coopération intercommunale concerné par l'article 28 du décret du 5 juin 2003 susvisé tient à la disposition de l'Institut national de la statistique et des études économiques, pour chaque zone de collecte, *(Arr. du 6 mai 2024, art. 3)* « la liste localisée des immeubles de cette zone, le nombre estimé des logements qui se trouvent dans chaque immeuble » et le nombre total estimé de logements à enquêter.

II. — Dans les communes des départements d'outre-mer concernées par l'article 28 du décret du 5 juin 2003 susvisé, l'Institut national de la statistique et des études économiques transmet, avant le 25 février, une proposition de découpage du territoire de la commune en zones de collecte.

Les remarques de la commune ou de l'établissement public de coopération intercommunale concerné à propos du découpage mentionné à l'alinéa précédent sont transmises à l'Institut national de la statistique et des études économiques dans le mois suivant la réception de cette proposition de découpage. L'Institut national de la statistique et des études économiques transmet, avant le 31 octobre, la liste des *(Arr. du 6 mai 2024, art. 3)* « immeubles » à recenser ainsi que le nombre estimé de logements pour chacune des *[chacun des] (Arr. du 6 mai 2024, art. 3)* « immeubles ». Les remarques des communes ou des établissements publics de coopération intercommunale concernés sur cette liste et sur le nombre de logements doivent parvenir à l'Institut national de la statistique et des études économiques au plus tard un mois après la réception des données envoyées par ce dernier.

Art. 5 I. — La commune ou l'établissement public de coopération intercommunale concerné assure un suivi de la collecte au niveau des zones de collecte mentionnées à l'article 3 ou à l'article 4 du présent arrêté.

II. — À la fin de chaque semaine de collecte, les communes ou les établissements publics de coopération intercommunale concernés font parvenir à l'Institut national de la statistique et des études économiques, pour l'ensemble de leur territoire, les indicateurs de suivi de la collecte décrits ci-dessous :

— nombre de questionnaires collectés pour les logements et pour les individus, non compris les questionnaires qui ont été retournés directement à l'Institut national de la statistique et des études économiques ;

— nombre de formulaires spécifiques mentionnés à l'article 38 du décret du 5 juin 2003 susvisé.

Dans le cas de Paris, Lyon et Marseille, ces indicateurs sont transmis par arrondissement municipal.

Art. 6 I. — La commune ou l'établissement public de coopération intercommunale concerné fait parvenir à l'Institut national de la statistique et des études économiques, dans les délais mentionnés à l'article 34 du décret du 5 juin 2003 susvisé, les questionnaires remplis classés par zone de collecte, par numéro d'ordre de l'adresse à l'intérieur de chaque zone de collecte et par numéro d'ordre du logement à l'intérieur de chaque adresse.

Dans les mêmes délais, la commune ou l'établissement public de coopération intercommunale lui fait aussi parvenir, après les avoir remplis, les formulaires récapitulatifs qui lui ont été adressés par l'Institut national de la statistique et des études économiques avant le début de la collecte. Ces formulaires récapitulatifs sont établis pour l'ensemble du territoire de la commune et pour chacune de ses zones de collecte. Dans le cas de Paris, Lyon et Marseille, ces indicateurs sont aussi établis par arrondissement municipal.

Dans les mêmes délais, le maire ou le président de l'organe délibérant de l'établissement public de coopération intercommunale fait parvenir à l'Institut national de la statistique et des études économiques le procès-verbal de destruction des questionnaires non utilisés mentionné à l'article 38 du décret du 5 juin 2003 susvisé.

II. — L'Institut national de la statistique et des études économiques communique à la commune ou à l'établissement public de coopération intercommunale l'existence et le résultat des enquêtes de contrôle d'exhaustivité mentionnées à l'article 39 du décret du 5 juin 2003 susvisé.

Art. 7 Les personnes des communes ou des établissements publics de coopération intercommunale concernés concourant à la préparation et à la réalisation des enquêtes de recensement sont formées dans les conditions suivantes :

1. L'Institut national de la statistique et des études économiques définit le contenu de la formation de l'ensemble des personnes concourant à la préparation et à la réalisation des enquêtes de recensement en ce qui concerne les définitions et les caractéristiques des unités statistiques à recenser, les procédures d'enquêtes et les règles de droit régissant la collecte et le traitement des informations directement ou indirectement nominatives ;

2. L'Institut national de la statistique et des études économiques assure la formation d'un agent de la commune ou de l'établissement public de coopération intercommunale désigné par le maire ou, le cas échéant, le président de l'organe délibérant de l'établissement public de coopération intercommunale aux concepts et méthodes du recensement et aux règles de droit régissant la collecte et le traitement des informations directement ou indirectement nominatives ;

3. L'Institut national de la statistique et des études économiques contribue à la formation des agents recenseurs en ce qui concerne les sujets mentionnés au 1 du présent article. Cette formation a lieu *(Arr. du 6 mai 2024, art. 3)* « dans les trente jours » précédant la date de début de la collecte des informations par l'agent recenseur ;

4. La commune ou l'établissement public de coopération intercommunale concerné et l'Institut national de la statistique et des études économiques organisent les formations mentionnées dans les alinéas précédents ;

5. La commune assure, sous réserve des dispositions du 3 du présent article, la formation des personnes concourant à la préparation et à la réalisation des enquêtes de recensement aux concepts et méthodes du recensement et aux règles de droit régissant la collecte et le traitement des informations directement ou indirectement nominatives.

Art. R. 2151-2 *(Décr. nº 2003-485 du 5 juin 2003, art. 2) (Décr. nº 2010-783 du 8 juill. 2010)* **« Sous réserve des dispositions des articles R. 2151-3 et R. 2151-4 »***[,]* **le chiffre de la population qui sert de base à l'assiette de l'impôt et à l'application du présent code est celui de la population totale, obtenu par addition au chiffre de la population municipale de celui de la population comptée à part.**

(Décr. nº 2010-783 du 8 juill. 2010) **« Pour l'application de l'article L. 1621-2 et du chapitre III du titre II du livre I de la deuxième partie du présent code, il convient de se référer au chiffre de la population totale pris en compte lors du dernier renouvellement intégral du conseil municipal. »**

Art. R. 2151-3 *(Décr. nº 2009-430 du 20 avr. 2009, art. 18)* **Par dérogation à l'article R. 25-1 du code électoral, lorsque les conseillers municipaux ont été élus dans les conditions fixées aux articles L. 252 à L. 255-1 ou au quatrième alinéa de l'article L. 261 de ce code et qu'il est procédé à l'élection d'un ou plusieurs adjoints au maire,**

le chiffre de la population à retenir est le chiffre de la population municipale authentifié pris en compte lors du dernier renouvellement intégral du conseil municipal.

Le chiffre de la population à prendre en compte ne comprend pas la population dite « comptée à part ». • CE 10 avr. 2009, *Cne de Monchy-Saint-Éloi et a. c/ Préfet de l'Oise*, n° 319845.

Art. R. 2151-4 *(Décr. n° 2010-783 du 8 juill. 2010)* **Le chiffre de population auquel il convient de se référer pour l'application des dispositions du présent code relatives au fonctionnement du conseil municipal** *(Décr. n° 2013-938 du 18 oct. 2013, art. 39)* **« ainsi que des dispositions des articles L. 2121-2, L. 2121-22, L. 2122-7-1, L. 2122-7-2, L. 2122-9 et L. 2122-10 du présent code » est celui de la population municipale authentifiée pris en compte lors du dernier renouvellement intégral du conseil municipal.**

Art. R. 2151-5 à R. 2151-7 *Abrogés par Décr. n° 2009-637 du 8 juin 2009.*

LIVRE II ADMINISTRATION ET SERVICES COMMUNAUX

TITRE I POLICE

CHAPITRE I DISPOSITIONS GÉNÉRALES

Art. D. 2211-1 *(Décr. nº 2013-1113 du 4 déc. 2013, art. 7)* **Le conseil local de sécurité et de prévention de la délinquance est régi par la section 3 du chapitre II du titre III du livre I du code de la sécurité intérieure** *[V. infra]*.

Code de la sécurité intérieure

LIVRE I. PRINCIPES GÉNÉRAUX ET ORGANISATION DE LA SÉCURITÉ INTÉRIEURE

TITRE III. COMPÉTENCES RESPECTIVES DE L'ÉTAT ET DES COLLECTIVITÉS TERRITORIALES EN MATIÈRE DE SÉCURITÉ PUBLIQUE

(Décr. nº 2013-1113 du 4 déc. 2013, en vigueur le 1er janv. 2014)

CHAPITRE II. *PRÉVENTION DE LA DÉLINQUANCE*

SECTION 3. *Conseil local de sécurité et de prévention de la délinquance*

Art. D. 132-7 Le conseil local de sécurité et de prévention de la délinquance constitue le cadre de concertation sur les priorités de la lutte contre l'insécurité et de la prévention de la délinquance dans la commune.

Il favorise l'échange d'informations entre les responsables des institutions et organismes publics et privés concernés et peut définir des objectifs communs pour la préservation de la sécurité et de la tranquillité publiques.

Il assure l'animation et le suivi du contrat local de sécurité lorsque le maire et le préfet de département, après consultation du procureur de la République et avis du conseil, ont estimé que l'intensité des problèmes de délinquance sur le territoire de la commune justifiait sa conclusion.

Il est consulté sur la définition, la mise en œuvre et l'évaluation des actions de prévention de la délinquance prévues dans le cadre de la contractualisation entre l'État et les collectivités territoriales en matière de politique de la ville définie *(Décr. nº 2016-553 du 6 mai 2016, art. 10)* « à l'article 1er de la loi nº 2014-173 du 21 février 2014 de programmation pour la ville et la cohésion urbaine ».

À défaut des dispositifs contractuels susmentionnés, le conseil local peut proposer des actions de prévention ponctuelles, dont il assure le suivi et l'évaluation.

(Décr. nº 2016-553 du 6 mai 2016, art. 10) « En fonction de la situation locale, les compétences du conseil local de sécurité et de prévention de la délinquance mentionné au présent article peuvent s'étendre aux actions de prévention de la radicalisation définies conjointement avec le représentant de l'État. »

Art. D. 132-8 Présidé par le maire ou son représentant, le conseil local de sécurité et de prévention de la délinquance comprend :

1° Le préfet de département et le procureur de la République, ou leurs représentants ;

2° Le président du conseil départemental, ou son représentant ;

3° Des représentants des services de l'État désignés par le préfet de département ;

4° Le cas échéant, le président de l'établissement public de coopération intercommunale à fiscalité propre, compétent en matière de dispositifs locaux de prévention de la délinquance et auquel la commune appartient, ou son représentant ;

5° Des représentants d'associations, établissements ou organismes œuvrant notamment dans les domaines de la prévention, de la sécurité, de l'aide aux victimes, du logement, des transports collectifs, de l'action sociale ou des activités économiques, désignés par le président du conseil local de sécurité et de prévention de la délinquance après accord des responsables des organismes dont ils relèvent.

En tant que de besoin et selon les particularités locales, des maires des communes et des présidents des établissements publics de coopération intercommunale intéressés ainsi que des personnes qualifiées peuvent être associés aux travaux du conseil.

La composition du conseil local de sécurité et de prévention de la délinquance est fixée par arrêté du maire.

Art. D. 132-9 Le conseil local de sécurité et de prévention de la délinquance se réunit à l'initiative de son président en formation plénière au moins une fois par an. Il se réunit de droit à la demande du préfet de département ou de la majorité de ses membres.

Il se réunit en formation restreinte en tant que de besoin ou à la demande du préfet de département dans les conditions prévues par son règlement intérieur.

Il détermine les conditions de fonctionnement des groupes de travail et d'échanges d'information à vocation thématique ou territoriale qu'il peut créer en son sein.

Son secrétariat est assuré sous l'autorité de son président.

Art. D. 132-10 Le conseil local de sécurité et de prévention de la délinquance est informé au moins une fois par an par le préfet de département ou son représentant des caractéristiques et de l'évolution de la délinquance dans la commune.

Art. R. 132-10-1 *(Décr. n° 2019-1259 du 28 nov. 2019, art. 2)* Les maires transmettent chaque année au préfet de département un rapport relatif aux actions financées par le fonds interministériel pour la prévention de la délinquance mentionné à l'article R. 132-4-1. Ce rapport est présenté au conseil local de sécurité et de prévention de la délinquance s'il existe ou, à défaut, transmis pour information au conseil municipal.

Art. D. 2211-2 à D. 2211-4 *Abrogés par Décr. n° 2013-1113 du 4 déc. 2013, art. 9. – V. désormais CSI, art. D. 132-8 à R. 132-10-1, ss. art. D. 2211-1.*

CHAPITRE II **POLICE MUNICIPALE**

V. aussi CSI, art. R. 511-1 s. – ***CSI.***

SECTION 1 **Conventions types communale ou intercommunale de coordination de la police municipale et des forces de sécurité de l'État** *(Décr. n° 2012-2 du 2 janv. 2012, art. 1er).*

(Décr. n° 2000-1329 du 26 déc. 2000, art. 1er)

Art. R. 2212-1 et R. 2212-2 *Abrogés par Décr. n° 2013-1113 du 4 déc. 2013, art. 9. – V. désormais CSI, art. R. 512-5 et R. 512-6, infra.*

Code de la sécurité intérieure

LIVRE V. **POLICES MUNICIPALES**

(Décr. n° 2013-1113 du 4 déc. 2013, en vigueur le 1er janv. 2014)

TITRE I. AGENTS DE POLICE MUNICIPALE

CHAPITRE II. *ORGANISATION DES SERVICES*

SECTION 2. *Convention de coordination des interventions de la police municipale et des forces de sécurité de l'État*

Art. R. 512-5 La convention type communale de coordination prévue à l'article L. 512-4 figure à l'annexe 1 *[V. dans le supplément en ligne,* 🏛*]* du présent chapitre.

La convention type intercommunale de coordination prévue à l'article L. 512-5 figure à l'annexe 2 *[V. dans le supplément en ligne,* 🏛*]* du présent chapitre.

Les conventions communale ou intercommunale de coordination de la police municipale et des forces de sécurité de l'État reprennent tout ou partie des clauses de ces conventions types, en les adaptant le cas échéant aux besoins locaux.

Art. R. 512-6 Lorsqu'une convention de coordination prévue aux articles L. 512-4 et L. 512-5 est conclue, il en est fait mention au recueil des actes administratifs de la préfecture.

SECTION 2 Commission consultative des polices municipales

(Décr. n° 2000-1329 du 26 déc. 2000, art. 1er)

Art. R. 2212-3 à R. 2212-10 *Abrogés par Décr. n° 2013-1113 du 4 déc. 2013, art. 9.*

Code de la sécurité intérieure

LIVRE V. POLICES MUNICIPALES

(Décr. n° 2013-1113 du 4 déc. 2013, en vigueur le 1er janv. 2014)

TITRE I. AGENTS DE POLICE MUNICIPALE

CHAPITRE IV. *COMMISSION CONSULTATIVE DES POLICES MUNICIPALES*

SECTION 1. *Composition*

Art. R. 514-1 La commission consultative des polices municipales comprend vingt-quatre membres titulaires :

1° Huit maires *(Décr. n° 2022-210 du 18 févr. 2022, art. 2)* « ou adjoints au maire » de communes employant des agents de police municipale *(Décr. n° 2022-210 du 18 févr. 2022, art. 2)* « ou faisant partie d'un établissement public de coopération intercommunale employant des agents de police municipale », répartis comme suit :

a) Deux maires *(Décr. n° 2022-210 du 18 févr. 2022, art. 2)* « ou adjoints au maire » représentant les communes de moins de 3 500 habitants ;

b) Deux maires *(Décr. n° 2022-210 du 18 févr. 2022, art. 2)* « ou adjoints au maire » représentant les communes de 3 500 habitants à moins de 20 000 habitants ;

c) Deux maires *(Décr. n° 2022-210 du 18 févr. 2022, art. 2)* « ou adjoints au maire » représentant les communes de 20 000 habitants à moins de 100 000 habitants ;

d) Deux maires *(Décr. n° 2022-210 du 18 févr. 2022, art. 2)* « ou adjoints au maire » représentant les communes de 100 000 habitants et plus ;

2° Huit représentants de l'État, répartis comme suit :

a) Un représentant du ministre de la Justice ;

b) Cinq représentants du ministre de l'Intérieur ;

c) Un représentant du ministre chargé des transports ;

d) Un représentant du ministre chargé de l'outre-mer ;

3° Huit représentants des agents de police municipale.

Chaque membre titulaire de la commission a un suppléant désigné dans les mêmes conditions.

La liste des membres titulaires et suppléants est publiée au *Journal officiel* de la République française.

Art. R. 514-2 Les membres de la commission consultative des polices municipales mentionnés au 1° et au 2° de l'article R. 514-1 sont nommés pour six ans par arrêté du ministre de l'Intérieur sur proposition, respectivement, de l'Association des maires de France et du ministre qu'ils représentent.

Art. R. 514-3 Les membres mentionnés au 3° de l'article R. 514-1 sont choisis par les organisations syndicales représentatives des fonctionnaires territoriaux. Leur nomination est constatée par arrêté du ministre de l'Intérieur.

Les sièges sont répartis dans les conditions suivantes :

1° Chaque organisation syndicale siégeant au Conseil supérieur de la fonction publique territoriale dispose au minimum d'un siège ;

2° Le cas échéant, le reste des sièges est réparti entre les organisations syndicales proportionnellement au nombre de voix qu'elles ont obtenu aux élections aux commissions administratives paritaires des catégories dont relèvent les cadres d'emplois de police municipale.

Le mandat de ces membres expire à l'occasion des élections générales aux commissions administratives paritaires des catégories dont relèvent les cadres d'emplois de police municipale.

Art. R. 514-4 Les fonctions de membre de la commission consultative des polices municipales sont renouvelables.

Tout membre de la commission qui perd la qualité à raison de laquelle il a été nommé cesse de faire partie de la commission et doit être remplacé dans un délai de trois mois. Le remplaçant est nommé pour la durée du mandat restant à courir. Il en va de même en cas d'empêchement définitif, de démission ou de décès d'un membre de la commission.

Art. R. 514-5 La commission consultative des polices municipales est présidée par un maire *(Décr. nº 2022-210 du 18 févr. 2022, art. 2)* « ou un adjoint au maire » élu en son sein, au scrutin secret, à la majorité absolue des suffrages exprimés au premier tour et, s'il y a lieu, à la majorité relative au tour suivant. En cas d'égalité de suffrages obtenus par deux candidats, le plus âgé est déclaré élu.

SECTION 2. *Fonctionnement*

Art. R. 514-6 La commission consultative des polices municipales se réunit sur convocation du président, à l'initiative de celui-ci ou sur demande écrite présentée par la majorité de ses membres. Le président fixe l'ordre du jour de la réunion.

Art. R. 514-7 Le président de la commission consultative des polices municipales peut désigner un rapporteur parmi les membres de la commission pour l'examen de chaque affaire soumise à celle-ci. À l'initiative de son président, la commission peut entendre toute personne dont l'audition paraît utile à l'exercice de sa mission.

Art. R. 514-8 La commission consultative des polices municipales établit son règlement intérieur.

Art. R. 514-9 Le secrétariat de la commission consultative des polices municipales est assuré par les services du ministère de l'intérieur.

Art. R. 514-10 Les délibérations de la commission consultative des polices municipales ne sont pas publiques.

Les membres de la commission sont soumis à l'obligation de discrétion professionnelle pour tous les faits et documents dont ils ont connaissance en leur qualité.

Art. R. 514-11 Les fonctions de président et de membre de la commission consultative des polices municipales sont gratuites. Toutefois, ces fonctions ouvrent droit au remboursement des frais de déplacement et de séjour dans les conditions prévues par la réglementation applicable aux fonctionnaires de l'État.

Une autorisation d'absence est accordée aux représentants syndicaux appelés à siéger à la commission sur présentation de leur convocation à celle-ci.

SECTION 3 Mise en commun des agents de police municipale et de leurs équipements

(Décr. nº 2007-1283 du 28 août 2007)

Art. R. 2212-11 à R. 2212-14 *Abrogés par Décr. nº 2013-1113 du 4 déc. 2013, art. 9. – V. désormais CSI, art. R. 512-1 à R. 512-4, infra.*

Code de la sécurité intérieure

LIVRE V. POLICES MUNICIPALES

(Décr. nº 2013-1113 du 4 déc. 2013, en vigueur le 1er janv. 2014)

TITRE I. AGENTS DE POLICE MUNICIPALE

CHAPITRE II. *ORGANISATION DES SERVICES*

SECTION 1. *Mise en commun des agents de police municipale*

Art. R. 512-1 La convention mentionnée au troisième alinéa de l'article L. 512-1 comporte notamment les indications suivantes :

1º Organisation :

a) Le nombre total, par grade, des fonctionnaires relevant de cadres d'emplois de police municipale mis à disposition par chaque commune ;

b) Les conditions de mise à disposition des fonctionnaires intéressés et, notamment, la nature et le niveau hiérarchique des fonctions qui leur sont confiées, leurs conditions d'emploi et les modalités de contrôle et d'évaluation de leurs activités ;

c) La répartition du temps de présence des agents de police municipale mis à disposition dans chaque commune ;

d) La nature et les lieux d'intervention des agents de police municipale mis à disposition ;

e) Les modalités de conduite des opérations lorsque plusieurs agents interviennent sur un même territoire ;

f) La désignation de la commune chargée d'acquérir, détenir et conserver les armes, éléments d'armes et munitions utilisés par les agents de police municipale mis en commun, dans les conditions prévues par la section 4 du chapitre I du présent titre ;

2° Financement :

a) Les modalités de répartition, entre les communes, des charges financières en personnels, équipements et fonctionnement ;

b) Une prévision financière annuellement révisable en annexe de la convention ;

c) Les modalités de versement de la participation de chaque commune ;

d) Les conditions dans lesquelles sont réparties, entre les communes, les charges inhérentes à la suppression d'un emploi occupé par un fonctionnaire en application de l'article 97 de la loi n° 84-53 du 26 janvier 1984.

Art. R. 512-2 La convention prévue au troisième alinéa de l'article L. 512-1 est signée par l'ensemble des maires des communes intéressées, après délibération de leurs conseils municipaux, pour une durée minimale d'une année. Elle fixe les conditions de son renouvellement ainsi que les conséquences du retrait d'une commune.

La convention peut être dénoncée après un préavis de trois mois au minimum.

Art. R. 512-3 La mise à disposition de chaque fonctionnaire est prononcée et, le cas échéant, renouvelée par arrêté de l'autorité territoriale investie du pouvoir de nomination. Une copie de la convention mentionnée au troisième alinéa de l'article L. 512-1 est annexée à l'arrêté de mise à disposition.

La mise à disposition est prononcée pour la durée de la convention. Toutefois, elle ne peut excéder trois ans et est renouvelable par périodes n'excédant pas trois ans.

La mise à disposition prend fin avant le terme fixé par l'autorité territoriale à la demande de celle-ci ou de l'ensemble des communes d'accueil du fonctionnaire mis à disposition.

Art. R. 512-3-1 *(Décr. n° 2021-1640 du 13 déc. 2021, art. 1er)* Les statuts mentionnés au deuxième alinéa du I de l'article L. 512-1-2 comportent parmi leurs dispositions les indications suivantes :

a) Les conditions de recrutement et de mise à disposition des fonctionnaires et, notamment, leurs conditions d'emploi et les modalités de contrôle et d'évaluation de leurs activités ;

b) Les modalités de conduite des opérations lorsque plusieurs agents interviennent sur un même territoire ;

c) Les modalités de répartition, entre les communes, des charges financières en personnels, équipements et autres charges de fonctionnement ou d'investissement.

Art. R. 512-4 Les dispositions du décret n° 2008-580 du 18 juin 2008 sont applicables aux agents de police municipale mis à disposition de plein droit dans les conditions définies à l'article L. 512-1.

SECTION 4 Des contraventions constatées par les agents de police municipale

(Décr. n° 2007-1388 du 26 sept. 2007, art. 17)

Art. R. 2212-15 *Abrogé par Décr. n° 2013-1113 du 4 déc. 2013, art. 9. — V. désormais CSI, art. R. 511-1 s., infra.*

Code de la sécurité intérieure

LIVRE V. POLICES MUNICIPALES

(Décr. n° 2013-1113 du 4 déc. 2013, en vigueur le 1er janv. 2014)

TITRE I. AGENTS DE POLICE MUNICIPALE

CHAPITRE I. *MISSIONS, RECRUTEMENT ET MODALITÉS D'EXERCICE*

SECTION 1. *Missions*

Art. R. 511-1 Les agents de police municipale mentionnés au 2° de l'article 21 du code de procédure pénale peuvent constater par procès-verbal, en application des dispositions de l'article L. 511-1 du présent code, lorsqu'elles sont commises sur le territoire communal et qu'elles ne nécessitent pas de leur part d'actes d'enquête, les contraventions prévues par le code pénal et énumérées par l'article R. 15-33-29-3 du code de procédure pénale.

Ils peuvent également constater par procès-verbal, dans les conditions prévues par le deuxième alinéa de l'article L. 511-1 du présent code, les contraventions mentionnées à l'article R. 610-5 du code pénal, relatives aux arrêtés de police municipale pris par le maire ou par le préfet de département en application des 1° à 3° de l'article L. 2215-1 du code général des collectivités territoriales, ainsi que les contraventions au code de la route mentionnées à l'article R. 130-2 de ce code et les contraventions relatives à l'interdiction de fumer dans les lieux affectés à un usage collectif prévues par les articles R. 3512-1 et R. 3512-2 du code de la santé publique.

SECTION 2. *Nomination et agrément*

Art. R. 511-2 L'agrément des agents de police municipale prévu par l'article L. 511-2 est délivré par le préfet du département dans lequel l'agent prend ses fonctions lors d'une première affectation.

Il est retiré ou suspendu par le préfet du département dans lequel se situe le siège de l'autorité d'emploi de l'agent à la date de la décision.

Le préfet qui retire ou suspend l'agrément d'un agent de police municipale en informe le préfet qui l'avait initialement délivré.

CHAPITRE III POUVOIRS DE POLICE PORTANT SUR DES OBJETS PARTICULIERS

SECTION 1 Police de la circulation et du stationnement

Art. R. 2213-1 Les pouvoirs dévolus au préfet sur les routes à grande circulation ne font pas obstacle à la mise en application immédiate des mesures de police que le maire juge nécessaire de prendre dans le cas d'urgence résultant notamment de sinistres ou périls imminents. – *[C. communes, art. R.** 131-3.]*

SOUS-SECTION UNIQUE Les zones à circulation restreinte

(Décr. n° 2016-847 du 28 juin 2016, art. 1er)

Art. R. 2213-1-0-1 *(Décr. n° 2019-663 du 28 juin 2019, art. 1er)* « I. – » L'étude justifiant la création d'une zone à circulation restreinte telle que mentionnée au III de l'article L. 2213-4-1 comporte notamment un résumé non technique, une description de l'état initial de la qualité de l'air sur la zone concernée ainsi qu'une évaluation :

1° De la population concernée par les dépassements ou le risque de dépassement des normes de qualité de l'air ;

2° Des émissions de polluants atmosphériques dues au transport routier sur la zone concernée ;

3° De la proportion de véhicules concernés par les restrictions et, le cas échéant, les dérogations prévues ;

4° Des réductions des émissions de polluants atmosphériques attendues par la création de la zone à circulation restreinte.

Les avis prévus au III de l'article L. 2213-4-1 sont réputés favorables s'ils ne sont pas rendus dans un délai de deux mois.

Les restrictions de circulation peuvent être différenciées en fonction de la nature et de l'usage des véhicules.

(Décr. n° 2019-663 du 28 juin 2019, art. 1er) « II. – » L'accès à la zone à circulation restreinte ne peut être interdit :

1° Aux véhicules d'intérêt général au sens de l'article R. 311-1 du code de la route ;

2° Aux véhicules du ministère de la défense ;

3° *(Décr. n° 2019-663 du 28 juin 2019, art. 1er)* « Aux véhicules affichant une carte "mobilité inclusion" comportant la mention "stationnement pour les personnes handicapées" délivrée sur le fondement de l'article L. 241-3 du code de l'action sociale et des familles ou une carte de stationnement pour personnes handicapées délivrée sur le fondement de l'article L. 241-3-2 du même code dans sa rédaction antérieure au 1er janvier 2017 » ;

4° Aux véhicules de transport en commun de personnes à faibles émissions *(Décr. nº 2021-1491 du 17 nov. 2021, art. 13)* « au sens de l'article L. 224-8-2 » du code de l'environnement ;

(Décr. nº 2019-663 du 28 juin 2019, art. 1er) « 5° Aux véhicules de transport en commun, au sens de l'article R. 311-1 du code de la route, assurant un service de transport public régulier qui figurent dans une des classes définies par l'arrêté établissant la nomenclature des véhicules classés en fonction de leur niveau d'émission de polluants atmosphérique, pris en application du II de l'article R. 318-2 du même code, lorsque cette classe vient à faire l'objet d'une interdiction partielle ou totale de circulation dans la zone en cause, pendant une période comprise entre trois et cinq ans suivant la date à laquelle cette interdiction est entrée en vigueur. La durée pendant laquelle il est fait exception à l'interdiction de circulation peut varier selon les catégories de véhicules, les moins polluantes pouvant bénéficier d'exceptions plus longues. Elle est déterminée par un arrêté conjoint des ministres chargés de l'environnement et des transports.

« Les obligations déclaratives destinées à vérifier, dans le cadre du contrôle du respect des restrictions de circulation dans la zone, le droit d'accès à cette zone des véhicules mentionnés aux 1° à 5° du présent II sont fixées par un arrêté pris par les mêmes ministres, et, en ce qui les concerne, les ministres chargés de la défense et des affaires sociales.

« III. — » Les dérogations individuelles aux mesures de restriction prévues au V de l'article L. 2213-4-1 peuvent être accordées, sur demande motivée des intéressés, par le maire ou par le président de l'établissement public de coopération intercommunale à fiscalité propre lorsque celui-ci dispose du pouvoir de police de la circulation. Cette autorité délivre un justificatif précisant les conditions de validité de la dérogation, le périmètre sur lequel elle s'applique et sa durée de validité, laquelle ne peut excéder trois ans.

L'arrêté créant la zone à circulation restreinte précise :

1° La procédure et les motifs de délivrance et de retrait des dérogations ;

2° Les conditions dans lesquelles le justificatif de la dérogation est rendu visible ou tenu à la disposition des agents chargés des contrôles.

Art. D. 2213-1-0-2 *(Décr. nº 2020-1138 du 16 sept. 2020, art. 1er)* I. — Pour l'application du deuxième alinéa du I de l'article L. 2213-4-1, sont considérées comme ne respectant pas de manière régulière les normes de qualité de l'air les zones administratives de surveillance de la qualité de l'air, définies en application de l'article R. 221-3 du code de l'environnement, dans lesquelles l'une des valeurs limites relatives au dioxyde d'azote (NO_2), aux particules PM_{10} ou aux particules $PM_{2,5}$ mentionnées à l'article R. 221-1 du code de l'environnement n'est pas respectée au moins trois années sur les cinq dernières.

II. — Les communes ou les établissements publics de coopération intercommunale à fiscalité propre dont le président dispose du pouvoir de police de la circulation sont considérés comme ne respectant pas de manière régulière les valeurs limites de qualité de l'air lorsque leur territoire est inclus en tout ou partie dans une zone administrative de surveillance de la qualité de l'air mentionnée au I.

L'obligation d'instaurer une zone à faibles émissions mobilité prévue au deuxième alinéa du I de l'article L. 2213-4-1 est satisfaite sur le territoire de l'établissement public de coopération intercommunale à fiscalité propre concerné lorsqu'est mise en œuvre la zone à faibles émissions mobilité étudiée en application du deuxième alinéa du 3° du II de l'article L. 229-26 du code de l'environnement.

III. — Ne sont pas regardés comme dépassant de façon régulière les normes de qualité de l'air les communes ou les établissements publics de coopération intercommunale à fiscalité propre dont le président dispose du pouvoir de police de la circulation qui démontrent, par de la modélisation ou par des mesures réalisées conformément à l'article R. 221-3 du code de l'environnement, que les valeurs limites mentionnées au I sont respectées pour au moins 95 % de la population de chaque commune concernée.

IV. – Sans préjudice du III, ne sont pas regardés comme dépassant de façon régulière les normes de qualité de l'air les communes ou les établissements publics de coopération intercommunale à fiscalité propre dont le président dispose du pouvoir de police de la circulation qui démontrent que les actions mises en place, notamment celles prévues dans le cadre d'un plan de protection de l'atmosphère élaboré en application de l'article L. 222-4 du code de l'environnement, permettent d'atteindre les valeurs limites mentionnées au I pour l'ensemble de la population de chaque commune concernée, dans des délais plus courts que ceux procédant de la mise en place d'une zone à faibles émissions mobilité.

V. – Les dispositions du III et du IV ne sont pas applicables aux métropoles au sens de l'article L. 5217-1, à la métropole d'Aix-Marseille-Provence, à la métropole du Grand Paris, à la métropole de Lyon ainsi qu'aux communes situées sur leur territoire.

Art. D. 2213-1-0-3 *(Décr. n° 2020-1138 du 16 sept. 2020, art. 1er)* Pour l'application du deuxième alinéa du I de l'article L. 2213-4-1, les transports terrestres sont considérés comme étant à l'origine d'une part prépondérante des dépassements de valeurs limites :

1° Soit lorsque les transports terrestres sont la première source des émissions polluantes ;

2° Soit lorsque les lieux concernés par le dépassement sont situés majoritairement à proximité des voies de circulation routière.

Pour l'application du 1° :

– en cas de dépassement de la valeur limite relative au dioxyde d'azote (NO_2), les émissions à prendre en compte sont celles des oxydes d'azote (NO_x) ;

– l'évaluation des émissions est réalisée pour le territoire du plan de protection de l'atmosphère défini à l'article L. 222-4 du code de l'environnement, de l'établissement public de coopération intercommunale à fiscalité propre ou de la commune concernés.

Art. D. 2213-1-0-4 *(Décr. n° 2022-99 du 1er févr. 2022, art. 1er)* Les procédures relatives à la mise à la consultation du public et des parties prenantes au sens du III de l'article L. 2213-4-1 dans le cadre de la création d'une zone à faibles émissions mobilité qui étaient engagées avant la date d'entrée en vigueur de la loi n° 2021-1104 du 22 août 2021 portant lutte contre le dérèglement climatique et renforcement de la résilience face à ses effets sont menées à leur terme selon les modalités fixées au III de l'article L. 2213-4-1 du code général des collectivités territoriales, dans sa version antérieure à l'entrée en vigueur de cette même loi.

Art. D. 2213-1-0-5 *(Décr. n° 2022-1641 du 23 déc. 2022)* I. – Au sens du troisième alinéa du I de l'article L. 2213-4-1, une agglomération est une unité urbaine telle que définie par l'Institut national de la statistique et des études économiques.

II. – L'obligation d'instaurer une zone à faibles émissions mobilité dans les agglomérations de plus de 150 000 habitants prévue au troisième alinéa du I de l'article L. 2213-4-1 est écartée lorsqu'il est démontré, au moins trois années sur les cinq dernières années, par des mesures réalisées ou par de la modélisation conformément à l'article R. 221-3 du code de l'environnement*[,]* que les concentrations moyennes annuelles en dioxyde d'azote (NO_2), sont inférieures ou égales à 10 $\mu g/m^3$:

– sur l'ensemble des stations fixes de mesures de la qualité de l'air de l'agglomération ;

– ou pour au moins 95 % de la population de chaque commune de l'agglomération.

III. – Les autorités compétentes pour l'application de l'article L. 2213-4-1 ne sont pas tenues d'instaurer une zone à faibles émissions mobilité mentionnée au troisième alinéa du I de l'article L. 2213-4-1 lorsqu'elles démontrent par évaluation modélisée, au plus tard dix-huit mois avant l'échéance d'obligation d'instauration, que les actions mises en place permettent d'atteindre les concentrations en dioxyde d'azote mentionnées au II sur l'ensemble de l'agglomération ou pour au moins 95 % de la population de chaque commune de l'agglomération, dans des délais plus courts ou similaires à ceux procédant de la mise en place d'une zone à faibles émissions mobilité. Cette évaluation est transmise pour avis au préfet, et modifiée si nécessaire pour tenir compte de cet avis.

SECTION 2 Police des funérailles et des lieux de sépulture

SOUS-SECTION 1 Le certificat de décès

(Décr. n° 2006-938 du 27 juill. 2006)

Art. R. 2213-1-1 *(Décr. n° 2017-602 du 21 avr. 2017, art. 1er)* **I. — Le certificat prévu par l'article L. 2223-42 comprend :**

1° Un volet administratif comportant :

a) **La commune de décès ;**

b) **Les date et heure de décès ;**

c) **Les nom, prénoms, date de naissance, sexe et domicile du défunt ;**

d) **Les informations nécessaires à la délivrance de l'autorisation de fermeture du cercueil et à la réalisation des opérations funéraires ;**

2° Un volet médical relatif aux causes de décès ;

3° Un volet médical complémentaire lorsqu'une recherche médicale ou scientifique des causes du décès a été réalisée dans les conditions de l'article L. 1211-2 du code de la santé publique ou qu'une autopsie judiciaire a été ordonnée conformément à l'article 230-28 du code de procédure pénale. Les informations de ce volet médical complémentaire confirment, complètent ou se substituent à celles figurant sur le volet médical du certificat de décès mentionné au 2°.

Le cas échéant, le volet médical complémentaire est établi, dans les meilleurs délais, sur support électronique, et transmis au même destinataire que le volet médical, dans les conditions définies au III de l'article R. 2213-1-2.

II. — Le volet administratif et le volet médical sont établis par *(Décr. n° 2025-370 du 22 avr. 2025, art. 1er)* **« le professionnel de santé mentionné au premier alinéa de l'article L. 2223-42 » qui constate et atteste le décès.**

Le volet médical complémentaire est établi par le médecin qui procède à la recherche médicale ou scientifique des causes de décès ou à l'autopsie judiciaire.

III. — Le volet médical et le volet médical complémentaire ne comportent ni le nom, ni le prénom de la personne décédée, ni le numéro d'inscription des personnes au répertoire national d'identification des personnes physiques.

BIBL. ▶ BINET, L'acte d'enfant sans vie : un contentieux en gestation ?, *JCP 2010. I. 215.* – DUTRIEUX, Enfant sans vie : publication d'une nouvelle circulaire, *JCP Adm. 2009. Actu. 943.* – MURAT, La preuve de l'accouchement pour l'établissement d'un acte d'enfant sans vie et l'application de la loi dans le temps, *Dr. fam. 2010. Actu. 55.*

1. Le modèle de certificat d'accouchement destiné à l'établissement des actes d'enfant sans vie (art. 79-1 C. civ.) a été validé par le Conseil d'État. • CE 2 avr. 2010, *Conféd. du mouvement français pour le planning familial, Coordination des assoc. pour le droit à l'avortement et à la contraception, et Assoc. nat. des centres d'interruption de grossesse et de contraception*, n° 325252 B : *Dr. adm. 2010, comm. 124, note Dutrieux.*

2. Il ne peut exister qu'un seul certificat médical de décès et un médecin ne peut, en aucun cas, établir un second certificat, *a fortiori* si ce second certificat a pour objet de faire disparaître la mention d'un obstacle médico-légal. • CAA Lyon, 9 janv. 2014, *M. et Mme E.*, n° 13LY01135.

Art. R. 2213-1-1-1 *(Décr. n° 2020-446 du 18 avr. 2020, art. 1er)* **Il** *(Abrogé par Décr. n° 2025-370 du 22 avr. 2025, art. 1er)* **« *ne* » peut être fait appel, pour délivrer un certificat de décès, à un médecin retraité sans activité** *(Abrogé par Décr. n° 2025-370 du 22 avr. 2025, art. 1er)* ***« qu'en cas d'impossibilité pour un médecin en activité d'établir un tel certificat dans un délai raisonnable ».***

Le médecin retraité sans activité qui souhaite être autorisé à établir des certificats de décès en fait la demande auprès du conseil départemental de l'ordre des médecins de son lieu de résidence. Il doit être inscrit au tableau de l'ordre et demande, le cas échéant, son inscription à cette fin.

Le conseil départemental de l'ordre vérifie l'inscription du demandeur au tableau de l'ordre, s'assure de ses capacités et dresse la liste des médecins retraités autorisés à établir des certificats de décès. Cette liste est tenue à la disposition des médecins en activité dans le département, *(Décr. n° 2025-370 du 22 avr. 2025, art. 1er)* **« du service d'accès aux soins, » du service d'aide médicale urgente du département et de l'agence régionale de santé.**

Art. D. 2213-1-1-2 *(Décr. n° 2020-446 du 18 avr. 2020, art. 1er)* **Les étudiants de troisième cycle des études de médecine ayant validé deux semestres au titre de la spécialité qu'ils poursuivent sont autorisés à établir des certificats de décès dans le cadre de leurs stages de troisième cycle, par délégation et sous la responsabilité du praticien maître de stage ou responsable de stage dont ils relèvent.**

Art. D. 2213-1-1-3 *(Décr. n° 2020-446 du 18 avr. 2020, art. 1er)* **Les praticiens à diplôme étranger hors Union européenne sont autorisés à établir des certificats de décès à partir de la deuxième année de leur parcours de consolidation des compétences, par délégation et sous la responsabilité du praticien dont ils relèvent.**

Décret n° 2020-446 du 18 avril 2020,

Relatif à l'établissement du certificat de décès.

Art. 2 Tant que demeure en vigueur, dans les territoires où ils exercent, l'état d'urgence sanitaire déclaré par l'article 4 de la loi du 23 mars 2020 susvisée, le cas échéant prorogé au-delà de la durée initiale dans les conditions prévues par cet article, sont autorisés à établir des certificats de décès les praticiens à diplôme étranger hors Union européenne régis par le I de l'article L. 4111-2 du code de la santé publique dans sa rédaction antérieure à la loi du 24 juillet 2019 susvisée, à partir de la deuxième année d'exercice des fonctions qu'ils doivent accomplir dans un service ou organisme agréé pour la formation des internes et par délégation du praticien sous la responsabilité duquel ils exercent.

Art. D. 2213-1-1-4 *(Décr. n° 2025-371 du 22 avr. 2025, art. 1er)* **I. — Un infirmier volontaire peut établir un certificat de décès s'il remplit les conditions suivantes :**

1° Être titulaire d'un diplôme d'État depuis au moins trois ans ;

2° Avoir validé la formation spécifique mentionnée à l'article D. 2213-1-1-5 ;

3° Être inscrit sur la liste mentionnée à l'article D. 2213-1-1-6.

Il peut établir les certificats de décès de personnes majeures, sauf :

1° Lorsque le décès est survenu dans un des lieux mentionnés à l'article R. 2223-77 ;

2° Lorsque le caractère violent de la mort est manifeste ;

3° Dans les cas mentionnés à l'article 81 du code civil.

Dans ces cas, l'infirmier contacte un médecin ou les services d'aide médicale urgente pour établir le certificat de décès.

Dès lors que l'infirmier a établi le certificat de décès, il est habilité à établir les certificats, attestations et documents qui sont consécutifs au décès et s'y rattachent directement, que les médecins peuvent établir en application de l'article R. 4127-76 du code de la santé publique.

II. — Lorsque l'infirmier ne parvient pas à établir seul les causes du décès, il fait appel, par tout moyen, à l'expertise d'un médecin, quel que soit le mode et le lieu d'exercice de ce dernier.

Lorsqu'il dispose de ses coordonnées, l'infirmier ayant établi le certificat de décès à domicile informe le médecin traitant de la personne décédée du décès.

Lorsque le décès est survenu dans un établissement de santé ou un établissement ou service médico-social, l'infirmier en informe, selon les cas, le médecin coordinateur ou le médecin responsable ainsi que le directeur de l'établissement ou du service. L'infirmier transmet les données relatives aux causes du décès au médecin traitant.

Art. D. 2213-1-1-5 *(Décr. n° 2025-371 du 22 avr. 2025, art. 1er)* **Pour établir les certificats de décès, l'infirmier volontaire suit une formation dont le contenu, la durée minimale et les modalités d'attestation sont fixés par arrêté du ministre chargé de la santé.**

L'attestation de formation est délivrée par un organisme de formation mentionné à l'article L. 6351-1 du code du travail, disposant de la certification mentionnée à l'article L. 6316-1 du même code. Elle est transmise, par l'infirmier, au conseil départemental ou interdépartemental de l'ordre des infirmiers de son lieu d'exercice.

Art. D. 2213-1-1-6 *(Décr. n° 2025-371 du 22 avr. 2025, art. 1er)* **À la réception de l'attestation mentionnée à l'article D. 2213-1-1-5, le conseil départemental ou interdé-**

partemental de l'ordre des infirmiers vérifie que les conditions fixées au I de l'article D. 2213-1-1-4 sont remplies. Il établit et met à jour la liste des infirmiers volontaires autorisés à établir des certificats de décès.

Le conseil national de l'ordre des infirmiers diffuse, par tout moyen, la liste consolidée des infirmiers volontaires autorisés à établir des certificats de décès, laquelle est rendue publique.

Art. R. 2213-1-2 *(Décr. nº 2017-602 du 21 avr. 2017, art. 1er)* I. — *(Décr. nº 2022-284 du 28 févr. 2022, art. 1er)* « Sous réserve des exceptions prévues à l'article R. 2213-1-4, » *(Décr. nº 2025-370 du 22 avr. 2025, art. 1er)* « le professionnel de santé mentionné au premier alinéa de l'article L. 2223-42 » ayant constaté le décès établit, dans les meilleurs délais, sur support électronique un certificat dans le respect des dispositions de l'article L. 1110-4-1 du code de la *(Décr. nº 2022-284 du 28 févr. 2022, art. 1er)* « santé publique et transmet » sans délais les volets de ce certificat dans les conditions fixées aux II, III et IV.

II. — Le volet administratif du certificat de décès est établi sur support électronique. Il est transmis *(Décr. nº 2022-284 du 28 févr. 2022, art. 1er)* « par voie dématérialisée sécurisée » à la mairie du lieu de décès, à la régie, à l'entreprise ou à l'association, habilitée dans les conditions définies à l'article L. 2223-23, chargée de pourvoir aux funérailles et, en cas de transport du corps, à la mairie du lieu de dépôt du corps et au gestionnaire de la chambre funéraire. *(Décr. nº 2025-53 du 17 janv. 2025, art. 1er)* « Il peut être communiqué aux officiers de police judiciaire qui en font la demande. »

III. — Les données du volet médical du certificat de décès sont transmises par *(Décr. nº 2025-370 du 22 avr. 2025, art. 1er)* « le professionnel de santé mentionné au premier alinéa de l'article L. 2223-42 », après chiffrement, à l'Institut national de la santé et de la recherche médicale ou à l'organisme chargé par cet institut de gérer le système de collecte et de transmission des certificats saisis, dans les conditions définies par cet institut et visant à garantir la sécurité, la confidentialité et l'intégrité de ces données.

IV. — La transmission du certificat de décès ne peut avoir lieu que si le volet administratif et le volet médical sont intégralement établis.

Pendant les quatre-vingt-seize heures suivant la transmission du certificat de décès, *(Décr. nº 2025-370 du 22 avr. 2025, art. 1er)* « le professionnel de santé mentionné au premier alinéa de l'article L. 2223-42 » peut modifier les informations du volet médical. Toute modification pendant ce délai donne lieu à une nouvelle transmission à l'organisme destinataire.

V. — Lors de la réception du volet administratif, l'officier d'état civil de la mairie envoie par voie postale ou électronique à l'Institut national de la statistique et des études économiques un bulletin dans les conditions définies par le décret nº 82-103 du 22 janvier 1982 modifié relatif au répertoire national d'identification des personnes physiques.

Art. R. 2213-1-3 *(Décr. nº 2006-938 du 27 juill. 2006)* L'Institut national de la santé et de la recherche médicale est chargé de gérer la base constituée de l'ensemble des informations figurant sur les volets médicaux *(Décr. nº 2017-602 du 21 avr. 2017, art. 1er)* « et les volets médicaux complémentaires » des certificats de décès qui lui sont transmis.

Il met en œuvre des mesures de protection physique et logique afin de préserver la sécurité du traitement et des informations, d'empêcher qu'elles ne soient déformées, endommagées ou communiquées à des tiers non autorisés et d'en préserver l'intégrité.

Les données de cette base sont accessibles, dans des conditions préservant la protection des données :

1º Aux agents *(Décr. nº 2016-523 du 27 avr. 2016, art. 4)* « de l'Agence nationale de santé publique nommément désignés par le directeur général » de cet établissement ;

(Décr. nº 2010-344 du 31 mars 2010, art. 344) « 2º Aux agents de l'agence régionale de santé désignés à cet effet par le directeur général ; »

3º Après demande adressée à l'Institut national de la santé et de la recherche médicale, *(Décr. nº 2017-602 du 21 avr. 2017, art. 1er)* « pour les pathologies qui les concernent, » aux médecins responsables d'un registre de pathologie agréé.

(Décr. n° 2017-602 du 21 avr. 2017, art. 1er) « Les données relatives aux causes du décès sont mises à disposition du système national des données de santé mentionné à l'article L. 1461-1 du code de la santé publique dans les conditions définies à l'article L. 1461-7 du même code. »

Art. R. 2213-1-4 *(Décr. n° 2022-284 du 28 févr. 2022, art. 1er)* « I. — À titre exceptionnel, lorsque le décès n'a pas eu lieu dans un établissement de santé public ou privé ou dans un établissement d'hébergement pour personnes âgées dépendantes mentionné à l'article L. 313-12 du code de l'action sociale et des familles, le certificat de décès peut être établi sur support papier et transmis, dans les meilleurs délais, selon les modalités suivantes : »

(Décr. n° 2025-370 du 22 avr. 2025, art. 1er) « Le professionnel de santé mentionné au premier alinéa de l'article L. 2223-42 » ayant constaté le décès remplit et signe les deux volets du certificat de décès ainsi que chacun des trois feuillets du volet administratif. Il clôt le volet médical avant la transmission du certificat de décès à la mairie du lieu de décès. La régie, l'entreprise ou l'association habilitée dans les conditions définies à l'article L. 2223-23, chargée de pourvoir aux funérailles et, en cas de transport du corps, la mairie du lieu de dépôt du corps et le gestionnaire de la chambre funéraire sont chacun destinataires d'un feuillet du volet administratif. »

L'officier d'état civil *(Décr. n° 2017-602 du 21 avr. 2017, art. 1er)* « de la mairie du lieu de décès » conserve *(Décr. n° 2017-602 du 21 avr. 2017, art. 1er)* « le » volet administratif et transmet dans des conditions permettant de garantir la confidentialité et la protection des données :

1° À l'Institut national de la statistique et des études économiques un bulletin comprenant les informations mentionnées au dernier alinéa de l'article 5 du décret n° 82-103 du 22 janvier 1982 modifié relatif au répertoire national d'identification des personnes physiques ;

2° À l'Institut national de la santé et de la recherche médicale, par l'intermédiaire de *(Décr. n° 2010-344 du 31 mars 2010, art. 344)* « l'agence régionale de santé », dans le ressort de laquelle le décès a eu lieu, le volet médical clos, ainsi qu'un bulletin comprenant les informations mentionnées au 1°, à l'exclusion du nom et du prénom de la personne décédée.

(Décr. n° 2022-284 du 28 févr. 2022, art. 1er) « II. — Lorsque, pour des raisons techniques, le volet administratif du certificat électronique ne peut pas être transmis à la mairie par voie dématérialisée sécurisée, il est édité sous format papier et transmis à la mairie en quatre exemplaires signés par *(Décr. n° 2025-370 du 22 avr. 2025, art. 1er)* « le professionnel de santé mentionné au premier alinéa de l'article L. 2223-42 ». La régie, l'entreprise ou l'association habilitée dans les conditions définies à l'article L. 2223-23, chargée de pourvoir aux funérailles et, en cas de transport du corps, la mairie du lieu de dépôt du corps et le gestionnaire de la chambre funéraire sont chacun destinataires d'un de ces exemplaires. »

Art. R. 2213-1-5 *et* R. 2213-1-6 *Abrogés par Décr. n° 2017-602 du 21 avr. 2017, art. 1er.*

SOUS-SECTION 2 **Opérations consécutives au décès (R)** *(Décr. n° 2006-938 du 27 juill. 2006).*

Art. R. 2213-2 *(Décr. n° 2010-917 du 3 août 2010, art. 2)* En tous lieux, l'opérateur participant au service extérieur des pompes funèbres mentionné à l'article L. 2223-23 munit, sans délai, le corps de la personne dont le décès a été constaté d'un bracelet plastifié et inamovible comportant les nom, prénom et date de décès ou, à défaut, tous éléments permettant l'identification du défunt.

Toutefois, lorsque le décès survient dans un établissement de santé, un établissement social ou médico-social, public ou privé, cette opération est réalisée par un agent de l'établissement, sous la responsabilité du chef d'établissement.

BIBL. ▶ DUTRIEUX, Surveillance des opérations funéraires et vacations funéraires : une simplification acquise, *JCP Adm 2010. Actu. 618.*

Art. R. 2213-2-1 *(Décr. n° 2011-121 du 28 janv. 2011, art. 6) (Décr. n° 2017-983 du 10 mai 2017, art. 1er)* « I. — » Un arrêté du ministre chargé de la santé, pris après avis du Haut Conseil de la santé publique, fixe : *— V. Arr. du 12 juill. 2017 (JO 20 juill.).*

a) La liste des infections transmissibles qui imposent une mise en bière immédiate dans un cercueil hermétique, répondant aux caractéristiques définies à l'article R. 2213-27, et sa fermeture ;

b) La liste des infections transmissibles qui imposent une mise en bière immédiate dans un cercueil simple, répondant aux caractéristiques définies à l'article R. 2213-25, et sa fermeture ;

c) La liste des infections transmissibles pour lesquelles, si elles sont suspectées, il peut être dérogé, dans les conditions prévues à l'article R. 2213-14, au délai maximum de transport de corps avant mise en bière, afin de permettre une autopsie médicale au sens de l'article L. 1211-2 du code de la santé publique ;

d) La liste des infections transmissibles imposant, le cas échéant, la mise en bière pour le transport du corps s'il a lieu avant l'expiration du délai mentionné à l'article R. 2213-11 ;

e) La liste des infections transmissibles qui interdisent la pratique des soins de conservation.

(Décr. n° 2017-983 du 10 mai 2017, art. 1er) « II. — Les soins de conservation ne peuvent être réalisés au domicile du défunt que :

« 1° Lorsque le décès est survenu au domicile du défunt ;

« 2° Lorsque la régie, l'entreprise ou l'association et leurs établissements, habilités conformément à l'article L. 2223-23*[,]* constatent par une visite ou sur la déclaration de la famille du défunt, préalablement à la vente de la prestation de soins de conservation, que le domicile du défunt respecte les exigences fixées au 3° de l'article R. 2223-132. »

§ 1 Soins de conservation (R)

Art. R. 2213-2-2 *(Décr. n° 2011-121 du 28 janv. 2011, art. 6)* Il ne peut être procédé *(Décr. n° 2017-983 du 10 mai 2017, art. 1er)* « aux soins de conservation mentionnés au 3° de l'article L. 2223-19 », sans qu'une déclaration écrite préalable ait été effectuée, par tout moyen, auprès du maire de la commune où sont pratiqués les soins de conservation.

La déclaration mentionnée à l'alinéa précédent indique le lieu et l'heure *(Décr. n° 2017-983 du 10 mai 2017, art. 1er)* « des soins de conservation, le délai de leur réalisation après le décès lorsqu'ils ont lieu à domicile », le nom et l'adresse du thanatopracteur ou *(Décr. n° 2017-983 du 10 mai 2017, art. 1er)* « de l'entreprise, de la régie ou de l'association et ses établissements habilités » qui procèdera à *(Décr. n° 2017-983 du 10 mai 2017, art. 1er)* « ceux-ci », le mode opératoire et le produit *(Décr. n° 2017-983 du 10 mai 2017, art. 1er)* « biocide » qu'il est proposé d'employer.

(Décr. n° 2017-983 du 10 mai 2017, art. 1er) « La réalisation des soins de conservation » est subordonnée à la détention des documents suivants :

1° L'expression écrite des dernières volontés de la personne décédée ou une demande de toute personne qui a qualité pour pourvoir aux funérailles et justifie de son état-civil *[état civil]* et de son domicile *(Décr. n° 2017-983 du 10 mai 2017, art. 1er)* « dûment informée par l'entreprise, la régie ou l'association et ses établissements habilités, par mise à disposition d'un document écrit officiel, de l'objet et de la nature des soins de conservation et des alternatives à ces soins » ;

2° Le certificat de décès prévu à l'article L. 2223-42, attestant que le décès ne pose pas de problème médico-légal et que le défunt n'était pas atteint par l'une des infections transmissibles dont la liste est fixée au *e* de l'article R. 2213-2-1.

Si le ministre chargé de la santé est habilité à dresser la liste des maladies contagieuses auxquelles il peut légalement adjoindre, compte tenu des risques qu'elles peuvent faire courir pour la santé des personnes appelées à traiter ou à transporter les corps, les maladies susceptibles de se propager par contact direct avec certains éléments biologiques pathogènes de l'organisme du malade décédé, il n'est pas autorisé à interdire de manière absolue la possibilité, laissée à l'appréciation du maire en application de l'art. R. 363-1 C. communes (CGCT, art. R. 2213-2), de pratiquer des soins de conservation sur les corps des défunts atteintes de ces maladies. • CE 29 nov. 1999, *Féd. française des pompes funèbres,* n° 200777 B.

Art. R. 2213-3 Tout produit *(Décr. n° 2017-983 du 10 mai 2017, art. 1er)* « biocide » destiné aux soins de conservation du corps de la personne décédée est *(Décr. n° 2021-145 du 10 févr. 2021, art. 1er)* « autorisé par l'Agence nationale chargée de la sécurité sanitaire de l'alimentation, de l'environnement et du travail, autorité compétente au sens du règlement (UE) n° 528/2012 du 22 mai 2012. L'autorisation » précise les conditions de dilution du produit en vue de son emploi.

Les flacons satisfont aux conditions d'emballage et d'étiquetage requises pour les substances dangereuses.

Art. R. 2213-4 Un flacon scellé, qui renferme au moins cinquante millilitres du liquide utilisé et porte toutes indications permettant son identification, est fixé sur le corps de la personne qui a subi les soins de conservation, de préférence à la cheville. – *[C. communes, art. R.** 363-3.]*

§ 2 Moulage (R)

Art. R. 2213-5 Sauf dans le cas prévu à l'article R. 2213-6, il est interdit de faire procéder au moulage d'un cadavre :

– avant l'expiration d'un délai de vingt-quatre heures depuis la déclaration du décès à la mairie ;

– *(Décr. n° 2011-121 du 28 janv. 2011, art. 8)* « et sans une déclaration écrite préalable effectuée, par tout moyen, auprès du maire de la commune où l'opération est réalisée. »

Art. R. 2213-6 Lorsque le moulage d'un cadavre est nécessaire avant l'expiration du délai de vingt-quatre heures, *(Décr. n° 2011-121 du 28 janv. 2011, art. 9)* « la déclaration préalable est subordonnée à la détention d'un certificat établi par un médecin, » constatant que des signes de décomposition rendent l'opération nécessaire avant les délais prescrits.

§ 3 Transport de corps avant mise en bière (R)

Art. R. 2213-7 *(Décr. n° 2011-121 du 28 janv. 2011, art. 10)* « Sans préjudice des dispositions particulières prévues à l'article R. 2223-77 et quel que soit le lieu de dépôt du corps, le transport avant mise en bière du corps d'une personne décédée vers son domicile, la résidence d'un membre de sa famille ou une chambre funéraire ne peut être réalisé sans une déclaration écrite préalable effectuée, par tout moyen, auprès du maire du lieu de dépôt du corps et dans les conditions prévues par les articles R. 2213-8, R. 2213-8-1, R. 2213-9 et R. 2213-11. »

Les transports de corps avant mise en bière sont effectués au moyen de véhicules spécialement aménagés, exclusivement réservés aux transports mortuaires et répondant aux conditions des articles D. 2223-110 à *(Décr. n° 2020-917 du 28 juill. 2020, art. 3)* « D. 2223-114 ».

BIBL. ▶ Blairon, La circulation des personnes décédées dans l'Union européenne, *in* Py (dir.), La mort & le droit, *PU Nancy 2010, p. 31.* – Le transport des cendres et des cadavres destinés à être crématisés, *in* Py et Mayer (dir.), La crémation et le droit en Europe, *PU Nancy, 2e éd. 2011, p. 217.*

Art. R. 2213-8 *(Décr. n° 2011-121 du 28 janv. 2011, art. 11)* Le transport avant mise en bière d'une personne décédée vers son domicile ou la résidence d'un membre de sa famille est subordonné :

1° À la demande écrite de la personne qui a qualité pour pourvoir aux funérailles et justifie de son état civil et de son domicile ;

2° À la détention d'un extrait du certificat de décès prévu à l'article L. 2223-42, attestant que le décès ne pose pas de problème médico-légal et que le défunt n'était pas atteint par l'une des infections transmissibles dont la liste est fixée au *d* de l'article R. 2213-2-1 ;

3° À l'accord, le cas échéant, du directeur de l'établissement de santé, de l'établissement social ou médico-social, public ou privé, au sein duquel le décès est survenu ;

4° À l'accomplissement préalable des formalités prescrites aux articles 78, 79 et 80 du code civil relatives aux déclarations de décès. Par dérogation aux dispositions qui précèdent, en cas de fermeture de la mairie, ces formalités sont accomplies dès sa réouverture.

La déclaration préalable au transport mentionnée à l'article R. 2213-7 indique la date et l'heure présumée de l'opération, le nom et l'adresse de l'opérateur dûment habilité qui procède à celle-ci, ainsi que le lieu de départ et le lieu d'arrivée du corps. Elle fait référence à la demande de la personne qui a qualité pour pourvoir aux funérailles.

Art. R. 2213-8-1 *(Décr. nº 2011-121 du 28 janv. 2011, art. 12)* Le transport avant mise en bière d'une personne décédée vers une chambre funéraire est subordonné :

1º À la demande écrite :

— soit de la personne qui a qualité pour pourvoir aux funérailles et justifie de son état-civil *[état civil]* et de son domicile ;

— soit de la personne chez qui le décès a eu lieu, à condition qu'elle atteste par écrit qu'il lui a été impossible de joindre ou de retrouver dans un délai de douze heures à compter du décès l'une des personnes ayant qualité pour pourvoir aux funérailles ;

— soit du directeur de l'établissement, dans le cas de décès dans un établissement de santé public ou privé qui n'entre pas dans la catégorie de ceux devant disposer obligatoirement d'une chambre mortuaire conformément à l'article L. 2223-39, sous la condition qu'il atteste par écrit qu'il lui a été impossible de joindre ou de retrouver dans un délai de dix heures à compter du décès l'une des personnes ayant qualité pour pourvoir aux funérailles ;

— soit du directeur de l'établissement social ou médico-social, public ou privé, sous la condition qu'il atteste par écrit qu'il lui a été impossible de joindre ou de retrouver dans un délai de dix heures à compter du décès l'une des personnes ayant qualité pour pourvoir aux funérailles ;

2º À la détention d'un extrait du certificat de décès prévu à l'article L. 2223-42, attestant que le décès ne pose pas de problème médico-légal et que le défunt n'était pas atteint par l'une des infections transmissibles dont la liste est fixée au *d* de l'article R. 2213-2-1 ;

3º À l'accomplissement préalable des formalités prescrites aux articles 78, 79 et 80 du code civil relatives aux déclarations de décès. Par dérogation aux dispositions qui précèdent, en cas de fermeture de la mairie, ces formalités sont accomplies dès sa réouverture.

La déclaration préalable au transport, mentionnée à l'article R. 2213-7, indique la date et l'heure présumée de l'opération, le nom et l'adresse de l'opérateur dûment habilité qui procède à celle-ci, ainsi que le lieu de départ et le lieu d'arrivée du corps. Elle fait référence à la demande écrite de transport mentionnée au 1º et précise de qui elle émane.

Art. R. 2213-9 *(Décr. nº 2011-121 du 28 janv. 2011, art. 13)* Le médecin peut s'opposer au transport du corps avant mise en bière lorsque l'état du corps ne permet pas un tel transport. Il en avertit sans délai par écrit la famille et, s'il y a lieu, le directeur de l'établissement.

Art. R. 2213-10 *(Décr. nº 2011-121 du 28 janv. 2011, art. 14)* Lorsque le corps est transporté avant mise en bière hors de la commune du lieu de décès ou de dépôt, une copie de la déclaration de transport est immédiatement adressée, par tout moyen, au maire de la commune où le corps est transporté.

Art. R. 2213-11 *(Décr. nº 2011-121 du 28 janv. 2011, art. 15)* Sauf dispositions dérogatoires, les opérations de transport de corps avant mise en bière du corps d'une personne décédée sont achevées dans un délai maximum de quarante-huit heures à compter du décès.

Art. R. 2213-12 *(Décr. nº 2011-121 du 28 janv. 2011, art. 16)* Lorsque les conditions mentionnées à l'article R. 2213-8 ou R. 2213-8-1 ne sont pas remplies, le corps ne peut être transporté qu'après mise en bière et dans les conditions fixées aux articles R. 2213-15 à R. 2213-28.

Art. R. 2213-13 *(Décr. nº 2022-719 du 27 avr. 2022, art. 3)* Le transport du corps d'une personne majeure ayant consenti à donner après son décès son corps à des fins d'enseignement médical et de recherche, en application de l'article L. 1261-1 du code de la santé publique, est organisé dans les conditions prévues aux articles R. 1261-1 à R. 1261-33 du même code.

Art. R. 2213-14 *(Décr. n° 2011-121 du 28 janv. 2011, art. 18)* « Le transport du corps d'une personne décédée vers un établissement de santé, pour réaliser des prélèvements à des fins thérapeutiques est déclaré préalablement, par tout moyen écrit, auprès du maire de la commune du lieu de décès ou de dépôt, à la demande du directeur de l'établissement de santé où est décédée cette personne ou de toute personne qui a qualité pour pourvoir aux funérailles. La déclaration est subordonnée à la détention de l'extrait du certificat de décès prévu à l'article L. 2223-42, attestant que le décès ne pose pas de problème médico-légal.

« Le transport du corps d'une personne décédée vers un établissement de santé, pour réaliser une autopsie médicale, est déclaré préalablement, par tout moyen écrit, auprès du maire de la commune du lieu de décès ou de dépôt, à la demande de toute personne qui a qualité pour pourvoir aux funérailles. La déclaration est subordonnée à la détention de l'extrait du certificat de décès prévu à l'article L. 2223-42, attestant que le décès ne pose pas de problème médico-légal.

« Lorsque l'autopsie médicale est réalisée en vue de diagnostiquer l'une des infections transmissibles dont la liste est fixée au *c* de l'article R. 2213-2-1, le délai mentionné à l'article R. 2213-11 est porté à 72 heures.

« Le corps admis dans un établissement de santé dans les conditions fixées au présent article peut faire l'objet, à la demande de toute personne qui a qualité pour pourvoir aux funérailles et après accord du directeur de cet établissement, d'un nouveau transport de corps avant mise en bière, dans le respect de l'article L. 1232-5 du code de la santé publique, vers une chambre funéraire, la résidence du défunt ou d'un membre de sa famille ou, le cas échéant, vers la chambre mortuaire de l'établissement où il est décédé. »

Les frais de transport aller et retour du lieu de décès à l'établissement de santé et les frais de prélèvement sont à la charge de l'établissement de santé dans lequel il a été procédé aux prélèvements.

§ 4 Mise en bière et fermeture du cercueil (R)

Art. R. 2213-15 Avant son inhumation ou sa crémation, le corps d'une personne décédée est mis en bière.

La housse imperméable éventuellement utilisée pour envelopper le corps avant sa mise en bière est fabriquée dans un matériau biodégradable. Elle doit répondre à des caractéristiques de composition, de résistance et d'étanchéité fixées par arrêté du ministre chargé de la santé après avis *(Décr. n° 2006-1675 du 22 déc. 2006, art. 3 ; Décr. n° 2011-385 du 11 avr. 2011, art. 10)* « de l'Agence nationale de sécurité sanitaire de l'alimentation, de l'environnement et du travail » et du Conseil national des opérations funéraires.

(Décr. n° 2017-1534 du 3 nov. 2017) « Si la personne décédée est porteuse d'une prothèse fonctionnant au moyen d'une pile, un médecin ou un thanatopracteur procède à son explantation et atteste de la récupération de cette prothèse avant la mise en bière. Toutefois, l'explantation n'est pas requise lorsque la prothèse fonctionnant au moyen d'une pile figure sur la liste fixée par arrêté des ministres chargés de l'intérieur et de la santé après avis du Haut Conseil de la santé publique, au regard des risques présentés au titre de l'environnement ou de la sécurité des biens et des personnes. Cet arrêté peut distinguer selon que la personne fait l'objet d'une inhumation ou d'une crémation. »

Art. R. 2213-16 Il n'est admis qu'un seul corps dans chaque cercueil. Toutefois, est autorisée la mise en bière dans un même cercueil des corps :

1° De plusieurs enfants *(Décr. n° 2019-335 du 17 avr. 2019, art. 1er)* « sans vie d'une même mère ou enfants nés vivants puis décédés après l'accouchement ; »

2° *(Décr. n° 2019-335 du 17 avr. 2019, art. 1er)* « De la mère et d'un ou plusieurs de ses enfants sans vie ou nés vivants puis décédés après l'accouchement.

« Le 1° et 2° ne sont applicables que si le premier décès intervient au plus tard au moment de l'accouchement ou peu de temps après et que le dernier décès intervient avant la fin du délai légal d'inhumation ou de crémation suivant le premier décès. »

Art. R. 2213-17 *(Décr. nº 2002-1065 du 5 août 2002, art. 2)* **« La fermeture du cercueil est autorisée par** *(Décr. nº 2022-1127 du 5 août 2022, art. 1er)* **« le maire » du lieu de décès ou, en cas d'application du premier alinéa de l'article R. 2213-7, par** *(Décr. nº 2022-1127 du 5 août 2022, art. 1er)* **« le maire » du lieu de dépôt du corps, dans le respect des dispositions de l'article L. 2223-42. »**

L'autorisation, établie sur papier libre et sans frais, est délivrée *(Décr. nº 2011-121 du 28 janv. 2011, art. 19)* **« sur présentation du certificat de décès établi par** *(Décr. nº 2025-370 du 22 avr. 2025, art. 1er)* **« le professionnel de santé mentionné au premier alinéa de l'article L. 2223-42 » ayant constaté le décès » et attestant que celui-ci ne pose pas de problème médico-légal.**

Art. R. 2213-18 *(Décr. nº 2011-121 du 28 janv. 2011, art. 20)* **Sans préjudice des dispositions de l'article R. 2213-2-1, le maire peut, s'il y a urgence, compte tenu du risque sanitaire ou en cas de décomposition rapide du corps, après avis d'un médecin, décider la mise en bière immédiate et la fermeture du cercueil.**

Si le ministre chargé de la santé est habilité à dresser la liste des maladies contagieuses auxquelles il peut légalement adjoindre, compte tenu des risques qu'elles peuvent faire courir pour la santé des personnes appelées à traiter ou à transporter les corps, les maladies susceptibles de se propager par contact direct avec certains éléments biologiques pathogènes de l'organisme du malade décédé, il n'est pas autorisé à imposer la mise en bière immédiate des défunts atteints de ces maladies qu'il appartient à l'officier d'état-civil de décider en application de l'art. R. 363-19 C. communes (CGCT, art. R. 2213-18). • CE 29 nov. 1999, *Féd. française des pompes funèbres*, nº 200777 B.

Art. R. 2213-19 Lorsque le décès paraît résulter d'une maladie suspecte dont la protection de la santé publique exige la vérification, le préfet peut, sur l'avis conforme, écrit et motivé de deux médecins, prescrire toutes les constatations et les prélèvements nécessaires en vue de rechercher les causes du décès. – *[C. communes, art. R.** 363-20.]*

Art. R. 2213-20 *(Décr. nº 2024-790 du 10 juill. 2024, art. 1er)* **« Le couvercle du cercueil est muni d'une plaque où est portée, par un procédé garantissant le caractère durable de ces mentions, l'indication de l'année de décès et, s'ils sont connus, de l'année de naissance, du prénom, du nom de famille et, s'il y a lieu, du nom d'usage du défunt. »**

(Décr. nº 2011-121 du 28 janv. 2011, art. 21) **« Après accomplissement des formalités prescrites aux articles 78, 79 et 80 du code civil et à l'article R. 2213-17 du présent code, il est procédé à la fermeture définitive du cercueil. »**

Le rapatriement sur le territoire national des ressortissants français décédés à l'étranger est régi par deux conventions internationales relatives au transport des corps des personnes décédées : l'arrangement de Berlin du 10 févr. 1937 et l'accord de Strasbourg du 26 oct. 1973. * Rép. min. nº 17091 : *JOAN, 27 août 2019, p. 7669.* ♦ Ces conventions prévoient que le corps du défunt soit transporté dans un cercueil hermétiquement fermé, en zinc, mais les parties restent néanmoins libres d'accorder des facilités plus grandes, par application, notamment, d'accords bilatéraux. * Même Rép. min. ♦ Compte tenu des difficultés rencontrées par les familles de défunts, notamment du fait que la crémation d'un cercueil hermétique rapatrié est techniquement impossible puisque le cercueil est en zinc, un accord de coopération entre la France et l'Espagne a été ratifié le 30 juin 2017 et le Gouvernement travaille actuellement à la conclusion d'un accord avec la Belgique. * Même Rép. min.

§ 5 Transport de corps après mise en bière (R)

Art. R. 2213-21 *(Décr. nº 2011-121 du 28 janv. 2011, art. 22)* **Après fermeture du cercueil, le corps d'une personne décédée ne peut être transporté dans une commune autre que celle où cette opération a eu lieu, sans une déclaration préalable effectuée, par tout moyen écrit, auprès du maire de la commune du lieu de fermeture du cercueil, quelle que soit la commune de destination à l'intérieur du territoire métropolitain ou d'un département d'outre-mer.**

La déclaration préalable au transport indique la date et l'heure présumée de l'opération, le nom et l'adresse de l'opérateur dûment habilité qui procède à celle-ci, ainsi que le lieu de départ et le lieu d'arrivée du cercueil.

Art. R. 2213-22 Lorsque le corps est transporté en dehors du territoire métropolitain ou d'un département d'outre-mer, l'autorisation est donnée par le préfet du département où a lieu la fermeture du cercueil. — *[C. communes, art. R.** 363-23.]*

Art. R. 2213-23 *(Décr. nº 2024-790 du 10 juill. 2024, art. 1er)* « L'entrée sur le territoire métropolitain, d'un département d'outre-mer ou d'une collectivité d'outre-mer du corps d'une personne décédée dans une autre collectivité d'outre-mer ou en Nouvelle-Calédonie et son transfert au lieu de sépulture ou de crémation sont effectués au vu d'une autorisation délivrée par le représentant de l'État dans cette collectivité ou en Nouvelle-Calédonie.

« L'entrée en France du corps d'une personne décédée à l'étranger et son transfert au lieu de sépulture ou de crémation, ainsi que le passage en transit sur le territoire français, sont effectués au vu d'une autorisation délivrée par le représentant consulaire français. »

Cependant, quand le décès s'est produit dans un pays étranger adhérent à un arrangement international pour le transport des corps, l'entrée du corps en France s'effectue au vu d'un laissez-passer spécial délivré par l'autorité compétente pour le lieu d'exhumation lorsqu'il s'agit de restes déjà inhumés.

Lorsque le décès s'est produit à bord d'un navire au cours d'un voyage, l'entrée du corps en France s'effectue au vu de la déclaration maritime de santé établie par le capitaine du navire et contresignée, le cas échéant, par le médecin du bord. Dans ce cas, le corps est placé dans un cercueil répondant aux conditions prévues à l'article R. 2213-27.

BIBL. ▶ DUTRIEUX, L'encadrement juridique du rapatriement d'un défunt de l'étranger, *T & D 2009, nº 106, p. 27.* – BLAIRON, La circulation des personnes décédées dans l'Union européenne, *in* Py (dir.), La mort & le droit, *PU Nancy 2010, p. 31.* – Le transport des cendres et des cadavres destinés à être crématisés, *in* Py et Mayer (dir.) ; La crémation et le droit en Europe, *PU Nancy, 2e éd. 2011, p. 217.*

Art. R. 2213-24 L'autorisation de transport de cendres en dehors du territoire métropolitain ou d'un département d'outre-mer est délivrée *(Décr. nº 2011-121 du 28 janv. 2011, art. 24)* « par le préfet du département du lieu de crémation du défunt ou du lieu de résidence du demandeur ».

Art. R. 2213-25 *(Décr. nº 2018-966 du 8 nov. 2018, art. 1er)* I. — À l'exception des cas prévus à l'article R. 2213-26, le corps est placé dans un cercueil muni d'une cuvette d'étanchéité respectant des caractéristiques :

1º De résistance ;

2º D'étanchéité ;

3º De biodégradabilité lorsqu'il est destiné à l'inhumation ou de combustibilité lorsqu'il est destiné à la crémation afin de protéger l'environnement et la santé.

Ces caractéristiques sont définies par arrêté des ministres chargés de la santé et de l'environnement, pris après avis de l'Agence nationale de sécurité sanitaire de l'alimentation, de l'environnement et du travail et du Conseil national des opérations funéraires.

II. — L'habillement du défunt, les garnitures et les accessoires posés à l'intérieur ou à l'extérieur des cercueils destinés à la crémation sont composés de matériaux combustibles et non susceptibles de provoquer une explosion.

Art. R. 2213-25-1 *(Décr. nº 2018-966 du 8 nov. 2018, art. 2)* I. — Avant la mise sur le marché, un organisme accrédité vérifie que le cercueil muni d'une cuvette d'étanchéité respecte les caractéristiques mentionnées à l'article R. 2213-25. Cet organisme délivre une attestation de conformité.

II. — Un arrêté des ministres chargés de la santé et de l'environnement, pris après avis de l'Agence nationale de sécurité sanitaire de l'alimentation, de l'environnement et du travail et du Conseil national des opérations funéraires, fixe les modalités de la vérification prévue au I. — *V. Arr. du 20 déc. 2018 (JO 30 déc.).*

III. — L'organisme mentionné au I est accrédité par le Comité français d'accréditation ou par tout autre organisme d'accréditation signataire d'un accord de reconnaissance mutuelle multilatéral pris dans le cadre de la coordination européenne des organismes d'accréditation.

Art. R. 2213-25-2 *(Décr. nº 2018-966 du 8 nov. 2018, art. 2)* Les dispositions des articles R. 2213-25 et R. 2213-25-1 ne font pas obstacle à la libre circulation des cercueils légalement fabriqués ou commercialisés dans un autre État membre de l'Union européenne, dans un autre État partie à l'accord instituant l'Espace économique européen, ou en Turquie, qui satisfont à un niveau de résistance, d'étanchéité, de biodégradabilité et de combustibilité équivalent à celui défini par l'arrêté prévu au I de l'article R. 2213-25.

Art. R. 2213-26 Le corps est placé dans un cercueil hermétique satisfaisant aux conditions fixées à l'article R. 2213-27 dans les cas ci-après :

1° *(Décr. nº 2011-121 du 28 janv. 2011, art. 25)* « Si la personne était atteinte au moment du décès de l'une des infections transmissibles dont la liste est fixée au *a* de l'article R. 2213-2-1 ; »

2° En cas de dépôt du corps soit à résidence, soit dans un édifice cultuel ou dans un caveau provisoire, pour une durée excédant six jours ;

3° Dans tous les cas où le préfet le prescrit.

Art. R. 2213-27 Les cercueils hermétiques doivent être en matériau biodégradable et répondre à des caractéristiques de composition, de résistance et d'étanchéité fixées par arrêté du ministre chargé de la santé après avis *(Décr. nº 2006-1675 du 22 déc. 2006, art. 3 ; Décr. nº 2011-385 du 11 avr. 2011, art. 10)* « de l'Agence nationale de sécurité sanitaire de l'alimentation, de l'environnement et du travail » et du Conseil national des opérations funéraires.

Ils doivent ne céder aucun liquide au milieu extérieur, contenir une matière absorbante et être munis d'un dispositif épurateur de gaz répondant à des caractéristiques de composition de débit et de filtration fixées par arrêté du ministre chargé de la santé après avis *(Décr. nº 2006-1675 du 22 déc. 2006, art. 3 ; Décr. nº 2011-385 du 11 avr. 2011, art. 10)* « de l'Agence nationale de sécurité sanitaire de l'alimentation, de l'environnement et du travail » et du Conseil national des opérations funéraires.

Lorsque le défunt était atteint *(Décr. nº 2011-121 du 28 janv. 2011, art. 26)* « de l'une des infections transmissibles dont la liste est fixée au *a* de l'article R. 2213-2-1 », le corps est enveloppé dans un linceul imbibé d'une solution antiseptique.

Art. R. 2213-28 *(Décr. nº 2011-121 du 28 janv. 2011, art. 27)* Pour les victimes d'accidents survenus à bord d'un avion des forces armées, sous réserve qu'il n'y ait pas de motif à refus de l'autorisation d'inhumation et après observation des formalités prescrites à l'article 81 du code civil, une déclaration de transport immédiat en vue d'autopsie à l'hôpital militaire ou à l'infirmerie de la base aérienne la plus proche est effectuée auprès du représentant de l'État dans le département où l'autopsie a lieu.

L'autopsie terminée, l'autorité civile territorialement compétente du lieu d'autopsie délivre l'autorisation d'inhumation ou de crémation.

§ 6 Dépôt temporaire (R)

Art. R. 2213-29 *(Décr. nº 2011-121 du 28 janv. 2011, art. 28)* « Après la fermeture du cercueil, effectuée conformément aux dispositions de l'article R. 2213-20, celui-ci peut être déposé temporairement dans un édifice cultuel, une chambre funéraire, au crématorium, *(Décr. nº 2020-352 du 27 mars 2020, art. 8)* « dans un dépositoire, » à la résidence du défunt ou celle d'un membre de sa famille, dans les conditions prévues aux articles R. 2213-33 et R. 2213-35.

« Le cercueil peut également être déposé dans un caveau provisoire, le cas échéant après accord du propriétaire du caveau, dans l'attente de l'inhumation définitive. »

L'autorisation du dépôt est donnée par le maire de la commune du lieu du dépôt, après vérification que les formalités prescrites par l'article R. 2213-17 et par les articles 78 et suivants du code civil ont été accomplies.

(Décr. n° 2011-121 du 28 janv. 2011, art. 28) « Le dépôt prévu au deuxième alinéa ne peut excéder six mois. À l'expiration de ce délai, le corps est inhumé ou fait l'objet d'une crémation dans les conditions prévues aux articles R. 2213-31, R. 2213-34, R. 2213-36, R. 2213-38 et R. 2213-39. »

(Décr. n° 2020-352 du 27 mars 2020, art. 8) « Le dépôt d'un cercueil hermétique dans un dépositoire ne peut excéder six mois. À l'expiration de ce délai, le corps est inhumé. »

Art. R. 2213-30 Sous réserve des dispositions de l'article R. 2213-26, le corps est placé, quel que soit le lieu du dépôt temporaire, dans un cercueil d'un modèle prévu au premier alinéa de l'article R. 2213-25. – *[C. communes, art. R.** 363-35.]*

§ 7 Inhumation (R)

Art. R. 2213-31 *(Décr. n° 2011-121 du 28 janv. 2011, art. 29)* « Toute inhumation dans le cimetière d'une commune est autorisée par le maire de la commune du lieu d'inhumation. » *(Décr. n° 2020-1567 du 11 déc. 2020, art. 5)* « Cette autorisation peut être adressée par voie dématérialisée. »

Tout cimetière affecté en totalité ou en partie à la desserte d'une commune est considéré comme y étant situé même s'il se trouve hors des limites territoriales de cette commune.

Sur l'autorisation préalable de l'officier public pour l'inhumation d'un individu décédé, V. ci-dessous C. pén., art. R. 645-6.

Code pénal

Art. R. 645-6 *(Décr. n° 93-726 du 29 mars 1993)* Le fait de procéder ou faire procéder à l'inhumation d'un individu décédé sans que cette inhumation ait été préalablement autorisée par l'officier public, dans le cas où une telle autorisation est prescrite, ou en violation des dispositions législatives et réglementaires relatives aux délais prévus en cette matière est puni de l'amende prévue par *[pour]* les contraventions de la 5e classe.

La récidive de la contravention prévue au présent article est réprimée conformément aux articles 132-11 et 132-15.

Art. R. 2213-32 L'inhumation dans une propriété particulière du corps d'une personne décédée est autorisée par le préfet du département où est située cette propriété sur attestation que les formalités prescrites par l'article R. 2213-17 et par les articles 78 et suivants du code civil ont été accomplies et après avis d'un hydrogéologue agréé. *(Décr. n° 2011-121 du 28 janv. 2011, art. 30)* « Cet avis n'est pas requis pour l'inhumation d'une urne cinéraire. »

Art. R. 2213-33 *(Décr. n° 2024-790 du 10 juill. 2024, art. 1er)* « L'inhumation ou le dépôt en caveau provisoire a lieu :

« – au moins vingt-quatre heures après le décès et, au plus tard, le quatorzième jour calendaire suivant celui du décès ; ou

« – dans le cas prévu au premier alinéa de l'article R. 2213-23, au plus tard le quatorzième jour calendaire suivant celui où le corps est entré sur le territoire métropolitain, d'un département d'outre-mer ou d'une collectivité d'outre-mer ; ou

« – dans le cas prévu au deuxième alinéa de l'article R. 2213-23, au plus tard le quatorzième jour calendaire suivant celui où le corps est entré en France.

« En cas de problème médico-légal, l'inhumation ou le dépôt en caveau provisoire a lieu au plus tard le quatorzième jour calendaire suivant celui où le procureur de la République a délivré l'autorisation d'inhumation. »

Des dérogations *(Décr. n° 2024-790 du 10 juill. 2024, art. 1er)* « individuelles » aux délais prévus *(Décr. n° 2011-121 du 28 janv. 2011, art. 31)* « aux deuxième *(Décr. n° 2024-790 du 10 juill. 2024, art. 1er)* « , troisième et quatrième » alinéas » peuvent être accordées dans des circonstances particulières par le préfet du département du

lieu de l'inhumation, qui prescrit toutes dispositions nécessaires. *(Décr. nº 2011-121 du 28 janv. 2011, art. 31)* **« Lorsque le corps est transporté en dehors du territoire métropolitain ou d'un département d'outre-mer, les dérogations** *(Décr. nº 2024-790 du 10 juill. 2024, art. 1er)* **« individuelles » sont accordées par le préfet du département du lieu de fermeture du cercueil. »**

(Décr. nº 2024-790 du 10 juill. 2024, art. 1er) **« En raison de circonstances locales particulières, le préfet peut déroger, pour les inhumations prévues sur le territoire du département et pour une durée maximale d'un mois renouvelable, aux délais prévus aux deuxième, troisième et quatrième alinéas. Le délai dérogatoire ne peut alors dépasser vingt et un jours calendaires suivant celui du décès ou de l'entrée du corps sur le territoire dans les cas prévus aux premier et deuxième alinéas de l'article R. 2213-23. »**

BIBL. ▶ Carle et Ferrand, Réglementation funéraire : les apports du décret du 10 juillet, *Gaz. cnes 7 oct. 2024, p. 58.*

§ 8 Crémation (R)

Art. R. 2213-34 *(Décr. nº 2011-121 du 28 janv. 2011, art. 32)* **« La crémation est autorisée par le maire de la commune de décès ou, s'il y a eu transport du corps avant mise en bière, du lieu de fermeture du cercueil. »**

Cette autorisation *(Décr. nº 2020-1567 du 11 déc. 2020, art. 5)* **« , qui peut être adressée par voie dématérialisée, » est accordée sur les justifications suivantes :**

1° L'expression écrite des dernières volontés du défunt ou, à défaut, la demande de toute personne qui a qualité pour pourvoir aux funérailles et justifie de son état civil et de son domicile ;

2° *(Décr. nº 2011-121 du 28 janv. 2011, art. 32)* **« Un certificat de décès établi par** *(Décr. nº 2025-370 du 22 avr. 2025, art. 1er)* **« le professionnel de santé mentionné au premier alinéa de l'article L. 2223-42 » ayant constaté le décès, affirmant que celui-ci ne pose pas de problème médico-légal ; »**

3° Le cas échéant, l'attestation du médecin ou du thanatopracteur prévue au troisième alinéa de l'article R. 2213-15.

Lorsque le décès pose un problème médico-légal, la crémation ne peut avoir lieu qu'après l'autorisation du parquet qui peut subordonner celle-ci à une autopsie préalable, effectuée par un médecin légiste choisi sur la liste des experts et aux frais de la famille.

Lorsque le décès a eu lieu à l'étranger, la crémation est autorisée par le maire de la commune où elle est pratiquée. L'autorisation de transport de corps prévue par un arrangement international tient lieu, dans ce cas, de certificat du médecin.

Sur la question des difficultés posées par la crémation des personnes obèses, V. Rép. min. nº 19617 : JOAN Q, 11 mars 2014, p. 2405.

Art. R. 2213-34-1 *(Décr. nº 2022-1127 du 5 août 2022, art. 1er)* **I. — Lorsque le corps du défunt a été placé, pour assurer son transport, dans un cercueil composé d'un matériau présentant un obstacle à la crémation, l'autorisation de transfert du corps vers un cercueil adapté à la crémation, prévue à l'article L. 2223-42-1, est délivrée par le maire de la commune du lieu d'ouverture et de changement de cercueil, sur demande de la personne ayant qualité pour pourvoir aux funérailles.**

La demande est présentée par écrit et transmise par tout moyen. Elle est accompagnée des justifications prévues à l'article R. 2213-34 et d'un certificat médical attestant que le défunt n'était pas atteint d'une infection transmissible figurant sur les listes mentionnées aux *a* et *b* de l'article R. 2213-2-1. Ce certificat est établi par un professionnel de santé exerçant sur le lieu du décès.

II. — Au vu des justifications requises et sous réserve des dispositions du 3° de l'article R. 2213-26, le maire délivre l'autorisation de transfert du corps vers un cercueil adapté à la crémation. Cette autorisation est établie sans frais et peut être adressée par voie dématérialisée. Elle vaut autorisation de fermeture du nouveau cercueil. Par dérogation à l'article R. 2213-34, et sous réserve du sixième alinéa de cet article, elle vaut également autorisation de crémation.

Le maire statue sur la demande d'autorisation dans un délai de six jours à compter de la réception de cette demande.

III. — L'ouverture, le changement et la fermeture de cercueil sont effectués par un opérateur funéraire habilité au titre de l'article L. 2223-23, dans un local mentionné au*[x]* 1° ou 2° de l'article R. 2223-132, en dehors de la présence de tout public. Les dispositions de l'article R. 2213-45 sont applicables. La fermeture du nouveau cercueil suit immédiatement le changement de cercueil.

Le caractère adapté du nouveau cercueil s'apprécie au regard de l'article R. 2213-25.

L'ouverture et le changement de cercueil se déroulent dans le respect des dispositions de la quatrième partie du code du travail, en particulier de celles relatives à l'utilisation des équipements de travail et des moyens de protection ainsi que de celles visant à la prévention des risques biologiques, prévues respectivement au titre II du livre III et au titre II du livre IV de cette partie. Les personnels chargés de la réalisation des opérations sont équipés d'un masque chirurgical, de gants et d'un tablier de protection.

La crémation s'opère sans délai après le changement de cercueil.

Sur les exceptions à l'application du principe "silence vaut acceptation" pour les actes des collectivités territoriales et de leurs établissements publics sur le fondement du 4° du I de l'art. 21 de la L. n° 2000-321 du 12 avr. 2000 relative aux droits des citoyens dans leurs relations avec les administrations ainsi qu'aux exceptions au délai de 2 mois de naissance des décisions implicites sur le fondement du II de cet art., V. annexe du Décr. n° 2015-1459 du 10 nov. 2015.

Art. R. 2213-35 *(Décr. n° 2024-790 du 10 juill. 2024, art. 1er)* « La crémation a lieu :

« — au moins vingt-quatre heures après le décès et, au plus tard, le quatorzième jour calendaire suivant celui du décès ; ou

« — dans le cas prévu au premier alinéa de l'article R. 2213-23, au plus tard le quatorzième jour calendaire suivant celui où le corps est entré sur le territoire métropolitain, d'un département d'outre-mer ou d'une collectivité d'outre-mer ; ou

« — dans le cas prévu au deuxième alinéa de l'article R. 2213-23, au plus tard le quatorzième jour calendaire suivant celui où le corps est entré en France.

« En cas de problème médico-légal, la crémation a lieu au plus tard le quatorzième jour calendaire suivant celui où le procureur de la République a délivré l'autorisation de crémation. »

Des dérogations *(Décr. n° 2024-790 du 10 juill. 2024, art. 1er)* « individuelles » aux délais prévus *(Décr. n° 2011-121 du 28 janv. 2011, art. 33)* « aux deuxième » *(Décr. n° 2024-790 du 10 juill. 2024, art. 1er)* « , troisième et quatrième » alinéas peuvent être accordées, en raison de circonstances particulières, par le préfet du département du lieu du décès ou de la crémation, lequel prescrit éventuellement toutes dispositions nécessaires.

(Décr. n° 2024-790 du 10 juill. 2024, art. 1er) « En raison de circonstances locales particulières, le préfet peut déroger, pour les crémations prévues sur le territoire du département et pour une durée maximale d'un mois renouvelable, aux délais prévus aux deuxième, troisième et quatrième alinéas. Le délai dérogatoire ne peut alors dépasser vingt et un jours calendaires suivant celui du décès ou de l'entrée du corps sur le territoire dans les cas prévus aux premier et deuxième alinéa de l'article R. 2213-23. »

Art. R. 2213-36 *(Décr. n° 2011-121 du 28 janv. 2011, art. 34)* Lorsque la crémation est réalisée dans une commune autre que celle où a été effectuée la fermeture du cercueil, une copie de la déclaration de transport est immédiatement adressée, par tout moyen, au maire de la commune du lieu de crémation.

Art. R. 2213-37 La crémation des restes des corps exhumés est autorisée, à la demande du plus proche parent, par le maire de la commune du lieu d'exhumation. — *[C. communes, art. R. 361-45-1.]*

Art. R. 2213-38 *(Décr. n° 2011-121 du 28 janv. 2011, art. 35)* Au terme du délai mentionné au deuxième alinéa de l'article L. 2223-18-1, si l'urne n'est pas réclamée et après mise en demeure par lettre recommandée de la personne qui a pourvu aux funérailles ou, à défaut, du plus proche parent du défunt, les cendres sont dispersées dans l'espace aménagé à cet effet dans le cimetière de la commune du lieu du décès ou dans le site cinéraire le plus proche du lieu de dépôt de l'urne, après un délai de trente jours ouvrables suivant le retour de l'accusé de réception de la lettre recommandée ou, le cas échéant, de la lettre non remise.

Les étapes de la procédure prévue au premier alinéa sont consignées dans un registre tenu, selon le cas, par le gestionnaire du crématorium ayant réalisé la crémation ou par le responsable du lieu de culte.

Art. R. 2213-39 *(Décr. nº 2011-121 du 28 janv. 2011, art. 36)* **Le placement dans une sépulture, le scellement sur un monument funéraire, le dépôt dans une case de columbarium d'une urne et la dispersion des cendres, dans un cimetière ou un site cinéraire faisant l'objet de concessions, sont subordonnés à l'autorisation du maire de la commune où se déroule l'opération.**

BIBL. ▶ DUTRIEUX, Urnes, cendres et site cinéraire, *AJCT 2011. 445* ; Difficultés juridiques dans les espaces cinéraires, *Funéraire Magazine, oct. 2011 nº 220, p. 74.*

Art. R. 2213-39-1 *(Décr. nº 2011-121 du 28 janv. 2011, art. 37)* **Lorsqu'il est mis fin à l'inhumation de l'urne dans une propriété particulière, la personne qui en est dépositaire doit se conformer aux dispositions de l'article L. 2223-18-2.**

§ 9 Exhumation (R)

Art. R. 2213-40 **Toute demande d'exhumation est faite par le plus proche parent de la personne défunte. Celui-ci justifie de son état civil, de son domicile et de la qualité en vertu de laquelle il formule sa demande.**

L'autorisation d'exhumer un corps est délivrée par le maire de la commune où doit avoir lieu l'exhumation.

L'exhumation est faite en présence d'un parent ou d'un mandataire de la famille.

Si le parent ou le mandataire dûment avisé n'est pas présent à l'heure indiquée, l'opération n'a pas lieu.

BIBL. ▶ CARLE, Le point sur les exhumations à la demande des familles, *Gaz. cnes 6 mars 2023, p. 60.*

1. Il appartenait à la ville de s'assurer de la qualité de plus proche parent du demandeur avant d'autoriser le frère du défunt à exhumer le corps de ce dernier. En ne le faisant pas avant d'accorder l'autorisation alors que le service compétent de la ville avait été saisi par la veuve du défunt d'une demande de renseignements sur le sort réservé à la sépulture, le maire a commis une faute (alors lourde) engageant la responsabilité de la commune. • CE 27 avr. 1987, *Mme Segura : Lebon T. 624.*

2. Le maire d'une commune ne peut, sans excéder ses pouvoirs, refuser d'accorder une autorisation d'exhumation nécessaire à la réalisation d'une opération de réunion de corps inhumés dans une seule concession au seul motif que le mandat donné au service des domaines pour instruire le dossier, en vue de la réalisation matérielle de l'opération, ne pallierait pas le manque d'autorisation des héritiers introuvables dès lors que le président du TGI a désigné ce service en qualité de mandataire des coïndivisaires absents avec pour mission de prendre position sur ladite opération. • CE 17 oct. 1997, *Ville de Marseille c/ Cts Guien*, nº 167648 B.

3. En autorisant la belle-fille de défunts inhumés dans le cimetière de la commune à transférer les corps de ces derniers dans une autre sépulture sans vérifier préalablement que l'intéressée était leur plus proche parent, le maire commet une faute de nature à engager la responsabilité de la commune. • CAA Nantes, 30 sept. 1998, *Mme Mordellet*, nº 96NT01061 B. ♦ La responsabilité peut également être engagée en raison du défaut de surveillance des opérations (en l'espèce pas de responsabilité de la commune si la surveillance est opérée par la police d'État). • CAA Marseille, 16 janv. 2006, *Cne de Marseille : Journ. maires oct. 2006, p. 88.* ♦ La commune est donc responsable de ne pas avoir vérifié la qualité de plus proche parent du défunt, la mention « déclare se porter fort au nom d'éventuels autres ayants droit » signée par le demandeur étant inopérante. • CAA Bordeaux, 5 juin 2008, *Cne de Chauvigny*, nº 07BX00828 : *Cah. jur. coll. terr. nº 135, p. 20, note Dutrieux.* ♦ L'opération de réduction de corps peut être assimilée à une exhumation et impose la demande du plus proche parent. • Civ. 1re, 16 juin 2011, nº 10-13.580 : *JCP Adm. 2011, nº 2240, note Dutrieux* (cassation de • Dijon, 17 nov. 2009 : *RG. 08/01394*). ♦ La disparition inexpliquée des restes d'au moins une personne d'un caveau familial ne peut être imputée qu'à un manquement du maire de Saint-Loubès dans l'exercice de ses pouvoirs de police des cimetières constitutive d'une faute de nature à engager la responsabilité de la commune. • CAA Bordeaux, 3 juin 2014, *Mme C. c/ Cne de Saint-Loubès*, nº 13BX00047.

4. Il résulte des dispositions de l'art. R. 2213-40 que, saisie d'une demande d'exhumation, l'autorité compétente doit s'assurer, au vu des pièces fournies par le pétitionnaire, de la réalité du lien familial dont ce dernier se prévaut et de l'absence de tout parent plus proche que lui du défunt. Il appartient en outre au pétitionnaire d'attester sur l'honneur qu'il n'existe aucun autre parent venant au même degré de parenté que lui ou, si c'est le cas, qu'aucun d'eux n'est susceptible de s'opposer à l'exhumation sollicitée. Si l'administration n'a pas à vérifier l'exactitude de cette attestation, elle doit en revanche, lorsqu'elle a connaissance d'un désaccord sur cette exhumation exprimé par un ou plusieurs autres parents venant au même degré de parenté que le pétitionnaire, refuser l'exhumation, en attendant le cas échéant que l'autorité judiciaire se prononce. • CE 9 mai 2005, *Rabau*, n° 262977 A : *BJCL 2005. 455, concl. Séners et obs. M. D. ; Coll. terr. 2005, n° 161, note Erstein ; JCP 2005. II. 10131, note Dutrieux ; ACL 2006, n° 40.* Le maire doit refuser d'autoriser l'exhumation si le demandeur n'atteste pas sur l'honneur que les autres plus proches parents ne s'opposent pas à l'exhumation. • TA Châlons-en-Champagne, 7 avr. 2011, *Mme Maryse Renauld : nos 0900982 et 1000466.* ♦ En revanche, s'il est saisi d'une demande conjointe des plus proches parents, le maire délivre légalement l'autorisation d'exhumer. • CAA Nancy, 31 mars 2011, *Mme Colette Colombani*, n° 10NC01397. ♦ Le maire doit surseoir à statuer dès lors qu'il est saisi d'une opposition à l'exhumation. • TA Amiens, 17 juin 2010, *M et Mme Soriano-Barbero*, n° 0702811 : *AJCT 2010. 130, note Pastor ; JCP Adm. 2011. 2060, note Dutrieux.*

5. Il appartient au maire, dès lors qu'il n'est pas contesté qu'il savait qu'un conflit existait entre l'épouse et le fils d'un défunt au sujet de l'exhumation du corps de ce dernier, de surseoir à délivrer l'autorisation. Il ne peut, eu égard à cette situation conflictuelle et en l'absence d'un jugement de l'autorité judiciaire, décider comme il l'a implicitement mais nécessairement fait, quel était le plus proche parent de la personne défunte. • TA Amiens, 23 mai 2005, *David M.*, n° 0400344 : *Coll. terr. 2006, n° 8, note Dutrieux.*

6. Pour refuser l'autorisation d'exhumation demandée par la sœur d'un défunt, le maire s'est fondé sur les dispositions testamentaires de ce dernier et sur l'accord qu'avait exprimé sa sœur lors de ses obsèques. De tels motifs ne sont pas au nombre de ceux à raison desquels le maire peut, dans l'exercice de ses pouvoirs de police, s'opposer à une exhumation. • TA Toulouse, 2 juin 2005, *T.*, n° 0303916 : *Coll. terr. 2006, n° 8, note Dutrieux.*

7. Lorsqu'elle est saisie d'une demande d'exhumation faite par le plus proche parent du défunt, l'autorité administrative compétente doit s'assurer, au vu des pièces fournies par le pétitionnaire, que le défunt n'a pas exprimé une volonté relative à sa sépulture qui s'opposerait à l'exhumation. Il appartient en outre au plus proche parent d'attester sur l'honneur que le défunt n'a pas exprimé une telle volonté ou bien qu'il l'a ensuite révoquée. Si l'administration n'a pas à vérifier ni l'exactitude de cette attestation ni la validité de l'expression de la volonté du défunt, elle doit en revanche, lorsqu'elle a connaissance d'une volonté du défunt qui s'opposerait à l'exhumation, refuser celle-ci en attendant le cas échéant que l'autorité judiciaire se prononce. • CAA Douai, 22 juin 2006, *Mme Janine Soury et a.*, n° 05DA00712 B : *BJCL 2006. 569, concl. Lepers et obs. B.P. ; JCP Adm. 2007, n° 2043, comm. n° 8, note Mesmin.*

8. L'ancien concubin de la défunte, agissant en sa qualité de représentant légal de la fille mineure du couple, laquelle vient au même degré de parenté que des grands-parents maternels, peut valablement s'opposer à l'exhumation de la fille de ces derniers sans que le maire de la commune concernée ait à se prononcer sur la qualité de plus proche parent. • TA Amiens, 17 juin 2010, *M. et Mme Soriano-Barbero*, n° 0702811 : *préc. note 4.*

9. La veuve ne s'étant pas opposée à l'inhumation de son époux dans le caveau familial de ses parents et aucun document n'établissant de volonté clairement manifestée du défunt relative à sa sépulture, le respect dû aux morts s'oppose à l'exhumation de sa dépouille. • Civ. 1re, 14 avr. 2010, n° 09-65.720 : *JCP Adm. 2011, n° 2034, note Dutrieux.* ♦ La solution est différente s'il est prouvé que la sépulture était provisoire. • Civ. 1re, 1er juin 2011, n° 10-18.337. – V. également l'hypothèse où la sépulture n'est pas considérée comme provisoire. • Civ. 1re, 29 juin 2011, n° 10-22.955. ♦ Pour le juge judiciaire, la modification du lieu de sépulture implique la démonstration de la volonté exprimée par le défunt. • Civ. 1re, 19 mars 2014, n° 13-11.648.

10. Il appartient au maire, après avoir prononcé par arrêté la reprise du terrain affecté à la concession, de veiller à ce que les restes des défunts soient exhumés, réunis dans un cercueil de dimensions appropriées conformément aux dispositions de l'art. R. 2223-20, et inhumés de nouveau sans délai dans un lieu définitivement affecté à cet usage. Il ne résulte pas de ces dispositions que les restes transférés vers l'ossuaire doivent être individualisés. • TA Nantes, 17 nov. 2021, n° 1908347. ♦ Si en principe le dépôt de restes mortuaires dans un ossuaire est définitif, toute personne intéressée doit, dans certains cas, pouvoir obtenir l'exhumation de corps de proches qui ont été déposés dans un ossuaire et un refus ne peut être fondé que sur un motif de police administrative, tel que la salubrité publique ou la décence dans les cimetières. • Même arrêt.

Art. R. 2213-40-1 *(Décr. n° 2025-53 du 17 janv. 2025, art. 2)* **Lors de la dissolution d'une congrégation religieuse ou de la suppression d'un de ses établissements, de la dissolution d'une association cultuelle ou d'une association régulièrement déclarée, la demande d'exhumation prévue à l'article R. 2213-40 ainsi que la demande de crémation des restes prévue à l'article R. 2213-37 peut être présentée, en cas d'impossibilité**

d'identifier un proche parent, par la personne chargée de l'administration ou de la direction de la congrégation ou de l'association. Les opérations visées à l'article R. 2213-40 sont réalisées en présence de cette même personne. Il peut être également procédé de la sorte lorsque la personne morale effectue un acte d'administration ou de disposition à l'égard du bien où se situent les sépultures.

Dans les départements du Bas-Rhin, du Haut-Rhin et de la Moselle, l'alinéa précédent est également applicable aux associations inscrites de droit local et aux établissements publics du culte.

Art. R. 2213-41 L'exhumation du corps d'une personne atteinte, au moment du décès, *(Décr. n° 2011-121 du 28 janv. 2011, art. 38)* « de l'une des infections transmissibles dont la liste est fixée aux *a* et *b* de l'article R. 2213-2-1 », ne peut être autorisée qu'après l'expiration d'un délai d'un an à compter de la date du décès.

Toutefois, les dispositions du précédent alinéa ne sont pas applicables en cas de dépôt temporaire dans un édifice cultuel, dans un dépositoire ou dans un caveau provisoire.

Art. R. 2213-42 *(Décr. n° 2016-1253 du 26 sept. 2016, art. 3)* « Les exhumations sont réalisées soit en dehors des heures d'ouverture du cimetière au public, soit durant ces heures d'ouverture, dans une partie du cimetière fermée au public.

« Lorsque le corps est destiné à être réinhumé dans le même cimetière, la réinhumation s'opère sans délai.

« Lorsque le corps est destiné à être réinhumé dans un autre cimetière de la même commune ou dans une autre commune, la translation et la réinhumation s'opèrent sans délai.

« Lorsque le cercueil est déposé dans un caveau provisoire, il est fait application des dispositions de l'article R. 2213-29. »

Les personnes chargées de procéder aux exhumations revêtent un costume spécial qui est ensuite désinfecté ainsi que leurs chaussures. Elles sont tenues à un nettoyage antiseptique de la face et des mains.

Le ministre chargé de la santé fixe, après avis du *(Décr. n° 2006-1675 du 22 déc. 2006, art. 1er)* « Haut Conseil de la santé publique », les conditions dans lesquelles les cercueils sont manipulés et extraits de la fosse.

Lorsque le cercueil est trouvé en bon état de conservation au moment de l'exhumation, il ne peut être ouvert que s'il s'est écoulé cinq ans depuis le décès.

Lorsque le cercueil est trouvé détérioré, le corps est placé dans un autre cercueil ou dans une boîte à ossements.

§ 10 Dispositions diverses (R)

Art. R. 2213-43 Lorsque, dans des circonstances exceptionnelles, certaines dispositions de la présente sous-section se heurtent à des difficultés d'application, le ministre de l'Intérieur et le ministre chargé de la santé y pourvoient par des mesures temporaires prises après avis du *(Décr. n° 2006-1675 du 22 déc. 2006, art. 1er)* « Haut Conseil de la santé publique ».

SOUS-SECTION 3 Surveillance des opérations (R) *(Décr. n° 2006-938 du 27 juill. 2006)*.

Art. R. 2213-44 *(Décr. n° 2010-917 du 3 août 2010, art. 4-1°)* Afin d'assurer l'exécution des mesures de police prescrites par les lois et les règlements, notamment les mesures de salubrité publique, les fonctionnaires mentionnés à l'article L. 2213-14 assistent aux opérations consécutives au décès énumérées *(Décr. n° 2016-1253 du 26 sept. 2016, art. 4)* « à l'article R. 2213-45 ».

Sous l'autorité du préfet dans les communes situées en zone de police d'État *(Décr. n° 2025-53 du 17 janv. 2025, art. 3)* « , du préfet de police à Paris » et du maire dans les autres communes, ils peuvent assister, en tant que de besoin, à toute opération mentionnée à la sous-section 2 de la présente section.

Ces fonctionnaires dressent procès-verbal des opérations auxquelles ils ont procédé ou assisté et transmettent ces documents au maire de la commune concernée.

Art. R. 2213-45 *(Décr. nº 2016-1253 du 26 sept. 2016, art. 5)* Les fonctionnaires mentionnés à l'article L. 2213-14 contrôlent par tout moyen l'identité du défunt, assistent à la fermeture du cercueil et y apposent *(Décr. nº 2024-790 du 10 juill. 2024, art. 1er)* « deux scellés destinés à garantir son inviolabilité et permettant d'identifier l'autorité administrative responsable » :

1º Lorsqu'il doit être procédé à la crémation du corps ;

2º En cas de transport de corps hors de la commune de décès ou de dépôt, lorsqu'aucun membre de la famille n'est présent.

Art. R. 2213-46 *Abrogé par Décr. nº 2016-1253 du 26 sept. 2016, art. 6.*

Art. R. 2213-47 Lorsque, dans des circonstances exceptionnelles, certaines dispositions de la présente sous-section se heurtent à des difficultés d'application, le ministre de l'Intérieur et le ministre chargé de la Santé y pourvoient par des mesures temporaires prises après avis du *(Décr. nº 2006-1675 du 22 déc. 2006, art. 1er)* « Haut Conseil de la santé publique ».

SOUS-SECTION 4 **Vacations liées à la surveillance des opérations funéraires**

(Décr. nº 2010-917 du 3 août 2010, art. 5)

Art. R. 2213-48 *(Décr. nº 2016-1253 du 26 sept. 2016, art. 7)* L'intervention des fonctionnaires mentionnés à l'article L. 2213-14 donne lieu au versement d'une vacation pour chacune des opérations prévues ci-après :

1º La fermeture du cercueil et la pose de scellés, en cas de transport du corps hors de la commune de décès ou de dépôt et lorsqu'aucun membre de la famille n'est présent ;

2º La fermeture du cercueil et la pose de scellés, lorsqu'il doit être procédé à la crémation du corps.

Art. R. 2213-49 Dans les communes dotées d'un régime de police d'État, les opérations de surveillance sont effectuées, sous la responsabilité du maire, par un fonctionnaire de la police nationale ; le produit des vacations est versé au budget de l'État.

Dans les autres communes, les opérations de surveillance sont effectuées par un garde-champêtre ou un agent de police municipale délégué par le maire.

La vacation n'est exigible que dans les communes où la surveillance est réalisée par les fonctionnaires mentionnés à l'article L. 2213-14.

Art. R. 2213-50 À la fin de chaque mois, le maire dresse, s'il y lieu, un relevé comportant :

– les vacations versées par les familles pendant le mois ;

– la désignation des fonctionnaires ayant participé aux opérations mentionnées à l'article R. 2213-48.

Le maire délivre à la partie intéressée un bulletin de versement indiquant le détail des sommes à percevoir. Le relevé mentionné au premier alinéa est transmis au receveur municipal qui verse, après émargement, l'intégralité du produit des vacations aux fonctionnaires intéressés.

SECTION 3 **Police dans les campagnes**

Art. R. 2213-58 à R. 2213-60 *Abrogés par Décr. nº 2013-1113 du 4 déc. 2013, art. 9.*

Code de la sécurité intérieure

LIVRE V. POLICES MUNICIPALES

(Décr. nº 2013-1113 du 4 déc. 2013)

TITRE II. GARDES CHAMPÊTRES

CHAPITRE I. *MISSIONS*

Art. R. 521-1 Les gardes champêtres peuvent constater par procès-verbal, en application des dispositions de l'article L. 521-1 du présent code, lorsqu'elles sont commises sur le territoire pour lequel ils sont assermentés et qu'elles ne nécessitent pas de leur part d'actes d'enquête, les contraventions prévues par le code pénal et énumérées par l'article R. 15-33-29-3 du code de procédure pénale.

Ils peuvent également constater par procès-verbal, conformément aux dispositions du deuxième alinéa de l'article L. 521-1 du présent code, les contraventions mentionnées à l'article R. 610-5 du code pénal relatives aux arrêtés de police municipale pris par le maire ou par le préfet de département en application des 1° à 3° de l'article L. 2215-1 du code général des collectivités territoriales ainsi que les contraventions au code de la route mentionnées à l'article R. 130-3 de ce code et les contraventions relatives à l'interdiction de fumer dans les lieux affectés à un usage collectif prévues par les articles R. 3512-1 et R. 3512-2 du code de la santé publique.

CHAPITRE II. *NOMINATION, AGRÉMENT ET MODALITÉS D'EXERCICE*

Art. R. 522-1 *(Abrogé par Décr. n° 2024-1116 du 4 déc. 2024, art. 1er) « Les gardes champêtres ont, sur le bras, une plaque de métal où sont inscrits ces mots : "La Loi" ainsi que le nom de la municipalité et celui du garde. »*

(Décr. n° 2024-1116 du 4 déc. 2024, art. 1er) « Les gardes champêtres » peuvent être armés dans les conditions prévues *(Décr. n° 2014-1253 du 27 oct. 2014, art. 9)* « aux articles R. 312-22, R. 312-24 et R. 312-25 ».

(Décr. n° 2016-1616 du 28 nov. 2016, art. 9) « L'autorisation de port d'une arme de catégorie B, 1° ne peut être délivrée qu'aux gardes champêtres ayant suivi avec succès une formation préalable à l'armement attestée par le Centre national de la fonction publique territoriale.

« Ces fonctionnaires territoriaux sont également astreints à suivre périodiquement une formation d'entraînement au maniement de l'arme.

« Un arrêté du ministre de l'intérieur fixe les modalités de la formation préalable et de la formation d'entraînement dispensées aux gardes champêtres. »

Art. R. 522-2 L'affectation d'un garde champêtre recruté par un établissement public de coopération intercommunale est décidée par arrêté conjoint du président de cet établissement et du ou des maires des communes concernées.

Art. D. 522-3 Les gardes champêtres peuvent recevoir un diplôme donnant droit au port de la médaille d'honneur de la police.

SECTION 4 **Autres polices**

Pas de dispositions réglementaires codifiées.

CHAPITRE IV DISPOSITIONS APPLICABLES DANS LES COMMUNES OÙ LA POLICE EST ÉTATISÉE

Art. R. 2214-1 Les communes chefs-lieux de département sont placées sous le régime de la police d'État. – *[Décr. n° 96-827 du 16 sept. 1996, art. 1er.]*

Art. R. 2214-2 Le régime de la police d'État peut être établi dans une commune ou dans un ensemble de communes formant un ensemble urbain lorsque les deux conditions suivantes sont remplies :

1° La population de la commune ou de l'ensemble de communes, appréciée en tenant compte de l'importance de la population saisonnière, est supérieure à 20 000 habitants ;

2° Les caractéristiques de la délinquance sont celles des zones urbaines.

Il est établi par arrêté conjoint *(Décr. n° 2010-770 du 8 juill. 2010, art. 2)* **« du ministre de l'intérieur » et des ministres chargés du budget, des collectivités locales et, le cas échéant, de l'outre-mer lorsque la demande émane du conseil municipal ou en cas d'accord de celui-ci, et à défaut par décret en Conseil d'État.**

Art. R. 2214-3 Le régime de la police d'État peut être supprimé dans les mêmes formes que celles prévues à l'article R. 2214-2 pour son établissement lorsque les conditions posées à cet article ne sont pas remplies. – *[Décr. n° 96-827 du 16 sept. 1996, art. 3.]*

CHAPITRE V POUVOIRS DU REPRÉSENTANT DE L'ÉTAT DANS LE DÉPARTEMENT

Art. D. 2215-1 *(Décr. nº 2013-1113 du 4 déc. 2013, art. 7)* **Le plan de prévention de la délinquance dans le département est régi par la section 5 du chapitre II du titre III du livre I du code de la sécurité intérieure** *[V. infra]*.

Code de la sécurité intérieure

LIVRE I. PRINCIPES GÉNÉRAUX ET ORGANISATION DE LA SÉCURITÉ INTÉRIEURE

TITRE III. COMPÉTENCES RESPECTIVES DE L'ÉTAT ET DES COLLECTIVITÉS TERRITORIALES EN MATIÈRE DE SÉCURITÉ PUBLIQUE

(Décr. nº 2013-1113 du 4 déc. 2013)

CHAPITRE II. *PRÉVENTION DE LA DÉLINQUANCE*

SECTION 5. *Plan de prévention de la délinquance dans le département*

Art. D. 132-13 Le plan de prévention de la délinquance dans le département fixe les priorités de l'État en matière de prévention de la délinquance, dans le respect des orientations nationales définies par le comité interministériel de prévention de la délinquance *(Décr. nº 2016-553 du 6 mai 2016, art. 11)* « et de la radicalisation ».

Il constitue le cadre de référence de l'État pour sa participation aux contrats locaux de sécurité.

Le plan est arrêté par le préfet de département après consultation du procureur de la République, puis du conseil départemental de prévention de la délinquance *(Décr. nº 2016-553 du 6 mai 2016, art. 11)* « et de la radicalisation » et de lutte contre la drogue, les dérives sectaires et les violences faites aux femmes mentionné à l'article D. 132-5.

Le préfet de département informe les maires et les présidents des établissements publics de coopération intercommunale compétents en matière de prévention de la délinquance des priorités du plan de prévention de la délinquance dans le département.

CHAPITRE VI RESPONSABILITÉ

Pas de dispositions réglementaires codifiées.

TITRE II SERVICES COMMUNAUX

CHAPITRE I RÉGIES MUNICIPALES

(Décr. nº 2001-184 du 23 févr. 2001, art. 2)

SECTION 1 Dispositions générales

SOUS-SECTION 1 Création de la régie

Art. R. 2221-1 **La délibération par laquelle le conseil municipal décide de la création d'une régie dotée de la personnalité morale et de l'autonomie financière ou d'une régie dotée de la seule autonomie financière fixe les statuts et le montant de la dotation initiale de la régie.**

SOUS-SECTION 2 Organisation administrative

Art. R. 2221-2 **La régie dotée de la personnalité morale et de l'autonomie financière est administrée par un conseil d'administration et son président ainsi qu'un directeur.**

Art. R. 2221-3 **La régie dotée de la seule autonomie financière est administrée, sous l'autorité du maire et du conseil municipal, par un conseil d'exploitation et son président ainsi qu'un directeur.**

Un même conseil d'exploitation ou un même directeur peut être chargé de l'administration ou de la direction de plusieurs régies.

Art. R. 2221-4 Les statuts fixent les règles générales d'organisation et de fonctionnement du conseil d'administration ou du conseil d'exploitation et les modalités de quorum.

S'agissant des membres du conseil d'administration et du conseil d'exploitation, les statuts fixent notamment :

1° Leur nombre qui ne peut être inférieur à trois ;

2° Les catégories de personnes parmi lesquelles sont choisis ceux d'entre eux n'appartenant pas au conseil municipal ;

3° La durée de leurs fonctions ainsi que la durée du mandat du président et du ou des vice-présidents. Ces durées ne peuvent excéder celle du mandat municipal ;

4° Leur mode de renouvellement.

Art. R. 2221-5 Les membres du conseil d'administration ou du conseil d'exploitation sont désignés par le conseil municipal, sur proposition du maire.

Il est mis fin à leurs fonctions dans les mêmes formes.

Art. R. 2221-6 Les représentants de la commune doivent détenir la majorité des sièges du conseil d'administration ou du conseil d'exploitation.

Art. R. 2221-7 Les membres du conseil d'administration ou du conseil d'exploitation doivent jouir de leurs droits civils et politiques.

Art. R. 2221-8 Les membres du conseil d'administration ou du conseil d'exploitation ne peuvent :

1° Prendre ou conserver un intérêt dans des entreprises en rapport avec la régie ;

2° Occuper une fonction dans ces entreprises ;

3° Assurer une prestation pour ces entreprises ;

4° Prêter leur concours à titre onéreux à la régie.

En cas d'infraction à ces interdictions, l'intéressé est déchu de son mandat soit par le conseil d'administration ou le conseil d'exploitation à la diligence de son président, soit par le préfet agissant de sa propre initiative ou sur proposition du maire.

Art. R. 2221-9 Le conseil d'administration ou le conseil d'exploitation élit, en son sein, son président et un ou plusieurs vice-présidents.

Le conseil d'administration ou le conseil d'exploitation se réunit au moins tous les trois mois sur convocation de son président.

Il est en outre réuni chaque fois que le président le juge utile, ou sur la demande du préfet ou de la majorité de ses membres.

L'ordre du jour est arrêté par le président.

Les séances du conseil d'administration ou du conseil d'exploitation ne sont pas publiques.

En cas de partage égal des voix, celle du président est prépondérante.

Le directeur assiste aux séances avec voix consultative sauf lorsqu'il est personnellement concerné par l'affaire en discussion.

Art. R. 2221-10 Les fonctions de membre du conseil d'administration ou du conseil d'exploitation sont gratuites.

Toutefois, les frais de déplacement engagés par les administrateurs pour se rendre aux réunions du conseil d'administration ou du conseil d'exploitation peuvent être remboursés, sur justificatifs, dans les conditions définies par les articles 9, 10 et 31 du décret n° 90-437 du 28 mai 1990 fixant les conditions et les modalités de règlement des frais occasionnés par les déplacements des personnels civils sur le territoire métropolitain de la France lorsqu'ils sont à la charge des budgets de l'État, des établissements publics nationaux à caractère administratif et de certains organismes subventionnés.

Art. R. 2221-11 Les fonctions de directeur sont incompatibles avec un mandat de sénateur, député, représentant au Parlement européen. Elles sont également incompatibles avec un mandat de conseiller à l'Assemblée de Corse, conseiller régional, conseiller départemental, conseiller municipal, conseiller de Paris ou conseiller d'arrondissement détenu dans la ou les collectivités intéressées ou dans une circonscription incluant cette ou ces collectivités.

Les fonctions de directeur sont incompatibles avec celles de membre du conseil d'administration ou du conseil d'exploitation de la régie.

Le directeur ne peut prendre ou conserver aucun intérêt dans des entreprises en rapport avec la régie, occuper aucune fonction dans ces entreprises, ni assurer des prestations pour leur compte.

En cas d'infraction à ces interdictions, le directeur est démis de ses fonctions soit par le maire, soit par le préfet. Il est immédiatement remplacé.

Art. R. 2221-12 Les corps d'inspection habilités à procéder aux vérifications prévues par l'article L. 2221-6 sont l'inspection générale de l'administration, l'inspection générale des finances et l'inspection générale des affaires sociales avec le concours, le cas échéant, des inspections ministérielles intéressées.

SOUS-SECTION 3 Régime financier

Art. R. 2221-13 La dotation initiale de la régie, prévue par l'article R. 2221-1, représente la contrepartie des créances ainsi que des apports en nature ou en espèces effectués par la collectivité locale de rattachement, déduction faite des dettes ayant grevé leur acquisition, lesquelles sont mises à la charge de la régie.

Les apports en nature sont enregistrés pour leur valeur vénale. La dotation s'accroît des apports ultérieurs, des dons et subventions et des réserves.

Art. R. 2221-14 L'ordonnateur de la régie, mentionné à l'article R. 2221-28 et à l'article R. 2221-57, peut, par délégation du conseil d'administration ou du conseil municipal et sur avis conforme du comptable, créer des régies de recettes, d'avances et de recettes et d'avances soumises aux conditions de fonctionnement prévues aux articles R. 1617-1 à R. 1617-18.

Art. R. 2221-15 *(Décr. n° 2014-551 du 27 mai 2014, art. 3)* L'autorité compétente de l'État mentionnée au *b* de l'article L. 2221-5-1 est le directeur départemental ou, le cas échéant, régional des finances publiques.

SOUS-SECTION 4 Fin de la régie

Art. R. 2221-16 La régie cesse son exploitation en exécution d'une délibération du conseil municipal.

Art. R. 2221-17 La délibération du conseil municipal décidant de renoncer à l'exploitation de la régie détermine la date à laquelle prennent fin les opérations de celle-ci.

Les comptes sont arrêtés à cette date.

L'actif et le passif de la régie sont repris dans les comptes de la commune.

Le maire est chargé de procéder à la liquidation de la régie. Il peut désigner par arrêté un liquidateur dont il détermine les pouvoirs. Le liquidateur a la qualité d'ordonnateur accrédité auprès du comptable. Il prépare le compte administratif de l'exercice qu'il adresse au préfet du département, siège de la régie, qui arrête les comptes.

Les opérations de liquidation sont retracées dans une comptabilité tenue par le comptable. Cette comptabilité est annexée à celle de la commune. Au terme des opérations de liquidation, la commune corrige ses résultats de la reprise des résultats de la régie, par délibération budgétaire.

SECTION 2 Régies dotées de la personnalité morale et de l'autonomie financière

SOUS-SECTION 1 Dispositions communes

§ 1 Organisation administrative

Art. R. 2221-18 Le conseil d'administration délibère sur toutes les questions intéressant le fonctionnement de la régie.

Art. R. 2221-19 Le conseil d'administration décide les acquisitions, aliénations et prises en location de biens immobiliers, ainsi que les mises en location de biens mobiliers et immobiliers qui appartiennent à la régie.

Art. R. 2221-20 Le maire ou son représentant peut assister aux séances du conseil d'administration avec voix consultative.

Art. R. 2221-21 Le président du conseil d'administration nomme le directeur désigné dans les conditions prévues à l'article L. 2221-10. Il met fin à ses fonctions dans les mêmes formes, sauf dans les cas prévus à l'article R. 2221-11.

Art. R. 2221-22 Le représentant légal d'une régie est, soit le directeur lorsqu'il s'agit d'une régie chargée de l'exploitation d'un service public à caractère industriel et commercial, soit le président du conseil d'administration lorsqu'il s'agit d'une régie chargée de l'exploitation d'un service public à caractère administratif.

Le représentant légal après autorisation du conseil d'administration intente au nom de la régie les actions en justice et défend la régie dans les actions intentées contre elle. Les transactions sont conclues dans les mêmes conditions.

Le représentant légal peut, sans autorisation préalable du conseil d'administration, faire tous actes conservatoires des droits de la régie.

Art. R. 2221-23 La passation des contrats donne lieu à un compte rendu spécial au conseil d'administration dès sa plus prochaine réunion, à l'exception de ceux dont le montant est inférieur à une somme fixée par le conseil.

Art. R. 2221-24 Les marchés de travaux, transports et fournitures sont soumis aux règles applicables aux marchés de la commune.

Le conseil d'administration peut donner délégation soit au directeur lorsqu'il s'agit d'une régie chargée de l'exploitation d'un service public à caractère industriel et commercial, soit au président du conseil d'administration lorsqu'il s'agit d'une régie chargée de l'exploitation d'un service public à caractère administratif pour prendre toute décision concernant la préparation, la passation, l'exécution et le règlement des marchés *(Décr. n° 2019-1472 du 26 déc. 2019, art. 1er)* « et des accords-cadres ainsi que toute décision concernant leurs modifications, lorsque les crédits sont inscrits au budget ».

§ 2 Régime financier

Art. R. 2221-25 Le budget est préparé par l'ordonnateur. Il est voté par le conseil d'administration.

§ 3 Fin de la régie

Art. R. 2221-26 Dans les cas prévus à l'article L. 2221-7, le directeur d'une régie chargée de l'exploitation d'un service public à caractère industriel et commercial ou le président du conseil d'administration de la régie chargée de l'exploitation d'un service public à caractère administratif prend toutes les mesures d'urgence en vue de remédier à la situation en cause. Il rend compte des mesures prises à la prochaine réunion du conseil d'administration. À défaut, le maire peut mettre le directeur ou le président selon le cas en demeure de remédier à la situation.

Si l'atteinte à la sécurité publique persiste ou si les mesures prises se révèlent insuffisantes, le maire propose au conseil municipal de décider la suspension provisoire ou l'arrêt définitif des opérations de la régie. Dans ce cas, les dispositions des articles R. 2221-16 et R. 2221-17 s'appliquent.

SOUS-SECTION 2 **Dispositions propres aux régies dotées de la personnalité morale et de l'autonomie financière, chargées de l'exploitation d'un service public à caractère industriel et commercial**

§ 1 Organisation administrative

SOUS-§ 1 *Conseil d'administration*

Art. R. 2221-27 Les membres du conseil d'administration des régies chargées de la gestion d'un marché d'intérêt national sont nommés pour moitié par la ou les collectivités locales intéressées, pour moitié par le préfet.

SOUS-§ 2 *Le directeur*

Art. R. 2221-28 Le directeur assure, sous l'autorité et le contrôle du président du conseil d'administration, le fonctionnement de la régie. À cet effet :

1° Il prend les mesures nécessaires à l'exécution des décisions du conseil d'administration ;

2° Il exerce la direction de l'ensemble des services, sous réserve des dispositions ci-après concernant le comptable ;

3° Il recrute et licencie le personnel nécessaire dans la limite des inscriptions budgétaires ;

4° Il peut faire assermenter certains agents nommés par lui et agréés par le préfet ;

5° Il est l'ordonnateur de la régie et, à ce titre, prescrit l'exécution des recettes et des dépenses ;

6° Il passe, en exécution des décisions du conseil d'administration, tous actes, contrats et marchés.

(Décr. n° 2004-628 du 28 juin 2004, art. 1er) « En outre, le directeur prend les décisions pour lesquelles il a reçu délégation en vertu des dispositions du *c* de l'article L. 2221-5-1. »

Art. R. 2221-29 Le directeur peut, sous sa responsabilité et sa surveillance, déléguer sa signature à un ou plusieurs chefs de service.

SOUS-§ 3 *Le comptable*

Art. R. 2221-30 Les fonctions de comptable sont confiées soit à un *(Décr. n° 2014-551 du 27 mai 2014, art. 3)* « comptable de la direction générale des finances publiques », soit à un agent comptable. Le comptable est nommé par le préfet sur proposition du conseil d'administration, après avis du *(Décr. n° 2014-551 du 27 mai 2014, art. 3)* « directeur départemental ou, le cas échéant, régional des finances publiques ». Il ne peut être remplacé ou révoqué que dans les mêmes formes.

(Décr. n° 2019-1472 du 26 déc. 2019, art. 2) « Toutefois, pour les régies créées à compter du 1er juillet 2020, le choix de confier les fonctions de comptable à un comptable de la direction générale des finances publiques est subordonné à un avis conforme du directeur départemental ou, le cas échéant, régional des finances publiques. »

Art. R. 2221-31 L'agent comptable peut, sous sa responsabilité, déléguer sa signature à un ou plusieurs agents qu'il constitue ses fondés de pouvoir.

L'agent comptable assure le fonctionnement des services de la comptabilité.

Il est soumis à l'ensemble des obligations qui incombent aux comptables publics en vertu du *(Décr. n° 2022-1605 du 22 déc. 2022, art. 12)* « décret n° 2012-1246 du 7 novembre 2012 relatif à la gestion budgétaire et comptable publique ». L'agent comptable est placé sous l'autorité du directeur, sauf pour les actes qu'il accomplit en tant que comptable public.

Art. R. 2221-32 L'agent comptable tient la comptabilité générale ainsi que, le cas échéant et sous l'autorité du directeur, la comptabilité analytique.

Art. R. 2221-33 L'agent comptable de la régie est soumis au contrôle de l'inspection générale des finances et du *(Décr. n° 2014-551 du 27 mai 2014, art. 3)* « directeur départemental ou, le cas échéant, régional des finances publiques ».

Le préfet reçoit communication des rapports de contrôle des membres de l'inspection générale des finances, du *(Décr. n° 2014-551 du 27 mai 2014, art. 3)* « directeur départemental ou, le cas échéant, régional des finances publiques ». Il peut faire contrôler les opérations et les écritures de la régie par un délégué qu'il désigne à cet effet.

Art. R. 2221-34 Le directeur peut, ainsi que le président du conseil d'administration, prendre connaissance à tout moment dans les bureaux du comptable des pièces justificatives des recettes et des dépenses et des registres de comptabilité. Il peut recevoir copie des pièces de comptabilité.

§ 2 Régime financier

SOUS-§ 1 *Dispositions générales*

Art. R. 2221-35 Les règles de la comptabilité communale sont applicables aux régies dotées de la personnalité morale et de l'autonomie financière, chargées de l'exploitation d'un service public à caractère industriel et commercial, sous réserve des dérogations prévues au présent paragraphe.

Art. R. 2221-36 La comptabilité des régies est tenue dans les conditions définies par un plan comptable conforme au plan comptable général.

Ce plan comptable est arrêté par le ministre chargé des collectivités locales et le ministre chargé du budget, après avis de l'Autorité des normes comptables. Des plans comptables particuliers à certaines activités peuvent être définis selon la même procédure.

La définition des chapitres et articles des crédits budgétaires est fixée par arrêté conjoint du ministre chargé des collectivités locales et du ministre chargé du budget.

Des instructions conjointes du ministre chargé des collectivités locales et du ministre chargé du budget fixent les principes comptables, les règles de fonctionnement des comptes ainsi que la liste et la contexture des documents budgétaires et comptables à tenir par l'ordonnateur et le comptable.

Art. R. 2221-37 La comptabilité des matières, qui a pour objet la description des existants et des mouvements concernant les stocks et les biens meubles, est tenue sous la responsabilité du directeur de la régie.

Art. R. 2221-38 Les taux des redevances dues par les usagers de la régie sont fixés par le conseil d'administration.

Les taux sont établis de manière à assurer l'équilibre financier de la régie dans les conditions prévues aux articles L. 2224-1, L. 2224-2 et L. 2224-4.

Art. R. 2221-39 Les dotations aux amortissements et aux provisions sont liquidées selon les dispositions et les durées d'usage applicables aux entreprises commerciales du même secteur d'activité.

L'amortissement porte sur les biens meubles autres que les collections et œuvres d'art, les immeubles à l'exception des terrains non productifs de revenus et les immobilisations incorporelles.

Les immobilisations peuvent être réévaluées selon les dispositions applicables aux entreprises commerciales.

Art. R. 2221-40 La régie peut recevoir en règlement de ses créances des effets de commerce acceptés, les endosser ou les remettre à l'encaissement. Les effets de commerce reçus en règlement peuvent être escomptés conformément aux usages du commerce.

Certaines dépenses fixées par les statuts peuvent être réglées au moyen d'effets de commerce.

Art. R. 2221-41 *Abrogé par Décr. n° 2004-628 du 28 juin 2004, art. 1er.*

Art. R. 2221-42 La régie peut, dans les conditions prévues à l'article L. 2253-1, acquérir des participations financières dans les entreprises publiques, semi-publiques ou privées qui exercent une activité complémentaire ou connexe.

La régie est habilitée à contracter des emprunts auprès de tous organismes prêteurs et auprès des particuliers. Elle peut également acquérir ou faire construire des biens meubles et immeubles payables en plusieurs termes aux cédants et entrepreneurs.

SOUS-§ 2 *Budget*

Art. R. 2221-43 Le budget est présenté en deux sections :

– dans la première, sont prévues et autorisées les opérations d'exploitation ;

– dans la seconde, sont prévues et autorisées les opérations d'investissement.

Art. R. 2221-44 La section d'exploitation ou compte de résultat prévisionnel fait apparaître successivement :

– au titre des produits : les produits d'exploitation, les produits financiers et les produits exceptionnels ;

– au titre des charges : les charges d'exploitation, les charges financières, les charges exceptionnelles, les dotations aux amortissements et aux provisions et le cas échéant l'impôt sur les sociétés.

Art. R. 2221-45 Les recettes de la section d'investissement comprennent notamment :

1° Les apports, réserves et recettes assimilées ;

2° Les subventions d'investissement ;

3° Les provisions et les amortissements ;

4° Les emprunts et dettes assimilées ;

5° La valeur nette comptable des immobilisations sortant de l'actif ;

6° La plus-value résultant de la cession d'immobilisation ;

7° La diminution des stocks et en-cours de production.

Art. R. 2221-46 Les dépenses de la section d'investissement comprennent notamment :

1° Le remboursement du capital des emprunts et dettes assimilées;

2° L'acquisition d'immobilisations incorporelles, corporelles et financières ;

3° Les charges à répartir sur plusieurs exercices ;

4° L'augmentation des stocks et en-cours de production ;

5° Les reprises sur provisions ;

6° Le transfert des subventions d'investissement au compte de résultat.

Art. R. 2221-47 Les crédits budgétaires de la section d'exploitation du budget non engagés à la clôture de l'exercice ne peuvent être reportés au budget de l'exercice suivant.

Les dépenses de la section d'exploitation régulièrement engagées, non mandatées et pour lesquelles il y a eu service fait au 31 décembre calendaire, sont notifiées par le directeur au comptable et rattachées au résultat de l'exercice qui s'achève.

Les crédits budgétaires de la section d'investissement du budget régulièrement engagés et correspondant à des dépenses non mandatées pour lesquelles il y a eu service fait au 31 décembre calendaire sont notifiés par le directeur au comptable et reportés au budget de l'exercice suivant.

Art. R. 2221-48 *(Décr. n° 2001-563 du 25 juin 2001, art. 2)* A. – Le résultat cumulé défini au B de l'article R. 2311-11 est affecté, lorsqu'il s'agit d'un excédent :

1° En priorité, pour le montant des plus-values de cession d'éléments d'actifs, au financement des mesures d'investissement ;

2° Pour le surplus, à la couverture du besoin de financement de la section d'investissement apparu à la clôture de l'exercice précédent et diminué du montant des plus-values de cession d'éléments d'actifs visés au 1° ;

3° Pour le solde, au financement des dépenses d'exploitation ou d'investissement, en report à nouveau ou au reversement à la collectivité locale de rattachement.

B. – Lorsqu'il s'agit d'un déficit, il est ajouté aux charges d'exploitation de l'exercice.

C. – Pour l'affectation au financement des dépenses d'investissement, l'exécution de la décision budgétaire de reprise des résultats, adoptée par le conseil d'administration, se fait par l'émission d'un titre de recettes. La délibération affectant le résultat excédentaire est produite à l'appui de la décision budgétaire de reprise.

Art. R. 2221-48-1 *(Décr. n° 2001-563 du 25 juin 2001, art. 3)* En l'absence d'adoption du compte financier à la date du vote du budget de l'exercice suivant, lorsque le résultat de la section de fonctionnement, le besoin de financement, ou le cas échéant l'excédent de la section d'investissement et la prévision d'affectation sont reportés par anticipation, dans les conditions fixées au quatrième alinéa de l'article L. 2311-5, les inscriptions au budget sont justifiées par la production en annexe d'une fiche de calcul des résultats prévisionnels.

Cette fiche ainsi qu'un tableau des résultats d'exécution du budget sont établis par le directeur et visés par le comptable, qui les accompagne d'une balance établie après prise en charge du dernier bordereau de titres et de mandats.

Le directeur produit l'état des restes à réaliser de la section d'investissement arrêté au 31 décembre de l'exercice clos.

SOUS-§ 3 *Compte de fin d'exercice*

Art. R. 2221-49 Un inventaire, dont les résultats sont produits à l'appui du compte financier, est dressé en fin d'exercice conformément aux principes du plan comptable général.

Art. R. 2221-50 En fin d'exercice et après inventaire, le directeur fait établir le compte financier par le comptable.

Ce document est présenté au conseil d'administration en annexe à un rapport du directeur donnant tous éléments d'information sur l'activité de la régie au cours du dernier exercice et indiquant les mesures qu'il convient de prendre pour :

1° Abaisser les prix de revient ;

2° Accroître la productivité ;

3° Donner plus de satisfaction aux usagers ;

4° D'une manière générale, maintenir l'exploitation de la régie au niveau du progrès technique en modernisant les installations et l'organisation.

Le conseil d'administration délibère sur ce rapport et ses annexes.

Art. R. 2221-51 Le compte financier comprend :

1° La balance définitive des comptes ;

2° Le développement des dépenses et des recettes budgétaires ;

3° Le bilan et le compte de résultat ;

4° Le tableau d'affectation des résultats ;

5° Les annexes définies par instruction conjointe du ministre chargé des collectivités locales et du ministre chargé du budget ;

6° La balance des stocks établie après inventaire.

Le conseil d'administration arrête le compte financier.

Art. R. 2221-52 Le compte, affirmé sincère et véritable, daté et signé par le comptable, est transmis pour information à la collectivité de rattachement dans un délai de deux mois à compter de la délibération du conseil d'administration.

SOUS-SECTION 3 Dispositions propres aux régies dotées de la personnalité morale et de l'autonomie financière, chargées de l'exploitation d'un service public à caractère administratif

§ 1 Dispositions générales

Art. R. 2221-53 Le régime applicable aux régies dotées de la personnalité morale et de l'autonomie financière et chargées de l'exploitation d'un service public à caractère administratif est celui de la commune qui les a créées, sous réserve des dispositions qui leur sont propres.

§ 2 Organisation administrative

SOUS-§ 1 *Le conseil d'administration*

Art. R. 2221-54 Les agents de la commune ou de la régie ne peuvent être membres du conseil d'administration.

Art. R. 2221-55 Le président et le ou les vice-présidents doivent être membres du conseil municipal.

Art. R. 2221-56 Les emplois de la régie sont créés par le conseil d'administration.

SOUS-§ 2 *Le président et le directeur*

Art. R. 2221-57 Le président du conseil d'administration :

1° Prend les mesures nécessaires à l'exécution des décisions du conseil d'administration ;

2° Peut déléguer, sous sa responsabilité et sa surveillance, sa signature au directeur ;

3° Est l'ordonnateur de la régie et, à ce titre, prescrit l'exécution des recettes et des dépenses ;

4° Nomme les personnels.

Art. R. 2221-58 Le directeur assure le fonctionnement des services de la régie.

SOUS-§ 3 *Le comptable*

Art. R. 2221-59 Le comptable de la régie est un *(Décr. nº 2014-551 du 27 mai 2014, art. 3)* « comptable de la direction générale des finances publiques » ayant la qualité de comptable principal. Il est nommé par le préfet, sur avis conforme du *(Décr. nº 2014-551 du 27 mai 2014, art. 3)* « directeur départemental ou, le cas échéant, régional des finances publiques ».

§ 3 Régime financier

Art. R. 2221-60 En fin d'exercice, l'ordonnateur établit le compte administratif et le comptable établit le compte de gestion.

Ces documents sont présentés au conseil d'administration dans les délais fixés à l'article L. 1612-12.

Les comptes sont ensuite transmis pour information à la commune dans un délai de deux mois à compter de la délibération du conseil d'administration.

Art. R. 2221-61 La tarification des prestations et produits fournis par la régie est fixée par le conseil d'administration.

§ 4 Fin de la régie

Art. R. 2221-62 En cas de dissolution, la situation des personnels de la régie est déterminée par la délibération prévue à l'article R. 2221-17 et est soumise, pour avis, aux commissions administratives paritaires compétentes.

Il appartient au conseil municipal qui souhaite renoncer à l'exploitation d'une régie dotée de la personnalité morale et de l'autonomie financière, chargée de l'exploitation d'un service public administratif, de déterminer dans une même délibération la date à laquelle prennent fin les opérations de la régie et la situation des personnels. Si ces dispositions n'imposent aucun formalisme particulier quant à la rédaction de la délibération, celle-ci doit toutefois comporter dans ses motifs ou son dispositif des énonciations permettant d'établir que le conseil municipal a effectivement déterminé tant la date à laquelle les opérations de la régie prennent fin que la situation de ses personnels. S'agissant de la situation des personnels, le conseil municipal doit se prononcer sur la procédure envisagée à l'égard des agents et sur les issues possibles de cette dernière. • CE 14 déc. 2022, nº 450115 B : *AJDA 2022. 2505* ; *AJFP 2023. 218, obs. Derboulles* ; *AJCT 2023. 313, obs. Durand*. ♦ Il appartient au président du conseil d'administration de la régie, lorsqu'il notifie à l'agent sa décision de le licencier du fait de la suppression de son emploi à la suite de la décision de l'autorité territoriale de renoncer à l'exploitation de la régie, de l'inviter à présenter une demande écrite de reclassement. Saisie d'une telle demande, l'autorité territoriale ayant renoncé à l'exploitation de la régie est tenue de chercher à reclasser l'agent au sein de ses services en lui proposant un emploi de niveau équivalent, ou, à défaut d'un tel emploi et si l'intéressé le demande, tout autre emploi. • Même arrêt.

SECTION 3 Régies dotées de la seule autonomie financière

SOUS-SECTION 1 Dispositions communes

§ 1 Organisation administrative

SOUS-§ 1 *Dispositions générales*

Art. R. 2221-63 Le maire est le représentant légal d'une régie dotée de la seule autonomie financière et il en est l'ordonnateur.

Il prend les mesures nécessaires à l'exécution des décisions du conseil municipal.

Il présente au conseil municipal le budget et le compte administratif ou le compte financier.

Il peut, sous sa responsabilité et sa surveillance, déléguer sa signature au directeur pour toutes les matières intéressant le fonctionnement de la régie.

SOUS-§ 2 *Conseil d'exploitation*

Art. R. 2221-64 Le conseil d'exploitation délibère sur les catégories d'affaires pour lesquelles le conseil municipal ne s'est pas réservé le pouvoir de décision ou pour lesquelles ce pouvoir n'est pas attribué à une autre autorité par la présente section ou par les statuts.

Il est obligatoirement consulté par le maire sur toutes les questions d'ordre général intéressant le fonctionnement de la régie.

Le conseil peut procéder à toutes mesures d'investigation et de contrôle.

Il présente au maire toutes propositions utiles.

Le directeur tient le conseil au courant de la marche du service.

Art. R. 2221-65 Dans les communes ou groupements de communes de moins de 3 500 habitants, le conseil d'exploitation peut être le conseil municipal.

Dans ce cas, la présidence du conseil d'exploitation peut être assurée par le maire ou par l'un de ses membres, désigné par le maire à cet effet.

Art. R. 2221-66 Lorsqu'il est fait application des dispositions du quatrième alinéa de l'article L. 2221-13 le comité du syndicat de communes est élargi à des personnes extérieures pour exercer les attributions du conseil d'exploitation, les membres du comité syndical devant détenir plus de la moitié des sièges de celui-ci.

Le comité règle l'organisation générale du service et vote le budget.

SOUS-§ 3 *Le directeur*

Art. R. 2221-67 Le maire nomme le directeur dans les conditions prévues à l'article L. 2221-14. Il met fin à ses fonctions dans les mêmes formes.

Art. R. 2221-68 Le directeur assure le fonctionnement des services de la régie. À cet effet :

1° Il prépare le budget ;

2° Il procède, sous l'autorité du maire, aux ventes et aux achats courants, dans les conditions fixées par les statuts ;

3° Il est remplacé, en cas d'absence ou d'empêchement, par un des fonctionnaires ou employés du service, désigné par le maire après avis du conseil d'exploitation.

Un agent recruté en qualité de chef d'exploitation d'un service public industriel et commercial, en l'occurrence d'une régie municipale de remontées mécaniques, en vue de succéder au directeur de la régie, qui est par ailleurs régisseur de recettes et qui s'est en outre prévalu de sa qualité de directeur dans différents documents, en exerçant effectivement les attributions afférentes sans qu'aucun autre agent n'ait été nommé sur le poste, doit être regardé comme ayant assumé des fonctions de directeur de la régie. L'agent a donc la qualité d'agent public et le litige relatif à son licenciement relève de la compétence de la juridiction administrative. • T. confl. 13 janv. 2020, n° 4177 A : *JCT 2020. 473, note Rouquet.*

§ 2 Régime financier

Art. R. 2221-69 Les recettes et les dépenses de fonctionnement et d'investissement de chaque régie font l'objet d'un budget distinct du budget de la commune.

Art. R. 2221-70 En cas d'insuffisance des sommes mises à la disposition de la régie, la régie ne peut demander d'avances qu'à la commune. Le conseil municipal fixe la date de remboursement des avances.

§ 3 Fin de la régie

Art. R. 2221-71 Dans les cas prévus à l'article L. 2221-7, le maire prend toutes les mesures d'urgence en vue de remédier à la situation en cause. Il rend compte des mesures prises à la prochaine réunion du conseil d'exploitation.

Si l'atteinte à la sécurité publique persiste ou si les mesures prises se révèlent insuffisantes, le maire propose au conseil municipal de décider la suspension provisoire ou l'arrêt définitif des opérations de la régie. Dans ce cas, les dispositions des articles R. 2221-16 et R. 2221-17 s'appliquent.

SOUS-SECTION 2 **Dispositions propres aux régies dotées de la seule autonomie financière, chargées de l'exploitation d'un service public à caractère industriel et commercial**

§ 1 Organisation administrative

SOUS-§ 1 *Dispositions générales*

Art. R. 2221-72 Le conseil municipal, après avis du conseil d'exploitation et dans les conditions prévues par les statuts :

1° Approuve les plans et devis afférents aux constructions neuves ou reconstructions, travaux de première installation ou d'extension ;

2° Autorise le maire à intenter ou soutenir les actions judiciaires, à accepter les transactions ;

3° Vote le budget de la régie et délibère sur les comptes ;

4° Délibère sur les mesures à prendre d'après les résultats de l'exploitation à la fin de chaque exercice et, au besoin, en cours d'exercice.

5° Règle les conditions de recrutement, de licenciement et de rémunération du personnel ;

6° Fixe les taux des redevances dues par les usagers de la régie. Ces taux sont établis de manière à assurer l'équilibre financier de la régie dans les conditions prévues aux articles L. 2224-1, L. 2224-2 et L. 2224-4.

SOUS-§ 2 *Le directeur*

Art. R. 2221-73 La rémunération du directeur est fixée par le conseil municipal, sur la proposition du maire, après avis du conseil d'exploitation.

Art. R. 2221-74 Le directeur nomme et révoque les agents et employés de la régie, sous réserve des dispositions des statuts.

Art. R. 2221-75 Dans les communes ou groupements de communes de moins de 3 500 habitants, le directeur de la régie peut être choisi parmi les agents titulaires de la collectivité.

SOUS-§ 3 *Le comptable*

Art. R. 2221-76 Les fonctions de comptable de la régie sont remplies par le comptable de la commune.

Toutefois, lorsque les recettes annuelles d'exploitation excèdent *(Décr. n° 2014-551 du 27 mai 2014, art. 3)* « 76 225 € », ces fonctions peuvent être confiées à un agent comptable par délibération du conseil municipal prise après avis du conseil d'exploitation et du *(Décr. n° 2014-551 du 27 mai 2014, art. 3)* « directeur départemental ou, le cas échéant, régional des finances publiques ».

L'agent qui remplit les fonctions d'agent comptable est nommé par le préfet sur proposition du maire.

Il est soumis à l'ensemble des obligations qui incombent aux comptables publics en vertu du *(Décr. n° 2012-1247 du 7 nov. 2012, art. 12)* « décret n° 2012-1246 du 7 novembre 2012 relatif à la gestion budgétaire et comptable publique » *[V.* **CJF** *].*

L'agent comptable est soumis à la surveillance du *(Décr. n° 2014-551 du 27 mai 2014, art. 3)* « directeur départemental ou, le cas échéant, régional des finances publiques », ainsi qu'au contrôle de l'inspection générale des finances.

Les comptes de l'agent comptable sont *(Décr. n° 2022-1605 du 22 déc. 2022, art. 12)* « produits » dans les mêmes formes et délais que ceux du comptable de la commune.

§ 2 Régime financier

SOUS-§ 1 *Dispositions générales*

Art. R. 2221-77 Les règles de la comptabilité communale sont applicables aux régies dotées de la seule autonomie financière, chargées de l'exploitation d'un service public à caractère industriel et commercial, sous réserve des dérogations prévues au présent paragraphe.

Art. R. 2221-78 La comptabilité des régies est tenue dans les conditions définies par un plan comptable conforme au plan comptable général.

Ce plan comptable est arrêté par le ministre chargé des collectivités locales et le ministre chargé du budget, après avis de l'Autorité des normes comptables. Des plans comptables particuliers à certaines activités peuvent être définis selon la même procédure.

La définition des chapitres et articles des crédits budgétaires est fixée par arrêté conjoint du ministre chargé des collectivités locales et du ministre chargé du budget.

Des instructions conjointes du ministre chargé des collectivités locales et du ministre chargé du budget fixent les principes comptables, les règles de fonctionnement des comptes ainsi que la liste et la contexture des documents budgétaires et comptables à tenir par l'ordonnateur et le comptable.

Art. R. 2221-79 La délibération qui institue la régie détermine les conditions du remboursement des sommes mises à sa disposition. La durée du remboursement ne peut excéder trente ans.

Art. R. 2221-80 La comptabilité des matières, qui a pour objet la description des existants et des mouvements concernant les stocks et les biens meubles, est tenue sous la responsabilité du directeur de la régie.

Art. R. 2221-81 Lorsque le fonctionnement du service nécessite l'affectation d'immeubles appartenant à la commune, le loyer de ces immeubles, fixé par le conseil municipal suivant leur valeur locative réelle, est porté en dépense au budget de la régie et en recette au budget de la commune.

Le montant des rémunérations du personnel communal mis à la disposition de la régie est remboursé à la commune. Il est porté en dépense au budget de la régie et en recette au budget de la commune.

Art. R. 2221-82 Les dotations aux amortissements et aux provisions sont liquidées selon les dispositions et les durées d'usage applicables aux entreprises commerciales du même secteur d'activité.

L'amortissement porte sur les biens meubles autres que les collections et œuvres d'art, les immeubles à l'exception des terrains non productifs de revenus et les immobilisations incorporelles.

Les immobilisations peuvent être réévaluées selon les dispositions applicables aux entreprises commerciales.

SOUS-§ 2 *Budget*

Art. R. 2221-83 Le budget est exécutoire dans les mêmes conditions que le budget de la commune.

Il peut être modifié dans les mêmes formes.

Art. R. 2221-84 Lors de la présentation du budget, le maire fournit à l'appui de ses propositions un exemplaire du dernier compte financier ainsi qu'un rapport faisant ressortir la situation financière et économique de la régie.

Art. R. 2221-85 Le budget est présenté en deux sections :

– dans la première, sont prévues et autorisées les opérations d'exploitation ;

– dans la seconde, sont prévues et autorisées les opérations d'investissement.

Art. R. 2221-86 La section d'exploitation ou compte de résultat prévisionnel fait apparaître successivement :

– au titre des produits : les produits d'exploitation, les produits financiers et les produits exceptionnels ;

– au titre des charges : les charges d'exploitation, les charges financières, les charges exceptionnelles, les dotations aux amortissements et aux provisions et, le cas échéant, l'impôt sur les sociétés.

Art. R. 2221-87 Les recettes de la section d'investissement comprennent notamment :

1° La valeur des biens affectés ;
2° Les réserves et recettes assimilées ;
3° Les subventions d'investissement ;
4° Les provisions et les amortissements ;
5° Les emprunts et dettes assimilées ;
6° La valeur nette comptable des immobilisations sortant de l'actif ;
7° La plus-value résultant de la cession d'immobilisations ;
8° La diminution des stocks et en-cours de production.

Art. R. 2221-88 Les dépenses de la section d'investissement comprennent notamment :
1° Le remboursement du capital des emprunts et dettes assimilées ;
2° L'acquisition d'immobilisations incorporelles, corporelles et financières ;
3° Les charges à répartir sur plusieurs exercices ;
4° L'augmentation des stocks et en-cours de production ;
5° Les reprises sur provisions ;
6° Le transfert des subventions d'investissement au compte de résultat.

Art. R. 2221-89 Les crédits budgétaires de la section d'exploitation du budget non engagés à la clôture de l'exercice ne peuvent être reportés au budget de l'exercice suivant.

Les dépenses de la section d'exploitation régulièrement engagées, non mandatées, et pour lesquelles il y a eu service fait au 31 décembre calendaire, sont notifiées par le directeur au comptable et rattachées au résultat de l'exercice qui s'achève.

Les crédits budgétaires de la section d'investissement du budget régulièrement engagés et correspondant à des dépenses non mandatées, pour lesquelles il y a eu service fait au 31 décembre calendaire, sont notifiés par le directeur au comptable et reportés au budget de l'exercice suivant.

Art. R. 2221-90 *(Décr. n° 2001-563 du 25 juin 2001, art. 4)* A. — Le résultat cumulé défini au B de l'article R. 2311-11 est affecté, lorsqu'il s'agit d'un excédent :

1° En priorité, pour le montant des plus-values de cession d'éléments d'actifs, au financement des mesures d'investissement ;

2° Pour le surplus, à la couverture du besoin de financement de la section d'investissement apparu à la clôture de l'exercice précédent et diminué du montant des plus-values de cession d'éléments d'actifs visés au 1° ;

3° Pour le solde, au financement des dépenses d'exploitation ou d'investissement, en report à nouveau ou au reversement à la collectivité locale de rattachement.

B. — Lorsqu'il s'agit d'un déficit, il est ajouté aux charges d'exploitation de l'exercice.

C. — Pour l'affectation au financement des dépenses d'investissement, l'exécution de la décision budgétaire de reprise des résultats, adoptée par l'assemblée délibérante, se fait par l'émission d'un titre de recettes. La délibération affectant le résultat excédentaire est produite à l'appui de la décision budgétaire de reprise et du compte financier de l'exercice.

Art. R. 2221-90-1 *(Décr. n° 2001-563 du 25 juin 2001, art. 5)* En l'absence d'adoption du compte financier à la date du vote du budget de l'exercice suivant, lorsque le résultat de la section de fonctionnement, le besoin de financement, ou le cas échéant l'excédent de la section d'investissement et la prévision d'affectation sont reportés par anticipation, dans les conditions fixées au quatrième alinéa de l'article L. 2311-5, les inscriptions au budget sont justifiées par la production en annexe d'une fiche de calcul des résultats prévisionnels.

Cette fiche ainsi qu'un tableau des résultats d'exécution du budget sont établis par l'ordonnateur et visés par le comptable, qui les accompagne d'une balance établie après prise en charge du dernier bordereau de titres et de mandats.

L'ordonnateur produit l'état des restes à réaliser de la section d'investissement arrêté au 31 décembre de l'exercice clos.

SOUS-§ 3 *Compte de fin d'exercice*

Art. R. 2221-91 Un inventaire, dont les résultats sont produits à l'appui du compte financier, est dressé en fin d'exercice conformément aux principes du plan comptable général.

Art. R. 2221-92 À la fin de chaque exercice et après inventaire, le comptable prépare le compte financier.

L'ordonnateur vise le compte financier. Il le soumet pour avis au conseil d'exploitation accompagné d'un rapport donnant tous éléments d'information sur l'activité de la régie.

Le compte financier est présenté par le maire au conseil municipal qui l'arrête.

Art. R. 2221-93 Le compte financier comprend :

1° La balance définitive des comptes ;

2° Le développement des dépenses et des recettes budgétaires ;

3° Le bilan et le compte de résultat ;

4° Le tableau d'affectations des résultats ;

5° Les annexes définies par instruction conjointe du ministre chargé des collectivités locales et du ministre chargé du budget ;

6° La balance des stocks établie après inventaire par le responsable de la comptabilité matière.

Art. R. 2221-94 Indépendamment des comptes, un relevé provisoire des résultats de l'exploitation est arrêté tous les six mois par le directeur, soumis pour avis au conseil d'exploitation, et présenté par le maire au conseil municipal.

Lorsqu'il résulte de ce relevé que l'exploitation est en déficit, le conseil municipal est immédiatement invité par le maire à prendre les mesures nécessaires pour rétablir l'équilibre soit en modifiant les tarifs ou les prix de vente, soit en réalisant des économies dans l'organisation des services.

SOUS-SECTION 3 Dispositions propres aux régies dotées de la seule autonomie financière, chargées de l'exploitation d'un service public à caractère administratif

§ 1 Organisation administrative

Art. R. 2221-95 Le régime applicable aux régies dotées de la seule autonomie financière et chargées de l'exploitation d'un service public à caractère administratif est celui de la commune qui les a créées, sous réserve des dispositions qui leur sont propres.

Art. R. 2221-96 *(Décr. nº 2019-1472 du 26 déc. 2019, art. 3)* Les fonctions de comptable de la régie sont remplies par le comptable de la commune.

§ 2 Régime financier

Art. R. 2221-97 La tarification des prestations et produits fournis par la régie est fixée par le conseil municipal, après avis du conseil d'exploitation.

Art. R. 2221-98 En fin d'exercice, l'ordonnateur établit le compte administratif et le comptable établit le compte de gestion.

Le maire soumet les comptes pour avis au conseil d'exploitation. Puis ces documents sont présentés au conseil municipal dans les délais fixés à l'article L. 1612-12.

SECTION 4 Régies ayant pour objet de combattre les prix excessifs des denrées alimentaires de première nécessité

Art. R. 2221-99 Le commissaire enquêteur est désigné par le maire.

L'enquête dure quinze jours à partir de l'accomplissement des formalités habituelles de publicité.

CHAPITRE II SERVICES GÉRÉS EN APPLICATION DE CONVENTIONS

(Décr. n° 2010-918 du 3 août 2010).

Art. R. 2222-1 Toute entreprise liée à une commune ou à un établissement public communal par une convention financière comportant des règlements de compte périodiques est tenue de fournir à la collectivité contractante des comptes détaillés de ses opérations. — *[C. communes, art. R.* 324-2.]*

Art. R. 2222-2 L'entreprise communique aux agents désignés par le maire ainsi qu'à l'inspection générale des finances et à l'inspection générale de l'administration au ministère de l'intérieur, tous livres et documents nécessaires à la vérification de ses comptes.

La communication est faite sur place au siège de l'entreprise, aux époques et dans les délais qui sont arrêtés d'un commun accord. Toutefois, ces délais ne peuvent en aucun cas être inférieurs à ceux que la loi accorde aux commissaires aux comptes des sociétés anonymes. — *[C. communes, art. R.* 324-3.]*

Art. R. 2222-3 Dans toute commune ou établissement ayant plus de 75 000 € de recettes de fonctionnement, les comptes mentionnés à l'article R. 2222-1 sont en outre examinés par une commission de contrôle dont la composition est fixée par une délibération du conseil municipal ou du conseil de l'établissement. — *[C. communes, art. R.* 324-4, al 1er.]*

Art. R. 2222-4 Les comptes détaillés qui sont mentionnés à l'article R. 2222-1 ainsi que les rapports des vérificateurs et de la commission de contrôle sont joints aux comptes de la commune ou de l'établissement pour servir de justification à la recette ou à la dépense résultant du règlement de compte périodique prévu au même article. — *[C. communes, art. R.* 324-5.]*

Art. R. 2222-5 *(Décr. n° 2010-918 du 3 août 2010) (Décr. n° 2018-1075 du 3 déc. 2018, art. 6)* « Lorsque la convention relative aux modalités de l'exploitation d'un service public est qualifiée contractuellement de régie intéressée, et sans préjudice des obligations résultant des dispositions du code de la commande publique ou, le cas échéant, de celles des chapitres préliminaire et I du titre I du livre IV de la première partie du présent code, elle détermine : »

— les modalités de liquidation et de mandatement de la rémunération du régisseur intéressé par la commune ou l'établissement public ainsi que, s'il y a lieu, les conditions du versement d'avances ;

— la transmission au moins mensuelle par le régisseur intéressé à la commune ou à l'établissement de l'état des charges et des produits, globalisés par compte et par nature, résultant de la régie intéressée, état au vu duquel l'ordonnateur émet après contrôle les titres de recettes et les mandats de dépenses et intègre ces opérations de la régie intéressée à la comptabilité de la commune ou de l'établissement ;

— la transmission au moins mensuelle à la commune ou à l'établissement de toutes les pièces utiles pour l'exercice, le cas échéant, de ses droits à déduction de la taxe à la valeur ajoutée acquittée au cours du mois au titre de l'activité de la régie intéressée ;

— les modalités de reversement des fonds disponibles de la régie intéressée dans la caisse du comptable public ;

— les modalités de contrôle du régisseur intéressé par la commune ou l'établissement.

Régie intéressée. La régie intéressée est un mode de gestion d'un service public par lequel une collectivité finance elle-même l'établissement du service dont elle confie l'exploitation et l'entretien à une personne physique ou morale de droit privé. Cette dernière assume la gestion pour le compte de la collectivité moyennant une rémunération qui n'est pas assurée par les usagers, mais au moyen d'une prime fixée en pourcentage du chiffre d'affaires, complétée d'une prime de productivité et éventuellement par une part des bénéfices. La rémunération du régisseur par son intéressement constitue le principal intérêt de la régie intéressée mais elle est aussi l'élément qui permet de la distinguer de la gérance. Par ailleurs, si le régisseur bénéficie d'une participation aux bénéfices de l'exploitation (ou en contrepartie verse une contribution aux pertes), celle-ci doit rester limitée sous peine de transformer la régie intéressée en affermage. Dans ce mode de gestion indirecte des services publics, la collectivité doit, en effet, conserver la majorité des bénéfices et assumer la majeure partie des pertes. Dès lors, le régisseur intéressé doit être considéré comme gérant des deniers publics et non des recettes privatives. Ainsi, le régisseur intéressé doit se conformer aux dispositions des art. R. 1617-11 à 14 CGCT qui codifient les art. 11 à 14 du décr. n° 97-1259 du 29 déc. 1997 relatif aux régies de recettes, d'avances et de recettes et d'avances des collectivités locales et des établissements publics locaux. Les opérations que le régisseur intéressé effectue doivent donc être retracées dans les comptes de la collectivité. En ce qui concerne les dépenses, il doit conformément à l'art. R. 1617-14, remettre à la collectivité, au minimum à la fin de chaque mois, les justificatifs des dépenses qu'il a payées. De plus, les recettes qu'encaisse le régisseur intéressé n'échappent pas à la règle de dépôt des fonds au Trésor public. Elles doivent donc être encaissées par une régie d'avances et de recettes (V. avis du 20 mai 1998 de la chambre régionale des comptes de Provence-Alpes-Côte d'Azur sur le contrat de régie intéressée de la halle à la marée de la commune de Port-de-Bouc) et le régisseur intéressé doit, conformément à l'art. R. 1617-8, les verser en les justifiant au comptable de la collectivité au moins une fois par mois. Ces dispositions ne s'appliquent pas en revanche aux contrats qui pourraient être qualifiés de régies intéressées par les parties sans en présenter les caractéristiques telles que rappelées ci-dessus. Les dispositions des art. R. 2222-5 et L. 1411-1 s. CGCT ne sont pas en contradiction, dans la mesure où les objets de ces articles sont différents. En effet, les art. L. 1411 s. CGCT visent à organiser une procédure de publicité préalable à la passation d'une convention de délégation de service public afin d'assurer une mise en concurrence des entreprises dans la plus grande transparence. Quant aux art. R. 2222-1 à R. 2222-6 du même code, ils ont pour objet d'organiser les règles de contrôle, notamment financier, durant l'exécution de la convention. * Rép. min. : *JOAN CR, 28 janv. 2002, n° 36879 ; Rev. Trésor 2002. 321.*

Art. R. 2222-6 **Lorsque des marchés ou conventions passés par une commune ou un établissement public communal font l'objet d'une rétrocession même partielle, le concessionnaire est soumis en ce qui concerne les mesures de contrôle aux mêmes obligations que le cédant.** — *[C. communes, art. R.* 324-7.]*

CHAPITRE III **CIMETIÈRES, SITES CINÉRAIRES ET OPÉRATIONS FUNÉRAIRES** *(Décr. n° 2011-121 du 28 janv. 2011, art. 43).*

SECTION 1 **Cimetières**

SOUS-SECTION 1 **Dispositions générales**

Art. R. 2223-1 **Ont le caractère de communes urbaines, pour l'application du deuxième alinéa de l'article L. 2223-1, les communes dont la population compte plus de 2 000 habitants et celles qui appartiennent, en totalité ou en partie, à une agglomération de plus de 2 000 habitants.**

(Décr. n° 2011-121 du 28 janv. 2011, art. 39) **« Le silence gardé pendant plus de six mois sur la demande d'autorisation prévue par l'article L. 2223-1 vaut décision de rejet. »**

Art. R. 2223-2 **Les terrains les plus élevés et exposés au nord sont choisis de préférence.** *(Décr. n° 2011-121 du 28 janv. 2011, art. 40)* **« Ceux-ci doivent être choisis sur la base d'un rapport établi par l'hydrogéologue. Ce rapport se prononce sur le risque que le niveau des plus hautes eaux de la nappe libre superficielle puisse se situer à moins d'un mètre du fond des sépultures. »**

Ils sont entourés d'une clôture ayant au moins 1,50 mètre de haut.

Cette clôture peut être faite de grillage métallique soutenu, de 3 mètres en 3 mètres, par des poteaux en fonte ou en ciment armé ; dans ce cas, elle est renforcée par un écran d'arbustes épineux ou à feuilles persistantes.

Des plantations sont faites en prenant les précautions convenables pour ne pas gêner la circulation de l'air.

Art. R. 2223-3 **Chaque inhumation a lieu dans une fosse séparée.**

Chaque fosse a 1,50 mètre à 2 mètres de profondeur sur 80 centimètres de largeur. Elle est ensuite remplie de terre bien foulée. — *[C. communes, art. R.* 361-6.]*

Art. R. 2223-4 **Les fosses sont distantes les unes des autres de 30 à 40 centimètres sur les côtés, et de 30 à 50 centimètres à la tête et aux pieds.** — *[C. communes, art. R.* 361-7.]*

Le juge administratif rappelle cette obligation de céder gratuitement les espaces inter-tombes • CAA Marseille, 2 juin 2008, n° 07MA01011 : *Cah. jur. juin-juill. 2009, p. 26, note Dupuis* • CAA Bordeaux, 29 sept. 2009, *Cne de Massels et Delpech,* n° 08BX00255 : *JCP Adm. 2009. 32, note Dutrieux.* • CE 17 janv. 2011, *Cne de Massels,* n° 334156 B : *BJCL 2011. 213, concl. Thiellay et obs. Poujade ; JCP Adm. 2011, n° 2142, note Dupuis ; AJCT 2011. 249, note Dutrieux.* ♦ *Contra* • TA Rennes, 9 déc. 1994, *Corgnet : JCP 1995. IV. 1771.*

Art. R. 2223-5 **L'ouverture des fosses pour de nouvelles sépultures n'a lieu que de cinq années en cinq années.** – *[C. communes, art. R.* 361-8.]*

Il résulte de la combinaison des dispositions de cet art. et des art. L. 2223-1, L. 2223-4 et R. 2223-6, que, en dehors du cas des concessions accordées dans un cimetière communal, les emplacements peuvent être repris par l'autorité administrative sans formalité préalable particulière, après le délai de rotation prévu par l'art. R. 2223-5 CGCT, et que, en l'absence de position connue du défunt lui-même, l'administration peut alors faire procéder à la crémation des restes exhumés, puis déposer ceux-ci dans l'ossuaire collectif prévu à cet effet. • TA Montreuil, 27 mai 2011, *Mmes Françoise et Juliana R.,* n° 1012029.

Art. R. 2223-6 **Lorsque le cimetière n'offre pas d'emplacement suffisant pour la construction de l'ossuaire visé au premier alinéa de l'article L. 2223-4, les restes peuvent être transférés par décision du maire dans l'ossuaire d'un autre cimetière appartenant à la commune.**

Lorsque la commune est membre d'un syndicat de communes, d'un district ou d'une communauté urbaine, le transfert peut avoir lieu dans les mêmes conditions sur le territoire d'une autre commune appartenant au même groupement de communes.

Les cendres des restes exhumés sont déposées dans un columbarium, dans l'ossuaire ou dispersées dans le lieu spécialement affecté à cet effet prévu à l'article R. 2223-9.

Les noms des personnes, même si aucun reste n'a été retrouvé, sont consignés dans un registre tenu à la disposition du public et peuvent être gravés sur un dispositif établi en matériaux durables dans le lieu spécialement affecté à cet effet ou au-dessus de l'ossuaire. – *[C. communes, art. R.** 361-30.]*

Art. R. 2223-7 **Dans le cas prévu au troisième alinéa de l'article L. 2223-5, la décision de combler les puits est prise par arrêté du préfet à la demande du maire.** – *[C. communes, art. R. 361-5.]*

Art. R. 2223-8 **Aucune inscription ne peut être placée sur les pierres tumulaires ou monuments funéraires sans avoir été préalablement soumise à l'approbation du maire.** – *[C. communes, art. R.* 361-9.]*

1. Interdiction d'inscription. La qualité d'autorité de police spéciale des funérailles et des lieux de sépulture (CGCT, art. L. 2213-7 à L. 2213-15) induit une obligation générale de surveillance du cimetière. * Rép. min. n° 11478 : *JO Sénat, 26 sept. 2019, p. 4896.* ♦ Le maire peut ainsi être amené à interdire une inscription portant manifestement atteinte à l'ordre public dans le cimetière ou à la dignité du défunt. * Même Rép. min.

2. Désaccord des héritiers. En l'absence de toute volonté exprimée du défunt tenant à l'inscription à réaliser sur sa sépulture, et en cas de désaccord des héritiers sur ce point, le maire n'est pas compétent pour les départager, et il appartient au juge d'instance de connaître du litige sur le fondement de l'art. R. 221-7 COJ. * Rép. min. n° 11477 : *JO Sénat, 5 sept. 2019, p. 4522.*

Art. R. 2223-9 **Le conseil municipal peut décider l'affectation de tout ou partie d'un cimetière au dépôt** *(Décr. n° 2011-121 du 28 janv. 2011, art. 41)* **« ou à l'inhumation » des urnes et à la dispersion des cendres des corps ayant fait l'objet d'une crémation.**

BIBL. ► DUTRIEUX, Les cendres, l'urne et le cimetière, *Funéraire magazine oct. 2009, p. 66.*

SOUS-SECTION 2 **Concessions**

Art. R. 2223-10 **En cas de translation d'un cimetière, les concessionnaires sont en droit d'obtenir, dans le nouveau cimetière, un emplacement égal en superficie au terrain qui leur avait été concédé.**

Conformément au 14° de l'article L. 2321-2, les restes qui y avaient été inhumés sont transportés aux frais de la commune. – *[C. communes, art. R.* 361-19.]*

Art. R. 2223-11 Des tarifs différenciés pour chaque catégorie de concessions sont fixés par le conseil municipal de la commune.

Ces tarifs peuvent, dans chaque classe, être progressifs, suivant l'étendue de la surface concédée, pour la partie de cette surface qui excède 2 mètres carrés. – *[C. communes, art. R.* 361-20.]*

Art. R. 2223-12 Conformément à l'article L. 2223-17, une concession perpétuelle ne peut être réputée en état d'abandon avant l'expiration d'un délai de trente ans à compter de l'acte de concession.

La procédure prévue par les articles L. 2223-4, R. 2223-13 à R. 2223-21 ne peut être engagée que dix ans après la dernière inhumation faite dans le terrain concédé. – *[C. communes, art. R.** 361-21.]*

Art. R. 2223-13 L'état d'abandon est constaté par un procès-verbal dressé par le maire ou son délégué après transport sur les lieux *(Décr. nº 2011-121 du 28 janv. 2011, art. 42)* « , en présence d'un fonctionnaire de police délégué par le chef de circonscription ou, à défaut de ce dernier, d'un garde-champêtre ou d'un policier municipal ».

Les descendants ou successeurs des concessionnaires, lorsque le maire a connaissance qu'il en existe encore, sont avisés un mois à l'avance, par lettre recommandée avec demande d'avis de réception, du jour et de l'heure auxquels a lieu la constatation. Ils sont invités à assister à la visite de la concession ou à se faire représenter.

Il est éventuellement procédé de même à l'égard des personnes chargées de l'entretien de la concession.

Dans le cas où la résidence des descendants ou successeurs des concessionnaires n'est pas connue, l'avis mentionné ci-dessus est affiché à la mairie ainsi qu'à la porte du cimetière.

L'absence d'information régulière des successeurs du concessionnaire entraîne l'annulation de l'arrêté autorisant la reprise. • CAA Paris, 24 juin 2000, *Mme Laval*, nº 98PA00158. ♦ Notamment, dès lors que l'art. R. 2223-13 prévoit expressément l'envoi d'une lettre recommandée à certaines catégories de personnes, il n'est pas possible pour la commune de se soustraire à cette formalité. À défaut, toute procédure de reprise de concession funéraire pour état d'abandon se trouverait entachée d'illégalité. * Rép. min. : *JO Sénat, 23 sept. 2021, p. 5483.*

Art. R. 2223-14 Le procès-verbal :

– indique l'emplacement exact de la concession ;

– décrit avec précision l'état dans lequel elle se trouve ;

– mentionne, lorsque les indications nécessaires ont pu être obtenues, la date de l'acte de concession, le nom des parties qui ont figuré à cet acte, le nom de leurs ayants droit et des défunts inhumés dans la concession.

Copie de l'acte de concession est jointe si possible au procès-verbal.

Si l'acte de concession fait défaut, il est dressé par le maire un acte de notoriété constatant que la concession a été accordée depuis plus de trente ans.

Le procès-verbal est signé par le maire et par les personnes qui, conformément à l'article R. 2223-13, ont assisté à la visite des lieux.

Lorsque les descendants ou successeurs des concessionnaires ou les personnes chargées de l'entretien de la tombe refusent de signer, il est fait mention spéciale de ce refus. – *[C. communes, art. R.** 361-23.]*

BIBL. ▶ Dutrieux, Concessions funéraires et notion d'abandon, obs. sous Rép. min. nº 12072 : *JO Sénat Q, 11 nov. 2010, p. 2966 ; JCP Adm. 2010. Actu. 949.*

Art. R. 2223-15 Lorsqu'il a connaissance de l'existence de descendants ou successeurs des concessionnaires, le maire leur notifie dans les huit jours copie du procès-verbal et les met en demeure de rétablir la concession en bon état d'entretien.

La notification et la mise en demeure sont faites par une seule lettre recommandée avec demande d'avis de réception. – *[C. communes, art. R.** 361-24.]*

En l'absence d'une information régulière des successeurs du concessionnaire, l'arrêté autorisant la reprise serait illégal. • CAA Paris, 24 févr. 2000, *Mme Laval*, nº 98PA00158.

Art. R. 2223-16 Dans le même délai de huit jours, des extraits de procès-verbal sont portés à la connaissance du public par voie d'affiches apposées durant un mois à la porte de la mairie, ainsi qu'à la porte du cimetière.

Ces affiches sont renouvelées deux fois à quinze jours d'intervalle.

Un certificat signé par le maire constate l'accomplissement de ces affichages. Il est annexé à l'original du procès-verbal. — *[C. communes, art. R.** 361-25.]*

Art. R. 2223-17 Il est tenu dans chaque mairie une liste des concessions dont l'état d'abandon a été constaté conformément aux articles R. 2223-12 à R. 2223-16.

Cette liste est déposée au bureau du conservateur du cimetière, si cet emploi existe, ainsi qu'à la préfecture et à la sous-préfecture.

Une inscription placée à l'entrée du cimetière indique les endroits où cette liste est déposée et mise à la disposition du public. — *[C. communes, art. R.** 361-26.]*

Art. R. 2223-18 Après l'expiration du délai *(Décr. nº 2022-1127 du 5 août 2022, art. 1er)* « d'un an » prévu à l'article L. 2223-17, lorsque la concession est toujours en état d'abandon, un nouveau procès-verbal, dressé par le maire ou son délégué, dans les formes prévues par les articles R. 2223-13 et R. 2223-14, est notifié aux intéressés avec indication de la mesure qui doit être prise.

Un mois après cette notification et conformément à l'article L. 2223-17, le maire a la faculté de saisir le conseil municipal qui est appelé à décider si la reprise de la concession est prononcée ou non. Dans l'affirmative, le maire peut prendre l'arrêté prévu au troisième alinéa de l'article L. 2223-17.

Art. R. 2223-19 L'arrêté du maire qui prononce la reprise des terrains affectés à une concession est exécutoire de plein droit dès qu'il a été procédé à sa publication et à sa notification. — *[C. communes, art. R.** 361-28.]*

Art. R. 2223-20 Trente jours après la publication et la notification de l'arrêté, le maire peut faire enlever les matériaux des monuments et emblèmes funéraires restés sur la concession.

Il fait procéder à l'exhumation des restes des personnes inhumées. Pour chaque concession, ces restes sont réunis dans un cercueil de dimensions appropriées. — *[C. communes, art. R.** 361-29.]*

Art. R. 2223-21 Les terrains occupés par les concessions reprises peuvent faire l'objet d'un nouveau contrat de concession seulement lorsque les prescriptions des articles L. 2223-4, R. 2223-6, R. 2223-19 et R. 2223-20 ont été observées. — *[C. communes, art. R.** 361-31.]*

Art. R. 2223-22 Les articles L. 2223-4, R. 2223-12 à R. 2223-21 ne dérogent pas aux dispositions qui régissent les sépultures militaires.

Lorsqu'une personne dont l'acte de décès porte la mention "Mort pour la France" régulièrement inscrite a été inhumée dans une concession perpétuelle ou centenaire, celle-ci ne peut faire l'objet d'une reprise avant l'expiration d'un délai de cinquante ans à compter de la date de l'inhumation. Cette disposition ne s'applique pas dans le cas où vient à expirer au cours des cinquante ans une concession centenaire. — *[C. communes, art. R.** 361-33.]*

Art. R. 2223-23 Une concession centenaire ou perpétuelle ne peut faire l'objet d'une reprise lorsque la commune ou un établissement public est dans l'obligation de l'entretenir en exécution d'une donation ou d'une disposition testamentaire régulièrement acceptée. — *[C. communes, art. R.** 361-34.]*

SECTION 2 Sites cinéraires

(Décr. nº 2011-121 du 28 janv. 2011, art. 43)

Art. R. 2223-23-1 En cas de translation du site cinéraire, les titulaires des emplacements sont en droit d'obtenir, dans le nouveau site cinéraire, un emplacement répondant à des caractéristiques identiques.

Art. R. 2223-23-2 Lorsqu'ils sont concédés, les espaces pour le dépôt ou l'inhumation des urnes dans le site cinéraire sont soumis aux dispositions des articles R. 2223-11 à R. 2223-23.

Toutefois, lors de la reprise de la concession, l'urne est déposée dans l'ossuaire communal ou les cendres dispersées dans l'espace aménagé à cet effet.

Art. R. 2223-23-3 L'autorisation de retirer une urne d'une concession d'un site cinéraire est accordée par le maire dans les conditions définies à l'article R. 2213-40.

Dans les sites cinéraires ne faisant pas l'objet de concessions, le dépôt et le retrait d'une urne d'un emplacement sont subordonnés à une déclaration préalable auprès du maire de la commune d'implantation du site cinéraire.

Art. R. 2223-23-4 Les gestionnaires des sites cinéraires veillent à ce qu'aucun document de nature commerciale n'y soit visible, à l'exception des tarifs de leurs prestations.

SECTION 3 Opérations funéraires

La section 2 devient la section 3 (Décr. nº 2011-121 du 28 janv. 2011, art. 43).

SOUS-SECTION 1 Service des pompes funèbres

§ 1 Dispositions générales *(Décr. nº 2011-121 du 28 janv. 2011, art. 44).*

Art. R. 2223-23-5 *(Décr. nº 2011-121 du 28 janv. 2011, art. 44)* Le règlement national des pompes funèbres prévu à l'article L. 2223-20 est constitué par les dispositions des articles R. 2223-24 à R. 2223-33, R. 2223-40 à R. 2223-55-1, R. 2223-67 à R. 2223-72, R. 2223-75 à R. 2223-79 *(Décr. nº 2017-983 du 10 mai 2017, art. 2)* « , » R. 2223-88 à R. 2223-95 *(Décr. nº 2017-983 du 10 mai 2017, art. 2)* « et R. 2223-132 ».

SOUS-§ 1 *Information des familles (R)*

BIBL. ▶ Bouriot, Analyse du décret du 28 janvier 2011 relatif aux opérations funéraires, *Résonance févr. 2011, p. 16.* – Dutrieux, Le modèle de devis applicable aux prestations funéraires, commentaire de l'arrêté du 23 août 2010, *JCP Adm. 2010. Actu. 647* ; Le décret relatif aux opérations funéraires : une simplification enfin adoptée, *JCP Adm. 2011. Actu. 77.*

Art. R. 2223-24 La documentation générale, les devis obligatoirement remis aux familles et les bons de commande établis par les régies, les entreprises, les associations et leurs établissements, habilités conformément à l'article L. 2223-23, doivent être conformes aux dispositions prévues par les articles R. 2223-25 à R. 2223-30. – *[Décr. nº 95-653 du 9 mai 1995, art. 1er.]*

Art. R. 2223-25 La documentation générale et les devis doivent comporter l'indication du nom, du représentant légal, de l'adresse de l'opérateur et, le cas échéant, son numéro d'inscription au registre du commerce ou au *(Décr. nº 2022-1014 du 19 juill. 2022, art. 14)* « Registre national des entreprises en tant qu'entreprise du secteur des métiers et de l'artisanat », ainsi que l'indication de sa forme juridique, de l'habilitation dont il est titulaire et, le cas échéant, du montant de son capital.

(Décr. nº 2017-983 du 10 mai 2017, art. 2) « Le contenu de la documentation générale est fixé par arrêté du ministre de l'économie. »

Art. R. 2223-26 Les devis doivent mentionner la commune du lieu du décès, de la mise en bière, du service funéraire, de l'inhumation ou de la crémation, ainsi que la date à laquelle ces devis ont été établis. – *[Décr. nº 95-653 du 9 mai 1995, art. 3.]*

Art. R. 2223-27 Les devis doivent regrouper les fournitures et services de l'opérateur en les distinguant des sommes versées à des tiers en rémunération de prestations assurées par eux et des taxes.

Ils doivent indiquer, le cas échéant, l'entreprise ou le service tiers qui réalise l'ouverture et la fermeture du monument funéraire, le creusement et le comblement de la fosse. – *[Décr. nº 95-653 du 9 mai 1995, art. 4.]*

Art. R. 2223-28 Les devis doivent faire apparaître le nombre d'agents exécutant l'une des prestations funéraires et affectés au convoi. – *[Décr. nº 95-653 du 9 mai 1995, art. 5.]*

Art. R. 2223-29 Les devis doivent faire apparaître de manière distincte les prestations obligatoires, qui comportent *(Décr. nº 2020-917 du 28 juill. 2020, art. 2)* « la housse mortuaire en cas de transport avant mise en bière et, » dans tous les cas le cercueil, ses poignées *(Décr. nº 2011-121 du 28 janv. 2011, art. 45)* « , sa plaque d'identité » et sa cuvette étanche, à l'exclusion de ses accessoires intérieurs et extérieurs, ainsi que soit les opérations d'inhumation, soit les opérations de crémation et l'urne cinéraire ou cendrier.

En fonction des circonstances ou des causes du décès, du mode de transport et des modalités de l'inhumation ou de la crémation, les prestations obligatoires incluent également, dans les cas et conditions prévus par la section 2 du chapitre III du titre I du présent livre, et par la section 1 du présent chapitre, les soins de conservation, le véhicule de transport de corps avant mise en bière, le cercueil hermétique muni d'un filtre épurateur.

Art. R. 2223-30 Le bon de commande comporte l'accord et la signature de la personne qui a passé commande. Il contient, en plus des informations mentionnées à l'article R. 2223-26, les mentions suivantes :

– nom et prénom du défunt ;
– date de naissance du défunt ;
– date du décès ;
– date et heure de la mise en bière ;
– date et heure du service funéraire ;
– date et heure de l'inhumation ou de la crémation ;
– nom et prénom de la personne qui a passé commande ;
– adresse de la personne qui a passé commande ;
– lien avec le défunt de la personne qui a passé commande ;
– montant de la somme totale, toutes taxes comprises. – *[Décr. nº 95-653 du 9 mai 1995, art. 7.]*

Art. R. 2223-31 Les communes doivent afficher à la vue du public, dans le service d'état civil de la mairie et des mairies annexes ainsi que dans le local de conservation du ou des cimetières communaux, la liste des régies, entreprises, associations et de leurs établissements habilités à fournir les prestations du service extérieur des pompes funèbres.

Cette liste est établie dans les conditions prévues à l'article R. 2223-71.

Elle doit être communiquée par les services municipaux à toute personne sur simple demande. – *[Décr. nº 95-653 du 9 mai 1995, art. 8.]*

Art. R. 2223-32 Les établissements de santé publics ou privés tiennent à la disposition du public la liste des régies, entreprises, associations et de leurs établissements habilités à fournir les prestations du service extérieur des pompes funèbres, établie dans les conditions prévues à l'article R. 2223-71.

Les établissements de santé publics ou privés doivent afficher dans les locaux de leur chambre mortuaire, à la vue du public, et communiquer à toute personne sur sa demande, la liste des chambres funéraires habilitées. Celle-ci est établie par le préfet du département où sont situés ces établissements dans les mêmes conditions que celles fixées pour la liste des opérateurs funéraires par l'article R. 2223-71. – *[Décr. nº 95-653 du 9 mai 1995, art. 9.]*

Art. R. 2223-32-1 *(Décr. nº 2011-121 du 28 janv. 2011, art. 46)* Les régies, entreprises ou associations habilitées, conformément à l'article L. 2223-23, qui organisent les funérailles d'une personne dont le corps doit faire l'objet d'une crémation, dans les conditions fixées à l'article R. 2213-34, sont tenues d'informer les familles des dispositions des articles L. 2223-18-1 et L. 2223-18-2.

SOUS-§ 2 *Formules de financement en prévision d'obsèques (R)*

Art. R. 2223-33 Les formules de financement en prévision d'obsèques visées au 2° de l'article L. 2223-20 et proposées par les régies, les entreprises, les associations et leurs établissements habilités conformément à l'article L. 2223-23 sont des contrats dont l'exécution dépend de la durée de la vie humaine au sens du 1° de l'article L. 310-1 du code des assurances. – *[Décr. nº 95-653 du 9 mai 1995, art. 10.]*

SOUS-§ 3 *Capacité et formation professionnelles (R)*

Art. D. 2223-34 Les régies, les entreprises, les associations et leurs établissements qui sollicitent l'habilitation prévue à l'article L. 2223-23 doivent justifier que leurs dirigeants et leurs agents, nommés ou confirmés dans leur emploi, qui exercent l'une des fonctions visées aux articles R. 2223-42 à R. 2223-47 ont la capacité professionnelle définie par les articles D. 2223-35 à D. 2223-39. – *[Décr. n° 95-652 du 9 mai 1995, art. 1er.]*

Art. D. 2223-35 Les agents qui justifient ou sont réputés justifier de la formation professionnelle correspondant à l'une des fonctions visées aux articles *(Décr. n° 2013-1194 du 19 déc. 2013, art. 2)* « R. 2223-42 et R. 2223-44 » ont la capacité professionnelle pour l'exercice de cette fonction.

Art. D. 2223-36 Les agents qui ont la capacité professionnelle dans les conditions de l'article D. 2223-35 sont réputés justifier de la formation professionnelle pour la fonction qu'ils exercent.

Art. D. 2223-37 Les thanatopracteurs titulaires du diplôme national prévu à l'article L. 2223-45 ont la capacité professionnelle pour réaliser les soins de conservation.

(Décr. n° 2016-1758 du 16 déc. 2016, art. 2) « Seuls les thanatopracteurs justifiant de la réalisation de la vaccination mentionnée à l'article L. 3111-4-1 du code de la santé publique ou de l'exemption ou d'une contre-indication de cette vaccination telles que précisées à l'article R. 3111-4-2 peuvent réaliser ces soins de conservation. »

Art. D. 2223-38 Les personnes qui assurent leur fonction sans être en contact direct avec les familles et sans participer personnellement à la conclusion ou à l'exécution de l'une des prestations funéraires énumérées à l'article L. 2223-19 n'ont pas à satisfaire à des conditions minimales de capacité professionnelle au titre du présent sous-paragraphe.

Art. D. 2223-39 Les régies, les entreprises, les associations et leurs établissements doivent adresser au préfet auprès duquel ils sollicitent l'habilitation prévue à l'article L. 2223-23 :

– pour chacun de leurs agents visés à l'article D. 2223-35, une copie de l'attestation de formation professionnelle ;

(Décr. n° 2013-1194 du 19 déc. 2013, art. 4) « – pour chacun de leurs dirigeants, gestionnaires, conseillers funéraires et maîtres de cérémonie, sous réserve des articles D. 2223-55-7 et D. 2223-55-13, tout document attestant de la détention du diplôme mentionné à l'article D. 2223-55-2 ; »

– pour les agents visés *(Décr. n° 2013-1194 du 19 déc. 2013, art. 4)* « aux articles R. 2223-42 à R. 2223-45 et R. 2223-49 », le certificat d'aptitude physique de la médecine du travail ;

– pour les agents qui conduisent les véhicules assurant le transport de corps avant ou après mise en bière, la copie de leur permis de conduire ;

– pour les personnes qui réalisent les soins de conservation, *(Décr. n° 2013-1194 du 19 déc. 2013, art. 4)* « tout document attestant de l'obtention du diplôme national de thanatopracteur » *(Décr. n° 2016-1758 du 16 déc. 2016, art. 2)* « et le certificat médical mentionné respectivement aux articles R. 3111-4-1 et R. 3111-4-2 du code de la santé publique ».

Art. R. 2223-40 Les dirigeants et agents des régies, entreprises, associations et de leurs établissements habilités conformément à l'article L. 2223-23 doivent justifier *(Décr. n° 2013-1194 du 19 déc. 2013, art. 5)* « , selon le cas, de la détention du diplôme mentionné à l'article D. 2223-55-2 ou de la formation professionnelle prévue par le présent sous-paragraphe ».

Art. R. 2223-41 La formation professionnelle est prise en charge financièrement par les employeurs selon les modalités définies *(Décr. n° 2013-1194 du 19 déc. 2013, art. 6)*

« au chapitre I du titre III du livre III de la sixième partie de la partie législative du code du travail ».

Lorsqu'elle concerne les agents de la fonction publique territoriale, elle est assurée dans les conditions fixées par la loi n° 84-594 du 12 juillet 1984 relative à la formation des agents de la fonction publique territoriale et complétant la loi n° 84-53 du 26 janvier 1984 portant dispositions statutaires relatives à la fonction publique territoriale *[V. ce texte au* ***CGFP****]*.

Art. R. 2223-42 Les agents qui exécutent l'une des prestations funéraires énumérées à l'article L. 2223-19 doivent justifier d'une formation professionnelle d'une durée de seize heures.

Cette formation porte sur la législation et la réglementation funéraires, l'hygiène et la sécurité, la psychologie et la sociologie du deuil.

Art. R. 2223-43 Les agents qui coordonnent le déroulement des diverses cérémonies qui ont lieu de la mise en bière jusqu'à l'inhumation ou la crémation d'un défunt doivent justifier *(Décr. n° 2013-1194 du 19 déc. 2013, art. 7)* « de la détention du diplôme mentionné à l'article D. 2223-55-2, délivré dans les conditions définies au sous-paragraphe 5 de la présente sous-section ».

Art. R. 2223-44 *(Décr. n° 2013-1194 du 19 déc. 2013, art. 8)* Les agents qui accueillent et renseignent les familles doivent justifier d'une formation professionnelle d'une durée de quarante heures.

Cette formation porte sur la législation et la réglementation funéraires ainsi que sur l'hygiène et la sécurité (seize heures) ; la psychologie et la sociologie du deuil (huit heures) ; le protocole des obsèques, les pratiques et la symbolique des différents rites funéraires dont la crémation (seize heures).

Art. R. 2223-45 Les agents qui déterminent directement avec la famille l'organisation et les conditions de la prestation funéraire doivent justifier *(Décr. n° 2013-1194 du 19 déc. 2013, art. 9)* « de la détention du diplôme mentionné à l'article D. 2223-55-2, délivré dans les conditions définies au sous-paragraphe 5 de la présente sous-section ».

Art. R. 2223-46 Les agents responsables d'une agence, d'un établissement, d'une succursale ou d'un bureau dans lequel sont accueillies les familles qui viennent conclure un contrat relatif à des prestations funéraires, ainsi que les gestionnaires d'une chambre funéraire ou d'un crématorium doivent justifier *(Décr. n° 2013-1194 du 19 déc. 2013, art. 10)* « de la détention du diplôme mentionné à l'article D. 2223-55-2, délivré dans les conditions définies au sous-paragraphe 5 de la présente sous-section ».

Art. R. 2223-47 Les personnes qui assurent la direction des régies, entreprises ou associations habilitées doivent justifier *(Décr. n° 2013-1194 du 19 déc. 2013, art. 11)* « de la détention du diplôme mentionné à l'article D. 2223-55-2, délivré dans les conditions définies au sous-paragraphe 5 de la présente sous-section ».

Art. R. 2223-48 La formation professionnelle prévue à l'article R. 2223-42 est assurée par l'employeur dans les conditions fixées *(Décr. n° 2013-1194 du 19 déc. 2013, art. 12)* « aux articles D. 6321-1 et D. 6321-3 » du code du travail. Lorsqu'elle s'adresse à des agents de la fonction publique territoriale, celle-ci est organisée dans les conditions prévues à l'article 23 de la loi n° 84-594 du 12 juillet 1984 relative à la formation des agents de la fonction publique territoriale et complétant la loi n° 84-53 du 26 janvier 1984 portant dispositions statutaires relatives à la fonction publique territoriale.

La formation définie *(Décr. n° 2013-1194 du 19 déc. 2013, art. 12)* « à l'article R. 2223-44 » doit être assurée par un organisme de formation déclaré conformément *(Décr. n° 2013-1194 du 19 déc. 2013, art. 12)* « aux articles L. 6351-1 et suivants » du code du travail. Lorsqu'elle s'adresse à des agents de la fonction publique territoriale, celle-ci est organisée par le Centre national de la fonction publique territoriale.

Art. R. 2223-49 Les thanatopracteurs titulaires du diplôme national de thanatopracteur prévu par les articles D. 2223-122 à *(Décr. n° 2013-1194 du 19 déc. 2013, art. 13)* « D. 2223-131 » sont réputés justifier de la formation professionnelle prévue par le présent paragraphe pour la réalisation des soins de conservation.

Art. R. 2223-50 Les agents, nommés ou confirmés dans leur emploi, qui exercent ou ont exercé l'une des fonctions visées aux articles R. 2223-42, R. 2223-43 et R. 2223-44 durant douze mois à compter du 10 mai 1995, date de publication du décret n° 95-653 du 9 mai 1995 relatif au règlement national des pompes funèbres, sont réputés justifier de la formation professionnelle prévue pour la fonction qu'ils exercent.

Art. R. 2223-51 Les dirigeants et les agents, nommés ou confirmés dans leur emploi, qui exercent ou ont exercé l'une des fonctions visées aux articles R. 2223-45, R. 2223-46 et R. 2223-47 durant vingt-quatre mois à compter du 10 mai 1995, date de publication du décret n° 95-653 du 9 mai 1995 relatif au règlement national des pompes funèbres, sont réputés justifier de la formation professionnelle prévue pour la fonction qu'ils exercent.

Art. R. 2223-52 Les personnes qui assurent leur fonction sans être en contact direct avec les familles et sans participer à la conclusion ou à l'exécution de l'une des prestations funéraires énumérées à l'article L. 2223-19 n'ont pas à justifier de la formation professionnelle prévue par le présent sous-paragraphe.

Art. R. 2223-53 La formation professionnelle prévue à l'article R. 2223-42 doit avoir été dispensée dans les trois mois à compter du début de l'exercice des fonctions par les agents concernés.

La formation professionnelle prévue à l'article R. 2223-44 doit avoir été dispensée dans les six mois à compter du début de l'exercice des fonctions par les agents concernés.

Art. R. 2223-54 Des attestations de formation professionnelle pour chaque agent ayant suivi la formation requise pour la fonction exercée sont délivrées par l'organisme de formation professionnelle ou le Centre national de la fonction publique territoriale. L'attestation est délivrée, le cas échéant, par l'employeur.

Art. R. 2223-55 Lorsque le titulaire d'une attestation de formation professionnelle correspondant à l'une des fonctions visées aux articles *(Décr. n° 2013-1194 du 19 déc. 2013, art. 16)* « R. 2223-42 et R. 2223-44 » est amené à exercer une autre fonction visée au présent sous-paragraphe, il doit acquérir, le cas échéant, la formation professionnelle complémentaire correspondant à la nouvelle fonction dans les conditions prévues aux articles R. 2223-48 et R. 2223-53.

SOUS-§ 4 *Délais de conservation des documents*

(Décr. n° 2011-121 du 28 janv. 2011, art. 47)

Art. R. 2223-55-1 Les déclarations préalables et les pièces justificatives mentionnées aux articles R. 2213-2-2, R. 2213-5, R. 2213-7, R. 2213-8, R. 2213-8-1, R. 2213-10, R. 2213-13, R. 2213-14, R. 2213-21 et R. 2213-28 sont conservées pendant un délai de cinq ans par les régies, entreprises ou associations mentionnées à l'article L. 2223-23.

SOUS-§ 5 *Diplômes prévus à l'article L. 2223-25-1*

(Décr. n° 2012-608 du 30 avr. 2012)

Art. D. 2223-55-2 En application de l'article L. 2223-25-1, l'exercice des professions suivantes du secteur funéraire est subordonné à la détention d'un diplôme comprenant une formation théorique et une évaluation pratique :

– maître de cérémonie, chargé de la coordination du déroulement des diverses cérémonies qui ont lieu de la mise en bière jusqu'à l'inhumation ou la crémation d'un défunt ;

– conseiller funéraire et assimilé, chargé de déterminer directement avec les familles l'organisation et les conditions de la prestation funéraire.

Les dirigeants et les gestionnaires sont titulaires du diplôme permettant d'exercer la profession de conseiller funéraire et assimilé.

(Décr. n° 2020-648 du 27 mai 2020, art. 1er) « Au terme de la session d'examens, le jury transmet la liste des diplômés au secrétariat du Conseil national des opérations

funéraires. La liste des diplômés est publiée une fois par an au *Bulletin officiel* du ministère de l'intérieur. »

Art. D. 2223-55-3 Les enseignements théoriques dispensés en vue de l'obtention du diplôme s'étendent sur un volume horaire minimum fixé à :

70 heures pour le diplôme permettant d'exercer la fonction de maître de cérémonie ;

140 heures pour le diplôme permettant d'exercer la fonction de conseiller funéraire et assimilé. Une formation complémentaire de *(Décr. n° 2020-648 du 27 mai 2020, art. 1er)* « 70 » heures, ou la détention d'un titre sanctionnant un niveau de formation initiale équivalent, est requise pour l'exercice de la profession de dirigeant ou gestionnaire d'une entreprise, d'une régie ou d'une association de pompes funèbres.

La formation théorique est sanctionnée par un examen organisé sous la responsabilité des organismes formateurs. Un arrêté du ministre de l'Intérieur détermine la nature des épreuves constituant l'examen théorique.

Art. D. 2223-55-4 L'enseignement théorique défini à l'article D. 2223-55-3 comprend obligatoirement les matières suivantes :

1° Pour le diplôme permettant d'exercer la fonction de maître de cérémonie :

– hygiène, sécurité et ergonomie ;
– législation et réglementation funéraire ;
– psychologie et sociologie du deuil ;
– pratiques et rites funéraires ;
– conception et animation d'une cérémonie ;
– encadrement d'une équipe.

2° Pour le diplôme permettant d'exercer la fonction de conseiller funéraire et assimilé :

– l'ensemble des matières mentionnées au 1° du présent article ;
– produits, services et conseil à la vente ;
– réglementation commerciale.

3° Pour l'exercice de la fonction de dirigeant ou gestionnaire :

– l'ensemble des matières mentionnées au 2° du présent article ;
– connaissances générales relatives à la gestion des entreprises.

Un arrêté du ministre de l'Intérieur fixe, par diplôme et pour chacune des matières, le volume horaire correspondant.

Art. D. 2223-55-5 Outre les enseignements théoriques définis à l'article D. 2223-55-3, une formation pratique est réalisée au sein d'une entreprise, d'une régie ou d'une association habilitée conformément à l'article L. 2223-23. Pour chaque candidat, cette formation fait l'objet d'une convention conclue entre l'organisme de formation et l'entreprise, la régie ou l'association.

La durée de la formation pratique est fixée à *(Décr. n° 2020-648 du 27 mai 2020, art. 1er)* « 140 » heures.

La formation mentionnée au premier alinéa vise à vérifier la capacité opérationnelle du candidat par une mise en situation professionnelle *(Décr. n° 2020-648 du 27 mai 2020, art. 1er)* « et par la validation d'un minimum de cas pratiques listés par l'arrêté mentionné à l'article D. 2223-55-4 ». Au terme de la période de formation pratique, le dirigeant ou le gestionnaire de l'entreprise, de la régie ou de l'association procède à une évaluation écrite du candidat.

Le résultat de cette évaluation est transmis à l'organisme de formation chargé de la formation théorique.

Art. D. 2223-55-6 La délivrance du diplôme confère à son titulaire l'aptitude professionnelle à l'exercice de la profession considérée.

Le diplôme est délivré par le jury prévu à l'article D. 2223-55-11, au regard des résultats de l'examen théorique prévu à l'article D. 2223-55-3 et de l'évaluation de la formation pratique prévue à l'article D. 2223-55-5. Le jury détermine, le cas échéant sur proposition de l'organisme de formation *(Décr. n° 2020-648 du 27 mai 2020, art. 1er)* « ou du Conseil national des opérations funéraires », les sujets des épreuves théoriques, s'assure du bon déroulement de ces épreuves, procède à l'évaluation des candidats et attribue le diplôme national.

Les épreuves théoriques du diplôme correspondant à l'une des professions mentionnées à l'article D. 2223-55-2 sont organisées par l'organisme formateur, déclaré conformément aux articles L. 6352-1 et suivants du code du travail.

Art. D. 2223-55-7 Les maîtres de cérémonie, les conseillers funéraires et assimilés et les dirigeants ou gestionnaires des entreprises, régies ou associations habilitées, ressortissants d'un État membre de l'Union européenne ou d'un État partie à l'Espace économique européen sont réputés satisfaire à l'obligation de détenir un diplôme telle que prévue à l'article L. 2223-25-1 lorsqu'ils ont obtenu la reconnaissance de leur qualification professionnelle dans les conditions prévues aux articles L. 2223-48 à L. 2223-51.

Art. D. 2223-55-8 Les maîtres de cérémonie, les conseillers funéraires et assimilés et les gestionnaires disposent d'un délai de douze mois à compter de la date de conclusion de leur contrat de travail ou, pour les agents publics, de la date de nomination ou de confirmation dans leur emploi, pour satisfaire à l'exigence de diplôme énoncée à l'article L. 2223-25-1 du code général des collectivités territoriales.

Les dirigeants disposent d'un délai de douze mois à compter de la date de création de l'entreprise, de l'association ou de l'institution de la régie.

Art. D. 2223-55-9 Dans chaque département, le préfet établit une liste des personnes habilitées pour remplir les fonctions de membres du jury. Leur nombre est défini en fonction de la population totale du département concerné, selon les modalités suivantes :

– département dont la population est inférieure à 500 000 habitants : 15 personnes *(Décr. n° 2013-1194 du 19 déc. 2013, art. 17)* « au moins » ;

– département dont la population est égale ou supérieure à 500 000 et inférieure à un million d'habitants : 20 personnes *(Décr. n° 2013-1194 du 19 déc. 2013, art. 17)* « au moins » ;

– département dont la population est égale ou supérieure à un million d'habitants : 30 personnes *(Décr. n° 2013-1194 du 19 déc. 2013, art. 17)* « au moins ».

Ces listes sont actualisées tous les trois ans, sans préjudice du remplacement des personnes décédées ou ayant déménagé hors du département. *(Décr. n° 2020-648 du 27 mai 2020, art. 1er)* « Elles permettent aux organismes de formation de respecter la parité entre les femmes et les hommes lors de la constitution des jurys. »

Art. D. 2223-55-10 *(Décr. n° 2013-1194 du 19 déc. 2013, art. 18)* Figurent sur la liste visée à l'article D. 2223-55-9 :

– des maires, adjoints au maire ou conseillers municipaux délégués, en exercice ou honoraires, désignés par l'association départementale des maires ;

– des représentants des chambres consulaires, désignés par le président de la chambre consulaire concernée ;

– des enseignants des universités, désignés par les présidents des universités sollicitées ;

– des agents des services de l'État chargés de la concurrence, de la consommation et de la répression des fraudes ou de la réglementation funéraire, en activité ou retraités ;

– des fonctionnaires territoriaux de catégorie A, en activité ou retraités, désignés par le président du centre de gestion territorialement compétent ;

(Décr. n° 2020-648 du 27 mai 2020, art. 1er) « – des représentants de la profession titulaires du diplôme ou d'une équivalence de l'examen organisé ; »

– des représentants des usagers, désignés par le président de l'union départementale des associations familiales.

(Décr. n° 2020-648 du 27 mai 2020, art. 1er) « Chaque membre de jury signe la charte éthique annexée à l'arrêté mentionné à l'article D. 2223-55-4. »

Art. D. 2223-55-11 Pour chaque session d'examen, les organismes de formation constituent un jury composé de *(Décr. n° 2020-648 du 27 mai 2020, art. 1er)* « quatre » personnes figurant sur la liste du département où se déroulent les épreuves théoriques. Chaque jury constitué ne peut comporter au maximum qu'un représentant des chambres consulaires *(Décr. n° 2020-648 du 27 mai 2020, art. 1er)* « et un représentant de la profession. En cas de défection d'un membre du jury, le jury peut régulièrement se tenir dès lors que trois membres sont présents. »

En cas d'indisponibilité de l'ensemble des personnes inscrites sur la liste, les organismes précités peuvent avoir recours aux listes *(Décr. n° 2020-648 du 27 mai 2020, art. 1er)* « d'un autre département ».

Art. D. 2223-55-12 La participation aux travaux du jury prévu à l'article D. 2223-55-11 donne lieu au versement, par l'organisme de formation, d'une rémunération, équivalente à celle perçue par les agents publics qui participent, à titre accessoire, à des activités de recrutement pour le ministère de l'intérieur, de l'outre-mer, des collectivités territoriales et de l'immigration.

Art. D. 2223-55-13 Les maîtres de cérémonie pouvant se prévaloir des dispositions de l'article R. 2223-50 sont réputés satisfaire à l'exigence de diplôme mentionnée à l'article L. 2223-25-1.

Les conseillers funéraires et assimilés ainsi que les dirigeants et les gestionnaires pouvant se prévaloir des dispositions de l'article R. 2223-51, sont réputés satisfaire à l'exigence de diplôme mentionnée à l'article L. 2223-25-1.

Les maîtres de cérémonie justifiant avoir suivi la formation prévue à l'article R. 2223-43 et qui, au 1er janvier 2013, exercent cette activité sur le territoire national ou dans un autre État membre de l'Union européenne ou dans un État partie à l'Espace économique européen depuis au moins six mois, ou l'ont exercée pendant au moins six mois entre le 1er janvier 2011 et le 31 décembre 2012, sont réputés satisfaire à l'exigence de diplôme mentionnée à l'article L. 2223-25-1.

Les conseillers funéraires et assimilés justifiant avoir suivi la formation prévue à l'article R. 2223-45 et qui, au 1er janvier 2013, exercent cette activité sur le territoire national ou dans un autre État membre de l'Union européenne ou dans un État partie à l'Espace économique européen depuis au moins six mois, ou l'ont exercée pendant au moins six mois entre le 1er janvier 2011 et le 31 décembre 2012, sont réputés satisfaire à l'exigence de diplôme mentionnée à l'article L. 2223-25-1.

Les conseillers funéraires et assimilés, titulaires du certificat de qualification professionnelle correspondant au 1er janvier 2013, sont également réputés satisfaire aux dispositions de l'article L. 2223-25-1.

Les dirigeants et les gestionnaires justifiant avoir suivi la formation prévue à l'article R. 2223-46 et qui, au 1er janvier 2013, exercent cette activité sur le territoire national ou dans un autre État membre de l'Union européenne ou dans un État partie à l'Espace économique européen depuis au moins six mois, ou l'ont exercée pendant au moins six mois entre le 1er janvier 2011 et le 31 décembre 2012, sont réputés satisfaire à l'exigence de diplôme mentionnée à l'article L. 2223-25-1.

Art. D. 2223-55-14 Les maîtres de cérémonie, les conseillers funéraires et assimilés, les gestionnaires et les dirigeants ayant suivi les formations prévues respectivement par les articles R. 2223-43, R. 2223-45 et R. 2223-46 et qui justifient d'une expérience inférieure à la durée mentionnée aux troisième, quatrième et sixième alinéas de l'article D. 2223-55-13 peuvent être dispensés, par l'organisme de formation, de suivre tout ou partie des enseignements portant sur les matières définies à l'article D. 2223-55-4.

Ils sont également dispensés de la formation pratique prévue à l'article D. 2223-55-5 du même code.

Art. D. 2223-55-15 Les personnes souhaitant se prévaloir des dispositions des articles D. 2223-55-13 et D. 2223-55-14 apportent la preuve de leur expérience professionnelle dans les conditions définies par arrêté du ministre de l'intérieur. — *V. Arr. du 30 avr. 2012 (JO 3 mai).*

La date prise en compte pour justifier de l'expérience professionnelle acquise est la date à laquelle l'agent a été nommé ou confirmé dans son emploi.

Pour l'application des dispositions du présent article, les périodes mentionnées aux chapitres V et VI du titre II du livre deuxième de la première partie du code du travail et les périodes consacrées au service civique ne sont pas comptabilisées.

Art. D. 2223-55-16 Les dirigeants ou les gestionnaires des entreprises, régies ou associations, et de leurs établissements, proposant l'une des prestations prévues à l'article L. 2223-19 et habilités conformément à l'article L. 2223-23, informent leurs salariés ou leurs agents de la nécessité de justifier de leur aptitude professionnelle par voie d'affichage et, le cas échéant, par l'intermédiaire des représentants du personnel ou du comité d'entreprise.

Art. D. 2223-55-17 En application du décret n° 2007-1845 du 26 décembre 2007 relatif à la formation professionnelle tout au long de la vie des agents de la fonction publique territoriale, la formation de perfectionnement dispensée en cours de carrière à la demande de l'employeur ou de l'agent ouvre le droit, pour l'agent de la fonction publique territoriale qui suit l'une des formations prévues au présent sous-paragraphe, au maintien de la rémunération.

Son temps de formation vaut temps de service dans l'administration.

Pour l'application des dispositions du présent sous-paragraphe aux agents de la fonction publique territoriale, les dépenses de formation sont prises en charge par la collectivité qui emploie l'agent.

§ 2 Habilitation (R)

Art. R. 2223-56 L'habilitation prévue aux articles L. 2223-23, L. 2223-41 et L. 2223-43 est délivrée par le préfet dans le département où a son siège la régie, l'entreprise ou l'association.

Elle est délivrée, pour chacun de leurs établissements, par le préfet dans le département où ceux-ci sont situés.

À Paris, l'habilitation est délivrée par le préfet de police. Celui-ci délivre également l'habilitation aux personnes de nationalité étrangère qui n'ont en France aucun établissement, succursale, agence ou bureau.

L'arrêté du préfet qui a délivré l'habilitation est publié au recueil des actes de la préfecture. – *[Décr. n° 95-330 du 21 mars 1995, art. 1er.]*

Art. R. 2223-57 La demande d'habilitation comprend :

1° Une déclaration indiquant la dénomination de la régie, de l'entreprise, de l'association ou de l'établissement, sa forme juridique, son activité, son siège ainsi que l'état civil, le domicile et la qualité du représentant légal et du responsable de l'établissement *(Décr. n° 2009-1020 du 25 août 2009)* « , ou lorsque le demandeur sollicite l'application de l'article L. 2223-47, une attestation certifiant qu'il remplit la condition prévue au 1° de cet article » ;

2° La liste des activités exploitées par la régie, l'entreprise, l'association ou l'établissement pour lesquelles l'habilitation est sollicitée ;

3° Les justifications attestant la régularité de la situation de la régie, de l'entreprise, de l'association ou de l'établissement en ce qui concerne les impositions de toute nature et les cotisations sociales ;

4° Les attestations justifiant que le dirigeant et les agents de la régie, de l'entreprise, de l'association ou de l'établissement répondent aux conditions minimales de capacité professionnelle fixées par le 2° de l'article L. 2223-23 *(Décr. n° 2009-1020 du 25 août 2009)* « ou aux conditions d'exercice professionnel, d'expérience professionnelle, de formation préalable ou de qualifications professionnelles fixées par les articles L. 2223-47 à L. 2223-51 » ;

5° L'état à jour du personnel employé par la régie, l'entreprise, l'association ou l'établissement.

Art. R. 2223-58 La régie, l'entreprise, l'association ou l'établissement qui sollicite l'habilitation pour effectuer la prestation de transport de corps avant mise en bière ou celle de transport de corps après mise en bière, visées à l'article L. 2223-19, doit produire l'attestation de la conformité du ou des véhicules utilisés pour réaliser l'une ou l'autre de ces prestations aux prescriptions fixées par le paragraphe 2 de la sous-section 4 de la présente section. – *[Décr. n° 95-330 du 21 mars 1995, art. 3.]*

Art. R. 2223-59 La régie, l'entreprise, l'association ou l'établissement qui sollicite l'habilitation pour assurer la gestion et l'utilisation d'une chambre funéraire, visées à l'article L. 2223-19, doit produire l'attestation de la conformité de la chambre funéraire aux prescriptions fixées par les articles R. 2223-74 à D. 2223-87. – *[Décr. n° 95-330 du 21 mars 1995, art. 4.]*

Art. R. 2223-60 La régie, l'entreprise, l'association ou l'établissement qui sollicite l'habilitation pour assurer les soins de conservation, visés à l'article L. 2223-19, doit produire l'attestation que le personnel exécutant ces soins est titulaire du diplôme national de thanatopracteur prévu à l'article L. 2223-45 *(Décr. nº 2009-1020 du 25 août 2009)* « ou remplit les conditions fixées par les articles L. 2223-47 à L. 2223-51 ».

Art. R. 2223-61 La régie ou le délégataire qui sollicite l'habilitation pour assurer la gestion d'un crématorium, visée à l'article L. 2223-41, doit produire l'attestation de la conformité du crématorium aux prescriptions *(Décr. nº 2022-1127 du 5 août 2022, art. 1er)* « mentionnées à l'article D. 2223-99 ».

Art. R. 2223-62 Lorsque les conditions prévues pour obtenir l'habilitation sont remplies par la régie, l'entreprise, l'association ou l'établissement, l'habilitation est accordée pour une durée de *(Décr. nº 2020-917 du 28 juill. 2020, art. 1er)* « cinq ans ».

(Décr. nº 2020-917 du 28 juill. 2020, art. 1er) « Toutefois, lorsque la régie, l'entreprise, l'association ou l'établissement sollicite l'ajout d'une prestation supplémentaire visée à l'article L. 2223-19 ou de la gestion d'un crématorium conformément à l'article L. 2223-41, l'habilitation correspondante est accordée pour le délai restant à courir de l'habilitation en cours de validité. »

Art. R. 2223-63 Tout changement dans les indications prévues à l'article R. 2223-57 doit être déclaré dans un délai de deux mois au préfet qui a délivré l'habilitation. – *[Décr. nº 95-330 du 21 mars 1995, art. 8.]*

Art. R. 2223-64 La décision de suspension ou de retrait de l'habilitation, prévue par l'article L. 2223-25, peut être prise pour une seule activité. – *[Décr. nº 95-330 du 21 mars 1995, art. 9.]*

Art. R. 2223-65 L'arrêté du préfet ou du préfet de police qui suspend *(Décr. nº 2022-1127 du 5 août 2022, art. 1er)* « , retire ou met fin à » l'habilitation, conformément à l'article L. 2223-25, est publié au recueil des actes de la préfecture.

SOUS-SECTION 2 Réglementation de l'activité des opérateurs participant au service extérieur des pompes funèbres

Pas de dispositions réglementaires codifiées.

SOUS-SECTION 3 Sanctions pénales

Art. R. 2223-66 Toute contravention aux dispositions de l'article L. 2223-4, des articles *(Décr. nº 2010-917 du 3 août 2010, art. 6)* « R. 2213-2-1 » à R. 2213-42, R. 2213-44 à *(Décr. nº 2010-917 du 3 août 2010, art. 6)* « R. 2213-46 », R. 2223-74 à R. 2223-79 et de l'article R. 2223-89 est punie des peines prévues pour les contraventions de 5e classe.

SOUS-SECTION 4 Équipements funéraires

§ 1 Chambre funéraire, chambre mortuaire et crématorium (R)

SOUS-§ 1 *Dispositions générales (R)*

Art. R. 2223-67 Les gestionnaires d'une chambre funéraire, d'une chambre mortuaire, d'un crématorium sont tenus d'adopter un règlement intérieur conforme aux dispositions prévues par le présent paragraphe. Ce règlement doit être affiché à la vue du public dans les locaux d'accueil du public.

(Décr. nº 2017-983 du 10 mai 2017, art. 2) « Ce règlement mentionne notamment :

« – la date de création et les dates et modalités de contrôle de la chambre funéraire ou du crématorium ;

« – les conditions d'accès et d'intervention des personnels mentionnés à l'article R. 2223-69 ;

« – les conditions d'admission des défunts dans la chambre funéraire ou mortuaire ou le crématorium ;

« – les aménagements techniques ainsi que les dispositifs de sécurité et de secours. »

Art. R. 2223-68 Les gestionnaires des chambres funéraires et des crématoriums déposent leur règlement intérieur daté et signé, dès son adoption et lors de toute modification, auprès du préfet qui leur a délivré l'habilitation.

Les établissements de santé publics ou privés qui gèrent une chambre mortuaire déposent leur règlement intérieur daté et signé, dès son adoption et lors de toute modification, auprès du préfet dans le département où ils sont installés. – *[Décr. n° 95-653 du 9 mai 1995, art. 28.]*

Art. R. 2223-69 Les personnels de régies, entreprises, associations et de leurs établissements habilités ont accès aux chambres funéraires *(Décr. n° 2017-983 du 10 mai 2017, art. 2)* « et aux chambres mortuaires » dans les conditions fixées *(Décr. n° 2017-983 du 10 mai 2017, art. 2)* « aux articles R. 2223-75 et R. 2223-89-1 ».

Ils ont également accès aux crématoriums dans les conditions prévues par le règlement intérieur.

Art. R. 2223-70 Les familles ont accès à la chambre funéraire, à la chambre mortuaire ou au crématorium où se trouve leur défunt. Le règlement intérieur précise les modalités de cet accès. – *[Décr. n° 95-653 du 9 mai 1995, art. 30.]*

Le juge administratif interdit de fixer des tarifs différents pour la crémation selon le lieu de domicile du défunt. • CAA Bordeaux, 13 juill. 2011, *Sté des crématoriums de France,* n° 10BX01939.

Art. R. 2223-71 *(Décr. n° 2011-121 du 28 janv. 2011, art. 48)* Le préfet du département établit la liste des régies, entreprises et associations et de leurs établissements auxquels il a accordé une habilitation, conformément à l'article L. 2223-23.

Cette liste est mise à jour chaque année. Elle est affichée dans les locaux d'accueil des chambres funéraires, des chambres mortuaires et des crématoriums et y est tenue à la disposition des familles.

La liste comprend le nom commercial de l'opérateur, les activités pour lesquelles l'habilitation a été délivrée, l'adresse complète, les numéros de téléphone et de télécopie et, le cas échéant, l'adresse de messagerie électronique. Les opérateurs funéraires sont classés par commune, par arrondissement à Paris, Lyon, Marseille, et par ordre alphabétique.

Art. R. 2223-72 Les gestionnaires des équipements mentionnés à l'article R. 2223-68 doivent veiller à ce qu'aucun document de nature commerciale n'y soit visible, sous réserve des dispositions des articles R. 2223-71 et R. 2223-88. – *[Décr. n° 95-653 du 9 mai 1995, art. 33.]*

Art. R. 2223-73 Lorsque, dans des circonstances exceptionnelles, certaines dispositions du présent paragraphe se heurtent à des difficultés d'application, le ministre de l'Intérieur et le ministre chargé de la santé y pourvoient par des mesures temporaires prises après avis du *(Décr. n° 2006-1675 du 22 déc. 2006, art. 1er)* « Haut Conseil de la santé publique ».

SOUS-§ 2 *Chambres funéraires (R)*

Art. R. 2223-74 La création ou l'extension d'une chambre funéraire est autorisée par le préfet.

(Décr. n° 2011-121 du 28 janv. 2011, art. 49) « Le dossier de demande de création ou d'extension d'une chambre funéraire comprend obligatoirement :

« – une notice explicative ;

« – un plan de situation ;

« – un projet d'avis au public détaillant les modalités du projet envisagé. L'avis est ensuite publié, à la charge du demandeur, dans deux journaux régionaux ou locaux.

« Le préfet consulte le conseil municipal, qui se prononce dans un délai de deux mois, et recueille l'avis du conseil départemental de l'environnement et des risques sanitaires et technologiques. »

La décision intervient dans le délai de quatre mois suivant le dépôt de la demande. En l'absence de notification de la décision à l'expiration de ce délai, l'autorisation est considérée comme accordée.

L'autorisation ne peut être refusée qu'en cas d'atteinte à l'ordre public ou de danger pour la salubrité publique.

Dans les mêmes cas, le préfet peut, après mise en demeure, ordonner la fermeture provisoire ou définitive de la chambre funéraire. Le maire de la commune concernée est informé.

Art. R. 2223-75 Les personnels des régies, entreprises ou associations de pompes funèbres *(Décr. n° 2017-983 du 10 mai 2017, art. 2)* « et leurs établissements » habilitées conformément à l'article L. 2223-23 mandatés par toute personne qui a qualité pour pourvoir aux funérailles ont accès aux chambres funéraires pour le dépôt et le retrait des corps et la pratique des soins de conservation *(Décr. n° 2017-983 du 10 mai 2017, art. 2)* « mentionnés au 3° de l'article L. 2223-19 » et de la toilette mortuaire.

Art. R. 2223-76 *(Décr. n° 2011-121 du 28 janv. 2011, art. 51)* « L'admission en chambre funéraire intervient dans un délai de quarante-huit heures à compter du décès. »

Elle a lieu sur la demande écrite :

– soit de toute personne qui a qualité pour pourvoir aux funérailles et justifie de son état civil et de son domicile ;

– soit de la personne chez qui le décès a eu lieu, à condition qu'elle atteste par écrit qu'il lui a été impossible de joindre ou de retrouver l'une des personnes ayant qualité pour pourvoir aux funérailles ;

– soit du directeur de l'établissement, dans le cas de décès dans un établissement de santé public ou privé qui n'entre pas dans la catégorie de ceux devant disposer obligatoirement d'une chambre mortuaire conformément à l'article L. 2223-39, sous la condition qu'il atteste par écrit qu'il lui a été impossible de joindre ou de retrouver dans un délai de dix heures à compter du décès l'une des personnes ayant qualité pour pourvoir aux funérailles.

La demande d'admission en chambre funéraire est présentée après le décès. Elle énonce les nom, prénoms, âge et domicile du défunt.

Le corps d'une personne décédée ne peut être admis dans une chambre funéraire que sur production d'un extrait du certificat prévu à l'article L. 2223-42.

Lorsque la chambre funéraire d'accueil du corps est située sur le territoire de la commune du lieu du décès, la remise de l'extrait du certificat précité s'effectue auprès du responsable de cette chambre funéraire.

Dans les autres cas, le maire de la commune où se trouve la chambre funéraire d'accueil du corps et le responsable de la chambre funéraire sont destinataires de l'extrait du certificat précité.

Art. R. 2223-77 Lorsque le décès a eu lieu sur la voie publique ou dans un lieu ouvert au public, l'admission du corps en chambre funéraire est *(Décr. n° 2011-121 du 28 janv. 2011, art. 52)* « requise » par les autorités de police ou de gendarmerie.

Un médecin est commis pour s'assurer auparavant de la réalité et de la cause du décès.

Dans les cas prévus à l'article 81 du code civil et à l'article 74 du code de procédure pénale, l'admission d'un corps en chambre funéraire est autorisée par le procureur de la République.

Art. R. 2223-78 *(Décr. n° 2011-121 du 28 janv. 2011, art. 53)* « Sans préjudice des dispositions qui précèdent, le corps d'une personne décédée ne peut être admis dans une chambre funéraire, située hors du territoire de la commune du lieu de décès, sans la déclaration de transport effectuée auprès du maire de la commune du lieu de décès. »

Toutefois, cette *(Décr. n° 2011-121 du 28 janv. 2011, art. 53)* « déclaration » n'est pas exigée lorsque le transport est requis par les autorités de police ou de gendarmerie, sous réserve pour elles d'en rendre compte dans les vingt-quatre heures au préfet du département où s'est produit le décès, d'en aviser le maire de la commune où le décès s'est produit et de prendre toutes dispositions pour que l'acte de décès soit dressé sur les registres de l'état civil de la commune du lieu du décès.

Art. R. 2223-79 Lorsque le transfert à une chambre funéraire du corps d'une personne décédée dans un établissement de santé public ou privé, qui n'entre pas dans la catégorie de ceux devant disposer obligatoirement d'une chambre mortuaire conformément à l'article L. 2223-39, a été opéré à la demande du directeur de l'établissement, les frais résultant du transport à la chambre funéraire sont à la charge de l'établissement ainsi que les frais de séjour durant les trois premiers jours suivant l'admission.

(Décr. n° 2002-1065 du 5 août 2002, art. 3) « Dans le cas prévu à l'alinéa précédent, le corps peut faire l'objet d'un nouveau transport dans les conditions définies par l'article R. 2213-7. »

Art. D. 2223-80 Toute chambre funéraire est aménagée de façon à assurer une séparation entre la partie destinée à l'accueil du public, comprenant un ou plusieurs salons de présentation, et la partie technique destinée à la préparation des corps.

L'accès à la chambre funéraire des corps avant mise en bière ou du cercueil s'effectue par la partie technique à l'abri des regards. Les pièces de la partie technique communiquent entre elles de façon à garantir le passage des corps ou des cercueils hors de la vue du public.

Chaque salon de présentation dispose d'un accès particulier vers la partie technique destinée au passage en position horizontale des corps ou des cercueils.

Chaque accès à la partie technique est doté d'un dispositif réservant l'entrée aux personnels dûment autorisés.

Art. D. 2223-81 Le salon de présentation est protégé de la vue du voisinage ou des personnes extérieures par l'utilisation de vitrages non transparents ou, le cas échéant, de tout autre mécanisme permanent d'occultation visuelle.

Les cloisonnements fixes des salons de présentation assurent un isolement acoustique d'au moins 38 décibels (A) en ce qui concerne les bruits aériens intérieurs et de 30 décibels (A) en ce qui concerne les bruits aériens extérieurs lorsque la chambre funéraire est située à proximité d'une voie routière, ferroviaire ou de toute autre source de nuisance sonore importante.

(Décr. n° 2017-983 du 10 mai 2017, art. 2) « Le décret en Conseil d'État mentionné au troisième alinéa de l'article L. 571-10 du code de l'environnement est applicable à la partie publique de la chambre funéraire. »

Art. D. 2223-82 La chambre funéraire doit disposer de matériel de réfrigération permettant l'exposition du corps et susceptible d'être utilisé dans chaque salon de présentation. Ces derniers sont équipés d'une ventilation assurant un renouvellement d'air d'au moins un volume par heure pendant la présentation du corps. – *[Décr. n° 99-662 du 28 juill. 1999, art. 3.]*

Art. D. 2223-83 La partie technique comporte au moins autant de cases réfrigérées que de salons de présentation.

Chaque case réfrigérée permet de maintenir de façon constante pendant le dépôt du corps une température située entre 0° et 5° C. Certaines cases réfrigérées peuvent néanmoins être programmables pour atteindre des températures négatives, pour des raisons médico-légales. – *[Décr. n° 99-662 du 28 juill. 1999, art. 4.]*

Art. D. 2223-84 La partie technique comporte une salle de préparation qui dispose d'une surface utile au sol d'au moins 12 mètres carrés, équipée d'une table de préparation *(Décr. n° 2017-983 du 10 mai 2017, art. 2)* « accessible par au moins trois côtés, dont les deux longueurs, lessivable et désinfectable », d'un évier ou d'un bac à commande non manuelle et d'un dispositif de désinfection des instruments de soins.

Le revêtement au sol, les siphons d'évacuation, les piétements du mobilier et les plinthes sont susceptibles d'être désinfectés de façon intensive sans altération.

Le dispositif de ventilation de la salle de préparation assure un renouvellement d'air d'au moins quatre volumes par heure pendant la durée de la préparation d'un corps ; il est muni d'une entrée haute et d'une sortie basse. Les systèmes de chauffage à air pulsé sont interdits. L'air rejeté à l'extérieur du bâtiment est préalablement traité par un filtre absorbant et désodorisant.

L'installation électrique de la salle de préparation est étanche aux projections.

Les murs et plafonds de la partie technique sont durs, lisses, imputrescibles et lessivables.

L'arrivée d'eau de la salle de préparation est munie d'un disconnecteur évitant les risques de pollution du réseau public d'alimentation en eau potable. Les siphons de sol sont munis de paniers démontables et désinfectables.

Les thanatopracteurs qui procèdent à des soins de conservation au sein des chambres funéraires doivent recueillir les déchets issus de ces activités et procéder à leur élimination conformément aux dispositions *(Décr. n° 2011-121 du 28 janv. 2011, art. 60)* « des articles R. 1335-1 à R. 1335-14 du code de la santé publique ».

(Décr. n° 2017-983 du 10 mai 2017, art. 2) « La salle de préparation est équipée d'un distributeur d'essuie-mains à usage unique. Les sèche-mains électriques et les essuie-mains en tissu y sont interdits. »

Art. D. 2223-85 Les chambres funéraires dont la demande de permis de construire est déposée postérieurement au 31 juillet 1999 sont soumises immédiatement aux dispositions des articles D. 2223-80 à D. 2223-84 et de l'article D. 2223-86. Les chambres funéraires construites avant cette date sont tenues d'assurer une mise en conformité aux prescriptions des articles précités, à l'exception de celles des deuxième et troisième alinéas de l'article D. 2223-80, au plus tard le 30 juin 2000. – *[Décr. n° 99-662 du 28 juill. 1999, art. 6, al. 1er.]*

Art. D. 2223-86 Les chambres funéraires répondant soit aux normes françaises, soit aux normes ou aux spécifications techniques prévues dans les réglementations d'un État membre de l'Union européenne ou d'un État partie à l'accord instituant l'Espace économique européen assurant un niveau de protection reconnu équivalent sont présumées respecter les exigences des articles D. 2223-80 à D. 2223-85. Les références de ces normes et réglementations sont publiées au *Journal officiel* de la République française. – *[Décr. n° 99-662 du 28 juill. 1999, art. 7.]*

Art. D. 2223-87 Lorsque la création ou l'extension de la chambre funéraire a été autorisée dans les conditions prévues à l'article R. 2223-74, son ouverture au public est subordonnée à la conformité aux prescriptions énoncées aux articles précédents, vérifiée par un *(Décr. n° 2011-1304 du 14 oct. 2011, art. 1er)* « organisme de contrôle accrédité pour ces activités par le Comité français d'accréditation (COFRAC) ou par tout autre organisme d'accréditation signataire de l'accord de reconnaissance multilatéral établi dans le cadre de la coordination européenne des organismes d'accréditation (European Cooperation for Accreditation ou "EA") selon les critères généraux relatifs au fonctionnement des différents types d'organismes procédant à l'inspection. L'organisme procédant à l'inspection ne doit posséder aucun lien d'intérêt de nature à porter atteinte à son impartialité et à son indépendance à l'égard de l'entreprise dont l'installation est soumise à son contrôle. » En cas de non-conformité attestée lors de cette visite, le préfet communique au maître de l'ouvrage les modifications à opérer avant ouverture au public, sous peine de suspension ou de retrait de son habilitation dans le domaine funéraire.

Une visite de conformité est ensuite assurée dans les mêmes conditions lorsque des travaux touchant la configuration, l'équipement ou l'organisation interne de la chambre funéraire ont été réalisés, et dans les six mois qui précèdent le renouvellement de l'habilitation de l'entreprise, de l'association, de la régie ou de l'établissement gestionnaire.

Le préfet peut ordonner à tout moment une visite de contrôle en tant que de besoin.

Art. R. 2223-88 Lorsque le corps d'un défunt a été admis dans une chambre funéraire dans les conditions prévues *(Décr. n° 2011-121 du 28 janv. 2011, art. 65)* « aux quatrième et cinquième alinéas » de l'article R. 2223-76 et de l'article R. 2223-77 et que cette chambre funéraire comprend, dans le respect des dispositions de l'article L. 2223-38, un local dans lequel sont proposées aux familles les autres prestations du service extérieur des pompes funèbres, le gestionnaire de la chambre funéraire ne peut accepter une commande de ces autres prestations avant d'avoir reçu de la personne qui a qualité pour pourvoir aux funérailles un document signé par elle et attestant qu'elle a pris connaissance, au préalable, de la liste mentionnée à l'article R. 2223-71.

SOUS-§ 3 *Chambres mortuaires (R)*

Art. R. 2223-89 Le dépôt et le séjour à la chambre mortuaire d'un établissement de santé public ou privé du corps d'une personne qui y est décédée sont gratuits pendant les trois premiers jours suivant le décès. – *[C. communes, art. R. 361-40, al. 1er.]*

BIBL. ▶ Dutrieux, Les frais de séjour en chambre mortuaire ne peuvent être réclamés aux entreprises de pompes funèbres, *RGDM 2011. 91.*

Art. R. 2223-89-1 *(Décr. nº 2017-983 du 10 mai 2017, art. 2)* **Les personnels des régies, entreprises ou associations et leurs établissements habilités conformément à l'article L. 2223-23, mandatés par toute personne qui a qualité pour pourvoir aux funérailles, ont accès, dans les conditions prévues par le règlement intérieur de l'établissement, aux chambres mortuaires pour le dépôt et le retrait des corps, pour la pratique des soins de conservation mentionnés au 3º de l'article L. 2223-19 et la toilette mortuaire.**

Art. R. 2223-90 **Les établissements de santé publics ou privés doivent disposer au moins d'une chambre mortuaire dès lors qu'ils enregistrent un nombre moyen annuel de décès au moins égal à deux cents.**

L'appréciation de la condition définie à l'alinéa précédent s'effectue au vu du nombre moyen de décès intervenus dans chacun des établissements considérés au cours des trois dernières années civiles écoulées.

Un établissement de santé cesse d'être soumis à l'obligation prévue au premier alinéa du présent article dès lors que le nombre de décès enregistré en son sein reste inférieur au seuil défini au même alinéa pendant trois années civiles.

Pour l'application du présent article, il est tenu compte des décès intervenus dans les établissements d'hébergement pour personnes âgées gérés par les établissements de santé dans les conditions définies à l'article *(Décr. nº 2011-121 du 28 janv. 2011, art. 61)* **« L. 6111-3 » du code de la santé publique.**

Art. R. 2223-91 **Sous réserve de l'article R. 2223-92, les établissements de santé publics ou privés doivent gérer directement leurs chambres mortuaires.** – *[Décr. nº 97-1039 du 14 nov. 1997, art. 2.]*

Art. R. 2223-92 **Sans préjudice des dispositions de l'article R. 2223-91, les établissements de santé peuvent satisfaire à leur obligation de disposer d'une chambre mortuaire en utilisant les facultés qui leur sont ouvertes en matière de coopération hospitalière.** – *[Décr. nº 97-1039 du 14 nov. 1997, art. 3.]*

Art. R. 2223-93 **Dans toute la mesure du possible, la famille a accès auprès du défunt avant que le corps ne soit déposé dans la chambre mortuaire sans que ce dépôt ne soit différé, de ce fait, d'un délai supérieur à dix heures tel que prévu** *(Décr. nº 2011-121 du 28 janv. 2011, art. 65)* **« au cinquième alinéa » de l'article R. 2223-76.**

Art. R. 2223-94 **Le** *(Décr. nº 2011-121 du 28 janv. 2011, art. 62)* **« directeur » s'il s'agit d'un établissement public ou son organe qualifié s'il s'agit d'un établissement privé fixe les prix de séjour en chambre mortuaire au-delà du délai de trois jours prévu à l'article R. 2223-89.**

Art. R. 2223-95 *(Décr. nº 2002-1065 du 5 août 2002, art. 4)* **Lorsque le transfert du corps en chambre mortuaire nécessite de sortir de l'enceinte d'un établissement de santé ou d'un établissement d'hébergement pour personnes âgées ou de l'un de leurs sites d'implantation, le transport sans mise en bière s'effectue après accord du chef d'établissement,** *(Décr. nº 2011-121 du 28 janv. 2011, art. 54)* **« dans les conditions prévues aux 2º et 3º de l'article R. 2213-8-1 » et** *(Décr. nº 2017-983 du 10 mai 2017, art. 2)* **« à l'article R. 2213-9 ».**

Lorsque le transfert visé à l'alinéa précédent s'effectue vers une chambre mortuaire située sur le territoire d'une autre commune, le maire de celle-ci reçoit sans délai copie de cet accord.

Lorsque l'établissement de santé où le décès a eu lieu n'est pas le gestionnaire de la chambre mortuaire d'accueil, le responsable de celle-ci reçoit copie de cet accord.

Art. R. 2223-96 **Un arrêté du ministre chargé de la santé détermine les conditions de fonctionnement des chambres mortuaires.**

Art. R. 2223-97 **Les établissements de santé autres que ceux mentionnés à l'article R. 2223-90, ainsi que les établissements qui assurent l'hébergement des personnes âgées mentionnés** *(Décr. nº 2011-121 du 28 janv. 2011, art. 63)* **« au 6º de l'article**

L. 312-1 du code de l'action sociale et des familles », peuvent créer et gérer des chambres mortuaires dans les conditions définies aux articles R. 2223-91 à R. 2223-96.

Art. R. 2223-98 Les établissements de santé et les établissements mentionnés à *(Décr. n° 2011-121 du 28 janv. 2011, art. 64)* **« l'article L. 312-1 du code de l'action sociale et des familles » ne peuvent être habilités à gérer les chambres funéraires mentionnées à l'article L. 2223-38.**

Ils ne peuvent autoriser sous quelque forme que ce soit l'installation d'une chambre funéraire dans leurs locaux ou sur l'un de leurs terrains.

SOUS-§ 4 *Crématoriums (R)*

Art. D. 2223-99 Le crématorium, tel que défini à l'article L. 2223-40, doit être conforme aux prescriptions fixées aux articles D. 2223-100 à *(Décr. n° 2023-264 du 11 avr. 2023, art. 1er)* **« D. 2223-103 ».**

Art. R. 2223-99-1 *(Décr. n° 2003-190 du 3 mars 2003, art. 2)* **Le silence gardé pendant plus de** *(Décr. n° 2011-121 du 28 janv. 2011, art. 55)* **« six » mois sur la demande de création et d'extension des crématoriums prévue par l'article L. 2223-40 vaut décision de rejet.**

Art. D. 2223-100 *(Décr. n° 2023-264 du 11 avr. 2023, art. 1er)* **Un crématorium comprend une partie publique réservée à l'accueil des familles et une partie technique réservée aux professionnels.**

Il est conçu conformément aux dispositions de l'article L. 112-2 du code de la construction et de l'habitation.

La partie publique du crématorium réservée à l'accueil des familles est conforme à la réglementation applicable aux établissements recevant du public, notamment aux dispositions du règlement de sécurité contre l'incendie.

La partie technique et la partie publique du crématorium dans laquelle des professionnels sont amenés à exercer leur activité sont conformes aux dispositions réglementaires de la quatrième partie du code du travail, notamment en ce qui concerne :

1° L'utilisation des lieux de travail, y compris en matière de prévention incendie ;

2° La conception et l'utilisation des équipements de travail ;

3° La prévention des risques particuliers.

Les caractéristiques techniques relatives aux parties publiques et techniques d'un crématorium sont déterminées par arrêté conjoint du ministre chargé des collectivités territoriales et du ministre chargé de la santé.

Sur les caractéristiques techniques applicables aux crématoriums et appareils de crémation, V. ci-dessous Arr. du 11 avr. 2023.

Arrêté du 11 avril 2023,

Fixant les caractéristiques techniques applicables aux crématoriums et aux appareils de crémation.

CHAPITRE I. *DISPOSITIONS RELATIVES AUX CRÉMATORIUMS*

Art. 1er La partie publique du crématorium comprend un local d'accueil et d'attente des familles, une salle de présentation visuelle de l'introduction du cercueil dans l'appareil de crémation, une salle de cérémonie et une salle de remise de l'urne cinéraire à la personne qui a pourvu aux funérailles en vue de la disposition de celle-ci selon l'une des mentions de l'article R. 2213-39 du code général des collectivités territoriales.

La salle de remise de l'urne cinéraire et la salle de présentation visuelle de l'introduction du cercueil dans l'appareil de crémation peuvent être regroupées au sein d'une même salle.

Le passage de porte entre la salle de cérémonie et la partie technique est d'une largeur de 110 centimètres au minimum et permet le passage du cercueil en position horizontale. Le couloir éventuel de liaison a une largeur de 120 centimètres au minimum.

Art. 2 La partie technique du crématorium comprend au minimum, outre un appareil de crémation, un pulvérisateur de calcius, un espace d'introduction du cercueil et un local de dépôt provisoire des urnes cinéraires.

Les pièces de la partie technique du crématorium communiquent entre elles pour permettre la circulation du personnel hors de la vue du public.

Les couloirs de la partie technique du crématorium ont, au minimum, une largeur de 120 centimètres.

Le libre passage des portes de la partie technique du crématorium a, au minimum, une largeur de 110 centimètres.

Art. 3 L'isolement acoustique de la salle de cérémonie et de la salle de remise de l'urne cinéraire à la personne qui a pourvu aux funérailles vis-à-vis des bruits routiers est de 30 décibels au minimum. Lorsque le crématorium se trouve à proximité d'une voie routière classée bruyante, l'isolement acoustique de la salle de cérémonie vis-à-vis des bruits routiers est celui imposé pour les bâtiments d'habitation conformément aux dispositions de l'arrêté du 30 mai 1996 modifié relatif aux modalités de classement des infrastructures de transports terrestres et à l'isolement acoustique des bâtiments d'habitation dans les secteurs affectés par le bruit.

Les parois de la salle de cérémonie ont un indice d'affaiblissement acoustique "R" tel que l'isolement acoustique théorique vis-à-vis des bruits aériens intérieurs en provenance des locaux adjacents est égal ou supérieur à 38 décibels. Toutefois les portes intérieures de la salle de cérémonie et de remise de l'urne cinéraire à la personne qui a pourvu aux funérailles peuvent être détalonnées afin de permettre le passage de la ventilation.

Art. 4 Le local contenant le ou les appareils de crémation ainsi que la salle d'introduction du cercueil sont séparés des locaux adjacents par des parois fixes de degré coupe-feu deux heures, par des parois mobiles de degré coupe-feu une heure, le vitrage éventuel de la salle de présentation visuelle étant de degré coupe-feu une heure.

Le local contenant le ou les appareils de crémation est pourvu en parties haute et basse d'orifices d'aération donnant sur l'extérieur du crématorium et placés afin d'éviter les zones mortes. La surface des orifices est déterminée en fonction des données du constructeur de l'appareil de crémation.

Dans le cas où le pulvérisateur de calcius n'est pas intégré à l'appareil de crémation, il doit être équipé d'un dispositif d'aspiration des poussières.

Le local contenant le ou les appareils de crémation ainsi que la salle d'introduction du cercueil ne contiennent que les matériels et matériaux nécessaires au fonctionnement de l'appareil. Tout dépôt de produits ou matériels combustibles est interdit. Le dispositif général d'arrêt d'urgence des circuits électriques de la partie technique du crématorium est placé à l'extérieur du local contenant le ou les appareils de crémation ainsi que la salle d'introduction du cercueil. Ce dispositif est signalé par un panneau précisant sa fonction et ne doit pas couper l'alimentation électrique du ventilateur de secours et d'extraction des fumées.

La vanne de coupure d'urgence de l'arrivée du combustible qui alimente le ou les appareils de crémation, placée à l'extérieur du bâtiment, est signalée par une ou plusieurs plaques.

CHAPITRE II. *DISPOSITIONS RELATIVES AUX APPAREILS DE CRÉMATION*

Art. 5 Chaque appareil de crémation est pourvu d'une ou plusieurs chambres de combustion et, au minimum, d'une chambre de postcombustion.

L'espace d'introduction du cercueil dans la chambre de combustion est muni d'un système interdisant tout contact manuel avec le cercueil au cours de cette opération. Ce système d'introduction du cercueil dans l'appareil de crémation assure cette mise en place en moins de vingt secondes.

L'appareil de crémation est muni de dispositifs de sécurité interdisant le dépôt du cercueil lorsque la température de la chambre de combustion est inférieure à 350°C ou supérieure à 900°C.

Les gaz issus de la chambre de combustion sont portés dans la chambre de postcombustion, à chaque instant, d'une façon contrôlée et homogène, à une température d'au moins 850°C pendant au moins deux secondes et en présence d'au moins 6 % d'oxygène mesuré dans les conditions réelles permettant la combustion des gaz la plus complète possible.

La température de postcombustion peut être abaissée à 800°C lorsque la ligne de filtration associée fonctionne de façon efficiente, permettant le respect des valeurs limites d'émissions.

À cet effet, l'appareil de crémation est muni de moyens de mesure continue de la température dans la zone d'entrée de la chambre de postcombustion ainsi que de la température et du taux d'oxygène réel en zone de sortie de la chambre de postcombustion.

Les gaz issus de la crémation sont extraits de l'appareil de crémation par un ventilateur destiné à cet effet, vers un système de refroidissement permettant d'abaisser la température et de traiter ces gaz par un système de filtration. Ce ventilateur est équipé de sondes permettant sa modulation et sa régulation, et un contrôle sécuritaire en cas de surchauffe des conduits. La vitesse d'émission des gaz de combustion filtrés doit être supérieure à 8 mètres par seconde en sortie de cheminée.

Le ventilateur servant à l'extraction des gaz de combustion filtrés est contrôlé par une mesure de dépression dans la chambre de combustion, afin de garantir à l'utilisateur une sécurité lors de l'ouverture des portes de l'appareil de crémation en cours de fonctionnement.

Le fonctionnement des équipements de production de chaleur de l'appareil de crémation est protégé par une sécurité supplémentaire en cas de dépassement de leurs températures limites de fonctionnement. En cas de contrôle du processus de crémation par automate programmable ou tout autre mode de contrôle digital, la sécurité des équipements de production de chaleur est doublée d'une sécurité à réenclenchement manuel indépendante et directement connectée à l'alimentation des systèmes de contrôle des équipements de production de chaleur.

Le système de mise en place du cercueil dans la chambre de combustion ainsi que le système d'ouverture de la porte d'introduction de l'appareil de crémation peuvent être actionnés manuellement à tout moment ou à l'aide d'un dispositif de secours en cas d'incident et permettre de terminer l'opération d'introduction du cercueil, même en l'absence de tension électrique, par la mise en œuvre des seuls dispositifs installés sur l'appareil de manière inamovible.

La sole de la chambre de combustion est conçue de manière à permettre la récupération des cendres et la combustion des écoulements en évitant un échappement vers l'extérieur de l'appareil de crémation.

Art. 6 Chaque crématorium est muni au moins d'une cheminée d'évacuation des gaz du (ou des) appareil(s) de crémation.

Chaque conduit de la cheminée comporte un orifice permettant le prélèvement d'échantillons d'effluents gazeux. Le respect de la norme NF EN 13284-1 : 2017 dite "Émissions de sources fixes – Détermination de faibles concentrations en masse de poussières – Partie 1 : méthode gravimétrique manuelle" constitue une présomption de la qualité attendue.

Chaque ouverture de l'appareil de crémation est située à une distance minimale de 4 mètres de la paroi opposée du local. L'ouverture de l'appareil de crémation destinée à l'introduction du cercueil a une dimension minimale *(Arr. du 29 déc. 2023, art. 1er)* « de 100 centimètres de largeur sur 80 centimètres de hauteur ».

Les dispositions issues de l'Arr. du 29 déc. 2023 ne s'appliquent pas aux appareils de crémation en cours d'exploitation ni à ceux ayant fait l'objet d'un contrat de commande antérieur à sa date d'entrée en vigueur (Arr. préc., art. 2).

Art. 7 Ne s'appliquent pas aux crématoriums et aux appareils de crémation qui étaient en activité au 24 décembre 1994 :

1° L'obligation de disposer d'une salle de présentation visuelle de l'introduction du cercueil dans l'appareil de crémation ;

2° Les dimensions de couloir et de libre passage de porte fixées à l'article 1er ;

3° Les dimensions de l'orifice de prélèvements d'échantillons d'effluents gazeux fixées par l'article 6 et la hauteur de la cheminée d'évacuation des gaz de crémation fixée par l'article 1er de l'arrêté du 28 janvier 2010 susvisé ;

4° Les dispositions fixées au quatrième alinéa de l'article 5 ;

5° Les dispositions du troisième alinéa de l'article 6.

……………………………………………………………………………………

CHAPITRE III. *DISPOSITIONS FINALES*

Art. 9 Les dispositions du présent arrêté entrent en vigueur le 1er juin 2023.

Les dispositions du troisième alinéa de l'article 6 concernant les dimensions minimales d'ouverture de l'appareil de crémation s'appliquent aux appareils de crémation remplacés après la date d'entrée en vigueur du présent arrêté.

Art. D. 2223-101 *(Décr. no 2023-264 du 11 avr. 2023, art. 1er)* **La hauteur minimale du débouché à l'air libre de la cheminée ainsi que les quantités maximales de polluants**

évalués par des prélèvements et analyses dans les gaz rejetés dans l'atmosphère sont définies par arrêté du ministre chargé de la santé pris après avis de l'Agence nationale de sécurité sanitaire de l'alimentation, de l'environnement et du travail.

Art. D. 2223-102 *(Décr. n° 2023-264 du 11 avr. 2023, art. 1er)* **Le crématorium est soumis à une visite de conformité par un organisme de contrôle accrédité pour ces activités par le Comité français d'accréditation (COFRAC) ou par tout autre organisme d'accréditation membre de la Coopération européenne pour l'accréditation et ayant signé les accords de reconnaissance mutuelle multilatéraux couvrant l'activité considérée selon les critères généraux relatifs au fonctionnement des différents types d'organismes procédant à la visite de contrôle. La visite de conformité porte sur le respect des prescriptions prévues aux articles D. 2223-100 et D. 2223-101. L'attestation de conformité du crématorium est délivrée au gestionnaire du crématorium par l'organisme de contrôle accrédité pour une durée de cinq ans, au vu de ce rapport de visite et du rapport de conformité du ou des appareils de crémation délivré pour une durée de deux ans en application du deuxième alinéa du présent article.**

Le ou les appareils de crémation font l'objet d'un contrôle tous les deux ans par un organisme de contrôle accrédité pour ces activités par le Comité français d'accréditation (COFRAC) ou par tout autre organisme d'accréditation membre de la Coopération européenne pour l'accréditation et ayant signé les accords de reconnaissance mutuelle multilatéraux couvrant l'activité considérée selon les critères généraux relatifs au fonctionnement des différents types d'organismes procédant à la visite de contrôle. Le contrôle du ou des appareils de crémation, porte sur la conformité avec les dispositions de l'article D. 2223-100, le respect des prescriptions applicables aux rejets gazeux fixées à l'article D. 2223-101 et les dispositifs de sécurité.

Les prélèvements et les analyses réalisés dans le cadre des dispositions de l'article D. 2223-101 sont effectués par des laboratoires accrédités pour ces activités par le Comité français d'accréditation (COFRAC) ou par tout autre organisme d'accréditation membre de la Coopération européenne pour l'accréditation et ayant signé les accords de reconnaissance mutuelle multilatéraux couvrant l'activité considérée selon les exigences générales relatives à la compétence des laboratoires d'étalonnages et d'essais.

Lors de la mise en service d'un nouvel appareil de crémation, une campagne de mesures permettant de vérifier le respect des prescriptions des articles D. 2223-100 et D. 2223-101 doit être effectuée dans les trois mois suivant la mise en service de l'installation. Les résultats sont communiqués, dans les trois mois, à l'organisme de contrôle accrédité qui a délivré l'attestation de conformité.

La responsabilité des contrôles de conformité et des contrôles périodiques est assurée par l'organisme accrédité selon les dispositions des précédents alinéas. L'organisme procédant aux inspections mentionnées aux premier et deuxième alinéas ne doit posséder aucun lien d'intérêt de nature à porter atteinte à son impartialité et à son indépendance à l'égard de l'entreprise dont l'installation est soumise à son contrôle.

Le préfet peut également ordonner à tout moment un contrôle de la conformité de tout ou partie des prescriptions mentionnées aux articles D. 2223-100 et D. 2223-101.

Le coût des contrôles de conformité est à la charge du gestionnaire du crématorium.

La durée de validité de 5 ans des attestations de conformité prévue au 1er al. s'applique aux attestations de conformité délivrées à compter de la date d'entrée en vigueur du Décr. n° 2023-264 du 11 avr. 2023, soit le 1er juin 2023 (Décr. préc., art. 2).

Art. D. 2223-103 *(Décr. n° 2023-264 du 11 avr. 2023, art. 1er)* **I. — Dans un délai de soixante jours à compter de la réalisation de l'un des contrôles prévus aux cinquième et sixième alinéas de l'article D. 2223-102, l'organisme de contrôle accrédité remet le rapport de contrôle de conformité au préfet de département et au gestionnaire du crématorium.**

Lorsque l'organisme de contrôle accrédité ne constate aucun défaut de conformité, il délivre une attestation de conformité au gestionnaire.

II. — Lorsque le rapport de contrôle relève une ou plusieurs non-conformités, le gestionnaire du crématorium adresse à l'organisme de contrôle accrédité, dans un délai de trois mois à compter de la réception de ce rapport, par tout moyen donnant date certaine à la réception de l'envoi, un échéancier des mesures qu'il entend prendre pour y remédier. Ces mesures doivent être prises dans un délai maximum d'un an. Une fois

ces mesures prises, le gestionnaire adresse à l'organisme de contrôle accrédité une demande de contrôle complémentaire. Ce contrôle est effectué dans un délai de deux mois à compter de la date de réception de la demande du gestionnaire. L'organisme de contrôle accrédité adresse un nouveau rapport au gestionnaire, dans un délai d'un mois suivant la date du contrôle complémentaire.

En cas d'urgence, lorsqu'il constate une non-conformité qui porte atteinte à l'ordre public ou présente un danger pour la salubrité publique, l'organisme de contrôle accrédité en informe sans délai le préfet en vue de la mise en œuvre de la procédure mentionnée au III.

Lorsque l'organisme de contrôle accrédité constate qu'il n'y a plus de défaut de conformité, il délivre une attestation de conformité au gestionnaire.

III. – L'organisme de contrôle accrédité informe le préfet sans délai dans les cas suivants :

1° Lorsque le gestionnaire d'un crématorium ne lui a pas adressé d'échéancier de mise en conformité dans le délai requis ;

2° Lorsque le gestionnaire d'un crématorium ne lui a pas adressé de demande de contrôle complémentaire dans le délai requis ;

3° Lorsque le contrôle complémentaire a conclu à la persistance de défauts de conformité.

Dans l'un de ces cas, le préfet met en demeure le gestionnaire de remédier aux défauts de conformité constatés dans un délai qu'il détermine, le cas échéant après avoir recueilli l'avis du directeur régional de l'agence régionale de santé, et qui ne peut excéder un an. À l'expiration de ce délai, si le gestionnaire n'a pas pris les mesures nécessaires, il peut saisir, pour avis, le directeur général de l'agence régionale de santé et suspendre ou retirer l'habilitation prévue à l'article L. 2223-23. Il en informe la commune ou l'établissement public de coopération intercommunale concerné.

BIBL. ▶ Dutrieux, La commune et la crémation, *in* Py et Mayer (dir.), La crémation et le droit en Europe, *2e éd., PU Nancy, 2011, p. 239 (spéc. p. 245).*

Art. R. 2223-103-1 *(Décr. no 2022-1127 du 5 août 2022, art. 1er)* I. – Lorsqu'il est fait application du 1° du II de l'article L. 2223-18-1-1, le gestionnaire du crématorium verse le produit de la cession des métaux récupérés à l'issue de la crémation à une ou plusieurs communes, qui ne peuvent affecter la somme correspondante qu'à la prise en charge des frais d'obsèques des personnes dépourvues de ressources suffisantes.

II. – Le don mentionné au 2° du II de l'article L. 2223-18-1-1 ne peut être effectué qu'auprès d'une association d'intérêt général ou d'une fondation reconnue d'utilité publique, figurant sur une liste établie par l'organe délibérant de la commune ou de l'établissement public de coopération intercommunale compétent pour la création et la gestion du crématorium.

Lorsque le crématorium fait l'objet d'une gestion déléguée, la commune ou l'établissement de coopération intercommunale consulte le délégataire préalablement à la délibération établissant cette liste.

III. – Les dispositions des I et II de l'article L. 2223-18-1-1 sont reproduites dans le devis relatif à la crémation. Ces dispositions figurent également, le cas échéant, dans le contrat prévoyant des prestations d'obsèques à l'avance lorsqu'il stipule le recours à la crémation.

IV. – Le gestionnaire du crématorium affiche dans la partie publique de l'établissement une information concernant la destination des métaux issus de la crémation et l'utilisation du produit éventuel de leur cession. Cette information comprend :

1° Les dispositions des I et II de l'article L. 2223-18-1-1 ;

2° La liste des communes bénéficiaires des versements mentionnés au I du présent article et la liste des associations d'intérêt général et des fondations reconnues d'utilité publique établie sur le fondement du II du présent article.

V. – Le gestionnaire du crématorium publie chaque année les montants et les bénéficiaires des financements et dons éventuellement effectués en application de l'article L. 2223-18-1-1.

Le gestionnaire met gratuitement à disposition un exemplaire papier de cette publication dans la partie publique de l'établissement. Cette publication est également mise à disposition, sous forme électronique, sur le site internet du gestionnaire lorsqu'il existe.

Lorsque le crématorium fait l'objet d'une gestion déléguée, cette publication est transmise à l'autorité délégante.

BIBL. ▶ Dutrieux, La commune et la crémation, *in* Py et Mayer (dir.), La crémation et le droit en Europe, *2e éd., PU Nancy, 2011, p. 239 (spéc. p. 245).*

Art. D. 2223-104 à D. 2223-109-1 *Abrogés par Décr. nº 2023-264 du 11 avr. 2023, art. 1er.*

§ 2 Véhicules funéraires (R)

SOUS-§ 1 *Véhicules affectés au transport de corps avant mise en bière (R)*

Art. D. 2223-110 Le compartiment funéraire, destiné à recevoir un ou plusieurs corps avant mise en bière, est séparé de façon close et hermétique de l'habitacle destiné au conducteur et, le cas échéant, aux passagers. Il peut être constitué d'un caisson hermétique fixé de façon inamovible dans la caisse du véhicule.

Le compartiment funéraire ne peut comporter ni partie vitrée, ni système d'aération. Sa surface est lisse, imperméable et susceptible d'être lavée et désinfectée de façon quotidienne sans corrosion. Il est équipé d'un dispositif de sécurité permettant d'actionner son système d'ouverture de l'intérieur.

Les corps sont transportés sur des civières incurvées dont la surface est lisse, imperméable et susceptible d'être lavée et désinfectée de façon fréquente sans corrosion, munies d'un dispositif de sangles. Un dispositif autobloquant à l'intérieur du compartiment funéraire assure le maintien des civières pendant le transport. – *[Décr. nº 2000-192 du 3 mars 2000, art. 1er.]*

Art. D. 2223-111 Le compartiment funéraire dispose d'une isolation isotherme telle que le coefficient global de transmission thermique est au plus de 0,7 watt par mètre carré et par degré Kelvin.

Pour une température ambiante de 30°C, le dispositif de refroidissement du compartiment funéraire doit permettre d'atteindre en une heure au plus une température intérieure comprise entre 0°C et 7°C, puis de la maintenir entre ces valeurs pendant au moins neuf heures.

Toute installation d'un dispositif de production de froid par évaporation ou sublimation d'un agent frigorigène dans le compartiment funéraire est interdite. Les véhicules mis en service avant le 1er novembre 1994 peuvent néanmoins conserver de tels dispositifs jusqu'au 1er septembre 2000, sous réserve que le véhicule ait fait l'objet d'une visite de conformité dans les conditions prévues à l'article D. 2223-114.

Lorsque la production de froid est assurée par un groupe mécanique monté dans la caisse du véhicule, le refroidissement du condenseur est conçu de façon à éviter l'aspiration de l'air ayant déjà circulé dans le compartiment ou des gaz d'échappement et à assurer l'évacuation de l'air chaud à l'extérieur du véhicule.

La température intérieure du compartiment funéraire est mesurée de façon permanente par un thermomètre dont la sonde est placée dans le système d'aspiration de l'évaporateur et dont l'affichage est installé de façon apparente à l'extérieur du compartiment. – *[Décr. nº 2000-192 du 3 mars 2000, art. 2.]*

Art. D. 2223-112 La carrosserie des véhicules de transport de corps avant mise en bière ne peut être de couleur blanche. Les signes distinctifs de l'entreprise utilisatrice, le cas échéant, sont limités à trois par véhicule, chacun ayant une surface d'au plus de 10 décimètres carrés. – *[Décr. nº 2000-192 du 3 mars 2000, art. 3.]*

Art. D. 2223-113 *(Décr. nº 2011-1304 du 14 oct. 2011, art. 3)* « I. – Toute personne proposant à la vente un véhicule de transport de corps avant mise en bière, un caisson isotherme ou un système de refroidissement susceptibles d'être installés dans un tel véhicule est tenue de faire vérifier chaque année la conformité d'un modèle de la série mise sur le marché aux prescriptions des articles D. 2223-110 à D. 2223-114 auprès d'un organisme tierce partie accrédité pour ces activités par le Comité français d'accréditation (COFRAC) ou par tout autre organisme d'accréditation signataire de l'accord de reconnaissance multilatéral établi dans le cadre de la coordination européenne des organismes d'accréditation (*European Cooperation for Accreditation* ou "EA") selon les critères généraux relatifs au fonctionnement des différents types d'organismes procédant à l'inspection. Elle remet une copie du rapport de contrôle à l'acheteur. L'organisme procédant au contrôle de conformité ne doit posséder aucun lien d'intérêt avec une entreprise intervenant dans la commercialisation du véhicule, du caisson isotherme ou du système de refroidissement, de nature à porter atteinte à son impartialité et à son indépendance.

« La responsabilité des contrôles de conformité est assurée par l'organisme accrédité selon les dispositions de l'alinéa précédent.

« Les essais réalisés dans le cadre des dispositions de l'article D. 2223-111 sont effectués par des laboratoires accrédités pour ces essais par le Comité français d'accréditation (COFRAC) ou par tout autre organisme d'accréditation signataire de l'accord de reconnaissance multilatéral établi dans le cadre de la coordination européenne des organismes d'accréditation (*European Cooperation for Accreditation* ou "EA"), selon les exigences générales relatives à la compétence des laboratoires d'étalonnages et d'essais. »

Le vendeur identifie le véhicule, le caisson ou le système de refroidissement appartenant à une série ayant fait l'objet d'un contrôle de conformité par une plaque inamovible ou un gravage inaltérable indiquant la désignation de l' *(Décr. n° 2011-1304 du 14 oct. 2011, art. 3)* « organisme de contrôle accrédité », le numéro de la série, la date et les références du contrôle.

Une copie du *(Décr. n° 2011-1304 du 14 oct. 2011, art. 3)* « rapport de contrôle est transmise » sans délai par l'acheteur au préfet compétent pour lui délivrer une habilitation dans le domaine funéraire.

II. — Les véhicules fabriqués conformément soit aux normes françaises, soit aux normes étrangères ou aux spécifications techniques prévues dans les réglementations d'un État membre de l'Union européenne ou d'un État partie à l'accord instituant l'Espace économique européen assurant un niveau de protection reconnu équivalent sont présumés respecter les exigences des articles D. 2223-110 à D. 2223-114. Les références de ces normes et réglementations sont publiées au *Journal officiel* de la République française.

Les véhicules neufs appartenant à une série ayant fait l'objet d'une certification, par un organisme qualifié, de leur conformité à une norme reconnue équivalente sont dispensés du contrôle de conformité préalable à leur mise en circulation prévu au I du présent article.

Le producteur ou le distributeur de ces véhicules identifie le véhicule, le caisson ou le système de refroidissement avant mise sur le marché par une plaque inamovible ou un gravage inaltérable indiquant la désignation de la série, les références de la certification, la mention de la norme concernée et les références de l'organisme certificateur. Il remet à l'acquéreur du véhicule une attestation en double exemplaire faisant figurer les mêmes mentions.

L'acquéreur du véhicule, du caisson ou du système de refroidissement est tenu d'adresser sans délai un exemplaire de l'attestation mentionnée à l'alinéa précédent au préfet compétent pour lui délivrer une habilitation dans le domaine funéraire.

III. — Le certificat d'immatriculation prévu à l'article R. 322-2 du code de la route des véhicules de transport de corps avant mise en bière doit préciser que ces véhicules sont classés dans le genre "véhicules automoteurs spécialisés" (VASP), carrosserie "fourgons funéraires" (FG FUNER).

Art. D. 2223-114 Les véhicules de transport de corps avant mise en bière font l'objet d'une visite de conformité tous les trois ans au plus. Le préfet désigne le ou les organismes chargés d'effectuer la visite de conformité *(Décr. n° 2011-1304 du 14 oct. 2011, art. 4)* « parmi les organismes de contrôle accrédités selon les dispositions de l'article D. 2223-113 ».

Une visite doit également être effectuée après tout remplacement total ou partiel ou toute modification ou réparation d'un caisson ou d'un dispositif de refroidissement du compartiment funéraire. Le procès-verbal est adressé sans délai par l'acheteur au préfet compétent pour lui délivrer une habilitation dans le domaine funéraire.

Le préfet peut ordonner à tout moment que le véhicule fasse l'objet d'une visite de conformité dans un délai qu'il prescrit, en tant que de besoin.

Art. D. 2223-115 *Abrogé par Décr. nº 2020-750 du 16 juin 2020, art. 2.*

SOUS-§ 2 *Véhicules affectés au transport de corps après mise en bière (R)*

Art. D. 2223-116 Tout véhicule de transport de corps après mise en bière comporte un compartiment funéraire destiné à accueillir un ou plusieurs cercueils, séparé de façon étanche de la partie de l'habitacle réservé au conducteur et aux passagers.

Le compartiment funéraire peut être constitué d'un caisson rigide, fermé, étanche et inamovible par rapport à la caisse du véhicule, recouvrant intégralement le cercueil. – *[Décr. nº 2000-191 du 3 mars 2000, art. 1er.]*

Art. D. 2223-117 S'il comporte des parties vitrées, le compartiment funéraire doit comporter un procédé d'occultation visuelle pour les besoins des transports sur moyenne et longue distance.

La surface interne du compartiment funéraire est lisse, imperméable et susceptible d'être lavée et désinfectée de façon quotidienne sans corrosion.

Le compartiment funéraire comporte un dispositif de guidage du cercueil et d'amortissement des chocs lors du chargement ou du déchargement. Il comprend par ailleurs un dispositif assurant le blocage complet du cercueil pendant le transport.

Les portes d'accès au compartiment funéraire doivent pouvoir être bloquées en position ouverte.

La dépose de la roue de secours doit pouvoir s'opérer sans déchargement du cercueil. – *[Décr. nº 2000-191 du 3 mars 2000, art. 2.]*

Art. D. 2223-118 Les signes distinctifs de l'utilisateur du véhicule de transport de corps après mise en bière et des autres véhicules participant aux convois funéraires sont limités à trois par véhicule, chacun ayant une surface d'au plus 10 décimètres carrés. – *[Décr. nº 2000-191 du 3 mars 2000, art. 3.]*

Art. D. 2223-119 *(Décr. nº 2011-1304 du 14 oct. 2011, art. 5)* « I. – Toute personne proposant à la vente un véhicule de transport de corps après mise en bière neuf ou d'occasion est tenue d'en faire vérifier à ses frais la conformité par rapport aux prescriptions des articles D. 2223-116 à D. 2223-120 auprès d'un organisme de contrôle tierce partie accrédité pour ces activités par le Comité français d'accréditation (COFRAC) ou par tout autre organisme d'accréditation signataire de l'accord de reconnaissance multilatéral établi dans le cadre de la coordination européenne des organismes d'accréditation (European Cooperation for Accreditation ou "EA") selon les critères généraux relatifs au fonctionnement des différents types d'organismes procédant à l'inspection. L'organisme procédant au contrôle de conformité ne doit posséder aucun lien d'intérêt avec une entreprise intervenant dans la commercialisation du véhicule de nature à porter atteinte à son impartialité et à son indépendance. »

L'*(Décr. nº 2011-1304 du 14 oct. 2011, art. 5)* « organisme » de contrôle identifie le véhicule ayant fait l'objet du contrôle de conformité par une plaque inamovible ou un gravage inaltérable indiquant sa raison sociale, son adresse, la date et les références du contrôle.

Une copie du certificat de conformité est transmise sans délai par l'acheteur au préfet compétent pour lui délivrer une habilitation dans le domaine funéraire.

II. – Les véhicules fabriqués conformément soit aux normes françaises, soit aux normes étrangères ou aux spécifications techniques prévues dans les réglementations d'un État membre de l'Union européenne ou d'un État partie à l'accord instituant l'Espace économique européen assurant un niveau de protection reconnu équivalent sont présumés respecter les exigences des articles D. 2223-116 à D. 2223-120. Les références de ces normes et réglementations sont publiées au *Journal officiel* de la République française.

Les véhicules neufs appartenant à une série ayant fait l'objet d'une certification, par un organisme qualifié, de leur conformité à une norme reconnue équivalente sont dispensés du contrôle de conformité préalable à leur mise en circulation prévu au I du présent article.

Le producteur ou le distributeur de ces véhicules identifie le véhicule avant mise sur le marché par une plaque inamovible ou un gravage inaltérable indiquant la désignation de la série, les références de la certification de la série, la mention de la norme concernée et les références de l'organisme certificateur. Il remet à l'acquéreur du véhicule une attestation en double exemplaire faisant figurer les mêmes mentions.

L'acquéreur du véhicule est tenu d'adresser sans délai un exemplaire de l'attestation mentionnée à l'alinéa précédent au préfet compétent pour lui délivrer une habilitation dans le domaine funéraire.

III. – Le certificat d'immatriculation prévu à l'article R. 322-2 du code de la route des véhicules de transport de corps après mise en bière doit préciser que ces véhicules sont classés dans le genre "véhicules automoteurs spécialisés" (VASP), carrosserie "fourgons funéraires" (FG FUNER).

Art. D. 2223-120 Les véhicules de transport de corps après mise en bière font l'objet d'une visite de conformité tous les trois ans au plus. Le préfet désigne le ou les organismes chargés d'effectuer la visite de conformité.

Le préfet peut ordonner à tout moment que le véhicule fasse l'objet d'une visite de conformité dans un délai qu'il prescrit, en tant que de besoin. – *[Décr. n° 2000-191 du 3 mars 2000, art. 5.]*

Art. D. 2223-121 *Abrogé par Décr. n° 2020-750 du 16 juin 2020, art. 2.*

SOUS-SECTION 5 **Dispositions diverses et transitoires**

§ 1 Diplôme national de thanatopracteur (R)

Art. D. 2223-122 *(Décr. n° 2010-516 du 18 mai 2010)* Les candidats au diplôme national de thanatopracteur doivent avoir suivi les formations théorique et pratique dont les durées, les matières enseignées *(Décr. n° 2017-983 du 10 mai 2017, art. 2)* « ainsi que » les modalités du cursus sont déterminées par arrêté conjoint du ministre de l'Intérieur *(Décr. n° 2017-983 du 10 mai 2017, art. 2)* « , » du ministre chargé de la santé *(Décr. n° 2017-983 du 10 mai 2017, art. 2)* « et du ministre chargé du travail ».

Art. D. 2223-123 *(Décr. n° 2010-516 du 18 mai 2010)* La formation pratique aux soins de conservation est délivrée par des thanatopracteurs diplômés dans les conditions définies à l'article L. 2223-45 et exerçant dans une régie, une entreprise, une association ou un établissement habilité dans les conditions définies à l'article L. 2223-23.

Les centres de formation des élèves thanatopracteurs sont responsables de la totalité des formations théorique et pratique et doivent s'assurer que chaque élève est suivi par au moins un maître de stage lorsqu'il est en formation pratique en entreprise.

La formation pratique est appréciée en entreprise par des évaluateurs désignés par le Comité national d'évaluation de la formation pratique des thanatopracteurs.

Art. D. 2223-123-1 *(Décr. n° 2016-1758 du 16 déc. 2016, art. 2)* Les candidats au diplôme national de thanatopracteur transmettent à l'organisme de formation le certificat médical établi dans les conditions mentionnées aux articles R. 3111-4-1 ou R. 3111-4-2 du code de la santé publique au moment de leur inscription en formation et au plus tard avant de commencer la formation pratique. Le certificat médical est conservé dans le dossier du candidat.

Art. D. 2223-124 *(Décr. n° 2010-516 du 18 mai 2010)* Peuvent seuls accéder à la formation pratique les candidats ayant été reçus aux épreuves théoriques en vue de l'examen d'obtention du diplôme national de thanatopracteur et classés en rang utile.

Un arrêté conjoint du ministre de l'Intérieur et du ministre chargé de la santé fixe annuellement le contingent de places offertes pour la formation pratique, après avis du jury national de thanatopracteur et des organisations professionnelles mentionnées au 3° de l'article R. 1241-1.

Art. D. 2223-125 *(Décr. n° 2010-516 du 18 mai 2010)* L'examen d'accès au diplôme national de thanatopracteur comprend des épreuves théoriques et une évaluation de la formation pratique en entreprise.

Peuvent seuls se présenter aux épreuves théoriques les candidats ayant achevé la totalité de la formation théorique telle que définie à l'article D. 2223-122.

Art. D. 2223-126 Les membres titulaires et suppléants du jury national chargé d'examiner les candidats au diplôme national de thanatopracteur sont nommés pour une durée de *(Décr. n° 2010-516 du 18 mai 2010)* « trois ans » par arrêté conjoint du ministre de l'Intérieur et du ministre chargé de la santé.

(Décr. n° 2010-516 du 18 mai 2010) « Ce jury se compose d'un représentant du ministre de l'Intérieur, d'un représentant du ministre chargé de la santé, de trois médecins légistes, anatomopathologistes ou enseignants universitaires de médecine participant ou ayant participé à l'enseignement théorique mentionné à l'article D. 2223-122 et de six thanatopracteurs. »

Le même arrêté désigne pour *(Décr. n° 2010-516 du 18 mai 2010)* « trois ans » le président du jury national parmi les membres du collège des enseignants universitaires de médecine ou de personnes qualifiées.

(Décr. n° 2010-516 du 18 mai 2010) « En outre, les membres thanatopracteurs sont obligatoirement désignés évaluateurs de la formation pratique par le comité national d'évaluation de la formation pratique des thanatopracteurs mentionné à l'article D. 2223-123. »

Art. D. 2223-127 Le règlement de l'examen, le programme de l'ensemble des épreuves, les modalités de l'examen ainsi que la notation minimale pour obtenir le diplôme national de thanatopracteur sont définis par arrêté conjoint du ministre de l'Intérieur et du ministre chargé de la santé pris sur proposition du jury national. – *[Décr. n° 94-260 du 1er avr. 1994, art. 6.]*

Art. D. 2223-128 Le jury national arrête les sujets des épreuves. – *[Décr. n° 94-260 du 1er avr. 1994, art. 7.]*

Art. D. 2223-129 Les centres de formation des élèves thanatopracteurs doivent afficher dans leur local d'inscription et communiquer à tout élève désirant s'inscrire les résultats dudit centre à l'examen du diplôme national de thanatopracteur pour les deux années précédentes. – *[Décr. n° 94-260 du 1er avr. 1994, art. 8.]*

Art. D. 2223-130 *(Décr. n° 2010-516 du 18 mai 2010)* Un arrêté conjoint du ministre de l'Intérieur et du ministre chargé de la santé, publié au *Bulletin officiel* du ministère de l'intérieur et au *Bulletin officiel* du ministère chargé de la santé, fixe la liste des candidats ayant obtenu le diplôme national de thanatopracteur.

Art. D. 2223-131 *(Décr. n° 2010-516 du 18 mai 2010)* La composition, le rôle et le fonctionnement du Comité national d'évaluation de la formation pratique des thanatopracteurs mentionné à l'article D. 2223-123 et les conditions d'organisation de l'examen d'accès au diplôme national de thanatopracteur sont déterminés par un arrêté conjoint du ministre de l'Intérieur et du ministre chargé de la santé.

§ 2 Conditions d'intervention des thanatopracteurs

(Décr. n° 2017-983 du 10 mai 2017, art. 2)

Art. R. 2223-132 Les soins de conservation sont réalisés dans le respect de la dignité de la personne décédée :

1° Dans la salle de préparation de la partie technique d'une chambre funéraire dans les conditions prévues par l'article D. 2223-84 ;

2° Dans le local de préparation des corps de la zone technique d'une chambre mortuaire dans les conditions prévues par l'arrêté mentionné à l'article R. 2223-96 ;

3° Au domicile du défunt, lorsque les équipements du thanatopracteur ainsi que la configuration de la pièce répondent à des exigences minimales, notamment de superficie, d'accès, de ventilation, de nettoyage et d'éclairage, fixées par arrêté des ministres chargés de la santé, du travail et de l'intérieur pris après avis du Haut Conseil de la santé publique. Ces soins sont réalisés dans un délai de 36 heures après le décès. Ce délai peut être prorogé de 12 heures pour tenir compte de circonstances particulières, sous réserve de la faisabilité des soins de conservation évaluée par le thanatopracteur.

SOUS-SECTION 6 Reconnaissance des qualifications professionnelles des ressortissants d'un État membre de la Communauté européenne ou d'un autre État partie à l'accord sur l'Espace économique européen

(Décr. nº 2009-1020 du 25 août 2009)

Art. R. 2223-133 Pour l'application des articles L. 2223-47 à L. 2223-51 et de la présente sous-section, l'autorité compétente est le préfet territorialement compétent en vertu de l'article R. 2223-56.

Art. R. 2223-134 *(Décr. nº 2016-1253 du 26 sept. 2016, art. 8)* I. — Lorsqu'il est saisi d'une demande tendant à obtenir la reconnaissance des qualifications professionnelles prévue à l'article L. 2223-49, le préfet accuse réception du dossier du demandeur dans le délai d'un mois à compter de sa saisine et l'informe, le cas échéant, de tout document manquant.

II. — Le préfet fait procéder, par les personnes mentionnées à l'article R. 2223-135, à une vérification des connaissances, aptitudes et compétences acquises par le demandeur au cours de son expérience professionnelle ou de l'apprentissage tout au long de la vie et ayant fait l'objet à cette fin d'une validation en bonne et due forme par un organisme compétent. À l'issue de cette vérification, le préfet ou, pour les fonctions de thanatopracteur, le ministre chargé de la santé valide la vérification des connaissances, aptitudes et compétences.

III. — Le préfet notifie, le cas échéant, au demandeur sa décision de le soumettre à une mesure de compensation, en lui précisant :

1º Le niveau de qualification professionnelle requis en France et le niveau de la qualification professionnelle que possède le demandeur ;

2º Les raisons pour lesquelles les différences substantielles qui sont observées dans les matières couvertes par ces deux niveaux de qualification, qui ne peuvent être que des différences de contenu lorsque l'activité considérée est réglementée dans l'État d'origine du demandeur, ne peuvent être couvertes par les connaissances, aptitudes et compétences acquises au cours de l'expérience professionnelle ou de l'apprentissage tout au long de la vie ayant fait l'objet, à cette fin, d'une validation en bonne et due forme par un organisme compétent ;

3º Celles des matières du programme mentionné à l'article R. 2223-136 sur lesquelles le demandeur est interrogé ou la durée et le contenu du stage d'adaptation en tenant compte des éléments recueillis lors de la vérification des connaissances.

Il l'informe en outre que, s'il n'opte pas entre l'épreuve d'aptitude et le stage d'adaptation dans le délai d'un mois à compter de la notification de la décision, il sera réputé avoir renoncé à sa demande de reconnaissance de qualifications professionnelles.

IV. — La décision du préfet de reconnaissance des qualifications professionnelles est motivée et notifiée dans un délai de quatre mois à compter de la réception du dossier complet. La décision de recourir à une épreuve d'aptitude ou à un stage d'adaptation suspend ce délai jusqu'à la fin de l'accomplissement de cette mesure de compensation.

Art. R. 2223-135 La vérification des connaissances du demandeur de la reconnaissance de ses qualifications professionnelles prévues à l'article L. 2223-50 est effectuée au vu des pièces justificatives produites par le demandeur. — *V. Arr. du 25 août 2009, infra.*

Elle est réalisée, s'agissant des fonctions de thanatopracteur, par trois personnes qualifiées, dont un thanatopracteur, désignées par arrêté conjoint du ministre de l'Intérieur et du ministre chargé de la santé parmi les membres du jury national chargé de délivrer le diplôme de thanatopraxie et, s'agissant des autres fonctions, par un organisme de formation déclaré conformément aux articles L. 6351-1 à L. 6351-8 du code du travail.

À l'issue de cette vérification, le préfet et, pour les fonctions de thanatopracteur, le ministre chargé de la santé reçoivent, le cas échéant, une proposition relative aux matières à valider du programme de l'épreuve d'aptitude ainsi qu'au contenu et à la durée du stage d'adaptation susceptible d'être requis.

Sur la mise en œuvre de la vérification des connaissances et les mesures compensatoires pour la reconnaissance des qualifications professionnelles dans le secteur funéraire, V. ci-dessous Arr. du 25 août 2009.

Arrêté du 25 août 2009,

Portant mise en œuvre de la vérification des connaissances et des mesures compensatoires pour la reconnaissance des qualifications professionnelles dans le secteur funéraire.

Art. 1er La vérification des connaissances du demandeur pour l'exercice de l'activité de thanatopracteur, effectuée conformément à l'article R. 2223-135 du code général des collectivités territoriales, porte sur les matières suivantes :

— la théorie des soins de conservation : historique des techniques des soins de conservation : de l'embaumement à la thanatopraxie ; les soins de conservation en chambre funéraire et en domicile ; les services et les produits utilisés ; méthodes de soins de conservation ; art restauratif ; autopsie médico-légale et scientifique ;

— l'anatomie et physiologie élémentaire : anatomies descriptives du corps humain (30 points) : fonctions de nutrition, de relation (système nerveux et muscles), de respiration, de circulation et de reproduction ;

— la microbiologie, l'hygiène et la toxicologie : généralités et définitions ; classification ; pénétration des toxiques dans l'organisme, distribution, moyens d'élimination ; facteurs essentiels de la toxicité ; manifestations générales ; la mort toxique ; recherche et quantification des toxiques, utilité de la toxicologie en thanatopraxie ;

— la réglementation funéraire : le service public des pompes funèbres ; le règlement national des pompes funèbres ; l'habilitation dans le domaine funéraire ; les autorisations administratives délivrées par le maire ; la chambre funéraire et la chambre mortuaire ; la réglementation des produits pour soins de conservation ;

— les sciences humaines de la mort.

Art. 2 La vérification des connaissances du demandeur pour l'exercice d'une activité dans le secteur funéraire autre que celle de thanatopracteur, effectuée conformément à l'article R. 2223-135 du code général des collectivités territoriales, porte sur les matières suivantes :

1. Pour les activités relevant de l'application de l'article R. 2223-42 du même code :

— les règles d'hygiène et de sécurité liées à l'activité exercée ;

— la psychologie et la sociologie du deuil.

2. Pour les activités relevant de l'application de l'article R. 2223-43 du même code :

— les règles d'hygiène et de sécurité applicables de la mise en bière à la crémation ou à l'inhumation ;

— la psychologie et la sociologie du deuil ;

— le protocole des obsèques, les pratiques et la symbolique des différents rites funéraires.

3. Pour les activités relevant de l'application de l'article R. 2223-44 du même code :

— la législation et la réglementation funéraires relatives à l'organisation des obsèques ;

— la psychologie et la sociologie du deuil ;

— le protocole des obsèques, les pratiques et la symbolique des différents rites funéraires.

4. Pour les activités relevant de l'application de l'article R. 2223-45 du même code :

— la législation et la réglementation funéraires relatives à l'organisation des obsèques ;

— les obligations relatives à l'information des familles ;

— la psychologie et la sociologie du deuil ;

— le protocole des obsèques, les pratiques et la symbolique des différents rites funéraires.

5. Pour les activités relevant de l'application de l'article R. 2223-46 du même code :

a) Pour l'activité de gestion d'un établissement où sont conclus les contrats relatifs aux prestations d'obsèques :

— la législation et la réglementation funéraires relatives à l'ensemble des funérailles ;

— la prévoyance funéraire et le tiers payant ;

— les obligations d'information des familles ;

— la gestion du personnel et la gestion comptable à un niveau permettant la gestion d'un tel établissement.

b) Pour l'activité de gestion d'une chambre funéraire ou d'un crématorium :

— la législation et la réglementation funéraires relatives à l'équipement géré ;

— les obligations d'information des familles ;

— la gestion du personnel et la gestion comptable à un niveau permettant la gestion d'un tel établissement.

6. Pour les activités relevant de l'application de l'article R. 2223-47 du même code :

— la législation et la réglementation funéraires relatives à l'ensemble des funérailles ;

— la gestion du personnel et la gestion comptable à un niveau permettant la gestion d'un tel établissement.

Art. 3 À l'issue de la vérification des connaissances, le contenu de l'épreuve d'aptitude et du stage d'adaptation est défini en fonction des matières restant à valider, telles que listées à l'article 1er du présent arrêté pour les thanatopracteurs et à l'article 2 pour les autres fonctions.

Art. 4 L'épreuve d'aptitude, telle que mentionnée à l'article R. 2223-136 du code général des collectivités territoriales, consiste en un contrôle portant exclusivement sur les connaissances professionnelles du demandeur et qui a pour objet d'apprécier l'aptitude du demandeur à exercer l'activité visée.

Art. R. 2223-136 Le programme et les modalités d'organisation de l'épreuve d'aptitude et du stage d'adaptation sont fixés par arrêté conjoint du ministre de l'Intérieur et du ministre chargé de la santé.

Le stage d'adaptation prévu à l'article L. 2223-50 est assuré par une régie, entreprise ou association funéraire habilitée conformément à l'article L. 2223-23 et qui exerce l'activité funéraire pour laquelle la reconnaissance des qualifications professionnelles est sollicitée.

Ce stage consiste en l'exercice, en tant que stagiaire et sous la responsabilité d'un professionnel qualifié, de l'activité professionnelle pour laquelle le demandeur souhaite obtenir la reconnaissance de ses qualifications.

Le stage d'adaptation fait l'objet d'une évaluation, par le responsable du stage, validée par le préfet ou, pour les fonctions de thanatopracteur, par le ministre chargé de la santé. Le préfet, après avis du ministre chargé de la santé pour les fonctions de thanatopracteur, peut proroger le stage une seule fois, pour une durée maximale équivalente, si le niveau requis n'est pas estimé atteint. La durée maximale du stage ne peut être supérieure à deux ans pour les thanatopracteurs et à un an pour les autres fonctions.

La réussite à l'épreuve d'aptitude est validée par le préfet ou, pour les fonctions de thanatopracteur, par le ministre chargé de la santé. En cas d'échec, le préfet, après avis du ministre chargé de la santé pour les fonctions de thanatopracteur, peut proposer au demandeur de repasser l'épreuve d'aptitude ou d'effectuer un stage d'adaptation.

Art. R. 2223-137 S'agissant des thanatopracteurs, le ministre chargé de la santé informe le préfet du déroulement des différentes phases de l'application des mesures de compensation prévues à l'article L. 2223-50. Le préfet notifie au demandeur les résultats de ces différentes phases.

CHAPITRE IV SERVICES PUBLICS INDUSTRIELS ET COMMERCIAUX

SECTION 1 Dispositions générales

Art. D. 2224-1 *(Décr. n° 2015-1820 du 29 déc. 2015, art. 1er)* « Le maire présente au conseil municipal, ou le président *(Décr. n° 2015-1827 du 30 déc. 2015, art. 1er)* « du groupement de collectivités » présente à son assemblée délibérante un rapport annuel sur le prix et la qualité du service public de l'eau potable. Il en est de même pour le service public de l'assainissement *(Décr. n° 2015-1827 du 30 déc. 2015, art. 1er)* « ainsi que pour le service public de prévention et de gestion des déchets ménagers et assimilés », qu'il concerne l'assainissement collectif ou l'assainissement non collectif. *(Décr. n° 2015-1827 du 30 déc. 2015, art. 1er)* « Ces rapports sont présentés » au plus tard dans les neuf mois qui suivent la clôture de l'exercice concerné. »

Les dispositions des articles D. 2224-1 à D. 2224-5 s'appliquent quel que soit le mode d'exploitation des services publics de l'eau *(Décr. n° 2015-1827 du 30 déc. 2015, art. 1er)* « potable, de l'assainissement et de prévention et de gestion des déchets ménagers et assimilés ».

Les indicateurs techniques et financiers figurant obligatoirement dans les rapports annuels sur le prix et la qualité des services publics de l'eau *(Décr. n° 2015-1827 du 30 déc. 2015, art. 1er)* « potable, de l'assainissement et de prévention et de gestion des déchets ménagers et assimilés sont respectivement définis par les annexes V, VI et XIII » du présent code.

(Décr. n° 2015-1827 du 30 déc. 2015, art. 1er) « Lorsque la compétence de collecte des déchets ménagers et assimilés a été transférée à un groupement de collectivités conformément à l'article L. 2224-13, le rapport sur le prix et la qualité du service public de prévention et de gestion des déchets mentionné au premier alinéa est présenté à son assemblée délibérante par le président de ce groupement.

« Lorsque la compétence de traitement des déchets ménagers et assimilés a été transférée à un groupement de collectivités conformément à l'article L. 2224-13, celui-ci transmet à la commune ou au groupement ayant la compétence de collecte des déchets ménagers et assimilés les indicateurs techniques et financiers mentionnés à l'annexe XIII relatifs au traitement des déchets ménagers et assimilés de la commune ou du groupement ayant la compétence de collecte. »

Un arrêté conjoint du ministre de l'intérieur et de l'aménagement du territoire, du ministre de la santé et des solidarités et de la ministre de l'écologie et du développement durable précise, en tant que de besoin, la définition des indicateurs relatifs au prix et à la qualité du service aux usagers figurant aux annexes V et VI issues du Décr. n° 2007-675 du 2 mai 2007, art. 2 🏛.

Sur diverses dispositions d'adaptation et de simplification dans le domaine de la prévention et de la gestion des déchets, V. Annexe XIII issue du Décr. n° 2015-1827 du 30 déc. 2015 🏛.

Sur les rapports annuels sur le prix et la qualité des services publics d'eau potable et d'assainissement, V. Arr. du 2 mai 2007 🏛.

Art. D. 2224-2 Le maire d'une commune qui exerce en propre ses compétences en matière d'eau potable et d'assainissement, ou le président d'un *(Décr. n° 2015-1827 du 30 déc. 2015, art. 1er)* « groupement de collectivités » qui exerce à la fois les compétences en matière d'eau potable et d'assainissement peut présenter un rapport annuel unique. S'il choisit de présenter deux rapports distincts, il fait apparaître, dans une note liminaire, le prix total de l'eau et ses différentes composantes en utilisant les indicateurs mentionnés aux annexes V et VI du présent code *[V. ces annexes dans le supplément en ligne* 🏛*]*.

(Décr. n° 2015-1827 du 30 déc. 2015, art. 1er) « Lorsque la compétence en matière de prévention et de gestion des déchets ménagers et assimilés a été transférée à un établissement public de coopération intercommunale, le contenu du rapport sur le prix et la qualité du service public de prévention et de gestion des déchets est intégré dans le rapport prévu à l'article L. 5211-39. Son contenu présente le coût total du service public de prévention et de gestion des déchets et ses différentes composantes en utilisant les indicateurs mentionnés à l'annexe XIII *[V. cette annexe dans le supplément en ligne* 🏛*]*. »

Art. D. 2224-3 Le conseil municipal de chaque commune adhérant à un établissement public de coopération intercommunale est destinataire du rapport annuel adopté par cet établissement.

Dans chaque commune ayant transféré l'une au moins de ses compétences en matière d'eau potable ou d'assainissement *(Décr. n° 2015-1827 du 30 déc. 2015, art. 1er)* « ou de prévention et de gestion des déchets ménagers et assimilés » à un ou plusieurs établissements publics de coopération intercommunale, le maire présente au conseil municipal, au plus tard dans les douze mois qui suivent la clôture de l'exercice concerné, le ou les rapports annuels qu'il aura reçus du ou des établissements publics de coopération intercommunale ci-dessus mentionnés. Il indique, dans une note liminaire :

– la nature exacte du service assuré par ce ou ces établissements publics de coopération intercommunale et, le cas échéant, ce qui relève de la gestion directe de la commune concernée ;

– le prix total de l'eau et ses différentes composantes, en utilisant les indicateurs mentionnés aux annexes V et VI du présent code *[V. ces annexes dans le supplément en ligne* 🏛*]* ;

(Décr. n° 2015-1827 du 30 déc. 2015, art. 1er) « – le prix total de la prévention et de la gestion des déchets et ses différentes composantes, et son financement, en utilisant les indicateurs mentionnés à l'annexe XIII *[V. cette annexe dans le supplément en ligne* 🏛*]*.

« Ces rapports sont, le cas échéant, présentés dans les mêmes délais à la commission consultative des services publics locaux prévue à l'article L. 1413-1. »

Art. D. 2224-4 En cas de délégation de service public, les rapports annuels précisent la nature exacte des services délégués. Les indicateurs financiers relatifs aux recettes perçues distinguent la part revenant directement ou par reversement au délégataire, d'une part, et, d'autre part, à la commune ou à l'établissement public de coopération intercommunale *(Décr. nº 2015-1827 du 30 déc. 2015, art. 1er)* « ainsi que, le cas échéant, les recettes perçues auprès des usagers ».

Art. D. 2224-5 *(Décr. nº 2015-1820 du 29 déc. 2015, art. 3) (Décr. nº 2025-431 du 14 mai 2025, art. 1er)* « I. — » Dans les communes ou les établissements publics de coopération intercommunale de 3 500 habitants et plus, le ou les rapports annuels, ainsi que, le cas échéant, les notes liminaires définies aux articles D. 2224-1 à D. 2224-4, sont mis à la disposition du public à la mairie et, le cas échéant, à la mairie annexe, ou au siège de l'établissement public de coopération intercommunale.

Ces éléments ainsi que l'avis du conseil municipal ou de l'assemblée délibérante, sont transmis par voie électronique au préfet de département et au système d'information prévu *(Décr. nº 2025-431 du 14 mai 2025, art. 1er)* « au 1° du I de l'article R. 131-34 » du code de l'environnement, dans les quinze jours qui suivent leur présentation devant le conseil municipal ou l'assemblée délibérante, ou leur adoption par ceux-ci. *(Abrogé par Décr. nº 2025-431 du 14 mai 2025, art. 1er) « Les indicateurs décrits en annexes V et VI du présent code sont saisis par voie électronique dans le système d'information prévu à l'article L. 213-2 du code de l'environnement dans les mêmes délais. »*

Le public est avisé par le maire ou le président de l'établissement public de coopération intercommunale de ces mises à disposition par voie d'affiche apposée en mairie ou au siège de l'établissement public de coopération intercommunale, et aux lieux habituels d'affichage pendant au moins un mois.

(Décr. nº 2025-431 du 14 mai 2025, art. 1er) « II. — L'ensemble des communes ou des établissements publics de coopération intercommunale transmettent, par voie électronique, au système d'information mentionné au I, dans le même délai que celui prévu au I, les données des indicateurs mentionnés à l'article L. 2224-5.

« Ces indicateurs, précisés aux annexes V et VI du présent code, sont relatifs à :

« 1° La description des services d'eau potable et d'assainissement ;

« 2° La gestion financière des services d'eau potable et d'assainissement ;

« 3° Les performances des services d'eau potable et d'assainissement ;

« 4° La connaissance et la gestion patrimoniale des équipements et ouvrages d'eau potable et assainissement ;

« 5° La qualité de l'eau potable.

« Les données contribuant au calcul des indicateurs relatifs à la catégorie définie au 5°, détenues par le ministère chargé de la santé, sont transmises par celui-ci au système d'information mentionné au 1° du I de l'article R. 131-34 du code de l'environnement dans des conditions fixées par convention.

« III. — » *(Décr. nº 2015-1827 du 30 déc. 2015, art. 1er)* « Dans les communes disposant d'un site internet, le rapport sur le prix et la qualité du service public de prévention et de gestion des déchets ménagers et assimilés est, sauf si son volume ou ses caractéristiques ne le permettent pas, mis à disposition du public par voie électronique. »

SECTION 2 **Eau et assainissement** *(Décr. nº 2007-1339 du 11 sept. 2007).*

Art. D. 2224-5-1 *(Décr. nº 2012-97 du 27 janv. 2012, art. 1er)* Le descriptif détaillé des ouvrages de transport et de distribution d'eau potable mentionné à l'article L. 2224-7-1 et le descriptif détaillé des ouvrages de collecte et de transport des eaux usées mentionné à l'article L. 2224-8 incluent, d'une part, le plan des réseaux mentionnant la localisation des dispositifs généraux de mesures, d'autre part, un inventaire des réseaux comprenant la mention des linéaires de canalisations, la mention de l'année ou, à défaut de la période de pose, la catégorie de l'ouvrage définie en application de l'article R. 554-2 du code de l'environnement, la précision des informations cartographiques définie en application du V de l'article R. 554-23 du même code ainsi que les informations disponibles sur les matériaux utilisés et les diamètres des canalisations. Le descriptif détaillé est mis à jour et complété chaque année en mentionnant les travaux réalisés sur les réseaux ainsi que les données acquises pendant l'année, notamment en application de l'article R. 554-34 du code de l'environnement.

Les valeurs des indices de connaissance et de gestion patrimoniale des réseaux d'eau potable et de collecte des eaux usées mentionnés aux annexes V et VI aux articles D. 2224-1, D. 2224-2 et D. 2224-3 rendent compte de la réalisation des descriptifs détaillés des réseaux.

Art. R. 2224-5-2 *(Décr. n° 2022-1720 du 29 déc. 2022, art. 2)* Sauf dans le cas où cette contribution est obligatoire, la décision de contribuer à la gestion et à la préservation de la ressource en eau fait l'objet d'une délibération de la personne publique mentionnée à l'article L. 2224-7-5.

Art. R. 2224-5-3 *(Décr. n° 2022-1720 du 29 déc. 2022, art. 2)* Pour la mise en œuvre des mesures mentionnées à l'article L. 2224-7-7, une cellule d'animation et un comité de pilotage dédiés peuvent être mis en place par la personne publique mentionnée à l'article L. 2224-7-5. Dans le cas d'un territoire concerné par un schéma d'aménagement et de gestion de l'eau, la commission locale de l'eau peut être consultée sur le plan d'action.

Lorsque plusieurs aires d'alimentation se superposent en tout ou partie, les personnes publiques en charge des services concernés veillent à coordonner les mesures prévues dans leurs plans d'action.

Le plan d'action complété d'une carte présentant le périmètre de l'aire d'alimentation concernée est déposé par la personne publique qui l'a établi et tenu à disposition du public à la mairie de chacune des communes couvertes par ce périmètre. Avis de ce dépôt est donné par chaque commune concernée par affichage pendant une période d'au moins un mois.

Chaque année, la mise en œuvre du plan d'action fait l'objet d'un rapport qui est annexé au rapport mentionné à l'article L. 2224-5 et présenté dans les conditions prévues aux articles D. 2224-1 à D. 2224-5.

Art. R. 2224-5-4 *(Décr. n° 2022-1223 du 10 sept. 2022, art. 2)* Le rapport mentionné au dernier alinéa de l'article R. 2224-5-3 fait, en outre, état de l'utilisation du droit de préemption pour la préservation de la qualité de la ressource en eau destinée à la consommation humaine prévu au chapitre VIII du titre I du livre II du code de l'urbanisme dans le périmètre de l'aire d'alimentation concernée. Il comporte, à cet effet, un état recensant pour l'année concernée :

1° Les décisions de préemption intervenues sur ce fondement, complétées de la mention des surfaces préemptées ;

2° Les avis d'appel à candidatures intervenus au titre de l'article R. 218-19 du code de l'urbanisme, complétés de l'énoncé des clauses environnementales et des obligations réelles environnementales proposées pour assurer la préservation de la ressource en eau ;

3° Les décisions de cession, location et mise à disposition des biens acquis, complétées, selon le cas, de l'énoncé des obligations réelles environnementales et des clauses environnementales retenues.

Art. R. 2224-5-5 *(Décr. n° 2022-1721 du 29 déc. 2022, art. 2)* Le diagnostic territorial établi en application des articles L. 2224-7-2 et L. 2224-7-3 n'exclut aucun site sur le fondement de la légalité de son occupation et aucune personne au regard de sa situation administrative. Il permet au moins de :

1° Dénombrer et de localiser, à partir des données d'observation du territoire disponibles et de l'expertise des acteurs locaux, les personnes présentes sur le territoire n'ayant pas un accès suffisant à l'eau destinée à la consommation humaine ;

2° Établir un état des lieux des modalités d'accès à l'eau, des usages et des pratiques, le cas échéant après une enquête de terrain, et d'analyser les causes et les conséquences des insuffisances d'accès à l'eau constatées. L'état des lieux permet, le cas échéant, de répertorier les actions déjà mises en œuvre pour favoriser l'accès à l'eau, de localiser les fontaines et autres équipements de distribution d'eau, les ressources en eau et les sources d'énergie existants et de présenter un bilan de leur état de fonctionnement ;

3° Formuler des recommandations d'actions ou de solutions destinées à améliorer les conditions d'accès à l'eau ;

4° Proposer, le cas échéant, des mesures d'accompagnement des acteurs intervenant pour améliorer les conditions d'accès à l'eau ;

5° Préconiser les modalités adaptées d'information des populations sur les solutions retenues pour améliorer les conditions d'accès à l'eau ainsi que les conditions requises pour la mise en œuvre de ces solutions.

Les communes ou leurs établissements publics de coopération peuvent solliciter, pour l'établissement de ce diagnostic territorial, le département, le représentant de l'État dans le département et les organisations de la société civile.

Les informations relatives aux conditions d'accès à l'eau dans les lieux d'habitat informel, recueillies dans le cadre du diagnostic établi en application des articles L. 2224-7-2 et L. 2224-7-3, sont mises à la disposition du public et des acteurs concernés selon des modalités définies par arrêté du ministre chargé du logement.

Art. R. 2224-5-6 *(Décr. nº 2022-1721 du 29 déc. 2022, art. 2)* En application du 2° de l'article L. 2224-7-3, les solutions mises en œuvre par les communes ou leurs établissements publics de coopération afin d'améliorer l'accès à l'eau destinée à la consommation humaine peuvent être pérennes ou provisoires selon les situations et mobiliser des équipements fixes ou mobiles. Elles ne peuvent avoir pour effet d'engendrer des risques pour la santé et la sécurité de la population. Elles peuvent consister en fonction de la nature des insuffisances d'accès à l'eau identifiées par le diagnostic territorial prévu à l'article R. 2224-5-5, en :

1° Un raccordement de la zone sans accès à l'eau à un réseau d'eau destinée à la consommation humaine ;

2° La mise à disposition d'équipements tels que des fontaines publiques d'eau potable, des rampes d'eau ou encore des bornes fontaines ;

3° La mise en œuvre d'actions correctives sur les fontaines et autres équipements de distribution d'eau potable, lorsque les dysfonctionnements de ces derniers sont à l'origine des situations d'accès insuffisant à l'eau destinée à la consommation humaine ;

4° La mobilisation des dispositifs de la politique sociale de l'eau, tels que la tarification sociale de l'eau ou les aides forfaitaires prévues à l'article L. 2224-12-1-1, lorsque les insuffisances d'accès à l'eau sont liées à des difficultés de paiement des factures d'eau ;

5° Un accompagnement des personnes disposant d'un accès insuffisant à l'eau vers l'utilisation de ressources alternatives telles que des eaux de puits ou de forage, lorsque le domicile ou le lieu de vie de ces personnes est éloigné du réseau public de distribution d'eau destinée à la consommation humaine. Cet accompagnement consiste, au minimum, en une information adaptée. À défaut de ressources alternatives, des dispositifs d'approvisionnement mobiles en eau peuvent être mis en œuvre.

Art. R. 2224-5-7 *(Décr. nº 2022-1721 du 29 déc. 2022, art. 2)* L'information des personnes, n'ayant pas accès à l'eau destinée à la consommation humaine ou ayant un accès limité, prévue au 3° de l'article L. 2224-7-3, peut s'effectuer par la mise à disposition par les collectivités ou leurs établissements publics de coopération des données relatives à la localisation géographique des points d'approvisionnement en eau et à leurs caractéristiques techniques sur le site de la plateforme de données publiques françaises. Un arrêté des ministres chargés de l'environnement et des collectivités territoriales fixe la liste des données pouvant être mises à disposition sur cette plateforme ainsi que les modalités de leur publication.

Art. R. 2224-6 *(Décr. nº 2006-503 du 2 mai 2006)* Les dispositions de la présente section s'appliquent aux eaux usées mentionnées aux articles L. 2224-8 et L. 2224-10.

Pour l'application de la présente section, on entend par :

– "agglomération d'assainissement" une zone dans laquelle la population et les activités économiques sont suffisamment concentrées pour qu'il soit possible de collecter les eaux usées pour les acheminer vers une station d'épuration ou un point de rejet final ;

– "charge brute de pollution organique" le poids d'oxygène correspondant à la demande biochimique en oxygène sur cinq jours (DBO5) calculé sur la base de la charge journalière moyenne de la semaine au cours de laquelle est produite la plus forte charge de substances polluantes dans l'année ;

– "équivalent habitant (EH)" la charge organique biodégradable ayant une demande biochimique d'oxygène en cinq jours (DBO5) de 60 grammes d'oxygène par jour.

(Décr. nº 2020-828 du 30 juin 2020, art. 7) « Le préfet arrête la liste des agglomérations d'assainissement, en déterminant les systèmes d'assainissement tels que définis à la rubrique 2.1.1.0. de la nomenclature annexée à l'article R. 214-1 du code de l'environnement qui les composent. Cet arrêté est publié au recueil des actes administratifs de la préfecture.

« Pour les agglomérations d'assainissement dont le périmètre s'étend sur plusieurs départements, l'arrêté fixant la liste des agglomérations d'assainissement est pris conjointement par les préfets concernés. Le préfet du département sur lequel se situe la station de traitement des eaux usées destinée à recevoir la plus grande charge brute de pollution organique est chargé de conduire la procédure.

« Pour les agglomérations d'assainissement dont le périmètre s'étend sur plus de deux départements en Île-de-France, l'autorité administrative compétente est le préfet de région. »

Art. R. 2224-7 *(Décr. nº 2006-503 du 2 mai 2006)* Peuvent être placées en zones d'assainissement non collectif les parties du territoire d'une commune dans lesquelles l'installation d'un système de collecte des eaux usées ne se justifie pas, soit parce qu'elle ne présente pas d'intérêt pour l'environnement et la salubrité publique, soit parce que son coût serait excessif.

Art. R. 2224-8 *(Décr. nº 2006-503 du 2 mai 2006)* L'enquête publique préalable à la délimitation des *(Décr. nº 2011-815 du 6 juill. 2011, art. 2)* « zones mentionnées » *(Décr. nº 2011-2018 du 29 déc. 2011, art. 9)* « à l'article L. 2224-10 » est conduite par le maire ou le président de l'établissement public de coopération intercommunale compétent, dans les formes prévues par *(Décr. nº 2011-2018 du 29 déc. 2011, art. 9)* « les articles R. 123-1 à R. 123-27 du code de l'environnement ».

Art. R. 2224-9 *(Décr. nº 2006-503 du 2 mai 2006)* Le dossier soumis à l'enquête comprend un projet de délimitation des zones d'assainissement de la commune, faisant apparaître les agglomérations d'assainissement comprises dans le périmètre du zonage, ainsi qu'une notice justifiant le zonage envisagé.

Art. R. 2224-10 *(Décr. nº 2006-503 du 2 mai 2006)* Les communes dont tout ou partie du territoire est compris dans une agglomération d'assainissement dont les populations et les activités économiques produisent des eaux usées dont la charge brute de pollution organique est supérieure à 120 kg par jour doivent être équipées, pour la partie concernée de leur territoire, d'un système de collecte des eaux usées.

Un arrêté des ministres chargés de la santé et de l'environnement fixe les prescriptions techniques minimales qui permettent de garantir sans coût excessif l'efficacité de la collecte et du transport des eaux usées ainsi que celle des mesures prises pour limiter les pointes de pollution, notamment celles dues aux fortes pluies.

Art. R. 2224-11 *(Décr. nº 2006-503 du 2 mai 2006)* Les eaux entrant dans un système de collecte des eaux usées doivent, sauf dans le cas de situations inhabituelles, notamment de celles dues à de fortes pluies, être soumises à un traitement avant d'être rejetées dans le milieu naturel, dans les conditions fixées aux articles R. 2224-12 à R. 2224-17 ci-après.

Un arrêté des ministres chargés de la santé et de l'environnement fixe les prescriptions techniques minimales qui permettent de garantir l'efficacité de l'épuration des eaux usées, en ce qui concerne notamment la "demande biochimique en oxygène (DBO)", la "demande chimique en oxygène (DCO)", les matières en suspension (MES), le phosphore et l'azote.

Lorsque l'installation est soumise à autorisation ou à déclaration en application des articles L. 214-2 à L. 214-6 du code de l'environnement, les prescriptions techniques minimales prévues à l'alinéa précédent peuvent être complétées ou renforcées par les arrêtés préfectoraux pris en application des articles 13 et 15 du décret nº 93-742 du 29 mars 1993 ou les mesures édictées en application des articles 31 et 32 du même décret.

Art. R. 2224-12 *(Décr. nº 2006-503 du 2 mai 2006)* Dans les agglomérations d'assainissement dont la population et les activités économiques produisent des eaux usées dont la charge brute de pollution organique est inférieure ou égale à 120 kg par jour, le traitement mentionné à l'article R. 2224-11 doit permettre de respecter les objectifs de qualité applicables aux eaux réceptrices par le décret nº 91-1283 du 19 décembre 1991, par le schéma directeur d'aménagement et de gestion des eaux du bassin auquel appartiennent ces agglomérations et, le cas échéant, par le schéma d'aménagement et de gestion des eaux.

Art. R. 2224-13 *(Décr. nº 2006-503 du 2 mai 2006)* Dans les agglomérations d'assainissement dont la population et les activités économiques produisent des eaux usées dont la charge brute de pollution organique est supérieure à 120 kg par jour, le traitement mentionné à l'article R. 2224-11 est un traitement biologique avec décantation secondaire ou un traitement ayant un pouvoir épuratoire équivalent.

Toutefois, les eaux usées dont le traitement s'effectue à plus de 1 500 mètres d'altitude peuvent faire l'objet d'un traitement moins rigoureux que celui prescrit au premier alinéa, à condition qu'il soit établi que les rejets n'altèrent pas l'environnement.

Art. R. 2224-14 *(Décr. nº 2006-503 du 2 mai 2006)* Dans les agglomérations d'assainissement dont la population et les activités économiques produisent des eaux usées dont la charge brute de pollution organique est supérieure à 600 kg par jour et dont les rejets s'effectuent dans une zone sensible définie aux articles 6 et 7 du décret nº 94-469 du 3 juin 1994, le traitement mentionné à l'article R. 2224-11 est un traitement plus rigoureux que celui prévu à l'article R. 2224-13.

Ce traitement plus rigoureux est applicable dans les nouvelles zones sensibles délimitées en application de l'article 7 du décret du 3 juin 1994 dans un délai fixé pour chaque agglomération d'assainissement par le préfet et qui ne peut excéder sept ans après la date de l'arrêté de révision qui les a délimitées dans les conditions définies à l'article 6 du même décret.

La fixation de ce délai est établie après consultation des communes et des établissements publics compétents en matière d'assainissement collectif dans chaque agglomération d'assainissement.

Art. R. 2224-15 *(Décr. nº 2006-503 du 2 mai 2006)* Les communes doivent mettre en place une surveillance des systèmes de collecte des eaux usées et des stations d'épuration en vue d'en maintenir et d'en vérifier l'efficacité, d'une part, du milieu récepteur du rejet, d'autre part.

Un arrêté des ministres chargés de la santé et de l'environnement fixe les modalités techniques selon lesquelles est assurée la surveillance :

a) De l'efficacité de la collecte des eaux usées ;

b) De l'efficacité du traitement de ces eaux dans la station d'épuration ;

c) Des eaux réceptrices des eaux usées épurées ;

d) Des sous-produits issus de la collecte et de l'épuration des eaux usées.

Les résultats de la surveillance sont communiqués par les communes ou leurs délégataires à l'agence de l'eau et au préfet, dans les conditions fixées par l'arrêté mentionné à l'alinéa précédent.

Art. R. 2224-15-1 *(Décr. nº 2022-521 du 11 avr. 2022, art. 1er)* Le délai mentionné au deuxième alinéa du II de l'article L. 2224-8 est fixé par le règlement de service prévu à l'article L. 2224-12.

Ce délai ne peut excéder six semaines à compter de la date à laquelle la commune a reçu la demande du propriétaire ou du syndicat des copropriétaires de réaliser le contrôle de raccordement au réseau public d'assainissement.

Art. R. 2224-16 *(Décr. nº 2006-503 du 2 mai 2006)* Les rejets de boues d'épuration dans le milieu aquatique, par quelque moyen que ce soit, sont interdits.

Art. R. 2224-17 *(Décr. nº 2006-503 du 2 mai 2006)* Les systèmes d'assainissement non collectif doivent permettre la préservation de la qualité des eaux superficielles et souterraines.

Les prescriptions techniques applicables aux dispositifs d'assainissement non collectif recevant une charge brute de pollution organique inférieure ou égale à 1,2 kg sont fixées par arrêté conjoint des ministres chargés de la santé, du logement et de l'environnement.

Les prescriptions techniques applicables aux dispositifs d'assainissement non collectif recevant une charge brute de pollution organique supérieure à 1,2 kg sont celles fixées par l'arrêté prévu à l'article R. 2224-11.

Les modalités du contrôle technique exercé par les communes sur les dispositifs d'assainissement non collectif sont définies par arrêté des ministres chargés des collectivités locales, de la santé et de l'environnement.

Sur les modalités de l'exécution de la mission de contrôle des installations d'assainissement non collectif, V. Arr. du 27 avr. 2012.

Art. R. 2224-18 *(Décr. n° 2011-1907 du 20 déc. 2011, art. 1er)* I. — Le fichier des abonnés mentionné à l'article L. 2224-11-4 mis en œuvre pour la facturation de l'eau et de l'assainissement par le délégataire d'un service public d'eau ou d'assainissement comprend les éléments nécessaires à l'élaboration des factures, des titres de recettes et pièces comptables requises pour la production des quittances et le recouvrement des sommes dues ainsi qu'à la perception et au recouvrement des taxes et droits rattachés et à la gestion des comptes des personnes concernées.

À cette fin, le fichier des abonnés comporte :

— la mention des caractéristiques du compteur d'eau incluant la référence du carnet métrologique et la date de pose du compteur ;

— les éléments relatifs aux facturations réalisées, dans les limites de la prescription mentionnée à l'article L. 137-2 du code de la consommation ;

— les informations relatives aux diligences entreprises sur les réclamations et contentieux en cours ;

— les données relatives à l'identification de l'abonné (dénomination, adresse, identifiant à l'exclusion du numéro national d'identité, et le numéro de téléphone s'il y a lieu), la dénomination et l'adresse du destinataire de la facture ainsi que le mode de paiement ;

— les éléments nécessaires à la facturation des taxes et impositions de toute nature perçues sur la facture d'eau et, le cas échéant, des redevances d'assainissement en application des articles R. 2224-19 à R. 2224-19-6.

II. — Six mois au moins avant l'échéance du contrat de délégation, le délégataire transmet à l'autorité délégante, de manière sécurisée, la copie du fichier des abonnés sous format électronique sécurisé, dans les conditions prescrites par le référentiel général d'interopérabilité mentionné à l'article 11 de l'ordonnance n° 2005-1516 du 8 décembre 2005 relative aux échanges électroniques entre les usagers et les autorités administratives et entre les autorités administratives.

Sont joints à cette transmission :

— le recueil des tarifs appliqués par le service ;

— une note précisant les dispositions prises pour la remise du règlement de service aux abonnés en application de l'article L. 2224-12.

III. — L'autorité délégante ayant reçu le fichier des abonnés en assure la conservation dans des conditions sécurisées et conformément aux dispositions du 5° de l'article 6 de la loi n° 78-17 du 6 janvier 1978 modifiée relative à l'informatique, aux fichiers et aux libertés. Les traitements de données sont soumis aux formalités préalables à la mise en œuvre des traitements définies par la loi mentionnée ci-dessus.

IV. — Les modalités de transmission et de conservation prévues au premier alinéa du II et au III sont également applicables au terme de la convention de délégation de service public, si le délégataire n'est pas reconduit, lors de la remise du fichier des abonnés à la collectivité délégante puis au service chargé de la facturation de l'eau.

Art. R. 2224-19 *(Décr. n° 2007-1339 du 11 sept. 2007)* Tout service public d'assainissement, quel que soit son mode d'exploitation, donne lieu à la perception de redevances d'assainissement établies dans les conditions fixées par les articles R. 2224-19-1 à R. 2224-19-11.

Art. R. 2224-19-1 *(Décr. n° 2007-1339 du 11 sept. 2007)* Le conseil municipal ou l'organe délibérant de l'établissement public compétent pour tout ou partie du service public d'assainissement collectif ou non collectif institue une redevance d'assainissement pour la part du service qu'il assure et en fixe le tarif.

Lorsque le service d'assainissement concerne à la fois l'assainissement collectif et l'assainissement non collectif, deux redevances distinctes sont instituées. Le budget annexe du service d'assainissement ou le budget commun d'eau et d'assainissement établi dans les conditions fixées par l'article L. 2224-6 ou l'état sommaire mentionné à l'article L. 2221-11 doivent faire apparaître dans un état complémentaire la répartition entre les opérations relatives respectivement à l'assainissement collectif et à l'assainissement non collectif. Le compte administratif doit faire apparaître de la même manière cette répartition.

En cas de délégation du service d'assainissement, le tarif de la redevance peut comprendre, outre une part, fixée par la convention de délégation, revenant au délégataire au titre des charges du service qu'il assure, une part revenant à l'autorité délégante destinée à couvrir les dépenses qui demeurent à sa charge.

Art. R. 2224-19-2 *(Décr. n° 2007-1339 du 11 sept. 2007)* La redevance d'assainissement collectif comprend une partie variable et, le cas échéant, une partie fixe.

La partie variable est déterminée en fonction du volume d'eau prélevé par l'usager sur le réseau public de distribution ou sur toute autre source, dont l'usage génère le rejet d'une eau usée collectée par le service d'assainissement. Ce volume est calculé dans les conditions définies aux articles R. 2224-19-3 et R. 2224-19-4.

La partie fixe est calculée pour couvrir tout ou partie des charges fixes du service d'assainissement.

Les volumes d'eau utilisés pour l'irrigation et l'arrosage des jardins, ou pour tout autre usage ne générant pas une eau usée pouvant être rejetée dans le système d'assainissement, dès lors qu'ils proviennent de branchements spécifiques, n'entrent pas en compte dans le calcul de la redevance d'assainissement.

(Décr. n° 2012-1078 du 24 sept. 2012, art. 2) « Lorsqu'un abonné bénéficie d'un écrêtement de la facture d'eau potable dans les conditions prévues par les articles L. 2224-12-4 et R. 2224-20-1, les volumes d'eau imputables aux fuites d'eau sur la canalisation après compteur n'entrent pas dans le calcul de la redevance d'assainissement. Ces volumes d'eau sont évalués en fonction de la différence entre le volume d'eau dont l'augmentation anormale a justifié l'écrêtement de la facture d'eau potable et le volume d'eau moyen consommé déterminé dans les conditions prévues au premier alinéa du III *bis* de l'article L. 2224-12-4. »

Art. R. 2224-19-3 *(Décr. n° 2007-1339 du 11 sept. 2007)* Lorsque la consommation d'eau est calculée de façon forfaitaire, en application du troisième alinéa du I de l'article L. 2224-12-4, la redevance d'assainissement peut être également calculée forfaitairement.

Art. R. 2224-19-4 *(Décr. n° 2007-1339 du 11 sept. 2007)* Toute personne tenue de se raccorder au réseau d'assainissement et qui s'alimente en eau, totalement ou partiellement, à une source qui ne relève pas d'un service public doit en faire la déclaration à la mairie.

Dans le cas où l'usage de cette eau générerait le rejet d'eaux usées collectées par le service d'assainissement, la redevance d'assainissement collectif est calculée :

– soit par mesure directe au moyen de dispositifs de comptage posés et entretenus aux frais de l'usager et dont les relevés sont transmis au service d'assainissement dans les conditions fixées par l'autorité mentionnée au premier alinéa de l'article R. 2224-19-1 ;

– soit, en l'absence de dispositifs de comptage, de justification de la conformité des dispositifs de comptage à la réglementation ou de transmission des relevés, sur la base de critères permettant d'évaluer le volume d'eau prélevé, définis par la même autorité et prenant en compte notamment la surface de l'habitation et du terrain, le nombre d'habitants, la durée du séjour.

Art. R. 2224-19-5 *(Décr. n° 2007-1339 du 11 sept. 2007)* La redevance d'assainissement non collectif comprend une part destinée à couvrir les charges de contrôle de la conception, de l'implantation et de la bonne exécution et du bon fonctionnement des installations et, le cas échéant, une part destinée à couvrir les charges d'entretien de celles-ci.

La part représentative des opérations de contrôle est calculée en fonction de critères définis par l'autorité mentionnée au premier alinéa de l'article R. 2224-19-1 et tenant compte notamment de la situation, de la nature et de l'importance des installations. Ces opérations peuvent donner lieu à une tarification forfaitaire.

La part représentative des prestations d'entretien n'est due qu'en cas de recours au service d'entretien par l'usager. Les modalités de tarification doivent tenir compte de la nature des prestations assurées.

Art. R. 2224-19-6 *(Décr. n° 2007-1339 du 11 sept. 2007)* Indépendamment de la participation aux dépenses de premier établissement, d'entretien et d'exploitation prévues par l'article L. 1331-10 du code de la santé publique, tout déversement d'eaux usées autres que domestiques dans le réseau public d'assainissement donne lieu au paiement, par l'auteur du déversement, d'une redevance d'assainissement assise :

– soit sur une évaluation spécifique déterminée à partir de critères définis par l'autorité mentionnée au premier alinéa de l'article R. 2224-19-1 et prenant en compte notamment l'importance, la nature et les caractéristiques du déversement, ainsi que, s'il y a lieu, la quantité d'eau prélevée ;

– soit selon les modalités prévues aux articles R. 2224-19-2 à R. 2224-19-4. Dans ce cas, la partie variable peut être corrigée pour tenir compte du degré de pollution et de la nature du déversement ainsi que de l'impact réel de ce dernier sur le service d'assainissement. Les coefficients de correction sont fixés par l'autorité mentionnée au premier alinéa de l'article R. 2224-19-1.

Art. R. 2224-19-7 *(Décr. n° 2007-1339 du 11 sept. 2007)* Le recouvrement, à l'exclusion des procédures contentieuses, des redevances pour consommation d'eau et des redevances d'assainissement collectif et non collectif peut être confié à un même organisme qui en fait apparaître le détail sur une même facture.

En cas de recouvrement séparé de ces redevances, l'exploitant du réseau public de distribution d'eau est tenu de communiquer aux services d'assainissement, dans un délai d'un mois à compter de sa propre facturation, les éléments nécessaires au calcul des redevances dues par leurs usagers.

Art. R. 2224-19-8 *(Décr. n° 2007-1339 du 11 sept. 2007)* La facturation des sommes dues par les usagers est faite au nom du titulaire de l'abonnement à l'eau, à défaut au nom du propriétaire du fonds de commerce, à défaut au nom du propriétaire de l'immeuble.

Toutefois, la part de la redevance d'assainissement non collectif qui porte sur le contrôle de la conception, de l'implantation et de la bonne exécution des installations est facturée au propriétaire de l'immeuble.

Art. R. 2224-19-9 *(Décr. n° 2007-1339 du 11 sept. 2007)* À défaut de paiement dans un délai de trois mois à compter de la présentation de la quittance et dans les quinze jours d'une mise en demeure par lettre recommandée avec demande d'avis de réception, la redevance est majorée de 25 %.

Art. R. 2224-19-10 *(Décr. n° 2007-1339 du 11 sept. 2007)* Le produit des redevances d'assainissement est affecté au financement des charges du service d'assainissement.

Ces charges comprennent notamment :

– les dépenses de fonctionnement du service, y compris les dépenses de personnel ;

– les dépenses d'entretien ;

– les charges d'intérêt de la dette contractée pour l'établissement et l'entretien des installations ;

– les charges d'amortissement des immobilisations.

Art. R. 2224-19-11 *(Décr. n° 2007-1339 du 11 sept. 2007)* Le produit des sommes exigibles au titre du troisième alinéa de l'article L. 1331-1 et des articles L. 1331-2, L. 1331-3, L. 1331-6, L. 1331-7, L. 1331-8 et L. 1331-10 du code de la santé publique s'ajoute au produit des redevances ainsi qu'aux autres recettes du service d'assainissement, notamment celles correspondant aux aides et primes d'épuration versées par les agences de l'eau, pour être affecté au financement des charges de ce service.

Art. R. 2224-20 *(Décr. n° 2007-1339 du 11 sept. 2007)* I. — L'autorisation de mise en œuvre d'une tarification de l'eau ne comportant pas de terme directement proportionnel au volume total consommé ne peut être accordée que si la population totale de la commune, de l'établissement public de coopération intercommunale ou du syndicat mixte est inférieure à mille habitants et si la ressource en eau est naturellement abondante dans le sous-bassin ou dans la nappe d'eau souterraine utilisés par le service d'eau potable.

II. — Lorsqu'il est saisi par le maire, le président de l'établissement public de coopération intercommunale ou le président du syndicat mixte compétent d'une demande tendant à autoriser la mise en œuvre d'une tarification de l'eau ne comportant pas de terme directement proportionnel au volume total consommé, le préfet consulte les délégataires de service public intéressés et les associations départementales de consommateurs agréées en application de l'article L. 411-1 du code de la consommation par arrêté préfectoral ou du fait de leur affiliation à une association nationale elle-même agréée.

Les avis sont réputés favorables s'ils n'interviennent pas dans un délai de deux mois à compter de la date de la demande d'avis.

III. — Lorsque l'autorisation est accordée, la tarification mise en œuvre dans la commune, l'établissement public de coopération intercommunale ou le syndicat mixte comporte une partie forfaitaire identique pour tous les usagers ou variable selon les besoins de ceux-ci.

IV. — L'autorisation est reconduite tacitement chaque année. Toutefois, si pendant trois années consécutives les conditions de délivrance de l'autorisation ne sont plus remplies par la commune, l'établissement public de coopération intercommunale ou le syndicat mixte, le préfet met fin à l'autorisation par un arrêté motivé.

Dans un délai de deux ans à compter de la date de publication de cet arrêté, la tarification de l'eau dans la commune, l'établissement public de coopération intercommunale ou le syndicat mixte est mise en conformité avec les premier et deuxième alinéas du I de l'article L. 2224-12-4.

V. — En Corse, la mise en œuvre du régime de tarification prévu au présent article est autorisée, selon les mêmes conditions, par délibération de l'Assemblée de Corse.

Art. R. 2224-20-1 *(Décr. n° 2012-1078 du 24 sept. 2012, art. 1er)* I. — Les dispositions du III *bis* de l'article L. 2224-12-4 s'appliquent aux augmentations de volume d'eau consommé dues à une fuite sur une canalisation d'eau potable après compteur, à l'exclusion des fuites dues à des appareils ménagers et des équipements sanitaires ou de chauffage.

II. — Lorsque le service d'eau potable constate une augmentation anormale de consommation au vu du relevé de compteur enregistrant la consommation d'eau effective de l'abonné, il en informe l'abonné par tout moyen et au plus tard lors de l'envoi de la facture établie d'après ce relevé. Cette information précise les démarches à effectuer pour bénéficier de l'écrêtement de la facture prévu au III *bis* de l'article L. 2224-12-4.

L'attestation d'une entreprise de plomberie à produire par l'abonné indique que la fuite a été réparée en précisant la localisation de la fuite et la date de la réparation.

Le service peut procéder à tout contrôle nécessaire. En cas d'opposition à *[au]* contrôle, le service engage, s'il y a lieu, les procédures de recouvrement.

III. — Lorsque l'abonné, faute d'avoir localisé une fuite, demande la vérification du bon fonctionnement du compteur en application du troisième alinéa du III *bis* de l'article L. 2224-12-4, le service lui notifie sa réponse dans le délai d'un mois à compter de la demande dont il est saisi.

Art. R. 2224-21 *(Décr. n° 2007-1339 du 11 sept. 2007)* Les distributions municipales d'eau potable s'assurent du respect des exigences fixées par l'article R. 1321-2 du code de la santé publique pour les eaux destinées à la consommation humaine.

Art. R. 2224-22 *(Décr. n° 2008-652 du 2 juill. 2008)* Tout dispositif de prélèvement, puits ou forage, dont la réalisation est envisagée pour obtenir de l'eau destinée à un usage domestique au sens de l'article R. 214-5 du code de l'environnement, est déclaré au maire de la commune sur le territoire de laquelle cet ouvrage est prévu, au plus tard un mois avant le début des travaux.

La déclaration est faite par le propriétaire de l'ouvrage ou, s'il est différent, son utilisateur.

Elle indique notamment :

1° Les nom et adresse du propriétaire de l'ouvrage et, le cas échéant, ceux de l'utilisateur ;

2° La localisation précise de l'ouvrage et ses principales caractéristiques ;

3° Le ou les usages auxquels l'eau prélevée est destinée ;

4° S'il est prévu que l'eau prélevée sera utilisée dans un réseau de distribution d'eau intérieur à une habitation ;

5° S'il est prévu que tout ou partie de l'eau obtenue de l'ouvrage sera rejetée dans le réseau public de collecte des eaux usées.

Un arrêté conjoint des ministres chargés de l'environnement, de l'intérieur et de la santé précise le contenu de cette déclaration.

Art. R. 2224-22-1 *(Décr. nº 2008-652 du 2 juill. 2008)* Le déclarant complète la déclaration dans un délai d'un mois suivant l'achèvement des travaux en communiquant au maire :

1° La date à laquelle l'ouvrage a été achevé ;

2° Les modifications éventuellement apportées à l'un des éléments de la déclaration initiale ;

3° Une analyse de la qualité de l'eau lorsque l'eau est destinée à la consommation humaine, au sens de l'article R. 1321-1 du code de la santé publique. Le prélèvement et l'analyse sont effectués par un laboratoire agréé par le ministère chargé de la santé.

Art. R. 2224-22-2 *(Décr. nº 2008-652 du 2 juill. 2008)* Le maire accuse réception, y compris par voie électronique, de la déclaration initiale et des informations qui la complètent dans les meilleurs délais et au plus tard un mois après la date de réception.

Le maire qui enregistre cette déclaration et ces informations dans la base de données mise en place à cet effet par le ministère chargé de l'écologie est réputé s'acquitter de l'obligation de mise à disposition qui lui est faite par l'article L. 2224-9.

Art. R. 2224-22-3 *(Décr. nº 2008-652 du 2 juill. 2008)* Le contrôle prévu par l'article L. 2224-12 comporte notamment :

1° Un examen des parties apparentes du dispositif de prélèvement de l'eau, du puits ou du forage, notamment des systèmes de protection et de comptage ;

2° Le constat des usages de l'eau effectués ou possibles à partir de cet ouvrage ;

3° La vérification de l'absence de connexion du réseau de distribution de l'eau provenant d'une autre ressource avec le réseau public de distribution d'eau potable.

Un arrêté conjoint des ministres chargés de l'environnement, de l'intérieur et de la santé précise le contenu du contrôle. — *Ces dispositions ne sont pas applicables à Mayotte.*

Art. R. 2224-22-4 *(Décr. nº 2008-652 du 2 juill. 2008)* Le règlement du service de distribution d'eau potable organise les modalités d'exercice du contrôle prévu par l'article L. 2224-12, dans le respect des règles énoncées au présent article.

Le service chargé du contrôle informe l'abonné de la date du contrôle au plus tard sept jours ouvrés avant celui-ci.

Sont seuls autorisés à procéder aux contrôles les agents nommément désignés par le responsable du service.

Le contrôle est effectué en présence de l'abonné ou de son représentant.

L'accès et la visite des lieux sont limités aux seules nécessités du contrôle.

Le service notifie à l'abonné le rapport de visite.

Hors les cas visés par l'article R. 2224-22-5, un nouveau contrôle portant sur le même ouvrage et pour un même abonné ne peut être effectué avant l'expiration d'une période de cinq années.

Le règlement de service fixe les tarifs des contrôles, en fonction des coûts exposés pour les réaliser.

Art. R. 2224-22-5 *(Décr. nº 2008-652 du 2 juill. 2008)* Lorsqu'il apparaît que la protection du réseau public de distribution d'eau potable contre tout risque de pollution n'est pas garantie par l'ouvrage ou les installations intérieures contrôlés, le rapport de visite expose la nature des risques constatés et fixe les mesures à prendre par l'abonné dans un délai déterminé.

Dans ce cas, le rapport de visite est également adressé au maire de la commune concernée.

À l'expiration du délai fixé par le rapport, le service peut organiser une nouvelle visite de contrôle et procéder, si les mesures prescrites n'ont pas été exécutées, après une mise en demeure restée sans effet, à la fermeture du branchement d'eau potable.

Art. R. 2224-22-6 *(Décr. n° 2008-652 du 2 juill. 2008)* Le service adresse au maire avant le 1er avril de chaque année un bilan des contrôles effectués au cours de l'année précédente sur le territoire de la commune.

SECTION 3 Déchets des ménages et autres déchets

(Décr. n° 2016-288 du 10 mars 2016, art. 1er)

Art. R. 2224-23 Au sens de la présente section, on entend par :

1° "Déchet" : tout déchet tel que défini à l'article L. 541-1-1 du code de l'environnement ;

2° "Déchets ménagers" : les déchets ménagers tels que définis à l'article R. 541-8 du code de l'environnement ;

3° "Déchets assimilés" : les déchets collectés par le service public de gestion des déchets dont le producteur n'est pas un ménage ;

4° "Ordures ménagères résiduelles" : les déchets ménagers et les déchets assimilés collectés en mélange ;

5° "Biodéchets" : les biodéchets tels que définis à l'article *(Décr. n° 2020-1573 du 11 déc. 2020, art. 6)* « L. 541-1-1 » du code de l'environnement ;

6° "Tri à la source" : le tri à la source tel que défini à l'article *(Décr. n° 2020-1573 du 11 déc. 2020, art. 6)* « L. 541-1-1 » du code de l'environnement ;

7° "Collecte" : toute opération de ramassage des déchets, y compris leur tri et leur stockage préliminaires, en vue de leur transport vers une installation de traitement des déchets ;

8° "Collecte en porte à porte" : toute collecte à partir d'un emplacement situé au plus proche des limites séparatives de propriétés dans la limite des contraintes techniques et de sécurité du service ;

9° "Collecte séparée" : la collecte séparée telle que définie à l'article *(Décr. n° 2020-1573 du 11 déc. 2020, art. 6)* « L. 541-1-1 » du code de l'environnement. La collecte des ordures ménagères résiduelles n'est pas une collecte séparée ;

10° "Modalités de collecte" : l'ensemble des caractéristiques techniques et organisationnelles de la collecte ;

11° "Zone agglomérée" : toute zone au tissu bâti continu ne présentant pas de coupure de plus de 200 mètres entre deux constructions.

Art. R. 2224-24 I. — Dans les zones agglomérées groupant plus de 2 000 habitants permanents, qu'elles soient comprises dans une ou plusieurs communes, les ordures ménagères résiduelles sont collectées au moins une fois par semaine en porte à porte.

II. — Dans les autres zones, les ordures ménagères résiduelles sont collectées au moins une fois toutes les deux semaines en porte à porte.

III. — Dans les communes touristiques au sens de l'article L. 133-11 du code du tourisme et en périodes touristiques dans les zones agglomérées groupant plus de 2 000 habitants, les ordures ménagères résiduelles sont collectées au moins une fois par semaine en porte à porte.

IV. — Les dispositions des I, II et III ne s'appliquent pas dans les zones où a été mise en place une collecte des ordures ménagères résiduelles par apport volontaire, dès lors que cette collecte offre un niveau de protection de la salubrité publique et de l'environnement ainsi qu'un niveau de qualité de service à la personne équivalents à ceux de la collecte en porte à porte.

Art. R. 2224-25 Dans les communes ou groupements de communes où sont aménagés des terrains de camping, des terrains de stationnement de caravanes ou des aires d'accueil au sens de la loi n° 2000-614 du 5 juillet 2000 relative à l'accueil et à l'habitat des gens du voyage *[V. ss. art. L. 2212-2]*, la collecte des ordures ménagères résiduelles sur ces terrains ou aires d'accueil est assurée au moins une fois par semaine pendant leur période d'ouverture ou d'occupation, à partir d'un point de dépôt spécialement aménagé sur ces terrains ou aires d'accueil ou à leur proximité immédiate.

Art. R. 2224-25-1 Les obligations relatives aux fréquences et modalités de collecte prévues aux articles R. 2224-24 et R. 2224-25 ne s'appliquent pas dans les zones où les biodéchets font l'objet d'une collecte séparée, ou d'un tri à la source permettant de traiter une quantité de biodéchets équivalente à la quantité de biodéchets qu'une collecte séparée permet de collecter.

Art. R. 2224-26 I. – Le maire ou le président du groupement de collectivités territoriales compétent en matière de collecte des déchets fixe par arrêté motivé, après avis de l'organe délibérant de la commune ou du groupement de collectivités territoriales compétent pour la collecte des déchets ménagers, les modalités de collecte des différentes catégories de déchets.

II. – L'arrêté mentionné au I précise les modalités de collecte spécifiques applicables aux déchets volumineux et, le cas échéant, aux déchets dont la gestion est faite dans le cadre d'une filière à responsabilité élargie du producteur au sens de l'article L. 541-10 du code de l'environnement.

Il précise également la quantité maximale de déchets pouvant être prise en charge chaque semaine par le service public de gestion des déchets auprès d'un producteur qui n'est pas un ménage.

III. – La durée de validité de cet arrêté est au plus de six ans.

Art. R. 2224-27 Le maire ou le président du groupement de collectivités territoriales compétent en matière de collecte des déchets porte à la connaissance des administrés les modalités de collecte mentionnées à l'article R. 2224-26 par la mise à disposition d'un guide de collecte. Dans les communes disposant d'un site internet, le guide de collecte est, sauf si ses caractéristiques ne le permettent pas, mis à disposition du public par voie électronique.

Art. R. 2224-28 Le guide de collecte mentionné à l'article R. 2224-27 comporte au minimum les éléments suivants :

– les modalités de collecte des différentes catégories de déchets ;

– les règles d'attribution et d'utilisation des contenants pour la collecte, notamment pour ce qui concerne la collecte en porte à porte ;

– les modalités de collecte des ordures ménagères résiduelles ;

– les modalités des collectes séparées ;

– les modalités d'apport des déchets en déchèterie ;

– les conditions et les limites de prise en charge des déchets assimilés par le service public de gestion des déchets, en précisant notamment les types de déchets qui ne sont pas pris en charge ;

– le mécanisme de financement du service public de gestion des déchets ;

– les sanctions encourues en cas de non-respect des dispositions de l'arrêté mentionné au I de l'article R. 2224-26.

Art. R. 2224-29 Le préfet peut édicter des dispositions dérogeant temporairement ou de façon saisonnière aux articles R. 2224-24 et R. 2224-25, par arrêté motivé, pris après avis de l'organe délibérant des communes ou des groupements de collectivités territoriales compétents pour la collecte des déchets des ménages et du conseil départemental de l'environnement et des risques sanitaires et technologiques.

Ces dispositions sont prises pour une durée ne pouvant excéder six ans.

Art. R. 2224-29-1 Pour l'application des articles R. 2224-26 et R. 2224-29, l'avis de l'organe délibérant de la commune ou du groupement de collectivités territoriales est réputé favorable lorsque celui-ci, régulièrement requis et convoqué, refuse de délibérer ou n'émet pas d'avis favorable à l'issue d'un délai de trois mois à compter de la réception de la demande d'avis.

SECTION 4 Halles, marchés et poids publics

Art. R. 2224-30 Dans le cas prévu à l'article L. 2224-21, la mise en demeure est adressée à la commune par le préfet sous la forme d'un arrêté pris sur le rapport du directeur départemental de l'équipement. – *[C. communes, art. R.* 376-1.]*

Art. R. 2224-31 Un décret contresigné par le ministre chargé de l'équipement et le ministre de l'Intérieur peut, conformément à l'article L. 2224-22, étendre l'application des dispositions des articles L. 2224-20 et L. 2224-21 aux déviations mentionnées à l'article L. 2224-22. – *[C. communes, art. R.* 376-2.]*

SECTION 5 Abattoirs

Art. R. 2224-32 *Abrogé par Décr. n° 2009-1769 du 30 déc. 2009.*

SECTION 6 Distribution et production d'électricité

SOUS-SECTION 1 Régies d'électricité *(Décr. n° 2016-496 du 21 avr. 2016, art. 1er).*

Art. R. 2224-33 Les services de distribution d'énergie électrique, constitués en régie jusqu'au 18 février 1930 et exploités directement par les communes ou les syndicats de communes, sont soumis aux règles définies par le décret du 8 octobre 1917 portant règlement d'administration publique pour l'application de la loi du 15 juin 1906 et fixant les conditions de l'exploitation en régie des distributions d'énergie électrique par les communes ou les syndicats de communes.

Les régies municipales constituées après le 18 février 1930 pour la distribution d'énergie électrique sont soumises aux dispositions des chapitres I *[V. art. R. 2221-1 s.]* et II *[V. art. R. 2222-1 s.]* et de la section 1 *[V. art. D. 2224-1 s.]* du chapitre IV du titre II du présent livre. – *[C. communes, art. R.** 375-3 et R.** 375-2.]*

SOUS-SECTION 2 Compte rendu annuel d'activité des concessions d'électricité

(Décr. n° 2016-496 du 21 avr. 2016, art. 1er)

§ 1 Dispositions communes

Art. D. 2224-34 Les organismes de distribution d'électricité mentionnés au troisième alinéa de l'article L. 2224-31 et les fournisseurs d'électricité aux tarifs réglementés mentionnés au troisième alinéa de l'article L. 121-5 du code de l'énergie titulaires d'un contrat de concession communiquent à l'autorité concédante, au plus tard le 1er juin de chaque année, un compte rendu annuel d'activité retraçant les conditions d'exécution de ce contrat durant l'année civile écoulée.

Lorsque les missions du service public concédé sont assurées conjointement par deux entreprises distinctes, elles établissent un compte rendu distinguant les informations relevant de l'activité de distribution publique d'électricité et celles liées à l'activité de fourniture aux tarifs réglementés.

Art. D. 2224-35 Le compte rendu prévu à l'article D. 2224-34 tient compte des spécificités des missions de développement et d'exploitation des réseaux publics de distribution d'électricité et de fourniture d'électricité aux tarifs réglementés de vente, notamment des principes de péréquation tarifaire et de régulation nationale.

Il respecte les principes comptables de permanence des méthodes et d'indépendance des exercices définis aux articles L. 123-17 et L. 123-21 du code de commerce et assure la comparabilité des données d'un exercice sur l'autre. La méthodologie mise en œuvre pour assurer cette comparabilité est précisée dans le compte rendu.

Toute modification de méthode comptable est portée à la connaissance de l'autorité concédante et explicitée dans le compte rendu afférent au premier exercice concerné.

Art. D. 2224-36 Lorsque la zone de desserte d'un organisme de distribution et d'un fournisseur aux tarifs réglementés de vente coïncide avec le territoire d'une même concession, les informations nécessaires à l'établissement de ce compte rendu sont enregistrées et communiquées pour le territoire couvert par cette concession.

Lorsque la zone de desserte d'un organisme de distribution et d'un fournisseur aux tarifs réglementés de vente couvre le territoire de plusieurs concessions, ces informations sont communiquées concession par concession. Celles de ces informations qui, pour des motifs d'efficacité technique ou économique ou en raison des spécificités de l'activité, sont enregistrées sur un territoire excédant celui de chaque concession concernée sont communiquées concession par concession au moyen de clés de répartition adaptées et précisées dans le compte rendu.

Les modalités d'établissement des clés de répartition et leur valeur sont identiques dans l'ensemble de la zone de desserte. Toute modification des clés de répartition fait l'objet d'une concertation avec les autorités concédantes et est justifiée dans le compte rendu annuel.

Les informations de nature statistique sont communiquées, dans la mesure du possible, concession par concession. Toutefois, celles qui ne sont pas susceptibles de répartition peuvent porter sur plusieurs concessions.

§ 2 Dispositions concernant les sociétés mentionnées au 1° de l'article L. 111-52 et à l'article L. 111-67 du code de l'énergie

Art. D. 2224-37 Les sociétés mentionnées au 1° de l'article L. 111-52 et à l'article L. 111-67 du code de l'énergie établissent, pour chaque contrat de concession dont elles sont titulaires, un compte rendu annuel d'activité de la concession qui comprend :

1° Une analyse de la qualité du service rendu aux usagers ;

2° Les informations relatives à la politique d'investissement et de maintenance des réseaux ;

3° Les éléments financiers liés à l'exploitation de la concession ;

4° La consistance du patrimoine concédé ;

5° Les évolutions juridiques, économiques, techniques ou commerciales notables.

Art. D. 2224-38 L'analyse de la qualité du service présente, au moyen d'indicateurs portant sur chacune des missions du service concédé, le niveau de la qualité du service rendu aux usagers et, pour le service de la distribution, de la qualité de l'énergie distribuée. Sous réserve des dispositions du dernier alinéa de l'article D. 2224-36, ces indicateurs sont communiqués au périmètre de la concession, à l'exception de ceux relatifs à la qualité de l'énergie distribuée, qui peuvent être également communiqués à un périmètre plus précis à la demande de l'autorité concédante. Ces indicateurs sont arrêtés par le ministre chargé de l'énergie, sans préjudice d'autres indicateurs convenus entre les parties aux contrats de concession.

Cette analyse comporte également une présentation des mesures prises par le concessionnaire pour répondre aux exigences de qualité du service définies par la réglementation et les contrats de concession.

Art. D. 2224-39 Les informations relatives à la politique d'investissement et de maintenance des réseaux concédés comprennent :

1° Le compte rendu de la politique d'investissement et de développement des réseaux mentionné au troisième alinéa du I de l'article L. 2224-31 ; ce compte-rendu identifie les investissements menés par finalité ainsi que la localisation et le montant de ces opérations ;

2° Des éléments relatifs aux travaux de gros entretien réalisés sur les ouvrages de la concession ;

3° Les éléments prévisionnels relatifs aux investissements du concessionnaire, y compris les aspects liés à la répartition du financement des postes source et au raccordement des producteurs.

Art. D. 2224-40 Les éléments financiers liés à l'exploitation de la concession comprennent les méthodes et les éléments de calcul retenus pour la détermination des produits et charges ainsi que :

1° Au titre de la mission de développement et d'exploitation des réseaux publics de distribution d'électricité :

a) Les rubriques des produits liés à l'exploitation courante de la concession :

– les recettes d'acheminement résultant de l'application du tarif d'utilisation des réseaux mentionné à l'article L. 341-2 du code de l'énergie, par type d'usager final en fonction du domaine de tension et de la puissance maximale souscrite : HTA, BT de puissance supérieure à 36 kVA, BT de puissance inférieure à 36 kVA ;

– les recettes de raccordement, de prestations annexes et autres recettes ;

— la production stockée et immobilisée ;

— les reprises sur amortissements, en distinguant les reprises d'amortissements de financements du concédant des autres types de reprises, ainsi que les reprises sur provisions, en distinguant les reprises de provisions pour renouvellement et les reprises d'autres catégories de provisions ;

— le total des autres produits d'exploitation ;

b) Les rubriques des charges liées à l'exploitation courante de la concession :

— les charges d'exploitation retracent les achats, y compris le coût d'accès au réseau amont et la couverture des pertes, les charges de personnel, les redevances impôts et taxes, les charges centrales ainsi que les autres charges ;

— les dotations aux amortissements et aux provisions retracent les dotations aux amortissements des biens en concession en distinguant l'amortissement des financements du concessionnaire de celui des financements de l'autorité concédante et des tiers, les autres amortissements, les dotations aux provisions relatives aux biens en concession, les autres dotations d'exploitation ;

2° Au titre de la mission de fourniture aux tarifs réglementés de vente et établis au regard des quantités facturées dans l'année aux clients de la concession bénéficiant de ces tarifs :

— le chiffre d'affaires ;

— les coûts commerciaux, établis, pour les clients de la concession, sur la base des coûts nationaux de l'exercice considéré correspondant à ceux communiqués par le fournisseur aux tarifs réglementés de vente à la Commission de régulation de l'énergie.

Les rubriques mentionnées aux *a* et *b* du 1° sont présentées sous la forme d'un tableau qui reprend les postes d'un compte de résultat et mentionne les produits et charges exceptionnels.

Pour la France métropolitaine continentale, les informations sont communiquées pour les clients de la concession raccordés aux réseaux publics de distribution d'électricité bénéficiant du tarif réglementé de vente dit "bleu" mentionné à l'article R. 337-18 du code de l'énergie.

Les éléments mentionnés aux 1° et 2° sont accompagnés d'une présentation des perspectives d'évolution des grandes rubriques de charges et de produits du concessionnaire dans le cadre tarifaire en vigueur.

Art. D. 2224-41 La présentation du patrimoine concédé est relative aux ouvrages dont l'autorité concédante est propriétaire en vertu du premier alinéa de l'article L. 322-4 du code de l'énergie, identifiés par catégories d'ouvrages. Elle indique, pour chacune de ces catégories, leur valeur brute et sa variation annuelle, leur valeur nette comptable, leur valeur de remplacement et le montant des provisions pour renouvellement constituées annuellement et cumulées, ainsi que la synthèse des passifs spécifiques qui leur sont attachés et leur durée d'amortissement.

Le tableau de variation des valeurs brutes fait apparaître, pour l'exercice considéré, les sorties d'actif, les sources de financement des ouvrages mis en service dans l'année, en détaillant les apports financiers du concédant et des tiers, ainsi que les apports nets du concessionnaire.

La synthèse des passifs spécifiques distingue les financements respectifs du concédant et du concessionnaire, les amortissements de financements du concédant et le solde de la provision pour renouvellement.

Art. D. 2224-42 Le compte rendu annuel d'activité présente les évolutions d'ordre juridique, économique, technique ou commercial intéressant les activités concédées et les modalités de leur prise en compte par chaque entreprise concessionnaire ayant des effets sur l'exploitation de la concession.

Le compte rendu précise notamment l'évolution de l'organisation des concessionnaires, des services rendus aux usagers de la concession et l'organisation de ces services pour le territoire de la concession.

Art. D. 2224-43 Le compte rendu annuel d'activité est rendu accessible à l'autorité concédante à partir d'un site internet au plus tard dans les trente jours suivant la communication qui lui en est faite.

Art. D. 2224-44 Le concessionnaire tient à la disposition de l'autorité concédante, dans les conditions prévues par le contrat de concession, les plans des ouvrages de réseau, établis à moyenne échelle, comportant notamment le tracé des ouvrages. Celui-ci indique le niveau de tension, la nature, la section et la technologie des conducteurs ainsi que la localisation, la fonction et les caractéristiques techniques des postes de transformation et des organes de coupure.

La mise à disposition des informations mentionnées au précédent alinéa est réalisée sous un format électronique compatible avec les systèmes d'information géographique usuels.

Art. D. 2224-45 L'inventaire détaillé et localisé des ouvrages, distinguant les biens de retour, les biens de reprise de la concession et les biens propres affectés au service, est communiqué, à sa demande, à l'autorité concédante par l'organisme de distribution d'électricité. Le contenu de l'inventaire et ses délais de production sont arrêtés par le ministre chargé de l'énergie, après avis des organismes représentatifs des autorités concédantes et des organismes de distribution d'électricité.

§ 3 Dispositions concernant les entreprises locales de distribution pour les activités mentionnées aux articles L. 111-52 et L. 121-5 du code de l'énergie

Art. D. 2224-46 Les entreprises locales de distribution transmettent chaque année aux autorités concédantes dont elles dépendent le compte de résultat relatif à la fourniture d'électricité aux tarifs réglementés de vente et le compte de résultat relatif à la gestion du réseau public de distribution d'électricité mentionnés à l'article L. 111-84 du code de l'énergie, établis au périmètre de leur zone de desserte.

En accord avec l'autorité concédante, elles transmettent tout ou partie des éléments mentionnés aux 1°, 2°, 4° et 5° de l'article D. 2224-37 ; par dérogation à l'article D. 2224-36, ces documents sont établis à un périmètre fixé d'un commun accord avec l'autorité concédante.

SECTION 7 Distribution de gaz naturel

(Décr. n° 2016-495 du 21 avr. 2016, art. 1er)

Art. D. 2224-48 Les organismes de distribution de gaz naturel mentionnés au I de l'article L. 111-53 du code de l'énergie communiquent à l'autorité concédante, avant le 1er juin de chaque année, un compte rendu annuel retraçant les opérations afférentes à l'exécution du contrat de concession au titre de l'année civile écoulée.

Ce compte rendu comporte une analyse de la qualité de service, une description des réseaux publics de distribution de gaz concédés et un compte d'exploitation.

Il tient compte des spécificités du secteur de la distribution publique de gaz naturel, notamment de la péréquation des tarifs d'utilisation des réseaux publics de distribution de gaz naturel dans les zones de desserte exclusives des organismes de distribution concernés.

Art. D. 2224-49 Les informations figurant dans le compte rendu portent sur l'ensemble du périmètre de la concession ; elles sont établies au besoin sur la base d'une méthode de répartition des données qui est détaillée dans le compte rendu.

Le compte rendu respecte les principes comptables de permanence des méthodes et d'indépendance des exercices définis aux articles L. 123-17 et L. 123-21 du code de commerce et assure la comparabilité des données d'un exercice sur l'autre.

L'organisme de distribution tient à disposition de l'autorité concédante les pièces justificatives des éléments figurant dans le compte rendu ainsi qu'un inventaire établi ouvrage par ouvrage et comprenant les informations mentionnées au *a* du 2° de l'article D. 2224-50.

Art. D. 2224-50 Le compte rendu comprend les informations suivantes :

1° Une analyse de la qualité du service rendu par l'organisme de distribution, appréciée en fonction d'indicateurs portant sur :

a) Ses missions d'exploitation et de maintenance du réseau, de gestion de la clientèle et de développement de l'utilisation du réseau ;

b) L'accès des tiers au réseau ;

c) Sa connaissance des ouvrages de distribution publique de gaz naturel concédés ;

2° Une description des réseaux publics de distribution de gaz concédés comportant les éléments suivants :

a) Un inventaire des ouvrages identifiés par le contrat de concession comme biens de retour et comme biens de reprise, établi par famille d'ouvrages et distinguant, lorsque l'information est disponible, s'il s'agit d'ouvrages de premier établissement ou de renouvellement. Cet inventaire indique la valeur initiale ou brute des ouvrages et l'origine de leur financement ainsi que leur valeur nette, réévaluée selon les principes de fixation des tarifs d'utilisation des réseaux publics de distribution de gaz naturel pour ceux financés par l'organisme de distribution ;

b) Un compte rendu de la politique d'investissement et de développement des réseaux précisant les investissements réalisés et comportant une prévision des investissements futurs pour les trois années civiles à venir pour les concessions dont la moyenne des investissements réalisés au cours des trois dernières années est supérieure à un montant fixé par arrêté du ministre chargé de l'énergie ;

3° Le compte d'exploitation de la concession, présentant la contribution du contrat de concession concerné, qu'elle soit positive ou négative, à la péréquation du tarif d'utilisation des réseaux publics de distribution de gaz naturel dans la zone de desserte exclusive concernée.

Pour l'établissement du compte d'exploitation, les recettes et les charges sont détaillées sur l'ensemble du périmètre de la concession, par affectation directe ou au moyen de clés de répartition identiques pour l'ensemble des concessions du gestionnaire de réseau. Les principes d'élaboration des charges présentées dans ce compte sont cohérents avec les principes de fixation du tarif péréqué d'utilisation des réseaux publics de distribution de gaz naturel ; en particulier, les charges relatives aux investissements correspondent à celles calculées selon la méthode retenue par la Commission de régulation de l'énergie.

Art. D. 2224-51 Les modalités d'application des dispositions de l'article D. 2224-50 sont précisées par arrêté du ministre chargé de l'énergie ; elles peuvent être adaptées en fonction du nombre de clients desservis par l'organisme de distribution de gaz naturel.

Cet arrêté définit notamment :

1° Les principaux indicateurs mentionnés au 1° de l'article D. 2224-50 et leurs modalités d'élaboration ;

2° Les familles d'ouvrages mentionnées au *a* du 2° de l'article D. 2224-50 ;

3° Le mode de calcul de la valeur nette réévaluée des ouvrages présentée dans l'inventaire mentionné au *a* du 2° de l'article D. 2224-50 ;

4° Le montant de la moyenne des investissements réalisés sur une concession au-delà duquel l'organisme de distribution fournit la prévision des investissements futurs mentionnée au *b* du 2° de l'article D. 2224-50 ;

5° Les informations qui figurent au compte rendu de la politique d'investissement et de développement mentionné au *b* du 2° de l'article D. 2224-50 et les méthodes mises en œuvre pour élaborer les prévisions d'investissements ;

6° Les rubriques du compte d'exploitation, le mode d'affectation des charges aux concessions, notamment les principales clés de répartition utilisées, le mode de calcul des charges relatives aux investissements et le mode de calcul de la contribution à la péréquation du tarif d'utilisation des réseaux publics de distribution de gaz naturel.

Art. D. 2224-52 L'autorité concédante peut demander à l'organisme de distribution de gaz naturel de lui fournir toute information d'ordre économique, commercial, industriel, financier ou technique nécessaire à l'exercice du contrôle mentionné à l'article L. 2224-31.

CHAPITRE V DÉFENSE EXTÉRIEURE CONTRE L'INCENDIE

(*Décr. n° 2015-235 du 27 févr. 2015, art. 2*)

SECTION 1 Règles et procédures

Art. R. 2225-1 Pour assurer la défense extérieure contre l'incendie, les points d'eau nécessaires à l'alimentation en eau des moyens des services d'incendie et de secours sont dénommés "points d'eau incendie".

Les points d'eau incendie sont constitués d'ouvrages publics ou privés utilisables en permanence par les services d'incendie et de secours. Outre les bouches et poteaux d'incendie normalisés, peuvent être retenus à ce titre des points d'eau naturels ou artificiels et d'autres prises d'eau.

La mise à disposition d'un point d'eau pour être intégré aux points d'eau incendie requiert l'accord de son propriétaire.

Tout point d'eau incendie est caractérisé par sa nature, sa localisation, sa capacité et la capacité de la ressource qui l'alimente.

Art. R. 2225-2 Un référentiel national définit les principes de conception et d'organisation de la défense extérieure contre l'incendie et les dispositions générales relatives à l'implantation et à l'utilisation des points d'eau incendie.

Il traite notamment :

1° Des différentes modalités de création, d'aménagement, de gestion et d'accessibilité des points d'eau incendie identifiés ;

2° Des caractéristiques techniques des points d'eau incendie ainsi que des modalités de leur signalisation ;

3° Des conditions de mise en service et de maintien en condition opérationnelle de ces points d'eau incendie ;

4° De l'objet des contrôles techniques, des actions de maintenance et des reconnaissances opérationnelles ;

5° Des modalités d'échange d'informations entre les services départementaux d'incendie et de secours et les services publics de l'eau ;

6° Des informations relatives aux points d'eau incendie donnant lieu à recensement et traitement au niveau départemental et des modalités de leur communication aux maires ou aux présidents d'établissement public de coopération intercommunale à fiscalité propre lorsqu'ils sont compétents.

Ce référentiel peut présenter différentes solutions techniques pour chacun de ces domaines. En est exclue toute prescription aux exploitants d'installations classées pour la protection de l'environnement prévues aux articles L. 511-1 et L. 511-2 du code de l'environnement.

Il est pris par arrêté des ministres chargés de la sécurité civile, des collectivités territoriales, de l'écologie, de l'équipement, de l'agriculture et de la santé. — *V. Arr. du 15 déc. 2015 (JO 30 déc.).*

Art. R. 2225-3 I. — Un règlement départemental fixe pour chaque département les règles, dispositifs et procédures de défense extérieure contre l'incendie.

Ce règlement a notamment pour objet de :

1° Caractériser les différents risques présentés par l'incendie, en particulier des différents types de bâtiment, d'habitat, ou d'urbanisme ;

2° Préciser la méthode d'analyse et les besoins en eau pour chaque type de risque ;

3° Préciser les modalités d'intervention en matière de défense extérieure contre l'incendie des communes, des établissements publics de coopération intercommunale lorsqu'ils sont compétents, du service départemental d'incendie et de secours, des services publics de l'eau, des gestionnaires des autres ressources d'eau et des services de l'État chargés de l'équipement, de l'urbanisme, de la construction, de l'aménagement rural et de la protection des forêts contre l'incendie, ainsi que, le cas échéant, d'autres acteurs et notamment le département et les établissements publics de l'État concernés ;

4° Intégrer les besoins en eau définis par les plans départementaux ou interdépartementaux de protection des forêts contre les incendies prévus aux articles L. 133-2 et R. 133-1 et suivants du code forestier (nouveau) ;

5° Fixer les modalités d'exécution et la périodicité des contrôles techniques, des actions de maintenance et des reconnaissances opérationnelles des points d'eau incendie ;

6° Définir les conditions dans lesquelles le service départemental d'incendie et de secours apporte son expertise en matière de défense extérieure contre l'incendie aux maires ou aux présidents d'établissements public de coopération intercommunale à fiscalité propre lorsqu'ils sont compétents ;

7° Déterminer les informations qui doivent être fournis par les différents acteurs sur les points d'eau incendie.

II. – Le règlement départemental de défense extérieure contre l'incendie prend en compte les dispositions du référentiel national prévu à l'article R. 2225-2 et les adapte à la situation du département.

Il est établi sur la base de l'inventaire des risques du schéma départemental d'analyse et de couverture des risques prévu à l'article L. 1424-7 et en cohérence avec les autres dispositions de ce schéma.

En est exclue toute prescription aux exploitants d'installations classées pour la protection de l'environnement prévues aux articles L. 511-1 et L. 511-2 du code de l'environnement.

III. – Ce règlement est élaboré par le service départemental d'incendie et de secours en application des dispositions de l'article L. 1424-2. Il est établi en concertation avec les maires et l'ensemble des acteurs concourant à la défense extérieure contre l'incendie.

Il est arrêté par le préfet de département après avis du conseil d'administration du service départemental d'incendie et de secours.

Il est publié au recueil des actes administratifs de la préfecture.

Il est modifié et révisé à l'initiative du préfet de département dans les conditions prévues aux alinéas précédents.

Art. R. 2225-4 Conformément aux dispositions du règlement départemental, le maire, ou le président de l'établissement public de coopération intercommunale à fiscalité propre lorsqu'il est compétent :

1° Identifie les risques à prendre en compte ;

2° Fixe, en fonction de ces risques, la quantité, la qualité et l'implantation des points d'eau incendie identifiés pour l'alimentation en eau des moyens des services d'incendie et de secours, ainsi que leurs ressources.

Sont intégrés les besoins en eau :

1° Nécessaires à la défense des espaces naturels lorsqu'une commune relève de l'article L. 132-1 du code forestier (nouveau) ou lorsqu'une commune est localisée dans les régions ou départements visés à l'article L. 133-1 du même code ;

2° Résultant d'un plan de prévention approuvé des risques technologiques prévu à l'article L. 515-15 du code de l'environnement ou d'un plan de prévention approuvé des risques naturels prévisibles prévu à l'article L. 562-1 du même code lorsqu'une commune y est soumise ;

3° Définis par les réglementations relatives à la lutte contre l'incendie spécifiques à certains sites ou établissements, notamment les établissements recevant du public mentionnés aux articles L. 123-1 et suivants du code de la construction et de l'habitation ;

4° Relatifs à la lutte contre l'incendie des installations classées pour la protection de l'environnement prévues aux articles L. 511-1 et L. 511-2 du code de l'environnement lorsque ces besoins, prescrits à l'exploitant par la réglementation spécifique, sont couverts par des équipements publics.

Ces mesures doivent garantir la cohérence d'ensemble du dispositif de lutte contre l'incendie. Elles font l'objet d'un arrêté du maire ou du président de l'établissement public de coopération intercommunale à fiscalité propre lorsqu'il est compétent.

Art. R. 2225-5 Préalablement à la fixation des mesures prévues à l'article R. 2225-4, un schéma communal de défense extérieure contre l'incendie peut être élaboré par le maire.

Ce schéma, établi en conformité avec le règlement départemental mentionné à l'article R. 2225-3, a notamment pour objet de :

1° Dresser l'état des lieux de la défense extérieure contre l'incendie existante ;

2° Identifier les risques à prendre en compte en intégrant leur évolution prévisible ;

3° Vérifier l'adéquation entre la défense extérieure contre l'incendie existante et les risques à défendre ;

4° Fixer les objectifs permettant d'améliorer cette défense, si nécessaire ;

5° Planifier, en tant que de besoin, la mise en place d'équipements supplémentaires.

Ce schéma prend en compte le schéma de distribution d'eau potable prévu à l'article L. 2224-7-1.

L'expertise du service départemental d'incendie et de secours sur le schéma communal de défense extérieure contre l'incendie est sollicitée dans les conditions fixées par le règlement départemental mentionné à l'article R. 2225-3.

Le maire recueille expressément l'avis du service départemental d'incendie et de secours et de l'ensemble des autres acteurs concourant pour la commune à la défense extérieure de l'incendie mentionnés au 3° de l'article R. 2225-3-I avant de l'arrêter. Chaque avis est transmis au maire dans un délai qui ne peut excéder deux mois. En l'absence d'avis dans ce délai, celui-ci est réputé favorable.

Le schéma communal est modifié et révisé à l'initiative du maire dans les conditions prévues aux alinéas précédents. Lorsqu'il comporte un plan d'équipement, il est mis à jour à l'achèvement de chaque phase.

Art. R. 2225-6 Lorsque le président d'un établissement public de coopération intercommunale à fiscalité propre exerce la police spéciale de la défense extérieure contre l'incendie, un schéma intercommunal de défense extérieure contre l'incendie peut être élaboré par le président de l'établissement public. Il répond aux dispositions de l'article R. 2225-5.

Le président de l'établissement public recueille l'avis des maires ainsi que des acteurs visés dans les conditions fixées à l'article R. 2225-5 avant de l'arrêter.

Ce schéma est modifié et révisé à l'initiative du président de l'établissement public dans les conditions prévues à l'alinéa précédent. Lorsqu'il comporte un plan d'équipement, il est mis à jour à l'achèvement de chaque phase.

Art. R. 2225-7 I. — Relèvent du service public de défense extérieure contre l'incendie dont sont chargées les communes en application de l'article L. 2225-2, ou les établissements publics de coopération intercommunale lorsqu'ils sont compétents :

1° Les travaux nécessaires à la création et à l'aménagement des points d'eau incendie identifiés ;

2° L'accessibilité, la numérotation et la signalisation de ces points d'eau ;

3° En amont de ceux-ci, la réalisation d'ouvrages, aménagements et travaux nécessaires pour garantir la pérennité et le volume de leur approvisionnement ;

4° Toute mesure nécessaire à leur gestion ;

5° Les actions de maintenance destinées à préserver les capacités opérationnelles des points d'eau incendie.

II. — Par dérogation au I, les charges afférentes aux différents objets du service sont supportées, pour tout ou partie, par d'autres personnes publiques ou des personnes privées en application des lois et règlements relatifs à la sécurité ou aux équipements publics, notamment pour les établissements recevant du public mentionnés aux articles L. 123-1 et suivants du code de la construction et de l'habitation ainsi que pour les points d'eau incendie propres aux installations classées pour la protection de l'environnement prévues aux articles L. 511-1 et L. 511-2 du code de l'environnement.

III. — En dehors des cas mentionnés au II, la mise à disposition du service public de la défense extérieure contre l'incendie d'un point d'eau pour l'intégrer aux points d'eau incendie fait l'objet d'une convention conclue entre le propriétaire du point d'eau et la commune ou l'établissement public de coopération intercommunale.

Cette convention peut notamment fixer :

— les modalités de restitution de l'eau utilisée au titre de la défense extérieure contre l'incendie ;

— la gestion de la répartition de la ressource en eau pour les besoins du propriétaire et pour ceux de la défense extérieure contre l'incendie ;

— la répartition des charges afférentes aux différents objets du service.

Art. R. 2225-8 I. — Les ouvrages, travaux et aménagements dont la réalisation est demandée en application de l'article L. 2225-3 pour la défense extérieure contre l'incendie à la personne publique ou privée responsable du réseau d'eau y concourant ne doivent pas nuire au fonctionnement du réseau en régime normal, ni altérer la qualité sanitaire de l'eau distribuée en vue de la consommation humaine.

II. — Les investissements correspondant à ces ouvrages, travaux et aménagements sont pris en charge par le service public de défense extérieure contre l'incendie selon des modalités déterminées :

— par une délibération dans le cas où la même personne publique est responsable du réseau d'eau et est compétente pour cette défense ;

— par une convention dans les autres cas.

SECTION 2 Opérations de contrôle

Art. R. 2225-9 Les points d'eau incendie font l'objet de contrôles techniques périodiques.

Ces contrôles techniques ont pour objet d'évaluer les capacités des points d'eau incendie. Ils sont effectués au titre de la police spéciale de la défense extérieure contre l'incendie sous l'autorité du maire ou du président de l'établissement public de coopération intercommunale à fiscalité propre lorsqu'il est compétent.

Les modalités d'exécution et la périodicité de ces contrôles techniques sont définies dans le règlement départemental mentionné à l'article R. 2225-3.

Art. R. 2225-10 Des reconnaissances opérationnelles des points d'eau incendie destinées à vérifier leur disponibilité opérationnelle sont réalisées par le service départemental d'incendie et de secours, après information préalable du maire ou du président de l'établissement public de coopération intercommunale à fiscalité propre lorsqu'il est compétent.

Les modalités d'exécution et la périodicité de ces reconnaissances opérationnelles sont définies dans le règlement départemental mentionné à l'article R. 2225-3.

CHAPITRE VI GESTION DES EAUX PLUVIALES URBAINES

(Décr. nº 2015-1039 du 20 août 2015, art. 1er)

Art. R. 2226-1 La commune ou l'établissement public compétent chargé du service public de gestion des eaux pluviales urbaines, mentionné à l'article L. 2226-1 :

1° Définit les éléments constitutifs du système de gestion des eaux pluviales urbaines en distinguant les parties formant un réseau unitaire avec le système de collecte des eaux usées et les parties constituées en réseau séparatif. Ces éléments comprennent les installations et ouvrages, y compris les espaces de rétention des eaux, destinés à la collecte, au transport, au stockage et au traitement des eaux pluviales ;

2° Assure la création, l'exploitation, l'entretien, le renouvellement et l'extension de ces installations et ouvrages ainsi que le contrôle des dispositifs évitant ou limitant le déversement des eaux pluviales dans ces ouvrages publics.

Lorsqu'un élément du système est également affecté à un autre usage, le gestionnaire du service public de gestion des eaux pluviales urbaines recueille l'accord du propriétaire de cet ouvrage avant toute intervention.

TITRE III ARTIFICIALISATION DES SOLS

(Décr. nº 2023-1096 du 27 nov. 2023, art. 3)

CHAPITRE UNIQUE

Art. R. 2231-1 Le rapport relatif à l'artificialisation des sols prévu à l'article L. 2231-1 présente, pour les années civiles sur lesquelles il porte et au moins tous les trois ans, les indicateurs et données suivants :

1° La consommation des espaces naturels, agricoles et forestiers, exprimée en nombre d'hectares, le cas échéant en la différenciant entre ces types d'espaces, et en pourcentage au regard de la superficie du territoire couvert. Sur le même territoire, le rapport peut préciser également la transformation effective d'espaces urbanisés ou construits en espaces naturels, agricoles et forestiers du fait d'une renaturation ;

2° Le solde entre les surfaces artificialisées et les surfaces désartificialisées, telles que définies dans la nomenclature annexée à l'article R. 101-1 du code de l'urbanisme ;

3° Les surfaces dont les sols ont été rendus imperméables, au sens des 1° et 2° de la nomenclature annexée à l'article R. 101-1 du code de l'urbanisme ;

4° L'évaluation du respect des objectifs de réduction de la consommation d'espaces naturels, agricoles et forestiers et de lutte contre l'artificialisation des sols fixés dans les documents de planification et d'urbanisme. Les documents de planification sont ceux énumérés au III de l'article R. 101-1 du code de l'urbanisme.

Le rapport peut comporter d'autres indicateurs et données. Il explique les raisons des évolutions observées sur tout ou partie du territoire qu'il couvre, notamment l'impact des décisions prises en matière d'aménagement et d'urbanisme ou des actions de renaturation réalisées.

Pour établir ce rapport, les communes et les établissements publics de coopération intercommunale compétents disposent gratuitement des données produites par l'observatoire de l'artificialisation mentionné à l'article R. 101-2 du code de l'urbanisme.

Ils peuvent également utiliser les données de dispositifs d'observation développés et mis en œuvre localement, en particulier ceux mentionnés au III de l'article L. 302-1 du code de la construction et de l'habitation et s'appuyer sur les analyses réalisées dans le cadre de l'évaluation du schéma de cohérence territoriale mentionnée à l'article L. 143-28 du code de l'urbanisme et de celle du plan local d'urbanisme mentionnée à l'article L. 153-27 du même code.

TITRE IV BIENS DE LA COMMUNE

CHAPITRE I DISPOSITIONS GÉNÉRALES

(Décr. n° 2011-1612 du 22 nov. 2011, art. 9)

Art. R. 2241-1 Les baux et les actes de vente sont passés par le maire au nom de la commune.

Les autorisations d'occupation ou d'utilisation du domaine public communal sont délivrées par le maire.

Art. R. 2241-2 L'autorité compétente de l'État mentionnée à l'article L. 2241-1 est le directeur départemental des finances publiques.

Art. R. 2241-3 Dans les cas prévus à l'article L. 2241-3, les comptables publics sont déchargés de toute responsabilité par la remise des fonds au notaire rédacteur de l'acte.

Art. R. 2241-4 Lorsque le prix des acquisitions d'immeubles, de droits réels immobiliers ou de fonds de commerce réalisées selon les règles du droit commun par les communes et leurs établissements publics donne lieu à remploi en immeuble, les comptables publics remettent les fonds au notaire rédacteur de l'acte portant mutation de l'immeuble acquis en remploi.

La remise des fonds a lieu sur la demande du vendeur et sur production d'une attestation du notaire certifiant l'accomplissement de la mission de remploi qui lui a été confiée.

Cette attestation comporte obligatoirement l'identité des parties, ainsi que la désignation de l'immeuble conformément aux dispositions du premier alinéa de l'article 5 du 1 de l'article 6 et de l'article 7 du décret n° 55-22 du 4 janvier 1955 portant réforme de la publicité foncière, et mentionne le prix d'acquisition.

Art. R. 2241-5 Lorsque le prix d'une des acquisitions mentionnées à l'article R. 2241-4 donne lieu à remploi en valeurs mobilières, les comptables publics remettent les fonds au prestataire de service d'investissement *(Décr. n° 2017-1253 du 9 août 2017, art. 14)* « autre qu'une société de gestion de portefeuille » désigné par le vendeur, par contrat ou par autorité de justice, pour procéder à l'achat et requérir l'immatriculation des titres acquis en remploi.

La remise des fonds a lieu sur production d'une attestation du prestataire de service d'investissement certifiant l'accomplissement de la mission de remploi qui lui a été confiée.

Art. R. 2241-6 Pour les acquisitions immobilières passées en la forme administrative par les communes et leurs établissements publics, il peut être payé au vendeur, dès l'expiration des délais ouverts pour prendre les inscriptions ayant un effet rétroactif, un acompte dans la limite maximum des trois quarts de la différence entre le prix stipulé et celui des charges et accessoires.

Cet acompte est payé après autorisation de l'autorité habilitée à recevoir l'acte administratif.

Art. R. 2241-7 Le prix des acquisitions immobilières faites à l'amiable suivant les règles du droit civil ou après exercice du droit de préemption pour le compte des communes et de leurs établissements publics peut être payé au vendeur, après publication de l'acte au fichier immobilier, sans l'accomplissement des formalités de purge des *(Décr. nº 2021-1888 du 29 déc. 2021, art. 5)* « hypothèques inscrites » lorsqu'il n'excède pas un montant fixé par arrêté du ministre chargé du domaine et du ministre de l'intérieur.

CHAPITRE II **DONS ET LEGS**

SECTION 1 **Procédure applicable en matière de libéralités (R)**

Art. R. 2242-1 Tout notaire constitué dépositaire d'un testament contenant un legs en faveur d'une commune ou d'un établissement public communal est tenu, dès l'ouverture du testament, d'adresser au maire ou au représentant de l'établissement légataire, la copie intégrale des dispositions testamentaires.

La copie est écrite sur papier libre, et il est délivré récépissé des pièces transmises.

Art. R. 2242-2 *(Décr. nº 2002-449 du 2 avr. 2002, art. 8)* Les réclamations concernant les legs en faveur d'une commune ou d'un établissement public communal, formulées par les héritiers légaux, sont recevables auprès du ministre de l'Intérieur, dans un délai de six mois à compter de l'ouverture du testament. Elles comportent les nom, prénoms et adresse des réclamants, leur ordre et degré de parenté vis-à-vis du défunt, ainsi que les motifs de la réclamation.

Le ministre de l'Intérieur informe le maire de la commune ou le représentant de l'établissement légataire de ces réclamations et délivre aux réclamants un accusé de réception.

Lorsque les réclamations sont formulées après l'expiration du délai mentionné au premier alinéa ou émanent de personnes autres que les héritiers légaux, l'accusé de réception fait mention de leur irrecevabilité.

SECTION 2 **Contrôle de l'administration de biens légués ou donnés (R)**

Art. R. 2242-3 Tout notaire dépositaire d'un testament contenant un legs en faveur d'une commune ou d'un établissement public communal est tenu, dès l'ouverture du testament, d'en donner avis au comptable de la commune ou de l'établissement.

La même obligation est imposée à tout notaire ayant reçu un acte portant donation au profit d'une commune ou d'un établissement public communal. — *[C. communes, art. R.* 312-8.]*

Art. R. 2242-4 Tout mandat conféré, postérieurement à la délivrance ou à l'envoi en possession d'un legs, par le représentant légal d'une commune ou d'un établissement public communal, en vue d'administrer ou de liquider les biens dépendant de ce legs, est porté à la connaissance du comptable.

Il en est de même des instructions données au mandataire tant en matière de recettes que de dépenses. — *[C. communes, art. R.* 312-9.]*

Art. R. 2242-5 Les avis ou documents destinés au comptable de la commune ou de l'établissement public communal sont adressés par l'intermédiaire du receveur particulier des finances dont dépend ce comptable. — *[C. communes, art. R.* 312-10.]*

Art. R. 2242-6 À partir de la délivrance ou de l'envoi en possession, les opérations de recettes ou de dépenses qui affectent les biens légués à une commune ou à un établissement public communal sont faites sous le contrôle du comptable de la commune ou de l'établissement public et reprises dans ses comptes de gestion.

À cet effet, toute personne chargée de l'administration ou de la liquidation de ces biens, à la fin de chaque année civile et au plus tard le 31 janvier suivant, adresse au receveur un relevé des opérations de l'année, appuyé des pièces justificatives.

Les relevés annuels et les pièces à l'appui, ainsi que le compte final de liquidation, sont soumis à l'approbation de l'ordonnateur *(Décr. n° 2022-1605 du 22 déc. 2022, art. 12)* « et transmis à la chambre régionale des comptes territorialement compétente ».

Les notaires sont dispensés de l'envoi des pièces originales mais, sur demande de l'ordonnateur ou du comptable, ils sont tenus d'en fournir des copies certifiées.

CHAPITRE III DÉCLARATION DE PARCELLE EN ÉTAT D'ABANDON

Pas de dispositions réglementaires codifiées.

TITRE V INTERVENTIONS EN MATIÈRE ÉCONOMIQUE ET SOCIALE

CHAPITRE I AIDES ÉCONOMIQUES *(Décr. n° 2005-849 du 25 juill. 2005, art. 1er).*

Art. R. 2251-1 Les dispositions des articles R. 1511-40 à R. 1511-43 sont applicables aux communes.

Art. R. 2251-2 *(Décr. n° 2005-849 du 25 juill. 2005, art. 1er)* Les communes ou leurs groupements peuvent attribuer des subventions de fonctionnement aux structures locales des organisations syndicales représentatives qui sont dotées de la personnalité morale et qui remplissent des missions d'intérêt général sur le plan communal ou intercommunal. Ces structures ne peuvent reverser les subventions à d'autres personnes morales et doivent rendre compte de leur utilisation dans le rapport mentionné à l'article L. 2251-3-1.

Les subventions sont attribuées par les assemblées délibérantes de ces collectivités ou leurs groupements. Les conventions conclues, le cas échéant, avec les structures locales des organisations syndicales représentatives, en application de l'article 10 de la loi n° 2000-321 du 12 avril 2000 modifiée relative aux droits des citoyens dans leurs relations avec les administrations et du décret n° 2001-495 du 6 juin 2001 pris pour son application *[V. ces textes au **CRPA**]*, sont jointes aux délibérations attribuant ces subventions lors de la transmission prévue aux articles L. 2131-1 et L. 2131-2.

CHAPITRE II GARANTIES D'EMPRUNTS

SECTION 1 Dispositions générales (R)

Art. D. 2252-1 Les dispositions des articles D. 1511-30 à D. 1511-35 sont applicables aux communes.

SECTION 2 Cautionnement (R)

Art. R. 2252-2 *(Décr. n° 2005-1661 du 27 déc. 2005)* « La commune qui souhaite obtenir un cautionnement s'adresse à » un établissement de crédit *(Décr. n° 2014-1315 du 3 nov. 2014, art. 8)* « ou à une société de financement dans les conditions fixées par le code monétaire et financier ».

Art. R. 2252-3 et R. 2252-4 *Abrogés par Décr. n° 2005-1661 du 27 déc. 2005.*

Art. R. 2252-5 Les entreprises ou organismes qui, en vertu de la réglementation en vigueur, peuvent bénéficier de prêts ou de garanties d'emprunt de la part des communes sont soumis au contrôle prévu par les articles R. 2222-1 à R. 2222-6.

Il n'est pas dérogé aux règles particulières de contrôle concernant les organismes d'habitation à loyer modéré. – *[C. communes, art. R.* 236-48.]*

CHAPITRE III PARTICIPATION AU CAPITAL DE SOCIÉTÉS

SECTION 1 Dispositions générales

Pas de dispositions réglementaires codifiées.

SECTION 2 Participation à des sociétés de garantie

Art. R. 2253-1 Les dispositions des articles R. 1511-36 à R. 1511-39 sont applicables aux communes.

LIVRE III FINANCES COMMUNALES

TITRE I BUDGET ET COMPTES

CHAPITRE I DISPOSITIONS GÉNÉRALES

Art. R. 2311-1 I. – Le décret prévu au second alinéa de l'article L. 2311-1 qui divise le budget de la commune en chapitres et articles est pris sur le rapport du ministre chargé des collectivités locales et du ministre chargé du budget. Il définit les chapitres et articles, compte tenu des dispositions du II ci-après.

II. – 1° *(Décr. n° 2005-1661 du 27 déc. 2005)* « Pour les communes votant leur budget par nature, la présentation fonctionnelle prévue au premier et au deuxième alinéas de l'article L. 2312-3 s'effectue, pour les communes de 3 500 habitants et plus, au niveau de la fonction et, pour les communes de 10 000 habitants et plus, au niveau le plus fin de la nomenclature par fonction.

« Pour le budget, la présentation fonctionnelle ainsi définie est croisée avec chacun des chapitres ou articles budgétaires selon le niveau de vote retenu par le conseil municipal. »

Pour le compte administratif, cette présentation fonctionnelle est croisée avec chacun des articles budgétaires.

Si le conseil municipal en décide ainsi, les documents budgétaires d'une commune de *(Décr. n° 2005-1661 du 27 déc. 2005)* « moins de 3 500 habitants » peuvent comporter une présentation fonctionnelle conforme aux dispositions ci-dessus.

2° Dans les communes de 10 000 habitants et plus votant leur budget par fonction, la présentation prévue au premier alinéa de l'article L. 2312-3 s'effectue au niveau le plus fin de la nomenclature par fonction pour les opérations et les services individualisés.

Pour le budget, la présentation ainsi définie est croisée avec les comptes par nature à deux chiffres.

Pour le compte administratif, cette présentation est croisée avec le compte le plus détaillé ouvert dans la nomenclature par nature.

(Décr. n° 2005-1661 du 27 déc. 2005) « 3° La présentation fonctionnelle croisée prévue à l'article L. 2312-3 n'est pas applicable à un service public communal à activité unique érigé en établissement public ou faisant l'objet d'un budget annexe. »

Art. D. 2311-2 *(Décr. n° 2005-1662 du 27 déc. 2005)* La nomenclature par nature et la nomenclature par fonction ainsi que la présentation des documents budgétaires visées à l'article L. 2312-3 sont fixées par arrêté conjoint du ministre chargé des collectivités locales et du ministre chargé du budget.

Art. D. 2311-3 Les communes dont la population est inférieure à 500 habitants et leurs établissements publics à caractère administratif, à l'exception des établissements publics à caractère administratif disposant d'une nomenclature par nature spécifique, peuvent appliquer une nomenclature par nature abrégée. – *[Décr. n° 96-1256 du 27 déc. 1996, art. 2.]*

Art. D. 2311-4 Pour les communes et leurs établissements publics à caractère administratif, les chapitres des budgets votés par nature correspondent :

(Décr. n° 2005-1662 du 27 déc. 2005) a) « Section d'investissement :

« – à chacun des comptes à deux chiffres des classes 1 et 2 ouverts à la nomenclature par nature, à l'exception des comptes "Report à nouveau", "Résultat de l'exercice", "Provisions pour risques et charges", "Différences sur réalisations d'immobilisations", "Immobilisations affectées, concédées, affermées ou mises à disposition", "Amortissements des immobilisations" et "Provisions pour dépréciation des immobilisations" ;

« – à chacun des chapitres globalisés dont la liste et la composition sont fixées par l'arrêté visé à l'article D. 2311-2 ;

« – à chaque opération votée par l'assemblée délibérante. L'opération correspond à un ensemble d'acquisitions d'immobilisations, de travaux sur immobilisations et de frais d'études y afférents, aboutissant à la réalisation d'un ouvrage ou de plusieurs ouvrages de même nature. Cette opération peut également comprendre des subventions d'équipement versées ;

« – à chacune des opérations pour le compte de tiers, dont la liste et les subdivisions sont déterminées par l'arrêté visé à l'article D. 2311-2 ;
« – au compte "Subventions d'équipement versées" ;
« – à la ligne intitulée "Dépenses imprévues" ;
« – à la ligne intitulée "Virement de la section de fonctionnement" ;
« – à la ligne intitulée "Produits des cessions d'immobilisations".
« Ces trois derniers chapitres ne comportent que des prévisions sans réalisation. »
b) Section de fonctionnement :
– aux comptes à deux chiffres des classes 6 et 7 ouverts à la nomenclature par nature, à l'exception des comptes faisant partie d'un chapitre globalisé ainsi que, dans les villes de plus de 100 000 habitants, du compte enregistrant les frais de fonctionnement des groupes d'élus qui forme à lui seul un chapitre ;
– à chacun des chapitres globalisés dont la liste et la composition sont fixées par l'arrêté visé à l'article D. 2311-2 ;
– à la ligne intitulée "Frais de fonctionnement des groupes d'élus (dans les communes de plus de 100 000 habitants)" ;
– à la ligne intitulée "Dépenses imprévues" ;
– à la ligne intitulée "Virement à la section d'investissement".
Ces deux derniers chapitres ne comportent que des prévisions sans réalisation.

Art. D. 2311-5 Pour les budgets votés par nature, l'article budgétaire correspond à la subdivision la plus détaillée des nomenclatures définies par l'arrêté interministériel visé à l'article D. 2311-2, complété, pour les opérations, du numéro d'opération.
(Décr. n° 2005-1662 du 27 déc. 2005) « Les chapitres intitulés "Dépenses imprévues", "Virement de la section de fonctionnement", "Virement à la section d'investissement" et "Produits des cessions d'immobilisations" ne comportent pas d'article. »

Art. D. 2311-6 Pour les communes et leurs établissements publics à caractère administratif ayant opté pour le vote par fonction de leur budget, les chapitres correspondent :
a) Section d'investissement :
– pour les opérations ventilables, à la rubrique 90 "Opérations d'équipement", complétée par le numéro de l'une des dix fonctions de la nomenclature fonctionnelle publiée par l'arrêté visé à l'article D. 2311-2 ;
– pour les opérations non ventilables, aux sous-rubriques à trois chiffres ouvertes à l'intérieur de la rubrique 91 "Opérations non ventilées" dont la liste est fixée par l'arrêté visé à l'article D. 2311-2, y compris les "Dépenses imprévues" et le "Virement de la section de fonctionnement" *(Décr. n° 2005-1662 du 27 déc. 2005)* « , ainsi qu'à la rubrique 95 "Produits des cessions d'immobilisations" ; »
Ces *(Décr. n° 2005-1662 du 27 déc. 2005)* « trois » derniers chapitres ne comportent que des prévisions sans réalisation ;
– pour les opérations pour le compte de tiers, à chacune des opérations dont la liste est fixée par l'arrêté visé à l'article D. 2311-2.
b) Section de fonctionnement :
– pour les opérations ventilables, à la rubrique 92 "Services individualisés", complétée par le numéro de l'une des dix fonctions de la nomenclature fonctionnelle définie par l'arrêté visé à l'article D. 2311-2 ;
– pour les opérations non ventilables, aux sous-rubriques à trois chiffres ouvertes à l'intérieur de la rubrique 93 "Services communs non ventilés" dont la liste est fixée par l'arrêté interministériel visé à l'article D. 2311-2, y compris les chapitres intitulés "Frais de fonctionnement des groupes d'élus" (dans les communes de plus de 100 000 habitants), "Dépenses imprévues" *(Décr. n° 2005-1662 du 27 déc. 2005)* « et "Virement à la section d'investissement" ».
Ces deux derniers chapitres ne comportent que des prévisions sans réalisation.

Art. D. 2311-7 Pour les communes et leurs établissements publics à caractère administratif ayant opté pour le vote par fonction de leur budget, les articles budgétaires correspondent :
a) Section d'investissement :
– pour les opérations ventilables, à la rubrique 90 "Opérations d'équipement", complétée par la subdivision la plus détaillée de la nomenclature fonctionnelle définie par

l'arrêté visé à l'article D. 2311-2 ainsi que du numéro d'opération, en cas de vote par opération. L'opération correspond à un ensemble d'acquisitions d'immobilisations, de travaux sur immobilisations et de frais d'études y afférents, aboutissant à la réalisation d'un ouvrage ou de plusieurs ouvrages de même nature. *(Décr. n° 2005-1662 du 27 déc. 2005)* « Cette opération peut également comprendre des subventions d'équipement versées ; »

La subdivision 01 "Opérations non ventilables" ouverte dans la fonction 0 "Services généraux des administrations publiques locales" est exclusivement réservée aux opérations d'équipement concernant de manière indifférenciée plusieurs fonctions ;

— pour les opérations non ventilables, au compte le plus détaillé de la nomenclature par nature, définie par l'arrêté visé à l'article D. 2311-2, ouvert à l'intérieur du chapitre.

Les chapitres relatifs aux opérations pour compte de tiers ainsi que les chapitres correspondant aux dépenses imprévues *(Décr. n° 2005-1662 du 27 déc. 2005)* « , au virement de la section de fonctionnement et aux produits des cessions d'immobilisations » ne comportent pas d'article.

b) Section de fonctionnement :

— pour les opérations ventilables, à la rubrique 92, complétée par la subdivision la plus détaillée de la nomenclature fonctionnelle visée à l'article D. 2311-2 ;

— pour les opérations non ventilables, au compte le plus détaillé de la nomenclature par nature ouvert à l'intérieur du chapitre.

Les chapitres correspondant aux dépenses imprévues et au virement à la section d'investissement ne comportent pas d'article.

Art. D. 2311-8 Les articles D. 2311-2 à D. 2311-7 ne sont pas applicables aux offices publics d'habitation à loyer modéré. — *[Décr. n° 96-1256 du 27 déc. 1996, art. 6-1.]*

Art. R. 2311-9 *(Décr. n° 2005-1661 du 27 déc. 2005)* En application de l'article L. 2311-3, la section d'investissement du budget peut comprendre des autorisations de programme et la section de fonctionnement des autorisations d'engagement.

Chaque autorisation de programme ou d'engagement comporte la répartition prévisionnelle par exercice des crédits de paiement correspondants.

Les autorisations de programme ou d'engagement et leurs révisions éventuelles sont présentées par le maire. Elles sont votées par le conseil municipal, par délibération distincte, lors de l'adoption du budget de l'exercice ou des décisions modificatives.

Les autorisations de programme correspondent à des dépenses à caractère pluriannuel se rapportant à une immobilisation ou à un ensemble d'immobilisations déterminées, acquises ou réalisées par la commune, ou à des subventions d'équipement versées à des tiers.

Art. R. 2311-10 Le budget de la caisse des écoles est établi en section de fonctionnement et en section d'investissement, tant en recettes qu'en dépenses. Il est présenté par nature. — *[Décr. n° 98-1061 du 25 nov. 1998, art. 1er, al. 1er.]*

Art. R. 2311-11 *(Décr. n° 2001-563 du 25 juin 2001, art. 1er)* A. — Le besoin ou l'excédent de financement de la section d'investissement constaté à la clôture de l'exercice est constitué du solde d'exécution corrigé des restes à réaliser.

Le solde d'exécution de la section d'investissement correspond à la différence entre le montant des titres de recettes et le montant des mandats de dépenses émis dans l'exercice, y compris le cas échéant les réductions et annulations de recettes et de dépenses, augmentée ou diminuée du report des exercices antérieurs.

Les restes à réaliser de la section d'investissement arrêtés à la clôture de l'exercice correspondent aux dépenses engagées non mandatées et aux recettes certaines n'ayant pas donné lieu à l'émission d'un titre.

B. — Le résultat de la section de fonctionnement correspond à l'excédent ou au déficit de l'exercice. Pour son affectation, il est cumulé avec le résultat antérieur reporté à l'exclusion des restes à réaliser.

Les restes à réaliser de la section de fonctionnement arrêtés à la clôture de l'exercice correspondent aux dépenses engagées non mandatées et non rattachées ainsi qu'aux recettes certaines n'ayant pas donné lieu à l'émission d'un titre et non rattachées. Ils sont reportés au budget de l'exercice suivant.

Art. R. 2311-12 *(Décr. nº 2001-563 du 25 juin 2001, art. 1er)* Le résultat cumulé défini au B de l'article R. 2311-11 est affecté, lorsqu'il s'agit d'un excédent :

1º En priorité, en réserves pour la couverture du besoin de financement de la section d'investissement apparu à la clôture de l'exercice précédent ;

2º Pour le solde, en excédent de fonctionnement reporté ou en dotation complémentaire en réserves.

Lorsqu'il s'agit d'un déficit, il est ajouté aux dépenses de fonctionnement de l'exercice.

Pour l'affectation en réserves, l'exécution de la décision budgétaire de reprise des résultats, adoptée par l'assemblée délibérante, se fait par l'émission d'un titre de recettes. La délibération affectant le résultat excédentaire est produite à l'appui de la décision budgétaire de reprise et du compte administratif de l'exercice, pour en justifier les recettes.

Art. R. 2311-13 *(Décr. nº 2001-563 du 25 juin 2001, art. 1er)* En l'absence d'adoption du compte administratif à la date du vote du budget de l'exercice suivant, lorsque le résultat de la section de fonctionnement, le besoin de financement, ou le cas échéant l'excédent de la section d'investissement et la prévision d'affectation sont reportés par anticipation, dans les conditions fixées au quatrième alinéa de l'article L. 2311-5, les inscriptions au budget sont justifiées par la production en annexe d'une fiche de calcul des résultats prévisionnels.

Cette fiche ainsi qu'un tableau des résultats d'exécution du budget sont établis par l'ordonnateur et visés par le comptable, qui les accompagne soit du compte de gestion, s'il est arrêté à cette date, soit d'une balance établie après prise en charge du dernier bordereau de titres et de mandats.

L'ordonnateur produit l'état des restes à réaliser arrêté au 31 décembre de l'exercice clos. Les restes à réaliser de la section de fonctionnement sont reportés au budget reprenant les résultats par anticipation.

Art. D. 2311-14 *(Décr. nº 2005-1662 du 27 déc. 2005)* Pour l'application de l'article L. 2311-6, lorsque la section d'investissement du budget présente un excédent, peuvent être repris en section de fonctionnement :

— le produit de la cession d'une immobilisation reçue au titre d'un don ou d'un legs, à condition que celui-ci ne soit pas expressément affecté à l'investissement ;

— le produit de la vente d'un placement budgétaire. La reprise de ce produit est limitée à la part du placement financée initialement par une recette de la section de fonctionnement.

En outre, l'excédent de la section d'investissement résultant de la dotation complémentaire en réserves prévue par le 2º de l'article R. 2311-12 et constaté au compte administratif au titre de deux exercices consécutifs peut être repris en section de fonctionnement afin de contribuer à son équilibre.

(Décr. nº 2015-1546 du 27 nov. 2015, art. 1er) « Lorsque les conditions prévues aux alinéas précédents ne sont pas réunies, et en raison de circonstances exceptionnelles et motivées, la collectivité peut solliciter une décision conjointe des ministres chargés du budget et des collectivités locales, qui peut porter sur un ou plusieurs exercices, afin de reprendre l'excédent prévisionnel de la section d'investissement en section de fonctionnement dès le vote du budget primitif. »

Dans tous les cas, la reprise est accompagnée d'une délibération du conseil municipal précisant l'origine de l'excédent et les conditions d'évaluation de son montant.

Art. D. 2311-15 *(Décr. nº 2011-687 du 17 juin 2011, art. 1er)* Le rapport prévu à l'article L. 2311-1-1 décrit, sous forme de synthèse, la situation en matière de développement durable de la collectivité à partir des évaluations, documents et bilans produits par la commune sur une base volontaire ou prévus par un texte législatif ou réglementaire.

Ce rapport comporte, au regard des cinq finalités du développement durable mentionnées au III de l'article L. 110-1 du code de l'environnement *[V. cet art. ss. art. L. 2311-1-1]* :

— le bilan des actions conduites au titre de la gestion du patrimoine, du fonctionnement et des activités internes de la collectivité ;

— le bilan des politiques publiques, des orientations et des programmes mis en œuvre sur son territoire.

Ces bilans comportent en outre une analyse des modalités d'élaboration, de mise en œuvre et d'évaluation des actions, politiques publiques et programmes.

Cette analyse peut être élaborée à partir du cadre de référence pour les projets territoriaux de développement durable et agendas 21 locaux mentionné au deuxième alinéa de l'article 254 de la loi n° 2010-788 du 12 juillet 2010 portant engagement national pour l'environnement *[V. cet art. ss. art. L. 2311-1-1]*.

Art. D. 2311-15-1 *(Décr. n° 2022-1084 du 29 juill. 2022, art. 1er)* Pour l'élaboration de la stratégie numérique responsable mentionnée à l'article L. 2311-1-1, les communes et les établissements publics de coopération intercommunale à fiscalité propre mentionnés à ce même article établissent, en lien avec les acteurs publics et privés intéressés, un programme de travail. Ce programme comprend un bilan de l'impact environnemental du numérique et celui de ses usages sur le territoire concerné. Il décrit de plus, sous forme de synthèse, les actions déjà engagées pour l'atténuer le cas échéant.

La stratégie numérique responsable comprend, sur la base du programme de travail ainsi établi, les objectifs de réduction de l'empreinte numérique du territoire concerné, les indicateurs de suivi associés à ces objectifs et les mesures mises en place pour y parvenir. Elle détermine les moyens d'y satisfaire. Ces objectifs et les mesures mises en œuvre peuvent avoir un caractère annuel ou pluriannuel.

Les objectifs de la stratégie peuvent notamment porter sur :

1° La commande publique locale et durable, dans une démarche de réemploi, de réparation et de lutte contre l'obsolescence ;

2° La gestion durable et de proximité du cycle de vie du matériel informatique ;

3° L'écoconception des sites et des services numériques ;

4° La mise en place d'une politique de sensibilisation au numérique responsable et à la sécurité informatique à destination des élus et agents publics ;

5° La mise en place d'une démarche numérique responsable auprès de tous afin de sensibiliser les citoyens aux enjeux environnementaux du numérique et de l'inclusion numérique ;

6° La mise en place d'une démarche de territoire connecté et durable en lien avec une démarche d'ouverture et de valorisation des données.

Art. D. 2311-16 *(Décr. n° 2015-761 du 24 juin 2015, art. 1er)* I. — En application de l'article L. 2311-1-2, le maire ou le président de l'établissement public de coopération intercommunale à fiscalité propre présente respectivement au conseil municipal ou au conseil communautaire un rapport annuel sur la situation en matière d'égalité entre les femmes et les hommes sur son territoire.

II. — Le rapport fait état de la politique de ressources humaines de la commune ou du groupement en matière d'égalité professionnelle entre les femmes et les hommes. À cet effet, il reprend notamment les données du rapport, présenté en *(Décr. n° 2021-571 du 10 mai 2021, art. 105)* « comité social territorial » comme prévu à l'article 51 de la loi n° 2012-347 du 12 mars 2012, relatives au recrutement, à la formation, au temps de travail, à la promotion professionnelle, aux conditions de travail, à la rémunération et à l'articulation entre vie professionnelle et vie personnelle.

Le rapport comporte également un bilan des actions menées et des ressources mobilisées en matière d'égalité professionnelle entre les femmes et les hommes et décrit les orientations pluriannuelles. Ce bilan et ces orientations concernent notamment les rémunérations et les parcours professionnels, la promotion de la parité dans le cadre des actions de formation, la mixité dans les filières et les cadres d'emplois, l'articulation entre vie professionnelle et vie personnelle, la prévention de toutes les violences faites aux agents sur leur lieu de travail et la lutte contre toute forme de harcèlement.

III. — Le rapport présente les politiques menées par la commune ou le groupement sur son territoire en faveur de l'égalité entre les femmes et les hommes, telles que définies à l'article 1er de la loi n° 2014-873 du 4 août 2014 pour l'égalité réelle entre les femmes et les hommes. Il fixe des orientations pluriannuelles et des programmes de nature à favoriser l'égalité entre les femmes et les hommes.

Ce rapport comporte un bilan des actions conduites à cette fin dans la conception, la mise en œuvre et l'évaluation des politiques publiques de la commune ou du groupement. Il présente notamment le suivi de la mise en œuvre de la clause d'égalité dans les marchés publics. Il peut comporter également une analyse de la situation économique et sociale en matière d'inégalités entre les femmes et les hommes dans la commune ou le groupement, à partir d'un diagnostic fondé sur les interventions relevant de sa compétence et sur les données des bénéficiaires de ses politiques.

Le rapport recense les ressources mobilisées à cet effet.

CHAPITRE II ADOPTION DU BUDGET

Art. R. 2312-1 Pour l'application des dispositions prévues au premier alinéa de l'article L. 2312-3, le conseil municipal délibère, dans les communes de 10 000 habitants et plus, sur le vote du budget par nature ou par fonction.

Par la suite, cette délibération ne peut être modifiée qu'une seule fois, au plus tard à la fin du premier exercice budgétaire complet suivant le renouvellement du conseil municipal. — *[C. communes, art. R. 211-1, al. 1er et 2.]*

Art. R. 2312-2 Les crédits de la caisse des écoles sont votés par chapitre et, si le comité en décide ainsi, par article.

Hors le cas où le conseil d'administration a spécifié que les crédits sont spécialisés par article, le président peut effectuer des virements d'articles à articles à l'intérieur du même chapitre.

Les chapitres et articles du budget de la caisse des écoles sont ceux qui sont définis pour les communes.

Art. D. 2312-3 *(Décr. no 2016-841 du 24 juin 2016, art. 1er)* A. — Le rapport prévu à l'article L. 2312-1 comporte les informations suivantes :

1° Les orientations budgétaires envisagées par la commune portant sur les évolutions prévisionnelles des dépenses et des recettes, en fonctionnement comme en investissement. Sont notamment précisées les hypothèses d'évolution retenues pour construire le projet de budget, notamment en matière de concours financiers, de fiscalité, de tarification, de subventions ainsi que les principales évolutions relatives aux relations financières entre la commune et l'établissement public de coopération intercommunale à fiscalité propre dont elle est membre.

2° La présentation des engagements pluriannuels, notamment les orientations envisagées en matière de programmation d'investissement comportant une prévision des dépenses et des recettes. Le rapport présente, le cas échéant, les orientations en matière d'autorisation de programme.

3° Des informations relatives à la structure et la gestion de l'encours de dette contractée et les perspectives pour le projet de budget. Elles présentent notamment le profil de l'encours de dette que vise la collectivité pour la fin de l'exercice auquel se rapporte le projet de budget.

Les orientations visées aux 1°, 2° et 3° devront permettre d'évaluer l'évolution prévisionnelle du niveau d'épargne brute, d'épargne nette et de l'endettement à la fin de l'exercice auquel se rapporte le projet de budget.

B. — Dans les communes de plus de 10 000 habitants, le rapport prévu au troisième alinéa de l'article L. 2312-1, présenté par le maire au conseil municipal, comporte, au titre de l'exercice en cours, ou, le cas échéant, du dernier exercice connu, les informations relatives :

1° À la structure des effectifs ;

2° Aux dépenses de personnel comportant notamment des éléments sur la rémunération tels que les traitements indiciaires, les régimes indemnitaires, les nouvelles bonifications indiciaires, les heures supplémentaires rémunérées et les avantages en nature ;

3° À la durée effective du travail dans la commune.

Il présente en outre l'évolution prévisionnelle de la structure des effectifs et des dépenses de personnel pour l'exercice auquel se rapporte le projet de budget.

Ce rapport peut détailler la démarche de gestion prévisionnelle des ressources humaines de la commune.

Ce rapport peut s'appuyer sur les informations contenues dans le rapport sur l'état de la collectivité prévu au dixième alinéa de l'article 33 de la loi n° 84-53 du 26 janvier 1984 portant dispositions statutaires relatives à la fonction publique territoriale.

C. — Le rapport prévu à l'article L. 2312-1 est transmis par la commune au président de l'établissement public de coopération intercommunale à fiscalité propre dont elle est membre dans un délai de quinze jours à compter de son examen par l'assemblée délibérante. Il est mis à la disposition du public à l'hôtel de ville, dans les quinze jours suivants la tenue du débat d'orientation budgétaire. Le public est avisé de la mise à disposition de ces documents par tout moyen.

CHAPITRE III PUBLICITÉ DES BUDGETS ET DES COMPTES

Art. R. 2313-1 Dans les communes de 3 500 habitants et plus, les données synthétiques sur la situation financière de la commune, prévues au 1° du troisième alinéa de l'article L. 2313-1, comprennent les ratios suivants :

1° Dépenses réelles de fonctionnement/population ;

2° Produit des impositions directes/population ;

3° Recettes réelles de fonctionnement/population ;

4° Dépenses d'équipement brut/population ;

5° Encours de la dette/population ;

6° Dotation globale de fonctionnement/population.

Dans les communes de 10 000 habitants et plus, ces données comprennent en outre les ratios suivants :

7° Dépenses de personnel/dépenses réelles de fonctionnement ;

8° *(Décr. n° 2005-1661 du 27 déc. 2005)* « Coefficient de mobilisation du potentiel fiscal et, le cas échéant, coefficient de mobilisation du potentiel fiscal élargi ; »

9° Dépenses réelles de fonctionnement et remboursement annuel de la dette en capital/recettes réelles de fonctionnement ;

10° Dépenses d'équipement brut/recettes réelles de fonctionnement ;

11° Encours de la dette/recettes réelles de fonctionnement.

Dans les communes touristiques qui bénéficient de la dotation forfaitaire dans les conditions fixées au troisième alinéa de l'article L. 2334-7, les données synthétiques comprennent également le nombre de résidences secondaires.

Art. R. 2313-2 *(Décr. n° 2005-1661 du 27 déc. 2005)* « I. — Pour l'application de l'article R. 2313-1 :

« *a)* La population à prendre en compte est la population totale, municipale et comptée à part, telle qu'elle résulte du dernier recensement connu à la date de production des documents budgétaires ;

« *b)* Les dépenses réelles de fonctionnement s'entendent de l'ensemble des dépenses de l'exercice budgétaire entraînant des mouvements réels. Toutefois, pour l'application du 1°, sont exclues les dépenses correspondant à des travaux en régie transférés en section d'investissement. Pour l'application du 9°, sont exclues les dépenses correspondant à des travaux en régie et à des charges transférées en section d'investissement ;

« *c)* Les impositions directes comprennent la taxe d'habitation, la taxe foncière sur les propriétés bâties, la taxe foncière sur les propriétés non bâties et, le cas échéant, la taxe professionnelle ;

« *d)* Les recettes réelles de fonctionnement s'entendent de l'ensemble des recettes de fonctionnement de l'exercice entraînant des mouvements réels ;

« *e)* Les dépenses d'équipement brut comprennent les acquisitions de biens meubles et immeubles, les travaux en cours, les immobilisations incorporelles, les travaux d'investissement en régie et les opérations pour compte de tiers ;

« *f)* Le coefficient de mobilisation du potentiel fiscal correspond, pour les communes membres d'un établissement public de coopération intercommunale faisant application du régime fiscal prévu à l'article 1609 *nonies* C du code général des impôts, au rapport entre les produits des contributions directes, à l'exclusion de la taxe professionnelle, et le potentiel fiscal mentionné à l'article L. 2334-5.

« Pour les autres communes et pour les établissements publics de coopération intercommunale, le coefficient de mobilisation du potentiel fiscal correspond au rapport entre le produit des contributions directes et le potentiel fiscal calculé, pour les communes, dans les conditions de l'article L. 2334-4, et pour les établissements publics de coopération intercommunale, dans les conditions du II de l'article L. 5211-30. Dans les deux cas, il n'est pas tenu compte de la compensation prévue au I du D de l'article 44 de la loi de finances pour 1999 (n° 98-1266 du 30 décembre 1998) ;

« *g)* Le coefficient de mobilisation du potentiel fiscal élargi, calculé lorsque la commune est membre d'un établissement public de coopération intercommunale à fiscalité propre, correspond au rapport entre le produit des contributions directes perçues par la commune et le groupement et le potentiel fiscal calculé dans les conditions de l'article L. 2334-4 et hors compensation prévue au I du D de l'article 44 de la loi de finances pour 1999 (n° 98-1266 du 30 décembre 1998) ;

« *h)* Le remboursement annuel de la dette en capital s'entend des remboursements d'emprunts effectués à titre définitif ;

« *i)* L'encours de dette s'obtient par cumul des emprunts et dettes à long et moyen terme. »

(Décr. n° 2015-1893 du 29 déc. 2015) « Lorsqu'une collectivité, ou l'un de ses établissements publics, doit acquitter une indemnité de remboursement anticipé d'emprunt, et dans le cas où elle bénéficie d'une aide octroyée par le fonds de soutien créé par l'article 92 de la loi n° 2013-1278 du 29 décembre 2013 de finances pour 2014 *[V. ss. art. L. 1611-3-1]*, cette collectivité peut déduire de cet encours de dette le montant de la créance restant à percevoir du fonds de soutien. »

II. — Les données synthétiques figurent en annexe au budget primitif et au compte administratif auquel elles se rapportent. En outre, les données résultant du dernier compte administratif voté à la date de la présentation du budget primitif sont reportées sur celui-ci.

Art. R. 2313-3 *(Décr. n° 2005-1661 du 27 déc. 2005)* Les états annexés aux documents budgétaires en application de l'avant-dernier alinéa de l'article L. 2313-1 sont les suivants :

I. — États annexés au budget et au compte administratif :

1° Tableaux récapitulant l'état des emprunts et dettes ;

2° Présentation de l'état des provisions ;

3° Présentation des méthodes utilisées pour les amortissements ;

4° Présentation de l'équilibre des opérations financières ;

5° Présentation de l'état des charges transférées en investissement ;

6° Présentation du mode de financement des opérations pour le compte de tiers ;

7° Présentation des engagements donnés et reçus ;

8° Présentation de l'emploi des recettes grevées d'une affectation spéciale ;

9° État du personnel ;

10° Liste des organismes de regroupement dont la commune est membre ;

11° Liste des établissements ou services créés par la commune ;

12° Tableau retraçant les décisions en matière de taux des contributions directes.

II. — États annexés au seul compte administratif :

1° État de variation des immobilisations ;

2° État présentant le montant de recettes et de dépenses affectées aux services assujettis à la taxe sur la valeur ajoutée qui ne font pas l'objet d'un budget distinct du budget général.

Art. R. 2313-4 *Abrogé par Décr. n° 2005-1661 du 27 déc. 2005.*

Art. R. 2313-5 *(Décr. n° 2005-1661 du 27 déc. 2005)* Les comptes certifiés mentionnés à l'article L. 2313-1-1 le sont par un commissaire aux comptes pour les organismes soumis à l'obligation de certification des comptes et par le président de l'organisme en cause, pour les organismes non soumis à une telle obligation.

Art. R. 2313-6 Pour l'application de l'article L. 2313-1, les documents budgétaires des caisses des écoles restent déposés au siège de l'établissement public.

Pour les caisses des écoles des communes de 3 500 habitants et plus, les documents budgétaires sont présentés dans les conditions définies aux articles L. 2313-1, R. 2313-3, R. 2313-5 et R. 2313-7. — *[Décr. n° 98-1061 du 25 nov. 1998, art. 1er, al. 5 et 6.]*

Art. R. 2313-7 En application des articles L. 2313-1 et L. 2313-2, dans les caisses des écoles des communes de 3 500 habitants ou plus et les caisses des écoles intercommunales comprenant une commune de 3 500 habitants ou plus, les documents budgétaires sont assortis en annexe, des données synthétiques suivantes :

1° Dépenses réelles de fonctionnement rapportées à la population ;

2° Recettes réelles de fonctionnement rapportées à la population ;

3° Annuité de la dette rapportée aux recettes réelles de fonctionnement.

Les dépenses réelles et les recettes réelles de fonctionnement sont celles *(Décr. nº 2005-1661 du 27 déc. 2005)* « définies à l'article R. 2313-2 ».

L'annuité de la dette comprend le capital à rembourser dans l'exercice, augmenté des intérêts et charges financières.

La population est déterminée conformément à l'article R. 2313-2.

Lorsque la caisse des écoles gère un ou plusieurs services non personnalisés en budget annexe, les ratios sont établis après consolidation des résultats du budget principal et des budgets annexes.

Art. R. 2313-8 *(Décr. nº 2016-834 du 23 juin 2016, art. 2)* Les documents mentionnés à l'avant-dernier alinéa de l'article L. 2313-1 sont mis en ligne sur le site internet de la commune, lorsqu'il existe, dans des conditions garantissant :

1° Leur accessibilité intégrale et sous un format non modifiable ;

2° La gratuité et la facilité de leur accès par le public, pour leur lecture comme pour leur téléchargement ;

3° Leur conformité aux documents soumis à l'organe délibérant de cette collectivité ;

4° Leur bonne conservation et leur intégrité.

Cette mise en ligne intervient dans un délai d'un mois à compter de l'adoption, par le conseil municipal, des délibérations auxquelles ces documents se rapportent.

TITRE II DÉPENSES

CHAPITRE I DÉPENSES OBLIGATOIRES

SECTION 1 Dispositions générales (R)

Art. R. 2321-1 En application des dispositions de l'article L. 2321-3, constituent des dépenses obligatoires pour les communes et les groupements de communes dont la population est égale ou supérieure à 3 500 habitants les dotations aux amortissements des immobilisations suivantes *(Décr. nº 2005-1661 du 27 déc. 2005)* « y compris celles reçues à disposition ou en affectation » :

1° Les biens meubles autres que les collections et œuvres d'art ;

2° Les biens immeubles productifs de revenus, y compris les immobilisations remises en location ou mises à disposition d'un tiers privé contre paiement d'un droit d'usage, et non affectés directement ou indirectement à l'usage du public ou à un service public administratif ;

3° *(Décr. nº 2005-1661 du 27 déc. 2005)* « Les immobilisations incorporelles autres que les frais d'études et d'insertion suivis de réalisation.

« Les amortissements ne s'appliquent ni aux immobilisations propriétés de la commune qui sont affectées, concédées, affermées ou mises à disposition, ni aux terrains et aménagements de terrains hormis les terrains de gisement. »

Les dotations aux amortissements de ces biens sont liquidées sur la base du coût historique de l'immobilisation et de la méthode linéaire. Toutefois, une commune peut, par délibération, adopter un mode d'amortissement dégressif ou variable, ou réel.

(Décr. nº 2005-1661 du 27 déc. 2005) « Les durées d'amortissement des immobilisations sont fixées pour chaque bien ou catégorie de biens par l'assemblée délibérante, qui peut se référer à un barème fixé par arrêté du ministre chargé des collectivités locales et du ministre chargé du budget, à l'exception toutefois :

« – des frais relatifs aux documents d'urbanisme *(Décr. nº 2015-1783 du 28 déc. 2015, art. 9)* « mentionnés à l'article L. 132-15 » qui sont amortis sur une durée maximale de dix ans ;

« – des frais d'étude et des frais d'insertion non suivis de réalisation qui sont amortis sur une durée maximale de cinq ans ;

« – des frais de recherche et de développement qui sont amortis sur une durée maximale de cinq ans ;

« – des brevets qui sont amortis sur la durée du privilège dont ils bénéficient ou sur leur durée effective d'utilisation si elle est plus brève ; »

(Décr. n° 2015-1846 du 29 déc. 2015, art. 1er) « – des subventions d'équipement versées, qui sont amorties sur une durée maximale de cinq ans lorsque la subvention finance des biens mobiliers, du matériel ou des études, de trente ans lorsque la subvention finance des biens immobiliers ou des installations, et de quarante ans lorsque la subvention finance des projets d'infrastructure d'intérêt national ; les aides à l'investissement des entreprises ne relevant d'aucune de ces catégories sont amorties sur une durée maximale de cinq ans.

« Les communes et leurs établissements publics peuvent procéder à la neutralisation budgétaire de la dotation aux amortissements des subventions d'équipement versées, par inscription d'une dépense en section d'investissement et une recette en section de fonctionnement. »

(Décr. n° 2005-1661 du 27 déc. 2005) « La délibération relative à la durée d'amortissement est transmise au comptable. »

Tout plan d'amortissement commencé doit être poursuivi jusqu'à son terme, sauf cession, affectation, mise à disposition, réforme ou destruction du bien. Le plan d'amortissement ne peut être modifié qu'en cas de changement significatif dans les conditions d'utilisation du bien. La commune ou le groupement bénéficiaire de la mise à disposition ou de l'affectation poursuit l'amortissement du bien selon le plan d'amortissement initial ou conformément à ses propres règles, définies par le présent article.

Une assemblée délibérante peut fixer un seuil unitaire en deçà duquel les immobilisations de peu de valeur ou dont la consommation est très rapide s'amortissent sur un an. La délibération correspondante est transmise au receveur municipal et ne peut être modifiée au cours d'un même exercice budgétaire.

BIBL. ▶ VILA, *JCP Adm. 2012, n° 2231* (le renouveau du traitement comptable des subventions d'équipement).

Art. R. 2321-2 *(Décr. n° 2005-1661 du 27 déc. 2005)* Pour l'application du 29° de l'article L. 2321-2, une provision doit être constituée *(Décr. n° 2022-1008 du 15 juill. 2022, art. 11)* « par le maire » dans les cas suivants :

1° Dès l'ouverture d'un contentieux en première instance contre la commune, une provision est constituée à hauteur du montant estimé par la commune de la charge qui pourrait en résulter en fonction du risque financier encouru ;

2° Dès l'ouverture d'une procédure collective prévue au livre VI du code de commerce, une provision est constituée pour les garanties d'emprunts, les prêts et créances, les avances de trésorerie et les participations en capital accordés par la commune à l'organisme faisant l'objet de la procédure collective. Cette provision est constituée à hauteur du risque d'irrécouvrabilité ou de dépréciation de la créance ou de la participation, estimé par la commune. La provision pour participation prend également en compte le risque de comblement de passif de l'organisme. Pour les garanties d'emprunts, la provision est constituée à hauteur du montant que représenterait la mise en jeu de la garantie sur le budget de la commune en fonction du risque financier encouru ;

3° Lorsque le recouvrement des restes à recouvrer sur compte de tiers est compromis malgré les diligences faites par le comptable public, une provision est constituée à hauteur du risque d'irrécouvrabilité estimé par la commune à partir des éléments d'information communiqués par le comptable public.

En dehors de ces cas, *(Décr. n° 2022-1008 du 15 juill. 2022, art. 11)* « le maire » peut décider de constituer des provisions dès l'apparition d'un risque avéré.

Pour l'ensemble des provisions prévues aux alinéas précédents, *(Décr. n° 2022-1008 du 15 juill. 2022, art. 11)* « le maire » peut décider de constituer la provision sur plusieurs exercices précédant la réalisation du risque.

La provision est ajustée annuellement en fonction de l'évolution du risque.

Elle donne lieu à reprise en cas de réalisation du risque ou lorsque ce risque n'est plus susceptible de se réaliser.

Le montant de la provision, ainsi que son évolution et son emploi sont retracés sur l'état des provisions joint au budget et au compte administratif.

BIBL. ▶ Nicoud, *BJCL 2006. 470* (les communes et le financement du risque : le point après le décret du 27 déc. 2005 organisant le nouveau régime des provisions).

Art. R. 2321-3 *(Décr. n° 2005-1661 du 27 déc. 2005)* **Pour l'application du 8° de l'article L. 2331-8, les provisions ne donnent pas lieu à inscription de crédits en section d'investissement du budget.**

Toutefois, le conseil municipal peut par une délibération spécifique décider d'inscrire les provisions en recettes de la section d'investissement du budget par une opération d'ordre budgétaire. Dans ce cas, la reprise ultérieure de ces provisions entraîne l'inscription d'une dépense à la section d'investissement et d'une recette équivalente à la section de fonctionnement.

Le conseil municipal qui fait usage du pouvoir dont il dispose en vertu du deuxième alinéa, puis revient sur cette décision, ne peut, au cours du même mandat, faire de nouveau usage des dispositions dudit alinéa.

Toutefois, en cas de renouvellement du conseil municipal, si le nouveau conseil revient sur la décision antérieure de faire application du deuxième alinéa et y procède au plus tard à la fin de l'exercice budgétaire suivant le renouvellement, il peut par la suite décider de faire usage des dispositions dudit alinéa.

Art. R. 2321-4 **Pour les caisses des écoles des communes de 3 500 habitants et plus et les caisses des écoles intercommunales comprenant une commune de 3 500 habitants ou plus, les dotations aux amortissements des immobilisations, prévues et liquidées dans les conditions fixées à l'article R. 2321-1, constituent des dépenses obligatoires.**

Pour l'application du présent article, les immobilisations à prendre en compte s'entendent de celles acquises à compter du 1er janvier 1999. – *[Décr. n° 98-1061 du 25 nov. 1998, art. 3 et 6.]*

Art. R. 2321-5 **Les dotations aux provisions effectuées dans les conditions définies** *(Décr. n° 2005-1661 du 27 déc. 2005)* **« aux articles R. 2321-2 et R. 2321-3 » constituent également des dépenses obligatoires pour les caisses des écoles.**

Art. R. 2321-6 **Peuvent faire l'objet du remboursement des frais de secours prévu au 7° de l'article L. 2321-2, les activités sportives ci-après :**

1° Ski alpin ;

2° Ski de fond. – *[Décr. n° 87-141 du 3 mars 1987, art. 1er.]*

Art. R. 2321-7 **Les délibérations du conseil municipal fixant les conditions du remboursement des frais de secours font l'objet d'une publicité par affichage en mairie et dans tous les lieux où sont apposées les consignes relatives à la sécurité et, d'une manière générale, à la pratique du ski alpin et du ski de fond.** – *[Décr. n° 87-141 du 3 mars 1987, art. 2.]*

SECTION 2 **Dépenses des communes et des groupements de communes pour les établissements d'enseignement du second degré et d'enseignement spécial municipaux (R)**

Art. D. 2321-8 **La part des dépenses assumées par les collectivités pour la construction et le fonctionnement des établissements d'enseignement du second degré et d'enseignement spécial qui étaient municipaux au 1er janvier 1986, date de transfert de compétence, ainsi que de leurs annexes d'enseignement sportif est, en l'absence d'une communauté urbaine et à défaut de prise en charge par un district ou par un syndicat de communes, ou à défaut d'accord amiable, répartie entre les collectivités locales et groupements de communes intéressées dans les conditions fixées ci-après.** – *[C. communes, art. R. 221-1.]*

Code de l'éducation

Art. D. 212-34 Les dispositions des articles D. 2321-8 à D. 2321-16 du code général des collectivités territoriales sont applicables aux établissements municipaux mentionnés à l'article L. 422-2 du code de l'éducation. – *V.* ***C. éduc.***

Art. D. 2321-9 Les annexes d'enseignement sportif mentionnées à l'article D. 2321-8 sont soit des installations sportives intégrées à l'établissement et gérées directement par celui-ci, soit des installations extérieures, contiguës ou non, utilisées par l'établissement pour dispenser cet enseignement.

Dans le premier cas, il est tenu compte, le cas échéant, des recettes éventuelles encaissées au titre du plein emploi des installations sportives.

Dans le second cas, les dépenses à prendre en compte sont les dépenses de location immobilière prévues à l'article D. 2321-13. – *[C. communes, art. R. 221-2.]*

Art. D. 2321-10 Les dépenses prévues à l'article D. 2321-8, qu'elles soient financées sur ressources propres ou par emprunts, comprennent au titre des investissements :

1° Pour les établissements existant au 19 septembre 1971 ou ceux en cours de construction qui ont fait l'objet à cette date soit d'une convention confiant à l'État la direction et la responsabilité des travaux, soit d'un marché, les charges afférentes aux acquisitions immobilières, aux travaux d'extension ou d'aménagement et aux grosses réparations effectués après cette date ;

2° Pour les autres établissements, les charges afférentes aux acquisitions immobilières, aux travaux neufs, aux travaux d'extension ou d'aménagement et aux grosses réparations. Toutefois, les dépenses d'acquisitions immobilières effectuées avant le 19 septembre 1971 ne sont pas soumises à répartition. – *[C. communes, art. R. 221-3.]*

Art. D. 2321-11 La part des dépenses d'investissement financée par des ressources propres est répartie sur une période de quinze ans par tranches annuelles égales.

Pour les dépenses antérieures à la mise en service de l'établissement, le point de départ de cette période est l'année de cette mise en service.

Pour les dépenses postérieures à la mise en service, le point de départ est l'année de l'engagement de la dépense. – *[C. communes, art. R. 221-4.]*

Art. D. 2321-12 Les annuités des emprunts sont réparties l'année de la mise en service de l'établissement pour les annuités échues avant l'année de cette mise en service et au fur et à mesure de leur échéance pour les annuités échéant à partir de l'année de mise en service. – *[C. communes, art. R. 221-5.]*

Art. D. 2321-13 Les dépenses prévues à l'article D. 2321-8, qu'elles soient financées sur ressources propres ou par emprunts, comprennent au titre du fonctionnement :

1° Dans les établissements municipaux :

– les dépenses de renouvellement de mobilier et du matériel ;

– les dépenses de fonctionnement courant et, s'il y a lieu, de locations immobilières ;

– les dépenses de personnel d'administration, de service et d'infirmerie, à l'exception du personnel de direction et d'éducation ;

– d'une manière générale, toutes les dépenses prévues par le traité constitutif établi en application de la loi de finances du 13 juillet 1925.

2° Dans les établissements nationalisés :

– la participation aux dépenses de fonctionnement de l'externat, déterminée selon le taux prévu par la convention de nationalisation. – *[C. communes, art. R. 221-6.]*

Art. D. 2321-14 À défaut d'accord intervenu entre les collectivités locales et groupements de communes intéressées avant le 1er novembre, les charges de l'année suivante sont réparties dans les conditions ci-après :

– pour 80 % des dépenses, au prorata du nombre d'élèves domiciliés sur le territoire de chacun d'eux ;

– pour 20 % des dépenses, au prorata du potentiel fiscal.

Lorsque les élèves d'une commune sont répartis entre plusieurs établissements municipaux visés à l'article 21-1 de la loi n° 83-663 du 22 juillet 1983 relative à la répartition de compétences entre les communes, les départements, les régions et l'État, il est tenu compte d'une valeur pondérée du potentiel fiscal obtenue en multipliant la valeur du potentiel fiscal par le rapport entre le nombre des élèves fréquentant l'établissement en cause et le nombre total des élèves de cette commune scolarisés dans les collèges.

La valeur du potentiel fiscal et le nombre d'élèves scolarisés retenu pour cette répartition sont ceux connus à la date précitée du 1er novembre. – *[C. communes, art. R. 221-7.]*

Art. D. 2321-15 Les produits de l'utilisation des établissements mentionnés à l'article D. 2321-8 en dehors des fonctions d'enseignement qui leur incombent viennent en déduction des dépenses à répartir. – *[C. communes, art. R. 221-8.]*

Art. D. 2321-16 Dans le cas où un établissement d'enseignement du second degré ou d'enseignement spécial, qui était municipal au 1er janvier 1986, date de transfert de compétence, fait partie d'un ensemble scolaire comportant un ou plusieurs autres établissements, les dépenses à répartir sont arrêtées pour chaque établissement d'un commun accord entre les collectivités locales et groupements de communes intéressées ou, à défaut d'accord, par le préfet ou le sous-préfet. – *[C. communes, art. R. 221-9.]*

CHAPITRE II DÉPENSES IMPRÉVUES

Pas de dispositions réglementaires codifiées.

TITRE III RECETTES

CHAPITRE I CATÉGORIES DE RECETTES

SECTION 1 Recettes de la section de fonctionnement

Art. R. 2331-1 La redevance proportionnelle au nombre de kilowatt-heures produit sur l'énergie hydraulique prévue à l'article L. 2331-2 (7°) est déterminée conformément aux dispositions de l'article 43 du cahier des charges type approuvé par le décret n° 99-872 du 11 octobre 1999 approuvant le cahier des charges-type des entreprises hydrauliques concédées. – *[C. communes, art. R.** 233-106.]*

Art. R. 2331-2 Les dispositions du 9° de l'article L. 2331-4 applicables aux taxes et redevances constituant le droit de port sont déterminées par le décret n° 68-803 du 10 septembre 1968 pris pour l'application de la loi n° 67-1175 du 28 décembre 1967 portant réforme du régime des droits de port et de navigation. – *[C. communes, art. R.* 233-103.]*

SECTION 2 Recettes de la section d'investissement

Art. D. 2331-3 La différence constatée entre la valeur de cession d'une immobilisation et sa valeur comptable nette est obligatoirement enregistrée à la section d'investissement du budget préalablement à la détermination du résultat de la section de fonctionnement. – *[Décr. n° 96-526 du 13 juin 1996, art. 1er et 2.]*

Art. R. 2331-4 En application du 9° de l'article L. 2331-8, les surtaxes locales temporaires perçues dans les conditions fixées par la loi du 15 septembre 1942 relative à la perception de surtaxes locales temporaires sur les chemins de fer d'intérêt général, les voies ferrées d'intérêt local, les voies ferrées des quais des ports maritimes ou fluviaux et les services de transports routiers en liaison avec les chemins de fer, sont déterminées par le décret n° 77-785 du 13 juillet 1977 relatif à la perception de surtaxes locales temporaires. – *[C. communes, art. R.* 233-102.]*

Art. R. 2331-5 à R. 2331-7 *Abrogés par Décr. n° 2005-1661 du 27 déc. 2005.*

SECTION 3 Répartition et recouvrement de certaines taxes

Art. D. 2331-5 *(Décr. n° 2024-610 du 26 juin 2024, art. 28 et 51, en vigueur le 1er janv. 2025)* Les communes affectataires de la taxe sur le transport maritime de passagers à destination d'espaces naturels protégés mentionnée à l'article L. 423-47 du code des impositions sur les biens et services sont celles mentionnées à l'article D. 321-13 du code de l'environnement.

Les conditions de l'affectation sont précisées par les dispositions de la sous-section 2 de la section 6 du chapitre I du titre II du livre III de la partie réglementaire du code de l'environnement.

CHAPITRE II CONTRIBUTIONS ET TAXES PRÉVUES PAR LE CODE GÉNÉRAL DES IMPÔTS

Pas de dispositions réglementaires codifiées.

CHAPITRE III TAXES, REDEVANCES OU VERSEMENTS NON PRÉVUS PAR LE CODE GÉNÉRAL DES IMPÔTS

SECTION 1 Taxe d'usage des abattoirs publics

Art. R. 2333-1 *à* R. 2333-4 *Abrogés par Décr. n° 2009-1769 du 30 déc. 2009.*

SECTION 2 Part communale de l'accise sur l'électricité

(Décr. n° 2022-129 du 4 févr. 2022, art. 2)

Art. D. 2333-5 Les dispositions de l'article D. 3333-1 sont applicables à la part communale de l'accise sur l'électricité.

Pour l'application de l'article L. 2333-2, les montants de la part communale de l'accise sur l'électricité sont ceux inscrits aux comptes dédiés à la « taxe sur la consommation finale d'électricité » dans les comptes de gestion des communes ou, selon le cas, des établissements publics de coopération intercommunale, des départements ou de la métropole de Lyon qui leur sont substitués au titre de leur compétence d'autorité organisatrice de la distribution publique d'électricité mentionnée à l'article L. 2224-31, établis au titre de l'année précédente.

Art. D. 2333-6 Pour l'application des dispositions de l'article L. 5212-24, le service de l'administration fiscale compétent pour recevoir les délibérations concordantes des affectataires légaux de la part communale de l'accise sur l'électricité est :

1° Dans le cas où l'établissement public de coopération intercommunale ou le département deviennent affectataires en lieu et place d'une commune dont la population recensée par l'Institut national de la statistique et des études économiques au 1er janvier de l'année précédant celle au titre de laquelle la taxe est due est supérieure à 2 000 habitants, le service de la fiscalité directe locale placé au sein de la direction départementale des finances publiques compétente ;

2° Dans le cas où le syndicat intercommunal ou le département reverse à une commune ou à un établissement public de coopération intercommunale à fiscalité propre une fraction de la taxe perçue sur son territoire, le comptable assignataire de la collectivité concernée.

Art. D. 2333-7 Le montant de la part communale de l'accise sur l'électricité est notifié aux collectivités concernées par arrêté du préfet, à partir des éléments de calcul établis par la direction générale des finances publiques.

Sur le calcul du montant de la part communale et départementale de l'accise sur l'électricité, V. ci-dessous Décr. n° 2022-129 du 4 févr. 2022, art. 4.

Décret n° 2022-129 du 4 février 2022,

Relatif à la part communale et à la part départementale de l'accise sur l'électricité.

Art. 4 I. — En 2023, pour le calcul du montant de la part communale de l'accise sur l'électricité, versée par avances mensuelles, le produit perçu au titre de l'année 2022 mentionné au premier alinéa du II de l'article L. 2333-2 du code général des collectivités territoriales est :

1° Au cours du premier semestre, le montant des avances mensuelles du produit de la taxe communale sur la consommation finale d'électricité calculé en fonction de celui perçu au titre de 2021, inscrit au compte dédié de l'exercice 2021 ;

2° Au cours du second semestre, le montant des avances mensuelles du produit de la part communale de l'accise sur l'électricité calculé en fonction de celui perçu au titre de 2022, inscrit au compte dédié de l'exercice 2022.

Afin que le montant global versé en 2023 aux communes, aux départements et à la métropole de Lyon, ainsi qu'aux établissements publics de coopération intercommunale, corresponde au montant prévu au II de l'article L. 2333-2 précité, une régularisation est opérée, le cas échéant, à l'occasion des versements du second semestre.

II. — La détermination du montant de la part communale de l'accise sur l'électricité versée aux établissements publics de coopération intercommunale, aux départements ou à la métropole de Lyon s'effectue par agrégation des parts communales correspondant à celles des communes auxquelles ils se substituent.

III. — Lorsqu'une commune devient, en lieu et place d'un établissement public de coopération intercommunale, l'affectataire légal de la part communale de l'accise sur d'électricité, le montant qui lui est affecté est déterminé, en 2023, à partir du produit de la taxe perçue par l'établissement public de coopération intercommunale au prorata des quantités d'électricité fournies sur le territoire de la commune.

SECTION 3 **Taxe sur la publicité extérieure** *(Décr. n° 2024-610 du 26 juin 2024, art. 43).*

Art. R. 2333-10 *Abrogé par Décr. n° 2024-610 du 26 juin 2024, art. 43.*

Art. R. 2333-11 *(Abrogé par Décr. n° 2024-610 du 26 juin 2024, art. 43)* ***La commune ou l'établissement public de coopération intercommunale qui perçoit la taxe met à la disposition des exploitants de supports publicitaires un formulaire pour la déclaration des supports publicitaires énumérés à l'article L. 2333-7, conforme au modèle fixé par arrêté conjoint du ministre chargé des collectivités territoriales, du ministre chargé du budget et du ministre chargé du commerce.*** *— V. Arr. du 10 févr. 2023.*

Arrêté du 10 février 2023,

Modifiant le modèle de formulaire de déclaration des supports publicitaires énumérés à l'article L. 2333-7 du code général des collectivités territoriales.

Art. 1er Le formulaire de déclaration mentionné à l'article R. 2333-11 du code général des collectivités territoriales doit être conforme au modèle annexé au présent arrêté.

Art. 2 L'arrêté du 17 avril 2018 fixant le modèle de formulaire de déclaration des supports publicitaires est abrogé.

Art. R. 2333-12 **Le recouvrement de la** *(Décr. n° 2024-610 du 26 juin 2024, art. 43)* **« taxe sur la publicité extérieure » est assuré par le comptable public compétent.**

Art. R. 2333-13 **Les déclarations** *(Décr. n° 2024-610 du 26 juin 2024, art. 43)* **« prévues à l'article L. 454-71 du code des impositions sur les biens et services » sont contrôlées par les agents de la commune ou de l'établissement public de coopération intercommunale qui perçoit la taxe.**

Art. R. 2333-14 **Si le maire ou le président de l'établissement public de coopération intercommunale constate une insuffisance, une inexactitude ou une omission dans les éléments déclarés servant de base au calcul de la taxe, il adresse au redevable, par lettre recommandée avec avis de réception, une mise en demeure de mettre en conformité sa déclaration dans un délai de trente jours. À cette fin, il adresse au redevable une proposition de rectification motivée de manière à lui permettre de formuler ses observations.**

Cette proposition de rectification indique la nature, la localisation et la surface exploitée de chaque support publicitaire donnant lieu à rectification ainsi que les éléments de liquidation de la taxe à acquitter, en précisant le tarif applicable au support, les éventuelles réfactions ou exonérations applicables, et les conditions d'application de la règle de *prorata temporis*.

Elle mentionne, sous peine de nullité, les droits résultant des rectifications, les voies et délais de recours ouverts au redevable ainsi que la faculté pour lui de se faire assister d'un conseil de son choix pour discuter la proposition ou pour y répondre.

Le redevable dispose d'un délai de trente jours à compter de la notification de la proposition de rectification pour produire ses observations ou faire connaître son

acceptation. Le défaut de réponse du redevable dans le délai imparti vaut acceptation tacite de la proposition de rectification.

Lorsque le désaccord persiste sur la proposition de rectification, le maire ou le président de l'établissement public de coopération intercommunale fait connaître sa position définitive par une réponse dûment motivée et notifiée dans les quinze jours suivant la réception des observations du redevable. Elle mentionne, sous peine de nullité, les droits résultant des rectifications ainsi que les voies et délais de recours juridictionnels.

Au terme de la procédure ayant permis au redevable de présenter ses observations dans les délais mentionnés ci-dessus, le maire ou le président de l'établissement public de coopération intercommunale liquide le montant dû au regard des nouveaux éléments d'assiette arrêtés à l'issue de la procédure contradictoire et émet le titre de recettes exécutoire mentionnant les bases d'imposition retenues à l'encontre du redevable.

Art. R. 2333-15 Si le maire ou le président de l'établissement public de coopération intercommunale constate le défaut de déclaration d'un support publicitaire dans les délais prescrits *(Décr. n° 2024-610 du 26 juin 2024, art. 43)* « par l'article D. 454-13 du code des impositions sur les biens et services », il met en demeure l'exploitant de ce support par lettre recommandée avec avis de réception de souscrire une déclaration dans un délai de trente jours à compter de la notification de la mise en demeure.

Faute de déclaration dans le délai de trente jours suivant la notification de cette mise en demeure, le maire ou le président de l'établissement public de coopération intercommunale adresse à l'exploitant par lettre recommandée avec avis de réception un avis de taxation d'office dûment motivé, trente jours au moins avant la mise en recouvrement de l'imposition.

Cet avis indique la nature, la localisation et la surface exploitée de chaque support publicitaire donnant lieu à rectification ainsi que les éléments de liquidation de la taxe à acquitter, en précisant le tarif applicable au support, les éventuelles réfactions ou exonérations applicables, et les conditions d'application de la règle de *prorata temporis*.

Il indique, sous peine de nullité, les droits résultant des rectifications, les voies et délais de recours ouverts à l'exploitant ainsi que la faculté pour lui de se faire assister d'un conseil de son choix pour présenter ses observations.

Dans le délai de trente jours suivant la notification de l'avis de taxation d'office, l'exploitant peut présenter ses observations auprès du maire ou du président de l'établissement public de coopération intercommunale. Le maire ou le président de l'établissement public de coopération intercommunale fait alors connaître sa position définitive par une réponse dûment motivée et notifiée dans les quinze jours suivant la réception des observations de l'exploitant. Cette réponse mentionne, sous peine de nullité, les droits résultant des rectifications ainsi que les voies et délais de recours juridictionnels.

Le maire ou le président de l'établissement public de coopération intercommunale liquide le montant dû au regard des éléments d'assiette arrêtés à l'issue de la procédure de taxation d'office et émet le titre de recettes exécutoire mentionnant les bases d'imposition retenues à l'encontre du redevable.

Art. R. 2333-16 Sont punis des peines d'amende prévues pour les contraventions de la quatrième classe :

1° Le fait de ne pas avoir déclaré un support publicitaire ou de ne pas l'avoir déclaré dans les délais *(Décr. n° 2024-610 du 26 juin 2024, art. 43)* « prescrits par l'article D. 454-13 du code des impositions sur les biens et services ; »

2° Le fait d'avoir souscrit une déclaration inexacte ou incomplète.

Chaque support donne lieu à une infraction distincte.

Art. R. 2333-17 Le maire, le président de l'établissement public de coopération intercommunale, les fonctionnaires municipaux ou intercommunaux assermentés et tous les agents de la force publique sont qualifiés pour constater par procès-verbal les infractions aux dispositions relatives à la *(Décr. n° 2024-610 du 26 juin 2024, art. 43)* « taxe sur la publicité extérieure ».

SECTION 6 Taxes particulières aux stations

SOUS-SECTION 1 Taxe de séjour et taxe de séjour forfaitaire

(Décr. n° 2015-970 du 31 juill. 2015, art. 1er)

§ 1 Dispositions communes

Art. R. 2333-43 Selon des modalités fixées par arrêté du ministre chargé du budget, les communes qui ont institué une taxe de séjour ou une taxe de séjour forfaitaire font connaître au directeur général des finances publiques, *(Décr. n° 2019-1062 du 16 oct. 2019, art. 1er)* « avant le *(Décr. n° 2022-1008 du 15 juill. 2022, art. 14)* « 15 septembre » de l'année précédant l'année d'application de la délibération » :

1° Les dates de début et de fin de la période de perception ;

2° Les tarifs de la taxe de séjour ou de la taxe de séjour forfaitaire, pour chaque nature et pour chaque catégorie d'hébergement, arrêtés par délibération du conseil municipal conformément aux articles L. 2333-30 et L. 2333-41 ;

3° Le montant de loyer maximal en dessous duquel la taxe n'est pas due en application du 4° de l'article L. 2333-31 ;

4° Le taux de l'abattement fixé dans les conditions prévues au premier alinéa du III de l'article L. 2333-41.

Le ministre chargé du budget publie les informations prévues aux 1° à 4° ci-dessus, sur un site internet de son département ministériel et sous forme de données téléchargeables dans un format standard, selon des modalités qu'il définit par arrêté.

Sur les modalités de transmission et de publication des informations concernant la taxe de séjour et la taxe de séjour forfaitaire, V. ci-dessous Arr. du 9 août 2022.

Arrêté du 9 août 2022,

Relatif aux modalités de transmission et de publication des informations concernant la taxe de séjour et la taxe de séjour forfaitaire.

Art. 1er Les communes, les établissements publics de coopération intercommunale et groupements de communes mentionnés à l'article L. 5211-21 du code général des collectivités territoriales, les syndicats mixtes mentionnés à l'article L. 5722-6 du code général des collectivités territoriales et la métropole de Lyon, lorsqu'ils ont institué une taxe de séjour ou une taxe de séjour forfaitaire, transmettent à la direction générale des finances publiques :

1° Les dates de début et de fin de la période de perception ;

2° Les tarifs de la taxe de séjour ou de la taxe de séjour forfaitaire, pour chaque nature et pour chaque catégorie d'hébergement, arrêtés par délibération du conseil municipal conformément aux articles L. 2333-30 et L. 2333-41 ;

3° Le montant de loyer maximal en dessous duquel la taxe n'est pas due en application du 4° de l'article L. 2333-31 ;

4° Le taux de l'abattement fixé dans les conditions prévues au premier alinéa du III de l'article L. 2333-41.

Art. 2 *(Arr. du 6 déc. 2023, art. 1er)* La transmission mentionnée à l'article 1er s'effectue *via* l'application DELTA, accessible par le portail internet de la gestion publique. L'application DELTA est ouverte à cet effet jusqu'au 15 septembre.

Art. 3 *(Arr. du 6 déc. 2023, art. 1er)* Le catalogue des tarifs, constitué à partir des informations saisies dans les conditions prévues à l'article 2, est publié avant le 15 octobre de l'année. Cette publication est effectuée sur le site www.impots.gouv.fr sous la forme d'un fichier téléchargeable standard de format non propriétaire.

Art. R. 2333-44 Les natures d'hébergement mentionnées au III de l'article L. 2333-26 sont :

1° Les palaces ;

2° Les hôtels de tourisme ;

3° Les résidences de tourisme ;

4° Les meublés de tourisme ;

5° Les villages de vacances ;

6° Les chambres d'hôtes ;

7° Les emplacements dans les aires de camping-cars et les parcs de stationnement touristiques ;

8° Les terrains de camping, les terrains de caravanage ainsi que tout autre terrain d'hébergement de plein air ;

9° Les ports de plaisance ;

(Décr. n° 2019-1062 du 16 oct. 2019, art. 1er) « 10° Les hébergements en attente de classement et les hébergements sans classement qui ne relèvent pas des natures d'hébergement mentionnées aux 1° à 9°. »

Art. R. 2333-45 Les recettes procurées par la taxe de séjour ou la taxe de séjour forfaitaire et l'emploi de ces recettes à des actions de nature à favoriser la fréquentation touristique figurent dans un état annexe au compte administratif.

Art. R. 2333-46 *(Décr. n° 2019-1062 du 16 oct. 2019, art. 1er)* Les tarifs fixés pour chaque catégorie d'hébergement ne comprennent ni la taxe additionnelle prévue à l'article L. 2531-17 ni, lorsqu'elle est instituée, la taxe additionnelle départementale prévue à l'article L. 3333-1.

Art. R. 2333-47 Pour l'application des dispositions du II de l'article L. 2333-34 et de l'article L. 2333-37 en ce qui concerne la taxe de séjour et de l'article L. 2333-45 en ce qui concerne la taxe de séjour forfaitaire, les assujettis qui ont acquitté à titre provisionnel leur cotisation de taxe peuvent en solliciter le dégrèvement auprès de la commune bénéficiaire de l'imposition, sous réserve de la production :

1° D'une réclamation comportant le nom, l'adresse et la qualité de son auteur ainsi que l'objet et les motifs de la demande ;

2° De toute pièce de nature à établir qu'il doit être procédé à une décharge partielle ou totale de la taxe ; et

3° De la preuve du paiement de la cotisation de taxe acquittée à titre provisionnel.

La réclamation fait l'objet d'un récépissé adressé à l'assujetti. Il est statué sur la demande de restitution dans un délai de trente jours à compter de la date de réception de celle-ci. À défaut de réponse dans ce délai, le silence gardé par la commune vaut décision de rejet.

Si la réclamation porte sur l'application d'une des conditions mentionnées aux 2° à 4° de l'article L. 2333-31, la commune bénéficiaire de l'imposition peut demander à des fins de vérification aux professionnels mentionnés au II de l'article L. 2333-34 une copie des factures émises par ces derniers à l'attention de l'assujetti.

Art. R. 2333-48 Pour l'application du deuxième alinéa de l'article L. 2333-38 en ce qui concerne la taxe de séjour et de l'article L. 2333-46 en ce qui concerne la taxe de séjour forfaitaire, l'avis de taxation d'office doit comporter les mentions suivantes :

1° La nature, la catégorie et la localisation précise de chaque hébergement donnant lieu à taxation d'office sur le territoire de la collectivité intéressée au titre de l'année d'imposition concernée ;

(Décr. n° 2019-1062 du 16 oct. 2019, art. 1er) « 2° Le nombre de nuitées retenues comme imposables pour chaque hébergement mentionné au 1°, ainsi que, pour les hébergements en attente de classement ou sans classement, le coût par personne de ces nuitées. L'avis précise les renseignements et les données à partir desquels la commune a déterminé le nombre de nuitées et, le cas échéant, leur coût. La commune peut demander aux professionnels mentionnés au II de l'article L. 2333-34 qui ne sont pas préposés à la collecte de la taxe pour le logeur, l'hôtelier, le propriétaire ou l'intermédiaire visé par la taxation d'office au titre de l'année d'imposition concernée, les copies des factures émises à son égard et tout renseignement sur son activité de location ; »

3° Le rappel des observations éventuelles du redevable défaillant et de l'insuffisance des justifications apportées par ce dernier ;

4° Les éléments de liquidation de la taxe à acquitter, en précisant pour chaque hébergement le tarif applicable.

(Décr. n° 2019-1062 du 16 oct. 2019, art. 1er) « Cet avis indique au redevable, sous peine de nullité, qu'il a le droit de présenter ses observations dans un délai de 30 jours et qu'il dispose de la faculté de se faire assister d'un conseil de son choix. »

Dans le délai de trente jours séparant la notification de l'avis de taxation d'office de la mise en recouvrement de l'imposition, le redevable peut présenter ses observations auprès du maire. Le maire fait alors connaître sa position définitive par une réponse dûment motivée et notifiée dans les trente jours suivant la réception des observations du redevable. Cette réponse mentionne, sous peine de nullité, le montant, hors intérêts, des droits résultant des rectifications ainsi que les voies et délais de recours juridictionnels.

Le maire ou le président de l'établissement public de coopération intercommunale liquide le montant dû au regard des éléments d'assiette arrêtés à l'issue de la procédure de taxation d'office et émet le titre de recettes exécutoire mentionnant les bases d'imposition retenues à l'encontre du redevable.

L'intérêt de retard dû en application du deuxième alinéa de l'article L. 2333-38 donne lieu à l'émission d'un titre de recettes. Il court à compter du premier jour du mois qui suit celui durant lequel la déclaration devait être souscrite ou, en cas de déclaration incomplète ou inexacte, à compter du premier jour du mois qui suit celui au cours duquel le principal aurait dû être acquitté.

§ 2 Modalités de publicité de la taxe de séjour

Art. R. 2333-49 Le tarif de la taxe de séjour est affiché chez les logeurs, hôteliers, propriétaires ou autres intermédiaires chargés de percevoir la taxe de séjour et tenu par la commune à la disposition de toute personne qui désire en prendre connaissance.

Sur leur demande, la commune fournit aux professionnels, qui, par voie électronique, assurent un service de réservation ou de location ou de mise en relation en vue de la location d'hébergements pour le compte des logeurs, des hôteliers, des propriétaires ou des intermédiaires mentionnés à l'article L. 2333-33, toute information utile à la collecte de la taxe de séjour des hébergements dont la réservation ou la commercialisation leur est confiée.

Art. R. 2333-50 Les professionnels préposés à la collecte de la taxe de séjour et à l'accomplissement des formalités correspondantes dans les conditions prévues *(Décr. n° 2019-1062 du 16 oct. 2019, art. 2)* « à » l'article L. 2333-34 délivrent à chaque collectivité bénéficiaire du produit un état des sommes versées lors de l'acquittement de la taxe par les personnes assujetties.

§ 3 Recouvrement amiable et contentieux de la taxe de séjour

Art. R. 2333-51 et R. 2333-52 *Abrogés par Décr. n° 2019-1062 du 16 oct. 2019, art. 2.*

Art. R. 2333-53 Pour l'application *(Décr. n° 2019-1062 du 16 oct. 2019, art. 2)* « du I et » du II de l'article L. 2333-34, le logeur, l'hôtelier, le propriétaire ou l'intermédiaire produit, à la demande du maire ou des agents commissionnés par lui, une copie de la facture émise à son encontre par le professionnel préposé à la collecte et à l'exécution des formalités déclaratives correspondantes. Cette facture mentionne le tarif de taxe de séjour appliqué.

Art. R. 2333-54 *Abrogé par Décr. n° 2019-1062 du 16 oct. 2019, art. 2.*

§ 4 Modalités de publicité de la taxe de séjour forfaitaire

Art. R. 2333-55 Le tarif de la taxe de séjour forfaitaire est affiché en mairie et tenu à la disposition de toute personne qui souhaite en prendre connaissance.

§ 5 Déclaration, recouvrement amiable et contentieux de la taxe de séjour forfaitaire

Art. R. 2333-56 *(Décr. n° 2019-1062 du 16 oct. 2019, art. 2)* La déclaration prévue à l'article L. 2333-43 comprend également :

1° Le tarif mentionné au 2° du II de l'article L. 2333-41 ;

2° Le nombre de nuitées mentionné au 3° du même II ;
3° Le taux de l'abattement prévu par le III de l'article L. 2333-41.

Art. R. 2333-57 Le produit de la taxe est versé au comptable public compétent aux dates fixées par la délibération du conseil municipal mentionnée au II de l'article L. 2333-43.

Art. R. 2333-58 *Abrogé par Décr. n° 2019-1062 du 16 oct. 2019, art. 2.*

SOUS-SECTION 2 *[ABROGÉE]* Taxe communale sur les entreprises spécialement intéressées à la prospérité de la station

(Abrogée par Décr. n° 2002-1548 du 24 déc. 2002, art. 8)

SOUS-SECTION 3 Taxe communale sur les entreprises exploitant des engins de remontée mécanique

Art. R. 2333-70 Les entreprises exploitant des engins de remontée mécanique assujetties en zone de montagne à la taxe communale prévue à l'article L. 2333-49 adressent aux maires des communes sur lesquelles est située l'exploitation, avant le vingt-cinquième jour du premier mois de chaque trimestre de l'année civile, une déclaration mentionnant les recettes brutes provenant de la vente des titres de transport au cours du trimestre précédent en vue de la liquidation des sommes dues au titre de cette taxe.

Pour permettre la vérification des déclarations trimestrielles, les exploitants des entreprises assujetties remettent avant le 1er juillet de chaque année, aux maires des communes concernées, une attestation visée par le service local des impôts mentionnant le montant des recettes brutes provenant de la vente des titres de transport pendant le dernier exercice comptable clos. – *[Décr. n° 87-45 du 29 janv. 1987, art. 1er.]*

Art. R. 2333-71 La liquidation est faite par le maire par application du taux fixé par le conseil municipal pour la taxe et de l'assiette de la taxe revenant à la commune dans les conditions de l'article R. 2333-73.

Elle donne lieu à l'émission d'un titre de recettes adressé au receveur municipal. – *[Décr. n° 87-45 du 29 janv. 1987, art. 2.]*

Art. R. 2333-72 L'entreprise est tenue de s'acquitter de la taxe mise à sa charge auprès du receveur municipal dans les dix jours suivant la réception de la notification des sommes dont elle est redevable.

Tout retard dans le paiement de la taxe donne lieu à l'application d'une indemnité égale, pour le premier mois, à 3 % du montant des sommes dont le versement a été différé et, pour chacun des mois suivants, à 1 % dudit montant.

Cette indemnité donne lieu à l'émission d'un titre de recettes adressé par le maire au receveur municipal. – *[Décr. n° 87-45 du 29 janv. 1987, art. 3.]*

Art. R. 2333-73 En application de l'article L. 2333-51, lorsque l'exploitation des remontées mécaniques s'étend sur plusieurs communes, la taxe est perçue sur la base d'une convention fixant la répartition de son assiette, conclue entre toutes les communes sur le territoire desquelles sont situés les engins de remontée mécanique.

En cas de désaccord entre les communes, le préfet ou, lorsque les communes sont situées dans des départements différents, les préfets des départements intéressés, saisis par l'une des communes, répartissent l'assiette de la taxe entre elles en fonction de l'étendue et de la charge d'équipement des domaines skiables de chaque commune. La répartition de l'assiette ainsi arrêtée vaut jusqu'au 1er octobre suivant la date éventuelle d'une convention entre les communes intéressées. – *[Décr. n° 87-45 du 29 janv. 1987, art. 4.]*

SOUS-SECTION 4 Prélèvement progressif sur le produit des jeux dans les casinos

Art. D. 2333-74 *(Décr. n° 2015-669 du 15 juin 2015, art. 1er-1°)* Le tarif du prélèvement progressif opéré sur le produit brut des jeux dans les casinos régis par *(Décr. n° 2017-1749 du 22 déc. 2017, art. 1er)* « l'article L. 321-1 » du code de la sécurité intérieure s'établit comme suit :

6 % jusqu'à 100 000 euros.
16 % de 100 001 euros à 200 000 euros.
25 % de 200 001 euros à 500 000 euros.
37 % de 500 001 euros à 1 000 000 euros.
47 % de 1 000 001 euros à 1 500 000 euros.
58 % de 1 500 001 euros à 4 700 000 euros.
63,3 % de 4 700 001 euros à 7 800 000 euros.
67,6 % de 7 800 001 euros à 11 000 000 euros.
72 % de 11 000 001 euros à 14 000 000 euros.
83,5 % au-delà de 14 000 000 euros.

Art. D. 2333-75 *Abrogé par Décr. n° 2021-984 du 26 juill. 2021, art. 3.*

Art. D. 2333-76 à D. 2333-82 *Abrogés par Décr. n° 2015-669 du 15 juin 2015, art. 1er.*

Art. R. 2333-82-1 *(Décr. n° 2005-1097 du 2 sept. 2005)* Les recettes réelles de fonctionnement mentionnées à l'article L. 2333-55 s'entendent de l'ensemble des recettes de fonctionnement inscrites au compte administratif du dernier exercice clos comptabilisées au titre de l'exercice et qui constituent des mouvements réels.

Elles comprennent les recettes réelles qui relèvent des catégories de comptes suivantes :

— produits des services, du domaine et ventes diverses ;
— impôts et taxes ;
— dotations et participations ;
— autres produits de gestion courante ;
— produits financiers ;
— produits exceptionnels.

Art. D. 2333-82-2 *(Décr. n° 2015-669 du 15 juin 2015, art. 1er)* « Les personnes qui exploitent un casino en application *(Décr. n° 2017-1749 du 22 déc. 2017, art. 3)* « de l'article L. 321-1 » du code de la sécurité intérieure doivent déclarer et payer les prélèvements opérés au titre de leur activité de jeux au cours du mois suivant celui au cours duquel ont été réalisées les opérations. La déclaration est déposée, accompagnée du paiement, dans les délais fixés en matière de taxe sur le chiffre d'affaires. »

La déclaration et le versement mensuels sont effectués auprès d'un comptable de la direction générale des finances publiques.

Bien qu'elles ne soient pas immédiatement exigibles, les sommes représentant le montant des prélèvements sont la propriété de leurs bénéficiaires respectifs :

— dès la prise en compte de la retenue pour les jeux de cercle et leur forme électronique ;

— dès leur inscription sur les carnets de prélèvements pour les jeux de contrepartie et leur forme électronique et les appareils mentionnés à l'article D. 321-13 du code de la sécurité intérieure.

Sur les modalités d'encaissement, de recouvrement et de contrôle des prélèvements spécifiques aux jeux de casinos, V. ci-dessous Arr. du 29 oct. 2010.

Arrêté du 29 octobre 2010,

Relatif aux modalités d'encaissement, de recouvrement et de contrôle des prélèvements spécifiques aux jeux de casinos exploités en application des articles L. 321-1 et suivants du code de la sécurité intérieure (Arr. du 28 févr. 2013, art. 1er).

Art. 1er *(Arr. du 28 févr. 2013, art. 1er)* « La déclaration conforme au modèle fixé par l'administration et le paiement visés à l'article D. 2333-82-2 du code général des collectivités territoriales sont adressés au comptable désigné dans le département d'implantation du casino. Ce comptable est celui de la commune où est situé le siège du casino, sauf décision dérogatoire du directeur départemental ou, le cas échéant, régional des finances publiques.

« La déclaration » est produite chaque mois, dès que la saison est commencée, même s'il n'y a pas lieu à prélèvement.

À défaut de versement ou en cas d'insuffisance de versement constaté au plus tard à la date fixée à l'article D. 2333-82-2 du code général des collectivités territoriales, le montant des prélèvements est versé au comptable du service des impôts des entreprises auquel doit parvenir la déclaration de résultats du casino.

Art. 2 Les sommes encaissées par le casino au titre des "orphelins" sont attribuées au centre communal d'action sociale de la commune siège du casino. Elles sont déclarées et versées en fin de saison au comptable municipal selon les mêmes modalités que celles prévues à l'article 1er du présent arrêté.

Le directeur responsable du casino donne immédiatement avis du versement effectué au préfet, au sous-préfet, au *(Arr. du 28 févr. 2013, art. 1er)* « directeur départemental ou, le cas échéant, régional des finances publiques ».

Art. 3 En cas d'erreur portant sur le calcul des prélèvements, constatée en cours de saison des jeux, la restitution au casino des sommes payées en trop ou le complément de prélèvements à réclamer à l'établissement de jeux ne peuvent se faire que par compensation, à l'occasion de l'établissement de la prochaine déclaration qui suit la constatation de l'erreur et des documents visés à l'article 1er du présent arrêté.

En cas d'erreur portant sur le calcul des prélèvements, constatée après clôture de la saison des jeux concernée, il appartient au casino d'établir un décompte de fin de saison attestant du remboursement ou du versement complémentaire attendu.

Il est également procédé par voie de l'établissement d'un décompte de fin de saison pour tout excédent ou insuffisance de versement quel *[quelle]* qu'en soit l'origine, constaté au titre d'une saison de jeux clôturée. Il en est notamment ainsi en cas de constatation de pertes excédentaires subies aux jeux de contrepartie durant le dernier mois de la saison.

Art. 4 Les casinos adressent à l'imprimeur la commande de carnets de tickets visés à l'article 82 de l'arrêté du 14 mai 2007 susvisé qu'ils ont, au préalable, fait viser par le comptable municipal.

L'imprimeur choisi par le casino doit avoir reçu au préalable un agrément du ministre chargé du budget, qui porte sur les modalités techniques de fabrication, de stockage et de livraison des carnets de tickets et l'engagement d'informer systématiquement et semestriellement le ministre chargé du budget des livraisons effectuées.

Il expédie les carnets de tickets conformément à la commande et adresse au comptable municipal ayant visé la commande la déclaration de livraison ; celle-ci, établie selon le modèle approuvé par le ministère chargé du budget (modèle no 15), mentionne le numéro, la date de visa de la commande et les quantités livrées par valeur.

Il établit, dans le mois qui suit la fin de chaque semestre, le récapitulatif des livraisons par quotité, date et casino, qu'il adresse au ministre chargé du budget.

Lors de la mise en service de carnets de tickets, le directeur responsable du casino délivre au comptable municipal un reçu qui détaille le contenu de la remise.

Au fur et à mesure qu'ils sont terminés, les carnets ne comprenant plus que leurs souches sont remis au comptable municipal.

En cas de perte ou de détournement de tickets, le casino est tenu de payer le montant des prélèvements sur le produit des jeux correspondant à la valeur nominale des tickets non représentés.

Art. D. 2333-82-3 *(Décr. no 2010-1300 du 29 oct. 2010, art. 1er)* **Le directeur responsable et les membres du comité de direction des casinos doivent tenir la comptabilité spéciale des jeux et la comptabilité commerciale de l'établissement selon le plan comptable établi par arrêté du ministre de l'Intérieur et du ministre chargé du budget.**

L'exercice comptable a la même durée que la saison des jeux telle qu'elle est définie à l'article L. 2333-55-2 du présent code.

(Décr. no 2017-1749 du 22 déc. 2017, art. 4) **« Ces dispositions s'appliquent aux casinos régis par l'article L. 321-3 du code de la sécurité intérieure. »**

Art. R. 2333-82-4 *(Décr. no 2016-838 du 24 juin 2016, art. 1er)* **I. — Pour l'application du I de l'article L. 2333-55-3, les manifestations sont éligibles au crédit d'impôt :**

1o Lorsque le casino assure directement tout ou partie de l'organisation et le financement de la manifestation.

Les dépenses visées au IV de l'article L. 2333-55-3 peuvent être portées à la charge du casino ;

2o Lorsque le casino délègue en tout ou partie l'organisation de la manifestation à un tiers titulaire de la licence d'entrepreneur de spectacles et finance la part correspon-

dante. Une convention conclue avec le tiers détermine notamment les dépenses et les recettes qui, une fois exposées par le tiers dans le cadre de l'organisation de la manifestation, sont portées par ce dernier à la charge et au bénéfice du casino.

La prise en charge des dépenses s'opère dans les conditions suivantes :

a) Seules les dépenses visées aux A et D du IV de l'article L. 2333-55-3 peuvent être portées à la charge du casino pour la partie des prestations déléguées ; pour la partie des prestations assurées directement par le casino, les dépenses visées au 1° du présent article peuvent être retenues ;

b) La participation financière du casino est arrêtée au regard d'un état détaillé produit par le tiers sur lequel sont portées les dépenses et recettes mentionnées dans la convention, chacune d'elles étant identifiée par sa nature, le numéro et la date d'émission de la facture afférente, son montant, la désignation du fournisseur ou prestataire s'y rapportant et le compte où elle est enregistrée dans la comptabilité de ce tiers.

II. — Le préfet de région statuant après instruction par la direction régionale des affaires culturelles du lieu du siège du casino est l'autorité compétente pour rendre la décision mentionnée au II de l'article L. 2333-55-3.

Préalablement au dépôt de la demande mentionnée au IV du présent article, le casino adresse à la direction régionale des affaires culturelles territorialement compétente une demande relative à l'éligibilité du spectacle au crédit d'impôt dont le contenu est défini par arrêté conjoint des ministres chargés du budget et de la culture. — *V. Arr. du 5 sept. 2016, infra.*

La demande visant à se prononcer sur l'éligibilité du spectacle est adressée au plus tard le 30 novembre de la saison des jeux qui suit celle au cours de laquelle a eu lieu la manifestation.

Le barème de points permettant d'apprécier la qualité artistique de la manifestation, à partir de critères définis pour chacun des objectifs mentionnés aux *a* à *d* du 3° du II de l'article L. 2333-55-3, figure en annexe. — *V. annexe au Décr. n° 2016-838 du 24 juin 2016, infra.*

Pour instruire le dossier, la direction régionale des affaires culturelles consulte la commune siège du casino de la demande présentée par le casino. Si l'avis de la commune n'est pas donné dans le mois de saisine, il est réputé acquis. La direction régionale des affaires culturelles peut effectuer tout contrôle sur place en vue de recueillir toute information utile.

La décision du préfet de région est notifiée au casino dans les deux mois qui suivent le dépôt de cette demande.

La décision favorable du préfet de région autorise le casino à déposer la demande de remboursement du crédit d'impôt, mentionnée au IV du présent article.

III. — Pour la détermination du montant des dépenses mentionnées au IV de l'article L. 2333-55-3, il y a lieu de retenir :

1° Au titre des dépenses des personnels mentionnées au B du IV de l'article L. 2333-55-3, les dépenses suivantes dans la limite des plafonds suivants :

a) 24 heures par spectacle éligible pour l'emploi de directeur artistique lorsque ce dernier participe à la création d'un spectacle présenté par le casino ; à défaut, le nombre d'heures retenues ne peut pas excéder 8 heures ;

b) 12 heures par spectacle éligible pour l'emploi de régisseur lorsque le spectacle nécessite une période de montage et de démontage ; à défaut, le nombre d'heures retenues ne peut pas excéder 8 heures ;

c) 8 heures par spectacle éligible pour les emplois suivants : régie lumière et son, assistant opérateur, opérateur, accessoiriste, aide-accessoiriste ;

d) 6 heures par spectacle éligible pour les emplois suivants : animateur, présentateur de spectacle, musicien, artiste, agents en charge de la sécurité et de la sécurité incendie ;

e) 3 heures par spectacle éligible pour les emplois d'ouvreur ;

2° Au titre des dépenses mentionnées au E du IV de l'article L. 2333-55-3, les dépenses doivent être :

a) Facturées au casino ;

b) Et justifiées par la production d'un état de répartition de ces dépenses par catégorie de dépenses éligibles pour la manifestation en cause et d'un état de répartition de ces mêmes dépenses entre toutes les sociétés du groupe ayant organisé des manifestations artistiques de qualité. La justification du montant de ces dépenses peut notamment se faire au moyen d'éléments de la comptabilité analytique tenue par la société mère.

IV. — Pour l'application des dispositions du VII de l'article L. 2333-55-3, le casino dépose une demande de remboursement du crédit d'impôt, conforme à un modèle fixé par l'administration, auprès du service de la direction générale des finances publiques désigné par un arrêté du ministre chargé du budget. — *V. Arr. du 5 sept. 2016, infra.*

La demande dont le contenu est défini par arrêté conjoint des ministres chargés du budget et de la culture est adressée au plus tard le 15 février qui suit la clôture de la saison des jeux au cours de laquelle les dépenses et les recettes ont été exposées. — *V. Arr. du 5 sept. 2016, infra.*

Si la demande fait l'objet d'une décision favorable ou partiellement favorable, le montant du crédit d'impôt accordé au casino lui est remboursé. Il ne peut pas faire l'objet d'une imputation sur les prélèvements dus au titre d'une saison des jeux ultérieure.

V. — Pour l'application du IX de l'article L. 2333-55-3, la charge du crédit d'impôt répartie entre l'État et la commune siège du casino est établie à partir du montant des prélèvements visés aux articles L. 2333-54 et L. 2333-56 du code général des collectivités territoriales, recouvrés au 30 novembre qui suit la saison des jeux de rattachement du crédit d'impôt.

Décret nº 2016-838 du 24 juin 2016,

Pris pour l'application de l'article L. 2333-55-3 du code général des collectivités territoriales relatif aux manifestations artistiques de qualité organisées par les casinos, ouvrant droit à un crédit d'impôt.

Art. 1er *V. art. R. 2333-82-4.*

Art. 2 Les articles 1er à 7 du décret nº 97-663 du 29 mai 1997 sont abrogés.

Art. 3 Le présent décret s'applique aux recettes et dépenses exposées au titre des manifestations artistiques de qualité dont la représentation a lieu à compter du 1er novembre 2015.

Art. 4 Le présent décret n'est pas applicable aux collectivités de Saint-Barthélemy et de Saint-Martin.

ANNEXE

BARÈME DE POINTS SERVANT À L'APPRÉCIATION DE L'ÉLIGIBILITÉ DES MANIFESTATIONS ARTISTIQUES DE QUALITÉ ORGANISÉES PAR LES CASINOS

Objectif nº 1 : contribuer à la promotion ou à la diffusion de spectacles ou d'œuvres accessibles au public le plus large et le plus diversifié.

L'objectif est atteint à partir de trois points.

5 points maximum

	Nombre maximal de points par critère
Critère nº 1 :	
Manifestation ouverte à tout public sans restriction.	3
Ou manifestation dont l'accessibilité est liée à une obligation de consommer	1
Ou manifestation dont l'accessibilité est restreinte	0
Critère nº 2 :	
Conditions tarifaires adaptées aux étudiants et aux chômeurs	1
Critère nº 3 :	
Conditions particulières pour favoriser l'accessibilité et l'accueil des publics empêchés	1
Total :	5

Objectif n° 2 : mise en œuvre d'une programmation de manifestations réalisées avec le concours d'artistes du spectacle, au sens des articles L. 7121-1 et suivants du code du travail, et percevant une rémunération ou avec le concours d'artistes auteurs d'arts graphiques, plastiques ou photographiques, au sens des articles L. 382-1 et suivants du code de la sécurité sociale.

L'objectif est atteint à partir de six points.

10 points maximum

	Nombre maximal de points par groupe et par critère
1. GROUPE "MOYENS ARTISTIQUES"	6
Critère n° 1 : nombre d'artistes sur scène ou d'œuvres exposées (art graphique, plastique ou photographique)	4
Critère n° 2 : variété des catégories d'artistes et expérience professionnelle/artistique	2
2. GROUPE "MOYENS TECHNIQUES"	4
Critère n° 3 : nombre de techniciens, importance de l'équipe et de la réalisation	2
Critère n° 4 : équipements et installations techniques	2
Total :	**10**

Objectif n° 3 : accorder une place significative aux créations, commandes d'œuvres, nouvelles productions, coproductions ou coréalisations.

L'objectif est atteint à partir de six points.

10 points maximum

	Nombre maximal de points par groupe et par critère
1. GROUPE "PRESTATION ARTISTIQUE"	5
Critère n° 1 : créativité générale, écriture originale (œuvre/spectacle préexistant ou pas)	3
Critère n° 2 : qualité scénographique (mise en scène, lumière, décors et costumes)	2
2. GROUPE "QUALITÉ DE LA PROGRAMMATION DE LA SAISON PRÉSENTÉE PAR LE CASINO"	5
Critère n° 3 : spectacle identique ayant déjà donné lieu à un crédit d'impôt pour le casino lors des saisons de jeux antérieures	- 5
Critère n° 4 : pourcentage de créations nouvelles, spectacles nouveaux dans la programmation	2
Critère n° 5 : pourcentage de spectacles confiés à des artistes émergents ou locaux	3
Total :	**10**

Objectif n° 4 : disposer d'une notoriété internationale ou nationale.

L'objectif est atteint à partir de trois points.

5 points maximum

	Nombre maximal de points par groupe et par critère
Critère n° 1 :	
Notoriété/professionnalisme des artistes, des producteurs, des réalisateurs et des membres du jury	3
Critère n° 2 :	
Notoriété en termes de couverture médiatique (presse, radiophonique, télévisuelle et réseaux sociaux) et visibilité de la manifestation (tournées nationales et internationales)	2
Total :	5

Arrêté du 5 septembre 2016,

Relatif aux manifestations artistiques de qualité organisées par les casinos.

Art. 1er La demande visée au IV de l'article R. 2333-82-4 est déposée auprès du directeur départemental ou, le cas échéant, régional des finances publiques.

Art. 2 La convention passée par le casino en application du 2° du I de l'article R. 2333-82-4 du code général des collectivités territoriales doit comporter les éléments suivants :

— la nature des spectacles, le nom des artistes, le contenu de leur prestation ;

— le nombre, la durée, la date et le lieu des représentations ;

— l'enseigne, la raison sociale, l'adresse, la forme juridique, selon le cas, de l'exploitant du ou des lieux de représentation des spectacles ou du producteur et du diffuseur du spectacle ;

— la nature des opérations sur lesquelles porte la délégation ;

— la durée de la convention et les conditions de sa résiliation éventuelle ;

— les pouvoirs de l'organisme délégataire ;

— les conditions dans lesquelles les fonds nécessaires aux dépenses sont mis à disposition de l'organisme délégataire ;

— le plafond du montant de l'avance permanente dont peut disposer l'organisme délégataire ;

— les modalités et la périodicité de la reddition des comptes, des opérations et des pièces correspondantes.

Art. 3 La demande transmise à la direction régionale des affaires culturelles en application du II de l'article R. 2333-82-4 du code général des collectivités territoriales comporte au moins les éléments suivants :

— l'identification du demandeur : enseigne, raison sociale, adresse, forme juridique et numéro de licence de spectacle ;

— la nature et le descriptif du spectacle : nom des artistes, leur biographie, le contenu de leur prestation artistique et la couverture médiatique du spectacle ;

— le numéro de la licence d'entrepreneur de spectacle du tiers en cas de délégation de l'organisation du spectacle ;

— la fiche technique du spectacle (nombre d'artistes, d'œuvres exposées et de techniciens, descriptif des moyens matériels mis en œuvre...) ;

— le ou les contrat(s) passé(s) par le demandeur dans le cadre de la représentation du spectacle avec indication de l'exploitant du ou des lieux de représentation, du producteur ou du diffuseur du spectacle ;

— la présentation de la programmation artistique de la saison, des conditions d'accessibilité au public et de tarif contribuant à la promotion ou à la diffusion du spectacle ;

— tout autre élément permettant d'apprécier les conditions d'éligibilité du spectacle.

Le casino atteste dans sa demande que le spectacle n'a pas donné lieu à un crédit d'impôt lors des saisons des jeux antérieures.

Art. 4 La demande transmise à la direction départementale ou, le cas échéant, régionale des finances publiques en application du IV de l'article R. 2333-82-4, conforme au modèle fixé par l'administration, comporte les éléments suivants :

— la décision rendue par le préfet de région sur l'éligibilité de chaque manifestation ;

— le cas échéant, la convention signée par le casino dans le cas visé au 2° du I de l'article R. 2333-82-4 ;

— une fiche, par catégorie de spectacle et animation, retraçant les dépenses et recettes correspondantes spécifiquement exposées pour l'organisation du spectacle ;

— deux fiches relatives respectivement aux autres dépenses supportées et aux autres recettes encaissées par le casino, liées à l'organisation de l'ensemble des manifestations ;

— les états visés respectivement au *b* du 2° du I et au *b* du 2° du III de l'article R. 2333-82-4 ;

— un tableau de synthèse des données chiffrées ;

— les pièces justificatives de chaque opération de dépenses et de recettes.

Art. 5 Le présent arrêté s'applique aux recettes et dépenses exposées au titre des manifestations artistiques de qualité dont la représentation a lieu à compter du 1er novembre 2015.

Art. D. 2333-82-5-1 *(Décr. n° 2017-1452 du 6 oct. 2017)* **La part des crédits attribuée à chaque organisme mentionné à l'article L. 742-9 du code de la sécurité intérieure est égale au prorata du nombre d'opérations de sauvetage réalisées au cours de l'année d'imposition par rapport au nombre total d'opérations de sauvetage réalisées par l'ensemble des organismes agréés au cours du même exercice.**

Le nombre d'opérations de sauvetage pris en compte dans la détermination de cette fraction se fonde sur les rapports produits par les centres régionaux opérationnels de surveillance et de sauvetage (CROSS).

Art. D. 2333-82-5 *[D. 2333-82-6]* *(Décr. n° 2017-1749 du 22 déc. 2017, art. 5)* **Les personnes qui exploitent un casino en application de l'article L. 321-3 du code de la sécurité intérieure doivent déclarer et payer les prélèvements selon les modalités suivantes :**

1° Pour les redevables de la taxe sur la valeur ajoutée soumis au régime réel normal d'imposition prévu au 2 de l'article 287 du code général des impôts, sur l'annexe à la déclaration mentionnée au 1 du même article déposée au titre du mois ou du trimestre au cours duquel l'exigibilité est intervenue ;

2° Pour les redevables de la taxe sur la valeur ajoutée soumis au régime simplifié d'imposition prévu à l'article 302 *septies* A du code général des impôts, sur la déclaration annuelle mentionnée au 3 de l'article 287 du même code déposée au titre de l'exercice au cours duquel l'exigibilité est intervenue ;

3° Pour les personnes non redevables de la taxe sur la valeur ajoutée sur l'annexe à la déclaration prévue au 1 de l'article 287 du code général des impôts déposée auprès du service chargé du recouvrement dont relève le siège ou le principal établissement au plus tard le 25 du mois qui suit celui au cours duquel l'exigibilité est intervenue.

Bien qu'elles ne soient pas immédiatement exigibles, les sommes représentant le montant des prélèvements sont la propriété de leurs bénéficiaires respectifs :

– dès la prise en compte de la retenue pour les jeux de cercle et leur forme électronique ;

– dès leur inscription sur les carnets de prélèvements pour les jeux de contrepartie et leur forme électronique et pour les appareils mentionnés à l'article D. 321-13 du code de la sécurité intérieure.

Ndlr : le Décr. n° 2017-1749 du 22 déc. 2017 insère après l'art. R. 2333-82-4 CGCT deux art. D. 2333-82-5 et D. 2333-82-6. Or, le Décr. n° 2017-1452 du 6 oct. 2017 a déjà inséré un art. D. 2333-82-5 dont les dispositions impliquent qu'il soit maintenu dans le présent code. Dès lors, les art. D. 2333-82-5 et D. 2333-82-6 sont renumérotés et deviennent les art. D. 2333-82-6 et D. 2333-82-7.

Art. D. 2333-82-6 *[D. 2333-82-7]* *(Décr. n° 2017-1749 du 22 déc. 2017, art. 6)* **Lorsque les éléments servant à déterminer la base d'imposition des prélèvements visés à l'article L. 2333-57 du code général des collectivités territoriales sont exprimés dans une monnaie autre que l'euro, le taux de change à appliquer est celui du dernier taux**

déterminé par référence au cours publié par la Banque de France à partir du cours fixé par la Banque centrale européenne, connu au jour de l'exigibilité desdits prélèvements.

V. ndlr ss. art. D. 2333-82-5 [D. 2333-82-6].

SECTION 7 Taxes de trottoirs et de pavage

Pas de dispositions réglementaires codifiées.

SECTION 8 Versement destiné au financement des services de mobilité *(Décr. n° 2020-805 du 29 juin 2020, art. 1er).*

Art. D. 2333-83 *Abrogé par Décr. n° 2022-136 du 5 févr. 2022, art. 2.*

Art. D. 2333-84 *(Décr. n° 2014-836 du 23 juill. 2014, art. 1er)* **La commune ou l'établissement public** *(Décr. n° 2017-858 du 9 mai 2017, art. 3)* **« de coopération intercommunale » mentionné à l'article** *(Décr. n° 2017-858 du 9 mai 2017, art. 3)* **« L. 2333-64 »** *(Décr. n° 2025-753 du 1er août 2025, art. 1er)* **« et la région mentionnée à l'article L. 4332-8-1 sont crédités »** *(Décr. n° 2017-858 du 9 mai 2017, art. 3)* **« mensuellement » du montant** *(Décr. n° 2022-136 du 5 févr. 2022, art. 2)* **« dû au titre du versement destiné au financement des services de mobilité, après déduction des frais prévus au 5° de l'article L. 225-1-1 du code de la sécurité sociale ».**

(Décr. n° 2017-858 du 9 mai 2017, art. 3) **« Les modalités de reversement des sommes par l'Agence centrale des organismes de sécurité sociale et la caisse centrale de la Mutualité sociale agricoles sont » précisées par arrêté du ministre de l'Intérieur, du ministre chargé de la sécurité sociale, du ministre chargé du budget** *(Décr. n° 2017-858 du 9 mai 2017, art. 3)* **« [,] du ministre chargé de l'agriculture » et du ministre chargé des transports.** *— V. ci-dessous Arr. du 23 juill. 2014.*

2° Abrogé par Décr. n° 2017-858 du 9 mai 2017, art. 3.

Arrêté du 23 juillet 2014,

Fixant les modalités de reversement du versement transport par l'Agence centrale des organismes de sécurité sociale et le taux de la retenue pour frais de recouvrement.

Art. 1er *(Arr. du 23 déc. 2021, art. 1er)* L'organisme mentionné à l'article L. 225-1-1 du code de la sécurité sociale reverse aux autorités organisatrices de la mobilité (AOM) au sens de l'article L. 1231-1 du code des transports ainsi qu'à l'organisme mentionné à l'article L. 2531-4 du code général des collectivités territoriales, par virement bancaire, les sommes dues par les redevables du versement mobilité, après déduction des frais prévus au 5° de l'article L. 225-1-1 du code de la sécurité sociale, au plus tard le 20 du mois qui suit l'exigibilité des sommes dues, ou le premier jour ouvré suivant, lorsque la date correspond à un jour férié ou chômé.

En cas de modification de périmètre ou de création d'une zone de versement mobilité, le versement prévu à l'alinéa précédent est effectué à la même date, à compter du deuxième mois qui suit cette création ou cette modification.

Art. 2 *Abrogé par Arr. du 23 mai 2022, art. 2.*

Art. 3 La retenue pour frais de remboursement mentionnée par l'article L. 2333-71 du code général des collectivités territoriales est fixée par délibération de la commune ou de l'établissement public compétent pour instituer le versement transport. Le taux de cette retenue ne peut excéder 0,5 % du produit du versement effectivement encaissé.

Art. 4 L'arrêté interministériel du 1er septembre 1971 fixant la retenue pour frais de recouvrement et de remboursement du versement institué par la loi n° 71-559 du 12 juillet 1971 et l'arrêté du 29 novembre 1974 fixant la retenue pour frais de recouvrement et de remboursement du versement institué par la loi n° 73-640 du 11 juillet 1973 sont abrogés.

Art. 5 Les dispositions du présent arrêté sont applicables à compter du versement de transport encaissé par les organismes à partir du 1er juillet 2014.

Art. D. 2333-85 *(Décr. nº 2025-753 du 1er août 2025, art. 1er)* Les autorités organisatrices de la mobilité mentionnées à l'article D. 2333-84 établissent la liste des fondations et associations exonérées en application de l'article L. 2333-64.

Le présent art. s'applique aux versements dus au titre des périodes d'activité déclarées à compter du 5 août 2025 pour les employeurs dont l'effectif est d'au moins 50 salariés et dont la paie est effectuée au cours du même mois que la période de travail, ou du 15 août 2025 dans les autres cas (Décr. nº 2025-753 du 1er août 2025, art. 2).

Art. D. 2333-86 *(Décr. nº 2025-753 du 1er août 2025, art. 1er)* Ouvrent droit au bénéfice du produit du versement destiné au financement des services de mobilité, institué en application des articles L. 2333-66 et L. 4332-8-1 dès lors qu'est organisé au moins un des services mentionnés au 1° du I de l'article L. 1231-1-1 ou au 1° du I de l'article L. 1231-3 du code des transports, ou au bénéfice de la fraction prévue au dernier alinéa de l'article L. 4332-8-1, les dépenses d'investissement et de fonctionnement de toute action relevant des compétences des autorités organisatrices de la mobilité au sens des articles L. 1231-1, L. 1231-1-1 et L. 1231-3 du code des transports, y compris lorsqu'elles portent sur l'infrastructure associée à cette action.

Le présent art. s'applique aux versements dus au titre des périodes d'activité déclarées à compter du 5 août 2025 pour les employeurs dont l'effectif est d'au moins 50 salariés et dont la paie est effectuée au cours du même mois que la période de travail, ou du 15 août 2025 dans les autres cas (Décr. nº 2025-753 du 1er août 2025, art. 2).

Art. D. 2333-87 *(Décr. nº 2017-858 du 9 mai 2017, art. 3)* Pour l'application des dispositions des articles L. 2333-64 et L. 2333-65, il est tenu compte, ainsi qu'il est prévu à l'article R. 130-2 du code de la sécurité sociale, des salariés affectés au sein de chaque établissement situé dans chaque zone où est institué le *(Décr. nº 2020-805 du 29 juin 2020, art. 1er)* « versement destiné au financement des services de mobilité », sauf dans les cas suivants :

1° Pour les salariés titulaires d'un contrat de mission avec une entreprise de travail temporaire *(Abrogé par Décr. nº 2025-753 du 1er août 2025, art. 1er)* ***« ou d'un contrat de travail conclu avec un groupement d'employeurs »***, il est tenu compte du lieu d'exécution de leur mission *(Abrogé par Décr. nº 2025-753 du 1er août 2025, art. 1er)* ***« ou de leur activité »*** dans chacune des zones où est institué le *(Décr. nº 2020-805 du 29 juin 2020, art. 1er)* « versement mobilité » ;

2° Pour les autres salariés qui exercent leur activité hors d'un établissement de leur employeur, il est tenu compte du lieu où est exercée cette activité plus de trois mois consécutifs dans chacune des zones où est institué le *(Décr. nº 2020-805 du 29 juin 2020, art. 1er)* « versement mobilité » ;

Par dérogation, les salariés affectés aux véhicules des entreprises de transport routier ou aérien qui exercent leur activité à titre principal en dehors d'une zone où a été institué le *(Décr. nº 2020-805 du 29 juin 2020, art. 1er)* « versement mobilité » sont exclus de la détermination des effectifs servant au calcul *(Décr. nº 2020-805 du 29 juin 2020, art. 1er)* « de ce versement ».

Art. D. 2333-88 L'organisme ou le service de recouvrement fournit *(Décr. nº 2025-753 du 1er août 2025, art. 1er)* « à la commune, à l'établissement public intéressé ou à la région » les attestations de paiement individuelles ou collectives nécessaires aux remboursements prévus à l'article L. 2333-70. — *[C. communes, art. R. 233-81.]*

Art. D. 2333-89 Le périmètre d'urbanisation des villes nouvelles en vigueur ou à créer mentionné au 2° de l'article L. 2333-70 est fixé dans les conditions prévues par les articles L. 5311-1 à L. 5311-3.

À défaut de publication de l'arrêté, du décret ou des décrets portant création des agglomérations nouvelles, le périmètre pris en considération est celui qui est défini par les décrets instituant les établissements publics d'aménagement des villes nouvelles, à l'intérieur duquel ces établissements publics sont habilités de plein droit à procéder à toutes opérations de nature à faciliter l'aménagement d'agglomérations nouvelles. — *[C. communes, art. R. 233-83.]*

Art. D. 2333-90 Les demandes de remboursement sont adressées trimestriellement par les assujettis *(Décr. nº 2025-753 du 1er août 2025, art. 1er)* « à la commune, à l'établissement public ou à la région » ; elles sont accompagnées de toutes pièces justificatives utiles au contrôle prévu à l'article L. 2333-74. – *[C. communes, art. R. 233-82.]*

Art. D. 2333-91 *(Décr. n° 2019-1591 du 31 déc. 2019, art. 1er)* « Pour l'application du deuxième alinéa du II de l'article R. 130-1 du code de la sécurité sociale aux » entreprises de travail temporaire, il est tenu compte du nombre des salariés permanents et des salariés intérimaires qui ont été liés à l'entreprise par des contrats de mission pendant une durée totale d'au moins trois mois au cours de l'année de décompte des effectifs mentionnée au I de l'article *(Décr. n° 2019-1591 du 31 déc. 2019, art. 1er)* « L. 130-1 du code de la sécurité sociale » employés dans chaque zone au sens de l'article D. 2333-87. Pour établir l'assiette du *(Décr. n° 2020-805 du 29 juin 2020, art. 1er)* « versement destiné au financement des services de mobilité », il est tenu compte des rémunérations dues au titre de l'ensemble des salariés intérimaires employés par les entreprises redevables dans chaque zone au cours de l'année d'assujettissement au *(Décr. n° 2020-805 du 29 juin 2020, art. 1er)* « versement mobilité » à compter du premier jour de leur mission et quelle que soit la durée de celle-ci.

Art. D. 2333-92 *(Décr. n° 2014-836 du 23 juill. 2014, art. 1er)* Les employeurs redevables du *(Décr. n° 2020-805 du 29 juin 2020, art. 1er)* « versement destiné au financement des services de mobilité » sont soumis, en ce qui concerne sa liquidation, son paiement, son recouvrement, son contrôle et son contentieux, aux mêmes règles que celles applicables aux cotisations de sécurité sociale qu'ils acquittent, ainsi qu'aux dispositions *(Décr. n° 2025-753 du 1er août 2025, art. 1er)* « de l'article » D. 2333-97.

Art. D. 2333-93 à D. 2333-95 *Abrogés par Décr. n° 2014-836 du 23 juill. 2014, art. 2.*

Art. D. 2333-96 *(Abrogé par Décr. n° 2025-753 du 1er août 2025, art. 1er)* ***Lorsque le paiement d'un redevable est inférieur à sa dette globale, ce paiement est affecté par priorité aux cotisations de sécurité sociale.*** – *[C. communes, art. R. 233-93.]*

Le Décr. n° 2025-753 du 1er août 2025 s'applique aux versements dus au titre des périodes d'activité déclarées à compter du 5 août 2025 pour les employeurs dont l'effectif est d'au moins 50 salariés et dont la paie est effectuée au cours du même mois que la période de travail, ou du 15 août 2025 dans les autres cas (Décr. préc., art. 2).

Art. D. 2333-97 La mise en demeure adressée par l'organisme de recouvrement en application de l'article L. 244-2 du code de la sécurité sociale *(Décr. n° 2017-858 du 9 mai 2017, art. 3)* « ou de l'article L. 725-3 du code rural et de la pêche maritime » peut se borner à indiquer la nature des créances – cotisations de sécurité sociale et *(Décr. n° 2020-805 du 29 juin 2020, art. 1er)* « versement destiné au financement des services de mobilité » – sans préciser leur montant respectif.

Il en est de même pour les majorations de retard.

Art. D. 2333-98 *(Décr. n° 2025-753 du 1er août 2025, art. 1er)* La fraction du versement destiné au financement des services de mobilité mentionnée au dernier alinéa de l'article L. 4332-8-1 est calculée à partir du produit global perçu par la région, après déduction des montants des remboursements effectués par la région aux employeurs en application de l'article L. 2333-70.

La fraction est reversée semestriellement par la région aux autorités organisatrices de la mobilité mentionnées au dernier alinéa de l'article L. 4332-8-1. Ce reversement intervient au plus tard le 30 avril et le 31 octobre au titre du semestre civil précédent.

La délibération de la région portant reversement de la fraction prévue au dernier alinéa de l'article L. 4332-8-1 constate le montant perçu au cours du semestre précédent, précise les montants répartis entre les autorités organisatrices de la mobilité bénéficiaires ainsi que, pour chacune des communautés de communes dans lesquelles elles exercent leurs compétences, la population correspondante.

En cas de changement de périmètre d'une autorité organisatrice de la mobilité au 1er janvier de l'année du reversement, la population prise en compte conformément au dernier alinéa de l'article L. 4332-8-1 est augmentée ou diminuée pour tenir compte du nouveau périmètre.

Le présent art. s'applique aux versements dus au titre des périodes d'activité déclarées à compter du 5 août 2025 pour les employeurs dont l'effectif est d'au moins 50 salariés et dont la paie est effectuée au cours du même mois que la période de travail, ou du 15 août 2025 dans les autres cas (Décr. n° 2025-753 du 1er août 2025, art. 2).

Art. D. 2333-99 à D. 2333-104 *Abrogés par Décr. n° 2014-836 du 23 juill. 2014, art. 2.*

Art. R. 2333-104-1 *(Décr. n° 2011-992 du 23 août 2011, art. 1er)* **I. — Les communes ou les établissements publics territorialement compétents peuvent demander la communication par les organismes mentionnés aux articles L. 213-1 et L. 752-4 du code de la sécurité sociale** *(Décr. n° 2017-858 du 9 mai 2017, art. 3)* **« ou de l'article L. 723-3 du code rural et de la pêche maritime » des données et informations collectées à l'occasion du recouvrement du versement** *(Décr. n° 2020-801 du 29 juin 2020, art. 2)* **« destiné au financement des services de mobilité » dans les conditions prévues au II de l'article L. 2333-70.**

Cette demande porte exclusivement sur la transmission des éléments recueillis lors du recouvrement du versement *(Décr. n° 2020-801 du 29 juin 2020, art. 2)* **« mobilité » relatif au périmètre de compétence du demandeur et reversé pour son compte.**

II. — L'autorité destinataire des informations transmises par les organismes précités est le maire ou le président de l'établissement public.

Elle peut désigner à cet effet un ou plusieurs membres du personnel placé sous son autorité, dont l'identité est préalablement déclarée à l'organisme chargé du recouvrement du versement *(Décr. n° 2020-801 du 29 juin 2020, art. 2)* **« mobilité ».**

III. — La communication des données et informations par les organismes précités a pour finalité de permettre aux autorités qui en sont destinataires de disposer des informations énumérées au IV contribuant à déterminer le montant de l'imposition versement *(Décr. n° 2020-801 du 29 juin 2020, art. 2)* **« mobilité » recouvrée pour leur compte afin de faciliter la programmation de leurs investissements et la bonne gestion prévisionnelle de leurs ressources.**

IV. — Elle fait apparaître pour chacun des établissements assujettis au versement *(Décr. n° 2020-801 du 29 juin 2020, art. 2)* **« mobilité » les informations suivantes :**

1° Le numéro SIRET, la dénomination ou la raison sociales de l'entreprise ;

2° La date du premier franchissement du seuil de *(Décr. n° 2017-858 du 9 mai 2017, art. 3)* **« salariés fixé au I de l'article L. 2333-64 » impliquant l'assujettissement de l'entreprise au versement** *(Décr. n° 2020-801 du 29 juin 2020, art. 2)* **« mobilité » ;**

3° La masse salariale annuelle assujettie au versement *(Décr. n° 2020-801 du 29 juin 2020, art. 2)* **« mobilité » ;**

4° Le montant annuel de l'imposition dû ;

5° L'effectif moyen de l'entreprise au cours de l'année civile précédente.

V. — Les données et informations communiquées sont couvertes par le secret professionnel. Elles ne peuvent être utilisées à d'autres fins que celle exposée au III. Elles ne peuvent être ni mises à disposition, ni communiquées, ni cédées à des tiers sous quelque forme que ce soit.

L'autorité destinataire des données et informations ou habilitée à les utiliser informe par tous moyens le personnel qui en prend connaissance des peines et sanctions encourues en cas de violation du secret professionnel aux termes des dispositions de l'article 226-13 du code pénal.

Elle prend toute mesure nécessaire à prévenir une utilisation abusive ou malveillante des données et informations transmises, ainsi qu'à en assurer en toute sécurité la conservation et l'archivage pendant une durée maximale de six ans. Elle procède à la destruction des données et informations à l'issue de cette période.

VI. — Si l'autorité destinataire des données et informations ou habilitée recourt pour le traitement de ces données et informations à un prestataire de services, la convention liant les parties stipule que le prestataire de services s'engage à ne pas traiter ni diffuser sous quelque forme que ce soit les informations communiquées à d'autres fins que celle exposée au III du présent article et à procéder à la destruction des données et informations qu'il détient à l'issue de l'exécution de sa prestation.

VII. — La demande de communication formée par les communes ou les établissements publics territorialement compétents est limitée aux données et informations recueillies au cours des trois années qui précèdent l'année de la demande.

Les données et informations énumérées au IV sont communiquées sous format électronique avant le 1er avril de l'année qui suit celle au titre de laquelle elles ont été collectées.

SECTION 9 Redevance pour l'enlèvement des déchets, ordures et résidus, redevance d'enlèvement des ordures ménagères sur les terrains de camping et redevance spéciale

Pas de dispositions réglementaires codifiées.

SECTION 10 Redevance d'accès aux pistes de ski de fond balisées

Pas de dispositions réglementaires codifiées.

SECTION 11 Redevances dues pour le transport et la distribution de l'électricité, du gaz et pour les oléoducs (R)

SOUS-SECTION 1 Distribution et transport d'électricité (R)

Art. R. 2333-105 *(Décr. nº 2002-409 du 26 mars 2002, art. 1er) (Décr. nº 2023-797 du 18 août 2023, art. 1er)* « I. — » La redevance due chaque année à une commune pour l'occupation du domaine public communal par les ouvrages des réseaux publics de transport et de distribution d'énergie électrique est fixée par le conseil municipal dans la limite des plafonds suivants :

PR = 153 € pour les communes dont la population est inférieure ou égale à 2 000 habitants ;

PR = (0,183 *P* – 213) € pour les communes dont la population est supérieure à 2 000 habitants et inférieure ou égale à 5 000 habitants ;

PR = (0,381 *P* – 1 204) € pour les communes dont la population est supérieure à 5 000 habitants et inférieure ou égale à 20 000 habitants ;

PR = (0,534 *P* – 4 253) € pour les communes dont la population est supérieure à 20 000 habitants et inférieure ou égale à 100 000 habitants ;

PR = (0,686 *P* – 19 498) € pour les communes dont la population est supérieure à 100 000 habitants,

où *P* représente la population sans double compte de la commune telle qu'elle résulte du dernier recensement publié par l'Institut national de la statistique et des études économiques (INSEE).

Les plafonds de redevances mentionnés au présent article évoluent au 1er janvier de chaque année, proportionnellement à l'évolution de l'index ingénierie, défini au *Journal officiel* du 1er mars 1974, mesurée au cours des douze mois précédant la publication de l'index connu au 1er janvier.

(Décr. nº 2023-797 du 18 août 2023, art. 1er) « II. — La redevance due chaque année à un établissement public de coopération intercommunale ou un syndicat mixte pour l'occupation de son domaine public par les ouvrages des réseaux publics de transport et de distribution d'énergie électrique est fixée par le conseil communautaire ou le comité syndical.

« La redevance est calculée pour chaque commune membre, dans la limite des plafonds mentionnés au I, au prorata de la longueur des réseaux installés sur le domaine public de l'établissement public de coopération intercommunale ou du syndicat mixte par rapport à la longueur totale des réseaux installés sur le territoire de la commune concernée. »

Les délibérations des organes délibérants des communes, EPCI ou syndicats mixtes prises sur le fondement du Décr. nº 2023-797 du 18 août 2023 sont entrées en vigueur, au plus tôt, le 1er janv. 2024 (Décr. préc., art. 2).

Art. R. 2333-105-1 *(Décr. nº 2015-334 du 25 mars 2015, art. 1er)* La redevance due chaque année à une commune *(Décr. nº 2023-797 du 18 août 2023, art. 1er)* « , un établissement public de coopération intercommunale ou un syndicat mixte » pour l'occupation provisoire de son domaine public par les chantiers de travaux sur des ouvrages du réseau public de transport d'électricité est fixée par le conseil municipal *(Décr.*

n° 2023-797 du 18 août 2023, art. 1er) « , le conseil communautaire ou le comité syndical » dans la limite du plafond suivant :

PR'T= *(Décr. n° 2023-797 du 18 août 2023, art. 1er)* « 0,70 » * LT

Où :

PR'T, exprimé en euros, est le plafond de redevance due, au titre de l'occupation provisoire du domaine public par les chantiers de travaux, par le gestionnaire du réseau de transport ;

LT représente la longueur, exprimée en mètres, des lignes de transport d'électricité installées et remplacées sur le domaine public et mises en service au cours de l'année précédant celle au titre de laquelle la redevance est due.

Pour permettre à la commune *(Décr. n° 2023-797 du 18 août 2023, art. 1er)* « , l'établissement public de coopération intercommunale ou le syndicat mixte », de fixer cette redevance, le gestionnaire du réseau de transport communique la longueur totale des lignes installées et remplacées sur *(Décr. n° 2023-797 du 18 août 2023, art. 1er)* « leur domaine public » et mises en service au cours de l'année précédant celle au titre de laquelle la redevance est due.

Les délibérations des organes délibérants des communes, EPCI ou syndicats mixtes prises sur le fondement du Décr. n° 2023-797 du 18 août 2023 sont entrées en vigueur, au plus tôt, le 1er janv. 2024 (Décr. préc., art. 2).

Art. R. 2333-105-2 *(Décr. n° 2015-334 du 25 mars 2015, art. 1er)* La redevance due chaque année à une commune *(Décr. n° 2023-797 du 18 août 2023, art. 1er)* « , un établissement public de coopération intercommunale ou un syndicat mixte » pour l'occupation provisoire, constatée au cours d'une année, de son domaine public par les chantiers de travaux sur des ouvrages du réseau public de distribution d'électricité est fixée par le conseil municipal *(Décr. n° 2023-797 du 18 août 2023, art. 1er)* « , le conseil communautaire ou le comité syndical » dans la limite du plafond suivant :

PR'D = PRD/ *(Décr. n° 2023-797 du 18 août 2023, art. 1er)* « 5 »

Où :

PR'D*[,]* exprimé en euros, est le plafond de redevance due, au titre de l'occupation provisoire du domaine public *(Abrogé par Décr. n° 2023-797 du 18 août 2023, art. 1er)* « *communal* » par les chantiers de travaux, par le gestionnaire du réseau de distribution ;

PRD est le plafond de redevance due par le gestionnaire du réseau de distribution au titre de l'article R. 2333-105.

Les délibérations des organes délibérants des communes, EPCI ou syndicats mixtes prises sur le fondement du Décr. n° 2023-797 du 18 août 2023 sont entrées en vigueur, au plus tôt, le 1er janv. 2024 (Décr. préc., art. 2).

Art. R. 2333-106 *(Décr. n° 2002-409 du 26 mars 2002, art. 1er)* Lorsqu'une partie du domaine public communal est mise à la disposition d'un établissement public de coopération intercommunale ou d'un syndicat mixte, dans les conditions fixées à l'article L. 1321-2 du présent code, la commune, l'établissement public de coopération intercommunale ou le syndicat mixte fixent, chacun en ce qui le concerne, le montant *(Décr. n° 2015-334 du 25 mars 2015, art. 1er)* « des redevances dues » pour l'occupation du domaine public qu'ils gèrent par les ouvrages des réseaux publics de transport et de distribution d'énergie *(Décr. n° 2015-334 du 25 mars 2015, art. 1er)* « ou par les chantiers de travaux sur ces ouvrages ».

Le montant *(Décr. n° 2015-334 du 25 mars 2015, art. 1er)* « de la redevance mentionnée à l'article R. 2333-105 » fixé par chacun des gestionnaires mentionnés à l'alinéa précédent est alors limité à un montant égal au plafond calculé dans les conditions fixées par l'article R. 2333-105 du présent code et multiplié par un coefficient égal au rapport entre la longueur des réseaux publics de transport et de distribution d'électricité installés sur leurs domaines respectifs et la longueur totale de ces réseaux installés sur le territoire de la commune. *(Décr. n° 2015-334 du 25 mars 2015, art. 1er)* « Le montant de la redevance mentionnée à l'article R. 2333-105-2 fixé par chacun des gestionnaires concernés est limité à un *(Décr. n° 2023-797 du 18 août 2023, art. 1er)* « cinquième » de la redevance due à chacun d'eux au titre de l'occupation permanente

de leurs domaines respectifs par les ouvrages des réseaux publics de distribution d'électricité*[.]* **»**

Les délibérations des organes délibérants des communes, EPCI ou syndicats mixtes prises sur le fondement du Décr. n° 2023-797 du 18 août 2023 sont entrées en vigueur, au plus tôt, le 1er janv. 2024 (Décr. préc., art. 2).

Art. R. 2333-107 *(Décr. n° 2002-409 du 26 mars 2002, art. 1er)* **Lorsque les ouvrages des réseaux publics de transport et de distribution d'énergie électrique, implantés sur le territoire de la commune** *(Décr. n° 2023-797 du 18 août 2023, art. 1er)* **« , de l'établissement public de coopération intercommunale ou du syndicat mixte », sont exploités par des personnes morales distinctes, le montant global de la redevance, fixé selon les modalités prévues aux articles R. 2333-105 et** *[R. 2333-]***106, est supporté par ces différentes personnes morales au prorata de la longueur des réseaux qu'elles exploitent sur le territoire de** *(Décr. n° 2023-797 du 18 août 2023, art. 1er)* **« la commune, de l'établissement public de coopération intercommunale ou du syndicat mixte concerné ».** *(Décr. n° 2015-334 du 25 mars 2015, art. 1er)* **« Le montant de la redevance mentionnée à l'article R. 2333-105-2 est supporté dans la limite d'un** *(Décr. n° 2023-797 du 18 août 2023, art. 1er)* **« cinquième » de la redevance due par chacune au titre de l'occupation permanente. »**

Les délibérations des organes délibérants des communes, EPCI ou syndicats mixtes prises sur le fondement du Décr. n° 2023-797 du 18 août 2023 sont entrées en vigueur, au plus tôt, le 1er janv. 2024 (Décr. préc., art. 2).

Art. R. 2333-108 *(Décr. n° 2002-409 du 26 mars 2002, art. 1er)* **Les redevances dues aux communes** *(Décr. n° 2023-797 du 18 août 2023, art. 1er)* **« , aux établissements publics de coopération intercommunale ou aux syndicats mixtes » pour l'occupation du domaine public par l'ensemble des ouvrages établis par un particulier en vertu de permissions de voirie ou par l'ensemble des ouvrages constituant une ligne directe au sens du** *(Décr. n° 2015-334 du 25 mars 2015, art. 1er)* **« décret n° 2001-366 du 26 avril 2001 », établie en vertu de permissions de voirie, sont fixées par le conseil municipal** *(Décr. n° 2023-797 du 18 août 2023, art. 1er)* **« , le conseil communautaire ou le comité syndical ».**

Elles tiennent compte de la durée de l'occupation, des avantages qu'en tire le permissionnaire, de la valeur locative de l'emplacement et des montants des redevances fixées pour l'occupation du domaine public par les ouvrages des réseaux publics de transport et de distribution d'énergie électrique.

(Décr. n° 2015-334 du 25 mars 2015, art. 1er) **« Les redevances dues aux communes** *(Décr. n° 2023-797 du 18 août 2023, art. 1er)* **« , aux établissements publics de coopération intercommunale ou aux syndicats mixtes » pour l'occupation provisoire de leur domaine public par les chantiers de travaux sur des ouvrages établis en vertu de permissions de voirie sont fixées selon les modalités mentionnées aux deux alinéas précédents. »**

Les délibérations des organes délibérants des communes, EPCI ou syndicats mixtes prises sur le fondement du Décr. n° 2023-797 du 18 août 2023 sont entrées en vigueur, au plus tôt, le 1er janv. 2024 (Décr. préc., art. 2).

Art. R. 2333-109 **L'état des redevances à percevoir en vertu des dispositions des articles R. 2333-105 à R. 2333-108 est établi au 31 décembre de l'année qui précède l'ouverture de chaque période** *(Décr. n° 2002-409 du 26 mars 2002, art. 1er)* **« annuelle » de perception.** *(Décr. n° 2015-334 du 25 mars 2015, art. 1er)* **« Le montant de la redevance prévue par l'article R. 2333-105-1 peut être ajusté au cours de la période de perception pour tenir compte des mises en service réellement effectuées. »**

Art. R. 2333-110 **Au cas où le produit des redevances calculées au profit des communes** *(Décr. n° 2023-797 du 18 août 2023, art. 1er)* **« , des établissements publics de coopération intercommunale ou des syndicats mixtes » en application des articles R. 2333-105 à R. 2333-108 est inférieur à celui qui résulte de l'application des cahiers des charges en vigueur, les redevances continuent à être établies en conformité de ces cahiers des charges, sauf entente entre les** *(Décr. n° 2023-797 du 18 août 2023, art. 1er)* **« communes, les établissements publics de coopération intercommunale intéressés ou les syndicats mixtes » et leurs concessionnaires.**

Les délibérations des organes délibérants des communes, EPCI ou syndicats mixtes prises sur le fondement du Décr. n° 2023-797 du 18 août 2023 entrent en vigueur, au plus tôt, le 1er janv. 2024 (Décr. préc., art. 2).

Art. R. 2333-111 *(Décr. n° 2023-797 du 18 août 2023, art. 1er)* **« Les décrets en Conseil d'État prévus à l'article L. 2333-84 sont » pris après avis du Conseil supérieur de** *(Décr. n° 2023-797 du 18 août 2023, art. 1er)* **« l'énergie ».**

Les délibérations des organes délibérants des communes, EPCI ou syndicats mixtes prises sur le fondement du Décr. n° 2023-797 du 18 août 2023 entrent en vigueur, au plus tôt, le 1er janv. 2024 (Décr. préc., art. 2).

SOUS-SECTION 2 Distribution et transport de gaz (R)

Art. R. 2333-114 *(Décr. n° 2007-606 du 25 avr. 2007)* **La redevance due chaque année à une commune** *(Décr. n° 2023-797 du 18 août 2023, art. 1er)* **« , un établissement public de coopération intercommunale ou un syndicat mixte » pour l'occupation de son domaine public par les ouvrages de transport et de distribution de gaz, ainsi que par les canalisations particulières de gaz, est fixée par le conseil municipal** *(Décr. n° 2023-797 du 18 août 2023, art. 1er)* **« , le conseil communautaire ou le comité syndical » dans la limite du plafond suivant :**

PR = (0,035 € × L) + 100 € ;

Où :

PR est le plafond de redevance due par l'occupant du domaine ;

L représente la longueur des canalisations sur le domaine public *(Abrogé par Décr. n° 2023-797 du 18 août 2023, art. 1er) « communal »* **exprimée en mètres ;**

100 € représente un terme fixe.

Les délibérations des organes délibérants des communes, EPCI ou syndicats mixtes prises sur le fondement du Décr. n° 2023-797 du 18 août 2023 entrent en vigueur, au plus tôt, le 1er janv. 2024 (Décr. préc., art. 2).

Art. R. 2333-114-1 *(Décr. n° 2015-334 du 25 mars 2015, art. 2)* **La redevance due chaque année à une commune** *(Décr. n° 2023-797 du 18 août 2023, art. 1er)* **« , un établissement public de coopération intercommunale ou un syndicat mixte » pour l'occupation provisoire de son domaine public par les chantiers de travaux sur des ouvrages des réseaux de transport de gaz et des réseaux publics de distribution de gaz, ainsi que sur des canalisations particulières de gaz, est fixée par le conseil municipal** *(Décr. n° 2023-797 du 18 août 2023, art. 1er)* **« , le conseil communautaire ou le comité syndical » dans la limite du plafond suivant :**

PR' = *(Décr. n° 2023-797 du 18 août 2023, art. 1er)* **« 0,70 » * L**

Où :

PR', exprimé en euros, est le plafond de redevance due, au titre de l'occupation provisoire du domaine public *(Abrogé par Décr. n° 2023-797 du 18 août 2023, art. 1er) « communal »* **par les chantiers de travaux, par l'occupant du domaine ;**

L représente la longueur, exprimée en mètres, des canalisations construites ou renouvelées sur le domaine public *(Abrogé par Décr. n° 2023-797 du 18 août 2023, art. 1er) « communal »* **et mises en gaz au cours de l'année précédant celle au titre de laquelle la redevance est due.**

Pour permettre à la commune *(Décr. n° 2023-797 du 18 août 2023, art. 1er)* **« , *[à]* l'établissement public de coopération intercommunale ou le *[au]* syndicat mixte » de fixer cette redevance, l'occupant du domaine communique la longueur totale des canalisations construites et renouvelées sur** *(Décr. n° 2023-797 du 18 août 2023, art. 1er)* **« leur domaine public » et mises en gaz au cours de l'année précédant celle au titre de laquelle la redevance est due.**

Les délibérations des organes délibérants des communes, EPCI ou syndicats mixtes prises sur le fondement du Décr. n° 2023-797 du 18 août 2023 entrent en vigueur, au plus tôt, le 1er janv. 2024 (Décr. préc., art. 2).

Art. R. 2333-115 *(Décr. n° 2007-606 du 25 avr. 2007)* **Lorsqu'une partie du domaine public communal est mise à la disposition d'un établissement public de coopération intercommunale ou d'un syndicat mixte, dans les conditions fixées à l'article L. 1321-2 du présent code, la commune, l'établissement public de coopération intercommunale**

ou le syndicat mixte fixent dans les conditions prévues *(Décr. n° 2015-334 du 25 mars 2015, art. 2)* « aux articles R. 2333-114 et R. 2333-114-1 », chacun en ce qui le concerne, le montant *(Décr. n° 2015-334 du 25 mars 2015, art. 2)* « des redevances dues » pour l'occupation du domaine public qu'ils gèrent par les ouvrages de transport et de distribution de gaz et par les canalisations particulières de gaz *(Décr. n° 2015-334 du 25 mars 2015, art. 2)* « ou par les chantiers de travaux sur ces ouvrages ».

Art. R. 2333-116 *Abrogé par Décr. n° 2007-606 du 25 avr. 2007.*

Art. R. 2333-117 Les taux des redevances fixés ci-dessus sont établis *(Décr. n° 2007-606 du 25 avr. 2007)* « pour une année civile.

« Les termes financiers du calcul du plafond des redevances définis à l'article R. 2333-114 évoluent au 1er janvier de chaque année proportionnellement à l'évolution de l'index ingénierie, défini dans un avis au *Journal officiel* du 1er mars 1974, mesurée au cours des douze mois précédant la publication de l'index connu au 1er janvier. »

Art. R. 2333-118 *(Décr. n° 2007-606 du 25 avr. 2007)* Si le produit de la redevance calculée en application de l'article R. 2333-114 est inférieur à celui qui résulte de l'application des cahiers des charges en vigueur, la redevance continue à être établie en conformité avec ces cahiers des charges, sauf accord entre les *(Décr. n° 2023-797 du 18 août 2023, art. 1er)* « communes, les établissements publics de coopération intercommunale ou les syndicats mixtes intéressés » et leurs concessionnaires.

Les délibérations des organes délibérants des communes, EPCI ou syndicats mixtes prises sur le fondement du Décr. n° 2023-797 du 18 août 2023 entrent en vigueur, au plus tôt, le 1er janv. 2024 (Décr. préc., art. 2).

Art. R. 2333-119 *(Décr. n° 2023-797 du 18 août 2023, art. 1er)* « Les décrets en Conseil d'État prévus à l'article L. 2333-84 sont » pris après avis du Conseil supérieur *(Décr. n° 2023-797 du 18 août 2023, art. 1er)* « de l'énergie ».

Les délibérations des organes délibérants des communes, EPCI ou syndicats mixtes prises sur le fondement du Décr. n° 2023-797 du 18 août 2023 entrent en vigueur, au plus tôt, le 1er janv. 2024 (Décr. préc., art. 2).

SOUS-SECTION 3 **Redevances dues pour les oléoducs (R)**

Art. R. 2333-120 *(Décr. n° 2012-615 du 2 mai 2012, art. 7)* La redevance due à une commune pour l'occupation de son domaine public par les canalisations de transport d'hydrocarbures ou de produits chimiques est fixée par délibération du conseil municipal après avis de l'exploitant de la canalisation. Pour les canalisations déclarées d'utilité publique ou d'intérêt général et en cas de désaccord de l'exploitant, la redevance due chaque année ne peut dépasser le plafond fixé par l'article R. 2333-114 et mis à jour par l'article R. 2333-117.

SECTION 12 **Redevance de stationnement des véhicules sur voirie**

(Décr. n° 2015-557 du 20 mai 2015, art. 1er)

SOUS-SECTION 1 **Information du conducteur sur le barème tarifaire de paiement immédiat de la redevance de stationnement et le montant du forfait de post-stationnement**

Art. R. 2333-120-1 Le dispositif permettant le paiement immédiat de la redevance de stationnement prévue à l'article L. 2333-87, y compris sous forme dématérialisée, porte à la connaissance du conducteur :

a) Le barème tarifaire de paiement immédiat applicable dans la zone de stationnement payant ;

b) Le montant du forfait de post-stationnement applicable.

L'information est complétée par la mention suivante : "La redevance de stationnement payant est payée soit dès le début du stationnement soit par le règlement d'un forfait de post-stationnement (FPS) en cas d'absence ou d'insuffisance de paiement immédiat de la redevance. Le montant du FPS est réduit, s'il y a lieu, du montant de la redevance de stationnement déjà réglée au vu du dernier justificatif de paiement précédant l'heure à laquelle l'avis de paiement du FPS est établi par l'agent assermenté."

Art. R. 2333-120-2 Dans le respect des règles prévues par le premier alinéa de l'article R. 411-25 du code de la route, les emplacements sur voirie soumis au paiement de la redevance de stationnement font l'objet d'une signalisation horizontale ou verticale ou les deux à la fois qui indique que le stationnement y est payant.

SOUS-SECTION 2 Justificatif du paiement immédiat de la redevance de stationnement

Art. R. 2333-120-3 Le paiement immédiat de la redevance de stationnement donne lieu à la délivrance d'un justificatif imprimé ou transmis par voie dématérialisée. Ce justificatif comporte les informations suivantes :

a) La date et l'heure d'impression ou de transmission du justificatif ;

b) La date et l'heure de fin de la période du stationnement payé immédiatement ;

c) Le montant de la redevance de stationnement payé ;

d) Le barème tarifaire appliqué dans la zone de stationnement ;

e) Le rappel de la règle : "Le forfait est dû en cas de paiement insuffisant" ;

f) Lorsque le justificatif est délivré sous forme d'un imprimé, la prescription suivante : "À placer à l'avant du véhicule, bien lisible de l'extérieur".

SOUS-SECTION 3 Avis de paiement du forfait de post-stationnement

Art. R. 2333-120-4 I. — Le montant du forfait de post-stationnement dû est notifié par un avis de paiement qui comprend deux parties intitulées respectivement "Établissement de l'avis de paiement du forfait de post-stationnement" et "Modalités de paiement et contestation" :

1° La première partie de l'avis de paiement comporte, dans l'ordre, les mentions suivantes :

a) Le nom de la commune, de l'établissement public de coopération intercommunale ou du syndicat mixte ayant institué la redevance ;

b) Le nom et les coordonnées de l'autorité dont relève l'agent assermenté ;

c) Le numéro d'identification de l'agent assermenté ;

d) La date, l'heure et le lieu de constatation de l'absence ou de l'insuffisance de paiement immédiat de la redevance ;

e) Le numéro d'immatriculation et la marque du véhicule objet de l'avis de paiement ;

f) Lorsque l'avis de paiement est notifié par l'Agence nationale de traitement automatisé des infractions, la date de son envoi postal ou de sa transmission sous une forme dématérialisée ainsi que l'identité et l'adresse du titulaire du certificat d'immatriculation du véhicule ou, dans les cas prévus au VII de l'article L. 2333-87, de celles du locataire ou de l'acquéreur du véhicule ;

g) Le montant du forfait de post-stationnement dû en précisant, s'il y a lieu, le montant de la redevance réglée dans la zone considérée dès le début du stationnement admis en déduction dans les conditions prévues à l'article R. 2333-120-5 ;

h) L'heure à laquelle le forfait faisant l'objet de l'avis de paiement cesse de produire ses effets si un justificatif du paiement immédiat valide n'est pas apposé dans le véhicule ou transmis par voie dématérialisée conformément aux dispositions prévues à l'article R. 417-3-1 du code de la route. L'heure est déterminée dans les conditions prévues par les dispositions de l'article R. 2333-120-6 ;

i) La signature de l'agent ayant établi l'avis de paiement apposé sur le véhicule. Si l'avis est notifié par mise à disposition sous forme dématérialisée ou par transmission effectuée par l'Agence nationale de traitement automatisé des infractions, la mention "Signé" atteste que l'agent a apposé sa signature, le cas échéant sous une forme numérisée ;

j) Le numéro de l'avis de paiement attribué par l'autorité dont relève l'agent, dans le respect des caractéristiques fixées par l'arrêté prévu à l'article R. 2333-120-10 ;

2° La seconde partie de l'avis de paiement comporte, dans l'ordre, les mentions suivantes :

a) Les coordonnées du service auprès duquel le montant du forfait de post-stationnement dû est à payer avant la date limite ;

b) Les modalités de paiement permettant d'acquitter le forfait dû ;

c) La date limite pour s'acquitter du montant du forfait de post-stationnement dû, calculée conformément aux dispositions du IV de l'article L. 2333-87 ;

d) L'indication qu'en cas de non-paiement ou de paiement insuffisant du forfait dans ce délai un titre exécutoire assorti de la majoration prévue à l'article R. 2333-120-16 sera émis à l'encontre du titulaire du certificat d'immatriculation du véhicule ou, dans les cas prévus au VII de l'article L. 2333-87, du locataire ou de l'acquéreur du véhicule ;

e) L'indication qu'en cas de contestation un recours administratif est obligatoire avant toute saisine de la juridiction compétente, à peine d'irrecevabilité de cette saisine ;

f) Les coordonnées de l'autorité auprès de laquelle le recours administratif préalable obligatoire à l'encontre de l'avis de paiement délivré peut être exercé, la mention du délai et des modalités de saisine prévus à l'article R. 2333-120-13 ainsi que la mention suivante :

"L'absence de réponse écrite reçue dans le mois suivant la date de l'avis de réception postal ou électronique du recours vaut rejet du recours. La décision de rejet peut être contestée dans le délai d'un mois devant *(Décr. n° 2024-733 du 5 juill. 2024, art. 13)* « le tribunal » du stationnement payant, sous réserve du paiement préalable du montant du forfait de post-stationnement indiqué sur le présent avis de paiement et du respect des autres conditions de recevabilité du recours" ;

g) Lorsque les renseignements portés à l'occasion de l'établissement de l'avis de paiement font l'objet d'un traitement automatisé au sens de la loi n° 78-17 du 6 janvier 1978 relative à l'informatique, aux fichiers et aux libertés, la possibilité d'exercer un droit d'accès et de rectification auprès de l'autorité dont relève l'agent ayant établi l'avis de paiement.

L'avis de paiement comporte en outre les éléments nécessaires à son traitement administratif et comptable.

II. — L'avis de paiement notifié par mise à disposition sous forme dématérialisée par le dispositif technique prévu au II de l'article L. 2333-87 comprend les mêmes parties et comporte les mêmes mentions que celles prévues au I, à l'exclusion de celles prévues au f du 1° qui sont remplacées par la date du paiement de l'avis et de celles prévues aux *a* à *d* du 2°. La mention "Avis de paiement dématérialisé" accompagnée du nom de l'entité responsable de son édition est reproduite en en-tête de ce document. Le dispositif technique de paiement permet au redevable d'accéder à l'avis de paiement dématérialisé acquitté de manière à pouvoir le conserver et, le cas échéant, l'imprimer.

Pour l'application de la présente section, l'expression "avis de paiement du forfait de post-stationnement" désigne indifféremment ceux établis en application du I ou II.

Art. R. 2333-120-5 Le montant de la redevance réglée dès le début du stationnement est déduit du montant du forfait de post-stationnement, dès lors que sont satisfaites les conditions suivantes :

1° Le justificatif de paiement correspondant au montant réglé est apposé dans le véhicule ou transmis par voie dématérialisée conformément aux dispositions de l'article R. 417-3-1 du code de la route ;

2° La durée maximale de stationnement payant, dans la zone considérée, au cours de laquelle a été imprimé ou transmis le justificatif de paiement n'est pas expirée à l'heure à laquelle l'agent assermenté établit l'avis de paiement.

Si plusieurs justificatifs de paiement répondent aux conditions prévues aux 1° et 2°, seul le dernier en date de ces justificatifs de paiement est pris en compte pour opérer la déduction prévue au premier alinéa.

Art. R. 2333-120-6 Pour déterminer à partir de quelle heure un nouvel avis de paiement peut être établi, il est tenu compte :

1° En l'absence de tout justificatif du paiement immédiat de la redevance apposé dans le véhicule ou transmis par voie dématérialisée conformément aux dispositions de l'article R. 417-3-1 du code de la route, de l'heure à laquelle l'agent assermenté établit l'avis de paiement augmentée de la durée maximale de stationnement payant prévue par le barème tarifaire en vigueur dans la zone considérée ;

2° En cas de justificatif du paiement immédiat de la redevance apposé dans le véhicule ou transmis par voie dématérialisée conformément aux dispositions de l'article R. 417-3-1 du code de la route, de l'heure de l'impression ou de la transmission du justificatif pris en compte conformément à l'article R. 2333-120-5 augmentée de la durée maximale de stationnement payant prévue par le barème tarifaire en vigueur dans la zone considérée.

La pause méridienne ou toute autre période quotidienne au cours de laquelle le stationnement payant est interrompu est neutralisée pour l'application des dispositions de l'article R. 2333-120-5 et du présent article.

Art. R. 2333-120-7 Les renseignements figurant sur un avis de paiement établi conformément à l'article R. 2333-120-4 sont reproduits, suivant des modalités qu'elle détermine, par l'entité chargée de leur délivrance. Ils sont conservés pendant trois ans.

Les obligations prévues à l'alinéa précédent incombent à l'autorité dont relève l'agent assermenté pour ce qui concerne les avis de paiement dématérialisés produits par le dispositif technique de paiement prévu au II de l'article L. 2333-87. Cette autorité s'assure que le dispositif technique de paiement garantit en permanence la fiabilité et la sécurité des transactions et des informations échangées avec son utilisateur.

SOUS-SECTION 4 **Modalités d'établissement et de délivrance de l'avis de paiement du forfait de post-stationnement**

Art. R. 2333-120-8 Nul ne peut être désigné pour établir des avis de paiement du forfait de post-stationnement ni continuer à exercer cette activité s'il ne satisfait pas aux conditions suivantes :

1° Être de nationalité française ou ressortissant d'un autre État membre de l'Union européenne, d'un autre État partie à l'accord sur l'Espace économique européen ou de la Confédération suisse ;

2° Présenter des garanties d'honorabilité et de probité, appréciées notamment au vu du bulletin n° 3 du casier judiciaire et de la jouissance des droits civiques dans l'État dont la personne est ressortissante. Pour les personnes qui ne sont pas de nationalité française, ces garanties sont établies par la production d'un document émanant des autorités de l'État dont elles sont ressortissantes ;

3° Être majeur et ne pas être placé sous sauvegarde de justice, sous tutelle ou sous curatelle ;

4° Prêter serment dans les conditions prévues à l'article R. 2333-120-9.

Les agents chargés d'établir les avis de paiement du forfait de post-stationnement sont désignés, selon l'autorité dont ils relèvent, par le maire, le président de l'établissement public de coopération intercommunale ou du syndicat mixte ou le dirigeant habilité du tiers contractant. À Paris, ils sont désignés par le préfet de police lorsqu'ils relèvent de son autorité.

Art. R. 2333-120-9 Avant d'entrer en fonctions, la personne désignée pour établir les avis de paiement du forfait de post-stationnement prête serment devant le *(Décr. n° 2019-966 du 18 sept. 2019, art. 8)* « tribunal judiciaire » du lieu de sa résidence administrative ou, à défaut, de son domicile ou, pour les agents du tiers contractant non établis en France, du lieu du siège de la collectivité territoriale ou de l'établissement public qui a passé contrat avec leur entreprise. *(Décr. n° 2019-913 du 30 août 2019, art. 14)* « Elle prête serment au siège de ce tribunal ou, le cas échéant, de l'une de ses chambres de proximité. »

La formule du serment est la suivante : "Je jure et promets de bien et loyalement remplir mes fonctions et d'observer en toute circonstance les devoirs qu'elles m'imposent. Je jure également de ne rien révéler ou utiliser de ce qui sera porté à ma connaissance à l'occasion de l'exercice de mes fonctions."

Cette assermentation reste valable tant que la personne intéressée continue d'exercer les mêmes fonctions, y compris dans un autre ressort de *(Décr. n° 2019-966 du 18 sept. 2019, art. 8)* « tribunal judiciaire » que celui où la prestation de serment initiale a eu lieu.

Les agents qui, *(Décr. n° 2017-1525 du 2 nov. 2017, art. 2)* « à la date prévue au premier alinéa du V de l'article 63 de la loi n° 2014-58 du 27 janvier 2014 *[soit le 1er janv. 2018]* », sont assermentés pour constater les infractions au stationnement payant conservent le bénéfice de cette assermentation pour l'exercice des missions prévues par l'article L. 2333-87.

Les agents répondant aux conditions prévues par le présent article sont dénommés dans la présente section "agents assermentés". Ils portent en permanence une carte professionnelle avec leur photographie d'identité ainsi qu'un signe distinctif de leur fonction. Ils bénéficient d'un numéro d'identification qui leur est attribué par l'autorité dont ils relèvent.

Cette autorité établit et tient à jour un recueil, sous format papier ou électronique, dans lequel figurent tous les numéros d'identification attribués et pour chacun d'entre eux :

a) Le nom et le prénom de l'agent correspondant ;

b) Le lieu et la nature des fonctions qu'il exerce ;

c) La date et le lieu de son assermentation ;

d) Un spécimen de sa signature manuscrite.

Pour préserver la sécurité des agents, les données figurant dans le recueil ne sont communicables qu'à l'occasion d'une procédure contentieuse au cours de laquelle serait mise en cause la compétence de l'agent ayant établi l'avis de paiement.

Art. R. 2333-120-10 Lorsque l'avis de paiement est notifié par l'Agence nationale de traitement automatisé des infractions, les renseignements à porter sur cet avis, y compris le numéro de l'avis, sont enregistrés dès leur validation par l'agent assermenté puis transmis à l'agence de manière sécurisée.

Un arrêté conjoint du ministre de l'intérieur et du ministre chargé des transports fixe les spécifications techniques permettant de garantir la fiabilité et la sécurisation de l'enregistrement des données validées, notamment par le recours à une signature manuscrite conservée sous forme numérisée, et des échanges d'informations à réaliser avec l'agence durant toute la période où le forfait de post-stationnement peut être acquitté spontanément par son redevable. Ce même arrêté fixe les caractéristiques permettant à l'autorité compétente de déterminer le numéro de chacun des avis de paiement et avis de paiement rectificatif notifié. – *V. Arr. du 6 nov. 2015, infra.*

Arrêté du 6 novembre 2015,

Fixant les caractéristiques du numéro des avis de paiement et les spécifications techniques mentionnées à l'article R. 2333-120-10 du code général des collectivités territoriales.

TITRE I. DISPOSITIONS RELATIVES AUX SPÉCIFICATIONS TECHNIQUES CONCERNANT L'ENREGISTREMENT ET LA CONSERVATION DES DONNÉES VALIDÉES PAR LES AGENTS ASSERMENTÉS PERMETTANT LA DÉLIVRANCE DE L'AVIS DE PAIEMENT DU FORFAIT DE POST-STATIONNEMENT PAR L'AGENCE NATIONALE DE TRAITEMENT AUTOMATISÉ DES INFRACTIONS

Art. 1er La procédure d'inscription et d'enregistrement des données d'identification et d'habilitation des agents assermentés est réalisée à l'initiative et sous la responsabilité de l'autorité dont l'agent relève, conformément aux dispositions de l'article R. 2333-120-9 du code général des collectivités territoriales.

Art. 2 Les *(Arr. du 26 déc. 2017)* « données des » avis de paiements du forfait de post-stationnement, initiaux ou rectificatifs mentionnés aux articles R. 2333-120-4 et R. 2333-120-13 du code général des collectivités territoriales délivrés par l'Agence nationale de traitement automatisé des infractions sont *(Arr. du 26 déc. 2017)* « conservées » par l'agence de manière à garantir l'intégrité, l'intelligibilité et l'accessibilité des données pendant la durée prévue à l'article R. 2333-120-7 du code général des collectivités territoriales.

Les données sont *(Arr. du 26 déc. 2017)* « enregistrées » dans un format pérenne et *(Arr. du 26 déc. 2017)* « répliquées » sur un site distant.

TITRE II. DISPOSITIONS RELATIVES AUX SPÉCIFICATIONS TECHNIQUES CONCERNANT LES ÉCHANGES D'INFORMATIONS ENTRE L'AGENCE NATIONALE DE TRAITEMENT AUTOMATISÉ DES INFRACTIONS ET L'AUTORITÉ DONT RELÈVENT LES AGENTS ASSERMENTÉS

Art. 3 I. — Afin de garantir la fiabilité et la sécurisation des échanges d'informations entre l'Agence nationale de traitement automatisé des infractions et l'autorité dont relèvent les agents assermentés ayant porté les mentions sur l'avis de paiement du forfait de post-stationnement, des spécifications techniques sont établies par l'agence de façon transparente, non discriminatoire et dans le respect des dispositions pertinentes du référentiel général de sécurité prévu par le décret du 2 février 2010 susvisé *[nº 2010-112, pris pour l'application des articles 9, 10 et 12 de l'ordonnance nº 2005-1516 du 8 décembre 2005 relative aux échanges électroniques entre les usagers et les autorités administratives et entre les autorités administratives]* et des exigences prévues au II du présent article.

Les spécifications techniques sont mises à disposition du public par l'agence par voie électronique, après consultation des personnes directement intéressées par la spécification envisagée en leur qualité d'associations représentatives de collectivités territoriales ou des métiers du stationnement.

Les modalités pratiques de mise en œuvre de ces spécifications sont précisées par voie de convention conclue entre l'agence et chaque collectivité territoriale concernée.

II. — *(Arr. du 24 oct. 2017)* « Tout dispositif informatique mis en place par la collectivité territoriale et destiné à transmettre les informations nécessaires à l'édition et la délivrance des avis de paiement par l'Agence nationale de traitement automatisé des infractions, doit être raccordé au centre national de traitement de l'agence au moyen d'une liaison informatique qui permette l'authentification des parties de manière sécurisée. Cette liaison et la manière dont sont transmises les données doit *[doivent]* garantir l'intégrité et la confidentialité des données fournies par la collectivité territoriale, ainsi que la traçabilité de l'échange informatique. »

Les données permettant la délivrance par l'agence de l'avis de paiement contiennent en leur sein, et quelle que soit leur forme (données nominatives alphanumériques, identifiant non ambigu unique ou signature manuscrite numérisée), l'identité de l'agent les ayant validées, et qui engage la collectivité territoriale. Ces éléments permettent à la collectivité territoriale de retracer les opérations si besoin est.

Dans tous les cas, la validité de l'identité de l'agent relève de la seule responsabilité juridique et technique de la collectivité territoriale pour le compte de laquelle il agit, l'agence n'ayant pas à la contrôler. À cette fin, la collectivité territoriale met en œuvre ou s'assure de la mise en œuvre par son tiers contractant d'une procédure d'authentification forte, au sens des normes techniques applicables en matière de sécurité des systèmes d'information, des agents chargés d'établir les avis de paiement.

(Arr. du 24 oct. 2017) « La collectivité territoriale veille à garantir l'intégrité, la confidentialité, la traçabilité des données communiquées au centre national de traitement pour la délivrance de l'avis de paiement. La validité des données est réputée vérifiée et endossée par la collectivité territoriale dès lors qu'elles ont été transmises à l'agence par une liaison conforme au premier alinéa du II du présent article. »

III. — Les dispositions prévues au I et au II du présent article s'appliquent également aux avis de paiement rectificatifs prévus à l'article R. 2333-120-13 du code général des collectivités territoriales.

TITRE III. CARACTÉRISTIQUES DU NUMÉRO DE L'AVIS DE PAIEMENT DU FORFAIT DE POST-STATIONNEMENT

Art. 4 I. — Sous réserve des dispositions prévues au II du présent article, le numéro attribué à chaque avis de paiement ou à chaque avis de paiement rectificatif, établi conformément aux dispositions des articles R. 2333-120-4 et R. 2333-120-14 du code général des collectivités territoriales, a obligatoirement une longueur de vingt-six positions, de type numérique, se composant dans l'ordre suivant :

A. — Du numéro SIRET de la collectivité territoriale ayant institué la redevance de stationnement (quatorze chiffres).

B. — Des deux derniers chiffres de l'année de constatation de l'absence de paiement total de la redevance de stationnement.

C. — D'un numéro de dix chiffres, unique pour chaque collectivité territoriale ayant institué la redevance, se composant dans l'ordre suivant :

1º De l'indicatif de l'autorité dont relève l'agent établissant l'avis concerné (un chiffre) ;

2° Du numéro du jour où l'avis concerné est établi (trois chiffres, *(Arr. du 24 oct. 2017)* « des zéros étant placés » si besoin en tête du champ à compléter) ;

3° Selon le mode d'organisation retenu, du numéro de l'appareil électronique mis à disposition des agents assermentés, du numéro de l'agent établissant l'avis concerné ou du numéro du poste informatique permettant l'établissement de l'avis (trois chiffres, *(Arr. du 24 oct. 2017)* « des zéros étant placés » si besoin en tête du champ à compléter) ;

4° Du numéro d'ordre fixé par l'autorité dont relève l'agent établissant l'avis concerné (trois chiffres, *(Arr. du 24 oct. 2017)* « des zéros étant placés » si besoin en tête du champ à compléter).

II. — Une collectivité territoriale peut, sur demande motivée et après accord explicite de l'Agence nationale de traitement automatisé des infractions, fusionner les champs mentionnés aux 3° et 4° du I du présent article en un champ unique de six chiffres, *(Arr. du 24 oct. 2017)* « des zéros étant placés » si besoin en tête du champ à compléter.

TITRE IV. DISPOSITIONS FINALES

Art. 5 Le présent arrêté entre en vigueur à la date prévue au V de l'article 63 de la loi n° 2014-58 du 27 janvier 2014 susvisée.

SOUS-SECTION 5 Dispositions relatives à la collecte de la redevance de stationnement par un tiers contractant

Art. R. 2333-120-11 **Pour la collecte de la redevance de stationnement acquittée par paiement immédiat ou par règlement du forfait de post-stationnement dans le délai de son exigibilité, il peut être recouru à un organisme tiers, dans les conditions et selon les modalités prévues par l'article L. 1611-7-1.**

Art. R. 2333-120-12 **Le tiers contractant ne peut affecter aux activités de collecte définies à l'article R. 2333-120-11 un agent qui ne satisfait pas aux conditions prévues aux 1° à 3° de l'article R. 2333-120-8.**

Le tiers contractant met fin aux fonctions d'un agent dès lors qu'il a connaissance que ce dernier ne remplit plus les conditions prévues à l'alinéa précédent.

SOUS-SECTION 6 Recours administratif préalable obligatoire

Art. R. 2333-120-13 **Le recours administratif préalable obligatoire prévu au VI de l'article L. 2333-87 est exercé, dans le délai d'un mois à compter de la date de notification de l'avis de paiement du forfait de post-stationnement définie au II de l'article L. 2333-87, par le titulaire du certificat d'immatriculation du véhicule ou, dans les cas prévus au VII de l'article L. 2333-87, le locataire ou l'acquéreur du véhicule. Le titulaire du certificat d'immatriculation, le locataire ou l'acquéreur du véhicule peut habiliter toute personne pour former le recours, en son nom et pour son compte. En ce cas, le mandat est produit avec le recours.**

À peine d'irrecevabilité, le recours est :

1° Présenté par lettre recommandée avec demande d'avis de réception ou, le cas échéant, par l'intermédiaire du procédé électronique mentionné dans l'avis de paiement ;

2° Assorti de l'exposé des faits et moyens sur lesquels la demande est fondée ;

3° Accompagné d'une copie de l'avis de paiement contesté, du certificat d'immatriculation du véhicule concerné ou, dans le cas prévu au VII de l'article L. 2333-87, de la déclaration de cession du véhicule et de son accusé d'enregistrement dans le système d'immatriculation des véhicules et, le cas échéant, des pièces permettant d'apprécier le bien-fondé de la demande.

L'autorité compétente dispose, pour examiner le recours, d'un délai d'un mois à compter de la date de réception du recours indiquée sur l'avis de réception postal ou électronique, à l'expiration duquel le silence vaut décision de rejet.

S'il est fait droit au recours, l'autorité compétente notifie au demandeur un avis de paiement rectificatif établi conformément aux dispositions de l'article R. 2333-120-14.

L'agent assermenté qui a établi l'avis de paiement contesté ne peut examiner le recours administratif préalable obligatoire dirigé contre cet avis de paiement.

Art. R. 2333-120-14 Lorsque l'avis de paiement contesté a été notifié par l'Agence nationale de traitement automatisé des infractions, l'avis de paiement rectificatif est notifié par la même voie. La commune, l'établissement public de coopération intercommunale, le syndicat mixte ou le tiers contractant chargé d'examiner le recours administratif préalable obligatoire transmet à l'Agence nationale de traitement automatisé des infractions les éléments nécessaires à l'établissement de l'avis de paiement rectificatif.

L'avis de paiement rectificatif comprend deux parties intitulées respectivement "Établissement de l'avis de paiement rectificatif du forfait de post-stationnement" et "Modalités de paiement et contestation" :

1° La première partie de l'avis de paiement rectificatif comporte, dans l'ordre, les mentions suivantes :

a) Le nom de la commune, de l'établissement public de coopération intercommunale ou du syndicat mixte ayant institué la redevance ;

b) Le nom et les coordonnées de l'autorité dont relève l'agent ayant établi l'avis de paiement rectificatif ;

c) Le numéro d'identification de l'agent ayant établi l'avis de paiement rectificatif ;

d) La date, l'heure et le lieu de constatation de l'absence ou de l'insuffisance de paiement immédiat de la redevance ;

e) Le numéro d'immatriculation et la marque du véhicule objet de l'avis de paiement ;

f) L'identité et l'adresse du titulaire du certificat d'immatriculation du véhicule ou, dans les cas prévus au VII de l'article L. 2333-87, celles du locataire ou de l'acquéreur du véhicule ;

g) La date de réception du recours administratif exercé et, le cas échéant, l'identité de la personne habilitée par le titulaire du certificat d'immatriculation, le locataire ou l'acquéreur du véhicule pour agir en son nom et pour son compte ;

h) La date d'établissement de l'avis de paiement rectificatif ;

i) Le montant rectifié du forfait de post-stationnement dû ;

j) La signature de l'agent ayant établi l'avis de paiement rectificatif ou la mention "Signé" attestant que l'agent a apposé sa signature, le cas échéant sous une forme numérisée, lors de la transmission à l'Agence nationale de traitement automatisé des infractions des données qu'il a saisies ;

k) Le numéro de l'avis de paiement rectificatif attribué par l'autorité dont relève l'agent, dans le respect des caractéristiques fixées par l'arrêté prévu à l'article R. 2333-120-10 ;

2° La seconde partie de l'avis de paiement rectificatif comporte, dans l'ordre, les mentions suivantes :

a) Les coordonnées du service auprès duquel le montant rectifié du forfait de post-stationnement est à payer avant la date limite mentionnée au *c* ;

b) Les modalités de paiement permettant d'acquitter le forfait dû ;

c) La date limite pour s'acquitter du montant rectifié du forfait de post-stationnement, calculée conformément aux dispositions du IV de l'article L. 2333-87 ;

d) L'indication qu'en cas de non-paiement ou de paiement insuffisant du forfait dans ce délai un titre exécutoire assorti de la majoration prévue à l'article R. 2333-120-16 sera émis à l'encontre du titulaire du certificat d'immatriculation du véhicule ou, dans les cas prévus au VII de l'article L. 2333-87, du locataire ou de l'acquéreur du véhicule ;

e) L'indication du délai de recours contentieux auprès *(Décr. n° 2024-733 du 5 juill. 2024, art. 13)* « du tribunal » du stationnement payant et des conditions de recevabilité ;

f) Lorsque les renseignements portés à l'occasion de l'établissement de l'avis de paiement rectifié font l'objet d'un traitement automatisé au sens de la loi n° 78-17 du 6 janvier 1978 relative à l'informatique, aux fichiers et aux libertés, il est indiqué la possibilité d'exercer un droit d'accès et de rectification auprès de l'autorité dont relève l'agent ayant établi l'avis de paiement rectificatif.

L'avis de paiement rectificatif comporte en outre les éléments nécessaires à son traitement administratif et comptable.

Art. R. 2333-120-15 Les informations devant figurer dans le rapport annuel établi par la personne chargée de statuer sur les recours administratifs préalables obligatoires sont inscrites dans le tableau figurant à l'annexe II du présent code.

Ce rapport est présenté à l'assemblée délibérante avant le 31 décembre. Son examen intervient lors de la première réunion de l'assemblée délibérante suivant le dépôt du document. Le rapport préparé par le tiers contractant est transmis à la personne publique avec laquelle il a conclu, pour être présenté à l'assemblée délibérante selon les mêmes modalités.

Sur les informations devant figurer dans le rapport annuel prévu à l'art. R. 2333-120-15, V. Annexe II.

SOUS-SECTION 7 **Montant de la majoration et recouvrement du forfait de post-stationnement impayé**

Art. R. 2333-120-16 Le montant de la majoration prévue au IV de l'article L. 2333-87 est fixé à 20 % du montant du forfait de post-stationnement impayé restant dû, sans pouvoir être inférieur à 50 €.

Art. R. 2333-120-17 La perception et le recouvrement du forfait de post-stationnement impayé et de sa majoration sont régis par les dispositions de l'article R. 2323-7 du code général de la propriété des personnes publiques.

Art. R. 2333-120-17-1 *(Décr. nº 2015-1474 du 12 nov. 2015)* L'Agence nationale de traitement informatisé des infractions régie par le décret nº 2011-348 du 29 mars 2011 est l'ordonnateur chargé d'émettre le titre exécutoire prévu par le IV de l'article L. 2333-87.

Art. R. 2333-120-17-2 *(Décr. nº 2015-1474 du 12 nov. 2015)* En vue de l'émission du titre exécutoire ou du titre d'annulation mentionnés au IV de l'article L. 2333-87, la commune, l'établissement public de coopération intercommunale, le syndicat mixte ou le tiers contractant transmettent à l'Agence nationale de traitement informatisé des infractions les informations suivantes :

– l'identification et les coordonnées de la commune, de l'établissement public de coopération intercommunale ou du syndicat mixte bénéficiaire du produit du forfait de post-stationnement ;

– les éléments de constat de l'absence ou de l'insuffisance de paiement de la redevance de stationnement, notamment le numéro d'immatriculation du véhicule objet de l'avis de paiement ;

– les éléments financiers nécessaires à l'établissement du titre exécutoire, notamment le montant du forfait de post-stationnement restant dû ;

– le cas échéant, les éléments relatifs à la décision d'annulation.

Ces informations sont transmises par voie dématérialisée.

Art. R. 2333-120-17-3 *(Décr. nº 2015-1474 du 12 nov. 2015)* Le titre exécutoire et le titre d'annulation émis par l'Agence nationale de traitement informatisé des infractions sont transmis au comptable public compétent. Ils mentionnent l'identité et l'adresse du redevable, les informations énumérées à l'article R. 2333-120-17-2 ainsi que les autres éléments nécessaires à leur traitement comptable.

Art. R. 2333-120-17-4 *(Décr. nº 2015-1474 du 12 nov. 2015)* Les éléments requis au titre des informations mentionnées à l'article R. 2333-120-17-2 et les spécifications techniques relatives à leur transmission dématérialisée ainsi que les éléments nécessaires au traitement comptable des titres mentionnés à l'article R. 2333-120-17-3 sont précisés par arrêté du ministre de l'intérieur et du ministre chargé du budget.

SOUS-SECTION 8 **Opérations éligibles au financement issu du produit des forfaits de post-stationnement**

Art. R. 2333-120-18 Hors Île-de-France, les recettes issues des forfaits de post-stationnement sont perçues par la commune ou le groupement ayant institué la redevance de stationnement. Ces recettes participent au financement des opérations définies à l'article R. 2333-120-19 et compatibles avec le *(Décr. nº 2020-801 du 29 juin 2020, art. 2)* « plan de mobilité » lorsqu'il existe.

Dans les établissements publics de coopération intercommunale à fiscalité propre exerçant l'intégralité des compétences en matière d'organisation de la mobilité, de parcs et aires de stationnement et, pour la totalité des voies, de la voirie, les recettes issues des forfaits de post-stationnement sont reversées à ces établissements publics par les communes ayant institué la redevance de stationnement. Une délibération de l'établissement public détermine avant le 1er octobre de chaque année l'affectation de ces recettes à des opérations définies à l'article R. 2333-120-19. Lorsque la mise en œuvre de ces opérations est réalisée par une commune ayant institué la redevance, la part de recettes affectée lui est reversée par l'établissement public.

Une partie des recettes peut participer au financement du coût de la mise en œuvre de la politique de stationnement payant sur voirie.

Dans les autres établissements publics à fiscalité propre, la commune ayant institué la redevance de stationnement et l'établissement public signent une convention, avant le 1er octobre de chaque année, fixant la part des recettes issues des forfaits de post-stationnement reversée à l'établissement public de coopération intercommunale, pour l'exercice de ses compétences en matière d'organisation de la mobilité et de voirie d'intérêt communautaire.

Les syndicats mixtes de transports urbains, relevant de l'article L. 5721-2, peuvent également percevoir une partie du produit de la redevance par convention avec leurs collectivités membres.

Les dispositions des quatre alinéas qui précèdent ne sont pas applicables à la métropole de Lyon.

Art. R. 2333-120-19 Les opérations destinées à améliorer les transports en commun ou respectueux de l'environnement et la circulation financées par le produit des forfaits de post-stationnement sont identiques à celles énumérées à l'article R. 2334-12 ainsi qu'à celles relevant du champ d'application des dispositions de la section 4 du chapitre unique du titre III du livre II de la première partie du code des transports.

SOUS-SECTION 9 **Le tribunal du stationnement payant** *(Décr nº 2024-733 du 5 juill. 2024, art. 13).*

§ 1 Organisation et fonctionnement

(Décr. nº 2015-646 du 10 juin 2015)

Art. R. 2333-120-20 *(Décr. nº 2024-733 du 5 juill. 2024, art. 13)* « Le tribunal » du stationnement payant est *(Décr. nº 2024-733 du 5 juill. 2024, art. 13)* « présidé » par un *(Décr. nº 2017-1525 du 2 nov. 2017, art. 3)* « magistrat » des tribunaux administratifs et *(Décr. nº 2017-1525 du 2 nov. 2017, art. 3)* « des » cours administratives d'appel ayant le grade de président, nommé par décret du Président de la République sur proposition du vice-président du Conseil d'État pour une durée de cinq ans, renouvelable.

Le président *(Décr. nº 2024-733 du 5 juill. 2024, art. 13)* « du tribunal » est responsable de l'organisation et du fonctionnement de la juridiction qu'il préside. Il assure la direction des services de cette juridiction et le maintien de la discipline intérieure et veille au bon déroulement de la procédure juridictionnelle.

Il communique directement avec les chefs des autres juridictions et avec toutes autorités administratives pour les questions concernant l'organisation et le fonctionnement de la juridiction qu'il préside.

(Décr. nº 2017-1525 du 2 nov. 2017, art. 3) « En cas d'absence ou d'empêchement, le président *(Décr. nº 2024-733 du 5 juill. 2024, art. 13)* « du tribunal » est suppléé par le président de chambre le plus ancien dans l'ordre du tableau, ou à défaut, par le président de chambre qui suit dans l'ordre du tableau ou, à défaut, par le magistrat désigné par le président *(Décr. nº 2024-733 du 5 juill. 2024, art. 13)* « du tribunal ».

« L'intérim du président *(Décr. nº 2024-733 du 5 juill. 2024, art. 13)* « du tribunal » est assuré par un magistrat désigné à cet effet par arrêté du vice-président du Conseil d'État. »

Art. R. 2333-120-20 *bis* *(Décr. nº 2023-1392 du 29 déc. 2023, art. 2)* Le vice-président du Conseil d'État ordonnance les dépenses *(Décr. nº 2024-733 du 5 juill. 2024, art. 13)* « du tribunal » du stationnement payant. Il conclut les marchés et contrats passés pour *(Décr. nº 2024-733 du 5 juill. 2024, art. 13)* « le tribunal », sous réserve des compétences dévolues au président de la juridiction.

Il peut, à cet effet, déléguer sa signature au secrétaire général et aux secrétaires généraux adjoints du Conseil d'État. Délégation peut également être donnée, aux mêmes fins, aux chefs de service du Conseil d'État et aux fonctionnaires du secrétariat général appartenant à un corps de catégorie A ainsi qu'aux agents contractuels chargés de fonctions d'un niveau équivalent.

Délégation peut en outre être donnée aux autres agents en fonction au Conseil d'État à l'effet de signer, sous la responsabilité des personnes mentionnées aux deux premiers alinéas, toute pièce relative aux dépenses et aux ordres de recettes.

Le président *(Décr. nº 2024-733 du 5 juill. 2024, art. 13)* « du tribunal » du stationnement payant est institué ordonnateur secondaire des dépenses de fonctionnement de la juridiction qu'il préside. En cas d'absence ou d'empêchement, il peut déléguer sa signature au chef du greffe ou à un autre fonctionnaire ou agent de catégorie A de sa juridiction.

Art. R. 2333-120-21 Les magistrats *(Décr. nº 2017-1525 du 2 nov. 2017, art. 4)* « des tribunaux administratifs et des cours administratives d'appel membres » *(Décr. nº 2024-733 du 5 juill. 2024, art. 13)* « du tribunal » sont nommés par arrêté du vice-président du Conseil d'État.

Les magistrats judiciaires *(Décr. nº 2017-1525 du 2 nov. 2017, art. 4)* « membres » *(Décr. nº 2024-733 du 5 juill. 2024, art. 13)* « du tribunal » sont nommés par arrêté du garde des sceaux.

(Décr. nº 2017-1525 du 2 nov. 2017, art. 4) « Les magistrats autres que les magistrats en activité affectés *(Décr. nº 2024-733 du 5 juill. 2024, art. 13)* « au tribunal » sont nommés pour une période de trois ans, renouvelable. »

Art. R. 2333-120-21 *bis* *(Décr. nº 2017-1525 du 2 nov. 2017, art. 5)* Il est alloué aux magistrats mentionnés au dernier alinéa de l'article R. 2333-120-21 des vacations, dont le montant unitaire ainsi que le nombre maximal pouvant être effectué annuellement par un même rapporteur sont fixés par arrêté conjoint du garde des sceaux, ministre de la justice et du ministre chargé du budget.

Art. R. 2333-120-22 *(Décr. nº 2024-733 du 5 juill. 2024, art. 13)* « Le tribunal » comprend deux chambres.

La création de chambres supplémentaires peut être décidée par le vice-président du Conseil d'État, sur proposition du président *(Décr. nº 2024-733 du 5 juill. 2024, art. 13)* « du tribunal ».

Les présidents de chambre sont nommés par le vice-président du Conseil d'État *(Décr. nº 2017-1525 du 2 nov. 2017, art. 6)* « parmi les magistrats des tribunaux administratifs et des cours administratives d'appel ».

Art. R. 2333-120-23 Le président *(Décr. nº 2024-733 du 5 juill. 2024, art. 13)* « du tribunal » ou le magistrat qu'il désigne à cet effet statue seul. Il peut décider de renvoyer le jugement de l'affaire à une formation collégiale.

Art. R. 2333-120-24 Lorsque *(Décr. nº 2024-733 du 5 juill. 2024, art. 13)* « le tribunal » statue en formation collégiale, en application de l'article L. 2333-87-4, l'affaire est jugée soit par une chambre siégeant en formation de jugement, soit par *(Décr. nº 2024-733 du 5 juill. 2024, art. 13)* « le tribunal » siégeant en formation plénière.

Art. R. 2333-120-25 *(Décr. nº 2017-1525 du 2 nov. 2017, art. 7)* La chambre siège en formation de jugement sous la présidence, soit du président *(Décr. nº 2024-733 du 5 juill. 2024, art. 13)* « du tribunal », soit du président de la chambre. En cas d'absence ou d'empêchement du président de la chambre, elle est présidée par un magistrat désigné à cet effet par le président *(Décr. nº 2024-733 du 5 juill. 2024, art. 13)* « du tribunal ».

Elle comprend trois membres.

Art. R. 2333-120-26 *(Décr. n° 2024-733 du 5 juill. 2024, art. 13)* « Le tribunal » siège en formation plénière sous la présidence de son président ou, en cas d'absence ou d'empêchement, par le président de chambre le plus ancien dans ses fonctions. *(Décr. n° 2024-733 du 5 juill. 2024, art. 13)* « Il » comprend en outre :

1° Les présidents de chambre, remplacés en cas d'absence ou d'empêchement par un magistrat de la même chambre désigné par le président de cette chambre ;

2° Le magistrat rapporteur ;

3° S'il y a lieu pour permettre *(Décr. n° 2024-733 du 5 juill. 2024, art. 13)* « au tribunal » de siéger en nombre impair, un magistrat départageur désigné par le président *(Décr. n° 2024-733 du 5 juill. 2024, art. 13)* « du tribunal ».

Art. R. 2333-120-27 Le président *(Décr. n° 2024-733 du 5 juill. 2024, art. 13)* « du tribunal » et les magistrats qu'il désigne à cet effet peuvent, par ordonnance :

1° Donner acte des désistements ;

2° Rejeter les requêtes ne relevant manifestement pas *(Décr. n° 2024-733 du 5 juill. 2024, art. 13)* « du tribunal » ;

3° Constater qu'il n'y a pas lieu de statuer sur une requête ;

4° Rejeter les requêtes manifestement irrecevables ;

5° Rejeter les requêtes manifestement infondées ;

6° Décharger de l'obligation de payer lorsque l'avis de paiement du forfait de post-stationnement *(Décr. n° 2017-1525 du 2 nov. 2017, art. 8)* « , l'avis de paiement rectificatif » ou le titre exécutoire émis en cas d'impayé repose sur une erreur de fait non contestée par le défendeur dans le délai imparti par l'article R. 2333-120-44 ;

7° Statuer sur les requêtes qui ne présentent plus à juger de questions autres que la condamnation prévue à l'article L. 2333-87-8 ;

8° Statuer sur les requêtes relevant d'une série qui, sans appeler de nouvelle appréciation ou qualification de faits, présentent à juger en droit, pour *(Décr. n° 2024-733 du 5 juill. 2024, art. 13)* « le tribunal », des questions identiques à celles qu'elle *[il]* a déjà tranchées par une décision *(Décr. n° 2017-1525 du 2 nov. 2017, art. 8)* « devenue irrévocable » ou à celles tranchées par une décision du Conseil d'État statuant au contentieux ou examinées par un avis rendu par le Conseil d'État en application de l'article L. 2333-87-9.

(Décr. n° 2017-1525 du 2 nov. 2017, art. 8) « Les ordonnances ne sont pas prononcées en audience publique. »

Art. R. 2333-120-28 *(Décr. n° 2023-1392 du 29 déc. 2023, art. 3)* « I. – Sous l'autorité du président *(Décr. n° 2024-733 du 5 juill. 2024, art. 13)* « du tribunal », le chef du greffe encadre les services du greffe et veille au bon déroulement de la procédure juridictionnelle. Il assiste le chef de juridiction dans la gestion des agents de greffe ainsi que dans celle des locaux, des matériels et des crédits de la juridiction. »

(Décr. n° 2017-1794 du 28 déc. 2017) « Le chef du greffe peut, avec l'accord du président *(Décr. n° 2024-733 du 5 juill. 2024, art. 13)* « du tribunal », déléguer sa signature, pour une partie de ses attributions, à des agents affectés au greffe.

« L'intérim ou la suppléance du chef du greffe est assuré par un des agents affectés au greffe, désigné à cet effet par le président *(Décr. n° 2024-733 du 5 juill. 2024, art. 13)* « du tribunal ». »

(Décr. n° 2023-1392 du 29 déc. 2023, art. 3) « Le chef du greffe est nommé par le ministre de l'intérieur, sur proposition du vice-président du Conseil d'État, après avis du président *(Décr. n° 2024-733 du 5 juill. 2024, art. 13)* « du tribunal » du stationnement payant.

« Le chef du greffe *(Décr. n° 2024-733 du 5 juill. 2024, art. 13)* « du tribunal » du stationnement payant est nommé sur un emploi de conseiller d'administration de l'intérieur et de l'outre-mer dans les conditions prévues par le décret n° 2007-1488 du 17 octobre 2007.

« II. – Le greffe des audiences et l'exécution des actes de procédure sont assurés par le chef du greffe ainsi que par les autres agents du greffe désignés à cet effet par le président.

« III. – Les agents de greffe *(Décr. n° 2024-733 du 5 juill. 2024, art. 13)* « du tribunal » du stationnement payant de catégorie A, autres que les agents contractuels, sont nommés parmi les fonctionnaires du corps interministériel des attachés d'administration de l'État, rattachés pour leur recrutement et leur gestion au ministre de l'intérieur.

« Les agents de greffe *(Décr. n° 2024-733 du 5 juill. 2024, art. 13)* « du tribunal » du stationnement payant, autres que les agents contractuels, sont nommés parmi les fonctionnaires de catégories B et C des corps de l'intérieur et de l'outre-mer.

« L'ensemble des agents de greffe sont régis, notamment en ce qui concerne l'avancement et la discipline, par les règles applicables aux corps de fonctionnaires auxquels ils appartiennent.

« Leur mise à disposition ne peut être prononcée sans l'accord du vice-président du Conseil d'État.

« Les agents de greffe sont placés sous l'autorité exclusive du président de la juridiction pour ce qui concerne l'ensemble des attributions exercées par eux. Le président dispose à leur égard du pouvoir d'évaluation.

« Le président adresse les comptes-rendus d'entretien professionnel des intéressés à l'autorité administrative dont relève le corps auquel ils appartiennent. »

Art. R. 2333-120-28 *bis* *(Décr. n° 2017-1525 du 2 nov. 2017, art. 9)* L'assemblée générale *(Décr. n° 2024-733 du 5 juill. 2024, art. 13)* « du tribunal », composée de tous les magistrats, se réunit au moins une fois par an. Elle est convoquée et présidée par son président. Elle examine les sujets d'intérêt commun. Son rôle est consultatif.

Le président *(Décr. n° 2024-733 du 5 juill. 2024, art. 13)* « du tribunal » convoque au moins une fois par an une réunion plénière des agents de greffe de la juridiction. Il l'informe des sujets d'ordre général intéressant le greffe et recueille ses observations.

Art. R. 2333-120-28 *ter* *(Décr. n° 2017-1525 du 2 nov. 2017, art. 9)* Chaque année, avant le 1er février, le président *(Décr. n° 2024-733 du 5 juill. 2024, art. 13)* « du tribunal » adresse au *(Décr. n° 2024-733 du 5 juill. 2024, art. 2)* « vice-président du Conseil d'État » un rapport d'activité. Le président *(Décr. n° 2024-733 du 5 juill. 2024, art. 13)* « du tribunal » joint à ce rapport toutes observations utiles au sujet des questions d'intérêt général se rapportant aux travaux de la juridiction.

§ 2 Communication électronique et examen des recours *(Décr. n° 2017-1525 du 2 nov. 2017, art. 10)*.

SOUS-§ 1 *Présentation de la requête*

Art. R. 2333-120-29 Les dispositions du présent sous-paragraphe s'appliquent à peine d'irrecevabilité de la requête.

Art. R. 2333-120-30 *(Décr. n° 2017-1525 du 2 nov. 2017, art. 11 ; Décr. n° 2024-733 du 5 juill. 2024, art. 13)* « Le tribunal est saisi par requête. »

La requête doit être présentée sur un formulaire dont le modèle est fixé par arrêté du vice-président du Conseil d'État.

Elle doit contenir tous les renseignements demandés dans les rubriques pertinentes du formulaire de requête.

Elle est établie en langue française. *(Décr. n° 2017-1525 du 2 nov. 2017, art. 11)* « La requête et, le cas échéant, les mémoires, sont signés soit par le requérant, soit par un avocat, soit par un avocat au Conseil d'État et à la Cour de cassation. S'il s'agit d'une personne morale, ils sont signés par une personne justifiant de sa qualité pour agir en justice ou par l'un des mandataires susmentionnés. »

Art. R. 2333-120-31 I. — En cas de contestation de la décision rendue à l'issue du recours administratif préalable obligatoire, la requête *(Décr. n° 2024-733 du 5 juill. 2024, art. 3)* « est » accompagnée :

(Décr. n° 2024-733 du 5 juill. 2024, art. 3) « A. Lorsque la requête est dirigée contre l'avis de paiement initial : »

1° De la copie de l'avis de paiement du forfait de post*[-]*stationnement ;

2° De la copie du recours administratif préalable obligatoire formé auprès de la commune, de l'établissement public de coopération intercommunale, du syndicat mixte ou du tiers contractant dont relève l'agent assermenté ayant établi l'avis de paiement ;

3° De la copie de l'accusé de réception postale ou électronique du recours administratif préalable obligatoire ;

4° Le cas échéant, de la copie de la décision rendue à l'issue du recours administratif préalable obligatoire ;

(Décr. n° 2024-733 du 5 juill. 2024, art. 3) « B. Lorsque la requête est dirigée contre un avis de paiement rectificatif :

« 1° De la copie de l'avis de paiement initial du forfait de post-stationnement ;

« 2° De la copie de l'avis de paiement rectificatif, ou de la décision administrative par laquelle l'autorité compétente a rectifié le montant du forfait de post-stationnement initial. »

5° Abrogé par Décr. n° 2024-733 du 5 juill. 2024, art. 3.

6° Abrogé par Décr. n° 2017-1525 du 2 nov. 2017, art. 12.

(Décr. n° 2024-733 du 5 juill. 2024, art. 3) « II. – En cas de contestation du titre exécutoire prévu par l'article L. 2333-87 du présent code, la requête est accompagnée de la copie de l'avertissement adressé en application de l'article L. 2323-7-1 du code général de la propriété des personnes publiques ou, à défaut, d'un extrait du titre exécutoire prévu par l'article L. 2333-87 du présent code. »

Art. R. 2333-120-32 *(Décr. n° 2017-1525 du 2 nov. 2017, art. 13)* La requête est déposée ou adressée par courrier au greffe *(Décr. n° 2024-733 du 5 juill. 2024, art. 13)* « du tribunal ».

Elle peut être adressée par voie électronique dans les conditions fixées aux articles R. 2333-120-32 bis à R. 2333-120-32 quater, alinéa 1.

Elle peut aussi être adressée par voie de télécopie, dont la réception est assurée par un dispositif technique synchronisé avec un serveur de temps dont l'heure est certifiée. La télécopie est régularisée au plus tard quinze jours après sa réception par le greffe. La régularisation intervient soit par la production sur support papier d'un exemplaire du recours revêtu de la signature manuscrite de l'intéressé, soit par l'apposition, au greffe *(Décr. n° 2024-733 du 5 juill. 2024, art. 13)* « du tribunal », de la signature de l'intéressé au bas du document transmis par voie de télécopie, soit par voie électronique dans les conditions fixées aux articles R. 2333-120-32 *bis* et R. 2333-120-32 *quater* alinéa 1.

Les mémoires et les pièces produites par les parties peuvent être adressés *(Décr. n° 2024-733 du 5 juill. 2024, art. 13)* « au tribunal » par les mêmes voies et dans les mêmes conditions.

Art. R. 2333-120-32 *bis* *(Décr. n° 2017-1525 du 2 nov. 2017, art. 14)* La communication électronique avec *(Décr. n° 2024-733 du 5 juill. 2024, art. 13)* « le tribunal » du stationnement payant peut se faire, dans des conditions fixées par arrêté conjoint du garde des sceaux, ministre de la justice et du ministre de l'intérieur :

1° Soit au moyen d'un portail accessible par internet au requérant, à la commune, à l'établissement public de coopération intercommunale, au syndicat mixte compétent, ou à leurs mandataires ;

2° Soit au moyen d'un dispositif de télétransmission proposé à la commune, à l'établissement public de coopération intercommunale, ou au syndicat mixte compétent, en qualité de défendeur, ou à leurs mandataires.

Ces dispositifs garantissent la fiabilité de l'identification des parties ou de leurs mandataires, l'intégrité des documents adressés ainsi que la sécurité et la confidentialité des échanges. Ils permettent d'établir de manière certaine la date et l'heure de la mise à disposition d'un document ainsi que celles de sa première consultation par son destinataire.

L'arrêté mentionné au premier alinéa définit les caractéristiques et les exigences techniques qui doivent être respectées par les utilisateurs des dispositifs de communication électronique. Il définit également les modalités d'inscription au portail des personnes mentionnées au 1° et au 2° du présent article et les modalités d'homologation et de conventionnement pour le dispositif de télétransmission.

Art. R. 2333-120-32 *ter* *(Décr. n° 2017-1525 du 2 nov. 2017, art. 14)* Lors du dépôt de la requête sur le portail, le formulaire de requête est rempli en ligne et les pièces jointes obligatoires mentionnées à l'article R. 2333-120-31 sont téléchargées dans l'ordre figurant sur ledit formulaire.

Les autres pièces jointes sont présentées séparément conformément à l'inventaire qui en est dressé.

At. R. 2333-120-32 *quater* *(Décr. nº 2017-1525 du 2 nov. 2017, art. 14)* Lorsque la requête est présentée par un avocat ou un avocat au Conseil d'État et à la Cour de cassation, elle doit, à peine d'irrecevabilité, être adressée *(Décr. nº 2024-733 du 5 juill. 2024, art. 13)* « au tribunal » du stationnement payant par voie électronique. La même obligation est applicable à leurs mémoires.

La commune de plus de 3 500 habitants, l'établissement public de coopération intercommunal, le syndicat mixte compétent, ou leurs mandataires doivent également adresser leurs mémoires par voie électronique, à peine d'irrecevabilité.

Art. R. 2333-120-32 *quinquies* *(Décr. nº 2017-1525 du 2 nov. 2017, art. 14)* Les parties ou leurs mandataires qui utilisent la voie électronique doivent adresser tous leurs mémoires et pièces par ce même moyen, sous peine de voir leurs productions écartées des débats à défaut de régularisation dans un délai imparti par *(Décr. nº 2024-733 du 5 juill. 2024, art. 13)* « le tribunal ».

Art. R. 2333-120-32 *sexies* *(Décr. nº 2017-1525 du 2 nov. 2017, art. 14)* L'identification de l'auteur de la requête ou de la partie adressant un mémoire ou des pièces, selon les modalités prévues par l'arrêté mentionné à l'article R. 2333-120-32 *bis*, vaut signature pour l'application des dispositions de la présente sous-section.

Toutefois, lorsque la requête ou le mémoire n'ont pas fait l'objet d'une signature électronique au sens du second alinéa de l'article 1367 du code civil, la partie ou son mandataire peuvent, en cas de nécessité, être tenus de produire un exemplaire de leur requête ou de leur mémoire revêtu de sa signature manuscrite.

Art. R. 2333-120-32 *septies* *(Décr. nº 2017-1525 du 2 nov. 2017, art. 14)* Lorsque l'original d'une pièce communiquée par voie électronique a été établi sur support papier, le président de la formation de jugement ou le magistrat chargé de l'instruction peut en ordonner la production à tout moment et, au plus tard, à l'audience. Si la production est demandée à l'audience, la partie intéressée en est préalablement avisée.

Art. R. 2333-120-32 *octies* *(Décr. nº 2017-1525 du 2 nov. 2017, art. 14)* Les requêtes sont enregistrées par le greffe. Elles sont en outre marquées, ainsi que les pièces qui y sont jointes, d'un timbre indiquant la date de leur arrivée.

Lorsqu'une requête et les différents mémoires sont transmis *(Décr. nº 2024-733 du 5 juill. 2024, art. 13)* « au tribunal » du stationnement payant par voie électronique, ils sont horodatés et un accusé de dépôt est délivré par le portail ou le dispositif de télétransmission.

Le greffe délivre aux parties, le cas échéant par voie électronique, dans les conditions fixées à l'article R. 2333-120-32 *bis*, un certificat qui constate l'arrivée de la requête au greffe.

Art. R. 2333-120-33 La requête contre la décision rendue à l'issue du recours administratif préalable obligatoire prévu à l'article L. 2333-87 doit être formée dans le délai d'un mois à compter *(Décr. nº 2017-1525 du 2 nov. 2017, art. 15)* « soit de la date de notification de la décision explicite de l'autorité compétente, soit du jour où naît la décision implicite de rejet ».

La requête contre le titre exécutoire prévu par l'article L. 2333-87 doit être formée dans le délai d'un mois à compter de la date de notification de l'avertissement prévu à l'article L. 2323-7-1 du code général de la propriété des personnes publiques.

Le délai de recours n'est toutefois opposable qu'à la condition d'avoir été mentionné, ainsi que les voies de recours, dans la notification de la décision.

(Décr. nº 2017-1525 du 2 nov. 2017, art. 15) « Le délai de recours est augmenté d'un mois pour les requérants qui demeurent en Guadeloupe, en Guyane, à la Martinique, à La Réunion, à Saint-Barthélemy, à Saint-Martin, à Mayotte, à Saint-Pierre-et-Miquelon, en Polynésie française, dans les îles Wallis-et-Futuna, en Nouvelle-Calédonie et dans les Terres australes et antarctiques françaises.

« Ce même délai est augmenté de deux mois pour les personnes qui demeurent à l'étranger. »

Art. R. 2333-120-34 *Abrogé par Décr. nº 2017-1525 du 2 nov. 2017, art. 16.*

Art. R. 2333-120-35 Lorsqu'un titre exécutoire est émis, il se substitue à l'avis de paiement du forfait de poststationnement impayé *(Décr. n° 2017-1525 du 2 nov. 2017, art. 17)* « ou à l'avis de paiement rectificatif impayé », lequel ne peut plus être contesté. *(Décr. n° 2024-733 du 5 juill. 2024, art. 4)* « Aucun moyen tiré des vices propres de cet acte ne peut être utilement invoqué devant la juridiction à l'occasion de la contestation du titre exécutoire. »

Les dispositions issues du Décr. n° 2024-733 du 5 juill. 2024 sont applicables aux procédures en cours (Décr. préc., art. 17).

Art. R. 2333-120-36 Lorsqu'une partie est représentée par un avocat ou par *(Décr. n° 2017-1525 du 2 nov. 2017, art. 18)* « un avocat au Conseil d'État et à la Cour de cassation », les actes de procédure, à l'exception de la notification de la décision prévue aux articles R. 2333-120-56 à R. 2333-120-63, ne sont accomplis qu'à l'égard de ce mandataire.

La signature des requêtes et mémoires par l'un de ces mandataires vaut constitution et élection de domicile chez lui.

Art. R. 2333-120-37 *(Décr. n° 2017-1525 du 2 nov. 2017, art. 19)* Les parties non représentées par un avocat ou un avocat au Conseil d'État et à la Cour de cassation devant *(Décr. n° 2024-733 du 5 juill. 2024, art. 13)* « le tribunal » du stationnement payant, qui ont leur résidence en dehors du territoire de la République et en dehors de l'Union européenne, de l'Espace économique européen ou de la Suisse, doivent faire élection de domicile sur l'un de ces territoires.

SOUS-§ 2 *Instruction*

Art. R. 2333-120-38 Lors de l'enregistrement de la requête, le président *(Décr. n° 2024-733 du 5 juill. 2024, art. 13)* « du tribunal » désigne le rapporteur chargé de conduire l'instruction de la requête qui lui est affectée.

Art. R. 2333-120-39 Lorsque le greffe *(Décr. n° 2024-733 du 5 juill. 2024, art. 13)* « du tribunal » notifie au requérant que sa requête ne peut, en l'état, qu'être rejetée comme irrecevable, celui-ci est regardé comme ayant renoncé à son action s'il ne régularise pas ou ne conteste pas cette irrecevabilité dans un délai d'un mois à compter de la notification. *(Décr. n° 2017-1525 du 2 nov. 2017, art. 20)* « La constatation de cette renonciation ne donne lieu à aucune notification au requérant de la part *(Décr. n° 2024-733 du 5 juill. 2024, art. 13)* « du tribunal ».

« La notification du courrier du greffe mentionné au premier alinéa est faite par tout moyen permettant de faire la preuve de sa réception par les destinataires. » Elle mentionne le motif d'irrecevabilité, le délai dans lequel le requérant peut régulariser, le cas échéant, l'irrecevabilité ou la contester et le fait qu'il sera, à défaut, regardé comme ayant renoncé à son action *(Décr. n° 2017-1525 du 2 nov. 2017, art. 20)* « et que la constatation de cette renonciation ne lui sera pas notifiée ».

Art. R. 2333-120-39 *bis* *(Décr. n° 2024-733 du 5 juill. 2024, art. 5)* Lorsque l'état du dossier permet de s'interroger sur l'intérêt que la requête conserve pour son auteur, *(Décr. n° 2024-733 du 5 juill. 2024, art. 13)* « le tribunal » peut inviter le requérant à confirmer expressément le maintien de ses conclusions. La demande qui lui est adressée mentionne que, à défaut de réception de cette confirmation à l'expiration du délai fixé, qui ne peut être inférieur à un mois, il sera réputé s'être désisté de l'ensemble de ses conclusions.

Art. R. 2333-120-39 *ter* *(Décr. n° 2024-733 du 5 juill. 2024, art. 5)* Le juge, lorsqu'il statue par une décision unique sur plusieurs requêtes mettant en présence des parties identiques et donnant à juger une question similaire, peut fonder sa décision sur une pièce produite dans un seul des dossiers ainsi joints dès lors qu'il a préalablement soumis au débat contradictoire cette production dans chacune des instances visées. Cette communication peut également prendre la forme d'un courrier unique adressé préalablement aux parties, les informant de l'utilisation de cette pièce dans les instances qu'il énumère. Ce courrier est adressé dans le cadre de l'instance dont est issue ladite pièce et communiqué, le cas échéant, au Conseil d'État en cas de pourvoi.

Art. R. 2333-120-40 Lorsque la décision lui paraît susceptible d'être fondée sur un moyen *(Décr. n° 2024-733 du 5 juill. 2024, art. 6)* « relevé d'office », le juge en informe les parties *(Décr. n° 2017-1525 du 2 nov. 2017, art. 21)* « par tout moyen permettant de faire la preuve de la réception de cette information par les destinataires » et fixe le délai dans lequel elles peuvent, sans qu'y fasse obstacle la clôture éventuelle de l'instruction, présenter leurs observations sur le moyen communiqué.

(Décr. n° 2024-733 du 5 juill. 2024, art. 6) « Le juge, lorsqu'il statue par une décision unique sur plusieurs requêtes mettant en présence des parties identiques et donnant à juger une question similaire, peut fonder sa décision sur un moyen relevé d'office dont les parties ont été informées dans une seule des instances jointes dès lors que cette information précise l'ensemble des instances concernées. Cette information est communiquée au Conseil d'État en cas de pourvoi. »

Les dispositions du présent article ne sont pas applicables lorsqu'il est fait application des dispositions des articles R. 2333-120-27 ou R. 2333-120-45.

Art. R. 2333-120-41 *(Décr. n° 2015-646 du 10 juin 2015)* La requête et les pièces produites sont communiquées par le greffe *(Décr. n° 2024-733 du 5 juill. 2024, art. 13)* « du tribunal » à la commune, à l'établissement public de coopération intercommunale ou au syndicat mixte compétent *(Décr. n° 2017-1525 du 2 nov. 2017, art. 22)* « par tout moyen permettant de faire la preuve de leur réception par les destinataires ».

Les autres mémoires et pièces produits par le requérant sont communiqués au défendeur *(Décr. n° 2017-1525 du 2 nov. 2017, art. 22)* « par lettre simple » s'ils contiennent des éléments nouveaux.

(Décr. n° 2017-1525 du 2 nov. 2017, art. 22) « Le premier mémoire et les pièces produits par le défendeur dans le cadre de la procédure sont communiqués au requérant par lettre simple. Les autres mémoires et pièces du défendeur sont communiqués au requérant par la même voie s'ils contiennent des éléments nouveaux. Toutefois les mémoires et pièces produits par le défendeur qui soulèvent des motifs d'irrecevabilité sont communiqués par tout moyen permettant de faire la preuve de leur réception par le destinataire. »

Art. R. 2333-120-42 *(Décr. n° 2017-1525 du 2 nov. 2017, art. 23)* Dans le cadre de la communication électronique, les parties ou leurs mandataires sont réputés avoir reçu la communication ou la notification à la date de première consultation du document qui leur a été ainsi adressé, certifiée par l'accusé de réception délivré par le portail ou le dispositif de télétransmission, ou, à défaut de consultation dans un délai de huit jours à compter de la date de mise à disposition du document dans le portail ou de sa télétransmission, à l'issue de ce délai. Les parties ou leurs mandataires sont alertés de toute nouvelle communication ou notification sur le portail par un message envoyé à leur adresse électronique ou en cas de télétransmission par leur propre système d'information.

Art. R. 2333-120-43 *(Décr. n° 2024-733 du 5 juill. 2024, art. 13)* « Le tribunal » peut prescrire toute mesure d'instruction qu'elle juge utile.

Art. R. 2333-120-44 La commune, l'établissement public de coopération intercommunale ou le syndicat mixte compétent dispose d'un délai d'un mois à compter de la date à laquelle lui est communiquée la requête *(Décr. n° 2017-1525 du 2 nov. 2017, art. 24)* « pour produire un mémoire en défense ». Cette communication vaut mise en demeure.

À défaut de production, l'instruction est close et le défendeur est réputé avoir acquiescé aux faits exposés dans la requête du requérant.

Art. R. 2333-120-45 Lorsqu'il apparaît au vu de la requête que la solution de l'affaire est d'ores et déjà certaine, le magistrat chargé de l'instruction de l'affaire peut décider qu'il n'y a pas lieu à instruction.

Art. R. 2333-120-46 *(Décr. n° 2017-1525 du 2 nov. 2017, art. 25) (Décr. n° 2024-733 du 5 juill. 2024, art. 8)* « I. – » Le magistrat chargé de l'instruction peut, par ordonnance, fixer la date à partir de laquelle l'instruction sera close. Cette ordonnance n'est pas motivée et ne peut faire l'objet d'aucun recours. Cette décision est notifiée aux parties par tout moyen permettant de faire la preuve de sa réception par les destinataires.

Si aucune clôture n'est intervenue, l'instruction est close trois jours francs avant la date de l'audience indiquée dans l'avis d'audience prévu par l'article R. 2333-120-50. *(Décr. n° 2024-733 du 5 juill. 2024, art. 8)* « Cet avis le mentionne.

« II. — Les mémoires produits après la clôture de l'instruction ne donnent pas lieu à communication, sauf réouverture de l'instruction.

« La communication d'un mémoire enregistré postérieurement à la clôture d'instruction vaut réouverture de l'instruction.

« III. — Postérieurement à la clôture de l'instruction, le magistrat chargé de l'instruction peut inviter une partie à produire des éléments ou pièces en vue de compléter l'instruction. Cette demande, de même que la communication éventuelle aux autres parties des éléments et pièces produits, n'a pour effet de rouvrir l'instruction qu'en ce qui concerne ces éléments ou pièces. »

Les dispositions issues du Décr. n° 2024-733 du 5 juill. 2024 sont applicables aux procédures en cours (Décr. préc., art. 17).

Art. R. 2333-120-47 Le magistrat statuant seul ou le président de la formation collégiale peut rouvrir l'instruction par une décision qui n'est pas motivée et ne peut faire l'objet d'aucun recours.

(Décr. n° 2017-1525 du 2 nov. 2017, art. 26) « Cette décision est communiquée par tout moyen permettant de faire la preuve de sa réception par les destinataires. »

Les mémoires qui auraient été produits pendant la période comprise entre la clôture et la réouverture de l'instruction sont communiqués aux parties *(Décr. n° 2017-1525 du 2 nov. 2017, art. 26)* « s'ils contiennent des éléments nouveaux ».

Art. R. 2333-120-48 Dans les affaires qui ne sont pas en état d'être jugées, la procédure est suspendue par la notification du décès de l'une des parties *(Décr. n° 2017-1525 du 2 nov. 2017, art. 27)* « ou », par le seul fait du décès, de la démission, de l'interdiction ou de la destitution de son avocat. Cette suspension dure jusqu'à la mise en demeure pour reprendre l'instance ou constituer avocat.

SOUS-§ 3 *Audience*

Art. R. 2333-120-49 Le président *(Décr. n° 2024-733 du 5 juill. 2024, art. 13)* « du tribunal » ou le magistrat désigné par lui décide d'appeler l'affaire en audience si la difficulté de la question posée le justifie.

Art. R. 2333-120-50 Lorsqu'une affaire est appelée à l'audience, les parties en sont averties, par une notification faite par *(Décr. n° 2017-1525 du 2 nov. 2017, art. 28)* « tout moyen permettant de faire la preuve de sa réception par les destinataires », sept jours au moins avant le jour de l'audience.

(Décr. n° 2017-1525 du 2 nov. 2017, art. 28) « Les parties ou leurs mandataires qui utilisent la voie électronique peuvent être convoqués à l'audience par la même voie.

« Les dispositions de l'article R. 2333-120-42 sont applicables. »

L'avis d'audience informe les parties de la date de clôture de l'instruction.

Le rôle de chaque audience est arrêté par le président *(Décr. n° 2024-733 du 5 juill. 2024, art. 13)* « du tribunal » *(Décr. n° 2017-1525 du 2 nov. 2017, art. 28)* « ou par le magistrat qu'il délègue ». Il est affiché à la porte de la salle d'audience.

Art. R. 2333-120-51 Les audiences *(Décr. n° 2024-733 du 5 juill. 2024, art. 13)* « du tribunal » sont publiques.

Le magistrat statuant seul ou le président de la formation collégiale veille à l'ordre de l'audience et dirige les débats. Les personnes qui assistent à l'audience doivent observer une attitude digne et garder le respect dû à la justice. Il leur est interdit de parler sans y avoir été invitées, de donner des signes d'approbation ou de désapprobation, ou de causer quelque désordre que ce soit.

Il peut faire expulser toute personne qui n'obtempère pas à ses injonctions, sans préjudice des poursuites pénales ou disciplinaires qui pourraient être exercées contre elle.

Il statue sur les demandes de renvoi présentées par les parties.

L'absence d'une des parties ou de son représentant à l'audience n'emporte pas obligation pour le magistrat statuant seul ou pour le président de la formation collégiale de renvoyer l'affaire à une audience ultérieure.

Art. R. 2333-120-52 Après le rapport qui est fait sur chaque affaire par le magistrat chargé de l'instruction, les parties peuvent présenter, soit en personne, soit par leur représentant, des observations orales à l'appui de leurs conclusions écrites.

(Décr. nº 2017-1525 du 2 nov. 2017, art. 30) « La formation collégiale ou le magistrat statuant seul » peut également entendre les agents de l'administration compétente ou les appeler devant la juridiction pour fournir des explications et, à titre exceptionnel, demander des éclaircissements à toute personne présente dont l'une des parties souhaiterait l'audition.

Art. R. 2333-120-53 La décision est délibérée hors la présence des parties.

Art. R. 2333-120-54 Les personnes qui participent ou assistent au délibéré sont soumises à l'obligation d'en respecter le secret sous peine d'encourir les sanctions prévues par l'article 226-13 du code pénal.

Art. R. 2333-120-55 Le membre de la formation de jugement qui suppose en sa personne une cause de récusation ou estime en conscience devoir s'abstenir se fait remplacer par un autre membre que désigne le président *(Décr. nº 2024-733 du 5 juill. 2024, art. 13)* « du tribunal ».

La partie qui veut récuser un membre d'une formation de jugement doit, à peine d'irrecevabilité, le faire par un acte spécial remis *(Décr. nº 2024-733 du 5 juill. 2024, art. 13)* « au tribunal » dès qu'elle a connaissance de la cause de la récusation. Cet acte indique avec précision les motifs de la récusation et est accompagné des pièces propres à la justifier. *(Décr. nº 2017-1525 du 2 nov. 2017, art. 31)* « Il est délivré récépissé de cet acte. » En aucun cas, la récusation ne peut être formée après la fin de l'audience.

Le membre récusé fait connaître par écrit *(Décr. nº 2017-1525 du 2 nov. 2017, art. 31)* « dans un délai de huit jours » soit son acquiescement à la récusation, soit les motifs pour lesquels il s'y oppose.

Si le membre *(Décr. nº 2024-733 du 5 juill. 2024, art. 13)* « du tribunal » qui est récusé acquiesce à la demande, il est aussitôt remplacé. S'il ne peut être remplacé en temps utile, l'affaire est renvoyée à une audience ultérieure.

Dans le cas où le membre *(Décr. nº 2024-733 du 5 juill. 2024, art. 13)* « du tribunal » n'acquiesce pas à la demande de récusation, *(Décr. nº 2024-733 du 5 juill. 2024, art. 13)* « le tribunal » statue le plus rapidement possible sur cette demande, par une décision non motivée, sans la participation de celui de ses membres dont la récusation est demandée. Cette décision ne peut être contestée devant le juge de cassation qu'avec la décision rendue ultérieurement.

SOUS-§ 4 *Décision*

Art. R. 2333-120-56 *(Décr. nº 2017-1525 du 2 nov. 2017, art. 32)* « Les décisions *(Décr. nº 2024-733 du 5 juill. 2024, art. 13)* « du tribunal » du stationnement payant débutent par les mots : "Au nom du peuple français" et portent la mention suivante : "*(Décr. nº 2024-733 du 5 juill. 2024, art. 13)* « Le tribunal » du stationnement payant". »

Les décisions *(Décr. nº 2024-733 du 5 juill. 2024, art. 13)* « du tribunal » sont motivées.

Elles contiennent les nom et prénoms du requérant, l'exposé de l'objet de la requête et des circonstances de droit et de fait invoquées par écrit à son appui ainsi que, s'il y a lieu, la mention des observations écrites du défendeur.

Mention y est faite que le rapporteur et, s'il y a lieu, le requérant, son représentant et le représentant du défendeur, ainsi que toute personne entendue sur décision du magistrat *(Décr. nº 2024-733 du 5 juill. 2024, art. 9)* « ou du président de la formation collégiale » en vertu du deuxième alinéa de l'article R. 2333-120-52, ont été entendus.

La décision indique la date à laquelle elle a été prononcée et, le cas échéant, la date de l'audience publique.

(Décr. nº 2017-1525 du 2 nov. 2017, art. 32) « Les décisions portent la formule exécutoire suivante : "La République mande et ordonne au(x) représentant(s) de l'État compétent(s) en ce qui le (les) concerne(nt) ou à tous huissiers de justice à ce requis

en ce qui concerne les voies de droit commun contre les parties privées, de pourvoir à l'exécution de la présente décision."

« Les décisions dans les affaires ayant donné lieu à une audience sont rendues publiques par voie *(Décr. nº 2024-733 du 5 juill. 2024, art. 9)* « de mise en ligne sur le site internet » *(Décr. nº 2024-733 du 5 juill. 2024, art. 13)* « du tribunal » de la juridiction. »

Art. R. 2333-120-57 Le dispositif des décisions est divisé en articles et précédé du mot : "décide" ou, le cas échéant, "ordonne".

Les décisions *(Décr. nº 2024-733 du 5 juill. 2024, art. 13)* « du tribunal » sont exécutoires.

Art. R. 2333-120-58 *(Décr. nº 2017-1525 du 2 nov. 2017, art. 33)* « Lorsque l'affaire est jugée après une audience par un magistrat statuant seul, la minute de la décision est signée par le magistrat et par le greffier d'audience. En l'absence d'audience, elle est signée du seul magistrat qui l'a rendue. »

Lorsque l'affaire est jugée par une formation collégiale, la minute de la décision est signée par *(Décr. nº 2017-1525 du 2 nov. 2017, art. 33)* « son président », par le rapporteur ou, si le président est également le rapporteur, par l'assesseur le plus ancien, et par le greffier d'audience.

Art. R. 2333-120-58 *bis* *(Décr. nº 2017-1525 du 2 nov. 2017, art. 34)* La décision peut être établie sur support papier ou électronique.

Lorsque la décision est établie sur support papier, la minute est conservée au greffe de la juridiction pour chaque affaire, avec la correspondance et les pièces relatives à l'instruction.

Lorsque la décision est établie sur support électronique, les procédés utilisés doivent en garantir l'intégrité et la conservation. La décision établie sur support électronique est signée au moyen d'un procédé de signature électronique sécurisée répondant aux exigences du décret nº 2017-1416 du 28 septembre 2017 relatif à la signature électronique.

Les modalités d'application du présent article sont précisées par arrêté conjoint du garde des sceaux, ministre de la justice et du ministre de l'intérieur. — *V. Arr. du 27 juin 2018 (JO 30 juin, texte nº 33).*

Art. R. 2333-120-59 Le juge peut infliger à l'auteur d'une requête qu'il estime abusive une amende dont le montant ne peut excéder 2 000 euros. Cette amende est recouvrée, conformément aux dispositions du décret nº 64-1333 du 22 décembre 1964, par un comptable public désigné par arrêté du ministre chargé du budget.

Art. R. 2333-120-60 *(Décr. nº 2017-1525 du 2 nov. 2017, art. 35)* Les décisions *(Décr. nº 2024-733 du 5 juill. 2024, art. 13)* « du tribunal » sont notifiées à toutes les parties en cause le même jour à leur domicile réel, par tout moyen permettant de faire la preuve de leur réception par les destinataires. Lorsque la décision est établie sur support papier, les expéditions sont, au préalable, signées par le chef du greffe.

La décision est notifiée par le portail ou par le dispositif de télétransmission aux parties qui utilisent la voie électronique ou qui sont tenues de le faire.

Ces parties sont réputées avoir reçu la notification à la date de première consultation de la décision, certifiée par l'accusé de réception délivré par le portail ou le dispositif de télétransmission, ou, à défaut de consultation dans un délai de huit jours à compter de la date de mise à disposition de la décision dans le portail ou de sa télétransmission, à l'issue de ce délai. Les parties sont informées de la notification sur le portail par un message envoyé à leur adresse électronique ou en cas de télétransmission par leur propre système d'information.

Les décisions statuant sur la contestation d'un titre exécutoire sont, si nécessaire, communiquées pour information à l'agence nationale de traitement automatisé des infractions.

Art. R. 2333-120-61 La notification de la décision mentionne que copie de la décision doit être jointe au pourvoi en cassation devant le Conseil d'État et que ce ne peut être présenté que par le ministère d'un avocat au Conseil d'État et à la Cour de cassation.

Art. R. 2333-120-62 Lorsque le président *(Décr. nº 2024-733 du 5 juill. 2024, art. 13)* « du tribunal » constate que la minute d'une décision est entachée d'une erreur ou d'une omission matérielle non susceptible d'avoir exercé une influence sur le jugement de l'affaire, il peut y apporter, par ordonnance rendue dans le délai d'un mois à compter de la notification aux parties, les corrections que la raison commande.

La notification de l'ordonnance rectificative rouvre, le cas échéant, le délai de recours en cassation contre la décision ainsi corrigée.

Lorsqu'une partie signale au président *(Décr. nº 2024-733 du 5 juill. 2024, art. 13)* « du tribunal » l'existence d'une erreur ou d'une omission matérielle entachant une décision et lui demande d'user des pouvoirs définis au premier alinéa, cette demande est, sauf dans le cas mentionné au deuxième alinéa, sans influence sur le cours du délai de recours en cassation ouvert contre cette décision.

SOUS-§ 5 *Demande d'avis au Conseil d'État*

Art. R. 2333-120-63 La décision prononçant le renvoi d'une question en application de l'article L. 2333-87-9 est prise par *(Décr. nº 2024-733 du 5 juill. 2024, art. 13)* « le tribunal » statuant en formation collégiale. Elle est adressée par le greffe *(Décr. nº 2024-733 du 5 juill. 2024, art. 13)* « du tribunal » au secrétariat de la section du contentieux du Conseil d'État, avec le dossier de l'affaire, dans les huit jours de son prononcé. Les parties sont avisées de cette transmission par notification qui leur est faite de la décision, par tout moyen permettant de faire la preuve de sa réception par les destinataires.

Les dispositions des articles R. 113-2 à R. 113-4 du code de justice administrative sont applicables aux renvois prononcés en application du présent article.

SOUS-§ 6 *Voies de recours*

Art. R. 2333-120-64 Les décisions *(Décr. nº 2024-733 du 5 juill. 2024, art. 13)* « du tribunal » peuvent faire l'objet d'un recours en cassation devant le Conseil d'État, dans les conditions prévues par le titre II du livre VIII du code de justice administrative.

Art. R. 2333-120-65 *(Décr. nº 2024-733 du 5 juill. 2024, art. 13)* « Le tribunal » peut être *(Décr. nº 2024-733 du 5 juill. 2024, art. 13)* « saisi » d'un recours en révision dans le cas où sa décision est fondée sur des pièces fausses.

Le recours doit être exercé dans le délai d'un mois à compter du jour où la partie a eu connaissance de la cause de révision qu'elle invoque.

Art. R. 2333-120-66 Lorsqu'une décision *(Décr. nº 2024-733 du 5 juill. 2024, art. 13)* « du tribunal » est entachée d'une erreur matérielle susceptible d'avoir exercé une influence sur le jugement de l'affaire, la partie intéressée peut saisir *(Décr. nº 2024-733 du 5 juill. 2024, art. 13)* « le tribunal » d'un recours en rectification.

Ce recours doit être exercé dans un délai d'un mois à compter du jour de la notification de la décision dont la rectification est demandée.

§ 3 Exécution des décisions du tribunal *(Décr. nº 2024-733 du 5 juill. 2024, art. 13)*.

(Décr. nº 2017-1525 du 2 nov. 2017, art. 37)

Art. R. 2333-120-67 *(Décr. nº 2024-733 du 5 juill. 2024, art. 10)* La demande d'exécution d'une décision *(Décr. nº 2024-733 du 5 juill. 2024, art. 13)* « du tribunal » du stationnement payant ne peut être présentée, sauf décision explicite de refus d'exécution opposée par l'autorité administrative, qu'après l'expiration d'un délai de trois mois à compter de la notification de la décision juridictionnelle dont l'exécution est poursuivie.

Art. R. 2333-120-68 Le délai de recours contentieux contre une décision administrative expresse refusant de prendre les mesures nécessaires à l'exécution d'une décision *(Décr. nº 2024-733 du 5 juill. 2024, art. 13)* « du tribunal » du stationnement payant est interrompu par une demande d'exécution présentée à l'autorité administrative jusqu'à la notification de la décision qui statue sur cette demande.

Art. R. 2333-120-69 Les demandes d'exécution prévues par le présent paragraphe peuvent être présentées sans le ministère d'un avocat.

Art. R. 2333-120-70 Les demandes d'exécution des décisions rendues par *(Décr. n° 2024-733 du 5 juill. 2024, art. 13)* « le tribunal » du stationnement payant peuvent être présentées au moyen du portail accessible par internet mentionné à l'article R. 2333-120-32 *bis*.

(Décr. n° 2024-733 du 5 juill. 2024, art. 13) « Le tribunal » peut, par le moyen du même portail, adresser à l'autorité administrative les communications et notifications nécessaires à l'exécution de la décision et informer le demandeur de la suite donnée à sa demande.

Art. R. 2333-120-71 La demande tendant à ce que *(Décr. n° 2024-733 du 5 juill. 2024, art. 13)* « le tribunal » prescrive les mesures nécessaires à l'exécution d'une décision définitive de *(Décr. n° 2024-733 du 5 juill. 2024, art. 13)* « ce tribunal » en assortissant, le cas échéant, ces prescriptions d'une astreinte, ne peut être présentée, sauf décision explicite de refus d'exécution opposée par l'autorité concernée, avant l'expiration d'un délai de trois mois à compter de la notification de cette décision.

Dans le cas où *(Décr. n° 2024-733 du 5 juill. 2024, art. 13)* « le tribunal » a, dans la décision dont l'exécution est poursuivie, déterminé un délai dans lequel l'autorité concernée doit prendre les mesures d'exécution qu'elle a prescrites, la demande ne peut être présentée qu'à l'expiration de ce délai.

Art. R. 2333-120-72 Le président *(Décr. n° 2024-733 du 5 juill. 2024, art. 13)* « du tribunal » du stationnement payant saisi d'une demande d'exécution sur le fondement de l'article R. 2333-120-71, ou le rapporteur désigné à cette fin, accomplit toutes diligences qu'il juge utiles pour assurer l'exécution de la décision juridictionnelle qui fait l'objet de la demande.

Lorsque le président ou le rapporteur estime qu'il a été procédé à l'exécution ou que la demande n'est pas fondée, il en informe le demandeur et procède au classement administratif de la demande.

Art. R. 2333-120-73 Dans le cas où le président estime nécessaire de prescrire des mesures d'exécution par voie juridictionnelle, et notamment de prononcer une astreinte, ou lorsque le demandeur le sollicite dans le mois qui suit la notification du classement décidé en vertu du dernier alinéa de l'article précédent et, en tout état de cause, à l'expiration d'un délai de six mois à compter de sa saisine, le président *(Décr. n° 2024-733 du 5 juill. 2024, art. 13)* « du tribunal » ouvre par ordonnance une procédure juridictionnelle.

Cette ordonnance n'est pas susceptible de recours. L'affaire est instruite et jugée d'urgence. Lorsqu'elle prononce une astreinte, la formation de jugement en fixe la date d'effet.

Art. R. 2333-120-74 *(Décr. n° 2024-733 du 5 juill. 2024, art. 11)* « L'astreinte est provisoire ou définitive. Elle est considérée comme provisoire à moins que *(Décr. n° 2024-733 du 5 juill. 2024, art. 13)* « le tribunal » n'ait précisé son caractère définitif. Elle est indépendante des dommages et intérêts.

« À compter de la date d'effet de l'astreinte prononcée par *(Décr. n° 2024-733 du 5 juill. 2024, art. 13)* « le tribunal », son président ou le magistrat qu'il désigne, après avoir accompli le cas échéant de nouvelles diligences, statue sur la liquidation de l'astreinte. »

(Décr. n° 2024-733 du 5 juill. 2024, art. 13) « Le tribunal » *(Décr. n° 2024-733 du 5 juill. 2024, art. 11)* « peut modérer ou supprimer l'astreinte provisoire, même en cas d'inexécution constatée. »

Lorsqu'il est procédé à la liquidation de l'astreinte, copie de la décision prononçant l'astreinte et de la décision qui la liquide est adressée au ministère public près la *(Décr. n° 2022-1605 du 22 déc. 2022, art. 1er)* « Cour des comptes ».

SECTION 12 *BIS* **Redevance due pour occupation du domaine public par les ouvrages de distribution d'eau et d'assainissement**

(Décr. n° 2009-1683 du 30 déc. 2009)

Art. R. 2333-121 La redevance due chaque année à une commune pour l'occupation du domaine public communal par les ouvrages des services de distribution d'eau et d'assainissement est déterminée par le conseil municipal dans la limite d'un plafond fixé au 1er janvier 2010 à 30 euros par kilomètre de réseau, hors les branchements, et à 2 euros par mètre carré d'emprise au sol pour les ouvrages bâtis non linéaires, hors les regards de réseaux d'assainissement.

Ces plafonds évoluent au 1er janvier de chaque année, proportionnellement à l'évolution de l'index "ingénierie", défini au *Journal officiel* du 1er mars 1974 et publié au *Bulletin officiel* du ministère chargé de l'équipement, mesurée au cours des douze mois précédant la publication de l'index connu au 1er janvier.

Art. R. 2333-122 Lorsque le domaine public communal est mis à disposition d'un établissement public intercommunal ou d'un syndicat mixte dans les conditions fixées à l'article L. 1321-2, l'établissement public de coopération intercommunale ou le syndicat mixte fixe, dans les conditions prévues à l'article R. 2333-121, la redevance due pour l'occupation, par les ouvrages des services publics d'eau potable et d'assainissement, du domaine public qu'il gère.

Art. R. 2333-123 Lorsque la redevance prévue dans une convention de délégation de service public correspond, d'une part, à l'occupation du domaine public et, d'autre part, au financement d'ouvrages remis à la commune à l'expiration de la convention ou à la participation de la commune aux dépenses d'établissement d'ouvrages, la partie due pour l'occupation du domaine public est établie distinctement à l'occasion de la première révision de la convention.

SECTION 13 Taxe sur les activités commerciales non salariées à durée saisonnière

(*Décr. no 2002-181 du 14 févr. 2002, art. 1er*)

Art. R. 2333-133 à R. 2333-138 *Abrogés par Décr. no 2020-1207 du 30 sept. 2020, art. 2.*

SECTION 14 Taxe pour la gestion des eaux pluviales urbaines

(*Décr. no 2011-815 du 6 juill. 2011, art. 1er*)

Art. R. 2333-139 à R. 2333-144 *Abrogés par Décr. no 2015-1039 du 20 août 2015, art. 2.*

SECTION 15 Taxe de balayage

(*Décr. no 2019-517 du 24 mai 2019, art. 2*)

Art. D. 2333-139 Pour l'application de l'article L. 2333-97 du code général des collectivités territoriales, la direction générale des finances publiques transmet à la commune, ou, le cas échéant, à l'établissement public de coopération intercommunale à fiscalité propre les informations suivantes sur les parcelles et les locaux situés sur son territoire :

– leur adresse ;
– leur référence cadastrale ;
– les nom et adresse de leurs propriétaires.

CHAPITRE IV DOTATIONS ET AUTRES RECETTES RÉPARTIES PAR LE COMITÉ DES FINANCES LOCALES

SECTION 1 Dotation globale de fonctionnement

SOUS-SECTION 1 Dispositions générales

Art. R. 2334-1 (*Décr. no 2025-438 du 20 mai 2025, art. 3*) Pour l'application de l'article L. 2334-2 :

1° Le nombre de places de caravanes pris en compte est fixé, pour chaque commune et chaque année civile, dans la convention prévue à l'article L. 851-1 du code de la sécurité sociale. Ce nombre s'apprécie au 1er janvier de l'année précédant l'exercice au titre duquel est répartie la dotation globale de fonctionnement ;

2° Le nombre de logements faisant l'objet d'une opération de requalification de copropriétés dégradées reconnue d'intérêt national selon les modalités définies à l'article L. 741-2 du code de la construction et de l'habitation est apprécié au 1er janvier de l'année de référence retenue pour la population prise en compte au titre du premier alinéa de l'article L. 2334-2.

Art. R. 2334-2 *(Décr. nº 2012-717 du 7 mai 2012, art. 2)* Pour l'application de l'article L. 2334-4 :

1° Les attributions de compensation mentionnées au 1 du II de cet article prises en compte sont celles constatées au 15 février de l'année de répartition *(Décr. nº 2023-352 du 9 mai 2023, art. 1er)* « aux comptes prévus » pour l'imputation des attributions de compensation dans les comptes de gestion des communes au titre de l'année précédant l'année de répartition.

2° *Abrogé par Décr. nº 2023-352 du 9 mai 2023, art. 1er.*

Art. R. 2334-2-1 *(Décr. nº 2017-518 du 10 avr. 2017, art. 1er)* L'indexation sur le taux d'évolution de la dotation forfaitaire, mentionnée au quatrième alinéa du III de l'article L. 2334-7, des crédits perçus en 2014 en application du I du D de l'article 44 de la loi de finances pour 1999, s'applique au montant de ces crédits tel qu'il résulte des indexations effectuées le cas échéant les années précédentes.

SOUS-SECTION 2 **Dotation forfaitaire**

Art. R. 2334-3 *(Décr. nº 2005-298 du 31 mars 2005, art. 3) (Décr. nº 2015-502 du 30 avr. 2015, art. 1er)* « Le montant de la minoration ou de la majoration mentionné au premier alinéa du III de l'article L. 2334-7 est égal pour chaque commune au produit de la différence entre sa population constatée au titre de l'année de répartition et celle constatée au titre de l'année précédant la répartition par un montant de 64,46 € et par un coefficient a, dont la valeur varie en fonction de la population dans les conditions suivantes : »

1° Si la population est inférieure ou égale à 500 habitants, a = 1 ;

2° Si la population est supérieure à 500 habitants et inférieure à 200 000 habitants, a = 1 + 0,38431089 x log (population/500) ;

3° Si la population est égale ou supérieure à 200 000 habitants, a = 2.

(Décr. nº 2015-502 du 30 avr. 2015, art. 1er) « La population prise en compte est déterminée en application de l'article L. 2334-2. »

Ces dispositions sont applicables aux communes de la Nouvelle-Calédonie, de la Polynésie française, de Mayotte, de Saint-Pierre-et-Miquelon et aux circonscriptions territoriales des îles Wallis-et-Futuna.

Art. R. 2334-3-1 *(Décr. nº 2012-717 du 7 mai 2012, art. 2)* Pour le calcul du potentiel fiscal par habitant et du potentiel fiscal moyen par habitant mentionnés *(Décr. nº 2015-502 du 30 avr. 2015, art. 1er)* « au cinquième alinéa du III » de l'article L. 2334-7, la population à prendre en compte est celle calculée l'année précédente en application de l'article L. 2334-2.

(Décr. nº 2017-518 du 10 avr. 2017, art. 1er) « Pour l'application des quatrième et *(Décr. nº 2025-438 du 20 mai 2025, art. 14)* « douzième » alinéas de l'article L. 5219-8, les ressources retenues pour chaque établissement public territorial et pour la commune de Paris correspondent aux ressources perçues sur le territoire de chaque commune. Toutefois, les ressources et données financières de la métropole du Grand Paris qui ne sont pas susceptibles d'être territorialisées par établissement public territorial ou par commune sont réparties entre ces établissements et la commune de Paris au prorata des montants antérieurement perçus sur leur territoire. »

Art. R. 2334-3-2 *(Décr. nº 2014-503 du 19 mai 2014, art. 1er)* Pour l'application *(Décr. nº 2017-518 du 10 avr. 2017, art. 1er)* « des articles L. 2334-7 et L. 2334-7-3 », les recettes réelles de fonctionnement s'entendent de l'ensemble des produits de fonctionnement de l'exercice entraînant des mouvements réels, tels que constatés dans les comptes de gestion. Ils sont constitués des produits comptabilisés dans les comptes de produits, majorés des montants figurant dans les comptes d'atténuations de charges et minorés des montants comptabilisés dans les comptes retraçant les atténuations de produits, les mises à disposition de personnel facturées à l'établissement public de coopération intercommunale à fiscalité propre ou à ses communes membres, les reprises sur amortissement et provisions, les produits des cessions d'immobilisations, les différences sur réalisations négatives reprises au compte de résultat, la quote-part des subventions d'investissement transférée au compte de résultat, les transferts de charge, les travaux en régie *(Décr. n° 2015-502 du 30 avr. 2015, art. 1er-3°)* « , les produits exceptionnels sur opérations de gestion, les mandats annulés ou atteints par la prescription quadriennale, les subventions exceptionnelles, les autres produits exceptionnels » *(Décr. n° 2016-423 du 8 avr. 2016, art. 3)* « , les variations de stock et, pour les communes des départements d'outre-mer à compter de 2016, *(Décr. n° 2017-518 du 10 avr. 2017, art. 1er)* « pour l'application de l'article L. 2334-7-3, » les montants perçus au titre de l'octroi de mer ».

SOUS-SECTION 3 Dotation d'aménagement

§ 1 Dotation de solidarité urbaine et de cohésion sociale

Art. R. 2334-4 Le nombre de logements sociaux est apprécié au 1er janvier de l'année précédant celle au titre de laquelle est versée la dotation de solidarité urbaine et de cohésion sociale.

Le nombre total des bénéficiaires d'aides au logement, y compris leur conjoint et les personnes à charge vivant habituellement dans leur foyer, mentionnés au 3° de l'article L. 2334-17 est apprécié au 30 juin de l'année précédant celle au titre de laquelle est versée la dotation de solidarité urbaine et de cohésion sociale. — *[C. communes, art. R. 234-11.]*

Art. D. 2334-4-1 *Abrogé par Décr. n° 2025-438 du 20 mai 2025, art. 14.*

Art. R. 2334-5 Le nombre total de logements utilisés pour le calcul des rapports mentionnés aux 2° et 3° de l'article L. 2334-17 est égal au nombre *(Décr. n° 2024-391 du 26 avr. 2024, art. 4)* « de locaux d'habitation proprement dits » du rôle général de taxe d'habitation *(Décr. n° 2024-391 du 26 avr. 2024, art. 4)* « affectés à l'habitation principale, secondaire ou constituant une dépendance bâtie rattachée au local d'habitation », l'année précédant l'exercice au cours duquel est répartie la dotation de solidarité urbaine et de cohésion sociale.

Art. R. 2334-5-1 *(Décr. n° 2005-298 du 31 mars 2005, art. 4)* Pour l'application des dispositions du deuxième alinéa de l'article L. 2334-18-2, la population des *(Décr. n° 2017-518 du 10 avr. 2017, art. 1er)* « quartiers prioritaires de la politique de la ville » et la population des zones franches urbaines prises en compte sont, *(Décr. n° 2017-518 du 10 avr. 2017, art. 1er)* « dans les quartiers et zones » existant au 1er janvier de l'année *(Décr. n° 2015-502 du 30 avr. 2015, art. 1er)* « précédant celle » au titre de laquelle est versée la dotation de solidarité urbaine et de cohésion sociale, les populations *(Décr. n° 2009-637 du 8 juin 2009, art. 1er, en vigueur le 1er janv. 2009)* « authentifiées à l'issue du dernier recensement de population ». *(Décr. n° 2017-518 du 10 avr. 2017, art. 1er)* « Les populations des quartiers prioritaires de la ville sont constatées par arrêté du ministre chargé du budget et du ministre chargé de l'économie. Les populations des zones franches urbaines sont constatées par arrêté du ministre chargé des collectivités territoriales, du ministre chargé du budget et du ministre chargé de la ville. » — *Sur l'authentification des populations des quartiers prioritaires de la politique de la ville, V. Arr. du 10 juill. 2025.*

§ 2 Dotation de solidarité rurale

Art. R. 2334-6 Pour l'application de l'article L. 2334-20, les données à prendre en compte s'apprécient au 1er janvier de l'année précédant l'exercice au titre duquel est faite la répartition, à l'exception de la population, calculée dans les conditions prévues à l'article L. 2334-2, *(Décr. n° 2005-298 du 31 mars 2005, art. 5)* « et du nombre d'enfants âgés de 3 à 16 ans, établi par l'Institut national de la statistique et des études économiques » *(Décr. n° 2009-637 du 8 juin 2009, art. 1er)* « au dernier recensement de population ».

Art. R. 2334-7 L'attribution revenant à chaque commune au titre de la première fraction de la dotation de solidarité rurale prévue à l'article L. 2334-21 est égale au produit de la population, prise en compte dans la limite de 10 000 habitants, par l'écart relatif entre le potentiel financier moyen par habitant de l'ensemble des communes de moins de 10 000 habitants et le potentiel financier par habitant de la commune, pondéré par l'effort fiscal pris en compte dans la limite de 1,2.

Le potentiel financier par habitant est calculé par application des dispositions des articles L. 2334-2 et L. 2334-4.

(Décr. nº 2025-438 du 20 mai 2025, art. 4) « Pour l'application des articles L. 2334-21 et L. 2334-22, la situation des communes en zones France ruralités revitalisation ou bénéficiant des effets du classement en zones France ruralités revitalisation s'apprécie au 1er janvier de l'année précédant la répartition. Par dérogation, en 2025, cette situation s'apprécie au 1er janvier de l'année de répartition. »

Art. R. 2334-8 Le montant perçu par une commune au titre du 1° de l'article L. 2334-22 est égal au produit de sa population par l'écart relatif entre le potentiel financier moyen par habitant des communes appartenant au même groupe démographique et le potentiel financier par habitant de la commune, pondéré par l'effort fiscal pris en compte dans la limite de 1,2. – *[C. communes, art. R. 234-14.]*

Art. R. 2334-8-1 *(Décr. nº 2025-438 du 20 mai 2025, art. 5)* Pour l'application du 2° de l'article L. 2334-22, les types de voies pris en compte sont l'ensemble des routes à une ou à deux chaussées, les ronds-points et les bretelles, tels que recensés par l'Institut national de l'information géographique et forestière au sein du référentiel à grande échelle défini par arrêté du ministre chargé de l'équipement, qui remplissent cumulativement les conditions suivantes :

1° Ils sont classés comme une liaison intra-départementale, ou une liaison principale intra-communale, ou une autre liaison intra-communale ;

2° Ils ne sont pas classés comme : "autoroute", "nationale", "départementale" ou "chemin rural".

Art. R. 2334-9 Le montant perçu par une commune au titre du 4° de l'article L. 2334-22 est égal au produit de sa population par l'écart relatif entre le potentiel financier par hectare de la commune et le potentiel financier moyen par hectare des communes de moins de 10 000 habitants. – *[C. communes, art. R. 234-15.]*

§ 3 Dotations aux communes de l'outre-mer

(Décr. nº 2005-298 du 31 mars 2005, art. 7)

Art. R. 2334-9-1 et R. 2334-9-2 *Abrogés par Décr. nº 2020-606 du 19 mai 2020, art. 2.*

Art. R. 2334-9-3 *(Décr. nº 2020-606 du 19 mai 2020, art. 2)* « L'enveloppe de la dotation d'aménagement des communes d'outre-mer mentionnée au 2° du II de l'article L. 2334-23-1 est répartie entre la Nouvelle-Calédonie, la Polynésie française, Saint-Pierre-et-Miquelon et Wallis-et-Futuna proportionnellement à la population respective de l'ensemble de leurs communes et circonscriptions territoriales, telle qu'elle résulte du dernier recensement, puis répartie entre les communes et circonscriptions de ces collectivités » *(Décr. nº 2009-637 du 8 juin 2009, art. 9)* « dans les conditions suivantes : »

1° Pour la Nouvelle-Calédonie, conformément aux dispositions de l'article R. 234-4 du code des communes de la Nouvelle-Calédonie ;

2° *(Décr. nº 2008-1020 du 22 sept. 2008)* « Pour la Polynésie française, à raison de :

« 45 % proportionnellement à la population de chaque commune ;

« 40 % proportionnellement au nombre de points attribués à chaque commune en fonction de son éloignement du chef-lieu du territoire, à savoir :

« *a)* Australes, Marquises, Tuamotu-Gambier : 180 ;

« *b)* Maupiti, Tahaa : 132 ;

« *c)* Îles Sous-le-Vent (sauf Maupiti et Tahaa) : 127 ;

« *d)* Moorea - Maiao : 115 ;

« *e)* Autres communes : 100 ;

« 15 % proportionnellement à la capacité financière de chaque commune mesurée par les centimes additionnels émis sur la contribution des patentes et la contribution foncière sur les propriétés bâties. »

(Décr. n° 2016-423 du 8 avr. 2016, art. 3) « 3° » Pour les circonscriptions territoriales des îles Wallis-et-Futuna, conformément aux dispositions de l'article 16 du décret du 17 août 1994 précité.

(Décr. n° 2020-606 du 19 mai 2020, art. 2) « Sauf mention contraire, la population » *(Décr. n° 2009-637 du 8 juin 2009, art. 9)* « à prendre en compte pour l'application du présent article est celle définie à l'article L. 2334-2 du présent code. »

SECTION 2 Répartition du produit des amendes relatives à la circulation routière

Art. R. 2334-10 *(Décr. n° 2021-653 du 26 mai 2021, art. 5)* « I. — » Le produit des amendes de police relatives à la circulation routière est partagé, proportionnellement au nombre des contraventions à la police de la circulation dressées *(Décr. n° 2021-1291 du 4 oct. 2021, art. 4)* « par procès-verbal électronique » sur leur territoire respectif au cours de l'année précédant celle au titre de laquelle est faite la répartition, entre :

1° Les *(Décr. n° 2021-1291 du 4 oct. 2021, art. 4)* « établissements publics de coopération intercommunale à fiscalité propre » comptant au moins 10 000 habitants, auxquels les communes ont transféré la totalité de leurs compétences en matière de voies communales, de transports en commun et de parcs de stationnement et les communes de 10 000 habitants et plus ne faisant pas partie de ces groupements ;

2° Les *(Décr. n° 2021-1291 du 4 oct. 2021, art. 4)* « établissements publics de coopération intercommunale à fiscalité propre » de moins de 10 000 habitants exerçant la totalité des compétences précitées et les communes de moins de 10 000 habitants ne faisant pas partie de ces groupements.

(Décr. n° 2021-653 du 26 mai 2021, art. 5) « II. — Pour l'application du deuxième alinéa de l'article L. 2334-25-1, les sommes à prendre en compte pour l'année 2018 sont celles calculées conformément au 2° du I du présent article, ainsi que celles calculées conformément au 1° du même I pour les communes ou groupements dont la population était supérieure à 10 000 habitants en 2017 et est inférieure à ce seuil au titre de l'année de répartition.

(Décr. n° 2024-391 du 26 avr. 2024, art. 5) « II *bis*. — Par dérogation au I du présent article, la Métropole d'Aix-Marseille Provence est éligible à la répartition du produit des amendes de police relatives à la circulation routière pour le compte de ses communes membres sur le territoire desquelles l'intérêt métropolitain en matière de voirie a été défini en application du 1° du B du I de l'article L. 5218-2. Elle perçoit une part de ce produit proportionnelle au nombre des contraventions à la police de la circulation dressées sur le territoire de ces communes au cours de l'année précédant celle au titre de laquelle est faite la répartition. »

« III. — Pour l'application de la présente section, la population à prendre en compte est celle définie à l'article L. 2334-2. »

Les dispositions du a du 1° du I de l'art. 4 du Décr. n° 2021-1291 du 4 oct. 2021 entrent en vigueur en 2026 concernant la répartition effectuée sur la base des contraventions dressées par des agents de police municipale et en 2023 pour la répartition effectuée sur la base des autres contraventions (Décr. préc., art. 10-III).

Art. R. 2334-11 Sous réserve des dispositions des articles R. 4414-1 et R. 4414-2, les sommes revenant aux *(Décr. n° 2021-1291 du 4 oct. 2021, art. 4)* « établissements publics de coopération intercommunale à fiscalité propre » comptant au moins 10 000 habitants ainsi qu'aux communes de 10 000 habitants et plus visés au 1° *(Décr. n° 2021-1291 du 4 oct. 2021, art. 4)* « du I » *(Décr. n° 2024-391 du 26 avr. 2024, art. 5)* « et au II *bis* » de l'article R. 2334-10 leur sont versées directement. *(Décr. n° 2021-1291 du 4 oct. 2021, art. 4)* « Une commune de 10 000 habitants et plus membre d'un groupement de collectivités territoriales qui ne remplit pas les conditions énoncées au 1° du I de l'article R. 2334-10, et ce groupement peuvent convenir d'un versement à ce groupement de sommes réparties au bénéfice de la commune, suivant une clé de répartition exprimée en pourcentage de ces sommes et qui est définie par délibérations concordantes des deux collectivités. Ces délibérations peuvent être pluriannuelles. Pour être applicables, ces délibérations doivent avoir été adoptées lors de l'année civile précédant celle de la répartition ou au plus tard avant le 15 avril de l'année de la répartition. Si ces délibérations ont été adoptées dans les conditions précitées, le préfet procède à la notification des attributions revenant respectivement à la commune et au groupement conformément à la clé de répartition précitée. »

Les sommes revenant aux groupements de moins de 10 000 habitants ainsi qu'aux communes de moins de 10 000 habitants sont d'abord partagées entre les départements proportionnellement au nombre de contraventions dénombrées l'année précédente sur le territoire de ces communes et groupements, puis réparties dans chaque département entre les communes et groupements qui ont à faire face à des travaux mentionnés à l'article R. 2334-12. La répartition est faite par le conseil départemental qui arrête la liste des bénéficiaires et le montant des attributions à leur verser en fonction de l'urgence et du coût des opérations à réaliser. *(Décr. n° 2021-1291 du 4 oct. 2021, art. 4)* « La liste des bénéficiaires peut également comprendre des groupements ne remplissant pas les conditions énoncées au 2° du I à *[de]* l'article R. 2334-10 pour la réalisation d'opérations sur le territoire des communes et groupements mentionnés à ce 2°. Si le conseil départemental n'a pas arrêté de liste de bénéficiaires dans les conditions énoncées au présent alinéa ni au cours de l'année civile précédant celle de la répartition au plus tard au 1er septembre de l'année de la répartition, le préfet peut arrêter cette liste pour l'ensemble des crédits restant à attribuer. »

Art. R. 2334-12 Les sommes allouées en application des articles R. 2334-10 et R. 2334-11 sont utilisées au financement des opérations suivantes :

1° Pour les transports en commun :

a) Aménagements et équipements améliorant la sécurité des usagers, l'accueil du public, l'accès aux réseaux, les liaisons entre réseaux et avec les autres modes de transport ;

b) Aménagements de voirie, équipements destinés à une meilleure exploitation des réseaux ;

c) Équipements assurant l'information des usagers, l'évaluation du trafic et le contrôle des titres de transport.

2° Pour la circulation routière :

a) Étude et mise en œuvre de plans de circulation ;

b) Création de parcs de stationnement ;

c) Installation et développement de signaux lumineux et de la signalisation horizontale ;

d) Aménagement de carrefours ;

e) Différenciation du trafic ;

f) Travaux commandés par les exigences de la sécurité routière ; – *[C. communes, art. R. 234-38.]*

(Décr. n° 2012-237 du 20 févr. 2012, art. 3) « *g)* Études et mise en œuvre *(Décr. n° 2016-847 du 28 juin 2016, art. 1er-I)* « de zones à circulation restreinte prévues à l'article L. 2213-4-1 du code général des collectivités territoriales » ; »

(Décr. n° 2021-1291 du 4 oct. 2021, art. 4) « *h)* Réalisation, aménagement, rénovation et sécurisation d'itinéraires cyclables ou piétons. »

SECTION 3 Dotation spéciale pour le logement des instituteurs

Art. R. 2334-13 Le président du conseil d'administration du Centre national de la fonction publique territoriale est ordonnateur des recettes et des dépenses correspondant à la seconde part de la dotation spéciale prévue à l'article L. 2334-27.

Ces opérations sont retracées dans un budget annexe au budget principal du Centre national de la fonction publique territoriale. – *[Décr. n° 87-811 du 5 oct. 1987, art. 18-1.]*

Art. R. 2334-14 Les services de l'État effectuent pour le compte du Centre national de la fonction publique territoriale les opérations de calcul et de paiement de l'indemnité représentative de logement des instituteurs dans les conditions fixées par les articles R. 2334-15 à R. 2334-17. – *[Décr. n° 91-1293 du 23 déc. 1991, art. 2.]*

Art. R. 2334-15 Le paiement des indemnités se fait sans mandatement préalable. Un mandat de régularisation est établi mensuellement par le président du conseil d'administration du Centre national de la fonction publique territoriale au vu d'un état récapitulatif indiquant le nombre de bénéficiaires et le montant total des fonds versés.

Il est établi tous les ans dans les mêmes conditions un relevé des paiements effectués par agent. – *[Décr. n° 91-1293 du 23 déc. 1991, art. 3.]*

Art. R. 2334-16 Le calcul des sommes dues aux bénéficiaires est transmis par les services académiques au *(Décr. n° 2014-551 du 27 mai 2014, art. 3)* « directeur départemental ou, le cas échéant, régional des finances publiques » chargé du paiement de la rémunération principale des bénéficiaires de l'indemnité. Ce dernier notifie les opérations effectuées à l'agent comptable du Centre national de la fonction publique territoriale, qui procède aux opérations de contrôle définies au *(Décr. n° 2012-1247 du 7 nov. 2012, art. 12)* « 2° de l'article 19 du décret n° 2012-1246 du 7 novembre 2012 relatif à la gestion budgétaire et comptable publique » *[V.* **CJF** *]*, à l'exception du contrôle du caractère libératoire du règlement qui incombe au *(Décr. n° 2014-551 du 27 mai 2014, art. 3)* « directeur départemental ou, le cas échéant, régional des finances publiques ». – *[Décr. n° 91-1293 du 23 déc. 1991, art. 4.]*

Art. R. 2334-17 La constatation des indus sur l'indemnité représentative de logement est faite par les services de l'État dans les conditions prévues par un arrêté conjoint des ministres de l'éducation nationale et de l'intérieur et du ministre chargé du budget.

Le trop-perçu est imputé sur l'indemnité représentative de logement restant à verser. Lorsque son montant est supérieur à celui de l'indemnité, l'apurement se poursuit le ou les mois suivants. Lorsque le trop-perçu ne peut être récupéré selon ces modalités, les actes de poursuite relatifs à son recouvrement s'effectuent, par dérogation aux dispositions de l'article R. 2342-4, sans l'autorisation de l'ordonnateur. Le recouvrement est assuré par l'agent comptable du Centre national de la fonction publique territoriale. – *[Décr. n° 91-1293 du 23 déc. 1991, art. 5.]*

Art. R. 2334-18 Une convention passée entre le ministre de l'intérieur, le ministre de l'éducation nationale et le ministre chargé du budget, d'une part, et le président du conseil d'administration du Centre national de la fonction publique territoriale, d'autre part, définit en tant que de besoin les modalités d'application des articles R. 2334-14 à R. 2334-17, et notamment les modalités de recouvrement des paiements indus par l'agent comptable du Centre national de la fonction publique territoriale. – *[Décr. n° 91-1293 du 23 déc. 1991, art. 6.]*

SECTION 4 **Dotation d'équipement des territoires ruraux** *(Décr. n° 2011-514 du 10 mai 2011, art. 1er).*

SOUS-SECTION 1 **Dispositions générales (R)**

Art. R. 2334-19 Ne peuvent donner lieu à subvention les investissements pour lesquels les communes et leurs groupements sont susceptibles de recevoir des subventions d'investissement de l'État non globalisables dans la *(Décr. n° 2011-514 du 10 mai 2011, art. 1er)* « dotation d'équipement des territoires ruraux ».

(Décr. n° 2006-700 du 16 juin 2006) « Les missions, programmes et actions correspondant aux investissements mentionnés au premier alinéa sont définis à l'annexe VII du présent code. »

Sur la liste des missions, programmes, actions établie pour l'application des art. L. 2334-39 et R. 2334-19, V. Annexe VII issue du Décr. n° 2006-700 du 16 juin 2006 .

Art. R. 2334-20 et R. 2334-21 *Abrogés par Décr. n° 2011-514 du 10 mai 2011, art. 1er.*

Art. R. 2334-22 *(Décr. n° 2002-1522 du 23 déc. 2002, art. 1er)* La demande de subvention est présentée par le maire ou le président de l'établissement public de coopération intercommunale compétent *(Décr. n° 2021-1291 du 4 oct. 2021, art. 5)* « ou signataire de la convention prévue au pénultième alinéa de l'article L. 2334-33 ou à la seconde phrase du premier alinéa du C de l'article L. 2334-42 quand il est fait application de ces dérogations ».

La liste des pièces à produire à l'appui de la demande pour l'application de l'article R. 2334-23 est déterminée par arrêté conjoint du ministre chargé des collectivités locales, du ministre chargé du budget et du ministre chargé de l'outre-mer.

Sur les pièces à produire à l'appui d'une demande de subvention présentée au titre de la dotation d'équipement des territoires ruraux, V. ci-dessous Arr. du 23 déc. 2023.

Arrêté du 23 décembre 2002,

Relatif aux pièces à produire à l'appui d'une demande de subvention présentée au titre de la dotation d'équipement des territoires ruraux (Arr. du 12 mars 2012, art. 1er).

Art. 1er Les pièces à produire à l'appui d'une demande de subvention pour la réalisation d'investissements susceptibles d'être subventionnés sur la *(Arr. du du 12 mars 2012, art. 1er)* « dotation d'équipement des territoires ruraux » sont les suivantes :

1. *Pièces communes à toutes les demandes*

1.1. Une note explicative précisant l'objet de l'opération, les objectifs poursuivis, sa durée, son coût prévisionnel global ainsi que le montant de la subvention sollicitée.

1.2. La délibération du conseil municipal ou de l'organe délibérant de l'établissement public de coopération intercommunale adoptant l'opération et arrêtant les modalités de financement.

1.3. Le plan de financement prévisionnel précisant l'origine ainsi que le montant des moyens financiers et incluant les décisions accordant les aides déjà obtenues.

1.4. Le devis descriptif détaillé qui peut comprendre une marge pour imprévus.

1.5. L'échéancier de réalisation de l'opération et des dépenses.

1.6. Une attestation de non-commencement de l'opération et d'engagement à ne pas en commencer l'exécution avant que le dossier ne soit déclaré ou réputé complet, sauf autorisation visée au II de l'article R. 2334-24 du code général des collectivités territoriales.

2. *Pièces supplémentaires*

2.1. Acquisitions immobilières :

— le plan de situation, le plan cadastral ;

— dans le cas où l'acquisition du terrain est déjà réalisée, le titre de propriété et la justification de son caractère onéreux.

2.2. Travaux :

— un document précisant la situation juridique des terrains et immeubles et établissant que le demandeur a ou aura la libre disposition de ceux-ci ;

— le plan de situation, le plan de masse des travaux ;

— le programme détaillé des travaux ;

— le dossier d'avant-projet, s'il y a lieu.

Art. R. 2334-23 *(Décr. nº 2002-1522 du 23 déc. 2002, art. 1er)* **Dans un délai de trois mois à compter de la date de réception du dossier de demande de subvention, le préfet informe le demandeur du caractère complet du dossier, tel que défini à l'article R. 2334-22, ou réclame la production des pièces manquantes. Dans ce dernier cas, le délai est suspendu. En l'absence de notification de la réponse de l'administration à l'expiration du délai de trois mois, le dossier est réputé complet.**

Art. R. 2334-24 *(Décr. nº 2002-1522 du 23 déc. 2002, art. 1er)* **I. — Aucune subvention ne peut être accordée si l'opération a connu un commencement d'exécution avant la date** *(Décr. nº 2018-514 du 25 juin 2018, art. 15)* **« de réception de la demande de subvention à l'autorité compétente ». Le commencement d'exécution de l'opération est constitué par le premier acte juridique passé pour la réalisation de l'opération ou, dans le cas de travaux effectués en régie, par la constitution d'approvisionnements ou le début d'exécution des travaux. Les études ou l'acquisition de terrains, nécessaires à la réalisation de l'opération et réalisées préalablement, ne constituent pas un commencement d'exécution. Elles peuvent être prises en compte dans l'assiette de la subvention.**

II. — Par dérogation aux dispositions du I, le préfet peut notifier à la collectivité que le commencement d'exécution de l'opération avant la date *(Décr. nº 2018-514 du 25 juin 2018, art. 15)* **« de réception de la demande de subvention » n'entraîne pas un rejet d'office de la demande de subvention.**

III. – Le demandeur informe le préfet du commencement d'exécution de l'opération.

Art. R. 2334-25 *(Décr. n° 2002-1522 du 23 déc. 2002, art. 1er)* L'attestation du caractère complet du dossier de même qu'une dérogation accordée sur le fondement du II de l'article R. 2334-24 ne valent pas décision d'octroi de la subvention.

Une demande de subvention est réputée rejetée si elle n'a pas fait l'objet d'un arrêté attributif au plus tard lors de l'exercice suivant celui au titre duquel la demande a été formulée.

Si, après rejet, la demande est présentée de nouveau, elle est considérée comme une nouvelle demande soumise aux dispositions de la présente sous-section.

Art. R. 2334-26 *(Décr. n° 2002-1522 du 23 déc. 2002, art. 2)* L'arrêté attributif de subvention doit mentionner :

a) La désignation et les caractéristiques de l'opération, la nature et le montant prévisionnel hors taxe de la dépense subventionnable ;

b) Le calendrier prévisionnel de l'opération, le montant prévisionnel de la subvention et son taux ;

c) Les délais prévus aux articles R. 2334-28 et R. 2334-29 ;

d) Les modalités de versement de la subvention prévues à l'article R. 2334-30 ainsi que les clauses de reversement et le délai pendant lequel l'affectation de l'investissement ne peut être modifiée sans l'autorisation prévue au *a* de l'article R. 2334-31.

Art. R. 2334-27 *(Décr. n° 2002-1522 du 23 déc. 2002, art. 2)* Le taux de subvention ne peut être inférieur à 20 % du montant prévisionnel hors taxe de la dépense subventionnable.

(Décr. n° 2021-1291 du 4 oct. 2021, art. 5) « Lorsqu'elles contribuent au financement de projets d'investissement, la dotation d'équipement des territoires ruraux, la dotation politique de la ville, la dotation de soutien à l'investissement local et la dotation de soutien à l'investissement des départements ne peuvent représenter, employées seules ou de manière combinée, plus de 80 % du montant prévisionnel de la dépense subventionnable engagée par le bénéficiaire. »

Art. R. 2334-28 *(Décr. n° 2002-1522 du 23 déc. 2002, art. 2)* Si, à l'expiration d'un délai de deux ans à compter de la notification de la subvention, l'opération au titre de laquelle elle a été accordée n'a reçu aucun commencement d'exécution, le préfet constate la caducité de sa décision d'attribution de la subvention.

Pour des opérations pouvant être réalisées à brève échéance, le préfet peut cependant fixer un délai inférieur à deux ans.

Pour l'application du premier alinéa, le préfet peut, au vu des justifications apportées, proroger la validité de l'arrêté attributif pour une période qui ne peut excéder un an.

Art. R. 2334-29 *(Décr. n° 2002-1522 du 23 déc. 2002, art. 2)* Lorsque le bénéficiaire de la subvention n'a pas déclaré l'achèvement de l'opération dans un délai de quatre ans à compter de la date de déclaration du début d'exécution, celle-ci est considérée comme terminée. Le préfet liquide l'opération dans les conditions fixées au I de l'article R. 2334-30 et au dernier alinéa de l'article R. 2334-31. Aucune demande de paiement de la part du bénéficiaire ne peut intervenir après expiration de ce délai.

Toutefois, le préfet peut exceptionnellement, par décision motivée, prolonger le délai d'exécution pour une durée qui ne peut excéder deux ans. Au préalable, il vérifie que le projet initial n'est pas dénaturé et que l'inachèvement de l'opération n'est pas imputable au bénéficiaire.

Art. R. 2334-30 *(Décr. n° 2002-1522 du 23 déc. 2002, art. 2)* I. – Le montant définitif de la subvention est calculé par application du taux de subvention figurant dans l'arrêté attributif au montant hors taxe de la dépense réelle, plafonné au montant prévisionnel hors taxe de la dépense subventionnable. Ce taux ainsi que la nature de la dépense subventionnable ne peuvent être modifiés par rapport à l'arrêté attributif initial.

Par dérogation aux dispositions de l'alinéa précédent, le taux de subvention peut s'appliquer au montant hors taxe de la dépense réelle non plafonné lorsque des sujétions imprévisibles par le bénéficiaire et tenant à la nature du sol ou résultant de calamités conduisent à une profonde remise en cause du devis. Le complément de subvention fait l'objet d'un nouvel arrêté.

II. – Une avance représentant 30 % du montant prévisionnel de la subvention *(Décr. nº 2019-701 du 3 juill. 2019, art. 2)* « peut être » versée au vu du document informant le préfet du commencement d'exécution de l'opération ou, dans le cas d'une autorisation de commencement anticipé, lors de la notification de l'arrêté attributif.

III. – Des acomptes, n'excédant pas au total 80 % du montant prévisionnel de la subvention, peuvent être versés en fonction de l'avancement de l'opération au vu des pièces justificatives des paiements effectués par *(Décr. nº 2021-1291 du 4 oct. 2021, art. 5)* « le bénéficiaire de la subvention ».

IV. – Le solde de la subvention est versé après transmission des pièces justificatives des paiements effectués par *(Décr. nº 2021-1291 du 4 oct. 2021, art. 5)* « le bénéficiaire de la subvention » qui doivent être accompagnées d'un certificat signé par le maire ou le président de l'établissement public de coopération intercommunale *(Décr. nº 2021-1291 du 4 oct. 2021, art. 5)* « ou, en cas d'application du pénultième alinéa de l'article L. 2334-33 ou de la seconde phrase du premier alinéa du C de l'article L. 2334-42, le bénéficiaire de la subvention » attestant de l'achèvement de l'opération ainsi que de la conformité de ses caractéristiques par rapport à l'arrêté attributif et mentionnant le coût final de l'opération ainsi que ses modalités définitives de financement.

Art. R. 2334-31 *(Décr. nº 2002-1522 du 23 déc. 2002, art. 2)* Le préfet demande le reversement total ou partiel de la subvention dans les cas suivants :

a) Si l'affectation de l'investissement subventionné a été modifiée sans son autorisation avant l'expiration du délai fixé dans l'arrêté attributif de la subvention ;

b) S'il a connaissance d'un dépassement du plafond prévu au second alinéa de l'article R. 2334-27 *(Décr. nº 2021-1291 du 4 oct. 2021, art. 5)* « ou d'un non-respect des règles de participation minimale du maître d'ouvrage » ;

c) Si l'opération n'est pas réalisée dans le délai prévu à l'article R. 2334-29.

Art. R. 2334-31-1 *(Décr. nº 2011-514 du 10 mai 2011, art. 1er)* L'article R. 2334-24, le *c* de l'article R. 2334-26 et les articles R. 2334-28 et R. 2334-29 ne s'appliquent qu'aux subventions accordées au titre de la dotation d'équipement des territoires ruraux qui ont le caractère de subventions d'investissement.

SOUS-SECTION 2 **Commission instituée par l'article L. 2334-37** *(Décr. nº 2011-514 du 10 mai 2011, art. 1er).*

Art. R. 2334-32 *(Décr. nº 2011-514 du 10 mai 2011, art. 1er)* Au sein de la commission instituée par l'article L. 2334-37 :

1º Le nombre de sièges attribué en application du 1º est obtenu en divisant par quarante le nombre de communes éligibles du département ; il ne peut cependant être inférieur à cinq ni supérieur à quinze. Dans le cas où le nombre de communes éligibles est inférieur à cinq, chacune d'entre elles dispose d'un siège.

2º Le nombre de sièges attribué en application du 2º est obtenu en divisant par deux le nombre d'établissements publics de coopération intercommunale éligibles du département ; il ne peut cependant être inférieur à cinq ni supérieur à quinze. Dans le cas où le nombre d'établissements éligibles est inférieur à cinq, chacun d'entre eux dispose d'un siège.

Nouvel art. R. 2334-32 *(Décr. nº 2021-1291 du 4 oct. 2021, art. 5) Au sein de la commission instituée par l'article L. 2334-37 :*

1º Le nombre de sièges attribué en application du 1º est obtenu en divisant par quarante le nombre de communes du département répondant aux conditions prévues à ce 1º. Ce nombre ne peut cependant être supérieur à quinze. Lorsque le résultat de la division précitée est inférieur à cinq, chacune des communes concernées dispose d'un siège ;

2º Le nombre de sièges attribué en application du 2º est obtenu en divisant par 1,5 le nombre d'établissements publics de coopération intercommunale à fiscalité propre du département répondant aux conditions prévues à ce 2º. Ce nombre ne peut cependant être supérieur à quinze. Lorsque le résultat de la division précitée est inférieur à cinq, chacun des établissements concernés dispose d'un siège.

Par dérogation, lorsque le nombre de sièges attribué en application du 2º est inférieur au nombre de sièges attribué en application du 1º, les représentants des maires des communes disposent d'un siège de moins que les représentants des établissements publics de coopération intercommunale à fiscalité propre.

Pour l'application de l'article L. 2334-37, la population à prendre en compte est celle définie à l'article L. 2334-2.

Le présent art. entre en vigueur au prochain renouvellement général des conseils municipaux (Décr. nº 2021-1291 du 4 oct. 2021, art. 10).

Art. R. 2334-33 Le mandat des membres de la commission cesse de plein droit lorsqu'ils perdent la qualité au titre de laquelle ils ont été désignés ou élus.

Art. R. 2334-34 Lorsqu'il est fait application du *(Décr. nº 2021-1291 du 4 oct. 2021, art. 5)* « sixième » alinéa de l'article *(Décr. nº 2011-514 du 10 mai 2011, art. 1er)* « L. 2334-37 », le vote a lieu sur des listes complètes sans adjonction ou suppression de noms et sans modification de l'ordre de présentation. *(Décr. nº 2021-1291 du 4 oct. 2021, art. 5)* « Ces listes doivent comprendre un nombre de candidats supérieur de moitié au nombre de sièges à pourvoir par chaque collège sauf si le nombre de communes ou d'établissements publics de coopération intercommunale à fiscalité propre répondant aux conditions fixées aux 1° et 2° de l'article L. 2334-37 est insuffisant. Dans ces derniers cas, les listes doivent comprendre un nombre de candidats au moins égal au nombre de sièges à pourvoir. »

Lorsqu'il est fait application de *(Décr. nº 2002-1522 du 23 déc. 2002, art. 3)* « l'article R. 2334-33 », les listes de candidatures sont déposées à la préfecture à une date fixée par arrêté du préfet. Celui-ci fixe également la date limite d'envoi des bulletins de vote. L'élection a lieu par correspondance ; les bulletins de vote sont adressés par lettre recommandée avec demande d'avis de réception au préfet. *(Décr. nº 2021-1291 du 4 oct. 2021, art. 5)* « Par dérogation, l'organisation du scrutin n'est pas requise si, pour un collège, une seule liste de candidature*[s]* conforme aux dispositions du présent article a été déposée. Lorsqu'aucune *[Lorsque aucune]* liste de candidats conforme aux dispositions du présent article n'a été déposée pour un collège, il est procédé à un tirage au sort parmi la liste des membres du collège considéré. »

Chaque bulletin est mis sous double enveloppe ; l'enveloppe intérieure ne doit comporter aucune mention ou signe distinctif ; l'enveloppe extérieure doit porter la mention : « Élection des membres de la commission prévue à l'article *(Décr. nº 2011-514 du 10 mai 2011, art. 1er)* « L. 2334-37 » du code général des collectivités territoriales », l'indication du collège auquel appartient l'intéressé, son nom, sa qualité et sa signature.

Les bulletins de vote sont recensés par une commission présidée par le préfet ou son représentant et composée de deux maires désignés par lui.

Un représentant de chaque liste peut assister au dépouillement des bulletins.

En cas d'égalité des suffrages, le candidat le plus âgé est proclamé élu.

Lorsque, pour quelque cause que ce soit, le siège d'un membre *(Décr. nº 2021-1291 du 4 oct. 2021, art. 5)* « de la commission » devient vacant, il est attribué, pour la durée du mandat restant à courir, au premier candidat non élu figurant sur la même liste.

Les résultats sont publiés à la diligence du préfet. Ils peuvent être contestés devant le tribunal administratif dans les dix jours qui suivent cette publication par tout électeur, par les candidats et par le préfet.

Art. R. 2334-35 La commission se réunit *(Décr. nº 2002-1522 du 23 déc. 2002, art. 3)* « au moins une fois par an » à la demande du préfet. Le préfet la réunit également lorsque les deux tiers de ses membres en font la demande. *(Décr. nº 2021-1291 du 4 oct. 2021, art. 5)* « Lorsqu'un ou plusieurs des sièges mentionnés aux 1° à 3° de l'article L. 2334-37 sont vacants, ce seuil de deux tiers s'apprécie par rapport au nombre de sièges effectivement pourvus. » *(Décr. nº 2021-653 du 26 mai 2021, art. 4)* « La réunion de la commission peut prendre la forme d'une conférence audiovisuelle ou téléphonique. »

Elle peut entendre toute personne dont l'audition lui paraît utile.

Le préfet fait chaque année rapport à la commission, lors de sa première réunion, de la répartition de la *(Décr. nº 2011-514 du 10 mai 2011, art. 1er)* « dotation d'équipement des territoires ruraux » des communes, au titre de l'exercice écoulé.

SECTION 6 Dotation politique de la ville *(Décr. n° 2015-502 du 30 avr. 2015, art. 1er).*

(Décr. n° 2009-637 du 8 juin 2009)

Art. R. 2334-36 *(Décr. n° 2017-518 du 10 avr. 2017, art. 1er)* « Le classement mentionné *(Décr. n° 2022-1008 du 15 juill. 2022, art. 8)* « au dernier alinéa du I » de l'article L. 2334-40 est fonction d'un indice synthétique de ressources et de charges, constitué pour chaque commune : »

1° Du rapport entre le potentiel financier par habitant de l'ensemble des communes métropolitaines appartenant au même groupe démographique et le potentiel financier par habitant de la commune, tel que défini à l'article L. 2334-4 ;

2° Du rapport entre la proportion du total des bénéficiaires d'aides au logement, y compris leur conjoint et les personnes à charge vivant habituellement dans leur foyer, dans le nombre total de logements de la commune et cette même proportion constatée dans l'ensemble des communes *(Décr. n° 2022-1008 du 15 juill. 2022, art. 8)* « métropolitaines » appartenant au même groupe démographique ;

3° Du rapport entre le revenu moyen par habitant de l'ensemble des communes *(Décr. n° 2022-1008 du 15 juill. 2022, art. 8)* « métropolitaines » du groupe démographique auquel appartient la commune et le revenu par habitant de la commune, calculé en prenant en compte la population totale des communes, définie au premier alinéa de l'article L. 2334-2, au titre de l'année *(Décr. n° 2011-514 du 10 mai 2011, art. 1er)* « précédant la répartition ».

Les dispositions prévues aux 1°, 2° et 3° s'appliquent à deux groupes démographiques : les communes de 5 000 à 9 999 habitants et les communes de 10 000 habitants et plus. *(Décr. n° 2019-701 du 3 juill. 2019, art. 2)* « Pour l'application de ces dispositions aux communes de moins de 5 000 habitants, est pris en compte le groupe démographique des communes de 5 000 à 9 999 habitants. »

(Décr. n° 2024-391 du 26 avr. 2024, art. 6) « Pour l'application du 2°, les aides au logement retenues sont les prestations prévues à l'article L. 821-1 du code de la construction et de l'habitation et le nombre total de logements est celui mentionné à l'article R. 2334-5 du présent code. »

Le revenu pris en considération pour l'application du 3° est le dernier revenu *(Décr. n° 2024-391 du 26 avr. 2024, art. 6)* « fiscal de référence » connu. *(Décr. n° 2011-514 du 10 mai 2011, art. 1er)* « Le revenu pris en considération et le nombre total de bénéficiaires d'aides au logement, y compris leur conjoint et les personnes à charge vivant habituellement à leur foyer, sont ceux utilisés pour la répartition de la dotation prévue à l'article L. 3334-6-1 l'année précédant celle au titre de laquelle est versée la dotation *(Décr. n° 2015-502 du 30 avr. 2015, art. 1er)* « politique de la ville ». »

L'indice synthétique de ressources et de charges est obtenu par addition des rapports définis aux 1°, 2° et 3°, en pondérant le premier et le deuxième par 45 % et le troisième par 10 %.

Les communes sont classées en fonction de la valeur décroissante de leur indice synthétique.

Art. R. 2334-37 *(Décr. n° 2013-363 du 26 avr. 2013, art. 1er)* Pour l'application *(Décr. n° 2017-518 du 10 avr. 2017, art. 1er)* « du II » de l'article L. 2334-40, le montant des crédits revenant à chaque département est égal à la somme des *(Décr. n° 2017-518 du 10 avr. 2017, art. 1er)* « trois » montants suivants :

1° La somme des attributions calculées en application *(Décr. n° 2017-518 du 10 avr. 2017, art. 1er)* « du *a* du 2° du II » de l'article L. 2334-40 pour chaque commune éligible du département ; l'attribution de chaque commune est calculée en fonction du produit de sa population, telle que définie à l'article L. 2334-2, par l'indice synthétique défini au II de l'article R. 2334-36, sans que ce montant puisse excéder *(Décr. n° 2014-503 du 19 mai 2014, art. 1er)* « cinq » millions d'euros ;

2° La somme des attributions calculées en application *(Décr. n° 2017-518 du 10 avr. 2017, art. 1er)* « du *b* du 2° du II » de l'article L. 2334-40 pour chaque commune éligible du département ; l'attribution de chaque commune est calculée en fonction du produit de sa population, telle que définie à l'article L. 2334-2, par l'indice synthétique défini au II de l'article R. 2334-36, sans que ce montant puisse excéder un million d'euros ;

(Décr. n° 2017-518 du 10 avr. 2017, art. 1er) « 3° La somme des attributions calculées en application du sixième alinéa du II de l'article L. 2334-40 pour chaque commune du département ayant cessé d'être éligible à la dotation politique de la ville en 2017. »

Art. R. 2334-38 *(Décr. n° 2016-423 du 8 avr. 2016, art. 3)* « I. — Pour l'application du *(Décr. n° 2017-518 du 10 avr. 2017, art. 1er)* « III » de l'article L. 2334-40, le représentant de l'État dans le département conclut avec la commune ou l'établissement public de coopération intercommunale une convention qui précise l'objet et le montant des dépenses pouvant donner lieu à subvention, le taux de subvention qui leur est appliqué ainsi que le montant total des subventions accordées. Cette convention peut aussi prévoir le calendrier prévisionnel de réalisation des projets. Les crédits de la dotation politique de la ville sont attribués en vue de la réalisation de projets d'investissement ou de dépenses de fonctionnement correspondants *[correspondant]* aux objectifs fixés dans le contrat de ville. »

II. — Lorsque la dotation *(Décr. n° 2015-502 du 30 avr. 2015, art. 1er)* « politique de la ville » contribue au financement de projets d'investissement, les dispositions des articles R. 2334-22 à R. 2334-25 et des articles R. 2334-28 à R. 2334-31 lui sont appliquées. De même, elle ne peut avoir pour effet de porter le montant des aides publiques directes au-delà du plafond prévu au *(Décr. n° 2018-428 du 1er juin 2018, art. 3)* « second alinéa de l'article R. 2334-27 ».

III. — Lorsque la dotation *(Décr. n° 2015-502 du 30 avr. 2015, art. 1er)* « politique de la ville » contribue au financement d'actions dans le domaine économique et social, la demande de subvention est présentée par le maire ou le président de l'établissement public de coopération intercommunale compétent.

SECTION 7 Dotation de soutien à l'investissement local

(Décr. n° 2018-428 du 1er juin 2018, art. 3)

Art. R. 2334-39 Lorsque la dotation de soutien à l'investissement local contribue au financement de projets d'investissement, les dispositions des articles R. 2334-22 à R. 2334-26, du second alinéa de l'article R. 2334-27 ainsi que des articles R. 2334-28 à R. 2334-31 lui sont applicables.

CHAPITRE V DOTATIONS, SUBVENTIONS ET FONDS DIVERS

SECTION 1 Dotation particulière relative aux conditions d'exercice des mandats locaux

Art. R. 2335-1 I. — La dotation particulière prévue à l'article L. 2335-1 est composée *(Décr. n° 2024-391 du 26 avr. 2024, art. 7)* « d'une part socle » *(Décr. n° 2023-352 du 9 mai 2023, art. 3)* « et deux majorations » :

(Décr. n° 2024-391 du 26 avr. 2024, art. 7) « 1° Le montant total attribué au titre de la part socle est égal au montant de la dotation particulière prévue à l'article L. 2335-1, fixé dans la loi de finances de l'année, minoré des deux majorations mentionnées aux 3° et 4° du présent article ;

« 2° La part socle est attribuée aux communes de métropole dans les conditions suivantes :

« *a)* Les communes dont la population est supérieure à 500 habitants bénéficient d'une attribution d'un montant identique ;

« *b)* Les communes dont la population est comprise entre 200 et 500 habitants bénéficient d'une attribution d'un montant identique et une fois et demie supérieur à celui mentionné au *a* ;

« *c)* Les communes dont la population est inférieure à 200 habitants bénéficient d'une attribution d'un montant identique et deux fois supérieur à celui mentionné au *a* ; »

(Décr. n° 2023-352 du 9 mai 2023, art. 3) « 3° La première majoration correspondant à la compensation mentionnée au deuxième alinéa de l'article L. 2123-18-2 est

attribuée aux communes dont la population est inférieure à 3 500 habitants, suivant le barème défini à l'article D. 2335-1-1 ;

« 4° La seconde majoration correspondant à la compensation mentionnée au troisième alinéa de l'article L. 2123-34 et au dernier alinéa de l'article L. 2123-35 est versée aux communes dont la population est inférieure à *(Décr. n° 2024-391 du 26 avr. 2024, art. 7)* « 10 000 » habitants, suivant le barème défini à l'article D. 2335-1-1. »

II. — Pour l'application du présent article :

1° La population prise en compte est, sauf mention contraire, celle définie *(Décr. n° 2024-391 du 26 avr. 2024, art. 7)* « au premier alinéa de » l'article L. 2334-2 ;

(Décr. n° 2024-391 du 26 avr. 2024, art. 7) « 2° Pour l'application du premier alinéa du I de l'article L. 2335-1, la population prise en compte est celle définie à l'article L. 2334-2 ; »

(Décr. n° 2023-352 du 9 mai 2023, art. 3) « 3° Pour l'application du 3° et du 4° du I du présent article, la population retenue est la population totale, obtenue par addition de la population municipale et de la population comptée à part, telle que prise en compte lors du dernier renouvellement général des conseils municipaux ; *(Abrogé par Décr. n° 2025-438 du 20 mai 2025, art. 6)* « *Par dérogation, une commune nouvelle peut percevoir une somme au titre de ces deux majorations à compter de la première année civile suivant sa création. Dans ce cas et jusqu'au prochain renouvellement général des conseils municipaux suivant cette création, la population totale prise en compte pour l'application du présent alinéa à cette commune nouvelle est la somme des populations totales respectives des anciennes communes à la date de création de la commune nouvelle.* » »

(Décr. n° 2025-438 du 20 mai 2025, art. 6) « 4° Une commune nouvelle peut percevoir une somme au titre des deux majorations prévues aux 3° et 4° du I du présent article à compter de la première année civile suivant sa création. Dans ce cas et jusqu'au prochain renouvellement général des conseils municipaux suivant cette création, la population totale prise en compte pour l'application du présent alinéa à cette commune nouvelle est la somme des populations totales respectives des anciennes communes telles que prises en compte lors du dernier renouvellement général des conseils municipaux. »

Art. D. 2335-1-1 *(Décr. n° 2023-352 du 9 mai 2023, art. 4)* Le barème mentionné au 3° et au 4° du I de l'article R. 2335-1 déterminant le montant des attributions au titre des majorations de la dotation prévue à l'article L. 2335-1 est fixé comme suit, par commune : *— Tableau mod. par Décr. n° 2024-391 du 26 avr. 2024, art. 7, applicable aux barèmes mentionnés aux art. D. 123-1-B et D. 126-1 C. communes de la Nouvelle-Calédonie.*

POPULATION (HABITANTS)	MAJORATION AU TITRE DE LA COMPENSATION DU REMBOURSEMENT DES FRAIS DE GARDE ET D'ASSISTANCE PRÉVUS À L'ARTICLE L. 2123-18-2	MAJORATION AU TITRE DE LA COMPENSATION DE LA SOUSCRIPTION DES CONTRATS D'ASSURANCE PRÉVUS AUX ARTICLES L. 2123-34 ET L. 2123-35
De 1 à 99 habitants	108 €	72 €
De 100 à 499 habitants	131 €	87 €
De 500 à 1 499 habitants	153 €	102 €
De 1 500 à 2 499 habitants	176 €	117 €
De 2 500 à 3 499 habitants	200 €	133 €
De 3 500 à 9 999 habitants	-	163 €

Art. R. 2335-2 *(Décr. n° 2020-606 du 19 mai 2020, art. 7) (Décr. n° 2023-352 du 9 mai 2023, art. 5)* « I. — » Les communes d'outre-mer bénéficient *(Décr. n° 2024-391 du 26 avr. 2024, art. 7)* « de la part socle prévue par l'article R. 2335-1 » de la dotation particulière mentionnée à l'article L. 2335-1 dans les conditions suivantes :

(Décr. nº 2024-391 du 26 avr. 2024, art. 7) « 1° Pour les communes de Guadeloupe, de Guyane, de Martinique, de La Réunion, de Mayotte, de Saint-Pierre-et-Miquelon, de Nouvelle-Calédonie ainsi que pour les circonscriptions territoriales des îles Wallis-et-Futuna, la part socle est attribuée dans les conditions définies au 1° et au 2° du I de l'article R. 2335-1 ; »

2° Pour les communes de Polynésie française, la dotation est attribuée selon les modalités prévues à l'article D. 2573-59.

3º Abrogé par Décr. nº 2024-391 du 26 avr. 2024, art. 7.

(Décr. nº 2023-352 du 9 mai 2023, art. 5) « II. — Les communes des collectivités de l'article 73 de la Constitution, de Saint-Pierre-et-Miquelon, de la Nouvelle-Calédonie et de la Polynésie française *(Décr. nº 2024-391 du 26 avr. 2024, art. 7)* « , ainsi que les circonscriptions territoriales des îles Wallis-et-Futuna » bénéficient des deux majorations de la dotation particulière mentionnée à l'article L. 2335-1 dans les conditions prévues aux articles R. 2335-1 et D. 2335-1-1. »

SECTION 2 Subventions de fonctionnement sans affectation spéciale

Art. D. 2335-3 Les subventions exceptionnelles mentionnées à l'article L. 2335-2 peuvent être attribuées dans la limite des crédits ouverts à cet effet au budget du ministère de l'intérieur.

L'arrêté interministériel d'attribution prévu à l'article L. 2335-2 est pris par le ministre de l'Intérieur et le ministre de l'Économie et des Finances. – *[C. communes, art. R. 235-3.]*

Art. R. 2335-4 Lorsque les exonérations de taxe foncière sur les propriétés bâties prévues aux articles *(Décr. nº 2015-502 du 30 avr. 2015, art. 1er)* « 1384, 1384-0 A, 1384 A, 1384 C et 1384 D » du code général des impôts et aux I et II *bis* de l'article 1385 du même code entraînent pour les communes une perte de recettes supérieure à 10 % du produit communal total de la taxe foncière sur les propriétés bâties, ces collectivités reçoivent une allocation de l'État égale à la différence entre ladite perte de recettes et une somme égale à 10 % du produit de la taxe précitée.

SECTION 3 Subventions d'investissement

SOUS-SECTION 1 Régime des subventions accordées par l'État

Pas de dispositions réglementaires codifiées.

SOUS-SECTION 2 *[ABROGÉE]* Majorations de subventions accordées aux communes fusionnées

(Abrogée par Décr. nº 2020-606 du 19 mai 2020, art. 11)

Art. R. 2335-5 à R. 2335-7 *Abrogés par Décr. nº 2020-606 du 19 mai 2020, art. 11.*

SECTION 4 Fonds national pour le développement des adductions d'eau

Art. R. 2335-8 *Le Fonds national pour le développement des adductions d'eau est géré par le ministre de l'Agriculture, assisté d'un comité consultatif composé comme suit :*

1º Un conseiller d'État, président ;

2º Un représentant de la commission de l'Assemblée nationale chargée des finances ;

3º Un représentant de la commission de l'Assemblée nationale chargée de l'agriculture ;

4º Un représentant de la commission du Sénat chargée des finances ;

5º Un représentant de la commission du Sénat chargée de l'agriculture ;

6º Un représentant du Conseil économique et social ;

7º Trois représentants de l'association des présidents de conseils départementaux ;

8° Deux représentants de l'association des maires de France ;

9° Un représentant de la fédération nationale des collectivités concédantes et régies ;

10° Un représentant du ministre de l'Économie, des Finances et du Budget ;

11° Un représentant du ministre de l'Intérieur ;

12° Un représentant du ministre de l'Agriculture ;

13° Un représentant du ministre de l'Environnement. – *[C. communes, art. R. 371-8.]*

Le comité consultatif institué par le présent art. est supprimé par le Décr. n° 2006-672 du 8 juin 2006 relatif à la création, à la composition et au fonctionnement de commissions administratives à caractère consultatif (JO 9 juin). Le Décr. n° 2009-613 du 4 juin 2009 modifiant le Décr. préc. (JO 5 juin) prévoit sous conditions le maintien de certaines commissions consultatives dont la liste est fixée par décret. Les décrets d'application datant du 6 juin 2009 ne concernent pas le comité consultatif du Fonds national pour le développement des adductions d'eau, qui est dès lors supprimé (V. notamment Décr. n° 2009-626 du 6 juin 2009, JO 7 juin).

Art. R. 2335-9 La redevance prévue au 1° de l'article L. 2335-10 est due par les services de distribution d'eau potable quel que soit le mode d'exploitation de ces services.

Nonobstant toutes dispositions contraires, ces services sont autorisés à récupérer auprès des usagers le montant de la redevance, sans majoration pour recouvrement ou autres frais. – *[C. communes, art. R.* 371-9.]*

Art. R. 2335-10 Toute fourniture d'eau potable à titre onéreux ou gratuit donne lieu à l'application de la redevance, à l'exclusion :

1° Des fournitures faites à d'autres services publics de distribution d'eau potable ;

2° De l'alimentation des bornes-fontaines publiques, lavoirs, abreuvoirs et urinoirs publics, bouches de lavage, d'arrosage et d'incendie, réservoirs de charge des égouts. – *[C. communes, art. R.* 371-10.]*

Art. R. 2335-11 Les consommations d'eau distribuée par des branchements d'un diamètre supérieur à quarante millimètres font l'objet d'une évaluation forfaitaire annuelle par le distributeur, vérifiée par le service technique chargé du contrôle.

La consommation ainsi déterminée donne lieu à l'application du tarif prévu à l'article L. 2335-13. – *[C. communes, art. R.* 371-11.]*

Art. R. 2335-12 Des conventions passées entre le ministre de l'Économie et des Finances et le ministre de l'agriculture, d'une part, et la caisse nationale de crédit agricole, d'autre part, déterminent les modalités selon lesquelles cet organisme exécute les opérations imputables au Fonds national. – *[C. communes, art. R.* 371-13.]*

Art. R. 2335-13 Les décrets en Conseil d'État prévus à l'article L. 2335-12 sont pris sur le rapport du ministre de l'Intérieur, du ministre de l'Économie et des Finances et du ministre de l'Agriculture. – *[C. communes, art. R.* 371-14.]*

Art. R. 2335-14 Les distributeurs sont tenus de verser au Trésor le montant des redevances dans le mois qui suit leur recouvrement sur les usagers ou, lorsqu'il n'y a pas de recouvrement, au mois de janvier pour l'année précédente.

À défaut de versement par le distributeur, le recouvrement de la redevance est poursuivi à l'encontre de celui-ci selon les règles applicables au recouvrement des créances de l'État étrangères à l'impôt et au domaine.

En cas d'insolvabilité de l'usager, le distributeur peut être dispensé du versement de la taxe dans des conditions fixées par arrêté du ministre de l'Économie et des Finances et du ministre de l'Intérieur. – *[C. communes, art. R.* 371-12.]*

Art. D. 2335-15 Pour l'application de l'article L. 2335-9 sont considérées comme rurales toutes les communes qui ne figurent pas sur la liste définie à l'annexe VIII du présent code. – *[C. communes, art. R. 371-2 et R. 372-2.]*

ANNEXE VIII

ANNEXE RELATIVE À L'ARTICLE D. 2335-15
(Décr. nº 2006-430 du 13 avr. 2006)

LISTE DES COMMUNES URBAINES DES DÉPARTEMENTS D'OUTRE-MER

Guadeloupe

Abymes (Les).
Basse-Terre.
Pointe-à-Pitre.
Saint-Claude.

Guyane

Cayenne.

Martinique

Fort-de-France.
Schœlcher.
Trinité (La).

Réunion

Port (Le).
Saint-Denis.
Saint-Pierre.

SECTION 5 Dotation de soutien aux communes pour les aménités rurales

(Décr. nº 2024-721 du 6 juill. 2024, art. 1er)

Art. R. 2335-16 Les catégories d'aires protégées prises en compte pour l'attribution de la dotation prévue à l'article L. 2335-17 sont :

1° Au titre des aires terrestres :

a) L'aire d'adhésion des parcs nationaux prévus par l'article L. 331-1 du code de l'environnement ;

b) Les réserves nationales de chasse et de faune sauvage prévues par l'article L. 422-27 du code de l'environnement ;

c) Le domaine relevant du Conservatoire de l'espace littoral et des rivages lacustres prévu par l'article L. 322-9 du code de l'environnement ;

d) Les sites sur lesquels un conservatoire d'espaces naturels mène des actions de maîtrise foncière ou d'usage mentionnées au I de l'article L. 414-11 du code de l'environnement ;

e) Les parcs naturels régionaux prévus par l'article L. 333-1 du code de l'environnement ;

f) Les sites Natura 2000 mentionnés au IV de l'article L. 414-1 du code de l'environnement ;

g) Les sites classés en application de l'article L. 341-2 du même code ;

h) Les grands sites disposant d'un projet au titre d'une démarche de labellisation Grand site de France prévue à l'article L. 341-15-1 du même code, validé après avis de la commission supérieure des sites, perspectives et paysages ;

2° Au titre des aires marines suivantes telles qu'énumérées par l'article L. 334-1 du code de l'environnement :

a) Les parties maritimes des parcs nationaux ;

b) Les parties maritimes des réserves naturelles ;

c) Les parcs naturels marins ;

d) Les parties maritimes des sites Natura 2000 ;

e) Les parties maritimes du domaine relevant du Conservatoire de l'espace littoral et des rivages lacustres ;

f) Les zones de conservation halieutiques ;

g) Les parties maritimes des parcs naturels régionaux ;

h) Les parties maritimes des réserves nationales de chasse et de faune sauvage ;

3° Les zones de protection forte définies par le décret n° 2022-527 du 12 avril 2022 pris en application de l'article L. 110-4 du code de l'environnement et définissant la notion de protection forte et les modalités de la mise en œuvre de cette protection forte.

La prise en compte des sites classés et des Grands sites est applicable à compter du 1er janv. 2025 (Décr. n° 2024-721 du 6 juill. 2024, art. 2).

Art. R. 2335-16-1 Sont éligibles à la dotation les communes rurales dont le territoire satisfait au moins l'un des critères suivants :

1° Il comprend au moins 350 hectares en aire protégée ;

2° Il comprend au moins 10 hectares en zone de protection forte au sens de l'article L. 110-4 du code de l'environnement ;

3° Il est couvert à plus de 80 % par une aire protégée ;

4° Il est couvert à plus de 50 % par un site Natura 2000 mentionné au IV de l'article L. 414-1 du code de l'environnement ;

5° Il jouxte une aire marine protégée.

Art. R. 2335-16-2 La dotation est répartie entre les communes éligibles en fonction d'un indice constitué pour un tiers de la population et pour deux tiers de la superficie terrestre couverte par une aire protégée. Cette superficie est pondérée par un coefficient égal à 1,5 lorsqu'elle est couverte par un site Natura 2000, et par un coefficient égal à 2 lorsqu'elle est couverte par une zone de protection forte. L'indice est majoré de 10 % pour les communes jouxtant une aire marine protégée et qui remplissent au moins une des conditions énumérées aux 1° à 4° de l'article R. 2335-16-1.

Art. R. 2335-16-3 *(Décr. n° 2025-438 du 20 mai 2025, art. 7)* Pour l'application des articles R. 2335-16-1 et R. 2335-16-2 :

1° La superficie à prendre en compte est celle constatée au 1er janvier de l'année de répartition de la dotation ;

2° Les surfaces comprises dans un parc national ne sont pas prises en compte lorsque la commune n'a pas adhéré à la charte de ce parc au 1er janvier de l'année de répartition de la dotation ;

3° La population à prendre en compte est celle définie à l'article L. 2334-2, appréciée au 1er janvier de l'année de répartition de la dotation.

Art. R. 2335-16-4 Le montant total mis en répartition est fixé à *(Décr. n° 2025-438 du 20 mai 2025, art. 7)* « 110 » millions d'euros, minoré d'une réserve pour régularisations de 500 000 euros et majoré du montant de la réserve pour régularisations non engagée au cours de l'exercice budgétaire précédent et reporté sur l'exercice de répartition.

Art. R. 2335-16-5 Sans préjudice du IV de l'article L. 2335-17, le montant attribué à une commune éligible ne peut être inférieur à 3 000 euros ni supérieur à 100 000 euros.

SECTION 6 Fonds d'aide au relogement d'urgence

(Décr. n° 2020-1099 du 29 août 2020, art. 1er)

Les dispositions du Décr. n° 2020-1099 du 29 août 2020 sont applicables aux demandes déposées à compter du 1er sept. 2020 (Décr. préc., art. 2).

Art. D. 2335-17 Sont éligibles à l'aide financière prévue à l'article L. 2335-15 les dépenses d'hébergement ou de relogement des occupants mentionnées à l'article D. 2335-18, engagées en application :

1° D'une des mesures de police spéciale prévues *(Décr. n° 2020-1711 du 24 déc. 2020, art. 4)* « aux articles *(Décr. n° 2021-872 du 30 juin 2021, art. 7)* « L. 184-1 et L. 143-3 », L. 511-11 et L. 511-19 du code de la construction et de l'habitation ou à l'article L. 1311-4 du code de la santé publique » ;

2° D'une mesure de police générale prise sur le fondement de l'article L. 2212-2 du présent code.

Sont également éligibles, pour mettre les locaux hors d'état d'être utilisables, les travaux permettant d'en interdire l'accès, dans les mêmes conditions de durée que pour les dépenses prévues au premier alinéa.

V. ndlr ss. section 6.

Le présent art. est entré en vigueur à compter du 1er janv. 2021 et n'est applicable qu'aux arrêtés notifiés à compter de cette date. Lorsqu'une procédure a commencé avant le 1er janv. 2021 en conformité avec les dispositions alors en vigueur, sans qu'un arrêté ait été notifié, elle se poursuit après le 1er janv. 2021 selon les règles applicables à compter de cette date. Les dispositions abrogées par le Décr. no 2020-1711 du 24 déc. 2020 qui relèvent de la compétence de Saint-Barthélemy, de Saint-Martin et de Saint-Pierre-et-Miquelon en matière de construction, d'habitation et de logement et applicables localement dans leur rédaction en vigueur pour ces collectivités à la date de la publication dudit décret y demeurent en vigueur tant qu'elles n'ont pas été modifiées ou abrogées par l'autorité locale compétente (Décr. préc., art. 7).

Art. D. 2335-18 **Sont éligibles à l'aide financière prévue à l'article L. 2335-15 les dépenses d'hébergement d'urgence ou de relogement temporaire des occupants au sens de l'article L. 521-1 du code de la construction et de l'habitation, à l'exception des propriétaires occupants.**

Sont également éligibles les dépenses d'hébergement d'urgence ou de relogement temporaire des occupants sans droit ni titre lorsque la mesure est prise en application de l'article L. 2212-2 et des propriétaires occupants lorsque la commune fait l'objet d'un arrêté ministériel portant reconnaissance de l'état de catastrophe naturelle.

V. ndlr ss. section 6.

Art. D. 2335-18-1 *(Décr. no 2022-1737 du 30 déc. 2022, art. 2)* **Les dépenses d'hébergement d'urgence ou de relogement temporaire prévues à l'article L. 2335-15 sont exclusives des dépenses prises en charge par le régime de garantie prévue au troisième alinéa de l'article L. 125-1 du code des assurances.**

Art. D. 2335-18-2 *(Décr. no 2024-943 du 14 oct. 2024, art. 2)* **L'hébergement d'urgence ou le relogement temporaire est pris en charge pour une durée maximale de six mois à compter de la date d'effet de l'ordonnance d'expulsion ou de l'ordre d'évacuation des personnes occupant les locaux.**

Toutefois, le représentant de l'État dans le département peut à titre exceptionnel, par décision motivée, prolonger le délai de prise en charge pour une durée qui ne peut excéder six mois ou prévoir que la période initiale de prise en charge ne débute qu'au terme de la prise en charge par l'assureur.

Les dispositions du 2e al. sont applicables aux demandes de subvention déposées à compter du lendemain de la publication du Décr. no 2024-943 du 14 oct. 2024, soit le 20 oct. 2024 (Décr. préc., art. 3).

Art. D. 2335-19 **Les communes, les établissements publics locaux et les groupements d'intérêt public adressent leur demande de subvention au représentant de l'État dans le département, dans un délai de douze mois à compter de la mesure de police ordonnant l'expulsion ou l'évacuation des personnes occupant les locaux. Passé ce délai, la demande est irrecevable.**

V. ndlr ss. section 6.

Art. D. 2335-20 **À la demande du ministre chargé des collectivités territoriales, le représentant de l'État dans le département évalue le montant total des subventions susceptibles d'être accordées, assortie de la liste des demandes retenues au titre de cette évaluation.**

V. ndlr ss. section 6.

Art. D. 2335-21 **Le ministre chargé des collectivités territoriales fixe le montant total de subventions susceptibles d'être accordées aux communes, aux établissements publics locaux et aux groupements d'intérêt public en fonction de l'évaluation mentionnée à l'article D. 2335-20.**

V. ndlr ss. section 6.

Art. D. 2335-22 Les subventions sont octroyées aux bénéficiaires par arrêté du représentant de l'État dans le département.

V. ndlr ss. section 6.

SECTION 7 Dotation pour les titres sécurisés

(Décr. nº 2023-206 du 27 mars 2023, art. 1er)

Art. D. 2335-23 *(Décr. nº 2024-792 du 11 juill. 2024)* I. — La dotation mentionnée à l'article L. 2335-16 s'élève à 100 millions d'euros. Elle se compose, pour chaque station en fonctionnement dans la commune au 1er janvier de l'année en cours :

1° D'une part forfaitaire de 9 000 € par station ;

2° D'une part variable attribuée en fonction du nombre de demandes de passeports, de cartes nationales d'identité électroniques et de mises à disposition d'un moyen d'identification électronique présumé fiable et certifié au sens du III de l'article L. 102 du code des postes et des communications électroniques, enregistrées au cours de l'année précédente ;

3° D'une majoration de 500 € par station inscrite, au 1er janvier de l'année en cours, à un module dématérialisé et interopérable de prise de rendez-vous dont la fonctionnalité "anti-doublon" est activée. Par dérogation, en 2024, cette majoration est attribuée aux communes pour chaque station inscrite au 31 août 2024.

II. — Le montant total de la part variable est égal au montant total de la dotation :

— minoré du montant total attribué au titre de la part forfaitaire et de la majoration ;

— minoré d'une réserve pour régularisations de 500 000 euros ;

— et majoré du montant de la réserve pour régularisations non engagé au cours de l'exercice budgétaire précédent et reporté sur l'exercice de répartition.

III. — La part variable est répartie entre les stations proportionnellement au nombre de demandes mentionnées au 2° du I, pondéré par un coefficient déterminé par le barème suivant :

Nombre total de demandes	Coefficient de pondération
1 875 demandes ou moins	0
De 1 876 demandes à 2 500 demandes	1
De 2 501 demandes à 3 999 demandes	1,5
4 000 demandes ou plus	2,25

Une demande de mise à disposition d'un moyen d'identification électronique mentionnée au 2° du I est prise en compte à hauteur d'un dixième d'une demande de passeport ou de carte nationale d'identité.

IV. — Les communes de Saint-Pierre-et-Miquelon, de la Nouvelle-Calédonie et les collectivités de Saint-Martin et Saint-Barthélemy ainsi que les circonscriptions territoriales des îles Wallis-et-Futuna bénéficient de la dotation mentionnée à l'article L. 2335-16 dans les conditions prévues par le présent article.

CHAPITRE VI PÉRÉQUATION DES RESSOURCES

(Décr. nº 2012-717 du 7 mai 2012, art. 2)

Art. R. 2336-1 *(Décr. nº 2022-1008 du 15 juill. 2022, art. 4)* « I. — » Pour l'application des III et IV de l'article L. 2336-2 et du I de l'article L. 2336-5, le coefficient logarithmique varie en fonction de la population déterminée en application de l'article L. 2334-2 dans les conditions suivantes :

1° Si la population est inférieure ou égale à 7 500 habitants, le coefficient est égal à 1 ;

2° Si la population est supérieure à 7 500 habitants et inférieure à 500 000 habitants, le coefficient est égal à 1 + 0,54827305 × log (population/7500) ;

3° Si la population est égale ou supérieure à 500 000 habitants, le coefficient est égal à 2.

(Décr. n° 2022-1008 du 15 juill. 2022, art. 4) « II. — Pour l'application du 2° du V de l'article L. 2336-2, le taux moyen national d'imposition d'une taxe correspond à la somme du taux moyen national d'imposition communale et du taux moyen national d'imposition des établissements publics de coopération intercommunale à fiscalité propre de cette taxe.

III. — Abrogé par Décr. n° 2025-438 du 20 mai 2025, art. 10.

(Décr. n° 2024-391 du 26 avr. 2024, art. 11) « IV. — Pour l'application du VII de l'article L. 2336-2 :

« 1° La population des communes est celle *(Décr. n° 2025-438 du 20 mai 2025, art. 10)* « résultant du recensement mentionné au premier alinéa de l'article L. 2334-2 au titre de l'année civile suivant la publication de » l'arrêté du représentant de l'État prononçant la modification des limites territoriales de la commune et la population des établissements publics de coopération intercommunale correspond à la somme des populations totales des communes qu'ils regroupent l'année civile suivant la publication de l'arrêté du représentant de l'État prononçant la division de l'établissement public de coopération intercommunale ;

« 2° Ces dispositions sont également applicables aux divisions de communes résultant de l'annulation juridictionnelle d'une décision de fusion de communes et aux divisions d'établissements publics de coopération intercommunale à fiscalité propre résultant de l'annulation juridictionnelle d'une décision de fusion ou de création d'un établissement public de coopération intercommunale à fiscalité propre. »

Art. R. 2336-2 Pour l'application *(Décr. n° 2013-363 du 26 avr. 2013, art. 1er)* « du II » de l'article L. 2336-3, la contribution de l'établissement public de coopération intercommunale correspond au prélèvement calculé pour l'ensemble intercommunal multiplié par le coefficient d'intégration fiscale de l'année de répartition calculé dans les conditions prévues au III de l'article L. 5211-30. La contribution des communes membres correspond à la différence entre le montant total prélevé sur l'ensemble intercommunal et le montant de la contribution ainsi déterminé pour l'établissement public de coopération intercommunale.

(Décr. n° 2016-423 du 8 avr. 2016, art. 3) « Pour l'application de l'article L. 5219-8, le prélèvement est calculé pour chaque ensemble intercommunal ou la commune de Paris conformément au I du *[de l'article]* L. 2336-3. Le prélèvement supporté par l'établissement public territorial est égal à la somme des prélèvements calculés en 2015 après application du premier et du dernier alinéa du II du *[de l'article]* L. 2336-3 et du III du même article par les groupements à fiscalité propre qui lui préexistaient. *(Décr. n° 2021-1291 du 4 oct. 2021, art. 6)* « Par dérogation, si le prélèvement calculé pour l'ensemble intercommunal est inférieur à la somme mentionnée à la phrase précédente, l'ensemble de ce prélèvement est supporté par l'établissement public territorial. » La contribution des communes membres correspond à la différence entre le montant total prélevé sur l'ensemble intercommunal et le montant de la contribution ainsi déterminé pour l'établissement public territorial. *(Abrogé par Décr. n° 2025-438 du 20 mai 2025, art. 11)* ***« Elle est répartie entre les communes qui appartenaient à un établissement public de coopération intercommunale au prorata de leur prélèvement calculé en 2015 en application du premier alinéa du II du [de l'article] L. 2336-3. »***

Art. R. 2336-3 *(Décr. n° 2013-363 du 26 avr. 2013, art. 1er)* Les prélèvements individuels calculés pour chaque commune et chaque établissement public de coopération intercommunale à fiscalité propre conformément à l'article L. 2336-3 sont effectués à compter de la date de notification des contributions au fonds dans les conditions suivantes :

1° Si le montant de la contribution individuelle est inférieur à 10 000 euros, le prélèvement est réalisé en une fois avant le 30 novembre ;

2° Si le montant de la contribution est supérieur à 10 000 euros, les prélèvements sont réalisés mensuellement.

Art. R. 2336-4 Pour l'application *(Décr. n° 2013-363 du 26 avr. 2013, art. 1er)* « du II » de l'article L. 2336-5, l'attribution revenant à l'établissement public de coopération intercommunale correspond à l'attribution calculée pour l'ensemble intercommunal multipliée par le coefficient d'intégration fiscale de l'année de répartition calculé dans les conditions prévues au III de l'article L. 5211-30. L'attribution revenant aux communes membres correspond à la différence entre le montant total de l'attribution de l'ensemble intercommunal et le montant de l'attribution ainsi déterminé pour l'établissement public de coopération intercommunale.

(Décr. nº 2016-423 du 8 avr. 2016, art. 3) « Pour l'application de l'article L. 5219-8, l'attribution de chaque ensemble intercommunal ou de la commune de Paris est calculée conformément au I du *[de l'article]* L. 2336-5. L'attribution calculée pour l'établissement public territorial est égale à la somme des attributions calculées pour chaque établissement public préexistant conformément au premier alinéa du II de l'article L. 2336-5. *(Décr. nº 2021-1291 du 4 oct. 2021, art. 6)* « Par dérogation, si l'attribution calculée pour l'ensemble intercommunal est inférieure à la somme mentionnée à la phrase précédente, l'ensemble de ce reversement revient à l'établissement public territorial. » L'attribution revenant aux communes membres correspond à la différence entre le montant total de l'attribution de l'ensemble intercommunal et le montant de l'attribution ainsi déterminé pour l'établissement public territorial. » *(Abrogé par Décr. nº 2025-438 du 20 mai 2025, art. 11)* ***« Elle est répartie entre les communes qui appartenaient à un établissement public de coopération intercommunale au prorata de leur attribution calculée en 2015 en application du premier alinéa du II du** [de l'article] **L. 2336-5 et, pour les communes qui n'appartenaient à aucun groupement à fiscalité propre, au prorata de leur attribution calculée en 2015 en application du I du** [de l'article] **L. 2336-5. »***

Art. R. 2336-5 Les établissements publics de coopération intercommunale et leurs communes membres contributeurs ou bénéficiaires sont informés de la répartition des contributions et des attributions respectivement calculées en application *(Décr. nº 2013-363 du 26 avr. 2013, art. 1er)* « du *[des]* II et III de l'article L. 2336-3 et du II de l'article L. 2336-5 ».

L'organe délibérant de l'établissement public de coopération intercommunale transmet la délibération prise *(Décr. nº 2016-423 du 8 avr. 2016, art. 3)* « dans un délai de deux mois à compter de *(Décr. nº 2022-1008 du 15 juill. 2022, art. 4)* « la notification » transmise par le représentant de l'État conformément au premier alinéa du présent article et » en application *(Décr. nº 2013-363 du 26 avr. 2013, art. 1er)* « du II de l'article L. 2336-3 » et du II de l'article L. 2336-5.

Le représentant de l'État dans le département procède à la notification des contributions et des attributions revenant à l'établissement public de coopération intercommunale, à ses communes membres et aux communes isolées.

Art. R. 2336-6 *(Décr. nº 2013-363 du 26 avr. 2013, art. 1er)* Les versements des attributions individuelles calculées pour chaque commune et chaque établissement public de coopération intercommunale à fiscalité propre conformément à l'article L. 2336-5 sont effectués à compter de la date de notification des attributions au titre du fonds dans les conditions suivantes :

1º Si le montant de l'attribution est inférieur à 10 000 euros, le versement est réalisé en une fois avant le 30 novembre, dans la limite des disponibilités du fonds ;

2º Si le montant de l'attribution est supérieur à 10 000 euros, les versements sont réalisés mensuellement.

Art. R. 2336-7 *(Décr. nº 2012-908 du 23 juill. 2012)* L'enveloppe prévue au I de l'article L. 2336-4 destinée aux communes et établissements publics de coopération intercommunale à fiscalité propre de la Nouvelle-Calédonie, de la Polynésie française, de la collectivité territoriale de Saint-Pierre-et-Miquelon, du Département de Mayotte et des circonscriptions territoriales des îles Wallis-et-Futuna est répartie entre ces collectivités proportionnellement à leurs populations respectives telles qu'issues du dernier recensement de population.

Art. R. 2336-8 *(Décr. nº 2012-908 du 23 juill. 2012)* Les parts de l'enveloppe calculées dans les conditions prévues à l'article R. 2336-7 revenant aux communes de la collectivité territoriale de Saint-Pierre-et-Miquelon et aux circonscriptions territoriales des îles Wallis-et-Futuna sont réparties entre ces communes et circonscriptions territoriales, pour chacune de ces deux collectivités, proportionnellement à la population des communes et circonscriptions territoriales telle que définie à l'article L. 2334-2.

Art. R. 2336-9 *(Décr. nº 2012-908 du 23 juill. 2012)* I. — Il est créé un indicateur de ressources des communes de Nouvelle-Calédonie qui correspond à la somme :

a) De la dotation forfaitaire de la dotation globale de fonctionnement définie à l'article L. 2334-7 *(Décr. n° 2021-1291 du 4 oct. 2021, art. 6)* « perçue l'année précédente » ;

b) Du produit des centimes additionnels perçu *(Décr. n° 2021-1291 du 4 oct. 2021, art. 6)* « la pénultième année » par les communes au titre de l'article 52 de la loi *(Décr. n° 2021-1291 du 4 oct. 2021, art. 6)* « organique du 19 mars 1999 relative à la Nouvelle-Calédonie » ;

c) Du produit de la fiscalité propre perçu *(Décr. n° 2021-1291 du 4 oct. 2021, art. 6)* « la pénultième année » par les communes au titre du 1° de l'article 22 de la loi *(Décr. n° 2021-1291 du 4 oct. 2021, art. 6)* « organique du 19 mars 1999 relative à la Nouvelle-Calédonie ».

II. — Bénéficient d'une attribution au titre du fonds les communes dont l'indicateur de ressources par habitant est inférieur à l'indicateur de ressources par habitant moyen de Nouvelle-Calédonie.

Les attributions pour chacune des communes éligibles au titre du fonds sont calculées, proportionnellement à l'écart relatif entre l'indicateur de ressources par habitant moyen de Nouvelle-Calédonie et l'indicateur de ressources par habitant de la commune, multiplié par la population de la commune.

La population à prendre en compte pour l'application du présent article est celle définie à l'article L. 2334-2.

III. — Le haut-commissaire de la République procède à la notification des attributions revenant aux communes.

IV. — Les reversements individuels déterminés pour chaque commune sont réalisés mensuellement une fois la répartition des attributions notifiée.

Art. R. 2336-10 *(Décr. n° 2012-908 du 23 juill. 2012)* I. — Il est créé un indicateur de ressources des ensembles intercommunaux et communes isolées de Polynésie française qui correspond à la somme :

a) De la dotation forfaitaire de la dotation globale de fonctionnement définie à l'article L. 2334-7 *(Décr. n° 2021-1291 du 4 oct. 2021, art. 6)* « perçue l'année précédente » ;

b) De la dotation d'intercommunalité prévue à l'article L. 5842-8 *(Décr. n° 2021-1291 du 4 oct. 2021, art. 6)* « perçue l'année précédente » ;

c) Du produit des centimes additionnels émis *(Décr. n° 2021-1291 du 4 oct. 2021, art. 6)* « la pénultième année » au bénéfice des communes et établissements publics de coopération intercommunale à fiscalité propre en application de l'article 8 de la loi du 24 décembre 1971 *(Décr. n° 2021-1291 du 4 oct. 2021, art. 6)* « relative à la création et à l'organisation des communes dans le territoire de la Polynésie française » ;

d) Du produit *(Décr. n° 2021-1291 du 4 oct. 2021, art. 6)* « de la pénultième année » de la taxe sur la valeur locative des locaux professionnels en application de l'article 8 de la loi du 24 décembre 1971 *(Décr. n° 2021-1291 du 4 oct. 2021, art. 6)* « relative à la création et à l'organisation des communes dans le territoire de la Polynésie française. »

Cet indicateur de ressources est divisé par le nombre d'habitants constituant la population de l'ensemble ou de la commune concerné pour constituer un indicateur de ressources par habitant. L'indicateur de ressources par habitant moyen est égal à la somme des indicateurs de ressources des ensembles intercommunaux et des indicateurs de ressources des communes n'appartenant à aucun de ces ensembles rapportée à la somme des populations des ensembles intercommunaux et des communes n'appartenant à aucun ensemble intercommunal.

II. — Bénéficient d'une attribution au titre du fonds les ensembles intercommunaux et les communes isolées dont l'indicateur de ressources par habitant prévu au I est inférieur à l'indicateur de ressources par habitant moyen de Polynésie française.

Les attributions pour chacun des ensembles intercommunaux et des communes isolées éligibles au titre du fonds sont calculées proportionnellement à l'écart relatif entre l'indicateur de ressources par habitant moyen de Polynésie française et l'indicateur de ressources par habitant de l'ensemble intercommunal ou de la commune isolée, multiplié par sa population.

III. — L'attribution revenant à chaque ensemble intercommunal mentionné au II est répartie entre l'établissement public de coopération intercommunale et ses communes membres en fonction de l'inverse de leur contribution à l'indicateur de ressources prévu au I.

(Décr. n° 2025-438 du 20 mai 2025, art. 12) « Par dérogation, l'attribution peut être répartie selon les modalités suivantes :

« 1° Soit par délibération de l'organe délibérant de l'établissement public de coopération intercommunale statuant à la majorité des deux tiers des suffrages exprimés, prise dans un délai de deux mois à compter de la notification par le haut-commissaire de la République de l'attribution mentionnée au premier alinéa du présent III. La répartition de l'attribution est opérée en tenant compte prioritairement de la richesse par habitant et de l'importance de la population ;

« 2° Soit par délibération de l'organe délibérant de l'établissement public de coopération intercommunale statuant à la majorité des deux tiers des suffrages exprimés, prise dans un délai de deux mois à compter de la notification par le haut-commissaire de la République de l'attribution mentionnée au premier alinéa du présent III et approuvée par les conseils municipaux des communes membres. Les conseils municipaux disposent d'un délai de deux mois à compter de la notification de la délibération de l'organe délibérant pour se prononcer. À défaut de délibération dans ce délai, ils sont réputés l'avoir approuvée ;

« 3° Soit par délibération de l'organe délibérant de l'établissement public de coopération intercommunale statuant à l'unanimité, prise dans un délai de deux mois à compter de la notification par le haut-commissaire de la République de l'attribution mentionnée au premier alinéa du présent III. »

La population à prendre en compte pour l'application du présent article est celle définie à l'article L. 2334-2.

(Décr. n° 2025-438 du 20 mai 2025, art. 12) « III *bis*. — Les délibérations mentionnées aux 1° à 3° du III produisent leurs effets tant qu'elles ne sont pas rapportées ou modifiées.

« Elles cessent de produire leurs effets lorsque l'organe délibérant de l'établissement public de coopération intercommunale ou le conseil municipal d'au moins une de ses communes membres adopte une délibération demandant à ce qu'elles soient rapportées ou modifiées, dans un délai de deux mois à compter de la notification par le haut-commissaire de la République de l'attribution mentionnée au premier alinéa du III.

« Elles cessent également de produire leurs effets en cas de différence, pour un établissement public de coopération intercommunale, entre le périmètre constaté au 1er janvier de l'année de répartition et celui existant au 1er janvier de l'année précédente.

« Pour l'application du présent III *bis*, l'attribution calculée pour chaque ensemble intercommunal conformément au II est répartie entre l'établissement public de coopération intercommunale et ses communes membres au 1er janvier de l'année de répartition en reprenant les parts perçues respectivement par l'établissement public de coopération intercommunale et par chacune de ses communes membres au titre de l'année précédente. »

IV. — Le haut-commissaire de la République procède à la notification des attributions revenant à l'établissement public de coopération intercommunale, à ses communes membres et aux communes isolées.

V. — Les reversements individuels déterminés pour chaque commune et chaque établissement de coopération intercommunale sont réalisés mensuellement une fois la répartition des attributions notifiée.

Art. R. 2336-11 *(Décr. n° 2012-908 du 23 juill. 2012) (Décr. n° 2016-423 du 8 avr. 2016, art. 3)* « I. — L'enveloppe revenant aux ensembles intercommunaux de Mayotte, calculée conformément à l'article R. 2336-7, est répartie entre ces mêmes ensembles intercommunaux en fonction de leur population. »

« II. — L'attribution de chaque ensemble intercommunal est répartie entre l'établissement public de coopération intercommunale et ses communes membres en fonction du coefficient d'intégration fiscale défini au III de l'article L. 5211-30, puis entre les communes membres en fonction de leur population.

(Décr. n° 2025-438 du 20 mai 2025, art. 13) « Par dérogation, l'attribution peut être répartie selon les modalités suivantes :

« 1° Soit par délibération de l'organe délibérant de l'établissement public de coopération intercommunale, statuant à la majorité des deux tiers des suffrages exprimés, prise dans un délai de deux mois à compter de la notification par le représentant de l'État de l'attribution mentionnée au premier alinéa du présent II, en tenant compte prioritairement, pour la répartition entre communes, de l'insuffisance de potentiel financier par habitant et de l'importance de leur population. Cette dérogation ne peut avoir pour effet de minorer les montants répartis de plus de 30 % ;

« 2° Soit par délibération de l'organe délibérant de l'établissement public de coopération intercommunale statuant à la majorité des deux tiers des suffrages exprimés, prise dans un délai de deux mois à compter de la notification par le représentant de l'État de l'attribution mentionnée au premier alinéa du présent II et approuvée par les conseils municipaux des communes membres. Les conseils municipaux disposent d'un délai de deux mois à compter de la notification de la délibération de l'organe délibérant pour se prononcer. À défaut de délibération dans ce délai, ils sont réputés l'avoir approuvée ;

« 3° Soit par délibération de l'organe délibérant de l'établissement public de coopération intercommunale statuant à l'unanimité, prise dans un délai de deux mois à compter de la notification par le représentant de l'État de l'attribution mentionnée au premier alinéa du présent II. »

(Décr. n° 2016-423 du 8 avr. 2016, art. 3) « La population à prendre en compte pour l'application du présent article est celle définie à l'article L. 2334-2. »

III. — Le préfet du Département de Mayotte procède à la notification des attributions revenant aux communes.

IV. — Les reversements individuels déterminés pour chaque commune sont réalisés mensuellement une fois la répartition des attributions notifiée.

Art. R. 2336-12 *Abrogé par Décr. n° 2021-1291 du 4 oct. 2021, art. 6.*

CHAPITRE VII **AVANCES ET EMPRUNTS**

SECTION 1 **Avances**

Art. R. 2337-1 Les avances mentionnées à l'article L. 2336-1 ne peuvent être accordées qu'aux communes et établissements publics communaux qui justifient :

— que leur situation de caisse compromet le règlement de dépenses indispensables et urgentes ;

— que cette situation n'est pas due à une insuffisance des ressources affectées à la couverture définitive de leurs charges et en particulier à un déséquilibre budgétaire. — *[C. communes, art. R.** 236-1.]*

Les art. R. 2336-1 à R. 2336-7 [R. 2337-1 à R. 2337-7] CGCT sont applicables à l'établissement public d'incendie et de secours de la Nouvelle-Calédonie (Décr. n° 2011-314 du 22 mars 2011, art. 33).

Art. R. 2337-2 Par exception aux dispositions de l'article R. 2336-1, des avances peuvent être accordées pour couvrir les dépenses supplémentaires imposées au cours d'un exercice par des circonstances qui ne pouvaient être prévues lors de l'établissement des prévisions de recettes.

Dans ce cas, l'emprunteur prend l'engagement de créer au cours de l'exercice suivant les ressources nécessaires à la couverture de ces dépenses et au remboursement des avances. — *[C. communes, art. R.** 236-2.]*

Art. R. 2337-3 Le montant total des avances accordées ne peut dépasser le maximum ci-après :

— pour les communes : 25 % du montant des recettes inscrites à leur budget de fonctionnement ;

— pour les établissements publics communaux : 35 % du montant des recettes inscrites à leur budget de fonctionnement. — *[C. communes, art. R.** 236-3.]*

Art. R. 2337-4 Les avances accordées en application des articles R. 2336-1 à R. 2336-3 sont remboursées dans le délai maximum de deux ans.

Le délai effectif de remboursement et le taux des intérêts sont fixés par le ministre des Finances. – *[C. communes, art. R.** 236-4.]*

Art. R. 2337-5 Les demandes d'avances sont appuyées de toutes pièces propres à justifier les besoins des communes ou établissements emprunteurs, à décrire leur situation financière et à établir les possibilités de remboursement. – *[C. communes, art. R.** 236-5.]*

Art. R. 2337-6 Les pièces mentionnées à l'article R. 2336-5 comprennent notamment :

1° Le budget de l'exercice en cours et les actes qui l'ont complété ;

2° Le compte administratif de l'exercice précédent ;

3° L'état du passif, comportant la situation développée de la dette et indiquant les échéances de remboursement ;

4° L'état des restes à recouvrer et des restes à payer établi par le comptable et certifié par l'ordonnateur ;

5° La situation de caisse ;

6° La copie des délibérations du conseil municipal ou des organes de gestion ;

7° L'avis motivé du trésorier-payeur général ou du *(Décr. n° 2012-1247 du 7 nov. 2012, art. 2)* « contrôleur budgétaire ».

Art. R. 2337-7 Le ministre de l'Économie et des Finances peut déléguer ses pouvoirs aux préfets pour l'attribution des avances sollicitées par les communes et établissements publics communaux.

Les décisions du préfet sont prises sur la proposition du *(Décr. n° 2014-551 du 27 mai 2014, art. 3)* « directeur départemental ou, le cas échéant, régional des finances publiques ».

Les modalités et limites de la délégation sont fixées par arrêté du ministre des Finances. – *[C. communes, art. R.** 236-7.]*

SECTION 2 Recours à l'emprunt

Pas de dispositions réglementaires codifiées.

TITRE IV COMPTABILITÉ

CHAPITRE I PUBLICITÉ DES COMPTES DE LA COMMUNE

Pas de dispositions réglementaires codifiées.

CHAPITRE II ENGAGEMENT DES DÉPENSES ET COMPTABILITÉ DE L'ORDONNATEUR (R)

Art. R. 2342-1 Conformément aux dispositions de *(Décr. n° 2012-1247 du 7 nov. 2012, art. 12)* « l'article 1er du décret n° 2012-1246 du 7 novembre 2012 relatif à la gestion budgétaire et comptable publique » *[V.* ***CJF*** *]*, sont applicables aux communes et à leurs établissements publics les principes fondamentaux contenus dans *(Décr. n° 2012-1247 du 7 nov. 2012, art. 12)* « le titre I » dudit décret.

Art. D. 2342-2 Les recettes et les dépenses des communes ne peuvent être faites que conformément au budget de chaque exercice ou aux décisions modificatives. – *[C. communes, art. R. 241-2.]*

Art. D. 2342-3 Au début de chaque année le maire dispose d'un délai d'un mois pour procéder à l'émission des titres de perception et des mandats correspondant aux droits acquis et aux services faits pendant l'année ou les années précédentes.

Le comptable dispose du même délai pour comptabiliser les titres de perception et les mandats émis par le maire.

En cas de circonstances particulières, un délai peut être prorogé d'une durée n'excédant pas un mois par décision du sous-préfet prise sur avis du *(Décr. n° 2014-552 du 27 mai 2014, art. 2)* « directeur départemental ou, le cas échéant, régional des finances publiques ».

Ces dispositions ne sont pas applicables aux opérations intéressant uniquement la section d'investissement du budget.

Art. R. 2342-4 Les produits des communes, des établissements publics communaux et intercommunaux et de tout organisme public résultant d'une entente entre communes ou entre communes et toute autre collectivité publique ou établissement public, qui ne sont pas assis et liquidés par les services fiscaux de l'État en exécution des lois et règlements en vigueur, sont recouvrés :

— soit en vertu de jugements ou de contrats exécutoires ;

— soit en vertu *(Décr. n° 2011-2036 du 29 déc. 2011, art. 1er)* « de titres de recettes ou de rôles » émis et rendus exécutoires par le maire en ce qui concerne la commune et par l'ordonnateur en ce qui concerne les établissements publics.

Les *(Décr. n° 2011-2036 du 29 déc. 2011, art. 1er)* « mesures d'exécution forcée » pour le recouvrement de ces produits sont effectuées comme en matière de contributions directes.

(Décr. n° 2009-125 du 3 févr. 2009) « Toutefois, l'ordonnateur autorise ces *(Décr. n° 2011-2036 du 29 déc. 2011, art. 1er)* « mesures d'exécution forcée » selon les modalités prévues à l'article R. 1617-24. »

Les oppositions, lorsque la matière est de la compétence des tribunaux judiciaires, sont jugées comme affaires sommaires.

1. Champ d'application du titre exécutoire. Même en l'absence de contrat exécutoire, un syndicat intercommunal de transport et de traitement des ordures ménagères tient des dispositions de l'art. R. 2342-4 CGCT compétence pour émettre les titres correspondant à la créance qu'il détient sur une commune en règlement des frais occasionnés par le traitement des ordures ménagères de celle-ci. • CE 25 oct. 2004, *Cne du Castellet*, n° 249090 B : *Dr. adm. 2005, n° 24 ; ACL 2005. 374.*

2. Recours au procédé du titre exécutoire. La commune n'a aucune obligation de recourir au procédé de l'état exécutoire pour le recouvrement de ses créances ordinaires, et peut, dès lors, saisir le juge judiciaire pour ce motif. • Civ. 1re, 8 juin 2004, *M. Martin c/ Cne de Brageac*, n° 02-13.313 P : *JCP Adm. 2004, n° 1459, note Renard-Payen.* ♦ La charge de la preuve incombe alors au débiteur de la commune : en l'espèce, il incombait donc à celui-ci d'établir qu'il n'était pas redevable de la redevance d'enlèvement des ordures ménagères, soit parce qu'il éliminait lui-même ses ordures, soit parce que sa maison était inhabitable. • Même arrêt. ♦ Sur les modalités d'émission d'un état exécutoire, sur les poursuites auxquelles il peut donner lieu, sur les contestations dont il peut faire l'objet, et sur les sanctions qui y sont attachées, V. art. L. 1617-5.

3. Modalités d'émission du titre exécutoire. Les dispositions de l'art. R. 2342-4 CGCT ne font pas obstacle à ce que le maire délègue à un de ses adjoints, dans les conditions fixées à l'art. L. 2122-18 du même code, la compétence d'émettre ou de rendre exécutoires les titres de recettes de la commune. Pour être conforme audit art. L. 2122-18, cette délégation ne doit être ni trop générale, ni trop imprécise. • CAA Marseille, 4 déc. 2012, *Cne de Montpellier c/ GRDF*, n° 10MA03206 : *BJCL 2012. 826, concl. Deliancourt, obs. Poujade.*

4. Délai de notification du titre exécutoire. L'établissement public communal, qui poursuit le recouvrement d'une créance résultant de l'octroi d'un crédit à la consommation, est tenu, à peine de forclusion, d'émettre son titre exécutoire dans le délai de deux ans prévu par l'art. L. 311-37 C. consom. et non de le notifier dans ce même délai. La notification du titre, qui substitue au délai de forclusion biennale la prescription quadriennale de l'action en recouvrement prévue à l'art. L. 274 LPF, doit, à peine de forclusion, et à défaut de tout nouvel acte interruptif, intervenir au plus tard dans les deux ans de son émission. • Civ. 1re, 4 déc. 2001, *Crédit municipal de Lyon c/ Épx G. : Rev. Trésor 2002. 415.*

Art. D. 2342-5 Les dépenses ne peuvent être acquittées que sur les crédits ouverts à chacune d'elles ; ces crédits ne peuvent être employés par le maire à d'autres dépenses. – *[C. communes, art. R. 241-6.]*

Art. D. 2342-6 Aucune dépense ne peut être acquittée si elle n'a été préalablement mandatée par le maire sur un crédit régulièrement ouvert. – *[C. communes, art. R. 241-7.]*

Art. D. 2342-7 Tout mandat énonce l'exercice et le crédit auxquels la dépense s'applique ; il est accompagné, pour la constatation de la dette et la régularité du paiement, des pièces indiquées par les articles D. 1617-19 à D. 1617-21. – *[C. communes, art. R. 241-8.]*

Art. D. 2342-8 Les maires demeurent chargés, sous leur responsabilité, de la remise aux ayants-droit des mandats ordonnancés par eux et payables en numéraire. – *[C. communes, art. R. 241-9.]*

Art. D. 2342-9 Les bénéficiaires de mandats de paiement émis en règlement de sommes dues par la commune peuvent obtenir le versement des sommes figurant sur ces titres tant que la créance ne se trouve pas éteinte par les déchéances ou prescriptions qui lui sont applicables. – *[C. communes, art. R. 241-10.]*

Art. D. 2342-10 Les opérations d'engagement, d'ordonnancement et de liquidation des dépenses sont consignées dans la comptabilité administrative, selon les modalités fixées par arrêté du ministre de l'Intérieur et du ministre des Finances. – *[C. communes, art. R. 241-11.]*

Art. D. 2342-11 Le compte administratif, sur lequel le conseil municipal est appelé à délibérer conformément à l'article L. 2121-31, présente, par colonne distincte et dans l'ordre des chapitres et des articles du budget :

En recettes :

1° La nature des recettes ;

2° Les évaluations du budget ;

3° La fixation définitive des sommes à recouvrer d'après les titres justificatifs.

En dépenses :

1° Les articles de dépenses du budget ;

2° Le montant des crédits ;

3° Les crédits ou portions de crédits à annuler, faute d'emploi dans les délais prescrits.

Le maire joint à ce compte les développements et explications nécessaires pour éclairer le conseil municipal, ainsi que l'autorité compétente, et leur permettre d'apprécier ses actes administratifs pendant l'exercice écoulé. – *[C. communes, art. R. 241-13.]*

Art. D. 2342-12 Une copie conforme du compte administratif, tel qu'il a été arrêté par le conseil municipal et examiné par le préfet ou le sous-préfet, est transmise par le comptable à la chambre régionale des comptes, comme élément de contrôle du compte de sa gestion. – *[C. communes, art. R. 241-15.]*

CHAPITRE III COMPTABILITÉ DU COMPTABLE

Art. D. 2343-1 Le maire remet au comptable de la commune, dûment récapitulée sur un bordereau d'émission, une expédition en forme de tous les baux, contrats, jugements, testaments, déclarations, états de recouvrement, titres nouveaux et autres, concernant les recettes dont la perception lui est confiée.

Le comptable peut demander, au besoin, que les originaux des actes formant titre au profit de la commune lui soient remis contre récépissé. – *[C. communes, art. R. 241-17.]*

Art. D. 2343-2 Le compte de gestion des comptables des communes et des établissements publics communaux comprend toutes les opérations constatées au titre de la gestion, y compris celles effectuées pendant le délai complémentaire prévu à l'article D. 2342-3.

Ces opérations sont rattachées à la dernière journée de la gestion. – *[C. communes, art. R. 241-18.]*

Art. D. 2343-3 Le compte de gestion présente la situation générale des opérations de la gestion en distinguant :

– la situation au début de la gestion, établie sous la forme de bilan d'entrée ;
– les opérations de débit et de crédit constatées durant la gestion ;
– la situation à la fin de la gestion, établie sous forme de bilan de clôture ;
– le développement des opérations effectuées au titre du budget ;
– les résultats de celui-ci ;
– les recouvrements effectués et les restes à recouvrer ;
– les dépenses faites et les restes à payer ;
– les crédits annuels ;
– l'excédent définitif des recettes. – *[C. communes, art. R. 241-19 et R. 241-30, al. 1er.]*

Art. D. 2343-4 Le compte de gestion est établi par le comptable de la commune en fonction à la clôture de la gestion.

Il est visé par l'ordonnateur, qui certifie que le montant des titres à recouvrer et des mandats est conforme aux écritures de la comptabilité administrative.

Il est signé par tous les comptables qui se sont succédé depuis le début de la gestion. – *[C. communes, art. R. 241-20.]*

Art. D. 2343-5 Le compte de gestion est remis par le comptable de la commune au maire pour être joint au compte administratif comme pièce justificative et servir au règlement définitif des recettes et des dépenses de l'exercice clos. – *[C. communes, art. R. 241-30, al. 2.]*

Art. D. 2343-6 Le comptable de la commune recouvre les divers produits aux échéances déterminées par les titres de perception ou par l'autorité compétente. – *[C. communes, art. R. 241-21.]*

Art. D. 2343-7 Le comptable de la commune est chargé seul :

1° De faire toutes les diligences nécessaires pour la perception des revenus, legs et donations et autres ressources affectées au service de la commune ;

2° De faire faire, contre les débiteurs en retard de payer et avec l'autorisation du maire, les actes, significations *(Décr. n° 2011-2036 du 29 déc. 2011, art. 1er)* « et mesures d'exécution forcée » nécessaires dans les conditions de l'article R. 2342-4 ;

3° D'avertir les administrateurs de l'expiration des baux ;

4° D'empêcher les prescriptions ;

5° De veiller à la conservation des droits, privilèges et hypothèques ;

(Décr. n° 2012-1462 du 26 déc. 2012, art. 35) « 6° De requérir, à cet effet, la publication au fichier immobilier de tous les titres qui en sont susceptibles ;

« 7° Enfin, de tenir registre des inscriptions portées au fichier immobilier et autres poursuites et diligences. »

Art. D. 2343-8 Le comptable de la commune joint, à ses comptes, comme pièce justificative, un état des propriétés foncières, des rentes et des créances mobilières composant l'actif de la commune ou un état annuel décrivant les modifications survenues au cours de l'exercice dans les conditions définies *(Décr. n° 2012-1247 du 7 nov. 2012, art. 12)* « par le titre I du décret n° 2012-1246 du 7 novembre 2012 relatif à la gestion budgétaire et comptable publique » *[V.* **CJF** *].*

Cet état, certifié conforme par le comptable de la commune, est visé par le maire, qui joint ses observations s'il y a lieu.

Art. D. 2343-9 *Abrogé par Décr. n° 2022-1605 du 22 déc. 2022, art. 12.*

Art. D. 2343-10 Les écritures du comptable de la commune sont tenues en partie double.

Elles nécessitent l'emploi des documents ci-après :

1° Des journaux divisionnaires sur lesquels les opérations sont inscrites en détail par ordre chronologique, au fur et à mesure où elles sont constatées ;

2° Un journal et un grand livre général ou un journal centralisateur tenant lieu de journal général, de grand livre général et de livre de balances où sont reportées périodiquement les opérations consignées sur les journaux divisionnaires ;

3° Des livres auxiliaires et autres documents de développement. – *[C. communes, art. R. 241-28, al. 1er et 2.]*

LIVRE IV INTÉRÊTS PROPRES À CERTAINES CATÉGORIES D'HABITANTS

TITRE I SECTION DE COMMUNE

CHAPITRE I DISPOSITIONS GÉNÉRALES

Art. D. 2411-1 *Abrogé par Décr. nº 2015-1589 du 4 déc. 2015.*

Art. D. 2411-2 *Abrogé par Décr. nº 2018-350 du 14 mai 2018, art. 3.*

Art. D. 2411-3 La demande présentée par les électeurs de la section en application des articles L. 2411-3, L. 2411-4, L. 2411-6, L. 2411-11, L. 2411-16 et L. 2412-1, est exprimée soit par une lettre collective, soit par des lettres individuelles ou collectives rédigées en termes concordants. La demande est acheminée par lettre recommandée avec demande d'avis de réception ou remise à son destinataire contre récépissé.

Chaque lettre doit comporter l'objet et la date de la demande, la dénomination de la section, les nom, prénom, adresse et signature de chaque demandeur. – *[C. communes, art. R. 151-3.]*

Art. D. 2411-4 La demande est adressée :

1° Au président de la commission syndicale dans les cas prévus aux articles L. 2411-4, L. 2411-6 et au sixième alinéa de l'article L. 2412-1 ;

2° Au maire de la commune dans les cas prévus aux septième et huitième alinéas de l'article L. 2412-1 ;

3° Au préfet dans les cas prévus au deuxième alinéa de l'article L. 2411-3, à l'article L. 2411-11, au deuxième alinéa de l'article L. 2411-16 et au huitième alinéa de l'article L. 2412-1. Le préfet en informe le maire de la commune, qui transmet dans le mois à l'autorité préfectorale qui l'avait saisi, la liste des électeurs de la section concernée. – *[C. communes, art. R. 151-4.]*

Art. D. 2411-5 Dans le cas où la demande est constituée de plusieurs lettres, elle est réputée avoir été présentée à la date de la réception par son destinataire de la lettre permettant d'atteindre la proportion prévue dans chacun des cas mentionnés à l'article D. 2411-3.

Sous réserve des délais fixés au deuxième alinéa de l'article L. 2411-3 et à l'article L. 2411-6, la demande n'est pas recevable s'il s'est écoulé plus de deux mois, décomptés de jour à jour, entre la réception, par son destinataire, de la première des lettres qui lui sont destinées et la réception de celle des lettres qui permet d'atteindre la proportion mentionnée ci-dessus. – *[C. communes, art. R. 151-5.]*

Art. D. 2411-6 Les dispositions prévues aux articles L. 2121-10, L. 2121-11, L. 2121-12, L. 2121-17, au premier alinéa de l'article L. 2121-18, aux articles L. 2121-20 et L. 2121-21 s'appliquent aux convocations, aux séances et aux délibérations de la commission syndicale, sous réserve des dispositions du premier alinéa de l'article L. 2411-4 et des articles L. 2411-11 et L. 2411-15.

La première réunion de la commission syndicale qui suit sa constitution est convoquée par le maire qui en informe le préfet ou le sous-préfet. À défaut de convocation dans les trois mois qui suivent l'élection de la commission syndicale, celle-ci est convoquée par le préfet ou le sous-préfet. – *[C. communes, art. R. 151-6.]*

Art. D. 2411-7 Les dispositions prévues aux articles L. 2122-4 et L. 2122-7, aux premier et deuxième alinéas de l'article L. 2122-8 et à l'article L. 2122-13, s'appliquent à l'élection du président de la commission syndicale. Le mandat du président expire à l'installation de son successeur. – *[C. communes, art. R. 151-7.]*

Art. D. 2411-8 Les démissions des membres de la commission syndicale sont adressées au président qui en informe le maire et le préfet ou le sous-préfet.

La démission du président est adressée au maire qui en informe le préfet ou le sous-préfet.

Il est procédé à des élections complémentaires lorsque plus du tiers des membres de la commission ont cessé leurs fonctions pour quelque cause que ce soit. – *[C. communes, art. R. 151-8.]*

Art. D. 2411-9 Le président et les membres de la commission syndicale ne reçoivent aucune indemnité ni rémunération. – *[C. communes, art. R. 151-9.]*

Art. D. 2411-10 Le siège de la commission syndicale est fixé à la mairie du chef-lieu de la commune de rattachement de la section. – *[C. communes, art. R. 151-10.]*

Art. R. 2411-11 *(Décr. nº 2014-1356 du 12 nov. 2014)* À la demande d'au moins un membre de la section de commune ou du conseil municipal, le préfet, constatant l'absence de commission syndicale et l'existence d'un litige dans lequel les intérêts de la section s'opposent à ceux de la commune, arrête la composition de la commission syndicale spéciale prévue à l'article L. 2411-8. Cette composition fait l'objet d'une insertion au recueil des actes administratifs de la préfecture du département.

La commission syndicale spéciale est composée de trois membres tirés au sort parmi les électeurs inscrits sur les listes électorales de la commune, membres de la section, n'ayant pas d'intérêt à agir en leur nom propre. Il peut être procédé à un ou plusieurs nouveaux tirages au sort en cas de refus exprimé par tout ou partie des électeurs initialement désignés.

Le préfet convoque la séance d'installation de la commission syndicale spéciale, au cours de laquelle un président est élu parmi ses membres. La commission, qui peut valablement délibérer lorsque la majorité de ses membres en exercice est présente, prend ses décisions à la majorité absolue des suffrages exprimés. Le président a voix prépondérante en cas d'égalité des voix.

La commission syndicale spéciale peut élire un vice-président habilité à remplacer le président absent ou empêché dans l'ensemble de ses fonctions.

Art. R. 2411-12 *(Décr. nº 2014-1356 du 12 nov. 2014)* La commission syndicale spéciale autorise le président à exercer l'action initiale, les voies de recours, et à signer toute demande de désistement ou transaction destinée à mettre un terme à l'action en justice.

Le président est habilité à représenter la section dans l'action en justice concernée et, à ce titre, à prendre au nom de la section et sans autorisation spéciale de la commission tous les autres actes utiles à l'instance.

Art. R. 2411-13 *(Décr. nº 2014-1356 du 12 nov. 2014)* Les frais de procédure sont, le cas échéant, mis à la charge de la section.

À défaut de tout autre lieu de réunion, la commission syndicale spéciale se réunit en tant que de besoin à la mairie de la commune de rattachement de la section.

CHAPITRE II **DISPOSITIONS FINANCIÈRES**

Pas de dispositions réglementaires codifiées.

TITRE II **BIENS IMMOBILIERS SOUMIS À UN DROIT DE JOUISSANCE EXCLUSIF**

CHAPITRE UNIQUE

Art. R. 2421-1 Les affichages prévus par l'article L. 2421-4 sont effectués à la porte de la mairie, ainsi qu'en tous lieux utiles.

La notification prévue par le deuxième alinéa de l'article L. 2421-4 est faite par lettre recommandée avec demande d'avis de réception dans un délai d'un mois à compter de l'affichage à la porte de la mairie. – *[C. communes, art. R.* 311-19.]*

Art. R. 2421-2 Les notifications et mises en demeure prévues par les articles L. 2421-6, L. 2421-7 et L. 2421-9 sont effectuées par lettre recommandée avec demande d'avis de réception.

Lorsque la mise en demeure n'est pas parvenue à son destinataire, elle est réitérée par acte extra-judiciaire. – *[C. communes, art. R.* 311-20.]*

LIVRE V DISPOSITIONS PARTICULIÈRES

TITRE I PARIS, MARSEILLE ET LYON

CHAPITRE I DISPOSITIONS COMMUNES

Art. R. 2511-1 Les communes de Paris, Marseille et Lyon sont soumises aux règles applicables aux communes, sous réserve des dispositions du présent titre et des autres dispositions réglementaires qui leur sont propres. – *[C. communes, art. R.* 184-1, R.* 185-1, R.* 264-1, R.* 394-1 et R. 395-1.]*

SECTION 1 Organisation

SOUS-SECTION 1 Le conseil d'arrondissement

§ 1 Composition (R)

Art. R. 2511-2 Dans les conseils d'arrondissement de Paris, les conseillers de Paris prennent rang avant les conseillers d'arrondissement. Dans les conseils d'arrondissement de Marseille et de Lyon, les conseillers municipaux prennent rang avant les conseillers d'arrondissement.

Les conseillers de Paris et les conseillers municipaux prennent rang dans l'ordre du tableau tel qu'il est déterminé, pour le conseil de Paris et les conseils municipaux, par l'article R. 2121-4.

Les conseillers d'arrondissement prennent rang dans l'ordre du tableau. L'ordre du tableau des conseillers d'arrondissement est déterminé suivant les règles prévues pour les conseils municipaux par l'article R. 2121-4.

Un exemplaire du tableau des membres du conseil d'arrondissement, comprenant, dans une première partie, les conseillers de Paris ou les conseillers municipaux et, dans une seconde partie, les conseillers d'arrondissement, est déposé à la mairie de la commune, à la mairie d'arrondissement ou du groupe d'arrondissements et à la préfecture. Chacun a le droit d'en prendre communication ou copie. – *[Décr. n° 83-159 du 3 mars 1983, art. 1er.]*

§ 2 Attributions (R)

Art. R. 2511-3 Pour l'application de l'article L. 2511-15, le conseil d'arrondissement rend son avis dans les conditions prévues *(Décr. n° 2015-1783 du 28 déc. 2015, art. 9)* « à l'article R. 134-1 du code de l'urbanisme ».

Art. R. 2511-4 Pour l'application de l'article L. 2511-20, les dispositions des articles R. 2511-5 à R. 2511-16 s'appliquent aux logements suivants :

1° Les logements dont la commune est propriétaire ou usufruitière ;

2° L'ensemble des logements, quel qu'en soit le propriétaire, pour lesquels la commune, en vertu de la réglementation en vigueur ou de conventions, dispose d'un droit d'attribution ou de proposition d'attribution.

Les dispositions de l'article R. 2511-16 ne sont toutefois pas applicables aux logements dont l'affectation est liée à une nécessité absolue de service ou à une utilité de service, notamment pour le fonctionnement des établissements scolaires, ainsi qu'au logement des personnels enseignants. – *[Décr. n° 83-787 du 6 sept. 1983, art. 1er.]*

Art. R. 2511-5 Des délibérations concordantes du conseil municipal et de l'ensemble des conseils d'arrondissement fixent, dans le cadre de la réglementation en vigueur, les modalités et les critères selon lesquels le maire de la commune et le maire d'arrondissement exercent leur droit d'attribution ou de proposition d'attribution. – *[Décr. n° 83-787 du 6 sept. 1983, art. 2, al. 1er.]*

Art. R. 2511-6 À défaut d'accord entre le conseil municipal et l'ensemble des conseils d'arrondissement, il est fait application des articles R. 2511-7 à R. 2511-13. – *[Décr. n° 83-787 du 6 sept. 1983, art. 2, al. 2.]*

Art. R. 2511-7 Les critères généraux d'attribution ou de proposition d'attribution des logements sont fixés par délibération du conseil municipal après avis des conseils d'arrondissement, dans le cadre de la réglementation en vigueur et en tenant compte des actions prioritaires en faveur des personnes mal logées ou défavorisées, définies notamment dans les programmes locaux de l'habitat. – *[Décr. n° 83-787 du 6 sept. 1983, art. 3.]*

Art. R. 2511-8 En ce qui concerne les logements neufs, les organismes constructeurs ou gestionnaires de logements situés dans un arrondissement ou un groupe d'arrondissements adressent au maire de la commune, qui en informe les maires de tous les arrondissements, la liste des logements réservés par convention à la commune, dès que cette liste est arrêtée.

Le maire de la commune et le maire d'arrondissement conviennent, pour chaque programme de logements, d'un partage numérique par moitié des logements situés dans l'arrondissement ou dans le groupe d'arrondissements, en tenant compte du type et des caractéristiques de ces logements. À défaut d'accord, les logements réservés à la commune dans le programme sont choisis à tour de rôle par le maire de la commune et par le maire d'arrondissement. – *[Décr. n° 83-787 du 6 sept. 1983, art. 4.]*

Art. R. 2511-9 En ce qui concerne les logements autres que ceux visés à l'article R. 2511-8 dont la gestion ne relève pas directement de la commune, les organismes gestionnaires de logements situés dans un arrondissement ou un groupe d'arrondissements sont tenus de déclarer dès qu'ils en ont connaissance au maire de la commune, qui en informe tous les maires d'arrondissement, les logements vacants.

La décision d'attribution ou de proposition d'attribution des logements déclarés par chaque organisme est prise à tour de rôle par le maire de la commune et par le maire d'arrondissement, sauf accord sur d'autres modalités. – *[Décr. n° 83-787 du 6 sept. 1983, art. 5.]*

Art. R. 2511-10 Lorsqu'un programme de logements neufs ou un ensemble immobilier est situé dans le ressort territorial de plusieurs conseils d'arrondissement, la répartition des logements entre les arrondissements ou groupes d'arrondissements est faite par le maire de la commune après avis des maires d'arrondissement.

Les dispositions prévues aux articles R. 2511-8 et R. 2511-9 s'appliquent ensuite pour chaque arrondissement ou groupe d'arrondissements. – *[Décr. n° 83-787 du 6 sept. 1983, art. 6.]*

Art. R. 2511-11 Les organismes constructeurs ou gestionnaires de logements situés en dehors du territoire communal fournissent à la commission municipale prévue par l'article L. 2511-20 les renseignements indiqués aux articles R. 2511-8 et R. 2511-9, dans les mêmes conditions. – *[Décr. n° 83-787 du 6 sept. 1983, art. 7.]*

Art. R. 2511-12 Pour les logements dont la commune est propriétaire, le maire de la commune fournit aux maires d'arrondissement ou à la commission municipale les informations mentionnées aux articles R. 2511-8, R. 2511-9 et R. 2511-11. Les attributions ou les propositions d'attribution de ces logements sont faites dans les conditions prévues aux articles R. 2511-8 à R. 2511-11. – *[Décr. n° 83-787 du 6 sept. 1983, art. 8.]*

Art. R. 2511-13 Les demandes de logements sont déposées, en double exemplaire contre récépissé, dans une mairie d'arrondissement ou à la mairie de la commune. Dans le mois suivant le dépôt de la demande, le maire d'arrondissement transmet au maire de la commune l'un des exemplaires de la demande.

Le maire de la commune adresse périodiquement à tous les maires d'arrondissement ainsi qu'à la commission municipale la liste des demandes de logement, mise à jour, après élimination des doubles comptes et des demandes satisfaites depuis l'établissement de la ou des listes précédentes.

Les logements sont attribués ou proposés par le maire de la commune, les maires d'arrondissement ou la commission municipale aux candidats figurant sur la ou les listes visées ci-dessus, en fonction des programmes mis en service et des logements vacants et, le cas échéant, suivant les conditions définies en application de l'article R. 2511-7. – *[Décr. n° 83-787 du 6 sept. 1983, art. 9, al. 1er à 3.]*

Art. R. 2511-14 Au début de chaque année, le maire de la commune dresse un bilan détaillé des attributions et propositions d'attribution de logements faites au cours de l'année précédente. Ce bilan fait apparaître, pour chaque arrondissement ou groupe d'arrondissements et pour les logements situés en dehors du territoire communal, le nombre des logements neufs et des logements vacants qui ont été attribués ou ont fait l'objet de propositions d'attribution au cours de l'exercice ainsi que leur répartition par catégorie. Le maire d'arrondissement communique ces informations à la plus proche séance du conseil d'arrondissement. – *[Décr. n° 83-787 du 6 sept. 1983, art. 9, al. 4.]*

Art. R. 2511-15 La commission municipale prévue à l'article L. 2511-20 comprend un représentant de chaque maire d'arrondissement et un nombre égal de représentants du maire de la commune.

La commission municipale établit son règlement intérieur par délibération prise à la majorité simple de tous ses membres. Ce règlement peut fixer les conditions dans lesquelles sont arrêtées les décisions et les propositions d'attribution des logements, le cas échéant dans le respect des conditions définies en application de l'article R. 2511-7. – *[Décr. n° 83-787 du 6 sept. 1983, art. 10.]*

Art. R. 2511-16 Lorsqu'en cas de péril ou de catastrophe, le maire de la commune est tenu de procéder à des relogements dans des logements visés au premier alinéa de l'article R. 2511-4, ces logements ne sont pas pris en compte pour l'application du présent paragraphe.

Après avis des conseils d'arrondissement, le conseil municipal fixe la liste des relogements et les conditions de répartition, par arrondissement ou groupe d'arrondissements, des logements dont la réservation est rendue nécessaire par l'exécution des opérations de rénovation, de réhabilitation ou de résorption de l'habitat insalubre relevant de la commune ou par l'exécution de toute autre opération à caractère social pour laquelle le conseil municipal demanderait l'application des présentes dispositions. Ces réservations ne peuvent toutefois pas se faire, par arrondissement ou groupe d'arrondissements, sur plus de 75 % des logements visés au premier alinéa de l'article R. 2511-4. – *[Décr. n° 83-787 du 6 sept. 1983, art. 11.]*

§ 3 Associations municipales (R)

Art. R. 2511-17 Les demandes des associations qui désirent bénéficier des dispositions de l'article L. 2511-24 sont adressées au maire d'arrondissement.

Le maire d'arrondissement est tenu d'enregistrer les demandes présentées par les associations qui remplissent les conditions fixées au deuxième alinéa de l'article L. 2511-24. – *[Décr. n° 83-585 du 4 juill. 1983, art. 1er.]*

Art. R. 2511-18 Le maire d'arrondissement fait connaître au conseil d'arrondissement les demandes dont il a été saisi et la suite qu'il leur a réservée.

La liste des associations dont la demande a été enregistrée est tenue à la disposition du public. – *[Décr. n° 83-585 du 4 juill. 1983, art. 2.]*

SOUS-SECTION 2 **Le maire d'arrondissement et les adjoints (R)**

Art. R. 2511-19 Le délai de cinq jours dans lequel, conformément au cinquième alinéa de l'article L. 2511-25, l'élection du maire d'arrondissement et de ses adjoints peut être arguée de nullité court à partir de vingt-quatre heures après l'élection. – *[Décr. n° 83-159 du 3 mars 1983, art. 2.]*

SOUS-SECTION 3 **Conditions d'exercice des mandats de maires, d'adjoints au maire, de conseillers municipaux et d'arrondissement**

§ 1 Dispositions applicables aux maires d'arrondissement, adjoints aux maires d'arrondissement, conseillers d'arrondissement (R)

Art. R. 2511-20 Les dispositions *(Décr. n° 2003-836 du 1er sept. 2003, art. 10)* « des articles R. 2123-1 à R. 2123-7, » *(Décr. n° 2009-8 du 5 janv. 2009)* « R. 2123-9 à R. 2123-11, *(Décr. n° 2016-870 du 29 juin 2016, art. 7)* « R. 2123-12 à R. 2123-22-1-D » et D. 2123-23-1 à D. 2123-25 » sont applicables aux maires d'arrondissement, adjoints aux maires d'arrondissement et membres d'un conseil d'arrondissement des communes de Paris, Marseille et Lyon.

Art. R. 2511-21 *(Décr. n° 2003-836 du 1er sept. 2003, art. 10)* Pour l'application de l'article R. 2123-5, la durée du crédit d'heures pour un trimestre est égale :

1° À cent cinq heures pour les maires d'arrondissement ;

2° À cinquante-deux heures trente pour les adjoints au maire d'arrondissement ;

3° À dix heures trente pour les conseillers d'arrondissement.

SECTION 2 Dispositions financières

Art. R. 2511-22 La répartition de la seconde part de la dotation mentionnée à l'article L. 2511-39 est effectuée de la manière suivante :

1° 50 % des crédits sont répartis entre les arrondissements ou groupes d'arrondissements ou certains d'entre eux selon des critères arrêtés par le conseil municipal à partir des caractéristiques propres de chaque arrondissement ou groupe d'arrondissements, et notamment de la composition socio-professionnelle de leur population.

Pour l'application de l'alinéa ci-dessus, la composition socio-professionnelle de chaque arrondissement ou groupe d'arrondissements est déterminée en tenant compte de l'importance de la population non active dans la population totale telle qu'elle résulte du dernier recensement connu au 1er juillet de l'année précédant l'exercice budgétaire ;

2° 50 % des crédits sont répartis entre les arrondissements ou groupes d'arrondissements, à raison de :

a) 25 % en fonction de l'importance de la population de chaque arrondissement ou groupe d'arrondissements ;

b) 25 % en fonction de l'écart relatif entre le montant moyen par habitant des bases nettes d'imposition à la taxe d'habitation de l'ensemble des arrondissements ou groupes d'arrondissements et le montant, par habitant, des bases nettes d'imposition à la taxe d'habitation de chaque arrondissement ou groupe d'arrondissements, multiplié par le nombre d'habitants de chaque arrondissement ou groupe d'arrondissements. – *[Décr. n° 83-786 du 6 sept. 1983, art. 1er.]*

CHAPITRE II DISPOSITIONS SPÉCIFIQUES À LA COMMUNE DE PARIS

SECTION 1 Organisation

SOUS-SECTION 1 Limites territoriales (R)

Art. R. 2512-1 Les vingt arrondissements municipaux de la commune de Paris sont dénommés ainsi qu'il suit :

I. – Arrondissement du Louvre ;

II. – Arrondissement de la Bourse ;

III. – Arrondissement du Temple ;

IV. – Arrondissement de l'Hôtel-de-Ville ;

V. – Arrondissement du Panthéon ;

VI. – Arrondissement du Luxembourg ;

VII. – Arrondissement du Palais-Bourbon ;

VIII. – Arrondissement de l'Élysée ;

IX. – Arrondissement de l'Opéra ;

X. – Arrondissement de l'Entrepôt ;

XI. – Arrondissement de Popincourt ;

XII. – Arrondissement de Reuilly ;

XIII. – Arrondissement des Gobelins ;

XIV. – Arrondissement de l'Observatoire ;

XV. – Arrondissement de Vaugirard ;

XVI. – Arrondissement de Passy ;

XVII. – Arrondissement de Batignolles-Monceau ;

XVIII. – Arrondissement des Buttes-Montmartre ;

XIX. – Arrondissement des Buttes-Chaumont ;

XX. – Arrondissement de Ménilmontant. – *[C. communes, art. R. 184-12.]*

Art. D. 2512-2 Les limites territoriales des arrondissements de Paris sont déterminées conformément au plan B annexé à la loi du 16 juin 1859 sur l'extension des limites de Paris tel que modifié par les textes subséquents. – *[C. communes, art. R.* 184-13.]*

Art. D. 2512-3 La division des arrondissements en quartiers est établie suivant les indications du plan annexé au décret du 1er novembre 1859. – *[C. communes, art. R. 184-14.]*

SOUS-SECTION 2 Centre d'action sociale de la ville de Paris (R)

Art. R. 2512-4 Le centre d'action sociale de la ville de Paris est soumis aux dispositions de l'article 28 du décret n° 69-83 du 27 janvier 1969 portant règlement d'administration publique relatif à l'organisation et aux attributions du bureau d'aide sociale de Paris ainsi qu'à l'admission à l'aide sociale à Paris, des articles 22 et 25 du décret n° 77-274 du 24 mars 1977 relatif à l'organisation et aux attributions du bureau d'aide sociale de Paris ainsi qu'à l'admission à l'aide sociale de Paris et des articles 1 à 24 du décret n° 95-563 du 6 mai 1995 relatif au centre d'action sociale de la ville de Paris *[V. désormais au* ***CASF****, art. R. 123-39 s.]*.

SECTION 2 Attributions

SOUS-SECTION 1 Police

§ 1 Police administrative (R)

Art. R. 2512-5 Le préfet de Paris exerce les attributions de police administrative suivantes :

1° La délivrance de la carte de qualification professionnelle de coiffeur ;

2° L'autorisation de tenir les foires commerciales ;

3° L'agrément pour l'exploitation ou la cession d'un magasin général ;

4° La surveillance des bureaux de placement ;

5° Les dérogations au repos hebdomadaire ;

6° Les autorisations de commerce ou de distribution d'objets dans les cours ou bâtiments des gares. – *[Décr. n° 70-956 du 21 oct. 1970, art. 1er.]*

§ 2 Police des voies et immeubles (R)

Art. R. 2512-6 Le maire fixe par arrêté les dimensions et le modèle des plaques portant indication des noms des voies, places ou carrefours livrés à la circulation ainsi que les dimensions et la situation des emplacements que les propriétaires réservent sur leurs immeubles, sans qu'il y ait lieu pour eux à une indemnité.

La fourniture, la pose, l'entretien et le renouvellement des plaques indicatrices des voies ou places publiques sont effectués par les soins et à la charge de la commune.

En ce qui concerne les voies et places privées ouvertes à la circulation, la fourniture, la pose, l'entretien et le renouvellement de ces plaques sont effectués par les soins et aux frais des propriétaires. Dans le cas où ils se soustraient à cette obligation, le maire les met en demeure de la remplir et, à défaut, la commune y pourvoit, mais aux frais et aux risques des propriétaires défaillants. – *[C. communes, art. R.* 184-2.]*

Art. R. 2512-7 Des plaques portant, avec le numéro de l'arrondissement, indication du nom de toutes voies et places ouvertes à la circulation sont apposées sur les immeubles, bâtis ou non, situés à l'angle de deux voies livrées à la circulation ou en face du débouché d'une voie sur une autre voie et en tous points des places et carrefours désignés par le maire de Paris.

Une plaque portant un numéro d'ordre est apposée sur tous les immeubles, bâtis ou non, situés en bordure soit d'une voie, soit d'une place livrée à la circulation, même lorsqu'ils ne comportent pas d'issue par ladite voie ou place. – *[C. communes, art. R.* 184-3.]*

Art. R. 2512-8 Le maire fixe par arrêté les dimensions et le modèle des plaques indicatrices des numéros d'immeubles, le numéro à affecter à chaque immeuble ainsi que les dimensions et la situation des emplacements que les propriétaires réservent sur leurs immeubles pour recevoir lesdites plaques.

L'entretien et le remplacement de ces plaques sont à la charge des propriétaires et à défaut, après mise en demeure de ceux-ci par le maire, la commune y pourvoit, mais aux frais et aux risques des propriétaires défaillants.

Art. R. 2512-9 Lorsque, par le fait d'un propriétaire, la plaque indicatrice d'une voie ou d'une place soit publique, soit privée, ou la plaque portant le numéro d'ordre d'un immeuble bâti ou non, situé en bordure d'une voie ou place soit publique soit privée se trouve masquée, même à titre provisoire, par une installation quelconque, le propriétaire est tenu d'apposer, à ses frais et à ses risques, une nouvelle plaque au lieu et place que détermine le maire. – *[C. communes, art. R.* 184-5.]*

Art. R. 2512-10 Pour les façades classées comme monuments historiques, inscrites à l'inventaire supplémentaire des monuments historiques ou figurant au casier archéologique et artistique de la commune de Paris (1re et 2e catégories), le maire fixe, dans chaque cas, les conditions d'aménagement des plaques indicatrices de manière à porter le minimum d'atteintes aux dispositions architecturales et monumentales.

Les anciennes inscriptions des noms des voies et places soit publiques, soit privées ou numéros d'immeubles, gravées sur pierre ou peintes qui subsistent encore sur les immeubles et présentent un intérêt historique ne doivent, en aucun cas, être masquées par l'apposition des plaques réglementaires. – *[C. communes, art. R.* 184-6.]*

Art. R. 2512-11 Le numérotage des maisons est établi par une même suite de numéros pour la même rue, même lorsqu'elle dépend de plusieurs arrondissements, et par un seul numéro placé sur la porte principale de la maison.

Ce numéro peut être répété sur les autres portes de la même maison, lorsqu'elles s'ouvrent sur la même rue que la porte principale ; si elles s'ouvrent sur une rue différente, elles prennent le numéro de la série appartenant à cette rue. – *[C. communes, art. R.* 184-7.]*

Art. R. 2512-12 Les rues dites des "faubourgs", quoiqu'elles forment la continuation à une rue du même nom, prennent une nouvelle suite de numéros. – *[C. communes, art. R.* 184-8.]*

Art. R. 2512-13 La série des numéros est formée des nombres pairs pour le côté droit de la rue, et des nombres impairs pour le côté gauche. – *[C. communes, art. R.* 184-9.]*

Art. R. 2512-14 Le côté droit d'une rue est déterminé :

– dans les rues perpendiculaires ou obliques au cours de la Seine, par la droite du passant s'éloignant de la rivière ;

– dans les rues parallèles au cours de la Seine, par la droite du passant marchant dans le sens du cours de la rivière.

Dans les îles, le grand canal de la rivière coulant au nord détermine seul la position des rues. – *[C. communes, art. R.* 184-10.]*

Art. R. 2512-15 Le premier numéro de la série, soit paire, soit impaire, commence :

– dans les rues perpendiculaires ou obliques au cours de la Seine, à l'entrée de la rue prise au point le plus rapproché de la rivière, de manière que les nombres croissent en s'éloignant de la rivière ;

– dans les rues parallèles au cours de la Seine, à l'entrée de la rue prise en remontant le cours de la rivière, de manière que les nombres croissent en descendant le cours. – *[C. communes, art. R.* 184-11.]*

§ 3 Agents de la ville de Paris chargés d'un service de police

(Décr. no 2004-667 du 6 juill. 2004, art. 1er)

Art. R. 2512-15-1 à R. 2512-15-11 *Abrogés par Décr. no 2013-1113 du 4 déc. 2013, art. 9. – V. désormais CSI, art. R. 531-1 à R. 531-3 s., infra.*

Code de la sécurité intérieure

LIVRE V. POLICES MUNICIPALES

(Décr. n° 2013-1113 du 4 déc. 2013, en vigueur le 1er janv. 2014)

TITRE III. DISPOSITIONS PARTICULIÈRES APPLICABLES À PARIS

CHAPITRE I. *AGENTS DE LA VILLE DE PARIS CHARGÉS D'UN SERVICE DE POLICE*

SECTION 1. *Missions*

Art. R. 531-1 Les agents de la ville de Paris chargés d'un service de police peuvent constater par procès-verbal, en application des dispositions de l'article L. 531-1 du présent code, lorsqu'elles sont commises sur le territoire de la commune de Paris et qu'elles ne nécessitent pas de leur part d'actes d'enquête, les contraventions prévues par le code pénal et énumérées par l'article R. 15-33-29-3 du code de procédure pénale.

Ils peuvent également constater par procès-verbal, conformément aux dispositions du premier alinéa de l'article L. 531-1 du présent code, les contraventions mentionnées à l'article R. 610-5 du code pénal relatives aux arrêtés de police du maire de Paris.

Art. R. 531-2 Les agents mentionnés à l'article L. 531-1 adressent sans délai leurs procès-verbaux simultanément au maire de Paris et, par l'intermédiaire de l'officier de police judiciaire territorialement compétent, au procureur près le tribunal judiciaire de Paris.

En outre, ils rendent compte au maire de Paris et à l'officier de police judiciaire de la police nationale territorialement compétent de toute autre contravention dont ils ont connaissance.

SECTION 2. *Recrutement et agrément*

Art. R. 531-3 Les agents mentionnés à l'article L. 531-1 ne peuvent être choisis que parmi les personnels soumis au statut des administrations parisiennes.

Art. R. 531-4 Avant de faire agréer les agents mentionnés à l'article L. 531-1 et en fonction des missions qui leur sont confiées, le maire de Paris doit :

1° Assurer une formation de ces agents portant sur :

a) Les principes généraux du droit pénal et de la procédure pénale ;

b) Les dispositions relatives à la police municipale en matière de salubrité sur la voie publique, de bruits de voisinage, de maintien du bon ordre dans les foires et marchés et à la police de la conservation dans les dépendances domaniales incorporées au domaine public communal ;

c) Les modalités de constatation des contraventions qu'ils sont habilités à constater et l'établissement des procès-verbaux en résultant ;

d) Les relevés d'identité, les conditions de leur mise en œuvre ainsi que les personnes habilitées à y procéder ;

2° Mettre en place les modalités d'une liaison permanente entre ces agents et les officiers de police judiciaire territorialement compétents et doter ces agents ou, à défaut, leurs responsables de moyens de transmission leur permettant une communication immédiate avec ceux-ci.

Art. R. 531-5 Le maire de Paris adresse au préfet de police un dossier décrivant les modalités de la formation et de l'organisation prévues à l'article R. 531-4 et comprenant les renseignements suivants :

1° La dénomination de l'organisme ou de la personne dispensant la formation ;

2° Le contenu et la durée de la formation ;

3° La description des modalités de la liaison permanente mentionnée au 2° de l'article R. 531-4 ;

4° L'inventaire et la description des moyens de transmission dont sont dotés les agents intéressés ou, à défaut, leurs responsables.

Art. R. 531-6 Le procureur de la République compétent pour délivrer l'agrément mentionné à l'article L. 531-1 est le procureur près le tribunal judiciaire de Paris.

Art. R. 531-7 Le procureur de la République se prononce sur l'agrément mentionné à l'article L. 531-1 au vu du dossier présenté par le maire de Paris et de l'avis du préfet de police. Ce dossier comprend les renseignements suivants :

1° L'identité de l'agent ;

2° La justification de la formation suivie par cet agent ;

3° Le cas échéant, les indications relatives à tout agrément délivré, notamment en application de l'article L. 2512-16 du code général des collectivités territoriales dans sa rédaction antérieure à l'intervention de la loi n° 2003-239 du 18 mars 2003 pour la sécurité intérieure.

Art. R. 531-8 L'agrément mentionné à l'article L. 531-1 peut être retiré ou suspendu par le procureur près le tribunal judiciaire de Paris, après consultation ou à la demande du maire de Paris.

Le retrait ou la suspension de l'agrément peut également être prononcé à la demande du préfet de police.

L'intéressé doit, préalablement à la décision de retrait ou de suspension de l'agrément, avoir été mis à même de présenter, devant le procureur de la République ou le magistrat que celui-ci délègue à cet effet, ses observations écrites ou, sur sa demande, des observations orales. Il peut se faire assister par un conseil ou représenter par un mandataire de son choix.

En cas de faute grave, il peut être procédé, en urgence et à titre conservatoire, à la suspension de l'agrément par décision motivée du procureur de la République.

Art. R. 531-9 Avant d'entrer en fonctions, les agents mentionnés à l'article L. 531-1 prêtent devant le tribunal judiciaire de Paris le serment ci-après :

"Je jure de bien et fidèlement remplir mes fonctions et de ne rien révéler ou utiliser de ce qui sera porté à ma connaissance à l'occasion de leur exercice."

Mention de la prestation de serment est portée sur l'acte de commission par le greffier du tribunal de grande instance de Paris.

SECTION 3. *Carte professionnelle, tenue et équipements*

Art. R. 531-10 La carte professionnelle, la tenue, la signalisation des véhicules de service et les types d'équipement dont sont dotés les agents mentionnés à l'article L. 531-1 agréés en application des dispositions de la section 2 du présent chapitre font l'objet d'une identification de nature à n'entraîner aucune confusion avec ceux utilisés par la police nationale, la gendarmerie nationale et les agents de police municipale.

Le port de la carte professionnelle et celui de la tenue sont obligatoires pendant le service.

SECTION 4. *Convention de coordination avec la police nationale*

Art. R. 531-11 Une convention précisant la nature et les lieux des interventions des agents mentionnés à l'article L. 531-1 ou de certaines d'entre elles et déterminant les modalités selon lesquelles ces interventions sont coordonnées avec celles de la police nationale peut être conclue entre le maire de Paris et le préfet de police agissant au nom de l'État.

CHAPITRE II. *AGENTS DE SURVEILLANCE DE PARIS PLACÉS SOUS L'AUTORITÉ DU PRÉFET DE POLICE*

Art. R. 532-1 Les agents de surveillance de Paris peuvent constater par procès-verbal, en application des dispositions de l'article L. 532-1 du présent code, lorsqu'elles sont commises sur le territoire de la commune de Paris et qu'elles ne nécessitent pas de leur part d'actes d'enquête, les contraventions prévues par le code pénal et énumérées par l'article R. 15-33-29-3 du code de procédure pénale.

Ils peuvent également constater par procès-verbal, conformément aux dispositions du premier alinéa de l'article L. 532-1 du présent code, les contraventions mentionnées à l'article R. 610-5 du code pénal relatives aux arrêtés de police du préfet de police et à ceux du maire de Paris ainsi que les contraventions au code de la route mentionnées à l'article R. 130-1-2 de ce code et les contraventions relatives à l'interdiction de fumer dans les lieux affectés à un usage collectif prévues par les articles R. 3512-1 et R. 3512-2 du code de la santé publique.

CHAPITRE III. *AGENTS DE POLICE MUNICIPALE EXERÇANT LEURS FONCTIONS SUR LE TERRITOIRE DE LA VILLE DE PARIS*

(Décr. n° 2022-210 du 18 févr. 2022, art. 3)

Art. R. 533-1 Les attributions dévolues au préfet de département par le titre I du présent livre sont exercées à Paris par le préfet de police.

Art. R. 533-2 Les attributions dévolues par le titre I du présent livre au Centre national de la fonction publique territoriale sont exercées à Paris par la Ville de Paris.

Art. R. 533-3 La formation préalable au port d'une arme mentionnée au *a* du 2° de l'article R. 511-12 est réputée avoir été suivie par les agents mentionnés à l'article L. 531-1 détachés ou directement intégrés dans le corps des agents de police municipale exerçant leurs fonctions dans la Ville de Paris, sous réserve de détenir une autorisation en cours de validité à la pratique de l'arme correspondante et de ne pas faire l'objet de restrictions relatives au port de cette arme.

§ 4 Agents de surveillance de Paris

(Décr. n° 2007-1388 du 26 sept. 2007, art. 17)

Art. R. 2512-15-12 *Abrogé par Décr. n° 2013-1113 du 4 déc. 2013, art. 9. — V. désormais CSI, art. R. 532-1, ss. art. R. 2512-15-11.*

§ 5 Prévention de la délinquance

(Décr. n° 2007-1126 du 23 juill. 2007, art. 7)

Art. D. 2512-15-13 *(Décr. n° 2013-1113 du 4 déc. 2013, art. 7)* **Le conseil parisien de sécurité et de prévention de la délinquance et de lutte contre la drogue, les dérives sectaires et les violences faites aux femmes et le plan de prévention de la délinquance applicable à Paris sont régis par la section 6 du chapitre II du titre III du livre I du code de la sécurité intérieure** *[V. infra].*

Code de la sécurité intérieure

LIVRE I. PRINCIPES GÉNÉRAUX ET ORGANISATION DE LA SÉCURITÉ INTÉRIEURE

TITRE III. COMPÉTENCES RESPECTIVES DE L'ÉTAT ET DES COLLECTIVITÉS TERRITORIALES EN MATIÈRE DE SÉCURITÉ PUBLIQUE

(Décr. n° 2013-1113 du 4 déc. 2013, en vigueur le 1er janv. 2014)

CHAPITRE II. *PRÉVENTION DE LA DÉLINQUANCE*

SECTION 6. *Dispositions particulières à Paris*

Art. D. 132-14 À Paris, les attributions du conseil départemental de prévention de la délinquance *(Décr. n° 2016-553 du 6 mai 2016, art. 12)* « et de la radicalisation » et de lutte contre la drogue, les dérives sectaires et les violences faites aux femmes mentionné à l'article D. 132-5 et celles du conseil local de sécurité et de prévention de la délinquance mentionné à l'article D. 132-7 sont exercées par un conseil parisien de sécurité et de prévention de la délinquance et de lutte contre la drogue, les dérives sectaires et les violences faites aux femmes placé auprès du préfet de police.

Ce conseil est présidé conjointement par le préfet de police, le maire de Paris et le procureur de la République près le tribunal judiciaire de Paris. Le maire et le procureur de la République sont consultés sur sa composition.

Il peut être créé, dans les arrondissements, en vue d'assurer le suivi des contrats locaux de sécurité, des conseils de sécurité et de prévention de la délinquance dont la composition, l'organisation et le fonctionnement sont fixés, après consultation du procureur de la République près le tribunal judiciaire de Paris, par arrêté conjoint du préfet de police et du maire de Paris.

Art. D. 132-15 Un plan de prévention de la délinquance fixe les priorités de l'État en matière de prévention de la délinquance à Paris, dans le respect des orientations nationales définies par le comité interministériel de prévention de la délinquance *(Décr. n° 2019-1415 du 19 déc. 2019, art. 1er)* « et de la radicalisation ».

Ce plan est arrêté par le préfet de Paris et le préfet de police après avis du conseil parisien de sécurité et de prévention de la délinquance et de lutte contre la drogue, les dérives sectaires et les violences faites aux femmes mentionné à l'article D. 132-14.
Il est transmis au maire de Paris.

Art. D. 2512-15-14 *Abrogé par Décr. n° 2013-1113 du 4 déc. 2013, art. 9. — V. désormais CSI, art. D. 132-15, ss. art. D. 2512-15-13.*

SOUS-SECTION 2 Secours et défense contre l'incendie

§ 1 Brigade de sapeurs-pompiers de Paris (R)

Art. R. 2512-16 La brigade de sapeurs-pompiers de Paris assure sa mission dans la commune de Paris.

Elle est, à cet effet, à la disposition du préfet de police. — *[C. communes, art. R.* 394-2.]*

Art. D. 2512-17 Le versement de la contribution de l'État prévue à l'article L. 2512-19 pour le financement des dépenses de la brigade des sapeurs-pompiers de Paris intervient dans les conditions fixées ci-après :

En ce qui concerne les dépenses de fonctionnement, l'État s'acquitte chaque année, au titre de l'exercice en cours, du versement d'acomptes correspondant chacun à 30 % de sa contribution prévisionnelle telle qu'elle résulte du montant de la recette inscrite à ce titre à la section de fonctionnement du budget spécial de la préfecture de police. Ces acomptes doivent être payés au plus tard les 15 février, 15 mai et 15 août. Le solde de la contribution due au titre de l'exercice considéré est acquitté au vu du résultat du compte administratif. — *[Décr. n° 89-561 du 11 août 1989, art. 1er et 2.]*

§ 2 Commission consultative de gestion de la brigade de sapeurs-pompiers de Paris auprès du préfet de police

(Décr. n° 2009-1347 du 29 oct. 2009)

Art. D. 2512-18 Il est institué auprès du préfet de police une commission consultative de gestion de la brigade de sapeurs-pompiers de Paris.

La commission est composée :

a) Du préfet de police ;

b) Des préfets des départements des Hauts-de-Seine, de la Seine-Saint-Denis et du Val-de-Marne ou de leurs représentants ;

c) Du préfet, secrétaire général pour l'administration de la préfecture de police ou de son représentant ;

d) Du général, commandant la brigade de sapeurs-pompiers de Paris ou de son représentant ;

e) De six conseillers de Paris représentant la commune et le département de Paris et désignés par le conseil de Paris ;

f) De deux conseillers départementaux de chacun des conseils départementaux des départements des Hauts-de-Seine, de la Seine-Saint-Denis et du Val-de-Marne et désignés par ceux-ci ;

g) De deux maires par département représentant l'ensemble des communes de chaque département des Hauts-de-Seine, de la Seine-Saint-Denis et du Val-de-Marne, désignés par le collège des maires de chacun de ces départements.

Art. D. 2512-19 La commission consultative est présidée par le préfet de police. Celui-ci a voix prépondérante en cas de partage des voix.

La commission consultative se réunit deux fois par an au moins à l'initiative du préfet de police.

La commission consultative peut entendre les fonctionnaires et agents de la préfecture de police et les officiers de la brigade de sapeurs-pompiers de Paris en charge des dossiers sur lesquels elle est appelée à émettre un avis.

Art. D. 2512-20 La commission est consultée sur celles des dispositions du budget spécial de la préfecture de police qui se rapportent au financement de la brigade de sapeurs-pompiers de Paris.

La commission consultative doit, également, être saisie pour avis du programme d'investissement immobilier de la brigade de sapeurs-pompiers de Paris.

Les avis émis par la commission consultative, en application des dispositions du présent article, sont obligatoirement transmis au conseil de Paris lorsque celui-ci est appelé à délibérer sur les projets de dispositions budgétaires prévues au présent article et sur le programme d'investissement immobilier soumis à la commission.

Art. D. 2512-21 Dans la limite de sa compétence, la commission consultative reçoit communication, lors de leur transmission au conseil de Paris, des documents à caractère budgétaire relatifs à la brigade de sapeurs-pompiers de Paris, préalables au vote de la partie du budget spécial par cette assemblée, pour les sections d'investissement et de fonctionnement.

La commission reçoit, également, communication des documents à caractère budgétaire relatifs à l'exécution de la partie investissement du budget spécial consacré au budget de la brigade de sapeurs-pompiers de Paris.

La commission reçoit communication du programme d'investissement immobilier de la brigade de sapeurs-pompiers de Paris, en particulier des documents relatifs aux constructions et rénovations des centres de secours.

La commission consultative peut émettre tous vœux et avis se rapportant à la gestion de la brigade de sapeurs-pompiers de Paris.

§ 3 Défense extérieure contre l'incendie

(Décr. n° 2015-235 du 27 févr. 2015, art. 4)

Art. R. 2512-21-1 Pour l'application à Paris du chapitre V "Défense extérieure contre l'incendie" du titre II du livre II de la deuxième partie :

1° Les mots : "maire" ou "président de l'établissement public de coopération intercommunale à fiscalité propre" sont remplacés par les mots : "préfet de police" ;

2° Les mots : "service départemental d'incendie et de secours" sont remplacés par les mots : "brigade de sapeurs-pompiers de Paris" ;

3° Les mots : "règlement départemental de défense extérieure contre l'incendie" sont remplacés par les mots : "règlement interdépartemental de défense extérieure contre l'incendie" ;

4° Au II de l'article R. 2225-3, les mots : "schéma départemental d'analyse et de couverture des risques défini à l'article L. 1424-7" sont remplacés par les mots : "schéma interdépartemental d'analyse et de couverture des risques défini à l'article R. 1321-23 du code de la défense" ;

5° Au III de l'article R. 2225-3, les mots : "l'article L. 1424-2" sont remplacés par les mots : "les articles R. 1321-19 et R. 1321-20 du code de la défense" ;

6° Au III de l'article R. 2225-3, les mots : "après avis du conseil d'administration du service départemental d'incendie et de secours" ne sont pas applicables ;

7° L'article R. 2225-6 n'est pas applicable ;

8° Au deuxième alinéa de l'article R. 2225-9[,] les mots : "sous l'autorité du maire ou du président de l'établissement public de coopération intercommunale à fiscalité propre lorsqu'il est compétent" sont remplacés par les mots : "sous l'autorité du préfet de police".

SOUS-SECTION 3 Dispositions financières

Art. R. 2512-22 Lorsqu'elles ne sont pas réglées par virement de compte, les dépenses de la commune de Paris et de ses établissements publics sont obligatoirement réglées par chèque sur le Trésor.

Les chèques sont barrés lorsqu'ils excèdent un montant fixé par le ministre de l'Économie et des Finances. – *[C. communes, art. R.* 264-2.]*

Art. R. 2512-23 Le budget de la commune de Paris comprend un budget principal et des budgets annexes. – *[Décr. n° 68-629 du 9 juill. 1968, art. 1er.]*

Art. R. 2512-24 *(Décr. n° 2002-644 du 29 avr. 2002, art. 1er)* Le budget principal comprend un budget pour la commune de Paris et un budget spécial pour la préfecture de police. Chacun de ces budgets est constitué d'une section de fonctionnement et d'une section d'investissement.

Ces deux budgets sont établis par chapitres et articles conformément à la nomenclature fixée par arrêté du ministre de l'Intérieur et du ministre chargé du budget dans le cadre du plan comptable.

Art. R. 2512-25 *(Décr. nº 2002-644 du 29 avr. 2002, art. 2)* « Le budget de la commune de Paris et le budget spécial de la préfecture de police sont votés par chapitres. »

Toutefois doit être autorisé, par délibération du conseil de Paris, tout virement concernant :

1° Un article relatif aux rémunérations des personnels ;

2° Un article relatif aux indemnités du personnel non comprises au 1°;

3° Un article relatif aux subventions.

Art. R. 2512-26 Les budgets annexes comprennent une section d'investissement et une section de fonctionnement.

Doivent faire l'objet d'un budget annexe les services dont l'activité tend essentiellement à produire des biens ou à fournir des prestations donnant lieu au paiement de prix.

La nomenclature des budgets annexes est fixée par un arrêté conjoint du ministre de l'Intérieur et du ministre de l'Économie et des Finances. – *[Décr. nº 68-629 du 9 juill. 1968, art. 4.]*

Art. R. 2512-27 Les recettes et les dépenses des services communs d'intérêt local suivants :

– institut médico-légal ;

– laboratoire central de la préfecture de police *(Décr. nº 2009-898 du 24 juill. 2009, art. 6)* « hors missions relevant du déminage et de la police scientifique et technique ») ;

– laboratoire central des services vétérinaires ;

– objets trouvés ;

sont inscrites au budget de la commune de Paris (budget spécial de la préfecture de police) et font l'objet, en application de l'article L. 2512-25, d'une contribution des départements des Hauts-de-Seine, de la Seine-Saint-Denis et du Val-de-Marne, dans les conditions fixées aux articles R. 2512-28 et R. 2512-29.

Art. R. 2512-28 Les charges des services communs visés à l'article R. 2512-27 peuvent être réparties en vertu d'accords ou de conventions passés entre la commune de Paris et les départements des Hauts-de-Seine, de la Seine-Saint-Denis et du Val-de-Marne. Les départements peuvent renoncer à utiliser un ou plusieurs de ces services et cesser en conséquence de contribuer à leurs dépenses.

La délibération prise à cet effet par un conseil départemental ne prendra effet qu'à partir du début du troisième exercice budgétaire suivant sa notification à la commune de Paris, sauf si un accord fixant les conditions d'un retrait plus rapide intervient entre la commune de Paris et les trois départements.

Pendant la période prévue à l'alinéa ci-dessus ou à défaut d'accord exprès ou de conventions, les charges continuent à être réparties proportionnellement à la dernière valeur connue du potentiel fiscal. – *[Décr. nº 73-172 du 21 févr. 1973, art. 3.]*

Art. R. 2512-29 Un comité de coordination est chargé d'examiner les problèmes concernant les services régis par l'article R. 2512-27. Ce comité est consulté sur tous les projets de décisions concernant la gestion des services communs et ayant pour effet de mettre des dépenses nouvelles à la charge des collectivités.

La composition et les règles de fonctionnement de ce comité sont fixées par arrêté du ministre de l'Intérieur. – *[Décr. nº 73-172 du 21 févr. 1973, art. 4.]*

Art. R. 2512-29-1 *(Décr. nº 2021-653 du 26 mai 2021, art. 6)* « I. – Pour l'application du premier alinéa de l'article L. 2512-28 :

« – les recettes réelles de fonctionnement de la Ville de Paris sont affectées d'un coefficient de 29,13 % pour la part départementale et d'un coefficient de 70,87 % pour la part communale ;

« – les dépenses réelles de fonctionnement de la Ville de Paris sont affectées d'un coefficient de 31,42 % pour la part départementale et de 68,58 % pour la part communale.

« II. — » *(Décr. n° 2020-606 du 19 mai 2020, art. 15)* **Pour l'application du second alinéa de l'article L. 2512-28, le produit de la taxe foncière sur les propriétés bâties perçu par la Ville de Paris est affecté d'un coefficient de 37,85 % pour la part départementale et d'un coefficient de 62,15 % pour la part communale.**

SOUS-SECTION 4 Cimetières et opérations funéraires (R)

Art. R. 2512-30 **Le maire délivre l'autorisation d'inhumation, prévue à l'article R. 2213-31, lorsque le corps est inhumé dans l'un des cimetières parisiens même si celui-ci est situé en dehors du territoire de Paris.** — *[C. communes, art. R.** 394-3.]*

Art. R. 2512-31 **Dans le cas prévu à l'article R. 2223-13, lorsque le maire ou son délégué se rend au cimetière pour constater l'état d'abandon d'une concession, il peut être accompagné par le commissaire de police ou, à défaut de ce dernier, par un agent assermenté du personnel de surveillance du cimetière.** — *[C. communes, art. R.** 394-4.]*

Art. R. 2512-32 **Les affiches prévues à l'article R. 2223-16 font l'objet d'un affichage à la porte de la conservation de chaque cimetière.** — *[C. communes, art. R.** 394-5.]*

Art. R. 2512-33 **Dans le cas prévu à l'article R. 2223-6, les noms des personnes sont, en outre, inscrits sur un registre spécial avec répertoire alphabétique par noms de propriétaires.**

Le registre, tenu au bureau de la conservation du cimetière où l'ossuaire a été édifié, doit présenter, en ce qui concerne la reliure, le papier et l'encre, les mêmes garanties de solidité et de durée que les registres de l'état civil.

Le registre est établi en double minute pour être tenu tant à la conservation du cimetière d'origine qu'à celle du cimetière où a été édifié l'ossuaire. — *[C. communes, art. R.** 394-6.]*

Art. R. 2512-34 **Le préfet de police exerce les attributions dévolues au préfet par les** *(Décr. n° 2024-790 du 10 juill. 2024, art. 1er)* **« articles R. 2213-22, R. 2213-24, R. 2213-32, R. 2213-33 et R. 2213-35 ».**

Les dispositions issues du Décr. n° 2024-790 du 10 juill. 2024 sont applicables aux opérations funéraires relatives à des personnes décédées postérieurement à leur entrée en vigueur (Décr. préc., art. 3).

Art. R. 2512-35 *(Abrogé par Décr. n° 2025-53 du 17 janv. 2025, art. 4)* ***Le préfet de police exerce les attributions dévolues au maire par les articles*** *(Décr. n° 2011-121 du 28 janv. 2011, art. 56)* ***« R. 2213-2-2 », R. 2213-5, R. 2213-7, R. 2213-13, R. 2213-14, R. 2213-21, R. 2213-29, R. 2213-40, R. 2213-44, R. 2223-78 et R. 2223-95.***

(Décr. n° 2010-917 du 3 août 2010, art. 9) ***« L'avis prévu à l'article R. 2213-10 et le procès-verbal prévu à l'article R. 2213-44 sont adressés au préfet de police. »***

Art. R. 2512-36 **Dans le cas prévu à l'article** *(Décr. n° 2010-917 du 3 août 2010, art. 10)* **« R. 2213-45 »,** *(Décr. n° 2024-790 du 10 juill. 2024, art. 1er)* **« les deux scellés apposés sur le cercueil afin de garantir son inviolabilité permettent d'identifier le commissariat de police ».**

Les dispositions issues du Décr. n° 2024-790 du 10 juill. 2024 sont applicables aux opérations funéraires relatives à des personnes décédées postérieurement à leur entrée en vigueur (Décr. préc., art. 3).

Art. R. 2512-37 *Abrogé par Décr. n° 2010-917 du 3 août 2010, art. 11.*

CHAPITRE III DISPOSITIONS SPÉCIFIQUES AUX COMMUNES DE MARSEILLE ET DE LYON

SECTION 1 Organisation

SOUS-SECTION 1 Organisation de la commune de Marseille (R)

Art. D. 2513-1 **La commune de Marseille est divisée en seize arrondissements municipaux, conformément au tableau des quartiers et au plan annexés au décret n° 46-2285 du 18 octobre 1946.** — *[C. communes, art. R. 185-5.]*

Art. R. 2513-2 Le centre communal d'action sociale de Marseille est soumis aux dispositions des articles 39 et 40 du décret n° 95-562 du 6 mai 1995 relatif aux centres communaux et intercommunaux d'action sociale ainsi qu'aux sections de centre communal d'action sociale des communes associées et portant dispositions particulières applicables aux centres communaux d'action sociale de Marseille et de Lyon *[V. désormais **CASF**, art. R. 123-62 à R. 123-64]*.

SOUS-SECTION 2 **Organisation de la commune de Lyon (R)**

Art. D. 2513-3 La commune de Lyon est divisée en neuf arrondissements municipaux conformément au plan annexé au décret n° 64-846 du 12 août 1964. – *[C. communes, art. R. 185-2.]*

Art. R. 2513-4 Le centre communal d'action sociale de Lyon est soumis aux dispositions du décret n° 95-562 du 6 mai 1995 relatif aux centres communaux et intercommunaux d'action sociale ainsi qu'aux sections de centre communal d'action sociale des communes associées et portant dispositions particulières applicables aux centres communaux d'action sociale de Marseille et de Lyon *[V. désormais au **CASF**, art. R. 123-1 s.]*.

SECTION 2 **Attributions**

Art. R. 2513-5 *(Décr. n° 2007-449 du 25 mars 2007)* I. – Le bataillon de marins-pompiers de Marseille est une formation de la marine nationale à compétence territoriale particulière investie, à titre permanent, d'une mission de sécurité civile au sens de l'article L. 721-2 du code de la sécurité intérieure.

Il exerce les missions mentionnées à l'article L. 1424-2, conformément aux dispositions de l'article L. 2513-3, dans les conditions suivantes :

a) Sous la direction et d'après les ordres du maire sur le territoire de la commune et dans les ports de Marseille, au titre du I de l'article L. 2513-3 ;

b) Sous la direction de l'autorité de police compétente dans les bassins et installations exploités directement par le Port autonome de Marseille et situés dans la circonscription administrative de celui-ci, au titre du II de l'article L. 2513-3 et du code des ports maritimes ;

c) Sous la direction de l'autorité de police compétente sur les pistes, sur le tarmac, et dans les installations techniques et les bâtiments nécessaires au fonctionnement de l'aérodrome de Marseille-Provence-Marignane et placés sous la responsabilité du gestionnaire de celui-ci ainsi que sur les plans d'eau inclus dans la zone voisine de l'aérodrome, au titre du II de l'article L. 2513-3 et du code de l'aviation civile ;

Il assure les missions prévues au III de l'article L. 2513-3 sous la direction du responsable de l'établissement bénéficiaire du service et dans les limites territoriales de celui-ci.

La charge financière des prestations visées au même III incombe aux établissements ou organismes ayant demandé à en bénéficier.

II. – Ces missions sont assurées en application des dispositions combinées des articles susvisés et de l'ensemble des textes à caractère réglementaire définissant le rôle des services départementaux d'incendie et de secours en matière de prévention, de prévision et de conduite des opérations.

III. – Le bataillon de marins-pompiers de Marseille participe également dans sa zone de compétence aux enseignements et aux jurys d'examens sanctionnant les actions de formation ou de sensibilisation du public aux techniques ou métiers de la sécurité civile.

(Décr. n° 2015-1564 du 30 nov. 2015, art. 2) « IV. – Le bataillon de marins-pompiers de Marseille peut également apporter son concours aux représentants de l'État en mer dans les conditions prévues à l'article R. 1321-5 du code de la défense. »

Art. R. 2513-6 *(Décr. n° 2007-449 du 25 mars 2007)* Le commandement du bataillon est exercé par un officier général du corps des officiers de marine.

Le commandant du bataillon dispose d'adjoints auxquels il peut déléguer sa signature dans la limite de leurs attributions respectives.

Le bataillon de marins-pompiers de Marseille est placé :

– pour emploi, sous l'autorité du maire de Marseille agissant dans le cadre de ses attributions en matière de secours et de défense contre l'incendie ;

— organiquement, sous l'autorité de l'officier général, commandant l'arrondissement maritime Méditerranée.

Ses effectifs sont fixés par le ministère de la défense sur demande délibérée en conseil municipal de la ville de Marseille.

Il intervient en dehors des limites territoriales définies par l'article R. 2513-5 sur décision du ministre de l'Intérieur, du préfet de la zone de défense Sud ou du préfet des Bouches-du-Rhône.

Art. R. 2513-7 *(Décr. nº 2007-449 du 25 mars 2007)* Le maire de Marseille peut accorder une délégation de signature au commandant du bataillon de marins-pompiers de Marseille et, en cas d'absence ou d'empêchement de celui-ci, au remplaçant désigné du commandant ou aux autres adjoints le cas échéant.

Art. R. 2513-8 *(Décr. nº 2007-449 du 25 mars 2007)* Le commandant du bataillon de marins-pompiers de Marseille est chargé, dans la zone de compétence prévue au titre du I et du II de l'article L. 2513-3 et pour les missions définies à l'article R. 2513-5, de la mise en œuvre de l'ensemble des moyens de secours et de défense contre l'incendie, dans les conditions prévues par un règlement opérationnel arrêté par le préfet des Bouches-du-Rhône conformément à l'article L. 1424-4 et publié au recueil des actes administratifs du département.

Dans la zone de compétence mentionnée à l'alinéa précédent, le commandement des opérations de secours, au sens de l'article R. 1424-43, relève du commandant du bataillon.

Ce commandement peut être exercé par un officier, officier marinier ou marin-pompier du bataillon, dans les conditions fixées par le règlement opérationnel.

Art. R. 2513-9 *(Décr. nº 2007-449 du 25 mars 2007)* Le bataillon de marins-pompiers de Marseille participe à l'élaboration et à la mise en œuvre des mesures prévues par l'article L. 1321-2 du code de la défense en matière de défense civile ainsi qu'à celles des plans d'organisation des secours prévus aux articles L. 741-1 à L. 741-6 du code de la sécurité intérieure.

Le règlement opérationnel détermine les conditions dans lesquelles le bataillon des marins-pompiers et le service départemental d'incendie et de secours mettent à disposition de l'autorité de police compétente les renforts que les situations opérationnelles exigent.

Art. R. 2513-10 *(Décr. nº 2007-449 du 25 mars 2007)* Le bataillon de marins-pompiers de Marseille se compose d'un état-major, d'unités d'intervention, d'unités de service et de soutien, d'unités d'instruction, dont l'école des marins-pompiers, ainsi que d'un service de santé et de secours médical.

Un arrêté du ministre de la Défense, pris après avis du conseil municipal de la ville de Marseille, précise l'organisation opérationnelle et les modalités d'administration de la formation.

Art. R. 2513-11 *(Décr. nº 2007-449 du 25 mars 2007)* Le service de santé et de secours médical du bataillon de marins-pompiers de Marseille participe, dans son domaine de compétence, à l'exercice des missions prévues à l'article L. 1424-2.

À cet effet, il concourt en particulier à l'aide médicale urgente telle que définie par l'article L. 6311-1 du code de la santé publique.

Le service de santé et de secours médical assure également la médecine d'aptitude, d'hygiène et de prévention, d'urgence et de soins au profit du personnel militaire ou civil sous contrat du bataillon.

Il participe à la formation du personnel au secours à personne.

Des médecins civils peuvent apporter leur concours pour l'exécution des missions confiées aux médecins des armées chargés du fonctionnement du service de santé et de secours médical du bataillon.

Art. R. 2513-12 *(Décr. nº 2007-449 du 25 mars 2007)* Des agents administratifs ou techniques de la ville de Marseille peuvent apporter leur concours aux taches d'administration et de soutien de la formation confiées aux personnels militaires chargés du fonctionnement du bataillon.

Ils sont placés sous l'autorité du commandant du bataillon en sa qualité de directeur des services de secours et d'incendie de la ville de Marseille.

Art. R. 2513-13 *(Décr. n° 2007-449 du 25 mars 2007)* Le commandant du bataillon de marins-pompiers de Marseille dispose du centre opérationnel des services de secours et d'incendie de Marseille (COSSIM) afin d'assurer, conformément aux dispositions de l'article L. 732-5 du code de la sécurité intérieure :

1° La réception, le traitement des appels et la réorientation éventuelle des demandes de secours ;

2° La coordination des moyens d'incendie et de secours dans le secteur de compétence du bataillon ;

3° La coordination avec le CODIS des Bouches-du-Rhône, dans les conditions déterminées par le règlement opérationnel départemental.

Le centre opérationnel des services de secours et d'incendie du bataillon est interconnecté avec le centre de réception et de régulation des appels des unités participant au service d'aide médicale urgente, appelées SAMU, du département des Bouches-du-Rhône, ainsi qu'avec les dispositifs de réception des appels destinés aux services de police de ce département.

Pour les interventions relevant de la gestion quotidienne des secours, les relations entre le bataillon de marins-pompiers de Marseille, le SAMU des Bouches-du-Rhône et le service départemental d'incendie et de secours des Bouches-du-Rhône sont organisées par voie de conventions conclues entre le maire de Marseille, le directeur général des hôpitaux de Marseille, le président du conseil d'administration du service départemental d'incendie et de secours et le préfet des Bouches-du-Rhône.

Art. R. 2513-14 *(Décr. n° 2007-449 du 25 mars 2007)* Le bataillon de marins-pompiers de Marseille est habilité à dispenser, au profit de son personnel et de celui des autres formations de la défense, les enseignements relatifs à la prévention et à la lutte contre les incendies et les périls de toute nature.

À ce titre, il est agréé comme organisme de formation par des arrêtés du ministre de l'Intérieur et du ministre de la Défense.

Ces arrêtés précisent les responsabilités du commandant du bataillon de marins-pompiers de Marseille et déterminent les modalités d'organisation et de contrôle de la formation.

Le bataillon de marins-pompiers peut également organiser au profit des personnels ne relevant pas de la filière sapeurs-pompiers des entraînements ou formations spécifiques agréées et sanctionnées au nom des autorités dont ils relèvent.

Dans le cadre du schéma national de formation des sapeurs-pompiers professionnels et volontaires, la direction de la défense et de la sécurité civile peut confier au bataillon de marins-pompiers l'organisation de formations et d'entraînements dans les domaines où l'expérience de celui-ci aura été reconnue.

Art. R. 2513-14-1 *(Décr. n° 2015-235 du 27 févr. 2015, art. 5)* Pour l'application du chapitre V "Défense extérieure contre l'incendie" du titre II du livre II de la deuxième partie à la commune de Marseille et dans le périmètre d'intervention défini à l'article R. 2513-5, les mots : "service départemental d'incendie et de secours" sont remplacés par les mots : "bataillon de marins-pompiers de Marseille".

SECTION 3 **Dispositions financières**

Art. D. 2513-15 Les limites dans lesquelles, en application de l'article L. 2513-4, un supplément pour risques peut être alloué aux marins-pompiers appartenant au bataillon de marins-pompiers de Marseille, sont fixées par un décret pris sur le rapport du ministre de l'Économie et des Finances, du *(Décr. n° 2004-106 du 29 janv. 2004, art. 10)* « ministre de la Défense » et du ministre de l'Intérieur.

TITRE II COMMUNES DES DÉPARTEMENTS DES HAUTS-DE-SEINE, DE LA SEINE-SAINT-DENIS ET DU VAL-DE-MARNE

CHAPITRE I ATTRIBUTIONS

Art. R. 2521-1 Les communes des départements des Hauts-de-Seine, de la Seine-Saint-Denis et du Val-de-Marne sont soumises aux règles applicables aux communes sous réserve des dispositions du présent chapitre et des autres dispositions qui leur sont propres. – *[C. communes, art. R.* 393-1.]*

SECTION 1 Police

Pas de dispositions réglementaires codifiées.

SECTION 2 Secours et défense contre l'incendie

Art. R. 2521-2 La brigade de sapeurs-pompiers de Paris assure sa mission dans les départements des Hauts-de-Seine, de la Seine-Saint-Denis et du Val-de-Marne.

À cet effet, elle est à la disposition du préfet de police de Paris. – *[C. communes, art. R.* 393-2.]*

Art. R. 2521-3 *(Décr. nº 2015-235 du 27 févr. 2015, art. 6)* Pour l'application aux communes des départements des Hauts-de-Seine, de la Seine-Saint-Denis et du Val-de-Marne du chapitre V "Défense extérieure contre l'incendie" du titre II du livre II de la deuxième partie :

1° Les mots : "préfet de département" sont remplacés par les mots : "préfet de police" ;

2° Les mots : "service départemental d'incendie et de secours" sont remplacés par les mots : "brigade de sapeurs-pompiers de Paris" ;

3° Les mots : "règlement départemental de défense extérieure contre l'incendie" sont remplacés par les mots : "règlement interdépartemental de défense extérieure contre l'incendie" ;

4° Au II de l'article R. 2225-3, les mots : "schéma départemental d'analyse et de couverture des risques défini à l'article L. 1424-7" sont remplacés par les mots : "schéma interdépartemental d'analyse et de couverture des risques défini à l'article R. 1321-23 du code de la défense" ;

5° Au III de l'article R. 2225-3, les mots : "l'article L. 1424-2" sont remplacés par les mots : "les articles R. 1321-19 et R. 1321-20 du code de la défense" ;

6° Au III de l'article R. 2225-3, les mots : "après avis du conseil d'administration du service départemental d'incendie et de secours" ne sont pas applicables.

SECTION 3 *[ABROGÉE]* Opérations funéraires et cimetières (R)

(Abrogée par Décr. nº 2010-917 du 3 août 2010, art. 11)

Art. R. 2521-3 *Abrogé par Décr. nº 2010-917 du 3 août 2010, art. 11.*

CHAPITRE II DISPOSITIONS FINANCIÈRES

SECTION 1 Dotation globale d'équipement

Pas de dispositions réglementaires codifiées.

SECTION 2 Brigade de sapeurs-pompiers de Paris

Art. D. 2522-1 Le versement des contributions prévues à l'article L. 2522-2 pour le financement des dépenses de la brigade de sapeurs-pompiers de Paris intervient dans les conditions ci-après :

a) En ce qui concerne les dépenses de fonctionnement, les communes des départements des Hauts-de-Seine, de la Seine-Saint-Denis et du Val-de-Marne s'acquittent chaque année, au titre de l'exercice en cours, du versement d'acomptes correspondant chacun à 30 % de leur contribution prévisionnelle telle qu'elle résulte du montant de la recette inscrite à ce titre à la section de fonctionnement du budget spécial de la préfecture de police. Ces acomptes doivent être payés au plus tard les 15 février, 15 mai et 15 août. Le solde de la contribution due au titre de l'exercice considéré est acquitté au vu du résultat du compte administratif ;

b) En ce qui concerne les dépenses d'investissement, à l'exclusion de celles financées par prélèvement sur les recettes de fonctionnement et des travaux en régie, la participation des collectivités concernées aux dépenses de l'exercice en cours est acquittée à la fin de chaque trimestre au vu d'un état récapitulatif des mandats émis par le préfet de police au cours de ce trimestre. – *[Décr. n° 89-561 du 11 août 1989, art. 1er à 3.]*

TITRE III COMMUNES DE LA RÉGION D'ÎLE-DE-FRANCE

CHAPITRE I DISPOSITIONS FINANCIÈRES

Art. R. 2531-1 Les dispositions réglementaires du livre VI de la première partie *[art. D. 1611-1 s.]* et celles du livre III de la présente partie *[art. R. 2311-1 s.]* à l'exception des articles D. 2333-83 à D. 2333-104 sont applicables aux communes de la région d'Île-de-France sous réserve des dispositions du présent chapitre. – *[C. communes, art. R.* 263-1.]*

SECTION 1 Versement destiné au financement des services de mobilité *(Décr. n° 2020-805 du 29 juin 2020, art. 1er).*

Art. D. 2531-2 *(Décr. n° 2022-136 du 5 févr. 2022, art. 2)* « Île-de-France Mobilités est crédité mensuellement du montant dû au titre du versement destiné au financement des services de mobilité, après déduction des frais prévus au 5° de l'article L. 225-1-1 du code de la sécurité sociale. »

(Décr. n° 2017-858 du 9 mai 2017, art. 3) « Les modalités de reversement des sommes par l'Agence centrale des organismes de sécurité sociale et la caisse centrale de la Mutualité sociale agricoles sont » précisées par arrêté du ministre de l'Intérieur, du ministre chargé de la sécurité sociale, du ministre chargé du *(Décr. n° 2017-858 du 9 mai 2017, art. 3)* « budget[,] du ministre chargé de l'agriculture » et du ministre chargé des transports ; – *V. Arr. du 23 juill. 2014, ss. art. D. 2333-84.*

Les dispositions issues du Décr. n° 2022-136 du 5 févr. 2022 sont applicables aux versements réalisés par l'organisme mentionné à l'art. L. 225-1-1 CSS à compter du 1er janv. 2022 (Décr. préc., art. 4).

Art. D. 2531-3 L'organisme ou le service de recouvrement fournit *(Décr. n° 2020-1007 du 6 août 2020, art. 1er)* « à Île-de-France Mobilités » les attestations de paiement individuelles ou collectives nécessaires aux remboursements prévus aux articles L. 2531-6 et L. 2531-7.

Art. D. 2531-4 Les demandes de remboursement sont adressées trimestriellement pour les assujettis *(Décr. n° 2020-1007 du 6 août 2020, art. 1er)* « à Île-de-France Mobilités » accompagnées de toutes pièces justificatives utiles, afin de lui permettre d'exercer le contrôle prévu à l'article L. 2531-10.

Art. D. 2531-5 Le périmètre d'urbanisation des villes nouvelles en vigueur ou à créer mentionné au 2° de l'article L. 2531-6 est fixé dans les conditions prévues par les articles L. 5311-1 à L. 5311-3.

À défaut de publication de l'arrêté, du décret ou des décrets portant création des agglomérations nouvelles, le périmètre pris en considération est celui qui est défini par les décrets instituant les établissements publics d'aménagement des villes nouvelles, à l'intérieur duquel ces établissements publics sont habilités de plein droit à procéder à toutes opérations de nature à faciliter l'aménagement d'agglomérations nouvelles. – *[C. communes, art. R. 263-5.]*

Art. R. 2531-6 *(Décr. n° 2012-463 du 6 avr. 2012)* La liste des communes mentionnée au 2° de l'article L. 2531-4 est arrêtée selon le tableau suivant :

Département de Seine-et-Marne	Boissise-le-Roi, Brou-sur-Chantereine, Bussy-Saint-Georges, Bussy-Saint-Martin, Carnetin, Cesson, Chalifert, Champs-sur-Marne, Chanteloup-en-Brie, Chelles, Chessy, Collégien, Combs-la-Ville, Conches-sur-Gondoire, Courtry, Croissy-Beaubourg, Dammarie-les-Lys, Dampmart, Émerainville, Ferrières-en-Brie, Gouvernes, Guermantes, Lagny-sur-Marne, Lésigny, Lieusaint, Livry-sur-Seine, Lognes, Le Mée-sur-Seine, Melun, Le Mesnil-Amelot, Mitry-Mory, Moissy-Cramayel, Montévrain, Nandy, Noisiel, Ozoir-la-Ferrière, Pomponne, Pontault-Combault, Pringy, La Rochette, Roissy-en-Brie, Rubelles, Saint-Fargeau-Ponthierry, Saint-Thibault-des-Vignes, Savigny-le-Temple, Servon, Thorigny-sur-Marne, Torcy, Vaires-sur-Marne, Vaux-le-Pénil, Vert-Saint-Denis, Villeparisis.
Département des Yvelines	Achères, Andrésy, Aubergenville, Auffreville-Brasseuil, Bazoches-sur-Guyonne, Bois-d'Arcy, Bougival, Buc, Buchelay, Carrières-sous-Poissy, Carrières-sur-Seine, La Celle-Saint-Cloud, Chambourcy, Chanteloup-les-Vignes, Chapet, Chatou, Le Chesnay, Chevreuse, Les Clayes-sous-Bois, Coignières, Conflans-Sainte-Honorine, Croissy-sur-Seine, Élancourt, L'Étang-la-Ville, Évecquemont, Flins-sur-Seine, Follainville-Dennemont, Fontenay-le-Fleury, Fourqueux, Gaillon-sur-Montcient, Gargenville, Guyancourt, Hardricourt, Houilles, Issou, Jouars-Pontchartrain, Jouy-en-Josas, Juziers, Limay, Les Loges-en-Josas, Louveciennes, Magnanville, Magny-les-Hameaux, Maisons-Laffitte, Mantes-la-Jolie, Mantes-la-Ville, Mareil-Marly, Marly-le-Roi, Maurecourt, Maurepas, Médan, Le Mesnil-le-Roi, Le Mesnil-Saint-Denis, Meulan, Mézy-sur-Seine, Montesson, Montigny-le-Bretonneux, Les Mureaux, Neauphle-le-Château, Neauphle-le-Vieux, Orgeval, Le Pecq, Plaisir, Poissy, Porcheville, Le Port-Marly, Rocquencourt, Saint-Cyr-l'École, Saint-Germain-en-Laye, Saint-Rémy-lès-Chevreuse, Saint-Rémy-l'Honoré, Sartrouville, Tessancourt-sur-Aubette, Trappes, Le Tremblay-sur-Mauldre, Triel-sur-Seine, Vaux-sur-Seine, Vélizy-Villacoublay, Verneuil-sur-Seine, Vernouillet, La Verrière, Versailles, Vert, Le Vésinet, Villennes-sur-Seine, Villepreux, Villiers-Saint-Fréderic, Viroflay, Voisins-le-Bretonneux.
Département de l'Essonne	Arpajon, Athis-Mons, Ballainvilliers, Bièvres, Bondoufle, Boussy-Saint-Antoine, Brétigny-sur-Orge, Breuillet, Breux-Jouy, Brunoy, Bruyères-le-Châtel, Bures-sur-Yvette, Champlan, Chilly-Mazarin, Corbeil-Essonnes, Le Coudray-Montceaux, Courcouronnes, Crosne, Draveil, Écharcon, Égly, Épinay-sous-Sénart, Épinay-sur-Orge, Étiolles, Évry, Fleury-Mérogis, Fontenay-le-Vicomte, Gif-sur-Yvette, Gometz-le-Châtel, Grigny, Igny, Juvisy-sur-Orge, Leuville-sur-Orge, Linas, Lisses, Longjumeau, Longpont-sur-Orge, Marcoussis, Massy, Mennecy, Montgeron, Montlhéry, Morangis, Morsang-sur-Orge, Morsang-sur-Seine, La Norville, Nozay, Ollainville, Ormoy, Orsay, Palaiseau, Paray-Vieille-Poste, Le Plessis-Pâté, Quincy-sous-Sénart, Ris-Orangis, Saclay, Saint-Aubin, Sainte-Geneviève-des-Bois, Saint-Germain-lès-Arpajon, Saint-Germain-lès-Corbeil, Saint-Michel-sur-Orge, Saint-Pierre-du-Perray, Saintry-sur-Seine, Saint-Yon, Saulx-les-Chartreux, Savigny-sur-Orge, Soisy-sur-Seine, Varennes-Jarcy, Vauhallan, Verrières-le-Buisson, Vigneux-sur-Seine, Villabé, Villebon-sur-Yvette, La Ville-du-Bois, Villejust, Villemoisson-sur-Orge, Villiers-le-Bâcle, Villiers-sur-Orge, Viry-Châtillon, Wissous, Yerres, Les Ulis.

Département de la Seine-Saint-Denis	Aubervilliers, Aulnay-sous-Bois, Bagnolet, Le Blanc-Mesnil, Bobigny, Bondy, Le Bourget, Clichy-sous-Bois, Coubron, La Courneuve, Drancy, Dugny, Épinay-sur-Seine, Gagny, Gournay-sur-Marne, L'Île-Saint-Denis, Les Lilas, Livry-Gargan, Montfermeil, Montreuil, Neuilly-Plaisance, Neuilly-sur-Marne, Noisy-le-Grand, Noisy-le-Sec, Pantin, Les Pavillons-sous-Bois, Pierrefitte-sur-Seine, Le Pré-Saint-Gervais, Le Raincy, Romainville, Rosny-sous-Bois, Saint-Denis, Saint-Ouen, Sevran, Stains, Tremblay-en-France, Vaujours, Villemomble, Villepinte, Villetaneuse.
Département du Val-de-Marne	Ablon-sur-Seine, Alfortville, Arcueil, Boissy-Saint-Léger, Bonneuil-sur-Marne, Bry-sur-Marne, Cachan, Champigny-sur-Marne, Charenton-le-Pont, Chennevières-sur-Marne, Chevilly-Larue, Choisy-le-Roi, Créteil, Fontenay-sous-Bois, Fresnes, Gentilly, L'Haÿ-les-Roses, Ivry-sur-Seine, Joinville-le-Pont, Le Kremlin-Bicêtre, Limeil-Brévannes, Maisons-Alfort, Mandres-les-Roses, Marolles-en-Brie, Nogent-sur-Marne, Noiseau, Orly, Ormesson-sur-Marne, Périgny, Le Perreux-sur-Marne, Le Plessis-Trévise, La Queue-en-Brie, Rungis, Saint-Mandé, Saint-Maur-des-Fossés, Saint-Maurice, Santeny, Sucy-en-Brie, Thiais, Valenton, Villecresnes, Villejuif, Villeneuve-le-Roi, Villeneuve-Saint-Georges, Villiers-sur-Marne, Vincennes, Vitry-sur-Seine.
Département du Val-d'Oise	Andilly, Argenteuil, Arnouville-lès-Gonesse, Auvers-sur-Oise, Beauchamp, Bessancourt, Bezons, Bonneuil-en-France, Bouffémont, Butry-sur-Oise, Cergy, Champagne-sur-Oise, Cormeilles-en-Parisis, Courdimanche, Deuil-la-Barre, Domont, Eaubonne, Écouen, Enghien-les-Bains, Épiais-lès-Louvres, Éragny, Ermont, Ézanville, Franconville, Frépillon, La Frette-sur-Seine, Garges-lès-Gonesse, Gonesse, Goussainville, Groslay, Herblay, L'Isle-Adam, Jouy-le-Moutier, Margency, Mériel, Méry-sur-Oise, Montigny-lès-Cormeilles, Montlignon, Montmagny, Montmorency, Nesles-la-Vallée, Neuville-sur-Oise, Osny, Parmain, Pierrelaye, Piscop, Le Plessis-Bouchard, Pontoise, Puiseux-Pontoise, Roissy-en-France, Saint-Brice-sous-Forêt, Saint-Gratien, Saint-Leu-la-Forêt, Saint-Ouen-l'Aumône, Saint-Prix, Sannois, Sarcelles, Soisy-sous-Montmorency, Taverny, Le Thillay, Valmondois, Vaudherland, Vauréal, Villiers-Adam, Villiers-le-Bel.

Art. D. 2531-7 *(Décr. nº 2017-858 du 9 mai 2017, art. 3)* Pour l'application des dispositions des articles L. 2531-2 et L. 2531-3, il est tenu compte, ainsi qu'il est prévu à l'article R. 130-2 du code de la sécurité sociale, des salariés affectés au sein de chaque établissement situé dans la région Île-de-France, sauf dans les cas suivants :

1° Pour les salariés titulaires d'un contrat de mission avec une entreprise de travail temporaire ou d'un contrat de travail conclu avec un groupement d'employeurs, il est tenu compte du lieu d'exécution de leur mission ou de leur activité dans la région Île-de-France ;

2° Pour les autres salariés qui exercent leur activité hors d'un établissement de leur employeur, il est tenu compte du lieu où est exercée cette activité plus de trois mois consécutifs dans la région Île-de-France.

Par dérogation aux dispositions du précédent alinéa les salariés affectés aux véhicules des entreprises de transport routier ou aérien qui exercent leur activité à titre principal en dehors de la région Île-de-France sont exclus de la détermination des effectifs servant au calcul du *(Décr. nº 2020-805 du 29 juin 2020, art. 1er)* « versement destiné au financement des services de mobilité ».

Art. R. 2531-8 *Abrogé par Décr. nº 2017-858 du 9 mai 2017, art. 3.*

Art. D. 2531-9 *(Décr. nº 2019-1591 du 31 déc. 2019, art. 2)* « Pour l'application du deuxième alinéa du II de l'article R. 130-1 du code de la sécurité sociale aux » entreprises de travail temporaire, il est tenu compte du nombre des salariés permanents et des salariés intérimaires qui ont été liés à l'entreprise par des contrats de mission pendant une durée totale d'au moins trois mois au cours de l'année de décompte des effectifs mentionnée au I de l'article *(Décr. n° 2019-1591 du 31 déc. 2019, art. 2)* « L. 130-1 du code de la sécurité sociale » employés dans chaque zone au sens de l'article D. 2531-7. Pour établir l'assiette du *(Décr. n° 2020-805 du 29 juin 2020, art. 1er)* « versement destiné au financement des services de mobilité », il est tenu compte des rémunérations dues au titre de l'ensemble des salariés intérimaires employés par les entreprises redevables dans chaque zone au cours de l'année d'assujettissement au *(Décr. n° 2020-805 du 29 juin 2020, art. 1er)* « versement mobilité » à compter du premier jour de leur mission et quelle que soit la durée de celle-ci.

Art. D. 2531-10 *(Décr. n° 2014-836 du 23 juill. 2014, art. 1er)* Les employeurs redevables du *(Décr. n° 2020-805 du 29 juin 2020, art. 1er)* « versement destiné au financement des services de mobilité » sont soumis, en ce qui concerne sa liquidation, son paiement, son recouvrement, son contrôle et son contentieux, aux mêmes règles que celles applicables aux cotisations de sécurité sociale qu'ils acquittent ainsi qu'aux dispositions des articles D. 2531-14 et D. 2531-15.

Art. D. 2531-11 à D. 2531-13 *Abrogés par Décr. n° 2014-836 du 23 juill. 2014, art. 2.*

Art. D. 2531-14 Lorsque le paiement d'un redevable est inférieur à sa dette globale, ce paiement est affecté par priorité aux cotisations de sécurité sociale. – *[C. communes, art. R. 263-16.]*

Art. D. 2531-15 La mise en demeure adressée par l'organisme de recouvrement en application de l'article L. 244-2 du code de la sécurité sociale *(Décr. n° 2017-858 du 9 mai 2017, art. 3)* « ou de l'article L. 725-3 du code rural et de la pêche maritime » peut se borner à indiquer la nature des créances — cotisations de sécurité sociale et *(Décr. n° 2020-805 du 29 juin 2020, art. 1er)* « versement destiné au financement des services de mobilité » — sans préciser leur montant respectif. Il en est de même pour les majorations de retard.

Art. D. 2531-16 et D. 2531-17 *Abrogés par Décr. n° 2014-836 du 23 juill. 2014, art. 2.*

Art. R. 2531-18 à R. 2531-22 *Abrogés par Décr. n° 2017-858 du 9 mai 2017, art. 3.*

Art. R. 2531-22-1 I. — *(Décr. n° 2020-1007 du 6 août 2020, art. 1er)* « Île-de-France Mobilités » peut demander la communication par les organismes mentionnés aux articles L. 213-1 et L. 752-4 du code de la sécurité sociale *(Décr. n° 2017-858 du 9 mai 2017, art. 3)* « ou de l'article L. 723-3 du code rural et de la pêche maritime » des données et informations collectées à l'occasion du recouvrement du versement *(Décr. n° 2020-801 du 29 juin 2020, art. 2)* « destiné au financement des services de mobilité » dans les conditions prévues au II de l'article L. 2531-6.

Cette demande porte exclusivement sur la transmission des éléments recueillis lors du recouvrement du versement *(Décr. n° 2020-801 du 29 juin 2020, art. 2)* « mobilité » relatif au périmètre de compétence du demandeur et reversé pour son compte.

II. — L'autorité destinataire des informations transmises par les organismes précités est le directeur général *(Décr. n° 2020-1007 du 6 août 2020, art. 1er)* « d'Île-de-France Mobilités ».

Elle peut désigner à cet effet un ou plusieurs membres de son personnel administratif dont l'identité est préalablement déclarée à l'organisme chargé du recouvrement du versement *(Décr. n° 2020-801 du 29 juin 2020, art. 2)* « mobilité ».

III. — Les dispositions des III à VII de l'article R. 2333-104-1 sont applicables à la transmission d'information *(Décr. n° 2020-1007 du 6 août 2020, art. 1er)* « à Île-de-France Mobilités ».

SECTION 2 Fonds de solidarité des communes de la région d'Île-de-France

SOUS-SECTION 1 Comité d'élus de la région d'Île-de-France (R)

Art. R. 2531-23 En cas d'empêchement, les membres du comité visé à l'article L. 2531-12 peuvent se faire représenter.

Le remplacement des présidents du conseil régional et des conseils départementaux est assuré par un vice-président.

Le remplacement du maire de Paris est assuré par un adjoint ou, à défaut, par un conseiller de Paris.

Le remplacement des représentants des groupements de communes et des maires est assuré par des suppléants élus en même temps qu'eux et selon les mêmes modalités. – *[C. communes, art. R. 263-41.]*

Art. R. 2531-24 Les fonctions de membre du comité sont renouvelables.

Les présidents du conseil régional et des conseils départementaux et le maire de Paris siègent pour la durée de leur mandat.

Le mandat des représentants élus des présidents de groupements de communes et des maires expire à l'occasion du renouvellement général des conseils municipaux.

Toutefois le mandat des membres du comité se trouve prorogé jusqu'à l'installation des membres titulaires et suppléants qui les remplacent. – *[C. communes, art. R. 263-42.]*

Art. R. 2531-25 Pour l'élection des représentants des présidents de groupements de communes et des maires, chaque électeur dispose d'une voix. Il ne peut voter que pour une liste complète, sans radiation ni adjonction de nom et sans modifier l'ordre de présentation des candidats. Chaque liste comprend autant de candidats que de sièges à pourvoir. Chaque candidature d'un représentant titulaire est assortie de celle d'un suppléant.

Les candidats proclamés élus sont désignés selon l'ordre décroissant des voix revenant à chaque liste et, au sein de chaque liste, selon l'ordre de présentation qu'elle comporte. Toutefois, dans le cas où cette désignation conduirait à ne pas assurer la représentation, d'une part, de deux présidents de syndicats d'agglomération nouvelle, d'autre part, d'un président d'un autre groupement de communes, le siège est attribué au premier candidat de la liste attributaire ayant la qualité requise pour assurer cette représentation.

Art. R. 2531-26 En cas de décès ou de démission d'un membre titulaire élu ou de la perte de la qualité au titre de laquelle il a été élu, il est remplacé par son suppléant.

Si, pour des motifs de même nature, le suppléant n'est pas en mesure de siéger, il est fait appel au premier candidat titulaire non élu dans l'ordre de présentation de la liste. Toutefois, pour le remplacement soit d'un président de communauté ou de syndicat d'agglomération, soit d'un président d'un autre groupement de communes, il ne peut être fait appel dans cet ordre de présentation qu'à un candidat ayant la même qualité.

Lorsqu'il ne peut être procédé à un remplacement selon les modalités prévues à l'alinéa précédent avant le douzième mois précédant le renouvellement général des conseils municipaux, il est procédé dans un délai de trois mois à des élections partielles ; l'ensemble des membres du collège correspondant prend part au scrutin. – *[C. communes, art. R. 263-44.]*

Art. R. 2531-27 L'élection des représentants de groupements de communes et des maires a lieu par bulletin de vote adressé par lettre recommandée à la préfecture de la région d'Île-de-France, préfecture de Paris.

Les bulletins de vote sont recensés par une commission comprenant :

1° Le préfet de la région d'Île-de-France ou son représentant, président ;

2° Un président de groupement de communes de la région d'Île-de-France, désigné par le préfet de la région d'Île-de-France ;

3° Un maire de la région d'Île-de-France, désigné par le préfet de la région d'Île-de-France.

Le secrétariat est assuré par un fonctionnaire de la préfecture. – *[C. communes, art. R. 263-45.]*

Art. R. 2531-28 Les candidatures doivent être déposées à la préfecture de la région d'Île-de-France, préfecture de Paris à une date fixée par arrêté préfectoral.

Cet arrêté porte également la date limite d'envoi ou éventuellement du dépôt des bulletins de vote à la préfecture de la région d'Île-de-France, préfecture de Paris.

Chaque bulletin est mis sous double enveloppe ; l'enveloppe extérieure doit porter la mention "Élection des membres du comité d'élus de la région d'Île-de-France", l'indication du collège électoral auquel appartient le votant, son nom, son prénom, sa qualité, sa signature. – *[C. communes, art. R. 263-46.]*

Art. R. 2531-29 Le comité élit en son sein son président, au scrutin secret à la majorité absolue.

Si, après deux tours de scrutin, aucun membre du comité n'a obtenu la majorité absolue, il est procédé à un troisième tour de scrutin et l'élection a lieu à la majorité relative.

En cas d'égalité de suffrages, le plus âgé est déclaré élu.

Le président est élu jusqu'au renouvellement des représentants des groupements de communes et maires consécutif au renouvellement général des conseils municipaux. Toutefois, il est procédé à une nouvelle élection en cas de décès, de démission ou de perte de la qualité au titre de laquelle il a été élu. – *[C. communes, art. R. 263-47.]*

Art. R. 2531-30 Les élections des membres du comité et du président peuvent être contestées devant le Conseil d'État par tout électeur, par les candidats et par le ministre chargé des collectivités locales, dans les dix jours qui suivent la publication des résultats au *Journal officiel*, à l'initiative du préfet de la région d'Île-de-France. – *[C. communes, art. R. 263-48.]*

Art. R. 2531-31 Le comité établit son règlement intérieur. Celui-ci est approuvé par le ministre chargé des collectivités locales.

Le ministre chargé de la ville et le ministre de l'Intérieur ou leurs représentants assistent aux séances du comité.

Le comité se réunit au moins *(Décr. n° 2019-701 du 3 juill. 2019, art. 3)* « une » fois par an. En application de l'article L. 2531-12 il est saisi pour avis de la répartition des crédits du fonds de solidarité des communes de la région d'Île-de-France.

Le secrétariat est assuré par le préfet de la région d'Île-de-France, ou son représentant.

Le comité est convoqué toutes les fois qu'il est nécessaire par son président soit d'office, soit à la demande de la moitié au moins des membres ; en outre, il peut être convoqué par décision du ministre chargé des collectivités territoriales.

Toutefois, le comité ne peut délibérer valablement que si la moitié au moins de ses membres titulaires ou suppléants en exercice assiste à la séance. Dans le cas où le quorum n'est pas atteint, il est aussitôt procédé à une nouvelle convocation par *(Décr. n° 2019-701 du 3 juill. 2019, art. 3)* « courrier simple ou électronique ». Le comité peut alors délibérer quel que soit le nombre des membres présents.

Les avis sont rendus à la majorité absolue des membres présents ; en cas de partage égal des voix, la voix du président est prépondérante.

SOUS-SECTION 2 Prélèvement et versement des ressources du fonds de solidarité des communes de la région d'Île-de-France (R)

Art. R. 2531-32 Pour le calcul du *(Décr. n° 2012-717 du 7 mai 2012, art. 3)* « prélèvement prévu au II » de l'article L. 2531-13, le potentiel financier par habitant de chaque commune est déterminé dans les conditions prévues aux articles L. 2334-2 et L. 2334-4. *(Décr. n° 2014-503 du 19 mai 2014, art. 1er)* « Le revenu pris en compte est le dernier revenu fiscal de référence connu. »

(Décr. n° 2012-717 du 7 mai 2012, art. 3) « Pour l'application du *(Décr. n° 2014-503 du 19 mai 2014, art. 1er)* « *c* du 3° » du II de l'article L. 2531-13, les communes qui contribuent pour la première fois sont les communes qui n'ont pas été prélevées au titre du fonds l'année précédant celle au titre de laquelle est réparti le fonds.

« Les prélèvements au titre du fonds sont réalisés mensuellement sur les douzièmes restants à la date de la notification des contributions. »

Art. R. 2531-33 *(Décr. nº 2019-701 du 3 juill. 2019, art. 3)* « Les ressources réparties au I de l'article L. 2531-14 le sont après prélèvement d'un montant égal aux régularisations effectuées l'année précédente. »

(Décr. nº 2012-717 du 7 mai 2012, art. 3) « Pour l'application du III de l'article L. 2531-14, les communes éligibles sont classées en fonction décroissante de leur indice synthétique tel que défini au II de ce même article. »

L'attribution des ressources du fonds est effectuée en fonction des données applicables au 1er janvier de l'année en cours.

Art. R. 2531-34 Le préfet de la région d'Île-de-France est l'ordonnateur du fonds de solidarité des communes de la région d'Île-de-France. Le receveur général des finances de Paris en est le comptable assignataire. – *[C. communes, art. R. 263-52.]*

SOUS-SECTION 3 **Répartition du fonds de solidarité des communes de la région d'Île-de-France (R)**

Art. R. 2531-35 *(Décr. nº 2024-391 du 26 avr. 2024, art. 12)* Le nombre total de logements utilisé pour le calcul du rapport mentionné au 3° du II de l'article L. 2531-14 est celui mentionné à l'article R. 2334-5.

TITRE IV **COMMUNES DES DÉPARTEMENTS DE LA MOSELLE, DU BAS-RHIN ET DU HAUT-RHIN**

CHAPITRE I **ORGANISATION**

SECTION 1 **Dispositions générales**

Art. R. 2541-1 *Abrogé par Décr. nº 2011-574 du 24 mai 2011, art. 3.*

SECTION 2 **Le conseil municipal**

SOUS-SECTION 1 **Fonctionnement**

Art. R. 2541-2 Ne sont pas applicables aux communes des départements de la Moselle, du Bas-Rhin et du Haut-Rhin, les dispositions de l'article R. 2121-7. – *[C. communes, art. R.* 181-1 et R.* 391-1.]*

SOUS-SECTION 2 **Les membres du conseil municipal**

Pas de dispositions réglementaires codifiées.

SOUS-SECTION 3 **Attributions**

Pas de dispositions réglementaires codifiées.

SOUS-SECTION 4 **Régime des délibérations**

Pas de dispositions réglementaires codifiées.

SECTION 3 **Le maire**

Pas de dispositions réglementaires codifiées.

SECTION 4 **Régime juridique des actes pris par les autorités communales et actions contentieuses**

Pas de dispositions réglementaires codifiées.

SECTION 5 **Information et participation des habitants (R)**

Art. R. 2541-3 Les renvois opérés par les articles R. 2142-1, R. 2142-3 et R. 2142-10 en tant qu'ils visent les dispositions législatives du chapitre I du titre II du livre I de la présente partie s'entendent comme visant pour les communes des départements de la Moselle, du Bas-Rhin et du Haut-Rhin les dispositions de l'article L. 2541-2.

CHAPITRE II ADMINISTRATION ET SERVICES COMMUNAUX

SECTION 1 Police

Pas de dispositions réglementaires codifiées.

SECTION 2 Opérations funéraires

Pas de dispositions réglementaires codifiées.

SECTION 3 Biens de la commune

Art. R. 2542-1 Pour l'application de l'article L. 2542-27, le procès-verbal constatant l'état d'abandon est porté à la connaissance du public dans les conditions prévues à l'article R. 2223-16. – *[C. communes, art. R.* 391-3.]*

SECTION 4 Interventions en matière économique et sociale

Pas de dispositions réglementaires codifiées.

CHAPITRE III DISPOSITIONS FINANCIÈRES

SECTION 1 Dispositions générales

Pas de dispositions réglementaires codifiées.

SECTION 2 Budget

Art. R. 2543-1 Les dispositions des articles R. 1612-27 à R. 1612-31 ne s'appliquent pas aux communes des départements de la Moselle, du Bas-Rhin et du Haut-Rhin.

Les dispositions de l'article R. 1612-10, et des articles R. 1612-19 à R. 1612-26 ne s'appliquent pas aux communes visées à l'article L. 2543-2.

SECTION 3 Dépenses

Pas de dispositions réglementaires codifiées.

SECTION 4 Recettes

Pas de dispositions réglementaires codifiées.

SECTION 5 Comptabilité

Art. R. 2543-2 Ne sont pas applicables aux communes des départements de la Moselle, du Bas-Rhin et du Haut-Rhin les dispositions de l'article R. 2342-4. – *[C. communes, art. R.* 261-1.]*

CHAPITRE IV INTÉRÊTS PROPRES À CERTAINES CATÉGORIES D'HABITANTS

SECTION 1 Dispositions générales

Art. R. 2544-1 Ne sont pas applicables aux communes des départements de la Moselle, du Bas-Rhin et du Haut-Rhin les dispositions du titre I du livre IV de la présente partie. – *[C. communes, art. R.* 391-1.]*

SECTION 2 Section de commune possédant un patrimoine séparé

Pas de dispositions réglementaires codifiées.

SECTION 3 Biens communaux et établissements communaux

Pas de dispositions réglementaires codifiées.

SECTION 4 Adjudications publiques en matière de biens communaux

Pas de dispositions réglementaires codifiées.

TITRE V COMMUNES DES DÉPARTEMENTS DE LA HAUTE-CORSE ET DE LA CORSE-DU-SUD

CHAPITRE UNIQUE

Pas de dispositions réglementaires codifiées.

TITRE VI COMMUNES DES DÉPARTEMENTS D'OUTRE-MER

CHAPITRE I ORGANISATION

Art. R. 2561-1 Ne sont pas applicables aux communes des départements de la Guadeloupe, de la Guyane, de la Martinique, *(Décr. n° 2011-330 du 25 mars 2011, art. 2)* « de Mayotte, » et de La Réunion, les dispositions des chapitres III et IV du titre I du livre I de la présente partie.

CHAPITRE II ATTRIBUTIONS

Art. R. 2562-1 *(Décr. n° 2002-122 du 25 janv. 2002, art. 2)* Ne sont pas applicables aux communes de la Guadeloupe, de la Guyane, de la Martinique et de La Réunion les dispositions de l'article R. 2224-33.

CHAPITRE III DISPOSITIONS FINANCIÈRES

SECTION 1 Dispositions applicables aux communes des départements de la Guadeloupe, de la Guyane, de la Martinique et de La Réunion

SOUS-SECTION 1 Dispositions générales (R)

Art. R. 2563-1 Ne sont pas applicables aux communes de la Guadeloupe, de la Guyane, de la Martinique et de La Réunion *(Décr. n° 2020-606 du 19 mai 2020, art. 3)* « , sauf mention contraire, les dispositions des articles R. 2331-1, R. 2331-4 et R. 2334-4 à R. 2334-9 ».

SOUS-SECTION 2 Dotation globale de fonctionnement (R)

Art. R. 2563-2 La majoration de la dotation forfaitaire des communes des départements d'outre-mer prévue à l'article L. 2563-2 est répartie entre ces communes proportionnellement à la population de chaque commune. — *[Décr. n° 94-704 du 17 août 1994, art. 1er.]*

Art. R. 2563-3 *Abrogé par Décr. n° 2020-606 du 19 mai 2020, art. 3.*

Art. R. 2563-4 *(Décr. n° 2009-637 du 8 juin 2009, art. 9) (Décr. n° 2020-606 du 19 mai 2020, art. 3)* « La sous-enveloppe » de la dotation de solidarité urbaine et de cohésion sociale et de la dotation de solidarité rurale *(Décr. n° 2020-606 du 19 mai 2020, art. 3)* « prévue au 1° du II de l'article L. 2334-23-1 » revenant aux communes de chaque département d'outre-mer est répartie entre les communes de ce département proportionnellement à leur population, telle que définie à l'article L. 2334-2.

Art. R. 2563-4-1 *(Décr. n° 2005-298 du 31 mars 2005, art. 8) (Décr. n° 2020-606 du 19 mai 2020, art. 3)* « La sous-enveloppe de la dotation nationale de péréquation mentionnée au 1° du II de l'article L. 2334-23-1 » revenant aux communes de chaque département d'outre-mer est répartie entre celles-ci pour la moitié en proportion de leur population et pour la moitié en proportion du montant total des sommes comprises dans les rôles généraux émis au profit de la commune au titre de l'année précédente pour les impositions suivantes :

a) Taxe foncière *(Décr. n° 2022-1008 du 15 juill. 2022, art. 2)* « sur les propriétés bâties », majorée de la somme correspondant aux exonérations dont ont bénéficié, en application des dispositions des articles 1383 à 1387 du code général des impôts, les constructions nouvelles, additions de constructions et reconstructions *(Décr. n° 2009-637 du 8 juin 2009, art. 9)* « , dans la mesure où elles sont compensées par l'État, ainsi qu'aux exonérations permanentes dont ont bénéficié, en application de l'article 1382 du code général des impôts, les résidences universitaires, les locaux utilisés au casernement des personnels des armées ainsi que les locaux des établissements publics de santé dès lors que ceux-ci occupent plus de 10 % du territoire communal ;

(Décr. n° 2022-1008 du 15 juill. 2022, art. 2) « Son montant est majoré du montant perçu par la commune au titre de la part du prélèvement sur les recettes de l'État prévu au III de l'article 29 de la loi n° 2020-1721 du 29 décembre 2020 de finances pour 2021 compensant la perte de recettes de taxe foncière sur les propriétés bâties ; »

« Son montant est également majoré, dans la mesure où elles sont compensées par l'État, de la somme correspondant aux exonérations prévues aux articles 1390 et 1391 du code général des impôts » ;

b) Taxe foncière sur les propriétés non bâties à concurrence de 30 % de son produit. *(Décr. n° 2009-637 du 8 juin 2009, art. 9)* « Son montant est majoré de la somme correspondant aux exonérations dont ont bénéficié, en application de l'article 1394 du code général des impôts, les terrains des universités, les terrains affectés aux armées ainsi que les terrains des établissements publics de santé dès lors que ceux-ci occupent plus de 10 % du territoire communal » ;

(Décr. n° 2022-1008 du 15 juill. 2022, art. 2) « *c)* Taxe d'habitation sur les résidences secondaires et autres locaux meublés non affectés à l'habitation principale ; »

d) *(Décr. n° 2009-637 du 8 juin 2009, art. 9)* « Taxe d'enlèvement des ordures ménagères ou redevance » d'enlèvement des ordures ménagères prévue à l'article L. 2333-76.

Les communes qui ne perçoivent pas d'attribution au titre de ces impositions participent à la répartition à raison du double de leur population.

(Décr. n° 2009-637 du 8 juin 2009, art. 9) « La population à prendre en compte pour l'application du présent article est celle définie à l'article L. 2334-2 du présent code. »

Art. R. 2563-4-2 *(Décr. n° 2020-606 du 19 mai 2020, art. 3)* Pour l'application de l'article L. 2334-23-2 :

1° Les données à prendre en compte s'apprécient, sauf mention contraire, au 1er janvier de l'année au titre de laquelle est faite la répartition ;

2° La population à prendre en compte est, sauf mention contraire, celle définie à l'article L. 2334-2 ;

3° Le revenu pris en compte est le dernier revenu fiscal de référence connu. La population prise en compte pour déterminer ce revenu par habitant est la population définie au premier alinéa de l'article L. 2334-2 ;

4° Le nombre de bénéficiaires du revenu de solidarité active mentionné à l'article L. 262-1 du code de l'action sociale et des familles correspond au nombre de foyers allocataires de ce revenu dans la commune disponible au 1er janvier de l'année de répartition. La population prise en compte pour déterminer la proportion de bénéficiaires de ce revenu dans la population de la commune est celle définie au premier alinéa de l'article L. 2334-2 ;

5° Le nombre total des bénéficiaires d'aides au logement est celui mentionné au second alinéa de l'article R. 2334-4 et le nombre total de logements est celui mentionné à l'article R. 2334-5 ;

6° Le nombre d'enfants de trois ans à seize ans est celui mentionné à l'article R. 2334-6. La population prise en compte pour déterminer la proportion d'enfants de trois ans à seize ans domiciliés dans la commune est celle mentionnée au premier alinéa de l'article L. 2334-2 ;

7° Pour Mayotte, les dispositions de l'antépénultième alinéa de l'article L. 2334-23-2 s'appliquent à la commune de Mamoudzou.

SOUS-SECTION 3 *[ABROGÉE]* **Dotation globale d'équipement (R)**

(Abrogée par Décr. n° 2011-514 du 10 mai 2011, art. 1er)

Art. R. 2563-5 *Abrogé par Décr. n° 2011-514 du 10 mai 2011, art. 1er.*

SOUS-SECTION 4 **Dotation particulière relative aux conditions d'exercice des mandats locaux**

Art. R. 2563-6 *Abrogé par Décr. n° 2024-391 du 26 avr. 2024, art. 7.*

SOUS-SECTION 5 **Dotation particulière relative au financement des opérations de premier numérotage**

(Décr. n° 2004-712 du 9 juill. 2004)

Art. R. 2563-7 La dotation exceptionnelle prévue à l'article L. 2563-2-2 est versée aux communes dans les conditions fixées par la présente sous-section.

Art. R. 2563-8 Les dépenses éligibles à la dotation comprennent :

a) Le paiement de vacations aux agents chargés de recenser les immeubles ne correspondant à aucune adresse, ainsi qu'aux agents chargés de la saisie informatique des données recueillies ;

b) L'achat de logiciels nécessaires à la mise en place du répertoire des adresses ;

c) L'acquisition et la mise en place de matériels de numérotage.

Art. R. 2563-9 Le maire établit un certificat constatant le paiement de la dépense. Ce certificat est visé par le comptable de la commune, puis adressé au préfet, qui verse à la commune un montant de dotation correspondant à la moitié de la dépense justifiée.

Art. R. 2563-10 À l'issue de chaque exercice budgétaire, le préfet établit, pour chaque commune et au vu des informations recueillies, le bilan annualisé de l'ensemble des opérations effectuées, qui récapitule le montant des dépenses correspondantes.

CHAPITRE IV **DISPOSITIONS APPLICABLES AUX COMMUNES DE MAYOTTE** *(Décr. n° 2011-330 du 25 mars 2011, art. 2).*

SECTION 1 **Dispositions générales** *(Décr. n° 2014-616 du 12 juin 2014, art. 1er).*

Art. R. 2564-1 *(Décr. n° 2011-330 du 25 mars 2011, art. 2)* Pour l'application aux communes de Mayotte des dispositions de la deuxième partie du présent code :

1° La référence au département ou à la région est remplacée par la référence au Département de Mayotte ;

2° La référence au conseil régional et aux conseils départementaux est remplacée par la référence au conseil départemental ;

3° La référence à la valeur horaire du salaire minimum de croissance est remplacée par la référence au taux horaire du salaire minimum interprofessionnel garanti en vigueur à Mayotte.

Art. R. 2564-1-1 *(Décr. n° 2015-1352 du 26 oct. 2015, art. 2)* Pour son application à Mayotte, l'article R. 2123-5 est ainsi rédigé :

Art. R. 2123-5 I. — La durée du crédit d'heures pour un trimestre est égale :

1° À cent cinquante-six heures pour les maires des communes d'au moins 10 000 habitants et les adjoints au maire des communes d'au moins 30 000 habitants ;

2° À cent dix-sept heures pour les maires des communes de moins de 10 000 habitants et les adjoints au maire des communes de 10 000 à 29 999 habitants ;

3° À cinquante-huit heures trente pour les conseillers municipaux des communes d'au moins 100 000 habitants et les adjoints au maire des communes de moins de 10 000 habitants ;

4° À trente-neuf heures pour les conseillers municipaux des communes de 30 000 à 99 999 habitants, à vingt-trois heures pour les conseillers municipaux des communes de 10 000 à 29 999 habitants et à onze heures pour les conseillers municipaux des communes de 3 500 à 9 999 habitants ;

5° À sept heures trente pour les conseillers municipaux des communes de moins de 3 500 habitants.

II. — La durée du crédit d'heures de l'adjoint ou du conseiller municipal qui supplée le maire dans les conditions prévues par l'article L. 2122-17 est, pendant la durée de la suppléance, celle prévue par le I du présent article pour le maire de la commune.

III. — La durée du crédit d'heures du conseiller municipal qui bénéficie d'une délégation de fonction du maire est celle prévue par le I du présent article pour un adjoint au maire de la commune.

Art. R. 2564-1-2 *Abrogé par Décr. nº 2018-953 du 31 oct. 2018, art. 15.*

Art. R. 2564-2 *(Décr. nº 2011-121 du 28 janv. 2011, art. 58)* **L'article R. 2223-23-5 n'est pas applicable aux communes de Mayotte.**

Art. R. 2564-3 *Abrogé par Décr. nº 2016-423 du 8 avr. 2016, art. 4.*

Art. R. 2564-4 et R. 2465-5 *Abrogés par Décr. nº 2021-1291 du 4 oct. 2021, art. 5.*

SECTION 2 **Dispositions relatives à la dotation spéciale de construction et d'équipement des établissements scolaires**

(Décr. nº 2014-616 du 12 juin 2014, art. 1er)

Art. D. 2564-6 **Les communes, groupements de communes, établissements publics de coopération intercommunale ou toute personne morale de droit public exerçant la compétence relative à la construction et à la rénovation des établissements scolaires peuvent bénéficier d'une dotation spéciale de construction et d'équipement des établissements scolaires sous forme de subvention.**

Cette subvention est inscrite à la section d'investissement ou de fonctionnement du budget de la personne publique à laquelle est attribuée la subvention, sous réserve des modalités visées à l'alinéa 4 de l'article L. 2564-27.

Art. D. 2564-7 **Le représentant de l'État attribue ces crédits sous forme de subventions, en vue de la réalisation d'investissements individualisés relatifs à la construction ou à la rénovation d'établissements scolaires du premier degré, dans les conditions prévues aux articles D. 2564-8 et suivants.**

Art. D. 2564-8 **Ces subventions sont réparties en fonction d'une programmation établie par le représentant de l'État après avis d'une commission départementale dont il arrête la composition et sur la base d'un schéma d'aménagement de constructions scolaires établi par les autorités compétentes.**

Le représentant de l'État arrête la liste des opérations susceptibles de bénéficier de la subvention ainsi que le montant et le taux de cette dernière.

Un bilan d'exécution des programmations des années antérieures est soumis chaque année à l'examen de la commission mentionnée au premier alinéa, qui est également informée des décisions d'attribution de la subvention devenues caduques en application de l'article D. 2564-15.

Art. D. 2564-9 **La demande de subvention est présentée par le maire, le président de l'établissement public de coopération intercommunale compétent, le président ou directeur de toute personne morale de droit public exerçant la compétence relative à la construction et à la rénovation des établissements scolaires.**

Pour l'application de l'article D. 2564-7, la liste des pièces à produire à l'appui de la demande est déterminée par arrêté du ministre chargé de l'outre-mer.

Sur les pièces à produire à l'appui d'une demande de subvention présentée au titre de la dotation spéciale de construction et d'équipement des établissements scolaires à Mayotte, V. ci-dessous Arr. du 16 juin 2014.

Arrêté du 16 juin 2014,

Relatif aux pièces à produire à l'appui d'une demande de subvention présentée au titre de la dotation spéciale de construction et d'équipement des établissements scolaires à Mayotte.

Art. 1er Les pièces à produire à l'appui d'une demande de subvention pour la réalisation d'investissements susceptibles d'être subventionnés sur la dotation spéciale de construction et d'équipement des établissements scolaires du premier degré sont les suivantes :

1. Pièces communes à toutes les demandes

1.1. Une note explicative précisant l'objet de l'opération, les objectifs poursuivis, sa durée, son coût prévisionnel global ainsi que le montant de la subvention sollicitée.

1.2. La délibération du conseil municipal ou de l'organe délibérant de l'établissement public de coopération intercommunale ou de toute personne morale de droit public exerçant la compétence relative à la construction et à la rénovation des établissements scolaires adoptant l'opération et arrêtant les modalités de financement.

1.3. Le plan de financement prévisionnel précisant l'origine ainsi que le montant des moyens financiers et incluant les décisions accordant les aides déjà obtenues.

1.4. Le devis descriptif détaillé qui peut comprendre une marge pour imprévus.

1.5. L'échéancier de réalisation de l'opération et des dépenses.

1.6. Une attestation de non-commencement de l'opération et l'engagement à ne pas en commencer l'exécution avant que le dossier ne soit déclaré ou réputé complet, sauf autorisation visée au II de l'article D. 2564-11 du code général des collectivités territoriales.

2. Pièces supplémentaires

2.1. Acquisitions immobilières :

— le plan de situation, l'extrait du plan cadastral ;

— dans le cas où l'acquisition du terrain est déjà réalisée, le titre de propriété.

2.2. Travaux :

— un document précisant la situation juridique des terrains et immeubles et établissant que le demandeur a ou aura la libre disposition de ceux-ci ;

— le plan de situation, le plan de masse des travaux ;

— le dossier d'avant-projet sommaire ou définitif ;

— le programme détaillé des travaux.

Art. D. 2564-10 Dans un délai de trois mois à compter de la date de réception du dossier de demande de subvention, le préfet informe le demandeur du caractère complet du dossier, établi conformément à l'article D. 2564-9, ou demande la production des pièces manquantes. Dans ce dernier cas, ce délai est suspendu. En l'absence de notification de la réponse de l'administration à l'expiration du délai de trois mois, le dossier est réputé complet.

Art. D. 2564-11 I. — Aucune subvention ne peut être accordée si l'opération a connu un commencement d'exécution avant la date à laquelle le dossier est déclaré ou réputé complet. Le commencement d'exécution de l'opération est constitué par le premier acte juridique passé pour la réalisation de l'opération ou, dans le cas de travaux effectués en régie, par la constitution d'approvisionnements ou le début d'exécution des travaux. Les études ou l'acquisition de terrains, nécessaires à la réalisation de l'opération et réalisées préalablement, ne constituent pas un commencement d'exécution. Elles peuvent être prises en compte dans l'assiette de la subvention.

II. — Par dérogation aux dispositions du I, le préfet peut notifier au demandeur, par décision revêtue du visa de l'autorité chargée du contrôle financier, que le commencement d'exécution de l'opération avant la date à laquelle le dossier est complet n'entraîne pas un rejet d'office de la demande de subvention.

III. — Le demandeur informe le préfet du commencement d'exécution de l'opération.

Art. D. 2564-12 L'attestation du caractère complet du dossier de même qu'une dérogation accordée sur le fondement du II de l'article D. 2564-11 ne valent pas décision d'octroi de la subvention.

Une demande de subvention est réputée rejetée si elle n'a pas fait l'objet d'un arrêté attributif au plus tard lors de l'exercice suivant celui au titre duquel la demande a été formulée.

Si, après rejet, la demande est présentée de nouveau, elle est considérée comme une nouvelle demande soumise aux dispositions de la présente section.

Art. D. 2564-13 L'arrêté attributif de subvention mentionne :

a) La désignation et les caractéristiques de l'opération, la nature et le montant prévisionnel hors taxes de la dépense subventionnable ;

b) Le calendrier prévisionnel de l'opération, le montant prévisionnel de la subvention et son taux ;

c) Les délais prévus aux articles D. 2564-15 et D. 2564-16 ;

d) Les modalités de versement de la subvention prévues à l'article D. 2564-17 ainsi que les clauses de reversement et le délai pendant lequel l'affectation de l'investissement ne peut être modifiée sans l'autorisation prévue au *a)* de l'article D. 2564-18.

Art. D. 2564-14 En cas de rénovation d'établissements scolaires, le taux de la subvention accordée au titre de la dotation relative à la construction et à la rénovation des établissements scolaires est limité à 80 % de l'assiette subventionnable.

Art. D. 2564-15 Si, à l'expiration d'un délai de deux ans à compter de la notification de la subvention, l'opération au titre de laquelle elle a été accordée n'a reçu aucun commencement d'exécution, le préfet constate la caducité de la décision d'attribution de la subvention.

Pour des opérations pouvant être réalisées à brève échéance, le préfet peut cependant fixer un délai inférieur à deux ans.

Pour l'application du premier alinéa, le préfet peut, au vu des justifications apportées, proroger la validité de l'arrêté attributif pour une période qui ne peut excéder un an.

Art. D. 2564-16 Lorsque le bénéficiaire de la subvention n'a pas déclaré l'achèvement de l'opération dans un délai de quatre ans à compter de la date de déclaration du début d'exécution, celle-ci est considérée comme terminée. Le préfet liquide l'opération dans les conditions fixées au I de l'article D. 2564-17 et au dernier alinéa de l'article D. 2564-18. Aucune demande de paiement de la part du bénéficiaire ne peut intervenir après expiration de ce délai.

Toutefois, le préfet peut exceptionnellement, par décision motivée, prolonger le délai d'exécution pour une durée qui ne peut excéder deux ans. Au préalable, il vérifie que le projet initial n'est pas dénaturé et que l'inachèvement de l'opération n'est pas imputable au bénéficiaire.

Art. D. 2564-17 I. – Le montant définitif de la subvention est calculé par application du taux de subvention figurant dans l'arrêté attributif au montant hors taxe de la dépense réelle, plafonné au montant prévisionnel hors taxe de la dépense subventionnable. Ce taux ainsi que la nature de la dépense subventionnable ne peuvent être modifiés par rapport à l'arrêté attributif initial.

Par dérogation aux dispositions de l'alinéa précédent, le taux de subvention peut s'appliquer au montant hors taxe de la dépense réelle non plafonné lorsque des sujétions imprévisibles par le bénéficiaire et tenant à la nature du sol ou résultant de calamités conduisent à une profonde remise en cause du devis. Le complément de subvention fait l'objet d'un nouvel arrêté.

II. – Une avance peut être versée au vu du document informant le préfet du commencement d'exécution de l'opération ou, dans le cas d'une autorisation de commencement anticipé, lors de la notification de l'arrêté attributif. Son montant correspond aux engagements contractuels de la collectivité et ne peut dépasser 20 % du montant prévisionnel de la subvention.

III. – Des acomptes, n'excédant pas au total 80 % du montant prévisionnel de la subvention, tenant compte de l'avance versée, peuvent être versés en fonction de l'avancement de l'opération au vu des pièces justificatives des paiements effectués par le demandeur et sur production de la certification du service fait par le service de l'État désigné par le préfet.

IV. – Le solde de la subvention est versé après transmission des pièces justificatives des paiements effectués par le demandeur. Ces pièces sont accompagnées d'un certificat signé par le maire, le président de l'établissement public de coopération intercommunale ou le président ou directeur de toute personne morale de droit public exerçant la compétence relative à la construction et à la rénovation des établissements scolaires attestant de l'achèvement de l'opération ainsi que la conformité de ses caractéristiques à l'arrêté attributif et mentionnant le coût final de l'opération ainsi que ses modalités définitives de financement.

Art. D. 2564-18 Le préfet demande le reversement total ou partiel de la subvention dans les cas suivants :

a) Si l'affectation de l'investissement subventionné a été modifiée sans son autorisation avant l'expiration du délai fixé dans l'arrêté attributif de la subvention ;

b) S'il a connaissance d'un dépassement du plafond prévu au second alinéa de l'article D. 2564-14 ;

c) Si l'opération n'est pas réalisée dans le délai prévu à l'article D. 2564-16.

SECTION 3 Défense extérieure contre l'incendie

(Décr. n° 2015-235 du 27 févr. 2015, art. 7)

Art. R. 2564-19 Pour l'application du chapitre V "Défense extérieure contre l'incendie" du titre II du livre II de la deuxième partie :

1° La référence au préfet de département est remplacée par la référence au préfet de Mayotte ;

2° Les mots : "règlement départemental" sont remplacés par les mots : "règlement de Mayotte".

SECTION 4 Eau et assainissement

(Décr. n° 2017-1497 du 26 oct. 2017)

Art. R. 2564-20 Les exigences de l'article R. 2224-10 doivent être satisfaites, à Mayotte :

– au plus tard le 31 décembre 2020 pour les communes dont tout ou partie du territoire est compris dans une agglomération d'assainissement dont la population et les activités économiques produisent des eaux usées dont la charge brute de pollution organique est supérieure à 600 kg par jour ;

– au plus tard le 31 décembre 2027 pour les communes dont tout ou partie du territoire est compris dans une agglomération d'assainissement dont la population et les activités économiques produisent des eaux usées dont la charge brute de pollution organique est supérieure à 120 kg par jour.

Art. R. 2564-21 Les exigences de l'article R. 2224-11 doivent être satisfaites, à Mayotte :

– au plus tard le 31 décembre 2020 pour les agglomérations d'assainissement dont la population et les activités économiques produisent des eaux usées dont la charge brute de pollution organique est supérieure à 900 kg par jour ;

– au plus tard le 31 décembre 2027 pour les agglomérations d'assainissement dont la population et les activités économiques produisent des eaux usées dont la charge brute de pollution organique est supérieure à 120 kg par jour.

Art. R. 2564-22 Les exigences de l'article R. 2224-14 doivent être satisfaites, à Mayotte, au plus tard le 31 décembre 2020 pour les agglomérations d'assainissement dont la population et les activités économiques produisent des eaux usées dont la charge brute de pollution organique est supérieure à 600 kg par jour.

Art. R. 2564-23 Les exigences de l'article R. 2224-12 doivent être satisfaites, à Mayotte, au plus tard le 31 décembre 2027, dans les cas de :

– rejets dans les eaux douces et les estuaires, provenant d'agglomérations d'assainissement dont la population et les activités économiques produisent des eaux usées dont la charge brute de pollution organique est inférieure ou égale à 120 kg par jour ;

– rejets dans les eaux côtières provenant d'agglomérations d'assainissement dont la population et les activités économiques produisent des eaux usées dont la charge brute de pollution organique est inférieure ou égale à 600 kg par jour.

SECTION 5 Dotation relative au financement des opérations de premier numérotage

(Décr. n° 2017-1672 du 6 déc. 2017 ; Décr. n° 2017-1729 du 21 déc. 2017)

Art. D. 2564-24 À condition que l'opération de premier numérotage soit terminée avant la date prévue à l'article L. 2564-28, les dépenses éligibles à la dotation exceptionnelle prévue à cet article comprennent :

a) Le paiement de vacations aux agents chargés de recenser les immeubles ne correspondant à aucune adresse, ainsi qu'aux agents chargés de la saisie informatique des données recueillies ;

b) L'achat de logiciels nécessaires à la mise en place du répertoire des adresses ;

c) L'acquisition et la mise en place de matériels de numérotage.

Art. D. 2564-25 Le maire établit un certificat constatant le paiement de la dépense. Ce certificat est visé par le comptable de la commune, puis adressé au préfet, qui verse à la commune un montant de dotation correspondant à la moitié des dépenses éligibles en application de l'article R. 2564-3.

Art. D. 2564-26 À l'issue de chaque exercice budgétaire, le préfet établit, pour chaque commune et au vu des informations recueillies, le bilan annualisé de l'ensemble des opérations effectuées, qui récapitule le montant des dépenses correspondantes.

TITRE VII COMMUNES DES COLLECTIVITÉS D'OUTRE-MER

(Décr. n° 2008-1020 du 22 sept. 2008)

CHAPITRE I COMMUNES DE SAINT-PIERRE-ET-MIQUELON

Art. R. 2571-1 *(Décr. n° 2009-637 du 8 juin 2009, art. 9) (Décr. n° 2020-606 du 19 mai 2020, art. 4)* « Le montant de la quote-part de l'enveloppe de la dotation d'aménagement des communes d'outre-mer mentionnée au 2° du II de l'article L. 2334-23-1 destinée aux communes de Saint-Pierre-et-Miquelon est réparti entre celles-ci » à raison de 50 % proportionnellement à la population des communes, telle que définie à l'article L. 2334-2, et de 50 % proportionnellement à la superficie des communes.

Art. R. 2571-2 *(Décr. n° 2014-551 du 27 mai 2014, art. 3)* Pour l'application de la présente partie à Saint-Pierre-et-Miquelon, les mots : "directeur départemental ou, le cas échéant, régional des finances publiques" sont remplacés par les mots : "directeur chargé de la direction des finances publiques de Saint-Pierre-et-Miquelon".

CHAPITRE III COMMUNES DE POLYNÉSIE FRANÇAISE

SECTION 1 Dispositions générales

Art. D. 2573-1 Pour l'application des dispositions de la deuxième partie aux communes de la Polynésie française :

1° Les références au préfet et au représentant de l'État dans le département ou la collectivité, ainsi que la référence à la préfecture sont remplacées, respectivement, par la référence au haut-commissaire de la République en Polynésie française et par la référence au haut-commissariat de la République en Polynésie française ;

2° Les références au sous-préfet et à la sous-préfecture sont remplacées, respectivement, par les références au chef de subdivision administrative et à la subdivision administrative ;

3° La référence à la chambre régionale des comptes est remplacée par la référence à la chambre territoriale des comptes ;

4° Les montants en euros sont remplacés par des montants équivalents en monnaie locale compte tenu de la contre-valeur de l'euro dans cette monnaie ;

(Décr. n° 2014-552 du 27 mai 2014, art. 2) « 5° Les références au "directeur départemental ou, le cas échéant, régional des finances publiques" sont remplacées par des références au "directeur chargé de la direction des finances publiques de la Polynésie française". »

SECTION 2 Organisation de la commune

SOUS-SECTION 1 Nom et territoire de la commune

§ 1 Nom

Art. D. 2573-2 I. — L'article R. 2111-1 est applicable aux communes de la Polynésie française sous réserve des adaptations prévues au II.

II. — Pour l'application de l'article R. 2111-1, les mots : "ministre de l'Intérieur" sont remplacés par les mots : "ministre chargé de l'outre-mer".

§ 2 Limites territoriales et chef-lieu

Art. D. 2573-3 I. — L'article D. 2112-1 est applicable aux communes de la Polynésie française sous réserve des adaptations prévues au II.

II. — Pour l'application de l'article D. 2112-1 :

1° Après les mots : "République française" sont insérés les mots : "et, pour information, au *Journal officiel* de la Polynésie française" ;

2° Après les mots : "ministre de l'Intérieur" sont ajoutés les mots : "et du ministre chargé de l'outre-mer".

§ 3 Fusion de communes

Art. D. 2573-4 Les articles D. 2113-1 à D. 2113-12 et R. 2113-16 à R. 2113-22 sont applicables aux communes de la Polynésie française.

§ 4 Suppression de communes

Art. D. 2573-5 *[I. —]* Les articles R. 2114-1 et R. 2114-2 sont applicables aux communes de la Polynésie française sous réserve de l'adaptation prévue au II.

II. — À l'article R. 2114-1, les mots : "du ministre de l'Intérieur" sont remplacés par les mots : "du ministre chargé de l'outre-mer".

SOUS-SECTION 2 Organes de la commune

§ 1 Le conseil municipal

Art. D. 2573-6 *(Décr. nº 2021-912 du 8 juill. 2021, art. 2)* « I. — Les dispositions du chapitre I, du titre II, du livre I de la deuxième partie mentionnées dans la colonne de gauche des tableaux reproduits ci-après sont applicables en Polynésie française, dans leur rédaction indiquée dans la colonne de droite du même tableau, sous réserve des adaptations prévues du I *bis* au IV. — *Tableau mod. par Décr. nº 2021-1311 du 7 oct. 2021, art. 11, et mod. par Décr. nº 2025-240 du 14 mars 2025, art. 1er.*

DISPOSITIONS APPLICABLES	DANS LEUR RÉDACTION RÉSULTANT DU
R. 2121-1	Décret nº 2000-318 du 7 avril 2000
R. 2121-2	Décret nº 2013-938 du 18 octobre 2013
R. 2121-5 à R. 2121-8	Décret nº 2000-318 du 7 avril 2000
R. 2121-9	Décret nº 2021-1311 du 7 octobre 2021
R. 2121-10 et R. 2121-11	Décret nº 2016-146 du 11 février 2016
D. 2121-12	Décret nº 2000-318 du 7 avril 2000
R. 2121-13	Décret nº 2023-767 du 11 août 2023

« I *bis*. – Pour l'application de l'article R. 2121-2 :

« 1° La seconde phrase est supprimée ;

« 2° Le mot : "préfet" est remplacé par les mots : "haut-commissaire de la République en Polynésie française". »

II. – Pour l'application de l'article R. 2121-6, les mots : "ministre de l'Intérieur" sont remplacés par les mots : "ministre chargé de l'outre-mer".

(Décr. n° 2025-240 du 14 mars 2025, art. 1er) « III. – Pour l'application de l'article R. 2121-13, au quatrième alinéa, les mots : "créé par l'État et défini par arrêté du Premier ministre" sont remplacés par les mots : "défini par arrêté du haut-commissaire de la République en Polynésie française". »

Les dispositions issues du Décr. n° 2025-240 du 14 mars 2025 entrent en vigueur le 1er janv. 2027, pour les communes de 5 000 habitants et plus, et le 1er janv. 2028 pour les communes de moins de 5 000 habitants (Décr. préc., art. 3).

Art. R. 2573-6-1 *(Décr. n° 2018-735 du 21 août 2018)* Pour l'application du dernier alinéa de l'article L. 2121-17 dans sa rédaction applicable localement, le conseil municipal désigne par délibération les salles équipées du système de téléconférence dans les communes associées en s'assurant que ces lieux respectent le principe de neutralité et garantissent les conditions d'accessibilité et de sécurité mentionnées au dernier alinéa de l'article L. 2121-7.

Le caractère public des délibérations et des votes est assuré dans les salles équipées d'un système de téléconférence.

La téléconférence se déroule conformément au principe et conditions mentionnés au dernier alinéa de l'article L. 2121-7. Un agent municipal est présent pendant toute la durée de la réunion du conseil municipal et assure les fonctions d'auxiliaire du secrétaire du conseil municipal mentionnées au deuxième alinéa de l'article L. 2121-15. À ce titre, il recense les entrées et sorties du ou des conseillers municipaux présents ainsi que les pouvoirs éventuels dont ils bénéficient. Il assure également le fonctionnement technique du système de téléconférence et toutes autres missions pouvant lui être demandées par le secrétaire de séance.

Les modalités d'enregistrement et de conservation des débats sont fixées par le conseil municipal dans son règlement intérieur pour les communes qui en sont dotées ou par délibération pour les autres communes.

Lorsque le conseil municipal se tient par téléconférence, il en est fait mention sur la convocation mentionnée à l'article L. 2121-10.

Ce document est publié ou affiché à la mairie et dans les mairies annexes des communes associées.

Art. R. 2573-6-2 *(Décr. n° 2018-735 du 21 août 2018)* À l'initiative du maire, la réunion du conseil municipal débute lorsque l'ensemble des conseillers municipaux ont, dans les salles désignées comme lieux de réunion de ce conseil municipal, un accès effectif aux moyens de transmission. Les débats sont clos par le maire.

Art. R. 2573-6-3 *(Décr. n° 2018-735 du 21 août 2018)* En cas d'adoption d'une demande de vote secret selon les dispositions du 1° de l'article L. 2121-21, le maire reporte ce point de l'ordre du jour à une séance ultérieure. Cette séance ne peut se tenir par téléconférence.

§ 2 Le maire et les adjoints

Art. D. 2573-7 *(Décr. n° 2021-1311 du 7 oct. 2021, art. 12)* « I. – Les dispositions de la section du chapitre II du titre II du livre I de la deuxième partie mentionnées dans la colonne de gauche du tableau ci-après sont applicables en Polynésie française dans leur rédaction indiquée dans la colonne de droite du même tableau sous réserve des adaptations prévues du II au IV. » – *Tableau issu du Décr. n° 2021-1311 du 7 oct. 2021, art. 12, et mod. par Décr. n° 2023-523 du 29 juin 2023, art. 4.*

DISPOSITIONS APPLICABLES	DANS LEUR RÉDACTION RÉSULTANT DU
R. 2122-1 à D. 2122-3	décret n° 2000-318 du 7 avril 2000
D. 2122-4	décret n° 2000-1250 du 18 décembre 2000
D. 2122-5 à D. 2122-6	décret n° 2000-318 du 7 avril 2000
R. 2122-7	décret n° 2021-1311 du 7 octobre 2021
R. 2122-7-1	décret n° 2010-783 du 8 juillet 2010
D. 2122-7-2	décret n° 2023-523 du 29 juin 2023
R. 2122-8	décret n° 2010-783 du 8 juillet 2010
R. 2122-9-1	décret n° 2005-935 du 2 août 2005
R. 2122-10	décret n° 2017-890 du 6 mai 2017
R. 2122-11	décret n° 2017-270 du 1er mars 2017

(Décr. n° 2023-523 du 29 juin 2023, art. 4) « I *bis*. — Pour l'application de l'article D. 2122-7-2, les mots : "au sens de l'article R. 276-2 du livre des procédures fiscales" sont remplacés par les mots : "au sens de la réglementation applicable localement". »

II. — Pour l'application des articles *[de l'article]* R. 2122-8, les mots : "fonctionnaires de catégorie A" sont remplacés par les mots : "agents de la fonction publique communale appartenant à la catégorie conception et encadrement".

III. — Pour l'application de l'article R. 2122-9-1 :

1° Les mots : "en application du 9° de l'article L. 2122-21" sont supprimés ;

2° Après les mots : "est fixée", la fin de la phrase est rédigée comme suit : "par la réglementation applicable localement".

IV. — Pour l'application de l'article R. 2122-10, le mot : "grande" est remplacé par le mot : "première".

§ 3 Conditions d'exercice des mandats municipaux

Art. D. 2573-8 *(Décr. n° 2021-596 du 14 mai 2021, art. 17)* « I. — Les dispositions du chapitre III, du titre II, du livre I de la deuxième partie mentionnées dans la colonne de gauche des tableaux reproduits ci-après sont applicables en Polynésie française, dans leur rédaction indiquée dans la colonne de droite du même tableau, sous réserve des adaptations prévues aux II à *(Décr. n° 2025-369 du 23 avr. 2025, art. 2)* « XVI ». » — *Tableau mod. en dernier lieu par Décr. n° 2025-369 du 23 avr. 2025, art. 2.*

DISPOSITIONS APPLICABLES	DANS LEUR RÉDACTION RÉSULTANT DU
R. 2123-1	Décret n° 2000-318 du 7 avril 2000
R. 2123-2	Décret n° 2018-1252 du 26 décembre 2018
R. 2123-3	Décret n° 2003-836 du 1er septembre 2003
R. 2123-4	Décret n° 2018-1252 du 26 décembre 2018
R. 2123-5	Décret n° 2021-1708 du 17 décembre 2021
R. 2123-6	Décret n° 2003-836 du 1er septembre 2003
R. 2123-7 et R. 2123-9	Décret n° 2016-1551 du 18 novembre 2016

DISPOSITIONS APPLICABLES	DANS LEUR RÉDACTION RÉSULTANT DU
R. 2123-10	Décret n° 2003-836 du 1er septembre 2003
R. 2123-11	Décret n° 2018-1252 du 26 décembre 2018
R. 2123-11-1	Décret n° 2003-943 du 2 octobre 2003
R. 2123-11-2	Décret n° 2021-1708 du 17 décembre 2021
R. 2123-11-3	Décret n° 2003-943 du 2 octobre 2003
R. 2123-11-4 et R. 2123-11-5	Décret n° 2015-1400 du 3 novembre 2015
R. 2123-11-6	Décret n° 2003-943 du 2 octobre 2003
R. 2123-12	Décret n° 2021-596 du 14 mai 2021
R. 2123-13 à R. 2123-15	Décret n° 2009-8 du 5 janvier 2009
R. 2123-16	Décret n° 2021-596 du 14 mai 2021
R. 2123-17 et R. 2123-18	Décret n° 2000-318 du 7 avril 2000
R. 2123-19	Décret n° 2009-8 du 5 janvier 2009
R. 2123-20	Décret n° 2021-596 du 14 mai 2021
R. 2123-21	Décret n° 2000-318 du 7 avril 2000
R. 2123-22	Décret n° 2018-1252 du 26 décembre 2018
R. 2123-22-1-A	Décret n° 2021-596 du 14 mai 2021
R. 2123-22-1-B à R. 2123-22-1-D	Décret n° 2021-1708 du 17 décembre 2021
R. 2123-22-1	Décret n° 2009-8 du 5 janvier 2009
R. 2123-22-2	Décret n° 2005-235 du 14 mars 2005
R. 2123-22-3	Décret n° 2021-258 du 9 mars 2021
D. 2123-22-4-A	Décret n° 2020-948 du 30 juillet 2020
D. 2123-22-4	Décret n° 2007-808 du 11 mai 2007
D. 2123-22-6	Décret n° 2020-948 du 30 juillet 2020

II. – Pour l'application de l'article R. 2123-2, après le mot : "publique" sont insérés les mots : "ou par l'ordonnance n° 2005-10 du 4 janvier 2005 portant statut général des fonctionnaires des communes et des groupements de communes de la Polynésie française ainsi que de leurs établissements publics administratifs".

III. – Pour l'application de l'article R. 2123-4, après le mot : "publique" sont insérés les mots : "ou par l'ordonnance n° 2005-10 du 4 janvier 2005 portant statut général des fonctionnaires des communes et des groupements de communes de la Polynésie française ainsi que de leurs établissements publics administratifs".

(Décr. n° 2021-1708 du 17 déc. 2021, art. 24) « III *bis*. – Pour l'application de l'article R. 2123-5 :

« 1° Au troisième alinéa, les mots : "cent vingt-deux heures trente" sont remplacés par les mots : "cent trente-six heures trente" ;

« 2° Au quatrième alinéa, les mots : "soixante-dix heures" sont remplacés par les mots : "soixante-dix-huit heures" ;

« 3° Au sixième alinéa, les mots : "dix heures trente" sont remplacés par les mots : "onze heures" ».

IV. — Pour l'application de l'article R. 2123-6 :

1° Les mots : "lorsqu'ils relèvent de la fonction publique territoriale, en application de l'article 1er du décret n° 2001-623 du 12 juillet 2001 pris pour l'application de l'article 7-1 de la loi n° 84-53 du 26 janvier 1984 et relatif à l'aménagement et à la réduction du temps de travail dans la fonction publique territoriale" sont remplacés par les mots : "lorsqu'ils relèvent de la fonction publique de la Polynésie française, sur le fondement des dispositions applicables localement" ;

2° Les mots : "à l'article 1er du décret n° 2001-623 du 12 juillet 2001" sont remplacés par les mots : "par les dispositions applicables localement".

V. — Pour l'application de l'article R. 2123-7 :

1° Les mots : "de l'article *(Décr. n° 2016-1553 du 18 nov. 2016, art. 7)* « L. 3123-6 » du code du travail" sont remplacés par les mots : "applicables localement en matière du droit du travail" ;

2° Après le mot : "publique" sont insérés les mots : "ou par l'ordonnance n° 2005-10 du 4 janvier 2005 portant statut général des fonctionnaires des communes et des groupements de communes de la Polynésie française ainsi que de leurs établissements publics administratifs".

VI. — Pour l'application de l'article R. 2123-9 :

1° Les mots : "l'article *(Décr. n° 2016-1553 du 18 nov. 2016, art. 7)* « L. 3121-27 » du code du travail" sont remplacés par les mots : "la réglementation applicable localement" ;

2° Les mots : "soit par des décrets en conseil des ministres, soit par convention ou accord collectif dans les conditions prévues à l'article *(Décr. n° 2016-1553 du 18 nov. 2016, art. 7)* « L. 3121-67 » du code du travail, soit en cas de régime d'équivalence instauré dans les conditions prévues par *(Décr. n° 2016-1553 du 18 nov. 2016, art. 7)* « les articles L. 3121-13 à L. 3121-15 » du même code" sont remplacés par les mots : "par la réglementation applicable localement" ;

3° Les mots : "en application du 4° de l'article *(Décr. n° 2016-1553 du 18 nov. 2016, art. 7)* « L. 1251-43 » du code du travail" sont supprimés.

VII. — Pour l'application de l'article R. 2123-10 :

1° Après le mot : "publique" sont insérés les mots : "ou par l'ordonnance n° 2005-10 du 4 janvier 2005 portant statut général des fonctionnaires des communes et des groupements de communes de la Polynésie française ainsi que de leurs établissements publics administratifs" ;

2° Les mots : "à l'article 1er du décret n° 2000-815 du 25 août 2000 ou à l'article 1er du décret n° 2001-623 du 12 juillet 2001 ou à l'article 1er du décret n° 2002-9 du 4 janvier 2002" sont remplacés par les mots : "par la réglementation applicable localement" ;

3° Au deuxième alinéa, les mots : ", selon le cas, par le décret n° 2000-815 du 25 août 2000 ou le décret n° 2001-623 du 12 juillet 2001 ou le décret n° 2002-9 du 4 janvier 2002" sont remplacés par les mots : "par la réglementation applicable localement".

VIII. — Pour l'application de l'article R. 2123-11 :

1° Les mots : "les articles L. 2123-2 et L. 2123-4" sont remplacés par les mots : "l'article L. 2123-2" ;

2° Après le mot : "publique" sont insérés les mots : "ou par l'ordonnance n° 2005-10 du 4 janvier 2005 portant statut général des fonctionnaires des communes et des groupements de communes de la Polynésie française ainsi que de leurs établissements publics administratifs".

IX. — Pour l'application de l'article R. 2123-12, après le mot : "délivré" est inséré le mot : "soit", et après les mots : "*(Décr. n° 2021-596 du 14 mai 2021, art. 17)* « R. 1221-22-1 »" sont insérés les mots : "soit, lorsque cet organisme a son siège en Polynésie française, par le haut-commissaire de la République en Polynésie française".

(Décr. n° 2025-369 du 23 avr. 2025, art. 2) « X. — Pour l'application de l'article R. 2123-13, les mots : "les conditions définies par le décret fixant les conditions et les modalités de règlement des frais occasionnés par les déplacements temporaires des personnels civils de l'État" sont remplacés par les mots : "la limite du montant des

indemnités journalières allouées à cet effet aux fonctionnaires des corps de l'État pour l'administration de la Polynésie française". »

XI. — *Abrogé par Décr. n° 2021-596 du 14 mai 2021, art. 17*

XII. — Pour l'application de l'article R. 2123-19, après le mot : "publique" sont insérés les mots : "ou par l'ordonnance n° 2005-10 du 4 janvier 2005 portant statut général des fonctionnaires des communes et des groupements de communes de la Polynésie française ainsi que les établissements publics administratifs".

(Décr. n° 2017-474 du 3 avr. 2017, art. 6) « XII *bis*. — Pour l'application de l'article R. 2123-22-1-A, le dernier alinéa est ainsi rédigé :

« "Les formations contribuant à la réinsertion professionnelle du membre du conseil municipal sont les formations qui entrent dans le champ d'application des dispositions prévues par le code du travail applicable en Polynésie française relatives à la formation professionnelle continue.". »

(Décr. n° 2021-596 du 14 mai 2021, art. 17) « XII *ter*. — Pour l'application de l'article R. 2123-22-1-B, le mot : "euros" est remplacé par les mots : "francs CFP" *(Décr. n° 2025-369 du 23 avr. 2025, art. 2)* « et les mots : "des articles L. 2123-12-1, L. 3123-10-1, L. 4135-10-1, L. 7125-12-1, L. 7227-12-1 du présent code et de l'article L. 121-37-1 du code des communes de la Nouvelle-Calédonie" sont remplacés par les mots : "de l'article L. 2123-12-1" ». »

(Décr. n° 2025-369 du 23 avr. 2025, art. 2) « XII *quater*. — Pour l'application de l'article R. 2123-22-1-D, les mots : "les conditions définies par le décret n° 2006-781 du 3 juillet 2006 fixant les conditions et les modalités de règlement des frais occasionnés par les déplacements temporaires des personnels civils de l'État" sont remplacés par les mots : "la limite du montant des indemnités journalières allouées à cet effet aux fonctionnaires des corps de l'État pour l'administration de la Polynésie française".

« XIII. — Pour l'application du deuxième alinéa de l'article R. 2123-22-1, les mots : "dans les conditions définies par le décret fixant les conditions et les modalités de règlement des frais occasionnés par les déplacements temporaires des personnels civils de l'État" sont remplacés par les mots : "par la commune dans la limite du montant des indemnités journalières allouées à cet effet aux fonctionnaires des corps de l'État pour l'administration de la Polynésie française". »

XIV. — Pour l'application de l'article R. 2123-22-3 :

1° Les mots : "relevant des dispositions *(Décr. n° 2021-258 du 9 mars 2021, art. 4)* « des articles L. 5213-1 et L. 5213-2 » du code du travail ou pouvant prétendre au bénéfice des dispositions des articles *(Décr. n° 2021-258 du 9 mars 2021, art. 4)* « L. 5212-1 à L. 5212-17 » de ce même code, ou pouvant prétendre au bénéfice de l'article L. 241-3 du code de l'action sociale et des familles." sont remplacés par les mots : "relevant des dispositions applicables localement." ;

2° *(Décr. n° 2021-258 du 9 mars 2021, art. 4)* « Au deuxième alinéa, les mots : "à l'article L. 2123-23" sont remplacés par les mots : "*(Abrogé par Décr. n° 2025-369 du 23 avr. 2025, art. 2)* « *fixé* » par arrêté du Haut-commissaire de la République en vertu de l'article L. 2123-23 ;". »

(Décr. n° 2025-369 du 23 avr. 2025, art. 2) « XV. — Pour l'application de l'article D. 2123-22-4, le premier alinéa est complété par une phrase ainsi rédigée : "Le montant maximum de cette aide est fixé par arrêté du haut-commissaire de la République en Polynésie française."

« XVI. — Pour l'application de l'article D. 2123-22-6, les mots : "l'article D. 7233-8 du code du travail" sont remplacés par les mots : "la réglementation applicable localement en matière du droit du travail". »

Art. R. 2573-8-1 *Abrogé par Décr. n° 2022-1520 du 6 déc. 2022, art. 2.*

Art. D. 2573-9 I. — Les articles D. 2123-23-1 et D. 2123-23-2 et les articles D. 2123-25 à D. 2123-28 sont applicables aux communes de la Polynésie française sous réserve des adaptations prévues aux II et III.

II. — Pour l'application des articles D. 2123-23-1 et D. 2123-23-2, les mots : "régime de sécurité sociale" sont remplacés par les mots : "régime applicable localement".

III. — Pour l'application de l'article D. 2123-25 :

1° Les mots : ", présidents et vice-présidents des communautés urbaines" sont supprimés ;

2° Les mots : "1er janvier 1973" sont remplacés par les mots : "1er janvier 1980".

§ 4 Dispositions applicables en période de mobilisation générale et en temps de guerre

Art. D. 2573-10 Les articles R. 2124-1 à R. 2124-5 sont applicables aux communes de la Polynésie française.

SOUS-SECTION 3 Actes des autorités communales et actions contentieuses

§ 1 Régime juridique des actes pris par les autorités communales

Art. D. 2573-11 *(Décr. nº 2021-1311 du 7 oct. 2021, art. 13)* « I. — Les dispositions du chapitre I du titre III du livre I de la deuxième partie mentionnées dans la colonne de gauche du tableau ci-après sont applicables en Polynésie française dans leur rédaction indiquée dans la colonne de droite du même tableau sous réserve des adaptations prévues aux II au III. » — *Tableau issu du Décr. nº 2021-1311 du 7 oct. 2021, art. 13.*

DISPOSITIONS APPLICABLES	DANS LEUR RÉDACTION RÉSULTANT DU
R. 2131-1, R. 2131-2-A, R. 2131-2-B, R. 2131-3 et R. 2131-4	décret nº 2021-1311 du 7 octobre 2021
R. 2131-5 et R. 2131-6	décret nº 2016-360 du 25 mars 2016
R. 2131-7	décret nº 2005-324 du 7 avril 2005

(Décr. nº 2016-360 du 25 mars 2016, art. 179) « II. — Pour l'application de l'article R. 2131-5 :

« 1º Au 5º, les mots : "le rapport de présentation de l'acheteur prévu par l'article 105 du décret nº 2016-360 du 25 mars 2016 relatif aux marchés publics" sont supprimés ;

« 2º Au 6º, les mots : "des articles 50 et 51 du décret nº 2016-360 du 25 mars 2016" sont remplacés par les mots : "des dispositions applicables localement." »

III. — Pour l'application de l'article R. 2131-6, les références aux articles du code des marchés publics sont remplacées par des références à la réglementation applicable localement.

§ 2 Actions contentieuses de la commune

Art. D. 2573-12 I. — Les articles R. 2132-1 à 2132-4 sont applicables aux communes de la Polynésie française sous réserve des adaptations prévues au II.

II. — Pour l'application des dispositions de l'article R. 2132-3, les mots : "dans le mois qui suit" sont remplacés par les mots : "dans les deux mois qui suivent".

SOUS-SECTION 4 Population de la commune

Art. D. 2573-13 I. — *(Décr. nº 2009-637 du 8 juin 2009, art. 2)* « Les articles R. 2151-1 à R. 2151-3 sont applicables aux communes de la Polynésie française *(Décr. nº 2019-1302 du 5 déc. 2019, art. 1er)* « dans leur rédaction résultant du décret nº 2019-1302 du 5 décembre 2019 » sous réserve des adaptations prévues au II. »

II. — Pour l'application de l'article R. 2151-1 :

1º Le III est complété par un 5 ainsi rédigé :

"5. Les personnes mineures dont la famille réside sur le territoire de la commune, qui résident ailleurs en France du fait de leurs études et qui ne relèvent pas des dispositions du premier alinéa ;"

2º Le IV est complété par un 6 ainsi rédigé :

"6. Les personnes majeures âgées de moins de vingt-cinq ans dont la famille réside sur le territoire de la commune, qui résident ailleurs en France du fait de leurs études et qui ne relèvent pas des alinéas précédents ;".

III. — Abrogé par Décr. nº 2009-637 du 8 juin 2009, art. 2.

Art. D. 2573-13-1 *(Décr. n° 2009-637 du 8 juin 2009, art. 2)* Lorsque, par suite de l'exécution d'un programme de construction, l'évolution constatée de la population d'une commune en Polynésie française répond à la formule suivante :

B + C supérieur ou égal à 15 % de A,

dans laquelle :

A = population totale selon le dernier recensement ;

B = chiffre de la population provenant d'une autre commune et occupant des logements neufs dans la commune considérée ;

C = quatre fois le nombre de logements en chantier, c'est-à-dire situés dans un immeuble dont les fondations ont commencé à être coulées,

les chiffres de sa population peuvent être rectifiés par arrêté du ministre chargé de l'outre-mer pris après avis du ministre chargé de l'économie, sa nouvelle population totale devenant A + B.

Art. D. 2573-13-2 *(Décr. n° 2009-637 du 8 juin 2009, art. 2)* Lorsque, par suite de la mise en chantier d'un ou plusieurs programmes de construction, la population d'une commune a subi une variation répondant à la formule énoncée à l'article R. 2573-13-1, un arrêté du ministre chargé de l'outre-mer, pris après avis du ministre chargé de l'économie, peut décider qu'il est ajouté à la population totale de cette commune une population fictive correspondant à quatre fois le nombre de logements en chantier, c'est-à-dire situés dans un immeuble dont les fondations ont commencé à être coulées ainsi qu'il est dit à l'article D. 2573-13-1 pour le calcul des dotations et subventions de l'État aux collectivités territoriales et pour toute répartition de fonds commun.

Art. D. 2573-13-3 *(Décr. n° 2009-637 du 8 juin 2009, art. 2)* Il est procédé simultanément aux opérations de recensement complémentaire et d'attribution de population fictive prévue aux articles D. 2573-13-1 et D. 2573-13-2.

Art. D. 2573-13-4 *(Décr. n° 2009-637 du 8 juin 2009, art. 2)* Les majorations de population fictive sont attribuées uniformément pour deux ans, avec recensement obligatoire à l'expiration de ce délai et sans qu'à cette date puisse être laissé à la commune le bénéfice d'une population fictive résiduelle.

En outre, il ne peut être procédé pour une même commune à l'exécution d'un nouveau recensement complémentaire après l'attribution d'une nouvelle population fictive dans l'année qui suit la première attribution et qui précède celle de son recensement complémentaire obligatoire.

SECTION 3 Administration et services communaux

SOUS-SECTION 1 Police

§ 1 Dispositions générales

Art. D. 2573-14 *(Décr. n° 2013-1113 du 4 déc. 2013, art. 7)* L'article D. 2211-1 est applicable aux communes de la Polynésie française sous réserve de l'adaptation suivante : après les mots : "du livre I du code de la sécurité intérieure" sont ajoutés les mots : "dans sa rédaction applicable en Polynésie française prévue à l'article D. 155-9 du même code".

§ 2 Police municipale

Art. D. 2573-15 *Abrogé par Décr. n° 2013-1113 du 4 déc. 2013, art. 9.*

§ 3 Pouvoirs de police portant sur des objets particuliers

SOUS-§ 1 *Police dans les campagnes*

Art. D. 2573-16 *Abrogé par Décr. n° 2013-1113 du 4 déc. 2013, art. 9.*

SOUS-§ 2 *Police des funérailles et des lieux de sépulture*

Art. D. 2573-16-1 *(Décr. n° 2011-121 du 28 janv. 2011, art. 59) (Décr. n° 2025-684 du 22 juill. 2025, art. 1er)* « I. — Les dispositions de la section 2 du chapitre III du titre I du livre II de la deuxième partie mentionnées dans la colonne de gauche du tableau ci-après sont applicables en Polynésie française, dans leur rédaction indiquée dans la colonne de droite du même tableau, sous réserve des adaptations prévues du II au XXVII. – *Tableau issu du Décr. n° 2025-684 du 22 juill. 2025, art. 1er.*

DISPOSITIONS APPLICABLES	DANS LEUR RÉDACTION RÉSULTANT DU
R. 2213-2-2	décret n° 2011-121 du 28 janvier 2011
R. 2213-3	décret n° 2021-145 du 10 février 2021
R. 2213-5 et R. 2213-6	décret n° 2011-121 du 28 janvier 2011
R. 2213-7	décret n° 2020-917 du 28 juillet 2020
R. 2213-8 et R. 2213-8-1	décret n° 2011-121 du 28 janvier 2011
R. 2213-10 à R. 2213-12	décret n° 2011-121 du 28 janvier 2011
R. 2213-13	décret n° 2022-719 du 27 avril 2022
R. 2213-14	décret n° 2011-121 du 28 janvier 2011
R. 2213-15	décret n° 2011-385 du 11 avril 2011
R. 2213-16	décret n° 2019-335 du 17 avril 2019
R. 2213-17	décret n° 2025-370 du 22 avril 2025
R. 2213-18	décret n° 2011-121 du 28 janvier 2011
R. 2213-19	décret n° 2006-938 du 27 juillet 2006
R. 2213-20	décret n° 2024-790 du 10 juillet 2024
R. 2213-21	décret n° 2011-121 du 28 janvier 2011
R. 2213-22	décret n° 2006-938 du 27 juillet 2006
R. 2213-23	décret n° 2024-790 du 10 juillet 2024
R. 2213-24	décret n° 2011-121 du 28 janvier 2011
R. 2213-25	décret n° 2018-966 du 8 novembre 2018
R. 2213-26	décret n° 2011-121 du 28 janvier 2011
R. 2213-27	décret n° 2011-385 du 11 avril 2011
R. 2213-28	décret n° 2011-121 du 28 janvier 2011
R. 2213-29	décret n° 2020-352 du 27 mars 2020
R. 2213-30	décret n° 2006-938 du 27 juillet 2006
R. 2213-31	décret n° 2020-1567 du 11 décembre 2020
R. 2213-32	décret n° 2011-121 du 28 janvier 2011
R. 2213-33	décret n° 2024-790 du 10 juillet 2024
R. 2213-34	décret n° 2025-370 du 22 avril 2025

DISPOSITIONS APPLICABLES	DANS LEUR RÉDACTION RÉSULTANT DU
R. 2213-35	décret n° 2024-790 du 10 juillet 2024
R. 2213-36	décret n° 2011-121 du 28 janvier 2011
R. 2213-37 et R. 2213-38	décret n° 2006-938 du 27 juillet 2006
R. 2213-39 et R. 2213-39-1	décret n° 2007-328 du 12 mars 2007
R. 2213-40	décret n° 2016-1253 du 26 septembre 2016
R. 2213-40-1	décret n° 2025-53 du 17 janvier 2025
R. 2213-41	décret n° 2011-121 du 28 janvier 2011
R. 2213-42 et R. 2213-43	décret n° 2006-1675 du 22 décembre 2006
R. 2213-44 à R. 2213-53	décret n° 2006-938 du 27 juillet 2006
R. 2213-55 à R. 2213-57	décret n° 2006-938 du 27 juillet 2006

« II. — Pour l'application de l'article R. 2213-2-2, les mots : "à l'article L. 2223-42" et les mots : "au *e* de l'article R. 2213-2-1" sont remplacés par les mots : "par la réglementation applicable localement".

« III. — Pour l'application de l'article R. 2213-3 :

« 1° Au premier alinéa, les mots : "l'Agence nationale chargée de la sécurité sanitaire de l'alimentation, de l'environnement et du travail, autorité compétente au sens du règlement (UE) n° 528/2012 du 22 mai 2012" sont remplacés par les mots : "la réglementation applicable localement" et la dernière phrase est supprimée ;

« 2° Le dernier alinéa est supprimé.

« IV. — Pour l'application de l'article R. 2213-7 :

« 1° Les mots : "à l'article R. 2223-77" sont remplacés par les mots : "par la réglementation applicable localement" ;

« 2° Les mots : "des articles D. 2223-110 à D. 2223-114" sont remplacés par les mots : "prévues par la réglementation applicable localement".

« V. — Pour l'application de l'article R. 2213-8, les mots : "à l'article L. 2223-42" et les mots : "au *d* de l'article R. 2213-2-1" sont remplacés par les mots : "par la réglementation applicable localement". »

VI. — Pour l'application de l'article R. 2213-8-1 :

1° Les mots : "qui n'entre pas dans la catégorie de ceux devant disposer obligatoirement d'une chambre mortuaire conformément à l'article L. 2223-39" sont supprimés ;

(Décr. n° 2025-684 du 22 juill. 2025, art. 1er) « 2° Les mots : "à l'article L. 2223-42" et les mots : "au *d* de l'article R. 2213-2-1" sont remplacés par les mots : "par la réglementation applicable localement" ».

(Abrogé par Décr. n° 2025-684 du 22 juill. 2025, art. 1er) « 3° Les mots : "au d de l'article R. 2213-2-1" sont remplacés par les mots : "par la réglementation applicable localement". »

(Décr. n° 2025-684 du 22 juill. 2025, art. 1er) « VII. — Pour l'application de l'article R. 2213-13, les mots : ", en application de l'article L. 1261-1 du code de la santé publique, est organisé dans les conditions prévues aux articles R. 1261-1 à R. 1261-33 du même code" sont remplacés par les mots : "est organisé dans les conditions prévues par la réglementation applicable localement". »

VIII. — Pour l'application de l'article R. 2213-14 :

(Décr. n° 2025-684 du 22 juill. 2025, art. 1er) « 1° Les mots : "à l'article L. 2223-42" sont remplacés, à chacune de leurs occurrences, par les mots : "par la réglementation applicable localement" ; »

2° Les mots : "au *c* de l'article R. 2213-2-1" sont remplacés par les mots : "par la réglementation applicable localement" ;

3° Les mots : "l'article L. 1232-5 du code de la santé publique" sont remplacés par les mots : "la réglementation applicable localement".

(Décr. n° 2025-684 du 22 juill. 2025, art. 1er) « VIII *bis*. – Pour l'application de l'article R. 2313-15, les mots : "arrêté du ministre chargé de la santé après avis de l'Agence nationale de sécurité sanitaire de l'alimentation, de l'environnement et du travail et du Conseil national des opérations funéraires" sont remplacés par les mots : "la réglementation applicable localement".

« IX. – Pour l'application de l'article R. 2213-17 :

« 1° Au premier alinéa, après le mot : "maire" sont insérés les mots : ", l'un de ses adjoints, ou, le cas échéant, le maire délégué" ;

« 2° Au premier alinéa, les mots : "de l'article L. 2223-42" sont remplacés par les mots : "applicables localement" ;

« 3° Au second alinéa, les mots : "mentionné au premier alinéa de l'article L. 2223-42" sont remplacés par les mots : "au sens de la réglementation applicable localement".

« X. – Pour l'application de l'article R. 2213-18, les mots : "de l'article R. 2213-2-1" sont remplacés par les mots : "applicables localement". »

XI. – Pour l'application de l'article R. 2213-21, les mots : ", quelle que soit la commune de destination à l'intérieur du territoire métropolitain ou d'un département d'outre-mer," sont supprimés.

(Décr. n° 2025-684 du 22 juill. 2025, art. 1er) « XII. – L'article R. 2213-22 est ainsi rédigé : "Lorsque le corps est transporté en dehors de la Polynésie française, l'autorisation est donnée par le haut-commissaire de la République en Polynésie française."

« XIII. – L'article R. 2213-24 est ainsi rédigé : "L'autorisation de transport de cendres en dehors de la Polynésie française est délivrée par le haut-commissaire de la République en Polynésie française."

« XIII *bis*. – Pour l'application de l'article R. 2213-25, les mots : "arrêté des ministres chargés de la santé et de l'environnement, pris après avis de l'Agence nationale de sécurité sanitaire de l'alimentation, de l'environnement et du travail et du Conseil national des opérations funéraires" sont remplacés par les mots : "la réglementation applicable localement". »

XIV. – Pour l'application de l'article R. 2213-26, les mots : "au *a* de l'article R. 2213-2-1" sont remplacés par les mots : "par la réglementation applicable localement".

(Décr. n° 2025-684 du 22 juill. 2025, art. 1er) « XV. – Pour l'application de l'article R. 2213-27 :

« 1° Les mots : "arrêté du ministre chargé de la santé après avis de l'Agence nationale de sécurité sanitaire de l'alimentation, de l'environnement et du travail et du Conseil national des opérations funéraires" sont remplacés, à chacune de leurs occurrences, par les mots : "la réglementation applicable localement" ;

« 2° Les mots : "au *a* de l'article R. 2213-2-1" sont remplacés par les mots : "par la réglementation applicable localement".

« XV *bis*. – Pour l'application de l'article R. 2213-28, les mots : "où l'autopsie a lieu" sont supprimés. »

XVI. – L'article R. 2213-32 est ainsi rédigé :

Art. R. 2213-32 L'inhumation dans une propriété particulière du corps d'une personne décédée est autorisée par le maire de la commune où est située cette propriété sur attestation que les formalités prescrites par l'article R. 2213-17 et par les articles 78 et suivants du code civil ont été accomplies.

(Décr. n° 2025-684 du 22 juill. 2025, art. 1er) « Dans les communes dotées d'un cimetière et à l'exception de l'inhumation d'une urne cinéraire, cette autorisation est délivrée sous réserve que le contexte hydrogéologique, tel que prévu par la réglementation applicable localement, soit favorable.

« XVII. – Pour l'application de l'article R. 2213-33 :

« 1° Les troisième et quatrième alinéas sont remplacés par l'alinéa ainsi rédigé :

« "– lorsque le décès s'est produit hors de la Polynésie française, au plus tard le quatorzième jour calendaire suivant celui où le corps est entré en Polynésie française".

« 2° À l'avant-dernier alinéa :

« *a)* Les mots : "deuxième, troisième et quatrième alinéas" sont remplacés par les mots : "deuxième et troisième alinéas" ;

« *b)* Les mots : "du lieu de l'inhumation" sont supprimés ;

« *c)* Les mots : "du territoire métropolitain ou d'un département d'outre-mer" sont remplacés par les mots : "de la Polynésie française" ;

« *d)* Les mots : "du lieu de fermeture du cercueil" sont supprimés ;

« 3° Au dernier alinéa, les mots : "sur le territoire du département" sont remplacés par les mots : "en Polynésie française" et les mots : "deuxième, troisième et quatrième alinéas" sont remplacés par les mots : "deuxième et troisième alinéas".

« XVII *bis*. – Pour l'application du 2° de l'article R. 2213-34, les mots : "mentionné au premier alinéa de l'article L. 2223-42" sont remplacés par les mots : "au sens de la réglementation applicable localement".

« XVIII. – Pour l'application dernier alinéa de l'article R. 2213-35 :

« 1° Les troisième et quatrième alinéas sont remplacés par l'alinéa ainsi rédigé :

« "– lorsque le décès s'est produit hors de la Polynésie française, au plus tard le quatorzième jour calendaire suivant celui où le corps est entré en Polynésie française" ;

« 2° À l'avant-dernier alinéa, les mots : "deuxième, troisième et quatrième alinéas" sont remplacés par les mots : "deuxième et troisième alinéas" et les mots : "du lieu du décès ou de la crémation" sont supprimés ;

« 3° Au dernier alinéa, les mots : "sur le territoire du département" sont remplacés par les mots : "en Polynésie française" et les mots : "deuxième, troisième et quatrième alinéas" sont remplacés par les mots : "deuxième et troisième alinéas". »

(Abrogé par Décr. n° 2025-684 du 22 juill. 2025, art. 1er) ***« XIX. – Les articles R. 2213-38, R. 2213-39 et R. 2213-39-1 sont applicables en Polynésie française dans leur rédaction en vigueur au 29 janvier 2009. »***

XX. – Pour l'application de l'article R. 2213-39 :

1° Les mots : "prévu à l'article L. 2223-40" sont supprimés ;

2° Les mots : "le lieu spécialement affecté à cet effet prévu à l'article R. 2223-9" sont remplacés par les mots : "la partie des cimetières spécialement affectée à cet effet".

(Décr. n° 2025-684 du 22 juill. 2025, art. 1er) « XX *bis*. – Pour l'application de l'article R. 2213-40-1 :

« 1° Les mots : "d'une association cultuelle" sont remplacés par les mots : "du conseil d'administration d'une mission religieuse" ;

« 2° Après les mots : "de la direction de la congrégation" sont ajoutés les mots : ", de la mission" ;

« 3° Le dernier alinéa est supprimé. »

XXI. – Pour l'application de l'article R. 2213-41, les mots : "aux *a* et *b* de l'article R. 2213-2-1" sont remplacés par les mots : "par la réglementation applicable localement".

(Décr. n° 2025-684 du 22 juill. 2025, art. 1er) « XXI *bis*. – Pour l'application de l'article R. 2213-42, le deuxième alinéa est ainsi rédigé : "Les conditions dans lesquelles les cercueils sont manipulés et extraits de la fosse sont définies par la réglementation applicable localement."

« XXII. – Pour l'application de l'article R. 2213-43, les mots : "le ministre de l'intérieur et le ministre chargé de la santé y pourvoient par des mesures temporaires prises après avis du Haut Conseil de la santé publique" sont remplacés par les mots : "le haut-commissaire de la République en Polynésie française y pourvoit par des mesures temporaires prises après avis de l'autorité territorialement compétente en matière de santé publique". »

(Abrogé par Décr. n° 2025-684 du 22 juill. 2025, art. 1er) ***« XXIII. – Les articles R. 2213-44 à R. 2213-57 sont applicables en Polynésie française dans leur rédaction en vigueur au 29 janvier 2009. »***

(Décr. n° 2025-684 du 22 juill. 2025, art. 1er) « XXIV. – Pour l'application de l'article R. 2213-44, les mots : "la sous-section 1 de la présente section" sont remplacés par les mots : "l'article D. 2573-16-1".

« XXIV *bis*. – Pour l'application de l'article R. 2213-46, les mots : "articles R. 2213-53 et R. 2213-54" sont remplacés par les mots : "articles L. 2213-15 et R. 2213-53". »

XXV. – Pour l'application de l'article R. 2213-49, les mots : "à la gare ou" sont remplacés par les mots : "au port ou à l'aéroport".

(Décr. n° 2025-684 du 22 juill. 2025, art. 1er) « XXVI. – Pour l'application de l'article R. 2213-52, les mots : "le ministre de l'intérieur et le ministre chargé de la santé y pourvoient par des mesures temporaires prises après avis du Haut Conseil de la santé publique" sont remplacés par les mots : "le haut-commissaire de la République en Polynésie française y pourvoit par des mesures temporaires prises après avis de l'autorité territorialement compétente en matière de santé publique".

« XXVII. – Pour l'application de l'article R. 2213-55, le second alinéa est supprimé. »

SOUS-§ 3 *Autres polices (Décr. n° 2009-91 du 26 janv. 2009).*

Art. D. 2573-17 I. – Les articles R. 511-1, R. 511-3 à R. 511-12 du code de la construction et de l'habitation sont applicables aux communes de la Polynésie française sous réserve de l'adaptation prévue au II.

II. – Pour l'application de l'article R. 511-12, les mots : "conjoint du ministre de la Justice, du ministre chargé du logement et du ministre chargé de la santé" sont remplacés par les mots : "du haut-commissaire de la République en Polynésie française".

§ 4 Dispositions applicables dans les communes où la police est étatisée

Art. D. 2573-18 Les articles R. 2214-2 et R. 2214-3 sont applicables aux communes de la Polynésie française.

§ 5 Pouvoirs du haut-commissaire de la République en Polynésie française

Art. D. 2573-19 *(Décr. n° 2013-1113 du 4 déc. 2013, art. 7)* L'article D. 2215-1 est applicable en Polynésie française sous réserve de l'adaptation suivante : après les mots : "du livre I du code de la sécurité intérieure", sont ajoutés les mots : "dans sa rédaction applicable en Polynésie française prévue à l'article D. 155-9 du même code".

SOUS-SECTION 2 **Services communaux**

§ 1 Régies municipales

Art. D. 2573-20 I. – Les articles R. 2221-1 à R. 2221-99 sont applicables aux communes de la Polynésie française sous réserve des adaptations prévues *(Décr. n° 2019-1472 du 26 déc. 2019, art. 4)* « du II au VI ».

II. – Pour l'application de l'article R. 2221-11, après les mots : "mandat de" sont insérés les mots : "représentant de l'Assemblée de la Polynésie française, ".

III. – Pour l'application de l'article R. 2221-17, les mots : ", siège de la régie," sont supprimés.

IV. – Pour l'application de l'article R. 2221-38, après les mots : "L. 2224-4" sont insérés les mots : "en tant qu'elles sont applicables aux communes de la Polynésie française".

V. – Pour l'application de l'article R. 2221-86, les mots : "l'impôt sur les sociétés" sont remplacés par les mots : "l'impôt sur les bénéfices des sociétés".

(Décr. n° 2019-1472 du 26 déc. 2019, art. 4) « VI. – Les articles R. 2221-24, R. 2221-30 et R. 2221-96 sont applicables dans leur rédaction antérieure au décret n° 2019-1472 du 26 décembre 2019 modifiant diverses dispositions relatives aux régies municipales. »

§ 2 Services publics industriels et commerciaux

SOUS-§ 1 *Dispositions générales*

Art. D. 2573-21 *(Décr. n° 2015-1827 du 30 déc. 2015, art. 2)* I. – Les trois premiers alinéas de l'article D. 2224-1, le premier alinéa de l'article D. 2224-2, les quatre premiers alinéas de l'article D. 2224-3, le premier alinéa de l'article D. 2224-4 et les deux premiers alinéas de l'article D. 2224-5 sont applicables aux communes de Polynésie française sous réserve des adaptations prévues aux II à V.

II. – Pour l'application de l'article D. 2224-1 :

1° Au premier alinéa, les mots : "ainsi que pour le service public de prévention et de gestion des déchets ménagers et assimilés" sont supprimés ;

2° Aux deuxième et troisième alinéas, les mots : "ainsi que pour le service public de prévention et de gestion des déchets ménagers et assimilés" sont supprimés ;

3° Au troisième alinéa, les mots : "les annexes V, VI et XIII du présent code" sont remplacés par les mots : "un arrêté du haut-commissaire de la République".

III. – Pour l'application de l'article D. 2224-2, au premier alinéa, les mots : "les annexes V et VI du présent code" sont remplacés par les mots : "un arrêté du haut-commissaire de la République".

IV. – Pour l'application de l'article D. 2224-3 :

1° Au deuxième alinéa, les mots : "ou de prévention et de gestion des déchets ménagers et assimilés" sont supprimés ;

2° Au quatrième alinéa, les mots : "mentionnés à l'annexe V et VI du présent code" sont remplacés par les mots : "définis par un arrêté du haut-commissaire de la République".

V. – Pour l'application de l'article D. 2224-5, les mots : "au préfet" sont remplacés par les mots : "au haut-commissaire".

SOUS-§ 2 *Eau et assainissement*

Art. D. 2573-22 *(Décr. n° 2025-369 du 23 avr. 2025, art. 4)* « I. – Les dispositions de la section 2 du chapitre IV du titre II du livre II de la deuxième partie mentionnées dans la colonne de gauche du tableau ci-après sont applicables en Polynésie française, dans leur rédaction indiquée dans la colonne de droite du même tableau, sous réserve des adaptations prévues du II au IX. » – *Tableau issu du Décr. n° 2025-369 du 23 avr. 2025, art. 4.*

DISPOSITIONS APPLICABLES	DANS LEUR RÉDACTION RÉSULTANT DU
Premier alinéa de l'article R. 2224-11 et premier alinéa de l'article R. 2224-15	Décret n° 2007-1339 du 11 septembre 2007
R. 2224-19 à R. 2224-20	Décret n° 2007-1339 du 11 septembre 2007
R. 2224-21	Décret n° 2007-1339 du 11 septembre 2007

II. – Pour l'application de l'article R. 2224-11, les mots : "aux articles R. 2224-12 à R. 2224-17 ci-après" sont remplacés par les mots : "par la réglementation applicable localement".

III. – Pour l'application de l'article R. 2224-15, après les mots : "mettre en place une surveillance" sont insérés les mots : "dans les conditions fixées par la réglementation applicable localement".

(Décr. n° 2025-369 du 23 avr. 2025, art. 4) « IV. – Pour l'application de l'article R. 2224-19, après les mots : "service public d'assainissement" sont insérés les mots : ", tel que défini par la réglementation applicable localement".

« IV *bis*. – Pour l'application du premier alinéa de l'article R. 2224-19-1, après les mots : "service public d'assainissement collectif ou non collectif" sont insérés les mots : "au sens de la réglementation applicable localement,". »

V. – Pour l'application de l'article R. 2224-19-3, les mots : ", en application du troisième alinéa du I de l'article L. 2224-12-4" sont supprimés.

VI. – Pour l'application de l'article R. 2224-19-6, les mots : "Indépendamment de la participation aux dépenses de premier établissement, d'entretien et d'exploitation prévues par l'article L. 1331-10 du code de la santé publique, tout" sont remplacés par le mot : "Tout".

(Décr. nº 2025-369 du 23 avr. 2025, art. 4) « VII. — Pour l'application de l'article R. 2224-19-8, le second alinéa est ainsi rédigé : "Toutefois lorsque le contrôle de la conception, de l'implantation et de la bonne exécution des installations est assuré par la commune ou l'établissement public compétent, la part de la redevance d'assainissement non collectif est facturée au propriétaire de l'immeuble."

« VII *bis*. — Pour son application aux communes de Polynésie française, l'article R. 2224-19-11 est ainsi rédigé : "Le produit des sommes exigibles au titre de la réglementation applicable localement relative à l'assainissement, y compris celles concernant les obligations de raccordement, les participations financières des propriétaires, les sanctions pour non-conformité et les autorisations de rejets, s'ajoute au produit des redevances ainsi qu'aux autres recettes du service d'assainissement.

« Ces fonds sont exclusivement affectés au financement des charges du service d'assainissement." »

« VIII. — Pour l'application de l'article R. 2224-20 :

« 1° Les mots : "départementales de consommateurs agréés en application de l'article L. 411-1 du code de la consommation par arrêté préfectoral ou du fait de leur affiliation à une association nationale elle-même agréée" sont remplacés par les mots : "de consommateurs" ;

« 2° Le dernier alinéa du IV et le V sont supprimés. »

IX. — Pour l'application de l'article R. 2224-21, les mots : "par l'article R. 1321-2 du code de la santé publique" sont remplacés par les mots : "par la réglementation applicable localement".

Art. D. 2573-23 I. — Les personnes publiques définies au premier alinéa de l'article L. 2573-29 et leurs concessionnaires, à qui les propriétaires intéressés n'ont pas donné les facilités nécessaires à l'établissement, au fonctionnement ou à l'entretien des canalisations souterraines d'eau potable ou d'évacuation d'eaux usées ou pluviales, peuvent obtenir l'établissement de la servitude prévue audit article, dans les conditions déterminées ci-dessous.

II. — Sauf dispositions contraires de l'arrêté du haut-commissaire de la République prévu au X décidant, dans l'intérêt de l'exploitation de la parcelle que traverse la canalisation, que la servitude n'entraîne pas certains des effets énumérés au présent article, la servitude donne à son bénéficiaire le droit :

1° D'enfouir dans une bande de terrain dont la largeur est fixée par le haut-commissaire de la République, mais qui ne pourra dépasser trois mètres, une ou plusieurs canalisations, une hauteur minimum de 0,60 mètre étant respectée entre la génératrice supérieure des canalisations et le niveau du sol après les travaux ;

2° D'essarter, dans la bande de terrain prévue au 1° ci-dessus et, le cas échéant, dans une bande plus large déterminée par l'arrêté du haut-commissaire de la République, les arbres susceptibles de nuire à l'établissement et à l'entretien de la canalisation ;

3° D'accéder au terrain dans lequel la conduite est enfouie, les agents chargés du contrôle bénéficiant du même droit d'accès ;

4° D'effectuer tous travaux d'entretien et de réparation conformément aux dispositions du XIV.

III. — La servitude oblige les propriétaires et leurs ayants droit à s'abstenir de tout fait de nature à nuire au bon fonctionnement, à l'entretien et à la conservation de l'ouvrage.

IV. — La personne morale de droit public maître de l'ouvrage ou son concessionnaire, qui sollicite le bénéfice de l'article L. 2573-29, adresse à cet effet une demande au haut-commissaire de la République.

À cette demande sont annexés :

1° Une note donnant toutes précisions utiles sur l'objet des travaux et sur leur caractère technique ;

2° Le plan des ouvrages prévus ;

3° Le plan parcellaire des terrains sur lesquels l'établissement de la servitude est envisagé, avec l'indication du tracé des canalisations à établir, de la profondeur minimum à laquelle les canalisations seront posées, de la largeur des bandes prévues aux 1° et 2° du II et de tous les autres éléments de la servitude. Ces éléments devront être arrêtés de manière que la canalisation soit établie de la façon la plus rationnelle et que la moindre atteinte possible soit portée aux conditions présentes et futures de l'exploitation des terrains ;

4° La liste par commune des propriétaires, établie à l'aide d'extraits des documents cadastraux délivrés par le service du cadastre ou à l'aide des renseignements délivrés par le *(Décr. n° 2012-1462 du 26 déc. 2012, art. 35)* « service de la publicité foncière » au vu du fichier immobilier ou par tous autres moyens.

V. — Après consultation du président de la Polynésie française, le haut-commissaire de la République prescrit, par arrêté, l'ouverture d'une enquête dans chacune des communes où sont situés les terrains devant être grevés de la servitude et désigne un commissaire enquêteur.

Un extrait du dossier comprenant pour chacune des communes intéressées les documents énumérés au IV est déposé, pendant huit jours au moins, à la mairie.

VI. — L'avis de l'ouverture de l'enquête est publié huit jours au moins avant la date de cette ouverture, par affiche apposée à la porte de la mairie ; cet avis donne tous renseignements utiles sur l'enquête, notamment sur son objet, sa durée et les conditions de consultation du dossier par le public. Le maire certifie qu'il a procédé à cet affichage.

VII. — Notification individuelle du dépôt du dossier est faite par le demandeur aux propriétaires intéressés, dans les formes et suivant les conditions prévues aux articles *(Décr. n° 2014-1635 du 26 déc. 2014, art. 4)* « R. 131-6 et R. 131-7 du code de l'expropriation pour cause d'utilité publique ».

Cette notification comporte la mention du montant de l'indemnité proposée en réparation du préjudice causé par l'établissement de la servitude et par toutes les sujétions pouvant en découler.

VIII. — Pendant la période de dépôt prévue au V, les réclamations et observations peuvent être soit consignées par les intéressés directement sur le registre d'enquête établi sur feuillets non mobiles cotés et paraphés par le maire, soit adressées par écrit au maire ou au commissaire enquêteur, qui les annexe audit registre.

À l'expiration de ladite période, le registre d'enquête est clos et signé par le maire et transmis, dans les vingt-quatre heures, avec le dossier d'enquête, au commissaire enquêteur.

Le commissaire enquêteur, dans un délai de quinze jours, dresse le procès-verbal de ces opérations et, après avoir entendu éventuellement toutes personnes susceptibles de l'éclairer, transmet le dossier avec son avis au haut-commissaire de la République.

IX. — Si le commissaire enquêteur propose des modifications au tracé ou à la définition des servitudes et si ces modifications tendent à appliquer la servitude à des propriétés nouvelles ou à aggraver la servitude antérieurement prévue, notification directe en est faite par le demandeur aux intéressés dans les formes prévues au VII.

Les intéressés ont un nouveau délai de huit jours pour prendre connaissance à la mairie du plan modifié et présenter leurs observations.

À l'expiration de ce délai, le commissaire enquêteur, dans un délai maximum de huit jours, transmet le dossier avec ses conclusions au haut-commissaire de la République.

X. — Le haut-commissaire de la République statue par arrêté sur l'établissement des servitudes. Dans l'arrêté, les propriétés sont désignées et l'identité des propriétaires est précisée conformément aux dispositions applicables du code de l'expropriation pour cause d'utilité publique.

Au cas où la définition du tracé et des servitudes par le préfet doit être différente de celle soumise à l'enquête et doit l'aggraver, les dispositions du IX relatives à une nouvelle consultation des intéressés et du commissaire enquêteur sont applicables.

XI. — L'arrêté du haut-commissaire est notifié au demandeur, affiché à la mairie de chaque commune intéressée et transmis pour information au président de la Polynésie française.

Il est également notifié à chaque propriétaire, à la diligence du demandeur, par lettre recommandée avec demande d'avis de réception.

Au cas où un propriétaire intéressé ne pourrait être atteint, la notification est faite au fermier, locataire, gardien ou régisseur de la propriété ou, à défaut, au maire de la commune où se trouve celle-ci.

XII. – Lorsque les travaux font l'objet d'une déclaration d'utilité publique et que le demandeur est en mesure, avant celle-ci, de déterminer les parcelles qui seront grevées par la servitude et de fournir le tracé précis des canalisations à établir, l'enquête prévue par les dispositions du V à IX peut être menée en même temps que l'enquête parcellaire avec laquelle elle peut être confondue.

XIII. – Le montant des indemnités dues en raison de l'établissement de la servitude est fixé conformément aux dispositions en vigueur en matière d'expropriation pour cause d'utilité publique ; il couvre le préjudice subi par la réduction permanente du droit des propriétaires des terrains grevés.

XIV. – La date du commencement des travaux sur les terrains grevés de servitudes est portée à la connaissance des propriétaires et exploitants huit jours au moins avant la date prévue pour le début des travaux. Un état des lieux doit, si cela est nécessaire, être dressé contradictoirement en vue de la constatation éventuelle des dommages pouvant résulter desdits travaux.

L'indemnisation des dommages résultant des travaux est fixée, à défaut d'accord amiable, par le tribunal administratif en premier ressort.

XV. – Si le rejet d'une demande de permis de construire a pour motif l'exercice du droit de servitude dans la parcelle considérée, son propriétaire peut requérir son acquisition totale par le maître de l'ouvrage, soit à l'amiable, soit par voie d'expropriation. Si le permis de construire est accordé sous réserve d'un déplacement des canalisations, les frais de ce déplacement sont à la charge du bénéficiaire de la servitude.

SOUS-SECTION 3 Biens de la commune

§ 1 Dispositions générales

Art. D. 2573-24 I. – Les articles R. 2241-1 à R. 2241-5 sont applicables aux communes de la Polynésie française sous réserve de l'adaptation prévue au II.

II. – Le dernier alinéa de l'article R. 2241-2 est ainsi rédigé : "Cette attestation comporte obligatoirement l'identité des parties, ainsi que la désignation de l'immeuble".

§ 2 Dons et legs

Art. D. 2573-25 I. – Les articles R. 2242-1 à R. 2242-6 sont applicables aux communes de la Polynésie française sous réserve des adaptations prévues au II.

II. – Pour l'application de l'article R. 2242-2, les mots : "ministre de l'Intérieur" sont remplacés par les mots : "haut-commissaire de la République en Polynésie française" et les mots : "six mois" sont remplacés par les mots : "trois mois".

SOUS-SECTION 4 Interventions en matière économique et sociale

§ 1 Aides économiques

Art. D. 2573-26 I. – L'article R. 2251-2 est applicable aux communes de la Polynésie française sous réserve des adaptations prévues au II.

II. – Pour l'application de l'article R. 2251-2, après le mot : "représentatives" est inséré le mot : "localement".

§ 2 Garanties d'emprunts

Art. D. 2573-27 I. – Les articles D. 2252-1 et R. 2252-2 sont applicables aux communes de la Polynésie française sous réserve des adaptations prévues aux II et III.

II. – Pour son application en Polynésie française, l'article D. 2252-1 est ainsi rédigé :

Art. D. 2251-1 I. — Le montant net des annuités de la dette mentionné à l'article L. 2252-1 est égal à la différence entre le montant total des sommes inscrites :

1° En dépenses au titre du remboursement du capital d'emprunts et du versement des intérêts ainsi que du règlement des dettes à long ou moyen terme, sans réception de fonds ;

2° En recettes au titre du recouvrement des créances à long et moyen terme. Ces sommes sont celles qui figurent au budget primitif principal pour l'exercice en cours.

II. — Les recettes réelles de fonctionnement sont celles définies au cinquième alinéa de l'article R. 2313-2.

III. — Le pourcentage limite mentionné au deuxième alinéa de l'article L. 2252-1, et dont les éléments sont définis aux 1° et 2° du présent article, est fixé à 50 %.

IV. — Pour l'application du deuxième alinéa de l'article L. 2252-1, le coefficient multiplicateur appliqué aux provisions spécifiques constituées par les communes pour couvrir les garanties ou cautions est fixé à 1.

V. — Pour l'application du troisième alinéa de l'article L. 2252-1, la proportion maximale des annuités garanties ou cautionnées au profit d'un même débiteur, exigible au titre d'un exercice, rapportée au montant total des annuités susceptibles d'être garanties ou cautionnées est fixée à 10 %.

VI. — Pour l'application du quatrième alinéa de l'article L. 2252-1, la quotité maximale susceptible d'être garantie par une ou plusieurs collectivités sur un même emprunt est fixée à 50 %. Elle pourra être portée à 80 % pour les opérations d'aménagement menées en application de la réglementation applicable localement.

III. – Pour l'application de l'article R. 2252-2, les mots : "la loi n° 84-46 du 24 janvier 1984 relative à l'activité et au contrôle des établissements de crédit" sont remplacés par les mots : "le code monétaire et financier".

§ 3 Participation au capital des sociétés

Art. D. 2573-28 I. – Les articles R. 1511-36 à R. 1511-39 sont applicables aux communes de la Polynésie française sous réserve des adaptations prévues aux II et III.

II. – Pour l'application de l'article R. 1511-36, les mots : "des articles L. 2253-7, L. 3251-7 et L. 4253-3" sont remplacés par les mots : "à l'article L. 2253-7".

III. – Pour l'application de l'article R. 1511-38, les mots : "aux articles L. 2252-2, L. 3231-4-1 et L. 4253-2" sont remplacés par les mots : "à l'article L. 2252-2".

SECTION 4 Finances communales

SOUS-SECTION 1 Budget et comptes

§ 1 Dispositions générales

Art. D. 2573-29 I. – Les articles R. 2311-1 à R. 2311-9 et les articles R. 2311-11 à D. 2311-14 *(Décr. n° 2015-761 du 24 juin 2015, art. 6)* « et l'article D. 2311-16 » sont applicables aux communes de la Polynésie française sous réserves des adaptations prévues du II au IV.

II. – Pour l'application de l'article D. 2311-2, après les mots : "ministre chargé des collectivités locales" sont insérés les mots : ", ministre chargé de l'outre-mer".

III. – Pour l'application de l'article D. 2311-4, les mots : "ainsi que, dans les villes de plus de 100 000 habitants, du compte enregistrant les frais de fonctionnement des groupes d'élus qui forme à lui seul un chapitre" sont supprimés.

IV. – Pour l'application de l'article D. 2311-6, les mots : "Frais de fonctionnement des groupes d'élus" (dans les communes de plus de 100 000 habitants) sont supprimés.

(Décr. n° 2015-761 du 24 juin 2015, art. 6) « V. – Pour l'application de l'article D. 2311-16, les deux premières phrases du II sont remplacées par la phrase suivante :

« "Le rapport fait état de la politique de ressources humaines de la commune ou du groupement en matière d'égalité professionnelle entre les femmes et les hommes, notamment en ce qui concerne le recrutement, la formation, le temps de travail, la promotion professionnelle, les conditions de travail, la rémunération et l'articulation entre vie professionnelle et vie personnelle." »

§ 2 Adoption du budget

Art. D. 2573-30 L'article R. 2312-1 est, à compter de l'exercice 2009, applicable aux communes de la Polynésie française.

(Décr. n° 2016-841 du 24 juin 2016, art. 3) « L'article D. 2312-3 est applicable aux communes de la Polynésie française. »

§ 3 Publicité des budgets et des comptes

Art. D. 2573-31 I. – Les articles R. 2313-1 à R. 2313-3 *(Décr. nº 2016-834 du 23 juin 2016, art. 7)* « , l'article R. 2313-5 et l'article R. 2313-8 » sont applicables aux communes de la Polynésie française sous réserve des adaptations prévues du II au IV.

II. – Pour l'application de l'article R. 2313-1, les 2° et 8° sont supprimés.

III. – Pour l'application de l'article R. 2313-2, le *c*, le *f* et le *g* sont supprimés.

IV. – Pour l'application de l'article R. 2313-3, le 2° du II est supprimé.

SOUS-SECTION 2 Dépenses

§ 1 Dépenses obligatoires

Art. D. 2573-32 I. – Les articles R. 2321-1 à R. 2321-3 et R. 2321-7 sont applicables aux communes de la Polynésie française sous réserve des adaptations prévues aux II, III et IV.

II. – Pour l'application de l'article R. 2321-1, les mots : "*(Décr. nº 2015-1783 du 28 déc. 2015, art. 9)* « mentionnés à l'article L. 132-15 du code de l'urbanisme »" sont supprimés.

III. – Pour l'application de l'article R. 2321-2, les mots : "au livre VI du code de commerce" sont remplacés par les mots : "par la réglementation applicable localement".

IV. – Pour l'application de l'article R. 2321-7, les mots : "et, d'une manière générale, à la pratique du ski alpin et du ski de fond" sont supprimés.

SOUS-SECTION 3 Recettes

§ 1 Catégories de recettes

Art. D. 2573-33 L'article D. 2331-3 est applicable aux communes de la Polynésie française.

§ 2 Fonds intercommunal de péréquation, dotations et autres recettes réparties par le comité des finances locales de la Polynésie française

SOUS-§ 1 *Composition et fonctionnement du comité des finances locales de la Polynésie française*

Art. R. 2573-34 Le comité des finances locales de la Polynésie française institué par l'article 52 de la loi organique nº 2004-192 du 27 février 2004 portant statut d'autonomie de la Polynésie française est composé :

1° De représentants de l'État :

a) Le haut-commissaire de la République en Polynésie française ou son représentant ;

b) Le secrétaire général du haut-commissariat ou son représentant ;

c) Le *(Décr. nº 2014-551 du 27 mai 2014, art. 3)* « directeur chargé de la direction des finances publiques de la Polynésie française » ou son représentant ;

d) Les chefs de subdivisions administratives ou leurs représentants ;

e) Un directeur du haut-commissariat ou son représentant, nommé par le haut-commissaire ;

2° Du président de la Polynésie française ou de son représentant, qu'il désigne par arrêté au sein du gouvernement, et d'un ministre du gouvernement de la Polynésie française ou de son représentant, désignés par le conseil des ministres en son sein ;

3° De deux représentants à l'assemblée de la Polynésie française ou de leurs suppléants ;

4° De représentants des communes :

a) Quatre maires pour la subdivision administrative des îles du Vent ou leurs suppléants ;

b) Deux maires pour chacune des subdivisions administratives des îles Sous-le-Vent et des îles Tuamotu-Gambier ou leurs suppléants ;

c) Un maire pour chacune des subdivisions administratives des îles Australes et des îles Marquises ou son suppléant ;

Les maires ou les adjoints au maire peuvent seuls être suppléants.

5° De deux présidents de syndicats de communes ou de leurs représentants, qui peuvent assister aux débats avec voix consultative.

Art. R. 2573-35 Les représentants à l'assemblée de la Polynésie française sont élus par elle en son sein, avec leurs suppléants, à la représentation proportionnelle avec répartition complémentaire suivant la règle du plus fort reste, sans panachage ni vote préférentiel.

La liste des candidats doit comporter autant de noms de titulaires et de suppléants qu'il y a de sièges à pourvoir en précisant pour chacun d'eux, s'il est candidat titulaire ou candidat suppléant.

Sur chaque liste les sièges sont attribués aux candidats d'après l'ordre de présentation.

Art. R. 2573-36 Dans chaque subdivision administrative, les représentants des communes sont élus par un collège électoral composé des maires et adjoints et, le cas échéant, des maires délégués mentionnés aux articles L. 2113-15 et L. 2113-19 applicable*[s]* en Polynésie française.

Les modalités de vote sont précisées par arrêté du haut-commissaire.

L'élection a lieu à la représentation proportionnelle avec répartition complémentaire suivant la règle du plus fort reste, sans panachage ni vote préférentiel.

La liste des candidats doit comporter autant de noms de titulaires et de suppléants qu'il y a de sièges à pourvoir en précisant pour chacun d'eux, s'il est candidat titulaire ou candidat suppléant.

Sur chaque liste, les sièges sont attribués aux candidats d'après l'ordre de présentation.

Toutefois, dans les subdivisions administratives qui n'élisent qu'un représentant titulaire et un suppléant, l'élection a lieu au scrutin majoritaire à deux tours. Est élu, au premier tour, le candidat qui a obtenu la majorité absolue des suffrages exprimés correspondant au moins au quart des électeurs inscrits.

Les présidents d'établissements publics de coopération intercommunale et leurs représentants sont désignés par les représentants des communes mentionnés au 4° de l'article R. 2573-37 lors de la première séance du comité qui suit l'élection des représentants des communes.

Art. R. 2573-37 La durée du mandat des membres élus, titulaires et suppléants, du comité des finances locales est la même que celle de leur mandat d'élu local ou de membre de l'assemblée de la Polynésie française.

Art. R. 2573-38 Nul ne peut être membre du comité des finances locales simultanément à plusieurs titres.

Lorsqu'un membre du comité des finances locales représentant les communes devient président de la Polynésie française, il est remplacé par son suppléant jusqu'au plus proche renouvellement des représentants des communes au comité des finances locales.

Les suppléants des membres élus du comité des finances locales les représentent en cas d'absence ou d'empêchement et les remplacent en cas de décès, de suspension, de démission d'office ou de révocation.

Art. R. 2573-39 En cas de vacance de sièges occupés par les représentants à l'assemblée de la Polynésie française ou des communes, et jusqu'aux prochaines élections au comité, un nombre égal de représentants de l'État, désignés par le haut-commissaire, ne participe aux débats qu'avec voix consultative.

Art. R. 2573-40 Le comité des finances locales est présidé *(Décr. n° 2020-957 du 31 juill. 2020, art. 1er)* « par le haut-commissaire de la République ou son représentant, par le président de la Polynésie française ou son représentant et par un maire élu en leur sein par les représentants des communes ou son suppléant ». Ils fixent conjointement la date, la durée, le lieu et l'ordre du jour des réunions du comité. Ils peuvent convoquer ou inviter, pour être entendue par le comité, toute personne dont ils estiment l'avis utile.

À défaut d'accord *(Décr. n° 2020-957 du 31 juill. 2020, art. 1er)* « entre les trois présidents », le haut-commissaire de la République convoque, seul, le comité.

Le comité des finances locales se réunit au moins une fois par an.

Art. R. 2573-40-1 *(Décr. nº 2020-957 du 31 juill. 2020, art. 1er)* Lors de la première séance du comité des finances locales qui suit le renouvellement général des conseils municipaux*[,]* les représentants des communes présents, titulaires ou suppléants, élisent le maire associé à la présidence du comité des finances locales, avec son suppléant, parmi les maires représentants titulaires des communes.

Le vote a lieu au scrutin secret, à la majorité absolue des représentants des communes présents.

Si après deux tours de scrutin aucun candidat n'a obtenu la majorité absolue, il est procédé à un troisième tour de scrutin et l'élection a lieu à la majorité relative.

En cas d'égalité de suffrages*[,]* le plus âgé est déclaré élu.

Les résultats de l'élection sont publiés au *Journal officiel* de la Polynésie française par le haut-commissaire.

Art. R. 2573-40-2 *(Décr. nº 2020-957 du 31 juill. 2020, art. 1er)* L'élection du maire associé à la présidence du comité des finances locales de la Polynésie française et de son suppléant peut-être contestée devant le tribunal administratif de la Polynésie française par tout membre du comité dans les dix jours qui suivent la publication des résultats au *Journal officiel* de la Polynésie française.

Art. R. 2573-40-3 *(Décr. nº 2020-957 du 31 juill. 2020, art. 1er)* La durée du mandat du maire associé à la présidence du comité des finances locales et de son suppléant est la même que celle de leurs mandats de maire.

Le suppléant du maire associé à la présidence du comité des finances locales de la Polynésie française le représente en cas d'absence ou d'empêchement et le remplace en cas de décès, de suspension, de démission d'office ou de révocation.

Lors de la séance du comité des finances locales qui suit le remplacement, les représentants des communes présents, titulaires ou suppléant*[s]* élisent le nouveau suppléant du maire associé à la présidence du comité des finances locales parmi les maires représentants titulaires des communes.

Art. R. 2573-41 Le comité des finances locales de la Polynésie française délibère valablement lorsque quinze membres avec voix délibérative sont présents.

Si, après la première convocation, le comité ne s'est pas réuni en nombre suffisant, une nouvelle convocation est faite et le comité se réunit quinze jours après la date fixée pour la première réunion, samedis, dimanches et jours fériés non compris. À cette seconde réunion, la délibération est valable quel que soit le nombre des membres présents.

Les décisions sont prises à la majorité des membres présents. En cas de partage égal des voix, la décision est prise à la majorité des voix exprimées par les seuls représentants des communes. En cas de partage égal des voix exprimées par les seuls représentants des communes, le haut-commissaire a voix prépondérante.

Le compte rendu de chaque réunion du comité des finances locales est signé par *(Décr. nº 2020-957 du 31 juill. 2020, art. 1er)* « les présidents ou leurs représentants ou suppléant par tous moyens conformes à la réglementation en vigueur ». En cas d'absence *(Décr. nº 2020-957 du 31 juill. 2020, art. 1er)* « d'un des présidents et de leurs représentants ou suppléant*[s]* » à une séance du comité, le compte rendu de la séance est signé uniquement *(Décr. nº 2020-957 du 31 juill. 2020, art. 1er)* « par le ou les présidents présents, représentés ou suppléé*[s]* » à la séance.

Le comité peut constituer en son sein des groupes de travail destinés à préparer l'examen des dossiers qu'il étudie.

Le comité adopte un règlement intérieur qui précise les modalités de son fonctionnement et les conditions d'attribution des financements définis par l'article R. 2573-46 *(Décr. nº 2011-959 du 10 août 2011, art. 1er)* « et de la dotation territoriale pour l'investissement des communes mentionnée aux articles R. 2573-58-1 et R. 2573-58-2 ».

Les décisions sont publiées au *Journal officiel* de la Polynésie française par le haut-commissaire.

Le secrétariat du comité des finances locales est assuré par le service de l'État désigné par le haut-commissaire. Le secrétariat prépare les réunions du comité et assure leur suivi. Il est notamment chargé de mettre en œuvre les décisions prises par le comité.

Art. R. 2573-42 Les arrêtés pris pour l'application des décisions du comité des finances locales sont signés par le haut-commissaire ou son représentant.

Les arrêtés pris à la suite d'une consultation écrite des membres du comité des finances locales, dans les cas d'urgence prévus par le règlement intérieur du comité, sont signés *(Décr. nº 2020-957 du 31 juill. 2020, art. 1er)* « par les présidents, leurs représentants ou suppléant*[s]* par tous moyens conformes à la réglementation en vigueur. »

SOUS-§ 2 *Répartition des ressources du fonds intercommunal de péréquation*

Art. R. 2573-43 *(Décr. nº 2011-959 du 10 août 2011, art. 1er)* Le comité des finances locales répartit les ressources du fonds intercommunal de péréquation entre les communes et leurs groupements.

Ce fonds comprend deux sections. La première section, constituée des ressources définies à l'article R. 2573-44 et de celles mentionnées à l'article 9 de la loi nº 2004-193 du 27 février 2004 complétant le statut d'autonomie de la Polynésie française, est répartie selon les modalités fixées aux articles R. 2573-45 à R. 2573-49. La seconde section, constituée de la dotation territoriale pour l'investissement des communes de la Polynésie française mentionnée à l'article L. 2573-54-1, est répartie selon les modalités fixées aux articles R. 2573-58-1 et R. 2573-58-2.

Art. R. 2573-44 Le montant des impôts, droits et taxes mentionnés à l'article 52 de la loi organique nº 2004-192 du 27 février 2004 portant statut d'autonomie de la Polynésie française est celui qui est inscrit au compte administratif de la Polynésie française.

Si le produit mentionné à la dernière phrase du deuxième alinéa de l'article 52 de la loi organique nº 2004-192 du 27 février 2004 portant statut d'autonomie de la Polynésie française inscrit au compte administratif est supérieur au même produit du budget, le montant de la différence est ajouté à l'assiette du fonds intercommunal de péréquation de l'année qui suit l'adoption du compte administratif.

Art. R. 2573-45 Une première part du fonds, libre d'emploi, est versée aux communes en fonctionnement et en investissement.

Cette première part non affectée ne peut être inférieure à 70 % des ressources annuelles du fonds, à l'exception des reports de crédits non utilisés les années précédentes.

Elle est répartie entre les communes, pour une part au prorata du nombre de leurs habitants et pour une autre part compte tenu de leurs charges.

Le critère de population intervient au moins à hauteur de 30 % du montant de la part non affectée du fond.

Les charges des communes sont appréciées selon des critères objectifs et mesurables prenant notamment en compte :

1° La superficie de chaque commune ;

2° Le nombre d'élèves scolarisés dans les établissements d'enseignement primaire ;

3° L'éloignement géographique de l'île de Tahiti ;

4° La dispersion d'une commune sur plusieurs îles ou atolls.

Le comité des finances locales précise les modalités de répartition de cette première part. Il peut utiliser des critères complémentaires dès lors qu'ils sont représentatifs des charges communales.

Art. R. 2573-46 Le comité des finances locales peut décider d'attribuer aux communes une deuxième part du fonds pour le financement d'investissements ou la prise en charge de dépenses de fonctionnement en vue de la réalisation de projets d'intérêt communal.

Art. R. 2573-47 Le comité des finances locales peut également décider d'attribuer aux groupements de communes une troisième part du fonds pour le financement d'investissements ou la prise en charge de dépenses de fonctionnement en vue de la réalisation de projets d'intérêt intercommunal.

Art. R. 2573-48 Le comité des finances locales peut décider de consacrer une quatrième part du fonds au fonctionnement du secrétariat du comité, en fonctionnement et en investissement. Cette part ne peut dépasser 0,5 pour mille des ressources annuelles du fonds, à l'exception des reports de crédits non utilisés les années précédentes. Elle sert à financer, pour partie ou en totalité, les dépenses du secrétariat, liées à la préparation et à la mise en œuvre des décisions du comité, à l'exclusion de toute dépense de personnel.

Art. R. 2573-49 Sont pris en charge par le fonds intercommunal de péréquation les frais de transport et de déplacement exposés par les membres élus en qualité de représentants des communes et des syndicats de communes au comité des finances locales de la Polynésie française à l'occasion des réunions de ce comité ou des réunions de toute nature auxquelles ils sont convoqués conjointement par les deux coprésidents.

SOUS-§ 3 *Dotation globale de fonctionnement*

Art. R. 2573-50 L'attribution de la dotation globale de fonctionnement aux communes de la Polynésie française s'effectue dans les conditions fixées *(Décr. nº 2009-637 du 8 juin 2009, art. 9)* « aux articles R. 2334-1, R. 2334-3 et R. 2334-9-1 à R. 2334-9-3 ».

SOUS-§ 4 *Dotation spéciale pour le logement des instituteurs*

Art. D. 2573-51 I. — L'article R. 2334-13, à l'exception de son deuxième alinéa, et les articles R. 2334-14 et R. 2334-17 sont applicables aux communes de la Polynésie française sous réserve des adaptations prévues aux II, III et IV.

II. — Pour l'application de l'article R. 2334-13, les mots : "Le président du conseil d'administration du Centre national de la fonction publique territoriale" sont remplacés par les mots : "Le haut-commissaire de la République en Polynésie française".

III. — Pour l'application de l'article R. 2334-14 :

1° Les mots : "pour le compte du Centre national de la fonction publique territoriale" sont supprimés ;

2° Les mots : "les articles R. 2334-15 à R. 2334-17" sont remplacés par les mots : "l'article R. 2334-17".

IV. — Pour l'application de l'article R. 2334-17, les mots : "l'agent comptable du Centre national de la fonction publique territoriale" sont remplacés par les mots : "le comptable public".

SOUS-§ 5 *Dotation d'équipement des territoires ruraux (Décr. nº 2011-514 du 10 mai 2011, art. 1er).*

A. Modalités de répartition *(Décr. nº 2011-514 du 10 mai 2011, art. 1er).*

Art. R. 2573-52 Les modalités de répartition au bénéfice des communes *(Décr. nº 2020-98 du 5 févr. 2020, art. 1er)* « et des groupements de communes » de la Polynésie française de la quote-part prévue à l'article *(Décr. nº 2011-514 du 10 mai 2011, art. 1er)* « L. 2334-34 » sont fixées par les articles R. 2573-53 à R. 2573-55.

Art. R. 2573-53 *(Décr. nº 2020-98 du 5 févr. 2020, art. 1er)* La quote-part mentionnée à l'article R. 2573-52 est calculée par application au montant de la quote-part mentionnée à l'article L. 2334-34 du rapport existant entre la population de l'ensemble des communes de Polynésie française et la population de l'ensemble des communes ou circonscriptions territoriales de Polynésie française, des îles Wallis-et-Futuna et de Nouvelle-Calédonie.

La population prise en compte est celle définie à l'article L. 2334-2.

Art. R. 2573-54 *(Décr. nº 2020-98 du 5 févr. 2020, art. 1er)* Le haut-commissaire de la République attribue ces crédits aux communes et groupements de communes de Polynésie française sous forme de subventions dans les conditions prévues à l'article R. 2573-55.

Art. R. 2573-55 Une commission placée auprès du haut-commissaire de la République en Polynésie française fixe chaque année les catégories d'opérations prioritaires éligibles aux subventions mentionnées à l'article R. 2573-54 et, dans les limites fixées par l'article R. 2334-27, les taux minimaux et maximaux de subventions applicables à chacune d'elles.

Le haut-commissaire arrête chaque année, suivant les catégories et dans les limites fixées par la commission, la liste des opérations à subventionner ainsi que le montant de l'aide de l'État attribuée aux communes mentionnées à l'article R. 2573-54, ainsi qu'aux groupements de communes, pour la réalisation de ces opérations.

B. Commission instituée par l'article R. 2573-55

Art. R. 2573-56 La commission mentionnée à l'article R. 2573-55 est composée de cinq maires et de deux présidents de groupements de communes. Le haut-commissaire ou son suppléant assiste aux travaux de la commission.

La commission se réunit au moins deux fois par an à la demande du haut-commissaire ou lorsque la majorité des membres en font la demande. *(Décr. n° 2021-1291 du 4 oct. 2021, art. 5)* « La réunion de la commission peut prendre la forme d'une conférence audiovisuelle ou téléphonique. »

Elle peut entendre toute personne dont l'audition lui paraît utile.

Le secrétariat de la commission est assuré par les services du haut-commissaire.

Art. R. 2573-57 Les maires et les présidents de groupements siégeant dans la commission prévue à l'article R. 2573-55 sont élus à la représentation proportionnelle au plus fort reste, par le collège des maires et par le collège des présidents de groupements de communes. Le vote a lieu sur des listes complètes sans adjonction ou suppression de noms et sans modification de l'ordre de présentation. Ces listes comportent un nombre de sièges à pourvoir par chaque collège.

Les listes de candidatures sont déposées au haut-commissariat à une date fixée par arrêté du haut-commissaire. Cet arrêté fixe également la date limite d'envoi des bulletins de vote. L'élection a lieu par correspondance ; les bulletins de vote sont adressés par lettre recommandée au haut-commissaire. Chaque bulletin est mis sous double enveloppe ; l'enveloppe intérieure ne doit comporter aucune mention ni signe distinctif ; l'enveloppe extérieure doit comporter la mention :

"Élection des membres de la commission instituée par l'article R. 2573-55", l'indication du collège auquel appartient l'intéressé, son nom, sa qualité, sa signature.

Les bulletins de vote sont recensés par une commission présidée par le haut-commissaire ou son représentant et composée de deux maires désignés par lui.

Un représentant de chaque liste peut assister au dépouillement des bulletins.

En cas d'égalité des suffrages sont proclamés élus les candidats les plus âgés.

Les résultats sont publiés à la diligence du haut-commissaire. Ils peuvent être contestés dans les dix jours qui suivent cette publication, par tout électeur, par les candidats et par le haut-commissaire.

Le mandat des membres de la commission expire à chaque renouvellement général des conseils municipaux. Les membres cessent de faire partie de la commission lorsqu'ils perdent la qualité au titre de laquelle ils ont été désignés.

Lorsque pour quelque cause que ce soit le siège d'un membre de la commission devient vacant, il est attribué pour la durée du mandat restant à courir au premier candidat non élu figurant sur la même liste.

C. Procédure d'attribution de la subvention

Art. D. 2573-58 Les articles R. 2334-19 et R. 2334-22 à R. 2334-31 sont applicables aux communes de la Polynésie française sous réserve des dispositions prévues aux articles R. 2573-53 à R. 2573-55.

SOUS-§ 6 ***Dotation territoriale pour l'investissement des communes***

(Décr. n° 2011-959 du 10 août 2011, art. 1er-3°)

Art. R. 2573-58-1 Le comité des finances locales fixe pour chaque année les catégories d'opérations prioritaires éligibles et détermine pour chacune d'elles les taux de subventionnement applicables.

Art. R. 2573-58-2 Le comité des finances locales répartit, conformément aux choix faits en application de l'article R. 2573-58-1, la dotation territoriale pour l'investissement des communes entre les communes de la Polynésie française et leurs établissements publics de coopération intercommunale.

§ 4 Dotations, subventions et fonds divers

Art. D. 2573-59 *(Décr. n° 2023-206 du 27 mars 2023, art. 1er)* « I. — Les dispositions du chapitre V du titre III du livre III de la deuxième partie mentionnées dans la colonne de gauche des tableaux reproduits ci-après sont applicables en Polynésie française, dans leur rédaction indiquée dans la colonne de droite du même tableau, sous réserve des adaptations prévues aux II et III. » — *Tableau issu du Décr. n° 2023-203 du 37 mars 2023, art. 1er ; mod. par Décr. n° 2023-352 du 9 mai 2023, art. 6, par Décr. n° 2024-391 du 26 avr. 2024, art. 7, et par Décr. n° 2024-792 du 11 juill. 2024.*

DISPOSITIONS APPLICABLES	DANS LEUR RÉDACTION RÉSULTANT DU
R. 2335-1, D. 2335-1-1 et R. 2335-2	Décret n° 2024-391 du 26 avril 2024
D. 2335-3	Décret n° 2000-318 du 7 avril 2000
D. 2335-23	Décret n° 2024-792 du 11 juillet 2024

(Décr. n° 2020-606 du 19 mai 2020, art. 9) « II. — Pour l'application des articles R. 2335-1 et R. 2335-2 aux communes de Polynésie française *(Décr. n° 2024-391 du 26 avr. 2024, art. 7)* « , la part socle est attribuée aux communes dans les conditions définies au 1° et au 2° du I de l'article R. 2335-1. » :

III. — Pour l'application de l'article D. 2335-3, les mots : "ministre de l'Intérieur" sont remplacés par les mots : "ministre chargé de l'outre-mer".

§ 5 Avances et emprunts

Art. D. 2573-60 Les articles R. 2336-1 à R. 2336-7 sont applicables aux communes de la Polynésie française.

SOUS-SECTION 4 Commission consultative d'évaluation des charges des communes

Art. D. 2573-61 I. — La commission consultative d'évaluation des charges des communes, prévue à l'article 11 de la loi n° 2004-193 du 27 février 2004 complétant le statut d'autonomie de la Polynésie française, comprend, outre son président, les membres du comité des finances locales de la Polynésie française.

II. — Elle est convoquée par son président qui arrête l'ordre du jour de ses séances. La convocation et l'ordre du jour sont adressés aux membres de la commission dix jours au moins avant la date de la réunion.

La commission ne peut valablement délibérer que si les deux tiers au moins de ses membres sont présents.

Si le quorum n'est pas atteint, une nouvelle convocation est adressée aux membres de la commission dix jours au moins avant la date de la nouvelle réunion. La commission délibère alors valablement quel que soit le nombre de membres présents.

En cas de partage égal des voix, celle du président est prépondérante.

Les délibérations de la commission font l'objet d'un procès-verbal signé par le président. Copie en est adressée à chacun des membres ainsi qu'au haut-commissaire.

III. — Les fonctions de rapporteur de la commission sont assurées par le secrétaire général du haut-commissariat ou son suppléant.

Le président peut inviter à participer à une séance, à titre consultatif, toute personne dont il juge la présence utile.

La commission peut demander communication de tout document qu'elle estime utile au haut-commissaire de la République ou au président de la Polynésie française.

La commission adopte son règlement intérieur.

SOUS-SECTION 5 **Comptabilité**

§ 1 Engagement des dépenses et comptabilité de l'ordonnateur

Art. D. 2573-62 Les articles R. 2342-1 à D. 2342-12 sont applicables aux communes de la Polynésie française.

§ 2 Comptabilité du comptable

Art. D. 2573-63 Les articles D. 2343-1 à D. 2343-10 sont applicables aux communes de la Polynésie française.

SECTION 5 **Intérêts propres à certaines catégories d'habitants**

Art. R. 2573-64 I. – Les articles D. 2411-1 à D. 2411-10 sont applicables aux communes de la Polynésie française sous réserve des adaptations prévues au II.

II. – Pour l'application de l'article D. 2411-1, le mot : "départemental" est supprimé.

TROISIÈME PARTIE LE DÉPARTEMENT

LIVRE I ORGANISATION DU DÉPARTEMENT

TITRE I NOM ET TERRITOIRE DU DÉPARTEMENT

CHAPITRE I DISPOSITIONS GÉNÉRALES (R)

Art. R. 3111-1 Les décrets prévus aux articles L. 3111-1 à L. 3113-2 sont pris sur le rapport du ministre de l'intérieur. – *[Ord. nº 45-2604 du 2 nov. 1945, art. 8.]*

TITRE II ORGANES DU DÉPARTEMENT

CHAPITRE I LE CONSEIL DÉPARTEMENTAL

SECTION 1 Dispositions générales

Pas de dispositions réglementaires codifiées.

SECTION 2 Composition

Pas de dispositions réglementaires codifiées.

SECTION 3 Démission et dissolution

Art. R. 3121-1 Dans le cas prévu à l'article L. 3121-4, la démission d'office des membres des conseils départementaux est prononcée par le tribunal administratif.

Le président du conseil départemental, après refus constaté dans les conditions prévues par l'article L. 3121-4, saisit dans le délai d'un mois, à peine de déchéance, le tribunal administratif.

Faute d'avoir statué dans le délai fixé à l'alinéa précédent, le tribunal administratif est dessaisi. Le greffier en chef en informe le président du conseil départemental en lui faisant connaître qu'il a un délai d'un mois, à peine de déchéance, pour saisir la cour administrative d'appel.

Lorsque le tribunal administratif prononce la démission d'un conseiller départemental, le greffier en chef en informe l'intéressé en lui faisant connaître qu'il a un délai d'un mois pour se pourvoir devant la cour administrative d'appel.

La contestation est instruite et jugée sans frais par la cour administrative d'appel dans le délai de trois mois. – *[Décr. nº 70-216 du 17 mars 1970, art. 2.]*

SECTION 4 Fonctionnement

Art. R. 3121-2 *(Décr. nº 2015-510 du 7 mai 2015, art. 21)* Le rapport spécial de l'activité des services de l'État dans le département comprend également le bilan de l'action des établissements publics de l'État qui y concourent.

Ce rapport porte notamment sur les actions de simplification de l'action des services déconcentrés de l'État et sur la modernisation de leur organisation en considération des spécificités locales et dans un souci de qualité de service rendu aux usagers.

CHAPITRE II LE PRÉSIDENT, LA COMMISSION PERMANENTE ET LE BUREAU DU CONSEIL DÉPARTEMENTAL

SECTION 1 Le président

Pas de dispositions réglementaires codifiées.

SECTION 2 La commission permanente

Pas de dispositions réglementaires codifiées.

SECTION 3 Le bureau

Pas de dispositions réglementaires codifiées.

CHAPITRE III CONDITIONS D'EXERCICE DES MANDATS DÉPARTEMENTAUX

SECTION 1 Garanties accordées aux titulaires de mandats départementaux

SOUS-SECTION 1 Garanties accordées dans l'exercice du mandat

Art. R. 3123-1 Afin de bénéficier du temps nécessaire pour se rendre et participer aux séances et réunions visées à l'article L. 3123-1, l'élu membre d'un conseil départemental, qui a la qualité de salarié, informe son employeur par écrit dès qu'il en a connaissance de la date et de la durée de la ou des absences envisagées. – *[Décr. n° 92-1205 du 16 nov. 1992, art. 3.]*

Art. R. 3123-2 Afin de bénéficier du crédit d'heures prévu à l'article L. 3123-2, l'élu membre d'un conseil départemental, qui a la qualité de salarié, informe son employeur par écrit trois jours au moins avant son absence en précisant la date et la durée de l'absence envisagée ainsi que la durée du crédit d'heures à laquelle il a encore droit au titre du trimestre en cours. – *[Décr. n° 92-1205 du 16 nov. 1992, art. 5.]*

Art. R. 3123-3 Les dispositions des articles R. 3123-1 et R. 3123-2 sont applicables, lorsqu'ils ne bénéficient pas de dispositions plus favorables, aux fonctionnaires régis par les titres I à IV du statut général de la fonction publique ainsi qu'aux agents contractuels de l'État, des collectivités territoriales et de leurs établissements publics administratifs qui exercent des fonctions publiques électives. – *[Décr. n° 92-1205 du 16 nov. 1992, art. 4.]*

Art. R. 3123-4 *(Décr. n° 2003-836 du 1er sept. 2003, art. 11)* La durée du crédit d'heures pour un trimestre est égale :

1° À cent quarante heures pour les présidents et vice-présidents des conseils départementaux ;

2° À cent cinq heures pour les conseillers départementaux.

Art. R. 3123-5 Compte tenu des nécessités du service public d'enseignement, le service hebdomadaire des personnels appartenant à des corps ou cadres d'emplois d'enseignants qui bénéficient d'un crédit d'heures conformément à l'article L. 3123-2 fait l'objet d'un aménagement en début d'année scolaire. – *[Décr. n° 92-1205 du 16 nov. 1992, art. 8.]*

(Décr. n° 2003-836 du 1er sept. 2003, art. 12) « La durée du crédit d'heures est répartie entre le temps de service effectué en présence des élèves leur incombant statutairement et le temps complémentaire de service dont ils sont redevables en application de l'article 1er du décret n° 2000-815 du 25 août 2000 relatif à l'aménagement et à la réduction du temps de travail dans la fonction publique de l'État ou, lorsqu'ils relèvent de la fonction publique territoriale, en application de l'article 1er du décret n° 2001-623 du 12 juillet 2001 pris pour l'application de l'article 7-1 de la loi n° 84-53 du 26 janvier 1984 et relatif à l'aménagement et à la réduction du temps de travail dans la fonction publique territoriale.

« La partie du crédit d'heures imputable sur le temps du service effectué en présence des élèves est obtenue en pondérant le crédit d'heures par le rapport entre la durée du temps de service effectué en présence des élèves et la durée fixée à l'article 1er du décret n° 2000-815 du 25 août 2000 ou, le cas échéant, à l'article 1er du décret n° 2001-623 du 12 juillet 2001. »

Art. R. 3123-6 *(Décr. n° 2003-836 du 1er sept. 2003, art. 13)* En cas de travail à temps partiel, le crédit d'heures est réduit au prorata du rapport entre les horaires inscrits au contrat de travail du salarié concerné, selon les dispositions de l'article *(Décr. n° 2016-1551 du 18 nov. 2016, art. 6)* « L. 3123-6 » du code du travail, et la durée hebdomadaire légale du travail définie à l'article R. 3123-7 du présent code.

Dans le cas d'un fonctionnaire régi par les titres II, III ou IV du statut général de la fonction publique ou d'un agent non titulaire de l'État, d'une collectivité territoriale ou de leurs établissements publics administratifs, qui exerce ses fonctions à temps partiel, le crédit d'heures est réduit au prorata du rapport entre la durée annuelle du service à temps partiel et la durée annuelle légale du travail définie à l'article R. 3123-8 du présent code.

Art. R. 3123-7 Pour fixer le temps d'absence maximal auquel les élus qui ont la qualité de salarié ont droit en application de l'article L. 3123-3, la durée légale du travail pour une année civile s'apprécie sur la base de la durée hebdomadaire légale fixée par l'article *(Décr. nº 2016-1551 du 18 nov. 2016, art. 6)* « L. 3121-27 » du code du travail, en décomptant cinq semaines de congés payés ainsi que les jours fériés.

(Décr. nº 2003-836 du 1er sept. 2003, art. 14) « Toutefois, lorsqu'il est dérogé à cette durée soit par des décrets en conseil des ministres, soit par convention ou accord collectif dans les conditions prévues à l'article *(Décr. nº 2016-1551 du 18 nov. 2016, art. 6)* « L. 3121-67 » du code du travail, soit en cas de régime d'équivalence instauré dans les conditions prévues par *(Décr. nº 2016-1551 du 18 nov. 2016, art. 6)* « les articles L. 3121-13 à L. 3121-15 » du même code, il est tenu compte de la durée du travail telle qu'elle résulte de ces dérogations. »

La durée hebdomadaire du travail prise en compte pour les salariés régis par un contrat de travail temporaire est celle fixée dans ce contrat en application *(Décr. nº 2016-1551 du 18 nov. 2016, art. 6)* « de l'article L. 1251-43 » du code du travail.

Art. R. 3123-8 *(Décr. nº 2003-836 du 1er sept. 2003, art. 15)* Pour fixer le temps maximal d'absence auquel ont droit, en application de l'article L. 3123-3, les élus qui ont la qualité de fonctionnaire régi par les titres II, III ou IV du statut général de la fonction publique ou d'agent non titulaire de l'État, d'une collectivité territoriale ou de leurs établissements publics administratifs, la durée légale du travail pour une année civile s'apprécie sur la base de la durée annuelle fixée à l'article 1er du décret nº 2000-815 du 25 août 2000 ou à l'article 1er du décret nº 2001-623 du 12 juillet 2001 ou à l'article 1er du décret nº 2002-9 du 4 janvier 2002.

Toutefois, lorsqu'il est dérogé à cette durée annuelle, il est tenu compte de la durée du travail telle qu'elle résulte de ces dérogations dans les conditions fixées, selon le cas, par le décret nº 2000-815 du 25 août 2000 ou le décret nº 2001-623 du 12 juillet 2001 ou le décret nº 2002-9 du 4 janvier 2002.

SOUS-SECTION 2 Garanties accordées dans l'exercice d'une activité professionnelle

Pas de dispositions réglementaires codifiées.

SOUS-SECTION 3 Garanties accordées à l'issue du mandat

(Décr. nº 2003-943 du 2 oct. 2003, art. 2)

Art. R. 3123-8-1 À l'issue de leur mandat, les personnes ayant exercé un des mandats électifs mentionnés à l'article L. 3123-9-2 bénéficient de l'allocation différentielle de fin de mandat, sous réserve de remplir les conditions prévues à l'article précité.

L'exercice antérieur des fonctions de vice-président du conseil départemental, en l'absence de délégation du président, ne donne pas lieu au bénéfice de l'allocation.

Pour l'application des présentes dispositions, la condition de cessation de l'activité professionnelle s'apprécie à l'issue du mandat.

Art. R. 3123-8-2 La demande, accompagnée des pièces justificatives permettant de déterminer le montant de l'allocation susceptible d'être attribuée, doit être adressée à la Caisse des dépôts et consignations au plus tard *(Décr. nº 2021-1708 du 17 déc. 2021, art. 22)* « onze » mois après l'issue du mandat.

Art. R. 3123-8-3 L'indemnité différentielle de fin de mandat est personnelle.

Art. R. 3123-8-4 *(Décr. nº 2015-1400 du 3 nov. 2015, art. 1er)* « Pendant les six premiers mois de son versement, son montant est égal à 80 % de la différence entre le montant de l'indemnité brute mensuelle, avant retenue à la source de l'imposition, que l'intéressé percevait pour l'exercice de ses fonctions électives, et l'ensemble des ressources perçues au titre des revenus du travail, des revenus de substitution ou des indemnités liées à d'autres mandats électifs. *(Décr. nº 2015-1400 du 3 nov. 2015,* *art. 1er)* « À compter du septième mois suivant le début de versement de l'allocation, son montant est porté à 40 %. »

Art. R. 3123-8-5 L'indemnité mensuelle est versée pour une durée maximale *(Décr. nº 2015-1400 du 3 nov. 2015, art. 2)* « d'un an.

« L'indemnité est versée chaque mois dès lors que son montant mensuel est supérieur à 100 euros. Dans le cas où le montant de l'allocation est inférieur à 100 euros, le paiement est effectué en deux fois au cours des six premiers mois, et à compter du septième mois, en deux fois également. »

Art. R. 3123-8-6 Le bénéficiaire est tenu de faire connaître sans délai tout changement de situation au regard du montant des ressources qu'il perçoit.

SECTION 2 Droit à la formation

SOUS-SECTION 1 Dispositions générales (R)

Art. R. 3123-9 La prise en charge par le département des dépenses liées à l'exercice du droit des élus à la formation, dans les conditions fixées par les articles L. 3123-10 à L. 3123-14 et par le 2° de l'article L. 3321-1, ne peut intervenir que si l'organisme dispensateur du stage ou de la session a reçu un agrément délivré par le ministre *(Décr. nº 2021-596 du 14 mai 2021, art. 12)* « chargé des collectivités territoriales » dans les conditions fixées par les articles R. 1221-12 à *(Décr. nº 2021-596 du 14 mai 2021, art. 12)* « R. 1221-22-1, et si la formation relève du répertoire défini à l'article R. 1221-9-1 ».

Art. R. 3123-10 *(Décr. nº 2009-8 du 5 janv. 2009)* Les frais de déplacement et de séjour des élus départementaux sont pris en charge par le département dans les conditions définies par le décret fixant les conditions et les modalités de règlement des frais occasionnés par les déplacements temporaires des personnels civils de l'État.

Art. R. 3123-11 Pour bénéficier de la prise en charge prévue à l'article *(Décr. nº 2009-8 du 5 janv. 2009)* « L. 3123-12 », l'élu doit justifier auprès du département qu'il a subi une diminution de revenu du fait de l'exercice de son droit à la formation.

SOUS-SECTION 2 Dispositions applicables aux élus salariés (R)

Art. R. 3123-12 Tout membre d'un conseil départemental qui a la qualité de salarié doit, lorsqu'il souhaite bénéficier du congé de formation visé à l'article *(Décr. nº 2009-8 du 5 janv. 2009)* « L. 3123-11 », présenter par écrit sa demande à son employeur trente jours au moins à l'avance en précisant la date et la durée de l'absence envisagée à ce titre, ainsi que la désignation de l'organisme responsable du stage ou de la session. L'employeur accuse réception de cette demande.

À défaut de réponse expresse notifiée au plus tard le quinzième jour qui précède le début du stage ou de la session, le congé est réputé accordé.

Art. R. 3123-13 Le bénéfice du congé de formation est de droit pour effectuer un stage ou suivre une session de formation *(Décr. nº 2021-596 du 14 mai 2021, art. 12)* « répondant aux critères fixés à l'article R. 3123-9 ».

Il peut cependant être refusé par l'employeur si celui-ci estime, après avis du comité d'entreprise ou, à défaut, des délégués du personnel lorsque l'entreprise en comporte, que l'absence du salarié aurait des conséquences préjudiciables à la production et à la bonne marche de l'entreprise.

Si le salarié renouvelle sa demande à l'expiration d'un délai de quatre mois après la notification d'un premier refus, un nouveau refus ne peut lui être opposé.

Art. R. 3123-14 Tout refus de l'employeur doit être motivé et notifié à l'intéressé. – *[Décr. nº 92-1208 du 16 nov. 1992, art. 8.]*

Art. R. 3123-15 L'organisme dispensateur du stage ou de la session doit délivrer au salarié une attestation constatant sa fréquentation effective. Cette attestation est remise à l'employeur s'il en fait la demande au moment de la reprise du travail. – *[Décr. nº 92-1208 du 16 nov. 1992, art. 9.]*

SOUS-SECTION 3 **Dispositions applicables aux élus ayant qualité d'agents publics (R)**

Art. R. 3123-16 Tout membre d'un conseil départemental, régi par les titres I à IV du statut général de la fonction publique doit, lorsqu'il souhaite bénéficier du congé de formation prévu à l'article *(Décr. n° 2009-8 du 5 janv. 2009)* « L. 3123-11 », présenter par écrit sa demande à l'autorité hiérarchique dont il relève trente jours au moins à l'avance en précisant la date et la durée de l'absence envisagée à ce titre, ainsi que la désignation de l'organisme responsable du stage ou de la session. L'autorité hiérarchique accuse réception de cette demande.

À défaut de réponse expresse notifiée au plus tard le quinzième jour qui précède le début du stage ou de la session, le congé est réputé accordé.

Art. R. 3123-17 Le bénéfice du congé de formation est de droit pour effectuer un stage ou suivre une session de formation *(Décr. n° 2021-596 du 14 mai 2021, art. 12)* « répondant aux critères fixés à l'article R. 3123-9 ».

Il peut, cependant, être refusé si les nécessités du fonctionnement du service s'y opposent.

Les décisions qui rejettent les demandes de congés de formation doivent être communiquées avec leur motif à la commission administrative paritaire au cours de la réunion qui suit cette décision.

Si le fonctionnaire renouvelle sa demande à l'expiration d'un délai de quatre mois après la notification d'un premier refus, un nouveau refus ne peut lui être opposé.

Art. R. 3123-18 Tout refus de l'autorité hiérarchique doit être motivé et notifié à l'intéressé. – *[Décr. n° 92-1208 du 16 nov. 1992, art. 12.]*

Art. R. 3123-19 Les dispositions des articles R. 3123-16 à R. 3123-18 sont applicables aux agents contractuels de l'État, des collectivités territoriales et de leurs établissements publics administratifs. – *[Décr. n° 92-1208 du 16 nov. 1992, art. 10, 11 et 12.]*

SOUS-SECTION 4 **Droit individuel à la formation**

(Décr. n° 2016-870 du 29 juin 2016, art. 2)

Art. R. 3123-19-1 Les formations éligibles au titre du droit individuel sont les formations relatives à l'exercice du mandat du membre du conseil départemental et les formations contribuant à l'acquisition des compétences nécessaires, le cas échéant, à sa réinsertion professionnelle à l'issue du mandat.

Les formations relatives à l'exercice du mandat sont les formations dispensées par un organisme agréé par le ministre *(Décr. n° 2021-596 du 14 mai 2021, art. 12)* « chargé des collectivités territoriales » dans les conditions définies aux articles R. 1221-12 à *(Décr. n° 2021-596 du 14 mai 2021, art. 12)* « R. 1221-22-1 ».

Les formations contribuant à la réinsertion professionnelle du membre du conseil départemental sont les formations éligibles au titre du compte personnel de formation, mentionnées à l'article L. 6323-6 du code du travail.

Art. R. 3123-19-2 *(Décr. n° 2021-596 du 14 mai 2021, art. 14)* Dans la limite du montant maximal fixé en application du 3° de l'article R. 1621-7 du présent code, le membre du conseil départemental acquiert ses droits individuels à la formation comptabilisés en euros chaque année, à compter du troisième lundi suivant le premier tour de l'élection départementale, et peut demander à les utiliser dès cette acquisition. Quel que soit le nombre de mandats exercés par l'élu local, le volume des droits qu'il acquiert chaque année au titre des articles L. 2123-12-1, L. 3123-10-1, L. 4135-10-1, L. 7125-12-1, L. 7227-12-1 du présent code et de l'article L. 121-37-1 du code des communes de la Nouvelle-Calédonie ne peut dépasser le montant fixé par l'arrêté mentionné au 2° de l'article R. 1621-7 du présent code.

(Décr. n° 2021-1708 du 17 déc. 2021, art. 11) « Lorsqu'il ne remplit pas les conditions fixées au deuxième alinéa de l'article R. 3123-19-3, l'élu perd les droits individuels à la formation acquis au titre de son mandat à l'expiration de celui-ci. Lorsque l'élu exerce plusieurs mandats ouvrant des droits individuels à la formation, ses droits sont calculés en prenant en compte le niveau de mandat qu'il exerce depuis le plus longtemps. »

Art. R. 3123-19-3 Le membre du conseil départemental qui souhaite bénéficier d'une formation au titre de son droit individuel à la formation adresse une demande au gestionnaire du fonds de financement et de gestion du droit individuel à la formation des élus locaux mentionné à l'article *(Décr. nº 2021-1708 du 17 déc. 2021, art. 4)* « L. 1621-4, par l'intermédiaire du service dématérialisé mentionné à l'article L. 1621-5, conformément aux conditions générales d'utilisation de ce service ».

(Décr. nº 2021-596 du 14 mai 2021, art. 16) « Le titulaire de droits individuels à la formation peut consommer ses droits dans les six mois qui suivent l'expiration de son mandat, s'il n'exerce plus aucun mandat électif local et s'il n'a pas liquidé ses droits à pension, afin de participer à des formations contribuant à sa réinsertion professionnelle, au sens du dernier alinéa de l'article R. 3123-19-1. »

Art. R. 3123-19-4 Le membre du conseil départemental qui a engagé des frais de déplacement et de séjour pour suivre une formation dans le cadre du droit individuel à la formation transmet au gestionnaire du fonds mentionné à l'article *(Décr. nº 2021-1708 du 17 déc. 2021, art. 7)* « L. 1621-4 » un état de frais aux fins de remboursement.

Les frais de déplacement et de séjour sont remboursés au membre du conseil départemental dans les conditions définies par le décret nº 2006-781 du 3 juillet 2006 fixant les conditions et les modalités de règlement des frais occasionnés par les déplacements temporaires des personnels civils de l'État.

SECTION 3 Remboursement de frais

(Décr. nº 2005-235 du 14 mars 2005, art. 7)

§ 1 Remboursement des frais liés à l'exercice d'un mandat spécial

Art. R. 3123-20 Les membres du conseil départemental chargés de mandats spéciaux par leur assemblée peuvent prétendre, sur justificatif de la durée réelle du déplacement, d'une part, au paiement d'indemnités journalières destinées à rembourser forfaitairement leurs frais supplémentaires de repas et de nuitée nécessités par l'exercice de ces mandats et, d'autre part, au remboursement des frais de transport engagés à cette occasion.

La prise en charge de ces frais est assurée dans les conditions définies par *(Décr. nº 2009-8 du 5 janv. 2009)* « le décret fixant les conditions et les modalités de règlement des frais occasionnés par les déplacements temporaires des personnels civils de l'État ». – *V. Décr. nº 2006-781 du 3 juill. 2006.*

Le remboursement des frais mentionnés au premier alinéa du présent article est cumulable avec celui prévu à l'article R. 3123-22.

§ 2 Remboursement des frais de transport et de séjour

Art. R. 3123-21 Les membres du conseil départemental peuvent prétendre, sur présentation des pièces justificatives, à la prise en charge des frais de transport et de séjour qu'ils engagent à l'occasion de leurs déplacements pour prendre part aux réunions du conseil départemental et aux séances des commissions et organismes dont ils font partie ès qualités.

La prise en charge de ces frais est assurée dans les conditions prévues au deuxième alinéa de l'article R. 3123-20.

Le remboursement de ces frais est cumulable avec celui prévu à l'article R. 3123-22.

§ 3 Remboursement des frais liés au handicap

Art. R. 3123-22 Peuvent obtenir le remboursement des frais spécifiques de déplacement, d'accompagnement et d'aide technique les élus départementaux en situation de handicap mentionnés au second alinéa de l'article L. 3123-19 et relevant des dispositions *(Décr. nº 2021-258 du 9 mars 2021, art. 1er)* « des articles L. 5213-1 et L. 5213-2 » du code du travail ou pouvant prétendre au bénéfice des dispositions des articles *(Décr. nº 2021-258 du 9 mars 2021, art. 1er)* « L. 5212-1 à L. 5212-17 » de ce même code, ou pouvant prétendre au bénéfice de l'article L. 241-3 du code de l'action sociale et des familles.

La prise en charge de ces frais spécifiques est assurée sur présentation d'un état de frais et dans la limite, par mois, du montant *(Décr. nº 2021-258 du 9 mars 2021, art. 1er)* « de l'indemnité maximale susceptible d'être versée au maire d'une commune de moins de 500 habitants en application du barème fixé à l'article L. 2123-23 ».

Le remboursement de ces frais est cumulable avec les remboursements prévus aux articles R. 3123-20 et R. 3123-21.

§ 4 Chèque service

Art. D. 3123-22-1 *(Décr. nº 2007-808 du 11 mai 2007)* La délibération par laquelle le conseil départemental attribue l'aide financière prévue par l'article L. 3123-19-1 peut préciser les modalités d'attribution et de contrôle de cette aide, notamment le fractionnement éventuel de son versement.

Il est communiqué au conseil départemental, au titre de chaque année civile, un état récapitulatif individuel des aides versées aux élus bénéficiaires.

Art. D. 3123-22-2 *(Décr. nº 2007-808 du 11 mai 2007)* Pour pouvoir prétendre à l'aide financière prévue par l'article L. 3123-19-1, les élus concernés doivent produire tout document justifiant de l'utilisation d'un chèque emploi-service universel conforme à l'article précité.

Art. D. 3123-22-3 *(Décr. nº 2007-808 du 11 mai 2007)* Le montant maximum de cette aide est égal à celui fixé par l'article *(Décr. nº 2020-948 du 30 juill. 2020, art. 3)* « D. 7233-8 » du code du travail, par année civile et par bénéficiaire ayant eu recours à un ou plusieurs services financés par cette aide.

Il ne peut excéder le coût des services supportés par le bénéficiaire.

Art. D. 3123-22-4 *(Décr. nº 2007-808 du 11 mai 2007)* Le président du conseil départemental communique à l'élu bénéficiaire de l'aide financière, avant le 1er février de l'année suivant celle de son attribution, une attestation mentionnant le montant total de l'aide perçue et précisant son caractère non imposable.

La déclaration annuelle prévue par l'article 87 du code général des impôts souscrite par le département mentionne, pour chaque bénéficiaire, le montant de l'aide accordée par le conseil départemental.

SECTION 4 Protection sociale

SOUS-SECTION 1 Sécurité sociale

(Décr. nº 2004-1238 du 17 nov. 2004, art. 3)

Art. D. 3123-23-1 Tout membre du conseil départemental percevant des indemnités de fonction et qui ne peut, en cas de maladie, maternité, paternité ou accident, exercer effectivement ses fonctions au-delà d'un délai de 15 jours francs, est tenu d'indiquer à la collectivité dont il est l'élu le montant des indemnités journalières qui lui sont, le cas échéant, versées par son régime de sécurité sociale au titre de son activité professionnelle, accompagné des pièces justificatives concernant l'arrêt de travail et son indemnisation, afin de déterminer le montant des indemnités de fonction à lui attribuer conformément à l'article L. 3123-20-1.

En cas de trop-perçu, le département procède à la répétition de l'indu à compter de la réception des indemnités journalières par l'élu et de la déclaration de leur montant.

Lorsque l'élu ne bénéficie d'aucun régime d'indemnités journalières ou ne remplit pas les conditions pour bénéficier d'une indemnisation auprès du régime de sécurité sociale dont relève son activité, les indemnités de fonction sont maintenues en totalité pendant la durée de l'arrêt de travail.

En cas de cumul de mandats, les dispositions prévues au premier alinéa du présent article s'appliquent à chaque mandat.

Art. D. 3123-23-2 Lorsque le délai de carence prévu par le régime de sécurité sociale dont relève l'élu départemental pour le versement des indemnités journalières est supérieur au délai de 15 jours fixé à l'article D. 3123-23-1, les indemnités de fonction lui sont versées en totalité pendant la période ne donnant lieu au versement d'aucune indemnité journalière.

SOUS-SECTION 2 Retraite

Art. R. 3123-24 Le plafond des taux de cotisations prévus à l'article L. 3123-22 est fixé ainsi qu'il suit :

– taux de cotisation du département : 8 % ;

– taux de cotisation de l'élu : 8 %. – *[Décr. n° 93-825 du 25 mai 1993, art. 1er.]*

SECTION 5 Responsabilité du département en cas d'accident

Pas de dispositions réglementaires codifiées.

SECTION 6 Responsabilité des élus

Pas de dispositions réglementaires codifiées.

TITRE III RÉGIME JURIDIQUE DES ACTES PRIS PAR LES AUTORITÉS DÉPARTEMENTALES

CHAPITRE I PUBLICITÉ ET ENTRÉE EN VIGUEUR

Art. R. 3131-1 *Abrogé par Décr. n° 2021-1311 du 7 oct. 2021, art. 8.*

Art. R. 3131-2 *(Décr. n° 2021-1311 du 7 oct. 2021, art. 8)* « I. – Les actes publiés sous forme électronique sont mis à la disposition du public sur le site internet du département dans leur intégralité, sous un format non modifiable et dans des conditions propres à en assurer la conservation, à en garantir l'intégrité et à en effectuer le téléchargement. »

La version électronique de ces actes comporte la mention, en caractères lisibles, du prénom, du nom et de la qualité de leur auteur *(Décr. n° 2021-1311 du 7 oct. 2021, art. 8)* « ainsi que la date de mise en ligne de l'acte sur le site internet du département. La durée de publicité de l'acte ne peut pas être inférieure à deux mois.

« II. – La délivrance des actes mentionnés au V de l'article L. 3131-1 se fait selon les modalités fixées par l'article R. 311-11 du code des relations entre le public et l'administration. »

CHAPITRE II CONTRÔLE DE LÉGALITÉ

SECTION 1 Transmission par voie électronique des actes soumis au contrôle de légalité

(Décr. n° 2005-324 du 7 avr. 2005, art. 2)

Art. R. 3132-1 Les dispositions *(Décr. n° 2021-1311 du 7 oct. 2021, art. 4)* « des articles R. 2131-2-A à R. 2131-4 » sont applicables à la transmission par voie électronique des actes du département mentionnés à l'article L. 3131-2.

Pour l'application de ces dispositions, les mots : "la commune" et "le maire" sont remplacés respectivement par les mots : "le département" et "le président du conseil départemental".

SECTION 2 Contrôle de légalité des marchés publics *(Décr. n° 2018-1075 du 3 déc. 2018, art. 6).*

(Décr. n° 2005-324 du 7 avr. 2005, art. 2)

Art. R. 3132-2 Les dispositions des articles *(Décr. n° 2005-324 du 7 avr. 2005, art. 2)* « R. 2131-5 à R. 2131-7 » sont applicables aux marchés *(Décr. n° 2018-1075 du 3 déc. 2018, art. 6)* « publics » passés par les départements et leurs établissements publics.

L'art. R. 3132-1 devient l'art. R. 3132-2 (Décr. n° 2005-324 du 7 avr. 2005, art. 2).

CHAPITRE III EXERCICE PAR UN CONTRIBUABLE DES ACTIONS APPARTENANT AU DÉPARTEMENT

(Décr. n° 2001-1387 du 31 déc. 2001, art. 1er)

Art. R. 3133-1 Dans le cas prévu à l'article L. 3133-1, il est délivré au contribuable un récépissé du mémoire détaillé qu'il a adressé au tribunal administratif.

Le préfet, saisi par le président du tribunal administratif, transmet immédiatement ce mémoire au président du conseil départemental en l'invitant à le soumettre au conseil départemental.

La décision du tribunal administratif est rendue dans le délai de deux mois à dater du dépôt de la demande d'autorisation.

Toute décision qui porte refus d'autorisation doit être motivée.

Art. R. 3133-2 Lorsque le tribunal administratif ne statue pas dans le délai de deux mois ou lorsque l'autorisation est refusée, le contribuable peut se pourvoir devant le Conseil d'État.

Art. R. 3133-3 Le pourvoi devant le Conseil d'État est, à peine de déchéance, formé dans le mois qui suit soit l'expiration du délai imparti au tribunal administratif pour statuer, soit la notification de l'arrêté portant refus.

Il est statué sur le pourvoi dans un délai de trois mois à compter de son enregistrement au secrétariat du contentieux du Conseil d'État.

Art. R. 3133-4 Le tribunal administratif ou le Conseil d'État peuvent, s'ils accordent l'autorisation, en subordonner l'effet à la consignation préalable des frais d'instance. Ils fixent, dans ce cas, la somme à consigner.

TITRE IV RELATIONS ENTRE LE DÉPARTEMENT ET LES SERVICES DE L'ÉTAT

CHAPITRE I SERVICES DE L'ÉTAT MIS À DISPOSITION

Pas de dispositions réglementaires codifiées.

CHAPITRE II COORDINATION ENTRE LES SERVICES DE L'ÉTAT ET LES SERVICES DU DÉPARTEMENT

SECTION 1 Conférence départementale d'harmonisation des investissements (R)

Art. D. 3142-1 Outre le président du conseil départemental et le préfet, la conférence départementale d'harmonisation des investissements comprend :

1° Trois maires de communes de moins de 2 000 habitants, désignés par le collège des maires de communes de moins de 2 000 habitants ;

2° Trois maires de communes de plus de 2 000 habitants, désignés par le collège des maires de communes de plus de 2 000 habitants ;

3° Deux présidents de groupements de communes, désignés par le collège des présidents de groupements de communes. – *[Décr. n° 83-346 du 22 avr. 1983, art. 1er.]*

Art. D. 3142-2 Les maires et présidents de groupements de communes sont désignés pour trois ans ; leur mandat peut être renouvelé.

Ils cessent de faire partie de la conférence lorsqu'ils perdent la qualité au titre de laquelle ils ont été désignés. – *[Décr. n° 83-346 du 22 avr. 1983, art. 2.]*

Art. D. 3142-3 Les maires et les présidents de groupements de communes sont élus à la représentation proportionnelle à la plus forte moyenne. Le vote a lieu sur des listes complètes, sans adjonction ni suppression de noms, et sans modification de l'ordre de présentation.

Les listes de candidatures sont déposées à la préfecture du département à une date fixée par arrêté du préfet pris après avis du président du conseil départemental. Cet arrêté fixe également la date limite d'envoi des bulletins de vote à la préfecture du département.

Nul ne peut être candidat au titre de catégories différentes. – *[Décr. nº 83-346 du 22 avr. 1983, art. 3.]*

Art. D. 3142-4 L'élection a lieu par correspondance. Les bulletins de vote sont adressés par lettre recommandée au préfet.

Chaque bulletin est mis sous double enveloppe ; l'enveloppe intérieure ne doit comporter aucune mention ni signe distinctif ; l'enveloppe extérieure doit porter la mention "Élection des membres de la conférence départementale d'harmonisation des investissements", l'indication du collège auquel appartient l'intéressé, son nom, sa qualité, sa signature.

Les bulletins de vote sont recensés par une commission comprenant :

1° Le préfet, président ;

2° Un maire désigné par le président du conseil départemental et un maire désigné par le préfet.

Le secrétariat de la commission est assuré par un fonctionnaire de la préfecture.

Un représentant de chaque liste peut contrôler les opérations de dépouillement des bulletins.

En cas d'égalité des suffrages est proclamé élu le candidat le plus âgé.

Les résultats sont publiés à la diligence du préfet. Ils peuvent être contestés devant le tribunal administratif dans les dix jours qui suivent cette publication par tout électeur, par les candidats et par le préfet. – *[Décr. nº 83-346 du 22 avr. 1983, art. 4.]*

Art. D. 3142-5 La conférence se réunit au moins deux fois par an. La convocation, accompagnée de l'ordre du jour, arrêté conjointement par le président du conseil départemental et par le préfet, est adressée quinze jours au moins avant la date de la réunion.

La conférence peut, en outre, se réunir sur un ordre du jour déterminé, à la demande du président du conseil départemental, du préfet ou de la majorité de ses membres.

Elle peut entendre toute personne pouvant lui apporter des informations utiles.

Les délibérations de la conférence sont consignées dans le procès-verbal de séance qui est signé par le président du conseil départemental et le préfet ; une copie est adressée à chacun des membres. – *[Décr. nº 83-346 du 22 avr. 1983, art. 5.]*

CHAPITRE III **RESPONSABILITÉ**

Pas de dispositions réglementaires codifiées.

LIVRE II ADMINISTRATION ET SERVICES DÉPARTEMENTAUX

TITRE I COMPÉTENCES DU CONSEIL DÉPARTEMENTAL

CHAPITRE I DISPOSITIONS GÉNÉRALES

Pas de dispositions réglementaires codifiées.

CHAPITRE II BUDGET, CONTRIBUTIONS ET EMPRUNTS

SECTION 1 Budget et contributions

Pas de dispositions réglementaires codifiées.

SECTION 2 Emprunts

Pas de dispositions réglementaires codifiées.

CHAPITRE III GESTION DU PATRIMOINE

SECTION 1 Domaine

(Décr. n° 2011-1612 du 22 nov. 2011, art. 9)

Art. R. 3213-1 Les baux et les actes de vente sont passés par le président du conseil départemental au nom du département.

Les autorisations d'occupation ou d'utilisation du domaine public départemental sont délivrées par le président du conseil départemental.

Art. R. 3213-1-1 L'autorité compétente de l'État mentionnée à l'article L. 3213-2 est le directeur départemental des finances publiques.

Art. R. 3213-2 L'état de toutes les propriétés du département, productives de revenus ou improductives, est dressé par le président du conseil départemental. Une copie en est délivrée par le président du conseil départemental au comptable du département.

Ce comptable reçoit par la même voie une expédition en la forme de tous les titres de propriété, titres de rente et autres actes concernant le domaine du département et établissant ses droits, ainsi que les inscriptions de privilèges et hypothèques prises pour sûreté des créances du département. Il donne récépissé de ces expéditions, qui sont conservées et mentionnées par lui sur un registre.

Art. R. 3213-3 Le président du conseil départemental dresse l'état du mobilier départemental.

Des inventaires sont établis pour chaque partie du mobilier départemental ; ils constatent les entrées et les sorties.

Le président du conseil départemental prescrit tout récolement nécessaire et dresse, s'il y a lieu, un état des objets susceptibles d'être réformés.

Art. R. 3213-4 Dans les cas prévus à l'article L. 3213-2-1, les comptables publics sont déchargés de toute responsabilité par la remise des fonds au notaire rédacteur de l'acte.

Art. R. 3213-5 Lorsque le prix des acquisitions d'immeubles, de droits réels immobiliers ou de fonds de commerce réalisées selon les règles du droit commun par les départements et leurs établissements publics donne lieu à remploi en immeuble, les comptables publics remettent les fonds au notaire rédacteur de l'acte portant mutation de l'immeuble acquis en remploi.

La remise des fonds a lieu sur la demande du vendeur et sur production d'une attestation du notaire certifiant l'accomplissement de la mission de remploi qui lui a été confiée.

Cette attestation comporte obligatoirement l'identité des parties, ainsi que la désignation de l'immeuble conformément aux dispositions du premier alinéa de l'article 5, du

1 de l'article 6 et de l'article 7 du décret n° 55-22 du 4 janvier 1955 portant réforme de la publicité foncière, et mentionne le prix d'acquisition.

Art. R. 3213-6 Lorsque le prix d'une des acquisitions mentionnées à l'article R. 3213-5 donne lieu à remploi en valeurs mobilières, les comptables publics remettent les fonds au prestataire de service d'investissement *(Décr. n° 2017-1253 du 9 août 2017, art. 14)* « autre qu'une société de gestion de portefeuille » désigné par le vendeur, par contrat ou par autorité de justice, pour procéder à l'achat et requérir l'immatriculation des titres acquis en remploi.

La remise des fonds a lieu sur production d'une attestation du prestataire de service d'investissement certifiant l'accomplissement de la mission de remploi qui lui a été confiée.

Art. R. 3213-7 Pour les acquisitions immobilières passées en la forme administrative par les départements et leurs établissements publics, il peut être payé au vendeur, dès l'expiration des délais ouverts pour prendre les inscriptions ayant un effet rétroactif, un acompte dans la limite maximale des trois quarts de la différence entre le prix stipulé et celui des charges et accessoires.

Cet acompte est payé après autorisation de l'autorité habilitée à recevoir l'acte administratif.

Art. R. 3213-8 Le prix des acquisitions immobilières faites à l'amiable suivant les règles du droit civil ou après exercice du droit de préemption pour le compte des départements et de leurs établissements publics peut être payé au vendeur, après publication de l'acte au fichier immobilier, sans l'accomplissement des formalités de purge des *(Décr. n° 2021-1888 du 29 déc. 2021, art. 5)* « hypothèques inscrites » lorsqu'il n'excède pas un montant fixé par arrêté du ministre chargé du domaine et du ministre de l'Intérieur.

SECTION 2 Voirie

Pas de dispositions réglementaires codifiées.

SECTION 3 Transactions

Pas de dispositions réglementaires codifiées.

SECTION 4 Dons et legs

SOUS-SECTION 1 Procédures applicables en matière de libéralités (R)

Art. R. 3213-9 Tout notaire constitué dépositaire d'un testament contenant un legs en faveur d'un département ou d'un établissement public départemental, est tenu, dès l'ouverture du testament, d'adresser au président du conseil départemental ou au représentant de l'établissement légataire la copie intégrale des dispositions testamentaires.

La copie est écrite sur papier libre et il est délivré récépissé des pièces transmises.

Art. R. 3213-10 *(Décr. n° 2002-449 du 2 avr. 2002, art. 9)* Les réclamations concernant les legs en faveur d'un département ou d'un établissement public départemental, formulées par les héritiers légaux, sont recevables auprès du ministre de l'Intérieur, dans un délai de six mois à compter de l'ouverture du testament. Elles comportent les nom, prénoms et adresse des réclamants, leur ordre et degré de parenté vis-à-vis du défunt, ainsi que les motifs de la réclamation.

Le ministre de l'Intérieur informe le président du conseil départemental ou le représentant de l'établissement légataire de ces réclamations et délivre aux réclamants un accusé de réception.

Lorsque les réclamations sont formulées après l'expiration du délai mentionné au premier alinéa ou émanent de personnes autres que les héritiers légaux, l'accusé de réception fait mention de leur irrecevabilité.

SOUS-SECTION 2 Contrôle de l'administration des biens légués ou donnés (R)

Art. R. 3213-11 Tout notaire dépositaire d'un testament contenant un legs en faveur d'un département ou d'un établissement public départemental est tenu, dès l'ouverture du testament, d'en donner avis au président du conseil départemental et au comptable du département ou de l'établissement.

La même obligation est imposée à tout notaire ayant reçu un acte portant donation au profit d'un département ou d'un établissement public départemental. – *[L. n° 42-860 du 10 sept. 1942, art. 1er.]*

Art. R. 3213-12 Tout mandat conféré, postérieurement à la délivrance ou à l'envoi en possession d'un legs, par le représentant légal d'un département ou d'un établissement public départemental, en vue d'administrer ou de liquider les biens dépendant de ce legs, est porté à la connaissance du comptable.

Il en est de même des instructions données au mandataire tant en matière de recettes que de dépenses. – *[L. n° 42-860 du 10 sept. 1942, art. 2.]*

Art. R. 3213-13 Les avis ou documents destinés au comptable du département ou de l'établissement public départemental sont adressés par l'intermédiaire du *(Décr. n° 2014-551 du 27 mai 2014, art. 3)* « directeur départemental ou, le cas échéant, régional des finances publiques » dont dépend ce comptable.

Art. R. 3213-14 À partir de la délivrance ou de l'envoi en possession, les opérations de recettes ou de dépenses qui affectent les biens légués à un département ou à un établissement public départemental sont faites sous le contrôle du comptable du département ou de l'établissement public départemental et reprises par lui dans ses comptes de gestion.

À cet effet, toute personne chargée de l'administration ou de la liquidation de ces biens, à la fin de chaque année civile et au plus tard le 31 janvier suivant, adresse au comptable un relevé des opérations de l'année, appuyé des pièces justificatives.

Les relevés annuels et les pièces à l'appui, ainsi que le compte final de liquidation, sont soumis à l'approbation de l'ordonnateur *(Décr. n° 2022-1605 du 22 déc. 2022, art. 12)* « et transmis à la chambre régionale des comptes territorialement compétente ».

Les notaires sont dispensés de l'envoi des pièces originales mais, sur demande de l'ordonnateur ou du comptable, ils sont tenus d'en fournir des copies certifiées.

CHAPITRE IV ACTION SOCIALE

Pas de dispositions réglementaires codifiées.

CHAPITRE V TRAVAUX

Pas de dispositions réglementaires codifiées.

CHAPITRE VI ÉLECTIONS

Pas de dispositions réglementaires codifiées.

TITRE II COMPÉTENCES DU PRÉSIDENT DU CONSEIL DÉPARTEMENTAL

CHAPITRE UNIQUE

Art. R. 3221-1 Toute dépense à la charge du département ou imputable sur son budget ne peut être engagée que par le président du conseil départemental.

Les contrats, quand il y a lieu, sont passés par le président du conseil départemental au nom du département, sur délibération du conseil départemental. – *[Décr. du 12 juill. 1893, art. 83.]*

Art. D. 3221-2 *(Décr. n° 2023-523 du 29 juin 2023, art. 2)* Le seuil de délégation fixé par la délibération prévue au 18° de l'article L. 3211-2 du présent code ne peut être supérieur à 100 euros.

Après instruction des propositions transmises par le comptable public portant sur des créances irrécouvrables au sens de l'article R. 276-2 du livre des procédures fiscales, le président du conseil départemental prononce l'admission en non-valeur par arrêté.

Il rend compte de ses décisions au conseil départemental au moyen d'un état listant les créances admises en non-valeur et les motifs ayant présidé à cette admission.

Il tient à la disposition du conseil départemental les pièces produites à l'appui de la demande d'admission en non-valeur présentée par le comptable public.

TITRE III INTERVENTIONS ET AIDES DU DÉPARTEMENT

CHAPITRE I INTERVENTIONS EN MATIÈRE ÉCONOMIQUE ET SOCIALE

SECTION 1 Aides économiques *(Décr. nº 2005-849 du 25 juill. 2005, art. 1er).*

Art. R. 3231 *(Décr. nº 2005-849 du 25 juill. 2005, art. 1er)* Les départements peuvent attribuer une subvention de fonctionnement aux structures locales des organisations syndicales représentatives qui sont dotées de la personnalité morale et qui remplissent des missions d'intérêt général sur le plan départemental. Ces structures ne peuvent reverser les subventions à d'autres personnes morales et doivent rendre compte de leur utilisation dans le rapport mentionné à l'article L. 3231-3-1.

Les subventions sont attribuées par les assemblées délibérantes de ces collectivités. Les conventions conclues, le cas échéant, avec les structures locales des organisations syndicales représentatives, en application de l'article 10 de la loi nº 2000-321 du 12 avril 2000 modifiée relative aux droits des citoyens dans leurs relations avec les administrations et du décret nº 2001-495 du 6 juin 2001 pris pour son application, sont jointes aux délibérations attribuant ces subventions lors de la transmission prévue aux articles L. 3131-1 et L. 3131-2.

SECTION 2 Garanties d'emprunts

SOUS-SECTION 1 Dispositions générales (R)

Art. R. 3231-1 Les entreprises ou organismes qui peuvent bénéficier de prêts ou de garanties d'emprunt de la part des départements sont soumis au contrôle prévu par les articles R. 3241-1 à R. 3241-6. — *[Décr. nº 59-36 du 5 janv 1959, art. 7, al 1er.]*

SOUS-SECTION 2 Modalités d'octroi pour les emprunts contractés par des personnes de droit privé (R)

Art. D. 3231-2 Les dispositions des articles D. 1511-30 à D. 1511-35 sont applicables aux départements.

SECTION 3 Participation au capital de sociétés

SOUS-SECTION 1 Participation à des sociétés de garantie (R)

Art. R. 3231-3 Les dispositions des articles R. 1511-36 à R. 1511-39 sont applicables aux départements.

CHAPITRE II AIDES À OBJET SPÉCIFIQUE

SECTION 1 Aide à l'équipement rural

(Décr. nº 2007-1868 du 26 déc. 2007)

Art. R. 3232-1 Peuvent bénéficier de l'assistance technique mise à disposition par le département, instituée par l'article L. 3232-1-1 :

1º Les communes considérées comme rurales *(Abrogé par Décr. nº 2025-438 du 20 mai 2025, art. 8)* *« en application du I de l'article D. 3334-8-1 »*, à l'exclusion de celles dont le potentiel financier par habitant, tel qu'il est défini par l'article L. 2334-4, était, pour l'année précédant la demande d'assistance, supérieur à 1,3 fois le potentiel financier moyen par habitant des communes de moins de 5 000 habitants ;

2° Les établissements publics de coopération intercommunale de moins de *(Décr. n° 2019-589 du 14 juin 2019, art. 1er)* « 40 000 habitants » pour lesquels la population des communes répondant aux conditions fixées par le 1° représente plus de la moitié de la population totale des communes qui en sont membres ;

(Décr. n° 2019-589 du 14 juin 2019, art. 1er) « 3° Les établissements de coopération intercommunale comprenant une moitié au moins de communes membres situées en zone de montagne, au sens des articles 3 et 4 de la loi n° 85-30 du 9 janvier 1985 relative au développement et à la protection de la montagne. »

Les communes et les établissements publics de coopération intercommunale peuvent continuer à bénéficier de l'assistance technique durant l'année qui suit celle au cours de laquelle ils ont cessé de remplir les conditions requises.

Art. R. 3232-1-1 Cette mise à disposition fait l'objet d'une convention passée entre le département et la commune ou l'établissement public de coopération intercommunale qui a demandé à en bénéficier. Cette convention en détermine le contenu, les modalités et la rémunération *(Décr. n° 2019-589 du 14 juin 2019, art. 2)* « [,] ainsi que les obligations de chacune des parties ».

Art. R. 3232-1-2 *(Décr. n° 2019-589 du 14 juin 2019, art. 3)* I. — L'assistance technique mise à disposition par le département consiste à aider les communes et établissements publics mentionnés à l'article R. 3232-1 à :

1° Identifier les intervenants et compétences nécessaires à la réalisation de leurs projets ;

2° Organiser leurs projets sur les plans juridique, administratif et financier ;

3° Rechercher les financements publics et présenter les demandes de financement nécessaires à la réalisation de leurs projets ;

4° Organiser sur le plan technique la conduite de leurs projets et passer les contrats publics nécessaires à cet effet.

II. — Dans le domaine de l'assainissement et de la protection des ressources en eau, l'assistance technique porte sur :

1° La gestion patrimoniale et l'amélioration des performances des systèmes d'assainissement collectif ;

2° L'organisation des contrôles d'installations et l'identification des travaux à réaliser en matière d'assainissement non collectif ;

3° L'élaboration du rapport annuel sur le prix et la qualité de service prévu à l'article L. 2224-5 du code général des collectivités territoriales et la transmission des données par voie électronique au système d'information prévu à l'article L. 131-9 du code de l'environnement ;

4° L'élaboration de programmes de formation des personnels ;

5° L'instauration et la mise en œuvre des périmètres de protection des captages d'eau potable au sens de l'article L. 1321-2 du code de la santé publique ;

6° La définition des mesures de protection des aires d'alimentation des captages d'eau potable et leur suivi ;

7° La définition des mesures de gestion quantitative des ressources en eau potable et de gestion patrimoniale et performante des réseaux d'adduction d'eau potable.

III. — Dans le domaine de la gestion des milieux aquatiques et de prévention des inondations définie au I *bis* de l'article L. 211-7 du code de l'environnement, l'assistance technique porte sur :

1° L'identification des collectivités compétentes et l'optimisation de leur organisation pour la réalisation des projets ;

2° La définition d'actions de protection et de restauration des zones humides et d'opérations groupées d'entretien régulier des cours d'eau ;

3° Le recensement des digues existantes, l'identification des autres ouvrages ou infrastructures susceptibles de contribuer à la prévention des inondations conformément au II de l'article L. 566-12-1 du code de l'environnement et à la définition de systèmes d'endiguement et d'aménagements hydrauliques, au sens des articles R. 562-13 et R. 562-18 du même code, qui sont susceptibles d'être constitués à partir de ces ouvrages et infrastructures ;

4° La mise en cohérence entre, d'une part, les actions de prévention des inondations décidées dans le cadre de l'exercice de la compétence de gestion des milieux aquatiques et de prévention des inondations définie au I *bis* de l'article L. 211-7 du code de l'environnement et, d'autre part, les autres actions concourant à la gestion des risques d'inondation conformément aux articles L. 566-2 et L. 566-8 du même code.

IV. — Dans le domaine de la voirie, qui, au sens de la présente section, comprend les chaussées, trottoirs, pistes cyclables, équipements routiers ouverts à la circulation publique et ouvrages d'art, l'assistance technique porte sur :

1° L'identification des obligations et responsabilités de la collectivité concernée en ce qui concerne la voirie relevant de sa compétence ;

2° L'identification et la mise en place de solutions adaptées aux enjeux de sécurité routière, y compris sur le réseau national et départemental lorsque les travaux sont financés par la collectivité concernée ;

3° L'organisation de la gestion du domaine public routier de la collectivité concernée, notamment en matière d'occupation du domaine public, de gestion des ouvrages ou de conventions avec des tiers ;

4° La définition de programmes de surveillance, de viabilité, notamment hivernale, de gestion et d'entretien de la voirie de la collectivité concernée ;

5° La définition des caractéristiques de la voirie d'un lotissement devant être intégrée dans la voirie de la collectivité concernée.

(Décr. n° 2020-751 du 18 juin 2020, art. 1er) « V. — Dans le domaine de la mobilité, l'assistance technique porte sur :

« 1° L'organisation des services réguliers de transport public de personnes ;

« 2° L'organisation des services à la demande de transport public de personnes ;

« 3° L'organisation des services de transport scolaire définis aux articles L. 3111-7 à L. 3111-10 du code des transports, dans les cas prévus au quatrième alinéa de l'article L. 3111-7 et à l'article L. 3111-8 du même code ;

« 4° L'organisation de services relatifs aux mobilités actives définies à l'article L. 1271-1 du code des transports ou la contribution au développement de ces mobilités ;

« 5° L'organisation des services relatifs aux usages partagés des véhicules terrestres à moteur ou la contribution au développement de ces usages ;

« 6° L'organisation des services de mobilité solidaire, la contribution au développement de tels services ou le versement d'aides individuelles à la mobilité, afin d'améliorer l'accès à la mobilité des personnes se trouvant en situation de vulnérabilité économique ou sociale et des personnes en situation de handicap ou dont la mobilité est réduite ;

« 7° L'offre des services de conseil et d'accompagnement individualisé à la mobilité destiné aux personnes se trouvant en situation de vulnérabilité économique ou sociale ainsi qu'à celles en situation de handicap ou dont la mobilité est réduite ;

« 8° La mise en place d'un conseil en mobilité destiné aux employeurs et aux gestionnaires d'activités générant des flux de déplacements importants ;

« 9° L'organisation ou la contribution au développement des services de transport de marchandises et de logistique urbaine, en cas d'inexistence, d'insuffisance ou d'inadaptation de l'offre privée, afin de réduire la congestion urbaine ainsi que les pollutions et les nuisances affectant l'environnement ;

« 10° La planification, le suivi et l'évaluation de leur politique de mobilité.

« VI. — » Dans le domaine de l'aménagement et de l'habitat, l'assistance technique porte sur :

1° L'élaboration de diagnostics et la définition de stratégies, objectifs et actions permettant de répondre aux besoins du territoire concerné et d'identifier des projets d'aménagement et d'habitat durables, à l'échelle communale ou intercommunale ;

2° La réalisation de diagnostics techniques des situations de non-conformité des logements par rapport au règlement sanitaire départemental portées à la connaissance des maires et le repérage, pour transmission aux autorités compétentes, des situations d'insalubrité.

Art. R. 3232-1-3 Un arrêté conjoint du ministre chargé de l'environnement et du ministre chargé des collectivités territoriales définit les différents éléments de coûts à retenir pour la rémunération du service de mise à disposition de l'assistance technique ainsi que les modalités de tarification de celle-ci.

Un arrêté du président du conseil départemental définit le barème de rémunération applicable dans le département. Cet arrêté est publié au recueil des actes administratifs du département.

Art. R. 3232-1-4 Le suivi et l'évaluation de l'assistance technique sont assurés par un comité qui en établit un bilan d'activité annuel *(Décr. n° 2019-589 du 14 juin 2019, art. 4)* « mis à disposition du public sous forme dématérialisée par le département ».

Le comité comprend notamment des représentants des communes et des établissements publics de coopération intercommunale bénéficiaires, un représentant du préfet du département, un représentant de l'agence de l'eau et, s'il y a lieu, un représentant du ou des établissements publics territoriaux de bassin compétents dans le département concerné. *(Décr. n° 2019-589 du 14 juin 2019, art. 4)* « Ce comité peut être ouvert à des représentants des organisations professionnelles impliquées sur les thématiques concernées. »

Les membres du comité sont nommés par le président du conseil départemental, en Corse, le cas échéant, par le président du conseil exécutif de Corse.

Art. R. 3232-1-5 *(Décr. n° 2025-438 du 20 mai 2025, art. 8)* Pour l'application du 1° de l'article R. 3232-1, sont considérées comme rurales :

– en métropole, les communes caractérisées comme peu denses ou très peu denses, au sens de la grille de classification des communes établie par l'Institut national de la statistique et des études économiques et disponible sur le site internet de cet institut au 1er janvier de l'année ;

– dans les départements d'outre-mer, les communes qui ne figurent pas sur la liste définie à l'annexe VIII du présent code.

Le représentant de l'État fixe par arrêté la liste des communes qui peuvent bénéficier de l'assistance technique.

SECTION 2 Adductions d'eau, assainissement et électrification

Pas de dispositions réglementaires codifiées.

SECTION 3 Aides aux entreprises de spectacle cinématographique

Art. R. 3232-2 Les dispositions des articles R. 1511-40 à R. 1511-43 sont applicables aux départements.

L'art. R. 3232-1 devient l'art. R. 3232-2 (Décr. n° 2007-1868 du 26 déc. 2007).

CHAPITRE III DISPOSITIONS DIVERSES

Pas de dispositions réglementaires codifiées.

TITRE IV GESTION DES SERVICES PUBLICS

CHAPITRE I RAPPORTS ENTRE LES DÉPARTEMENTS ET LES ENTREPRISES (R)

Art. R. 3241-1 Toute entreprise liée à un département ou à un établissement public départemental par une convention financière comportant des règlements de compte périodiques est tenue de fournir à la collectivité contractante des comptes détaillés de ses opérations. – *[Décr. du 30 oct. 1935, art. 1er.]*

Art. R. 3241-2 L'entreprise communique aux agents désignés par le président du conseil départemental ainsi qu'à l'inspection générale des finances et à l'inspection générale de l'administration au ministère de l'intérieur, tous livres et documents nécessaires à la vérification de ses comptes.

La communication est faite sur place au siège de l'entreprise, aux époques et dans les délais qui sont arrêtés d'un commun accord. Toutefois, ces délais ne peuvent en aucun cas être inférieurs à ceux que la loi accorde aux commissaires aux comptes des sociétés anonymes. – *[Décr. du 30 oct. 1935, art. 2.]*

Art. R. 3241-3 Dans tout département ou établissement public départemental ayant plus de 75 000 € de recettes de fonctionnement, les comptes mentionnés à l'article

R. 3241-1 sont en outre examinés par une commission de contrôle dont la composition est fixée par une délibération du conseil départemental ou du conseil de l'établissement. – *[Décr. du 30 oct. 1935, art. 3.]*

Art. R. 3241-4 Les comptes détaillés qui sont mentionnés à l'article R. 3241-1 ainsi que les rapports des vérificateurs et de la commission de contrôle sont joints aux comptes du département ou de l'établissement pour servir de justification à la recette ou à la dépense résultant du règlement de compte périodique prévu au même article. – *[Décr. du 30 oct. 1935, art. 4.]*

Art. R. 3241-5 *(Décr. nº 2010-918 du 3 août 2010) (Décr. nº 2018-1075 du 3 déc. 2018, art. 6)* « Lorsque la convention relative aux modalités de l'exploitation d'un service public est qualifiée contractuellement de régie intéressée, et sans préjudice des obligations résultant des dispositions du code de la commande publique ou, le cas échéant, de celles des chapitres préliminaire, I et IV du titre I du livre IV de la première partie du présent code, elle détermine : »

– les modalités de liquidation et de mandatement de la rémunération du régisseur intéressé par le département ou l'établissement public départemental ainsi que, s'il y a lieu, les conditions du versement d'avances ;

– la transmission au moins mensuelle par le régisseur intéressé au département ou à l'établissement de l'état des charges et des produits, globalisés par compte et par nature, résultant de la régie intéressée, état au vu duquel l'ordonnateur émet après contrôle les titres de recettes et les mandats de dépenses et intègre ces opérations de la régie intéressée à la comptabilité du département ou de l'établissement ;

– la transmission au moins mensuelle au département ou à l'établissement de toutes les pièces utiles pour l'exercice, le cas échéant, de ses droits à déduction de la taxe à la valeur ajoutée acquittée au cours du mois au titre de l'activité de la régie intéressée ;

– les modalités de reversement des fonds disponibles de la régie intéressée dans la caisse du comptable public ;

– les modalités de contrôle du régisseur intéressé par le département ou l'établissement.

Art. R. 3241-6 Lorsque des marchés ou conventions passés par un département ou un établissement public départemental font l'objet d'une rétrocession même partielle, le concessionnaire est soumis en ce qui concerne les mesures de contrôle aux mêmes obligations que le cédant. – *[Décr. du 30 oct. 1935, art. 6.]*

LIVRE III FINANCES DU DÉPARTEMENT

TITRE I BUDGETS ET COMPTES

CHAPITRE I DISPOSITIONS GÉNÉRALES

Art. R. 3311-1 *Abrogé par Décr. n° 2005-1661 du 27 déc. 2005.*

Art. R. 3311-2 Le budget s'exécute du 1er janvier au 31 décembre. – *[Décr. du 12 juill. 1893, art. 5.]*

Art. R. 3311-3 La période d'exécution du budget est limitée à l'année même à laquelle ce budget s'applique pour le mandatement des dépenses et l'émission des titres de recettes.

Toutefois, cette période comprend un délai complémentaire qui s'étend jusqu'au dernier jour du mois de janvier de l'année suivante. Cette disposition n'est pas applicable aux opérations intéressant uniquement la section d'investissement du budget. – *[Décr. du 12 juill. 1893, art. 7.]*

Art. D. 3311-4 *(Décr. n° 2003-1005 du 21 oct. 2003, art. 1er)* Les chapitres des budgets votés par nature correspondent :

a) Section d'investissement :

(Décr. n° 2005-1662 du 27 déc. 2005) « – à chacun des comptes à deux chiffres des classes 1 et 2 ouverts à la nomenclature par nature, à l'exception des comptes "Report à nouveau", "Résultat de l'exercice", "Provisions pour risques et charges", "Différences sur réalisations d'immobilisations", "Immobilisations affectées, concédées, affermées ou mises à disposition", "Amortissements des immobilisations", "Provisions pour dépréciation des immobilisations". »

– à chacun des chapitres globalisés dont la liste et la composition sont fixées par l'arrêté prévu à l'article L. 3312-2 ;

– à chaque programme voté par l'assemblée délibérante. Le programme correspond à un ensemble d'acquisitions d'immobilisations, de travaux sur immobilisations et de frais d'études y afférents, aboutissant à la réalisation d'un ouvrage ou de plusieurs ouvrages de même nature ;

– aux chapitres globalisés de dépenses et de recettes "RMI" retraçant l'un l'ensemble des dépenses et l'autre l'ensemble des recettes d'investissement relatives au revenu minimum d'insertion ;

– à chacune des opérations pour le compte de tiers, dont la liste et les subdivisions sont déterminées par l'arrêté prévu à l'article L. 3312-2 ;

– au compte "Subventions d'équipement versées" ;

– en dépenses, à la ligne intitulée "Dépenses imprévues" ;

– en recettes, à la ligne intitulée "Virement de la section de fonctionnement".

(Décr. n° 2005-1662 du 27 déc. 2005) « – en recettes, à la ligne intitulée "Produits des cessions d'immobilisations" ; »

Ces *(Décr. n° 2005-1662 du 27 déc. 2005)* « trois » derniers chapitres ne comportent que des prévisions sans réalisation.

b) Section de fonctionnement :

– aux comptes à deux chiffres des classes 6 et 7 ouverts à la nomenclature par nature, à l'exception des comptes faisant partie de chapitres globalisés ;

– à chacun des chapitres globalisés, dont la liste et la composition sont fixées par l'arrêté prévu à l'article L. 3312-2 ;

– aux chapitres globalisés de dépenses et de recettes "RMI" retraçant l'un l'ensemble des dépenses et l'autre l'ensemble des recettes de fonctionnement relatives au revenu minimum d'insertion ;

– aux chapitres globalisés de dépenses et de recettes "APA" retraçant l'un l'ensemble des dépenses et l'autre l'ensemble des recettes de fonctionnement relatives à l'allocation personnalisée à l'autonomie ;

– en recettes, au compte intitulé "Impôts locaux" ;

– en dépenses, au compte intitulé "Frais de fonctionnement des groupes d'élus" ;

– en dépenses, à la ligne intitulée "Dépenses imprévues" ;

– en dépenses, à la ligne intitulée "Virement à la section d'investissement".
Ces deux derniers chapitres ne comportent que des prévisions sans réalisation.

Art. D. 3311-5 *(Décr. n° 2003-1005 du 21 oct. 2003, art. 1er)* Pour les budgets votés par nature, l'article budgétaire correspond à la subdivision la plus détaillée de la nomenclature définie par l'arrêté prévu à l'article L. 3312-2 complété, pour les programmes, du numéro de programme *(Décr. n° 2005-1662 du 27 déc. 2005)* « et, pour les opérations pour le compte de tiers, du numéro d'opération ».

(Décr. n° 2005-1662 du 27 déc. 2005) « Les chapitres intitulés "Dépenses imprévues", "Virement de la section de fonctionnement", "Virement à la section d'investissement" et "Produits des cessions d'immobilisations" ne comportent pas d'article. »

Art. D. 3311-6 *(Décr. n° 2003-1005 du 21 oct. 2003, art. 1er)* Les chapitres des budgets votés par fonction correspondent :

a) Section d'investissement :

– pour les dépenses et recettes ventilables, aux groupes 90 "Équipements départementaux" ou 91 "Équipements non départementaux", complétés par le numéro de l'une des dix fonctions de la nomenclature fonctionnelle fixée par l'arrêté prévu à l'article L. 3312-2 ;

– aux chapitres spécifiques de dépenses et de recettes "RMI" retraçant l'un l'ensemble des dépenses et l'autre l'ensemble des recettes d'investissement relatives au revenu minimum d'insertion ;

– pour les dépenses et recettes non ventilables, à chacun des chapitres non ventilés dont la liste et la composition sont fixées par l'arrêté prévu à l'article L. 3312-2 ;

– à chacune des opérations pour le compte de tiers, dont la liste et les subdivisions sont déterminées par l'arrêté prévu à l'article L. 3312-2 ;

– en dépenses, à la ligne intitulée "Dépenses imprévues" ;

– en recettes, à la ligne intitulée "Virement de la section de fonctionnement".

(Décr. n° 2005-1662 du 27 déc. 2005) « – en recettes, à la ligne intitulée "Produits des cessions d'immobilisations" ; »

Ces *(Décr. n° 2005-1662 du 27 déc. 2005)* « trois » derniers chapitres ne comportent que des prévisions sans réalisation.

b) Section de fonctionnement :

– pour les dépenses et recettes ventilables, au groupe 93 "Opérations ventilées" complété par le numéro de l'une des dix fonctions de la nomenclature fonctionnelle fixée par l'arrêté prévu à l'article L. 3312-2 ;

– aux chapitres spécifiques de dépenses et de recettes "RMI" retraçant l'un l'ensemble des dépenses et l'autre l'ensemble des recettes de fonctionnement relatives au revenu minimum d'insertion ;

– aux chapitres spécifiques de dépenses et de recettes "APA" retraçant l'un l'ensemble des dépenses et l'autre l'ensemble des recettes de fonctionnement relatives à l'allocation personnalisée à l'autonomie ;

– pour les dépenses et recettes non ventilables, à chacun des chapitres non ventilés, dont la liste et la composition sont fixées par l'arrêté prévu à l'article L. 3312-2 ;

– en dépenses, à la ligne intitulée "Dépenses imprévues" ;

– en dépenses, à la ligne intitulée "Virement à la section d'investissement".

Ces deux derniers chapitres ne comportent que des prévisions sans réalisation.

Art. D. 3311-7 *(Décr. n° 2003-1005 du 21 oct. 2003, art. 1er)* Les articles des budgets votés par fonction correspondent :

a) Section d'investissement :

– pour les dépenses et recettes ventilables, aux groupes 90 "Équipements départementaux" ou 91 "Équipements non départementaux", complétés par la subdivision la plus détaillée de la nomenclature fonctionnelle fixée par l'arrêté prévu à l'article L. 3312-2, ainsi que du numéro du programme en cas de vote par programme. Le programme correspond à un ensemble d'acquisitions d'immobilisations, de travaux sur immobilisations et de frais d'études y afférents, aboutissant à la réalisation d'un ouvrage ou de plusieurs ouvrages de même nature ;

– pour les dépenses et recettes non ventilables, à chacun des chapitres non ventilés, dont la liste et la composition sont fixées par l'arrêté prévu à l'article L. 3312-2, complété par la subdivision la plus détaillée de la nomenclature par nature fixée par l'arrêté prévu à l'article L. 3312-2.

Les chapitres relatifs aux opérations pour compte de tiers ainsi que les chapitres correspondant aux dépenses imprévues *(Décr. n° 2005-1662 du 27 déc. 2005)* « , au virement de la section de fonctionnement et aux produits des cessions d'immobilisations » ne comportent pas d'article.

b) Section de fonctionnement :

– pour les dépenses et recettes ventilables, au groupe 93 "Opérations ventilées" complété par la subdivision la plus détaillée de la nomenclature fonctionnelle fixée par l'arrêté prévu à l'article L. 3312-2 ;

– pour les dépenses et recettes non ventilables, au numéro du chapitre, complété du compte le plus détaillé de la nomenclature par nature, fixée par l'arrêté prévu à l'article L. 3312-2.

Les chapitres relatifs aux dépenses imprévues et au virement à la section d'investissement ne comportent pas d'article.

Art. D. 3311-8 *(Décr. n° 2011-687 du 17 juin 2011, art. 1er)* Le rapport prévu à l'article L. 3311-2 décrit, sous forme de synthèse, la situation en matière de développement durable de la collectivité à partir des évaluations, documents et bilans produits par le département sur une base volontaire ou prévus par un texte législatif ou réglementaire.

Ce rapport comporte, au regard des cinq finalités du développement durable mentionnées au III de l'article L. 110-1 du code de l'environnement *[V. cet art. ss. art. L. 2311-1-1]* :

– le bilan des actions conduites au titre de la gestion du patrimoine, du fonctionnement et des activités internes de la collectivité ;

– le bilan des politiques publiques, des orientations et des programmes mis en œuvre sur son territoire.

Ces bilans comportent en outre une analyse des modalités d'élaboration, de mise en œuvre et d'évaluation des actions, politiques publiques et programmes.

Cette analyse peut être élaborée à partir du cadre de référence pour les projets territoriaux de développement durable et agendas 21 locaux mentionné au deuxième alinéa de l'article 254 de la loi n° 2010-788 du 12 juillet 2010 portant engagement national pour l'environnement *[V. cet art. ss. art. L. 2311-1-1]*.

Art. D. 3311-9 *(Décr. n° 2015-761 du 24 juin 2015, art. 2)* I. – En application de l'article L. 3311-3, le président du conseil départemental présente au conseil départemental un rapport annuel sur la situation en matière d'égalité entre les femmes et les hommes dans le département.

II. – Le rapport fait état de la politique de ressources humaines du département en matière d'égalité professionnelle entre les femmes et les hommes. À cet effet, il reprend notamment les données du rapport, présenté en *(Décr. n° 2021-571 du 10 mai 2021, art. 105)* « comité social territorial » comme prévu à l'article 51 de la loi n° 2012-347 du 12 mars 2012, relatives au recrutement, à la formation, au temps de travail, à la promotion professionnelle, aux conditions de travail, à la rémunération et à l'articulation entre vie professionnelle et vie personnelle.

Le rapport comporte également un bilan des actions menées et des ressources mobilisées en matière d'égalité professionnelle entre les femmes et les hommes et décrit les orientations pluriannuelles. Ce bilan et ces orientations concernent notamment les rémunérations et les parcours professionnels, la promotion de la parité dans le cadre des actions de formation, la mixité dans les filières et les cadres d'emplois, l'articulation entre vie professionnelle et vie personnelle, la prévention de toutes les violences faites aux agents sur leur lieu de travail et la lutte contre toute forme de harcèlement.

III. – Le rapport présente les politiques menées par le département sur son territoire en faveur de l'égalité entre les femmes et les hommes, telles que définies à l'article 1er de la loi n° 2014-873 du 4 août 2014 pour l'égalité réelle entre les femmes et les hommes. Il fixe des orientations pluriannuelles et des programmes de nature à favoriser l'égalité entre les femmes et les hommes.

Ce rapport comporte un bilan des actions conduites à cette fin dans la conception, la mise en œuvre et l'évaluation des politiques publiques du département. Il présente notamment le suivi de la mise en œuvre de la clause d'égalité dans les marchés publics. Il peut comporter également une analyse de la situation économique et sociale en matière d'inégalités entre les femmes et les hommes dans le département, à partir d'un diagnostic fondé sur les interventions relevant de sa compétence et sur les données des bénéficiaires de ses politiques.

Le rapport recense les ressources mobilisées à cet effet.

CHAPITRE II ADOPTION DU BUDGET ET RÈGLEMENT DES COMPTES

Art. R. 3312-1 *(Décr. nº 2003-1004 du 21 oct. 2003, art. 2)* Le conseil départemental choisit de voter le budget du département par nature ou par fonction.

Art. R. 3312-2 *(Décr. nº 2003-1004 du 21 oct. 2003, art. 2)* La présentation croisée, par fonction ou par nature, prévue au premier alinéa de l'article L. 3312-2 s'effectue entre le niveau le plus fin de la nomenclature fonctionnelle et chacun des comptes par nature, à quatre chiffres pour le compte relatif aux rémunérations du personnel et à trois chiffres pour les autres comptes. Pour le compte administratif, le croisement s'effectue entre le niveau le plus fin de la nomenclature fonctionnelle et le compte le plus détaillé ouvert dans la nomenclature par nature.

(Décr. nº 2005-1661 du 27 déc. 2005) « Cette présentation fonctionnelle croisée n'est pas applicable à un service public départemental à activité unique érigé en établissement public ou faisant l'objet d'un budget annexe. »

Art. R. 3312-3 *(Décr. nº 2005-1661 du 27 déc. 2005)* En application de l'article L. 3312-4, pour les départements et leurs établissements publics, la section d'investissement du budget peut comprendre des autorisations de programme et la section de fonctionnement des autorisations d'engagement.

Chaque autorisation de programme ou d'engagement comporte la répartition prévisionnelle par exercice des crédits de paiement correspondants.

Les autorisations de programme ou d'engagement et leurs révisions éventuelles sont présentées par le président. Elles sont votées par le conseil départemental, par délibération distincte, lors de l'adoption du budget de l'exercice ou des décisions modificatives.

Les autorisations de programme correspondent à des dépenses à caractère pluriannuel se rapportant à une immobilisation ou à un ensemble d'immobilisations déterminées, acquises ou réalisées par le département, ou à des subventions d'équipement versées à des tiers.

Art. R. 3312-4 à R. 3312-7 *Abrogés par Décr. nº 2005-1661 du 27 déc. 2005.*

Art. R. 3312-8 *(Décr. nº 2003-1004 du 21 oct. 2003, art. 2)* Le besoin ou l'excédent de financement de la section d'investissement constaté à la clôture de l'exercice est constitué du solde d'exécution corrigé des restes à réaliser.

Le solde d'exécution de la section d'investissement correspond à la différence entre le montant des titres de recettes et le montant des mandats de dépenses émis au cours de l'exercice, y compris le cas échéant les réductions et annulations de recettes et de dépenses, augmentée ou diminuée du report des exercices antérieurs.

Les restes à réaliser de la section d'investissement arrêtés à la clôture de l'exercice correspondent aux dépenses engagées non mandatées et aux recettes certaines n'ayant pas donné lieu à l'émission d'un titre.

Art. R. 3312-9 *(Décr. nº 2003-1004 du 21 oct. 2003, art. 2)* Le résultat de la section de fonctionnement correspond à l'excédent ou au déficit de l'exercice. Pour son affectation, il est cumulé avec le résultat antérieur reporté à l'exclusion des restes à réaliser.

Les restes à réaliser de la section de fonctionnement arrêtés à la clôture de l'exercice correspondent aux dépenses engagées non mandatées et non rattachées ainsi qu'aux recettes certaines n'ayant pas donné lieu à l'émission d'un titre et non rattachées. Ils sont reportés au budget de l'exercice suivant.

Art. R. 3312-10 *(Décr. nº 2003-1004 du 21 oct. 2003, art. 2)* Le résultat cumulé défini à l'article R. 3312-9 est affecté, lorsqu'il s'agit d'un excédent :

1º En priorité, en réserves pour la couverture du besoin de financement de la section d'investissement apparu à la clôture de l'exercice précédent ;

2° Pour le solde, en excédent de fonctionnement reporté ou en dotation complémentaire en réserves.

Lorsqu'il s'agit d'un déficit, il est ajouté aux dépenses de fonctionnement de l'exercice.

Pour l'affectation en réserves, l'exécution de la décision budgétaire de reprise des résultats, adoptée par l'assemblée délibérante, se fait par l'émission d'un titre de recettes. La délibération affectant le résultat excédentaire est produite à l'appui de la décision budgétaire de reprise des résultats et du compte administratif de l'exercice, pour en justifier les recettes.

Art. R. 3312-11 *(Décr. n° 2003-1004 du 21 oct. 2003, art. 2)* En l'absence d'adoption du compte administratif à la date du vote du budget de l'exercice suivant, lorsque le résultat de la section de fonctionnement, le besoin de financement ou, le cas échéant, l'excédent de la section d'investissement et la prévision d'affectation sont reportés par anticipation, dans les conditions fixées au quatrième alinéa de l'article L. 3312-6, les inscriptions au budget sont justifiées par la production en annexe d'une fiche de calcul des résultats prévisionnels.

Cette fiche ainsi qu'un tableau des résultats d'exécution du budget sont établis par l'ordonnateur et visés par le comptable, qui les accompagne soit du compte de gestion, s'il est arrêté à cette date, soit d'une balance établie après prise en charge du dernier bordereau de titres et de mandats.

L'ordonnateur produit l'état des restes à réaliser arrêté au 31 décembre de l'exercice clos. Les restes à réaliser de la section de fonctionnement sont reportés à la décision budgétaire de reprise des résultats par anticipation.

Art. D. 3312-12 *(Décr. n° 2016-841 du 24 juin 2016, art. 1er)* A. — Le rapport prévu à l'article L. 3312-1 comporte les informations suivantes :

1° Les orientations budgétaires envisagées par le département portant sur les évolutions prévisionnelles des dépenses et des recettes, en fonctionnement comme en investissement. Sont notamment précisées les hypothèses d'évolution retenues pour construire le projet de budget, notamment en matière de concours financiers, de fiscalité, de tarification, de subventions ainsi que les principales évolutions relatives aux relations financières entre le département et le groupement propre dont il est membre.

2° La présentation des engagements pluriannuels, notamment les orientations envisagées en matière de programmation d'investissement comportant une prévision des dépenses et des recettes. Le rapport présente, le cas échéant, les orientations en matière d'autorisation de programme.

3° Des informations relatives à la structure et la gestion de l'encours de dette contractée et les perspectives pour le projet de budget. Elles présentent notamment le profil de l'encours de dette que vise la collectivité pour la fin de l'exercice auquel se rapporte le projet de budget.

Les orientations visées aux 1°, 2° et 3° devront permettre d'évaluer l'évolution prévisionnelle du niveau d'épargne brute, d'épargne nette et de l'endettement à la fin de l'exercice auquel se rapporte le projet de budget.

B. — Le rapport prévu au troisième alinéa de l'article L. 3312-1, présenté par le président du conseil départemental à l'assemblée délibérante, comporte, au titre de l'exercice en cours, ou, le cas échéant, du dernier exercice connu, les informations relatives :

1° À la structure des effectifs ;

2° Aux dépenses de personnel comportant notamment des éléments sur la rémunération tels que les traitements indiciaires, les régimes indemnitaires, les nouvelles bonifications indiciaires, les heures supplémentaires rémunérées et les avantages en nature ;

3° À la durée effective du travail dans le département.

Il présente en outre l'évolution prévisionnelle de la structure des effectifs et des dépenses de personnel pour l'exercice auquel se rapporte le projet de budget.

Ce rapport peut détailler la démarche de gestion prévisionnelle des ressources humaines du département.

Ce rapport peut s'appuyer sur les informations contenues dans le rapport sur l'état de la collectivité prévu au dixième alinéa de l'article 33 de la loi n° 84-53 du 26 janvier 1984 portant dispositions statutaires relatives à la fonction publique territoriale.

C. – Le rapport mentionné à l'article L. 3312-1 est mis à la disposition du public à l'hôtel du département, dans les quinze jours suivants la tenue du débat d'orientation budgétaire. Le public est avisé de la mise à disposition de ces documents par tout moyen.

CHAPITRE III PUBLICITÉ DES BUDGETS ET DES COMPTES

Art. R. 3313-1 Les données synthétiques sur la situation financière des départements, prévues au deuxième alinéa de l'article L. 3313-1, comprennent les ratios suivants :

1° Dépenses réelles de fonctionnement/population ;

2° Produit des impositions directes/population ;

3° Recettes réelles de fonctionnement/population ;

4° Dépenses d'équipement brut/population ;

5° Encours de la dette/population ;

6° Dotation globale de fonctionnement/population ;

7° Dépenses de personnel/dépenses réelles de fonctionnement ;

8° Coefficient de mobilisation du potentiel fiscal ;

9° Dépenses réelles de fonctionnement et remboursement annuel de la dette en capital/recettes réelles de fonctionnement ;

10° Dépenses d'équipement brut/recettes réelles de fonctionnement ;

11° Encours de la dette/recettes réelles de fonctionnement. – *[Décr. n° 93-570 du 27 mars 1993, art. 4.]*

Art. R. 3313-2 Pour l'application de l'article R. 3313-1 :

1° La population à prendre en compte est la population totale, municipale et comptée à part, telle qu'elle résulte du dernier recensement connu à la date de production des documents budgétaires ;

2° *(Décr. n° 2005-1661 du 27 déc. 2005)* « Les dépenses réelles de fonctionnement s'entendent de l'ensemble des dépenses de l'exercice budgétaire entraînant des mouvements réels. Toutefois, pour l'application du 1°, sont exclues les dépenses correspondant à des travaux en régie transférés en section d'investissement. Pour l'application du 9°, sont exclues les dépenses correspondant à des travaux en régie et à des charges transférées en section d'investissement ; »

3° Les impositions directes comprennent le produit des quatre impôts locaux. Sont exclus les attributions des fonds national et départementaux de la taxe professionnelle et les versements provenant de la compensation par l'État des pertes sur les recettes attendues de ces impôts ;

4° *(Décr. n° 2005-1661 du 27 déc. 2005)* « Les recettes réelles de fonctionnement s'entendent de l'ensemble des recettes de fonctionnement de l'exercice entraînant des mouvements réels ; »

5° *(Décr. n° 2005-1661 du 27 déc. 2005)* « Les dépenses d'équipement brut comprennent les acquisitions de biens meubles et immeubles, les travaux en cours, les immobilisations incorporelles, les travaux d'investissement en régie et, enfin, les opérations pour compte de tiers ; »

6° Le coefficient de mobilisation du potentiel fiscal correspond au rapport entre le produit des contributions directes et le potentiel fiscal, calculé dans les conditions de l'article L. 3334-6 ;

7° L'encours de la dette s'obtient par le cumul des emprunts et dettes à long et moyen termes ; – *[Décr. n° 93-570 du 27 mars 1993, art. 4.]*

(Décr. n° 2015-1893 du 29 déc. 2015) « Lorsqu'une collectivité, ou l'un de ses établissements publics, doit acquitter une indemnité de remboursement anticipé d'emprunt, et dans le cas où elle bénéficie d'une aide octroyée par le fonds de soutien créé par l'article 92 de la loi n° 2013-1278 du 29 décembre 2013 de finances pour 2014 *[V. ss. art. L. 1611-3-1]*, cette collectivité peut déduire de cet encours de dette le montant de la créance restant à percevoir du fonds de soutien. »

(Décr. n° 2005-1661 du 27 déc. 2005) « 8° Le remboursement annuel de la dette en capital s'entend des remboursements d'emprunts effectués à titre définitif. »

Art. R. 3313-3 Les données synthétiques figurent en annexe au budget primitif et au compte administratif auquel elles se rapportent. En outre, les données résultant du dernier compte administratif voté à la date de la présentation du budget primitif sont reprises en annexe à celui-ci. – *[Décr. nº 93-570 du 27 mars 1993, art. 4, al. 2.]*

Art. R. 3313-4 *et* R. 3313-5 *Abrogés par Décr. nº 2005-1661 du 27 déc. 2005.*

Art. R. 3313-6 *(Décr. nº 2005-1661 du 27 déc. 2005)* Les comptes certifiés mentionnés à l'article L. 2313-1-1 le sont par un commissaire aux comptes pour les organismes soumis à l'obligation de certification des comptes et par le président de l'organisme en cause, pour les organismes non soumis à une telle obligation.

Art. R. 3313-7 *(Décr. nº 2005-1661 du 27 déc. 2005)* Les états annexés aux documents budgétaires en application de l'article L. 3312-2 sont les suivants :

I. — États annexés au budget et au compte administratif :

1° Tableaux récapitulant l'état des emprunts et dettes ;

2° Présentation de l'état des provisions ;

3° Présentation des méthodes utilisées pour les amortissements ;

4° Présentation de l'équilibre des opérations financières ;

5° Présentation de l'état des charges transférées en investissement ;

6° Présentation du mode de financement des opérations pour le compte de tiers ;

7° Présentation des engagements donnés et reçus ;

8° Présentation de l'emploi des recettes grevées d'une affectation spéciale ;

9° État du personnel ;

10° Liste des organismes de regroupement dont le département est membre ;

11° Liste des établissements ou services créés par le département ;

12° Tableau retraçant les décisions en matière de taux des contributions directes.

II. — États annexés au seul compte administratif :

1° État de variation des immobilisations ;

2° État présentant le montant de recettes et de dépenses affectées aux services assujettis à la taxe sur la valeur ajoutée qui ne font pas l'objet d'un budget distinct du budget général.

Art. R. 3313-8 *(Décr. nº 2016-834 du 23 juin 2016, art. 3)* Les documents mentionnés au dernier alinéa de l'article L. 3313-1 sont mis en ligne sur le site internet du département, lorsqu'il existe, dans des conditions garantissant :

1° Leur accessibilité intégrale et sous un format non modifiable ;

2° La gratuité et la facilité de leur accès par le public, pour leur lecture comme pour leur téléchargement ;

3° Leur conformité aux documents soumis à l'organe délibérant de cette collectivité ;

4° Leur bonne conservation et leur intégrité.

Cette mise en ligne intervient dans un délai d'un mois à compter de l'adoption, par le conseil départemental, des délibérations auxquelles ces documents se rapportent.

TITRE II DÉPENSES

CHAPITRE I DÉPENSES OBLIGATOIRES

Art. D. 3321-1 *(Décr. nº 2003-1005 du 21 oct. 2003, art. 2)* Pour l'application des dispositions du dix-neuvième alinéa de l'article L. 3321-1, le département procède à l'amortissement de ses immobilisations, y compris celles reçues à disposition ou en affectation :

1° Incorporelles ;

2° Corporelles, à l'exception des réseaux et installations de voirie dont l'amortissement est facultatif.

Cet amortissement ne s'applique ni aux immobilisations propriété du département qui sont remises en affectation ou à disposition, ni aux terrains et aménagements de terrains hormis les terrains de gisement, ni aux collections et œuvres d'art.

Les dotations aux amortissements de ces biens sont liquidées sur la base du coût historique de l'immobilisation et de la méthode linéaire. Toutefois, le département peut adopter un mode d'amortissement dégressif ou variable (réel).

Les durées d'amortissement des immobilisations corporelles sont fixées pour chaque bien ou chaque catégorie de biens par l'assemblée délibérante, qui peut se référer à un barème fixé par arrêté du ministre chargé des collectivités locales et du ministre chargé du budget, à l'exception toutefois :

– des frais d'études et des frais d'insertion non suivies de réalisations obligatoirement amortis sur une durée maximale de cinq ans ;

– des frais de recherche et de développement amortis sur une durée maximale de cinq ans en cas de réussite du projet et immédiatement, pour leur totalité, en cas d'échec ;

– des brevets amortis sur la durée du privilège dont ils bénéficient ou sur la durée effective de leur utilisation si elle est plus brève ;

(Décr. nº 2011-1961 du 23 déc. 2011, art. 1er) « – des subventions d'équipement versées, qui sont amorties sur une durée maximale de cinq ans lorsque la subvention finance des biens mobiliers, du matériel ou des études, de *(Décr. nº 2015-1848 du 29 déc. 2015)* « trente » ans lorsqu'elle finance des biens immobiliers ou des installations et de *(Décr. nº 2015-1848 du 29 déc. 2015)* « quarante » ans lorsqu'elle finance des projets d'infrastructure d'intérêt national ; les aides à l'investissement des entreprises ne relevant d'aucune de ces catégories sont amorties sur une durée maximale de cinq ans. »

Tout plan d'amortissement commencé doit être poursuivi jusqu'à son terme, sauf cession, affectation, mise à disposition, réforme ou destruction du bien. Le plan d'amortissement ne peut être modifié qu'en cas de changement significatif dans les conditions d'utilisation du bien. Le bénéficiaire de la mise à disposition ou de l'affectation poursuit l'amortissement du bien selon le plan d'amortissement initial ou conformément à ses propres règles, définies par le présent article.

Le conseil départemental peut fixer un seuil unitaire en deçà duquel les immobilisations de peu de valeur ou dont la consommation est très rapide s'amortissent sur un an. La délibération correspondante est transmise au payeur départemental et ne peut être modifiée au cours d'un même exercice budgétaire.

L'assemblée délibérante peut charger l'ordonnateur de déterminer la durée d'amortissement d'un bien à l'intérieur de durées minimales et maximales qu'elle a fixées pour la catégorie à laquelle appartient ce bien.

Art. D. 3321-2 *(Décr. nº 2003-1005 du 21 oct. 2003, art. 2)* Pour l'application du 20º de l'article L. 3321-1, la constitution de provisions pour risques et charges et pour dépréciation d'éléments d'actif est obligatoire dès lors qu'il y a apparition du risque.

(Décr. nº 2022-1008 du 15 juill. 2022, art. 11) « Le président du conseil départemental » doit constituer la provision à hauteur du risque constaté.

La provision doit être ajustée annuellement en fonction de l'évolution du risque. Elle donne lieu à reprise lorsqu'elle est devenue sans objet, c'est-à-dire en cas de réalisation du risque ou lorsque ce risque n'est plus susceptible de se réaliser.

Le montant de la provision ainsi que son suivi et son emploi sont retracés sur l'état des provisions constituées joint au budget et au compte administratif.

Art. D. 3321-3 *(Décr. nº 2015-1846 du 29 déc. 2015, art. 2)* Pour l'application du 8º de l'article L. 3332-2, le département peut procéder à la neutralisation budgétaire de la dotation aux amortissements des subventions d'équipement versées et des bâtiments administratifs et scolaires diminuée du montant de la reprise annuelle des subventions d'équipement reçues pour le financement de ces équipements, par une dépense de la section d'investissement et une recette de la section de fonctionnement.

Pour l'application du 9º de l'article L. 3332-2, le département procède à la reprise annuelle des subventions d'équipement reçues et des fonds affectés à des immobilisations amortissables, par une dépense de la section d'investissement et une recette de la section de fonctionnement. Cette reprise en section de fonctionnement s'effectue au même rythme que celui de l'amortissement de l'immobilisation pour lequel la subvention a été reçue et porte sur une quote-part annuelle correspondant au montant de cette subvention rapporté à la durée d'amortissement de l'immobilisation subventionnée. Toutefois, la dotation départementale d'équipement des collèges est reprise globalement pour un montant au plus égal à la dotation annuelle aux amortissements de l'ensemble des constructions et équipements scolaires.

Art. R. 3321-4 *(Décr. nº 2022-1008 du 15 juill. 2022, art. 12)* I. – Pour l'application du 3º du *a* de l'article L. 3332-1, le département peut procéder à l'affectation en réserves d'une fraction des produits des droits de mutation à titre onéreux qu'il constate au titre d'un exercice en application des articles 1594 A et 1595 du code général des impôts.

Le montant de cette affectation au titre d'un exercice ne peut excéder la différence entre le montant des droits de mutation à titre onéreux constatés au cours de l'exercice et le montant moyen de ces mêmes produits constatés au cours des trois exercices précédents.

Au titre des produits de droits de mutation à titre onéreux constatés au cours d'un exercice, le département peut procéder à l'affectation en réserves au cours de ce même exercice ou lors de l'exercice suivant.

Lorsque le département procède au cours de l'exercice suivant à une affectation en réserves, son montant déterminé dans les limites définies aux alinéas précédents ne peut excéder le montant du résultat de fonctionnement excédentaire reporté conformément au 2° de l'article R. 3312-10.

Le montant cumulé des produits affectés en réserves ne peut pas être supérieur à 50 % du montant moyen des produits de droits de mutation à titre onéreux perçus au cours des trois exercices précédents.

II. – L'affectation en réserves d'une part des droits de mutation à titre onéreux est constatée par délibération du conseil départemental. La délibération précise le montant affecté en réserves et mentionne, d'une part, le montant moyen de ces montants perçus au cours des trois exercices précédents et, d'autre part, le montant cumulé des produits ainsi affectés en réserves tel que constaté au dernier compte administratif approuvé.

Lorsque le département enregistre une dégradation caractérisée de sa situation financière consécutive, dans une proportion significative, à une augmentation de ses charges ou à une diminution de ses produits constatées au regard de la moyenne des données des trois exercices précédents, une reprise des droits de mutation à titre onéreux affectés en réserves peut être décidée par délibération du conseil départemental. Le montant ainsi repris ne peut excéder le montant cumulé constaté au dernier compte de gestion approuvé de produits de droits de mutation à titre onéreux affectés en réserves. La délibération précise le montant de la reprise et le montant cumulé de droits de mutation à titre onéreux mis en réserves constaté au dernier compte de gestion approuvé.

CHAPITRE II DÉPENSES IMPRÉVUES

Pas de dispositions réglementaires codifiées.

CHAPITRE III DÉPENSES DE FONCTIONNEMENT ET D'INVESTISSEMENT (R)

SECTION 1 Dépenses de fonctionnement (R)

Art. R. 3323-1 *Abrogé par Décr. nº 2003-1004 du 21 oct. 2003, art. 8.*

SECTION 2 Dépenses d'investissement (R)

Art. R. 3323-2 *Abrogé par Décr. nº 2003-1004 du 21 oct. 2003, art. 8.*

TITRE III RECETTES

CHAPITRE I DISPOSITIONS GÉNÉRALES

Art. R. 3331-1 à R. 3331-3 *Abrogés par Décr. nº 2003-1004 du 21 oct. 2003, art. 8.*

CHAPITRE II CATÉGORIES DE RECETTES

SECTION 1 Recettes de la section de fonctionnement

Art. R. 3332-1 *(Décr. nº 2003-1004 du 21 oct. 2003, art. 5)* Les rétributions à percevoir pour frais d'analyses et d'essais dans les laboratoires départementaux sont fixées par le conseil départemental.

Art. R. 3332-2 *(Décr. n° 2003-1004 du 21 oct. 2003, art. 5)* La redevance proportionnelle au kilowatt-heure produit sur l'énergie hydraulique est déterminée conformément aux dispositions prises pour l'application de l'article 67 de la loi n° 53-79 du 7 février 1953 et relatives à la fixation à des valeurs uniformes des redevances proportionnelles visées à l'article 9 de la loi du 16 octobre 1919.

Art. R. 3332-3 et R. 3332-4 *Abrogés par Décr. n° 2003-1004 du 21 oct. 2003, art. 8.*

SECTION 2 Recettes de la section d'investissement

Art. D. 3332-3 *(Décr. n° 2003-1005 du 21 oct. 2003, art. 3)* Pour application du 8° de l'article L. 3332-3, la différence constatée entre la valeur de cession d'une immobilisation et sa valeur comptable nette est obligatoirement enregistrée à la section d'investissement du budget préalablement à la détermination du résultat de la section de fonctionnement.

Art. R. 3332-5 *Abrogé par Décr. n° 2003-1004 du 21 oct. 2003, art. 8.*

CHAPITRE III CONTRIBUTIONS ET TAXES AUTRES QUE CELLES PRÉVUES PAR LE CODE GÉNÉRAL DES IMPÔTS

SECTION 1 Taxe additionnelle départementale à la taxe de séjour

Pas de dispositions réglementaires codifiées.

SECTION 2 Part départementale de l'accise sur l'électricité

(Décr. n° 2022-129 du 4 févr. 2022, art. 1er)

Art. D. 3333-1 I. — Pour l'application de l'article L. 3333-2, les montants de la part départementale de l'accise sur l'électricité sont ceux inscrits aux comptes dédiés à la "taxe sur la consommation finale d'électricité" dans les comptes de gestion des départements établis au titre de l'année précédente.

II. — Les gestionnaires des réseaux publics d'électricité transmettent au ministre chargé de l'énergie les données nécessaires à la détermination des quantités d'électricité fournies, depuis le 1er janvier, sur chaque commune, en complément des données relatives au transport, à la distribution et la production d'électricité transmises conformément aux dispositions des articles D. 111-53 à D. 111-58 du code de l'énergie.

III. — À partir du 1er janvier 2023, le fichier des données transmis au service de l'administration fiscale compétent par le service statistique du ministère chargé de l'énergie comporte les quantités d'électricité fournies l'année qui précède l'avant-dernière année, l'avant-dernière année et l'année précédente.

Le périmètre des communes auxquelles se rattachent ces quantités est identifié par le code officiel géographique en vigueur au 1er janvier de l'année de fourniture.

Art. D. 3333-2 Le montant de la part départementale de l'accise sur l'électricité est notifié aux collectivités concernées par arrêté du préfet, à partir des éléments de calcul établis par la direction générale des finances publiques.

Sur les dispositions d'application de ces art., V. Décr. n° 2022-129 du 4 févr. 2022, art. 3 et 5, 🏛.

Décret n° 2022-129 du 4 février 2022,

Relatif à la part communale et à la part départementale de l'accise sur l'électricité 🏛.

SECTION 3 Taxe départementale sur les entreprises exploitant des engins de remontée mécanique

Art. R. 3333-2 *Abrogé par Décr. n° 2022-129 du 4 févr. 2022, art. 1er.*

Art. R. 3333-3 Pour bénéficier de la dotation ou de la subrogation prévue à l'article L. 2333-52, les communes ou groupements de communes concernés adressent au département, lorsque celui-ci a institué la taxe départementale mentionnée à l'article R. 3333-2, la délibération ayant institué la taxe communale mentionnée à l'article

R. 2333-70 au taux de 3 % et la décision fixant la répartition de l'assiette de la taxe lorsque l'exploitation s'étend sur plusieurs communes. – *[Décr. nº 87-45 du 29 janv. 1987, art. 6.]*

SECTION 4 Redevances dues pour le transport et la distribution de l'électricité, du gaz et pour les oléoducs (R)

SOUS-SECTION 1 Distribution et transport d'électricité (R)

Art. R. 3333-4 *(Décr. nº 2002-409 du 26 mars 2002, art. 2)* La redevance due chaque année à un département pour l'occupation du domaine public départemental par les ouvrages des réseaux publics de transport et de distribution d'énergie électrique est fixée par le conseil départemental dans la limite du plafond annuel suivant : PR = (0,045 7 *P* + 15 245) €,

où *P* représente la somme des populations sans double compte des communes du département telles qu'elles résultent du dernier recensement publié par l'INSEE.

Les plafonds de redevances mentionnées au présent article évoluent au 1er janvier de chaque année, proportionnellement à l'évolution de l'index ingénierie, défini au *Journal officiel* du 1er mars 1974, mesurée au cours des douze mois précédant la publication de l'index connu au 1er janvier.

Art. R. 3333-4-1 *(Décr. nº 2015-334 du 25 mars 2015, art. 3)* Les redevances dues chaque année à un département pour l'occupation provisoire de son domaine public par les chantiers de travaux sur des ouvrages du réseau public de transport d'électricité sont fixées par le conseil départemental dans les conditions prévues à l'article R. 2333-105-1.

Art. R. 3333-4-2 *(Décr. nº 2015-334 du 25 mars 2015, art. 3)* Les redevances dues chaque année à un département pour l'occupation provisoire de son domaine public par les chantiers de travaux sur des ouvrages du réseau public de distribution d'électricité sont fixées par le conseil départemental dans les conditions prévues aux articles R. 2333-105-2 et R. 2333-107.

Art. R. 3333-5 *(Décr. nº 2002-409 du 26 mars 2002, art. 2)* Lorsque les ouvrages des réseaux publics de transport et de distribution d'énergie électrique, implantés sur le territoire du département, sont exploités par des personnes morales distinctes, le montant global de la redevance, fixé par le conseil départemental selon les modalités prévues à l'article R. 3333-4, est supporté par ces différentes personnes morales au prorata de la longueur des réseaux qu'elles exploitent sur le territoire de ce département.

Art. R. 3333-6 *(Décr. nº 2002-409 du 26 mars 2002, art. 2)* Les redevances dues aux départements pour l'occupation du domaine public par l'ensemble des ouvrages établis par un particulier en vertu de permissions de voirie ou par l'ensemble des ouvrages constituant une ligne directe au sens du décret du 26 avril 2001 susvisé, établie en vertu de permissions de voirie, sont fixées par le conseil départemental.

Elles tiennent compte de la durée de l'occupation, des avantages qu'en tire le permissionnaire, de la valeur locative de l'emplacement et des montants des redevances fixées pour l'occupation du domaine public par les ouvrages des réseaux publics de transport et de distribution d'énergie électrique.

(Décr. nº 2015-334 du 25 mars 2015, art. 3) « Les redevances dues aux départements pour l'occupation provisoire de leur domaine public par les chantiers de travaux sur des ouvrages établis en vertu de permissions de voirie sont fixées selon les modalités mentionnées aux deux alinéas précédents. »

Art. R. 3333-7 *Abrogé par Décr. nº 2002-409 du 26 mars 2002, art. 2.*

Art. R. 3333-8 L'état des redevances à percevoir en vertu des dispositions des articles R. 3333-4 à R. 3333-7 sera établi au 31 décembre de l'année précédant l'ouverture de chaque période *(Décr. nº 2002-409 du 26 mars 2002, art. 2)* « annuelle » de perception. *(Décr. nº 2015-334 du 25 mars 2015, art. 3)* « Le montant des redevances prévues par l'article R. 3333-4-1 peut être ajusté au cours de la période de perception pour tenir compte des mises en service réellement effectuées. »

Art. R. 3333-9 à R. 3333-11 *Abrogés par Décr. n° 2002-409 du 26 mars 2002, art. 2.*

SOUS-SECTION 2 Distribution et transport de gaz (R)

Art. R. 3333-12 *(Décr. n° 2007-606 du 25 avr. 2007)* Les redevances dues aux départements pour l'occupation de leur domaine public par les ouvrages de transport et de distribution de gaz, ainsi que par les canalisations particulières de gaz, sont fixées par le conseil départemental dans les conditions prévues aux articles R. 2333-114 et R. 2333-117.

Art. R. 3333-13 *(Décr. n° 2015-334 du 25 mars 2015, art. 4)* Les redevances dues chaque année à un département pour l'occupation provisoire de son domaine public par les chantiers de travaux sur des ouvrages des réseaux de transport de gaz et des réseaux publics de distribution de gaz, ainsi que sur des canalisations particulières de gaz, sont fixées par le conseil départemental dans les conditions prévues aux articles R. 2333-114-1 et R. 2333-117.

Art. R. 3333-14 à R. 3333-16 *Abrogés par Décr. n° 2007-606 du 25 avr. 2007.*

SOUS-SECTION 3 Redevances dues pour les oléoducs (R)

Art. R. 3333-17 *(Décr. n° 2012-615 du 2 mai 2012, art. 7)* La redevance due à un département pour l'occupation de son domaine public par les canalisations de transport d'hydrocarbures ou de produits chimiques est fixée par délibération du conseil départemental après avis de l'exploitant de la canalisation. Pour les canalisations déclarées d'utilité publique ou d'intérêt général et en cas de désaccord de l'exploitant, la redevance due chaque année ne peut dépasser le plafond fixé par l'article R. 2333-114 et mis à jour par l'article R. 2333-117.

SECTION 5 Redevance due pour occupation du domaine public par les ouvrages de distribution d'eau et d'assainissement

(Décr. n° 2009-1683 du 30 déc. 2009)

Art. R. 3333-18 La redevance due chaque année à un département pour l'occupation du domaine public départemental par les ouvrages des services de distribution d'eau et d'assainissement est déterminée par le conseil départemental dans les conditions prévues par l'article R. 2333-121.

CHAPITRE IV CONCOURS FINANCIERS DE L'ÉTAT

SECTION 1 Dotation globale de fonctionnement

SOUS-SECTION 1 Dispositions générales

Art. R. 3334-0 *(Décr. n° 2016-423 du 8 avr. 2016, art. 5)* Pour l'application de l'article L. 3662-8, le potentiel financier calculé conformément à l'article L. 3334-6 pour la métropole de Lyon et le département du Rhône est majoré ou minoré à due concurrence du dernier montant connu, perçu ou versé, de la dotation de compensation métropolitaine définie à l'article L. 3663-7.

Art. R. 3334-0-0 *(Décr. n° 2024-391 du 26 avr. 2024, art. 8)* La fraction de correction mentionnée au X de l'article 240 de la loi n° 2023-1322 du 29 décembre 2023 de finances pour 2024 est égale, pour chaque département, à la somme des deux termes suivants :

a) La différence entre le produit mentionné au 1° de l'article L. 3334-6, dans sa rédaction antérieure à la loi n° 2023-1322 du 29 décembre 2023 de finances pour 2024, tel que calculé pour la répartition de la dotation globale de fonctionnement en 2023, et le produit mentionné au 1° du même article calculé pour la répartition de la dotation globale de fonctionnement en 2024 ;

b) La différence entre le produit mentionné au 1° de l'article L. 3334-6, dans sa rédaction antérieure à la loi n° 2020-1721 du 29 décembre 2020 de finances pour

2021, tel que calculé pour la répartition de la dotation globale de fonctionnement en 2021, et le produit mentionné au 1° du même article, dans sa rédaction antérieure à la loi n° 2023-1322 du 29 décembre 2023 de finances pour 2024, tel que calculé pour la répartition de la dotation globale de fonctionnement en 2022.

Par dérogation, pour l'application du IV de l'article L. 2512-28 et de l'article L. 3334-6 à la Ville de Paris, la fraction de correction mentionnée au X de l'article 240 de la loi n° 2023-1322 du 29 décembre 2023 de finances pour 2024 est égale à la seule différence définie au *b*.

SOUS-SECTION 2 Dotation forfaitaire

Art. R. 3334-0-1 *(Décr. n° 2014-503 du 19 mai 2014, art. 1er)* Pour l'application de l'article L. 3334-3 :

1° Le revenu pris en compte est le dernier revenu fiscal de référence connu ;

2° Le revenu moyen par habitant de l'ensemble des départements est égal à la somme des revenus de l'ensemble des départements divisée par le nombre d'habitants constituant la population de l'ensemble de ces départements, telle que définie au premier alinéa de l'article L. 3334-2 ;

(Décr. n° 2019-701 du 3 juill. 2019, art. 4) « 3° Les recettes réelles de fonctionnement s'entendent de l'ensemble des produits de fonctionnement de l'exercice entraînant des mouvements réels, tels que constatés dans les comptes de gestion. Ils sont constitués des produits comptabilisés dans les comptes de produits, majorés des montants figurant dans les comptes d'atténuations de charges et minorés des montants comptabilisés dans les comptes retraçant les atténuations de produits, les mises à disposition de personnel facturées à l'établissement public de coopération intercommunale à fiscalité propre ou à ses communes membres, les reprises sur amortissement et provisions, les produits des cessions d'immobilisations, les différences sur réalisations négatives reprises au compte de résultat, la quote-part des subventions d'investissement transférée au compte de résultat, les transferts de charge, les travaux en régie, les produits exceptionnels sur opérations de gestion, les mandats annulés ou atteints par la prescription quadriennale, les subventions exceptionnelles, les autres produits exceptionnels et les variations de stock. »

SOUS-SECTION 3 Dotation de péréquation

§ 1 Dotation de péréquation urbaine

(Décr. n° 2005-298 du 31 mars 2005, art. 9)

Art. R. 3334-1 Pour la répartition de la dotation de péréquation urbaine entre les départements métropolitains, l'indice synthétique de ressources et de charges est obtenu par addition des rapports définis aux 1°, 2°, 3° et 4° de l'article L. 3334-6-1, respectivement affectés des coefficients de pondération 0,5, 0,25, 0,1 et 0,15.

Art. R. 3334-2 *(Décr. n° 2022-1008 du 15 juill. 2022, art. 10)* « Pour un département donné, le taux d'urbanisation mentionné au premier alinéa de l'article L. 3334-6-1 est égal au rapport entre, d'une part, la population municipale des communes de ce département caractérisées comme densément peuplées ou de densité intermédiaire dans la grille de densité disponible sur le site internet de l'institut national de la statistique et des études économiques au 1er janvier de l'année de répartition et, d'autre part, la population municipale de l'ensemble des communes du département. La population municipale à prendre en compte est celle qui résulte du dernier recensement. »

Le nombre total des bénéficiaires d'aides au logement et le nombre total de logements mentionnés au 2° de l'article L. 3334-6-1 sont déterminés dans les conditions fixées respectivement au deuxième alinéa de l'article R. 2334-4 et à l'article R. 2334-5.

Le nombre de bénéficiaires du *(Décr. n° 2011-514 du 10 mai 2011, art. 1er ; Décr. n° 2015-1709 du 21 déc. 2015, art. 3)* « revenu de solidarité active mentionné à l'article L. 262-1 du code de l'action sociale et des familles » mentionné au 3° de l'article L. 3334-6-1 est apprécié au 1er janvier de l'année précédant celle au titre de laquelle est versée la dotation de péréquation urbaine.

§ 2 **Dotation de fonctionnement minimale**

(Décr. nº 2005-298 du 31 mars 2005, art. 9)

Art. R. 3334-3 *(Décr. nº 2009-637 du 8 juin 2009, art. 10)* La dotation de fonctionnement minimale instituée par l'article L. 3334-7 est attribuée aux départements métropolitains qui en remplissent les conditions d'attribution dans les conditions définies à l'article R. 3334-3-1 après imputation d'une somme égale au double du rapport, majoré de 10 %, entre le total de la population municipale des départements d'outre-mer, de la collectivité territoriale de Saint-Pierre-et-Miquelon *(Décr. nº 2016-423 du 8 avr. 2016, art. 5)* « et de la collectivité de Saint-Martin » et la population municipale de l'ensemble des départements et des collectivités d'outre-mer précitées, sous réserve des dispositions du cinquième alinéa de l'article L. 3334-4.

Ce dernier montant est réparti entre les départements d'outre-mer, la collectivité territoriale de Saint-Pierre-et-Miquelon *(Décr. nº 2016-423 du 8 avr. 2016, art. 5)* « et la collectivité de Saint-Martin » dans les conditions fixées respectivement à l'article R. 3443-2-1, à l'article 35 de la loi nº 85-1268 du 29 novembre 1985 relative à la dotation globale de fonctionnement *(Décr. nº 2016-423 du 8 avr. 2016, art. 5)* « et à l'article R. 3443-1 ».

Art. R. 3334-3-1 La dotation de fonctionnement minimale est répartie entre les départements métropolitains qui en remplissent les conditions d'attribution :

(Décr. nº 2025-438 du 20 mai 2025, art. 9) « 1º Pour 30 % de son montant, proportionnellement à la longueur de la voirie telle que recensée par l'Institut national de l'information géographique et forestière au 1er janvier de l'année de répartition. Les types de voies pris en compte sont l'ensemble des voies terrestres, tels que recensés par l'Institut national de l'information géographique et forestière au sein du référentiel à grande échelle défini par arrêté du ministre chargé de l'équipement, affectés d'un classement administratif départemental et à l'exception des routes relevant de la catégorie "bac ou liaison maritime". La longueur de voirie située en zone de montagne est affectée d'un coefficient multiplicateur de 2 ; »

2º Pour 30 % de son montant, proportionnellement au rapport entre le potentiel financier moyen par kilomètre carré de l'ensemble des départements *(Décr. nº 2005-298 du 31 mars 2005, art. 9)* « métropolitains non urbains » et le potentiel financier par kilomètre carré de chaque département bénéficiaire ;

3º Pour 40 % de son montant, proportionnellement à *(Décr. nº 2005-298 du 31 mars 2005, art. 9)* « l'écart entre le potentiel financier par habitant du département et le potentiel financier moyen par habitant de l'ensemble des départements métropolitains non urbains » de chaque département bénéficiaire.

SECTION 2 **Dotation de soutien à l'investissement des départements** *(Décr. nº 2019-701 du 3 juill. 2019, art. 4)*.

Art. R. 3334-4 *(Décr. nº 2019-701 du 3 juill. 2019, art. 4)* Les dispositions des articles R. 2334-22 à R. 2334-26, du second alinéa de l'article R. 2334-27 ainsi que des articles R. 2334-28 à R. 2334-31 sont applicables à la *(Abrogé par Décr. nº 2025-438 du 20 mai 2025, art. 14)* « *part de la* » dotation de soutien à l'investissement des départements prévue *(Décr. nº 2025-438 du 20 mai 2025, art. 14)* « à » l'article L. 3334-10, en remplaçant, en tant que de besoin, la mention des communes ou des établissements publics de coopération intercommunale par celle du conseil départemental et celle du maire ou celle du président de l'établissement public de coopération intercommunale par celle du président du conseil départemental.

Art. R. 3334-4-1 *(Décr. nº 2021-1291 du 4 oct. 2021, art. 7)* Pour l'application de l'article L. 3334-10, la population prise en compte pour déterminer la part de la dotation de soutien à l'investissement des départements revenant aux collectivités de Saint-Martin, de Saint-Pierre-et-Miquelon et de Saint-Barthélemy est celle mentionnée au premier alinéa de l'article L. 3334-2.

Art. R. 3334-5 *à* R. 3334-8 *Abrogés par Décr. nº 2019-701 du 3 juill. 2019, art. 4.*

Art. D. 3334-8-1 *Abrogé par Décr. nº 2025-438 du 20 mai 2025, art. 8.*

Art. R. 3334-9 *Abrogé par Décr. nº 2019-701 du 3 juill. 2019, art. 4.*

Art. R. 3334-10 à R. 3334-15 *Abrogés par Décr. nº 2006-700 du 16 juin 2006.*

SECTION 3 Dotation départementale d'équipement des collèges

Art. R. 3334-16 Le chapitre "Dotation départementale d'équipement des collèges" créé par l'article L. 3334-16 figure au budget du ministère de l'intérieur. – *[Décr. nº 85-1036 du 19 sept. 1985, art. 3, al. 1er.]*

Art. R. 3334-17 La part de la dotation départementale d'équipement des collèges qui revient à l'ensemble des départements de chaque région est déterminée chaque année de manière à tenir compte, à concurrence de 70 %, de la capacité d'accueil des établissements et, à concurrence de 30 %, de l'évolution de la population scolarisable.

Les 70 % destinés à tenir compte de la capacité d'accueil des établissements sont répartis comme suit :

1° À raison de 30 %, proportionnellement à la superficie développée hors œuvre totale des collèges publics ;

2° À raison de 15 %, proportionnellement à la superficie développée hors œuvre totale des collèges publics construits avant 1973 ;

3° À raison de 5 %, proportionnellement à la superficie des classes mobiles ;

4° À raison de 20 %, proportionnellement aux effectifs des élèves des collèges publics.

Les 30 % destinés à tenir compte de l'évolution de la population scolarisable sont répartis comme suit :

1° À raison de 25 %, proportionnellement au nombre des naissances constatées dans la région entre la septième et la quatrième année précédant l'année d'attribution de la dotation ;

2° À raison de 5 %, en fonction du rapport des effectifs des élèves des collèges publics à la superficie développée hors œuvre totale de ces collèges.

La part de 5 % attribuée en fonction du rapport défini au 2° de l'alinéa précédent est répartie, entre les ensembles des départements de chaque région où ce rapport excède le rapport des mêmes termes calculé à l'échelle nationale, proportionnellement à l'écart entre le rapport constaté dans la région et le rapport national. – *[Décr. nº 85-1036 du 19 sept. 1985, art. 4, al. 1er à 4.]*

Art. R. 3334-18 Lorsque la part de l'ensemble des départements d'une région dans la dotation globale n'a pu être répartie entre les départements de cette région dans les conditions prévues au troisième alinéa de l'article L. 3334-16, la répartition est faite suivant les modalités ci-après.

Le préfet de région choisit, sur la liste établie en application du IV de l'article 13 de la loi nº 83-663 du 22 juillet 1983 relative à la répartition de compétences entre les communes, les départements, les régions et l'État, des opérations de construction ou d'extension dont la réalisation lui paraît nécessaire au fonctionnement normal du service public de l'enseignement. Il attribue aux départements qui ont la charge de ces opérations les crédits correspondants.

Le montant de ces crédits est égal, pour chaque opération, au produit du coût prévisionnel hors taxes de l'opération par un coefficient représentant la part du financement qui n'est pas à la charge de la commune ou du groupement de communes intéressé, calculé d'après le taux moyen réel de participation des communes défini au deuxième alinéa de l'article 15-1 de la loi nº 83-663 du 22 juillet 1983 précitée.

Le reliquat est réparti comme suit :

1° À raison de 40 %, proportionnellement à la superficie développée hors œuvre totale des bâtiments scolaires ;

2° À raison de 25 %, proportionnellement à la superficie développée hors œuvre totale des bâtiments scolaires construits avant 1973 ;

3° À raison de 5 %, proportionnellement à la superficie des classes mobiles ;

4° À raison de 30 %, proportionnellement aux effectifs des élèves des collèges publics. – *[Décr. nº 85-1036 du 19 sept. 1985, art. 5.]*

Art. R. 3334-19 Les dotations attribuées aux départements sont établies en autorisations de programme. Le montant de ces autorisations est notifié à chaque département par le préfet de région.

Les crédits de paiement correspondant à ces autorisations de programme sont attribués, en ce qui concerne la dotation départementale d'équipement des collèges, par le préfet. – *[Décr. n° 85-1036 du 19 sept. 1985, art. 6.]*

Art. R. 3334-20 Les crédits de paiement correspondant aux autorisations de programme sont à verser à raison de :

– 42 % au cours de l'année d'attribution de ces dotations ;

– 35 % au cours de l'année qui suit l'année d'attribution de ces dotations ;

– 23 % au cours de la deuxième année qui suit l'année d'attribution de ces dotations.

Les sommes correspondantes sont versées par quart au début de chaque trimestre. – *[Décr. n° 85-1036 du 19 sept. 1985, art. 7.]*

Art. R. 3334-21 *Abrogé par Décr. n° 2003-1004 du 21 oct. 2003, art. 8.*

Art. R. 3334-22 Après le dépôt du projet de loi de finances sur le bureau de l'Assemblée nationale et au plus tard avant le 15 octobre de chaque année, le préfet de région informe les départements du montant prévisionnel de la dotation départementale d'équipement des collèges susceptible d'être attribué à l'ensemble des départements de la région. Il leur notifie le montant définitif de cette dotation dès la promulgation de la loi de finances. – *[Décr. n° 85-1036 du 19 sept. 1985, art. 11.]*

CHAPITRE V **PÉRÉQUATION DES RESSOURCES FISCALES**

(Décr. n° 2011-514 du 10 mai 2011, art. 1er)

Art. R. 3335-1 *Abrogé par Décr. n° 2023-352 du 9 mai 2023, art. 8.*

Art. R. 3335-2 *(Décr. n° 2020-606 du 19 mai 2020, art. 14)* Pour l'application de l'article L. 3335-2 :

1° Le montant des droits de mutation à titre onéreux correspond à l'ensemble des droits perçus par les départements, en prenant en compte le cas échéant les recettes comptabilisées au cours du délai complémentaire mentionné à l'article R. 3311-3. Ces droits sont nets des frais d'assiette, de non-valeurs et de recouvrement prévus aux *a* et *b* du V de l'article 1647 du code général des impôts ainsi que, le cas échéant, des contributions au profit du fonds de compensation de la fiscalité transférée prévu à l'article L. 1614-4 ;

2° La population, la superficie, le potentiel fiscal et le potentiel financier à prendre en compte pour le calcul des prélèvements et des reversements sont ceux pris en compte pour la répartition de la dotation globale de fonctionnement au titre de l'année où le fonds est réparti. Sauf mention contraire, la population à prendre en compte est celle définie à l'article L. 3334-2 ;

3° Les régularisations mentionnées au IV correspondent à celles effectuées au titre de l'article L. 3335-2, ainsi qu'au titre du même article L. 3335-2, de l'article L. 3335-3 et du I de l'article 261 de la loi n° 2018-1317 du 28 décembre 2018 de finances pour 2019 dans leur rédaction antérieure à la loi n° 2019-1479 du 28 décembre 2019 de finances pour 2020 ;

4° Le revenu pris en compte au titre des V à VII est le dernier revenu fiscal de référence connu. La population prise en compte pour déterminer ce revenu par habitant et le nombre d'habitants au kilomètre carré est celle définie au premier alinéa de l'article L. 3334-2 ;

5° Les taux d'imposition de taxe foncière sur les propriétés bâties sont ceux de l'année *(Décr. n° 2023-352 du 9 mai 2023, art. 9)* « 2020 » ;

6° Le taux de pauvreté mentionné au *c* du V est le taux publié sur le site de l'Institut national de la statistique et des études économiques au 1er janvier de l'année de répartition. Dans le cas où ce taux ne serait pas disponible pour un département, il est réputé supérieur à 15 % dans ce département ;

7° À compter de 2021, les prélèvements et les reversements mentionnés à la première phrase du sixième alinéa du 2° du V sont ceux de l'année précédant la répartition du fonds national de péréquation des droits de mutation à titre onéreux perçus par les départements ;

8° La garantie mentionnée au dernier alinéa du VI bénéficie aux départements qui étaient éligibles en 2019 à la répartition des ressources du fonds prévu à l'article

L. 3335-2 dans sa rédaction antérieure à la loi n° 2019-1479 du 28 décembre 2019 de finances pour 2020, et qui ne sont pas éligibles en 2020 à la deuxième enveloppe du fonds.

Cette garantie bénéficie également aux départements qui ont cessé d'être éligibles en 2018 et en 2019 à la répartition des ressources du fonds prévu à l'article L. 3335-2 dans sa rédaction antérieure à la même loi.

Dans les deux cas mentionnés ci-dessus, le calcul de la garantie se fonde sur le montant perçu au titre de la répartition des ressources du fonds mentionné à l'article L. 3335-2 dans sa rédaction antérieure à la même loi.

Art. R. 3335-3 *(Décr. n° 2012-717 du 7 mai 2012, art. 4)* Les prélèvements et les reversements au titre du fonds sont réalisés mensuellement une fois la répartition des contributions et des attributions notifiée. Les prélèvements sont imputés sur les douzièmes restants tels que prévus à l'article L. 3332-1-1.

Art. R. 3335-4 *Abrogé par Décr. n° 2020-606 du 19 mai 2020, art. 14.*

Art. R. 3335-5 *(Décr. n° 2014-503 du 19 mai 2014, art. 1er)* Pour l'application de l'article L. 3335-4 :

1° Le potentiel financier et la population pris en compte sont ceux calculés au titre de l'année de répartition. Le potentiel financier moyen par habitant des départements de la région d'Île-de-France est égal à la somme des potentiels financiers des départements de la région d'Île-de-France divisée par le nombre d'habitants constituant la population de ces départements, telle que définie à l'article L. 3334-2 ;

2° Le revenu moyen par habitant des départements de la région d'Île-de-France est égal à la somme des revenus des départements de la région d'Île-de-France divisée par le nombre d'habitants constituant la population de ces départements, telle que définie au premier alinéa de l'article L. 3334-2 ;

3° Le nombre de bénéficiaires du revenu de solidarité active mentionné au 3° du II de l'article L. 3335-4 est apprécié au 1er janvier de l'année précédant celle au titre de laquelle est réparti le fonds de solidarité pour les départements de la région d'Île-de-France ;

4° Le nombre de bénéficiaires d'aides au logement et le nombre de logements mentionnés au 4° du II de l'article L. 3335-4 sont déterminés dans les conditions fixées respectivement au deuxième alinéa de l'article R. 2334-4 et à l'article R. 2334-5 ;

5° L'indice médian correspond à la médiane des indices synthétiques de ressources et de charges des départements de la région d'Île-de-France, calculés conformément au II de l'article L. 3335-4 ;

6° Les prélèvements sont réalisés mensuellement à compter de la date de notification ;

(Décr. n° 2019-701 du 3 juill. 2019, art. 4) « 7° Les recettes réelles de fonctionnement sont celles définies au 3° de l'article R. 3334-0-1. »

CHAPITRE VI AVANCES ET EMPRUNTS

SECTION 1 Avances (R)

Art. R. 3336-1 Les *(Décr. n° 2012-717 du 7 mai 2012, art. 4)* « articles R. 2337-1 à R. 2337-7 » sont applicables au département et à ses établissements publics. — *[Décr. n° 47-850 du 16 mai 1947, art. 1er et art. 2 à 6.]*

TITRE IV COMPTABILITÉ

CHAPITRE I ENGAGEMENT ET DISPOSITIONS COMMUNES (R)

Art. R. 3341-1 Conformément aux dispositions de *(Décr. n° 2012-1247 du 7 nov. 2012, art. 12)* « l'article 1er du décret n° 2012-1246 du 7 novembre 2012 relatif à la gestion budgétaire et comptable publique » *[V.* **CJF** *]*, sont applicables aux départements et à leurs établissements publics les principes fondamentaux contenus dans *(Décr. n° 2012-1247 du 7 nov. 2012, art. 12)* « le titre I » dudit décret.

Art. R. 3341-2 L'exercice est la période d'exécution du budget du département. — *[Décr. du 12 juill. 1893, art. 3.]*

Art. R. 3341-2-1 *(Décr. n° 2003-1004 du 21 oct. 2003, art. 6)* Les crédits affectés aux dépenses de chaque exercice ne peuvent être employés à l'acquittement des dépenses d'un autre exercice.

Toutefois, les dépenses engagées non mandatées à la clôture de l'exercice sont imputées sur les crédits qui doivent être reportés sur le budget de l'exercice suivant.

Elles peuvent être payées jusqu'à l'ouverture de ces crédits au vu de l'état des restes à réaliser établi par le président du conseil départemental, retraçant les dépenses qui, engagées avant le 31 décembre de l'année précédente, n'ont pas donné lieu à mandatement avant la clôture de l'exercice. Cet état vaut ouverture provisoire de crédits.

Art. R. 3341-3 à R. 3341-5 *Abrogés par Décr. n° 2003-1004 du 21 oct. 2003, art. 8.*

CHAPITRE II COMPTABILITÉ

(Décr. n° 2003-1005 du 21 oct. 2003, art. 4)

SECTION 1 Comptabilité de l'ordonnateur

Art. D. 3342-1 Aucune dépense faite pour le compte du département ne peut être acquittée si elle n'a été préalablement mandatée par le président du conseil départemental sur un crédit régulièrement ouvert.

Art. D. 3342-2 Chaque mandat énonce la collectivité, le budget, l'exercice, l'imputation auxquels la dépense s'applique.

Art. D. 3342-3 Le mandat de paiement doit contenir toutes les indications de noms et de qualités nécessaires pour permettre au comptable de reconnaître l'identité du créancier.

Art. D. 3342-4 Tout mandat doit être accompagné des documents relatifs au mode de règlement des dépenses dans les conditions fixées par le décret n° 65-97 du 4 février 1965 modifié relatif aux modes et aux procédures de règlement des dépenses des organismes publics.

Art. D. 3342-5 Le mandat de paiement doit être délivré au nom du créancier d'origine.

Art. D. 3342-6 Le président du conseil départemental annexe les mandats et pièces justificatives de dépenses, indiqués aux articles D. 1617-19 et D. 1617-20, aux bordereaux d'émission qu'il adresse au comptable du département qui doit procéder dans les délais qui lui sont impartis à leur vérification et en suivre, lorsqu'il y a lieu, la régularisation auprès du président du conseil départemental.

Art. D. 3342-7 Les reversements de fonds provenant de restitutions pour cause de trop-payé à des créanciers du département sont ordonnés par le président du conseil départemental qui délivre un ordre de reversement.

Art. D. 3342-8 Le compte administratif, sur lequel le conseil départemental est appelé à délibérer conformément à l'article L. 3312-5, présente par colonne distincte et dans l'ordre des chapitres et articles du budget :

En recettes :

1° La nature des recettes ;

2° Les évaluations et prévisions du budget ;

3° La fixation définitive des sommes à recouvrer d'après les titres justificatifs.

En dépenses :

1° Les articles de dépenses du budget ;

2° Le montant des crédits ;

3° Le montant des mandatements effectués sur ces crédits pendant l'exercice, y compris les rattachements ;

4° Les différences résultant de la comparaison du montant des crédits avec le total des mandatements.

Art. R. 3342-8-1 *(Décr. n° 2009-125 du 3 févr. 2009)* Les produits des départements, des établissements publics départementaux et interdépartementaux et de tout organisme public résultant d'une entente entre départements ou entre départements et toute autre collectivité publique ou établissement public, qui ne sont pas assis et liquidés par les services fiscaux de l'État en exécution des lois et règlements en vigueur, sont recouvrés :

1° Soit en vertu de jugements ou de contrats exécutoires ;

2° Soit en vertu *(Décr. n° 2011-2036 du 29 déc. 2011, art. 1er)* « de titres de recettes ou de rôles » émis et rendus exécutoires en ce qui concerne le département par le président du conseil départemental et en ce qui concerne les établissements publics par l'ordonnateur de ces établissements.

Les *(Décr. n° 2011-2036 du 29 déc. 2011, art. 1er)* « mesures d'exécution forcée » pour le recouvrement de ces produits sont effectuées comme en matière de contributions directes.

Toutefois, l'ordonnateur autorise ces *(Décr. n° 2011-2036 du 29 déc. 2011, art. 1er)* « mesures d'exécution forcée » selon les modalités prévues à l'article R. 1617-24.

Les oppositions, lorsque la matière est de la compétence des tribunaux judiciaires, sont jugées comme affaires sommaires.

SECTION 2 **Comptabilité du comptable**

Art. D. 3342-9 Le président du conseil départemental remet au comptable du département, dûment récapitulée sur un bordereau d'émission, une expédition en forme de tous les baux, contrats, jugements, testaments, déclarations, états de recouvrement, titres nouveaux et autres, concernant les recettes dont la perception lui est confiée.

Le comptable peut demander, au besoin, que les originaux des actes formant titre au profit des départements lui soient remis contre récépissé.

Art. D. 3342-10 Le comptable du département est chargé seul :

1° De faire toutes les diligences nécessaires pour la perception des revenus, legs et donations et autres ressources affectées au service du département ;

2° De faire faire, contre les débiteurs en retard de payer et avec l'autorisation du président du conseil départemental, les actes, significations *(Décr. n° 2011-2036 du 29 déc. 2011, art. 1er)* « et mesures d'exécution forcée » nécessaires dans les conditions de l'article *(Décr. n° 2011-2036 du 29 déc. 2011, art. 1er)* « R. 3342-8-1 » ;

3° D'avertir les administrateurs de l'expiration des baux ;

4° D'empêcher les prescriptions ;

5° De veiller à la conservation des droits, privilèges et hypothèques ;

(Décr. n° 2012-1463 du 26 déc. 2012, art. 2) « 6° De requérir à cet effet la publication au fichier immobilier de tous les titres qui en sont susceptibles ;

« 7° Enfin de tenir registre des inscriptions portées au fichier immobilier et autres poursuites et diligences. »

Art. D. 3342-11 *Abrogé par Décr. n° 2009-125 du 3 févr. 2009.*

Art. D. 3342-12 Le compte de gestion rendu par le comptable du département présente la situation comptable du département au 31 décembre de l'exercice y compris les opérations de la journée complémentaire.

Art. D. 3342-13 Le compte de gestion établi par le comptable du département est remis au président du conseil départemental pour être joint au compte administratif, comme pièce justificative.

LIVRE IV DISPOSITIONS PARTICULIÈRES À CERTAINS DÉPARTEMENTS

TITRE I DÉPARTEMENT DE PARIS

CHAPITRE I DISPOSITIONS GÉNÉRALES

Pas de dispositions réglementaires codifiées.

CHAPITRE II ORGANISATION

Pas de dispositions réglementaires codifiées.

CHAPITRE III DISPOSITIONS FINANCIÈRES

Pas de dispositions réglementaires codifiées.

TITRE II DÉPARTEMENTS DES HAUTS-DE-SEINE, DE LA SEINE-SAINT-DENIS ET DU VAL-DE-MARNE

CHAPITRE UNIQUE

Art. R. 3421-1 Les recettes et les dépenses des services communs d'intérêt local, inscrites au budget de la ville de Paris (budget spécial de la préfecture de police), font l'objet, d'une contribution des départements des Hauts-de-Seine, de la Seine-Saint-Denis et du Val-de-Marne, dans les conditions fixées aux articles R. 2512-27, R. 2512-28 et R. 2512-29.

Art. D. 3421-2 Le versement des contributions prévues à l'article L. 3421-2 pour le financement des dépenses de la brigade de sapeurs-pompiers de Paris intervient dans les conditions suivantes :

a) En ce qui concerne les dépenses de fonctionnement, les départements des Hauts-de-Seine, de la Seine-Saint-Denis, du Val-de-Marne s'acquittent chaque année, au titre de l'exercice en cours, du versement d'acomptes correspondant chacun à 30 % de leur contribution prévisionnelle telle qu'elle résulte du montant de la recette inscrite à ce titre à la section de fonctionnement du budget spécial de la préfecture de police. Ces acomptes doivent être payés au plus tard les 15 février, 15 mai et 15 août. Le solde de la contribution due au titre de l'exercice considéré est acquitté au vu du résultat du compte administratif ;

b) En ce qui concerne les dépenses d'investissement, à l'exclusion de celles financées par prélèvement sur les recettes de fonctionnement et des travaux en régie, la participation des départements concernés aux dépenses de l'exercice en cours est acquittée à la fin de chaque trimestre au vu d'un état récapitulatif des mandats émis par le préfet de police au cours de ce trimestre. – *[Décr. n° 89-561 du 11 août 1989, art. 1er, 2 et 3.]*

TITRE III DÉPARTEMENTS DE LA CORSE-DU-SUD ET DE LA HAUTE-CORSE

CHAPITRE UNIQUE

Pas de dispositions réglementaires codifiées.

TITRE IV DÉPARTEMENTS D'OUTRE-MER

CHAPITRE I DISPOSITIONS GÉNÉRALES

SECTION 1 Conférence départementale d'harmonisation des investissements (R)

Art. D. 3441-1 Dans les départements d'outre-mer, la conférence départementale d'harmonisation des investissements, visée à l'article L. 3142-1, outre le président du conseil départemental et le préfet, comprend :

– en Guadeloupe : un maire d'une commune de moins de 12 000 habitants, désigné par le collège des maires des communes de moins de 12 000 habitants, à l'exception des communes insulaires ; un maire d'une commune insulaire, désigné par le collège des maires des communes insulaires ; deux maires de communes de 12 000 habitants et plus, désignés par le collège des maires des communes de 12 000 habitants et plus ;

– en Guyane : deux maires de communes de moins de 2 000 habitants, désignés par le collège des maires des communes de moins de 2 000 habitants ; deux maires de communes de 2 000 habitants et plus, désignés par le collège des maires des communes de 2 000 habitants et plus ;

– en Martinique : deux maires de communes de moins de 12 000 habitants, désignés par le collège des maires des communes de moins de 12 000 habitants ; deux maires de communes de 12 000 habitants et plus, désignés par le collège des maires de communes de 12 000 habitants et plus ;

– à La Réunion : un maire d'une commune de moins de 12 000 habitants, désigné par le collège des maires des communes de moins de 12 000 habitants ; un maire d'une commune de 12 000 à 25 000 habitants, désigné par le collège des maires de communes de 12 000 à 25 000 habitants ; deux maires de communes de plus de 25 000 habitants, désignés par le collège des maires des communes de plus de 25 000 habitants ;

(Décr. nº 2011-346 du 28 mars 2011, art. 2) « – à Mayotte : deux maires de communes de moins de 2 000 habitants, désignés par le collège des maires des communes de moins de 2 000 habitants ; deux maires de communes de 2 000 habitants et plus, désignés par le collège des maires des communes de 2 000 habitants et plus ; »

Dans chacun des départements précités, la conférence départementale d'harmonisation des investissements comprend en outre un président de groupement de communes, désigné par le collège des présidents de groupements de communes.

Art. D. 3441-2 Les articles D. 3142-2 à D. 3142-5 sont applicables aux départements d'outre-mer. – *[Décr. nº 83-346 du 22 avr. 1983, art. 2 à 5.]*

CHAPITRE II ORGANISATION

Pas de dispositions réglementaires codifiées.

CHAPITRE III DISPOSITIONS FINANCIÈRES

SECTION 1 Dotation de péréquation

(Décr. nº 2005-298 du 31 mars 2005, art. 10)

Art. R. 3443-1 *(Décr. nº 2011-330 du 25 mars 2011, art. 3)* La quote-part de la dotation de péréquation prévue par l'antépénultième alinéa de l'article L. 3334-4 pour les départements d'outre-mer, la collectivité de Saint-Martin et la collectivité territoriale de Saint-Pierre-et-Miquelon est constituée d'une quote-part de la dotation de péréquation urbaine et d'une quote-part de la dotation de fonctionnement minimale, déterminées par application au montant total de chacune de ces dotations du rapport majoré défini à l'article L. 3443-1.

Art. R. 3443-1-1 *(Décr. nº 2009-637 du 8 juin 2009, art. 10)* Pour l'application de l'article L. 3443-1, la population nationale totale correspond à la population municipale de l'ensemble des départements, de la collectivité de Saint-Martin et de la collectivité territoriale de Saint-Pierre-et-Miquelon, selon le dernier recensement de population.

Art. R. 3443-2 *(Décr. nº 2005-298 du 31 mars 2005, art. 10)* La quote-part de la dotation de péréquation urbaine des départements d'outre-mer est répartie entre eux au prorata de leur population *(Décr. nº 2009-637 du 8 juin 2009, art. 1er)* « municipale » telle qu'elle résulte du dernier recensement général.

Art. R. 3443-2-1 La dotation de fonctionnement minimale instituée par l'article L. 3334-7, après répartition entre les départements métropolitains et les départements d'outre-mer, organisée par l'article *(Décr. nº 2005-298 du 31 mars 2005, art. 9)*

« R. 3334-3 » est répartie entre les départements d'outre-mer qui en remplissent les conditions d'attribution :

1° Pour 80 % en fonction de leur population *(Décr. nº 2009-637 du 8 juin 2009, art. 10)* « , telle que définie à l'article L. 3334-2 » ;

2° Pour 10 % en fonction de la longueur de la voirie classée dans le domaine public départemental *(Décr. nº 2021-1291 du 4 oct. 2021, art. 7)* « appréciée au 1er janvier de l'année précédant la répartition », la longueur de voirie située en zone de montagne étant affectée d'un coefficient multiplicateur de 1,3 ;

3° Pour 10 % en fonction inverse de leur *(Décr. nº 2005-298 du 31 mars 2005, art. 12)* « potentiel financier » brut *(Décr. nº 2009-637 du 8 juin 2009, art. 10)* « , tel que défini à l'article L. 3334-6 ».

SECTION 2 Dotation départementale d'équipement des collèges (R)

Art. R. 3443-3 Les dispositions de l'article R. 3334-17 sont applicables aux départements d'outre-mer sous la réserve que la part de la dotation destinée à tenir compte de l'évolution de la population scolarisable est en totalité répartie proportionnellement au nombre de naissances constatées entre la septième et la quatrième année précédant l'année d'attribution de la dotation. – *[Décr. nº 86-306 du 4 mars 1986, art. 2.]*

LIVRE V DISPOSITIONS APPLICABLES AU DÉPARTEMENT DE MAYOTTE *(Décr. nº 2011-330 du 25 mars 2011, art. 3).*

(Décr. nº 2002-1504 du 24 déc. 2002, art. 2)

TITRE I DISPOSITIONS GÉNÉRALES

CHAPITRE UNIQUE

Art. R. 3511-1 Pour l'application à Mayotte des dispositions de la troisième partie du présent code :

1° La référence au département ou au département d'outre-mer est remplacée par la référence au Département de Mayotte ;

2° La référence au conseil régional est remplacée par la référence au conseil départemental ;

3° La référence au conseil économique, social et environnemental régional est remplacée par la référence au conseil économique, social et environnemental et au conseil de la culture, de l'éducation et de l'environnement.

TITRE II ORGANISATION DU DÉPARTEMENT DE MAYOTTE

CHAPITRE I NOM ET TERRITOIRE DE LA COLLECTIVITÉ

Pas de dispositions réglementaires codifiées.

CHAPITRE II ORGANES DE LA COLLECTIVITÉ

Art. D. 3522-1 et R. 3522-2 *Abrogés par Décr. nº 2018-953 du 31 oct. 2018, art. 15.*

CHAPITRE III RÉGIME JURIDIQUE DES ACTES PRIS PAR LES AUTORITÉS DE LA COLLECTIVITÉ

Pas de dispositions réglementaires codifiées.

TITRE III ADMINISTRATION ET SERVICES DE LA COLLECTIVITÉ

Pas de dispositions réglementaires codifiées.

TITRE IV FINANCES DE LA COLLECTIVITÉ

CHAPITRE I BUDGETS ET COMPTES

Art. R. 3541-1 I. — Les articles R. 3313-1 à R. 3313-7 ne sont pas applicables au Département de Mayotte.

II. — Ainsi qu'il est dit au II de l'article R. 4437-2, les articles R. 4313-1 à R. 4313-4 sont applicables au Département de Mayotte, sous réserve des adaptations suivantes :

1° Pour l'application à Mayotte du 6° de l'article R. 4313-2, la référence à l'article L. 4332-8 est remplacée par la référence à l'article L. 3334-6 ;

2° Pour l'application à Mayotte du 2° de l'article R. 4313-3, les mots : "des dépréciations et" sont supprimés.

CHAPITRE II DÉPENSES

Art. R. 3542-1 Pour son application à Mayotte, l'article R. 3321-3 est ainsi modifié :

1° Au premier alinéa, les mots : "Pour l'application du 8° de l'article L. 3332-2" sont remplacés par les mots : "Pour l'application du 9° de l'article L. 3332-2, tel qu'il est rendu applicable à Mayotte par l'article L. 3543-1" ;

2° Au deuxième alinéa, les mots : "Pour l'application du 9° de l'article L. 3332-2" sont remplacés par les mots : "Pour l'application du 10° de l'article L. 3332-2 tel qu'il est rendu applicable à Mayotte par l'article L. 3543-1."

CHAPITRE III RECETTES

Art. D. 3543-1 *(Décr. nº 2011-346 du 28 mars 2011)* Pour son application à Mayotte, l'article D. 3332-3 est ainsi rédigé :

Art. D. 3332-3 Pour l'application du 5° de l'article L. 3332-3, la différence constatée entre la valeur de cession d'une immobilisation et sa valeur comptable nette est obligatoirement enregistrée à la section d'investissement du budget préalablement à la détermination du résultat de la section de fonctionnement.

Art. R. 3543-2 Les articles *(Décr. nº 2017-1143 du 6 juill. 2017)* « D. 3333-1 » à R. 3333-18 sont applicables à Mayotte à compter du 1er janvier 2014.

Art. R. 3543-3 *Abrogé par Décr. nº 2016-423 du 8 avr. 2016, art. 5.*

Art. R. 3543-4 Le Département de Mayotte reçoit l'attribution prévue à l'article R. 3334-5.

Il reçoit en outre une dotation prélevée sur les crédits affectés à la majoration mentionnée à l'article R. 3334-7. Cette dotation est calculée par application au montant total de cette majoration du rapport, majoré de 10 %, entre la population municipale du Département de Mayotte et la population municipale de l'ensemble des départements, de la collectivité de Saint-Martin, de la collectivité de Saint-Barthélemy, du Département de Mayotte et de la collectivité territoriale de Saint-Pierre-et-Miquelon, selon le dernier recensement de population.

Art. R. 3543-5 Les articles R. 3334-16 à R. 3334-22 et l'article R. 3443-3 ne sont pas applicables à Mayotte.

TITRE V DISPOSITIONS APPLICABLES AU SERVICE D'INCENDIE ET DE SECOURS DE MAYOTTE *(Décr. nº 2011-330 du 25 mars 2011, art. 3).*

CHAPITRE I DISPOSITIONS GÉNÉRALES *(Décr. nº 2011-330 du 25 mars 2011, art. 3).*

SECTION 1 Compétences générales

Art. R. 3551-1 à R. 3551-4 *Abrogés par Décr. nº 2011-330 du 25 mars 2011, art. 3.*

Art. R. 3551-5 Le règlement opérationnel mentionné à l'article L. 3551-10 prend en considération le schéma d'analyse et de couverture des risques de la collectivité départementale.

(Décr. nº 2006-1242 du 10 oct. 2006, art. 1er) « Il est arrêté par le préfet après avis du conseil départemental et de la commission administrative et technique du service d'incendie et de secours de Mayotte. »

Ce règlement fixe les consignes opérationnelles relatives aux différentes missions du service d'incendie et de secours et détermine l'effectif minimum et les matériels nécessaires à l'accomplissement de ses missions.

Le règlement opérationnel est publié au recueil des actes administratifs de la préfecture et au recueil des actes administratifs de la collectivité départementale. Il est notifié à tous les maires de Mayotte.

Art. R. 3551-6 Le projet de schéma d'analyse et de couverture des risques prévu à l'article L. 3551-11 est présenté au collège des chefs de service de l'État avant d'être arrêté par le représentant de l'État à Mayotte.

(Décr. nº 2006-1242 du 10 oct. 2006, art. 2) « Celui-ci recueille l'avis du *(Décr. nº 2021-571 du 10 mai 2021, art. 105)* « comité social territorial » paritaire, de la commission consultative des sapeurs-pompiers volontaires et de la commission administrative et technique du service d'incendie et de secours. »

Le schéma d'analyse et de couverture des risques est publié au recueil des actes administratifs de la préfecture et au recueil des actes administratifs de la collectivité départementale. Il peut être consulté sur demande dans les services du représentant de l'État à Mayotte et au siège de la collectivité départementale.

Art. R. 3551-6-1 *(Décr. nº 2006-1242 du 10 oct. 2006, art. 3)* Le service d'incendie et de secours de Mayotte comprend des services opérationnels, administratifs ou techniques, notamment ceux chargés de la prévention, de la prévision, de la logistique et de la technique, des ressources humaines, de la formation, de l'administration et des finances. Il comprend également un service de santé et de secours médical.

L'organisation territoriale du service d'incendie et de secours de Mayotte tient compte du schéma d'analyse et de couverture des risques. Elle comprend des centres d'incendie et de secours qui sont classés en centres de secours principaux et centres de secours.

Ces services et ces centres peuvent être organisés au sein de groupements qui exercent des missions opérationnelles, administratives ou techniques dans les conditions fixées par le règlement opérationnel mentionné à l'article R. 3551-5 et par le règlement intérieur du corps des sapeurs-pompiers de Mayotte mentionné à l'article R. 3551-6-5.

Le service d'incendie et de secours de Mayotte comprend des sapeurs-pompiers professionnels appartenant aux cadres d'emploi prévus à l'article 64-1 de la loi nº 2001-616 du 11 juillet 2001 relative à Mayotte et des sapeurs-pompiers volontaires qui, soumis à des règles spécifiques fixées en application de la loi nº 96-370 du 3 mai 1996 relative au développement du volontariat dans les corps de sapeurs-pompiers, ne peuvent exercer cette activité à temps complet.

Art. R. 3551-6-2 *(Décr. nº 2006-1242 du 10 oct. 2006, art. 3)* Les centres d'incendie et de secours sont les unités *(Décr. nº 2015-1689 du 17 déc. 2015, art. 4)* « départementales » chargées principalement des missions de secours.

Ils sont créés et classés par arrêté du préfet, après avis du conseil départemental, en centres de secours principaux et centres de secours en fonction du schéma d'analyse et de couverture des risques et du règlement opérationnel.

Les critères de classement, définis par arrêté du préfet de Mayotte, sont fonction du nombre de départs simultanés pour les missions de lutte contre l'incendie, de secours d'urgence aux personnes et en intervention.

Chaque centre d'incendie et de secours dispose, selon la catégorie à laquelle il appartient, d'un effectif lui permettant au minimum d'assurer la garde, l'astreinte et les départs en intervention dans le respect des dispositions des guides nationaux de référence mentionnés à l'article R. 3551-6-13, du schéma d'analyse et de couverture des risques et du règlement opérationnel.

Les personnels de garde sont susceptibles de partir en intervention immédiatement, les personnels d'astreinte sont susceptibles de partir en intervention dans le délai fixé par le règlement opérationnel.

Les centres d'incendie et de secours sont placés sous l'autorité d'un chef de centre nommé par arrêté conjoint du préfet et du président du conseil départemental, sous réserve de l'application de l'article R. 3551-6-6, sur proposition du directeur du service d'incendie et de secours de Mayotte.

Un centre d'incendie et de secours est dit mixte lorsqu'il comprend à la fois des sapeurs-pompiers professionnels et des sapeurs-pompiers volontaires.

Art. R. 3551-6-3 *(Décr. nº 2006-1242 du 10 oct. 2006, art. 3)* Les emplois de direction du service d'incendie et de secours de Mayotte sont les suivants :

1º Directeur ;

2º Directeur adjoint ;

3º Chef de groupement et responsable des affaires administratives et financières ;

4º Médecin chef du service de santé et de secours médical.

Les emplois de direction mentionnés au 3º qui n'ont pas une vocation opérationnelle peuvent être occupés par des fonctionnaires territoriaux ne relevant pas des cadres d'emplois d'officiers de sapeurs-pompiers professionnels.

Le directeur du service d'incendie et de secours est un officier de sapeurs-pompiers professionnel du grade de commandant au moins. Il a autorité sur l'ensemble des personnels du service d'incendie et de secours de Mayotte.

Il peut être assisté d'un adjoint, officier de sapeurs-pompiers.

Il peut également être assisté d'un responsable des affaires administratives et financières et d'un ou plusieurs chefs de groupement, responsables de services ou d'unités *(Décr. nº 2015-1689 du 17 déc. 2015, art. 4)* « départementales ».

Le directeur du service d'incendie et de secours peut déléguer certaines de ses attributions à son adjoint, au responsable des affaires administratives et financières ainsi qu'aux chefs de groupement.

Placés sous l'autorité du directeur du service d'incendie et de secours, les agents occupant les emplois mentionnés au 3° et au 4° assurent l'encadrement des groupements et des services dans les conditions définies par le règlement de mise en œuvre opérationnelle mentionné à l'article R. 3551-5 et par le règlement intérieur prévu à l'article R. 3551-6-5.

Les chefs de groupement sont nommés dans leur emploi par arrêté conjoint du préfet et du président du conseil départemental.

Art. R. 3551-6-4 *(Décr. nº 2006-1242 du 10 oct. 2006, art. 3)* Le service de santé et de secours médical exerce les missions suivantes :

1° La surveillance de la condition physique des sapeurs-pompiers ;

2° L'exercice de la médecine professionnelle et d'aptitude des sapeurs-pompiers professionnels et la médecine d'aptitude des sapeurs-pompiers volontaires ;

3° Le conseil en matière de médecine préventive, d'hygiène et de sécurité, notamment auprès du comité d'hygiène et de sécurité ;

4° Le soutien sanitaire des interventions du service d'incendie et de secours et les soins d'urgence aux sapeurs-pompiers ;

5° La participation à la formation des sapeurs-pompiers au secours à personnes ;

6° La surveillance de l'état de l'équipement médico-secouriste du service.

En outre, le service de santé et de secours médical participe :

1° Aux missions de secours d'urgence ;

2° Aux opérations effectuées par le service d'incendie et de secours impliquant des animaux ou concernant les chaînes alimentaires ;

3° Aux missions de prévision, de prévention et aux interventions du service d'incendie et de secours dans les domaines des risques naturels, notamment lorsque la présence de certaines matières peut présenter des risques pour les personnes, les biens ou l'environnement.

Le service de santé et de secours médical comprend des médecins, pharmaciens, infirmiers, vétérinaires qui ont la qualité de sapeurs-pompiers volontaires.

Sous l'autorité du directeur du service d'incendie et de secours de Mayotte, un médecin-chef dirige le service de santé et de secours médical et conseille les autorités responsables. Le médecin-chef peut être assisté d'un médecin-chef adjoint. Le service peut également comprendre un pharmacien-chef et, le cas échéant, un vétérinaire-chef.

Les personnels du service de santé et de secours médical sont placés sous l'autorité du médecin-chef et relèvent de leur chef de centre ou du chef d'un des services mentionnés à l'article R. 3551-6-1 pour les missions exercées par ce centre ou ce service.

Il est créé, auprès du service de santé et de secours médical, une commission d'aptitude aux fonctions de sapeurs-pompiers volontaires, dont les membres sont des médecins désignés par arrêté du préfet. Cette commission, présidée par le médecin-chef, peut être saisie pour avis de toute question relative à l'aptitude physique de sapeurs-pompiers volontaires. La commission peut faire appel à des experts. Le sapeur-pompier dont la situation est examinée peut se faire entendre par la commission, accompagné de toute personne de son choix.

Art. R. 3551-6-5 *(Décr. nº 2006-1242 du 10 oct. 2006, art. 3)* Un règlement intérieur, arrêté par délibération du conseil départemental sur proposition du conseil d'exploitation, fixe les modalités de fonctionnement du corps des sapeurs-pompiers de Mayotte et les obligations de service de ses membres.

Le président du conseil départemental saisit pour avis préalable :

— le *(Décr. nº 2021-571 du 10 mai 2021, art. 105)* « comité social territorial » paritaire pour les dispositions propres aux sapeurs-pompiers professionnels ;

— le comité consultatif des sapeurs-pompiers volontaires prévu à l'article R. 3551-6-7 pour les dispositions propres aux sapeurs-pompiers volontaires ;

— la commission administrative et technique du service d'incendie et de secours pour les dispositions communes à tous les sapeurs-pompiers.

Art. R. 3551-6-6 *(Décr. nº 2006-1242 du 10 oct. 2006, art. 3)* Les officiers de sapeurs-pompiers professionnels jusqu'au grade de capitaine sont nommés par arrêté conjoint du préfet et du président du conseil départemental. Les officiers d'un grade supérieur sont nommés par arrêté conjoint du ministre chargé de la sécurité civile et du président du conseil départemental.

Le nombre des officiers et sous-officiers de sapeurs-pompiers professionnels du corps des sapeurs-pompiers de Mayotte est déterminé à partir d'un effectif de référence comprenant les sapeurs-pompiers professionnels ainsi que les sapeurs-pompiers volontaires du service d'incendie et de secours dans la limite du double du nombre des sapeurs-pompiers professionnels, dans les conditions suivantes :

a) 1 lieutenant-colonel pour au moins 900 sapeurs-pompiers ;
b) 1 commandant pour au moins 300 sapeurs-pompiers ;
c) 1 capitaine ou 1 lieutenant pour au moins 60 sapeurs-pompiers ;
d) 1 major pour au moins 20 sapeurs-pompiers non officiers ou majors ;
e) 1 adjudant pour au moins 12 sapeurs-pompiers non officiers ;
f) 1 sergent pour au moins 4 sapeurs-pompiers non officiers.

La détermination du grade et du nombre des agents occupant les emplois de direction mentionnés à l'article R. 3551-6-3 et les emplois du service de santé et de secours médical du service d'incendie et de secours de Mayotte mentionnés à l'article R. 3551-6-4 n'est pas soumise aux dispositions des alinéas 2 à 8 ci-dessus.

Art. R. 3551-6-7 *(Décr. nº 2006-1242 du 10 oct. 2006, art. 3)* Un comité consultatif des sapeurs-pompiers volontaires, propre à l'ensemble des sapeurs-pompiers volontaires du corps des sapeurs-pompiers de Mayotte, dont les modalités de fonctionnement sont fixées par arrêté du préfet, est créé auprès du service d'incendie et de secours.

Art. R. 3551-6-8 *(Décr. nº 2006-1242 du 10 oct. 2006, art. 3)* Les agents des collectivités territoriales et de leurs établissements publics ne peuvent exercer les fonctions de sapeur-pompier volontaire pendant le temps de service, sauf dans les cas prévus par la loi nº 96-370 du 3 mai 1996 relative au développement du volontariat dans les corps de sapeurs-pompiers.

Les agents de la fonction publique territoriale qui, n'ayant pas la qualité de sapeur-pompier professionnel, relèvent du service d'incendie et de secours de Mayotte sont chargés des tâches ne comportant pas d'activités principalement opérationnelles.

Art. R. 3551-6-9 *(Décr. nº 2006-1242 du 10 oct. 2006, art. 3)* I. — Le budget du service d'incendie et de secours de Mayotte comprend une section d'investissement et une section de fonctionnement.

La section d'investissement peut comprendre des autorisations de programme et des crédits de paiement. Les autorisations de programme relatives aux dépenses d'équipement correspondent à des dépenses à caractère pluriannuel se rapportant à une immobilisation ou un ensemble d'immobilisations déterminées, acquises ou réalisées par la collectivité départementale dans le cadre des compétences du service d'incendie et de secours.

La section de fonctionnement peut comprendre des autorisations d'engagement et des crédits de paiement relatifs aux seules dépenses résultant de conventions, de délibérations ou de décisions qui engagent la collectivité départementale, au-delà d'un exercice budgétaire, dans le cadre des compétences du service d'incendie et de secours, à verser une subvention, une participation ou une rémunération à un tiers, à l'exclusion des frais de personnel.

Chaque section est divisée en chapitres et articles.

II. — Les recettes du service d'incendie et de secours de Mayotte sont constituées notamment par :

1º La contribution de la collectivité départementale, dont le montant est fixé annuellement par délibération du conseil départemental ;

2º Les subventions, fonds de concours, dotations et participations de l'Union européenne, de l'État, des collectivités territoriales et des établissements publics ;

3° Le produit des emprunts ;
4° Les dotations aux amortissements des biens meubles et immeubles ;
5° Les reprises sur amortissements et provisions ;
6° Les autres opérations d'ordre ;
7° Les remboursements pour services faits et les participations diverses ;
8° Les dons et legs.

III. — Les dépenses du service d'incendie et de secours de Mayotte comprennent notamment :
1° Les dépenses d'organisation et de fonctionnement du service ;
2° Le remboursement des emprunts et les frais accessoires à ces opérations ;
3° Les dépenses relatives aux personnels et les indemnités diverses prévues par la réglementation, les frais d'assistance juridique, les subventions ou garanties accordées aux comités des œuvres sociales et, le cas échéant, à des associations dont l'objet est utile aux services d'incendie et de secours ;
4° Les dépenses relatives aux sapeurs-pompiers volontaires, y compris les prestations et vacations ;
5° Les frais d'achat, de location et d'entretien des matériels de secours et de lutte contre l'incendie ainsi que leurs accessoires ;
6° Les dépenses d'acquisition ou de construction de locaux affectés aux services d'incendie et de secours, ou, à défaut, le loyer, les charges locatives et les frais de gestion administrative de ces locaux ;
7° Les frais d'équipement, d'entretien et de fonctionnement des locaux affectés aux services d'incendie et de secours ;
8° L'amortissement des biens meubles et immeubles, autres que les terrains, et des immobilisations incorporelles ;
9° Les provisions pour risques et charges et pour dépréciations ;
10° Les autres opérations d'ordre.

Art. R. 3551-6-10 *(Décr. n° 2006-1242 du 10 oct. 2006, art. 3)* Le ou les centres de traitement de l'alerte sont dirigés par un sapeur-pompier professionnel. Ils sont dotés d'un numéro d'appel unique.

Le ou les centres de traitement de l'alerte et les centres de réception des appels de l'hôpital et des dispensaires se tiennent mutuellement informés, dans les délais les plus brefs, des appels qui leur parviennent et des opérations en cours ; ils réorientent vers le centre compétent tout appel n'entrant pas directement dans leur domaine de compétence.

La régulation médicale est assurée par les médecins des dispensaires ou de l'hôpital, ou de la permanence médicale.

Les services de police ou de gendarmerie sont informés des opérations déclenchées.

Art. R. 3551-6-11 *(Décr. n° 2006-1242 du 10 oct. 2006, art. 3)* Le centre opérationnel départemental d'incendie et de secours dénommé CODIS est l'organe de coordination de l'activité opérationnelle du service d'incendie et de secours de Mayotte. Il est dirigé par un sapeur-pompier professionnel.

Le CODIS est immédiatement informé de toutes les opérations en cours et est régulièrement tenu informé de l'évolution de la situation jusqu'à la fin des opérations.

Placé sous l'autorité du directeur du service d'incendie et de secours de Mayotte, le CODIS est chargé, en cas d'incendie, accidents, sinistres ou catastrophes naturelles ou technologiques, d'assurer les relations avec le préfet, le centre opérationnel ou le PC de crise, si celui-ci a été mis en place dans le cadre de la mise en œuvre d'un plan de secours.

Art. R. 3551-6-12 *(Décr. n° 2006-1242 du 10 oct. 2006, art. 3)* Le commandement des opérations de secours relève, sous l'autorité du préfet ou du maire agissant dans le cadre de leurs pouvoirs de police respectifs, du directeur du service d'incendie et de secours de Mayotte ou, en son absence, d'un sapeur-pompier professionnel ou volontaire, officier, sous-officier ou gradé, dans les conditions fixées par le règlement opérationnel.

Le directeur du service d'incendie et de secours de Mayotte peut être chargé par le préfet ou le maire de mettre en œuvre tout moyen public ou privé qui serait mis à sa disposition par ces autorités.

Lorsque la situation exige la mise en œuvre de moyens médicaux et de sauvetage, le service d'incendie et de secours de Mayotte intervient sous l'autorité du préfet et selon ses directives, avec ses propres moyens, en liaison avec ceux mis en œuvre par les dispensaires et l'hôpital.

Lorsque la situation exige la mise en œuvre des moyens de sauvetage maritime, le service d'incendie et de secours de Mayotte est placé pour emploi auprès du délégué du Gouvernement pour l'action de l'État en mer.

Art. R. 3551-6-13 *(Décr. nº 2006-1242 du 10 oct. 2006, art. 3)* Un arrêté du ministre chargé de la sécurité civile fixe les règlements de service et les règles applicables aux formations dispensées aux sapeurs-pompiers qui sont rassemblées dans des guides nationaux de référence. Un arrêté du même ministre détermine les tenues, équipements, insignes et attributs des sapeurs-pompiers.

SECTION 2 *[ABROGÉE]* **Autres compétences**

(Abrogée par Décr. nº 2011-330 du 25 mars 2011, art. 3)

SOUS-SECTION 1 *[ABROGÉE]* **Consultation et proposition**

Pas de dispositions réglementaires codifiées.

SOUS-SECTION 2 *[ABROGÉE]* **Coopération régionale**

Art. R. 3551-7 à R. 3551-11 *Abrogés par Décr. nº 2011-330 du 25 mars 2011, art. 3.*

SOUS-SECTION 3 *[ABROGÉE]* **Culture et éducation**

Pas de dispositions réglementaires codifiées.

SOUS-SECTION 4 *[ABROGÉE]* **Transports et exploitation des ressources maritimes** *(Décr. nº 2006-1229 du 6 oct. 2006, art. 5).*

Pas de dispositions réglementaires codifiées.

SOUS-SECTION 5 *[ABROGÉE]* **Aménagement du territoire, développement et protection de l'environnement**

Art. R. 3551-12 à R. 3551-31 *Abrogés par Décr. nº 2011-330 du 25 mars 2011, art. 3.*

CHAPITRE II *[ABROGÉ]* COMPÉTENCES DU PRÉSIDENT DU CONSEIL GÉNÉRAL

(Abrogé par Décr. nº 2011-330 du 25 mars 2011, art. 3)

Art. R. 3552-1 *Abrogé par Décr. nº 2011-330 du 25 mars 2011, art. 3.*

CHAPITRE III *[ABROGÉ]* INTERVENTIONS ET AIDES DE LA COLLECTIVITÉ DÉPARTEMENTALE

(Abrogé par Décr. nº 2011-330 du 25 mars 2011, art. 3)

Art. R. 3553-1 *Abrogé par Décr. nº 2011-330 du 25 mars 2011, art. 3.*

CHAPITRE IV *[ABROGÉ]* GESTION DES SERVICES PUBLICS

(Abrogé par Décr. nº 2011-330 du 25 mars 2011, art. 3)

Art. R. 3554-1 *Abrogé par Décr. nº 2011-330 du 25 mars 2011, art. 3.*

TITRE VI *[ABROGÉ]* FINANCES DE LA COLLECTIVITÉ DÉPARTEMENTALE

(Abrogé par Décr. nº 2011-330 du 25 mars 2011, art. 3)

CHAPITRE I *[ABROGÉ]* BUDGETS ET COMPTES

Art. R. 3561-1 à R. 3561-6 *Abrogés par Décr. nº 2011-330 du 25 mars 2011, art. 3.*

CHAPITRE II *[ABROGÉ]* DÉPENSES

Art. R. 3562-1 *Abrogé par Décr. nº 2011-330 du 25 mars 2011, art. 3.*

CHAPITRE III *[ABROGÉ]* RECETTES

Art. R. 3563-1 à R. 3563-6 *Abrogés par Décr. nº 2011-330 du 25 mars 2011, art. 3.*

CHAPITRE IV *[ABROGÉ]* COMPTABILITÉ

Art. R. 3564-1 *Abrogé par Décr. nº 2011-330 du 25 mars 2011, art. 3.*

TITRE VII *[ABROGÉ]* DISPOSITIONS DIVERSES

(Abrogé par Décr. nº 2011-330 du 25 mars 2011, art. 3)

CHAPITRE UNIQUE *[ABROGÉ]*

Art. R. 3571-1 et R. 3571-2 *Abrogés par Décr. nº 2011-330 du 25 mars 2011, art. 3.*

LIVRE VI MÉTROPOLE DE LYON

(Décr. nº 2014-1626 du 24 déc. 2014)

TITRE I DISPOSITIONS GÉNÉRALES

Pas de dispositions réglementaires codifiées.

TITRE II LIMITES TERRITORIALES ET CHEF-LIEU

Pas de dispositions réglementaires codifiées.

TITRE III ORGANISATION

Pas de dispositions réglementaires codifiées.

TITRE IV COMPÉTENCES

Pas de dispositions réglementaires codifiées.

TITRE V BIENS ET PERSONNELS

Pas de dispositions réglementaires codifiées.

TITRE VI DISPOSITIONS FINANCIÈRES ET COMPTABLES

CHAPITRE I BUDGETS ET COMPTES

Art. D. 3661-1 Le budget s'exécute du 1er janvier au 31 décembre.

Art. D. 3661-2 La période d'exécution du budget est limitée à l'année à laquelle ce budget s'applique pour le mandatement des dépenses et l'émission des titres de recettes.

Toutefois, cette période comprend un délai complémentaire qui s'étend jusqu'au dernier jour du mois de janvier de l'année suivante. Le présent alinéa n'est pas applicable aux opérations intéressant uniquement la section d'investissement du budget.

Art. D. 3661-3 Les chapitres des budgets votés par nature correspondent :

a) Section d'investissement :

– à chacun des comptes à deux chiffres des classes 1 et 2 ouverts à la nomenclature par nature, à l'exception des comptes "Report à nouveau", "Résultat de l'exercice", "Provisions pour risques et charges", "Différences sur réalisations d'immobilisations", "Immobilisations affectées, concédées, affermées ou mises à disposition", "Amortissements des immobilisations", "Dépréciation des immobilisations" ;

– à chacun des chapitres globalisés ;

– à chaque opération votée par l'assemblée délibérante. L'opération correspond à un ensemble d'acquisitions d'immobilisations, de travaux sur immobilisations et de frais d'études y afférents, aboutissant à la réalisation d'un ouvrage ou de plusieurs ouvrages de même nature. Cette opération peut également comporter des subventions d'équipement versées ;

– aux chapitres globalisés de dépenses et de recettes "RSA", retraçant respectivement l'ensemble des dépenses et l'ensemble des recettes d'investissement relatives au revenu de solidarité active ;

– à chacune des opérations pour le compte de tiers ;

– au compte "Subventions d'équipement versées" ;

– en recettes, à la ligne intitulée "Virement de la section de fonctionnement" ;

– en recettes, à la ligne intitulée "Produits des cessions d'immobilisations" ;

– en dépenses, au chapitre "Dépenses imprévues", qui ne comporte qu'une autorisation de programme sans crédit de paiement.

Ces trois derniers chapitres ne comportent que des prévisions sans réalisation.

b) Section de fonctionnement :

– aux comptes à deux chiffres des classes 6 et 7 ouverts à la nomenclature par nature, à l'exception des comptes faisant partie de chapitres globalisés ;

— à chacun des chapitres globalisés ;
— aux chapitres globalisés de dépenses et de recettes "RSA", retraçant respectivement l'ensemble des dépenses et l'ensemble des recettes de fonctionnement relatives au revenu de solidarité active ;
— aux chapitres globalisés de dépenses et de recettes "APA", retraçant respectivement l'ensemble des dépenses et l'ensemble des recettes de fonctionnement relatives à l'allocation personnalisée à l'autonomie ;
— en recettes, au compte intitulé "Impositions directes" ;
— en dépenses, au compte intitulé "Frais de fonctionnement des groupes d'élus" ;
— en dépenses, à la ligne intitulée "Virement à la section d'investissement" ;
— en dépenses, au chapitre "Dépenses imprévues", qui ne comporte qu'une autorisation d'engagement sans crédit de paiement.

Ces deux derniers chapitres ne comportent que des prévisions sans réalisation.

Art. D. 3661-4 Pour les budgets votés par nature, l'article budgétaire correspond à la subdivision la plus détaillée de la nomenclature définie par l'arrêté prévu à l'article L. 3661-5, complété, pour les programmes, du numéro de programme et, pour les opérations pour le compte de tiers, du numéro d'opération.

Les chapitres intitulés "Dépenses imprévues", "Virement de la section de fonctionnement", "Virement à la section d'investissement" et "Produits des cessions d'immobilisations" ne comportent pas d'article.

Art. D. 3661-5 Les chapitres des budgets votés par fonction correspondent :

a) Section d'investissement :
— pour les dépenses et recettes ventilables, au groupe 90 "Opérations ventilées", complété par le numéro de l'une des dix fonctions de la nomenclature fonctionnelle ;
— aux chapitres spécifiques de dépenses et de recettes "RSA", retraçant respectivement l'ensemble des dépenses et l'ensemble des recettes d'investissement relatives au revenu de solidarité active ;
— pour les dépenses et recettes non ventilables, à chacun des chapitres non ventilés ;
— en recettes, à la ligne intitulée "Virement de la section de fonctionnement" ;
— en recettes, à la ligne intitulée "Produits des cessions d'immobilisations" ;
— en dépenses, au chapitre "Dépenses imprévues", qui ne comporte qu'une autorisation de programme sans crédit de paiement.

Ces trois derniers chapitres ne comportent que des prévisions sans réalisation.

b) Section de fonctionnement :
— pour les dépenses et recettes ventilables, au groupe 93 "Services individualisés", complété par le numéro de l'une des dix fonctions de la nomenclature fonctionnelle ;
— aux chapitres spécifiques de dépenses et de recettes "RSA", retraçant respectivement l'ensemble des dépenses et l'ensemble des recettes de fonctionnement relatives au revenu de solidarité active ;
— aux chapitres spécifiques de dépenses et de recettes "APA", retraçant respectivement l'ensemble des dépenses et l'ensemble des recettes de fonctionnement relatives à l'allocation personnalisée à l'autonomie ;
— pour les dépenses et recettes non ventilables, à chacun des chapitres non ventilés ;
— en dépenses, à la ligne intitulée "Virement à la section d'investissement" ;
— en dépenses, au chapitre "Dépenses imprévues", qui ne comporte qu'une autorisation d'engagement sans crédit de paiement.

Ces deux derniers chapitres ne comportent que des prévisions sans réalisation.

Art. D. 3661-6 Les articles des budgets votés par fonction correspondent :

a) Section d'investissement :
— pour les dépenses et recettes ventilables, au groupe 90 "Opérations ventilées", complété par la subdivision la plus détaillée de la nomenclature fonctionnelle ;
— pour les dépenses et recettes non ventilables, à chacun des chapitres non ventilés, complété par la subdivision la plus détaillée de la nomenclature par nature.

Les chapitres correspondant aux dépenses imprévues, au virement de la section de fonctionnement et aux produits des cessions d'immobilisations ne comportent pas d'article.

b) Section de fonctionnement :

– pour les dépenses et recettes ventilables, au groupe 93 "Services individualisés", complété par la subdivision la plus détaillée de la nomenclature fonctionnelle ;

– pour les dépenses et recettes non ventilables, à chacun des chapitres non ventilés, complété du compte le plus détaillé de la nomenclature par nature.

Les chapitres relatifs aux dépenses imprévues et au virement à la section d'investissement ne comportent pas d'article.

Art. D. 3661-7 Le rapport prévu à l'article L. 3661-2 décrit, sous forme de synthèse, la situation en matière de développement durable de la collectivité à partir des évaluations, documents et bilans produits par la métropole de Lyon.

Ce rapport comporte, au regard des cinq finalités du développement durable mentionnées au III de l'article L. 110-1 du code de l'environnement :

– le bilan des actions conduites au titre de la gestion du patrimoine, du fonctionnement et des activités internes de la collectivité ;

– le bilan des politiques publiques, des orientations et des programmes mis en œuvre sur son territoire.

Ces bilans comportent en outre une analyse des modalités d'élaboration, de mise en œuvre et d'évaluation des actions, des politiques publiques et des programmes.

Cette analyse peut être effectuée à partir du cadre de référence pour les projets territoriaux de développement durable et agendas 21 locaux mentionnés au deuxième alinéa de l'article 254 de la loi n° 2010-788 du 12 juillet 2010 portant engagement national pour l'environnement.

Art. D. 3661-8 Le conseil de la métropole de Lyon choisit de voter le budget de la métropole par nature ou par fonction.

Art. D. 3661-9 La présentation croisée, par fonction ou par nature, prévue au premier alinéa de l'article L. 3661-5 s'effectue entre le niveau le plus détaillé de la nomenclature fonctionnelle et chacun des comptes par nature, à quatre chiffres pour le compte relatif aux rémunérations du personnel et à trois chiffres pour les autres comptes. Pour le compte administratif, le croisement s'effectue entre le niveau le plus détaillé de la nomenclature fonctionnelle et le compte le plus détaillé ouvert dans la nomenclature par nature.

La présentation croisée par fonction ne s'applique pas à un service public de la métropole à activité unique érigé en établissement public ou faisant l'objet d'un budget annexe.

Art. D. 3661-10 Les autorisations de programme ou d'engagement et leurs révisions éventuelles sont présentées par le président du conseil de la métropole de Lyon. Elles sont votées par le conseil de la métropole lors de l'adoption du budget de l'exercice ou des décisions modificatives.

Le conseil de la métropole affecte par chapitres et, le cas échéant, par articles les autorisations de programme et les autorisations d'engagement.

Les autorisations de programme correspondent à des dépenses à caractère pluriannuel se rapportant à une immobilisation ou à un ensemble d'immobilisations déterminées, acquises ou réalisées par la métropole de Lyon, ou à des subventions d'équipement versées à des tiers.

Le bilan de la gestion pluriannuelle, présenté par le président du conseil de la métropole à l'occasion du vote du compte administratif, précise notamment le taux de couverture des autorisations de programme et d'engagement. Il est assorti de l'état relatif à la situation des autorisations de programme et d'engagement, dont les modalités de calcul et de présentation sont prévues par arrêté conjoint du ministre chargé des collectivités territoriales et du ministre chargé du budget.

Art. D. 3661-11 I. – Le besoin ou l'excédent de financement de la section d'investissement constaté à la clôture de l'exercice est constitué du solde d'exécution corrigé des restes à réaliser.

Le solde d'exécution de la section d'investissement correspond à la différence entre le montant des titres de recettes et le montant des mandats de dépenses émis dans l'exercice, y compris le cas échéant les réductions et annulations de recettes et de dépenses, augmentée ou diminuée du report des exercices antérieurs.

Les restes à réaliser de la section d'investissement arrêtés à la clôture de l'exercice correspondent aux dépenses engagées non mandatées et aux recettes certaines n'ayant pas donné lieu à l'émission d'un titre.

II. – Le résultat de la section de fonctionnement correspond à l'excédent ou au déficit de l'exercice. Pour son affectation, il est cumulé avec le résultat antérieur reporté à l'exclusion des restes à réaliser.

Les restes à réaliser de la section de fonctionnement arrêtés à la clôture de l'exercice correspondent aux dépenses engagées non mandatées et non rattachées ainsi qu'aux recettes certaines n'ayant pas donné lieu à l'émission d'un titre et non rattachées. Ils sont reportés au budget de l'exercice suivant.

Art. D. 3661-12 Le résultat cumulé défini au II de l'article D. 3661-11 est affecté, lorsqu'il s'agit d'un excédent :

1° En priorité, en réserves pour la couverture du besoin de financement de la section d'investissement apparu à la clôture de l'exercice précédent ;

2° Pour le solde, en excédent de fonctionnement reporté ou en dotation complémentaire en réserves.

Lorsqu'il s'agit d'un déficit, il est ajouté aux dépenses de fonctionnement de l'exercice.

Pour l'affectation en réserves, l'exécution de la décision budgétaire de reprise des résultats, adoptée par l'assemblée délibérante, se fait par l'émission d'un titre de recettes. La délibération affectant le résultat excédentaire est produite à l'appui de la décision budgétaire de reprise et du compte administratif de l'exercice, pour en justifier les recettes.

Art. D. 3661-13 En l'absence d'adoption du compte administratif à la date du vote du budget de l'exercice suivant, lorsque le résultat de la section de fonctionnement, le besoin de financement ou, le cas échéant, l'excédent de la section d'investissement et la prévision d'affectation sont reportés par anticipation, dans les conditions fixées au troisième alinéa de l'article L. 3661-11, les inscriptions au budget sont justifiées par la production en annexe d'une fiche de calcul des résultats prévisionnels.

Cette fiche ainsi qu'un tableau des résultats d'exécution du budget sont établis par l'ordonnateur et visés par le comptable, qui les accompagne soit du compte de gestion, s'il est arrêté à cette date, soit d'une balance établie après prise en charge du dernier bordereau de titres et de mandats.

L'ordonnateur produit l'état des restes à réaliser arrêté au 31 décembre de l'exercice clos. Les restes à réaliser de la section de fonctionnement sont reportés au budget reprenant les résultats par anticipation.

Art. D. 3661-14 Pour l'application de l'article L. 3661-12, lorsque la section d'investissement du budget présente un excédent, peuvent être repris en section de fonctionnement :

– le produit de la cession d'une immobilisation reçue au titre d'un don ou d'un legs, à condition que celui-ci ne soit pas expressément affecté à l'investissement ;

– le produit de la vente d'un placement budgétaire. La reprise de ce produit est limitée à la part du placement financée initialement par une recette de la section de fonctionnement.

En outre, l'excédent de la section d'investissement résultant de la dotation complémentaire en réserves prévue par le 2° de l'article R. 2311-12 et constaté au compte administratif au titre de deux exercices consécutifs peut être repris en section de fonctionnement afin de contribuer à son équilibre.

(Décr. n° 2015-1546 du 27 nov. 2015, art. 2) « Lorsque les conditions prévues aux alinéas précédents ne sont pas réunies, et en raison de circonstances exceptionnelles et motivées, la collectivité peut solliciter une décision conjointe des ministres chargés du budget et des collectivités locales, qui peut porter sur un ou plusieurs exercices, afin de reprendre l'excédent prévisionnel de la section d'investissement en section de fonctionnement dès le vote du budget primitif. »

Dans tous les cas, la reprise est accompagnée d'une délibération du conseil de la métropole de Lyon précisant l'origine de l'excédent et les conditions d'évaluation de son montant.

Art. D. 3661-15 Les données synthétiques sur la situation financière de la métropole de Lyon, prévues au 1° du premier alinéa de l'article L. 3661-15, comprennent les ratios suivants :

1° Dépenses réelles de fonctionnement/population ;

2° Recettes réelles de fonctionnement/population ;

3° Dépenses d'équipement brut/population ;

4° Encours de la dette/population ;

5° Dotation globale de fonctionnement/population.

6° Dépenses de personnel/dépenses réelles de fonctionnement ;

7° Dépenses réelles de fonctionnement et remboursement annuel de la dette en capital/recettes réelles de fonctionnement ;

8° Dépenses d'équipement brut/recettes réelles de fonctionnement ;

9° Encours de la dette/recettes réelles de fonctionnement ;

10° Épargne brute/recette*[s]* réelle*[s]* de fonctionnement.

Si la métropole de Lyon bénéficie de la dotation forfaitaire dans les conditions fixées au troisième alinéa de l'article L. 2334-7, les données synthétiques comprennent également le nombre de résidences secondaires.

Art. D. 3661-16 I. — Pour l'application de l'article D. 3661-15 :

a) La population à prendre en compte est la somme des populations totales, municipales et comptées à part, des communes membres de la métropole de Lyon, telle qu'elle résulte du dernier recensement connu à la date de production des documents budgétaires ;

b) Les dépenses réelles de fonctionnement s'entendent de l'ensemble des dépenses de l'exercice budgétaire entraînant des mouvements réels. Toutefois, pour l'application du 1°, sont exclues les dépenses correspondant à des travaux en régie transférés en section d'investissement. Pour l'application du 7°, sont exclues les dépenses correspondant à des travaux en régie et à des charges transférées en section d'investissement ;

c) Les recettes réelles de fonctionnement s'entendent de l'ensemble des recettes de fonctionnement de l'exercice entraînant des mouvements réels ;

d) Les dépenses d'équipement brut comprennent les acquisitions de biens meubles et immeubles, les travaux en cours, les immobilisations incorporelles, les travaux d'investissement en régie et les opérations pour compte de tiers ;

e) Le remboursement annuel de la dette en capital s'entend des remboursements d'emprunts effectués à titre définitif ;

f) L'encours de dette s'obtient par le cumul des emprunts et des dettes à long et moyen termes ;

(Décr. n° 2015-1895 du 29 déc. 2015, art. 1er) « Lorsque la métropole doit acquitter une indemnité de remboursement anticipé d'emprunt, et dans le cas où elle bénéficie d'une aide octroyée par le fonds de soutien créé par l'article 92 de la loi n° 2013-1278 du 29 décembre 2013 de finances pour 2014 *[V. ss. art. L. 1611-3-1]*, la métropole peut déduire de cet encours de dette le montant de la créance restant à percevoir sur le fonds de soutien. »

g) L'épargne brute s'obtient par la différence entre les recettes réelles de fonctionnement et les dépenses réelles de fonctionnement.

II. — Les données synthétiques figurent en annexe au budget primitif et au compte administratif auxquels elles se rapportent. En outre, les données résultant du dernier compte administratif voté à la date de la présentation du budget primitif sont reportées sur celui-ci.

Art. D. 3661-17 Les états annexés aux documents budgétaires en application de l'article L. 3661-15 sont les suivants :

I. — États annexés au budget et au compte administratif :

1° Tableaux récapitulant l'état des emprunts et dettes ;

2° Présentation de l'état des provisions ;

3° Présentation des méthodes utilisées pour les amortissements ;

4° Présentation de l'équilibre des opérations financières ;

5° Présentation de l'état des charges transférées en investissement ;

6° Présentation du mode de financement des opérations pour le compte de tiers ;

7° Présentation des engagements donnés et reçus ;

8° Présentation de l'emploi des recettes grevées d'une affectation spéciale ;
9° État du personnel ;
10° Liste des organismes de regroupement dont la métropcle de Lyon est membre ;
11° Liste des établissements ou services créés par la métropole de Lyon ;
12° Tableau retraçant les décisions en matière de taux des contributions directes.
II. – États annexés au seul compte administratif :
1° État de variation des immobilisations ;
2° État présentant le montant de recettes et de dépenses affectées aux services assujettis à la taxe sur la valeur ajoutée qui ne font pas l'objet d'un budget distinct du budget général.

Art. D. 3661-18 Les comptes certifiés mentionnés à l'article L. 3661-16 le sont par un commissaire aux comptes pour les organismes soumis à l'obligation de certification des comptes et par le président de l'organisme concerné pour les organismes non soumis à une telle obligation.

CHAPITRE II RECETTES

SECTION 1 Recettes fiscales et redevances

Pas de dispositions réglementaires codifiées.

SECTION 2 Concours financiers de l'État

Pas de dispositions réglementaires codifiées.

SECTION 3 Péréquation des ressources fiscales

Pas de dispositions réglementaires codifiées.

SECTION 4 Recettes de la section d'investissement

Art. D. 3662-1 Pour l'application de l'article L. 3662-9, la différence constatée entre la valeur de cession d'une immobilisation et sa valeur nette comptable est obligatoirement enregistrée à la section d'investissement du budget préalablement à la détermination du résultat de la section de fonctionnement.

Pour l'application du même article, les provisions ne donnent pas lieu à inscription de crédits en section d'investissement du budget.

Toutefois, le conseil de la métropole de Lyon peut par une délibération spécifique décider d'inscrire les provisions en recettes de la section d'investissement du budget par une opération d'ordre budgétaire. Dans ce cas, la reprise ultérieure de ces provisions entraîne l'inscription d'une dépense à la section d'investissement et d'une recette équivalente à la section de fonctionnement.

Lorsque le conseil de la métropole de Lyon a mis en œuvre les dispositions du troisième alinéa, puis revient sur cette décision, il ne peut en faire de nouveau usage au cours du même mandat.

Toutefois, en cas de renouvellement du conseil de la métropole de Lyon, si le nouveau conseil revient sur la décision antérieure de faire application du troisième alinéa et y procède au plus tard à la fin de l'exercice budgétaire suivant le renouvellement, il peut par la suite décider de faire usage des dispositions du troisième alinéa.

SECTION 5 Avances et emprunts

Art. D. 3662-2 Les dispositions des articles R. 2337-1 à R. 2337-7 s'appliquent à la métropole de Lyon.

CHAPITRE III TRANSFERTS DE CHARGES ET PRODUITS ENTRE LE DÉPARTEMENT DU RHÔNE ET LA MÉTROPOLE DE LYON

Pas de dispositions réglementaires codifiées.

CHAPITRE IV **DÉPENSES**

Art. D. 3664-1 Pour l'application des dispositions du 20° de l'article L. 3664-1, la métropole de Lyon procède à l'amortissement de ses immobilisations, y compris celles reçues à disposition ou en affectation :

1° Incorporelles ;

2° Corporelles, à l'exception des réseaux et installations de voirie dont l'amortissement est facultatif.

Cet amortissement ne s'applique ni aux immobilisations propriété de la métropole qui sont remises en affectation ou à disposition, ni aux terrains et aménagements de terrains hormis les terrains de gisement, ni aux collections et œuvres d'art, ni aux frais d'études et d'insertion suivis de réalisation.

Les dotations aux amortissements de ces biens sont liquidées sur la base du coût historique de l'immobilisation et de la méthode linéaire. Toutefois, la métropole de Lyon peut adopter un mode d'amortissement dégressif, variable ou réel.

Les durées d'amortissement des immobilisations corporelles sont fixées pour chaque bien ou chaque catégorie de biens par l'assemblée délibérante, qui peut se référer à un barème fixé par arrêté du ministre chargé des collectivités locales et du ministre chargé du budget, à l'exception toutefois :

– des frais relatifs aux documents d'urbanisme *(Décr. n° 2015-1783 du 28 déc. 2015, art. 9)* « mentionnés à l'article L. 132-15 du code de l'urbanisme » qui sont amortis sur une durée maximale de dix ans ;

– des frais d'études et des frais d'insertion non suivies de réalisations obligatoirement amortis sur une durée maximale de cinq ans ;

– des frais de recherche et de développement amortis sur une durée maximale de cinq ans en cas de réussite du projet et immédiatement, pour leur totalité, en cas d'échec ;

– des brevets amortis sur la durée du privilège dont ils bénéficient ou sur la durée effective de leur utilisation si elle est plus brève ;

– des subventions d'équipement versées, qui sont amorties sur une durée maximale soit de cinq ans lorsque la subvention finance des biens mobiliers, du matériel ou des études, soit de *(Décr. n° 2015-1848 du 29 déc. 2015)* « trente » ans lorsqu'elle finance des biens immobiliers ou des installations, soit de *(Décr. n° 2015-1848 du 29 déc. 2015)* « quarante » ans lorsqu'elle finance des projets d'infrastructure d'intérêt national. Les aides à l'investissement des entreprises ne relevant d'aucune de ces catégories sont amorties sur une durée maximale de cinq ans.

Tout plan d'amortissement commencé doit être poursuivi jusqu'à son terme, sauf cession, affectation, mise à disposition, réforme ou destruction du bien. Le plan d'amortissement ne peut être modifié qu'en cas de changement significatif dans les conditions d'utilisation du bien. Le bénéficiaire de la mise à disposition ou de l'affectation poursuit l'amortissement du bien selon le plan d'amortissement initial ou conformément à ses propres règles, définies par le présent article.

Le conseil de la métropole peut fixer un seuil unitaire en deçà duquel les immobilisations de peu de valeur ou dont la consommation est très rapide s'amortissent sur un an. La délibération correspondante est transmise au comptable et ne peut être modifiée au cours d'un même exercice budgétaire.

L'assemblée délibérante peut charger l'ordonnateur de déterminer la durée d'amortissement d'un bien à l'intérieur de durées minimales et maximales qu'elle a fixées pour la catégorie à laquelle appartient ce bien.

Art. D. 3664-2 Pour l'application de l'article L. 3662-5, la métropole de Lyon peut procéder à la neutralisation budgétaire, d'une part, de la dotation aux amortissements des bâtiments publics, déduction faite du montant de la reprise annuelle des subventions d'équipement reçues pour le financement de ces équipements, et, d'autre part, de la dotation aux amortissements des subventions d'équipements versées par une dépense de la section d'investissement et une recette de la section de fonctionnement.

Pour l'application du 22° de l'article L. 3664-1, la métropole procède à la reprise annuelle des subventions d'équipement reçues et des fonds affectés à des immobilisations amortissables, par une dépense de la section d'investissement et une recette de la section de fonctionnement. Cette reprise en section de fonctionnement s'effectue au même rythme que celui de l'amortissement de l'immobilisation pour lequel la subvention a été reçue et porte sur une quote-part annuelle correspondant au montant de cette subvention rapporté à la durée d'amortissement de l'immobilisation subventionnée. Toutefois, la dotation départementale d'équipement des collèges est reprise globalement pour un montant au plus égal à la dotation annuelle aux amortissements de l'ensemble des constructions et équipements scolaires.

Art. D. 3664-3 La constitution de provisions pour risques et charges est obligatoire dès lors qu'il y a apparition du risque. La constatation de dépréciations est obligatoire en cas de perte de valeur d'un actif.

(Décr. n° 2022-1008 du 15 juill. 2022, art. 11) « Le président du conseil de la métropole » constate la dépréciation ou constitue la provision à hauteur de la perte de valeur constatée ou à hauteur du risque. La dépréciation ou la provision est ajustée annuellement en fonction de l'évolution de la perte de valeur ou de l'évolution du risque. Elle donne lieu à reprise lorsqu'elle est devenue sans objet, c'est-à-dire en cas de disparition de la perte de valeur ou de réalisation du risque ou lorsque ce risque n'est plus susceptible de se réaliser.

La dépréciation ou la provision ainsi que son suivi et son emploi sont retracés sur l'état des dépréciations et des provisions constituées joint au budget et au compte administratif.

La métropole de Lyon peut procéder à la neutralisation budgétaire de la dotation aux provisions et dépréciations, déduction faite des reprises sur provisions et dépréciations. Ne sont pas concernées par ces dispositions les provisions et dépréciations constituées dans les cas suivants :

1° Dès l'ouverture d'un contentieux en première instance contre la métropole de Lyon ;

2° Dès l'ouverture d'une procédure collective prévue au livre VI du code de commerce ;

3° Lorsque le recouvrement des restes à recouvrer sur compte de tiers est compromis malgré les diligences faites par le comptable public.

Art. D. 3664-4 Les autorisations de programme et autorisations d'engagement de dépenses imprévues constituent des chapitres, respectivement de la section d'investissement et de la section de fonctionnement des budgets votés par nature et par fonction.

Ces chapitres ne comportent pas d'articles, ni de crédits. Ils ne donnent pas lieu à exécution.

CHAPITRE V COMPTABILITÉ

Art. D. 3665-1 Conformément aux dispositions de l'article 1er du décret n° 2012-1246 du 7 novembre 2012 relatif à la gestion budgétaire et comptable publique, sont applicables à la métropole de Lyon et à ses établissements publics les principes fondamentaux contenus dans le titre I dudit décret.

Art. D. 3665-2 Les crédits affectés aux dépenses de chaque exercice ne peuvent être employés à l'acquittement des dépenses d'un autre exercice.

Toutefois, les dépenses engagées non mandatées à la clôture de l'exercice sont imputées sur les crédits qui doivent être reportés sur le budget de l'exercice suivant.

Elles peuvent être payées jusqu'à l'ouverture de ces crédits au vu de l'état des restes à réaliser établi par le président du conseil de la métropole de Lyon, retraçant les dépenses qui, engagées avant le 31 décembre de l'année précédente, n'ont pas donné lieu à mandatement avant la clôture de l'exercice. Cet état vaut ouverture provisoire de crédits.

Art. D. 3665-3 Les produits de la métropole de Lyon, des établissements publics de la métropole et de tout organisme public résultant d'une entente entre la métropole et toute autre collectivité publique ou établissement public, qui ne sont pas assis et liquidés par les services fiscaux de l'État en exécution des lois et règlements en vigueur, sont recouvrés :

1° Soit en vertu de jugements ou de contrats exécutoires ;

2° Soit en vertu de titres de recettes ou de rôles émis et rendus exécutoires en ce qui concerne la métropole par le président du conseil de la métropole et en ce qui concerne les établissements publics par l'ordonnateur de ces établissements.

Les mesures d'exécution forcée pour le recouvrement de ces produits sont effectuées comme en matière de contributions directes.

Toutefois, l'ordonnateur autorise ces mesures d'exécution forcée selon les modalités prévues à l'article R. 1617-24.

Les oppositions, lorsque la matière est de la compétence des tribunaux judiciaires, sont jugées comme affaires sommaires.

Art. D. 3665-4 Aucune dépense faite pour le compte de la métropole de Lyon ne peut être acquittée si elle n'a pas été préalablement mandatée par le président du conseil de la métropole sur un crédit régulièrement ouvert.

Art. D. 3665-5 Chaque mandat énonce la collectivité, le budget, l'exercice, l'imputation auxquels la dépense s'applique.

Art. D. 3665-6 Le mandat de paiement doit contenir toutes les indications de noms et de qualités nécessaires pour permettre au comptable de reconnaître l'identité du créancier.

Art. D. 3665-7 Tout mandat doit être accompagné des documents relatifs au mode de règlement des dépenses dans les conditions fixées par le décret n° 2012-1246 du 7 novembre 2012 relatif à la gestion budgétaire et comptable publique.

Art. D. 3665-8 Le mandat de paiement doit être délivré au nom du créancier d'origine.

Art. D. 3665-9 Le président du conseil de la métropole de Lyon annexe les mandats et pièces justificatives de dépenses, indiqués aux articles D. 1617-19 et D. 1617-20, aux bordereaux d'émission qu'il adresse au comptable de la métropole, qui doit procéder dans les délais qui lui sont impartis à leur vérification et en suivre, lorsqu'il y a lieu, la régularisation auprès du président du conseil de la métropole.

Art. D. 3665-10 Les reversements de fonds provenant de restitutions pour cause de trop-payé à des créanciers de la métropole de Lyon sont ordonnés par le président du conseil de la métropole qui délivre un ordre de reversement.

Art. D. 3665-11 Le compte administratif, sur lequel le conseil de la métropole de Lyon est appelé à délibérer conformément à l'article L. 3661-10, présente par colonnes distinctes et dans l'ordre des chapitres et articles du budget :

En recettes :

1° La nature des recettes ;

2° Les évaluations et les prévisions du budget ;

3° La fixation définitive des sommes à recouvrer d'après les titres justificatifs.

En dépenses :

1° Les articles de dépenses du budget ;

2° Le montant des crédits ;

3° Le montant des mandatements effectués sur ces crédits pendant l'exercice, y compris les rattachements ;

4° Les différences résultant de la comparaison du montant des crédits avec le total des mandatements.

Art. D. 3665-12 Le président du conseil de la métropole de Lyon remet au comptable de la métropole, dûment récapitulée sur un bordereau d'émission, une expédition en forme de tous les baux, contrats, jugements, testaments, déclarations, états de recouvrement, titres nouveaux et autres, concernant les recettes dont la perception lui est confiée.

Le comptable peut demander, au besoin, que les originaux des actes formant titre au profit de la métropole de Lyon lui soient remis contre récépissé.

Art. D. 3665-13 Le comptable de la métropole de Lyon est seul chargé :

1° De faire toutes les diligences nécessaires pour la perception des revenus, legs et donations et autres ressources affectées au service de la métropole ;

2° D'établir, contre les débiteurs en retard de paiement et avec l'autorisation du président du conseil de la métropole, les actes, significations et mesures d'exécution forcée nécessaires dans les conditions fixées par l'article D. 3665-3 ;

3° D'avertir les administrateurs de l'expiration des baux ;

4° D'empêcher les prescriptions ;

5° De veiller à la conservation des droits, privilèges et hypothèques ;

6° De requérir, à cet effet, l'inscription au bureau des hypothèques de tous les titres qui en sont susceptibles ;

7° Enfin, de tenir registre des inscriptions au bureau des hypothèques.

Art. D. 3665-14 Le compte de gestion rendu par le comptable de la métropole de Lyon présente la situation comptable de la métropole au 31 décembre de l'exercice, y compris les opérations de la journée complémentaire.

Art. D. 3665-15 Le compte de gestion établi par le comptable de la métropole de Lyon est remis au président du conseil de la métropole pour être joint au compte administratif, comme pièce justificative.

QUATRIÈME PARTIE LA RÉGION

LIVRE I ORGANISATION DE LA RÉGION

TITRE I CRÉATION

CHAPITRE UNIQUE

Pas de dispositions réglementaires codifiées.

TITRE II NOM ET TERRITOIRE DE LA RÉGION

CHAPITRE I NOM

Pas de dispositions réglementaires codifiées.

CHAPITRE II LIMITES TERRITORIALES ET CHEF-LIEU

SECTION 1 Limites territoriales

Pas de dispositions réglementaires codifiées.

SECTION 2 Chef-lieu

Art. R. 4122-1 Le décret prévu à l'article L. 4122-2 est pris sur le rapport du ministre de l'Intérieur.

CHAPITRE III REGROUPEMENT DE RÉGIONS

Art. R. 4123-1 Le décret prévu à l'article L. 4123-1 est pris sur le rapport du ministre de l'Intérieur.

TITRE III ORGANES DE LA RÉGION

CHAPITRE I DISPOSITIONS GÉNÉRALES

Pas de dispositions réglementaires codifiées.

CHAPITRE II LE CONSEIL RÉGIONAL

SECTION 1 Composition

Pas de dispositions réglementaires codifiées.

SECTION 2 Démission et dissolution

Pas de dispositions réglementaires codifiées.

SECTION 3 Fonctionnement

Art. R. 4132-1 *(Décr. n° 2015-510 du 7 mai 2015, art. 21)* Le rapport spécial de l'activité des services de l'État dans la région comprend également le bilan de l'action des établissements publics de l'État qui y concourent.

Ce rapport porte notamment sur le pilotage des services déconcentrés de l'État, sur les actions de simplification de leur action et sur la modernisation de leur organisation en considération des spécificités locales et dans un souci de qualité de service rendu aux usagers.

CHAPITRE III LE PRÉSIDENT, LA COMMISSION PERMANENTE ET LE BUREAU DU CONSEIL RÉGIONAL

SECTION 1 Le président

Pas de dispositions réglementaires codifiées.

SECTION 2 La commission permanente

Pas de dispositions réglementaires codifiées.

SECTION 3 Le bureau

Pas de dispositions réglementaires codifiées.

CHAPITRE IV LE CONSEIL ÉCONOMIQUE, SOCIAL ET ENVIRONNEMENTAL RÉGIONAL

SECTION 1 Dispositions générales

Pas de dispositions réglementaires codifiées.

SECTION 2 Composition

Art. R. 4134-1 *(Décr. n° 2001-731 du 31 juill. 2001, art. 1er)* Les membres du conseil économique, social et environnemental régional sont répartis en quatre collèges composés comme suit :

1° Le premier collège comprend des représentants des entreprises et activités professionnelles non salariées dans la région, quels que soient la nature de leur activité et leur statut juridique ;

2° *(Décr. n° 2011-112 du 27 janv. 2011, art. 1er)* « Le deuxième collège comprend des représentants des organisations syndicales de salariés les plus représentatives ;

« 3° Le troisième collège comprend des représentants des organismes et associations qui participent à la vie collective de la région. Il comprend en outre des représentants des associations et fondations agissant dans le domaine de la protection de l'environnement ainsi que des personnalités qualifiées, choisies en raison de leur compétence en matière d'environnement et de développement durable ; » *(Décr. n° 2017-1193 du 26 juill. 2017, art. 1er)* « Il comprend également des représentants d'associations de jeunesse et d'éducation populaire agréées par le ministre chargé de la jeunesse en application du décret du 22 avril 2002 pris pour l'application du premier alinéa de l'article 8 de la loi n° 2001-624 du 17 juillet 2001 et relatif à l'agrément des associations de jeunesse et d'éducation populaire ; »

4° Le quatrième collège est composé de personnalités qui, en raison de leur qualité ou de leurs activités, concourent au développement de la région.

Un tableau, constituant l'annexe XI du présent code, précise, pour chaque conseil économique, social et environnemental régional, le nombre de ses membres et la répartition de ces derniers entre les collèges. — *V. cette annexe* 🏛.

1. Méconnaît le principe général de représentativité l'arrêté du préfet de région refusant d'attribuer des sièges à une union syndicale regroupant 39 syndicats de salariés des secteurs public et privé. • CAA Nantes, 8 avr. 2010, *Min. de l'Intérieur c/ Union synd. solidaire*, n° 09NT00902.

2. L'existence d'une instance régionale fait obstacle à ce que les groupements appartenant à cette instance soient admis conjointement à désigner un représentant des organismes en cause. C'est ainsi qu'il y a impossibilité pour une instance d'être représentée au sein de deux collèges. • CE 15 janv. 1986, *Union régionale des assoc. familiales de la région Rhône-Alpes*, n° 47242 B. ♦ V aussi • CAA Nantes, 10 avr. 2003, *Féd. dptale des chasseurs de Loire-Atlantique*, n° 00NT01508 : *JCP Adm. 2003. 1950, note Vandermeeren.*

Art. R. 4134-2 *Abrogé par Décr. n° 2001-731 du 31 juill. 2001, art. 2.*

Art. R. 4134-3 Les représentants des entreprises et des activités professionnelles non salariées sont désignés soit par les *(Décr. n° 2010-1463 du 1er déc. 2010, art. 87)* « chambres de commerce et d'industrie de région », les chambres régionales d'agriculture, les chambres régionales des métiers ou les conférences régionales des métiers ou les *(Décr. n° 2010-1463 du 1er déc. 2010, art. 87)* « chambres de commerce et d'industrie territoriales », les chambres d'agriculture, les chambres de métiers et de l'artisanat de région, soit par les organisations, syndicats ou ordres professionnels représentatifs des entreprises dans la région, soit par les responsables des entreprises dont l'activité revêt une importance particulière pour la région, soit par les responsables des entreprises coopératives exerçant une activité de production dans la région.

Les représentants des organisations syndicales de salariés sont désignés par les unions, fédérations et comités régionaux ou départementaux compte tenu notamment de leur représentativité dans la région.

Les représentants des organismes *(Décr. n° 2001-731 du 31 juill. 2001, art. 3)* « et associations » qui participent à la vie collective de la région sont désignés par les instances régionales ou à défaut départementales ou locales représentatives de ces organismes *(Décr. n° 2001-731 du 31 juill. 2001, art. 3)* « et associations ».

Art. R. 4134-4 *(Décr. n° 2001-731 du 31 juill. 2001, art. 4)* I. — Un arrêté du préfet de région fixe, par application des règles définies aux articles R. 4134-1 et R. 4134-3, la liste des organismes de toute nature représentés au conseil économique, social et environnemental régional, le nombre de leurs représentants et, le cas échéant, les modalités particulières de leur désignation.

II. — Un arrêté du préfet de région constate la désignation des représentants des entreprises et activités professionnelles non salariées, des organisations syndicales de salariés ainsi que des organismes et associations qui participent à la vie collective de la région.

Si un ou plusieurs sièges ne sont pas pourvus, en l'absence de désignation des titulaires par les organismes intéressés, ils restent vacants.

Toutefois, lorsque la désignation d'un ou de plusieurs membres doit être faite par accord entre au moins deux organismes ou associations et que cet accord n'a pu intervenir, le préfet de région réunit les parties en cause aux fins de conciliation. À l'issue de cette réunion, si aucun accord n'a pu être trouvé, le préfet de région constate la désignation comme membre représentant ces organismes ou associations de celui ou de ceux dont le nom a été proposé par la majorité d'entre eux ou, en cas d'égalité, par la ou les organisations les plus représentatives.

III. — Les personnalités mentionnées au 4° de l'article R. 4134-1 sont nommées par arrêté du préfet de région.

IV. — Les arrêtés prévus, d'une part, au I et, d'autre part, aux II et III ci-dessus sont publiés au Recueil des actes administratifs de la préfecture de région au plus tard respectivement *(Décr. n° 2023-1332 du 29 déc. 2023, art. 1er)* « les 31 octobre et 30 novembre » de *(Décr. n° 2017-1193 du 26 juill. 2017, art. 3)* « l'année précédant le renouvellement ». Les nouvelles désignations prennent effet à compter du 1er *(Décr. n° 2015-1917 du 30 déc. 2015, art. 2)* « janvier » suivant.

1. Aucun texte n'impose l'établissement d'un procès-verbal ou d'un compte rendu de la réunion de conciliation. • CAA Lyon, 9 nov. 2004, *Ch. dptale des professions libérales de l'Isère*, n° 04LY01182.

2. Et le préfet n'est pas tenu d'opérer une répartition proportionnelle des sièges entre les diverses organisations syndicales. • CAA Nantes, 25 juin 2004, *Union régionale de l'Union nationale des synd. autonomes des Pays de Loire*, n° 02NT017492.

Art. R. 4134-5 Nul ne peut être nommé membre du conseil économique, social et environnemental régional s'il est privé du droit électoral. — *[Décr. n° 82-866 du 11 oct. 1982, art. 5.]*

Art. R. 4134-6 Les membres du conseil économique, social et environnemental régional sont désignés pour six ans.

Il est pourvu, conformément à la procédure fixée *(Décr. n° 2001-731 du 31 juill. 2001, art. 5)* « aux articles R. 4134-3 et R. 4134-4 », à la vacance des sièges, dans un délai de deux mois à dater de la constatation de celle-ci par le préfet de région dans les conditions précisées par le règlement intérieur prévu à l'article R. 4134-21.

Toute personne désignée pour remplacer un membre du conseil exerce son mandat jusqu'à expiration du mandat de la personne qu'elle remplace.

Le mandat des membres du conseil économique, social et environnemental régional est renouvelable.

Art. R. 4134-7 Expire de droit le mandat du membre du conseil économique, social et environnemental régional qui perd la qualité en vertu de laquelle il a été désigné ou qui se trouve privé du droit électoral. La démission d'un membre du conseil économique, social et environnemental régional est reçue par le président, qui en avise immédiatement le président du conseil régional et le préfet de région.

Tout membre du conseil économique, social et environnemental régional dont l'absence non motivée à la moitié des séances au moins aura été constatée au cours d'une période d'un an par le bureau du conseil pourra être déclaré, sur proposition du bureau, démissionnaire d'office par le préfet de région. – *[Décr. n° 82-866 du 11 oct. 1982, art. 7.]*

SECTION 3 Fonctionnement

SOUS-SECTION 1 Règles générales (R)

Art. R. 4134-8 Le conseil économique, social et environnemental régional siège au chef-lieu de la région. Le président dudit conseil peut, en accord avec le président du conseil régional, le réunir en un autre lieu.

(Décr. n° 2015-1917 du 30 déc. 2015, art. 5) « Par dérogation au précédent alinéa, dans les régions regroupées en application de la loi n° 2015-29 du 16 janvier 2015 relative à la délimitation des régions, aux élections régionales et départementales et modifiant le calendrier électoral, les règles de détermination des lieux de réunion du conseil économique, social et environnemental régional sont fixées par le conseil régional dans les conditions prévues au II de l'article 2 de la loi du 16 janvier 2015 précitée *[V. ss. art. L. 4111-1]*. »

Art. R. 4134-9 Le conseil économique, social et environnemental régional se réunit sur convocation de son président. La convocation est accompagnée de l'ordre du jour. Douze jours au moins avant la réunion, le président adresse aux membres du conseil un rapport sur chacune des affaires qui doivent leur être soumises. – *[Décr. n° 82-866 du 11 oct. 1982, art. 9.]*

Art. R. 4134-10 Le président du conseil régional notifie au président du conseil économique, social et environnemental régional les demandes d'avis prévues par les premier et deuxième alinéas de l'article L. 4241-1. Cette notification est adressée en temps utile pour que la convocation du conseil ait lieu dans les conditions fixées par l'article R. 4134-9.

Le président du conseil économique, social et environnemental régional peut demander au président du conseil régional communication des documents préparatoires aux affaires dont le conseil économique, social et environnemental régional aura à débattre.

Les documents visés au premier alinéa de l'article L. 4241-1 comportent, outre les projets devant être soumis à l'examen du conseil régional, les rapports de présentation qui les accompagnent. – *[Décr. n° 82-866 du 11 oct. 1982, art. 10.]*

Art. R. 4134-11 À l'initiative de son président, de son bureau ou de la majorité de ses membres, et après consultation du président du conseil régional, le conseil économique, social et environnemental régional peut également se réunir six fois par an au plus et pour une durée n'excédant pas deux jours, en application du dernier alinéa de l'article L. 4241-1. – *[Décr. n° 82-866 du 11 oct. 1982, art. 11.]*

Art. R. 4134-12 Le conseil économique, social et environnemental régional, réuni sous la présidence de son doyen d'âge, le plus jeune membre faisant fonction de secrétaire, procède à l'élection en son sein de son président et des autres membres du bureau qui sont élus pour la moitié de la durée du mandat du conseil. Le président et les autres membres du bureau sont rééligibles.

Les entreprises et les organisations syndicales de salariés y sont représentées à égalité.

Il est pourvu aux vacances survenues au sein du bureau lors de la réunion du conseil économique, social et environnemental régional qui suit leur constatation.

Art. R. 4134-13 Les séances du conseil sont publiques, sauf décision contraire du bureau.

Les avis adoptés par le conseil économique, social et environnemental régional font l'objet d'une publication officielle et sont communiqués au conseil régional ainsi qu'au Conseil économique *(Décr. n° 2023-1332 du 29 déc. 2023, art. 1er)* « , social et environnemental ».

Art. R. 4134-14 Le président assure la police des séances. – *[Décr. n° 82-866 du 11 oct. 1982, art. 15.]*

Art. R. 4134-15 Le préfet de région, le président du conseil régional sont entendus par le conseil économique, social et environnemental régional avec leur accord ou à leur demande.

Toute personne qualifiée peut être entendue par le conseil économique, social et environnemental régional ou par ses commissions. Les fonctionnaires de l'État dans la région ne peuvent être entendus qu'avec l'accord du préfet de région et celui du président du conseil régional lorsqu'il s'agit de questions pour lesquelles leurs services ont été mis à la disposition du président du conseil régional. – *[Décr. n° 82-866 du 11 oct. 1982, art. 16.]*

Art. R. 4134-16 Chaque année, dans le cadre de la préparation du budget de la région, le président du conseil économique, social et environnemental régional élabore un projet portant sur les crédits nécessaires à son fonctionnement et à la réalisation de *(Décr. n° 2023-1332 du 29 déc. 2023, art. 1er)* « l'ensemble de ses missions » qu'il soumet au président du conseil régional.

Art. R. 4134-17 Les avis du conseil économique, social et environnemental régional sont adoptés à la majorité des suffrages exprimés et mentionnent les positions des minorités. Le conseil économique, social et environnemental régional ne peut se prononcer que si plus de la moitié de ses membres en exercice sont présents.

Si le quorum n'est pas atteint, la séance est renvoyée au deuxième jour ouvrable qui suit. Une convocation spéciale est faite d'urgence par le président. Les avis sont alors valablement rendus, quel que soit le nombre des membres présents.

Les modalités du vote sont déterminées par le règlement intérieur.

En cas de partage des voix, celle du président est prépondérante. – *[Décr. n° 82-866 du 11 oct. 1982, art. 19.]*

SOUS-SECTION 2 Sections du conseil économique, social et environnemental régional (R)

Art. R. 4134-18 *(Décr. n° 2005-413 du 26 avr. 2005, art. 1er)* Le conseil économique, social et environnemental régional peut comprendre une ou deux sections.

Outre des membres du conseil économique, social et environnemental régional désignés dans des conditions prévues par son règlement intérieur, des personnalités extérieures au conseil peuvent être désignées comme membres des sections, dans la limite du tiers de l'effectif total de chaque section.

Le nombre et les domaines de compétence des sections ainsi que le nombre de leurs membres, dont celui des personnalités extérieures, sont fixés, sur proposition du conseil économique, social et environnemental régional, par un arrêté du préfet de région.

Les personnalités extérieures sont désignées, en raison de leurs compétences, par le président du conseil économique, social et environnemental régional, après avis du bureau et après consultation du président du conseil régional. Un arrêté du préfet de région constate ces désignations.

Le président du conseil économique, social et environnemental régional, après avis du bureau, notifie aux présidents des sections les demandes d'avis destinées à celles-ci. Il transmet à l'autorité compétente les avis et les rapports établis par la section, accompagnés de l'avis du conseil économique, social et environnemental régional.

Sous réserve des dispositions de l'article R. 4134-19, la durée du mandat des membres d'une section est de trois ans. Il expire en même temps que celui des membres du bureau. Le mandat est renouvelable.

Art. R. 4134-19 Les dispositions de l'article R. 4134-5, des deuxième et troisième alinéas de l'article R. 4134-6, et de l'article R. 4134-7 sont applicables aux personnalités désignées à l'article R. 4134-18. – *[Décr. n° 82-866 du 11 oct. 1982, art. 21.]*

Art. R. 4134-20 Les fonctionnaires de l'État ne peuvent participer aux travaux des sections qu'avec l'accord du préfet de région et celui du président du conseil régional lorsqu'il s'agit d'affaires pour lesquelles les services auxquels ils appartiennent ont été mis à disposition de la collectivité territoriale. – *[Décr. n° 82-866 du 11 oct. 1982, art. 22.]*

SOUS-SECTION 3 Règlement intérieur (R)

Art. R. 4134-21 Le conseil économique, social et environnemental régional établit son règlement intérieur.

Le règlement intérieur fixe la composition du bureau, le nombre, la composition, les compétences et les règles de fonctionnement des commissions ainsi que les conditions dans lesquelles le conseil peut déléguer à son bureau le pouvoir de formuler un avis sur des objets limitativement précisés. *(Décr. n° 2023-1332 du 29 déc. 2023, art. 1er)* « Il définit les conditions permettant de favoriser l'égale représentation des femmes et des hommes au sein du bureau et des commissions. »

(Décr. n° 2023-1332 du 29 déc. 2023, art. 1er) « Le règlement intérieur fixe les modalités de l'élection du président du conseil ainsi que des autres membres du bureau. »

Le règlement intérieur peut en outre prévoir la création de groupes de travail spécialisés et temporaires ainsi que les modalités d'association aux travaux de personnalités et d'organismes à vocation régionale n'appartenant pas au conseil économique, social et environnemental régional. Les fonctionnaires de l'État ne peuvent participer à ces travaux qu'avec l'accord du préfet de région et celui du président du conseil régional lorsqu'il s'agit d'affaires pour lesquelles les services auxquels ils appartiennent ont été mis à la disposition de ce dernier.

(Décr. n° 2023-1332 du 29 déc. 2023, art. 1er) « Le règlement intérieur fixe également les règles de fonctionnement des sections. »

SOUS-SECTION 4 Moyens de fonctionnement (R)

Pas de dispositions réglementaires codifiées.

SECTION 4 Garanties et indemnités accordées aux membres du conseil économique, social et environnemental régional

Art. R. 4134-22 Les articles R. 4135-1 et R. 4135-3 sont applicables aux présidents et aux membres des conseils économiques, sociaux et environnementaux régionaux. – *[Décr. n° 92-1205 du 16 nov. 1992, art. 13.]*

Art. D. 4134-23 Les articles D. 4135-20 à D. 4135-23 sont applicables aux présidents et aux membres des conseils économiques, sociaux et environnementaux régionaux.

Art. R. 4134-24 *(Décr. n° 2004-517 du 10 juin 2004)* Les membres des conseils économiques, sociaux et environnementaux régionaux perçoivent, pour l'exercice effectif de leurs fonctions, une indemnité égale au plus à *(Décr. n° 2015-1917 du 30 déc. 2015, art. 1er)* « 45 % » de l'indemnité maximale de fonction pouvant être allouée à un conseiller régional de la même région, en application de l'article L. 4135-16.

Art. R. 4134-25 *(Décr. n° 2004-517 du 10 juin 2004)* Le président du conseil économique, social et environnemental régional perçoit, pour l'exercice effectif de ses fonctions, une indemnité au plus égale à 50 % de l'indemnité maximale de fonction pouvant être allouée au président du conseil régional, en application de l'article L. 4135-17.

Art. R. 4134-26 *(Décr. n° 2004-517 du 10 juin 2004)* Les vice-présidents des conseils économiques, sociaux et environnementaux régionaux ayant reçu délégation du président perçoivent, pour l'exercice effectif de leurs fonctions, une indemnité au plus égale à l'indemnité pouvant être allouée à un conseiller économique et social régional, telle que définie à l'article R. 4134-24, majorée d'un coefficient de 1,9.

Les membres du bureau des conseils économiques, sociaux et environnementaux régionaux, autres que les vice-présidents ayant reçu délégation du président, perçoivent, pour l'exercice effectif de leurs fonctions, une indemnité au plus égale à l'indemnité pouvant être allouée à un conseiller économique, social et environnemental régional, telle que définie à l'article R. 4134-24, majorée d'un coefficient de 1,3.

Art. R. 4134-27 *(Décr. nº 2004-517 du 10 juin 2004)* La délibération du conseil régional fixant les indemnités mentionnées à l'article R. 4134-24 prévoit, après consultation du président du conseil économique, social et environnemental régional, les modalités de réduction des indemnités allouées aux membres de ce conseil en fonction de leur participation aux réunions du conseil ou de ses formations ainsi qu'aux réunions des organismes dans lesquels ils représentent leur assemblée.

Art. D. 4134-28 *(Décr. nº 2005-586 du 27 mai 2005, art. 3)* La durée du crédit d'heures pour un trimestre est égale :

1° À soixante-dix heures pour les présidents des conseils économiques, sociaux et environnementaux régionaux ;

2° À vingt et une heures pour les membres du conseil.

Art. D. 4134-29 *(Décr. nº 2005-586 du 27 mai 2005, art. 4)* Compte tenu des nécessités du service public d'enseignement, le service hebdomadaire des personnels appartenant à des corps ou cadres d'emplois d'enseignants qui bénéficient d'un crédit d'heures conformément à l'article L. 4134-7-1 fait l'objet d'un aménagement en début d'année scolaire.

La durée du crédit d'heures est répartie entre le temps de service effectué en présence des élèves leur incombant statutairement et le temps complémentaire de service dont ils sont redevables en application de l'article 1er du décret nº 2000-815 du 25 août 2000 relatif à l'aménagement et à la réduction du temps de travail dans la fonction publique de l'État ou, lorsqu'ils relèvent de la fonction publique territoriale, en application de l'article 1er du décret nº 2001-623 du 12 juillet 2001 pris pour l'application de l'article 7-1 de la loi nº 84-53 du 26 janvier 1984 et relatif à l'aménagement et à la réduction du temps de travail dans la fonction publique territoriale.

La partie du crédit d'heures imputable sur le temps du service effectué en présence des élèves est obtenue en pondérant le crédit d'heures par le rapport entre la durée du temps de service effectué en présence des élèves et la durée fixée à l'article 1er du décret nº 2000-815 du 25 août 2000 ou, le cas échéant, à l'article 1er du décret nº 2001-623 du 12 juillet 2001.

Art. D. 4134-30 *(Décr. nº 2005-586 du 27 mai 2005, art. 5)* En cas de travail à temps partiel, le crédit d'heures est réduit au prorata du rapport entre les horaires inscrits au contrat de travail du salarié concerné, selon les dispositions de l'article *(Décr. nº 2016-1553 du 18 nov. 2016, art. 7)* « L. 3123-6 » du code du travail, et la durée hebdomadaire légale du travail définie à l'article D. 4135-7 du présent code.

Dans le cas d'un fonctionnaire régi par les titres II, III ou IV du statut général de la fonction publique ou d'un agent non titulaire de l'État, d'une collectivité territoriale ou de leurs établissements publics administratifs, qui exerce ses fonctions à temps partiel, le crédit d'heures est réduit au prorata du rapport entre la durée annuelle du service à temps partiel et la durée annuelle légale du travail définie à l'article D. 4134-32 du présent code.

Art. D. 4134-31 *(Décr. nº 2005-586 du 27 mai 2005, art. 6)* Pour fixer le temps maximal auquel les élus qui ont la qualité de salarié ont droit en application de l'article L. 4134-7-1, la durée légale du travail pour une année civile s'apprécie sur la base de la durée hebdomadaire légale fixée par l'article *(Décr. nº 2016-1553 du 18 nov. 2016, art. 7)* « L. 3121-27 » du code du travail, en décomptant cinq semaines de congés payés ainsi que des jours fériés.

Toutefois, lorsqu'il est dérogé à cette durée soit par des décrets en conseil des ministres, soit par convention ou accord collectif dans les conditions prévues à l'article *(Décr. nº 2016-1553 du 18 nov. 2016, art. 7)* « L. 3121-67 » du code du travail, soit en cas de régime d'équivalence instauré dans les conditions prévues par *(Décr. nº 2016-1553 du 18 nov. 2016, art. 7)* « les articles L. 3121-13 à L. 3121-15 » du même code, il est tenu compte de la durée du travail telle qu'elle résulte de ces dérogations.

La durée hebdomadaire du travail prise en compte pour les salariés régis par un contrat de travail temporaire est celle fixée dans ce contrat en application *(Décr. n° 2016-1553 du 18 nov. 2016, art. 7)* « de l'article L. 1251-43 » du code du travail.

Art. D. 4134-32 *(Décr. n° 2005-586 du 27 mai 2005, art. 7)* Pour fixer le temps maximal d'absence auquel ont droit, en application de l'article L. 4134-7-1, les élus qui ont la qualité de fonctionnaire régi par les titres II, III ou IV du statut général de la fonction publique ou d'agent non titulaire de l'État, d'une collectivité territoriale ou de leurs établissements publics administratifs, la durée légale du travail pour une année civile s'apprécie sur la base de la durée annuelle fixée à l'article 1er du décret n° 2000-815 du 25 août 2000 ou à l'article 1er du décret n° 2001-623 du 12 juillet 2001 ou à l'article 1er du décret n° 2002-9 du 4 janvier 2002.

Toutefois, lorsqu'il est dérogé à cette durée annuelle, il est tenu compte de la durée du travail telle qu'elle résulte de ces dérogations dans les conditions fixées, selon le cas, par le décret n° 2000-815 du 25 août 2000 ou le décret n° 2001-623 du 12 juillet 2001 ou le décret n° 2002-9 du 4 janvier 2002.

Art. D. 4134-33 *(Décr. n° 2005-586 du 27 mai 2005, art. 8)* Indépendamment des frais d'enseignement dont le coût est supporté par le budget régional, les frais de déplacement et de séjour du président et des membres du conseil économique, social et environnemental régional, mentionnés à l'article L. 4134-7-2, sont pris en charge par la région dans les conditions définies par le décret n° 2006-781 du 3 juillet 2006 fixant les conditions et les modalités de règlement des frais occasionnés par les déplacements temporaires des personnels civils de l'État.

CHAPITRE V CONDITIONS D'EXERCICE DES MANDATS RÉGIONAUX

SECTION 1 Garanties accordées aux titulaires de mandats régionaux

SOUS-SECTION 1 Garanties accordées dans l'exercice du mandat

Art. R. 4135-1 Afin de bénéficier du temps nécessaire pour se rendre et participer aux séances et réunions visées à l'article L. 4135-1, l'élu membre d'un conseil régional, qui a la qualité de salarié, informe son employeur par écrit dès qu'il en a connaissance de la date et de la durée de la ou des absences envisagées. – *[Décr. n° 92-1205 du 16 nov. 1992, art. 3.]*

Art. R. 4135-2 Afin de bénéficier du crédit d'heures prévu à l'article L. 4135-2, l'élu membre d'un conseil régional, qui a la qualité de salarié, informe son employeur par écrit trois jours au moins avant son absence en précisant la date et la durée de l'absence envisagée ainsi que la durée du crédit d'heures à laquelle il a encore droit au titre du trimestre en cours. – *[Décr. n° 92-1205 du 16 nov. 1992, art. 5.]*

Art. R. 4135-3 Les dispositions des articles R. 4135-1 et R. 4135-2 sont applicables, lorsqu'ils ne bénéficient pas de dispositions plus favorables, aux fonctionnaires régis par les titres I à IV du statut général de la fonction publique ainsi qu'aux agents contractuels de l'État, des collectivités territoriales et de leurs établissements publics administratifs qui exercent des fonctions publiques électives. – *[Décr. n° 92-1205 du 16 nov. 1992, art. 4 et 6.]*

Art. R. 4135-4 *(Décr. n° 2003-836 du 1er sept. 2003, art. 16)* La durée du crédit d'heures pour un trimestre est égale :

1° À cent quarante heures pour les présidents et vice-présidents des conseils régionaux ;

2° À cent cinq heures pour les conseillers régionaux.

Art. R. 4135-5 Compte tenu des nécessités du service public d'enseignement, le service hebdomadaire des personnels appartenant à des corps ou cadres d'emplois d'enseignants qui bénéficient d'un crédit d'heures conformément à l'article L. 4135-2 fait l'objet d'un aménagement en début d'année scolaire.

(Décr. n° 2003-836 du 1er sept. 2003, art. 17) « La durée du crédit d'heures est répartie entre le temps de service effectué en présence des élèves leur incombant statutai-

rement et le temps complémentaire de service dont ils sont redevables en application de l'article 1er du décret n° 2000-815 du 25 août 2000 relatif à l'aménagement et à la réduction du temps de travail dans la fonction publique de l'État ou, lorsqu'ils relèvent de la fonction publique territoriale, en application de l'article 1er du décret n° 2001-623 du 12 juillet 2001 pris pour l'application de l'article 7-1 de la loi n° 84-53 du 26 janvier 1984 et relatif à l'aménagement et à la réduction du temps de travail dans la fonction publique territoriale.

« La partie du crédit d'heures imputable sur le temps du service effectué en présence des élèves est obtenue en pondérant le crédit d'heures par le rapport entre la durée du temps de service effectué en présence des élèves et la durée fixée à l'article 1er du décret n° 2000-815 du 25 août 2000 ou, le cas échéant, à l'article 1er du décret n° 2001-623 du 12 juillet 2001. »

Art. R. 4135-6 *(Décr. n° 2003-836 du 1er sept. 2003, art. 18)* En cas de travail à temps partiel, le crédit d'heures est réduit au prorata du rapport entre les horaires inscrits au contrat de travail du salarié concerné, selon les dispositions de l'article *(Décr. n° 2016-1551 du 18 nov. 2016, art. 6)* « L. 3123-6 » du code du travail, et la durée hebdomadaire légale du travail définie à l'article R. 4135-7 du présent code.

Dans le cas d'un fonctionnaire régi par les titres II, III ou IV du statut général de la fonction publique ou d'un agent non titulaire de l'État, d'une collectivité territoriale ou de leurs établissements publics administratifs, qui exerce ses fonctions à temps partiel, le crédit d'heures est réduit au prorata du rapport entre la durée annuelle du service à temps partiel et la durée annuelle légale du travail définie à l'article R. 4135-8 du présent code.

Art. R. 4135-7 Pour fixer le temps d'absence maximal auquel les élus qui ont la qualité de salarié ont droit en application de l'article L. 4135-3, la durée légale du travail pour une année civile s'apprécie sur la base de la durée hebdomadaire légale fixée par l'article *(Décr. n° 2016-1551 du 18 nov. 2016, art. 6)* « L. 3121-27 » du code du travail, en décomptant cinq semaines de congés payés ainsi que les jours fériés.

(Décr. n° 2003-836 du 1er sept. 2003, art. 19) « Toutefois, lorsqu'il est dérogé à cette durée soit par des décrets en conseil des ministres, soit par convention ou accord collectif dans les conditions prévues à l'article *(Décr. n° 2016-1551 du 18 nov. 2016, art. 6)* « L. 3121-67 » du code du travail, soit en cas de régime d'équivalence instauré dans les conditions prévues par *(Décr. n° 2016-1551 du 18 nov. 2016, art. 6)* « les articles L. 3121-13 à L. 3121-15 » du même code, il est tenu compte de la durée du travail telle qu'elle résulte de ces dérogations. »

La durée hebdomadaire du travail prise en compte pour les salariés régis par un contrat de travail temporaire est celle fixée dans ce contrat en application *(Décr. n° 2016-1551 du 18 nov. 2016, art. 6)* « de l'article L. 1251-43 » du code du travail.

Art. R. 4135-8 *(Décr. n° 2003-836 du 1er sept. 2003, art. 20)* Pour fixer le temps maximal d'absence auquel ont droit, en application de l'article L. 4135-3, les élus qui ont la qualité de fonctionnaire régi par les titres II, III ou IV du statut général de la fonction publique ou d'agent non titulaire de l'État, d'une collectivité territoriale ou de leurs établissements publics administratifs, la durée légale du travail pour une année civile s'apprécie sur la base de la durée annuelle fixée à l'article 1er du décret n° 2000-815 du 25 août 2000 ou à l'article 1er du décret n° 2001-623 du 12 juillet 2001 ou à l'article 1er du décret n° 2002-9 du 4 janvier 2002.

Toutefois, lorsqu'il est dérogé à cette durée annuelle, il est tenu compte de la durée du travail telle qu'elle résulte de ces dérogations dans les conditions fixées, selon le cas, par le décret n° 2000-815 du 25 août 2000 ou le décret n° 2001-623 du 12 juillet 2001 ou le décret n° 2002-9 du 4 janvier 2002.

SOUS-SECTION 2 **Garanties accordées dans l'exercice d'une activité professionnelle**

Pas de dispositions réglementaires codifiées.

SOUS-SECTION 3 **Garanties accordées à l'issue du mandat**

(Décr. nº 2003-943 du 2 oct. 2003, art. 3)

Art. R. 4135-8-1 À l'issue de leur mandat, les personnes ayant exercé un des mandats électifs mentionnés à l'article L. 4135-9-2 bénéficient de l'allocation différentielle de fin de mandat, sous réserve de remplir les conditions prévues à l'article précité.

L'exercice antérieur des fonctions de vice-président du conseil régional, en l'absence de délégation du président, ne donne pas lieu au bénéfice de l'allocation.

Pour l'application des présentes dispositions, la condition de cessation de l'activité professionnelle s'apprécie à l'issue du mandat.

Art. R. 4135-8-2 La demande, accompagnée des pièces justificatives permettant de déterminer le montant de l'allocation susceptible d'être attribuée, doit être adressée à la Caisse des dépôts et consignations au plus tard *(Décr. nº 2021-1708 du 17 déc. 2021, art. 22)* « onze » mois après l'issue du mandat.

Art. R. 4135-8-3 L'indemnité différentielle de fin de mandat est personnelle.

Art. R. 4135-8-4 *(Décr. nº 2015-1400 du 3 nov. 2015, art. 1er)* « Pendant les six premiers mois de son versement, » son montant est égal à 80 % de la différence entre le montant de l'indemnité brute mensuelle, avant retenue à la source de l'imposition, que l'intéressé percevait pour l'exercice de ses fonctions électives, et l'ensemble des ressources perçues au titre des revenus du travail, des revenus de substitution ou des indemnités liées à d'autres mandats électifs. *(Décr. nº 2015-1400 du 3 nov. 2015, art. 1er)* « À compter du septième mois suivant le début de versement de l'allocation, son montant est porté à 40 %. »

Art. R. 4135-8-5 L'indemnité mensuelle est versée pour une durée maximale *(Décr. nº 2015-1400 du 3 nov. 2015, art. 2)* « d'un an.

« L'indemnité est versée chaque mois dès lors que son montant mensuel est supérieur à 100 euros. Dans le cas où le montant de l'allocation est inférieur à 100 euros, le paiement est effectué en deux fois au cours des six premiers mois, et à compter du septième mois, en deux fois également. »

Art. R. 4135-8-6 Le bénéficiaire est tenu de faire connaître sans délai tout changement de situation au regard du montant des ressources qu'il perçoit.

SECTION 2 **Droit à la formation**

SOUS-SECTION 1 **Dispositions générales (R)**

Art. R. 4135-9 La prise en charge par la région des dépenses liées à l'exercice du droit des élus à la formation, dans les conditions fixées par les articles L. 4135-10 à L. 4135-14 et par le 2° de l'article L. 4321-1, ne peut intervenir que si l'organisme dispensateur du stage ou de la session a reçu un agrément délivré par le ministre *(Décr. nº 2021-596 du 14 mai 2021, art. 12)* « chargé des collectivités territoriales » dans les conditions fixées par les articles R. 1221-12 à *(Décr. nº 2021-596 du 14 mai 2021, art. 12)* « R. 1221-22-1, et si la formation relève du répertoire défini à l'article R. 1221-9-1 ».

Art. R. 4135-10 *(Décr. nº 2009-8 du 5 janv. 2009)* Les frais de déplacement et de séjour des élus régionaux sont pris en charge par la région dans les conditions définies par le décret fixant les conditions et les modalités de règlement des frais occasionnés par les déplacements temporaires des personnels civils de l'État.

Art. R. 4135-11 Pour bénéficier de la prise en charge prévue à l'article *(Décr. nº 2009-8 du 5 janv. 2009)* « L. 4135-12 », l'élu doit justifier auprès de la région qu'il a subi une diminution de revenu du fait de l'exercice de son droit à la formation.

SOUS-SECTION 2 **Dispositions applicables aux élus salariés (R)**

Art. R. 4135-12 Tout membre d'un conseil régional qui a la qualité de salarié doit, lorsqu'il souhaite bénéficier du congé de formation visé à l'article *(Décr. nº 2009-8 du*

5 janv. 2009) « L. 4135-11 », présenter par écrit sa demande à son employeur trente jours au moins à l'avance en précisant la date et la durée de l'absence envisagée à ce titre, ainsi que la désignation de l'organisme responsable du stage ou de la session. L'employeur accuse réception de cette demande.

À défaut de réponse expresse notifiée au plus tard le quinzième jour qui précède le début du stage ou de la session, le congé est réputé accordé.

Art. R. 4135-13 Le bénéfice du congé de formation est de droit pour effectuer un stage ou suivre une session de formation *(Décr. nº 2021-596 du 14 mai 2021, art. 12)* « répondant aux critères fixés à l'article R. 4135-9 ».

Il peut cependant être refusé par l'employeur si celui-ci estime, après avis du comité d'entreprise ou, à défaut, des délégués du personnel lorsque l'entreprise en comporte, que l'absence du salarié aurait des conséquences préjudiciables à la production et à la bonne marche de l'entreprise.

Si le salarié renouvelle sa demande à l'expiration d'un délai de quatre mois après la notification d'un premier refus, un nouveau refus ne peut lui être opposé.

Art. R. 4135-14 Tout refus de l'employeur doit être motivé et notifié à l'intéressé. – *[Décr. nº 92-1208 du 16 nov. 1992, art. 8.]*

Art. R. 4135-15 L'organisme dispensateur du stage ou de la session doit délivrer au salarié une attestation constatant sa fréquentation effective. Cette attestation est remise à l'employeur s'il en fait la demande au moment de la reprise du travail. – *[Décr. nº 92-1208 du 16 nov. 1992, art. 9.]*

SOUS-SECTION 3 Dispositions applicables aux élus ayant qualité d'agents publics (R)

Art. R. 4135-16 Tout membre d'un conseil régional, régi par les titres I à IV du statut général de la fonction publique doit, lorsqu'il souhaite bénéficier du congé de formation prévu à l'article *(Décr. nº 2009-8 du 5 janv. 2009)* « L. 4135-11 », présenter par écrit sa demande à l'autorité hiérarchique dont il relève trente jours au moins à l'avance en précisant la date et la durée de l'absence envisagée à ce titre, ainsi que la désignation de l'organisme responsable du stage ou de la session. L'autorité hiérarchique accuse réception de cette demande.

À défaut de réponse expresse notifiée au plus tard le quinzième jour qui précède le début du stage ou de la session, le congé est réputé accordé.

Art. R. 4135-17 Le bénéfice du congé de formation est de droit pour effectuer un stage ou suivre une session de formation *(Décr. nº 2021-596 du 14 mai 2021, art. 12)* « répondant aux critères fixés à l'article R. 4135-9 ».

Il peut, cependant, être refusé si les nécessités du fonctionnement du service s'y opposent.

Les décisions qui rejettent les demandes de congés de formation doivent être communiquées avec leur motif à la commission administrative paritaire au cours de la réunion qui suit cette décision.

Si le fonctionnaire renouvelle sa demande à l'expiration d'un délai de quatre mois après la notification d'un premier refus, un nouveau refus ne peut lui être opposé.

Art. R. 4135-18 Tout refus de l'autorité hiérarchique doit être motivé et notifié à l'intéressé. – *[Décr. nº 92-1208 du 16 nov. 1992, art. 12.]*

Art. R. 4135-19 Les dispositions des articles R. 4135-16 à R. 4135-18 sont applicables aux agents contractuels de l'État, des collectivités territoriales et de leurs établissements publics. – *[Décr. nº 92-1208 du 16 nov. 1992, art. 10, 11 et 12.]*

SOUS-SECTION 4 Droit individuel à la formation

(Décr. nº 2016-870 du 29 juin 2016, art. 3)

Art. R. 4135-19-1 Les formations éligibles au titre du droit individuel sont les formations relatives à l'exercice du mandat du membre du conseil régional et les formations contribuant à l'acquisition des compétences nécessaires, le cas échéant, à sa réinsertion professionnelle à l'issue du mandat.

Les formations relatives à l'exercice du mandat sont les formations dispensées par un organisme agréé par le ministre *(Décr. nº 2021-596 du 14 mai 2021, art. 12)* « chargé des collectivités territoriales » dans les conditions définies aux articles R. 1221-12 à *(Décr. nº 2021-596 du 14 mai 2021, art. 12)* « R. 1221-22-1 ».

Les formations contribuant à la réinsertion professionnelle du membre du conseil régional sont les formations éligibles au titre du compte personnel de formation, mentionnées à l'article L. 6323-6 du code du travail.

Art. R. 4135-19-2 *(Décr. nº 2021-596 du 14 mai 2021, art. 14)* Dans la limite du montant maximal fixé en application du 3° de l'article R. 1621-7 du présent code, le membre du conseil régional acquiert ses droits individuels à la formation comptabilisés en euros chaque année, à compter du troisième lundi suivant le premier tour de l'élection régionale, et peut demander à les utiliser dès cette acquisition. Quel que soit le nombre de mandats exercés par l'élu local, le volume des droits qu'il acquiert chaque année au titre des articles L. 2123-12-1, L. 3123-10-1, L. 4135-10-1, L. 7125-12-1, L. 7227-12-1 du présent code et de l'article L. 121-37-1 du code des communes de la Nouvelle-Calédonie ne peut dépasser le montant fixé par l'arrêté mentionné au 2° de l'article R. 1621-7 du présent code.

(Décr. nº 2021-1708 du 17 déc. 2021, art. 11) « Lorsqu'il ne remplit pas les conditions fixées au deuxième alinéa de l'article R. 4135-19-3, l'élu perd les droits individuels à la formation acquis au titre de son mandat à l'expiration de celui-ci. Lorsque l'élu exerce plusieurs mandats ouvrant des droits individuels à la formation, ses droits sont calculés en prenant en compte le mandat auquel il a été élu ou réélu qu'il exerce depuis le plus longtemps. »

Art. R. 4135-19-3 Le membre du conseil régional qui souhaite bénéficier d'une formation au titre de son droit individuel à la formation adresse une demande au gestionnaire du fonds de financement et de gestion du droit individuel à la formation des élus locaux mentionné à l'article *(Décr. nº 2021-1708 du 17 déc. 2021, art. 4)* « L. 1621-4, par l'intermédiaire du service dématérialisé mentionné à l'article L. 1621-5, conformément aux conditions générales d'utilisation de ce service ».

(Décr. nº 2021-596 du 14 mai 2021, art. 16) « Le titulaire de droits individuels à la formation peut consommer ses droits dans les six mois qui suivent l'expiration de son mandat, s'il n'exerce plus aucun mandat électif local et s'il n'a pas liquidé ses droits à pension, afin de participer à des formations contribuant à sa réinsertion professionnelle, au sens du dernier alinéa de l'article R. 4135-19-1. »

Art. R. 4135-19-4 Le membre du conseil régional qui a engagé des frais de déplacement et de séjour pour suivre une formation dans le cadre du droit individuel à la formation transmet au gestionnaire du fonds mentionné à l'article *(Décr. nº 2021-1708 du 17 déc. 2021, art. 7)* « L. 1621-4 » un état de frais aux fins de remboursement.

Les frais de déplacement et de séjour sont remboursés au membre du conseil régional dans les conditions définies par le décret nº 2006-781 du 3 juillet 2006 fixant les conditions et les modalités de règlement des frais occasionnés par les déplacements temporaires des personnels civils de l'État.

SECTION 3 Remboursement de frais

(Décr. nº 2005-235 du 14 mars 2005)

§ 1 Remboursement des frais liés à l'exercice d'un mandat spécial

Art. R. 4135-20 Les membres du conseil régional chargés de mandats spéciaux par leur assemblée peuvent prétendre, sur justificatif de la durée réelle du déplacement, d'une part, au paiement d'indemnités journalières destinées à rembourser forfaitairement leurs frais supplémentaires de repas et de nuitée nécessités par l'exercice de ces mandats et, d'autre part, au remboursement des frais de transport engagés à cette occasion.

La prise en charge de ces frais est assurée dans les conditions définies par *(Décr. nº 2009-8 du 5 janv. 2009)* « le décret fixant les conditions et les modalités de règlement des frais occasionnés par les déplacements temporaires des personnels civils de l'État ». — *V. Décr. nº 2006-781 du 3 juill. 2006.*

Le remboursement des frais mentionnés au premier alinéa du présent article est cumulable avec celui prévu à l'article R. 4135-22.

§ 2 Remboursement des frais de transport et de séjour

Art. R. 4135-21 Les membres du conseil régional peuvent prétendre, sur présentation des pièces justificatives, à la prise en charge des frais de transport et de séjour qu'ils engagent à l'occasion de leurs déplacements pour prendre part aux réunions du conseil régional et aux séances des commissions et organismes dont ils font partie ès qualités ou sur délibération expresse du conseil régional.

La prise en charge de ces frais est assurée dans les conditions prévues au deuxième alinéa de l'article R. 4135-20.

Le remboursement de ces frais est cumulable avec celui prévu à l'article R. 4135-22.

§ 3 Remboursement des frais liés au handicap

Art. R. 4135-22 Peuvent obtenir le remboursement des frais spécifiques de déplacement, d'accompagnement et d'aide technique les élus régionaux en situation de handicap mentionnés au second alinéa de l'article L. 4135-19 et relevant des dispositions *(Décr. n° 2021-258 du 9 mars 2021, art. 1er)* « des articles L. 5213-1 et L. 5213-2 » du code du travail ou pouvant prétendre au bénéfice des dispositions des articles *(Décr. n° 2021-258 du 9 mars 2021, art. 1er)* « L. 5212-1 à L. 5212-17 » du même code, ou pouvant prétendre au bénéfice de l'article L. 241-3 du code de l'action sociale et des familles.

La prise en charge de ces frais spécifiques est assurée sur présentation d'un état de frais et dans la limite, par mois, du montant *(Décr. n° 2021-258 du 9 mars 2021, art. 1er)* « de l'indemnité maximale susceptible d'être versée au maire d'une commune de moins de 500 habitants en application du barème fixé à l'article L. 2123-23 ».

Le remboursement de ces frais est cumulable avec les remboursements prévus aux articles R. 4135-20 et R. 4135-21.

§ 4 Chèque service

Art. D. 4135-22-1 *(Décr. n° 2007-808 du 11 mai 2007)* La délibération par laquelle le conseil régional accorde l'aide financière prévue par l'article L. 4135-19-1 peut préciser les modalités d'attribution et de contrôle de cette aide, notamment le fractionnement éventuel de son versement.

Il est communiqué au conseil régional, au titre de chaque année civile, un état récapitulatif individuel des aides versées aux élus bénéficiaires.

Art. D. 4135-22-2 *(Décr. n° 2007-808 du 11 mai 2007)* Pour pouvoir prétendre à l'aide financière prévue par l'article L. 4135-19-1, les élus concernés doivent produire tout document justifiant de l'utilisation d'un chèque emploi-service universel conforme à l'article précité.

Art. D. 4135-22-3 *(Décr. n° 2007-808 du 11 mai 2007)* Le montant maximum de cette aide est égal à celui fixé par l'article *(Décr. n° 2020-948 du 30 juill. 2020, art. 3)* « D. 7233-8 » du code du travail, par année civile et par bénéficiaire ayant eu recours à un ou plusieurs services financés par cette aide.

Il ne peut excéder le coût des services supportés par le bénéficiaire.

Art. D. 4135-22-4 *(Décr. n° 2007-808 du 11 mai 2007)* Le président du conseil régional communique à l'élu bénéficiaire de l'aide financière, avant le 1er février de l'année suivant celle de son attribution, une attestation mentionnant le montant total de l'aide perçue et précisant son caractère non imposable.

La déclaration annuelle prévue par l'article 87 du code général des impôts souscrite par la région mentionne, pour chaque bénéficiaire, le montant de l'aide accordée par le conseil régional.

SECTION 4 Protection sociale

SOUS-SECTION 1 Sécurité sociale

(Décr. n° 2004-1238 du 17 nov. 2004, art. 4)

Art. D. 4135-23-1 Tout membre du conseil régional percevant des indemnités de fonction et qui ne peut, en cas de maladie, maternité, paternité ou accident, exercer effectivement ses fonctions au-delà d'un délai de 15 jours francs, est tenu d'indiquer à la collectivité dont il est l'élu le montant des indemnités journalières qui lui sont, le cas échéant, versées par son régime de sécurité sociale au titre de son activité professionnelle, accompagné des pièces justificatives concernant l'arrêt de travail et son indemnisation, afin de déterminer le montant des indemnités de fonction à lui attribuer conformément à l'article L. 4135-20-1.

En cas de trop-perçu, la région procède à la répétition de l'indu à compter de la réception des indemnités journalières par l'élu et de la déclaration de leur montant.

Lorsque l'élu ne bénéficie d'aucun régime d'indemnités journalières ou ne remplit pas les conditions pour bénéficier d'une indemnisation auprès du régime de sécurité sociale dont relève son activité, les indemnités de fonction sont maintenues en totalité pendant la durée de l'arrêt de travail.

En cas de cumul de mandats, les dispositions prévues au premier alinéa du présent article s'appliquent à chaque mandat.

Art. D. 4135-23-2 Lorsque le délai de carence prévu par le régime de sécurité sociale dont relève l'élu régional pour le versement des indemnités journalières est supérieur au délai de 15 jours fixé à l'article D. 4135-23-1, les indemnités de fonction lui sont versées en totalité pendant la période ne donnant lieu au versement d'aucune indemnité journalière.

SOUS-SECTION 2 Retraite

Art. R. 4135-24 Le plafond des taux de cotisations prévus à l'article L. 4135-22 est fixé ainsi qu'il suit :

— taux de cotisation de la région : 8 % ;

— taux de cotisation de l'élu : 8 %. — *[Décr. n° 93-825 du 25 mai 1993, art. 1er.]*

SECTION 5 Responsabilité de la région en cas d'accident

Pas de dispositions réglementaires codifiées.

SECTION 6 Responsabilité des élus

Pas de dispositions réglementaires codifiées.

TITRE IV RÉGIME JURIDIQUE DES ACTES PRIS PAR LES AUTORITÉS RÉGIONALES

CHAPITRE I PUBLICITÉ ET ENTRÉE EN VIGUEUR

Art. R. 4141-1 *Abrogé par Décr. n° 2021-1311 du 7 oct. 2021, art. 9.*

Art. R. 4141-2 *(Décr. n° 2016-146 du 11 févr. 2016, art. 8) (Décr. n° 2021-1311 du 7 oct. 2021, art. 9)* « I. — Les actes publiés sous forme électronique sont mis à la disposition du public sur le site internet de la région dans leur intégralité, sous un format non modifiable et dans des conditions propres à en assurer la conservation, à en garantir l'intégrité et à en effectuer le téléchargement. »

La version électronique de ces actes comporte la mention, en caractères lisibles, du prénom, du nom et de la qualité de leur auteur *(Décr. n° 2021-1311 du 7 oct. 2021, art. 9)* « ainsi que la date de mise en ligne de l'acte sur le site internet de la région. La durée de publicité de l'acte ne peut pas être inférieure à deux mois.

« II. — La délivrance des actes mentionnés au V de l'article L. 4141-1 se fait selon les modalités fixées par l'article R. 311-11 du code des relations entre le public et l'administration. »

CHAPITRE II CONTRÔLE DE LÉGALITÉ

SECTION 1 Transmission par voie électronique des actes soumis au contrôle de légalité

(*Décr. n° 2005-324 du 7 avr. 2005, art. 3-II*)

Art. R. 4142-1 Les dispositions (*Décr. n° 2021-1311 du 7 oct. 2021, art. 4*) « des articles R. 2131-2-A à R. 2131-4 » sont applicables à la transmission par voie électronique des actes de la région mentionnés à l'article L. 4141-2.

Pour l'application de ces dispositions, les mots : "la commune", "le préfet" et "le maire" sont remplacés respectivement par les mots : "la région", "le préfet de région" et "le président du conseil régional".

SECTION 2 Contrôle de légalité des marchés (R)

(*Décr. n° 2005-324 du 7 avr. 2005, art. 3*)

Art. R. 4142-2 Les dispositions des articles (*Décr. n° 2005-324 du 7 avr. 2005, art. 3*) « R. 2131-5 à R. 2131-7 » sont applicables aux marchés (*Décr. n° 2018-1075 du 3 déc. 2018, art. 6*) « publics » passés par les régions et leurs établissements publics.

CHAPITRE III EXERCICE PAR UN CONTRIBUABLE DES ACTIONS APPARTENANT À LA RÉGION

(*Décr. n° 2001-1387 du 31 déc. 2001, art. 2*)

Art. R. 4143-1 Dans le cas prévu à l'article L. 4143-1, il est délivré au contribuable un récépissé du mémoire détaillé qu'il a adressé au tribunal administratif.

Le préfet, saisi par le président du tribunal administratif, transmet immédiatement ce mémoire au président du conseil régional en l'invitant à le soumettre au conseil régional.

La décision du tribunal administratif est rendue dans le délai de deux mois à dater du dépôt de la demande d'autorisation.

Toute décision qui porte refus d'autorisation doit être motivée.

Art. R. 4143-2 Lorsque le tribunal administratif ne statue pas dans le délai de deux mois ou lorsque l'autorisation est refusée, le contribuable peut se pourvoir devant le Conseil d'État.

Art. R. 4143-3 Le pourvoi devant le Conseil d'État est, à peine de déchéance, formé dans le mois qui suit soit l'expiration du délai imparti au tribunal administratif pour statuer, soit la notification de l'arrêté portant refus.

Il est statué sur le pourvoi dans un délai de trois mois à compter de son enregistrement au secrétariat du contentieux du Conseil d'État.

Art. R. 4143-4 Le tribunal administratif ou le Conseil d'État peuvent, s'ils accordent l'autorisation, en subordonner l'effet à la consignation préalable des frais d'instance. Ils fixent, dans ce cas, la somme à consigner.

TITRE V RELATIONS ENTRE LA RÉGION ET LES SERVICES DE L'ÉTAT

CHAPITRE I SERVICES DE L'ÉTAT MIS À DISPOSITION

Pas de dispositions réglementaires codifiées.

CHAPITRE II COORDINATION

Pas de dispositions réglementaires codifiées.

LIVRE II ATTRIBUTIONS DE LA RÉGION

TITRE I DISPOSITIONS GÉNÉRALES

CHAPITRE UNIQUE

SECTION UNIQUE Participation au capital des sociétés commerciales autres que celles mentionnées au 8° de l'article L. 4211-1

(Décr. n° 2016-807 du 16 juin 2016)

Art. R. 4211-1 En application du 8° *bis* de l'article L. 4211-1, une région peut participer au capital d'une société commerciale dans les conditions définies à la présente section.

Art. R. 4211-2 La société faisant l'objet d'une prise de participation exerce tout ou partie de son activité sur le territoire régional.

Art. R. 4211-3 Le montant de la prise de participation par une région dans une même société n'excède pas 1 % des recettes réelles de fonctionnement de cette région telles que constatées dans son dernier compte de gestion disponible.

Art. R. 4211-4 Le montant total des participations détenues par une région dans le capital de sociétés commerciales ne représente pas plus de 5 % de ses recettes réelles de fonctionnement telles que constatées dans son dernier compte de gestion disponible.

Les participations détenues par la région, avant la publication du décret n° 2016-807 *[du 16 juin 2016]* relatif aux conditions de prises de participation au capital de sociétés commerciales par les conseils régionaux, sur le fondement d'une autorisation par décret en Conseil d'État, sont prises en compte pour le calcul des ratios prévus aux deux alinéas précédents.

En cas de dépassement constaté du plafond de 5 %, le montant des nouvelles prises de participations *[participation]* pouvant être réalisées par la région au cours de l'exercice suivant le constat de ce dépassement est limité à la valeur des cessions réalisées pendant cet exercice. Si, au-delà de cette période d'un an, le montant total des participations détenues par une région dans le capital de sociétés commerciales dépasse toujours ce plafond de 5 %, la région engage un programme de cessions lui permettant de le respecter au plus vite dans les conditions fixées pour les cessions à l'article R. 4211-8. Aucune nouvelle prise de participation n'est possible tant que la région ne respecte pas de nouveau ce ratio.

Art. R. 4211-5 La prise de participation décidée par le conseil régional ne peut avoir pour effet :

— ni de faire porter la part détenue par une ou plusieurs régions dans le capital d'une société commerciale à plus de 33 % ;

— ni de faire porter la part de capital détenue, directement ou indirectement, par des personnes publiques à plus de 50 %.

Art. R. 4211-6 Le conseil régional se prononce sur la prise de participation au capital d'une société commerciale au vu d'un rapport établi par un ou plusieurs experts choisis parmi les personnes présentant toutes garanties d'indépendance, d'honorabilité, de compétence en matière d'évaluation d'entreprises et de titres de sociétés et de connaissance du secteur d'activité concerné et du marché local.

Ce rapport comporte notamment :

1° Une analyse de la situation financière de l'entreprise et de ses perspectives d'évolution ;

2° Une évaluation de la valeur réelle de la société selon les méthodes objectives couramment pratiquées en matière de cession totale ou partielle d'actifs de sociétés ;

3° Une appréciation du caractère avisé de l'investissement ;

4° Une analyse technique de la qualification juridique de la participation au capital envisagée au regard des conditions fixées au paragraphe 1 de l'article 107 du traité sur le fonctionnement de l'Union européenne.

Ce rapport est annexé à la délibération du conseil régional.

Art. R. 4211-7 Préalablement à sa délibération, le conseil régional saisit pour avis la Commission des participations et des transferts prévue à l'article 25 de l'ordonnance n° 2014-948 du 20 août 2014 relative à la gouvernance et aux opérations sur le capital des sociétés à participation publique si l'une des conditions suivantes est réunie :

1° La société dans laquelle la prise de participation est envisagée réalise un chiffre d'affaires supérieur à soixante-quinze millions d'euros ou emploie plus de cinq cents personnes, appréciés sur une base consolidée ;

2° La participation envisagée est égale ou supérieure à trois millions d'euros.

Le rapport mentionné à l'article R. 4211-6 est transmis à la Commission des participations et des transferts.

La Commission des participations et des transferts dispose d'un délai de deux mois, à compter de la date d'accusé réception de la saisine, pour se prononcer sur la valeur de la société. Son avis est réputé donné s'il n'a pas été émis avant l'expiration de ce délai. Il est transmis au président du conseil régional.

Cet avis est annexé à la délibération visée à l'article R. 4211-6.

Art. R. 4211-8 Le conseil régional se prononce sur toute cession de parts de capital qu'il détient dans une société commerciale au vu d'un rapport établi, au moment de la cession, par un ou plusieurs experts choisis parmi les personnes présentant toutes garanties d'indépendance, d'honorabilité, de compétence en matière d'évaluation d'entreprises et de titres de sociétés et de connaissance du secteur d'activité concerné et du marché local.

Ce rapport comporte notamment :

1° Une analyse de la situation financière de l'entreprise et de ses perspectives d'évolution ;

2° Une évaluation de la valeur réelle de la société selon les méthodes objectives couramment pratiquées en matière de cession totale ou partielle d'actifs de sociétés.

Ce rapport est annexé à la délibération du conseil régional décidant la cession.

TITRE II COMPÉTENCES DU CONSEIL RÉGIONAL

CHAPITRE I DISPOSITIONS GÉNÉRALES

(Décr. n° 2011-1612 du 22 nov. 2011, art. 9)

Art. R. 4221-1 Les baux et les actes de vente sont passés par le président du conseil régional au nom de la région.

Les autorisations d'occupation ou d'utilisation du domaine public régional sont délivrées par le président du conseil régional.

Art. R. 4221-2 L'autorité compétente de l'État mentionnée à l'article L. 4221-4 est le directeur départemental des finances publiques.

Art. R. 4221-3 Dans les cas prévus à l'article L. 4221-4-1, les comptables publics sont déchargés de toute responsabilité par la remise des fonds au notaire rédacteur de l'acte.

Art. R. 4221-4 Lorsque le prix des acquisitions d'immeubles, de droits réels immobiliers ou de fonds de commerce réalisées selon les règles du droit commun par les régions et leurs établissements publics donne lieu à remploi en immeuble, les comptables publics remettent les fonds au notaire rédacteur de l'acte portant mutation de l'immeuble acquis en remploi.

La remise des fonds a lieu sur la demande du vendeur et sur production d'une attestation du notaire certifiant l'accomplissement de la mission de remploi qui lui a été confiée.

Cette attestation comporte obligatoirement l'identité des parties, ainsi que la désignation de l'immeuble conformément aux dispositions du premier alinéa de l'article 5, du 1 de l'article 6 et de l'article 7 du décret n° 55-22 du 4 janvier 1955 portant réforme de la publicité foncière, et mentionne le prix d'acquisition.

Art. R. 4221-5 Lorsque le prix d'une des acquisitions mentionnées à l'article R. 4221-4 donne lieu à remploi en valeurs mobilières, les comptables publics remettent les fonds au prestataire de service d'investissement *(Décr. n° 2017-1253 du 9 août 2017, art. 14)* « autre qu'une société de gestion de portefeuille » désigné par le vendeur, par contrat ou par autorité de justice, pour procéder à l'achat et requérir l'immatriculation des titres acquis en remploi.

La remise des fonds a lieu sur production d'une attestation du prestataire de service d'investissement certifiant l'accomplissement de la mission de remploi qui lui a été confiée.

Art. R. 4221-6 Pour les acquisitions immobilières passées en la forme administrative par les régions et leurs établissements publics, il peut être payé au vendeur, dès l'expiration des délais ouverts pour prendre les inscriptions ayant un effet rétroactif, un acompte dans la limite maximum des trois quarts de la différence entre le prix stipulé et celui des charges et accessoires.

Cet acompte est payé après autorisation de l'autorité habilitée à recevoir l'acte administratif.

Art. R. 4221-7 Le prix des acquisitions immobilières faites à l'amiable suivant les règles du droit civil pour le compte des régions et de leurs établissements publics peut être payé au vendeur, après publication de l'acte au fichier immobilier, sans l'accomplissement des formalités de purge des *(Décr. n° 2021-1888 du 29 déc. 2021, art. 5)* « hypothèques inscrites » lorsqu'il n'excède pas un montant fixé par arrêté du ministre chargé du domaine et du ministre de l'Intérieur.

Art. R. 4221-8 Tout notaire constitué dépositaire d'un testament contenant un legs en faveur d'une région ou d'un établissement public régional est tenu, dès l'ouverture du testament, d'adresser au président du conseil régional ou au représentant de l'établissement légataire la copie intégrale des dispositions testamentaires.

La copie est écrite sur papier libre et il est délivré récépissé des pièces transmises.

Art. R. 4221-9 Les réclamations concernant les legs en faveur d'une région ou d'un établissement public régional, formulées par les héritiers légaux, sont recevables auprès du ministre de l'Intérieur, dans un délai de six mois à compter de l'ouverture du testament. Elles comportent les nom, prénoms et adresse des réclamants, leur ordre et degré de parenté vis-à-vis du défunt, ainsi que les motifs de la réclamation.

Le ministre de l'Intérieur informe le président du conseil régional ou le représentant de l'établissement légataire de ces réclamations et délivre aux réclamants un accusé de réception.

Lorsque les réclamations sont formulées après l'expiration du délai mentionné au premier alinéa ou émanent de personnes autres que les héritiers légaux, l'accusé de réception fait mention de leur irrecevabilité.

TITRE III COMPÉTENCES DU PRÉSIDENT DU CONSEIL RÉGIONAL

CHAPITRE UNIQUE

Art. D. 4231 *(Décr. n° 2023-523 du 29 juin 2023, art. 3)* Le seuil de délégation fixé par la délibération prévue au 16° de l'article L. 4221-5 du présent code ne peut être supérieur à 200 euros.

Après instruction des propositions transmises par le comptable public portant sur des créances irrécouvrables au sens de l'article R. 276-2 du livre des procédures fiscales, le président du conseil régional prononce l'admission en non-valeur par arrêté.

Il rend compte de ses décisions au conseil régional au moyen d'un état listant les créances admises en non-valeur et les motifs ayant présidé à cette admission.

Il tient à la disposition du conseil régional les pièces produites à l'appui de la demande d'admission en non-valeur présentée par le comptable public.

TITRE IV COMPÉTENCES DU CONSEIL ÉCONOMIQUE, SOCIAL ET ENVIRONNEMENTAL RÉGIONAL

CHAPITRE UNIQUE

Art. R. 4241-1 Les conditions de la notification des demandes d'avis et d'études visées à l'article L. 4241-1 ainsi que celles de la convocation du conseil économique, social et environnemental régional sont fixées respectivement par les articles R. 4134-9 et R. 4134-10.

TITRE V ATTRIBUTIONS DE LA RÉGION EN MATIÈRE D'AMÉNAGEMENT ET DE DÉVELOPPEMENT ÉCONOMIQUE

(Décr. n° 2016-1071 du 3 août 2016, art. 1er).

CHAPITRE I LE SCHÉMA RÉGIONAL D'AMÉNAGEMENT, DE DÉVELOPPEMENT DURABLE ET D'ÉGALITÉ DES TERRITOIRES

(Décr. n° 2016-1071 du 3 août 2016, art. 1er)

SECTION 1 Composition et contenu du schéma

Art. R. 4251-1 Le schéma régional d'aménagement, de développement durable et d'égalité des territoires est composé :

– d'un rapport consacré aux objectifs du schéma illustrés par une carte synthétique ;
– d'un fascicule regroupant les règles générales organisé en chapitres thématiques ;
– de documents annexes.

SOUS-SECTION 1 Le rapport

Art. R. 4251-2 *(Décr. n° 2022-762 du 29 avr. 2022, art. 2)* « I. — » Le rapport du schéma fait la synthèse de l'état des lieux de l'aménagement, du développement durable et de l'égalité des territoires dans la région, identifie les enjeux dans les domaines de compétence du schéma, expose la stratégie régionale et fixe les objectifs qui en découlent.

(Décr. n° 2022-762 du 29 avr. 2022, art. 2) « II. — La carte synthétique illustrant les objectifs du schéma prévue par le dernier alinéa de l'article L. 4251-1 est établie à l'échelle du 1/150 000. Elle peut être décomposée en plusieurs cartes relatives aux éléments qui la constituent, de même échelle et à caractère également indicatif. »

Art. R. 4251-3 *(Décr. n° 2022-762 du 29 avr. 2022, art. 3)* Les objectifs en matière de gestion économe de l'espace et de lutte contre l'artificialisation des sols sont définis et sont territorialement déclinés en considérant *(Décr. n° 2023-1097 du 27 nov. 2023, art. 1er)* « les efforts de réduction déjà réalisés, évalués compte tenu du nombre d'emplois et de ménages accueillis par hectare consommé ou artificialisé, ainsi que : »

1° Les enjeux de préservation, de valorisation, de remise en bon état et de restauration des espaces naturels, agricoles et forestiers ainsi que des continuités écologiques ;

2° Le potentiel foncier mobilisable dans les espaces déjà artificialisés, en particulier par l'optimisation de la densité, le renouvellement urbain et la réhabilitation des friches ;

(Décr. n° 2023-1097 du 27 nov. 2023, art. 1er) « 3° L'équilibre du territoire, en tenant compte des pôles urbains, du maillage des infrastructures et des enjeux de revitalisation et de désenclavement des territoires, notamment des communes rurales, ainsi que des particularités géographiques locales pour les communes littorales, au sens du chapitre I du titre II du livre I du code de l'urbanisme, et les zones de montagne définies à l'article 3 de la loi n° 85-30 du 9 janvier 1985 relative au développement et à la protection de la montagne ; »

4° Les dynamiques démographiques et économiques prévisibles au vu notamment des données disponibles et des besoins identifiés sur les territoires ;

(Décr. n° 2023-1097 du 27 nov. 2023, art. 1er) « 5° L'adaptation des territoires exposés à des risques naturels mentionnés à l'article L. 561-1 du code de l'environnement

ou, le cas échéant, la recomposition des communes exposées au recul du trait de côte et figurant sur la liste mentionnée à l'article L. 321-15 du même code ;

« 6° Les enjeux de maintien et de développement des activités agricoles, notamment de création ou d'adaptation d'exploitations. »

Les art. R. 4251-3 et R. 4251-8-1 CGCT relatifs à la déclinaison territoriale des objectifs de gestion économe de l'espace et de lutte contre l'artificialisation des sols peuvent être appliqués au plan d'aménagement et de développement durable de la Corse prévu à l'art. L. 4424-9, aux schémas d'aménagement régionaux prévus à l'art. L. 4433-7, ainsi qu'au schéma directeur de la région Ile-de-France prévu à l'art. L. 123-1 C. urb., en fonction des caractéristiques spécifiques à ces documents et, notamment, en tenant compte des enjeux propres à ces territoires (Décr. n° 2023-1097 du 27 nov. 2023, art. 4).

Art. R. 4251-4 *(Décr. n° 2020-801 du 29 juin 2020, art. 2)* Les objectifs en matière d'infrastructures de transport, d'intermodalité, de logistique et de développement des transports de personnes et de marchandises portent sur le transport de personnes et le transport de marchandises. Ils sont déterminés au regard des évolutions prévisibles de la demande de transport et des besoins liés à la mise en œuvre du droit à la mobilité tel que défini à l'article L. 1111-2 du code des transports.

Ils visent l'optimisation de l'utilisation des réseaux et équipements existants et la complémentarité entre les modes et la coopération des opérateurs.

Les objectifs en matière d'intermodalité, de logistique et de développement des transports de personnes et de marchandises sont déterminés, en particulier, au regard des besoins identifiés de déplacement quotidien entre le domicile et le lieu de travail. Ils visent :

– l'articulation entre les différents modes de déplacement, notamment en ce qui concerne la mise en place de pôles d'échanges multimodaux ;

– la cohérence des services de transport public et de mobilité offerts aux usagers sur le territoire régional ainsi que la cohérence des dispositions des plans de mobilité limitrophes, dans le respect des compétences de chacune des autorités organisatrices de transport du territoire ;

– la coordination des politiques de transport et de mobilité des autorités organisatrices définies à l'article L. 1221-1 du code des transports, en ce qui concerne l'offre de services, l'information des usagers, la tarification et la billettique.

Art. R. 4251-5 Les objectifs relatifs au climat, à l'air et à l'énergie portent sur :

– l'atténuation du changement climatique ;

– l'adaptation au changement climatique ;

– la lutte contre la pollution atmosphérique ;

– la maîtrise de la consommation d'énergie, tant primaire que finale, notamment par la rénovation énergétique ;

– le développement des énergies renouvelables et des énergies de récupération, notamment celui de l'énergie éolienne et de l'énergie biomasse, le cas échéant par zones géographiques.

Les objectifs quantitatifs de maîtrise de l'énergie, d'atténuation du changement climatique, de lutte contre la pollution de l'air sont fixés par le schéma à l'horizon de l'année médiane de chacun des deux budgets carbone les plus lointains adoptés en application des articles L. 222-1-A à L. 222-1-D du code de l'environnement et aux horizons plus lointains mentionnés à l'article L. 100-4 du code de l'énergie.

Art. R. 4251-6 Les objectifs de protection et de la restauration de la biodiversité sont fondés sur l'identification des espaces formant la trame verte et bleue définis par le II et le III de l'article L. 371-1 du code de l'environnement et précisés par l'article R. 371-19 du même code.

Ils sont déterminés notamment par une analyse des enjeux régionaux relatifs à la préservation et à la remise en bon état des continuités écologiques, qui sont hiérarchisés et spatialisés.

Les objectifs de préservation ou de remise en bon état sont précisés pour chacune des sous-trames énumérées par l'article R. 371-27 du code de l'environnement.

Art. R. 4251-7 Les objectifs en matière de prévention, de recyclage *(Décr. n° 2020-1573 du 11 déc. 2020, art. 3)* « , » de valorisation *(Décr. n° 2020-1573 du 11 déc. 2020,* *art. 3)* « et d'élimination » des déchets déclinent les objectifs nationaux définis à l'article L. 541-1 du code de l'environnement de manière adaptée aux particularités territoriales ainsi que les priorités à retenir pour atteindre ces objectifs.

Ils portent sur l'ensemble des déchets mentionnés à l'article R. 541-15 du code de l'environnement et sont fondés sur les éléments énumérés au I de l'article R. 541-16 du même code.

Ils sont spécifiques pour certains déchets en vertu du III de l'article L. 541-13 de ce code et des dispositions réglementaires prises pour son application.

(Décr. n° 2020-1573 du 11 déc. 2020, art. 3) « Ils prennent en compte les objectifs environnementaux relatifs à la prévention des déchets abandonnés définis par les documents stratégiques de façade en application de l'article L. 219-9 du code de l'environnement. »

Il est tenu compte des avis des régions limitrophes, sollicités en application du III de l'article L. 4251-5.

SOUS-SECTION 2 **Le fascicule des règles générales**

Art. R. 4251-8 Le fascicule est structuré en chapitres dont le nombre, les thèmes et l'articulation sont librement décidés par la région, dans les domaines de compétence du schéma.

Il comporte les règles définies par les articles *(Décr. n° 2022-762 du 29 avr. 2022, art. 4)* « R. 4251-8-1 » à R. 4251-12 ainsi que toute autre règle générale contribuant à la réalisation des objectifs du schéma.

À cette fin, l'énoncé d'une règle peut être assorti, à titre de compléments dépourvus de tout caractère contraignant :

– de documents graphiques ;

– de propositions de mesures d'accompagnement destinées aux autres acteurs de l'aménagement et du développement durable régional.

Ces compléments sont distincts des règles et identifiés en tant que tels.

Le fascicule comprend les modalités et indicateurs de suivi et d'évaluation de l'application des règles générales et de leurs incidences. Ce dispositif de suivi et d'évaluation doit permettre à la région de transmettre à l'État les informations mentionnées au II de l'article L. 4251-8.

Art. R. 4251-8-1 *(Décr. n° 2022-762 du 29 avr. 2022, art. 5) (Décr. n° 2023-1097 du 27 nov. 2023, art. 1er)* « I. – En matière de gestion économe de l'espace et de lutte contre l'artificialisation des sols, des règles différenciées peuvent être définies afin d'assurer la déclinaison des objectifs entre les différentes parties du territoire en tenant compte des périmètres des schémas de cohérence territoriale.

« Cette déclinaison territoriale tient compte de la surface minimale de consommation communale d'espaces naturels, agricoles ou forestiers prévue au premier alinéa du 3° *bis* du III de l'article 194 de la loi n° 2021-1104 du 22 août 2021 portant lutte contre le dérèglement climatique et renforcement de la résilience face à ses effets.

« Lorsque la région comporte des territoires littoraux, cette déclinaison territoriale doit permettre de favoriser les projets de recomposition spatiale des communes exposées au recul du trait de côte et figurant sur la liste mentionnée à l'article L. 321-15 du code de l'environnement, pour réaliser les relocalisations nécessaires de constructions, d'ouvrages ou d'installations menacés par l'évolution du trait de côte. Elle tient compte des caractéristiques géographiques locales, notamment environnementales et paysagères, et doit être proportionnée à la surface des terrains qui sont situés dans les espaces urbanisés des zones délimitées en application du 1° de l'article L. 121-22-2 du code de l'urbanisme et qui ont vocation à être renaturés pendant la tranche de dix ans en cours. »

(Décr. n° 2023-1097 du 27 nov. 2023, art. 1er) « II. – » Le fascicule peut *(Décr. n° 2023-1097 du 27 nov. 2023, art. 1er)* « réserver une part de consommation d'espaces ou d'artificialisation des sols pour » une liste des projets d'aménagements, d'infrastructures et d'équipements publics ou d'activités économiques qui sont d'envergure régionale, pour lesquels la consommation ou l'artificialisation des sols induite est prise en

compte dans le plafond déterminé au niveau régional sans être déclinée entre les différentes parties du territoire régional.

(*Décr. n° 2023-1097 du 27 nov. 2023, art. 1er*) « Une part d'artificialisation des sols peut également être réservée au niveau régional pour une liste de projets de construction ou d'extension de constructions ou installations nécessaires aux exploitations agricoles permettant de contribuer aux objectifs et orientations prévus dans le schéma directeur régional des exploitations agricoles mentionné à l'article L. 312-1 du code rural et de la pêche maritime.

« Les listes établies en application du présent II, ainsi que leurs évolutions successives, sont transmises pour avis sur les projets qui se situent en tout ou partie sur le territoire de leur collectivité ou de leur établissement public, aux :

« *a)* Présidents des établissements publics mentionnés à l'article L. 143-16 du code de l'urbanisme ;

« *b)* Présidents des établissements publics de coopération intercommunale à fiscalité propre compétents en matière de plan local d'urbanisme mentionnés au premier alinéa de l'article L. 153-8 du code de l'urbanisme ;

« *c)* Maires ;

« *d)* Présidents de conseil départemental.

« L'avis est réputé favorable s'il n'a pas été rendu dans un délai d'un mois.

« III. — » Il précise les moyens d'observation et de suivi permettant d'évaluer l'atteinte des objectifs et le respect des règles en matière de gestion économe de l'espace et de lutte contre l'artificialisation des sols.

Art. R. 4251-9 (*Décr. n° 2016-1071 du 3 août 2016, art. 1er*) En matière d'infrastructures de transport, d'intermodalité (*Décr. n° 2020-801 du 29 juin 2020, art. 2*) « , de logistique et de développement des transports de personnes et de marchandises », sont déterminées :

— les infrastructures nouvelles relevant de la compétence de la région ;

— les mesures de nature à favoriser la cohérence des services de transport public et de mobilité et la cohérence infrarégionale des (*Décr. n° 2020-801 du 29 juin 2020, art. 2*) « plans de mobilité » limitrophes ;

— les mesures de nature à assurer une information des usagers sur l'ensemble de l'offre de transports, à permettre la mise en place de tarifs donnant accès à plusieurs modes de transport et la distribution des billets correspondants ;

— les modalités de coordination de l'action des collectivités territoriales et de leurs groupements, relatives aux pôles d'échanges stratégiques entrant dans le champs de l'article L. 3114-1 du code des transport, ainsi que l'identification des aménagements nécessaires à la mise en œuvre des connexions entre les différents réseaux de transport et modes de déplacements, en particulier les modes non polluants ;

— les voies et les axes routiers mentionnés au troisième alinéa de l'article L. 4251-1 qui constituent des itinéraires d'intérêt régional.

Art. R. 4251-10 En matière de climat, d'air et d'énergie, sont déterminées les mesures favorables au développement des énergies renouvelables et de récupération.

Art. R. 4251-11 En matière de protection et de la restauration de la biodiversité, sont définies les règles permettant le rétablissement, le maintien ou l'amélioration de la fonctionnalité des milieux nécessaires aux continuités écologiques.

Elles sont assorties de l'indication des actions de gestion, d'aménagement ou d'effacement des éléments de fragmentation mentionnées par l'article R. 371-20 du code de l'environnement ainsi que des mesures conventionnelles et des mesures d'accompagnement permettant d'atteindre les objectifs de préservation et de remise en bon état de la fonctionnalité des continuités écologiques.

Art. R. 4251-12 En matière de prévention et de gestion des déchets :

— les installations qu'il apparaît nécessaire de fermer, d'adapter et de créer sont indiquées ;

— une ou plusieurs installations de stockage des déchets non dangereux et une ou plusieurs installations de stockage de déchets inertes sont prévues, en justifiant de leur capacité, dans les secteurs qui paraissent les mieux adaptés, en veillant à leur répartition sur la zone géographique couverte par le schéma, afin de limiter le transport des déchets en distance et en volume et de respecter le principe d'autosuffisance ;

– une limite aux capacités annuelles d'élimination des déchets non dangereux, non inertes, est fixée dans les conditions définies par l'article R. 541-17 du code de l'environnement, qui peut varier selon les collectivités territoriales et qui s'applique lors de la création de toute nouvelle installation d'élimination des déchets non dangereux non inertes, lors de l'extension de capacité d'une installation existante ou lors d'une modification substantielle de la nature des déchets admis dans une telle installation ;

– les mesures permettant d'assurer la gestion des déchets dans des situations exceptionnelles susceptibles de perturber la collecte et le traitement des déchets sont prévues, notamment les installations permettant de collecter et traiter les déchets produits dans de telles situations, de façon coordonnée avec dispositions relatives à la sécurité civile prises par les autorités qui en ont la charge ;

– la possibilité, pour les producteurs et les détenteurs de déchets, de déroger à la hiérarchie des modes de traitement des déchets définie à l'article L. 541-1 du code de l'environnement peut être prévue pour certains types de déchets spécifiques, en la justifiant compte tenu des effets globaux sur l'environnement et la santé humaine, et des conditions techniques et économiques ;

– des modalités d'action en faveur de l'économie circulaire sont proposées.

SOUS-SECTION 3 **Les annexes**

Art. R. 4251-13 Les annexes du schéma régional d'aménagement, de développement durable et d'égalité des territoires comportent :

1° Le rapport sur les incidences environnementales établi dans le cadre de l'évaluation environnementale du schéma réalisée dans les conditions prévues par le chapitre II du titre II du livre I du code de l'environnement ;

2° L'état des lieux de la prévention et de la gestion des déchets dans la région constitué des éléments et la prospective de l'évolution tendancielle des quantités de déchets produites sur le territoire prévus respectivement par le 1° et par le 2° du I de l'article R. 541-16 du code de l'environnement *(Décr. n° 2020-1573 du 11 déc. 2020, art. 3)* « ainsi que la synthèse prévue au 6 du II de l'article L. 541-13 du code de l'environnement » ;

3° Le diagnostic du territoire régional, la présentation des continuités écologiques retenues pour constituer la trame verte et bleue régionale, le plan d'action stratégique et l'atlas cartographique prévus par les articles R. 371-26 à R. 371-29 du code de l'environnement.

Peuvent en outre figurer dans les annexes tous documents, analyses, évaluations et autres éléments utilisés pour élaborer le schéma que la région estime nécessaire de présenter à titre indicatif ainsi que ceux qui portent sur la mise en œuvre de celui-ci, notamment la contribution attendue du contrat de plan État-région.

SECTION 2 **Élaboration du schéma**

Art. R. 4251-14 L'autorité administrative compétente de l'État porte à la connaissance du président du conseil régional, en vue du débat au sein de la conférence territoriale de l'action publique prévue à l'article L. 4251-4 ainsi que tout au long de la procédure d'élaboration, l'ensemble des informations dont elle dispose et qui sont nécessaires à l'exercice de la compétence de la région. Tout retard ou omission dans la transmission de ces informations est sans effet sur les procédures engagées.

Art. R. 4251-15 La délibération du conseil régional fixant les modalités d'élaboration du schéma prévue à l'article L. 4251-4 indique le délai dans lequel les personnes mentionnées aux 3° à 6° du I de l'article L. 4251-5 formulent des propositions relatives aux règles générales du projet de schéma.

Art. R. 4251-16 Le président du conseil régional transmet sans délai le schéma adopté par le conseil régional au préfet de région.

Dans un délai de trois mois à compter de la réception du schéma adopté, le préfet de région l'approuve ou notifie à la région les modifications à y apporter.

SECTION 3 Évolution du schéma

Art. R. 4251-17 La mise à disposition du public par voie électronique du projet de modification du schéma et des avis recueillis sur celui-ci prévue au I de l'article L. 4251-9 est affichée sur le site internet de la région et permet le dépôt éventuel d'observations du public.

CHAPITRE II RECHERCHE ET DÉVELOPPEMENT TECHNOLOGIQUE

Art. R. 4252-1 Les comités consultatifs régionaux de recherche et de développement technologique prévus à l'article L. 4252-3 sont composés de membres nommés qui comprennent :

1° Dans la proportion de 50 % au moins, des membres issus des différents secteurs de la recherche et du développement technologique existant dans la région ;

2° Des membres appartenant à des organisations syndicales nationales représentatives des salariés et des employeurs présentes dans la région ;

3° En nombre égal aux membres mentionnés au 2°, des personnalités choisies en raison de leur participation à l'expansion de la région. – *[Décr. nº 83-1174 du 27 déc. 1983, art. 1er.]*

Art. R. 4252-2 Les membres mentionnés au 1° de l'article R. 4252-1 sont choisis dans les entreprises et établissements publics ou privés exerçant dans la région une activité de recherche et de développement technologique, les établissements d'enseignement supérieur de la région, les sociétés savantes et les associations qualifiées dans le domaine de la promotion des sciences et des techniques.

Les membres appartenant à des organisations de salariés et d'employeurs mentionnées au 2° de l'article R. 4252-1 sont choisis dans les organisations affiliées à une confédération reconnue représentative au plan national ou à la fédération de l'éducation nationale, dans des proportions tenant compte de la représentativité de ces organisations au plan régional. – *[Décr. nº 83-1174 du 27 déc. 1983, art. 2.]*

Art. R. 4252-3 Le conseil régional établit, après avis du conseil économique et social, et conformément aux dispositions des 1° et 2° de l'article R. 4252-1, la liste des groupes et institutions appelés à proposer des candidats.

Cette liste mentionne le nombre des sièges réservés à chaque groupe ou institution. Elle est mise à jour à l'occasion des renouvellements du comité.

Les membres prévus aux 1° et 2° de l'article R. 4252-1 sont nommés au vu des propositions faites par les organes régionaux ou à défaut nationaux des groupes ou institutions habilités à faire des propositions. Les propositions de candidatures comportent plus de noms que de sièges à pourvoir.

Les conditions de nomination des membres du comité sont fixées par le conseil régional. – *[Décr. nº 83-1174 du 27 déc. 1983, art. 3.]*

Art. R. 4252-4 À la demande du comité, les chefs des services régionaux de l'État et le *(Décr. nº 2020-1555 du 9 déc. 2020, art. 9)* « délégué régional académique à la recherche et à l'innovation ou, en Guyane, le délégué régional à la recherche et à la technologie » peuvent, avec l'accord du préfet de région, assister aux travaux du comité, de ses commissions et groupes de travail.

Le préfet de région peut être entendu par le comité avec son accord ou à sa demande.

CHAPITRE III INTERVENTIONS EN MATIÈRE ÉCONOMIQUE ET SOCIALE

SECTION 1 Garanties d'emprunts

Art. D. 4253-1 Les dispositions des articles D. 1511-30 à D. 1511-35 sont applicables aux régions.

SECTION 2 Participation au capital de sociétés

SOUS-SECTION 1 Participation à des sociétés de garantie (R)

Art. R. 4253-2 Les dispositions des articles R. 1511-36 à R. 1511-39 sont applicables aux régions.

SECTION 3 Aides économiques *(Décr. n° 2005-849 du 25 juill. 2005, art. 1er).*

Art. R. 4253-3 Les dispositions des articles R. 1511-40 à R. 1511-43 sont applicables aux régions.

Art. R. 4253-4 *(Décr. n° 2005-849 du 25 juill. 2005, art. 1er)* Les régions peuvent attribuer une subvention de fonctionnement aux structures locales des organisations syndicales représentatives qui sont dotées de la personnalité morale et qui remplissent des missions d'intérêt général sur le plan régional. Ces structures ne peuvent reverser les subventions à d'autres personnes morales et doivent rendre compte de leur utilisation dans le rapport mentionné à l'article L. 4253-5.

Les subventions sont attribuées par les assemblées délibérantes de ces collectivités. Les conventions conclues, le cas échéant, avec les structures locales des organisations syndicales représentatives, en application de l'article 10 de la loi n° 2000-321 du 12 avril 2000 modifiée relative aux droits des citoyens dans leurs relations avec les administrations et du décret n° 2001-495 du 6 juin 2001 pris pour son application, sont jointes aux délibérations attribuant ces subventions lors de la transmission prévue aux articles L. 4141-1 et L. 4141-2.

TITRE VI GESTION DES SERVICES PUBLICS DE LA RÉGION

CHAPITRE UNIQUE

Pas de dispositions réglementaires codifiées.

LIVRE III FINANCES DE LA RÉGION

TITRE I BUDGETS ET COMPTES

(Décr. n° 2009-1785 du 31 déc. 2009)

CHAPITRE I DISPOSITIONS GÉNÉRALES

Art. R. 4311-1 La période d'exécution du budget est limitée à l'année même à laquelle ce budget s'applique pour le mandatement des dépenses et l'émission des titres de recettes.

Toutefois, cette période comprend un délai complémentaire qui s'étend jusqu'au dernier jour du mois de janvier de l'année suivante. Cette disposition n'est pas applicable aux opérations intéressant uniquement la section d'investissement du budget.

Art. D. 4311-2 Les chapitres des budgets votés par nature correspondent :

a) Section d'investissement :

– à chacun des comptes à deux chiffres des classes 1 et 2 ouverts à la nomenclature par nature, à l'exception des comptes "Report à nouveau", "Résultat de l'exercice", "Provisions pour risques et charges", "Différences sur réalisations d'immobilisations", "Immobilisations affectées, concédées, affermées ou mises à disposition", "Amortissements des immobilisations", "Dépréciation des immobilisations" ;

– à chacun des chapitres globalisés ;

– à chaque opération votée par l'assemblée délibérante. L'opération correspond à un ensemble d'acquisitions d'immobilisations, de travaux sur immobilisations et de frais d'études y afférents, aboutissant à la réalisation d'un ouvrage ou de plusieurs ouvrages de même nature. Cette opération peut également comporter des subventions d'équipement versées ;

– à chacune des opérations pour le compte de tiers ;

– au compte "Subventions d'équipement versées" ;

– en recettes, à la ligne intitulée "Virement de la section de fonctionnement" ;

– en recettes, à la ligne intitulée "Produits des cessions d'immobilisations" ;

– en dépenses, au chapitre "Dépenses imprévues", qui ne comporte qu'une autorisation de programme sans crédit de paiement.

Ces trois derniers chapitres ne comportent que des prévisions sans réalisation.

b) Section de fonctionnement :

– aux comptes à deux chiffres des classes 6 et 7 ouverts à la nomenclature par nature, à l'exception des comptes faisant partie de chapitres globalisés ;

– à chacun des chapitres globalisés ;

– en recettes, au compte intitulé "Impositions directes" ;

– en dépenses, au compte intitulé "Frais de fonctionnement des groupes d'élus" ;

– en dépenses, à la ligne intitulée "Virement à la section d'investissement" ;

– en dépenses, au chapitre "Dépenses imprévues", qui ne comporte qu'une autorisation d'engagement sans crédit de paiement.

Ces deux derniers chapitres ne comportent que des prévisions sans réalisation.

Art. D. 4311-3 Pour les budgets votés par nature, l'article budgétaire correspond à la subdivision la plus détaillée de la nomenclature définie par l'arrêté prévu à l'article L. 4312-2, complété du numéro d'opération pour les opérations d'investissement et les opérations pour le compte de tiers.

Les chapitres intitulés "Dépenses imprévues", "Virement de la section de fonctionnement", "Virement à la section d'investissement" et "Produits des cessions d'immobilisations" ne comportent pas d'article.

Art. D. 4311-4 Les chapitres des budgets votés par fonction correspondent :

a) Section d'investissement :

– pour les dépenses et recettes ventilables, au groupe 90 "Opérations ventilées", complété par le numéro de l'une des dix fonctions de la nomenclature fonctionnelle ;

– pour les dépenses et recettes non ventilables, à chacun des chapitres non ventilés ;

– en recettes, à la ligne intitulée "Virement de la section de fonctionnement" ;

– en recettes, à la ligne intitulée "Produits des cessions d'immobilisations" ;

– en dépenses, au chapitre "Dépenses imprévues", qui ne comporte qu'une autorisation de programme sans crédit de paiement.

Ces trois derniers chapitres ne comportent que des prévisions sans réalisation.

b) Section de fonctionnement :

– pour les dépenses et recettes ventilables, au groupe 93 "Services individualisés", complété par le numéro de l'une des dix fonctions de la nomenclature fonctionnelle ;

– pour les dépenses et recettes non ventilables, à chacun des chapitres non ventilés ;

– en dépenses, à la ligne intitulée "Virement à la section d'investissement" ;

– en dépenses, au chapitre "Dépenses imprévues", qui ne comporte qu'une autorisation d'engagement sans crédit de paiement.

Ces deux derniers chapitres ne comportent que des prévisions sans réalisation.

Art. D. 4311-5 Les articles des budgets votés par fonction correspondent :

a) Section d'investissement :

– pour les dépenses et recettes ventilables, au groupe 90 "Opérations ventilées", complété par la subdivision la plus détaillée de la nomenclature fonctionnelle ;

– pour les dépenses et recettes non ventilables, à chacun des chapitres non ventilés, complété par la subdivision la plus détaillée de la nomenclature par nature.

Les chapitres relatifs aux dépenses imprévues, au virement de la section de fonctionnement et aux produits des cessions d'immobilisations ne comportent pas d'article.

b) Section de fonctionnement :

– pour les dépenses et recettes ventilables, au groupe 93 "Services individualisés", complété par la subdivision la plus détaillée de la nomenclature fonctionnelle ;

– pour les dépenses et recettes non ventilables, à chacun des chapitres non ventilés, complété du compte le plus détaillé de la nomenclature par nature.

Les chapitres relatifs aux dépenses imprévues et au virement à la section d'investissement ne comportent pas d'article.

Art. D. 4311-6 *(Décr. n° 2011-687 du 17 juin 2011, art. 1er)* Le rapport prévu à l'article L. 4310-1 décrit, sous forme de synthèse, la situation en matière de développement durable de la collectivité à partir des évaluations, documents et bilans produits par la région sur une base volontaire ou prévus par un texte législatif ou réglementaire.

Ce rapport comporte, au regard des cinq finalités du développement durable mentionnées au III de l'article L. 110-1 du code de l'environnement *[V. cet art. ss. art. L. 2311-1-1]* :

– le bilan des actions conduites au titre de la gestion du patrimoine, du fonctionnement et des activités internes de la collectivité ;

– le bilan des politiques publiques, des orientations et des programmes mis en œuvre sur son territoire.

Ces bilans comportent en outre une analyse des modalités d'élaboration, de mise en œuvre et d'évaluation des actions, politiques publiques et programmes.

Cette analyse peut être élaborée à partir du cadre de référence pour les projets territoriaux de développement durable et agendas 21 locaux mentionné au deuxième alinéa de l'article 254 de la loi n° 2010-788 du 12 juillet 2010 portant engagement national pour l'environnement *[V. cet art. ss. art. L. 2311-1-1]*.

Art. D. 4311-7 *(Décr. n° 2015-761 du 24 juin 2015, art. 3)* I. – En application de l'article L. 4311-1-1, le président du conseil régional présente au conseil régional un rapport annuel sur la situation en matière d'égalité entre les femmes et les hommes dans la région.

II. – Le rapport fait état de la politique de ressources humaines de la région en matière d'égalité professionnelle entre les femmes et les hommes. À cet effet, il reprend notamment les données du rapport, présenté en *(Décr. n° 2021-571 du 10 mai 2021, art. 105)* « comité social territorial » comme prévu à l'article 51 de la loi n° 2012-347 du 12 mars 2012, relatives au recrutement, à la formation, au temps de travail, à la promotion professionnelle, aux conditions de travail, à la rémunération et à l'articulation entre vie professionnelle et vie personnelle.

Le rapport comporte également un bilan des actions menées et des ressources mobilisées en matière d'égalité professionnelle entre les femmes et les hommes et décrit les orientations pluriannuelles. Ce bilan et ces orientations concernent notamment les rémunérations et les parcours professionnels, la promotion de la parité dans le cadre des actions de formation, la mixité dans les filières et les cadres d'emplois, l'articulation entre vie professionnelle et vie personnelle, la prévention de toutes les violences faites aux agents sur leur lieu de travail et la lutte contre toute forme de harcèlement.

III. — Le rapport présente les politiques menées par la région sur son territoire en faveur de l'égalité entre les femmes et les hommes, telles que définies à l'article 1er de la loi n° 2014-873 du 4 août 2014 pour l'égalité réelle entre les femmes et les hommes. Il fixe des orientations pluriannuelles et des programmes de nature à favoriser l'égalité entre les femmes et les hommes.

Ce rapport comporte un bilan des actions conduites à cette fin dans la conception, la mise en œuvre et l'évaluation des politiques publiques de la région. Il présente notamment le suivi de la mise en œuvre de la clause d'égalité dans les marchés publics. Il peut comporter également une analyse de la situation économique et sociale en matière d'inégalités entre les femmes et les hommes dans la région, à partir d'un diagnostic fondé sur les interventions relevant de sa compétence et sur les données des bénéficiaires de ses politiques.

Le rapport recense les ressources mobilisées à cet effet.

CHAPITRE II ADOPTION DU BUDGET ET RÈGLEMENT DES COMPTES

Art. R. 4312-1 Le conseil régional choisit de voter le budget de la région par nature ou par fonction.

Art. R. 4312-2 La présentation croisée, par fonction ou par nature, prévue à l'article L. 4312-2 s'effectue entre le niveau le plus fin de la nomenclature fonctionnelle et chacun des comptes par nature à trois chiffres. Pour le compte administratif, le croisement s'effectue entre le niveau le plus fin de la nomenclature fonctionnelle et le compte le plus détaillé ouvert dans la nomenclature par nature.

Cette présentation fonctionnelle croisée n'est pas applicable à un service public régional à activité unique érigé en établissement public ou faisant l'objet d'un budget annexe.

Art. R. 4312-3 Les autorisations de programme ou d'engagement et leurs révisions éventuelles sont présentées par le président du conseil régional. Elles sont votées par le conseil régional lors de l'adoption du budget de l'exercice ou des décisions modificatives.

Le conseil régional ou la commission permanente, lorsque celle-ci a reçu délégation, affecte par chapitre et, le cas échéant, par article les autorisations de programme et les autorisations d'engagement.

Les autorisations de programme correspondent à des dépenses à caractère pluriannuel se rapportant à une immobilisation ou à un ensemble d'immobilisations déterminées, acquises ou réalisées par la région, ou à des subventions d'équipement versées à des tiers.

Le bilan de la gestion pluriannuelle, présenté par le président du conseil régional à l'occasion du vote du compte administratif, précise notamment le taux de couverture des autorisations de programme et d'engagement. Il est assorti de l'état relatif à la situation des autorisations de programme et d'engagement, dont les modalités de calcul et de présentation sont prévues par arrêté conjoint du ministre chargé des collectivités territoriales et du ministre chargé du budget.

Art. R. 4312-4 Pour l'application des dispositions de l'article L. 4312-7, les crédits nécessaires au fonctionnement du conseil économique, social et environnemental régional et, le cas échéant, à la réalisation de ses études sont spécialisés par article.

Art. R. 4312-5 Le besoin ou l'excédent de financement de la section d'investissement constaté à la clôture de l'exercice est constitué du solde d'exécution corrigé des restes à réaliser.

Le solde d'exécution de la section d'investissement correspond à la différence entre le montant des titres de recettes et le montant des mandats de dépenses émis au cours de l'exercice, y compris, le cas échéant, les réductions et annulations de recettes et de dépenses, augmentée ou diminuée du report des exercices antérieurs.

Les restes à réaliser de la section d'investissement arrêtés à la clôture de l'exercice correspondent aux dépenses engagées non mandatées et aux recettes certaines n'ayant pas donné lieu à l'émission d'un titre.

Art. R. 4312-6 Le résultat de la section de fonctionnement correspond à l'excédent ou au déficit de l'exercice. Pour son affectation, il est cumulé avec le résultat antérieur reporté à l'exclusion des restes à réaliser.

Les restes à réaliser de la section de fonctionnement arrêtés à la clôture de l'exercice correspondent aux dépenses engagées non mandatées et non rattachées ainsi qu'aux recettes certaines n'ayant pas donné lieu à l'émission d'un titre et non rattachées. Ils sont reportés au budget de l'exercice suivant.

Art. R. 4312-7 Le résultat cumulé défini à l'article R. 4312-6 est affecté, lorsqu'il s'agit d'un excédent :

1° En priorité, en réserves pour la couverture du besoin de financement de la section d'investissement apparu à la clôture de l'exercice précédent ;

2° Pour le solde, en excédent de fonctionnement reporté ou en dotation complémentaire en réserves.

Lorsqu'il s'agit d'un déficit, il est ajouté aux dépenses de fonctionnement de l'exercice.

Pour l'affectation en réserves, l'exécution de la décision budgétaire de reprise des résultats, adoptée par l'assemblée délibérante, se fait par l'émission d'un titre de recettes. La délibération affectant le résultat excédentaire est produite à l'appui de la décision budgétaire de reprise des résultats et du compte administratif de l'exercice, pour en justifier les recettes.

Art. R. 4312-8 En l'absence d'adoption du compte administratif à la date du vote du budget de l'exercice suivant, lorsque le résultat de la section de fonctionnement, le besoin de financement ou, le cas échéant, l'excédent de la section d'investissement et la prévision d'affectation sont reportés par anticipation, dans les conditions fixées au troisième alinéa de l'article L. 4312-9, les inscriptions au budget sont justifiées par la production en annexe d'une fiche de calcul des résultats prévisionnels.

Cette fiche ainsi qu'un tableau des résultats d'exécution du budget sont établis par l'ordonnateur et visés par le comptable, qui les accompagne soit du compte de gestion, s'il est arrêté à cette date, soit d'une balance établie après prise en charge du dernier bordereau de titres et de mandats.

L'ordonnateur produit l'état des restes à réaliser arrêté au 31 décembre de l'exercice clos. Les restes à réaliser de la section de fonctionnement sont reportés à la décision budgétaire de reprise des résultats par anticipation.

Art. D. 4312-9 Pour l'application de l'article L. 4312-10, lorsque la section d'investissement du budget présente un excédent, peuvent être repris en section de fonctionnement :

– le produit de la cession d'une immobilisation reçue au titre d'un don ou d'un legs, à condition que celui-ci ne soit pas expressément affecté à l'investissement ;

– le produit de la vente d'un placement budgétaire. La reprise de ce produit est limitée à la part du placement financée initialement par une recette de la section de fonctionnement.

En outre, l'excédent de la section d'investissement résultant de la dotation complémentaire en réserves prévue par le 2° de l'article R. 4312-7 et constaté au compte administratif au titre de deux exercices consécutifs peut être repris en section de fonctionnement afin de contribuer à son équilibre.

(Décr. n° 2015-1546 du 27 nov. 2015, art. 3) « Lorsque les conditions prévues aux alinéas précédents ne sont pas réunies, et en raison de circonstances exceptionnelles et motivées, la collectivité peut solliciter une décision conjointe des ministres chargés du budget et des collectivités locales, qui peut porter sur un ou plusieurs exercices, afin de reprendre l'excédent prévisionnel de la section d'investissement en section de fonctionnement dès le vote du budget primitif. »

Dans tous les cas, la reprise est accompagnée d'une délibération du conseil régional précisant l'origine de l'excédent et les conditions d'évaluation de son montant.

Art. D. 4312-10 *(Décr. nº 2016-841 du 24 juin 2016, art. 1er)* A. – Le rapport prévu à l'article L. 4312-1 comporte les informations suivantes :

1° Les orientations budgétaires envisagées par la région portant sur les évolutions prévisionnelles des dépenses et des recettes, en fonctionnement comme en investissement. Sont notamment précisées les hypothèses d'évolution retenues pour construire le projet de budget, notamment en matière de concours financiers, de fiscalité, de tarification, de subventions ainsi que les principales évolutions relatives aux relations financières entre la région et le groupement dont elle est membre.

2° La présentation des engagements pluriannuels, notamment les orientations envisagées en matière de programmation d'investissement comportant une prévision des dépenses et des recettes.

3° Des informations relatives à la structure et la gestion de l'encours de dette contractée et les perspectives pour le projet de budget. Elles présentent notamment le profil de l'encours de dette que vise la collectivité pour la fin de l'exercice auquel se rapporte le projet de budget.

Les orientations visées aux 1°, 2° et 3° devront permettre d'évaluer l'évolution prévisionnelle du niveau d'épargne brute, d'épargne nette et de l'endettement à la fin de l'exercice auquel se rapporte le projet de budget.

B. – Le rapport prévu au troisième alinéa de l'article L. 4312-1, présenté par le président du conseil régional à l'assemblée délibérante, comporte, au titre de l'exercice en cours, ou, le cas échéant, du dernier exercice connu, les informations relatives :

1° À la structure des effectifs ;

2° Aux dépenses de personnel comportant notamment des éléments sur la rémunération tels que les traitements indiciaires, les régimes indemnitaires, les nouvelles bonifications indiciaires, les heures supplémentaires rémunérées et les avantages en nature ;

3° À la durée effective du travail dans la région.

Il présente en outre l'évolution prévisionnelle de la structure des effectifs et des dépenses de personnel pour l'exercice auquel se rapporte le projet de budget.

Ce rapport peut détailler la démarche de gestion prévisionnelle des ressources humaines de la région.

Ce rapport peut s'appuyer sur les informations contenues dans le rapport sur l'état de la collectivité prévu au dixième alinéa de l'article 33 de la loi nº 84-53 du 26 janvier 1984 portant dispositions statutaires relatives à la fonction publique territoriale.

C. – Le rapport prévu à l'article L. 4312-1 est mis à la disposition du public à l'hôtel de région et dans les départements de la région, dans les quinze jours suivants la tenue du débat d'orientation budgétaire. Le public est avisé de la mise à disposition de ces documents par tout moyen.

CHAPITRE III PUBLICITÉ DES BUDGETS ET DES COMPTES

Art. R. 4313-1 Les données synthétiques sur la situation financière des régions, prévues au 1° de l'article L. 4313-2, comprennent les ratios suivants :

1° Dépenses réelles de fonctionnement/population ;

2° Produit des impositions directes/population ;

3° Recettes réelles de fonctionnement/population ;

4° Dépenses d'équipement brut/population ;

5° Encours de la dette/population ;

6° Dotation globale de fonctionnement/population ;

7° Dépenses de personnel/dépenses réelles de fonctionnement ;

8° Coefficient de mobilisation du potentiel fiscal ;

9° Dépenses réelles de fonctionnement et remboursement annuel de la dette en capital/recettes réelles de fonctionnement ;

10° Dépenses d'équipement brut/recettes réelles de fonctionnement ;

11° Encours de la dette/recettes réelles de fonctionnement.

Art. R. 4313-2 Pour l'application de l'article R. 4313-1 :

1° La population à prendre en compte est la population totale, municipale et comptée à part, telle qu'elle résulte du dernier recensement connu à la date de production des documents budgétaires ;

2° Les dépenses réelles de fonctionnement s'entendent de l'ensemble des dépenses de l'exercice budgétaire entraînant des mouvements réels. Toutefois, pour l'application du 1°, sont exclues les dépenses correspondant à des travaux en régie transférés *[transférées]* en section d'investissement. Pour l'application du 9°, sont exclues les dépenses correspondant à des travaux en régie et à des charges transférées en section d'investissement ;

3° Les impositions directes comprennent le produit des trois impôts locaux. Sont exclus les versements provenant de la compensation par l'État des pertes sur les recettes attendues de ces impôts ;

4° Les recettes réelles de fonctionnement s'entendent de l'ensemble des recettes de fonctionnement de l'exercice entraînant des mouvements réels ;

5° Les dépenses d'équipement brut comprennent les acquisitions de biens meubles et immeubles, les travaux en cours, les immobilisations incorporelles, les travaux d'investissement en régie et, enfin, les opérations pour compte de tiers ;

6° Le coefficient de mobilisation du potentiel fiscal correspond au rapport entre le produit des contributions directes et le potentiel fiscal, calculé dans les conditions de l'article L. 4332-8 ;

7° L'encours de la dette s'obtient par le cumul des emprunts et dettes à long et moyen termes ;

(Décr. nº 2015-1893 du 29 déc. 2015) « Lorsqu'une collectivité, ou l'un de ses établissements publics, doit acquitter une indemnité de remboursement anticipé d'emprunt, et dans le cas où elle bénéficie d'une aide octroyée par le fonds de soutien créé par l'article 92 de la loi nº 2013-1278 du 29 décembre 2013 de finances pour 2014 *[V. ss. art. L. 1611-3-1]*, cette collectivité peut déduire de cet encours de dette le montant de la créance restant à percevoir du fonds de soutien. »

8° Le remboursement annuel de la dette en capital s'entend des remboursements d'emprunts effectués à titre définitif.

Art. R. 4313-3 Les états annexés aux documents budgétaires en application du dernier alinéa de l'article L. 4313-2 sont :

1° Les tableaux récapitulant l'état des emprunts et dettes ;

2° La présentation de l'état des dépréciations et des provisions ;

3° La présentation des méthodes utilisées pour les amortissements ;

4° La présentation de l'équilibre des opérations financières ;

5° La présentation de l'état des charges transférées en investissement ;

6° La présentation du mode de financement des opérations pour le compte de tiers ;

7° La présentation des engagements donnés et reçus ;

8° La présentation de l'emploi des recettes grevées d'une affectation spéciale ;

9° L'état du personnel ;

10° La liste des organismes de regroupement dont la région est membre ;

11° La liste des établissements ou services créés par la région ;

12° Le tableau retraçant les décisions en matière de taux des contributions directes et indirectes ;

13° L'état présentant le montant de *[des]* recettes et de *[des]* dépenses affectées aux services assujettis à la taxe sur la valeur ajoutée qui ne font pas l'objet d'un budget distinct du budget général.

Ce dernier document est joint au seul compte administratif.

Art. R. 4313-4 Les comptes certifiés mentionnés à l'article L. 4313-3 le sont par un commissaire aux comptes pour les organismes soumis à l'obligation de certification des comptes et par le président de l'organisme en cause, pour les organismes non soumis à une telle obligation.

Art. R. 4313-5 *(Décr. nº 2016-834 du 23 juin 2016, art. 4)* Les documents mentionnés au dernier alinéa de l'article L. 4313-1 sont mis en ligne sur le site internet de la région, lorsqu'il existe, dans des conditions garantissant :

1° Leur accessibilité intégrale et sous un format non modifiable ;

2° La gratuité et la facilité de leur accès par le public, pour leur lecture comme pour leur téléchargement ;

3° Leur conformité aux documents soumis à l'organe délibérant de cette collectivité ;

4° Leur bonne conservation et leur intégrité.

Cette mise en ligne intervient dans un délai d'un mois à compter de l'adoption, par le conseil régional, des délibérations auxquelles ces documents se rapportent.

TITRE II DÉPENSES

CHAPITRE I DÉPENSES OBLIGATOIRES

Art. D. 4321-1 *(Décr. n° 2009-1786 du 31 déc. 2009)* La région procède à l'amortissement des immobilisations, y compris celles reçues à disposition ou en affectation, qu'elles soient :

1° Incorporelles ;

2° Corporelles, à l'exception toutefois des réseaux et installations de voirie dont l'amortissement est facultatif.

Cet amortissement ne s'applique ni aux immobilisations qui sont la propriété de la région et qui sont remises en affectation ou à disposition, ni aux terrains et aménagements de terrains, hormis les terrains de gisement, ni aux collections et œuvres d'art.

Les dotations aux amortissements de ces biens sont liquidées sur la valeur brute, sous déduction de la valeur résiduelle de l'immobilisation. La méthode linéaire s'applique. La région peut adopter par délibération un mode d'amortissement dégressif ou variable.

Les durées d'amortissement des immobilisations corporelles sont fixées pour chaque bien ou chaque catégorie de biens par l'assemblée délibérante, qui peut se référer à un barème proposé par arrêté du ministre chargé des collectivités locales et du ministre chargé du budget.

Toutefois :

– les frais d'études et les frais d'insertion non suivis de réalisations sont obligatoirement amortis sur une durée maximale de cinq ans ;

– les frais de recherche et de développement sont amortis sur une durée maximale de cinq ans en cas de réussite du projet et immédiatement, pour leur totalité, en cas d'échec ;

– les brevets sont amortis sur la durée du privilège dont ils bénéficient ou sur la durée effective de leur utilisation si elle est plus brève ;

(Décr. n° 2011-1961 du 23 déc. 2011, art. 1er) « – des subventions d'équipement versées, qui sont amorties sur une durée maximale de cinq ans lorsque la subvention finance des biens mobiliers, du matériel ou des études, de *(Décr. n° 2015-1848 du 29 déc. 2015)* « trente » ans lorsqu'elle finance des biens immobiliers ou des installations et de *(Décr. n° 2015-1848 du 29 déc. 2015)* « quarante » ans lorsqu'elle finance des projets d'infrastructure d'intérêt national ; les aides à l'investissement des entreprises ne relevant d'aucune de ces catégories sont amorties sur une durée maximale de cinq ans. »

Tout plan d'amortissement commencé doit être poursuivi jusqu'à son terme, sauf cession, affectation, mise à disposition, réforme ou destruction du bien. Le plan d'amortissement est modifié suite à la constatation ou à la reprise d'une dépréciation ou si un changement significatif dans les conditions d'utilisation du bien intervient. Le bénéficiaire de la mise à disposition ou de l'affectation poursuit l'amortissement du bien selon le plan d'amortissement initial ou conformément à ses propres règles, définies par le présent article.

Le conseil régional peut fixer un seuil unitaire en deçà duquel les immobilisations de peu de valeur ou dont la consommation est très rapide s'amortissent sur un an. La délibération correspondante est transmise au payeur régional et ne peut être modifiée au cours d'un même exercice budgétaire.

L'assemblée délibérante peut charger l'ordonnateur de déterminer la durée d'amortissement d'un bien à l'intérieur de durées minimales et maximales qu'elle a fixées pour la catégorie à laquelle appartient ce bien.

Art. D. 4321-2 *(Décr. n° 2009-1786 du 31 déc. 2009)* La constitution de provisions pour risques et charges est obligatoire dès lors qu'il y a apparition du risque et la constatation de dépréciations est obligatoire en cas de perte de valeur d'une immobilisation.

(Décr. n° 2022-1008 du 15 juill. 2022, art. 11) « Le président du conseil régional » doit constater la dépréciation ou constituer la provision à hauteur de la perte de valeur constatée ou à hauteur du risque.

La dépréciation ou la provision doit être ajustée annuellement en fonction de l'évolution de la perte de valeur ou de l'évolution du risque. Elle donne lieu à reprise lorsqu'elle est devenue sans objet, c'est-à-dire en cas de disparition de la perte de valeur ou de réalisation du risque ou lorsque ce risque n'est plus susceptible de se réaliser.

La dépréciation ou la provision ainsi que son suivi et son emploi sont retracés sur l'état des dépréciations et des provisions constituées joint au budget et au compte administratif.

Art. D. 4321-3 *(Décr. n° 2009-1786 du 31 déc. 2009)* La région peut procéder à la neutralisation budgétaire de la dotation aux amortissements des subventions d'équipement versées ainsi qu'à celle de la dotation aux amortissements des bâtiments administratifs et scolaires diminuée du montant de la reprise annuelle des subventions d'équipement reçues pour le financement de ces équipements, par une dépense de la section d'investissement et une recette de la section de fonctionnement.

La région procède à la reprise annuelle des subventions d'équipement reçues et des fonds affectés à des immobilisations amortissables, par une dépense de la section d'investissement et une recette de la section de fonctionnement. Cette reprise en section de fonctionnement s'effectue au même rythme que celui de l'amortissement de l'immobilisation pour lequel la subvention a été reçue et porte sur une quote-part annuelle correspondant au montant de cette subvention rapporté à la durée d'amortissement de l'immobilisation subventionnée. Toutefois, la dotation régionale d'équipement scolaire est reprise globalement pour un montant au plus égal à la dotation annuelle aux amortissements de l'ensemble des constructions et équipements scolaires.

CHAPITRE II DÉPENSES IMPRÉVUES

Art. D. 4322-1 *(Décr. n° 2009-1786 du 31 déc. 2009)* Les autorisations de programme et autorisations d'engagement de dépenses imprévues constituent des chapitres, respectivement de la section d'investissement et de la section de fonctionnement des budgets votés par nature et par fonction.

Ces chapitres ne comportent pas d'articles, ni de crédits. Ils ne donnent pas lieu à exécution.

CHAPITRE III DÉPENSES DE FONCTIONNEMENT ET D'INVESTISSEMENT (R)

SECTION 1 Dépenses de fonctionnement (R)

Art. R. 4323-1 *Abrogé par Décr. n° 2009-1785 du 31 déc. 2009.*

SECTION 2 Dépenses d'investissement (R)

Art. R. 4323-2 *Abrogé par Décr. n° 2009-1785 du 31 déc. 2009.*

TITRE III RECETTES

CHAPITRE I DISPOSITIONS GÉNÉRALES

Art. D. 4331-1 *(Décr. n° 2009-1786 du 31 déc. 2009)* Pour application du *f* de l'article L. 4331-3, la différence constatée entre la valeur de cession d'une immobilisation et sa valeur comptable nette est obligatoirement enregistrée à la section d'investissement du budget préalablement à la détermination du résultat de la section de fonctionnement.

CHAPITRE II MODALITÉS PARTICULIÈRES DE FINANCEMENT

SECTION 1 Fonds régional de l'apprentissage et de la formation professionnelle continue

SOUS-SECTION 1 Apprentissage et formation professionnelle continue des adultes (R)

Art. R. 4332-1 Pour l'application de l'article L. 4332-1, les crédits inscrits dans la loi de finances au titre de la dotation aux régions pour l'exercice de leurs compétences en matière de formation professionnelle continue et d'apprentissage, déduction faite des crédits correspondant au financement par l'État des centres collectifs de formation professionnelle des adultes dans les régions de Guadeloupe, Guyane, Martinique et de La Réunion, sont répartis entre les régions ainsi qu'il suit :

a) Chaque région reçoit des crédits dont le montant est égal à celui des crédits qui lui ont été transférés en application de la loi de finances au titre de l'exercice précédent ;

b) Le solde de la dotation aux régions pour l'exercice de leurs compétences en matière d'apprentissage et de formation professionnelle continue est réparti :

1° À concurrence de 80 % en fonction de la structure et du niveau de qualification de la population active dans chaque région ;

2° À concurrence de 20 % en fonction de la capacité d'accueil de l'appareil de formation existant dans chaque région. – *[Décr. n° 85-27 du 7 janv. 1985, art. 1er.]*

Art. R. 4332-2 La structure et le niveau de qualification de la population active et la capacité d'accueil de l'appareil de formation existant sont déterminés en fonction de critères dont la liste et la pondération figurent en annexe XII du présent code. – *[Décr. n° 85-27 du 7 janv. 1985, art. 2.]*

ANNEXE XII

Annexe à l'article R. 4332-2

CRITÈRES	PONDÉRATION (%)
Part de la région dans :	
Le nombre total de demandeurs d'emplois inscrits depuis plus de six mois en avril de l'année précédente	50
Le nombre total d'actifs de plus de seize ans sans diplôme au recensement(1) ...	30
Sous-total	80
Le nombre total d'apprentis en centre de formation d'apprentis en 1982	12
Le nombre total des formations financées par l'État en 1982 au titre du fonctionnement des stages ou de la rémunération des stagiaires	8
Sous-total	20

(1) Dernier recensement dont les résultats sont connus.

SOUS-SECTION 2 Formation professionnelle continue des jeunes de moins de vingt-six ans (R)

Art. R. 4332-3 Le montant des crédits de l'État transférés aux régions en vertu du deuxième alinéa de l'article L. 4332-1 est établi, après avis de la commission instituée par l'article L. 1614-3, à partir des dépenses exposées par l'État en 1993 au titre des actions mentionnées à l'article R. 4332-4, déduction faite des concours communautaires affectés, la même année, à ces actions. – *[Décr. n° 94-439 du 2 juin 1994, art. 1er.]*

Art. R. 4332-4 Pour la détermination des dépenses exposées par l'État en 1993 au titre des actions de formation destinées aux jeunes de moins de vingt-six ans en vue de leur faire acquérir une qualification, en application du II *a* de l'article 82 de la loi n° 83-8 du 7 janvier 1983 relative à la répartition des compétences entre les communes, les départements, les régions et l'État *[codifié ss.* ***C. éduc.****, art. L. 214-12 à L. 214-14]*, sont pris en compte le coût de fonctionnement des heures de formation et les frais de personnel, la rémunération des stagiaires et le coût de gestion des conventions. – *[Décr. n° 94-439 du 2 juin 1994, art. 2.]*

Art. R. 4332-5 En 1994, la dotation mentionnée à l'article R. 4332-3 est répartie entre les régions selon les trois critères suivants :

a) Pour 80 %, en proportion des dépenses exposées par l'État en 1993 dans chaque région au titre des actions relevant de la compétence des régions en application du II *a* de l'article 82 de la loi n° 83-8 du 7 janvier 1983 relative à la répartition des compétences entre les communes, les départements, les régions et l'État *[codifié ss.* ***C. éduc.****, art. L. 214-12 à L. 214-14]* ;

b) Pour 10 %, en proportion du nombre de jeunes de seize à dix-huit ans sortant sans diplôme du système éducatif dans chaque région ;

c) Pour 10 %, en proportion du nombre de demandeurs d'emploi de moins de vingt-cinq ans sans diplôme ou titulaires d'un diplôme de niveau V, dans chaque région. – *[Décr. n° 94-439 du 2 juin 1994, art. 3.]*

Art. R. 4332-6 Le montant des crédits de l'État transférés aux régions en vertu du deuxième alinéa de l'article L. 4332-1 est établi, après avis de la commission prévue à l'article L. 1614-3, à partir des dépenses exposées par l'État en 1998 au titre des actions mentionnées à l'article R. 4332-7, déduction faite des concours communautaires affectés, la même année, à ces actions. – *[Décr. n° 99-935 du 12 nov. 1999, art. 1er.]*

Art. R. 4332-7 Pour la détermination des dépenses exposées par l'État en 1998 au titre des actions de formation destinées aux jeunes de moins de vingt-six ans en application du II *b* de l'article 82 de la loi n° 83-8 du 7 janvier 1983 relative à la répartition des compétences entre les communes, les départements, les régions et l'État *[codifié ss.* ***C. éduc.****, art. L. 214-12 à L. 214-14]*, sont pris en compte le coût de fonctionnement des heures de formation et les frais de personnel, la rémunération des stagiaires, le coût de gestion des conventions ainsi que le coût du financement du réseau d'accueil, d'information, d'orientation et de suivi des jeunes en matière de formation professionnelle. – *[Décr. n° 99-935 du 12 nov. 1999, art. 2.]*

Art. R. 4332-8 En 1999, la dotation mentionnée à l'article R. 4332-6 est répartie entre les régions selon les trois critères suivants :

a) Pour 80 %, en proportion des dépenses exposées par l'État en 1993 dans chaque région au titre des actions relevant de la compétence des régions en application du II *b* de l'article 82 de la loi n° 83-8 du 7 janvier 1983 relative à la répartition des compétences entre les communes, les départements, les régions et l'État *[codifié ss.* ***C. éduc.****, art. L. 214-12 à L. 214-14]* ;

b) Pour 10 %, en proportion du nombre de jeunes de seize à dix-huit ans sortant sans diplôme du système éducatif dans chaque région ;

c) Pour 10 %, en proportion du nombre de demandeurs d'emploi de moins de vingt-cinq ans sans diplôme ou titulaires d'un diplôme de niveau V, dans chaque région. – *[Décr. n° 99-935 du 12 nov. 1999, art. 3.]*

SECTION 2 **Dotation régionale d'équipement scolaire**

Art. R. 4332-9 Le chapitre "Dotation régionale d'équipement scolaire" créé par l'article L. 4332-3 figure au budget du ministère de l'intérieur. – *[Décr. n° 85-1036 du 19 sept. 1985, art. 1er, al. 1er.]*

Art. R. 4332-10 La dotation est répartie chaque année entre les régions de manière à tenir compte, à concurrence de 60 %, de la capacité d'accueil des établissements et, à concurrence de 40 %, de l'évolution de la population scolarisable.

Les 60 % destinés à tenir compte de la capacité d'accueil des établissements sont répartis comme suit :

1° À raison de 30 %, proportionnellement à la superficie développée hors œuvre totale des bâtiments scolaires ;

2° À raison de 5 %, proportionnellement à la superficie développée hors œuvre totale des bâtiments scolaires construits avant 1973 ;

3° À raison de 5 %, proportionnellement à la superficie des classes mobiles ;

4° À raison de 5 %, proportionnellement aux effectifs du second cycle général long des établissements publics et des classes préparatoires aux grandes écoles ;

5° À raison de 5 %, proportionnellement aux effectifs du second cycle technique long des établissements publics et des sections de techniciens supérieurs ;

6° À raison de 10 %, proportionnellement aux effectifs du second cycle technique court des établissements publics.

Pour l'application des dispositions du deuxième alinéa ci-dessus, les effectifs des établissements maritimes et aquacoles sont pris en compte au titre du 6° ; les effectifs des établissements d'enseignement agricole sont pris en compte, selon le cas, au titre du 5° ou du 6°.

Les 40 % destinés à tenir compte de l'évolution de la population scolarisable sont répartis comme suit :

1° À raison de 25 %, proportionnellement au nombre des naissances constatées dans la région entre la dixième et la sixième année précédant l'année d'attribution de la dotation ;

2° À raison de 15 %, proportionnellement aux retards de scolarisation constatés dans la région.

Les retards de scolarisation sont constatés et pris en compte dans les conditions ci-après :

a) La moitié des 15 % est répartie entre les régions où le taux de scolarisation des jeunes gens âgés de seize à dix-neuf ans est inférieur à 80 %, proportionnellement à l'écart entre ce pourcentage et le pourcentage constaté dans la région ;

b) L'autre moitié est répartie entre les régions où le taux de scolarisation des jeunes gens âgés de seize à dix-neuf ans est inférieur au taux moyen national de scolarisation de ces mêmes jeunes gens, proportionnellement à l'écart entre le taux moyen national et le taux constaté dans la région.

Les éléments auxquels il est fait référence au deuxième et au cinquième alinéa du présent article sont pris dans les dernières statistiques publiées à la date de la répartition. – *[Décr. n° 85-1036 du 19 sept. 1985, art. 2.]*

Art. R. 4332-11 Nonobstant les dispositions de l'article R. 4332-10, la répartition de la dotation garantit à chaque région, avant application des dispositions transitoires prévues par l'article 17-1 de la loi n° 83-663 du 22 juillet 1983 complétant la loi n° 83-8 du 7 janvier 1983 relative à la répartition de compétences entre les communes, les départements, les régions et l'État, une attribution dont le taux de progression d'une année sur l'autre ne saurait être inférieur à 50 % du taux d'évolution du montant total de la dotation régionale d'équipement scolaire. – *[Décr. n° 85-1036 du 19 sept. 1985, art. 2-1.]*

Art. R. 4332-12 Les dotations attribuées aux régions sont établies en autorisations de programme. Le montant de ces autorisations est notifié à chaque région par le préfet de région.

Les crédits de paiement correspondant à ces autorisations de programme sont attribués, en ce qui concerne la dotation régionale d'équipement scolaire, par le préfet de région. – *[Décr. n° 85-1036 du 19 sept. 1985, art. 6.]*

Art. R. 4332-13 Les crédits de paiement correspondant aux autorisations de programme sont à verser à raison de :

– 42 % au cours de l'année d'attribution de ces dotations ;

– 35 % au cours de l'année qui suit l'année d'attribution de ces dotations ;

– 23 % au cours de la deuxième année qui suit l'année d'attribution de ces dotations

Les sommes correspondantes sont versées par quart au début de chaque trimestre. – *[Décr. n° 85-1036 du 19 sept. 1985, art. 7.]*

Art. R. 4332-14 Le montant de la dotation régionale d'équipement scolaire est inscrit à un chapitre réservé à cet effet à la section d'investissement du budget de la région.

Ce chapitre comporte, d'une part, des crédits d'autorisations de programme et, d'autre part, des crédits de paiement.

L'équilibre budgétaire s'apprécie au regard des seuls crédits de paiement. Toutefois, des dépenses peuvent être régulièrement engagées dans la limite des autorisations de programme. — *[Décr. n° 85-1036 du 19 sept. 1985, art. 8.]*

Art. R. 4332-15 Après le dépôt du projet de loi de finances sur le bureau de l'Assemblée nationale et au plus tard avant le 15 octobre de chaque année, le préfet de région informe la région du montant prévisionnel de la dotation régionale d'équipement scolaire susceptible d'être attribué à la région. Il lui notifie le montant définitif de cette dotation dès la promulgation de la loi de finances. — *[Décr. n° 85-1036 du 19 sept. 1985, art. 11.]*

SECTION 3 Dotation globale de fonctionnement

(Décr. n° 2014-503 du 19 mai 2014, art. 1er)

Art. R. 4332-16 Pour l'application de l'article L. 4332-7, les recettes totales s'entendent de la somme des produits réels de fonctionnement et des produits réels d'investissement.

Les produits réels de fonctionnement et d'investissement des régions s'entendent de l'ensemble des produits de fonctionnement et d'investissement de l'exercice entraînant des mouvements réels, tels que constatés dans les comptes de gestion.

Les produits réels de fonctionnement sont constitués des produits comptabilisés dans les comptes de produits, majorés des montants comptabilisés dans les comptes d'atténuations de charges et minorés des montants inscrits dans les comptes retraçant, les atténuations de produits, les reprises sur amortissements, dépréciations et provisions, les produits des cessions d'immobilisations, les différences sur réalisations négatives reprises au compte de résultat, la quote-part des subventions d'investissement transférée au compte de résultat, les transferts de charges, les travaux en régie et les variations de stock.

Les produits réels d'investissement sont constitués des produits comptabilisés dans les comptes retraçant les dotations et fonds d'investissements, les subventions d'investissement, les participations et créances rattachées à des participations, les autres immobilisations financières et les produits des cessions d'immobilisations.

SECTION 3 *BIS* Versement destiné au financement des services de mobilité

(Décr. n° 2025-753 du 1er août 2025, art. 1er)

La présente section s'applique aux versements dus au titre des périodes d'activité déclarées à compter du 5 août 2025 pour les employeurs dont l'effectif est d'au moins 50 salariés et dont la paie est effectuée au cours du même mois que la période de travail, ou du 15 août 2025 dans les autres cas (Décr. n° 2025-753 du 1er août 2025, art. 2).

Art. D. 4332-16-1 Le versement prévu à l'article L. 4332-8-1 destiné au financement des services de mobilité par la région conformément au II de l'article L. 1231-1 et L. 1231-3 du code des transports et par la collectivité de Corse s'effectue dans les conditions prévues aux articles D. 2333-84 et suivants.

Dans ces articles, pour l'application des dispositions à la collectivité de Corse, la référence à la région s'entend comme une référence à la collectivité de Corse.

Art. D. 4332-16-2 Pour l'application des dispositions de l'article L. 4332-8-1, il est tenu compte, ainsi qu'il est prévu à l'article R. 130-2 du code de la sécurité sociale, des salariés affectés au sein de chaque établissement situé dans chaque zone où est institué le versement destiné au financement des services de mobilité.

Par dérogation, les salariés affectés aux véhicules des entreprises de transport routier ou aérien qui exercent leur activité à titre principal en dehors d'une zone où a été institué le versement mobilité sont exclus de la détermination des effectifs servant au calcul de ce versement.

SECTION 4 Péréquation des ressources fiscales

(Décr. n° 2019-701 du 3 juill. 2019, art 5)

Art. R. 4332-17 *(Décr. n° 2022-1706 du 29 déc. 2022, art. 1er)* I. — Pour l'application de l'article L. 4332-9 :

1° La population prise en compte est la population municipale de la région, telle qu'elle résulte du recensement de la population légale authentifiée par décret au 1er janvier de l'année au titre de laquelle est effectuée la répartition. Pour le Département de Mayotte, la population prise en compte est celle définie au premier alinéa de l'article L. 3334-2 ;

2° Le revenu pris en considération est le dernier revenu imposable connu au 1er janvier de l'année au titre de laquelle est effectuée la répartition ;

3° La densité de population est celle qui résulte du rapport entre la population telle que définie au 1° et la superficie de cette collectivité.

II. — Pour la répartition des ressources du fonds de solidarité régional prévue au III de l'article L. 4332-9, un indice synthétique de charges est défini pour chaque collectivité éligible au reversement de ces ressources. Cet indice, qui ne peut excéder 3,5, est composé :

1° À hauteur de 55 %, du rapport entre le revenu moyen par habitant de l'ensemble des collectivités mentionnées au I du même article et le revenu par habitant de la collectivité ;

2° À hauteur de 40 %, du rapport entre la proportion de personnes âgées de quinze à dix-huit ans domiciliées dans les communes de la collectivité dans la population totale de la collectivité et cette même proportion constatée dans l'ensemble des collectivités mentionnées au I du même article ;

3° À hauteur de 5 %, du rapport, qui ne peut excéder 3, entre la densité de population constatée pour l'ensemble des collectivités mentionnées au I du même article et la densité de population de la collectivité.

III. — Le montant attribué à chaque collectivité éligible est calculé en fonction du produit de sa population par son indice synthétique de charges.

Les versements sont effectués mensuellement à compter de la date de notification.

CHAPITRE III AVANCES ET EMPRUNTS

Art. R. 4333-1 Les dispositions des articles R. 2336-1 à R. 2336-7 sont applicables à la région.

CHAPITRE IV REDEVANCES

(Décr. n° 2009-1683 du 30 déc. 2009)

SECTION 1 Redevance due pour occupation du domaine public par les ouvrages de distribution d'eau et d'assainissement

Art. R. 4331-1 ***[R. 4334-1]*** La redevance due chaque année à une région pour l'occupation du domaine public régional par les ouvrages des services de distribution d'eau et d'assainissement est déterminée par le conseil régional dans les conditions prévues par l'article R. 2333-121.

TITRE IV COMPTABILITÉ

CHAPITRE I DISPOSITIONS GÉNÉRALES ET ENGAGEMENT DES DÉPENSES (R)

Art. R. 4341-1 Conformément aux dispositions de *(Décr. n° 2012-1247 du 7 nov. 2012, art. 12)* « l'article 1er du décret n° 2012-1246 du 7 novembre 2012 relatif à la gestion budgétaire et comptable publique » *[V. **CJF**]*, sont applicables aux régions et à leurs établissements publics les principes fondamentaux contenus dans *(Décr. n° 2012-1247 du 7 nov. 2012, art. 12)* « le titre I » dudit décret.

Art. R. 4341-2 *(Décr. n° 2009-1785 du 31 déc. 2009)* Les reversements de trop-payé qui sont effectués pendant la durée de l'exercice sur lequel le mandatement a eu lieu peuvent être rétablis au crédit de l'article qui avait d'abord supporté la dépense.

Art. R. 4341-3 *(Décr. n° 2009-1785 du 31 déc. 2009)* Les crédits affectés aux dépenses de chaque exercice ne peuvent être employés à l'acquittement des dépenses d'un autre exercice.

Toutefois, les dépenses engagées non mandatées à la clôture de l'exercice sont imputées sur les crédits qui doivent être reportés sur le budget de l'exercice suivant.

Elles peuvent être payées jusqu'à l'ouverture de ces crédits au vu de l'état des restes à réaliser établi par le président du conseil régional, retraçant les dépenses qui, engagées avant le 31 décembre de l'année précédente, n'ont pas donné lieu à mandatement avant la clôture de l'exercice. Cet état vaut ouverture provisoire de crédits.

Art. R. 4341-4 *(Décr. n° 2009-125 du 3 févr. 2009)* Les produits des régions, des établissements publics régionaux et interrégionaux et de tout organisme public résultant d'une entente entre régions ou entre régions et toute autre collectivité publique ou établissement public, ainsi que les produits de la collectivité de Corse qui ne sont pas assis et liquidés par les services fiscaux de l'État en exécution des lois et règlements en vigueur, sont recouvrés :

1° Soit en vertu de jugements ou de contrats exécutoires ;

2° Soit en vertu *(Décr. n° 2011-2036 du 29 déc. 2011, art. 1er)* « de titres de recettes ou de rôles » émis et rendus exécutoires en ce qui concerne la région par le président du conseil régional et en ce qui concerne les établissements publics par l'ordonnateur de ces établissements.

Les *(Décr. n° 2011-2036 du 29 déc. 2011, art. 1er)* « mesures d'exécution forcée » pour le recouvrement de ces produits sont effectuées comme en matière de contributions directes.

Toutefois, l'ordonnateur autorise ces *(Décr. n° 2011-2036 du 29 déc. 2011, art. 1er)* « mesures d'exécution forcée » selon les modalités prévues à l'article R. 1617-24.

Les oppositions, lorsque la matière est de la compétence des tribunaux judiciaires, sont jugées comme affaires sommaires.

CHAPITRE II COMPTABILITÉ

(Décr. n° 2009-1786 du 31 déc. 2009)

SECTION 1 Comptabilité de l'ordonnateur

Art. D. 4342-1 Aucune dépense faite pour le compte de la région ne peut être acquittée si elle n'a été préalablement mandatée par le président du conseil régional sur un crédit régulièrement ouvert.

Art. D. 4342-2 Chaque mandat énonce la collectivité, le budget, l'exercice, l'imputation auxquels la dépense s'applique.

Art. D. 4342-3 Le mandat de paiement doit contenir toutes les indications de noms et de qualités nécessaires pour permettre au comptable de reconnaître l'identité du créancier.

Art. D. 4342-4 Tout mandat doit être accompagné des documents relatifs au mode de règlement des dépenses dans les conditions fixées par le décret n° 65-97 du 4 février 1965 modifié relatif aux modes et aux procédures de règlement des dépenses des organismes publics.

Art. D. 4342-5 Le mandat de paiement doit être délivré au nom du créancier d'origine.

Art. D. 4342-6 Le président du conseil régional annexe les mandats et pièces justificatives de dépenses, indiqués aux articles D. 1617-19 et D. 1617-20, aux bordereaux d'émission qu'il adresse au comptable de la région qui doit procéder dans les délais qui lui sont impartis à leur vérification et en suivre, lorsqu'il y a lieu, la régularisation auprès du président du conseil régional.

Art. D. 4342-7 Les reversements de fonds provenant de restitutions pour cause de trop-payé à des créanciers de la région sont ordonnés par le président du conseil régional qui délivre un ordre de reversement.

Art. D. 4342-8 Le compte administratif, sur lequel le conseil régional est appelé à délibérer conformément à l'article L. 4312-8, présente par colonne distincte et dans l'ordre des chapitres et articles du budget :

En recettes :

1° La nature des recettes ;

2° Les évaluations et prévisions du budget ;

3° La fixation définitive des sommes à recouvrer d'après les titres justificatifs.

En dépenses :

1° Les articles de dépenses du budget ;

2° Le montant des crédits ;

3° Le montant des mandatements effectués sur ces crédits pendant l'exercice, y compris les rattachements ;

4° Les différences résultant de la comparaison du montant des crédits avec le total des mandatements.

SECTION 2 Comptabilité du comptable

Art. D. 4342-9 Le président du conseil régional remet au comptable de la région, dûment récapitulée sur un bordereau d'émission, une expédition en forme de tous les baux, contrats, jugements, testaments, déclarations, états de recouvrement, titres nouveaux et autres, concernant les recettes dont la perception lui est confiée.

Le comptable peut demander, au besoin, que les originaux des actes formant titre au profit de la région lui soient remis contre récépissé.

Art. D. 4342-10 Le comptable de la région est chargé seul :

1° De faire toutes les diligences nécessaires pour la perception des revenus, legs et donations et autres ressources affectées au service de la région ;

2° De faire faire, contre les débiteurs en retard de payer et avec l'autorisation du président du conseil régional, les actes, significations *(Décr. n° 2011-2036 du 29 déc. 2011, art. 1er)* « et mesures d'exécution forcée » nécessaires dans les conditions de l'article R. 4341-4 ;

3° D'avertir les administrateurs de l'expiration des baux ;

4° D'empêcher les prescriptions ;

5° De veiller à la conservation des droits, privilèges et hypothèques ;

(Décr. n° 2012-1463 du 26 déc. 2012, art. 2) « 6° De requérir à cet effet la publication au fichier immobilier de tous les titres qui en sont susceptibles ;

« 7° Enfin de tenir registre des inscriptions portées au fichier immobilier et autres poursuites et diligences. »

Art. D. 4342-11 Le compte de gestion rendu par le comptable de la région présente la situation comptable de la région au 31 décembre de l'exercice, y compris les opérations de la journée complémentaire.

Art. D. 4342-12 Le compte de gestion établi par le comptable de la région est remis au président du conseil régional pour être joint au compte administratif, comme pièce justificative.

LIVRE IV RÉGIONS À STATUT PARTICULIER ET COLLECTIVITÉ DE CORSE

TITRE I LA RÉGION D'ÎLE-DE-FRANCE

CHAPITRE I DISPOSITIONS GÉNÉRALES

Pas de dispositions réglementaires codifiées.

CHAPITRE II ORGANES

Pas de dispositions réglementaires codifiées.

CHAPITRE III ATTRIBUTIONS

SECTION 1 Équipements collectifs

Pas de dispositions réglementaires codifiées.

SECTION 2 Agence des espaces verts

Art. R. 4413-1 L'agence des espaces verts de la région d'Île-de-France met en œuvre la politique régionale des espaces verts, des forêts et des promenades en région d'Île-de-France.

À cet effet :

1° Elle établit chaque année un programme général d'action assorti d'un projet de budget de fonctionnement et l'adresse au président du conseil régional qui le soumet au conseil régional. Ces documents comportent le montant de la contribution budgétaire demandée à la région ;

2° Elle contribue par l'octroi d'aides financières à l'acquisition, l'aménagement et l'entretien des espaces verts, des forêts et des promenades par des personnes publiques ou des associations.

Elle peut également accorder des aides en vue de favoriser l'ouverture au public, dans les conditions prévues *(Décr. n° 2015-1783 du 28 déc. 2015, art. 9)* « aux articles L. 113-6 et L. 113-7 » du code de l'urbanisme, d'espaces verts privés ;

3° Elle poursuit au nom et pour le compte de la région les opérations d'acquisition, de gestion et d'aliénation ou d'échange d'espaces verts, de forêts et de promenades décidées en application de l'article L. 4413-1 ; elle règle les dépenses correspondantes et, le cas échéant, d'aménagement et d'entretien des biens acquis ;

4° Elle effectue ou contribue à faire effectuer toutes études utiles et en informe les administrations, établissements publics et collectivités locales intéressés ;

5° Elle s'informe des programmes d'investissements des collectivités locales de la région.

Art. R. 4413-2 L'agence passe, avec les bénéficiaires des aides financières prévues au 2° de l'article R. 4413-1, des conventions fixant notamment les conditions d'octroi de l'aide, les obligations du bénéficiaire et les modalités du contrôle de l'agence. Le bénéficiaire doit, en particulier, s'engager à conserver leur affectation d'espaces verts aux terrains acquis ou aménagés avec l'aide de l'agence. Toute forêt, acquise dans ces conditions par une personne de droit public visée au 2° de l'article L. 111-1 du code forestier *[V. désormais nouveau C. for., art. L. 211-1 au* ***C. rur.****]* doit être soumise au régime forestier. – *[Décr. n° 85-317 du 8 mars 1985, art. 2.]*

Art. R. 4413-3 L'établissement public est administré par un conseil d'administration de vingt-quatre membres comprenant :

1° Vingt membres des assemblées régionales de la région d'Île-de-France, élus en leur sein, à raison de dix-sept par le conseil régional et de trois par le conseil économique, social et environnemental régional ;

2° Quatre personnes qualifiées dans le domaine de la protection de la nature et de l'environnement, désignées par le président du conseil régional. – *[Décr. n° 85-317 du 8 mars 1985, art. 3.]*

Art. R. 4413-4 La durée des fonctions des administrateurs est de trois ans. Toutefois, le mandat des membres du conseil d'administration élus par le conseil régional et le conseil économique, social et environnemental régional expire de droit lorsque le mandat au titre duquel ils ont été désignés prend fin avant l'expiration du délai ci-dessus. Le mandat d'administrateur est renouvelable.

En cas de vacance au conseil d'administration par décès, démission ou toute autre cause, il est pourvu au remplacement des membres qui ont cessé de faire partie du conseil d'administration pour la durée de leur mandat qui reste à courir. Le remplacement est opéré suivant les mêmes règles que pour la désignation. – *[Décr. n° 85-317 du 8 mars 1985, art. 4.]*

Art. R. 4413-5 Le conseil d'administration élit un président, des vice-présidents et éventuellement les autres membres du bureau chaque fois qu'un administrateur est remplacé en application des dispositions du premier alinéa de l'article R. 4413-4.

Il établit un règlement intérieur qui fixe, notamment, les critères de détermination de l'ordre de nomination des vice-présidents.

Au début de la première réunion qu'il tient après chaque modification de sa composition prévue au premier alinéa, le conseil d'administration, sous la présidence du doyen d'âge, le plus jeune membre faisant fonction de secrétaire, procède à l'élection du président, des vice-présidents et éventuellement des autres membres du bureau.

En cas de vacance du siège de président du conseil d'administration pour quelque cause que ce soit, les fonctions de président sont provisoirement exercées par un vice-président, dans l'ordre des nominations et, à défaut, par un administrateur désigné par le conseil. Il est procédé au renouvellement du bureau dans le délai d'un mois, sous la présidence du doyen d'âge, le plus jeune membre faisant fonction de secrétaire. – *[Décr. n° 85-317 du 8 mars 1985, art. 5.]*

Art. R. 4413-6 Le conseil d'administration se réunit, à l'initiative de son président, au moins une fois par trimestre.

Il se réunit également à la demande du bureau ou du tiers de ses membres, sur un ordre du jour déterminé.

Huit jours au moins avant la réunion du conseil d'administration, le président adresse aux administrateurs un rapport sur chacune des affaires qui doivent leur être soumises.

Le directeur de l'agence et l'agent comptable peuvent, avec l'accord du président, assister aux séances du conseil d'administration et y être entendus. Le directeur peut demander au président l'autorisation de se faire assister de toute personne de son choix. – *[Décr. n° 85-317 du 8 mars 1985, art. 6.]*

Art. R. 4413-7 Le préfet de région est entendu par le conseil d'administration avec l'accord du président.

Les fonctionnaires de l'État ou de ses établissements publics ne peuvent être entendus par le conseil d'administration ou le bureau qu'avec l'accord du préfet de région et celui du président du conseil régional lorsqu'il s'agit de questions pour lesquelles leurs services ont été mis à la disposition du président du conseil régional. – *[Décr. n° 85-317 du 8 mars 1985, art. 7.]*

Art. R. 4413-8 Les membres du conseil d'administration exercent leurs fonctions à titre gratuit.

Les membres du conseil ne résidant pas dans la ville où le conseil d'administration se réunit peuvent recevoir des indemnités pour frais de déplacement et de séjour calculées dans les conditions prévues par le décret n° 2006-781 du 3 juillet 2006 fixant les conditions et les modalités de règlement des frais occasionnés par les déplacements temporaires des personnels civils de l'État, suivant les taux et tarifs applicables aux fonctionnaires de l'État classés dans le groupe I. – *[Décr. n° 85-317 du 8 mars 1985, art. 8.]*

Art. R. 4413-9 Le conseil ne peut délibérer que si plus de la moitié de ses membres en exercice sont présents.

Si le quorum n'est pas atteint, une nouvelle convocation est adressée dans un délai minimum de trois jours.

La délibération est alors valable quel que soit le nombre de membres présents.

Les délibérations du conseil d'administration sont prises à la majorité des suffrages exprimés.

En cas de partage des voix, celle du président est prépondérante.

Les décisions et avis du conseil d'administration sont publiés au recueil des actes administratifs du conseil régional d'Île-de-France. – *[Décr. n° 85-317 du 8 mars 1985, art. 9.]*

Art. R. 4413-10 Le conseil d'administration règle par ses délibérations les affaires de l'agence.

Il délibère notamment sur :

1° Le budget et le compte administratif ;

2° Les emprunts ;

3° Les programmes généraux d'action, et notamment les programmes pluriannuels ;

4° Le rapport annuel d'activité ;

5° Les mesures relatives à l'organisation générale de l'agence ;

6° L'acquisition et l'aliénation des biens nécessaires au fonctionnement de l'agence ;

7° Les effectifs et les conditions de recrutement du personnel, dans le respect des dispositions de la loi n° 84-53 du 26 janvier 1984 portant dispositions statutaires relatives à la fonction publique territoriale ;

8° La conclusion des conventions visées à l'article R. 4413-2 ;

9° La contribution de l'agence aux études ;

10° Les conditions générales d'attribution des subventions et des prêts ;

11° Les attributions de ces subventions et prêts ;

12° Les opérations prévues au 3° de l'article R. 4413-1 ;

13° L'acceptation des dons et legs ;

14° Les actions en justice.

Le conseil d'administration peut déléguer une partie de ses attributions à son bureau, à l'exception de celles relatives au vote du budget, des emprunts, à l'approbation du compte administratif et aux mesures de même nature que celles visées à l'article L. 1612-15. – *[Décr. n° 85-317 du 8 mars 1985, art. 10.]*

Art. R. 4413-11 Le président du conseil d'administration est seul chargé de l'administration.

Il prépare et exécute les délibérations du conseil d'administration.

Il gère le patrimoine de l'agence et est l'ordonnateur des recettes et des dépenses.

Il est le chef des services que l'agence crée pour l'exercice de ses compétences.

Le président du conseil d'administration peut déléguer, sous sa surveillance et sa responsabilité, l'exercice d'une partie de ses fonctions aux vice-présidents, et en l'absence et en cas d'empêchement de ces derniers, à d'autres membres du conseil d'administration.

Il peut également, sous sa surveillance et sa responsabilité donner délégation de signature au directeur et aux autres responsables des services de l'agence.

Ces délégations subsistent tant qu'elles ne sont pas rapportées. – *[Décr. n° 85-317 du 8 mars 1985, art. 11.]*

Art. R. 4413-12 Afin de permettre à l'agence d'assurer, conformément aux dispositions du troisième alinéa de l'article L. 4413-2, la coordination des actions de la région avec celles de l'État et de ses établissements publics, il est créé un comité de coordination composé du préfet de région ou son représentant, du président du conseil d'administration de l'agence ou son représentant et du directeur de l'agence.

Ce comité se réunit à l'initiative du préfet de région ou du président du conseil d'administration de l'agence. Le préfet de région et le président du conseil d'administration peuvent se faire assister par les personnes de leur choix. Le secrétariat du comité de coordination est assuré par l'agence. – *[Décr. n° 85-317 du 8 mars 1985, art. 12.]*

Art. R. 4413-13 Pour assurer l'exécution de ses missions, l'agence dispose des personnels recrutés par ses soins ou détachés auprès d'elle.

Elle peut également utiliser les personnels mis à sa disposition. – *[Décr. n° 85-317 du 8 mars 1985, art. 13.]*

Art. R. 4413-14 Les ressources de l'agence comprennent notamment :

1° Les crédits votés annuellement par le conseil régional ;

2° Les subventions et contributions de toute nature de l'État ;

3° Les contributions des départements, des communes ainsi que celles des personnes publiques et privées ;

4° Les emprunts ;

5° Les dons et legs ;

6° Le produit du remboursement et les intérêts des prêts accordés ;

7° Le produit des biens et domaines gérés par l'agence. – *[Décr. n° 85-317 du 8 mars 1985, art. 14.]*

Art. R. 4413-15 Les actes des organes de l'agence sont exécutoires de plein droit dans les conditions définies aux articles L. 4141-1 à L. 4142-4. – *[Décr. n° 85-317 du 8 mars 1985, art. 15.]*

Art. R. 4413-16 L'agence est soumise aux dispositions financières et comptables applicables à la région d'Île-de-France. – *[Décr. n° 85-317 du 8 mars 1985, art. 16.]*

SECTION 3 Transports

Pas de dispositions réglementaires codifiées.

CHAPITRE IV DISPOSITIONS FINANCIÈRES

SECTION 1 Recettes fiscales

Pas de dispositions réglementaires codifiées.

SECTION 2 Autres ressources

Art. R. 4414-1 *Abrogé par Décr. n° 2025-438 du 20 mai 2025, art. 14.*

Art. R. 4414-2 Les sommes allouées en application de l'article R. 4414-1 sont utilisées au financement des opérations prévues à l'article R. 2334-12.

(Décr. n° 2020-1007 du 6 août 2020, art. 1er) « Île-de-France Mobilités » *(Décr. n° 2001-924 du 9 oct. 2001, art. 22)* « peut en outre utiliser ces sommes pour subventionner l'acquisition et la rénovation de matériel roulant des transporteurs ».

SECTION 3 Dispositions diverses

Pas de dispositions réglementaires codifiées.

TITRE II LA COLLECTIVITÉ DE CORSE

(Décr. n° 2002-823 du 3 mai 2002, art. 1er)

CHAPITRE I DISPOSITIONS GÉNÉRALES

SECTION UNIQUE Le conseil des sites de Corse

SOUS-SECTION 1 Composition

Art. R. 4421-1 *(Décr. n° 2006-665 du 7 juin 2006, art. 20)* Le conseil des sites de Corse comprend, outre la formation plénière, cinq formations. Il est chargé :

1° Dans sa formation dite "de la nature, des paysages et des sites", d'exercer les compétences dévolues aux formations spécialisées prévues par les articles R. 341-19 à R. 341-21 du code de l'environnement ;

(Décr. n° 2017-456 du 29 mars 2017, art. 9) « 2° Dans sa formation dite "du patrimoine et de l'architecture", d'exercer les compétences dévolues à la commission régionale du patrimoine et de l'architecture par l'article L. 611-2 du code du patrimoine ; »

3° Dans sa formation dite "des unités touristiques nouvelles", d'exercer les compétences dévolues à la commission spécialisée mentionnée au troisième alinéa de l'article 7 de la loi n° 85-30 du 9 janvier 1985 relative au développement et à la protection de la montagne et celles dévolues à la formation spécialisée de la commission départementale de la nature, des paysages et des sites par l'article R. 341-22 du code de l'environnement ;

4° Dans sa formation dite "des carrières", d'exercer les compétences dévolues à la formation spécialisée de la commission départementale de la nature, des paysages et des sites par l'article R. 341-23 du code de l'environnement.

5° Dans sa formation dite "de la faune sauvage captive", d'exercer les compétences dévolues à la formation spécialisée de la commission départementale de la nature, des paysages et des sites par l'article R. 341-24 du code de l'environnement.

Art. R. 4421-2 Le conseil des sites de Corse comprend vingt membres communs *(Décr. n° 2006-665 du 7 juin 2006, art. 20)* « aux formations prévues aux 1°, 2° et 4° de l'article R. 4421-1 », répartis en trois collèges, et nommés dans les conditions prévues à l'article R. 4421-6 :

1° Huit membres appartenant au collège des représentants de l'État, membres de droit :

a) Le préfet de Corse ;

b) Le préfet de Haute-Corse ;

c) Le directeur régional de l'alimentation, de l'agriculture et de la forêt ;

d) Le directeur régional de l'équipement ;

e) Le directeur régional de l'environnement ;

f) *(Décr. n° 2010-633 du 8 juin 2010, art. 8)* « Le directeur régional des affaires culturelles » ;

g) Les deux chefs des *(Décr. n° 2017-456 du 29 mars 2017, art. 9)* « unités départementales » de l'architecture et du patrimoine.

2° Huit membres au titre du collège des représentants des collectivités territoriales :

a) Le président du conseil exécutif de Corse ;

(Décr. n° 2017-1777 du 27 déc. 2017, art. 3) « *b)* Quatre représentants de la collectivité de Corse, dont deux élus par l'Assemblée de Corse et deux désignés par le président du conseil exécutif ;

« *c)* » Un représentant des communes de chaque département nommé par le président du conseil exécutif de Corse, sur proposition de l'association des maires de chaque département ;

(Décr. n° 2017-1777 du 27 déc. 2017, art. 3) « *d)* » *(Décr. n° 2006-665 du 7 juin 2006, art. 20)* « Un représentant d'établissement public de coopération intercommunale. »

3° Quatre membres au titre du troisième collège :

a) Deux personnalités qualifiées choisies en raison de leurs compétences en matière d'architecture, d'urbanisme ou de paysage ;

b) Deux membres d'associations ayant pour objet la défense de la qualité de l'architecture, de l'urbanisme ou du paysage et agréées au titre de l'article *(Décr. n° 2015-1783 du 28 déc. 2015, art. 9)* « L. 610-1 » du code de l'urbanisme ou de l'article L. 141-1 du code de l'environnement et nommés sur proposition de l'association à laquelle ils appartiennent.

Art. R. 4421-3 Lorsque le conseil des sites siège en formation dite *(Décr. n° 2006-665 du 7 juin 2006, art. 20)* « de la nature, des paysages et des sites », il comprend en outre huit membres au titre du troisième collège :

a) Trois personnalités qualifiées dont l'une est compétente dans les sciences biologiques et pour l'entretien en captivité d'animaux de la faune sauvage ;

b) Deux professionnels, l'un représentant les entreprises de publicité, l'autre les fabricants d'enseignes, siégeant avec voix consultative ;

c) Un représentant de l'office de l'environnement de la Corse, nommé sur proposition du président de l'office ;

d) Un représentant du parc naturel régional, nommé sur proposition de l'assemblée générale du parc ;

e) Un représentant des organismes de gestion des réserves naturelles créées dans la collectivité de Corse, nommé sur proposition de ces organismes.

(Décr. n° 2006-665 du 7 juin 2006, art. 20) « Lorsque le conseil des sites se réunit sur les questions relatives à la mise en œuvre de la politique Natura 2000, le préfet peut inviter des représentants d'organismes consulaires et des activités présentes sur

les sites Natura 2000, notamment agricoles, forestières, extractives, touristiques ou sportives à y participer, sans voix délibérative. »

(Décr. n° 2015-1787 du 28 déc. 2015, art. 4) « Lorsque le conseil des sites est chargé d'émettre un avis sur un acte réglementaire relatif à la protection *(Décr. n° 2018-1180 du 19 déc. 2018, art. 9)* « de biotopes, d'habitats naturels ou » de sites d'intérêt géologique, le préfet peut inviter des personnes et des représentants des organismes consulaires et des activités concernés à y participer, sans voix délibérative. »

Art. R. 4421-4 *(Décr. n° 2006-665 du 7 juin 2006, art. 20-II)* Lorsque le conseil des sites siège en formation dite "des unités touristiques nouvelles", il comprend à parts égales :

1° Des représentants de l'État, dont notamment le directeur régional de l'environnement, le directeur départemental de l'équipement et le délégué régional au tourisme ;

2° Des représentants élus des collectivités territoriales et des établissements publics de coopération intercommunale du massif ;

3° Des personnalités qualifiées en matière de protection des sites, du cadre de vie et des sciences de la nature, parmi lesquelles figurent des représentants d'associations agréées de protection de l'environnement et du parc naturel régional ;

4° Des représentants des chambres consulaires et des organisations socioprofessionnelles intéressées.

Art. R. 4421-5 Lorsque le conseil des sites siège en formation dite du patrimoine *(Décr. n° 2017-456 du 29 mars 2017, art. 9)* « et de l'architecture », il comprend en outre :

1° Au titre du premier collège : un conservateur du patrimoine affecté à la *(Décr. n° 2017-456 du 29 mars 2017, art. 9)* « direction régionale des affaires culturelles, le chef de l'inspection des patrimoines et un membre des services de la police ou de la gendarmerie nationales » ;

2° Au titre du deuxième collège : un représentant désigné par *(Décr. n° 2017-1777 du 27 déc. 2017, art. 3)* « l'Assemblée de Corse », ou son suppléant ;

3° *(Décr. n° 2017-456 du 29 mars 2017, art. 9)* « Huit » membres au titre du troisième collège :

a) Quatre personnalités qualifiées *(Décr. n° 2017-456 du 29 mars 2017, art. 9)* « : deux architectes, un conservateur des antiquités et objets d'art et un conservateur du patrimoine, membre des services de la collectivité de Corse » ;

b) *(Décr. n° 2017-456 du 29 mars 2017, art. 9)* « Quatre » représentants d'associations *(Décr. n° 2017-456 du 29 mars 2017, art. 9)* « ou de fondations ayant pour objet de favoriser la connaissance, la protection, la conservation et la mise en valeur du patrimoine ».

Art. R. 4421-5-1 *(Décr. n° 2017-456 du 29 mars 2017, art. 9)* Il est créé au sein du conseil des sites siégeant en formation dite "du patrimoine et de l'architecture" une délégation permanente dont les compétences sont décrites à l'article R. 611-23 du code du patrimoine.

Elle comprend :

1° Trois représentants de l'État :

a) Le préfet de Corse ;

b) Le directeur régional des affaires culturelles ;

c) Un membre nommé par le préfet de Corse parmi les membres du Conseil des sites de Corse siégeant dans sa formation dite "du patrimoine et de l'architecture" mentionnés au *g* du 1° de l'article R. 4421-2 et au 1° de l'article R. 4421-5 ;

2° Trois titulaires d'un mandat électif national ou local :

a) Le président du conseil exécutif de Corse ;

b) Deux titulaires d'un mandat électif national ou local désignés par le président du conseil exécutif parmi les membres du conseil des sites mentionnés aux *b* à *(Décr. n° 2017-1777 du 27 déc. 2017, art. 3)* « *d* » du 2° de l'article R. 4421-2 et au 2° de l'article R. 4421-5 ;

3° Deux personnalités qualifiées désignées parmi les personnalités qualifiées du Conseil des sites siégeant en formation dite "du patrimoine et de l'architecture", dont une désignée par le préfet de Corse et une par le président du conseil exécutif ;

4° Deux représentants d'associations ou de fondations désignés parmi les représentants d'associations ou de fondations membres du Conseil des sites siégeant en formation dite "du patrimoine et de l'architecture", dont un désigné par le préfet de Corse et un par le président du conseil exécutif.

Pour chacun des membres mentionnés au *c* du 1°, au *b* du 2° et au 4° ci-dessus, un suppléant est désigné dans les mêmes conditions.

Art. R. 4421-5-2 *(Décr. n° 2006-665 du 7 juin 2006, art. 20)* Lorsque le conseil des sites siège en formation dite "des carrières", il comprend en outre :

1° Au titre du premier collège, le directeur régional de l'industrie, de la recherche et de l'environnement ou son représentant ;

2° Au titre du deuxième collège, *(Décr. n° 2017-1777 du 27 déc. 2017, art. 3)* « le président du conseil exécutif ou son représentant » ;

3° Au titre du troisième collège, huit membres dont :

a) Trois représentants des exploitants de carrières désignés par le préfet *(Décr. n° 2017-1777 du 27 déc. 2017, art. 3)* « de Corse » après avis des organisations professionnelles représentatives ;

b) Deux représentants des professions utilisatrices des matériaux de carrières désignés par le préfet *(Décr. n° 2017-1777 du 27 déc. 2017, art. 3)* « de Corse » après avis des organisations professionnelles représentatives ;

c) Un représentant de la profession agricole désigné par le préfet *(Décr. n° 2017-1777 du 27 déc. 2017, art. 3)* « de Corse » après avis de la chambre d'agriculture ;

d) Deux personnes désignées par le préfet *(Décr. n° 2017-1777 du 27 déc. 2017, art. 3)* « de Corse » représentant les associations agréées de protection de l'environnement.

Le maire de la commune sur le territoire de laquelle une exploitation de carrière est projetée est invité à siéger à la séance au cours de laquelle la demande d'autorisation de cette exploitation est examinée et a, sur celle-ci, voix délibérative.

Art. R. 4421-5-3 *(Décr. n° 2006-665 du 7 juin 2006, art. 20)* Lorsque le conseil des sites siège en formation dite "de la faune sauvage captive", il comprend à parts égales :

1° Des représentants de l'État, dont les directeurs départementaux des services vétérinaires ;

2° Des représentants élus des collectivités territoriales ;

3° Des représentants d'associations agréées dans le domaine de la protection de la nature et des scientifiques compétents en matière de faune sauvage captive ;

4° Des responsables d'établissements pratiquant l'élevage, la location, la vente ou la présentation au public d'animaux d'espèces non domestiques.

Art. R. 4421-6 Les membres du premier collège du conseil des sites sont nommés par le préfet de Corse.

Les membres du deuxième collège sont nommés par le président du conseil exécutif de Corse.

Les membres du troisième collège sont nommés selon les modalités suivantes :

1° Le préfet de Corse et le président du conseil exécutif nomment chacun une des personnalités qualifiées mentionnées au *a* du 3° de l'article R. 4421-2. Ils nomment également chacun un représentant des associations mentionnées au *b* du 3° du même article ;

2° Le préfet de Corse nomme les membres mentionnés aux *a* et *b* de l'article R. 4421-3. Le président du conseil exécutif de Corse nomme les membres mentionnés aux *b*, *c* et *e* du même article ;

3° Le préfet de Corse nomme la personnalité qualifiée mentionnée au *a* et l'un des deux membres mentionnés au *b* du 3° de l'article R. 4421-4. Le président du conseil exécutif nomme le membre mentionné au *c* et l'un des deux membres mentionnés au *b* du 3° du même article ;

(Décr. n° 2017-456 du 29 mars 2017, art. 9) « 4° Le préfet de Corse nomme deux des personnalités qualifiées mentionnées au *a* du 3° de l'article R. 4421-5, dont un architecte et le conservateur des antiquités et objets d'arts. Le président du conseil exécutif nomme les deux autres personnalités qualifiées. Ils nomment chacun deux des représentants des associations ou fondations mentionnés au *b* du 3° du même article. »

Art. R. 4421-7 Les membres du conseil des sites de Corse autres que les membres de droit sont nommés pour une durée de trois ans. Leur mandat est renouvelable.

Art. R. 4421-8 Le préfet, président du conseil des sites de Corse, peut se faire représenter par un autre membre du corps préfectoral en fonction en Corse *(Décr. n° 2017-456 du 29 mars 2017, art. 9)* « ou, pour ce qui concerne la délégation permanente mentionnée à l'article R. 4421-5-1, par le directeur régional des affaires culturelles ou son représentant ». Les membres de droit peuvent se faire représenter. Les membres élus ou désignés, à l'exception des personnalités qualifiées, peuvent se faire représenter par un suppléant élu ou désigné dans les mêmes conditions qu'eux.

Art. R. 4421-9 La perte de la qualité en raison de laquelle un membre a été élu ou désigné entraîne la vacance du siège correspondant.

Il est pourvu aux vacances survenues plus de dix mois avant la date du plus proche renouvellement. Les nouveaux membres siègent au conseil jusqu'à la date à laquelle aurait normalement cessé le mandat de ceux qu'ils remplacent.

SOUS-SECTION 2 **Fonctionnement**

Art. R. 4421-10 Le conseil des sites de Corse se réunit, sur convocation de son président, ou de ses coprésidents, lorsqu'il est réuni en formation dite "du patrimoine *(Décr. n° 2017-456 du 29 mars 2017, art. 9)* « et de l'architecture »" ; cette convocation est de droit lorsque la majorité des membres la demande.

Le conseil des sites établit son règlement intérieur.

La convocation, qui est adressée douze jours au moins avant la séance de la section, fixe le lieu de la réunion et précise l'ordre du jour. En cas d'urgence, ce délai peut être ramené à cinq jours.

Art. R. 4421-11 Le conseil des sites ne peut valablement délibérer, dans chacune de ses formations, que si la majorité de ses membres sont présents ou représentés.

Lorsque le quorum n'est pas atteint sur un ordre du jour donné, le conseil des sites peut délibérer quel que soit le nombre des membres après une nouvelle convocation portant sur le même ordre du jour et spécifiant qu'aucun quorum ne sera exigé.

Art. R. 4421-12 Le préfet de Corse préside le conseil des sites. Il le copréside avec le président du conseil exécutif de Corse lorsque le conseil est réuni en formation dite "du patrimoine *(Décr. n° 2017-456 du 29 mars 2017, art. 9)* « et de l'architecture »".

Les fonctions de secrétaire sont exercées par un fonctionnaire désigné par le préfet de Corse.

Art. R. 4421-13 Sauf lorsque le conseil des sites siège en formation dite "du patrimoine *(Décr. n° 2017-456 du 29 mars 2017, art. 9)* « et de l'architecture »", la voix du président est prépondérante en cas de partage égal des voix.

Le scrutin secret est de droit lorsque trois membres présents ou représentés le demandent.

Art. R. 4421-14 Les services de l'État, les collectivités territoriales et les services publics qui ne sont pas représentés au conseil des sites peuvent être entendus sur les affaires qui les concernent, à la demande du président ou des coprésidents lorsque le conseil siège en formation dite "du patrimoine *(Décr. n° 2017-456 du 29 mars 2017, art. 9)* « et de l'architecture »".

Le conseil peut en outre entendre toute personne dont il estime l'audition utile.

Art. R. 4421-15 *(Décr. n° 2004-142 du 12 févr. 2004, art. 9)* Les dispositions des articles R. 4421-10 à R. 4421-14, en tant qu'elles règlent le fonctionnement du conseil des sites de Corse siégeant en formation dite "du patrimoine *(Décr. n° 2017-456 du 29 mars 2017, art. 9)* « et de l'architecture »", sont applicables à la *(Décr. n° 2017-456 du 29 mars 2017, art. 9)* « délégation permanente » créée au sein de cette dernière.

CHAPITRE II ORGANISATION

SECTION 1 L'assemblée de Corse

SOUS-SECTION 1 Composition

Pas de dispositions réglementaires codifiées.

SOUS-SECTION 2 Fonctionnement

Art. R. 4422-1 Les articles R. 4135-1 et R. 4135-2 sont applicables aux membres de l'Assemblée de Corse.

Art. R. 4422-2 ***[R. 4422-1-1]*** *(Décr. n° 2015-510 du 7 mai 2015, art. 21)* Le rapport spécial de l'activité des services de l'État en Corse comprend également le bilan de l'action des établissements publics de l'État qui y concourent.

Ce rapport porte notamment sur le pilotage des services déconcentrés de l'État, sur les actions de simplification de leur action et sur la modernisation de leur organisation en considération des spécificités locales et dans un souci de qualité de service rendu aux usagers.

SOUS-SECTION 3 Attributions

Pas de dispositions réglementaires codifiées.

SECTION 2 Le conseil exécutif et le président du conseil exécutif

SOUS-SECTION 1 Élection et composition

Pas de dispositions réglementaires codifiées.

SOUS-SECTION 2 Dispositions relatives aux membres du conseil exécutif

Art. R. 4422-2 Les articles R. 4135-1 à R. 4135-8 sont applicables au président et aux membres du conseil exécutif de Corse. Pour l'application de l'article R. 4135-4, la durée du crédit d'heures pour un trimestre est égale :

(Décr. n° 2003-836 du 1er sept. 2003, art. 21) « *a)* À cent quarante heures pour le président du conseil exécutif ;

« *b)* À cent cinq heures pour les membres du conseil exécutif. »

Art. R. 4422-3 Les articles *(Décr. n° 2003-943 du 2 oct. 2003, art. 5)* « R. 4135-8-1 » à *(Décr. n° 2016-870 du 29 juin 2016, art. 7)* « R. 4135-19-4 » sont applicables au président et aux membres du conseil exécutif de Corse.

SOUS-SECTION 3 Attributions du conseil exécutif

Pas de dispositions réglementaires codifiées.

SOUS-SECTION 4 Attributions du président du conseil exécutif

Pas de dispositions réglementaires codifiées.

SECTION 3 Rapports entre l'Assemblée et le conseil exécutif

Pas de dispositions réglementaires codifiées.

SECTION 4 Le conseil économique, social, environnemental et culturel de Corse *(Décr. n° 2017-827 du 5 mai 2017, art. 1er et 2).*

SOUS-SECTION 1 Organisation

§ 1 Composition

Art. R. 4422-4 *(Décr. n° 2017-827 du 5 mai 2017, art. 1er)* Le conseil économique, social, environnemental et culturel de Corse comprend soixante-trois membres répartis en trois sections.

Art. R. 4422-5 *(Décr. n° 2017-827 du 5 mai 2017, art. 1er)* « La section du développement économique et social et de la prospective » comprend vingt-neuf membres dont :

1° Quatorze représentants des entreprises et des activités professionnelles non salariées exerçant leur activité en Corse, quels que soient la nature de leur activité et leur statut juridique ;

2° Quatorze représentants des organisations syndicales de salariés *(Décr. n° 2017-827 du 5 mai 2017, art. 1er)* « les plus représentatives » ;

3° Une personnalité choisie parmi celles qui, en raison de leur qualité ou de leurs activités, concourent au développement économique et social de la Corse.

Art. R. 4422-6 *(Décr. n° 2017-827 du 5 mai 2017, art. 1er)* « La section de la culture, de la langue corse et de l'éducation comprend dix-sept membres, » dont :

1° *(Décr. n° 2017-827 du 5 mai 2017, art. 1er)* « Dix » représentants des organismes qui participent à la vie culturelle de la Corse *(Décr. n° 2017-827 du 5 mai 2017, art. 1er)* « ou à la promotion de la langue corse » ;

2° Six représentants des organisations de parents d'élèves et des organismes qui participent à la vie éducative de la Corse ;

(Décr. n° 2017-827 du 5 mai 2017, art. 1er) « 3° » Une personnalité désignée en raison de sa qualité ou de ses activités en Corse dans les domaines *(Décr. n° 2017-827 du 5 mai 2017, art. 1er)* « de la culture, de la langue corse et de l'éducation ».

Art. R. 4422-6-1 *(Décr. n° 2017-827 du 5 mai 2017, art. 1er)* La section de l'environnement et du cadre de vie comprend dix-sept membres, dont :

1° Huit représentants des organismes agissant dans le domaine de la protection de l'environnement en Corse ;

2° Huit représentants des organismes qui participent à la protection et à l'animation du cadre de vie en Corse ainsi qu'au développement de la vie collective en Corse ;

3° Une personnalité qualifiée, choisie en raison de sa qualité ou de ses activités en Corse dans le domaine du cadre de vie, de l'environnement et du développement durable.

Art. R. 4422-7 *(Décr. n° 2005-220 du 2 mars 2005, art. 2)* « Un arrêté du préfet de Corse fixe, par application des règles définies aux articles R. 4422-4 à *(Décr. n° 2017-827 du 5 mai 2017, art. 1er)* « R. 4422-6-1 », la liste des organismes de toute nature représentés au sein de chaque section du conseil économique, social, environnemental et culturel de Corse, le nombre de leurs représentants et, le cas échéant, les modalités particulières de leur désignation. » *(Décr. n° 2023-1332 du 29 déc. 2023, art. 2)* « Cet arrêté est publié au recueil des actes administratifs de la préfecture de région au plus tard le 31 octobre de l'année précédant le renouvellement. »

La répartition des sièges attribués aux organisations syndicales de salariés au sein de la *(Décr. n° 2017-827 du 5 mai 2017, art. 1er)* « section du développement économique et social et de la prospective » tient compte notamment de leur représentativité dans la collectivité de Corse.

Art. R. 4422-8 Un arrêté du préfet de Corse constate la désignation des membres du conseil mentionnés aux 1° et 2° *(Décr. n° 2017-827 du 5 mai 2017, art. 1er)* « des articles R. 4422-5, R. 4422-6 et R. 4422-6-1 ».

Si un ou plusieurs sièges ne peuvent être pourvus selon les modalités prévues pour la désignation de leur titulaire, ils restent vacants. Toutefois, lorsque la désignation d'un ou plusieurs membres doit être faite par accord entre au moins deux associations ou organismes et que cet accord n'a pu intervenir, le préfet de Corse réunit les parties en cause aux fins de conciliation. À l'issue de cette réunion, si aucun accord n'a pu être trouvé, le préfet de Corse constate la désignation comme membre représentant ces associations ou organismes de celui ou de ceux dont le nom a été proposé par la majorité d'entre eux ou, en cas d'égalité, par la ou les organisations les plus représentatives.

Les personnalités mentionnées *(Décr. n° 2017-827 du 5 mai 2017, art. 1er)* « au 3° des articles R. 4422-5, R. 4422-6 et R. 4422-6-1 » sont nommées par arrêté du préfet de Corse.

(Décr. n° 2023-1332 du 29 déc. 2023, art. 2) « L'arrêté prévu aux premier et troisième alinéas est publié au recueil des actes administratifs de la préfecture de région au plus tard le 30 novembre de l'année précédant le renouvellement. »

Art. R. 4422-9 Nul ne peut être nommé membre du conseil économique, social, environnemental et culturel de Corse s'il est privé du droit électoral.

Nul ne peut être *(Décr. n° 2017-827 du 5 mai 2017, art. 1er)* « membre de plus d'une section ».

Art. R. 4422-10 Les membres du conseil économique, social, environnemental et culturel de Corse sont désignés pour six ans.

Les sièges déclarés vacants sont pourvus dans un délai de deux mois à compter de la constatation de la vacance par le préfet de Corse.

Toute personne désignée pour remplacer un membre du conseil exerce son mandat jusqu'à expiration du mandat de la personne qu'elle remplace.

Le mandat des membres du conseil économique, social, environnemental et culturel de Corse est renouvelable.

Art. R. 4422-11 Expire de droit le mandat du membre qui perd la qualité en vertu de laquelle il a été désigné ou qui se trouve privé du droit électoral.

La démission d'un membre est reçue par le président du conseil économique, social, environnemental et culturel de Corse, qui en avise immédiatement le président du conseil exécutif et le préfet de Corse.

Tout membre dont l'absence non motivée à la moitié des séances au moins aura été constatée au cours d'une période d'un an par le bureau du conseil pourra être déclaré, sur proposition du bureau, démissionnaire d'office par le préfet de Corse.

Art. R. 4422-12 Le président du conseil économique, social, environnemental et culturel de Corse et les membres du bureau sont élus pour la durée du mandat du conseil. Ils sont rééligibles.

Il est pourvu aux vacances survenues au sein du bureau lors de la réunion du conseil qui suit leur constatation.

§ 2 Fonctionnement

Art. R. 4422-13 Le conseil économique, social, environnemental et culturel de Corse siège au chef-lieu de la collectivité de Corse. En accord avec le président du conseil exécutif, son président peut le réunir en tout autre lieu de Corse.

Art. R. 4422-14 Le règlement intérieur est adopté par le conseil économique, social, environnemental et culturel de Corse. Au premier tour de scrutin, la majorité absolue des membres est requise.

Le règlement intérieur fixe la composition du bureau qui, outre le président, comprend au maximum *(Décr. n° 2017-827 du 5 mai 2017, art. 1er)* « douze » membres. *(Décr. n° 2023-1332 du 29 déc. 2023, art. 2)* « Il définit les conditions permettant de favoriser l'égale représentation des femmes et des hommes au sein du bureau et des commissions. »

Le règlement intérieur fixe également le nombre, la composition, les compétences et les règles de fonctionnement des commissions dans lesquelles la représentation de chacune des *(Décr. n° 2017-827 du 5 mai 2017, art. 1er)* « trois » sections est assurée.

Il précise en outre les conditions dans lesquelles le conseil peut déléguer à son bureau le pouvoir de formuler un avis sur des objets limitativement précisés. Pour l'exercice de cette délégation, le bureau peut tenir séance dans l'intervalle des réunions du conseil.

Enfin, il peut prévoir la création de groupes de travail spécialisés et temporaires ainsi que les modalités d'association aux travaux du conseil se rapportant notamment à l'université, à l'élaboration du plan d'aménagement et de développement durable de Corse ainsi qu'à l'évaluation des politiques qui s'y rattachent, d'organismes à vocation régionale n'appartenant pas au conseil et de personnalités extérieures dont la liste est arrêtée par le conseil économique, social, environnemental et culturel dans les conditions fixées par le règlement intérieur.

Art. R. 4422-15 Le conseil économique, social, environnemental et culturel de Corse se réunit sur convocation du président. La convocation est accompagnée de l'ordre du jour.

Douze jours au moins avant la réunion, le président adresse aux membres du conseil un rapport sur chacune des affaires inscrites à l'ordre du jour.

Art. R. 4422-16 Le conseil économique, social, environnemental et culturel de Corse est convoqué par son président lorsqu'il est saisi d'une demande d'avis par le président du conseil exécutif ou le président de l'Assemblée de Corse.

Il peut également être convoqué six fois par an au plus pour l'application des dispositions du dernier alinéa de l'article L. 4422-36 et du dernier alinéa de l'article L. 4422-37, à l'initiative de son président, de son bureau ou de la majorité de ses membres et après consultation du président du conseil exécutif, pour une durée n'excédant pas deux jours.

Art. R. 4422-17 Les demandes d'avis sont notifiées au président du conseil économique, social, environnemental et culturel de Corse par le président du conseil exécutif ou par le président de l'Assemblée de Corse.

Ces notifications sont adressées en temps utile pour que la convocation du conseil ait lieu dans les conditions fixées à l'article R. 4422-15.

Aux demandes d'avis sont joints, outre les projets soumis à l'examen de l'Assemblée de Corse, les rapports de présentation et documents préparatoires qui les accompagnent.

Par ailleurs, le président du conseil économique, social, environnemental et culturel informe le président du conseil exécutif et le président de l'Assemblée de Corse des questions dont le conseil se saisit. Il peut demander au président du conseil exécutif communication des documents et études sur ces questions.

Art. R. 4422-18 Les séances du conseil sont publiques sauf décision contraire du bureau.

Art. R. 4422-19 Le président du conseil économique, social, environnemental et culturel de Corse assure la police des séances.

Art. R. 4422-20 Le préfet de Corse, le président du conseil exécutif, le président de l'Assemblée de Corse sont entendus par le conseil avec leur accord ou à leur demande.

Toute personne qualifiée peut être entendue par le conseil ou par ses commissions.

Les fonctionnaires de l'État dans la collectivité de Corse ne peuvent être entendus qu'avec l'accord du préfet de Corse et de celui du président du conseil exécutif lorsqu'il s'agit de questions sur lesquelles les services auxquels ils appartiennent ont été mis à disposition de la collectivité territoriale.

Art. R. 4422-21 Les avis sont rendus en séance plénière *(Décr. nº 2017-827 du 5 mai 2017, art. 1er)* « ou, le cas échéant, par les sections dans les conditions prévues à l'article L. 4422-34 ».

Les avis du conseil *(Décr. nº 2017-827 du 5 mai 2017, art. 1er)* « ou des sections » sont adoptés à la majorité des suffrages exprimés et mentionnent les positions des minorités. *(Décr. nº 2017-827 du 5 mai 2017, art. 1er)* « Le conseil ou les sections ne peuvent » se prononcer que si plus de la moitié de *(Décr. nº 2017-827 du 5 mai 2017, art. 1er)* « leurs membres » en exercice sont présents.

Si le quorum n'est pas atteint, la séance est renvoyée au deuxième jour ouvrable qui suit. Une convocation spéciale est faite d'urgence par le président. Les avis sont alors valablement rendus, quel que soit le nombre de membres présents. Les modalités de vote sont déterminées par le règlement intérieur.

En cas de partage égal des voix, celle du président est prépondérante.

Art. R. 4422-22 Lorsqu'il est saisi d'une demande formulée en application du premier alinéa de l'article R. 4422-16, le conseil économique, social, environnemental et culturel peut désigner un rapporteur chargé d'exposer l'avis qu'il a rendu devant la commission compétente de l'Assemblée de Corse qui est tenue de l'entendre. Après accord du président de l'Assemblée de Corse, il peut l'exposer devant l'Assemblée.

Dans les autres cas, le rapporteur désigné par le conseil expose, le cas échéant, l'avis qu'il a rendu devant la commission compétente.

Art. R. 4422-23 Les avis rendus par *(Décr. nº 2017-827 du 5 mai 2017, art. 1er)* « le conseil économique, social, environnemental et culturel de Corse ou ses sections » font l'objet d'une publication officielle.

Ils sont adressés au président du conseil exécutif et au président de l'Assemblée de Corse.

Art. R. 4422-24 Le président du conseil exécutif ou le président de l'Assemblée de Corse, selon le cas, informe le conseil économique, social, environnemental et culturel de la suite réservée à ses avis.

Art. R. 4422-25 Par accord entre le président de l'Assemblée de Corse et le président du conseil économique, social, environnemental et culturel de Corse, des groupes de travail communs aux deux instances pourront être constitués.

Art. R. 4422-26 Chaque année, dans le cadre de la préparation du budget de la collectivité de Corse, le président du conseil économique, social, environnemental et culturel élabore un projet portant sur les crédits nécessaires à son fonctionnement et à la réalisation *(Décr. nº 2023-1332 du 29 déc. 2023, art. 2)* « de l'ensemble de ses missions, » qu'il soumet au président du conseil exécutif.

Les crédits nécessaires au fonctionnement du conseil économique, social, environnemental et culturel de Corse font l'objet d'une inscription distincte au budget de la collectivité de Corse. Ils sont notifiés chaque année, après le vote du budget, au président du conseil économique, social, environnemental et culturel, par le président du conseil exécutif.

Art. R. 4422-27 Le conseil économique, social, environnemental et culturel de Corse se réunit dans sa nouvelle composition le deuxième jeudi qui suit la publication de l'arrêté du préfet de Corse prévu à l'article R. 4422-8.

Art. R. 4422-28 La séance d'installation du conseil économique, social, environnemental et culturel de Corse se tient sous la présidence du doyen d'âge, le plus jeune membre faisant fonction de secrétaire.

Le conseil au cours de cette première séance délibère sur les dispositions de son règlement intérieur relatives aux modalités d'élection de son président et des membres du bureau.

À l'issue du vote de cette délibération, le conseil élit son président.

Il est ensuite procédé, sous la présidence du président du conseil économique, social, environnemental et culturel, à l'élection des membres du bureau.

Le bureau est érigé en commission préparatoire pour l'élaboration du règlement intérieur qui doit être soumis à la délibération du conseil économique, social, environnemental et culturel de Corse dans un délai d'un mois à compter de son installation.

§ 3 Garanties accordées dans l'exercice du mandat

Art. D. 4422-28-1 *(Décr. nº 2005-586 du 27 mai 2005, art. 9)* Les articles D. 4134-28 à D. 4134-33 sont applicables aux membres du conseil économique, social, environnemental et culturel de Corse.

Art. R. 4422-29 Les articles R. 4135-1 et R. 4135-2 sont applicables aux membres du conseil économique, social, environnemental et culturel de Corse.

Art. R. 4422-30 Les articles D. 4135-20 à D. 4135-23 sont applicables aux membres du conseil économique, social, environnemental et culturel de Corse.

Art. R. 4422-30-1 *(Décr. nº 2004-517 du 10 juin 2004, art. 2)* Les articles R. 4134-24 à R. 4134-27 sont applicables aux membres du *(Décr. nº 2017-827 du 5 mai 2017, art. 1er)* « conseil économique, social, environnemental et culturel de Corse ».

L'Assemblée de Corse est compétente pour prendre la délibération prévue à l'article R. 4134-27.

SOUS-SECTION 2 **Attributions**

Pas de dispositions réglementaires codifiées.

SECTION 4 *BIS* **La chambre des territoires** *(Décr. n° 2017-1684 du 14 déc. 2017, art. 2).*

Art. D. 4422-30-2 *(Décr. n° 2022-1663 du 26 déc. 2022, art. 1er)* **I. – Il est procédé à l'élection des trois représentants par communauté d'agglomération et de leurs remplaçants parmi les membres de l'assemblée délibérante selon les modalités suivantes :**

a) **Deux représentants et leur remplaçant respectif, ayant qualité de maire, sont élus par l'assemblée délibérante de chaque communauté d'agglomération ;**

b) **Un troisième représentant et son remplaçant, quelle que soit leur qualité, sont élus par l'assemblée délibérante de chaque communauté d'agglomération.**

II. – Les deux représentants par communauté de communes et leurs remplaçants sont élus parmi les membres de l'assemblée délibérante de chaque communauté de communes.

Art. D. 4422-30-3 *(Décr. n° 2022-1663 du 26 déc. 2022, art. 1er)* **I. – Un représentant du comité de massif de Corse mentionné au cinquième alinéa de l'article L. 4421-3 et son remplaçant sont désignés par la commission permanente prévue au troisième alinéa du I de l'article 7 de la loi n° 85-30 du 9 janvier 1985 relative au développement et à la protection de la montagne, dûment convoquée par son président.**

II. – Un représentant du comité de bassin de Corse mentionné au sixième alinéa de l'article L. 4421-3 et son remplaçant sont désignés par le comité de bassin parmi ses membres.

Art. D. 4422-30-4 *(Décr. n° 2022-1663 du 26 déc. 2022, art. 1er)* **I. – L'élection des représentants mentionnés à l'article D. 4422-30-2 a lieu dans un délai de trois mois à compter du renouvellement général des conseils municipaux et des assemblées délibérantes des communautés d'agglomération et des communautés de communes. Lorsque ces représentants ont été élus, le préfet en informe le comité de massif et le comité de bassin.**

II. – La désignation des représentants mentionnés à l'article D. 4422-30-3 se tient dans un délai de deux mois à compter de la notification par le préfet de l'élection des représentants mentionnés à l'article D. 4422-30-2.

Sur les modalités d'application du Décr. n° 2022-1663 du 26 déc. 2022, V. infra.

Décret n° 2022-1663 du 26 décembre 2022,

Relatif aux modalités de désignation des membres de la chambre des territoires de Corse.

Art. 2 I. — Par dérogation au I de l'article D. 4422-30-4 du code général des collectivités territoriales, la première élection des représentants mentionnés aux 5° et 6° de l'article L. 4421-3 dans sa rédaction résultant de l'article 9 de la loi du 21 février 2022 susvisée a lieu dans un délai de trois mois à compter de la publication du présent décret.

II. — La première désignation des représentants mentionnés aux 3° et 4° de l'article L. 4421-3 dans sa rédaction résultant de l'article 9 de la loi *[n° 2022-217]* du 21 février 2022 susvisée a lieu dans un délai de deux mois à compter de l'élection des représentants mentionnés au I du présent article.

III. — Le mandat des membres de la chambre des territoires de Corse en fonction à la date de publication du présent décret prend fin à la date de publication de l'arrêté prévu au V de l'article D. 4422-30-6 du code général des collectivités territoriales.

Art. D. 4422-30-5 *(Décr. n° 2022-1663 du 26 déc. 2022, art. 1er)* **I. – Nul ne peut être élu ou désigné, en tant que titulaire ou remplaçant, dans plus d'un des collèges qui composent la chambre des territoires.**

II. – En cas de candidatures en nombre insuffisant, les sièges restent vacants.

Art. D. 4422-30-6 *(Décr. n° 2022-1663 du 26 déc. 2022, art. 1er)* **I. – Les représentants mentionnés à l'article D. 4422-30-2 sont élus au sein de chaque assemblée délibérante concernée au scrutin uninominal dans les conditions prévues pour une nomination à l'article L. 2121-21.**

II. – Les représentants mentionnés à l'article D. 4422-30-3 sont désignés au sein de chaque comité au scrutin uninominal dans les conditions prévues pour une nomination à l'article L. 2121-21.

III. – En cas de nombre de candidats élus ou désignés en nombre inférieur au nombre de sièges à pourvoir, les sièges restent vacants.

IV. – Les résultats de chaque élection ou désignation sont transmis au préfet de Corse, qui en assure la publication. Ils peuvent être contestés devant le tribunal administratif dans les dix jours qui suivent cette publication par tout électeur, par les candidats, par les membres du comité de massif de Corse et du comité de bassin pour les désignations qui les concernent et par le préfet de Corse. Les noms, prénoms, date et lieu de naissance, sexe et domicile des candidats élus ou désignés, titulaires et remplaçants*[,]* sont communiqués au préfet de Corse.

V. – La liste des représentants, titulaires et remplaçants, des communautés de communes, des communautés d'agglomération, du comité de massif de Corse et du comité de bassin est arrêtée par le préfet de Corse.

Art. D. 4422-30-7 *(Décr. n° 2022-1663 du 26 déc. 2022, art. 1er)* I. – Il est procédé au remplacement des représentants titulaires mentionnés à l'article D. 4422-30-2, en cas de vacance de leur siège pour cause de décès, de démission ou de perte de la qualité au titre de laquelle ils ont été élus, par leur remplaçant pour la durée du mandat restant à courir.

Lorsque qu'il ne peut plus être procédé au remplacement de la moitié des sièges ou plus des représentants des communautés d'agglomération ou des représentants des communautés de communes, il est procédé, dans un délai de trois mois, à une nouvelle élection pour les sièges vacants du collège concerné dans les conditions prévues aux articles D. 4422-30-5 et D. 4422-30-6.

Le mandat des représentants ainsi élus court jusqu'au prochain renouvellement général des conseils municipaux.

II. – Il est procédé au remplacement des représentants titulaires mentionnés à l'article D. 4422-30-3 en cas de vacance de leur siège pour cause de décès, de démission ou de perte de la qualité au titre de laquelle il ont été désignés, par leur remplaçant pour la durée du mandat restant à courir.

Lorsqu'il ne peut plus être procédé au remplacement des représentants mentionnés à l'article D. 4422-30-3, il est procédé, dans un délai de trois mois, à une nouvelle désignation organisée dans les conditions prévues aux articles D. 4422-30-5 et D. 4422-30-6.

III. – Il ne peut être procédé à aucune élection ou désignation dans les six mois précédant le renouvellement général des conseils municipaux.

SECTION 5 Le représentant de l'État

Pas de dispositions réglementaires codifiées.

SECTION 6 Services de l'État transférés et mis à disposition de la collectivité de Corse *(Décr. n° 2003-716 du 1er août 2003, art. 1er).*

SOUS-SECTION 1 Services transférés

Art. R. 4422-31 *(Décr. n° 2003-716 du 1er août 2003, art. 2)* Sont transférés à la collectivité de Corse, en application du deuxième alinéa de l'article L. 4422-43 :

1° Les services ou parties de services chargés, au sein de la direction régionale de l'équipement et des directions départementales de l'équipement :

a) Des tâches de programmation, études, suivi financier, comptabilité, marchés, acquisitions foncières, contentieux, en matière de voirie nationale ;

b) Des tâches de programmation, études, suivi financier, comptabilité, marchés, contentieux, relatives aux conduites d'opération de construction des établissements de l'enseignement supérieur ;

c) Des tâches d'extension, d'aménagement, d'entretien et de gestion des ports de commerce et de pêche d'Ajaccio et de Bastia ;

d) Des tâches d'extension, d'aménagement, d'entretien et de gestion des aérodromes d'Ajaccio, de Bastia, de Figari et de Calvi ;

2° Les parties de services de la direction régionale des affaires culturelles chargées des travaux de conservation des monuments historiques n'appartenant pas à l'État, de la conservation et de la mise en valeur de sites archéologiques, de l'inventaire du patrimoine, des actions culturelles telles que définies au quatrième alinéa du II de l'article L. 4424-7, ainsi que les parties du bureau des affaires générales et financières de la même direction correspondant à ces missions ;

3° Les parties de services de la direction régionale de l'agriculture et des directions départementales de l'agriculture et de la forêt chargées des compétences transférées à l'office d'équipement hydraulique de Corse et à l'office de développement agricole et rural de Corse ;

4° Les parties de services chargées au sein des directions départementales de l'agriculture et de la forêt :

a) Des compétences en matière de création et de gestion des réserves de pêche et des réserves de chasse ;

b) Des compétences en matière de tarification de l'eau ;

5° Les parties de services du rectorat de l'académie chargées :

a) Des tâches de programmation, études, suivi financier, comptabilité, marchés, contentieux, relatives aux constructions des établissements de l'enseignement supérieur ;

b) Des prévisions d'effectifs ;

c) Des relations avec les établissements publics locaux d'enseignement pour l'élaboration du schéma prévisionnel des formations ainsi que du suivi de la mise en œuvre des moyens alloués par l'État ;

6° Les parties de services de la direction régionale et des directions départementales de la jeunesse et des sports chargées :

a) Des actions de promotion des activités physiques et sportives ;

b) De l'éducation populaire ;

c) Des actions d'information de la jeunesse ;

d) De l'instruction des demandes de subventions au titre de la partie régionale du Fonds national pour le développement du sport ;

7° Le service déconcentré chargé du tourisme en Corse, les parties de services des préfectures de Corse-du-Sud et de Haute-Corse et des directions départementales de la concurrence, de la consommation et de la répression des fraudes participant à l'instruction des demandes de classement touristique ;

8° Les parties de services de la direction régionale de l'environnement chargées des tâches relatives aux réserves naturelles, aux réserves naturelles volontaires, à l'inscription des sites ;

9° Les parties de services de la direction régionale de l'environnement de Rhône-Alpes, direction régionale de l'environnement du bassin Rhône-Méditerranée, chargées de la gestion de la ressource en eau de la Corse et de l'élaboration et de l'approbation des schémas d'aménagement et de gestion des eaux de Corse ainsi que du schéma directeur d'aménagement et de gestion des eaux de Corse.

Art. R. 4422-32 Les dépenses de personnel correspondant aux services ou parties de services mentionnés à l'article R. 4422-31 sont prises en charge par la collectivité de Corse dans les conditions prévues au titre I de la loi n° 85-1098 du 11 octobre 1985 relative à la prise en charge par l'État, les départements et les régions des dépenses de personnel, de fonctionnement et d'équipement des services placés sous leur autorité.

SOUS-SECTION 2 Services mis à disposition

Art. R. 4422-33 *(Décr. n° 2003-716 du 1er août 2003, art. 8)* Sont, en tant que de besoin, mis à disposition du président du conseil exécutif, dans les conditions prévues au premier alinéa de l'article L. 4422-43 :

1° Les subdivisions territoriales, les parcs et les parties de services chargées de l'exploitation et de la gestion des routes nationales des directions départementales de l'équipement de Corse-du-Sud et de Haute-Corse ;

2° Le service académique d'information et d'orientation, la délégation académique de l'enseignement technique, la division de la programmation et de l'organisation scolaire du rectorat de l'académie de Corse et les parties de services de la direction régionale de l'alimentation, de l'agriculture et de la forêt et de la direction des affaires maritimes participant à l'élaboration du schéma prévisionnel des formations et du programme prévisionnel des investissements, ainsi qu'à la définition de la structure pédagogique pour les établissements concernés : collèges, lycées, établissements d'enseignement professionnel, lycées agricoles, aquacoles et maritimes et établissements d'éducation spéciale ;

3° Les parties de services *(Décr. n° 2010-344 du 31 mars 2010, art. 344)* « de l'agence régionale de santé » participant à l'instruction des demandes de classement touristique.

Art. R. 4422-34 Une convention est conclue entre le préfet de Corse et le président du conseil exécutif qui détermine :

1° Les missions que les services mentionnés à l'article R. 4422-33 exercent pour le compte de la collectivité territoriale ;

2° Les modalités d'établissement du programme annuel des actions que ces services accomplissent et les moyens mis en œuvre à cet effet ;

3° L'organisation des relations entre le président du conseil exécutif et les chefs de service mis à disposition.

Les *(Décr. n° 2011-184 du 15 févr. 2011, art. 55)* « comités techniques » paritaires compétents sont consultés sur le projet de convention.

Art. R. 4422-35 Les dispositions des articles R. 4422-31 à R. 4422-34 ne font pas obstacle aux concours que les services déconcentrés du ministère de l'équipement, du logement et des transports peuvent apporter à la collectivité de Corse pour des missions autres que celles mentionnées dans la convention prévue à l'article R. 4422-34.

SECTION 7 Biens de l'État transférés dans le patrimoine de la collectivité de Corse

Art. R. 4422-36 *(Décr. n° 2003-1111 du 18 nov. 2003, art. 1er)* Est transférée à la collectivité de Corse en application de l'article L. 4424-7 la propriété :

a) Des immeubles classés ou inscrits au titre de la loi du 31 décembre 1913 relative aux monuments historiques et des sites archéologiques, appartenant à l'État, dont la liste figure en annexe au décret n° 2003-1111 du 18 novembre 2003, pris en application de l'article 9 de la loi n° 2002-92 du 22 janvier 2002 relative à la Corse ; *— V. cette annexe issue du Décr. n° 2003-1111 du 18 nov. 2003.*

b) Des objets mobiliers appartenant à l'État que ces immeubles renferment ou qui sont issus de sites archéologiques.

Art. R. 4422-37 *(Décr. n° 2003-1111 du 18 nov. 2003, art. 1er)* Le transfert de propriété des immeubles et des sites archéologiques est constaté par arrêté du préfet territorialement compétent. Cet arrêté fait apparaître leur nature, leur situation, leur contenance et leur désignation cadastrale. Il est publié au fichier immobilier.

Art. R. 4422-38 *(Décr. n° 2003-1111 du 18 nov. 2003, art. 1er)* Le transfert de propriété des objets mobiliers visés à l'article R. 4422-36 est constaté par un procès-verbal. Il est établi par le préfet territorialement compétent et par le président du conseil exécutif. Il indique la consistance, la situation juridique et l'état des objets mobiliers.

Art. R. 4422-39 *(Décr. n° 2003-1111 du 18 nov. 2003, art. 1er)* Les arrêtés préfectoraux et les procès-verbaux constatant le transfert de propriété des immeubles, des sites archéologiques et des objets mobiliers seront publiés au recueil des actes administratifs de la préfecture.

CHAPITRE III RÉGIME JURIDIQUE DES ACTES

Art. R. 4423-1 Le dispositif des délibérations de l'Assemblée de Corse et du conseil exécutif de Corse ainsi que les actes du président du conseil exécutif, à caractère réglementaire ou pris en application du 3° de l'article L. 4422-26, sont publiés dans un recueil des actes administratifs ayant une périodicité au moins mensuelle.

Ce recueil est mis à la disposition du public au siège du conseil exécutif et à celui de l'Assemblée de Corse. Le public est informé, dans les vingt-quatre heures, que le recueil est mis à sa disposition, par affichage, aux lieux habituels de l'affichage officiel de la collectivité territoriale.

La diffusion du recueil peut être effectuée à titre gratuit ou par vente au numéro ou par abonnement.

Art. R. 4423-2 *(Décr. nº 2005-324 du 7 avr. 2005, art. 3)* Les dispositions des articles R. 2131-1 à R. 2131-4 sont applicables à la transmission par voie électronique des actes de la collectivité de Corse.

Pour l'application de ces dispositions, les mots : "la commune", "le préfet" et "le maire" sont remplacés respectivement par les mots : "la collectivité de Corse", "le préfet de Corse" et "le président du conseil exécutif de Corse".

Art. R. 4423-3 *(Décr. nº 2005-324 du 7 avr. 2005, art. 3)* Les dispositions des articles R. 2131-5 à R. 2131-7 sont applicables aux marchés passés par la collectivité de Corse et ses établissements publics.

CHAPITRE IV COMPÉTENCES

SECTION 1 Identité culturelle de la Corse : compétences de la collectivité de Corse en matière d'éducation et de culture

SOUS-SECTION 1 Éducation

Art. R. 4424-1 Dès le commencement des travaux de construction d'un nouvel établissement, le président du conseil exécutif informe le préfet de Corse de la date prévue pour leur achèvement et pour la mise en service des locaux.

Art. R. 4424-2 Les moyens financiers assurés par l'État en application des dispositions du dernier alinéa de l'article L. 4424-2 comprennent les dépenses d'investissement et de fonctionnement énumérées par le décret nº 85-269 du 25 février 1985 fixant la liste des dépenses pédagogiques à la charge de l'État pris en application de l'article 14 de la loi nº 83-663 du 22 juillet 1983.

Art. R. 4424-3 L'Assemblée de Corse répartit entre les établissements d'enseignement mentionnés à l'article L. 4424-2 les subventions prévues par cet article. Les services académiques sont mis, à cet effet et en tant que de besoin, à la disposition de la collectivité de Corse conformément aux dispositions du premier alinéa de l'article L. 4422-43. Les autorités académiques notifient à chaque établissement le montant des subventions qui lui sont accordées.

Art. R. 4424-4 La carte de l'enseignement supérieur et de la recherche établie par l'Assemblée de Corse dans les conditions prévues à l'article L. 4424-3 définit les types de formation qu'assurent les établissements d'enseignement supérieur de Corse ainsi que la localisation de ces formations et des activités de recherche et de documentation. Elle inclut notamment les formations assurées par l'institut universitaire de formation des maîtres, les sections de techniciens supérieurs et les instituts universitaires de technologie.

Art. R. 4424-5 La convention prévue au deuxième alinéa de l'article L. 4424-3 fixe notamment l'engagement financier pluriannuel de la collectivité de Corse, de l'État et de l'université de Corse.

SOUS-SECTION 2 Culture, communication

Pas de dispositions réglementaires codifiées.

SOUS-SECTION 3 Sport et éducation populaire

Pas de dispositions réglementaires codifiées.

SECTION 2 Aménagement et développement durable

SOUS-SECTION 1 Plan d'aménagement et de développement durable

Art. R. 4424-6 Lorsque le plan d'aménagement et de développement durable de Corse comporte, en application du 1 de l'article L. 4424-10, la liste des espaces terrestres et marins, sites et paysages remarquables ou caractéristiques du patrimoine naturel et culturel du littoral et des milieux nécessaires au maintien des équilibres biologiques à préserver, cette liste tient lieu de celle figurant à l'article *(Décr. nº 2016-1613 du 25 nov. 2016, art. 4)* « R. 121-4 » du code de l'urbanisme.

Art. R. 4424-6-1 *(Décr. nº 2005-608 du 27 mai 2005, art. 6)* Le plan d'aménagement et de développement durable de Corse fait l'objet d'une évaluation environnementale dans les conditions définies par *(Décr. nº 2015-1783 du 28 déc. 2015, art. 9)* « le chapitre IV du titre préliminaire » du livre I du code de l'urbanisme.

Il comprend un rapport de présentation qui :

1° Présente les objectifs du plan et, s'il y a lieu, son articulation avec les autres documents d'urbanisme et les plans ou programmes mentionnés à l'article L. 122-4 du code de l'environnement avec lesquels il doit être compatible ou qu'il doit prendre en considération ;

2° Analyse l'état initial de l'environnement et les perspectives de son évolution en exposant, notamment, les caractéristiques des zones susceptibles d'être touchées de manière notable par la mise en œuvre du plan ;

3° Analyse les incidences notables *(Décr. nº 2021-1345 du 13 oct. 2021, art. 24)* « probables » de la mise en œuvre du plan sur l'environnement *(Décr. nº 2021-1345 du 13 oct. 2021, art. 24)* « , notamment, s'il y a lieu, sur la santé humaine, la population, la diversité biologique, la faune, la flore, les sols, les eaux, l'air, le bruit, le climat, le patrimoine culturel architectural et archéologique et les paysages et les interactions entre ces facteurs, » et expose les problèmes posés par son adoption sur la protection des zones revêtant une importance particulière pour l'environnement telles que celles désignées conformément aux articles R. 214-18 à R. 214-22 *[R. 414-3 à R. 414-7]* du code de l'environnement ainsi qu'à l'article 2 du décret nº 2001-1031 du 8 novembre 2001 relatif à la procédure de désignation des sites Natura 2000 ;

4° Expose les motifs pour lesquels le plan a été retenu au regard notamment des objectifs de protection de l'environnement établis au niveau international, communautaire ou national et les raisons qui justifient le choix opéré au regard des autres solutions envisagées ;

5° Présente les mesures envisagées pour éviter, réduire et, si possible, compenser s'il y a lieu, les conséquences dommageables du plan sur l'environnement et rappelle que le plan fera l'objet d'une analyse des résultats de son application au plus tard à l'expiration d'un délai de dix ans à compter de son approbation ;

6° Comprend un résumé non technique des éléments précédents et une description de la manière dont l'évaluation a été effectuée.

Le rapport de présentation peut se référer aux renseignements relatifs à l'environnement figurant dans d'autres études, plans et documents.

Art. R. 4424-7 Le projet de plan d'aménagement et de développement durable est soumis à enquête publique par le président du conseil exécutif dans les formes prévues par *(Décr. nº 2005-935 du 2 août 2005, art. 7)* « les articles R. 123-7 à R. 123-23 du code de l'environnement ». Toutefois, le président du conseil exécutif exerce les compétences attribuées au préfet par les articles *(Décr. nº 2005-935 du 2 août 2005, art. 2)* « R. 123-7, R. 123-8, R. 123-13, R. 123-14, R. 123-18 et R. 123-20 à R. 123-23 de ce code ».

Art. R. 4424-7-1 *(Décr. nº 2015-218 du 25 févr. 2015, art. 2)* Pour la mise en compatibilité du plan d'aménagement et de développement durable de la Corse dans le cadre d'une procédure intégrée pour le logement *(Décr. nº 2016-718 du 31 mai 2016, art. 2)* « ou d'une procédure intégrée pour l'immobilier d'entreprise » en application de l'article L. 300-6-1 du code de l'urbanisme, l'examen conjoint prévu à l'article L. 4424-15-1 a lieu à l'initiative de l'autorité mentionnée à l'article R. 300-15 du code de l'urbanisme.

Sauf dans le cas où la procédure intégrée inclut l'adaptation d'un ou plusieurs des documents mentionnés au IV de l'article L. 300-6-1 du code de l'urbanisme, le projet de mise en compatibilité du plan de développement durable de la Corse est soumis à enquête publique par le président du conseil exécutif de Corse dans les formes prévues par le chapitre III du titre II du livre I du code de l'environnement.

SOUS-SECTION 2 **Transports et gestion des infrastructures**

§ 1 Transports

Pas de dispositions réglementaires codifiées.

§ 2 Gestion des infrastructures

Art. R. 4424-8 Pour l'application de l'article L. 4424-22, la demande de titre d'occupation constitutif de droit réel sur le domaine public des ports d'Ajaccio et de Bastia est adressée au président du conseil exécutif ou au concessionnaire.

Art. R. 4424-9 Le dossier de la demande est constitué dans les conditions prévues au II de l'article R. 57-3 du code du domaine de l'État *[V. art. R. 2122-12 et R. 2122-13* ***CGPPP****]*.

Art. R. 4424-10 Le préfet dispose d'un délai de deux mois pour donner son avis ; passé ce délai l'avis est réputé émis.

Art. R. 4424-11 Dans le cas prévu au deuxième alinéa du II de l'article R. 57-4 du code du domaine de l'État *[V. art. R. 2122-14 à R. 2122-16* ***CGPPP****]*, le concessionnaire ne peut conférer un caractère constitutif de droit réel au titre d'occupation du domaine public portuaire sans avoir obtenu l'accord préalable du président du conseil exécutif de Corse, après consultation du préfet de département.

Art. R. 4424-12 Le régime des redevances d'occupation du domaine public est fixé par l'Assemblée de Corse sur proposition du président du conseil exécutif.

Art. R. 4424-13 Les articles R. 57-5-1 à R. 57-9 du code du domaine de l'État *[V. art. R. 2122-18 s.* ***CGPPP****]* sont applicables aux titres pris ou accordés en application de l'article L. 4424-22.

SOUS-SECTION 3 **Logement**

Pas de dispositions réglementaires codifiées.

SECTION 3 **Développement économique**

SOUS-SECTION 1 **Interventions économiques**

§ 1 Comité de coordination pour le développement industriel de la Corse

Art. R. 4424-14 Au titre de la mission d'animation et de coordination des actions des sociétés nationales qui lui est impartie par l'article L. 4424-30, le comité de coordination pour le développement industriel de la Corse propose les mesures permettant de réaliser des projets industriels d'intérêt régional, d'améliorer la contribution au développement économique de l'île des implantations existantes du secteur public et d'accroître les concours de toute nature de celles d'entre elles qui ne sont pas implantées en Corse.

Art. R. 4424-15 Le comité de coordination pour le développement industriel de la Corse comprend trente membres, soit :

1° Dix représentants de l'État dont le Premier ministre, ou son représentant, qui en est le président, le ministre chargé de l'économie et des finances, le ministre chargé de l'industrie, le ministre chargé de l'aménagement du territoire ainsi que le préfet de Corse, ou leurs représentants, qui sont membres permanents du comité. Les cinq autres membres sont les ministres ou leurs représentants désignés par le Premier ministre pour chaque réunion du comité en fonction de son ordre du jour ;

2° Dix représentants désignés par l'Assemblée de Corse en son sein, à la proportionnelle des groupes ;
3° Dix représentants des sociétés nationales.

Art. R. 4424-16 Les sociétés nationales qui exercent en Corse, directement ou à travers une filiale, une activité industrielle ou de service désignent un délégué au comité auquel participent, sans voix délibérative, des représentants des secteurs économiques de l'île.

Les autres sociétés nationales peuvent être appelées à désigner un représentant en fonction de l'ordre du jour du comité.

Un arrêté du Premier ministre établit la liste des sociétés nationales, mentionnées au premier alinéa du présent article.

Art. R. 4424-17 Le président du conseil exécutif de Corse, ou son représentant, peut participer aux travaux du comité, à titre consultatif.

Art. R. 4424-18 Le secrétariat du comité est assuré par les soins du ministre chargé de l'aménagement du territoire.

Art. R. 4424-19 Il est institué un comité local, chargé de préparer les travaux du comité de coordination pour le développement industriel, dont la composition est arrêtée par le préfet de Corse.

SOUS-SECTION 2 **Tourisme**

Art. R. 4424-20 *(Décr. n° 2008-884 du 2 sept. 2008, art. 5)* L'Assemblée de Corse détermine les conditions dans lesquelles les communes mentionnées à la section 2 du chapitre III du titre III du livre I du code du tourisme ou leurs groupements sont dénommés communes touristiques, par arrêté du président du conseil exécutif de Corse, pour une durée de cinq ans et après consultation du conseil des sites et de la commission départementale compétente en matière d'environnement, de risques sanitaires et technologiques. Elle détermine les conditions dans lesquelles ces communes, leurs fractions ou leurs groupements sont érigés en stations classées de tourisme.

Art. R. 4424-21 *(Décr. n° 2008-884 du 2 sept. 2008, art. 5)* La composition du dossier de demande de dénomination de commune touristique et de classement en station de tourisme ainsi que les modèles de dossier de demande sont fixés par arrêté du président du conseil exécutif qui définit les modalités de la procédure décrite aux deux premiers alinéas de l'article L. 4424-32.

Art. R. 4424-22 à R. 4424-30 *Abrogés par Décr. n° 2008-884 du 2 sept. 2008, art. 5.*

SOUS-SECTION 3 **Agriculture et forêt**

Pas de dispositions réglementaires codifiées.

SOUS-SECTION 4 **Formation professionnelle et apprentissage**

Art. R. 4424-31 Le programme des formations et des opérations d'équipement de *(Décr. n° 2016-1539 du 15 nov. 2016, art. 6)* « l'établissement mentionné à l'article L. 5315-1 du code du travail », autres que d'intérêt national, réalisées en Corse, est préparé par le président du conseil exécutif après consultation de l'association et adopté par l'Assemblée de Corse.

Art. R. 4424-32 Les crédits consacrés antérieurement, par l'Association nationale pour la formation professionnelle des adultes, à ces opérations d'équipement en Corse sont intégrés dans la dotation générale de décentralisation.

SECTION 4 **Environnement et services de proximité**

SOUS-SECTION 1 **Environnement**

Pas de dispositions réglementaires codifiées.

SOUS-SECTION 2 Eau et assainissement

(Décr. nº 2005-475 du 16 mai 2005, art. 24)

Art. R. 4424-32-1 *(Décr. nº 2018-847 du 4 oct. 2018, art. 21)* **La première phrase du II de l'article R. 212-3 et les articles R. 212-7, R. 212-8 et R. 212-17 du code de l'environnement ne sont pas applicables à la Corse.**

La délibération de l'Assemblée de Corse approuvant le schéma directeur est publiée au *Journal officiel* de la République française. Elle mentionne l'adresse du lieu et du site internet où le schéma directeur est tenu à la disposition du public.

Les articles R. 212-41 à R. 212-44 du même code ne sont pas applicables à la Corse.

Art. R. 4424-32-2 *(Décr. nº 2018-847 du 4 oct. 2018, art. 22)* **Pour l'application du I de l'article R. 213-15 du code de l'environnement, le préfet de Corse associe, en tant que de besoin, les services de la collectivité de Corse à la commission administrative de bassin.**

Art. R. 4424-32-3 *(Décr. nº 2007-1868 du 26 déc. 2007)* **Lorsque la mission d'assistance technique définie par l'article L. 3232-1-1 est assurée par la collectivité de Corse ou l'un de ses établissements publics, la convention prévue à l'article R. 3232-1-1 est passée entre la commune ou l'établissement public de coopération intercommunale et la collectivité de Corse ou l'établissement public auquel elle a confié cette mission.**

Le barème de rémunération de l'assistance technique prévu par l'article R. 3232-1-3 est fixé par le président du conseil exécutif de Corse.

Les membres du comité de suivi prévu par l'article R. 3232-1-4 sont nommés par le président du conseil exécutif de Corse.

SOUS-SECTION 3 Déchets

Pas de dispositions réglementaires codifiées.

SOUS-SECTION 4 Énergie

Art. R. 4424-33 **La consultation de l'Assemblée de Corse mentionnée au 1° *bis* de l'article L. 4424-39 est effectuée** *(Décr. nº 2007-18 du 5 janv. 2007, art. 20)* **« dans les conditions prévues à l'article R. 423-56 du code de l'urbanisme ».**

SECTION 5 Des offices et de l'agence du tourisme en Corse

Pas de dispositions réglementaires codifiées.

CHAPITRE V DISPOSITIONS FINANCIÈRES

SECTION 1 Commission consultative sur l'évaluation des transferts de charges

Art. R. 4425-1 **La commission instituée par l'article** *(Décr nº 2017-1777 du 27 déc. 2017, art. 4)* **« L. 4425-24 » est dénommée commission consultative sur l'évaluation des transferts de charges résultant des transferts de compétences.**

Elle comprend, outre son président :

1° Dix représentants de la collectivité de Corse, dont le président et quatre membres du conseil exécutif de Corse, le président de l'Assemblée de Corse et quatre représentants élus de l'Assemblée de Corse ;

2° Dix représentants de l'État dont le secrétaire général pour les affaires de Corse, le *(Décr. nº 2014-551 du 27 mai 2014, art. 3)* **« directeur régional des finances publiques de Corse et du département de Corse-du-Sud » et huit représentants de l'État désignés par arrêté du préfet de Corse, parmi les fonctionnaires des services de l'État en Corse, intéressés par les transferts de compétences.**

Le président du conseil exécutif de Corse et le président de l'Assemblée de Corse désignent leur suppléant. L'Assemblée de Corse et le préfet de Corse désignent un nombre de suppléants égal à celui des autres membres titulaires.

Les fonctions de rapporteur devant la commission sont assurées par le secrétaire général pour les affaires de Corse ou par son suppléant.

Art. R. 4425-2 La commission se réunit sur convocation de son président. La convocation, accompagnée de l'ordre du jour arrêté par le président, est adressée aux membres de la commission dix jours au moins avant la date de la réunion.

Art. R. 4425-3 La commission ne peut valablement délibérer que si le nombre des membres présents est au moins égal à la moitié du nombre des membres en exercice.

Si ce nombre n'est pas atteint, une nouvelle convocation est adressée aux membres de la commission dans les conditions prévues à l'article R. 4425-2.

La commission peut alors délibérer quel que soit le nombre des membres présents.

Les délibérations de la commission font l'objet d'un procès-verbal, signé du président. Copie en est adressée à chacun des membres ainsi qu'aux ministres intéressés.

Art. R. 4425-4 La commission est compétente pour donner un avis sur :

1° Les modalités d'évaluation des accroissements de charges résultant pour la collectivité de Corse des transferts de compétences ;

2° Le projet d'arrêté interministériel prévu à l'article *(Décr. n° 2017-1777 du 27 déc. 2017, art. 4)* « L. 4425-24 » qui constate le montant des charges susmentionnées.

À ces titres, son examen porte notamment sur :

— la liste et le montant des dépenses effectuées par l'État à la date des transferts de compétences ;

— la vérification, pour chaque compétence transférée, de la concordance entre les chiffres figurant dans le projet d'arrêté et le montant des dépenses effectuées par l'État à la date du transfert.

La commission peut demander au préfet de Corse ou aux collectivités intéressées tout document qu'elle estime utile.

Art. R. 4425-5 Lorsque la commission est saisie du projet d'arrêté interministériel susmentionné, elle se prononce dans un délai de deux mois à compter de la date de réception du projet par le président.

SECTION 2 Conseil économique, social, environnemental et culturel de Corse

(Décr. n° 2017-827 du 5 mai 2017, art. 2).

Art. R. 4425-6 Les crédits nécessaires au financement du conseil économique, social, environnemental et culturel de Corse, et, le cas échéant, à la réalisation de ses études, sont spécialisés par article.

SECTION 3 Financement du plan d'aménagement et de développement durable de la Corse

Art. R. 4425-7 Pour l'établissement du plan d'aménagement et de développement durable de la Corse mentionné à l'article L. 4424-9, le concours particulier de la dotation générale de décentralisation prévu à l'article *(Décr. n° 2017-1777 du 27 déc. 2017, art. 4)* « L. 4425-27 » est attribué à la collectivité de Corse sous la forme d'une dotation comprenant deux parts, la première destinée à compenser les dépenses d'études et de conduite de l'opération et la seconde destinée à compenser les dépenses matérielles.

Art. R. 4425-8 Le montant de la dotation ainsi que celui de chacune des parts définies à l'article R. 4425-7 sont fixés de façon forfaitaire par arrêté conjoint du ministre de l'Intérieur, du ministre chargé du budget et du ministre chargé de l'urbanisme. Un arrêté pris dans les mêmes formes fixe également le montant de chacun des versements à effectuer selon les modalités définies aux articles R. 4425-10 et R. 4425-11. Il est tenu compte, dans l'appréciation des charges à financer, des moyens mis à la disposition de la collectivité de Corse par l'État.

Art. R. 4425-9 La dotation attribuée à la collectivité de Corse est prélevée sur les 10 % restants du concours particulier mentionné au dernier alinéa de l'article R. 1614-42.

Art. R. 4425-10 La part de la dotation correspondant aux dépenses d'études et de conduite de l'opération fait l'objet de deux versements à la demande du président du conseil exécutif de Corse, le premier dès l'engagement des études relatives au plan d'aménagement et de développement durable et le second lors de l'ouverture de l'enquête publique prévue à l'article L. 123-1 du code de l'environnement.

Art. R. 4425-11 La part de la dotation correspondant aux dépenses matérielles fait l'objet de deux versements, le premier au moment où le projet de plan est arrêté par le conseil exécutif de Corse et le second après l'approbation du plan d'aménagement et de développement durable par l'Assemblée de Corse.

SECTION 4 Dispositions budgétaires et comptables

(Décr. n° 2017-1847 du 29 déc. 2017)

SOUS-SECTION 1 Budgets et comptes

Art. D. 4425-12 Le budget s'exécute du 1er janvier au 31 décembre.

Art. D. 4425-13 La période d'exécution du budget est limitée à l'année même à laquelle ce budget s'applique pour le mandatement des dépenses et l'émission des titres de recettes.

Toutefois, cette période comprend un délai complémentaire qui s'étend jusqu'au dernier jour du mois de janvier de l'année suivante. Cette disposition n'est pas applicable aux opérations intéressant uniquement la section d'investissement du budget.

Art. D. 4425-14 Les chapitres des budgets votés par nature correspondent :

a) Section d'investissement :

— à chacun des comptes à deux chiffres des classes 1 et 2 ouverts à la nomenclature par nature, à l'exception des comptes "Report à nouveau", "Résultat de l'exercice", "Provisions pour risques et charges", "Différences sur réalisations d'immobilisations", "Immobilisations affectées, concédées, affermées ou mises à disposition", "Amortissements des immobilisations", "Dépréciation des immobilisations" ;

— à chacun des chapitres globalisés ;

— à chaque opération votée par l'assemblée délibérante. L'opération correspond à un ensemble d'acquisitions d'immobilisations, de travaux sur immobilisations et de frais d'études y afférents, aboutissant à la réalisation d'un ouvrage ou de plusieurs ouvrages de même nature. Cette opération peut également comporter des subventions d'équipement versées ;

— aux chapitres globalisés de dépenses et de recettes "RSA" retraçant l'un l'ensemble des dépenses et l'autre l'ensemble des recettes d'investissement relatives au revenu de solidarité active ;

— à chacune des opérations pour le compte de tiers ;

— au compte "Subventions d'équipement versées" ;

— en recettes, à la ligne intitulée "Virement de la section de fonctionnement" ;

— en recettes, à la ligne intitulée "Produits des cessions d'immobilisations" ;

— en dépenses, au chapitre "Dépenses imprévues" qui ne comporte qu'une autorisation de programme sans crédit de paiement.

Ces trois derniers chapitres ne comportent que des prévisions sans réalisation.

b) Section de fonctionnement :

— aux comptes à deux chiffres des classes 6 et 7 ouverts à la nomenclature par nature, à l'exception des comptes faisant partie de chapitres globalisés ;

— à chacun des chapitres globalisés ;

— aux chapitres globalisés de dépenses et de recettes "RSA", retraçant l'un l'ensemble des dépenses et l'autre l'ensemble des recettes de fonctionnement relatives au revenu de solidarité active ;

— aux chapitres globalisés de dépenses et de recettes "APA", retraçant l'un l'ensemble des dépenses et l'autre l'ensemble des recettes de fonctionnement relatives à l'allocation personnalisée à l'autonomie ;

— en recettes, au compte intitulé "Impositions directes" ;

— en dépenses, au compte intitulé "Frais de fonctionnement des groupes d'élus" ;

— en dépenses, à la ligne intitulée "Virement à la section d'investissement" ;

— en dépenses, au chapitre "Dépenses imprévues" qui ne comporte qu'une autorisation d'engagement sans crédit de paiement.

Ces deux derniers chapitres ne comportent que des prévisions sans réalisation.

Art. D. 4425-15 Pour les budgets votés par nature, l'article budgétaire correspond à la subdivision la plus détaillée de la nomenclature définie par l'arrêté prévu à l'article L. 4425-7, complété, pour les opérations, du numéro d'opération.

Les chapitres intitulés "Dépenses imprévues", "Virement de la section de fonctionnement", "Virement à la section d'investissement" et "Produits des cessions d'immobilisations" ne comportent pas d'article.

Art. D. 4425-16 Les chapitres des budgets votés par fonction correspondent :

a) Section d'investissement :

– pour les dépenses et recettes ventilables, au groupe 90 "Opérations ventilées", complété par le numéro de l'une des dix fonctions de la nomenclature fonctionnelle ;

– aux chapitres spécifiques de dépenses et de recettes "RSA", retraçant l'un l'ensemble des dépenses et l'autre l'ensemble des recettes d'investissement relatives au revenu de solidarité active ;

– pour les dépenses et recettes non ventilables, à chacun des chapitres non ventilés ;

– en recettes, à la ligne intitulée "Virement de la section de fonctionnement" ;

– en recettes, à la ligne intitulée "Produits des cessions d'immobilisations" ;

– en dépenses, au chapitre "Dépenses imprévues" qui ne comporte qu'une autorisation de programme sans crédit de paiement.

Ces trois derniers chapitres ne comportent que des prévisions sans réalisation.

b) Section de fonctionnement :

– pour les dépenses et recettes ventilables, au groupe 93 "Services individualisés", complété par le numéro de l'une des dix fonctions de la nomenclature fonctionnelle ;

– aux chapitres spécifiques de dépenses et de recettes "RSA", retraçant l'un l'ensemble des dépenses et l'autre l'ensemble des recettes de fonctionnement relatives au revenu de solidarité active ;

– aux chapitres spécifiques de dépenses et de recettes "APA", retraçant l'un l'ensemble des dépenses et l'autre l'ensemble des recettes de fonctionnement relatives à l'allocation personnalisée à l'autonomie ;

– pour les dépenses et recettes non ventilables, à chacun des chapitres non ventilés ;

– en dépenses, à la ligne intitulée "Virement à la section d'investissement" ;

– en dépenses, au chapitre "Dépenses imprévues" qui ne comporte qu'une autorisation d'engagement sans crédit de paiement.

Ces deux derniers chapitres ne comportent que des prévisions sans réalisation.

Art. D. 4425-17 Les articles des budgets votés par fonction correspondent :

a) Section d'investissement :

– pour les dépenses et recettes ventilables, au groupe 90 "Opérations ventilées", complété par la subdivision la plus détaillée de la nomenclature fonctionnelle ;

– pour les dépenses et recettes non ventilables, à chacun des chapitres non ventilés, complété par la subdivision la plus détaillée de la nomenclature par nature.

Les chapitres relatifs aux dépenses imprévues, au virement de la section de fonctionnement et aux produits des cessions d'immobilisations ne comportent pas d'article.

b) Section de fonctionnement :

– pour les dépenses et recettes ventilables, au groupe 93 "Services individualisés", complété par la subdivision la plus détaillée de la nomenclature fonctionnelle ;

– pour les dépenses et recettes non ventilables, à chacun des chapitres non ventilés, complété du compte le plus détaillé de la nomenclature par nature.

Les chapitres relatifs aux dépenses imprévues et au virement à la section d'investissement ne comportent pas d'article.

Art. D. 4425-18 *(Décr. nº 2011-687 du 17 juin 2011, art. 2)* Le rapport prévu à l'article *(Décr. nº 2017-1847 du 29 déc. 2017)* « L. 4425-2 » décrit, sous forme de synthèse, la situation en matière de développement durable de la collectivité à partir des évaluations, documents et bilans produits par la collectivité de Corse sur une base volontaire ou prévus par un texte législatif ou réglementaire.

Ce rapport comporte, au regard des cinq finalités du développement durable mentionnées au III de l'article L. 110-1 du code de l'environnement *[V. cet art. ss. art. L. 2311-1-1]* :

– le bilan des actions conduites au titre de la gestion du patrimoine, du fonctionnement et des activités internes de la collectivité ;

— le bilan des politiques publiques, des orientations et des programmes mis en œuvre sur son territoire.

Ces bilans comportent en outre une analyse des modalités d'élaboration, de mise en œuvre et d'évaluation des actions, politiques publiques et programmes.

Cette analyse peut être élaborée à partir du cadre de référence pour les projets territoriaux de développement durable et agendas 21 locaux mentionné au deuxième alinéa de l'article 254 de la loi n° 2010-788 du 12 juillet 2010 portant engagement national pour l'environnement *[V. cet art. ss. art. L. 2311-1-1]*.

Art. D. 4425-19 I. — En application de l'article L. 4425-3, le président du conseil exécutif de Corse présente à l'Assemblée de Corse un rapport annuel sur la situation en matière d'égalité entre les femmes et les hommes dans la collectivité de Corse.

II. — Le rapport fait état de la politique de ressources humaines de la collectivité de Corse en matière d'égalité professionnelle entre les femmes et les hommes. À cet effet, il reprend notamment les données du rapport, présenté en *(Décr. n° 2021-571 du 10 mai 2021, art. 105)* « comité social territorial » comme prévu à l'article 51 de la loi n° 2012-347 du 12 mars 2012, relatives au recrutement, à la formation, au temps de travail, à la promotion professionnelle, aux conditions de travail, à la rémunération et à l'articulation entre vie professionnelle et vie personnelle.

Le rapport comporte également un bilan des actions menées et des ressources mobilisées en matière d'égalité professionnelle entre les femmes et les hommes et décrit les orientations pluriannuelles. Ce bilan et ces orientations concernent notamment les rémunérations et les parcours professionnels, la promotion de la parité dans le cadre des actions de formation, la mixité dans les filières et les cadres d'emplois, l'articulation entre vie professionnelle et vie personnelle, la prévention de toutes les violences faites aux agents sur leur lieu de travail et la lutte contre toute forme de harcèlement.

III. — Le rapport présente les politiques menées par la collectivité de Corse sur son territoire en faveur de l'égalité entre les femmes et les hommes, telles que définies à l'article 1er de la loi n° 2014-873 du 4 août 2014 pour l'égalité réelle entre les femmes et les hommes. Il fixe des orientations pluriannuelles et des programmes de nature à favoriser l'égalité entre les femmes et les hommes.

Ce rapport comporte un bilan des actions conduites à cette fin dans la conception, la mise en œuvre et l'évaluation des politiques publiques de la collectivité de Corse. Il présente notamment le suivi de la mise en œuvre de la clause d'égalité dans les marchés publics. Il peut comporter également une analyse de la situation économique et sociale en matière d'inégalités entre les femmes et les hommes dans la collectivité de Corse, à partir d'un diagnostic fondé sur les interventions relevant de sa compétence et sur les données des bénéficiaires de ses politiques.

Le rapport recense les ressources mobilisées à cet effet.

Art. D. 4425-20 A. — Le rapport prévu à l'article L. 4425-5, présenté par le président du conseil exécutif de Corse à l'Assemblée de Corse, comporte en matière budgétaire les informations suivantes :

1° Les orientations budgétaires envisagées par la collectivité de Corse portant sur les évolutions prévisionnelles des dépenses et des recettes, en fonctionnement comme en investissement. Sont notamment précisées les hypothèses d'évolution retenues pour construire le projet de budget, notamment en matière de concours financiers, de fiscalité, de tarification, de subventions ainsi que les principales évolutions relatives aux relations financières entre la collectivité de Corse et le groupement dont elle est membre.

2° La présentation des engagements pluriannuels, notamment les orientations envisagées en matière de programmation d'investissement comportant une prévision des dépenses et des recettes.

3° Des informations relatives à la structure et la gestion de l'encours de dette contractée et les perspectives pour le projet de budget. Elles présentent notamment le profil de l'encours de dette que vise la collectivité pour la fin de l'exercice auquel se rapporte le projet de budget.

Les orientations visées aux 1°, 2° et 3° doivent permettre d'évaluer l'évolution prévisionnelle du niveau de l'épargne brute, de l'épargne nette et de l'endettement à la fin de l'exercice auquel se rapporte le projet de budget.

B. – Le rapport prévu à l'article L. 4425-5, comporte également en matière de personnel, au titre de l'exercice en cours, ou, le cas échéant, du dernier exercice connu, les informations relatives :

1° À la structure des effectifs ;

2° Aux dépenses de personnel comportant notamment des éléments sur la rémunération tels que les traitements indiciaires, les régimes indemnitaires, les nouvelles bonifications indiciaires, les heures supplémentaires rémunérées et les avantages en nature ;

3° À la durée effective du travail dans la collectivité de Corse.

Il présente en outre l'évolution prévisionnelle de la structure des effectifs et des dépenses de personnel pour l'exercice auquel se rapporte le projet de budget.

Ce rapport peut détailler la démarche de gestion prévisionnelle des ressources humaines de la collectivité de Corse.

Ce rapport peut s'appuyer sur les informations contenues dans le rapport sur l'état de la collectivité prévu au dixième alinéa de l'article 33 de la loi n° 84-53 du 26 janvier 1984 portant dispositions statutaires relatives à la fonction publique territoriale.

C. – Le rapport prévu à l'article L. 4425-5 est mis à la disposition du public à la collectivité de Corse dans les quinze jours suivant la tenue du débat d'orientation budgétaire. Le public est avisé de la mise à disposition de ces documents par tout moyen.

Art. D. 4425-21 L'Assemblée de Corse choisit de voter le budget de la collectivité de Corse par nature ou par fonction.

Art. D. 4425-22 La présentation croisée, par fonction ou par nature, prévue à l'article L. 4425-7 s'effectue entre le niveau le plus fin de la nomenclature fonctionnelle et chacun des comptes par nature à trois chiffres. Pour le compte administratif, le croisement s'effectue entre le niveau le plus fin de la nomenclature fonctionnelle et le compte le plus détaillé ouvert dans la nomenclature par nature.

Cette présentation fonctionnelle croisée n'est pas applicable à un service public régional ou départemental à activité unique érigé en établissement public ou faisant l'objet d'un budget annexe.

Art. D. 4425-23 Les autorisations de programme ou d'engagement et leurs révisions éventuelles sont présentées par le président du conseil exécutif de Corse. Elles sont votées par l'Assemblée de Corse lors de l'adoption du budget de l'exercice ou des décisions modificatives.

L'Assemblée de Corse affecte par chapitre et, le cas échéant, par article les autorisations de programme et les autorisations d'engagement.

Les autorisations de programme correspondent à des dépenses à caractère pluriannuel se rapportant à une immobilisation ou à un ensemble d'immobilisations déterminées, acquises ou réalisées par la collectivité de Corse, ou à des subventions d'équipement versées à des tiers.

Le bilan de la gestion pluriannuelle, présenté par le président du conseil exécutif de Corse à l'occasion du vote du compte administratif, précise notamment le taux de couverture des autorisations de programme et d'engagement. Il est assorti de l'état relatif à la situation des autorisations de programme et d'engagement, dont les modalités de calcul et de présentation sont prévues par arrêté conjoint du ministre chargé des collectivités territoriales et du ministre chargé du budget.

Art. D. 4425-24 Le besoin ou l'excédent de financement de la section d'investissement constaté à la clôture de l'exercice est constitué du solde d'exécution corrigé des restes à réaliser.

Le solde d'exécution de la section d'investissement correspond à la différence entre le montant des titres de recettes et le montant des mandats de dépenses émis au cours de l'exercice, y compris, le cas échéant, les réductions et annulations de recettes et de dépenses, augmentée ou diminuée du report des exercices antérieurs.

Les restes à réaliser de la section d'investissement arrêtés à la clôture de l'exercice correspondent aux dépenses engagées non mandatées et aux recettes certaines n'ayant pas donné lieu à l'émission d'un titre.

Art. D. 4425-25 Le résultat de la section de fonctionnement correspond à l'excédent ou au déficit de l'exercice. Pour son affectation, il est cumulé avec le résultat antérieur reporté à l'exclusion des restes à réaliser.

Les restes à réaliser de la section de fonctionnement arrêtés à la clôture de l'exercice correspondent aux dépenses engagées non mandatées et non rattachées ainsi qu'aux recettes certaines n'ayant pas donné lieu à l'émission d'un titre et non rattachées. Ils sont reportés au budget de l'exercice suivant.

Art. D. 4425-26 Le résultat cumulé défini à l'article D. 4425-25 est affecté, lorsqu'il s'agit d'un excédent :

1° En priorité, en réserves pour la couverture du besoin de financement de la section d'investissement apparu à la clôture de l'exercice précédent ;

2° Pour le solde, en excédent de fonctionnement reporté ou en dotation complémentaire en réserves.

Lorsqu'il s'agit d'un déficit, il est ajouté aux dépenses de fonctionnement de l'exercice.

Pour l'affectation en réserves, l'exécution de la décision budgétaire de reprise des résultats, adoptée par l'Assemblée de Corse, se fait par l'émission d'un titre de recettes. La délibération affectant le résultat excédentaire est produite à l'appui de la décision budgétaire de reprise des résultats et du compte administratif de l'exercice, pour en justifier les recettes.

Art. D. 4425-27 En l'absence d'adoption du compte administratif à la date du vote du budget de l'exercice suivant, lorsque le résultat de la section de fonctionnement, le besoin de financement ou, le cas échéant, l'excédent de la section d'investissement et la prévision d'affectation sont reportés par anticipation, dans les conditions fixées au troisième alinéa de l'article L. 4425-14, les inscriptions au budget sont justifiées par la production en annexe d'une fiche de calcul des résultats prévisionnels.

Cette fiche ainsi qu'un tableau des résultats d'exécution du budget sont établis par l'ordonnateur et visés par le comptable, qui les accompagne soit du compte de gestion, s'il est arrêté à cette date, soit d'une balance établie après prise en charge du dernier bordereau de titres et de mandats.

L'ordonnateur produit l'état des restes à réaliser arrêté au 31 décembre de l'exercice clos. Les restes à réaliser de la section de fonctionnement sont reportés à la décision budgétaire de reprise des résultats par anticipation.

Art. D. 4425-28 Pour l'application de l'article L. 4425-15, lorsque la section d'investissement du budget présente un excédent, peuvent être repris en section de fonctionnement :

– le produit de la cession d'une immobilisation reçue au titre d'un don ou d'un legs, à condition que celui-ci ne soit pas expressément affecté à l'investissement ;

– le produit de la vente d'un placement budgétaire. La reprise de ce produit est limitée à la part du placement financée initialement par une recette de la section de fonctionnement.

En outre, l'excédent de la section d'investissement résultant de la dotation complémentaire en réserves prévue par le 2° de l'article D. 4425-26 et constaté au compte administratif au titre de deux exercices consécutifs peut être repris en section de fonctionnement afin de contribuer à son équilibre.

Lorsque les conditions prévues aux alinéas précédents ne sont pas réunies, et en raison de circonstances exceptionnelles et motivées, la collectivité de Corse peut solliciter une décision conjointe des ministres chargés du budget et des collectivités locales, qui peut porter sur un ou plusieurs exercices, afin de reprendre l'excédent prévisionnel de la section d'investissement en section de fonctionnement dès le vote du budget primitif.

Dans tous les cas, la reprise est accompagnée d'une délibération de l'Assemblée de Corse précisant l'origine de l'excédent et les conditions d'évaluation de son montant.

Art. D. 4425-29 Les documents mentionnés à l'avant-dernier alinéa de l'article L. 4425-17 sont mis en ligne sur le site internet de la collectivité de Corse, lorsqu'il existe, dans des conditions garantissant :

1° Leur accessibilité intégrale et sous un format non modifiable ;

2° La gratuité et la facilité de leur accès par le public, pour leur lecture comme pour leur téléchargement ;

3° Leur conformité aux documents soumis à l'Assemblée de Corse ;

4° Leur bonne conservation et leur intégrité.

Cette mise en ligne intervient dans un délai d'un mois à compter de l'adoption, par l'Assemblée de Corse, des délibérations auxquelles ces documents se rapportent.

Art. D. 4425-30 Les données synthétiques sur la situation financière de la collectivité de Corse, prévues au 1° de l'article L. 4425-18, comprennent les ratios suivants :

1° Dépenses réelles de fonctionnement/population ;

2° Recettes réelles de fonctionnement/population ;

3° Dépenses d'équipement brut/population ;

4° Encours de la dette/population ;

5° Dotation globale de fonctionnement/population ;

6° Dépenses de personnel/dépenses réelles de fonctionnement ;

7° Dépenses réelles de fonctionnement et remboursement annuel de la dette en capital/recettes réelles de fonctionnement ;

8° Dépenses d'équipement brut/recettes réelles de fonctionnement ;

9° Encours de la dette/recettes réelles de fonctionnement ;

10° Épargne brute/recette réelles de fonctionnement.

Art. D. 4425-31 I. – Pour l'application de l'article D. 4425-30 :

a) La population à prendre en compte est la somme des populations totales, municipales et comptées à part, de la collectivité de Corse, telle qu'elle résulte du dernier recensement connu à la date de production des documents budgétaires ;

b) Les dépenses réelles de fonctionnement s'entendent de l'ensemble des dépenses de l'exercice budgétaire entraînant des mouvements réels. Toutefois, pour l'application du 1°, sont exclues les dépenses correspondant à des productions immobilisées transférés en section d'investissement. Pour l'application du 7°, sont exclues les dépenses correspondant à des productions immobilisées et à des charges transférées en section d'investissement ;

c) Les recettes réelles de fonctionnement s'entendent de l'ensemble des recettes de fonctionnement de l'exercice entraînant des mouvements réels ;

d) Les dépenses d'équipement brut comprennent les acquisitions de biens meubles et immeubles, les travaux en cours, les immobilisations incorporelles, les travaux d'investissement en régie et les opérations pour compte de tiers ;

e) Le remboursement annuel de la dette en capital s'entend des remboursements d'emprunts effectués à titre définitif ;

f) L'encours de dette s'obtient par le cumul des emprunts et des dettes à long et moyen terme ;

Lorsque la collectivité de Corse doit acquitter une indemnité de remboursement anticipé d'emprunt, et dans le cas où elle bénéficie d'une aide octroyée par le fonds de soutien créé par l'article 92 de la loi n° 2013-1278 du 29 décembre 2013 de finances pour 2014, la collectivité de Corse peut déduire de cet encours de dette le montant de la créance restant à percevoir sur le fonds de soutien.

g) L'épargne brute s'obtient par la différence entre les recettes réelles de fonctionnement et les dépenses réelles de fonctionnement.

II. – Les données synthétiques figurent en annexe au budget primitif et au compte administratif auxquels elles se rapportent. En outre, les données résultant du dernier compte administratif voté à la date de la présentation du budget primitif sont reportées sur celui-ci.

Art. D. 4425-32 Les états annexés aux documents budgétaires en application de l'article L. 4425-18 sont les suivants :

I. – États annexés au budget et au compte administratif :

1° Tableaux récapitulant l'état des emprunts et dettes ;

2° Présentation de l'état des provisions ;

3° Présentation des méthodes utilisées pour les amortissements ;

4° Présentation de l'équilibre des opérations financières ;

5° Présentation de l'état des charges transférées en investissement ;

6° Présentation du mode de financement des opérations pour le compte de tiers ;

7° Présentation des engagements donnés et reçus ;

8° Présentation de l'emploi des recettes grevées d'une affectation spéciale ;

9° État du personnel ;

10° Liste des organismes de regroupement dont la collectivité de Corse est membre ;

11° Liste des établissements ou services créés par la collectivité de Corse ;

12° Tableau retraçant les décisions en matière de taux des contributions directes et de taux des contributions indirectes.

II. – États annexés au seul compte administratif :

1° État de variation des immobilisations ;

2° État présentant le montant de recettes et de dépenses affectées aux services assujettis à la taxe sur la valeur ajoutée qui ne font pas l'objet d'un budget distinct du budget général.

Art. D. 4425-33 Les comptes certifiés mentionnés à l'article L. 4425-19 le sont par un commissaire aux comptes pour les organismes soumis à l'obligation de certification des comptes et par le président de l'organisme concerné, pour les organismes non soumis à une telle obligation.

SOUS-SECTION 2 **Recettes**

La présente sous-section ne contient pas de dispositions réglementaires.

SOUS-SECTION 3 **Dépenses**

Art. *[D.]* 4425-34 Pour l'application des dispositions du 18° de l'article L. 4425-29, la collectivité de Corse procède à l'amortissement de ses immobilisations, y compris celles reçues à disposition ou en affectation :

1° Incorporelles ;

2° Corporelles, à l'exception des réseaux et installations de voirie dont l'amortissement est facultatif.

Cet amortissement ne s'applique ni aux immobilisations propriété de la collectivité de Corse et qui sont remises en affectation ou à disposition, ni aux terrains, hormis les terrains de gisement, ni aux collections et œuvres d'art.

Les dotations aux amortissements de ces biens sont liquidées sur la base de la valeur brute, sous déduction de la valeur résiduelle de l'immobilisation. La méthode linéaire s'applique.

Toutefois, la collectivité de Corse peut adopter par délibération un mode d'amortissement dégressif ou variable.

Les durées d'amortissement des immobilisations, qui doivent correspondre à leur durée probable d'utilisation, sont fixées pour chaque bien ou chaque catégorie de biens par l'assemblée délibérante, à l'exception :

– des frais d'études et des frais d'insertion non suivies de réalisations, amortis sur une durée maximale de cinq ans ;

– des frais de recherche et de développement, amortis sur une durée maximale de cinq ans en cas de réussite du projet et immédiatement, pour leur totalité, en cas d'échec ;

– des brevets, amortis sur la durée du privilège dont ils bénéficient ou sur la durée effective de leur utilisation si elle est plus brève ;

– des subventions d'équipement versées, amorties sur une durée maximale de cinq ans lorsque la subvention finance des biens mobiliers, du matériel ou des études, de trente ans lorsqu'elle finance des biens immobiliers ou des installations et de quarante ans lorsqu'elle finance des projets d'infrastructure d'intérêt national ; les aides à l'investissement des entreprises ne relevant d'aucune de ces catégories sont amorties sur une durée maximale de cinq ans.

Tout plan d'amortissement commencé doit être poursuivi jusqu'à son terme, sauf cession, affectation, mise à disposition, réforme ou destruction du bien. Le plan d'amortissement est modifié suite à la constatation ou à la reprise d'une dépréciation ou si un changement significatif dans les conditions d'utilisation du bien intervient. Le bénéficiaire de la mise à disposition ou de l'affectation poursuit l'amortissement du bien selon le plan d'amortissement initial ou conformément à ses propres règles, définies par le présent article.

L'assemblée de Corse peut fixer un seuil unitaire en deçà duquel les immobilisations de peu de valeur ou dont la consommation est très rapide s'amortissent sur un an. La délibération correspondante est transmise au comptable public et ne peut être modifiée au cours d'un même exercice budgétaire.

L'assemblée de Corse peut charger l'ordonnateur de déterminer la durée d'amortissement d'un bien à l'intérieur de durées minimales et maximales qu'elle a fixées pour la catégorie à laquelle appartient ce bien.

Art. D. 4425-35 Pour l'application du 19° de l'article L. 4425-29, la constitution de provisions pour risques et charges est obligatoire dès lors qu'il y a apparition du risque et la constatation de dépréciations est obligatoire en cas de perte de valeur d'un élément d'actif.

(Décr. n° 2022-1008 du 15 juill. 2022, art. 11) « Le président du conseil exécutif » doit constater la dépréciation ou constituer la provision à hauteur de la perte de valeur constatée ou à hauteur du risque.

La dépréciation ou la provision doit être ajustée annuellement en fonction de l'évolution de la perte de valeur ou de l'évolution du risque. Elle donne lieu à reprise lorsqu'elle est devenue sans objet, c'est-à-dire en cas de disparition de la perte de valeur ou de réalisation du risque ou lorsque ce risque n'est plus susceptible de se réaliser.

La dépréciation ou la provision ainsi que son suivi et son emploi sont retracés sur l'état des dépréciations et des provisions constituées joint au budget et au compte administratif.

Art. D. 4425-36 La collectivité de Corse peut procéder à la neutralisation budgétaire de la dotation aux amortissements des subventions d'équipement versées ainsi qu'à celle de la dotation aux amortissements des bâtiments publics diminuée du montant de la reprise annuelle des subventions d'équipement reçues pour le financement de ces équipements, par une dépense de la section d'investissement et une recette de la section de fonctionnement.

La collectivité de Corse procède à la reprise annuelle des subventions d'équipement reçues et des fonds affectés à des immobilisations amortissables par une dépense de la section d'investissement et une recette de la section de fonctionnement. Cette reprise en section de fonctionnement s'effectue au même rythme que celui de l'amortissement de l'immobilisation pour lequel la subvention a été reçue et porte sur une quote-part annuelle correspondant au montant de cette subvention rapporté à la durée d'amortissement de l'immobilisation subventionnée. Toutefois, la dotation régionale d'équipement scolaire et la dotation départementale d'équipement des collèges sont reprises globalement pour un montant au plus égal à la dotation annuelle aux amortissements de l'ensemble des constructions et équipements scolaires.

Art. D. 4425-37 Les autorisations de programme et autorisations d'engagement de dépenses imprévues constituent des chapitres, respectivement de la section d'investissement et de la section de fonctionnement des budgets votés par nature et par fonction.

Ces chapitres ne comportent pas d'articles, ni de crédits. Ils ne donnent pas lieu à exécution.

SOUS-SECTION 3 *[4]* **Comptabilité**

Art. D. 4425-38 Conformément aux dispositions de l'article 1er du décret n° 2012-1246 du 7 novembre 2012 relatif à la gestion budgétaire et comptable publique, sont applicables à la collectivité de Corse et à ses établissements publics les principes fondamentaux contenus dans le titre I dudit décret.

Art. D. 4425-39 Les reversements de trop-payé qui sont effectués pendant la durée de l'exercice sur lequel le mandatement a eu lieu peuvent être rétablis au crédit de l'article qui avait d'abord supporté la dépense.

Art. D. 4425-40 Les crédits affectés aux dépenses de chaque exercice ne peuvent être employés à l'acquittement des dépenses d'un autre exercice.

Toutefois, les dépenses engagées non mandatées à la clôture de l'exercice sont imputées sur les crédits qui doivent être reportés sur le budget de l'exercice suivant.

Elles peuvent être payées jusqu'à l'ouverture de ces crédits au vu de l'état des restes à réaliser établi par le président du conseil exécutif de Corse, retraçant les dépenses qui, engagées avant le 31 décembre de l'année précédente, n'ont pas donné lieu à mandatement avant la clôture de l'exercice. Cet état vaut ouverture provisoire de crédits.

Art. D. 4425-41 Les produits de la collectivité de Corse, des établissements publics régionaux, départementaux, interrégionaux et interdépartementaux et de tout organisme public résultant d'une entente entre la collectivité de Corse et toute autre collectivité publique ou établissement public, ainsi que les produits de la collectivité de Corse qui ne sont pas assis et liquidés par les services fiscaux de l'État en exécution des lois et règlements en vigueur, sont recouvrés :

1° Soit en vertu de jugements ou de contrats exécutoires ;

2° Soit en vertu de titres de recettes ou de rôles émis et rendus exécutoires en ce qui concerne la collectivité de Corse par le président du conseil exécutif de Corse et en ce qui concerne les établissements publics par l'ordonnateur de ces établissements.

Les mesures d'exécution forcée pour le recouvrement de ces produits sont effectuées comme en matière de contributions directes.

Toutefois, l'ordonnateur autorise ces mesures d'exécution forcée selon les modalités prévues à l'article R. 1617-24.

Les oppositions, lorsque la matière est de la compétence des tribunaux judiciaires, sont jugées comme affaires sommaires.

Art. D. 4425-42 Aucune dépense faite pour le compte de la collectivité de Corse ne peut être acquittée si elle n'a été préalablement mandatée par le président du conseil exécutif de Corse sur un crédit régulièrement ouvert.

Art. D. 4425-43 Chaque mandat énonce la collectivité, le budget, l'exercice, l'imputation auxquels la dépense s'applique.

Art. D. 4425-44 Le mandat de paiement doit contenir toutes les indications de noms et de qualités nécessaires pour permettre au comptable de reconnaître l'identité du créancier.

Art. D. 4425-45 Tout mandat doit être accompagné des documents relatifs au mode de règlement des dépenses dans les conditions fixées par le décret n° 2012-1246 du 7 novembre 2012 relatif à la gestion budgétaire et comptable publique.

Art. D. 4425-46 Le mandat de paiement doit être délivré au nom du créancier d'origine.

Art. D. 4425-47 Le président du conseil exécutif de Corse annexe les mandats et pièces justificatives de dépenses, indiqués aux articles D. 1617-19 et D. 1617-20, aux bordereaux d'émission qu'il adresse au comptable de la collectivité de Corse qui doit procéder dans les délais qui lui sont impartis à leur vérification et en suivre, lorsqu'il y a lieu, la régularisation auprès du président du conseil exécutif de Corse.

Art. D. 4425-48 Les reversements de fonds provenant de restitutions pour cause de trop-payé à des créanciers de la collectivité de Corse sont ordonnés par le président du conseil exécutif de Corse qui délivre un ordre de reversement.

Art. D. 4425-49 Le compte administratif, sur lequel l'Assemblée de Corse est appelée à délibérer conformément à l'article L. 4425-13, présente par colonnes distinctes et dans l'ordre des chapitres et articles du budget :

En recettes :

1° La nature des recettes ;

2° Les évaluations et prévisions du budget ;

3° La fixation définitive des sommes à recouvrer d'après les titres justificatifs.

En dépenses :

1° Les articles de dépenses du budget ;

2° Le montant des crédits ;

3° Le montant des mandatements effectués sur ces crédits pendant l'exercice, y compris les rattachements ;

4° Les différences résultant de la comparaison du montant des crédits avec le total des mandatements.

Art. D. 4425-50 Le président du conseil exécutif de Corse remet au comptable de la collectivité de Corse, dûment récapitulée sur un bordereau d'émission, une expédition en forme de tous les baux, contrats, jugements, testaments, déclarations, états de recouvrement, titres nouveaux et autres, concernant les recettes dont la perception lui est confiée.

Le comptable peut demander, au besoin, que les originaux des actes formant titre au profit de la collectivité de Corse lui soient remis contre récépissé.

Art. D. 4425-51 Le comptable de la collectivité de Corse est seul chargé :

1° De faire toutes les diligences nécessaires pour la perception des revenus, legs et donations et autres ressources affectées au service de la collectivité de Corse ;

2° D'établir, contre les débiteurs en retard de paiement et avec l'autorisation du président du conseil exécutif de Corse, les actes, significations et mesures d'exécution forcée nécessaires dans les conditions de l'article D. 4425-41 ;

3° D'avertir les administrateurs de l'expiration des baux ;

4° D'empêcher les prescriptions ;

5° De veiller à la conservation des droits, privilèges et hypothèques ;

6° De requérir à cet effet la publication au fichier immobilier de tous les titres qui en sont susceptibles ;

7° Enfin de tenir registre des inscriptions portées au fichier immobilier et autres poursuites et diligences.

Art. D. 4425-52 Le compte de gestion rendu par le comptable de la collectivité de Corse présente la situation comptable de la collectivité de Corse au 31 décembre de l'exercice, y compris les opérations de la journée complémentaire.

Art. D. 4425-53 Le compte de gestion établi par le comptable de la collectivité de Corse est remis au président du conseil exécutif de Corse pour être joint au compte administratif, comme pièce justificative.

CHAPITRE VI DISPOSITIONS D'APPLICATION

Pas de dispositions réglementaires codifiées.

TITRE III LES RÉGIONS D'OUTRE-MER

CHAPITRE I DISPOSITIONS GÉNÉRALES

Art. R. 4431-1 Les dispositions de la première partie et des livres I à III de la présente partie sont applicables aux régions de Guadeloupe, de Guyane, de Martinique et de La Réunion sous réserve des dispositions qui leur sont propres.

CHAPITRE II ORGANES

SECTION 1 Le conseil régional

SOUS-SECTION 1 Composition

Pas de dispositions réglementaires codifiées.

SOUS-SECTION 2 Élection

Pas de dispositions réglementaires codifiées.

SOUS-SECTION 3 Incompatibilités

Pas de dispositions réglementaires codifiées.

SOUS-SECTION 4 Indemnités

Pas de dispositions réglementaires codifiées.

SOUS-SECTION 5 Démission

Pas de dispositions réglementaires codifiées.

SECTION 2 Le conseil économique, social et environnemental régional et le conseil de la culture, de l'éducation et de l'environnement

SOUS-SECTION 1 Composition

§ 1 Conseils économiques et sociaux *[Conseils économiques, sociaux et environnementaux]* (R)

Art. R. 4432-1 *(Décr. n° 2004-1314 du 29 nov. 2004 art. 1er)* Le conseil économique, social et environnemental régional de la Guadeloupe comprend quarante-neuf membres, dont :

1° Dix-huit représentants des entreprises et des activités professionnelles non salariées de la région, quels que soient la nature de leur activité et leur statut juridique ;

2° Dix-huit représentants des organisations syndicales de salariés et de la fonction publique représentatives au niveau régional ;

3° Onze représentants des organismes qui participent à la vie collective de la région en matière économique et sociale ;

4° Deux personnalités choisies parmi celles qui, en raison de leur qualité ou de leurs activités, concourent au développement économique et social de la région.

Art. R. 4432-1-1 et R. 4432-2 *Abrogés par Décr. n° 2022-1386 du 31 oct. 2022, art. 12.*

Art. R. 4432-3 *(Décr. n° 2004-1314 du 29 nov. 2004, art. 1er)* Le conseil économique, social et environnemental régional de La Réunion comprend cinquante-cinq membres, dont :

1° Vingt et un représentants des entreprises et des activités professionnelles non salariées de la région, quels que soient la nature de leur activité et leur statut juridique ;

2° Vingt et un représentants des organisations syndicales de salariés et de la fonction publique représentatives au niveau régional ;

3° Onze représentants des organismes qui participent à la vie collective de la région en matière économique et sociale ;

4° Deux personnalités choisies parmi celles qui, en raison de leur qualité ou de leurs activités, concourent au développement économique et social de la région.

Art. R. 4432-4 *Abrogé par Décr. n° 2005-353 du 13 avr. 2005, art. 3.*

§ 2 Conseils de la culture, de l'éducation et de l'environnement (R)

Art. R. 4432-5 *(Décr. n° 2022-1386 du 31 oct. 2022, art. 12)* « Le conseil de la culture, de l'éducation et de l'environnement de la région de Guadeloupe comprend vingt-cinq membres dont : »

1° Huit représentants des organismes qui participent à la vie culturelle de la région ;

2° Huit représentants des organismes qui participent à la vie éducative, à l'enseignement et à la recherche dans la région ;

3° Huit représentants des organismes qui participent à la protection et à l'animation du cadre de vie de la région ;

4° Une personnalité désignée en raison de sa qualité ou de ses activités dans la région dans les domaines de la culture, de l'éducation et de l'environnement.

Art. R. 4432-6 *Abrogé par Décr. n° 2022-1386 du 31 oct. 2022, art. 12.*

Art. R. 4432-7 Le conseil de la culture, de l'éducation et de l'environnement de la région de La Réunion comprend *(Décr. n° 2004-1314 du 29 nov. 2004, art. 2)* « trente et un membres » dont :

1° *(Décr. n° 2004-1314 du 29 nov. 2004, art. 2)* « Dix représentants » des organismes qui participent à la vie culturelle de la région ;

2° *(Décr. n° 2004-1314 du 29 nov. 2004, art. 2)* « Dix représentants » des organismes qui participent à la vie éducative, à l'enseignement et à la recherche dans la région ;

3° *(Décr. n° 2004-1314 du 29 nov. 2004, art. 2)* « Dix représentants » des organismes qui participent à la protection et à l'animation du cadre de vie de la région ;

4° Une personnalité désignée en raison de sa qualité ou de ses activités dans la région dans les domaines de la culture, de l'éducation et de l'environnement.

Art. R. 4432-8 *Abrogé par Décr. nº 2005-353 du 13 avr. 2005, art. 3.*

§ 3 Dispositions communes (R)

Art. R. 4432-9 Nul ne peut être nommé membre du conseil économique, social et environnemental régional ou du conseil de la culture, de l'éducation et de l'environnement s'il est privé du droit électoral.

Nul ne peut être à la fois membre du conseil économique, social et environnemental régional et du conseil de la culture, de l'éducation et de l'environnement de la même région. – *[Décr. nº 84-207 du 26 mars 1984, art. 9.]*

Art. R. 4432-10 *(Décr. nº 2005-353 du 13 avr. 2005, art. 1er)* « Un arrêté du préfet de région fixe, par application des règles définies aux articles *(Décr. nº 2023-1332 du 29 déc. 2023, art. 3)* « R. 4432-1 et R. 4432-3 et aux articles R. 4432-5 et R. 4432-7 », la liste des organismes de toute nature représentés au conseil économique, social et environnemental régional et au conseil de la culture, de l'éducation et de l'environnement, le nombre de leurs représentants et, le cas échéant, les modalités particulières de leur désignation. »

La désignation des membres mentionnés aux 1°, 2° et 3° *(Décr. nº 2023-1332 du 29 déc. 2023, art. 3)* « des articles énumérés au premier alinéa » est constatée par arrêté du préfet.

Si un ou plusieurs sièges ne peuvent être pourvus selon les modalités prévues pour la désignation de leur titulaire dans un délai de deux mois à compter de la publication de l'arrêté prévu à l'alinéa ci-dessus, ils restent vacants.

Toutefois, lorsque la désignation doit être faite par accord entre deux ou plusieurs associations ou organismes et que l'accord n'est pas intervenu dans un délai de deux mois à compter de la publication de l'arrêté prévu à l'alinéa 1er ci-dessus, le préfet y pourvoit par arrêté.

Les personnalités mentionnées au 4° *(Décr. nº 2023-1332 du 29 déc. 2023, art. 3)* « des articles énumérés au premier alinéa » sont nommées par arrêté du préfet de région.

(Décr. nº 2005-353 du 13 avr. 2005, art. 1er) « Les arrêtés prévus au premier alinéa et aux deuxième et cinquième alinéas ci-dessus sont publiés au recueil des actes administratifs de la préfecture de région au plus tard, respectivement, *(Décr. nº 2023-1332 du 29 déc. 2023, art. 3)* « les 31 octobre et 30 novembre » de l'année de renouvellement. Les nouvelles désignations prennent effet à compter du 1er *(Décr. nº 2015-1917 du 30 déc. 2015, art. 2)* « janvier » suivant. »

Art. R. 4432-11 Les membres du conseil économique, social et environnemental régional et du conseil de la culture, de l'éducation et de l'environnement sont désignés pour six ans.

En cas de vacance, pour quelque motif que ce soit, constatée par le président du conseil et notifiée au président du conseil régional et au préfet, il est pourvu à cette vacance dans les conditions initiales de désignation prévues aux articles R. 4432-1 à *(Décr. nº 2005-353 du 13 avr. 2005, art. 2)* « R. 4432-10 ».

Il est procédé à la désignation du nouveau membre dans les conditions et délais prévus à l'article R. 4432-10, ce délai courant à compter de la notification de la vacance.

Toute personne désignée pour remplacer un membre d'un conseil exerce son mandat jusqu'à expiration du mandat de la personne qu'elle remplace.

Le mandat des membres du conseil économique, social et environnemental régional et du conseil de la culture, de l'éducation et de l'environnement est renouvelable.

Art. R. 4432-12 Expire de droit le mandat du membre du conseil économique, social et environnemental régional ou du conseil de la culture, de l'éducation et de l'environnement qui perd la qualité en vertu de laquelle il a été désigné ou qui se trouve privé du droit électoral.

La démission d'un membre du conseil économique, social et environnemental régional ou du conseil de la culture, de l'éducation et de l'environnement prend effet à compter de sa réception par le président du conseil, qui en avise immédiatement le président du conseil régional et le préfet de région.

Tout membre du conseil économique, social et environnemental régional ou du conseil de la culture, de l'éducation et de l'environnement dont l'absence répétée et non motivée aura été constatée au cours d'une période d'un an par le bureau dudit conseil pourra être déclaré, sur proposition du bureau, démissionnaire d'office par le préfet. – *[Décr. nº 84-207 du 26 mars 1984, art. 12.]*

Art. R. 4432-13 Par exception au 2º de l'article R. 4124-2, dans les départements d'outre-mer la représentativité des syndicats peut être déterminée au niveau départemental. – *[Décr. nº 82-866 du 11 oct. 1982, art. 23.]*

§ 4 Garanties accordées aux présidents et aux membres des conseils consultatifs (R)

Art. D. 4432-13-1 *(Décr. nº 2005-586 du 27 mai 2005, art. 10)* Les articles D. 4134-28 à D. 4134-33 sont applicables aux présidents et aux membres des conseils consultatifs dans les conditions fixées par les lois et les règlements applicables localement.

Art. R. 4432-14 Les dispositions des articles R. 4135-1, R. 4135-3 et D. 4135-20 à D. 4135-23 sont applicables aux présidents et aux membres des conseils consultatifs.

SOUS-SECTION 2 Fonctionnement

Art. R. 4432-15 Les dispositions des articles R. 4134-8 à R. 4134-21 s'appliquent aux conseils économiques, sociaux et environnementaux régionaux. Les mêmes dispositions, à l'exception de celles du deuxième alinéa de l'article R. 4134-12, s'appliquent au fonctionnement des conseils de la culture, de l'éducation et de l'environnement des régions de Guadeloupe et de La Réunion.

Art. R. 4432-16 *Abrogé par Décr. nº 2023-1332 du 29 déc. 2023, art. 3.*

SOUS-SECTION 3 Indemnités accordées aux membres des conseils économiques, sociaux et environnementaux régionaux et des conseils de la culture, de l'éducation et de l'environnement

(Décr. nº 2004-517 du 10 juin 2004, art. 3)

Art. R. 4432-17 Les articles R. 4134-24 à R. 4134-27 sont applicables aux membres des conseils économiques, sociaux et environnementaux régionaux et des conseils de la culture, de l'éducation et de l'environnement de Guadeloupe et de La Réunion.

SECTION 3 Autres organismes

SOUS-SECTION 1 Le centre régional de promotion de la santé

Pas de dispositions réglementaires codifiées.

SOUS-SECTION 2 Le conseil régional de l'habitat

Pas de dispositions réglementaires codifiées.

CHAPITRE III ATTRIBUTIONS

SECTION 1 Compétences du conseil régional

Pas de dispositions réglementaires codifiées.

SECTION 2 Compétences du conseil économique, social et environnemental régional et du conseil de la culture, de l'éducation et de l'environnement

SOUS-SECTION 1 Le conseil économique, social et environnemental régional

Pas de dispositions réglementaires codifiées.

SOUS-SECTION 2 Le conseil de la culture, de l'éducation et de l'environnement

Pas de dispositions réglementaires codifiées.

SECTION 3 Attributions des régions d'outre-mer en matière de développement économique et d'aménagement du territoire

SOUS-SECTION 1 Schéma d'aménagement régional

§ 1 Composition et élaboration

(Décr. n° 2020-1060 du 14 août 2020, art. 1er)

Art. R. 4433-1 Le schéma d'aménagement régional prévu à l'article L. 4433-7 est composé :

1° D'un rapport ;

2° D'un fascicule des règles ;

3° D'une carte de destination générale des différentes parties du territoire ;

4° De documents annexes.

Art. R. 4433-2 Le rapport, dont l'organisation est décidée par la région, le département ou la collectivité, comporte les éléments suivants :

1° Les orientations fondamentales prévues par le premier alinéa de l'article L. 4433-7. Ces orientations fondamentales peuvent, le cas échéant, correspondre à la mise en œuvre de la vision stratégique qu'a la région, le département ou la collectivité du développement durable de son territoire à un horizon plus éloigné que celui du schéma d'aménagement régional ;

2° Les principes de l'aménagement de l'espace qui résultent des orientations fondamentales, les implantations, localisations préférentielles, objectifs et principes prévus dans les domaines de compétence du schéma par les deuxième à quatrième alinéas de l'article L. 4433-7 ainsi que les règles qui contribuent à les mettre en œuvre et à les atteindre ;

3° Les chapitres individualisés prévus aux articles L. 4433-7-1 à L. 4433-7-4. À ce titre :

a) Le chapitre individualisé prévu à l'article L. 4433-7-1 fait application des articles R. 371-16 à R. 371-21 du code de l'environnement. Le dispositif de suivi et d'évaluation du schéma d'aménagement régional comprend notamment des indicateurs relatifs à l'application des orientations et règles destinées à préserver et à remettre en bon état les continuités écologiques ;

b) Le chapitre individualisé prévu à l'article L. 4433-7-3 s'appuie sur un inventaire des émissions de polluants atmosphériques et de gaz à effet de serre, un bilan énergétique, une évaluation du potentiel énergétique, renouvelable et de récupération, un recensement de l'ensemble des réseaux de chaleur, une évaluation des améliorations possibles en matière d'efficacité énergétique, une étude de vulnérabilité du territoire au changement climatique ainsi que sur une évaluation de la qualité de l'air et de ses effets sur la santé publique et l'environnement menés à l'échelon du territoire et prenant en compte les aspects économiques ainsi que sociaux. Il fixe, en matière d'atténuation du changement climatique, à l'échelon du territoire et aux horizons 2030 et 2050, les objectifs en matière de réduction de la consommation énergétique, de préservation et d'accroissement de l'absorption du carbone par les sols et les milieux naturels et de réduction des émissions de gaz à effet de serre. Il définit, en matière de prévention et de réduction de la pollution atmosphérique, pour le territoire, des objectifs de réduction des émissions de polluants atmosphériques au moins aussi exigeants que ceux prévus au niveau national en application de l'article L. 222-9 du code de l'environnement.

Art. R. 4433-3 Le rapport comporte en outre :

1° Un diagnostic du territoire. Ce diagnostic présente, notamment au regard des prévisions démographiques, socio-économiques et écologiques, les besoins en termes d'aménagement de l'espace, de protection de l'environnement, d'équipements, d'infrastructures et de transports, d'habitat ainsi que de développement économique et agricole. Il prend en compte la localisation des infrastructures et équipements existants et les enjeux en matière de maîtrise de l'étalement urbain et de lutte contre l'artificialisation des sols, de préservation de l'environnement, notamment en matière de biodiversité, de protection des paysages et du patrimoine architectural ainsi que ceux relatifs à la protection et à la mise en valeur du littoral et ceux relatifs au changement climatique et à l'amélioration de la qualité de l'air ;

2° L'évaluation environnementale prévue par les articles L. 104-1 à L. 104-5 du code de l'urbanisme. À ce titre, le rapport :

a) Présente les objectifs du schéma et, s'il y a lieu, son articulation avec les autres documents d'urbanisme et les plans ou programmes mentionnés à l'article L. 122-4 du code de l'environnement avec lesquels il doit être compatible ou qu'il doit prendre en compte ;

b) Analyse l'état initial de l'environnement et les perspectives de son évolution en exposant, notamment, les caractéristiques des zones susceptibles d'être touchées de manière notable par la mise en œuvre du schéma ;

c) Analyse les incidences notables *(Décr. n° 2021-1345 du 13 oct. 2021, art. 25)* « probables » de la mise en œuvre du schéma sur l'environnement *(Décr. n° 2021-1345 du 13 oct. 2021, art. 25)* « , notamment, s'il y a lieu, sur la santé humaine, la population, la diversité biologique, la faune, la flore, les sols, les eaux, l'air, le bruit, le climat, le patrimoine culturel architectural et archéologique et les paysages et les interactions entre ces facteurs, » et expose les problèmes posés par son adoption sur la protection des zones revêtant une importance particulière pour l'environnement, en particulier l'évaluation des incidences Natura 2000 mentionnée à l'article L. 414-4 du code de l'environnement ;

d) Expose les motifs pour lesquels le schéma a été retenu au regard notamment des objectifs de protection de l'environnement établis au niveau international, européen ou national et les raisons qui justifient le choix opéré au regard des autres solutions envisagées ;

e) Présente les mesures envisagées pour éviter, réduire et, si possible, compenser s'il y a lieu, les conséquences dommageables de la mise en œuvre du schéma sur l'environnement ;

f) Rappelle que le schéma fera l'objet d'une analyse des résultats de son application au plus tard à l'expiration d'un délai de dix ans à compter de son approbation. Il définit des critères, indicateurs et modalités qui devront être retenus pour suivre les effets du schéma sur l'environnement afin d'identifier, le cas échéant, à un stade précoce, les impacts négatifs imprévus et envisager, si nécessaire, les mesures appropriées ;

g) Comprend un résumé non technique des éléments précédents et une description de la manière dont l'évaluation a été effectuée.

Le rapport peut se référer aux renseignements figurant dans d'autres études, plans ou documents.

Art. R. 4433-4 Le fascicule des règles récapitule les règles édictées par le schéma pour mettre en œuvre les orientations et principes d'aménagement et contribuer à atteindre les objectifs prévus par les deuxième à quatrième alinéas de l'article L. 4433-7 ainsi que les règles, mesures et sujétions édictées par les chapitres individualisés prévus aux articles L. 4433-7-1 et L. 4433-7-2.

L'énoncé d'une règle peut être assorti, à titre de compléments dépourvus de tout caractère contraignant :

1° De documents graphiques ;

2° De propositions de mesures d'accompagnement destinées aux autres acteurs de l'aménagement et du développement durable régional.

Ces compléments sont distincts des règles et identifiés en tant que tels.

Le fascicule comprend les modalités de suivi de l'application des règles et de l'évaluation de leurs incidences.

Art. R. 4433-5 La carte de destination générale des différentes parties du territoire prévue par le dernier alinéa de l'article L. 4433-7 est établie à une échelle comprise entre 1/50 000 et 1/100 000, à l'exception des zones de faible densité démographique de Guyane pour lesquelles une ou des échelles plus réduites peuvent être utilisées.

Les documents cartographiques se rapportant aux chapitres individualisés prévus à l'article L. 4433-7-4 peuvent être établis à une échelle différente de celle utilisée pour la carte de destination générale des différentes parties du territoire.

Art. R. 4433-6 Les annexes sont composées de tous éléments indicatifs que la collectivité estime être de nature à éclairer sur l'élaboration et la mise en œuvre du schéma*[.]*

Art. R. 4433-7 Une commission chargée de l'élaboration du projet de schéma d'aménagement régional, qui comprend les représentants des collectivités et organismes énumérés au II de l'article L. 4433-10, est constituée à l'initiative du président de l'assemblée délibérante de la région, du département ou de la collectivité.

Art. R. 4433-8 La commission est saisie pour avis du programme d'études et de concertations établi par la région, le département ou la collectivité en vue de l'élaboration ou de l'évolution du schéma. La commission se prononce sur les options de développement et d'aménagement du territoire qui lui sont soumises ainsi que sur les différentes parties composant le schéma, au fur et à mesure de l'avancement de ce programme.

Art. R. 4433-9 La commission se réunit à l'initiative du président de l'assemblée délibérante de la région, du département ou de la collectivité. L'inscription d'un sujet à l'ordre du jour de la réunion est de droit lorsqu'elle est demandée par le représentant de l'État.

Art. R. 4433-10 Pour la mise en compatibilité du schéma d'aménagement régional dans les hypothèses et conditions définies à l'article L. 300-6-1 du code de l'urbanisme, l'examen conjoint prévu à l'article L. 4433-10-6 a lieu à l'initiative de l'autorité mentionnée à l'article R. 300-15 du code de l'urbanisme.

Art. R. 4433-11 Les avis mentionnés à l'article L. 4433-10-1 et à l'article L. 4433-10-9 sont réputés favorables s'ils ne sont pas rendus dans un délai de trois mois à compter de la transmission du projet de schéma arrêté.

Art. R. 4433-12 Le schéma d'aménagement régional approuvé est mis à la disposition du public au siège et sur le site internet de la région, du département ou de la collectivité.

§ 2 Financement (R)

Art. R. 4433-17 Pour l'établissement des schémas d'aménagement régionaux prévus aux articles L. 4433-7 à L. 4433-11, L. 4433-15 et L. 4433-16, les régions de Guadeloupe, de Guyane, de Martinique et de La Réunion bénéficient, dans les conditions prévues par les articles R. 4433-18 à R. 4433-22, du concours particulier créé au sein de la dotation générale de décentralisation au titre de l'établissement et de la mise en œuvre des documents d'urbanisme en application de l'alinéa 1er de l'article L. 1614-4. – *[Décr. no 89-809 du 27 oct. 1989, art. 1er.]*

Art. R. 4433-18 Les dotations attribuées aux régions de Guadeloupe, de Guyane, de Martinique et de La Réunion pour l'établissement des schémas d'aménagement régionaux prévus aux articles L. 4433-7 à L. 4433-11, L. 4433-15 et L. 4433-16 sont prélevées sur *(Décr. no 2020-1060 du 14 août 2020, art. 2)* « le reliquat de 15 % » du concours particulier mentionné au dernier alinéa de l'article R. 1614-42. Ce concours particulier est abondé des crédits correspondant à la réalisation du chapitre individualisé au sein du schéma d'aménagement régional, mentionné à l'article L. 4433-15 et qui sont inscrits au budget du ministère chargé de la mer.

Art. R. 4433-19 La dotation attribuée aux régions de Guadeloupe, de Guyane, de Martinique et de La Réunion comprend une première part égale à 80 % du montant de la dotation destinée à compenser les dépenses d'études et de conduite de l'opération et une deuxième part égale à 20 % du montant de la dotation, destinée à compenser les dépenses matérielles. – *[Décr. no 89-809 du 27 oct. 1989, art. 3.]*

Art. R. 4433-20 Le montant de la dotation est fixé à 152 500 € pour chacune des régions d'outre-mer. – *[Décr. no 89-809 du 27 oct. 1989, art. 4.]*

Art. R. 4433-21 La part destinée à compenser les dépenses d'études et de conduite de l'opération fait l'objet à la demande du président du conseil régional de deux versements d'un montant égal.

Le premier versement est effectué lorsque le programme d'études visé à l'article R. 4433-4 a été défini et soumis à la commission prévue à l'article R. 4433-3.

Le second versement a lieu après la mise à la disposition du public du projet de schéma visé à l'article R. 4433-1. – *[Décr. n° 89-809 du 27 oct. 1989, art. 5.]*

Art. R. 4433-22 La part correspondant aux dépenses matérielles fait l'objet de deux versements d'un montant égal.

Le premier versement est effectué au moment de la saisine du préfet de région, du conseil économique, social et environnemental régional et du conseil de la culture, de l'éducation et de l'environnement, en application de l'article R. 4433-7.

Le second versement a lieu après l'adoption du schéma d'aménagement par le conseil régional. – *[Décr. n° 89-809 du 27 oct. 1989, art. 6.]*

SOUS-SECTION 2 **Agriculture et forêt**

Pas de dispositions réglementaires codifiées.

SOUS-SECTION 3 **Emploi et formation professionnelle**

Pas de dispositions réglementaires codifiées.

SOUS-SECTION 4 *[ABROGÉE]* **Mise en valeur des ressources de la mer**

(Abrogée par Décr. n° 2020-1060 du 14 août 2020, art. 2)

Art. R. 4433-23 *Abrogé par Décr. n° 2020-1060 du 14 août 2020, art. 2.*

SOUS-SECTION 5 **Énergie, ressources minières et développement industriel**

Pas de dispositions réglementaires codifiées.

SOUS-SECTION 6 **Transports**

Pas de dispositions réglementaires codifiées.

SOUS-SECTION 7 **Logement**

Pas de dispositions réglementaires codifiées.

SECTION 4 **Actions culturelles**

SOUS-SECTION 1 **Éducation et recherche**

Pas de dispositions réglementaires codifiées.

SOUS-SECTION 2 **Développement culturel**

Pas de dispositions réglementaires codifiées.

SOUS-SECTION 3 **Communication audiovisuelle**

Pas de dispositions réglementaires codifiées.

SOUS-SECTION 4 **Environnement** *(Décr. n° 2006-1229 du 6 oct. 2006, art. 5)*.

Pas de dispositions réglementaires codifiées.

SECTION 5 **Coopération régionale**

(Décr. n° 2001-314 du 11 avr. 2001, art. 1er)

SOUS-SECTION 1 **Fonds de coopération régionale**

(Décr. n° 2015-1441 du 6 nov. 2015, art. 2)

Art. R. 4433-24 Les fonds de coopération régionale institués par l'article L. 4433-4-6 contribuent à l'insertion de la Guadeloupe, de La Réunion et de Mayotte dans leur environnement géographique. Ils concourent aux actions de coopération économique, sociale et culturelle menées avec les pays de leur région.

Le préfet de région et, à Mayotte, le préfet de Mayotte, en est l'ordonnateur secondaire.

Art. R. 4433-25 Le comité institué par le deuxième alinéa de l'article L. 4433-4-6 est dénommé comité de gestion du fonds de coopération régionale.

Il est présidé par le préfet de région et, à Mayotte, le préfet de Mayotte.

Il comprend, en outre :

1° Un représentant de l'État désigné par le ministre des affaires étrangères et deux représentants désignés par le ministre chargé de l'outre-mer ;

2° Pour la Guadeloupe et La Réunion, deux conseillers régionaux et deux conseillers départementaux, désignés par leurs assemblées respectives ;

3° Pour Mayotte, quatre conseillers départementaux désignés par le conseil départemental.

Art. R. 4433-26 Le comité se réunit au moins deux fois par an, sur convocation de son président, qui en fixe l'ordre du jour.

Le secrétariat du comité est assuré par les services du préfet.

Art. R. 4433-27 La liste des opérations financées par le fonds de coopération régionale et le taux de subvention applicable à chacune d'elles sont fixés après consultation des chefs des postes diplomatiques dans les États intéressés.

Les décisions du comité sont adoptées à la majorité. En cas de partage égal des voix, la voix du président est prépondérante.

Art. R. 4433-28 Le comité établit, à l'attention du Premier ministre, un rapport annuel sur le bilan, l'évaluation et le suivi des opérations subventionnées par le fonds de coopération régionale.

SOUS-SECTION 2 Coordination de la coopération régionale Antilles-Guyane

(Décr. n° 2015-1441 du 6 nov. 2015, art. 2)

Art. R. 4433-29 L'instance de concertation instituée par l'article L. 4433-4-7 est dénommée conférence de la coopération régionale Antilles-Guyane.

La conférence est informée des politiques et des programmes de coopération conduits par l'État et par les collectivités territoriales. Elle examine les actions permettant de coordonner ces politiques et ces programmes.

Art. R. 4433-30 La conférence est présidée par un délégué à la coopération régionale dans la zone Antilles-Guyane, nommé par décret. Elle est composée des membres des comités de gestion des fonds de coopération régionale de la Guadeloupe, de la Guyane et de la Martinique, ainsi que des représentants des conseils territoriaux de Saint-Barthélemy et de Saint-Martin, désignés respectivement par les présidents de chacun des conseils territoriaux.

Celle-ci peut entendre toute personne dont l'audition est jugée utile par le président.

Art. R. 4433-31 La conférence se réunit sur convocation de son président, qui en fixe l'ordre du jour après consultation des comités de gestion.

Le secrétariat de la conférence est assuré par les services du préfet de la région Guadeloupe.

Art. R. 4433-32 Le délégué facilite la coordination des actions de l'État et des collectivités territoriales menées au titre de la coopération régionale dans la zone Antilles-Guyane.

Il contribue à la diffusion de l'information relative aux actions menées dans cette zone.

Il établit, à l'attention des ministres, des préfets et des présidents des conseils départementaux et régionaux concernés, ainsi que des présidents des assemblées de Guyane et de Martinique, du président du conseil exécutif de Martinique et des présidents des conseils territoriaux de Saint-Barthélemy et de Saint-Martin, un rapport annuel sur le bilan et l'évaluation des actions de coopération régionale intéressant les départements français d'Amérique et fait toutes propositions tendant à développer celles-ci.

SOUS-SECTION 3 Coordination de la coopération régionale dans l'océan Indien

(Décr. nº 2002-1504 du 24 déc. 2002, art. 15)

Art. R. 4433-33 L'instance de concertation instituée par le II de l'article L. 4433-4-7 est dénommée conférence de la coopération régionale de l'océan Indien.

La conférence est informée des politiques et des programmes de coopération conduits par l'État et par les collectivités territoriales. Elle examine les actions permettant de coordonner ces politiques et ces programmes.

Art. R. 4433-34 La conférence est présidée par un délégué à la coopération régionale dans la zone de l'océan Indien nommé par décret. Elle est composée des membres des comités de gestion des fonds de coopération régionale de La Réunion et de Mayotte.

Elle peut entendre toute personne dont l'audition est jugée utile par le président.

Art. R. 4433-35 La conférence se réunit sur convocation de son président qui en fixe l'ordre du jour après consultation des comités de gestion.

Le secrétariat de la conférence est assuré par les services du préfet de la région Réunion.

La conférence ne peut valablement délibérer si plus de la moitié des membres en exercice ne sont pas présents. À défaut, elle peut être reconvoquée dans les quinze jours. Elle délibère alors quel que soit le nombre de membres présents.

Art. R. 4433-36 Le délégué facilite la coordination des actions de l'État et des collectivités territoriales menées au titre de la coopération régionale dans la zone de l'océan Indien.

Il contribue à la diffusion de l'information relative aux actions menées dans la zone. Il établit, à l'attention des ministres, des préfets, des présidents des conseils départementaux concernés et du président du conseil régional de La Réunion, un rapport annuel sur le bilan et l'évaluation des actions de coopération régionale intéressant La Réunion et Mayotte et fait toutes propositions tendant à développer celles-ci.

SOUS-SECTION 4 Représentation des régions de Guadeloupe et de La Réunion et du département de Mayotte au sein des missions diplomatiques de la France

(Décr. nº 2017-1060 du 10 mai 2017, art. 2)

Art. R. 4433-37 Une convention entre l'État, représenté conjointement par le ministre des affaires étrangères et le ministre chargé de l'outre-mer, et chacune des collectivités territoriales mentionnées aux articles L. 4433-4-5-1 ou L. 4433-4-5-3 détermine les conditions d'accueil des agents de la collectivité au sein des missions diplomatiques de la France. Cette convention définit :

1º Les missions des agents de la collectivité territoriale au sein de la mission diplomatique dans laquelle ils exercent leurs fonctions. Ces missions ont trait aux actions de coopération régionale. Elles peuvent également comporter la possibilité pour ces agents, sur demande du chef de mission et avec l'accord du président de l'organe délibérant de la collectivité territoriale, d'apporter leur concours au bon fonctionnement de la mission diplomatique.

Les fonctions précises de chaque agent sont fixées par une lettre de mission signée conjointement par le président de l'organe délibérant de la collectivité territoriale et le chef de mission ;

2º Leur compétence géographique ;

3º Les actions de formation susceptibles d'être organisées pour faciliter l'exercice des missions définies au 1º du présent article ;

4º Les moyens matériels et logistiques mis à disposition de chacun des agents de la collectivité territoriale au sein de la mission diplomatique ;

5º Les relations entre, d'une part, chacun des agents de la collectivité territoriale et le chef de mission et, d'autre part, le chef de mission et la collectivité territoriale. Chaque agent territorial rend compte régulièrement de son action au chef de mission et doit se conformer à ses directives en application des articles 3 et 6 du décret nº 79-433 du 1er juin 1979 relatif aux pouvoirs des ambassadeurs et à l'organisation des services de l'État à l'étranger. Le chef de mission adresse chaque année au président de l'organe délibérant de la collectivité territoriale son appréciation sur la manière de servir de chacun des agents de cette collectivité.

La convention précise les charges financières liées à l'exercice des fonctions des agents de la collectivité territoriale au sein de la mission diplomatique ainsi que leur répartition entre l'État et cette collectivité.

CHAPITRE IV DISPOSITIONS FINANCIÈRES ET FISCALES

SECTION 1 Conseil économique, social et environnemental régional et conseil de la culture, de l'éducation et de l'environnement (R)

Art. R. 4434-1 Pour l'application des dispositions de l'article L. 4432-10, les crédits nécessaires au fonctionnement du conseil économique, social et environnemental régional et du conseil de la culture, de l'éducation et de l'environnement de chacune des régions de Guadeloupe et de La Réunion *(Décr. n° 2011-330 du 25 mars 2011, art. 4)* « et du Département de Mayotte » et, le cas échéant, à la réalisation de *(Décr. n° 2023-1332 du 29 déc. 2023, art. 3)* « l'ensemble de leurs missions » sont, pour chacun de ces conseils, spécialisés par article.

SECTION 2 Dotation régionale d'équipement scolaire (R)

Art. R. 4434-2 Les dispositions de l'article R. 4332-10 sont applicables aux régions d'outre-mer sous la réserve que la part de la dotation destinée à tenir compte de l'évolution de la population scolarisable est en totalité répartie proportionnellement au nombre de naissances constatées entre la dixième et la sixième année précédant l'année d'attribution de la dotation. – *[Décr. n° 86-306 du 4 mars 1986, art. 1er.]*

SECTION 3 Emploi et formation professionnelle (R)

Art. R. 4434-3 Dans les régions de Guadeloupe, de Martinique, de Guyane et de La Réunion, la somme résultant de l'application des articles R. 4332-1 et R. 4332-2 est majorée pour chacune d'entre elles du montant des crédits correspondant au transfert à ces régions des charges supportées par l'État au titre des centres collectifs de formation professionnelle des adultes. – *[Décr. n° 85-27 du 7 janv. 1985, art. 3.]*

SECTION 4 Péréquation des ressources fiscales

(Décr. n° 2013-363 du 26 avr. 2013, art. 1er)

Art. R. 4434-4 Pour l'application des dispositions du V de l'article L. 4332-9, la population à prendre en compte pour calculer la quote-part destinée aux régions d'outre-mer est celle calculée au titre de l'année de répartition.

CHAPITRE V DISPOSITIONS D'APPLICATION

Pas de dispositions réglementaires codifiées.

CHAPITRE VI *[ABROGÉ]* DISPOSITIONS PARTICULIÈRES À LA GUYANE

(Abrogé par Décr. n° 2015-1754 du 23 déc. 2015, art. 8)
(Décr. n° 2008-562 du 17 juin 2008)

Art. D. 4436-1 *à* D. 4436-10 *Abrogés par Décr. n° 2015-1754 du 23 déc. 2015, art. 8.*

CHAPITRE VII DISPOSITIONS PARTICULIÈRES À MAYOTTE

(Décr. n° 2011-330 du 25 mars 2011, art. 4)

Art. R. 4437-1 Pour l'application à Mayotte des dispositions de la quatrième partie du présent code :

1° La référence à la région ou à la région d'outre-mer est remplacée par la référence au Département de Mayotte ;

2° La référence au conseil régional est remplacée par la référence au *(Décr. n° 2023-1332 du 29 déc. 2023, art. 3)* « conseil départemental » ;

3° La référence au président du conseil régional est remplacée par la référence au président du *(Décr. nº 2023-1332 du 29 déc. 2023, art. 3)* « conseil départemental » ;

4° La référence au conseil économique, social et environnemental régional est remplacée par la référence au conseil économique, social et environnemental de Mayotte ;

5° La référence au président du conseil économique, social et environnemental régional est remplacée par la référence au président du conseil économique, social et environnemental de Mayotte ;

6° La référence au conseil de la culture, de l'éducation et de l'environnement de chaque région est remplacée par la référence au conseil de la culture, de l'éducation et de l'environnement de Mayotte ;

7° La référence au président du conseil de la culture, de l'éducation et de l'environnement de chaque région est remplacée par la référence au président du conseil de la culture, de l'éducation et de l'environnement de Mayotte.

Art. R. 4437-2 I. — Ne sont pas applicables à Mayotte les dispositions suivantes de la quatrième partie du présent code :

1° Le livre I, sauf les dispositions mentionnées au présent chapitre ;

2° Le titre III du livre II ;

3° Au livre III :

a) Le chapitre I du titre I ;

b) Les articles R. 4312-1 à R. 4312-3 et les articles R. 4312-5 à R. 4312-9 ;

c) Le titre II ;

d) Les chapitres I, III et IV du titre III et les sections 2 et 3 du chapitre II du même titre ;

e) Le titre IV ;

4° Au livre IV :

a) Le chapitre I et la section 1 du chapitre II du titre III ;

b) Les articles R. 4432-1 à R. 4432-7, R. 4432-13 et R. 4432-14 ;

c) La section 2 du chapitre IV du titre III.

II. — Les articles R. 4313-1 à R. 4313-4 sont applicables à Mayotte sous les réserves suivantes :

1° Pour l'application à Mayotte du 6° de l'article R. 4313-2, la référence à l'article L. 4332-8 est remplacée par la référence à l'article L. 3334-6 ;

2° Pour l'application à Mayotte du 2° de l'article R. 4313-3, les mots : "des dépréciations et" sont supprimés.

Art. D. 4437-2-1 *(Décr. nº 2011-346 du 28 mars 2011, art. 5)* L'article D. 4432-13-1 n'est pas applicable à Mayotte.

Art. R. 4437-3 Le conseil économique, social et environnemental de Mayotte comprend trente-deux membres dont :

1° Treize représentants des entreprises et des activités professionnelles non salariées quels que soient la nature de leur activité et leur statut juridique ;

2° Treize représentants des organisations syndicales de salariés et de la fonction publique de Mayotte, représentatives au niveau de la collectivité ;

3° Cinq représentants des organismes qui participent à la vie économique et sociale de Mayotte ;

4° Une personnalité choisie parmi celles qui, en raison de leur qualité ou de leurs activités, concourent au développement économique et social de Mayotte.

Art. R. 4437-4 Le conseil de la culture, de l'éducation et de l'environnement de Mayotte comprend vingt-deux membres dont :

1° Sept représentants des organismes qui participent à la vie culturelle ;

2° Sept représentants des organismes qui participent à la vie éducative, à l'enseignement et à la recherche ;

3° Sept représentants des organismes qui participent à la protection et à l'animation du cadre de vie ;

4° Une personnalité désignée en raison de sa qualité ou de ses activités dans les domaines de la culture, de l'éducation et de l'environnement.

Art. R. 4437-5 I. – Pour l'application à Mayotte de l'article R. 4432-10, les références aux articles R. 4432-1 à R. 4432-7 sont remplacées par les références aux articles R. 4437-3 et R. 4437-4.

II. – Pour l'application à Mayotte de l'article R. 4432-11, les références aux articles R. 4432-1 à R. 4432-10 sont remplacées par les références aux articles R. 4437-3, R. 4437-4, R. 4432-9 et R. 4432-10.

III. – Pour l'application à Mayotte de l'article R. 4432-17, les références législatives contenues aux articles R. 4134-24 et R. 4134-25 sont respectivement remplacées par les références aux articles L. 3123-16 et L. 3123-17.

Art. R. 4437-6 Les articles R. 3123-1, R. 3123-3 à R. 3123-8 et R. 3123-20 à R. 3123-22 sont applicables aux présidents et aux membres du conseil économique, social et environnemental de Mayotte et du conseil de la culture, de l'éducation et de l'environnement de Mayotte.

CINQUIÈME PARTIE LA COOPÉRATION LOCALE

LIVRE I DISPOSITIONS GÉNÉRALES

TITRE UNIQUE

CHAPITRE UNIQUE

Art. R. 5111-1 *(Décr. nº 2012-124 du 30 janv. 2012, art. 6)* I. – Le remboursement des frais de fonctionnement du service mis à disposition en application du deuxième alinéa du I de l'article L. 5111-1-1 s'effectue sur la base d'un coût unitaire de fonctionnement du service, multiplié par le nombre d'unités de fonctionnement constatées par la collectivité ou l'établissement public bénéficiaire de la mise à disposition.

La convention définit la méthode retenue pour la détermination du coût unitaire de fonctionnement et comprend une prévision d'utilisation du service mis à disposition, exprimée en unités de fonctionnement. Le coût unitaire comprend les charges liées au fonctionnement du service et en particulier les charges de personnel, les fournitures, les flux, le coût de renouvellement des biens et les contrats de services rattachés, à l'exclusion de toute autre dépense non strictement liée au fonctionnement du service.

Le coût unitaire est constaté à partir des dépenses des derniers comptes administratifs, actualisées des modifications prévisibles des conditions d'exercice de l'activité au vu du budget primitif de l'année. La détermination du coût est effectuée par la collectivité ou l'établissement public ayant mis à disposition ledit service.

Le remboursement des frais s'effectue sur la base d'un état annuel indiquant la liste des recours au service, convertis en unités de fonctionnement. Le coût unitaire est porté à la connaissance des bénéficiaires de la mise à disposition de services, chaque année, avant la date d'adoption du budget prévue à l'article L. 1612-2. Pour l'année de signature de la convention, le coût unitaire est porté à la connaissance des bénéficiaires de la mise à disposition de services dans un délai de trois mois à compter de la signature de la convention. Le remboursement s'effectue selon une périodicité fixée par la convention. Cette périodicité ne peut être supérieure à un an.

II. – Le remboursement des dépenses engagées pour le compte des collectivités et établissements publics concernés par le service unifié constitué en application du troisième alinéa du I de l'article L. 5111-1-1 s'effectue sur la base d'un coût unitaire de fonctionnement du service, multiplié par le nombre d'unités de fonctionnement constatées par les collectivités et établissements publics ayant recours au service.

La convention définit la méthode retenue pour la détermination du coût unitaire de fonctionnement et comprend une prévision d'utilisation du service unifié, exprimée en unités de fonctionnement. Le coût unitaire comprend les charges liées au fonctionnement du service et en particulier les charges de personnel, les fournitures, les flux, le coût de renouvellement des biens et les contrats de services rattachés, à l'exclusion de toute autre dépense non strictement liée au fonctionnement du service.

Le coût unitaire est constaté à partir des dépenses des derniers comptes administratifs, actualisées des modifications prévisibles des conditions d'exercice de l'activité au vu du budget primitif de l'année. La détermination du coût est effectuée par la collectivité ou l'établissement public dont relève le service unifié.

Le remboursement des frais s'effectue sur la base d'un état annuel indiquant la liste des recours au service, convertis en unités de fonctionnement. Le coût unitaire est porté à la connaissance des collectivités et établissements publics ayant recours au service, chaque année, avant la date d'adoption du budget prévue à l'article L. 1612-2. Pour l'année de signature de la convention, le coût unitaire est porté à la connaissance des collectivités et établissements publics ayant recours au service dans un délai de trois mois à compter de la signature de la convention. Le remboursement s'effectue selon une périodicité fixée par la convention. Cette périodicité ne peut être supérieure à un an.

LIVRE II LA COOPÉRATION INTERCOMMUNALE

TITRE I ÉTABLISSEMENTS PUBLICS DE COOPÉRATION INTERCOMMUNALE

CHAPITRE I DISPOSITIONS COMMUNES

SECTION 1 Règles générales

Art. R. 5211-1 Lorsque des règles différentes régissent le contrôle administratif des communes suivant l'importance de leur population, la population de l'ensemble des communes formant l'établissement public de coopération intercommunale entre en ligne de compte pour déterminer les règles qu'il y a lieu d'appliquer.

Dans le cas où l'établissement public de coopération intercommunale s'étend sur plusieurs départements, le contrôle administratif visé à l'article L. 5211-4 est exercé par le préfet du département auquel appartient la commune siège de l'établissement public de coopération intercommunale. – *[C. communes, art. R.* 164-5.]*

SECTION 2 Création

Pas de dispositions réglementaires codifiées.

SECTION 3 Organes et fonctionnement

SOUS-SECTION 1 Organes

§ 1 Organe délibérant

Art. R. 5211-1-1 *(Décr. nº 2012-124 du 30 janv. 2012, art. 4)* I. – Pour la répartition des sièges au sein de l'organe délibérant, le chiffre de la population auquel il convient de se référer est celui de la population municipale authentifiée l'année précédant celle du renouvellement général des conseils municipaux des communes membres conformément au VII de l'article L. 5211-6-1.

II. – Entre deux renouvellements généraux de conseils municipaux, le chiffre de la population auquel il convient de se référer, pour la répartition des sièges au sein de l'organe délibérant, est celui de la population municipale authentifiée au premier janvier de l'année en cours, dans les cas suivants :

1° Création d'un établissement public de coopération intercommunale à fiscalité propre ;

2° Fusion d'établissements publics de coopération intercommunale dont un au moins est à fiscalité propre ;

3° Transformation d'un établissement public de coopération intercommunale à fiscalité propre avec extension de périmètre ;

4° Extension du périmètre d'un établissement public de coopération intercommunale à fiscalité propre par l'intégration d'une ou plusieurs communes ou la modification des limites territoriales d'une commune membre.

III. – Les variations de la population communale constatées en cours de mandat par des recensements authentifiés ne peuvent avoir pour effet de modifier le nombre de sièges attribués à la commune concernée pour la durée du mandat de l'organe délibérant.

Art. R. 5211-1-2 *(Décr. nº 2012-124 du 30 janv. 2012, art. 4)* Lorsqu'il y a lieu de procéder à une nouvelle répartition des sièges de l'organe délibérant d'un établissement public de coopération intercommunale à fiscalité propre dans les cas prévus à l'article L. 5211-6-2, cette répartition intervient dans un délai de trois mois à compter de :

1° La date d'entrée en vigueur de l'arrêté du représentant de l'État dans le département prononçant la création, la fusion ou l'extension de périmètre d'un établissement public de coopération intercommunale à fiscalité propre ;

2° La date d'entrée en vigueur de l'arrêté du représentant de l'État dans le département prononçant la création d'une commune nouvelle ;

Cette répartition est constatée par arrêté du représentant de l'État dans le département lorsque les communes font partie du même département ou par arrêté conjoint des représentants de l'État dans les départements concernés dans le cas contraire.

§ 2 Le président

Art. R. 5211-2 *Abrogé par Décr. n° 2010-783 du 8 juill. 2010, art. 9.*

§ 3 Le bureau

Pas de dispositions réglementaires codifiées.

SOUS-SECTION 2 *[ABROGÉE]* Fonctionnement

(Abrogée par Décr. n° 2023-632 du 20 juill. 2023, art. 2)
(Décr. n° 2020-904 du 24 juill. 2020, art. 1er)

SECTION 4 Conditions d'exercice des mandats des membres des conseils ou comités

SOUS-SECTION 1 Dispositions communes *(Décr. n° 2003-943 du 2 oct. 2003, art. 4).*

Art. R. 5211-3 Pour l'application des dispositions de l'article *(Décr. n° 2003-836 du 1er sept. 2003, art. 22)* « L. 2123-2 » relatif au crédit d'heures :

1° Le président, les vice-présidents et les membres de l'organe délibérant de l'un des établissements publics de coopération intercommunale mentionnés aux articles L. 5212-1, L. 5332-1 et L. 5711-1 sont, lorsqu'ils n'exercent pas de mandat municipal, assimilés respectivement au maire, aux adjoints au maire et aux conseillers municipaux de la commune la plus peuplée de cet établissement public ;

2° Le président, les vice-présidents et les membres de l'organe délibérant de l'un des établissements publics de coopération intercommunale mentionnés aux articles L. 5214-1, L. 5215-1, *(Décr. n° 2012-124 du 30 janv. 2012, art. 3)* « et L. 5216-1 » sont assimilés respectivement au maire, aux adjoints au maire et aux conseillers municipaux d'une commune dont la population serait égale à celle de l'ensemble des communes composant cet établissement public.

Art. R. 5211-4 *(Décr. n° 2004-615 du 25 juin 2004, art. 2)* Les modalités de calcul des indemnités maximales perçues pour l'exercice effectif des fonctions de président et de vice-président de l'un des établissements publics de coopération intercommunale mentionnés aux articles L. 5211-12 et L. 5721-8 sont déterminées par les dispositions des articles R. 5212-1, R. 5214-1, R. 5215-2-1, R. 5216-1, R. 5332-1 et R. 5723-1.

Art. D. 5211-4-1 *(Décr. n° 2021-258 du 9 mars 2021, art. 3)* Peuvent obtenir le remboursement des frais spécifiques de déplacement, d'accompagnement et d'aide technique, les élus des établissements publics de coopération intercommunale en situation de handicap mentionnés au troisième alinéa de l'article L. 5211-13 et relevant des dispositions des articles L. 5213-1 et L. 5213-2 du code du travail ou pouvant prétendre au bénéfice des dispositions des articles L. 5212-1 à L. 5212-17 de ce même code, ou pouvant prétendre au bénéfice de l'article L. 241-3 du code de l'action sociale et des familles.

La prise en charge de ces frais spécifiques est assurée sur présentation d'un état de frais et dans la limite, par mois, du montant de l'indemnité maximale susceptible d'être versée au maire d'une commune de moins de 500 habitants en application du barème fixé à l'article L. 2123-23.

Le remboursement de ces frais est cumulable avec les remboursements prévus à l'article D. 5211-5.

Art. D. 5211-5 Lorsqu'ils remplissent les conditions fixées par l'article L. 5211-13 les membres du conseil ou comité d'un des établissements publics de coopération intercommunale mentionnés par cet article peuvent être remboursés des frais de trans port qu'ils engagent à l'occasion de leurs déplacements pour la participation aux réunions citées par ce même article L. 5211-13.

La prise en charge des frais de transport est assurée dans les conditions définies par le décret n° 2006-781 du 3 juillet 2006 fixant les conditions et les modalités de règlement des frais occasionnés par les déplacements temporaires des personnels civils de l'État. – *[Décr. n° 2000-163 du 28 févr. 2000, art. 1er.]*

SOUS-SECTION 2 **Établissements publics de coopération intercommunale à fiscalité propre**

(Décr. n° 2003-943 du 2 oct. 2003, art. 4)

Art. R. 5211-5-1 Les dispositions des articles R. 2123-11-1 à R. 2123-11-6 *(Décr. n° 2016-870 du 29 juin 2016, art. 7)* « et des articles R. 2123-22-1-A à R. 2123-22-1-D » sont applicables aux établissements publics de coopération intercommunale à fiscalité propre.

Art. D. 5211-5-2 *(Décr. n° 2007-808 du 11 mai 2007)* Les dispositions des articles D. 2123-22-4 à D. 2123-22-7 sont applicables aux communautés urbaines, aux communautés d'agglomération et aux communautés de communes.

SECTION 5 **Modifications statutaires**

Pas de dispositions réglementaires codifiées.

SECTION 6 **Dispositions financières**

SOUS-SECTION 1 **Dispositions communes**

Art. R. 5211-6 *(Décr. n° 2015-970 du 31 juill. 2015, art. 2)* Les dispositions de la sous-section 1 de la section 6 du chapitre III du titre III du livre III de la deuxième partie du présent code sont applicables aux établissements publics de coopération intercommunale qui ont institué la taxe de séjour dans les conditions prévues à l'article L. 5211-21.

Pour l'application de ces dispositions :

1° La référence au conseil municipal est remplacée, selon le cas, par la référence au conseil communautaire ou au conseil de la métropole de Lyon ;

2° La référence au maire est remplacée, selon le cas, par la référence au président de l'établissement public de coopération intercommunale ou au président du conseil de la métropole de Lyon.

Art. R. 5211-7 Lorsque l'organisation du service de remontée mécanique est assurée par un établissement public de coopération intercommunale et qu'avec l'accord des communes concernées cet établissement institue et perçoit la taxe communale, la perception de cette taxe est faite dans les conditions mentionnées aux articles R. 2333-70 à R. 2333-73 et à l'article R. 3333-3. – *[Décr. n° 87-45 du 29 janv. 1987, art. 7.]*

Art. R. 5211-8 Le produit des amendes de police relatives à la circulation routière est partagé entre les communautés urbaines et autres groupements dans les conditions fixées aux articles R. 2334-10 et R. 2334-11.

Art. R. 5211-9 Lorsque l'arrêté ou le décret de dissolution d'un établissement public de coopération intercommunale prévoit, dans les conditions fixées au deuxième alinéa de l'article L. 5211-26, la nomination d'un liquidateur, celle-ci est prononcée par le représentant de l'État dans le département du siège de l'établissement.

Le représentant de l'État peut, à cette fin, désigner toute personne présentant des garanties de moralité suffisantes, disposant en matière juridique et financière de l'expérience et de la compétence jugées nécessaires à l'accomplissement de sa mission et n'ayant aucun intérêt à l'opération. Le liquidateur exerce sa mission à titre bénévole.

Ne peuvent être désignés comme liquidateur :

– les membres de l'organe délibérant ou du personnel de l'établissement public de coopération intercommunale et de ses communes membres ;

– les comptables et les personnes participant au contrôle budgétaire et de légalité de l'établissement public de coopération intercommunale et de ses communes membres ;

— les magistrats des juridictions administrative et financière dans le ressort desquelles l'établissement public de coopération intercommunale a son siège. — *[Décr. nº 2000-169 du 29 févr. 2000, art. 1er.]*

Art. R. 5211-10 En cas de carence ou d'empêchement du liquidateur, le représentant de l'État dans le département le décharge de sa mission et procède sans délai à la nomination d'un nouveau liquidateur. — *[Décr. nº 2000-169 du 29 févr. 2000, art. 2.]*

Art. R. 5211-11 Le comptable, les membres de l'assemblée délibérante, les personnels, les créanciers et les débiteurs de l'établissement public de coopération intercommunale conservent et communiquent, sans délai, au liquidateur tous les documents nécessaires à l'exercice de sa mission.

Les archives relatives à l'établissement public de coopération intercommunale sont conservées par celui-ci jusqu'à l'achèvement des opérations de liquidation et tenues à la disposition du liquidateur. — *[Décr. nº 2000-169 du 29 févr. 2000, art. 3.]*

SOUS-SECTION 2 Établissements publics de coopération intercommunale dotés d'une fiscalité propre

(Décr. nº 2020-606 du 19 mai 2020, art. 16)

Art. R. 5211-12 Pour l'application du II de l'article L. 5211-28-2 :

1º Les recettes réelles de fonctionnement sont celles définies à l'article R. 2334-3-2, telles qu'entendues pour l'application de l'article L. 2334-7 ;

2º L'organe délibérant de l'établissement public de coopération intercommunale adopte par une délibération la répartition des sommes mises en commun et reversées aux communes au plus tard le 15 octobre de l'année de répartition. Il notifie à ses communes membres la répartition définitive adoptée par cette délibération.

Art. R. 5211-12-1 *(Décr. nº 2024-391 du 26 avr. 2024, art. 9, rect. JO 4 mai 2024)* Pour l'application du *a* et du *b* du *[des]* 1º et 1º *bis* du II de l'article L. 5211-29, le produit de la taxe ou de la redevance d'enlèvement des ordures ménagères retenu pour déterminer le coefficient d'intégration fiscale des communautés de communes, des communautés d'agglomération, des communautés urbaines et des métropoles est celui constaté dans le compte de gestion afférent à l'avant-dernier exercice.

Art. R. 5211-12-2 *(Décr. nº 2024-391 du 26 avr. 2024, art. 10)* Pour l'application de l'article L. 5211-32, les établissements publics de coopération intercommunale à fiscalité propre prennent avant le 31 décembre de chaque année une délibération prévoyant le reversement à leurs communes membres des montants d'attribution constatés par l'arrêté ministériel mentionné à ce même article.

Aucune attribution calculée en application de l'article L. 5211-32 n'est versée aux communes si son montant est à la fois inférieur à 100 euros et inférieur ou égal à un euro par habitant.

SOUS-SECTION 3 Démocratisation et transparence

§ 1 Dispositions générales (R)

Art. R. 5211-13 Les dispositions du livre III de la deuxième partie sont applicables aux établissements publics de coopération intercommunale sous réserve des dispositions qui leur sont propres. — *[C. communes, art. R. 251-1, R. 252-1 et R. 253-1, al. 1er.]*

Art. R. 5211-13-1 *(Décr. nº 2011-1612 du 22 nov. 2011, art. 9)* L'autorité compétente de l'État mentionnée à l'article L. 5211-37 est le directeur départemental des finances publiques.

Art. R. 5211-13-2 *(Décr. nº 2011-1612 du 22 nov. 2011, art. 9)* Dans les cas prévus à l'article L. 2241-3, les comptables publics sont déchargés de toute responsabilité par la remise des fonds au notaire rédacteur de l'acte.

Art. R. 5211-13-3 *(Décr. nº 2011-1612 du 22 nov. 2011, art. 9)* Lorsque le prix des acquisitions d'immeubles, de droits réels immobiliers ou de fonds de commerce réalisées selon les règles du droit commun par les établissements publics de coopération intercommunale donne lieu à remploi en immeuble, les comptables publics remettent les fonds au notaire rédacteur de l'acte portant mutation de l'immeuble acquis en remploi.

La remise des fonds a lieu sur la demande du vendeur et sur production d'une attestation du notaire certifiant l'accomplissement de la mission de remploi qui lui a été confiée.

Cette attestation comporte obligatoirement l'identité des parties, ainsi que la désignation de l'immeuble conformément aux dispositions du premier alinéa de l'article 5, du 1 de l'article 6 et de l'article 7 du décret n° 55-22 du 4 janvier 1955 portant réforme de la publicité foncière, et mentionne le prix d'acquisition.

Art. R. 5211-13-4 *(Décr. n° 2011-1612 du 22 nov. 2011, art. 9)* Lorsque le prix d'une des acquisitions mentionnées à l'article R. 5211-13-3 donne lieu à remploi en valeurs mobilières, les comptables publics remettent les fonds au prestataire de service d'investissement *(Décr. n° 2017-1253 du 9 août 2017, art. 14)* « autre qu'une société de gestion de portefeuille » désigné par le vendeur, par contrat ou par autorité de justice, pour procéder à l'achat et requérir l'immatriculation des titres acquis en remploi.

La remise des fonds a lieu sur production d'une attestation du prestataire de service d'investissement certifiant l'accomplissement de la mission de remploi qui lui a été confiée.

Art. R. 5211-13-5 *(Décr. n° 2011-1612 du 22 nov. 2011, art. 9)* Pour les acquisitions immobilières passées en la forme administrative par les établissements publics de coopération intercommunale, il peut être payé au vendeur, dès l'expiration des délais ouverts pour prendre les inscriptions ayant un effet rétroactif, un acompte dans la limite maximum des trois quarts de la différence entre le prix stipulé et celui des charges et accessoires.

Cet acompte est payé après autorisation de l'autorité habilitée à recevoir l'acte administratif.

Art. R. 5211-13-6 *(Décr. n° 2011-1612 du 22 nov. 2011, art. 9)* Le prix des acquisitions immobilières faites à l'amiable suivant les règles du droit civil ou après exercice du droit de préemption pour le compte des établissements publics de coopération intercommunale peut être payé au vendeur, après publication de l'acte au fichier immobilier, sans l'accomplissement des formalités de purge des *(Décr. n° 2021-1888 du 29 déc. 2021, art. 5)* « hypothèques inscrites » lorsqu'il n'excède pas un montant fixé par arrêté du ministre chargé du Domaine et du ministre de l'Intérieur.

§ 2 Dispositions financières (R)

Art. R. 5211-14 Les chapitres et les articles du budget d'un établissement public de coopération intercommunale sont définis par le décret mentionné à l'article R. 2311-1. Les dispositions de l'article R. 2311-1 relatives à la présentation fonctionnelle et à la présentation par nature sont applicables au budget de l'établissement public de coopération intercommunale, compte tenu des modalités de vote retenues par l'assemblée délibérante et des dispositions ci-après.

(Décr. n° 2005-1661 du 27 déc. 2005) « Le budget de l'établissement public de coopération intercommunale comprenant une commune de 10 000 habitants et plus est voté et présenté comme celui des communes de 10 000 habitants et plus dans les conditions de l'article R. 2311-1.

« Lorsqu'il comprend une commune de 3 500 habitants à moins de 10 000 habitants, il est voté par nature avec une présentation fonctionnelle identique à celle des communes de 3 500 à moins de 10 000 habitants dans les conditions de l'article R. 2311-1.

« Lorsqu'il ne comprend aucune commune de 3 500 habitants et plus, il est voté par nature ; si l'assemblée délibérante en décide ainsi, il peut comporter une présentation fonctionnelle dans les conditions prévues au dernier alinéa du 1° du II de l'article R. 2311-1.

« La présentation fonctionnelle croisée n'est pas applicable à un service public intercommunal à activité unique érigé en établissement public ou faisant l'objet d'un budget annexe. »

Art. R. 5211-15 Pour les établissements publics de coopération intercommunale qui comprennent au moins une commune de 3 500 habitants et plus, et qui sont dotés d'une fiscalité propre, les données synthétiques relatives à la situation financière à produire sont celles de l'article R. 2313-1. Lorsque la population des collectivités qui font partie de ces établissements publics est égale ou supérieure à 10 000 habitants, le deuxième alinéa de l'article R. 2313-1 est applicable.

Pour les établissements publics de coopération intercommunale qui comprennent au moins une commune de 3 500 habitants et plus et qui ne sont pas dotés d'une fiscalité propre, les données synthétiques à produire sont les suivantes :

1° Dépenses d'exploitation/dépenses réelles de fonctionnement ;
2° Produits de l'exploitation et du domaine/recettes réelles de fonctionnement ;
3° Transferts reçus/recettes réelles de fonctionnement ;
4° Emprunts réalisés/dépenses d'équipement brut ;
5° Encours de la dette.

Pour l'application du présent article, les définitions données à l'article R. 2313-2 sont applicables.

Les dépenses d'exploitation comprennent les dépenses réelles de fonctionnement, déduction faite des intérêts versés et des transferts versés. Les produits de l'exploitation s'entendent des recettes provenant de l'activité de l'organisme.

Les transferts reçus comprennent les remboursements, subventions de fonctionnement et participations.

Les ratios cités au présent article figurent en annexe au budget et au compte administratif de l'établissement public ou de l'organisme de coopération auxquels ils se rapportent.

En outre, les données résultant du dernier compte administratif voté à la date de présentation du budget primitif sont reprises en annexe à celui-ci. — *[C. communes, art. R. 212-9.]*

Art. D. 5211-16 *(Décr. n° 2011-515 du 10 mai 2011, art. 1er)* Le remboursement des frais de fonctionnement du service mis à disposition en application du II de l'article L. 5211-4-1 s'effectue sur la base d'un coût unitaire de fonctionnement du service, multiplié par le nombre d'unités de fonctionnement constatées par l'établissement public de coopération intercommunale ou la commune bénéficiaire de la mise à disposition.

La convention définit la méthode retenue pour la détermination du coût unitaire de fonctionnement et comprend une prévision d'utilisation du service mis à disposition, exprimée en unités de fonctionnement. Le coût unitaire comprend les charges liées au fonctionnement du service et en particulier les charges de personnel, les fournitures, le coût de renouvellement des biens et les contrats de services rattachés, à l'exclusion de toute autre dépense non strictement liée au fonctionnement du service.

Le coût unitaire est constaté à partir des dépenses des derniers comptes administratifs, actualisées des modifications prévisibles des conditions d'exercice de l'activité au vu du budget primitif de l'année. La détermination du coût est effectuée par l'établissement public de coopération intercommunale ou la commune ayant mis à disposition ledit service.

Le remboursement des frais s'effectue sur la base d'un état annuel indiquant la liste des recours au service, convertis en unités de fonctionnement. Le coût unitaire est porté à la connaissance des bénéficiaires de la mise à disposition de services, chaque année, avant la date d'adoption du budget prévue à l'article L. 1612-2. Pour l'année de signature de la convention, le coût unitaire est porté à la connaissance des bénéficiaires de la mise à disposition de services dans un délai de trois mois à compter de la signature de la convention. Le remboursement s'effectue selon une périodicité fixée par la convention. Cette périodicité ne peut être supérieure à un an.

Art. R. 5211-16 et R. 5211-17 *Abrogés par Décr. n° 2005-1661 du 27 déc. 2005.*

Art. R. 5211-18 *(Décr. n° 2005-1661 du 27 déc. 2005)* Les comptes certifiés mentionnés à l'article L. 2313-1-1 le sont par un commissaire aux comptes pour les organismes soumis à l'obligation de certification des comptes et par le président de l'organisme en cause pour les organismes non soumis à une telle obligation.

Art. D. 5211-18-1 *(Décr. n° 2016-841 du 24 juin 2016, art. 1er)* A. — Les dispositions du A de l'article D. 2312-3 sont applicables aux établissements publics de coopération intercommunale qui comprennent au moins une commune de 3 500 habitants et plus.

B. — Les dispositions du B de l'article D. 2312-3 sont applicables aux établissements publics de coopération intercommunale de plus de 10 000 habitants et qui comprennent au moins une commune de 3 500 habitants et plus.

C. — Le rapport prévu à l'article L. 2312-1 est transmis par l'établissement public de coopération intercommunale aux maires des communes qui en sont membres dans un délai de quinze jours à compter de son examen par l'assemblée délibérante. Il est mis à la disposition du public au siège de l'établissement public de coopération, dans les quinze jours suivants la tenue du débat d'orientation budgétaire. Le public est avisé de la mise à disposition de ces documents par tout moyen.

Art. D. 5211-18-2 *(Décr. n° 2020-1375 du 12 nov. 2020, art. 1er)* Le document prévu à l'article L. 5211-39-2 décrit, à la date de la demande ou de l'initiative, toutes choses égales par ailleurs, et sur la base des informations communiquées, les incidences de la mise en œuvre de l'opération envisagée sur les ressources et les charges des communes et établissements publics de coopération intercommunale concernés.

Le document évalue les impacts potentiels sur les dépenses des communes et établissements publics de coopération intercommunale concernés, en section de fonctionnement et en section d'investissement. Il décrit, notamment, l'impact estimé sur les dépenses de personnel, les flux financiers croisés et les dépenses liées aux emprunts.

Il évalue les impacts potentiels sur les recettes des communes et établissements publics de coopération intercommunale concernés, en section de fonctionnement et en section d'investissement. Il décrit, notamment, l'impact estimé sur les dotations, la fiscalité, les fonds de péréquation et l'emprunt.

Il indique, le cas échéant, une clé de répartition estimative de l'actif et du passif entre les communes et établissements publics concernés par la demande ou l'initiative.

Art. D. 5211-18-3 *(Décr. n° 2020-1375 du 12 nov. 2020, art. 1er)* Le document prévu à l'article L. 5211-39-2 décrit, à la date de la demande ou de l'initiative et sur la base des informations communiquées, les effets de la mise en œuvre de l'opération envisagée sur l'organisation des services des communes ou des établissements publics de coopération intercommunale concernés ainsi que sur les personnels affectés dans ces services.

Il indique, le cas échéant, si ces opérations déclenchent des transferts de personnels ou la mise à disposition de tout ou partie de services.

Il indique, le cas échéant, une clé de répartition estimative des personnels entre les communes et établissements publics concernés par la demande ou l'initiative.

Il précise le nombre de fonctionnaires et d'agents contractuels concernés et, s'agissant des agents titulaires, leur cadre d'emplois.

SECTION 7 Transformation

Pas de dispositions réglementaires codifiées.

SECTION 8 Commission départementale de la coopération intercommunale

SOUS-SECTION 1 Composition et élection (R)

§ 1 Formation plénière (R)

Art. R. 5211-19 Dans chacune des commissions départementales de la coopération intercommunale prévues par l'article L. 5211-42 le nombre des membres est fixé à 40.

Ce nombre est augmenté d'un siège supplémentaire :

a) À partir d'un seuil de 600 000 habitants dans le département, puis par tranche de 300 000 habitants ;

b) Par commune de plus de 100 000 habitants dans le département ;

c) À partir d'un seuil de 400 communes dans le département, puis par tranche de 100 communes ;

(*Décr. n° 2011-122 du 28 janv. 2011, art. 2*) « *d)* Par établissement public de coopération intercommunale à fiscalité propre de plus de 50 000 habitants dans le département ;

« *e)* À partir d'un seuil de vingt-cinq établissements publics de coopération intercommunale à fiscalité propre dans le département, puis par tranche de dix établissements. »

Un arrêté préfectoral constate dans chaque département le nombre total de membres de la commission ainsi que le nombre de sièges attribués à chaque catégorie de collectivité territoriale ou d'établissement public par l'application des règles de répartition fixées à l'article L. 5211-43, éventuellement arrondi au nombre entier (*Décr. n° 2011-122 du 28 janv. 2011, art. 2*) « le plus proche ».

Art. R. 5211-20 Les collèges électoraux habilités à désigner les représentants des communes sont ainsi constitués :

a) Les communes ayant une population inférieure à la moyenne communale du département disposent de 40 % du nombre de sièges fixé par l'arrêté mentionné à l'article R. 5211-19 pour les communes ;

b) Les cinq communes les plus peuplées disposent d'un nombre de sièges représentant 20, 30 ou 40 % de celui fixé par l'arrêté mentionné à l'article R. 5211-19 pour les communes, suivant que les communes intéressées représentent moins de 25 %, entre 25 et 40 % ou plus de 40 % de la population de l'ensemble des communes du département ;

c) Le solde des sièges est pourvu par les autres communes du département.

Le nombre de sièges ainsi obtenu est arrondi au nombre entier le plus proche. – *[C. communes, art. R. 160-2.]*

Art. R. 5211-21 (*Décr. n° 2011-122 du 28 janv. 2011, art 3*) La représentation des communes et des établissements publics de coopération intercommunale situés dans les zones de montagne prévue par l'article L. 5211-44-1 est assurée selon les modalités suivantes :

1° Pour l'application du 1° de l'article L. 5211-43, il est attribué aux communes situées, en tout ou partie, dans ces zones, un nombre de sièges correspondant à la proportion du nombre de ces communes dans chaque collège électoral par rapport à l'ensemble des communes de ce collège. Ce nombre est arrondi à l'entier le plus proche. Si, par application de ce qui précède, ce nombre est nul, un siège leur est attribué ;

2° Pour l'application du 2° de l'article L. 5211-43, il est attribué aux établissements publics de coopération intercommunale à fiscalité propre situés, en tout ou partie, dans ces zones un nombre de sièges correspondant à la proportion du nombre de ces établissements par rapport à l'ensemble des établissements publics de coopération intercommunale à fiscalité propre dans ce collège. Ce nombre est arrondi à l'entier le plus proche. Si, par application de ce qui précède, ce nombre est nul, un siège leur est attribué ;

3° Pour l'application du 3° de l'article L. 5211-43, il est attribué aux syndicats intercommunaux situés, en tout ou partie, dans ces zones un nombre de sièges correspondant à la proportion du nombre de ces syndicats par rapport à l'ensemble des syndicats intercommunaux dans ce collège. Ce nombre est arrondi à l'entier le plus proche. Si, par application de ce qui précède, ce nombre est nul, un siège leur est attribué.

Art. R. 5211-22 (*Décr. n° 2011-122 du 28 janv. 2011, art. 4*) « L'élection des représentants des communes, des établissements publics de coopération intercommunale et des syndicats mixtes a lieu dans un délai de trois mois à compter du renouvellement des conseils municipaux et des assemblées délibérantes des établissements publics de coopération intercommunale. »

L'élection des représentants du conseil départemental et du conseil régional (*Décr. n° 2017-1777 du 27 déc. 2017, art. 5*) « ou, en Corse, des représentants de l'Assemblée de Corse et du conseil exécutif » a lieu dans un délai de deux mois après le renouvellement (*Décr. n° 2017-1777 du 27 déc. 2017, art. 5*) « des organes concernés ».

Art. R. 5211-23 (*Décr. n° 2011-122 du 28 janv. 2011, art. 5*) I. – Un arrêté préfectoral fixe la date de l'élection des membres de la commission mentionnés aux 1°, 2°

et 3° de l'article L. 5211-43, dresse la liste des différents collèges constitués en application des articles R. 5211-20 et R. 5211-21 et définit les modalités d'organisation matérielle du scrutin.

Ce même arrêté fixe les dates et heures limites de dépôt, à la préfecture de département, des candidatures.

II. – Les listes de candidats doivent comprendre un nombre de candidats de 50 %supérieur à celui du nombre de sièges à pourvoir, arrondi à l'entier supérieur.

Ces listes doivent être établies conformément aux dispositions des articles R. 5211-20 et R. 5211-21.

Nul ne peut être candidat au titre de collèges différents.

III. – À l'issue de la période de dépôt des candidatures mentionnée au deuxième alinéa du I, le représentant de l'État dans le département communique aux candidats, à leur demande, les candidatures déposées. Lorsqu'une seule liste de candidats est constituée conformément aux conditions fixées au II, déposée par l'association départementale des maires, et que d'autres candidatures individuelles ou collectives ne satisfaisant pas à ces conditions sont déposées pour la désignation des représentants des collèges mentionnés aux 1°, 2° ou 3° de l'article L. 5211-43, un délai de trois jours ouvrables est imparti à ces dernières afin de constituer une ou des listes satisfaisant à ces conditions.

La ou les listes de candidats constituées conformément aux conditions fixées au II sont arrêtées par le représentant de l'État dans le département.

Art. R. 5211-24 *(Décr. n° 2011-122 du 28 janv. 2011, art. 6)* Lorsqu'il y a lieu à élection pour la désignation des représentants des collèges mentionnés aux 1°, 2° ou 3° de l'article L. 5211-43, le vote a lieu sans adjonction ou suppression de noms et sans modification de l'ordre de présentation.

Lorsqu'il n'y a pas lieu à élection en application du septième alinéa du même article, les représentants sont désignés par le représentant de l'État dans le département dans l'ordre de présentation de la liste.

Art. R. 5211-25 L'élection des représentants mentionnés à l'article R. 5211-23 a lieu par correspondance.

Les bulletins de vote sont adressés ou déposés à la préfecture du département, selon les modalités fixées par l'arrêté prévu à l'article R. 5211-23.

Chaque bulletin est mis sous double enveloppe : l'enveloppe intérieure ne doit comporter aucune mention ni signe distinctif ; l'enveloppe extérieure doit porter la mention : "Élection des membres de la commission départementale de la coopération intercommunale", l'indication du collège auquel appartient l'intéressé, son nom, sa qualité et sa signature.

Les résultats de l'élection sont proclamés par une commission comprenant :

a) Le préfet ou son délégué, président ;

b) Trois maires désignés par le préfet, sur proposition de l'association départementale des maires ;

c) Un conseiller départemental désigné par le préfet, sur proposition du président du conseil départemental *(Décr. n° 2017-1777 du 27 déc. 2017, art. 5)* « , ou, en Corse, un conseiller à l'Assemblée de Corse désigné par le préfet sur proposition du président de cette assemblée » ;

d) Un conseiller régional désigné par le préfet, sur proposition du président du conseil régional *(Décr. n° 2017-1777 du 27 déc. 2017, art. 5)* « , ou, en Corse, un conseiller exécutif désigné par le préfet sur proposition du président du conseil exécutif ».

Le secrétariat de la commission est assuré par un agent de la préfecture.

Un représentant de chaque liste peut contrôler les opérations de dépouillement des bulletins.

Les sièges sont attribués aux candidats dans l'ordre de présentation sur chaque liste. Si plusieurs listes ont la même moyenne pour l'attribution du dernier siège, celui-ci revient à la liste qui a obtenu le plus grand nombre de suffrages. En cas d'égalité de suffrages, le siège est attribué au plus âgé des candidats susceptibles d'être proclamés élus.

Les résultats de l'élection sont publiés à la diligence du préfet. Ils peuvent être contestés devant le tribunal administratif dans les dix jours qui suivent cette publication par tout électeur, par les candidats et par le préfet.

Art. R. 5211-26 La liste des membres de la commission départementale de la coopération intercommunale est arrêtée par le préfet au vu des résultats *(Décr. n° 2011-122 du 28 janv. 2011, art. 7)* « des élections ainsi que, le cas échéant, des désignations effectuées conformément au second alinéa de l'article R. 5211-24 ».

Art. R. 5211-27 Lorsque le siège d'un membre devient vacant *(Décr. n° 2011-122 du 28 janv. 2011, art. 8)* « à la suite du décès de celui-ci, de sa démission ou de la perte de la qualité au titre de laquelle il a été élu », il est attribué pour la durée du mandat restant à courir au premier candidat non élu figurant sur la même liste.

Lorsque les dispositions de l'alinéa précédent ne peuvent plus être appliquées, il est procédé, dans un délai de deux mois, à des élections complémentaires dans le collège considéré.

Art. R. 5211-28 La commission départementale de la coopération intercommunale a son siège à la préfecture du département.

Son secrétariat est assuré par les services de la préfecture. – *[C. communes, art. R. 160-10.]*

Art. R. 5211-29 Lors de l'installation de la commission par le préfet, et après chaque renouvellement général des conseils municipaux, les membres de la commission désignent au scrutin secret et à la majorité absolue un rapporteur général et deux assesseurs parmi les membres de la commission élus par les représentants des maires. Si, après deux tours de scrutin, aucun candidat n'a obtenu la majorité absolue, il est procédé à un troisième tour et l'élection a lieu à la majorité relative.

Les membres de la commission départementale de coopération intercommunale approuvent dans les deux mois suivant son installation un règlement intérieur définissant les règles de fonctionnement de la commission. – *[C. communes, art. R. 160-11, al. 1er et 3.]*

§ 2 Formation restreinte (R)

Art. R. 5211-30 L'arrêté visé au dernier alinéa de l'article R. 5211-19 constate également, conformément aux règles de répartition fixées au deuxième alinéa de l'article L. 5211-45, le nombre des membres de la formation restreinte de la commission départementale de la coopération intercommunale ainsi que le nombre de sièges attribués respectivement aux représentants des communes pour chacun des collèges visés à l'article R. 5211-20 et aux représentants des établissements publics de coopération intercommunale *(Décr. n° 2011-122 du 28 janv. 2011, art. 9)* « à fiscalité propre, et à ceux des syndicats de communes et des syndicats mixtes ». Le nombre de sièges ainsi obtenus est arrondi au nombre entier le plus proche.

Art. R. 5211-31 Les membres de la formation restreinte de la commission départementale de la coopération intercommunale sont élus lors de la séance d'installation de cette commission et après chaque renouvellement général des conseils municipaux. Les représentants des communes sont élus au sein de chacun des collèges électoraux visés à l'article R. 5211-20. Les représentants des établissements publics de coopération intercommunale *(Décr. n° 2011-122 du 28 janv. 2011, art. 10)* « à fiscalité propre et ceux des syndicats de communes et des syndicats mixtes » sont élus au sein de ce collège.

Les candidatures sont déposées auprès du président de la commission départementale de la coopération intercommunale. Les membres de la formation restreinte sont élus au scrutin uninominal majoritaire à trois tours. Si, après deux tours de scrutin, aucun candidat n'a obtenu la majorité absolue, il est procédé à un troisième tour et l'élection a lieu à la majorité relative. En cas d'égalité des suffrages, le candidat le plus âgé est déclaré élu.

Art. R. 5211-32 Les membres de la formation restreinte de la commission départementale de la coopération intercommunale sont élus pour la durée de leur mandat au sein de cette commission. Lorsqu'un siège devient vacant au sein de la formation restreinte, celui-ci est pourvu dans les conditions fixées à l'article R. 5211-31, dans un délai d'un mois à compter de la vacance intervenue. – *[C. communes, art. R.* 160-14.]*

Art. R. 5211-33 La formation restreinte de la commission départementale de la coopération intercommunale est présidée par le préfet et le rapporteur général de la commission départementale de la coopération intercommunale assume les mêmes fonctions au sein de cette formation. Le secrétariat de la formation restreinte est assuré par les services de la préfecture. – *[C. communes, art. R.* 160-15.]*

Art. R. 5211-34 Lorsque l'établissement public de coopération intercommunale dont une commune demande à se retirer comprend la commune de Paris, la formation restreinte de la commission départementale de la coopération intercommunale compétente est complétée par deux représentants de la commune de Paris, désignés par le conseil de Paris en son sein. – *[C. communes, art. R.* 160-16.]*

SOUS-SECTION 2 **Fonctionnement (R)**

Art. R. 5211-35 Les dispositions des articles R. 5211-36 à R. 5211-40 s'appliquent à la formation plénière et à la formation restreinte de la commission départementale de la coopération intercommunale. – *[C. communes, art. R.* 160-17.]*

Art. R. 5211-36 Le préfet convoque la commission départementale de la coopération intercommunale. La convocation est adressée aux membres de la formation concernée par écrit et à domicile cinq jours au moins avant le jour de la réunion, accompagnée de l'ordre du jour et d'un rapport explicatif pour chaque affaire inscrite à l'ordre du jour. En cas d'urgence, ce délai peut être réduit à trois jours.

Les formations des commissions départementales de la coopération intercommunale peuvent se réunir en formation interdépartementale lorsque les projets examinés intéressent des communes appartenant à des départements différents. La formation interdépartementale est présidée conjointement par les préfets de ces départements. Les dispositions des articles R. 5211-35 à R. 5211-40 lui sont applicables. – *[C. communes, art. R.* 160-18.]*

Art. R. 5211-37 La commission départementale de la coopération intercommunale ne peut valablement délibérer que si le nombre des membres présents est au moins égal à la moitié des membres en exercice de la formation. Si ce nombre n'est pas atteint, une nouvelle convocation est adressée dans les conditions prévues à l'article R. 5211-36. La commission peut alors délibérer quel que soit le nombre des membres présents. – *[C. communes, art. R.* 160-19.]*

Art. R. 5211-38 *(Décr. nº 2011-122 du 28 janv. 2011, art. 11)* « Sauf dans les cas prévus par le IV de l'article L. 5210-1-1 et par les articles 60 et 61 de la loi nº 2010-1563 du 16 décembre 2010 de réforme des collectivités territoriales, les délibérations sont prises à la majorité absolue des suffrages exprimés. » En cas d'égalité des voix, l'avis est réputé favorable.

Les membres de la commission départementale de la coopération intercommunale qui sont empêchés d'assister à une séance peuvent donner à un autre membre de la formation appartenant au même collège pouvoir écrit de voter en leur nom ; aucun membre ne peut détenir plus d'un pouvoir.

Art. R. 5211-39 Les délibérations font l'objet d'un procès-verbal dont copie est adressée à chacun des membres dans les huit jours qui suivent la tenue de la réunion. Le procès-verbal indique le nom et la qualité des membres présents, les questions traitées au cours de la séance et le sens de chacune des délibérations. – *[C. communes, art. R.* 160-21.]*

Art. R. 5211-40 Les séances de la commission départementale de la coopération intercommunale sont publiques. Toutefois, sur la demande de cinq membres, chaque formation de la commission peut décider, à la majorité absolue des membres présents ou représentés, qu'elle se réunit à huis clos. – *[C. communes, art. R.* 160-22.]*

SECTION 9 Information et participation des habitants

SOUS-SECTION 1 *[ABROGÉE]* Publicité des actes (R)

(Abrogée par Décr. nº 2021-1311 du 7 oct. 2021, art. 10)

Art. R. 5211-41 *Abrogé par Décr. nº 2021-1311 du 7 oct. 2021, art. 10.*

SOUS-SECTION 2 Publicité des budgets et des comptes

(Décr. nº 2016-834 du 23 juin 2016, art. 5)

Art. R. 5211-41-1 Les dispositions de l'article R. 2313-8 sont applicables aux établissements publics mentionnés au deuxième alinéa de l'article L. 5211-36. Pour leur application, il y a lieu de lire : "l'établissement public de coopération intercommunale" au lieu de "la commune" et : "l'organe délibérant de cet établissement" au lieu de : "l'organe délibérant de cette collectivité" et de : "le conseil municipal".

SOUS-SECTION 3 Consultation des électeurs

(Décr. nº 2005-1551 du 6 déc. 2005)

Art. R. 5211-42 Lorsque l'ensemble des maires des communes membres d'un établissement public de coopération intercommunale ou la moitié des membres de l'organe délibérant de cet établissement présentent une demande de consultation des électeurs sur une affaire de la compétence de l'établissement, le président est tenu de l'inscrire à l'ordre du jour de la plus proche séance de l'organe délibérant.

Lorsqu'une demande d'organisation d'une consultation est présentée en termes concordants par les électeurs, le président peut l'inscrire à l'ordre du jour d'une prochaine séance de l'organe délibérant.

Art. R. 5211-43 La délibération décidant la consultation et portant convocation des électeurs est transmise par le président de l'établissement public de coopération intercommunale aux maires des communes membres de l'établissement pour affichage trois semaines au moins avant la date du scrutin. Le président procède à la publication dans deux journaux diffusés dans le périmètre de l'établissement public de coopération intercommunale quinze jours au moins avant la date du scrutin.

Art. R. 5211-44 Le dossier prévu à l'article L. 5211-50 est mis à disposition du public dans les conditions définies à cet article quinze jours au moins avant le scrutin.

Ce dossier comporte notamment la délibération par laquelle la consultation a été décidée à laquelle sont annexées les observations formulées par les membres de l'assemblée délibérante à l'occasion de cette délibération, ainsi qu'une notice d'information sur l'objet de la consultation préalable.

Art. R. 5211-45 Les articles R. 1112-3 à R. 1112-8 et R. 1112-15 à R. 1112-17 sont applicables aux établissements publics de coopération intercommunale.

Pour leur application il y a lieu de lire : "établissement public de coopération intercommunale" au lieu de : "collectivité territoriale ayant décidé un référendum" et : "président de l'établissement public de coopération intercommunale" au lieu de : "président de l'organe exécutif de la collectivité compétente".

Art. R. 5211-46 Dès la fin du dépouillement du scrutin dans chaque commune les procès-verbaux, arrêtés et signés, sont portés par deux membres du bureau de vote au bureau de vote constitué en bureau centralisateur qui a été désigné par l'organe délibérant de l'établissement public de coopération intercommunale. Ce bureau centralisateur fait le recensement général des votes.

Les résultats de chaque commune et les pièces annexes ne peuvent être modifiés.

Un procès-verbal récapitulatif est établi en double exemplaire par le bureau centralisateur en présence des électeurs.

Les résultats sont constatés publiquement par le président du bureau centralisateur Ils sont affichés au siège de l'établissement public de coopération intercommunale et transmis pour affichage aux maires des communes membres de celui-ci.

Ils sont communiqués par le président de l'établissement public de coopération intercommunale aux membres de l'organe délibérant aux fins de délibération à la plus proche séance de celui-ci.

Art. R. 5211-47 Les dépenses résultant de l'organisation de la consultation par un établissement public de coopération intercommunale sont imputées sur les crédits ouverts à la section de fonctionnement du budget de l'établissement public.

Art. R. 5211-48 *Abrogé par Décr. nº 2005-1551 du 6 déc. 2005, art. 3.*

SECTION 10 **Dispositions diverses**

SOUS-SECTION 1 **Exercice par un contribuable des actions appartenant à l'établissement public de coopération intercommunale** *(Décr. nº 2007-1126 du 23 juill. 2007, art. 2).*

Art. R. 5211-49 Dans le cas prévu à l'article L. 5211-58, il est délivré au contribuable un récépissé du mémoire détaillé qu'il a adressé au tribunal administratif.

Le préfet, saisi par le président du tribunal administratif, transmet immédiatement ce mémoire au président de l'établissement public de coopération intercommunale en l'invitant à le soumettre à l'organe délibérant de cet établissement.

La décision du tribunal administratif est rendue dans le délai de deux mois à dater du dépôt de la demande d'autorisation.

Toute décision qui porte refus d'autorisation doit être motivée. – *[Décr. nº 2000-167 du 28 févr. 2000, art. 1er.]*

Dès lors que le président de l'établissement public de coopération intercommunale (EPCI) soumet le mémoire adressé par le contribuable à l'organe délibérant de l'établissement, la circonstance que le président du tribunal administratif transmette lui-même directement ce mémoire au président de l'EPCI n'entache pas la procédure d'irrégularité. • CE 23 mai 2001, *Cté urbaine de Lille*, nº 223055 B : *ACL 2002, nº 21.*

Art. R. 5211-50 Lorsque le tribunal administratif ne statue pas dans le délai de deux mois ou lorsque l'autorisation est refusée, le contribuable peut se pourvoir devant le Conseil d'État. – *[Décr. nº 2000-167 du 28 févr. 2000, art. 2.]*

Art. R. 5211-51 Le pourvoi devant le Conseil d'État est, à peine de déchéance, formé dans le mois qui suit soit l'expiration du délai imparti au tribunal administratif pour statuer, soit la notification de l'arrêté portant refus.

Il est statué sur le pourvoi dans un délai de trois mois à compter de son enregistrement au secrétariat du contentieux du Conseil d'État. – *[Décr. nº 2000-167 du 28 févr. 2000, art. 3.]*

Art. R. 5211-52 Le tribunal administratif ou le Conseil d'État peuvent, s'ils accordent l'autorisation, en subordonner l'effet à la consignation préalable des frais d'instance. Ils fixent, dans ce cas, la somme à consigner. – *[Décr. nº 2000-167 du 28 févr. 2000, art. 4.]*

SOUS-SECTION 2 **Les conseils intercommunaux de sécurité et de prévention de la délinquance**

(Décr. nº 2007-1126 du 23 juill. 2007, art. 2)

Art. D. 5211-53 *(Décr. nº 2013-1113 du 4 déc. 2013, art. 7)* Le conseil intercommunal de sécurité et de prévention de la délinquance est régi par la section 4 du chapitre II du titre III du livre I du code de la sécurité intérieure *[V. infra]*.

Code de la sécurité intérieure

LIVRE I. PRINCIPES GÉNÉRAUX ET ORGANISATION DE LA SÉCURITÉ INTÉRIEURE

TITRE III. COMPÉTENCES RESPECTIVES DE L'ÉTAT ET DES COLLECTIVITÉS TERRITORIALES EN MATIÈRE DE SÉCURITÉ PUBLIQUE
(Décr. n° 2013-1113 du 4 déc. 2013)

CHAPITRE II. *PRÉVENTION DE LA DÉLINQUANCE*

SECTION 4. *Conseil intercommunal de sécurité et de prévention de la délinquance*

Art. D. 132-11 Le conseil intercommunal de sécurité et de prévention de la délinquance exerce ses compétences dans les conditions prévues aux articles D. 132-7, D. 132-9 et D. 132-10.

Art. D. 132-12 Présidé par le président de l'établissement public de coopération intercommunale ou son représentant, le conseil intercommunal de sécurité et de prévention de la délinquance comprend :

1° Le préfet de département et le procureur de la République, ou leurs représentants ;

2° Les maires, ou leurs représentants, des communes membres de l'établissement public de coopération intercommunale ;

3° Le président du conseil départemental, ou son représentant ;

4° Des représentants des services de l'État désignés par le préfet de département ;

5° Des représentants d'associations, établissements ou organismes œuvrant notamment dans les domaines de la prévention, de la sécurité, de l'aide aux victimes, du logement, des transports collectifs, de l'action sociale ou des activités économiques désignés par le président du conseil intercommunal de sécurité et de prévention de la délinquance, après accord des responsables des organismes dont ils relèvent.

En tant que de besoin et selon les particularités locales, des présidents des établissements publics de coopération intercommunale intéressés ainsi que des personnes qualifiées peuvent être associés aux travaux du conseil intercommunal.

La composition du conseil intercommunal de sécurité et de prévention de la délinquance est fixée par arrêté du président de l'établissement public de coopération intercommunale.

Art. R. 132-12-1 *(Décr. n° 2019-1259 du 28 nov. 2019, art. 3)* Les présidents des établissements publics de coopération intercommunale transmettent chaque année au préfet de département un rapport relatif aux actions financées par le fonds interministériel pour la prévention de la délinquance mentionné à l'article R. 132-4-1. Ce rapport est présenté au conseil intercommunal de sécurité et de prévention de la délinquance s'il existe ou, à défaut, transmis pour information à l'organe délibérant de l'établissement public de coopération intercommunale.

Art. D. 5211-54 *Abrogé par Décr. n° 2013-1113 du 4 déc. 2013, art. 9. – V. désormais CSI, art. D. 132-12, ss. art. D. 5211-53.*

CHAPITRE II SYNDICAT DE COMMUNES

SECTION 1 Création

Pas de dispositions réglementaires codifiées.

SECTION 2 Organes

SOUS-SECTION UNIQUE Conditions d'exercice du mandat de membre du conseil syndical

(Décr. n° 2004-615 du 25 juin 2004, art. 3)

Art. R. 5212-1 **Les indemnités maximales votées, en application de l'article L. 5211-12, par les organes délibérants des syndicats de communes pour l'exercice effectif des fonctions de président ou de vice-président sont déterminées en appliquant au mon-**

tant du traitement mensuel correspondant à l'indice brut terminal de l'échelle indiciaire de la fonction publique les barèmes suivants :

POPULATION	TAUX EN %	
	Président	Vice-président
Moins de 500	4,73	1,89
De 500 à 999	6,69	2,68
De 1 000 à 3 499	12,20	4,65
De 3 500 à 9 999	16,93	6,77
De 10 000 à 19 999	21,66	8,66
De 20 000 à 49 999	25,59	10,24
De 50 000 à 99 999	29,53	11,81
De 100 000 à 199 999	35,44	17,72
Plus de 200 000	37,41	18,70

SECTION 3 **Fonctionnement**

Art. R. 5212-1-1-A *(Décr. nº 2024-719 du 5 juill. 2024, art. 1er)* **Lorsqu'un syndicat de communes ne dispose pas du site internet prévu à l'article R. 2131-1, la délibération par laquelle il choisit, sur le fondement du IV de l'article L. 2131-1, un des modes de publicité prévu au 1° ou au 2° de ce IV, est publiée sur le site de la commune où se situe le siège dudit syndicat. Si cette commune ne dispose pas de site internet, la délibération est publiée sur le site internet de l'établissement public de coopération intercommunale à fiscalité propre dont est membre la commune où se situe le siège du syndicat de communes. Le syndicat de communes informe le public, par tout moyen, de l'adresse du site internet sur lequel est publiée cette délibération.**

SECTION 4 **Dispositions financières**

SOUS-SECTION 1 **Budget (R)**

Art. R. 5212-1-1 **Le budget du syndicat à vocation unique est voté par nature, sans présentation fonctionnelle.**

Le budget d'un syndicat institué dans les conditions fixées à l'article L. 5212-16 est voté dans les conditions prévues à l'alinéa précédent. La présentation du budget est complétée par un tableau récapitulatif croisant les comptes par nature et les compétences déléguées par les communes adhérentes, faisant l'objet s'il y a lieu de budgets annexes au budget principal. Les dépenses d'administration générale sont réparties à l'intérieur de chaque budget annexe ou subdivision correspondant à ces compétences. – *[C. communes, art. R. 251-11, al. 2 et 4.]*

Art. R. 5212-1-1-1 *(Décr. nº 2011-1612 du 22 nov. 2011, art. 9)* **Les dispositions des articles R. 5211-13-2 à R. 5211-13-6 sont applicables aux syndicats de communes.**

SOUS-SECTION 2 **Taxe communale sur la consommation finale d'électricité prélevée au profit des établissements publics de coopération intercommunale ou des départements substitués aux communes**

(Décr. nº 2011-1996 du 28 déc. 2011, art. 1er)

Art. D. 5212-2 *Abrogé par Décr. nº 2022-129 du 4 févr. 2022, art. 2.*

SOUS-SECTION 3 **Modification des contributions communales (R)**

Art. R. 5212-7 **Le représentant de l'État qui saisit la chambre régionale des comptes conformément à l'article L. 5212-25 joint à cette saisine la demande de la commune, la**

décision du comité syndical qui a motivé cette demande, les statuts du syndicat ainsi que les derniers comptes administratifs et budgets de la collectivité et de l'établissement.

La chambre rend un avis motivé dans lequel elle se prononce sur la recevabilité de la saisine et propose au représentant de l'État une nouvelle modalité de répartition des contributions financières au budget du syndicat.

Cet avis est notifié au représentant de l'État, au syndicat intercommunal et aux communes intéressées.

Le représentant de l'État transmet à la chambre copie de sa décision arrêtant la modalité de répartition des contributions communales. – *[Décr. n° 95-945 du 23 août 1995, art. 133.]*

SOUS-SECTION 4 **Subventions d'équipement (R)**

Art. D. 5212-8 Les subventions d'équipement attribuées par l'État pour des opérations entreprises par les syndicats intercommunaux à vocation multiple, qui répondent aux conditions fixées par l'article D. 5212-9, sont majorées de 20 % sans que l'ensemble de la subvention puisse excéder 80 % du montant de la dépense subventionnable. – *[C. communes, art. R. 251-2.]*

Art. D. 5212-9 La majoration prévue à l'article D. 5212-8 s'applique aux syndicats intercommunaux à vocation multiple dont les recettes proviennent de contributions des communes membres, dès lors que ces contributions sont déterminées par application de critères faisant exclusivement appel à leur capacité financière respective. – *[C. communes, art. R. 251-3.]*

Art. D. 5212-10 Les syndicats intercommunaux à vocation multiple qui ne répondent pas aux conditions définies à l'article D. 5212-9, peuvent bénéficier de majorations de subvention pour leurs opérations d'équipement dans la mesure où ces syndicats présentent un intérêt direct pour la restructuration intercommunale. – *[C. communes, art. R. 251-4.]*

Art. D. 5212-11 Le droit à majoration de subvention d'équipement prévu aux articles D. 5212-8 à D. 5212-10 est ouvert pendant un délai de cinq ans à partir de la date de création du syndicat de communes. – *[C. communes, art. R. 251-5.]*

Art. D. 5212-12 Les majorations de subvention d'équipement prévues aux articles D. 5212-8 à D. 5212-10 sont attribuées par le préfet et imputées sur les crédits qui lui sont délégués à cet effet par le ministre de l'Intérieur. – *[C. communes, art. R. 251-6.]*

Art. D. 5212-13 La majoration de subvention d'équipement fait l'objet d'un arrêté portant décision attributive de subvention qui est notifié à l'établissement public en même temps que l'arrêté relatif à la subvention principale. – *[C. communes, art. R. 251-7.]*

Art. D. 5212-14 Le préfet fixe le taux des majorations de subvention d'équipement applicables aux opérations prévues à l'article D. 5212-10 et retenues par lui.

Ce taux est compris entre 5 et 15 % du montant de la subvention principale ; l'ensemble de la subvention majorée n'excède pas 80 % du montant de la dépense subventionnable.

Dans la limite des dotations ouvertes à ce titre au budget du ministère de l'intérieur, des crédits lui sont délégués à cet effet. – *[C. communes, art. R. 251-8.]*

Art. D. 5212-15 Les conditions de liquidation, de versement et d'utilisation des subventions principales sont applicables aux majorations de subvention d'équipement. – *[C. communes, art. R. 251-9.]*

Art. D. 5212-16 *Abrogé par Décr. n° 2020-606 du 19 mai 2020, art. 11.*

SECTION 5 **Modification des conditions initiales de composition et de fonctionnement**

Pas de dispositions réglementaires codifiées.

SECTION 6 **Disparition du syndicat (R)**

Art. R. 5212-17 *Abrogé par Décr. n° 2012-124 du 30 janv. 2012, art. 5.*

CHAPITRE IV COMMUNAUTÉ DE COMMUNES

SECTION 1 Création

Pas de dispositions réglementaires codifiées.

SECTION 2 Organes

SOUS-SECTION UNIQUE Conditions d'exercice du mandat de membre du conseil de communauté de communes

(*Décr. n° 2004-615 du 25 juin 2004, art. 4*)

Art. R. 5214-1 Les indemnités maximales votées, en application de l'article L. 5211-12, par les organes délibérants des communautés de communes pour l'exercice effectif des fonctions de président ou de vice-président sont déterminées en appliquant au montant du traitement mensuel correspondant à l'indice brut terminal de l'échelle indiciaire de la fonction publique les barèmes suivants :

POPULATION	TAUX EN %	
	Président	Vice-président
Moins de 500	12,75	4,95
De 500 à 999	23,25	6,19
De 1 000 à 3 499	32,25	12,37
De 3 500 à 9 999	41,25	16,50
De 10 000 à 19 999	48,75	20,63
De 20 000 à 49 999	67,50	24,73
De 50 000 à 99 999	82,49	33,00
De 100 000 à 199 999	108,75	49,50
Plus de 200 000	108,75	54,37

SECTION 3 Fonctionnement

Pas de dispositions réglementaires codifiées.

SECTION 4 Compétences

Art. R. 5214-1-1 Lorsqu'un syndicat de communes se trouve inclus en totalité dans le périmètre d'une communauté de communes appelée à exercer l'ensemble des compétences de cet établissement public, ou lorsque le périmètre de la communauté de communes coïncide avec celui d'un syndicat de communes préexistant, celui-ci est dissous de plein droit.

L'arrêté instituant la communauté de communes, ou modifiant son périmètre ou ses compétences, constate la dissolution de l'établissement public de coopération intercommunale préexistant et détermine, sous la réserve des droits des tiers, les conditions de cette liquidation. – [*C. communes, art. R. 167-1.*]

Art. R. 5214-2 *Abrogé par Décr. n° 2012-124 du 30 janv. 2012, art. 5.*

SECTION 5 Dispositions financières

Pas de dispositions réglementaires codifiées.

SECTION 6 Modifications des conditions initiales de composition et de fonctionnement de la communauté de communes

Pas de dispositions réglementaires codifiées.

SECTION 7 Dissolution

Pas de dispositions réglementaires codifiées.

CHAPITRE V COMMUNAUTÉ URBAINE

SECTION 1 Création

Pas de dispositions réglementaires codifiées.

SECTION 2 Organes

SOUS-SECTION 1 Le conseil de communauté

Art. R. 5215-1 *Abrogé par Décr. n° 2012-124 du 30 janv. 2012, art. 5.*

Art. R. 5215-2 Lorsque l'arrêté ou l'acte visés à l'article R. 5215-1 interviennent dans un délai d'un an avant le renouvellement général des conseils municipaux, il n'est pas procédé à une nouvelle répartition des sièges avant ce renouvellement. – *[C. communes, art. R. 165-33.]*

SOUS-SECTION 2 Le président

Pas de dispositions réglementaires codifiées.

SOUS-SECTION 3 Le bureau

Pas de dispositions réglementaires codifiées.

SOUS-SECTION 4 Conditions d'exercice du mandat de membre du conseil de communauté

Art. R. 5215-2-1 *(Décr. n° 2004-615 du 25 juin 2004, art. 5)* Les indemnités maximales votées, en application de l'article L. 5211-12, par les organes délibérants des communautés urbaines pour l'exercice effectif des fonctions de président ou de vice-président sont déterminées en appliquant au montant du traitement mensuel correspondant à l'indice brut terminal de l'échelle indiciaire de la fonction publique les barèmes suivants :

POPULATION	TAUX EN %	
	Président	Vice-président
De 20 000 à 49 999	90	33
De 50 000 à 99 999	110	44
De 100 000 à 199 999	145	66
Plus de 200 000	145	72,50

SECTION 3 Compétences

SOUS-SECTION 1 Dispositions générales

Pas de dispositions réglementaires codifiées.

SOUS-SECTION 2 Compétences obligatoires

Pas de dispositions réglementaires codifiées.

SOUS-SECTION 3 Transferts de compétences

Pas de dispositions réglementaires codifiées.

SOUS-SECTION 4 Modalités particulières d'intervention

Pas de dispositions réglementaires codifiées.

SOUS-SECTION 5 Transferts de biens, droits et obligations

§ 1 Dispositions générales (R)

Art. R. 5215-3 Pour l'application de l'article L. 5215-29 :

— est considérée comme opération un ensemble cohérent et de nature à être mis en service sans adjonction ;

— est considérée comme décidée l'opération dont l'avant-projet et le plan de financement ont été adoptés par une délibération du conseil municipal devenue définitive avant la date de transfert des compétences. — *[C. communes, art. R.* 165-15.]*

Art. R. 5215-4 Les opérations décidées, autres que celles qui sont mentionnées à l'article R. 5215-5, qui ont reçu un commencement d'exécution constitué par l'acte juridique créant entre l'entrepreneur et le maître d'œuvre une obligation contractuelle définitive, ou dans le cas de travaux effectués en régie directe, par la constitution d'approvisionnement ou le début d'exécution des travaux, sont poursuivies par la commune ; celles qui n'ont pas reçu un commencement d'exécution relèvent de la compétence de la communauté urbaine.

Par accord amiable, la commune et la communauté peuvent modifier les règles ci-dessus énoncées. — *[C. communes, art. R.* 165-16.]*

Art. R. 5215-5 Les opérations décidées relatives aux zones d'aménagement concerté relèvent de plein droit de la compétence de la communauté urbaine.

Il en est de même des opérations de constructions scolaires du second degré et d'éducation spéciale auxquelles s'appliquent les dispositions de la section 2 du titre II de la loi n° 83-663 du 22 juillet 1983 complétant la loi n° 83-8 du 7 janvier 1983 relative à la répartition de compétences entre les communes, les départements, les régions et l'État. — *[C. communes, art. R.* 165-17, al. 1er et 2.]*

Art. R. 5215-6 Dans un délai de soixante jours à compter de la date du transfert des compétences, le conseil municipal de chaque commune dresse des listes des opérations mentionnées à l'article R. 5215-5, en distinguant :

1° Les opérations décidées qui n'ont pas reçu un commencement d'exécution ;

2° Les opérations en cours d'exécution ;

3° Les opérations en cours d'exécution que les communes désirent néanmoins voir transférer à la communauté ;

4° Les opérations n'ayant pas reçu de commencement d'exécution, que la commune souhaite néanmoins réaliser.

Pour chaque opération, sont indiqués les moyens de financement y afférents.

Pour les opérations en cours d'exécution qu'il souhaite voir poursuivre par la communauté, le conseil municipal formule des propositions sur les conditions de la participation communale à leur financement.

Si, dans le délai fixé ci-dessus, un conseil municipal n'a pas délibéré sur les objets mentionnés aux alinéas qui précèdent, le préfet dresse la liste des opérations décidées en précisant celles qui ont reçu un commencement d'exécution. — *[C. communes, art. R.* 165-18.]*

Art. R. 5215-7 Pour l'ensemble des communes composant l'agglomération, le préfet porte à la connaissance du président du conseil de communauté :

1° La liste des opérations décidées qui n'ont pas reçu un commencement d'exécution ;

2° La liste des opérations en cours d'exécution ;

3° La liste des opérations en cours d'exécution que les communes désirent néanmoins voir transférer à la communauté urbaine ;

4° La liste des opérations n'ayant pas reçu de commencement d'exécution que les communes souhaitent néanmoins réaliser.

Ces listes comportent toutes précisions utiles en ce qui concerne les moyens de financement de chaque opération. — *[C. communes, art. R.* 165-19.]*

Art. R. 5215-8 Dans un délai de soixante jours, le conseil de communauté délibère sur les opérations dont la communauté urbaine assume la prise en charge ainsi que sur les conditions de leur financement.

Il fixe également la liste des opérations n'ayant pas fait l'objet d'un commencement d'exécution qu'il accepte de voir réaliser par les communes. – *[C. communes, art. R.* 165-20.]*

Art. R. 5215-9 Conformément aux délibérations des conseils municipaux et du conseil de communauté, le préfet arrête les listes des opérations relevant respectivement de chacune des communes et de la communauté urbaine.

L'arrêté du préfet est notifié au président du conseil de communauté et aux maires de chaque commune ; il est publié au recueil des actes administratifs de la préfecture. – *[C. communes, art. R.* 165-21.]*

Art. R. 5215-10 En cas d'urgence et sur demande du président du conseil de communauté, le préfet peut autoriser le commencement d'exécution par la communauté urbaine de certaines opérations qui sont à sa charge en application des dispositions de la présente sous-section. – *[C. communes, art. R.* 165-22.]*

Art. R. 5215-11 La liste des opérations transférées de plein droit à la communauté urbaine, conformément aux dispositions de l'article R. 5215-5, est arrêtée par le préfet ; elle est notifiée par lui au président du conseil de communauté et aux maires des communes intéressées.

La dévolution des moyens de financement afférents auxdites opérations fait l'objet, dans les quatre-vingt-dix jours de la notification prévue à l'alinéa précédent, d'un accord entre la commune et la communauté.

Cet accord prend en compte les dépenses déjà réalisées par la commune et éventuellement par ses concessionnaires, lesquels fournissent une situation financière approuvée par le concédant.

L'accord est soumis à l'approbation du préfet.

À défaut d'accord à l'expiration du délai mentionné au deuxième alinéa du présent article, le préfet, au vu du bilan financier de l'opération à la date du transfert des compétences, établit le règlement et le notifie au président du conseil de communauté et au maire de la commune intéressée. – *[C. communes, art. R.* 165-23.]*

Art. R. 5215-12 Les travaux en cours à la date du transfert des compétences sont poursuivis :

1° Pour les opérations énumérées à l'article R. 5215-4, sous la direction, la responsabilité et à la charge des communes ;

2° Pour les opérations énumérées à l'article R. 5215-5, sous la direction, la responsabilité et à la charge de la communauté urbaine.

Les accords amiables éventuellement intervenus entre les communes et la communauté fixent la date à partir de laquelle s'opère le transfert des charges et des responsabilités. – *[C. communes, art. R.* 165-24.]*

Art. R. 5215-13 En ce qui concerne les subventions de l'État ou d'autres collectivités publiques, les emprunts, les fonds de concours, les participations des personnes publiques ou privées afférents au financement des opérations transférées, la communauté urbaine est substituée de plein droit aux communes.

Lorsque des recettes afférentes aux opérations transférées ont été perçues par les communes avant que ces opérations aient fait l'objet d'un commencement d'exécution, ces recettes sont reversées à la communauté urbaine.

Lorsque le délai de validité de la promesse de subvention expire moins de six mois après la date du transfert des compétences, ce délai est prorogé de six mois. – *[C. communes, art. R.* 165-25.]*

Art. R. 5215-14 Lorsque, avant le commencement d'exécution d'une opération transférée, des frais ont été engagés par la commune en vue de la réalisation de cette opération, ils peuvent être remboursés par la communauté urbaine dans des conditions fixées par accord amiable. – *[C. communes, art. R.* 165-26.]*

Art. R. 5215-15 Pour l'exécution des contrats, conventions, marchés ou décisions administratives et juridictionnelles relatifs aux opérations transférées, la communauté urbaine est substituée aux communes.

Elle avise les parties intéressées de cette substitution, selon les règles applicables à chaque espèce, et poursuit, le cas échéant, les instances en cours, conformément aux règles de procédure en vigueur. – *[C. communes, art. R.* 165-27.]*

Art. R. 5215-16 Dans le cas où une procédure d'expropriation a été engagée au bénéfice d'une commune en vue de la réalisation d'une opération transférée à la communauté urbaine, la procédure est poursuivie au bénéfice de cette dernière, qui se trouve substituée à la commune dans tous les actes y afférents.

La procédure est considérée comme engagée, au sens de l'alinéa qui précède, à la date de l'arrêté préfectoral relatif à l'enquête préalable à la déclaration d'utilité publique, mentionné à l'article *(Décr. nº 2014-1635 du 26 déc. 2014, art. 4)* « R. 112-12 » du code de l'expropriation pour cause d'utilité publique.

Art. R. 5215-17 Les ouvrages affectés au domaine public, qui sont achevés par les communes après la date de transfert des compétences, sont, à compter de la date de la réception définitive des travaux, transférés à la communauté urbaine dans les conditions prévues par l'article L. 5215-28.

Les dispositions de l'article L. 5215-39 sont applicables, en ce qui concerne ces ouvrages, à compter de la date du transfert de propriété. – *[C. communes, art. R.* 165-30.]*

§ 2 Voirie (R)

Art. R. 5215-18 L'entretien des voies mentionné à l'article L. 5215-30 comprend l'ensemble des travaux entrepris sur les voies existantes, à l'exclusion de ceux relatifs à la création de voies nouvelles. – *[C. communes, art. R.* 165-2.]*

Art. R. 5215-19 Le maire notifie annuellement au président du conseil de communauté le programme des travaux d'entretien que le conseil municipal décide de faire effectuer sur les voies conservées temporairement par la commune.

En cas d'urgence, le président du conseil de communauté assure à tout moment, à la demande du maire, l'exécution de travaux non inscrits au programme. – *[C. communes, art. R.* 165-3.]*

Art. R. 5215-20 En aucun cas, le concours des services techniques de la communauté ne donne lieu à rémunération de la part des communes intéressées. – *[C. communes, art. R.* 165-4, al. 2.]*

SECTION 4 Dispositions financières

Pas de dispositions réglementaires codifiées.

SECTION 5 Modifications

Pas de dispositions réglementaires codifiées.

SECTION 6 Dissolution et transformation

Pas de dispositions réglementaires codifiées.

CHAPITRE VI COMMUNAUTÉ D'AGGLOMÉRATION

SECTION 1 Création

Pas de dispositions réglementaires codifiées.

SECTION 2 Le conseil de communauté d'agglomération

Pas de dispositions réglementaires codifiées.

SECTION 3 Conditions d'exercice des mandats des membres du conseil de la communauté d'agglomération

Art. R. 5216-1 *(Décr. nº 2004-615 du 25 juin 2004, art. 6)* Les indemnités maximales votées, en application de l'article L. 5211-12, par les organes délibérants des communautés d'agglomération pour l'exercice effectif des fonctions de président ou de vice-président sont déterminées en appliquant au montant du traitement mensuel correspondant à l'indice brut terminal de l'échelle indiciaire de la fonction publique les barèmes suivants :

POPULATION	TAUX EN %	
	Président	Vice-président
De 20 000 à 49 999	90	33
De 50 000 à 99 999	110	44
De 100 000 à 199 999	145	66
Plus de 200 000	145	72,50

SECTION 4 Compétences

Pas de dispositions réglementaires codifiées.

SECTION 5 Dispositions financières

Pas de dispositions réglementaires codifiées.

SECTION 6 Dissolution

Pas de dispositions réglementaires codifiées.

CHAPITRE VII MÉTROPOLE

(Décr. nº 2014-1746 du 29 déc. 2014)

SECTION 1 Création

Pas de dispositions réglementaires codifiées.

SECTION 2 Compétences

Pas de dispositions réglementaires codifiées.

SECTION 3 Régime juridique

Pas de dispositions réglementaires codifiées.

SECTION 4 La conférence métropolitaine

Pas de dispositions réglementaires codifiées.

SECTION 5 Le conseil de développement

Pas de dispositions réglementaires codifiées.

SECTION 6 Dispositions financières et comptables

Art. D. 5217-1 Le livre sixième de la première partie du présent code est applicable aux métropoles dès lors qu'il n'est pas contraire au présent titre.

SOUS-SECTION 1 Budgets et comptes

Art. D. 5217-2 Le budget s'exécute du 1er janvier au 31 décembre.

Art. D. 5217-3 La période d'exécution du budget est limitée à l'année à laquelle ce budget s'applique pour le mandatement des dépenses et l'émission des titres de recettes.

Toutefois, cette période comprend un délai complémentaire qui s'étend jusqu'au dernier jour du mois de janvier de l'année suivante. Le présent alinéa n'est pas applicable aux opérations intéressant uniquement la section d'investissement du budget.

Art. D. 5217-4 Les chapitres des budgets votés par nature correspondent :

a) Section d'investissement :

— à chacun des comptes à deux chiffres des classes 1 et 2 ouverts à la nomenclature par nature, à l'exception des comptes "Report à nouveau", "Résultat de l'exercice", "Provisions pour risques et charges", "Différences sur réalisations d'immobilisations", "Immobilisations affectées, concédées, affermées ou mises à disposition", "Amortissements des immobilisations", "Dépréciation des immobilisations" ;

— à chacun des chapitres globalisés ;

— à chaque opération votée par l'assemblée délibérante. L'opération correspond à un ensemble d'acquisitions d'immobilisations, de travaux sur immobilisations et de frais d'études y afférents, aboutissant à la réalisation d'un ouvrage ou de plusieurs ouvrages de même nature. Cette opération peut également comporter des subventions d'équipement versées ;

— aux chapitres globalisés de dépenses et de recettes "RSA", retraçant respectivement l'ensemble des dépenses et l'ensemble des recettes d'investissement relatives au revenu de solidarité active ;

— à chacune des opérations pour le compte de tiers ;

— *(Décr. n° 2019-1601 du 31 déc. 2019, art. 1er)* « au chapitre globalisé "Subventions d'équipement versées" » ;

— en recettes, à la ligne intitulée "Virement de la section de fonctionnement" ;

— en recettes, à la ligne intitulée "Produits des cessions d'immobilisations" ;

— en dépenses, au chapitre "Dépenses imprévues", qui ne comporte qu'une autorisation de programme sans crédit de paiement.

Ces trois derniers chapitres ne comportent que des prévisions sans réalisation.

b) Section de fonctionnement :

— aux comptes à deux chiffres des classes 6 et 7 ouverts à la nomenclature par nature, à l'exception des comptes faisant partie de chapitres globalisés ;

— à chacun des chapitres globalisés ;

— aux chapitres globalisés de dépenses et de recettes "RSA", retraçant respectivement l'ensemble des dépenses et l'ensemble des recettes de fonctionnement relatives au revenu de solidarité active ;

— aux chapitres globalisés de dépenses et de recettes "APA", retraçant respectivement l'ensemble des dépenses et l'ensemble des recettes de fonctionnement relatives à l'allocation personnalisée à l'autonomie ;

— en recettes, au compte intitulé "Impositions directes" ;

— en dépenses, au compte intitulé "Frais de fonctionnement des groupes d'élus" ;

— en dépenses, à la ligne intitulée "Virement à la section d'investissement" ;

— en dépenses, au chapitre "Dépenses imprévues", qui ne comporte qu'une autorisation d'engagement sans crédit de paiement.

Ces deux derniers chapitres ne comportent que des prévisions sans réalisation.

Art. D. 5217-5 Pour les budgets votés par nature, l'article budgétaire correspond à la subdivision la plus détaillée de la nomenclature définie par l'arrêté prévu à l'article L. 5217-10-5, complété, pour les programmes, du numéro de programme et, pour les opérations pour le compte de tiers, du numéro d'opération.

Les chapitres intitulés "Dépenses imprévues", "Virement de la section de fonctionnement", "Virement à la section d'investissement" et "Produits des cessions d'immobilisations" ne comportent pas d'article.

Art. D. 5217-6 Les chapitres des budgets votés par fonction correspondent :

a) Section d'investissement :

— pour les dépenses et recettes ventilables, au groupe 90 "Opérations ventilées", complété par le numéro de l'une des dix fonctions de la nomenclature fonctionnelle ;

— aux chapitres spécifiques de dépenses et de recettes "RSA", retraçant respectivement l'ensemble des dépenses et l'ensemble des recettes d'investissement relatives au revenu de solidarité active ;

— pour les dépenses et recettes non ventilables, à chacun des chapitres non ventilés ;

– en recettes, à la ligne intitulée "Virement de la section de fonctionnement" ;
– en recettes, à la ligne intitulée "Produits des cessions d'immobilisations" ;
– en dépenses, au chapitre "Dépenses imprévues", qui ne comporte qu'une autorisation de programme sans crédit de paiement.

Ces trois derniers chapitres ne comportent que des prévisions sans réalisation.

b) Section de fonctionnement :

– pour les dépenses et recettes ventilables, au groupe 93 "Services individualisés", complété par le numéro de l'une des dix fonctions de la nomenclature fonctionnelle ;
– aux chapitres spécifiques de dépenses et de recettes "RSA", retraçant respectivement l'ensemble des dépenses et l'ensemble des recettes de fonctionnement relatives au revenu de solidarité active ;
– aux chapitres spécifiques de dépenses et de recettes "APA", retraçant respectivement l'ensemble des dépenses et l'ensemble des recettes de fonctionnement relatives à l'allocation personnalisée à l'autonomie ;
– pour les dépenses et recettes non ventilables, à chacun des chapitres non ventilés ;
– en dépenses, à la ligne intitulée "Virement à la section d'investissement" ;
– en dépenses, au chapitre "Dépenses imprévues", qui ne comporte qu'une autorisation d'engagement sans crédit de paiement.

Ces deux derniers chapitres ne comportent que des prévisions sans réalisation.

Art. D. 5217-7 Les articles des budgets votés par fonction correspondent :

a) Section d'investissement :

– pour les dépenses et recettes ventilables, au groupe 90 "Opérations ventilées", complété par la subdivision la plus détaillée de la nomenclature fonctionnelle ;
– pour les dépenses et recettes non ventilables, à chacun des chapitres non ventilés, complété par la subdivision la plus détaillée de la nomenclature par nature.
– Les chapitres correspondant aux dépenses imprévues, au virement de la section de fonctionnement et aux produits des cessions d'immobilisations ne comportent pas d'article.

b) Section de fonctionnement :

– pour les dépenses et recettes ventilables, au groupe 93 "Services individualisés", complété par la subdivision la plus détaillée de la nomenclature fonctionnelle ;
– pour les dépenses et recettes non ventilables, à chacun des chapitres non ventilés, complété du compte le plus détaillé de la nomenclature par nature.

Les chapitres relatifs aux dépenses imprévues et au virement à la section d'investissement ne comportent pas d'article.

Art. D. 5217-8 Le rapport prévu à l'article L. 5217-10-2 décrit, sous forme de synthèse, la situation en matière de développement durable de la collectivité à partir des évaluations, documents et bilans produits par la métropole.

Ce rapport comporte, au regard des cinq finalités du développement durable mentionnées au III de l'article L. 110-1 du code de l'environnement :

– le bilan des actions conduites au titre de la gestion du patrimoine, du fonctionnement et des activités internes de la collectivité ;
– le bilan des politiques publiques, des orientations et des programmes mis en œuvre sur son territoire.

Ces bilans comportent en outre une analyse des modalités d'élaboration, de mise en œuvre et d'évaluation des actions, des politiques publiques et des programmes.

Cette analyse peut être effectuée à partir du cadre de référence pour les projets territoriaux de développement durable et agendas 21 locaux mentionnés au deuxième alinéa de l'article 254 de la loi n° 2010-788 du 12 juillet 2010 portant engagement national pour l'environnement.

Art. D. 5217-9 Le conseil de la métropole choisit de voter le budget de la métropole par nature ou par fonction.

Art. D. 5217-10 La présentation croisée, par fonction ou par nature, prévue au premier alinéa de l'article L. 5217-10-5 s'effectue entre le niveau le plus détaillé de la nomenclature fonctionnelle et chacun des comptes par nature, à quatre chiffres pour le compte relatif aux rémunérations du personnel et à trois chiffres pour les autres comptes. Pour le compte administratif, le croisement s'effectue entre le niveau le plus détaillé de la nomenclature fonctionnelle et le compte le plus détaillé ouvert dans la nomenclature par nature.

La présentation croisée par fonction ne s'applique pas à un service public de la métropole à activité unique érigé en établissement public ou faisant l'objet d'un budget annexe.

Art. D. 5217-11 Les autorisations de programme ou d'engagement et leurs révisions éventuelles sont présentées par le président du conseil de la métropole. Elles sont votées par le conseil de la métropole lors de l'adoption du budget de l'exercice ou des décisions modificatives.

Le conseil de la métropole affecte par chapitres et, le cas échéant, par articles les autorisations de programme et les autorisations d'engagement.

Les autorisations de programme correspondent à des dépenses à caractère pluriannuel se rapportant à une immobilisation ou à un ensemble d'immobilisations déterminées, acquises ou réalisées par la métropole, ou à des subventions d'équipement versées à des tiers.

Le bilan de la gestion pluriannuelle, présenté par le président du conseil de la métropole à l'occasion du vote du compte administratif, précise notamment le taux de couverture des autorisations de programme et d'engagement. Il est assorti de l'état relatif à la situation des autorisations de programme et d'engagement, dont les modalités de calcul et de présentation sont prévues par arrêté conjoint du ministre chargé des collectivités territoriales et du ministre chargé du budget.

Art. D. 5217-12 I. — Le besoin ou l'excédent de financement de la section d'investissement constaté à la clôture de l'exercice est constitué du solde d'exécution corrigé des restes à réaliser.

Le solde d'exécution de la section d'investissement correspond à la différence entre le montant des titres de recettes et le montant des mandats de dépenses émis dans l'exercice, y compris le cas échéant les réductions et annulations de recettes et de dépenses, augmentée ou diminuée du report des exercices antérieurs.

Les restes à réaliser de la section d'investissement arrêtés à la clôture de l'exercice correspondent aux dépenses engagées non mandatées et aux recettes certaines n'ayant pas donné lieu à l'émission d'un titre.

II. — Le résultat de la section de fonctionnement correspond à l'excédent ou au déficit de l'exercice. Pour son affectation, il est cumulé avec le résultat antérieur reporté à l'exclusion des restes à réaliser.

Les restes à réaliser de la section de fonctionnement arrêtés à la clôture de l'exercice correspondent aux dépenses engagées non mandatées et non rattachées ainsi qu'aux recettes certaines n'ayant pas donné lieu à l'émission d'un titre et non rattachées. Ils sont reportés au budget de l'exercice suivant.

Art. D. 5217-13 Le résultat cumulé défini au II de l'article D. 5217-12 est affecté, lorsqu'il s'agit d'un excédent :

1° En priorité, en réserves pour la couverture du besoin de financement de la section d'investissement apparu à la clôture de l'exercice précédent ;

2° Pour le solde, en excédent de fonctionnement reporté ou en dotation complémentaire en réserves.

Lorsqu'il s'agit d'un déficit, il est ajouté aux dépenses de fonctionnement de l'exercice.

Pour l'affectation en réserves, l'exécution de la décision budgétaire de reprise des résultats, adoptée par l'assemblée délibérante, se fait par l'émission d'un titre de recettes. La délibération affectant le résultat excédentaire est produite à l'appui de la décision budgétaire de reprise et du compte administratif de l'exercice, pour en justifier les recettes.

Art. D. 5217-14 En l'absence d'adoption du compte administratif à la date du vote du budget de l'exercice suivant, lorsque le résultat de la section de fonctionnement, le besoin de financement, ou le cas échéant l'excédent de la section d'investissement et la prévision d'affectation sont reportés par anticipation, dans les conditions fixées au troisième alinéa de l'article L. 5217-10-11, les inscriptions au budget sont justifiées par la production en annexe d'une fiche de calcul des résultats prévisionnels.

Cette fiche ainsi qu'un tableau des résultats d'exécution du budget sont établis par l'ordonnateur et visés par le comptable, qui les accompagne soit du compte de gestion, s'il est arrêté à cette date, soit d'une balance établie après prise en charge du dernier bordereau de titres et de mandats.

L'ordonnateur produit l'état des restes à réaliser arrêté au 31 décembre de l'exercice clos. Les restes à réaliser de la section de fonctionnement sont reportés au budget reprenant les résultats par anticipation.

Art. D. 5217-15 Pour l'application de l'article L. 5217-10-12, lorsque la section d'investissement du budget présente un excédent, peuvent être repris en section de fonctionnement :

– le produit de la cession d'une immobilisation reçue au titre d'un don ou d'un legs, à condition que celui-ci ne soit pas expressément affecté à l'investissement ;

– le produit de la vente d'un placement budgétaire. La reprise de ce produit est limitée à la part du placement financée initialement par une recette de la section de fonctionnement.

En outre, l'excédent de la section d'investissement résultant de la dotation complémentaire en réserves prévue par le 2° de l'article R. 2311-12 et constaté au compte administratif au titre de deux exercices consécutifs peut être repris en section de fonctionnement afin de contribuer à son équilibre.

(Décr. n° 2015-1546 du 27 nov. 2015, art. 4) « Lorsque les conditions prévues aux alinéas précédents ne sont pas réunies, et en raison de circonstances exceptionnelles et motivées, la collectivité peut solliciter une décision conjointe des ministres chargés du budget et des collectivités locales, qui peut porter sur un ou plusieurs exercices, afin de reprendre l'excédent prévisionnel de la section d'investissement en section de fonctionnement dès le vote du budget primitif. »

Dans tous les cas, la reprise est accompagnée d'une délibération du conseil de la métropole précisant l'origine de l'excédent et les conditions d'évaluation de son montant.

Art. D. 5217-16 Les données synthétiques sur la situation financière de la métropole, prévues au 1° du premier alinéa de l'article L. 5217-10-14, comprennent les ratios suivants :

1° Dépenses réelles de fonctionnement/population ;

2° Recettes réelles de fonctionnement/population ;

3° Dépenses d'équipement brut/population ;

4° Encours de la dette/population ;

5° Dotation globale de fonctionnement/population.

6° Dépenses de personnel/dépenses réelles de fonctionnement ;

7° Dépenses réelles de fonctionnement et remboursement annuel de la dette en capital/recettes réelles de fonctionnement ;

8° Dépenses d'équipement brut/recettes réelles de fonctionnement ;

9° Encours de la dette/recettes réelles de fonctionnement.

10° Épargne brute/recette réelle de fonctionnement

Si la métropole bénéficie de la dotation forfaitaire dans les conditions fixées au troisième alinéa de l'article L. 2334-7, les données synthétiques comprennent également le nombre de résidences secondaires.

Art. D. 5217-17 I. – Pour l'application de l'article D. 5217-16 :

a) La population à prendre en compte est la somme des populations totales, municipales et comptées à part, des communes membres de la métropole, telle qu'elle résulte du dernier recensement connu à la date de production des documents budgétaires ;

b) Les dépenses réelles de fonctionnement s'entendent de l'ensemble des dépenses de l'exercice budgétaire entraînant des mouvements réels. Toutefois, pour l'application du 1°, sont exclues les dépenses correspondant à des travaux en régie transférés en section d'investissement. Pour l'application du 7°, sont exclues les dépenses correspondant à des travaux en régie et à des charges transférées en section d'investissement ;

c) Les recettes réelles de fonctionnement s'entendent de l'ensemble des recettes de fonctionnement de l'exercice entraînant des mouvements réels ;

d) Les dépenses d'équipement brut comprennent les acquisitions de biens meubles et immeubles, les travaux en cours, les immobilisations incorporelles, les travaux d'investissement en régie et les opérations pour compte de tiers ;

e) Le remboursement annuel de la dette en capital s'entend des remboursements d'emprunts effectués à titre définitif ;

f) L'encours de dette s'obtient par le cumul des emprunts et des dettes à long et moyen termes ;

(Décr. n° 2015-1895 du 29 déc. 2015, art. 1er) « Lorsque la métropole doit acquitter une indemnité de remboursement anticipé d'emprunt, et dans le cas où elle bénéficie d'une aide octroyée par le fonds de soutien créé par l'article 92 de la loi n° 2013-1278 du 29 décembre 2013 de finances pour 2014 *[V. ss. art. L. 1611-3-1]*, la métropole peut déduire de cet encours de dette le montant de la créance restant à percevoir sur le fonds de soutien. »

g) L'épargne brute s'obtient par la différence entre les recettes réelles de fonctionnement et les dépenses réelles de fonctionnement.

II. — Les données synthétiques figurent en annexe au budget primitif et au compte administratif auxquels elles se rapportent. En outre, les données résultant du dernier compte administratif voté à la date de la présentation du budget primitif sont reportées sur celui-ci.

Art. D. 5217-18 Les états annexés aux documents budgétaires en application de l'article L. 5217-10-14 sont les suivants :

I. — États annexés au budget et au compte administratif :

1° Tableaux récapitulant l'état des emprunts et dettes ;

2° Présentation de l'état des provisions ;

3° Présentation des méthodes utilisées pour les amortissements ;

4° Présentation de l'équilibre des opérations financières ;

5° Présentation de l'état des charges transférées en investissement ;

6° Présentation du mode de financement des opérations pour le compte de tiers ;

7° Présentation des engagements donnés et reçus ;

8° Présentation de l'emploi des recettes grevées d'une affectation spéciale ;

9° État du personnel ;

10° Liste des organismes de regroupement dont la métropole est membre ;

11° Liste des établissements ou services créés par la métropole ;

12° Tableau retraçant les décisions en matière de taux des contributions directes.

II. — États annexés au seul compte administratif :

1° État de variation des immobilisations ;

2° État présentant le montant de recettes et de dépenses affectées aux services assujettis à la taxe sur la valeur ajoutée qui ne font pas l'objet d'un budget distinct du budget général.

Art. D. 5217-19 Les comptes certifiés mentionnés à l'article L. 5217-10-15 le sont par un commissaire aux comptes pour les organismes soumis à l'obligation de certification des comptes et par le président de l'organisme concerné pour les organismes non soumis à une telle obligation.

SOUS-SECTION 2 Recettes

Pas de dispositions réglementaires codifiées.

SOUS-SECTION 3 Dépenses

Art. D. 5217-20 La métropole procède à l'amortissement de ses immobilisations, y compris celles reçues à disposition ou en affectation :

1° Incorporelles ;

2° Corporelles, à l'exception des réseaux et installations de voirie dont l'amortissement est facultatif.

Cet amortissement ne s'applique ni aux immobilisations propriété de la métropole qui sont remises en affectation ou à disposition, ni aux terrains et aménagements de terrains hormis les terrains de gisement, ni aux collections et œuvres d'art, ni aux frais d'études et d'insertion suivis de réalisation.

Les dotations aux amortissements de ces biens sont liquidées sur la base du coût historique de l'immobilisation et de la méthode linéaire. Toutefois, la métropole peut adopter un mode d'amortissement dégressif, variable ou réel.

Les durées d'amortissement des immobilisations corporelles sont fixées pour chaque bien ou chaque catégorie de biens par l'assemblée délibérante, qui peut se référer à un barème fixé par arrêté du ministre chargé des collectivités locales et du ministre chargé du budget, à l'exception toutefois :

— des frais relatifs aux documents d'urbanisme visés à l'article L. 121-7 du code de l'urbanisme qui sont amortis sur une durée maximale de dix ans ;

— des frais d'études et des frais d'insertion non suivies de réalisations obligatoirement amortis sur une durée maximale de cinq ans ;

— des frais de recherche et de développement amortis sur une durée maximale de cinq ans en cas de réussite du projet et immédiatement, pour leur totalité, en cas d'échec ;

— des brevets amortis sur la durée du privilège dont ils bénéficient ou sur la durée effective de leur utilisation si elle est plus brève ;

— des subventions d'équipement versées, qui sont amorties sur une durée maximale soit de cinq ans lorsque la subvention finance des biens mobiliers, du matériel ou des études, soit de *(Décr. n° 2015-1848 du 29 déc. 2015)* « trente » ans lorsqu'elle finance des biens immobiliers ou des installations, soit de *(Décr. n° 2015-1848 du 29 déc. 2015)* « quarante » ans lorsqu'elle finance des projets d'infrastructure d'intérêt national. Les aides à l'investissement des entreprises ne relevant d'aucune de ces catégories sont amorties sur une durée maximale de cinq ans.

Tout plan d'amortissement commencé doit être poursuivi jusqu'à son terme, sauf cession, affectation, mise à disposition, réforme ou destruction du bien. Le plan d'amortissement ne peut être modifié qu'en cas de changement significatif dans les conditions d'utilisation du bien. Le bénéficiaire de la mise à disposition ou de l'affectation poursuit l'amortissement du bien selon le plan d'amortissement initial ou conformément à ses propres règles, définies par le présent article.

Le conseil de la métropole peut fixer un seuil unitaire en deçà duquel les immobilisations de peu de valeur ou dont la consommation est très rapide s'amortissent sur un an. La délibération correspondante est transmise au comptable et ne peut être modifiée au cours d'un même exercice budgétaire.

L'assemblée délibérante peut charger l'ordonnateur de déterminer la durée d'amortissement d'un bien à l'intérieur de durées minimales et maximales qu'elle a fixées pour la catégorie à laquelle appartient ce bien.

Art. D. 5217-21 La métropole peut procéder à la neutralisation budgétaire d'une part de la dotation aux amortissements des bâtiments publics déduction faite du montant de la reprise annuelle des subventions d'équipement reçues pour le financement de ces équipements, et d'autre part de la dotation aux amortissement *[amortissements]* des subventions d'équipement versées, par une dépense de la section d'investissement et une recette de la section de fonctionnement.

Pour l'application du 20° de l'article L. 5217-12-1, la métropole procède à la reprise annuelle des subventions d'équipement reçues et des fonds affectés à des immobilisations amortissables, par une dépense de la section d'investissement et une recette de la section de fonctionnement. Cette reprise en section de fonctionnement s'effectue au même rythme que celui de l'amortissement de l'immobilisation pour lequel la subvention a été reçue et porte sur une quote-part annuelle correspondant au montant de cette subvention rapporté à la durée d'amortissement de l'immobilisation subventionnée. Toutefois, la dotation départementale d'équipement des collèges est reprise globalement pour un montant au plus égal à la dotation annuelle aux amortissements de l'ensemble des constructions et équipements scolaires.

Art. D. 5217-22 La constitution de provisions pour risques et charges est obligatoire dès lors qu'il y a apparition du risque. La constatation de dépréciations est obligatoire en cas de perte de valeur d'un actif.

(Décr. n° 2022-1008 du 15 juill. 2022, art. 11) « Le président du conseil de la métropole » constate la dépréciation ou constitue la provision à hauteur de la perte de valeur constatée ou à hauteur du risque. La dépréciation ou la provision est ajustée

annuellement en fonction de l'évolution de la perte de valeur ou de l'évolution du risque. Elle donne lieu à reprise lorsqu'elle est devenue sans objet, c'est-à-dire en cas de disparition de la perte de valeur ou de réalisation du risque ou lorsque ce risque n'est plus susceptible de se réaliser.

La dépréciation ou la provision ainsi que son suivi et son emploi sont retracées *[retracés]* sur l'état des dépréciations et des provisions constituées joint au budget et au compte administratif.

La métropole peut procéder à la neutralisation budgétaire de la dotation aux provisions et dépréciations, déduction faite des reprises sur provisions et dépréciations. Ne sont pas concernées par ces dispositions les provisions et dépréciations constituées dans les cas suivants :

1° Dès l'ouverture d'un contentieux en première instance contre la métropole ;

2° Dès l'ouverture d'une procédure collective prévue au livre VI du code de commerce ;

3° Lorsque le recouvrement des restes à recouvrer sur compte de tiers est compromis malgré les diligences faites par le comptable public.

Art. D. 5217-23 Les autorisations de programme et autorisations d'engagement de dépenses imprévues constituent des chapitres, respectivement de la section d'investissement et de la section de fonctionnement des budgets votés par nature et par fonction.

Ces chapitres ne comportent pas d'articles, ni de crédits. Ils ne donnent pas lieu à exécution*[.]*

SOUS-SECTION 4 **Comptabilité**

Art. D. 5217-24 Conformément aux dispositions de l'article 1er du décret n° 2012-1246 du 7 novembre 2012 relatif à la gestion budgétaire et comptable publique, sont applicables aux métropoles et à leurs établissements publics les principes fondamentaux contenus dans le titre I dudit décret.

Art. D. 5217-25 Les crédits affectés aux dépenses de chaque exercice ne peuvent être employés à l'acquittement des dépenses d'un autre exercice.

Toutefois, les dépenses engagées non mandatées à la clôture de l'exercice sont imputées sur les crédits qui doivent être reportés sur le budget de l'exercice suivant.

Elles peuvent être payées jusqu'à l'ouverture de ces crédits au vu de l'état des restes à réaliser établi par le président du conseil de la métropole, retraçant les dépenses qui, engagées avant le 31 décembre de l'année précédente, n'ont pas donné lieu à mandatement avant la clôture de l'exercice. Cet état vaut ouverture provisoire de crédits.

Art. D. 5217-26 Les produits de la métropole, des établissements publics de la métropole et de tout organisme public résultant d'une entente entre la métropole et toute autre collectivité publique ou établissement public, qui ne sont pas assis et liquidés par les services fiscaux de l'État en exécution des lois et règlements en vigueur, sont recouvrés :

1° Soit en vertu de jugements ou de contrats exécutoires ;

2° Soit en vertu de titres de recettes ou de rôles émis et rendus exécutoires en ce qui concerne la métropole par le président du conseil de la métropole et en ce qui concerne les établissements publics par l'ordonnateur de ces établissements.

Les mesures d'exécution forcée pour le recouvrement de ces produits sont effectuées comme en matière de contributions directes.

Toutefois, l'ordonnateur autorise ces mesures d'exécution forcée selon les modalités prévues à l'article R. 1617-24.

Les oppositions, lorsque la matière est de la compétence des tribunaux judiciaires, sont jugées comme affaires sommaires.

Art. D. 5217-27 Aucune dépense faite pour le compte de la métropole ne peut être acquittée si elle n'a pas été préalablement mandatée par le président du conseil de la métropole sur un crédit régulièrement ouvert.

Art. D. 5217-28 Chaque mandat énonce la collectivité, le budget, l'exercice, l'imputation auxquels la dépense s'applique.

Art. D. 5217-29 Le mandat de paiement doit contenir toutes les indications de noms et de qualités nécessaires pour permettre au comptable de reconnaître l'identité du créancier.

Art. D. 5217-30 Tout mandat doit être accompagné des documents relatifs au mode de règlement des dépenses dans les conditions fixées par le décret n° 2012-1246 du 7 novembre 2012 relatif à la gestion budgétaire et comptable publique.

Art. D. 5217-31 Le mandat de paiement doit être délivré au nom du créancier d'origine.

Art. D. 5217-32 Le président du conseil de la métropole annexe les mandats et pièces justificatives de dépenses, indiqués aux articles D. 1617-19 et D. 1617-20, aux bordereaux d'émission qu'il adresse au comptable de la métropole qui doit procéder dans les délais qui lui sont impartis à leur vérification et en suivre, lorsqu'il y a lieu, la régularisation auprès du président du conseil de la métropole.

Art. D. 5217-33 Les reversements de fonds provenant de restitutions pour cause de trop-payé à des créanciers de la métropole sont ordonnés par le président du conseil de la métropole qui délivre un ordre de reversement.

Art. D. 5217-34 Le compte administratif, sur lequel le conseil de la métropole est appelé à délibérer conformément à l'article L. 5217-10-10, présente par colonne distincte et dans l'ordre des chapitres et articles du budget :

En recettes :

1° La nature des recettes ;

2° Les évaluations et les prévisions du budget ;

3° La fixation définitive des sommes à recouvrer d'après les titres justificatifs.

En dépenses :

1° Les articles de dépenses du budget ;

2° Le montant des crédits ;

3° Le montant des mandatements effectués sur ces crédits pendant l'exercice, y compris les rattachements ;

4° Les différences résultant de la comparaison du montant des crédits avec le total des mandatements.

Art. D. 5217-35 Le président du conseil de la métropole remet au comptable de la métropole, dûment récapitulée sur un bordereau d'émission, une expédition en forme de tous les baux, contrats, jugements, testaments, déclarations, états de recouvrement, titres nouveaux et autres, concernant les recettes dont la perception lui est confiée.

Le comptable peut demander, au besoin, que les originaux des actes formant titre au profit de la métropole lui soient remis contre récépissé.

Art. D. 5217-36 Le comptable de la métropole est seul chargé :

1° De faire toutes les diligences nécessaires pour la perception des revenus, legs et donations et autres ressources affectées au service de la métropole ;

2° D'établir, contre les débiteurs en retard de paiement et avec l'autorisation du président du conseil de la métropole, les actes, significations et mesures d'exécution forcée nécessaires dans les conditions fixées par l'article D. 5217-26 ;

3° D'avertir les administrateurs de l'expiration des baux ;

4° D'empêcher les prescriptions ;

5° De veiller à la conservation des droits, privilèges et hypothèques ;

6° De requérir, à cet effet, l'inscription au bureau des hypothèques de tous les titres qui en sont susceptibles ;

7° Enfin, de tenir registre des inscriptions au bureau des hypothèques.

Art. D. 5217-37 Le compte de gestion rendu par le comptable de la métropole présente la situation comptable de la métropole au 31 décembre de l'exercice y compris les opérations de la journée complémentaire.

Art. D. 5217-38 Le compte de gestion établi par le comptable de la métropole est remis au président du conseil de la métropole pour être joint au compte administratif comme pièce justificative.

SECTION 7 Dispositions transitoires

Pas de dispositions réglementaires codifiées.

SECTION 8 Dispositions relatives aux personnels

Pas de dispositions réglementaires codifiées.

CHAPITRE IX MÉTROPOLE DU GRAND PARIS

(Décr. n° 2016-127 du 8 févr. 2016)

Art. D. 5219-1 Le remboursement des frais de fonctionnement du service mis à disposition en application des I et II de l'article L. 5219-12 s'effectue sur la base d'un coût unitaire de fonctionnement du service, multiplié par le nombre d'unités de fonctionnement constatées par l'établissement public ou la commune bénéficiaire de la mise à disposition.

La convention définit la méthode retenue pour la détermination du coût unitaire de fonctionnement et comprend une prévision d'utilisation du service mis à disposition, exprimée en unités de fonctionnement. Le coût unitaire comprend les charges liées au fonctionnement du service et en particulier les charges de personnel, les fournitures, le coût de renouvellement des biens et les contrats de services rattachés, à l'exclusion de toute autre dépense non strictement liée au fonctionnement du service.

Le coût unitaire est constaté à partir des dépenses des derniers comptes administratifs, actualisées des modifications prévisibles des conditions d'exercice de l'activité au vu du budget primitif de l'année. La détermination du coût est effectuée par l'établissement public ou la commune ayant mis à disposition ledit service.

Le remboursement des frais s'effectue sur la base d'un état annuel indiquant la liste des recours au service, convertis en unités de fonctionnement. Le coût unitaire est porté à la connaissance des bénéficiaires de la mise à disposition de services, chaque année, avant la date d'adoption du budget prévue à l'article L. 1612-2. Pour l'année de signature de la convention, le coût unitaire est porté à la connaissance des bénéficiaires de la mise à disposition de services dans un délai de trois mois à compter de la signature de la convention. Le remboursement s'effectue selon une périodicité fixée par la convention. Cette périodicité ne peut être supérieure à un an.

TITRE II AUTRES FORMES DE COOPÉRATION INTERCOMMUNALE

CHAPITRE I ENTENTE, CONVENTION ET CONFÉRENCE INTERCOMMUNALES

Pas de dispositions réglementaires codifiées.

CHAPITRE II BIENS ET DROITS INDIVIS ENTRE PLUSIEURS COMMUNES

SECTION 1 Gestion des biens et droits indivis

Pas de dispositions réglementaires codifiées.

SECTION 2 Fin de l'indivision

Pas de dispositions réglementaires codifiées.

CHAPITRE III CHARTE INTERCOMMUNALE DE DÉVELOPPEMENT ET D'AMÉNAGEMENT

Pas de dispositions réglementaires codifiées.

LIVRE III AGGLOMÉRATION NOUVELLE

TITRE I CRÉATION

CHAPITRE UNIQUE

Pas de dispositions réglementaires codifiées.

TITRE II ÉVOLUTION DES AGGLOMÉRATIONS NOUVELLES

CHAPITRE UNIQUE

Art. R. 5321-1 Les modifications aux limites territoriales des communes auxquelles il est procédé en application de l'article L. 5321-2 sont soumises aux dispositions des articles L. 2112-7 à L. 2112-10. – *[Décr. n° 83-881 du 4 oct. 1983, art. 1er.]*

TITRE III ÉTABLISSEMENTS PUBLICS D'AGGLOMÉRATION NOUVELLE

CHAPITRE I *[ABROGÉ]* COMMUNAUTÉ D'AGGLOMÉRATION NOUVELLE

(Abrogé par Décr. n° 2012-124 du 30 janv. 2012, art. 3)

SECTION UNIQUE *[ABROGÉE]* Conditions d'exercice du mandat de membre du conseil de communauté d'agglomération nouvelle

(Décr. n° 2004-615 du 25 juin 2004, art. 7)

Art. R. 5331-1 *Abrogé par Décr. n° 2012-124 du 30 janv. 2012, art. 3.*

CHAPITRE II SYNDICAT D'AGGLOMÉRATION NOUVELLE

SECTION 1 Composition du comité du syndicat d'agglomération nouvelle

SOUS-SECTION UNIQUE Conditions d'exercice du mandat de membre du comité du syndicat d'agglomération nouvelle

(Décr. n° 2004-615 du 25 juin 2004, art. 8)

Art. R. 5332-1 *(Décr. n° 2005-235 du 14 mars 2005, art. 16)* Les indemnités maximales votées, en application de l'article L. 5211-12, par les organes délibérants des syndicats d'agglomération nouvelle pour l'exercice effectif des fonctions de président ou de vice-président sont déterminées en appliquant au montant du traitement mensuel correspondant à l'indice brut terminal de l'échelle indiciaire de la fonction publique les barèmes suivants :

POPULATION	TAUX EN POURCENTAGE	
	Président	Vice-président
Moins de 500	12,75	4,95
De 500 à 999	23,25	6,19
De 1 000 à 3 499	32,25	12,37
De 3 500 à 9 999	41,25	16,50
De 10 000 à 19 999	48,75	20,63
De 20 000 à 49 999	67,50	24,73
De 50 000 à 99 999	82,49	33,00
De 100 000 à 199 999	108,75	49,50
Plus de 200 000	108,75	54,37

SECTION 2 Admission de nouvelles communes au syndicat d'agglomération nouvelle et retrait

Pas de dispositions réglementaires codifiées.

CHAPITRE III COMPÉTENCES ET POUVOIRS DU SYNDICAT D'AGGLOMÉRATION NOUVELLE *(Décr. n° 2012-124 du 30 janv. 2012, art. 3).*

Pas de dispositions réglementaires codifiées.

CHAPITRE IV DISPOSITIONS FINANCIÈRES

SECTION 1 Dispositions générales

Art. R. 5334-1 Les dispositions du livre III de la deuxième partie sont applicables aux syndicats d'agglomération nouvelle sous réserve des dispositions qui leur sont propres.

Art. R. 5334-2 Les chapitres et articles du budget du syndicat d'agglomération nouvelle sont définis par le décret mentionné à l'article R. 2311-1. Le budget est voté dans les conditions prévues à l'article R. 5211-14.

Les dispositions de l'article R. 2311-1 définissant les modalités de la présentation fonctionnelle et de la présentation par nature sont applicables au budget du syndicat d'agglomération nouvelle. – *[C. communes, art. R. 257-1.]*

Art. D. 5334-3 La commission consultative prévue à l'article L. 5334-6 est composée de la manière suivante :

1° Le préfet du département siège du syndicat d'agglomération nouvelle ou son représentant, président ;

2° Le *(Décr. n° 2014-552 du 27 mai 2014, art. 2)* « directeur départemental ou, le cas échéant, régional des finances publiques » ou son représentant ;

3° Abrogé par Décr. n° 2014-552 du 27 mai 2014, art. 2.

4° Le directeur départemental de l'équipement ou son représentant ;

5° Le directeur académique des services de l'éducation nationale agissant sur délégation du recteur d'académie ou son représentant ;

(Décr. n° 2010-344 du 31 mars 2010, art. 344) « 6° Le directeur départemental de la cohésion sociale ou le directeur départemental de la cohésion sociale et de la protection des populations ou leur représentant ;

« 7° Le directeur départemental de la jeunesse et des sports et le directeur départemental des affaires sanitaires et sociales ou leur représentant, dans les départements de la région Île-de-France et dans les départements d'outre-mer ; »

8° Deux maires de communes membres du syndicat d'agglomération nouvelle ;

9° Deux suppléants des maires pris parmi les conseillers municipaux des communes membres du syndicat d'agglomération nouvelle.

Art. D. 5334-4 Les maires membres de la commission consultative et leurs suppléants sont désignés par le préfet sur proposition de l'association départementale des maires ou, à défaut d'association départementale des maires, sur proposition de l'Association des maires de France. – *[Décr. n° 84-900 du 10 oct. 1984, art. 2.]*

Art. D. 5334-5 Les membres suppléants n'ont voix délibérative qu'en l'absence de leurs titulaires respectifs. Toutefois, si les titulaires sont présents, leurs suppléants peuvent assister aux séances de la commission sans prendre part aux débats. – *[Décr. n° 84-900 du 10 oct. 1984, art. 3.]*

Art. D. 5334-6 Les maires membres de la commission et leurs suppléants sont désignés pour une période de six ans après chaque renouvellement général des conseils municipaux.

Ils cessent leur mandat lorsqu'ils ont perdu la qualité en laquelle ils ont été élus.

En cas de vacance, pour quelque cause que ce soit, il est procédé à la désignation, selon les modalités prévues à l'article D. 5334-4, d'un nouveau membre pour la durée restant à courir avant le prochain renouvellement des membres de la commission. – *[Décr. n° 84-900 du 10 oct. 1984, art. 4.]*

Art. D. 5334-7 Le président du groupe central des grandes opérations d'urbanisme ou son représentant pourra être entendu, sur sa demande. – *[Décr. n° 84-900 du 10 oct. 1984, art. 5.]*

Art. R. 5334-8 *à* R. 5334-10 *Abrogés par Décr. n° 2009-637 du 8 juin 2009, art. 1er.*

SECTION 2 Fin du régime particulier applicable aux agglomérations nouvelles

Pas de dispositions réglementaires codifiées.

TITRE IV FIN DU RÉGIME APPLICABLE AUX AGGLOMÉRATIONS NOUVELLES

CHAPITRE UNIQUE

Pas de dispositions réglementaires codifiées.

TITRE V DISPOSITIONS D'APPLICATION

CHAPITRE UNIQUE

Pas de dispositions réglementaires codifiées.

LIVRE IV COOPÉRATION INTERDÉPARTEMENTALE

TITRE I ENTENTE, CONVENTION ET CONFÉRENCE INTERDÉPARTEMENTALES

CHAPITRE UNIQUE

Pas de dispositions réglementaires codifiées.

TITRE II INSTITUTIONS ET ORGANISMES INTERDÉPARTEMENTAUX

CHAPITRE UNIQUE

SECTION 1 Institution interdépartementale (R)

Art. R. 5421-1 Les délibérations par lesquelles des conseils départementaux créent une institution interdépartementale fixent :

1° L'objet, le siège et la durée de l'établissement public ;

2° Les règles de répartition des dépenses de l'établissement entre les départements intéressés ;

3° La composition du conseil d'administration, la durée du mandat de ses membres et les règles de leur renouvellement.

L'établissement est créé à la date fixée par les délibérations concordantes des conseils départementaux. Lorsque ces délibérations n'en disposent pas autrement, l'établissement est créé dès qu'est devenue exécutoire la dernière des délibérations relatives à la création de l'établissement. – *[Décr. nº 83-479 du 10 juin 1983, art. 1er.]*

Art. R. 5421-2 Les institutions interdépartementales sont administrées par un conseil composé de membres élus en leur sein par les conseils départementaux des départements associés.

Les conseils départementaux peuvent remplacer en cours de mandat leurs représentants au conseil d'administration. En cas de vacance, pour quelque cause que ce soit, ils désignent un nouveau représentant au cours de leur plus prochaine séance. – *[Décr. nº 83-479 du 10 juin 1983, art. 2.]*

Art. R. 5421-3 Le conseil d'administration fixe la composition de son bureau qui comprend un président, un ou plusieurs vice-présidents et, éventuellement, un ou plusieurs membres.

Les membres du bureau sont élus par le conseil d'administration. Il est procédé à l'élection d'un nouveau bureau après chaque renouvellement du conseil d'administration. – *[Décr. nº 83-479 du 10 juin 1983, art. 3.]*

Art. R. 5421-4 Le conseil d'administration établit son règlement intérieur.

Il est convoqué par son président. Cette convocation est de droit si elle est demandée par le tiers des membres du conseil. – *[Décr. nº 83-479 du 10 juin 1983, art. 4.]*

Art. R. 5421-5 Le conseil d'administration règle par ses délibérations les affaires de la compétence de l'institution interdépartementale.

Il peut déléguer au bureau une partie de ses attributions dans les conditions prévues à l'article L. 3211-2.

Les délibérations du conseil d'administration et du bureau sont transmises au préfet du département siège de l'institution dans les conditions et aux fins prévues aux articles L. 3132-1, L. 3132-2 et L. 3132-3. – *[Décr. nº 83-479 du 10 juin 1983, art. 5.]*

Art. R. 5421-6 Le président du conseil d'administration est l'exécutif de l'institution interdépartementale. Il prépare et exécute son budget. Il est l'ordonnateur des dépenses et prescrit l'exécution des recettes. – *[Décr. nº 83-479 du 10 juin 1983, art. 6.]*

Art. R. 5421-7 Le budget de l'institution interdépartementale comprend en recettes :

1° La contribution des départements associés ;

2° Les produits de l'activité de l'établissement ;
3° Le revenu des biens meubles et immeubles de l'établissement ;
4° Les subventions, concours et participations qui lui sont accordés ;
5° Les prélèvements sur le fonds de réserve prévu à l'article R. 5421-8 ;
6° Le produit des emprunts ;
7° Les dons et legs ;
8° Les autres recettes prévues par les lois en vigueur. – *[Décr. n° 83-479 du 10 juin 1983, art. 7.]*

Art. R. 5421-8 Le conseil d'administration peut créer un fonds de réserve sur lequel sont prélevées les sommes nécessaires aux besoins exceptionnels de l'établissement. – *[Décr. n° 83-479 du 10 juin 1983, art. 8.]*

Art. R. 5421-9 Les budgets et les comptes de l'institution interdépartementale sont adressés chaque année aux conseils départementaux des départements associés. – *[Décr. n° 83-479 du 10 juin 1983, art. 9.]*

Art. R. 5421-10 Le comptable de l'institution interdépartementale est celui du département dans lequel se trouve le siège de celle-ci. – *[Décr. n° 83-479 du 10 juin 1983, art. 10.]*

Art. R. 5421-11 Les conseils départementaux des départements associés peuvent, par des délibérations concordantes, admettre un nouveau département dans l'institution interdépartementale qu'ils ont créée. – *[Décr. n° 83-479 du 10 juin 1983, art. 11.]*

Art. R. 5421-12 Les conseils départementaux peuvent, par des délibérations concordantes, décider soit le retrait d'un département de l'institution interdépartementale, soit la dissolution de celle-ci.

Les délibérations fixent les conditions du retrait ou de la dissolution. – *[Décr. n° 83-479 du 10 juin 1983, art. 12.]*

Art. R. 5421-13 L'institution interdépartementale peut être dissoute, d'office ou sur demande d'un ou de plusieurs des départements associés, lorsque le fonctionnement de l'institution se révèle impossible.

La dissolution est prononcée par décret pris sur avis conforme du Conseil d'État. Ce décret fixe les conditions de la dissolution. – *[Décr. n° 83-479 du 10 juin 1983, art. 13.]*

SECTION 2 *[ABROGÉE]* **Publicité des actes (R)**

(Abrogée par Décr. n° 2021-1311 du 7 oct. 2021, art. 10)

Art. R. 5421-14 *Abrogé par Décr. n° 2021-1311 du 7 oct. 2021, art. 10.*

LIVRE V AGENCE DÉPARTEMENTALE

TITRE UNIQUE

CHAPITRE UNIQUE

Pas de dispositions réglementaires codifiées.

LIVRE VI COOPÉRATION INTERRÉGIONALE

TITRE I CONVENTION INTERRÉGIONALE (R)

CHAPITRE UNIQUE

Art. R. 5611-1 Deux ou plusieurs régions peuvent, par délibérations concordantes de leurs conseils régionaux, conclure entre elles des conventions.

Les délibérations doivent comporter l'engagement d'inscrire au budget de chaque région concernée les dépenses nécessaires à la réalisation de l'objet arrêté d'un commun accord.

Chaque conseil régional prend à cet effet, en tant que de besoin, des délibérations de programme. – *[Décr. n° 83-471 du 10 juin 1983, art. 1er.]*

Art. R. 5611-2 Si l'accord porte sur des attributions exercées par les régions, en application de l'article L. 4211-1, l'acceptation des personnes morales pour le compte desquelles chaque région agit est nécessaire.

L'acceptation des collectivités locales et des établissements publics est donnée conformément aux dispositions législatives et réglementaires qui les régissent.

L'acceptation de l'État fait l'objet de conventions préparées et conclues par les préfets de région territorialement compétents. – *[Décr. n° 83-471 du 10 juin 1983, art. 2.]*

Art. R. 5611-3 Les présidents des conseils régionaux concernés signent, au vu des délibérations concordantes des conseils régionaux et, le cas échéant, des acceptations données dans les conditions prévues à l'article R. 5611-2, la convention entre les régions.

Celle-ci précise notamment, outre l'objet et la durée pour lesquels elle est conclue, le coût prévisible des opérations envisagées et la répartition des charges.

La convention désigne la collectivité ou l'établissement public pour le compte de qui est réalisé l'ouvrage en application de l'article L. 4211-1 ainsi que, le cas échéant, celle des régions qui en assure la réalisation.

Chaque président de conseil régional est, pour ce qui le concerne, chargé d'assurer l'exécution de la convention. – *[Décr. n° 83-471 du 10 juin 1983, art. 3.]*

TITRE II ENTENTE INTERRÉGIONALE

CHAPITRE I ORGANISATION ET FONCTIONNEMENT

SECTION 1 *[ABROGÉE]* Publicité des actes (R)

(Abrogée par Décr. n° 2021-1311 du 7 oct. 2021, art. 10)

Art. R. 5621-1 *Abrogé par Décr. n° 2021-1311 du 7 oct. 2021, art. 10.*

CHAPITRE II DISPOSITIONS FINANCIÈRES

SECTION 1 Publicité des budgets et des comptes

(Décr. n° 2016-834 du 23 juin 2016, art. 6)

Art. R. 5622-1 Les dispositions de l'article R. 4313-5 sont applicables aux établissements mentionnés à l'article L. 5622-4. Pour leur application, il y a lieu de lire : "l'établissement de coopération interrégionale" au lieu de : "la région" et : "l'organe délibérant de cet établissement" au lieu de : "l'organe délibérant de cette collectivité" et de : "le conseil régional".

LIVRE VII SYNDICAT MIXTE

TITRE I SYNDICAT MIXTE ASSOCIANT EXCLUSIVEMENT DES COMMUNES ET DES ÉTABLISSEMENTS PUBLICS DE COOPÉRATION INTERCOMMUNALE

CHAPITRE UNIQUE

SECTION 1 Organisation et fonctionnement (R)

Art. R. 5711-1 *(Décr. nº 2005-235 du 14 mars 2005, art. 17)* Les dispositions prévues à l'article R. 5212-1 sont applicables aux membres des comités des syndicats mixtes constitués exclusivement de communes et d'établissements publics de coopération intercommunale.

SECTION 2 Dispositions financières (R)

Art. R. 5711-1-1 Les dispositions du livre III de la deuxième partie sont applicables aux syndicats mixtes associant exclusivement des communes et des établissements publics de coopération intercommunale sous réserve des dispositions qui leur sont propres. – *[C. communes, art. R.* 254-1, al. 1er.]*

Art. R. 5711-2 Les chapitres et articles du budget d'un syndicat mixte relevant de l'article L. 5711-1 sont définis par le décret mentionné à l'article R. 2311-1. Le budget est voté dans les conditions prévues à l'article R. 5211-14. Les dispositions de l'article R. 2311-1 définissant les modalités de la présentation fonctionnelle et de la présentation par nature sont applicables au budget du syndicat mixte visé à l'article L. 5711-1. – *[C. communes, art. R.* 254-1, al. 2.]*

Art. R. 5711-3 Pour les syndicats mixtes mentionnés à l'article L. 5711-1 qui comprennent au moins une commune de 3 500 habitants et plus, les données synthétiques à produire sont les suivantes :

1° Dépenses d'exploitation/dépenses réelles de fonctionnement ;
2° Produits de l'exploitation et du domaine/recettes réelles de fonctionnement ;
3° Transferts reçus/recettes réelles de fonctionnement ;
4° Emprunts réalisés/dépenses d'équipement brut ;
5° Encours de la dette.

Pour l'application du présent article, les définitions données à l'article R. 2313-2 sont applicables.

Les dépenses d'exploitation comprennent les dépenses réelles de fonctionnement, déduction faite des intérêts versés et des transferts versés. Les produits de l'exploitation s'entendent des recettes provenant de l'activité de l'organisme.

Les transferts reçus comprennent les remboursements, subventions de fonctionnement et participations.

Les ratios cités au présent article figurent en annexe au budget et au compte administratif de l'établissement public ou de l'organisme de coopération auxquels ils se rapportent.

En outre, les données résultant du dernier compte administratif voté à la date de présentation du budget primitif sont reprises en annexe à celui-ci. – *[C. communes, art. R. 212-9, al. 2 à 6.]*

Art. R. 5711-4 *Abrogé par Décr. nº 2005-1661 du 27 déc. 2005.*

SECTION 3 Disparition (R)

Art. R. 5711-5 Les dispositions de l'article R. 5212-17 sont applicables aux syndicats mixtes définis à l'article L. 5711-1. – *[C. communes, art. R. 166-3.]*

TITRE II SYNDICAT MIXTE ASSOCIANT DES COLLECTIVITÉS TERRITORIALES, DES GROUPEMENTS DE COLLECTIVITÉS TERRITORIALES ET D'AUTRES PERSONNES MORALES DE DROIT PUBLIC

CHAPITRE I ORGANISATION ET FONCTIONNEMENT

Art. R. 5721-1 Pour l'application du second alinéa de l'article L. 5721-6-3, la formation restreinte de la commission départementale de la coopération intercommunale est celle prévue aux articles R. 5211-30 à R. 5211-34, complétée dans les cas et conditions prévus au même article L. 5721-6-3. Le représentant du conseil départemental est élu au sein du collège visé au 3° de l'article L. 5211-43 et le représentant du conseil régional au sein du collège visé au 4° du même article. – *[C. communes, art. R. 166-2.]*

Art. R. 5721-2 Lorsqu'un syndicat mixte défini à l'article L. 5721-2 ne compte plus, par suite de l'application des articles L. 5211-41-1, L. 5215-22, L. 5215-40-1, L. 5216-7 et L. 5216-10, qu'un seul membre, sa disparition est constatée par arrêté du représentant de l'État dans le département où il a son siège et le syndicat est liquidé dans les conditions prévues aux articles L. 5211-25-1 et L. 5211-26. – *[C. communes, art. R. 166-4.]*

CHAPITRE II DISPOSITIONS FINANCIÈRES

Art. D. 5722-1 *(Décr. n° 2009-1786 du 31 déc. 2009)* La délibération prévue au troisième alinéa du I de l'article L. 5722-1 est transmise au comptable assignataire du syndicat avant le début de l'exercice qu'elle concerne.

Art. R. 5722-2 *(Décr. n° 2011-1612 du 22 nov. 2011, art. 9)* L'autorité compétente de l'État mentionnée à l'article L. 5722-3 est le directeur départemental des finances publiques.

CHAPITRE III RÉGIME INDEMNITAIRE DES MEMBRES DES ASSEMBLÉES DÉLIBÉRANTES DE SYNDICATS MIXTES ASSOCIANT EXCLUSIVEMENT DES COLLECTIVITÉS TERRITORIALES ET DES GROUPEMENTS DE COLLECTIVITÉS

(Décr. n° 2004-615 du 25 juin 2004, art. 9)

Art. R. 5723-1 Pour l'application de l'article L. 5721-8, les indemnités maximales votées par les organes délibérants des syndicats mixtes associant exclusivement des communes, des établissements publics de coopération intercommunale, des départements et des régions pour l'exercice effectif des fonctions de président ou de vice-président sont déterminées en appliquant au montant du traitement correspondant à l'indice brut terminal de l'échelle indiciaire de la fonction publique le barème suivant :

POPULATION	TAUX EN %	
	Président	Vice-président
Moins de 500	2,37	0,95
De 500 à 999	3,35	1,34
De 1 000 à 3 499	6,10	2,33
De 3 500 à 9 999	8,47	3,39
De 10 000 à 19 999	10,83	4,33
De 20 000 à 49 999	12,80	5,12
De 50 000 à 99 999	14,77	5,91
De 100 000 à 199 999	17,72	8,86
Plus de 200 000	18,71	9,35

LIVRE VIII DISPOSITIONS PARTICULIÈRES

TITRE I COMMUNES DES DÉPARTEMENTS DE LA MOSELLE, DU BAS-RHIN ET DU HAUT-RHIN

CHAPITRE I SYNDICAT DE COMMUNES

Pas de dispositions réglementaires codifiées.

CHAPITRE II COMMUNAUTÉ DE COMMUNES

Pas de dispositions réglementaires codifiées.

CHAPITRE III COMMUNAUTÉ URBAINE

Pas de dispositions réglementaires codifiées.

CHAPITRE IV COMMUNAUTÉ D'AGGLOMÉRATION

Pas de dispositions réglementaires codifiées.

CHAPITRE V ENTENTE, CONVENTION ET CONFÉRENCE INTERCOMMUNALES

Art. R. 5815-1 Dans le cas de création d'une commission syndicale, le ministre de l'Intérieur exerce les attributions du préfet. – *[C. communes, art. R.* 181-5.]*

CHAPITRE VI ADMINISTRATION DU PATRIMOINE POSSÉDÉ INDIVISÉMENT PAR PLUSIEURS COMMUNES

Pas de dispositions réglementaires codifiées.

TITRE II DISPOSITIONS APPLICABLES DANS LES COMMUNES DES DÉPARTEMENTS DE LA GUADELOUPE, DE LA GUYANE, DE LA MARTINIQUE ET DE LA RÉUNION

CHAPITRE I COMMUNAUTÉ URBAINE

Art. R. 5821-1 Ne sont pas applicables aux communes des départements de la Guadeloupe, de la Martinique et de La Réunion, les dispositions du chapitre V du titre I du livre II de la présente partie. – *[C. communes, art. R.* 182-1 et R. 262-1.]*

CHAPITRE II CHARTE INTERCOMMUNALE DE DÉVELOPPEMENT ET D'AMÉNAGEMENT

Pas de dispositions réglementaires codifiées.

CHAPITRE III DISPOSITIONS DIVERSES (R)

Art. R. 5823-1 Ne sont pas applicables aux communes des départements de la Guadeloupe, de la Martinique et de La Réunion, les dispositions de l'article D. 5212-16. – *[C. communes, art. R. 262-1.]*

Ndlr : il n'est prévu aucune disposition réglementaire entre les art. R. 5823-1 et R. 5831-1.

TITRE III DISPOSITIONS APPLICABLES À MAYOTTE

(Décr. n° 2002-1504 du 24 déc. 2002, art. 13)

CHAPITRE I DISPOSITIONS GÉNÉRALES *(Décr. n° 2012-1337 du 30 nov. 2012, art. 1er).*

Art. R. 5831-1 *(Décr. n° 2011-330 du 25 mars 2011, art. 5)* Pour l'application à Mayotte des dispositions de la cinquième partie du présent code :

1° La référence au département, au département d'outre-mer, à la région ou à la région d'outre-mer est remplacée par la référence au Département de Mayotte ;

2° La référence au conseil régional et aux conseils départementaux est remplacée par la référence au conseil départemental ;

3° La référence au président du conseil régional est remplacée par la référence au président du conseil départemental.

Art. R. 5831-2 à D. 5831-6 *Abrogés par Décr. n° 2011-330 du 25 mars 2011, art. 5.*

CHAPITRE II LA COOPÉRATION INTERCOMMUNALE

(Décr. n° 2012-1337 du 30 nov. 2012, art. 1er)

Art. R. 5832-1 I. — Les dispositions des articles R. 5211-19 à R. 5211-40 sont applicables à Mayotte sous réserve des adaptations prévues au II.

II. — Pour l'application à Mayotte des dispositions mentionnées au I :

1° L'article R. 5211-20 est ainsi rédigé :

Art. R. 5211-20 Les cinq communes les plus peuplées disposent de la moitié du nombre de sièges fixé par l'arrêté mentionné à l'article R. 5211-19 pour les communes. L'autre moitié est pourvue par les autres communes de Mayotte.

2° Au second alinéa de l'article R. 5211-22, les mots : "et du conseil régional" et les mots : "et des conseils régionaux" sont supprimés ;

3° Aux articles R. 5211-23 et R. 5211-24, les mots : "aux 1°, 2° et 3° de l'article L. 5211-43" sont remplacés par les mots : "aux 1° et 3° de l'article L. 5211-43" ;

4° À l'article R. 5211-25, le *c* et le *d* sont remplacés par un *c* ainsi rédigé :

"*c*) Deux conseillers départementaux désignés par le préfet, sur proposition du président du conseil départemental ;" ;

5° À l'article R. 5211-30, après les mots : "article L. 5211-45", sont insérés les mots : "dans sa rédaction applicable à Mayotte en vertu du III de l'article L. 5832-3" et les mots : "et aux représentants des établissements publics de coopération intercommunale à fiscalité propre," sont supprimés ;

6° Au premier alinéa de l'article R. 5211-31, les mots : "des établissements publics de coopération intercommunale à fiscalité propre et ceux" sont supprimés.

TITRE IV DISPOSITIONS APPLICABLES EN POLYNÉSIE FRANÇAISE

(Décr. n° 2008-1020 du 22 sept. 2008)

CHAPITRE I DISPOSITIONS COMMUNES

Art. D. 5841-1 Pour l'application des dispositions de la cinquième partie en Polynésie française :

1° Les références au représentant de l'État dans le département ou aux représentants de l'État dans les départements sont remplacées par la référence au haut-commissaire de la République en Polynésie française ;

2° La référence à la commission départementale de coopération intercommunale est remplacée par la référence à la commission de coopération intercommunale de la Polynésie française ;

3° La référence à la chambre régionale des comptes est remplacée par la référence à la chambre territoriale des comptes.

CHAPITRE II LA COOPÉRATION INTERCOMMUNALE

SECTION 1 Établissements publics de coopération intercommunale

SOUS-SECTION 1 Dispositions communes

§ 1 Règles générales

Art. D. 5842-1 L'article R. 5211-1, à l'exception de son second alinéa, est applicable en Polynésie française.

§ 2 Création

Pas de dispositions réglementaires codifiées.

§ 3 Organes et fonctionnement

Art. R. 5842-2 *Abrogé par Décr. nº 2023-632 du 20 juill. 2023, art. 2.*

§ 4 Conditions d'exercice des mandats des membres des conseils ou comités

Art. D. 5842-3 *(Décr. nº 2025-369 du 23 avr. 2025, art. 3)* « I. — Les dispositions de la section 4 du chapitre I, du titre I du livre II de la cinquième partie mentionnées dans la colonne de gauche du tableau ci-après sont applicables en Polynésie française, dans leur rédaction indiquée dans la colonne de droite du même tableau, sous réserve des adaptations prévues du II au V. » — *Tableau issu du Décr. nº 2025-369 du 23 avr. 2025, art. 3.*

DISPOSITIONS APPLICABLES	DANS LEUR RÉDACTION RÉSULTANT DU
R. 5211-3 et R. 5211-4	Décret nº 2012-124 du 30 janvier 2012
D. 5211-4-1	Décret nº 2021-258 du 9 mars 2021
D. 5211-5	Décret nº 2006-781 du 3 juillet 2006
R. 5211-5-1	Décret nº 2016-870 du 29 juin 2016
D. 5211-5-2	Décret nº 2012-124 du 30 janvier 2012

II. — Pour l'application de l'article R. 5211-3 :

1º La référence à l'article L. 5332-1 est supprimé ;

2º Les références aux articles L. 5214-1, L. 5215-1, *(Décr. nº 2012-124 du 30 janv. 2012, art. 3)* « et L. 5216-1 » sont remplacées par les références aux articles L. 5214-1 et L. 5216-1.

III. — Pour l'application de l'article R. 5211-4, les mots : "par les dispositions des articles R. 5212-1, R. 5214-1, R. 5215-2-1, R. 5216-1, *(Décr. nº 2012-124 du 30 janv. 2012, art. 3)* « R. 5332-1 » et R. 5723-1" sont remplacés par les mots : "par un arrêté du haut-commissaire de la République en Polynésie française".

(Décr. nº 2021-258 du 9 mars 2021, art. 4) « III *bis*. — Pour l'application de l'article D. 5211-4-1, les mots : "relevant des dispositions des articles L. 5213-1 et L. 5213-2 du code du travail ou pouvant prétendre au bénéfice des dispositions des articles L. 5212-1 à L. 5212-17 de ce même code, ou pouvant prétendre au bénéfice de l'article L. 241-3 du code de l'action sociale et des familles" sont remplacés par les mots : "relevant des dispositions applicables localement", et les mots : "à l'article L. 2123-23" sont remplacés par les mots : "*(Abrogé par Décr. nº 2025-369 du 23 avr. 2025, art. 3)* « *fixé* » par arrêté du Haut-commissaire de la République en vertu de l'article L. 2123-23". »

IV. — Pour l'application de l'article D. 5211-5, le second alinéa est remplacé par un alinéa ainsi rédigé : "Ces frais de déplacement sont pris en charge dans la limite du montant des indemnités journalières allouées à cet effet aux fonctionnaires des corps de l'État pour l'administration de la Polynésie française."

(Décr. nº 2025-369 du 23 avr. 2025, art. 3) « IV *bis*. – Pour l'application de l'article R. 5211-5-1, les mots : "établissements publics de coopération intercommunale à fiscalité propre" sont remplacés par les mots : "communautés de communes et aux communautés d'agglomération". »

V. – Pour l'application de l'article D. 5211-5-2, les mots : "à D. 2123-22-7" sont remplacés par les mots : "et D. 2123-22-6" et les mots : "aux communautés urbaines," sont supprimés.

§ 5 Modifications statutaires

Pas de dispositions réglementaires codifiées.

§ 6 Dispositions financières

SOUS-§ 1 *Dispositions communes*

Art. D. 5842-4 I. – Les articles R. 5211-9 à R. 5211-11 sont applicables en Polynésie française sous réserve des adaptations prévues au II.

II. – Pour l'application de l'article R. 5211-9, les mots : "dans le département du siège de l'établissement" sont supprimés.

SOUS-§ 2 *Démocratisation et transparence*

Art. D. 5842-5 I. – Les articles R. 5211-13 à R. 5211-15, à l'exception de son premier alinéa, *(Décr. nº 2016-841 du 24 juin 2016, art. 3)* « l'article R. 5211-18 et l'article R. 5211-18-1 » sont applicables en Polynésie française sous réserve des adaptations prévues au II.

II. – Pour l'application de l'article R. 5211-13, les mots : "du livre III de la deuxième partie" sont remplacés par les mots : "de la section 4 du chapitre III du titre VII du livre V de la deuxième partie".

§ 7 Transformation et fusion

Pas de dispositions réglementaires codifiées.

§ 8 Commission de la coopération intercommunale de la Polynésie française

Art. D. 5842-6 I. – L'article R. 5211-19, à l'exception du deuxième alinéa, du *a*, du *b* et du *c*, l'article R. 5211-20, les articles R. 5211-22 à R. 5211-33, l'article R. 5211-35, l'article R. 5211-36, à l'exception de son second alinéa et les articles R. 5211-37 à R. 5211-40 sont applicables en Polynésie française sous réserves des adaptations prévues aux II, III, IV, V, VI et VII.

II. – Pour l'application de l'article R. 5211-19, le mot : "préfectoral" est remplacé par les mots : "du haut-commissaire de la République en Polynésie française" et les mots : "dans chaque département" sont supprimés.

III. – Pour l'application de l'article R. 5211-20 :

1º Les mots : "du département" sont supprimés ;

2º Au *b*, les mots : "du département" sont remplacés par les mots : "de la Polynésie française".

IV. – Pour l'application de l'article R. 5211-22, les mots : ", des communes associées mentionnées à l'article R. 5211-21" sont supprimés et les mots : "du conseil départemental et du conseil régional" et "des conseils départementaux et des conseils régionaux" sont remplacés par les mots : "de l'assemblée de la Polynésie française".

V. – Pour l'application de l'article R. 5211-23, le mot : "préfectoral" est remplacé par les mots : "du haut-commissaire de la République en Polynésie française", les mots : "et des communes associées dans le cadre des chartes intercommunales" sont supprimés et les mots : "à la préfecture du département" sont remplacés par les mots : "au haut-commissariat de la République en Polynésie française".

VI. – Pour l'application de l'article R. 5211-25 :

1° Les mots : "à la préfecture du département" sont remplacés par les mots : "au haut-commissariat de la Polynésie française" ;

2° Les mots : "de l'association départementale des maires" sont remplacés par les mots : "du syndicat pour la promotion des communes de Polynésie française et des communes non membres" ;

3° Le *c* est ainsi rédigé : "Un représentant de l'assemblée de la Polynésie française désigné par le haut-commissaire de la République en Polynésie française, sur proposition du président de l'assemblée de la Polynésie française" ;

4° Le *d* est rédigé comme suit : "Un membre du gouvernement désigné par le président du gouvernement".

VII. – Pour son application en Polynésie française, l'article R. 5211-28 est rédigé comme suit : "La commission de coopération intercommunale de la Polynésie française a son siège au haut-commissariat de la République en Polynésie française.

"Son secrétariat est assuré par les services du haut-commissariat de la République en Polynésie française".

§ 9 Information et participation des habitants

Art. D. 5842-7 Les articles *(Décr. n° 2021-1311 du 7 oct. 2021, art. 14)* « R. 5211-41-1 » à R. 5211-47 sont applicables en Polynésie française.

§ 10 Dispositions diverses

Art. D. 5842-8 I. – Les articles R. 5211-49 à R. 5211-52 sont applicables en Polynésie française sous réserve des adaptations prévues au II.

II. – Pour l'application de l'article R. 5211-51, les mots : "dans le mois qui suit" sont remplacés par les mots : "dans les deux mois qui suivent".

SOUS-SECTION 2 Syndicats de communes

§ 1 Dispositions financières

Art. D. 5842-9 Les articles R. 5212-1-1 et R. 5212-7 à R. 5212-16 sont applicables en Polynésie française.

§ 2 Dissolution

Art. D. 5842-10 *Abrogé par Décr. n° 2012-124 du 30 janv. 2012, art. 5.*

SOUS-SECTION 3 Communauté de communes

§ 1 *[UNIQUE]* Compétences

Art. D. 5842-11 *(Décr. n° 2012-124 du 30 janv. 2012, art. 5)* L'article R. 5214-1-1 est applicable en Polynésie française.

CHAPITRE III SYNDICAT MIXTE

SECTION 1 Syndicat mixte associant exclusivement des communes et des établissements publics de coopération intercommunale

Art. D. 5843-1 I. – Les articles R. 5711-1-1 à R. 5711-5 sont applicables en Polynésie française.

II. – Pour l'application de l'article R. 5711-1-1, les mots : "du livre III de la deuxième partie" sont remplacés par les mots : "de la section 4 du chapitre III du titre VII du livre V de la deuxième partie".

SECTION 2 **Syndicat mixte associant des collectivités territoriales, des groupements de collectivités et d'autres personnes morales de droit public**

SOUS-SECTION 1 **Organisation et fonctionnement**

Art. D. 5843-2 I. — Les articles R. 5721-1 et R. 5721-2 sont applicables en Polynésie française sous réserve des adaptations prévues aux II et III.

II. — Pour l'application de l'article R. 5721-1, les mots : "du conseil départemental" sont remplacés par les mots : "de l'assemblée de la Polynésie française", les mots : "du conseil régional au sein du collège visé au 4° du même article" sont remplacés par les mots : "du gouvernement désigné par le président de la Polynésie française" et les mots : "commission départementale de la coopération intercommunale" sont remplacés par les mots : "la commission de la coopération intercommunale de la Polynésie française".

III. — Pour l'application de l'article R. 5721-2, les références : "L. 5215-22, L. 5215-40-1," et les mots : "dans le département où il a son siège" sont supprimés.

SOUS-SECTION 2 **Dispositions financières**

Art. D. 5843-3 I. — L'article R. 5722-1 est applicable en Polynésie française sous réserve des adaptations prévues au II.

II. — Pour l'application de l'article R. 5722-1, les mots : "Les dispositions du livre III de la deuxième partie" sont remplacés par les mots : "Les dispositions de la section 4 du chapitre III du titre VII du livre V de la deuxième partie".

LIVRE IX MESURES D'ADAPTATIONS PARTICULIÈRES AUX DÉPARTEMENTS ET AUX RÉGIONS D'OUTRE-MER

(Décr. n° 2001-776 du 28 août 2001, art. 1er)

TITRE UNIQUE LE CONGRÈS DES ÉLUS DÉPARTEMENTAUX ET RÉGIONAUX

CHAPITRE I

Pas de dispositions réglementaires codifiées.

CHAPITRE II

Pas de dispositions réglementaires codifiées.

CHAPITRE III

Pas de dispositions réglementaires codifiées.

CHAPITRE IV GARANTIES CONFÉRÉES AUX CONSEILLERS DÉPARTEMENTAUX ET AUX CONSEILLERS RÉGIONAUX PARTICIPANT AU CONGRÈS DES ÉLUS DÉPARTEMENTAUX ET RÉGIONAUX

Art. R. 5914-1 Lorsque le congrès des élus départementaux et régionaux des départements mentionnés à l'article L. 5911-1 se réunit, les articles R. 3123-1 à R. 3123-8 et R. 4135-1 à R. 4135-8 sont applicables respectivement aux conseillers départementaux et aux conseillers régionaux.

CHAPITRE V

Pas de dispositions réglementaires codifiées.

CHAPITRE VI

Pas de dispositions réglementaires codifiées.

SIXIÈME PARTIE COLLECTIVITÉS D'OUTRE-MER RÉGIES PAR L'ARTICLE 74 DE LA CONSTITUTION

(Décr. nº 2007-1847 du 26 déc. 2007)

LIVRE II SAINT-BARTHÉLEMY

TITRE I DISPOSITIONS GÉNÉRALES

CHAPITRE I DISPOSITIONS GÉNÉRALES

Art. D. 6211-1 Le chef-lieu de la collectivité d'outre-mer de Saint-Barthélemy est fixé à Gustavia.

CHAPITRE II LE REPRÉSENTANT DE L'ÉTAT

Art. D. 6212-1 Le représentant de l'État à Saint-Barthélemy exerce ses attributions dans les conditions prévues par le décret nº 2007-1071 du 6 juillet 2007 relatif au représentant de l'État dans la collectivité de Saint-Barthélemy.

CHAPITRE III L'APPLICATION DES LOIS ET RÈGLEMENTS À SAINT-BARTHÉLEMY

Art. D. 6213-1 Pour l'application à Saint-Barthélemy des dispositions mentionnées aux articles D. 6213-2 à D. 6213-6 :

1º Les références aux communes, aux départements ou aux régions sont remplacées par la référence à la collectivité d'outre-mer de Saint-Barthélemy ; les mots : "communal", "départemental" et "régional" sont remplacés par les mots : "de la collectivité" ;

2º Les mots : "représentant de l'État dans le département", "préfet de région" ou "préfet du département" sont remplacés par les mots : "représentant de l'État à Saint-Barthélemy" ;

3º Les références au conseil régional, aux conseils départementaux et aux conseils municipaux sont remplacées par la référence au conseil territorial ;

4º La référence au président du conseil régional est remplacée par la référence au président du conseil territorial ;

5º La référence au *(Décr. nº 2014-552 du 27 mai 2014, art. 2)* « directeur régional des finances publiques » est remplacée par la référence au *(Décr. nº 2014-552 du 27 mai 2014, art. 2)* « directeur régional des finances publiques de la Guadeloupe » ;

6º La référence à la chambre régionale des comptes est remplacée par la référence à la chambre territoriale des comptes de Saint-Barthélemy ;

7º La référence à l'article 1636 B *septies* du code général des impôts est remplacée par la référence aux dispositions fiscales applicables localement ;

8º La référence au *Journal officiel* de la République française et au recueil des actes administratifs est remplacée par la référence au *Journal officiel* de Saint-Barthélemy ;

9º Les références aux maires, aux présidents de conseils départementaux et aux présidents de conseils régionaux sont remplacées par la référence au président du conseil territorial de Saint-Barthélemy ;

10º La référence au ministre chargé des départements et territoires d'outre-mer est remplacée par la référence au ministre chargé de l'outre-mer.

Art. D. 6213-2 *(Décr. nº 2007-1847 du 26 déc. 2007)* I. – La première partie du code général des collectivités territoriales est applicable à Saint-Barthélemy dans les conditions prévues au présent article.

II. – Le livre I est applicable à Saint-Barthélemy sous réserve qu'a *[que, à]* l'article D. 1115-2, la référence au ministre de l'Intérieur soit remplacée par la référence au ministre chargé de l'outre-mer.

III. – Le livre II est applicable à Saint-Barthélemy dans les conditions suivantes :

1º Pour l'application de l'article R. 1211-8, le président du conseil territorial de Saint-Barthélemy est assimilé aux présidents de conseils *(Décr. nº 2021-596 du 14 mai 2021, art. 19)* « départementaux » ;

2° Pour l'application de l'article R. 1211-19, le président du conseil territorial de Saint-Barthélemy est assimilé aux présidents de conseil départemental de départements ;

3° Pour l'application de l'article R. 1221-1 *(Décr. n° 2021-596 du 14 mai 2021, art. 19)* « 1° *d* », le conseil territorial de Saint-Barthélemy est assimilé aux conseils *(Décr. n° 2021-596 du 14 mai 2021, art. 19)* « départementaux » ;

4° Pour l'application de l'article D. 1231-7, les conseillers territoriaux de Saint-Barthélemy sont assimilés aux conseillers départementaux des départements.

IV. — Le livre IV est applicable à Saint-Barthélemy dans les conditions suivantes :

1° Pour l'application des articles R. 1421-9 et R. 1421-14, les archives de la collectivité de Saint-Barthélemy sont assimilées aux archives de la commune ;

2° La liste des documents mentionnés à l'article R. 1421-9 est complétée par la liste des documents mentionnés à l'article R. 1421-14 à l'exception du *f* ;

3° Les articles R. 1421-10 et R. 1421-14 à R. 1421-16 ne sont pas applicables à Saint-Barthélemy ;

4° À l'article R. 1422-4, les bibliothèques de la collectivité de Saint-Barthélemy sont assimilées aux bibliothèques municipales ;

5° L'article R. 1422-14 n'est pas applicable à la collectivité de Saint-Barthélemy ;

6° Les articles R. 1424-1 à *[R.]* 1424-37 ne sont pas applicables à Saint-Barthélemy ;

7° Pour l'application de l'article R. 1424-38, le schéma d'analyse et de couverture des risques de la collectivité de Saint-Barthélemy est assimilé au schéma départemental d'analyse et de couverture des risques ;

8° Pour l'application de l'article R. 1424-42, le *Journal officiel* de Saint-Barthélemy est assimilable au recueil des actes administratifs de la préfecture et du service départemental d'incendie et de secours ;

9° Pour l'application de l'article R. 1424-45, le service territorial d'incendie et de secours est assimilé au centre opérationnel départemental d'incendie et de secours dénommé CODIS ;

10° Pour l'application de l'article R. 1424-40, le président du conseil d'administration du service territorial d'incendie et de secours est assimilé au président du conseil d'administration du service départemental d'incendie et de secours ;

11° Les articles R. 1425-1 à R. 1425-25 ne sont pas applicables à la collectivité de Saint-Barthélemy.

V. — Le livre VI est applicable à Saint-Barthélemy dans les conditions suivantes :

1° Pour l'application de l'article D. 1612-1, il est inséré après le 3° un 4° ainsi rédigé : "4° Le montant de la dotation globale de fonctionnement à inscrire au budget primitif" ;

2° Les articles D. 1612-5 à D. 1612-7 ne sont pas applicables à Saint-Barthélemy ;

(Décr. n° 2010-767 du 7 juill. 2010, art. 4) « 3° Pour l'application de l'article L. 1614-10, les bibliothèques de la collectivité de Saint-Barthélemy sont soumises aux règles applicables aux bibliothèques municipales de*[s]* départements d'outre-mer. »

Art. D. 6213-3 I. — La deuxième partie du code général des collectivités territoriales est applicable à Saint-Barthélemy dans les conditions prévues au présent article.

II. — Le livre II est applicable à Saint-Barthélemy dans les conditions suivantes :

1° L'article R. 2214-1 n'est pas applicable à Saint-Barthélemy ;

2° Les articles R. 2221-1 à R. 2221-99 ne sont pas applicables à Saint-Barthélemy ;

3° Les articles R. 2224-23 à R. 2224-29 ne sont pas applicables à Saint-Barthélemy ;

4° L'article R. 2224-33 n'est pas applicable à Saint-Barthélemy ;

5° Les articles R. 2241-1 à R. 2242-6 ne sont pas applicables à Saint-Barthélemy.

III. — Le livre IV de la deuxième partie du code général des collectivités territoriales est applicable à Saint-Barthélemy dans les conditions suivantes :

1° Les articles D. 2411-1 à D. 2411-10 ne sont pas applicables à Saint-Barthélemy ;

2° Pour l'application de l'article R. 2421-1, l'hôtel de la collectivité est assimilé à la mairie.

Art. D. 6213-4 I. — La troisième partie du code général des collectivités territoriales est applicable à Saint-Barthélemy dans les conditions prévues au présent article.

II. — Le livre I est applicable à Saint-Barthélemy dans les conditions suivantes :

1° Les articles R. 3111-1 à R. 3123-8 ne sont pas applicables à Saint-Barthélemy ;

2° Les articles D. 3142-1 à D. 3142-5 ne sont pas applicables à Saint-Barthélemy.

Art. D. 6213-5 I. – La quatrième partie du code général des collectivités territoriales est applicable à Saint-Barthélemy dans les conditions prévues au présent article.

II. – Le livre II est applicable à Saint-Barthélemy dans les conditions suivantes :

1° Les titres I et III ne sont pas applicables à Saint-Barthélemy ;

2° Pour l'application de l'article R. 4241-1, le conseil économique, social, environnemental et culturel est assimilé au conseil économique, social et environnemental régional.

III. – Le livre IV est applicable à Saint-Barthélemy dans les conditions suivantes :

1° Les titres I et II ne sont pas applicables à Saint-Barthélemy ;

2° Les articles R. 4431-1 à R. 4432-17 ne sont pas applicables à Saint-Barthélemy ;

3° L'article R. 4433-23 n'est pas applicable à Saint-Barthélemy ;

4° Les articles R*. 4433-24 à R*. 4433-32 et R. 4433-33 à R. 4433-36 ne sont pas applicables à Saint-Barthélemy ;

5° Les articles R. 4434-1 et R. 4434-2 ne sont pas applicables à Saint-Barthélemy.

Art. D. 6213-6 Les livres IV, VI et VII de la cinquième partie du code général des collectivités territoriales sont applicables à Saint-Barthélemy.

CHAPITRE IV COMPÉTENCES

Pas de dispositions réglementaires codifiées.

TITRE II LES INSTITUTIONS DE LA COLLECTIVITÉ

CHAPITRE I LE CONSEIL TERRITORIAL

SECTION 1 Composition et formation

Art. D. 6221-1 L'élection du conseil territorial a lieu selon les modalités prévues aux articles R. 1 à R. 97 et aux articles R. 118 à R. 128 du code électoral et dans les conditions suivantes :

1° Les références au sous-préfet et au préfet sont remplacées par la référence au représentant de l'État ;

2° La référence à l'arrondissement est remplacée par la référence à la collectivité ;

3° Les références à la mairie, au maire, au conseil municipal, à la commune et au département sont remplacées par les références à l'hôtel de la collectivité, au président du conseil territorial, au conseil territorial et à la collectivité.

Art. D. 6221-2 En ce qui concerne les conseillers territoriaux, l'ordre du tableau est déterminé :

1° Par la date la plus ancienne de nomination intervenue depuis le dernier renouvellement intégral du conseil territorial ;

2° Entre conseillers élus le même jour, par le plus grand nombre de suffrages obtenus ;

3° Et, à égalité de voix, par la priorité d'âge.

Un double du tableau reste déposé dans les bureaux de l'hôtel de la collectivité et du représentant de l'État où chacun peut en prendre communication ou copie.

Art. D. 6221-3 Dans le cas prévu à l'article L.O. 6221-3, la démission d'office des membres du conseil territorial de Saint-Barthélemy est prononcée par le tribunal administratif.

Le président du conseil territorial, après refus constaté dans les conditions prévues par l'article L.O. 6221-3, saisit dans le délai d'un mois, à peine de déchéance, le tribunal administratif.

Faute d'avoir statué dans le délai fixé à l'alinéa précédent, le tribunal administratif est dessaisi. Le greffier en chef en informe le président du conseil territorial en lui faisant connaître qu'il a un délai d'un mois, à peine de déchéance, pour saisir le Conseil d'État.

Lorsque le tribunal administratif prononce la démission d'un conseiller territorial, le greffier en chef en informe l'intéressé en lui faisant connaître qu'il a un délai d'un mois pour se pourvoir devant le Conseil d'État.

La contestation est instruite et jugée sans frais par le Conseil d'État dans le délai de trois mois.

SECTION 2 Fonctionnement

Art. D. 6221-4 *Abrogé par Décr. nº 2021-1311 du 7 oct. 2021, art. 15.*

Art. R. 6221-5 *(Décr. nº 2015-510 du 7 mai 2015, art. 21)* Le rapport spécial de l'activité des services de l'État à Saint-Barthélemy comprend également le bilan de l'action des établissements publics de l'État qui y concourent.

Ce rapport porte notamment sur le pilotage des services déconcentrés de l'État, sur les actions de simplification de leur action et sur la modernisation de leur organisation en considération des spécificités locales et dans un souci de qualité de service rendu aux usagers.

CHAPITRE II LE PRÉSIDENT DU CONSEIL TERRITORIAL ET LE CONSEIL EXÉCUTIF

SECTION 1 Le président

SOUS-SECTION 1 Insignes

Art. D. 6222-1 Le président du conseil territorial porte l'écharpe tricolore avec glands à franges d'or dans les cérémonies publiques et toutes les fois que l'exercice de ses fonctions peut rendre nécessaire ce signe distinctif de son autorité.

Les vice-présidents du conseil territorial portent l'écharpe tricolore avec glands à franges d'argent dans l'exercice de leurs fonctions d'officier d'état civil et d'officier de police judiciaire, et lorsqu'ils remplacent ou représentent le président en application des articles L.O. 6222-2 et L.O. 6252-3.

Les conseillers territoriaux portent l'écharpe tricolore avec glands à franges d'argent lorsqu'ils remplacent le président du conseil territorial en application de l'article L.O. 6222-2.

Les membres du conseil exécutif portent l'écharpe tricolore avec glands à franges d'argent lorsqu'ils sont conduits à célébrer des mariages par délégation du président du conseil territorial dans les conditions fixées par l'article L.O. 6252-3.

L'écharpe tricolore peut se porter soit en ceinture, soit de l'épaule droite au côté gauche. Lorsqu'elle est portée en ceinture, l'ordre des couleurs fait figurer le bleu en haut. Lorsqu'elle est portée en écharpe, l'ordre des couleurs fait figurer le bleu près du col, par différenciation avec les parlementaires.

Art. D. 6222-2 L'insigne officiel du président du conseil territorial aux couleurs nationales est conforme au modèle ci-après : "Sur un fond d'émail bleu, blanc et rouge portant "PRÉSIDENT DU CONSEIL TERRITORIAL" sur le blanc et "R.F." sur le bleu ; entouré de deux rameaux de sinople, d'olivier à dextre et de chêne à senestre, le tout brochant sur un faisceau de licteur d'argent sommé d'une tête de coq d'or barbée et crêtée de gueules."

Art. D. 6222-3 Le port de l'insigne officiel du président du conseil territorial aux couleurs nationales, dont l'usage est facultatif, est réservé au président du conseil territorial dans l'exercice de ses fonctions et ne dispense pas du port de l'écharpe lorsque celui-ci est prescrit par les textes en vigueur.

SOUS-SECTION 2 Remplacement

Pas de dispositions réglementaires codifiées.

SOUS-SECTION 3 Incompatibilités

Pas de dispositions réglementaires codifiées.

SOUS-SECTION 4 Responsabilité devant le conseil territorial

Pas de dispositions réglementaires codifiées.

SECTION 2 Le conseil exécutif

Pas de dispositions réglementaires codifiées.

SECTION 3 Suspension et dissolution

Pas de dispositions réglementaires codifiées.

SECTION 4 Contentieux de l'élection du président du conseil territorial et des autres membres du conseil exécutif

Pas de dispositions réglementaires codifiées.

CHAPITRE III LE CONSEIL ÉCONOMIQUE, SOCIAL, ENVIRONNEMENTAL ET CULTUREL

Pas de dispositions réglementaires codifiées.

CHAPITRE IV CONDITIONS D'EXERCICE DES MANDATS

Pas de dispositions réglementaires codifiées.

TITRE III PARTICIPATION DES ÉLECTEURS À LA VIE DE LA COLLECTIVITÉ

CHAPITRE I PÉTITION DES ÉLECTEURS

Pas de dispositions réglementaires codifiées.

CHAPITRE II RÉFÉRENDUM LOCAL

Art. D. 6232-1 Le dossier d'information prévu à l'article L.O. 1112-8 est mis à disposition du public par la collectivité de Saint-Barthélemy, quinze jours au moins avant le scrutin.

Le dossier d'information est mis à disposition du public à l'hôtel de la collectivité. Les électeurs de la collectivité en sont informés par tout moyen.

Le dossier comporte le texte de la question à laquelle les électeurs sont appelés à répondre, le projet de délibération ou d'acte soumis à leur approbation et un rapport explicatif exposant les motifs et la portée du projet ainsi que, le cas échéant, les caractéristiques techniques et financières de sa réalisation. Le dossier contient également, s'il y a lieu, les notes, rapports, avis et tous autres documents requis par la loi ou le règlement pour l'information préalable à la prise des décisions par les autorités territoriales compétentes.

Il précise que le résultat du référendum aura valeur de décision et mentionne les conditions de quorum et de majorité exigées par le premier alinéa de l'article L.O. 1112-7 pour que le projet soit adopté.

Art. D. 6232-2 Pour participer à la campagne en vue du référendum, les groupes d'élus, partis et groupements politiques remplissant les conditions posées par l'article L.O. 1112-10 présentent une demande d'habilitation au président du conseil territorial de Saint-Barthélemy, au plus tard avant 17 heures le troisième lundi qui précède le jour du scrutin.

Chaque groupe d'élus joint à sa demande d'habilitation la liste de ses membres.

Chaque parti ou groupement politique auquel ont déclaré se rattacher des élus ou des candidats dans les conditions prévues à l'article L.O. 1112-10 joint à sa demande d'habilitation la liste de ces élus ou de ces candidats ainsi que leur déclaration de rattachement.

Un arrêté du président du conseil territorial, publié ou affiché au plus tard le troisième vendredi précédant le jour du scrutin, fixe la liste des groupes d'élus, partis et groupements politiques habilités à participer à la campagne ainsi que celle des personnes qui déclarent s'y rattacher.

(Décr. n° 2018-350 du 14 mai 2018, art. 3) « Tout électeur inscrit à » Saint-Barthélemy ainsi que tout groupe, parti ou groupement politique ayant déposé une

demande d'habilitation peut, dans les vingt-quatre heures qui suivent la publication de la liste, saisir le tribunal administratif. Le tribunal statue en premier et dernier ressort dans les trois jours suivant le dépôt de la requête. S'il l'estime fondée, le tribunal procède à la réformation de l'arrêté.

Pour l'application des articles du code électoral (partie Réglementaire) à la campagne organisée en vue d'un référendum local, les références aux candidats et listes de candidats sont remplacées par des références aux groupes d'élus, partis et groupements politiques.

Art. D. 6232-3 Les affiches ayant un but ou un caractère de propagande qui comprennent une combinaison des trois couleurs : bleu, blanc et rouge sont interdites.

Art. D. 6232-4 Le nombre maximum des emplacements réservés à l'affichage électoral, en dehors de ceux établis à côté des bureaux de vote, est fixé, à Saint-Barthélemy, à onze.

Art. D. 6232-5 Sont applicables aux opérations préparatoires au scrutin et au déroulement des opérations de vote, dans les conditions prévues par l'article D. 6213-1, les articles suivants du code électoral :

1° L'article R. 40 relatif à la répartition des électeurs en bureaux de vote ;

2° L'article R. 41 relatif aux horaires du scrutin ;

3° L'article R. 42 relatif à la composition du bureau de vote ;

4° L'article R. 43 relatif à la présidence de ce bureau ;

5° L'article R. 44 relatif à la désignation des assesseurs ;

6° L'article R. 45 relatif à la désignation de leur suppléant ;

7° L'article R. 46 relatif à la notification au maire et aux présidents des bureaux de vote des listes d'assesseurs et de suppléants ;

8° L'article R. 47 relatif au rôle des délégués des listes de candidats ou des candidats ;

9° L'article R. 48 interdisant les discussions et délibérations à l'intérieur des bureaux de vote ;

10° Les articles R. 49 et R. 50 relatifs à la police du bureau de vote ;

11° L'article R. 51 relatif au remplacement des assesseurs et délégués qui auraient été expulsés ;

12° L'article R. 52 relatif aux compétences du bureau pour régler provisoirement les difficultés par décisions motivées et inscriptions au procès-verbal ;

13° L'article R. 54 relatif aux enveloppes électorales ;

14° L'article R. 57 relatif à la constatation publique de l'heure d'ouverture et de clôture du scrutin ;

15° L'article R. 58 relatif au contrôle de l'identité des électeurs ;

16° L'article R. 59 relatif à l'obligation d'être inscrit sur la liste électorale ;

17° L'article R. 60 relatif à la preuve de l'identité dans les communes de 3500 habitants et plus ;

18° Les articles R. 61 et R. 62 relatifs à la liste d'émargement et à son contrôle ;

19° Les articles R. 72 à R. 80 relatifs au vote par procuration.

Art. D. 6232-6 Deux types identiques de bulletins de vote, imprimés en couleur noire sur papier blanc, l'un portant la réponse "OUI" et l'autre la réponse "NON", sont fournis par la collectivité de Saint-Barthélemy, en nombre égal à celui des électeurs inscrits dans son ressort. Ils sont expédiés à l'hôtel de la collectivité au plus tard le mardi précédant le scrutin.

Les bulletins de vote et les enveloppes électorales sont placés, dans chaque bureau de vote, à la disposition des électeurs, sous la responsabilité du président du bureau de vote.

Le jour du scrutin, la collectivité peut compléter, en tant que de besoin, les quantités de bulletins déposés dans les bureaux de vote.

Art. D. 6232-7 Sont applicables aux opérations de recensement des votes et de proclamation des résultats, dans les conditions prévues par l'article D. 6213-1, les articles suivants du code électoral :

1° L'article R. 63 relatif à l'organisation du dépouillement ;

2° L'article R. 64 relatif au rôle des scrutateurs et des membres du bureau ;

3° L'article R. 65 relatif à la désignation des scrutateurs ;

4° L'article R. 65-1 relatif au regroupement des enveloppes par centaine ;

5° L'article R. 66 relatif à la lecture des bulletins, à leur pointage et à la remise des pièces dont la régularité a paru douteuse au bureau ;

6° L'article R. 66-1 relatif au dénombrement des suffrages dans les bureaux dotés d'une machine à voter ;

7° L'article R. 68 relatif aux pièces à joindre au procès-verbal et à la destruction des autres pièces ;

8° L'article R. 70 relatif à la conservation et à la communication des procès-verbaux.

Art. D. 6232-8 Les résultats du scrutin sont consignés dans deux procès-verbaux rédigés sur des formulaires fournis par la collectivité. Ils sont signés des membres du bureau. Les délégués des groupes d'élus, partis ou groupements politiques habilités sont invités à contresigner les exemplaires des procès-verbaux.

Dès l'établissement du procès-verbal, le résultat est proclamé en public par le président du bureau et affiché en toutes lettres par ses soins dans la salle de vote.

Lorsque les collèges électoraux sont répartis en plusieurs bureaux de vote, le dépouillement du scrutin est d'abord opéré par bureau. Le président et les membres de chaque bureau remettent ensuite les deux exemplaires du procès-verbal et les annexes au premier bureau constitué en bureau centralisateur et chargé d'opérer le recensement général des votes en présence des présidents des autres bureaux.

Les résultats arrêtés par chaque bureau et les pièces annexes ne peuvent en aucun cas être modifiés.

Un procès-verbal récapitulatif est établi en double exemplaire en présence des électeurs. Il est signé par les membres du premier bureau, les délégués des groupes d'élus, partis ou groupements politiques habilités auprès de celui-ci et les présidents des autres bureaux.

Art. D. 6232-9 Le résultat est proclamé publiquement par le président du premier bureau et affiché aussitôt par les soins du président du conseil territorial.

Un exemplaire du procès-verbal, auquel sont joints avec leurs annexes les procès-verbaux des opérations de vote dans les bureaux de vote, est adressé au représentant de l'État dans la collectivité.

Art. D. 6232-10 Est puni de l'amende prévue pour les contraventions de la cinquième classe le fait pour tout agent de l'autorité publique ou de la collectivité d'avoir distribué des bulletins de vote ou documents des groupes d'élus, partis politiques ou groupements politiques habilités à participer à la campagne.

Art. D. 6232-11 Est puni d'une amende de 750 euros par contravention le fait pour un imprimeur d'imprimer une affiche ayant un but ou un caractère de propagande qui comprend une combinaison de trois couleurs : bleu, blanc et rouge.

Art. D. 6232-12 Est puni de l'amende prévue pour les contraventions de la quatrième classe celui qui sera entré dans le bureau de vote avec une arme apparente.

CHAPITRE III CONSULTATION DES ÉLECTEURS

Art. D. 6233-1 Les dispositions des articles D. 6232-1 à D. 6232-12 sont applicables à la consultation des électeurs, sous réserves du remplacement des deux derniers alinéas de l'article D. 6232-1 par l'alinéa suivant :

Le dossier comporte notamment la délibération par laquelle la consultation a été décidée à laquelle sont annexées les observations formulées par les membres du conseil territorial à l'occasion de cette délibération, ainsi qu'une notice d'information sur l'objet de la consultation.

TITRE IV RÉGIME JURIDIQUE DES ACTES PRIS PAR LES AUTORITÉS DE LA COLLECTIVITÉ ET RELATIONS ENTRE L'ÉTAT ET LA COLLECTIVITÉ

CHAPITRE I PUBLICITÉ ET ENTRÉE EN VIGUEUR

Art. D. 6241-1 Le dispositif des délibérations du conseil territorial et des délibérations du conseil exécutif prises par délégation ainsi que les actes du président du conseil territorial, à caractère réglementaire, sont publiés dans le *Journal officiel* de Saint-Barthélemy.

Ce *Journal officiel*, qui est publié selon une périodicité au moins mensuelle, est mis à la disposition du public à l'hôtel de la collectivité. Le public est informé, dans les vingt-quatre heures, que le *Journal officiel* de Saint-Barthélemy est mis à sa disposition par affichage aux lieux habituels de l'affichage officiel de la collectivité.

La diffusion du *Journal officiel* de Saint-Barthélemy peut être effectuée à titre gratuit ou par vente au numéro ou par abonnement.

CHAPITRE II CONTRÔLE DE LÉGALITÉ

Art. D. 6242-1 La collectivité de Saint-Barthélemy, lorsqu'elle choisit d'effectuer par voie électronique la transmission de tout ou partie des actes mentionnés à l'article L.O. 6241-1, recourt à un dispositif de télétransmission ayant fait l'objet d'une homologation dans des conditions fixées par arrêté du ministre chargé de l'outre-mer.

L'homologation est subordonnée au respect des prescriptions contenues dans un cahier des charges annexé à l'arrêté mentionné au précédent alinéa.

Aucun dispositif ne peut être homologué s'il n'assure l'identification et l'authentification de la collectivité de Saint-Barthélemy, l'intégrité des flux de données relatives aux actes mentionnés au premier alinéa ainsi que la sécurité et la confidentialité de ces données.

Art. D. 6242-2 Le cahier des charges mentionné à l'article D. 6242-1 définit l'architecture globale de la chaîne de télétransmission des actes soumis au contrôle de légalité ainsi que les caractéristiques exigées en vue de l'homologation d'un dispositif de télétransmission et relatives :

a) À son insertion dans l'architecture globale de la chaîne de télétransmission ;

b) Aux normes des échanges de données ;

c) À la sécurisation de ces échanges ;

d) Aux fonctionnalités de traitement de ces données ;

e) Aux modalités d'exploitation et de gestion des incidents de fonctionnement.

Art. D. 6242-3 Le président du conseil territorial signe avec le représentant de l'État une convention comprenant la référence du dispositif homologué et qui prévoit notamment :

a) La date de raccordement de la collectivité de Saint-Barthélemy à la chaîne de télétransmission ;

b) La nature et les caractéristiques des actes transmis par la voie électronique ;

c) Les engagements respectifs du président du conseil territorial et du représentant de l'État pour l'organisation et le fonctionnement de la télétransmission ;

d) La possibilité, pour la collectivité de Saint-Barthélemy, de renoncer à la transmission par voie électronique et les modalités de cette renonciation.

Art. D. 6242-4 Le représentant de l'État peut suspendre l'application de la convention prévue à l'article D. 6242-3 lorsqu'il constate des altérations graves du fonctionnement du dispositif de télétransmission ou qu'il est empêché de prendre connaissance des actes transmis ou que ce dispositif ne satisfait plus aux conditions d'homologation définies à l'article D. 6242-1.

Toute suspension fait l'objet d'une notification écrite à la collectivité de Saint-Barthélemy qui procède, dès lors, à la transmission de ses actes sur support papier.

Art. D. 6242-5 *(Décr. n° 2018-1075 du 3 déc. 2018, art. 6)* La transmission au représentant de l'État des marchés publics de la collectivité et de ses établissements publics autres que les établissements publics de santé comporte les pièces suivantes :

1° La copie des pièces constitutives du marché public, à l'exception des plans ;

2° La délibération autorisant le représentant légal de la collectivité de Saint-Barthélemy ou de l'établissement à passer le marché public ;

3° La copie de l'avis d'appel à la concurrence et de l'invitation des candidats sélectionnés ;

4° Le règlement de la consultation, si celui-ci figure parmi les documents de consultation ;

5° Les procès-verbaux et rapports de la commission d'appel d'offres et les avis du jury de concours, avec les noms et qualités des personnes qui y ont siégé, ainsi que le rapport de présentation de l'acheteur prévu par les articles R. 2184-1 à R. 2184-5 du code de la commande publique ou les informations prévues par les articles R. 2184-7 à R. 2184-10 de ce même code ;

6° Les renseignements, attestations et déclarations fournis en vertu des articles R. 2143-6 à R. 2143-12 et R. 2143-16 du code de la commande publique.

Art. D. 6242-6 *(Décr. nº 2016-360 du 25 mars 2016, art. 179)* Les modifications des marchés publics sont transmises au représentant de l'État accompagnés *[accompagnées]*, le cas échéant, des délibérations qui les autorisent.

Art. D. 6242-7 Le représentant de l'État peut demander, pour exercer le contrôle de légalité, que des pièces complémentaires lui soient fournies.

CHAPITRE III EXERCICE PAR UN CONTRIBUABLE OU UN ÉLECTEUR DES ACTIONS APPARTENANT À LA COLLECTIVITÉ

Art. D. 6243-1 Dans le cas prévu à l'article L.O. 6244-1, il est délivré au contribuable un récépissé du mémoire détaillé qu'il a adressé au tribunal administratif.

Le représentant de l'État, saisi par le président du tribunal administratif, transmet immédiatement ce mémoire au président du conseil territorial de Saint-Barthélemy en l'invitant à le soumettre au conseil territorial.

La décision du tribunal administratif est rendue dans le délai de deux mois à dater du dépôt de la demande d'autorisation.

Toute décision qui porte refus d'autorisation doit être motivée.

Art. D. 6243-2 Lorsque le tribunal administratif ne statue pas dans le délai de deux mois ou lorsque l'autorisation est refusée, le contribuable peut se pourvoir devant le Conseil d'État.

Art. D. 6243-3 Le pourvoi devant le Conseil d'État est, à peine de déchéance, formé dans le mois qui suit soit l'expiration du délai imparti au tribunal administratif pour statuer, soit la notification de l'arrêté portant refus.

Il est statué sur le pourvoi dans un délai de trois mois à compter de son enregistrement au secrétariat du contentieux du Conseil d'État.

Art. D. 6243-4 Le tribunal administratif ou le Conseil d'État peuvent, s'ils accordent l'autorisation, en subordonner l'effet à la consignation préalable des frais d'instance. Ils fixent, dans ce cas, la somme à consigner.

CHAPITRE IV RELATIONS ENTRE L'ÉTAT ET LA COLLECTIVITÉ

SECTION 1 Services de l'État mis à disposition

Pas de dispositions réglementaires codifiées.

SECTION 2 Coordination entre les services de l'État et les services de la collectivité

Pas de dispositions réglementaires codifiées.

TITRE V ADMINISTRATION ET SERVICES DE LA COLLECTIVITÉ

CHAPITRE I COMPÉTENCES DU CONSEIL TERRITORIAL

Art. D. 6251-1 Dans tous les textes réglementaires en vigueur, mentionnés à l'article L.O. 6251-5, les références aux conseils municipaux, aux conseils départementaux des départements et aux conseils régionaux sont remplacées par la référence au conseil territorial.

CHAPITRE II COMPÉTENCES DU PRÉSIDENT DU CONSEIL TERRITORIAL

Art. D. 6252-1 Toute dépense à la charge de la collectivité ou imputable sur son budget ne peut être engagée que par le président du conseil territorial.

Les contrats, quand il y a lieu, sont passés par le président du conseil territorial au nom de la collectivité, sur délibération du conseil territorial.

Art. D. 6252-2 Le président du conseil territorial peut déléguer à un ou à plusieurs fonctionnaires titulaires de la collectivité les fonctions qu'il exerce en tant qu'officier de l'état civil pour la réception des déclarations de naissance, de décès, d'enfants sans vie, de reconnaissance d'enfants, de déclaration parentale conjointe de changement de nom de l'enfant, du consentement de l'enfant de plus de treize ans à son changement de nom, du consentement d'un enfant majeur à la modification de son nom en cas de changement de filiation, pour la transcription, la mention en marge de tous actes ou jugements sur les registres de l'état civil, pour dresser tous actes relatifs aux déclarations ci-dessus, de même que pour la réalisation de l'audition commune ou des entretiens séparés, préalables au mariage ou à sa transcription. Les actes ainsi dressés comportent la seule signature du fonctionnaire de la collectivité délégué.

L'arrêté portant délégation est transmis tant au représentant de l'État qu'au procureur de la République près le *(Décr. nº 2019-966 du 18 sept. 2019, art. 8, en vigueur le 1er janv. 2020)* « tribunal judiciaire » dans le ressort duquel se trouve Saint-Barthélemy.

Le ou les fonctionnaires titulaires de la collectivité délégués pour la réception des déclarations, la rédaction, la transcription et la mention en marge des actes de l'état civil prévus par le présent article peuvent valablement délivrer toutes copies, et extraits, quelle que soit la nature des actes.

L'exercice des fonctions déléguées s'opère sous le contrôle et la responsabilité du président du conseil territorial.

CHAPITRE III COMPÉTENCES DU CONSEIL EXÉCUTIF

Pas de dispositions réglementaires codifiées.

TITRE VI FINANCES DE LA COLLECTIVITÉ

CHAPITRE I LE BUDGET ET LES COMPTES DE LA COLLECTIVITÉ

Art. D. 6261-1 Le budget s'exécute du 1er janvier au 31 décembre.

Art. D. 6261-2 La période d'exécution du budget est limitée à l'année même à laquelle ce budget s'applique pour le mandatement des dépenses et l'émission des titres de recettes.

Toutefois, cette période comprend un délai complémentaire qui s'étend jusqu'au dernier jour du mois de janvier de l'année suivante. Cette disposition n'est pas applicable aux opérations intéressant uniquement la section d'investissement du budget.

Art. D. 6261-3 Les chapitres des budgets votés par nature correspondent :

a) Section d'investissement :

— à chacun des comptes à deux chiffres des classes 1 et 2 ouverts à la nomenclature par nature, à l'exception des comptes "Report à nouveau", "Résultat de l'exercice", "Provisions pour risques et charges", "Différences sur réalisations d'immobilisations", "Immobilisations affectées, concédées, affermées ou mises à disposition", "Amortissements des immobilisations", "Provisions pour dépréciation des immobilisations" ;

— à chacun des chapitres globalisés dont la liste et la composition sont fixées par arrêté conjoint du ministre chargé du budget et du ministre chargé de l'outre-mer ;

— à chaque programme voté par l'assemblée délibérante. Le programme correspond à un ensemble d'acquisitions d'immobilisations, de travaux sur immobilisations et de frais d'études y afférents, aboutissant à la réalisation d'un ouvrage ou de plusieurs ouvrages de même nature ;

— aux chapitres globalisés de dépenses et de recettes "RMI" retraçant l'un l'ensemble des dépenses et l'autre l'ensemble des recettes d'investissement relatives au revenu minimum d'insertion ;

– à chacune des opérations pour le compte de tiers, dont la liste et les subdivisions sont déterminées par arrêté conjoint du ministre chargé du budget et du ministre chargé de l'outre-mer ;
– au compte "Subventions d'équipement versées" ;
– en dépenses, à la ligne intitulée "Dépenses imprévues" ;
– en recettes, à la ligne intitulée "Virement de la section de fonctionnement" ;
– en recettes, à la ligne intitulée "Produits des cessions d'immobilisations".
Ces trois derniers chapitres ne comportent que des prévisions sans réalisation.
b) Section de fonctionnement :
– aux comptes à deux chiffres des classes 6 et 7 ouverts à la nomenclature par nature, à l'exception des comptes faisant partie de chapitres globalisés ;
– à chacun des chapitres globalisés, dont la liste et la composition sont fixées par arrêté conjoint du ministre chargé du budget et du ministre chargé de l'outre-mer ;
– aux chapitres globalisés de dépenses et de recettes "RMI" retraçant l'un l'ensemble des dépenses et l'autre l'ensemble des recettes de fonctionnement relatives au revenu minimum d'insertion ;
– aux chapitres globalisés de dépenses et de recettes "APA" retraçant l'un l'ensemble des dépenses et l'autre l'ensemble des recettes de fonctionnement relatives à l'allocation personnalisée à l'autonomie ;
– en recettes, au compte intitulé "Impôts locaux" ;
– en dépenses, au compte intitulé "Frais de fonctionnement des groupes d'élus" ;
– en dépenses, à la ligne intitulée "Dépenses imprévues" ;
– en dépenses, à la ligne intitulée "Virement à la section d'investissement".
Ces deux derniers chapitres ne comportent que des prévisions sans réalisation.

Art. D. 6261-4 Pour les budgets votés par nature, l'article budgétaire correspond à la subdivision la plus détaillée de la nomenclature définie par arrêté conjoint du ministre chargé du budget et du ministre chargé de l'outre-mer, pour les programmes, du numéro de programme et, pour les opérations pour le compte de tiers, du numéro d'opération.

Les chapitres intitulés "Dépenses imprévues", "Virement de la section de fonctionnement", "Virement à la section d'investissement" et "Produits des cessions d'immobilisations" ne comportent pas d'article.

Art. D. 6261-5 Les chapitres des budgets votés par fonction correspondent :
a) Section d'investissement :
– pour les dépenses et recettes ventilables, aux groupes 90 "Équipements départementaux" ou 91 "Équipements non départementaux", complétés par le numéro de l'une des dix fonctions de la nomenclature fonctionnelle fixée par arrêté conjoint du ministre chargé du budget et du ministre chargé de l'outre-mer ;
– aux chapitres spécifiques de dépenses et de recettes "RMI" retraçant l'un l'ensemble des dépenses et l'autre l'ensemble des recettes d'investissement relatives au revenu minimum d'insertion ;
– pour les dépenses et recettes non ventilables, à chacun des chapitres non ventilés dont la liste et la composition sont fixées par arrêté conjoint du ministre chargé du budget et du ministre chargé de l'outre-mer ;
– à chacune des opérations pour le compte de tiers, dont la liste et les subdivisions sont déterminées par arrêté conjoint du ministre chargé du budget et du ministre chargé de l'outre-mer ;
– en dépenses, à la ligne intitulée "Dépenses imprévues" ;
– en recettes, à la ligne intitulée "Virement de la section de fonctionnement" ;
– en recettes, à la ligne intitulée "Produits des cessions d'immobilisations".
Ces trois derniers chapitres ne comportent que des prévisions sans réalisation.
b) Section de fonctionnement :
– pour les dépenses et recettes ventilables, au groupe 93 "Opérations ventilées" complété par le numéro de l'une des dix fonctions de la nomenclature fonctionnelle fixée par arrêté conjoint du ministre chargé du budget et du ministre chargé de l'outre-mer ;
– aux chapitres spécifiques de dépenses et de recettes "RMI" retraçant l'un l'ensemble des dépenses et l'autre l'ensemble des recettes de fonctionnement relatives au revenu minimum d'insertion ;

– aux chapitres spécifiques de dépenses et de recettes "APA" retraçant l'un l'ensemble des dépenses et l'autre l'ensemble des recettes de fonctionnement relatives à l'allocation personnalisée à l'autonomie ;

– pour les dépenses et recettes non ventilables, à chacun des chapitres non ventilés, dont la liste et la composition sont fixées par arrêté conjoint du ministre chargé du budget et du ministre chargé de l'outre-mer ;

– en dépenses, à la ligne intitulée "Dépenses imprévues" ;

– en dépenses, à la ligne intitulée "Virement à la section d'investissement".

Ces deux derniers chapitres ne comportent que des prévisions sans réalisation.

Art. D. 6261-6 Les articles des budgets votés par fonction correspondent :

a) Section d'investissement :

– pour les dépenses et recettes ventilables, aux groupes 90 "Équipements départementaux" ou 91 "Équipements non départementaux", complétés par la subdivision la plus détaillée de la nomenclature fonctionnelle fixée par arrêté conjoint du ministre chargé du budget et du ministre chargé de l'outre-mer, ainsi que du numéro du programme en cas de vote par programme. Le programme correspond à un ensemble d'acquisitions d'immobilisations, de travaux sur immobilisations et de frais d'études y afférents, aboutissant à la réalisation d'un ouvrage ou de plusieurs ouvrages de même nature ;

– pour les dépenses et recettes non ventilables, à chacun des chapitres non ventilés, dont la liste et la composition sont fixées par l'arrêté prévu à l'article D. 6261-7, complété par la subdivision la plus détaillée de la nomenclature par nature fixée par arrêté conjoint du ministre chargé du budget et du ministre chargé de l'outre-mer.

Les chapitres relatifs aux opérations pour compte de tiers ainsi que les chapitres correspondant aux dépenses imprévues, au virement de la section de fonctionnement et aux produits des cessions d'immobilisations ne comportent pas d'article.

b) Section de fonctionnement :

– pour les dépenses et recettes ventilables, au groupe 93 "Opérations ventilées" complété par la subdivision la plus détaillée de la nomenclature fonctionnelle fixée par arrêté conjoint du ministre chargé du budget et du ministre chargé de l'outre-mer ;

– pour les dépenses et recettes non ventilables, au numéro du chapitre, complété du compte le plus détaillé de la nomenclature par nature, fixée par un arrêté du ministre chargé du budget et du ministre chargé de l'outre-mer.

Les chapitres relatifs aux dépenses imprévues et au virement à la section d'investissement ne comportent pas d'article.

Art. D. 6261-7 Le conseil territorial choisit de voter le budget de la collectivité par nature ou, à partir du 1er janvier 2009, par fonction.

Si le budget est voté par nature, il comporte, en outre, une présentation croisée par fonction ; s'il est voté par fonction, il comporte une présentation croisée par nature.

La nomenclature par nature et la nomenclature par fonction sont fixées par arrêté conjoint du ministre chargé des collectivités locales et du ministre chargé du budget.

Les documents budgétaires sont présentés, selon les modalités de vote retenu par le conseil, conformément aux modèles fixés par arrêté conjoint du ministre chargé du budget et du ministre chargé de l'outre-mer.

Art. D. 6261-8 La présentation croisée, par fonction ou par nature, s'effectue entre le niveau le plus fin de la nomenclature fonctionnelle et chacun des comptes par nature, à quatre chiffres pour le compte relatif aux rémunérations du personnel et à trois chiffres pour les autres comptes. Pour le compte administratif, le croisement s'effectue entre le niveau le plus fin de la nomenclature fonctionnelle et le compte le plus détaillé ouvert dans la nomenclature par nature.

Cette présentation fonctionnelle croisée n'est pas applicable à un service public territorial, à activité unique érigé en établissement public ou faisant l'objet d'un budget annexe.

Art. D. 6261-9 En application de l'article L.O. 6261-4, pour la collectivité et ses établissements publics, la section d'investissement du budget peut comprendre des autorisations de programme et la section de fonctionnement des autorisations d'engagement

Chaque autorisation de programme ou d'engagement comporte la répartition prévisionnelle par exercice des crédits de paiement correspondants.

Les autorisations de programme ou d'engagement et leurs révisions éventuelles sont présentées par le président. Elles sont votées par le conseil territorial, par délibération distincte, lors de l'adoption du budget de l'exercice ou des décisions modificatives.

Les autorisations de programme correspondent à des dépenses à caractère pluriannuel se rapportant à une immobilisation ou à un ensemble d'immobilisations déterminées, acquises ou réalisées par la collectivité, ou à des subventions d'équipement versées à des tiers.

Art. D. 6261-10 Le besoin ou l'excédent de financement de la section d'investissement constaté à la clôture de l'exercice est constitué du solde d'exécution corrigé des restes à réaliser.

Le solde d'exécution de la section d'investissement correspond à la différence entre le montant des titres de recettes et le montant des mandats de dépenses émis au cours de l'exercice, y compris, le cas échéant, les réductions et annulations de recettes et de dépenses, augmentée ou diminuée du report des exercices antérieurs.

Les restes à réaliser de la section d'investissement arrêtés à la clôture de l'exercice correspondent aux dépenses engagées non mandatées et aux recettes certaines n'ayant pas donné lieu à l'émission d'un titre.

Art. D. 6261-11 Le résultat de la section de fonctionnement correspond à l'excédent ou au déficit de l'exercice. Pour son affectation, il est cumulé avec le résultat antérieur reporté à l'exclusion des restes à réaliser.

Les restes à réaliser de la section de fonctionnement arrêtés à la clôture de l'exercice correspondent aux dépenses engagées non mandatées et non rattachées ainsi qu'aux recettes certaines n'ayant pas donné lieu à l'émission d'un titre et non rattachées. Ils sont reportés au budget de l'exercice suivant.

Art. D. 6261-12 Le résultat cumulé défini à l'article D. 6261-11 est affecté, lorsqu'il s'agit d'un excédent :

1° En priorité, en réserves pour la couverture du besoin de financement de la section d'investissement apparu à la clôture de l'exercice précédent ;

2° Pour le solde, en excédent de fonctionnement reporté ou en dotation complémentaire en réserves.

Lorsqu'il s'agit d'un déficit, il est ajouté aux dépenses de fonctionnement de l'exercice.

Pour l'affectation en réserves, l'exécution de la décision budgétaire de reprise des résultats, adoptée par l'assemblée délibérante, se fait par l'émission d'un titre de recettes. La délibération affectant le résultat excédentaire est produite à l'appui de la décision budgétaire de reprise des résultats et du compte administratif de l'exercice, pour en justifier les recettes.

Art. D. 6261-13 En l'absence d'adoption du compte administratif à la date du vote du budget de l'exercice suivant, lorsque le résultat de la section de fonctionnement, le besoin de financement ou, le cas échéant, l'excédent de la section d'investissement et la prévision d'affectation sont reportés par anticipation, dans les conditions fixées au dernier alinéa du présent article, les inscriptions au budget sont justifiées par la production en annexe d'une fiche de calcul des résultats prévisionnels.

Cette fiche ainsi qu'un tableau des résultats d'exécution du budget sont établis par l'ordonnateur et visés par le comptable, qui les accompagne soit du compte de gestion, s'il est arrêté à cette date, soit d'une balance établie après prise en charge du dernier bordereau de titres et de mandats.

L'ordonnateur produit l'état des restes à réaliser arrêté au 31 décembre de l'exercice clos. Les restes à réaliser de la section de fonctionnement sont reportés à la décision budgétaire de reprise des résultats par anticipation.

Le conseil territorial peut, au titre de l'exercice clos et avant l'adoption de son compte administratif, reporter de manière anticipée au budget le résultat de la section de fonctionnement, le besoin de financement de la section d'investissement, ou le cas échéant l'excédent de la section d'investissement, ainsi que la prévision d'affectation. Si le compte administratif fait apparaître une différence avec les montants reportés par anticipation, le conseil territorial procède à leur régularisation et à la reprise du résultat dans la plus proche délibération budgétaire suivant le vote du compte administratif et, en tout état de cause, avant la fin de l'exercice.

Art. D. 6261-14 Les données synthétiques sur la situation financière de la collectivité, prévues à l'article L. 6261-11, comprennent les ratios suivants :

1° Dépenses réelles de fonctionnement/population ;
2° Produit des impositions/population ;
3° Recettes réelles de fonctionnement/population ;
4° Dépenses d'équipement brut/population ;
5° Encours de la dette/population ;
6° Dotation globale de fonctionnement/population.
7° Dépenses de personnel/dépenses réelles de fonctionnement ;
8° Dépenses réelles de fonctionnement et remboursement annuel de la dette en capital/recettes réelles de fonctionnement ;
9° Dépenses d'équipement brut/recettes réelles de fonctionnement ;
10° Encours de la dette/recettes réelles de fonctionnement.

Art. D. 6261-15 I. — Pour l'application de l'article D. 6261-14 :

a) La population à prendre en compte est la population totale, de la collectivité, telle qu'elle résulte du dernier recensement connu à la date de production des documents budgétaires ;

b) Les dépenses réelles de fonctionnement s'entendent de l'ensemble des dépenses de l'exercice budgétaire entraînant des mouvements réels. Toutefois, pour l'application du 1°, sont exclues les dépenses correspondant à des travaux en régie transférés en section d'investissement. Pour l'application du 8°, sont exclues les dépenses correspondant à des travaux en régie et à des charges transférées en section d'investissement ;

c) Le produit des impositions comprend le produit des impôts, droits et taxes versé au budget de la collectivité ;

d) Les recettes réelles de fonctionnement s'entendent de l'ensemble des recettes de fonctionnement de l'exercice entraînant des mouvements réels ;

e) Les dépenses d'équipement brut comprennent les acquisitions de biens meubles et immeubles, les travaux en cours, les immobilisations incorporelles, les travaux d'investissement en régie et les opérations pour compte de tiers ;

f) Le remboursement annuel de la dette en capital s'entend des remboursements d'emprunts effectués à titre définitif ;

g) L'encours de dette s'obtient par cumul des emprunts et dettes à long et moyen terme.

II. — Les données synthétiques figurent en annexe au budget primitif et au compte administratif auquel elles se rapportent. En outre, les données résultant du dernier compte administratif voté à la date de la présentation du budget primitif sont reprises en annexe à celui-ci.

Art. D. 6261-16 Les états annexés aux documents budgétaires en application de l'article L. 6261-11 sont les suivants :

I. — États annexés au budget et au compte administratif :

1° Tableaux récapitulant l'état des emprunts et dettes ;
2° Présentation de l'état des provisions ;
3° Présentation des méthodes utilisées pour les amortissements ;
4° Présentation de l'équilibre des opérations financières ;
5° Présentation de l'état des charges transférées en investissement ;
6° Présentation du mode de financement des opérations pour le compte de tiers ;
7° Présentation des engagements donnés et reçus ;
8° Présentation de l'emploi des recettes grevées d'une affectation spéciale ;
9° État du personnel ;
10° Liste des organismes de regroupement dont la collectivité est membre ;
11° Liste des établissements ou services créés par la collectivité ;
12° Tableau retraçant les décisions en matière de taux des contributions.

II. — États annexés au seul compte administratif :

1° État de variation des immobilisations ;

2° État présentant le montant de recettes et de dépenses affectées aux services assujettis à la taxe sur la valeur ajoutée qui ne font pas l'objet d'un budget distinct du budget général.

Art. D. 6261-17 Les comptes certifiés mentionnés à l'article L. 2313-1-1 le sont par un commissaire aux comptes pour les organismes soumis à l'obligation de certification des comptes, et par le président de l'organisme en cause pour les organismes non soumis à une telle obligation.

Art. D. 6261-18 Pour l'application de l'article L. 2313-1, les documents budgétaires des caisses des écoles restent déposés au siège de l'établissement public.

Pour les caisses des écoles de la collectivité, les documents budgétaires sont présentés dans les conditions définies aux articles L. 2313-1, D. 6261-16 et D. 6261-17.

CHAPITRE II ADOPTION ET EXÉCUTION DU BUDGET

Art. D. 6262-1 Le représentant de l'État communique au président du conseil territorial :

1° Le montant de chacune des dotations versées dans le cadre de la dotation globale de fonctionnement ;

2° La variation de l'indice des prix de détail entre le 1er janvier et le 31 décembre de l'exercice écoulé, ainsi que les prévisions pour l'exercice en cours, telles qu'elles figurent dans les tableaux annexés à la loi de finances ;

3° La prévision d'évolution des rémunérations des agents de l'État, telle qu'elle figure dans la loi de finances ;

4° Le tableau des charges sociales supportées par la collectivité à la date du 1er février.

Art. D. 6262-2 Lorsque la chambre territoriale des comptes est saisie par le représentant de l'État d'une décision budgétaire ou d'un compte administratif, le délai dont elle dispose pour formuler des propositions court à compter de la réception au greffe de l'ensemble des documents dont la production est requise selon le cas par les articles D. 6262-9, D. 6262-12, D. 6262-15, D. 6262-16 et D. 6262-19. Ces dispositions sont applicables lorsque la chambre est saisie d'une demande d'inscription d'une dépense obligatoire au budget de la collectivité ou de ses établissements publics.

Art. D. 6262-3 La chambre territoriale des comptes formule ses propositions pour le règlement du budget par avis motivé notifié au représentant de l'État, d'une part, à la collectivité ou à son établissement public intéressé, d'autre part.

Art. D. 6262-4 Lorsque la saisine de la chambre territoriale des comptes a pour effet de suspendre l'exécution d'un budget jusqu'au terme de la procédure, dans les conditions fixées par l'article L.O. 6262-8, le représentant de l'État informe directement le comptable concerné de cette saisine.

Art. D. 6262-5 La décision par laquelle le représentant de l'État règle le budget et le rend exécutoire est adressée, dans le délai de vingt jours à compter de la notification de l'avis de la chambre territoriale des comptes, à la collectivité ou à son établissement public intéressé ainsi qu'à son comptable, d'une part, à la chambre, d'autre part.

Art. D. 6262-6 Lorsque le président de la chambre territoriale des comptes constate que la rédaction d'un avis ou d'une décision est entachée d'une erreur ou d'une omission matérielle, il peut, par décision prise après avis conforme du ministère public, y apporter les rectifications nécessaires.

La notification de cette décision se substitue à la notification de l'avis ou de la décision soumis à rectification et emporte les mêmes effets.

Art. D. 6262-7 Les notifications prévues au présent chapitre sont effectuées par lettre recommandée avec demande d'avis de réception.

Art. D. 6262-8 Sans préjudice des dispositions de l'article D. 6262-11, les avis et décisions de la chambre territoriale des comptes sont communicables aux tiers dès qu'a eu lieu la première réunion de l'assemblée délibérante suivant leur réception par la collectivité ou son établissement public concerné.

Art. D. 6262-9 Lorsque le représentant de l'État saisit la chambre territoriale des comptes, conformément à l'article L.O. 6262-2, il joint à cette saisine l'ensemble des informations et documents, mentionnés à l'article D. 6262-1, indispensables à l'établissement du budget, ainsi que les pièces établissant que ces informations et documents ont été communiqués à la collectivité ou à son établissement public intéressé.

L'ensemble des budgets et décisions budgétaires afférents à l'exercice précédent sont également joints à la saisine.

Art. D. 6262-10 Le représentant de l'État informe la collectivité ou son établissement public intéressé de la saisine de la chambre territoriale des comptes.

Art. D. 6262-11 La publication de l'avis de la chambre territoriale des comptes est assurée, dès sa réception, sous la responsabilité du président du conseil territorial ou du président de l'établissement public par affichage ou insertion dans un bulletin officiel.

Art. D. 6262-12 Lorsque le représentant de l'État saisit la chambre territoriale des comptes, conformément à l'article L.O. 6262-4, il joint à cette saisine, outre le budget voté, l'ensemble des informations et documents utilisés pour l'établissement de celui-ci.

Art. D. 6262-12-1 Le représentant de l'État informe la collectivité ou son établissement public intéressé de la saisine de la chambre territoriale des comptes.

Art. D. 6262-13 Les propositions de la chambre territoriale des comptes, formulées conformément à l'article L.O. 6262-4, et tendant au rétablissement de l'équilibre budgétaire, portent sur des mesures dont la réalisation relève de la seule responsabilité de la collectivité ou de son établissement public concerné.

La chambre, si elle constate que le budget a été voté en équilibre réel et qu'il n'y a pas lieu de faire des propositions, notifie sa décision motivée au représentant de l'État et à la collectivité ou à son établissement public concerné.

Art. D. 6262-14 La nouvelle délibération du conseil territorial ou du conseil d'administration de l'établissement public, prise conformément au deuxième alinéa de l'article L.O. 6262-4, est adressée dans le délai de huit jours au représentant de l'État et à la chambre territoriale des comptes.

Art. D. 6262-15 Dans les quinze jours de la réception de la nouvelle délibération, la chambre territoriale des comptes, si elle estime suffisantes les mesures de redressement adoptées, notifie au représentant de l'État, à la collectivité ou à son établissement public concerné un avis par lequel elle en prend acte.

Dans le même délai et si elle estime insuffisantes les mesures de redressement adoptées, la chambre notifie au représentant de l'État, à la collectivité ou à son établissement public concerné, un avis motivé en vue du règlement du budget dans les conditions prévues à l'article L.O. 6262-4.

Art. D. 6262-16 Si une décision budgétaire faisant l'objet de la transmission prévue au deuxième alinéa de l'article L.O. 6262-7 n'est pas adoptée en équilibre réel, le représentant de l'État en saisit la chambre territoriale des comptes, conformément à l'article D. 6262-12. Il est fait application de la procédure prévue aux articles D. 6262-13 à D. 6262-15.

Art. D. 6262-17 Si le budget primitif, transmis à la chambre territoriale des comptes, conformément au deuxième alinéa de l'article L.O. 6262-7, n'a pas été adopté en équilibre réel, le représentant de l'État en saisit la chambre, conformément à l'article D. 6262-12. Il est fait application de la procédure prévue aux articles D. 6262-13 à D. 6262-15.

Art. D. 6262-18 La procédure définie aux articles D. 6262-12 à D. 6262-15 s'applique lorsque la collectivité ou un de ses établissements publics n'a pas procédé à la transmission du compte administratif prévue à l'article L.O. 6262-11.

Art. D. 6262-19 Lorsque le représentant de l'État saisit la chambre territoriale des comptes, conformément à l'article L.O. 6262-12, il joint à sa saisine, outre le compte administratif et le compte de gestion, l'ensemble des documents budgétaires se rapportant à l'exercice intéressé et à l'exercice suivant.

Art. D. 6262-20 Les propositions de la chambre territoriale des comptes, formulées conformément à l'article L.O. 6262-12 et tendant au rétablissement de l'équilibre budgétaire, portent sur des mesures relevant de la seule responsabilité de la collectivité ou de son établissement public concerné, propres à apurer le déficit constaté. Elles précisent la période au cours de laquelle l'apurement doit intervenir.

La chambre, si elle constate que le déficit n'atteint pas les seuils fixés par l'article L.O. 6262-12 et qu'il n'y a pas lieu de proposer des mesures de redressement, notifie sa décision motivée au représentant de l'État et à la collectivité ou à son établissement public concerné.

Art. D. 6262-21 Lorsque les budgets primitifs des exercices au cours desquels le déficit doit être résorbé ne font pas ressortir les mesures suffisantes à cette résorption, la chambre territoriale des comptes, à laquelle ces budgets ont été transmis par le représentant de l'État, propose à ce dernier les mesures nécessaires, dans les conditions prévues à l'article D. 6262-13. Lorsque les budgets font ressortir des mesures suffisantes, la chambre le constate.

Art. D. 6262-22 Si, dans l'exercice de ses missions, la chambre territoriale des comptes constate que l'exécution du budget s'est traduite par un déficit susceptible d'entraîner les mesures de rétablissement de l'équilibre prévues par l'article L.O. 6262-12, elle en informe la collectivité ou son établissement public concerné et le représentant de l'État. La procédure prévue aux articles D. 6262-19 et D. 6262-20 est applicable.

Art. D. 6262-23 La saisine de la chambre territoriale des comptes prévue à l'article L.O. 6262-13 doit être motivée, chiffrée et appuyée de toutes justifications utiles, et notamment du budget voté et, le cas échéant, des décisions qui l'ont modifié.

Le président de la chambre communique la demande au ministère public.

Il en informe le représentant de la collectivité ou de l'établissement public.

Art. D. 6262-24 Lorsque l'auteur de la demande n'a pu obtenir les documents budgétaires, le président de la chambre territoriale des comptes se les fait communiquer par le représentant de l'État.

Art. D. 6262-25 La chambre territoriale des comptes se prononce sur la recevabilité de la demande. Elle constate notamment la qualité du demandeur et, s'il y a lieu, l'intérêt qu'il a à agir.

Art. D. 6262-26 La chambre territoriale des comptes se prononce sur le caractère obligatoire de la dépense.

Si la dépense est obligatoire et si la chambre constate l'absence ou l'insuffisance des crédits nécessaires à sa couverture, elle met en demeure la collectivité ou son établissement public concerné d'ouvrir lesdits crédits par une décision modificative au budget.

Art. D. 6262-27 Si la chambre territoriale des comptes constate que la dépense n'est pas obligatoire ou que les crédits inscrits sont suffisants pour sa couverture, elle notifie sa décision, qui est motivée, à l'auteur de la demande, à la collectivité ou à son établissement public concerné et, s'il n'est pas l'auteur de la demande, au représentant de l'État.

Art. D. 6262-28 Dans le délai d'un mois à compter de la notification de l'avis portant la mise en demeure mentionnée à l'article D. 6262-26, la collectivité ou son établissement public intéressé procède à l'ouverture des crédits nécessaires. La décision correspondante est transmise à la chambre territoriale des comptes et au requérant dans les huit jours de son adoption.

Art. D. 6262-29 La procédure définie au deuxième alinéa de l'article D. 6262-26, aux articles D. 6262-27 et D. 6262-28 s'applique lorsque le représentant de l'État saisit la chambre territoriale des comptes, conformément à l'article L.O. 6262-16.

CHAPITRE III DÉPENSES

Art. D. 6263-1 La collectivité procède à l'amortissement de ses immobilisations, y compris celles reçues à disposition ou en affectation :

1° Incorporelles ;

2° Corporelles, à l'exception des réseaux et installations de voirie dont l'amortissement est facultatif.

Cet amortissement ne s'applique ni aux immobilisations propriété de la collectivité qui sont remises en affectation ou à disposition, ni aux terrains et aménagements de terrains hormis les terrains de gisement, ni aux collections et œuvres d'art.

Les dotations aux amortissements de ces biens sont liquidées sur la base du coût historique de l'immobilisation et de la méthode linéaire. Toutefois, la collectivité peut adopter un mode d'amortissement dégressif ou variable (réel).

Les durées d'amortissement des immobilisations corporelles sont fixées pour chaque bien ou chaque catégorie de biens par l'assemblée délibérante, qui peut se référer à un barème fixé par arrêté du ministre chargé des collectivités locales et du ministre chargé du budget, à l'exception toutefois :

— des frais d'études et des frais d'insertion non suivis de réalisations obligatoirement amortis sur une durée maximale de cinq ans ;

— des frais de recherche et de développement amortis sur une durée maximale de cinq ans en cas de réussite du projet et immédiatement, pour leur totalité, en cas d'échec ;

— des brevets amortis sur la durée du privilège dont ils bénéficient ou sur la durée effective de leur utilisation si elle est plus brève ;

(Décr. n° 2011-1961 du 23 déc. 2011, art. 1er) « — des subventions d'équipement versées, qui sont amorties sur une durée maximale de cinq ans lorsque la subvention finance des biens mobiliers, du matériel ou des études, de quinze ans lorsqu'elle finance des biens immobiliers ou des installations et de trente ans lorsqu'elle finance des projets d'infrastructure d'intérêt national ; les aides à l'investissement des entreprises ne relevant d'aucune de ces catégories sont amorties sur une durée maximale de cinq ans. »

Tout plan d'amortissement commencé doit être poursuivi jusqu'à son terme, sauf cession, affectation, mise à disposition, réforme ou destruction du bien. Le plan d'amortissement ne peut être modifié qu'en cas de changement significatif dans les conditions d'utilisation du bien. Le bénéficiaire de la mise à disposition ou de l'affectation poursuit l'amortissement du bien selon le plan d'amortissement initial ou conformément à ses propres règles, définies par le présent article.

Le conseil territorial peut fixer un seuil unitaire en deçà duquel les immobilisations de peu de valeur ou dont la consommation est très rapide s'amortissent sur un an. La délibération correspondante est transmise au payeur et ne peut être modifiée au cours d'un même exercice budgétaire.

L'assemblée délibérante peut charger l'ordonnateur de déterminer la durée d'amortissement d'un bien à l'intérieur de durées minimales et maximales qu'elle a fixées pour la catégorie à laquelle appartient ce bien.

Pour la ou les caisses des écoles de la collectivité, les dotations aux amortissements des immobilisations, prévues et liquidées dans les conditions fixées au présent article, constituent des dépenses obligatoires.

Art. D. 6263-2 Pour l'application du 20° de l'article L. 3321-1, la constitution de provisions pour risques et charges et pour dépréciation d'éléments d'actif est obligatoire dès lors qu'il y a apparition du risque.

(Décr. n° 2022-1008 du 15 juill. 2022, art. 11) « Le président du conseil territorial » doit constituer la provision à hauteur du risque constaté.

La provision doit être ajustée annuellement en fonction de l'évolution du risque. Elle donne lieu à reprise lorsqu'elle est devenue sans objet, c'est-à-dire en cas de réalisation du risque ou lorsque ce risque n'est plus susceptible de se réaliser.

Le montant de la provision ainsi que son suivi et son emploi sont retracés sur l'état des provisions constituées joint au budget et au compte administratif.

Les dotations aux provisions effectuées dans les conditions définies au présent article constituent également des dépenses obligatoires pour les caisses des écoles.

Art. D. 6263-3 Pour l'application du 8° de l'article L. 3332-2, la collectivité peut procéder à la neutralisation budgétaire de la dotation aux amortissements *(Décr. n° 2015-1848 du 29 déc. 2015)* « des subventions d'équipement versées et » des bâtiments administratifs et scolaires diminuée du montant de la reprise annuelle des subventions d'équipement reçues pour le financement de ces équipements par une dépense de la section d'investissement et une recette de la section de fonctionnement.

Pour l'application du 9° de l'article L. 3332-2, la collectivité procède à la reprise annuelle des subventions d'équipement reçues et des fonds affectés à des immobilisations amortissables par une dépense de la section d'investissement et une recette de la section de fonctionnement. Cette reprise en section de fonctionnement s'effectue au même rythme que celui de l'amortissement de l'immobilisation pour lequel la subvention a été reçue et porte sur une quote-part annuelle correspondant au montant de cette subvention rapporté à la durée d'amortissement de l'immobilisation subventionnée. Toutefois, la dotation globale de construction et d'équipement scolaire est reprise globalement pour un montant au plus égal à la dotation annuelle aux amortissements de l'ensemble des constructions et équipements scolaires.

Art. D. 6263-4 Les articles D. 2321-8 à D. 2321-16 sont applicables à la collectivité de Saint-Barthélemy.

CHAPITRE IV **RECETTES**

Art. D. 6264-1 Les articles R. 2333-121 à R. 2333-132 sont applicables à la collectivité.

Art. D. 6264-2 Les rétributions à percevoir pour les frais d'analyses et d'essais dans les laboratoires de la collectivité sont fixées par le conseil territorial.

Art. D. 6264-3 Les dispositions de l'article R. 3443-1 sont applicables à la collectivité.

Art. D. 6364-4 ***[D. 6264-4]*** La différence constatée entre la valeur de cession d'une immobilisation et sa valeur comptable nette est obligatoirement enregistrée à la section d'investissement du budget préalablement à la détermination du résultat de la section de fonctionnement.

Art. D. 6264-5 Les articles R. 2334-13 à R. 2334-18 sont applicables à la collectivité.

Art. D. 6264-6 Les articles R. 1615-1 à R. 1615-6 sont applicables à la collectivité.

Art. D. 6264-7 La collectivité reçoit dans les mêmes conditions que les départements l'attribution prévue à l'article R. 3334-5.

Elle reçoit en outre une dotation prélevée sur les crédits affectés à la majoration mentionnée à l'article R. 3334-7. Cette dotation est calculée par application au montant total de cette majoration du rapport entre la population de la collectivité et la population nationale, majorée de 10 %.

Art. D. 6264-8 Les articles *(Décr. n° 2025-438 du 20 mai 2025, art. 8)* « R. 3232-1-5, » R. 3334-8 et R. 3334-9 sont applicables à la collectivité.

Art. D. 6264-9 Les articles R. 2336-1 à R. 2336-7 sont applicables à la collectivité.

CHAPITRE V **DISPOSITIONS RELATIVES À LA COMPTABILITÉ**

Art. D. 6265-1 Les articles D. 1611-1, R. 1617-1 à R. 1617-18, les articles D. 1617-19 à D. 1617-23 et les articles R. 3334-1 à R. 3334-22, R. 3335-1, R. 3341-1 à R. 3341-2-1 et D. 3342-1 à D. 3342-13 sont applicables à la collectivité.

Art. D. 6265-2 Les articles R. 3341-1, R. 3341-2 et D. 3342-1 à D. 3342-13 sont applicables à la collectivité.

Art. D. 6265-3 L'article R. 1618-1 est applicable à la collectivité.

Art. D. 6265-4 Pour 2007, les décisions budgétaires adoptées par la commune de Saint-Barthélemy continuent de s'appliquer pour l'exercice en cours sans changement de cadre budgétaire et comptable. La nouvelle collectivité est compétente pour les modifier par voie de décisions modificatives.

Les comptes de la commune de Saint-Barthélemy font l'objet d'un arrêté intermédiaire à la date de création de la collectivité de Saint-Barthélemy.

Le comptable assignataire de la commune de Saint-Barthélemy devient le comptable assignataire de la collectivité de Saint-Barthélemy.

TITRE VII DISPOSITIONS DIVERSES

(Décr. n° 2007-1875 du 26 déc. 2007)

CHAPITRE UNIQUE MODALITÉS DES TRANSFERTS DE COMPÉTENCE

Art. D. 6271-1 Les charges financières supplémentaires résultant pour la collectivité de Saint-Barthélemy des compétences nouvelles qui lui sont attribuées par le livre II de la sixième partie (législative) font l'objet d'une compensation financière, par le transfert d'impôts de l'État, du département ou de la région de la Guadeloupe, de la commune de Saint-Barthélemy et par les dotations de l'État mentionnées à l'article L.O. 6271-5.

Pour chaque compétence transférée, les ressources attribuées sont équivalentes au droit à compensation calculé à partir des charges transférées par l'État, le conseil régional de la Guadeloupe, le conseil départemental de la Guadeloupe ou la commune de Saint-Barthélemy, au titre de chaque compétence transférée.

Le droit à compensation des charges d'investissement transférées est égal à la moyenne des dépenses actualisées, hors taxe et hors fonds de concours, constatées sur une période de dix ans précédant l'année 2007, à l'exception des routes pour lesquelles la période prise en compte pour la détermination du droit à compensation est fixée à cinq ans. Les dépenses prises en compte pour la détermination du droit à compensation de ces charges sont actualisées en fonction de l'indice des prix de la formation brute de capital fixe des administrations publiques, tel que constaté à la date des transferts.

Le droit à compensation des charges de fonctionnement transférées est égal aux dépenses constatées en 2006.

Les dépenses transférées par le département de la Guadeloupe, la région de la Guadeloupe et la commune de Saint-Barthélemy sont calculées à partir des dépenses engagées au titre de chaque compétence transférée figurant dans les comptes administratifs respectifs de chaque collectivité.

Lorsque, pendant la période de référence prise en compte pour le calcul du droit à compensation, la compétence est exercée par l'État et une collectivité territoriale ou par plusieurs collectivités territoriales, le droit à compensation est égal à la somme des dépenses engagées au titre des compétences transférées, au cours de cette période.

Art. D. 6271-2 Le montant des charges transférées, selon la compétence, par l'État, le conseil régional de la Guadeloupe, le conseil départemental de la Guadeloupe ou la commune de Saint-Barthélemy en application des dispositions de l'article D. 6271-1 est constaté pour chaque compétence transférée par arrêté conjoint du ministre chargé de l'outre-mer et du ministre chargé du budget, après avis de la commission consultative d'évaluation des charges de Saint-Barthélemy.

Lorsque la commission consultative d'évaluation des charges de Saint-Barthélemy est saisie d'un projet d'arrêté interministériel prévu au précédent alinéa, elle se prononce dans un délai de deux mois à compter de la date de réception du projet par le président de la commission.

Cet avis porte notamment sur :

1° La liste et le montant des dépenses effectuées, selon la compétence, par l'État, le conseil régional de la Guadeloupe, le conseil départemental de la Guadeloupe ou la commune de Saint-Barthélemy et servant de base de calcul au montant des transferts de charges, conformément à l'article D. 6271-1 ;

2° La vérification, pour chaque compétence transférée, de la concordance entre les montants figurant dans le projet d'arrêté et le montant des dépenses effectuées, au titre des compétences transférées, par l'État, le conseil régional de la Guadeloupe, le conseil départemental de la Guadeloupe ou la commune de Saint-Barthélemy au cours des périodes définies à l'article D. 6271-1 ;

3° Les modalités d'évaluation des charges transférées par l'État, la région de la Guadeloupe, le département de la Guadeloupe et la commune de Saint-Barthélemy.

Art. D. 6271-3 La commission consultative d'évaluation des charges de Saint-Barthélemy est présidée par le président de la chambre territoriale des comptes ou son représentant qui ne peut être qu'un magistrat de la chambre.

Elle comprend, outre son président :

1° Le représentant de l'État dans la collectivité de Saint-Barthélemy ou son représentant ;

2° Le préfet de la Guadeloupe ou son représentant ;

3° Le *(Décr. n° 2014-552 du 27 mai 2014, art. 2)* « directeur régional des finances publiques de la Guadeloupe » ou son représentant ;

4° Un représentant de l'État désigné par le préfet de la Guadeloupe ou son représentant ;

5° Le président du conseil régional de la Guadeloupe ou son représentant ;

6° Le président du conseil départemental de la Guadeloupe ou son représentant ;

7° Le président du conseil territorial de Saint-Barthélemy ou son représentant ;

8° Un membre du conseil exécutif désigné par le conseil territorial de Saint-Barthélemy.

Art. D. 6271-4 La commission est convoquée par son président qui arrête l'ordre du jour de ses séances, après avis du représentant de l'État dans la collectivité de Saint-Barthélemy. La convocation et l'ordre du jour sont adressés aux membres de la commission dix jours au moins avant la date de la réunion.

Art. D. 6271-5 La commission ne peut valablement délibérer que si le nombre des membres présents est au moins égal aux deux tiers du nombre des membres appelés à délibérer.

Si ce nombre n'est pas atteint, une nouvelle convocation est adressée aux membres de la commission dans les conditions prévues à l'article D. 6271-4. La commission peut alors délibérer quel que soit le nombre de membres présents.

En cas de partage égal des voix, celle du président est prépondérante.

Les délibérations de la commission font l'objet d'un procès-verbal signé par le président. Copie en est adressée à chacun des membres.

Art. D. 6271-6 L'arrêté interministériel constatant le montant du droit à compensation est notifié à la collectivité de Saint-Barthélemy.

Art. D. 6271-7 Les fonctions de rapporteur de la commission sont assurées par le représentant de l'État dans la collectivité de Saint-Barthélemy ou son représentant.

Le secrétariat de la commission est assuré par les services du représentant de l'État dans la collectivité de Saint-Barthélemy.

Le président peut inviter à participer à une séance, à titre consultatif, toute personne dont il juge la présence utile.

La commission peut demander communication de tout document qu'elle estime utile au préfet de la Guadeloupe, au représentant de l'État à Saint-Barthélemy, au président du conseil régional de la Guadeloupe, au président du conseil départemental de la Guadeloupe, au président du conseil territorial de la collectivité de Saint-Barthélemy.

La commission adopte son règlement intérieur.

Art. D. 6271-8 Afin de permettre l'évaluation préalable des charges et des recettes correspondant à l'exercice des compétences transférées, conformément aux dispositions des articles L.O. 6271-5 et L.O. 6271-6, les transferts de compétence de l'État, de la région et du département de la Guadeloupe prennent effet le 1er janvier 2008.

LIVRE III SAINT-MARTIN

TITRE I DISPOSITIONS GÉNÉRALES

CHAPITRE I DISPOSITIONS GÉNÉRALES

Art. D. 6311-1 Le chef-lieu de la collectivité d'outre-mer de Saint-Martin est fixé à Marigot.

CHAPITRE II LE REPRÉSENTANT DE L'ÉTAT

Art. D. 6312-1 Le représentant de l'État à Saint-Martin exerce ses attributions dans les conditions prévues par le décret n° 2007-1072 du 6 juillet 2007 relatif au représentant de l'État dans la collectivité de Saint-Martin.

CHAPITRE III L'APPLICATION DES LOIS ET RÈGLEMENTS À SAINT-MARTIN

Art. D. 6313-1 *(Décr. n° 2007-1847 du 26 déc. 2007)* Pour l'application à Saint-Martin des dispositions des articles D. 6313-2 à D. 6313-6 :

1° Les références aux communes, aux départements ou aux régions sont remplacées par la référence à la *(Décr. n° 2024-549 du 14 juin 2024, art. 2)* « collectivité de Saint-Martin » ; les mots : "communal", "départemental" et "régional" sont remplacés par les mots : "de la collectivité" ;

2° Les mots : "représentant de l'État dans le département", "préfet de région" ou "préfet du département" sont remplacés par les mots : "*(Décr. n° 2024-549 du 14 juin 2024, art. 2)* « représentant de l'État dans la collectivité de Saint-Martin »" ;

3° Les références au conseil régional, aux conseils départementaux et aux conseils municipaux sont remplacées par la référence au conseil territorial ;

4° *Abrogé par Décr. n° 2024-549 du 14 juin 2024, art. 2.*

5° La référence au *(Décr. n° 2014-552 du 27 mai 2014, art. 2)* « directeur régional des finances publiques » est remplacée par la référence au *(Décr. n° 2014-552 du 27 mai 2014, art. 2)* « directeur régional des finances publiques de la Guadeloupe » ;

6° La référence à la chambre régionale des comptes est remplacée par la référence à la chambre territoriale des comptes de Saint-Martin ;

7° La référence à l'article 1636 B *septies* du code général des impôts est remplacée par la référence aux dispositions fiscales applicables localement ;

8° La référence au *Journal officiel* de la République française et au recueil des actes administratifs est remplacée par la référence au *Journal officiel* de Saint-Martin ;

9° Les références aux maires, aux présidents de conseils départementaux et aux présidents de conseils régionaux sont remplacées par la référence au président du conseil territorial de Saint-Martin;

10° La référence au ministre chargé des départements et territoires d'outre-mer est remplacée par la référence au ministre chargé de l'outre-mer.

Art. D. 6313-2 I. — La première partie du code général des collectivités territoriales est applicable à Saint-Martin dans les conditions prévues au présent article.

II. — Le livre I est applicable à Saint-Martin sous réserve qu'à l'article D. 1115-2 la référence au ministre de l'Intérieur soit remplacée par la référence au ministre chargé de l'outre-mer.

III. — Le livre II est applicable à Saint-Martin dans les conditions suivantes :

1° Pour l'application de l'article R. 1211-8, le président du conseil territorial de Saint-Martin est assimilé aux présidents de conseils *(Décr. n° 2021-596 du 14 mai 2021, art. 20)* « départementaux » ;

2° Pour l'application de l'article R. 1211-19, le président du conseil territorial de Saint-Martin est assimilé aux présidents de conseil départemental de départements ;

3° Pour l'application de l'article R. 1221-1, *(Décr. n° 2021-596 du 14 mai 2021 art. 20)* « 1° *d* », le conseil territorial de Saint-Martin est assimilé aux conseils départementaux de départements ;

4° Pour l'application de l'article D. 1231-7, les conseillers territoriaux de Saint-Martin sont assimilés aux conseillers *(Décr. n° 2021-596 du 14 mai 2021, art. 20)* « départementaux ».

IV. — Le livre IV est applicable à Saint-Martin dans les conditions suivantes :

1° Pour l'application des articles R. 1421-9 et R. 1421-14, les archives de la collectivité de Saint-Martin sont assimilées aux archives de la commune ;

2° La liste des documents mentionnés à l'article R. 1421-9 est complétée par la liste des documents mentionnés à l'article R. 1421-14 à l'exception du *f* ;

3° Les articles R. 1421-10 et R. 1421-14 à R. 1421-16 ne sont pas applicables à Saint-Martin ;

4° À l'article R. 1422-4, les bibliothèques de la collectivité de Saint-Martin sont assimilées aux bibliothèques municipales.

5° à 10° Abrogés par Décr. n° 2024-549 du 14 juin 2024, art. 2.

V. — Le livre VI est applicable à Saint-Martin dans les conditions suivantes :

1° Pour l'application de l'article D. 1612-1, il est inséré après le 3° un 4° ainsi rédigé : "4° Le montant de la dotation globale de fonctionnement à inscrire au budget primitif" ;

2° Les articles D. 1612-5 à D. 1612-7 ne sont pas applicables à Saint-Martin ;

(Décr. n° 2010-767 du 7 juill. 2010, art. 5) « 3° Pour l'application de l'article L. 1614-10, les bibliothèques de la collectivité de Saint-Martin sont soumises aux règles applicables aux bibliothèques municipales de *[des]* départements d'outre-mer. »

Art. D. 6313-3 I. — La deuxième partie du code général des collectivités territoriales est applicable à Saint-Martin dans les conditions prévues au présent article.

II. — Le livre II est applicable à Saint-Martin dans les conditions suivantes :

1° L'article R. 2214-1 n'est pas applicable à Saint-Martin ;

2° Les articles R. 2221-1 à R. 2221-99 ne sont pas applicables à Saint-Martin ;

3° Les articles R. 2231-1 à R. 2242-6 ne sont pas applicables à Saint-Martin.

III. — Le livre IV de la deuxième partie du code général des collectivités territoriales est applicable à Saint-Martin dans les conditions suivantes :

1° Les articles D. 2411-1 à D. 2411-10 ne sont pas applicables à Saint-Martin ;

2° Pour l'application de l'article R. 2421-1, l'hôtel de la collectivité est assimilé à la mairie.

Art. D. 6313-4 I. — La troisième partie du code général des collectivités territoriales est applicable à Saint-Martin dans les conditions prévues au présent article.

II. — Le livre I est applicable à Saint-Martin dans les conditions suivantes :

1° Les articles R. 3111-1 à R. 3123-8 ne sont pas applicables à Saint-Martin ;

2° Les articles D. 3142-1 à D. 3142-5 ne sont pas applicables à Saint-Martin.

Art. D. 6313-5 I. — La quatrième partie du code général des collectivités territoriales est applicable à Saint-Martin dans les conditions prévues au présent article.

II. — Le livre II est applicable à Saint-Martin dans les conditions suivantes :

1° Les titres I et III ne sont pas applicables à Saint-Martin ;

2° Pour l'application de l'article R. 4241-1, le conseil économique, social et culturel est assimilé au conseil économique, social et environnemental régional.

III. — Le livre IV est applicable à Saint-Martin dans les conditions suivantes :

1° Les titres I et II ne sont pas applicables à Saint-Martin ;

2° Les articles R. 4431-1 à R. 4432-17 ne sont pas applicables à Saint-Martin ;

3° L'article R. 4433-23 n'est pas applicable à Saint-Martin ;

4° Les articles R.* 4433-24 à R.* 4433-32 et R. 4433-33 à R. 4433-36 ne sont pas applicables à Saint-Martin ;

5° Les articles R. 4434-1 et R. 4434-2 ne sont pas applicables à Saint-Martin.

Art. D. 6313-6 I. — Les livres IV, VI et VII de la cinquième partie du code général des collectivités territoriales sont applicables à Saint-Martin.

CHAPITRE IV COMPÉTENCES

Pas de dispositions réglementaires codifiées.

TITRE II LES INSTITUTIONS DE LA COLLECTIVITÉ

CHAPITRE I LE CONSEIL TERRITORIAL

SECTION 1 Composition et formation

Art. D. 6321-1 L'élection du conseil territorial a lieu selon les modalités prévues aux articles R. 1 à R. 97 et aux articles R. 118 à R. 128 du code électoral et dans les conditions suivantes :

1° Les références au sous-préfet et au préfet sont remplacées par la référence au représentant de l'État ;

2° La référence à l'arrondissement est remplacée par la référence à la collectivité ;

3° Les références à la mairie, au maire, au conseil municipal, à la commune et au département sont remplacées par les références à l'hôtel de la collectivité, au président du conseil territorial, au conseil territorial et à la collectivité.

Art. D. 6321-2 En ce qui concerne les conseillers territoriaux, l'ordre du tableau est déterminé :

1° Par la date la plus ancienne de nomination intervenue depuis le dernier renouvellement intégral du conseil territorial ;

2° Entre conseillers élus le même jour, par le plus grand nombre de suffrages obtenus ;

3° Et, à égalité de voix, par la priorité d'âge.

Un double du tableau reste déposé dans les bureaux de l'hôtel de la collectivité et du représentant de l'État, où chacun peut en prendre communication ou copie.

Art. D. 6321-3 Dans le cas prévu à l'article L.O. 6321-3, la démission d'office des membres du conseil territorial de Saint-Martin est prononcée par le tribunal administratif.

Le président du conseil territorial, après refus constaté dans les conditions prévues par l'article L.O. 6321-3, saisit dans le délai d'un mois, à peine de déchéance, le tribunal administratif.

Faute d'avoir statué dans le délai fixé à l'alinéa précédent, le tribunal administratif est dessaisi. Le greffier en chef en informe le président du conseil territorial en lui faisant connaître qu'il a un délai d'un mois, à peine de déchéance, pour saisir le Conseil d'État.

Lorsque le tribunal administratif prononce la démission d'un conseiller territorial, le greffier en chef en informe l'intéressé en lui faisant connaître qu'il a un délai d'un mois pour se pourvoir devant le Conseil d'État.

La contestation est instruite et jugée sans frais par le Conseil d'État dans le délai de trois mois.

SECTION 2 Fonctionnement

Art. D. 6321-4 *Abrogé par Décr. n° 2021-1311 du 7 oct. 2021, art. 15.*

Art. R. 6321-5 *(Décr. n° 2015-510 du 7 mai 2015, art. 21-5°)* Le rapport spécial de l'activité des services de l'État à Saint-Martin comprend également le bilan de l'action des établissements publics de l'État qui y concourent.

Ce rapport porte notamment sur le pilotage des services déconcentrés de l'État, sur les actions de simplification de leur action et sur la modernisation de leur organisation en considération des spécificités locales et dans un souci de qualité de service rendu aux usagers.

CHAPITRE II LE PRÉSIDENT DU CONSEIL TERRITORIAL ET LE CONSEIL EXÉCUTIF

SECTION 1 Le président

SOUS-SECTION 1 Insignes

Art. D. 6322-1 Le président du conseil territorial porte l'écharpe tricolore avec glands à franges d'or dans les cérémonies publiques et toutes les fois que l'exercice de ses fonctions peut rendre nécessaire ce signe distinctif de son autorité.

Les vice-présidents du conseil territorial portent l'écharpe tricolore avec glands à franges d'argent dans l'exercice de leurs fonctions d'officier d'état civil et d'officier de police judiciaire, et lorsqu'ils remplacent ou représentent le président en application des articles L.O. 6322-2 et L.O. 6352-3.

Les conseillers territoriaux portent l'écharpe tricolore avec glands à franges d'argent lorsqu'ils remplacent le président du conseil territorial en application de l'article L.O. 6322-2.

Les membres du conseil exécutif portent l'écharpe tricolore avec glands à franges d'argent lorsqu'ils sont conduits à célébrer des mariages par délégation du président du conseil territorial dans les conditions fixées par l'article L.O. 6352-3.

L'écharpe tricolore peut se porter soit en ceinture, soit de l'épaule droite au côté gauche. Lorsqu'elle est portée en ceinture, l'ordre des couleurs fait figurer le bleu en haut. Lorsqu'elle est portée en écharpe, l'ordre des couleurs fait figurer le bleu près du col, par différenciation avec les parlementaires.

Art. D. 6322-2 L'insigne officiel du président du conseil territorial aux couleurs nationales est conforme au modèle ci-après : "Sur un fond d'émail bleu, blanc et rouge portant "Président du conseil territorial" sur le blanc et "RF" sur le bleu ; entouré de deux rameaux de sinople, d'olivier à dextre et de chêne à senestre, le tout brochant sur un faisceau de licteur d'argent sommé d'une tête de coq d'or barbée et crêtée de gueules."

Art. D. 6322-3 Le port de l'insigne officiel du président du conseil territorial aux couleurs nationales, dont l'usage est facultatif, est réservé au président du conseil territorial dans l'exercice de ses fonctions et ne dispense pas du port de l'écharpe lorsque celui-ci est prescrit par les textes en vigueur.

SOUS-SECTION 2 Remplacement

Pas de dispositions réglementaires codifiées.

SOUS-SECTION 3 Incompatibilités

Pas de dispositions réglementaires codifiées.

SOUS-SECTION 4 Responsabilité devant le conseil territorial

Pas de dispositions réglementaires codifiées.

SECTION 2 Le conseil exécutif

Pas de dispositions réglementaires codifiées.

SECTION 3 Suspension et dissolution

Pas de dispositions réglementaires codifiées.

SECTION 4 Contentieux de l'élection du président du conseil territorial et des autres membres du conseil exécutif

Pas de dispositions réglementaires codifiées.

CHAPITRE III LE CONSEIL ÉCONOMIQUE, SOCIAL ET CULTUREL

Pas de dispositions réglementaires codifiées.

CHAPITRE IV CONSEILS DE QUARTIER

Pas de dispositions réglementaires codifiées.

CHAPITRE V CONDITIONS D'EXERCICE DES MANDATS

Pas de dispositions réglementaires codifiées.

TITRE III PARTICIPATION DES ÉLECTEURS À LA VIE DE LA COLLECTIVITÉ

CHAPITRE I PÉTITION DES ÉLECTEURS

Pas de dispositions réglementaires codifiées.

CHAPITRE II RÉFÉRENDUM LOCAL

Art. D. 6332-1 Le dossier d'information prévu à l'article L.O. 1112-8 est mis à disposition du public par la collectivité de Saint-Martin quinze jours au moins avant le scrutin.

Le dossier d'information est mis à disposition du public à l'hôtel de la collectivité. Les électeurs de la collectivité en sont informés par tout moyen.

Le dossier comporte le texte de la question à laquelle les électeurs sont appelés à répondre, le projet de délibération ou d'acte soumis à leur approbation et un rapport explicatif exposant les motifs et la portée du projet ainsi que, le cas échéant, les caractéristiques techniques et financières de sa réalisation. Le dossier contient également, s'il y a lieu, les notes, rapports, avis et tous autres documents requis par la loi ou le règlement pour l'information préalable à la prise des décisions par les autorités territoriales compétentes.

Il précise que le résultat du référendum aura valeur de décision et mentionne les conditions de quorum et de majorité exigées par le premier alinéa de l'article L.O. 1112-7 pour que le projet soit adopté.

Art. D. 6332-2 Pour participer à la campagne en vue du référendum, les groupes d'élus, partis et groupements politiques remplissant les conditions posées par l'article L.O. 1112-10 présentent une demande d'habilitation au président du conseil territorial de Saint-Martin au plus tard avant 17 heures le troisième lundi qui précède le jour du scrutin.

Chaque groupe d'élus joint à sa demande d'habilitation la liste de ses membres.

Chaque parti ou groupement politique auquel ont déclaré se rattacher des élus ou des candidats dans les conditions prévues à l'article L.O. 1112-10 joint à sa demande d'habilitation la liste de ces élus ou de ces candidats ainsi que leur déclaration de rattachement.

Un arrêté du président du conseil territorial, publié ou affiché au plus tard le troisième vendredi précédant le jour du scrutin, fixe la liste des groupes d'élus, partis et groupements politiques habilités à participer à la campagne ainsi que celle des personnes qui déclarent s'y rattacher.

(Décr. n° 2018-350 du 14 mai 2018, art. 3) « Tout électeur inscrit à » Saint-Martin ainsi que tout groupe, parti ou groupement politique ayant déposé une demande d'habilitation peut, dans les vingt-quatre heures qui suivent la publication de la liste, saisir le tribunal administratif. Le tribunal statue en premier et dernier ressort dans les trois jours suivant le dépôt de la requête. S'il l'estime fondée, le tribunal procède à la réformation de l'arrêté.

Pour l'application des articles du code électoral (partie Réglementaire) à la campagne organisée en vue d'un référendum local, les références aux candidats et listes de candidats sont remplacées par des références aux groupes d'élus, partis et groupement politiques.

Art. D. 6332-3 Les affiches ayant un but ou un caractère de propagande qui comprennent une combinaison des trois couleurs : bleu, blanc et rouge sont interdites.

Art. D. 6332-4 Le nombre maximum des emplacements réservés à l'affichage électoral, en dehors de ceux établis à côté des bureaux de vote, est fixé, à Saint-Martin, à seize.

Art. D. 6332-5 Sont applicables aux opérations préparatoires au scrutin et au déroulement des opérations de vote, dans les conditions prévues par l'article D. 6313-1, les articles suivants du code électoral :

1° L'article R. 40 relatif à la répartition des électeurs en bureaux de vote ;

2° L'article R. 41 relatif aux horaires du scrutin ;

3° L'article R. 42 relatif à la composition du bureau de vote ;

4° L'article R. 43 relatif à la présidence de ce bureau ;

5° L'article R. 44 relatif à la désignation des assesseurs *[;]*

6° L'article R. 45 relatif à la désignation de leur suppléant ;

7° L'article R. 46 relatif à la notification au maire et aux présidents des bureaux de vote des listes d'assesseurs et de suppléants ;

8° L'article R. 47 relatif au rôle des délégués des listes de candidats ou des candidats ;

9° L'article R. 48 interdisant les discussions et délibérations à l'intérieur des bureaux de vote ;

10° Les articles R. 49 et R. 50 relatifs à la police du bureau de vote ;

11° L'article R. 51 relatif au remplacement des assesseurs et délégués qui auraient été expulsés ;

12° L'article R. 52 relatif aux compétences du bureau pour régler provisoirement les difficultés par décisions motivées et inscriptions au procès-verbal ;

13° L'article R. 54 relatif aux enveloppes électorales ;

14° L'article R. 57 relatif à la constatation publique de l'heure d'ouverture et de clôture du scrutin ;

15° L'article R. 58 relatif au contrôle de l'identité des électeurs ;

16° L'article R. 59 relatif à l'obligation d'être inscrit sur la liste électorale ;

17° L'article R. 60 relatif à la preuve de l'identité dans les communes de 3 500 habitants et plus ;

18° Les articles R. 61 et R. 62 relatifs à la liste d'émargement et à son contrôle ;

19° Les articles R. 72 à R. 80 relatifs au vote par procuration.

Art. D. 6332-6 Deux types identiques de bulletins de vote, imprimés en couleur noire sur papier blanc, l'un portant la réponse "OUI" et l'autre la réponse "NON", sont fournis par la collectivité de Saint-Martin, en nombre égal à celui des électeurs inscrits dans son ressort. Ils sont expédiés à l'hôtel de la collectivité au plus tard le mardi précédant le scrutin.

Les bulletins de vote et les enveloppes électorales sont placés, dans chaque bureau de vote, à la disposition des électeurs, sous la responsabilité du président du bureau de vote.

Le jour du scrutin, la collectivité peut compléter, en tant que de besoin, les quantités de bulletins déposés dans les bureaux de vote.

Art. D. 6332-7 Sont applicables aux opérations de recensement des votes et de proclamation des résultats, dans les conditions par l'article D. 6313-1, les articles suivants du code électoral :

1° L'article R. 63 relatif à l'organisation du dépouillement ;

2° L'article R. 64 relatif au rôle des scrutateurs et des membres du bureau ;

3° L'article R. 65 relatif à la désignation des scrutateurs ;

4° L'article R. 65-1 relatif au regroupement des enveloppes par centaine ;

5° L'article R. 66 relatif à la lecture des bulletins, à leur pointage et à la remise des pièces dont la régularité a paru douteuse au bureau ;

6° L'article R. 66-1 relatif au dénombrement des suffrages dans les bureaux dotés d'une machine à voter ;

7° L'article R. 68 relatif aux pièces à joindre au procès-verbal et à la destruction des autres pièces ;

8° L'article R. 70 relatif à la conservation et à la communication des procès-verbaux.

Art. D. 6332-8 Les résultats du scrutin sont consignés dans deux procès-verbaux rédigés sur des formulaires fournis par la collectivité. Ils sont signés des membres du bureau. Les délégués des groupes d'élus, partis ou groupements politiques habilités sont invités à contresigner les exemplaires des procès-verbaux.

Dès l'établissement du procès-verbal, le résultat est proclamé en public par le président du bureau et affiché en toutes lettres par ses soins dans la salle de vote.

Lorsque les collèges électoraux sont répartis en plusieurs bureaux de vote, le dépouillement du scrutin est d'abord opéré par bureau. Le président et les membres de chaque bureau remettent ensuite les deux exemplaires du procès-verbal et les annexes au premier bureau constitué en bureau centralisateur et chargé d'opérer le recensement général des votes en présence des présidents des autres bureaux.

Les résultats arrêtés par chaque bureau et les pièces annexes ne peuvent en aucun cas être modifiés.

Un procès-verbal récapitulatif est établi en double exemplaire en présence des électeurs. Il est signé par les membres du premier bureau, les délégués des groupes d'élus, partis ou groupements politiques habilités auprès de celui-ci et les présidents des autres bureaux.

Art. D. 6332-9 Le résultat est proclamé publiquement par le président du premier bureau et affiché aussitôt par les soins du président du conseil territorial.

Un exemplaire du procès-verbal, auquel sont joints avec leurs annexes les procès-verbaux des opérations de vote dans les bureaux de vote, est adressé au représentant de l'État dans la collectivité.

Art. D. 6332-10 Est puni de l'amende prévue pour les contraventions de la cinquième classe le fait pour tout agent de l'autorité publique ou de la collectivité d'avoir distribué des bulletins de vote ou documents des groupes d'élus, partis politiques ou groupements politiques habilités à participer à la campagne.

Art. D. 6332-11 Est puni d'une amende de 750 euros par contravention le fait pour un imprimeur d'imprimer une affiche ayant un but ou un caractère de propagande qui comprend une combinaison de trois couleurs : bleu, blanc et rouge.

Art. D. 6332-12 Est puni de l'amende prévue pour les contraventions de la quatrième classe celui qui sera entré dans le bureau de vote avec une arme apparente.

CHAPITRE III CONSULTATION DES ÉLECTEURS

Art. D. 6333-1 Les dispositions des articles D. 6332-1 à D. 6332-12 sont applicables à la consultation des électeurs, sous réserve du remplacement des deux derniers alinéas de l'article D. 6332-1 par l'alinéa suivant :

Le dossier comporte notamment la délibération par laquelle la consultation a été décidée à laquelle sont annexées les observations formulées par les membres du conseil territorial à l'occasion de cette délibération, ainsi qu'une notice d'information sur l'objet de la consultation.

TITRE IV RÉGIME JURIDIQUE DES ACTES PRIS PAR LES AUTORITÉS DE LA COLLECTIVITÉ ET RELATIONS ENTRE L'ÉTAT ET LA COLLECTIVITÉ

CHAPITRE I PUBLICITÉ ET ENTRÉE EN VIGUEUR

Art. D. 6341-1 Le dispositif des délibérations du conseil territorial et des délibérations du conseil exécutif prises par délégation ainsi que les actes du président du conseil territorial, à caractère réglementaire, sont publiés dans le *Journal officiel* de Saint-Martin.

Ce *Journal officiel*, qui est publié selon une périodicité au moins mensuelle, est mis à la disposition du public à l'hôtel de la collectivité. Le public est informé, dans les vingt-quatre heures, que le *Journal officiel* de Saint-Martin est mis à sa disposition, par affichage aux lieux habituels de l'affichage officiel de la collectivité.

La diffusion du *Journal officiel* de Saint-Martin peut être effectuée à titre gratuit ou par vente au numéro ou par abonnement.

CHAPITRE II CONTRÔLE DE LÉGALITÉ

Art. D. 6342-1 La collectivité de Saint-Martin, lorsqu'elle choisit d'effectuer par voie électronique la transmission de tout ou partie des actes mentionnés à l'article L.O. 6341-1, recourt à un dispositif de télétransmission ayant fait l'objet d'une homologation dans des conditions fixées par arrêté du ministre chargé de l'outre-mer.

L'homologation est subordonnée au respect des prescriptions contenues dans un cahier des charges annexé à l'arrêté mentionné au précédent alinéa.

Aucun dispositif ne peut être homologué s'il n'assure l'identification et l'authentification de la collectivité de Saint-Martin, l'intégrité des flux de données relatives aux actes mentionnés au premier alinéa ainsi que la sécurité et la confidentialité de ces données.

Art. D. 6342-2 Le cahier des charges mentionné à l'article D. 6342-1 définit l'architecture globale de la chaîne de télétransmission des actes soumis au contrôle de légalité ainsi que les caractéristiques exigées en vue de l'homologation d'un dispositif de télétransmission et relatives :

a) À son insertion dans l'architecture globale de la chaîne de télétransmission ;

b) Aux normes des échanges de données ;

c) À la sécurisation de ces échanges ;

d) Aux fonctionnalités de traitement de ces données ;

e) Aux modalités d'exploitation et de gestion des incidents de fonctionnement.

Art. D. 6342-3 Le président du conseil territorial signe avec le représentant de l'État une convention comprenant la référence du dispositif homologué et qui prévoit notamment :

a) La date de raccordement de la collectivité de Saint-Martin à la chaîne de télétransmission ;

b) La nature et les caractéristiques des actes transmis par la voie électronique ;

c) Les engagements respectifs du président du conseil territorial et du représentant de l'État pour l'organisation et le fonctionnement de la télétransmission ;

d) La possibilité, pour la collectivité de Saint-Martin, de renoncer à la transmission par voie électronique et les modalités de cette renonciation.

Art. D. 6342-4 Le représentant de l'État peut suspendre l'application de la convention prévue à l'article D. 6342-3 lorsqu'il constate des altérations graves du fonctionnement du dispositif de télétransmission ou qu'il est empêché de prendre connaissance des actes transmis ou que ce dispositif ne satisfait plus aux conditions d'homologation définies à l'article D. 6342-1.

Toute suspension fait l'objet d'une notification écrite à la collectivité de Saint-Martin qui procède, dès lors, à la transmission de ses actes sur support papier.

Art. D. 6342-5 *(Décr. nº 2018-1075 du 3 déc. 2018, art. 6)* La transmission au représentant de l'État des marchés publics de la collectivité et de ses établissements publics autres que les établissements publics de santé comporte les pièces suivantes :

1° La copie des pièces constitutives du marché public, à l'exception des plans ;

2° La délibération autorisant le représentant légal de la collectivité de Saint-Martin ou de l'établissement à passer le marché public ;

3° La copie de l'avis d'appel à la concurrence et de l'invitation des candidats sélectionnés ;

4° Le règlement de la consultation, si celui-ci figure parmi les documents de consultation ;

5° Les procès-verbaux et rapports de la commission d'appel d'offres et les avis du jury de concours, avec les noms et qualités des personnes qui y ont siégé, ainsi que le rapport de présentation de l'acheteur prévu par les articles R. 2184-1 à R. 2184-5 du code de la commande publique ou les informations prévues par les articles R. 2184-7 à R. 2184-10 de ce même code ;

6° Les renseignements, attestations et déclarations fournis en vertu des articles R. 2143-6 à R. 2143-12 et R. 2143-16 du code de la commande publique.

Art. D. 6342-6 *(Décr. nº 2016-360 du 25 mars 2016, art. 179)* Les modifications des marchés publics sont transmises au représentant de l'État accompagnés *[accompagnées]*, le cas échéant, des délibérations qui les autorisent.

Art. D. 6342-7 Le représentant de l'État peut demander, pour exercer le contrôle de légalité, que des pièces complémentaires lui soient fournies.

CHAPITRE III EXERCICE PAR UN CONTRIBUABLE OU UN ÉLECTEUR DES ACTIONS APPARTENANT À LA COLLECTIVITÉ

Art. D. 6343-1 Dans le cas prévu à l'article L.O. 6344-1, il est délivré au contribuable un récépissé du mémoire détaillé qu'il a adressé au tribunal administratif.

Le représentant de l'État, saisi par le président du tribunal administratif, transmet immédiatement ce mémoire au président du conseil territorial de Saint-Martin en l'invitant à le soumettre au conseil territorial.

La décision du tribunal administratif est rendue dans le délai de deux mois à dater du dépôt de la demande d'autorisation.

Toute décision qui porte refus d'autorisation doit être motivée.

Art. D. 6343-2 Lorsque le tribunal administratif ne statue pas dans le délai de deux mois ou lorsque l'autorisation est refusée, le contribuable peut se pourvoir devant le Conseil d'État.

Art. D. 6343-3 Le pourvoi devant le Conseil d'État est, à peine de déchéance, formé dans le mois qui suit soit l'expiration du délai imparti au tribunal administratif pour statuer, soit la notification de l'arrêté portant refus.

Il est statué sur le pourvoi dans un délai de trois mois à compter de son enregistrement au secrétariat du contentieux du Conseil d'État.

Art. D. 6343-4 Le tribunal administratif ou le Conseil d'État peuvent, s'ils accordent l'autorisation, en subordonner l'effet à la consignation préalable des frais d'instance. Ils fixent, dans ce cas, la somme à consigner.

CHAPITRE IV RELATIONS ENTRE L'ÉTAT ET LA COLLECTIVITÉ

SECTION 1 Services de l'État mis à disposition

Art. D. 6345-1 ***[D. 6344-1]*** I. — La commission paritaire de concertation mentionnée à l'article L.O. 6345-3 comprend, outre le représentant de l'État et le président du conseil territorial, huit membres :

1° Quatre membres nommés par le ministre chargé de l'outre-mer ;

2° Quatre membres nommés par le conseil exécutif.

II. — La commission est présidée alternativement pour un an par le représentant de l'État et par le représentant du conseil territorial. Elle se réunit au moins une fois par an à l'initiative du représentant de l'État.

III. — La commission paritaire de concertation est consultée par le représentant de l'État ou par le président du conseil territorial sur les problèmes relevant de sa compétence telle qu'elle est définie à l'article L.O. 6345-3.

IV. — La commission établit son règlement intérieur.

SECTION 2 Coordination entre les services de l'État et les services de la collectivité

Pas de dispositions réglementaires codifiées.

TITRE V ADMINISTRATION ET SERVICES DE LA COLLECTIVITÉ

CHAPITRE I COMPÉTENCES DU CONSEIL TERRITORIAL

Art. D. 6351-1 Dans tous les textes réglementaires en vigueur, mentionnés à l'article L.O. 6351-5, les références aux conseils municipaux, aux conseils départementaux des départements et aux conseils régionaux sont remplacées par la référence au conseil territorial.

CHAPITRE II COMPÉTENCES DU PRÉSIDENT DU CONSEIL TERRITORIAL

Art. D. 6352-1 Toute dépense à la charge de la collectivité ou imputable sur son budget ne peut être engagée que par le président du conseil territorial.

Les contrats, quand il y a lieu, sont passés par le président du conseil territorial au nom de la collectivité, sur délibération du conseil territorial.

Art. D. 6352-2 Le président du conseil territorial peut déléguer à un ou à plusieurs fonctionnaires titulaires de la collectivité les fonctions qu'il exerce en tant qu'officier de l'état civil pour la réception des déclarations de naissance, de décès, d'enfants sans vie, de reconnaissance d'enfants, de déclaration parentale conjointe de changement de nom de l'enfant, du consentement de l'enfant de plus de treize ans à son changement de nom, du consentement d'un enfant majeur à la modification de son nom en cas de changement de filiation, pour la transcription, la mention en marge de tous actes ou jugements sur les registres de l'état civil, pour dresser tous actes relatifs aux déclarations ci-dessus, de même que pour la réalisation de l'audition commune ou des entretiens séparés, préalables au mariage ou à sa transcription. Les actes ainsi dressés comportent la seule signature du fonctionnaire de la collectivité délégué.

L'arrêté portant délégation est transmis tant au représentant de l'État qu'au procureur de la République près le *(Décr. n° 2019-966 du 18 sept. 2019, art. 8)* « tribunal judiciaire » dans le ressort duquel se trouve Saint-Martin.

Le ou les fonctionnaires titulaires de la collectivité délégués pour la réception des déclarations, la rédaction, la transcription et la mention en marge des actes de l'état civil prévus par le présent article peuvent valablement délivrer toutes copies, et extraits, quelle que soit la nature des actes.

L'exercice des fonctions déléguées s'opère sous le contrôle et la responsabilité du président du conseil territorial.

CHAPITRE III COMPÉTENCES DU CONSEIL EXÉCUTIF

Pas de dispositions réglementaires codifiées.

TITRE VI FINANCES DE LA COLLECTIVITÉ

CHAPITRE I LE BUDGET ET LES COMPTES DE LA COLLECTIVITÉ

Art. D. 6361-1 Le budget s'exécute du 1er janvier au 31 décembre.

Art. D. 6361-2 La période d'exécution du budget est limitée à l'année même à laquelle ce budget s'applique pour le mandatement des dépenses et l'émission des titres de recettes.

Toutefois, cette période comprend un délai complémentaire qui s'étend jusqu'au dernier jour du mois de janvier de l'année suivante. Cette disposition n'est pas applicable aux opérations intéressant uniquement la section d'investissement du budget.

Art. D. 6361-3 Les chapitres des budgets votés par nature correspondent :

a) Section d'investissement :

— à chacun des comptes à deux chiffres des classes 1 et 2 ouverts à la nomenclature par nature, à l'exception des comptes "Report à nouveau", "Résultat de l'exercice", "Provisions pour risques et charges", "Différences sur réalisations d'immobilisations", "Immobilisations affectées, concédées, affermées ou mises à disposition", "Amortissements des immobilisations", "Provisions pour dépréciation des immobilisations" ;

— à chacun des chapitres globalisés dont la liste et la composition sont fixées par arrêté conjoint du ministre chargé du budget et du ministre chargé de l'outre-mer ;

— à chaque programme voté par l'assemblée délibérante. Le programme correspond à un ensemble d'acquisitions d'immobilisations, de travaux sur immobilisations et de frais d'études y afférents, aboutissant à la réalisation d'un ouvrage ou de plusieurs ouvrages de même nature ;

— aux chapitres globalisés de dépenses et de recettes "RMI" retraçant l'un l'ensemble des dépenses et l'autre l'ensemble des recettes d'investissement relatives au revenu minimum d'insertion ;

— à chacune des opérations pour le compte de tiers, dont la liste et les subdivisions sont déterminées par arrêté conjoint du ministre chargé du budget et du ministre chargé de l'outre-mer ;
— au compte "Subventions d'équipement versées" ;
— en dépenses, à la ligne intitulée "Dépenses imprévues" ;
— en recettes, à la ligne intitulée "Virement de la section de fonctionnement" ;
— en recettes, à la ligne intitulée "Produits des cessions d'immobilisations".
Ces trois derniers chapitres ne comportent que des prévisions sans réalisation.
b) Section de fonctionnement :
— aux comptes à deux chiffres des classes 6 et 7 ouverts à la nomenclature par nature, à l'exception des comptes faisant partie de chapitres globalisés ;
— à chacun des chapitres globalisés, dont la liste et la composition sont fixées par arrêté conjoint du ministre chargé du budget et du ministre chargé de l'outre-mer ;
— aux chapitres globalisés de dépenses et de recettes "RMI" retraçant l'un l'ensemble des dépenses et l'autre l'ensemble des recettes de fonctionnement relatives au revenu minimum d'insertion ;
— aux chapitres globalisés de dépenses et de recettes "APA" retraçant l'un l'ensemble des dépenses et l'autre l'ensemble des recettes de fonctionnement relatives à l'allocation personnalisée à l'autonomie ;
— en recettes, au compte intitulé "Impôts locaux" ;
— en dépenses, au compte intitulé "Frais de fonctionnement des groupes d'élus" ;
— en dépenses, à la ligne intitulée "Dépenses imprévues" ;
— en dépenses, à la ligne intitulée "Virement à la section d'investissement".
Ces deux derniers chapitres ne comportent que des prévisions sans réalisation.

Art. D. 6361-4 Pour les budgets votés par nature, l'article budgétaire correspond à la subdivision la plus détaillée de la nomenclature définie par arrêté conjoint du ministre chargé du budget et du ministre chargé de l'outre-mer, pour les programmes, du numéro de programme, et pour les opérations pour le compte de tiers, du numéro d'opération.

Les chapitres intitulés "Dépenses imprévues", "Virement de la section de fonctionnement", "Virement à la section d'investissement" et "Produits des cessions d'immobilisations" ne comportent pas d'article.

Art. D. 6361-5 Les chapitres des budgets votés par fonction correspondent :
a) Section d'investissement :
— pour les dépenses et recettes ventilables, aux groupes 90 "Équipements départementaux" ou 91 "Équipements non départementaux", complétés par le numéro de l'une des dix fonctions de la nomenclature fonctionnelle fixée par arrêté conjoint du ministre chargé du budget et du ministre chargé de l'outre-mer ;
— aux chapitres spécifiques de dépenses et de recettes "RMI" retraçant l'un l'ensemble des dépenses et l'autre l'ensemble des recettes d'investissement relatives au revenu minimum d'insertion ;
— pour les dépenses et recettes non ventilables, à chacun des chapitres non ventilés dont la liste et la composition sont fixées par arrêté conjoint du ministre chargé du budget et du ministre chargé de l'outre-mer ;
— à chacune des opérations pour le compte de tiers, dont la liste et les subdivisions sont déterminées par arrêté conjoint du ministre chargé du budget et du ministre chargé de l'outre-mer ;
— en dépenses, à la ligne intitulée "Dépenses imprévues" ;
— en recettes, à la ligne intitulée "Virement de la section de fonctionnement" ;
— en recettes, à la ligne intitulée "Produits des cessions d'immobilisations" ;
Ces trois derniers chapitres ne comportent que des prévisions sans réalisation.
b) Section de fonctionnement :
— pour les dépenses et recettes ventilables, au groupe 93 "Opérations ventilées" complété par le numéro de l'une des dix fonctions de la nomenclature fonctionnelle fixée par arrêté conjoint du ministre chargé du budget et du ministre chargé de l'outre-mer ;

– aux chapitres spécifiques de dépenses et de recettes "RMI" retraçant l'un l'ensemble des dépenses et l'autre l'ensemble des recettes de fonctionnement relatives au revenu minimum d'insertion ;

– aux chapitres spécifiques de dépenses et de recettes "APA" retraçant l'un l'ensemble des dépenses et l'autre l'ensemble des recettes de fonctionnement relatives à l'allocation personnalisée à l'autonomie ;

– pour les dépenses et recettes non ventilables, à chacun des chapitres non ventilés, dont la liste et la composition sont fixées par arrêté conjoint du ministre chargé du budget et du ministre chargé de l'outre-mer ;

– en dépenses, à la ligne intitulée "Dépenses imprévues" ;

– en dépenses, à la ligne intitulée "Virement à la section d'investissement".

Ces deux derniers chapitres ne comportent que des prévisions sans réalisation.

Art. D. 6361-6 Les articles des budgets votés par fonction correspondent :

a) Section d'investissement :

– pour les dépenses et recettes ventilables, aux groupes 90 "Équipements départementaux" ou 91 "Équipements non départementaux", complétés par la subdivision la plus détaillée de la nomenclature fonctionnelle fixée par arrêté conjoint du ministre chargé du budget et du ministre chargé de l'outre-mer, ainsi que du numéro du programme en cas de vote par programme. Le programme correspond à un ensemble d'acquisitions d'immobilisations, de travaux sur immobilisations et de frais d'études y afférents, aboutissant à la réalisation d'un ouvrage ou de plusieurs ouvrages de même nature ;

– pour les dépenses et recettes non ventilables, à chacun des chapitres non ventilés, dont la liste et la composition sont fixées par l'arrêté prévu à l'article D. 6261-7, complété par la subdivision la plus détaillée de la nomenclature par nature fixée par arrêté conjoint du ministre chargé du budget et du ministre chargé de l'outre-mer.

Les chapitres relatifs aux opérations pour compte de tiers ainsi que les chapitres correspondant aux dépenses imprévues, au virement de la section de fonctionnement et aux produits des cessions d'immobilisations ne comportent pas d'article.

b) Section de fonctionnement :

– pour les dépenses et recettes ventilables, au groupe 93 "Opérations ventilées", complété par la subdivision la plus détaillée de la nomenclature fonctionnelle fixée par arrêté conjoint du ministre chargé du budget et du ministre chargé de l'outre-mer ;

– pour les dépenses et recettes non ventilables, au numéro du chapitre, complété du compte le plus détaillé de la nomenclature par nature, fixée par un arrêté du ministre chargé du budget et du ministre chargé de l'outre-mer.

Les chapitres relatifs aux dépenses imprévues et au virement à la section d'investissement ne comportent pas d'article.

Art. D. 6361-7 Le conseil territorial choisit de voter le budget de la collectivité par nature ou, à partir du 1er janvier 2009, par fonction.

Si le budget est voté par nature, il comporte, en outre, une présentation croisée par fonction ; s'il est voté par fonction, il comporte une présentation croisée par nature.

La nomenclature par nature et la nomenclature par fonction sont fixées par arrêté conjoint du ministre chargé des collectivités locales et du ministre chargé du budget.

Les documents budgétaires sont présentés, selon les modalités de vote retenues par le conseil, conformément aux modèles fixés par arrêté conjoint du ministre chargé du budget et du ministre chargé de l'outre-mer.

Art. D. 6361-8 La présentation croisée, par fonction ou par nature, s'effectue entre le niveau le plus fin de la nomenclature fonctionnelle et chacun des comptes par nature, à quatre chiffres pour le compte relatif aux rémunérations du personnel et à trois chiffres pour les autres comptes. Pour le compte administratif, le croisement s'effectue entre le niveau le plus fin de la nomenclature fonctionnelle et le compte le plus détaillé ouvert dans la nomenclature par nature.

Cette présentation fonctionnelle croisée n'est pas applicable à un service public territorial à activité unique érigé en établissement public ou faisant l'objet d'un budget annexe.

Art. D. 6361-9 En application de l'article L.O. 6361-4, pour la collectivité et ses établissements publics, la section d'investissement du budget peut comprendre des autorisations de programme et la section de fonctionnement des autorisations d'engagement.

Chaque autorisation de programme ou d'engagement comporte la répartition prévisionnelle par exercice des crédits de paiement correspondants.

Les autorisations de programme ou d'engagement et leurs révisions éventuelles sont présentées par le président. Elles sont votées par le conseil territorial, par délibération distincte, lors de l'adoption du budget de l'exercice ou des décisions modificatives.

Les autorisations de programme correspondent à des dépenses à caractère pluriannuel se rapportant à une immobilisation ou à un ensemble d'immobilisations déterminées, acquises ou réalisées par la collectivité, ou à des subventions d'équipement versées à des tiers.

Art. D. 6361-10 Le besoin ou l'excédent de financement de la section d'investissement constaté à la clôture de l'exercice est constitué du solde d'exécution corrigé des restes à réaliser.

Le solde d'exécution de la section d'investissement correspond à la différence entre le montant des titres de recettes et le montant des mandats de dépenses émis au cours de l'exercice, y compris le cas échéant les réductions et annulations de recettes et de dépenses, augmentée ou diminuée du report des exercices antérieurs.

Les restes à réaliser de la section d'investissement arrêtés à la clôture de l'exercice correspondent aux dépenses engagées non mandatées et aux recettes certaines n'ayant pas donné lieu à l'émission d'un titre.

Art. D. 6361-11 Le résultat de la section de fonctionnement correspond à l'excédent ou au déficit de l'exercice. Pour son affectation, il est cumulé avec le résultat antérieur reporté à l'exclusion des restes à réaliser.

Les restes à réaliser de la section de fonctionnement arrêtés à la clôture de l'exercice correspondent aux dépenses engagées non mandatées et non rattachées ainsi qu'aux recettes certaines n'ayant pas donné lieu à l'émission d'un titre et non rattachées. Ils sont reportés au budget de l'exercice suivant.

Art. D. 6361-12 Le résultat cumulé défini à l'article D. 6361-11 est affecté, lorsqu'il s'agit d'un excédent :

1° En priorité, en réserves pour la couverture du besoin de financement de la section d'investissement apparu à la clôture de l'exercice précédent ;

2° Pour le solde, en excédent de fonctionnement reporté ou en dotation complémentaire en réserves.

Lorsqu'il s'agit d'un déficit, il est ajouté aux dépenses de fonctionnement de l'exercice.

Pour l'affectation en réserves, l'exécution de la décision budgétaire de reprise des résultats, adoptée par l'assemblée délibérante, se fait par l'émission d'un titre de recettes. La délibération affectant le résultat excédentaire est produite à l'appui de la décision budgétaire de reprise des résultats et du compte administratif de l'exercice, pour en justifier les recettes.

Art. D. 6361-13 En l'absence d'adoption du compte administratif à la date du vote du budget de l'exercice suivant, lorsque le résultat de la section de fonctionnement, le besoin de financement ou, le cas échéant, l'excédent de la section d'investissement et la prévision d'affectation sont reportés par anticipation, dans les conditions fixées au dernier alinéa du présent article, les inscriptions au budget sont justifiées par la production en annexe d'une fiche de calcul des résultats prévisionnels.

Cette fiche ainsi qu'un tableau des résultats d'exécution du budget sont établis par l'ordonnateur et visés par le comptable, qui les accompagne soit du compte de gestion, s'il est arrêté à cette date, soit d'une balance établie après prise en charge du dernier bordereau de titres et de mandats.

L'ordonnateur produit l'état des restes à réaliser arrêté au 31 décembre de l'exercice clos. Les restes à réaliser de la section de fonctionnement sont reportés à la décision budgétaire de reprise des résultats par anticipation.

Le conseil territorial peut, au titre de l'exercice clos et avant l'adoption de son compte administratif, reporter de manière anticipée au budget le résultat de la section de fonctionnement, le besoin de financement de la section d'investissement, ou le cas échéant l'excédent de la section d'investissement, ainsi que la prévision d'affectation. Si le compte administratif fait apparaître une différence avec les montants reportés par anticipation, le conseil territorial procède à leur régularisation et à la reprise du résultat dans la plus proche délibération budgétaire suivant le vote du compte administratif et, en tout état de cause, avant la fin de l'exercice.

La collectivité de Saint-Martin peut, en raison de circonstances exceptionnelles et motivées, solliciter une décision conjointe des ministres chargés du budget et des collectivités locales, qui peut porter sur un ou plusieurs exercices, de reprise de l'excédent prévisionnel de la section d'investissement en section de fonctionnement dès le vote du budget primitif (Décr. n° 2015-1546 du 27 nov. 2015, art. 8).

Art. D. 6361-14 Les données synthétiques sur la situation financière de la collectivité, prévues à l'article L. 6361-11, comprennent les ratios suivants :

1° Dépenses réelles de fonctionnement/population ;

2° Produit des impositions/population ;

3° Recettes réelles de fonctionnement/population ;

4° Dépenses d'équipement brut/population ;

5° Encours de la dette/population ;

6° Dotation globale de fonctionnement/population ;

7° Dépenses de personnel/dépenses réelles de fonctionnement ;

8° Dépenses réelles de fonctionnement et remboursement annuel de la dette en capital/recettes réelles de fonctionnement ;

9° Dépenses d'équipement brut/recettes réelles de fonctionnement ;

10° Encours de la dette/recettes réelles de fonctionnement.

Art. D. 6361-15 I. – Pour l'application de l'article D. 6361-14 :

a) La population à prendre en compte est la population totale de la collectivité telle qu'elle résulte du dernier recensement connu à la date de production des documents budgétaires ;

b) Les dépenses réelles de fonctionnement s'entendent de l'ensemble des dépenses de l'exercice budgétaire entraînant des mouvements réels. Toutefois, pour l'application du 1°, sont exclues les dépenses correspondant à des travaux en régie transférés en section d'investissement. Pour l'application du 8°, sont exclues les dépenses correspondant à des travaux en régie et à des charges transférées en section d'investissement ;

c) Le produit des impositions comprend le produit des impôts, droits et taxes versé au budget de la collectivité ;

d) Les recettes réelles de fonctionnement s'entendent de l'ensemble des recettes de fonctionnement de l'exercice entraînant des mouvements réels ;

e) Les dépenses d'équipement brut comprennent les acquisitions de biens meubles et immeubles, les travaux en cours, les immobilisations incorporelles, les travaux d'investissement en régie et les opérations pour compte de tiers ;

f) Le remboursement annuel de la dette en capital s'entend des remboursements d'emprunts effectués à titre définitif ;

g) L'encours de dette s'obtient par cumul des emprunts et dettes à long et moyen terme.

II. – Les données synthétiques figurent en annexe au budget primitif et au compte administratif auquel elles se rapportent. En outre, les données résultant du dernier compte administratif voté à la date de la présentation du budget primitif sont reprises en annexe à celui-ci.

Art. D. 6361-16 Les états annexés aux documents budgétaires en application de l'article L. 6361-11 sont les suivants :

I. – États annexés au budget et au compte administratif :

1° Tableaux récapitulant l'état des emprunts et dettes ;

2° Présentation de l'état des provisions ;

3° Présentation des méthodes utilisées pour les amortissements ;

4° Présentation de l'équilibre des opérations financières ;

5° Présentation de l'état des charges transférées en investissement ;

6° Présentation du mode de financement des opérations pour le compte de tiers ;

7° Présentation des engagements donnés et reçus ;

8° Présentation de l'emploi des recettes grevées d'une affectation spéciale ;

9° État du personnel ;
10° Liste des organismes de regroupement dont la collectivité est membre ;
11° Liste des établissements ou services créés par la collectivité ;
12° Tableau retraçant les décisions en matière de taux des contributions.
II. – États annexés au seul compte administratif :
1° État de variation des immobilisations ;
2° État présentant le montant de recettes et de dépenses affectées aux services assujettis à la taxe sur la valeur ajoutée qui ne font pas l'objet d'un budget distinct du budget général.

Art. D. 6361-17 Les comptes certifiés mentionnés à l'article L. 2313-1-1 le sont par un commissaire aux comptes pour les organismes soumis à l'obligation de certification des comptes et par le président de l'organisme en cause pour les organismes non soumis à une telle obligation.

Art. D. 6361-18 Pour l'application de l'article L. 2313-1, les documents budgétaires des caisses des écoles restent déposés au siège de l'établissement public.

Pour les caisses des écoles de la collectivité, les documents budgétaires sont présentés dans les conditions définies aux articles L. 2313-1, D. 6361-16 et D. 6361-17.

CHAPITRE II ADOPTION ET EXÉCUTION DU BUDGET

Art. D. 6362-1 Le représentant de l'État communique au président du conseil territorial :

1° Un état indiquant le montant prévisionnel des bases nettes de chacune des quatre taxes directes locales et de la taxe d'enlèvement des ordures ménagères imposables au bénéfice de la commune, les taux nets d'imposition adoptés par la commune l'année précédente, les taux moyens de référence au niveau national et départemental, ainsi que les taux plafonds qui sont opposables à la commune en application des dispositions de l'article 1636 B *septies* du code général des impôts ;

2° Le montant de la dotation de compensation de la taxe professionnelle en application du IV et IV *bis* de l'article 6 de la loi n° 86-1317 du 30 décembre 1986 modifiée portant loi de finances initiale pour 1987 ;

3° Le montant prévisionnel des compensations versées en contrepartie des exonérations et abattements de fiscalité directe locale ;

4° Le montant de chacune des dotations versées dans le cadre de la dotation globale de fonctionnement ;

5° La variation de l'indice des prix de détail entre le 1er janvier et le 31 décembre de l'exercice écoulé, ainsi que les prévisions pour l'exercice en cours, telles qu'elles figurent dans les tableaux annexés à la loi de finances ;

6° La prévision d'évolution des rémunérations des agents de l'État, telle qu'elle figure dans la loi de finances ;

7° Le tableau des charges sociales supportées par la collectivité à la date du 1er février.

Art. D. 6362-2 Lorsque la chambre territoriale des comptes est saisie par le représentant de l'État d'une décision budgétaire ou d'un compte administratif, le délai dont elle dispose pour formuler des propositions court à compter de la réception au greffe de l'ensemble des documents dont la production est requise selon le cas par les articles D. 6362-9, D. 6362-12, D. 6362-15, D. 6362-16 et D. 6362-19. Ces dispositions sont applicables lorsque la chambre est saisie d'une demande d'inscription d'une dépense obligatoire au budget de la collectivité ou de ses établissements publics.

Art. D. 6362-3 La chambre territoriale des comptes formule ses propositions pour le règlement du budget par avis motivé notifié au représentant de l'État, d'une part, à la collectivité ou à son établissement public intéressé, d'autre part.

Art. D. 6362-4 Lorsque la saisine de la chambre territoriale des comptes a pour effet de suspendre l'exécution d'un budget jusqu'au terme de la procédure, dans les conditions fixées par l'article L.O. 6362-8, le représentant de l'État informe directement le comptable concerné de cette saisine.

Art. D. 6362-5 La décision par laquelle le représentant de l'État règle le budget et le rend exécutoire est adressée, dans le délai de vingt jours à compter de la notification de l'avis de la chambre territoriale des comptes, à la collectivité ou à son établissement public intéressé ainsi qu'à son comptable, d'une part, à la chambre, d'autre part.

Art. D. 6362-6 Lorsque le président de la chambre territoriale des comptes constate que la rédaction d'un avis ou d'une décision est entachée d'une erreur ou d'une omission matérielle, il peut, par décision prise après avis conforme du ministère public, y apporter les rectifications nécessaires.

La notification de cette décision se substitue à la notification de l'avis ou de la décision soumis à rectification et emporte les mêmes effets.

Art. D. 6362-7 Les notifications prévues au présent chapitre sont effectuées par lettre recommandée avec demande d'avis de réception.

Art. D. 6362-8 Sans préjudice des dispositions de l'article D. 6362-11, les avis et décisions de la chambre territoriale des comptes sont communicables aux tiers dès qu'a eu lieu la première réunion de l'assemblée délibérante suivant leur réception par la collectivité ou son établissement public concerné.

Art. D. 6362-9 Lorsque le représentant de l'État saisit la chambre territoriale des comptes, conformément à l'article L.O. 6362-2, il joint à cette saisine l'ensemble des informations et documents, mentionnés à l'article D. 6362-1, indispensables à l'établissement du budget, ainsi que les pièces établissant que ces informations et documents ont été communiqués à la collectivité ou à son établissement public intéressé.

L'ensemble des budgets et décisions budgétaires afférents à l'exercice précédent sont également joints à la saisine.

Art. D. 6362-10 Le représentant de l'État informe la collectivité ou l'établissement public intéressé de la saisine de la chambre territoriale des comptes.

Art. D. 6362-11 La publication de l'avis de la chambre territoriale des comptes est assurée, dès sa réception, sous la responsabilité du maire, du président du conseil départemental, du président du conseil territorial ou du président de l'établissement public par affichage ou insertion dans un bulletin officiel.

Art. D. 6362-12 Lorsque le représentant de l'État saisit la chambre territoriale des comptes, conformément à l'article L.O. 6362-4, il joint à cette saisine, outre le budget voté, l'ensemble des informations et documents utilisés pour l'établissement de celui-ci.

Art. D. 6362-12-1 Le représentant de l'État informe la collectivité ou son établissement public intéressé de la saisine de la chambre territoriale des comptes.

Art. D. 6362-13 Les propositions de la chambre territoriale des comptes, formulées conformément à l'article L.O. 6362-4, et tendant au rétablissement de l'équilibre budgétaire, portent sur des mesures dont la réalisation relève de la seule responsabilité de la collectivité ou de son établissement public concerné.

La chambre, si elle constate que le budget a été voté en équilibre réel et qu'il n'y a pas lieu de faire des propositions, notifie sa décision motivée au représentant de l'État et à la collectivité ou à son établissement public concerné.

Art. D. 6362-14 La nouvelle délibération du conseil territorial ou du conseil d'administration de l'établissement public, prise conformément au deuxième alinéa de l'article L.O. 6362-4, est adressée dans le délai de huit jours au représentant de l'État et à la chambre territoriale des comptes.

Art. D. 6362-15 Dans les quinze jours de la réception de la nouvelle délibération, la chambre territoriale des comptes, si elle estime suffisantes les mesures de redressement adoptées, notifie au représentant de l'État, à la collectivité ou à son établissement public concerné un avis par lequel elle en prend acte.

Dans le même délai et si elle estime insuffisantes les mesures de redressement adoptées, la chambre notifie au représentant de l'État, à la collectivité ou à son établissement public concerné, un avis motivé en vue du règlement du budget dans les conditions prévues à l'article L.O. 6362-4.

Art. D. 6362-16 Si une décision budgétaire faisant l'objet de la transmission prévue au deuxième alinéa de l'article L.O. 6362-7 n'est pas adoptée en équilibre réel, le représentant de l'État en saisit la chambre territoriale des comptes, conformément à l'article D. 6362-12. Il est fait application de la procédure prévue aux articles D. 6362-13 à D. 6362-15.

Art. D. 6362-17 Si le budget primitif, transmis à la chambre territoriale des comptes, conformément au deuxième alinéa de l'article L.O. 6362-7 n'a pas été adopté en équilibre réel, le représentant de l'État en saisit la chambre, conformément à l'article D. 6362-12. Il est fait application de la procédure prévue aux articles D. 6362-13 à D. 6362-15.

Art. D. 6362-18 La procédure définie aux articles D. 6362-12 à D. 6362-15 s'applique lorsque la collectivité ou un de ses établissements publics n'a pas procédé à la transmission du compte administratif prévue à l'article L.O. 6362-11.

Art. D. 6362-19 Lorsque le représentant de l'État saisit la chambre territoriale des comptes, conformément à l'article L.O. 6362-12, il joint à sa saisine, outre le compte administratif et le compte de gestion, l'ensemble des documents budgétaires se rapportant à l'exercice intéressé et à l'exercice suivant.

Art. D. 6362-20 Les propositions de la chambre territoriale des comptes, formulées conformément à l'article L.O. 6362-12, et tendant au rétablissement de l'équilibre budgétaire, portent sur des mesures relevant de la seule responsabilité de la collectivité ou de son établissement public concerné, propres à apurer le déficit constaté. Elles précisent la période au cours de laquelle l'apurement doit intervenir.

La chambre, si elle constate que le déficit n'atteint pas les seuils fixés par l'article L.O. 6362-12 et qu'il n'y a pas lieu de proposer des mesures de redressement, notifie sa décision motivée au représentant de l'État et à la collectivité ou à son établissement public concerné.

Art. D. 6362-21 Lorsque les budgets primitifs des exercices au cours desquels le déficit doit être résorbé ne font pas ressortir les mesures suffisantes à cette résorption, la chambre territoriale des comptes, à laquelle ces budgets ont été transmis par le représentant de l'État, propose à ce dernier les mesures nécessaires, dans les conditions prévues à l'article D. 6362-13. Lorsque les budgets font ressortir des mesures suffisantes, la chambre le constate.

Art. D. 6362-22 Si, dans l'exercice de ses missions, la chambre territoriale des comptes constate que l'exécution du budget s'est traduite par un déficit susceptible d'entraîner les mesures de rétablissement de l'équilibre prévues par l'article L.O. 6362-12, elle en informe la collectivité ou son établissement public concerné et le représentant de l'État. La procédure prévue aux articles D. 6362-19 et D. 6362-20 est applicable.

Art. D. 6362-23 La saisine de la chambre territoriale des comptes prévue à l'article L.O. 6362-13 doit être motivée, chiffrée et appuyée de toutes justifications utiles, et notamment du budget voté et, le cas échéant, des décisions qui l'ont modifié.

Le président de la chambre communique la demande au ministère public.

Il en informe le représentant de la collectivité ou de l'établissement public.

Art. D. 6362-24 Lorsque l'auteur de la demande n'a pu obtenir les documents budgétaires, le président de la chambre territoriale des comptes se les fait communiquer par le représentant de l'État.

Art. D. 6362-25 La chambre territoriale des comptes se prononce sur la recevabilité de la demande. Elle constate notamment la qualité du demandeur et, s'il y a lieu, l'intérêt qu'il a à agir.

Art. D. 6362-26 La chambre territoriale des comptes se prononce sur le caractère obligatoire de la dépense.

Si la dépense est obligatoire et si la chambre constate l'absence ou l'insuffisance des crédits nécessaires à sa couverture, elle met en demeure la collectivité ou son établissement public concerné d'ouvrir lesdits crédits par une décision modificative au budget.

Art. D. 6362-27 Si la chambre territoriale des comptes constate que la dépense n'est pas obligatoire ou que les crédits inscrits sont suffisants pour sa couverture, elle notifie sa décision, qui est motivée, à l'auteur de la demande, à la collectivité ou à son établissement public concerné et, s'il n'est pas l'auteur de la demande, au représentant de l'État.

Art. D. 6362-28 Dans le délai d'un mois à compter de la notification de l'avis portant la mise en demeure mentionnée à l'article D. 6362-26, la collectivité ou son établissement public intéressé procède à l'ouverture des crédits nécessaires. La décision correspondante est transmise à la chambre territoriale des comptes et au requérant dans les huit jours de son adoption.

Art. D. 6362-29 La procédure définie au deuxième alinéa de l'article D. 6362-26, aux articles D. 6362-27 et D. 6362-28 s'applique lorsque le représentant de l'État saisit la chambre territoriale des comptes, conformément à l'article L.O. 6362-16.

CHAPITRE III DÉPENSES

Art. D. 6363-1 La collectivité procède à l'amortissement de ses immobilisations, y compris celles reçues à disposition ou en affectation :

1° Incorporelles ;

2° Corporelles, à l'exception des réseaux et installations de voirie dont l'amortissement est facultatif.

Cet amortissement ne s'applique ni aux immobilisations propriété de la collectivité qui sont remises en affectation ou à disposition, ni aux terrains et aménagements de terrains hormis les terrains de gisement, ni aux collections et œuvres d'art.

Les dotations aux amortissements de ces biens sont liquidées sur la base du coût historique de l'immobilisation et de la méthode linéaire. Toutefois, la collectivité peut adopter un mode d'amortissement dégressif ou variable (réel).

Les durées d'amortissement des immobilisations corporelles sont fixées pour chaque bien ou chaque catégorie de biens par l'assemblée délibérante, qui peut se référer à un barème fixé par arrêté du ministre chargé des collectivités locales et du ministre chargé du budget, à l'exception toutefois :

– des frais d'études et des frais d'insertion non suivis de réalisations obligatoirement amortis sur une durée maximale de cinq ans ;

– des frais de recherche et de développement amortis sur une durée maximale de cinq ans en cas de réussite du projet et immédiatement, pour leur totalité, en cas d'échec ;

– des brevets amortis sur la durée du privilège dont ils bénéficient ou sur la durée effective de leur utilisation si elle est plus brève ;

(Décr. n° 2011-1961 du 23 déc. 2011, art. 1er) « – des subventions d'équipement versées, qui sont amorties sur une durée maximale de cinq ans lorsque la subvention finance des biens mobiliers, du matériel ou des études, de quinze ans lorsqu'elle finance des biens immobiliers ou des installations et de trente ans lorsqu'elle finance des projets d'infrastructure d'intérêt national ; les aides à l'investissement des entreprises ne relevant d'aucune de ces catégories sont amorties sur une durée maximale de cinq ans. »

Tout plan d'amortissement commencé doit être poursuivi jusqu'à son terme, sauf cession, affectation, mise à disposition, réforme ou destruction du bien. Le plan d'amortissement ne peut être modifié qu'en cas de changement significatif dans les conditions d'utilisation du bien. Le bénéficiaire de la mise à disposition ou de l'affectation poursuit l'amortissement du bien selon le plan d'amortissement initial ou conformément à ses propres règles, définies par le présent article.

Le conseil territorial peut fixer un seuil unitaire en deçà duquel les immobilisations de peu de valeur ou dont la consommation est très rapide s'amortissent sur un an. La délibération correspondante est transmise au payeur et ne peut être modifiée au cours d'un même exercice budgétaire.

L'assemblée délibérante peut charger l'ordonnateur de déterminer la durée d'amortissement d'un bien à l'intérieur de durées minimales et maximales qu'elle a fixées pour la catégorie à laquelle appartient ce bien.

Pour la ou les caisses des écoles de la collectivité, les dotations aux amortissements des immobilisations, prévues et liquidées dans les conditions fixées au présent article, constituent des dépenses obligatoires.

Art. D. 6363-2 Pour l'application du 20° de l'article L. 3321-1, la constitution de provisions pour risques et charges et pour dépréciation d'éléments d'actif est obligatoire dès lors qu'il y a apparition du risque.

(Décr. nº 2022-1008 du 15 juill. 2022, art. 11) « Le président du conseil territorial » doit constituer la provision à hauteur du risque constaté.

La provision doit être ajustée annuellement en fonction de l'évolution du risque. Elle donne lieu à reprise lorsqu'elle est devenue sans objet, c'est-à-dire en cas de réalisation du risque ou lorsque ce risque n'est plus susceptible de se réaliser.

Le montant de la provision ainsi que son suivi et son emploi sont retracés sur l'état des provisions constituées joint au budget et au compte administratif.

Les dotations aux provisions effectuées dans les conditions définies au présent article constituent également des dépenses obligatoires pour les caisses des écoles.

Art. D. 6363-3 Pour l'application du 8° de l'article L. 3332-2, la collectivité peut procéder à la neutralisation budgétaire de la dotation aux amortissements *(Décr. nº 2015-1848 du 29 déc. 2015)* « des subventions d'équipement versées et » des bâtiments administratifs et scolaires diminuée du montant de la reprise annuelle des subventions d'équipement reçues pour le financement de ces équipements, par une dépense de la section d'investissement et une recette de la section de fonctionnement.

Pour l'application du 9° de l'article L. 3332-2, la collectivité procède à la reprise annuelle des subventions d'équipement reçues et des fonds affectés à des immobilisations amortissables, par une dépense de la section d'investissement et une recette de la section de fonctionnement. Cette reprise en section de fonctionnement s'effectue au même rythme que celui de l'amortissement de l'immobilisation pour lequel la subvention a été reçue et porte sur une quote-part annuelle correspondant au montant de cette subvention rapporté à la durée d'amortissement de l'immobilisation subventionnée. Toutefois, la dotation globale de construction et d'équipement scolaire est reprise globalement pour un montant au plus égal à la dotation annuelle aux amortissements de l'ensemble des constructions et équipements scolaires.

Art. D. 6363-4 Les articles D. 2321-8 à D. 2321-16 sont applicables à la collectivité de Saint-Martin.

CHAPITRE IV RECETTES

Art. D. 6364-1 Les articles R. 2333-121 à R. 2333-132 sont applicables à la collectivité.

Art. D. 6364-2 Les rétributions à percevoir pour les frais d'analyses et d'essais dans les laboratoires de la collectivité sont fixées par le conseil territorial.

Art. D. 6364-3 Les dispositions de l'article R. 3443-1 sont applicables à la collectivité.

Art. D. 6364-4 La différence constatée entre la valeur de cession d'une immobilisation et sa valeur comptable nette est obligatoirement enregistrée à la section d'investissement du budget préalablement à la détermination du résultat de la section de fonctionnement.

Art. D. 6364-5 Les articles R. 2334-13 à R. 2334-18 sont applicables à la collectivité.

Art. D. 6364-6 Les articles R. 1615-1 à R. 1615-6 sont applicables à la collectivité.

Art. D. 6364-7 La collectivité reçoit dans les mêmes conditions que les départements l'attribution prévue à l'article R. 3334-5.

Elle reçoit en outre une dotation prélevée sur les crédits affectés à la majoration mentionnée à l'article R. 3334-7. Cette dotation est calculée par application au montant total de cette majoration du rapport entre la population de la collectivité et la population nationale, majorée de 10 %.

Art. D. 6364-8 Les articles *(Décr. nº 2025-438 du 20 mai 2025, art. 8)* « R. 3232-1-5, » R. 3334-8 et R. 3334-9 sont applicables à la collectivité.

Art. D. 6364-9 Les articles R. 2336-1 à R. 2336-7 sont applicables à la collectivité.

CHAPITRE V DISPOSITIONS RELATIVES À LA COMPTABILITÉ

Art. D. 6365-1 Les articles D. 1611-1, R. 1617-1 à R. 1617-18, les articles D. 1617-19 à D. 1617-23 et les articles R. 3334-1 à R. 3334-22, R. 3335-1, R. 3341-1 à R. 3341-2-1 et D. 3342-1 à D. 3342-13 sont applicables à la collectivité.

Art. D. 6365-2 Les articles R. 3341-1, R. 3341-2 et D. 3342-1 à D. 3342-13 sont applicables à la collectivité.

Art. D. 6365-3 L'article R. 1618-1 est applicable à la collectivité.

Art. D. 6365-4 Pour 2007, les décisions budgétaires adoptées par la commune de Saint-Martin continuent de s'appliquer pour l'exercice en cours sans changement de cadre budgétaire et comptable. La nouvelle collectivité est compétente pour les modifier par voie de décisions modificatives.

Les comptes de la commune de Saint-Martin font l'objet d'un arrêté intermédiaire à la date de création de la collectivité de Saint-Martin.

Le comptable assignataire de la commune de Saint-Martin devient le comptable assignataire de la collectivité de Saint-Martin.

TITRE VII DISPOSITIONS DIVERSES

(Décr. n° 2007-1875 du 26 déc. 2007)

CHAPITRE UNIQUE MODALITÉS DES TRANSFERTS DE COMPÉTENCE

Art. D. 6371-1 Les charges financières supplémentaires résultant pour la collectivité de Saint-Martin des compétences nouvelles qui lui sont attribuées par le livre III de la sixième partie (législative) font l'objet d'une compensation financière, par le transfert d'impôts de l'État, du département ou de la région de la Guadeloupe, de la commune de Saint-Martin et par les dotations de l'État mentionnées à l'article L.O. 6371-5.

Pour chaque compétence transférée, les ressources attribuées sont équivalentes au droit à compensation calculé à partir des charges transférées par l'État, le conseil régional de la Guadeloupe, le conseil départemental de la Guadeloupe ou la commune de Saint-Martin, au titre de chaque compétence transférée.

Le droit à compensation des charges d'investissement transférées est égal à la moyenne des dépenses actualisées, hors taxe et hors fonds de concours, constatées sur une période de dix ans précédant l'année 2007, à l'exception des routes pour lesquelles la période prise en compte pour la détermination du droit à compensation est fixée à cinq ans. Les dépenses prises en compte pour la détermination du droit à compensation de ces charges sont actualisées en fonction de l'indice des prix de la formation brute de capital fixe des administrations publiques, tel que constaté à la date des transferts.

Le droit à compensation des charges de fonctionnement transférées est égal aux dépenses constatées en 2006.

Les dépenses transférées par le département de la Guadeloupe, la région de la Guadeloupe et la commune de Saint-Martin sont calculées à partir des dépenses engagées au titre de chaque compétence transférée figurant dans les comptes administratifs respectifs de chaque collectivité.

Lorsque, pendant la période de référence prise en compte pour le calcul du droit à compensation, la compétence est exercée par l'État et une collectivité territoriale ou par plusieurs collectivités territoriales, le droit à compensation est égal à la somme des dépenses engagées au titre des compétences transférées, au cours de cette période.

Art. D. 6371-2 Le montant des charges transférées, selon la compétence, par l'État, le conseil régional de la Guadeloupe, le conseil départemental de la Guadeloupe ou la commune de Saint-Martin en application des dispositions de l'article D. 6371-1 est constaté pour chaque compétence transférée par arrêté conjoint du ministre chargé de l'outre-mer et du ministre chargé du budget, après avis de la commission consultative d'évaluation des charges de Saint-Martin.

Lorsque la commission consultative d'évaluation des charges de Saint-Martin est saisie d'un projet d'arrêté interministériel prévu au précédent alinéa, elle se prononce dans un délai de deux mois à compter de la date de réception du projet par le président de la commission.

Cet avis porte notamment sur :

1° La liste et le montant des dépenses effectuées, selon la compétence, par l'État, le conseil régional de la Guadeloupe, le conseil départemental de la Guadeloupe ou la commune de Saint-Martin et servant de base de calcul au montant des transferts de charges conformément à l'article D. 6371-1 ;

2° La vérification, pour chaque compétence transférée, de la concordance entre les montants figurant dans le projet d'arrêté et le montant des dépenses effectuées, au titre des compétences transférées, par l'État, le conseil régional de la Guadeloupe, le conseil départemental de la Guadeloupe ou la commune de Saint-Martin au cours des périodes définies à l'article D. 6371-1 ;

3° Les modalités d'évaluation des charges transférées par l'État, la région de la Guadeloupe, le département de la Guadeloupe et la commune de Saint-Martin.

Art. D. 6371-3 La commission consultative d'évaluation des charges de Saint-Martin est présidée par le président de la chambre territoriale des comptes ou son représentant qui ne peut être qu'un magistrat de la chambre.

Elle comprend, outre son président :

1° Le représentant de l'État dans la collectivité de Saint-Martin ou son représentant ;

2° Le préfet de la Guadeloupe ou son représentant ;

3° Le *(Décr. nº 2014-552 du 27 mai 2014, art. 2)* « directeur régional des finances publiques de la Guadeloupe » ou son représentant ;

4° Un représentant de l'État désigné par le préfet de la Guadeloupe ou son représentant ;

5° Le président du conseil régional de la Guadeloupe ou son représentant ;

6° Le président du conseil départemental de la Guadeloupe ou son représentant ;

7° Le président du conseil territorial de Saint-Martin ou son représentant ;

8° Un membre du conseil exécutif désigné par le conseil territorial de Saint-Martin.

Art. D. 6371-4 La commission est convoquée par son président qui arrête l'ordre du jour de ses séances, après avis du représentant de l'État dans la collectivité de Saint-Martin. La convocation et l'ordre du jour sont adressés aux membres de la commission dix jours au moins avant la date de la réunion.

Art. D. 6371-5 La commission ne peut valablement délibérer que si le nombre des membres présents est au moins égal aux deux tiers du nombre des membres appelés à délibérer.

Si ce nombre n'est pas atteint, une nouvelle convocation est adressée aux membres de la commission dans les conditions prévues à l'article D. 6371-4. La commission peut alors délibérer quel que soit le nombre de membres présents.

En cas de partage égal des voix, celle du président est prépondérante.

Les délibérations de la commission font l'objet d'un procès-verbal signé par le président. Copie en est adressée à chacun des membres.

Art. D. 6371-6 L'arrêté interministériel constatant le montant du droit à compensation est notifié à la collectivité de Saint-Martin.

Art. D. 6371-7 Les fonctions de rapporteur de la commission sont assurées par le représentant de l'État dans la collectivité de Saint-Martin ou son représentant.

Le secrétariat de la commission est assuré par les services du représentant de l'État dans la collectivité de Saint-Martin.

Le président peut inviter à participer à une séance, à titre consultatif, toute personne dont il juge la présence utile.

La commission peut demander communication de tout document qu'elle estime utile au préfet de la Guadeloupe, au représentant de l'État à Saint-Martin, au président du conseil régional de la Guadeloupe, au président du conseil départemental de la Guadeloupe, au président du conseil territorial de la collectivité de Saint-Martin.

La commission adopte son règlement intérieur.

Art. D. 6371-7 *[D. 6371-8]* Afin de permettre l'évaluation préalable des charges et des recettes correspondant à l'exercice des compétences transférées, conformément aux dispositions des articles L.O. 6371-5 et L.O. 6371-6, les transferts de compétence de l'État, de la région et du département de la Guadeloupe prennent effet le 1er janvier 2008.

LIVRE IV SAINT-PIERRE-ET-MIQUELON

(Décr. n° 2013-258 du 26 mars 2013)

TITRE I DISPOSITIONS GÉNÉRALES

Pas de dispositions réglementaires codifiées.

TITRE II LE TERRITOIRE DE LA COLLECTIVITÉ

Pas de dispositions réglementaires codifiées.

TITRE III LES INSTITUTIONS DE LA COLLECTIVITÉ

CHAPITRE UNIQUE RELATIONS AVEC LE REPRÉSENTANT DE L'ÉTAT

(Décr. n° 2015-510 du 7 mai 2015, art. 21)

Art. R. 6431-1 Le rapport spécial de l'activité des services de l'État à Saint-Pierre-et-Miquelon comprend également le bilan de l'action des établissements publics de l'État qui y concourent.

Ce rapport porte notamment sur le pilotage des services déconcentrés de l'État, sur les actions de simplification de leur action et sur la modernisation de leur organisation en considération des spécificités locales et dans un souci de qualité de service rendu aux usagers.

TITRE IV PARTICIPATION DES ÉLECTEURS À LA VIE DE LA COLLECTIVITÉ

Pas de dispositions réglementaires codifiées.

TITRE V RÉGIME JURIDIQUE DES ACTES PRIS PAR LES AUTORITÉS DE LA COLLECTIVITÉ ET RELATIONS ENTRE L'ÉTAT ET LA COLLECTIVITÉ

Art. R. 6451-1 Le conseil territorial, le conseil exécutif et le président du conseil territorial de Saint-Pierre-et-Miquelon, lorsqu'ils choisissent de transmettre par voie électronique les actes mentionnés à l'article L.O. 6451-2 ou certains de ces actes, recourent à un dispositif de télétransmission ayant fait l'objet d'une homologation dans des conditions fixées par un arrêté du ministre chargé de l'outre-mer.

L'homologation est subordonnée au respect des prescriptions contenues dans un cahier des charges annexé à cet arrêté.

Aucun dispositif ne peut être homologué s'il n'assure l'identification et l'authentification de l'émetteur, l'intégrité des flux de données relatives aux actes mentionnés au premier alinéa ainsi que la sécurité et la confidentialité de ces données.

Art. R. 6451-2 Le cahier des charges mentionné à l'article R. 6451-1 définit l'architecture globale de la chaîne de télétransmission des actes soumis au contrôle de légalité ainsi que les caractéristiques exigées en vue de l'homologation d'un dispositif de télétransmission et relatives :

a) À son insertion dans l'architecture globale de la chaîne de télétransmission ;

b) Aux normes des échanges de données ;

c) À la sécurisation de ces échanges ;

d) Aux fonctionnalités de traitement de ces données ;

e) Aux modalités d'exploitation et de gestion des incidents de fonctionnement.

Art. R. 6451-3 Le président du conseil territorial signe avec le préfet de Saint-Pierre-et-Miquelon une convention relative à la mise en œuvre de la télétransmission.

La convention comprend la référence du dispositif homologué et prévoit notamment :

a) La date de raccordement à la chaîne de télétransmission ;

b) La nature et les caractéristiques des actes transmis par la voie électronique ;

c) Les engagements respectifs des signataires de la convention pour l'organisation et le fonctionnement de la télétransmission ;

d) La possibilité, pour les autorités chargées de la transmission mentionnées au premier alinéa, de renoncer à la transmission par voie électronique ainsi que les modalités de cette renonciation.

Art. R. 6451-4 Le préfet de Saint-Pierre-et-Miquelon peut suspendre l'application de la convention prévue à l'article R. 6451-3 lorsqu'il constate des altérations graves du fonctionnement du dispositif de télétransmission ou qu'il est empêché de prendre connaissance des actes transmis ou que ce dispositif ne satisfait plus aux conditions d'homologation définies à l'article R. 6451-1. Toute suspension fait l'objet d'une notification écrite aux autorités concernées. Il est dès lors procédé à la transmission des actes sur support papier.

Art. R. 6451-5 Les dispositions du présent titre s'appliquent aux établissements publics de la collectivité ainsi qu'aux sociétés d'économie mixte locales mentionnées au 7° de l'article L.O. 6451-2.

Pour l'application de ces dispositions aux établissements publics de la collectivité et aux sociétés d'économie mixte locales, le président du conseil territorial s'entend du président ou du directeur de l'établissement public ou de la société d'économie mixte.

SEPTIÈME PARTIE AUTRES COLLECTIVITÉS RÉGIES PAR L'ARTICLE 73 DE LA CONSTITUTION

(Décr. nº 2014-17 du 8 janv. 2014, art. 1er)

LIVRE I COLLECTIVITÉ TERRITORIALE DE GUYANE

(Décr. nº 2014-17 du 8 janv. 2014, art. 1er)

TITRE I DISPOSITIONS GÉNÉRALES

(Décr. nº 2015-1666 du 11 déc. 2015, art. 1er)

CHAPITRE UNIQUE

Art. R. 7111-1 Le chef-lieu de la collectivité territoriale de Guyane est fixé à Cayenne.

TITRE II ORGANES DE LA COLLECTIVITÉ TERRITORIALE DE GUYANE

CHAPITRE IV LE CONSEIL ÉCONOMIQUE, SOCIAL, ENVIRONNEMENTAL, DE LA CULTURE ET DE L'ÉDUCATION DE GUYANE

SECTION 1 Dispositions générales

Pas de dispositions réglementaires codifiées.

SECTION 2 Organisation et composition

Art. R. 7124-1 *(Décr. nº 2022-1386 du 31 oct. 2022, art. 2)* Le conseil économique, social, environnemental, de la culture et de l'éducation comprend soixante membres, répartis comme suit :

1° Quatorze représentants des entreprises et des activités professionnelles non salariées de la Guyane, quels que soient la nature de leur activité et leur statut juridique ;

2° Quatorze représentants des organisations syndicales de salariés et de la fonction publique représentatives au niveau de la Guyane ;

3° Six représentants des organismes qui participent à la vie collective en matière économique et sociale ;

4° Six représentants des organismes qui participent à la qualité de l'environnement, au développement durable et solidaire et à l'animation du cadre de vie ;

5° Six représentants des organismes qui participent à la vie culturelle et médiatique ;

6° Six représentants des organismes qui participent à la vie éducative, à l'enseignement, à la recherche et à l'innovation ;

7° Trois représentants des organismes qui participent à la formation professionnelle et à l'apprentissage ;

8° Trois représentants des organismes qui participent à la vie sportive ;

9° Une personnalité choisie parmi celles qui, en raison de leurs qualités ou de leurs activités, concourent au développement économique, social et environnemental de la Guyane ;

10° Une personnalité désignée en raison de sa qualité et de ses activités dans les domaines de la culture, de l'éducation et du sport en Guyane.

Sur les modalités d'application du présent art., V. ci-dessous Décr. nº 2022-1386 du 31 oct. 2022, art. 10 et 11, infra.

Décret nº 2022-1386 du 31 octobre 2022,

Relatif à la composition, à l'organisation et au fonctionnement des conseils économiques, sociaux, environnementaux, de la culture et de l'éducation de Guyane et de Martinique.

Art. 10 Les dispositions des articles 1er à 9 sont applicables :

1° En ce qui concerne la Guyane, dès le lendemain de la publication du présent décret ;

2° En ce qui concerne la Martinique, à compter du premier renouvellement du conseil économique, social, environnemental, de la culture et de l'éducation qui suit la publication du présent décret.

Art. 11 Les mandats du président, des vice-présidents et des membres du bureau du conseil économique, social, environnemental, de la culture et de l'éducation de Guyane en cours à la date de publication du présent décret se poursuivent jusqu'à leur terme.

Lors de sa première séance postérieure à la publication du présent décret, le conseil économique, social, environnemental, de la culture et de l'éducation de Guyane débat de la création de sections. Si le conseil propose cette création, le bureau lui soumet dans un délai d'un mois à compter de l'arrêté du représentant de l'État prévu au second alinéa de l'article R. 7124-2 un projet modifiant le règlement intérieur en vigueur afin d'adapter ses dispositions relatives aux sections. Si le conseil ne propose pas la création de sections, il abroge ces dispositions.

Art. R. 7124-2 *(Décr. nº 2022-1386 du 31 oct. 2022, art. 2)* **Le conseil économique, social, environnemental, de la culture et de l'éducation peut comprendre une ou plusieurs sections. Chaque section est composée de membres du conseil désignés dans des conditions prévues par son règlement intérieur et, le cas échéant, dans la limite du tiers de l'effectif total de la section, de personnalités extérieures à celui-ci.**

Le nombre et les domaines de compétence des sections ainsi que le nombre de leurs membres, dont celui des personnalités extérieures, sont fixés, sur proposition du conseil économique, social, environnemental, de la culture et de l'éducation, par un arrêté du représentant de l'État.

Les personnalités extérieures sont désignées, en raison de leurs compétences, par le président du conseil économique, social, environnemental, de la culture et de l'éducation après avis du bureau et après consultation du président de l'assemblée de Guyane. Un arrêté du représentant de l'État constate ces désignations.

Le président du conseil économique, social, environnemental, de la culture et de l'éducation, après avis du bureau, transmet aux présidents des sections les demandes d'avis qui relèvent de leur domaine de compétence. Il transmet à l'autorité compétente les avis et les rapports établis par la ou les sections, accompagnés de l'avis du conseil économique, social, environnemental, de la culture et de l'éducation.

Sous réserve des dispositions de l'article R. 7124-3, les membres des sections sont désignés pour une durée de trois ans renouvelable. L'expiration du mandat des membres du conseil met fin à celui des membres des sections.

Art. R. 7124-3 *(Décr. nº 2022-1386 du 31 oct. 2022, art. 2)* **Les dispositions des articles R. 7124-6 et R. 7124-8 sont applicables aux personnalités extérieures désignées pour siéger dans une section en application de l'article R. 7124-2.**

Les dispositions des deuxième et troisième alinéas de l'article R. 7124-7 sont applicables au remplacement des membres des sections.

Art. R. 7124-4 **Un arrêté du représentant de l'État fixe, par application des règles définies** *(Décr. nº 2022-1386 du 31 oct. 2022, art. 3)* **« à l'article R. 7124-1 », la liste des organismes de toute nature représentés au sein du conseil économique, social, environnemental, de la culture et de l'éducation de Guyane, le nombre de leurs représentants et, le cas échéant, les modalités particulières de leur désignation.** *(Décr. nº 2023-1332 du 29 déc. 2023, art. 4)* **« Cet arrêté est publié au recueil des actes administratifs de la préfecture de région au plus tard le 31 octobre de l'année précédant le renouvellement. »**

La répartition des sièges attribués aux organisations syndicales de salariés au sein *(Décr. nº 2022-1386 du 31 oct. 2022, art. 3)* « du conseil économique, social, environnemental, de la culture et de l'éducation » tient compte notamment de leur représentativité en Guyane, au sens de la loi nº 2008-789 du 20 août 2008 portant rénovation de la démocratie sociale et réforme du temps de travail.

Art. R. 7124-5 Un arrêté du représentant de l'État constate la désignation des membres du conseil économique, social, environnemental, de la culture et de l'éducation, à l'exception des membres mentionnés aux *(Décr. nº 2022-1386 du 31 oct. 2022, art. 3)* « 9º et 10º de l'article R. 7124-1 ».

Si un ou plusieurs sièges ne peuvent être pourvus selon les modalités prévues pour la désignation de leur titulaire, ils restent vacants. Toutefois, lorsque la désignation doit être faite par accord entre deux ou plusieurs associations ou organismes et que cet accord n'a pu intervenir, le représentant de l'État réunit les parties en cause aux fins de conciliation. À l'issue de cette réunion, si aucun accord n'a pu être trouvé, le représentant de l'État constate la désignation comme membre représentant ces associations ou organismes de celui ou ceux dont le nom a été proposé par la majorité d'entre eux ou, en cas d'égalité, par tirage au sort.

Les personnalités mentionnées aux *(Décr. nº 2022-1386 du 31 oct. 2022, art. 3)* « 9º et 10º de l'article R. 7124-1 » sont nommées par arrêté du représentant de l'État.

(Décr. nº 2023-1332 du 29 déc. 2023, art. 4) « L'arrêté prévu aux premier et troisième alinéas est publié au recueil des actes administratifs de la préfecture de région au plus tard le 30 novembre de l'année précédant le renouvellement. Les nouvelles désignations prennent effet à compter du 1er janvier suivant. »

Art. R. 7124-6 Nul ne peut être nommé membre du conseil économique, social, environnemental de la culture et de l'éducation s'il est privé du droit électoral.

(Décr. nº 2022-1386 du 31 oct. 2022, art. 3) « Nul ne peut être membre de plus d'une section. »

Art. R. 7124-7 Les membres du conseil économique, social, environnemental, de la culture et de l'éducation sont désignés pour six ans.

Il est pourvu, conformément à la procédure fixée à l'article R. 7124-5, à la vacance des sièges, dans un délai de deux mois à dater de la constatation de celle-ci par le représentant de l'État en Guyane, dans les conditions précisées par le règlement intérieur prévu à l'article R. 7124-22.

Toute personne désignée pour remplacer un membre du conseil exerce son mandat jusqu'à expiration du mandat de la personne qu'elle remplace.

Le mandat des membres du conseil économique, social, environnemental, de la culture et de l'éducation est renouvelable.

Art. R. 7124-8 Expire de droit le mandat du membre qui perd la qualité en vertu de laquelle il a été désigné ou qui se trouve privé du droit électoral.

La démission d'un membre est reçue par le président du conseil économique, social, environnemental, de la culture et de l'éducation qui en avise immédiatement le président de l'assemblée de Guyane et le représentant de l'État.

Tout membre dont l'absence non motivée à la moitié des séances au moins aura été constatée au cours d'une période d'un an par le bureau du conseil pourra être déclaré, sur proposition du bureau, démissionnaire d'office par le représentant de l'État.

Art. R. 7124-9 Le président du conseil économique, social, environnemental, de la culture et de l'éducation et les membres du bureau sont élus *(Décr. nº 2022-1386 du 31 oct. 2022, art. 3)* « dans les conditions fixées par son règlement intérieur pour la durée du mandat du conseil ».

Il est pourvu aux vacances survenues au sein du bureau lors de la réunion du conseil qui suit leur constatation.

SECTION 3 Fonctionnement

SOUS-SECTION 1 Dispositions générales

Art. R. 7124-10 Le conseil économique, social, environnemental, de la culture et de l'éducation siège au chef-lieu de la collectivité. En accord avec le président de l'assemblée de Guyane, son président peut le réunir en tout autre lieu.

Art. R. 7124-11 Le conseil économique, social, environnemental, de la culture et de l'éducation se réunit sur convocation de son président. La convocation est accompagnée de l'ordre du jour.

Douze jours au moins avant la réunion, le président adresse aux membres du conseil un rapport sur chacune des affaires qui doivent leur être soumises.

Art. R. 7124-12 Le conseil économique, social, environnemental, de la culture et de l'éducation est convoqué par son président lorsqu'il est saisi d'une demande d'avis par le président de l'assemblée de Guyane.

À l'initiative de son président, de son bureau ou de la majorité de ses membres, et après consultation du président de l'assemblée de Guyane, le conseil économique, social, environnemental, de la culture et de l'éducation peut également se réunir six fois par an au plus et pour une durée n'excédant pas deux jours, en application du dernier alinéa de l'article L. 4241-1.

Art. R. 7124-13 Les demandes d'avis sont notifiées au président du conseil économique, social, environnemental de la culture et de l'éducation par le président de l'assemblée de Guyane.

Ces notifications sont adressées en temps utile pour que la convocation du conseil ait lieu dans les conditions fixées par l'article R. 7124-11.

Aux demandes d'avis sont joints, outre les projets soumis à l'examen de l'assemblée de Guyane, les rapports de présentation et documents préparatoires qui les accompagnent.

Par ailleurs, le président du conseil économique, social, environnemental de la culture et de l'éducation informe le président de l'assemblée de Guyane des questions dont le conseil se saisit. Il peut demander au président de l'assemblée de Guyane communication des documents et études sur ces questions.

Art. R. 7124-14 Les séances du conseil sont publiques, sauf décision contraire du bureau.

Les avis adoptés par le conseil économique, social, environnemental, de la culture et de l'éducation font l'objet d'une publication officielle et sont adressés au président de l'assemblée de Guyane.

Le président de l'assemblée de Guyane informe le conseil économique, social, environnemental, de la culture et de l'éducation de la suite réservée à ces avis.

Art. R. 7124-15 Le président du conseil économique, social, environnemental, de la culture et de l'éducation assure la police des séances.

Art. R. 7124-16 Le représentant de l'État et le président de l'assemblée de Guyane sont entendus par le conseil économique, social, environnemental, de la culture et de l'éducation avec leur accord ou à leur demande.

Toute personne qualifiée peut être entendue par le conseil ou par ses commissions.

Les fonctionnaires de l'État dans la collectivité ne peuvent être entendus qu'avec l'accord du représentant de l'État et celui du président de l'assemblée de Guyane lorsqu'il s'agit de questions pour lesquelles leurs services ont été mis à la disposition du président de l'assemblée.

Art. R. 7124-17 Par accord entre le président de l'assemblée de Guyane et le président du conseil économique, social, environnemental, de la culture et de l'éducation, des groupes de travail communs aux deux institutions peuvent être constitués.

Art. R. 7124-18 Chaque année, dans le cadre de la préparation du budget de la collectivité territoriale de Guyane, le président du conseil économique, social, environnemental, de la culture et de l'éducation élabore un projet portant sur les crédits nécessaires à son fonctionnement et à la réalisation de *(Décr. n° 2023-1332 du 29 déc. 2023, art. 4)* « l'ensemble de ses missions » qu'il soumet au président de l'assemblée de Guyane.

Les crédits nécessaires au fonctionnement du conseil économique, social, environnemental, de la culture et de l'éducation font l'objet d'une inscription distincte au budget de la collectivité territoriale. Ils sont notifiés chaque année, après le vote du budget, au président du conseil, par le président de l'assemblée de Guyane.

Art. R. 7124-19 Les avis du conseil économique, social, environnemental, de la culture et de l'éducation sont adoptés, en séance plénière, à la majorité des suffrages exprimés et mentionnent les positions des minorités. Le conseil ne peut se prononcer que si plus de la moitié de ses membres en exercice sont présents.

Si le quorum n'est pas atteint, la séance est renvoyée au deuxième jour ouvrable qui suit. Une convocation spéciale est faite d'urgence par le président. Les avis sont alors valablement rendus, quel que soit le nombre des membres présents. Les modalités du vote sont déterminées par le règlement intérieur.

En cas de partage des voix, celle du président est prépondérante.

Art. R. 7124-20 Le conseil économique, social, environnemental, de la culture et de l'éducation se réunit dans sa nouvelle composition le deuxième jeudi qui suit la publication de l'arrêté du représentant de l'État prévu à l'article R. 7124-5.

Art. R. 7124-21 La séance d'installation du conseil économique, social, environnemental, de la culture et de l'éducation se tient sous la présidence du doyen d'âge, le plus jeune membre faisant fonction de secrétaire.

Le conseil au cours de cette première séance délibère sur les dispositions de son règlement intérieur relatives aux modalités d'élection de son président et des membres du bureau autres que les deux vice-présidents, présidents de section.

À l'issue du vote de cette délibération, le conseil élit son président.

Il est ensuite procédé, sous la présidence du président du conseil économique, social, environnemental, de la culture et de l'éducation, à l'élection des membres du bureau.

Le bureau est érigé en commission préparatoire pour l'élaboration du règlement intérieur qui doit être soumis à la délibération du conseil économique, social, environnemental, de la culture et de l'éducation dans un délai d'un mois à compter de son installation.

SOUS-SECTION 2 **Règlement intérieur**

Art. R. 7124-22 *(Décr. n° 2022-1386 du 31 oct. 2022, art. 4)* Le conseil économique, social, environnemental, de la culture et de l'éducation établit son règlement intérieur.

Le règlement intérieur fixe les conditions d'élection du président, des vice-présidents, dont il détermine le nombre, et du secrétaire du conseil.

Il détermine la composition du bureau, le nombre, la composition, les compétences et les règles de fonctionnement des commissions ainsi que les conditions dans lesquelles le conseil peut déléguer à son bureau le pouvoir de formuler un avis sur des objets limitativement précisés. *(Décr. n° 2023-1332 du 29 déc. 2023, art. 4)* « Il définit les conditions permettant de favoriser l'égale représentation des femmes et des hommes au sein du bureau et des commissions. » Il fixe également, le cas échéant, les règles de fonctionnement des sections et les conditions d'élection de leurs présidents.

Le règlement intérieur peut en outre prévoir la création de groupes de travail spécialisés et temporaires ainsi que les modalités d'association aux travaux de personnalités et d'organismes à vocation territoriale n'appartenant pas au conseil économique, social, environnemental, de la culture et de l'éducation.

SECTION 4 **Garanties et indemnités accordées aux membres du conseil**

Art. R. 7124-23 Les articles R. 7125-1 à R. 7125-3 et R. 7125-26 à *(Décr. n° 2022-1386 du 31 oct. 2022, art. 5)* « R. 7125-28 » sont applicables aux membres du conseil économique, social, environnemental, de la culture et de l'éducation.

Art. R. 7124-24 Les membres du conseil économique, social, environnemental, de la culture et de l'éducation perçoivent, pour l'exercice de leurs fonctions, une indemnité égale au plus à *(Décr. n° 2015-1917 du 30 déc. 2015, art. 1er)* « 45 % » de l'indemnité maximale de fonction pouvant être allouée à un conseiller à l'assemblée de Guyane, en application de l'article L. 7125-19.

Art. R. 7124-25 Le président du conseil économique, social, environnemental, de la culture et de l'éducation perçoit, pour l'exercice effectif de ses fonctions, une indemnité au plus égale à 50 % de l'indemnité maximale de fonctions pouvant être allouée au président de l'assemblée de Guyane, en application de l'article L. 7125-20.

Art. R. 7124-26 Les vice-présidents du conseil économique, social, environnemental, de la culture et de l'éducation *(Décr. n° 2022-1386 du 31 oct. 2022, art. 5)* « ayant reçu délégation du président » perçoivent pour l'exercice effectif de leurs fonctions une indemnité au plus égale à l'indemnité pouvant être allouée à un membre du conseil, telle que définie à l'article R. 7124-24, majorée d'un coefficient de 1,9.

Les membres du bureau, autres que les vice-présidents, perçoivent, pour l'exercice effectif de leurs fonctions, une indemnité au plus égale à l'indemnité pouvant être allouée à un membre du conseil, telle que définie à l'article R. 7124-24, majorée d'un coefficient de 1,3.

Art. R. 7124-27 La délibération de l'assemblée de Guyane fixant les indemnités mentionnées à l'article R. 7124-24 prévoit, après consultation du président du conseil économique, social, environnemental, de la culture et de l'éducation, les modalités de réduction des indemnités allouées aux membres de ce conseil en fonction de leur participation aux réunions du conseil ou de ses formations ainsi qu'aux réunions des organismes dans lesquels ils représentent leur assemblée.

Art. D. 7124-28 *Abrogé par Décr. n° 2022-1386 du 31 oct. 2022, art. 5.*

Art. D. 7124-29 *(Décr. n° 2015-1754 du 23 déc. 2015, art. 1er)* La durée du crédit d'heures prévue à l'article L. 7124-9 est égale pour un trimestre :

1° À soixante-dix heures pour le président et les vice-présidents du conseil économique, social, environnemental, de la culture et de l'éducation de Guyane ;

2° À vingt et une heures pour les autres membres du conseil.

Art. D. 7124-30 *(Décr. n° 2015-1754 du 23 déc. 2015, art. 1er)* Compte tenu des nécessités du service public d'enseignement, le service hebdomadaire des personnels appartenant à des corps ou cadres d'emplois d'enseignants qui bénéficient d'un crédit d'heures conformément à l'article L. 7124-9 fait l'objet d'un aménagement en début d'année scolaire.

La durée du crédit d'heures est répartie entre le temps de service effectué en présence des élèves leur incombant statutairement et le temps complémentaire de service dont ils sont redevables en application de l'article 1er du décret n° 2000-815 du 25 août 2000 relatif à l'aménagement et à la réduction du temps de travail dans la fonction publique de l'État ou, lorsqu'ils relèvent de la fonction publique territoriale, en application de l'article 1er du décret n° 2001-623 du 12 juillet 2001 pris pour l'application de l'article 7-1 de la loi n° 84-53 du 26 janvier 1984 et relatif à l'aménagement et à la réduction du temps de travail dans la fonction publique territoriale.

La partie du crédit d'heures imputable sur le temps du service effectué en présence des élèves est obtenue en pondérant le crédit d'heures par le rapport entre la durée du temps de service effectué en présence des élèves et la durée fixée à l'article 1er du décret du 25 août 2000 déjà cité ou, le cas échéant, à l'article 1er du décret du 12 juillet 2001 déjà cité.

Art. D. 7124-31 *(Décr. n° 2015-1754 du 23 déc. 2015, art. 1er)* En cas de travail à temps partiel, le crédit d'heures est réduit au prorata du rapport entre les horaires inscrits au contrat de travail du salarié concerné, selon les dispositions de l'article *(Décr. n° 2016-1551 du 18 nov. 2016, art. 6)* « L. 3123-6 » du code du travail et la durée hebdomadaire légale du travail définie à l'article D. 7124-32 du présent code.

Dans le cas d'un fonctionnaire *(Décr. n° 2022-1386 du 31 oct. 2022, art. 5)* « de l'État, d'un fonctionnaire territorial ou d'un fonctionnaire hospitalier » ou d'un agent *(Décr. n° 2022-1386 du 31 oct. 2022, art. 5)* « contractuel » de l'État, d'une collectivité territoriale ou de leurs établissements publics administratifs, qui exerce ses fonctions à temps partiel, le crédit d'heures est réduit au prorata du rapport entre la durée annuelle du service à temps partiel et la durée annuelle légale du travail définie à l'article D. 7124-33.

Art. D. 7124-32 *(Décr. nº 2015-1754 du 23 déc. 2015, art. 1er)* Pour fixer le temps maximal auquel les élus qui ont la qualité de salarié ont droit en application de l'article L. 7124-9*[,]* la durée légale du travail pour une année civile s'apprécie sur la base de la durée hebdomadaire légale fixée par l'article *(Décr. nº 2016-1553 du 18 nov. 2016, art. 7)* « L. 3121-27 » du code du travail, en décomptant cinq semaines de congés payés ainsi que des jours fériés.

Toutefois, lorsqu'il est dérogé à cette durée soit par des décrets en conseil des ministres, soit par convention ou accord collectif dans les conditions prévues à l'article *(Décr. nº 2016-1553 du 18 nov. 2016, art. 7)* « L. 3121-68 » du code du travail, soit en cas de régime d'équivalence instauré dans les conditions prévues *(Décr. nº 2016-1553 du 18 nov. 2016, art. 7)* « aux articles L. 3121-13 et L. 3121-15 » du même code, il est tenu compte de la durée du travail telle qu'elle résulte de ces dérogations.

La durée hebdomadaire du travail prise en compte pour les salariés régis par un contrat de travail temporaire est celle fixée dans ce contrat en application du 4° de l'article L. 1251-43 du code du travail.

Art. D. 7124-33 *(Décr. nº 2015-1754 du 23 déc. 2015, art. 1er)* Pour fixer le temps maximal d'absence auquel ont droit, en application de l'article L. 7124-9, les élus qui ont la qualité de fonctionnaire *(Décr. nº 2022-1386 du 31 oct. 2022, art. 5)* « de l'État, de fonctionnaire territorial ou de fonctionnaire hospitalier » ou d'agent *(Décr. nº 2022-1386 du 31 oct. 2022, art. 5)* « contractuel » de l'État, d'une collectivité territoriale ou de leurs établissements publics administratifs, la durée légale du travail pour une année civile s'apprécie sur la base de la durée annuelle fixée à l'article 1er du décret nº 2000-815 du 25 août 2000 ou à l'article 1er du décret nº 2001-623 du 12 juillet 2001 ou à l'article 1er du décret nº 2002-9 du 4 janvier 2002.

Toutefois, lorsqu'il est dérogé à cette durée annuelle, il est tenu compte de la durée du travail telle qu'elle résulte de ces dérogations dans les conditions fixées, selon le cas, par le décret du 25 août 2000 ou le décret du 12 juillet 2001 ou le décret du 4 janvier 2002 déjà cités.

Art. D. 7124-34 *(Décr. nº 2015-1754 du 23 déc. 2015, art. 1er)* Indépendamment des frais d'enseignement dont le coût est supporté par le budget de la collectivité, les frais de déplacement et de séjour du président et des membres du conseil économique, social, environnemental, de la culture et de l'éducation de Guyane, mentionnés à l'article L. 7124-10, sont pris en charge par la collectivité dans les conditions définies par le décret nº 2006-781 du 3 juillet 2006 fixant les conditions et les modalités de règlement des frais occasionnés par les déplacements temporaires des personnels civils de l'État.

CHAPITRE IV *BIS* LE GRAND CONSEIL COUTUMIER DES POPULATIONS AMÉRINDIENNES ET BUSHINENGES

(Décr. nº 2018-273 du 13 avr. 2018, art. 1er)

SECTION 1 Dispositions générales

Art. D. 7124-40 Le représentant de l'État en Guyane saisit les autorités coutumières et traditionnelles amérindiennes et bushinenges afin qu'elles désignent en leur sein les chefs coutumiers appelés à les représenter au grand conseil coutumier des populations amérindiennes et bushinenges, mentionnés aux 1° et 2° de l'article L. 7124-12.

Art. D. 7124-41 L'arrêté du représentant de l'État en Guyane qui constate la composition du grand conseil coutumier des populations amérindiennes et bushinenges est publié au recueil des actes administratifs de la préfecture de Guyane.

Art. D. 7124-42 Le grand conseil coutumier se réunit sur convocation de son président. Sauf urgence, les membres du grand conseil coutumier reçoivent, quinze jours au moins avant la date de la réunion, une convocation du président comportant l'ordre du jour et, le cas échéant, les documents nécessaires à l'examen des affaires qui y sont inscrites.

Art. D. 7124-43 Le grand conseil coutumier se prononce à la majorité des membres présents ou représentés. En cas de partage égal des voix, celle du président est prépondérante.

Les avis du grand conseil coutumier mentionnent les positions des minorités.

Le représentant de l'État en Guyane, ou son représentant, peut assister aux réunions du grand conseil coutumier sans voix délibérative. Il peut être entendu à sa demande.

Art. D. 7124-44 Lorsqu'il n'est pas suppléé, un membre du grand conseil coutumier peut donner mandat à un autre membre. Nul ne peut détenir plus d'un mandat.

Art. D. 7124-45 Le grand conseil coutumier ne peut valablement délibérer que si la moitié de ses membres est présente, y compris les membres prenant part aux débats au moyen d'une conférence téléphonique ou audiovisuelle, ou ayant donné un mandat.

Si le quorum n'est pas atteint, le grand conseil coutumier est à nouveau convoqué, le premier jour ouvrable qui suit, sur le même ordre du jour. Il siège alors valablement quel que soit le nombre des membres présents ou représentés.

Art. D. 7124-46 Les dépenses de fonctionnement du grand conseil coutumier sont prises en charge par l'État. Le secrétariat du grand conseil coutumier est assuré par les services du représentant de l'État en Guyane.

Art. D. 7124-47 Les membres du grand conseil coutumier exercent leurs fonctions à titre gratuit.

Les frais de déplacement et de séjour supportés par les membres du grand conseil coutumier peuvent être pris en charge dans les conditions fixées par la réglementation applicable aux fonctionnaires de l'État.

Art. D. 7124-48 Les séances du grand conseil coutumier sont publiques, sauf décision contraire produite à la demande de la moitié au moins des membres du grand conseil coutumier.

Les avis et délibérations adoptés par le grand conseil coutumier font l'objet d'une publication officielle au recueil des actes administratifs de la préfecture de Guyane.

CHAPITRE V CONDITIONS D'EXERCICE DES MANDATS

SECTION 1 Garanties accordées aux titulaires de mandats à l'assemblée de Guyane

SOUS-SECTION 1 Garanties accordées dans l'exercice du mandat

Art. R. 7125-1 Afin de bénéficier du temps nécessaire pour se rendre et participer aux séances et réunions visées à l'article L. 7125-1, le conseiller à l'assemblée, qui a la qualité de salarié, informe son employeur par écrit, dès qu'il en a connaissance, de la date et de la durée de la ou des absences envisagées.

Art. R. 7125-2 Afin de bénéficier du crédit d'heures prévu à l'article L. 7125-2, le conseiller à l'assemblée informe son employeur par écrit trois jours au moins avant son absence en précisant la date et la durée de l'absence envisagée ainsi que la durée du crédit d'heures à laquelle il a encore droit au titre du trimestre en cours.

Art. R. 7125-3 Les dispositions des articles R. 7125-1 et R. 7125-2 sont applicables, lorsqu'ils ne bénéficient pas de dispositions plus favorables, aux fonctionnaires régis par les titres I à IV du statut général de la fonction publique ainsi qu'aux agents contractuels de l'État, des collectivités territoriales et de leurs établissements publics administratifs qui exercent des fonctions publiques électives.

Art. R. 7125-4 La durée du crédit d'heures pour un trimestre est égale :

1° À cent quarante heures pour le président et les vice-présidents de l'assemblée ;

2° À cent cinq heures pour les conseillers à l'assemblée.

Art. R. 7125-5 Compte tenu des nécessités du service public de l'enseignement, le service hebdomadaire des personnels appartenant à des corps ou cadres d'emplois d'enseignant qui bénéficient d'un crédit d'heures conformément à l'article L. 7125-2 fait l'objet d'un aménagement en début d'année scolaire.

La durée du crédit d'heures est répartie entre le temps de service effectué en présence des élèves leur incombant statutairement et le temps complémentaire de service dont ils sont redevables en application de l'article 1er du décret n° 2000-815 du 25 août 2000 relatif à l'aménagement et à la réduction du temps de travail dans la fonction publique de l'État ou, lorsqu'ils relèvent de la fonction publique territoriale, en application de l'article 1er du décret n° 2001-623 du 12 juillet 2001 pris pour l'application de l'article 7-1 de la loi n° 84-53 du 26 janvier 1984 et relatif à l'aménagement et à la réduction du temps de travail dans la fonction publique territoriale.

La partie du crédit d'heures imputable sur le temps du service effectué en présence des élèves est obtenue en pondérant le crédit d'heures par le rapport entre la durée du temps de service effectué en présence des élèves et la durée fixée à l'article 1er du décret n° 2000-815 du 25 août 2000 ou, le cas échéant, à l'article 1er du décret n° 2001-623 du 12 juillet 2001.

Art. R. 7125-6 En cas de travail à temps partiel, le crédit d'heures est réduit au prorata du rapport entre les horaires inscrits au contrat de travail du salarié concerné, selon les dispositions de l'article *(Décr. n° 2016-1551 du 18 nov. 2016, art. 6)* « L. 3123-6 » du code du travail*[,]* et la durée hebdomadaire légale du travail définie à l'article R. 7125-7 du présent code.

Dans le cas d'un fonctionnaire régi par les titres II, III ou IV du statut général de la fonction publique ou d'un agent non titulaire de l'État, d'une collectivité territoriale ou de leurs établissements publics administratifs, qui exerce ses fonctions à temps partiel, le crédit d'heures est réduit au prorata du rapport entre la durée annuelle du service à temps partiel et la durée annuelle légale du travail définie à l'article R. 7125-8 du présent code.

Art. R. 7125-7 Pour fixer le temps d'absence maximal auquel les élus qui ont la qualité de salarié ont droit en application de l'article L. 7125-3, la durée légale du travail pour une année civile s'apprécie sur la base de la durée hebdomadaire légale fixée par l'article *(Décr. n° 2016-1551 du 18 nov. 2016, art. 6)* « L. 3121-27 » du code du travail, en décomptant cinq semaines de congés payés ainsi que les jours fériés.

Toutefois, lorsqu'il est dérogé à cette durée soit par des décrets en conseil des ministres, soit par convention ou accord collectif dans les conditions prévues à l'article *(Décr. n° 2016-1551 du 18 nov. 2016, art. 6)* « L. 3121-68 » du code du travail, soit en cas de régime d'équivalence instauré dans les conditions prévues par *(Décr. n° 2016-1551 du 18 nov. 2016, art. 6)* « les articles L. 3121-13 et L. 3121-15 » du même code, il est tenu compte de la durée du travail telle qu'elle résulte de ces dérogations.

La durée hebdomadaire du travail prise en compte pour les salariés régis par un contrat de travail temporaire est celle fixée dans ce contrat en application du 4° de l'article L. 1251-43 du code du travail.

Art. R. 7125-8 Pour fixer le temps maximal d'absence auquel ont droit, en application de l'article L. 7125-3, les élus qui ont la qualité de fonctionnaire régi par les titres II, III ou IV du statut général de la fonction publique ou d'agent non titulaire de l'État, d'une collectivité territoriale ou de leurs établissements publics administratifs, la durée légale du travail pour une année civile s'apprécie sur la base de la durée annuelle fixée à l'article 1er du décret n° 2000-815 du 25 août 2000 ou à l'article 1er du décret n° 2001-623 du 12 juillet 2001 ou à l'article 1er du décret n° 2002-9 du 4 janvier 2002.

Toutefois, lorsqu'il est dérogé à cette durée annuelle, il est tenu compte de la durée du travail telle qu'elle résulte de ces dérogations dans les conditions fixées, selon le cas, par le décret n° 2000-815 du 25 août 2000, ou le décret n° 2001-623 du 12 juillet 2001, ou le décret n° 2002-9 du 4 janvier 2002.

SOUS-SECTION 2 Garanties accordées dans l'exercice d'une activité professionnelle

Pas de dispositions réglementaires codifiées.

SOUS-SECTION 3 Garanties accordées à l'issue des mandats du président et des vice-présidents ayant reçu délégation

Art. R. 7125-9 À l'issue de leur mandat, le président ou tout vice-président ayant reçu délégation de celui-ci, bénéficient de l'allocation différentielle de fin de mandat, sous réserve de remplir les conditions prévues à l'article L. 7125-11.

L'exercice antérieur des fonctions de vice-président de l'assemblée, en l'absence de délégation du président, ne donne pas lieu au bénéfice de l'allocation.

Pour l'application des présentes dispositions, la condition de cessation de l'activité professionnelle s'apprécie à l'issue du mandat.

Art. R. 7125-10 La demande, accompagnée des pièces justificatives permettant de déterminer le montant de l'allocation susceptible d'être attribué, doit être adressée à la Caisse des dépôts et consignations au plus tard cinq mois après l'issue du mandat.

Art. R. 7125-11 L'indemnité différentielle de fin de mandat est personnelle.

Art. R. 7125-12 Pendant les six premiers mois, son montant est égal à 80 % de la différence entre le montant de l'indemnité brute mensuelle, avant retenue à la source de l'imposition, que l'intéressé percevait pour l'exercice de ses fonctions électives, et l'ensemble des ressources perçues au titre des revenus du travail, des revenus de substitution ou des indemnités liées à d'autres mandats électifs.

À compter du septième mois suivant le début de versement de l'allocation, le montant de l'allocation différentielle de fin de mandat est égal à 40 %.

Art. R. 7125-13 L'indemnité mensuelle est versée pour une durée maximale d'un an.

L'indemnité est versée chaque mois dès lors que son montant mensuel est supérieur à 100 €. Dans le cas où le montant de l'allocation est inférieur à 100 €, le paiement est effectué en deux fois au cours des six premiers mois et, à compter du septième mois, en deux fois également.

Art. R. 7125-14 Le bénéficiaire est tenu de faire connaître sans délai tout changement de situation au regard du montant des ressources qu'il perçoit.

SECTION 2 Droit à la formation

SOUS-SECTION 1 Dispositions générales

Art. R. 7125-15 La prise en charge par la collectivité des dépenses liées à l'exercice du droit des élus à la formation, dans les conditions fixées par les articles L. 7125-12 à L. 7125-16*[,]* ne peut intervenir que si l'organisme dispensateur du stage ou de la session a reçu un agrément délivré par le ministre *(Décr. nº 2021-596 du 14 mai 2021, art. 12)* « chargé des collectivités territoriales » dans les conditions fixées aux articles R. 1221-12 à *(Décr. nº 2021-596 du 14 mai 2021, art. 12)* « R. 1221-22-1, et si la formation relève du répertoire défini à l'article R. 1221-9-1 ».

Art. R. 7125-16 Les frais de déplacement des conseillers à l'assemblée sont pris en charge par la collectivité dans les conditions définies par le décret fixant les conditions et les modalités de règlement des frais occasionnés par les déplacements temporaires des personnels civils de l'État lorsqu'ils sont à la charge des budgets de l'État, des établissements publics nationaux à caractère administratifs et de certains organismes subventionnés.

Art. R. 7125-17 Pour bénéficier de la prise en charge prévue à l'article L. 7125-14, l'élu doit justifier auprès de la collectivité qu'il a subi une diminution de revenu du fait de l'exercice de son droit à la formation.

SOUS-SECTION 2 Dispositions applicables aux élus salariés

Art. R. 7125-18 Le conseiller à l'assemblée qui a la qualité de salarié doit, lorsqu'il souhaite bénéficier du congé de formation visé à l'article L. 7125-13, présenter par écrit sa demande à son employeur trente jours au moins à l'avance en précisant la date et la durée de l'absence envisagée à ce titre, ainsi que la désignation de l'organisme responsable du stage ou de la session. L'employeur accuse réception de cette demande.

À défaut de réponse expresse notifiée au plus tard le quinzième jour qui précède le début du stage ou de la session, le congé est réputé accordé.

Art. R. 7125-19 Le bénéfice du congé de formation est de droit pour effectuer un stage ou suivre une session de formation *(Décr. n° 2021-596 du 14 mai 2021, art. 12)* « répondant aux critères fixés à l'article R. 7125-15 ».

Il peut cependant être refusé par l'employeur si celui-ci estime, après avis du comité d'entreprise ou, à défaut, des délégués du personnel lorsque l'entreprise en comporte, que l'absence du salarié aurait des conséquences préjudiciables à la production et à la bonne marche de l'entreprise.

Si le salarié renouvelle sa demande à l'expiration d'un délai de quatre mois après la notification d'un premier refus, un nouveau refus ne peut lui être opposé.

Art. R. 7125-20 Tout refus de l'employeur doit être motivé et notifié à l'intéressé.

Art. R. 7125-21 L'organisme dispensateur du stage ou de la session doit délivrer au salarié une attestation constatant sa fréquentation effective. Cette attestation est remise à l'employeur s'il en fait a *[la]* demande au moment de la reprise du travail.

SOUS-SECTION 3 Dispositions applicables aux élus ayant qualité d'agents publics

Art. R. 7125-22 Tout conseiller à l'assemblée, régi par les titres I à IV du statut général de la fonction publique doit, lorsqu'il souhaite bénéficier du congé de formation prévu à l'article L. 7125-13, présenter par écrit sa demande à l'autorité hiérarchique dont il relève trente jours au moins à l'avance en précisant la date et la durée de l'absence envisagée à ce titre, ainsi que la désignation de l'organisme responsable du stage ou de la session. L'autorité hiérarchique accuse réception de cette demande.

À défaut de réponse expresse notifiée au plus tard le quinzième jour qui précède le début du stage ou de la session, le congé est réputé accordé.

Art. R. 7125-23 Le bénéfice du congé de formation est de droit pour effectuer un stage ou suivre une session de formation *(Décr. n° 2021-596 du 14 mai 2021, art. 12)* « répondant aux critères fixés à l'article R. 7125-15 ».

Il peut, cependant, être refusé si les nécessités du fonctionnement du service s'y opposent.

Les décisions qui rejettent les demandes de congés de formation doivent être communiquées avec leur motif à la commission administrative paritaire au cours de la réunion qui suit cette décision.

Si le fonctionnaire renouvelle sa demande à l'expiration d'un délai de quatre mois après la notification d'un premier refus, un nouveau refus ne peut lui être opposé.

Art. R. 7125-24 Tout refus de l'autorité hiérarchique doit être motivé et notifié à l'intéressé.

Art. R. 7125-25 Les dispositions des articles R. 7125-22 à R. 7125-24 sont applicables aux agents contractuels de l'État, des collectivités territoriales et de leurs établissements publics.

SOUS-SECTION 4 Droit individuel à la formation

(Décr. n° 2016-870 du 29 juin 2016, art. 4)

Art. R. 7125-25-1 Les formations éligibles au titre du droit individuel sont les formations relatives à l'exercice du mandat du conseiller à l'assemblée de Guyane et les formations contribuant à l'acquisition des compétences nécessaires, le cas échéant, à sa réinsertion professionnelle à l'issue du mandat.

Les formations relatives à l'exercice du mandat sont les formations dispensées par un organisme agréé par le ministre *(Décr. n° 2021-596 du 14 mai 2021, art. 12)* « chargé des collectivités territoriales » dans les conditions définies aux articles R. 1221-12 à *(Décr. n° 2021-596 du 14 mai 2021, art. 12)* « R. 1221-22-1 ».

Les formations contribuant à la réinsertion professionnelle du conseiller à l'assemblée de Guyane sont les formations éligibles au titre du compte personnel de formation, mentionnées à l'article L. 6323-6 du code du travail.

Art. R. 7125-25-2 *(Décr. n° 2021-596 du 14 mai 2021, art. 14)* Dans la limite du montant maximal fixé en application du 3° de l'article R. 1621-7 du présent code, le membre de l'assemblée de Guyane acquiert ses droits individuels à la formation comptabilisés en euros chaque année, à compter du troisième lundi suivant le premier tour de l'élection territoriale, et peut demander à les utiliser dès cette acquisition. Quel que soit le nombre de mandats exercés par l'élu local, le volume des droits qu'il acquiert chaque année au titre des articles L. 2123-12-1, L. 3123-10-1, L. 4135-10-1, L. 7125-12-1, L. 7227-12-1 du présent code et de l'article L. 121-37-1 du code des communes de la Nouvelle-Calédonie ne peut dépasser le montant fixé par l'arrêté mentionné au 2° de l'article R. 1621-7 du présent code.

(Décr. n° 2021-1708 du 17 déc. 2021, art. 11) « Lorsqu'il ne remplit pas les conditions fixées au deuxième alinéa de l'article R. 7125-25-3, l'élu perd les droits individuels à la formation acquis au titre de son mandat à l'expiration de celui-ci. Lorsque l'élu exerce plusieurs mandats ouvrant des droits individuels à la formation, ses droits sont calculés en prenant en compte le mandat auquel il a été élu ou réélu qu'il exerce depuis le plus longtemps. »

Art. R. 7125-25-3 Le conseiller à l'assemblée de Guyane qui souhaite bénéficier d'une formation au titre de son droit individuel à la formation adresse une demande au gestionnaire du fonds de financement et de gestion du droit individuel à la formation des élus locaux mentionné à l'article *(Décr. n° 2021-1708 du 17 déc. 2021, art. 4)* « L. 1621-4, par l'intermédiaire du service dématérialisé mentionné à l'article L. 1621-5, conformément aux conditions générales d'utilisation de ce service ».

(Décr. n° 2021-596 du 14 mai 2021, art. 16) « Le titulaire de droits individuels à la formation peut consommer ses droits dans les six mois qui suivent l'expiration de son mandat, s'il n'exerce plus aucun mandat électif local et s'il n'a pas liquidé ses droits à pension, afin de participer à des formations contribuant à sa réinsertion professionnelle, au sens du dernier alinéa de l'article R. 7125-25-1. »

Art. R. 7125-25-4 Le conseiller à l'assemblée de Guyane qui a engagé des frais de déplacement et de séjour pour suivre une formation dans le cadre du droit individuel à la formation transmet au gestionnaire du fonds[,] mentionné à l'article *(Décr. n° 2021-1708 du 17 déc. 2021, art. 7)* « L. 1621-4 », un état de frais aux fins de remboursement.

Les frais de déplacement et de séjour sont remboursés au conseiller à l'assemblée de Guyane dans les conditions définies par le décret n° 2006-781 du 3 juillet 2006 fixant les conditions et les modalités de règlement des frais occasionnés par les déplacements temporaires des personnels civils de l'État.

SECTION 3 Remboursement de frais

SOUS-SECTION 1 Remboursement des frais liés à l'exercice d'un mandat spécial

Art. R. 7125-26 Les conseillers à l'assemblée chargés de mandats spéciaux peuvent prétendre, sur justificatif de la durée réelle du déplacement, d'une part, au paiement d'indemnités journalières destinées à rembourser forfaitairement leurs frais supplémentaires de repas et de nuitée nécessités par l'exercice de ces mandats et, d'autre part, au remboursement des frais de transport engagés à cette occasion.

La prise en charge de ces frais est assurée dans les conditions définies par le décret n° 2006-781 du 3 juillet 2006 fixant les conditions et les modalités de règlement des frais occasionnés par les déplacements temporaires des personnels civils de l'État.

Le remboursement des frais mentionnés au premier alinéa du présent article est cumulable avec celui prévu à l'article R. 7125-28.

SOUS-SECTION 2 Remboursement des frais de transport et de séjour

Art. R. 7125-27 Les conseillers à l'assemblée peuvent prétendre, sur présentation des pièces justificatives, à la prise en charge des frais de transport et de séjour qu'ils engagent à l'occasion de leurs déplacements pour prendre part aux réunions de l'assemblée et aux séances des commissions et organismes dont ils font partie ès qualités ou sur délibération expresse de l'assemblée.

La prise en charge de ces frais est assurée dans les conditions prévues au deuxième alinéa de l'article R. 7125-26.

Le remboursement de ces frais est cumulable avec celui prévu à l'article R. 7125-28.

SOUS-SECTION 3 Remboursement des frais liés au handicap

Art. R. 7125-28 Peuvent obtenir le remboursement des frais spécifiques de déplacement, d'accompagnement et d'aide technique les conseillers à l'assemblée en situation de handicap mentionnés au second alinéa de l'article L. 7125-22 et relevant des dispositions des articles L. 5213-1 et L. 5213-2 du code du travail ou pouvant prétendre au bénéfice des dispositions des articles *(Décr. nº 2021-258 du 9 mars 2021, art. 2)* « L. 5212-1 » et suivants du même code, ou pouvant prétendre au bénéfice de l'article L. 241-3 du code de l'action sociale et des familles.

La prise en charge de ces frais spécifiques est assurée sur présentation d'un état de frais et dans la limite, par mois, du montant *(Décr. nº 2021-258 du 9 mars 2021, art. 2)* « de l'indemnité maximale susceptible d'être versée au maire d'une commune de moins de 500 habitants en application du barème fixé à l'article L. 2123-23 ».

Le remboursement de ces frais est cumulable avec les remboursements prévus aux articles R. 7125-26 et R. 7125-27.

SOUS-SECTION 4 Chèque service

(Décr. nº 2015-1754 du 23 déc. 2015, art. 2)

Art. D. 7125-29 La délibération par laquelle l'assemblée de Guyane accorde l'aide financière prévue par l'article L. 7125-23 peut préciser les modalités d'attribution et de contrôle de cette aide, notamment le fractionnement éventuel de son versement.

Il est communiqué à l'assemblée de Guyane, au titre de chaque année civile, un état récapitulatif individuel des aides versées aux bénéficiaires.

Art. D. 7125-30 Pour pouvoir prétendre à l'aide financière prévue par l'article L. 7125-23, les élus concernés doivent produire tout document justifiant de l'utilisation d'un chèque emploi service universel conforme à l'article précité.

Art. D. 7125-31 Le montant maximum de cette aide est égal à celui fixé par l'article D. 7233-8 du code du travail, par année civile et par bénéficiaire ayant eu recours à un ou plusieurs services financés par cette aide.

Il ne peut excéder le coût des services supportés par le bénéficiaire.

Art. D. 7125-32 Le président de l'assemblée de Guyane communique à l'élu bénéficiaire de l'aide financière, avant le 1er février de l'année suivant celle de son attribution, une attestation mentionnant le montant total de l'aide perçue et précisant son caractère non imposable.

La déclaration annuelle prévue par l'article 87 du code général des impôts souscrite par la collectivité territoriale de Guyane mentionne, pour chaque bénéficiaire, le montant de l'aide accordée par l'assemblée de Guyane.

SECTION 4 Protection sociale

SOUS-SECTION 1 Sécurité sociale

(Décr. nº 2015-1754 du 23 déc. 2015, art. 3)

Art. D. 7125-33 Tout conseiller à l'assemblée de Guyane percevant des indemnités de fonction et qui ne peut, en cas de maladie, maternité, paternité ou accident, exercer effectivement ses fonctions au-delà d'une délai de quinze jours francs, est tenu d'indiquer à la collectivité territoriale de Guyane le montant de ses indemnités journalières qui le *[lui]* sont, le cas échéant, versées par son régime de sécurité sociale au titre de son activité professionnelle, accompagné des pièces justificatives concernant l'arrêt de travail et son indemnisation, afin de déterminer le montant des indemnités de fonction à lui attribuer conformément à l'article L. 7125-26.

En cas de trop-perçu, la collectivité procède à la répétition de l'indu à compter de la réception des indemnités journalières par l'élu et de la déclaration de leur montant.

Lorsque le conseiller à l'assemblée de Guyane ne bénéficie d'aucun régime d'indemnités journalières ou ne remplit pas les conditions pour bénéficier d'une indemnisation auprès du régime de sécurité sociale dont relève son activité, les indemnités de fonction sont maintenues en totalité pendant la durée de l'arrêt de travail.

En cas de cumul des mandats, les dispositions prévues au premier alinéa du présent article s'appliquent à chaque mandat.

Art. D. 7125-34 Lorsque le délai de carence prévu par le régime de sécurité sociale dont relève le conseiller à l'assemblée de Guyane pour le versement des indemnités journalières est supérieur au délai de quinze jours fixé à l'article D. 7125-33, les indemnités de fonction lui sont versées en totalité pendant la période ne donnant lieu au versement d'aucune indemnité journalière.

SOUS-SECTION 2 Retraite

Art. R. 7125-35 Le plafond des taux de cotisation prévu à l'article L. 7125-29 est fixé ainsi qu'il suit :
– taux de cotisation de la collectivité : 8 % ;
– taux de cotisation de l'élu : 8 %.

TITRE V ATTRIBUTIONS DE LA COLLECTIVITÉ TERRITORIALE DE GUYANE

(Décr. n° 2015-1441 du 6 nov. 2015, art. 3)

CHAPITRE III COOPÉRATION RÉGIONALE

(Décr. n° 2015-1441 du 6 nov. 2015, art. 3)

SECTION 1 Dispositions relatives au fonds de coopération régionale pour la Guyane

Art. R. 7153-1 Le fonds de coopération régionale institué par l'article L. 7153-7 contribue à l'insertion de la Guyane dans son environnement géographique. Il concourt aux actions de coopération économique, sociale et culturelle menées avec les pays de la région.

Le représentant de l'État en Guyane en est l'ordonnateur secondaire.

Art. R. 7153-2 Le comité institué par le deuxième alinéa de l'article L. 7153-7 est dénommé comité de gestion du fonds de coopération régionale.

Il est présidé par le représentant de l'État en Guyane et comprend, en outre :

1° Un représentant de l'État désigné par le ministre des affaires étrangères et deux représentants désignés par le ministre chargé de l'outre-mer ;

2° Quatre conseillers à l'assemblée de Guyane, désignés par l'assemblée de Guyane.

Art. R. 7153-3 Le comité se réunit au moins deux fois par an, sur convocation de son président, qui en fixe l'ordre du jour.

Le secrétariat du comité est assuré par les services du représentant de l'État en Guyane.

Art. R. 7153-4 La liste des opérations financées par le fonds de coopération régionale et le taux de subvention applicable à chacune d'elles sont fixés après consultation des chefs des postes diplomatiques dans les États intéressés.

Les décisions du comité sont adoptées à la majorité. En cas de partage égal des voix, la voix du président est prépondérante.

Art. R. 7153-5 Le comité établit, à l'attention du Premier ministre, un rapport annuel sur le bilan, l'évaluation et le suivi des opérations subventionnées par le fonds de coopération régionale.

SECTION 2 Représentation de la collectivité territoriale de Guyane au sein des missions diplomatiques de la France

(*Décr. nº 2017-1060 du 10 mai 2017, art. 3*)

Art. R. 7153-6 Une convention entre l'État, représenté conjointement par le ministre des affaires étrangères et le ministre chargé de l'outre-mer, et la collectivité territoriale de Guyane détermine les conditions d'accueil des agents de cette collectivité au sein des missions diplomatiques de la France. Cette convention définit :

1° Les missions des agents de la collectivité territoriale de Guyane au sein de la mission diplomatique dans laquelle ils exercent leurs fonctions. Ces missions ont trait aux actions de coopération régionale. Elles peuvent également comporter la possibilité pour ces agents, sur demande du chef de mission et avec l'accord du président de l'assemblée de Guyane, d'apporter leur concours au bon fonctionnement de la mission diplomatique.

Les fonctions précises de chaque agent sont fixées par une lettre de mission signée conjointement par le président de l'assemblée de Guyane et le chef de mission ;

2° Leur compétence géographique ;

3° Les actions de formation susceptibles d'être organisées pour faciliter l'exercice des missions définies au 1° du présent article ;

4° Les moyens matériels et logistiques mis à disposition de chacun des agents de la collectivité territoriale de Guyane au sein de la mission diplomatique ;

5° Les relations entre, d'une part, chacun des agents de la collectivité territoriale et le chef de mission et, d'autre part, le chef de mission et la collectivité territoriale de Guyane. Chaque agent territorial rend compte régulièrement de son action au chef de mission et doit se conformer à ses directives en application des articles 3 et 6 du décret nº 79-433 du 1er juin 1979 relatif aux pouvoirs des ambassadeurs et à l'organisation des services de l'État à l'étranger. Le chef de mission adresse chaque année au président de l'assemblée de Guyane son appréciation sur la manière de servir de chacun des agents de cette collectivité.

La convention précise les charges financières liées à l'exercice des fonctions des agents de la collectivité territoriale de Guyane au sein de la mission diplomatique ainsi que leur répartition entre l'État et cette collectivité.

TITRE XI FINANCES DE LA COLLECTIVITÉ TERRITORIALE DE GUYANE

Art. D. 71-110-1 Le livre VI de la première partie est applicable à la collectivité territoriale de Guyane dans la mesure où il n'est pas contraire au présent titre.

Art. D. 71-110-2 Le rapport prévu à l'article L. 71-110-2 décrit, sous forme de synthèse, la situation en matière de développement durable de la collectivité à partir des évaluations, documents et bilans produits par la collectivité de Guyane sur une base volontaire ou prévus par un texte législatif ou réglementaire.

Ce rapport comporte, au regard des cinq finalités du développement durable mentionnées au III de l'article L. 110-1 du code de l'environnement :

– le bilan des actions conduites au titre de la gestion du patrimoine, du fonctionnement et des activités internes de la collectivité ;

– le bilan des politiques publiques, des orientations et des programmes mis en œuvre sur son territoire.

Ces bilans comportent en outre une analyse des modalités d'élaboration, de mise en œuvre et d'évaluation des actions, politiques publiques et programmes.

Cette analyse peut être élaborée à partir du cadre de référence pour les projets territoriaux de développement durable et agendas 21 locaux mentionné au deuxième alinéa de l'article 254 de la loi nº 2010-788 du 12 juillet 2010 portant engagement national pour l'environnement.

Art. D. 71-110-3 (*Décr. nº 2015-761 du 24 juin 2015, art. 4*) I. – En application de l'article L. 71-110-3, le président de l'assemblée de Guyane présente à l'assemblée de Guyane un rapport annuel sur la situation en matière d'égalité entre les femmes et les hommes dans la collectivité.

II. – Le rapport fait état de la politique de ressources humaines de la collectivité en matière d'égalité professionnelle entre les femmes et les hommes. À cet effet, il reprend notamment les données du rapport, présenté en *(Décr. n° 2021-571 du 10 mai 2021, art. 105)* « comité social territorial » comme prévu à l'article 51 de la loi n° 2012-347 du 12 mars 2012, relatives au recrutement, à la formation, au temps de travail, à la promotion professionnelle, aux conditions de travail, à la rémunération et à l'articulation entre vie professionnelle et vie personnelle.

Le rapport comporte également un bilan des actions menées et des ressources mobilisées en matière d'égalité professionnelle entre les femmes et les hommes et décrit les orientations pluriannuelles. Ce bilan et ces orientations concernent notamment les rémunérations et les parcours professionnels, la promotion de la parité dans le cadre des actions de formation, la mixité dans les filières et les cadres d'emplois, l'articulation entre vie professionnelle et vie personnelle, la prévention de toutes les violences faites aux agents sur leur lieu de travail et la lutte contre toute forme de harcèlement.

III. – Le rapport présente les politiques menées par la collectivité sur son territoire en faveur de l'égalité entre les femmes et les hommes, telles que définies à l'article 1er de la loi n° 2014-873 du 4 août 2014 pour l'égalité réelle entre les femmes et les hommes. Il fixe des orientations pluriannuelles et des programmes de nature à favoriser l'égalité entre les femmes et les hommes.

Ce rapport comporte un bilan des actions conduites à cette fin dans la conception, la mise en œuvre et l'évaluation des politiques publiques de la collectivité. Il présente notamment le suivi de la mise en œuvre de la clause d'égalité dans les marchés publics. Il peut comporter également une analyse de la situation économique et sociale en matière d'inégalités entre les femmes et les hommes dans la collectivité, à partir d'un diagnostic fondé sur les interventions relevant de sa compétence et sur les données des bénéficiaires de ses politiques.

Le rapport recense les ressources mobilisées à cet effet.

CHAPITRE I BUDGETS ET COMPTES

Art. D. 71-111-1 Le budget s'exécute du 1er janvier au 31 décembre.

Art. D. 71-111-2 La période d'exécution du budget est limitée à l'année même à laquelle ce budget s'applique pour le mandatement des dépenses et l'émission des titres de recettes.

Toutefois, cette période comprend un délai complémentaire qui s'étend jusqu'au dernier jour du mois de janvier de l'année suivante. Cette disposition n'est pas applicable aux opérations intéressant uniquement la section d'investissement du budget.

Art. D. 71-111-3 Les chapitres des budgets votés par nature correspondent :

a) Section d'investissement :

– à chacun des comptes à deux chiffres des classes 1 et 2 ouverts à la nomenclature par nature, à l'exception des comptes "Report à nouveau", "Résultat de l'exercice", "Provisions pour risques et charges", "Différences sur réalisations d'immobilisations", "Immobilisations affectées, concédées, affermées ou mises à disposition", "Amortissements des immobilisations", "Dépréciation des immobilisations" ;

– à chacun des chapitres globalisés ;

– à chaque opération votée par l'assemblée délibérante. L'opération correspond à un ensemble d'acquisitions d'immobilisations, de travaux sur immobilisations et de frais d'études y afférents, aboutissant à la réalisation d'un ouvrage ou de plusieurs ouvrages de même nature. Cette opération peut également comporter des subventions d'équipement versées ;

– aux chapitres globalisés de dépenses et de recettes "RSA", retraçant l'un l'ensemble des dépenses et l'autre l'ensemble des recettes d'investissement relatives au revenu de solidarité active ;

– à chacune des opérations pour le compte de tiers ;

– au compte "Subventions d'équipement versées" ;

– en recettes, à la ligne intitulée "Virement de la section de fonctionnement" ;

– en recettes, à la ligne intitulée "Produits des cessions d'immobilisations" ;

– en dépenses, au chapitre "Dépenses imprévues", qui ne comporte qu'une autorisation de programme sans crédit de paiement.

Ces trois derniers chapitres ne comportent que des prévisions sans réalisation.

b) Section de fonctionnement :

– aux comptes à deux chiffres des classes 6 et 7 ouverts à la nomenclature par nature, à l'exception des comptes faisant partie de chapitres globalisés ;

– à chacun des chapitres globalisés ;

– aux chapitres globalisés de dépenses et de recettes "RSA", retraçant l'un l'ensemble des dépenses et l'autre l'ensemble des recettes de fonctionnement relatives au revenu de solidarité active ;

– aux chapitres globalisés de dépenses et de recettes "APA", retraçant l'un l'ensemble des dépenses et l'autre l'ensemble des recettes de fonctionnement relatives à l'allocation personnalisée à l'autonomie ;

– en recettes, au compte intitulé "Impositions directes" ;

– en dépenses, au compte intitulé "Frais de fonctionnement des groupes d'élus" ;

– en dépenses, à la ligne intitulée "Virement à la section d'investissement" ;

– en dépenses, au chapitre "Dépenses imprévues", qui ne comporte qu'une autorisation d'engagement sans crédit de paiement.

Ces deux derniers chapitres ne comportent que des prévisions sans réalisation.

Art. D. 71-111-4 Pour les budgets votés par nature, l'article budgétaire correspond à la subdivision la plus détaillée des nomenclatures définies par l'arrêté prévu à l'article L. 71-111-4, complété, pour les opérations, du numéro d'opération.

Les chapitres intitulés "Dépenses imprévues", "Virement de la section de fonctionnement", "Virement à la section d'investissement" et "Produits des cessions d'immobilisations" ne comportent pas d'article.

Art. D. 71-111-5 Les chapitres des budgets votés par fonction correspondent :

a) Section d'investissement :

– pour les dépenses et recettes ventilables, au groupe 90 "Opérations ventilées", complété par le numéro de l'une des dix fonctions de la nomenclature fonctionnelle ;

– aux chapitres spécifiques de dépenses et de recettes "RSA", retraçant l'un l'ensemble des dépenses et l'autre l'ensemble des recettes d'investissement relatives au revenu de solidarité active ;

– pour les dépenses et recettes non ventilables, à chacun des chapitres non ventilés ;

– en recettes, à la ligne intitulée "Virement de la section de fonctionnement" ;

– en recettes, à la ligne intitulée "Produits des cessions d'immobilisations" ;

– en dépenses, au chapitre "Dépenses imprévues", qui ne comporte qu'une autorisation de programme sans crédit de paiement.

Ces trois derniers chapitres ne comportent que des prévisions sans réalisation.

b) Section de fonctionnement :

– pour les dépenses et recettes ventilables, au groupe 93 "Services individualisés", complété par le numéro de l'une des dix fonctions de la nomenclature fonctionnelle ;

– aux chapitres spécifiques de dépenses et de recettes "RSA", retraçant l'un l'ensemble des dépenses et l'autre l'ensemble des recettes de fonctionnement relatives au revenu de solidarité active ;

– aux chapitres spécifiques de dépenses et de recettes "APA", retraçant l'un l'ensemble des dépenses et l'autre l'ensemble des recettes de fonctionnement relatives à l'allocation personnalisée à l'autonomie ;

– pour les dépenses et recettes non ventilables, à chacun des chapitres non ventilés ;

– en dépenses, à la ligne intitulée "Virement à la section d'investissement" ;

– en dépenses, au chapitre "Dépenses imprévues", qui ne comporte qu'une autorisation d'engagement sans crédit de paiement.

Ces deux derniers chapitres ne comportent que des prévisions sans réalisation.

Art. D. 71-111-6 Les articles des budgets votés par fonction correspondent :

a) Section d'investissement :

– pour les dépenses et recettes ventilables, au groupe 90 "Opérations ventilées", complété par la subdivision la plus détaillée de la nomenclature fonctionnelle ;

– pour les dépenses et recettes non ventilables, à chacun des chapitres non ventilés, complété par la subdivision la plus détaillée de la nomenclature par nature.

Les chapitres correspondant aux dépenses imprévues, au virement de la section de fonctionnement et aux produits des cessions d'immobilisations ne comportent pas d'article.

b) Section de fonctionnement :

– pour les dépenses et recettes ventilables, au groupe 93 "Services individualisés", complété par la subdivision la plus détaillée de la nomenclature fonctionnelle ;

– pour les dépenses et recettes non ventilables, à chacun des chapitres non ventilés, complété du compte le plus détaillé de la nomenclature par nature.

Les chapitres relatifs aux dépenses imprévues et au virement à la section d'investissement ne comportent pas d'article.

Art. D. 71-111-7 L'assemblée de Guyane choisit de voter le budget de la collectivité par nature ou par fonction.

Art. D. 71-111-8 La présentation croisée, par fonction ou par nature, prévue au premier alinéa de l'article L. 71-111-4 s'effectue entre le niveau le plus fin de la nomenclature fonctionnelle et chacun des comptes par nature à trois chiffres. Pour le compte administratif, le croisement s'effectue entre le niveau le plus fin de la nomenclature fonctionnelle et le compte le plus détaillé ouvert dans la nomenclature par nature.

Cette présentation fonctionnelle croisée n'est pas applicable à un service public de la collectivité territoriale de Guyane à activité unique érigé en établissement public ou faisant l'objet d'un budget annexe.

Art. D. 71-111-9 Les autorisations de programme ou d'engagement et leurs révisions éventuelles sont présentées par le président de l'assemblée de Guyane. Elles sont votées par l'assemblée de Guyane lors de l'adoption du budget de l'exercice ou des décisions modificatives.

L'assemblée de Guyane, ou la commission permanente lorsque celle-ci a reçu délégation, affecte par chapitre et, le cas échéant, par article les autorisations de programme et les autorisations d'engagement.

Les autorisations de programme correspondent à des dépenses à caractère pluriannuel se rapportant à une immobilisation ou à un ensemble d'immobilisations déterminées, acquises ou réalisées par la collectivité territoriale de Guyane, ou à des subventions d'équipement versées à des tiers.

Le bilan de la gestion pluriannuelle, présenté par le président de l'assemblée de Guyane à l'occasion du vote du compte administratif, précise notamment le taux de couverture des autorisations de programme et d'engagement. Il est assorti de l'état relatif à la situation des autorisations de programme et d'engagement, dont les modalités de calcul et de présentation sont prévues par arrêté conjoint des ministres chargés des collectivités territoriales et du budget.

Art. D. 71-111-10 Le besoin ou l'excédent de financement de la section d'investissement constaté à la clôture de l'exercice est constitué du solde d'exécution corrigé des restes à réaliser.

Le solde d'exécution de la section d'investissement correspond à la différence entre le montant des titres de recettes et le montant des mandats de dépenses émis au cours de l'exercice, y compris, le cas échéant, les réductions et annulations de recettes et de dépenses, augmentée ou diminuée du report des exercices antérieurs.

Les restes à réaliser de la section d'investissement arrêtés à la clôture de l'exercice correspondent aux dépenses engagées non mandatées et aux recettes certaines n'ayant pas donné lieu à l'émission d'un titre.

Art. D. 71-111-11 Le résultat de la section de fonctionnement correspond à l'excédent ou au déficit de l'exercice. Pour son affectation, il est cumulé avec le résultat antérieur reporté, à l'exclusion des restes à réaliser.

Les restes à réaliser de la section de fonctionnement arrêtés à la clôture de l'exercice correspondent aux dépenses engagées non mandatées et non rattachées ainsi qu'aux recettes certaines n'ayant pas donné lieu à l'émission d'un titre et non rattachées. Ils sont reportés au budget de l'exercice suivant.

Art. D. 71-111-12 Le résultat cumulé défini à l'article D. 71-111-11 est affecté, lorsqu'il s'agit d'un excédent :

1° En priorité, en réserves pour la couverture du besoin de financement de la section d'investissement apparu à la clôture de l'exercice précédent ;

2° Pour le solde, en excédent de fonctionnement reporté ou en dotation complémentaire en réserves.

Lorsqu'il s'agit d'un déficit, il est ajouté aux dépenses de fonctionnement de l'exercice.

Pour l'affectation en réserves, l'exécution de la décision budgétaire de reprise des résultats, adoptée par l'assemblée délibérante, se fait par l'émission d'un titre de recettes. La délibération affectant le résultat excédentaire est produite à l'appui de la décision budgétaire de reprise des résultats et du compte administratif de l'exercice, pour en justifier les recettes.

Art. D. 71-111-13 En l'absence d'adoption du compte administratif à la date du vote du budget de l'exercice suivant, lorsque le résultat de la section de fonctionnement, le besoin de financement ou, le cas échéant, l'excédent de la section d'investissement et la prévision d'affectation sont reportés par anticipation, dans les conditions fixées au quatrième alinéa de l'article L. 71-111-10, les inscriptions au budget sont justifiées par la production en annexe d'une fiche de calcul des résultats prévisionnels.

Cette fiche ainsi qu'un tableau des résultats d'exécution du budget sont établis par l'ordonnateur et visés par le comptable, qui les accompagne soit du compte de gestion, s'il est arrêté à cette date, soit d'une balance établie après prise en charge du dernier bordereau de titres et de mandats.

L'ordonnateur produit l'état des restes à réaliser arrêté au 31 décembre de l'exercice clos.

Les restes à réaliser de la section de fonctionnement sont reportés à la décision budgétaire de reprise des résultats par anticipation.

Art. D. 71-111-14 Pour l'application de l'article L. 71-111-11, lorsque la section d'investissement du budget présente un excédent, peuvent être repris en section de fonctionnement :

– le produit de la cession d'une immobilisation reçue au titre d'un don ou d'un legs, à condition que celui-ci ne soit pas expressément affecté à l'investissement ;

– le produit de la vente d'un placement budgétaire. La reprise de ce produit est limitée à la part du placement financée initialement par une recette de la section de fonctionnement.

En outre, l'excédent de la section d'investissement résultant de la dotation complémentaire en réserves prévue par le 2° de l'article D. 71-111-12 et constaté au compte administratif au titre de deux exercices consécutifs peut être repris en section de fonctionnement afin de contribuer à son équilibre.

(Décr. nº 2015-1546 du 27 nov. 2015, art. 5) « Lorsque les conditions prévues aux alinéas précédents ne sont pas réunies, et en raison de circonstances exceptionnelles et motivées, la collectivité peut solliciter une décision conjointe des ministres chargés du budget et des collectivités locales, qui peut porter sur un ou plusieurs exercices, afin de reprendre l'excédent prévisionnel de la section d'investissement en section de fonctionnement dès le vote du budget primitif. »

Dans tous les cas, la reprise est accompagnée d'une délibération de l'assemblée de Guyane précisant l'origine de l'excédent et les conditions d'évaluation de son montant.

Art. D. 71-111-15 Les données synthétiques sur la situation financière de la collectivité territoriale de Guyane prévues au deuxième alinéa de l'article L. 71-111-14 comprennent les ratios suivants :

1° Dépenses réelles de fonctionnement/population ;

2° Produit des impositions directes/population ;

3° Recettes réelles de fonctionnement/population ;

4° Dépenses d'équipement brut/population ;

5° En-cours de la dette/population ;

6° Dotation globale de fonctionnement/population ;

7° Dépenses de personnel/dépenses réelles de fonctionnement ;

8° Dépenses réelles de fonctionnement et remboursement annuel de la dette en capital/recettes réelles de fonctionnement ;

9° Dépenses d'équipement brut/recettes réelles de fonctionnement ;

10° En-cours de la dette/recettes réelles de fonctionnement.

Art. D. 71-111-16 Pour l'application de l'article D. 71-111-15 :

1° La population à prendre en compte est la population totale, municipale et comptée à part, telle qu'elle résulte du dernier recensement connu à la date de production des documents budgétaires ;

2° Les dépenses réelles de fonctionnement s'entendent de l'ensemble des dépenses de l'exercice budgétaire entraînant des mouvements réels. Toutefois, pour l'application du 1°, sont exclues les dépenses correspondant à des travaux en régie transférés en section d'investissement. Pour l'application du 8°, sont exclues les dépenses correspondant à des travaux en régie et à des charges transférées en section d'investissement ;

3° Les impositions directes s'entendent du produit des impôts directs et taxes assimilées dont l'assiette et le recouvrement ont lieu dans les formes prévues au code général des impôts. Sont exclus les attributions du fonds départemental de péréquation de la taxe professionnelle ainsi que les versements alloués par l'État au titre de la compensation des pertes de bases de contribution économique territoriale et de redevance des mines ;

4° Les recettes réelles de fonctionnement s'entendent de l'ensemble des recettes de fonctionnement de l'exercice entraînant des mouvements réels ;

5° Les dépenses d'équipement brut comprennent les acquisitions de biens meubles et immeubles, les travaux en cours, les immobilisations incorporelles, les travaux d'investissement en régie et, enfin, les opérations pour compte de tiers ;

6° L'en-cours de la dette s'obtient par le cumul des emprunts et dettes à long et moyen termes ;

(Décr. n° 2015-1895 du 29 déc. 2015, art. 1er) « Lorsque la collectivité doit acquitter une indemnité de remboursement anticipé d'emprunt, et dans le cas où elle bénéficie d'une aide octroyée par le fonds de soutien créé par l'article 92 de la loi n° 2013-1278 du 29 décembre 2013 de finances pour 2014 *[V. ss. art. L. 1611-3-1]*, la collectivité peut déduire de cet encours de dette le montant de la créance restant à percevoir sur le fonds de soutien. »

7° Le remboursement annuel de la dette en capital s'entend des remboursements d'emprunts effectués à titre définitif.

Art. D. 71-111-17 Les comptes certifiés mentionnés à l'article L. 71-111-15 le sont par un commissaire aux comptes pour les organismes soumis à l'obligation de certification des comptes et par le président de l'organisme en cause pour les organismes non soumis à une telle obligation.

Art. D. 71-111-18 Les états annexés aux documents budgétaires en application de l'article L. 71-111-14 sont les suivants :

I. — États annexés au budget et au compte administratif :

1° Tableaux récapitulant l'état des emprunts et dettes ;

2° Présentation de l'état des dépréciations et des provisions ;

3° Présentation des méthodes utilisées pour les amortissements ;

4° Présentation de l'équilibre budgétaire ;

5° Présentation de l'état des charges transférées en investissement ;

6° Présentation du mode de financement des opérations pour le compte de tiers ;

7° Présentation des engagements donnés et reçus ;

8° Présentation de l'emploi des recettes grevées d'une affectation spéciale ;

9° État du personnel ;

10° Liste des organismes de regroupement dont la collectivité territoriale de Guyane est membre ;

11° Liste des établissements ou services créés par la collectivité territoriale de Guyane ;

12° Tableau retraçant les décisions en matière de taux des contributions directes et indirectes.

II. — États annexés au seul compte administratif :

1° État de variation des immobilisations ;

2° État présentant le montant de recettes et de dépenses affectées aux services assujettis à la taxe sur la valeur ajoutée qui ne font pas l'objet d'un budget distinct du budget général ;

3° État présentant l'évolution des dépenses consacrées à la formation professionnelle des jeunes, en distinguant notamment les données financières relatives à l'apprentissage, à l'enseignement professionnel sous statut scolaire et aux formations continues en alternance.

Cette annexe précise également l'utilisation des sommes versées au fonds régional de l'apprentissage et de la formation professionnelle continue en application de l'article L. 6241-9 du code du travail.

CHAPITRE II RECETTES

Art. D. 71-112-1 Sont applicables à la collectivité territoriale de Guyane les dispositions suivantes :

1° Le titre III du livre III de la troisième partie relatif aux recettes des départements ;

2° Le chapitre III du titre IV du livre IV de la troisième partie relatif aux recettes des départements d'outre-mer ;

3° Le titre III du livre III de la quatrième partie relatif aux recettes des régions ;

4° Le chapitre IV du titre III du livre IV de la quatrième partie relatif aux recettes des régions d'outre-mer.

CHAPITRE III DÉPENSES

Art. D. 71-113-1 Pour l'application des dispositions de l'article L. 7124-6, les crédits nécessaires au fonctionnement du conseil économique, social, environnemental, de la culture et de l'éducation de Guyane et, le cas échéant, à la réalisation de ses études sont spécialisés par article.

Art. D. 71-113-2 Pour l'application des dispositions du 19° de l'article L. 71-113-3, la collectivité territoriale de Guyane procède à l'amortissement de ses immobilisations, y compris celles reçues à disposition ou en affectation :

1° Incorporelles ;

2° Corporelles, à l'exception des réseaux et installations de voirie dont l'amortissement est facultatif.

Cet amortissement ne s'applique ni aux immobilisations propriété de la collectivité et qui sont remises en affectation ou à disposition, ni aux terrains, hormis les terrains de gisement, ni aux collections et œuvres d'art.

Les dotations aux amortissements de ces biens sont liquidées sur la base de la valeur brute, sous déduction de la valeur résiduelle de l'immobilisation. La méthode linéaire s'applique.

Toutefois, la collectivité peut adopter par délibération un mode d'amortissement dégressif ou variable.

Les durées d'amortissement des immobilisations, qui doivent correspondre à leur durée probable d'utilisation, sont fixées pour chaque bien ou chaque catégorie de biens par l'assemblée délibérante, à l'exception :

– des frais d'études et des frais d'insertion non suivies de réalisations, amortis sur une durée maximale de cinq ans ;

– des frais de recherche et de développement, amortis sur une durée maximale de cinq ans en cas de réussite du projet et immédiatement, pour leur totalité, en cas d'échec ;

– des brevets, amortis sur la durée du privilège dont ils bénéficient ou sur la durée effective de leur utilisation si elle est plus brève ;

– des subventions d'équipement versées, amorties sur une durée maximale de cinq ans lorsque la subvention finance des biens mobiliers, du matériel ou des études, de *(Décr. n° 2015-1848 du 29 déc. 2015)* « trente » ans lorsqu'elle finance des biens immobiliers ou des installations et de *(Décr. n° 2015-1848 du 29 déc. 2015)* « quarante » ans lorsqu'elle finance des projets d'infrastructure d'intérêt national ; les aides à l'investissement des entreprises ne relevant d'aucune de ces catégories sont amorties sur une durée maximale de cinq ans.

Tout plan d'amortissement commencé doit être poursuivi jusqu'à son terme, sauf cession, affectation, mise à disposition, réforme ou destruction du bien. Le plan d'amortissement est modifié suite à la constatation ou à la reprise d'une dépréciation ou si un changement significatif dans les conditions d'utilisation du bien intervient. Le bénéficiaire de la mise à disposition ou de l'affectation poursuit l'amortissement du bien selon le plan d'amortissement initial ou conformément à ses propres règles, définies par le présent article.

L'assemblée délibérante peut fixer un seuil unitaire en deçà duquel les immobilisations de peu de valeur ou dont la consommation est très rapide s'amortissent sur un an. La délibération correspondante est transmise au comptable public et ne peut être modifiée au cours d'un même exercice budgétaire.

L'assemblée délibérante peut charger l'ordonnateur de déterminer la durée d'amortissement d'un bien à l'intérieur de durées minimales et maximales qu'elle a fixées pour la catégorie à laquelle appartient ce bien.

Art. D. 71-113-3 Pour l'application du 20° de l'article L. 71-113-3, la constitution de provisions pour risques et charges est obligatoire dès lors qu'il y a apparition du risque et la constatation de dépréciations est obligatoire en cas de perte de valeur d'un élément d'actif.

(Décr. n° 2022-1008 du 15 juill. 2022, art. 11) « Le président de l'assemblée » doit constater la dépréciation ou constituer la provision à hauteur de la perte de valeur constatée ou à hauteur du risque.

La dépréciation ou la provision doit être ajustée annuellement en fonction de l'évolution de la perte de valeur ou de l'évolution du risque. Elle donne lieu à reprise lorsqu'elle est devenue sans objet, c'est-à-dire en cas de disparition de la perte de valeur ou de réalisation du risque ou lorsque ce risque n'est plus susceptible de se réaliser.

La dépréciation ou la provision ainsi que son suivi et son emploi sont retracés sur l'état des dépréciations et des provisions constituées joint au budget et au compte administratif.

Art. D. 71-113-4 La collectivité peut procéder à la neutralisation budgétaire de la dotation aux amortissements des subventions d'équipement versées ainsi qu'à celle de la dotation aux amortissements des bâtiments publics diminuée du montant de la reprise annuelle des subventions d'équipement reçues pour le financement de ces équipements par une dépense de la section d'investissement et une recette de la section de fonctionnement.

La collectivité procède à la reprise annuelle des subventions d'équipement reçues et des fonds affectés à des immobilisations amortissables par une dépense de la section d'investissement et une recette de la section de fonctionnement. Cette reprise en section de fonctionnement s'effectue au même rythme que celui de l'amortissement de l'immobilisation pour lequel la subvention a été reçue et porte sur une quote-part annuelle correspondant au montant de cette subvention rapporté à la durée d'amortissement de l'immobilisation subventionnée. Toutefois, la dotation départementale d'équipement des collèges et la dotation régionale d'équipement scolaire sont reprises globalement pour un montant au plus égal à la dotation annuelle aux amortissements de l'ensemble des constructions et équipements scolaires.

Art. D. 71-113-5 Les autorisations de programme et autorisations d'engagement de dépenses imprévues constituent des chapitres, respectivement, de la section d'investissement et de la section de fonctionnement des budgets votés par nature et par fonction.

Ces chapitres ne comportent pas d'article ni de crédits. Ils ne donnent pas lieu à exécution.

CHAPITRE IV COMPTABILITÉ

Art. D. 71-114-1 Conformément aux dispositions de l'article 1er du décret n° 2012-1246 du 7 novembre 2012 relatif à la gestion budgétaire et comptable publique, sont applicables à la collectivité et à ses établissements publics les principes fondamentaux contenus dans le titre I dudit décret.

Art. D. 71-114-2 Les crédits affectés aux dépenses de chaque exercice ne peuvent être employés à l'acquittement des dépenses d'un autre exercice.

Toutefois, les dépenses engagées non mandatées à la clôture de l'exercice sont imputées sur les crédits qui doivent être reportés sur le budget de l'exercice suivant.

Elles peuvent être payées jusqu'à l'ouverture de ces crédits au vu de l'état des restes à réaliser établi par le président de la collectivité, retraçant les dépenses qui, engagées avant le 31 décembre de l'année précédente, n'ont pas donné lieu à mandatement avant la clôture de l'exercice. Cet état vaut ouverture provisoire de crédits.

Art. D. 71-114-3 Les reversements de trop-payé qui sont effectués pendant la durée de l'exercice sur lequel le mandatement a eu lieu peuvent être rétablis au crédit de l'article qui avait d'abord supporté la dépense.

Art. D. 71-114-4 Les produits de la collectivité, des établissements publics de la collectivité et de tout organisme public résultant d'une entente entre la collectivité et toute autre collectivité publique ou établissement public qui ne sont pas assis et liquidés par les services fiscaux de l'État en exécution des lois et règlements en vigueur sont recouvrés :

1° Soit en vertu de jugements ou de contrats exécutoires ;

2° Soit en vertu de titres de recettes ou de rôles émis et rendus exécutoires, en ce qui concerne la collectivité, par le président de la collectivité et, en ce qui concerne les établissements publics, par l'ordonnateur de ces établissements.

Les mesures d'exécution forcée pour le recouvrement de ces produits sont effectuées comme en matière de contributions directes.

Toutefois, l'ordonnateur autorise ces mesures d'exécution forcée selon les modalités prévues à l'article R. 1617-24.

Les oppositions, lorsque la matière est de la compétence des tribunaux judiciaires, sont jugées comme affaires sommaires.

Art. D. 71-114-5 Aucune dépense faite pour le compte de la collectivité ne peut être acquittée si elle n'a été préalablement mandatée par le président de la collectivité sur un crédit régulièrement ouvert.

Art. D. 71-114-6 Chaque mandat énonce la collectivité, le budget, l'exercice *[et]* l'imputation auxquels la dépense s'applique.

Art. D. 71-114-7 Le mandat de paiement doit contenir toutes les indications de noms et de qualités nécessaires pour permettre au comptable de reconnaître l'identité du créancier.

Art. D. 71-114-8 Tout mandat doit être accompagné des documents relatifs au mode de règlement des dépenses dans les conditions fixées par le décret n° 2012-1246 du 7 novembre 2012 relatif à la gestion budgétaire et comptable publique.

Art. D. 71-114-9 Le mandat de paiement doit être délivré au nom du créancier d'origine.

Art. D. 71-114-10 Le président de la collectivité annexe les mandats et pièces justificatives de dépenses, indiqués aux articles D. 1617-19 et D. 1617-20, aux bordereaux d'émission qu'il adresse au comptable de la collectivité, qui doit procéder, dans les délais qui lui sont impartis, à leur vérification et en suivre, lorsqu'il y a lieu, la régularisation auprès du président de la collectivité.

Art. D. 71-114-11 Les reversements de fonds provenant de restitutions pour cause de trop-payé à des créanciers de la collectivité sont ordonnés par le président de la collectivité, qui délivre un ordre de reversement.

Art. D. 71-114-12 Le compte administratif, sur lequel la collectivité est appelée à délibérer conformément à l'article L. 71-111-9, présente par colonne distincte et dans l'ordre des chapitres et articles du budget :

En recettes :

1° La nature des recettes ;

2° Les évaluations et prévisions du budget ;

3° La fixation définitive des sommes à recouvrer d'après les titres justificatifs.

En dépenses :

1° Les articles de dépenses du budget ;

2° Le montant des crédits ;

3° Le montant des mandatements effectués sur ces crédits pendant l'exercice, y compris les rattachements ;

4° Les différences résultant de la comparaison du montant des crédits avec le total des mandatements.

Art. D. 71-114-13 Le président de la collectivité remet au comptable de la collectivité, dûment récapitulée sur un bordereau d'émission, une expédition en forme de tous les baux, contrats, jugements, testaments, déclarations, états de recouvrement, titres nouveaux et autres, concernant les recettes dont la perception lui est confiée.

Le comptable peut demander, au besoin, que les originaux des actes formant titre au profit de la collectivité lui soient remis contre récépissé.

Art. D. 71-114-14 Le comptable de la collectivité est chargé seul et sous sa responsabilité :

1° De faire toutes les diligences nécessaires pour la perception des revenus, legs et donations et autres ressources affectées au service de la collectivité ;

2° De faire faire, contre les débiteurs en retard de payer et avec l'autorisation du président de la collectivité, les actes, significations et mesures d'exécution forcée nécessaires dans les conditions de l'article D. 71-114-4 ;

3° D'avertir les administrateurs de l'expiration des baux ;

4° D'empêcher les prescriptions ;

5° De veiller à la conservation des droits, privilèges et hypothèques ;

6° De requérir, à cet effet, l'inscription au service chargé de la publicité foncière de tous les titres qui en sont susceptibles ;

7° Enfin, de tenir registre des inscriptions au service chargé de la publicité foncière.

Art. D. 71-114-15 Le compte de gestion rendu par le comptable de la collectivité présente la situation comptable de la collectivité au 31 décembre de l'exercice, y compris les opérations de la journée complémentaire.

Art. D. 71-114-16 Le compte de gestion établi par le comptable de la collectivité est remis au président de la collectivité pour être joint au compte administratif, comme pièce justificative.

TITRE XII AUTRES ORGANISMES

(Décr. n° 2015-1754 du 23 déc. 2015, art. 4)

CHAPITRE I LE CONSEIL CONSULTATIF DES POPULATIONS AMÉRINDIENNES ET BUSHINENGE

Art. D. 71-121-1 à D. 71-121-10 *Abrogés par Décr. n° 2018-273 du 13 avr. 2018, art. 2.*

LIVRE II COLLECTIVITÉ TERRITORIALE DE MARTINIQUE

(Décr. nº 2014-17 du 8 janv. 2014, art. 2)

TITRE I DISPOSITIONS GÉNÉRALES

(Décr. nº 2015-1666 du 11 déc. 2015, art. 2)

CHAPITRE UNIQUE

Art. R. 7211-1 Le chef-lieu de la collectivité territoriale de Martinique est fixé à Fort-de-France.

TITRE II ORGANES DE LA COLLECTIVITÉ TERRITORIALE DE MARTINIQUE

(Décr. nº 2015-1666 du 11 déc. 2015, art. 2)

CHAPITRE VI LE CONSEIL ÉCONOMIQUE, SOCIAL, ENVIRONNEMENTAL, DE LA CULTURE ET DE L'ÉDUCATION DE MARTINIQUE

SECTION 1 Dispositions générales

Pas de dispositions réglementaires codifiées.

SECTION 2 Organisation et composition

Art. R. 7226-1 *(Décr. nº 2022-1386 du 31 oct. 2022, art. 6)* Le conseil économique, social, environnemental, de la culture et de l'éducation comprend soixante-huit membres, répartis comme suit :

1° Quinze représentants des entreprises et des activités professionnelles non salariées de la Martinique, quels que soient la nature de leur activité et leur statut juridique ;

2° Quinze représentants des organisations syndicales de salariés et de la fonction publique représentatives au niveau de la Martinique ;

3° Sept représentants des organismes qui participent à la vie collective en matière économique et sociale ;

4° Sept représentants des organismes qui participent à la qualité de l'environnement, au développement durable et solidaire et à l'animation du cadre de vie ;

5° Sept représentants des organismes qui participent à la vie culturelle et médiatique ;

6° Sept représentants des organismes qui participent à la vie éducative, à l'enseignement, à la recherche et à l'innovation ;

7° Quatre représentants des organismes qui participent à la formation professionnelle et à l'apprentissage ;

8° Quatre représentants des organismes qui participent à la vie sportive ;

9° Une personnalité choisie parmi celles qui, en raison de leurs qualités ou de leurs activités, concourent au développement économique, social et environnemental de la Martinique ;

10° Une personnalité désignée en raison de sa qualité et de ses activités dans les domaines de la culture, de l'éducation et du sport en Martinique.

Art. R. 7226-2 *(Décr. nº 2022-1386 du 31 oct. 2022, art. 6)* Le conseil économique, social, environnemental, de la culture et de l'éducation peut comprendre une ou plusieurs sections. Chaque section est composée de membres du conseil désignés dans des conditions prévues par son règlement intérieur et, le cas échéant, dans la limite du tiers de l'effectif total de la section, de personnalités extérieures à celui-ci.

Le nombre et les domaines de compétence des sections ainsi que le nombre de leurs membres, dont celui des personnalités extérieures, sont fixés, sur proposition du conseil économique, social, environnemental, de la culture et de l'éducation, par un arrêté du représentant de l'État.

Les personnalités extérieures sont désignées, en raison de leurs compétences, par le président du conseil économique, social, environnemental, de la culture et de l'éducation après avis du bureau et après consultation du président de l'assemblée de Martinique. Un arrêté du représentant de l'État constate ces désignations.

Le président du conseil économique, social, environnemental, de la culture et de l'éducation, après avis du bureau, transmet aux présidents des sections les demandes d'avis qui relèvent de leur domaine de compétence. Il transmet à l'autorité compétente les avis et les rapports établis par la ou les sections, accompagnés de l'avis du conseil économique, social, environnemental, de la culture et de l'éducation.

Sous réserve des dispositions de l'article R. 7226-3, la durée du mandat des membres d'une section est de trois ans renouvelable. L'expiration du mandat des membres du conseil met fin à celui des membres des sections.

Art. R. 7226-3 *(Décr. n° 2022-1386 du 31 oct. 2022, art. 6)* Les dispositions de l'article R. 7226-6 et de l'article R. 7226-8 sont applicables aux personnalités extérieures au conseil économique, social, environnemental, de la culture et de l'éducation désignées pour siéger dans une section en application de l'article R. 7226-2.

Les dispositions des deuxième et troisième alinéas de l'article R. 7226-7 sont applicables au remplacement des membres des sections.

Art. R. 7226-4 Un arrêté du représentant de l'État fixe, par application des règles définies *(Décr. n° 2022-1386 du 31 oct. 2022, art. 7)* « à l'article R. 7226-1 », la liste des organismes de toute nature représentés au sein du conseil économique, social, environnemental, de la culture et de l'éducation, le nombre de leurs représentants et, le cas échéant, les modalités particulières de leur désignation. *(Décr. n° 2023-1332 du 29 déc. 2023, art. 5)* « Cet arrêté est publié au recueil des actes administratifs de la préfecture de région au plus tard le 31 octobre de l'année précédant le renouvellement. »

La répartition des sièges attribués aux organisations syndicales de salariés au sein *(Décr. n° 2022-1386 du 31 oct. 2022, art. 7)* « du conseil économique, social, environnemental, de la culture et de l'éducation » tient compte notamment de leur représentativité en Martinique, au sens de la loi n° 2008-789 du 20 août 2008 portant rénovation de la démocratie sociale et réforme du temps de travail.

Art. R. 7226-5 Un arrêté du représentant de l'État constate la désignation des membres du conseil économique, social, environnemental, de la culture et de l'éducation, à l'exception des membres mentionnés aux *(Décr. n° 2022-1386 du 31 oct. 2022, art. 7)* « 9° et 10° de l'article R. 7226-1 ».

Si un ou plusieurs sièges ne peuvent être pourvus selon les modalités prévues pour la désignation de leur titulaire, ils restent vacants. Toutefois, lorsque la désignation doit être faite par accord entre deux ou plusieurs associations ou organismes et que cet accord n'a pu intervenir, le représentant de l'État réunit les parties en cause aux fins de conciliation. À l'issue de cette réunion, si aucun accord n'a pu être trouvé, le représentant de l'État constate la désignation comme membre représentant ces associations ou organismes de celui ou ceux dont le nom a été proposé par la majorité d'entre eux ou, en cas d'égalité, par tirage au sort.

Les personnalités mentionnées aux *(Décr. n° 2022-1386 du 31 oct. 2022, art. 7)* « 9° et 10° de l'article R. 7226-1 » sont nommées par arrêté du représentant de l'État.

(Décr. n° 2023-1332 du 29 déc. 2023, art. 5) « L'arrêté prévu aux premier et troisième alinéas est publié au recueil des actes administratifs de la préfecture de région au plus tard le 30 novembre de l'année précédant le renouvellement. Les nouvelles désignations prennent effet à compter du 1er janvier suivant. »

Art. R. 7226-6 Nul ne peut être nommé membre du conseil économique, social, environnemental, de la culture et de l'éducation s'il est privé du droit électoral.

(Décr. n° 2022-1386 du 31 oct. 2022, art. 7) « Nul ne peut être membre de plus d'une section. »

Art. R. 7226-7 Les membres du conseil économique, social, environnemental, de la culture et de l'éducation sont désignés pour six ans.

Il est pourvu, conformément à la procédure fixée à l'article R. 7226-5, à la vacance des sièges, dans un délai de deux mois à dater de la constatation de celle-ci par le représentant de l'État en Martinique, dans les conditions précisées par le règlement intérieur prévu à l'article R. 7226-22.

Toute personne désignée pour remplacer un membre du conseil exerce son mandat jusqu'à expiration du mandat de la personne qu'elle remplace.

Le mandat des membres du conseil économique, social, environnemental, de la culture et de l'éducation est renouvelable.

Art. R. 7226-8 Expire de droit le mandat du membre qui perd la qualité en vertu de laquelle il a été désigné ou qui se trouve privé du droit électoral.

La démission d'un membre est reçue par le président du conseil économique, social, environnemental, de la culture et de l'éducation, qui en avise immédiatement le président du conseil exécutif et le représentant de l'État.

Tout membre dont l'absence non motivée à la moitié des séances au moins aura été constatée au cours d'une période d'un an par le bureau du conseil pourra être déclaré, sur proposition du bureau, démissionnaire d'office par le représentant de l'État.

Art. R. 7226-9 Le président du conseil économique, social, environnemental, de la culture et de l'éducation et les membres du bureau sont élus *(Décr. nº 2022-1386 du 31 oct. 2022, art. 7)* « dans les conditions fixées par son règlement intérieur pour la durée du mandat du conseil. »

Il est pourvu aux vacances survenues au sein du bureau lors de la réunion du conseil qui suit leur constatation.

SECTION 3 Fonctionnement

SOUS-SECTION 1 Dispositions générales

Art. R. 7226-10 Le conseil économique, social, environnemental, de la culture et de l'éducation siège au chef-lieu de la collectivité. En accord avec le président du conseil exécutif, son président peut le réunir en tout autre lieu.

Art. R. 7226-11 Le conseil économique, social, environnemental, de la culture et de l'éducation se réunit sur convocation de son président. La convocation est accompagnée de l'ordre du jour.

Douze jours au moins avant la réunion, le président adresse aux membres du conseil un rapport sur chacune des affaires qui doivent leur être soumise *[soumises]*.

Art. R. 7226-12 Le conseil économique, social, environnemental, de la culture et de l'éducation est convoqué par son président lorsqu'il est saisi d'une demande d'avis par le président du conseil exécutif ou par le président de l'assemblée de Martinique.

À l'initiative de son président, de son bureau ou de la majorité de ses membres, et après consultation du président du conseil exécutif, le conseil économique, social, environnemental, de la culture et de l'éducation peut également se réunir six fois par an au plus et pour une durée n'excédant pas deux jours, en application du dernier alinéa de l'article L. 4241-1.

Art. R. 7226-13 Les demandes d'avis sont notifiées au président du conseil économique, social, environnemental de la culture et de l'éducation par le président du conseil exécutif ou par le président de l'assemblée de Martinique.

Ces notifications sont adressées en temps utile pour que la convocation du conseil ait lieu dans les conditions fixées par l'article R. 7226-11.

Aux demandes d'avis sont joints, outre les projets soumis à l'examen de l'assemblée de Martinique, les rapports de présentation et documents préparatoires qui les accompagnent.

Par ailleurs, le président du conseil économique, social, environnemental de la culture et de l'éducation informe le président du conseil exécutif et le président de l'assemblée de Martinique des questions dont le conseil se saisit. Il peut demander au président du conseil exécutif communication des documents et études sur ces questions.

Art. R. 7226-14 Les séances du conseil sont publiques, sauf décision contraire du bureau.

Les avis adoptés par le conseil économique, social, environnemental, de la culture et de l'éducation font l'objet d'une publication officielle et sont adressés au président du conseil exécutif et au président de l'assemblée de Martinique.

Le président du conseil exécutif ou le président de l'assemblée de Martinique, selon le cas, informe le conseil économique, social, environnemental, de la culture et de l'éducation de la suite réservée à ces avis.

Art. R. 7226-15 Le président du conseil économique, social, environnemental, de la culture et de l'éducation assure la police des séances.

Art. R. 7226-16 Le représentant de l'État, le président du conseil exécutif et le président de l'assemblée de Martinique sont entendus par le conseil avec leur accord ou à leur demande.

Toute personne qualifiée peut être entendue par le conseil ou par ses commissions.

Les fonctionnaires de l'État dans la collectivité ne peuvent être entendus qu'avec l'accord du représentant de l'État et celui du président du conseil exécutif lorsqu'il s'agit de questions pour lesquelles leurs services ont été mis à la disposition de la collectivité.

Art. R. 7226-17 Par accord entre le président de l'assemblée de Martinique et le président du conseil économique, social, environnemental, de la culture et de l'éducation, des groupes de travail communs aux deux institutions peuvent être constitués.

Art. R. 7226-18 Chaque année, dans le cadre de la préparation du budget de la collectivité territoriale de Martinique, le président du conseil économique, social, environnemental, de la culture et de l'éducation élabore un projet portant sur les crédits nécessaires à son fonctionnement et à la réalisation de *(Décr. n° 2023-1332 du 29 déc. 2023, art. 5)* « l'ensemble de ses missions » qu'il soumet au président du conseil exécutif.

Les crédits nécessaires au fonctionnement du conseil économique, social, environnemental, de la culture et de l'éducation font l'objet d'une inscription distincte au budget de la collectivité territoriale. Ils sont notifiés chaque année, après le vote du budget, au président du conseil économique, par le président du conseil exécutif.

Art. R. 7226-19 Les avis du conseil économique, social, environnemental, de la culture et de l'éducation sont adoptés, en séance plénière, à la majorité des suffrages exprimés et mentionnent les positions des minorités. Le conseil ne peut se prononcer que si plus de la moitié de ses membres en exercice sont présents.

Si le quorum n'est pas atteint, la séance est renvoyée au deuxième jour ouvrable qui suit. Une convocation spéciale est faite d'urgence par le président. Les avis sont alors valablement rendus, quel que soit le nombre des membres présents. Les modalités du vote sont déterminées par le règlement intérieur.

En cas de partage des voix, celle du président est prépondérante.

Art. R. 7226-20 Le conseil économique, social, environnemental, de la culture et de l'éducation se réunit dans sa nouvelle composition le deuxième jeudi qui suit la publication de l'arrêté du représentant de l'État prévu à l'article R. 7226-5.

Art. R. 7226-21 La séance d'installation du conseil économique, social, environnemental, de la culture et de l'éducation se tient sous la présidence du doyen d'âge, le plus jeune membre faisant fonction de secrétaire.

Le conseil au cours de cette première séance délibère sur les dispositions de son règlement intérieur relatives aux modalités d'élection de son président et des membres du bureau.

À l'issue du vote de cette délibération, le conseil élit son président.

Il est ensuite procédé, sous la présidence du président du conseil économique, social environnemental, de la culture et de l'éducation, à l'élection des membres du bureau.

Le bureau est érigé en commission préparatoire pour l'élaboration du règlement intérieur qui doit être soumis à la délibération du conseil économique, social, environnemental, de la culture et de l'éducation dans un délai d'un mois à compter de son installation.

SOUS-SECTION 2 Règlement intérieur

Art. R. 7226-22 *(Décr. n° 2022-1386 du 31 oct. 2022, art. 8)* Le conseil économique social, environnemental, de la culture et de l'éducation établit son règlement intérieur

Le règlement intérieur fixe les conditions d'élection du président, des vice-présidents, dont il détermine le nombre, et du secrétaire du conseil.

Il détermine la composition du bureau, le nombre, la composition, les compétences et les règles de fonctionnement des commissions ainsi que les conditions dans lesquelles le conseil peut déléguer à son bureau le pouvoir de formuler un avis sur des objets limitativement précisés. *(Décr. nº 2023-1332 du 29 déc. 2023, art. 5)* « Il définit les conditions permettant de favoriser l'égale représentation des femmes et des hommes au sein du bureau et des commissions. » Il fixe également, le cas échéant, les règles de fonctionnement des sections et les conditions d'élection de leurs présidents.

Le règlement intérieur peut en outre prévoir la création de groupes de travail spécialisés et temporaires ainsi que les modalités d'association aux travaux de personnalités et d'organismes à vocation territoriale n'appartenant pas au conseil économique, social, environnemental, de la culture et de l'éducation.

SECTION 4 **Garanties et indemnités accordées aux membres du conseil**

SOUS-SECTION 1 **Indemnités**

At. R. 7226-23 Les articles R. 7227-1 à R. 7227-3, R. 7227-26 et *(Décr. nº 2022-1386 du 31 oct. 2022, art. 9)* « R. 7227-28 » sont applicables aux présidents et aux membres du conseil économique, social, environnemental, de la culture et de l'éducation.

Art. R. 7226-24 Les membres du conseil économique, social, environnemental, de la culture et de l'éducation perçoivent, pour l'exercice de leurs fonctions, une indemnité égale au plus à *(Décr. nº 2015-1917 du 30 déc. 2015, art. 1er)* « 45 % » de l'indemnité maximale de fonction pouvant être allouée à un conseiller à l'assemblée de Martinique, en application de l'article L. 7227-19.

Art. R. 7226-25 Le président du conseil économique, social*[,]* environnemental, de la culture et de l'éducation perçoit, pour l'exercice effectif de ses fonctions, une indemnité au plus égale à 50 % de l'indemnité maximale de fonction pouvant être allouée au président de l'assemblée de Martinique, en application de l'article L. 7227-20.

Art. R. 7226-26 Les vice-présidents du conseil, *(Décr. nº 2022-1386 du 31 oct. 2022, art. 9)* « ayant reçu délégation du président », perçoivent*[,]* pour l'exercice effectif de leurs fonctions, une indemnité au plus égale à l'indemnité pouvant être allouée à un membre du conseil, telle que définie à l'article R. 7226-24, majorée d'un coefficient de 1,9.

Les membres du bureau, autres que les vice-présidents, perçoivent, pour l'exercice effectif de leurs fonctions, une indemnité au plus égale à l'indemnité pouvant être allouée à un membre du conseil, telle que définie à l'article R. 7226-24, majorée d'un coefficient de 1,3.

Art. R. 7226-27 La délibération de l'assemblée de Martinique fixant les indemnités mentionnées à l'article R. 7226-24 prévoit, après consultation du président du conseil économique, social, environnemental, de la culture et de l'éducation, les modalités de réduction des indemnités allouées aux membres de ce conseil en fonction de leur participation aux réunions du conseil ou de ses formations ainsi qu'aux réunions des organismes dans lesquels ils représentent leur assemblée.

Art. D. 7226-28 *Abrogé par Décr. nº 2022-1386 du 31 oct. 2022, art. 9.*

Art. D. 7226-29 *(Décr. nº 2015-1754 du 23 déc. 2015, art. 5)* La durée du crédit d'heures prévue à l'article L. 7226-9 est égale pour un trimestre :

1° À soixante-dix heures pour le président et les vice-présidents du conseil économique, social, environnemental, de la culture et de l'éducation de Martinique ;

2° À vingt et une heures pour les autres membres du conseil.

Art. D. 7226-30 *(Décr. nº 2015-1754 du 23 déc. 2015, art. 5)* Compte tenu des nécessités du service public d'enseignement, le service hebdomadaire des personnels appartenant à des corps ou cadres d'emplois d'enseignants qui bénéficient d'un crédit d'heures conformément à l'article L. 7226-9 fait l'objet d'un aménagement en début d'année scolaire.

La durée du crédit d'heures est répartie entre le temps de service effectué en présence des élèves leur incombant statutairement et le temps complémentaire de service dont ils sont redevables en application de l'article 1er du décret n° 2000-815 du 25 août 2000 relatif à l'aménagement et à la réduction du temps de travail dans la fonction publique de l'État ou, lorsqu'ils relèvent de la fonction publique territoriale, en application de l'article 1er du décret n° 2001-623 du 12 juillet 2001 pris pour l'application de l'article 7-1 de la loi n° 84-53 du 26 janvier 1984 et relatif à l'aménagement et à la réduction du temps de travail dans la fonction publique territoriale.

La partie du crédit d'heures imputable sur le temps du service effectué en présence des élèves est obtenue en pondérant le crédit d'heures par le rapport entre la durée du temps de service effectué en présence des élèves et la durée fixée à l'article 1er du décret du 25 août 2000 déjà cité ou, le cas échéant, à l'article 1er du décret du 12 juillet 2001 déjà cité.

Art. D. 7226-31 *(Décr. n° 2015-1754 du 23 déc. 2015, art. 5)* En cas de travail à temps partiel, le crédit d'heures est réduit au prorata du rapport entre les horaires inscrits au contrat de travail du salarié concerné, selon les dispositions de l'article *(Décr. n° 2016-1551 du 18 nov. 2016, art. 6)* « **L. 3123-6** » du code du travail, et la durée hebdomadaire légale du travail définie à l'article D. 7226-32 du présent code.

Dans le cas d'un fonctionnaire *(Décr. n° 2022-1386 du 31 oct. 2022, art. 9)* « de l'État, d'un fonctionnaire territorial ou d'un fonctionnaire hospitalier » ou d'un agent *(Décr. n° 2022-1386 du 31 oct. 2022, art. 9)* « contractuel », d'une collectivité territoriale ou de leurs établissements publics administratifs, qui exerce ses fonctions à temps partiel, le crédit d'heures est réduit au prorata du rapport entre la durée annuelle du service à temps partiel et la durée annuelle légale du travail définie à l'article D. 7226-33.

Art. D. 7226-32 *(Décr. n° 2015-1754 du 23 déc. 2015, art. 5)* Pour fixer le temps maximal auquel les élus qui ont la qualité de salarié ont droit en application de l'article L. 7226-9, la durée légale du travail pour une année civile s'apprécie sur la base de la durée hebdomadaire légale fixée par l'article *(Décr. n° 2016-1553 du 18 nov. 2016, art. 7)* « **L. 3121-27** » du code du travail, en décomptant cinq semaines de congés payés ainsi que des jours fériés.

Toutefois, lorsqu'il est dérogé à cette durée soit par des décrets en conseil des ministres, soit par convention ou accord collectif dans les conditions prévues à l'article *(Décr. n° 2016-1553 du 18 nov. 2016, art. 7)* « **L. 3121-68** » du code du travail, soit en cas de régime d'équivalence instauré dans les conditions prévues *(Décr. n° 2016-1553 du 18 nov. 2016, art. 7)* « aux articles **L. 3121-13** et **L. 3121-15** » du même code, il est tenu compte de la durée du travail telle qu'elle résulte de ces dérogations.

La durée hebdomadaire du travail prise en compte pour les salariés régis par un contrat de travail temporaire est celle fixée dans ce contrat en application du 4° de l'article L. 1251-43 du code du travail.

Art. D. 7226-33 *(Décr. n° 2015-1754 du 23 déc. 2015, art. 5)* Pour fixer le temps maximal d'absence auquel ont droit, en application de l'article L. 7226-9, les élus qui ont la qualité de fonctionnaire *(Décr. n° 2022-1386 du 31 oct. 2022, art. 9)* « de l'État, de fonctionnaire territorial ou de fonctionnaire hospitalier » ou d'agent *(Décr. n° 2022-1386 du 31 oct. 2022, art. 9)* « contractuel » de l'État, d'une collectivité territoriale ou de leurs établissements publics administratifs, la durée légale du travail pour une année civile s'apprécie sur la base de la durée annuelle fixée à l'article 1er du décret n° 2000-815 du 25 août 2000 ou à l'article 1er du décret n° 2001-623 du 12 juillet 2001 ou à l'article 1er du décret n° 2002-9 du 4 janvier 2002.

Toutefois, lorsqu'il est dérogé à cette durée annuelle, il est tenu compte de la durée du travail telle qu'elle résulte de ces dérogations dans les conditions fixées, selon le cas, par le décret du 25 août 2000 ou le décret du 12 juillet 2001 ou le décret du 4 janvier 2002 déjà cités.

Art. D. 7226-34 *(Décr. n° 2015-1754 du 23 déc. 2015, art. 5)* Indépendamment des frais d'enseignement dont le coût est supporté par le budget de la collectivité, les frais de déplacement et de séjour du président et des membres du conseil économique, social, environnemental, de la culture et de l'éducation de Martinique, mentionnés à l'article L. 7226-10, sont pris en charge par la collectivité dans les conditions définies par le décret n° 2006-781 du 3 juillet 2006 fixant les conditions et les modalités de règlement des frais occasionnés par les déplacements temporaires des personnels civils de l'État.

CHAPITRE VII CONDITIONS D'EXERCICE DES MANDATS

SECTION 1 Garanties accordées aux titulaires de mandats à l'assemblée de Martinique et de fonctions au conseil exécutif

SOUS-SECTION 1 Garanties accordées dans l'exercice du mandat ou de la fonction

Art. R. 7227-1 Afin de bénéficier du temps nécessaire pour se rendre et participer aux séances et réunions visées à l'article L. 7227-1, le conseiller à l'assemblée ou le conseiller exécutif, qui a la qualité de salarié, informe son employeur par écrit, dès qu'il en a connaissance, de la date et de la durée de la ou des absences envisagées.

Art. R. 7227-2 Afin de bénéficier du crédit d'heures prévu à l'article L. 7227-2, le conseiller à l'assemblée ou le conseiller exécutif informe son employeur par écrit trois jours au moins avant son absence en précisant la date et la durée de l'absence envisagée ainsi que la durée du crédit d'heures à laquelle il a encore droit au titre du trimestre en cours.

Art. R. 7227-3 Les dispositions des articles R. 7227-1 et R. 7227-2 sont applicables, lorsqu'ils ne bénéficient pas de dispositions plus favorables, aux fonctionnaires régis par les titres I à IV du statut général de la fonction publique ainsi qu'aux agents contractuels de l'État, des collectivités territoriales et de leurs établissements publics administratifs qui exercent des fonctions publiques électives.

Art. R. 7227-4 La durée du crédit d'heures pour un trimestre est égale :

1° À cent-quarante heures pour le président et les vice-présidents de l'assemblée et pour le président du conseil exécutif ;

2° À cent-cinq heures pour les conseillers à l'assemblée et les conseillers exécutifs.

Art. R. 7227-5 Compte tenu des nécessités du service public de l'enseignement, le service hebdomadaire des personnels appartenant à des corps ou cadres d'emplois d'enseignant qui bénéficient d'un crédit d'heures conformément à l'article L. 7227-2 fait l'objet d'un aménagement en début d'année scolaire.

La durée du crédit d'heures est répartie entre le temps de service effectué en présence des élèves leur incombant statutairement et le temps complémentaire de service dont ils sont redevables en application de l'article 1er du décret n° 2000-815 du 25 août 2000 relatif à l'aménagement et à la réduction du temps de travail dans la fonction publique de l'État ou, lorsqu'ils relèvent de la fonction publique territoriale, en application de l'article 1er du décret n° 2001-623 du 2 juillet 2001 pris pour l'application de l'article 7-1 de la loi n° 84-53 du 26 janvier 1984 et relatif à l'aménagement et à la réduction du temps de travail dans la fonction publique territoriale.

La partie du crédit d'heures imputable sur le temps du service effectué en présence des élèves est obtenue en pondérant le crédit d'heures par le rapport entre la durée du temps de service effectué en présence des élèves et la durée fixée à l'article 1er du décret n° 2000-815 du 25 août 2000 ou, le cas échéant, à l'article 1er du décret n° 2001-623 du 12 juillet 2001.

Art. R. 7227-6 En cas de travail à temps partiel, le crédit d'heures est réduit au prorata du rapport entre les horaires inscrits au contrat de travail du salarié concerné, selon les dispositions de l'article *(Décr. n° 2016-1551 du 18 nov. 2016, art. 6)* « L. 3123-6 » du code du travail*[,]* et la durée hebdomadaire légale du travail définie à l'article R. 7227-7 du présent code.

Dans le cas d'un fonctionnaire régi par les titres II, III ou IV du statut général de la fonction publique ou d'un agent non titulaire de l'État, d'une collectivité territoriale ou de leurs établissements publics administratifs, qui exerce ses fonctions à temps partiel, le crédit d'heures est réduit au prorata du rapport entre la durée annuelle du service à temps partiel et la durée annuelle légale du travail définie à l'article R. 7227-8 du présent code.

Art. R. 7227-7 Pour fixer le temps d'absence maximal auquel les élus qui ont la qualité de salarié ont droit en application de l'article L. 7227-3, la durée légale du travail pour une année civile s'apprécie sur la base de la durée hebdomadaire légale fixée par l'article *(Décr. n° 2016-1551 du 18 nov. 2016, art. 6)* « L. 3121-27 » du code du travail, en décomptant cinq semaines de congés payés ainsi que les jours fériés.

Toutefois, lorsqu'il est dérogé à cette durée soit par des décrets en conseil des ministres, soit par convention ou accord collectif dans les conditions prévues à l'article *(Décr. n° 2016-1551 du 18 nov. 2016, art. 6)* « L. 3121-68 » du code du travail, soit en cas de régime d'équivalence instauré dans les conditions prévues par *(Décr. n° 2016-1551 du 18 nov. 2016, art. 6)* « les articles L. 3121-13 et L. 3121-15 » du même code, il est tenu compte de la durée du travail telle qu'elle résulte de ces dérogations.

La durée hebdomadaire du travail prise en compte pour les salariés régis par un contrat de travail temporaire est celle fixée dans ce contrat en application du 4° de l'article L. 1251-43 du code du travail.

Art. R. 7227-8 Pour fixer le temps maximal d'absence auquel ont droit, en application de l'article L. 7227-3, les élus qui ont la qualité de fonctionnaire régi par les titres II, III ou IV du statut général de la fonction publique ou d'agent non titulaire de l'État, d'une collectivité territoriale ou de leurs établissements publics administratifs, la durée légale du travail pour une année civile s'apprécie sur la base de la durée annuelle fixée à l'article 1er du décret n° 2000-815 du 25 août 2000 ou à l'article 1er du décret n° 2001-623 du 12 juillet 2001 ou à l'article 1er du décret n° 2002-9 du 4 janvier 2002.

Toutefois, lorsqu'il est dérogé à cette durée annuelle, il est tenu compte de la durée du travail telle qu'elle résulte de ces dérogations dans les conditions fixées, selon le cas, par le décret n° 2000-815 du 25 août 2000 ou le décret n° 2001-623 du 12 juillet 2001 ou le décret n° 2002-9 du 4 janvier 2002.

SOUS-SECTION 2 Garanties accordées dans l'exercice d'une activité professionnelle

Pas de dispositions réglementaires codifiées.

SOUS-SECTION 3 Garanties accordées à l'issue du mandat ou l'exercice de fonctions

Art. R. 7227-9 À l'issue de leur mandat, le président ou tout vice-président de l'assemblée, le président du conseil exécutif et tout conseiller exécutif, bénéficient de l'allocation différentielle de fin de mandat, sous réserve de remplir les conditions prévues à l'article L. 7227-11.

Pour l'application des présentes dispositions, la condition de cessation de l'activité professionnelle s'apprécie à l'issue du mandat.

Art. R. 7227-10 La demande, accompagnée des pièces justificatives permettant de déterminer le montant de l'allocation susceptible d'être attribué, doit être adressé *[adressée]* à la Caisse des dépôts et consignations au plus tard cinq mois après l'issue du mandat.

Art. R. 7227-11 L'indemnité différentielle de fin de mandat est personnelle.

Art. R. 7227-12 Pendant les six premiers mois, son montant est égal à 80 % de la différence entre le montant de l'indemnité brute mensuelle, avant retenue à la source de l'imposition, que l'intéressé percevait pour l'exercice de ses fonctions électives, et l'ensemble des ressources perçues au titre des revenus du travail, des revenus de substitution ou des indemnités liées à d'autres mandats électifs.

À compter du septième mois suivant le début de versement de l'allocation, le montant de l'allocation différentielle de fin de mandat est égal à 40 %.

Art. R. 7227-13 L'indemnité mensuelle est versée pour une durée maximale d'un an

L'indemnité est versée chaque mois dès lors que son montant mensuel est supérieu à 100 €. Dans le cas où le montant de l'allocation est inférieur à 100 €, le paiemen est effectué en deux fois au cours des six premiers mois, et à compter du septièm mois, en deux fois également.

Art. R. 7227-14 Le bénéficiaire est tenu de faire connaître sans délai tout changement de situation au regard du montant des ressources qu'il perçoit.

SECTION 2 Droit à la formation

SOUS-SECTION 1 Dispositions générales

Art. R. 7227-15 La prise en charge par l'assemblée des dépenses liées à l'exercice du droit des élus à la formation, dans les conditions fixées par les articles L. 7227-12 à L. 7227-16[,] ne peut intervenir que si l'organisme dispensateur du stage ou de la session a reçu un agrément délivré par le ministre *(Décr. n° 2021-596 du 14 mai 2021, art. 12)* « chargé des collectivités territoriales » dans les conditions fixées par les articles R. 1221-12 à *(Décr. n° 2021-596 du 14 mai 2021, art. 12)* « R. 1221-22-1, et si la formation relève du répertoire défini à l'article R. 1221-9-1 ».

Art. R. 7227-16 Les frais de déplacement des conseillers à l'assemblée et des conseillers exécutifs sont pris en charge par l'assemblée dans les conditions définies par le décret n° 2006-781 du 3 juillet 2006 fixant les conditions et les modalités de règlement des frais occasionnés par les déplacements temporaires des personnels civils de l'État lorsqu'ils sont à la charge des budgets de l'État, des établissements publics nationaux à caractère administratifs et de certains organismes subventionnés.

Art. R. 7227-17 Pour bénéficier de la prise en charge prévue à l'article L. 7227-14, l'élu doit justifier auprès de la collectivité qu'il a subi une diminution de revenu du fait de l'exercice de son droit à la formation.

SOUS-SECTION 2 Dispositions applicables aux élus salariés

Art. R. 7227-18 Le conseiller à l'assemblée ou le conseiller exécutif qui a la qualité de salarié doit, lorsqu'il souhaite bénéficier du congé de formation visé à l'article L. 7227-13, présenter par écrit sa demande à son employeur trente jours au moins à l'avance en précisant la date et la durée de l'absence envisagée à ce titre, ainsi que la désignation de l'organisme responsable du stage ou de la session. L'employeur accuse réception de cette demande.

À défaut de réponse expresse notifiée au plus tard le quinzième jour qui précède le début du stage ou de la session, le congé est réputé accordé.

Art. R. 7227-19 Le bénéfice du congé de formation est de droit pour effectuer un stage ou suivre une session de formation *(Décr. n° 2021-596 du 14 mai 2021, art. 12)* « répondant aux critères fixés à l'article R. 7227-15 ».

Il peut cependant être refusé par l'employeur si celui-ci estime, après avis du comité d'entreprise ou, à défaut, des délégués du personnel lorsque l'entreprise en comporte, que l'absence du salarié aurait des conséquences préjudiciables à la production et à la bonne marche de l'entreprise.

Si le salarié renouvelle sa demande à l'expiration d'un délai de quatre mois après la notification d'un premier refus, un nouveau refus ne peut lui être opposé.

Art. R. 7227-20 Tout refus de l'employeur doit être motivé et notifié à l'intéressé.

Art. R. 7227-21 L'organisme dispensateur du stage ou de la session doit délivrer au salarié une attestation constatant sa fréquentation effective. Cette attestation est remise à l'employeur s'il en fait a *[la]* demande au moment de la reprise du travail.

SOUS-SECTION 3 Dispositions applicables aux élus ayant qualité d'agents publics

Art. R. 7227-22 Tout conseiller à l'assemblée ou tout conseiller exécutif, régi par les titres I à IV du statut général de la fonction publique doit, lorsqu'il souhaite bénéficier du congé de formation prévu à l'article L. 7227-13, présenter par écrit sa demande à l'autorité hiérarchique dont il relève trente jours au moins à l'avance en précisant la date et la durée de l'absence envisagée à ce titre, ainsi que la désignation de l'organisme responsable du stage ou de la session. L'autorité hiérarchique accuse réception de cette demande.

À défaut de réponse expresse notifiée au plus tard le quinzième jour qui précède le début du stage ou de la session, le congé est réputé accordé.

Art. R. 7227-23 Le bénéfice du congé de formation est de droit pour effectuer un stage ou suivre une session de formation *(Décr. nº 2021-596 du 14 mai 2021, art. 12)* « répondant aux critères fixés à l'article R. 7227-15 ».

Il peut, cependant, être refusé si les nécessités du fonctionnement du service s'y opposent.

Les décisions qui rejettent les demandes de congés de formation doivent être communiquées avec leur motif à la commission administrative paritaire au cours de la réunion qui suit cette décision.

Si le fonctionnaire renouvelle sa demande à l'expiration d'un délai de quatre mois après la notification d'un premier refus, un nouveau refus ne peut lui être opposé.

Art. R. 7227-24 Tout refus de l'autorité hiérarchique doit être motivé et notifié à l'intéressé.

Art. R. 7227-25 Les dispositions des articles R. 7227-22 à R. 7227-24 sont applicables aux agents contractuels de l'État, des collectivités territoriales et de leurs établissements publics.

SOUS-SECTION 4 Droit individuel à la formation

(Décr. nº 2016-870 du 29 juin 2016, art. 5)

Art. R. 7227-25-1 Les formations éligibles au titre du droit individuel sont les formations relatives à l'exercice du mandat du conseiller à l'assemblée de Martinique et du conseiller exécutif et les formations contribuant à l'acquisition des compétences nécessaires, le cas échéant, à la réinsertion professionnelle à l'issue du mandat.

Les formations relatives à l'exercice du mandat sont les formations dispensées par un organisme agréé par le ministre *(Décr. nº 2021-596 du 14 mai 2021, art. 12)* « chargé des collectivités territoriales » dans les conditions définies aux articles R. 1221-12 à *(Décr. nº 2021-596 du 14 mai 2021, art. 12)* « R. 1221-22-1 ».

Les formations contribuant à la réinsertion professionnelle du conseiller à l'assemblée de Martinique et du conseiller exécutif sont les formations éligibles au titre du compte personnel de formation, mentionnées à l'article L. 6323-6 du code du travail.

Art. R. 7227-25-2 *(Décr. nº 2021-596 du 14 mai 2021, art. 14)* Dans la limite du montant maximal fixé en application du 3° de l'article R. 1621-7 du présent code, le conseiller à l'assemblée de Martinique et le conseiller exécutif acquièrent leurs droits individuels à la formation comptabilisés en euros chaque année, à compter du troisième lundi suivant le premier tour de l'élection territoriale, et peut demander à les utiliser dès cette acquisition. Quel que soit le nombre de mandats exercés par l'élu local, le volume des droits qu'il acquiert chaque année au titre des articles L. 2123-12-1, L. 3123-10-1, L. 4135-10-1, L. 7125-12-1, L. 7227-12-1 du présent code et de l'article L. 121-37-1 du code des communes de la Nouvelle-Calédonie ne peut dépasser le montant fixé par l'arrêté mentionné au 2° de l'article R. 1621-7 du présent code.

(Décr. nº 2021-1708 du 17 déc. 2021, art. 11) « Lorsqu'il ne remplit pas les conditions fixées au deuxième alinéa de l'article R. 7227-25-3, l'élu perd les droits individuels à la formation acquis au titre de son mandat à l'expiration de celui-ci. Lorsque l'élu exerce plusieurs mandats ouvrant des droits individuels à la formation, ses droits sont calculés en prenant en compte le mandat auquel il a été élu ou réélu qu'il exerce depuis le plus longtemps. »

Art. R. 7227-25-3 Le conseiller à l'assemblée de Martinique et le conseiller exécutif qui souhaitent bénéficier d'une formation au titre de son droit individuel à la formation adressent une demande au gestionnaire du fonds de financement et de gestion du droit individuel à la formation des élus locaux mentionné à l'article *(Décr. nº 2021-1708 du 17 déc. 2021, art. 4)* « L. 1621-4, par l'intermédiaire du service dématérialisé mentionné à l'article L. 1621-5, conformément aux conditions générales d'utilisation de ce service ».

(Décr. nº 2021-596 du 14 mai 2021, art. 16) « Le titulaire de droits individuels à la formation peut consommer ses droits dans les six mois qui suivent l'expiration de son mandat, s'il n'exerce plus aucun mandat électif local et s'il n'a pas liquidé ses droits à pension, afin de participer à des formations contribuant à sa réinsertion professionnelle, au sens du dernier alinéa de l'article R. 7227-25-1. »

Art. R. 7227-25-4 Le conseiller à l'assemblée de Martinique et le conseiller exécutif qui ont engagé des frais de déplacement et de séjour pour suivre une formation dans le cadre du droit individuel à la formation transmettent au gestionnaire du fonds mentionné à l'article *(Décr. nº 2021-1708 du 17 déc. 2021, art. 7)* « L. 1621-4 » un état de frais aux fins de remboursement.

Les frais de déplacement et de séjour sont remboursés au conseiller à l'assemblée de Martinique et au conseiller exécutif, dans les conditions définies par le décret nº 2006-781 du 3 juillet 2006 fixant les conditions et les modalités de règlement des frais occasionnés par les déplacements temporaires des personnels civils de l'État.

SECTION 3 Remboursement de frais

SOUS-SECTION 1 Remboursement des frais liés à l'exercice d'un mandat spécial

Art. R. 7227-26 Les conseillers à l'assemblée ou les conseillers exécutifs chargés de mandats spéciaux peuvent prétendre, sur justificatif de la durée réelle du déplacement, d'une part, au paiement d'indemnités journalières destinées à rembourser forfaitairement leurs frais supplémentaires de repas et de nuitée nécessités par l'exercice de ces mandats et, d'autre part, au remboursement des frais de transport engagés à cette occasion.

La prise en charge de ces frais est assurée dans les conditions définies par le décret fixant les conditions et les modalités de règlement des frais occasionnés par les déplacements temporaires des personnels civils de l'État.

Le remboursement des frais mentionnés au premier alinéa du présent article est cumulable avec celui prévu à l'article R. 7227-28.

SOUS-SECTION 2 Remboursement des frais de transport et de séjour

Art. R. 7227-27 Les conseillers à l'assemblée ou les conseillers exécutifs peuvent prétendre, sur présentation des pièces justificatives, à la prise en charge des frais de transport et de séjour qu'ils engagent à l'occasion de leurs déplacements pour prendre part aux réunions de l'assemblée ou du conseil exécutif et aux séances des commissions et organismes dont ils font partie ès qualités ou sur délibération expresse de l'assemblée.

La prise en charge de ces frais est assurée dans les conditions prévues au deuxième alinéa de l'article R. 7227-26.

Le remboursement de ces frais est cumulable avec celui prévu à l'article R. 7227-28.

SOUS-SECTION 3 Remboursement des frais liés au handicap

Art. R. 7227-28 Peuvent obtenir le remboursement des frais spécifiques de déplacement, d'accompagnement et d'aide technique les conseillers à l'assemblée et les conseillers exécutifs en situation de handicap mentionnés au second alinéa de l'article L. 7227-23 et relevant des dispositions des articles L. 5213-1 et L. 5213-2 du code du travail ou pouvant prétendre au bénéfice des dispositions des articles *(Décr. nº 2021-258 du 9 mars 2021, art. 2)* « L. 5212-1 » et suivants du même code, ou pouvant prétendre au bénéfice de l'article L. 241-3 du code de l'action sociale et des familles.

La prise en charge de ces frais spécifiques est assurée sur présentation d'un état de frais et dans la limite, par mois, du montant *(Décr. nº 2021-258 du 9 mars 2021, art. 2)* « de l'indemnité maximale susceptible d'être versée au maire d'une commune de moins de 500 habitants en application du barème fixé à l'article L. 2123-23 ».

Le remboursement de ces frais est cumulable avec les remboursements prévus aux articles R. 7227-26 et R. 7227-27.

SOUS-SECTION 4 Chèque service

(Décr. n° 2015-1754 du 23 déc. 2015, art. 6)

Art. D. 7227-29 La délibération par laquelle l'assemblée de Martinique accorde l'aide financière prévue par l'article L. 7227-24 peut préciser les modalités d'attribution et de contrôle de cette aide, notamment le fractionnement éventuel de son versement.

Le président du conseil exécutif communique à l'assemblée de Martinique, au titre de chaque année civile, un état récapitulatif individuel des aides versées aux bénéficiaires.

Art. D. 7227-30 Pour pouvoir prétendre à l'aide financière prévue par l'article L. 7227-24, les élus concernés doivent produire tout document justifiant de l'utilisation d'un chèque emploi service universel conforme à l'article précité.

Art. D. 7227-31 Le montant maximum de cette aide est égal à celui fixé par l'article D. 7233-8 du code du travail, par année civile et par bénéficiaire ayant eu recours à un ou plusieurs services financés par cette aide.

Il ne peut excéder le coût des services supportés par le bénéficiaire.

Art. D. 7227-32 Le président du conseil exécutif communique à l'élu bénéficiaire de l'aide financière, avant le 1er février de l'année suivant celle de son attribution, une attestation mentionnant le montant total de l'aide perçue et précisant son caractère non imposable.

La déclaration annuelle prévue par l'article 87 du code général des impôts souscrite par la collectivité territoriale de Martinique mentionne, pour chaque bénéficiaire, le montant de l'aide accordée par l'assemblée de Martinique.

SECTION 4 Protection sociale

SOUS-SECTION 1 Sécurité sociale

(Décr. n° 2015-1754 du 23 déc. 2015, art. 7)

Art. D. 7227-33 Tout conseiller à l'assemblée de Martinique ou tout conseiller exécutif percevant des indemnités de fonction et qui ne peut, en cas de maladie, maternité, paternité ou accident, exercer effectivement ses fonctions au-delà d'un délai de quinze jours francs, est tenu d'indiquer à la collectivité territoriale de Martinique le montant de ses indemnités journalières qui le *[lui]* sont, le cas échéant, versées par son régime de sécurité sociale au titre de son activité professionnelle, accompagné des pièces justificatives concernant l'arrêt de travail et son indemnisation, afin de déterminer le montant des indemnités de fonction à lui attribuer conformément à l'article L. 7227-27.

En cas de trop-perçu, la collectivité procède à la répétition de l'indu à compter de la réception des indemnités journalières par l'élu et de la déclaration de leur montant.

Lorsque l'élu ne bénéficie d'aucun régime d'indemnités journalières ou ne remplit pas les conditions pour bénéficier d'une indemnisation auprès du régime de sécurité sociale dont relève son activité, les indemnités de fonction sont maintenues en totalité pendant la durée de l'arrêt de travail.

En cas de cumul des mandats, les dispositions prévues au premier alinéa du présent article s'appliquent à chaque mandat.

Art. D. 7227-34 Lorsque le délai de carence prévu par le régime de sécurité sociale dont relève le conseiller à l'assemblée de Martinique ou le conseiller exécutif pour le versement des indemnités journalières est supérieur au délai de quinze jours fixé à l'article D. 7227-33, les indemnités de fonction lui sont versées en totalité pendant la période ne donnant lieu au versement d'aucune indemnité journalière.

SOUS-SECTION 2 Retraite

Art. R. 7227-35 Le plafond des taux de cotisation prévu à l'article L. 7227-30 est fixé ainsi qu'il suit :

– taux de cotisation de la collectivité : 8 % ;
– taux de cotisation de l'élu : 8 %.

TITRE V ATTRIBUTIONS DE LA COLLECTIVITÉ TERRITORIALE DE MARTINIQUE

(Décr. nº 2015-1441 du 6 nov. 2015, art. 4)

CHAPITRE III COOPÉRATION RÉGIONALE

(Décr. nº 2015-1441 du 6 nov. 2015, art. 4)

SECTION 1 Dispositions relatives au fonds de coopération régionale pour la Martinique

Art. R. 7253-1 Le fonds de coopération régionale institué par l'article L. 7253-7 contribue à l'insertion de la Martinique dans son environnement géographique. Il concourt aux actions de coopération économique, sociale et culturelle menées avec les pays de la région.

Le représentant de l'État en Martinique en est l'ordonnateur secondaire.

Art. R. 7253-2 Le comité institué par le deuxième alinéa de l'article L. 7253-7 est dénommé "comité de gestion du fonds de coopération régionale".

Il est présidé par le représentant de l'État en Martinique et comprend, en outre :

1° Un représentant de l'État désigné par le ministre des affaires étrangères et deux représentants désignés par le ministre chargé de l'outre-mer ;

2° Deux conseillers à l'assemblée de Martinique désignés par l'assemblée de Martinique et deux conseillers exécutifs désignés par le conseil exécutif.

Art. R. 7253-3 Le comité se réunit au moins deux fois par an, sur convocation de son président, qui en fixe l'ordre du jour.

Le secrétariat du comité est assuré par les services du représentant de l'État en Martinique.

Art. R. 7253-4 La liste des opérations financées par le fonds de coopération régionale et le taux de subvention applicable à chacune d'elles sont fixés après consultation des chefs des postes diplomatiques dans les États intéressés.

Les décisions du comité sont adoptées à la majorité. En cas de partage égal des voix, la voix du président est prépondérante.

Art. R. 7253-5 Le comité établit, à l'attention du Premier ministre, un rapport annuel sur le bilan, l'évaluation et le suivi des opérations subventionnées par le fonds de coopération régionale.

SECTION 2 Représentation de la collectivité territoriale de Martinique au sein des missions diplomatiques de la France

(Décr. nº 2017-1060 du 10 mai 2017, art. 4)

Art. R. 7253-6 Une convention entre l'État, représenté conjointement par le ministre des affaires étrangères et le ministre chargé de l'outre-mer, et la collectivité territoriale de Martinique détermine les conditions d'accueil des agents de cette collectivité au sein des missions diplomatiques de la France. Cette convention définit :

1° Les missions des agents de la collectivité territoriale de Martinique au sein de la mission diplomatique dans laquelle ils exercent leurs fonctions. Ces missions ont trait aux actions de coopération régionale. Elles peuvent également comporter la possibilité pour ces agents, sur demande du chef de mission et avec l'accord du président de l'assemblée de Martinique, d'apporter leur concours au bon fonctionnement de la mission diplomatique.

Les fonctions précises de chaque agent sont fixées par une lettre de mission signée conjointement par le président de l'assemblée de Martinique et le chef de mission ;

2° Leur compétence géographique ;

3° Les actions de formation susceptibles d'être organisées pour faciliter l'exercice des missions définies au 1° du présent article ;

4° Les moyens matériels et logistiques mis à disposition de chacun des agents de la collectivité territoriale de Martinique au sein de la mission diplomatique ;

5° Les relations entre, d'une part, chacun des agents de la collectivité territoriale et le chef de mission et, d'autre part, le chef de mission et la collectivité territoriale de Martinique. Chaque agent territorial rend compte régulièrement de son action au chef de mission et doit se conformer à ses directives en application des articles 3 et 6 du décret n° 79-433 du 1er juin 1979 relatif aux pouvoirs des ambassadeurs et à l'organisation des services de l'État à l'étranger. Le chef de mission adresse chaque année au président de l'assemblée de Martinique son appréciation sur la manière de servir de chacun des agents de cette collectivité.

La convention précise les charges financières liées à l'exercice des fonctions des agents de la collectivité territoriale de Martinique au sein de la mission diplomatique ainsi que leur répartition entre l'État et cette collectivité.

Sur le régime indemnitaire bénéficiant aux agents représentant la Martinique au sein des missions diplomatiques de la France, V. Décr. n° 2017-1060 du 10 mai 2017, art. 5.

TITRE XI *[X]* FINANCES DE LA COLLECTIVITÉ TERRITORIALE DE MARTINIQUE

Art. D. 72-100-1 Le livre VI de la première partie est applicable à la collectivité territoriale de Martinique dans la mesure où il n'est pas contraire au présent titre.

Art. D. 72-100-2 Le rapport prévu à l'article L. 72-100-2 décrit, sous forme de synthèse, la situation en matière de développement durable de la collectivité à partir des évaluations, documents et bilans produits par la collectivité sur une base volontaire ou prévus par un texte législatif ou réglementaire. Ce rapport comporte, au regard des cinq finalités du développement durable mentionnées au III de l'article L. 110-1 du code de l'environnement :

– le bilan des actions conduites au titre de la gestion du patrimoine, du fonctionnement et des activités internes de la collectivité ;

– le bilan des politiques publiques, des orientations et des programmes mis en œuvre sur son territoire.

Ces bilans comportent, en outre, une analyse des modalités d'élaboration, de mise en œuvre et d'évaluation des actions, des politiques publiques et des programmes.

Cette analyse peut être élaborée à partir du cadre de référence pour les projets territoriaux de développement durable et agendas 21 locaux mentionné au deuxième alinéa de l'article 254 de la loi n° 2010-788 du 12 juillet 2010 portant engagement national pour l'environnement.

Art. D. 72-100-3 *(Décr. n° 2015-761 du 24 juin 2015, art. 5)* I. – En application de l'article L. 72-100-3, le président du conseil exécutif de Martinique présente à l'assemblée de Martinique un rapport annuel sur la situation en matière d'égalité entre les femmes et les hommes dans la collectivité.

II. – Le rapport fait état de la politique de ressources humaines de la collectivité en matière d'égalité professionnelle entre les femmes et les hommes. À cet effet, il reprend notamment les données du rapport, présenté en *(Décr. n° 2021-571 du 10 mai 2021, art. 105)* « comité social territorial » comme prévu à l'article 51 de la loi n° 2012-347 du 12 mars 2012, relatives au recrutement, à la formation, au temps de travail, à la promotion professionnelle, aux conditions de travail, à la rémunération et à l'articulation entre vie professionnelle et vie personnelle.

Le rapport comporte également un bilan des actions menées et des ressources mobilisées en matière d'égalité professionnelle entre les femmes et les hommes et décrit les orientations pluriannuelles. Ce bilan et ces orientations concernent notamment les rémunérations et les parcours professionnels, la promotion de la parité dans le cadre des actions de formation, la mixité dans les filières et les cadres d'emplois, l'articulation entre vie professionnelle et vie personnelle, la prévention de toutes les violences faites aux agents sur leur lieu de travail et la lutte contre toute forme de harcèlement.

III. – Le rapport présente les politiques menées par la collectivité sur son territoire en faveur de l'égalité entre les femmes et les hommes, telles que définies à l'article 1er de la loi n° 2014-873 du 4 août 2014 pour l'égalité réelle entre les femmes et les hommes. Il fixe des orientations pluriannuelles et des programmes de nature à favoriser l'égalité entre les femmes et les hommes.

Ce rapport comporte un bilan des actions conduites à cette fin dans la conception, la mise en œuvre et l'évaluation des politiques publiques de la collectivité. Il présente notamment le suivi de la mise en œuvre de la clause d'égalité dans les marchés publics. Il peut comporter également une analyse de la situation économique et sociale en matière d'inégalités entre les femmes et les hommes dans la collectivité, à partir d'un diagnostic fondé sur les interventions relevant de sa compétence et sur les données des bénéficiaires de ses politiques.

Le rapport recense les ressources mobilisées à cet effet.

CHAPITRE I BUDGETS ET COMPTES

Art. D. 72-101-1 Le budget s'exécute du 1er janvier au 31 décembre.

Art. D. 72-101-2 La période d'exécution du budget est limitée à l'année même à laquelle ce budget s'applique pour le mandatement des dépenses et l'émission des titres de recettes.

Toutefois, cette période comprend un délai complémentaire qui s'étend jusqu'au dernier jour du mois de janvier de l'année suivante. Cette disposition n'est pas applicable aux opérations intéressant uniquement la section d'investissement du budget.

Art. D. 72-101-3 Les chapitres des budgets votés par nature correspondent :

a) Section d'investissement :

– à chacun des comptes à deux chiffres des classes 1 et 2 ouverts à la nomenclature par nature, à l'exception des comptes "Report à nouveau", "Résultat de l'exercice", "Provisions pour risques et charges", "Différences sur réalisations d'immobilisations", "Immobilisations affectées, concédées, affermées ou mises à disposition", "Amortissements des immobilisations", "Dépréciation des immobilisations" ;

– à chacun des chapitres globalisés ;

– à chaque opération votée par l'assemblée délibérante. L'opération correspond à un ensemble d'acquisitions d'immobilisations, de travaux sur immobilisations et de frais d'études y afférents, aboutissant à la réalisation d'un ouvrage ou de plusieurs ouvrages de même nature. Cette opération peut également comporter des subventions d'équipement versées ;

– aux chapitres globalisés de dépenses et de recettes "RSA" retraçant l'un l'ensemble des dépenses et l'autre l'ensemble des recettes d'investissement relatives au revenu de solidarité active ;

– à chacune des opérations pour le compte de tiers ;

– au compte "Subventions d'équipement versées" ;

– en recettes, à la ligne intitulée "Virement de la section de fonctionnement" ;

– en recettes, à la ligne intitulée "Produits des cessions d'immobilisations" ;

– en dépenses, au chapitre "Dépenses imprévues", qui ne comporte qu'une autorisation de programme sans crédit de paiement.

Ces trois derniers chapitres ne comportent que des prévisions sans réalisation.

b) Section de fonctionnement :

– aux comptes à deux chiffres des classes 6 et 7 ouverts à la nomenclature par nature, à l'exception des comptes faisant partie de chapitres globalisés ;

– à chacun des chapitres globalisés ;

– aux chapitres globalisés de dépenses et de recettes "RSA", retraçant l'un l'ensemble des dépenses et l'autre l'ensemble des recettes de fonctionnement relatives au revenu de solidarité active ;

– aux chapitres globalisés de dépenses et de recettes "APA", retraçant l'un l'ensemble des dépenses et l'autre l'ensemble des recettes de fonctionnement relatives à l'allocation personnalisée à l'autonomie ;

– en recettes, au compte intitulé "Impositions directes" ;

– en dépenses, au compte intitulé "Frais de fonctionnement des groupes d'élus" ;

– en dépenses, à la ligne intitulée "Virement à la section d'investissement" ;

– en dépenses, au chapitre "Dépenses imprévues", qui ne comporte qu'une autorisation d'engagement sans crédit de paiement.

Ces deux derniers chapitres ne comportent que des prévisions sans réalisation.

Art. D. 72-101-4 Pour les budgets votés par nature, l'article budgétaire correspond à la subdivision la plus détaillée des nomenclatures définies par l'arrêté prévu à l'article L. 71-101-4 *[L. 72-101-4]* , complété, pour les opérations, du numéro d'opération.

Les chapitres intitulés "Dépenses imprévues", "Virement de la section de fonctionnement", "Virement à la section d'investissement" et "Produits des cessions d'immobilisations" ne comportent pas d'article.

Art. D. 72-101-5 Les chapitres des budgets votés par fonction correspondent :

a) Section d'investissement :

– pour les dépenses et recettes ventilables, au groupe 90 "Opérations ventilées", complété par le numéro de l'une des dix fonctions de la nomenclature fonctionnelle ;

– aux chapitres spécifiques de dépenses et de recettes "RSA", retraçant l'un l'ensemble des dépenses et l'autre l'ensemble des recettes d'investissement relatives au revenu de solidarité active ;

– pour les dépenses et recettes non ventilables, à chacun des chapitres non ventilés ;

– en recettes, à la ligne intitulée "Virement de la section de fonctionnement" ;

– en recettes, à la ligne intitulée "Produits des cessions d'immobilisations" ;

– en dépenses, au chapitre "Dépenses imprévues", qui ne comporte qu'une autorisation de programme sans crédit de paiement.

Ces trois derniers chapitres ne comportent que des prévisions sans réalisation.

b) Section de fonctionnement :

– pour les dépenses et recettes ventilables, au groupe 93 "Services individualisés", complété par le numéro de l'une des dix fonctions de la nomenclature fonctionnelle ;

– aux chapitres spécifiques de dépenses et de recettes "RSA", retraçant l'un l'ensemble des dépenses et l'autre l'ensemble des recettes de fonctionnement relatives au revenu de solidarité active ;

– aux chapitres spécifiques de dépenses et de recettes "APA", retraçant l'un l'ensemble des dépenses et l'autre l'ensemble des recettes de fonctionnement relatives à l'allocation personnalisée à l'autonomie ;

– pour les dépenses et recettes non ventilables, à chacun des chapitres non ventilés ;

– en dépenses, à la ligne intitulée "Virement à la section d'investissement" ;

– en dépenses, au chapitre "Dépenses imprévues", qui ne comporte qu'une autorisation d'engagement sans crédit de paiement.

Ces deux derniers chapitres ne comportent que des prévisions sans réalisation.

Art. D. 72-101-6 Les articles des budgets votés par fonction correspondent :

a) Section d'investissement :

– pour les dépenses et recettes ventilables, au groupe 90 "Opérations ventilées", complété par la subdivision la plus détaillée de la nomenclature fonctionnelle ;

– pour les dépenses et recettes non ventilables, à chacun des chapitres non ventilés, complété par la subdivision la plus détaillée de la nomenclature par nature.

Les chapitres correspondant aux dépenses imprévues, au virement de la section de fonctionnement et aux produits des cessions d'immobilisations ne comportent pas d'article.

b) Section de fonctionnement :

– pour les dépenses et recettes ventilables, au groupe 93 "Services individualisés", complété par la subdivision la plus détaillée de la nomenclature fonctionnelle ;

– pour les dépenses et recettes non ventilables, à chacun des chapitres non ventilés, complété du compte le plus détaillé de la nomenclature par nature.

Les chapitres relatifs aux dépenses imprévues et au virement à la section d'investissement ne comportent pas d'article.

Art. D. 72-101-7 L'assemblée de Martinique choisit de voter le budget de la collectivité par nature ou par fonction.

Art. D. 72-101-8 La présentation croisée, par fonction ou par nature, prévue au premier alinéa de l'article L. 71-101-4 *[L. 72-101-4]* s'effectue entre le niveau le plus fin de la nomenclature fonctionnelle et chacun des comptes par nature à trois chiffres. Pour le compte administratif, le croisement s'effectue entre le niveau le plus fin de la nomenclature fonctionnelle et le compte le plus détaillé ouvert dans la nomenclature par nature.

Cette présentation fonctionnelle croisée n'est pas applicable à un service public de la collectivité territoriale de Martinique à activité unique érigé en établissement public ou faisant l'objet d'un budget annexe.

Art. D. 72-101-9 Les autorisations de programme ou d'engagement et leurs révisions éventuelles sont présentées par le président du conseil exécutif de Martinique. Elles sont votées par l'assemblée de Martinique lors de l'adoption du budget de l'exercice ou des décisions modificatives.

L'assemblée de Martinique, ou le conseil exécutif lorsque celui-ci a reçu délégation, affecte par chapitre et, le cas échéant, par article les autorisations de programme et les autorisations d'engagement.

Les autorisations de programme correspondent à des dépenses à caractère pluriannuel se rapportant à une immobilisation ou à un ensemble d'immobilisations déterminées, acquises ou réalisées par la collectivité territoriale de Martinique, ou à des subventions d'équipement versées à des tiers.

Le bilan de la gestion pluriannuelle, présenté par le président du conseil exécutif de Martinique à l'occasion du vote du compte administratif, précise notamment le taux de couverture des autorisations de programme et d'engagement. Il est assorti de l'état relatif à la situation des autorisations de programme et d'engagement, dont les modalités de calcul et de présentation sont prévues par arrêté conjoint des ministres chargés des collectivités territoriales et du budget.

Art. D. 72-101-10 Le besoin ou l'excédent de financement de la section d'investissement constaté à la clôture de l'exercice est constitué du solde d'exécution corrigé des restes à réaliser.

Le solde d'exécution de la section d'investissement correspond à la différence entre le montant des titres de recettes et le montant des mandats de dépenses émis au cours de l'exercice, y compris, le cas échéant, les réductions et annulations de recettes et de dépenses, augmentée ou diminuée du report des exercices antérieurs.

Les restes à réaliser de la section d'investissement arrêtés à la clôture de l'exercice correspondent aux dépenses engagées non mandatées et aux recettes certaines n'ayant pas donné lieu à l'émission d'un titre.

Art. D. 72-101-11 Le résultat de la section de fonctionnement correspond à l'excédent ou au déficit de l'exercice. Pour son affectation, il est cumulé avec le résultat antérieur reporté, à l'exclusion des restes à réaliser.

Les restes à réaliser de la section de fonctionnement arrêtés à la clôture de l'exercice correspondent aux dépenses engagées non mandatées et non rattachées ainsi qu'aux recettes certaines n'ayant pas donné lieu à l'émission d'un titre et non rattachées. Ils sont reportés au budget de l'exercice suivant.

Art. D. 72-101-12 Le résultat cumulé défini à l'article D. 72-101-11 est affecté, lorsqu'il s'agit d'un excédent :

1° En priorité, en réserves pour la couverture du besoin de financement de la section d'investissement apparu à la clôture de l'exercice précédent ;

2° Pour le solde, en excédent de fonctionnement reporté ou en dotation complémentaire en réserves.

Lorsqu'il s'agit d'un déficit, il est ajouté aux dépenses de fonctionnement de l'exercice.

Pour l'affectation en réserves, l'exécution de la décision budgétaire de reprise des résultats, adoptée par l'assemblée délibérante, se fait par l'émission d'un titre de recettes. La délibération affectant le résultat excédentaire est produite à l'appui de la décision budgétaire de reprise des résultats et du compte administratif de l'exercice, pour en justifier les recettes.

Art. D. 72-101-13 En l'absence d'adoption du compte administratif à la date du vote du budget de l'exercice suivant, lorsque le résultat de la section de fonctionnement, le besoin de financement ou, le cas échéant, l'excédent de la section d'investissement et la prévision d'affectation sont reportés par anticipation, dans les conditions fixées au quatrième alinéa de l'article L. 72-101-10, les inscriptions au budget sont justifiées par la production en annexe d'une fiche de calcul des résultats prévisionnels.

Cette fiche ainsi qu'un tableau des résultats d'exécution du budget sont établis par l'ordonnateur et visés par le comptable, qui les accompagne soit du compte de gestion, s'il est arrêté à cette date, soit d'une balance établie après prise en charge du dernier bordereau de titres et de mandats.

L'ordonnateur produit l'état des restes à réaliser arrêté au 31 décembre de l'exercice clos.

Les restes à réaliser de la section de fonctionnement sont reportés à la décision budgétaire de reprise des résultats par anticipation.

Art. D. 72-101-14 Pour l'application de l'article L. 72-101-11, lorsque la section d'investissement du budget présente un excédent, peuvent être repris en section de fonctionnement :

– le produit de la cession d'une immobilisation reçue au titre d'un don ou d'un legs, à condition que celui-ci ne soit pas expressément affecté à l'investissement ;

– le produit de la vente d'un placement budgétaire. La reprise de ce produit est limitée à la part du placement financée initialement par une recette de la section de fonctionnement.

En outre, l'excédent de la section d'investissement résultant de la dotation complémentaire en réserves prévue par le 2° de l'article D. 72-101-12 et constaté au compte administratif au titre de deux exercices consécutifs peut être repris en section de fonctionnement afin de contribuer à son équilibre.

(Décr. n° 2015-1546 du 27 nov. 2015, art. 6) « Lorsque les conditions prévues aux alinéas précédents ne sont pas réunies, et en raison de circonstances exceptionnelles et motivées, la collectivité peut solliciter une décision conjointe des ministres chargés du budget et des collectivités locales, qui peut porter sur un ou plusieurs exercices, afin de reprendre l'excédent prévisionnel de la section d'investissement en section de fonctionnement dès le vote du budget primitif. »

Dans tous les cas, la reprise est accompagnée d'une délibération de l'assemblée de Martinique précisant l'origine de l'excédent et les conditions d'évaluation de son montant.

Art. D. 72-101-15 Les données synthétiques sur la situation financière de la collectivité territoriale de Martinique prévues au deuxième alinéa de l'article L. 72-101-14 comprennent les ratios suivants :

1° Dépenses réelles de fonctionnement/population ;

2° Produit des impositions directes/population ;

3° Recettes réelles de fonctionnement/population ;

4° Dépenses d'équipement brut/population ;

5° En-cours de la dette/population ;

6° Dotation globale de fonctionnement/population ;

7° Dépenses de personnel/dépenses réelles de fonctionnement ;

8° Dépenses réelles de fonctionnement et remboursement annuel de la dette en capital/recettes réelles de fonctionnement ;

9° Dépenses d'équipement brut/recettes réelles de fonctionnement ;

10° En-cours de la dette/recettes réelles de fonctionnement.

Art. D. 72-101-16 Pour l'application de l'article D. 72-101-15 :

1° La population à prendre en compte est la population totale, municipale et comptée à part, telle qu'elle résulte du dernier recensement connu à la date de production des documents budgétaires ;

2° Les dépenses réelles de fonctionnement s'entendent de l'ensemble des dépenses de l'exercice budgétaire entraînant des mouvements réels. Toutefois, pour l'application du 1°, sont exclues les dépenses correspondant à des travaux en régie transférés en section d'investissement. Pour l'application du 8°, sont exclues les dépenses correspondant à des travaux en régie et à des charges transférées en section d'investissement ;

3° Les impositions directes s'entendent du produit des impôts directs et taxes assimilées dont l'assiette et le recouvrement ont lieu dans les formes prévues au code général des impôts. Sont exclus les attributions du fonds départemental de péréquation de la taxe professionnelle ainsi que les versements alloués par l'État au titre de la compensation des pertes de bases de contribution économique territoriale et de redevance des mines ;

4° Les recettes réelles de fonctionnement s'entendent de l'ensemble des recettes de fonctionnement de l'exercice entraînant des mouvements réels ;

5° Les dépenses d'équipement brut comprennent les acquisitions de biens meubles et immeubles, les travaux en cours, les immobilisations incorporelles, les travaux d'investissement en régie et, enfin, les opérations pour compte de tiers ;

6° L'en-cours de la dette s'obtient par le cumul des emprunts et dettes à long et moyen termes ;

(Décr. n° 2015-1895 du 29 déc. 2015, art. 1er) « Lorsque la collectivité doit acquitter une indemnité de remboursement anticipé d'emprunt, et dans le cas où elle bénéficie d'une aide octroyée par le fonds de soutien créé par l'article 92 de la loi n° 2013-1278 du 29 décembre 2013 de finances pour 2014 *[V. ss. art. L. 1611-3-1]*, la collectivité peut déduire de cet encours de dette le montant de la créance restant à percevoir sur le fonds de soutien. »

7° Le remboursement annuel de la dette en capital s'entend des remboursements d'emprunts effectués à titre définitif.

Art. D. 72-101-17 Les comptes certifiés mentionnés à l'article L. 72-101-15 le sont par un commissaire aux comptes pour les organismes soumis à l'obligation de certification des comptes et par le président de l'organisme en cause pour les organismes non soumis à une telle obligation.

Art. D. 72-101-18 Les états annexés aux documents budgétaires en application de l'article L. 72-101-14 sont les suivants :

I. — États annexés au budget et au compte administratif :

1° Tableaux récapitulant l'état des emprunts et dettes ;

2° Présentation de l'état des dépréciations et des provisions ;

3° Présentation des méthodes utilisées pour les amortissements ;

4° Présentation de l'équilibre budgétaire ;

5° Présentation de l'état des charges transférées en investissement ;

6° Présentation du mode de financement des opérations pour le compte de tiers ;

7° Présentation des engagements donnés et reçus ;

8° Présentation de l'emploi des recettes grevées d'une affectation spéciale ;

9° État du personnel ;

10° Liste des organismes de regroupement dont la collectivité territoriale de Martinique est membre ;

11° Liste des établissements ou services créés par la collectivité territoriale de Martinique ;

12° Tableau retraçant les décisions en matière de taux des contributions directes et indirectes.

II. — États annexés au seul compte administratif :

1° État de variation des immobilisations ;

2° État présentant le montant de recettes et de dépenses affectées aux services assujettis à la taxe sur la valeur ajoutée qui ne font pas l'objet d'un budget distinct du budget général ;

3° État présentant l'évolution des dépenses consacrées à la formation professionnelle des jeunes, en distinguant notamment les données financières relatives à l'apprentissage, à l'enseignement professionnel sous statut scolaire et aux formations continues en alternance. Cette annexe précise également l'utilisation des sommes versées au fonds régional de l'apprentissage et de la formation professionnelle continue en application de l'article L. 6241-9 du code du travail.

CHAPITRE II **RECETTES**

Art. D. 72-102-1 Sont applicables à la collectivité territoriale de Martinique les dispositions suivantes :

1° Le titre III du livre III de la troisième partie relatif aux recettes des départements ;

2° Le chapitre III du titre IV du livre IV de la troisième partie relatif aux recettes des départements d'outre-mer ;

3° Le titre III du livre III de la quatrième partie relatif aux recettes des régions ;

4° Le chapitre IV du titre III du livre IV de la quatrième partie relatif aux recettes des régions d'outre-mer.

CHAPITRE III DÉPENSES

Art. D. 72-103-1 Pour l'application des dispositions de l'article L. 7226-6, les crédits nécessaires au fonctionnement du conseil économique, social, environnemental de la culture et de l'éducation de Martinique et, le cas échéant, à la réalisation de ses études sont spécialisés par article.

Art. D. 72-103-2 Pour l'application des dispositions du 19° de l'article L. 72-103-2, la collectivité territoriale de Martinique procède à l'amortissement de ses immobilisations, y compris celles reçues à disposition ou en affectation :

1° Incorporelles ;

2° Corporelles, à l'exception des réseaux et installations de voirie dont l'amortissement est facultatif.

Cet amortissement ne s'applique ni aux immobilisations propriété de la collectivité et qui sont remises en affectation ou à disposition, ni aux terrains hormis les terrains de gisement, ni aux collections et œuvres d'art.

Les dotations aux amortissements de ces biens sont liquidées sur la base de la valeur brute, sous déduction de la valeur résiduelle de l'immobilisation. La méthode linéaire s'applique. Toutefois, la collectivité peut adopter par délibération un mode d'amortissement dégressif ou variable.

Les durées d'amortissement des immobilisations, qui doivent correspondre à leur durée probable d'utilisation, sont fixées pour chaque bien ou chaque catégorie de biens par l'assemblée délibérante, à l'exception :

– des frais d'études et des frais d'insertion non suivies de réalisations, amortis sur une durée maximale de cinq ans ;

– des frais de recherche et de développement, amortis sur une durée maximale de cinq ans en cas de réussite du projet et immédiatement, pour leur totalité, en cas d'échec ;

– des brevets, amortis sur la durée du privilège dont ils bénéficient ou sur la durée effective de leur utilisation si elle est plus brève ;

– des subventions d'équipement versées, amorties sur une durée maximale de cinq ans lorsque la subvention finance des biens mobiliers, du matériel ou des études, de *(Décr. nº 2015-1848 du 29 déc. 2015)* « trente » ans lorsqu'elle finance des biens immobiliers ou des installations et de *(Décr. nº 2015-1848 du 29 déc. 2015)* « quarante » ans lorsqu'elle finance des projets d'infrastructure d'intérêt national ; les aides à l'investissement des entreprises ne relevant d'aucune de ces catégories sont amorties sur une durée maximale de cinq ans.

Tout plan d'amortissement commencé doit être poursuivi jusqu'à son terme, sauf cession, affectation, mise à disposition, réforme ou destruction du bien. Le plan d'amortissement est modifié suite à la constatation ou à la reprise d'une dépréciation ou si un changement significatif dans les conditions d'utilisation du bien intervient. Le bénéficiaire de la mise à disposition ou de l'affectation poursuit l'amortissement du bien selon le plan d'amortissement initial ou conformément à ses propres règles, définies par le présent article.

L'assemblée délibérante peut fixer un seuil unitaire en deçà duquel les immobilisations de peu de valeur ou dont la consommation est très rapide s'amortissent sur un an. La délibération correspondante est transmise au comptable public et ne peut être modifiée au cours d'un même exercice budgétaire.

L'assemblée délibérante peut charger l'ordonnateur de déterminer la durée d'amortissement d'un bien à l'intérieur de durées minimales et maximales qu'elle a fixées pour la catégorie à laquelle appartient ce bien.

Art. D. 72-103-3 Pour l'application du 20° de l'article L. 72-103-2, la constitution de provisions pour risques et charges est obligatoire dès lors qu'il y a apparition du risque et la constatation de dépréciations est obligatoire en cas de perte de valeur d'un élément d'actif.

(Décr. nº 2022-1008 du 15 juill. 2022, art. 11) « Le président du conseil exécutif » doit constater la dépréciation ou constituer la provision à hauteur de la perte de valeur constatée ou à hauteur du risque.

La dépréciation ou la provision doit être ajustée annuellement en fonction de l'évolution de la perte de valeur ou de l'évolution du risque. Elle donne lieu à reprise lorsqu'elle est devenue sans objet, c'est-à-dire en cas de disparition de la perte de valeur ou de réalisation du risque ou lorsque ce risque n'est plus susceptible de se réaliser.

La dépréciation ou la provision ainsi que son suivi et son emploi sont retracés sur l'état des dépréciations et des provisions constituées joint au budget et au compte administratif.

Art. D. 72-103-4 La collectivité peut procéder à la neutralisation budgétaire de la dotation aux amortissements des subventions d'équipement versées ainsi qu'à celle de la dotation aux amortissements des bâtiments publics diminuée du montant de la reprise annuelle des subventions d'équipement reçues pour le financement de ces équipements par une dépense de la section d'investissement et une recette de la section de fonctionnement.

La collectivité procède à la reprise annuelle des subventions d'équipement reçues et des fonds affectés à des immobilisations amortissables par une dépense de la section d'investissement et une recette de la section de fonctionnement. Cette reprise en section de fonctionnement s'effectue au même rythme que celui de l'amortissement de l'immobilisation pour lequel la subvention a été reçue et porte sur une quote-part annuelle correspondant au montant de cette subvention rapporté à la durée d'amortissement de l'immobilisation subventionnée. Toutefois, la dotation départementale d'équipement des collèges et la dotation régionale d'équipement scolaire sont reprises globalement pour un montant au plus égal à la dotation annuelle aux amortissements de l'ensemble des constructions et équipements scolaires.

Art. D. 72-103-5 Les autorisations de programme et autorisations d'engagement de dépenses imprévues constituent des chapitres, respectivement, de la section d'investissement et de la section de fonctionnement des budgets votés par nature et par fonction.

Ces chapitres ne comportent pas d'articles, ni de crédits. Ils ne donnent pas lieu à exécution.

CHAPITRE IV COMPTABILITÉ

Art. D. 72-104-1 Conformément aux dispositions de l'article 1er du décret n° 2012-1246 du 7 novembre 2012 relatif à la gestion budgétaire et comptable publique, sont applicables à la collectivité et à ses établissements publics les principes fondamentaux contenus dans le titre I dudit décret.

Art. D. 72-104-2 Les crédits affectés aux dépenses de chaque exercice ne peuvent être employés à l'acquittement des dépenses d'un autre exercice.

Toutefois, les dépenses engagées non mandatées à la clôture de l'exercice sont imputées sur les crédits qui doivent être reportés sur le budget de l'exercice suivant.

Elles peuvent être payées jusqu'à l'ouverture de ces crédits au vu de l'état des restes à réaliser établi par le président de la collectivité, retraçant les dépenses qui, engagées avant le 31 décembre de l'année précédente, n'ont pas donné lieu à mandatement avant la clôture de l'exercice. Cet état vaut ouverture provisoire de crédits.

Art. D. 72-104-3 Les reversements de trop-payé qui sont effectués pendant la durée de l'exercice sur lequel le mandatement a eu lieu peuvent être rétablis au crédit de l'article qui avait d'abord supporté la dépense.

Art. D. 72-104-4 Les produits de la collectivité, des établissements publics de la collectivité et de tout organisme public résultant d'une entente entre la collectivité et toute autre collectivité publique ou établissement public qui ne sont pas assis et liquidés par les services fiscaux de l'État en exécution des lois et règlements en vigueur sont recouvrés :

1° Soit en vertu de jugements ou de contrats exécutoires ;

2° Soit en vertu de titres de recettes ou de rôles émis et rendus exécutoires, en ce qui concerne la collectivité, par le président de la collectivité et, en ce qui concerne les établissements publics, par l'ordonnateur de ces établissements.

Les mesures d'exécution forcée pour le recouvrement de ces produits sont effectuées comme en matière de contributions directes.

Toutefois, l'ordonnateur autorise ces mesures d'exécution forcée selon les modalités prévues à l'article R. 1617-24.

Les oppositions, lorsque la matière est de la compétence des tribunaux judiciaires, sont jugées comme affaires sommaires.

Art. D. 72-104-5 Aucune dépense faite pour le compte de la collectivité ne peut être acquittée si elle n'a été préalablement mandatée par le président de la collectivité sur un crédit régulièrement ouvert.

Art. D. 72-104-6 Chaque mandat énonce la collectivité, le budget, l'exercice et l'imputation auxquels la dépense s'applique.

Art. D. 72-104-7 Le mandat de paiement doit contenir toutes les indications de noms et de qualités nécessaires pour permettre au comptable de reconnaître l'identité du créancier.

Art. D. 72-104-8 Tout mandat doit être accompagné des documents relatifs au mode de règlement des dépenses dans les conditions fixées par le décret n° 2012-1246 du 7 novembre 2012 relatif à la gestion budgétaire et comptable publique.

Art. D. 72-104-9 Le mandat de paiement doit être délivré au nom du créancier d'origine.

Art. D. 72-104-10 Le président de la collectivité annexe les mandats et pièces justificatives de dépenses, indiqués aux articles D. 1617-19 et D. 1617-20, aux bordereaux d'émission qu'il adresse au comptable de la collectivité, qui doit procéder, dans les délais qui lui sont impartis, à leur vérification et en suivre, lorsqu'il y a lieu, la régularisation auprès du président de la collectivité.

Art. D. 72-104-11 Les reversements de fonds provenant de restitutions pour cause de trop-payé à des créanciers de la collectivité sont ordonnés par le président de la collectivité qui délivre un ordre de reversement.

Art. D. 72-104-12 Le compte administratif, sur lequel la collectivité est appelée à délibérer conformément à l'article L. 72-101-9, présente par colonne distincte et dans l'ordre des chapitres et articles du budget :

En recettes :

1° La nature des recettes ;

2° Les évaluations et prévisions du budget ;

3° La fixation définitive des sommes à recouvrer d'après les titres justificatifs.

En dépenses :

1° Les articles de dépenses du budget ;

2° Le montant des crédits ;

3° Le montant des mandatements effectués sur ces crédits pendant l'exercice, y compris les rattachements ;

4° Les différences résultant de la comparaison du montant des crédits avec le total des mandatements.

Art. D. 72-104-13 Le président de la collectivité remet au comptable de la collectivité, dûment récapitulée sur un bordereau d'émission, une expédition en forme de tous les baux, contrats, jugements, testaments, déclarations, états de recouvrement, titres nouveaux et autres, concernant les recettes dont la perception lui est confiée.

Le comptable peut demander, au besoin, que les originaux des actes formant titre au profit de la collectivité lui soient remis contre récépissé.

Art. D. 72-104-14 Le comptable de la collectivité est chargé seul et sous sa responsabilité :

1° De faire toutes les diligences nécessaires pour la perception des revenus, legs et donations et autres ressources affectées au service de la collectivité ;

2° De faire faire, contre les débiteurs en retard de payer et avec l'autorisation du président de la collectivité, les actes, significations et mesures d'exécution forcée nécessaires dans les conditions de l'article D. 71-104-4 *[L. 72-101-4]* ;

3° D'avertir les administrateurs de l'expiration des baux ;
4° D'empêcher les prescriptions ;
5° De veiller à la conservation des droits, privilèges et hypothèques ;
6° De requérir, à cet effet, l'inscription au service chargé de la publicité foncière de tous les titres qui en sont susceptibles ;
7° Enfin, de tenir registre des inscriptions au service chargé de la publicité foncière.

Art. D. 72-104-15 Le compte de gestion rendu par le comptable de la collectivité présente la situation comptable de la collectivité au 31 décembre de l'exercice, y compris les opérations de la journée complémentaire.

Art. D. 72-104-16 Le compte de gestion établi par le comptable de la collectivité est remis au président de la collectivité pour être joint au compte administratif, comme pièce justificative.

CODE DES COMMUNES

PREMIÈRE PARTIE : ***LÉGISLATIVE***

Emprunts émis par l'intermédiaire de la caisse d'aide à l'équipement des collectivités territoriales

LIVRE IV **PERSONNEL COMMUNAL**

TITRE I **AGENTS NOMMÉS DANS DES EMPLOIS PERMANENTS À TEMPS COMPLET**

TITRE II **PERSONNELS DIVERS**

TITRE III **DISPOSITIONS APPLICABLES EN CAS DE FUSION DE COMMUNES OU DE CRÉATION DE COMMUNAUTÉ URBAINE**

TITRE IV **DISPOSITIONS PARTICULIÈRES**

DEUXIÈME PARTIE : ***RÉGLEMENTAIRE***

Dévolution de compétences à une communauté de villes

LIVRE IV **PERSONNEL COMMUNAL**

TITRE I **AGENTS NOMMÉS DANS DES EMPLOIS PERMANENTS À TEMPS COMPLET**

TITRE II **PERSONNELS DIVERS**

TITRE III **DISPOSITIONS APPLICABLES EN CAS DE FUSION DE COMMUNES OU DE CRÉATION DE COMMUNAUTÉ URBAINE**

TITRE IV **DISPOSITIONS PARTICULIÈRES**

APPENDICE

CONCOURS DES SERVICES TECHNIQUES DE L'ÉTAT

Loi n° 72-1147 du 23 décembre 1972,

De finances rectificative pour 1972 🏛.

Décret n° 77-947 du 17 août 1977,

Relatif aux actions en responsabilité civile engagées à l'occasion des concours prêtés par les services techniques de l'État aux collectivités locales et à divers organismes 🏛.

Loi n° 82-213 du 2 mars 1982,

Relative aux droits et libertés des communes, des départements et des régions 🏛.

Décret n° 82-979 du 19 novembre 1982,

Précisant les conditions d'octroi d'indemnités par les collectivités territoriales et leurs établissements publics aux agents des services déconcentrés de l'État ou des établissements publics de l'État 🏛.

Loi n° 92-125 du 6 février 1992,

Relative à l'administration territoriale de la République 🏛.

Décret n° 2000-257 du 15 mars 2000,

Relatif à la rémunération des prestations d'ingénierie réalisées au profit de tiers par certains services des ministères de l'équipement et de l'agriculture 🏛.

Décret n° 2002-1209 du 27 septembre 2002,

Relatif à l'assistance technique fournie par les services de l'État au bénéfice des communes et de leurs groupements et pris pour l'application du III de l'article 1er de la loi du 11 décembre 2001 portant mesures urgentes de réformes à caractère économique et financier 🏛.

Arrêté du 27 décembre 2002,

Relatif à la rémunération de l'assistance technique fournie par l'État aux communes et à leurs groupements au titre de la solidarité et de l'aménagement du territoire 🏛.

COVID-19

Loi n° 2020-290 du 23 mars 2020,

D'urgence pour faire face à l'épidémie de covid-19 🏛.

Ordonnance n° 2020-319 du 25 mars 2020,

Portant diverses mesures d'adaptation des règles de passation, de procédure ou d'exécution des contrats soumis au code de la commande publique et des contrats publics qui n'en relèvent pas pendant la crise sanitaire née de l'épidémie de covid-19 🏛.

Ordonnance n° 2020-330 du 25 mars 2020,

Relative aux mesures de continuité budgétaire, financière et fiscale des collectivités territoriales et des établissements publics locaux afin de faire face aux conséquences de l'épidémie de covid-19 🏛.

Décret n° 2020-352 du 27 mars 2020,

Portant adaptation des règles funéraires en raison des circonstances exceptionnelles liées à l'épidémie de covid-19 🏛.

Ordonnance n° 2020-391 du 1er avril 2020,

Visant à assurer la continuité du fonctionnement des institutions locales et de l'exercice des compétences des collectivités territoriales et des établissements publics locaux afin de faire face à l'épidémie de covid-19 🏛.

Ordonnance n° 2020-413 du 8 avril 2020,

Visant à assurer la continuité de l'exercice des fonctions exécutives locales durant l'état d'urgence sanitaire 🏛.

Ordonnance n° 2020-460 du 22 avril 2020,

Portant diverses mesures prises pour faire face à l'épidémie de covid-19 🏛.

Loi n° 2020-546 du 11 mai 2020,

Prorogeant l'état d'urgence sanitaire et complétant ses dispositions 🏛.

Ordonnance n° 2020-562 du 13 mai 2020,

Visant à adapter le fonctionnement des institutions locales et l'exercice des compétences des collectivités territoriales et des établissements publics locaux à la prolongation de l'état d'urgence sanitaire dans le cadre de l'épidémie de covid-19 🏛.

Ordonnance n° 2020-738 du 17 juin 2020,

Portant diverses mesures en matière de commande publique 🏛.

Loi n° 2020-760 du 22 juin 2020,

Tendant à sécuriser l'organisation du second tour des élections municipales et communautaires de juin 2020 et à reporter les élections consulaires 🏛.

Loi n° 2020-1379 du 14 novembre 2020,

Autorisant la prorogation de l'état d'urgence sanitaire et portant diverses mesures de gestion de la crise sanitaire 🏛.

Décret n° 2020-1567 du 11 décembre 2020,

Portant diverses dispositions dans le domaine funéraire en raison des circonstances exceptionnelles liées à la propagation de l'épidémie de covid-19 🏛.

Loi n° 2022-1089 du 30 juillet 2022,

Mettant fin aux régimes d'exception créés pour lutter contre l'épidémie liée à la covid-19 🏛.

RÉPARTITION DE COMPÉTENCES ENTRE L'ÉTAT ET LES COLLECTIVITÉS TERRITORIALES

Loi n° 83-8 du 7 janvier 1983,

Relative à la répartition de compétences entre les communes, les départements, les régions et l'État 🏛.

Loi n° 83-663 du 22 juillet 1983,

Complétant la loi n° 83-8 du 7 janvier 1983 relative à la répartition de compétences entre les communes, les départements, les régions et l'État 🏛.

Loi n° 85-1098 du 11 octobre 1985,

Relative à la prise en charge par l'État, les départements et les régions des dépenses de personnel, de fonctionnement et d'équipement des services placés sous leur autorité 🏛.

Décret n° 2004-374 du 29 avril 2004,

Relatif aux pouvoirs des préfets, à l'organisation et à l'action des services de l'État dans les régions et départements (JO 30 avr., rect. 8 juin) 🏛.

Loi n° 2009-1291 du 26 octobre 2009,

Relative au transfert aux départements des parcs de l'équipement et à l'évolution de la situation des ouvriers des parcs et ateliers 🏛.

TABLE CHRONOLOGIQUE

NOTA. Avant la table chronologique proprement dite, on trouvera ci-dessous la liste des différents codes, autres que le code général des collectivités territoriales, reproduits en extraits dans le présent ouvrage.

Code de l'artisanat

– Art. L. 321-1, L. 321-2 *(organisation et attributions des chambres des métiers et de l'artisanat de région)*, ss. CGCT, art. L. 4251-13.

Code civil

– Art. 539, 713 *(régime général des biens)*, ss. CGCT, art. L. 1311-1.
– Art. 542 *(biens communaux)*, ss. CGCT, art. L. 2241-1.
– Art. 900-2 à 900-8 *(charges grevant les donations ou legs)*, ss. CGCT, art. L. 2242-1.

Code des communes (Livre IV : *Personnel communal*),

Code de la construction et de l'habitation

– Art. L. 511-1 à L. 511-22 *(bâtiments menaçant ruine)*, ss. CGCT, art. L. 2213-24.

Code de l'éducation

– Art. D. 212-34, ss. CGCT, art. D. 2321-8.

Code de l'environnement

– Art. L. 110-1, ss. CGCT, art. L. 2311-1-1.

Code forestier

– Art. L. 243-1 à L. 244-1, R. 243-1 à R. 243-3 *(affouage)*, ss. CGCT, art. L. 2241-7.

Code général de la propriété des personnes publiques

– Art. L. 1123-1 à L. 1123-4, L. 2222-20, ss. CGCT, art. L. 1311-1.

Code du patrimoine

– Art. L. 212-4, L. 212-4-1, L. 212-6 à L. 212-14, R. 212-49 à R. 212-61 *(archives publiques)*, R. 212-62 à R. 212-64 *(archives départementales et régionales et de la collectivité territoriale de Corse)*, L. 310-1 A à L. 330-2, R. 310-1 à R. 330-1 *(bibliothèques)*, L. 410-1 à L. 410-4 *(musées)*, L. 522-7, L. 522-8, L. 523-4, L. 523-5, L. 523-7 à L. 523-11, R. 523-24 à R. 523-29 *(archéologie préventive)*, R. 622-26 à R. 622-31 *(monuments historiques)*, ss. CGCT, art. L. 1421-1, L. 1241-2, L. 1421-4, L. 1421-6, L. 1421-7, D. 1421-1, D. 1421-2, D. 1421-4, D. 1421-6, D. 1421-8.

Code pénal

– Art. 322-4-1 *(accueil et habitat des gens du voyage)*, ss. CGCT, art. L. 2212-2.
– Art. R. 645-6 *(inhumation sans autorisation)*, ss. CGCT, art. R. 2213-31.

Code de procédure pénale

– Art. 2-19 *(corps municipal)*, ss. CGCT, art. L. 2121-1.
– Art. 21, 21-2, 44-1 *(agents de police municipale)*, ss. CGCT, art. L. 2212-5.
– Art. 529-12 *(infractions au CGCT)*, ss. CGCT, art. L. 3333-31.

Code des relations entre le public et l'administration

– Art. L. 131-1 *(consultation du public)*, ss. CGCT, art. L. 1112-15.

– Art. R. 321-5 *(étendue du droit de réutilisation des données)*, ss. CGCT, art. R. 2121-13.

Code de la route

– Art. R. 411-1 à R. 411-9 *(police de la circulation)*, ss. CGCT, art. L. 2213-1.

Code rural et de la pêche maritime

– Art. L. 161-1 à L. 161-13, D. 161-1 à R. 161-29 *(chemins ruraux)*, ss. CGCT, art. L. 2241-1.

– Art. L. 211-11 à L. 211-28 *(animaux dangereux et errants)*, ss. CGCT, art. L. 2212-2.

– Art. L. 451-1 *(bail emphytéotique)*, ss. CGCT, art. L. 1311-2.

– Art. L. 664-1 *(emplacements sur les marchés municipaux)*, ss. CGCT, art. L. 2224-18.

– Art. R.* 112-2-1 à R.* 112-2-5 *(chartes intercommunales de développement et d'aménagement)*, ss. CGCT, art. L. 5223-3.

Code de la santé publique

– Art. L. 1311-1 à L. 1311-4 *(protection de la santé)*, L. 3213-2 *(hospitalisation d'office)*, L. 3335-4 *(débits de boissons-zones protégées)*, ss. CGCT, art. L. 2212-2.

Code de la sécurité intérieure

– Art. L. 132-1 à L. 132-7, L. 132-10 à L. 132-15, D. 132-7 à D. 132-15 *(prévention de la délinquance)*, ss. CGCT, art. L. 2211-1, L. 2215-2 *[abrogé]*, L. 2512-13-1, L. 3214-1, L. 5211-59, D. 2211-1, D. 2215-1, D. 2512-15-13, D. 5211-53.

– Art. L. 211-10 *(attroupements)*, ss. CGCT, art. L. 2216-3 *[abrogé]*.

– Art. L. 332-1, L. 333-1, L. 334-1, L. 334-2 *(fermeture administrative de certains établissements)*, ss. CGCT, art. L. 2215-6, L. 2215-7 *[abrogés]*.

– Art. L. 511-1 à L. 515-1, L. 533-1, R. 511-1 et R. 511-2, R. 512-1 à R. 512-6, R. 514-1 à R. 514-11 *(agents de police municipale)*, ss. CGCT, art. L. 2212-5, R. 2212-1 à R. 2212-15 *[abrogés]*.

– Art. L. 521-1 à L. 523-2, R. 521-1 à D. 522-3 *(gardes champêtres)*, ss. CGCT, art. L. 2213-17, R. 2213-58 à R. 2213-60 *[abrogés]*.

– Art. L. 531-1, L. 532-1, R. 531-1 à R. 533-3 *(police municipale-Paris)*, ss. CGCT, art. L. 2512-16, R. 2512-15-1 à R. 2512-15-11 *[abrogés]*.

– Art. L. 722-1, L. 723-3 à L. 723-19 *(sapeurs-pompiers volontaires)*, ss. CGCT, art. L. 1424-5.

– Art. L. 724-1 à L. 724-19 *(réserves communales de sécurité civile)*, ss. CGCT, art. L. 1424-8-1.

– Art. L. 725-5 *(associations de sécurité civile)*, ss. CGCT, art. L. 1424-8-2 *[abrogé]*.

– Art. L. 742-11 à L. 742-11-2 *(dépenses de secours)*, ss. CGCT, art. L. 1424-2.

Code du travail

– Art. L. 3142-83 à L. 3142-88 *(salariés membres de l'Assemblée nationale ou du Sénat)*, ss. CGCT, art. L. 2123-9.

Code de l'urbanisme

– Art. L. 300-4 à L. 300-5-1 *(sociétés d'économie mixte locales, concessions publiques d'aménagement)*, ss. CGCT, art. L. 1523-2.

Code de la voirie routière

– Art. L. 119-14 à L. 119-25, ss. CGCT, art. L. 4332-8.

1972	5 juill.	Loi n° 72-619. Création et organisation des régions : – Art. 7-1. – V. ss. CGCT, art. L. 4221-4. – Art. 16 à 16-5. – V. ss. CGCT, art. L. 4151-1.
1972	23 déc.	Loi n° 72-1147. De finances rectificative pour 1972. – Art. 16, App., *Concours des services techniques de l'État*, .
1977	17 août	Décret n° 77-947. Actions en responsabilité civile engagées à l'occasion des concours prêtés par les services techniques de l'État, App., *Concours des services techniques de l'État*, .
1982	2 mars	Loi n° 82-213. Droits et libertés des communes, des départements et des régions : – Art. 26 à 30. – V. ss. CGCT, art. L. 3141-1. – Art. 45-1. – V. ss. CGCT, art. L. 3213-2. – Art. 97, App., *Concours des services techniques de l'État*, .
1982	13 avr.	Décret n° 82-331. Mise à la disposition du président du conseil régional de services déconcentrés de l'État dans la région. – V. ss. CGCT, art. L. 4151-1.
1982	13 avr.	Décret n° 82-332. Mise à la disposition du président du conseil départemental des services déconcentrés de l'État dans le département. – V. ss. CGCT, art. L. 3141-1.
1982	19 nov.	Décret n° 82-979. Conditions d'octroi d'indemnités aux agents des services extérieurs de l'État, App., *Concours des services techniques de l'État*, .
1983	7 janv.	Loi n° 83-8. Répartition des compétences entre les communes, les départements, les régions et l'État. – V. App., *Répartition de compétences entre l'État et les collectivités territoriales*, .
1983	22 juill.	Loi n° 83-663. Complétant la loi n° 83-8 du 7 janvier 1983 relative à la répartition des compétences entre les communes, les départements, les régions et l'État. – V. App., *Répartition de compétences entre l'État et les collectivités territoriales*, .
1985	11 oct.	Loi n° 85-1098. Prise en charge par l'État, les départements et les régions des dépenses de personnel, de fonctionnement et d'équipement des services placés sous leur autorité. – V. App., *Répartition de compétences entre l'État et les collectivités territoriales*, .
1986	30 sept.	Loi n° 86-1067. Liberté de communication. – Art. 34. – V. ss. CGCT, art. L. 1426-1.
1990	31 mai	Loi n° 90-449. Mise en œuvre du droit au logement. – Art. 6-2. – V. ss. CGCT, art. L. 2224-12-3-1.
1992	6 févr.	Loi n° 92-125. Administration territoriale de la République : – Art. 7, App., *Concours des services techniques de l'État*, . – Art. 19-II. – V. ss. CGCT, art. L. 1411-1 anc.
1996	21 févr.	Loi n° 96-142. Code général des collectivités territoriales (partie Législative). – V. ss. CGCT, partie Législative, .

1996	19 mars	Circulaire. Commentaire de la loi n° 96-142 du 21 février 1996. – V. ss. CGCT, partie Législative.
1996	26 mars	Loi n° 96-241. Concours de l'État aux collectivités territoriales et mécanismes de solidarité financière entre collectivités. – V. CGCT, art. L. 1211-3, L. 2334-13, L. 2334-16 à L. 2334-18, L. 2334-18-3, L. 2334-34, L. 3334-2.
1996	12 avr.	Loi n° 96-314. Dispositions d'ordre économique et financier. – V. CGCT, art. L. 1511-3, L. 1611-5, L. 1612-1, L. 1612-5, L. 1617-5, L. 2213-6, L. 2252-1, L. 2252-2, L. 2531-2, L. 3231-4, L. 3231-4-1, L. 4253-1, L. 4253-2.
1996	26 avr.	Arrêté. Comptabilité de l'engagement des dépenses des collectivités et de leurs établissements. – V. ss. CGCT, art. L. 2342-2.
1996	3 mai	Loi n° 96-369. Services d'incendie et de secours. – V. CGCT, art. L. 1424-1 à L. 1424-50, L. 3241-1, L. 5215-20.
1996	3 mai	Loi n° 96-370. Développement du volontariat dans les corps de sapeurs-pompiers. – V. ss. CGCT, art. L. 1424-5.
1996	13 mai	Loi n° 96-393. Responsabilité pénale pour des faits d'imprudence ou de négligence. – V. CGCT, art. L. 2123-34, L. 2511-33, L. 3123-28, L. 4135-28, L. 4422-18, L. 5211-8.
1996	20 juin	Loi n° 96-549. Loi locale de chasse régissant les départements du Bas-Rhin, du Haut-Rhin et de la Moselle. – V. CGCT, art. L. 2544-17.
1996	5 juill.	Loi n° 96-603. Développement et promotion du commerce et de l'artisanat. – Art. 34. – V. CGCT, art. L. 2224-18.
1996	14 nov.	Loi n° 96-987. Pacte de relance pour la ville. – Art. 39. – V. CGCT, art. L. 2143-2.
1996	30 déc.	Loi n° 96-1181. De finances pour 1997. – Art. 31, 33. – V. CGCT, art. L. 1614-4, L. 1615-2.
1996	30 déc.	Loi n° 96-1182. De finances rectificative pour 1996. – Art. 38-II à IV. – V. CGCT, art. L. 2333-1.
1996	30 déc.	Loi n° 96-1236. Air et utilisation rationnelle de l'énergie. – Art. 42-III, IV, 46. – V. CGCT, art. L. 2213-2, L. 2213-4, L. 2243-3.
1997	28 févr.	Loi n° 97-179. Instruction des autorisations de travaux dans le champ de visibilité des édifices classés ou inscrits et dans les secteurs sauvegardés. – Art. 4-II. – V. CGCT, art. L. 4433-27.
1997	4 avr.	Loi n° 97-303. Harmonisation des règles applicables aux districts et aux communautés de communes pour la représentation au sein de syndicats de communes. – V. CGCT, art. L. 5213-15-1.
1997	29 déc.	Loi n° 97-1239. De finances rectificative pour 1997. – Art. 42. – V. CGCT, art. L. 1614-1, L. 1614-4.
1997	30 déc.	Loi n° 97-1269. De finances pour 1998. – Art. 30. – V. CGCT, art. L. 1615-2.

1998	7 mars	Loi n° 98-135. Fonctionnement des conseils régionaux. – V. CGCT, art. L. 1612-1, L. 1612-2, L. 4132-2-1, L. 4132-13, L. 4133-1, L. 4241-1, L. 4311-1.
1998	25 mai	Loi organique n° 98-404. Droit de vote et éligibilité aux élections municipales des citoyens de l'Union européenne résidant en France. – Art. 9, 12. – V. CGCT, art. L.O. 2122-4-1, L.O. 2411-3-1.
1998	2 juill.	Loi n° 98-546. Dispositions d'ordre économique et financier. – Art. 53, 83 à 85, 109. – V. CGCT, art. L. 1612-12, L. 1615-2, L. 2221-11, L. 2331-3, L. 2331-7, L. 2331-10, L. 2531-5.
1998	30 déc.	Loi n° 98-1266. De finances pour 1999 : – Art. 60, 61, 118. – V. CGCT, art. L. 1615-2. – Art. 62. – V. ss. CGCT, art. L. 1615-2.
1998	30 déc.	Loi n° 98-1267. De finances rectificative pour 1998. – Art. 47. – V. CGCT, art. L. 2122-21, L. 3221-2, L. 4231-2.
1999	19 janv.	Loi n° 99-36. Mode d'élection des conseillers régionaux et des conseillers à l'Assemblée de Corse et fonctionnement des conseils régionaux. – Art. 14, 22, 23, 25. – V. CGCT, art. L. 4133-8, L. 4311-1, L. 4432-3.
1999	23 févr.	Loi n° 99-128. Développement du volontariat chez les sapeurs-pompiers. – Art. 5. – V. CGCT, art. L. 1424-30.
1999	25 juin	Loi n° 99-533. Aménagement et développement durable du territoire. – Art. 17, 21, 28. – V. CGCT, art. L. 1112-4, L. 1511-6.
1999	12 juill.	Loi n° 99-586. Renforcement et simplification de la coopération intercommunale : – Art. 1er à 17 (I, II), 18 à 44, 47, 48, 49 (I, III), 50, 55, 58 à 62, 65, 66, 68 à 73, 76, 85, 90 (I, II), 95-I, 96, 99 à 102, 104 à 107, 110. – V. CGCT, art. L. 1211-2, L. 1311-7, L. 1412-1, L. 1412-2, L. 1615-6, L. 1617-4, L. 2121-28, L. 2123-13, L. 2224-13, L. 2333-76, L. 2334-5, L. 2334-13, L. 2411-18, L. 3121-24, L. 3333-1, L. 4132-23, L. 5111-3, L. 5210-2, L. 5210-3, L. 5211-5 à L. 5211-58, L. 5212-2 à L. 5212-4, L. 5212-6 à L. 5212-14, L. 5212-25 à L. 5212-31, L. 5212-33, L. 5213-1 à L. 5213-27, L. 5214-1 à L. 5214-3, L. 5214-5, L. 5214-6 à L. 5214-22, L. 5214-24 à L. 5214-28, L. 5215-1 à L. 5215-3, L. 5215-5 à L. 5215-7, L. 5215-9 à L. 5215-15, L. 5215-18, L. 5215-20 à L. 5215-23, L. 5215-25, L. 5215-26, L. 5215-29, L. 5215-32, L. 5215-39, L. 5215-40-1, L. 5215-41, L. 5215-42, L. 5215-43, L. 5216-1 à L. 5216-10, L. 5332-3, L. 5332-5, L. 5333-4, L. 5333-4-1, L. 5711-1, L. 5721-2, L. 5721-4, L. 5721-6-1 à L. 5721-6-3, L. 5721-7, L. 5722-1, L. 5811-1, L. 5814-1, L. 5816-1. – Art. 51 à 54. – V. ss. CGCT, art. L. 5213-1 à L. 5213-27. – Art. 103. – V. ss. CGCT, art. L. 5211-35-1.
1999	27 juill.	Loi n° 99-641. Couverture maladie universelle. – Art. 13. – V. CGCT, art. L. 3413-2, L. 5211-27-1, L. 5722-2-1.
1999	28 déc.	Loi n° 99-1126. Répartition des dotations de l'État aux collectivités locales. – Art. 1er à 10, 12, 19, 25. – V. CGCT, art. L. 2311-4,

		L. 2311-5, L. 2123-20, L. 2334-2, L. 2334-17, L. 2563-1, L. 3332-1, L. 3332-3, L. 3334-2, L. 3335-1, L. 4135-18, L. 4333-1, L. 5211-12, L. 5211-29, L. 5333-4-1.
1999	30 déc.	Loi n° 99-1172. De finances pour 2000. – V. CGCT, art. L. 4414-7.
1999	30 déc.	Loi n° 99-1173. De finances rectificative pour 1999. – V. CGCT, art. L. 2335-3, L. 2335-9, L. 5214-23-2, L. 5215-35.
2000	10 févr.	Loi n° 2000-108. Modernisation et développement du service public de l'électricité. – Art. 11-I, 17, 52. – V. CGCT, art. L. 2224-31 à L. 2224-33, L. 2333-85.
2000	15 mars	Décret n° 2000-257. Rémunération des prestations d'ingénierie réalisées par certains services des ministères de l'équipement et de l'agriculture, App., *Concours des services techniques de l'État*, .
2000	5 avr.	Loi n° 2000-295. Cumul des mandats électoraux. – Art. 7 à 19. – V. CGCT, art. L. 1621-1, L. 2122-4, L. 2122-18, L. 2123-3, L. 2123-9, L. 2511-34, L. 3122-3, L. 3221-3, L. 4133-3, L. 4231-3, L. 4422-15, L. 4422-18-1, L. 5211-2.
2000	7 avr.	Décret n° 2000-318 . Code général des collectivités territoriales (partie Réglementaire). – V. CGCT, partie Réglementaire.
2000	7 avr.	Circulaire. Code général des collectivités territoriales (partie Réglementaire) . – V. CGCT, partie Réglementaire.
2000	12 avr.	Loi n° 2000-321. Droits des citoyens dans leurs relations avec les administrations : – Art. 14, 15, 31. – V. CGCT, art. L. 2122-19, L. 2511-27, L. 3133-1, L. 4143-1.
2000	30 juin	Loi n° 2000-597. Référé devant les juridictions administratives. – Art. 16, 30. – V. CGCT, art. L. 1111-7, L. 2131-6, L. 2511-23, L. 3132-1, L. 4142-1.
2000	5 juill.	Loi n° 2000-614. Accueil et habitat des gens du voyage : – Art. 1er. – V. ss. CGCT, art. L. 2212-2. – Art. 3, 7. – V. CGCT, art. L. 2321-2, L. 2334-2.
2000	7 juill.	Loi n° 2000-628. Services d'incendie et de secours. – Art. 1er, 2. – V. CGCT, art. L. 1424-24, L. 1424-27.
2000	7 juill.	Loi n° 2000-629. Candidatures multiples aux élections cantonales. – Art. 4. – V. CGCT, art. L. 2132-6, L. 3133-1, L. 4143-1, L. 5211-58.
2000	10 juill.	Loi n° 2000-646. Sécurité du dépôt et de la collecte de fonds par les entreprises privées. – Art. 1er. – V. CGCT, art. L. 2213-3.
2000	10 juill.	Loi n° 2000-647. Définition des délits non intentionnels. – Art. 10 à 12. – V. CGCT, art. L. 2123-34, L. 3123-28, L. 4135-28.
2000	13 juill.	Loi n° 2000-656. De finances rectificative. – Art. 11-V-8, VI-3, 13, 33, 34 à 36. – V. CGCT, art. L. 1615-6, L. 5211-29.

2000	1er août	Loi n° 2000-719. Liberté de communication. – Art. 16. – V. CGCT, art. L. 4433-28.
2000	28 août	Décret n° 2000-816. Droit syndical dans la fonction publique territoriale. – V. CGCT, art. R. 1613-2.
2000	13 déc.	Loi n° 2000-1207. Outre-mer : – Art. 1er. – V. ss. CGCT, art. L. 3441-1. – Art. 16, 21, 42 à 44, 46 à 50, 52 à 54, 57 à 59, 61, 62. – V. CGCT, art. L. 1424-24, L. 1511-5, L. 2561-1, L. 2562-1, L. 2563-2-1, L. 3441-3 à L. 3441-7, L. 3444-1 à L. 3444-6, L. 4141-2, L. 4433-3-1, L. 4433-3-2, L. 4433-3-4, L. 4433-4-2 à L. 4433-4-10, L. 4433-7, L. 4433-9, L. 4433-15-1, L. 4433-17, L. 4433-24-1 à L. 4433-24-3, L. 4434-3, L. 4434-4, L. 5911-1 à L. 5916-1.
2000	13 déc.	Loi n° 2000-1208. Renouvellement et solidarité urbains : – Art. 2, 28, 62, 63, 64, 105, 107, 108, 112, 119, 122, 125, 130, 134, 192. – V. CGCT, art. L. 1522-1, L. 1523-3, L. 1523-5, L. 1523-6, L. 1612-15-1, L. 1614-8-1, L. 2122-22, L. 2213-3, L. 2254-1, L. 2333-64, L. 2333-67, L. 2333-68, L. 2334-18, L. 2531-5, L. 5214-16, L. 5215-20, L. 5216-5, L. 5722-7. – Art. 64. – V. ss. CGCT, art. L. 5216-5. – Art. 89. – V. ss. CGCT, art. L. 4211-1.
2000	15 déc.	Loi n° 2000-1232. Permettant aux conseillers d'arrondissement de siéger au conseil d'une communauté urbaine. – V. CGCT, art. L. 5211-7.
2000	18 déc.	Décret n° 2000-1250. Modification de l'article D. 2122-4. – Art. 1er. – V. CGCT, art. D. 2122-4.
2000	30 déc.	Loi n° 2000-1352. De finances pour 2001. – Art. 41, 71, 73, 124. – V. CGCT, art. L. 1612-12, L. 2333-88 à L. 2333-91, L. 2531-6, L. 5211-29.
2000	30 déc.	Loi n° 2000-1353. De finances rectificative pour 2000. – Art. 28, 52, 53, 56, 57. – V. CGCT, art. L. 5211-29, L. 5211-33, L. 5211-35-1.
2001	3 janv.	Loi n° 2001-2. Résorption de l'emploi précaire, modernisation du recrutement dans la fonction publique et temps de travail dans la fonction publique territoriale. – Art. 27, 29. – V. CGCT, art. L. 5211-9.
2001	23 févr.	Décret n° 2001-184. Régies chargées de l'exploitation d'un service public. – V. CGCT, art. R. 1412-3, R. 2221-1 à R. 2221-99.
2001	25 mai	Décret n° 2001-451. Destruction d'animaux nuisibles. – V. CGCT, art. L. 2122-21, R. 2122-9-1.
2001	12 juin	Loi n° 2001-503. Habilitation du Gouvernement à prendre, par ordonnances, les mesures législatives nécessaires à l'actualisation et à l'adaptation du droit applicable outre-mer. – Art. 1er. – V. CGCT, art. L. 5911-1.
2001	25 juin	Décret n° 2001-563. Partie réglementaire du code général des collectivités territoriales. – Art. 1er à 5. – V. CGCT, art. R. 2311-11 à R. 2311-13, R. 2221-48, R. 2221-48-1, R. 2221-90, R. 2221-90-1.

2001	9 juill.	Loi n° 2001-602. Forêt. – Art. 33, 63, 66. – V. CGCT, art. L. 1615-2, L. 2411-17-1, L. 2541-12.
2001	11 juill.	Loi n° 2001-616. Mayotte. – V. CGCT, art. L. 4433-4-7.
2001	20 juill.	Loi n° 2001-647. Prise en charge de la perte d'autonomie des personnes âgées et allocation personnalisée d'autonomie. – Art. 13, 14. – V. CGCT, art. L. 3321-1, L. 3321-2.
2001	30 juill.	Décret n° 2001-683. Emplois de direction des services départementaux d'incendie et de secours. – Art. 2 à 4. – V. CGCT, art. R. 1424-1, R. 1424-20-1, R. 1424-23-2, R. 1424-23-3.
2001	30 juill.	Décret n° 2001-686. Commission consultative de gestion de la brigade de sapeurs-pompiers de Paris auprès du préfet de police. – Art. 1er. – V. CGCT, art. D. 2512-18 à D. 2512-21.
2001	31 juill.	Décret n° 2001-731. Composition et renouvellement des conseils économiques et sociaux régionaux. – Art. 1er à 7. – V. CGCT, art. R. 4134-1 à R. 4134-4, R. 4134-6.
2001	28 août	Décret n° 2001-776. Pris pour l'application de l'article L. 5914-1 du code général des collectivités territoriales. – Art. 1er. – V. CGCT, art. R. 5914-1.
2001	15 nov.	Loi n° 2001-1062. Sécurité quotidienne. – Art. 46. – V. CGCT, art. L. 2212-2.
2001	27 nov.	Décret n° 2001-1116. Transfert de compétences en matière de transports collectifs d'intérêt régional. – Art. 2. – V. CGCT, art. R. 1614-109 à R. 1614-113.
2001	11 déc.	Loi n° 2001-1168. Mesures urgentes de réformes à caractère économique et financier. – Art. 3, 9. – V. CGCT, art. L. 1411-7, L. 2122-22.
2001	21 déc.	Loi n° 2001-1248. Chambres régionales des comptes. – Art. 40, 45 à 49. – V. CGCT, art. L. 1612-19-1, L. 2342-3, L. 3221-3-1, L. 4231-2-1, L. 5211-9-1.
2001	28 déc.	Loi n° 2001-1275. De finances pour 2002. – Art. 42 à 44, 46, 48, 49, 95, 100 à 109. – V. CGCT, art. L. 1613-1, L. 1615-1, L. 2331-3, L. 2333-52, L. 2333-76, L. 2334-13, L. 5211-29.
2001	28 déc.	Loi n° 2001-1276. De finances rectificative pour 2001. – Art. 14, 37, 42 à 46, 67. – V. CGCT, art. L. 2335-3, L. 5211-35-1, L. 5214-23-2, L. 5215-35.
2001	31 déc.	Décret n° 2001-1387. Application des articles L. 3133-1 et L. 4143-1 du code général des collectivités territoriales. – Art. 1er, 2. – V. CGCT, art. R. 3133-1 à R. 3133-4, R. 4143-1 à R. 4143-4.
2002	2 janv.	Loi n° 2002-1. Modernisation du statut des SEML. – Art. 1er, 2 à 8, 10 à 15. – V. CGCT, art. L. 1411-3, L. 1511-7, L. 1521-1, L. 1522-1, L. 1522-2, L. 1522-4, L. 1522-5, L. 1523-2, L. 1523-3, L. 1523-4, L. 1523-7, L. 1524-1, L. 1524-5, L. 1524-6, L. 2313-1, L. 5111-4.
2002	4 janv.	Loi n° 2002-5. Musées de France. – Art. 27. – V. CGCT, art. L. 2541-1.

2002	4 janv.	Loi n° 2002-6. Établissements publics de coopération culturelle. – Art. 1er, 2. – V. CGCT, art. L. 1412-3, L. 1431-1 à L. 1431-9.
2002	17 janv.	Loi n° 2002-73. Modernisation sociale. – Art. 216. – V. CGCT, art. L. 2251-3, L. 3231-3, L. 4253-5.
2002	22 janv.	Loi n° 2002-92. Corse. – Art. 1er à 12, 14 à 26, 28 à 57. – V. CGCT, art. L. 4421-3, L. 4421-4, L. 4422-9, L. 4422-15 à L. 4422-17, L. 4422-19, L. 4422-24 à L. 4422-45, L. 4423-1, L. 4424-1 à L. 4424-41, L. 4425-1, L. 4425-2, L. 4425-4 à L. 4425-9.
2002	25 janv.	Décret n° 2002-122. Applicabilité dans les DOM de certaines dispositions du code général des collectivités territoriales. – Art. 1er, 2. – V. CGCT, art. R. 2561-1, R. 2562-1.
2002	14 févr.	Décret n° 2002-181. Taxe sur les activités commerciales non salariées à durée saisonnière. – Art. 1er. – V. CGCT, art. R. 2333-133 à R. 2333-138.
2002	21 févr.	Décret n° 2002-241. Société coopérative d'intérêt collectif. – Art. 8 à 12. – V. ss. CGCT, art. L. 1511-1-1.
2002	27 févr.	Loi n° 2002-276. Démocratie de proximité : – Art. 1er à 17, 20 à 37, 42 à 48, 50, 52 à 54, 61, 63, 66 à 76, 78 à 87, 89 à 93, 96 à 98, 101, 110, 117 à 126, 128, 129, 135. – V. CGCT, art. L. 1411-4, L. 1412-1, L. 1412-2, L. 1413-1, L. 1424-7, L. 1424-12, L. 1424-24, L. 1424-27, L. 1424-29, L. 1424-30, L. 1424-34, L. 1424-35, L. 1614-3-1, L. 1614-5-1, L. 1621-2, L. 2121-22-1, L. 2121-27-1, L. 2121-28, L. 2122-2-1, L. 2122-18, L. 2122-18-1, L. 2122-22, L. 2122-23, L. 2123-2 à L. 2123-8, L. 2123-10, L. 2123-11 à L. 2123-14, L. 2123-18, L. 2123-18-1 à L. 2123-18-4, L. 2123-21 à L. 2123-25-2, L. 2123-27, L. 2123-32, L. 2123-35, L. 2131-1, L. 2131-3, L. 2143-1, L. 2143-2, L. 2143-4, L. 2144-1 à L. 2144-3, L. 2223-39, L. 2251-4, L. 2321-2, L. 2334-26, L. 2334-29, L. 2511-1-1, L. 2511-9, L. 2511-10-1, L. 2511-12, L. 2511-15, L. 2511-16, L. 2511-18, L. 2511-19, L. 2511-21, L. 2511-25, L. 2511-25-1, L. 2511-28, L. 2511-30, L. 2511-32 à L. 2511-34, L. 2511-36-1, L. 2511-38 à L. 2511-40, L. 2511-44, L. 2511-45, L. 2512-5, L. 3121-22-1, L. 3121-24, L. 3121-24-1, L. 3122-4, L. 3123-2, L. 3123-5, L. 3123-8 à L. 3123-12, L. 3123-16, L. 3123-17, L. 3123-19 à L. 3123-20-2, L. 3123-26, L. 3123-29, L. 3123-30, L. 3131-1, L. 3131-4, L. 3221-3, L. 3232-4, L. 3321-1, L. 3334-7-2, L. 4132-21-1, L. 4132-23, L. 4132-23-1, L. 4134-3, L. 4134-6, L. 4134-7, L. 4135-2, L. 4135-5, L. 4135-8 à L. 4135-12, L. 4135-15-1, L. 4135-16, L. 4135-17, L. 4135-19-1 à L. 4135-20-2, L. 4135-26, L. 4135-29, L. 4135-30, L. 4141-1, L. 4141-4, L. 4211-1, L. 4231-3, L. 4321-1, L. 4422-35, L. 4432-9, L. 5211-1, L. 5211-4-1, L. 5211-7, L. 5211-9, L. 5211-12 à L. 5211-15, L. 5211-49-1, L. 5214-8, L. 5214-16, L. 5215-16, L. 5215-26, L. 5216-1, L. 5216-4, L. 5216-7-1, L. 5341-1, L. 5711-1, L. 5721-2-1, L. 5721-8. – Art. 156 à 158. – V. ss. CGCT, art. L. 2122-21.
2002	7 mars	Ordonnance n° 2002-327. Adaptation de la législation relative aux transports intérieurs dans les départements de Guadeloupe, de Guyane

		et de Martinique et création d'agences des transports publics de personnes dans ces départements. – Art. 12, 16. – V. CGCT, art. L. 1615-2, L. 4434-3, L. 4434-4.
2002	26 mars	Décret n° 2002-409. Régime des redevances pour occupation du domaine public des communes et des départements par les ouvrages des réseaux de transport et de distribution d'électricité. – Art. 1er, 2. – V. CGCT, art. R. 2333-105 à R. 2333-113, R. 3333-4 à R. 3333-11.
2002	2 avr.	Décret n° 2002-449. Simplification de la procédure administrative applicable aux legs en faveur de l'État, des départements, des communes et de leurs établissements et des associations, fondations et congrégations. – Art. 7 à 9. – V. CGCT, art. R. 2242-1, R. 2242-2, R. 3213-9, R. 3213-10.
2002	29 avr.	Décret n° 2002-644. Budget spécial de la préfecture de police. – Art. 1er, 2. – V. CGCT, art. R. 2512-24, R. 2512-25.
2002	3 mai	Décret n° 2002-823. Collectivité territoriale de Corse. – Art. 1er, 4, 10. – V. CGCT, art. L. 4422-44, R. 4421-1 à R. 4425-11.
2002	5 août	Décret n° 2002-1065. Transport de corps avant mise en bière. – Art. 1er à 4. – V. CGCT, art. R. 2213-17, R. 2223-79, R. 2223-95.
2002	29 août	Loi n° 2002-1094. Orientation et programmation pour la sécurité intérieure. – Art. 3. – V. CGCT, art. L. 1311-4-1.
2002	11 sept.	Décret n° 2002-1172. Établissements publics de coopération culturelle et modification de la partie réglementaire du code général des collectivités territoriales. – Art. 1er, 2. – V. CGCT, art. R. 1412-4, R. 1431-1 à R. 1431-21.
2002	27 sept.	Décret n° 2002-1209. Assistance technique fournie par les services de l'État au bénéfice des communes et de leurs groupements, App., *Concours des services techniques de l'État*.
2002	12 déc.	Ordonnance n° 2002-1450. Modernisation du régime communal, de la coopération intercommunale, des conditions d'exercice des mandats locaux à Mayotte. – Art. 1er à 7, 9, 10. – V. CGCT, art. L. 2571-1 à L. 2576-1.
2002	23 déc.	Décret n° 2002-1522. Modalités d'attribution de la dotation globale d'équipement des communes – Art. 1er à 3. – V. CGCT, art. R. 2334-21 à R. 2334-25, R. 2334-26 à R. 2334-35.
2002	23 déc.	Arrêté. Pièces à produire à l'appui d'une demande de subvention présentée au titre de la dotation globale d'équipement des communes. – V. ss. CGCT, art. R. 2334-22.
2002	24 déc.	Décret n° 2002-1504. Application de la loi n° 2001-616 du 11 juillet 2001 relative à Mayotte et modifiant la partie Réglementaire du code général des collectivités territoriales. – Art. 1er, 2, 13 à 15. – V. CGCT, art. R. 1211-5, R. 1221-22, R. 1711-1 à R. 1781-1, R. 3511-1 à R. 3571-2, R. 4433-33 à R. 4433-36, R. 5831-1 à R. 5831-4.

2002	27 déc.	Arrêté. Rémunération de l'assistance technique fournie par l'État aux communes et à leurs groupements au titre de la solidarité et de l'aménagement du territoire, App., *Concours des services techniques de l'État*, 🏛.
2002	30 déc.	Loi n° 2002-1575. De finances pour 2003. – Art. 27, 53, 89, 90, 96, 129. – V. CGCT, art. L. 1424-36-1, L. 1613-1, L. 2334-18-3, L. 5334-7.
2002	30 déc.	Loi n° 2002-1576. De finances rectificative pour 2002. – Art. 40, 76. – V. CGCT, art. L. 5214-21.
2003	3 janv.	Loi n° 2003-8. Marchés du gaz et de l'électricité et service public de l'énergie. – Art. 14, 26, 33, 34, 61. – V. CGCT, art. L. 3333-8 à L. 3333-10.
2003	19 févr.	Loi n° 2003-132. Réforme des règles budgétaires et comptables applicables dans les départements. – V. CGCT, art. L. 3311-1, L. 3312-1 à L. 3312-4, L. 3312-5, L. 3312-6, L. 3321-1, L. 3321-2, L. 3332-1 à L. 3332-3, L. 3331-1, L. 3241-1, L. 3342-1 à L. 3342-2, L. 5722-1.
2003	3 mars	Décret n° 2003-190. Pris pour l'application de l'article 21 de la loi n° 2000-321 du 12 avril 2000 et relatif au délai faisant naître une décision implicite de rejet sur les demandes d'autorisation de création et d'agrandissement des cimetières et des crématoriums. – Art. 2. – V. CGCT, art. R. 2223-99-1.
2003	18 mars	Loi n° 2003-239. Pour la sécurité intérieure. – Art. 3, 62, 66 à 69, 92, 108, 109, 112. – V. CGCT, art. L. 2123-35, L. 2215-1, L. 2542-1.
2003	11 avr.	Loi n° 2003-327. Élection des conseillers régionaux et des représentants au Parlement européen et aide publique aux partis politiques. – Art. 12, 16. – V. CGCT, art. L. 2122-4, L. 2122-18, L. 2511-25, L. 3121-9, L. 3122-3, L. 3221-3, L. 4133-3, L. 4231-3.
2003	5 juin	Décret n° 2003-485. Recensement de la population : – Art. 1er à 9, 31. – V. CGCT, art. D. 2112-1, R. 2151-1 à R. 2151-5, R. 2151-7. – Art. 21 à 30, 32 à 39. – V. ss. CGCT, art. R. 2151-1.
2003	12 juin	Loi n° 2003-495. Renforcement de la lutte contre la violence routière. – Art. 36. – V. CGCT, art. L. 2213-2.
2003	2 juill.	Loi n° 2003-590. Urbanisme et habitat. – Art. 62, 63, 65, 73. – V. CGCT, art. L. 1523-2, L. 2122-22, L. 3221-12, L. 5211-18.
2003	2 juill.	Décret n° 2003-592. Taux de cotisation au fonds de l'allocation différentielle de fin de mandat pour les élus locaux. – V. CGCT, art. D. 1621-1 à D. 1621-3.
2003	21 juill.	Loi n° 2003-660. De programme pour l'outre-mer. – Art. 48, 49, 51, 52. – V. CGCT, art. L. 2563-2-2, L. 4433-9, L. 4433-21-1, L. 4433-24-1-1, L. 4433-24-1-2.
2003	1er août	Loi organique n° 2003-704. Expérimentation par les collectivités territoriales. – Art. 1er, 2. – V. CGCT, art. L.O. 1113-1 à L.O. 1113-7, L.O. 5111-5.

2003	1er août	Loi organique n° 2003-705. Référendum local. – V. CGCT, art. L.O. 1112-1 à L.O. 1112-14, L.O. 1114-1 à 1114-7.
2003	1er août	Loi n° 2003-710. Orientation et programmation pour la ville et la rénovation urbaine. – Art. 15. – V. ss. CGCT, art. L. 2212-2.
2003	1er août	Décret n° 2003-716. Modalités de transfert à la collectivité territoriale de Corse et de mise à sa disposition de services déconcentrés de l'État, pris en application de l'article 30 de la loi n° 2002-92 du 22 janvier 2002 relative à la Corse. – Art. 1er à 2, 3 à 7, 8, 9. – V. CGCT, art. R. 4422-31, R. 4422-33.
2003	1er août	Loi n° 2003-721. Pour l'initiative économique. – Art. 26. – V. CGCT, art. L. 4211-1.
2003	5 août	Arrêté. Application des articles 23 et 24 du décret n° 2003-485 du 5 juin 2003 relatif au recensement de la population. – V. ss. CGCT, art. R. 2151-1.
2003	1er sept.	Décret n° 2003-836. Autorisations d'absence et crédit d'heures des titulaires de mandats locaux. – Art. 2 à 22. – V. CGCT, art. R. 2123-3 à 2123-11, R. 2511-20, R. 2511-21, R. 3123-4 à R. 3123-8, R. 4135-4 à R. 4135-8, R. 4422-2, R. 5211-3.
2003	4 sept.	Ordonnance n° 2003-850. Simplification de l'organisation, du fonctionnement du système de santé et des procédures de création d'établissements et de services sociaux ou médico-sociaux soumis à autorisation. – Art. 22. – V. CGCT, art. L. 1521-1.
2003	16 sept.	Décret n° 2003-883. Modalités d'application de l'article L. 1424-36-1 créant un fonds d'aide à l'investissement des services départementaux d'incendie et de secours. – Art. 1er à 2. – V. CGCT, art. D. 1424-32-3 à D. 1424-32-11.
2003	2 oct.	Décret n° 2003-943. Allocation différentielle de fin de mandat pour les élus locaux. – Art. 1er à 5. – V. CGCT, art. R. 2123-11-1, R. 2123-11-3, R. 2123-11-4, R. 2123-11-5, R. 2123-11-6, R. 3123-8-1 à R. 3123-8-6, R. 4135-8-1 à R. 4135-8-6, R. 4422-3, R. 5211-5-1.
2003	21 oct.	Décret n° 2003-1004. Réforme des règles budgétaires et comptables applicables aux départements. – Art. 2 à 9. – V. CGCT, art. D. 3311-4, R. 3311-5, R. 3312-1 à R. 3312-3, R. 3312-8 à R. 3312-11, R. 3313-6, R. 3323-1, R. 3323-2, R. 3331-1 à R. 3331-3, R. 3332-1, R. 3332-2, R. 3332-3 à R. 3332-5, R. 3341-2-1, R. 3342-1 à R. 3342-31.
2003	21 oct.	Décret n° 2003-1005. Réforme des règles budgétaires et comptables applicables aux départements. – Art. 1er à 6. – V. CGCT, art. D. 1424-32-2, D. 3311-4 à D. 3311-7, D. 3321-1, D. 3321-2, D. 3332-3, D. 3342-1 à D. 3342-13.
2003	18 nov.	Décret n° 2003-1111. Transfert à la collectivité territoriale de Corse de la propriété d'immeubles classés ou inscrits, de sites archéologiques et d'objets mobiliers appartenant à l'État, pris en application de l'article 9 de la loi n° 2002-92 du 22 janvier 2002 relative à la Corse : – Art. 1er. – V. CGCT, art. R. 4422-36, R. 4422-37, R. 4422-38, R. 4422-39.

		– Art. 2. – V. Annexe ss. CGCT, art. R. 4422-36.
2003	18 déc.	Loi n° 2003-1200. Décentralisation en matière de revenu minimum d'insertion et revenu minimum d'activité. – Art. 5. – V. CGCT, art. L. 1614-3-1.
2003	18 déc.	Ordonnance n° 2003-1212. Modification de la partie législative du code général des collectivités territoriales. – Art. 2 à 7. – V. CGCT, art. L. 1522-1, L. 1522-3, L. 1524-5, L. 1611-6, L. 1612-1, L. 1612-17, L. 2122-21, L. 2123-2, L. 2223-24, L. 2224-12, L. 2241-5, L. 2242-5, L. 2253-7, L. 2321-2, L. 2331-1, L. 2334-27, L. 2411-7, L. 3221-9, L. 3231-7, L. 3241-1, L. 3332-1, L. 4135-9-2, L. 4253-3, L. 4332-2, L. 4433-25, L. 5211-29, L. 5211-41-1, L. 5212-17, L. 5215-40-1, L. 5215-6, L. 5215-20, L. 5215-20-1, L. 5215-32, L. 5216-5, L. 5216-10, L. 5311-3, L. 5333-2, L. 5334-7.
2003	30 déc.	Loi n° 2003-1311. De finances pour 2004 : – Art. 38, 48 à 50, 52 à 55, 57, 113, 116, 132, 138. – V. CGCT, art. L. 1424-30, L. 1612-2, L. 1618-1, L. 1618-2, L. 1613-1, L. 2122-22, L. 2221-5-1, L. 2333-67, L. 2333-84, L. 2334-1, L. 2334-3, L. 2334-13 à L. 2334-14, L. 2334-21, L. 2335-14, L. 2531-4, L. 2573-7, L. 3232-2, L. 3334-1 à L. 3334-4, L. 3334-7-1, L. 3334-8, L. 3334-9, L. 3413-2, L. 4425-1, L. 5212-21-1, L. 5334-4, L. 5334-13, L. 5722-2. – Art. 117. – V. ss. CGCT, art. L. 1618-2.
2003	30 déc.	Loi n° 2003-1312. De finances rectificative pour 2003. – Art. 46 à 49. – V. CGCT, art. L. 1615-6, L. 2333-3 anc.
2004	6 janv.	Décret n° 2004-17. Modifications de certaines dispositions du code général des collectivités territoriales relatives au concours particulier créé au sein de la dotation générale de décentralisation au titre de l'établissement et de la mise en œuvre des documents d'urbanisme. – Art. 1er à 7. – V. CGCT, art. R. 1614-42, R. 1614-43, R. 1614-50.
2004	12 févr.	Décret n° 2004-142. Application de l'article 112 de la loi n° 2002-276 du 27 février 2002 relative à la démocratie de proximité et relatif à la commission régionale du patrimoine et des sites et à l'instruction de certaines autorisations de travaux. – Art. 9. – V. CGCT, art. R. 4421-15.
2004	20 févr.	Ordonnance n° 2004-178. Partie législative du code du patrimoine. – Art. 4. – V. CGCT, art. L. 1421-1 à L. 1421-8, L. 2321-2, L. 2541-1, L. 4421-1, L. 4424-7, L. 4433-27.
2004	24 févr.	Décret n° 2004-194. Application de la loi organique n° 2003-705 du 1er août 2003 relative au référendum local. – V. ss. CGCT, art. L.O. 1112-5.
2004	25 mars	Ordonnance n° 2004-274. Simplification du droit et des formalités pour les entreprises. – Art. 33. – V. CGCT, art. L. 2224-19.
2004	21 avr.	Loi n° 2004-338. Transposition de la directive 2000/60/CE du Parlement européen et du Conseil du 23 octobre 2000 établissant un cadre pour une politique communautaire dans le domaine de l'eau. – Art. 8. – V. CGCT, art. L. 4424-36, L. 4424-36-1.

2004	29 avr.	Décret n° 2004-374. Pouvoirs des préfets. Organisation et action des services de l'État dans les régions et départements. – V. App., *Répartition de compétences entre l'État et les collectivités territoriales,* .
2004	3 juin	Ordonnance n° 2004-489. Transposition de la directive 2001/42/CE du Parlement européen et du Conseil du 27 juin 2001 relative à l'évaluation des incidences de certains plans et programmes sur l'environnement. – Art. 4, 5. – V. CGCT, art. L. 4433-7.
2004	10 juin	Décret n° 2004-517. Application de l'article 17, paragraphes IV et V, de la loi n° 2002-276 du 27 février 2002 relative à la démocratie de proximité. – Art. 1er à 3, 4. – V. CGCT, art. R. 4134-24 à R. 4134-27, R. 4422-30-1, R. 4432-17.
2004	17 juin	Ordonnance n° 2004-559. Contrats de partenariat. – Art. 14 à 18. – V. CGCT, art. L. 1413-1, L. 2131-2, L. 2313-1, L. 4141-2.
2004	21 juin	Loi n° 2004-575. Confiance dans l'économie numérique : – Art. 50, 51. – V. CGCT, art. L. 1425-1, L. 1511-6, L. 2224-35, L. 4424-6-1. – Art. 52-III à VI. – V. ss. CGCT, art. L. 1425-1.
2004	25 juin	Décret n° 2004-615. Indemnités de fonctions des présidents et vice-présidents des établissements publics de coopération intercommunale mentionnés à l'article L. 5211-12 du code général des collectivités territoriales et des syndicats mixtes mentionnés à l'article L. 5721-8. – Art. 2 à 9. – V. CGCT, art. R. 5211-4, R. 5212-1, R. 5214-1, R. 5214-1-1, R. 5215-2-1, R. 5216-1, R. 5332-1, R. 5723-1.
2004	28 juin	Décret n° 2004-628. Application de l'article 116 de la loi de finances pour 2004 (n° 2003-1311 du 30 décembre 2003) et conditions de dérogation à l'obligation de dépôt auprès de l'État des fonds des collectivités territoriales et de leurs établissements publics. – Art. 1er, 4, 6. – V. CGCT, art. R. 1618-1, R. 2221-28, R. 2221-41.
2004	30 juin	Loi n° 2004-626. Solidarité pour l'autonomie des personnes âgées et des personnes handicapées. – Art. 15, 16. – V. CGCT, art. L. 3332-2.
2004	1er juill.	Ordonnance n° 2004-637. Simplification de la composition et du fonctionnement des commissions administratives et réduction de leur nombre. – Art. 23, 28, 33, 35, 41. – V. CGCT, art. L. 2223-40, L. 3142-1, L. 4421-4, L. 4424-32, L. 4424-37.
2004	7 juill.	Arrêté. Application des trois derniers alinéas de l'article L. 1424-42 du code général des collectivités territoriales. – V. ss. CGCT, art. L. 1424-42.
2004	9 juill.	Loi n° 2004-669. Communications électroniques et services de communication audiovisuelle. – Art. 115 à 118. – V. CGCT, art. L. 1425-1, L. 1426-1, L. 2224-35, L. 3444-4, L. 4433-3-3, L. 4433-30.
2004	9 juill.	Décret n° 2004-712. Compensation financière versée aux communes des départements d'outre-mer ayant réalisé une opération de premier numérotage et application de l'article L. 2563-2-2 du code général des collectivités territoriales. – V. CGCT, art. R. 2563-7 à R. 2563-10.

2004	29 juill.	Loi organique n° 2004-758. Autonomie financière des collectivités territoriales. – Art. 1er à 5. – V. CGCT, art. L.O. 1114-1 à L.O. 1114-4, L. 1115-1 à L. 1115-7.
2004	9 août	Loi n° 2004-803. Service public de l'électricité et du gaz et entreprises électriques et gazières. – Art. 35. – V. CGCT, art. L. 2224-31.
2004	9 août	Loi n° 2004-806. Politique de santé publique. – Art. 27. – V. CGCT, art. L. 1524-1, L. 1524-2, L. 1524-5.
2004	13 août	Loi n° 2004-809. Libertés et responsabilités locales : – Art. 1er, 4, 5, 7, 8, 16, 19, 23, 27, 30, 37, 39, 64, 92, 118, 120 à 130, 133 à 144, 148, 149, 151 à 153, 155 à 167, 169 à 182, 186 à 188, 190 à 192, 194 à 198, 202. – V. CGCT, art. L. 1112-15 à L. 1112-22, L. 1115-4-1, L. 1211-4-1, L. 1511-1-1, L. 1511-3, L. 1614-1-1, L. 1614-3, L. 1614-7, L. 2112-5, L. 2121-10, L. 2121-13-1, L. 2121-21, L. 2121-40, L. 2122-6, L. 2122-10, L. 2122-18, L. 2122-22, L. 2122-23, L. 2122-35, L. 2123-11-2, L. 2131-1 à L. 2131-3, L. 2131-7, L. 2141-1, L. 2213-2, L. 2221-10, L. 2251-2, L. 2251-3, L. 2252-5, L. 2333-54, L. 2335-4, L. 2411-3, L. 2411-6, L. 2411-11, L. 2411-12-1, L. 2411-15, L. 2411-16, L. 2511-19, L. 2511-21, L. 2511-33, L. 2531-4, L. 2531-5, L. 3113-1, L. 3121-18-1, L. 3121-19, L. 3121-22, L. 3121-25-1, L. 3123-9-2, L. 3123-30, L. 3131-1, L. 3131-2, L. 3131-4, L. 3221-13, L. 3231-2, L. 3334-16-1, L. 4132-17-1, L. 4132-18, L. 4132-21, L. 4135-9-2, L. 4135-30, L. 4141-1, L. 4141-2, L. 4141-4, L. 4231-9, L. 4332-2, L. 4332-3-1, L. 4413-3, L. 4424-22, L. 4424-27, L. 4424-32, L. 4433-24-1, L. 4433-24-2, L. 4434-3, L. 5210-4, L. 5211-6, L. 5211-4-1, L. 5211-5-1, L. 5211-9, L. 5211-10, L. 5211-9-2, L. 5211-18, L. 5211-19, L. 5211-20, L. 5211-21-1, L. 5211-25-1, L. 5211-41-2, L. 5211-41-3, L. 5211-49, L. 5211-56, L. 5212-20, L. 5212-29 à L. 5212-30, L. 5214-16, L. 5214-16-1, L. 5214-26, L. 5214-27, L. 5215-6, L. 5215-10, L. 5215-18, L. 5215-20, L. 5215-22, L. 5215-26, L. 5215-30, L. 5216-4-2, L. 5216-5, L. 5216-7, L. 5216-7-1, L. 5221-1, L. 5221-2, L. 5711-1, L. 5711-2, L. 5711-3, L. 5721-2, L. 5721-7, L. 5721-7-1, L. 5721-9, L. 5722-8. – Art. 24, 26. – V. ss. CGCT, art. L. 1615-2. – Art. 119. – V. ss. CGCT, art. L. 1614-1. – Art. 121. – V. ss. CGCT, art. L. 1614-8.
2004	13 août	Loi n° 2004-811. Modernisation de la sécurité civile : – Art. 16, 22 à 26, 30 à 33, 45, 47 à 57, 58, 59 à 66, 80, 87, 92, 93, 96, 98, 101. – V. CGCT, art. L. 1231-1 à L. 1231-7, L. 1424-1, L. 1424-1-1, L. 1424-4, L. 1424-7, L. 1424-23-1, L. 1424-24, L. 1424-26, L. 1424-27, L. 1424-28, L. 1424-30, L. 1424-30-1, L. 1424-31, L. 1424-33, L. 1424-35, L. 1424-36-1, L. 1424-37-1, L. 1424-43, L. 1424-49, L. 1424-51 à L. 1424-59, L. 2215-8, L. 2513-3, L. 2513-5, L. 2513-6, L. 2521-3, L. 3334-7-2, L. 3441-8, L. 3441-9. – Art. 44. – V. CGCT, avant art. R. 1424-59. – Art. 46. – V. ss. CGCT, art. L. 1424-1.

2004	13 sept.	Décret n° 2004-982. Subventions aux organismes participant à la création et à la reprise d'entreprises. – Art. 1er. – V. CGCT, art. R. 1511-1 à R. 1511-3.
2004	13 sept.	Décret n° 2004-983. Application de l'article 17, paragraphes IV et V, de la loi n° 2002-276 du 27 février 2002 relative à la démocratie de proximité. – Art. 3 à 10. – V. CGCT, art. D. 4134-29, D. 4422-28-1.
2004	29 nov.	Décret n° 2004-1314. Composition des conseils économiques et sociaux régionaux et des conseils de la culture, de l'éducation et de l'environnement de la Guadeloupe, de la Guyane, de la Martinique et de la Réunion. – Art. 1er à 3. – V. CGCT, art. R. 4432-1 à R. 4432-3, R. 4432-4, R. 4432-7, R. 4432-8.
2004	9 déc.	Loi n° 2004-1343. Simplification du droit. – Art. 11, 78, 93. – V. CGCT, art. L. 1421-7, L. 2223-34-1, L. 2223-35-1, L. 4432-9.
2004	20 déc.	Ordonnance n° 2004-1374. Partie législative du code de la défense. – Art. 4. – V. CGCT, art. L. 1111-7.
2004	20 déc.	Ordonnance n° 2004-1391. Partie législative du code du tourisme. – Art. 4, 6, 7. – V. CGCT, art. L. 2333-83, L. 2573-28, L. 4424-31, L. 4433-32.
2004	23 déc.	Décret n° 2004-1416. Commission consultative sur l'évaluation des charges. – Art. 2, 3. – V. CGCT, art. R. 1211-1 à R. 1211-26, R. 1614-1 à R. 1614-9.
2004	30 déc.	Loi n° 2004-1484. De finances pour 2005 : – Art. 24-I. – V. ss. CGCT, art. L. 4252-1. – Art. 37, 47 à 49, 53, 94, 96, 97. – V. CGCT, art. L. 1613-1, L. 1613-2, L. 2333-55, L. 2334-1, L. 2334-10 à L. 2334-13, L. 2334-21, L. 3334-1, L. 3334-4, L. 3334-6-1 à L. 3334-7-1, L. 4332-1, L. 5211-29, L. 5216-8-1.
2004	30 déc.	Loi n° 2004-1485. De finances rectificative pour 2004. – Art. 59, 62 à 67, 69 à 71, 73, 102, 121. – V. CGCT, art. L. 1615-2, L. 1617-5, L. 2212-5-1, L. 2224-13, L. 2313-1, L. 2333-76, L. 2335-11, L. 3232-3, L. 5211-21-1, L. 5211-29.
2005	18 janv.	Loi n° 2005-32. Cohésion sociale. – Art. 14, 35, 52, 56, 60, 92, 129, 135. – V. CGCT, art. L. 1441-1, L. 1441-2, L. 1611-6, L. 2123-22, L. 2334-1, L. 2334-2, L. 2334-18-2, L. 2334-18-3, L. 2334-21, L. 2335-3, L. 3334-17, L. 4253-6 à L. 4253-10, L. 4312-1, L. 4424-34, L. 5210-4, L. 5214-16, L. 5214-23-2, L. 5215-35, L. 5216-5.
2005	9 févr.	Loi n° 2005-95. Coopération internationale des collectivités territoriales et des agences de l'eau dans les domaines de l'alimentation en eau et de l'assainissement. – V. CGCT, art. 1115-1-1.
2005	11 févr.	Loi n° 2005-102. Pour l'égalité des droits et des chances, la participation et la citoyenneté des personnes handicapées. – Art. 30, 43, 55, 65. – V. CGCT, art. L. 2143-3, L. 2213-2, L. 3332-2.

2005	23 févr.	Loi n° 2005-157. Développement des territoires ruraux : – Art. 12, 81, 95, 108, 112, 135, 156, 183 à 185, 203, 204, 228. – V. CGCT, art. L. 1311-8, L. 1511-8, L. 1615-2, L. 2123-33, L. 2243-1, L. 2243-4, L. 2251-3, L. 2333-53, L. 2411-6, L. 2411-10, L. 2411-15, L. 2411-6, L. 5222-1. – Art. 111. – V. ss. CGCT, art. L. 2251-3.
2005	2 mars	Décret n° 2005-212. Fonds de solidarité pour le logement. – Art. 11. – V. CGCT, art. R. 1614-40-1 à R. 1614-40-4.
2005	2 mars	Décret n° 2005-220. Composition et renouvellement du conseil économique, social et culturel de Corse. – Art. 1er à 3. – V. CGCT, art. R. 4422-5, R. 4422-7.
2005	14 mars	Décret n° 2005-235. Remboursement des frais engagés par les élus locaux. – Art. 2, 3, 6 à 17. – V. CGCT, art. R. 2123-22-1 à R. 2123-22-3, R. 3123-20 à R. 3123-22, R. 4135-20 à R. 4135-22, R. 5332-1, R. 5711-1.
2005	31 mars	Décret n° 2005-298. Dotations de l'État aux communes et aux départements. – Art. 2 à 12. – V. CGCT, art. R. 2334-3, R. 2334-5-1, R. 2334-6, R. 2334-9-4, R. 2334-20, R. 2531-32, R. 3334-1, R. 3334-2 à R. 3334-3-1, R. 3443-1, R. 3443-2, R. 3443-2-1.
2005	7 avr.	Décret n° 2005-324. Transmission par voie électronique des actes des collectivités territoriales soumis au contrôle de légalité. – Art. 1er à 3. – V. CGCT, art. R. 2131-3 à R. 2131-7, R. 3132-1, R. 3132-2, R. 3542-1, R. 3571-2, R. 4142-1, R. 4142-2, R. 4423-2, R. 4423-3.
2005	13 avr.	Décret n° 2005-353. Désignation des membres des conseils économiques et sociaux régionaux et des conseil de la culture, de l'éducation et de l'environnement de Guadeloupe, de Guyane, de Martinique et de La Réunion. – Art. 1er à 4. – V. CGCT, art. R. 4432-10, R. 4432-11, R. 4432-4, R. 4432-8.
2005	26 avr.	Décret n° 2005-413. Sections des conseils économiques et sociaux régionaux. – Art. 1er. – V. CGCT, art. R. 4134-18.
2005	30 avr.	Décret n° 2005-388. Fonctionnement du comité des finances locales. – Art. 1er à 3. – V. CGCT, art. R. 1211-14 à R. 1211-16.
2005	2 mai	Ordonnance n° 2005-406. Simplification du régime juridique des établissements de santé. – Art. 11. – V. CGCT, art. L. 1611-5, L. 1617-4, L. 1617-5.
2005	4 mai	Décret n° 2005-433. Application de la loi organique n° 2003-705 du 1er août 2003 relative au référendum local. – Art. 1er, 2. – V. CGCT, art. R. 1112-1 à R. 1112-17, D. 1115-1 à R. 1115-10, R. 1115-12.
2005	27 mai	Décret n° 2005-608. Évaluation des incidences des documents d'urbanisme sur l'environnement. – Art. 6, 7, 8. – V. CGCT, art. R. 4424-6-1.
2005	27 mai	Décret n° 2005-584. Aides à l'investissement immobilier et à la location d'immeubles accordées aux entreprises par les collectivités territoriales et leurs groupements. – Art. 1er, 2. – V. CGCT, art. R. 1511-4 à R. 1511-5, R. 1511-10 à R. 1511-16.

2005	27 mai	Décret n° 2005-586. Application de l'article 17, paragraphes IV et V, de la loi n° 2002-276 du 27 février 2002 relative à la démocratie de proximité. – Art. 2 à 10. – V. CGCT, art. D. 4134-28 à D. 4134-33, D. 4422-28-1, D. 4432-13-1.
2005	30 mai	Décret n° 2005-623. Fonds d'aide à l'investissement des SDIS. – Art. 1er, 2, 3. – V. CGCT, art. D. 1424-32-3, D. 1424-32-7, D. 1424-32-10.
2005	6 juin	Ordonnance n° 2005-645. Procédures de passation des marchés publics des collectivités territoriales. – Art. 1er à 5. – V. CGCT, art. L. 2122-21-1, L. 3221-11-1, L. 4231-8-1.
2005	6 juin	Ordonnance n° 2005-650. Liberté d'accès aux documents administratifs et réutilisation des informations publiques. – Art. 11. – V. CGCT, art. L. 2121-26, L. 3121-17, L. 3313-1, L. 4132-16, L. 4312-1, L. 5211-46, L. 5421-5, L. 5621-9, L. 5721-6, L. 3313-1, L. 4312-1.
2005	13 juill.	Loi n° 2005-781. De programme fixant les orientations de la politique énergétique. – Art. 18 à 24, 49. – V. CGCT, art. L. 1111-2, L. 2224-31, L. 5214-16, L. 5215-20, L. 5216-5.
2005	20 juill.	Loi n° 2005-809. Concessions d'aménagement. – Art. 6, 11. – V. CGCT, art. L. 1523-2, L. 1523-3, L. 1523-4.
2005	25 juill.	Décret n° 2005-849. Attribution par des collectivités territoriales de subventions de fonctionnement aux structures locales des organisations syndicales représentatives. – Art. 1er. – V. CGCT, art. R. 2251-2, R. 3231, R. 4253-4.
2005	26 juill.	Loi n° 2005-841. Développement des services à la personne et diverses mesures en faveur de la cohésion sociale. – Art. 12. – V. CGCT, art. L. 2123-18-4, L. 3123-19-1, L. 4135-19-1.
2005	26 juill.	Loi n° 2005-843. Diverses mesures de transposition du droit communautaire à la fonction publique. – Art. 22. – V. CGCT, art. L. 1424-67.
2005	28 juill.	Ordonnance n° 2005-855. Opérations funéraires. – Art. 1er, 2. – V. CGCT, art. L. 2223-1, L. 2223-13, L. 2223-18, L. 2223-19, L. 2223-25, L. 2223-40, L. 2573-10, L. 2573-15, L. 2573-22, L. 5215-20.
2005	28 juill.	Ordonnance n° 2005-868. Actualisation et adaptation du droit de l'urbanisme à Mayotte. – Art. 3. – V. CGCT, art. L. 3551-31, L. 3551-32.
2005	2 août	Ordonnance n° 2005-882. En faveur des petites et moyennes entreprises. – Art. 58. – V. CGCT, art. L. 2122-22.
2005	2 août	Ordonnance n° 2005-892. Aménagement des règles de décompte des effectifs des entreprises. – Art. 2 s. – V. CGCT, art. L. 2333-64, L. 2531-2.
2005	2 août	Ordonnance n° 2005-898. Actualisation et adaptation des livres III et IV du code des ports maritimes (partie législative). – Art. 2. – V. CGCT, art. L. 2213-22, L. 3221-6, L. 4424-22.

2005	2 août	Décret n° 2005-935. Partie réglementaire du code de l'environnement. – Art. 7. – V. CGCT, art. R. 2122-9-1, R. 4424-7.
2005	26 août	Ordonnance n° 2005-1027. Simplification et amélioration des règles budgétaires et comptables applicables aux collectivités territoriales, à leurs groupements et aux établissements publics locaux qui leur sont rattachés. – Art. 2 à 27. – V. CGCT, art. L. 1612-1, L. 2221-5, L. 2221-11, L. 2241-2, L. 2252-3, L. 2311-1, L. 2311-3, L. 2311-5 à L. 2311-7, L. 2312-1, L. 2312-3, L. 2313-1, L. 2313-1-1, L. 2321-2, L. 2331-2, L. 2331-4, L. 2331-6, L. 2331-8, L. 2331-9, L. 2331-10, L. 2512-21, L. 3211-2, L. 3212-2, L. 3213-2, L. 3311-1, L. 3312-1, L. 3312-2, L. 3312-4, L. 3312-7, L. 3313-1, L. 4221-5, L. 5211-38, L. 5722-1, L. 5722-4.
2005	2 sept.	Décret n° 2005-1097. Part du prélèvement de l'État sur le produit des jeux versée aux communes sièges de casino. – V. CGCT, art. R. 2333-82-1.
2005	26 oct.	Arrêté. Approbation d'un cahier des charges des dispositifs de télétransmission des actes soumis au contrôle de légalité et fixant une procédure d'homologation de ces dispositifs. – V. ss. CGCT, art. R. 2131-2-B.
2005	6 déc.	Décret n° 2005-1551. Consultation des électeurs. – Art. 1er à 5. – V. CGCT, art. R. 1112-18, D. 1115-1 à R. 1115-7, R. 1115-9, R. 1115-10, R. 2142-1 à R. 2142-11, R. 5211-42 à R. 5211-47.
2005	8 déc.	Ordonnance n° 2005-1527. Permis de construire et autorisations d'urbanisme. – Art. 31. – V. CGCT, art. L. 2131-2.
2005	15 déc.	Loi n° 2005-1564. Diverses dispositions d'adaptation au droit communautaire dans le domaine de l'assurance. – Art. 15. – V. CGCT, art. L. 2223-35-1.
2005	19 déc.	Décret n° 2005-1601. Régies de recettes, d'avances et de recettes et d'avances des collectivités territoriales et de leurs établissements publics. – Art. 1er à 17, 21. – V. CGCT, art. R. 1617-1 à R. 1617-4, R. 1617-5-1 à R. 1617-8, R. 1617-10 à R. 1617-14, R. 1617-16 à R. 1617-18.
2005	27 déc.	Décret n° 2005-1661. Règles budgétaires et comptables applicables aux collectivités territoriales, à leurs groupements et aux établissements publics locaux qui leur sont rattachés. – Art. 2 à 23. – V. CGCT, art. R. 2252-2, R. 2311-1, R. 2311-9, R. 2312-2, R. 2312-3, R. 2313-1, R. 2313-2, R. 2313-3, R. 2313-5, R. 2313-7, R. 2321-1, R. 2321-2, R. 2321-3, R. 2321-5, R. 3312-2, R. 3312-3, R. 3313-2, R. 3313-6, R. 3313-7, R. 5211-14, R. 5211-18, R. 2252-2, R. 2252-3, R. 2252-4, R. 2313-4, R. 2331-5, R. 2331-6, R. 2331-7, R. 3311-1, R. 3312-4 à R. 3312-7, R. 3313-4, R. 3313-5, R. 5211-16, R. 5211-17, R. 5711-4.
2005	27 déc.	Décret n° 2005-1662. Règles budgétaires et comptables applicables aux collectivités territoriales, à leurs groupements et aux établissements publics locaux qui leur sont rattachés. – Art. 2 à 18. – V. CGCT, art. D. 1511-31, D. 1612-1, D. 1612-4, D. 1612-5, D. 1612-7, D. 2311-2, D. 2311-4, D. 2311-5, D. 2311-6, D. 2311-7, D. 2311-14, D. 3311-4, D. 3311-5, D. 3311-6, D. 3311-7, D. 3321-1.

2005	30 déc.	Loi n° 2005-1720. De finances rectificative pour 2005. – Art. 72, 104, 123, 125. – V. CGCT, art. L. 1311-4-1, L. 3332-1-1, L. 4331-2-1, L. 4422-45.
2005	30 déc.	Décret n° 2005-1724. Aides à l'installation et au maintien des professionnels de santé et des centres de santé dans les zones où l'offre des soins est déficitaire. – V. CGCT, art. R. 1511-44 à R. 1511-46.
2005	30 déc.	Décret n° 2005-1725. Conditions de mise à disposition, par les collectivités territoriales et leurs groupements, d'infrastructures de réseaux de radiocommunications mobiles de deuxième génération. – Art. 1er à 3. – V. CGCT, art. R. 1511-44, R. 1426-2 à R. 1426-4.
2005	30 déc.	Décret n° 2005-1728. Indemnités attribuées aux étudiants en médecine prévues à l'article L. 1511-8 du code général des collectivités territoriales. – V. CGCT, art. D. 1511-52 à D. 1511-56.
2006	5 janv.	Loi n° 2006-10. Sécurité et développement des transports : – Art. 35. – V. ss. CGCT, art. L. 2253-1. – Art. 53. – V. CGCT, art. L. 5721-2.
2006	5 janv.	Loi n° 2006-11. Orientation agricole. – Art. 40, 41. – V. CGCT, art. L. 2411-6, L. 2411-10, L. 2411-15, L. 2411-16.
2006	13 avr.	Décret n° 2006-430. Définissant les communes rurales. – V. CGCT, art. D. 2335-15.
2006	14 avr.	Loi n° 2006-437. Dispositions relatives au tourisme. – Art. 7, 33. – V. CGCT, art. L. 2123-22, L. 2331-4, L. 2333-54, L. 2333-81, L. 2333-82, L. 4424-32, L. 5211-21-1, L. 5722-5.
2006	21 avr.	Ordonnance n° 2006-460. Partie législative du code général de la propriété des personnes publiques. – Art. 3. – V. CGCT, art. L. 1311-1 à L. 1311-17, L. 2241-1, L. 2242-5, L. 2542-26, L. 3213-2, L. 3213-2-1, L. 3213-7, L. 4221-4, L. 4221-4-1, L. 4221-6, L. 5211-27-2, L. 5211-37, L. 5722-3, L. 5722-5, L. 5722-9.
2006	2 mai	Décret n° 2006-503. Collecte et traitement des eaux usées mentionnées aux articles L. 2224-8 et L. 2224-10 du code général de collectivités territoriales. – Art. 1er, 2. – V. CGCT, art. R. 2224-6 à R. 2224-17.
2006	9 mai	Décret n° 2006-529. Commission nationale de la coopération décentralisée. – V. CGCT, art. R. 1115-8 à R. 1115-12.
2006	23 mai	Ordonnance n° 2006-596. Partie législative du code du sport. – Art. 3. – V. CGCT, art. L. 1525-1.
2006	1er juin	Décret n° 2006-640. Réforme de la filiation, livret de famille, procédure en matière de filiation. – Art. 22. – V. CGCT, art. R. 2122-10.
2006	7 juin	Décret n° 2006-665. Réduction du nombre et simplification de la composition de diverses commissions administratives. – Art. 20. – V. CGCT, art. R. 4421-1 à R. 4421-4, R. 4421-5-2, R. 4421-5-3.
2006	16 juin	Décret n° 2006-700. Dotation particulière relative aux conditions d'exercice des mandats locaux et dotation globale d'équipement des communes et des départements. – V. CGCT, art. R. 2334-19, R. 3334-5 à R. 3334-9, R. 3334-10 à R. 3334-15.

2006	22 juin	Loi n° 2006-723. Création d'établissements publics de coopération culturelle. – Art. 1er à 6. – V. CGCT, art. L. 1431-1, L. 1431-2, L. 1431-4, L. 1431-5, L. 1431-6, L. 1431-8.
2006	13 juill.	Loi n° 2006-872. Engagement national pour le logement. – Art. 15, 23, 27, 66, 67, 70, 73, 110. – V. CGCT, L. 2335-3, L. 3121-22, L. 3221-12, L. 3334-17, L. 3444-6, L. 4422-45, L. 5214-23-2, L. 5215-35, L. 5216-8-1.
2006	27 juill.	Décret n° 2006-938. Certificat de décès. – Art. 1er. – V. CGCT, art. R. 2213-1-3, R. 2213-1-4.
2006	10 oct.	Décret n° 2006-1242. Organisation et fonctionnement du service d'incendie et de secours et développement du volontariat dans le corps des sapeurs-pompiers de Mayotte. – Art. 1er, 2, 3. – V. CGCT, art. R. 3551-5 à R. 3551-6-13.
2006	7 déc.	Loi n° 2006-1537. Secteur de l'énergie. – Art. 2, 30, 33, 34. – V. CGCT, art. L. 2224-31, L. 2333-3 anc.
2006	21 déc.	Loi n° 2006-1640. De financement de la sécurité sociale pour 2007. – Art. 48, 80. – V. CGCT, art. L. 1511-8, L. 2223-43.
2006	21 déc.	Loi n° 2006-1666. De finances pour 2007. – Art. 28, 31, 71, 72, 73, 95, 124, 125, 126, 127. – V. CGCT, art. L. 1613-1, L. 1618-2, L. 2333-92,, L. 2333-95, L. 3334-7, L. 3334-7-1, L. 4434-9.
2006	22 déc.	Décret n° 2006-1675. Répartition des missions d'expertise du Conseil supérieur d'hygiène publique de France entre le Haut Conseil de la santé publique et les agences de sécurité sanitaire. – Art. 4. – V. CGCT, art. D. 1241-1, R. 2213-3.
2006	30 déc.	Loi n° 2006-1771. De finances rectificative pour 2006. – Art. 14, 116, 125, 131, 153 à 162. – V. CGCT, art. L. 1211-2, L. 1424-35, L. 1614-8, L. 1614-10, L. 1615-2, L. 2224-2, L. 2321-2, L. 2331-4, L. 2333-10, L. 2334-21, L. 3334-5, L. 3334-6-1, L. 3334-7-1, L. 3334-7-2, L. 3413-1, L. 5211-17.
2006	30 déc.	Loi n° 2006-1772. Eau et milieux aquatiques : – Art. 42, 48, 101. – V. CGCT, art. L. 2213-23, L. 2335-9 à L. 2335-14. – Art. 101. – V. ss. CGCT, art. L. 5711-4.
2007	5 janv.	Décret n° 2007-18. Permis de construire et autorisations d'urbanisme. – Art. 20. – V. CGCT, art. R. 1614-17, R. 1614-18, R. 4424-33.
2007	31 janv.	Loi n° 2007-128. Égal accès des femmes et des hommes aux mandats électoraux et fonctions électives. – Art. 1er, 3. – V. CGCT, art. L. 2122-7 à L. 2122-7-2, L. 2511-25, L. 4133-5, L. 4133-6, L. 4422-9, L. 4422-18, L. 4422-20.
2007	2 févr.	Loi n° 2007-147. Action extérieure des collectivités territoriales et de leurs groupements. – V. CGCT, art. L. 1115-1.
2007	19 févr.	Loi n° 2007-209. Fonction publique territoriale. – Art. 41, 59, 60, 66, 68, 71. – V. CGCT, art. L. 1221-1, L. 2321-2, L. 3321-1, L. 4424-2, L. 5211-41-3, L. 5321-1.

2007	21 févr.	Loi organique n° 2007-223. Dispositions statutaires et institutionnelles relatives à l'outre-mer : – Art. 1er à 6, 9, 17, 19. – V. CGCT, art. L.O. 1112-14-1, L. 1711-1 s., L.O. 3445-1 à L.O. 3445-12, L.O. 3511-1 s., L. 4436-1, L.O. 4435-1 à L.O. 4435-12, L.O. 6211-1 à L.O. 6475-2. – Art. 20. – V. ss. CGCT, art. L.O. 6433-1, L.O. 6432-1.
2007	21 févr.	Loi n° 2007-224. Dispositions statutaires et institutionnelles relatives à l'outre-mer. – Art. 1er à 5, 17, 25. – V. CGCT, art. L. 4433-24-1, L. 4436-1, L. 5916-1, L. 6134-1, L. 6134-11, L. 6134-18, L. 6154-4, L. 6174-2, L. 6212-2, L. 6212-3, L. 6213-7, L. 6221-14, L. 6221-19, L. 6223-4, L. 6223-5, L. 6223-6, L. 6224-5, L. 6224-6, L. 6224-7, L. 6224-10, L. 6224-11, L. 6241-5, L. 6245-3, L. 6261-11, L. 6264-3, L. 6264-5, L. 6264-7, L. 6265-1, L. 6265-2, L. 6312-2, L. 6312-3, L. 6313-7, L. 6321-14, L. 6321-19, L. 6323-4, L. 6323-5, L. 6323-6, L. 6325-5, L. 6325-6, L. 6325-7, L. 6325-10, L. 6325-11, L. 6341-5, L. 6345-4, L. 6361-11, L. 6364-3, L. 6364-5, L. 6364-6, L. 6364-7, L. 6365-1, L. 6365-2, L. 6412-2, L. 6413-6, L. 6431-13, L. 6431-18, L. 6433-4, L. 6433-5, L. 6433-6, L. 6433-7, L. 6434-4, L. 6434-5, L. 6434-6, L. 6434-9, L. 6434-10, L. 6434-11, L. 6451-6, L. 6454-2, L. 6454-4, L. 6471-3, L. 6473-4, L. 6473-5, L. 6473-6, L. 6473-8, L. 6473-9, L. 6474-1, L. 6474-2.
2007	5 mars	Loi n° 2007-290. Droit au logement opposable et diverses mesures en faveur de la cohésion sociale. – Art. 19. – V. CGCT, art. L. 2122-22.
2007	5 mars	Loi n° 2007-297. Prévention de la délinquance. – Art. 1er, 3, 4, 7, 11, 18, 29, 74, 80. – V. CGCT, art. L. 2212-2, L. 2214-4, L. 2215-1, L. 2542-1, L. 2573-1, L. 3214-1, L. 5214-16, L. 5215-20, L. 5216-5.
2007	12 mars	Décret n° 2007-328. Protection des cendres funéraires. – V. CGCT, art. D. 2223-101, D. 2223-102.
2007	25 mars	Décret n° 2007-449. Missions et organisation du bataillon de marins-pompiers de Marseille. – V. CGCT, art. R. 2513-5 à D. 2513-15.
2007	25 mars	Décret n° 2007-450. Modification du code général des collectivités territoriales. – V. CGCT, art. D. 1617-19, D. 1617-23.
2007	16 avr.	Décret n° 2007-566. Modalités de déduction de la taxe sur la valeur ajoutée. – Art. 2. – V. CGCT, art. R. 1615-2.
2007	18 avr.	Décret n° 2007-572. Transmission à l'État par les collectivités territoriales d'informations statistiques relatives à l'accueil, la restauration, l'hébergement et l'entretien dans les collèges et lycées. – V. CGCT, art. R. 1614-40-5, R. 1614-40-6.
2007	25 avr.	Décret n° 2007-606. Modification du régime des redevances pour occupation du domaine public des communes et des départements par les ouvrages de transport et de distribution de gaz et par les canalisations particulières de gaz. – V. CGCT, art. R. 2333-114 à R. 2333-118, R. 3333-12 à R. 3333-16.
2007	2 mai	Décret n° 2007-675. Application de l'article L. 2224-5 et modification des annexes V et VI du code général des collectivités territoriales. – Art. 1er. – V. ces annexes, ss. CGCT, art. D. 2224-1.

2007	2 mai	Arrêté. Rapports annuels sur le prix et la qualité des services publics d'eau potable et d'assainissement. – V. ss. CGCT, art. D. 2224-1.
2007	3 mai	Décret n° 2007-690. Agrément prévu à l'article 9 de la loi du 5 juillet 2000 relative à l'accueil et à l'habitat des gens du voyage, 🏛.
2007	10 mai	Décret n° 2007-773. Contrôle de la validité des mariages. – Art. 2. – V. CGCT, art. R. 2122-10.
2007	10 mai	Décret n° 2007-788. Établissements publics de coopération culturelle. – V. CGCT, art. R. 1431-1, R. 1431-3, R. 1431-4, R. 1431-10, R. 1431-11, R. 1431-12.
2007	11 mai	Décret n° 2007-808. Utilisation du chèque emploi-service universel par les élus locaux. – V. CGCT, art. D. 2123-22-4 à D. 2123-22-7, D. 3123-22-1 à D. 3123-22-4, D. 4135-22-1 à D. 4135-22-4, D. 5211-5-2.
2007	27 juin	Arrêté. Application de l'article D. 1617-23 du code général des collectivités territoriales relatif à la dématérialisation des opérations en comptabilité publique. – V. ss. CGCT, art. D. 1617-23.
2007	28 août	Décret n° 2007-1282. Aides à l'investissement immobilier et location d'immeubles accordées aux entreprises par les collectivités territoriales et leurs groupements. – V. CGCT, art. R. 1511-4 à R. 1511-4-2.
2007	11 sept.	Décret n° 2007-1339. Redevances d'assainissement et régime exceptionnel de tarification forfaitaire de l'eau. – V. CGCT, art. R. 2224-19 à R. 2224-21, R. 2333-121 à R. 2333-132.
2007	13 nov.	Loi n° 2007-1598. Lutte contre la corruption. – Art. 6. – V. CGCT, art. L. 4312-1.
2007	26 nov.	Décret n° 2007-1670. Modification de la partie réglementaire du code électoral. – Art. 10, 11. – V. CGCT, art. R. 2151-3.
2007	7 déc.	Loi n° 2007-1720. Stabilité des institutions et transparence de la vie politique en Polynésie française. – Art. 6. – V. CGCT, art. L. 1822-1, L. 1852-5, L. 2573-28, L. 4436-1, L. 4436-1 à L. 4436-6, L. 4437-1, L. 5842-2, L. 5842-3, L. 5842-12, L. 5843-1, L. 5843-4.
2007	20 déc.	Loi n° 2007-1787. Simplification du droit. – Art. 12. – V. CGCT, art. L. 1211-2, L. 1413-1, L. 2122-22, L. 3221-11, L. 4231-8, L. 2122-22, L. 2131-2, L. 3131-2, L. 4141-2, L. 5111-4, L. 1321-9, L. 2121-7.
2007	24 déc.	Loi n° 2007-1822. De finances pour 2008. – Art. 36, 41, 102, 105, 110, 111, 112. – V. CGCT, art. L. 1111-2, L. 1614-1, L. 2334-13, L. 2334-19, L. 3334-1, L. 3334-6-1, L. 3334-7, L. 3334-16, L. 3443-2, L. 4332-3, L. 4414-6, L. 4434-8, L. 4434-7, L. 5722-7-1.
2007	25 déc.	Loi n° 2007-1824. De finances rectificative pour 2007 : – Art. 69, 71, 73, 97, 104. – V. CGCT, art. L. 1613-1, L. 2333-6 à L. 2333-25, L. 2334-13, L. 3334-1, L. 3443-2, L. 4434-8, L. 5211-17, L. 6264-8, L. 6264-3, L.O. 6271-5, L. 6364-3, L. 6364-5, L. 6364-8, L.O. 6371-5.

		– Art. 104. – V. ss. CGCT, art. L.O. 6371-5.
2007	26 déc.	Décret n° 2007-1847. Livres II et III de la sixième partie du code général des collectivités territoriales (partie Réglementaire). – V. CGCT, art. D. 6211-1 à D. 6265-4, D. 6311-1 à D. 6365-4.
2007	26 déc.	Décret n° 2007-1868. Assistance technique fournie par les départements à certaines communes et à leurs groupements dans les domaines de l'assainissement, de la protection de la ressource en eau, de la restauration et de l'entretien des milieux aquatiques. – Art. 1er à 4, 7. – V. CGCT, art. R. 3232-1 à R. 3232-2, R. 3553-1, R. 3232-1, R. 3232-1-1 à R. 3232-1-4, R. 4424-32-3.
2007	26 déc.	Décret n° 2007-1875. Modalités des transferts de compétences vers les collectivités d'outre-mer de Saint-Barthélemy et de Saint-Martin. – V. CGCT, art. D. 6271-1 à D. 6271-8, D. 6371-1 à D. 6371-7.
2008	16 avr.	Loi n° 2008-352. Visant à renforcer la coopération transfrontalière, transnationale et interrégionale par la mise en conformité du code général des collectivités territoriales avec le règlement communautaire relatif à un groupement européen de coopération territoriale. – V. CGCT, art. L. 1115-4 à L. 1115-4-2.
2008	30 avr.	Décret n° 2008-442. Ports maritimes de commerce et de pêche. – V. CGCT, art. R. 1614-21, R. 1614-23, R. 1614-26, R. 1614-27, R. 1614-58 à R. 1614-63.
2008	30 mai	Ordonnance n° 2008-507. Transposition de la directive 2005/36/CE du Parlement européen et du Conseil du 7 sept. 2005 relative à la reconnaissance des qualifications professionnelle. – Art. 43 – V. CGCT, art. L. 2223-47 à L. 2223-51.
2008	2 juill.	Décret n° 2008-652. Déclaration des dispositifs de prélèvement, puits ou forages réalisés à des fins d'usage domestique de l'eau et à leur contrôle ainsi qu'à celui des installations privatives de distribution d'eau potable. – V. CGCT, art. R. 2224-22, R. 2224-22-1 à R. 2224-22-6.
2008	15 juill.	Loi n° 2008-696. Archives. – Art. 33. – V. CGCT, art. L. 1421-1.
2008	28 juill.	Loi n° 2008-735. Contrats de partenariat. – Art. 18 à 34, 38. – V. CGCT, art. L. 1311-3, L. 2313-1.
2008	4 août	Loi n° 2008-776. Modernisation de l'économie. – Art. 35, 48, 109, 131, 171. – V. CGCT, art. L. 1311-16, L. 2224-36, L. 2224-11-6, L. 2333-6 à L. 2333-16, L. 2531-2, L. 4211-1.
2008	28 août	Ordonnance n° 2008-858. Diverses dispositions d'adaptation du droit de l'outre-mer. – V. CGCT, art. L. 6113-5.
2008	28 août	Ordonnance n° 2008-859. Extension et adaptation outre-mer de diverses mesures bénéficiant aux personnes handicapées et en matière d'action sociale et médico-sociale. – V. CGCT, art. L. 2573-15.
2008	2 sept.	Décret n° 2008-884. Communes touristiques et stations classées de tourisme. – Art. 5. – V. CGCT, art. R. 4424-20 à R. 4424-30.

2008	22 sept.	Décret n° 2008-994. Commission consultative d'évaluation des normes. – V. CGCT, art. R. 1211-13, R. 1212-1 à R. 1212-8.
2008	22 sept.	Décret n° 2008-1020. Extension des première, deuxième et cinquième parties du code général des collectivités territoriales aux communes de la Polynésie française, à leurs groupements et à leurs établissements publics. – V. CGCT, art. D. 1811-1, D. 1821-1, D. 1821-2, D. 1822-1, D. 1831-1, D. 1851-1, D. 1862-1, D. 1871-1, D. 1872-1, D. 1873-1, D. 1874-1, D. 1875-1, D. 2573-1 à R. 2573-64, D. 5841-1, D. 5842-1 à D. 5842-10, D. 5843-1 à D. 5843-3.
2008	28 oct.	Loi n° 2008-1091. Cour des comptes et chambres régionales des comptes. – Art. 25. – V. CGCT, art. L. 1411-18.
2008	1er déc.	Loi n° 2008-1249. Revenu de solidarité active et réforme des politiques d'insertion. – Art. 13. – V. CGCT, art. L. 1111-5.
2008	19 déc.	Loi n° 2008-1350. Législation funéraire. – Art. 1er à 10, 14 à 23. – V. CGCT, art. L. 2212-2, L. 2213-14, L. 2213-15, L. 2213-24, L. 2223-1 à L. 2223-4, L. 2223-12-1, L. 2223-13, L. 2223-18 à L. 2223-18-4, L. 2223-21-1, L. 2223-23, L. 2223-25-1, L. 2223-27, L. 2223-33, L. 2223-34-1, L. 2223-40, L. 2223-43, L. 5215-20.
2008	19 déc.	Décret n° 2008-1381. Commission nationale de la coopération décentralisée. – V. CGCT, art. R. 1115-9.
2008	27 déc.	Loi n° 2008-1425. De finances pour 2009. – Art. 42 à 45, 47, 48-I, 49, 108, 116, 123, 136, 158, 167 à 169, 171 à 176. – V. CGCT, art. L. 1613-2, L. 1614-8-1, L. 2224-2, L. 2333-92, L. 2334-1 à L. 2334-3, L. 2334-8, L. 2334-13, L. 2334-18-4, L. 2334-24, L. 2334-26, L. 2334-41, L. 2335-2-1, L. 2335-3, L. 2335-16, L. 2573-52, L. 3321-2, L. 3334-4, L. 3334-16, L. 3443-1, L. 4332-3, L. 4425-2, L. 4425-4, L. 5211-29, L. 5214-23-2, L. 5215-35, L. 5216-8-1.
2008	30 déc.	Loi n° 2008-1443. De finances rectificative pour 2008. – Art. 5, 6, 59, 103, 105, 106, 116, 129. – V. CGCT, art. L. 1424-35, L. 1611-2-1, L. 2333-55-1, L. 2334-2, L. 2334-26, L. 2334-29, L. 2573-52, L. 3334-2, L. 3334-6-1, L. 3334-7-2, L. 3334-16-2, L. 3443-2, L. 4434-8, L. 5211-29, L. 5842-8, L. 6264-3, L. 6264-5, L. 6265-1, L. 6364-3, L. 6364-5, L. 6365-1, L. 6473-4.
2009	5 janv.	Décret n° 2009-8. Conseil national de la formation des élus locaux et portant diverses mesures de coordination relatives aux conditions d'exercice des mandats locaux. – V. CGCT, art. R. 1221-1, R. 1221-2, R. 1221-9, R. 1221-11, R. 1221-13, R. 1221-17, R. 1221-18, R. 1221-19, R. 1221-20, R. 1221-21, R. 2123-22-1, R. 2123-13, R. 2123-14, R. 2123-15, R. 2123-19, R. 2511-20, R. 3123-11, R. 3123-12, R. 3123-16, R. 3123-20, R. 4135-10, R. 4135-11, R. 4135-12, R. 4135-16, R. 4135-20.
2009	3 févr.	Décret n° 2009-125. Autorisation préalable des poursuites pour le recouvrement des produits locaux. – V. CGCT, art. R. 1617-24, R. 2342-4, R. 3342-8-1, D. 3342-11, R. 4341-4.

2009	4 févr.	Loi n° 2009-122. De finances rectificative pour 2009. – Art. 1er. – V. CGCT, art. L. 1615-6.
2009	17 févr.	Loi n° 2009-179. Accélération des programmes de construction et d'investissement publics et privés. – Art. 10, 14, 15, 21. – V. CGCT, art. L. 2122-21-1, L. 2122-22, L. 3221-11, L. 3221-11-1, L. 4231-8, L. 4231-8-1.
2009	2 mars	Décret n° 2009-244. Contrats de partenariat. – Art. 1er à 3. – V. CGCT, art. R. 1615-7.
2009	25 mars	Loi n° 2009-323. Mobilisation pour le logement et la lutte contre l'exclusion. – Art. 6. – V. CGCT, art. L. 2335-3, L. 5214-23-2, L. 5215-35, L. 5216-8-1.
2009	25 mars	Ordonnance n° 2009-325. Création de l'Agence de services et de paiement et de l'Établissement national des produits de l'agriculture et de la mer. – Art. 10. – V. CGCT, art. L. 1611-7.
2009	20 avr.	Décret n° 2009-430. Élection des représentants au Parlement européen. – Art. 18. – V. CGCT, art. R. 2151-3.
2009	20 avr.	Loi n° 2009-431. De finances rectificative pour 2009. – Art. 5. – V. CGCT, art. L. 1615-6.
2009	12 mai	Loi n° 2009-526. De simplification et de clarification du droit et d'allègement des procédures. – Art. 25, 82 à 84, 86, 89, 96 à 98, 100, 101, 113, 117 à 119, 121, 125, 138. – V. CGCT, art. L. 1311-13, L. 1611-4, L. 1617-5, L. 1841-1, L. 1874-1, L. 1874-2, L. 1874-3, L. 2122-19, L. 2122-22, L. 2143-3, L. 2213-6-1, L. 2223-34-1, L. 2223-34-2, L. 2223-36, L. 2241-1, L. 2321-2, L. 2331-4, L. 2331-5, L. 2333-1, L. 2573-41, L. 3121-14-1, L. 3121-15, L. 3121-19, L. 3211-2, L. 3213-2, L. 3213-6, L. 3221-10, L. 3221-10-1, L. 4221-5, L. 4221-6, L. 4231-7, L. 4231-7-1, L. 4132-14, L. 5211-9, L. 4132-13-1, L. 4132-18, L. 5212-33, L. 5212-34, L. 5214-28, L. 5214-29, L. 4221-4, L. 4221-5, L. 4424-2, L. 5211-37, L. 5721-7-1, L. 5722-3, L. 5842-19, L. 5842-24.
2009	27 mai	Loi n° 2009-594. Développement économique des outre-mer. – Art. 64, 75. – V. CGCT, art. L. 2334-41, L. 2335-16, L. 2573-55, L. 6264-8.
2009	8 juin	Décret n° 2009-637. Recensement de la population, aux dotations de l'État aux collectivités territoriales et au fonds de solidarité des communes de la région Île-de-France. – Art. 1er, 2, 6 à 10, 12. – V. CGCT, art. R. 2151-4 à R. 2151-7, R. 2334-5-1, R. 2334-6, R. 2334-9-1, R. 2334-9-3 à R. 2334-9-4, R. 2334-19, R. 2334-38, R. 2531-32, R. 2563-3, R. 2563-4, R. 2563-4-1, R. 2571-1, D. 2573-13 à D. 2573-13-4, R. 2573-50, R. 3334-3, R. 3443-1 à R. 3443-2-1, R. 5334-8 à R. 5334-10.
2009	11 juin	Ordonnance n° 2009-664. Organisation du service public de l'emploi et la formation professionnelle à Mayotte. – Art. 2. – V. CGCT, art. L. 4332-1, L. 6173-9.

2009	23 juin	Décret n° 2009-775. Modalités de décompte des effectifs pour l'application des articles L. 2531-2 du code général des collectivités territoriales, L. 834-1 du code de la sécurité sociale, L. 6243-2 et L. 6331-1 du code du travail. – Art. 1er. – V. CGCT, art. D. 2531-9.
2009	23 juin	Décret n° 2009-776. Modalités de décompte des effectifs pour l'application de l'article L. 2333-64 du code général des collectivités territoriales et modification l'article D. 241-26 du code de la sécurité sociale. – Art. 1er. – V. CGCT, art. D. 2333-91.
2009	7 juill.	Loi n° 2009-832. Mode de scrutin de l'élection de l'Assemblée de Corse et certaines dispositions du fonctionnement de la collectivité territoriale de Corse. – V. CGCT, art. L. 4422-18, L. 4422-20.
2009	22 juill.	Loi n° 2009-888. Développement et modernisation des services touristiques. – Art. 21, 27. – V. CGCT, art. L. 2333-55-2, L. 4424-32.
2009	24 juill.	Décret n° 2009-898. Compétence territoriale de certaines directions et de certains services de la préfecture de police. – Art. 6. – V. CGCT, art. R. 2512-27.
2009	3 août	Loi n° 2009-967. De programmation relative à la mise en œuvre du Grenelle de l'environnement. – Art. 51. – V. CGCT, art. L. 5211-61, L. 5216-5.
2009	3 août	Loi organique n° 2009-969. Évolution institutionnelle de la Nouvelle-Calédonie et à la départementalisation de Mayotte. – Art. 63. – V. CGCT, art. L.O. 3446-1.
2009	3 août	Loi n° 2009-971. Gendarmerie. – Art. 6, 7. – V. CGCT, art. L. 6212-3, L. 6312-3, L. 6412-2.
2009	3 août	Loi n° 2009-967. De programmation relative à la mise en œuvre du Grenelle de l'environnement. – Art. 51-II, III. – V. CGCT, art. L. 5211-61, L. 5215-20, L. 5216-5.
2009	25 août	Décret n° 2009-1020. Reconnaissance des qualifications professionnelles dans le secteur funéraire. – V. CGCT, art. R. 2223-57, R. 2223-60, R. 2223-133 à R. 2223-137.
2009	25 août	Arrêté. Mise en œuvre de la vérification des connaissances et des mesures compensatoires pour la reconnaissance des qualifications professionnelles dans le secteur funéraire. – V. ss. CGCT, art. R. 2223-135.
2009	13 oct.	Décret n° 2009-1224. Diverses dispositions relatives aux sapeurs-pompiers volontaires. – Art. 6. – V. CGCT, art. R. 1424-12, R. 1424-23.
2009	26 oct.	Loi n° 2009-1291. Transfert aux départements des parcs de l'équipement et évolution de la situation des ouvriers des parcs et ateliers, App., *Répartition de compétences entre l'État et les collectivités territoriales*, 🏛. – Art. 23. – V. CGCT, art. L. 1424-35-1.
2009	29 oct.	Décret n° 2009-1347. Commission consultative de gestion de la brigade de sapeurs-pompiers de Paris auprès du préfet de police. – V. CGCT, art. D. 2518-12 à D. 2512-21.

2009	17 nov.	Ordonnance n° 2009-1400. Simplification et amélioration des règles budgétaires et comptables applicables aux régions et aux syndicats mixtes de l'article L. 5721-2 du code général des collectivités territoriales. – V. CGCT, art. L. 1523-5, L. 1612-1, L. 4221-4, L. 4311-1, L. 4311-2, L. 4312-1 à L. 4312-10, L. 4313-1 à L. 4313-3, L. 4322-1, L. 4331-3, L. 4342-1, L. 4414-2, L. 5622-3, L. 5622-4, L. 5722-1, L. 5722-4.
2009	17 nov.	Ordonnance n° 2009-1401. Simplification de l'exercice du contrôle de légalité. – V. CGCT, art. L. 2131-2, L. 3131-2, L. 4141-2 s.
2009	24 nov.	Loi n° 2009-1437. Orientation et formation professionnelle tout au long de la vie. – Art. 47, 57. – V. CGCT, art. L. 1611-7, L. 4424-34.
2009	30 nov.	Décret n° 2009-1469. Modification de l'article D. 1872-1 du code général des collectivités territoriales. – V. CGCT, art. D. 1872-1.
2009	10 déc.	Ordonnance n° 2009-1530. Modification de la partie législative du code général des collectivités territoriales. – Art. 1er. – V. CGCT, art. L. 1111-6, L. 1424-24, L. 1424-27, L. 1424-67, L. 1524-5, L. 1612-1, L. 1612-2, L. 1614-9, L. 1615-8, L. 1617-5, L. 1862-1, L. 1872-1, L. 1874-3, L. 2121-39, L. 2122-4, L. 2122-5-1, L. 2122-8, L. 2122-14, L. 2122-22, L. 2123-9, L. 2123-11-1, L. 2123-11-2, L. 2123-18-4, L. 2123-22, L. 2223-11, L. 2411-5, L. 2573-7, L. 2573-33, L. 3122-6-1, L. 3123-7, L. 3123-9-1, L. 3123-9-2, L. 3123-19-1, L. 3212-1, L. 3221-3, L. 3241-1, L. 3312-2, L. 3313-1, L. 3334-16-2, L. 4132-1, L. 4132-13, L. 4133-9, L. 4135-7, L. 4135-9-1, L. 4135-9-2, L. 4135-19-1, L. 4141-2, L. 4221-2, L. 4231-3, L. 4241-1, L. 4312-1, L. 4414-3, L. 4422-9-1, L. 4422-18-1, L. 4425-1, L. 4433-14, L. 4332-1, L. 4432-4, L. 4432-5, L. 4432-7, L. 4432-8, L. 5211-8, L. 5722-7, L. 5842-4, L. 6434-4.
2009	17 déc.	Loi n° 2009-1572. Lutte contre la fracture numérique : – Art. 23, 28, 29. – V. CGCT, art. L. 1425-2, L. 2224-35, L. 5711-4. – Art. 24. – V. ss. CGCT, art. L. 1425-2.
2009	23 déc.	Décret n° 2009-1645. Application de l'article L.O. 6251-3 du code général des collectivités territoriales et approbation totale d'un projet d'acte déterminant dans le domaine de la loi les sanctions applicables en matière d'urbanisme. – Ratifié par L. n° 2010-1487 du 7 déc. 2010, art. 34-I. – Art. 1er. – V. ss. CGCT, art. L.O. 6251-3.
2009	30 déc.	Loi n° 2009-1673. De finances pour 2010. – Art. 40 à 48, 112, 126 à 128. – V. CGCT, art. L. 1615-6, L. 2331-3, L. 2332-2, L. 2333-76, L. 2334-1, L. 2335-3, L. 3332-1, L. 3332-2-1, L. 4331-2-1, L. 5214-23-2, L. 5215-35, L. 5216-8-1, L. 5214-23-2, L. 5215-32, L. 5215-35, L. 5216-8, L. 5216-8-1, L. 5842-29, L. 5214-23, L. 5842-23.
2009	30 déc.	Loi n° 2009-1674. De finances rectificative pour 2009. – Art. 4, 47, 75, 118. – V. CGCT, art. L. 1614-4, L. 1615-2, L. 2333-70, L. 2333-74, L. 2351-6, L. 2531-10.
2009	30 déc.	Décret n° 2009-1683. Redevances dues aux communes, aux départements et aux régions en raison de l'occupation de leur domaine public

		par des ouvrages des services publics de distribution d'eau et d'assainissement. – V. CGCT, art. R. 2333-121 à R. 2333-123, R. 3333-18, R. 4331-1 *[R. 4334-1]*.
2009	30 déc.	Décret n° 2009-1717. Aides à l'investissement immobilier et à la location d'immeubles accordées aux entreprises par les collectivités territoriales et leurs groupements. – V. CGCT, art. R. 1511-5, R. 1511-10, R. 1511-12 à R. 1511-16.
2009	30 déc.	Décret n° 2009-1769. Établissements d'abattage. – V. CGCT, art. R. 2224-32, R. 2333-1 à R. 2333-4.
2009	31 déc.	Décret n° 2009-1785. Simplification et amélioration des règles budgétaires et comptables applicables aux régions et aux syndicats mixtes de l'article L. 5721-2 du code général des collectivités territoriales. – V. CGCT, art. R. 4311-1, R. 4312-1 à R. 4312-8, R. 4313-1 à R. 4313-4, R. 4323-1, R. 4323-2, R. 4341-2, R. 4341-3.
2009	31 déc.	Décret n° 2009-1786. Simplification et amélioration des règles budgétaires et comptables applicables aux régions et aux syndicats mixtes de l'article L. 5721-2 du code général des collectivités territoriales. – V. CGCT, art. D. 4311-2 à D. 4311-5, D. 4312-9, D. 4321-1 à D. 4321-3, D. 4322-1, D. 4331-1, D. 4342-1, D. 4342-12, D. 5722-1.
2010	25 janv.	Loi organique n° 2010-92. Modification du livre III de la sixième partie du code général des collectivités territoriales relatif à Saint-Martin. – V. CGCT, art. L.O. 6314-4, L.O. 6322-2, L.O. 6323-1, L.O. 6351-11-1, L.O. 6352-3, L.O. 6353-3, L.O. 6353-4, L.O. 6353-4-1, L.O. 6380-1.
2010	25 janv.	Loi organique n° 2010-93. Permettant à Saint-Barthélemy d'imposer les revenus de source locale des personnes établies depuis moins de cinq ans. – V. CGCT, art. L.O. 6214-4, L.O. 6223-1, L.O. 6251-11-1.
2010	27 janv.	Décret n° 2010-102. Taux de cotisation obligatoire au fonds de financement de l'allocation de fin de mandat. – V. CGCT, art. D. 1621-2.
2010	23 févr.	Ordonnance n° 2010-177. De coordination avec la loi n° 2009-879 du 21 juillet 2009 portant réforme de l'hôpital et relative aux patients, à la santé et aux territoires. – Art. 10. – V. CGCT, art. L. 1524-2.
2010	31 mars	Décret n° 2010-344. Application de la loi n° 2009-879 du 21 juillet 2009 portant réforme de l'hôpital et relative aux patients, à la santé et aux territoires. – Art. 344, 371. – V. CGCT, art. R. 2213-1-3, R. 2213-1-4, R. 4422-33, D. 5334-3.
2010	27 avr.	Ordonnance n° 2010-418. Dispositions relatives à la sécurité et à la déclaration d'utilité publique des canalisations de transport de gaz, d'hydrocarbures et de produits chimiques. – Art. 4, 14. – V. CGCT, art. L. 2331-2, L. 2333-84, L. 3333-8.
2010	27 avr.	Ordonnance n° 2010-420. Adaptation de dispositions résultant de la fusion de la direction générale des impôts et de la direction générale de la comptabilité publique. – Art. 109. – V. CGCT, art. L. 1424-21, L. 1617-1, L. 2122-5, L. 2221-5-1, L. 2332-2, L. 3332-1-1, L. 4331-2-1, L. 6265-1.

2010	12 mai	Loi n° 2010-476. Jeux d'argent et de hasard en ligne. – Art. 55. – V. CGCT, art. L. 2333-54.
2010	18 mai	Décret n° 2010-516. Diplôme national de thanatopracteur. – V. CGCT, art. D. 2223-122 à D. 2223-126, D. 2223-130 à D. 2223-131.
2010	28 mai	Loi n° 2010-559. Sociétés publiques locales. – Art. 1er, 2. – V. CGCT, art. L. 1411-19, L. 1531-1.
2010	8 juin	Décret n° 2010-633. Organisation et missions des directions régionales des affaires culturelles. – Art. 8. – V. CGCT, art. R. 4421-2.
2010	10 juin	Ordonnance n° 2010-638. Suppression du régime des conservateurs des hypothèques. – Art. 9, 13, 18. – V. CGCT, art. L. 1311-13, L. 4424-2, L. 5211-41-2, L. 5211-41-3, L. 5215-28, L. 5711-4.
2010	29 juin	Décret n° 2010-717. Modification du nombre d'agents de la fonction publique territoriale mis à disposition auprès d'organisations syndicales. – Art. 1er. – V. CGCT, art. R. 1613-2.
2010	5 juill.	Loi n° 2010-751. Rénovation du dialogue social dans la fonction publique. – Art. 35. – V. CGCT, art. L. 5211-4-1.
2010	7 juill.	Décret n° 2010-767. Concours particulier de la dotation générale de décentralisation relatif aux bibliothèques municipales et aux bibliothèques départementales de prêt. – V. CGCT, art. D. 1873-1, D. 6213-2, D. 6313-2.
2010	8 juill.	Décret n° 2010-770. Organisation de la coopération entre la police nationale et la gendarmerie nationale. – Art. 2. – V. CGCT, art. R. 2214-2.
2010	8 juill.	Décret n° 2010-783. Modifications diverses du code général des collectivités territoriales. – V. CGCT, art. R. 2121-9, R. 2122-7, R. 2122-7-1, R. 2122-8, R. 2151-2, R. 2151-4, R. 5211-2.
2010	12 juill.	Loi n° 2010-788. Engagement national pour l'environnement : – Art. 13, 15, 27, 51, 75, 85, 145, 156, 159, 161 à 165, 192, 202, 221, 240, 242, 250, 255. – V. CGCT, art. L. 1413-1, L. 2213-3-1, L. 2223-1, L. 2223-40, L. 2224-5, L. 2224-7-1 à L. 2224-10, L. 2224-11-4, L. 2224-12-2, L. 2224-31, L. 2311-1-1, L. 2411-13, L. 3311-2, L. 4134-2, L. 4241-1, L. 4310-1, L. 4424-15, L. 4424-32, L. 4424-36, L. 4424-37, L. 4433-7 à L. 4433-9, L. 5214-16, L. 5214-16-2, L. 5215-20, L. 5215-20-1, L. 5215-31, L. 5216-5, L. 5311-4. – Art. 252, 254. – V. ss. CGCT, art. L. 2311-1.
2010	3 août	Décret n° 2010-917. Surveillance des opérations et vacations funéraires. – V. CGCT, art. R. 2213-2, R. 2213-2-1, R. 2213-4, R. 2213-11, R. 2213-44 à R. 2213-52, R. 2223-66, R. 2223-76, R. 2512-36, R. 2512-37, R. 2521-3.
2010	3 août	Décret n° 2010-918. Règles comptables applicables aux contrats de régies intéressées. – V. CGCT, art. R. 2222-5, R. 3241-5.

2010	7 oct.	Ordonnance n° 2010-1180. Extension et adaptation en Polynésie française, à Saint-Barthélemy, à Saint-Martin et à Saint-Pierre-et-Miquelon de diverses dispositions de nature législative. – Art. 2. – V. CGCT, art. L. 2573-5, L. 2573-15, L. 5842-2, L. 5842-14, L. 5842-19, L. 5842-24.
2010	29 oct.	Décret n° 2010-1300. Modalités d'encaissement, de recouvrement et de contrôle des prélèvements spécifiques aux jeux de casinos. – Art. 1er, 2. – V. CGCT, art. D. 2333-82-2, D. 2333-82-3.
2010	29 oct.	Arrêté. Modalités d'encaissement, de recouvrement et de contrôle des prélèvements spécifiques aux jeux de casinos exploités en application des articles L. 321-1 et suivants du code de la sécurité intérieure. – V. ss. CGCT, art. D. 2333-82-2.
2010	9 nov.	Loi n° 2010-1330. Réforme des retraites. – Art. 25, 118. – V. CGCT, art. L. 2321-2, L. 3321-1, L. 4321-1.
2010	7 déc.	Loi organique n° 2010-1486. Département de Mayotte. – Art. 1er, 2. – V. CGCT, art. L.O. 1114-1, L.O. 1711-2, L.O. 3445-1, L.O. 3445-9, L.O. 3446-1, L.O. 3511-1, L.O. 3511-3, L.O. 4435-1, L.O. 4435-9, L.O. 4437-2, L.O. 6111-1 à L.O. 6176-2, L.O. 6242-3, L.O. 6342-3, L.O. 6452-3.
2010	7 déc.	Loi n° 2010-1487. Département de Mayotte : – Art. 1er à 7, 37. – V. CGCT, art. L. 1711-1, L. 1711-3, L. 2561-1, L. 2565-1, L. 2572-1 à L. 2572-69, L. 3441-1, L. 3441-5, L. 3442-1, L. 3444-3, L. 3511-2, L. 3511-4, L. 3521-1, L. 3523-1, L. 3531-1, L. 3541-1, L. 3542-1, L. 3543-1, L. 3543-2, L. 4432-9, L. 4432-12, L. 4433-2, L. 4433-3, L. 4433-3-2, L. 4433-4 à L. 4433-4-6, L. 4433-4-10, L. 4433-7, L. 4433-11, L. 4433-12, L. 4433-14 à L. 4433-15-1, L. 4433-17 à L. 4433-24, L. 4433-27, L. 4433-28, L. 4433-31, L. 4434-1, L. 4434-3, L. 4434-4, L. 4437-1, L. 4438-1, L. 4437-1, L. 4437-3, L. 4437-4, L. 4437-5. – Art. 1er-II, 36. – V. ss. CGCT, art. L. 1711-4.
2010	16 déc.	Loi n° 2010-1563. De réforme des collectivités territoriales : – V. CGCT, art. L. 1111-4, L. 1111-8 à L. 1111-10, L. 1211-2, L. 1611-8, L. 1615-2, L. 1615-6, L. 2112-4, L. 2113-1 à L. 2113-22, L. 2114-1, L. 2213-3-1, L. 2214-2, L. 2313-1, L. 2333-67, L. 2334-13, L. 2334-33, L. 2531-12, L. 2571-2, L. 3113-2, L. 3114-1, L. 3121-1, L. 4124-1, L. 4131-1, L. 4131-2, L. 4133-4, L. 4133-6-1, L. 4221-1, 4312-11, L. 5210-1-1 à L. 5210-1-1-A, L. 5111-1, L. 5111-1-1, L. 5211-4-1 à L. 5211-10, L. 5211-12, L. 5211-17, L. 5211-19, L. 5211-25-1, L. 5211-26, L. 5211-28-2, L. 5211-28-3, L. 5211-29, L. 5211-35, L. 5211-39, L. 5211-39-1, L. 5211-40-1 à L. 5211-41-3, L. 5211-43 à L. 5211-45, L. 5211-56, L. 5211-61, L. 5212-7, L. 5212-8, L. 5212-27, L. 5212-33, L. 5212-34, L. 5214-7, L. 5214-21, L. 5214-28, L. 5215-1, L. 5215-6 à L. 5215-8, L. 5215-10, L. 5215-20-1 à L. 5215-22, L. 5215-42, L. 5216-1, L. 5216-3, L. 5216-6, L. 5216-7, L. 5216-9, L. 5216-10, L. 5321-1, L. 5332-2, 5321-5, L. 5333-1 à L. 5333-8, L. 5334-2 à L. 5334-4, L. 5334-6 à L. 5334-15, L. 5341-1 à L. 5341-3, L. 5721-2, L. 5721-7, L. 5731-2 à 5731-3, L. 5813-2, L. 5842-2 à L. 5842-4, L. 5842-9 à L. 5842-11, L. 5842-15, L. 5842-18, L. 5842-19, L. 5842-25, L. 5843-2.

		– Art. 25. – V. ss. CGCT, art. L. 2113-16.
2010	17 déc.	Ordonnance n° 2010-1579. Diverses dispositions d'adaptation au droit de l'Union européenne dans le domaine des déchets. – Art. 24. – V. CGCT, art. L. 2224-2, L. 2224-13 à L. 2224-17, L. 2573-30, L. 4424-37, L. 4424-38, L. 5211-9-2, L. 5211-61, L. 5215-20, L. 5216-5, L. 5711-4.
2010	29 déc.	Loi n° 2010-1657. De finances pour 2011. – Art. 47 à 52, 56, 62, 108, 116, 123, 124, 168, 176 à 179, 181 à 183. – V. CGCT, art. L. 1511-8, L. 1613-1, L. 1614-1, L. 1614-6, L. 2331-3, L. 2331-4, L. 2331-6, L. 2332-2, L. 2333-96, L. 2334-2, L. 2334-13, L. 2334-18-2, L. 2334-18-4, L. 2334-20, L. 2334-24, L. 2334-26, L. 2334-32 à L. 2334-41, L. 2335-1, L. 2335-3, L. 2335-15, L. 2335-16, L. 2522-1, L. 2573-54, L. 2573-54-1, L. 3332-1, L. 3332-1-1, L. 3332-2, L. 3332-2-1, L. 3334-1, L. 3334-3, L. 3334-6, L. 3334-6-1, L. 3334-7-1, L. 3334-16, L. 3334-16-2, L. 3334-17, L. 3335-1, L. 3413-1, L. 4331-2, L. 4331-2-1, L. 4332-3, L. 4332-9, L. 4414-2, L. 4425-2, L. 4425-4, L. 5211-19, L. 5211-23, L. 5211-29, L. 5211-35-1, L. 5214-23, L. 5214-23-2, L. 5215-20-1, L. 5215-32, L. 5215-35, L. 5216-1, L. 5216-8, L. 5216-8-1, L. 5334-3, L. 5334-4, L. 5334-6, L. 5334-7, L. 5842-8, L. 6264-3, L. 6364-3, L. 6364-5, L. 6500.
2011	20 janv.	Ordonnance n° 2011-91. Codification de la partie législative du code minier. – Art. 8. – V. CGCT, art. L. 4141-2, L. 4433-17.
2011	25 janv.	Loi n° 2011-94. Réforme de la représentation devant les cours d'appel. – Art. 32. – V. CGCT, art. L. 2122-22.
2011	27 janv.	Décret n° 2011-112. Composition et renouvellement des conseils économiques, sociaux et environnementaux. – V. CGCT, art. R. 4134-1.
2011	28 janv.	Décret n° 2011-121. Opérations funéraires. – Art. 2 à 6, 8 à 20, 22 à 56, 58 à 65. – V. CGCT, art. D. 1241-1 à D. 1241-4, R. 2213-2-1, R. 2213-2-2, R. 2213-5 à R. 2213-14, R. 2213-18, R. 2213-20, R. 2213-21, R. 2213-24, R. 2213-31 à R. 2213-36, R. 2213-38 à R. 2213-39-1, R. 2213-41, R. 2223-1, R. 2223-2, R. 2223-9, R. 2223-13, R. 2223-23-1 à R. 2223-23-5, R. 2223-29, R. 2223-32-1, R. 2223-55-1, R. 2223-74 à R. 2223-78, D. 2223-84, R. 2223-88, R. 2223-90, R. 2223-93 à R. 2223-95, R. 2223-97, R. 2223-98, R. 2223-99-1, R. 2512-35, D. 2573-16-1.
2011	28 janv.	Décret n° 2011-122. Composition et fonctionnement de la commission départementale de la coopération intercommunale. – V. CGCT, art. R. 5211-19, R. 5211-21 à R. 5211-24, R. 5211-26, R. 5211-27, R. 5211-30, R. 5211-31, R. 5211-38.
2011	7 févr.	Loi n° 2011-156. Solidarité dans les domaines de l'alimentation en eau et de l'assainissement. – V. CGCT, art. L. 2224-12-3-1, L. 2571-2, L. 6213-7.
2011	10 févr.	Décret n° 2011-167. Instituant une procédure de vérification sécurisée des données à caractère personnel contenues dans les actes de l'état civil. – Art. 5. – V. CGCT, art. R. 2122-10.

2011	14 mars	Loi n° 2011-267. Orientation et programmation pour la performance de la sécurité intérieure. – Art. 7, 44 à 46, 89, 96, 131. – V. CGCT, art. L. 2223-42, L. 2573-25, L. 3221-9.
2011	22 mars	Loi n° 2011-302. Diverses dispositions d'adaptation de la législation au droit de l'Union européenne en matière de santé, de travail et de communications électroniques. – Art. 3, 6. – V. CGCT, art. L. 2223-23, L. 2321-5.
2011	25 mars	Décret n° 2011-330. Application de la loi n° 2010-1487 du 7 décembre 2010 relative au Département de Mayotte. – Art. 1er à 5. – V. CGCT, art. R. 1711-1, R. 1711-7, R. 2561-1, R. 2564-1, R. 2564-2, R. 3334-3, R. 3443-1, R. 3511-1, R. 3541-1, R. 3542-1, R. 3543-2, R. 3543-5, R. 3551-1 à R. 3551-4, R. 3551-7 à R. 3551-31, R. 3552-1, R. 3553-1, R. 3554-1, R. 3561-1 à R. 3564-1, R. 3571-1, R. 3571-2, R. 4434-1, R. 4437-1 à R. 4437-6, R. 5831-1, R. 5831-2 à D. 5831-6.
2011	28 mars	Décret n° 2011-346. Application de la loi n° 2010-1487 du 7 décembre 2010 relative au Département de Mayotte. – V. CGCT, art. D. 1424-32-3, D. 1711-2 à D. 1711-6, D. 1711-8, D. 3441-1, D. 3543-1, D. 4437-2-1.
2011	11 avr.	Décret n° 2011-385. Conséquences, au niveau réglementaire, de l'intervention de l'ordonnance n° 2010-18 du 7 janvier 2010 portant création d'une agence nationale chargée de la sécurité sanitaire de l'alimentation, de l'environnement et du travail. – Art. 10. – V. CGCT, art. R. 2213-15, R. 2213-27.
2011	10 mai	Décret n° 2011-511. Mandats confiés par les collectivités territoriales et leurs établissements publics en application de l'article L. 1611-7 du code général des collectivités territoriales. – Art. 1er. – V. CGCT, art. D. 1611-16 à D. 1611-32.
2011	10 mai	Décret n° 2011-514. Dotations de l'État aux collectivités territoriales et à la péréquation des ressources fiscales des départements. – Art. 1er. – V. CGCT, art. R. 1211-4, R. 2334-19 à R. 2334-21, R. 2334-27, R. 2334-31-1, R. 2334-32, R. 2334-34 à R. 2334-38, R. 2531-32, R. 2563-5, R. 2573-52, R. 2573-53, R. 3334-2.
2011	10 mai	Décret n° 2011-515. Calcul des modalités de remboursement des frais de fonctionnement des services mis à disposition dans le cadre de l'article L. 5211-4-1 du code général des collectivités territoriales. – Art. 1er. – V. CGCT, art. D. 5211-16.
2011	11 mai	Arrêté. Fixation des modalités de justification des dépenses des collectivités territoriales, de leurs établissements publics et des établissements publics de santé. – V. ss. CGCT, art. D. 1617-19.
2011	17 mai	Loi n° 2011-525. De simplification et d'amélioration de la qualité du droit : – Art. 2, 24 à 26, 74 à 84, 152. – V. CGCT, art. L. 1211-3, L. 2121-7, L. 2121-21, L. 2122-22, L. 2212-2-2, L. 2213-14, L. 2213-15, L. 2213-32, L. 2215-9, L. 2223-4, L. 2224-12-4, L. 2225-1 à L. 2225-4, L. 3121-15, L. 3211-2, L. 4132-14, L. 4221-5, L. 5211-1 à L. 5211-2, L. 5211-8, L. 5211-9-2, L. 5211-41-2, L. 5215-10, L. 5722-10.

		– Art. 98. – V. ss. CGCT, art. L. 5111-1.
2011	24 mai	Décret n° 2011-574. Partie réglementaire du code du patrimoine (livres I à IV). – Art. 3. – V. CGCT, art. D. 1421-1 à D. 1421-3, D. 1421-4 à D. 1421-8.
2011	17 juin	Décret n° 2011-687. Rapport sur la situation en matière de développement durable dans les collectivités territoriales. – Art. 1er, 2. – V. CGCT, art. D. 2311-15, D. 3311-8, D. 4311-6, D. 4425-18.
2011	23 juin	Loi n° 2011-725. Dispositions particulières relatives aux quartiers d'habitat informel et à la lutte contre l'habitat indigne dans les départements et régions d'outre-mer. – Art. 16. – V. CGCT, art. L. 2243-3, L. 2243-4.
2011	8 juill.	Décret n° 2011-815. Taxe pour la gestion des eaux pluviales urbaines. – Art. 2. – V. CGCT, art. R. 2224-8.
2011	27 juill.	Loi organique n° 2011-883. Collectivités régies par l'article 73 de la Constitution. – Art. 1er à 4, 6. – V. CGCT, art. L.O. 1112-10, L.O. 3445-1, L.O. 3445-4 à L. 3445-7, L.O. 3445-9, L.O. 4435-1, L.O. 4435-4 à L.O. 4435-7, L.O. 4435-9, L.O. 6251-17-1, L.O. 6351-17-1, L.O. 7411-1 à L.O. 7313-1.
2011	27 juill.	Loi n° 2011-884. Collectivités territoriales de Guyane et de Martinique : – V. CGCT, art. L. 3441-1, L. 3441-3, L. 3442-1, L. 4431-1, L. 4432-1, L. 4432-2, L. 4432-9, L. 4432-12, L. 4433-2, L. 4433-3, L. 4433-4, L. 4433-4-2, L. 4433-4-3, L. 4433-4-5 à L. 4433-4-7, L. 4433-4-10, L. 4433-7, L. 4433-11 à L. 4433-24, L. 4433-27, L. 4433-28, L. 4433-31, L. 4433-2, L. 4434-1, L. 4434-3, L. 4434-4, L. 4433-13, L. 4436-1 à L. 4436-6, L. 5911-1, L. 7111-1 à L. 71-123-1, L. 7211-1 à L. 7211-2-1, L. 7421-1 à L. 7424-3. – Art. 15-III, 16, 21. – V. ss. CGCT, 7e partie, . – Art. 17, 18. – V. ss. CGCT, art. L.O. 4435-2.
2011	29 juill.	Loi n° 2011-900. De finances rectificative pour 2011 : – Art. 21. – V. ss. CGCT, art. L. 5212-20. – Art. 32. – V. CGCT, art. L. 2334-33, L. 2334-35.
2011	1er août	Loi n° 2011-915. Organismes de placement collectif en valeurs mobilières et modernisation du cadre juridique de la gestion d'actifs. – Art. 25. – V. CGCT, art. L. 4211-1.
2011	10 août	Décret n° 2011-959. Modalités de répartition et de gestion de la dotation territoriale pour l'investissement des communes de la Polynésie française. – Art. 1er. – V. CGCT, art. R. 2573-41, R. 2573-43, R. 2573-58-1, R. 2573-58-2.
2011	23 août	Décret n° 2011-992. Transmission d'informations aux autorités organisatrices des transports urbains prévue aux art. L. 2333-70 et L. 2531-6 du code général des collectivités territoriales. – Art. 1er à 3. – V. CGCT, art. R. 2333-104-1, R. 2531-22-1.

2011	25 août	Décret n° 2011-1000. Modifications de certaines dispositions applicables aux marchés et contrats relevant de la commande publique. – Art. 50. – V. CGCT, art. R. 2131-6.
2011	30 août	Décret n° 2011-1039. Application à Mayotte des dispositions relatives à la dotation d'équipement des territoires ruraux. – Art. 1er. – V. CGCT, art. R. 2564-3 à R. 2564-5.
2011	14 oct.	Décret n° 2011-1304. Chambres funéraires, véhicules de transport de corps et crématoriums. – Art. 1er à 6. – V. CGCT, art. D. 2223-87, D. 2223-113, D. 2223-114, D. 2223-119.
2011	22 nov.	Décret n° 2011-1612. Première, deuxième, troisième et quatrième parties réglementaires du code général de la propriété des personnes publiques. – Art. 9. – V. CGCT, art. R. 2241-1 à R. 2241-7, R. 3213-1 à R. 3213-8, R. 4221-1 à R. 4221-9, R. 5211-13-1 à R. 5211-13-6, R. 5212-1-1-1, R. 5722-2.
2011	1er déc.	Ordonnance n° 2011-1708. Application à Mayotte des deuxième et cinquième parties du code général des collectivités territoriales. – Ratifiée par L. n° 2012-1270 du 20 nov. 2012. – Art. 1er à 3, 5. – V. CGCT, art. L. 2561-1, L. 2564-1 à L. 2564-29, L. 5831-1 à L. 5832-3.
2011	5 déc.	Loi n° 2011-1749. Plan d'aménagement et de développement durable de Corse. – Art. 1er à 5. – V. CGCT, art. L. 4424-9 à L. 4424-14.
2011	6 déc.	Arrêté. Modèle d'attestation d'exemption, d'exonération ou de franchise des taxes locales sur la consommation finale d'électricité. – V. ss. CGCT, art. L. 3333-2.
2011	19 déc.	Ordonnance n° 2011-1895. Partie législative du code des procédures civiles d'exécution. – Art. 3. – V. CGCT, art. L. 1617-5.
2011	19 déc.	Décret n° 2011-1905. Commissions tripartites prévues à l'article 15 de la loi n° 2011-884 du 27 juillet 2011 relative aux collectivités territoriales de Guyane et de Martinique, 🏛.
2011	20 déc.	Décret n° 2011-1907. Modalités applicables à la transmission par le délégataire au délégant des supports techniques nécessaires pour la facturation de l'eau. – V. CGCT, art. R. 2224-18.
2011	23 déc.	Décret n° 2011-1951. Durées d'amortissement des subventions d'équipement versées par les communes. – V. CGCT, art. R. 2321-1.
2011	23 déc.	Décret n° 2011-1961. Durées d'amortissement des subventions d'équipement versées par les départements, les régions, la collectivité de Saint-Barthélemy, la collectivité de Saint-Martin et les communes de la Nouvelle-Calédonie. – Art. 1er, 3. – V. CGCT, art. D. 3321-1, D. 4321-1, D. 6263-1, D. 6363-1.
2011	28 déc.	Loi n° 2011-1977. De finances pour 2012. – Art. 29, 30, 32, 33, 93, 138 à 145. – V. CGCT, art. L. 1211-3, L. 1613-1, L. 1614-1, L. 1614-10, L. 2113-22, L. 2333-67, L. 2334-3 à L. 2334-6, L. 2334-13, L. 2334-18-3, L. 2334-18-4, L. 2334-21, L. 2334-26, L. 2334-32, L. 2334-33, L. 2334-35, L. 2334-41, L. 2335-1, L. 2335-3, L. 2336-1 à L. 2336-7, L. 2337-1 à L. 2337-3, L. 2531-13, L. 2531-14,

		L. 2573-56, L. 3334-1 à L. 3334-4, L. 3334-6, L. 3334-6-1, L. 3334-7-1, L. 3334-16, L. 3334-16-2, L. 3334-17, L. 3335-2, L. 3336-1, L. 4332-3, L. 4333-1, L. 4425-2, L. 4425-4, L. 4434-9, L. 5211-29, L. 6364-5.
2011	28 déc.	Loi n° 2011-1978. De finances rectificative pour 2011 : – Art. 7, 44, 46 à 48, 59, 75, 86. – V. CGCT, art. L. 1611-2-1, L. 1617-5, L. 2224-31, L. 2333-4 anc., L. 2333-6 à L. 2333-11, L. 2333-14 à L. 2333-16, L. 3232-2, L. 3332-2-1. – Art. 86. – V. ss. CGCT, art. L. 1611-2-1.
2011	28 déc.	Décret n° 2011-1996. Modalités d'application des taxes locales sur la consommation finale d'électricité. – Art. 1er. – V. CGCT, art. D. 2333-5, D. 5212-2.
2011	29 déc.	Décret n° 2011-2018. Réforme de l'enquête publique relative aux opérations susceptibles d'affecter l'environnement. – Art. 9. – V. CGCT, art. R. 2224-8.
2011	29 déc.	Décret n° 2011-2036. Application de l'article 55 de la loi n° 2010-1658 du 29 décembre 2010 de finances rectificative pour 2010 et modalités de recouvrement des produits locaux. – Art. 1er-I, 4. – V. CGCT, art. D. 1617-23, R. 1617-24, R. 2342-4, D. 2343-7, R. 3342-8-1, D. 3342-10, R. 4341-4, D. 4342-10.
2011	30 déc.	Décret n° 2011-2065. Règles de passation des baux emphytéotiques administratifs. – Art. 1er, 3. – V. CGCT, art. R. 1311-1 à R. 1311-8.
2012	5 janv.	Ordonnance n° 2012-11. Clarification et simplification des procédures d'élaboration, de modification et de révision des documents d'urbanisme. – Ratifiée par L. n° 2014-366 du 24 mars 2014. – Art. 11, 19. – V. CGCT, art. L. 4433-9.
2012	27 janv.	Décret n° 2012-97. Définition d'un descriptif détaillé des réseaux des services publics de l'eau et de l'assainissement et d'un plan d'actions pour la réduction des pertes d'eau du réseau de distribution d'eau potable. – Art. 1er. – V. CGCT, art. D. 2224-5-1.
2012	30 janv.	Décret n° 2012-124. Mise en œuvre de diverses dispositions de la loi n° 2010-1563 du 16 décembre 2010 de réforme des collectivités territoriales. – Art. 1er, 3 à 6. – V. CGCT, art. R. 2113-1 à R. 2113-12, R. 2113-14 à R. 2113-16, R. 2113-18 à R. 2113-23, D. 2123-25, R. 2335-5, R. 2531-25, R. 5111-1, R. 5211-1-1, R. 5211-1-2, R. 5211-3, R. 5211-4, D. 5211-5-2, R. 5212-17, D. 5212-16, R. 5214-2, R. 5215-1, D. 5334-3, R. 5842-2, D. 5842-3, D. 5842-10, D. 5842-11.
2012	20 févr.	Décret n° 2012-237. Classification des véhicules et sanctions applicables en cas d'infraction à une mesure d'interdiction ou de restriction de la circulation dans les zones d'actions prioritaires pour l'air. – Art. 3. – V. CGCT, art. R. 2334-12.
2012	29 févr.	Loi n° 2012-281. Assouplissement des règles relatives à la refonte de la carte intercommunale. – Art. 2 à 4, 6 à 9, 10. – V. CGCT, art. L. 5111-6, L. 5210-1-1, L. 5210-1-2, L. 5211-6, L. 5211-9-2, L. 5211-41-3.

2012	6 mars	Décret n° 2012-330. Concours particulier de la dotation générale de décentralisation pour l'établissement et la mise en œuvre des documents d'urbanisme dans le Département de Mayotte. – Art. 1er à 5. – V. CGCT, art. R. 1614-42, R. 1614-50.
2012	12 mars	Loi n° 2012-347. Accès à l'emploi titulaire et à l'amélioration des conditions d'emploi des agents contractuels dans la fonction publique, à la lutte contre les discriminations et portant diverses dispositions relatives à la fonction publique. – Art. 42, 56. – V. CGCT, art. L. 2131-2, L. 2321-2, L. 3131-2, L. 3321-1, L. 4141-2, L. 4321-1.
2012	12 mars	Ordonnance n° 2012-351. Partie législative du code de la sécurité intérieure. – Art. 7. – V. CGCT, art. L. 1424-8-1, L. 2211-1, L. 2211-4, L. 2212-5, L. 2212-5-1, L. 2213-17, L. 2512-13-1, L. 2512-16, L. 2542-9, L. 2573-18, L. 2573-19, L. 2573-23, L. 3214-1, L. 3221-8, L. 4231-6, L. 5211-9, L. 5211-9-2, L. 5211-59.
2012	14 mars	Loi n° 2012-354. De finances rectificative pour 2012. – Art. 2, 24, 25, 26, 35. – V. CGCT, art. L. 1111-10, L. 1615-6, L. 2531-13, L. 5211-29.
2012	22 mars	Loi n° 2012-387. Simplification du droit et allégement des démarches administratives. – Art. 33. – V. CGCT, art. L. 2333-67, L. 2531-4.
2012	6 avr.	Décret n° 2012-463. Liste des communes mentionnée au 2° de l'article L. 2531-4 du code général des collectivités territoriales. – V. CGCT, art. R. 2531-6.
2012	20 avr.	Décret n° 2012-526. Modification de l'article R. 1424-23-1 du code général des collectivités territoriales. – V. CGCT, art. R. 1424-23-1.
2012	26 avr.	Ordonnance n° 2012-576. Extension et adaptation à Mayotte du code de la construction et de l'habitation ainsi que de diverses lois relatives au logement. – Ratifiée par L. n° 2012-1270 du 20 nov. 2012. – Art. 12. – V. ss. CGCT, art. L. 1711-5.
2012	30 avr.	Décret n° 2012-608. Diplômes dans le secteur funéraire. – V. CGCT, art. D. 2223-55-2 à D. 2223-55-9, D. 2223-55-11 à D. 2223-55-17.
2012	2 mai	Décret n° 2012-615. Sécurité, autorisation et déclaration d'utilité publique des canalisations de transport de gaz, d'hydrocarbures et de produits chimiques. – Art. 7. – V. CGCT, art. R. 2333-120, R. 3333-17.
2012	7 mai	Décret n° 2012-716. Application des articles L. 1111-8 et L. 1111-10 du code général des collectivités territoriales. – Art. 1er. – V. CGCT, art. R. 1111-1.
2012	7 mai	Décret n° 2012-717. Dotations de l'État aux collectivités territoriales et à la péréquation des ressources fiscales. – V. CGCT, art. R. 2334-2, R. 2334-3-1, R. 2336-1, R. 2336-2, R. 2336-4, R. 2336-5, R. 2337-1 à R. 2337-7, R. 2531-32, R. 2531-33, R. 3336-1.
2012	23 juill.	Décret n° 2012-908. Péréquation des ressources fiscales des communes et établissements publics de coopération intercommunale de

		Mayotte, de la Nouvelle-Calédonie, de la Polynésie française, de Saint-Pierre-et-Miquelon et des circonscriptions territoriales des îles Wallis-et-Futuna. – V. CGCT, art. R. 2336-7 à R. 2336-12.
2012	16 août	Loi n° 2012-958. De finances rectificative pour 2012. – Art. 1er. – V. CGCT, art. L. 1615-6.
2012	24 sept.	Décret n° 2012-1078. Facturation en cas de fuites sur les canalisations d'eau potable après compteur. – V. CGCT, art. R. 2224-19-2, R. 2224-20-1.
2012	7 nov.	Décret n° 2012-1247. Adaptation de divers textes aux nouvelles règles de la gestion budgétaire et comptable publique. Art. 2, 12. – V. CGCT, art. D. 1115-5, D. 1115-6, R. 1424-29, R. 1617-1, D. 1617-21, D. 1617-23, R. 2221-31, R. 2221-76, R. 2334-16, R. 2337-6, R. 2342-1, D. 2343-8, R. 3341-1, R. 4341-1.
2012	20 nov.	Loi n° 2012-1270. Régulation économique outre-mer. – Art. 26. – V. CGCT, art. L. 1111-10.
2012	30 nov.	Décret n° 2012-1337. Commission départementale de coopération intercommunale de Mayotte. – V. CGCT, art. R. 5832-1.
2012	13 déc.	Ordonnance n° 2012-1397. Règles budgétaires, financières et comptables applicables aux collectivités territoriales de Guyane et de Martinique. – Ratifiée par L. n° 2013-1029 du 15 nov. 2013. – V. CGCT, art. L. 1615-6, L. 71-111-1 à L. 71-111-15, L. 71-113-4, L. 71-113-5, L. 71-114-1, L. 71-114-2, L. 72-101-1 à L. 72-101-15, L. 72-103-3, L. 72-103-4, L. 72-104-1, L. 72-104-2.
2012	13 déc.	Ordonnance n° 2012-1398. Transfert des personnels et des biens et obligations des départements et des régions aux collectivités territoriales de Guyane et de Martinique. – Ratifiée par L. n° 2013-1029 du 15 nov. 2013. – Art. 5, 6. – V. CGCT, art. L. 7431-1 à L. 7431-3.
2012	17 déc.	Loi n° 2012-1404. De financement de la sécurité sociale pour 2013. – Art. 18. – V. CGCT, art. L. 2123-25-2, L. 2123-27, L. 2123-29, L. 2321-2, L. 2573-8, L. 3123-20-2, L. 3123-22, L. 3321-1, L. 3542-1, L. 4135-20-2, L. 4135-22, L. 4135-24, L. 4321-1.
2012	20 déc.	Décret n° 2012-1436. Modalités de mise en œuvre de l'article L. 1617-5 (9°) du code général des collectivités territoriales. – V. CGCT, art. D. 1617-25.
2012	26 déc.	Décret n° 2012-1462. Application de l'ordonnance n° 2010-638 du 10 juin 2010 portant suppression du régime des conservateurs des hypothèques et adaptation de la publicité foncière. – Art. 35. – V. CGCT, art. D. 2343-7, D. 2573-23, R. 4422-37.
2012	26 déc.	Décret n° 2012-1463. Application de l'ordonnance n° 2010-638 du 10 juin 2010 portant suppression du régime des conservateurs des hypothèques et adaptation de la publicité foncière. – Art. 2. – V. CGCT, art. D. 3342-10, D. 4342-10.
2012	29 déc.	Loi n° 2012-1509. De finances pour 2013. – Art. 31, 32, 36, 84, 110, 111, 112, 113. – V. CGCT, art. L. 1613-1, L. 1614-9, L. 1711-5,

		L. 2113-21, L. 2334-4, L. 2334-5, L. 2334-13, L. 2334-18-3, L. 2334-33, L. 2334-35, L. 2334-41, L. 2335-2-1, L. 2335-3, L. 2336-2, L. 2336-3, L. 2336-5, L. 2336-6, L. 2531-4, L. 2531-13, L. 2531-14, L. 2573-52, L. 3334-1, L. 3334-3, L. 3334-16-2, L. 3334-17, L. 3335-1, L. 3335-2, L. 4332-9, L. 5211-29.
2012	29 déc.	Loi n° 2012-1510. De finances rectificative pour 2012. – Art. 37, 51. – V. CGCT, art. L. 1612-1, L. 1612-2, L. 2333-14, L. 2333-15, L. 2336-3, L. 3332-2-1.
2012	31 déc.	Loi n° 2012-1561. Représentation communale dans les communautés de communes et d'agglomération. – V. CGCT, art. L. 5211-6-1, L. 5211-10, L. 5211-12, L. 5215-16, L. 5216-4, L. 5216-4-1, L. 5842-5.
2013	18 janv.	Loi n° 2013-61. Mobilisation du foncier public en faveur du logement et renforcement des obligations de production de logement social. – Art. 21. – V. CGCT, art. L. 5333-2.
2013	28 janv.	Loi n° 2013-100. Diverses dispositions d'adaptation de la législation au droit de l'Union européenne en matière économique et financière. – Art. 41. – V. CGCT, art. L. 1612-18.
2013	19 févr.	Décret n° 2013-153. Inscription des formations professionnelles suivies par les sapeurs-pompiers volontaires dans le champ de la formation professionnelle continue prévue par le code du travail. – V. CGCT, art. R. 1424-52-1.
2013	11 mars	Décret n° 2013-206. Taxe locale sur la publicité extérieure. – V. CGCT, art. R. 2333-10 à R. 2333-17.
2013	25 mars	Décret n° 2013-253. Dispositions de la quatrième partie réglementaire du code des transports (Décrets en Conseil d'État et décrets simples). – Art. 6. – V. CGCT, art. R. 1311-7.
2013	26 mars	Décret n° 2013-258. Transmission au contrôle de légalité par voie électronique des actes des autorités de la collectivité territoriale, de ses établissements publics et des sociétés d'économie mixte locales de Saint-Pierre-et-Miquelon. – V. CGCT, art. R. 6451-1 à R. 6451-5.
2013	29 mars	Décret n° 2013-268. Modification du code des juridictions financières. – Art. 76. – V. CGCT, art. R. 1411-6.
2013	15 avr.	Loi n° 2013-312. Préparation de la transition vers un système énergétique sobre et diverses dispositions sur la tarification de l'eau et sur les éoliennes. – Art. 7, 27. – V. CGCT, art. L. 2224-12-1, L. 2224-31, L. 3232-2.
2013	26 avr.	Décret n° 2013-363. Dotations de l'État aux collectivités territoriales et péréquation des ressources fiscales. – V. CGCT, art. R. 1614-41, R. 1614-42, R. 1614-44 à R. 1614-49, R. 1614-52 à R. 1614-57, R. 2334-37, R. 2334-38, R. 2336-2 à R. 2336-6, R. 2531-33, R. 3335-1, R. 3335-3, R. 4434-3.
2013	17 mai	Loi organique n° 2013-402. Élection des conseillers municipaux, des conseillers communautaires et des conseillers départementaux : – Art. 3. – V. *Avertissement* en début d'ouvrage.

		– Art. 3, 4, 7. – V. CGCT, art. L.O. 1112-10, L.O. 1112-12, L.O. 6224-3, L.O. 6325-3, L.O. 6434-3.
2013	17 mai	Loi n° 2013-403. Élection des conseillers départementaux, des conseillers municipaux et des conseillers communautaires, et modification du calendrier électoral : – Art. 1er. – V. *Avertissement* en début d'ouvrage. – Art. 1er, 2, 19 à 21, 28, 29, 35 à 42, 46, 48. – V. CGCT, art. L. 2121-1, L. 2121-2, L. 2121-22, L. 2122-7-1, L. 2122-7-2, L. 2122-9, L. 2122-10, L. 2123-20, L. 3113-2, L. 3121-1, L. 3121-9, L. 3121-22-1, L. 3122-1, L. 3122-2, L. 3122-5, L. 3122-6, L. 3123-9-2, L. 3123-18, L. 4131-1, L. 4135-18, L. 5211-1, L. 5211-6 à L. 5211-7, L. 5211-12, L. 5211-39, L. 5211-41, L. 5211-41-2, L. 5211-41-3, L. 5211-53, L. 5212-7-1, L. 5214-9, L. 5215-16 à L. 5215-18, L. 5216-1, L. 5216-4 à L. 5216-4-2, L. 5332-2, L. 5841-1, L. 5842-4, L. 5842-6, L. 5842-25, L. 7125-21, L. 7227-22.
2013	17 mai	Décret n° 2013-412. Sapeurs-pompiers volontaires. – V. ss. CGCT, art. L. 1424-5.
2013	27 mai	Loi n° 2013-428. Modernisation du régime des sections de commune. – Art. 1er à 20, 22, 23. – V. CGCT, art. L. 2112-7 à L. 2112-10, L. 2242-2, L. 2411-1 à L. 2411-12-3, L. 2411-14 à L. 2411-17-1, L. 2411-19, L. 2412-1, L. 2544-3 à L. 2544-6, L. 2544-8, L. 2544-9, L. 2573-58.
2013	20 juin	Ordonnance n° 2013-519. Modification de certaines dispositions du code de la sécurité intérieure (partie législative) relatives à l'outre-mer. – Art. 7. – V. CGCT, art. L. 2573-17.
2013	27 juin	Ordonnance n° 2013-544. Établissements de crédit et sociétés de financement. – Ratifiée par L. n° 2014-1 du 2 janv. 2014. – Art. 9. – V. CGCT, art. L. 1311-9, L. 1511-3, L. 2253-7, L. 3231-7, L. 4211-1, L. 4253-3, L. 4424-28-1.
2013	8 juill.	Loi n° 2013-595. Orientation et programmation pour la refondation de l'école de la République. – Art. 31, 76. – V. CGCT, art. L. 3321-1, L. 4424-1, L. 71-113-3, L. 72-103-2.
2013	25 juill.	Ordonnance n° 2013-676. Modification du cadre juridique de la gestion d'actifs. – Ratifiée par L. n° 2014-1 du 2 janv. 2014. – Art. 41. – V. CGCT, art. L. 1618-2.
2013	26 juill.	Loi n° 2013-672. Séparation et régulation des activités bancaires : – Art. 32, 35, 73, 74. – V. CGCT, art. L. 1611-3-1, L. 2223-33-1, L. 2223-34-1, L. 2337-3. – Art. 32, 33. – V. ss. CGCT, art. L. 1611-3-1, .
2013	1er août	Décret n° 2013-703. Suppression de la participation de la direction générale des finances publiques à divers organismes collégiaux. – Art. 1er. – V. CGCT, art. R. 4433-34.
2013	5 août	Loi n° 2013-713. Fixation du nombre et de la répartition des sièges de conseiller de Paris. – Art. 2. – V. CGCT, art. L. 2511-25.

2013	3 oct.	Ordonnance n° 2013-888. Procédure intégrée pour le logement. – Ratifiée par L. n° 2014-366 du 24 mars 2014. – Art. 2. – V. CGCT, art. L. 4424-15-1, L. 4433-10-1.
2013	11 oct.	Loi organique n° 2013-906. Transparence de la vie publique. – Art. 15. – V. CGCT, art. L.O. 6221-1, L.O. 6321-1, L.O. 6431-1.
2013	11 oct.	Loi n° 2013-907. Transparence de la vie publique. – Art. 34. – V. CGCT, art. L. 2123-18-1-1, L. 3123-19-3, L. 4135-19-3, L. 5211-13-1.
2013	17 oct.	Loi n° 2013-921. Création d'un Conseil national d'évaluation des normes applicables aux collectivités territoriales et à leurs établissements publics. – V. CGCT, art. L. 1212-1 à L. 1212-4.
2013	18 oct.	Décret n° 2013-938. Application de la loi n° 2013-403 du 17 mai 2013 relative à l'élection des conseillers départementaux, des conseillers municipaux et des conseillers communautaires, et modification du calendrier électoral : – Art. 1er. – V. *Avant-propos* en début d'ouvrage. – Art. 26, 39. – V. CGCT, art. R. 1112-3, R. 2121-2 à R. 2121-4, R. 2151-4.
2013	15 nov.	Loi n° 2013-1029. Diverses dispositions relatives aux outre-mer. – Art. 12, 13, 27. – V. CGCT, art. L. 1451-1, L. 1711-4, L. 4433-9.
2013	6 déc.	Décret n° 2013-1113. Dispositions des livres I, II, IV et V de la partie réglementaire du code de la sécurité intérieure (Décrets en Conseil d'État et décrets simples). – Art. 7, 9. – V. CGCT, art. D. 2211-1, D. 2211-2 à D. 2211-4, R. 2212-1 à R. 2212-15, R. 2213-58 à R. 2213-60, D. 2215-1, R. 2512-15-1 à D. 2512-15-14, D. 2573-14 à D. 2573-16, D. 2573-19, D. 5211-53, D. 5211-54.
2013	6 déc.	Loi n° 2013-1117. Lutte contre la fraude fiscale et la grande délinquance économique et financière. – Art. 41. – V. CGCT, art. L. 1617-5.
2013	19 déc.	Ordonnance n° 2013-1185. Taux de garantie que les collectivités territoriales et leurs groupements peuvent apporter à des emprunts souscrits par un concessionnaire d'aménagement. – Ratifiée par L. n° 2014-366 du 24 mars 2014. – V. CGCT, art. L. 2252-2, L. 3231-4-1, L. 4253-2.
2013	19 déc.	Décret n° 2013-1194. Formation dans le secteur funéraire. – V. CGCT, art. D. 2223-35, D. 2223-36, D. 2223-39 à R. 2223-41, R. 2223-43 à R. 2223-49, R. 2223-53 à R. 2223-55, D. 2223-55-9, D. 2223-55-10.
2013	23 déc.	Loi n° 2013-1203. De financement de la sécurité sociale pour 2014. – Art. 19. – V. CGCT, art. L. 3332-2-1.
2013	29 déc.	Loi n° 2013-1278. De finances pour 2014 : – Art. 37, 38, 41, 44, 73, 78, 80, 95, 132 à 137. – V. CGCT, art. L. 1613-1, L. 1615-6, L. 2113-22, L. 2333-76, L. 2334-1, L. 2334-13, L. 2334-41, L. 2335-3, L. 2336-3, L. 2336-5, L. 2531-13, L. 2564-27, L. 2573-46, L. 3334-1, L. 3334-3, L. 3334-4, L. 3334-16-2, L. 3334-17, L. 3335-3, L. 3335-4, L. 4332-1.

		– Art. 44. – V. Ord. n° 2012-576 du 26 avr. 2012, art. 12, ss. CGCT, art. L. 1711-5. – Art. 92. – V. ss. CGCT, art. L. 1611-3-1, .
2013	29 déc.	Loi n° 2013-1279. De finances rectificative pour 2013. – Art. 45, 46, 49, 82. – V. CGCT, art. L. 2113-5, L. 2332-2, L. 2336-5, L. 2513-3, L. 2513-7, L. 3332-1-1, L. 3332-2-1, L. 4331-2-1, L. 5211-35-2, L. 5212-24, L. 5215-32, L. 5216-8.
2014	8 janv.	Décret n° 2014-17. Fixation des règles budgétaires, financières et comptables applicables aux collectivités territoriales de Guyane et de Martinique. – V. CGCT, art. R. 4434-1, D. 71-110-1 à D. 71-114-16, D. 72-100-1 à D. 72-104-16.
2014	27 janv.	Loi n° 2014-58. Modernisation de l'action publique territoriale et affirmation des métropoles : – Art. 1er à 6, 8 à 10, 12, 19, 26, 27, 32, 40 à 43, 45 à 47, 50, 51, 55, 56, 58 à 63, 67 à 72, 76 à 79, 92 à 94. – V. CGCT, art. L. 1111-9, L. 1111-9-1, L. 1115-5, L. 1424-69 à L. 1424-76, L. 1425-2, L. 1511-1-2, L. 1521-1, L. 1611-8, L. 2112-6, L. 2122-22, L. 2213-1, L. 2213-2, L. 2213-6, L. 2213-33, L. 2224-13, L. 2312-1, L. 2321-2, L. 2331-3, L. 2331-4, L. 2333-68, L. 2333-87, L. 2513-5, L. 2531-5, L. 2573-19, L. 2573-50, L. 2581-1, L. 3211-1 à L. 3211-2, L. 3312-1, L. 3321-1, L. 3611-1, L. 3611-2, L. 3621-1, L. 3621-3 à L. 3651-1, L. 3651-3 à L. 3663-8, L. 4124-1, L. 4133-3, L. 4221-1, L. 4221-1-1, L. 4221-5, L. 4312-1, L. 4321-1, L. 4424-9, L. 4424-10, L. 4433-1, L. 4433-7, L. 5111-1, L. 5111-1-1, L. 5111-7, L. 5210-1-1, L. 5211-4-1, L. 5211-4-2, L. 5211-5, L. 5211-6-1, L. 5211-9-2, L. 5211-10, L. 5211-28-2, L. 5211-28-3, L. 5211-29, L. 5211-39, L. 5211-41, L. 5211-41-1, L. 5214-16, L. 5214-16-2, L. 5214-23, L. 5215-1, L. 5215-20, L. 5215-20-1, L. 5215-22, L. 5215-32, L. 5215-40-1, L. 5216-1, L. 5216-5, L. 5216-7, L. 5216-8, L. 5216-10, L. 5217-1 à L. 5217-19, L. 5218-1 à L. 5218-10, L. 5219-1 à L. 5219-10, L. 5721-2, L. 5722-7, L. 5722-7-1, L. 5731-1 à L. 5731-3, L. 5741-1 à L. 5741-5, L. 5821-1, L. 5832-2, L. 5842-2, L. 5842-4. – Art. 11. – V. ss. CGCT, art. L. 5210-1-1. – Art. 12, . – Art. 38. – V. ss. CGCT, art. L. 3663-3. – Art. 39. – V. CGCT, avant art. L. 3611-1. – Art. 65. – V. ss. CGCT, art. L. 5211-9-2. – Art. 79. – V. ss. CGCT, art. L. 5741-1. – Art. 91. – V. ss. CGCT, art. L. 1614-1.
2014	14 févr.	Loi organique n° 2014-125. Interdiction du cumul de fonctions exécutives locales avec le mandat de député ou de sénateur. – Art. 9. – V. CGCT, art. L. 2122-18, L. 3221-3, L. 4231-3, L. 5211-9.
2014	21 févr.	Loi n° 2014-173. Programmation pour la ville et la cohésion urbaine. – Art. 7, 11, 24, 26. – V. CGCT, art. L. 1111-2, L. 1811-2, L. 2143-1, L. 2251-3, L. 2313-1, L. 2334-18-2, L. 3641-1, L. 5214-1, L. 5214-16, L. 5215-1, L. 5215-20, L. 5215-20-1, L. 5216-1, L. 5216-5, L. 5217-2, L. 5219-1.

2014	5 mars	Loi n° 2014-288. Formation professionnelle, emploi et démocratie sociale. – Art. 23. – V. CGCT, art. L. 4424-1, L. 4424-34.
2014	17 mars	Loi n° 2014-344. Consommation. – Art. 22. – V. CGCT, art. L. 2224-12-2-1.
2014	24 mars	Loi n° 2014-366. Accès au logement et un urbanisme rénové : – Art. 39, 71, 75, 79, 129, 136, 148, 149, 154. – V. CGCT, art. L. 1611-7, L. 2243-2 à L. 2243-4, L. 2511-15, L. 2573-20, L. 3221-12, L. 3642-2, L. 4231-8-2, L. 4424-26-1 à L. 4424-26-5, L. 4433-9, L. 5211-9, L. 5211-9-2, L. 5211-62, L. 5214-16, L. 5216-5. – Art. 136. – V. ss. CGCT, art. L. 5214-16.
2014	29 avr.	Décret n° 2014-444. Fonds de soutien aux collectivités territoriales et à certains établissements publics ayant souscrit des contrats de prêt ou des contrats financiers structurés à risque. – V. ss. CGCT, art. L. 1611-3-1, .
2014	30 avr.	Décret n° 2014-446. Application de la loi n° 2013-921 du 17 octobre 2013 portant création d'un Conseil national d'évaluation des normes applicables aux collectivités territoriales et à leurs établissements publics. – Art. 1er à 4, 7, 8. – V. CGCT, art. R. 1213-1 à R. 1213-12, R. 1213-14 à R. 1213-28, R. 1231-1 à D. 1231-11.
2014	19 mai	Décret n° 2014-503. Dotations de l'État aux collectivités territoriales et péréquation des ressources fiscales. – V. CGCT, art. R. 2334-3-2, R. 2334-37, R. 2531-32, R. 3335-4, R. 3335-5, R. 4332-16.
2014	19 mai	Décret n° 2014-508. Mission de préfiguration de la métropole du Grand Paris. – V. avant CGCT, art. L. 5219-1, .
2014	27 mai	Décret n° 2014-551. Adaptation de dispositions pour faire suite à la fusion de la direction générale des impôts et de la direction générale de la comptabilité publique. – Art. 3. – V. CGCT, art. R. 1424-29, R. 1431-16, R. 1431-17, R. 1511-4, R. 2114-2, R. 2221-15, R. 2221-30, R. 2221-33, R. 2221-59, R. 2221-76, R. 2221-96, R. 2334-16, R. 2337-7, R. 2571-2, R. 2573-34, R. 3213-13, R. 4425-1.
2014	27 mai	Décret n° 2014-552. Adaptation de dispositions pour faire suite à la fusion de la direction générale des impôts et de la direction générale de la comptabilité publique. – Art. 2. – V. CGCT, art. D. 1115-5, D. 1611-27, D. 2342-3, D. 2573-1, D. 5334-3, D. 6213-1, D. 6271-3, D. 6313-1, D. 6371-3.
2014	12 juin	Décret n° 2014-616. Modalités de versement de la dotation spéciale de construction et d'équipement des établissements scolaires à Mayotte. – V. CGCT, art. D. 2564-6 à D. 2564-18.
2014	16 juin	Arrêté. Pièces à produire à l'appui d'une demande de subvention présentée au titre de la dotation spéciale de construction et d'équipement des établissements scolaires à Mayotte. – V. ss. CGCT, art. D. 2564-9.
2014	18 juin	Loi n° 2014-626. Artisanat, commerce et très petites entreprises. – Art. 17-II, 71. – V. CGCT, art. L. 2122-22, L. 2224-18-1.
2014	1er juill.	Loi n° 2014-744. Création de sociétés d'économie mixte à opération unique. – Art. 1er, 3, 4-I. – V. CGCT, art. L. 1411-19, L. 1541-1 à L. 1541-3, L. 1863-1.

2014	2 juill.	Décret n° 2014-758. Zones d'aide à finalité régionale et zones d'aide à l'investissement des petites et moyennes entreprises pour la période 2014-2021. – Art. 4. – V. CGCT, art. R. 1511-5, R. 1511-10 à R. 1511-12, R. 1511-15.
2014	7 juill.	Loi n° 2014-773. Orientation et programmation relative à la politique de développement et de solidarité internationale : – Art. 1er, 2, 14. – V. ss. CGCT, art. L. 1115-1. – Art. 14. – V. CGCT, art. L. 1115-1, L. 1115-2, L. 1115-6, L. 1822-1.
2014	10 juill.	Ordonnance n° 2014-792. Application de l'article 55 de la loi n° 2013-1168 du 18 décembre 2013 relative à la programmation militaire pour les années 2014 à 2019. Diverses dispositions concernant la défense et la sécurité nationale. – V. CGCT, art. L. 2215-10.
2014	23 juill.	Décret n° 2014-836. Versement destiné au financement des transports en commun. – V. CGCT, art. D. 2333-84, D. 2333-92 à D. 2333-95, D. 2333-99 à D. 2333-104, D. 2531-2, D. 2531-10 à R. 2531-13, D. 2531-16.
2014	23 juill.	Arrêté. Fixation des modalités de reversement du versement transport par l'Agence centrale des organismes de sécurité sociale et du taux de la retenue pour frais de recouvrement. – V. ss. CGCT, art. D. 2333-84.
2014	29 juill.	Loi n° 2014-844. Sécurisation des contrats de prêts structurés souscrits par les personnes morales de droit public. – V. ss. CGCT, art. L. 1611-3-1, .
2014	4 août	Loi n° 2014-872. Réforme ferroviaire. – Art. 2, 15, 16. – V. CGCT, art. L.1111-9, L. 2331-8, L. 2333-67, L. 2333-68, L. 2333-70, L. 2333-71, L. 2333-74, L. 3332-3, L. 4331-3, L. 5215-32.
2014	4 août	Loi n° 2014-873. Égalité réelle entre les femmes et les hommes. – Art. 61, 71, 72, 77. – V. CGCT, art. L. 1431-3, L. 2311-1-2, L. 3311-3, L. 4134-2, L. 4311-1-1, L. 4422-34, L. 4432-9, L. 7124-3, L. 71-110-3, L. 7226-3, L. 72-100-3.
2014	8 août	Loi n° 2014-891. De finances rectificative pour 2014. – Art. 8, 17, 18, 30. – V. CGCT, art. L. 2333-64, L. 2531-2, L. 3335-3, L. 5211-35-2, L. 5214-23, L. 5215-32, L. 5216-8.
2014	28 août	Décret n° 2014-984. Encadrement des conditions d'emprunt des collectivités territoriales, de leurs groupements et des services départementaux d'incendie et de secours. – V. CGCT, art. R. 1611-33, R. 1611-34.
2014	22 sept.	Décret n° 2014-1076. Modalités d'élection et de désignation des membres de la conférence territoriale de l'action publique autres que les membres de droit. – V. CGCT, art. D. 1111-2 à D. 1111-7.
2014	26 sept.	Ordonnance n° 2014-1090. Mise en accessibilité des établissements recevant du public, des transports publics, des bâtiments d'habitation et de la voirie pour les personnes handicapées. – Ratifiée par L. n° 2015-988 du 5 août 2015, art. 1er. – Art. 11, 17. – V. CGCT, art. L. 2143-3, L. 2571-2.

2014	13 oct.	Loi n° 2014-1170. D'avenir pour l'agriculture, l'alimentation et la forêt : – Art. 26, 67, 75. – V. CGCT, art. L. 2122-22, L. 2411-10, L. 4424-33-1. – Art. 75. – V. ss. CGCT, art. L. 4424-33-1.
2014	3 nov.	Décret n° 2014-1315. Diverses dispositions d'adaptation au droit de l'Union européenne en matière financière. Sociétés de financement. – Art. 8. – V. CGCT, art. R. 1511-24, R. 1511-27, R. 1511-36 à R. 1511-39, R. 2252-2.
2014	6 nov.	Ordonnance n° 2014-1335. Adaptation et entrée en vigueur de certaines dispositions du code général des collectivités territoriales, du code général des impôts et d'autres dispositions législatives applicables à la métropole de Lyon. – Ratifiée par L. n° 2015-381 du 3 avr. 2015. – Art. 6, 8 à 12, 18, 19, 21, 23, 32, 33, 34, 35, 36, 37. – V. CGCT, art. L. 1615-2, L. 1615-6, L. 2331-2, L. 2333-6 à L. 2333-10, L. 2333-14, L. 2333-15, L. 2333-54, L. 2333-55-1, L. 2333-55-2, L. 2333-64, L. 2333-67, L. 2333-68, L. 2333-70, L. 2333-71, L. 2333-74, L. 2334-4, L. 3333-1, L. 3334-17, L. 3642-2, L. 3651-1, L. 3661-1 à L. 3661-16, L. 3662-1, L. 3662-2, L. 3662-4, L. 3662-5, L. 3662-7 à L. 3662-10, L. 3663-9, L. 3664-1 à L. 3665-2, L. 5211-21-1, L. 5722-7-1.
2014	6 nov.	Ordonnance n° 2014-1345. Partie législative du code de l'expropriation pour cause d'utilité publique. – Art. 5-VI. – V. CGCT, art. L. 2243-4, L. 2421-18.
2014	12 nov.	Décret n° 2014-1356. Création d'une commission syndicale spéciale chargée de représenter en justice la section de commune. – V. CGCT, art. R. 2411-11 à R. 2411-13.
2014	25 nov.	Décret n° 2014-1403. Commission nationale de la coopération décentralisée. – V. CGCT, art. R. 1115-8, R. 1115-9, R. 1115-11, R. 1115-13 à R. 1115-16.
2014	11 déc.	Ordonnance n° 2014-1490. Complément et précision des règles budgétaires, financières, fiscales et comptables applicables aux métropoles. – V. CGCT, art. L. 5217-10 à L. 5217-10-15, L. 5217-12-1 à L. 5217-12-5.
2014	19 déc.	Ordonnance n° 2014-1543. Diverses mesures relatives à la création de la métropole de Lyon. – Ratifiée par L. n° 2015-382 du 3 avr. 2015 : – Art. 2, 3, 5, 6, 8, 9, 15, 19, 22, 29 à 31. – V. CGCT, art. L. 1521-1, L. 3611-3 à L. 3611-7, L. 3621-2, L. 3621-4, L. 3631-2, L. 3631-5, L. 3641-8, L. 3642-2, L. 3642-3, L. 3651-1 à L. 3651-3, L. 5211-43. – Art. 13. – V. ss. CGCT, art. L. 3651-1.
2014	20 déc.	Loi n° 2014-1545. Simplification de la vie des entreprises. – Art. 11, 40. – V. CGCT, art. L. 1611-7, L. 1611-7-1, L. 2212-2, L. 2542-4, L. 2542-10, L. 2573-18.
2014	24 déc.	Décret n° 2014-1624. Exercice du droit syndical dans la fonction publique territoriale. – Art. 7. – V. CGCT, art. R. 1613-2.

2014	24 déc.	Décret n° 2014-1626. Fixation des règles budgétaires, financières et comptables applicables à la métropole de Lyon. – V. CGCT, art. D. 3661-1 à D. 3665-15.
2014	26 déc.	Décret n° 2014-1635. Partie réglementaire du code de l'expropriation pour cause d'utilité publique. – Art. 4. – V. CGCT, art. R. 1311-8, D. 2573-23, R. 5215-16.
2014	29 déc.	Loi n° 2014-1654. De finances pour 2015. – Art. 20, 23, 24, 26, 61, 67, 68, 104, 107, 108 à 111, 113 à 116, 119. – V. CGCT, art. L. 1311-4-1, L. 1613-1, L. 1615-6, L. 2123-22, L. 2226-1, L. 2331-4, L. 2333-26 à L. 2333-47, L. 2333-58 à L. 2333-61, L. 2333-67, L. 2333-68, L. 2333-70, L. 2333-71, L. 2333-74, L. 2334-4, L. 2334-10 à L. 2334-13, L. 2334-18-2, L. 2334-21, L. 2334-35, L. 2334-41, L. 2335-3, L. 2336-2, L. 2336-3, L. 2336-5, L. 2531-13, L. 3333-1, L. 3334-1, L. 3334-3, L. 3334-16-2, L. 3334-17, L. 3335-1, L. 3335-3, L. 5211-21, L. 5214-23-2, L. 5215-35, L. 5216-8-1, L. 5722-6, L. 5842-7, L. 6500.
2014	29 déc.	Loi n° 2014-1655. De finances rectificative pour 2014. – Art. 7, 34, 37, 39, 44, 81, 86, 87. – V. CGCT, art. L. 2122-22, L. 2224-11-6, L. 2224-36, L. 2331-5, L. 2333-4 anc., L. 2333-54 à L. 2333-56, L. 2333-64, L. 2333-69, L. 2333-74, L. 2333-76, L. 2334-4, L. 2336-2, L. 2531-2, L. 2531-4, L. 2531-6, L. 2531-10, L. 2543-6, L. 2543-7, L. 2573-46, L. 3332-2-1, L. 5211-21-1, L. 5212-24, L. 5813-1.
2014	29 déc.	Décret n° 2014-1746. Fixation des règles budgétaires, financières et comptables applicables aux métropoles. – V. CGCT, art. D. 5217-1 à D. 5217-38.
2015	16 janv.	Loi n° 2015-29. Délimitation des régions, élections régionales et départementales et modification du calendrier électoral : – Art. 1er à 3, 9. – V. CGCT, art. L. 3114-1, L. 3122-2, L. 4111-1, L. 4121-1, L. 4122-1-1, L. 4123-1, L. 4124-1, L. 4132-5. – Art. 2. – V. ss. CGCT, L. 4111-1.
2015	23 janv.	Ordonnance n° 2015-45. Commission du contentieux du stationnement payant. – Ratifiée par L. n° 2019-222 du 23 mars 2019, art. 40. – V. CGCT, art. L. 2333-87-2 à L. 2333-87-4.
2015	16 févr.	Loi n° 2015-177. Modernisation et simplification du droit et des procédures dans les domaines de la justice et des affaires intérieures. – Art. 15. – V. CGCT, art. L. 2121-34, L. 2213-14, L. 2223-21-1, L. 2573-19.
2015	25 févr.	Décret n° 2015-218. Procédure intégrée pour le logement. – Art. 2. – V. CGCT, art. R. 4424-7-1.
2015	27 févr.	Décret n° 2015-229. Comité national État-régions pour les fonds européens structurels et d'investissement et comité État-région régional pour la période 2014-2020. – V. ss. CGCT, art. L. 1511-1-2.
2015	27 févr.	Décret n° 2015-235. Défense extérieure contre l'incendie. – V. CGCT, art. R. 1424-56, R. 1424-57, R. 2225-1 à R. 2225-10, R. 2512-21-1, R. 2513-14-1, R. 2521-3, R. 2564-19.

2015	9 mars	Loi n° 2015-264. Accord local de répartition des sièges de conseiller communautaire. – Art. 1er à 3. – V. CGCT, art. L. 5211-6-1, L. 5211-6-2, L. 5216-4-1.
2015	16 mars	Loi n° 2015-292. Amélioration du régime de la commune nouvelle, pour des communes fortes et vivantes : – Art. 1er à 6, 10, 11, 13 à 16. – V. CGCT, art. L. 2113-4 à L. 2113-8, L. 2113-10, L. 2113-11, L. 2113-12-1 à L. 2113-13, L. 2113-16, L. 2113-19, L. 2113-22, L. 2114-1, L. 2334-4, L. 2336-2, L. 2573-3. – Art. 12. – V. ss. CGCT, art. L. 5332-1.
2015	16 mars	Décret n° 2015-297. Majoration des indemnités de fonction des élus municipaux au titre des communes anciennement chefs-lieux de canton et au titre des communes sièges des bureaux centralisateurs de canton. – V. CGCT, art. R. 2123-23.
2015	25 mars	Décret n° 2015-334. Fixation du régime des redevances dues aux communes et aux départements pour l'occupation provisoire de leur domaine public par les chantiers de travaux sur des ouvrages des réseaux de transport et de distribution d'électricité et de gaz. – V. CGCT, art. R. 2333-105 à R. 2333-109, R. 2333-114-1, R. 2333-115, R. 2333-117, R. 3333-4 à R. 3333-4-2, R. 3333-6, R. 3333-8, R. 3333-13.
2015	31 mars	Loi n° 2015-366. Faciliter l'exercice, par les élus locaux, de leur mandat. – V. CGCT, art. L. 1111-1-1, L. 1621-1, L. 2121-7, L. 2123-2, L. 2123-9, L. 2123-11-1, L. 2123-11-2, L. 2123-12, L. 2123-12-1, L. 2123-14, L. 2123-18-2, L. 2123-20, L. 2123-20-1, L. 2123-23, L. 2123-24, L. 2123-24-1, L. 2511-33, L. 2511-35, L. 2573-5, L. 2573-7, L. 3121-9, L. 3122-7, L. 3123-7, L. 3123-9-2, L. 3123-10, L. 3123-10-1, L. 3123-12, L. 3123-16, L. 3123-19, L. 3123-19-1, L. 4132-7, L. 4134-6, L. 4134-7, L. 4135-7, L. 4135-9-2, L. 4135-10, L. 4135-10-1, L. 4135-12, L. 4135-16, L. 4135-19, L. 4135-19-1, L. 5211-6, L. 5214-8, L. 5215-16, L. 5216-4, L. 7122-8, L. 7125-11, L. 7125-12, L. 7125-12-1, L. 7125-14, L. 7125-22, L. 7125-23, L. 7222-8, L. 7227-11, L. 7227-12, L. 7227-12-1, L. 7227-14, L. 7227-23, L. 7227-24.
2015	3 avr.	Loi n° 2015-381. Ratification de l'ordonnance n° 2014-1335 du 6 novembre 2014 relative à l'adaptation et à l'entrée en vigueur de certaines dispositions du code général des collectivités territoriales, du code général des impôts et d'autres dispositions législatives applicables à la métropole de Lyon. – Art. 2. – V. CGCT, art. L. 1615-2, L. 3662-8.
2015	3 avr.	Loi n° 2015-382. Ratification de l'ordonnance n° 2014-1543 du 19 décembre 2014 portant diverses mesures relatives à la création de la métropole de Lyon. – Art. 2, 3. – V. CGCT, art. L. 3642-2, L. 3651-2.
2015	9 avr.	Ordonnance n° 2015-401. Gestion, recouvrement et contestation du forfait de post-stationnement prévu à l'article L. 2333-87 du code général des collectivités territoriales. – Ratifiée par L. n° 2019-222 du 23 mars 2019, art. 40). – V. CGCT, art. L. 2333-87, L. 2333-87-1, L. 2333-87-5 à L. 2333-87-11.

2015	16 avr.	Décret n° 2015-445. Mise en œuvre des programmes de développement rural pour la période 2014-2020. – V. ss. CGCT, art. L. 1511-1-2.
2015	30 avr.	Décret n° 2015-502. Dotations de l'État aux collectivités territoriales et péréquation des ressources fiscales. – V. CGCT, art. R. 2334-3 à R. 2334-3-2, R. 2334-5-1, R. 2334-36, R. 2334-38, R. 2335-4.
2015	7 mai	Décret n° 2015-510. Charte de la déconcentration. – Art. 21. – V. CGCT, art. R. 3121-2, R. 4132-1, R. 4422-2 *[R. 4422-1-1]*, R. 6221-5, R. 6321-5, R. 6431-1.
2015	20 mai	Décret n° 2015-557. Redevance de stationnement des véhicules sur voirie prévue à l'article L. 2333-87 du code général des collectivités territoriales. – Art. 1er, 2, 5. – V. CGCT, art. R. 2333-120-1 à R. 2333-120-19, R. 2333-133, Annexe II, ss. art. R. 2333-120-15.
2015	10 juin	Décret n° 2015-646. Commission du contentieux du stationnement payant. – V. CGCT, art. R. 2333-120-20 à R. 2333-120-67.
2015	15 juin	Décret n° 2015-669. Prélèvements sur le produit des jeux dans les casinos. – V. CGCT, art. D. 2333-74, D. 2333-82-2.
2015	17 juin	Décret n° 2015-687. Convention de délégation de compétences entre l'État et les collectivités territoriales prévue par l'article L. 1111-8-1 du code général des collectivités territoriales. – V. CGCT, art. R. 1111-1, R. 1111-1-1.
2015	18 juin	Ordonnance n° 2015-683. Transfert aux services départementaux d'incendie et de secours de l'organisation des élections à leurs conseils d'administration et leurs instances consultatives. – V. CGCT, art. L. 1424-24-3, L. 1424-26, L. 1424-31.
2015	18 juin	Décret n° 2015-684. Transfert aux services départementaux d'incendie et de secours de l'organisation des élections à leurs conseils d'administration et leurs instances consultatives. Modification de la partie réglementaire du code général des collectivités territoriales. – V. CGCT, art. R. 1424-2 à R. 1424-4, R. 1424-6 à R. 1424-8, R. 1424-10 à R. 1424-14, R. 1424-23.
2015	18 juin	Décret n° 2015-693. Indemnisation des collectivités territoriales et de leurs groupements touchés par des événements climatiques ou géologiques. – Art. 1er. – V. CGCT, art. R. 1613-4 à R. 1613-18.
2015	22 juin	Décret n° 2015-707. Diverses dispositions d'adaptation de la législation financière dans les collectivités d'outre-mer et en Nouvelle-Calédonie. – Art. 11. – V. CGCT, art. D. 1871-2.
2015	24 juin	Décret n° 2015-761. Rapport sur la situation en matière d'égalité entre les femmes et les hommes intéressant les collectivités territoriales. – V. CGCT, art. D. 2311-16, D. 2573-29, D. 3311-9, D. 4311-7, D. 71-110-3, D. 72-100-3.
2015	25 juin	Loi n° 2015-737. Transformation de l'université des Antilles et de la Guyane en université des Antilles. Ratification de diverses ordonnances

		relatives à l'enseignement supérieur et à la recherche. Diverses dispositions relatives à l'enseignement supérieur. – Art. 3. – V. CGCT, art. L. 4433-26.
2015	15 juill.	Ordonnance n° 2015-855. Application de l'article 38 de la loi n° 2014-872 du 4 août 2014 portant réforme ferroviaire. – Art. 28. – V. CGCT, art. L. 1612-15-1, L. 1614-8-1.
2015	23 juill.	Ordonnance n° 2015-899. Marchés publics. – Ratifiée par L. n° 2016-1691 du 9 déc. 2016. – Art. 101, 102. – V. CGCT, art. L. 1311-2, L. 1311-5, L. 1414-1 à L. 1414-4, L. 1615-13.
2015	23 juill.	Décret n° 2015-909. Application de l'article L. 1611-7 du code général des collectivités territoriales. – V. CGCT, art. D. 1611-26-1.
2015	31 juill.	Décret n° 2015-940. Fixation du chef-lieu provisoire de la région Aquitaine-Limousin-Poitou-Charentes. – V. ss. CGCT, art. L. 4111-1.
2015	31 juill.	Décret n° 2015-941. Fixation du chef-lieu provisoire de la région Auvergne-Rhône-Alpes. – V. ss. CGCT, art. L. 4111-1.
2015	31 juill.	Décret n° 2015-942. Fixation du chef-lieu provisoire de la région Bourgogne-Franche-Comté. – V. ss. CGCT, art. L. 4111-1.
2015	31 juill.	Décret n° 2015-943. Fixation du chef-lieu provisoire de la région Languedoc-Roussillon-Midi-Pyrénées. – V. ss. CGCT, art. L. 4111-1.
2015	31 juill.	Décret n° 2015-944. Fixation du chef-lieu provisoire de la région Normandie. – V. ss. CGCT, art. L. 4111-1.
2015	31 juill.	Décret n° 2015-945. Fixation du chef-lieu provisoire de la région Nord-Pas-de-Calais-Picardie. – V. ss. CGCT, art. L. 4111-1.
2015	31 juill.	Décret n° 2015-970. Taxe de séjour et taxe de séjour forfaitaire. – V. CGCT, art. R. 2333-43 à R. 2333-58, R. 5211-6.
2015	31 juill.	Décret n° 2015-980. Établissement public Grand Paris Aménagement. Abrogation du décret n° 2002-623 du 25 avril 2002 relatif à l'Agence foncière et technique de la région parisienne. – Art. 1er. – V. CGCT, art. L. 5219-1.
2015	5 août	Loi n° 2015-988. Ratification de l'ordonnance n° 2014-1090 du 26 septembre 2014 relative à la mise en accessibilité des établissements recevant du public, des transports publics, des bâtiments d'habitation et de la voirie pour les personnes handicapées. Favoriser l'accès au service civique pour les jeunes en situation de handicap. – Art. 4. – V. CGCT, art. L. 2143-3.
2015	6 août	Loi n° 2015-990. Croissance, activité et égalité des chances économiques. – Art. 17, 72, 126. – V. CGCT, L. 1425-1, L. 3641-5, L. 5217-2, L. 5219-1.
2015	7 août	Loi n° 2015-991. Nouvelle organisation territoriale de la République : – Art. 1er à 3, 8, 10, 15, 18, 19, 22, 28, 30 à 35, 39, 41 à 45, 48, 49, 53 à 56, 59 à 61, 64 à 67, 69 à 76, 79 à 99, 102, 104 à 108, 111 à 113, 117, 118, 121 à 134. – V. CGCT, art. L. 1111-4, L. 1111-8-2 à L. 1111-10, L. 1211-4, L. 1411-14, L. 1424-1-1, L. 1424-7,

		L. 1424-35, L. 1424-49, L. 1425-1, L. 1425-2, L. 1511-1 à L. 1511-3, L. 1511-5, L. 1511-7, L. 1541-1, L. 1611-3-1, L. 1611-9, L. 1611-10, L. 1612-19, L. 1615-2, L. 1615-6, L. 1617-6, L. 1821-1, L. 1852-5, L. 2113-5, L. 2121-8 à L. 2121-10, L. 2121-19, L. 2121-24, L. 2121-25, L. 2121-27-1, L. 2122-21-1, L. 2122-22, L. 2122-29, L. 2131-1, L. 2215-8, L. 2224-5, L. 2224-37, L. 2226-2, L. 2243-1, L. 2251-1, L. 2252-2, L. 2312-1, L. 2313-1, L. 2321-2, L. 2321-5, L. 2333-64, L. 2333-67, L. 2333-68, L. 2333-74, L. 2333-87, L. 2512-26, L. 2513-5, L. 2513-6, L. 2531-12, L. 2541-5, L. 2573-25, L. 2573-27, L. 2573-30, L. 3121-8, L. 3121-19-1, L. 3121-22, L. 3121-24, L. 3131-1, L. 3131-3, L. 3211-1 à L. 3211-2, L. 3221-11-1, L. 3231-1 à L. 3231-4, L. 3231-4-1, L. 3231-7, L. 3232-1-1, L. 3232-1-2, L. 3233-1, L. 3312-1, L. 3313-1, L. 3321-1, L. 3332-1, L. 3542-1, L. 3641-1, L. 3641-8, L. 3651-3, L. 4132-6, L. 4132-18-1, L. 4132-21, L. 4132-23, L. 4134-1, L. 4141-1, L. 4141-3, L. 4211-1, L. 4221-1, L. 4221-5, L. 4231-8-1, L. 4251-1 à L. 4251-20, L. 4253-2, L. 4312-1, L. 4313-1, L. 4321-1, L. 4421-1 à L. 4421-3, L. 4422-9-1, L. 4422-10, L. 4422-18, L. 4422-31, L. 4423-1, L. 4424-2, L. 4424-7, L. 4424-13, L. 4424-16, L. 4424-20 à L. 4424-22, L. 4424-26, L. 4424-34 à L. 4424-37, L. 4425-1, L. 4425-9, L. 4433-1, L. 4433-4, L. 4433-12, L. 4434-3, L. 5111-1, L. 5111-1-1, L. 5111-7, L. 5210-1-1, L. 5210-1-1 A, L. 5210-1-2, L. 5211-1, L. 5211-3, L. 5211-4-1, L. 5211-4-2, L. 5211-6-2, L. 5211-9-2, L. 5211-10-1, L. 5211-12, L. 5211-13, L. 5211-26, L. 5211-28-3, L. 5211-29, L. 5211-36, L. 5211-44, L. 5211-61, L. 5212-7, L. 5214-16, L. 5214-16-1, L. 5214-21, L. 5214-23, L. 5215-1, L. 5215-20, L. 5215-22, L. 5216-1, L. 5216-5, L. 5216-7, L. 5217-2, L. 5217-7, L. 5217-9, L. 5217-12-1, L. 5217-16, L. 5217-19, L. 5218-2, L. 5219-1 à L. 5219-6, L. 5219-9 à L. 5219-12, L. 5311-1 à L. 5351-1, L. 5421-4, L. 5622-3, L. 5711-1, L. 5711-5, L. 5721-2, L. 5721-6-3, L. 5722-7, L. 5722-7-1, L. 5722-11, L. 5731-3, L. 5741-1, L. 5812-1, L. 5814-1, L. 5821-1, L. 5842-2, L. 5842-4, L. 5842-5, L. 5842-25, L. 5843-1. – Art. 13. – V. ss. CGCT, avant art. L. 4251-1. – Art. 30-III à IX. – V. ss. CGCT, art. L. 4421-1. – Art. 35, 40. – V. ss. CGCT, art. L. 5210-1-1. – Art. 50, 51. – V. ss. CGCT, art. L. 5218-1. – Art. 59-X. – V. ss. CGCT, avant art. L. 5219-1, 🏛. – Art. 59-XV-G à L. – V. ss. CGCT, art. L. 5219-5. – Art. 59-XVII, XVIII. – V. ss. CGCT, art. L. 5219-2. – Art. 106-III. – V. ss. CGCT, art. L. 5217-10-1. – Art. 133-I à VIII, XI à XIII, XX. – V. ss. CGCT, art. L. 1614-1. – Art. 136. – V. ss. CGCT, art. L. 4111-1.
2015	17 août	Loi n° 2015-992. Transition énergétique pour la croissance verte. – Art. 47, 48, 84, 98, 109, 119, 142, 153, 155, 179, 188, 194, 198, 201, 203, 206, 210, 211. – V. CGCT, art. L. 1413-1, L. 2121-12, L. 2213-1-1, L. 2213-4-1, L. 2224-5, L. 2224-17-1, L. 2224-31, L. 2224-32, L. 2224-34, L. 2224-37-1, L. 2224-38, L. 2253-1, L. 2313-1, L. 2333-76-1, L. 3231-6, L. 3232-2, L. 3641-1, L. 4211-1, L. 4433-4-11, L. 4433-7, L. 4433-8, L. 4433-18, L. 4433-24-4, L. 5217-2, L. 5722-8.

2015	17 août	Loi n° 2015-994. Dialogue social et emploi. – Art. 59. – V. CGCT, art. L. 3334-6-1, L. 3334-16-2, L. 3335-4.
2015	20 août	Décret n° 2015-1039. Service public de gestion des eaux pluviales urbaines. – V. CGCT, art. R. 2226-1, R. 2333-139 à R. 2333-144.
2015	3 sept.	Décret n° 2015-1118. Rapport sur la mise en œuvre de la politique de la ville prévu aux articles L. 1111-2 et L. 1811-2 du code général des collectivités territoriales. – V. ss. CGCT, art. L. 1111-2.
2015	10 sept.	Ordonnance n° 2015-1127. Réduction du nombre minimal d'actionnaires dans les sociétés anonymes non cotées. – Art. 2. – V. CGCT, art. L. 1531-1, L. 1541-1.
2015	23 sept.	Ordonnance n° 2015-1174. Partie législative du livre I du code de l'urbanisme. – Ratifiée par L. n° 2016-1087 du 8 août 2016. – Art. 9. – V. CGCT, art. L. 1614-9, L. 2321-2, L. 2573-41, L. 4413-3, L. 4424-9, L. 4424-11 à L. 4424-15, L. 4425-5, L. 4433-7 à L. 4433-9, L. 5219-5, L. 5311-3, L. 5311-4, L. 5333-2.
2015	14 oct.	Loi n° 2015-1268. Actualisation du droit des outre-mer. – Art. 42 à 44. – V. CGCT, art. L. 7122-23, L. 7191-1, L. 7222-23, L. 7281-1, L. 7331-3.
2015	23 oct.	Ordonnance n° 2015-1341. Dispositions législatives du code des relations entre le public et l'administration. – Art. 5. – V. CGCT, art. L. 2112-2, L. 2213-30, L. 2221-17, L. 2411-12, L. 2411-13, L. 5215-31.
2015	26 oct.	Décret n° 2015-1352. Crédit d'heures des titulaires de mandats municipaux et communautaires. – Art. 1er à 3. – V. CGCT, art. R. 2123-5, R. 2564-1-1, R. 2573-8-1.
2015	3 nov.	Décret n° 2015-1400. Allocation différentielle de fin de mandat des élus locaux. – Art. 1er à 3. – V. CGCT, art. R. 2123-11-4, R. 2123-11-5, D. 2573-8, R. 3123-8-4, R. 3123-8-5, R. 4135-8-4, R. 4135-8-5.
2015	6 nov.	Décret n° 2015-1441. Coopération régionale outre-mer. – V. CGCT, art. R. 4433-24 à R. 4433-32, R. 7153-1 à R. 7153-5, R. 7253-1 à R. 7253-5.
2015	6 nov.	Arrêté. Fixation des caractéristiques du numéro des avis de paiement et des spécifications techniques mentionnées à l'article R. 2333-120-10 du code général des collectivités territoriales. – V. ss. CGCT, art. R. 2333-120-10.
2015	12 nov.	Décret n° 2015-1474. Recouvrement du forfait de post-stationnement impayé et de la majoration qui lui est appliquée. – V. CGCT, art. R. 2333-120-17-1 à R. 2333-120-17-4.
2015	17 nov.	Loi organique n° 2015-1485. Diverses dispositions relatives à la collectivité de Saint-Barthélemy. – V. CGCT, art. L.O. 6214-3, L.O. 6214-4, L.O. 6214-7, L.O. 6220-1, L.O. 6221-22, L.O. 6221-24, L.O. 6223-1 à L.O. 6223-3, L.O. 6251-4, L.O. 6252-3, L.O. 6252-10, L.O. 6253-9, L.O. 6271-6.

2015	27 nov.	Décret n° 2015-1546. Modification des conditions de reprise de l'excédent d'investissement en fonctionnement. – Art. 1er à 6. – V. CGCT, art. D. 2311-14, D. 3661-14, D. 4312-9, D. 5217-15, D. 71-111-14, D. 72-101-14.
2015	30 nov.	Décret n° 2015-1564. Bataillon de marins-pompiers de Marseille. Modification ou abrogation de diverses dispositions réglementaires en matière de défense. – Art. 2. – V. CGCT, art. R. 2513-5.
2015	4 déc.	Décret n° 2015-1589. Abrogation de l'article D. 2411-1 du code général des collectivités territoriales. – V. CGCT, art. D. 2411-1.
2015	10 déc.	Ordonnance n° 2015-1630. Règles financières et fiscales applicables à la métropole du Grand Paris, aux établissements publics territoriaux et aux communes situés dans ses limites territoriales. – Ratifiée par L. n° 2016-1917 du 29 déc. 2016. – Art. 3, 8. – V. CGCT, art. L. 1615-6, L. 5219-5, L. 5219-8-1.
2015	11 déc.	Décret n° 2015-1666. Application de la loi n° 2011-884 du 27 juillet 2011 relative aux collectivités de Guyane et de Martinique. Modification de la partie réglementaire (R) du code général des collectivités territoriales. – V. CGCT, art. R. 7111-1, R. 7124-1 à R. 7125-35, R. 7211-1, R. 7226-1 à R. 7227-35.
2015	14 déc.	Décret n° 2015-1670. Dispositions relatives aux mandats confiés par les collectivités territoriales et leurs établissements publics en application des articles L. 1611-7 et L. 1611-7-1 du code général des collectivités territoriales. – V. CGCT, art. D. 1611-16, D. 1611-18, D. 1611-24, D. 1611-26, D. 1611-32-1 à D. 1611-32-9.
2015	17 déc.	Ordonnance n° 2015-1682. Simplification de certains régimes d'autorisation préalable et de déclaration des entreprises et des professionnels. – Art. 10, 11. – V. CGCT, art. L. 2223-32, L. 2223-47 à L. 2223-50.
2015	21 déc.	Décret n° 2015-1709. Prime d'activité. – Art. 3. – V. CGCT, art. R. 3334-2, R. 3335-1.
2015	22 déc.	Loi organique n° 2015-1712. Dématérialisation du *Journal officiel* de la République française. – Art. 1er à 3. – V. CGCT, art. L.O. 6213-2, L.O. 6313-2, L.O. 6413-2.
2015	22 déc.	Décret n° 2015-1728. Modalités d'application des taxes locales sur la consommation finale d'électricité. – V. CGCT, art. D. 2333-6.
2015	23 déc.	Décret n° 2015-1754. Application de la loi n° 2011-884 du 27 juillet 2011 relative aux collectivités de Guyane et de Martinique et modification de la partie réglementaire (D) du code général des collectivités territoriales. – V. CGCT, art. D. 4436-1 à D. 4436-10, D. 7124-28 à D. 7124-34, D. 7125-29 à D. 7125-34, D. 7226-28 à D. 7226-34, D. 7227-29 à D. 7227-34.
2015	28 déc.	Loi n° 2015-1776. Adaptation de la société au vieillissement. – Art. 20, 21, 42. – V. CGCT, art. L. 1611-6, L. 2143-3, L. 3641-5, L. 5217-2, L. 5218-2, L. 5219-1.

2015	28 déc.	Décret n° 2015-1783. Partie réglementaire du livre I du code de l'urbanisme et modernisation du contenu du plan local d'urbanisme. – Art. 9. – V. CGCT, art. R. 1614-41, R. 1614-42, R. 1614-44, R. 1614-50, R. 2321-1, R. 2511-3, D. 2573-32, D. 3664-1, R. 4413-1, R. 4421-2, R. 4424-6-1.
2015	28 déc.	Décret n° 2015-1787. Protection des sites d'intérêt géologique. – Art. 4. – V. CGCT, art. R. 4421-3.
2015	28 déc.	Décret n° 2015-1789. Diverses dispositions en matière portuaire. – Art. 1er. – V. CGCT, art. R. 1614-22.
2015	29 déc.	Loi n° 2015-1785. De finances pour 2016. – Art. 15, 33 à 36, 39, 90, 149, 151 à 157, 159 à 162, 168, 169. – V. CGCT, art. L. 1613-1, L. 1613-6, L. 1613-7, L. 1614-4, L. 1614-8, L. 1614-8-1, L. 1614-10, L. 1615-1, L. 1615-2, L. 1615-5, L. 1615-6, L. 2113-9-1, L. 2113-20, L. 2113-22, L. 2333-30, L. 2333-41, L. 2333-64, L. 2334-4, L. 2334-7, L. 2334-7-3, L. 2334-13, L. 2334-18-1 à L. 2334-18-3, L. 2334-33 à L. 2334-37, L. 2335-3, L. 2335-15, L. 2336-1 à L. 2336-3, L. 2336-5, L. 2336-6, L. 2531-2, L. 2531-13, L. 2573-54-1, L. 3334-1, L. 3334-3, L. 3334-6, L. 3334-17, L. 4332-3, L. 5211-21, L. 5211-29, L. 5218-11, L. 5219-8, L. 6264-6, L. 6500.
2015	29 déc.	Loi n° 2015-1786. De finances rectificative pour 2015. – Art. 53, 57, 60, 114. – V. CGCT, art. L. 2113-5-1, L. 2331-4, L. 2333-4-4 anc., L. 2333-78, L. 3335-1.
2015	29 déc.	Décret n° 2015-1820. Modalités de transmission du rapport annuel sur le prix et la qualité du service public de l'eau potable et de l'assainissement. – V. CGCT, art. D. 2224-1, D. 2224-3, D. 2224-5.
2015	29 déc.	Décret n° 2015-1846. Modification de la durée des amortissements des subventions d'équipement versées par les communes et leurs établissements publics et neutralisation de la dotation aux amortissements des subventions d'équipements versées par les communes, leurs établissements publics et les départements. – V. CGCT, art. R. 2321-1, D. 3321-3.
2015	29 déc.	Décret n° 2015-1848. Modification de la durée des amortissements des subventions d'équipement versées lorsqu'elles financent des bâtiments et des installations ou des projets d'infrastructure d'intérêt national et neutralisation de la dotation aux amortissements des subventions d'équipements versées. – V. CGCT, art. D. 3321-1, D. 3664-1, D. 4321-1, D. 5217-20, D. 6263-3, D. 6363-3, D. 71-113-2, D. 72-103-2.
2015	29 déc.	Décret n° 2015-1893. Modification de la méthode de calcul des ratios financiers pour les collectivités territoriales et les établissements publics bénéficiaires du fonds de soutien créé par l'article 92 de la loi n° 2013-1278 du 29 décembre 2013 de finances pour 2014. – V. CGCT, art. R. 2313-2, R. 3313-2, R. 4313-2.
2015	29 déc.	Décret n° 2015-1895. Modification de la méthode de calcul des ratios financiers pour les métropoles, la métropole de Lyon et les collectivités

		territoriales de Guyane et de Martinique bénéficiaires du fonds de soutien créé par l'article 92 de la loi n° 2013-1278 du 29 décembre 2013 de finances pour 2014. – V. CGCT, art. D. 3661-16, D. 5217-17, D. 71-111-16, D. 72-101-16.
2015	30 déc.	Décret n° 2015-1827. Diverses dispositions d'adaptation et de simplification dans le domaine de la prévention et de la gestion des déchets. – Art. 1er à 3. – V. CGCT, art. D. 2224-1 à D. 2224-5, D. 2573-21, Annexe XIII, ss. art. D. 2224-1.
2015	30 déc.	Décret n° 2015-1917. Modification du code général des collectivités territoriales. Refonte de la carte des conseils économiques, sociaux et environnementaux régionaux, composition et conditions d'exercice des mandats de leurs membres. – Art. 1er, 2, 5. – V. CGCT, art. R. 4134-4, R. 4134-8, R. 4134-24, R. 4432-10, R. 7124-24, R. 7226-24.
2016	14 janv.	Décret n° 2016-19. Modification des dispositions réglementaires du code général des collectivités territoriales relatives à la composition et au fonctionnement du Conseil national d'évaluation des normes. – V. CGCT, art. R. 1213-7-1, R. 1213-12, R. 1213-13, R. 1213-29, R. 1213-30.
2016	20 janv.	Décret n° 2016-33. Fixation de la liste des pièces justificatives des dépenses des collectivités territoriales, des établissements publics locaux et des établissements publics de santé. – V. CGCT, Annexe I, ss. art. D. 1617-19.
2016	26 janv.	Loi n° 2016-41. Modernisation de notre système de santé. – Art. 158, 193, 214. – V. CGCT, art. L. 1511-8, L. 2223-19 à L. 2223-20, L. 2223-42.
2016	29 janv.	Ordonnance n° 2016-65. Contrats de concession. – Ratifiée par L. n° 2016-1691 du 9 déc. 2016. – Art. 57 à 60, 77. – V. CGCT, art. L. 1311-2, L. 1410-1 à L. 1410-3, L. 1411-3, L. 1411-5, L. 1411-6, L. 1411-9, L. 1411-11 à L. 1411-13, L. 1415-1 à L. 1415-9, L. 1425-1, L. 1541-2.
2016	29 janv.	Ordonnance n° 2016-79. Gares routières et recodification des dispositions du code des transports relatives à l'Autorité de régulation des activités ferroviaires et routières. – Art. 6. – V. CGCT, art. L. 1525-1.
2016	1er févr.	Décret n° 2016-86. Contrats de concession. – Art. 38, 39. – V. CGCT, art. R. 1410-1, R. 1410-2, R. 1411-1 à R. 1411-2-2, R. 1411-7, R. 1415-1 à R. 1415-10.
2016	8 févr.	Décret n° 2016-127. Modalités de calcul du remboursement des frais de fonctionnement des services mis à disposition en application de l'article L. 5219-12 du code général des collectivités territoriales. – V. CGCT, art. D. 5219-1.
2016	11 févr.	Décret n° 2016-146. Modalités de publication et de transmission, par voie écrite et par voie électronique, des actes des collectivités territoriales et des établissements publics de coopération intercommunale. –

		V. CGCT, art. R. 2121-10, R. 2121-11, R. 2122-7, R. 2131-2-A, R. 2131-2-B, R. 2131-3, D. 2573-6, D. 2573-7, D. 2573-11, R. 3131-1, R. 3131-2, R. 4141-1, R. 4141-2, R. 5211-41.
2016	10 mars	Décret n° 2016-288. Diverses dispositions d'adaptation et de simplification dans le domaine de la prévention et de la gestion des déchets. – Art. 1er. – V. CGCT, art. R. 2224-23 à R. 2224-29-1.
2016	17 mars	Décret n° 2016-308. Réutilisation des informations publiques et modification du code des relations entre le public et l'administration (dispositions réglementaires). – Art. 6. – V. CGCT, art. R. 1311-8.
2016	22 mars	Loi n° 2016-340. Protection des forêts contre l'incendie. – V. CGCT, art. L. 3232-5.
2016	23 mars	Loi n° 2016-341. Application aux élus locaux des dispositions relatives au droit individuel à la formation. Conditions d'exercice des mandats des membres des syndicats de communes et des syndicats mixtes. – V. CGCT, art. L. 1621-3, L. 1881-1, L. 2123-12-1, L. 3123-10-1, L. 4135-10-1, L. 5721-8, L. 7125-12-1, L. 7227-12-1.
2016	25 mars	Décret n° 2016-360. Marchés publics. – Art. 179, 187. – V. CGCT, art. R. 1311-2, D. 1414-1 à D. 1414-9, D. 1611-28, R. 2131-6, D. 2573-11, D. 6242-6, D. 6342-6.
2016	8 avr.	Décret n° 2016-423. Dotations de l'État aux collectivités territoriales et péréquation des ressources fiscales. – Art. 1er à 5. – V. CGCT, art. R. 1613-3, R. 1613-4, R. 1613-8 anc., R. 1613-9, R. 1613-12, R. 1613-15 anc., R. 1614-78, R. 2334-3-2, R. 2334-9-1 à R. 2334-9-3, Annexe VII ss. art. R. 2334-19, R. 2334-38, R. 2336-2, R. 2336-4, R. 2336-5, R. 2336-11, R. 2564-3 à R. 2564-5, R. 2573-53, R. 3334-0, R. 3334-0-1, R. 3334-3, R. 3443-1, R. 3443-1-1, R. 3543-3.
2016	14 avr.	Ordonnance n° 2016-462. Création de l'Agence nationale de santé publique. – Art. 3. – V. CGCT, art. L. 2223-42.
2016	15 avr.	Décret n° 2016-475. Modalités de télétransmission des documents budgétaires. – V. CGCT, art. D. 1612-15-1.
2016	21 avr.	Ordonnance n° 2016-489. Société du Canal Seine-Nord Europe. – Art. 7. – V. CGCT, art. L. 1615-2.
2016	21 avr.	Décret n° 2016-495. Contenu du compte rendu annuel de concession transmis par les organismes de distribution de gaz naturel aux autorités concédantes. – V. CGCT, art. D. 2224-48 à D. 2224-52.
2016	21 avr.	Décret n° 2016-496. Compte rendu annuel d'activité des concessions d'électricité, prévu à l'article L. 2224-31 du code général des collectivités territoriales. – V. CGCT, art. D. 2224-34 à D. 2224-46.
2016	27 avr.	Décret n° 2016-523. Création de l'Agence nationale de santé publique. – Art. 4. – V. CGCT, art. R. 2213-1-3.
2016	31 mai	Décret n° 2016-718. Procédure intégrée pour l'immobilier d'entreprise. – Art. 2. – V. CGCT, art. R. 4424-7-1.

2016	2 juin	Décret n° 2016-733. Actualisation du régime des aides à l'investissement immobilier et à la location d'immeubles accordées aux entreprises par les collectivités territoriales et leurs groupements. – V. CGCT, art. R. 1511-4 à R. 1511-9, R. 1511-17 à R. 1511-23-7.
2016	16 juin	Décret n° 2016-807. Conditions de prises de participation au capital de sociétés commerciales par les régions. – V. CGCT, art. R. 4211-1 à R. 4211-8.
2016	20 juin	Loi n° 2016-816. Économie bleue. – Art. 82, 93. – V. CGCT, art. L. 4424-12, L. 4433-15-1.
2016	23 juin	Décret n° 2016-834. Mise en ligne par les collectivités territoriales et par leurs établissements publics de coopération de documents d'informations budgétaires et financières. – Art. 1er à 7. – V. CGCT, art. R. 2313-8, D. 2573-31, R. 3313-8, R. 4313-5, R. 5211-41-1, R. 5622-1.
2016	24 juin	Décret n° 2016-838. Application de l'article L. 2333-55-3 du code général des collectivités territoriales relatif aux manifestations artistiques de qualité organisées par les casinos, ouvrant droit à un crédit d'impôt : – Art. 1er. – V. CGCT, art. R. 2333-82-4. – Art. 2 à 4, Annexe. – V. ss. CGCT, art. R. 2333-82-4.
2016	24 juin	Décret n° 2016-841. Contenu et modalités de publication et de transmission du rapport d'orientation budgétaire. – Art. 1er, 3. – V. CGCT, art. D. 2312-3, D. 2573-30, D. 3312-12, D. 4312-10, D. 5211-18-1, D. 5842-5.
2016	28 juin	Décret n° 2016-847. Zones à circulation restreinte. – Art. 1er. – V. CGCT, art. R. 2213-1-0-1, R. 2334-12.
2016	29 juin	Décret n° 2016-859. Procédures d'approbation, de mise à disposition sur le marché ainsi que de déclaration des produits et des substances actives biocides. – Art. 3. – V. CGCT, art. R. 2213-3.
2016	29 juin	Décret n° 2016-870. Modalités d'application du droit individuel à la formation des titulaires de mandats locaux. – Art. 1er à 5, 7, 8. – V. CGCT, art. R. 1621-4 à R. 1621-11, R. 2123-22-1-A à R. 2123-22-1-D, R. 2511-20, R. 3123-19-1 à R. 3123-19-4, R. 4135-19-1 à R. 4135-19-4, R. 4422-3, R. 5211-5-1, R. 7125-25-1 à R. 7125-25-4, R. 7227-25-1 à R. 7227-25-4.
2016	29 juin	Décret n° 2016-871. Cotisation des élus locaux bénéficiant d'indemnité de fonctions pour le financement du droit individuel à la formation des titulaires de mandats locaux. – Art. 1er. – V. CGCT, art. D. 1621-12 à D. 1621-14.
2016	30 juin	Décret n° 2016-892. Définition de seuils d'opérations exceptionnelles d'investissement prévus par l'article 107 de la loi n° 2015-991 du 7 août 2015 portant nouvelle organisation territoriale de la République. – V. CGCT, art. D. 1611-35.
2016	7 juill.	Loi n° 2016-925. Liberté de la création, architecture et patrimoine. – Art. 4, 79, 103, 104. – V. CGCT, art. L. 1111-9-1, L. 1616-1, L. 4421-4, L. 5111-4.

2016	11 juill.	Décret n° 2016-955. Officier de sapeurs-pompiers volontaires, référent pour le volontariat. – V. CGCT, art. R. 1424-19, R. 1424-20-2.
2016	27 juill.	Ordonnance n° 2016-1028. Mesures de coordination rendues nécessaires par l'intégration dans le schéma régional d'aménagement, de développement durable et d'égalité des territoires, des schémas régionaux sectoriels mentionnés à l'article 13 de la loi n° 2015-991 du 7 août 2015 portant nouvelle organisation territoriale de la République. – Ratifiée par L. n° 2016-1888 du 28 déc. 2016. – Art. 1er, 4, 5, 12 à 14, 20, 21, 27 à 32. – V. CGCT, art. L. 2224-31, L. 2224-34, L. 4241-1, L. 4251-1 à L. 4251-3, L. 4251-5, L. 4251-6, L. 4251-8 à L. 4251-10, L. 4413-3, L. 4424-10.
2016	1er août	Loi organique n° 2016-1047. Rénovation des modalités d'inscription sur les listes électorales des Français établis hors de France. – Art. 3. – V. CGCT, art. L.O. 1112-11, L.O. 1112-14-2.
2016	1er août	Loi n° 2016-1048. Rénovation des modalités d'inscription sur les listes électorales. – Art. 11, 14. – V. CGCT, art. L. 2223-3, L. 2511-26.
2016	3 août	Ordonnance n° 2016-1060. Réforme des procédures destinées à assurer l'information et la participation du public à l'élaboration de certaines décisions susceptibles d'avoir une incidence sur l'environnement. – Ratifiée par L. n° 2018-148 du 2 mars 2018. – Art. 5. – V. CGCT, art. L. 4424-36.
2016	3 août	Décret n° 2016-1071. Schéma régional d'aménagement, de développement durable et d'égalité des territoires. – Art. 1er. – V. CGCT, art. R. 4251-1 à R. 4251-17.
2016	8 août	Loi n° 2016-1087. Reconquête de la biodiversité, de la nature et des paysages. – Art. 31, 56, 62, 63, 157, 158. – V. CGCT, art. L. 1431-1 à L. 1431-8, L. 2122-21, L. 2213-30, L. 2213-31, L. 2224-5, L. 5215-22, L. 5216-7, L. 5217-7, L. 5421-7.
2016	8 août	Loi n° 2016-1088. Travail, modernisation du dialogue social et sécurisation des parcours professionnels. – Art. 9, 27. – V. CGCT, art. L. 1311-18, L. 2123-9, L. 2144-3, L. 3123-7, L. 4135-7, L. 7125-7, L. 7227-7.
2016	29 août	Décret n° 2016-1183. Conditions de mise à disposition par les collectivités territoriales et leurs groupements d'infrastructures de réseaux de radiocommunications mobiles ouverts au public. – V. CGCT, art. R. 1426-1, R. 1426-3.
2016	5 sept.	Arrêté. Manifestations artistiques de qualité organisées par les casinos. – V. ss. CGCT, art. R. 2333-82-4.
2016	20 sept.	Décret n° 2016-1236. Statut particulier du cadre d'emplois des médecins et des pharmaciens de sapeurs-pompiers professionnels. – Art. 31. – V. CGCT, art. R. 1424-26.
2016	26 sept.	Décret n° 2016-1253. Opérations funéraires et reconnaissance des qualifications professionnelles nécessaires à leur exercice. – V. CGCT, art. R. 2213-40, R. 2213-42, R. 2213-44 à R. 2213-46, R. 2213-48, R. 2223-134.

2016	28 sept.	Décret n° 2016-1262. Fixation du nom de la région Grand Est. – V. ss. CGCT, art. L. 4111-1.
2016	28 sept.	Décret n° 2016-1263. Fixation du nom et du chef-lieu de la région Normandie. – V. ss. CGCT, art. L. 4111-1.
2016	28 sept.	Décret n° 2016-1264. Fixation du nom et du chef-lieu de la région Occitanie. – V. ss. CGCT, art. L. 4111-1.
2016	28 sept.	Décret n° 2016-1265. Fixation du nom et du chef-lieu de la région Hauts-de-France. – V. ss. CGCT, art. L. 4111-1.
2016	28 sept.	Décret n° 2016-1266. Fixation du nom et du chef-lieu de la région Auvergne-Rhône-Alpes. – V. ss. CGCT, art. L. 4111-1.
2016	28 sept.	Décret n° 2016-1267. Fixation du nom et du chef-lieu de la région Nouvelle-Aquitaine. – V. ss. CGCT, art. L. 4111-1.
2016	28 sept.	Décret n° 2016-1268. Fixation du nom et du chef-lieu de la région Bourgogne-Franche-Comté. – V. ss. CGCT, art. L. 4111-1.
2016	7 oct.	Loi n° 2016-1321. Pour une République numérique. – Art. 6, 18, 69, 70, 72, 107. – V. CGCT, art. L. 1425-1, L. 1425-2, L. 1821-1, L. 2213-2, L. 3661-16, L. 4313-3, L. 5217-10-15, L. 5219-1, L. 71-111-15, L. 72-101-15.
2016	13 oct.	Ordonnance n° 2016-1360. Modification de la partie législative du code des juridictions financières. – Art. 51. – V. CGCT, art. L. 1411-18.
2016	8 nov.	Loi n° 2016-1500. Permettre le maintien des communes associées, sous forme de communes déléguées, en cas de création d'une commune nouvelle. – Art. 1er à 7, 9 à 13. – V. CGCT, art. L. 2113-2, L. 2113-5, L. 2113-7, L. 2113-8-1, L. 2113-8-2, L. 2113-10, L. 2113-12-2, L. 2113-17, L. 2113-17-1, L. 2123-21, L. 2123-23, L. 2333-76, L. 2573-46, L. 5211-6-2, L. 5212-7.
2016	10 nov.	Ordonnance n° 2016-1519. Création au sein du service public de l'emploi de l'établissement public chargé de la formation professionnelle des adultes. – Art. 7. – V. CGCT, art. L. 4424-34.
2016	18 nov.	Loi n° 2016-1547. De modernisation de la justice du XXIe siècle. – Art. 49. – V. CGCT, art. L. 2121-30-1.
2016	18 nov.	Décret n° 2016-1551. Diverses mesures relatives à la durée du travail, aux repos et aux congés. – Art. 6. – V. CGCT, art. R. 2123-7, R. 2123-9, R. 3123-6, R. 3123-7, R. 4135-6, R. 4135-7, D. 7124-31, R. 7125-6, R. 7125-7, D. 7226-31, R. 7227-6, R. 7227-7.
2016	18 nov.	Décret n° 2016-1553. Diverses mesures relatives à la durée du travail, aux repos et aux congés. – Art. 7. – V. CGCT, art. D. 2573-8, D. 4134-30, D. 4134-31, D. 7124-32, D. 7226-32.
2016	21 nov.	Ordonnance n° 2016-1561. Règles budgétaires, financières, fiscales et comptables applicables à la collectivité de Corse. – Ratifiée par L. n° 2017-289 du 7 mars 2017 : – Art. 3, 8, 9. – V. CGCT, art. L. 1615-6, L. 1617-6, L. 4332-7, L. 4421-2, L. 4422-38, L. 4422-42, L. 4424-18, L. 4424-20, L. 4424-35, L. 4425-7, L. 4425-1 à L. 4425-33. – Art. 19, 20. – V. ss. CGCT, art. L. 4425-1.

2016	21 nov.	Ordonnance n° 2016-1562. Diverses mesures institutionnelles relatives à la collectivité de Corse. – Ratifiée par L. n° 2017-289 du 7 mars 2017. – Art. 1er à 7, 9, 14, 22, 31, 33, 34. – V. CGCT, art. L. 1413-1, L. 1424-77 à L. 1424-84, L. 4421-1, L. 4421-3, L. 4422-1, L. 4422-9, L. 4422-11, L. 4422-12, L. 4422-18, L. 4422-19, L. 4422-20, L. 4422-22, L. 4422-27, L. 4422-31, L. 4422-32, L. 4422-34, L. 4422-35, L. 4422-36, L. 4422-37, L. 4422-46, L. 4424-1-A, L. 4424-1, L. 4424-3, L. 4424-5, L. 4424-6, L. 4424-7, L. 4424-13, L. 4424-14, L. 4424-34, L. 4424-36, L. 4424-37, L. 5211-43.
2016	25 nov.	Décret n° 2016-1613. Modification de diverses dispositions, résultant de la recodification du livre I du code de l'urbanisme. – Art. 4. – V. CGCT, art. R. 4424-6.
2016	5 déc.	Loi n° 2016-1657. Action extérieure des collectivités territoriales et coopération des outre-mer dans leur environnement régional. – V. CGCT, art. L. 1115-5, L. 3441-2, L. 3441-3, L. 3441-4-1, L. 3441-5, L. 4433-4-1, L. 4433-4-2, L. 4433-4-3-1 à L. 4433-4-4, L. 4433-4-5-1, L. 4433-4-5-3, L. 7153-2 à L. 7153-3-1, L. 7153-4-1, L. 7153-5, L. 7153-10, L. 7253-2 à L. 7253-3-1, L. 7253-4-1, L. 7253-5, L. 7253-10.
2016	5 déc.	Loi n° 2016-1658. Élection des conseillers municipaux dans les communes associées de la Polynésie française et modernisation du code général des collectivités territoriales applicable aux communes de la Polynésie française, à leurs groupements et à leurs établissements publics. – Art. 2 à 12. – V. CGCT, art. L. 1864-1, L. 2573-3, L. 2573-5 à L. 2573-7, L. 2573-12, L. 2573-25, L. 5842-4, L. 5842-5, L. 5842-33.
2016	5 déc.	Arrêté. Opérations d'acquisitions et de prises en location immobilières poursuivies par les collectivités publiques et divers organismes. – V. ss. CGCT, art. R. 1311-4.
2016	9 déc.	Loi n° 2016-1691. Transparence, lutte contre la corruption et modernisation de la vie économique. – Art. 39. – V. CGCT, art. L. 1414-2, L. 1414-3.
2016	16 déc.	Décret n° 2016-1758. Vaccination contre l'hépatite B des thanatopracteurs. – Art. 2. – V. CGCT, art. D. 2223-37, D. 2223-39, D. 2223-123-1.
2016	19 déc.	Décret n° 2016-1783. Modification du décret n° 2016-33 du 20 janvier 2016 fixant la liste des pièces justificatives des dépenses des collectivités territoriales, des établissements publics locaux et des établissements publics de santé. – V. CGCT, Annexe I, ss. art. D. 1617-19 🏛.
2016	23 déc.	Loi n° 2016-1827. De financement de la sécurité sociale pour 2017. – Art. 79. – V. CGCT, art. L. 2223-43.
2016	27 déc.	Loi n° 2016-1867. Sapeurs-pompiers professionnels et sapeurs-pompiers volontaires. – Art. 10 à 12, 17. – V. CGCT, art. L. 1424-32, L. 1424-33, L. 1424-36-2, L. 1424-36-3, L. 5218-8-8, L. 5219-10.
2016	27 déc.	Décret n° 2016-1910. Application de l'article L. 1611-10 du code général des collectivités territoriales. – V. CGCT, art. R. 1611-36 à R. 1611-40.

2016	28 déc.	Loi n° 2016-1888. Modernisation, développement et protection des territoires de montagne. – Art. 10, 14, 24, 30, 33, 69, 70. – V. CGCT, art. L. 1212-2, L. 1425-1, L. 1425-2, L. 3232-1-1, L. 5211-25, L. 5214-16, L. 5216-5, L. 5218-2, L. 5222-2.
2016	29 déc.	Loi n° 2016-1917. De finances pour 2017 : – Art. 10, 33, 60, 90 à 93, 136, 138, 139, 141 à 144, 147, 149. – V. CGCT, art. L. 1613-1, L. 1621-1, L. 1881-1, L. 2113-5, L. 2113-20, L. 2113-22, L. 2321-2, L. 2333-55, L. 2334-4, L. 2334-7, L. 2334-7-3, L. 2334-13, L. 2334-14, L. 2334-16, L. 2334-17, L. 2334-18-2 à L. 2334-18-4, L. 2334-21, L. 2334-33, L. 2334-35 à L. 2334-37, L. 2334-40, L. 2334-41, L. 2335-3, L. 2336-1, L. 2336-5, L. 2336-6, L. 2531-4, L. 2531-13, L. 2563-3, L. 2563-4, L. 2571-3, L. 2573-52, L. 3321-1, L. 3334-1, L. 3334-3, L. 3334-7-1, L. 3334-16-2, L. 3334-17, L. 3335-1, L. 3664-1, L. 4321-1, L. 4414-7, L. 4424-20, L. 4425-4, L. 5211-4-1, L. 5217-12-1, L. 5219-5, L. 5219-8, L. 6500, L. 71-113-3, L. 72-103-2. – Art. 145. – V. ss. CGCT, avant art. L. 2334-1,. – Art. 149. – V. ss. CGCT, avant art. L. 4332-1,.
2016	29 déc.	Loi n° 2016-1918. De finances rectificative pour 2016. – Art. 15, 75, 77 à 79, 86, 89, 97, 140. – V. CGCT, art. L. 1617-5, L. 1621-3, L. 2123-12-1, L. 2333-26, L. 2333-30, L. 2333-34, L. 2333-41, L. 2333-57, L. 2333-67, L. 2333-76, L. 2334-25-1, L. 2336-2, L. 3123-10-1, L. 3333-1, L. 4135-10-1, L. 5211-18, L. 5211-19, L. 5211-21, L. 5211-29, L. 7125-12-1, L. 7227-12-1.
2016	30 déc.	Décret n° 2016-2004. Modification de certaines dispositions du code général des collectivités territoriales relatives aux services départementaux d'incendie et de secours. – V. CGCT, art. R. 1424-1-1, R. 1424-19-1.
2017	10 janv.	Décret n° 2017-25. Modification des règles de quorum du Conseil national des opérations funéraires. – V. CGCT, art. D. 1241-5.
2017	20 janv.	Loi organique n° 2017-54. Autorités administratives indépendantes et autorités publiques indépendantes. – Art. 2. – V. CGCT, art. L.O. 6222-3-1, L.O. 6322-3-1, L.O. 6432-4-1.
2017	27 janv.	Loi n° 2017-86. Égalité et citoyenneté. – Art. 17, 54 à 57, 60, 73, 81, 85, 97, 114, 115, 123, 137, 148, 198, 201. – V. CGCT, art. L. 1111-4, L. 1111-9, L. 1112-23, L. 1424-10, L. 1424-37, L. 1852-9, L. 2122-22, L. 2223-24, L. 2252-2, L. 2511-20, L. 3211-2, L. 3231-4-1, L. 3641-1, L. 3641-5, L. 4134-2, L. 4221-5, L. 4251-5, L. 4253-2, L. 5211-9, L. 5211-10-1, L. 5214-16, L. 5215-20, L. 5215-20-1, L. 5216-5, L. 5217-2, L. 5218-2, L. 5219-1, L. 5219-5.
2017	24 févr.	Loi n° 2017-227. Ratification des ordonnances n° 2016-1019 du 27 juillet 2016 relative à l'autoconsommation d'électricité et n° 2016-1059 du 3 août 2016 relative à la production d'électricité à partir d'énergies renouvelables. Adaptation de certaines dispositions relatives aux réseaux d'électricité et de gaz et aux énergies renouvelables. – Art. 7. – V. CGCT, art. L. 3333-2.

2017	28 févr.	Loi n° 2017-256. De programmation relative à l'égalité réelle outre-mer et portant autres dispositions en matière sociale et économique. – Art. 10, 11, 44, 78, 112, 143, 144. – V. CGCT, art. L. 1111-9, L. 1111-10, L. 1424-85 à L. 1424-91, L. 2334-7, L. 2563-7, L. 2564-28, L. 2573-39, L. 2564-19, L. 2564-19-1, L. 3334-16-2, L. 3443-3, L. 3541-1, L. 4434-10, L. 5823-1, L. 5842-9, L. 7121-1, L. 7124-11 à L. 7124-23, L. 71-111-3, L. 72-101-3.
2017	28 févr.	Loi n° 2017-257. Statut de Paris et aménagement métropolitain : – Art. 1er à 5, 7, 12 à 15, 17 à 21, 25, 26, 38, 47, 55, 60, 68 à 77. – V. CGCT, art. L. 1111-9-1, L. 1531-1, L. 2113-2, L. 2113-5, L. 2122-22, L. 2123-11-2, L. 2253-1, L. 2511-5, L. 2511-16, L. 2511-22, L. 2511-25, L. 2511-27, L. 2511-29, L. 2511-33 à L. 2511-35-1, L. 2512-1, L. 2512-2, L. 2512-5, L. 2512-9 à L. 2512-12, L. 2512-13, L. 2512-14, L. 2512-20, L. 2512-27, L. 3123-16, L. 3123-17, L. 3411-1 à L. 3412-2, L. 3421-3, L. 5211-6 à L. 5211-6-2, L. 5217-1 à L. 5217-3, L. 5218-2, L. 5219-5. – Art. 6, 8 à 11. – V. ss. CGCT, art. L. 2512-1. – Art. 72-II. – V. ss. CGCT, art. L. 2113-2.
2017	1er mars	Loi n° 2017-262. Modalités de calcul du potentiel fiscal agrégé des communautés d'agglomération issues de la transformation de syndicats d'agglomération nouvelle (ex SAN). – Art. 1er, 2. – V. CGCT, art. L. 2334-37, L. 2336-2, L. 5211-29.
2017	1er mars	Décret n° 2017-270. Délégation des fonctions d'officier de l'état civil exercées par le maire et lieu de célébration des mariages. – Art. 2 à 4. – V. CGCT, art. R. 2122-10, R. 2122-11, D. 2573-7.
2017	7 mars	Loi n° 2017-289. Ratification des ordonnances n° 2016-1561 du 21 novembre 2016 complétant et précisant les règles budgétaires, financières, fiscales et comptables applicables à la collectivité de Corse, n° 2016-1562 du 21 novembre 2016 portant diverses mesures institutionnelles relatives à la collectivité de Corse et n° 2016-1563 du 21 novembre 2016 portant diverses mesures électorales applicables en Corse. – Art. 4. – V. CGCT, art. L. 4425-4.
2017	27 mars	Décret n° 2017-402. Établissements publics de coopération environnementale. – V. CGCT, art. R. 1431-1 à R. 1431-4, R. 1431-7, R. 1431-8, R. 1431-11, R. 1431-13, R. 1431-15 à R. 1431-21.
2017	29 mars	Décret n° 2017-456. Patrimoine mondial, monuments historiques et sites patrimoniaux remarquables. – Art. 9. – V. CGCT, art. R. 4421-1, R. 4421-2, R. 4421-5, R. 4421-5-1, R. 4421-6, R. 4421-8, R. 4421-10, R. 4421-12 à R. 4421-15.
2017	3 avr.	Décret n° 2017-474. Modification de certaines dispositions financières relatives au droit individuel à la formation des titulaires de mandats locaux. – V. CGCT, art. R. 1621-4 à R. 1621-6, R. 1621-11, D. 2573-8.
2017	3 avr.	Décret n° 2017-475. Modification de certaines dispositions financières relatives au recouvrement de la cotisation due au titre du droit individuel à la formation des titulaires de mandats locaux. – Art. 1er, 3. – V. CGCT, art. D. 1621-14, D. 1881-1.

2017	5 avr.	Décret n° 2017-494. Composition et fonctionnement du Conseil national des opérations funéraires. – V. CGCT, art. L. 1241-1, D. 1241-1 à D. 1241-8.
2017	7 avr.	Décret n° 2017-509. Modification de l'article D. 1611-1 du code général des collectivités territoriales. – V. CGCT, art. D. 1611-1.
2017	10 avr.	Décret n° 2017-518. Dotations de l'État aux collectivités territoriales et péréquation des ressources fiscales. – Art. 1er, 2. – V. CGCT, art. R. 2334-2-1, R. 2334-3-1, R. 2334-3-2, R. 2334-5-1, R. 2334-36 à R. 2334-38, R. 2336-10.
2017	19 avr.	Ordonnance n° 2017-562. Propriété des personnes publiques. – Art. 8. – V. CGCT, art. L. 1311-3.
2017	21 avr.	Décret n° 2017-602. Certificat de décès. – V. CGCT, art. R. 2213-1-1 à R. 2213-2.
2017	27 avr.	Ordonnance n° 2017-650. Modification du livre III du code du patrimoine. – Art. 2. – V. CGCT, art. L. 1421-4, L. 1421-5, L. 1614-10, L. 1614-11.
2017	5 mai	Décret n° 2017-827. Conseil économique, social, environnemental et culturel de Corse. – V. CGCT, art. R. 4422-4 à R. 4422-9, R. 4422-14, R. 4422-21, R. 4422-23, R. 4422-30-1.
2017	6 mai	Décret n° 2017-890. État civil. – Art. 53, 57-V. – V. CGCT, art. R. 2122-10, D. 2573-7.
2017	9 mai	Décret n° 2017-858. Modalités de décompte et de déclaration des effectifs, recouvrement et calcul des cotisations et des contributions sociales. – Art. 3. – V. CGCT, art. D. 2333-84, D. 2333-87, D. 2333-91, D. 2333-97, R. 2333-104-1, D. 2531-2, D. 2531-7 à D. 2531-9, D. 2531-15, R. 2531-18 à R. 2531-22-1.
2017	10 mai	Décret n° 2017-939. Commission nationale de la coopération décentralisée. – V. CGCT, art. R. 1115-8, R. 1115-9, R. 1115-11, R. 1115-13.
2017	10 mai	Ordonnance n° 2017-970. Développement des émissions obligataires. – Art. 21 à 23. – V. CGCT, art. L. 1611-3, L. 1611-3-1, L. 2337-3.
2017	10 mai	Décret n° 2017-983. Conditions d'intervention des thanatopracteurs et information des familles concernant les soins de conservation. – V. CGCT, art. R. 2213-2-1 à R. 2213-3, R. 2223-23-5, R. 2223-25, R. 2223-67, R. 2223-69, R. 2223-75, D. 2223-81, D. 2223-84, R. 2223-89-1, R. 2223-95, D. 2223-122, R. 2223-132.
2017	10 mai	Décret n° 2017-1060. Agents publics chargés de la représentation de certaines collectivités territoriales d'outre-mer au sein des missions diplomatiques de la France. – Art. 2 à 4. – V. CGCT, art. R. 4433-37, R. 7153-6, R. 7253-6.
2017	23 mai	Arrêté. Approbation du nouveau cahier des charges des dispositifs de télétransmission des actes soumis au contrôle de légalité et modification de la procédure d'homologation. – Art. 8 à 11, Annexe. V. ss. CGCT, art. R. 2131-2-B.

2017	6 juill.	Décret n° 2017-1143. Modalités d'application des taxes locales sur la consommation finale d'électricité. – V. CGCT, art. D. 2333-5, D. 2333-6, R. 3543-2, D. 5212-2.
2017	21 juill.	Décret n° 2017-1186. Conseil national des opérations funéraires. – V. CGCT, art. D. 1241-1 à D. 1241-3, D. 1241-5.
2017	26 juill.	Décret n° 2017-1193. Composition et renouvellement des conseils économiques, sociaux et environnementaux régionaux. – Art. 1er à 3. – V. CGCT, art. R. 4134-1, R. 4134-4, Annexe XI, ss. art. R. 4134-1.
2017	9 août	Décret n° 2017-1253. Marchés d'instruments financiers et séparation du régime juridique des sociétés de gestion de portefeuille de celui des entreprises d'investissement. – Art. 14. – V. CGCT, art. R. 2241-5, R. 3213-6, R. 4221-5, R. 5211-13-4.
2017	15 sept.	Loi n° 2017-1339. Pour la confiance dans la vie politique. – Art. 34. – V. CGCT, art. L. 2334-37.
2017	6 oct.	Décret n° 2017-1452. Fixation des modalités de répartition de l'affectation de 10 % du prélèvement progressif dû par les casinos à bord des navires de commerce battant pavillon français régis par l'article L. 321-3 du code de la sécurité intérieure. – V. CGCT, art. D. 2333-82-5.
2017	25 oct.	Ordonnance n° 2017-1491. Extension et adaptation de la partie législative du code du travail, et de diverses dispositions relatives au travail, à l'emploi et à la formation professionnelle à Mayotte. – Ratifiée par L. n° 2018-771 du 5 sept. 2018. – Art. 19, 34. – V. CGCT, art. L. 2564-4 à L. 2564-7, L. 3522-1.
2017	26 oct.	Décret n° 2017-1497. Transposition de l'article 1er de la directive 2013/64/UE du Conseil du 17 décembre 2013 ayant modifié la directive 91/271/CEE du Conseil à la suite de la modification du statut de Mayotte à l'égard de l'Union européenne. – V. CGCT, art. R. 2564-20 à R. 2564-23.
2017	2 nov.	Décret n° 2017-1525. Modification des dispositions réglementaires du code général des collectivités territoriales relatives à la redevance de stationnement des véhicules sur voirie et à la commission du contentieux du stationnement payant. – V. CGCT, art. R. 2333-120-9, R. 2333-120-20 à R. 2333-120-22, R. 2333-120-25, R. 2333-120-27, R. 2333-120-28 *bis*, R. 2333-120-28 *ter*, R. 2333-120-30 à R. 2333-120-37, R. 2333-120-39 à R. 2333-120-42, R. 2333-120-44, R. 2333-120-46 à R. 2333-120-48, R. 2333-120-50 à R. 2333-120-52, R. 2333-120-55, R. 2333-120-56, R. 2333-120-58, R. 2333-120-58 *bis*, R. 2333-120-60, R. 2333-120-63, R. 2333-120-68 à R. 2333-120-74.
2017	3 nov.	Décret n° 2017-1534. Conditions d'explantation des prothèses à pile sur les personnes décédées. – V. CGCT, art. R. 2213-15.
2017	6 déc.	Décret n° 2017-1672. Compensation financière versée aux communes de Mayotte ayant réalisé une opération de premier numérotage. Application de l'article L. 2564-28 du code général des collectivités territoriales. – V. CGCT, art. D. 2564-24 à D. 2564-26.

2017	14 déc.	Décret n° 2017-1684. Chambre des territoires de Corse. Diverses dispositions d'adaptation à la création de la collectivité de Corse. – Art. 1er, 2. – V. CGCT, art. D. 1111-5, D. 4422-30-2 à D. 4422-30-7.
2017	21 déc.	Décret n° 2017-1729. Modification de la partie réglementaire du code général des collectivités territoriales. – V. CGCT, art. D. 2564-24 à D. 2564-26.
2017	22 déc.	Décret n° 2017-1749. Application de l'article L. 2333-57 du code général des collectivités territoriales relatif aux casinos installés à bord des navires de commerce transporteurs de passagers battant pavillon français. – V. CGCT, art. D. 2333-74, D. 2333-75, D. 2333-82-2, D. 2333-82-3, D. 2333-82-5 *[D. 2333-82-6]*, D. 2333-82-6 *[D. 2333-82-7]*.
2017	27 déc.	Décret n° 2017-1777. Diverses mesures relatives à la collectivité de Corse et aux services d'incendie et de secours. – Art. 1er, 3 à 5, 9, 10. – V. CGCT, art. R. 1424-32, R. 1424-58, R. 4421-2, R. 4421-5 à R. 4421-5-2, R. 4425-1, R. 4425-4, R. 4425-7, R. 5211-22, R. 5211-25.
2017	28 déc.	Loi n° 2017-1775. De finances rectificative pour 2017. – Art. 44, 45, 49, 73, 75. – V. CGCT, art. L. 1611-5-1, L. 1617-5, L. 1874-3, L. 2333-30, L. 2333-32 à L. 2333-34, L. 2333-41, L. 2333-42, L. 4332-9.
2017	28 déc.	Décret n° 2017-1793. Modification de plusieurs décrets relatifs aux sapeurs-pompiers professionnels. – Art. 10. – V. CGCT, art. R. 1424-21.
2017	28 déc.	Décret n° 2017-1794. Modification de l'article R. 2333-120-28 du code général des collectivités territoriales. – V. CGCT, art. R. 2333-120-28.
2017	29 déc.	Décret n° 2017-1847. Fixation des règles budgétaires, financières et comptables applicables à la collectivité de Corse. – V. CGCT, art. D. 4425-12 à D. 4425-53.
2017	30 déc.	Loi n° 2017-1837. De finances pour 2018. – Art. 41, 99, 100, 101, 131, 156 à 160, 163 à 165, 168, 170. – V. CGCT, art. L. 1311-4-1, L. 1613-1, L. 1613-5-1, L. 1615-1, L. 2113-9-1, L. 2113-20, L. 2113-22, L. 2123-23, L. 2252-2, L. 2334-7, L. 2334-7-3, L. 2334-13, L. 2334-21, L. 2334-22, L. 2334-35, L. 2334-37, L. 2334-40, L. 2334-42, L. 2335-3, L. 2335-16, L. 2336-1 à L. 2336-3, L. 2336-6, L. 2531-4, L. 2531-13, L. 3123-17, L. 3334-1, L. 3334-17, L. 3335-1, L. 3335-3, L. 3632-4, L. 3663-9, L. 4135-17, L. 4332-9, L. 4425-22, L. 4425-23, L. 5211-12, L. 5211-29, L. 5214-23-2, L. 5215-35, L. 5216-8-1, L. 7125-20, L. 7227-20, L. 7227-21.
2017	30 déc.	Loi n° 2017-1838. Exercice des compétences des collectivités territoriales dans le domaine de la gestion des milieux aquatiques et de la prévention des inondations. – Art. 1er, 4, 8. – V. CGCT, art. L. 1111-10, L. 3232-1-1, L. 5211-61.
2017	30 déc.	Loi n° 2017-1839. Fin de la recherche et de l'exploitation des hydrocarbures. Diverses dispositions relatives à l'énergie et à l'environnement. – Art. 20, 24. – V. CGCT, art. L. 2224-34, L. 2224-37.

2018	17 janv.	Ordonnance n° 2018-21. Mise en cohérence des textes au regard des dispositions de la loi n° 2016-41 du 26 janvier 2016 de modernisation de notre système de santé. – Art. 5. – V. CGCT, art. L. 1511-8.
2018	22 janv.	Loi n° 2018-32. De programmation des finances publiques pour les années 2018 à 2022. – Art. 13, 29, 30. – V. ss. CGCT, avant art. L. 1611-1, .
2018	8 févr.	Ordonnance n° 2018-74. Diverses mesures institutionnelles relatives à la Ville de Paris. – Art. 1er, 2, 4. – V. CGCT, art. L. 1424-49, L. 2511-1 à L. 2511-3, L. 2511-8, L. 2511-9, L. 2511-10-1 à L. 2511-23, L. 2511-25, L. 2511-26 à L. 2511-31, L. 2511-33, L. 2511-35, L. 2511-36 à L. 2511-45, L. 2512-8.
2018	8 févr.	Ordonnance n° 2018-75. Règles budgétaires, financières, fiscales et comptables applicables à la Ville de Paris. – Art. 6, 9. – V. CGCT, art. L. 2334-4, L. 2512-27, L. 2512-27, L. 2512-28, L. 2512-29.
2018	2 mars	Loi n° 2018-148. Ratification des ordonnances n° 2016-1058 du 3 août 2016 relative à la modification des règles applicables à l'évaluation environnementale des projets, plans et programmes et n° 2016-1060 du 3 août 2016 portant réforme des procédures destinées à assurer l'information et la participation du public à l'élaboration de certaines décisions susceptibles d'avoir une incidence sur l'environnement. – Art. 5. – V. CGCT, art. L. 4424-36, L. 4424-36-1.
2018	13 avr.	Décret n° 2018-273. Grand conseil coutumier des populations amérindiennes et bushinenges. – V. CGCT, art. D. 7124-40 à D. 7124-48, D. 71-121-1 à D. 71-121-10.
2018	27 avr.	Décret n° 2018-309. Application des articles 13 et 29 de la loi n° 2018-32 du 22 janvier 2018 de programmation pour les finances publiques pour les années 2018 à 2022. – V. ss. CGCT, avant art. L. 1611-1, .
2018	2 mai	Conseil d'État, n° 400495. – V. CGCT, art. R. 2336-2.
2018	3 mai	Décret n° 2018-329. Comités locaux d'aide aux victimes. – Art. 7. – V. CGCT, art. D. 2512-15-13.
2018	14 mai	Décret n° 2018-350. Application de la loi organique n° 2016-1046 du 1er août 2016 rénovant les modalités d'inscription sur les listes électorales des ressortissants d'un État membre de l'Union européenne autre que la France pour les élections municipales et de la loi n° 2016-1048 du 1er août 2016 rénovant les modalités d'inscription sur les listes électorales. – Art. 3. – V. CGCT, art. D. 2411-2, D. 6232-2, D. 6332-2.
2018	23 mai	Décret n° 2018-386. Modification de la liste des personnes habilitées à remplir les fonctions de membre du jury pour l'exercice des professions du secteur funéraire. – V. CGCT, art. D. 2223-55-10.
2018	1er juin	Décret n° 2018-428. Dotations de l'État aux collectivités territoriales. – Art. 1er à 3. – V. CGCT, art. R. 1211-1, R. 1211-4, R. 1211-5, R. 1613-5 anc., R. 2334-38, R. 2334-39.

2018	12 juin	Ordonnance n° 2018-474. Simplification et harmonisation des définitions des assiettes des cotisations et contributions de sécurité sociale. – Ratifiée par L. n° 2018-1203 du 22 déc. 2018. – Art. 8. – V. CGCT, art. L. 2333-65, L. 2531-3.
2018	25 juin	Décret n° 2018-514. Subventions de l'État pour des projets d'investissement. – Art. 15. – V. CGCT, art. R. 1613-7, R. 2334-24.
2018	13 juill.	Loi n° 2018-607. Programmation militaire pour les années 2019 à 2025 et diverses dispositions intéressant la défense. – Art. 33, 64. – V. CGCT, art. L. 2122-5-2, L. 2573-6, L. 5211-7, L. 5211-9, L. 5721-2, L. 5842-4, L. 5843-2.
2018	30 juill.	Décret n° 2018-674. Simplification de certaines procédures administratives. – Art. 3. – V. CGCT, art. L. 2111-1.
2018	3 août	Loi n° 2018-699. Garantie de la présence des parlementaires dans certains organismes extérieurs au Parlement et simplification des modalités de leur nomination. – Art. 70, 71, 75. – V. CGCT, art. L. 1211-2, L. 5211-43, L. 5832-3, L. 5842-11.
2018	3 août	Loi n° 2018-702. Mise en œuvre du transfert des compétences eau et assainissement aux communautés de communes. – Art. 2 à 4. – V. CGCT, art. L. 1412-1, L. 5214-16, L. 5214-21, L. 5215-20, L. 5216-5, L. 5216-7, L. 5217-2.
2018	21 août	Décret n° 2018-735. Fixation des conditions de réunion par téléconférence du conseil municipal dans certaines communes de Polynésie française. – V. CGCT, art. R. 2573-6-1 à R. 2573-6-3.
2018	5 sept.	Loi n° 2018-771. Pour la liberté de choisir son avenir professionnel. – Art. 34. – V. CGCT, art. L. 4332-1, L. 4424-34.
2018	4 oct.	Décret n° 2018-847. Schémas directeurs d'aménagement et de gestion des eaux et schémas d'aménagement et de gestion des eaux. – Art. 21, 22. – V. CGCT, art. R. 4424-32-1, R. 4424-32-2.
2018	5 oct.	Décret n° 2018-842. Simplification de certaines procédures administratives. – V. CGCT, art. L. 3113-1, L. 3113-2.
2018	31 oct.	Décret n° 2018-953. Extension et adaptation de la partie réglementaire du code du travail, et de diverses dispositions relatives au travail, à l'emploi et à la formation professionnelle à Mayotte. – Art. 15. – V. CGCT, art. R. 2564-1-2, D. 3522-1.
2018	7 nov.	Loi n° 2018-957. Accueil des gens du voyage et lutte contre les installations illicites. – Art. 1er. – V. CGCT, art. L. 3641-1, L. 5214-16, L. 5215-20, L. 5215-20-1, L. 5216-5, L. 5217-2, L. 5219-1.
2018	8 nov.	Décret n° 2018-966. Cercueils. – V. CGCT, art. R. 2213-25 à R. 2213-25-2.
2018	8 nov.	Décret n° 2018-967. Abrogation de l'article R. 1617-22 du code général des collectivités territoriales. – V. CGCT, art. R. 1617-22, D. 1874-1.

2018	23 nov.	Loi n° 2018-1021. Évolution du logement, de l'aménagement et du numérique : – Art. 6, 9, 21, 45, 51, 69, 159, 160, 194, 231, 234. – V. CGCT, art. L. 1414-2, L. 1425-1, L. 2122-22, L. 2243-1-1, L. 2255-1, L. 2573-20, L. 4424-12, L. 4425-28, L. 5216-5, L. 5219-5. – Art. 50. – V. ss. CGCT, art. L. 4433-7.
2018	23 nov.	Décret n° 2018-1030. Sapeurs-pompiers volontaires, membres du service de santé et de secours médical du service départemental d'incendie et de secours. – Art. 4. – V. CGCT, art. R. 1424-25.
2018	26 nov.	Ordonnance n° 2018-1074. Partie législative du code de la commande publique. – Art. 6. – V. CGCT, art. L. 1311-2, L. 1311-4-1, L. 1311-5, L. 1321-2, L. 1410-1, L. 1410-2, L. 1411-1, L. 1411-3, L. 1411-5, L. 1411-7, L. 1411-9, L. 1411-10, L. 1413-1, L. 1414-1, L. 1414-2, L. 1424-35-1, L. 1524-5, L. 1541-2, L. 1611-6, L. 1612-18, L. 2131-2, L. 2313-1, L. 2573-12, L. 3131-2, L. 3661-15, L. 4141-2, L. 4313-2, L. 4425-18, L. 5111-1, L. 5217-10-14, L. 71-111-14, L. 72-101-14.
2018	3 déc.	Décret n° 2018-1075. Partie réglementaire du code de la commande publique. – Art. 6. – V. CGCT, art. R. 1410-1, R. 1411-1, R. 1411-8, R. 2131-5, R. 2222-5, R. 3132-2, R. 3241-5, R. 4142-2, D. 6242-5, D. 6342-5.
2018	17 déc.	Arrêté. Composition et fonctionnement du conseil économique, social, culturel et environnemental de Saint-Barthélemy. – V. ss. CGCT, art. L.O. 6223-1.
2018	17 déc.	Arrêté. Composition et fonctionnement du conseil économique, social et culturel de Saint-Martin. – V. ss. CGCT, art. L.O. 6323-1.
2018	19 déc.	Décret n° 2018-1180. Protection des biotopes et des habitats naturels. – Art. 9. – V. CGCT, art. R. 4421-3.
2018	26 déc.	Décret n° 2018-1252. Exercice d'un mandat local par les militaires en position d'activité. – Art. 1er. – V. CGCT, art. R. 2123-2, R. 2123-4, R. 2123-11, R. 2123-22, D. 2573-8.
2018	26 déc.	Décret n° 2018-1269. Conférence nationale des services d'incendie et de secours. – Art. 1er. – V. CGCT, art. R. 1424-59 à R. 1424-68.
2018	28 déc.	Loi n° 2018-1317. De finances pour 2019 : – Art. 77, 81, 125, 162, 163, 166, 191, 199, 201, 250, 252, 253, 258 à 260. – V. CGCT, art. L. 1211-2, L. 1613-1, L. 1615-1 à L. 1615-2, L. 1615-5, L. 1615-7, L. 1615-10 à L. 1615-12, L. 2113-20, L. 2113-22, L. 2313-1, L. 2331-3, L. 2333-34 à L. 2333-35, L. 2333-38, L. 2333-43, L. 2333-43-1, L. 2333-46, L. 2333-97, L. 2334-4, L. 2334-7, L. 2334-13, L. 2334-22-1, L. 2334-33, L. 2334-36, L. 2334-40, L. 2334-42, L. 2335-1, L. 2335-16, L. 2336-2, L. 2336-3, L. 2336-5, L. 2343-1, L. 2531-17, L. 3332-1, L. 3332-2-1, L. 3334-1, L. 3334-3, L. 3334-10 à L. 3334-12, L. 3334-16-2, L. 3334-16-3, L. 3335-3, L. 3342-1, L. 3662-4, L. 3663-9, L. 4342-1, L. 4414-5, L. 4425-22, L. 4425-23, L. 5211-4-2, L. 5211-28, L. 5211-29, L. 5211-32 à L. 5211-33, L. 5212-26, L. 5214-23-1, L. 5215-34, L. 5217-12, L. 5218-11, L. 5722-8, L. 5842-8, L. 6473-7.

		– Art. 242. – V. ss. CGCT, art. L. 1612-12.
2019	27 févr.	Décret n° 2019-150. Officiers de sapeurs-pompiers professionnels. – Art. 4. – V. CGCT, art. R. 1424-19-1.
2019	23 mars	Loi n° 2019-222. Programmation 2018-2022 et réforme pour la justice. – Art. 40. – V. CGCT, art. L. 2333-87, L. 2333-87-3, L. 2333-87-8-1.
2019	8 avr.	Loi n° 2019-286. Représentation des personnels administratifs, techniques et spécialisés au sein des conseils d'administration des services départementaux d'incendie et de secours. – V. CGCT, art. L. 1424-24-5, L. 1424-31, L. 1424-75.
2019	17 avr.	Décret n° 2019-335. Mise en bière de corps dans un cercueil. – V. CGCT, art. R. 2213-16.
2019	17 mai	Loi n° 2019-463. Sécurisation de l'actionnariat des entreprises publiques locales : – Art. 1er, 2. – V. CGCT, art. L. 1522-1, L. 1531-1. – Art. 4, 5. – V. ss. CGCT, art. L. 1522-1.
2019	20 mai	Décret n° 2019-472. Collecte et transmission d'informations et de documents relatifs aux déclarations et autorisations d'occupation des sols. – Art. 2. – V. CGCT, art. R. 1614-20.
2019	21 mai	Décret n° 2019-489. Pharmacies à usage intérieur. – Art. 2. – V. CGCT, art. R. 1424-25.
2019	22 mai	Loi n° 2019-486. Croissance et transformation des entreprises. – Art. 3, 11, 30, 53, 127, 149. – V. CGCT, art. L. 1425-1, L. 1524-8, L. 2333-64, L. 2411-12-2, L. 2531-2, L. 4251-18, L. 4253-3.
2019	24 mai	Décret n° 2019-517. Application de l'article L. 2333-97 du code général des collectivités territoriales. – Art. 2. – V. CGCT, art. D. 2333-139.
2019	29 mai	Décret n° 2019-546. Modification de la partie réglementaire du code général des collectivités territoriales et fixation du taux de cotisation au fonds de financement de l'allocation différentielle de fin de mandat. – Art. 1er, 2. – V. CGCT, art. D. 1621-1, D. 1621-2, D. 1881-1.
2019	3 juin	Ordonnance n° 2019-552. Diverses dispositions relatives au groupe SNCF. – Art. 13. – V. CGCT, art. L. 1612-15-1, L. 1614-8-1, L. 4321-1, L. 4425-24.
2019	14 juin	Décret n° 2019-589. Assistance technique fournie par les départements à certaines communes et à leurs groupements et modification des dispositions du code général des collectivités territoriales. – V. CGCT, art. R. 3232-1 à R. 3232-1-2, R. 3232-1-4.
2019	28 juin	Décret n° 2019-663. Exceptions temporaires aux interdictions de circulation dans une zone à circulation restreinte au profit des véhicules des services publics de transport en commun. – V. CGCT, art. R. 2213-1-0-1.

2019	3 juill.	Ordonnance n° 2019-700. Entrepreneurs de spectacles vivants. – Art. 5. – V. CGCT, art. L. 2333-55-3.
2019	3 juill.	Décret n° 2019-701. Dotations de l'État aux collectivités territoriales ; péréquation des ressources fiscales ; composition et fonctionnement du comité des finances locales et du Conseil national d'évaluation des normes. – Art. 1er à 6. – V. CGCT, art. R. 1211-1, R. 1211-14, R. 1211-16, R. 1212-3, R. 1212-4, R. 1212-8, R. 1213-22, R. 2334-30, R. 2334-36, R. 2531-31, R. 2531-33, R. 3334-0-1, R. 3334-4, R. 3334-9, R. 3335-5.
2019	5 juill.	Loi n° 2019-707. Diverses dispositions institutionnelles en Polynésie française. – Art. 2 à 5. – V. CGCT, art. L. 1862-1, L. 1862-3, L. 5842-22, L. 5842-26, L. 5842-28, L. 5843-2, L. 5843-3.
2019	17 juill.	Ordonnance n° 2019-770. Partie législative du livre VIII du code de la construction et de l'habitation. – Art. 6. – V. CGCT, art. L. 2334-17.
2019	22 juill.	Loi n° 2019-753. Création d'une Agence nationale de la cohésion des territoires. – Art. 1er à 11. – V. CGCT, art. L. 1231-1 à L. 1233-4, L. 1233-6, L. 5111-1.
2019	24 juill.	Décret n° 2019-772. Partie réglementaire du livre VIII du code de la construction et de l'habitation. – Art. 11. – V. CGCT, art. R. 2334-36.
2019	24 juill.	Loi n° 2019-773. Création de l'Office français de la biodiversité et de la chasse, modification des missions des fédérations des chasseurs et renforcement de la police de l'environnement. – Art. 21. – V. CGCT, art. L. 1431-4.
2019	24 juill.	Loi n° 2019-774. Organisation et transformation du système de santé. – Art. 12, 17, 41. – V. CGCT, art. L. 1111-2, L. 2223-42.
2019	26 juill.	Loi n° 2019-791. Pour une école de la confiance. – Art. 26, 32, 44. – V. CGCT, art. L. 3214-2, L. 3321-1, L. 3664-1, L. 4424-1, L. 4425-29, L. 71-113-3, L. 72-103-2.
2019	1er août	Loi n° 2019-809. Adaptation de l'organisation des communes nouvelles à la diversité des territoires : – Art. 1er à 10, 12, 13. – V. CGCT, art. L. 2113-2, L. 2113-3, L. 2113-5, L. 2113-8, L. 2113-8-2, L. 2113-9, L. 2113-9-1, L. 2113-10, L. 2113-11, L. 2113-12-1, L. 2113-12-2, L. 2113-15, L. 2121-1, L. 2121-7, L. 2333-55, L. 5210-1-1, L. 5210-1-2, L. 5731-1, L. 5741-1. – Art. 11. – V. ss. CGCT, art. L. 2113-10.
2019	1er août	Loi n° 2019-812. Création de l'Agence nationale du sport et diverses dispositions relatives à l'organisation des jeux Olympiques et Paralympiques de 2024. – Art. 3. – V. CGCT, art. L. 4424-8.
2019	2 août	Loi n° 2019-816. Compétences de la Collectivité européenne d'Alsace : – Art. 2 à 4. – V. CGCT, art. L. 1426-1, L. 3431-1 à L. 3431-7. – Art. 5 à 14. – V. ss. CGCT, art. L. 3431-7.
2019	6 août	Loi n° 2019-828. Transformation de la fonction publique. – Art. 4, 10. – V. CGCT, art. L. 3641-4, L. 3651-3, L. 5111-1-1, L. 5111-7, L. 5211-4-1, L. 5211-4-2, L. 5212-33, L. 5214-28, L. 5216-9, L. 5217-2, L. 5219-12.

2019	30 août	Décret n° 2019-913. Application de l'article 95 de la loi n° 2019-222 du 23 mars 2019 de programmation 2018-2022 et de réforme pour la justice. – Art. 14. – V. CGCT, art. R. 2333-120-9.
2019	18 sept.	Ordonnance n° 2019-964. Application de la loi n° 2019-222 du 23 mars 2019 de programmation 2018-2022 et de réforme pour la justice. – Art. 35. – V. CGCT, art. L. 2224-24, L. 2333-34-1, L. 2333-35, L. 2333-43-1, L. 2333-35, L. 2421-6.
2019	18 sept.	Décret n° 2019-966. Substitution du tribunal judiciaire au tribunal de grande instance et au tribunal d'instance en application de l'article 95 de la loi n° 2019-222 du 23 mars 2019 de programmation 2018-2022 et de réforme pour la justice et diverses dispositions relatives à l'organisation judiciaire et modification de l'annexe du décret n° 2019-913 du 30 août 2019 pris en application de l'article 95 de la loi n° 2019-222 du 23 mars 2019 de programmation (2018-2022) et de réforme pour la justice. – Art. 8. – V. CGCT, art. R. 2122-10, D. 6252-2, D. 6352-2.
2019	2 oct.	Ordonnance n° 2019-1015. Réforme de la régulation des jeux d'argent et de hasard. – Art. 26. – V. CGCT, art. L. 2333-55-1.
2019	16 oct.	Décret n° 2019-1062. Taxes de séjour. – Art. 1er, 2. – V. CGCT, art. R. 2333-43, R. 2333-44, R. 2333-46, R. 2333-48 à R. 2333-56, R. 2333-58.
2019	18 oct.	Loi n° 2019-1063. Modernisation de la distribution de la presse. – Art. 5. – V. CGCT, art. L. 1425-1, L. 1425-2.
2019	31 oct.	Décret n° 2019-1121. Représentation des personnels administratifs, techniques et spécialisés au sein des commissions administratives et techniques des services d'incendie et de secours. – V. CGCT, art. R. 1424-4, R. 1424-12, R. 1424-15, R. 1424-18.
2019	8 nov.	Loi n° 2019-1147. Énergie et climat. – Art. 11, 14, 16, 18, 42, 63. – V. CGCT, art. L. 2224-31, L. 2224-34, L. 2224-38, L. 2253-1, L. 3231-6, L. 4211-1, L. 4251-5.
2019	13 nov.	Ordonnance n° 2019-1170. Régime juridique du schéma d'aménagement régional. – Art. 1er, 2. – V. CGCT, art. L. 4433-7, L. 4433-7-1 à L. 4433-7-4, L. 4433-8, L. 4433-8-1, L. 4433-8-2, L. 4433-9, L. 4433-10, L. 4433-10-1 à L. 4433-10-11, L. 4433-11, L. 4433-11-1, L. 4433-15.
2019	18 nov.	Décret n° 2019-1190. Agence nationale de la cohésion des territoires. – Art. 1er. – V. CGCT, art. R. 1231-1 à R. 1233-5.
2019	5 déc.	Décret n° 2019-1302. Modification du décret n° 2003-485 du 5 juin 2003 relatif au recensement de la population. – Art. 1er. – V. CGCT, art. R. 2151-1, D. 2573-13.
2019	17 déc.	Décret n° 2019-1375. Définition du seuil de présentation des marchés publics des collectivités territoriales et de leurs établissements publics au contrôle de légalité. – V. CGCT, art. D. 2131-5-1.
2019	24 déc.	Loi n° 2019-1428. Orientation des mobilités. – Art. 8, 9, 10, 13, 15, 16, 19, 22, 27, 35 à 38, 51, 68, 70, 85, 86, 88, 89, 134, 149. – V.

		CGCT, art. L. 1111-9, L. 1311-15, L. 1427-1, L. 1541-1, L. 2143-3, L. 2213-1-1, L. 2213-2 à L. 2213-4, L. 2213-4-1, L. 2213-4-2, L. 2224-37, L. 2333-64 à L. 2333-68, L. 2333-70, L. 2333-73, L. 2333-87, L. 2334-25-1, L. 2531-2, L. 2531-3, L. 2531-4, L. 2531-5, L. 2531-6, L. 2531-9, L. 2573-19, L. 3221-4-1, L. 3232-1-1, L. 3642-2, L. 4251-1, L. 4251-5, L. 4424-9, L. 4433-7, L. 5214-23, L. 5215-32, L. 5216-8, L. 5217-2, L. 5219-1, L. 5219-5, L. 5721-6-1, L. 5722-7, L. 5722-7-1.
2019	26 déc.	Décret n° 2019-1472. Modifications de diverses dispositions relatives aux régies municipales. – V. CGCT, art. R. 2221-24, R. 2221-30, R. 2221-96, D. 2573-20.
2019	27 déc.	Loi n° 2019-1461. Engagement dans la vie locale et à la proximité de l'action publique : – Art. 1er à 5, 7 à 16, 19, 21, 24 à 27, 29 à 45, 49, 50, 53, 60, 65 à 68, 71 à 74, 79 à 96, 98 à 101, 104, 107, 109, 114 à 116. – V. CGCT, art. L. 1111-2, L. 1111-8, L. 1111-10, L. 1111-11, L. 1112-24, L. 1116-1, L. 1410-3, L. 1411-5, L. 1411-5-1, L. 1611-7, L. 2113-2, L. 2113-4, L. 2113-5, L. 2113-11, L. 2113-15, L. 2121-1, L. 2121-2-1, L. 2121-10, L. 2121-19, L. 2121-21, L. 2121-41, L. 2122-7-1, L. 2122-7-2, L. 2122-8, L. 2122-10, L. 2122-18, L. 2123-1, L. 2123-1-1, L. 2123-2, L. 2123-9, L. 2123-11-1, L. 2123-12, L. 2123-18, L. 2123-18-2, L. 2123-18-4, L. 2123-22, L. 2123-24, L. 2123-24-1-1, L. 2123-24-2, L. 2123-34, L. 2123-35, L. 2131-2, L. 2143-4, L. 2144-2, L. 2212-2-1, L. 2212-2-2, L. 2213-1, L. 2213-34, L. 2224-7, L. 2224-12-1-1, L. 2224-12-3-1, L. 2224-12-4, L. 2512-13, L. 2573-7, L. 2573-10, L. 2573-19, L. 2573-25, L. 2573-50, L. 3123-1, L. 3123-1-1, L. 3123-7, L. 3123-19-1, L. 3123-19-2-1, L. 3211-2, L. 3231-3, L. 3232-1-2, L. 3631-5, L. 3633-2, L. 3633-3, L. 3633-5, L. 4133-6-1, L. 4135-1, L. 4135-1-1, L. 4135-7, L. 4135-19-1, L. 4135-19-2-1, L. 4422-9-2, L. 4424-32, L. 5111-1, L. 5210-1-1, L. 5211-4-4, L. 5211-5-1, L. 5211-6, L. 5211-9-2, L. 5211-10-1, L. 5211-11-1, L. 5211-11-2, L. 5211-11-3, L. 5211-12, L. 5211-12-1, L. 5211-12-2, L. 5211-13, L. 5211-17-1, L. 5211-39-1, L. 5211-39-2, L. 5211-40, L. 5211-40-1, L. 5211-40-2, L. 5211-41-3, L. 5211-43, L. 5211-45, L. 5214-8, L. 5214-16, L. 5215-20, L. 5216-5, L. 5216-7, L. 5216-7-2, L. 5216-11, L. 5217-2, L. 5217-8, L. 5218-2, L. 5219-2, L. 5221-2, L. 5711-1, L. 5711-6, L. 5721-2, L. 5721-8, L. 5721-9, L. 5814-1, L. 5815-1, L. 5842-5, L. 6434-4, L. 7125-23, L. 7227-24. – Art. 16-III. – V. ss. CGCT, art. L. 5214-16.
2019	28 déc.	Loi n° 2019-1479. De finances pour 2020 : – Art. 16, 21, 60, 69, 73, 75, 77, 80, 112, 113, 114, 196, 210, 216, 250, 251, 252, 253, 254, 255, 258, 259. – V. CGCT, art. L. 1613-1, L. 1614-6, L. 1615-1, L. 2113-20, L. 2113-22, L. 2331-3, L. 2333-4 anc., L. 2333-5 anc., L. 2333-26, L. 2333-29, L. 2333-34, L. 2333-41, L. 2333-76, L. 2333-88 à L. 2333-91, L. 2334-13, L. 2334-14, L. 2334-35, L. 2335-3, L. 2335-15, L. 2335-17, L. 2512-28, L. 2531-13, L. 2563-1, L. 2573-52, L. 2573-55, L. 3332-1, L. 3332-3, L. 3334-1, L. 3334-3, L. 3334-4, L. 3334-7-1, L. 3334-16-2, L. 3334-16-3, L. 3334-17, L. 3335-2, L. 3335-3, L. 2336-6, L. 3543-1,

		L. 3543-2, L. 4331-2, L. 4421-2, L. 4425-22, L. 5211-19, L. 5211-28, L. 5211-28-2, L. 5211-28-3, L. 5211-29, L. 5212-20, L. 5212-24, L. 5212-24-1, L. 5214-23, L. 5215-32, L. 5216-8, L. 6500.
2019	31 déc.	Décret n° 2019-1591. Certains seuils d'effectif figurant dans le code général des collectivités territoriales, le code des transports et le code du travail. – Art. 1er, 2. – V. CGCT, art. D. 2333-91, D. 2531-9.
2019	31 déc.	Décret n° 2019-1601. Modification des règles budgétaires, financières et comptables applicables aux métropoles. – Art. 1er. – V. CGCT, art. D. 5217-4.
2020	29 janv.	Ordonnance n° 2020-71. Réécriture des règles de construction et recodification du livre I du code de la construction et de l'habitation. – Ratifiée par L. n° 2021-1104 du 22 août 2021 portant lutte contre le dérèglement climatique et renforcement de la résilience face à ses effets. – Art. 4. – V. CGCT, art. L. 2143-3, L. 2512-13, L. 3642-2, L. 5211-9-2.
2020	5 févr.	Décret n° 2020-97. Fixation des dérogations au principe d'alternance de la présidence des jurys et des instances de sélection dans la fonction publique. – Art. 1er, 2. – V. CGCT, art. R. 2573-52 à R. 2573-54.
2020	10 févr.	Loi n° 2020-105. Lutte contre le gaspillage et économie circulaire : – Art. 57, 93, 95, 107, 109, 123, 124. – V. CGCT, art. L. 2123-12, L. 2212-2-1, L. 2224-7-1, L. 2224-13, L. 4211-1, L. 4251-13, L. 4424-37, L. 5211-9-2. – Art. 108. – V. ss. CGCT, art. L. 2224-1.
2020	20 févr.	Décret n° 2020-144. Conditions et modalités de mise en œuvre du vote électronique par internet pour l'élection des représentants des personnels au sein des instances spécifiques des services d'incendie et de secours. – V. CGCT, art. R. 1424-23.
2020	4 mars	Décret n° 2020-195. Diverses dispositions relatives aux bibliothèques. – Art. 2. – V. CGCT, art. D. 1421-4, D. 1421-5, D. 1421-5-1.
2020	23 mars	Loi n° 2020-290. Urgence pour faire face à l'épidémie de covid-19. – Art. 9, 10, 19, 20. – V. App., *Covid-19*.
2020	25 mars	Ordonnance n° 2020-319. Diverses mesures d'adaptation des règles de passation, de procédure ou d'exécution des contrats soumis au code de la commande publique et des contrats publics qui n'en relèvent pas pendant la crise sanitaire née de l'épidémie de covid-19. – V. App., *Covid-19*.
2020	25 mars	Ordonnance n° 2020-330. Mesures de continuité budgétaire, financière et fiscale des collectivités territoriales et des établissements publics locaux afin de faire face aux conséquences de l'épidémie de covid-19. – Art. 1er à 4, 6 à 15. – V. App., *Covid-19*.
2020	26 mars	Décret n° 2020-348. Dispositions relatives aux mandats confiés par les collectivités territoriales et leurs établissements publics en application de l'article L. 1611-7 du code général des collectivités territoriales. – V. CGCT, art. D. 1611-26-1.

2020	27 mars	Décret n° 2020-352. Adaptation des règles funéraires en raison des circonstances exceptionnelles liées à l'épidémie de covid-19 : – Art. 1er à 7. – V. App., *Covid-19*. – Art. 8. – V. CGCT, art. R. 2213-29.
2020	1er avr.	Ordonnance n° 2020-391. Continuité du fonctionnement des institutions locales et de l'exercice des compétences des collectivités territoriales et des établissements publics locaux afin de faire face à l'épidémie de covid-19. – Art. 1er, 3, 4, 6 à 9, 11 à 12. – V. App., *Covid-19*.
2020	8 avr.	Ordonnance n° 2020-413. Continuité de l'exercice des fonctions exécutives locales durant l'état d'urgence sanitaire. – Art. 1er à 4. – V. App., *Covid-19*.
2020	18 avr.	Décret n° 2020-446. Établissement du certificat de décès : – Art. 1er. – V. CGCT, art. R. 2213-1-1, R. 2213-1-1-1 à D. 2213-1-1-3, R. 2213-1-2, R. 2213-1-4. – Art. 2. – V. ss. CGCT, art. D. 2213-1-1-3.
2020	22 avr.	Ordonnance n° 2020-460. Diverses mesures prises pour faire face à l'épidémie de covid-19. – Art. 16, 22. – V. App., *Covid-19*.
2020	11 mai	Décret n° 2020-556. Application de l'article L. 1611-3-2 du code général des collectivités territoriales. – V. CGCT, art. D. 1611-41.
2020	13 mai	Ordonnance n° 2020-562. Adaptation du fonctionnement des institutions locales et de l'exercice des compétences des collectivités territoriales et des établissements publics locaux à la prolongation de l'état d'urgence sanitaire dans le cadre de l'épidémie de covid-19. – Art. 9, 10. – V. App., *Covid-19*.
2020	19 mai	Décret n° 2020-606. Dotations de l'État aux collectivités territoriales et la péréquation des ressources fiscales. – Art. 1er à 4, 7 à 16. – V. CGCT, art. R. 1211-1, R. 1211-2, R. 1211-6, R. 1211-7, R. 1211-14, R. 1211-18, R. 2113-24, R. 2334-9-1 à R. 2334-9-2, R. 2334-9-3, R. 2335-1, R. 2335-2, R. 2335-5 à R. 2335-7, R. 2512-29-1, R. 2563-1, R. 2563-3, R. 2563-4 à R. 2563-4-2, R. 2563-6, R. 2571-1, R. 2573-56, R. 2573-57, D. 2573-59, R. 3335-2, R. 3335-4, R. 5211-12, D. 5212-16.
2020	25 mai	Décret n° 2020-634. Application de l'article L. 1116-1 du code général des collectivités territoriales relatif à la demande de prise de position formelle adressée au représentant de l'État. – V. CGCT, art. R. 1116-1 à R. 1116-5.
2020	29 mai	Décret n° 2020-648. Contenu et modalités de délivrance des diplômes dans le secteur des services funéraires. – V. CGCT, art. D. 2223-55-2, D. 2223-55-3, D. 2223-55-5, D. 2223-55-6, D. 2223-55-9 à D. 2223-55-11.
2020	16 juin	Décret n° 2020-750. Obligation de fournir une attestation de conformité des véhicules funéraires. – V. CGCT, art. D. 2223-114, D. 2223-115, D. 2223-120, D. 2223-121.

2020	17 juin	Ordonnance n° 2020-738. Diverses mesures en matière de commande publique. – Art. 1er à 5. – V. App., *Covid-19*.
2020	18 juin	Décret n° 2020-751. Assistance technique fournie par les départements à certaines communes et à leurs groupements et modification de l'article R. 3232-1-2 du code général des collectivités territoriales. – V. CGCT, art. R. 3232-1-2.
2020	22 juin	Loi n° 2020-760. Sécurisation de l'organisation du second tour des élections municipales et communautaires de juin 2020 et report des élections consulaires : – Art. 1er, 10, 12. – V. App., *Covid-19*. – Art. 11, 19. – V. CGCT, art. L. 5211-9-2, L. 5842-4.
2020	29 juin	Décret n° 2020-801. Versement destiné au financement des services de mobilité, aux plans de mobilité et au comité des partenaires. – Art. 2. – V. CGCT, art. R. 2333-104-1, R. 2333-120-18, R. 2531-22-1, R. 4251-4, R. 4251-9.
2020	29 juin	Décret n° 2020-805. Versement destiné au financement des services de mobilité. – Art. 1er. – V. CGCT, art. D. 2333-87, D. 2333-91, D. 2333-92, D. 2333-97, D. 2531-2, D. 2531-7, D. 2531-9, D. 2531-10, D. 2531-15.
2020	30 juin	Décret n° 2020-828. Nomenclature et procédure en matière de police de l'eau. – Art. 7. – V. CGCT, art. R. 2224-6.
2020	28 juill.	Décret n° 2020-917. Durée de l'habilitation dans le secteur funéraire et à la housse mortuaire. – V. CGCT, art. R. 2213-7, R. 2223-62, R. 2223-29.
2020	29 juill.	Ordonnance n° 2020-920. Prévention et gestion des déchets. – Art. 9, 11, 15. – V. CGCT, art. L. 2333-76-1, L. 2224-16, L. 4251-2.
2020	29 juill.	Décret n° 2020-942. Droit individuel à la formation des élus locaux. – V. CGCT, art. R. 1621-8, R. 1621-9, D. 1881-1, R. 2123-22-1-B, D. 2573-8.
2020	30 juill.	Loi n° 2020-935. De finances rectificative pour 2020 : – Art. 47. – V. ss. CGCT, art. L. 2333-26. – Art. 48, 69. – V. CGCT, art. L. 1615-6, L. 1618-2.
2020	30 juill.	Décret n° 2020-948. Conditions et modalités de compensation par l'État des frais de garde ou d'assistance engagés par les communes au profit des membres du conseil municipal en raison de leur participation aux réunions obligatoires liées à leur mandat et modifiant le code général des collectivités territoriales. – V. CGCT, art. D. 2123-22-4-A à D. 2123-22-4-C, D. 2573-8, D. 2123-22-6, D. 3123-22-3, D. 4135-22-3.
2020	31 juill.	Décret n° 2020-957. Modalités d'élection du maire associé à la présidence du comité des finances locales de la Polynésie française et actualisation des conditions de fonctionnement du comité des finances locales. – V. CGCT, art. R. 2573-40, R. 2573-42.

2020	5 août	Arrêté. Modification de l'arrêté du 5 août 2003 portant application des articles 23 et 24 du décret n° 2003-485 du 5 juin 2003 modifié relatif au recensement de la population. – V. ss. CGCT, art. R. 2151-1.
2020	6 août	Décret n° 2020-1007. Île-de-France Mobilités. – Art. 1er, 2. – V. CGCT, art. D. 2531-2, D. 2531-3, D. 2531-4, R. 2531-22-1, R. 4414-2.
2020	14 août	Décret n° 2020-1060. Régime juridique du schéma d'aménagement régional. – Art. 1er, 2. – V. CGCT, art. R. 4433-1 à R. 4433-12, R. 4433-18, R. 4433-23.
2020	18 août	Décret n° 2020-1072. Barème relatif à la compensation par l'État des sommes payées par les communes de moins de 3 500 habitants pour la souscription de contrats d'assurance relatifs à la protection fonctionnelle de leurs élus. – V. CGCT, art. D. 2123-29, D. 2573-8.
2020	29 août	Décret n° 2020-1099. Attribution des subventions relevant du fonds d'aide pour le relogement d'urgence. – V. CGCT, art. D. 2335-17 à D. 2335-22.
2020	14 sept.	Décret n° 2020-1129. Application de l'article L. 1111-11 du code général des collectivités territoriales. – V. CGCT, art. D. 1111-8.
2020	16 sept.	Ordonnance n° 2020-1144. Harmonisation et simplification des polices des immeubles, locaux et installations. – Art. 6, 15, 17. – V. CGCT, art. L. 2213-24, L. 2213-26, L. 3642-2, L. 5211-9-2, L. 5219-5.
2020	16 sept.	Décret n° 2020-1138. Non-respect de manière régulière des normes de la qualité de l'air donnant lieu à une obligation d'instauration d'une zone à faibles émissions mobilité. – V. CGCT, art. D. 2213-1-0-2, D. 2213-1-0-3.
2020	30 sept.	Décret n° 2020-1207. Suppression de taxes à faible rendement à compter de 2020. – V. CGCT, art. R. 2333-133 à R. 2333-138.
2020	14 oct.	Ordonnance n° 2020-1256. Extension et adaptation en Polynésie française et en Nouvelle-Calédonie des dispositions de la loi n° 2019-1461 du 27 décembre 2019 relative à l'engagement dans la vie locale et à la proximité de l'action publique. – V. CGCT, art. L. 1824-1, L. 1871-1, L. 2573-5, L. 2573-6, L. 2573-7, L. 2573-18, L. 2573-19, L. 2573-28, L. 5842-4, L. 5842-9, L. 5842-21, L. 5842-30-1, L. 5842-31, L. 5843-1, L. 5843-2.
2020	28 oct.	Ordonnance n° 2020-1304. Diverses mesures institutionnelles relatives à la création de la Collectivité européenne d'Alsace : – Art. 2, 6, 14. – V. CGCT, art. L. 1311-14, L. 1424-92 à L. 1424-99, L. 3132-1-1. – Art. 3 à 5, 11 à 13, 18. – V. ss. CGCT, art. L. 3431-7.
2020	28 oct.	Ordonnance n° 2020-1305. Règles budgétaires, financières, fiscales et comptables applicables à la Collectivité européenne d'Alsace : – Art. 1er. – V. CGCT, art. L. 3431-8. – Art. 2 à 7. – V. ss. CGCT, art. L. 3431-7.

2020	12 nov.	Décret n° 2020-1375. Application de l'article L. 5211-39-2 du code général des collectivités territoriales. – V. CGCT, art. D. 5211-18-2, D. 5211-18-3.
2020	14 nov.	Loi n° 2020-1379. Autorisation de la prorogation de l'état d'urgence sanitaire et diverses mesures de gestion de la crise sanitaire. – Art. 6. – V. App., *Covid-19*.
2020	2 déc.	Ordonnance n° 2020-1504. Prorogation et adaptation des conditions de gestion des programmes européens de la politique de cohésion et des affaires maritimes et de la pêche. – Art. 1er. – V. CGCT, art. L. 1511-1-2, L. 4221-5.
2020	3 déc.	Loi n° 2020-1508. Diverses dispositions d'adaptation au droit de l'Union européenne en matière économique et financière. – Art. 30. – V. CGCT, art. L. 1511-9.
2020	7 déc.	Loi n° 2020-1525. Accélération et simplification de l'action publique. – Art. 33, 52. – V. CGCT, art. L. 2224-8, L. 2253-1, L. 3231-6, L. 4211-1.
2020	9 déc.	Décret n° 2020-1555. Délégations régionales académiques à la recherche et à l'innovation – Art. 9. – V. CGCT, art. R. 4252-4.
2020	11 déc.	Décret n° 2020-1567. Diverses dispositions dans le domaine funéraire en raison des circonstances exceptionnelles liées à la propagation de l'épidémie de covid-19 : – Art. 1er à 4, 6. – V. App., *Covid-19*. – Art. 5. – V. CGCT, art. R. 2213-31, R. 2213-34.
2020	11 déc.	Décret n° 2020-1573. Diverses dispositions d'adaptation et de simplification dans le domaine de la prévention et de la gestion des déchets. – Art. 3, 6. – V. CGCT, art. R. 4251-7, R. 4251-13, R. 2224-23.
2020	24 déc.	Décret n° 2020-1711. Harmonisation et simplification des polices des immeubles, locaux et installations – Art. 4. – V. CGCT, art. D. 2335-17.
2020	29 déc.	Loi n° 2020-1721. De finances pour 2021. – Art. 8, 54, 64, 73, 121, 122, 123, 124, 125, 137, 155, 160, 218, 251, 252, 253, 254, 255, 259. – V. CGCT, art. L. 1311-4-1, L. 1311-19, L. 1613-1, L. 1615-1, L. 1615-2, L. 1615-6, 1615-13, L. 1617-5, L. 2223-22, L. 2331-3, L. 2333-2 anc., L. 2333-3 anc., L. 2333-4 anc., L. 2333-26, L. 2333-30, L. 2333-41, L. 2333-57, L. 2333-64, L. 2333-76, L. 2334-4, L. 2334-5, L. 2334-6, L. 2334-13, L. 2334-23-1, L. 2334-35, L. 2335-15, L. 2336-2, L. 2512-28, L. 2531-2, L. 3332-1, L. 3333-2, L. 3334-1, L. 3334-6, L. 3335-4, L. 3413-1, L. 3662-1, L. 4331-2, L. 4331-2-1, L. 4332-9, L. 4425-22, L. 5211-21, L. 5211-29, L. 5211-35-2, L. 5212-24, L. 5212-24-1, L. 5212-24-2, L. 5214-23, L. 5215-32, L. 5216-8, L. 5219-5, L. 5722-8, L. 5842-8.
2020	30 déc.	Décret n° 2020-1790. Modification du décret n° 2014-758 du 2 juillet 2014 relatif aux zones d'aide à finalité régionale et aux zones d'aide à l'investissement des petites et moyennes entreprises pour la période 2014-2020. – Art. 1er. – V. CGCT, art. R. 1511-5, R. 1511-10.

2020	30 déc.	Décret n° 2020-1791. Automatisation de la gestion du fonds de compensation pour la taxe sur la valeur ajoutée. – Art. 1er à 7. – V. CGCT, art. R. 1615-1, R. 1615-2, R. 1615-3, R. 1615-4, R. 1615-6, R. 1615-7.
2021	20 janv.	Ordonnance n° 2021-45. Réforme de la formation des élus locaux. – Art. 1er à 17. – V. CGCT, art. L. 1221-1, L. 1221-2, L. 1221-3, L. 1221-4, L. 1621-3, L. 1621-4, L. 1621-5, L. 1831-2, L. 1881-1, L. 2123-12, L. 2123-12-1, L. 2123-14, L. 2123-14-1, L. 2123-16, L. 2573-7, L. 3123-10, L. 3123-10-1, L. 3123-12, L. 3123-14, L. 4135-10, L. 4135-10-1, L. 4135-12, L. 4135-14, L. 7125-12-1, L. 7125-14, L. 7125-16, L. 7227-12, L. 7227-12-1, L. 7227-14, L. 7227-16.
2021	27 janv.	Ordonnance n° 2021-71. Réforme de la formation des élus des communes de la Nouvelle-Calédonie. – Art. 3. – V. CGCT, art. L. 1621-4.
2021	29 janv.	Loi n° 2021-85. Définition et protection du patrimoine sensoriel des campagnes françaises. – Art. 2. – V. ss. CGCT, art. L. 2311-1-1.
2021	10 févr.	Décret n° 2021-143. Compétences des agents de contrôle de l'inspection du travail. – Art. 3 – V. CGCT, art. R. 1233-19.
2021	10 févr.	Décret n° 2021-145. Déconcentration et à la simplification des procédures dans le domaine des services funéraires. – Art. 1er, 2. – V. CGCT, art. R. 2213-3.
2021	17 févr.	Décret n° 2021-180. Modalités d'élection du président et des vice-présidents du Conseil national d'évaluation des normes. – Art. 1er, 2. – V. CGCT, art. R. 1213-14, R. 1213-22.
2021	3 mars	Ordonnance n° 2021-237. Transposition de la directive (UE) 2019/944 du Parlement européen et du Conseil du 5 juin 2019 concernant des règles communes pour le marché intérieur de l'électricité et modifiant la directive 2012/27/UE, et mesures d'adaptation au règlement (UE) 2019/943 du Parlement européen et du Conseil du 5 juin 2019 sur le marché intérieur de l'électricité. – Art. 4. – V. CGCT, art. L. 2224-37.
2021	9 mars	Décret n° 2021-258. Remboursement des frais spécifiques de déplacement, d'accompagnement et d'aide technique engagés par les élus locaux en situation de handicap. – Art. 1er à 4. – V. CGCT, art. R. 2123-22-3, D. 2573-8, R. 3123-22, R. 4135-22, D. 5211-4-1, D. 5842-3, R. 7125-28, R. 7227-28.
2021	8 avr.	Ordonnance n° 2021-408. Autorité organisatrice des mobilités des territoires lyonnais. – Art. 3. – V. CGCT, art. L. 2333-67, L. 2333-74, L. 3641-1, L. 3641-8, L. 5722-7-1.
2021	19 avr.	Loi organique n° 2021-467. Simplification des expérimentations mises en œuvre sur le fondement du quatrième alinéa de l'article 72 de la Constitution. – Art. 1er à 7. – V. CGCT, art. L.O. 1113-1 à L.O. 1113-7.
2021	10 mai	Décret n° 2021-571. Comités sociaux territoriaux des collectivités territoriales et de leurs établissements publics. – Art. 105. – V. CGCT, R. 1424-22, R. 1424-42, R. 1424-42, D. 2311-16, D. 3311-9, R. 3551-6-5, D. 71-110-3, D. 72-100-3.

2021	11 mai	Décret n° 2021-578. Application du I de l'article L. 1511-9 du code général des collectivités territoriales et relatif aux aides aux vétérinaires contribuant à la protection de la santé publique et assurant la permanence et la continuité des soins aux animaux d'élevage dans les zones définies à l'article L. 241-13 du code rural et de la pêche maritime. – V. CGCT, art. R. 1511-57, R. 1511-58.
2021	11 mai	Décret n° 2021-579. Indemnités attribuées aux étudiants vétérinaires prévues à l'article L. 1511-9 du code général des collectivités territoriales et modifiant le code général des collectivités territoriales. – V. CGCT, art. D. 1511-59 à D. 1511-63.
2021	14 mai	Décret n° 2021-596. Gouvernance de la formation des élus locaux, agrément des organismes de formation des élus locaux et mise en œuvre et calcul de leur droit individuel à la formation. – Art. 1er à 14, 16, 17, 19, 20. – V. CGCT, art. R. 1221-1 à R. 1221-3, R. 1221-5 à R. 1221-10, R. 1221-12, R. 1221-14, R. 1221-15, R. 1221-18 à R. 1221-20, R. 1221-21-1 à R. 1221-29, R. 1621-7 à R. 1621-9, D. 1831-1, R. 2123-12, R. 2123-16, R. 2123-20, R. 2123-22-1-A à R. 2123-22-1-C, D. 2573-8, R. 3123-9, R. 3123-13, R. 3123-17, R. 3123-19-1 à R. 3123-19-3, R. 4135-9, R. 4135-13, R. 4135-17, R. 4135-19-1 à R. 4135-19-3, D. 6213-2, R. 7125-15, R. 7125-19, R. 7125-23, R. 7125-25-1 à R. 7125-25-3, R. 7227-15, R. 7227-19, R. 7227-23, R. 7227-15, R. 7227-19, R. 7227-23, R. 7227-25-1 à R. 7227-25-3.
2021	21 mai	Décret n° 2021-631. Suppression de l'exigence de présentation par les entreprises d'un extrait d'immatriculation au registre du commerce et des sociétés ou au répertoire des métiers dans leurs démarches administratives. – Art. 7. – V. CGCT, art. R. 2223-57.
2021	26 mai	Ordonnance n° 2021-650. Transposition de la directive (UE) 2018/1972 du Parlement européen et du Conseil du 11 décembre 2018 établissant le code des communications électroniques européen et relative aux mesures d'adaptation des pouvoirs de l'Autorité de régulation des communications électroniques, des postes et de la distribution de la presse. – Art. 50. – V. L. n° 2009-1572 du 17 déc. 2009, art. 24, ss. CGCT, art. L. 1425-2.
2021	26 mai	Décret n° 2021-653. Dotations de l'État aux collectivités territoriales. – V. CGCT, art. D. 1111-8, R. 1211-7 à. R. 1211-9, R. 1211-16, R. 2334-10, R. 2334-35, R. 2512-29-1.
2021	17 juin	Loi n° 2021-771. Ratification des ordonnances n° 2021-45 du 20 janvier 2021 et n° 2021-71 du 27 janvier 2021 portant réforme de la formation des élus locaux. – Art. 3, 6, 13, 14. – V. CGCT, art. L. 1221-3, L. 1221-4, L. 1621-3, L. 1621-5, L. 2123-12-1, L. 3123-10-1, L. 4135-10-1, L. 7125-12-1, L. 7227-12-1.
2021	30 juin	Décret n° 2021-872. Recodification de la partie réglementaire du livre I du code de la construction et de l'habitation et fixation des conditions de mise en œuvre des solutions d'effet équivalent. – Art. 7. – V. CGCT, art. D. 2335-17.

2021	8 juill.	Décret n° 2021-912. Application des articles L. 1824-1, L. 2573-5 et L. 5842-4 du code général des collectivités territoriales et de l'article L. 121-39-5 du code des communes de la Nouvelle-Calédonie. – Art. 1er à 3. – V. CGCT, art. R. 1824-1, D. 2573-6, R. 5842-2.
2021	8 juill.	Décret n° 2021-913. Application des articles 3, 37, 39 et 47 de l'ordonnance n° 2020-1256 du 14 octobre 2020 étendant et adaptant en Polynésie française et en Nouvelle-Calédonie les dispositions de la loi n° 2019-1461 du 27 décembre 2019 relative à l'engagement dans la vie locale et à la proximité de l'action publique. – Art. 1er. – V. CGCT, art. D. 1871-3.
2021	26 juill.	Décret n° 2021-984. Suppression de taxes à faible rendement à compter de 2021. – Art. 3. – V. CGCT, art. D. 2333-74, D. 2333-75, D. 2333-82-5-1.
2021	4 août	Loi n° 2021-1031. Programmation relative au développement solidaire et à la lutte contre les inégalités mondiales. – Art. 5, 6. – V. CGCT, art. L. 1115-1, L. 1115-3, L. 2311-1-1, L. 2573-38, L. 3311-2, L. 3661-2, L. 4310-1, L. 4425-2, L. 5217-10-2, L. 71-110-2, L. 72-100-2.
2021	22 août	Loi n° 2021-1104. Lutte contre le dérèglement climatique et renforcement de la résilience face à ses effets. – Art. 17, 42, 59, 63, 34, 83, 88, 108, 115, 119, 175, 180, 190, 194, 198, 205, 206, 219, 229, 241. – V. CGCT, art. L. 1111-10, L. 1231-2, L. 1425-2, L. 2213-2, L. 2213-4-1, L. 2224-7-1, L. 2224-8, L. 2224-9, L. 2224-32, L. 2224-38, L. 2231-1, L. 2253-1, L. 2311-1-1, L. 2333-87, L. 3231-6, L. 3311-2, L. 3642-2, L. 4211-1, L. 4251-1, L. 4251-9, L. 4251-13, L. 4310-1, L. 4424-9, L. 4433-7, L. 4433-7-2, L. 5211-9-2, L. 5219-1.
2021	24 août	Loi n° 2021-1109. Respect des principes de la République. – Art. 5. – V. CGCT, art. L. 1311-2, L. 2122-34-2, L. 2131-6, L. 2252-4, L. 3132-1, L. 3231-5, L. 4142-1.
2021	29 sept.	Décret n° 2021-1275. Mise en œuvre de la réserve citoyenne pour la cohésion des territoires. – V. CGCT, art. D. 1233-28 à D. 1233-30.
2021	4 oct.	Décret n° 2021-1291. Dotations de l'État aux collectivités territoriales et péréquation des ressources fiscales. – Art. 1er à 7. – V. CGCT, art. R. 1212-1, R. 1613-4, R. 1613-5, R. 1613-7, R. 1613-8, R. 1613-10, R. 1613-11, R. 1613-13, R. 1613-15, R. 2333-43, R. 2334-10 à R. 2334-12, R. 2334-22, R. 2334-27, R. 2334-30, R. 2334-31, R. 2334-32 nouv., R. 2334-34, R. 2334-35, R. 2336-2, R. 2336-4, R. 2336-9, R. 2336-10, R. 2336-12, R. 2564-4, R. 2573-56, R. 3334-3-1, R. 3335-1, R. 3443-2-1.
2021	7 oct.	Ordonnance n° 2021-1310. Réforme des règles de publicité, d'entrée en vigueur et de conservation des actes pris par les collectivités territoriales et leurs groupements. – Art. 1er à 6, 8 à 29. – V. CGCT, art. L. 2121-15, L. 2121-21, L. 2121-23, L. 2121-24, L. 2121-25, L. 2121-26, L. 2122-29, L. 2131-1, L. 2131-2, L. 2131-3, L. 2224-8, L. 2573-5, L. 2573-6, L. 2573-12, L. 3121-13, L. 3121-15, L. 3121-17, L. 3131-1, L. 3131-2, L. 3131-3, L. 3131-4, L. 4132-12, L. 4132-14,

		L. 4132-16, L. 4141-1, L. 4141-2, L. 4141-3, L. 4141-4, L. 5211-3, L. 5211-40-2, L. 5211-46 à L. 5211-48, L. 5421-2, L. 5421-3 à L. 5421-5, L. 5621-7 à L. 5621-9, L. 5711-1, L. 5721-4, L. 5721-6, L. 5842-2, L. 5842-9, L. 5842-12, L. 5843-1, L. 5843-2, L. 6221-14, L. 6321-14, L. 6431-13, L. 7122-13, L. 7222-14, L. 7423-6.
2021	7 oct.	Décret n° 2021-1311. Réforme des règles de publicité, d'entrée en vigueur et de conservation des actes pris par les collectivités territoriales et leurs groupements. – Art. 1er à 6, 8 à 15. – V. CGCT, art. R. 2121-9 à R. 2121-11, R. 2122-7, R. 2131-1, R. 2131-2-A, R. 2131-2-B à R. 2131-4, D. 2573-6, D. 2573-7, D. 2573-11, R. 3131-1, R. 3131-2, R. 3132-1, R. 4141-1, R. 4141-2, R. 4142-1, R. 5211-41, R. 5421-14, R. 5621-1, D. 5842-7, D. 6221-4, D. 6321-4.
2021	8 oct.	Loi n° 2021-1308. Diverses dispositions d'adaptation au droit de l'Union européenne dans le domaine des transports, de l'environnement, de l'économie et des finances : – Art. 34, 48. – V. CGCT, art. L. 1611-7-1, L. 2224-8. – Art. 48. – V. ss. CGCT, art. L. 1611-7-1.
2021	25 oct.	Loi organique n° 2021-1381. Modification de la loi organique n° 2010-837 du 23 juillet 2010 relative à l'application du cinquième alinéa de l'article 13 de la Constitution. – Art. 2. – V. CGCT, art. L.O. 6253-7, L. O. 6353-7, L. O. 6463-7.
2021	25 oct.	Loi n° 2021-1382. Régulation et protection de l'accès aux œuvres culturelles à l'ère numérique. – Art. 33. – V. CGCT, art. L. 1426-1, L. 4433-29, L. 4433-30.
2021	15 nov.	Loi n° 2021-1485. Réduction de l'empreinte environnementale du numérique en France. – Art. 35. – V. CGCT, art. L. 2311-1-1.
2021	17 nov.	Décret n° 2021-1491. Obligations d'achat ou d'utilisation de véhicules automobiles routiers à faibles et à très faibles émissions en application de la directive (UE) 2019/1161 du Parlement européen et du Conseil. – Art. 13. – V. CGCT, art. R. 2213-1-0-1.
2021	24 nov.	Ordonnance n° 2021-1574. Partie législative du code général de la fonction publique. – Art. 3, 9. – V. CGCT, art. L. 5111-7, L. 5111-8, L. 5219-10.
2021	25 nov.	Loi n° 2021-1520. Consolidation de notre modèle de sécurité civile et valoriser le volontariat des sapeurs-pompiers et les sapeurs-pompiers professionnels. – Art. 2 à 4, 6, 8, 14, 21 à 27, 39, 40, 41, 47, 56. – V. CGCT, art. L. 1424-1, L. 1424-1-1, L. 1424-2, L. 1424-3, L. 1424-4, L. 1424-5, L. 1424-6, L. 1424-7, L. 1424-8, L. 1424-9, L. 1424-10, L. 1424-11, L. 1424-12, L. 1424-15, L. 1424-16, L. 1424-18, L. 1424-19, L. 1424-21, L. 1424-22, L. 1424-24-2, L. 1424-24-3, L. 1424-24-5, L. 1424-24-6, L. 1424-25, L. 1424-27, L. 1424-27-1, L. 1424-29, L. 1424-30, L. 1424-31, L. 1424-32, L. 1424-33, L. 1424-35, L. 1424-36, L. 1424-36-4, L. 1424-36-5, L. 1424-37-1, L. 1424-38, L. 1424-39, L. 1424-42, L. 1424-45, L. 1424-49, L. 1424-52, L. 1424-53, L. 1424-55, L. 1424-56, L. 1424-59, L. 1424-63, L. 1424-69, L. 1424-70, L. 1424-74, L. 1424-75,

		L. 1424-76, L. 1424-77, L. 1424-81, L. 1424-84, L. 1424-85 à L. 1424-88, L. 1424-90, L. 1424-91, L. 1424-92, L. 1424-96, L. 1424-99, L. 1611-3-1, L. 1615-2, L. 2122-5-1, L. 2512-17, L. 2513-3, L. 2513-5, L. 2513-6, L. 2521-3, L. 3321-1, L. 3241-1, L. 3441-9.
2021	1er déc.	Ordonnance n° 2021-1554. Mise en œuvre de la création de la cinquième branche du régime général de la sécurité sociale relative à l'autonomie. – Art. 4. – V. CGCT, art. L. 3332-2.
2021	17 déc.	Décret n° 2021-1708. Gestion et service dématérialisé du fonds du droit individuel à la formation des élus, aux droits et obligations des organismes de formation des élus locaux et portant diverses dispositions relatives aux droits des élus locaux et au compte personnel de formation. – Art. 1er à 11, 19 à 24. – V. CGCT, art. R. 1621-4 à R. 1621-11, D. 1621-13, D. 1621-14, D. 1621-15, D. 1831-1, D. 1881-1, R. 2123-5, R. 2123-11-2, R. 2123-22-1-A, R. 2123-22-1-D, D. 2573-8, R. 3123-8-2, R. 3123-19-2 à R. 3123-19-4, R. 4135-8-2, R. 4135-19-2 à R. 4135-19-4, R. 7125-25-2 à R. 7125-25-4, R. 7227-25-2 à R. 7227-25-4.
2021	21 déc.	Loi n° 2021-1717. Bibliothèques et développement de la lecture publique. – Art. 11, 12. – V. CGCT, art. L. 1614-10, L. 5211-63.
2021	22 déc.	Loi n° 2021-1729. Confiance dans l'institution judiciaire. – Art. 48. – V. CGCT, art. L. 2333-87-8.
2021	22 déc.	Ordonnance n° 2021-1843. Partie législative du code des impositions sur les biens et services et transposant diverses normes du droit de l'Union européenne. – Art. 5. – V. CGCT, art. L. 2331-12, L. 2333-2, L. 2563-1-1, L. 2564-24, L. 3332-1, L. 3333-2, L. 3443-3-1, L. 4331-2, L. 4425-22, L. 4434-1, L. 4434-2, L. 4437-3-1.
2021	29 déc.	Décret n° 2021-1888. Application de l'ordonnance n° 2021-1192 du 15 septembre 2021 portant réforme du droit des sûretés. – Art. 5. – V. CGCT, art. R. 2241-7, R. 3213-8, R. 4221-7, R. 5211-13-6.
2021	30 déc.	Loi n° 2021-1900. De finances pour 2022. – Art. 39, 40, 43, 98, 100, 191 à 196. – V. CGCT, art. L. 1613-1, L. 1615-6, L. 2113-20 à L. 2113-22-1, L. 2334-4 à L. 2334-6, L. 2334-7, L. 2334-13, L. 2334-14-1, L. 2334-16, L. 2334-22, L. 2334-23-1, L. 2334-36, L. 2334-40, L. 2334-42, L. 2335-2, L. 2335-17, L. 2336-2, L. 2512-28, L. 5211-29, L. 2551-1, L. 3334-1, L. 3334-3, L. 3334-6-1 à L. 3334-7-1, L. 3334-10, L. 3334-16-2, L. 3334-16-3, L. 3335-2, L. 4331-2, L. 4332-9, L. 5211-27-1, L. 5211-28-4, L. 5219-8.
2021	30 déc.	Loi n° 2021-1901. Conforter l'économie du livre et renforcer l'équité et la confiance entre ses acteurs. – Art. 2. – V. CGCT, art. L. 2121-24, L. 2251-5, L. 2333-14.
2022	26 janv.	Ordonnance n° 2022-68. Gestion du Fonds européen agricole pour le développement rural au titre de la programmation débutant en 2023. – Art. 2. – V. CGCT, art. L. 1511-1-2, L. 4221-5.

2022	1er févr.	Décret n° 2022-99. Conditions d'instauration d'une zone à faibles émissions mobilité. – V. CGCT, art. D. 2213-1-0-4.
2022	4 févr.	Décret n° 2022-129. Part communale et part départementale de l'accise sur l'électricité : – Art. 1er, 2. – V. CGCT, art. D. 2333-5 à D. 2333-7, D. 3333-1, D. 3333-2, D. 5212-2. – Art. 3, 5. – V. ss. CGCT, art. D. 3333-2. – Art. 4. – V. ss. CGCT, art. D. 2333-7.
2022	5 févr.	Décret n° 2022-136. Application du 5° de l'article L. 225-1-1 du code de la sécurité sociale. – Art. 2. – V. CGCT, art. D. 2333-83, D. 2333-84, R. 2333-104-1, D. 2531-2.
2022	7 févr.	Décret n° 2022-167. Zones d'aide à finalité régionale dans les départements et régions d'outre-mer et la collectivité de Saint-Martin pour la période 2022-2027. – Art. 3. – V. CGCT, art. R. 1511-13.
2022	21 févr.	Loi n° 2022-217. Différenciation, la décentralisation, la déconcentration et diverses mesures de simplification de l'action publique locale. – Art. 1er, 2, 5, 6, 8 à 11, 15 à 18, 20 à 24, 30, 31, 36, 37, 41, 44, 62 à 64, 90, 92, 93, 98, 100, 109, 110, 128, 129, 134, 147, 148, 149, 155, 156, 158, 160, 166, 169, 170, 171, 173, 174, 176, 177, 179, 180, 181, 189, 197, 202, 206, 210, 211, 214, 216, 217, 218, 219, 220, 222, 226, 230 à 238, 246, 249, 251, 267, 268. – V. CGCT, art. L. 1111-1-1, L. 1111-2, L. 1111-3-1, L. 1111-6, L. 1111-8, L. 1111-9-1, L. 1111-10, L. 1112-16, L. 1211-2, L. 1211-3, L. 1212-1, L. 1212-2, L. 1231-2, L. 1233-5, L. 1413-1, L. 1421-1, L. 1425-2, L. 1511-9, L. 1511-2, L. 1522-1, L. 1524-1, L. 1524-5, L. 1524-5-1 à L. 1524-5-3, L. 1524-8, L. 1531-1, L. 1611-7, L. 1611-7-2, L. 1821-1, L. 1841-2, L. 1862-3, L. 2113-11, L. 2121-28, L. 2121-30, L. 2122-22, L. 2121-22-1, L. 2123-1, L. 2123-12, L. 2123-20, L. 2123-22, L. 2131-11, L. 2213-25, L. 2213-28, L. 2223-15, L. 2223-17, L. 2223-18-1, L. 2223-21-1, L. 2223-25, L. 2223-33, L. 2224-2, L. 2226-1, L. 2223-42-1, L. 2243-1, L. 2243-3, L. 2243-4, L. 2251-4, L. 2253-1, L. 2255-1, L. 2333-84, L. 2334-42, L. 2573-7, L. 3121-9-1, L. 3121-24, L. 3122-6-1, L. 3122-6-2, L. 3123-1, L. 3123-18, L. 3211-1, L. 3211-1-1, L. 3211-2, L. 3211-3, L. 3231-4, L. 3231-6, L. 3232-1-2, L. 3232-4, L. 3444-2, L. 3633-2, L. 3641-5, L. 4124-1, L. 4132-9-1, L. 4132-23, L. 4133-6-1, L. 4133-6-2, L. 4134-1, L. 4134-2, L. 4135-1, L. 4135-18, L. 4211-1, L. 4221-1, L. 4221-5, L. 4421-3, L. 4251-1, L. 4251-4, L. 4253-1, L. 4422-5-1, L. 4422-5-1, L. 4422-9-3, L. 4422-16, L. 4422-29, L. 4433-3, L. 4433-14, L. 4433-14-1, L. 5211-1, L. 5211-4-2, L. 5211-7, L. 5211-9-2, L. 5211-11-1, L. 5211-12, L. 5211-17-2, L. 5211-49, L. 5211-61, L. 5214-16, L. 5215-18, L. 5215-20, L. 5216-4-2, L. 5216-5, L. 5217-2, L. 5218-2, L. 5218-3, L. 5218-9, L. 5219-1, L. 5224-1, L. 5711-1, L. 5842-4, L. 5843-1, L. 5911-1, L. 5912-1 à L. 5912-4, L. 5914-1, L. 5915-1, L. 5915-3, L. 6213-7, L. 6313-7, L. 7122-9-1, L. 7122-26, L. 7123-13, L. 7124-2, L. 7124-3, L. 7124-5, L. 7125-1, L. 7125-21, L. 7222-9-1, L. 7222-26, L. 7226-3, L. 7226-5, L. 7227-1, L. 7152-1, L. 7226-2, L. 7227-22, L. 7252-1.

2022	28 févr.	Loi n° 2022-269. Ratification des ordonnances prises sur le fondement de l'article 13 de la loi n° 2019-816 du 2 août 2019 relative aux compétences de la Collectivité européenne d'Alsace. – V. art. 6-1, 6-2, ss. CGCT, art. L. 3431-7.
2022	28 févr.	Décret n° 2022-284. Établissement du certificat de décès. – V. CGCT, art. R. 2213-1-2, R. 2213-1-4.
2022	23 mars	Ordonnance n° 2022-408. Régime de responsabilité financière des gestionnaires publics. – Art. 17. – V. CGCT, art. L. 1612-19-1, L. 1617-2, L. 1617-3, L. 2212-5-1, L. 2221-5, L. 2342-3, L. 3221-3-1, L. 3342-1, L. 3665-2, L. 4231-2-1, L. 4342-1, L. 4422-25-1, L. 4425-33, L. 5211-9-1, L. 5217-12-5, L. 5721-3, L. 6474-2, L. 71-114-2, L. 72-104-2, L. 7224-11.
2022	11 avr.	Décret n° 2022-521. Délai mentionné au II de l'article L. 2224-8 du code général des collectivités territoriales pour la transmission du rapport établi à l'issue du contrôle de raccordement d'un immeuble au réseau public d'assainissement effectué sur demande du propriétaire ou du syndicat des copropriétaires. – V. CGCT, art. R. 2224-15-1.
2022	14 avr.	Décret n° 2022-557. Diverses dispositions relatives aux sapeurs-pompiers. – V. CGCT, art. R. 1424-1, R. 1424-1-1, R. 1424-4, R. 1424-7, R. 1424-11, R. 1424-12, R. 1424-15, R. 1424-16, R. 1424-17, R. 1424-18, R. 1424-19, R. 1424-19-1, R. 1424-20, R. 1424-20-1, R. 1424-20-2, R. 1424-21, R. 1424-22, R. 1424-23, R. 1424-23-1, R. 1424-23-2, R. 1424-23-3, R. 1424-24, R. 1424-25, R. 1424-26, R. 1424-29, R. 1424-30, R. 1424-31, R. 1424-32, R. 1424-32-1, D. 1424-32-2, D. 1424-32-3, D. 1424-32-5 à D. 1424-32-10, R. 1424-33, R. 1424-33-1, R. 1424-35, R. 1424-36, R. 1424-38, R. 1424-39, R. 1424-40, R. 1424-42 à R. 1424-55, R. 1424-59, R. 1424-61.
2022	22 avr.	Décret n° 2022-621. Actes de soins d'urgence relevant de la compétence des sapeurs-pompiers. – V. CGCT, art. R. 1424-1-2.
2022	27 avr.	Décret n° 2022-719. Don de corps à des fins d'enseignement médical et de recherche. – V. CGCT, art. R. 2213-13.
2022	29 avr.	Décret n° 2022-762. Objectifs et règles générales en matière de gestion économe de l'espace et de lutte contre l'artificialisation des sols du schéma régional d'aménagement, de développement durable et d'égalité des territoires. – V. CGCT, art. R. 4251-2, R. 4251-3, R. 4251-8, R. 4251-8-1.
2022	14 juin	Ordonnance n° 2022-883. Transfert à la direction générale des finances publiques de la gestion de la taxe d'aménagement et de la part logement de la redevance d'archéologie préventive. Ratifié par L. n° 2023-1322 du 29 déc. 2023, art. 106. – Art. 7. – V. CGCT, art. L. 2331-5, L. 3332-1, L. 4414-2.
2022	21 juin	Décret n° 2022-921. Subventions des communes et groupements de communes, de la collectivité de Saint-Barthélemy, de la collectivité de Saint-Martin et des communes de Saint-Pierre-et-Miquelon aux librairies. – V. CGCT, art. R. 1511-43-2 à R. 1511-43-4.

2022	30 juin	Décret n° 2022-968. Zones d'aide à finalité régionale et zones d'aide à l'investissement des petites et moyennes entreprises pour la période 2022-2027. – Art. 4. – V. CGCT, art. R. 1511-5, R. 1511-10, R. 1511-13.
2022	4 juill.	Décret n° 2022-986. Composition du comité des finances locales et du Conseil national d'évaluation des normes. – V. CGCT, art. R. 1211-13, R. 1213-14, R. 1213-17, R. 1213-19, R. 1213-22.
2022	8 juill.	Décret n° 2022-995. Dispositions relatives au Conseil national des opérations funéraires. – Art. 2. – V. CGCT, art. D. 1241-1.
2022	13 juill.	Arrêté. Engagement de moyens par les services d'incendie et de secours sur le réseau routier et autoroutier concédé et aux conditions d'accès et d'usage aux infrastructures routières ou autoroutières, à titre gratuit, des véhicules des services d'incendie et de secours en opération. – V. ss. CGCT, art. L. 1424-42.
2022	15 juill.	Décret n° 2022-1008. Diverses mesures relatives aux dotations de l'État aux collectivités territoriales, à la péréquation des ressources fiscales, à la fiscalité locale et aux règles budgétaires et comptables applicables aux collectivités territoriales : – Art. 1er, 2, 4, 5, 7 à 12, 14, 15. – V. CGCT, art. R. 2113-25, D. 2123-29, R. 2321-2, R. 2333-10, R. 2333-43, R. 2334-36, R. 2336-1, R. 2336-5, R. 2563-4-1, R. 2563-4-1, D. 2573-8, D. 3321-2, R. 3321-4, R. 3334-2, D. 3664-3, D. 4321-2, D. 4425-35, D. 5217-22, D. 6263-2, D. 6363-2, D. 71-113-3, D. 72-103-3. – Art. 3. – V. ss. CGCT, art. L. 2334-4.
2022	20 juill.	Substitution de la dénomination « Inspection générale de l'environnement et du développement durable » à la dénomination « Conseil général de l'environnement et du développement durable ». – Art. 3. – V. CGCT, art. R. 1613-8.
2022	29 juill.	Décret n° 2022-1084. Élaboration d'une stratégie numérique responsable par les communes de plus de 50 000 habitants et les établissements publics de coopération intercommunale à fiscalité propre de plus de 50 000 habitants. – V. CGCT, art. D. 2311-15-1.
2022	30 juill.	Loi n° 2022-1089. Fin des régimes d'exception créés pour lutter contre l'épidémie liée à la covid-19. – Art. 3. – V. App., *Covid-19*.
2022	5 août	Décret n° 2022-1127. Diverses mesures relatives à la réglementation funéraire. – V. CGCT, art. R. 2213-17, R. 2213-20, R. 2213-34-1, R. 2223-18, R. 2223-61, R. 2223-65, R. 2223-103-1.
2022	9 août	Arrêté. Modalités de transmission et de publication des informations concernant la taxe de séjour et la taxe de séjour forfaitaire. – V. ss. CGCT, art. R. 2333-43.
2022	16 août	Loi n° 2022-1157. De finances rectificative pour 2022. – Art. 9, 40. – V. CGCT, art. L. 3335-1, L. 4331-2-1, L. 4425-22, L. 4437-3-1.
2022	16 août	Loi n° 2022-1158. Mesures d'urgence pour la protection du pouvoir d'achat. – Art. 27. – V. CGCT, art. L. 4251-1.

2022	18 août	Décret n° 2022-1164. Subventions pour la création d'un nouvel établissement de spectacle cinématographique. – V. CGCT, art. R. 1511-40, R. 1511-41-1, R. 1511-42.
2022	10 sept.	Décret n° 2022-1223. Droit de préemption pour la préservation des ressources en eau destinées à la consommation humaine. – Art. 2. – V. CGCT, art. R. 2224-5-4.
2022	19 sept.	Décret n° 2022-1240. Comité social d'administration de l'Agence nationale de la cohésion des territoires. – V. CGCT, art. R. 1233-6 à R. 1233-26-6.
2022	12 oct.	Décret n° 2022-1307. Mandats confiés par les collectivités territoriales, leurs établissements publics et les autorités organisatrices de la mobilité en application des articles L. 1611-7, L. 1611-7-1 et L. 1611-7-2 du code général des collectivités territoriales. – V. CGCT, art. D. 1611-16, D. 1611-18, D. 1611-26-1, D. 1611-32-9 à D. 1611-32-13.
2022	31 oct.	Décret n° 2022-1386. Composition, organisation et fonctionnement des conseils économiques, sociaux, environnementaux, de la culture et de l'éducation de Guyane et de Martinique : – Art. 2 à 9, 12. – V. CGCT, art. R. 4432-1-1, R. 4432-5, R. 4432-6, R. 4432-15, R. 4432-17, R. 7124-1 à R. 7124-6, R. 7124-9, R. 7124-19, R. 7124-22, R. 7124-23, R. 7124-26, D. 7124-28, D. 7124-31, D. 7124-33, R. 7226-1 à R. 7226-6, R. 7226-9, R. 7226-19, R. 7226-22, R. 7226-26, D. 7226-28, D. 7226-31, D. 7226-33. – Art. 10, 11. – V. ss. CGCT, art. R. 7124-1.
2022	4 nov.	Décret n° 2022-1406. Contenu du rapport du mandataire prévu par l'article L. 1524-5 du code général des collectivités territoriales. – V. CGCT, art. D. 1524-7.
2022	6 déc.	Décret n° 2022-1520. Référent déontologue de l'élu local. – V. CGCT, art. R. 1111-1-A à R. 1111-1-D, R. 2573-8-1.
2022	6 déc.	Arrêté. Application du décret n° 2022-1520 du 6 décembre 2022 relatif au référent déontologue de l'élu local. – V. ss. CGCT, art. R. 1111-1-C.
2022	7 déc.	Ordonnance n° 2022-1521. Extension aux collectivités relevant de l'article 74 de la Constitution et à la Nouvelle-Calédonie des dispositions de la loi n° 2022-217 du 21 février 2022 relative à la différenciation, la décentralisation, la déconcentration et portant diverses mesures de simplification de l'action publique locale. – Art. 9 à 19. – V. CGCT, art. L. 1811-3, L. 1862-1, L. 2573-5, L. 2573-6, L. 2573-8, L. 2573-12, L. 2573-19, L. 2573-25, L. 5842-2, L. 5842-4, L. 5842-6, L. 5842-12.
2022	7 déc.	Décret n° 2022-1522. Référent mixité et lutte contre les discriminations et référent sûreté et sécurité des services départementaux et territoriaux d'incendie et de secours. – V. CGCT, art. D. 1424-20-3 à D. 1424-20-5.

2022	16 déc.	Décret n° 2022-1581. Modalités d'élection et de désignation des membres de la conférence territoriale de l'action publique. – V. CGCT, art. D. 1111-2 à D. 1111-5, D. 1111-7 .
2022	22 déc.	Ordonnance n° 2022-1611. Accès et qualité des eaux destinées à la consommation humaine. – Art. 2. – V. CGCT, art. L. 2224-5, L. 2224-7 à L. 2224-7-7.
2022	22 déc.	Décret n° 2022-1605. Application de l'ordonnance n° 2022-408 du 23 mars 2022 relative au régime de responsabilité financière des gestionnaires publics et modification de diverses dispositions relatives aux comptables publics. – Art. 1er, 12, 50. – V. CGCT, art. R. 1617-4 à R. 1617-5-2, R. 2221-31, R. 2221-49, R. 2221-52, R. 2221-76, R. 2221-91, R. 2242-6, R. 2333-120-74, D. 2343-7, D. 2343-9, R. 3213-14, D. 3342-10, D. 4342-10, D. 4425-51, D. 3665-13, D. 5217-36, et Annexe ss. art. D. 1617-19.
2022	23 déc.	Décret n° 2022-1641. Conditions de l'instauration d'une zone à faibles émissions mobilité dans les agglomérations de plus de 150 000 habitants situées sur le territoire métropolitain. – V. CGCT, art. D. 2213-1-0-5.
2022	26 déc	Décret n° 2022-1663. Modalités de désignation des membres de la chambre des territoires de Corse : – Art. 1er. – V. CGCT, art. D. 4422-30-2 à D. 4422-30-7. – Art. 2. – V. ss. CGCT, art. D. 4422-30-4.
2022	29 déc.	Décret n° 2022-1706. Diverses mesures relatives au reversement des sommes du fonds de solidarité régional et à la composition du comité des finances locales. – V. CGCT, art. R. 1211-4, R. 4332-17.
2022	29 déc.	Décret n° 2022-1720. Sécurité sanitaire des eaux destinées à la consommation humaine. – Art. 2. – V. CGCT, art. R. 2224-5-2, R. 2224-5-3.
2022	29 déc.	Décret n° 2022-1721. Amélioration des conditions d'accès de tous à l'eau destinée à la consommation humaine. – Art. 2. – V. CGCT, art. R. 2224-5-4 à R. 2224-5-6.
2022	30 déc.	Loi n° 2022-1726. De finances pour 2023. – Art. 55, 65, 76, 109, 155 à 157, 195, 197 à 204. – V. CGCT, art. L. 1611-5-1, L. 1613-1, L. 1613-2-1, L. 1613-4, L. 2113-22-2, L. 2123-18-2, L. 2123-34, L. 2123-35, L. 2331-3, L. 2332-2, L. 2334-4, L. 2334-7, L. 2334-13, L. 2334-20, L. 2334-21, L. 2334-22-1, L. 2334-23-1, L. 2334-36, L. 2334-40, L. 2334-42, L. 2335-1, L. 2335-3, L. 2335-16, L. 2335-17, L. 2336-5, L. 2336-6, L. 2531-14, L. 3332-1, L. 3332-1-1, L. 3334-1, L. 3334-4, L. 3334-10, L. 3335-1, L. 3335-2, L. 3662-2, L. 4421-2, L. 4332-4 à L. 4332-6, L. 5211-28, L. 5211-28-4, L. 5211-29, L. 5214-23-2, L. 5215-35, L. 5216-8-1, L. 5219-5.
2022	30 déc.	Décret n° 2022-1737. Indemnisation des catastrophes naturelles. – Art. 2. – V. CGCT, art. D. 2335-18-1, D. 2335-18-2.
2023	10 févr.	Arrêté. Modification du modèle de formulaire de déclaration des supports publicitaires énumérés à l'article L. 2333-7 du code général des collectivités territoriales. – V. ss. CGCT, art. R. 2333-11.

2023	10 mars	Loi n° 2023-175. Accélération de la production d'énergies renouvelables. – Art. 15, 33, 54, 81, 83, 88. – V. CGCT, art. L. 1412-1, L. 1425-2, L. 2224-2, L. 2224-9, L. 2224-31, L. 4251-1.
2023	27 mars	Décret n° 2023-206. Dotation pour les titres sécurisés. – V. CGCT, art. D. 2573-59.
2023	30 mars	Loi n° 2023-222. Ouverture du tiers financement à l'État, à ses établissements publics et aux collectivités territoriales pour favoriser les travaux de rénovation énergétique. – Art. 1er à 3, 5. – V. ss. CGCT, art. L. 2224-34.
2023	11 avr.	Arrêté. Caractéristiques techniques applicables aux crématoriums et aux appareils de crémation. – V. ss. CGCT, art. D. 2223-100.
2023	11 avr.	Décret n° 2023-264. Prescriptions techniques des crématoriums. – V. CGCT, art. D. 2223-99 à D. 2223-103, D. 2223-104 à D. 2223-109-1.
2023	9 mai	Décret n° 2023-352. Diverses mesures relatives aux dotations de l'État aux collectivités territoriales et à la péréquation des ressources fiscales. – V. CGCT, art. D. 2123-22-4-B, D. 2123-29, R. 2334-2, R. 2335-1, R. 2335-2, D. 2573-8, D. 2573-59, R. 2531-33, R. 3335-1, R. 3335-2.
2023	29 juin	Décret n° 2023-523. Seuil plafond de délégation des décisions d'admission en non-valeur et conditions dans lesquelles le maire, le président du conseil départemental et le président du conseil régional rendent compte à l'assemblée délibérante de l'exercice de cette délégation. – Art. 1er à 4. – V. CGCT, art. D. 2122-7-2, D. 3221-2, D. 4231, D. 2573-7.
2023	29 juin	Décret n° 2023-534. Diverses dispositions intéressant la défense nationale. – Art. 1er, 2. – V. CGCT, art. L. 1311-19, R. 1311-9.
2023	30 juin	Décret n° 2023-543. Diverses dispositions relatives aux sapeurs-pompiers. – Art. 1er. – V. CGCT, art. R. 1424-52.
2023	10 juill.	Loi n° 2023-580. Renforcement de la prévention et de la lutte contre l'intensification et l'extension du risque incendie. – Art. 6, 7. – V. CGCT, art. L. 1424-7, L. 1424-70, L. 1424-91, L. 1852-5, L. 5211-9-2.
2023	18 juill.	Décret n° 2023-624. Application du III de l'article 106 de la loi n° 2015-991 du 7 août 2015 portant nouvelle organisation territoriale de la République et dispositions diverses relatives au budget spécial de la préfecture de police de Paris. – V. ss. CGCT, art. L. 5217-10-1.
2023	20 juill.	Loi n° 2023-630. Facilitation de la mise en œuvre des objectifs de lutte contre l'artificialisation des sols et renforcement de l'accompagnement des élus locaux. – Art. 1er, 2, 5. – V. CGCT, art. L. 1111-9-2, L. 4424-9, L. 4433-7.
2023	20 juill.	Décret n° 2023-632. Diverses adaptations du code de l'action sociale et des familles et du code général des collectivités territoriales. – Art. 2. – V. CGCT, art. R. 4134-1, R. 5211-2 à R. 5211-2-2, R. 5842-2.
2023	26 juill.	Ordonnance n° 2023-661. Application des dispositions de l'article 137 de la loi du 22 août 2021 portant lutte contre le dérèglement climatique et renforcement de la résilience face à ses effets et de l'article 128

		de la loi du 30 décembre 2021 de finances pour 2022. – Art. 3. – V. CGCT, art. L. 1611-7-1, L. 3332-1, L. 3333-11 à L. 3333-32, L. 4331-2, L. 4332-7, L. 4332-8.
2023	11 août	Décret n° 2023-767. Mise à disposition par les communes des données relatives à la dénomination des voies et à la numérotation des maisons et autres constructions. – Art. 1er, 2. – V. CGCT, art. R. 2121-13, R. 2512-8.
2023	14 août	Décret n° 2023-784. Conditions d'attribution des aides aux vétérinaires. – V. CGCT, art. R. 1511-57, R. 1511-58.
2023	18 août	Décret n° 2023-797. Redevances dues en raison de l'occupation du domaine public pour les ouvrages de transport et de distribution de l'électricité et du gaz. – V. CGCT, art. R. 2333-105 à R. 2333-108, R. 2333-110, R. 2333-111, R. 2333-114, R. 2333-114-1, R. 2333-118, R. 2333-119.
2023	3 oct.	Décret n° 2023-913 du 3 octobre 2023. Marchés globaux de performance énergétique à paiement différé. – V. ss. CGCT, art. L. 2224-34.
2023	6 oct.	Décret n° 2023-922. Commission de conciliation paritaire chargée d'examiner les désaccords sur la qualification de carences ambulancières. – Art. 1er. – V. CGCT, art. R. 1424-31.
2023	23 oct.	Loi n° 2023-973. Industrie verte : – Art. 1er, 12, 19, 22. – V. CGCT, art. L. 1425-2, L. 2243-1-1, L. 2243-3, L. 4251-1, L. 4251-9, L. 4424-15-1, L. 4433-10-5. – Art. 20. – V. ss. CGCT, art. L. 1521-1.
2023	27 nov.	Décret n° 2023-1096. Évaluation et suivi de l'artificialisation des sols. – Art. 3. – V. CGCT, art. R. 2231-1.
2023	27 nov.	Décret n° 2023-1097. Mise en œuvre de la territorialisation des objectifs de gestion économe de l'espace et de lutte contre l'artificialisation des sols. – Art. 1er. – V. CGCT, art. R. 4251-3, R. 4251-8-1.
2023	30 nov.	Loi n° 2023-1114. De finances de fin de gestion pour 2023. – Art. 11. – V. CGCT, art. L. 2335-16 ; V. ss. CGCT, art. L. 2335-16.
2023	8 déc.	Décret n° 2023-1161. Référent déontologue des élus communaux de la Polynésie française et de la Nouvelle-Calédonie. – Art. 1er. – V. CGCT, art. R. 1811-2.
2023	20 déc.	Ordonnance n° 2023-1210. Création du titre V du livre IV du code des impositions sur les biens et services et portant diverses autres mesures de recodification de mesures non fiscales. – Art. 17. – V. CGCT, art. L. 2331-3, L. 2333-6 à L. 2333-15, L. 2334-4, L. 2336-2, L. 4331-2.
2023	26 déc.	Décret n° 2023-1280. Modification des conditions d'attribution d'indemnités aux étudiants vétérinaires par les collectivités territoriales ou leurs groupements. – V. CGCT, art. D. 1511-59, D. 1511-62, D. 1511-63.

2023	26 déc.	Décret n° 2023-1286. Modification du code général des collectivités territoriales et des annexes au décret n° 2022-968 du 30 juin 2022 relatif aux zones d'aide à finalité régionale et aux zones d'aide à l'investissement des petites et moyennes entreprises pour la période 2022-2027 : – Art. 1er. – V. CGCT, art. R. 1511-4-1, R. 1511-5, R. 1511-10, R. 1511-13, R. 1511-14, R. 1511-16. – Art. 2 🏛. – V. ss. art. R. 1511-5.
2023	27 déc.	Loi n° 2023-1268. Amélioration de l'accès aux soins par l'engagement territorial des professionnels. – Art. 21. – V. CGCT, art. L. 1511-8.
2023	27 déc.	Loi n° 2023-1269. Services express régionaux métropolitains. – Art. 4, 6. – V. CGCT, art. L. 2531-17, L. 5211-10-1.
2023	29 déc.	Loi n° 2023-1322. De finances pour 2024. – Art. 73, 79, 93, 101, 133, 139, 140, 150, 240, 241, 243 à 251. – V. CGCT, art. L. 1231-2, L. 1511-8, L. 1614-9, L. 2113-20, L. 2113-22, L. 2113-22-1, L. 2113-22-2, L. 2123-34, L. 2123-35, L. 2224-12-3, L. 2333-76, L. 2334-1, L. 2334-2, L. 2334-4, L. 2334-6, L. 2334-7, L. 2334-7-1, L. 2335-1, L. 3334-1, L. 3334-4, L. 3334-6, L. 2334-12, L. 2334-13, L. 2334-14-1, L. 2334-17, L. 2334-18-2, L. 2334-22-1, L. 2334-22-2, L. 2334-23-1, L. 2334-37, L. 2334-41, L. 2335-16, L. 2335-17, L. 2336-2, L. 2336-3, L. 2336-5, L. 2336-8, L. 2531-4, L. 2531-18, L. 2573-7, L. 2573-10, L. 2573-55, L. 3333-11, L. 3333-12, L. 3333-15, L. 3333-18, L. 3333-19, L. 3333-22, L. 3333-28, L. 3333-30-1, L. 3333-31, L. 3334-1, L. 3334-4, L. 3334-6, L. 3335-2, L. 3335-4, L. 3663-9, L. 4332-1, L. 5211-9-2, L. 5211-28, L. 5211-28-1, L. 5211-29, L. 5211-32, L. 5219-8-1.
2023	29 déc.	Décret n° 2023-1332. Modalités de fonctionnement des conseils économiques, sociaux et environnementaux régionaux. – V. CGCT, art. R. 4134-4, R. 4134-13, R. 4134-16, R. 4134-21, R. 4422-7, R. 4422-8, R. 4422-14, R. 4422-26, R. 4432-10, R. 4432-16, R. 4434-1, R. 4437-1, R. 7124-4, R. 7124-5, R. 7124-18, R. 7124-22, R. 7226-4, R. 7226-5, R. 7226-18, R. 7226-22.
2023	29 déc.	Décret n° 2023-1392. Organisation et gestion de la commission du contentieux du stationnement payant. – Art. 2, 3. – V. CGCT, art. R. 2333-120-20, R. 2333-120-28.
2023	30 déc.	Loi n° 2023-1380. Revalorisation du métier de secrétaire de mairie. – Art. 1er. – V. CGCT, art. L. 2122-19, L. 2122-19-1 nouv.
2024	8 févr.	Décret n° 2024-97. Rôle du délégué territorial de l'Agence nationale de la cohésion des territoires. – V. CGCT, art. R. 1232-12.
2024	21 mars	Loi n° 2024-247. Renforcement de la sécurité et de la protection des maires et des élus locaux. – Art. 5 à 10, 15. – V. CGCT, art. L. 2121-27-1, L. 2123-34, L. 2123-35, L. 2321-2, L. 2335-1, L. 2573-10, L. 3123-29, L. 3321-1, L. 4135-29, L. 4321-1, L. 5214-8, L. 5842-21.
2024	29 mars	Loi n° 2024-279. Tenir compte de la capacité contributive des collectivités territoriales dans l'attribution des subventions et dotations destinées aux investissements relatifs à la transition écologique des bâtiments scolaire. – V. CGCT, art. L. 1111-10.

2024	9 avr.	Loi n° 2024-322. Accélération et simplification de la rénovation de l'habitat dégradé et des grandes opérations d'aménagement. – Art. 1er. – V. CGCT, art. L. 1231-2.
2024	22 avr.	Loi n° 2024-364. Diverses dispositions d'adaptation au droit de l'Union européenne en matière d'économie, de finances, de transition écologique, de droit pénal, de droit social et en matière agricole. – Art. 39. – V. CGCT, art. L. 4221-5.
2024	25 avr.	Conseil constitutionnel, décision n° 2024-1085 QPC. – V. CGCT, art. L. 5219-8.
2024	26 avr.	Décret n° 2024-391. Diverses mesures relatives aux dotations de l'État aux collectivités territoriales et à la péréquation des ressources fiscales. – V. CGCT, art. R. 2113-24, R. 2334-5, R. 2334-10, R. 2334-11, R. 2334-36, R. 2335-1, D. 2335-1-1, R. 2335-2, R. 2336-1, R. 2531-35, R. 2563-6, D. 2573-59, R. 3334-0-0, R. 5211-12-1, R. 5211-12-2.
2024	6 juin	Conseil constitutionnel, décision n° 2024-1094 QPC. – V. CGCT, art. L. 2123-24-2.
2024	14 juin	Décret n° 2024-549. Création du service territorial d'incendie et de secours de la collectivité de Saint-Martin. – V. CGCT, art. R. 1424-69 à R. 1424-104, D. 6313-1, D. 6313-2.
2024	26 juin	Décret n° 2024-610. Partie réglementaire du code des impositions sur les biens et services et diverses mesures de coordination. – Art. 28, 43. – V. CGCT, art. D. 2331-5, R. 2333-10, R. 2333-11, R. 2333-13, R. 2333-15, R. 2333-16.
2024	5 juill.	Décret n° 2024-719. Règles de publicité des actes pris par les communes et leurs groupements. – V. CGCT, art. R. 2131-1, R. 5212-1-1-A.
2024	5 juill.	Décret n° 2024-733. Tribunal et contentieux du stationnement payant. – Art. 1er à 11, 13. – V. CGCT, art. L. 2333-87 à L. 2333-87-4, L. 2333-87-7, L. 2333-87-8-1 à L. 2333-87-10, R. 2333-120-14, R. 2333-120-20 à R. 2333-120-28 *ter*, R. 2333-120-30, R. 2333-120-31, R. 2333-120-32, R. 2333-120-32 *bis*, R. 2333-120-32 *quater*, R. 2333-120-32 *quinquies*, R. 2333-120-32 *octies*, R. 2333-120-35, R. 2333-120-37 à R. 2333-120-41, R. 2333-120-43, R. 2333-120-46, R. 2333-120-49 à R. 2333-120-51, R. 2333-120-55 à R. 2333-120-57, R. 2333-120-60, R. 2333-120-62 à R. 2333-120-68, R. 2333-120-70 à R. 2333-120-74, Annexe II ss. CGCT, art. R. 2333-120-15.
2024	6 juill.	Décret n° 2024-721. Application de l'art. L. 2335-17 CGCT. – V. CGCT, art. R. 2335-16 à R. 2335-16-5.
2024	6 juill.	Décret n° 2024-742. Diverses dispositions d'application de la loi industrie verte et de simplification en matière d'environnement. – Art. 69. – V. Annexe I ss. CGCT, art. D. 1617-19.
2024	10 juill.	Décret n° 2024-790. Mesures de simplification administrative dans le domaine funéraire. – V. CGCT, art. R. 2213-20, R. 2213-23, R. 2213-33, R. 2213-35, R. 2213-45, R. 2512-34, R. 2512-36.

2024	11 juill.	Décret n° 2024-792. Dotation pour les titres sécurisés. – V. CGCT, art. D. 2335-23, D. 2573-59.
2024	15 juill.	Décret n° 2024-807. Application de l'art. L. 1611-3-2 CGCT. – Art. 1er. – V. CGCT, art. D. 1611-41.
2024	15 juill.	Décret n° 2024-816. Concours particulier de la dotation générale de décentralisation relatif aux bibliothèques. – Art. 1er, 2. – V. CGCT, art. R. 1614-75 à R. 1614-95.
2024	14 oct.	Décret n° 2024-943. Conditions de prise en charge du fonds d'aide pour le relogement d'urgence. – Art. 1er, 2. – V. CGCT, art. L. 2335-15, D. 2335-18-2.
2024	31 oct.	Conseil constitutionnel, décision n° 2024-1110 QPC. – V. CGCT, art. L. 2223-4.
2024	4 nov.	Décret n° 2024-973. Autorisation de la création de budgets annexes pour certaines activités de l'Agence nationale de la cohésion des territoires. – Art. 1er. – V. CGCT, art. R. 1232-4, R. 1233-3-1.
2024	6 nov.	Décret n° 2024-1038. Dispositions réglementaires des Livres I et II du CGFP. – Art. 29. – V. C. communes, art. R.* 411-1, R.* 411-2 .
2024	15 nov.	Décret n° 2024-1036. Contrats de ville et participation des habitants à l'élaboration de la politique de la ville. – Art. 1er. – V. L. n° 2014-173 du 21 févr. 2014, art. 7, ss. CGCT, art. L. 2143-1.
2024	19 nov.	Loi n° 2024-1039. Renforcement des outils de régulation des meublés de tourisme à l'échelle locale. – V. CGCT, art. L. 4424-11.
2024	3 déc.	Décret n° 2024-1093. Sapeurs-pompiers volontaires. – Art. 1er. – V. CGCT, art. R. 1424-18, R. 1424-23.
2024	4 déc.	Décret n° 2024-1116. Modifications du code de la sécurité intérieure. – Art. 1er. – V. CSI, R. 522-1, ss. CGCT, art. R. 2213-58 à R. 2213-60.
2024	4 déc.	Décret n° 2024-1124. Agents recenseurs. – Art. 1er, 2. – V. L. n° 2002-276 du 27 févr. 2002, art. 156, ss. CGCT, art. L. 2122-21 ; Décr. n° 2003-485 du 5 juin 2003, art. 22, 35, ss. CGCT, art. R. 2151-1.
2025	17 janv.	Décret n° 2025-53. Mesures relatives à la réglementation funéraire. – Art. 1er à 4. – V. CGCT, art. R. 2213-1-2, R. 2213-40-1, R. 2213-44, R. 2512-35.
2025	14 févr.	Loi n° 2025-127. De finances pour 2025 : – Art. 18, 20, 75, 101, 107, 110, 117, 118, 128, 178, 182 à 184, 186. – V. CGCT, art. L. 1613-1, L. 2224-31, L. 2331-3, L. 2333-2, L. 2333-30, L. 2333-41, L. 2333-66, L. 2333-92, L. 2333-94, L. 2334-2, L. 2334-4 à L. 2334-6, L. 2334-12, L. 2334-13, L. 2334-14-1, L. 2334-17, L. 2334-20 à L. 2334-22-1, L. 2335-1, L. 2336-1 à L. 2336-3, L. 2336-5, L. 2336-6, L. 2573-55, L. 3332-1, L. 3334-1, L. 3334-4, L. 3335-2, L. 4331-2, L. 4332-8-1, L. 4332-9, L. 4425-28-1, L. 5211-24, L. 5211-27-3, L. 5211-28-1, L. 5211-28-3, L. 5211-28-4, L. 5211-29, L. 5212-20, L. 5219-5, L. 5219-8, L. 6264-9, L. 6364-9.

		– Art. 184. – V. L. n° 2015-991 du 7 août 2015, art. 59, ss. CGCT, art. L. 5219-5. – Art. 109. – V. L. n° 2016-1917 du 29 déc. 2016, art. 149, avant CGCT, art. L. 4332-1.
2025	14 févr.	Loi n° 2025-128. Élection du maire d'une commune nouvelle en cas de conseil municipal incomplet. – V. CGCT, art. L. 2113-8-1 A.
2025	28 févr.	Loi n° 2025-199. De financement de la sécurité sociale pour 2025. – Art. 32, 56. – V. CGCT, art. L. 2223-42, L. 2333-57.
2025	12 mars	Décret n° 2025-231. Aides financières pour l'installation des professionnels de santé. – Art. 1er. – V. CGCT, art. R. 1511-47.
2025	14 mars	Décret n° 2025-240. Disposition par les communes de Polynésie française et de Nouvelle-Calédonie des données relatives à la dénomination des voies et à la numérotation des maisons et autres constructions. – Art. 1er. – V. CGCT, art. D. 2573-6.
2025	24 mars	Loi n° 2025-268. Orientation pour la souveraineté alimentaire et le renouvellement des générations en agriculture. – Art. 50. – V. CGCT, art. L. 2224-7-8, L. 2224-7-9.
2025	10 avr.	Décret n° 2025-330. Médecine d'aptitude des sapeurs-pompiers professionnels et volontaires. – Art. 1er. – V. CGCT, art. R. 1424-27 nouv., R. 1424-28.
2025	11 avr.	Loi n° 2025-327. Assouplissement de la gestion des compétences « eau » et « assainissement » : – Art. 1er à 4. – V. CGCT, art. L. 2224-7-1, L. 2224-7-1-1, L. 2224-7-1-2, L. 5111-6, L. 5211-45-1, L. 5214-16, L. 5214-17. – Art. 2. – V. L. n° 2019-1461 du 27 déc. 2019, art. 14, ss. CGCT, art. L. 5214-21.
2025	22 avr.	Décret n° 2025-370. Établissement des certificats de décès. – Art. 1er. – V. CGCT, art. R. 2213-1-1, R. 2213-1-1-1, R. 2213-1-2, R. 2213-1-4, R. 2213-17, R. 2213-34.
2025	22 avr.	Décret n° 2025-371. Conditions de l'établissement des certificats de décès par les infirmiers diplômés d'État. – Art. 1er. – V. CGCT, art. D. 2213-1-1-4 à D. 2213-1-1-6.
2025	23 avr.	Décret n° 2025-369. Actualisation de la partie réglementaire CGCT applicable en Polynésie française. – Art. 2 à 4. – V. CGCT, art. D. 2573-8, D. 2573-22, D. 5842-3.
2025	30 avr.	Loi n° 2025-391. Diverses dispositions d'adaptation au droit de l'Union européenne en matière économique, financière, environnementale, énergétique, de transport, de santé et de circulation des personnes. – Art. 24, 36. – V. CGCT, art. L. 1412-1, L. 4251-2, L. 4424-9, L. 4433-8-1.
2025	14 mai	Décret n° 2025-431. Transmission des informations sur les services publics d'eau et d'assainissement. – Art. 1er. – V. CGCT, art. D. 2224-5.

2025	20 mai	Décret n° 2025-438. Mesures relatives aux dotations de l'État aux collectivités territoriales et à la péréquation des ressources fiscales. – Art. 1er à 14. – V. CGCT, art. R. 2113-24, R. 2113-26, R. 2334-1, R. 2334-3-1, D. 2334-4-1, R. 2334-7, R. 2334-8-1, R. 2335-1, R. 2335-16-3, R. 2335-16-4, R. 2336-1, R. 2336-2, R. 2336-4, R. 2336-10, R. 2336-11, R. 3232-1-5, R. 3232-1, R. 3334-3-1, R. 3334-4, D. 3334-8-1, R. 4414-1, D. 6264-8, D. 6364-8.
2025	21 mai	Loi n° 2025-444. Harmonisation du mode de scrutin aux élections municipales pour garantir la vitalité démocratique, la cohésion municipale et la parité. – Art. 3 à 6. – V. CGCT, art. L. 2112-3, L. 2113-7, L. 2113-8, L. 2121-2-1 nouv., L. 2122-7-1, L. 2122-7-2, L. 5211-6-2 nouv.
2025	11 juin	Décret n° 2025-523. Emploi de sous-directeur des services d'incendie et de secours et modification de diverses dispositions relatives aux sapeurs-pompiers. – Art. 1er. – V. CGCT, art. R. 1424-1, R. 1424-1-1, R. 1424-19, R. 1424-19-1, R. 1424-23-2, R. 1424-23-3.
2025	11 juin	Décret n° 2025-524. Sous-directions santé des services départementaux et territoriaux d'incendie et de secours. – Art. 1er. – V. CGCT, art. R. 1424-1, R. 1424-24 à R. 1424-26.
2025	12 juin	Ordonnance n° 2025-526. Généralisation du compte financier unique : – Art. 1er. – V. CGCT, art. L. 1424-27, L. 1424-35, L. 1424-62 nouv., L. 1424-74, L. 1424-76, L. 1424-81, L. 1424-82, L. 1424-96, L. 1424-97, L. 1431-7, L. 1612-1 nouv., L. 1612-6, L. 1612-9, L. 1612-12 nouv. à L. 1612-14, L. 1612-20 à L. 1612-41, L. 2121-14, L. 2121-31 nouv., L. 2123-12, L. 2221-5, L. 2221-11, L. 2221-18, L. 2241-1, L. 2311-1 à L. 2311-1-2 nouv., L. 2311-3 nouv., L. 2311-3-1, L. 2311-5 nouv. à L. 2311-7, L. 2312-1 nouv. à L. 2313-2 nouv., L. 2322-1, L. 2322-2, L. 2333-97, L. 2334-4, L. 2334-23-2, L. 2336-2, L. 2341-1 à L. 2343-2, L. 2512-20, L. 2512-24, L. 3123-10, L. 3241-1 nouv., L. 3311-1 à L. 3321-1 nouv., L. 3322-1, L. 3334-3, L. 3341-1, L. 3342-1 nouv., L. 3431-8 nouv., L. 3541-1 nouv., L. 3661-1 à L. 3661-16, L. 3664-3, L. 4135-10, L. 4221-4, L. 4221-5, L. 4310-1 nouv. à L. 4313-3, L. 4322-1, L. 4341-1, L. 4342-1 nouv., L. 4422-5-1, L. 4422-15, L. 4425-1 nouv. à L. 4425-11, L. 4425-13 à L. 4425-19, L. 4425-31, L. 5211-5-1 A nouv., L. 5211-10, L. 5211-26 nouv., L. 5211-28-2, L. 5211-36 nouv. à L. 5211-37, L. 5211-39, L. 5212-16, L. 5217-10-1 à L. 5217-10-15, L. 5217-12-3 à L. 5217-12-5, L. 5622-3 nouv., L. 5622-4 nouv., L. 5722-1 nouv., L. 5722-3, L. 5823-1, L. 7123-12, L. 7125-12, L. 71-110-2 à L. 71-111-15, L. 7227-12, L. 72-100-2 à L. 72-101-15, L. 72-103-4. – Art. 8. – V. L. n° 2018-1317 du 28 déc. 2018, art. 242, ss. CGCT, art. L. 1612-12.
2025	13 juin	Loi n° 2025-532. Visant à sortir la France du piège du narcotrafic. – Art. 4. – V. CSI, art. L. 131-3-1, ss. CGCT, art. L. 2211-1.
2025	16 juin	Loi n° 2025-541. Facilitation de la transformation des bureaux et autres bâtiments en logements. – Art. 2. – V. CGCT, art. L. 1231-2.

2025	15 juill.	Loi n° 2025-640. Création de l'établissement public du commerce et de l'industrie de la collectivité de Corse : – Art. 1er. – V. CGCT, art. L. 4251-18, L. 4424-13, L. 4424-42 à L. 4424-45. – Art. 4. – V. ss. CGCT, art. L. 4424-45.
2025	22 juill.	Décret n° 2025-684. Diverses mesures d'actualisation dans le domaine funéraire en Polynésie française. – Art. 1er. – V. CGCT, art. D. 2573-16-1.
2025	30 juill.	Décret n° 2025-723. Modification du décret n° 2004-374 du 29 avril 2004 relatif aux pouvoirs des préfets, à l'organisation et à l'action des services de l'État dans les régions et départements. – Art. 2 à 21. – V. Décr. mod., art. 1er, 26, 29 à 31, 33, 35, 36, 40, 41, 59-1 à 60-2, 77, 85-1, 87-1, 87-2, App., *Répartition de compétences entre l'État et les collectivités territoriales* .
2025	1er août	Décret n° 2025-753. Application de l'article 118 de la loi n° 2025-127 du 14 février 2025 de finances pour 2025 relatif au versement destiné au financement des services de mobilité régionaux et ruraux. – Art. 1er. – V. CGCT, art. D. 2333-84 à D. 2333-88, D. 2333-90, D. 2333-92, D. 2333-96, D. 2333-98, D. 4332-16-1, D. 4332-16-2.
2025	11 août	Loi organique n° 2025-793. Département-Région de Mayotte. – Art. 1er. – V. CGCT, art. L.O. 1112-10, L.O. 1114-1, L.O. 1711-2, L.O. 3445-1, L.O. 3445-9 nouv., L.O. 3511-1, L.O. 3511-3, L.O. 4435-1, L.O. 4435-9 nouv., L.O. 4437-2, L.O. 7411-1 à L.O. 7411-9, L.O. 7412-1 à L.O. 7412-3 ; L.O. 7413-1.
2025	11 août	Loi n° 2025-795. Réforme du mode d'élection des membres du conseil de Paris et des conseils municipaux de Lyon et de Marseille. – Art. 3 à 5, 8. – V. CGCT, art. L. 2513-1, L. 2511-8 nouv., L. 2511-25, L. 2511-26-1, L. 2511-28, L. 2511-32-1, L. 2513-1.
2025	11 août	Loi n° 2025-797. Programmation pour la refondation de Mayotte. – Art. 48. – V. CGCT, art. L. 1111-9-2, L. 1711-1, L. 1711-3 à L. 1711-5, L. 2334-7-3, L. 2334-33, L. 2334-37, L. 2334-42, L. 2336-3, L. 2336-4, L. 2564-2 nouv., L. 3334-3, L. 3334-4, L. 3334-16-2, L. 3335-2, L. 3441-1, L. 3441-9 nouv., L. 3442-1, L. 3511-2, L. 3511-4 à L. 3543-2, L. 4332-9, L. 4432-9, L. 4432-12, L. 4433-2, L. 4433-3, L. 4433-4, L. 4433-4-2 à L. 4433-4-3-1, L. 4433-4-5, L. 4433-4-5-3 à L. 4433-4-7, L. 4433-4-10, L. 4433-7, L. 4433-10-6, L. 4433-10-7, L. 4433-11, L. 4433-12, L. 4433-15, L. 4433-15-1, L. 4433-17 nouv., L. 4433-19 à L. 4433-21, L. 4433-22 à L. 4433-24, L. 4433-27, L. 4433-28 nouv., L. 4433-31, L. 4434-3, L. 4434-4, L. 4437-1, L. 4437-3 à L. 4437-5, L. 5831-2, L. 7311-1 à L. 7361-1, L. 7421-1 à L. 7431-3.
2025	13 août	Décret n° 2025-820. Application de l'article L. 1611-3-2 du code général des collectivités territoriales. V. CGCT, art. D. 1611-41.

TABLE ALPHABÉTIQUE

NOTA. Les nombres renvoient aux articles du code général des collectivités territoriales, non aux pages. Ceux qui sont précédés de la lettre L. renvoient à la première partie du code (législative) ; ceux précédés des lettres R. ou D. renvoient à la deuxième partie du code (réglementaire). Les nombres précédés du mot « art. » renvoient aux articles d'un texte autre que le code général des collectivités territoriales proprement dit. Quand il est renvoyé à une page, le nombre est précédé de la lettre « p. ». La lettre J. entre parenthèses placée après un nombre indique que l'on renvoie aux annotations de jurisprudence (sur deux colonnes) figurant sous l'article mentionné. Par exemple, l'indication L. 2212-2 (J. 219 s.) signifie que l'on renvoie aux numéros 219 et suivants des annotations de jurisprudence figurant sous l'article L. 2212-2 du code général des collectivités territoriales.
Les caractères italiques indiquent un mot de renvoi. Ceux de ces mots qui sont en caractères gras et précédés d'une flèche rouge renvoient à un autre mot en caractères gras de la table ; les autres, en caractères maigres et sans flèche rouge, renvoient à une autre subdivision du même mot en caractères gras.
Il est rappelé qu'un tableau explicatif des abréviations utilisées figure au début de l'ouvrage.

A

B

G

J

L

M

N

O

S

Photocomposé, traité sur ordinateur par :
LUMINESS SAS, 561 rue Saint Léonard - 53100 MAYENNE

Achevé d'imprimer en octobre 2025 sur les presses de
Druckerei C. H. Beck
Dépôt légal : novembre 2025
723822 – OSB – Px 31 – LUM – (HCH)

Imprimé en Allemagne

Codes Dalloz

	Parution
CIVIL	
Code civil	juin
Code du divorce, *commenté*	novembre
Code de procédure civile	juin
Code des procédures civiles d'exécution, *commenté*	mars
AFFAIRES	
Code des assurances – Code de la mutualité, *commenté*	mai
Code de commerce	juin
Code de la communication, *commenté*	novembre
Code de la compliance, *commenté*	octobre
Code de la consommation, *commenté*	août
Code de la cybersécurité, *commenté*	juin
Code des douanes, *commenté*	mars
Code général des impôts	juin
Code monétaire et financier, *commenté*	mai
Code des procédures collectives, *commenté*	février
Code de la propriété intellectuelle, *commenté*	janvier
Code des sociétés, *commenté*	septembre
Code de procédure fiscale, *commenté*	juin
Code de la protection des données personnelles, *commenté*	novembre
SOCIAL	
Code de l'action sociale et des familles, *commenté*	mai
Code de la santé publique, *commenté en ligne*	juin
Code de la sécurité sociale	avril
Code du travail, *commenté en ligne*	mars

Codes Dalloz

Codes Dalloz	Parution
PÉNAL	
Code pénal	juin
Code de la justice pénale des mineurs, *commenté*	août
Code de procédure pénale	juin
Code de la route, *commenté*	février
IMMOBILIER	
Code des baux, *commenté*	janvier
Code de la construction et de l'habitation, *commenté*	avril
Code de la copropriété, *commenté*	janvier
Code de l'urbanisme, *commenté*	avril
PUBLIC	
Code de la commande publique, *commenté*	janvier
Code constitutionnel et des droits fondamentaux, *commenté en ligne*	août
Code de l'éducation, *commenté*	août
Code électoral, *commenté*	novembre
Code de l'entrée et du séjour des étrangers et du droit d'asile, *commenté*	octobre
Code de l'environnement, *commenté*	mars
Code général de la fonction publique, *commenté*	mars
Code général des collectivités territoriales, *commenté en ligne*	novembre
Code général de la propriété des personnes publiques, *commenté*	mai
Code de justice administrative, *commenté*	septembre
Code des relations entre le public et l'administration, *commenté*	septembre
Code rural et de la pêche maritime, *commenté*	avril